KB137599

敎學
古語辭典

南廣祐
編著

(주) 교학사

序　文

나는 1960年 9月에 東亞出版社(社長 金相文)에서 〈古語辭典〉을 처음 펴내었고, 그 후 1971年 4月에 一潮閣(社長 韓萬年)에서 그 補訂版(보정판)을 낸 바 있다.

初版이나 補訂版이 꽤 많이 普及된 것으로 알고 있으나 完璧(완벽)한 것이 아님을 不滿스럽게 생각해 왔고, 利用者들에게 미안한 마음을 가졌었다.

이번에, 教學社 楊澈愚(양철우) 社長의 厚誼로 새 版이 나오게 된 것을 무척 고맙게 생각한다. 근래 出版界가 不況임을 잘 알고 있는 터에 打算을 떠난 篤志(독지)에 敬意를 表한다.

平素 本格的인 古語大辭典의 完成을 위해서 내 나름으로는 꾸준히 자료를 수집해 왔다. 中央大學校 在職 期間(1960. 2~1973. 2)이나 仁荷大學校 在職 期間(1973. 2~1985. 8)은 물론, 停年 退任 후(1985. 8~) 現在에 이르기까지의 作業이었다.

博士 學位 論文(1969. 2) 준비, 韓國語文教育研究會의 일(1969. 7~현재), 9年間의 補職 生活(1973. 3~1982. 2), 〈韓國語 標準發音辭典〉을 비롯한 몇 권의 著書, 光復 후 처음 國漢混用 表記로 엮은 初等學校 教材인 〈韓國語〉 (栗村奬學會 연구비 지원) 출판의 사이사이에 새로 발견되어 刊行된 古文獻이나 이미 조사된 문헌에서도 자료가 발견되면 追加하는 등 작업을 계속했었다.

이 작업을 진행하는 과정에 文教部(教育部의 前身)의 연구 지원(1978. 6~1979)을 받기도 하여 鄭琦鎬 博士(仁荷大 教授)와 몇 분 교수의 협조를 받기도 했다. 그리고 자료 정리를 도와 준 閔丙俊 博士(仁荷大 講師), 助教 제군에게 謝意를 表한다.

〈教學 古語辭典〉 編纂經緯

○ 編纂企畫　1992. 9. 10. ~1992. 11. 30.

○ 原稿整理　1992. 12. 1. ~1994. 4. 20.

○ 組版　1994. 6. 24. ~1994. 11. 28.

○ 編纂主幹　徐德洙

○ 原稿整理　徐德洙 / 黃貞淑 / 宣奇德

○ 校正　徐德洙 / 鄭在寬 / 宣奇德 / 李嬌媛 / 李燦揆 / 崔洪烈 / 金台煥

編纂經緯에서 밝혔듯이 1992年 9月 以來 編纂企畫에서 校正에 이르기까지 이 일을 主管한 徐德洙 編纂主幹을 비롯해 原稿 整理, 校正, 校正 支援을 해 주신 여러분에게 아울러 謝意를 表한다.

徐德洙 主幹은 1957年 3月에 慶北大學校 文理大 국어국문학과를 졸업한, 내 慶北大 文理大 在職 때의 弟子다.

내가 古語辭典 편찬에 착수한 것이 避難地 大邱에서의 일이었는데 1951年 가을이었다. 그런데 徐主幹은 大學 在學中인 1953年부터 原稿 整理를 도와주었고, 내가 1957年 東亞出版社와 古語辭典 出版契約을 맺은 뒤 1960年 9月에 〈古語辭典〉이 出版될 때까지 東亞出版社 社員으로서 始終如一 이 일의 進行을 위해 애를 쓰고 校正 등을 도와준 功이 큰데, 이번에 다시 이 일을 責任지고 遂行해 준 데 對해 고맙게 생각한다.

참으로 이 〈教學 古語辭典〉은 나와 徐德洙 主幹과 40餘年의 因緣으로 다시 이루어진 作品이다.

1997年 1月 15日

南 廣 祐 씀

補訂版을 내면서

나는 1960年 9月에 東亞出版社에서 〈古語辭典〉을 낸 바 있는데, 당시로서는 力作이란 評도 받았고, 제 1회 韓國出版文化賞을 받은 일도 있다. 그러나 완벽한 것이 아님은 初版 머리말에서도 밝힌 바 있거니와 누구보다도 編者 자신이 잘 알고 있는 터여서 늘 불만스럽게 생각해 왔다. 그 후 새로 발견된 문헌 등에서 자료를 추려내어 1965年 3月 〈한글〉誌 134호에 增補(증보) 자료를 보낸 바 있고, 발견된 잘못을 바로잡기 위해 1966年 12月에 나온 〈語文論集〉(中央大學校 國語國文學會誌) 제 4집에 正誤表(정오표)를 실은 바도 있다.

이번에 그 동안 絕品(절품)되었던 〈古語辭典〉을 再版함에 있어 〈한글〉誌에 실었던 增補分을 卷末에 붙이고, 잘못을 바로잡아 補訂版(보정판)을 내는 바이요, 지금 진행중인 본격적인 古語大辭典은 다시 後日을 기약하는 수밖에 없다.

自費出版을 계획중이던 나는 一潮閣(일조각) 韓萬年 社長의 厚誼로 이 〈古語辭典〉 補訂版이 나오게 된 것을 고맙게 생각한다.

1971年 3月 日

南 廣 祐 씀

머 리 말

광복 전에 우리는 우리의 古語辭典 한 권 갖지 못하였었음이 사실이다. 그러나 광복이 되자 지금은 故人이 되신 一簑(일사) 方鍾鉉(방종현) 선생의 〈古語材料辭典〉 前·後集이 1946·7 兩年에 걸쳐 프린트판으로 나오게 되었으니, 이는 선생의 10여 년에 걸친 꾸준한 재료 수집의 結晶體(결정체)로 이것이 학계에 끼친 공헌은 큰 바 있었으며, 이 〈古語材料辭典〉에 이어 나온 이상춘〔뒤에 李永哲 씨 이름으로 바뀌었음〕 편 〈고어 사전〉, 정희준〔뒤에 劉昌惇(유창돈) 씨 증보〕 편 〈고어 사전〉 등이 각각 학계 및 교육계에 비익된 바 컸으리라 보며, 그 先功을 치하하여 마지않는다.

그러나 이와 같은 고어 사전들은 광복이 되자 황망히 나왔을 뿐 아니라 우리 나라 제반 실정으로 학자들의 연구 생활이 보장되어 있지 않았으며, 또 인쇄 부문의 모든 후진적 조건 아래서 나온 관계로 여러 미비점이 있음은 부인하지 못할 일로, 학계나 교육계에서 더 나은 고어 사전의 출현을 고대하는 소리가 높았음을 우리는 알고 있다.

이제 이 〈古語辭典〉이 시기적으로 이러한 기대 속에 간행을 보게 된다는 자체에 대하여 편자는 적지 않은 두려움을 느끼는 바이다.

編纂 經過

(1) 1949년 5월경 方鍾鉉 선생(前 서울大學校 文理科大學 敎授, 뒤에 學長 역임)께서 사전 편찬을 거들어 달라는 말씀이 있어 처음에는 〈俗談大辭典〉에서 俗談을 추리고, 다음으로는 〈古語材料辭典〉에서 古語를 추리기로 하여, 이 일은 6·25 전쟁 중에도 줄곧 계속되었다.

(2) 그러나 전쟁의 추이는 이 사전 편찬 사업의 계속을 불가능하게 만들었을 뿐 아니라, 방 선생의 避難地 釜山에서의 작고는 마침내 이 일의 중단을 불가피하게 하였다.

(3) 그 후 나는 피난지 大邱에서 기왕에 추렸던 고어를 버리기도 아까워, 뜻을 바꾸어 古語辭典 편찬에 착수하게 되었는데 그때가 1951년 가을이었다.

(4) 그리하여 처음에 원고지에 썼던 것을 카드에 옮기고 〈古語材料辭典〉에 실린 자료는 물론, 대구의 金永驥(慶北高 校長), 千時權(慶北大 教授), 兪昌均(青丘大 教授), 沈載完(青丘大 教授), 崔正錫(曉星女大 教授) 등 여러분의 藏書와 慶北大學校 도서관 所藏本을 빌려다가 자료를 추리고 다시 경북대학교 대학원에서 찍어낸 海印寺板 각종 諺解本에서 자료를 추려 일단 카드 작성을 마치고, 1954년 겨울에 서울 壯文社와의 사이에 출판 구두 계약이 맺어졌다.

(5) 그 뒤 장문사의 사정으로 조판에 착수하지 못한 채, 편자가 전 직장 慶北大學校에서 이곳 서울의 中央大學校로 옮겨 온 것이 1956년 4월이요, 귀경 후 장문사 양해하에 東亞出版社와 계약을 맺은 것이 1957년 10월이었는데 카드 작성은 계약 전후를 통하여 다시 계속되었으니, 즉 서울大學校 文理科大學 國語國文學科 연구실, 一簑文庫(일사문고), 서울大學校 중앙도서관을 비롯하여 국립도서관, 中央大學校 도서관의 藏本과 개인의 所藏本으로서는 李秉岐(前 서울大文理大 教授), 李熙昇(서울大文理大 學長), 李崇寧(서울大文理大 教授) 세 恩師의 것을 비롯하여, 崔鉉培(延世大 教授), 劉昌惇(延世大 教授), 金敏洙(高麗大 教授), 鄭輝萬(慶熙高 教師), 李謙魯(通文館 社長) 등 諸氏의 것에 私藏本을 합하여 나대로는 어지간한 정력과 시간을 자료 수집에 바쳤다.

(6) 조판이 시작된 것은 계약이 된 다음 해인 1958년 봄이었던가 하며, 그로부터 2년 하고도 반, 7校까지를 거치는 동안에 숱한 고어 활자나 한자의 僻字(벽자)를 새로 만들어야 하였고, 거기에다 편자의 욕심으로 새로운 자료가 나타날 때마다 보충을 하느라고 6校까지에도 보충 원고를 넣어 새로 조판하다시피 했다는 점 등이 이 〈古語辭典〉이 더디게 세상에 나타나게 된 주요 원인이다.

이 辭典의 特色 몇 가지

(1) 現傳 古典文獻은 광범위하게 涉獵(섭렵)하였다고 자부한다.

(2) 특히 稀貴(희귀)하다고 생각되는 책으로 6·25 전쟁 후에 影印(영인)된

釋譜詳節 6, 9, 13, 19 (한글학회) 11 (沈載完)
月印釋譜 7, 8, 9, 10, 17, 18 (延世大 東方學研究所)
楞嚴經諺解 全十卷 (東國大)
蒙山法語 (通文館)
杜詩諺解(初刊) 7, 8, 15, 16, 20, 21, 22, 23, 24, 25 (通文館)
時用鄉樂譜(延世大 東方學研究所)
朴通事 上(初刊) (慶北大 大學院)
東國新續三綱行實圖 (國立圖書館)

倭語類解 (日本京都大學)

小兒論·同文類解·八歲兒·三譯總解 (延世大 東方學硏究所)

韓漢淸文鑑 (延世大 東方學硏究所)

등은 물론, 그 밖에

三綱行實圖 古板本 (李崇寧)

救急方 上 (李秉岐)

杜詩諺解(初刊) 5, 6 (李秉岐) 9, 10, 17, 19 (李謙魯) 18 (崔鉉培)

金剛經三家解 2~5 (李秉岐)

南明泉禪師繼頌諺解 上·下 (李秉岐)

救急簡易方 1 (一簑文庫) 6 (金敏洙)

續三綱行實圖 古板本 (李秉岐)

飜譯小學 9 (李秉岐) 10 (國立圖書館)

六祖法寶壇經諺解 上·眞言勸供·分門瘟疫易解方 (一簑文庫)

小學諺解 古板本 3, 4 (國立圖書館) 宣祖板 5, 6 (李謙魯)

家禮諺解 全十卷 (李秉岐)

등에서 자료를 뽑을 수 있었음은 본서의 자랑이 될 것이다.

(3) 用例는 풍부히 뽑았으며, 그 出典을 명시하여 전공 학도의 편의를 꾀하였다.

(4) 高校·大學生이나 초학자의 편리를 위하여 다음과 같은 배려도 하였다.

① 이해하기 어렵다고 생각되는 것은 반드시 기본형(또는 독립어형)이 아니라도 표제어(標題語)로 삼은 점.

② 音韻變遷 과정이나 體言의 添用(첨용. 曲用 ; declension), 用言의 活用(conjugation)形을 밝혀 참고하게 한 점.

③ 附錄 Ⅰ로 引用圖書의 解題를 붙이고, 그 사진을 넣은 점.

④ 附錄 Ⅱ로 15세기 국어의 添用 및 活用形을 一覽할 수 있게 한 점.

(5) 東亞出版社의 훌륭한 활자, 조판, 인쇄 등 최고의 시설과 기술이 동원되었다.

(6) 종전에 간행된 고어 사전류에 없는 새로운 語彙(어휘)가 상당수 있으며, 또한 한두 語例(어례)밖에 없던 것이, 그 예를 더하여 語義가 분명해진 것도 있고, 더러는 誤註(오주)를 바로잡은 것도 있다.

협력하여 주신 여러분

(1) 책을 빌려 주신 여러분

앞에 적은 여러분의 후의를 잊을 수 없으나, 특히 귀중본을 아낌없이 많이 빌려 주신 李秉岐 선생께 뜨거운 감사를 드린다.

(2) 원고 작성과 교정에 수고하여 주신 여러분

사전 원고 작성……徐德洙 任益壽 金守鎭 金東魯 鄭僑煥 禹英鎬 李鍾恩 南基心

부록 작성……柳穆相

부록 교열……朴魯春(慶熙大 教授)

부록 인용도서 사진 촬영…金東旭(中央大 教授) 尹世鵬

교정(校正)……徐德洙 柳穆相 金學璨 李鍾恩 南基慶, 그 밖의 東亞出版社 校正部員

(3) 뜻풀이에 좋은 의견을 말씀하여 주신 분

鄭寅承(中央大 教授) 劉昌惇 姜吉云(前 公州師大 教授, 現 京畿高 教師)

(4) 출판사측에서 이 책을 내게 하여 주시고 또는 근심하여 주신 분

金相文(東亞出版社 社長) 씨를 비롯하여 金士永, 朴恩受, 沈讃根, 鄭長澈 씨 등의 노고가 크며, 大邱로부터 오늘에 이르기까지 시종여일하게 근심해 주신 徐德洙 씨에게 진심으로 감사하는 동시에 문선 조판에 수고해 주신 공무부원께도 사의를 표한다.

(5) 이 〈古語辭典〉을 내는 데 참고한 여러 고어 사전 편저자 여러분, 특히 〈古語材料辭典〉의 편자이신 方鍾鉉 선생께 깊이 謝意를 표하며, 부록 작성에 참고한 여러 서적의 편저자에게도 아울러 감사한다.

(6) 바쁘신 중 英文으로 序를 써 주신 李熙昇·李崇寧 두 선생께 감사드린다.

이 사전이 완벽한 것이 아님은 그 누구보다도 편자 자신이 가장 잘 알고 있다. 편찬 경과에서 알 수 있듯이 처음부터 면밀한 계획이 있어 이루어진 것이 아니고, 10 년이 넘는 동안 틈틈이 한 것이 되어서 중도에 자꾸 생각이 바뀌고, 그렇다고 조판이 끝난 다음에는 마음대로 변경할 수도 없어 제약된 범위에서의 수정이고보니 가려운 데를 시원토록 긁지 못한 느낌이 앞서 부끄럽기 그지없다. 기쁨보다 후회가 더 큼은 숨길 수 없는 사실이다.

앞으로 가능한 한도 내에서 이것을 修正 增補할 계획을 세워 보겠으며, 그 첫 단계로 부록 Ⅲ으로 索引을 겸하여 이 고어 사전에서 미처 싣지 못했던 語彙(어휘)를 더 뽑아 싣는 동시에, 전공 학도를 위하여 國語史, 특히 李朝語史 연구 자료를 제공하는 작업을 하여 볼까 생각하는 바이다.

1960년 7월 17일 제헌절날

南 廣 祐 씀

FOREWORD

by

Prof. **Hi Seung Lee,**

Dean. College of Liberal Arts & Science, Seoul National University.

and

D. Lit. **Sung Nyong Lee,**

Professor of Korean Philology, Seoul National University.

Since the liberation of 1945, the study of Korean language has developed rapidly and many classical books and documents have been reprinted. It has been felt, however, that the study as hitherto conducted by traditional methods has failed to keep in touch with modern European linguistics. On the one hand, many scholars have tried to change the trend; on the other hand, they have made efforts to gather Middle Korean words for reconstruction of the history of Korean. Fortunately, Korean script was formulated in 1446 and many Buddhist canonical books were translated into Korean with the new script. So we have a great deal of material concerning Middle Korean, especially that of the 15th century, but no one has arranged these materials in the form of a dictionary giving accurate sources.

Prof. Gwang U Nam has had an eye on this project since the liberation, has been occupied compiling this "Middle Korean Dictionary" for years, and at last has completed this valuable work under great typographical difficulties. Now we should like to indicate some distinctive features in the contents, as follows:

1. It includes 11,315 words, recorded in more than two hundred classical books and documents.

2. The annotations for each word are very accurate and examples are widely quoted after due consideration of various grammatical forms and doublets.

3. The source of each word has been given exactly by mentioning the title, volume and page of the book. Therefore, everyone can quote the works from this dictionary without feeling any doubt.

4. Middle Korean was a tone language and tone was expressed by dots " • ", " : " and " " (zero)
The dots " • ", " : ", " " (zero) denote "rising tone", "lowrising tone," "low tone". This dictionary marks the tone for every character.

5. The appendix consists of two parts : the first is a bibliography and the second is a list of declensions and conjugations. The bibliography includes many recently discovered books and documents and the list should also serve for the grammatical study of Middle Korean.

In view of all these distinctive features, we must thank Prof. Nam for this difficult achievement and we believe that this dictionary will be of use not only for Korean philology and literature but also for every field of Korean studies.

일 러 두 기

1. 編纂方針

(1) 이 古語辭典은 옛 文獻(문헌)에 기록된 우리말의 古語를 되도록 많이 採錄(채록)함을 기본 방침으로 삼았다.

(2) 이 古語辭典은 採錄 語彙(어휘)의 年代 上限線과 下限線을 넓히는 데 힘썼다.

(3) 이 古語辭典은 古語 採錄에서 固有語에만 국한하던 태도에서 벗어나 우리의 옛 漢字語도 두루 채록했다.

(4) 이 古語辭典은 現代語와 같은 表記의 옛 단어들도 古語로 다루어 그 쓰임의 같음과 다름을 보였다.

(5) 이 古語辭典은 體言의 添用形과 用言의 活用形을 標題語로 싣기도 했다.

(6) 이 古語辭典은 多樣(다양)한 用例를 時代順으로 수록하여 시대에 따른 國語의 變遷(변천)을 살펴볼 수 있게 했다.

2. 標題語

(1) 이 古語辭典에는 여러 字母와 並書(병서), 連書(연서)를 標題로 실었다.

(2) 이 古語辭典의 標題語는 固有語와 漢字語의 두 가지다.

(3) 漢字語 標題語의 讀音은 原典 表記대로 함을 원칙으로 삼았다.
다만, 표기가 漢字로만 되어 있는 경우 東國正韻式(동국정운식) 漢字音이 아닌, 그 당시의 現實音으로 고쳐 실었다.

(4) 實辭(실사) ——— 體言인 名詞·代名詞·數詞, 用言인 動詞·形容詞, 修飾言(수식언)인 冠形詞·副詞, 獨立言인 感歎詞를 실었다.
虛辭(허사) ——— 關係言인 助辭와 用言의 語尾, 接頭辭, 接尾辭를 실었다.

3. 排列(배열)

(1) 字母排列

① 初聲 ——— ㄱ ㄲ ㄴ ㅥ ㄷ ㄸ ㄹ ㅁ ㅂ ㅲ ㅳ ㅃ ㅄ ㅴ ㅵ ㅶ ㅷ ㅸ ㅅ
ㅺ ㅼ ㅽ ㅆ ㅾ ㅿ ㆁ ㅇ ㆀ ㅈ ㅉ ㅊ ㅋ ㅌ ㅍ ㅎ ㆅ ㆆ

② 中聲 ——— ㅏ ㅐ ㅑ ㅒ ㅓ ㅔ ㅕ ㅖ ㅗ ㅘ ㅙ ㅚ ㅛ ㆉ ㅜ ㅝ ㅞ ㅟ ㅠ
ㆌ ㅡ ㅢ ㅣ ㆍ ㆎ

③ 終聲 ——— ㄱ ㄳ ㄴ ㅦ ㅧ ㅨ ㄷ ㄹ ㄺ ㅪ ㅫ ㄻ ㄼ ㄽ ㅭ ㄿ ㅀ ㅁ ㅮ
ㅯ ㅰ ㅂ ㅄ ㅅ ㅿ ㆁ ㅇ ㆂ ㅈ ㅊ ㅌ ㅍ

(2) 標題語의 排列

① 固有語와 漢字語 ——— 表記가 같을 경우에 固有語를 먼저 실었다.

② 實辭와 虛辭 ——— 實辭를 虛辭보다 먼저 실었다.

③ 虛辭 ——— 虛辭는 助辭, 接頭辭, 接尾辭, 語尾의 순으로 실었다.

④ 品詞別 ——— 명사, 대명사, 수사, 동사, 보조동사, 형용사, 보조형용사, 관형사, 부사, 감탄사, 조사의 순으로 실었다.

4. 標題語의 表記

(1) 標題語

標題語는 옛 典籍(전적)에 기록된 표기대로 실음을 원칙으로 삼았다.

[예] **가·ᄆᆞ기** 부 갑자기. ☞가그기 ¶가ᄆᆞ기 주거:卒死(救急上24).

가·되유·니 동 갇히니. ⑦가되이다 ¶梁애 가되유니:囚梁(初杜解24:6).

(2) 體言의 獨立語形

體言의 경우 獨立語形을 標題語로 실음을 원칙으로 하되, 助辭와 連綴(연철)된 형태나 첨용(添用)된 형태를 싣기도 했다.

[예] **·ᄀᆞ·ᄆᆞᆯ** 명 가물. 가뭄. ¶ᄀᆞᄆᆞ래 아니 그츨씨:旱亦不竭(龍歌2章). …

놀 명 노루. ☞노ᄅᆞ ¶쥴애山 두 놀이 ᄒᆞᆫ 사래 ᄢᅦ니:照浦二麞一箭俱徹(龍歌43章).

:가·치 명 까치의. 〔'가치'+관형격조사(冠形格助辭) '-ᄋᆡ'〕 ⑤가치 ¶네 또 가마괴 울며 가치 우롬 소릴 듣ᄂᆞ다:汝還聞鵶鳴鵲噪之聲麼(牧牛訣19).

남·ᄀᆞᆫ 명 나무는. ⑤나모 ¶불휘 기픈 남ᄀᆞᆫ:根深之木(龍歌2章).

앗·ᄋᆡ 명 아우의. ⑤앗 ¶平陰엣 音信이 갓가이 이시니 앗ᄋᆡ 사라슈믈 아ᅀᆞ라히 ᄃᆞᆺ노라:近有平陰信遙憐舍弟存(初杜解8:35).

놀리 명 노루의. ⑤놀 ¶놀릐 고기:獐子肉(譯解上50). 놀릐 삿기:獐羔(同文解下39).

(3) 用言의 基本形

用言은 편집상 活用 형태를 모두 표제어로 수록할 수 없으므로, 活用形을 基本形으로 고쳐 싣는 한편, 일부 특수한 활용 형태도 표제어로 실었다.

[예] **가ᄇᆡ얍다** 형 가볍다. ☞가비얍다 ¶ᄂᆞ려오디 아니ᄒᆞᄂᆞᆫ ᄀᆞᆯ며기ᄂᆞᆫ 가ᄇᆡ야오며 가ᄇᆡ얍도다:輕輕不下鷗(重杜解14:8).

가싀다 동 ①가시다. 변하다. ☞가시다 ¶님 向ᄒᆞᆫ 一片丹心이야 가싈 줄이 이시랴(古時調. 鄭夢周. 이 몸이. 青丘).

②씻다. ¶가싀다:洗淨(漢淸8:52).

그ᄉᆞᆨ근 형 그윽한. ⑦그슥다 ¶그ᄉᆞᆨ근 ᄣᅴ엣 드트른 ᄲᅥ러ᄇᆞ료미 어려우니:幽隙之塵拂之且難(楞解1:107).

5. 傍點(방점)

(1) 原典에 傍點이 있는 단어는 표제어에 방점을 표시했다.

[예]:**가령** 부 가령(假令). ¶가령 겨지븨 쳔량을 가져셔:借使因婦財(飜小7:33).

가·린·길 명 갈림길. ☞거림낄 ¶淸淨훈 比丘와 모둔 菩薩이 가린길헤 行호매 生草룰 볿디 아니커니(楞解6:96).

(2) 傍點이 있는 用言의 活用形을 基本形으로 고쳐 실을 경우에는 語尾 '-다'에 去聲點(거성점)을 표시했다.

[예] **가르ᄣᅵ·다** 동 가로 타다. 두 갈래로 하다. ¶또 비단으로 드르 두 녀 가르ᄣᅡ 돌ᄆᆡ기 ᄃᆞ론 갇애:又有紵絲剛叉帽兒(飜老下52).

가·븨얍·다 형 가볍다. ☞가뷔얍다. 가븨엽다 ¶가븨야온 듣틀이 보ᄃᆞ라온 플에 븓터슘ᄀᆞᄐᆞ니:如輕塵棲弱草耳(飜小9:63).

(3) 引用文에는 傍點 표시를 하지 않았다.

6. 標題語의 相應語, 語義, 補充說明, 關聯語

(1) 標題語에는 品詞 표시와 그 단어에 相應하는 現代語를 표기했다.

[예] **가난** 명 가난. ☞간난 ¶옰 가난이ᅀᅡ 實로 가난토다(南明上8).

가·싀엄 명 가시어미. 장모(丈母). ¶가싀엄이 뵈ᄂᆞᆫ 녜도ᄅᆞᆯ ᄆᆞᆺ고:拜姑禮畢(飜小9:59).

가·ᅀᆞ멸·다 형 가멸다. 부(富)하다. 부요(富饒)하다. ☞가ᅀᆞ며다. 가숨열다 ¶가ᅀᆞ며러 布施도 만히 ᄒᆞ더니(釋譜6:12). …벼슬도 노ᄑᆞ며 가ᅀᆞ멸며(月釋2:23)

(2) 標題語에 相應하는 現代語가 없을 경우에는 그 뜻을 풀이했다.

[예] **가ᄅᆞ샹토** 명 쌍으로 된 상투. ¶머리에 가ᄅᆞ샹토 조지고:頭挽雙丫髻(朴新解3:46).

(3) 補充說明을 더한 경우도 있다.

[예] **갈히** 명 칼이. 〔ㅎ 첨용어 '갈'의 주격(主格).〕 독갈 ¶재 ᄂᆞ려 티샤 두 갈히 것그니:下阪而擊兩刀皆缺(龍歌36章).

이·우시·들·다 동 초췌(憔悴)하여지다. 파리해지다.〔'이울다〈萎〉'의 어간(語幹) '이울-'의 'ㄹ'이 'ㅅ' 앞에서 탈락하여 '이우-'로 된 형태.〕 ¶이우시드러ᅀᅡ 囹辟苦ᄅᆞᆯ 비르서 시름ᄒᆞᄂᆞ니:憔悴始憂囹辟苦(南明上62).

(4) 標題語인 體言의 獨立語形은 독으로, 用言의 基本形은 ㉠로, 關聯語인 同義語·類似語·相對語 등은 ☞표로 나타내었다.

[예] **가·히** 명 개의.〔'가히'+관형격조사 '-ᄋᆡ'〕 독가히 ¶가히 戒ᄅᆞᆯ 가져:持狗戒(楞解8:91).

갓가·바 형 가까워. ㉠갓갑다 ¶三菩提예 갓가바 道樹下애 안ᄌᆞ니(月釋17:43).

갓불 명 갓풀. ☞갓블. 갓플 ¶이바디ᄒᆞ야 즐겨셔 오ᄉᆞ로 갓부레 더딤 ᄀᆞᆮ고져 願ᄒᆞ노라:宴衎願投膠(重杜解14:9).

거푸 부 거푸. 잇달아 거듭. ☞거푸거푸 ¶거푸 ᄒᆞᆫ 번 니ᄅᆞ니(三譯6:6).

7. 用例 및 出典 表示

(1) 標題語 각 항에는 해당 단어 또는 例文을 여러 典籍(전적)에서 찾아 時代順으로 수록했다.

(2) 引用文은 原典 表記대로 수록하되, 이용자의 편의를 고려하여 現代 語法에 준하여 적절히 띄어 썼다.

(3) 諺解本(언해본)의 引用文일 경우에는 해당 漢文 부분도 함께 인용했다. 또, 표제어의 해당 한자만을 보이기도 했다.

(4) 引用文 끝에는 引用 典籍을 略語로 밝혀 놓았다. 경우에 따라서는 作品名을 표시했다.

(5) 古時調의 引用文이 作品의 中章이나 終章인 경우에는 그 初章의 첫 句節(구절)을 밝혀 놓았다.

[예] **바잔이다** 동 바장이다. ☞바자니다 ¶이 몸이 精衛鳥 갓타여 바잔일만 ᄒᆞ노라(古時調. 徐益. 이 뫼흘. 青丘). 十二欄干 바잔이며 님 계신 듸 ᄇᆞ라보니(古時調. 朴文郁. 갈제는. 青丘).

8. 音韻變遷과 活用 및 添用 形態

(1) 古語의 音韻變遷 과정을 引用文 끝에 보였다.

[예] **받ᄌᆞᄫᅡ** 동 받자와. 받드와. 바치와. ㉮받ᄌᆞᆸ다 ¶부텨 威神ᄋᆞᆯ 받ᄌᆞᄫᅡ 이 經을 너비 불어(月釋21:61). ※받ᄌᆞᄫᅡ>받ᄌᆞ와>받자와

(2) 用言의 活用形을 引用文 끝에 보였다.

[예] **받ᄌᆞᆸ·다** 동 ①받들어 바치다. ☞받다 ¶慶爵ᄋᆞᆯ 받ᄌᆞᄫᆞ니이다:共獻慶爵(龍歌63章). …
②받잡다. 받들다. ☞받다 ¶부텨 威神ᄋᆞᆯ 받ᄌᆞᄫᅡ 이 經을 너비 불어(月釋21:61).

※'받ᄌᆞᆸ다'의 활용 ┌받ᄌᆞᆸ고/받ᄌᆞᆸ노이다…
└받ᄌᆞᄫᅡ/받ᄌᆞᄫᆞ며…

(3) 體言의 添用 形態를 引用文 끝에 보였다.

[예] **나모** 명 나무. ¶불휘 기픈 남ᄀᆞᆫ:根深之木(龍歌2章). 이ᄫᅳᆫ 남ᄀᆡ 새닢 나니이다:時維枯樹茂焉復盛(龍歌84章). 빗근 남ᄀᆞᆯ:于彼橫木(龍歌86章). 이ᄫᅳᆫ 나모와:與彼枯木(龍歌89章). 남기 ᄢᅦ여 性命을 ᄆᆞᄎᆞ시니(月印上2). 나모 아래 안ᄌᆞ샤(月印上43). ᄒᆞᆫ 남ᄀᆞᆯ 내니 곶니피 펴(月印上58). ᄧᅡᄒᆞᆫ 그ᄃᆡᆺ 모ᄀᆡ 두고 남ᄀᆞ란 내 모ᄀᆡ 두어(釋譜6:26). 보비예 남기 느러니 셔며(月釋2:29). 夫人이 나모 아래 잇거시ᄂᆞᆯ(月釋2:42). …

※'나모'의 첨용 ┌나모도/나모와…
└남기/남ᄀᆞᆫ/남ᄀᆞᆯ/남ᄀᆡ/남ᄀᆡ셔…

9. 略號

字母(자모) 자모	補助動詞(보조동사) 조동
並書(병서) 병서	補助形容詞(보조형용사) 조형
脣輕音(순경음) 순경음	接頭辭(접두사) 접두
名詞(명사) 명	接尾辭(접미사) 접미
代名詞(대명사) 대	語尾(어미) 어미
數詞(수사) 수	調聲母音(조성모음) 조성모음
動詞(동사) 동	接尾音(접미음) 접미음
形容詞(형용사) 형	獨立形(독립형) 독
冠形詞(관형사) 관	基本形(기본형) 기
副詞(부사) 부	關聯語(관련어) ☞
感歎詞(감탄사) 감	引用例(인용례) ¶
助辭(조사) 조	活用(활용)·添用(첨용) ※
句(구) 구	音韻變遷(음운 변천) >

10. 出典 略語 〈가나다順〉

〈略語〉	〈原典名〉	〈略語〉	〈原典名〉
歌曲	歌曲源流	高麗史	高麗史
家禮	家禮諺解	高山九曲歌	高山九曲歌
家禮圖	家禮圖諺解	古俗	古今俗語
加髢	加髢申禁事目	古時調	古時調
簡辟	簡易辟瘟方諺解	孤遺	孤山遺稿
江村晩釣歌	江村晩釣歌	觀經	觀經
皆岩歌	皆岩歌	關東別曲	關東別曲
經國	經國大典	關西別曲	關西別曲
京都	京都雜志	光千	光州千字文
警民	警民編諺解	敎坊	敎坊歌謠
警民音	御製警民音	校註歌曲	校註歌曲集
警民編	警民編	救簡	救急簡易方諺解
敬信	敬信錄諺解	救急	救急方諺解
經筵	經筵日記	救辟	救荒撮要辟瘟方
經驗	經驗方	救易	救急易解方諺解
雞類	雞林類事	救荒	救荒撮要
誡初	誡初心學人文	救荒補	救荒補遺方
癸丑	癸丑日記	勸念解	勸念要錄諺解
古歌	古今歌曲	勸禪曲	勸禪曲
雇工歌	雇工歌	勸善文	上院寺勸善文

ㄱ

ㄱ [자모] 기역. 한글 초성(初聲) 자모(字母)의 하나. 아음(牙音). 어금닛소리. ¶ㄱ. 牙音. 如君字初發聲. 並書 如虯字初發聲(訓正). 牙音ㄱ象舌根閉喉之形(訓解. 制字). ㄱㄷㅂㅈㅅㆆ. 爲全淸. ㅋㅌㅍㅊㅎ. 爲次淸. ㄲㄸㅃㅉㅆㆅ. 爲全濁…ㄱ 木之成質. ㅋ 木之盛長. ㄲ 木之老壯. 故至此乃皆取象於牙也(訓解. 制字). 所以ㆁㄴㅁㅇㄹㅿ六字爲平上去聲之終. 而餘皆爲入聲之終也. 然ㄱㆁㄷㄴㅂㅁㅅㄹ八字可足用也(訓解. 終聲). 五音之緩急. 亦各自爲對如牙之ㆁ與ㄱ爲對. 而ㆁ促呼則變爲ㄱ而急. ㄱ舒出則變爲ㆁ而緩(訓解. 終聲). ㄱ는 엄쏘리니 君군ㄷ字ᄍᆞᆼ 처ᅀᅥᆷ 펴아나ᄂᆞᆫ 소리 ᄀᆞᄐᆞ니 ᄀᆞᆯᄫᅡ쓰면 虯ᄁᆞᇢ字ᄍᆞᆼ 처ᅀᅥᆷ 펴아나ᄂᆞᆫ 소리 ᄀᆞᄐᆞ니라(訓註4). ㄱ其役(訓蒙凡例2).

-ㄱ [조] ①-의. 〔종성이 ㆁ인 말과 초성이 ㄱ, ㄷ, ㅂ, ㅅ, ㅈ, ㅊ, ㅎ 등으로 시작되는 말 사이에 쓰인 사잇소리.〕¶兄ㄱ ᄠᅳ디 일어시ᄂᆞᆯ:兄讓旣遂(龍歌8章). 平生ㄱ ᄠᅳᆮ 몯 일우시니:莫遂素志(龍歌12章). 遮陽ㄱ 세 쥐:遮陽三鼠(龍歌88章). 種種ㄱ 곳 비코(釋譜9:22). 乃終ㄱ소리:終聲(訓註11). 王ㄱ 出令을 저ᄊᆞᄫᅡ(月釋1:9).

②-부터. 〔부사에 붙여 썼음.〕¶반 님자히 과ᄒᆞ야 즁싱도 孝道ᄒᆞᆯ쎠 일록 後에 疑心 마오 가져가라 ᄒᆞ니(月釋2:13). ᄋᆡ 迷人아 오ᄂᆞᆯ록 後에 이 길ᄒᆞᆯ ᄇᆞᆲ디 말라(月釋21:119). 호ᄆᆡ 메여 아히록 몬져 가:荷鋤先童稚(杜解18:9). 鄭李ᄂᆞᆫ 時節ㅅ 議論애 빗나니 文章은 다 날록 몬제로다:鄭李光時論文章並我先(初杜解20:6). 일록 후에 다시 서ᄅᆞ 보면:今後再廝見時(老解下66).

③-서는. 〔용언(用言)에 붙여 쓰던 강세(强勢) 접미소.〕¶너희 出家ᄒᆞ거든 날 ᄇᆞ리곡 머리 가디 말라(釋譜11:37). 一萬 디위 죽고 一萬 디위 살옥 ᄒᆞ더라(月釋23:78). 어드웍 空이 ᄃᆞ외야:晦昧ᄒᆞ약 爲空ᄒᆞ야(楞解2:18). 여러 法緣을 여희약 分別性이 업슳딘댄:離諸法緣無分別性(楞解2:26). 네 子細히 ᄉᆞ랑ᄒᆞ약 哀慕ᄅᆞᆯ 忝히 말라:汝諦思惟無忝哀慕(楞解2:54). 工夫ᄅᆞᆯ ᄒᆞ약 ᄆᆞᅀᆞᆷ ᄡᅥ(蒙法4). 불휘 ᄃᆞ엿ᄂᆞᆫ 남글 더위잡곡 살 드ᄂᆞᆫ 돌해 오ᄅᆞᄂᆞ려 가도다:攀援懸根木登頓入矢石(杜解19:27). 南녀그로 녀 쇠로기 ᄠᅳᆮ듣ᄂᆞᆫ ᄃᆡ 다 가리라:南征盡跕鳶(初杜解20:13)

-ㄱ:손·ᄃᆡ [조] -에게. 〔ㆁ 받침 뒤에 쓰였음.〕 ☞ᄋᆡ손ᄃᆡ. -의손ᄃᆡ ¶阿闍世王ㄱ손ᄃᆡ 가니(釋譜24:6).

-·가 [조] ①-인가. ☞-아 ¶이 ᄯᅡ리 너희 죵가…이 두 사ᄅᆞ미 眞實로 네 항것가(月釋8:94). ᄯᅩ 一定ᄒᆞᆫ 方가 一定티 아니ᄒᆞᆫ 方가:爲復定方爲不定方(楞解2:42). 반ᄃᆞ기 보ᄆᆡ 빗가:爲當見色(楞解2:80). 이ᄂᆞᆫ 賞가 罰아(蒙法53). 그 얼구를 傳ᄒᆞᆫ 것가(初杜解16:36). 이 凡가 聖가(南明下20). 나랏글이 다 浩의 ᄒᆡ온 바가:國書皆浩所爲乎(宣小6:41). 이 네 권당가:是你親眷那(老解上14). 그 잡황호젼이 네하가:那雜貨鋪兒是你的(老解上44). 네 아랑곳가(同文解下49). 명률의 속으로 비방ᄒᆞ야도 그 죄 샤치 못ᄒᆞᄂᆞ니 허믈며 ᄡᅮ지즘가(敬信70). 주려 주글진들 採薇도 ᄒᆞᄂᆞᆫ 것가(古時調. 成三問. 首陽山 ᄇᆞ라보며. 青丘). 우ᄂᆞᆫ 거시 벅구기가 프른 거시 버들숩가(古時調. 尹善道. 孤遺).

②-가. ¶ᄎᆞᆫ 구ᄃᆞ릐 자니 ᄇᆡ가 세니러셔 ᄌᆞ로 ᄃᆞᆫ니니(內簡. 鄭澈慈堂 安氏). ᄉᆞ나히가 ᄒᆞᆫ 거ᄉᆞᆯ(癸丑42). 동화 ᄢᅵ가 즘싱의 ᄯᅩᆼ의 드럿거ᄂᆞᆯ(癸丑217). 죵이 미련ᄒᆞ여 ᄎᆞᆫ ᄇᆞ롬을 ᄡᅩ여 두드럭이가 블의에 도다 브어 오ᄅᆞ니(諺簡62 仁宣王后諺簡). 어제 거동의 니광하가 통네 막혀 압히 인도ᄒᆞ올 제(諺簡45 肅宗諺簡). 샹이 ᄀᆞᆯᄋᆞ샤ᄃᆡ ᄇᆞᆰ고 총ᄒᆞ기가 비록 어려오나(仁祖行狀12). 多分 ᄇᆡ가 올 거시니 遠見의 무러보ᄋᆸ소(新語1:8). 東萊가 요ᄉᆞ이 편티 아니ᄒᆞ시더니(新語1:26). 疏蛀ᄂᆞᆫ 니가 성긔고 버레 먹단 말이라(女四解2:17). 더러운 ᄌᆡ가 다 처디고(煮硝方9). ᄆᆡᆼ녈키ᄅᆞᆯ 해 ᄒᆞ는 틔가 다 소사올라(煮硝方12). 못 ᄒᆞᄂᆞᆫ 니가 만ᄒᆞ니(痘瘡方9). 병든 아ᄒᆡ가 비록 어육을 달라 ᄒᆞ야도(痘瘡方11). ᄒᆡ가 창의 비최여시되(痘瘡方44). ᄎᆡ소가 요원ᄒᆞ야(閑中錄98). 壁上에 걸린 칼이 보믜가 낫다 말가(古時調. 金振泰. 青謠). 앋가 遠見으로셔 案內 ᄉᆞᆯ옴은 洋中에 ᄇᆡ가 뵌다 니ᄅᆞ오니(重新語1:12). 여러 ᄢᅢ가 지나면 믄득 죄업시 죽으리니(字恤2). 임오 구월 십이일

불러 쓰이니 경고가 거의 이경이 넘엇더라(警民音10). 너의가 여긔셔 二千餘里 ᄯᅡ히 나 되ᄂᆞᆫᄃᆡ(華解上1). 니가 京官이 아니오(華解上2). 네가 今年에 貴庚이여(華解上3). 안개가 대단이 끼여지매(隣語1:5). 巡使가 문 內 드ᄋᆞᆸ시되(隣語1:6). 나도 요ᄉᆞ이 더위가 드러(隣語1:8). 도로혀 虛費가 되오매(隣語1:11). 잠간 기ᄃᆞ리시면 與否가 잇ᄉᆞ오리(隣語1:14). 비록 졔가 교만ᄒᆞᆫ 말을 ᄒᆞᆯ지라도(隣語1:18). 그른 ᄃᆡ가 잇ᄂᆞᆫ가 시보오매(隣語1:29). 사슴의 고기가 아모리 軟ᄒᆞ고 죠타 ᄒᆞ여도(隣語2:2). 아ᄒᆡ가 너모 슬거워도(隣語2:6).

-가 접미 -가(哥). 〔성(姓)에 붙여 쓰는 말.〕¶내 셩이 王개로라(飜老上8. 老解上7). 高麗ㅅ 나그내 李개 잇ᄂᆞ녀(飜老下1). 뎌 류가ᄂᆞᆫ(飜朴上25). 오가가 아녀 님별좌라 ᄒᆞᄋᆞᆸ데(癸丑77). 절ᄒᆞ노라 主人 兄아 내 王哥ㅣ로라(蒙老1:21).

가 명 가(假). 거짓. 가짜. ☞진¶다ᄅᆞᆫ 사ᄅᆞᆷ으로 ᄒᆞ여 뵈면 곳 眞이며 假ᄅᆞᆯ 보리라:着別人看便見眞假(朴解上64).

가 명 가(家). 집. 집안. ¶陳시 家의 墳墓(家禮7:21).

가가 명 시렁. 나뭇가지 사이나 엇맨 작대기에 걸쳐서 맨 시렁. ☞가개 ¶가가 붕:棚(倭解上32). 가가:棚子(同文解上34. 譯解補12). 가가:棚(漢淸14:37).

가각ᄒᆞ다 형 급하다. ☞가ᄀᆞᆨᄒᆞ다 ¶급박ᄒᆞ며 가각ᄒᆞᄂᆞ니:急刻(三略上31).

가감ᄒᆞ다 동 가감(加減)하다. ¶아ᄒᆡ 크며 쟈그믈 혜아려 가감ᄒᆞ라(痘要上43). 미리 시리의 다쇼ᄅᆞᆯ 혜아려 법ᄉᆞᄅᆞᆯ 가감ᄒᆞ며(敬信20).

가개 명 ①시렁. 나뭇가지 사이나 엇맨 작대기에 걸쳐 맨 시렁. ¶가개:涼棚(四解下59 棚字註). 가개 붕:棚(訓蒙中5). 녀름에 서느러온 가개예 ᄆᆡ여:夏縶涼棚(馬解下99). 나그내들 ᄒᆞ여 그저 이 가개 아래 안자셔 밥 먹게 ᄒᆞ쟈:教客人們只這棚底下坐的喫飯(老解上36). 가개:涼棚(譯解上17).
②여막(廬幕). ¶門 밧긔 가개 짓고:廬于外(三綱. 孝7).

가거 명 가거(家居). 친정에서 지냄. ¶昏禮後의 이ᄊᆞᄆᆡ 이제 按ᄒᆞ니 이곳 家居애 平日 일이니(家禮2:1).

가것 명 가(假)것. 가짜. 위조물(僞造物). ☞조것 ¶가것 조것 ᄆᆡᆫ들어 약과 은에도 사ᄅᆞᆷ 속이ᄂᆞᆫ 것(敬信66).

가계 명 가계(家計). 살림살이. ¶가계 비록 가난호ᄃᆡ:家計雖貧(東新續三綱. 烈3:58). 죠녜 눈이 멀고 가계 료락ᄒᆞᆫ지라(敬信18). 늙은 후 지아비 죽고 가계 탕퍼ᄒᆞ야 ᄆᆡ파 갑술 바다 ᄌᆞ싱ᄒᆞ고(落泉1:1).

가곡 명 가곡(歌曲). 노래. 노래의 곡조. ¶어즙어 昔年歌曲이(古時調. 空山木落. 海謠). 염곡 풍경부치 가곡(敬信83).

가관·ᄒᆞ·다 동 가관(加冠)하다. ¶스믈히어든 가관ᄒᆞ야 비르소 禮ᄅᆞᆯ ᄇᆡ호며:二十而冠始學禮(宣小1:5). 가관ᄒᆞ기와 혼인과 상ᄉᆞ와 졔ᄉᆞᄂᆞᆫ:冠昏喪祭(宣小5:39).

가교 명 가교(駕轎). ¶역마로 블리실시 특별이 가교ᄅᆞᆯ 타오라 ᄒᆞ시고(仁祖行狀25).

가구 명 가구(家口). ¶어버이 겨실 제 가구ᄅᆞᆯ ᄠᅩ로 ᄒᆞ야 ᄌᆡ믈을 달리ᄒᆞ며(警民22). 그 쳐ᄌᆞ와 가구ᄅᆞᆯ 혜여 ᄲᅥ 당ᄒᆞ게 ᄒᆞ여 점점 죽기예 니르고(敬信6).

가구막지 명 개고마리. ☞개가머리. 개가마리 ¶가구막지:伯趙(物譜 羽蟲).

가·국 명 가국(家國). 집안과 나라. ¶女人이 앖政事로 모ᄆᆞᆯ 셰여 家國ᄋᆞᆯ 닷거든(楞解6:19). 종샤의 죄인이오 가국의 원쉬니(仁祖行狀12). 가국이 상망ᄒᆞᄂᆞᆫ 일이니(癸丑10).

가권 명 가권(家眷). 집안 식구. ¶드듸여 빙ᄒᆞ야 경ᄉᆞ로 다르니 공이 가권을 잇그러 ᄲᅥ 힝ᄒᆞᆫᄃᆡ(敬信39). 가권을 다리고 일시의 발션ᄒᆞ야(引鳳簫3). 후의 가권과 ᄒᆞᆫ가지로 오라 ᄒᆞ고 긔약ᄒᆞ니(落泉1:1).

가·그·기 부 갑자기. ☞가ᄆᆞ기 ¶가그기 브레 ᄢᅥ면 즉재 주그리라:便將火炙卽死(救簡1:77). ᄯᅩ 갓가이 가 가그기 브르디 마롤디니:亦不得近前急喚(救簡1:82).

가긔 명 가기(佳期). ¶타일 풍운을 바라거니 ᄇᆡᆨ세 가긔ᄅᆞᆯ ᄯᅩᄒᆞᆫ 기ᄃᆞ리지 못ᄒᆞ리잇가(落泉2:4).

가·ᄆᆞ기 부 갑자기. ☞가그기 ¶가ᄆᆞ기 주거:卒死(救急上24). 가ᄆᆞ기 ᄇᆡ야미 가마:卒爲蛇繞(救急下79). ᄯᅩ 딜실을 ᄂᆞ치 엎고 가ᄆᆞ기 텨 ᄣᅡ려ᄇᆞ리라:又瓦甑覆面疾打破(救簡1:98).

가ᄀᆞᆨ다 형 급하다. ☞가각ᄒᆞ다 ¶그 진짓 ᄆᆞᄋᆞ미 가ᄀᆞᆨᄒᆞᆫ ᄉᆞ이예 ᄆᆡ양 나ᄂᆞ니:其眞情之發每見於顚沛之頃(正俗4).

가·ᄀᆞᆨᄒᆞ·다 형 급하다. ☞가각ᄒᆞ다 ¶ᄒᆞ다가 ᄆᆞᅀᆞᆷ ᄡᅮ미 가ᄀᆞᆨᄒᆞ면:若用心急(蒙法7).

가ᄀᆞᆯ오다 동 거꾸로 세우다. ☞갓ᄀᆞᆯ오다 ¶곳다온 酒樽을 가ᄀᆞᆯ오리로다:倒芳樽(重杜解21:24).

가난 명 가난. ☞간난 ¶옰 가난이ᅀᅡ 實로 가난토다(南明上8). 올히 니건ᄒᆡᆺ 가난과 도ᄅᆞ혀 ᄀᆞᆮ도다:今年還似去年貧(南明下11). 가난 구:窶(類合下28). ※ 가난<간난

가난·ᄒᆞ·다 형 가난하다. ☞간난ᄒᆞ다 ¶主人이 가난호ᄆᆞ로 辭緣ᄒᆞ며:主人辭以窶(宣賜內訓1:3). 가난ᄒᆞᆫ 사ᄅᆞᄆᆞᆯ:貧人(初杜解15:

22). 國步ㅣ 오히려 가난ᄒᆞ니:國步猶艱難(初杜解22:48). 가난ᄒᆞᆫ 사오나온 郞君이로다:窮寒拙郞君(金三5:5). 올히 바ᄅᆞ 가난타 니ᄅᆞ거늘 보라:見說今年直是貧(南明上8). 옰 가난이ᅀᅡ 實로 가난토다(南明上8). 외ᄅᆞ이 가난ᄒᆞ니 어예비 너교미(六祖中21). 가난ᄒᆞᆯ 빈:貧(訓蒙下26. 類合下2). 내 진실로 가난코 미쳔ᄒᆞᆫ디라:而吾實貧賤(宣小6:54). 어버이 일 여히고 지비 가난터니(東新續三綱. 孝4:22). 가난ᄒᆞᆯ 빈:貧(倭解上56). 奢ᄒᆞ면 집이 가난ᄒᆞᄂᆞ니라:奢則家貧(女四解2:28).

가난ᄒᆞ히 명 흉년(凶年). ¶경빅의 부쳬 가난ᄒᆞ히예 후리여 먼 디 풀려 갓써ᄂᆞᆯ:敬伯夫妻荒年被略賣江北(二倫16 達之贖弟).

가녀 명 가녀(嫁女). 딸을 시집보내는 일. ¶嫁女ᄒᆞᆯ 제 몬져 聘財의 多少ᄅᆞᆯ 무러(家禮4:10).

가녜 명 가례(家禮). 한 집안의 예법. ¶ᄒᆞᆫ골ᄋᆞ티 가녜대로 ᄒᆞ고:一依家禮(東新續三綱. 孝1:18). 家禮라 ᄒᆞ야 임의 일오며(家禮1:4). 이제 家禮에 俗을 조차 상轝ᄅᆞᆯ 밍글고(家禮圖13). 가녜ᄅᆞᆯ 힝ᄒᆞ시니(閑中錄206).

-·가·뇨 어미 -느뇨. -느냐. ☞-거뇨 ¶외오 혀다가 ᄡᅡ골 삼게 ᄒᆞ가뇨:謬引爲匹敵(初杜解16:1). 이젠 내 엇디라 ᄂᆞ미 命令에 ᄃᆞᆫ니가뇨:今則奚奔命(重杜解1:49).

가늘다 형 가늘다. ☞ᄀᆞᄂᆞᆯ다 ¶가늘 섬:纖(兒學下9).

-가·니 어미 -거니. ¶닐오ᄃᆡ 내 너희 ᄒᆞᆫ가지 反티 아니ᄒᆞ가니 엇데 날 아니 주기ᄂᆞ다 ᄒᆞ야ᄂᆞᆯ(三綱. 忠16 秀實奪笏). 내 머리 버혀 ᄂᆞᄆᆡ ᄆᆞᅀᆞ매 싀훠니 몯 ᄒᆞ논 이ᄅᆞᆯ 애ᄃᆞ라 ᄒᆞ가니(三綱. 烈19). 香 퓌우ᅀᆞᆸ가니 부텻긔 信티 아니ᄒᆞᅀᆞᄫᆞ려(月釋23:89). 내 仁義禮智信을 아라 行ᄒᆞ가니 너를 恭敬호미 맛당티 아니ᄒᆞ니라(金剛21). 내 이거슬 怪異히 너기가니 어느 구틔여 나료(初杜解25:29). 내 어미 나혼 ᄀᆞ외ᄅᆞᆯ 뒷가니 이 ᄒᆞ야 므슴 ᄒᆞ료(南明上31).

※ -가니 > -거니

-·가니·오 어미 -느뇨. -느냐. ☞-가뇨. -거뇨 ¶엇데 搖落호ᄆᆞᆯ 相對ᄒᆞ얫가니오:如何對搖落(初杜解6:31). 어딋 늘근 한아비 와셔 그를 짓가니오:何處老翁來賦詩(初杜解14:17).

-·가니·와 어미 -거니와. ¶王이 니ᄅᆞ샤ᄃᆡ 내 命 그추미ᅀᅡ 므더니 너기가니와(月釋10:4). 그듸 貴ᄒᆞᆫ 저긔 내 늘구믈 ᄎᆞ기 너기디 아니카니와 슬허 ᄇᆞ라오ᄆᆞᆫ 이제 여희오 서르 思憶호ᄆᆞᆯ 爲ᄒᆞ노라:不恨我衰子貴時悵望且爲今相憶(初杜解16:61).

가ᄂᆞᆯ:돈 명 대저울의 첫째 눈금(무게 0의 자리). ¶定盤星ᄋᆞᆫ 저욼 가ᄂᆞᆯ도니라(南明下43).

가:ᄂᆡ 명 가내(家內). 집안. ¶家內예 婢 ᄒᆞᆫ 아ᄃᆞᄅᆞᆯ 나ᄒᆞ니(月釋21:55). 가ᄂᆡ예 집사ᄅᆞᆷ 업다 ᄒᆞ야 잇ᄂᆞᆫ 거긔(飜老上47).

·가·다 동 ①가다. ¶내히 이러 바ᄅᆞ래 가ᄂᆞ니:流斯爲川于海必達(龍歌2章). 狄人ㅅ 서리예 가샤 狄人이 골외어늘:狄人與處狄人于侵. 野人ㅅ 서리예 가샤 野人이 골외어늘:野人與處野人不禮(龍歌4章). 구든 城을 모ᄅᆞ샤 갏 길히 입더시니:不識堅城則迷于行(龍歌19章). 가샴겨샤매 오ᄂᆞᆯ 다ᄅᆞ리잇가:載去載留豈異今時(龍歌26章). 가샤ᅀᅡ 이기시릴씨:往則莫抗(龍歌38章). 洛水예 山行 가 이셔:洛表遊畋(龍歌125章). 精舍ᄅᆞᆯ 디나아가니(月印上2). 菩提樹에 가려 ᄒᆞ샤(月印上23). 耶輸ㅅ긔 가아 種種 方便으로 두서 번 니르시니(釋譜6:6). 내 孫子조차 가게 ᄒᆞ라(釋譜6:9). 王ㅅ그ᅌᅦᆫ 가리라(月釋7:26). 林淨寺로 가ᅀᆞᄫᆞᆫ 내로니(月釋8:92). 바ᄅᆞᆳ ᄀᆞᅀᅢ 가아(月釋10:13). 석 ᄃᆞᆯ 사ᄅᆞ시고 나아가거시ᄂᆞᆯ(月釋10:17). ᄆᆞᄎᆞ매 斷滅에 가ᄂᆞ다 ᄒᆞ니라:終歸斷滅也(楞解10:37). 가ᅀᆞ와 請ᄒᆞᅀᆞᆸ노니(法華3:12). 뎌 ᄀᆞᅀᅢ 가ᄆᆞᆫ(金剛序8). 여러 아ᄌᆞ미 이제 바ᄅᆞᆺ ᄀᆞᅀᅴ 갯고:諸姑今海畔(初杜解8:37). 가ᄇᆡ야온 ᄇᆡᄅᆞᆯ 제 갈조초 나ᅀᅡ 가리라:輕舟進所如(初杜解10:39). 내 앗가 ᄀᆞᆺ ᄡᆞᆯ 밧고라 갓다니:我恰纔糴米去來(飜老上45). 갈 지:之(類合上10. 石千12). 갈 왕:往. 갈 거:去(類合下19. 石千14. 倭解上29). 雙花사라 가고신ᄃᆡᆫ 回回 아비 내 손모글 주여이다(樂詞. 雙花店). 셩셔의 강에 가 모욕ᄒᆞ다가(敬信16). 가기ᄂᆞᆫ ᄒᆞ올여니와(重新語1:8).

②돌아가다. ¶ᄒᆞᆫ번 주거 하ᄂᆞᆯ해 갯다가 ᄯᅩ 人間애 ᄂᆞ려오면(月釋2:19). 空假ㅅ 듣그를 ᄲᅥ러ᄇᆞ려 中道애 가샤ᄆᆞᆯ 表ᄒᆞ니라:表拂去空假之塵而歸中道也(法華2:197). 通達ᄒᆞᆫ 사ᄅᆞ미 보아 ᄒᆞᆫ가지로 다오매 가면:達者觀之一等歸盡(法華6:154). 相ᄋᆞᆯ 자바 眞에 가샤미오(圓覺上一之二45). 東녀그로 ᄃᆞ라 鶴 가던 ᄃᆡ 다 가곡 南녀그로 녀 쇠로기 ᄠᅳ듣ᄂᆞᆫ ᄃᆡ 다 가리라:東走窮歸鶴南征盡跕鳶(初杜解20:13). 죽디 아니ᄒᆞ면 모로매 秦애 가리라:不死會歸秦(初杜解23:6). 어려운 제 녯 ᄆᆞ올ᄒᆡ 가ᄂᆞ니:艱難歸故里(初杜解23:8). 갈 귀:歸(光千6). 어느 내 지븨 감 ᄀᆞᆮᄐᆞ리오:豈若歸吾廬(重杜解1:31). 鳥雀은 바미 제여곰 자리예 가거ᄂᆞᆯ:鳥雀夜各歸(重杜解1:38).

③죽다. 돌아가다. ¶갈 셔:逝(類合下42).

가다 조동 가다. ¶인슌:일을 시작ᄒᆞ야 ᄒᆞ논 배 업고 밀믜여 가는 거동(敬信33).

가다가 부 가다가. 이따금. ¶모시를 이리저리 삼아 두로 삼아 감삼다가 가다가 한가온대 똑 근처지거놀(古時調. 靑丘).

가·다·드리·다 동 걷어들이다. 거두어들이다. ☞갇다 ¶封事를 가다드려든:收封事(初杜解21:11).

가닭 명 가닥(縷). ¶실 호 가닭:線一縷(同文解下24. 譯解補39).

가당 명 가당(家堂). ¶가당의 공양ᄒᆞᄂᆞᆫ 바 관음대ᄉᆞ 압희 고두류혈ᄒᆞ고(敬信38).

가댱 명 가장(家長). ¶므릇 家長 되여시매 반ᄃᆞ시 禮와 法을 삼가 디키여(家禮2:1).

가뎡 명 가정(家庭). ¶家庭엣 법령과 명셩이 됴ᄒᆞ며(飜老下48). 宣이 夫子ㅣ 가뎡에 겨샴을 보니(宣小4:21). 가뎡 안희 훌노 ᄃᆞ니미(敬信12).

가도 명 가도(家道). ¶家道ㅣ 화목ᄒᆞ리라(宣小6:90). 계집은 더옥 順호믈 닐위예야 家道ㅣ 敗티 아니ᄒᆞ리니(警民3). 후에 가되 날노 넉넉ᄒᆞᄂᆞᆫ지라(敬信43). 가도ㅣ 점점 이러 지ᄇᆡᆨ이 ㄱ만이러라(落泉1:1).

가·도·다 동 ①걷다. 거두다. ☞가두다. 갇다 ¶눖므를 ᄡᅳ려 能히 가도디 몯호니:涕灑不能收(初杜解24:47). 펴며 가도미 사ᄅᆞᆷ을 조차 가ᄇᆡ얍도다:舒卷隨人輕(重杜解5:48).
②가두다. ☞가두다 ¶獄애 가도아 罪니블 ᄆᆞ더며(釋譜9:8). 慈悲心을 내야 가도앳던 사ᄅᆞᆷ 노코(釋譜9:33). 獄ᄋᆞᆫ 罪지ᅀᅳᆫ 사ᄅᆞᆷ 가도ᄂᆞᆫ ᄯᅡ히니(月釋1:28). 가돔과 ᄆᆡ욤과:禁繫(楞解6:28). 큰 구레 가도고(三綱. 忠6). 가돌 슈:囚(類合下21). 왕이 노ᄒᆞ여 가도아 두니(東新續三綱. 忠1:17). 가도다:監囚(譯解上66). 가돌 슈:囚(倭解上53). 項王이 그 어미를 가도고(女四解4:33). ㄱᄇᆡ야이 중형을 쓰지 말며 ㄱᄇᆡ야이 가도지 말며(敬信60). 댱안의 가도왓더니(女範2. 변녀 졔태창녀).

※ 가도다(收)[가두다(收監) / 거두다(收穫)

가도록히 부 가도록까지. ¶西로브터 東에 가도록히:自西徂東(詩解18:15).

가·도·이·다 동 갇히다. ☞가티다 ¶有情이 나랏法에 자피여 미여 매마자 獄애 가도이거나(月釋9:25). 시급히 어려운 이레 븓ᄃᆞ라 잇다감 가도이매 ᄲᅡ디ᄂᆞ니:爲人赴急難往往陷囚繫(飜小6:52). 가도이며 숑ᄉᆞ홈이 더욱 하믄:獄訟益繁(宣小3:27). 다라파츅을 닑으면 가도인 일도 프러지고(癸丑125).

가도켜다 동 켕겨 오그리다. ¶네 발을 가도켜고 ᄒᆞᆫ 번 눕고 니디 아니ᄒᆞᄂᆞᆫ 이ᄂᆞᆫ 근골이 알폼이오:四足卷攣一臥不起者筋骨痛也(馬解上74).

가·도·혀·다 동 거두다. 〔'가도다'와 '혀다〈引〉'의 복합형.〕 ☞혀다 ¶ᄉᆞ랑혼던 그듸ᄂᆞᆫ 놀개를 앗겨 ᄒᆞ마 비브르거든 ᄯᅩ 가도혀믈 ᄉᆞ랑ᄒᆞ야:念君惜羽翮既飽更思戢(初杜解22:51). 스스로 ᄆᆞᅀᆞ믈 가도혀 ᄒᆞ면 나날 법다오매 나ᅀᅡ가ᄂᆞ니라:自檢束則日就規矩(飜小8:6).

가동 명 가동(家僮). ¶작일의 지나가ᄂᆞᆫ 공ᄌᆞ를 만나 귀부 가동으로 조ᄎᆞ가니라(落泉2:4).

가동고리켜다 동 오그리다. ☞가동그리혀다 ¶허리를 가동고리켜고 ᄃᆞ니ᄂᆞᆫ 이ᄂᆞᆫ 등 힘이 알폼이오(馬解上76).

가동그리혀다 동 오그라지다. ☞가동고리켜다 ¶네 발이 가동그리혀 눕고 니디 못ᄒᆞᄂᆞ니(馬解下95).

가·되유·니 동 갇히니. ㉠가되이다 ¶梁애 가되유니:囚梁(初杜解24:6).

가·되이·다 동 갇히다. ☞가도이다 ¶梁애 가되유니:囚梁(初杜解24:6).

가·두·다 동 ①걷다. 거두다. ☞가도다. 갇다 ¶가둘 슈:收(訓蒙下5).
②가두다. ☞가도다 ¶아의 子纓를 가두엇더니(女四解4:42).

가듁 명 가죽나무. ☞개둥나모 ¶가듁:樗(物譜 雜木).

가듕 명 가중(家中). 집안. ¶내 가듕 경식을 보니(洛城).

가득 부 가득. ¶一盃酒 가득 부어 萬年祝壽 다시 ᄒᆞ니(皆岩歌).

가득하다 형 가득하다. ¶가득할 만:滿(兒學下10).

가득히 부 가득히. ¶가득히 무휼ᄒᆞ사 ᄉᆞ랑이 놉흐시니(思鄕曲).

가득ᄒᆞ다 형 가득하다. ¶다 오르면 나려오고 가득ᄒᆞ면 넘치나니(萬言詞).

-가든 어미 -거든. -면. ¶무ᄃᆞᆫ 가마로 켜가든:引至埋釜(煮硝方11). ※ -가든>-거든

가등ᄒᆞ다 동 가등(加等)하다. ¶리셰 향촌 우밍을 속이고 해ᄒᆞ거든 가등ᄒᆞ야 즁치ᄒᆞ며(敬信61).

가디 명 가지(枝). ☞가지 ¶蕭森ᄋᆞᆫ 니피 ᄡᅥ러디고 가디 설필 시라(重杜解3:14). 츤곳부리와 설핀 가디 半만 치우믈 이긔디 못ᄒᆞ샷다:冷蘂踈枝半不禁(重杜解8:42). 가지 것고ᄆᆞᆫ 쉽고:折枝易(重內訓序7).

가디다 동 가지다. ☞가지다 ¶수를 댱샹 가듀리라:酒長携(重杜解8:34). 아모나 어더 가뎌셔 그려 보면 알리라(古時調. ᄋᆞ자내. 靑丘). 가딜 츄:取(註千12). 가딜 지:持(註千17). 가딜 쟝:將(註千21).

가디록 부 갈수록. 점점. ☞가지록 ¶어와 聖恩이야 가디록 罔極ᄒᆞ다(松江. 關東別曲). 엇디 ᄒᆞᆫ 江山을 가디록 나이 너겨(松江. 星山別曲). 창히 상뎐이 슬ᄏᆞ장 뒤눕ᄃᆞ록 가디록 새 비출 내여(古時調. 鄭澈. 남극 노인셩이. 松江).

가ᄃᆞ니 동 거두니. 걷히니. ㉮간다 ¶새 비 가ᄃᆞ니:收新雨(初杜解15:55). ᄀᆞᄅᆞ미 가ᄃᆞ니 믌ᄀᆞ이 나고:江斂洲渚出(重杜解3:44).

가·ᄃᆞ며 동 거두며. ㉮간다 ¶ᄀᆞᅀᆞᆯ히 가ᄃᆞ며 겨ᅀᅳ레 갈ᄆᆞ며:秋收冬藏(金三2:6).

가ᄃᆞ·샤 동 거두시어. ㉮간다 ¶百千歲 ᄎᆞᆫ 後에ᅀᅡ 도로 舌相ᄋᆞᆯ 가ᄃᆞ샤(月釋18:6).

가ᄃᆞ·시·고 동 거두시고. ㉮간다 ¶그 ᄢᅴ 부톄 神足 가ᄃᆞ시고(月釋7:54之1).

가ᄃᆞ·시·니 동 거두시니. ㉮간다 ¶百千年이 ᄎᆞ거ᅀᅡ 廣長舌 가ᄃᆞ신대 八方分身이 ᄯᅩ 가ᄃᆞ시니(月釋18:1).

가ᄃᆞ·신·대 동 거두신대. ㉮간다 ¶百千年이 ᄎᆞ거ᅀᅡ 廣長舌 가ᄃᆞ신대 八方分身이 ᄯᅩ 가ᄃᆞ시니(月釋18:1).

가돌니 부 까다로이. 까다롭게. ☞까돌니 ¶집법ᄒᆞ믈 가돌니 말며 권을 아젼의게 빌니지 말며(敬信61).

가돏다 형 까다롭다. ¶횡ᄒᆞ게 밧고 가돏게 거두ᄂᆞᆫ 거ᄉᆞᆯ 공송ᄒᆞ여 막으며(敬信63).

가라 명 가라말. 털빛이 검은 말. ¶가라:驪(柳氏物名一 獸族).

가라 명 가래. ¶가라 쵸:鍫(兒學上11).

-·가·라 어미 -거라. ¶이ᄂᆞᆫ 恩ᄋᆞᆯ 알아라 ᄒᆞ니야 恩ᄋᆞᆯ 갑가라 ᄒᆞ니야(蒙法31).
※-가라>-거라

가·라간·쟈·ᄉᆞ·죡·빅 명 오명마(五明馬). ☞간쟈ᄉᆞ죡빅 ¶가라간쟈ᄉᆞ죡빅:五明馬(飜老下9).

가라간쟈ᄉᆞ죡빅ᄆᆞᆯ 명 오명마(五明馬). ☞가라간쟈ᄉᆞ죡빅이ᄆᆞᆯ ¶ᄒᆞᆫ 墨丁 ᄀᆞᄐᆞᆫ 가라간쟈ᄉᆞ죡빅ᄆᆞᆯ을 ᄐᆞ고:騎着一箇墨丁也似黑五明馬(朴解上26).

가라간쟈ᄉᆞ죡빅이ᄆᆞᆯ 명 오명마(五明馬). ¶가라간쟈ᄉᆞ죡빅이ᄆᆞᆯ:五明馬(老解下8).

가·라간·져:ᄉᆞ·죡·빅·앳ᄆᆞᆯ 명 오명마(五明馬). ☞가라간쟈ᄉᆞ죡빅 ¶ᄒᆞᆫ 먹뎡ᄀᆞᄐᆡ 거믄 가라간져ᄉᆞ죡빅앳ᄆᆞᆯ 탓고:騎着一箇墨丁也似黑五明馬(飜朴上27).

가라디 명 가라지. ☞ᄀᆞ랏 ¶가라디:稂(柳氏物名三 草).

가·라ᄆᆞᆯ 명 가라말. 털빛이 검은 말. ¶가라ᄆᆞᆯ:黑馬(飜老下9. 老解下8. 譯解下28).

가라치다 동 ①가리키다. ¶天觀山 가라치고 達磨山 지나가니(萬言詞). 東南을 가라치니 텬셕 싯던 大中船(萬言詞). 손가락질 가라치며 귀향사리 온다 하니(萬言詞). ②가르치다. ¶모든 황ᄌᆞ와 공쥬를 가라쳐(女四解3:2).

가라침 명 가르침. ¶이믜 장셩ᄒᆞᆷ이 가라침이 ᄎᆞ례 잇실지니(女四解3:19).

가락 명 손가락이나 발가락. ☞ᄀᆞ락 ¶밧가라ᄀᆞ로 ᄯᅡ홀 누르시니(釋譜6:39). 指ᄂᆞᆫ 숀가라기오(月釋序22). 발 ᄒᆞᆫ 가라개 니르러(月釋18:44). ᄀᆞᄅᆞ치ᄂᆞᆫ 숀가라ᄀᆞᆯ 지ᅀᅳ라(楞解10:42). 밠 ᄒᆞᆫ 가라개 니르러:乃至足一指(法華6:160). 엄지가락 모:拇(訓蒙上29). 손가락 지:指(類合上21). 가온대가락 가온대 ᄆᆞ디로 치ᄅᆞᆯ 사ᄆᆞ니(家禮6:10).

가락 명 가락. ¶물렛가락:釘竿子(譯解下18). 가락:釘竿子(同文解下17). 가락:定桿(漢淸10:69). 가락:鐵筳(物譜 蠶績).

가락옷 명 가락에 씌운 갈대. ¶가락옷:裹定桿蘆管(漢淸10:69).

가락·지 명 가락지. ¶도니어나 금은 빈혜어나 가락지어나 몰라 ᄉᆞᆷ쪄든:誤呑錢金銀釵鐶(救簡6:17). 날 박은 금가락지:窟嵌的金戒指兒(飜朴上20). 가락지:指環(訓蒙中24 環字註). 가락지:戒指(譯解上44). 가락지:環(物譜 衣服).

가락톱 명 손톱이나 발톱. ¶시혹 가락토ᄇᆞ로 그려 佛像 ᄆᆡᇰᄀᆞ로매:或以指爪甲而畫作佛像(法華1:219).

가람 명 가람(伽藍). ¶시혹 伽藍 內예 젼ᄎᆞ 淫欲ᄋᆞᆯ 行커나:僧伽藍ᄋᆞᆫ 뎌리니 한 사ᄅᆞᄆᆡ 園이라 ᄒᆞᆫ 마리니 園은 菓實 시므ᄂᆞᆫ ᄯᅡ히오 부텻 弟子ᄂᆞᆫ 道芽 聖果ᄅᆞᆯ 내ᄂᆞ니라 芽ᄂᆞᆫ 어미라(月釋21:39). 가람 토디ᄂᆞᆫ 신명히 알외믈 글읏ᄒᆞ므로 ᄯᅩᄒᆞᆫ 옥의 매이여(敬信22).

가람 명 칡범. ☞갈범. 갈웜 ¶가람의 허리를 ᄀᆞ르 무러(古時調. 개야미. 靑丘).

가랍나모 명 떡갈나무. ¶栥ᄂᆞᆫ 가랍남기오(宣賜內訓2下72). 가랍나모:柞木(四解上34 栩字註). 가랍나모 우:栩. 가랍나모 작:柞(訓蒙上10).
※가랍나모>가랑남우>가랑나모

가랍ᄒᆞ다 동 가납(嘉納)하다. ¶깁히 가랍ᄒᆞ시더니 오ᄂᆞᆯ날 ᄒᆞ교ᄒᆞ시믈 본즉(經筵).

가랏돗 명 가래톳. ☞가ᄅᆞᆺ돗 ¶가랏돗:行陽一云 便毒(譯解上61).

가랑나모 명 떡갈나무. ☞가랍나모 ¶가랑나모:柞木(譯解下41).

가랑남우 명 떡갈나무. ☞가랍나모 ¶가랑남우:栩(物譜 雜木).

가래 명 갈래. ☞가ᄅᆞᆯ ¶믈가래 패:派(類合下59). 믈의 비컨대 근원이 ᄒᆞᆫ 가지오 가래 다름이니:比如水同源而異派(警民6). 두 집 ᄉᆞ이에 세 가래 石橋ㅣ 이시니:兩閣中間有三叉石橋(朴解上60).

가·래 명 가래. ☞가레 ¶가래:木杴(四解下85). 가래 흠:杴(訓蒙中17. 倭解下16). 가래:木杴(同文解下17). 가래:鍬(物譜 耕農).

가래 명 가래. ☞기래 ¶가래:楸(物譜 雜木). 가래:山核桃(物譜 木果. 漢淸13:4).

가래 명 가라지. ¶가래:莠草(物譜 雜草).

가래나모 명 가래나무. ¶가래나모:核桃樹(漢淸13:24).

가래놀 명 가랫날 ¶가래놀:鏵(物譜 耕農).

가레 명 다리. 가랑이. ☞가롤 ¶호 가레 추혀들고(古時調. 이제는. 靑丘).

가레 명 가래. ☞가래 ¶나모 가레:木杴(譯解下8).

가:려ᄒᆞ·다 형 가려(佳麗)하다. ¶물ᄀᆞᆫ ᄀᆞᄅᆞᆷ과 프른 돌히 佳麗호매 ᄆᆞᅀᆞᄆᆞᆯ 슬후니:淸江碧石傷心麗(初杜解14:35).

가련 명 가련(可憐). ¶可憐은 어엿범 직홀시오(金三1:27).

가련ᄒᆞ·다 형 가련(可憐)하다. ¶可憐ᄒᆞ온 車馬客이 門 밧긔 뎌의 밧바ᄒᆞ논 될 므더니 너기놋다(金三1:27). 눈물을 흘녀 손을 난호니 정시 십분 가련ᄒᆞ더라(落泉1:3).

가렵다 형 가렵다. ¶가려울 양:癢(兒學下4).

가렷관디 동 가렸기에. ㉮가리다 ¶長門 咫尺이 언마나 가렷관디(曺友仁. 自悼詞).

:가령 부 가령(假令). ¶가령 겨지븨 쳔량을 가져셔:借使因婦財(飜小7:33). 가령 ᄌᆞ녀 니어든:假令子年(瘟疫方14).

가령가령ᄒᆞ다 형 맑다. ¶가령가령ᄒᆞ다:淸楚(漢淸7:10).

가례 명 가례(家禮). 한 집안의 예법(禮法). ¶졔ᄉᆞ를 가례대로 ᄒᆞ며:奉祭祀一依家禮(東續三綱. 孝23 慶延得鯉). 家禮는 宗法으로 主를 삼으니(家禮1:19).

가·로 명 갈래. 가닥. ☞가롤 ¶눈므를 여러 가로로 흐르게 우노라:萬行啼(杜解8:37).

가로 동 가로되. ☞ᄀᆞᆯ. ᄀᆞᆯ오ᄃᆡ. ᄀᆞᆯᄋᆞ샤ᄃᆡ ¶가로:曰(新字典2:26).

가로다지 명 가로닫이. ¶고모장ᄌᆞ 셰살장ᄌᆞ 가로다지 여다지에(古時調. 한숨아. 靑丘).

가뤼다 동 가리다. ¶나믜 반다시 낫슬 가뤼며(女四解3:4).

가르ᄠᅵ·다 동 가로 타다. 두 갈래로 하다. ¶또 비단으로 드르 두 녁 가르ᄲᅡ 돌ᄆᆞ기 ᄃᆞ론 간애:又有紵絲剛叉帽兒(飜老下52). 또 비단으로 드르 두 녁 가르ᄲᅡ 돌ᄆᆞ기 ᄃᆞ온 갓에:又有紵絲剛叉帽兒(老解下47).

가르새 명 가로대. ¶드레 가르새:桶梁(柳氏物名五 水).

가르치다 동 ①가르치다. 교사(敎唆)하다. ¶사ᄅᆞᆷ을 가르쳐 징송ᄒᆞ야 사ᄅᆞᆷ의 집을 파사케 ᄒᆞ며(敬信16). 가르칠 교:敎(兒學下4). ②가리키다. ¶텬디ᄅᆞᆯ 가르쳐 더러온 회포ᄅᆞᆯ 인증ᄒᆞ며(敬信5).

가르침 명 가르침. ¶시셔에 닐커른 배 덕실이 ᄇᆞᆰ게 가르침이 되고(敬信28).

가름길 명 갈림길. ☞가린길 ¶가름길:岔路(同文解上41).

가름ᄒᆞ다 동 대신하다. ¶쳡이 아비를 가름ᄒᆞ야 ᄇᆡ를 건너지이다(女四解4:13).

가릐눈ᄆᆞᆯ 명 성질이 사나운 말. ¶가릐눈ᄆᆞᆯ:劣馬(柳氏物名一 獸族).

가리 명 가리. 〔물고기를 잡는 기구의 한 가지.〕 ¶고기 잡는 가리:笊籬(譯解上23). 가리:魚罩(漢淸10:27). 가리:笊籬(柳氏物名二 水族).

가·리·다 동 갈리다〔分. 岐〕. ☞거리다 ¶가린 여흘:岐灘(龍歌1:44). 가린 길홀 맛나디 아니콰져 ᄒᆞ실씨:欲不遭枝岐(楞解1:22). 無上道애 가료ᄆᆞᆯ 맛나디 아니ᄒᆞ며:於無上道不遭枝岐(楞解10:42). 枝流는 므리 가리여 나 正流 아닌 거시라(圓覺上一之一23). 어느 가린길히 ᄒᆞᆫᄃᆡ 가디 아니ᄒᆞ리 이시리오:有何岐路不同歸(南明下12).

가리다 동 가리다. ☞ᄀᆞ리다 ¶져근 바ᄅᆞᆷ 가리온들 큰 바ᄅᆞᆷ 엇지ᄒᆞ리(萬言詞). ᄃᆡ를 얼거 문을 ᄒᆞ고 헌 자리로 가리오니(萬言詞). 찬 바ᄅᆞᆷ 지나칠 졔 볏찰 가려 아쳐롭다(萬言詞). ※가리다>ᄀᆞ리다

가리딜 명 가리질. ¶가리딜:罩(物譜 佃漁).

가리ᄃᆡ 명 갈빗대. 늑골(肋骨). ¶가리ᄃᆡ 협:脇(兒學上2).

가·리·맏 명 가리맛. ☞가리맛. 가리맛 ¶가리맏:蟶腸(四解下53 蟶字註). 가리맏 뎡:蟶(訓蒙上20).

가리맛 명 가리맛. ☞가리맏 ¶가리맛:蟶腸(譯解下37). 가리맛:蟶(物譜 介蟲).

가리맛 명 가리맛. ☞가리맏 ¶가리맛:蟶(柳氏物名二 水族). 가리맛 뎡:蟶(兒學上8).

가리온 명 가리온. ☞가리운 ¶가리온:駱(柳氏物名一 獸族).

가리온총이ᄆᆞᆯ 명 갈기가 검은 총이말. ¶가리온총이ᄆᆞᆯ:黑鬃靑馬(朴解上55).

가리우다 동 가리다. ☞ᄀᆞ리오다 ¶가리울 엄:掩(兒學下3). 가리울 폐:蔽(兒學下11). ※가리우다>ᄀᆞ리우다

가리·운 명 가리온. ☞가리온. 가리운ᄆᆞᆯ ¶가리운:黑鬃馬(飜老下9).

가리운ᄆᆞᆯ 명 가리온. ☞가리운 ¶가리운ᄆᆞᆯ:黑鬃馬(老解下8). 가리운ᄆᆞᆯ:海騮馬(譯解下28).

가리질ᄒᆞ다 동 가리질하다. ¶가리질ᄒᆞ다:罩魚(漢淸10:23).

가·린·길 명 갈림길. ☞거림낄 ¶淸淨ᄒᆞᆫ 比丘와 모ᄃᆞᆫ 菩薩이 가린길헤 行호매 生草ᄅᆞᆯ ᄇᆞᆲ디 아니커니(楞解6:96). 어느 가린길히

ᄒᆞᆫᄃᆡ 가디 아니ᄒᆞ리 이시리오:有何岐路不同歸(南明下12).

가린줌어니 명 주름. 거간. ☞즈름 ¶ 가린줌어니:牙僧(物譜 商賈).

가림 명 갈래. ¶ 가림 기:岐(類合下54).

가림자 명 가리마. 머리털을 갈라 빗는 경계선. ¶ 가림자:分道子(譯解補21).

가·ᄅᆞ 명 갈래. ☞가ᄅᆞᆯ ¶ 그 보븨…열네 가ᄅᆞ리니 가ᄅᆞ마다 七寶 비치오(月釋8:13). 세 가ᄅᆞ 돌ᄃᆞ리 잇ᄂᆞ니:有三叉石橋(飜朴上68). 믌가ᄅᆞ 패:派(訓蒙上5). 如意珠王ᄋᆞᆯ 브터셔 갈아나ᄃᆡ 열네 가ᄅᆞ리니 가ᄅᆞ마다 칠보 비치오:從如意珠王生分爲十四支一一支作七寶色(觀經13).

가ᄅᆞ 부 갈라. 따로. ¶ 六道애 가ᄅᆞ ᄃᆞᆫ녀:支離六道(法華1:189). 가ᄉᆞ 사ᄅᆞ미 부모ᄅᆞᆯ 두 엇게예 가ᄅᆞ 메오:假使有人左肩擔父右肩擔母(恩重18). 사겨 통티 몯ᄒᆞᆯ 곧이 잇거든 가ᄅᆞ 주 내여 사기니라(宣小凡例1). 가ᄅᆞ ᄂᆞᆫ 鶴이 삿기ᄂᆞᆫ 구슬 ᄀᆞᆺ튼 고ᄌᆞᆯ ᄇᆞ리고:背飛鶴子遺瓊蘂(重杜解13:45). 總角은 머리 다하 가ᄅᆞ 조지미라(家禮2:26).

가ᄅᆞ누룩 명 가루 누룩. ¶ 가ᄅᆞ누룩:黃子(柳氏物名三 草).

가·ᄅᆞ·다 동 가르다. ¶ 兩分이 갈아 안ᄌᆞ시니(月印上16). 空과 覺괘 갈아(楞解6:52). 죽사리ᄂᆞᆫ 므슷 일로 갈아 ᄒᆞᆫ가지 아니오:死生何事不同歧(南明下42).

가ᄅᆞ다디 명 쌍으로 된 가로닫이. ¶ 가ᄅᆞ다디:雙扇(譯解上17).

가ᄅᆞ드듸다 동 가로 건너 디디다. ¶ 노픈 양지 하ᄂᆞᆯ해 가ᄅᆞ드듸옛ᄂᆞ니:高標跨蒼穹(重杜解9:32).

가ᄅᆞ쁟·다 동 갈려 헐뜯다. 분할(分割)하다. ¶ 각각 제 둧ᄂᆞᆫ 거슬 아롬도이 ᄒᆞ야 거싊저 화동티 아니ᄒᆞ야 각각 가ᄅᆞ쁘더나 아쳐려 호믈 도ᄌᆞᆨ과 원슈ᄀᆞ티 너기ᄂᆞ니:偏愛私藏以致背戾分門割戶患若賊讎(飜小7:41).

가ᄅᆞ샹토 명 쌍으로 된 상투. ¶ 머리에 가ᄅᆞ샹토 조지고:頭挽雙丫髻(朴新解3:46).

가·ᄅᆞᆯ 명 ①갈래(派). ☞가래. 가로. 가ᄅᆡ ¶ 耶舍尊者ᄅᆞᆯ 命ᄒᆞ야 손가라ᄅᆞᆯ 펴아 八萬四千 가ᄅᆞ래 放光케 ᄒᆞ고(釋譜24:24). 그 보븨…열네 가ᄅᆞ리니 가ᄅᆞ마다 七寶 비치오(月釋8:13). 므리 ᄆᆞ리 이셔 가ᄅᆞᄅᆞᆯ 모도ᄃᆞᆺ ᄒᆞ니라(楞解1:16). 반ᄃᆞ기 알라 네 비록 네 가ᄅᆞ로:當知昔雖四派(楞解9:120). 가ᄅᆞᄅᆞᆯ 모도ᄃᆞᆺ ᄒᆞ니:以會其支派(法華1:13). 湖ᄂᆞᆫ 므리니 다ᄉᆞᆺ 가ᄅᆞ로 흐르ᄉᆡ 五湖ㅣ라 ᄒᆞ니라(金三2:18). 如意珠王ᄋᆞᆯ 브터셔 갈아나ᄃᆡ 열네 가ᄅᆞ리니 가ᄅᆞ마다 칠보 비치오:從如意珠王生分爲十四支一一支作七寶色(觀經13). ②가랑이. 다리. ¶ 드러 내 자리ᄅᆞᆯ 보니 가ᄅᆞ리 네히로새라(樂範. 處容歌).

가·ᄅᆞᆺ길 명 갈랫길. ¶ 세 가ᄅᆞᆺ길헤 가온ᄃᆡ ᄃᆞᆫ닐 거시라:三條路兒中間裏行着(飜老下43).

가·ᄅᆞᆺ·톳 명 가래톳. ☞가랏돗 ¶ 가ᄅᆞᆺ톳:便毒(救簡目錄3). 가ᄅᆞᆺ토시 ᄀᆞᆺ 나거든:便毒初發(救簡3:55).

가ᄅᆡ 명 가래. ☞가래 ¶ 비 젓ᄂᆞᆫ 가ᄅᆡ:划子(譯解下21).

가ᄅᆡ 명 갈래. ☞가래. 가ᄅᆞᆯ ¶ 믈가ᄅᆡ:水派(同文解上8).

가ᄅᆡ 명 가래나무. ¶ 가ᄅᆡ:楸(柳氏物名四 木). 가ᄅᆡ 츄:楸(兒學上6).

가ᄅᆡ 명 가래. ¶ 가ᄅᆡ 담:掞(兒學下4).

가ᄅᆡ나무 명 가래나무. ¶ 가ᄅᆡ나무 가:檟(兒學上6).

가·마 명 가마. 가마솥. ☞가매 ¶ 기름 브슨 가마애 녀코(釋譜24:16). 罪人ᄋᆞᆯ 글ᄂᆞᆫ 가마애 드리티ᄂᆞ니라(月釋1:29). 가마ᄋᆞᆯ해 사ᄅᆞᄆᆞᆯ 녀허 두고 글효ᄃᆡ(月釋7:13). 金 ᄒᆞᆫ 가매 나니:見黃金一釜(三綱. 孝12). 鑊ᄋᆞᆫ 가매라(楞解8:97). 남진은 가마와 실을 지고:夫負釜甑(宣賜內訓3:70). 가마 믿 마촘 아랫 누런 ᄒᆞᆰ:竈下黃土(救簡1:25). 가마와 노곳자리와:鍋竈(飜老上68). 가마 부:釜. 가마 와:鍋. 가마 심:鬵, 가마 긔:錡(訓蒙中10). 가마 확:鑊(訓蒙中10. 類合上27). 가마 부:釜(類合上27. 倭解下14). 네 블 ᄣᅵ더 가매 ᄭᅳᆯ커든:你燒的鍋滾時(老解上18). 블 ᄣᅵ더 가매 덥거든:燒的鍋熱時(老解上19). 가마와 노고자리(老解上61). 가마:鍋(漢淸11:37).

가·마 명 가마. 선모(旋毛). ¶ 가마 신:顖(訓蒙上24). 마리ㅅ 가마:頭旋(譯解上32).

가마 명 가마. 승교(乘轎). ¶ 가마:轎車(同文解下19. 漢淸12:25).

가마·괴 명 까마귀. ☞가마귀. 감아괴 ¶ 다ᄉᆞᆺ 가마괴 디고:五鴉落兮(龍歌86章). 가마괴 거므믈:烏黑(楞解5:25). 가마괴 本來 거므며:烏從來黑(楞解10:9). 네 ᄯᅩ 가마괴 울며 가치 우룸 소릴 듣ᄂᆞᆫ다:還聞鴉鳴鵲噪之聲麼(牧牛訣19). 金榜앤 세 발 가진 가마괴 ᄒᆞᆫ 雙이 횟도랫도다:金榜雙回三足烏(杜解9:30). 가마괴 오:烏(訓蒙上16. 類合下11. 倭解下21). ᄒᆞᄅᆞᆫ 가마괴 향안 우희 사잔을 므러 니거ᄂᆞᆯ(東新續三綱. 孝1:23). 가마괴 오:烏(詩解 物名5). 가마괴:鴉(譯解下26). 鴉曰 柯馬鬼(雞類).

가마귀 명 까마귀. ☞가마괴 ¶ 가마귀 검다 ᄒᆞ고 白鷺야 웃지 마라(古時調. 歌曲). 가마귀 거므나다나 ᄒᆡ오리 희나다나(古時調. 瓶歌). 가마귀 검거라 말고 ᄒᆡ오라비 셀 줄 어이(古時調. 青丘). 가마귀 너를 보니 ᄋᆡ돏고 ᄋᆡ달왜라(古時調. 歌曲). 가마귀 눈비 마자 희ᄂᆞᆫ 듯 검노ᄆᆡ라(古時調. 朴彭年. 青丘). 가마귀 ᄡᅡ호ᄂᆞᆫ 골에 白露ㅣ야 가지 마라 셩낸 가마귀(古時調. 青丘). 나모 우희 가마귀 삿기를 밧고아 두어(五倫4:45). 가마귀 오:烏(兒學上7).
※ 가마귀<가마괴

가마기 명 까마귀. ☞가마괴 ¶가마기와 간치왜 구븐 가지예 ᄀᆞᄃᆞ기 안자셔:烏鵲滿樛枝(重杜解16:37). 가마기:烏鴉(漢清13:54). 가마기가 가마기를 됴차 셕양 사로에 나라든다(古時調. 南薰).

가마니 부 ①가만히. ☞ᄀᆞ마니. ᄀᆞᄆᆞ니. 가만이 ¶그으기셔 하ᄂᆞ리 가마니셔 돕고 보ᄂᆞᆫ 딘 ᄆᆞᄋᆞᆯ히 깃거ᄒᆞ리니:陰則天道之默相陽則鄕曲之感恩(正俗28).
②아득히. ¶가마니 튱:冲. 가마니 막:漠(類合下55).

가마두에 명 가마뚜껑. 솥뚜껑. ☞가마ㅅ두웨 ¶가마두에 덥고:鍋子上蓋覆了(老解上19). 가마두에:鍋盖(漢淸11:38).
※ 가마두에<가마두ᄫᅦ

가마믿마촘아랫홁 명 복룡간(伏龍肝). ¶가마믿마촘아랫홁:伏龍肝(救簡6:33).

가마ㅅ두웨 명 가마뚜껑. 솥뚜껑. ☞가마두에 ¶가마ㅅ두웨 덥허 김 내지 말고 ᄒᆞᆫ 번 ᄶᅵ드면 닉ᄂᆞ니라(蒙老2:6).

가마어듭·다 형 캄캄하다. 〔'감다〈黑〉'와 '어듭다〈暗〉'의 복합어.〕 ¶누니 가마어듭거든:眼前暗黑(救急下75). 누니 가마어듭거든:眼前暗黑(救簡6:48).

가마·오디 명 가마우지. ☞가마오지 ¶가마오디 ᄯᅩᆼᄋᆞᆯ:鸕鷀屎(救簡6:2). 가마오디 ᄲᅧ:鸕鷀骨(救簡6:2). 가마오디와 믌ᄃᆞᆰ가 쇽절업시 ᄒᆞ오ᅀᅡ 깃디 말라:鸕鷀鸂鶒莫漫喜(初杜解10:4). 門 밧긔 가마오디 오래 오디 아니ᄒᆞ더니:門外鸕鷀久不來(初杜解25:22). 수업슨 가마오디오:是無數目的水老鴉(飜朴上70). 가마오디 로:鸕. 가마오디 ᄌᆞ:鷀 俗呼水老鴉(訓蒙上17). 가마오디:水老鴉 烏鬼(譯解下26). 가마오디:鸕鷀(柳氏物名一 羽蟲).
※ 가마오디>가마오지>가마우지

가마오지 명 가마우지. ☞가마오디 ¶가마오지 西ㅅ녁 ᄒᆡ 비취옛ᄂᆞᆫ디:鸕鷀西日照(重杜解7:5). 가마오지:水鸛(譯解補47). 고기 본 가마오지(古時調. 각시닋. 青丘). 가마오지:水鸛(同文解下34).

가마조·싀 명 까마종이. ☞가마종이 ¶가마조싓 불휘 ᄒᆞᆫ 줌 조히 시서 밧긴 거플와:龍葵根一把淨洗取皮(救簡6:23).

가마종이 명 까마종이. ☞가마조싀 ¶가마종이:龍葵(東醫 湯液二 菜部). 가마종이:天茄子(譯解下41). 가마종이:龍葵(物譜 草果). 가마종이:龍葵(柳氏物名三 草).

가마채 명 가마채. ¶가마채:筝(物譜 舟車).

가막가치 명 까막까치. ☞가막갓치 ¶오ᄂᆞᆳ 아ᄎᆞᆷ 가막가치 깃비 우루믄:今朝烏鵲喜(重杜解5:11). 南녀그로 ᄂᆞᄂᆞᆫ 가막가치 잇더니:南飛有烏鵲(重杜解12:3).

가막갓치 명 까막까치. ☞가막가치 ¶가막갓치 ᄯᅩᆼ이 ᄀᆞ독ᄒᆞ여(癸丑210).

가막구 명 까마귀. ☞가마괴 ¶ᄯᅳᆺ밧고 가막구가 옥담의 와 안싼이(春香傳246).

가막죠개 명 가막조개. ¶가막죠개 현:蜆(訓蒙上20). 가막죠개:蜆(物譜 介蟲). 가막죠개:蜆(柳氏物名二 水族).

가만이 부 가만히. 조용히. 은밀히. ☞ᄀᆞ마니. ᄀᆞᄆᆞ니. 가마니 ¶가만이 착ᄒᆞᆫ 이ᄅᆞᆯ 해ᄒᆞ며(敬信2).

가만ᄒᆞ다 형 조용하다. 은밀하다. ☞ᄀᆞ만ᄒᆞ다. ᄀᆞᄆᆞᆫᄒᆞ다 ¶九月九日애 아으 藥이라 먹논 黃花 고지 안해 드니 새셔 가만ᄒᆞ애라 아으 動動다리(樂範. 動動). 임의 능히 ᄌᆞ지ᄅᆞᆯ 고셔ᄒᆞ엿거니 엇지 가만ᄒᆞᆫ 갑ᄒᆞ미 업스리오(敬信25).

가매 명 ①가마솥. ☞가마 ¶죠롱박 너출을 가매예 담고:將葫蘆蔓絲安鍋內(痘要上6). 블근 약대의 고기ᄅᆞᆯ 프른 가매애 ᄉᆞᆯ마 내오:紫駝之峯出翠釜(重杜解11:17).
②가마솥이. 〔'가마'+주격(主格)조사 '-ㅣ'〕 ㉦가마 ¶네 블 ᄣᅵ더 가매 ᄭᅳᆯ커든:你燒的鍋滾時(老解上18). 블 ᄣᅵ더 가매 덥거든:燒的鍋熱時(老解上19).

가모 명 가모(嫁母). 개가(改嫁)한 어머니. ¶子ㅣ 父後 되여시면 出母와 嫁母ᄅᆞᆯ 爲ᄒᆞ야(家禮6:18).

가·모·티 명 가물치. ☞가몰티. 가물티. 가믈티 ¶가모티:火頭魚(四解上28 鱧字註). 가모티 례:鱧(訓蒙上20).

가몰치 명 가물치. ☞가모티. 가믈티 ¶가몰치:黑魚(同文解下41).

가몰티 명 가물치. ☞가모티 ¶가몰티:蠡魚(東醫 湯液二 魚部).

가묘 명 가묘(家廟). ¶太子少傅 以上이 다 家廟ᄅᆞᆯ 셰기ᄅᆞᆯ(家禮1:7). 다만 可히 家廟애 드리디 몯ᄒᆞ리라(家禮7:33).

가무 명 가무(歌舞). ¶공지 말노 조ᄎᆞ 시ᄉᆞᄅᆞᆯ 외우고 가무ᄅᆞᆯ 닉이며(落泉1:1).

가문 명 가문(家門). ¶우리 家門앤 지조 ᄀᆞᆯᄒᆡ야ᅀᅡ 사회 맛ᄂᆞ니이다(釋譜3:p.46). 貴ᄒᆞᆫ 家門애 아니 나면 正覺 일우디 아니호리이다(月釋8:68). ᄯᅩ 남지니 家門이 다 업스니 누를 爲ᄒᆞᄂᆞ다(三綱. 烈11). 일훔난 家門과 노ᄑᆞᆫ 宗族ᄋᆞᆯ(內訓蓬左本1:30). 우

리 家門이 世世로 忠厚ᄒᆞ며(內訓蓬左本2下56). 가무네 례법이 엇던고 ᄒᆞ야 솔피고(飜小7:32). 가문을 빗내요미 엇더ᄒᆞᆯ고:光顯門閭時如何(飜朴上50). 病氣 서르 뎐염ᄒᆞ야 가문이 업게사(簡辟1). 이제 니ᄅᆞ히 일ᄏᆞ라 올ᄒᆞᆫ 가문이라 ᄒᆞ고:至今稱爲義門(警民25). ᄌᆞ연히 지앙이 사라지고 복이 모도여 가문이 쳥길ᄒᆞ린이다(敬信24). 가문과 용쇄 다 ᄀᆞ작ᄒᆞ고 나히 져므니ᄅᆞᆯ 만나면(落泉1:2).

가문썹 명 가법(家法). ¶가문썹을 허러ᄇᆞ리ᄂᆞ뇨:壞家法耶(飜小9:7).

가물 명 가물. ☞ᄀᆞᄆᆞᆯ ¶가물과 쟝마의 ᄌᆞᆼ인을 챵솔ᄒᆞ야 물을 트며 방쥭을 다ᄉᆞ려 빈인을 구제ᄒᆞ며(敬信78).

가물치 명 가물치. ☞가모티. 가물티 ¶가물치:黑魚(漢淸14:42). 가물치:蠡魚(物譜 蟲魚). 가물치 리:鱺(兒學上8).

가물티 명 가물치. ☞가모티. 가물치 ¶가물티:鱧(柳氏物名二 水族).

가·믄·뵈 명 세포(細布). 황포(黃布). ☞가ᄆᆞᆫ뵈 ¶이 가믄뵈예 됴ᄒᆞ니ᄂᆞᆫ 갑시 언메며:這黃布好的多少價錢(飜老下59). 이 가믄뵈 됴ᄒᆞᆫ 이ᄂᆞᆫ 아홉 돈이오:這黃布高的九錢(老解下54).

가믄콩 명 검은콩. ¶가믄콩:黑豆(譯解下9).

가믈 명 가물(旱). ☞ᄀᆞᄆᆞᆯ ¶가믈 한:旱(兒學下1).

가믈티 명 가물치. ☞가모티 ¶가믈티 례:鱧(詩解 物名15). 가물티:烏魚(譯解下36).

가ᄆᆞᆫ뵈 명 세포(細布). 황포(黃布). ☞가믄뵈 ¶가ᄆᆞᆫ뵈 두 피레 ᄑᆞ라:賣細麻布兩匹(飜老上14).

가ᄆᆡᄒᆞ다 동 가매(假寐)하다. 풋잠 자다. ¶ᄉᆞ경의 니르러 홀연 가ᄆᆡᄒᆞ매 ᄭᅮᆷ에 대군이 마루 우희 단좌ᄒᆞ신(敬信53).

가법 명 가법(家法). ¶家法은 어ᄂᆞ 代 ᄆᆞᆺ正ᄒᆞ뇨(宣賜內訓2下42). 家法을 허러ᄇᆞ리게 ᄒᆞ리오 ᄒᆞ니 그 嚴홈이 이러ᄐᆞᆺ ᄒᆞ더라(宣小6:6). 젓어미 어디 아니면 ᄒᆞᆫ갓 家法을 敗亂ᄒᆞᆯ ᄲᅮᆫ니 아녀(家禮2:22). 家法과 名聲이 됴흐며(老解下43). 가법이 심이 엄ᄒᆞ셔(仁祖行狀16).

가·볼오·다 동 까부르다. ☞ᄶᅡ보로다. ᄶᆞ부다. ᄶᆞ브다 ¶가볼올 파:簸(訓蒙下6).

가뵈엽다 형 가볍다. ☞가ᄫᅵ얍다 ¶농문지젹 龍紋之跡 가뵈엽고 옥졍지슈 玉井之水 흐리오며(萬言詞).

:가:부 명 가부(可否). ¶히믈 혜아려 行ᄒᆞ야 可否를 솔펴 알 씨라(永嘉上18). 가부 부:不(註千12). 가부 시험ᄒᆞ다:試看可否(漢淸2:49).

가부엽다 형 가볍다. ☞가븨압다. 가ᄫᅵ얍다 ¶가부여울 경:輕(兒學下8).

가부:좌 명 가부좌(跏趺坐). ¶成道後 四十九日에 差梨尼迦애 가샤 加趺坐ᄅᆞᆯ 안ᄌᆞ시니(月印上31).

가븨아온 형 가벼운. ㉮가븨압다 ¶가븨아온 비단은 ᄎᆞᆨ의 ᄂᆡ리고(女四解3:6).

가븨압다 형 가볍다. ☞가ᄫᅵ얍다 ¶무릅을 은근히 ᄒᆞ야 가븨압게 말ᄒᆞ고(女四解3:8).

가·븨야·이 부 가벼이. ☞가ᄫᅵ야이 ¶스스로 가븨야이 홈이 맛당티 아니ᄒᆞ니이다:不宜自輕(宣小6:104).

가·븨얍·다 형 가볍다. ☞가ᄫᅵ얍다. 가븨엽다 ¶가븨야온 듣틀이 보ᄃᆞ라온 플에 븓터 슘 ᄀᆞᄐᆞ니:如輕塵棲弱草耳(飜小9:63). 가븨야온 드틀이:輕塵(宣小6:58). 가븨야온 ᄇᆡᆺ돗그로 됴히 가미 됴ᄒᆞ니:輕帆好去便(重杜解13:27).

가븨엽다 형 가볍다. ☞가븨얍다 ¶녀이늬 ᄲᅧᄂᆞᆫ 검고 가븨여우니라:女人骨頭黑了又輕(恩重2).

가·ᄫᆞ야·이 부 가벼이. ¶그 남지를 가ᄫᆞ야이 너기며:輕其夫(飜小7:33).

가ᄫᆞ얍다 형 가볍다. ☞가ᄫᅵ얍다 ¶ᄂᆞ려오디 아니ᄒᆞᄂᆞᆫ ᄀᆞᆯ며기ᄂᆞᆫ 가ᄫᆞ야오며 가ᄫᆞ얍도다:輕輕不下鷗(重杜解14:8).

가ᄫᅵ 명 가배(嘉俳). 가위. 추석(秋夕). ¶王既定六部中分爲二 使王女二人各率部內女子分朋造黨 自秋七月既望 每日早進大部之庭績麻 夜分而罷 至八月十五日 考其功之多少負者置酒食 以謝勝者 相與歌舞百戲皆作 謂之嘉俳(三史 儒理王九年條 通鑑1:31). 八月ㅅ 보로ᄆᆞᆫ 아으 嘉俳 나리마ᄅᆞᆫ 니믈 뫼셔 녀곤 오ᄂᆞᆯ낤 嘉俳샷다 아으 動動다리(樂範. 動動). 新羅以八月望日 謂之嘉俳 今俗謂之嘉優者. 嘉俳之轉變也(東寰錄).
※가ᄫᅵ>가ᄫᅴ>가외>가위

가ᄫᅵ 명 고의(袴衣). 중의(中衣). 속곳. ¶袴曰珂背. 裩曰安海珂背(雞類).
※가ᄫᅵ(ᄀᆞᄫᅵ)>ᄀᆞᄫᅴ>ᄀᆞ외>괴(고이)

가ᄫᅵ아이 부 가벼이. 가볍게. ☞가ᄫᅵ야ᄫᅵ. 가ᄫᅵ야이 ¶右手로ᄡᅥ 가ᄫᅵ아이 올흔편 무릅흘 티고(武藝圖21).

가·ᄫᅵ압·다 형 가볍다. ☞가ᄫᅵ얍다 ¶가ᄫᅵ아오미 그려긔 터리 ᄀᆞᆮ고:輕若鴻毛(永嘉下67). 曹操의게 알욀 ᄉᆞ이예 비 가ᄫᅵ압고 믈이 급ᄒᆞ여셔(三譯4:19). 그 義 가ᄫᅵ압디 아니ᄒᆞ니:其義匪輕(女四解2:21).

가·ᄫᅵ야·ᄫᅵ 부 가벼이. ☞가ᄫᅵ아이. 가ᄫᅵ야이. 거부여이. ¶네 미친 마ᄅᆞᆯ 가ᄫᅵ야ᄫᅵ 發하야:汝…輕發狂言(牧牛訣9).
※ 가ᄫᅵ야ᄫᅵ>가ᄫᅵ야이>가벼이

가·ᄫᅵ야·이 부 가벼이. ☞가ᄫᅵ야ᄫᅵ. 거부여이 ¶教法을 가ᄫᅵ야이 ᄇᆞ려:輕損教法(楞解

3:116). 절개를 가져 生을 가비야이 ᄒᆞ야: 守節輕生(永嘉下109). 나ᅀᅡ 비호믈 가비야이 너기며 슬희여 ᄒᆞ리와:輕厭進習者(圓覺上一之一90). 히를 비취여 가비야이 들여 슈미 맛당ᄒᆞ도다:照日宜輕擧(初杜解25:50). 가비야이 니ᄅᆞ디 아니호리라(南明上67). 잇다감 보기를 가비야이 ᄒᆞ야:往往視以爲輕(警民25). 가히 가비야이 루셜치 못 ᄒᆞᆯ 거시로되(敬信50).

가·비·얍·다 형 가볍다. ☞가뵈엽다. 가븨얍다. 가ᄇᆡ얍다. 가비압다 ¶비록 그 病이 가비얍고도(釋譜9:35). 輕은 가비야ᄫᆞᆯ 씨라. 입시울 가비야ᄫᆞᆫ 소리:脣輕音(訓註12). 가비야오닌 羽族이 ᄃᆞ외ᄂᆞ니라:輕爲羽族(楞解8:74). 一時에 가비야와 식ᄂᆞ니(圓覺上一之一115). 輕淸ᄋᆞᆫ 몸 가비얍고 ᄆᆞᅀᆞᆷ 몰ᄀᆞᆯ 씨라(蒙法39). 動ᄒᆞ며 靜호미 가비야오며:動靜輕脫(宣賜內訓2上12). ᄀᆞᄂᆞᆫ 밀흔 가비야온 고지 듣놋다:細麥落輕花(初杜解7:5). 빗난 오시 가비야오ᄆᆞ란 언디 말라:休覓綵衣輕(初杜解8:49). 가비야온 져비ᄂᆞᆫ ᄇᆞᄅᆞ믈 바다 빗기 ᄂᆞ놋다:輕燕受風斜(初杜解10:3). 霏霏히 블근 곳과 힌 가야지 가비얍도다:霏霏紅素輕(初杜解10:5). 가비야올 경:輕(光千22. 類合下48. 倭解下31. 註千22). 가비야올 경:輕(石千22). 가비야올 유:輶(石千34. 註千34). 모미 비르수 가비얍ᄂᆞ니라:身始輕(重杜解5:40). 저울을 가비얍게 ᄒᆞ고 되를 적게 ᄒᆞ며(敬信5).

가·ᄫᆞᆫ·ᄃᆡ 명 가운데. ☞가온ᄃᆡ ¶方便力으로 깂 가ᄫᆞᆫᄃᆡ 쉬우믈 爲ᄒᆞ야(月釋14:80). 깂 가ᄫᆞᆫᄃᆡᄂᆞᆫ 大小乘ㅅ ᄉᆞᅀᅵ라(月釋14:80). ※가ᄫᆞᆫᄃᆡ>가온ᄃᆡ>가온대>가운데

가사 명 가사(袈裟). ¶太子ㅅ 몸애 袈裟 니피ᅀᆞᄫᆞ니(月印上21). 袈裟ᄂᆞᆫ 픐 일후미니 그 플로 袈裟ㅅ 므를 드릴ᄊᆡ 일훔 지ᄒᆞ니라(釋譜3:p.124). 如來ㅅ 袈裟와 바리와 錫杖ᄋᆞᆯ 도라보시고(釋譜23:28). 안ᄒᆞ로 心印ᄋᆞᆯ 傳ᄒᆞ야 本心에 맛게 ᄒᆞ시고 밧그로 袈裟를 브텨 宗旨를 表ᄒᆞ시니라(南明下25). 祖ㅣ 袈裟로 둘어 ᄀᆞ리와 사ᄅᆞᆷ으로 보디 몯게(六祖上28). 가사 닙고:披着袈裟(飜朴上36). 가사 가 : 袈(訓蒙中24).

가사새 명 남등(藍藤). ¶가사새:藍藤(柳氏物名三 草).

가산 명 가산(家產). ¶이 옷과 밥과 家產과 萬事의 브툼 ᄌᆞᆫᄒᆞ니라(圓覺上一之二179). 뎐디 가산도 이시며:田産家計有來(飜老下48. 老解下43). 가산을 파ᄒᆞ매(五倫1:12). 의ᄉᆞ 허룡이 가산을 탕진ᄒᆞ야 진휼ᄒᆞ니(敬信47). 젼쟝 가산을 다 아이고 남은 거시 오히려 이ᄇᆡᆨ 냥이라(落泉1:2).

가삼 명 가슴. ☞가ᄉᆞᆷ ¶가삼이 막히거든 ᄃᆡ답이 나올소냐(萬言詞). 힝인도 낙누ᄒᆞ니 늬 가삼 뮈어진다(萬言詞). 이리져리 싱각ᄒᆞ니 가삼 속의 불이 ᄂᆞᆫ다(萬言詞). 가삼이 터지오니 터지거든 궁글 ᄯᅮ러(萬言詞).

가색 명 가색(稼穡). 곡식 농사. ¶암아도 躬耕稼穡이(古時調. 金天澤. 農人은. 海謠).

가샤 명 가사(家舍). 집. ¶세짯 句ᄂᆞᆫ 보미니 家舍를 여희디 아니호미니 證ᄒᆞᆫ 고디라(南明下2).

·가샴:겨샴 구 가심과 계심. ¶글발로 말이ᅀᆞᄫᆞᆫ돌 가샴겨샤매 오ᄂᆞᆯ 다ᄅᆞ리잇가:尼以巧詞載去載留豈異今時(龍歌26章).

가샹 명 가상(嘉祥). 상서로운 징조. ¶聖孫將興에 嘉祥이 몬졔시니:聖孫將興爰先嘉祥(龍歌7章).

가셔 명 가서(家書). ¶ᄒᆞᆫ 번 家書를 어더 보니:一得書(重杜解1:44).

가:셔 명 가서(嘉瑞). ¶嘉瑞ᄂᆞᆫ 아름다ᄫᆞᆫ 祥瑞라(月釋2:47).

가셔목 명 가시목. 가시나무. ¶가셔목:哥舒木(柳氏物名四 木).

가석 명 가석(可惜). 애틋하게 아까움. ¶두어라 前功이 可惜이나 홀노 어이(古時調. 河順一. 구든 言約. 靑丘).

가셕ᄒᆞ다 형 가석(可惜)하다. ¶ᄀᆞ장 가셕ᄒᆞ다 ᄒᆞ시더라(仁祖行狀18). 드듸여 힉이ᄒᆞ믈 내미 가셕ᄒᆞ미 되ᄂᆞᆫ지라(敬信84). 엇지 젼공이 가셕지 아니리오(引鳳簫1). 몸을 일허 이의 니ᄅᆞ니 가셕ᄒᆞ도다(落泉1:2).

:가·셜 명 가설(假設). 가령(假令). ¶가셜 ᄒᆞ여곰 겨집의 지믈을 因ᄒᆞ야 뻐 가ᄋᆞ여름을 닐위며:借使因婦財以致富(宣小5:65). 가셜 히여곰 田地를 어더도 兄弟의 ᄆᆞᄋᆞᆷ을 일흐면 엇더ᄒᆞ료 ᄒᆞ고:假令得田地失兄弟心如何(宣小6:63).

:가·셜·ᄒᆞ·다 동 가설(假說)하다. ¶믈읫 云何와 何者와 何以故와ᄂᆞᆫ 다 假說ᄒᆞ야 묻논 마리니(永嘉上28). 닷곰 업슨 中에 닷가 니ᄅᆞ 方便을 假說ᄒᆞ샤ᄆᆞᆯ 請ᄒᆞ시니라(圓覺上二之二8).

가셰 명 가세(家世). ¶玄成이 文彩를 젯ᄂᆞ니 家世옛 業은 엇뎨 沈淪ᄒᆞ리오(重杜解21:20). 가셰 망즁ᄒᆞᆯ지라도 샹에 낫고 처진 싱각을 ᄒᆞ고(敬信32).

가쇼롭다 형 가소롭다. ¶그ᄅᆞ고 可笑로온ᄃᆡ라 ᄡᅳ디 말오미 可ᄒᆞ니라(家禮4:21).

가·쇽 명 가속(家屬). 집안 권속. ¶가쇽으로 ᄡᅧ 스스로 좃디 아녓더니:不以家累自隨(宣小6:85). 가히 가쇽으로 ᄡᅧ 내 상ᄉᆞ애 더러이디 몯ᄒᆞᆯ 거시니(東新續三綱. 孝3:33). 그 가쇽을 다 주기고:盡殺其家屬(東新續三綱. 烈8:62). 부듸이 응명ᄒᆞ야 가쇽을 거ᄂᆞ려 경ᄉᆞ로 드러와 샤은ᄒᆞ고(落泉1:1). 가

속 피란ᄒᆞ기ᄅᆞᆯ 위ᄒᆞ야(山城17).

가스락 명 까끄라기. 까라기. 까락. ¶가스락망:芒(兒學下12).

가스랑괴 명 면마(緜馬). ¶가스랑괴:緜馬(柳氏物名三 草).

가스리 명 가사리. 우뭇가사리. ¶가스리:海蘊(柳氏物名三 草).

가슴 명 가슴. ☞가ᄉᆞᆷ ¶가슴에 궁글 둥시러케 뿔고 왼숫기를 눈 길게 너슷너슷 ᄭᅵ아(古時調. 靑丘). 가슴 흉:胷(兒學上2).

가슴거리 명 가슴걸이. ☞가ᄉᆞᆷ거리 ¶在胷曰靷 方言云 가슴거리(雅言二 轡者).

가싀 명 가시. ☞가시 ¶가싀 형:荊(倭解下28). 가싀 걸리다:嗓子閣刺(同文解上63). 가싀:刺(漢淸8:14). ᄒᆞᆫ 손에 막ᄃᆡ 잡고 ᄯᅩ ᄒᆞᆫ 손에 가싀 쥐고 늙ᄂᆞᆫ 길 가싀로 막고 오ᄂᆞᆫ 白髮 막ᄃᆡ로 치려터니(古時調. 禹倬. 靑丘). 무덤 우희 가싀 나니 樵童 牧竪들이 그 우흐로 것니며셔(古時調. 千秋前. 靑丘). 가싀덤블 속에 숨어셔(五倫3:38).

가싀 명 가위. ¶剪刀曰 가싀(東言解).

가싀나모 명 가시나무. ☞가싀. 가시나모 ¶가싀나모:棘刺(漢淸11:25). 길에 방해로온 가싀남글 갈기며 길을 당ᄒᆞᆫ 돌을 업시 ᄒᆞ며(敬信10). ᄡᅡ히 두로 가싀나모ᄅᆞᆯ 심그고(敬信37).

가싀다 동 ①가시다. 변하다. ☞가싀다 ¶님 向ᄒᆞᆫ 一片丹心이야 가싈 줄이 이시랴(古時調. 鄭夢周. 이 몸이. 靑丘).
②씻다. ¶가싀다:洗淨(漢淸8:52).

가싀덤불 명 가시덤불. ☞가싀덤블 ¶가싀덤불이 네 녁희 막히여:榛莽(五倫3:50).

가싀덤블 명 가시덤불. ☞가싀덤블. 가싀덩울 ¶산둥에 드러가 가싀덤블 속에 숨어셔 풀을 ᄏᆡ여 먹고 잇더니:匿貴溪山荊棘中採草木而食(五倫3:38).

가싀롭다 형 가시인 듯하다. ¶雪綿子ㅅ 가싀로온 듯이 범그려(古時調. ᄒᆞ리누거 괴ᄋᆞ시든. 靑丘).

가·싀엄 명 가시어미. 장모(丈母). ¶가싀엄이 뵈ᄂᆞᆫ 녜도ᄅᆞᆯ ᄆᆞᆺ고:拜姑禮畢(飜小9:59). ᄯᅩ 가싀엄의 ᄭᅮᆷ에 목경이 보여 닐오ᄃᆡ(普勸文18).

가시 명 계집. ¶俗呼姬妾爲加氏(睿宗實錄).

-·가시·니 어미 -시거니. -시니. ☞-거시니 ¶오래 病ᄒᆞ신 緣을 여희얫가시니 엇데 오ᄂᆞᆯ 믄득 ᄆᆞᄉᆞᆷ 알포미 나거뇨(楞解5:72).

가신 명 가신(家信). 가서(家書). ¶두 ᄃᆞᆯ이 못ᄒᆞ여 가신을 보니(敬信48).

가실 명 가실(家室). ¶그ᄃᆡ 가실을 살와:活君家室(太平1:4).

:가·ᄉᆞ 부 가사(假使). 가령(假令). ¶가ᄉᆞ ᄒᆞ다가 ᄂᆡ년희 믈어디거든:假如明年倒了時(飜朴上10). 가ᄉᆞ 사ᄅᆞ미 가난ᄒᆞᆫ ᄒᆡ우ᄂᆞᆯ 만나:假使有人遭飢饉(恩重18). 假使 주글지라도 明堂이 뷘 ᄃᆡ 업ᄂᆡ(古時調. 靑丘).

가ᄉᆞ 명 가사(歌辭). ¶歌辭ᄅᆞᆯ 제 지ᄋᆞ니 風格이 老成ᄒᆞ도다(初杜解15:39).

가ᄉᆞ 명 가사(歌詞). ¶음란ᄒᆞᆫ 가ᄉᆞ와 시에 의탁ᄒᆞ야 남을 긔쇼ᄒᆞ고 ᄭᅮ지즈며(敬信64). 음뉼과 가ᄉᆞᄅᆞᆯ 졍통ᄒᆞ니 공지 말노 조ᄎᆞ 시ᄉᆞᄅᆞᆯ 외우고(落泉1:1).

가ᄉᆞ 명 가사(家事). ¶大夫 士ㅣ 公事ᄅᆞᆯ 니ᄅᆞ고 家事ᄅᆞᆯ 니ᄅᆞ디 마롤디니라(家禮9:37). 이ᄂᆞᆫ 화공의 피화ᄒᆞᆫ 후 양원의의 강직ᄒᆞ믈 념녀ᄒᆞ샤 타일 가ᄉᆞᄅᆞᆯ 념녀ᄒᆞ시미니(落泉3:7).

가ᄉᆞ나히 명 계집아이. ¶少女ᄂᆞᆫ ᄀᆞᆺ난 가ᄉᆞ나히라 ᄀᆞᆺ난 가ᄉᆞ나히ᄂᆞᆫ 그 소배셔 아모거시 나리라(七大15).

가ᄉᆞ리 명 가시연. ☞가싀련 ¶가ᄉᆞ리:芡(物譜 蔬菜).

가ᄉᆞ새 명 남등근(藍藤根). ¶가ᄉᆞ새:藍藤根(東醫 湯液二 草部).

가·ᄉᆞ야 부 다시. ☞가싀야 ¶가ᄉᆞ야 어위큰 恩惠ᄂᆞᆫ 업고:更無寬大恩(初杜解25:37). ᄀᆞᄂᆞᆫ 비옌 가ᄉᆞ야 橙子ᄅᆞᆯ 옮겨 심교라:細雨更移橙(重杜解3:25).

가ᄉᆞᄒᆞ다 동 노래를 부르다. ¶가ᄉᆞᄒᆞ다:唱歌詞(同文解上53).

가·ᄉᆞᆷ 명 가슴. ☞가삼. 가ᄉᆞᆷ ¶天人大衆ᄃᆞᆯ히 가ᄉᆞᆷ 두드려 울며(釋譜23:25). 가ᄉᆞ미며 허리 우희 거여ᄫᅥ(月釋2:41). 가ᄉᆞ매 긔운이 잇논디라:有胷中氣(宣賜內訓2上54). 처ᅀᅥᆷ 깃거 가ᄉᆞ매 다맛ᄂᆞᆫ ᄆᆞᅀᆞᄆᆞᆯ 소다 내요라:初欣寫胷臆(初杜解9:17). 가ᄉᆞᇝ 가온ᄃᆡ:胷中(金三2:46). 설믜 모도와 有德ᄒᆞ신 가ᄉᆞ매(樂範. 處容歌). 가ᄉᆞᆷ 훙:胷. 가ᄉᆞᆷ 당:膛. 가ᄉᆞᆷ 응:膺. 가ᄉᆞᆷ 억:臆. 가ᄉᆞᆷ 격:膈(訓蒙上27). 가ᄉᆞᆷ 응:膺(類合上21). 가ᄉᆞᆷ 훙:胷(類合下32. 倭解上17). 藥 든 가ᄉᆞᆷ을 맛초ᄋᆞᆸ사이다(樂詞. 滿殿春別詞). 가ᄉᆞᆷ 두ᄃᆞ리기ᄅᆞᆯ 그치디 아니ᄒᆞ야:叩膺不輟(東新續三綱. 孝6:25). ᄆᆞᆯ 가ᄉᆞᆷ:馬胸(譯解下29). 가ᄉᆞᆷ:胷膛(同文解上16). 가ᄉᆞᆷ 도곤도곤ᄒᆞ다:心跳(同文解上20). 가ᄉᆞᆷ을 당ᄒᆞ야 ᄒᆞᆫ 번 디ᄅᆞ라(武藝圖58). ᄇᆡᆨ셩의 가ᄉᆞᆷ과 목굼글 잡아 ᄉᆞᄉᆞ로 진췌ᄒᆞ기만 ᄯᅳᆺᄒᆞ야(敬信19). 가ᄉᆞᆷ에 궁글에 둥그러케 ᄯᅮᆯ고(古時調. 瓶歌).

·가·ᄉᆞᆷ거·리 명 가슴걸이. ¶가ᄉᆞᆷ거리:攀胷(飜老下30). 가ᄉᆞᆷ거리:靷(物譜 牛馬). 가ᄉᆞᆷ거리:鞅(柳氏物名一 獸族).

가ᄉᆞᆷ알키 명 가슴앓이. ☞가ᄉᆞᆷ알히 ¶아홉 가지 가ᄉᆞᆷ알키와:九種心痛(臘藥14).

가ᄉᆞᆷ알피 명 가슴앓이. ☞가ᄉᆞᆷ알히 ¶과글이

가숨알피ᄅᆞᆯ 어더:卒患心痛(佛頂7).

가숨알ᄑᆞ다 동 가슴 아프다. ¶가숨알ᄑᆞᆯ 달:怛(類合下18).

가·숨알·히 명 가슴앓이. ☞가숨알키. 가숨알피 ¶아홉 가짓 가숨알힐 고툐ᄃᆡ:治九種心痛(救急上30). 과ᄀᆞᄅᆞᆫ 가숨알힐 조쳐 고티ᄂᆞ니:兼治急心痛(救急上37). 마ᅀᆞᆫ ᄒᆡ 가숨알히 됴티 몯거든:四十年心痛不差(救簡2:35).

가·ᄉᆡ 명 가시. ☞가싀 ¶ᄆᆞ리어나 ᄇᆞ리어나 가ᄉᆡ남기어나(釋譜11:35). 소ᄅᆞᆫ 고ᄃᆞ며 가ᄉᆡᄂᆞᆫ 구브며:松直棘曲(楞解5:25). 두듥과 굳과 가ᄉᆡ와 몰애와:陵坑坎荊棘沙礫(圓覺上二之二131). 橘木ㅅ 가ᄉᆡ와 藤蘿ㅅ 가지ᄅᆞᆯ:橘刺藤梢(初杜解21:4). 가ᄉᆡ 수플 가온ᄃᆡ:荊棘林中(南明上47). 가ᄉᆡ 형:荊. 가ᄉᆡ 극:棘(訓蒙上10). 가ᄉᆡ 자:莿(訓蒙下4). 운노의 ᄃᆞᆨ의ᄒᆞ면 가ᄉᆡ를 지고 문하의 나아가 금일 장명ᄒᆞᆫ 죄ᄅᆞᆯ 사례ᄒᆞ고(落泉4:9).
※가ᄉᆡ>가싀>가시

가·ᄉᆡ 명 (눈에 든) 가시. ¶누네 수이 가ᄉᆡ 드ᄂᆞ니라:眼易眯(初杜解8:18).

가ᄉᆡ 명 아내의.〔'갓'+관형격조사'-ᄋᆡ'〕 ㊉갓 ¶가ᄉᆡ 樣 무르시고 눈먼 납 무러시ᄂᆞᆯ(月釋7:6).

가ᄉᆡ나모 명 가시나무. ☞가싀나모 ¶千村萬落애 가ᄉᆡ남기 낫도다:千村萬落生荊杞(重杜解4:2). 온 나ᄅᆞᆯ 가ᄉᆡ나모 서리예 수머 ᄃᆞᆫ뇨ᄆᆞᆯ ᄒᆞ마 디내니:已經百日竄荊棘(初杜解8:2). 녜 가ᄉᆡ남기 기렛도다:宿昔長荊棘(杜解9:17). 가ᄉᆡ나모 초:楚(詩解 物名2).

가·ᄉᆡ나못:진 명 가시나무의 진. ¶가ᄉᆡ나못 진 ᄒᆞᆫ 되ᄅᆞᆯ 머거도 됴ᄒᆞ니라:服荊瀝一升亦可(救簡1:16). 가ᄉᆡ나못진을 하나 져그나 머그라:荊瀝不限多少服(救簡2:3).

가·ᄉᆡ·다 동 가시다. 변하다. 고치다. ☞가싀다 ¶金色잇ᄃᆞᆫ 가ᄉᆡ시리여(月印上23). 如ᄂᆞᆫ ᄀᆞᄐᆞᆯ 씨니 本來ㅅ ᄆᆞᄅᆞᆫ 性이 가ᄉᆡ디 아니ᄒᆞ야(月釋1:50). 貪ᄒᆞᆫ ᄆᆞᅀᆞᄆᆞᆯ 가ᄉᆡ디 몯ᄒᆞ야(月釋23:89). ᄲᅩᆼ바티 가ᄉᆡ요ᄃᆡ:桑田改(永嘉下78). 엇데 가ᄉᆡ며 올모ᄆᆡ:豈爲改遷(永嘉下78). 맛 가ᄉᆡ요매:變味(宣賜內訓1:52). 비 올 젠 묏 비치 가ᄉᆡ디 아니ᄒᆞ더니:雨時山不改(重杜解12:37). 가ᄉᆡᆯ ᄀᆡ:改(光千8). 가ᄉᆡᆯ ᄀᆡᆼ:更(光千24). 첫 ᄆᆞᄋᆞᆷ 가ᄉᆡ디옷 아니면 도라셜 법 읻ᄂᆞ니(古時調. 鄭澈. 南山 뫼. 松江). 가ᄉᆡᆯ 줄이 이시랴(古時調. 鄭夢周. 이 몸이. 海謠).

가ᄉᆡ덤블 명 가시덤불. ☞가싀덤블. 가ᄉᆡ덩울 ¶가ᄉᆡ덤블을 헤티고:披榛(五倫1:61).

가ᄉᆡ덩울 명 가시덤불. ¶얽머흔 가ᄉᆡ덩우리라 ᄒᆞ며(七大1). 주검을 가ᄉᆡ덩울히 그으고:曳屍叢棘中(東新續三綱. 烈8:57).

가ᄉᆡ련 명 가시연. 가시연밥. ☞가ᄉᆞ리. 가싀련 ¶가ᄉᆡ련 감:芡. 가ᄉᆡ련 역:葰(訓蒙東中本上12). ※가ᄉᆡ련>가싀련>가시연

가ᄉᆡ련여름 명 가시연의 열매. 가시연밥. ¶가ᄉᆡ련여름:芡 鷄頭(四解下81).

가·ᄉᆡ렴 명 가시연. ☞가ᄉᆡ련 ¶가ᄉᆡ렶 감:芡(訓蒙叡山本上6).

가ᄉᆡ셩 명 가시성. 가시나무로 울타리를 친 성. ¶하ᄂᆞᆯ도 못 보게 가ᄉᆡ셩 안ᄒᆡ 너허 두고(癸丑81).

가·ᄉᆡ·야 부 다시. ☞가ᄉᆞ야. 가ᄉᆡ여 ¶가ᄉᆡ야 어느 生ᄋᆞᆯ 기드려:更待何生(牧牛訣44). 가ᄉᆡ야 엇디 술 버리고:更安忍置酒(宣賜內訓1:58). 하ᄂᆞᆳ 비치 가ᄉᆡ야 ᄆᆞᆯ가 가ᄂᆞᆫ 줄을 울워러보고:仰看天色改(重杜解1:7). 두 비레 시스니 가ᄉᆡ야 프르도다:雙崖洗更靑(杜解3:4). 가ᄉᆡ야 幽深ᄒᆞᆫ ᄣᅡᄒᆞᆯ 스쳐:更想幽期處(杜解9:11). ᄒᆞ물며 ᄯᅩ 荊州ㅣ 賞玩ᄒᆞ미 가ᄉᆡ야 새로외요미ᄯᆞ녀:況復荊州賞更新(杜解21:4). 이 녯 本鄕이라 호ᄆᆞᆫ 발 아래 이 家鄕이라 가ᄉᆡ야 갈 고ᄃᆡ 업슬 시라(南明上43). 가ᄉᆡ야 퍼러ᄒᆞ도다:更靑靑(南明下72).

가·ᄉᆡ·여 부 다시〔更〕. ☞가ᄉᆞ야. 가ᄉᆡ야 ¶뫼히 가ᄉᆡ여 프르도다:山更碧(初杜解7:24). ᄃᆞ리 도ᄃᆞ니 뫼히 가ᄉᆡ야 괴외ᄒᆞ도다:月出山更靜(初杜解9:14).

·가·ᄉᆡᆨ 명 가색(稼穡). 곡식 농사. ¶稼穡에 가졸비건댄:稼ᄂᆞᆫ 穀食 심고미오 穡은 穀食 거두미라(楞解1:19). 后稷이 民을 稼穡을 敎ᄒᆞ야(宣孟5:24).

가ᄶᆞ·ᄫᅵ 부 가까이. 가깝게. ☞갓가ᄫᅵ ¶가ᄶᆞᄫᅵ 완 몯 보ᅀᆞᄫᆞ리러라(月釋7:55).

가·ᄭᆞ·디 동 거꾸러지지.〔'가ᄭᆞᆯ디'의 'ㄹ'이 'ㄷ' 앞에서 탈락한 형태.〕 ㉮가ᄭᆞᆯ다 ¶ᄆᆞᅀᆞ미 가ᄭᆞ디 아니ᄒᆞ야:心不顚倒(阿彌17).

가·ᄭᆞ·라 동 깎으려. ㉮갓다 ¶難陁ᄋᆡ 머리ᄅᆞᆯ 가ᄭᆞ라 ᄒᆞ야시ᄂᆞᆯ 難陁ㅣ 怒ᄒᆞ야 머리 갓ᄂᆞᆫ 사ᄅᆞᄆᆞᆯ 주머귀로 디르고(月釋7:8).

가·ᄭᆞᆯ·다 동 거꾸로 되다. ☞갓ᄀᆞᆯ다 ¶ᄆᆞᅀᆞ미 가ᄭᆞ디 아니ᄒᆞ야:心不顚倒(阿彌17).

가ᄡᅡᆼ두룹 명 끼절가리. 승마(升麻). ¶가ᄡᅡᆼ두룹:升麻(柳氏物名三 草).

가ᄉᆞ·면집 명 부잣집. ¶少君이 가ᄉᆞ면지븨셔 기러나:少君生富驕(飜小9:59).

가·ᄉᆞ멸·다 형 가멸다. 부(富)하다. 부요(富饒)하다. ¶少君이 가ᄉᆞ면지븨셔 기러나:少君生富驕(飜小9:59).

:가·ᄉᆡᆯ 명 가일(暇日). ¶壯者ㅣ 暇日로ᄡᅥ 그 孝悌와 忠信을 修ᄒᆞ야(宣孟1:14).

가·ᅀᆞ며·니 명 부요한 사람. 부자(富者). ¶가ᅀᆞ며니 艱難ᄒᆞ니 ᄀᆞᆯᄒᆡ디 아니ᄒᆞ야(月釋7:31). 飮光ᄋᆞᆫ 가ᅀᆞ며닐 ᄇᆞ리니:飮光捨富

(楞解1:34). 가ᅀᆞ며닌 가ᅀᆞ며로ᄆᆞᆯ 警戒홀디니:富者戒其富(宣賜內訓1:27). 가ᅀᆞ며닌 츠기 너기고:富嫌(金三4:9).
※가ᅀᆞ며니>가ᄋᆞ며니

가·ᅀᆞ며·다 [형] 가멸다. 부(富)하다. 부요(富饒)하다. ☞가ᅀᆞ멸다. 가음열다 ¶百姓이 가ᅀᆞ며더라(釋譜11:36). 그저긔 閻浮提天下ㅣ 가ᅀᆞ며고(月釋1:46). 그제 가ᅀᆞ면 長者ㅣ 師子座애셔 아ᄃᆞᄅᆞᆯ 보고(月釋13:15). 가ᅀᆞ면 長者ᄋᆡ 艱難ᄒᆞᆫ 아ᄃᆞ리니:大富長者之窮子也(圓覺上一之二101). 사ᄅᆞᆷ도 공ᄒᆞᆫ 쳔 몯 어드면 가ᅀᆞ며디 몯ᄒᆞ고:人不得橫財不富(飜朴上22). 사ᄅᆞ미 ᄠᅳᆫ쳔곳 몯 어드면 가ᅀᆞ며디 몯ᄒᆞᄂᆞ니라:人不得橫財不富(飜老上32). ※가ᅀᆞ며다<가ᅀᆞ멸다

가·ᅀᆞ며리 [부] 넉넉히. 부요(富饒)하게. ¶쳔량 가ᅀᆞ며리 두어:富有財物(法華4:44).

가·ᅀᆞ며 :살·다 [동] 부요(富饒)하게 살다. 넉넉하게 살다. ¶居士ᄂᆞᆫ 쳔량 만히 두고 가ᅀᆞ며사ᄂᆞᆫ 사ᄅᆞ미라(釋譜9:1). 가ᅀᆞ며사ᄂᆞᆫ 사ᄅᆞ미라(月釋9:5).

가ᅀᆞ·면짓 [명] 부요한 집의. 부잣집의. ☞가ᄋᆞ면짓 ¶가ᅀᆞ면짓 珊瑚 ᄡᅵᆺ돈과:豐屋珊瑚鉤(初杜解24:27).

가·ᅀᆞ멸·다 [형] 가멸다. 부(富)하다. 부요(富饒)하다. ☞가ᅀᆞ며다. 가ᅀᆞᆷ열다 ¶가ᅀᆞ며러 布施도 만히 ᄒᆞ더니(釋譜6:12). 가ᅀᆞ멸오 發心ᄒᆞ더니(釋譜6:14). 벼슬도 노ᄑᆞ며 가ᅀᆞ멸며(月釋2:23). 衣食이 가ᅀᆞ멸리니(月釋21:99). ᄡᅡ히 가ᅀᆞ멸오(月釋21:150). 보니 그리 가ᅀᆞ멸며 ᄠᅳ디 너부믄:觀夫文富義博(圓覺序79). 가ᅀᆞ며닌 가ᅀᆞ며로ᄆᆞᆯ 警戒홀디니:富者戒其富(宣賜內訓1:30). 집 가난ᄒᆞ며 가ᅀᆞ며로미:家貧富(宣賜內訓2下59). 나랏일 시름ᄒᆞ야 ᄒᆡ 가ᅀᆞ멸와뎌 願ᄒᆞᄂᆞ다:憂國願年豐(初杜解8:52). 가ᅀᆞ멸며 貴호ᄆᆞᆫ 내게 ᄠᅳᆫ구룸 ᄀᆞᆮᄒᆞ니라 너기놋다:富貴於我如浮雲(杜解16:25). 지비 ᄀᆞ장 가ᅀᆞ며러:家中大富(佛頂下9). 가ᅀᆞ며루믈 구호믈 니ᄅᆞ디 말며:不言…求富(飜小8:21). 가ᅀᆞ멸 부:富(訓蒙下26. 類合下2. 光千22).
※가ᅀᆞ멸다>가ᄋᆞ멸다(가ᄋᆞᆷ열다)>가멸다

가ᅀᆞᆷ [명] 가슴. ☞가ᄉᆞᆷ ¶눈므리 가ᅀᆞᄆᆡ ᄀᆞᄃᆞᆨᄒᆞ엿도다:涙滿胸襟(恩重7). 이제ᅀᅡ 아ᅀᆞ오니 가ᅀᆞ미 ᄇᆞᄉᆞ디ᄂᆞᆫ ᄃᆞᆺᄒᆞ여이다:今悟知悲膽俱碎(恩重17). 갈로 가ᅀᆞᄆᆞᆯ 버혀 피 흘려:以利刀割其心肝血流(恩重19).

가·ᅀᆞᆷ열·다 [형] 가멸다. 부(富)하다. 부요(富饒)하다. ☞가ᅀᆞ멸다 ¶비록 貴ᄒᆞ고 가ᅀᆞᆷ여나:雖貴富(宣小2:20). 敢히 貴ᄒᆞ며 가ᅀᆞᆷ여룸으로ᄡᅥ:敢以貴富(宣小2:20).

가·야 [동] 개어. ㉮가이다 ¶ᄆᆞᆯ기 가야 氛이 가ᄃᆞ면:澄霽斂氛(楞解2:29).

가야ㄱ고 [명] 가얏고. ¶伽倻ㄱ고 검은고에 가즌 稽笛(古時調. 金壽長. 陽春이. 海謠).

가야·믜 [명] 개미의. (‘가야미’+관형격조사 ‘-의’) (독)가야미 ¶수프레 사라셔 가야믜 굼글 보고:林居看蟻穴(初杜解20:24).

가야·미 [명] 개미. ☞개야미. 가얌이 ¶가야미 사리 오라고(月印上62). 가야미며 벌에ᄅᆞᆯ 그지업시 주기던 사ᄅᆞ미니(月釋23:75). 가야미 머구믈 免ᄒᆞ야(月釋18:39. 法華6:154). 王侯와 가야미와 ᄒᆞᆫ가지로 다 주거 묏두듥글 좃ᄂᆞ니라:王侯與螻蟻同盡隨丘墟(杜解9:19). 줄혀 ᄃᆞᆫ니ᄂᆞᆫ 가야미ᄂᆞᆫ 이운 비남ᄀᆡ 오ᄅᆞ놋다:行蟻上枯梨(初杜解15:56). 가야믜 굼글 보고:看蟻穴(初杜解20:24). 아래로 가야미에 니르리:下至螻蟻(金三5:36). 가야미 의:蟻(訓蒙上23). 긔 빗출 조ᄎᆞ야 가야미 븓ᄃᆞᆺ ᄒᆞ야 방영을 셰워 일우라:照旗色蟻附搶成方營(兵學1:14). 가야미ᄅᆞᆯ 구ᄒᆞ매 과거의 장원ᄒᆞ고(敬信8).
※가야미>개야미>개미

가야:ᄆᆡ [명] 개미의. (‘가야미’+관형격조사 ‘-ᄋᆡ’) (독)가야미 ¶가야ᄆᆡ 사리 오라고 몸닷기 모ᄅᆞᄂᆞᆫ ᄃᆞᆯ(月印上62).

가야·지 [명] 버들개지. ☞개야지. 개염이 ¶霏霏히 불근 곳과 힌 가야지 가ᄇᆡ얍도다:霏霏紅素輕(初杜解10:5).

가약 [명] 가약(假藥). ¶가약을 ᄑᆞ라 남의 병을 그르게 말며(敬信69).

가얌 [명] 개암. ☞개옴 ¶가얌:榛子(譯解上55. 同文解下5. 漢淸13:4). 가얌 잣 ᄢᅢ이다:剖取松子榛仁(漢淸12:15).

가얌나모 [명] 개암나무. ☞개욤나모 ¶가얌나모:榛子柯(漢淸13:25).

가얌버슷 [명] 개암버섯. ¶가얌버슷:榛蘑(漢淸12:37).

·가얌벌게 [명] 개미. ☞가야미 ¶아래 양으로 다시 가얌벌게과 모기 등의 되요매 니르리라:乃至依前再爲螻蟻蚊虻(龜鑑下60).

가얌의둑 [명] 개밋둑. ¶가얌의둑:蟻蛭(柳氏物名二 昆蟲).

가얌이 [명] 개미. ☞가야미 ¶가얌이 의:蟻(倭解下26). 가얌이 므리 ᄌᆞᆺ흐니(三譯3:15). 가얌이:螞蟻(漢淸14:53). 가얌이:螻蟻(柳氏物名二 昆蟲). 버레와 가얌이ᄅᆞᆯ 도라보며(敬信65).

가얏다 [동] 개었다(霽). ㉮가이다 ¶하ᄂᆞᆳ ᄀᆞ앳 霜雪에 촌 하ᄂᆞᆯ히 가얏도다:天涯霜雪霽寒霄(重杜解14:19).

가:어 [명] 가어(家語). ¶家語에 貧者ᄂᆞᆫ 士之常이니라(初杜解6:48).

가업 [명] 산업. ¶가업:產業(同文解下27).

가·업 [명] 가업(家業). ¶父子ᄅᆞᆯ 처섬 一定ᄒᆞ야 家業을 오로 맛디니라(月釋13:29). 처

섬 父子 一定ᄒᆞ야 家業을 오로 맛디니라(法華2:224). 기드려 히 다오매 니르러 그듸 보라 家業을 서의케 호믄 ᄯᅩ 누를 브트뇨(南明上80). 공ᄌᆞ를 쇼기다가 일이 발각ᄒᆞ야 가업을 구의예 속ᄒᆞ고(落泉2:5).

가·여 동 개어〔霽〕. ㉮가이다 ¶ ᄇᆞᄅᆞ미 이어면 뮈오 가여 澄ᄒᆞ면 ᄆᆞᆰ고:風搖則動霽澄則淸(楞解4:40).

가여미 명 개미. ¶벌와 가여미아 이 ᄠᅳ들 몬져(武陵雜).

가:영·ᄒᆞ·다 동 가영(歌詠)하다. 노래부르다. ¶ᄯᅩ 千萬偈로 諸如來를 歌詠ᄒᆞᄉᆞᆸᄂᆞ니:詠은 놀애라(法華5:185).

가오리 명 가오리. ¶가오리:鯆魚(東醫 湯液二 魚部). 가오리:湘洋魚(譯解下37). 가오리:洋魚(同文解下41). 가오리:鯆魚小者(柳氏物名二 水族).

가·온·대 명 가운데. ☞가ᄫᆞᆫ듸. 가온 듸 ¶가온대 앉ᄂᆞᆫ듸 臨ᄒᆞ얏고:臨中座(初杜解16:42). 가온댓 듕:中(類合上2). 가온대 앙:央(類合下53). 가온대 듕:中(石千29). 안ᄶᅵ를 돗긔 가온대 아니ᄒᆞ며:坐不中席(宣小2:10). 새재 진 가온대 ᄃᆞ랏더니:懸於鳥嶺陣中(東新續三綱. 孝8:80). 뒤동산 디고 가온대 수멋거ᄂᆞᆯ(東新續三綱. 烈1:10). 아ᄎᆞᆷ설날 밤의 대를 ᄲᅳᆯ 가온대 티오면 됴ᄒᆞ니라(辟新15). 어두온 가온대 出入홈은(女四解2:38). 가온대:當中(同文解上9). 비 믈 가온대 잇도다(女範3. 뎡녀 위공빅쳐). 가온대로 殺ᄒᆞ야(武藝圖19). 이 ᄒᆞᆫ 티ᄂᆞᆫ 거슨 칼 가온대 웃듬 티ᄂᆞᆫ 거시라(武藝圖19).

가온대치 명 둘째 아들. 형제 중 둘째로 태어난 사람. ¶가온대치 듕:仲(類合下16).

가온듸 명 가운데. ☞가온듸. 가온대. 가ᄫᆞᆫ듸 ¶번득히 怨恨올 놀앳 가온듸 議論ᄒᆞ도다:分明怨恨曲中論(重杜解3:68).

가온듸 명 가운데. ☞가ᄫᆞᆫ듸. 가온대 ¶각시 ᄯᅩ 가온딘 가히 엇게옌 ᄇᆞ얌 여ᅀᆞ(月印上25). 가온듸 種種 고지 펫더니(釋譜6:31). 中은 가온듸라(訓註9). 路中은 긼 가온듸라(月釋1:4). 迦毗羅國이 閻浮提ㅅ 가온듸며(月釋2:12). 가온듸 괴외ᄒᆞ야:中寂(蒙法64). 낤 가온듸 미처:及日中(宣賜內訓1:40). ᄇᆞᆰ게 수픐 가온딋 서블 딛고:明燃林中薪(杜解9:14). 가온딋 듕:中(訓蒙下34). 가온듸 듕:中(光千29. 兒學上2). 가온듸 즁:中(倭解上11). 님금 섬폼애 가온듸오:中於事君(宣小2:29). 빗난 동산 가온딧 고즌:灼灼園中花(宣小5:26). 누릿 가온듸 나곤(樂範. 動動). 관혁 가온듸 구무:法口(漢淸5:20). 가온듸로 殺ᄒᆞ야(武藝圖16). 사ᄅᆞᆷ의 몸 가온듸 이셔(敬信1). 밧 가온듸 시날리는 졍의아비 모양이니(萬言詞答).

※가온듸>가운데

가온딕톨 명 가운데톨. ¶가온듸톨:栗楔(柳氏物名四 木).

가온딧가락 명 가운뎃손가락. 중지(中指). ¶ᄯᅩ 두 손 가온딧가락 숀톱 아래 ᄒᆞᆫ 붓글 ᄯᅳ면:又灸手中指爪下一壯(救簡2:41).

가·온·딧·ᄃᆞᆯ 명 가운뎃달. 중월(仲月). 〔봄·여름·가을·겨울의 가운뎃달. 곧 2월·5월·8월·11월〕. ¶시졔를 가온딧ᄃᆞ래 ᄒᆞ며:時祭用仲月(飜小7:7).

가·온·딧소·리 명 가운뎃소리. 중성(中聲). 모음(母音). ¶·ᄂᆞᆫ 呑ᄐᆞᆫ字ᄍᆞᆼ 가온딧소리 ᄀᆞᄐᆞ니라(訓註9).

가옫 명 가웃〔半〕. ☞가옷 ¶믈 ᄒᆞᆫ 사발 가옫과(簡辟7). 믈 ᄒᆞᆫ 사발 가옫 브어 달히니(簡辟8).

가옴열다 형 가멸다. 부요(富饒)하다. ¶儉ᄒᆞ면 집이 가옴열고(女四解2:28).

가옷 명 가웃〔半〕. ☞가옫 ¶ᄒᆞᆫ 되 가옷:一盞半(胎要40). 두 말 가옷:二斗半(煮硝方3). 발 가옷 낙시더라 죠흔 품이 되리로다(萬言詞). ※가옷>가웃

가외 명 가위. 한가위. 추석(秋夕). ¶가외:中秋(譯解上4).

가요 명 가요(歌謠). ¶가요 음ᄉᆞ ᄀᆞᄐᆞᆫ 것(敬信64).

가·욤 동 (날씨가) 갬. ㉮가이다 ¶清明은 가요매 도라가ᄂᆞ니:清明還霽(楞解2:29).

가운 명 가운(家運). ¶쇼제 왈 가운이 불힝ᄒᆞ여 일이 이에 니ᄅᆞ러시니(落泉1:2).

가유 명 채붕(綵棚). ☞개야 ¶가유 ᄭᅮ미ᄂᆞᆫ 놈:搭綵匠(漢淸5:31).

가유ᄒᆞ다 동 가유(加油)하다. ¶가유ᄒᆞ다:重油(譯解補45. 同文解下26).

가은 명 가은(加恩). 은혜(恩惠)를 더하여 식록(食祿)을 더함. ¶가은을 더져ᄇᆞ리며(敬信81).

가은ᄒᆞ다 동 가은(加恩)하다. 은혜를 더하여 식록(食祿)을 더하다. ¶친히 회 밍졔를 ᄒᆞ오시고 ᄉᆞ연ᄒᆞ시고 가은ᄒᆞ시다:가은은 가지라(仁祖行狀27).

가을 명 가을. ☞ᄀᆞᅀᆞᆶ. ᄀᆞ올 ¶가을의 밋쳐 과방 ᄡᅥ일 ᄶᅴ에 쥬길이 과연 왼 고을의 웃듬ᄒᆞ니라(敬信53). 가을 추:秋(兒學下1).

가을보리 명 가을보리〔秋麥〕. ¶가을보리:宿麥(柳氏物名三 草).

가을파릐 명 파래의 한 가지. 석순(石蓴). ¶가을파릐者狀如石韋亦如甘藿之耳生海中石上卽是石蓴也(柳氏物名三 草).

가을ᄒᆞ다 동 비유(譬喩)하다. ☞ᄀᆞ을ᄒᆞ다 ¶보아 쓸믜며 變態를 가을홀가(曺友仁. 梅湖別曲). 늬 님이 잇ᄲᅮᆫ이라 반갑기를 가을홀가(曺友仁. 自悼詞).

가음 [명] 감〔材料〕. ¶지료 무엇 ᄆᆡᆫ들 가음(敬信66).

가음 [명] 부(富). ¶큰 가음은 命으로 말믜암거니와 져근 가음은 부즈런으로 말믜암ᄂᆞ니(女四解2:30).

가음여다 [형] 가멸다. 부(富)하다. 부요(富饒)하다. ☞가ᄋᆞ멸다. 가ᄋᆞᆷ열다 ¶집이 가음여디 못ᄒᆞᆯ가 아니ᄒᆞᆯ 거시어ᄂᆞᆯ(女四解4:58). 날이 오라 곤븨ᄒᆞ야 가음연지븨 나아가 몸을 ᄑᆞ라:日久困憊就富家賣身(東新續三綱. 孝1:4). 가음여다:富了. 크게 가음여다:巨富了(漢淸6:15).

가음열다 [형] 가멸다. 부(富)하다. 부요(富饒)하다. ☞가ᅀᆞ멸다 ¶집이 가음열고(太平1:30). 집이 가음열고 나라히 가난ᄒᆞ니(女範2. 현녀 도답ᄌᆞ쳐). 가음열믈 미더 궁곤ᄒᆞᆫ 이ᄅᆞᆯ 업수이 넉이지 말며(敬信10).

가읏 [명] 가. 끝. ¶가읏 업슨 바다히요 한 업슨 파도로다(萬言詞).

가의질ᄒᆞ다 [동] 가위질하다. ☞가ᄋᆡ질ᄒᆞ다 ¶가의질ᄒᆞ다:使剪子(同文解上56).

가이 [부] 가히. ¶죄벌이 머지 아니ᄒᆞ니 깁히 가이 ᄋᆡ련ᄒᆞᆫ지라(敬信14).

가이·다 [동] 개다. ☞개다 ¶ᄆᆞᆯ기 가야 氛이 가ᄃᆞ면:澄霽斂氛(楞解2:29). ᄇᆞᄅᆞ미 이어면 뮈오 가여 澄ᄒᆞ면 ᄆᆞᆰ고:風搖則動霽澄則淸(楞解4:40). 하ᄂᆞᆳ ᄀᆞ앳 霜雪에 ᄎᆞᆫ 하ᄂᆞᆯ히 가얏도다:天涯霜雪霽寒宵(重杜解14:19).

가이업다 [형] 가없다. ☞ᄀᆞ이업다 ¶긴부기ᄂᆞᆫ 가이업ᄉᆞ외다(隣語8:5). 망극천은 가이업서(萬言詞). ᄂᆡ 허리 가이업서 婢夫의 계절이로다(萬言詞).

가인 [명] 가인(佳人). ¶절ᄃᆡ예 가인이러라(太平1:17). 佳人이 落梅曲을 月下에 빗ᄭᅵ 분이(古時調. 李鼎輔. 海謠). 션친 유교의 가인을 만나든 스스로 취ᄒᆞ여(落泉1:2).

가인 [명] 가인(家人). ¶周易의 ᄀᆞᆯ오ᄃᆡ 家人이 嚴君이시니(家禮2:2). 만력 무인년의 병들어 죽엇다가 다시 ᄭᅵ여 가인다려 닐너 왈(敬信41). 그 냥인으로 교계ᄅᆞᆯ ᄆᆡ잔 지월여의 션유ᄒᆞᄂᆞᆫ 계교ᄅᆞᆯ ᄀᆞᄅᆞ쳐 가인을 다쎠ᄅᆞ치고(落泉2:5).

가일 [명] 가일(暇日). ¶暇日은 閑暇ᄒᆞᆯ 시라(重杜解1:1).

가ᄋᆞ며니 [명] 부요한 사람. 부자(富者). ☞가ᅀᆞ며니 ¶가ᄋᆞ며닐 업시 너기논디라 가난ᄒᆞ야도 ᄯᅩ 足히 너기노라:無富貧亦足(重杜解2:58). ※가ᄋᆞ며니<가ᅀᆞ며니

가ᄋᆞ며롬 [형] 부요(富饒)함. ㉮가ᄋᆞ멸다 ¶北녁 ᄆᆞᄋᆞᆯ핸 가ᄋᆞ며로미 하ᄂᆞᆯ해 ᄢᅦ여:北里富薰天(重杜解2:68).

가ᄋᆞ면짓 [명] 부요한 집의. 부잣집의. ☞가ᅀᆞ면짓 ¶아ᄎᆞᄆᆡ 가ᄋᆞ면짓 送葬ᄋᆞᆯ 맛보니:朝逢富家葬(重杜解2:70). 아ᄎᆞᄆᆡ 가ᄋᆞ면짓 門을 가 두드리고:朝扣富兒門(重杜解19:2). 가ᄋᆞ면짓 珊瑚 ᄢᅴ돈과:豐屋珊瑚鉤(重杜解24:27). ※가ᄋᆞ면짓<가ᅀᆞ면짓

가ᄋᆞ면ᄒᆡ [명] 넉넉한 해. 풍년(豐年). ☞가ᄋᆞ멸다 ¶가ᄋᆞ면ᄒᆡᄅᆞᆯ 뉘 닐오ᄃᆡ 더듸다 ᄒᆞᄂᆞ뇨:豐年孰云遲(重杜解5:34).

가·ᄋᆞ·멸·다 [형] 가멸다. 부(富)하다. 부요(富饒)하다. ☞가ᅀᆞ멸다. 가음여다 ¶그 가ᄋᆞ멸며 貴홈을:其富貴(宣小5:64). 北녁 ᄆᆞᄋᆞᆯ핸 가ᄋᆞ며로미 하ᄂᆞᆯ해 ᄢᅦ여:北里富薰天(重杜解2:68). 아ᄎᆞᄆᆡ 가ᄋᆞ면짓 送葬을 맛보니:朝逢富家葬(重杜解2:70). 가ᄋᆞ멸며 貴호ᄆᆞᆫ 내게 ᄠᅳᆫ구룸 ᄀᆞᆮᄒᆞ니라 너기놋다:富貴於我如浮雲(重杜解16:25). 가ᄋᆞ멸 부:富(石千22). ※가ᄋᆞ멸다<가ᅀᆞ멸다

가ᄋᆞ멸이 [부] 가멸게. 부요(富饒)하게. ¶쥐 구무 ᄑᆞ다가 금 수쳔 량ᄋᆞᆯ 어더 ᄀᆞ장 가ᄋᆞ멸이 도외니라:因見鼠掘地得黃金數千兩遂爲巨富焉(重三綱. 孝14 孟熙).

가·ᄋᆞᆷ열·다 [형] 가멸다. 부요(富饒)하다. ☞가ᅀᆞ멸다. 가ᅀᆞᆷ열다. 가ᄋᆞᆷ열다 ¶가ᄋᆞᆷ여롬ᄋᆞᆫ 사ᄅᆞᆷ의 ᄒᆞ고져 ᄒᆞᄂᆞᆫ 배어늘:富人之所欲(宣小4:9). 가ᄋᆞᆷ여롬과 貴홈애:富貴(宣小4:9). 가ᄋᆞᆷ여름을 닐위며:致富(宣小5:65). 少君이 가ᄋᆞᆷ열어 교종ᄒᆞᆫ ᄃᆡ 나셔:少君生富驕(宣小6:54). 가ᄋᆞᆷ여롬으로ᄡᅥ 가난ᄒᆞᆫ 이ᄅᆞᆯ 믜호디 말며:無以富呑貧(警民20). 사ᄅᆞᆷ이 ᄠᅳᆫ 財物을 엇디 못ᄒᆞ면 가ᄋᆞᆷ여디 못ᄒᆞᆫ다 ᄒᆞᄂᆞ니:人不得橫財不富(老解上29). 사ᄅᆞᆷ이 橫財ᄅᆞᆯ 엇디 못ᄒᆞ면 가ᄋᆞᆷ여디 못ᄒᆞ고:人不得橫財不富(朴解上21). 가ᄋᆞᆷ열고 놉흠을 ᄉᆡᆼ각홈이오(三譯3:24). 가ᄋᆞᆷ열며 가난ᄒᆞᆫ 이 물논ᄒᆞ고(八歲兒1).
※가ᄋᆞᆷ열다<가ᅀᆞ멸다

가ᄋᆡ [명] 가위. ☞ᄀᆞᅀᆡ ¶가ᄋᆡ:剪子(譯解下15. 同文解下17. 漢淸10:36).

가ᄋᆡ면집 [명] 부요한 집. 부잣집. ☞가ᅀᅳ면집 ¶가ᄋᆡ면지븨 브어븨 고깃내어ᄂᆞᆯ:富家廚肉臭(重杜解16:73).

가ᄋᆡ사복 [명] 가위의 사북. ☞가ᄋᆡ. 사북 ¶가ᄋᆡ사복:剪軸(漢淸10:36).

가ᄋᆡ질ᄒᆞ다 [동] 가위질하다. ¶가ᄋᆡ질ᄒᆞ다:剪(漢淸11:25).

가·ᄋᆡᆨ [명] 가액(家戹. 家厄). ¶近間애 家戹ᄋᆞᆯ 맛나(月釋序14).

가·ᄋᆡᆨ [명] 가액(加額). 〔손을 이마에 댄다는 뜻으로 '사람을 몹시 기다림'을 이름.〕 ¶以手로 加額ᄒᆞ고(古時調. 님이 오마. 靑丘).

가자미 [명] 가자미. ☞가잠이 ¶가자미:比目魚(同文解下41. 漢淸14:45). 가자미:比目魚(譯解補49). 가자미:鰲魚(物譜 蟲魚). 가자

미 뎝:鰈(兒學上8).

가잠이 명 가자미. ☞가자미 ¶가잠이:比目(柳氏物名二 水族).

·가·재 명 가지에. 〔'가지'+부사격조사 '-애'〕 ⓢ가지 ¶ 빈야미 가칠 므러 즘겟 가재 연즈니:大蛇銜鵲寘樹之揚(龍歌7章).

가·재 명 가재. ☞가지 ¶가재 오:鰲(訓蒙上21). 어듸셔 돌 진 가재는(古時調. 靑개고리. 靑丘). 가재:石鰲(同文解下42). 가재:哈什螞(漢淸14:43). 가재:蛄(物譜 介蟲). 가재:石蠏(柳氏物名二 水族).

가재다 동 가져다가. ㉠가지다. ¶소니 가재다 므르ᄋᆞᆸ노이다(樂範. 動動).

가져가다 동 가져가다. 잡아가다. ¶일즉 바믜 범이 지븨 드러 지아비를 가져가거늘:嘗夜虎入室攬夫去(東新續三綱. 烈1:81).

가·져가·다 동 가져가다. ¶내 겨지비라 가져가디 어려볼씨(月釋1:13) 아모리 ᄒᆞ여도 가져가기 어렵ᄉᆞ오니(重新語8:8).

가·져오·다 동 가져오다. ¶속절업시 가져오도다:謾持來(南明上55). 今日 비를 내올꺼시니 그 返書를 수이 가져오ᄋᆞᆸ소(重新語5:13).

가젼ᄒᆞ다 형 가지런하다. ¶의상을 정제ᄒᆞ며 가젼히 딩기고(女四解3:8).

가정 명 가정(家政). ¶家政이 비로소 可히 실어곰 治ᄒᆞ리라(家禮2:3).

가졔 명 가제(家祭). ¶設饌호ᄆᆡ 家祭 녜ᄀᆞ티 ᄒᆞ라(家禮10:45).

가·젯·다 동 가졌다. ㉠가지다 ¶모딘 뎌를 가젯디 마로리라:不要管他(蒙法26). 오래 가젯ᄂᆞ닌 마름과 足호ᄆᆞᆯ 알오:持久者知止足也(宣賜內訓2上8).

가족 명 가죽. ☞가족 ¶가족 피:皮(類合上26. 倭解上18). 범을 그리매 가족은 그려도 쎄 그리기 어렵고:畫虎畫皮難畫骨(朴解下40). 가족씌:革帶(譯解上45). 가족:皮子(同文解上17). 가족 쎠 흐터 업스니(桐華寺王郞傳6). 가족:皮(漢淸5:56).

※가족>가죽

가족의 명 가자미. ¶가족의:鰜(物譜 蟲魚).

가족 명 가죽. ☞가족 ¶키 가족 추켜 덥고 비단 니불 삼아셰라(萬言詞).

가족 명 가족(家族). ¶왕어ᄉᆞ의 가족을 변지의 옴겻더니(落泉1:3).

가죽 명 가죽. ☞가족 ¶블근 ᄆᆞᆯ 가죽을 셜고(胎要31). 가죽 피:皮(兒學上2).

가죽나모 명 가죽나무. ¶가죽나모:樗(柳氏物名四 木).

가·즈가·즛 명 가지가지의. 여러 가지의. ☞가지가지 ¶가즈가즛 業 짓거뇨 ᄒᆞ시다:造種種業(龜鑑下51).

가즉이 부 정제(整齊)하게. 가지런히. ¶禮義廉恥로 가즉이 네여시니(古時調. 朱義植. 仁心은. 靑丘).

가즉ᄒᆞ다 형 가지런하다. 같다. ¶그 죄 살싱과 샤음으로 더브러 가즉ᄒᆞ니 너의 무리 삼갈지어다(敬信52).

가즌 관 갖은. 여러. ¶伽倻ㄱ고 검은고에 가즌 稽笛 섯겻는듸(古時調. 金壽長. 陽春이. 海謠).

가증ᄒᆞ다 형 밉다. ¶ᄂᆞᆺ치 솔져 가증ᄒᆞ다:臉胖的可厭(漢淸6:7).

가증ᄒᆞ다 동 가증(加贈)하다. ¶神主를 고텨 쓰되 加贈ᄒᆞᆯ 제 녜 ᄀᆞᆫ게 ᄒᆞ고(家禮9:24).

·가지 명 가지〔枝〕. ☞가디 ¶즘겟 가재 연즈니:寘樹之揚(龍歌7章). 無憂樹ㅅ 가지 굽거늘(月印上7). 즘게 남기 가지를 구피니(月印上23). ᄒᆞᆫ 남ᄀᆞᆯ 지스니 즉자히 가지 퍼디여(釋譜6:30). 두 가지옴 가진 葡萄나니(月釋1:43). 가지 것구믈 사ᄅᆞᆷᄃᆞ려 닐오ᄃᆡ:折枝語人曰(宣賜內訓序7). 籠竹이 닉를 섯거시니 이스리 쁟듣ᄂᆞᆫ 가지로다:籠竹和烟滴露梢(初杜解7:1). 宗室ㅅ 가지ᄂᆞᆫ:宗枝(初杜解8:3). 고즌 퍼 녯 가지예 ᄀᆞᄃᆞᆨᄒᆞ얫도다:花開滿故枝(初杜解10:10). 위안 소뱃 곳 가지를:園裏花枝(南明上22). 가지 가:柯. 가짓 지:枝(訓蒙下4). 가지 지:枝(類合下59. 石千16. 倭解下28). 그 근본을 傷ᄒᆞ면 가지조차 업ᄂᆞ니라:傷其本枝從而亡(宣小3:1). 몸ᄋᆞᆫ 어버의 가지니:身也者親之枝也(宣小3:1). 고든 ᄃᆡ 버려 ᄂᆡ여 가지쳐 다듬오니(萬言詞). 블희도 柯枝도 닙도 업시 그린 쓰즌(古時調. 閣氏님. 槿樂). 두시 사ᄅᆞᆷ을 건지매 노피 다ᄉᆞᆺ 가지 계화를 쩍고(敬信8).

가·지 명 가지〔種〕. 종류. ¶千萬 가짓 어울운 香(釋譜19:17). 種ᄋᆞᆫ 가지라(月釋10:75). 네 가짓 分ᄒᆞᆫ 혜메:四種分計(楞解10:19). 이 스믈 가지를… 혜면(法華1:190). 土ㅣ 비록 가지 하나:土雖多種(圓覺上一之二61). 여러 가지로 달애요ᄃᆡ(宣賜內訓序4). 飮食이 가지 하디 아니ᄒᆞ며:食非多品(內訓3:61). 즈믄 가짓 두려운 그미라(南明上55). 온 가지로 지조 재오:百能(飜朴上45). 가지 됴:條(訓蒙下4. 類合下56). 가지 반:般(類合上10). 셜음 모혀 病이 되니 빅 가지 病이로다(萬言詞). 그 죄 크고 져그미 수빅 가지라(敬信1). 과즐 괴온 걷도 놋고 건물도 두 가지 足지 몯ᄒᆞ고(重新語2:18).

·가·지 명 길맛가지. ¶가지 교:鞽 俗呼鞍鞽(訓蒙中27).

가지 명 가지. ¶댓무수와 파와 가지 잇거든 가져오라:有蘿蔔生葱茄子將來(飜老上41). 가지 가:茄(訓蒙上13. 類合上11. 倭解下5.

兒學上5). 가지:茄子(物譜 草果). 가지쏫빗:茄花色(漢淸10:66).

-가지 조 -까지. ☞-ᄀ지. -ᄶ지 ¶내 인ᄒ여 도라와 시험ᄒ니 그 쉬 져근 일가지 다 맛는지라(敬信27).

가·지가·지 부 가지가지. 여러 가지. ¶가지가지 겨샤미시니:有種種(法華5:137). 代官들도 가지가지 싱각ᄒ건마는 별노 ᄒᆯ 일도 업고(重新語4:24). 醬물에 파와 가지가지 것 석고(蒙老2:3).

가·지·다 동 가지다. ☞가디다. ᄀ지다 ¶ᄠᅳᆯ 가져 오나ᄂᆯ(釋譜6:14). 法을 가졧ᄂᆞᆫ 警戒니(釋譜9:6). 다시곰 슬허 가쥰 거스로 供養ᄒᅌᆞᆸ더니(釋譜25:51). 取ᄂᆞᆫ 가질 씨오(月釋序3). 내 그저긔 됴ᄒᆫ 瓔珞을 가졧다니(月釋10:25). ᄒᆫ 번 ᅀᅟᅵᇰ흖 밥도 가ᅀᅳᆷ 쁜 업고(月釋13:28). ᄒᆞ마 寶藏을 가졔니 ᄯᅩ 므스글 求ᄒ리며:旣領寶藏復何所求(楞解1:19). 모ᄃᆫ 德을 머거 가져쇼ᄆᆞᆯ 니ᄅ샨 藏이오:含攝衆德曰藏(楞解2:107). 믄득 兵馬 가져와(宣賜內訓序4). 댱샹 가쥬리라:長携(初杜解8:33). 正히 가져숄디니라:正所持(初杜解22:23). 두려운 부체ᄅᆞᆯ 비록 가져:團扇雖將(南明上11). 가질 츄:取(類合下40). 소니 가재다 므ᄅᆞᆸ노이다(樂範. 動動). 가질 디:持(石千17). 가질 지:持(倭解上30. 兒學下3). 내 이 여러 ᄆᆞᆯ 가져 팔라 가노라:我將這幾箇馬賣去(老解上7). 만흔 거슬 ᄉ양ᄒ고 져근 거슬 가지며(敬信2). 日本이면 이ᄅᆞᆯ 가지고 먹엄즉이 쟝만ᄒ련마는(重新語2:17).

-가지·라 어미 -어지라. ☞-지라 ¶ᄒᆫ 말 니ᄅ고 죽가지라 니ᄅ라 ᄒ니(三綱. 忠15). 雍氏 닐오ᄃᆡ 내 그ᄃᆡ 두고 몬져 죽가지라 ᄒ야ᄂᆞᆯ 卯發이 웃고 말이니라(三綱. 烈20).

가지록 부 갈수록. 점점. ☞가디록 ¶가지록 새 빗츨 내여(古時調. 南極老人星이. 靑丘). 가지록 다 석ᄂᆞᆫ 肝腸이 일로 더욱 쏫ᄂᆞᆫ ᄃᆺ(古時調. 가면 아니. 靑丘). 가지록 효도ᄅᆞᆯ 힘ᄡᅳ시면(閑中錄40). 어와 聖恩이야 가지록 罔極ᄒ샤(陶山別曲).

가지쏫 명 목련(木蓮). ¶가지쏫:木蘭(物譜 花卉). 가지쏫:辛夷(柳氏物名四 木).

가지아지 명 가지가지. ☞가지가지 ¶고ᄒᆫ 가지아짓 내ᄅᆞᆯ 마트라 주시고(七大10).

-가·지이·다 어미 -고자 하나이다. ¶處所ㅣ며 弟子며 다 이젯 世尊 ᄀᆞᆮ가지이다(月釋2:9). 阿彌陀佛國에 나가지이다 ᄒ야ᄂᆞᆯ(月釋8:5). 샹녜 供養ᄒᅀᆞᄫᅡ지이다 願ᄒ노니 나가지이다(月釋8:96). 吉猕이 擊鼓ᄒ야 갑새 죽가지이다 ᄒ야ᄂᆞᆯ(三綱. 孝23).

가짓고고·리 명 가지 꼭지. ¶가짓고고리:茄蔕(救簡6:90).

가짓불휘 명 가지 뿌리. ¶가짓불휘:落蘇根卽茄子也(救急上8).

가ᄌᆞ 명 가자(加資). ☞가지 ¶유셔ᄒᆫ ᄃᆡ ᄀ마니 브트면 ᄒᆫ 가지나 반 ᄃ리나 비록 어더도:匿近權要一資半級雖或得之(飜小6:19). ᄒᆫ 가ᄌ와 半 품을:一資半級(宣小5:18). 샹이 그 브즈런코 졍셩되ᄆᆞᆯ 아ᄅᆞᆷ다이 너기오샤 특별이 ᄒᆫ 가ᄌᆞᄅᆞᆯ 더ᄒ시니(仁祖行狀22). 친히 회 밍졔ᄅᆞᆯ ᄒ오시고 ᄉ연ᄒ시고 가은ᄒ시다:가은은 가지라(仁祖行狀27). 가ᄌ:告命(同文解上38). 다 가ᄌᆞᄅᆞᆯ 주오시니(閑中錄350).

가ᄌᆞ 명 가자(家資). ¶항쥐 왕 용셜이 가지 빅만이러니(敬信17).

가ᄌᆞ기 부 가까이. ☞가ᄶᅡᄫᅵ. 각가이. 갓가ᄫᅵ ¶南녁 가ᄌᆞ기 몬져 벽 ᄒᆫ ᄂᆞᆯ폴 셜고:近南先布磚一重(家禮8:14).

가ᄌᆞ문 명 책문(柵門). 울타리의 문. ¶架子門 柵門(同文解上41).

가ᄌᆞᄒ다 동 가자(加資)하다. ¶특지로 ᄒᆫ 가ᄌᆞᄒ시고 졍녀ᄒ시니라(東新續三綱. 孝1:84).

가ᄌᆞᆨ다 형 갖다. ¶셰변이 무궁ᄒ고 인시 가ᄌᆞᆨ기 어려우니(落泉).

가·졸봄 동 비유(譬喩)함. 비유. ㉮가졸비다 ¶머리 몰롬과 아비 ᄇ린 두 가졸뵤ᄆᆞᆫ:迷頭捨父二喩(圓覺序46). 가졸뵤ᄆᆞᆯ 보디 몯ᄒ리로다:不見比(初杜解7:14).

가·졸·비·다 동 비유(譬喩)하다. ¶無比身ᄋᆞᆫ 가졸볼 ᄯᅢ 업슨 모미니(釋譜6:41). 大乘은 큰 술위니 菩薩ᄋᆞᆯ 가졸비고(月釋1:37). 저호리 업슬ᄊᆡ 부텻긔 가졸비ᄂᆞ니(月釋2:38). 아랫 가졸뷰미 어루 ᄇᆞᆯ기리라:下喩可明(楞解1:56). 이에 얼구ᄅᆞᆯ 逃亡ᄒ야 뎌에 生ᄋᆞᆯ 브투ᄆᆞᆯ 가졸비시니:逃形於此托生於彼(楞解2:121). 져고ᄆᆞᆯ 구지즈샤 큰 게 나ᅀᅡ샤ᄆᆞᆯ 가졸비ᅀᆞᆸ고:譬呵小進大(法華4:40). 海印에 가졸비며:方之海印(圓覺序39). 머리 몰롬과 아비 ᄇ린 두 가졸뵤ᄆᆞᆫ:迷頭捨父二喩(圓覺序46). 通히 자바 니ᄅ니 가졸벼 혜여 아로ᄆᆞᆯ 낼 시니(圓覺序64). 곧 아홉 가졸뵤ᄆᆞ로 가졸비시니:便以九喩喩之(圓覺上一之二177). 이ᄂᆞᆫ 가졸뵤ᄃᆡ(圓覺下三之一25). ᄆᆞᅀᆞ미 聲色애 번득호ᄆᆞᆯ 가졸비니라(蒙法43). 이 두 이ᄅᆞᆯ 가졸비건댄:方斯二者(宣賜內訓2上6). 楊雄의 집과 가졸비ᄂᆞ니:比楊雄宅(杜解7:1). 가졸뵤ᄆᆞᆯ 보디 몯ᄒ리로다:不見比(初杜解7:14). 그림 그리기 ᄯᅩ 가졸비리 업도다:揮灑亦莫比(初杜解16:30). 녯 사ᄅᆞᆷ도 가졸비디 몯ᄒ리로소니:古莫比(杜解16:32). 엇데 오ᄂᆞᆳ날 닷곰 ᄡᅳ리오 호ᄆᆞᆯ 가졸비시니라(南明上4).

가·ᄌᆞᆯ비·리 [명] 견줄 것. 비유(譬喩)할 것. ☞가ᄌᆞᆯ비다 ¶十方世界에도 ᄯᅩ 가ᄌᆞᆯ비리 업스시니(月釋1:52).

가ᄌᆡ [명] 가재. ¶가ᄌᆡ:石次蛙(譯解補50).

가ᄌᆡ [명] 가자(加資). ☞가ᄌᆞ ¶가ᄌᆡ:告身(譯解上11).

가ᄌᆡ [명] 가재(家財). ¶無明郞主ㅣ 貪瞋ᄋᆞᆯ ᄀᆞ장ᄒᆞ야 家財ᄅᆞᆯ 다 ᄲᅮ디 모로기 아디 몯ᄒᆞᄂᆞ다(南明下32). 사ᄅᆞᆷ ᄆᆞ쇼 가ᄌᆡ 금은 긔명을:人口頭疋家財金銀器皿(飜老下55). 가ᄌᆡᄅᆞᆯ 흐터 지아븨 결레ᄅᆞᆯ 사셔:散貲雇倩夫族(東新續三綱. 烈2:55). 그린 後의 家財ᄅᆞᆯ 救ᄒᆞᆯ디니라(家禮1:29). 원슈ᄂᆞᆫ 가ᄌᆡ ᄉᆞ십만이오 ᄋᆞ돌 네ᄒᆞᆯ 나흔지라(敬信18). 후원의 본ᄃᆡ 묘랑의 가ᄌᆡᄅᆞᆯ 탐ᄒᆞ여 취ᄒᆞ얏거ᄂᆞᆯ(落泉3:8).

가ᄌᆡ탕 [명] 가재탕. ¶가ᄌᆡ탕:蛤什馬羹(漢淸12:33).

가차이 [부] 가까이. ¶네 어믜 무덤 가차이 당슈ᄒᆞᆫ 지블 셰리라:近汝慈墳立壽堂(東新續三綱. 孝1:68).

가찰ᄒᆞ다 [동] 가찰(苛察)하다. ¶동방 풍쇽이 조비얍고 녜절이 가찰ᄒᆞ여 님군의 거동이 잠간 녜ᄉᆞ롭디 아니믈 보면 놀나(山城83). 가찰ᄒᆞ다:苛求(漢淸8:44).

:가:챠ᄒᆞ·다 [동] 가차(假借)하다. 남의 사정을 보아주다. ¶말ᄊᆞᄆᆞᆯ 假借ᄒᆞ야 方便으로 여러 뵈샤(釋譜13:63). 五蘊ᄋᆞᆯ 假借ᄒᆞᆫ 거시니 엇데 내라 니ᄅᆞ뇨:五蘊假者云何稱我(圓覺上一之二30). 이에 오ᄆᆞᆯ 假借티 아니ᄒᆞ리니(六祖中20). 三四句ᄂᆞᆫ 精進힘 假借 아니 ᄒᆞ야도 블셔 곳 펴 여름 열 시니 本分ᄋᆞᆯ 니ᄅᆞ시니라(南明上37). ᄲᅡ혀며 잇구미 전혀 소뱃 사ᄅᆞᄆᆞᆯ 假借ᄒᆞᄂᆞ니라(金三2:25). 가챠ᄒᆞ시니 깃브고(閑中錄114).

가쳔 [명] 가천(嘉薦). ¶旨酒ㅣ 旣淸ᄒᆞ며 嘉薦이 令芳ᄒᆞ니(家禮3:12).

가초 [부] 갖추. ☞ᄀᆞ초. ᄀᆞᆺ초 ¶노복 ᄃᆡ졉ᄒᆞ믈 관셔이 ᄒᆞᆯ지니 엇지 가초 ᄎᆡᆨ망ᄒᆞ며 ᄶᅡ돌니 구ᄒᆞ리오(敬信9).

가초다 [동] 갖추다. ☞ᄀᆞ초다 ¶션악부 중에 일즉 공과 잇ᄂᆞᆫ 이ᄅᆞᆯ 략간 가초와(敬信13).

가쵹ᄒᆞ다 [동] 가촉(嫁囑)하다. 시집가서 의지하다. ¶일싱 가쵹ᄒᆞ믈 쳥ᄒᆞ니(落泉1:2).

:가:취ᄒᆞ·다 [동] 가취(嫁娶)하다. ¶ᄯᅩ 거상ᄋᆞᆯ ᄒᆞ야셔 곧 嫁娶ᄒᆞ리 잇ᄂᆞ니(宣賜內訓1:69). 音樂 드르며 嫁娶ᄒᆞ린:嫁ᄂᆞᆫ 겨지비 남진 어를 시오 娶ᄂᆞᆫ 남진이 겨집 어를 시라(宣賜內訓1:70).

:가·치 [명] 까치. ☞가티. 간치. 갓치 ¶ᄇᆞ야미 가칠 므러:大蛇銜鵲(龍歌7章). 네 ᄯᅩ 가마괴 울며 가ᄎᆡ 우룸소릴 듣ᄂᆞᆫ다(牧牛訣19). 너를 기들우노라 가마괴와 가치ᄅᆞᆯ 믜여ᄒᆞ다니:待爾嗔烏鵲(杜解8:39). ᄃᆞ리 ᄀᆞᄂᆞ라 가치 ᄂᆞ디 아니ᄒᆞ놋다:月細鵲休飛(杜解11:46). 가치 쟉:鵲(訓蒙上17. 類合上11. 倭解下21). ᄲᅩᆼ남긧 가ᄎᆡ지빗 ᄒᆞᆰ:桑上鵲巢土(救簡1:49). 가치 쟉:鵲(詩解 物名2). 가치:喜鵲(譯解下27). 壁上에 기린 가치 너나란 지 몃 千年고(古時調. 甁歌). ※가치>까치

가치노을 [명] 백두파(白頭波). 까치놀. ☞가티노올 ¶四面이 거머어득 져뭇 天地寂寞 가치노을 ᄯᅥᆺᄂᆞᆫᄃᆡ(古時調. 나모도. 靑丘).

가치다 [동] 갇히다. ¶옥에 가친 쟈ᄅᆞᆯ ᄃᆡ신ᄒᆞ여 쇽죄ᄒᆞᆯ 은젼을 찻아주며(敬信78).

가친 [명] 가친(家親). ¶양공왈 비록 의ᄌᆞ이나 가친 휘ᄌᆞ와 ᄒᆞᆫ가지니 짓지 못ᄒᆞ리라(落泉1:1).

:가·칠 [명] 까치를. 〔'가치'+목적격조사(目的格助辭) '-ㄹ'〕. ㊕가치 ¶ᄇᆞ야미 가칠 므러 즘겟 가재 연ᄌᆞ니:大蛇銜鵲寘樹之揚(龍歌7章).

가ᄎᆞ라기 [명] 올방개. ¶올미 又云 가차라기:烏芋(東醫 湯液二 菜部).

:가·ᄎᆡ [명] 까치의. 〔'가치'+관형격조사(冠形格助辭) '-ᄋᆡ'〕 ㊕가치 ¶네 ᄯᅩ 가마괴 울며 가ᄎᆡ 우룸소릴 듣ᄂᆞᆫ다:汝還聞鴉鳴鵲噪之聲麼(牧牛訣19). ᄲᅩᆼ남긧 가ᄎᆡ지빗 ᄒᆞᆰ:桑上鵲巢土(救簡1:49).

가ᄎᆡ무릇 [명] 까치무릇. ☞물웃 ¶가ᄎᆡ무릇:山茨菰(東醫 湯液三 草部). 가ᄎᆡ무릇:山茨菰(柳氏物名三 草).

:가·ᄎᆡ집 [명] 까치집. ¶ᄲᅩᆼ남긧 가ᄎᆡ지빗 ᄒᆞᆰ:桑上鵲巢土(救簡1:49). ᄲᅩᆼ남긧 가ᄎᆡ지빗 ᄒᆞᆰ을 므레 프러:桑上鵲巢土以水和(救簡1:98).

가·탁 [명] 뿔로 만든 술잔. ¶가탁 굉:觥(訓蒙中13).

가탈ᄒᆞ다 [동] 탈탈거리며 걷다. ¶가탈ᄒᆞᄂᆞᆫ ᄆᆞᆯ:點的馬(譯解下29).

가·텨·ᄂᆞᆯ [동] 갇히거늘. ㉮가티다 ¶崔浩ㅣ 史記 일로 가텨ᄂᆞᆯ:及崔浩以史事被收(飜小9:44).

가토리 [명] 까투리. 암꿩. ¶나모도 바히돌도 업슨 뫼헤 매게 ᄶᅩ친 가토릐 안과(古時調. 靑丘). ※가토리>까투리

가토리ᄇᆡ암 [명] 까투리뱀. ¶가토리ᄇᆡ암:白厭(物譜 蟲豸).

가토소이다 [형] 가(可)하겠습니다. 가하겠소이다. ¶믈러가미 가토소이다(洛城1).

가톨이독샤 [명] 까투리독사. ¶가톨이독샤:蚢(柳氏物名二 水族).

가티 [명] 까치. ☞가치 ¶가티:鵲(柳氏物名一 羽蟲).

가티노올 [명] 까치놀. 백두파. ☞가치노을. 가티놀 ¶가티노올:白頭波(物譜 舟車).

가티놀 [명] 까치놀. 백두파(白頭波). ☞가티노올 ¶天地寂寞 가티놀 셧는듸(古時調. 나모도. 歌曲).

가티·다 [동] 갇히다. ☞가도이다. 갓티다 ¶저희 가티고 四兵을 니르왇디 아니ᄒᆞᆯ씨(釋譜11:36). 罪 업시 가티노라 ᄒᆞ니라(月釋13:17). 아비 셜ᄫᅳᆫ 罪로 가톗거늘(三綱. 孝23). 가틴 사ᄅᆞ미 甚히 하더니(宣賜內訓2上46). 고래ᄅᆞᆯ 碧海ㅅ 가온ᄃᆡ 가텨 잡디 몯ᄒᆞ리로다:未掣鯨魚碧海中(初杜解16:12). 崔浩ㅣ 史記 일로 가텨ᄂᆞᆯ:及崔浩以史事被收(飜小9:44). 이제 그 도ᄌᆞᄀᆞ 구읫 옥애 이셔 가텻ᄂᆞ니라:如今那賊現在官司牢裏禁着(飜老上30). 官司 옥에 번ᄃᆞ시 이셔 가텻ᄂᆞ니라:官司牢裏禁着(老解上27).

가티독샤 [명] 살무사. ¶가티독샤:殺母蛇(柳氏物名二 水族).

가:패 [명] 가패(歌唄). 범패(梵唄)를 노래하는 일. ¶四部大衆이 歌唄로 讚嘆ᄒᆞᅀᆞᄫᆞ며:歌ᄂᆞᆫ 놀애오 唄ᄂᆞᆫ 偈로 讚嘆ᄒᆞᆯ 씨라(月釋21:202). 깃븐 ᄆᆞᅀᆞᄆᆞ로 歌唄로 부텻 德을 頌호ᄃᆡ:唄ᄂᆞᆫ 에셔 닐오매 讚頌이라(法華1:221).

가편 [명] 가편(佳篇). 잘 지은 작품. ¶상공이 슈일 ᄉᆡ이 필연 지으신 가편이 잇시리라(引鳳簫1).

가풍 [명] 가풍(家風). ¶家風이 ᄆᆞᆯ가:家風ᄋᆞᆫ ᄆᆞᅀᆞᄆᆞᆯ 니ᄅᆞ니라(蒙法40). 이에 다ᄃᆞ란 見과 聞과 覺知왜 아ᄅᆡ브터 바다 ᄡᅳᄂᆞᆫ 家風이며(金三2:19). 家風을 니ᅀᅦᆺᄂᆞᆫ 節操ㅣ 오히려 긋디 아니ᄒᆞ니:承家節操尙不泯(初杜解14:16). ᄀᆞᄅᆞ맷 ᄃᆞ리 비취니 衲子ᄋᆡ 家風이 ᄆᆞᆺ 조ᅀᆞᄅᆞ외도다:江月照衲子家風最爲要(南明上66). 家風을 니엣ᄂᆞᆫ 節操ㅣ 오히려 긋디 아니ᄒᆞ니(重杜解14:16). 朝鮮 家風이 폐롭디 아닌 일을(新語5:22).

가·플 [명] 칼집. ☞가ᄑᆞᆯ ¶화류 가프레:花梨木鞘兒(飜朴上15). 가플 쇼:鞘(訓蒙中18). 솽 가플ᄒᆞᆫ 칼:雙鞘刀子(老解下66).

가ᄑᆞᄅᆞ다 [형] 가파르다. ¶가ᄑᆞᄅᆞᆫ 두던:緊坡子(譯解上6).

가·ᄑᆞᆯ [명] 칼집. ☞가플. 갑풀 ¶軒檻을 비겨셔 가ᄑᆞ래 ᄲᅡ혀니 하ᄂᆞᆯ히 爲ᄒᆞ야 놉놋다:憑軒發鞘天爲高(初杜解16:55). 가ᄑᆞ리 다ᄆᆞ자 잇고:鞘兒都全(飜朴上27). 칼 가ᄑᆞᆯ 쵸:鞘(類合上32).

가학ᄒᆞ다 [동] 가학(加虐)하다. ¶아ᄅᆡ 사ᄅᆞᄆᆡ게 가학ᄒᆞ며 남을 져히며(敬信4).

가향 [명] 가향(家鄕). 자기의 집이 있는 고향. ¶ᄒᆞᄅᆞᆺ 아ᄎᆞᄆᆡ 家鄕ㅅ 길ᄒᆞᆯ 볼와ᅀᅡ(金三3:17). 三四句ᄂᆞᆫ 발 아래 이 家鄕인 ᄃᆞᆯ 아디 몯호ᄆᆞᆯ 슬흐시니라(南明上28). 이제 按ᄒᆞ야 보니 先生의 定ᄒᆞ신 바 家鄕이며(家禮1:4).

가혀다 [동] 개다. 접다. ☞가히다 ¶옷 가혀다:疊衣裳. 옷 가혀 곰초다:疊藏了(譯解上47). 가혀다:捲摞起(漢淸11:30).

가:호·ᄒᆞ·다 [동] 가호(加護)하다. ¶過去 諸佛이 아래 니ᄅᆞ샤 威神ᄋᆞ로 加護ᄒᆞ시니:加ᄂᆞᆫ 더을 씨니 히믈 니펴 護持ᄒᆞᆯ 씨라(月釋2:87).

가·홀오·다 [동] 거우르다. ¶굼글 여러 餠을 가홀오매:開孔倒餠(楞解2:122). 낫과 바ᄆᆡ 곳다온 酒樽을 가홀오노라:日夜倒芳樽(初杜解8:25).

가:훈 [명] 가훈(家訓). ¶楊文公의 家訓(집사ᄅᆞᆷ ᄀᆞᄅᆞ친 글월이라)에 ᄀᆞᆯ오ᄃᆡ(宣小5:4). 顔氏 家訓에 ᄀᆞᆯ오ᄃᆡ 父母ㅣ 병이 잇거시든(家禮2:12).

가흥 [명] 가흥(佳興). 좋은 흥취. ¶두어라 四時佳興에(古時調. 金壽長. 海謠).

가희 [명] 개의. 〔'가히'+관형격조사 '-의'〕 (독)가히 ¶뎌 가희ᄡᅵ 모로리로다 어ᄃᆡ 간디:那狗骨頭知他那裏去(朴解上31).

가·희·게 [명] 개에게. 〔'가히'+부사격조사 '-의게'〕 (독)가히 ¶ᄲᅧ를 가희게 더뎌 주디 말며:毋投與狗骨(宣賜內訓1:3).

가·희·ᄡᅵ [명] 개새끼. 개자식. ☞개의ᄡᅵ ¶그 가희ᄡᅵ 모로리로다 어듸 간고:那狗骨頭知他那裏去(飜朴上33). 가희ᄡᅵ:狗娘的(譯解上31).

가희톱 [명] 가위톱. 백렴(白蘞). ☞가위톱 ¶가희톱:白蘞(方藥24).

가희·톱·플 [명] 가위톱. 백렴(白蘞). ☞가희톱 ¶가희톱플:白蘞(四解下86 蘞字註).

가·히 [명] 개. ¶狗ᄂᆞᆫ 가히라(月釋21:42). 가히 戒ᄅᆞᆯ 가져:持狗戒(楞解8:91). ᄃᆞᆯᄀᆡ 戒와 가히 戒ᄅᆞᆯ 디녀(楞解8:91). 가히 性은 苟且ᄒᆞ야:狗性苟且(法華2:113). 가히ᄂᆞᆫ 佛性이 잇ᄂᆞ니잇가 업스니잇가:狗子還有佛性也無(蒙法50). 가히ᄅᆞᆯ 주니(宣賜內訓序5). ᄲᅧ를 가희게 더뎌 주디 말며:毋投與狗骨(宣賜內訓1:3). 가히와 돋괘 다 아다 호ᄆᆞᆫ(南明上4). ᄯᅩ 네 이 가히 모디니:又你這狗子利害(飜老上55). 가히 견:犬. 가히 구:狗(訓蒙上19). ᄃᆞᆰ 가히ᄅᆞᆯ 서르 노티 아니터니:鷄犬莫相放(重杜解1:35). 이제ᄂᆞᆫ 失所호미 집 일흔 가히 ᄀᆞᆮ호라:今如喪家狗(重杜解1:39). 가히와 ᄃᆞᆰ괘 다ᄅᆞ디 아니ᄒᆞ도다:不異犬與鷄(重杜解4:2). 뎌 가희ᄡᅵ 모로리로다 어ᄃᆡ 간디:那狗骨頭知他那裏去(朴解上31). 犬曰 家稀(雞類).
※가히>가이>개

:가·히 [부] 가(可)히. ¶가히 資賴ᄒᆞ야 살 거

시며(三綱. 烈12). 可히 슬픈 놀애 브르며 춤츠던 ᄯᅡ홀(初杜解6:9). 이제 可히 各各 胡跪ᄒᆞ라(六祖中20). 네 이 後에 可히 經念ᄒᆞᄂᆞᆫ 즁이라(六祖中71). 가히 聖人 도리예 니를 거시니라(飜小9:14). 가히 다 堯舜이 ᄃᆞ욀 거시라(飜小9:82). 가히 得ᄒᆞ랴(飜小10:19). 스믈히어든 가관ᄒᆞ야 비르소 禮ᄅᆞᆯ ᄇᆡ호며 可히 ᄡᅥ 갓옷과 기블 니브며:二十而冠始學禮可以衣裘帛(宣小1:5). 三年을 父의 道애 고티미 업세ᅀᅡ 可히 孝ㅣ라 닐을이니라(宣論1:6). 農時를 違티 아니ᄒᆞ면 穀을 可히 이긔여 食디 몯ᄒᆞ며(宣孟1:8). 그 집을 可히 敎티 몯ᄒᆞ고(宣大15). 귀ᄒᆞ기ᄅᆞᆯ 가히 니ᄅᆞ디 못ᄒᆞ리라 ᄒᆞ더니(仁祖行狀1). 가히 유해무익ᄒᆞ다 니ᄅᆞ리로다(仁祖行狀8). 그 大體의 可히 變티 몯홀 거슬(家禮1:3). 서르 어엿비 너겨 ᄡᅢ를 可히 밧고리어든(重杜解9:7). 가히 毬를 行치 못홀 ᄃᆡ 이시면(武藝圖67). ᄒᆞᄂᆞᆫ 바 일이 반ᄃᆞ시 일워 신션을 가히 ᄇᆞ랄지니(敬信2).

가·히·다 [동] 개다. ☞가혀다 ¶힌 곳가리 모나게 가혓도다:白帽稜(初杜解20:24). 가힌 ᄃᆡᄅᆞᆯ 다려 平케 ᄒᆞ야:熨帖平(初杜解25:50). 초애 청믈 든 뵈ᄅᆞᆯ 글혀 여러 볼 가혀 우희 노호ᄃᆡ(救簡2:55). 가히다:疊起來(譯解補29).

:가ᄒᆞ·다 [형] 가(可)하다. ¶믈읫 ᄌᆞ식 나호매 모든 어미와 다ᄆᆞᆺ 可ᄒᆞᆫ 이예 ᄀᆞᆯᄒᆡ오ᄃᆡ:凡生子擇於諸母與可者(宣小1:3). 道ㅣ 맛거든 일ᄋᆞᆯ ᄒᆞ야 좃고 可티 아니커든 나갈디니라:道合則服從不可則去(宣小1:6).

가·ᄒᆡ [명] 개의. 〔'가히'+관형격조사 '-ᄋᆡ'〕 [동] 가히 ¶가ᄒᆡ 戒ᄅᆞᆯ 가져:持狗戒(楞解8:91). ᄃᆞᆯᄀᆡ 戒와 가ᄒᆡ 戒ᄅᆞᆯ 디녀(楞解8:91). 가ᄒᆡ 性은 苟且ᄒᆞ야:狗性苟且(法華2:113).

가힛톱 [명] 가위톱. 백렴(白蘞). ☞가회톱. 가회톱플 ¶가힛톱:白蘞(集成方).

·각 [명] 각(閣). 누각(樓閣). ¶우희 樓閣이 이쇼ᄃᆡ:閣ᄋᆞᆫ 굴근 지비라(月釋7:64). ᄀᆞᄅᆞᄆᆞᆯ 치운 묏 閣ᄋᆞ로 디나가고:江度寒山閣(初杜解14:7). 小人이 遼東 잣 안햇 閣으론 븍녀기오. 閣애셔 ᄠᅳ미 언메나 갓가온가 먼가:離閣有多少近遠(飜老上48). 殿 앏과 閣 뒤헤(飜朴上69). 閣으론 븍녁키오:閣北(老解上43).

각 [명] 각(脚). 다리. ¶脚ᄋᆞᆫ 足也ㅣ라(重杜解1:5).

각 [명] 각(刻). 〔시각의 단위.〕 ¶싱이 말ᄒᆞ기 됴치 아냐 다만 닐오ᄃᆡ ᄒᆞᆫ 각인들 ᄆᆞᄋᆞᆷ이 평안ᄒᆞ리오(落泉2:4).

각 [관] 각(各). ¶…남목향과 삽듯불휘와…ᄢᅴ 모롭불휘…아니한ᄉᆞᅀᅵ ᄃᆞ모니 각 ᄒᆞᆫ 돈 반과(救簡1:2). 독활불휘 석 량과 댓진과 싱디황 즛디허 ᄧᆞᆫ 즙 각 ᄒᆞᆫ 되와ᄅᆞᆯ(救簡1:24). 큰 짓 각 ᄒᆞᆫ 낫 ᄉᆞ론 지ᄅᆞᆯ(救簡6:5). 黃雌 黃礬石 汁 업게 ᄉᆞᄅᆞ니 각 두 량(簡辟10). 반하 각 ᄒᆞᆫ 돈 감초 오 분 이를 싸흐라 ᄒᆞᆫ 복을 ᄆᆡᆼ그라(辟新6). 평풍ᄂᆞᄆᆞᆯ 불휘 각 두 냥 세 돈과 지지과 심황과(牛疫方12). 大黃 桔梗 川椒 桂心 各 ᄒᆞᆫ 량 반(瘟疫方10). 각 군이 안자셔 쉬고(練兵34). 각각:各(倭解上28).

각가이 [부] 가까이. ☞가까비. 가ᄌᆞ기 ¶압픠 각가이 가셔 듯자와(女四解3:12).

·각·각 [부] 각각(各各). ¶各各 ᄒᆞᆫ 아ᄃᆞᆯ옴 내야(釋譜6:9). 도로 ᄂᆞ려와 聖王이 ᄃᆞ외샤 各各 셜흔여슷 디위를 오ᄅᆞᄂᆞ리시니(月釋1:20). 大地 含生이 各各 그 고ᄃᆞᆯ 어드니라(金三涵序5). 두 녁 귀ᄅᆞᆯ 각각 자바셔:各提耳(救簡2:83). 이ᄂᆞᆫ 부텻 說法이 欲ᄋᆞᆯ 조차 各各 마조ᄆᆞᆯ 가ᄌᆞᆯ비시니라(南明上46). 너희ᄃᆞᆯ히 各各 가 네 智慧ᄅᆞᆯ 보아(六祖上10). 곧 사ᄅᆞᆷ이 各各 來處ᄅᆞᆯ 알더라(家禮1:13). 各各 그 ᄀᆞ올 네 녁 밧긔 드리호고(家禮圖8). 우리 각각 져그나 자고:咱們各自睡些箇(飜老上25). 각각 돈 일ᄇᆡᆨ곰 내면:各人出一百箇銅錢(飜朴上1). 各各 ᄒᆞᆫ 잔곰 머근 후에(簡辟4). 병든 사ᄅᆞᆷ이 각각 ᄒᆞᆫ 그릇식 머근 후에(辟新15). ᄯᅩ 열ᄢᅵ와 블근 ᄑᆞᆺ과 각각 두닐굽 낫곰(瘟疫方5). 각각 그 일을 조츨디니라(宣小2:5). 각각 냥을 다ᄒᆞ고 비쟈을 시양티 말라(仁祖行狀28). 군신을 블러 각각 과실을 다 니ᄅᆞ라 ᄒᆞ오시고(仁祖行狀34). 各各 衰老ᄒᆞᆫ 나히로다 爲ᄒᆞ야 니ᄅᆞ라(重杜解23:43). 각각:各自各自(同文解下52). 각각:各自各自的(漢淸8:58). 各各 민망히 너기실까 근심ᄒᆞᄋᆞᆸᄂᆡ(重新語1:4). 각각 맛당이 내 경계ᄅᆞᆯ 두려워ᄒᆞ야(敬信14).

각건 [명] 각건(角巾). 은사(隱士)가 쓰는 두건(頭巾). ¶ᄒᆞᆫ 각건 쓰고 거믄 옷 닙은 션ᄇᆡ 슈발이 반은 셰엿ᄂᆞᆫᄃᆡ(敬信34). 角巾 春服으로 세네 번 ᄃᆞ리고(許橿. 西湖別曲).

각괴 [명] 까뀌. ☞갓괴 ¶각괴:兩刃斧(漢淸10:34). 각괴:錛(物譜 工匠).

각금 [부] 가끔. ¶춤의 ᄀᆞ여 각금 ᄇᆞᄅᆞ시면(隣語9:12).

각긔 [부] 각기(各其). ¶각긔 ᄡᅳᄂᆞᆫ 호령을(兵學1:12).

각다 [동] 깎다. ☞갓다 ¶옥으로 각근 안ᄉᆡᆨ 션형후데 ᄒᆞᄂᆞᆫ고야(쌍벽가).

각대 [명] 콩의 깍지. ¶콩각대ᄅᆞᆯ 므르게 고아:太殼烹爛(救荒10). 콩각대ᄂᆞᆯ:太殼(救荒8). 콩각대:豆楷(譯解下10).

·각:뎌:희 명 각저희(角抵戱). 씨름. ¶時時예 角抵戱를 뻐도(初杜解6:12).

각디 명 (과실의) 껍질. ¶과실 각디:果殼子(同文解下5).

각디 명 각대(角帶). ¶거믄 紗로 혼 幞頭ㅣ며 거믄 뵈옷시며 뵈로 角帶를 뿔디니(家禮9:23).

각·벼·리 부 각별히. ☞각별이. 각별히 ¶각벼리 네 加資호야:特陞四資(續三綱. 孝26). 네 각벼리 닷 분만 됴흔 은을 밧고와 주면:你自別換與五分好的銀子(飜老上65). 여러 잔 ㅂ롬 마글 술 머그면 졍신도 각벼리 잇ᄂ니라:喫幾盞閉風酒精神便別有(飜朴上53). 각벼리 호다(老朴集. 單字解2). 각벼리 네 가지 주어 ᄉ지쥬부 호이시다:特陞四資拜司宰監主簿(東續三綱孝23).

·각·별 부 각별(各別). 각별히. ☞각별이. 각별히 ¶각별 특:特(類合下61). 녤 公木이라 닐너도 이예셔 各別 어귿날 일은 업ᄉ오니(重新語4:22).

·각·별·이 부 각별히. ☞각벼리. 각별히 ¶각별이 詩를 지어:別…作詩(宣小5:7). 그 셩을 각별이 호고:別其姓(十九史略1:16). 각별이 령을 고티과댜(兵學1:2). 부인이 즉시 시녀를 명호야 각별이 음식을 주라 혼대(太平1:55).

·각·별·히 부 각별히. ☞각벼리. 각별이 ¶各別히 혼 그를 밍ᄀ라(釋譜序4). 各別히 ᄉ랑호야(釋譜6:13). 이 놀애ᄂ 다른 고대 디디 아니호야 敎 밧긔 各別히 傳호샨 혼 가짓 佛法이라(南明上1). 곧 各別히 傳호논 쁘디 또 이 經에 나디 아니호디(金三涵序11). 齋室 안해 各別히 廚帳을 셰엿더니(宣賜內訓1:66). 神龍ᄋ 各別히 뻐 이쇼믈 비르서 아노니(初杜解17:31). 各別히 道를 求호면 모미 뭇ᄃ록 道를 보디 몯호리라(六祖上80). 내 모미 밧긔 이셔 각별히 보티홈도 업스며:臣身在外別無調度(飜小8:20). 各別히 室을 셰워 뻐(家禮9:12). 各別히 小方牀을 밍ᄀ라(家禮圖13). 五嶽ㅅ 밧긔 各別히 다른 뫼히 尊大호미 잇논 고돌 비르서 알와라:始知五嶽外別有他山尊(重杜解1:27).

·각·별ᄒ·다 형 각별하다. ¶父子 至親이 길히 各別호며 비록 서르 맛나도(月釋21:78). 慧를 몬져 호야 定을 發타 호야 各別타 니ᄅ디 말라(六祖中2). 四祖 보ᅀᆞ온 後엔 聖境이 또 업고 各別혼 奇特 업서 凡夫와 달옴 업슬시(南明上3). 활 혀기ᄂ 각별혼 히미 잇고:張弓有別力(飜朴上55). 또 본 거시 각별호리라:又見得別(飜小8:33. 宣小5:111). 아춤나죄 졔뎐을 각별혼 그르세 조히 호며(東續三綱. 烈13 性伊佩刀).

芙蓉ㅅ 各別혼 殿에 속절업시 香올 퓌우놋다(重杜解11:21).

각삭ᄒ다 동 각삭(刻削)하다. 새기고 깎다. ¶또 곳쳐 여러 번 각삭호야(引鳳簫2).

·각:산ᄒ·다 동 각산(各散)하다. 각각 흩어지다. ¶衆人은 아직 各散호라(六祖上103). 각산홀 거시라:打散(飜老下37). 관신돌히 호마 각산호리로소니:官人們待散也(飜朴上7).

각설 명 각설(却說). ¶却說이라 玄德이 檀溪 것너갈 제 的盧馬ㅣ야 날 술려라(古時調. 靑丘).

각·시 명 각시. 어린 계집. 젊은 계집. ¶婆羅門이 보고 깃거 이 각시아 내 얻니논 ᄆᅀᆞ매 맛도다 호야(釋譜6:14). 각시 뻬노라 놋 고비 빙여 드라(月印上18). 이 각시 당다이 轉輪聖王올 나호시리로다 호야놀(月釋2:23). 綵女는 ᄊ뮨 각시라(月釋2:28). 靑衣ᄂ 파란옷 니븐 각시내라(月釋2:43). 졈고 고ᄫ니로 여듧 각시를 골히샤(月釋8:91). 각시 먹디 아니호고(三綱. 烈8). 각시 희:姬(類合下21). 각시님:妳妳(譯解上26). 閣氏者 東語女子也 香娘閣氏者 蓋指馬陸也(東國歲時).

각·시 명 각각의 씨(氏). ¶각시 시:氏(訓蒙上32. 倭解上14).

·각·식 명 각색(各色). ¶금으로 각식 보셕에 젼 메워:鏨金廂寶石(飜老下51). 다 조혼 각식 약 드려 밍근 교토 두라:都着些細料物(飜朴上6). 안자셔 각식으로 위로호야 엿ᄌ오디(癸丑105).

각양 명 각양(各樣). ¶뎌 셔안 우희 各樣 書册을 싸키를 乾爭히 호라(朴解中45).

각양긔추 명 각양기추(各樣騎芻). 화마전(花馬箭). ['화마'는 얼룩말, '기추'는 조선 후기의 무과(武科) 시험 과목의 한 가지. 말을 타고 달리면서 다섯 개의 목표물을 잇달아 활로 쏘아 맞히게 하였음.] ¶각양긔추:花馬箭(漢淸4:44).

각장 명 각장(角壯). 두껍게 만든 장판지(壯版紙). ¶빵촉하의 각장 투젼 언소자약 희학호다(빅화당가).

각지 명 깍지. ☞각디 ¶도토리 각지:橡椀(柳氏物名四 木).

각지 명 각지(角指). 깍지. ¶너를 각지를 주마:饋你濟機. 音義云 쁠로 밍근 혈거피 ᄀ툰 것(朴解上49). 각지:扮指子(譯解上22). 각지:扮指子(同文解上47). 각지:搬指(漢淸5:19). 각지:決(物譜 衣服).

각지손 명 깍짓손. ¶각지손 거다:大指勾弦(漢淸4:41).

각 쳐 명 각처(各處). ¶각 쳐:各處(漢淸8:68). 슈건으로 머리를 쓰고 가더니 경셩

긔별이 각쳐의 젼파ᄒᆞᄃᆡ(落泉1:1).

·각:패 명 각패(角貝). ¶ 붑 티며 角貝 불며(釋譜13:52). 角ᄋᆞᆫ ᄲᅳ리오 貝ᄂᆞᆫ 골와래니 구븐호미 ᄲᅳᆯ ᄀᆞᆮᄒᆞᆯᄊᆡ 角貝라 ᄒᆞᄂᆞ니라(釋譜13:53).

각회지다 동 가장귀지다. ¶각회진 막대:木叉子棍(漢淸11:43).

간 명 칸. 칸살. ¶몃 間ㄷ 지븨 사ᄅᆞ시리잇고:幾間以爲屋(龍歌110章). ᄒᆞᆫ 간:一間(同文解上35). 창살 간:窓隔子(漢淸12:11). ᄣᅡ히 좁거든 다만 ᄒᆞᆫ 間만 셰오고(家禮1:10).

·간 명 분수(分數). 역량(力量). ¶제 간ᄋᆞᆯ 더리 모ᄅᆞᆯᄊᆡ 둘희 ᄽᅩᆫ 살이 세 낟 붑ᄲᅮᆫ ᄢᅦ여 디니(月印上15). 分ᄋᆞᆫ 제여곰 가니니(月釋7:70. 阿彌15).

·간 명 간(諫). 간언(諫言). ¶陛下ㅣ 반ᄃᆞ기 賢ᄒᆞᆫ닐 求ᄒᆞ시며 諫ᄋᆞᆯ 드르시며(宣賜內訓2下64).

간 명 간(肝). ¶비록 心과 肝과 脾와 胃와ᄅᆞᆯ(楞解1:51). 肝과 膽과(永嘉上35). ᄯᅩ ᄃᆞᆰ의 간과 피ᄅᆞᆯ:又雞肝及血(救簡1:44). 너고릐 고기와 간과 챵ᄌᆞ와 므레 글혀(牛疫方2). 간 간:肝(訓蒙上27. 類合上22. 倭解上18). 허리ᄅᆞᆯ 세 고대 베혀 간을 수플 남긔 거니:腰斬三處掛肝於林木(東新續三綱. 烈8:46). 飯이 各 ᄒᆞᆫ 椀지오 肝이 各 ᄒᆞᆫ 고지오(家禮10:10).

:간:간ᄒᆞ·다 형 ①간간(侃侃)하다. 강직(剛直)하다. ¶侃侃ᄐᆞᆺ ᄒᆞ시며:侃侃ᄋᆞᆫ 강딕홈이라(宣小3:14).
②간간(侃侃)하다. 화락(和樂)하다. ¶朝애 下태우로 더브러 言ᄒᆞ심애 侃侃ᄐᆞᆺ ᄒᆞ시며(宣論2:50).

간강 명 건강(乾薑). ¶人參과 乾薑과 白朮와 甘草ᄅᆞᆯ(救急上6).

간검 명 간검(看檢). 두루 살펴 검사함. ¶간검ᄒᆞ야 뎜고ᄒᆞ고 뒤여ᄎᆞ자:檢點搜尋(女四解2:29).

간격 명 간격(間隔). ¶다 내 同氣의 난 배니 내 親子女와 간격이 업고(警民6). 은미ᄒᆞᆫ 간격이 업ᄉᆞ니(仁祖行狀34). 경의ᄂᆞᆫ 간격이 업ᄉᆞᆫ디라 ᄉᆞᄉᆞ로 ᄌᆞ손만셰예 ᄀᆞ업ᄉᆞᆫ 복이라 ᄒᆞ더니(山城52).

간계 명 간계(奸計). ¶간계 부리다:行詐(同文解上23). 간계 닉계 부리ᄂᆞᆫ 이:慣使奸計(漢淸8:39).

간고히 부 간고(艱苦)히. 어렵사리. ¶간고히 시위ᄒᆞᆫ 일노ᄂᆞᆫ(癸丑66). 의식을 간고히 ᄒᆞ여 ᄒᆞᆫ 곳의 드리쳐 두고(落泉1:1).

간고ᄒᆞ다 형 간고(艱苦)하다. ¶노비의 간고ᄒᆞ믈 톄츌ᄒᆞ며(敬信81).

간·곡·히 부 간곡(奸曲)히. ¶鼠ᄂᆞᆫ 奸曲 만코 잘 숨ᄂᆞ니 迷惑ᄒᆞᆫ 사ᄅᆞᄆᆡ 그ᅀᅳ기 어두워 머굴위여 수머셔 傷히며 奸曲히 굿브논 그 양이 이 ᄀᆞᆮᄒᆞ니라(法華2:109).

간·곡ᄒᆞ·다 형 간곡(奸曲)하다. ¶긴 살로 간곡ᄒᆞᆫ 톳기ᄅᆞᆯ ᄡᅩᄎᆞ니:長鈚逐狡兎(杜解10:26). 간곡ᄒᆞᆫ 톳기ᄅᆞᆯ ᄉᆞ랑ᄒᆞᄂᆞᆫ ᄃᆞᆺ고:思狡兎(杜解16:45). 간곡ᄒᆞᆯ 간:奸. 간곡ᄒᆞᆯ 사:詐. 간곡ᄒᆞᆯ 교:狡. 간곡ᄒᆞᆯ 활:猾(訓蒙下30).

간곤ᄒᆞ다 형 간곤(艱困)하다. ¶깃부미 하ᄂᆞᆯ노셔 ᄂᆞ린 ᄃᆞᆺᄒᆞ야 쳔만 간곤ᄒᆞᆷ은(落泉2:5).

간과 명 간과(干戈). ¶干戈ㅣ ᄣᅡ해 가ᄃᆞᆨᄒᆞ야쇼매 나그내 시르미 허러디니(初杜解6:34). 干戈ㅣ 뮈디 아니ᄒᆞᄂᆞᆫ 고ᄃᆞᆯ 기피 思量혼댄(金三3:3). 오ᄂᆞᆳ 아ᄎᆞᄆᆡ 붑 툐믄 三軍ᄋᆞᆯ 爲호미니 干戈ᄅᆞᆯ 뮈우면 도ᄅᆞ혀 올티 아니ᄒᆞ리라(南明下40). 干戈란 朕ᄒᆞ고 琴으란 朕ᄒᆞ고(宣孟9:7). 干戈를 邦內예 動홈을 謀ᄒᆞ니(宣論4:20). 뎌 干戈 맨 軍士ㅣ 히 뭇ᄃᆞ록 邊疆ᄋᆞᆯ 防守ᄒᆞ야쇼ᄆᆞᆯ 念ᄒᆞ노라(重杜解10:20).

:간관 명 간관(諫官). ¶諫官이 上言ᄒᆞᅀᆞ보ᄃᆡ(三綱. 忠35). 뉵월의 간관이 샹언호ᄃᆡ:六月諫官上言(東三綱. 忠6 原桂陷陣). 幕府에 諫官ᄋᆞᆯ 그처 보내ᄂᆞᆫ 朝廷에 이 例 업건마ᄅᆞᆫ 至尊이 뵈야ᄒᆞ로 旰食ᄒᆞ실시(重杜解22:33).

간관ᄒᆞ다 형 간관(懇款)하다. 간절하고 정성스럽다. ¶영오ᄒᆞᆫ ᄌᆞ질과 간관ᄒᆞᆫ 충셩이 사ᄅᆞᆷ의게 지나(落泉1:2).

간교히 부 간교(奸巧)히. 간교하게. ¶간교히 일을 피ᄒᆞ야 게어ᄅᆞ지 말며(敬信73).

간구ᄒᆞ다 동 간구(懇求)하다. ¶일즉 사ᄅᆞᆷ의게 擧薦홈을 간구티 아니ᄒᆞ더니:未嘗干人擧薦(宣小6:49). 간구ᄒᆞ다가 못 일우매 문득 원망ᄒᆞ고(敬信4). 방상이 나아가 엄가의 간구ᄒᆞᄂᆞᆫ 뜻을 젼ᄒᆞ니(落泉3:7).

간군ᄒᆞ다 형 어렵고 군색하다. ¶슉부의 간군ᄒᆞ시믈 ᄌᆞ뢰코져 ᄒᆞ나(落泉1:2).

간나희 명 ①여자. ☞간나히. 갓나히 ¶간나희 가ᄂᆞᆫ 길흘(古時調. 鄭澈. 靑丘).
②창녀(娼女). ¶간나희 창:娼(兒學上1).

간나·히 명 계집아이. 여자. ☞갓나히 ¶ᄉᆞ나히가 간나히가:小廝兒那女孩兒(飜朴上55). 간나히:女孩兒(訓蒙上32 孩字註). 머리 도ᄂᆞ니ᄂᆞᆫ 간나히라(胎要10). ᄉᆞ나히와 간나히 ᄀᆞᆯ히요미 이시며:男女有別(警民26). 간나히 가ᄂᆞᆫ 길흘 ᄉᆞ나히 에도ᄃᆞ시(古時調. 鄭澈. 松江).

간나히죵 명 계집종. ¶분지ᄒᆞᆯ 제 아ᄋᆞ누의 간나히죵이 쉬 젹거:分財季妹婢僕數少(東新續三綱. 孝3:76). 그 안해 간나히죵 복분이로 더브러 ᄯᅩ 뻐러뎌 주그니라:其妻與婢

福粉亦墜而死(東新續三綱. 孝7:21).

간난 명 ①간난(艱難). 어려움. ¶王業 艱難이 이러ᄒᆞ시니(龍歌5章).
②가난. ¶쳔량 업슨 艱難이 아니라(釋譜13:57). 길헷 간난이 ᄉᆞᄅᆞᆷ 근심 ᄒᆡᄂᆞ니라:路貧愁殺人(飜朴上54). 오ᄂᆞᆳ 바ᄆᆞᆯ ᄆᆞᆽ곡 艱難애 오히려 ᄒᆞ들히 사호ᄆᆞ란(初杜解15:45). 艱難에 서리ᄀᆞᆮᄒᆞᆫ 귀믿터리 어즈러우믈 심히 슬허ᄒᆞ노니(重杜解10:35). 쇽졀업시 스스로 간난 직희믈 나무라되(敬信16).

간난ᄒᆞ·다 형 간난(艱難)하다. 가난하다. ☞가난ᄒᆞ다 ¶王舍城으로 가며 길헤 艱難ᄒᆞᆫ ᄉᆞᄅᆞᆷ 보아ᄃᆞᆫ(釋譜6:15). 艱難ᄒᆞ고 외ᄅᆞᄫᆡ니(月釋9:22). 간난코 제 便安히 너기디 아니ᄒᆞ린 가난ᄋᆞᆯ 붓그려 너비 求ᄒᆞᄂᆞ니(宣賜內訓1:30). 간난ᄒᆞᆫ 젼ᄎᆞ로:飢荒的上頭(飜老上27). 간난티 아니ᄒᆞ려니와:不受貧(飜老下71). 올ᄒᆡ 쳔량이 간난ᄒᆞ고:今年錢鈔艱難(飜朴上53). 집 간난호미 간난이 아니라 길헷 간난이 ᄉᆞᄅᆞᆷ 근심 ᄒᆡᄂᆞ니라:家貧不是貧路貧愁殺人(飜朴上54). 쟝ᄎᆞᆺ 늘구매 艱難호ᄆᆞᆯ 시름호니(重杜解1:41). 지비 간난호ᄃᆡ 어미 효양호ᄆᆞᆯ 지그기 ᄒᆞ더니:家貧養母至孝(東續三綱. 孝21 得仁感倭). 혜 간난ᄒᆞ고 과거ᄒᆞᆫ 줄을 어엿비 너겨(女範3. 뎡녀 노진ᄉᆞ쳐). 나흘 감ᄒᆞ면 간난ᄒᆞ며 우환을 만나며(敬信1).

간냑ᄒᆞ다 형 간략(簡略)하다. ¶말솜이 간냑ᄒᆞ고:語簡(警民序3). 말솜이 비록 간략ᄒᆞ나 ᄯᅳᆺ은 극진ᄒᆞᆫ지라(綸音23). 간냑ᄒᆞ고 평슌ᄒᆞᆫ 후야(經筵).

간녜ᄒᆞ다 동 간예(干預)하다. 참견하다. ¶됴정 일을 간녜ᄒᆞ리요(閑中錄474).

·간다·ᄫᆞᆫ 형 간동한. ㉮간답다 ¶ᄆᆞᆰ고 간다ᄫᆞᆫ 道理로(月釋1:18). 地獄앳 모딘 브리 간다ᄫᆞᆫ ᄇᆞᄅᆞ미 ᄃᆞ외야(月釋8:73).

간단ᄒᆞ다 동 간단(間斷)하다. 잠시 긇기다. ¶간단치 아니타:不間斷(漢淸6:31).

간담 명 간담(肝膽). ¶平生앳 肝膽ᄋᆞᆯ ᄒᆞᆫᄢᅴ 기우려(金三5:28). 힘ᄡᅥ 肝膽을 님금긔 올이ᅀᆞᆸ고 ᄒᆞ올로 내 ᄆᆞᅀᆞᆷ 니르와도ᄆᆞᆯ 어즈러이 말라(重杜解20:35).

·간답·다 형 ①간동하다. 잘 정돈되어 단출하다. ¶ᄆᆞᆰ고 간다ᄫᆞᆫ 道理로(月釋1:18). 地獄앳 모딘 브리 간다ᄫᆞᆫ ᄇᆞᄅᆞ미 ᄃᆞ외야(月釋8:73).
②서늘하다. ¶프른 줄 닙 우희ᄂᆞᆫ 간다온 ᄇᆞᄅᆞ미 닐오:青菰葉上涼風起(百聯6). 간다올 량:涼(光千38). 〔石千 38에는 '서늘 냥:涼', 註千38에는 '서늘 량:涼'으로 기록되어 있음.〕
※'간답다'의 활용 ┌ 간답고/간답게/간답디…
└ 간다ᄫᆞᆫ/간다ᄫᆞᆯ…

간·대·로 부 함부로. 되는 대로. ¶간대로 ᄃᆞᆫ니(月釋10:25). 간대로 주디 아니ᄒᆞ샤ᄆᆞᆯ 가ᄌᆞᆯ비고(月釋13:16). 간대로 愛想애 ᄆᆡᅇᆞᆫ다시니:妄纏愛想(楞解1:43). 내 샹녜 守護ᄒᆞ야 간대로 여러 뵈디 아니ᄒᆞ다니…오ᄂᆞᆯ 너희 爲ᄒᆞ야 니ᄅᆞ노라(法華5:68). 他ᄋᆡ 아디 몯ᄒᆞ야 간대로 苦惱ᄅᆞᆯ 受호ᄆᆞᆯ 슬피 너길시:傷他未覺枉受苦惱故(圓覺下二之一29). 엇뎨 간대로 드려 가리오:豈浪垂(初杜解16:8). 有志ᄒᆞᆫ 士ᄂᆞᆫ 간대로 뮈요ᄆᆞᆯ 앗기건마ᄅᆞᆫ:志士惜妄動(初杜解23:33). 노롬노리ᄅᆞᆯ 간대로 ᄒᆞ고:遊戲無度(呂約9). 香象ᄋᆞᆫ 간대로 ᄃᆞᆫ녀:香象奔波(南明上48). 간대로 ᄡᅳ디 마오(救簡1:39). 믠바블 간대로 머그라:淡飯胡亂喫些箇(飜老上40). 간대로 구:苟(類合下61). 내 엇디 敢히 간대로 니ᄅᆞ리오:我怎麼敢胡說(老解上16). 간대로 돈을 ᄡᅳ니:胡使錢(老解下46). 간대로 니ᄅᆞ리(三譯7:16). 간대로:胡亂(同文解下48. 漢淸8:75). 내 불 ᄡᅵᆺ기 아지 못ᄒᆞ고 간대로 ᄇᆞ람을 마시랴(蒙老2:1).

간:대롭·다 형 등한(等閑)하다. ☞간ᄃᆡ롭다 ¶간대롭다:等閑(老朴集. 單字解7). 院籍이 ᄌᆡ조 믿고 방탕ᄒᆞ고 간대로와 거상애 무례ᄒᆞ거늘(飜小7:12).

간·대·옛 관 되는 대로의. ¶간대옛 禍福ᄋᆞᆯ 닐어든:(釋譜9:36). 여러 가짓 간대옛 외요ᄆᆞᆯ ᄇᆞ리샤(法華2:91).

간·대·옛:말 명 망령된 말. 망언(妄言). ¶간대옛말 아니홈으로브터 비르슬디니라:自不妄語始(宣小6:123).

간댱 명 간장(肝腸). ¶ᄉᆞᄅᆞᆷ의 간댱을 시름ᄒᆞ게 ᄒᆞᄂᆞ니라:愁人腸(朴解中32). 간댱이 ᄎᆞᆯ고 애 ᄢᅥ러디더라(癸丑87). 간댱이 ᄎᆞᆯ고 심간의 블이 븟ᄂᆞᆫ ᄃᆞᆺᄒᆞ니(癸丑106). ᄂᆡ 간댱이 녹을 듯(閑中錄288).

간도ᄒᆞ다 형 간도(懇到)하다. 살뜰하다. ¶쳥신ᄒᆞᆫ 의ᄉᆞ와 간도ᄒᆞᆫ 심졍이 자자히 심간을 움작이니(落泉1:2).

간듸넨듸 부 아무데서나. ¶琵琶야 너ᄂᆞᆫ 어이 간듸넨듸 앙쥬아리ᄂᆞᆫ(古時調. 青丘).

-간·디·니 어미 -ㄴ 것이니. ¶臣子이 ᄒᆞᄅᆞᆺ 所任ᄋᆞᆯ 다 ᄒᆞ간디니(三綱. 忠24). 居喪 아니 니부면 하ᄂᆞᆯ홀 ᄇᆞ리간디니 그런 사ᄅᆞᄆᆞᆯ 므스게 ᄡᅳ시리잇고(三綱. 烈21).

-·간·디니·라 어미 -은(-ㄴ) 것이니라. ¶너희 ᄃᆞᆯ히 能히 이리 ᄒᆞ면 ᄒᆞ마 諸佛恩을 갑간디니라(月釋18:18). 그 實은 거상을 ᄒᆞ디 아니칸디니라(宣賜內訓1:70). 사오나온 德을 나토간디니라(宣賜內訓2上31). ᄀᆞ올홀 ᄀᆞᅀᆞᆷ아로미 ᄆᆞᄎᆞ매 죠고맛 이리오 治中은 진실로 ᄇᆞ리간디니라:典郡終微眇治中實棄捐(初杜解20:19).

-간·디·라 어미 -ㄴ 것이라. ¶如來를 頂戴ᄒᆞ간디라(月釋17:36).

간딕ᄒᆞ다 동 간직하다. ☞간직ᄒᆞ다 ¶홍젹이 죵시예 안고 간딕ᄒᆞ여:弘績終始抱持(東新續三綱. 孝6:30). 정셩을 다ᄒᆞ고 힘을 다ᄡᅥ 구하여 간딕ᄒᆞ믈 게을리 아니 ᄒᆞ더니:盡誠竭力救護不怠(東新續三綱. 孝8:76).

간돌완돌 부 간들간들. ¶히 드리 비취어든 간돌완돌 ᄒᆞᄂᆞᆫ 드트리리라(七大3).

간ᄃᆡ롭다 형 등한하다. 부질없다. ☞간대롭다 ¶녀모도 알고 간ᄃᆡ롭지 아니ᄒᆞᆫ디라(閑中錄24).

간략 명 간략(簡略). ☞갈략 ¶간략 간:簡(類合下61). 간략 간:簡(註千37). 古애 걸리ᄢᅵ디 아니ᄒᆞ니 ᄡᅥ 簡略을 조촌 배니라(家禮9:10).

:간·략ᄒᆞ·다 형 간략(簡略)하다. ¶淸白ᄒᆞ며 簡略호미 性이 일며 忠孝ㅣ ᄆᆞᅀᆞᄆᆞᆯ 브트며(心經66). 謙讓ᄒᆞ며 簡略ᄒᆞ며 ᄆᆞᄃᆡ 이시며(宣賜內訓1:37). 이러ᄐᆞᆺ ᄒᆞᆫ 詩ᄂᆞᆫ 그 말ᄉᆞ미 간략ᄒᆞ고 기퍼:此等詩其言簡奧(飜小6:7). 간략ᄒᆞ며 디둥ᄒᆞ며:簡重(飜小9:1). 이런 詩ㅣ 그 말ᄉᆞᆷ이 간략ᄒᆞ고(宣小5:7). 키 簡略ᄒᆞ야 지즈로 뵈왓비 ᄃᆞ니노라:大簡遂怱怱(重杜解19:10). 간후 간략ᄒᆞ고 후둥ᄒᆞᆫ 말(敬信36).

간련ᄒᆞ·다 동 간련(干連)하다. 남의 범죄에 관련되다. ¶種種앳 差別이 다 圓覺애 干連티 아니ᄒᆞ며(圓覺下二之一59). 간련ᄒᆞ다:干連(漢淸3:6). 간련ᄒᆞᆫ 사ᄅᆞᆷ:干連人(譯解上65).

-·간마·ᄂᆞᆫ 어미 -건마는. ☞-간마ᄅᆞᆫ ¶내 ᄃᆞᅀᆞ며 重히 너기간마ᄂᆞᆫ:吾愛之重之(宣賜內訓1:38). 勳庸ᄋᆞᆯ 셰오져 ᄉᆞ랑ᄒᆞ간마ᄂᆞᆫ(杜解3:21). 애긋븐 소리를 므더니 너기고져 ᄒᆞ간마ᄂᆞᆫ:欲輕腸斷聲(重杜解5:26).

-간마·ᄅᆞᆫ 어미 -건마는. ☞-간마ᄂᆞᆫ ¶靑眼ᄋᆞ로 보간마ᄅᆞᆫ 오직 길히 窮迫ᄒᆞ애라:靑眼只途窮(初杜解8:61). 나도 ᄯᅩ 僧粲과 慧可ᄅᆞᆯ 스승ᄒᆞ간마ᄅᆞᆫ:余亦師粲可(初杜解16:1). 얼우늬 술윗 자최ᄅᆞᆯ 도로 ᄉᆞ랑ᄒᆞ간마ᄅᆞᆫ:還思長者轍(初杜解21:6).

간막다 동 칸을 막다. ¶간막ᄂᆞᆫ 판벽:落地明(漢淸9:71). 간막다:隔斷(漢淸12:11).

간막이 명 칸막이. ¶간막이:槅隔(譯解補44). 간막이:隔子(漢靑12:11).

간믈 명 간물(乾物). ¶宴享을 바로 乾物로 받기ᄂᆞᆫ 事體 엇더ᄒᆞ오매(隣語1:3).

간반 명 건반(乾飯). ¶히 ᄀᆞ장 가난ᄒᆞᆫ 저글 맛나 后ㅣ 帝ᄭᅴ 존ᄌᆞ와 軍中에 겨샤 일즉 ᄌᆞ개 비 골포ᄆᆞᆯ ᄎᆞᄆᆞ시고 乾飯과 脯肉을 푸므샤 帝ᄭᅴ 받ᄌᆞ오샤(宣賜內訓2下35).

간밤 명 간밤. 지난밤. ¶간바미 도족 왓던 주를 기우시 듯고:側聞夜來寇(重杜解1:50). 간밤의 부던 ᄇᆞᄅᆞᆷ에 滿庭 桃花ㅣ 다 지거다(古時調. 鮮于浹. 靑丘).

간·방·ᄒᆞ·다 동 맞아 대접하다. ¶놈뵈여 청ᄒᆞ며 손ᄋᆞᆯ 간방ᄒᆞ며 ᄌᆞ식 위ᄒᆞ야 벼슬ᄒᆞ기를 소청ᄒᆞ며:造請逢迎(飜小7:37). 〔宣小5:69에는 '나아가 뵈며 마자 ᄃᆡ접ᄒᆞ며'로 기록되어 있음.〕

간범 명 간범(干犯). 남의 일에 간섭하여 그 권리를 침범함. ¶간범 간:干(類合下34).

간:범ᄒᆞ·다 동 간범(干犯)하다. 범하다. ¶녜 일즉 氣象을 干犯호니 셴 머리예 이퍼ᄇᆞ라고(初杜解6:11). 간범호미 업스리니라(飜小8:6). 젼일ᄒᆞ면 ᄌᆞ연히 외며 샤벽ᄒᆞᆫ 거시 간범홈이 업ᄂᆞ니라:一則自無非辟之干(宣小5:86). 두어 일을 간범ᄒᆞᆯ 이 이시면:數事有犯之者(宣小5:102). 이우제 사ᄂᆞᆫ 역니 간범코져 ᄒᆞ거ᄂᆞᆯ:隣居驛吏欲奸(東新續三綱. 烈2:6). 蠻人ᄋᆡ 놀애 벼ᄅᆞᆯ 干犯ᄒᆞ야 니ᄂᆞ니:蠻歌犯星起(重杜解11:45). 마ᄂᆞᆯ부치와 쥬육과 음식을 승되 범ᄒᆞ면 실노 하ᄂᆞᆯ 규됴ᄅᆞᆯ 간범ᄒᆞᄂᆞ니(敬信73).

간사 명 간사(姦詐). 간사(奸詐). ¶讒賊은 姦詐로 正을 敗ᄒᆞᄂᆞᆫ 사ᄅᆞ미라(楞解8:87). 간사 사:詐(類合下3). 간사 간:姦(倭解上24). 간사:狡詐(同文解上23).

간사이 부 간사하게. ¶간사이 구다:詭多啊(同文解上23).

간:사ᄒᆞ·다 형 간사(奸詐)하다. ¶汲黯이 그 간사ᄒᆞᆫ 줄을 긔롱ᄒᆞ니라(宣小6:128). 誠實ᄒᆞ기ᄅᆞᆯ 힘ᄡᅥ ᄒᆞ고 간사ᄒᆞᆫ 거즛 일을 ᄢᅦᄒᆞ디 말올디니(警民14). 냥반과 아젼의 므리들은 시러금 ᄡᅥ 간사ᄒᆞ기를 발뵈니(綸音92). 다만 간ᄉᆞᄒᆞᆫ 사ᄅᆞᆷ의 듕간 농간ᄒᆞ미 이실진ᄃᆡ(落泉1:2).

간사·ᄒᆞ·다 형 간사(姦邪)하다. 간사(奸邪)하다. ☞간샤ᄒᆞ다 ¶海門엣 船子ㅣ 楊州 디나니 여듧 볼힌 那咤ㅣ 姦邪호미 귓것 ᄀᆞᆮ도다(南明下22). 姦邪ᄒᆞᆫ 臣下ᄅᆞᆯ(重杜解1:9). 간사ᄒᆞᆫ 이:姦猾的(譯解上28). 간사코ᄢᅵ로와 사ᄅᆞᆷ의 뜻을 잘 아라(明皇1:32). 헛되고 거즛말ᄒᆞ며 간사ᄒᆞ며(敬信2). 간ᄉᆞᄒᆞᆯ ᄉᆞ:邪(兒學下8).

간사ᄒᆞ다 동 간사(諫死)하다. ¶諫死ᄒᆞᆫ 朴坡州ㅣ야 주그라 셜워마라(古時調. 靑丘).

간삽하다 형 간삽(艱澁)하다. ¶간삽할 삽:澁(兒學下8).

간새롭다 형 간사롭다. ¶간새롭게 두루ᄂᆞᆫ 법을 다 아노니(三譯6:12).

간샤 명 간사(姦邪). 간사(奸邪). ¶法 곳 弊이시면 姦邪ㅣ 나고(宣賜內訓2下62).

간샤ᄒᆞ·다 형 간사(姦邪)하다. 간사(奸邪)하다. ☞간사ᄒᆞ다 ¶ᄡᅴ예 ᄂᆞ리면 시름 ᄀᆞᆮ고

기울면 姦邪ᄒᆞ니라(內訓蓬左本1:6). 君子ᄂᆞᆫ 姦邪ᄒᆞᆫ 소릐와 어즈러운 비츨(內訓蓬左本1:11). 믈읫 봄이…기우리면 간샤ᄒᆞ니라(宣小3:13). 간샤호믈 다 아라(東續三綱. 忠3). 奸邪ᄒᆞᆫ 사ᄅᆞ미 正ᄒᆞᆫ 사ᄅᆞᄆᆞᆯ 干犯ᄒᆞ미:邪干正(重杜解16:68).

간셔리 명 한수석(寒水石). 간수를 굳힌 것. ¶鹽精 生積鹽倉中青黑色如今 간셔리(柳氏物名五 石).

간션 명 간선(揀選). 선을 보는 일. ¶간션을 청ᄒᆞ오니(閑中錄206).

간·셥ᄒᆞ·다 동 간섭(干涉)하다. ¶干涉ᄒᆞᆫ 뼌 工夫ㅣ 히믈 얻디 몯ᄒᆞ리라(蒙法8). 다시 ᄉᆞᆯ펴ᅀᅡ 비르서 아ᄅᆞ시니 더욱 길헤 干涉ᄒᆞ도다(金三4:19). 내 靈覺ᄋᆞ로 엇뎨 서르 干涉ᄒᆞ리오(南明下13). 간셥:相干(同文解下49). 간셥지 아니타:無干涉(漢淸8:71). 간셥홈이 잇다:有干涉的(漢淸8:71).

간쇼ᄒᆞ다 동 간수하다. ☞간슈ᄒᆞ다. 간ᄉᆞᄒᆞ다 ¶손소 의복 ᄒᆞᆫ 불을 지어 졔뎐ᄒᆞ고 간쇼ᄒᆞ더라:手製衣服一襲奠而藏之(東新續三綱. 烈3:80).

간슈 명 간수(看守). 보호(保護). ¶간슈호:護(類合下28). 看守勢ᄂᆞᆫ 곳 보고 직희여 티ᄂᆞᆫ 거시라(武藝圖18).

간슈 명 간수〔滷水〕. ☞ᄀᆞᆫ슈 ¶간슈:滷水(柳氏物名五 石).

간슈·ᄒᆞ·다 동 간수하다. ☞간쇼ᄒᆞ다. 간ᄉᆞᄒᆞ다 ¶病 간슈ᄒᆞ리 업거나(釋譜9:36). 保ᄒᆞ야 가지며 두펴 간슈ᄒᆞ야:保持覆護(楞解9:8). 正ᄒᆞᆫ 보ᄆᆞᆯ 이대 간슈ᄒᆞ시고:善護正見(法華1:43). 一心ᄋᆞ로 간슈ᄒᆞ야(金剛83). 善을 간슈코 惡ᄋᆞᆯ 마ᄀᆞᆯ시:護善遮惡故(圓覺序3). 버리 ᄲᅮ를 간슈홀시(圓覺上一之二178). 念은 能히 딕히여 간슈ᄒᆞ시ᄂᆞ니(圓覺上二之二106). 眼目 간슈ᄐᆞ시 ᄒᆞ며(圓覺下三之二88). 保ᄂᆞᆫ 간슈홀 세라(三綱. 烈1). 간슈호ᄆᆞᆯ 조심 몯 호라 ᄒᆞ야(宣賜內訓2上55). 사발와 그릇 벼ᄅᆞᆯ 간슈ᄒᆞ고:椀子家具收拾了(飜老下46). 간슈ᄒᆞ다:收拾(老朴集. 累字解8). 산과 돗ᄀᆞᆯ 집쪄 둥히 녀겨 간슈홀디니:簟席襡器而藏之(宣小2:50). 쟝춧 간슈ᄒᆞ리 이시리라:將有收護者(東新續三綱. 烈1:11). 지아비ᄂᆞᆯ 초망의 간슈ᄒᆞ고:藏夫草莽(東新續三綱. 烈8:74). 기피 간슈ᄒᆞ야 허비티 아니ᄒᆞ야:深藏不費(警民12).

간신 명 간신(姦臣. 奸臣). ¶天倫을 姦臣이 하ᅀᆞᄫᅡ:姦臣間親(龍歌74章).

간신히 부 간신(艱辛)히. ¶우리ᄅᆞᆯ 기라실제 간신히 키워내ᄉᆞ(思鄕曲).

간ᄉᆞ·ᄒᆞ·다 동 간수하다. ☞간슈ᄒᆞ다 ¶夫人이 간ᄉᆞ호ᄃᆡ:夫人存視(宣賜內訓3:32). 히미 能히 둘흘 간ᄉᆞ티 몯호ᄆᆞ로:力不能兩護故(宣賜內訓3:53). 반야ᄅᆞᆯ 간ᄉᆞᄒᆞ여 두고:藏般若(野雲65). 敢히 남진의 샹ᄌᆞ과 섬의 간ᄉᆞ티 아니ᄒᆞ며:不敢藏於夫之篋笥(宣小2:50). 간ᄉᆞᄒᆞ며 약ᄒᆞ기를 심히 삼가더니:護藥甚謹(東新續三綱. 烈1:46). 병ᄒᆞ니 잇거든 모로미 ᄌᆞ빗 ᄆᆞᅀᆞᄆᆞ로 간ᄉᆞᄒᆞ야 딕희며:有病人須慈心守護(野雲5).

:간ᅀᅧᆫᄒᆞ·다 형 간연(間然)하다. 남의 흠을 들추어 비난하다. ¶子ㅣ ᄀᆞᆯᄋᆞ샤ᄃᆡ 禹ᄂᆞᆫ 내 間然홈이 업도다(宣論2:37).

간ᅀᅵᆫ 명 간인(姦人). 간사한 사람. ¶姦人이 離間커든 이 ᄠᅳ들 닛디 마ᄅᆞ쇼셔:姦人讒間 興此意願毋忘(龍歌119章).

간아 명 삽(鍤). ¶鍤曰 간아(東言解).

간악 명 간악(奸惡). ¶간악 간:姦(類合下5). 간악애 니르디 아니케 ᄒᆞ시니라:不格姦(宣小4:7).

간악ᄒᆞ다 형 간악(奸惡)하다. ¶그 고ᄃᆡ 간악ᄒᆞᆫ 빅셩이 거즛 예얼굴 ᄒᆞ고 겁틱ᄒᆞ거ᄂᆞᆯ:其處奸民假倭形劫之(東新續三綱. 烈3:78). 거즛 거스로 참거시 섯거 간악ᄒᆞᆫ 리ᄅᆞᆯ 취ᄒᆞ며(敬信5).

간·약ᄒᆞ·다 형 간약(簡約)하다. ¶겸양ᄒᆞ며 간약ᄒᆞ며:謙約(宣小5:13). 검박ᄒᆞ고 간약ᄒᆞ야:儉約(宣小6:98).

간예 명 간예(干預). 관여(關與). ¶됴뎡의 간예티 아니ᄒᆞ샤(女範1. 셩후 명덕마후).

간웅 명 간웅(奸雄. 姦雄). ¶녜로브터 聖賢은 命 사오나오니 하고 姦雄과 모딘 더므니아 公侯ᄅᆞᆯ 封ᄒᆞᄂᆞ니라(重杜解25:43). 渭橋에 大戰홀시 奸雄도 喪膽커다(古時調. 西凉에. 瓶歌).

간위ᄒᆞ다 형 간위(奸僞)하다. ¶네 나라쳐로 긔망ᄒᆞ고 교ᄉᆞᄒᆞ고 간위ᄒᆞ고 허탄ᄒᆞ고(山城67).

간은길 명 좁은 길. 세로(細路). ¶간은길 계:蹊(兒學上4).

간은비 명 가랑비. 세우(細雨). ¶간은비 ᄆᆡᆨ:霢. 간은비 목:霂(兒學上3).

간음ᄒᆞ다 형 간음(姦淫)하다. ¶ᄒᆞᆫ 글지 공문의 들미 업ᄉᆞ며 ᄒᆞᆫ 부녀도 간음치 아니ᄒᆞ며(敬信50).

:간·이ᄒᆞ·다 형 간이(簡易)하다. ¶政治ㅣ 簡易ᄒᆞ니 風俗ᄋᆞᆯ 옮규미 ᄲᆞᄅᆞ고(初杜解14:27). 간이ᄒᆞ고 신실ᄒᆞᆫ 일로 請ᄒᆞ야 니길디니라:請肄簡諒(宣小1:5). 冠禮도 ᄯᅩᄒᆞᆫ ᄌᆞ스로 簡易ᄒᆞ니라(家禮3:1).

간인 명 간인(奸人). ¶간인은 본ᄃᆡ 지죄 잇ᄂᆞ니(仁祖行狀17). 간인의게 모함ᄒᆞᆫ 배 되야(五倫5:13). 그런 간인이 어ᄃᆡ 이시리오(癸丑22).

간장 명 간장(肝腸). ¶먹커 선건 비에 남은

肝腸 다 석놈이(古時調. 海謠).

간·쟈ᄆᆞᆯ 명 간자말. 이마와 뺨이 흰 말. ¶ ᄒᆞᆫ ᄆᆞ장 슬진 털청 총광 간쟈ᄆᆞᆯ 탓고:騎着一箇十分膘鐵青玉面馬(飜朴上29). 간쟈ᄆᆞᆯ:破臉馬(飜老下9. 老解下8). 간쟈ᄆᆞᆯ:線臉馬(譯解補48). 간쟈ᄆᆞᆯ:線臉馬(同文解下37).

간쟈ᄉᆞ족빅 명 오명마(五明馬). 이마와 네 발이 흰 말. ☞가라간쟈ᄉᆞ족빅. 간쟈ᄆᆞᆯ ¶ 간쟈ᄉᆞ족빅:五明馬(譯解下28).

간졀이 부 간절히. ¶타인의게 년누치 말나 ᄒᆞ고 은냥을 내여 간졀이 비니(落泉1:1).

간졀ᄒᆞ다 형 간절(懇切)하다. ¶쇼져의 져위ᄒᆞᆫ 간졀ᄒᆞᆫ 말을 듯고 감격ᄒᆞ믈 이긔지 못ᄒᆞ나(落泉1:2). 문득 츄어ᄉᆞ의 탄문이 오ᄅᆞ니 ᄉᆞ의 간졀ᄒᆞ야 위군 우국ᄒᆞᄂᆞᆫ 충셩이 언표의 넘씨고(落泉3:7).

간졍히 부 건정(乾淨)히. 깨끗이. ¶ ᄡᅳᆯ기ᄅᆞᆯ 간졍히 ᄒᆞ고(朴解中44). 간졍히 ᄒᆞᄂᆞᆫ 이:愛乾淨(漢淸11:22).

간졍ᄒᆞ다 형 건정(乾淨)하다. 깨끗하다. ¶ ᄆᆞ장 乾淨ᄒᆞᆫ 店을 어더:尋箇好乾淨店(老解上15). 〔飜老上17에는 '조ᄒᆞᆫ 뎜 ᄀᆞᆯᄒᆡ여'로 기록되어 있음.〕

간조ᄒᆞ다 형 간조(乾燥)하다. 건조하다. ¶진ᄋᆡᆨ을 간조케 호미:燥津(痘要下1).

간직ᄒᆞ다 동 간직하다. ☞간딕ᄒᆞ다 ¶간직ᄒᆞ다:收藏(同文解上30).

간질 명 간질(癎疾). 전간(癲癎). ¶간질:羊叫瘋(漢淸8:2).

간징ᄒᆞ다 동 간쟁(諫諍〈爭〉)하다. ¶내 비록 諫諍ᄒᆞᆯ 姿質ㅣ 업스나(重杜解1:1). 됴중 더쇼 관원이 신법이 불평ᄒᆞ믈 보고 분분히 간징ᄒᆞ더니(引鳳簫1).

간챡 명 까치. ¶鵲曰간챡者乾鵲也(東言解).

간쳥ᄒᆞ다 동 간청(懇請)하다. ¶싱이 하긱의 분운ᄒᆞ믈 염ᄒᆞ여 진현긔 간쳥ᄒᆞ여 하연ᄒᆞ기ᄅᆞᆯ 긋치고(落泉2:6).

간츌ᄒᆞ다 동 덜다. ¶부역을 간츌케 ᄒᆞ시며(仁祖行狀36).

간치 명 까치. ☞가치 ¶門의 간치ᄂᆞᆫ 새뱃비체 니렛고:門鵲晨光起(重杜解14:21). 가마기와 간치왜:烏鵲(重杜解16:37).

:간·ᄎᆞ랍·다 형 단출하다. ¶간ᄎᆞ라오며 므거우며:簡重(宣賜內訓3:16).

간칙 명 간책(簡冊). ¶諸侯 封히욜 쁘디 疏闊ᄒᆞ니 엿것ᄂᆞᆫ 簡冊은 누를 爲ᄒᆞ야 프르럿ᄂᆞ고(重杜解24:62).

간탁 명 간탁(懇託). 간절한 부탁. ¶형미의 경의와 망우의 간탁 져ᄇᆞ리지 아니리니(落泉1:1).

간특ᄒᆞ다 형 간특(奸慝)하다. ¶격뇌 인심이 간특ᄒᆞ미 이 ᄀᆞᆺ거ᄂᆞᆯ(落泉2:6).

간티다 동 간치다. 간하다. ¶간틴 고기:醃魚(柳氏物名二 水族).

간퇵ᄒᆞ다 동 간택(揀擇)하다. ¶왕ᄌᆞ 부인 간퇵ᄒᆞ오실 제(仁祖行狀3).

간편ᄒᆞ다 형 간편(簡便)하다. ¶納幣ᄅᆞᆯ 뻐셔 뻐곰 簡便호ᄆᆞᆯ 좃노라(家禮4:6).

간폐 명 간폐(肝肺). ¶肝肺ㅣ 이우러 오란 사호매 다ᄃᆞ랏ᄂᆞ니(重杜解25:6). 간폐 붕열ᄒᆞ야(閑中錄486).

간품 명 간품(看品). 간색(看色). ¶看品을 ᄆᆞᆫᄎᆞ시면 宴享도 ᄒᆞ시올ᄃᆡ(重新語2:25).

간품ᄒᆞ다 동 간품(看品)하다. 간색(看色)하다. ¶封進 看品ᄒᆞᆯ ᄡᅥ시니 그리 아ᄅᆞ셔 나ᄋᆞᆸ소(新語2:15).

간핍ᄒᆞ다 형 간핍(艱乏)하다. ¶비록 즐거온 히예 이셔도 오히려 간핍다 닐을여든 ᄒᆞ믈며 올히냐(綸音154).

간험ᄒᆞ다 형 간험(艱險)하다. ¶艱險ᄒᆞᆫ 길흘 ᄲᅡ거름ᄀᆞ티 너기놋다(重杜解22:40). 만나시미 간험ᄒᆞ샤(閑中錄308).

간혹 부 간혹(間或). ¶간혹 응치 아니시미 잇기ᄂᆞᆫ 감동ᄒᆞ시게 ᄒᆞ미 졍셩되지 못ᄒᆞ미라(敬信56).

간활 명 간활(奸猾). ¶간활 활:猾(類合下4).

:간·활ᄒᆞ·다 형 간활(奸猾)하다. 간활(姦猾)하다. 간사하고 교활하다. ¶간활ᄒᆞᆫ 아젼ᄂᆡ게 고기 낫ᄂᆞᆫ 바비 ᄃᆞ외여:猾吏所餌(飜小7:28). 간활ᄒᆞᆫ 아젼ᄋᆡ게:猾吏(宣小5:60). 姦猾ᄒᆞ기와 懶惰티 말라 : 休姦猾懶惰(老解下39).

간흉 명 간흉(奸凶). ¶간흉이 ᄌᆞ를 자브니(仁祖行狀4).

:간·ᄒᆞ·다 동 간(諫)하다. ¶焚姬ㅣ 諫ᄒᆞ시니 마디 아니커시ᄂᆞᆯ(內訓蓬左本2上21). 關龍逢이 諫호ᄃᆡ(三綱. 忠1). 不和ᄒᆞᆫ 이ᄅᆞᆯ 보고 ᄂᆞᄌᆞ기ᄒᆞ야 諫ᄒᆞ며(永嘉上48). 졍셩도이 간호믈 닛디 아니ᄒᆞ여:不忘誠諫(飜小8:26). 간ᄒᆞᆯ 간:諫(訓蒙下28. 類合下19. 倭解上25). 간ᄒᆞᆯ 징:諍(訓蒙下28). 子ㅣ 드르시고 ᄀᆞᆯᄋᆞ샤ᄃᆡ 成ᄒᆞᆫ 일이라 說티 몯ᄒᆞ며 遂ᄒᆞᆫ 일이라 諫티 몯ᄒᆞ며 임의 디난디라 咎티 몯ᄒᆞ리로다(宣論1:27). 부모ᄭᅴ 간ᄒᆞ며 긔과쳔션케 ᄒᆞᄂᆞᆫ 큰 일이니라(敬信80). ᄯᅩ 간ᄒᆞᄃᆡ 제 쟝슈의 법을 아니 좃고(明皇1:31).

·갇 명 갓. ☞갓 ¶갇爲笠(訓解. 用字26). 이 ᄒᆞᆫ 갇은:這一箇帽子(飜老下52). 금으로 ᄭᅮ민 갇 우희:粧金大帽上(飜朴上29). ᄌᆞ식이 갇 스며 아ᄃᆞᆯ 나ᄒᆞ며:初生子既長而冠(呂約26). 갇 립:笠(訓蒙中15. 倭解上45). 갇 모:帽(訓蒙中22). 갇 닙:笠(類合上31). 두 사ᄅᆞᆷ이 거믄 갇의 요뎔ᄒᆞ고(東新續三綱. 孝3:40). 笠曰蓋音渴(雞類).

갇가 동 깎아. ㉮갇다 ¶머리 갇가 즁 되

여:剃髮爲僧(東新續三綱. 孝1:9).

갇가스로 부 가까스로. 겨우. ¶ᄒᆞᆫ 폴히 거의 ᄢᅥ러뎌 갇가스로 사라나니:一臂幾墜僅活(東新續三綱. 烈3:80).

갇가이 부 가까이. ☞갓가이 ¶도적기 감히 갇가이 몯ᄒᆞ더라:賊不敢近(東新續三綱. 烈1:4). 알픠 갇가이 나아가 듣ᄌᆞ와 取ᄒᆞ야(女四解2:14).

갇갑다 형 가깝다. ☞갓갑다 ¶갇가온 디경의 머므러시라 ᄒᆞ니 듣디 아니ᄒᆞ다:留近境不聽聞(東新續三綱. 忠1:54). 갓가올 근:近(倭解下32). 父母ㅣ 심히 갇갑기로써 위로ᄒᆞ며(女四解4:38).

·갇·긴 명 갓끈. ☞갓긴. 갓씬 ¶구운 구슬 갇긴 오빅 목:燒珠兒五百串(飜老下67). 갇긴 영:纓(光千22).

갇나·히 명 계집아이. ☞갓나히 ¶순갇나히가 니믈리기가:女孩兒那後婚(飜朴上45). 올히 ᄀᆞᆺ 열여스신 순갇나히라:今年纔十六歲的女孩兒(飜朴上45).

갇·다 동 걷다. 거두다. 걷히다. ☞가도다 ¶그 ᄢᅴ 부톄 神足 가ᄃᆞ시고(月釋7:54之1). 百千年이 ᄎᆞ거ᅀᅡ 廣長舌 가ᄃᆞ신대 八方分身이 ᄯᅩ 가ᄃᆞ시니(月釋18:1). 百千歲 ᄎᆞᆫ 後에ᅀᅡ 도로 舌相ᄋᆞᆯ 가ᄃᆞ샤(月釋18:6). 氣分 가도미라 : 收氣也(楞解8:107). ᄆᆞᄅᆞ미 가ᄃᆞ니 믌ᄀᆞ이 나고:江斂洲渚出(杜解3:44). 새 비 가ᄃᆞ니:收新雨(初杜解15:55). 가ᄃᆞ락 펴락 ᄒᆞ놋다:卷舒(初杜解20:34). ᄀᆞᅀᆞᆯ히 가ᄃᆞ며 겨스레 갈ᄆᆞ며:秋收冬藏(金三2:6). 다 갇디 몯ᄒᆞ놋다:惣不收(金三2:55). 갇노라 ᄒᆞ니:收(金三3:52). 구루미 갇고:雲收(金三4:29). 갇고 노티 아니ᄒᆞ며:收而不放(金三5:33). 가ᄃᆞᆯ 슈:收(光千2). 무루플 가다 ᅀᅮᆯ어안자:斂膝(宣小6:107). 블근 비치 將次 갇거ᄂᆞᆯ:紅將斂(重杜解9:39).

※'갇다'의 활용 [갇디/갇거ᄂᆞᆯ/갇고… / 가ᄃᆞ니/가ᄃᆞ며/가ᄃᆞ시고…

갇다 동 깎다. ¶머리 갇가 즁 되여:剃髮爲僧(東新續三綱. 孝1:9).

갇다 형 같다. ☞ᄀᆞᆮ다 ¶邑內 다 이 갇ᄉᆞ오면(隣語1:14).

·갇·모 명 갈모. ☞갓모 ¶젼산과 갇모와 가지라 가노라:取氈衫和油帽去(飜朴上65).

갇옫 명 갖옷. 가죽옷. ☞갓옷 ¶갇옫 구:裘(倭解上45).

갇힐후다 동 마비(痲痺)되다. ¶놀라 두 활기ᄅᆞᆯ 갇힐훠 풍증이 ᄀᆞᆮ거나(痘瘡方論8). 두 활기 갇힐훠 도ᄅᆞ라디며(痘瘡方論9). 몬져 활기 갇힐훈 후에(痘瘡方論12).

·갈 명 칼. ¶갈爲刀(訓解. 合字). 白帝 ᄒᆞᆫ 갈해 주그니:白帝劒戮(龍歌22章). 두 갈히 것그니:兩刀皆缺(龍歌36章). 갈爲刀(訓解). 믈블 갈 모딘 것과(釋譜9:24). 갈ᄒᆞ로 바히ᄂᆞᆫ ᄃᆞᆺ 알ᄑᆞ거시ᄂᆞᆯ(釋譜23:26). 싸홇 저긔 갈해 헌 짜ᄒᆞᆯ(月釋1:26). 믈와 블와 갈콰 毒과(月釋9:43). 갈ᄒᆞ로 多羅木 버히ᄃᆞᆺ ᄒᆞ니(楞解6:109). 열아홉 ᄒᆡᄅᆞᆯ ᄒᆞᆫ 갈로 쇼 다효ᄃᆡ(圓覺下二之二10). 或 이 닐오ᄃᆡ 이ᄂᆞᆫ 목수믈 그츨 갈히며:或者謂是斷命刀子(蒙法53). 趙州ㅅ 놀난 갈히:趙州露刃劒(蒙法55). 庫內예ᄂᆞᆫ 이런 갈히 업스니:庫內無如是刀(蒙法55). 우러 흐르ᄂᆞᆫ 므레 갈ᄒᆞᆯ ᄀᆞ다니:磨刀嗚咽水(重杜解5:26). 갈콰 佩玉ㅅ 소리ᄂᆞᆫ 玉墀옛 거르믈 졷고(初杜解6:3). 져믄 나해 글스기와 갈ᄡᅳ기와 ᄇᆡ호니:壯年學書劒(初杜解7:15). 뎌른 亭子ㅅ 가온ᄃᆡ 갈ᄒᆞᆯ 지엿도다:倚劒短亭中(初杜解9:7). 글와 갈ᄒᆞ로 風塵에셔 늘글 고ᄃᆞᆯ 어느 알리오:豈知書劒老風塵(初杜解11:4). 술 醉ᄒᆞ야 갈ᄒᆞ로 튜니 蛟龍ㅣ 우르ᄂᆞ다:酒酣擊劒蛟龍吼(初杜解25:30). ᄒᆞᆫ 볼 갈흘 밍ᄀᆞᆯ오져 ᄒᆞᄂᆞ니:要打一副刀子(飜朴上16). 갈 도:刀(訓蒙中18. 類合上28). 갈 검:劍(石千3). 갈흐로ᄡᅥ 고ᄒᆞᆯ 버히고:以刀斷鼻(宣小6:57). ※갈>칼

※'갈'의 첨용 [갈 / 갈히/갈ᄒᆞᆯ/갈해…

:갈 명 칼〔枷〕. ¶能히 衆生ᄋᆞ로 가돔과 ᄆᆡ욤과 갈와 鎖왜 能히 著디 몯게 ᄒᆞ며:能令衆生禁繫枷鎖所不能著(楞解6:28). 校ᄂᆞᆫ 갈 메일 씨라(楞解8:86). ᄭᅮ멧 갈와 사줄왜 ᄭᆡ면 ᄒᆞ마 여희ᄃᆞᆺ ᄒᆞ니:如夢枷鎖寤則已離(圓覺上二之一46). 吹毛ᄂᆞᆫ 갌 일후미니(南明下70). 갈 가:枷(訓蒙中15). 이십오근 갈을 쓰고(萬言詞).

갈 명 갈대. ☞ᄀᆞᆯ ¶갈 로:蘆. 갈 뎍:荻(兒學上5). 갈:葭(柳氏物名三 草).

갈 명 갈나무. ¶갈:槲(物譜 雜木).

갈가마괴 명 갈가마귀. ☞갈가무기. ᄀᆞᆯ가마괴 ¶갈가마괴:寒鴉(同文解下35). 갈가마괴 ¶갈가마귀:鴉烏(柳氏物名一 羽蟲).

갈가마기 명 갈가마귀. ☞갈가마괴 ¶갈가마기:寒鴉(漢淸13:54).

갈가무기 명 갈가마귀. ☞갈가마괴 ¶티빅산 갈가무기(春香傳 157).

갈갈이 명 갈고랑이. ☞갈고리. 갈구리 ¶녀르메ᄂᆞᆫ 옥으로 ᄆᆡᆫ그테 갈갈이 ᄒᆞ니 ᄯᅴ요ᄃᆡ:夏裏繫玉鉤子(飜老下51).

갈강 명 갈강나무. ¶닙 업쓴 갈강 가싀덤불 아래(古時調. 海謠).

갈건 명 갈건(葛巾). ¶그를 이프며 안자셔 머리ᄅᆞᆯ 도ᄅᆞ혀 ᄇᆞ라고 ᄠᅳ들 조차 葛巾을 ᄂᆞᄌᆞ기 ᄒᆞ노라(重杜解15:17). 葛巾을 아니 닐냐(曺友仁. 梅湖別曲).

갈고라장ᄌᆞ리 명 갈고랑이. ☞갈골아쟝잘이 ¶고은 님 촉 씩어 ᄂᆞ오치ᄂᆞᆫ 갈고라장ᄌᆞ리(古時調. 뮈운 님. 青丘).

갈고리 명 갈고랑이. ☞갈갈이. 갈구리 ¶갈고리 ᄡᅳᄂᆞᆫ 도적이:使鉤子的賊(朴解中35). 세 갈고리 살:三叉箭(譯解上21). 낙시 갈고리:釣鉤(同文解下12). 갈고리로 거러 다리다:用鈎鈎(漢清4:37).

갈골 명 조개풀. ¶갈골:藎草(柳氏物名三 草).

갈골아쟝잘이 명 갈고랑이. ☞갈고라장ᄌᆞ리 ¶뮈온 님 촉 직어 물리치는 갈골아쟝잘이(古時調. 海謠).

갈골이 명 갈고리. 갈고랑이. ☞갈고리 ¶갈골이 구:鉤(兒學).

갈공 명 갈고랑이. ☞갈공이. 갈궁쇠 ¶ᄇᆞᄅᆞᆷ 부ᄂᆞᆫ 바리 절로 갈공애 올앗ᄂᆞᆫ ᄃᆞᆺᄒᆞ도다:風簾自上鉤(重杜解12:3).

갈·공막:대 명 지팡이. ¶갈공막대 괘:枴 俗呼 枴棒 老者所持(訓蒙中19).

갈공이 명 갈고랑이. ☞갈골이. 갈공 ¶ᄃᆞᆯ 갈공이ᄂᆞᆫ:月鉤(百聯5). ᄆᆞᄅᆞ기ᄅᆞᆯ 갈공이ᄌᆞᆫ티 ᄒᆞ야(家禮1:40). 발을 갈공이예 걸오 ᄒᆞ오아 ᄌᆞ오지 못ᄒᆞ얏노라:鉤簾獨未眠(重杜解12:7).

갈구리 명 갈고리. 갈고랑이. ☞갈갈이. 갈고리 ¶갈구리 ᄒᆞ니를:鉤子(老解下46). 저울 갈구리:秤鉤子(老解下62). 갈구리 구:鉤(倭解下16).

갈근 명 갈근(葛根). 칡뿌리. ¶葛根 ᄒᆞᆫ 량 반(簡辟8).

갈궁·쇠 명 갈고랑쇠. 갈고랑이 ☞갈공. 갈구리 ¶저우렛 갈궁쇠:鉤子(飜老下69). 〔'갈궁쇠'는 '갈공쇠'의 오기(誤記).〕

:갈·기 명 갈기. ¶비치 ᄇᆞᆯ가ᄑᆞᄅᆞ코 갈기예 구스리 ᄲᅦ옛거든(月釋1:27). ᄆᆞ리 삿기ᄅᆞᆯ 나ᄒᆞ니…갈기 다 구스리 ᄲᅦ여 잇더니(月釋2:46). 갈기 렵:鬣(訓蒙下9. 倭解下24). 갈기 종:鬉(訓蒙下9). 조을ㅅ 갈기:頦驄(譯解補48). 頭毛 갈기(柳氏物名一 獸族). 갈기 종:騣(兒學上8).

갈기다 동 갈기다. 후려치다. ¶길에 방해로온 가싀남글 갈기며 길을 당ᄒᆞᆫ 돌을 업시ᄒᆞ며(敬信10). 초가집을 ᄭᅩᆯ기디 아니ᄒᆞ고(女範2. 변녀 진ᄌᆞᆼ공쳐).

·갈·ᄀᆞᆮ 명 칼같이. 칼처럼. 독갈 ☞-ᄀᆞᆮ ¶두 쁠이 갈ᄀᆞᆮ ᄂᆞᆯ캅고(月印上59).

갈능ᄒᆞ다 형 간릉(幹能)하다. ¶子弟의 禮문 알고 갈능ᄒᆞᆫ 者(家禮5:4).

갈닙 명 갈잎. 떡갈잎. ¶갈닙:斛若(柳氏物名四 木).

갈ᄂᆞᆯ 명 칼날. ☞갈ᄅᆞᆯ ¶갈ᄂᆞᆯ 봉:鋒(類合下39). 찬션이 ᄯᅩ 갈ᄂᆞᆯ해 다와다 드러가 몸으로 ᄀᆞ리운대:纘先亦冒刃直入以身蔽之(東新續三綱. 孝7:9).

:갈·다 동 갈다〔耕〕. ¶南陽에 손ᅀᅩ 받 가라(宣賜內訓3:56). 禾穀이 나니 받 이러미 東西ㅣ 업게 가랫도다:禾生隴畝無東西(重杜解4:2). 봆 가로ᄆᆞᆯ 瀼水ㅅ 西ㅅ녀글 허리노라:春耕破瀼西(杜解7:13). 아래로 請호ᄃᆡ 井田을 便安히 갈에 ᄒᆞ고:下請安井田(初杜解22:25). 갈 경:耕(訓蒙下5). 갈 경:耕(類合下7). 받 가ᄂᆞᆫ 이 받 ᄀᆞ올 ᄉᆞ양ᄒᆞ고:耕者讓畔(宣小4:39). 받출 갈고 ᄡᅵᄅᆞᆯ ᄂᆞ리와:耕(女四解2:29). 쥬인의게 아쳠ᄒᆞ야 이웃 밧도랑 경계ᄅᆞᆯ 침경ᄒᆞ야 갈지 말며(敬信65).

갈다 동 갈다〔磨〕. ☞ᄀᆞᆯ다 ¶악을 힝ᄒᆞᄂᆞᆫ 사ᄅᆞᆷᄋᆞᆫ 칼 가ᄂᆞᆫ 돌 ᄀᆞᆮᄒᆞ여(敬信26).

·갈등 명 갈등(葛藤). ¶하ᄂᆞᆯ해 ᄀᆞᄃᆞᆨᄒᆞᆫ 葛藤ᄋᆞᆯ 버혀 긋ᄂᆞ니(金三1:3). 葛ᄋᆞᆫ 츩기오 藤ᄋᆞᆫ 울ᄆᆡ니 다 너추ᄂᆞᆫ 거시니 教法 너추로ᄆᆞᆯ 가ᄌᆞᆯ비니라(金三1:3).

갈ᄃᆞᄆᆞ다 동 칼 담금질하다. ¶갈ᄃᆞᄆᆞᆯ 쵀:淬(類合下42).

갈ᄃᆡ 명 갈대(葛帶). ¶丈夫는 麻帶를 벗고 葛帶를 띄고(家禮6:12).

갈라내다 동 갈라 내다. ¶갈라내다:分開(漢清6:48).

갈랑니 명 가랑니. ¶皮ㅅ겨 ᄀᆞᆮ튼 갈랑니(古時調. 李鼎輔. 一身이. 瓶歌).

갈략 명 간략(簡略). ¶갈략 간:簡(石千37).

갈력ᄒᆞ다 동 갈력(竭力)하다. ¶남이 고ᄋᆞ와 과부ᄅᆞᆯ 침릉ᄒᆞ믈 보매 갈력ᄒᆞ야 보호ᄒᆞ며(敬信80).

갈리기다 동 가리다. 가리끼다. 가리어 끼다. ☞ᄀᆞ리ᄢᅵ다 ¶이후는 光明 日月을 갈리기게 말리라(古時調. 平生에. 海謠).

갈리다 동 갈리다. 가름을 당하다. ¶우리 兄弟의 몸이 비록 갈리여 이시나 뜻과 ᄆᆞᄋᆞᆷ이 아조 갈리인 곳이 업ᄉᆞ니라(捷蒙4:17).

갈ᄅᆞᆯ 명 칼날. ¶갈ᄅᆞᆯ 망:鋩(類合下54).

갈마드리다 동 갈마들이다〔遞〕. ¶이 효유ᄒᆞᄂᆞᆫ 글을 보고 곳 맛당히 갈마드려 서로 고게 ᄒᆞ야(敬信26).

갈마잇다 동 감추어져 있다. 감추어졌다. (기)갊다 ¶峽의 얼굴ᄋᆞᆫ 堂隍 ᄌᆞᆫᄒᆞᆫ ᄉᆞ이예 갈마잇고:峽形藏堂隍(重杜解1:17).

·갈:망·ᄒᆞ·다 동 갈망(渴望)하다. ¶如來ᄅᆞᆯ 渴望ᄒᆞ야 울워ᅀᆞᄫᆞ미(月釋21:200). 모ᄃᆞᆫ 渴望ᄒᆞ야 울워로ᄆᆞᆯ 因ᄒᆞ야(楞解8:70). 慈悲ㅅ ᄀᆞᄅᆞ치샤ᄆᆞᆯ 渴望ᄒᆞ야 ᄇᆞ라ᅀᆞ올 씨라(金剛13). 天子ᄂᆞᆫ 垂拱호ᄆᆞᆯ 渴望ᄒᆞ시놋다(重杜解14:4).

갈망ᄒᆞ다 동 갈망하다. ¶죽거든 갈망ᄒᆞᄂᆞᆫ 녜라(警民35).

갈맷다 [동] 간직하여 있다. 간직하였다. ㉮갊다 ¶ᄒᆞᆫ 두들기 曲折을 갈맷ᄂᆞ니:一丘藏曲折(重杜解10:15). 믈러가 갈맷ᄂᆞᆫ 雨師ᄅᆞᆯ 츠기 너기고:退藏恨雨師(重杜解10:25).

갈머기 [명] 갈매기. ☞ᄀᆞᆯ며기 ¶갈머기:鷗(柳氏物名一 羽蟲).

·갈모 [명] 좃대. 수레바퀴 끝을 덮어 싸는 휘갑쇠. ¶輨ᄋᆞᆫ 술윗 갈뫼오(法華序21). 갈모 관:輨(訓蒙中26).

갈·므·다 [동] 염습(殮襲)하다. ㉮갊다 ¶갈믈 렴:殮(訓蒙中35).

갈ᄆᆞ다 [동] 감추다. 간직하다. ㉮갊다 ¶갈ᄆᆞᆯ 장:藏(類合下37). 갈ᄆᆞᆯ 장:藏(石千2).

갈ᄆᆡ [명] 갈매. 갈매나무. ¶갈ᄆᆡ:鼠李(農俗).

갈발 [명] 갈대로 엮은 발. ¶산슈병풍 어ᄃᆡ 가고 갈발 한 ᄢᅦ 둘러시며(萬言詞).

갈범 [명] 칡범. ☞가람. 갈웜 ¶갈범의 ᄲᅧ:虎骨(東醫 湯液一 獸部).

·갈:병 [명] 갈병(渴病). ¶消中은 渴病也ㅣ라(初杜解6:51).

갈삼 [명] 갈삼(葛衫). 갈포로 지은 적삼. ¶葬ᄒᆞᆫ 後애 葛衫으로 반고며(家禮6:33).

갈·셕 [명] 갈석(碣石). 묘갈(墓碣). ¶갈셕 갈:碣(訓蒙中35).

갈ᄡᅡ귀 [명] 각다귀. ¶갈ᄡᅡ귀 ᄉᆞ무아기 센 박휘(古時調. 李鼎輔. 一身이. 海謠).

갈ᄡᅵ [명] 갈대. ¶갈ᄡᅵ로 그어 글시를 씨니(女四解4:8).

갈·아가·다 [동] 갈라 가다. ¶두 버미 사호거ᄂᆞᆯ 보고 막다히로 가온ᄃᆡ 말이니 두 버미 各各 갈아가니라(眞言. 供養文22).

갈·아:나·다 [동] 갈라 나다. ¶如意珠王ᄋᆞᆯ 브터셔 갈아나ᄃᆡ 열네 가ᄅᆞ리니(月釋8:13). 서르 갈아날ᄊᆡ(楞解4:14). 支ᄂᆞᆫ 갈아날 ᄊᆡ라(法華2:91). 여의주왕ᄋᆞᆯ 브터셔 갈아나ᄃᆡ 열네 가ᄅᆞ리니 가ᄅᆞ마다 칠보 비치오:從如意珠王生分爲十四一一支作七寶色(觀經13). 君子 小人이 이에 와 갈아날 ᄲᅮᆫ이 아니라(飜小8:14).

갈·아:내·다 [동] 갈라내다. ¶流通애 갈아내니:遂分流通(法華4:68).

갈·아디·다 [동] 갈라지다. ¶ᄀᆞᄅᆞᆷ애 드르시니 믌결이 갈아디거늘(月印上39). 반ᄃᆞ기 민가온ᄃᆡ 그르면 곧 갈아디리이다:當於結心解卽分散(楞解5:24).

갈·아앉·다 [동] 갈라 앉다. ☞가ᄅᆞ다 ¶兩分이 갈아안ᄌᆞ시니(月印上16).

갈:앙 [명] 갈앙(渴仰). ¶이런ᄃᆞ로 渴仰ᄋᆞᆯ 因ᄒᆞ야(楞解8:70).

·갈:앙ᄒᆞ·다 [동] 갈앙(渴仰)하다. ¶凡은 몰로매 이셔 風化ᄅᆞᆯ 渴仰ᄒᆞ고(金三涵序6).

갈애 [명] 가래. ☞가ᄅᆞᆯ ¶갈애 들고 씨 지워 볼ᄭᅡ ᄒᆞ노라(古時調. 閣氏ᄂᆡ 외밤. 海謠).

·갈·외 [명] 가뢰. ¶갈외 반:盤. 갈외 모:蝥(訓蒙上23). 갈외:班猫(譯解下34). 갈외:斑猫(同文解下42). 갈외:盤蝥(漢淸14:50).

:갈·웜 [명] 칡범. ☞가람. 갈범 ¶갈웜 호:虎(訓蒙上18).

갈이다 [동] 가리다〔擇〕. ¶부모ㅣ 다시 그 사회를 갈이고쟈 ᄒᆞ니(女四解4:18).

갈이ᄉᆡ [명] 가리새. 노랑부리저어새. ¶갈이ᄉᆡ:鶬鸛(物譜 水鳥).

갈ᄋᆞ시ᄃᆡ [동] 가라사대. ¶군춤에 갈ᄋᆞ시ᄃᆡ:軍讖曰(三略上2).

·갈잠·개 [명] 병기(兵器). ¶小三災ᄂᆞᆫ 갈잠개와 주으륨과 病괘라(法華2:36). 갈잠개에 허러:刀兵所傷(救簡1:57).

·갈즘·게 [명] 검수(劍樹). ¶衆生이 갈즘게 그테 이셔 소ᄂᆞ로 갈즘게ᄅᆞᆯ 자ᄇᆞ니(月釋23:79).

갈지·게 [명] 갈지개. 한 살 된 매. ¶갈지게:黃鷹(訓蒙上15 鷹字註). 갈지게:黃鷹(譯解下25).

갈진이 [부] 갈진(竭盡)히. 지극히. ¶갈진이 ᄒᆞ시니라(閑中錄272).

갈진ᄒᆞ다 [동] 갈진(竭盡)하다. 다하여 없어지다. ¶힘이 갈진ᄒᆞ야 ᄆᆞᄎᆞᆷ내 ᄲᅡ뎌 주그니:力竭竟溺死(東新續三綱. 孝3:8).

갈ᄌᆞ리 [명] 갈대로 엮어 만든 자리. ¶각장장판 어ᄃᆡ 가고 갈ᄌᆞ리를 ᄭᆞ라시며(萬言詞).

갈ᄌᆞᄅᆞ [명] 칼자루. ¶周宋ᄋᆞ로 갈ᄌᆞᄅᆞ ᄆᆡᆼᄀᆞ다 ᄒᆞᄃᆞ시(重杜解3:17).

갈치 [명] 갈치. ☞갈티 ¶혈이 긴 갈치(古時調. 海謠).

·갈·콰 [명] 칼과. 〔ㅎ 첨용어 '갈'의 접속격(接續格).〕 (독)갈 ¶믈와 블와 갈콰 毒과(月釋9:43). 갈콰 佩玉ㅅ 소리ᄂᆞᆫ 玉墀옛 거르믈 좃고:劍佩聲隨玉墀步(初杜解6:3).

갈키 [명] 갈퀴. ¶갈키:柴把子(譯解補43). 갈키:柴爬子(同文解下16). 갈키:爬子(漢淸10:7). 갈키:杷兒(物譜 耕農).

갈키ᄡᅧ흐레 [명] 갈퀴 써레. ¶갈키ᄡᅧ흐레:杷(物譜 耕農).

갈텽 [명] 갈청. ¶갈텽:葭稃(柳氏物名三 草).

갈티 [명] 갈치. ☞갈치 ¶갈티:裙帶魚(譯解下37. 柳氏物名二 水族).

갈포 [명] 갈포(葛布). ¶갈포 빗 ᄀᆞᆺ흔 사:葛紗(漢淸10:58).

갈피 [명] 참나무껍질. 적룡피(赤龍皮). ¶갈피:赤龍皮(柳氏物名四 木).

갈·해 [명] 칼에. 〔ㅎ 첨용어 '갈'의 부사격(副詞格).〕 (독)갈 ¶白帝 ᄒᆞᆫ 갈해 주그니:白帝劒戮(龍歌22章).

갈험 [명] 칡범. ☞갈범. 갈웜 ¶江陵 시음지 너머드러 갈험의 허리ᄅᆞᆯ 가로 무러 추혀들고

(古時調. 개야이 볼귀야이. 青丘).

갈희다 동 가리다. ☞골ᄒᆞ다. 골히다 ¶광부의 말이라도 셩인이 갈희시니(萬言詞). 名區勝地를 골희곡 갈희여(古時調. 千古 羲皇天과. 青丘).

·갈·히 명 칼이. 〔ㅎ 첨용어 '갈'의 주격(主格).〕 독갈 ¶재 ᄂᆞ려 티샤 두 갈히 것그니:下阪而擊兩刀皆缺(龍歌36章).

·갈ᄒᆞ·다 동 갈(喝)하다. 소리지르다. ¶巖頭ㅣ 德山올 보아늘 ᄒᆞᆫ 번 喝ᄒᆞᆫ대:喝ᄋᆞᆫ 혝홀 씨니 비홇 사ᄅᆞᄆᆡ 혜아료미 다 뻐러디긔 우리틸 씨라(蒙法31).

·갈ᄒᆞ·다 형 갈(渴)하다. 목마르다. ¶渴ᄒᆞᆫ 제 ᄡᅳᆫ믈 먹돗 ᄒᆞ야:渴ᄋᆞᆫ 목ᄆᆞ롤 씨라(月釋7:18). 갈ᄒᆞ야 신의를 몯 ᄎᆞ리거든(救簡2:46). 渴ᄒᆞᆫ 者ㅣ 飮을 甘ᄒᆞᄂᆞ니:渴者甘飮(宣孟13:23).

갈ᄒᆞ로 명 칼로. 〔ㅎ 첨용어 '갈'의 부사격(副詞格).〕 독갈 ¶글와 갈ᄒᆞ로 風塵에셔 늘글 고돌 어느 알리오:豈知書劍老風塵(初杜解11:4). 술 醉ᄒᆞ야 갈ᄒᆞ로 튜니 蛟龍ㅣ 우르ᄂᆞ다:酒酣擊劍蛟龍吼(初杜解25:30).

갈ᄒᆞᆯ 명 칼을. 〔ㅎ 첨용어 '갈'의 목적격(目的格).〕 독갈 ¶더른 亭子ㅅ 가온ᄃᆡ 갈ᄒᆞᆯ 지엿도다:倚劍短亭中(初杜解9:7).

갊·다 동 ①감추다. 간직하다. ¶妙애 갈ᄆᆞ니:藏乎妙(楞解4:10). 모ᄆᆞᆯ 갈모매 뵈야ᄒᆞ로 잇부믈 告ᄒᆞ도다:藏身方告勞(初杜解7:21). ᄒᆞᆫ 두들기 曲折을 갈ᄆᆡᆺᄂᆞ니:一丘藏曲折(初杜解10:15). 믈러가 갈ᄆᆡᆺᄂᆞᆫ 雨師ᄅᆞᆯ ᄎᆞ기 너기고:退藏恨雨師(初杜解10:25). 眞實로 모ᄆᆞᆯ 갊가라 ᄒᆞ논디라:實藏身(杜解21:30). 堀에 드러 모ᄆᆞᆯ 갈마ᄂᆞᆫ ᄒᆞ오ᅀᅡ 妙ᄅᆞᆯ 得ᄒᆞ니. 堀에 드러 몸 갈모ᄆᆞᆫ 自受用三昧라(南明下36). ᄀᆞᅀᆞᆯᄒᆡ 가ᄃᆞ며 겨ᅀᅳ레 갈ᄆᆞ며:秋收冬藏(金三2:6). 北斗ㅅ 소배 모ᄆᆞᆯ 갊게 ᄒᆞ시니:令北斗裏藏身(金三4:38). 사ᄅᆞ미 사오나온 고디 잇거든 ᄡᅳ려 갈믈디니라:人有歹處淹藏着(飜老下44). 갈ᄆᆞᆯ 장:藏(類合下37). 갈ᄆᆞᆯ 장:藏(石千2). 峽의 얼굴ᄋᆞᆫ 堂隍 ᄀᆞᆮᄒᆞᆫ ᄉᆞ이예 갈마 잇고:峽形藏堂隍(重杜解1:17). 니엣ᄂᆞᆫ 두들근 ᄆᆞᆯ ᄃᆞ로ᄆᆞᆯ 갊고:壘壘堆阜藏奔突(重杜解17:26). 내 엇디 갈무리(癸丑59).

②염습(殮襲)하다. ¶갈믈 렴:殮(訓蒙中35).

갌날 명 칼날. ☞갌롤 ¶갌날과 살미트로 農器 디유믈 듯고져 願ᄒᆞ노니:願聞鋒鏑鑄(杜解3:10). 靈ᄒᆞᆫ 갌날ᄒᆞᆯ 向ᄒᆞ야 그츠니:向靈鋒斷(金三4:24).

갌롤 명 칼날. ☞갌날 ¶갌롤해 디여:落刃(重杜解15:19).

:감 명 감(紺). 감색(紺色). 검은 남빛. ¶紺ᄋᆞᆫ ᄀᆞ장 프른거긔 블근 겨치 잇ᄂᆞᆫ 비치라(月釋10:52). 紺과 블근 거스로 ᄡᅥ 옷깃 도로디 아니ᄒᆞ시며:不以紺緅飾(宣小3:21). 君子ᄂᆞᆫ 紺과 緅로ᄡᅥ 飾디 아니ᄒᆞ시며:君子不以紺緅飾(宣論2:54).

:감 명 감〔柿〕. ¶감 爲柿(訓解. 用字). 감 시:柿(訓蒙上12. 類合上9. 倭解下6). 감:柿(柳氏物名四 木).

:감·격 명 감격(感激). ¶感激이 分에 너므면(楞解9:70). 가지가지 대접ᄒᆞ여 계시니 감격은 ᄒᆞ오나 도로혀 不安ᄒᆞ외(隣語2:6).

감격이 부 감격(感激)히. 감격스럽게. ☞감격히 ¶감격이 너기ᄋᆞᆸᄂᆡ이다(新語8:27).

감격히 부 감격(感激)히. 감격스럽게. ☞감격이 ¶아래 군ᄉᆞ들도 감격히 너길 거시어늘(女範3). 먼 ᄃᆡ 극진히 軍官을 ᄡᅥ 무르시니 감격히 너기ᄋᆞᆸᄂᆡ(重新語1:27).

:감·격ᄒᆞ·다 동 감격(感激)하다. ¶이 사ᄅᆞᄆᆡ 氣運이 揚揚호ᄆᆞᆯ 感激ᄒᆞ노니(初杜解15:42). 아비 감격ᄒᆞ야 죵신토록 다시 취쳐ᄅᆞᆯ 아니 ᄒᆞ다:父感之終身不再娶(東新續三綱. 孝3:48). 그 의ᄅᆞᆯ 감격ᄒᆞ여:感其義(東新續三綱. 忠1:35). ᄆᆞᄎᆞ매 感激ᄒᆞ노라(重杜解8:20). 그리 니르시니 감격ᄒᆞ영이다(新語9:17). 우리ᄂᆞᆫ 본ᄃᆡ 下戶연마ᄂᆞᆫ 감격ᄒᆞ오매 먹기ᄅᆞᆯ 과히 ᄒᆞ엳ᄉᆞ오니(重新語2:14). 과연 내 感激ᄒᆞ믈 이긔지 못ᄒᆞ여라(捷蒙4:3). 제싱들히 다 감격ᄒᆞ고 깃거ᄒᆞ더라(仁祖行狀24). 은혜를 밧고 감격ᄒᆞ여 아니며(敬信2). 몬져 무르시니 感激ᄒᆞ여 ᄒᆞᄋᆞᆸᄂᆞ이다(隣語1:31). 술을 믈에 부으면 믈이 엇지 마시 이시리오마ᄂᆞᆫ 서로 감격ᄒᆞ여 ᄒᆞᄂᆞᆫ 바ᄂᆞᆫ ᄆᆞ음이라(綸音215). 싱이 샤례 왈 노파의 념녀ᄒᆞ미 ᄌᆞ못 감격ᄒᆞ니(落泉1:2).

감결 명 감결(甘結). 조선 때, 상급 관아에서 하급 관아에 보내던 공문서(公文書). ¶甘結(同文解上42).

감계 명 감계(鑑戒). ¶깁히 솔펴 감계ᄒᆞᆯ디니이다(經筵).

감국 명 감국(甘菊). ¶뜰 알ᄑᆡ 甘菊이 옮겨 심군 ᄢᅵ 느즐셔 프른 곳부리라:庭前甘菊移時晚青蘂(重杜解18:1).

감긔 명 감기(感氣). 감모(感冒). ¶감긔 겨시다:冒風(漢淸8:7).

감기·다 동 감기다. ¶과ᄀᆞ리 비얌 감겨 프디 몯ᄒᆞ거든(救簡6:49). ᄂᆞᄆᆡ ᄢᅨ예 감겨(恩重14). 님히 ᄢᅨ예 감겨 즉시 나가니(癸丑24).

감·납ᄒᆞ·다 동 감납(監納)하다. 살펴 받아들이다. ¶監納ᄒᆞᄂᆞᆫ 관원손ᄃᆡ:監納官人們處(飜朴上12).

감ᄂᆞ·니 동 갊느니. ⑦갑다 ¶그윽ᄒᆞᆫ 德은

하ᄂᆞᆯ히 福으로 감ᄂᆞ니(宣小5:5).

감·다 [동] 감다. ¶世尊ㅅ 몸애 감아ᄂᆞᆯ 慈悲心ᄋᆞ로 말 아니 ᄒᆞ시니(月印上8). 모매 가ᄆᆞ시고(月釋18:31). 제 모매 감고:而自纏身(法華6:141). 모매 가ᄆᆞ시고: 纏身(法華6:144). 가ᄆᆞ기 ᄇᆡ야미 가마:卒爲蛇繞(救急下79). 바ᄅᆞᆺ ᄆᆞᄅᆞᆯ 모ᄀᆡ 가ᄆᆞ며:海藻周於頸下(救簡2:83). ᄇᆞ염이 ᄆᆞᆯ바ᄅᆞᆯ 감아ᄅᆞᆯ 모ᄃᆞᆫ 쟝슈 쳥ᄒᆞ여 가기ᄅᆞᆯ 그쳐지라 ᄒᆞᆫ대:有蛇纏馬足諸將請停行(東新續三綱. 忠1:63). 힘 감다:纏筋(同文解上47). 감다:盤繞(漢淸12:14).

감다 [동] 감다〔沐〕. ¶마리 감고(五倫3:11).

감·다 [형] 감다〔玄〕. ¶四千里 감ᄋᆞᆫ 龍이 道士ㅣ ᄃᆞ외야(月印上35). 가ᄆᆞᆯ 현:玄(訓蒙中30. 類合上5). 가ᄆᆞᆯ 려:黎(石千5). 감을 현:玄(註千1). 감을 려:黎(註千5).

감당 [명] 감당(堪當). ☞감당ᄒᆞ다 ¶감당 임:任(類合下9).

감당ᄒᆞ·다 [동] 감당(堪當)하다. ¶敢히 례도를 감당티 몯ᄒᆞ리로다:不敢當禮(宣小6:54). 쇼제 ᄒᆞᆫ 몸의 감당ᄒᆞ리니 형은 급히 가묘ᄅᆞᆯ 품고(落泉1:1).

감뎃불휘 [명] 감제풀 뿌리. ¶감뎃불휘:虎杖根(東醫 湯液三 草部).

감돌다 [동] 감돌다. ¶심의산 세네 바회 감도라 휘도라(古時調. 鄭澈. 松江). 江原道 開骨山 감도라 드러(古時調. 靑丘).

감동이 [명] 감동젓. ¶감동이:紅毛醬 紫鰕鮓(物譜 飮食).

:감·동·ᄒᆞ·다 [동] 감동(感動)하다. ¶感動ᄒᆞᅀᆞᆸ고(楞解1:50). 隨宜說三애 니르린 方便恩ᄋᆞᆯ 感動ᄒᆞᅀᆞ오니라(法華2:260). 아로ᄆᆞᆯ 感動ᄒᆞ야 ᄂᆞᆫ믈 흘리고(圓覺序8). 帝ㅣ 感動ᄒᆞ샤(宣賜內訓2上46). 시혹 어디닐 맛난 感動ᄒᆞ야(宣賜內訓3:40). 슬픈 소리ᄂᆞᆫ ᄌᆞ모 사ᄅᆞᄆᆞᆯ 感動히ᄂᆞ다:哀音何動人(初杜解17:37). 普賢ㅅ ᄀᆞᄅᆞ치샨 마ᄅᆞᆯ 親히 感動ᄒᆞ야 몸과 ᄆᆞᅀᆞᆷ과ᄅᆞᆯ 淸淨ᄒᆞ야(金三2:67). 감동ᄒᆞᆯ 감:感(類合下11). 졍셩된 ᄠᅳᆮ으로 ᄡᅥ 감동케 ᄒᆞᆯ디니:以誠意動之(宣小5:57). 足히 사ᄅᆞᆷ을 感動홈이 인ᄂᆞᆫ디라:有足感動人者(宣小6:18). 感動ᄒᆞ며 嗟嘆ᄒᆞ야셔(重杜解2:66). 도적도 ᄯᅩᄒᆞᆫ 감동ᄒᆞ야:賊亦感之(東新續三綱. 孝3:47). 피리와 붑괘 슬피 입퍼 鬼神을 感動ᄒᆞ요ᄂᆞ니:簫鼓哀吟感鬼神(重杜解11:18). 드듸여 감동ᄒᆞ여 ᄭᆡᄃᆞ라 숑ᄉᆞᄅᆞᆯ 그치고 ᄒᆞᆫ가지로 살기ᄅᆞᆯ 처엄과 ᄀᆞ티 ᄒᆞ니(警民23). 侃이 감동ᄒᆞ야 ᄀᆞ다ᄃᆞ마(女四解4:8). 이번 션유홈애 쇼민의 감동홈을 그 엇지 가히 긔필ᄒᆞ리오(綸音21). 효힝이 하ᄂᆞᆯ을 감동ᄒᆞ믈 보시고(敬信14). 싱이 져 챵가녀의 졍심이 이러ᄒᆞ믈 감동ᄒᆞ야(落泉1:3).

:감:동:히·다 [동] 감동(感動)되다. ¶神奇ᄒᆞᆫ 變化ᄅᆞᆯ 너비 뵈오 하ᄂᆞᆯ해셔 보ᄇᆡ옛 곳비 오고 하ᄂᆞᇙ 풍류 들여 사ᄅᆞᄆᆡ ᄠᅳ디 感動ᄒᆡᆯ씨 모ᄃᆞᆫ 사ᄅᆞ미 다 깃거(月釋2:75).

감량 [명] 감량(減糧). ☞감량ᄒᆞ다 ¶감량:량식 감ᄒᆞ단 말(敬信31).

감량ᄒᆞ다 [동] 감량(減糧)하다. ¶감량ᄒᆞᆫ 일졀에 만 가지 힝실 다 완비ᄒᆞ엿다 ᄒᆞᄂᆞᆫ지라(敬信31).

감:로 [명] 감로(甘露). ¶여러 말 ᄉᆞᆯᄫᆞ며 甘露ᄅᆞᆯ 勸ᄒᆞᅀᆞᄫᆞ니(月印上25). 하ᄂᆞᇙ 甘露ㅣ ᄌᆞᆫᄒᆞ야 아ᄅᆞᆷ답디 아니ᄒᆞᆫ 거시 업스며(釋譜19:20). 뵈야ᄒᆞ로 甘露ᄅᆞᆯ 펴시며(釋譜23:44). 後에 甘露ᄅᆞᆯ 담ᄃᆞᆺ ᄒᆞ니라(楞解8:2). 오직 一念功 업슨 ᄆᆞᅀᆞᄆᆞ로 十方世界예 慈悲ㅅ 구룸 니ᄅᆞ와다 너비 甘露ᄅᆞᆯ ᄡᅳ리ᄂᆞ니라 ᄒᆞ시니라(南明上34). 이운 나모 저쥬믈 爲ᄒᆞ야 甘露ᄅᆞᆯ ᄡᅳ리시니(金三2:49). 甘露ㅅ 마새 저저(六祖序5).

감모 [명] 감모(感冒). 감기(感氣). ¶감모 고티ᄂᆞ니:治感冒(胎要46). 감모로 發熱ᄒᆞ니ᄅᆞᆯ 고티ᄂᆞ니라(簡辟7).

감모ᄒᆞ다 [동] 감모(感冒)하다. 감기 들다. ¶졔싱방의 ᄀᆞᆯ오ᄃᆡ 잉뷔 풍한을 감모ᄒᆞ야:濟生方曰孕婦感冒風寒(胎要46).

감믈·다 [동] 꼭 다물다. ¶이블 감므러 내쉬디 마라:閉氣一口(瘟疫方17).

감보기 [명] 깜부기. ☞감복이 ¶밀 감보기:小麥奴(東醫 湯液一 土部).

감복이 [명] 깜부기. ☞감보기 ¶감복이:麥奴(柳氏物名三 草).

감삼다 [동] 감아 삼다. ¶두루 삼아 감삼다가(古時調. 모시를. 靑丘).

감새 [명] 감쇄(減殺). ¶그 禮ᄅᆞᆯ ᄯᅩ 合당히 감새ᄒᆞᆯ디니(家禮圖21).

감샤히 [부] 감사(感謝)히. ¶御兩使ᄅᆞᆯ 엔ᄆᆞ지 보내오셔 극진히 무르심을 닙ᄉᆞᆸ고 감샤히 너기ᄋᆞᆸᄂᆞᆫ 일(重新語7:12).

감샤ᄒᆞ다 [동] 감사하다. ¶감샤ᄒᆞᆫ 仕合을 ᄉᆞᆲ기 다 어려이 너기ᄂᆞ이다(重新語7:14). 텬디의 용납ᄒᆞᄂᆞᆫ 큰 덕을 감샤ᄒᆞ야 도라가 븟좃출 ᄆᆞᄋᆞᆷ이 더욱 ᄀᆞᆫ졀ᄒᆞᄃᆡ(山城109).

:감샹ᄒᆞ·다 [형] 감상(感傷)하다. ¶우린 이 이레 參預 몯 ᄒᆞ야 甚히 感傷호ᄃᆡ:感은 ᄆᆞᅀᆞ미 뮐 씨오 傷은 알ᄑᆞᆯ 씨라(法華2:4). 人生애 녯 거슬 感傷ᄒᆞ논 거시라:人生感故物(初杜解6:44). 時節을 感傷ᄒᆞ야셔:感時(重杜解11:6).

:감:손·ᄒᆞ·다 [동] 감손(減損)하다. ¶諸天衆을 減損ᄒᆞ야 아ᄃᆞᆨ호ᄆᆞᆯ 조차 아ᄃᆞᆨ호매 드러(法華3:100). 어려운 제 녯 ᄆᆞ올히 가ᄂᆞ니 너ᄂᆞᆫ 가고 나ᄂᆞᆫ 이쇼매 보ᄆᆡᆺ ᄆᆞᄋᆞ미 減損

ᄒᆞᄂᆞᆺ다(重杜解23:8). 믈읫 어공의 거술 혹 하교ᄒᆞ며 혹 샹소차 ᄌᆞ롤 인ᄒᆞ여 거의다 감손ᄒᆞ여쇼ᄃᆡ(仁祖行狀32).

감수 명 감수(感水). 감격의 눈물. ¶언흘의 감싊 비ᄀᆞᆺ치 흐르니(落泉5:11).

감슈ᄒᆞ다 동 감수(甘受)하다. ¶제싱이 이 보음을 감슈ᄒᆞ고 ᄶᅵᄃᆞᆺ지 못ᄒᆞ야(敬信25).

감·실 명 감실(龕室). ¶南方 조ᄒᆞᆫ ᄡᅡ해 土石竹木ᄋᆞ로 龕室 ᄆᆡᆼᄀᆞᆯ오(月釋21:149). 祖考妣神主롤 감실 가온대 녀허 匣을 닫고 버거(家禮9:17).

감심ᄒᆞ다 동 감심(甘心)하다. ¶시운이 이예 니ᄅᆞ니 주거도 실로 감심ᄒᆞ노니:時運至此死實甘心(東新續三綱. 烈8:78). 임의 세가지 샤치 아니 ᄒᆞ심을 알고 감심ᄒᆞ야 법을 범홈은 므슴 ᄆᆞᄋᆞᆷ고(綸音31).

·감·셸로 부 가는 결에. 〔'가다'의 명사형 '감'에 '결'이 결합된 형태.〕¶ᄀᆞᆺ 기론 믈 ᄒᆞᆫ 사발애 즙 ᄧᅡ 머그면 토하다 감셸로 됴ᄒᆞ리니(救簡2:73).

감·ᄯᆞᆯ·다 동 감돌다. ☞갌돌다 ¶須彌山 허리예 ᄒᆡᄃᆞ리 감ᄯᅩᄂᆞ니 須彌山이 ᄀᆞ리면(月釋1:29).

감ᄲᆞᆯ다 동 감빨다. 입술로 빨다. ¶皓齒丹脣으로 홈ᄲᆞᆯ며 감ᄲᆞᆯ며 纖纖玉手로 두 굿 마조잡아 바븨여 니으리라(古時調. 모시를. 靑丘).

감:싄 명 감인(堪忍). 인내(忍耐). ¶그 道ㅣ 괴외좀좀ᄒᆞ야 ᄒᆞ욤업스샤 堪忍에 義化롤 뵈실씨 號롤 能仁이시라 ᄒᆞ니(月釋14:54). 堪忍엣 衆生ᄋᆞᆫ:梵語에 娑婆ㅣ오 그 예 닐오매 堪忍이니 모ᄃᆞᆫ 衆生이 三毒과 모ᄃᆞᆫ 煩惱롤 잘 ᄎᆞ몰 씨라(楞解6:65). 堪忍은 어루 춤다 ᄒᆞᆫ 마리니 娑婆世界 衆生이 三毒과 녀나ᄆᆞᆫ 煩惱롤 잘 ᄎᆞ몰 씨라(法華2:36).

감아괴 명 까마귀. ☞가마괴 ¶감아괴 너를 본이 글여도 애ᄃᆞ왜라(古時調. 海謠).

감언 명 감언(甘言). ¶또 사ᄅᆞᆷ으로 ᄒᆞ야곰 혼ᄉᆞ롤 감언으로 다릐나(落泉3:7).

감열ᄒᆞ다 동 감열(感悅)하다. ¶이 말을 듯고 감열ᄒᆞ믈 이긔지 못ᄒᆞ여(落泉2:4).

감올치 명 가물치. ☞가모티. 감을치 ¶감올치:火頭魚(物譜 蟲魚).

감:우 명 감우(甘雨). 단비. ¶甘雨ᄂᆞᆫ ᄃᆞᆫ비라(月釋10:72).

감을치 명 가물치. ☞가모티. 감올치 ¶츤츤 감을치(古時調. 얼구 금구. 海謠).

감읍ᄒᆞ다 동 감읍(感泣)하다. ¶좌위 감읍디 아니리 업더라(仁祖行狀14). 모ᄃᆞᆫ 지상이 감읍ᄒᆞ야:諸相感泣(東新續三綱. 孝1:62). 셩듕인이 감읍디 아니리 업더라(山城28). 쳔하인이 이 글을 외우고 감읍지 아니리 업더라(落泉1:1).

:감:응 명 감응(感應). ¶聖과 凡이 ᄒᆞ마 닐면 곧 感應이나(金三涵序6). 감응 션셔롤 젼로 ᄒᆞ며(敬信75).

:감:응·ᄒᆞ·다 동 감응(感應)하다. ¶能히 無緣慈로 機롤 조ᄎᆞ샤 感應ᄒᆞ시며(永嘉下36). 됴ᄒᆞᆫ ᄭᅮ믈 感應ᄒᆞ야:感應吉夢(重杜解8:24). 조군은 일가에 ᄉᆞ명ᄒᆞᄂᆞᆫ 님재니 감응ᄒᆞ미 지극히 뎡ᄒᆞ시며(敬信23). 산녕긔 비더니 감응ᄒᆞ미 이셔(落泉1:1).

감인도 명 감인도(芡仁桃). 핵도(核桃). ¶감인도:核桃(物譜 木果).

감인ᄒᆞ다 동 감인(堪忍)하다. 인내하다. ¶집이 파락ᄒᆞ여 더러워 一夜롤 계요 堪忍ᄒᆞ여시니(重新語1:29).

감자 명 감자(柑子). ☞감ᄌᆞ ¶감자 감:柑(兒學上6).

감장새 명 감장새. ☞감쟝새 ¶감장새 작다 ᄒᆞ고 大鵬아 웃지 마라(古時調. 靑丘).

감:쟈 명 감자(甘蔗). 사탕수수. ¶甘蔗ᄂᆞᆫ 프리니 시믄 두어 ᄒᆡᆺ자히 나ᄃᆡ 대 ᄀᆞᆮ고 기리 열 자 남ᄌᆞᆨᄒᆞ니 그 汁으로 粆糖ᄋᆞᆯ ᄆᆡᆼᄀᆞᄂᆞ니라(月釋1:6).

감쟝새 명 감장새. ☞감장새 ¶감쟝새 쟉다 ᄒᆞ고 大鵬아 웃지 말아(古時調. 海謠).

감젓대 명 감제풀. 호장(虎杖). ¶감젓대:虎杖(柳氏物名三 草).

감죄ᄒᆞ다 동 감죄(勘罪)하다. ¶감죄ᄒᆞ여 결단ᄒᆞ다:勘斷(漢淸3:6).

감쥬 명 감주(甘酒). 단술. ¶감쥬:醴酒(同文解上60).

감지 명 감지(甘旨). 부모에게 드리는 음식. ¶며ᄂᆞ리 도리롤 극진히 ᄒᆞ여 질삼ᄒᆞ여 감지(부모긔 드리ᄂᆞᆫ 음식이라)롤 밧드러 이러ᄐᆞᆺᄒᆞ기 오십이 년이라(五倫3:60).

감질 명 감질(疳疾). ¶감질:生牙疳(譯解上62). 감질 감:疳(兒學下4).

감·ᄌᆞ 명 감자(柑子). ☞감자 ¶위안햇 柑子ㅣ ᄌᆞ랄 ᄢᅴ:園甘長成時(初杜解15:3). 감ᄌᆞ:柑子(飜朴上4). 감ᄌᆞᆺ 감:柑(訓蒙上11). 감ᄌᆞ 감:柑(類合上9). 柑子롤 ᄢᅢ혀니 서리 ᄀᆞᄐᆞᆫ 거시 손토배 디고:破柑霜落爪(重杜解10:43). 감ᄌᆞ:柑(柳氏物名四 木).

:감·차·할 명 다갈색(茶褐色). 고동색(古銅色). ☞감찰. 감찰빗 ¶감차할 믈결 바탕애:茶褐水波浪地兒(飜老下50). 감차할 비단:酒沈茶褐(譯解下3).

감찰 명 다갈색(茶褐色). 고동색(古銅色). ☞감차할. 감찰빗 ¶감찰 아롱 ᄃᆡᄌᆞ:茶褐欒帶(老解下62). 감찰 重衣에 行子침아(古時調. 平壤女妓년들의. 海謠).

감찰빗 명 다갈색(茶褐色). 고동색(古銅色). ☞감차할. 감찰 ¶감찰빗체 스믠 문 ᄒᆞᆫ 비

단:茶褐暗花(老解下22).

감찰ᄒᆞ다 동 감찰(鑑察)하다. ¶신명이 감찰ᄒᆞ야 제향ᄒᆞ믈 위ᄒᆞ야 복을 나리오지 아니매(敬信26).

감창ᄒᆞ다 형 감창(感愴)하다. ¶왕시 감창ᄒᆞ여(五倫3:24). 글어나 黃飯이 絕食 多時ᄒᆞ니 可憐 感愴ᄒᆞ여라(古時調. 金壽長. 닉 집에 兩耳 黃狗 잇셔. 海謠).

·감쳥·ᄒᆞ·다 형 감청(紺靑)하다. ¶터럭굼기 各各 ᄒᆞᆫ 터리 나샤 보ᄃᆞ라오시고 축축ᄒᆞ시고 紺靑ᄒᆞ시고:紺ᄋᆞᆫ 블가ᄑᆞ라ᄒᆞᆯ 씨라(法華2:12).

감·초 명 감초(甘草). ☞감쵸 ¶놀 甘草와 石昌蒲ᄅᆞᆯ 細切호니(救急上1). 셕고와 감초브레 뼈니와ᄅᆞᆯ ᄌᆞ게 ᄂᆞᆫ화(救簡1:30). 축사와 감초와ᄅᆞᆯ ᄌᆞ게 ᄂᆞᆫ화:縮砂甘草各等分(救簡6:6). 감초 구어 ᄒᆞᆫ 량 紫蘇葉 넉 량(簡辟6). 감초 ᄒᆞᆫ 량을 구으라(瘟疫方13). 감초 령:苓(詩解 物名5). 승마 ᄇᆡᆨ쟈약 감초 각 ᄒᆞᆫ 돈 건갈 두 돈(辟新2).

감초다 동 감추다. ☞ᄀᆞ초다. ᄀᆞᆷ초다 ¶등블을 덥허 감초고(兵學1:15). 원긔ᄅᆞᆯ 감초고 졍신을 기를 줄을 아지 못ᄒᆞ니(敬信29). ᄉᆞᄉᆞ로이 감초미 업고(五倫4:57). 가슴의 감초와시미(三略上5). 嬌態ᄅᆞᆯ 못 감초아(曺友仁. 梅湖別曲).

감최다 동 감추이다. 감추어지다. ¶ᄯᅩ 가슴의 ᄀᆞ득ᄒᆞᆫ 의악이 일락 감최락 얽히고 이이엿거ᄂᆞᆯ(敬信37).

감쵸 명 감초(甘草). ☞감초 ¶감쵸:甘草(物譜 藥草).

감쵸다 동 감추다. ☞감초다. ᄀᆞ초다. ᄀᆞᆷ초다 ¶일홈ᄅᆞᆯ 감쵸고(三略下13).

:감·촉ᄒᆞ·다 동 감촉(感觸)하다. ¶귀 本來 드로미 업거늘 거츠리 서르 感觸ᄒᆞᆯ씨:感ᄋᆞᆫ 뮈울 씨라(楞解3:5).

감츄다 동 감추다. ☞감초다. 감쵸다. ᄀᆞᆷ초다 ¶밧글 보미 반다시 얼골을 감츄며(女四解3:4). 감츌 장:藏(兒學下10).

감침질 명 감침질. ¶시발 스침 감침질에(古時調. 世上 衣服. 靑丘).

감탄·ᄒᆞ·다 동 감탄(感歎)하다. ¶이제 니르러 이슈믈 感嘆ᄒᆞ노라:感至今(初杜解14:34). 드른 사ᄅᆞᆷ이 감탄ᄒᆞ더라:聞者歎之(東新續三綱. 忠1:23). 絕跡ᄒᆞᆫ ᄃᆡ로 向ᄒᆞ야 가ᄆᆞᆯ 感歎ᄒᆞ노라:感歎向絕跡(重杜解1:33). 時節을 感嘆호니 고지 눉믈ᄅᆞᆯ ᄡᅳ리게코:感時花濺淚(重杜解10:6).

감탕 명 감탕. ¶감탕 치:黐(訓蒙中14).

감토 명 감투. ¶옷 고의 감토 휘ᄃᆞᆯᄒᆞ란 다 이 궤 안해 노하 두워:衣裳帽子靴子都放在這櫃裏頭(飜朴上52). 감토:小帽(訓蒙中22 帽字註). 감토 모:帽(類合上31). 모ᄌᆞᄂᆞᆫ 감퇴니 사모도 모ᄌᆡ라 ᄒᆞᄂᆞ니라(家禮1:27). 감토:小帽子(譯解上43). 감토:帽子(同文解上55). 감토:毡帽(漢淸11:1).

※감토>감투

감통ᄒᆞ다 동 감통(感通)하다. ¶넙이 음즐을 힝ᄒᆞ야 우흐로 하ᄂᆞᆯ의 감통ᄒᆞ니(敬信8).

감틱신 명 감태(甘苔)신. 김으로 삼은 신. ¶甘苔신 사마 신고(古時調. 이바 편메곡들아. 靑丘).

감틱 명 감택(甘澤). 감우(甘雨). 때 맞추어 내리는 비. 단비. ¶干戈ㅣ 비록 어즈러이 펴셔 슬피 龍蛇ㅣ 사호나 甘澤은 오히려 됴티 아나:干戈雖橫放慘澹鬪龍蛇甘澤不猶愈(重杜解12:20).

:감ᄑᆞ·ᄅᆞ·다 형 감파랗다. 감파르다. ¶눉ᄌᆞᅀᆡ 감ᄑᆞᄅᆞ며 힌 ᄃᆡ 블근 ᄃᆡ 조히 分明ᄒᆞ시며(月釋2:41). 감ᄑᆞᄅᆞᆫ 마리 모ᄅᆞ샤ᄃᆡ 鈿螺ㅅ 비치시고(月釋2:51). 감ᄑᆞᄅᆞᆫ 瑠璃빗 ᄀᆞᄐᆞ시며(月釋2:55). 靑蓮花ᄂᆞᆫ…부텻눈 감ᄑᆞᄅᆞ샤미 ᄀᆞᆮᄒᆞ시니라(楞解1:47). 누니 감ᄑᆞᄅᆞᆫ 비치 겨시더니라(南明上68).

감한 명 감한(感寒). 감기(感氣). ¶총빅탕은 감한 고티ᄂᆞ니:葱白湯治感寒(胎要46).

감·합 명 갑합(勘合). ¶勘合 잇ᄂᆞ녀 몯ᄒᆞ녀 어더 가져 오라…즉재 빗셔리 블러 勘合 써 즉재 인터 날 주더라(飜朴上3).

감화쟈 명 감화자(感化者). ¶ᄯᅩ 그 한아비 일즉 빅인셜을 지어 ᄡᅥ 사ᄅᆞᆷ 가르쳐 감화재 만코(敬信51).

감화ᄒᆞ다 동 감화(感化)하다. ¶풍쇽을 감화케 ᄒᆞᆯ 도리예 ᄆᆞᄋᆞᆷ을 극진히 ᄒᆞ며(警民序3). ᄆᆞᄋᆞᆯ히 다 감화ᄒᆞ더라(東續三綱. 孝23 慶延得鯉). 남의 ᄒᆞᆫ 집을 감화ᄒᆞ며 착ᄒᆞᆫ 일 죠화ᄒᆞᆷ과 밋 검박ᄒᆞ며 살싱을 경계ᄒᆞ게 ᄒᆞ며(敬信80).

감환 명 감환(感患). ¶노인의 감환이 업디 아니ᄒᆞᆯ 거시니(經筵).

:감·히 부 감히. ¶津이 감히 안ᄶᅵ 몯ᄒᆞ더라:津不敢坐(飜小9:75). 對ᄒᆞ야 ᄉᆞᆯ오ᄃᆡ 賜ᄂᆞᆫ 엇디 敢히 回를 ᄇᆞ라링잇고(宣論1:43). 國의 大禁을 무른 然後에 敢히 入호니(宣孟2:7). 敢히 高祖ᄅᆞᆯ 祭티 몯ᄒᆞ야(家禮1:11). 敢히 마디 몯ᄒᆞ리로다:未敢辭(重杜解1:19). 宮闕ㅅ 恩惠로 주시논 玉井엣 어르믈 敢히 ᄇᆞ라리아:敢望宮恩玉井氷(重杜解10:24). 감히 머믈워(老解上43). 반ᄃᆞ시 어한호ᄆᆞᆯ 듕히 너겨 파호ᄆᆞᆯ 감히 쳥티 못ᄒᆞᄂᆞ니(仁祖行狀32). 감히 놈의 겨집 도적ᄒᆞᆯ다:敢倫別人媳婦麼(朴解上34). 감히 명을 좃디 아니랴:敢不承命(譯解下53). 감히 감:敢(倭解上27). 감히 그 거름을 ᄯᆞ로디 몯ᄒᆞ며:不敢隨行(女四解2:18). 감히:敢(同文解下49). 감히 쳔ᄌᆞ히 드ᄂᆞᆫ 재 잇거든

(兵學1:13). 뜻을 밧들어 션악을 예뎡ᄒᆞ야 감히 문셔로써 드리ᄂᆞ이다 ᄒᆞ여ᄂᆞᆯ(敬信13). 이에 감히 존엄을 피티 못ᄒᆞ고(山城58). 긔셰ᄅᆞᆯ 두려 감히 말ᄒᆞ리 업거ᄂᆞᆯ(落泉1:1).

감ᄒᆞ다 동 ①감(鑑)하다. ¶신명을 ᄯᅳ으러 외람ᄒᆞᆫ 일을 감ᄒᆞ게 ᄒᆞ며(敬信5). ②잡수시다. ¶감ᄒᆞ샨 바ᄅᆞᆯ 무르시고:問所膳(宣賜內訓1:40).

:감ᄒᆞ·다 동 감(感)하다. 감동(感動)하다. ¶ᄲᆞᄅᆞ디 아니호ᄃᆡ ᄲᆞᄅᆞ샤 感호매 通ᄒᆞ실씨(永嘉下36). 부텻 恩을 더욱 感ᄒᆞᅀᆞ와 孤貧을 더욱 애와텨(圓覺序77). 子息 비여실 제 반ᄃᆞ기 感ᄒᆞᆯ 바ᄅᆞᆯ 조심ᄒᆞᆯ디니:感은 ᄆᆞᅀᆞᆷ 뮐 시라:善ᄒᆞ고 惡애 感ᄒᆞ면 긋ᄂᆞ니(宣賜內訓3:10). 應ᄒᆞ며 感ᄒᆞ야ᄃᆞᆫ 곧 通ᄒᆞ야(金三涵序3). 感ᄋᆞᆫ 衆生ᄋᆡ 誠感이니 뮈울 시라(金三涵序3).

:감·ᄒᆞ·다 동 감(減)하다. ¶사ᄅᆞᄆᆡ 목수미 減ᄒᆞ야:減ᄋᆞᆫ 덜 씨라(月釋1:47). 諸天衆이 더 減ᄒᆞ야 주거 惡道애 ᄲᅥ디리 하며(法華3:125). 믈읫 어공읫 거ᄉᆞᆯ 혹 하교ᄒᆞ며 혹 샹소차ᄌᆞᄅᆞᆯ 인ᄒᆞ여 거의 다 감손ᄒᆞ여쇼ᄃᆡ 오직 감티 못ᄒᆞᆫ 밧 쟈ᄂᆞᆫ(仁祖行狀32). 환곡에 니르러ᄂᆞᆫ 우심 읍은 삼분일을 감ᄒᆞ고(綸音89). 갓가온 권당이면 죽을 罪오 먼 권당이면 ᄎᆞᄎᆞ로 罪ᄅᆞᆯ 減ᄒᆞ고(警民15). 녹빈 홍안이 오히려 이팔의 감치 아냣더라(落泉1:2). 나흘 감ᄒᆞ면 간난ᄒᆞ며 우환을 만나며(敬信1).

값:돌·다 동 감돌다. ☞감ᄯᅩᆯ다 ¶세 ᄇᆞᆯ올 값도라ᄂᆞᆯ(月印上55). 올ᄒᆞᆫ녀그로 세 ᄇᆞᆯ 값도ᅀᆞᆸ고(釋譜6:21). 닐굽 번 값돌라(釋譜11:26). 즈믄 디위 값도ᅀᆞᄫᆞ니라(月釋7:46). 값도로 圍繞ᄒᆞᅀᆞ바(月釋10:35). 올ᄒᆞᆫ녀그로 도라 세 번 값도ᄅᆞ시고:右繞三帀(圓覺上二之三1). 세 번 값도ᅀᆞᆸ고:三帀(圓覺下三之二8).

·갑 명 값. 삯. ☞값 ¶갑 받디 말오:不要功錢(飜朴上10). ᄂᆞ미 고공드러 갑 바다 어미를 닙피며 머규ᄃᆡ:行傭以供母(飜小9:21). 네 간대로 갑ᄡᅵ오디 말라:你休胡討價錢(老解下53). 갑 직:直. 갑 가:價(倭解上55). 갑:價錢(同文解下26). 갑:價値(漢淸10:16). 급ᄒᆞᆫ 병의 갑 밧든 후 약을 내지 말지니라(敬信69).

·갑 명 갑(甲). 갑옷. ¶臣下ᄅᆞᆯ 긔걸ᄒᆞ야 甲 닙고 갈 ᄲᅢ혀 들오(釋譜24:28). 오직 壯健ᄒᆞ야 쇠 甲 이긔리ᄅᆞᆯ 얻디웨:祇收壯健勝鐵甲(初杜解17:32). 갑 갑:甲. 갑 개:鎧(訓蒙中28). 塡然히 鼓ᄒᆞ야 兵刃이 이믜 接ᄒᆞ얏거든 甲을 棄ᄒᆞ며 兵을 曳ᄒᆞ고 走호ᄃᆡ(宣孟1:7). 비예ᄂᆞᆫ 쇠로 얼굴 甲이 ᄇᆞ렛고 이쉰 ᄑᆞ른 칠혼 槍ㅣ 누엣도다:雨抛金鎖甲苔卧綠沈槍(重杜解15:12).

·갑 명 갑(匣). ¶ᄂᆞᆫ 돌콰 더디ᄂᆞᆫ 돌콰 匣애 녀흠과 車檻과:車檻ᄋᆞᆫ 술위 우희 檻 ᄧᆞᆫ 씨라(楞解8:88). 갑 함:鹹(訓蒙中28). 거우로 가비 ᄉᆞ디 아니ᄒᆞ며(七大6). 신主ᄅᆞᆯ 斂ᄒᆞ야 匣을 닫아 덧고ᄃᆡ 두고(家禮9:6). 갑에 넛타:入套(同文解上44).

갑·간·디니·라 동 갚은 것이니라. ㉮갑다 ☞-간 ¶너희둘히 能히 이리ᄒᆞ면 ᄒᆞ마 諸佛恩을 갑간디니라(月釋18:18).

갑갑 부 갑갑하게. ¶쇼됴의셔 엇디 ᄃᆞᆫ녀오실고 갑갑 조이더니(閑中錄234).

갑갑ᄒᆞ다 형 갑갑하다. ¶갑갑ᄒᆞ고 애ᄃᆞᆯ음손(閑中錄110). 드러가옵들 몯ᄒᆞ여 갑갑ᄒᆞ외(隣語4:4).

갑노다 형 값이 비싸다. ☞노다 ¶갑노다:價貴(同文解下26).

갑논 동 갚는. ㉮갑다 ¶恩惠 갑ᄂᆞᆫ 구슬도 머러 업도다:浩蕩報恩珠(重杜解2:16).

갑·다 동 갚다. ☞갚다 ¶恩惠ᄅᆞᆯ 갑ᄉᆞᄫᆞ사 ᄒᆞ리라(釋譜23:21). 邪曲ᄒᆞᆫ 마리 이셔도 받고 갑디 마라(月釋10:20). 너희둘히 能히 이리ᄒᆞ면 ᄒᆞ마 諸佛恩을 갑간디니라(月釋18:18). 하ᄂᆞᆯ히 나ᄅᆞᆯ 브려 빋 갑게 ᄒᆞ시니라(三綱. 孝11). 報國은 나랏 恩惠ᄅᆞᆯ 갑ᄉᆞᄫᆞᆯ 씨라(三綱. 忠22). 내 갑디 몯ᄒᆞ릴시(圓覺上一之二137). 잢간 몸 아ᄂᆞᆫ 義分을 갑곡:暫酬知己分(初杜解7:8). 도로 서르 갑ᄂᆞ다:還相酬(初杜解8:28). 엇데 수이 갑ᄉᆞ오리오:豈易酬(南明上9). 갑슬 갑디 말라:不要還錢(飜老上63). 살에 ᄒᆞ샴올 갑호ᄃᆡ 죽음을오ᄡᅥ ᄒᆞ며:報生以死(宣小2:73). 위ᄒᆞ야 원슈ᄅᆞᆯ 갑고져 ᄒᆞ야:欲爲之報仇(宣小4:30). 원슈 갑ᄒᆞ려 상복ᄒᆞ고:復讐喪服(東新續三綱. 孝6:51). ᄆᆞᄉᆞ그로 ᄡᅥ 皇天을 갑ᄉᆞ옮고:何以報皇天(重杜解5:13). 하ᄂᆞᆯ ᄀᆞᄐᆞᆫ ᄀᆞ업ᄉᆞᆫ 은덕을 어ᄃᆡ 다혀 갑ᄉᆞ오리(古時調. 鄭澈. 아바님. 警民編). 갑흘 보:報(倭解下40). 갑파 ᄃᆡ답ᄒᆞᄂᆞᆫ 거시 즉시 믈흐르ᄃᆞᆺ ᄒᆞ더라(三譯7:16). 세 아이 이셔다 원슈을 갑고져 ᄒᆞ다가(女四解4:61). 은혜ᄅᆞᆯ 베플고 갑흐믈 구치 말며(敬信2). 사름 갑ᄂᆞᆫ 힘 잇ᄂᆞᆫ 즘싱을 구ᄒᆞ며(敬信80). 齊襄公 九世讐를 뉘라셔 갑풀소냐(武豪歌). 우리도 일엉셩ᄒᆞ야 갑퍼 볼ᄭᅡ ᄒᆞ노ᄅᆞ(武豪歌).

-갑·다 접미 -갑다. 〔어근(語根)이나 어간(語幹)에 붙어 형용사를 만드는 접미사.〕 ☞-겁다 ¶東山이 甚히 맛갑다(釋譜6:23). 近은 갓가ᄫᆞᆯ 씨라(釋譜13:15). 上聲은 처ᅀᅥ미 ᄂᆞᆺ갑고 乃終이 노폰 소리라(訓註13). 녇가ᄫᆞᆫ 비록 시혹 일티 아니ᄒᆞ야도(月釋

17:18). 天下애 앗가ᄫᆞᆫ 거시 몸 ᄀᆞᆮᄒᆞ니 업소니이다(月釋21:216). 어리다 ᄉᆞᆯ갑다 ᄒᆞ리잇고:爲愚爲慧(楞解4:37). 너 ᄒᆞᆫ 가짓 보미 엳갑고 아논 일 져근 사ᄅᆞ미:你一般淺見薄識的人(飜朴上23).

갑듀 명 갑주(甲冑). ¶司徒ㅣ 天寶ㅅ 그테 北녀크로 晋陽ㅅ 甲冑ᄅᆞᆯ 收合ᄒᆞ니라:司徒天寶末北收晋陽甲(重杜解24:15).

·갑병 명 갑병(甲兵). ¶王은 甲兵을 興ᄒᆞ며 士臣을 危케 ᄒᆞ야(宣孟1:27). 나그내로 브터슈매 오히려 甲兵이 잇도다:羇栖尙甲兵(重杜解11:10).

갑ᄡᆞ다 형 값지다. 값나가다. ☞갑ᄊᆞ다 ¶갑ᄡᆞ다:價直(蒙解下21).

갑·새 부 대신. ¶다ᄅᆞᆫ 사ᄅᆞᄆᆞᆯ 갑새 보내니(釋譜24:51). 갑새 죽가지이다(三綱. 孝21). 갑새 죽거지라(續三綱. 孝29).

갑ᄉᆞ·ᄫᆞᆯ 동 값사올. ☞-ᅀᆞᆸ- ¶됴타 됴타 너희ᄃᆞᆯ히 藥師瑠璃光如來ㅅ 恩德 갑ᄉᆞᄫᆞᆯ 이ᄅᆞᆯ 念ᄒᆞ거든(月釋9:62).

갑쐬오다 동 값 부르다. ¶네 간대로 갑쐬오디 말라:你休胡討價錢(老解下54).

갑ᄊᆞ다 형 값지다. 값나가다. ☞갑ᄡᆞ다 ¶應有ᄒᆞ엿ᄂᆞᆫ 갑ᄊᆞᆫ 物件을 다가:應有直錢物件(朴解上54).

갑온 명 갑옷. ¶갑온 갑:甲(倭解上40).

갑옷 명 갑옷. ☞갑온 ¶갑옷 닙고 ᄆᆞᆯ을 ᄃᆞᆯ려:擐甲馳馬(東新續三綱. 忠1:41). 갑옷:甲(同文解上47). 갑옷 갑:甲(註千19). 갑옷슬 ᄇᆞ리고(三譯3:13).

갑옷린을 명 갑옷 미늘. 미늘. 갑엽(甲葉). ¶갑옷린을:甲葉(漢淸5:3).

갑옷아릐ㅅ동 명 갑옷 아랫동. ¶갑옷아릐ㅅ동:甲裙(漢淸5:3).

갑옷아릣동 명 갑옷 아랫동. ¶갑옷아릣동에 박은 광친린을:甲裙明葉(漢淸5:3).

갑옷치마 명 갑옷 치마. 갑옷 아랫동. ¶갑옷치마:甲裙(同文解上47).

갑제 명 갑제(甲第). ¶千甍 甲第ᄂᆞᆫ 九衢에 照曜ᄒᆞ고(古時調. 洛陽 三月. 瓶歌).

갑졀 명 갑절. ☞곱졀 ¶갑졀 비:倍(倭解上56). 갑졀:一倍(同文解下26. 譯解補37).

갑지다 형 값지다. ¶남의 갑진 것슬 억륵ᄒᆞ야 즐이지 말며(敬信63).

갑치다 동 값치다. 값을 매기다. ¶갑치다:估價(漢淸10:16).

갑풀 명 칼집〔鞘〕. ☞가플. 가ᄑᆞᆯ ¶갑풀 쵸:鞘(倭解上40).

갑플 명 칼집〔鞘〕. ☞가플. 가ᄑᆞᆯ. 갑풀 ¶花梨木 갑플에:花梨木鞘兒(朴解上15).

갑·픔 명 갚음. ¶다 근본 갑픔을 알거늘:皆知報本(宣小5:40).

갑히다 동 괴다〔溜〕. ☞ᄀᆞᆸ다 ¶澄潭에 갑힌 물은 나가ᄂᆞᆫ 곳 못 볼어라(皆岩歌).

·값 명 값. ☞갑 ¶香六銖ㅣ 갑시 娑婆世界 ᄊᆞ더니(月釋18:28). 갑시 百千이 ᄊᆞᆫ 瓔珞ᄋᆞ로 釋迦牟尼佛ᄭᅴ 가져 드르샤(月釋18:78). 賈ᄂᆞᆫ 두퍼 ᄀᆞ초아 값 기드리ᄂᆞ니니:賈以覆藏待價(法華2:187). 네 갑ᄉᆞᆯ 倍히 주고(圓覺序47). 碑 지순 갑샛 도ᄂᆞᆯ 가 求索ᄒᆞᄂᆞ다:去索作碑錢(初杜解22:12). ᄆᆞᅀᆞ매 값 업슨 구스를 갈맷ᄂᆞ니:心藏無價珍(南明上32). 갑슬 갑디 말라:不要還錢(飜老上63). 모르는 갑새 혜오:做番悔錢(飜老下20). 자ᄂᆡ네도 時節과 公木 갑시 상히로셔 언머 더ᄒᆞ엳ᄂᆞᆫ고(重新語4:17). 지물 취ᄒᆞᆫ 갑ᄉᆞᆯ 당케 ᄒᆞ고(敬信6).

값:업·다 형 값없다. ¶안옷 소배 값업슨 寶珠 잇ᄂᆞᆫ ᄃᆞᆯ 아디 몯거늘:不覺內衣裏有無價寶珠(法華4:44). 이 ᄢᅴ 親ᄒᆞᆫ 버디 그윗 일로 나갈 제 값업슨 寶珠로 옷 안해 ᄆᆡ야 주고(圓覺序76).

·갓 명 갓. ☞갇 ¶갓 선ᄂᆞ니:冠者(宣小2:23). 이 ᄒᆞᆫ 갓을:這一箇帽子(老解下47). 갓:大帽子(譯解上43). 어린 아히ᄃᆞᆯ이 다 가슬 볏고(太平1:57). ᄆᆞ쇼ᄅᆞᆯ 갓곳갈 ᄡᅴ워(古時調. 鄭澈. ᄆᆞᄋᆞᆯ 사ᄅᆞᆷ들아. 松江). 갓:涼帽子(同文解上55). 갓:大帽(物譜 衣服). 탈 망건 갓 숙이고 홋 중치막 씌 그르고(萬言詞). 갓슨 숙여지려니와 홋 중치막 엇지ᄒᆞᆯ고(萬言詞).

갓 명 아내. 여자. ¶가시 그리ᄫᅳᆯ씨(月印上65). 眷屬ᄋᆞᆫ 가시며 子息이며(釋譜6:5). 여슷 아ᄃᆞᆯ란 ᄒᆞ마 갓 얼이고(釋譜6:13). 그 딋 가시 ᄃᆞ외아지라(月釋1:11). 妻는 가시라(月釋1:12). 가시며 子息이며 도라ᄒᆞ야도(月釋1:13). 八萬四千 婇女와 臣下ᄋᆡ 갓ᄃᆞᆯ히 다 모다 夫人 侍衛ᄒᆞᅀᆞᄫᅡ(月釋2:28). 가ᄉᆡ 樣 무르시고 눈먼 납 무러시ᄂᆞᆯ(月釋7:6). 겨지비 갓 ᄃᆞ외아지라(三綱. 孝9). 가시나 겨지븐 ᄆᆞᄎᆞ매 지비 잇도다:婦女終在家(重杜解12:21). ※갓>가시

갓 명 가죽. ☞갗 ¶갓과 ᄉᆞᆯ쾌 보ᄃᆞ랍고 믯믯ᄒᆞ샤(月釋2:40). 세 ᄒᆡᄅᆞᆯ 奔走ᄒᆞ야 ᄃᆞᆫ뇨매 ᄒᆞᆫ갓 갓과 ᄡᅧ왜로소니:三年奔走空皮骨(杜解21:5). 갓과 ᄉᆞᆯ쾌 주게라:皮肉死(杜解25:26). 갓 피:皮. 갓 혁:革. 갓 위:韋. 갓 곽:鞹(訓蒙下9). 갓 잘에:革囊(龜鑑下55). 皮曰渴翅(雞類).

갓 명 물건. 것. ¶그지업슨 풍류가ᄉᆞ로 莊嚴ᄒᆞ얫거든(月釋8:8). 풍류가ᄉᆞᆯ 부러 苦空無常無我ㅅ 소리ᄅᆞᆯ 너펴 니ᄅᆞᄂᆞ니(月釋8:8). ᄯᅩ 풍류가시 虛空애 ᄃᆞᆯ여(月釋8:14). 熱病神이아 膾ㅅ 가시로다(樂範. 處容歌). 갓믈:物(訓蒙下2. 光千17).

갓 명 갓〔芥菜〕. ¶갓 又云 계ᄌᆞ:芥菜(東醫

湯液二 菜部). 갓:芥菜(譯解下10. 同文解下3). 갓:芥(柳氏物名三 草).

갓- 접두 갓-. ¶갓스믈 선머슴 쩍에 ᄒᆞ던 일이 다 우읍다(古時調. 靑丘).

-.갓 어미 -까 하는. ¶몬 일우옰갓 疑心이 업스시나(月印上19).

갓가·바 형 가까워. ㉠갓갑다 ¶阿耨多羅三藐三菩提예 갓가바 道樹下애 안ᄌᆞ니(月釋17:43).

갓가·봄 형 가까움. ㉠갓갑다 ¶멀며 갓가보ᄆᆞᆯ 자바 니ᄅᆞ시니라(月釋17:27).

갓가·비 부 가까이. ☞가까비. 갓가이 ¶和尙ᄋᆞᆫ 갓가비 이셔 외오다 ᄒᆞ논 마리니 弟子ㅣ 샹녜 갓가비 이셔 經 비호아 외올 씨니(釋譜6:10). 王이 맛드러 갓가비 ᄒᆞ거시ᄂᆞᆯ(月釋2:5). 一切 世間이 갓가비 드러(月釋7:50). 집 主ㅣ 갓가비 나니거늘(月釋17:16). 罪人ᄃᆞᆯᄒᆞᆯ 모다 모딘 즁ᄉᆡᆼ이게 갓가비 가게 ᄒᆞ며(月釋21:24). 갓가비 몯 가더라(三綱. 忠22). ※갓가비>가까이

갓가·ᄫᆞ니·라 형 가까우니라. ㉠갓갑다 ¶蜀애셔 邛이 갓가ᄫᆞ니라(月釋2:50).

갓가·ᄫᆞ리·니 형 가까우리니. ㉠갓갑다 ¶키 아로미 갓가ᄫᆞ리니:大悟近矣(蒙法28).

갓가·ᄫᆞ·리라 형 가까우리라. ㉠갓갑다 ¶이런 時節에 키 아로미 갓가ᄫᆞ리라:如是時大悟近矣(蒙法4). 正ᄒᆞᆫ 눈 ᄠᅳ미 갓가ᄫᆞ리라:正眼開近矣(蒙法43).

갓가·ᄫᆞ면 형 가까우면. ㉠갓갑다 ¶하 갓가ᄫᆞ면 조티 몯ᄒᆞ리니(釋譜6:23).

갓가·ᄫᆞᆯ 형 가까울. 가까운. ㉠갓갑다 ¶近은 갓가ᄫᆞᆯ 씨라(釋譜13:15. 月釋序14).

갓가·ᄉᆞ·로 부 가까스로. 애써서 겨우. ¶섭고 애완븐 ᄠᅳ들 머거 갓가ᄉᆞ로 사니노니(釋譜6:5). 갓가ᄉᆞ로 니러(癸丑199). 갓가ᄉᆞ로 길러 내시니:艱難養育(警民1). 갓가ᄉᆞ로 건뎌더니(明皇1:33).

갓가·이 부 가까이. ☞갓가비 ¶모ᄆᆞ로 갓가이 ᄒᆞ야:以身逼近(楞解1:37). 그 사ᄅᆞ미 갓가이 나:其人近出(法華2:124). 親히 갓가이 ᄒᆞ야 命을 다ᄋᆞ며:親近盡命(圓覺上一之一15). 서르 親ᄒᆞ며 서르 갓가이 커든:相親相近(圓覺下三之一119). 갓가이셔 드르니:近聽(金三3:18). 一切 邪神이 갓가이 오디 몯ᄒᆞᄂᆞ니라(簡辟4). 셕웅황을 사ᄅᆞᆷ이 ᄎᆞ면 귀신이 갓가이 오디 못ᄒᆞᄂᆞ니라(辟新14). 이에 믿븜애 갓가이 ᄒᆞ며:斯近信矣(宣小3:6). 갓가이 ᄒᆞᆯ 근:近(註千30). 갓가이 갑ᄒᆞ면 제 몸의 잇고(敬信10).

갓가지 관 갖가지. 가지가지. ¶갓가지 극형을 ᄒᆞ며(癸丑59).

갓갑·다 형 가깝다. ☞갇갑다. 又갑다 ¶하 갓가ᄫᆞ면 조티 몯ᄒᆞ리니(釋譜6:23). 近은 갓가ᄫᆞᆯ 씨라(釋譜13:15. 月釋序14). 蜀애셔 邛이 갓가ᄫᆞ니라(月釋2:50). 三菩提예 갓가바 道樹下애 안ᄌᆞ니(月釋17:43). 키 아로미 갓가ᄫᆞ리니:大悟近矣(蒙法28). 正ᄒᆞᆫ 눈 ᄠᅳ미 갓가ᄫᆞ리라:正眼開近矣(蒙法43). 갓가이 모매 取ᄒᆞ샤:近取諸身(楞解3:62). 隣ᄋᆞᆫ 갓가올 씨라(楞解3:69). 서르 親ᄒᆞ며 서르 갓갑ᄂᆞ닌 믌 가온뒷 ᄀᆞᆯ며기로다:相親相近水中鷗(初杜解7:4). ᄆᆞᆯᄀᆞᆫ 詩ᄂᆞᆫ 道理ㅅ 宗要애 갓가오니:淸詩近道要(杜解9:9). 갓가올 근:近(訓蒙下34). 엇지 가히 갓가온 ᄃᆡ를 ᄇᆞ리고 멀니 구ᄒᆞ리오(敬信23).

※'갓갑다'의 활용 ┌갓갑고/갓갑ᄂᆞ닌/갓갑게…
└갓가ᄫᆞ면/갓가바…

갓갓 명 가지가지. 여러 가지. ¶갓갓 소리를 내야 닐오ᄃᆡ(釋譜23:18). 샹녜 갓갓 奇妙ᄒᆞᆫ 雜色鳥ㅣ(月釋7:66). 녜 갓갓 奇妙ᄒᆞᆫ 雜色새:常有種種奇妙雜色之鳥(阿彌10). 衣服 飮食 갓갓 物을:衣服飮食種種之物(圓覺序79).

갓갓지 명 갖가지. 가지가지. ¶갓갓지:樣樣(漢淸8:56).

갓갓질다 형 가지각색으로 많다. ¶팔도 찬물 다 오ᄅᆞ고 山珍海饌 갓갓질다(빅화당가).

갓겨 동 깎이어. ㉠갓기다 ¶王室ᄋᆞᆫ 갓겨 보ᄃᆞ롭디 아니ᄒᆞ리라:王室無削弱(杜解3:66).

갓고니 동 거꾸로 되니. ㉠갓골다 ¶어딘 사ᄅᆞᆷ 福 주ᄂᆞᆫ 理 갓고니 ᄇᆞᆯ기 徵驗컨댄 하ᄂᆞᆯ도 아ᄋᆞ라ᄒᆞ도다:福善理顚倒明徵天莽茫(重杜解1:53).

갓고다 동 가꾸다. ¶대 심거 울을 삼고 솔 갓고니 亭子ㅣ로다(古時調. 靑丘). 田園이 거츨거든 松菊을 뉘 갓고며(辛啓榮. 月先軒十六景歌).

갓·고·려 동 깎으려. ㉠갓다 ¶迦毗羅國 사ᄅᆞᄆᆞᆯ 네 이제 다 갓고려 ᄒᆞᄂᆞ다(月釋7:8).

갓·고·로 형 거꾸로. 반대로. ☞갓ᄀᆞ로 ¶邪曲ᄋᆞᆯ 信ᄒᆞ야 갓고로 볼씨(月釋9:57). 긄 출ᄒᆞᆫ 三峽 므를 갓고로 흘리리오:詞源倒流三峽水(初杜解8:30). 돌히 내미니 그 우흿 신나못닙 듀믈 갓고로 듣고:石出倒聽楓葉下(初杜解23:30). 吹毛를 갓고로 자바:倒握吹毛(金三3:54). 등을 서르 브텨 갓고로 지여 ᄃᆞᆫ녀:背相貼倒馱之而行(救簡1:69). 우희 구룸 갓고로 드리웟게 호와 잇고:上頭縫着倒提雲(老解下47).

갓·고·로디다 동 거꾸러지다. 넘어지다. ☞것구라디다. 것구러디다 ¶네헨 구슬로 ᄭᅮ뮨 幢이 갓고로디며(釋譜23:26). 버미 갓고로딘 ᄃᆞᆺᄒᆞ며 龍이 업더딘 ᄃᆞᆺᄒᆞ야:虎倒龍顚(初杜解6:41). 서리옌 半모샛 蓮이 갓고로뎃도다:霜倒半池蓮(杜解9:24).

갓·고로와·티·다 동 거꾸러뜨리게 하다.

〔'갓고로왇다'의 사동형(使動形).〕 ¶分別ᄒᆞ야 시소미 어렵다 호ᄆᆞᆫ 維摩ᄋᆡ 갓고로와툐ᄆᆞᆯ 어루 分別ᄒᆞ야 붓그러움 시소미 어려울 시라…維摩ᄋᆡ 갓고로와툐ᄆᆞᆯ 더위자바 니르와도미니 일로 宗通中에 說通이 잇ᄂᆞᆫ ᄃᆞᆯ 나토시니라(南明上44).

갓·고로왇·다 [동] 거꾸러뜨리다. ☞-왇다 ¶文殊ㅣ 老維摩ᄅᆞᆯ 다딜어 갓고로와ᄃᆞ시니:文殊撞倒老維摩(南明上43). 그럴싱 니ᄅᆞ샤ᄃᆡ 다딜어 갓고로왇다 ᄒᆞ시니(南明上44). 좀좀호매 갓고로와ᄃᆞᆯ시(南明上44).

갓·고이·다 [동] 깍사옵니다. ㉠갓다 ¶부텨 조ᄍᆞ와 머릴 갓고이다:從佛剃落(楞解1:42).

갓곤 [동] 거꾸로 된. ㉠갓골다 ¶다 갓곤 미ᄂᆞᄅᆞᆯ 뻐 그 그틔 스이라(武藝諸21).

갓골다 [동] 거꾸로 되다. ☞갓ᄀᆞᆯ다 ¶어딘 사ᄅᆞᆷ 福 주ᄂᆞᆫ 理 갓고니:福善理顚倒(重杜解1:53). 어즈러이 펫ᄂᆞᆫ 긴 소리 갓골고:紛披長松倒(杜解6:2). 분디남ᄀᆞ로 갓곤 나ᅀᆞᆯ 盤잇 져다호라(樂範. 動動). 갓골 도:倒(類合下17). 다 갓곤 미ᄂᆞᄅᆞᆯ 뻐 그 그틔 스이라(武藝諸21).

갓곳갈 [명] 갓과 고깔. ¶ᄆᆞ쇼ᄅᆞᆯ 갓곳갈 ᄡᅴ워 밥 먹이나 다ᄅᆞ랴(古時調. 鄭澈. ᄆᆞ올 사ᄅᆞᆷ들아. 松江).

갓괴 [명] 까뀌. ☞각괴 ¶갓괴와 항괴와:和鎊鎊子(朴解下11).

갓·기·다 [동] 깎이다. ¶머리 갓기시니(釋譜6:10). 王室ᄋᆞᆫ 갓겨 보ᄃᆞᄅᆞᆸ디 아니ᄒᆞ리라:王室無削弱(杜解3:66). 자최ᄅᆞᆯ 갓겨:削跡(初杜解21:30).

갓긴 [명] 갓끈. ☞갇긴 ¶구은 구슬 갓긴 五百 목:燒珠兒五百串(老解下60). 갓긴을 긋고(女範2). 븕나모를 구슬 갓긴ᄀᆞ티 ᄆᆡᆼ그라 ᄃᆞᆯ고 혹 구슬ᄀᆞ티 ᄆᆡᆼ그라 ᄎᆞ라(辟新).

갓·ᄀᆞ니 [동] 깎으니. ㉠갓다 ¶불휘ᄅᆞᆯ 버혀 거프를 갓ᄀᆞ니 블근 玉이 ᄀᆞᆮᄒᆞ니:斬根削皮如紫玉(初杜解16:58).

갓·ᄀᆞ니·라 [동] 깎으니라. ㉠갓다 ¶難陁ㅣ 구쳐 갓ᄀᆞ니라(月釋7:9).

갓·ᄀᆞ도·다 [동] 거꾸로 되다. ㉠갓ᄀᆞᆯ다 ¶ᄒᆞᆫ 法이 ᄒᆞ마 邪ᄒᆞ얀 萬法이 다 갓ᄀᆞ도다:一法旣邪萬法皆倒矣(楞解10:17).

갓·ᄀᆞ라·디·다 [동] 거꾸러지다. ¶곧 갓ᄀᆞ라 듀ᄆᆞᆯ 보리라:便見倒斷也(龜鑑上16).

갓·ᄀᆞ·로 [부] 거꾸로. ¶盂蘭盆은 갓ᄀᆞ로 ᄆᆡ요ᄃᆞᆯ요ᄆᆞᆯ 救ᄒᆞᄂᆞ다(月釋23:96). 갓ᄀᆞ로 아ᄂᆞᆫ 種애 나리라:生倒知種(楞解10:55). 이 ᄆᆞᅀᆞ멘 오히려 오ᄉᆞᆯ 갓ᄀᆞ로 닙놋다:此心猶倒衣(初杜解24:48). 라귀ᄅᆞᆯ 갓ᄀᆞ로 ᄐᆞ니라:倒騎驢(南明下11).

갓ᄀᆞ로디다 [동] 거꾸러지다. ☞갓ᄀᆞ라디다 ¶업더디며 갓ᄀᆞ로디여 뎌른 오새 누비엿도다:顚倒在短褐(重杜解1:6).

갓·ᄀᆞ로왇·다 [동] 거꾸러뜨리다. ☞-왇다 ¶믄득 須彌山ᄋᆞᆯ 딜어 갓ᄀᆞ로와다ᅀᅡ:驀然撞倒須彌山(南明下15). 相ᄋᆞᆯ 取ᄒᆞᄂᆞᆫ 障惑ᄋᆞᆯ 딜어 갓ᄀᆞ로와ᄃᆞᆯ 시라(南明下15).

갓·ᄀᆞ·롬 [동] 거꾸로 됨. ㉠갓ᄀᆞᆯ다 ¶안해 惑障ᄋᆡ 갓ᄀᆞ로미 업스니:內無惑障之倒(心經56). 오직 迷ᄒᆞ며 갓ᄀᆞ로ᄆᆞ로:但以迷倒(圓覺上一之二122). 갓ᄀᆞ롬 업슨 正ᄒᆞᆫ 아로미시니:無倒正知(圓覺下一之二46).

갓·ᄀᆞ·리 [부] 거꾸로. ¶오직 갓ᄀᆞ리 보ᄆᆞᆯ 브터:特依倒見(楞解2:12). 離婆ᄂᆞᆫ 갓ᄀᆞ리 어즈럽디 아니ᄒᆞ고:離婆不倒亂(法華1:32). 더욱 갓ᄀᆞ리 거츨에 보ᄂᆞ니:轉見倒妄(法華2:111). 種種 戱論ᄋᆞᆯ 갓ᄀᆞ리 ᄀᆞᆯ히야:顚倒分別種種戱論(法華2:230).

갓·ᄀᆞᆫ [동] 거꾸로 된. ㉠갓ᄀᆞᆯ다 ¶大覺이 갓ᄀᆞᆫ 보ᄆᆞᆯ 펴 니ᄅᆞ샤(法華3:180). 갓ᄀᆞᆫ 法을 좃디 아니호미오:不隨倒法(圓覺下二之二46). 미친 말ᄉᆞᆷ ᄒᆞ며 갓ᄀᆞᆫ 말ᄉᆞᆷ ᄒᆞ며:顚言倒語(龜鑑下59).

갓·ᄀᆞᆫ [동] 깎은. ㉠갓다 ¶수프리 횟돈 ᄃᆡ 뫼ᄡᅳ리 왓고 하ᄂᆞᆯ히 조ᄇᆞ니 石壁ㅅ 面ㅣ 갓ᄀᆞᆫ ᄃᆞᆺᄒᆞ도다:林廻硤角來天窄壁面削(重杜解1:20).

갓·ᄀᆞᆯ [동] 깎을. 깎는. ㉠갓다 ¶집 ᄇᆞ리고 나가 머리 갓ᄀᆞᆯ 씨라(月釋1:17).

갓·ᄀᆞᆯ·다 [동] 거꾸로 되다. ☞가ᄉᆞᆯ다 ¶보미 갓ᄀᆞᆯ씨 하ᄂᆞᆯ히 비 아니 오미라(月釋10:86). ᄆᆞᅀᆞ미 다 갓ᄀᆞ라 비록 날 보아 깃거 救療호ᄆᆞᆯ 求ᄒᆞ야도(月釋17:20). 갓ᄀᆞᆫ 거츤 이ᄅᆞᆯ 힘ᄡᅥ 救ᄒᆞ샤:力救倒妄(楞解1:3). 正ᄒᆞ며 갓ᄀᆞ로미 업슨 젼ᄎᆞ로:無正倒故(楞解2:12). 오직 갓ᄀᆞ리 보ᄆᆞᆯ 브터:特依倒見(楞解2:12). 웃 對答ᄋᆞᆫ 갓ᄀᆞᆯ오 이 對答ᄋᆞᆫ 正ᄒᆞ니:上答爲倒此答爲正(楞解4:127). 萬法이 다 갓ᄀᆞ도다:萬法皆倒矣(楞解10:17). 化ᄅᆞᆯ 갓ᄀᆞᆯ에 ᄒᆞᆫ 種애 나리라(楞解10:57). 안해 惑障ᄋᆡ 갓ᄀᆞ로미 업스니(心經56). 西域ㅅ 마리 갓ᄀᆞᆯ어ᄂᆞᆯ:西域語倒(圓覺上一之二57). 오직 迷ᄒᆞ며 갓ᄀᆞ로ᄆᆞ로(圓覺上一之二122). 갓ᄀᆞ롬 업슨 正ᄒᆞᆫ 아로미시니(圓覺下一之二46). 豪貴ᄒᆞ더닌 도ᄅᆞ혀 갓ᄀᆞ랏고:豪貴反顚倒(初杜解25:42). 딜며 갓ᄀᆞ로ᄆᆞᆯ(金三5:48). 미친 말ᄉᆞᆷ ᄒᆞ며 갓ᄀᆞᆫ 말ᄉᆞᆷ ᄒᆞ며:顚言倒語(龜鑑下59).

갓·ᄀᆞᆯ·오·다 [동] 거꾸로 하다. ¶爛漫히 곳다온 酒樽을 갓ᄀᆞᆯ오리로다:爛漫倒芳樽(初杜解21:23).

갓나희 [명] 계집아이. 여자. ☞갓나히 ¶갓나희들이 여러 層이 오레(古時調. 海謠). 海棠花 갓나희로다(古時調. 海謠).

갓나ᄒᆡ [명] ①계집아이. 여자. ☞간나ᄒᆡ. 간나ᄒᆡ ¶남진 아니 어른 갓나ᄒᆡ 월경슈 무든 거슬:童女月經衣(救簡2:54). 갓나ᄒᆡ도:女孩兒(飜朴上45). 갓나ᄒᆡ:丫頭(四解下31 丫字註). ᄉᆞ나ᄒᆡ와 갓나ᄒᆡ 일ᄇᆡᆨ이러니:男女百口(宣小6:71).
②여자의. ¶ᄊᆞᄒᆡ 소리 갓나ᄒᆡ 소리(釋譜19:14).

갓ᄂᆞᄆᆞᆾ [명] 가죽 주머니. ¶갓ᄂᆞᄆᆞᄎᆡᆺ 한 더러운 거세:革囊衆穢(法華2:111). 갓ᄂᆞᄆᆞᄎᆡ ᄯᆞᆼᄋᆞᆯ 다마시며:革囊盛糞(永嘉上35). 갓ᄂᆞᄆᆞᄎᆞᆯ 노하 ᄇᆞ리고:放下皮囊(南明上24).

갓·다 [동] 깎다. ☞각다. ᄭᅡᆨ다 ¶마리ᄅᆞᆯ 갓ᄀᆞ시고(月印上44). 손소 머리 갓고 묏고래 이셔(釋譜6:12). 머리 가ᄭᅡ 法服ᄋᆞᆯ 니브리도 보며(釋譜13:20). 집 ᄇᆞ리고 나가 머리 갓ᄀᆞᆯ 씨라(月釋1:17). 머리ᄅᆞᆯ 가ᄶᆞ라 ᄒᆞ야시ᄂᆞᆯ(月釋7:8). 迦毗羅國 사ᄅᆞᄆᆞᆯ 네 이제다 갓고려 ᄒᆞᄂᆞᆫ다(月釋7:8). 難陁ㅣ 구쳐 갓ᄀᆞ니라(月釋7:9). 부텨 조ᄍᆞ와 머릴 갓고이다:從佛剃落(楞解1:42). 불휘ᄅᆞᆯ 버혀 거프를 갓ᄀᆞ니 블근 玉이 ᄀᆞᆮᄒᆞ니:斬根削皮如紫玉(杜解16:58). 갓ᄀᆞᆯ 텩:剔. 갓ᄀᆞᆯ 간:刊(類合下38). 갓ᄀᆞᆯ 탁:斲(類合下41). 갓ᄀᆞᆯ 산:刪. 갓ᄀᆞᆯ 샥:削(類合下43). 하ᄂᆞᆯ히 조ᄇᆞ니 石壁ㅅ 面ㅣ 갓ᄀᆞᆫ ᄃᆞᆺᄒᆞ도다:天窄壁面削(重杜解1:20). 머리 갓ᄂᆞᆫ 칼 일ᄇᆡᆨ ᄌᆞᄅᆞ:剃頭刀子一百把(老解下62). 뎌 머리 갓ᄂᆞᆫ 이ᄅᆞᆯ 블러 오라:叫將那剃頭的來(朴解上39). 夫人이 ᄉᆞ랑ᄒᆞ야 손소 마리ᄅᆞᆯ 갓더니:夫人愛之自爲剪髮(重內訓2:60).
※'갓다'의 활용 ┌갓더니/갓ᄂᆞᆫ/갓고… └갓ᄀᆞᆯ/갓ᄀᆞ니/갓ᄀᆞᆫ…

갓다 [형] 갖다. 구존(俱存)하다. ☞ᄀᆞᆽ다. ᄀᆞᆽ다 ¶구경:ᄂᆡ외 갓단 말(敬信11).

갓다 [형] 같다. ☞ᄀᆞᆮ다 ¶요쥬일셩 흐르는 ᄇᆡ살 갓드니(萬言詞). 범 갓ᄒᆞᆫ 관치들은 슈이 가자 ᄌᆡ촉ᄒᆞ니(萬言詞). 산악 갓튼 놉흔 물결 ᄇᆡ머리를 둘러치ᄂᆡ(萬言詞).

갓동옷 [명] 갖옷의 한 가지. ¶갓동옷:短皮褂(同文解上55). 갓동옷:齊肩短褂(漢淸11:4).

갓드르 [명] 갓양태. ¶갓드르:帽簷兒(譯解上43). 갓드르:帽簷子(華類26).

갓득에 [부] 가뜩이나. ☞ᄀᆞᆽ득 ¶갓득에 실음 한듸(古時調. 梧桐 성긘. 海謠).

갓ᄃᆡ우 [명] 갓모자.〔갓양태 위로 솟은 부분.〕¶갓ᄃᆡ우:帽頂兒(譯解上43).

갓망 [명] 갓과 망건. ¶되롱 갓망 누역아(古時調. 鄭澈. 靑山의. 松江).

갓모 [명] 갈모. ☞간모 ¶갓모:雨籠(譯解上43). 갓모:帽罩(漢淸11:6).

갓밋동 [명] 갓무의 밑동. ¶갓밋동:芥菜格搭(漢淸12:36).

갓북 [명] 가죽 북. ☞갓붑 ¶갓북 ᄃᆞᆫ 누:鼓樓(譯解上25). 갓북:鼓(漢淸3:51).

갓불 [명] 갖풀. ☞갓블. 갓플 ¶이바디ᄒᆞ야 즐겨셔 오ᄉᆞ로 갓부레 더딤 ᄀᆞᆮ고져 願ᄒᆞ노라:宴衎願投膠(重杜解14:9).

갓·붑 [명] 가죽 북. ☞갓북 ¶갓붑 소리 쇠붑 소리 바ᄅᆞᆳ 소리 우ᅀᅮᆷ 소리 말ᄊᆞᆷ 소리(釋譜19:14). 갓붑 고:鼓(類合上29). 갓붑 고:鼓(石千20). 갓붑 티며 쇠붑 울유믈 天下애셔 듣ᄂᆞ다:椎鼓鳴鍾天下聞(重杜解4:26).

갓·블 [명] 갖풀. ☞갓불. 갓ᄲᅳᆯ. 갓플 ¶갓블와 옷과 뵈와로(釋譜13:52). 膠ᄂᆞᆫ 갓브리라(月釋21:85). 갓브리 ᄃᆞ외리라(三綱. 烈24). 彩色 소뱃 갓블 ᄆᆞᆯᄀᆞ니로다:色裏膠靑(金三3:39).

갓셩 [명] 변성(邊城). ¶사ᄅᆞᆷ을 ᄲᅩ바 각가운 갓셩을 싸(女四解4:45).

갓·시 [명] 부부(夫婦). ¶갓시 자펴 나거늘:夫婦被掠(三綱. 烈22).

갓·신 [명] 갖신. 가죽신. ¶오직 뷘 棺애 ᄒᆞᆫ ᄡᅡᆨ 갓신이 잇더라(南明上52).

갓ᄭᅵᆫ [명] 갓끈. ☞갇긴 ¶갓ᄭᅵᆫ:帽珠兒(譯解上43). 갓ᄭᅵᆫ:冠纓(同文解上55).

갓ᄯᅴ [명] 가죽띠. ¶一幅巾과 갓ᄯᅴᄅᆞᆯ 모매 거디 아니ᄒᆞᄂᆞ니:幅巾鞶帶不掛身(初杜解8:28).

갓·ᄲᅳᆯ [명] 갖풀. ☞갓블. 갓플 ¶이베 드러 눈ᄀᆞ티 노가 갓ᄲᅳ리 도이리라 ᄒᆞ니 그리 되더라:入口當如氷雪黏如膠已而果然(重三綱. 烈24). 갓ᄲᅳᆯ 교:膠(訓蒙中12).

갓어리 [명] 계집질. ¶남진 子息ᄋᆞᆫ 나가 ᄃᆞᆫ니다가 사오나온 벋 부처 도적도 ᄇᆡ호며 갓어리도 ᄇᆡ호며(七大21).

갓어·치 [명] 가죽 언치. ¶갓어치:皮替(飜老下30. 老解下27).

갓·옷 [명] 갖옷. 가죽옷. ☞갇옷 ¶주근 ᄃᆞ시 자다가 헌 갓옷 두퍼셔 놀라오라:尸寢驚弊裘(初杜解22:1). 되 아ᄒᆡᄂᆞᆫ 프른 묏쇠 갓오시로다:羌兒靑兕裘(初杜解22:38). 갓옷 구:裘(訓蒙中22. 類合上30). 갓옷:皮襖子(同文解上55. 漢淸11:5). 갓옷 구:裘(兒學上12).

갓·채 [명] 가죽 채. ¶鞭ᄋᆞᆫ 갓채오 扑은 남기라(法華2:165).

갓초 [부] 갖추. ☞ᄀᆞ초 ¶봉이 홀연 ᄶᅵ여 그 일을 갓초 일으고(敬信44). 예 못 보던 네 모반의 슈져 갓초 장김치의 나락밥이 돈독ᄒᆞ고(萬言詞).

갓초다 [동] 갖추다. ☞ᄀᆞ초다 ¶ᄋᆡ뎡의 션ᄐᆡᆨ을 갓초와(女四解序3). 차와 탕을 갓초와 오ᄂᆞᆫ 이를 맛고 가ᄂᆞᆫ 이를 보ᄂᆡ라(女四解3:8). 고모 창ᄌᆞ 세살 창ᄌᆞ 완ᄌᆞ창을 갓초ᄂᆡ여(萬言詞).

갓치 명 까치. ¶갓치:鵲(物譜 羽蟲). 건방의 갓치 소릐 놀닉여 씨다라셔(答思鄕曲).

갓치 부 같이. 같게. ☞ㄱ티. ㄷ히 ¶공딕 봉양홈을 친부모와 갓치 ᄒᆞ라(女四解3:15). 감고우락 갓치 ᄒᆞ니(萬言詞).

갓톨 명 가톨. ¶밤 갓톨:板栗(柳氏物名四 木).

-갓티 조 -같이. ☞-ㄱ치. -ㄱ티 ¶복심갓티 ᄒᆞ고(三略上7).

갓티다 동 갇히다. ☞가티다 ¶므스 일을 인ᄒᆞ여 갓텬ᄂᆞ뇨:因何監着(朴解下16).

갓·풀 명 갓풀. 아교(阿膠). ☞갓플 ¶갓풀 비로써 시르니(十九史略1:21).

갓·플 명 갓풀. 아교(阿膠). ☞갓불. 갓블. 갓쁠. 갓풀 ¶쇠갓프를 ᄉᆞ라 ᄀᆞᄂᆞ리 ᄀᆞ라 ᄆᆞᄅᆞ 밍ᄀᆞ라 추메 ᄆᆞ라 ᄇᆞᄅᆞ라:牛皮膠燒細硏爲末以唾和塗之(救急上7). 갓플:阿膠(救簡2:13). 누르고 ᄆᆞᆯᄀᆞᆫ 갓플:黃明膠(救簡2:93). 갓플 교:膠(類合上26).

갓훠 명 가죽신. ¶되아비ᄂᆞᆫ 굴근 도틱 갓훼오:羌父豪豬靴(杜解22:38). 갓훠:皮靴(同文解上58. 譯解補29. 漢淸11:11).

강 명 강(江). ¶세 히 도ᄃᆞ면 江이 다 여위며:江ᄋᆞᆫ ᄀᆞᄅᆞ미라(月釋1:48). 님그미 江 건나시며 바ᄅᆞ래 띄우샤(法華7:157). 도ᄌᆞ기 怒ᄒᆞ야 갈ᄒᆞ로 딜어 주겨 江애 드리티고 가니라(三綱. 烈18). 軍士ᄅᆞᆯ 거느리샤 江을 건나실 제(宣賜內訓2下38). 江과 湖왜 깁고 가ᄉᆡ야 히니 솔와 대ᄂᆞᆫ 멀오(初杜解14:38). 江海 江西人 呼강(四解下40 江字註). 강 강:江(類合上6). 淮와 泗를 排ᄒᆞ야 江애 注ᄒᆞ시니(宣孟5:23). 셩셔의 강에 가 모욕ᄒᆞ다가(敬信16).

강간 명 강가. ¶江干애 누어셔(古時調. 權好文. 松岩續集).

강간ᄒᆞ다 동 강간(强姦)하다. ¶안무ᄉᆞ 군관이 강간코져 ᄒᆞ거ᄂᆞᆯ:安撫使軍官欲强娶之(東新續三綱. 烈1:9).

강:강 명 강강(剛强). 굳셈. 셈. ¶剛强ᄋᆞᆫ 세여 에구들 씨라(月釋21:9).

강강ᄒᆞ다 형 강강(康强)하다. ¶세 사ᄅᆞ미 제여곰 여위니 어느 사ᄅᆞ미 康强ᄒᆞ뇨:三人各瘦何人强(重杜解25:27).

강강ᄒᆞ다 형 강강(剛强)하다. 굳세다. ¶강강ᄒᆞ고 질긔우더 올코 고다:强毅正直(飜小8:28). 강강ᄒᆞ여 불인ᄒᆞ며 ᄒᆞᆫ려ᄒᆞ야 스스로 쓰며(敬信2).

강개 명 강개(慷慨). ¶도ᄅᆞ혀 梁王ᄋᆡ 眞實ㅅ 慷慨ᄅᆞᆯ 브노라:却羨梁王眞慷慨(南明下24). 강갯 강:慷. 강갯 개:慨(類合下40).

강개히 부 강개(慷慨)히. ¶慷慨히 眞實ㅅ 지오ᄆᆞᆯ 니어 호니 슬프도다 玉山앳 桂樹 ᄅᆞ더라:慷慨嗣眞作咨嗟玉山桂(重杜解24:31).

강·개ᄒᆞ·다 동 강개(慷慨)하다. ¶慷慨호니 슬푸미 有餘ᄒᆞ도다:慷慨有餘悲(初杜解6:44). 강개ᄒᆞ고 긔절을 슝샹ᄒᆞ더라:慷慨尙氣節(東新續三綱. 忠1:41). ᄆᆞᄋᆞᆷ이 강개ᄒᆞ고(五倫5:7). 슬프다 壯士ㅣ 慷慨호미 하니:嗚呼壯士多慷慨(重杜解11:6). 절역고셩의 비록 강개ᄒᆞᆫ 쁘디 ᄀᆞᆫ절ᄒᆞ나(仁祖行狀31). 男兒의 慷慨ᄒᆞᆫ ᄆᆞ음이 胸中에 鬱鬱ᄒᆞ여 쑴에 試驗ᄒᆞ노매(古時調. 靑丘).

강건ᄒᆞ다 형 강건(强健)하다. ¶丈人의 지조와 힘과ᄂᆞᆫ 오히려 强健ᄒᆞ니:丈人才力猶强健(重杜解11:22). 일노조차 신톄 강건ᄒᆞ고 형뫼 훌연 달나지니라(敬信44).

강:건ᄒᆞ·다 형 강건(剛健)하다. ¶男子ㅣ 친히 마자 ᄉᆞ나히 겨집의게 몬져 홈ᄋᆞᆫ 강건ᄒᆞ며 유슌ᄒᆞᆫ 뜯이니:男子親迎男先於女剛柔之義也(宣小2:48).

강건ᄒᆞ다 형 강건(康健)하다. ¶강건ᄒᆞᆫ 부모 셤기기ᄂᆞᆫ 쉽고 쇠로ᄒᆞᆫ 부모 셤기기ᄂᆞᆫ 어려오며(敬信11).

강고 명 강고(江皐). 강 언덕〔江岸〕. 강호(江湖). ¶翩躚ᄒᆞᆫ 羽衣道士이 江皐로 디나며 무로딕(許橿. 西湖別曲).

강고기 명 강에서 사는 물고기. ¶시모 강물과 강고기를 조와ᄒᆞ니:江魚(女四解4:12).

강:과ᄒᆞ·다 형 강과(剛果)하다. ¶ᄇᆞᆰᄋᆞ며 민첩ᄒᆞ며 강과ᄒᆞ며 결단홈ᄋᆞ로ᄡᅥ:以明敏果斷(宣小5:32).

강교 명 강교(江郊). ¶城 우희셔 江郊ᄅᆞᆯ 디렛도다:城上俯江郊(初杜解14:9).

강:구 명 강구(江口). ¶엇데 江口에 나가리잇고(六祖上32).

:강구ᄒᆞ·다 동 강구(講究)하다. ¶또 셰셰로 강구ᄒᆞ니:亦世講之(宣小5:78).

강권ᄒᆞ다 동 강권(强勸)하다. ¶부형이 강권ᄒᆞ여(五倫4:19).

강·긔 명 강기(綱紀). ¶綱紀ᄂᆞᆫ 그믌 벼리니 크닐 닐오딕 綱이오 져그닐 닐오딕 紀라(楞解5:60). 이런ᄃᆞ로 綱紀ᄅᆞᆯ 펴믄 委曲히 다ᄒᆞ고(永嘉下80). 賊臣과 惡子ᄂᆞᆫ 綱紀ᄅᆞᆯ 干犯ᄒᆞ디 말라:賊臣惡子休干紀(重杜解16:57).

:강·긔ᄒᆞ·다 동 강기(强記)하다. ¶娑婆學者ㅣ 해 ᄒᆞᆫ갓 强記호ᄆᆞᆯ 일ᄉᆞ마 邪애 디며 妄애 ᄲᅡ디여 本애 도라가ᄆᆞᆯ 아디 몯홀씨(楞解6:70).

강긔ᄒᆞ다 동 강개(慷慨)하다. ¶더욱 강긔ᄒᆞ야 졔ᄅᆞᆯ ᄒᆞ고 글을 지으니(落泉1:1).

강남 명 ①중국(中國). ¶中國ᄋᆞᆫ 皇帝 겨신 나라히니 우리 나랏 常談애 江南이라 ᄒᆞᄂᆞ니라(訓註1). 中國은 가온딧 나라히니 우리 나랏 常談애 江南이라 ᄒᆞᄂᆞ니라(月釋

1:30). 뎌 강남 동모의게:那漢兒火伴(飜老下72). 강남 가 죽거를:赴京死(東新續三綱. 烈2:21).
②강 남쪽. ¶公州ㅣ 江南올 저ᄒᆞ샤:公州江南畏(龍歌15章).

강남조 명 강남조. 개맨드라미의 씨. ¶강남조:靑箱子(物譜 花卉).

강남콩 명 강낭콩. ¶강남콩 완:豌(訓蒙上13). 강남콩:龍爪豆(柳氏物名三 草).

강녈ᄒᆞ다 형 강렬(强烈)하다. ¶천셩이 강녈ᄒᆞ여 의긔 사ᄅᆞᆷ의게 지나니(落泉3:7).

강녕ᄒᆞ다 형 강녕(康寧)하다. ¶강녕ᄒᆞ다:康(漢淸6:14). 몸이 강녕ᄒᆞᆫ 슈 팔십팔 세를 누리니(敬信40).

강논 명 강론(講論). ¶이 시져레ᄂᆞᆫ 學問을 講論 아니 ᄒᆞᄂᆞ니(飜小6:3).

:강논ᄒᆞ·다 동 강론(講論)하다. ¶이제 셰샹애 ᄒᆞᆨ문을 강논티 아니ᄒᆞ야:今世學不講(宣小5:2). 일즙 인심 도심읫 말을 강논ᄒᆞ실시(仁祖行狀17). 젼일 글졔 넌 뜻을 칭찬ᄒᆞ고 고금을 강논ᄒᆞ니(落泉1:2).

강당 명 강당(講堂). ¶講ᄋᆞᆫ 글 닐거 ᄠᅳᆮ ᄎᆞ졸 씨니 講堂ᄋᆞᆫ 글 講ᄒᆞ시ᄂᆞᆫ 지비라(釋譜3:p.44). 모ᄆᆡ 講堂애 잇거늘 입과 窓괘 여러 훤ᄒᆞᆯ씨(楞解1:50). 師ᄅᆞᆯ 大梵寺 講堂애 講ᄒᆞᅀᆞ와(六祖上1). 講堂은 녜 아니 지셋던 거시니:講堂非曩構(初杜解6:22).

강도 명 강도(江島). 강도(江都). 강화도(江華島). ¶난리 쏘 나면 맛당이 강도로 가리라 ᄒᆞ니(經筵).

:강·도 명 강도(强盜). ¶일즉 바ᄆᆡ 强盜 스므나ᄆᆞ니(飜小9:64). 일즉 밤의 强盜 두어 열히(宣小6:59). 블강되 지블 분탕ᄒᆞ거늘(東新續三綱. 孝7:53). 녀염 도쳐의 병화 강도 낫다 소문 내니(西宮上1). 강도를 숨겨 빙이의 구을녀(落泉1:2).

강두 명 강두(江頭). 강나루. ¶친구ᄃᆞᆯ히 강두의 가 보낼 저긔:親舊送于江(東新續三綱. 忠1:56).

강·딕히 부 강직(剛直)히. ¶剛直히 ᄒᆞ시며(宣賜內訓1:19).

강·딕·ᄒᆞ·다 형 강직(剛直)하다. ¶아바님 馬公이 性이 剛直ᄒᆞ고 사ᄅᆞᄆᆞᆯ 어엿비 너겨(宣賜內訓2下34). 셩이 강딕ᄒᆞ야:性剛直(東新續三綱. 忠1:5). 求請호매 剛直ᄒᆞᆫ 性올 傷害호라:干請傷直性(重杜解1:50).

강랑 명 강랑(蜣蜋). 쇠똥구리. ¶雄黃과 蜣蜋 ᄀᆞ로니와(救急下1).

:강령 명 강령(降靈). ¶降靈은 靈 ᄂᆞ리오실 씨라(法華序7).

:강:론ᄒᆞ·다 동 강론(講論)하다. ¶正法을 講論ᄒᆞ야 니ᄅᆞ샤(釋譜13:17). 녯글와ᄅᆞᆯ 講論ᄒᆞ샤 六宮에 알외샤ᄃᆡ(宣賜內訓2下42. 奎章本2:93). 學業을 講論ᄒᆞ야 볼골디니라(飜小9:13). 正ᄒᆞᆫ 學을 강론ᄒᆞ야 볼키게 홀디니라:講明正學(宣小6:11). 향약을 부즈런이 강론ᄒᆞ며(敬信60).

:강·면·ᄒᆞ·다 동 강면(强勉)하다. 억지로 힘쓰다. ¶그러나 쏘 모로매 강면ᄒᆞ야:勉强(飜小7:4).

강믈 명 강물. ¶강므리 뵈아ᄒᆞ로 만ᄒᆞ여:江水方漲(東新續三綱. 烈4:10).

강미 명 강미(講米). 공량(貢糧). 학채(學債). ¶강미:學課錢(譯解補12).

강박ᄒᆞ다 동 강박(强迫)하다. ¶남의 저물을 강박ᄒᆞ야 ᄲᅢ지 말며(敬信63). 싱이 홀 일 업셔 강박고져 ᄒᆞ다가(落泉2:4).

강반 명 마른밥. ¶강반:糒(物譜 飮食).

:강·법·ᄒᆞ·다 동 강법(講法)하다. ¶쏘 사ᄅᆞ미 講法ᄒᆞᄂᆞᆫ ᄯᅡ해 안자 이셔(釋譜19:6).

강벼록 명 벼룩의 한 종류. ¶ᄌᆞᆫ 벼록 굴근 벼록 강벼록 倭벼록(古時調. 一身이 사자ᄒᆞ니. 海謠).

강보 명 강보(襁褓). ¶당시 강보의 잇고(癸丑27). 젼치 안히 두시 강보의 ᄋᆞᄌᆞᄅᆞᆯ 두고 죽으니(落泉1:2).

강복 명 강복(江腹). ¶峽門과 江腹괘 城ㅅ 모홀 ᄢᅧ렛ᄂᆞᆫ ᄃᆡ로다:峽門江腹擁城隅(重杜解13:47).

강ㅅ:ᄀᆞᆺ 명 강가〔江邊〕. ☞ᄀᆞᇫ ⊠ ¶江ㅅᄀᆞᇫ 앤 위안히 ᄎᆞ디 몯ᄒᆞ애라:江邊未滿園(初杜解15:24).

강산 명 강산(江山). ¶江山애 城ㅣ 둘엇ᄂᆞ니 棟宇에 나그내 머므노라:江山城宛轉棟宇客徘徊(重杜解14:6). 강산의 녕긔를 거두어(洛城1).

강셕 명 강석(講席). ¶비록 샹애 강셕의 뫼시나 실노 어드미 업더니(敬信45).

강셜 명 강설(講說). ¶신의 이 말을 쏘ᄒᆞᆫ 강셜간의 녜담으로 아디 마ᄅᆞ시고(經筵).

:강·셜ᄒᆞ·다 동 강설(講說)하다. ¶講說ᄒᆞ면(金剛62). 쏘 사ᄅᆞᆷ으로 더브러 강셜ᄒᆞ기를 됴하ᄒᆞ더니(敬信42).

강셩 명 강성(江城). 강안(江岸)에 있는 도시. ¶붑과 吹角ㅅ 소리ᄂᆞᆫ 江城에 뮈엣도다:鼓角動江城(重杜解10:47).

강셩황 명 감국(甘菊). ¶강셩황:甘菊花(東醫 湯液二 草部).

강셩ᄒᆞ다 형 강성(强盛)하다. ¶노라치 점점 강셩ᄒᆞ야(山城2).

강술 명 강한 술. ¶가다니 ᄇᆡ브른 도긔 설진 강수를 비조라(樂詞. 靑山別曲).

:강·슈 명 강수(洚水). 큰물. 홍수(洪水). ¶洚水ㅣ 나를 警ᄒᆞ다 ᄒᆞ니(宣孟6:25).

강슈 명 강수(江水). ¶강슈 강:江(兒學上5).

:강·습ᄒᆞ·다 동 강습(講習)하다. ¶져머셔브

터 學을 講習호딕 모숨을 다스리며:自少講學卽以治心(宣賜內訓1:25).

강:시 명 강시(僵尸). 얼어 죽은 송장. ¶道上애 僵尸를 보샤 寢食을 그쳐시니:僵尸道上見爲之廢寢饍(龍歌116章).

강신 명 강신(講信). 향약 모임에서 여러 사람이 함께 술을 마시면서 약법(約法)이나 계를 맺는 일. ¶가을 打作 다 흔 後에 洞內 모화 講信홀 쩨(古時調. 海謠).

강신흐다 동 강신(降神)하다. ¶主人은 香卓前의 가셔 降神호딕(家禮1:25).

:강:ᄉ 명 강사(講肆). ¶우리 부텻 降靈흐샨 本來ㅅ 뜨들 기피 相考흐ᅀᆞ오며 또 宗匠의 무르며 講肆애 기픈 뜨들 더드므며:肆는 홍졍 버리는 거시니 張揩의 弟子ㅣ 만흐야 간 딕마다 져재 곤홀씨 글흐는 싸홀 肆ㅣ라 흐니라(法華1:10).

강아디풀 명 강아지풀. 구미초(狗尾草). ¶강아디풀:莠(柳氏物名三 草).

강아·지 명 강아지. ¶또 강아지와 둙과를 아나:又方抱狗子若雞(救急上10). 강아질 吐흐ᄂ니라:吐出犬子(救急下67). 강아지어나 둙이어나:狗子若雞(救簡1:35).

강악히 부 강악(强惡)히. 강악하게. ¶강악히 구다:用强(同文解上22. 漢淸8:25).

강어귀 명 강어귀. 강구(江口). ¶강어귀예 니ᄅ러:至江口(東三綱. 烈1).

강·역 명 강역(疆域). ¶域은 疆域을 니ᄅ샤미라(圓覺下一之一66). 往往애 疆域을 侵勞흐야(圓覺下三之一52). 疆域을 侵勞호몬 흐다가 法身ㅅ 疆界를 닐올뎬(圓覺下三之一53). 千里를 限隔흐야 疆域을 논홧거든(青友仁. 出塞曲).

강영 명 강영(江瀛). 강(江)과 바다〔海〕. ¶江瀛에 드러 미틔 다ᄋᆞ돗 흐ᄂ니:瀛은 바ᄅ리라(永嘉下77).

강요듀 명 강요주(江瑤珠). 살조개. ☞강요쥬 ¶강요듀:珧(物譜 介蟲).

강요쥬 명 강요주(江瑤珠). 살조개. ☞강요듀 ¶강요쥬:魁蛤(柳氏物名二 水族).

강인흐다 동 강인(强忍)하다. 억지로 참다. ¶東萊계셔도 病患을 强忍흐여(隣語1:5).

강잉 부 강잉(强仍)히. ¶강잉 운동흐다:扎掙(漢淸9:13).

강잉흐다 동 강잉(强仍)하다. ¶아비 강잉흐야 ᄆ올 사ᄅᆞᆷ의게 혼인호려 흐거늘:父欲强婚於里人(東新續三綱. 烈1:2). 의탁고져 흐야 강잉흐야(太平1:56). 강잉홀 강:强(倭解下41). 강잉흐여 가니(三譯9:1). 병을 강잉흐야(五倫2:24). 강잉흐야(山城61). 강잉흐다:勉强(同文解下6). 凡事를 강잉흐여 흐다:扎爭(漢淸6:33). 강잉흐여 흐면 흐고 말면 만다는 말(敬信51).

강:장·흐·다 형 강장(强壯)하다. ¶쉬닌 時節을 보건댄 번득히 强壯흐다ᄉ이다(楞解2:7). 强壯흔 사ᄅᆞᆷ(隣語1:6).

강졍 명 강정. ¶강졍:繭(物譜 飮食).

강졍흐다 동 강정(講定)하다. 강론하여 결정하다. ¶미리 비어홀 묘칙을 강졍흐라(經筵).

강졍흐다 동 강정(强定)하다. ¶강졍흐여 힝흐기 오놀날의 잇ᄂ디라(山城70).

강직흐다 형 강직(强直)하다. ¶양공의 셩질이 너무 강직흐니 쇄 문호의 밋기 쉬울지라(落泉1:1).

강질흐다 동 강질(强疾)하다. 억지로 병(病)을 참다. ¶나도 요ᄉ이 暑症 氣運이 이셔 飮食도 먹들 몯흐오되 東萊계셔도 病患을 强忍흐여 이 老炎의 三十里 程道를 ᄂ려오시다 흐오매 나도 强疾흐여 叅詣흐ᄋᆸ게 흐ᄋᆸᄂ(隣語1:5).

강촌 명 강촌(江村). 강가의 마을. ¶江村에 日暮흐니 곳곳이 漁火ㅣ로다(古時調. 任義直. 歌曲).

강·퍅·흐·다 형 강퍅(剛愎)하다. 성미가 깔깔하고 고집이 세다. ¶ᄌ라매 니르러는 더욱 흉악흐고 강퍅흐ᄂ니:到長益凶狠(飜小6:3).

강포히 부 강포(强暴)히. ¶우리 무숨 원슈로 강포히 보치리오 흐고(落泉1:1).

강포흐다 형 강포(强暴)하다. ¶강포흔 놈이 더러이고져 흐리 잇거늘:有强暴者欲汚之(東新續三綱. 烈2:2). 비록 强暴흔 사ᄅᆞᆷ이 이셔 내 몸을 텨 히야ᄇ리며(警民9).

강풍 명 강풍(江風). 강바람. ¶멋 디위를 江風이 여러 날 닐어뇨(南明上40).

강피 명 피의 한 품종. ¶강피:羌稷(衿陽).

강하 명 강하(江河). ¶一切 江河ㅣ며:江河는 ᄀᄅ미라(釋譜23:19). 大海 江河 山川 林藪ㅣ 업고(法華4:119). 어루 이 江河ㅣ ᄉ믓 어러(金三5:31). 흔 善行을 見흐심애 미츠샤는 江河를 決흔디라(宣孟13:11). 江河ㅣ 흐리니를 시서 ᄇ리고 소틱 새로왼 거슬 調和흐놋다(重杜解19:4).

강하다 동 강(講)하다. 외다. 암송(暗誦)하다. ☞강흐다 ¶강할 강:講(兒學下6).

강한흐·다 형 강한(剛悍)하다. ¶본딕 모딜고 강한흔 이는:素暴悍者(宣小5:106). 흔 강한흔 죵을 금지흐며(敬信80).

강호 명 강호(江湖). 〔'강과 호수'라는 뜻에서 '자연(自然)'을 이름.〕 ¶江湖ㅣ ᄀ독흔 싸해 흔 고기 잡는 늘그니로라(初杜解6:10). 興趣ㅣ 江湖애 아ᄋᆞ라흐니라(重杜解9:14). 江湖에 病이 깁퍼(松江. 關東別曲). 술 醉코 江湖에(古時調. 萬頃蒼波. 青丘).

강호리 명 강활(羌活). ☞강활 ¶강호리:羌

活(柳氏物名三 草).

강·활 명 강활(羌活). ☞강호리 ¶강활 두 량과:羌活二兩(救簡1:19). 솘공이와 강활와:松節羌活(救簡1:89).

강·히 부 ①강(强)하게. ¶一物이랏 말도 ᄯᅩ 强히 니ᄅᆞᆯ ᄯᆞᄅᆞ미니(金三涵序1). ᄒᆞ믈며 爲ᄒᆞ야 强히 戰ᄒᆞ야(宣孟7:24). ②억지로. ¶아비 ᄇᆞ라고 使者ᄃᆞ려 닐오ᄃᆡ 구틔여 이 사ᄅᆞᆷ 말라 强히 ᄃᆞ려오디 말라 ᄒᆞ고(月釋13:18). 비록 妄心을 强히 눌러 ᄒᆞᆫ갓 念相이 니디 아니호ᄆᆞᆯ 得게 ᄒᆞ야도(圓覺上一之一105).

:강ᄒᆞ·다 동 강(講)하다. 외다. 암송(暗誦)하다. ¶글 입피 ᄆᆞᆺ고 스승님 앏픠 글 강ᄒᆞ노라:吟詩罷師傅前講書(飜老上3). 강ᄒᆞᆯ 강:講(訓蒙下32). 글 강ᄒᆞ다:講書(譯解上15). 강ᄒᆞᆯ 강:講(倭解上37). 글 강ᄒᆞ다:講書(同文解上43). 글 講ᄒᆞ엿ᄂᆞ냐 못 ᄒᆞ엿ᄂᆞ냐(捷蒙3:4).

:강ᄒᆞ·다 동 강(講)하다. 강의(講義)하다. 새기다. 학습(學習)하다. ¶疑惑ᄒᆞᆫ 衆 爲ᄒᆞ야 子細히 講ᄒᆞ니라(月釋14:45). 마초아 印宗이 經 講ᄒᆞ거늘(六祖略序15). 德의 脩티 몯홈과 學의 講티 몯홈과 義를 듣고 能히 徙티 몯ᄒᆞ며(宣論2:14). ᄯᅩᄒᆞᆫ 可히 ᄒᆞᄅᆞ도 講ᄒᆞ며 ᄯᅩ 習ᄒᆞ디 아니티 몯ᄒᆞᆯ 거시라(家禮1:3).

:강ᄒᆞ·다 동 강(彊)하다. 힘쓰다. ¶善ᄒᆞ욤을 彊ᄒᆞᆯ ᄯᆞᄅᆞᆷ이니이다(宣孟2:37).

강ᄒᆞ·다 형 강(剛)하다. 의지(意志)가 굳세다. ¶내 剛ᄒᆞᆫ 者를 보디 몯게라 或이 對ᄒᆞ야 ᄀᆞᆯ오ᄃᆡ 申棖이닝이다… 棖은 慾ᄒᆞ거니 엇디 시러곰 剛ᄒᆞ리오(宣論1:44). 그 氣로 오미 지그기 大ᄒᆞ며 지그기 剛ᄒᆞ니(宣孟3:14).

강ᄒᆞ·다 형 강(强)하다. ¶져근 學올 ᄀᆞ롱ᄒᆞ야 一時ㅅ 强ᄒᆞᆫ 이ᄇᆞᆯ ᄀᆞ장ᄒᆞ야(永嘉下74). 緣이 强ᄒᆞ며 境이 勝ᄒᆞ면(圓覺下二之二2). 여듧 호ᄫᆞᆯ 取ᄒᆞ야 强ᄒᆞ닌 다 먹고 늘그니와 져므니ᄂᆞᆫ 둘헤 ᄂᆞᆫ화 머그라(救急上30). 魔ᄂᆞᆫ 强ᄒᆞ고 法은 弱ᄒᆞ야 怨讎로이 害호미 하니 善과 惡괘 비록 다ᄅᆞ나 佛性은 ᄒᆞᆫ가지니라(南明下31). 晉國이 天下에 이만 强ᄒᆞᆫ 이 업슴은(宣孟1:13). 强ᄒᆞ다 矯홈이여(宣中7). 男兒ᄂᆞᆫ 녀ᄃᆞ니ᄂᆞᆫ ᄡᅡ해 이리 ᄒᆞ곡 客子ᄂᆞᆫ 모ᄆᆡ 强호ᄆᆞᆯ ᄃᆞ톨디니라(重杜解20:36). 강ᄒᆞᆯ 강:强(倭解上23). 强ᄒᆞ다(同文解上18). 강ᄒᆞᆫ 이를 눌우고 약ᄒᆞᆫ 이를 부뜰며(敬信63).

강:ᄒᆡ 명 강해(江海). 하해(河海). 강과 바다. ¶能히 江海 건니리 잇디 아니타 ᄒᆞ니라(永嘉下22). 화사리 江海예 어드워셔 五湖애 노로ᄆᆞᆯ 難히 호라(初杜解6:39). 江海예 헤ᄃᆞ니니 기픈 根源에 ᄀᆞ장 다ᄃᆞ롤 興이 오히려 잇도다(南明上48).

갌믈 명 강물. ¶갌므리어나 ᄯᅩ 又 기론 므리어나 모딘 피ᄅᆞᆯ 시서 ᄇᆞ리면:以河水或新水洗去毒血(救簡6:46).

갖다 동 갖다. 가지다. ¶바다의 ᄇᆡ가 오니 赦文 가즌 官船인가(萬言詞).

갗 명 가죽. ☞갓 ¶엿의 갗爲狐皮(訓解. 終聲). 鹿皮ᄂᆞᆫ 사ᄉᆞᄆᆡ 가치라(月釋1:16). 손밠가락 ᄉᆞᅀᅵ예 가치 니ᅀᅥ 그려긔 발 ᄀᆞᄐᆞ시며(月釋2:40). 生가ᄎᆞ로 머리ᄅᆞᆯ 얼그며(月釋21:45). ᄯᅡᆺ 가촌 조티 몯ᄒᆞᆫ 거시라:地皮未淨也(楞解7:11). 남진의 ᄡᅳᄂᆞᆫ 가치오:男鞶革(宣賜內訓3:2). 술히 누르고 가치 설지고:肉黃皮皺(杜解3:50). 거믄 가ᄎᆞ로 ᄆᆡᆼᄀᆞ론 几 이실시:烏皮几在(杜解21:5).

갚·다 동 갚다. ☞갑다 ¶恩惠ᄅᆞᆯ 가ᄑᆞᆸ디니(月釋23:98). 네 내 목수믈 지며 내 네 비들 가파:汝負我命我還汝債(楞解4:31). 내 네게 비들 가포미:我還債汝(楞解6:91). 因地ㅅ 行願을 가ᄑᆞ샤미라:酬因地之行願(圓覺上一之一3). 쟝ᄎᆞ 엇데 가ᄑᆞ려뇨 ᄒᆞ면 므슴 愛 이시료:將何以報何有愛(圓覺下一之一17). 潁川을 므스글 ᄡᅥ 가ᄑᆞ려뇨:潁川何以酬(初杜解23:15). 恩 가포ᄆᆞᆯ ᄇᆞ라디 말며(南明上61). 가플 슈:酬(訓蒙下15. 類合下40). 가플 샹:償(訓蒙下22). 가ᄑᆞᆯ 보:報(類合上10). 가ᄑᆞᆯ ᄉᆡ:賽(類合下44). 가플 샹:償(類合下11. 倭解上56). 원슈 가포려 두로 사화:復讐轉鬪(東新續三綱. 孝6:37).

:개 명 개. ☞가히 ¶집의 가히 삿기 나코 밥 어더먹으라 나갓거늘 ᄃᆞᆯ기 와 그 개 삿기를 머규ᄃᆡ:家有狗乳出求食雞來哺其兒(飜小9:100). 개 견:犬(類合上14). 개 구:狗(類合上14. 倭解下23). 개ᄅᆞᆯ ᄲᅧ 더뎌 주디 말며:毋投與狗骨(宣小3:23). 개과 돋톨 죽이디 아니ᄒᆞᄂᆞ니:不殺犬豕(宣小3:26). 도로혀 개 ᄀᆞᄐᆞᆷ이니라:反類狗者也(宣小5:14). 개며 ᄆᆞᆯ게 니르러도:至於犬馬(宣小5:84). 개 견:犬(詩解 物名17). 개:狗(同文解下39. 漢淸14:14). 쇼ᄂᆞᆫ ᄡᅡ리ᄅᆞᆯ 일희여고 개ᄂᆞᆫ 의 잇ᄂᆞ니라(敬信77).

·개 명 개〔浦〕. ¶합개:合浦(龍歌1:49). 개 우희 도렫ᄒᆞᆫ ᄒᆞᆫ 프른 蓋 ᄀᆞᆮ더니라:浦上童童一靑蓋(初杜解6:41). 南녁 개예셔 셴 머리예 입주리노라:南浦白頭吟(初杜解7:19). 개:港汊(四解下30 汊字註). 개 보:浦(訓蒙上5. 類合上6). 개 셔:漵. 개 항:港. 개 차:汊(訓蒙上5). 마초와 녀름 사오나와 釜山개 예ᄃᆞᆯ히 흐러 나와 도적ᄒᆞ다가:値年飢釜山浦 倭奴四散剽掠(續三綱. 孝24). 개:浦(同文解上7).

:개 명 덮개. ¶갯 개:蓋(訓蒙中13). 개 개:

盖(類合上29).

개 명 개(蓋). 일산(日傘). ¶술위 브리여 盖 앗고(釋譜24:21). 莊子애 닐오디 子貢이 술위 타고 盖 기우려 原憲 보라 간대(南明上30). 개 우희 도렫흔 흔 프른 盖 곤더니라:浦上童童一青盖(初杜解6:41). ㅂ롬 부는 빗돗기 프른 盖예 디혓ᄂ니:風帆倚翠盖(重杜解9:4).

개 명 가(街). 한길. ¶遠方앳 져재와 우믈와 街巷과:街ᄂ 바른 길히오 巷은 구븐 길히라(楞解9:62). 거리 개:街(訓蒙中8).

-개 접미 -가(哥)이-. -가(哥)가. ☞-가 ¶姓이 柳개니라:姓柳(初杜解25:9). 張개여 李개여 흔보로 다 닐온 마리라(金三2:33). 왕개 오나다:王舍來了(飜朴上59).

-개 접미 -개. 〔용언(用言) 어간(語幹)에 붙어 명사를 만드는 접미사(接尾辭).〕 ¶두 놀개 ᄊᄉᆡ 三百三十六萬里오(月釋1:14). 平牀 벼개예 니기 자거든:眠熟牀枕(楞解4:130). 놀개 몰외노라:矖翅(初杜解7:5). 발ᄡ개:裹脚(譯解上47). 니뿌시개:牙叉兒(譯解補29).

:개가 명 개가(凱歌). ¶城 우희 닐흔 살 쏘샤 닐흐니 ᄂ치 맛거늘 凱歌로 도라오시니(龍歌40章). 개가 개:豈(註千7). 사홈 이긔여 凱歌호매 어딜며(重杜解1:56). 主將이 저조ᄒᆞᄂ 사ᄅᆞᆯ 收用ᄒᆞ니 崆峒애 凱歌ㅣ 하도다(重杜解21:23). 지경을 슌무ᄒᆞ야 일삭 니의 평정ᄒᆞ니 개가ᄅᆞᆯ 블너 도라올시(落泉3:7).

개가마리 명 개고마리. 때까치. ¶개가마리:馬布郎(譯解下27).

개가머리 명 개고마리. 때까치. ¶개가머리:馬布郎(訓蒙凡例1).

개개히 부 개개(箇箇)이. 낱낱이. ¶개개히 북쵸ᄒᆞ니(癸丑58).

개걸ᄒᆞ다 동 개걸(丐乞)하다. 동냥질하다. 비럭질하다. ¶가난ᄒᆞ야 굴머 개걸ᄒᆞᄂ 거시(警民11). 장ᄎ 그 ᄌᆞ손을 긔록ᄒᆞ야 개걸ᄒᆞᆯ 문셔에 너흐리라(敬信52). 긔의 개걸ᄒᆞᆯ 지경의 니ᄅᆞ럿더니(落泉5:12).

개고기 명 개고기. ¶밧 ᄀᆞᄂ 쇼와 개고기ᄅᆞᆯ 먹지 말며(敬信77).

개고리 명 개구리. ☞개골이. 개구리. 기구리 ¶개고리 와:蛙(類合上15). 개고리:蝦蟆(東醫 湯液二 蟲部). 개고리:蛙(物譜 水族). 개고리:蝦蟆(柳氏物名二 昆蟲).

개골이 명 개구리. ☞개고리 ¶만일 싱개골이ᄅᆞᆯ 얻디 몯ᄒᆞ면 가히 구티 몯ᄒᆞ리라:若不得生蛙不可救(東新續三綱. 孝1:12).

개구리 명 개구리. ☞개고리. 개골이 ¶개구리 와:蛙(倭解下27). 개구리:青蛙(同文解下42). 개구리:青蛙(漢淸14:43).

개구화 명 과꽃. 취국(翠菊). ¶개구화:紫菊(柳氏物名三 草).

:개나·리 명 개나리. ☞개날이 ¶개나릿 불휘:百合根(救簡3:31). 개나리 불휘:百合(東醫 湯液三 草部).

개나리나모 명 개나리나무. ¶개나리나모:大連翹(柳氏物名四 木).

개날이 명 개나리. ☞개나리 ¶개날이:番山丹(柳氏物名三 草).

개너리곳 명 개나리꽃. ¶개너리곳:捲丹花(譯解下39).

개년 명 개연꽃. ¶개년:萍蓬草 水栗 水笠仝(柳氏物名三 草).

:개·다 동 개다〔晴〕. ☞기다 ¶비 한 저긔 또 能히 개에 ᄒᆞ며(月釋10:88). 갠 虛空 ᄀᆞᆮᄒᆞ야:猶如晴空(楞解10:1). ᄀᆞᄅᆞᆷ 軒檻앤 ᄒᆞ마 아ᄎᆞᄆᆡ 개도다:江檻已朝晴(初杜解7:7). 비 개옥:雨乾(初杜解9:16). 이믜셔 비 오고 개어놀:旣雨已(初杜解16:65). 갤 졔:霽(訓蒙下2. 類合下49). 갤 청:晴(訓蒙下2). 갤 청:晴(類合上3. 倭解上2). 비 개다:晴了(譯解上2). 개다:晴了(同文解上3).

개도치라 명 개돼지라. 〔'개'+'돝'+서술격조사 '-이라'〕 ☞개돗 ¶兄弟오 不和ᄒᆞ면 개도치라 ᄒᆞ리라(武陵雜).

개돗 명 개돼지. ¶나ᄂ 님군을 위ᄒᆞ여 죽거니와 너ᄂ 도적을 븟조ᄎᆞ나 이ᄂ 개돗과 흔가지로다:犬彘(五倫2:33).

개듁나모 명 가죽나무. ☞개둥나모. 개둥나무 ¶개듁나모:臭椿樹(譯解下42).

개·둥나모 명 가죽나무. ☞가듁. 개듁나모. 개둥나무 ¶개둥나모:樗(四解上32). 개둥나모 뎌:樗(訓蒙上10).

개둥나무 명 가죽나무. ☞개듁나모. 개둥나모 ¶개둥나무 져:樗(詩解 物名13).

개렴ᄒᆞ다 동 개념(介念)하다. 마음에 두다. ¶업ᄉᆞ물 개렴티 아니ᄒᆞ더니(洛城1).

개버들 명 갯버들. ☞개ㅅ버들. 갯버들. 기버들 ¶개버들:蒲柳(柳氏物名四 木).

개벼록 명 개벼룩. ¶변ᄒᆞ여 개벼록이 되여:變做狗蚤(朴解下20). 개벼록:狗蚤(譯解下35).

개뻠 명 개찜. ¶돋뻠 개뻠 오려 點心(古時調. 崔行首. 青丘).

개ㅅ버들 명 갯버들. ☞개버들. 갯버들. 기버들 ¶개ㅅ버들:柳樹(同文解下43). 개ㅅ버들:楊樹(譯解補50).

개삿기 명 개새끼. ¶개삿기:狗涬子(同文解下39). 개삿기:狗崽(漢淸14:14).

개샹 명 개상. 〔지난날, 타작하는 데 쓰이던 농기구의 한 가지.〕 ¶들마당 집마당의 개샹의 티돌이라(農月 九月令).

:개:션 명 개선(疥癬). 옴. ¶疥癬은 옴 버즈

미라(法華2:15).

개썰년 명 개딸년. ¶어늬 개썰년이 시앗 새옴ᄒᆞ리오(古時調. 얽고 검고. 青丘).

·개션·ᄒᆞ·다 형 개연(慨然)하다. ¶조차가ᄃᆡ 몯 밋ᄂᆞᆫ ᄃᆞᆺᄒᆞ며 ᄒᆞ마 葬ᄒᆞ야ᄂᆞᆫ 慨然ᄒᆞ야:慨ᄂᆞᆫ 애ᄃᆞᄂᆞᆫ ᄠᅳ디라(宣賜內訓1:71).

개아미 명 개미. ☞가야미. 개야미 ¶개아미 의:蟻(類合上15).

개암 명 개암. ☞개얌. 개옴. 개ᄋᆞᆷ ¶개암 ᄑᆞᄂᆞᆫ 이아 이바:賣榛子的你來(朴解下28). 내 너와 개암 더ᄂᆞ기ᄒᆞ쟈:我和你拿榛子(朴解下28). 져근덧에 두 되 나믄 개암을 이긔어다:一霎兒贏了二升多榛子(朴解下28). 공히 뎌 개암을 어더 먹으니:乾得那些榛子喫(朴解下28). 개암이 잣는 곳에 오색이 어래엿내(扶餘路程).

개암도로다 동 개암도르다. ¶개암도로다:鳩(柳氏物名一 羽蟲).

개야 명 채붕(綵棚). ☞가유 ¶개야:彩棚(譯解下24).

개야·미 명 개미. ☞가야미. 개아미. 개얌이 ¶그듸 이 굼긧 개야미 보라…이 개야미 이에셔 살며(釋譜6:36). 마톨 다오매 굼긧 개야밀 어엿비 너기고:築場憐穴蟻(杜解7:18). 개야미 ᄠᅳᆫ 수른 臘月엣 마시 仍ᄒᆞ야 잇고:蟻浮仍臘味(杜解10:2). 개야미:螞蟻(譯解下35). 개야미 불개야미 존등 부러진 불개야미(古時調. 青丘).

개야·지 명 버들개지. ☞가야지 ¶개야지:柳絮(柳氏物名四 木).

개야지 명 강아지. ¶센 개야지(癸丑57).

개얌 명 개암. ☞개암. 개옴. 개ᄋᆞᆷ ¶개얌과 잣과 ᄆᆞ론 포도와:榛子松子乾葡萄(朴解中4). 개얌 진:榛(詩解 物名4).

개얌나모 명 개암나무. ☞개욤나모 ¶개얌남기며 플ᄃᆞ리 ᄀᆞ장 기엇써늘:榛莽四塞(三綱. 義婦).

개얌이 명 개미. ☞가야미 ¶벌에며 개얌이를 주어:拾蟲蟻(宣小6:93).

개연홉다 형 개연(慨然)하다. 개연스럽다. ¶폐습이 날로 심ᄒᆞ니 ᄀᆞ장 개연홉다 ᄒᆞ오시더라(仁祖行狀29).

:개연히 부 개연(慨然)히. ¶慨然히 天下애 ᄠᅳ들 두더니:慨然有志於天下(宣小6:119). 개연히 니러나(五倫2:52).

개염나모 명 개암나무. ☞개욤나모 ¶개염남글 혜혀고:披榛(東三綱. 孝1).

개염이 명 개미. ☞가야미 ¶願혼ᄃᆞᆫ 대 여름과 개염이를 ᄂᆞᆫ화 줄디니:願分竹實及螻蟻(重杜解17:3).

개오·다 동 게우다. ¶개올 구:嘔. 개올 역:噦(訓蒙中32).

개올 명 개울. 개천. ¶개올에 섯ᄂᆞᆫ 버들 므스 일 조차(古時調. 재 우희. 青丘).

개옴 명 개암. ☞가얌. 개얌 ¶개옴을 시버머그라:嚼下榛子(救簡2:83). 개옴:榛子(飜朴上4). 개옴 진:榛(訓蒙上11. 類合上9).

개욤나모 명 개암나무. ☞가얌나모. 개얌나모 ¶개욤나모 혜오 효ᄌᆞ막애 오니:披榛到孝子廬(三綱. 孝32 婁伯). 개욤남기 ᄀᆞ장 기엣거늘(三綱. 烈24).

개을·이 부 게을리. 게으르게. ☞게을이 ¶道애 나ᅀᅡ가ᄃᆡ 개을이 아니. ᄒᆞᄂᆞ니(月釋17:56).

개의ᄡᅵ 명 개새끼. 개놈. ☞가희ᄡᅵ ¶뎌 개의ᄡᅵ 分量을 아지 못ᄒᆞ고 ᄂᆞᆷ의 것 소겨 후리기 닉게 ᄒᆞᄂᆞ니:那狗骨頭不知分量慣會誆騙人家東西(朴新解1:33).

개의ᄒᆞ다 동 개의(介意)하다. ¶명쥬를 도아내 나라흘 해ᄒᆞᄃᆡ 내 오히려 개의티 아냐더니밋ᄂᆞᆫ ᄡᅡ흘(山城39).

개옴 명 개암. ☞개암. 개얌. 개옴 ¶개ᄋᆞᆷ 진:榛(倭解下7).

개자 명 개자(芥子). 겨자. ☞개ᄌᆞ ¶主 업스며 손 업슨 ᄃᆡ 곧 손과 主왜니 芥子애 須彌 드료미 사ᄅᆞᆷ 막디 아니ᄒᆞ니라:無主無賓即賓主芥納須彌不礙人(南明下9).

개자리 명 개집. ¶개자리:狗窩(譯解上19).

개졔 명 개제(介弟). 〔남의 아우를 존대하여 일컫는 말.〕 ¶형의 개졔 덕힝으로 쳔 리 보우ᄒᆞ리니(落泉1:1).

개쥭나모 명 가죽나무. ☞개듁나모. 개둥나모 ¶개쥭나모:臭春樹(漢清13:19).

:개·ᄌᆞ 명 개자(芥子). 겨자. ☞겨ᄌᆞ. 계ᄌᆞ ¶三千大千世界ᄅᆞᆯ 본댄 芥子마도 이 菩薩ㅅ 몸 목숨 ᄇᆞ리신 ᄯᅡ 아닌 ᄃᆡ 업수메 니르시니(法華4:173). 바ᄂᆞᆯ와 芥子왜 서르 ᄆᆞ자(圓覺序69). 터리예 큰 바ᄅᆞᆯ므를 머그며 芥子애 須彌ㅣ 드ᄂᆞ니(金三3:25).

개ᄌᆞ치 명 좀벌레. ¶ᄲᅩᆼ나모 속 개ᄌᆞ치ᄅᆞᆯ:桑樹內蠹蟲(痘要上28).

개초약 명 미나리아재비. ¶개초약:毛茛(才物譜八 木部).

개탕 명 개탕(開鍚). ¶개탕:鍚(物譜 工匠).

개ᄑᆞ리 명 개파리. ¶개ᄑᆞ리:狗蠅(譯解下35). 개ᄑᆞ리:狗耳蠅(柳氏物名二 昆蟲).

개:항 명 가항(街巷). ¶遠方앳 져재와 우믈와 街巷과:街ᄂᆞᆫ 바ᄅᆞᆫ 길히오 巷은 구븐 길히라(楞解9:62).

개혀다 동 개다. 개키다. ☞가혀다. 가히다 ¶니블을 개혀 놉피 돌고(女四解3:51).

개홁 명 개흙. ¶개홁:淤泥(同文解上7).

객수 명 객수(客愁). ¶客愁도 하도하다(古時調. 趙明履. 기러기 다. 海謠).

객창 명 객창(客窓). ¶객창에 겨오 든 잠 몃 번이나 놀래친고(宋疇錫. 北關曲).

객흥 명 객흥(客興). 객지에서 느끼는 흥취(興趣). ¶滿眼 風景이 客興을 도오ᄂᆞᆫ ᄃᆞᆺ(蘆溪. 獨樂堂).

·갯·다 동 ①가 있다. 갔다. ㉮가다 ¶몬져 갯거늘 밧긔 十萬 보븨옛 輦과 四兵이 다 ᄀᆞ자왜시며(月釋2:28). 여러 앗이 各各 다ᄅᆞᆫ ᄯᅡ해 갯도다:諸弟各異方(初杜解8:29). ②돌아가 있다. 돌아갔다. ㉮가다 ¶ᄒᆞᆫ 번 주거 하ᄂᆞᆯ해 갯다가 ᄯᅩ 人間애 ᄂᆞ려오면(月釋2:19). 青鎖門에 갯다가 밥 머그러 믈러올 저긔:歸青鎖退食(杜解6:6).

갯믈 명 갯물. ¶개낙:갯믈의 ᄲᅥ러디단 말이라(警民5).

갯버들 명 갯버들. ☞개버들 ¶갯버들 뎡:檉(訓蒙上10). 갯버들 포:蒲(詩解 物名7).

갸륵ᄒᆞ다 형 갸륵하다. ¶져 사ᄅᆞᆷ은 才德을 兼全ᄒᆞ여 ᄀᆞ장 갸륵ᄒᆞᆫ 사ᄅᆞᆷ이란 말이 잇더니(隣語3:1).

갸룩 명 교만(驕慢). ¶갸룩 교:驕(類合下3). 갸룩 오:傲(類合羅孫本下32).

:갸ᄉᆞ 명 사발 접시 등 식기류(食器類). ¶갸ᄉᆞᄅᆞᆯ 몯다 서러 잇ᄂᆞᆫ ᄃᆞᆺ시 ᄒᆞ얫더니… 香ᄂᆡ 섯버므러 잇고 즁님낸 다 나가시고 갸ᄉᆞᄅᆞᆯ 몯다 설어젯더이다(月釋23:74).

갸ᄌᆞ 명 가자(架子). ¶매 갸ᄌᆞ:鷹架(同文解下12). 매 갸ᄌᆞ:鷹架子(漢淸4:56). 누록 ᄢᅴ오ᄂᆞᆫ 갸ᄌᆞ:燫架(漢淸9:74). 곳 갸ᄌᆞ:花架(漢淸13:45).

갸·품 명 옷이나 신의 혼 솔에 끼우는 다른 띠오리. ¶금션 람 비단 갸품 ᄢᅦ고:嵌金線藍條子(飜朴上26). 금ᄉᆞ로 갸품 ᄒᆡ욘 안좌ᄉᆡ오:金絲夾縫的鞍座兒(飜朴上28). 겨ᄉᆞ렌 람 비단 갸품에 금션 조쳐 ᄢᅵᆫ ᄇᆡᆨ 기ᄌᆞ피 훠 시노ᄃᆡ:到冬間穿嵌金線藍條子白麂皮靴(飜老下52). 발에 신은 거슨 거믄 기ᄌᆞ피예 金線 남 오리로 갸품 ᄢᅵ고:脚穿着皀麂皮嵌金線藍條子(朴解上24). 금션 조차 남 비단 갸품 ᄢᅵᆫ 흰 기ᄌᆞ피 훠:嵌金線藍條子白麂皮靴(老解下47).

걈들다 동 감겨 들다. ¶무슴 일 걈드러 흘긧할긧ᄒᆞᄂᆞ손다(許㙉. 雇工歌).

거 명 것. ¶게얼은 ᄆᆞᄋᆞᆷ 내야 거즛 걸노 ᄒᆞᄂᆞᆫ 체 말며(敬信65).

거가 명 거가(擧家). 온 집안. ¶일쥬야의 ᄋᆞ히 죽어 나키 어려오니 거개 경황ᄒᆞ더니(敬信57).

거가 명 거가(車駕). 임금이 타는 수레. ¶周ㅅ 님금 車駕ᄅᆞᆯ 구펴오ᄃᆡ 아니ᄒᆞ시니:未枉周王駕(重杜解13:34).

-·거고 어미 -었어. -었구나. 〔감탄 서술 종지형(感歎敍述終止形).〕☞-거고나 ¶ᄋᆞ자 내 黃毛試筆 墨을 뭇쳐 窓 밧긔 디거고 이제 도라가면 어들 법 잇거마ᄂᆞᆫ 댁디글 구우러 ᄯᅩᆨ 나려지거고(古時調. ᄋᆞ자 나 쓰던. 青丘). 양반도 ᄒᆞᆯ 일 업ᄂᆡ 동녕도 ᄒᆞ시거고(萬言詞).

-거고나 어미 -었구나. ☞-거고 ¶白龍의 구븨갓치 굼틀 뒤틀어져 굴음 속에 들거고나(古時調. 金壽長. 이 시름. 海謠). 어와 닉일이야 가련이도 되거고나(萬言詞). 미친 ᄉᆞ룸 되거고나(萬言詞).

거관ᄒᆞ다 동 거관(居官)하다. 벼슬살이를 하다. ¶션븨의 거관ᄒᆞ매 충셩으로 웃듬을 삼ᄂᆞ니(敬信19). 미양 쇼승다려 거관ᄒᆞᆯ 곳을 엇고져 ᄒᆞ더이다(引鳳簫2).

-거괴야 어미 -었구나. ¶어듸셔 急ᄒᆞᆫ 비 ᄒᆞᆫ 줄기에 出塵行裝을 씻거괴야(古時調. 申靖夏. 벼슬이. 青丘).

거귀다 동 구기다. ☞구긔다 ¶거귀여 드리치고 나 몰래라 ᄒᆞ고라쟈(古時調. 世事ㅣ 삼ᄲᅢ울이라. 青丘).

거·긔 명 것에. 곳에. ¶더러ᄫᅳᆫ 거긔 微妙ᄒᆞᆫ 이ᄅᆞᆯ(釋譜13:33). 저프디 아니ᄒᆞᆫ 거긔 저픈 ᄆᆞᅀᆞᄆᆞᆯ 내며 嗔心 업슨 거긔 모딘 ᄆᆞᅀᆞᄆᆞᆯ 내ᄂᆞ니(月釋7:48). ᄒᆞ나 아니ᄒᆞᆫ 거긔 둘 아닌 고ᄃᆞᆯ 볼길씨(月釋8:30). 紺ᄋᆞᆫ ᄀᆞ장 프른 거긔 블근 겨치 잇ᄂᆞᆫ 비치라(月釋10:52). 艱難ᄒᆞᆫ 거긔 내 아ᄃᆞ리 어믜 바ᄇᆞᆯ 앗ᄂᆞ니:貧之不能供給子奪母膳(三綱. 孝12). 늘거 셴 거긔 ᄒᆞ마 빗나도다:衰白已光輝(初杜解22:9).

거·긔 대 거기. 그 곳에. ¶거긔 와 ᄉᆞᆯ피거늘:那裏巡警(飜老上29). 거긔 가 도라오디 아니ᄒᆞ면:往而不返則(飜小8:24). 거긔 슈고와 폐ᄂᆞᆫ 비ᄒᆞᆯ 꺼시 업ᄉᆞ오니(重新語6:3). 거긔 가ᄋᆞᆸ셔 茶ᄅᆞᆯ 자ᄋᆞᆸ시고 잠간 쉬여 가ᄋᆞᆸ시면(重新語6:7).

-거·긔 조 -게. -에게. ¶아ᄆᆞ거긔도 제 무례 위두ᄒᆞᆫ 거슬 王이라 ᄒᆞᄂᆞ니라(月釋1:24). 迦尸王이 네거긔 感ᄒᆞ게 ᄒᆞ라 ᄒᆞ고(月釋7:15). 如來ㅅ거긔 머리 갓가(月釋9:35中). 부텻거긔 化ᄒᆞ시던 이ᄅᆞᆯ 드러 니ᄅᆞ시고(月釋14:9). 그딋거긔 블곤 義ᄅᆞᆯ 져ᄇᆞ료니(初杜解7:28). 儒術ㅣ 내거긔 므슴 됴ᄒᆞᆫ 이리 이시리오:儒術於我何有哉(杜解15:38). 모딘 져믄 사ᄅᆞᄆᆡ거긔 말ᄉᆞᄆᆞᆯ 브티노니(杜解16:73). 이ᄂᆞᆫ 眞實로 모딘 새거긔 안덕ᄒᆞᆫ 거시니(杜解17:8). 일 나랏 비츨 보ᄂᆞᆫ 소ᄂᆡ거긔 光數 ᄒᆡ요라(杜解19:1). 우리 네거긔 만히 해자ᄒᆡ와라:我多多的定害你(飜老下72). 내거긔 충이 넘거든(宣小2:63). ᄒᆡ마다 질드른 ᄆᆡ아지 ᄀᆞ얫ᄆᆞᆯ거긔 위두ᄒᆞ도다:每歲攻駒冠邊鄙(重杜解17:25).

-거·나 어미 ①-거나. ¶(世)間애 겨시거나(釋譜23:3). 그리ᅀᆞᆸ거나 ᄆᆡᇰᄀᆞᅀᆞᆸ거나 ᄒᆞᆯ 씨

라(月釋2:66). 구즌 相ᄋᆞᆯ 보거나 妖怪ᄅᆞᄫᅵᆫ 새 오거나(月釋9:43). 젹거나 어둔 거시 이시면(法華4:38). 시혹 尊前에 잇거나(宣賜內訓1:2). ᄡᅡ흘 주거나 치홍ᄒᆞ미 다 이라(敬信80).

②-고도. ¶넙거나 너븐 天下 엇ᄯᅵᄒᆞ야 젹닷 말고(松江. 關東別曲).

-거냐 어미 -ㅆ느냐. ¶국이 네 손ᄋᆞᆯ 데거냐 ᄒᆞ니:羹爛汝手乎(宣小6:102). 네 져그나 됴커냐:伱好些箇麼(老解下37).

거네 부 건너. ¶臣民 江 거네 지어 至善所히 미야 두고(古時調. 大學山. 海謠).

-거·녀 어미 -냐. ☞-녀 ¶能히 韋郞으로 히여 자최ᄅᆞᆯ ᄯᅩ 踈히케 ᄒᆞ거녀:能使韋郞迹也踈(初杜解21:25).

거녀내다 동 건져내다. ¶제 오라비 거녀내니라:其兄援出(東續三綱. 烈10 梁氏抱棺).

거년 명 거년(去年). 지난해. 작년. ¶去年에 븕든 ᄭᅩᆺ츨(古時調. 歌曲). 창뫼 거년의 ᄉᆞ족 녀지 아름다온 줄 보고(落泉1:2).

-거·뇨 어미 -으냐. -느냐. -하느냐. ¶어듸ᅀᅡ 됴ᄒᆞᆫ ᄯᅡ리 양ᄌᆞ ᄀᆞᄌᆞ니 잇거뇨(釋譜6:13). 엇던 젼ᄎᆞ로 일후믈 極樂이라 ᄒᆞ거뇨:何故名爲極樂(阿彌6). 엇뎨 그 義와 마ᄉᆞᆯ 다오미 이 ᄀᆞᆮ거뇨:何盡其義味如此也(圓覺序11). 迷惑ᄒᆞ야 보디 몯거뇨:迷惑不見(圓覺序41). 賢人이 업거뇨 ᄒᆞ니(宣賜內訓1:68). 서르 보니 몃 디위ᄅᆞᆯ 새롭거뇨:相見幾回新(杜解11:2). 胡虜ᄂᆞᆫ 엇뎨 일즉 盛ᄒᆞ거뇨:胡虜何曾盛(初杜解25:25). 언멋 술을 먹거뇨:喫了多少酒(老解下35). 긔운 엇더ᄒᆞ오시거뇨 아ᅀᆸ고져 ᄇᆞ라오며(諺簡51 肅宗諺簡).

거·느·니·다 동 거느리다. ☞거느리다 ¶거느닐 통:統. 거느닐 어:御(訓蒙下32).

거·느·리·다 동 ①건지다. 구제하다. ¶도로 人間애 나아 輪王이 ᄃᆞ외야 四天下ᄅᆞᆯ 거느려 威嚴과 德괘 自在ᄒᆞ야(釋譜9:19). 天下를 거느렛더시니(釋譜13:30). 어느 ᄉᆞᅀᅵ예 ᄂᆞᄆᆞᆯ 거느리리오 (宣賜內訓3:40). 時世 거느릴 지조ᄅᆞᆯ 기들워 ᄡᅮᆯ디니라:須濟世才(初杜解21:7). 거느릴 졔:濟(訓蒙下32).

②거느리다. ☞거느니다. 거늘이다. 거ᄂᆞ리다 ¶領은 거느릴 씨라(月釋1:13). 帥ᄂᆞᆫ 爲頭ᄒᆞ야 거느릴 씨라(楞解6:92). 貪ᄒᆞᆫ 迷惑을 거느리고져 ᄒᆞ시니라:率彼貪迷(法華4:154). 남지니 어디디 몯ᄒᆞ면 겨지블 거느리디 몯ᄒᆞ고:夫不賢則無以御婦(宣賜內訓2上5). 거느릴 부:部(訓蒙中7). 그 아ᄋᆞ와 믿 족하 마으나믄 사ᄅᆞᆷ 거느려:率其弟及姪四十餘人(東新續三綱. 孝8:65). 집이 부요커든 친척을 거느리며 흉년이어든 니웃ᄉᆞᆯ 진졔ᄒᆞ며(敬信9).

거느리츌 동 건질〔濟〕. 구제할. ㉮거느리치다 ¶엇뎨 時節 거느리츌 謀策이 업스리오마ᄅᆞᆫ:豈無濟時策(初杜解3:58).

거느리츔 동 건짐. 구제함. ㉮거느리치다 ¶乾坤을 고텨 時世ㅣ 거느리츄믈 ᄆᆞᆺ도다:整頓乾坤濟時了(重杜解4:17).

거·느리·치·다 동 건져내다. 구제(救濟)하다. ☞거늘이치다 ¶엇뎨 時節 거느리츌 謀策이 업스리오마ᄅᆞᆫ:豈無濟時策(初杜解3:58). 世ᄅᆞᆯ 거느리츄멘:濟世(初杜解20:38). 어려운 제 時節 거느리칠 지조ᄅᆞᆯ 기피 依仗ᄒᆞᄂᆞᆺ다:艱危深仗濟時才(杜解23:31). 믄득 다시 주어 거느리치더라:輒復賑給(飜小9:23). 사ᄅᆞᆷᄋᆡ게 반ᄃᆞ시 거느리칠 배 이시리라:於人必有所濟(宣小5:58). 乾坤을 고텨 時世ㅣ 거느리츄믈 ᄆᆞᆺ도다:整頓乾坤濟時了(重杜解4:17).

-거·늘 어미 ①-매. -으매. -므로. -으므로. ☞-거놀 ¶ᄀᆞᄅᆞᄆᆡ ᄇᆡ 업거늘:河無舟矣. 바ᄅᆞ래 ᄇᆡ 업거늘:海無舟矣(龍歌20章). ᄡᅡ해 ᄇᆞᄃᆞ텨 수미 업거늘(釋譜23:21). 고지 소사나거늘…사아지라 ᄒᆞ신대(月釋1:10). ᄧᅩ차오거늘 내 아기 낟노라 ᄒᆞ야 두ᅀᅥ 번 브르거늘 몯 여러놀(月釋10:25). 雪山 北에 가니 ᄯᅡ히 훤ᄒᆞ고 됴ᄒᆞᆫ 고지 하거늘 그에셔 사니(月釋2:7).

②-는데. -나. -에도 불구하고. ¶ᄂᆞᄆᆞᆫ ᄠᅳ디 다ᄅᆞ거늘 님그믈 救ᄒᆞ시고:他則意異我救厥辟. 앗ᄋᆞᆫ ᄠᅳ디 다ᄅᆞ거늘 나라해 도라오시고:弟則意異我還厥國(龍歌24章). 말이ᅀᆞᆸ거늘 가샤 갌ᄀᆞᅀᅢ 軍馬 두시고:止之亦進路畔留兵(龍歌58章). 다 근본 갑픔을 알거늘 이제 士大夫의 집이 만히 이ᄅᆞᆯ 므던이 너겨(宣小5:40). 사ᄅᆞᆷ이 다 兄弟를 둣거늘 내 홀로 업도다:人皆有兄弟我獨無(宣論3:21 顏淵).

-거·늘·ᅀᅡ 어미 -거늘. 〔'-ᅀᅡ'는 강세조사(强勢助辭).〕 ☞-거놀ᅀᅡ. -ᅀᅡ ¶아래 네 어미 나ᄅᆞᆯ 여희여 시름으로 사니거늘ᅀᅡ 오ᄂᆞᆯ 네 어미 너를 여희여 눉믈로 사니ᄂᆞ니라(月釋8:86).

거·늘·이·다 동 거느리다. ¶거늘인 밧 일이 한디라:所領事多(宣小6:42).

거·늘이·치·다 동 건져내다. 구제(救濟)하다. ☞거느리치다 ¶가난ᄒᆞᆫ 이를 거늘이치며:濟貧(宣小6:113).

-거·니 어미 ①-니. -으니. -할 것인가. ☞-건이 ¶功德을 國人도 ᄉᆞᆲ거니 漢人 ᄆᆞᅀᆞ미 엇더ᄒᆞ리잇고:維彼功勳東人稱美矧伊漢民(龍歌72章). 시름이 업거니 저픈 ᄠᅳ디 어느 이시리잇고(月印上45). 그에 精舍ㅣ 업거니 어드리 가료(釋譜6:22). 十方世界예 二乘도 업거니 ᄒᆞᄆᆞᆯ며 세히 이시리여(釋譜

13:56). 도니 업거니 어듸 가 사리오(初杜解7:7). 王京의셔 ᄠᅥ나거니…엇디 앗가ᅀᅡ 예 오뇨(飜老上1). ᄒᆞ마 이러ᄒᆞ거니… 쥭 ᄡᅮ워 주ᄃᆡ 엇더ᄒᆞ뇨(飜老上55).

②-느냐. ¶어즈버 이 江山 風月을 눌을 주고 니거니(古時調. 金光煜. 黃河水. 瓶歌). 千里馬 絶代佳人을 누를 쥬고 니거니(古時調. 부헙코. 靑丘).

③-매(-으매). -며(-으며). ¶길 잡ᄉᆞᆸ거니 미조ᄍᆞᆸ거니 ᄒᆞ야(釋譜11:13). 하ᄂᆞᆯ콰 ᄡᅡ쾌 爲ᄒᆞ야 오래 ᄂᆞᆺ갑거니 놉거니 ᄒᆞ니라(初杜解16:47). 서ᄅᆞ 니ᄅᆞ거니 ᄃᆡ답거니 날을 저물ᄋᆞᆯ ᄲᅮᆫ으로ᄂᆞᆫ 公用은 되디 아니코(重新語4:29).

거니다 동 건지다. 구제하다. ☞거리다 ¶거닐 졔:濟(光千24). 스스로 심 가온대 ᄡᅡ뎐 더니 거녀셔 이ᄐᆞᆫ날 다시 사라셔:自投井中拯出翌日乃甦(東新續三綱. 烈1:68).

-거·니·라 어미 -느니라. ☞-어니라 ¶더른 다미 ᄒᆞ다가 이시면 衰殘ᄒᆞᆫ 프를 므던히 너겻거니라(初杜解8:42).

-·거니·ᄯᆞᆫ 어미 -으니. ¶ᄒᆞ다가 아로미 업ᄉᆞᇙ던댄 ᄆᆞᄎᆞ매 草木 ᄀᆞᆮ거니ᄯᆞᆫ(楞解3:41).

-거니오 어미 -었겠는고. -겠는고. ¶곧 바ᄅᆞᄅᆞᆯ 기우리 혀리라 너기거니오:輒擬偃溟渤(重杜解2:33). 므스그라 湘水ㅅ ᄀᆞ애 와 비를 ᄆᆡ엿거니오:胡然泊湘岸(重杜解2:51).

-·거니·와 어미 -거니와. ☞-어니와 ¶後生애 머즌 몸 ᄃᆞ외야 살락주그락ᄒᆞ야 그지업시 受苦ᄒᆞ거니와 부텨는 죽사리 업스실ᄊᆡ(月釋2:16). 녀느 이른 쉽거니와(宣賜內訓2上16). 하ᄂᆞᆳ ᄠᅳ든 노파 묻디 어렵거니와 사ᄅᆞᄆᆡ ᄠᅳ든 늘그니 쉬이 슬프도다:天意高難問人情老易悲(初杜解23:9). 그ᄂᆞᆫ 그러도 ᄒᆞ거니와 書契ᄂᆞᆫ 내 친히 보고 자ᄂᆡ네 姓名을 아라(重新語1:22). 네 명이 엇더ᄒᆞᆯ지 아지 못ᄒᆞ거니와 곳 명이 영화롭고 나타나믈 당ᄒᆞᆯ지라도(敬信32).

거ᄂᆞ리다 동 거느리다. ☞거느리다 ¶아ᄎᆞᆷ 나죄로 아ᄃᆞᆯ 거ᄂᆞ리고:朝夕率子(東新續三綱. 烈2:85). 거ᄂᆞ릴 솔:率(倭解下33). ᄢᅦ구름 거ᄂᆞ리고 눈조차 모라오니(松江. 星山別曲). ᄆᆞᆯ ᄐᆞᆫ 이를 거ᄂᆞ리고(三譯2:10). 거ᄂᆞ리다:率領(同文解下59). 거ᄂᆞ려 와셔 쳐 내더라(癸丑210). 다 모하 거ᄂᆞ려 細樂을 前導ᄒᆞ고(古時調. 長安 大道. 靑丘). 거ᄂᆞ릴 어:御(註千35). 거느릴 령:領(註千41). 북방 비텬 신왕을 쳐뎡ᄒᆞ야 신병을 거ᄂᆞ려 텬하의 순ᄒᆡᆼᄒᆞ야(敬信19).

-거·ᄂᆞᆯ 어미 ①-거늘. -매. -으매. ☞-거늘 ¶구루미 虛空으로 디나가거ᄂᆞᆯ 그 가온ᄃᆡ 瑞祥이 겨시더니(月釋2:51). 圓覺ᄋᆡ 性은 寂과 照와 둘흘 뮈우거ᄂᆞᆯ(楞解10:66). ᄯᅩ 새두어 열히 ᄂᆞ라 그 집의 들거ᄂᆞᆯ(宣小6:22). 中心에 違홈이 잇거ᄂᆞᆯ:中心有違(詩解2:15). 니ᄅᆞ거ᄂᆞᆯ 듣노니:聞道(重杜解2:2). 후쳐를 내티고져 ᄒᆞ거ᄂᆞᆯ:欲遣後妻(五倫1:2). 술 빗ᄂᆞᆫ 법을 다 ᄀᆞᄅᆞ치거ᄂᆞᆯ:井示以漬酒法(五倫1:37). 이바 편메곡들아 듬보기 가거ᄂᆞᆯ 본다(古時調. 靑丘). 과연 ᄒᆞᆫ 지어미 슬피 울며 니르거ᄂᆞᆯ 원지 그 연고를 무로니(敬信16).

②-는데. ☞-거늘 ¶더우면 곳 픠고 치우면 닙 디거ᄂᆞᆯ 솔아 너ᄂᆞᆫ 엇디 눈서리를 모ᄅᆞᄂᆞᆫ다(古時調. 尹善道. 孤遺).

※-거ᄂᆞᆯ>-거늘

-거·ᄂᆞᆯ·ᅀᅡ 어미 -하거늘〔'-ᅀᅡ'는 강세조사(强勢助辭).〕☞-거늘ᅀᅡ ¶주그며 사로ᄆᆞᆯ 아디 몯거ᄂᆞᆯᅀᅡ ᄒᆞᄆᆞᆯ며 길히 기루메 엇데ᄒᆞ리오(初杜解8:29).

-거·다 어미 -도다. -었다. ¶셜블써 衆生ᄋᆡ 福이 다ᄋᆞ거다 ᄒᆞ시고(釋譜23:28). 더 둥아 닐웨 ᄒᆞ마 다ᄃᆞᆮ거다(釋譜24:15). ᄒᆞ다가 ᄒᆞᆫ 터럭글매나 이시면 門外예 잇거다:若有一毫末且居門外(蒙法12). 마자 분별 업거다:適然無慮(永嘉下107). 새벼리 놉거다:明星高了(飜老上58). ᄠᅳ디 져기 順ᄒᆞ니 구짓디 마로미 幸커다(法華1:15). 이 고기 닉거다:這肉熟了(老解上20). 이 고기 다 ᄉᆞᆯ마 닉거다:這肉都煮熟了(老解下32). 오ᄂᆞᆯ도 다 새거다 호믜 메오 가쟈ᄉᆞ라(古時調. 鄭澈. 松江). 간밤의 부던 ᄇᆞᄅᆞᆷ에 滿庭桃花ㅣ 다 지거다(古時調. 鄭敏僑. 靑丘). 간밤에 우던 여흘 슬피 우러 지ᄂᆡ거다(古時調. 元昊. 靑丘). 무식지인 면ᄒᆞ거다(萬言詞). ᄒᆞᆫ 번 일을 그릇ᄒᆞ고 불충불효 다 되거다(萬言詞). 老松亭 녯 집터의 大賢이 나시거다(陶山別曲).

거·더ᄇᆞ·리·다 동 걷어 버리다. ¶금빈혀로 눈ᄌᆞᅀᆞ애 ᄀᆞ리씐 거슬 거더ᄇᆞ리면:金篦刮眼膜(初杜解9:19).

거덜다 동 거들다. ¶일홈 거더ᄂᆞᆫ 사ᄅᆞᆷ은 몸의 ᄯᅳᆷ이 흐ᄅᆞ고(癸丑143).

거·도·다 동 거두다. ☞거두다 ¶婢 時急히 거도더니:婢遽收之(宣賜內訓1:18). 天地ㅅ ᄭᅴ 謝ᄒᆞ노니 그저 원컨대 잘 거도게 ᄒᆞ쇼셔:謝天地只願的好收着(朴解中13).

거·도:불·다 동 거두어 불다. ☞거두불다 ¶노ᄑᆞᆫ ᄇᆞᄅᆞᄆᆞᆫ 旆旌을 거도부놋다:高風卷旆旌(初杜解23:1).

:거:동 명 거동(擧動). ¶이 太子ᄋᆡ 擧動이 천천ᄒᆞ고 글도 잘ᄒᆞ며(釋譜24:49). 양ᄌᆞ 擧動이 크시고 圓滿ᄒᆞ시고 端正ᄒᆞ시고 고ᄃᆞ샤미 第十八이시고(法華2:13). 威儀ᄂᆞᆫ 거동이 싁싁ᄒᆞ고 法 바담직ᄒᆞᆯ 시라(宣賜內訓2上5). 말ᄉᆞᆷ과 거동이 가ᄇᆡ야오며 므거

우며:辭命容止輕重(飜小8:14). 두르힐훠 거동ᄒᆞ기와(飜小9:13). 거동 의:儀(訓蒙下26. 石千15). 거동 의:儀(類合下23. 倭解上19). 내 얼굴 이 거동이 님 괴얌 즉ᄒᆞ냐마ᄂᆞᆫ(松江. 續美人曲). 반ᄃᆞ시 그 거동 소릐ᄅᆞᆯ 드롬이 이시며(宣小2:27). 닐뮈기며 禮義예며 거동에 법이 인ᄂᆞ니:有動作禮義威儀之則(宣小4:50). 酒氣 一切 업ᄉᆞ오니 술과 거동이 ᄌᆞᆫᄌᆞ와이다(重新語3:21). 인슌길을 시작ᄒᆞ야 ᄒᆞᄂᆞᆫ 배 업고 밀믜여 가ᄂᆞᆫ 거동(敬信33). ᄇᆡᆨ셩들의 간난을 셜워ᄒᆞᄂᆞᆫ 거동이라(綸音88). 마란은 남복을 ᄒᆞ야 촌민의 거동으로 삿갓슬 쓰고(落泉1:1).

거·두·다 [동] 거두다. ☞거도다 ¶짐 거두ᄂᆞᆫ 거시라(月釋序24). 다 ᅘᅧ 거두워(月釋9:19). 機를 거두샤미 넙디 몯호ᄆᆞᆯ 브트실시:收機未普(圓覺上一之二74). 한 法의 두려이 업스며 두려이 거두믈 對ᄒᆞ샤:對諸法圓泯圓收(圓覺上二之二52). 긴 수프레 안개 거두미 ᄀᆞ죽ᄒᆞ도다:長林卷霧齊(初杜解15:17). 뎐회 거두디 몯ᄒᆞ니:田禾不收的(飜老上53). 거둘 ᄉᆡᆨ:穡(訓蒙下5). 거둘 슈:收(訓蒙下5. 類合下26. 石千2). 거둘 렴:歛(訓蒙下21. 類合下26). 거둘 괄:括(訓蒙下23). 머리털 거두기를 드리디우게 말며:歛髮毋髢(宣小3:10). 보리 거두다가 버믜게 자핀 배 되거ᄂᆞᆯ:收麥爲虎所攬(東新續三綱. 孝2:45). 흰 ᄲᅧᄅᆞᆯ 거두어 뫼화 하ᄂᆞᆯ애 고ᄒᆞ고:收合白骨告天(東新續三綱. 孝3:41). 거두다:收了(同文解上30). 거둘 슈:收(倭解下3. 註千2). 거둘 슉:叔(註千15). 거둘 츄:聚(註千21). 거둘 진:振(註千22). 거둘 셰:稅(註千28). 북녁 몽고ᄅᆞᆯ 거두고(三譯3:6). 이제 악인을 거두어 ᄲᅧ 겁운을 차일시(敬信13).

거·두들·다 [동] 걷어들다. 추어 올리다. ¶摳衣ᄂᆞᆫ 옷 거두들 씨라(永嘉序13). 오ᄉᆞᆯ 거두드러 춘 비ᄅᆞᆯ ᄇᆞᆲᄂᆞ다:褰裳踏寒雨(杜解9:9). 오ᄉᆞᆯ 거두드러:褰裳(初杜解15:35). 거두들 구:摳. 거두들 건:㨴(訓蒙下19). 옷기슭을 거두들어 堂의 오ᄅᆞ실시:攝齊升堂(宣小2:39). 더워도 치마 거두드니 말올디니라:暑毋褰裳(宣小3:10).

거두불·다 [동] 거두어 불다. ☞거도불다 ¶ᄡᅡ흘 거두부ᄂᆞᆫ ᄇᆞᄅᆞᄆᆞᆯ(金三3:31). 朔風이 거두부러 ᄢᅦ구름 거ᄂᆞ리고(松江. 星山別曲).

거:두·ᄡᅳᆯ·다 [동] 거두어 쓸다. ¶거두ᄡᅳᆯ 보:拶. 거두ᄡᅳᆯ 로:攎(訓蒙下23).

거·두·움 [동] 거둠. ㉮거두다 ¶法華ᄂᆞᆫ ᄀᆞᄉᆞᆯ 거두우미오 涅槃ᄋᆞᆫ 주수미라(楞解1:19).

거·두잡·다 [동] 걷어 잡다. 거두어 잡다. 〔'거두'+'잡다'의 복합어(複合語).〕 ¶衆生ᄋᆞᆯ 다 비취샤 거두자바 ᄇᆞ리디 아니ᄒᆞ시ᄂᆞ니(月釋8:27). 衆生ᄋᆞᆯ 거두자ᄇᆞ시ᄂᆞ니(月釋8:28). 攝花ᄂᆞᆫ 거두자바 敎化ᄒᆞ실 씨라(月釋8:99). 얼굴와 ᄆᆞᅀᆞᆷ과ᄅᆞᆯ 거두자바 寂靜호미 安이오(月釋21:4). 옷ᄉᆞᆯ 거두잡아 모ᄒᆞ로 낫ᄃᆞ라:摳衣趨隅(宣小3:11). 스ᄉᆞ로 거두잡으면:自儉束(宣小5:87). 마ᄋᆞᆷ을 거두잡아(三略上1).

거·두주·이·다 [동] 죄어들다. 오그라들다. ☞거두쥐다 ¶손바리 거두주여:手足拘攣(救簡1:38).

거·두:쥐·다 [동] 죄어들다. 오그라들다. ☞거두주이다 ¶우흐로 거두쥐디 아니ᄒᆞ며(月釋17:52). ᄯᅩ 거두쥐디 아니ᄒᆞ며:亦不褰縮(法華6:13). 입시우리 듣거우며 거두쥐며 이저디디 아니ᄒᆞ야:脣不厚褰缺(法華6:18). 큰 하ᄂᆞᆯ히 德澤을 ᄂᆞ리오니 ᄆᆞᆯ라 거두쥔 거시 사ᄅᆞᆯ ᄠᅳ디 잇도다:皇天德澤降燋卷有生意(重杜解12:17).

거두추다 [동] 거두어 추스르다. ¶옷 거두추다:撩衣(同文解上57). ᄀᆞᆺ바 몸 거두추지 못ᄒᆞ다:乏透身軟(漢淸7:38).

거두치다 [동] 걷어치우다. ☞거두티다 ¶서리와 바람이 ᄀᆞ을 닙을 거두치고 화로블이 기력의 털 ᄉᆞᆯ오기 ᄀᆞᆺ거ᄂᆞᆯ(山城143). 니영이 다 거두치니(古時調. 許珽. 靑丘). 거두치ᄂᆞᆫ ᄇᆞ람:倒捲風(漢淸1:16).

거두티다 [동] 걷어치우다. ☞거두치다 ¶ᄇᆞᄅᆞ미 닉 거두티ᄃᆞᆺ ᄒᆞ고(龜鑑上24). 믄득 거믄 ᄂᆞᆼ이 두어 길이나 ᄒᆞ야 ᄇᆞᄅᆞᆷ과 번게ᄅᆞᆯ 내고 남글 것ᄭᅥ며 집을 거두티더니(太平1:57). ᄇᆞ람이 거두텨 ᄠᅥ러디ᄂᆞᆫ 곳치 근심ᄒᆞᄂᆞᆫ도다(女範4. 녈녀 셔군보쳐).

거·두혀·다 [동] 걷어 당기다. 〔'거두(捲)'+'혀다〈引〉'의 복합어.〕 ¶헌ᄃᆡ로 ᄇᆞᄅᆞᆷ 드러 거두혀며 뷔트리혀미 이시락업스락ᄒᆞ거든:破損傷風搐搦潮作(救簡1:7).

-거드란 [어미] -거들랑. -거들랑은. ¶草堂에 곳지 픠거드란 나도 자네를 請ᄒᆞ옴세(古時調. 金堉. 자네 집에. 靑丘). ᄀᆡ ᄉᆞ옵시 웨ᄂᆞᆫ 匠事 가거드란 찬찬 동혀 ᄂᆡ야 쥬리라(古時調. 바독이. 靑丘). 듯다가 다 닉어지거드란 님 계신 ᄃᆡ 보ᄂᆡ리라(古時調. 져 건너 太白山 밋틔. 靑丘).

-거·든 [어미] ①-거든. ¶沙鉢애셔 고텨 마초거든(宣賜內訓1:3). ᄇᆡ 골ᄑᆞ거든 밥 먹고(南明上10). 이 ᄀᆞᆺᄐᆞᆫ 재 잇거든(敬信19). ②-매. -므로. -지라. -는데. ☞-어든 ¶商德이 衰ᄒᆞ거든 天下ᄅᆞᆯ 맛ᄃᆞ시릴ᄊᆡ:商德之衰將受九圍(龍歌6章). 疑心ᄃᆞ빈 고디 잇거든 모로매 너비 무루ᄆᆞᆯ 브터(月釋序20). ③-에도 불구하고. ¶佛子ㅣ 忍辱力에 住ᄒᆞ야 增上慢ᄒᆞᆫ 사ᄅᆞ미 구지즈며 티거든 다 ᄎᆞ마 佛道 求ᄒᆞᄂᆞᆫ 양도 보며(釋譜13:22).

-거·든·사 어미 -거든. 〔'-사'는 강세조사(强勢助辭).〕 ¶고마ᄋᆡ 나흔 子息을 네 이대 길어 ᄌᆞ라거든사 네 다ᄅᆞᆫ 남진 어르라(三綱. 烈26).

거들다 동 ①거들다. ¶다 거드디 못ᄒᆞ며(閑中錄90). 다시 거들 거시 어이 이시리오(閑中錄586).
②쳐들다. ¶하ᄂᆞᆯ을 거들어 강잉ᄒᆞ야 말ᄒᆞᄂᆞ뇨(山城61).

거·듧 부 거듭. ☞거듧 ¶엿 홉이 ᄃᆞ외어든 머고ᄃᆡ 거듧 머그라:六合飮之至再服(救簡2:5). 거듧 신:申(類合下20). 거듧:重重(同文解下52). 거듧 무로니(三譯7:18). 거듧:重(漢淸11:47).

거듧거듧ᄒᆞ다 동 거듭하다. ¶모슈와 칙을 싸기를 거듧거듧ᄒᆞ면(女四解3:6).

거디다 동 걸치다. ¶ᄒᆡ 山에 거디다:日頭壓山(譯解上1).

-거디라 어미 -고 싶어라. ☞-지라 ¶우흐로셔 니거디라 ᄒᆞ오시니(癸丑29).

-거·돈 어미 -거든. -매. -므로. -는데. ☞-거든 ¶緣故ㅣ 업거ᄃᆞᆫ(宣賜內訓1:53). 서르 崇尙ᄒᆞ거ᄃᆞᆫ(宣賜內訓2下57). 머리 ᄂᆞ촐 對ᄒᆞ야 오거ᄃᆞᆫ 이ᄢᅴ 서르 아디 몯ᄒᆞ노라 니ᄅᆞ디 말라(金三3:27). 만일 이믜 자셔 겨시거ᄃᆞᆫ 믈러오고:若已食則退(宣小2:4). 부뫼 장촛 죽게 되엿거ᄃᆞᆫ(東新續三綱. 孝8:78). 이제 반 ᄃᆞᆯ에 다ᄃᆞ라쎠ᄃᆞᆫ(老解上1).

:거·돌·다 동 걸어 달다. ¶씌거리 ᄒᆞ야 거ᄃᆞᆫ 씌예:鉤子繫腰(飜朴上27).

거듧 부 거듭. ☞거듧 ¶증 두 번을 거듧 텨ᄃᆞᆫ:連鳴金二聲(練兵8). 널비 젼포ᄒᆞ여 무궁ᄒᆞ고 거듧 삭여 석지 아니게 ᄒᆞᄂᆞᆫ 쟈ᄂᆞᆫ(敬信序1).

거듧거듧 부 거듭거듭. ¶이리 거듧거듧 비니(蒙老3:21).

-거·라 어미 ①-거라. ☞-어라 ¶이제 또 너를 여희오 더욱 우니노니 어셔 도라니거라(月釋8:101). 뎌 즁아 게 잇거라 너 가ᄂᆞᆫᄃᆡ 무러 보쟈(古時調. 鄭澈. 믈 아래 그림재. 松江).
②-어라. ¶가마귀 검거라 말고 ᄒᆡ오라비 셀 줄 어이(古時調. 靑丘).

거러가다 동 걸어가다. ¶거러가다:步行走(同文解上26).

거러안ㅅ다 동 걸터앉다. 걸앉다. ☞거러앉다 ¶거러안ㅅ다:踞坐(同文解上26).

거러앉다 동 걸터앉다. 걸앉다. ☞거러안ㅅ다 ¶거러안즐 거:距(倭解上31). 거러안질 거:踞(兒學下4).

거러치 명 가라치. 하인(下人). ¶거러치 예:隸 俗呼皀隸又曰牢子(訓蒙中1).

거·려:내·다 동 ①구원하다. 구제하다. ☞거리다 ¶拯은 거려낼 씨오(月釋序9).
②거르다〔漉〕. ¶ᄒᆡᆫ 출조ᄡᆞᆯ밥 반 되를 글힌 므레 ᄌᆞ마 둣다가 거려내야 츩불휘 ᄆᆞᆯ외야:漉出(救簡1:12).

거려ᄒᆞ다 동 거려(居廬)하다. 상제가 된 사람이 여막(廬幕)에서 지내다. ¶세 ᄒᆡ 거려ᄒᆞ니라:居廬三載(東新續三綱. 孝1:20).

거록ᄒᆞ다 형 거룩하다. ¶神通이 거록ᄒᆞᆯᄲᅮᆫ 大鬧天宮ᄒᆞ고(古時調. 花果山. 海謠). 대비의 념불 공뷔 하 거록ᄒᆞ시매 극낙국의 가나시미로소이다:皇后業高神生彼國(普勸文15). 화과산 슈렴동 즁에 쳔 년 무근 잔나뷔 나셔 신통이 거록ᄒᆞ야 용궁에 작난ᄒᆞ고(古時調. 詩歌).

거르기 부 매우. 거창하게. 대단히. 뜻밖에. ☞거륵이. 거ᄅᆞ기 ¶믄득 거르기 열ᄒᆞ니라:卒暴壯熱(痘要上11). 어와어와 거르기 머흔ᄃᆡ(新語1:10). 또 大坂의 城도 거르기 쟝만ᄒᆞ엿ᄉᆞ오니(新語8:10). 거르기 우소온 일이ᄋᆞᆸ도쇠(新語9:21). 두역 돗기를 거르기 만히 ᄒᆞ야:痘出太多(痘瘡方22). 그대도록 거르기 니ᄅᆞ지 아니셔도(重新語1:8).

거르·다 동 거르다〔濾〕. ¶소오매 걸어 즈싀 앗고:鯀濾去滓(救急下10). 陶淵明의 술 거르던 頭巾이로다:陶公漉酒巾(初杜解16:22). 오직 넷 아니 걸운 수리로다:只舊醅(初杜解22:6). 팟ᄆᆡᆫ ᄒᆡᆫᄃᆡ로 ᄲᅮᆫ 즈비어나 대초 뼈 걸온 즙에나 ᄆᆞ라 대초ᄲᅵ마곰 환ᄆᆡᆼᄀᆞ라(救簡1:74). ᄒᆞᆫᄃᆡ 므로 ᄀᆞ라 걸운 즙을:同研瀾濾汁(救簡2:77). 겂위를 디허 ᄎᆞᆫ믈로 걸어 걸에ᄒᆞ야:蚯蚓杵以冷水濾過濃(救簡3:80). 거를 싀:釃(訓蒙下14). 술 거르다:閣酒(譯解上49). 거를 록:漉(倭解上47). 거르다:釃一釃(同文解上60). 酒客이 淸濁을 ᄀᆞᆯ희랴 ᄃᆞ나 ᄡᅳ나 마고 걸러(古時調. 靑丘).

거르·다 동 거르다〔隔〕. ¶ᄒᆞᄅᆞ 걸어 비븨라:間日挼之(救急下37). ᄃᆞᆯ 걸어 禫祭ᄒᆞ고 禫祭코 ᄃᆞᆫ수를 먹더니:中月而禫禫而飮醴酒(宣賜內訓1:65). 거르다:間隔出(漢淸6:51).

거르리다 동 거느리다. ☞거느리다 ¶군ᄉᆞᄂᆞᆯ 거르리고 사호ᄂᆞᆫ ᄃᆡ 가고:領軍赴戰(東新續三綱. 烈2:89).

거르뛰·다 동 걸러뛰다. ¶또 ᄒᆞ나콤 거르뛰여 드르샤ᄃᆡ(釋譜23:15). 이ᄂᆞᆫ 半超順入이오:半超ᄂᆞᆫ 半만 거르뛸 씨라(釋譜23:15). ᄀᆞᄅᆞ치샤미 ᄆᆞᄃᆡ를 넘디 아니ᄒᆞᆯ ᄲᅮᆫ 아니라 또 비호미 等을 거르뛰디 아니콰뎌 ᄒᆞ시논 젼ᄎᆡ라(月釋14:41).

거르션 명 거룻배. 거루. 소선(小船). ¶거르션:渡般(漢淸12:20).

거륵 명 거룩함. ¶거륵 위:偉(類合下17).

거륵이 부 매우. 거창하게. 대단히. 뜻밖에. ☞거르기. 거ᄅᆞ기 ¶두드럭이가 블의에 도다 브어오ᄅᆞ니 거륵이 놀라와 ᄒᆞ더니(諺簡62 仁宣王后諺簡). ᄒᆞᆫ 큰 모시 이ᄉᆞ니 프른 믈이 거륵이 흐ᄅᆞ더니(太平1:4). 발 드듸ᄂᆞᆫ 소릐 거륵이 므거워 뵈거ᄂᆞᆯ(太平1:41). 거륵이 애돌라 ᄒᆞ노라(三譯6:21). 어와어와 거륵이 머흔ᄃᆡ 아모 일 업시 건너시니(重新語1:13). 이제 믈이 거륵이 드러오니(女範4. 녈녀 초쇼뎡강).

거륵ᄒᆞ다 형 거룩하다. 대단하다. ¶거륵ᄒᆞ다:穆穆(同文解上18). 거륵ᄒᆞ다:大方(漢淸6:26). 거륵ᄒᆞᆫ 지조에 낫더라(三譯3:3). ᄌᆞ몯 거륵ᄒᆞᆫ 술을 ᄒᆞ고 나그ᄂᆡ 실음을 펴니(重新語6:6). 지물이 잇다도 ᄒᆞ려니와 셩심이 장히 거륵ᄒᆞᆫ지라(敬信序2).

거·른 명 개울은. 〔'걸'+보조사 '-은'〕 ⓚ걸 ¶ᄆᆞᆯᄀᆞᆫ 거른 ᄒᆞᆫ ᄀᆞ올해 傳流ᄒᆞᄂᆞ다:淸渠一邑傳(杜解9:40).

거·를 명 개울을. 〔'걸'+목적격조사 '-을'〕 ⓚ걸 ¶ᄀᆞᄂᆞᆫ 돌ᄒᆞ로 거를 ᄆᆡᇰᄀᆞᄂᆞ니:渠細石(杜解7:17). ᄀᆞᅀᆞᆳ 므리 堦砌에 ᄠᅳ니 흐르ᄂᆞᆫ 므리 거를 헤티ᄂᆞ다:秋水浮堦溜決渠(杜解7:31).

-거를 어미 -거늘. ☞-거늘. -거ᄂᆞᆯ ¶사ᄉᆞ미 짒대예 올아셔 奚琴을 혀거를 드로라(樂詞. 靑山別曲). 오직 감만 먹거를 ᄒᆞᄅᆞ 세 번 ᄒᆞ라(痘要下55).

거·름 명 걸음. ☞거롬 ¶부텻 거름 보ᅀᆞᄫᆞᆫ돌(月印上46). 닐굽 거르믈 거르시고(釋譜6:17). ᄒᆞᆫ 거릆 ᄉᆞᅀᅵ마다(釋譜23:52). 두어 거르메셔 너무 아니 걷다니(月釋8:93). 거름 보:步(訓蒙下27. 石千41. 倭解上29). 거름을 니어 뻐 올오ᄃᆡ:連步以上(宣小2:69). 감히 그 거름을 ᄯᆞ로디 몯ᄒᆞ며:不敢隨行(女四解2:18). 거름마다 버러지ᄅᆞᆯ 보며 불을 금ᄒᆞ야(敬信9).

거·름거·리 명 걸음걸이. ¶거름거리 더디 아니ᄒᆞ시며(月釋2:57). 거름거리 바ᄅᆞ 나ᅀᆞ샤ᄃᆡ(法華2:14). 거름거리며 ᄇᆞᆲ드듸기를:步履(飜小8:16).

거름주다 동 거름을 주다. ☞거름ᄒᆞ다 ¶무일에 밧 갈며 거름주어(敬信66).

거름ᄒᆞ다 동 거름하다. ☞거름주다 ¶밧헤 거름ᄒᆞᆯ 제 물명을 샹치 말며(敬信65).

거·리 명 거리. ¶陌ᄋᆞᆫ 져잿 가온ᄃᆡᆺ 거리라(釋譜19:2). 두 거리 ᄂᆞᆫ호니라:分二岐也(楞解9:15). 거리론 동녀긔셔 사노라:街東住(飜老上48). 거리예 박핑이 틸 아ᄒᆡᄃᆞᆯᄒᆡ:街上放空中的小廝們(飜朴上17). 거리를 ᄃᆞᆯ외디 말며:街上休游蕩(飜朴上50). 거리 구:衢. 거리 규:逵. 거리 차:岔. 거리 ᄆᆡᆨ:陌(訓蒙上6). 거리 개:街(訓蒙中8). 북녁골 거리 향ᄒᆞ야 잡황호젼 나ᄂᆞᆫ ᄃᆡ 곳 긔라:北巷裏向街開雜貨鋪兒便是(老解上44). 거리 동:洞(註千27). 거리 강:康(註千37). 거리 장:莊(註千41). 각각 제 빗ᄎᆞ로 모혀 들과 거리에 두로 ᄒᆞᆫ지라(敬信47).

거·리 명 거리. 건더기. ¶羹ㅅ거리ᄅᆞᆯ 후려 먹디 말며:毋嚃羹(宣賜內訓1:3).

-거·리 접미 -걸이. ¶씌거리:鉤子(飜朴上27). 웃거리 지으라:做上盖(朴解中54). 거울거리:鏡子架(譯解補30). 옷거리:衣架(同文解下15). 가숨거리:攀胸(漢淸5:25).

거·리·다 동 ①건지다. ☞거니다 ¶撈ᄂᆞᆫ 므레 거릴 씨오(月釋序8). 고기ᄅᆞᆯ 거리샤ᄃᆡ:漉魚(金三5:25).
②구원하다. 구제(救濟)하다. ¶어즐ᄒᆞ야 ᄆᆞᄅᆞᄂᆞᆫ 일흔 性을 거리시려:拯昏迷之失性(法華序16). 救ᄒᆞ야 거려:救濟(法華2:134). 목ᄆᆞᆯ롬 거릿고져 호ᄃᆡ:欲濟渴(法華4:91). ᄲᅡ혀 거리샤:拔濟(金三4:37).
③거르다. ¶즈싀 거려 앗고:濾去滓(救簡6:88).

거·리·다 동 갈리다. ☞가리다 ¶珊瑚ᄂᆞᆫ 바ᄅᆞᆳ 미틔 나ᄂᆞᆫ 남기니 가지 거리고 닙 업스니라(月釋8:10). 또 두 가짓 거린길히 잇ᄂᆞ니:復有二種岐路(楞解9:24). 거린 ᄃᆡ 업게:去叉(救簡6:81). 거릴 기:岐(訓蒙上6). 거릴 차:杈(訓蒙下4).

-거리다 접미 -거리다. ¶머뭇거리다:躕躇(譯解下43. 同文解上26).

거리살 명 화살의 한 가지. 촉이 갈라진 살. ¶거리살:虎爪(飜老下32. 老解下29). 거리살:兎兒叉箭(漢淸5:7).

거·리·ᄢᅵ·다 동 거리끼다. ☞거릿기다. 걸리ᄢᅵ다 ¶거리ᄢᅧ 著호ᄆᆞᆯ 더르샤미라:除去滯著者(楞解6:103). 기우루 거리ᄢᅲᆫ 고디 업스면:無所遍滯(楞解8:15). 오직 識性이 거리ᄢᅲ미 ᄃᆞ외니:唯識性爲滯(楞解9:30). 부텨 얼굴 거리ᄢᅲᆷ 겨시면:佛有形累(圓覺上二之二160). 긴 길히 ᄆᆞᅀᆞ매 거리ᄢᅧ시니:長路關心(杜解7:3). ᄌᆞ모 서르 거리ᄢᅵᄂᆞ다:頗相關(杜解10:15). 封애 미혹ᄒᆞ며 대가리예 거리ᄢᅵ리니:迷封滯殼(金三2:12). 가ᄉᆞᆷ 가온ᄃᆡ 거리ᄢᅵᆯ 겨르리 업도다:無暇介於胸中(金三5:48). 거리ᄢᅧ ᄀᆞ룜 업스니(六祖上41). 고집ᄒᆞ며 거리ᄢᅵᆫ 이 아니면:非固滯(宣小5:120). ᄢᅢᄅᆞᆯ 거리ᄢᅵ디 말고:不拘時(臘藥3).

거리춤 동 건짐. 구제(救濟)함. ㉠거리츠다 ¶時節 거리츄믈 眞實로 잘ᄒᆞ니라:濟時信良哉(杜解3:57). 두 朝ᄅᆞᆯ 거리츄믄 늘근 臣下ᄋᆡ ᄆᆞᅀᆞ미니라:兩朝開濟老臣心(杜解6:33). 時節 거리츄매 敢히 주구믈 앗기려마ᄅᆞᆫ:濟時敢愛死(杜解10:47). 時節 거리추

믈 쌜리 ᄒᆞᄂᆞ다:急濟時(杜解23:33).

거·리·츠·다 동 건지다. 구제(救濟)하다. ☞거리치다 ¶일 ᄒᆞᆫ 디 호ᄆᆞ로 거리츠실 씨라(月釋13:21). 權으로 거리츠시ᄂᆞ니라(月釋14:79). 天下ㅅ 이를 經綸ᄒᆞ야 屯難ᄒᆞᆫ 時節을 거리츨 씨라(月釋17:18). 大慈悲行이니 平等히 거리츠실 씨오(月釋18:17). ᄂᆞᄆᆡ 주굼 거리추미 업스며(法華2:28). 時節 거리츄믈 일즉 ᄀᆞ다ᄃᆞ마 잇도다:濟時曾琢磨(初杜解23:18).

거·리·치·다 동 건지다. 구제하다. ☞거리츠다 ¶布施ᄒᆞ기ᄅᆞᆯ 즐겨 艱難ᄒᆞ며 어엿븐 사ᄅᆞᄆᆞᆯ 쥐주어 거리칠씨(釋譜6:13). 주으린 사ᄅᆞᄆᆞᆯ 거리치며(月釋2:31). 時節을 時世 거리칠 ᄢᅴᄅᆞᆯ 베프고져 ᄒᆞ나:欲陳濟世策(杜解7:15). 時世ᄅᆞᆯ 거리쳐:濟時(初杜解8:53). 感激ᄒᆞ야 거리치디 몯ᄒᆞ논가 ᄉᆞ랑ᄒᆞ더라:感激懷未濟(杜解24:27). ᄀᆞ장 만히 뎌의 거리치믈 니부라:好生多得他濟(飜老下6).

거·린·길 명 갈림길. ¶또 두 가짓 거린길히 잇ᄂᆞ니:復有二種岐路(楞解9:24).

거림ᄭᅵᆯ 명 갈림길. ☞거린길. ᄀᆞ롬길 ¶거림ᄭᅵᆯ:岔路(譯解上6).

거림ᄒᆞ다 형 꺼림하다. ¶ᄆᆞᄋᆞᆷ에 거림ᄒᆞ다:過不去(譯解補59).

거·릿·기·다 동 거리끼다. ☞거리ᄢᅵ다. 걸리ᄢᅵ다 ¶듣보ᄂᆞᆫ 이레 거릿기여:膠於見聞(飜小8:42). 보며 든ᄂᆞᆫ 디 거릿기여:膠於見聞(宣小5:120).

거ᄅᆞ기 부 매우. 거창하게. ☞거르기. 거록이 ¶예 도적기 거ᄅᆞ기 드러와ᄂᆞᆯ 안시 뒤동산 디고 가온대 수멋거ᄂᆞᆯ:倭賊闌入安匿後園窖中(東新續三綱. 烈1:10). 이대도록 거ᄅᆞ기 니ᄅᆞ디 아니셔도(新語1:6).

-거ᄅᆞᆯ 어미 -거늘. ¶볽쥐 절로 니ᄅᆞ거ᄅᆞᆯ 약의 빠 뻐 나오니:蝙蝠自至和藥以進(東新續三綱. 孝2:46). 물이 ᄇᆞᆰ은더 상히 고기 업거ᄅᆞᆯ 나ᄂᆞᆫ 정결ᄒᆞ믈 됴하ᄒᆞ고(敬信29).

거ᄅᆞᆷ 명 걸음. ☞거름 ¶거ᄅᆞᆷ 보:步(類合下5. 註千41). 이 ᄆᆞᆯ도 거ᄅᆞᆷ이 됴코나:這箇馬也行的好(老解上11). 나도 ᄒᆞᆫ 빵 거ᄅᆞᆷ 비호ᄂᆞᆫ 슈신을 지어 더ᄅᆞᆯ 주리라:我也做饋他一對學行的綉鞋(朴解中48). 즉시 발을 녈ᄒᆞ야 ᄒᆞᆫ 거ᄅᆞᆷ 나아가(武藝圖1).

:거리 명 거래(去來). ¶關ᄋᆞᆫ 去來ᄅᆞᆯ 通티 아니호ᄆᆞ로(金三宗序2).

거:마 명 거마(車馬). ☞거ᄆᆞ ¶西ㅅ녀그로 征伐ᄒᆞᄂᆞᆫ 車馬ᄂᆞᆫ 羽書ㅣ 더듸도다(初杜解6:8). 願컨댄 車馬와 輕裘를 衣홈을 朋友로 더브러 ᄒᆞᆫ가지로 ᄒᆞ야(宣論1:51). 百姓이 王의 車馬의 音을 聞ᄒᆞ며(宣孟2:4). 車馬 ᄐᆞᆫ 사ᄅᆞ미 이웃지브로 들어ᄂᆞᆯ 다보존 둘엣ᄂᆞᆫ 다ᄆᆞᆯ ᄀᆞ리왓도다(重杜解9:9). 다 車馬ᄅᆞᆯ ᄐᆞ라(家禮8:9). 제왕이 거마와 기ᄅᆞ마 구레ᄅᆞᆯ 금은으로 ᄭᅮ민 거시 업고(女範1. 셩후 명덕마후). 거마ᄅᆞᆯ ᄀᆞ초와(五倫2:18). 거마ᄅᆞᆯ 조비티 아녀시니(洛城2).

거마적 명 녹채(鹿砦). 목책(木柵). ☞거머적 ¶거마적:鹿角(漢淸5:11).

거마창 명 거마창(拒馬槍). 녹채(鹿砦). ¶거마창:欄檔木 鹿角(譯解補17).

:거·만·히 부 거만(倨慢)히. ¶ᄃᆞᆫ놈ᄋᆞᆯ 거만히 말며:遊毋倨(宣小3:9).

:거·만ᄒᆞ·다 형 거만(倨慢)하다. ¶敢히 사ᄅᆞᆷ의게 거만티 아니ᄒᆞᄂᆞ니:不敢慢於人(宣小2:29). ᄀᆞ장 거만ᄒᆞ고(太平1:5). 선싱의게 거만ᄒᆞ며 셤기든 바ᄅᆞᆯ 비반ᄒᆞ며(敬信2).

:거머·리 명 거머리. ☞검어리 ¶거머리:水蛭(四解上59 蛭字註). 거머리:馬蟥(四解下46 蟥字註). 거머리 황:蟥(訓蒙上23). 거머리 딜:蛭(訓蒙上23. 類合上16). 거머리질:蛭(倭解下26). 거머리:馬蝗(同文解下43). 거머리:馬蟞(漢淸14:53). 거머리:水蛭(物譜 水族). 거머리:水蛭(柳氏物名二 昆蟲).

거머어득 부 거멓고 어둑하게. ¶四面이 거머어득 져믓 天地寂寞 가치노을 떳ᄂᆞᆫ듸(古時調. 나모도 바히돌도. 青丘).

거머적 명 ①목책(木柵). 말뚝을 박아 만든 울. ¶거머적:柵木(同文解上49).
②거마창(拒馬槍). 녹채(鹿砦). ☞거마적 ¶거머적:拒馬槍(物譜 兵仗).

거머흿들 부 거머희끗. ¶거머흿들 서 잇거ᄂᆞᆯ(古時調. 님이 오마 ᄒᆞ거ᄂᆞᆯ. 青丘).

·거머ᄒᆞ·다 형 거멓다. ¶ᄂᆞᆺ출 마조 보와셔 거머호ᄆᆞᆯ 슬코:會面嗟黧黑(初杜解20:27). 거머ᄒᆞ야 아디 몯ᄒᆞᆯ시(南明下70). 봇가 거머케 ᄒᆞ고:炒令褐色(救簡1:95). 終南山이 거머ᄒᆞ도다:終南黑(重杜解13:12).

거멀못 명 거멀못. ¶거멀못:巴鋦子(同文解下17). 거멀못:鋦子(漢淸10:38).

거문고 명 거문고. ☞거믄고 ¶거문고 금:琴(註千39). 거문고 금:琴(兒學上13).

거문슈슈 명 검은 수수. 검은 기장. ¶거문슈슈 거:秬(兒學上6).

거뮈 명 거미. ☞거믜 ¶거뮈:蜘蛛(柳氏物名二 昆蟲). 줄에 죠츤 거뮈 고기 본 가마오지(古時調. 閣氏네 닉. 青丘). 거뮈 쥬:蛛(兒學上8).

거믄검부기 명 깜부기. 흑수(黑穗). ¶거믄검부기:黑黔夫只(衿陽).

거·믄·고 명 거문고. ☞검은고 ¶ᄒᆞᆰ 므러 거믄고와 書冊 안해 더러이고:啣泥點汚琴書內(杜解7:10). 堂앤 單文의 거믄괴 빗

노햇도다:堂橫單文琴(杜解21:35). 거믄고 노던 저근 보디 몯거니와:不見鼓瑟時(初杜解16:30). 거믄고 금:琴(石千39). 혹 글 의론ᄒᆞ며 혹 거믄고 듣다가:或論文或聽琴(宣小6:95). 물ᄀᆞᆫ 거믄고애 좃고:逐淸瑟(重杜解2:36). 거문고 금:琴(石千39). 거믄고 大絃을 티니 ᄆᆞᄋᆞᆷ이 다 눅더니(古時調. 鄭澈. 松江). 거믄고:琴(同文解上52).
※거믄고>거문고

거믄더기조 명 검은데기. 조〔粟〕의 한 품종. ¶거믄더기조:黑德只粟(衿陽).

거믄사노리 명 늦벼의 한 품종. ¶거믄사노리:黑沙老里(衿陽).

거믄ᄭᆡ 명 검은깨. 검은 참깨. ¶거믄ᄭᆡ:胡麻(柳氏物名三 草).

거믄오디 명 검은 오지그릇. ¶거믄오디:烏磁器(柳氏物名五 石).

거믄차할 명 다갈색(茶褐色)의 한 가지. ¶거믄차할 비단:丁香褐(譯解下3).

거·믜 명 거미. ☞거뮈. 검의 ¶거믜:蜘蛛(救簡6:59). 거믜줄이 얼것고:封蛛網(初杜解21:4). 거믜:蜘蛛(四解上17 蜘字註). 거믜 디:蜘. 거믜 듀:蛛(訓蒙上21. 類合上16). 거믜:蜘蛛(譯解下34). 거믜 쥬:蛛(倭解下27). 줄에 조츤 거믜 고기 본 가마오지(古時調. 각시닋 내 妾이. 靑丘).

거믜양 명 검댕. ☞거믜영 ¶거믜양:鍋煤(同文解上63).

거믜영 명 검댕. ☞거믜양 ¶가마 미틧 거믜영:釜底墨(救簡1:48). 가마 미틧 거믜영:竈中墨(救簡1:54). 솓 미틧 거믜영:鐺底墨(救簡2:27).

거믜줄 명 거미줄. ¶거믜주른 小人ᄋᆡ 양ᄌᆞᄀᆞᄐᆞ니:蛛絲小人態(初杜解11:24). 거믜줄이 얼것고:封蛛網(初杜解21:4).

거ᄆᆞ 명 거마(車馬). 수레와 말. ☞거마 ¶민월ᄶᅡ 명창으로 공ᄌᆞ 왕손의 거ᄆᆞㅣ 문의 미엿더니(落泉1:1).

거번 명 거번(去番). 지난번. ¶去番부터 여러 번 ᄉᆞᆯ와(隣語1:7). 거번의 그림 그려 받ᄌᆞ와ᄉᆞᆸ던 書員(隣語1:32). 거번부터 縷縷히 ᄒᆞᄋᆞᆸᄂᆞᆫ 일은(隣語4:25).

거복 명 거북. ☞거북 ¶거복 귀:龜(詩解 物名17). 거복:烏龜(譯解下38. 同文解下41). 거복 귀:龜(倭解下25). 거복:龜(漢淸14:44). 연고 업시 거복을 죽이고(敬信6).

거복이 부 거북하게. ¶하 거복이 웨지 말고 게젓이라 ᄒᆞ렴은(古時調. 딕들에. 靑丘).

거복ᄒᆞ다 형 거북하다. ¶氣運이 거복ᄒᆞ매 服藥을 ᄒᆞ오되(隣語1:8). 죠곰도 지간이 업ᄉᆞ오매 부리기 거복ᄒᆞ외(隣語2:6).

거부 명 거부(巨富). ¶린가 거부의 지어미 그 지아비 글 못ᄒᆞ믈 믜워ᄒᆞ고(敬信17).

거부여이 부 거벼이. ☞가비야비. 가비야이 ¶말과 저울을 공평이 ᄒᆞ야 거부여이 내고 무거이 들이지 못ᄒᆞᆯ지며(敬信9).

거북 명 거북. ☞거복. 거붑 ¶고래와 거부글 타가고져 ᄒᆞ논 ᄠᅳ디 잇노라:有志乘鯨鼇(重杜解8:58). 龍 거북 ᄌᆞ물쇠로(古時調. 한숨아 셰한숨아. 靑丘).

거·붑 명 거북. ¶거부븨 터리와 톳긔 ᄲᅳᆯ ᄀᆞᆮ거니:同於龜毛兎角(楞解1:74). 고기와 새와 거붑과 비얌괘:魚鳥龜蛇(楞解7:79). 나ᄂᆞᆫ 먼 거붑 ᄀᆞᆮ고 부텨는 ᄠᅳᆫ 나못 구무 ᄀᆞᆮᄒᆞ시니:我如盲龜佛如浮木孔(圓覺下三之二95). 貞觀이 이 큰 거부비니라:貞觀是元龜(杜解3:5). 고래와 거부블 타:乘鯨鼇(初杜解8:58). 거부븨 터리 ᄀᆞᆮᄒᆞ면(南明上40). 體 거부븨 터리 ᄀᆞᆮ호ᄃᆡ(金三2:66). 거붑 귀:龜(訓蒙上20. 類合上14). 거붑 채:蔡(類合下23). ᄆᆞ의여운 소리옌 큰 거부비 ᄆᆞ레 ᄃᆞᆷ놋다:威聲沒巨鼇(重杜解5:3).
※거붑>거북

-거사 어미 -어야. -어서야. ☞-ᅀᅡ ¶명죵ᄒᆞ야 오래거사 곡을 ᄒᆞ라(普勸文38).

거상 명 거상(居喪). ¶어믜 居喪 ᄆᆞᆺ고 出家ᄅᆞᆯ ᄇᆞ라ᅀᆞᄫᅡ(月釋23:67). 아비 거상애 소니 오ᄃᆡ:父喪致客(宣賜內訓1:38). 許孜ㅣ 글 비호던 스스이 죽거늘 三年 居喪ᄒᆞ고(三綱. 孝18). 거상 디내오(續三綱. 孝7). 아비 거상애 소니 오ᄃᆡ:父喪致客(飜小6:14). 居喪홈을 잘ᄒᆞ야:善居喪(宣小4:22). 거상 닙어:服喪(宣小6:19). 三年 居喪 닙어늘(宣小6:52). 아븨 거상 니버 시묘ᄒᆞ여늘:遭父喪廬於墓側(東續三綱. 孝1). 三년 거상을 딕히니(女四解4:23). 거상:孝(同文解下10). 思慕홈ᄋᆞᆯ 居喪ᄒᆞᆯ 적ᄀᆞ티 ᄒᆞᆯ거니(家禮1:29).

거상옷 명 거상 옷. ¶비록 거상옷ᄉᆞᆯ 닙어시나:雖被衰麻(宣小5:51). 거상옷:孝服(譯解上42). 거상옷:孝衣(漢淸3:42).

거셩 명 거성(去聲). ¶左加一點則去聲 二則上聲 無則平聲 入聲加點同而促急(訓正). 凡字之左 加一點爲去聲 二點爲上聲 無點爲平聲 而文之入聲 與去聲相似 諺之入聲無定 或似平聲 如긷爲柱 녑爲脅 或似上聲 如:낟爲穀:깁爲繒 或似去聲 如·몯爲釘·입爲口之類 其加點則與平上去同(訓解. 合字). 去聲擧而壯秋也 萬物成熟(訓解. 合字). 先ᄋᆞᆫ 去聲이라(初杜解6:16). 去聲淸而遠…곧고 바ᄅᆞ 노픈 소리옛 字ᄂᆞᆫ 去聲이니 點이 ᄒᆞ나히오(訓蒙凡例3).

거·소·로 명 것으로. ¶밧긧 거소로:外物(飜小8:7).

거소릐·나 명 것으로나. ¶아못 거소릐나(救簡1:61).

거·스·다 동 거스르다. ☞거슬다 ¶아니 거스니:不自抗衡(龍歌75章). 당ᄋᆡ아지 벌에 술위ᄢᅵ 거스ᄂᆞᆫ ᄃᆞᆯ(月印上61). 거스디 아니ᄒᆞ거든(釋譜6:8). 거스디 아니ᄒᆞ노니(月釋1:12). 覺이 거스논 디 아니며:非覺違拒(圓覺序61). 忠言이 귀예 거스ᄂᆞ니:忠言逆耳(金三3:62). 사ᄅᆞ미 거스디 몯ᄒᆞ거늘:違(續三綱. 孝. 有文服衰). 거스다:駁辭(同文解上31). 역ᄒᆞᆫ ᄌᆞ식과 거슨 식뷔 나의 이 글을 보고 화ᄒᆞ야(敬信12).

-거스라 어미 -거라. -자꾸나. ¶새볏 비 일 갠 날에 닐거스라 아히들아(古時調. 靑丘).

거·스·리 부 거스르게. 거슬러. 거꾸로. ☞거ᄉᆞ리 ¶逆入ᄋᆞᆫ 거스리 들 씨라(釋譜23:14). 거스리 셰요미 갓ᄀᆞᆯ어늘:逆經爲倒(楞解2:12). 빗그며 거스리 나ᄒᆞ며:橫逆生(救急下83). ᄇᆞᄅᆞ미 거스리 부니 짓과 터리왜 ᄒᆞ야디놋다:風逆羽毛傷(杜解7:15). 거스리 사ᄅᆞᄆᆞᆯ 건내욜디니라:逆渡人(金三2:58). 거스리 밧기면:倒脫(救簡6:49). 믈 거스릴 소:泝(類合下38). 져 믈이 거스리 흐르과져 나도 우러 보녀리라(古時調. 元昊. 간밤에 우던. 詩歌). 죽엄이 거스리 흘러(女四解4:34).

거·스·리·다 동 거스르다. ☞거슬다. 거슬이다 ¶生死流를 거스려(月釋2:61). ᄠᅳ들 거스려:逆情(楞解2:72). 流를 거스리거든:逆流(楞解8:51). 須陁洹ᄋᆞᆫ 梵語ㅣ니 唐 마랜 流에 거스류미니 生死에 거스려 六塵에 더럽디 아니ᄒᆞ야(金剛49). 次第 거스료ᄆᆞᆫ(圓覺上二之一30). 믌겨를 거스려 빗돗 여러 가미 어렵도다:逆浪開帆難(初杜解22:56). 거스릴 역:逆(類合下19). 거스릴 오:忤(類合下36). 소기ᅀᆸ디 말오 거스릴디니라:勿欺也而犯之(宣小2:43). 거스리다:逆(同文解上31). 거스릴 횡:橫(註千25). 거스릴 소:泝(兒學下13). 부ᄃᆡ 거스리디 말으시고 아래사ᄅᆞᆷ들의게나 주실 양으로 ᄒᆞ쇼셔(重新語8:3). 곳 ᄣᅢ 슌ᄒᆞ고 리ᄒᆞ믈 당ᄒᆞᆯ지라도 샹에 거스린 ᄉᆡᇰ각을 ᄒᆞ며(敬信32).

거·스·리왇·다 동 거스르다. 어기다. ☞-왇다 ¶捍은 거스리와ᄃᆞᆯ 씨라(法華5:13). 내 行ᄋᆞ로 可히 거스리와ᄃᆞ려니와:自行可違(龜鑑下41).

거스리티다 동 거슬러 치다. ¶흐르ᄂᆞᆫ 흰 믌결로 거스리티고:沄沄逆素浪(重杜解1:47).

거슬니다 동 거슬리다. ¶슌ᄒᆞᆫ 일을 ᄇᆞ리고 거슬닌 일을 본바드며(敬信5).

거·슬·다 동 거스르다. ☞거스다. 거스리다. 거슬으다 ¶天意를 小人이 거스러:小人逆天(龍歌74章). 朝臣을 거스르샤:載拒朝臣(龍歌99章). 내 命을 거스ᅀᆞᄫᅡ놀:以拒我命(龍歌105章). 날 거ᄉᆢᆯ 도ᄌᆞᄀᆞᆯ:拒我慓悍賊(龍歌115章). 님금 말ᄋᆞᆯ 거스ᅀᆞᄫᆞ니(月印上14). 거스로미 愧오(釋譜11:43). 왼녀근 거슬오 올ᄒᆞᆫ녀근 順ᄒᆞ니:左逆右順(法華2:210). 거슬라 ᄒᆞ야시놀(三綱. 忠31). 慈母의 拳拳ᄋᆞᆯ 거스로려 ᄒᆞᄂᆞ뇨:違慈母之拳拳乎(宣賜內訓2上54). 박시 구디 거슬고 좃디 아니ᄒᆞ니:朴氏牢拒不從(東新續三綱. 孝7:56 朴氏救父).

거·슬·ᄡᅧ 동 거슬려. ㉠거슬ᄡᅳ다 ☞거ᄉᆢᆲ저 ¶시름ᄒᆞᄂᆞᆫ 사ᄅᆞᄆᆞᆯ 다딜어 거슬ᄡᅧ 숤ᄀᆞᇫ애 오놋다:觸忤愁人到酒邊(初杜解23:23).

거·슬·ᄡᅮᆷ 동 거슬림. ㉠거슬ᄡᅳ다 ¶서르 거슬ᄡᅮ미 이 ᄀᆞᆮ호ᄆᆞᆯ:相戾如此(法華2:244).

거·슬·ᄡᅳ·다 동 거스르다. 〔'거슬다'의 강세형(强勢形).〕☞거ᄉᆢᆲ쁘다. 거ᄉᆢᆲ즈다. 거ᄉᆢᆳ즈다. 거ᄉᆢᆶ쁘다 ¶너희ᄃᆞᆯ히 거슬ᄡᅳᆫ 양 말라(釋譜24:12). 거슬ᄡᅳ디 아니케 ᄒᆞ실씨(月釋13:55). 和合ᄒᆞ야 먹게 호ᄆᆞᆫ 거슬ᄡᅳᆫ 허므리 업고(月釋17:15). 서르 거슬ᄡᅮ메:相忤(楞解8:85). 거슬ᄡᅮ미 ᄆᆡ자:忤結(楞解8:85). 엿은 畜性으로 제 좃ᄂᆞᆫ 젼ᄎᆞ로 거슬ᄡᅧ 좃디 아니코:狐以畜性自徇故很戾不率(楞解8:127). 逆은 거슬ᄡᅳᆯ 씨라(法華2:168). 서르 거슬ᄡᅮ미 이 ᄀᆞᆮ호ᄆᆞᆯ:相戾如此(法華2:244). 구든 거슬ᄡᅳᆫ ᄆᆞᅀᆞᄆᆞᆯ 그치게 ᄒᆞᆯ씨:息剛戾心(金剛上35). 곧 거슬ᄡᅮᆷ과 ᄀᆞᆮ혼디라:卽同悖逆(宣賜內訓1:48). 하ᄂᆞᆯ콰 ᄯᅡ쾃 ᄉᆞᅀᅵ에 順ᄒᆞ며 거슬ᄡᅳᆫ 이리 잇도다:天地有順逆(初杜解7:25). 시름ᄒᆞᄂᆞᆫ 사ᄅᆞᄆᆞᆯ 다딜어 거슬ᄡᅧ 숤ᄀᆞᇫ애 오놋다:觸忤愁人到酒邊(初杜解23:23). 거슬ᄡᅳᆯ 패:悖(類合下15). 거슬ᄡᅳ게 마롤디니(宣小題辭3). 내 방ᄌᆞᄒᆞ면 ᄂᆞᆷ이 거슬ᄡᅳ고:己肆物忤(宣小5:91). 어미ᄅᆞᆯ 효도호ᄃᆡ ᄠᅳ데 거슬ᄡᅳᆫ 일 업더니:奉母承順無闕(東三綱. 孝2). 節義예 거슬ᄡᅳᆫ 사ᄅᆞ미 가논 배 ᄒᆞᆫ가지로다:逆節同所歸(重杜解2:54). 主將이 거슬ᄡᅳ며 順호ᄆᆞᆯ 아라:主將曉逆順(重杜解4:22). 아니한 더데 어긔르처 거슬ᄡᅳᆯ가 전노라:俄頃恐違迕(重杜解12:19).

거·슬·ᄡᅵ 부 거스르게. ¶能히 거슬ᄡᅵ 몯ᄒᆞᄂᆞ닌:未能違戾(楞解8:137). 오직 順從호ᄆᆞᆯ 알오 잢간도 거슬ᄡᅵ 마롤디니:唯知順從不敢違背(宣賜內訓2上2).

거슬으다 동 거스르다. ☞거슬이다 ¶조션 신령을 경만ᄒᆞ며 웃사ᄅᆞᆷ의 명을 어긔여 거슬으며(敬信5).

거·슬이·다 동 거스르다. ☞거스리다 ¶ᄂᆞᆺ빗출 거슬여 諫홈이라(宣小2:72). 며ᄂᆞ리 구고의게 거슬이며 뎨지 ᄉᆞ장을 릉만ᄒᆞ며(敬信14). 비ᄂᆞᆯ을 거슬여 디ᄅᆞᄂᆞᆫ 거시라(武藝圖20). 거슬일 역:逆(兒學下8).

거·ᄉᆢᆲ·쁘다 동 거스르다. ☞거슬ᄡᅳ다 ¶거ᄉᆢᆲ

ᄡᅳ며 막ᄃᆞᆯ이여 이긔디 몯홀 근심이 업과댜 홈이니라:而無扞格不勝之患也(宣小書題2). 아래 되야 거슯ᄡᅳ디 아니ᄒᆞ며:爲下不亂(宣小2:33). 아래 되야서 거슯ᄡᅳ면 죄 닙고:爲下而亂則刑(宣小2:33). 싸홈 싸호며 거슯ᄢᅧ(宣小2:34).

거슯저 동 거슬려. ㉠거슯즈다 ☞거슬ᄢᅧ ¶考功의 等第예 거슯저 디여:忤下考功第(重杜解2:40).

거·슯줌 동 거슬림. ㉠거슯즈다 ☞거슬� ¶龍ᄋᆡ 거슯주미 ᄆᆞᆯᄀᆞᆫ 므레 나ᄂᆞ니:蛟之横出清泚(杜解8:18).

거·슯즈·다 동 거스르다. ☞거슬ᄡᅳ다 ¶아ᄅᆞᆷ生計ᄅᆞᆯ 기우로 ᄉᆞ랑ᄒᆞ야 ᄡᅧ 背叛ᄒᆞ야 거슯주메 니르러:偏愛私藏以致背戾(宣賜內訓3:44). 龍ᄋᆡ 거슯주미 ᄆᆞᆯᄀᆞᆫ 므레 나ᄂᆞ니:蛟之横出清泚(杜解8:18). 나ᄂᆞᆫ 마리 거슯즈면 오ᄂᆞᆫ 마리 어그릇ᄂᆞ니:出悖來違(飜小8:11). 인ᄒᆞ여 거슯저 ᄃᆞ토게 도ᄋᆡᄂᆞ니:遂爲乖爭(飜小9:97). 거슯즌 禮라 ᄒᆞᄂᆞ니라:謂之悖禮(宣小2:32). 닐온밧 여슷 거슯즘이오:所謂六逆也(宣小4:49). 어긔며 거슯즘을 닐위여:致背戾(宣小5:73). 거슯즌 氣運이 두어 ᄒᆡᄅᆞᆯ 길흘 부러 그쳇더니:逆氣數年吹路斷(重杜解5:20).

거·슯즘 동 거슬림. ㉠거슯즈다 ☞거슯줌 ¶이예 야쇽ᄒᆞ며 거슯즘을 멀이 홀디니라:斯遠鄙倍矣(宣小3:6).

거·슯·지·ᄒᆞ·다 동 거스르다. 어기다. ☞거슯즈다. 거슰즈다 ¶내 實로 미혹ᄒᆞ야 어딘 사ᄅᆞᄆᆞᆯ 몰라보아 夫人ᄋᆞᆯ 거슯지호이다 ᄒᆞ시고(釋譜11:33). 슬프다 功名을 거슯지ᄒᆞ니:惜哉功名忤(杜解16:28).

거슰즈다 동 거스르다. ☞거슬ᄡᅳ다. 거슯ᄡᅳ다. 거슯즈다 ¶蛟龍ᄃᆞᆯᄒᆞᆫ 기피셔 거슰주믈 짓고:蛟螭深作横(杜解3:8).

거·슯 동 거스르는. ㉠거슬다 ¶날 거슯 도ᄌᆞᄀᆞᆯ 好生之德이실ᄊᆡ:拒我慓悍賊我自好生德(龍歌115章).

거·슯ᄡᅳ·다 동 거스르다. ☞거슬ᄡᅳ다 ¶거슯ᄡᅳᆫ 일 맛나도 怒티 아니ᄒᆞ야(月釋9:24).

거습드다 동 거스르다. ¶사ᄅᆞᆷ마다 간ᄒᆞ고 거습드면(閑中錄104).

거싀년밤 명 가시연밥. ☞거싀련밤 ¶거싀년밤:芡仁(東醫 湯液二 果部). 거싀년밤:芡(柳氏物名三 草).

거·싀련 명 가시연. ¶거싀련 여름만케 비븨여:芡實(救簡2:37).

거싀련밤 명 가시연밥. ☞거싀년밤 ¶거싀련밤:芡實(方藥43).

거시 명 지렁이. ☞거위 ¶거시:蚓(東言解).

-·거시·나 어미 -시거나. -으시거나. ¶이 經도 一切 如來 니ᄅᆞ거시나 菩薩이 니르거나 聲聞이 니르거나(月釋18:49).

-·거시·뇨 어미 -시뇨. -으시뇨. ☞-거시뇰 ¶深谷 深山애 언마 저프거시뇨(月印上44). 엇던 因緣으로 이런 祥瑞 잇거시뇨(釋譜13:14). 므슴 饒益으로 이런 光明을 펴거시뇨(釋譜13:25). 一切 聲聞辟支佛이 몯 미츠리라 ᄒᆞ거시뇨(釋譜13:43).

-·거시·니 어미 -시거니. -으시거니. -시니. -으시니. ☞-어시니 ¶아래 가신 八婇女도 니거시니 므스기 섈ᄇᆞ리잇고(月釋8:93). 故園엣 버드리 이제 이어 ᄢᅥ러디거시니 엇뎨 시러곰 시름 가온ᄃᆡ 도로 다 나ᄂᆞ니오(初杜解16:51). 구믈구믈ᄒᆞᄂᆞᆫ 衆生이 다 佛性이 잇거시니:蠢動含靈皆有佛性(蒙法13). 맛당히 舜 ᄀᆞᆮᄐᆞᆫ 이 업거시니 舜의 告티 아니ᄒᆞ고 娶ᄒᆞ심은 엇디니잇고:宜莫如舜舜之不告而娶何也(宣孟9:5).

※-거시니>-시거니(-으시거니)

-·거시·니·오 어미 -신 것인고. ¶潛隱ᄒᆞᆫ 노ᄅᆞᆯ 기들오거시니오(初杜解21:3).

-·거시·니·와 어미 -시거니와. -으시거니와. ¶受苦ᄅᆞᆯ 아니ᄒᆞ거시니와(月釋1:12). 如來와 ᄒᆞᆫ거시니와(月釋2:61). 그 願이 ᄆᆞ초미 겨시거시니와(月釋21:149). 塵墨劫이 隔거시니와(法華3:88).

※-거시니와>-시거니와(-으시거니와)

-·거시·ᄂᆞᆯ 어미 -시거늘. -으시거늘. ☞-거시뇨 ¶갈ᄒᆞ로 바히ᄂᆞᆫ ᄃᆞᆺ 알ᄑᆞ거시ᄂᆞᆯ(釋譜23:26). 普光佛이 世界예 나거시ᄂᆞᆯ(月釋1:8). 普光佛 滅度ᄒᆞ거시ᄂᆞᆯ(月釋1:18). 王이 맛드러 갓가ᄫᅵ ᄒᆞ거시ᄂᆞᆯ(月釋2:5). 그저긔 夫人이 나모 아래 잇거시ᄂᆞᆯ(月釋2:42). 地藏菩薩이 이런 不可思議 大威神德 겨신ᄃᆞᆯ 讚歎ᄒᆞ거시ᄂᆞᆯ 보ᅀᆞᄫᆞ니(月釋21:83). 軍中에 죽거시ᄂᆞᆯ(宣賜內訓2上32). 可히 後世예 傳ᄒᆞ거시ᄂᆞᆯ:可傳於後世(宣小4:1). 밍지 아니를 내티고자 ᄒᆞ거시ᄂᆞᆯ(女四解4:35).

※-거시ᄂᆞᆯ(-거시늘)>-시거늘(-으시거늘)

-·거시·다 어미 -으시다. -하시다. ¶셟ᄫᅳᆯ셔 世間애 慧日이 업스샤 울워ᅀᆞᄫᆞ리 업거시다 ᄒᆞ며(釋譜23:19). 이제 블홀 ᄉᆞᄅᆞ샤 모미 ᄀᆞᆽ디 몯거시다 ᄒᆞ더니(月釋18:42).

-·거시·든 어미 -시거든. -으시거든. -시매. -으시매. ☞-거시ᄃᆞᆫ ¶東ᄋᆡ 니거시든 西夷 ᄇᆞ라ᅀᆞᄫᆞ니:我東日徂西夷苦徯(龍歌38章). 驕心이 나거시든 이 ᄠᅳ들 닛디 마ᄅᆞ쇼셔:驕心不可遏此意願毋忘(龍歌117章). 諸佛ㅅ 甚히 기픈 힝뎍 니르거시든 듣ᄌᆞᆸ고(釋譜9:27). 諸佛이 다 그 녀글 向ᄒᆞ야 說法ᄒᆞ거시든 一切 佛法을 다 能히 바다 디니며(釋譜19:22). 王이 보ᄇᆡᄅᆞᆯ 얻고져 ᄒᆞ거시든(月釋1:27). 微妙法을 불어 니ᄅᆞ거시든:演說微妙法(法華6:38). 남거시든 내 머고

리(鄕樂. 相杵歌). 父母ㅣ 愛ᄒᆞ거시든:父母愛之(宣孟. 萬章上9:2). 만일 시기ᄂᆞᆫ 일이 잇거시든(女四解3:15).
※-거시ᄃᆞᆫ(-거시든)>-시거든(-으시거든)

-거시ᄃᆞᆫ 어미 -시거든. -으시거든. -시매. -으시매. ☞-거시든 ¶便安티 아니ᄒᆞ신 ᄆᆞᄃᆡ 잇거시ᄃᆞᆫ:有不安節(宣賜內訓1:40). 病이 잇거시ᄃᆞᆫ:有疾(重內訓1:47).

-·거시·사 어미 -으시어야. -으신 다음에야. ¶父母 업거시사 부텻긔 사ᄉᆞᄫᅡ 出家호니(月釋23:85).

-거시아 어미 -시어야. -어야. 〔'-시-'는 존칭의 '-시-'이나 예전에는 범칭(汎稱)으로 쓴 예도 있음.〕 ¶삭삭기 셰몰애 별헤 나ᄂᆞᆫ 구은 밤 닷 되를 심고이다 그 바미 우미도다 삭 나거시아 有德ᄒᆞ신 님믈 여히ᄋᆞ와지이다(樂詞. 鄭石歌).

-거신 어미 -으신. -신. ¶니나거신 諸佛ᄭᅴ(釋譜13:15). 阿彌陁佛이 成佛ᄒᆞ거신 디 이제 열 劫이라(月釋7:69). 聖人 업거신 디 오라면(月釋9:7). 아으 壽命長願ᄒᆞ샤 넙거신 니마해(樂範. 處容歌). 紅桃花ᄀᆞ티 븕거신 모야해(樂範. 處容歌). 人讚福盛ᄒᆞ샤 미나거신 ᄐᆞᆨ애 七寶 계우샤 숙거신 엇게예(樂範. 處容歌). 福智俱足ᄒᆞ샤 브르거신 비예 紅鞓 계우샤 굽거신 허리예(樂範. 處容歌).

-·거·신마·ᄅᆞᆫ 어미 -시건마는. -으시건마는. ¶微妙ㅅ 웃ᄃᆞ미 ᄒᆞ마 ᄀᆞᆽ거신마ᄅᆞᆫ(釋譜13:63). ᄒᆞᆫ 일도 업거신마ᄅᆞᆫ(釋譜23:44). 샹녜 겨샤미 아니신가 疑心ᄃᆞᆸ거신마ᄅᆞᆫ:疑非常在(法華5:135). 聖人이 일홈 업거신마ᄅᆞᆫ:夫聖人無名(圓覺上一之二65). 天子ㅣ 恩澤이 하거신마ᄅᆞᆫ:天子多恩澤(杜解20:47). 盜賊을 急히 너기거신마ᄅᆞᆫ 軍帥ㅣ 늘거 京都ㅣ 거츠렛도다(初杜解22:46).
※-거신마ᄅᆞᆫ>-거신마ᄂᆞᆫ>-시건마는(-으시건마는)

:거·실 명 거실(巨室). 궁전. ¶巨室을 ᄒᆞᆫ 則 반ᄃᆞ시 工師로 ᄒᆞ여곰 大木을 求ᄒᆞ시리니:爲巨室則必使工師求大木(宣孟2:27).

거:ᄉᆞ 명 거사(居士). 〔출가(出家)하지 않은 속인(俗人)으로서 불교의 법명(法名)을 가진 사람.〕 ¶國王과 大臣과 婆羅門과 居士와(釋譜9:9). 居士와 나랏 百姓ᄃᆞᆯ히(釋譜19:21). 그ᄉᆞ기 사라 ᄠᅳ들 通達호미 일후미 居士ㅣ라(楞解6:16). 居士ㅣ 일로브터 머리 갓가(六祖序4). 홀거ᄉᆞ의 홀노 자시ᄂᆞᆫ 房 안에 무스것 ᄒᆞ려 와 계오신고 홀거ᄉᆞ님의 노감탁이 버셔 거ᄂᆞᆫ 말 겻테 너 곳갈 버셔 걸나 왓슴네(古時調. 어흠아 긔. 靑丘). 거ᄉᆞ:優婆伊(物譜 族姻).

거ᄉᆞ 명 거사(擧事). ¶만일 모든 사ᄅᆞᆷ이 거ᄉᆞ 아니 ᄒᆞ면 그ᄃᆡ ᄯᅩᄒᆞᆫ 부침홀 ᄯᆞᄅᆞᆷ이리니(敬信35).

거ᄉᆞ디 동 거스르지. 거역(拒逆)하지. ㉮거ᄉᆞᆯ다 ¶옥녜 소릐 딜러 거ᄉᆞ러 주그믈 긔약ᄒᆞ더니 긔력이 곤ᄒᆞ야 ᄆᆞᆺ춤내 거ᄉᆞ디 못ᄒᆞ니(太平1:50).

거ᄉᆞ리 부 거스르게. 거슬러. ☞거스리 ¶萬古人物을 거ᄉᆞ리 혜여 ᄒᆞ니 聖賢은ᄏᆞ니와 豪傑도 하도할샤(松江. 星山別曲).

거ᄉᆞ리다 동 거스르다. 거역(拒逆)하다. ¶거ᄉᆞ릴 역:逆(倭解下35). 옥녜 소릐 딜러 거ᄉᆞ러 주그믈 긔약ᄒᆞ더니 긔력이 곤ᄒᆞ야 ᄆᆞᆺ춤내 거ᄉᆞ디 못ᄒᆞ니(太平1:50). 나라 命令이 오라 거ᄉᆞ리든 몯ᄒᆞ여(隣語1:11).

거ᄉᆞᆯ다 동 거스르다. ¶엇데 거ᄉᆞᅀᆞᄫᆞ리잇고(重三綱. 烈30). 구디 거ᄉᆞ니 적이 딜러 주기다:牢拒賊刺殺之(東新續三綱. 烈3:41). 주그믈 긔약ᄒᆞ더니 긔력이 곤ᄒᆞ야 ᄆᆞᆺ춤내 거ᄉᆞ디 못ᄒᆞ니(太平1:50).

-거·사 어미 -어야. -어서야. ☞-거야 ¶밀므리 사ᄋᆞ리로ᄃᆡ 나거사 ᄌᆞᄆᆞ니이다:不潮三日迨其出矣江沙迺沒(龍歌67章). 百千 히 ᄎᆞ거사 도로 舌相ᄋᆞᆯ 가ᄃᆞ시고(釋譜6:39). 衆生이 업거사 菩提心ᄋᆞᆯ 發호리라(釋譜6:46). 열두 大劫이 ᄎᆞ거사 蓮花ㅣ 프거든(月釋8:75). ᄎᆞᆫ믈 ᄡᅳ려 오라거사 ᄭᅵ시니라(月釋21:217). 지죄 업서 名位ᄅᆞᆯ 늣거사 호니:不才名位晩(初杜解3:1). 明府ᄂᆞᆫ 엇데 ᄎᆞ거사 말리오:明府豈辭滿(初杜解7:21).

거션·히 부 거연(居然)히. ¶두 覺이 다 업수므로 곧 일후미 眞이라 홀딘댄 이 ᄠᅳ디 居然히 幻 ᄋᆞᆫᄒᆞ니 조ᅀᆞᄅᆞ외요ᄆᆞᆯ 드러 니ᄅᆞ건댄 ᄆᆞᅀᆞᄆᆞᆯ 니르와ᄃᆞ며 念ᄋᆞᆯ 뮈우며 妄ᄋᆞᆯ 니ᄅᆞ며 眞을 닐오미 幻 아니니 업스니라(圓覺上二之一42). 居然히 章紱을 버므로니:居然綰章紱(初杜解6:51).

거·ᅀᅱ 명 지렁이. ☞것위 ¶거ᅀᅱ 구:蚯. 거ᅀᅱ 인:蚓. 거ᅀᅱ 곡:蛐. 거ᅀᅱ 션:蟮(訓蒙上21). 거ᅀᅱ즙:蚯蚓汁(簡辟22). ※거ᅀᅱ>거위

거·스 부 거의. ☞거싀 ¶거스 이십 릿 ᄯᅡ해:約二十里來地(飜老上26).

거·싀 부 거의. ☞거스. 거의. 거이 ¶너비 濟渡호ᄆᆞᆯ 거싀 ᄆᆞᄎᆞ면(釋譜11:10). 거싀 光明이 盛大ᄒᆞ야:庶得光明盛大(蒙法46). 거싀 停寢ᄒᆞ야(法華2:132). 거싀 곧 이리 곧 ᄆᆞᅀᆞ미며:庶即事即心(圓覺序84). 어미 죽거늘 三年을 피 나긔 우러 거싀 죽게 ᄃᆞ외얫더니:喪母泣血三年幾至滅性(三綱. 孝19). 幽隱ᄒᆞᆫ 사ᄅᆞᄆᆡ 占得호매 거싀 갓갑도다:庶近幽人占(初杜解18:2). 거싀 알리 드르라:庶幾知者聽(初杜解25:35). 거싀 머리와 ᄲᅮᆯ왜 나토미오(南明上1). 거싀 最上宗乘 ᄇᆞᆯ교ᄆᆞᆯ:庶幾明得最上宗乘(金三5:47).

거싀 그르디 아니ᄒᆞ리라:庶乎其不差矣(飜小8:31). 伯康의 나히 거싀 여ᄃᆞᆫ이어늘:伯康年將八十(飜小9:79). ※거싀>거의

거·싀·다 동 거의 되다. ☞거의다 ¶夫人이 나ᄒᆞ싫 ᄃᆞᆯ 거싀어늘 王ᄭᅴ ᄉᆞᆯᄫᆞ샤ᄃᆡ 東山 구경ᄒᆞ야지이다(月釋2:27). 道樹에 앉다 ᄒᆞ샤ᄆᆞᆫ ᄒᆞ마 道애 거싀여 成佛이 머디 아니호ᄆᆞᆯ 니ᄅᆞ시니(月釋17:43). 覺位예 거싀 옛다가:幾於覺位(楞解9:50). ᄒᆞ다가 能히 브즈러니 나ᅀᅡ가면 오히려 어루 거싀려니와:若能勤進猶可庶幾(法華3:165).

-거아 어미 -어야. -어서야. ¶지죄 업서 名位ᄅᆞᆯ 늣거아 호니:不才名位晚(重杜解3:1). 明府ᄂᆞᆫ 엇데 ᄎᆞ거아 말리오:明府豈辭滿(重杜解7:21). 나조ᄒᆡ 어듭거아 당당이 모로매 웃그테 가리로다:昏黑應須到上頭(重杜解9:38). 덥거아 비로서 여노라:暖始開(重杜解22:8).

-거야 어미 -어야. -어서야. ☞-거ᅀᅡ ¶엇디 쟝ᄎᆞᆺ 늙거야 ᄇᆞ리리오:豈將老而遺之哉(重內訓3:56). 늙거야 므ᄉᆞ 일로 외오 두고 그리ᄂᆞᆫ고(松江. 思美人曲). 머귀닙 디거야 알와다 ᄀᆞ올힌 줄을(古時調. 鄭澈. 松江). 이슥이 오래거야 니로되(三譯6:18). 십여 년이 지내거야 삼쳔션시 비로소 완비ᄒᆞᆫ지라(敬信31).

거어지 명 거지. 걸인(乞人). ☞거ᄋᆞ지 ¶거어지:叫化子(譯解上30).

거엄 명 악골(顎骨). ☞거흠. 거흠 ¶上腭은 입웃거엄이라(無寃錄1:30).

거여목 명 거여목. ☞거유목. 게여목 ¶거여목:苜蓿(物譜 蔬菜).

:거여·이 부 웅건(雄健)히. ¶거여이 勇猛ᄒᆞ샤미:雄猛(法華1:151).

거연이 부 거연(居然)히. 어느덧. ¶偶然히 어든 病이 居然이 十年이라(陶山別曲).

:거엽·다 형 웅건(雄健)하다. ☞게엽다 ¶가ᄉᆞ미며 허리 우히 거여ᄫᅳᆫ 獅子 ᄀᆞᆮᄒᆞ시며(月釋2:41). 光中에 金剛ㅅ 거여운 양ᄌᆞᄅᆞᆯ ᄀᆞᄃᆞ기 現ᄒᆞ샤ᄆᆞᆫ:光中徧現金剛威武之狀者(楞解7:29). 文忠公의게 손이 도ᄋᆡ여셔 싁싁고 거여우며 方正ᄒᆞ거늘:客文忠公所嚴毅方正(飜小9:4). 嚴ᄒᆞ고 거여우며:嚴毅(宣小6:4).

※'거엽다'의 활용
- 거엽게/거엽디…
- 거여ᄫᅳᆫ/거여ᄫᅥ…
- >거여운/거여워…

거 오 명 거오(倨傲). 오만(傲慢). ¶거오:傲(倭解下35).

거오다 동 겨루다. 대적하다. ☞거우다 ¶나ᄅᆞᆯ 거오지 아니리라 ᄒᆞ고(三譯2:8). 公瑾이 힝혀 드르면 반ᄃᆞ시 諸葛亮을 거오리라(三譯4:4). 제 반ᄃᆞ시 나ᄅᆞᆯ 거오리라 ᄒᆞ여 잇더니(三譯4:10). 公瑾이 엇지ᄒᆞ여 나ᄅᆞᆯ 거오리오(三譯4:21).

거오ᄒᆞ다 형 거오(倨傲)하다. 오만(傲慢)하다. ¶부젼업시 거오ᄒᆞ고(淸老7:21). 그 십칠 셰에 졔싱된 후로 지조ᄅᆞᆯ 밋고 믈에 거오ᄒᆞ며(敬信52).

거올 명 거울. ¶거올 알플:鏡面(百聯13). 거올 집:鏡奩(譯解下15).

거우 명 거위〔鵝〕. ☞거유. 게우 ¶거우:鵝(物譜 羽蟲). 거우 아:鵝(兒學上7).

거우·다 동 겨루다. 대적하다. ☞거오다 ¶雜草木 것거다가 ᄂᆞ출 거우ᅀᆞᄫᆞᆫᄃᆞᆯ ᄆᆞᅀᆞᆷ잇ᄃᆞᆫ 뮈우시리여(月印上23). 녕ᄒᆞᆫ 비라 거운 사ᄅᆞᄆᆞᆫ 지화ᄅᆞᆯ 니브리라(中宗31年 丙申5月에 세운 楊州 靈碑文). 무덤의 흙을 거우랴 ᄒᆞ면(癸丑83). 앗가 일을 ᄭᅵ치지 못흠으로 그ᄅᆞᆺᄒᆞ여 눕흔 얼굴을 거워시니(三譯6:16). 놈 거우다:惹人(漢淸6:60). 제 털ᄭᅳᆺ출 거워도 죽이는 셩품이오(閑中錄422).

거·우·로 명 거울. ☞거우루 ¶늘거 ᄇᆞ료ᄆᆞ란 ᄇᆞᆯᄀᆞᆫ 거우로애 아노니:老罷知明鏡(初杜解21:41). 놀ᄀᆞᆫ 거우로ᄅᆞᆯ 글혀:古鏡煮(救簡1:111). 거우로 경:鏡. 거우로 감:鑑(訓蒙中14). 거우로 경:鏡(類合上25). 거우로 감:鑑(類合下15. 光千30). 이예 가실이 와셔 ᄢᆞ린 거우로 ᄲᅧ 드리티니 드듸여 다ᄅᆞᆫ 날로 언약ᄒᆞ야 녜ᄅᆞᆯ 일우니라:於是嘉實來以破鏡投之遂約異日成禮(東新續三綱. 烈1:2 薛氏貞信). 밤의 비얌이 나오니 머리 크기 두모만ᄒᆞ고 눈이 두 자히나 ᄒᆞ고 빗치 거우로 ᄀᆞᆺ더라(太平1:11). 경홍은 겻ᄐᆡ셔 거우로ᄅᆞᆯ 드럿거든 최시 연지ᄅᆞᆯ 고ᄅᆞ다가 ᄆᆞᆺ디 못ᄒᆞ야셔 왕싱이 문 밧긔셔 소릐 딜러 경홍을 브ᄅᆞ니(太平1:22).
※거우로(거우루)>거울

거·우·루 명 거울. ☞거우로 ¶ᄒᆞᆫ 각시 아ᄎᆞᄆᆡ 粉 ᄇᆞᄅᆞ노라 ᄒᆞ야 거우룰 보거늘(釋譜24:20). ᄆᆞᆯᄀᆞᆫ 거우루 ᄀᆞᆮᄒᆞ야(月釋1:34). 거우루 밧긔 열여슷 蓮ㅅ고ᄌᆞᆯ 세오:鏡外建立十六蓮華(楞解7:14). 두려운 거우루ᄂᆞᆫ:圓鏡(楞解7:14). 거우뤼 비취욤 ᄇᆞᆰ듯 ᄒᆞ야:如鏡鑑明(楞解10:1). 믄득 새바ᄀᆡ 거우루로 ᄂᆞ출 비취오:忽於晨朝以鏡照面(圓覺序46). 거우루는 고ᄋᆞ며 골 업스며 됴ᄒᆞ며 구주믈 어루 ᄀᆞᆯᄒᆡᄂᆞ니(圓覺上一之二13). 自然히 거우뤼 物 비취욤 ᄀᆞᆮᄒᆞ리라:自然如鏡照物(圓覺下一之二51). 거우룻 中엣 像 ᄀᆞᆮᄒᆞ리니:如鏡中像(圓覺下二之二21). 거우뤼 뷔며 저우리 平홈 ᄀᆞᆮᄒᆞ야:如鑑空衡平(金三2:64). 眞과 妄괘 다 거우루 소뱃 듣글 ᄀᆞᆮᄒᆞ니라(南明上3). ᄇᆞᆯᄀᆞᆫ 거우뤼 ᄆᆞᆯᄀᆞ며 ᄆᆞᆯᄀᆞ니:明鑑昭昭(宣賜內訓序8). 잇비 거우루ᄅᆞᆯ ᄃᆞ랫ᄂᆞᆫ ᄃᆞᆺᄒᆞ니:勞懸鏡(初杜解

20:34). ᄆᆞᆰᄋᆞᆫ 거우루에 머므러실 나그내오:藻鏡留連客(初杜解23:41). 거우루 감:鑑(石千30).

거우룰 [명] 거울. ☞거우루 ¶ᄆᆞᆰᄋᆞᆫ 거우루레 내의 愚直호ᄆᆞᆯ 다마 뒷ᄂᆞ니:朗鑑存愚直(杜解3:18).

거·우·룻 [명] 거울의. ㊍거우루 ¶ᄀᆞᆯ며기 거우룻 소개 오ᄂᆞᆫ ᄃᆞᆺᄒᆞ니:鷗鳥鏡裏來(初杜解7:37). 거우룻 소배:鏡裏(金三2:63).

거·우·룻집 [명] 거울집. 경대(鏡臺). ☞거우루 ¶거우룻집:鏡奩(四解下86 奩字註). 아ᅀᆞ어믜 거우룻지븨 녀허ᄂᆞᆯ:置之母鏡奩中(宣賜內訓3:36).

거우르 [명] 거울. ☞거우루 ¶거우르ᄅᆞᆯ 걸고 부뎐을 븟티고(女範3. 부무녀 목난녀).

거우리다 [동] 거우르다. ¶瓦盆을 거우려 취토록 혼ᄌᆞ 먹고(曺友仁. 梅湖別曲).

거울 [명] 거울. ☞거우루 ¶거울로 보ᄆᆞᆯ 붓그리노라:靦青鏡(重杜解1:50). 功業으란 ᄌᆞ조 거우ᄅᆞᆯ 보노니:勳業頻看鏡(重杜解3:39). 거울 경:鏡(倭解上44). 구리로 ᄡᅥ 거울을 삼으면:以銅爲鑑(女四解4:3). 거울:鏡子(同文解上54). 거울 감:鑑(註千30).

거웃 [명] 수염. ☞거웆 ¶또 黃蓮을 거웃 앗고:又方黃蓮去鬚(救急上57). 입거웃 슈:鬚. 在頤. 거웃 ᄌᆞ:髭. 在脣. 거웃 셤:髯. 在頰(訓蒙上28).

거웆 [명] 수염. ☞거웃. 입거웃 ¶賓頭盧ㅣ 머리며 입거우지 조히 ᄒᆡ오(釋譜24:44). 입거우즐 잡ᄂᆞ니:挽鬚(重杜解1:7). 곳여의ᄂᆞᆫ 버릐 입거우제 오ᄅᆞ놋다:花蘂上蜂鬚(重杜解3:27). 브리 그 입거우제 븓거ᄂᆞᆯ:火焚其鬚(重內訓3:42).

거월 [명] 거월(去月). 전월(前月). 지난달. ¶거월:前月(譯解上3).

거위 [명] 거위. 회충(蛔蟲). ¶거위 토ᄒᆞ여:蛔虫吐(痘要上65). 거위 나다:下蚯蚓(譯解上62). 거위:蛔虫(同文解下43).

거위 [명] 지렁이. ☞거ᅀᅱ. 거의 ¶거위 인:蚓(類合安心寺板81). 거위:蚯蚓(柳氏物名二 昆蟲). ※거위<거ᅀᅱ

거위 [명] 뱀. ¶거위 덧내단 말:打草驚蛇(譯解補61).

:거·위 [부] 거우게. 겨루게. ¶各各 제 ᄀᆞ초아 護持호ᄆᆞᆫ 怒ᄒᆞᆫ 毒ᄋᆞᆯ 뫼화 거위 몯호ᄆᆞᆯ 가줄비시고:各自藏護譬畜積忿毒不可凌犯(法華2:117).

거위 [부] 거의. ¶거위 명절케(山城111).

거·유 [명] 거위〔鵝〕. ☞게우. 게유 ¶도티며 羊이며 거유 올히며 ᄃᆞᆰ 가히(月釋23:73). 鵝ᄂᆞᆫ 집거위라(法華2:14). 거유 ᄂᆞ랫 짓:鵝翎(救急上53). 거유ᄅᆞᆯ 사기다가 이디 몯ᄒᆞ야도 오히려 올히 ᄀᆞᆮ다 호미라:刻鵠不成尚類鶩者也(宣賜內訓1:38). 거위어나 올히어나:鵝鴨(救簡6:9). 거유 짓 두ᅀᅥ 나ᄎᆞᆯ:鵝羽數枚(救簡6:17). 거유 아:鵝(訓蒙上16). 거유 ᄒᆞᆫ나 죽이라 ᄒᆞ여라(捷蒙2:17). 거유 우리:鵝欄(譯解上19). 거유:鵝子(同文解下34). 거유:鵞(漢淸14:14). 거유 형용과 올히 거ᄅᆞᆷ으로(武藝圖18).

거유목 [명] 거여목. ☞게여목. 게유목 ¶거유목:苜蓿(譯解下12).

거음 [명] 거름. ¶거음:穢(柳氏物名三 草).

거음한 [명] 이를 굵게 낸 환. ☞거홈한 ¶거음한:馬牙磋(漢淸10:35).

거의 [명] 지렁이. ☞거ᅀᅱ. 거위 ¶거의 인:蚓(類合上15). ※거의<거위<거ᅀᅱ

거·의 [부] 거의. ☞거ᅀᅴ ¶거읫 샹:尙(類合下18). 거의 긔:幾(石千29. 倭解上27). 거의 오ᄂᆞᆫ 후엣 사ᄅᆞᆷ을 ᄭᆡ돋게 ᄒᆞ노니:庶覺來裔(宣小題辭4). 범을 텨 거의 뉵십 보의 니르러:撲虎幾至六十步許(東三綱. 烈5). 거의 平生애(重杜解1:14). 님다히 消息을 아므려나 아쟈 ᄒᆞ니 오ᄂᆞᆯ도 거의로다 ᄂᆡ일이나 사ᄅᆞᆷ 올가(松江. 續美人曲). ᄆᆞᆺ춤이 거의요(三譯10:10). 병환은 나날 낫ᄌᆞ오셔 즈금은 거의 여샹ᄒᆞ오신가 시브오니(諺簡104 肅宗諺簡). 거의 슈:垂 幾也(註千5 垂字註). 거의 셔:庶 近辭(註千29). 거의 ᄐᆡ:殆(註千30). 혹 회심ᄒᆞ면 거의 허믈을 면ᄒᆞ리니라(敬信16). 壺中天地예 夕陽이 거의로다(江村晩釣歌). ※거의<거ᅀᅴ

거의다 [동] 거의 되다. ☞거ᅀᅴ다 ¶皇城이 거의 냥ᄒᆞ야 佳氣葱葱ᄒᆞ야라(古時調. 鄭澈. 長城 萬里. 松江親筆遺墨). 重陽이 거의로다 ᄂᆡ 노리 ᄒᆞ쟈스라(辛啓榮. 月先軒十六景歌).

거이고 [명] 것이냐. 것일까. ¶怨讐 白髮이 어드러셔 온 거이고(古時調. ᄂᆞᆷ도 준 바 업ᄉᆞ. 海謠). 汲長孺 風采ᄅᆞᆯ 고텨 아니 볼 거이고 어와 뎌 디위ᄅᆞᆯ 어이ᄒᆞ면 알 거이고(松江. 關東別曲).

거이다 [동] 게우다. 토하다. ¶먹은 濁酒 다 거이거다(古時調. 申獻朝. 셋괏고. 靑丘).

-·거이다 [어미] -합니다. -습니다. ¶이 터리도 足거이다 ᄒᆞ고(釋譜23:58). 이제 世尊ᄋᆞᆯ ᄆᆞᄌᆞ막 보ᅀᆞᄫᆞ니 측ᄒᆞᆫ ᄆᆞᅀᆞ미 업거이다(月釋10:8). 오ᄂᆞᆯ 世尊ㅅ 알ᄑᆡ 몯 듣ᄌᆞᆸ더닐 듣ᄌᆞᆸ고 다 疑惑에 ᄢᅥ러디거이다(法華2:51). 岳飛 죽거이다 ᄒᆞ야ᄂᆞᆯ(三綱. 忠22). ᄌᆞ세 아ᄋᆞᆸ거이다(新語7:10). 아디 몯거이다 므슴 바ᄅᆞᆯ의 據ᄒᆞ여(家禮1:21).

거ᄋᆞ지 [명] 거지. ☞것바ᅀᅵ ¶거ᄋᆞ지:乞丐(漢淸5:35). 거ᄋᆞ지:叫化子(同文解上14).

거ᄋᆡ [부] 거의. ☞거ᅀᅴ ¶우러 거ᄋᆡ 눈이 멀리러라:涕泣幾喪明(宣小6:32).

거ᄋᆡᄒᆞ다 [동] 거애(擧哀)하다. ¶동궁이 ᄉᆞ부와 이ᄉᆡ 죽으면 거ᄋᆡᄒᆞ시ᄂᆞᆫ 거시 녜오(仁祖行狀22). 이제 사ᄅᆞᆷ이 다 날 ᄀᆞᆯ희여 擧哀ᄒᆞᄂᆞ니(家禮7:13).

거적 [명] 거적. ¶셝거적 ᄭᆞᆯ오 이셔 三年을 소고ᄆᆞᆯ 먹디 아니ᄒᆞᆫ대(三綱. 孝14). 거적에 자며:寢苫(宣賜內訓1:61). 거적:藁薦(救簡1:87). 거적의 자고:寢苫(東新續三綱. 烈2:70). 삼 년을 거적을 베고 최복글 벗디 아니ᄒᆞ더라:三年枕苫不脫衰服(東新續三綱. 孝7:49). 거저긔 올아 힘ᄡᅳ라:上草用力(胎要20). 지게 우희 거적 덥허(松江. 將進酒辭). 거적:苫席(物譜 几案).

거적긔 [명] 거적에. ㉯거적 ¶아비ᄃᆞ려 고ᄒᆞ야 ᄀᆞᆯ오ᄃᆡ 병을 ᄢᅴ여셔 거적긔 자고:告父曰帶疾而寢苫(東新續三綱. 孝1:87).

거적눈 [명] 거적눈. 윗눈시울이 처진 눈. ¶거적눈:眼皮下垂(漢淸6:3).

거적문 [명] 거적문. 문짝 대신 거적을 친 문. ¶거적문에 돌저귀(東韓).

거적의 [명] 거적옷. ¶우흔 거적의ᄅᆞᆯ 닙ᄉᆞ오시고(癸丑72).

거절이 [명] 고자리. ¶바금이 거절이(古時調. 李鼎輔. 一身이 사자 ᄒᆞ니. 海謠).

거젹 [명] 거적. ☞거적 ¶거젹 펴다:炕上鋪草(譯解上37).

:거·절ᄒᆞ·다 [동] 거절(拒絶)하다. ¶혼인을 거절ᄒᆞ고:絶昏(飜小9:61). 더옥 맛당이 疎히 ᄒᆞ야 거절홀디니:尤宜疎絶(宣小5:60).

거조 [명] 거조(擧措). 행동거지(行動擧止). ¶ᄉᆞ신이 창황ᄒᆞ여 거조ᄅᆞᆯ 일허:思愼蒼黃失措(東新續三綱. 烈6:13). 잔최ᄒᆞ여 먹이ᄂᆞᆫ 거조ᄅᆞᆯ 가ᄇᆡ야이 못ᄒᆞ나(仁祖行狀30). ᄀᆞ리면 對面ᄒᆞᆯ 제 그 거조ᄂᆞᆫ 언지ᄒᆞ올고(重新語7:8). 湯이 업서 荒忙히 거조ᄅᆞᆯ 일흐며:無湯荒忙失措(女四解2:33). 오호ㅣ라 나라 흥망이 이 ᄒᆞᆫ 거조의 잇ᄂᆞᆫ지라(綸音336). ᄎᆞ마 이 거조ᄅᆞᆯ ᄒᆞ야 노야의 ᄇᆞ라시믈 쑛ᄎᆞ려 ᄒᆞ시ᄂᆞ니잇가(落泉1:2).

거족 [명] 거죽. ¶니불 거족과:被面(朴新解2:14). 옷 거족:衣面(譯解補40).

:거·즈:말 [명] 거짓말. ☞거즌말. 거즛말. 거즛말 ¶내 반ᄃᆞ기 거즈마리 마존 ᄃᆡ 업스니:予必誑言無當(永嘉下128). 거즈말 니ᄅᆞ기:說謊(飜老下43). 다ᄆᆞᆫ 거즈마ᄅᆞᆯ 잘 니ᄅᆞᄂᆞ니:只是快說謊(飜朴上35). 거즈말 황:謊(訓蒙下28).

거즉썻 [명] 거짓 것. ☞거즛것 ¶玉漏金屛 깁흔 밤의 元央枕 翡翠衾도 닐 업쓰면 거즉써시로다(古時調. 烏程酒. 靑謠).

거즌말 [명] 거짓말. ☞거즈말. 거즛말 ¶私照업다 호미 거즌말 아니로다(辛啓榮. 月先軒十六景歌).

거즏 [명] 거짓. ☞거즛 ¶삼별쵸 반ᄒᆞ야 거즏셔ᄒᆞ야:三別抄叛僞署(東新續三綱. 忠1:22). 거즏 위:僞(倭解下34).

:거·즛 [명] 거짓. ☞거즌. 거즏. 거즞 ¶眞實와 거즛 이ᄅᆞᆯ ᄀᆞᆯ히시고(月釋2:71). 곧 거즛말ᄉᆞ미 ᄃᆞ외리라:便爲妄語(楞解7:60). 거즛 有를 허르샤:以破妄有(法華3:32). 거즛것 셴 ᄃᆞᆯ 아디 몯홀씨:不了假立(金剛77). 그럴ᄉᆡ 頓과 漸괏 거즛 일후미 셔니라:所以立頓漸之假名(六祖中7). 거즛 여러 적 브르지죠ᄃᆡ:假意兒叫幾聲(飜老下54). 거즛 안:贗(訓蒙下21). 거즛 무:誣(訓蒙下29. 類合下27). 갑ᄌᆞ년에 거즛 힝덕이라 ᄒᆞ야:至甲子以跪行(東續三綱. 孝30). 거즛것:假的(譯解上69). 이에 거즛 요령언의 병부ᄅᆞᆯ ᄒᆞ여:乃詐爲姚令言符令(五倫2:38). 거즛 가:假(註千25). 거즛 교:矯(註千36).

거즛것 [명] 거짓 것. 위조물. 가짜. ☞거즉썻. 거즞것 ¶거즛것 안:贗(類合下38). 거즛것:假的(譯解上69). 거즛거스로 참거ᄉᆞᆯ 섯거 간악ᄒᆞᆫ 리ᄅᆞᆯ 취ᄒᆞ며(敬信5).

:거즛:말 [명] 거짓말. ☞거즈말. 거즌말. 거즏말. 거즞말 ¶거즛말 마롬과(釋譜6:10). 거즛말로 등 알패라 ᄒᆞ샤ᄃᆡ(釋譜23:44). ᄒᆞ다가 거즛말 가져:若將妄語(南明上9). 거즛말 황:謊(訓蒙叡山本下12). 거즛말 탄:誕. 거즛말 만:謾(類合下12). 도적ᄒᆞ기와 거즛말 니ᄅᆞ기 말매:休做賊說謊(老解下39). 淳風이 죽다 ᄒᆞ니 眞實로 거즛말이(古時調. 李滉. 靑丘). 冬至ㅅᄃᆞᆯ 밤 기닷 말이 나는 니론 거즛말이(古時調. 靑丘). 져 아희 입이 보도라와 거즛말 마라스라(古時調. 니르랴. 靑丘).

거즛말ᄒᆞ다 [동] 거짓말하다. ¶거즛말ᄒᆞ고 섭섭ᄒᆞᆫ 이:謊鬆的(譯解上28). 헛되고 거즛말ᄒᆞ며 간사ᄒᆞ며(敬信2).

:거·지 [명] 거지(擧止). 행동거지(行動擧止). ¶용모와 거지 可히 보왐즉ᄒᆞ며:容止可觀(宣小4:55). 공이 셩식을 요동치 아니ᄒᆞ야 거지 여상ᄒᆞ더라(落泉1:1).

-거지 [조] -까지. ☞-ᄭᆞ지 ¶이 지경거지 이르러시니(閑中錄530).

-·거지·라 [어미] -고 싶어라. ☞-지라 ¶그 아기 닐굽 설 머거 아비 보라 니거지라 ᄒᆞᆫ대(月釋8:101). 죽거지라 ᄒᆞ더라(續三綱. 孝29). 집 나 살거지라 ᄒᆞ고(重二倫4).

-거·지이·다 [어미] -(어)지고자 하나이다. ☞-거징이다 ¶내 니거지이다 가샤:請而自往(龍歌58章). 韋提希請ᄒᆞᅀᆞᄫᅡ 淨土애 니거지이다(月釋8:1). 모ᄃᆞᆫ 놀람과 저홈 업거지이다(永嘉下140). 朴堤上이 니거지이다 ᄒᆞ야(三綱. 忠30).

거짓 [명] 거짓. ☞거즛 ¶거짓 가:假(兒學下

9). 거짓 위:僞(兒學下12).

-거징이다 어미 -(어)지고자 하나이다. -고 싶습니다. ☞-거지이다 ¶옷 ᄀ라닙고 나아니거징이다 ᄒ고:以更衣而進(東三綱. 烈1).

:거·즈:말 명 거짓말. ☞거즈말 ¶거즛말 ᄒᆞᄂᆞ 놈돌(飜老下54).

거즌 명 거짓. ☞거즛 ¶거즌 힝실이라 ᄒ야 주기니:爲詭行殺之(東續三綱. 孝29).

거즌말 명 거짓말. ☞거즛말 ¶이예 거즌말로 닐오ᄃ:乃佯言曰(東新續三綱. 烈2:86).

거즛 명 거짓. ¶거즛 위:僞(類合下18). 어미 거즛 허ᄒ고 오란 후의 가히 셩녜홀가 ᄒ더니(女範3. 뎡녀 노진ᄉ쳐).

거즛것 명 거짓 것. ¶거즛거슬 힝티 아니ᄒ고(女範1. 모의 제뎐직모).

거즛말 명 거짓말. ☞거즛말 ¶아모리 어버이 듕하여 살오고져 ᄒ들 거즛말을 ᄒ여(癸丑59).

거:쳐 명 거처(居處). 평상시(平常時). 일상생활. ¶居處:居ᄂ 뎡ᄒ여 이심이오 處ᄂ 잠깐 이심이라(宣小3:4). 子ㅣ ᄀᆞᆯᄋ샤ᄃ 居處에 恭ᄒ며:子曰居處恭(宣論3:45).

거:쳐ᄒ·다 동 거처(居處)하다. 편안히 있다. ¶居處ᄒ욤애 安티 아니ᄒᄂ 故로 ᄒ디 아니ᄒᄂ니:居處不安故不爲也(宣論4:42). 居處홈애 엄공ᄒ며:居處恭(宣小3:4). 주근 사롬을 뷘 뫼히 두고 내 어이 ᄎ아 편안히 거쳐ᄒ리오:亡人置於空山吾何忍安處(東新續三綱. 烈6:12). 거쳐ᄒ매 사롬이 이셔 뫼셔(敬信11).

거척ᄒ다 동 거척(拒斥)하다. ¶샹이 기피 폐됴적 일을 딩계ᄒ샤 미이 거척ᄒ고 좃디 아니ᄒ시니(仁祖行狀14).

:거:천ᄒ·다 동 거천(擧薦)하다. 천거하다. ¶擧薦혼 배 子弟옷 아니면 아ᅀᆞᆸ 兄弟오(宣賜內訓2上23). 샹네 시르믈 머그샤 左右ᄅ 擧薦ᄒ샤ᄃ 몯 미츨 드시 ᄒ샤(宣賜內訓2上43). 萬民을 ᄀᄅ쳐 손례로 ᄒ야 거천ᄒ니:教萬民而賓興之(宣小1:10). 일즉 사롬의게 擧薦홈을 간구티 아니ᄒ더니:未嘗干人擧薦(宣小6:49). 미러내여 擧薦ᄒ야 ᄡ이논디라 사롬 업슨 저글 니우미 아니로소니(重杜解23:38). 관찰ᄉ라 ᄒ여 거쳔ᄒ고(八歲兒11).

거취 명 거취(去就). ¶엇디 가히 경션이 거취을 결단ᄒ리오(經筵). 모로미 去就를 ᄉᆞᆯ펴 날회여 ᄒ여(家禮7:9). 족히 군ᄌ의 거취ᄅ 욕되게 못홀지라(落泉1:2).

:거츠·리 부 거칠게. ☞거츨다 ¶非量ᄋᆫ ᄆᆞᅀᆞ미 境을 緣홇 저긔 境에 錯亂ᄒ야 거츠리 ᄀᆞᆯᄒ야 正히 아디 몯ᄒ야(月釋9:8). 거츠리 緣塵ᄋᆯ 아라:妄認緣塵(楞解1:3). 所明을 거츠리 보아:妄見所明(楞解4:27). 거츠리 낡던댄:妄出(楞解4:67). 法法이 불휘 업거늘 거츠리 分別ᄒᄂ다:法法無根妄分別(南明下52).

거츤히 명 황년(荒年). 흉년(凶年). ¶ᄒ믈며 거츤히를 만나 총알 밧치기를 엇지 판득ᄒ리오(綸音86).

거츨게 명 꽃게. ¶거츨게:蟙蛑(物譜 介蟲).

:거츨·다 형 거칠다. ☞거츨다 ¶淤膿ᄋᆯ 거츤 드르헤 누이며(月釋18:39). ᄆᆡ햇 힛비츤 거츤 ᄃ 블갯고:野日荒荒白(初杜解10:4). 눈섭 거츨오 머리 셰오:厖眉皓首(初杜解16:33). 거츤 ᄠᆞᆯ헷 봆픐비출 지즐안조ᄆᆞᆯ 肯許ᄒ시면:肯藉荒庭春草色(初杜解21:4). ᄠᅳ디 나날 거츠레라:意緖日荒蕪(初杜解23:20). 天地 나날 거츠놋다:天地日榛蕪(初杜解24:60). 거츨 호:鬍(訓蒙上29). 거츨 망:罔(光千8). 거츨 무:蕪(類合下55). 거츨 황:荒(類合下55. 倭解下3. 兒學下12). 거츨 황:荒(石千1). 거츨 무:茂(石千22). 니김애 수이 거츠ᄂ디라:習之易荒(宣小5:18). 거츤 길:荒路(譯解上6). 거츠다:荒蕪(同文解下2). 힘ᄡ 아이ᄒ여 남의 밧츨 거츨게 말며(敬信65).

:거츨·다 형 허황(虛荒)하다. 허망(虛妄)하다. ¶사ᄅᆞ미 ᄠᅳ디 漸漸 거츠러(釋譜9:19). 舍利弗아 너희 부텻 마ᄅᆞᆯ 고디드르라 거츠디 아니ᄒ니라(釋譜13:47). 내 말옷 거츨린댄 닐웨ᄅᆞᆯ 몯 디나아 阿鼻地獄애 ᄢ러디리라(月釋23:66). 거츠로ᄆ로 生滅ᄋᆯ 보니:妄見生滅(楞解4:36). 誠實ᄋᆫ 거츠디 아니ᄒ야 實홀 씨라(阿彌19). 거츠디 아니ᄒ여:不妄(圓覺上一之一3). 平ᄒ고 實ᄒ야 거츠롬 업슨 두려이 됴됴ᄒ 體相 아로ᄆᆞᆯ 니ᄅ시니라(南明上7). 取ᄒ며 捨ᄒ논 ᄆᆞᅀᆞ미 工巧ᄒ며 거츠로미 이ᄂ니:取捨之心成巧僞(南明上79). 이젯 사ᄅᆞᄆᆞᆫ 슬프다 어두모ᄅ고 거츠러:今人何嘆多迷妄(南明下41). 아니시며 거츠르신ᄃᆞᆯ 아으 殘月曉星이 아ᄅ시리이다(樂範. 鄭瓜亭).

거츨:뫼 명 황산(荒山). 〔산 이름〕 ¶鼎山:솓뫼 峯鼎山 在雲峯縣東十六里 荒山 거츨뫼 東北支山也 峯勢突起(龍歌7:8).

거치다 동 걷히다. ☞거티다 ¶ᄇᄅᆞᆷ 부ᄂ 帳ᄋᆫ 어ᄂ 제 거칫ᄂ뇨:風幔何時卷(重杜解3:36).

거치다 동 다리를 절다. ¶거칠 궐:蹶(倭解上31. 兒學下4).

거치다 동 거치다. 걸리다. ¶거칠 ᄶ시 업세라(古時調. 朔風은. 海謠).

거·츨·다 형 거칠다〔荒〕. ☞거츨다 ¶거츨 황:荒(光千1). 그 거츨고 기우러딘 이ᄅᆞᆯ 가지며:取其荒頓者(宣小6:20). 田園이 거츨거든 松菊을 뉘 갓고며(辛啓榮. 月先軒

十六景歌).

거탈ᄒᆞ다 동 남의 것을 함부로 빼앗다. ¶지믈을 거탈ᄒᆞ야 가지거나 모도 가지거나 하면(警民5).

거·터디·다 동 넘어지다. ¶거텨딜 딜:跌(訓蒙下27).

거·틇·ᄠᅳᆮ·ᄒᆞ·다 동 뜻에 거슬리다. ☞거티다 ¶네 거틇ᄠᅳᆮᄒᆞ야 내 布施ᄒᆞᄂᆞᆫ ᄆᆞᅀᆞᄆᆞᆯ 허디 말라(月釋1:13).

거·티·다 동 ①넘어지다. ¶오직 앏 거티더라:只是前失(飜朴上63). 거틸 궐:蹶(訓蒙下27). 거즛 거텨 업더뎌 ᄯᅡ해 누어셔:詐跌仆臥地(宣小4:16).
②걸려 넘어지게 하다. ¶옷슬 헤여디게 말며 발을 거티디 말며:衣毋撥足毋蹶(宣小2:59).

거·티·다 동 거리끼다. ¶디혜ᄂᆞᆫ 두려워 거틸 ᄃᆡ 업고져코 힝뎍은 모나 프러디디 말오져 신븐 거시라:智欲圓而行欲方(飜小8:1). 손애 거티디 아닌ᄂᆞ니ᄂᆞᆫ ᄠᅳ리과 ᄯᅡᆷ도 역이라:不碍指者痲疹疿瘡也(痘要上15). 거티다:礙(語錄5).

거·티·다 동 걷히다. ¶ᄇᆞᄅᆞᆷ 부ᄂᆞᆫ 帳ᄋᆞᆫ 어ᄂᆞ제 거텃ᄂᆞ뇨:風幔何時卷(初杜解3:36).

거푸 부 거푸. 잇달아 거듭. ☞거푸거푸 ¶거푸 ᄒᆞᆫ 번 니ᄅᆞ니(三譯6:6).

거푸거푸 부 거푸거푸. ☞거푸 ¶거푸거푸 열 번 남아 보고(三譯6:11). 거푸거푸:只管(漢清8:56).

거풀 명 껍질. ¶나모 거풀:樹皮(同文解下44). 과실 거풀:果子皮(漢清13:7).

거·품 명 거품. ☞거폼 ¶혀를 시브며 거품을 토ᄒᆞ거든:嚼舌吐沫(救簡1:94). 흰 거품 토호ᄆᆞᆫ:吐白沫者(救簡6:44). 거품 포:泡(訓蒙上6). 거품 말:沫(訓蒙上20).

거품지다 동 거품이 생기다. ¶만히 동당이텨 거품진 믈:甘爛水(東醫 湯液一 水部).

거플 명 ①거푸집. 주형(鑄型). ¶模ᄂᆞᆫ 鑄物ᄒᆞᄂᆞᆫ 거플이오(龜鑑上30).
②꺼풀. 껍질. ¶거프리 ᄲᅧ디며(釋譜23:18). 粳米 나ᄃᆡ 한 됴ᄒᆞᆫ 마시 다 ᄀᆞᆺ더니 거플 업고 기리 닐굽 치러니(月釋1:43). 거플 잇ᄂᆞᆫ 果實와 ᄡᆞᆯ 잇ᄂᆞᆫ 果實왜(月釋23:94). 댓 거프를 取ᄒᆞ야:取竹茹(救急上66). 불휘를 버혀 거프를 갓ᄀᆞ니:斬根削皮(初杜解16:57). 버듨니피어나 거프리어나:柳葉若皮(救簡3:6). 거플 부:稃(訓蒙下6). 것거플:硬皮(譯解補47). 거플 업슨 나모:木亮子(漢清10:27). 등 거플로 얽고:藤蔑纏(武藝諸16). 차 빳던 됴희와 나무 거플을 섯거:雜以茶紙樹皮(五倫2:30).

거플지다 동 꺼풀지다. ¶거플지다:結皮(漢清12:54).

거픔 명 거품. ¶거픔:浮漚(譯解補31). 거픔 니다:起浮沫(漢清1:45).

거·피 명 꺼풀. 껍질. ¶ᄡᆞᆯᄋᆞᆫ 나못거피라(法華1:220). 巴豆 닐굽 나ᄎᆞ로 세흔 生이오 네흔 니겨 生으란 거피 밧겨 ᄀᆞᆯ오 니그니란 거피 밧기고 등잔브레 ᄉᆞ로ᄃᆡ 性이 잇게 ᄒᆞ라:巴豆七粒三生四熟生者去殼生研熟者去殼燈上燒存性(救急上41).

거·피:앗·다 동 꺼풀을 벗기다. ¶므레 불어 거피앗고:湯浸去皮(救急下59).

거폼 명 거품. ☞거품 ¶거폼 구:漚(訓蒙叡山本上3).

거향ᄒᆞ다 동 거향(居鄕)하다. 고향에서 지내다. ¶공이 거향ᄒᆞ야 착ᄒᆞᆫ 일 홈을 더옥 힘쓰더니(敬信40).

거헐ᄆᆞᆯ 명 거할마(巨割馬). ☞거흘ᄆᆞᆯ ¶거헐ᄆᆞᆯ:粉嘴馬(譯解下28).

거험ᄒᆞ다 동 지세(地勢)가 험한 곳에 웅거(雄據)하다. ¶봉슈재예 가 거험ᄒᆞ얏더니:據烽燧嶺(東新續三綱. 忠1:73).

거호로다 동 거우르다. 기울이다. ☞거후로다. 거훌우다 ¶禮애 酒祭호믈 져기 ᄯᅡ희 거호로고 食을 변豆 ᄉᆞ이예 祭ᄒᆞ다 ᄒᆞ니(家禮10:17). 이 져기 거호롤가 이 다 거호롤가(家禮10:17).

거후로다 동 거우르다. 기울이다. ☞거호로다 ¶滄海水 부어내여 저 먹고 날 머겨ᄂᆞᆯ 서너 잔 거후로니(松江. 關東別曲). 잡거니 밀거니 슬ᄏᆞ장 거후로니(松江. 星山別曲). 金樽에 가득ᄒᆞᆫ 술을 슬커장 거후로고(古時調. 鄭斗卿. 青丘).

거후르혀 동 기울여. ¶질瓶을 거후르혀(古時調. 桶橃에 ᄢᅱ노는. 海謠).

거후리혀 동 기울여. ¶딜병을 거후리혀 박구기예 브어다고(古時調. 尹善道. 孤遺).

거훌우다 동 거우르다. 기울이다. ☞거호로다. 거후로다 ¶東山 携妓ᄒᆞ고 北海鐏을 거훌우랴(曺友仁. 出塞曲).

거·훔 명 악골(顎骨). ☞거흠. 거엄 ¶거훔 악:腭(訓蒙上26).

거훔한 명 이를 굵게 낸 환. ☞거음한 ¶거훔한 산:鏟(訓蒙中16).

거흘ᄆᆞᆯ 명 거할마. 주둥이가 흰 말. ☞거헐ᄆᆞᆯ ¶거흘ᄆᆞᆯ:粉觜馬(柳氏物名一 獸族).

거흠 명 악골(顎骨). ☞거훔. 거엄 ¶아희 입 웃거흠의도 ᄇᆞᄅᆞ며:抹兒上腭間(痘瘡方4).

거·ᄒᆞ·다 동 거(居)하다. ¶論語에 ᄀᆞᆯ오ᄃᆡ 자심을 주검ᄀᆞᆮ티 아니ᄒᆞ시며 居ᄒᆞ심애 지에ᄒᆞ디 아니ᄒᆞ더시다:論語曰寢不尸居不容(宣小3:16).

거힝ᄒᆞ다 동 거행(擧行)하다. ¶四時 正祭ᄂᆞᆫ 곧 敢히 擧힝티 몯ᄒᆞ고(家禮9:32). 구환 경퇴와 신환 ᄃᆡ봉은 다만 우심ᄒᆞᆫ 고을ᄲᅮᆫ 거힝ᄒᆞ라(綸音150).

걱걱ᄒᆞ다 형 바삭바삭하다. ¶ 걱걱ᄒᆞ다:甚酥美酥(老朴集).

걱다 동 꺾다. ☞것다 ¶ 齊ᄂᆞᆫ 걱거 홈이니:齊緝也(家禮1:44). 두 니 걱근 이상이어나(警民16). 네가 하사 더러지여 닉가 하사 걱글소냐(答思鄕曲).

걱뎡 명 걱정. ☞걱졍. 걱졍ᄒᆞ다 ¶ ᄂᆞᆷ의 걱뎡 ᄃᆡ신ᄒᆞ다:替人耽憂(譯解補60). 걱뎡을 만히 ᄒᆞ오신가(隣語7:2).

걱쓸러지다 동 거꾸러지다. ¶ 걱쓸러질 도:倒(兒學下4).

걱졍 명 걱정. ☞걱뎡 ¶ ᄂᆞᆷ의 일은 걱졍 업다:隔壁心寬(譯解補60).

걱졍어 명 꺽저기. 꺽지. ¶ 걱졍어:鱸(柳氏物名二 水族).

걱졍ᄒᆞ다 동 걱정하다. ☞걱졍 ¶ 걱졍ᄒᆞ시외다:費心(譯解補53). 손을 걱졍ᄒᆞᄂᆞᆫ 모양으로(閑中錄398).

건 명 수건(手巾). ¶ 깁으로 ᄆᆡᆫ든 건:帢(漢淸15:11).

-건 어미 -ㄴ. -은. ☞-언 ¶ 地藏菩薩이 오라건 劫으로셔 ᄒᆞ마 濟渡ᄒᆞ니며(釋譜11:5). 디나건 劫 일후미 莊嚴劫이오(月釋1:50). 過去는 디나건 뉘오(月釋2:21之1). 디나건 無數劫에 부톄 겨샤ᄃᆡ(月釋8:59). 내 에미 죽건 디 아니 오라니(月釋21:27). 하ᄂᆞᆯ해 니건 디 오ᄂᆞᆯ 사ᄋᆞ리 디나니(月釋21:28). 내 죽건 디 오란 사ᄅᆞ미로ᄃᆡ(三綱. 忠6). 집 나건 디 오라도(恩重2). 귀ᄂᆞᆫ 니건 ᄃᆞᆯ브터 머구라:耳從前月聾(杜解3:54). ᄆᆞᅀᆞ미 어즈럽건 디 ᄒᆞ마 오랄 시니라:心緖亂已久(重杜解5:27). 軍을 조차 ᄃᆞᆫ니건 디 열 히 나므니:從軍十年餘(重杜解5:29).

건갈 명 건갈(乾葛). 칡의 뿌리. 갈근(葛根). ¶ 乾葛 升麻 머리 업게 ᄒᆞ고(簡辟7). 승마 빅쟈약 감초 각 ᄒᆞᆫ 돈 건갈 두 돈(辟新2).

-건고 어미 -신고. -셨는고. ¶ 大明崇禎이 어드러로 가시건고(古時調. 朝天路. 海謠).

건곤 명 건곤(乾坤). ¶ ᄒᆡ미 乾坤에 ᄂᆞ로ᄆᆞᆯ 禪이오(蒙法65). 님금 爲ᄒᆞᅀᆞ와 乾坤ᄋᆞᆯ 시스려뇨(初杜解6:50). 그 德ᄋᆞᆯ 니ᄅᆞ건댄 德이 乾坤애셔 더으니(金三1:4). 乾坤이 閉塞ᄒᆞ야 白雪이 ᄒᆞᆫ 빗친 제(松江. 思美人曲). 乾坤이 凝閉ᄒᆞ야 朔風이 되오 부니(曺友仁. 自悼詞). 乾坤이 날더려 니르기ᄅᆞᆯ 홈ᄭᅴ 늙쟈 ᄒᆞ더라(古時調. 靑丘).

건국 명 건국(建國). ¶ 建國之功ᄋᆞᆯ 일우시리잇가:建國之功其何能成(龍歌93章).

:건·국·ᄒᆞ·다 동 건국(建國)하다. ¶ 天爲建國ᄒᆞ샤 天命을 ᄂᆞ리오시니:天爲建國天命斯集(龍歌32章).

건긔 명 건기(巾箕). 시중드는 일. ¶ 군ᄌᆞ의 건긔를 받드런디(洛城1).

:건·나·가다 동 건너가다. ☞걷나가다 ¶ 믈 건나가 것ᄆᆞᄅᆞ주거 디옛다니(月釋10:24). 可히 건나가리로다:可超越(初杜解16:37). 江湖애 건나가놋다:渡江湖(重杜解2:18).

:건나·다 동 건너다. ☞건ᄂᆞ다. 걷나다 ¶ 大水를 건나거나(月釋21:171). 生死 바ᄅᆞ래 건나ᄆᆞᆯ 니ᄅᆞ시니(法華1:109). 보미 色애 건나디 몯거니와(永嘉下85). 敎ㅣ 잢간 너브며 져거 緣ᄋᆞᆯ 조ᄎᆞ시나 말ᄊᆞ매 건난 宗ᄋᆞᆫ:超(心經8). ᄇᆡ 건나고:船渡(初杜解7:6). ᄎᆞᆫ 硤ᄋᆞᆯ 可히 건나디 몯ᄒᆞ리로소니:寒硤不可度(重杜解1:19). 건나ᄂᆞᆫ ᄀᆞᄅᆞ미 본ᄃᆡ 제 어위니:濟江元自闊(重杜解2:15).

건난ᄒᆞ다 형 건난(愆難)하다. 어긋나고 어렵다. ¶ 졍신이 모손ᄒᆞ야 일의 건난ᄒᆞ미 자자니(落泉5:12).

·건:내 부 건너. ¶ ᄇᆞᄅᆞ미 부러 믌ᄀᆞ새 건내 부처니(月釋8:99).

:건:내·다 동 건네다. ☞걷내다 ¶ 뎌 ᄀᆞ새 건내쇼셔(月釋8:99).

:건:내뛰·다 동 건너뛰다. ☞건네뛰다. 걷내뛰다 ¶ 聖因에 건내뛴 일와 十地證ᄒᆞᆫ 일와(月釋21:155). 世間 건내뛰ᄂᆞᆫ 道ㅣ니:超世間道也(楞解9:2). 不退地예 건내뛰논 젼ᄎᆞ로:超不退地故(法華4:148). ᄣᅳ데 건내뛰며 보매 여희니:超情離見(法華6:149). 尙書의 功業이 千古ㅅ 사ᄅᆞ미게 건내뛰도소니:尙書勳業超千古(初杜解25:48).

건너 명 건너. ¶ 져 건너 놉흔 뫼의 홀로 셧ᄂᆞᆫ 져 소나무(萬言詞).

건너가다 동 건너가다. ☞걷나가다 ¶ 언지 건너가 뵈올까 너기ᄋᆞᆸ더니(重新語2:11).

:건·너·다 동 건너다. ☞걷너다 ¶ 셔ᄫᅳᆯ 使者ᄅᆞᆯ ᄭᅥ리샤 바ᄅᆞᄅᆞᆯ 건너싫 제:憚京使者爰涉于海(龍歌18章). ᄆᆞᆯ 톤 자히 건너시니이다:乘馬截流(龍歌34章). 그 머리 갓ᄀᆞ로 ᄃᆞᆯ요미 다 빗기 건너논 類라:倒懸其頭者皆衡度類也(楞解8:93). 건넘 직호ᄆᆞᆯ 아노니:知…應度(法華3:178). 건널 졔:濟(訓蒙下32. 類合下11. 註千24). 건널 툐:超(光千38). 건널 셥:涉. 건널 도:渡(類合下26. 倭解下18). 그ᄃᆡ 가히 품어 가지고 강을 건너라:卿可抱持過江(東新續三綱. 烈2:89). 건너다:渡水(同文解上8). 어와어와 거륵이 머흔ᄃᆡ 아모 일 업시 건너시니(重新語1:13). 이제 사ᄅᆞᆷ들이 바다흘 건너며 뫼에 올나(敬信23).

건너오다 동 건너오다. ¶ 오ᄂᆞᆯ은 건너왐즉ᄒᆞᆫ 구름 가기도 읻고 ᄇᆞ람도 죠히 불엇기예(重新語1:10). 어제 日本 ᄇᆡ 두 쳑이 건너 완ᄂᆞᆫᄃᆡ(隣語1:5).

:건너·우·다 동 건너게 하다. ¶ 구버 것거

가ᄂᆞᆫ 디ᄅᆞᆯ 뵈야ᄒᆞ로 ᄌᆞ조 건너우라:曲折方屢渡(初杜解9:13).

건넌편 명 건너편. ¶大同江 건넌편 고즐여(樂詞. 西京別曲).

건네 부 늘. 항상. ☞건ᄂᆡ ¶건네:常常的(同文解下52). 건네 데ᄀᆡᄒᆞ다:常提(漢淸7:11). 건네 속이면 ᄯᅩ 네 말을 밋을 사ᄅᆞᆷ이 이시랴(捷蒙2:15).

:건네·다 동 건네다. ☞걷내다 ¶受苦ㅅ 바ᄅᆞᆯ 건네ᄂᆞᆫ ᄲᆞ른 ᄇᆡ라(心經8). ᄇᆡᄅᆞᆯ 뮈워 뫼화 건네는 觀이니:運舟兼濟觀(圓覺下二之二15). 너ᄅᆞᆯ 건네요미 올ᄒᆞ니라(六祖上33). 건넬 졔:濟(類合下11). 가히 이 ᄌᆞᄅᆞᆯ 건네링이다(太平1:55). 隨分 念入ᄒᆞ여 잘 ᄃᆞ라 건넬 양으로 닐넛ᄉᆞᆸᄂᆡ(重新語4:5). 우리 兩人을 불의예 막켜 건네여 계시니(重新語5:4). ᄇᆡᄅᆞᆯ 믿드러 사ᄅᆞᆷ을 건네며(敬信9).

:건·네ᄠᅱ·다 동 건너뛰다. ☞건내ᄠᅱ다. 걷내ᄠᅱ다 ¶自然히 건네ᄠᅱᄂᆞ니:自然超越(楞解8:71). 알ᄑᆡ 布施ᄒᆞᆫ 사ᄅᆞ미게 건네ᄠᅱ유ᄃᆡ:超越前之施人(楞解10:91). ᄠᅳ데 혜논 數에 건네ᄠᅱ여:超情量數(法華2:148).

:건·네·티·다 동 지나치다. ¶됴ᄒᆞᆫ 시경을 건네텨 ᄇᆞ리디 말 거시라:休蹉過了好時光(飜朴上1).

:건노·니 동 걷나니. ¶긴 지ᄇᆡ셔 건노니:步脩廊(初杜解16:4). 뫼고래 건노니 ᄇᆞᄅᆞ미 ᄂᆞᆺ촐 불오:步壑風吹面(重杜解3:43).

:건니다 동 거닐다. ☞걷니다 ¶도라가ᄆᆞᆯ 니저 ᄃᆞᆯ 비췬 臺예셔 건니놋다:忘歸步月臺(初杜解22:9). ᄯᅩ 어딘 버들 思戀ᄒᆞ야 소ᄂᆞᆯ 자바셔 긼 구븨예 건니노라:且復戀良友握手步道周(初杜解22:38). 두루 건니며 ᄠᅱ놀아 오래 ᄠᅥ나디 아니ᄒᆞ고:彷徨躑躅久不去(宣小6:93). 다매 건뇨니:步堞(重杜解6:39). 달바조 밋트로 아장 밧삭 건니다가 쟈근쇼마 보신 後니(古時調. 이제ᄂᆞᆫ 못 보게도. 青丘).

:건니·다 동 건너다. 〔'니'는 '너'의 오기(誤記)로 짐작됨.〕 ¶ᄇᆡ와 빗과 ᄇᆞ리고 能히 江海 건니리 잇디 아니타 ᄒᆞ니라:未有捨舟楫能涉江海乎(永嘉下22).

건ᄂᆞ다 동 건너다. ☞건나다 ¶장ᄎᆞᆺ 河를 건ᄂᆞᆯ시(女四解4:16).

건ᄂᆡ 부 늘. 항상(恒常). ☞건네 ¶ᄯᅩ 건ᄂᆡ ᄌᆞ나희 집의 가:又常到婊子家裏去(老解下46). 다만 건ᄂᆡ 놀기만 貪ᄒᆞ여:只足一味貪頑(朴新解1:24).

건ᄂᆡ다 동 건너다. ¶江물이 잠간 말나 平安이 건ᄂᆡ신 後의(八域歌).

건달 명 건달. ¶노식 얼골 진심ᄒᆞ면 건달 귀중 ᄲᅧ러지고(因果曲5).

건담 명 건 가래. ¶건담:粘痰(譯解補21).

-건대 어미 -건대. ☞-건ᄃᆡ ¶자ᄂᆡ의 말을 듣건대 아모리라도 ᄒᆞ고져 ᄒᆞ건마ᄂᆞᆫ(重新語4:28).

-건·댄 어미 -ㄹ진대. ¶모도아 니르건댄… 네 업던 法을 부톄 다 일웻ᄂᆞ니라(釋譜13:40). 울워러 聿追ᄅᆞᆯ ᄉᆞ랑ᄒᆞ건댄:仰思聿追(月釋序17). 子細히 니ᄅᆞ건댄 十二因緣法이오 멀테로 니ᄅᆞ건댄 四諦法이니(月釋2:22之2). 應에 나ᅀᅡ가건댄 實로 ᄒᆞᆫ 부톄시니라(月釋13:42). 三千은 理ᄅᆞᆯ 자바 니ᄅᆞ건댄(金剛145).

-건·덴 어미 -건댄. ¶일로 혜여 보건덴 므슴 慈悲 겨시거뇨(釋譜6:6).

건·뎌:내·다 동 건져내다. ☞건디다 ¶ᄒᆞᆫ두 소솜 글혀 건뎌내야 뵈 헌거스로 ᄡᅡ:煮一兩沸卽漉出以布帛裏(救簡1:91). 버다 네 콩을 건뎌내여다가:火伴伱將料撈出來(飜老上24).

-건·뎡 어미 -ㄹ망정. -ㄹ지언정. ¶져그샤미 겨시건뎡 그 實은…다오미 업스니(法華3:189). 보미 맛당컨뎡 모ᄃᆡ 杜撰ᄋᆞᆯ 마롫디니 아란다(蒙法20). 思티 아니ᄒᆞ건뎡 엇디 머믈이 이시리오(宣論2:50).

건듯 부 잠시. 잠깐. ¶東風이 건듯 부러 積雪을 다 녹이니(古時調. 金光煜. 青丘). 春山의 눈 녹인 ᄇᆞ람 건듯 불고 간듸업다(古時調. 禹倬. 海謠). 南風이 건듯 부러 綠陰을 헤텨내니(松江. 星山別曲).

건디 명 건지. 건더기. ¶건디ᄅᆞᆯ 임의로 머그면:喫豆任意(痘瘡方5).

건·디·다 동 건지다. ☞건지다 ¶衆生 ᄲᅡ혀 건됴려:拔濟衆生(法華2:88). 救ᄒᆞ야 건디실 ᄲᅮᆫ니시니라:救濟而已(法華7:29). 버다 네 콩을 건뎌내여다가:火伴伱將料撈出來(飜老上24). 건딜 로:撈. 건딜 록:漉(訓蒙下23). 손으로 ᄡᅥ 건디고져 ᄒᆞᆫ대:欲以手援之(東新續三綱. 烈2:88). ᄆᆞ르게 달힌 후에 덥흐란 건디고:濃煎後去秤(救荒7). 건뎌내여다가:撈出來(老解上21). 건뎌내여 와:撈出來(老解下41). 블근 년곳출 건뎌:拾得紅蕖(太平1:2). 만일 ᄯᅳ디 못ᄒᆞ야 건뎌셔 보야ᄒᆞ로 나왓거든:如未浮打撈方出(無寃錄3:3). ᄒᆞ나흘 건디고 ᄇᆡᆨ을 ᄢᅡ디오노라(閑中錄2).

건·디쥐·다 동 유괴(誘拐)하다. 훔치다. ¶건디쥘 괘:拐(訓蒙下20). ᄀᆞ장 놈의 것 건디쥐기 ᄒᆞᄂᆞ니:好生捏拐東西(朴解中3).

-건ᄃᆡ 어미 -건댄. ☞-건대 ¶아직 갓가온 쟈로ᄡᅥ 닐으건ᄃᆡ(敬信25).

-건ᄃᆞᆫ 어미 -건대. ¶녯 졔왕업을 홍ᄒᆞᆫ 인군을 샹고ᄒᆞ건ᄃᆞᆫ(女四解4:6).

:건·립ᄒᆞ·다 동 건립(建立)하다. ¶ᄆᆞᆫ드시

赤縣을 建立ᄒᆞ니:居然赤縣立(初杜解6:18). 智慧性을 因ᄒᆞ야 반ᄃᆞ기 能히 建立ᄒᆞ니(六祖上68).

-·건마ᄂᆞᆫ 어미 -건마는. ☞-건마ᄅᆞᆫ ¶傳記예 섯거 난ᄂᆞᆫ듸 또 하건마ᄂᆞᆫ 닐글 이 잇다감 ᄒᆞᆫ갓 네와 이제와 맛당홈이 달름으로 ᄡᅧ 行티 아니ᄒᆞᄂᆞ니(宣小書題2). 님그믄 ᄀᆞ장 虛心ᄒᆞ야 기들우시건마ᄂᆞᆫ(重杜解1:8). 진실노 싀양코져 ᄒᆞ건마ᄂᆞᆫ ᄃᆞ리신 사ᄅᆞᆷ의 지조를 뵈려 니ᄅᆞ시기예 ᄉᆞ양 아니 ᄒᆞᄂᆞ이다(重新語6:9).

-·건마·ᄅᆞᆫ 어미 -건마는. ☞-건마ᄂᆞᆫ ¶믈 깊고 ᄇᆡ 업건마ᄅᆞᆫ:江之深矣雖無舟矣(龍歌34章). 나라히 오라건마ᄅᆞᆫ 天命이 다아갈ᄊᆡ:維邦雖舊將失天命(龍歌84章). 두 兄弟 ᄭᅬ하건마ᄅᆞᆫ:兄弟謀多(龍歌90章). 貪欲心 겨시건마ᄅᆞᆫ(月印上33). 일홈도 업건마ᄅᆞᆫ(月釋2:53). 시혹 그 ᄒᆞ샤ᄆᆞᆯ 놀라건마ᄅᆞᆫ:或駭其所爲(法華6:145). 衆生이 本來 覺性이 ᄀᆞᆮ건마ᄅᆞᆫ:衆生本同覺性(圓覺下一之一57). ※-건마ᄅᆞᆫ>-건마ᄂᆞᆫ>-건마는

건물 명 건물(乾物). ¶과즐 괴온 것도 ᄂᆞᆫ고 건물도 두 가지 ᄌᆞᆯ지 몯ᄒᆞ고(重新語2:18). 宴享을 바로 乾物로 받기ᄂᆞᆫ 事體 언더ᄒᆞ오매(隣語1:3).

건믈 명 건물(乾物). ☞건물 ¶과즐과 건믈과 머글 거슬(新語2:8).

건ᄆᆞᄅᆞ죽다 동 까무러치다. ☞것ᄆᆞᄅᆞ죽다 ¶우히 건ᄆᆞᄅᆞ죽어(癸丑95).

건션ᄒᆞ다 동 건선(健羨)하다. ¶우러러 건션ᄒᆞ믈 이긔지 못ᄒᆞ더라(落泉5:12).

건시 명 건시(乾柿). ¶진믁 오십 뎡 건시 삼십 뎝 황뉼 십오 두(山城137).

건어 명 건어(乾魚). 말린 물고기. ¶건어 육:鱐(兒學上13).

-건이 어미 -느냐. ☞-거니 ¶門 밧긔 귀 큰 王孫은 三顧草廬ᄒᆞ건이(古時調. 李鼎輔. 南陽에. 海謠).

건장ᄒᆞ다 형 건장(健壯)하다. ¶놀라고 건장ᄒᆞ므로(東新續三綱. 忠1:74). 健壯ᄒᆞᆫ 男兒ㅣ 블근 旗ᄅᆞᆯ(重杜解1:40). ᄉᆞᆯ지고 健壯ᄒᆞ거늘(重杜解4:12). 소릐 빗나미 健壯ᄒᆞᆫ 부데 當ᄒᆞ니:聲華當健筆(重杜解24:26). 몸이 건장ᄒᆞ고 졍신이 ᄆᆞᆯ그며(馬解上39). 건장할 장:壯(兒學下8).

-건쟈 어미 -었구나. -었는가. ¶가지 말 것을 나갈가 너기더니 욕도 보건쟈 울고 온 아히도 잇고(癸丑199). 憔悴ᄒᆞᆫ 이 얼굴이 님 그려 이러킈쟈(曺偉. 萬憤歌).

건:쟝히 부 건장(健壯)히. ¶엇데 健壯히 거름 거르릴 어더(初杜解15:38).

건:쟝ᄒᆞ·다 형 건장(健壯)하다. ¶健壯ᄒᆞᆫ 男兒ㅣ(初杜解6:40). 건쟝ᄒᆞᆫ 군과 효용ᄒᆞᆫ 무ᄉᆡ 다 쳬부의 모닷더니(山城34).

-건져 어미 -었구나. -었는가. ¶늙ᄶᅵ야 맛난 님을 덧업씨도 여희건져(古時調. 海謠).

건즐 명 건즐(巾櫛). 수건과 빗. ¶군ᄌᆞ의 건즐을 밧들게 코져 ᄒᆞ노니(太平1:18). 후일의 오히려 건즐을 밧들 거시어ᄂᆞᆯ(引鳳簫2).

건즙 명 건즙(乾汁). ¶건즙을 독의 ᄀᆞ득이 녀코(救荒11).

건지다 동 건지다. ☞건디다 ¶건질 증:拯(類合下11). 건지다:撈了(同文解上61). 건져내다:撈出(漢淸12:61). 건지고 구ᄒᆞᆯ 배 아니리오(字恤1). 사ᄅᆞᆷ의 급ᄒᆞ믈 건지며 위틱ᄒᆞ믈 구ᄒᆞ며(敬信2).

:건·춤 명 건침. 가래. ¶곳굼긔 부러 녀허 건추믈 吐ᄒᆞ면:吹入鼻中頑涎即吐(救急上43). 건춤 조차:隨痰(救簡6:6). 건춤이 막혀 졍신이 아득ᄒᆞ며:痰涎壅塞精神昏憒(臘藥1). 건춤이 마키며:痰涎壅(臘藥7).

건티 명 건치(乾雉). ¶겨ᄋᆞᆯ희ᄂᆞᆫ 뭥을 ᄡᅳ고 녀ᄅᆞᆷ의ᄂᆞᆫ 건티ᄅᆞᆯ ᄡᅳ라(家禮4:25).

걷 명 것. ¶사ᄅᆞᆷ이 밧ᄭᅴ 걷 몸 위완ᄂᆞᆫ 거세 일마다 됴홈을 요구호ᄃᆡ:人於外物奉身者事事要好(宣小5:87). 금이며 프른 걷 ᄒᆞᆫ 수릐ᄅᆞᆯ ᄐᆞ디 아니ᄒᆞ고:不乘金碧輿(宣小6:98). 걷 물:物(倭解下32). 과즐 괴온 걷도 ᄂᆞᆫ고 건물도 두 가지 ᄌᆞᆯ지 못ᄒᆞ고(重新語2:18).

걷 명 겉(表). ¶書契ᄅᆞᆯ 내ᄋᆞᆸ소 걷틔 쓴 거ᄉᆞᆯ 보ᄋᆞᆸ새(重新語1:21).

걷곶·다 동 걷어올려 꽂다. ☞것곶다 ¶너븐 빈혀 가져다가 머리 걷곶고:將那挑針挑起來(飜朴上44).

걷구러지다 동 거꾸러지다. ☞것구라디다. 것구러디다 ¶걷구러질 도:倒(倭解上31).

:걷·나·가·다 동 건너가다. ☞건너가다. 것너가다 ¶뎌녁 ᄀᆞᅀᅢ 걷나가샤 일후미 너비 들여(釋譜13:4).

:걷·나·다 동 건너다. ☞건너다 ¶病死ᄅᆞᆯ 걷나아(釋譜19:27). 濟ᄂᆞᆫ 걷날 씨라(月釋序9). 度ᄂᆞᆫ 걷날 씨니(月釋1:18). ᄆᆞ를 걷나샤도 ᄆᆞ리 뮈디 아니ᄒᆞ고(月釋1:28). 세 가짓 즁ᄉᆡᆼ이 ᄆᆞ를 걷나ᄃᆡ(月釋2:19). 度ᄂᆞᆫ 걷날 씨니 뎌 ᄀᆞᅀᅢ 걷나다 ᄒᆞᆫ ᄠᅳ디니(月釋2:25). 六波羅蜜ᄋᆞᆫ 六度ㅣ니 뎌녁 ᄀᆞᅀᅢ 걷나다 ᄒᆞᆫ ᄠᅳ디라(月釋7:42). 楚ㅅ 사ᄅᆞ미 ᄆᆞᆯ 걷나노라 ᄇᆡ 타 가다가(南明上36). 瀟湘ᄋᆞᆯ 걷나아뇨:渡瀟湘(金三3:17).

:걷·나·뛰·다 동 건너뛰다. ☞건내뛰다 ¶어느 ᄆᆞᅀᆞᄆᆡ 다시 三界예 걷나뛰요ᄆᆞᆯ 어드리오:何心更覓超三界(南明上18). 사로매 걷나뛰리어니와:超生(金三2:12). 生死海ᄅᆞᆯ 걷나뛰니(金三2:38). 等級에 걷나뛰리라:超等級(金三4:27). 비록 佛祖애 걷나뛰나:

縱然超佛祖(金三5:49).

:걷:내·다 동 건네다. ☞걷내다. 건네다 ¶越은 걷낼 씨니(釋譜23:3). 濟渡는 믈 걷낼 씨니 煩惱 바ᄅᆞ래 걷내야 내실 쑬 濟渡ㅣ라 ᄒᆞᄂᆞ니라(月釋1:11). 塵累를 걷내ᄂᆞ니러니:越塵累(楞解1:24). 비롤 닐오믄 사ᄅᆞᆷ 걷내논 ᄠᅳ디라(金三2:2).

:걷:내뛰·다 동 건너뛰다. ☞건내뛰다. 건네뛰다. 걷나뛰다 ¶아홉 큰 劫을 걷내뛰여 成佛ᄒᆞ시니라(月釋1:52). 因ᄋᆞᆯ 걷내뛸씨 無上이오(月釋9:19). 生死重罪를 걷내뛰러니(月釋21:131). 이대 걷내뛰유미라:善超(楞解1:26). 걷내뛰디 몯ᄒᆞ며(楞解1:26). 四旬에 걷내뛰니라:超四旬(南明上11). 걷내뛰요ᄆᆞᆯ 어드리오(南明上19). 사로매 걷내뛰며:超生(金三2:13).

:걷너·다 동 건너다. ☞건너다. 걷나다 ¶橫江으로셔 걷너니 臺兵이 ᄌᆞ조 敗ᄒᆞ거늘(三綱. 忠11). 三界를 걷너 지븨 도라와(牧牛訣15). 큰 미ᄒᆞᆯ ᄢᅧ 北녁 바ᄅᆞᆯ 걷너믄 어려우니:挾太山超北海難(宣賜內訓序7).

:걷뇸 동 걸어다님. 걸음. ㉮걷니다 ¶안좀 걷뇨매 어마님 모ᄅᆞ시니(月釋2:24).

:걷니·다 동 걸어다니다. 거닐다. ☞건니다. 것니다 ¶안좀 걷뇨매 어마님 모ᄅᆞ시니(月釋2:24).

:걷·다 동 걷다(步). ☞것다 ¶虛空애 거러 뵈샤(月印上46). 和離는 象이 몯 걷고(月印上47). ᄒᆞᆫ 거름 나ᅀᅡ 거룸만 몯ᄒᆞ니라(釋譜6:20). 거르며 셔며(釋譜6:33). 步兵은 거른 兵이라(月釋1:27). 거루믈 올마ᄂᆞ로미 ᄃᆞ외오:轉行爲飛(楞解7:83). 나ᅀᅡ 거룸디니라:進步(蒙法41). 신 신고 거러:步屧(初杜解7:21). 이우제 거로니:步隣里(初杜解15:5). ᄒᆞᆫ 번 거루메 두 번 피 흘리ᄂᆞ니:一步再流血(初杜解16:70). 샹녜 ᄒᆞ오ᅀᅡ 걷ᄂᆞ니:常獨步(南明上28). 三千里 밧긔 겨르ᄅᆞ이 ᄒᆞ오ᅀᅡ 걷놋다:三千里外閑獨步(金三2:55). 거ᄅᆞ며 ᄲᅡᆯ기를 반ᄃᆞ시 안셔코 샹심ᄒᆞ야 ᄒᆞ며:步履必安詳(宣小5:96). ᄌᆞ조 걸어 집의 닐으더라:趨至家(宣小6:80). 거름 걷디 몯ᄒᆞ더니:不能行步(東新續三綱. 孝8:9). 從容이 물러 걸을ᄶᅵ니라:從容退步(女四解2:26).

걷·다 동 ①걷다(收). ☞것다 ¶迷惑ᄒᆞ며 갓ᄀᆞ론 젼ᄎᆞᄅᆞᆯ 正히 根源 거더 니ᄅᆞ시니라:正原迷倒之由也(楞解2:20). 한 法이 두려이 업스며 두려이 거두믈 對ᄒᆞ샤:對諸法圓泯圓收(圓覺上二之二52). ᄇᆞᄅᆞ미 거더 다ᄋᆞ니:風捲盡(金三4:12). 거들 권:卷(類合上25). 옷 닙고 벼개와 삳톨 걷으며:衣服斂枕簟(宣小2:5).

②걷히다. ¶虛空앳 곳 ᄌᆞᆫᄒᆞᆫ 三界ㅣ ᄇᆞᄅᆞ매 너 거돔 ᄌᆞᆫᄒᆞ며:空花三界如風卷煙(牧牛訣25). 翠華ㅣ ᄂᆞ는 누네 거덧고:翠華卷飛雪(初杜解24:13). 구루미 묏 머리예 이셔 겨ᄅᆞ로이 걷디 아니ᄒᆞ고:雲在嶺頭閑不徹(金三5:32).

걷다 동 빼앗다. ¶적딘의 드러가 능히 쟝슈 버히며 긔 걷디 몯ᄒᆞ니:入賊陣不能斬將搴旗(東新續三綱. 忠1:8).

-걷마ᄂᆞᆫ 어미 -건마는. ¶진실노 시양코져 ᄒᆞ걷마ᄂᆞᆫ ᄃᆞ리신 사ᄅᆞᆷ의 ᄌᆡ조를 뵈려 니ᄅᆞ시기예 ᄉᆞ양 아니 ᄒᆞᄂᆞ이다(重新語6:9).

:걸 명 개천. 도랑. ¶수플와 걸와 殿堂과ᄅᆞᆯ 두르 보며:徧觀林渠及與殿堂(楞解2:48). ᄒᆞ다가 物에 觸ᄒᆞ며 거레 다와ᄃᆞ면:如其觸物衝渠(永嘉下83). 거리 虛ㅣ 다ᄋᆞᆫ ᄀᆞᆺ잇ᄂᆞᆫ ᄃᆞᆯ 아디 몯ᄒᆞᆫ 젼ᄎᆡ라:不知…渠有窮虛之域故也(永嘉下83). 거레 다와ᄃᆞ료ᄆᆞᆫ 無에 거루미니:衝渠滯無(永嘉下84). 그듸 能히 ᄀᆞᄂᆞᆫ 돌ᄒᆞ로 거를 ᄆᆡᆼᄀᆞ노니:子能渠細石(初杜解7:17). 흐르ᄂᆞᆫ 므리 거를 헤티놋다:溜決渠(初杜解7:31). 걸 허로ᄆᆞᆯ:決渠(初杜解7:36). ᄆᆞᆯᄀᆞᆫ 거른 ᄒᆞᆫ ᄀᆞ올해 傳流ᄒᆞ놋다:淸渠一邑傳(杜解9:40). 피ᄂᆞᆫ 浚儀ㅅ 거레 흘러 ᄃᆞᆫᄂᆞ니라:血走浚儀渠(初杜解20:33). 므리 다ᄃᆞ라 거리 이ᄂᆞ니라:水到渠成(金三2:37). 걸 거:渠(光千32).

걸개 명 걸개(乞丐). 거지. ¶걸개와 류락ᄒᆞᆫ 이 다 이라(敬信81).

걸·경쇠 명 수갑. 〔옛 형구(刑具)의 한 가지.〕 ¶枷와 막대와 걸경쇠와 쇠줄와:枷杖鉤鎖(永嘉下139). 걸경쇠:鉤子(譯解上22).

:걸남나·개 명 걸낭. 남날개. ¶아잣ᄭᅦ와 걸남나개 호리라:做坐褥皮搭連(飜朴上31).

걸낭 명 걸낭. ¶걸낭:梢馬子(漢淸11:43).

걸니끼다 동 거리끼다. ☞거리ᄭᅵ다. 걸리ᄭᅵ다 ¶그대도록 싱각ᄒᆞ실 일이면 언지 슈고로옴을 걸니끼올고(重新語6:25).

걸니다 동 걸리다. ¶또 送使들의게셔ᄂᆞᆫ 언지 너길지 ᄆᆞᄋᆞᆷ 걸니오니(重新語1:6).

걸니이다 동 걸리다. ¶일흠을 도적ᄒᆞ매 ᄀᆞ장 귀신의 노에 걸니인지라(敬信51).

걸닙 명 걸립(乞粒). 〔무당이 굿할 때 위하는 귀신.〕 ¶걸닙:瓦立媽媽(漢淸9:5).

:걸·다 동 ①걸다(掛). ¶그므레 거러:挂網(楞解8:93). 모매 거디 아니ᄒᆞᄂᆞ니:不掛身(初杜解8:28). 츩오ᄉᆞᆯ 蘿薜에 거로니:絺衣掛蘿薜(初杜解15:10). ᄇᆞᄅᆞᆷ매 거렛ᄂᆞᆫ 구러겟 果實을 옮겨 오고:掛壁移筐果(初杜解22:11). 갈ᄒᆞᆯ 걸오져 ᄒᆞ고:欲掛劍(初杜解24:46). ᄇᆞᄅᆞᆷ매 거니라:掛壁(金三4:13). 누늘 거로미 어려워:難掛目(金三5:33). ᄇᆞᄅᆞᆷ매 걸라:壁子上掛着(飜老上25). 가마 거다:安鍋兒(老朴集. 單字解1). 걸 괘:掛(類

合下46. 倭解下38). 각지손 거다:大指勾弦(漢淸4:41). 결어 몰뢰온 국슈:掛麵(漢淸12:33). 마춤내 능히 일홈을 방의 혼 번도 못 거는 쟈는(敬信25).
②걸다〔鎖〕. ¶쇠 건 玄關올 다 ᄇᆞ리리라:金鎖玄關盡棄捐(南明下73).
③걸리다〔滯. 拘〕. ¶能히 조차 應ᄒᆞ면 ᄆᆞᅀᆞᆷ 자최예 븓둥기디 아니ᄒᆞ리니 거디 아니ᄒᆞ며 븓디 아니호미 妙行이라(月釋18:63). 엇데 자최예 걸어뇨:何滯迹耶(法華3:55). ᄉᆞᆫ지 거니:尙滯(法華3:171). 文字애 거디 아니홀 씨오:不拘文字也(金剛38). 空애 ᄃᆞᄆᆞ며 寂에 걸어:沈空滯寂(圓覺上二之三38). 對答호ᄃᆡ 正히 이 둘헤 거디 아니호몰브터 바라:答正由不滯此二(圓覺下二之一57). 寂에 결면 키 아디 몯ᄒᆞ야:滯寂不得大悟(蒙法37). ᄲᅧ 걸어든:骨鯁(救簡6:5).

:걸·다 [형] 걸다〔濃〕. ¶걸에 ᄆᆞ라:濃調(救急上13). 건 ᄯᅡ히로다:膏腴(初杜解9:31). 거로미 환 짓게 ᄃᆞ외어든:成膏候可丸(救簡1:95). 열ᄒᆞ야 깃는 기춤은 추미 걸오 고히 덥고 비린 긔운도 이셔:熱嗽痰濃鼻熱腥氣(救簡2:9). 소리 쉬며 고히 막고 추미 걸며:聲嗄鼻塞痰稠(救簡2:14). 과ᄀᆞ리 추미 걸오 긔운이 차:暴患痰厥(救簡2:16). 싱앙 즛두드려 뽄 므레 ᄆᆞ라 걸에 ᄒᆞ야(救簡2:43). 검위롤 디허 촌믈로 걸어 걸에 ᄒᆞ야:蚯蚓杵以冷水濾過濃(救簡3:80). 섯거 달혀 걸에 ᄒᆞ야:和煎如膏(救簡6:63). 건 초애:濃醋(救簡6:77). 고아 걸어든:熬爲膏(救簡6:89). 건 ᄯᅡ해 ᄇᆡᆨ셩이 지조롭디 몯홈온:沃土之民不材(宣小4:45). 믈 혼 되 브어 달힌 건 즙을 머그면:濃(簡辟22). 도틔 기름과 됴혼 흰 꿀을 걸게 달혀 ᄇᆞᄅᆞ라:猪脂白蜜右熬膏塗之(痘要下64). 건 삼밧 쑥삼 되야(古時調. 새악시 書房. 靑丘). 건 쓰믈:泔水底子(漢淸14:39).

걸레 [명] 걸레. ¶걸레:抹扒(漢淸11:40).

걸리거다 [동] 걸리었다. ¶앗갑다 걸리거다 두 날기 걸리거다(萬言詞).

걸리다 [동] 걸리다. ☞걸이다 ¶ᄆᆞᄋᆞᆷ의 걸리오니(新語1:5). 낙시예 걸리여 보내니(太平1:2). 걸리다:掛住(譯解補17). 걸릴 구:拘(倭解上53). ※걸리다<걸이다

걸리ᄭᅵ다 [동] 거리ᄭᅵ다. ☞거리ᄭᅵ다 ¶므스 일 걸리ᄭᅵ리오:碍甚麼事(老解上24). 역의 걸리ᄭᅵ디 아니홀 ᄲᅥ시니 넘ᄒᆞ야 젹젹 ᄲᅧ도 됴ᄒᆞ리라(痘瘡方30). 엇디 슈고로오매 걸리ᄭᅵ올고(新語6:20). 이밧긔 碌碌혼 營爲예 걸리ᄭᅵᆯ 줄 잇시랴(古時調. 金裕器. 丈夫로. 海謠).

걸리이다 [동] 걸리다. ☞걸이다 ¶걸리이다:搭拉着(漢淸12:13).

걸릴기다 [동] 거리ᄭᅵ다. ☞거리ᄭᅵ다 ¶걸릴길 줄 이시랴(古時調. 金裕器. 丈夫로. 靑丘).

:걸·말 [명] 횃대. ¶걸말 휘:楎(訓蒙中14).

걸먹이 [명] 갈매기. ¶걸먹이 구:鷗(兒學上7).

걸새 [명] 걸쇠. ☞걸쇄 ¶걸새 료:釕(倭解上32). 걸새:釕鍋(同文解上35). 암돌져귀 수돌져귀 ᄇᆡ목 걸새(古時調. 창 내고쟈. 靑丘). 걸새:釕吊(漢淸9:72).

:걸솨 [명] 걸쇠. ☞걸새 ¶이페 들 제 보ᄆᆞᆯ 모로매 ᄂᆞᄌᆞ기 ᄒᆞ며 이페 들 제 걸솨롤 바ᄃᆞ며:將入戶視必下入戶奉扃(宣賜內訓1:6).

걸쇄 [명] 걸쇠. ☞걸솨 ¶쇠 걸쇄ᄂᆞᆫ 門關을 열오저 ᄒᆞᄂᆞᆺ다:鐵鎖欲開關(重杜解11:50).

걸쇠 [명] 걸쇠. ¶바독 걸쇠갓치 얽은 놈아 제발 비즈(古時調. 金壽長. 海謠).

·걸·식·ᄒᆞ·다 [동] 걸식(乞食)하다. 빌어먹다. ¶持鉢 乞食ᄒᆞ샤 衆生올 爲ᄒᆞ시며(月印上43). ᄆᆞᅀᆞᆯ히 멀면 乞食ᄒᆞ디 어렵고(釋譜6:23). 아래 부텨 阿難이 더브르시고 舍衛城의 드르샤 乞食ᄒᆞ더시니(釋譜24:7). 法을 조차 乞食호ᄆᆞᆫ 貪올 ᄇᆞ려(楞解6:101). 乞食ᄒᆞᄂᆞᆫ 法은 제 노폰 양 바툐ᄆᆞᆯ 굿블이고(法華5:28). 城의 드러 乞食ᄒᆞ시며 옷 가ᄃᆞ시고 便安히 안ᄌᆞ샤ᄆᆞ로(金三1:33). 일이 년 ᄉᆞ이의 가지 일공ᄒᆞ여 걸식홀 지경의 니ᄅᆞ러시ᄃᆡ(落泉1:2).

:걸·ᄭᅵ·다 [동] 거리ᄭᅵ다. 걸리다. ¶ᄒᆞ마 불기 보샤 걸ᄭᅵᆫ ᄃᆡ 업스실ᄊᆡ:旣明見無滯(法華5:144). 걸ᄭᅵ미 업서:無滯(金三3:4). 걸ᄭᅵ디 아니ᄒᆞ니:不滯(金三3:4).

:걸앉·다 [동] 걸앉다. 걸터앉다. ☞걸앉다 ¶師子床ᄋᆡ 걸앉고(月釋13:11). 흙무적에 걸앉다 니ᄅᆞ시고:言踞土埵(法華2:119).

:걸앉·다 [동] 걸앉다. 걸터앉다. ☞걸앉다 ¶흙무적에 즛구리 걸안자:蹲踞土埵(法華2:118). ᄯᅡ해 걸안조ᄆᆞ로:以踞地(法華2:119). 師子床애 걸안자:踞師子床(法華2:194). 師子床애 걸안조ᄆᆞᆫ 저품 업스신 德을 表ᄒᆞ고:踞師子床者表無畏之德也(法華2:196). 涅槃ㅅ ᄀᆞ새 걸안잔 桂輪이 펴런 하ᄂᆞᆯ해 ᄒᆞ오ᅀᅡ 불ᄀᆞ니:踞涅槃岸桂輪孤朗於碧天(圓覺序28). 평상ᄶᅦ애 걸안자셔 보시고:踞廁視之(宣小6:38). 데갑이 융복을 닙고 교의예 걸안자 ᄂᆞ리디 아니ᄒᆞ거ᄂᆞᆯ:悌甲猶着戎衣踞胡床不下(東新續三綱. 忠1:39). 늘근 ᄉᆞ나히와 늘근 겨집이 상의 걸안자 얼굴의 노혼 빗치 잇고:老叟與媼據牀而坐神氣慘戚(太平1:15).

걸오 [명] 거루. 거룻배. ¶我國小船曰 傑傲(熱河). 중걸오와 낙 걸오며(漢陽歌).

걸오다 [동] 걸우다. (땅을) 걸게 하다. ¶밧 걸오다:糞田(譯解下7).

걸·우·다 [동] 걸리다. ¶믌고깃ᄲᅧ 걸우닐 고

됴디 白膠香을 젹젹 숨껴 ᄂᆞ리오라:方治魚骨用白膠香細細呑下(救急上47). 鯉魚 뼈 걸우닐 고툐디:治食鯉魚骨硬(救急上48).

걸·위·다 동 거리끼다. ¶解脫은 버슬 씨니 아모디도 마곤 디 업서 듣긇뼈 걸위디 몯홀 씨라(月釋序8). 四時와 八節에 도로혀 禮예 걸위여:四時八節還拘禮(初杜解8:28). 또 能히 걸위여 ᄀᆞ릴 것이 업스니로:無復能拘礙(杜解9:35). 므슷 일로 얼구릐 브류메 걸위옛가니오:何事拘形役(初杜解10:29). 옷과 밥과 서르 나를 걸위옛고:衣食相拘關(重杜解2:56).

걸·위:혀·다 동 걸어 당기다. ¶그르메ᄂᆞᆫ 프른 므릐 ᄀᆞ마니 걸위혀믈 맛낫ᄂᆞ니:影遭碧水潛句引(初杜解18:3).

걸음 명 걸음. ¶그저 즌 걸음이 쓰고:只是小行上遲(朴解上56). 걸음을 물어 셤 알픠 셔 그 浣洗ᄒᆞ시기를 기ᄃᆞ려:退步堦前待其浣洗(女四解2:18).

걸·이·다 동 걸리다. ☞걸리다 ¶화예 나아 걸이며(月釋2:33). 말ᄊᆞ매 걸잃 뎌 니ᄅᆞ시니라(月釋14:32). 城에 걸유미 ᄌᆞᆫᄒᆞ니라(月釋14:75). 사ᄅᆞ미 기피 나ᅀᅡ가 자최예 걸이디 아니케 ᄒᆞ실 ᄯᆞᄅᆞ미니(月釋17:42). 다 權에 걸일씨:皆爲滯權故(法華2:248). 걸유믈 能히 ᄉᆞᄆᆞᆺ 아라(法華3:85). 本智自在ᄒᆞ샤 걸여 着ᄒᆞᆫ 디 업스실 씨오:本智自在無所滯著(法華7:9). 또 엇데 걸이리오:復何滯哉(永嘉下34). 시혹 二乘에 자바 걸이ᄂᆞ닌:或執滯二乘者(圓覺上一之二93). 또 地ᄂᆞᆫ 얼굴 ᄀᆞ료미 이셔 ᄃᆞᆷ겨 걸이고:且地有形礙而沈滯(圓覺上二之二30). 걸여셔 모ᄆᆞᆯ ᄆᆞᄎᆞ니:坎坷終身(宣賜內訓1:61).

걸·잇·기·다 동 거리끼다. ☞거리ᄭᅵ다. 걸리ᄭᅵ다 ¶이제며 녜예 걸잇기디 아니호ᄃᆡ:不拘今古(宣小5:4).

걸쥭ᄒᆞ다 형 걸쭉하다〔濃〕. ¶걸쥭ᄒᆞ다:稠濃(漢淸12:54).

걸츌ᄒᆞ다 형 걸출(傑出)하다. ¶녜로 오매 傑出ᄒᆞᆫ 사ᄅᆞᄆᆞᆫ:古來傑出士(重杜解16:50).

걸치다 동 걸치다. ☞걸티다 ¶걸쳐 놋타:擱着(漢淸10:15).

걸타다 동 걸터타다. ¶이ᄂᆞᆫ 하ᄂᆞᆯ을 바텬ᄂᆞᆫ 白玉柱ㅣ오 바다흘 걸탄ᄂᆞᆫ 紫金梁이로다:這的擎天白玉柱駕海紫金梁(朴解下31).

걸터ᄐᆞ다 동 걸터타다. ☞걸ᄐᆞ다 ¶걸터ᄐᆞ다:跨着(漢淸7:28).

:걸·티·다 동 걸치다. ¶비를 두려운 나모 우희 걸톰도 됴ᄒᆞ니:橫腹圓木上亦可(救簡1:69). 그 주근 사ᄅᆞᄆᆡ 비를 쇠 둥의 서르 다혀 걸티고:令溺水之人將肚橫覆相抵在牛背上(救簡1:72). 걸틸 탑:搭(訓蒙下20). 朝服을 덥고 ᄯᅴ를 걸티더시다:加朝服拖紳(宣小2:41).

걸ᄐᆞ다 동 걸터타다. ¶跨右勢ᄂᆞᆫ 곳 올흔편을 걸ᄐᆞ 티ᄂᆞᆫ 거시라(武藝圖17).

걸퀴여기 명 구지내.〔새매의 한 가지.〕¶걸퀴여기:花鵟(同文解下34).

걸픠여기 명 구지내.〔새매의 한 가지.〕☞걸퀴여기 ¶걸픠여기:花鵟(譯解下24). 걸픠여기:白超(漢淸13:51).

걸피 명 길마에 걸쳐 매는 띠. ¶기르마에 걸피 거ᄂᆞᆫ 기동쇠:車鞍上鐵柱. 걸피:鞍板過樑皮(漢淸5:23). 걸피:搭腰皮(漢淸12:25).

:검 명 검(劍). ¶七寶劍을 자바:劍은 갈히라(釋譜23:49). 김ᄌᆞ뎜이 원슈로 나갈 제 쏘ᄒᆞᆫ 검을 주시다(仁祖行狀31). 劍을 撫ᄒᆞ고 疾視ᄒᆞ야:夫撫劍疾視(宣孟2:10).

검거 명 ①검거. ¶검거 검:檢(類合下21). ②살핌. ¶검거 규:糾(類合下32).

검거ᄒᆞ다 동 ①살피다. ¶弟子들을 檢擧ᄒᆞᄂᆞᆫ 것도 嚴ᄒᆞ냐(捷蒙3:6). 萬一 能히 외오지 못ᄒᆞ면 檢擧ᄒᆞᄂᆞᆫ 션비 굽히고 셋식 치ᄂᆞ니라(蒙老1:4).
②관할하다. ¶검거ᄒᆞ다:管轄(漢淸7:54). 여러 군ᄉᆞ를 검거ᄒᆞ여(三譯3:19).

검극 명 검극(劍戟). 검(劍)과 창(槍). ¶엄니 검극 ᄀᆞᆺ고(太平1:53). 검극이 수풀 ᄀᆞᄐᆞ니(五倫2:47).

검금 명 경금〔黑黔〕. ¶검금:黑黔(譯解補39). 검금:黑黔(柳氏物名五 石).

검기 명 검은 것. ¶굴둑 막은 덕셕인가 덥고 검기 다 바리고(萬言詞).

:검·다 형 검다. ¶니 검디 아니ᄒᆞ며 누르며 성긔디 아니ᄒᆞ며(釋譜19:6). 黑은 거믈 씨오(月釋1:22). 거믄 곳갈 쓰고 居喪ᄯᅴ ᄯᅴ며(三綱. 孝35). 거므니 믈드려 ᄆᆡᆼᄀᆞ론디 아니라:黑非染造(楞解10:9). 片雲이 머리 우희 거므니:片雲頭上黑(初杜解15:30). 거무믄 正에 屬ᄒᆞ니:黑屬正(金三3:60). 漸漸 어드워 검도다:漸昏黑(南明上15). 거믈 흑:黑(訓蒙中29. 類合上5. 倭解下11). 거믈 조:皁(訓蒙中30). 거믈 검:黔(類合下22). 거믈 암:黯. 거믈 담:黮(類合下52). 검은 깁으로 머리털을 ᄡᅡ 샹토홈이라(宣小2:2). 두 사ᄅᆞᆷ이 거믄 갇의 요뎔ᄒᆞ고:二人玄冠腰絰(東新續三綱. 孝3:40). 숱지고 검은 재술이 알음답다 ᄒᆞ니(女四解4:27). 가마귀 검거라 말고(古時調. 青丘). 가마괴 눈비 맞아 희는 듯 검노ᄆᆡ라(古時調. 朴彭年. 海謠). ᄒᆞᆫ 각건 쓰고 거믄 옷 닙은 션비 슈발이 반은 셰엇ᄂᆞᆫ디(敬信34).

검동이 명 검둥이. ¶바독이 검동이 青揷沙里中에 죠 노랑 암키갓치(古時調. 海謠).

검듸양 명 검댕. ☞검듸영. 검디영 ¶검듸양:

鍋煤(譯解補32).

검·듸영 명 검댕. ☞검듸양. 검더영 ¶가마 미틧 검듸영:釜底墨(救急上16). 브ᅀᅥ빗 검듸영을:竈中墨(救急上40).

검더영 명 검댕. ☞검듸영 ¶오란 브억 어귀엣 검더영:百草霜(東醫 湯液一 土部). 솓 미틔 검더영:鐺墨(東醫 湯液一 土部).

검략ᄒᆞ다 동 검약(儉約)하다. ☞검약ᄒᆞ다 ¶검략ᄒᆞᆫ 사ᄅᆞᆷ:儉省人(漢淸6:30).

:검·박 명 검박(儉朴). ¶奢侈ᄅᆞᆯ ᄇᆞ리시고 儉朴ᄋᆞᆯ 조ᄎᆞ시며(永嘉序10). ᄠᅳ디 儉朴을브터 奢侈예 드로ᄆᆞᆫ 쉽고 奢侈ᄅᆞᆯ브터 儉朴애 드로ᄆᆞᆫ 어려우니(宣賜內訓3:63). 검박 검:儉(類合下2). 검박을 슝상ᄒᆞ야(洛城2).

:검·박ᄒᆞ·다 형 검박(儉朴)하다. ☞검박 ¶몬졋 祖上ᄋᆡ 忠心ᄒᆞ며 孝道ᄒᆞ며 브즈런ᄒᆞ며 儉朴호ᄆᆞ로브터(宣賜內訓1:34). 太后ㅣ 本來 儉朴호ᄆᆞᆯ 즐기ᄂᆞ니라 ᄒᆞᄂᆞ다(宣賜內訓2上50). 뵈젹삼ᄋᆞᆫ 검박ᄒᆞ고 빗 업스니:布衫儉而無華(金三2:61). 반ᄃᆞ시 굳고 검박게 ᄒᆞ야:必堅朴(宣小6:88). 겟 風俗이 純厚 儉朴ᄒᆞ야 主人과 나그내 이슈믈 아디 몯ᄒᆞᄂᆞ니라(重杜解19:28). 만일 부즈런ᄒᆞ고 검박ᄒᆞ야 닐위미 아니면 곳 젼셰인괘니(敬信70).

검버섯 명 검버섯. ¶검버섯 구름 ᄭᅵᆫ 듯(古時調. 졔 얼굴. 花源).

검부나모 명 검부나무. ☞검쥬나모 ¶九十月 된셔리 마즈면 검부남기 되느니(古時調. 閣氏네. 靑丘).

검붉다 형 검붉다. ☞검븕다 ¶검불글 안:殷 赤黑(註千5).

:검븕·다 형 검붉다. ☞검붉다 ¶內府엣 검블근 碼磁盤을 婕好ㅣ 詔命을 傳ᄒᆞ야ᄂᆞᆯ:內府殷紅碼磁盤婕好傳詔(初杜解16:38). ᄉᆞᆯ고씨 ᄉᆞᆸ 검븕게 봇그닐 곱ᄀᆞ티 디허:熬杏仁令赤黑色搗如膏(救簡1:29).

검새 명 물수리. ¶鷲:믈수리 俗名 검새(詩解 物名19).

:검석·다 동 검게 썩다. ¶ᄉᆞᆸ서근픐 불휘 ᄒᆞᆫ 량을 소개 검서근 것 앗고:黃芩一兩去心中黑腐(救簡2:107).

:검·소ᄒᆞ·다 형 검소(儉素)하다. ¶ᄆᆞᆰ고 검소홈을 쳔히 너겨:賤淸素(宣小5:24). 셤에 ᄇᆡᆨ셩이 부즈런ᄒᆞ고 검소ᄒᆞ고 슌박ᄒᆞ고 둣거워(綸音74). 검소ᄒᆞᆯ 검:儉(兒學下8).

검속ᄒᆞ다 동 검속(檢束)하다. ¶비록 검속고져 ᄒᆞ나(太平1:11). ᄒᆡᆼ의 슌일치 못ᄒᆞ고 몸 검속ᄒᆞ미 그릇ᄒᆞ미 만하(敬信30).

:검·시ᄒᆞ·다 동 검시(檢屍)하다. ¶구의 屍身을 검시ᄒᆞ고:官司檢了屍(飜老上28).

:검·약 명 검약(儉約). ¶德을 닷고 검약을 가졋다 ᄒᆞ야:脩德守約故(飜小9:59). 검약을 딕킈연는 연고로:守約故(宣小6:54). 德을 닷고 검약을 딕ᄒᆡ므로ᄡᅥ(女四解4:64).

:검·약히 부 검약(儉約)히. ¶내 모ᄆᆞᆯ 儉約히 ᄒᆞ야 奢侈호ᄆᆞᆯ 願티 아니ᄒᆞ노라(初杜解6:47). 영요ᄒᆞ미 비ᄒᆞᆯ ᄃᆡ 업셔 비록 거쳐ᄅᆞᆯ 검약히 ᄒᆞ나(落泉3:7).

:검·약·ᄒᆞ·다 동 검약(儉約)하다. ¶眞實로 淸白ᄒᆞ며 儉約ᄒᆞ야도 밧 사ᄅᆞ미 公孫이 뵈 니블 둡던 譏弄이 ᄌᆞ모 잇ᄂᆞ니(宣賜內訓3:63). 儉約호ᄆᆞᆫ 아랫 님굼 政體로소니 風流ᄅᆞᆯ 後代예셔 ᄇᆞ라리로다(重杜解24:50).

:검어·듭·다 형 검고 어둡다. ¶鐵圍兩山 검어드ᄫᆞᆫ ᄉᆞᅀᅵ라(月釋14:18). 묏고리 검어듭도다:溪谷黑(初杜解25:44).

검어리 명 거머리. ☞거머리 ¶검어리 ᄲᅡᆯ리ᄂᆞᆫ 법은:蜞鍼法(胎要74).

검얼못 명 거멀못. 〔거멀장처럼 걸쳐 박는 못.〕 ¶검얼못:巴鋦子(譯解補45).

검·은·고 명 거문고. ☞거믄고 ¶드듸여 숨어셔 검은고 노라 ᄡᅥ 스스로 슬허ᄒᆞ시니:遂隱而鼓琴以自悲(宣小4:25). 검은고ㅅ발:琴足(漢淸3:57).

검은괵고리 명 검은 꾀꼬리. ¶검은괵고리:百舌(物譜 羽蟲).

검은나치니 명 송골매. ¶검은나치니:海靑(物譜 羽蟲).

검은멍덕ᄯᅡᆯ기 명 복분자딸기. ¶검은멍덕ᄯᅡᆯ기:覆盆子(物譜 草果).

검은어루럭이 명 검은 어루러기. ¶검은어루럭이:紫癜風(物譜 氣血).

검은질 명 검은 석비례. ¶검은질:黑剛土(柳氏物名五 土).

검의 명 거미. ☞거믜 ¶검의:蜘蛛(漢淸14:52). 검의:壁鏡(物譜 蟲豸).

검의양 명 검댕. ☞거믜영. 검듸영 ¶검의양:鍋煤(漢淸10:52).

검의영 명 검댕. ☞거믜영. 검의양 ¶손 미틔 검의영:百草霜(胎要28).

검잠 명 가뢰. ¶검잠:蝨(柳氏物名二 昆蟲).

검주남오 명 검부나무. ☞검부나모. 검쥬나모 ¶앗ᄯᅳ려 검주남오 불 ᄡᅡ혀도 實히 업고(古時調. 海謠).

검·줄 명 검불. ¶뒷간 앏퓟 검주를:厠前草(瘟疫方6). 기슨 검주리랏 마리니(七大1). 녀느 검주리 나디 아니ᄒᆞ리니(七大6). 바람에 지나는 검줄 갓ᄒᆞ야 갈 길 몰라 ᄒᆞ노라(松岩遺稿).

검쥬나모 명 검부나무. ☞검부나모 ¶九十月 된서리 마즈면 검쥬남기 되옵ᄂᆞ니(古時調. 閣氏네 하. 歌曲).

:검·찰ᄒᆞ·다 동 검찰(檢察)하다. ¶書冊ᄋᆞᆯ 檢察ᄒᆞ노라 ᄒᆞ야(初杜解15:55). 엇디 다ᄅᆞᆫ 사ᄅᆞᆷ 혜아려 검찰ᄒᆞᆯ 공뷔 이시리오:豈有工

夫點檢他人耶(飜小8:15). 검찰ᄒᆞᆯ 검:檢(訓蒙下23). 검찰 검:檢(倭解下42). 모ᄅᆞᆯ 檢察ᄒᆞ야 苟且히 求ᄒᆞ디 아니ᄒᆞᄂᆞᆺ다(重杜解10:22).

:검프르·다 형 검푸르다. ¶大便이 通티 아니ᄒᆞ야 ᄀᆞ장 브ᅀᅥ 검프르러 알파:大便不通洪腫暗青疼痛(救急下32).

·검화 명 검화. 백선(白鮮). ☞검햇 ¶검화:苔蘚又白蘚(四解下5 蘚字註). 검화:白蘚(譯解下41).

검홧불휘 명 검화의 뿌리. ¶검홧불휘:白鮮(東醫 湯液三 草部).

검햇 명 검화. 백선(白鮮). ☞검화 ¶검햇:白羊鮮(柳氏物名三 草).

·겁 명 겁(劫). 한없이 긴 세월. 천지가 개벽한 때로부터 다음 개벽할 때까지의 동안. ¶劫은 時節이라 ᄒᆞ논 ᄠᅳ디라(月釋1:5). 현 劫 디나(楞解1:12). 그 因緣으로 九十一劫ᄋᆞᆯ 모미 金色 ᄃᆞ외니라(南明上1). 널로 한 劫엣 迷惑ᄒᆞᆫ 罪ᄅᆞᆯ ᄒᆞᆫᄢᅴ 스러(六祖中45). 먼 劫에 王ᄋᆞᆯ 回ᄒᆞ야 지ᅀᅳ니:浩劫回王造(重杜解9:41). 이 ᄀᆞᆮᄒᆞᆫ 무리ᄂᆞᆫ 여러 겁을 지나도 샤치 못ᄒᆞ리니라(敬信20).

겁 명 겁(怯). ¶겁만 ᄂᆡ셔(閑中錄146).

겁간ᄒᆞ다 동 겁간(劫姦)하다. ¶도치ᄅᆞᆯ 가지고 겁간호려 커ᄂᆞᆯ(東新續三綱. 烈7:16).

·겁·겁 명 겁겁(劫劫). 끝없는 세월. ¶劫劫에 어느 다 ᄉᆞᆯᄫᆞ리(月印上1).

·겁:나ᄒᆞ·다 형 겁나(怯懦)하다. ¶겁나ᄒᆞᆯ 나:懦(訓蒙下30).

겁냑ᄒᆞ다 동 겁략(劫掠)하다. ¶도적이 겁냑ᄒᆞ니(東新續三綱. 烈4:35). 군셩향관과 왕ᄂᆡ관원 힝ᄎᆞᄅᆞᆯ 겁냑ᄒᆞ더니(引鳳簫1).

겁ᄂᆡ다 동 겁내다. ¶겁ᄂᆡᆯ 겁:怯(兒學下12).

-겁·다 접미 -겁다. 〔어근이나 어간에 붙어 형용사를 만드는 접미사.〕 ☞-갑다 ¶人生 즐거ᄫᅳᆫ ᄠᅳ디 업고(釋譜6:5). 빗보기 깁고 둗겁고 ᄇᆞ얌 서린 ᄃᆞᆺᄒᆞ야(月釋2:58). 세흔 녇거오니 기픈 ᄃᆡ 나ᅀᅡ감 어려우믈 나토샤미오(圓覺上二之三14). 이울오 슴거워(南明上71). 슴거울 담:淡(訓蒙下14). 숟거울 한:悍(訓蒙下26). 복틱이 ᄌᆞ손에 멀니 흘을지니 엇지 즐겁지 아니랴(敬信79).

겁딜 명 껍질. ☞겁질 ¶겁딜 벗기다:剝皮(同文解下5).

겁략ᄒᆞ다 동 겁략(劫掠)하다. ¶겁략ᄒᆞ다:打劫(漢清7:59). 망령도히 사ᄅᆞᆷ을 죄에 너허 겁략ᄒᆞ므로ᄡᅥ 무함ᄒᆞ니(敬信20).

겁박ᄒᆞ다 동 겁박(劫迫)하다. ¶이에 그 아비ᄅᆞᆯ 겁박ᄒᆞ야(女四解4:17). 혹 겁박ᄒᆞ여(五倫1:9). 외당의 두고져 ᄒᆞᄃᆡ 무뢰비의 겁박ᄒᆞ믈 만날가 두려(落泉1:2).

겁수 명 겁수(劫數). 액운(厄運). ¶겁수 됴치 아닌 수(敬信19).

겁욕ᄒᆞ다 동 겁욕(劫辱)하다. ¶사ᄅᆞᆷ을 겁욕ᄒᆞ니(五倫3:31).

겁운 명 겁운(劫運). ¶이 겁운이 가히 념려로옴으로ᄡᅥ 드ᄃᆡ여 증싱 구도ᄒᆞ믈 원ᄒᆞ더니(敬信13).

겁질 명 껍질. 껍데기. ☞겁딜 ¶조히와 나못 겁질조쳐 먹다가:離以茶紙樹皮(三綱. 忠14 張許). 龍葵 불휘 ᄒᆞᆫ 줌 조히 시서 겁질 밧기니와(救急下2). 겁질 벗겨 各 두 량(簡辟12). 느릅 겁질을 늘근 남기나 져믄 남기나 혜지 말고:楡皮不計老嫩(救荒5). 츩불휘ᄅᆞᆯ 조히 씨서 겁질 벗기고:葛根淨洗去皮(救荒補3). 겁질이 열워:皮薄(痘瘡方44). 겁질 갑:匣(倭解下39). 굴 겁질:牡蠣(物譜 介蟲). 겁질 갑:甲(註千19). 양귀비 겁질:粟殼(方藥18). 가쥭나모 불휘 겁질:樗根(方藥30).

·겁·틱ᄒᆞ·다 동 겁박하다. ¶도ᄌᆞᄀᆡ게 자피여 항ᄒᆞ라 겁틱ᄒᆞ거늘:爲賊所執脅使降(續三綱. 忠1). ᄌᆞ조 도ᄌᆞᆨ을 맛나 혹 겁틱ᄒᆞ여 자바 가려 ᄒᆞ거든:數遇賊或劫欲將去(飜小9:20). 도적이 그 지븨 드러 사ᄅᆞᆷ을 겁틱ᄒᆞ여 주기거ᄂᆞᆯ:盜入其廬劫殺人(東新續三綱. 孝3:34).

겁푸집 명 거푸집. 주형(鑄型). ¶겁푸집:型(柳氏物名五 金).

겁풀 명 꺼풀. 겉껍질. ☞거플 ¶벼 겁풀 부:稃(倭解下3).

겁품 명 거품. ☞거품. 거픔. 더품 ¶겁품 포:泡(倭解上10).

·겁ᄒᆞ·다 동 겁내다. 겁이 있다. ¶본ᄃᆡ 겁ᄒᆞ고 잔약ᄒᆞᆫ 사ᄅᆞ믄:素怯懦者(飜小8:28). 본ᄃᆡ 怯ᄒᆞ고 나약ᄒᆞᆫ 이ᄂᆞᆫ:素怯懦者(宣小5:107). 겁ᄒᆞᆯ 겁:劫(倭解上39). ᄀᆞᄋᆞᆯ 비ᄅᆞᆯ 겁ᄒᆞ거ᄂᆞᆯ(太平1:137).

·겁·ᄒᆞ·다 동 겁(劫)하다. 겁주고 빼앗다. ¶지빗 보비ᄅᆞᆯ 제 劫ᄒᆞᄂᆞ니:劫은 저히고 아ᅀᆞᆯ 씨라(楞解4:93).

것 명 겉〔表〕. ☞겇 ¶것 ᄭᅮ미다:外飾(同文解上32). 옷 것:衣面(同文解上56. 漢清11:6). 것만 녹다:浮面微化(漢清1:31). 것치 돌이 연이 속 알 리 뉘 잇실이(古時調. 荊山 璞玉을. 海謠).

것 명 꺼풀. 겉껍질. ¶것과 빗보ᄅᆞᆯ 앗고:去皮臍(救急上38). ᄲᅩᆼ 것ᄎᆞ로 ᄀᆞᄂᆞ리 실 ᄆᆡᆼᄀᆞ라 ᄒᆞ고:以桑皮細作線縫之(救急下16). 것바ᄉᆞᆫ 조ᄡᆞᆯ:脫粟(初杜解15:5). 것밧기고:去皮(救簡1:10). 것과 브르도ᄃᆞᆫ 것 앗고:去皮臍(救簡1:40).

것 명 것. 물건. ¶주거 가ᄂᆞᆫ 거싀 일ᄋᆞᆯ 몯 보신ᄃᆞᆯ(月印上16). 모ᄆᆞᆯ 몯 미듫 거시니(釋譜6:11). ᄒᆞᆫ 것도 업시(釋譜6:31). 고ᄒᆞ

로 맏논 거슬(釋譜13:39). 오직 ᄆᆞᅀᆞᄆᆡ 現혼 거시론디:唯心所現(楞解2:17). 헌 거싯 金像이오(圓覺上一之二180). 즐기논 거시 언마론:所好(初杜解15:15). 그 얼구를 傳혼 것가(初杜解16:36). 이 엇던 ᄂᆞᆺ고 호ᄆᆞᆫ 묻논 거싀 面目이라(南明上2). 혼 것도 업스니:無一物(南明上5). ᄒᆞ다가 오직 온갓 거슬 ᄉᆞ랑티 아니ᄒᆞ야(六祖中10). 믈놀이며 결 ᄉᆞᄆᆞ차 ᄃᆞ니논 거손:弄水穿波的(飜朴上70). 모몰 가ᄇᆡ여이 몯 ᄒᆞ실 거시이다:不宜自輕(飜小10:4). 것 믈:物(石千17). 올 제도 혼 것도 가져온 것 업고:束無一物來(野雲53). 그 외예 싱소혼 거시오니(重新語1:4). 만흔 거슬 ᄉᆞ양ᄒᆞ고 져근 거슬 가지며(敬信2).

것가 명 것인가. ⑤것 ¶山林에 뭇쳐 이셔 至樂을 ᄆᆞ롤 것가(丁克仁. 賞春曲). 七縱七擒을 우린돌 못홀 것가(蘆溪. 船上嘆).

것·거·디·다 동 꺾어지다. ☞것거지다. 것다 ¶ᄇᆞᄅᆞ미 니러 집도 ᄒᆞ야ᄇᆞ리며 나모도 것거디며(釋譜23:22). ᄇᆞᄅᆞ매 竹笋이 것거뎻고:風折笋(初杜解15:8). ᄠᅳᆯ헷 자시 서리와 눈과ᄋᆡ 것거디요몰 닙디 아니ᄒᆞ야(南明下72). 내 ᄐᆞᆫ ᄆᆞᄅᆡ ᄲᅧ 正히 것거디ᄂᆞ다:我馬骨正折(重杜解1:17). 것거딘 활 부러딘 鎗 ᄡᅥ인 퉁노구 메고(古時調. 歌曲).

것거지다 동 꺾어지다. ☞것거디다 ¶치운 ᄇᆞᄅᆞ매 노픈 남기 것거쥬믈 時로 듯노라:時聽嚴風折喬木(重杜解5:36).

것거플 명 겉껍풀. ☞거플. 것. 속거플 ¶것거플:浮皮(漢淸7:25).

것고로 부 거꾸로. 꺼꾸로. ¶ᄇᆡᆨ셩이 것고로 ᄃᆞᆯ닌 듯ᄒᆞ니(警民音1). 것고로 믈너가고(武藝圖20).

것고지 명 비녀. ¶뎌 것고지 가져다가 것곳고:將那挑針挑起來(朴解上40).

것곳다 동 걷어올려 꽂다. ☞걷곳다. 것고지 ¶또 것고지 가져다가 것곳고:再把挑針挑起來(朴新解1:43).

것곶·다 동 꺾꽂이하다. ¶것고즐 쳔:攙 截取樹條揷地培養爲生(訓蒙下5).

-것구나 어미 -겠구나. ¶병이 되것구나(春香傳19).

것구라디다 동 거꾸러지다. ☞갓고로디다 ¶므레 것구라디니(百聯5).

것구러디다 동 거꾸러지다. ☞갓고로디다 ¶것구러디다:倒了(同文解上26).

것구러지다 동 거꾸러지다. ☞갓고로디다. 것구러디다 ¶그 ᄣᅢ예 사ᄅᆞᆷ이 다 주려 것구러지고(三譯9:1).

것구리티다 동 거꾸러뜨리다. ¶엇디ᄒᆞ여 것구리티리오:怎生得倒(老解上32).

것·그·니 동 꺾으니. 꺾어지니. ⑦것다 ¶두 갈히 것그니:兩刀皆缺(龍歌36章). 독소리 것그니:矮松立折(龍歌89章). ᄆᆞ리 놀라 왼 ᄇᆞᆯ히 것그니 ᄲᅧ 것고 ᄂᆞ치 먹빗 ᄀᆞᆮ도다:馬驚折左臂骨折面如墨(杜解19:48).

것·그시·며 동 꺾으시며. ⑦것다 ¶ᄒᆞ마 十力을 올오샤 能히 樹下魔軍을 것그시며:既全十力能摧樹下魔軍(圓覺序43).

것너가다 동 건너가다. ☞건나가다 ¶ᄀᆞᄋᆞᆯ힌 오히려 銀河ᄅᆞᆯ 것너가리라:秋期猶渡河(重杜解12:5).

것넌 관 건넌. ¶것넌 山 ᄇᆞ라보니 白松骨이 ᄯᅥ 잇거ᄂᆞᆯ(古時調. 두터비. 靑丘).

것니다 동 거닐다. ☞걷니다 ¶그 우흐로 것니며셔(古時調. 千秋前. 靑丘).

것다 동 걷다[步]. ☞걷다 ¶잘 것디 못ᄒᆞ야(太平1:17). 것다:步走(同文解上26). 것다:走(漢淸14:25). 것ᄌᆞ ᄒᆞ는 두 다리는 움죽이도 아니ᄒᆞᄂᆡ(萬言詞). 비슥비슥 것는 거름 거름마다 눈물 난다(萬言詞).

것·다 동 ①꺾다. ☞걱다. ᄭᅥᆨ다. 쩟다 ¶雜草木 것거다가(月印上23). 고ᄫᆞᆫ 곳 것고(釋譜11:41). 能히 것디 몯ᄒᆞ며:不能挫(法華5:8). 能히 樹下魔軍을 것그시며:能摧樹下魔軍(圓覺序43). 魔衆이 ᄌᆞ조 것그나:魔衆頻摧(圓覺下三之一50). 가지 것구믈 사ᄅᆞᆷ ᄃᆞ려 닐오ᄃᆡ:折枝語人曰(宣賜內訓序7). 모로매 ᄒᆞ나하 것ᄂᆞ니:必有一折(宣賜內訓3:40). 구버 것거 가는 ᄃᆡᄅᆞᆯ 뵈야ᄒᆞ로 ᄌᆞ조 건너우라:曲折方屢渡(杜解9:13). 長常 것 것더니:常折(初杜解20:9). 허리 것구메 ᄲᅳᆯ 器具ㅣ 아니로다:非供折腰具(初杜解21:39). 能히 ᄆᆡ햇 梅花 것구믈 니즐가:能忘折野梅(初杜解22:8). 것글 절:折(類合下46). 것글 최:摧(類合下59). 모 것거 돌오매 矩에 맛게 ᄒᆞ며:折還中矩(宣小3:18). 보야흐로 기는 거슬 것디 아니ᄒᆞ더니:方長不折(宣小4:42). 비 타 들면 것고리이다(樂詞. 西京別曲). 혼 니며 손발 혼 가락 것거나:折一齒一指(警民10). 곳 것거 算노코 無盡無盡 먹새그려(松江. 將進酒辭).

②꺾이다. 꺾어지다. ¶두 갈히 것그니:兩刀皆缺(龍歌36章). 다 것거 滅ᄒᆞ도다(月釋18:56). 金채 것고 아홉 ᄆᆞ리 주그니:金鞭斷絕九馬死(杜解8:1). ᄇᆞ람이 부러도 나모 ᄭᅳᆺ치 것지 아니ᄒᆞ고(八歲兒11). 돗대도 것고 치도 ᄲᅡ지고(古時調. 나모도. 靑丘).

※것다>꺾다

※'것다'의 활용 ┌ 것고/것디…
└ 것근/것그니/것거…

·것·다 동 걷다[收. 斂]. ☞걷다 ¶발 것다니ᄅᆞ시니(南明上65). 구롬 것다:雲開了(譯解上2). 지새 것다:揭起瓦(同文解上36). 구룸 것다:收雲(漢淸1:9).

-것다 (어미) -것다. -었다. ¶져믄 사ᄅᆞᄆᆡ 즐규믈 쇽졀업시 보것다:謾看年少樂(初杜解11:30). 牛斗星 ᄇᆞ라오ᄆᆞᆯ ᄒᆞᆫ갓 잇비 ᄒᆞ것다:徒勞望牛斗(初杜解21:42).

것대 명 겉대. ¶것대:皮竹(柳氏物名三 草).

것드러 동 꺾이어. 꺾어져. ㉮것듣다 ¶것드러 뎌른 술윗ᄂᆞᆺ 곧도다:摧折如短轅(重杜解1:27). 것드러 제 모ᄆᆞᆯ 守ᄒᆞ디 몯ᄒᆞ노소니:摧折不自守(重杜解18:10).

것:듣·다 동 꺾이다. 꺾어지다. ☞것듯다 ¶읏드미 漸漸 이루러 ᄒᆞᆫ 것도 업긔 것드르니라(釋譜23:18). 一切 草木이 다 것듣더라(釋譜23:20). ᄌᆞᆼ싱이 주그며 플와 나모왜 것듣더니:禽獸暴死草木摧折(三綱. 孝25 王崇). 것드러 뎌른 술윗ᄂᆞᆺ 곧도다:摧折如短轅(重杜解1:27). 것드러 제 모ᄆᆞᆯ 守ᄒᆞ디 몯ᄒᆞ노소니:摧折不自守(重杜解18:10). 이 威神力으로 그 갈히 片片이 것듣거늘 그 王이 太怒ᄒᆞ야(靈驗10).
※'걷듣다'의 활용 ┌ 것듣거늘/것듣더니… └ 것드러…

것듯다 동 꺾이다. 꺾어지다. ☞것듣다 ¶ᄀᆞᄅᆞᇝ 돌히 ᄞᅥ디고 프른 싣남기 것듯놋다:江石缺裂青楓摧(重杜解12:22).

것딜리다 동 꺾이다. ¶힘ᄡᅥ 싸호니 것딜려 패티 아니미 업더라:進血戰無不摧敗(東新續三綱. 忠1:41).

것면 명 겉면. ¶것면:浮面(漢淸7:25).

것목치다 동 건목치다. ¶살ㅅ대 것목치다:推荒桿(漢淸5:17).

것ᄆᆞᄅᆞ죽·다 동 까무러치다. 기절(氣絶)하다. ☞건ᄆᆞᄅᆞ죽다 ¶어마니미 드르시고 안답ᄭᅵ샤 낫ᄃᆞ라 아ᄂᆞ샤 것ᄆᆞᄅᆞ죽거시ᄂᆞᆯ(釋譜11:20). 슬흐며 두리여 싸해 것ᄆᆞᄅᆞ주거(月釋10:24). 太子ㅣ 듣고 것ᄆᆞᄅᆞ주거 싸해 디옛더라(月釋21:215). 이 겨집으로 受苦ᄒᆞ야 셜워 우르며 블러 것ᄆᆞᄅᆞ주거:此女人苦痛叫喚悶絕(佛頂中6). 그 어미로 千生萬死ᄒᆞ야 것ᄆᆞᄅᆞ주거 우르며 브르게 ᄒᆞ야:其母千生萬死悶絕叫喚(佛頂下10).

것밧·다 동 껍질을 벗기다. ☞것 ¶것바ᄉᆞᆯ 만ᄒᆞᆫ 조토 아ᄎᆞᄆᆡ 먹디 몯ᄒᆞ얏노라:脫粟朝未食(初杜解22:57).

것보리 명 겉보리. ¶것보리:穬麥(東醫 湯液一 土部). 것보리:皮麥(救荒7).

·것비치·다 동 꺾이어 떨어지다. ¶舍利弗이 神力으로 旋嵐風ᄋᆞᆯ 내니 그 나못 불휘ᄅᆞᆯ ᄲᅢ혀 그우리 부러 가지 것비쳐 드트리 ᄃᆞ외ᄋᆡ ᄇᆞᆺ아디거늘(釋譜6:30).

것바시 명 거지. ☞거ᄋᆞ지 ¶太子ㅣ 것바ᅀᅵ ᄃᆞ외야 빌머거 사니다가(釋譜24:52). 對答호ᄃᆡ 내 그듸ᄅᆞᆯ 아노니 빌먹ᄂᆞᆫ 것바ᅀᅵ라(月釋22:58).

것섭 명 겉섶. ¶것섭:大襟(同文解上56). 옷것섭:大襟(譯解補40).

것ᄭᅮ미다 동 겉을 꾸미다. 단장하다. ¶것ᄭᅮ미다:粧飾(漢淸8:23).

것·위 명 지렁이. ☞거쉬. 겄위 ¶것위ᄅᆞᆯ 팟닙 소배 녀허 ᄆᆞ리 ᄃᆞ외어든:方取蚯蚓內葱管中候化爲水(救急下43). 것위ᄂᆞᆫ 기픈 지븨 오ᄅᆞ놋다:蚯蚓上深堂(重杜解13:42).

것읇써보다 동 거들떠보다. ¶하ᄂᆞᆯ히 定ᄒᆞ신 配匹밧긔야 것읇써볼 쭐 이시랴(古時調. 金壽長. 九仙王道糕라도. 海謠).

것쟈락 명 겉자락. ¶것쟈락:大襟(漢淸11:6).

것조 명 겉조〔皮粟〕. ¶것조:穀子(譯解下9).

것지아니타 형 같지 아니하다. 불초(不肖)하다. ¶것지아니타:不肖(漢淸8:42).

것챵 명 겉창. ¶것챵:皮牙子(漢淸11:13).

것치다 동 거치다. ☞것티다 ¶가며 것치다:行走打奔(漢淸7:34).

·것·티·다 동 거치다. ☞거티다. 것치다 ¶ᄎᆞᆫ 믈에 것텨:冷水裏拔着(老解上22).

·것·티·다 동 꺾다. 〔'것'은 '折', '티다'는 어떠한 행동의 강세접미사.〕 ☞-티다 ¶그ᄢᅴ 降ᄒᆡ요리라 ᄒᆞ야 다리ᄅᆞᆯ 것티고:時欲其降斫足脛折之(三綱. 忠26).

겄와·ᄉᆡ 명 탕자(蕩子). ¶蕩子ᄂᆞᆫ 겄와ᅀᅵ라(金三4:22).

겄워·ᄉᆡ 명 요동개. 〔개의 한 품종.〕 ¶獦獠ᄂᆞᆫ 겄워ᅀᅵ라(六祖上7).

겄·위 명 지렁이. ☞거쉬. 것위 ¶겄위 믈이니:蚯蚓咬(救簡目錄6). 겄위:地龍(救簡1:89). 겄위똥:地龍糞(救簡6:44). 겄위 다ᄉᆞᆺ 낫과:地龍五枚(救簡6:53). 산 겄위:生地龍(救簡6:61).

겄·위똥 명 지렁이똥. ¶겄위똥 ᄒᆞᆫ 되와 니ᅀᅵᆺ곳 석 량과:地龍糞一升紅藍花三兩(救簡1:90). 겄위똥을 하나 져그나 ᄀᆞᄂᆞ리 ᄀᆞ라:地龍糞不限多少細研(救簡2:108). 겄위똥을 믈인 ᄃᆡ ᄲᅡ미면(救簡6:44).

겇 명 ①겉. 거죽. ☞것 ¶열븐 ᄲᅧᆨ ᄀᆞ튼 ᄡᆞᆺ 거치 나니(月釋1:42). ᄡᆞᆺ 거치 업거늘(月釋1:43). 느릅나못 거츠로 더퍼 헌 ᄃᆡᆯ ᄆᆞ리오ᄃᆡ:以楡皮盖定掩於傷處(救急下73). ②꺼풀. ☞것 ¶또 복샹화 나못 힌 거츨 글혀:又方桃白皮煮(救急上28).

겉다 형 같다. ☞곧다 ¶신의 쳐 거ᄐᆞ니ᄂᆞᆫ 비록 죽어도 변티 아니ᄒᆞ리이다:若臣妻雖死無貳(五倫3:62).

게 명 게〔蟹〕. ¶게 먹고 毒 마ᄌᆞ닐 고튜ᄃᆡ:治食蟹中毒諸方(救急下58). 게 방:螃(訓蒙上20). 게 히:蟹(訓蒙上20. 類合上14. 倭解下26. 兒學上8). 게:螃蟹(胎要14). 게 엄지발:蟹鉗(譯解補50). 게 엄지발:螃蟹夾子(漢淸14:47). 새오와 게의 류(敬信35).

게:蠏(物譜 介蟲).

게 명 ①것에. ¶太子ᄅᆞᆯ 나ᄒᆞᆫ 게셔 달이 아니터라(釋譜11:35). 굳디 아니ᄒᆞᆫ 게 구든 ᄠᅳ들 머그샤(月釋10:9). 善ᄒᆞᆫ 게ᄂᆞᆫ 절ᄒᆞ시고(月釋17:74). 舌은 근 업슨 게 드ᄂᆞᆫ 디 아니라:舌非入無端(楞解6:57). ᄇᆡ홈 업슨 게 ᄇᆡ호ᄂᆞᆫ 사ᄅᆞ미라:學於無學者也(法華1:34). 세흘 뫼화 ᄒᆞᆫ 게 가게 ᄒᆞ샤:會三歸一(法華2:25). ᄒᆞᆫ 사ᄅᆞᆷ 爲ᄐᆞᆺ ᄒᆞ야 한 게도:如爲一人衆多(法華3:41). 니러나신 功이 이르시면 ᄒᆞᆫ 게 도라가 자최 업스시ᄂᆞ니:出興功成則反一無迹(法華4:66). 조ᄒᆞᆫ 게 아로ᄆᆞᆯ 니르와ᄃᆞᆯ 시:於淨起解(圓覺下一之二23). 傷ᄒᆞᆫ 게 神驗ᄒᆞᆫ 方이니(救急下30). 모ᄃᆞᆫ 게 特出ᄒᆞ도다(初杜解15:36). 시울 업슨 게:無絃(金三3:6). 힌 게 이 佛頂心陀羅尼經 三卷을 써:以素白書此佛頂心陀羅尼經三卷(佛頂下9).

②것이. ¶本來 迷惑ᄒᆞᆫ 게 늘거 病ᄒᆞ야(三綱. 忠8). 터리와 ᄲᅧ아 엇데 모ᄃᆞᆫ 게 다ᄅᆞ리오:毛骨豈殊衆(重杜解17:35).

게 명 게. 살고 있는 고장을 뜻하는 말. ¶우리 게셔ᄂᆞᆫ 우리 겟 사ᄅᆞᆷ ᄃᆞᆫ니ᄂᆞᆫ 곳이 아니니(癸丑57).

게 대 거기. 거기에. ¶게 가 몯 나시리라(月釋2:11). 게 니르러 간 나래:到日(初杜解8:60). 다ᄆᆞᆫ 게만 됴ᄒᆞ니:只除那裏好(飜老上11). 이틋날 드듸여 게셔 분토애 제ᄒᆞ시고:明日就那裏上了墳(飜朴上65). 아ᄎᆡ ᄃᆞᆯ히 겟 마ᄅᆞᆯ 아ᄂᆞ다 닐오미니라(重杜解10:33). 다만 게만 됴흐니:只除那裏好(老解上10). 게나 예나 ᄒᆞᆫ가지ᅌᅵᆸ도쇠(新語4:29). 위시ᄅᆞᆯ 게다가 밀티니(太平1:4). 우리란 이지가올 거시니 게 일을 수이 출히ᅌᆸ소(重新語2:26).

-게 조 ①-에게. ¶華色 比丘尼게 出家ᄒᆞ야 ᄉᆞᆯᄫᆞᄃᆡ(月釋10:23). 네게 付囑ᄒᆞ노니(月釋21:180). ᄂᆔ게 절ᄒᆞᄂᆞᆫ다(月釋23:75). 다 내게 ᄀᆞᄌᆞ리라(楞解1:9). 境이 내게 屬호ᄃᆡ(圓覺下三之一54). 내게 잇ᄂᆞ니ᅌᅵᆺ가(牧牛訣6). 그 각시게 주어(三綱. 烈8). ᄡᅧ를 가희게 더뎌 주디 말며(宣賜內訓1:3). ᄆᆞᆯ게 ᄇᆞᆯ이며(救簡1:79). 제게 잇ᄂᆞᆫ 靈光이 古今에 비취어니(南明下65). 이 다ᄉᆞᆺ 됴ᄒᆞᆫ ᄆᆞᆯ게ᄂᆞᆫ 내 혀요믄 예슌 량이오(飜老下16). 아비게 ᄉᆞ랑을 일허:失愛於父(宣小6:22). 예게 볼모 되엳더니:質倭(東三綱. 忠1). ᄆᆞᆯ게 채 아니 티면(朴解上40). 우리게ᄂᆞᆫ 연고 업ᄉᆞ오니 明日이라도 ᄒᆞᆯ 양으로 ᄒᆞ쇼셔(重新語2:23). 뵈면 즉시 釜山으로셔 우리게 긔별이 올 꺼시니(重新語1:11). 명을 하ᄂᆞᆯ게 텽죵ᄒᆞᄂᆞᆫ지라(敬信7).

②-에게서. -로부터. ¶ᄆᆞᆯ게 ᄂᆞ려디니(飜老上30). 드듸여 ᄆᆞᆯ게 ᄂᆞ려 도적그로 더브러 ᄃᆞᆯ와이 싸호더니:遂下馬與賊酣戰(東新續三綱. 忠1:63). ᄆᆞᆯ게 ᄂᆞ리니(三譯上1).

-·게 어미 ①-게. ¶이기싫 算ᄋᆞᆯ 짐ᄌᆞᆺ 업게 ᄒᆞ시니:勝耦之籌迺故齊之(龍歌64章). 외ᄅᆞᆸ고 입게 ᄃᆞ외야(釋譜6:5). 阿修羅王이 月蝕ᄒᆞ게 ᄒᆞᆯ씨(月釋2:2). 經典을 크게 펴샤(楞解1:3). 工夫ᄅᆞᆯ 그춤 업게 호리니(蒙法5). 사기게 ᄒᆞ야(圓覺序78). ᄇᆡ브르게 먹고 더운 옷 니버:飽食暖衣(宣賜內訓1:21). 各各 蒼生ᄋᆞ로 ᄒᆡ여곰 環堵ᄅᆞᆯ 두게 ᄒᆞᆯ고:各使蒼生有環堵(初杜解7:29). 이런 ᄃᆡᄅᆞᆯ ᄇᆞᆯ와 디나시게 ᄒᆞ료 ᄒᆞ고(南明上54). 能히 行人ᄋᆞ로 寶所애 니르게 ᄒᆞᆯ 시라(南明上59). 갑ᄉᆞᆯ ᄎᆞ게 가ᄑᆞᆯ 거시라:還足價錢(飜老下58). 양 사라 가게 호ᄃᆡ:買羊去(飜朴上2). 너ᄅᆞᆯ 命ᄒᆞ야 음악ᄋᆞᆯ ᄀᆞᅀᆞᆷ알게 ᄒᆞ노니:命汝典樂(宣小1:10). ᄒᆡ여곰 외옴이 일게 ᄒᆞ고:須令成誦(宣小5:113). 十年 ᄒᆞᆫ 功夫도 너 갈 듸로 니게(古時調. 長衫 ᄠᅳ더. 靑丘). 그 약은 마좀 다 쓰고 적게 보내고(重新語3:5).

②-하게. ¶갠 虛空애 ᄀᆞ독게 ᄒᆞᄂᆞ니라:滿晴空(南明上60). 가포믈 수에 죡게 호리라:歸還數足(飜朴上61). ᄉᆞ나희ᄂᆞᆫ 쎌리 ᄃᆡ답ᄒᆞ고 겨집은 느즈기 ᄃᆡ답게 ᄒᆞ며:男唯女兪(宣小1:3). 남의 거ᄉᆞᆯ 감ᄒᆞ야 내게 유익게 ᄒᆞ며(敬信3).

-게 접미 -게. -개. 〔동사 어근이나 어간에 붙어 명사를 만드는 접미사.〕 ¶시혹 집게로 ᄲᅡ혀내며:或用鐵鉗拽出(救急下32). 덥게:盖兒(飜朴上30). 槨 둡게ᄅᆞᆯ 다대아 이리 뭇ᄂᆞᆫ 디라:蓋棺事則已(重杜解2:32). 珊瑚樹 지게 우희 白玉函의 다마 두고(松江. 思美人曲). 지게:背挾子(譯解補44).

게걸드다 동 게걸이 들다. ¶게걸드다:饞的慌(漢淸6:65).

게걸들리다 동 게걸들리다. ¶게걸들리다:甚饞(漢淸12:51).

-게ᄂᆞᆫ 조 -(에)게는. ¶이 열 사오나온 ᄆᆞᆯ게ᄂᆞᆫ:這十箇歹馬(飜老下11). 됴ᄒᆞᆫ ᄆᆞᆯ게ᄂᆞᆫ:好馬(老解下10).

-게다 조 -에게다가. ¶한명년의 아ᄃᆞᆯ이 도망ᄒᆞ여 오랑캐게다 거즛말노(山城6).

-게도 조 -(에)게도. ¶ᄭᅮ짓ᄂᆞᆫ 솔의 일즉 개와 ᄆᆞᆯ게도 니르디 아니ᄒᆞ실시:叱咤之聲未嘗至於犬馬(宣小4:21).

-게라 어미 -할 것이라. -하겠도다. ¶아디 못게라 어듸 ᄒᆞᆫ 지차리 ᄇᆞᆯ펴 죽엇ᄂᆞ뇨:不知道那裡躧死了一箇蝤蜓(朴解下2). 아디 못게라 엇디 ᄒᆞᆫ디 구으러 아릐 이셔:不知怎生滚在底下(朴解下9). 아디 못게라 엇디 ᄃᆞᆯ아난디:不知怎生走了(朴解下55). 깃게라

致賀ᄒᆞ는 말:恭喜(譯解上41). 그 枝葉이 蕃티 몯ᄒᆞ고 남기 盛홈을 내 듯디 몯게라:其枝葉弗蕃而木之盛者予莫之聞也(常訓15). 부텨 념ᄒᆞ는 사ᄅᆞᆷ이 악도 등 ᄲᅥ러디뮬 보디 몯게라(桐華寺 王郞傳4).

게살 명 게를 잡는 살. 〔어살의 한 가지.〕 ¶ 게살:蟹簖(物譜 佃漁).

게·셔 대 게서. 거기에서. ¶즉재 게셔 ᄇᆞ리고 도망커늘:就那裏撇下走了(飜老上28).

-게숩노잇가 어미 -겠삽나이까. ¶ᄆᆞ음이 엇더ᄒᆞ게숩노잇가(閑中錄406).

게찜 명 게찜. ¶ᄃᆞᆰ찜 게찜 오려 點心(古時調. 崔行首 쑥다림ᄒᆞ시. 瓶歌).

-게사 어미 -게야. -어야. -어서야. ☞-게아. -게야. -사 ¶병긔 서르 뎐염ᄒᆞ야 가문이 업게사 다른 사ᄅᆞᆷ의게 너출시 모로매 미리 약도 머그며(瘟疫方1).
※-게사>-게아>-게야

-게아 어미 -게야. -어야. -어서야. ☞-게사. -아 ¶네 아ᄎᆞᆷ의 나가 늣게아 오면:女朝去而晩來則(宣小4:33). ᄒᆡ 디나게아 지븨 오니:經年至茅屋(重杜解1:5).
※-게아<-게사

-게야 어미 -게야. -어야. -어서야. ☞-게사. -야 ¶댱지치 다 디게야 놀애ᄅᆞᆯ 고텨 드러(古時調. 松江).

게어르다 형 게으르다. ¶어으름 새배 보기를 게얼리 아니ᄒᆞ며:定省不怠(東新續三綱. 孝8:28). 게어른 농뷔:惰農(警民11). 게어를 란:懶(倭解上24). 農이 게어르면(女四解3:25). 시죵이 게어르지 아니는 쟈는(敬信25). 그 님금의 맛지시믈 싱각ᄒᆞ면 뉘 감히 게어르며(百行源17). 게어를 권:倦(兒學下11).

게어리 부 게을리. ☞게을이 ¶게어리 말고:休撒懶(朴解下15).

게어ᄅᆞ다 형 게으르다. ¶ᄒᆞ믈며 게어른 ᄆᆞ옴이 이시면(女範1. 모의 노회경강).

게얼너 형 게을러. ¶곳 게얼너(敬信38).

게얼니 부 게을리. ☞게을이 ¶효뷔 싀어미 봉양ᄒᆞ기ᄅᆞᆯ 게얼니 아니 ᄒᆞ여:婦養姑不衰(五倫1:7). 게얼니 아니터니(敬信43).

게얼리 부 게을리. ☞게을이 ¶일즙 죠고매도 게얼리 아니ᄒᆞ고:未嘗少懈(東新續三綱. 烈3:83). 게얼리 이러 안져 굽은 다리 펴올 져긔(萬言詞).

게얼리ᄒᆞ다 동 게을리하다. ¶브즈런ᄒᆞ기ᄅᆞᆯ 게얼리ᄒᆞ샤(明皇1:34). 막ᄌᆞᄅᆞ기ᄅᆞᆯ 잠싼 게얼리ᄒᆞ거늘(女範4. 녈녀 뎡ᄌᆞ쳐).

게얼으다 형 게으르다. ☞게으르다. 게을르다. 게을으다 ¶게얼은 ᄆᆞ옴 내야 거즛 걸노 ᄒᆞ는 체 말며(敬信65).

게엄 명 게염. ☞게엄ᄆᆞ옴. 게움 ¶平生에 게엄으로 ᄎᆞ마 못 볼 老人 광대(古時調. 天君 衙門에. 靑丘).

게엄ᄆᆞ옴 명 게염. 검은 마음. ¶믄득 게엄ᄆᆞ옴을 브려:便使黑心(朴解下18).

게여르다 형 게으르다. ¶心性이 게여름으로 書劍을 못 일우고(古時調. 金壽長. 海謠).

게여목 명 거여목. ☞게유목. 거유목 ¶봄 게여목 먹고 솔지니:肥春苜蓿(初杜解21:24). ᄀᆞᅀᆞᆳ 뫼해 게여모기 하도다:秋山苜蓿多(重杜解3:23).

:게·여붐 형 큼직하고 너그럽고 꿋꿋함. ㉠게엽다 ¶聰明ᄒᆞ며 智慧ᄒᆞ며 勇猛코 게여ᄫᅮ미 큰 力士 ᄀᆞᄐᆞ니도 이시며(月釋9:38).

:게·여ᄫᅳᆫ 형 큼직하고 너그럽고 꿋꿋한. ㉠게엽다 ¶丈夫는 게여ᄫᅳᆫ 남지니니 부톄 겨지블 調御ᄒᆞ시ᄂᆞ다 ᄒᆞ면 尊重티 아니ᄒᆞ시릴씨(釋譜9:3).

:게·여ᄫᅮᆷ 형 큼직하고 너그럽고 꿋꿋함. ㉠게엽다 ¶聰明ᄒᆞ며 智慧ᄅᆞᄫᅵ며 勇猛코 게여ᄫᅳ미 큰 力士 ᄀᆞᄐᆞ니도(釋譜9:20).

게염ᄒᆞ다 동 게염내다. ¶저희 즐기는 거슬 게염ᄒᆞᆫ다 허믈ᄒᆞᄂᆞ니라(淸老7:19).

:게엽·다 형 큼직하고 너그럽고 꿋꿋하다. 웅건(雄健)하다. ☞거엽다 ¶丈夫는 게여ᄫᅳᆫ 남지니니 부톄 겨지블 調御ᄒᆞ시ᄂᆞ다 ᄒᆞ면 尊重티 아니ᄒᆞ시릴씨 丈夫를 調御ᄒᆞ시ᄂᆞ다 ᄒᆞ니라(釋譜9:3). 勇猛코 게여ᄫᅳ미 큰 力士 ᄀᆞᄐᆞ니도 이시며(釋譜9:20). 雄毅는 게엽고 놀날 씨라(楞解8:70). ᄐᆞᆨ 아래와 가ᄉᆞᆷ과 몸 上半이 게여우신 양지 넙고 크샤미 師子王 ᄀᆞᆮᄒᆞ샤미 二十一이시고(法華2:13). ᄠᅳᆮ과 힘괘 게엽고 ᄆᆡᆸ다 ᄒᆞ니라:志力雄猛(法華7:19). 般若 게여운 議論이:般若雄詮(金剛下跋2).
※'게엽다'의 ┌ 게엽고/게엽디…
활용 └ 게여ᄫᅳᆫ/게여ᄫᅳ며…

게오 명 거위. ☞거유 ¶구은 게오와 믿기름에 지진 ᄃᆞᆰ과:燒鵝白煠鷄(朴解上5).

게오리 명 거위와 오리. ¶萬頃滄波之水에 둥둥 ᄯᅥᆺ는 부략금이 게오리들아(古時調. 靑丘).

게우 명 거위. ☞거유 ¶게우:鵝(物譜 羽蟲).

게우 부 겨우. ☞계우 ¶게우 두어 나ᄅᆞᆫ ᄒᆞ야 죽거늘:纔數日近死(續三綱. 烈17).

게우르다 형 게으르다. ☞게으르다 ¶게우른 계집의 어릴 졔로부터:懶(女四解3:6).

게우목 명 거여목. ☞게유목 ¶게우목:苜蓿(柳氏物名三 草).

게움 명 게염. ☞게엄. 게엄ᄆᆞ옴 ¶게움 싀:猜(類合下31).

게웆다 형 거칠다. ¶게우즌 바비나 지어히 애(鄕樂. 相杵歌).

게·유 명 거위. ☞거유 ¶게유 구으니와 므레

솔믄 둙과:燒鵝白煠雞(飜朴上4). 게유 아:鵝(類合上12. 倭解下21). 돋과 둙과 게유와 올히 隊 일고 무리 일면:雞豬鵝鴨成隊成羣(女四解2:30).

게유목 명 거여목. ☞거우목. 게여목 ¶게유목 목:苜. 게유목 숙:蓿(訓蒙上14). 게유목 목:苜(類合上7). 게유목:苜蓿(漢淸13:14). 물쑥 게유목 씃다지와 씀박위 잔다귀라(古時調. 중놈이. 海謠).

게으럽다 형 게으르다. ¶게으러울 란:懶. 게으러울 타:惰(兒學下12).

게으르·다 형 게으르다. ☞게얼으다. 게을오다. 게을으다 ¶게으른 衆生돌히(釋譜11:15). 고디 드러 막줄오미 져기 게으르거늘:家以爲信防之少懈(三綱. 烈11). 微妙훈 菩提ㅅ 길헤 게으르디 말라:無得疲怠妙菩提路(楞解2:75). 게으를 란:嬾. 게으를 타:惰. 게으를 히:懈. 게으를 틔:怠(訓蒙下30). 게으를 히:懈(類合下18). 게으를 타:惰(類合下27). 게으를 란:懶. 게으를 틔:怠(類合下42). 게으르고 플어디며:惰慢(宣小3:7). 편안호고 펴브리면 날로 게으른다 호는 말:安肆日偸之語(宣小5:87).

게으름 명 게으름. ☞게으르다. 게을르다 ¶게으름:懶(同文解上23).

게으리 부 게을리. ☞게을리. 게을이 ¶봆 굴며기는 비 避호물 게으리 호느다:春鷗懶避船(重杜解2:15).

게으ᄉ리넝쿨 명 겨우살이덩굴. ¶게으ᄉ리넝쿨:忍冬(集成方).

게을르다 형 게으르다. ¶제 게을르몰 칙호며:自嘖懈怠(誡初8).

게을리 부 게을리. ☞게을이 ¶게을리 아니홈이:不懈(宣小1:14). 지성으로 게을리 아니호야:至誠無怠(東續三綱. 孝3). 팔십나마 히예 니ᄅ러 게을리 아니호더라:至八十餘歲而不怠(東新續三綱. 孝3:38). 게을리 호다:惰了(同文解上23).

게을오·다 형 게으르다. ☞게으르다. 게을르다. 게을으다 ¶게을오물 내디 아니홇딘댄:不生疲倦(楞解4:79). 慈悲 게을옴 업스샤:慈悲無倦(法華2:55). 져근 제브터 비혼 性이 게을오니 늘근 時節에 게을오미 ᄀ장 甚호라:小來習性嬾晚節慵轉劇(初杜解8:20). 채텨 가몰 게을오라:嬾著鞭(初杜解20:7). 興이 오매 게을올 餘暇 업서:興來不暇懶(杜解22:1). 공경이 게을옴울 이긔는 이는 吉호고:敬勝怠者吉(宣小3:2).

게을·움 명 게으름. ¶게을움과 信 아니홈과:懈怠不信(圓覺上一之一30). 내의 게을우미 이 眞性인 디 아느니라:知余懶是眞(杜解10:5).

게을으·다 형 게으르다. ☞게으르다. 게을오다. ¶엇데 게을어 法을 아니 듣는다(釋譜6:11). 게을움 내리 업더라(法華1:106). 보빗 고대 게을어 믈러:懈退寶所(法華1:127). 여러 가짓 게을우물 브리고져 홇뎐댄:欲捨諸懈怠(法華4:101). 내의 게을우미 이 眞性인 디 아느니라:知余懶是眞(杜解10:5). 구실은 벼슬 일옴애 게을으며:宦怠於宦成(宣小2:76). 게을으디 아니호실시:不懈惰(宣小4:22).

게을·이 부 게을리. 게으르게. ☞게어리. 게얼리. 게으리 ¶두 하느론 너무 게을이 便安호고(釋譜6:36). 게을이 아니 호느니와(圓覺上一之一90). 옷ᄀ외 니브믈 게을이 호노라:嬾衣裳(杜解7:5). 늘근 노미 누어 슈미 편안호야 아ᄎ미 게을이 니로니:老夫臥穩朝慵起(杜解22:8). 오래 뜰 쓰서르믈 게을이 호미오(呂約9). 거스리디 말며 게을이 마롤디니라:勿逆勿怠(宣小2:12). 健壯혼 남자는 도라오몰 게을이 말롤디어다:健兒歸莫懶(重杜解4:19).
※ 게을이>게을리

게을ᄋ·다 형 게으르다. ☞게으르다 ¶이제 成子ㅣ 게을ᄋ니:今成子惰(宣小4:51).

-게이다 어미 -하겠습니다. ☞-게이다 ¶이ᄀ티 分布호야 流傳호면 아디 몯게이다:如是分布流傳未審(圓覺下三之二69). 제 性을 여희디 아니호미 곧 이 福田이어시니 아디 몯게이다:不離自性卽是福田未審(六祖上7).

-게이다 어미 -하겠습니다. ☞-게이다 ¶동샤의 유린과 유종쥬는 아지 못게이다 가히 과거롤 호리잇가(敬信51).

게이르·다 형 게으르다. ☞게으르다 ¶ᄆᅀᆞᆷ 노하 게이르며:放逸懈怠(龜鑑下35).

게이·ᄅ·다 형 게으르다. ☞게으르다 ¶道애 게이른 사ᄅ몬:於道懈怠者(龜鑑下41).

게이·른 형 게으른. ㉮게이ᄅ다 ¶道애 게이른 사ᄅ몬:於道懈怠者(龜鑑下41).

게일리 부 게을리. ¶나히 여슌이 나ᄆ되 게일리 아니호더라:年過六十而不怠(東新續三綱. 烈7:68).

게젓 명 게젓. ¶거복이 웨지 말고 게젓이라 호렴은(古時調. 뒥들에. 靑丘).

-·게·콰·라 어미 -게 하였노라. ☞-과라 ¶내 前生애 여러 가짓 罪 이실씨 아ᄃ리 이런 受苦롤 호게콰라 내 모몰 엇데 드틀ᄀ티 ᄇᅀᆞ디 몯관ᄃ 아ᄃ리 목수믈 일케 호야뇨(月釋21:219).

-겟- 어미 ①-겠-. ¶아니 시기겟다 호니(閑中錄62). ②-었-. ¶南녁 늘그늬게 섯겟노니:亂南翁(初杜解8:4).

겟닋인 명 결내인(內人). ¶겟닋인 우두쟈 너덧 사ᄅᆞᆷ을(癸丑95).

·겨 명 겨〔糠〕. ¶겨를 구버 할놋다 호거늘

(月釋9:35). 糠ᄋᆞᆫ 계라(法華1:195). 이 듣글ᄭᅥ 겨로도 오히려 堯舜을 ᄆᆡᆼᄀᆞᆯ리어니(法華2:28). 겨 강:糠. 겨 흘:麧(訓蒙下6). 겨 강:糠(石千35). 겨 강:糠(倭解下3). 겨:糠(同文解下3). 皮ㅅ겨 ᄀᆞᄐᆞᆫ 갈랑니(古時調. 一身이. 海謠). 겨 강:康(註千37). 겨:糠(柳氏物名三 草).

겨늘 명 겨를. ☞겨를 ¶겨늘 한:閑(光千31).

겨ᄂᆡ다 동 견디다. 참다. ☞견듸다. 견디다 ¶사ᄅᆞ미 그 시르믈 겨ᄂᆡ디 몯거늘:人不堪其憂(宣賜內訓3:54). 겨ᄂᆡ디 몯ᄒᆞᄂᆞ니:不忍(胎要49). 알파 겨ᄂᆡ디 몯ᄒᆞ믄:痛不可忍(痘要下48).

겨대 명 계대(繼隊). 큰 굿을 할 때 풍악을 울리는 공인. ¶靑밥독 겨대ᄂᆞᆫ 杖鼓 던더러쿵 ᄒᆞᄂᆞᆫ듸(古時調. 개고리. 靑丘)

겨드랑 명 겨드랑. 겨드랑이. ☞겨ᄃᆞ랑 ¶두녑 겨드랑을 딜러 주기고:刺兩腋殺之(東新續三綱. 烈6:81). 겨드랑이 ᄋᆡᆨ:腋(倭解上17). 겨드랑:肐子窩(譯解上34. 同文解上15). 겨드랑:胳肢窩(漢淸5:53). 두 겨드랑에 놀개 낫다 ᄒᆞ여(三譯4:9). 올흔편 겨드랑의 칼을 곰초고(武藝圖48).

겨딥 명 계집. ☞겨집 ¶겨딥 녀:女(註千7).

겨ᄃᆞ랑 명 겨드랑이. ☞겨드랑. 겻으랑 ¶겨ᄃᆞ랑 아래 잇게 ᄒᆞ면:衽在腋下則(家禮1:93). 겨ᄃᆞ랑의 암내 나ᄂᆞ니며(痘要43). 겨ᄃᆞ랑 ᄋᆡᆨ:亦(註千21).

겨레 명 겨레. ☞겨릐. 결레 ¶그 시절 녯 가문과 오란 겨레들히 다 能히 이ᄀᆞᆮ디 몯ᄒᆞ더라:當時故家舊族皆不能若是(宣小6:75). 우리 집이 본ᄃᆡ 가난ᄒᆞᆫ 겨레라:吾家本寒族(宣小6:132). 가히 다ᄅᆞᆫ 겨레에 도라 보낼 거시라:可歸他族(東新續三綱. 烈1:2). 겨레 권당으로셔 서ᄅᆞ 통간ᄒᆞ면:親屬相奸(警民22). 너희 ᄂᆡ인ᄂᆡ 겨레(癸丑95). 겨레ᄅᆞᆯ 찻즈며 친구ᄅᆞᆯ 무러(敬信12). 겨레와 벗들이 년루ᄒᆞᆯ가 저허:姻(五倫5:13). 겨레 친:親. 겨레 쳑:戚(註千35).

겨려ᄂᆡ다 동 겯어내다. 만들어내다. ¶멍석 한 닙 겨려ᄂᆡ니(萬言詞).

겨례 명 겨레. 일가친척(一家親戚). ☞겨레 ¶겨례 족:族. 겨례 쳑:戚(兒學上1).

겨로다 동 겨루다. ☞결우다 ¶음담과 풍경 겨로기ᄅᆞᆯ 죠하ᄒᆞ매(敬信83). ᄂᆞᆷ이 害ᄒᆞᆯ지라도 나ᄂᆞᆫ 아니 겨로리라(古時調. 靑丘).

겨류기 명 게로기. 모싯대. 모싯대의 뿌리. ☞계로기. ¶겨류기:薺苨(譯解下12).

겨·르 명 겨를. ☞겨를. ¶箕穎과 ᄀᆞᆯ와 이솔 겨릐 업더라:未遑等箕穎(初杜解24:40).

겨·르로·ᄫᅵ 부 겨를 있게. 한가로이. 한가롭게. ☞겨르로이. ¶ᄒᆞ오ᅀᅡ 겨르로ᄫᅵ 이셔 經을 즐겨 외오리도 보며(釋譜13:20). ※겨르로ᄫᅵ>겨르로이

겨·르로·이 부 겨를 있게. 한가로이. ☞겨르로ᄫᅵ ¶괴외히 겨르로이 사라:寂然閑居(法華2:143). ᄀᆞᆺᄇᆞ거든 곧 겨르로이 ᄌᆞ올오:困即閑眠(南明上59). 겨르로이 드로미:閑聽(金三4:42). ※겨르로이<겨르로ᄫᅵ

겨·르ᄅᆞᄫᆡ·다 형 한가롭다. ☞겨르ᄅᆞ외다. 겨르롭다 ¶쥬의 坊이어나 뷘 겨르ᄅᆞᄫᆡᆫ ᄯᅡ히어나 자시어나(釋譜19:1).

겨·르ᄅᆞ외·다 형 한가롭다. ☞겨르ᄅᆞᄫᆡ다. 겨ᄅᆞᄅᆞ외다 ¶겨르ᄅᆞ왼 고대 이셔:在於閑處(法華5:30). 훤히 뷔며 겨르ᄅᆞ욀시:曠然虛閑(金三2:54). 百千 겨르ᄅᆞ왼 日月을:百千閑日月(金三3:17). 겨르ᄅᆞ외며 밧보미 다 ᄒᆞᆫᄢᅴ로다:閑忙共一時(金三5:34). 朝와 野왜 겨르ᄅᆞ왼 나리 젹도다:朝野少暇日(重杜解1:1).

겨·르ᄅᆞ왼 형 한가로운. ㉮겨르ᄅᆞ외다 ¶欲 여희여 뷘 겨르ᄅᆞ왼 ᄯᅡ해 샹녜 이셔:離欲常處空閑(法華1:77). 比丘ㅣ 겨르ᄅᆞ왼 ᄃᆡ 이셔 經 외오믄 곧 겨르ᄅᆞ왼 수플와 괴외ᄒᆞᆫ 묏고래:比丘處閑誦經即閑林靜谷(法華1:79). 朝와 野왜 겨르ᄅᆞ왼 나리 젹도다:朝野少暇日(重杜解1:1).

겨·르ᄅᆞ·이 부 한가로이. 겨를 있게. ☞겨르로ᄫᅵ ¶香 퓌우고 겨르ᄅᆞ이 이셔:然香閑居(楞解7:6). 뎘 門 알ᄑᆡ 겨르ᄅᆞ이 거러 잇다:閑掛寺門前(南明下15). 겨르ᄅᆞ이 ᄒᆞ오ᅀᅡ 건ᄂᆞᆫ다:閑獨步(金三2:55).

겨·르롭·다 형 한가롭다. ☞겨르ᄅᆞᄫᆡ다 ¶阿蘭若ᄂᆞᆫ 겨르ᄅᆞᆸ고 寂靜ᄒᆞᆫ 處所ㅣ라 ᄒᆞᆫ ᄠᅳ디라(月釋7:4). 日月이 겨르ᄅᆞᆸ도다:日月閑(金三5:49).

겨·를 명 겨를. ☞겨늘. 겨르. 겨ᄅᆞ. 겨ᄅᆞᆯ ¶討賊이 겨를 업스샤ᄃᆡ 션비ᄅᆞᆯ ᄃᆞᅀᆞ실ᄊᆡ:不遑討賊且愛儒士(龍歌80章). 閑暇ᄂᆞᆫ 겨르리라(月釋序17). ᄌᆢᆼ의 次第호미 겨를 업더니:不遑僧次(楞解1:32). 萬機ㅅ 겨르레:暇(金剛跋2). 내 밧바 겨를 어더 가디 몯ᄒᆞ리로다:我忙沒功夫去(飜老上67). 겨를 한:閑(類合下7). 겨를 가:暇(類合下30). 겨를:餘暇(漢淸1:20).

겨를타 형 한가하다. ☞겨를ᄒᆞ다 ¶日昃호ᄃᆡ 겨를티 몯ᄒᆞ심은:日昃弗遑(常訓34).

겨를ᄒᆞ다 형 한가하다. 한가롭다. ☞겨ᄅᆞᆯᄒᆞ다 ¶겨를ᄒᆞ다:迭當(漢淸1:20). 그젓긔ᄂᆞᆫ 겨를치 못ᄒᆞ다 ᄒᆞ자(捷蒙2:14). 그ᄃᆡ 화ᄅᆞᆯ 도망ᄒᆞ믈 겨를치 못ᄒᆞ려든 엇지 오히려 복을 빌냐(敬信36).

겨릅 명 겨릅. 겨릅대. ¶겨릅:麻骨(訓蒙上9 麻字註). 겨릅:麻骨(柳氏物名三 草).

겨릅대 명 겨릅대. 겨릅. ☞겨릅ᄊᆡ ¶겨릅대:麻楷(譯解下10).

겨릅ᄣᅢ 명 겨릅대. ☞겨릅대. ¶블혀ᄂᆞᆫ 겨릅ᄣᅢ ᄡᅩᆺᄂᆞᆫ 거리:糠燈掛子(漢淸11:33).

겨ᄅᆞ 명 겨를. ¶겨ᄅᆞ 한:閑(石千31).

겨·ᄅᆞ로·이 부 한가로이. ¶겨ᄅᆞ로이 걷디 아니ᄒᆞ고:閑不徹(金三5:32).

겨·ᄅᆞᄅᆞ외·다 형 한가하다. 한가롭다. ☞겨르ᄅᆞᄫᅵ다. 겨르ᄅᆞ외다 ¶貔虎ᄂᆞᆫ 金甲이 겨ᄅᆞᄅᆞ외오:貔虎閑金甲(初杜解20:16). ᄒᆞ욤 업슨 겨ᄅᆞᄅᆞ왼 道人ᄋᆞᆫ:無爲閑道人(南明上3). 고온 노ᄂᆞᆫ 나비ᄂᆞᆫ 겨ᄅᆞᄅᆞ왼 帳ᄋᆞ로 디나가고:娟娟戲蝶過閑幔(杜解11:11).

겨ᄅᆞᄅᆞ왼 형 한가로운. ㉠겨ᄅᆞᄅᆞ외다 ¶고온 노ᄂᆞᆫ 나비ᄂᆞᆫ 겨ᄅᆞᄅᆞ왼 帳ᄋᆞ로 디나가고:娟娟戲蝶過閑幔(杜解11:11).

겨·ᄅᆞᄅᆞ·이 부 한가로이. ☞겨르로ᄫᅵ. 겨르ᄅᆞ이. 겨ᄅᆞ로이 ¶헌 돗ᄀᆞᆯ 겨ᄅᆞᄅᆞ이 ᄭᅳ어:破席閑拖(南明上18).

겨ᄅᆞᆯ 명 겨를. ☞겨르. 겨를 ¶비록 이리 겨ᄅᆞᆯ 업서도:雖務劇(東續三綱. 孝29). 천장은 나라 이리 하 어읍스니 이제 어ᄂᆞ 겨ᄅᆞ레 ᄒᆞ며(諺簡10 宣祖諺簡). 겨ᄅᆞᆯ 잇ᄂᆞᆫ 날이어ᄃᆞᆫ 혹 친림ᄒᆞ오셔(仁祖行狀31).

겨ᄅᆞᆯᄒᆞ다 형 한가하다. ☞겨를ᄒᆞ다 ¶군박히 되야 겨ᄅᆞᆯ치 못ᄒᆞ면(三譯6:15).

겨릐 명 겨레. ☞겨레 ¶황뎨의 겨릐오(三譯3:13). 겨릐 족:族. 겨릐 쳑:戚(倭解上13). 겨릐:親戚. 먼 겨릐:遠族(同文解上11). 겨릐들이 모다 졔ᄒᆞ고(女範4. 녈녀 오일계쳐). 겨릐 만타:族黨衆多(漢淸5:39). 종당 겨릐(敬信22). 겨릐 종:宗(註千26).

겨릐 명 편(便)에. 길에. ¶가ᄂᆞᆫ 겨릐:去便(同文解上27).

겨릐 부 즉각(卽刻). 갑자기. ☞결에 ¶겨릐 도적의 무리를 만나:猝遇賊衆(東新續三綱. 忠1:66). 돌ᄒᆞᆯ 가지고 겨릐 내ᄃᆞ라 ᄒᆞᆫ 도적을 주기니:持石突出打殺一賊(東新續三綱. 烈8:86). 周瑜 겨릐 ᄂᆞᆾ 짓고 크게 셩내여(三譯5:13). 겨릐:就(蒙解下39).

겨릐한미 명 겨레할미. ¶ᄒᆞᆫ 아ᄃᆞᆯ이 죽으니 겨릐한미 권ᄒᆞ야 ᄀᆡ가ᄒᆞ라 ᄒᆞ야(女範4. 녈녀 졍녈왕시).

-겨셔도 조 -께서도. ¶東萊겨셔도 어제ᄂᆞᆫ 일긔 사오나온ᄃᆡ 언머 슈고로이 건너시도다 념녀ᄒᆞ시고(新語1:21).

겨슬 명 겨울. ☞겨ᅀᅳᆯ ¶보ᄆᆡ 다 내야 녀르메 길어 ᄀᆞᅀᆞᆯ히 다 結實히와 겨스레 다 ᄀᆞᆷ초와(七大17).

:겨시·거시·니·와 동 계시거니와. ☞겨시다 ¶그 願이 오히려 ᄆᆞ초미 겨시거시니와(月釋21:149).

:겨시·다 동 계시다. ☞계시다 ¶도ᄌᆞ기 겨신 ᄃᆡᆯ 무러:賊問牙帳(龍歌62章). 四祖ㅣ 便安히 몯 겨샤:四祖莫寧息(龍歌110章). 忉利天에 겨시닷다(釋譜11:11). 中國ᄋᆞᆫ 皇帝 겨신 나라히니(訓註1). 弗沙佛ㅅ 時節에 두 菩薩이 겨샤ᄃᆡ(月釋1:51). 오래 겨쇼셔 ᄒᆞ거늘(月釋2:15). 地獄애 겨싫가 ᄒᆞ니(月釋23:81). 아비옷 겨시던댄(法華5:158). 뎌와 이와ᄋᆡ 서르 겨시디 아니ᄒᆞ시며(圓覺上一之一62). 宗廟ㅣ며 朝廷에 겨샤ᄂᆞᆫ:其在宗廟朝廷(宣賜內訓1:19). ᄆᆞᅀᆞᆯ히 겨셔(飜小10:4). 그 宗廟ㅣ며 朝廷에 겨샤ᄂᆞᆫ 말ᄉᆞᆷ을 ᄀᆞᆯ히내 ᄒᆞ샤ᄃᆡ:其在宗廟朝廷便便言(宣小3:14). 사ᄅᆞᆷ의 ᄌᆞ식 되연ᄂᆞᆫ 이 父母ㅣ 겨시거든:爲人子者父母存(宣小3:20). 父母ㅣ 疾이 겨시거ᄃᆞᆫ(女四解2:14). 어딜고 덕이 겨샤 일이 네 아니어든(女範1. 셩후 쥬션강후). ※겨시다>계시다.

:겨시·다 조형 계시다. ☞계시다 ¶爲ᄂᆞᆫ ᄃᆞ외야 겨실 씨라(釋譜序1). 안자 겨신 양도 보ᅀᆞᄫᆞ며(釋譜19:40). 목수미 열 ᄃᆞᆯ ᄒᆞ고 닐웨 기터 겨샷다 ᄒᆞ시고(月釋2:13). 住ᄒᆞ야 겨시니잇가(月釋18:80). 단졍히 안자 겨심애:端坐(宣小6:122). ᄒᆞᆫ 사ᄅᆞᆷ의게로셔 나 겨시니:同出於一人(警民6). 고요히 안자 겨사(癸丑1:38). 東萊계셔 요ᄉᆞ이ᄂᆞᆫ 病드러 계시더니 ᄌᆡ기 ᄒᆞ려 겨시오매(重新語2:1). 두 ᄋᆞᄃᆞᆯ을 픔관을 주게 ᄒᆞ여 겨시더니(敬信15).

겨ᅀᅳ 명 겨울. 〔'겨ᅀᅳᆯ'의 'ㄹ'이 'ㄷ' 앞에서 탈락(脫落)한 형태.〕☞겨ᅀᅳᆯ. 겨으 ¶겨ᅀᅳ 동:冬(訓蒙上1). 겨ᅀᅳ 동:冬(光千2).

겨·ᅀᅳ사리 명 겨우살이. ¶겨ᅀᅳ사리:蔦(四解下13). 麥門冬 鄕名冬兒沙里(村救方). 麥門冬 冬沙伊(鄕藥月令 二月).

겨·ᅀᅳᆯ 명 겨울. ☞겨ᅀᆞᆯ. 겨월. 겨을. 겨ᄋᆞᆯ ¶모미 겨ᅀᅳ렌 덥고(月釋1:26). 겨ᅀᅳ리면 제 모ᄆᆞ로 니브를 ᄃᆞ시 ᄒᆞ더니(三綱. 孝9). 녀름브터 겨ᅀᅳ레 가니:自夏徂冬(楞解1:17). 겨ᅀᅳᆯ헤 업고 보ᄆᆡ 퍼듀믈 보며:觀冬索而春敷(永嘉下44). 겨ᅀᅳ레 錦 니브레 ᄌᆞ오로ᄆᆞᆯ 조ᅀᆞ로이 너기노라:冬要錦衾眠(初杜解23:11). 겨ᅀᅳ렌 누니 잇ᄂᆞ니라:冬有雪(南明下57). ᄀᆞᅀᆞᆯ히 가ᄃᆞ며 겨ᅀᅳ레 갈ᄆᆞ며:秋收冬藏(金三2:6). 겨ᅀᅳᆯ이어든 제 몸으로 니블을 덥게 ᄒᆞ며 ᄀᆞ장 치운 겨ᅀᅳᆯ에 제 몸맨 아ᄆᆞᆫ 오시 업수ᄃᆡ(飜小9:28). 겨ᅀᅳᆯ흔 닷새 만의:冬則五日後(救荒補13).

※겨ᅀᅳᆯ>겨을(겨ᄋᆞᆯ, 겨올)>겨울

겨·ᅀᅳᆺ 명 겨울의. 〔'겨ᅀᅳᆯ'의 관형격(冠形格).〕☞겨읏 ¶녯 사ᄅᆞ미 ᄒᆞ마 겨ᅀᅳᆺ 석 ᄃᆞ래 足호ᄆᆞᆯ ᄡᅳ니:古人已用三冬足(初杜解7:31).

겨·ᅀᆞᆯ 명 겨울. ☞겨ᅀᅳᆯ ¶고ᄫᆞᆫ 病으로 겨ᅀᆞᆯ와 보ᄆᆞᆯ ᄆᆞ초라:瘴癘終冬春(初杜解19:31). 겨ᅀᆞ레 므레 디여:冬月落水(救簡1:76). 겨ᅀᆞ

래 어러 주그니와:冬月凍死(救簡1:86).

겨어사리 명 겨우살이풀. ¶겨어사리 블휘:麥門冬(方藥25).

겨오 부 겨우. ¶겨오 도장의 들매 미리 시리의 다쇼를 혜아려(敬信30).

겨오다 동 범(犯)하다. ¶쟈가사리 농 겨오다:昂刺犯龍(東韓).

-겨오셔 조 -께서. ¶아즈마님겨오셔 여러 돌 쵸젼ᄒᆞᄋᆞᆸ시던 긋틔 이런 참척을 만나ᄋᆞᆸ셔(諺簡43 肅宗諺簡). 아즈마님겨오셔 편티 못ᄒᆞ오신ᄃᆡ(諺簡45 肅宗諺簡). 妾이 對答ᄒᆞ되 안해 님겨오셔 망녕된 말이오(古時調. 져 건너 月仰바회. 靑丘). 션인겨오셔 경계ᄒᆞ오시ᄃᆡ(閑中錄1).

-겨오셔도 조 -께서도. ¶션비겨오셔도 본가의 가 겨시더니(閑中錄16).

겨오시다 동 계시다. ☞겨시다 ¶아기 겨오시다 듯고(癸丑9).

겨올 명 겨울. ¶겨올과 여름에 다탕을 포시ᄒᆞ며(敬信72).

겨요 부 겨우. ☞계우 ¶겨요 뎐교ᄒᆞ오시고(癸丑11). 겨요:將將的(漢淸11:49). 겨요근:僅(倭解下42). 겨요 지:才(註千8). 나히 겨요 십ᄉᆞ 셰라:年甫十四(五倫1:30).

겨요겨요 부 겨우겨우. ¶白首老人이 千里氷程을 겨요겨요 ᄂᆞ려왓ᄉᆞ오나(隣語1:11).

겨우 부 겨우. ☞계우 ¶통곡고져 ᄒᆞᄃᆡ 겨우 춤아(癸丑49). 島中의 남무 모화 朝夕 밥 겨우 짓ᄂᆡ(萬言詞).

겨울 명 겨울. ¶간난ᄒᆞᆫ 사ᄅᆞᆷ이 여름 홋것과 겨울 소옴것붓치ᄅᆞᆯ 사거든(敬信67).

겨월 명 겨울. ☞겨슬 ¶江湖에 겨월이 드니 눈 기픠 자히 남다(古時調. 孟思誠. 靑丘). 겨월이 다 지나고 봄 節이 도라오니(古時調. 漁隱. 靑丘). 겨월날 ᄃᆞᄉᆞᆫ 볏흘 님 계신듸 비최고쟈(古時調. 靑丘).

겨유 명 거위. ¶닐온밧 겨유를 사기다가 이디 몬ᄒᆞ야도:所謂刻鵠不成(宣賜內訓1:38).

겨유 부 겨우. ☞계우 ¶나히 겨유 열둘헤:年纔十二(東新續三綱. 孝3:76). 샹이 공원을 조차 가시니 겨유 이십 니ᄂᆞᆫ 가셔(明皇1:37). 겨유 ᄌᆞ라다:剛殼(漢淸11:59). 아ᄃᆞ님을 겨유 어드샤(閑中錄98). 겨유 ᄌᆞ라매 경셔ᄅᆞᆯ ᄀᆞᄅᆞ쳐(女範1. 모의 하남윤모).

겨으 명 겨울. 〔'겨을'의 'ㄹ'이 'ㄷ' 앞에서 탈락(脫落)한 형태.〕☞겨스. 겨을 ¶겨으 동:冬(倭解上3).

겨으사리 명 ①겨우살이. ¶뽕나모 우희 겨으사리:桑上寄生(東醫 湯液三 木部). ②겨우살이풀. ☞겨ᅀᅳ사리 ¶겨으살이 불휘:麥門冬(東醫 湯液二 草部).

겨으살이 명 감탕나무. ¶겨으살이:冬靑子(譯解補51). 겨으살이:冬靑 凍靑(柳氏物名四 木).

겨으슬이 명 ①겨우살이풀. ☞겨ᅀᅳ사리 ¶겨으슬이:麥門冬(柳氏物名三 草). ②겨우살이. ☞겨으사리 ¶겨으슬이:寄生(柳氏物名四 木).

겨·을 명 겨울. ☞겨슬 ¶겨을 동:冬(類合上2. 訓蒙 光文會板上1. 註千2). 겨을와 녀름에ᄂᆞᆫ 모시와 샹셔로ᄡᅥ ᄀᆞᄅᆞ치더니라:冬夏敎以詩書(宣小1:13). 겨을의 ᄒᆞᄂᆞᆫ 졔라(宣小4:46). 겨을이어든 몸으로ᄡᅥ 니블을 덥게 ᄒᆞ며:冬則以身溫被(宣小6:25). 겨을에 소옴 둔 옷슬 닙디 아니ᄒᆞ고:冬不衣絮(宣小6:29). 홍무 긔ᄉᆞ 겨을회 주셔 길지 벼슬 ᄇᆞ리고:洪武己巳冬注書吉再棄官(東三綱. 忠5 吉再抗節). 겨으리 더우니 모긔 모닷고:冬溫蚊蚋集(重杜解1:42). 보야ᄒᆞ로 겨으레 ᄒᆞ논 이리 改變ᄒᆞ놋다:方冬變所爲(重杜解10:43). 겨을은 열흘 만의 ᄢᅢᄢᅢ로 마시라:冬十日時時飮之(臘藥6). 궁ᄒᆞᆫ 사ᄅᆞᆷ을겨을에 핫것과 여름에 홋것슬 시쥬ᄒᆞ며(敬信78). 엇그제 겨을 지나(丁克仁. 賞春曲). ※겨을<겨슬

겨읏 명 겨울의. ☞겨슷 ¶녜 사ᄅᆞᆷ이 ᄒᆞ마 겨읏 석 ᄃᆞ래 足호ᄆᆞᆯ ᄡᅳ니:古人已用三冬足(重杜解7:31).

겨의 부 거의. ¶겨의 다 와셔(重新語1:17).

겨ᄋᆞ 명 겨울. 〔'겨ᄋᆞᆯ'의 'ㄹ'이 'ㄷ' 앞에서 탈락(脫落)한 형태.〕☞겨ᅀᆞ. 겨으 ¶겨ᄋᆞ 동:冬(石千2).

겨ᄋᆞ사리 명 겨우살이. ☞겨으사리. 겨으슬이 ¶겨ᄋᆞ사리:寄生草(同文解下46). 겨ᄋᆞ사리:寄生木(漢淸13:25).

겨ᄋᆞ수리너출 명 겨우살이덩굴. 인동. ¶겨ᄋᆞ수리너출:忍冬(方藥25).

겨ᄋᆞ수리쏫 명 금은화(金銀花). ¶겨ᄋᆞ수리쏫:金銀花(方藥25).

겨ᄋᆞᆯ 명 겨울. ☞겨슬. 겨올. 겨을 ¶겨ᄋᆞᆯ헤 모욕ᄒᆞ고:冬沐浴(東新續三綱. 孝5:2 彥器斷指). 겨ᄋᆞᆯ히 ᄎᆞᆫ ᄃᆡ 안잣던(癸丑37). 長安앳 겨ᄋᆞᆳ 디히ᄂᆞᆫ ᄉᆡ오 ᄯᅩ ᄑᆞᄅᆞ고:長安冬菹酸且綠(重杜解3:50). 겨ᄋᆞᆯ히ᄂᆞᆫ 웽을 ᄡᅳ고 녀ᄅᆞᆷ의ᄂᆞᆫ 건티ᄅᆞᆯ ᄡᅳ라(家禮4:25). ᄀᆞᄋᆞᆯᄒᆞᆫ 黍ᄅᆞᆯ 薦ᄒᆞ고 겨ᄋᆞᆯᄒᆞᆫ 稻ᄅᆞᆯ 薦ᄒᆞᆯ디니(家禮10:1). ᄀᆞᄋᆞᆯ과 겨ᄋᆞᆯ히 존졀ᄒᆞ며 더적ᄒᆞ야:秋冬撙節儲積(警民19). 겨ᄋᆞᆯ이어든 금으로 보셕에 젼 메워 워전즈러니 ᄡᅮ민 ᄡᅴ를 ᄡᅴ며:冬裏繫金廂寶石鬧裝(老解下46). ᄒᆞᆫ 겨ᄋᆞᆯ은 더기ᄎᆞ기ᄒᆞ고:一冬裏踢建子(朴解上17). ᄒᆞᆫ 겨ᄋᆞᆯ의 술아 먹기 됴흐니라:一冬裏熬喫好(朴解中34). 겨ᄋᆞᆯ에 그 아비 손으로 ᄒᆞ여곰 술위를 몰싀:父冬月令損御車(五倫1:2). 겨ᄋᆞᆯ에 산 고기ᄅᆞᆯ 먹고져 ᄒᆞ여:冬思生魚(五倫1:29). 겨ᄋᆞᆯ이면 몸으로ᄡᅥ 니

블을 ᄃᆞᄉᆞᄒᆞ게 ᄒᆞ고(五倫1:29).

겨웁시다 조동 계시옵다. 계시다. ¶使者로 완습떠니 處處에 御接待를 시겨 겨웁시고(重新語7:18).

겨자 명 겨자. ¶겨자 ᄀᆡ:芥(兒學上5).

:겨집 명 ①계집. 여자(女子). ☞겨딥. 계집 ¶婢ᄂᆞᆫ 겨집죠이라(釋譜13:19). 女子ᄂᆞᆫ 겨지비라(月釋1:8). 情慾한 사ᄅᆞ미 겨지비ᄃᆞ외야(月釋1:43). 그 겨지비 밥 가져다가 머기고 자바 니르혀니(月釋1:44). 마치 열다ᄉᆞ신 져믄 겨지븨 허리 ᄀᆞᆮ도다:恰似十五兒女腰(杜解10:9). 겨집 남진 얻이며 남진 겨집 얻이노라:嫁女婚男(佛頂上3). 겨집 녀:女(訓蒙上31. 類合上17. 石千7). 겨집 냥:娘(訓蒙上31). 겨집 희:姬. 겨집 강:姜(訓蒙下33). ᄉᆞ나히와 겨집이(宣小2:45).
②아내. 처(妻). ☞계집 ¶如來 太子ㅅ 時節에 나ᄅᆞᆯ 겨집사ᄆᆞ시니(釋譜6:4). 남지늬 소리 겨지븨 소리(釋譜19:14). 남진과 겨집괘 ᄀᆞᆯᄒᆡ요미 이시며:夫婦有別(宣賜內訓序3). ᄯᅩᄅᆞᆫ 앉이 겨지블 절ᄒᆞ고:女拜弟妻(初杜解8:28). 머리터ᄅᆞᆯ ᄆᆡ자 남진 겨지비ᄃᆞ외요니:結髮爲夫妻(初杜解8:67). 겨집과 子息괘 軍壘에 즈음첫ᄂᆞ니:妻孥隔軍壘(初杜解22:4). 겨집 쳐:妻. 겨집 냥:娘(訓蒙上31). 겨집 쳐:妻(類合上19). 겨집 부:婦(類合上20). 겨지비 ᄌᆞ식 ᄇᆡ여실 제:婦人妊子(宣小1:2). 져제 ᄃᆞᆫ니며 비니 그 겨집은 아디 몯ᄒᆞ거늘:行乞於市其妻不識(宣小4:31). 겨집 송씨 몬져 주근 열흔 ᄒᆡ 만애(桐華寺 王郞傳1). 맛당ᄒᆞ다 그ᄃᆡ의 겨집여(女範2. 현녀 졔샹어쳐). 혹 겨집을 ᄉᆞᄉᆞ집의 두어 더러온 일이 드러나 들니여(敬信20).
③부인(婦人). 부녀(婦女). ☞계집 ¶비록 남지늬 어딜며 사오나오매 關係ᄒᆞ나 ᄯᅩ 겨지븨 어딜며 사오나오매 브튼디라(宣賜內訓序6). 다믄 겨지비 믈기리ᄒᆞᄂᆞ니:只是婦人打水(飜老上36). 겨지비 ᄒᆞ나ᄒᆞᆯ 조차 ᄆᆞᆺ신ᄒᆞᆯ 거시니:婦人從一而終(東續三綱. 烈20). 디이산 겨집은 구례현 사ᄅᆞᆷ이니…지비 가난호ᄃᆡ 겨지븨 도ᄅᆞᆯ 다ᄒᆞᄃᆞ니:智異山女求禮縣人…家貧盡婦道(東新續三綱. 烈1:1). 엇디 ᄒᆞᆫ 겨집을 이긔디 못ᄒᆞ리오:婦人(五倫3:17).

:겨집동·셰 명 여자 동서(同婿). ☞계집동셰 ¶겨집동셰 튝:妯. 겨집동셰 리:娌. 겨집동셰 대:娣. 겨집동셰 ᄉᆞ:姒(訓蒙上31).

:겨집동ᄉᆡᆼ 명 여동생. ¶姨兄:엄의 겨집동ᄉᆡᆼ에 난 ᄆᆞᆯ오라비라(宣小6:46).

겨집사ᄅᆞᆷ 명 여자. ¶념습텨엿 일은 겨집사ᄅᆞᆷ의게 맛디고(女範4. 녈녀 님계왕녀).

겨집삼다 동 아내 삼다. ¶그 후궁을 다 겨집삼고(女範3. 뎡녀 쵸평ᄇᆡᆨ영).

:겨집심방 명 무당. ¶巫ᄂᆞᆫ 겨집심방이오 祝ᄂᆞᆫ 男人심방이라(楞解8:117).

:겨·집어·리 명 계집질. ¶간 ᄃᆡ마다 겨집어리ᄒᆞᄂᆞ니:到處裏養老婆(飜朴上36).

:겨집얼·이·다 동 장가들다. 장가들이다. ¶겨집 남진얼이며 남진 겨집얼이노라:嫁女婚男(佛頂上3). 양공의 ᄌᆞ식이 ᄌᆞ라거늘 겨집얼이고:恭之子息長大爲之娶婦(二倫35 張裔).

:겨집:죵 명 계집종. ☞계집죵 ¶婢ᄂᆞᆫ 겨집죠이라(釋譜13:19). 病이 잇거늘 겨집죵을 ᄒᆞ야 藥을 ᄇᆡ븨이더니:有疾使婢丸藥(宣賜內訓1:61). 더브렛ᄂᆞᆫ 겨집죵이 구스를 ᄑᆞ라 도라오나ᄂᆞᆯ:侍婢賣珠回(初杜解8:66). 겨집죵 비:婢(訓蒙上33) 겨집죵 비:婢(類合上20). 겨집죵이 나히 이십에 미츤 쟈ᄅᆞᆯ 속히 지아비 맛치고 지쳬치 말며(敬信76).

겨집질 명 계집질. ¶겨집질(敬信75).

겨집ᄒᆞ다 동 ①장가들다. ¶각각 겨집ᄒᆞ야도 서르 ᄉᆞ랑ᄒᆞ야:及各取妻兄弟相戀(二倫9 姜肱同被). 아ᄋᆞ 광안이 몬져 겨집ᄒᆞ야ᄂᆞᆯ:弟光顏先娶(二倫18 光進返籍).
②계집질하다. ¶형 언운이 겨집ᄒᆞ기 ᄒᆞ며:兄彥雲惟聲色(二倫21 彥霄析籍).

겨ᄌᆞ 명 겨자. ☞계ᄌᆞ ¶겨ᄌᆞ:大芥(柳氏物名三 草).

·겨·펴 동 겹치어. ㉮겨피다 ¶빗난 돗ᄀᆞᆯ 겨펴 쏄오:重敷婉綖(法華2:73). 빗난 돗ᄀᆞᆯ 겨펴 쏄면:重敷婉綖(法華2:74).

·겨피·다 동 겹치다. ¶빗난 돗ᄀᆞᆯ 겨펴 쏄오:重敷婉綖(法華2:73). 빗난 돗ᄀᆞᆯ 겨펴 쏄면:重敷婉綖(法華2:74).

격 명 격(格). ¶솟드ᄂᆞᆫ 格이라(武藝圖16). 이 격이 극히 경졀ᄒᆞ미 이스니(敬信84).

·격·고ᄒᆞ·다 동 격고(擊鼓)하다. 북을 치다. ¶吉玢이 擊鼓ᄒᆞ야 갑새 죽가지이다 ᄒᆞ야ᄂᆞᆯ(三綱. 忠23).

격군 명 곁꾼. 배에서 잡일을 하는 사람. ¶큰 ᄇᆡ예 격군도 젹고(新語1:13). 격군:溜夫(同文解上13).

격권ᄒᆞ다 동 격권(激勸)하다. ¶션언 드를 ᄣᅢ에 격권ᄒᆞᆷ을 견ᄃᆡ지 못ᄒᆞ고(敬信37).

격긔 명 격기(激氣). 격한 기운. ¶격긔가 오르오셔(閑中錄202).

격기 명 겪이. ☞겻기 ¶이젼은 격기엔 거시 이러치 몯ᄒᆞ웁더니(重新語2:16).

격기ᄒᆞ다 동 겪이하다. 음식을 대접하다. ☞겻기ᄒᆞ다 ¶두 참이도록 거르기 격기ᄒᆞ신ᄃᆡ(新語7:2). 이 격기ᄒᆞᄂᆞᆫ 분네 니ᄅᆞ기ᄂᆞᆫ(重新語6:22).

·격:녀ᄒᆞ·다 동 격려(激勵)하다. ¶샹녜 스스로 격녀ᄒᆞ야 니르와대야:常自激昂(宣小

5:98).

격녈ᄒᆞ다 형 격렬(激烈)하다. ¶퉁분이 격녈ᄒᆞᆫ더라(仁祖行狀4). 시ᄅᆞᆯ 놉히 읇허 읇고 ᄯᅩ 읇허 의긔 격녈ᄒᆞ고 셩음이 뇨량ᄒᆞ야(落泉2:4).

격노ᄒᆞ다 동 격노(激怒)하다. ¶불언듕 격노ᄒᆞ샤(閑中錄102). ᄉᆞᄉᆞ 혐의로 쥬인을 격노ᄒᆞ야 일 내지 말며(敬信73).

격다 동 겪다. ☞겪다 ¶나도 무던이 격거시되(古時調. 李鼎輔. 간밤의. 海謠). 무신년 변을 격샤 샤외ᄒᆞ시며(閑中錄122).

격동ᄒᆞ다 동 격동(激動)하다. ¶격동ᄒᆞ다:激他(同文解下59). 격동ᄒᆞ다:激(漢淸7:55).

·격됴 명 격조(格調). ¶格調ㅣ ᄆᆞᆯᄀᆞ며 새로외야 各別ᄒᆞᆫ 宮商이니라(金三3:7). 格調ㅣ 네ᄅᆞ외며 神이 ᄆᆞᆯ가(南明上29).

·격·발·ᄒᆞ·다 동 격발(激發)하다. ¶縱橫ᄋᆞ로 激發ᄒᆞ샤미:激ᄋᆞᆫ 믌결 니ᄅᆞᆯ 씨라(楞解1:113). 미친 慧ᄅᆞᆯ 激發ᄒᆞ샤(楞解4:2). 精히 窮究ᄒᆞ야 激發ᄒᆞ면(楞解9:56). 노폰 놀애 宇宙에 激發ᄒᆞᄂᆞ니(初杜解6:23). 그림 그륜 功이 달오미 ᄀᆞ장ᄒᆞ니 幽深ᄒᆞᆫ ᄆᆞᅀᆞ매 興이 激發ᄒᆞ놋다(重杜解16:43).

격벽 명 격벽(隔壁). ¶왕싱이 격벽의셔 글 닑다가 젼치의 소리ᄅᆞᆯ 듯고(落泉1:2).

격셔 명 격서(檄書). 격문(檄文). ¶격셔 격:檄(倭解下39).

격식 명 격식(格式). ¶공덕과 죄과 되ᄂᆞᆫ 격식 죵요로온 것 모돈 말(敬信80).

격언 명 격언(格言). ¶사ᄅᆞᆷ 구제ᄒᆞᄂᆞᆫ 격언을 도화 민들며(敬信80).

격젼 명 개평. ¶격젼:頭錢. 격젼 거두다:抽頭(漢淸9:16).

격·지 명 나막신. ¶稀疎ᄒᆞᆫ 져근 블근 곳과 프른 닙 서리예 격지ᄅᆞᆯ 머믈워 殘微ᄒᆞᆫ 香氣ᄅᆞᆯ 갓가이 호라:稀疎小紅翠駐屐近微香(初杜解10:32). 뫼ᄒᆞᆯ ᄎᆞᆺ던 격지오:尋山屐(初杜解16:22). 더위자바 녀매 몃 격지ᄅᆞᆯ 들워 ᄇᆞ리가뇨:扶行幾屐穿(杜解20:2). 楚ㅅ 두들게 ᄀᆞᅀᆞᆳ 격지 시너 ᄉᆞᄆᆞ차 오나놀:楚岸通秋屐(杜解22:20). 격지 극:屐(訓蒙中23. 類合上24. 倭解上46). 격지:木屐(譯解上47).

·격ᄒᆞ·다 동 격(隔)하다. ¶나ᄅᆞᆯ 隔ᄒᆞᆫ 고봄 ᄌᆞᆫ도소이다:猶隔日瘧(楞解5:2). 일로브터 亂山이 隔ᄒᆞ야 本來 面目ᄋᆞᆯ 보디 몯ᄒᆞ릴시(南明上2). 세샹을 격ᄒᆞ야시나(太平1:45).

격히다 동 격(隔)하다. ¶한강을 격히여시니:隔漢江(東新續三綱. 忠1:29).

겪다 동 겪다. ☞격다 ¶움 속의 두어 십 년 당마ᄅᆞᆯ 격거도(煮硝方1:3).

견 명 비단〔絹〕. ¶견:絹子(同文解下24). 紗와 絹이 다 可ᄒᆞ니(家禮10:42). 견 빅 필이 드릿더라(太平1:26).

견감ᄒᆞ다 동 견감(蠲減)하다. 조세의 일부를 감하다. ¶이미 젼곡을 견감ᄒᆞ얏거든 ᄃᆞ시 뭇지 말며(敬信61).

견:고 명 견고(堅固). ¶堅固ᄂᆞᆫ 구들 씨오(釋譜23:11). 堅固ᄂᆞᆫ 구들 씨라(楞解1:8). 안해 堅固ㅣ 업스면(金剛序7).

견고이 부 견고(堅固)히. ¶노하 도라간 후 션심을 견고이 ᄒᆞ면(敬信43).

견:고·히 부 견고(堅固)히. ¶藥 머구ᄆᆞᆯ 堅固히 ᄒᆞ야(楞解8:129). 날로 새로 견고히 ᄒᆞ시니:堅固(桐華寺 王郎傳8).

견권ᄒᆞ다 형 견권(繾綣)하다. ¶셩괴 이러ᄐᆞ시 견권ᄒᆞ시니(經筵). 가만ᄒᆞᆫ 졍이 더욱 견권ᄒᆞ더라(落泉).

견·듸·다 동 견디다. ☞견ᄃᆡ다. 견듸다 ¶늘근 그려기ᄂᆞᆫ 보ᄆᆡ 주류믈 견듸여:老鴈春忍飢(初杜解8:21). ᄇᆞ라와 견듸디 몯ᄒᆞ애라:痒的當不得(飜朴上13). 病을 견듸여:力疾(重杜解10:2).

견딜셩 명 참을성. 인내성(忍耐性). ¶견딜셩 업다:沒耐性(譯解補57).

견ᄃᆡ 명 전대(纏帶). ¶橐日 견ᄃᆡ(東言).

견·ᄃᆡ·다 동 견디다. ☞견듸다 ¶ᄒᆞ마 伶俜ᄒᆞᆫ 열 ᄒᆡ옛 이ᄅᆞᆯ 견ᄃᆡ옛노니:已忍伶俜十年事(初杜解6:16). ᄇᆡ ᄌᆞ르ᄂᆞᆫ ᄃᆞᆺ 알파 견ᄃᆡ디 몯ᄒᆞ야도(救簡2:46). ᄇᆡ ᄌᆞ르ᄂᆞᆫ ᄃᆞᆺ 알파 견ᄃᆡ디 몯거든(救簡2:47). 견딜 내:耐(類合下11. 倭解上21). 견딜 감:堪(類合下22. 倭解下42) 견딜 료:聊(類合下35). 견딜 승:勝(類合下39). 근심을 견ᄃᆡ디 몯ᄒᆞ거놀:不堪其憂(重內訓3:45). 견ᄃᆡ다:耐得住(漢淸6:33). 나 계셔 진실노 견ᄃᆡ기 어렵거든(重新語2:4). 겸ᄒᆞ여 번극ᄒᆞᆷ을 견ᄃᆡ지 못ᄒᆞ고 사ᄅᆞᆷ을 용납지 못ᄒᆞ며(敬信28). 견딜 길이 업ᄉᆞ외(隣語1:13). 견딜 내:能(註千8). 견딜 지:枝(註千16). 견딜 임:任(註千39).

견마 명 견마(牽馬). 경마. ☞견마잡다 ¶죵ᄒᆞ나흘 견마ᄅᆞᆯ 잡혀(太平1:17). 그 안히 톤 나귀 견마ᄅᆞᆯ 잡고(五倫5:17).

견마잡다 동 경마잡다. ☞견마. 견마ᄒᆞ다 ¶견마잡다:牽領(漢淸14:30).

견마ᄒᆞ다 동 경마잡다. ☞견마. 견마잡다 ¶견마ᄒᆞ다:籠着馬(譯解下20).

견막이 명 곁마기. ¶늙은 견막이 닙고 족도리 그어 쓰고(癸丑122).

:견문 명 견문(見聞). ¶見聞이 幻ᄒᆞᆫ ᄀᆞ료미 ᄀᆞᆮᄒᆞ며 三界 空華 ᄀᆞᆮᄒᆞ니(楞解6:73). 안ᄒᆞ로 見聞의 브료ᄆᆞᆯ 닙디 아니ᄒᆞ고:內不被見聞使殺(金三2:54).

견식 명 견식(見識). ¶너ᄂᆞᆫ 見識이 잇ᄂᆞᆫ 사ᄅᆞᆷ이니(老解上44). 〔飜老上49에는 '너ᄂᆞᆫ 일

아ᄂᆞᆫ 사ᄅᆞ미어니'로 기록되어 있음.〕

견실ᄒᆞ다 형 견실(堅實)하다. ¶견실ᄒᆞ다:結實(漢淸6:32).

견ᄉᆞ 명 견사(繭絲). 고치실. ¶扶桑 繭絲ᄅᆞᆯ 銀河의 씨어 ᄂᆡ여(曺友仁. 自悼詞).

견양 명 견양(見樣). 본보기. ¶견양:樣子(譯解下49). 이 人蔘이 됴ᄒᆞ야 見樣 人蔘 가져오라 내 보쟈(蒙老8:2). 견양의셔 너르고 크다:物做咧了(漢淸12:1).

견양돈 명 동전의 거푸집을 만들기 위한 본. ¶견양돈:祖錢(漢淸10:41).

견여 명 견여(肩輿). 작은 교자(轎子). ¶肩輿 타 늘근 한아비 고ᄫᆞᆯ파 오라(初杜解15:55). ᄯᅩ 궐ᄂᆡ예 견여(쟈근 교ᄌᆡ라)로 출입ᄒᆞ라 ᄒᆞ시고(仁祖行狀25).

견우·ᄌᆞ 명 견우자(牽牛子). 나팔꽃의 씨. ¶牽牛子ᄅᆞᆯ 半만 ᄂᆞ리오(救急上70).

견·조·다 동 ①견주다. ☞견주다 ¶노ᄒᆞ로 두 ᄇᆞᆯ독 ᄆᆞ딋 그틀 ᄀᆞᄅᆞ 견조고:對以繩度兩頭肘尖頭(救簡2:61). 아ᄅᆡ 치와 견조면 너므 굳다:比在前忒牢壯(飜老上39). ᄒᆞᆫ 발도 ᄂᆞᆷ과 견조면 어머리 너므리라:一托比別人爭多(飜老下29). 나 ᄒᆞ나 젊어 잇고 님 ᄒᆞ나 날 괴시니 이 ᄆᆞᄋᆞᆷ 이 ᄉᆞ랑 견졸 ᄃᆡ 노여 업다(松江. 思美人曲). 견졸 비:比(倭解下41). 견조다:比比(同文解下52). 견조다:比竝(漢淸11:53). ᄇᆡᆨ 가지 복이 견조와 이르고 천 가지 샹세 구름쳐로 모되리니(敬信10). 견졸 방:方(註千7).
②겨누다. ☞견지다 ¶긔추관혁 견조다:指帽子(漢淸4:44).

견조:ᄡᅳ·다 동 견주다. ☞견줍ᄡᅳ다 ¶ᄒᆞ다가 名字相과 言說相과 心緣相을 가져 이베 견조ᄡᅳ며 ᄆᆞᅀᆞ매 혜아리면(龜鑑上4).

견·조우·다 동 견주다. ¶노ᄒᆞ로 견조워:以繩度(瘟疫方19).

견·주·다 동 견주다. ☞견조다. 견초다 ¶귀 견줌:與馬耳齊謂之比耳(龍歌6:40). 度ᄂᆞᆫ 기리 견주ᄂᆞᆫ 거시오(月釋9:7). 如來ㅅ 주머귀예 견주ᅀᆞᆸ건댄 事義 서르 ᄀᆞᆮ도소이다:例如來拳事義相類(楞解1:99). 因ᄒᆞ야 나ᄅᆞᆯ 견주ᄃᆡ:因而例我(楞解10:9). 플 ᄒᆞᆫ 나ᄎᆞᆯ 가져다가 ᄒᆞᆫ 줌 기릐예 견주워 베혀:將一根兒草來比着只一把長短鉸了(飜朴上38). 견줄 비:比(石千15).

견·줍·ᄡᅳ·다 동 대조하다. 견주다. ☞견조다. 견조ᄡᅳ다 ¶믈러와 날마다 ᄒᆞᄂᆞᆫ 일와 믈읫 니ᄅᆞᄂᆞᆫ 말와ᄅᆞᆯ 견줍뼈 고티힐훠 보니 븓들여 서르 어긘 이리 하더니:及退而自隱括日之所行與凡所言自相掣肘矛盾者多矣(飜小10:25).

견·지·다 동 겨누다. ¶舍利弗이 金剛力士ᄅᆞᆯ 지ᅀᅥ내야 金剛杵로 머리셔 견지니 그 뫼히 ᄒᆞᆫ 것도 업시 믈어디거늘(釋譜6:31). 白毫로 견지시니 각시 더러ᄫᅳᆫ 아래 ᄀᆞ린 거시 업게 ᄃᆞ외니(月印上25). 寶冠ᄋᆞᆯ 바사 견져 地獄 잠개 뫼화(月印上27). 머리 견지니 고대 믈어디니(月印上59). 갈ᄒᆞ로 모ᄀᆞᆯ 견져 닐오ᄃᆡ:乃刃擬頸曰(三綱. 烈15).

견집ᄒᆞ다 동 견집(堅執)하다. 굳게 잡다. ¶내 견집ᄒᆞ여 저이고(癸丑112). 堅執ᄒᆞ고 듯디 아니ᄒᆞ니(老解上58). 〔飜老上64에는 '구디 잡고 듣디 아니ᄒᆞ다'로 기록되어 있음.〕 임의 그ᄃᆡ 얼굴을 보아시니 엇지 견집ᄒᆞ리오(落泉1:2). 수일 쉬기ᄅᆞᆯ 쳥ᄒᆞ니 견집ᄒᆞ야 허치 아니터니(落泉5:11).

견·초·다 동 견주다. ☞견조다 ¶형뎨의 겨집을 내 형뎨와 견초건댄 소ᄒᆞ야 친티 아니ᄒᆞ니(飜小7:40). 그저 ᄒᆞᆫ 뼘 기릐ᄅᆞᆯ 견초와 ᄲᅳᆫ처:比着只一把長短鉸了(朴解上35). 공의게 견초면 엇더ᄒᆞ뇨(三譯3:8).

견·추·다 동 견주다. ¶蒼蒼ᄋᆞᆯ 견추워 誹謗ᄒᆞ니오:擬謗蒼蒼乎(金三2:65).

:견:ᄒᆡ 명 견해(見解). ¶이 ᄀᆞᆮᄒᆞᆫ 見解로 無上菩提ᄅᆞᆯ 求ᄒᆞ린댄(六祖上19). 죠고만 견ᄒᆡ:管見(野雲46).

견호다 동 ①겨누다. 재다. ¶ᄒᆞᆫ ᄆᆞᄃᆡ 대로 ᄡᅥ 砲ㅅ 밋ᄐᆡ 셰워 안 시울에 견호아 버히고:以一節竹立於砲底限內絃折之(火砲解8). 五色線 플텨 내여 금자히 견화이셔(松江. 思美人曲). 견홈:指的準頭(漢淸4:42).
②견주다. ☞견초다 ¶幽閑景致ᄂᆞᆫ 견홀 ᄃᆡ 뇌야 업ᄂᆡ(蘆溪. 獨樂堂). 엇더타 니 ᄂᆡ몸이 견홀 ᄃᆡ 전혀 업ᄂᆡ(金春澤. 別思美人曲).

견후다 동 견주다. ¶물 견훔 측:測(類合下12). 견훌 의:擬(類合下15). 견훌 비:比(類合下27). 견훌 교:校(類合下37). 견후건댄:比(胎要31). 두어라 物之不齊를 견훌 줄이 이시랴(古時調. 莊生의. 靑丘).

겯 명 곁. ☞곁 ¶누는 앏과 겯과 보고 뒤흘 몯 보며(月釋17:57). 누는 앏과 겯과 보고 뒤흘 몯 미츠며:以眼見前傍而不及後(法華6:26). 恒河ᄂᆞᆫ…精舍ㅅ 겯 가가온 河ㅣ니(金剛119). 겯 방:傍(石千19). 겯 방:傍(類合下53. 倭解上11). 겯 측:側(類合下62). 올마 혹당 겯틔 가 집ᄒᆞ니:乃徙舍學宮之旁(宣小4:4). 왼녁 겯트로 잡고 올흔녁 겯트로 들며:左提右挈(宣小5:70).

※'겯'의 첨용 [겯/겯과/겯도…
겨트로/겨틀/겨틔…

겯:권·당 명 방계친(傍系親). ¶九族:고조로셔 현손ᄭᆞ장 아홉 ᄃᆡ예 겯권당 통ᄒᆞ야 닐옴이라(宣小5:70).

겯·다 동 겯다〔編〕. ☞겻다 ¶結加趺坐ᄂᆞᆫ…서르 겨러 안줄 씨라(法華1:55). 結은 겨를

씨오(法華1:55). 두 손까락을 서르 겨러: 兩手指相交緊(瘟疫方22). 三年 겨론 망태에(古時調. 싀어마님. 靑丘). 篚:대로 결은 그릇시라(宣小2:51). 큰 농을 겨러 그 압픠 노코:織大籠置其前處(東新續三綱. 孝1:21).

겯디르·다 동 겯지르다. 결어 지르다. ¶겯디를 경:梗(類合下61).

겯방 명 곁방. ¶親히 겯방의 들어가:親入子舍(宣小6:79).

겯아·래 명 겨드랑이. ¶겯아래 ᄯᆞᆷ 나며 뎡바기옛 光明이 업스며(月釋2:13). 둘흔 겯아래 ᄯᆞᆷ 날 시오(南明上62).

겯주·름 명 곁주름. ¶ᄀᆞᄂᆞᆫ 겯주름:細褶(老朴集上2).

·결 명 ①물결〔波〕. ¶바ᄅᆞᆳ 므를 텨 겨를 니르왇ᄂᆞ니라(釋譜13:9). 가ᄌᆞᆯ비건댄 므리 겨를 因하야 닐며 겨리 므를 因ᄒᆞ야 이니 결와 므리 서르 브터 ᄒᆞᆫ 가짓 緣 니루미라:譬如水因波起波因水成波水相依同一緣起(永嘉下99). 오ᄋᆞᆫ 므릔 겨리 겨리 샹녜 믈 아뇸 ᄀᆞᆮᄐᆞᆺ ᄒᆞ니:如全水之波波恒非水(永嘉下100). 겨레 即 ᄒᆞᆫ 므리 결 아뇸 ᄀᆞᆮᄒᆞ니 動과 濕괘 달온 젼ᄎᆡ라:如即波之水非波以動濕異故(永嘉下100). 겨를 ᄀᆞᄅᆞ치나 오로 므리오 므를 ᄀᆞᄅᆞ치나 오로 겨리니:指波全水指水全波(永嘉下103). 漣漣ᄋᆞᆫ 므리 ᄇᆞᄅᆞ매 결 잇ᄂᆞᆫ 양ᄌᆡ라(金三3:59). 믈 놀이며 결 ᄉᆞᄆᆞ차 ᄃᆞᆫ니ᄂᆞᆫ 거ᄉᆞᆫ 이 주글 듸 얻ᄂᆞᆫ 고기와 새요왜오:弄水穿波的是覓死的魚蝦(飜朴上70).
②겨를. ¶어즙어 百萬億 蒼生을 언의 결에 믈으리(古時調. 尹善道. 픗ᄌᆞᆷ에 ᄭᆡᆷ을. 海謠).

결 명 결. ¶결:理(柳氏物名四 木). ᄲᅮᆯ 밋동의 두른 결(柳氏物名一 獸族). 결 잇ᄂᆞᆫ 고기:五花肉(漢淸12:32).

결 명 결(決). 결단함. 결정함. 판결함. ¶결 몯 호미라:猶豫(類合下27 豫字註).

결네 명 겨레. ☞결레 ¶결네 잇고 님자 잇ᄂᆞᆫ 쟈란:有親戚有主家者(字恤3).

결늬 명 겨레. ☞결레 ¶결늬를 알소ᄒᆞ며 강강ᄒᆞ여 불인ᄒᆞ며:攻訐宗親(敬信2). 결늬 죵:從(註千14).

·결:단 명 결단(決斷). ¶ᄇᆞᆯᄀᆞᆫ ᄃᆞ리 光이 빗나도다 空가 有ㅣ 내ᅀᅡ 일ᄏᆞ라 決斷 몯 ᄒᆞ리로다(金三4:16). ᄒᆞᆯ리여 결단 못 ᄒᆞ다:游移(漢淸8:20).

결단코 부 결단(決斷)코. ☞결ㅅ단코 ¶決斷코 몸을 아노라 ᄒᆞ여 즛ᄒᆞ지 말라(捷蒙1:3). 다ᄅᆞᆫ ᄃᆡ셔ᄂᆞᆫ 결단코 먹지 아니ᄒᆞ리라(捷蒙2:19). 텬신과 디기 결단코 샤치 아니ᄒᆞ시리니(綸音31). 이 ᄣᅢᄂᆞᆫ 비록 말을 ᄒᆞ나 결단코 무익ᄒᆞ고 ᄒᆞᆫ갓 문호의 화를 부를지니(落泉1:1).

·결·단·히 부 결단(決斷)히. ¶決斷히 져근 果ㅣ 아니로다(楞解7:26). 定性과 無性괘 決斷히 부텨 ᄃᆞ외디 몯ᄒᆞᆯ시(圓覺上一之一49). 公正ᄒᆞ며 誠信ᄒᆞ야 義ㅣ 行호ᄆᆞᆯ 決斷히 ᄒᆞ니(宣賜內訓3:54). 반ᄃᆞ시 결단히 ᄒᆞ며:必果(宣小2:24).

·결:단·ᄒᆞ·다 동 결단(決斷)하다. ¶正法으로 모ᄃᆞᆫ 疑心ᄋᆞᆯ 決斷ᄒᆞ샤(月釋2:54). 다持地와 耶輸ᄃᆞᆯ히 이레 븓들여 決斷ᄒᆞ야(楞解1:16). 決斷호ᄆᆞ로(金剛47). 丈夫ㅣ ᄆᆞᅀᆞ매 決斷ᄒᆞ얀 ᄃᆡ 오라(三綱. 忠9). 님긊 恩惠로 決斷호미 神靈 ᄀᆞᆮᄒᆞ면(初杜解6:12). 濁世 衆生ᄋᆞᆯ 어엿비 너겨 菩提心要ᄅᆞᆯ 묻ᄌᆞ와 決斷ᄒᆞ니(金三2:8). 오히려 決斷ᄒᆞ야 아디 몯ᄒᆞ야이다(六祖中80). 내 ᄠᅳ데 결단ᄒᆞ야 가몬:決意而往(飜小8:36). 스스로 결단ᄒᆞ고져(東新續三綱. 孝6:73). 決斷호ᄆᆞᆯ 壯히 너겨(重杜解3:66). 이 生을 내 決斷ᄒᆞᆯ디라 하ᄂᆞᆳ긔 묻디 말롤디니(重杜解25:14). ᄆᆡ양 죄인 결단ᄒᆞ기예 當ᄒᆞ야 일즉이 예기피 애ᄃᆞ라 아닐 적이 업ᄂᆞ니(警民序2). 건곤이 비록 혼돈ᄒᆞ야도 이 금은 결단ᄒᆞ야 풀리지 아니ᄒᆞ리니(綸音31). 묘당이 젼혀 화친ᄒᆞ기로 결단ᄒᆞ더라(山城34). 그ᄃᆡᄅᆞᆯ 기드려사 결단ᄒᆞ리라(桐華寺 王郞傳1). 王이 능히 결단티 못ᄒᆞ야(女四解4:10). ᄒᆞᆫ번 승ᄒᆞ믈 목젼의 결단ᄒᆞ고 무궁한 원업을 ᄆᆡ자(敬信19). 결단ᄒᆞᆯ 과:果(註千3). 결단ᄒᆞᆯ 폐:弊(註千25).

·결:뎡·히 부 결정(決定)히. 결정적으로. ¶이 말ᄊᆞ미 眞實ᄒᆞ야 決定히 虛티 아니ᄒᆞ니라:決定은 決斷ᄒᆞ야 一定ᄒᆞᆯ 씨라(月釋10:122). 決定히 이 업다 ᄒᆞ야도(金三涵序4). 決定히 諸佛ㅅ 功德 일울 ᄯᆞᆯ 반ᄃᆞ기 알리로다(金剛73).

·결:뎡ᄒᆞ·다 동 결정하다. ¶ᄠᅳ든 決定호ᄃᆡ 軍務의 ᄌᆞ보매 모미 죽도다(初杜解6:33).

결딘 명 결진(結陣). ☞결진 ¶셩 밧긔 결딘ᄒᆞ니:結陣城外(東新續三綱. 忠1:87).

결레 명 겨레. ☞겨레. 결네. 결늬. 결릐 ¶ᄒᆞᄆᆞᆯ며 결레ᄯᆞ냐:況親屬乎(重內訓2:42). 본ᄃᆡ 가난ᄒᆞᆫ 결레라:本寒族(重內訓3:49). 결레ᄃᆞᆯ히 강하의셔 만히 사ᄂᆞᆫ디라:有親表居江夏(太平1:1). 너의 결레 이 뎔의 와 노던 이ᄂᆞᆫ 모ᄅᆞ리 업거ᄂᆞᆯ(太平1:35). 기ᄆᆡ 가지ᄅᆞᆯ 흐터 지아븨 결레ᄅᆞᆯ 사셔:其每散貲雇倩夫族(東新續三綱. 烈2:55). 결레 권당을 티거나:族親毆打(警民7). 결레들이 다 며ᄂᆞ리ᄅᆞᆯ 젼ᄒᆞ야 ᄀᆞᆯ오ᄃᆡ(女範4. 녈녀 당귀ᄆᆡ).

결릐 명 겨레. ☞결레 ¶너의 결릐에 방시란

셩을 녜브터 듯디 못ᄒᆞ엿노라(太平1:7). 결ᄅᆡ의 친ᄒᆞᆫ 경 ᄀᆞᆺ더니(太平1:18). 내 션셰와 결ᄅᆡᄅᆞᆯ 무러 ᄎᆞᄌᆞ니(太平1:24).

결망 명 결망(缺望). 바라던 일이 이루어지지 아니함. ¶ᄉᆞ림이 결망ᄒᆞᄂᆞᆫ(經筵).

결박ᄒᆞ다 동 결박(結縛)하다. ¶자바 결박ᄒᆞ여:捕結縛(東新續三綱. 忠1:45). 결박ᄒᆞ다:綁着(同文解下30. 漢淸3:8).

결발 명 결발(結髮). 상투를 틀거나 쪽을 찜. ¶소졔 결발 말년의 더의 비ᄉᆡᆨ을 보디 아ᄂᆡᆺ다가(洛城1).

결ᄇᆡᆨᄒᆞ다 형 결백(潔白)하다. ¶여러 僚佐ᄂᆞᆫ 潔白ᄒᆞ니ᄅᆞᆯ ᄲᅩ미 맛당ᄒᆞ고(重杜解23:12).

결ㅅ단코 부 결단(決斷)코. ☞결단코 ¶결ㅅ단코:執定(漢淸8:51).

결ㅅ단ᄒᆞ다 동 결단(決斷)하다. ¶결ㅅ단ᄒᆞ다:斷了(同文解下29).

·결·속 명 결속(結束). 꾸밈. ¶반ᄃᆞ시 결속을 豐備홈을 기ᄃᆞᆯ오모론:必待資裝豐備(宣小6:96).

·결·속ᄒᆞ·다 동 결속(結束)하다. 꾸미다. ¶겨집이 ᄃᆞ려간 사ᄅᆞᆷᄒᆞ며 결속ᄒᆞᆫ 것ᄃᆞᆯᄒᆞᆯ 다 도로 보내오:妻乃悉歸侍御服飾(飜小9:59). ᄆᆡ자문 노ᄒᆞᆫ 깁으로 결속ᄒᆞ더니:纈文絹爲資裝(宣小6:96).

결승 명 결승(結繩). ¶結繩을 罷ᄒᆞᆫ 後에(古時調. 申欽. 느저 날셔이고. 靑丘).

결실 명 결실(結實). ¶결실이 잘된 ᄃᆡ 들은 젼을 ᄀᆞ초고(綸音86). 結實이 언매리마ᄂᆞᆫ(古時調. 朱義植. 늙고 病든. 靑丘).

결안 명 결안(結案). ¶결안 다딤 바다 결의 낼 거시여ᄂᆞᆯ(癸丑58).

결약ᄒᆞ다 동 결약(結約)하다. ¶ᄃᆞᆫᄃᆞᆫ이 結約ᄒᆞ여 겨시다가(隣語1:25).

결에 명 겨레. ☞겨레. 결레 ¶결에 족:族(類合上13). 일홈난 가문과 놉픈 결에:名門右族(宣小5:19). ᄆᆞᄋᆞᆯ 결에 比ᄒᆞ리 드므더니:鄕族罕比(宣小6:26).

결에 부 즉시. 곧. ☞겨ᄅᆡ ¶求ᄒᆞ다 결에 옴며 더져 두다 엇의 가랴(古時調. 金天澤. 榮辱 關數ᄒᆞ고. 海謠).

결연이 부 결연(決然)히. ¶보실 일이 업ᄉᆞ니 결연이 못 가시리이다(癸丑30).

·결연·히 부 결연(決然)히. ¶결연히 일우리 업스니라:決無有成之理(飜小8:38). 결연히 일움이 이시리 업ᄉᆞ니라:決無有成之理(宣小5:116). 비록 주거도 결연히 너ᄅᆞᆯ 좃디 아니호리라:雖死決不從汝(東新續三綱. 烈4:64). 만일 길히 멀면 결연히 이런 虛飾을 호미(家禮7:31). 내 비록 용티 못ᄒᆞ나 결연히 조출 리 업ᄉᆞ니(仁祖行狀9).

결연ᄒᆞ다 형 결연(決然)하다. ¶ᄯᅥ나기ᄅᆞᆯ 님ᄒᆞ여 결연ᄒᆞ미 ᄉᆞᄉᆡᆨ의 나타나(落泉2:6).

결·오·다 동 겨루다. ☞결우다. ¶글지이로 결오단 말이라(宣小6:14). 결오다:比倂(譯解下48). 말슴을 ᄀᆞᆯ희여 내면 결올 일이 바히 업고(古時調. 朗原君. 靑丘).

결·우·다 동 겨루다. ☞결오다 ¶결울 항:抗(類合下25. 石千30). 결울 경:競(類合下36). 침노ᄒᆞ여도 결우디 아니홈ᄋᆞᆯ:犯而不校(宣小4:40). 길믈 ᄃᆞ토며 댜ᄅᆞᆷ을 결워:爭長競短(宣小5:73). 더브러 결워 ᄃᆞ토디 말고:勿與較爭(警民9). 셩 결우다:賭氣(譯解補24).

결원ᄒᆞ다 동 결원(結怨)하다. ¶결원ᄒᆞᆯ가 두려워(五倫2:15). 남을 위ᄒᆞ야 결원ᄒᆞ믈 풀게 ᄒᆞ며(敬信63).

결을 명 겨를. ☞겨르 ¶결을 어더 가디 못ᄒᆞ리로다:沒功夫去(老解上61). 결을 가:暇(倭解下38). 네 쟝ᄎᆞᆺ 죽게 되엿거든 어ᄂᆞ 결을에 네 님군의 ᄒᆡ골을 무드리오(五倫2:65).

결을ᄒᆞ다 동 비교하다. ¶혜랑의게 졍이 어이 결을ᄒᆞ여 미ᄎᆞ리오(落泉2:4).

결의 명 새매. ¶결의:鷂(柳氏物名一 羽蟲).

결의 부 즉시. ¶어와 虛事로다 이 님이 어ᄃᆡ 간고 결의 니러 안자 窓을 열고 ᄇᆞ라보니(松江. 續美人曲). 여러 날 음식 긋쳐시니 나죄밥이 니로매 결의 믈리티고(女範4. 녈녀 님계왕녀).

결진 명 결진(結陣). ☞결딘 ¶술위ᄅᆞᆯ 연ᄒᆞ여 결진ᄒᆞ고(經筵).

·결·집 명 결집(結集). ¶世尊이 아래 니ᄅᆞ샤ᄃᆡ 나 涅槃ᄒᆞᆫ 後에 摩訶迦葉과 阿難이왜 法藏ᄋᆞᆯ 結集ᄒᆞ고:結集은 모도아 經 ᄆᆡᆼᄀᆞᆯ 씨라(釋譜23:31). 뫼화 ᄆᆡ조ᄆᆞᆫ 곧 結集이라(法華序7). 結集은 뫼홀 씨니 부텻 말 뫼화 經 ᄆᆡᆼᄀᆞᆯ 씨라(法華1:20). 阿難 結集ᄒᆞ욤브터 오ᄆᆞ로 名句文身엣 差別ᄒᆞᆫ 言詞ㅣ 方策애 펴 이셔(金三3:7).

결푸역이 명 새매의 한 가지. ☞결픠여기 ¶결푸역이:花鷂(柳氏物名一 羽蟲).

결항 명 결항(結項). 목을 매다는 일. ¶사ᄅᆞᆷ 업슨 ᄣᅢ예 결항도 ᄒᆞ오시며(癸丑105). ᄯᅩ 허리ᄯᅴ로 결항ᄒᆞ여(山城111).

결혼ᄒᆞ다 동 결혼(結婚)하다. ¶쟝ᄎᆞᆺ 도적으로 더브러 결혼ᄒᆞ라 뎡ᄒᆞ고 긔별ᄒᆞ엿더니(山城140).

·결ᄒᆞ·다 동 결(決)하다. 결정하다. 결단하다. 판결하다. ¶太子와 ᄒᆞ야 그위예 決ᄒᆞ라 가려 ᄒᆞ더니(釋譜6:24). 有德ᄒᆞᆫ 사ᄅᆞᄆᆞᆯ 셰여 반 ᄂᆞᆫ호기ᄅᆞᆯ 決게 ᄒᆞ니(釋譜9:20). 외니 올ᄒᆞ니 決ᄒᆞᇙ 사ᄅᆞ미 업서(月釋1:45). ᄒᆞᆫ ᄒᆡᄅᆞᆯ 決티 몯ᄒᆞ야 王ᄭᅴ ᄉᆞᆯ온대(宣賜內訓3:20). 처ᅀᅥᆷ 雪峯 보ᅀᆞ와 ᄆᆞᅀᆞ매 疑心ᄋᆞᆯ 決티 몯ᄒᆞ야(南明上50). 부텨 ᄃᆞ외욜 ᄠᅳᆫ

뵈샤ᄆᆞᆯ 니보ᄃᆡ 疑心을 決티 몯ᄒᆞ야(六祖中 77). 여러 ᄒᆡ를 결티 몯ᄒᆞ야:積年不斷(飜小9:68). 결홀 결:決(類合下18). 여러 ᄒᆡ를 결티 몯ᄒᆞ야:積年不斷(宣小6:63). ᄠᅳ들 결ᄒᆞ야 더브러 사호ᄃᆡ:決意與戰射(東新續三綱. 忠1:28).

·결ᄒᆞ·다 형 결(缺)하다. 부족하다. ¶다 正으로ᄡᅥ ᄒᆞ샤 缺홈이 업다 ᄒᆞ니라:咸以正無缺(宣孟6:28).

겸 명 겸(兼). ¶通政大夫 承政院 都承旨 兼經筵參贊官(簡辟序3).

겸금 명 겸금(兼金). ¶前日에 齊예 王이 兼金 一百을 餽ᄒᆞ야ᄂᆞᆯ:前日於齊王餽兼金一百(宣孟4:11).

겸상ᄒᆞ다 동 겸상(兼床)하다. ¶밥 자실 제 그 고모와 겸상ᄒᆞ고(閑中錄392).

겸손 명 겸손(謙遜). ¶겸손 손:遜(類合下29). 겸손 겸:謙(石千29. 倭解上22).

겸손ᄒᆞ다 형 겸손(謙遜)하다. ¶椿과 津이 온공ᄒᆞ고 겸손ᄒᆞ야:椿津恭謙(宣小6:69). 반ᄃᆞ시 겸손ᄒᆞᆫ 말ᄉᆞᆷ으로 니어 ᄒᆞ오시기를 이러ᄐᆞ시 ᄒᆞ시되(仁祖行狀22). 겸손홈을 직힘과 욕됨을 춤음과(敬信39).

겸:슌 명 겸순(謙順). ¶夫人이 謙順으로 모ᄆᆞᆯ 가져(宣賜內訓2上18).

겸ᄉᆞ 명 겸사(謙辭). ¶ᄒᆞ녀고론 師ᄋᆡ 謙辭ㅣ샤 자내 과ᄃᆞᆼ 아니ᄒᆞ샤미시고(永嘉下81). 겸ᄉᆞ 겸:謙(類合下16).

겸ᄉᆞᄒᆞ·다 동 겸사(謙辭)하다. ¶著述에 謙辭호ᄆᆞᆫ(永嘉序17). 妾:겨집이 겸ᄉᆞᄒᆞᄂᆞᆫ 말이라(宣小4:29).

겸:샹ᄒᆞ·다 동 겸양(謙讓)하다. ¶이베 ᄀᆞᆯᄒᆡ욜 마리 업스며 謙讓ᄒᆞ며 簡略ᄒᆞ며(宣賜內訓1:37). 宮中에 位를 正ᄒᆞ샤 더욱 ᄌᆞ개 謙讓ᄒᆞ시며(宣賜內訓2上44). 一切를 謙讓ᄒᆞ야 恭敬호리이다(六祖中57).

겸양 명 겸양(謙讓). ¶겸양:謙(漢淸6:28). 겸양 겸:謙(註千29).

겸양ᄒᆞ다 동 겸양(謙讓)하다. ¶ᄀᆞᆯᄒᆡᆯ 말이 업스며 겸양ᄒᆞ며:無擇言謙(宣小5:13). 必後 長者ᄒᆞ야 始敎之以謙讓ᄒᆞ며(家禮2:24). 너희 이러ᄐᆞ시 謙讓ᄒᆞ고 그저 안ᄌᆞ셔(捷蒙3:12).

겸연ᄒᆞ다 형 겸연(慊然)하다. ¶겸연ᄒᆞ오시기 션친을 면ᄃᆡᄒᆞ야 말ᄉᆞᆷ을 못 ᄒᆞ시더니라(閑中錄242).

겸젼ᄒᆞ다 형 겸전(兼全)하다. ¶幽棲홀 ᄠᅳ들 져ᄇᆞ리디 아니ᄒᆞ야 寵辱앳 모ᄆᆞᆯ 兼全ᄒᆞ도다(重杜解16:6). 지조과 道德이 兼全ᄒᆞᆫ 사ᄅᆞᆷ은(隣語2:1). 져 사ᄅᆞᆷ은 才德을 兼全ᄒᆞ여(隣語3:1). 쇼년 녀지 지혜 이 ᄀᆞᄐᆞ니 진짓 지뫼 겸젼ᄒᆞᆫ 녈뷔로다(落泉1:2).

겸통ᄒᆞ다 동 겸통(兼通)하다. ¶理와 事왜 兼通ᄒᆞ며(法華5:7).

겸ᄒᆞ다 동 겸(兼)하다. ¶이 三乘 가ᄌᆞᆯ비신 그리 남기 兼커늘(月釋13:37). 둘헤 兼ᄒᆞ면(楞解1:72). 卵生이 처ᅀᅥᄆᆡ 居호ᄆᆞᆫ 想念이 처ᅀᅥᆷ 뮈어든 情愛ㅣ 後에 닐며 ᄯᅩ 胎濕化ㅣ 兼ᄒᆞᆫ 젼ᄎᆡ라(楞解4:28). ᄠᅳ디 風災를 兼ᄒᆞ시니라(楞解6:26). 隱居를 兼ᄒᆞᆫ 일후믈 어느 알리오(初杜解6:16). ᄒᆞᆫ나히 겸ᄒᆞᆯ셔(續三綱. 孝22). 由ᄂᆞᆫ 人을 兼ᄒᆞᄂᆞᆫ 故로 退호라(宣論3:11). ᄯᅩᄒᆞᆫ 이ᄅᆞᆯ 겸ᄒᆞ엿게 ᄒᆞ더니:又兼一事(飜小9:11). 겸홀 겸:兼(類合上30. 倭解下38). ᄒᆞ믈며 ᄒᆞᆫ 사ᄅᆞ미 겸ᄒᆞᆯ셔 ᄒᆞ더라:況一人兼之者乎(東續三綱. 孝19). 가ᄇᆡ아온 어름과 兼ᄒᆞ얏ᄂᆞ니(重杜解1:22). 生長ᄒᆞᄂᆞᆫ ᄠᅳ디 兼ᄒᆞ야 잇도소니(重杜解3:29). 누른 새ᄂᆞᆫ 時로 ᄒᆡᆫ 새와 兼ᄒᆞ야 ᄂᆞᄂᆞ다(重杜解11:20). 겸홀 셥:攝(註千14). 祭禮에ᄂᆞᆫ 司馬氏와 程氏를 兼ᄒᆞ야 ᄡᅳ시되(家禮1:5). 겸ᄒᆞ여 번극ᄒᆞ믈 견ᄃᆡ지 못ᄒᆞ고(敬信28).

·겹 명 겹〔重〕. ¶複ᄋᆞᆫ 겨비라(楞解8:15). 겹城이 郭이니:重城爲郭(法華3:195). 겹 즁:重(倭解下36. 註千3). 겹:夾(同文解上55). 겹:雙層(漢淸11:47).

·겹·겨비 부 겹겹이. ¶겹겨비 드위혀 牒호ᄆᆞᆫ:以重重飜牒者(法華2:253).

겹말 명 수수께끼. ¶겹말:謎話(譯解下46).

겹바디 명 겹바지. ☞겹 ¶겹바디:甲袴(譯解上45).

·겹옷 명 겹옷. ¶겹오ᄉᆞᆯ 니보니:御裌(初杜解7:38). 겹옷 협:裌(訓蒙中24). 겹옷(家禮圖7). 겹옷:裌衣(同文解上55). 겹옷:裌衣(漢淸11:5).

겹죄 명 겹 죄(罪). ¶다시 ᄒᆡᆼ혀 심샹이 ᄒᆞ면 겹죄 지으리라 ᄒᆞ고(三譯5:18).

겹집ᄒᆞ다 동 고집(固執)하다. ¶싱이 져의 겹집ᄒᆞ믈 어엿비 넉이나(落泉2:4)

겹치다 동 겹치다〔重〕. ¶겹쳐 놋타:重垛上(漢淸10:15).

겻 명 ①곁. ¶靑燈 거른 겻ᄐᆡ 鈿箜篌 노하두고(松江. 思美人曲). 대군 겻 웃각시(癸丑71). 그 겻ᄐᆡ 당ᄉᆞ 위싱이 큰 비를 ᄐᆞ고 마촘 兄弟 둘히 겻ᄒᆡ 잇더니(女四解4:19). 겻:旁邊(漢淸1:50). 말ᄉᆞᆷ 겻치 들엄 즉ᄒᆞ외(新語1:4). ᄉᆞᆷ ᄶᅵ야 겻희 업ᄉᆞ면(古時調. 가노라 다시. 古歌). 일노 조차 일언 일동과 일념 일시에 다 귀신이 겻ᄐᆡ 이슴 ᄀᆞᆺᄒᆞ야(敬信38). 겻 풍슈를 눌너 남을 손해ᄒᆞ여 내게 리케 말며(敬信63). 겻 방:傍(註千19). 겻 홀 겹:俠(註千21).
②편(便). ¶올ᄒᆞᆫ 겻ᄒᆡ 도치 잡고 왼 겻ᄒᆡ 홰를 자바:右執斧左執炬(東新續三綱. 孝2:69). 이거시 대군 겻치오(癸丑75).

겻·고·다 동 겨루다. ☞겻구다 ¶우리 모다 지조ᄅᆞᆯ 겻고아 뎌옷 이긔면 짓게 ᄒᆞ고(釋譜6:26). 므슷 이ᄅᆞᆯ 겻고오려 ᄒᆞᄂᆞ고(釋譜6:27). 므슴 쇽졀업시 겻고료:要甚麼閑講(飜老下63).

겻·고·아 동 겨루어. ㉠겻고다 ¶우리 모다 지조ᄅᆞᆯ 겻고아 뎌옷 이긔면 짓게 ᄒᆞ고(釋譜6:26).

겻곳비 명 결고삐. ¶겻곳비:押韁(漢清5:25).

겻·구·다 동 겨루다. ☞겻고다 ¶그듸 沙門 弟子ᄃᆞ려 어루 겻굴따 무러 보라(釋譜6:26). 六師ㅣ 겻구오려 ᄒᆞ거든 제 ᄒᆞᆯ 양ᄋᆞ로 ᄒᆞ라 ᄒᆞ더이다(釋譜6:27). 지조 겻구고사(釋譜6:35). 四天王과 겻구ᄂᆞ니(釋譜13:10). 六師와 겻굻 ᄃᆞᆯ 王ㅅ긔 닐어늘(月印上57). 뎌와 겻구아 맛보게 ᄒᆞ쇼셔(月釋2:70). 뎌와 지졸 겻구면(月釋2:71). ᄉᆞᆯ며 무두믈 겻구리오(月釋18:40). 諍ᄋᆞᆫ 겻굴 씨라(月釋21:76). 엇데 足히 ᄉᆞᆯ며 무도ᄆᆞᆯ 겻구리오:奚足爲焚瘞之競(法華6:155). 글 겻구라(八歲兒1).

겻·그·니 동 겪으니. 음식을 대접하니. ㉠겻다 ¶無量衆을 ᄌᆞ래 겻그니 天食ᄋᆞᆯ 먹ᄉᆞᄫᆞ니(月釋7:25).

겻·기 명 겪이. 음식 대접하기. ☞격기. 겻다 ¶그위예셔 겻깃 虛費ᄅᆞᆯ 免ᄒᆞ고:官免供給費(初杜解24:24). 돈 어더 겻기ᄅᆞᆯ 應當ᄒᆞ놋다:得錢應供給(初杜解25:46). 겻기 공:供(類合上30).

겻·기ᄒᆞ·다 동 겪이하다. 음식을 대접하다. ☞격기ᄒᆞ다 ¶겻기호ᄆᆞᆯ 엇데 시름 아니 ᄒᆞ리오:供給豈不憂(初杜解25:36). 接待예 겻기ᄒᆞᄂᆞᆫ 냥반ᄃᆞᆯ히(新語7:14). 위ᄂᆞᆫ 덕은 나라히라 겻기ᄒᆞᄂᆞᆫ 쳐소ᄅᆞᆯ 둘희 비셜티 못ᄒᆞ니(女範3. 뎡녀 위션부인).

겻눈 명 곁눈. ¶겻눈을 흘깃 보니(古時調. 님이 오마. 靑丘).

겻눈질ᄒᆞ다 동 곁눈질하다. ¶겻눈질ᄒᆞ다:肯旁看(漢清14:28).

겻·니·다 동 겪다. 겪어 가다. 〔'겻'은 '겻다〈經〉'의 어간(語幹), '니'는 '行'의 뜻.〕 ¶내 모미 自然히 솟ᄃᆞ라 하ᄂᆞᆳ 光明中에 드러 아랫 果報 겻니단 주를 ᄉᆞᆯᄫᆞ니(月釋2:62).

겻ᄂᆞ·다 동 겪다. ㉠겻다 ¶娑婆ᄂᆞᆫ 受苦ᄅᆞᆯ 겻ᄂᆞ다 ᄒᆞ논 ᄠᅳ디니(月釋1:21).

겻다 동 겪다. 음식 대접하다. ¶無量衆을 ᄌᆞ래 겻그니 天食ᄋᆞᆯ 먹ᄉᆞᄫᆞ니(月釋7:25).

겻·다 동 겪다. ¶날로 가난ᄒᆞᆫ 苦ᄅᆞᆯ 겻더니:日受貧苦(金三5:45). 山ㅅ굿ᄫᅳᆺ 겻더신ᄃᆞᆫ(鄕樂 儺禮).

겻다 동 꾀어 부르다. ¶매 겻다:叫鷹(同文解下12. 譯解補17). 매 겻다:喚鷹(漢清4:56). 매 겻다:叫頭(柳氏物名一 羽蟲).

겻다 동 겯다〔編〕. ☞겯다 ¶孝悌로 갓슬 겻고(古時調. 金壽長. 海謠).

겻도라이 부 곁달아. ¶겻도라이 심이 투긔ᄒᆞ면(閑中錄146).

겻문 명 곁문. ¶겻문:便門(漢清9:70).

겻·셔·다 동 각립(角立)하다. 맞서다. ¶能所ㅣ 겻셔:能所角立(法華5:8).

겻으랑 명 겨드랑. ☞겨ᄃᆞ랑 ¶갑옷 겻으랑:護肋(漢清5:3).

겻자리 명 곁자리. ¶겻자리 날 ᄀᆞᄐᆞᆫ 벗님네는(古時調. 金友奎. 아희들. 靑謠).

겻조치일 명 곁따른 일. ¶겻조치일:旁岔(漢清8:74).

겻지어 동 동행(同行)하여. ㉠겻짓다 ¶동쇼졔 화연을 겻지어 나아와(落泉1:2).

겻짓다 동 동행(同行)하다. ¶동쇼졔 화연을 겻지어 나아와(落泉1:2).

겻칼 명 장도(粧刀). ¶蜜羅珠 겻칼 芝的鄕織 져고리(古時調. 高臺廣室. 靑丘).

경 명 경(京). 서울. ¶包孝肅公이 京에 尹인 시졀에 民이 제 와 닐오ᄃᆡ(宣賜內訓3:65). 封進 雜物들도 올녀가야 京으로셔 返禮의 返書ㅣ 올 꺼시니(重新語3:28).

경 명 경(更). 〔시각(時刻)의 단위.〕 ¶아ᄎᆞᆷ 셜날 ᄉᆞ경의 콩 두닐곱과(瘟疫方4). 경 경:更(詁千24).

경 명 경(頃). 〔백 묘(畝). 삼천 평(坪)〕 ¶金을 시러 여듧 頃 ᄯᅡ해 즉자히 다 ᄭᆞᆯ오: 頃은 온 畝ㅣ니 ᄒᆞᆫ 畝ㅣ 二百마ᅀᆞᆫ 步ㅣ라(釋譜6:25). 사오나온 받티 열다ᄉᆞᆺ 頃이:薄田十五頃(宣小5:99).

:경 명 경(磬). 경쇠. ¶子ㅣ 磬을 衛예셔 擊ᄒᆞ더시니(宣論3:69). 붑 티며 경 티고:擂鼓撞磬(朴解下42).

경 명 경(景). 경황(景況). ¶므슴 ᄆᆞᅀᆞᆷ 경으로 貪欲ᄋᆞᆯ 펴리잇고(釋譜24:29). 念佛 경이 업세라(古時調. 長衫 뜨더. 靑丘).

경 명 경(經). 경서(經書). 불경(佛經). ¶華嚴等 經을 니르시며(釋譜6:42). ᄒᆞ다가 이 經에 方便으로 사겨 닐오ᄃᆡ(楞解1:3). 淸淨ᄒᆞᆫ 經에 能히 더러이디 아니ᄒᆞ야(楞解1:4). 경도 보며 념불호미 됴커니ᄯᆞᆫ:念佛也好看經(飜朴上36). 도량은 경 닑고 비ᄂᆞᆫ 뎌라(家禮5:22). 잉뮈 그 경 외올 제면(太平1:30). 경 닑다:念經(同文解下11). 텬신이 경을 외와야 비로소 이믜 비에 써나ᄂᆞ니(敬信19).

경:가 명 경가(耕稼). 땅을 일구어 농사짓는 일. ¶耕稼와 陶와 漁홈으로브터 ᄡᅥ 帝 되심애(宣孟3:36).

경·간 명 경간(驚癎). 간질(癎疾). ¶경간 간:

癎(訓蒙中34).

경·간ᄒᆞ·다 동 경간(驚癎)하다. 간질(癎疾)을 일으키다. ¶열병과 시병에 ᄆᆞᅀᆞ미 아니환ᄒᆞ야 미쳐 나ᄃᆞ로미 경간ᄒᆞᆫ 사ᄅᆞᆷ ᄀᆞᆮᄒᆞ야:熱病及時疾心躁亂狂奔走狀似癲癎(救簡1:112).

경·갌:병 명 경간병(驚癎病). 간질(癎疾). ¶경갌병이라:諸風癎(救簡1:92). 여러 가짓 경갌병애 됴ᄒᆞᆫ 쥬사ᄅᆞᆯ 하나 저그나 ᄀᆞᄂᆞ리 ᄀᆞ라:諸癎好辰砂不以多少細研(救簡1:97).

경·갌:병ᄒᆞ·다 동 경간병(驚癎病)하다. 간질(癎疾)을 일으키다. ¶ᄆᆞᅀᆞ미 덥다라 경갌병ᄒᆞ거든:心熱風癎. 경갌병ᄒᆞ며 모딘 ᄇᆞᄅᆞᆷ 마ᄌᆞ닐:風癎暗風(救簡1:95). 경갌병호ᄃᆡ:風癎(救簡1:96).

경개 명 경개(景槪). ¶넷 뫼해 藥物이 하니 됴ᄒᆞᆫ 景槩ᄅᆞᆯ 桃源인가 ᄉᆞ랑ᄒᆞ노라(初杜解21:10). 制度 草創ᄒᆞᆫᄃᆡ 景槩ᄂᆞᆫ 그지업다(曺友仁. 梅湖別曲).

경:거ᄒᆞ·다 동 경거(輕擧)하다. ¶輕擧ᄒᆞ논 젼ᄎᆞ로 能히 건네ᄠᅱᄂᆞ니라(楞解8:71).

경경·ᄒᆞ·다 형 경경(煢煢)하다. 의지할 곳 없어 외롭다. ¶先帝 일 天下ᄅᆞᆯ ᄇᆞ리시니 ᄒᆞ온삿 ᄆᆞᅀᆞ미 煢煢ᄒᆞ야:煢煢ᄋᆞᆫ 호온ᅀᅡ 이셔 브틀 ᄯᅡ 업슨 양지라(宣賜內訓2下17). 경경ᄒᆞᆫ 일신이 외로와(洛城2).

경경ᄒᆞ다 동 경경(哽哽)하다. 목이 메다. ¶부탁ᄒᆞ신 ᄯᅳᆺ을 져ᄇᆞ리니 이 경경ᄒᆞᆫ 한이로다(落泉1:1).

경계 명 경계(境界). ¶境은 境界라(月釋序2). 더 境界 아니라 ᄒᆞ샤ᄆᆞᆫ 外道ᄋᆡ 보미 ᄀᆞᆮ디 아니ᄒᆞ실 씨라(楞解2:64). 虛妄ᄒᆞᆫ 境界 머리 여희요ᄆᆞᆯ 니ᄅᆞ시니라(楞解8:35). 묏빗과 믌빗괘 서르 비취요미 이 안 사ᄅᆞ미 境界오(金三1:4). 이 境界ᄂᆞᆫ 諸天百鳥ᄯᆞᄅᆞᆷ 아니라(南明上3). 一切 善惡 境界예 心念을 니ᄅᆞ왇디 아니호미(六祖中14). 경계 뎡ᄒᆞᆫ 목칙:界閑(同文解上40). 쥬인의게 아첨ᄒᆞ야 이웃 밧도랑 경계ᄅᆞᆯ 침점ᄒᆞ야 갈지 말며(敬信65).

:경:계 명 경계(警戒). ¶다 이저디디 아니ᄒᆞᆫ 警戒ᄅᆞᆯ 得ᄒᆞ며(釋譜9:6). 이대 드르라 ᄒᆞ샨 警誡ᄅᆞᆯ 받ᄌᆞ오니라(法華1:173). 경계 계:誡(類合下13. 倭解上25). 경계 경:警. 경계 즘:箴(類合下27). 경겟 계:戒(類合下34). 경계 즘:箴(石千16). 경계 계:誡(石千30). 올ᄒᆞᆫ녁 경계예:座右銘(宣小5:100). 비록 ᄒᆞᆫ 일이나 경계 되욤ᄋᆞᆫ 여러 그티로다:雖一事作戒數端(宣小6:118). 경계:起戒(同文解上32). 션 악부 중에 일즉 공과 잇ᄂᆞᆫ 이ᄅᆞᆯ 략간 가초와 ᄡᅧ 산 사ᄅᆞᆷ의 경계ᄅᆞᆯ 삼노라(敬信13).

:경:계·ᄒᆞ·다 동 경계(警戒)하다. ¶왼 이ᄅᆞᆯ 브터 警戒ᄒᆞ시며(月釋8:43). 阿難ᄋᆞᆯ 브터 警戒ᄒᆞ시니라(楞解6:70). 末世옛 ᄇᆡ호릴 警誡ᄒᆞ야 나ᅀᆞᆯ ᄯᆞᄅᆞ미니(法華1:172). 부톄 警誡ᄒᆞ야 니ᄅᆞ샤ᄃᆡ(圓覺下三之一71). 아ᄎᆞᆫ아ᄃᆞᆯ 警戒ᄒᆞᆫ 詩예 닐오ᄃᆡ(宣賜內訓1:12). 后ㅣ 골 ᄇᆞᄅᆞᆷ과 邪氣와 이슬와 안개로ᄡᅧ 警誡ᄒᆞ샤 말ᄊᆞᆷ ᄠᅳ디 精誠ᄃᆞ외시며(宣賜內訓2上45). 玄暐의 어미 盧氏 아래 玄暐ᄅᆞᆯ 警戒ᄒᆞ야 닐오ᄃᆡ(宣賜內訓3:29). 警戒ᄒᆞ샤(金剛12). 이ᄂᆞᆫ 큰 아로ᄆᆞᆯ 기리고 아ᄃᆡ 몯ᄒᆞ닐 警戒ᄒᆞᆫ 마리라(南明下74). 그 相애 住호ᄆᆞᆯ 警戒ᄒᆞ샤미오(金三4:30). 그 닐뮐일 경계ᄒᆞᆫ 그레:其動箴(飜小8:11). 열세 됴건을 ᄒᆞ야 일흠을 ᄇᆡᆨ셩 경계ᄒᆞᄂᆞᆫ 칙이라 ᄒᆞ야(警民序2). 온가지로 기피 경계ᄒᆞ고:百端深戒(東新續三綱. 烈6:41). 警戒호미 至公호매 잇ᄂᆞ니라(重杜解11:25). 혹 산것ᄉᆞᆯ사 노흐며 혹 지계ᄒᆞ야 죽이기ᄅᆞᆯ 경계ᄒᆞ며(敬信9). 경계ᄒᆞᆯ 엄:嚴(註千11). 경계ᄒᆞᆯ 계:戒(兒學下4).

경관 명 경관(京觀). 〔승전(勝戰)을 보이기 위해, 전쟁에서 죽은 적의 시체를 높이 쌓아 흙을 덮어서 무덤처럼 만든 것.〕 ¶城 아래 닐흔 살 쏘샤 닐흐늬 모미 맛거늘 京觀ᄋᆞᆯ 밍ᄀᆞᄅᆞ시니(龍歌40章). 賊屍 收拾ᄒᆞ야 京觀是封ᄒᆞ니(楊士彥. 南征歌).

경구 명 경구(輕裘). 가볍고 따뜻한 갖옷. ¶車馬와 輕裘ᄅᆞᆯ 衣홈을 朋友로 더브러 ᄒᆞᆫ가지로 ᄒᆞ야:車馬衣輕裘與朋友共(宣論1:51).

경권 명 경권(經卷). ¶경권을 다로매 반ᄃᆞ시 몬져 손을 ᄡᅵ스며(敬信72).

경긔 명 경기(京畿). ¶경긧 긔:畿(訓蒙中7). 임진왜난의 경긔 감ᄉᆞ ᄒᆞ여:壬辰倭亂爲京畿監司(東新續三綱. 忠1:43).

경ᄀᆡᆨ 명 경각(頃刻). ☞경긱 ¶번게 올ᄆᆞ며 ᄇᆞᄅᆞᆷ 녀미 頃刻ㅅ ᄉᆞᅀᅵ니라(南明上22). 頃刻애 곳 픠우ᄆᆞᆯ 能히 ᄒᆞ며(金三4:10). 頃刻ᄋᆞᆫ 아니한ᄉᆞᅀᅵ오(金三4:10). 頃刻에도 알리이ᄂᆞ니라(捷蒙4:15). 洞庭 七百里를 頃刻ᄋᆡ 올며온고(曺友仁. 關東續別曲).

경기 명 경개(景槪). ¶싱이 쇼져로 더브러 경기ᄅᆞᆯ 완상ᄒᆞ고(落泉1:2).

경긱 명 경각(頃刻). ☞경ᄀᆡᆨ ¶인ᄌᆞ된 재 그 ᄯᅳᆺ을 잘 밧드면 능히 경긱인ᄃᆞᆯ 자우ᄅᆞᆯ ᄡᅥ 날소냐(敬信11). 낭군이 타일의 경긱도 ᄡᅥ나기 어려워ᄒᆞ리니(落泉1:2).

경녁 명 경력(經歷). ¶경녁 만ᄉᆞ오셔(閑中錄122).

·경:ᄂᆡ 명 경내(境內). ¶師ㅣ 境內예 山水 됴ᄒᆞᆫ ᄯᅡ해 노니샤(六祖略序10). 경ᄂᆡ예 ᄢᅥ나디 아니ᄒᆞ더니:不離境內(東新續三綱. 忠1:60). 경ᄂᆡ예 챵녀ᄂᆞᆫ 다 블러 모도니(太

平1:12).

경:뎐 명 경전(經典). ¶諸佛이 經典을 불어 니르샤:典은 尊ᄒᆞ야 여저둘 씨니 經을 尊ᄒᆞ야 여저뒷ᄂᆞᆫ 거실씨 經典이라 ᄒᆞᄂᆞ니라(釋譜13:17). 秘密ᄒᆞᆫ 經典을 크게 펴샤(楞解1:3). 우리 부텨 滅後에 반ᄃᆞ기 바다 디녀 닐거 외와 이 經典을 닐오리이다(法華4:183). 經典 잇ᄂᆞᆫ ᄃᆡᄂᆞᆫ 곧 부텨와 尊重弟子ㅣ 잇논 ᄃᆞ라 ᄒᆞ시니(金三3:2). 어느 고ᄃᆞᆯ브터 와 이 經典 디니ᄂᆞ뇨(六祖上4). 경뎐이나 ᄉᆞ긔나:經史(宣小6:95). ᄠᅳᆮ을 더옥 경뎐의 두샤(仁祖行狀16). 진ᄌᆞ 판본을 ᄏᆡ간ᄒᆞ여 일부 경뎐이 되오니(敬信序1).

경뎐 명 경전(經傳). ¶너비 경뎐을 통ᄒᆞ고:博通經傳(東新續三綱. 烈2:11). 先儒의 舊義ᄅᆞᆯ ᄲᅢ서 經傳으로 더브러(家禮1:6).

경:뎜 명 경점(更點). ☞경점 ¶漏刻이 更點 사ᄅᆞᆯ 졷놋다:刻漏隨更箭(初杜解15:46). 오ᄂᆞᆯ 나조ᄒᆞᆫ 엇던 나조코 ᄒᆡ 디나가ᄂᆞ니 更點이 길오(重杜解11:39). 경뎜 티다:打更(譯解上5. 同文解上5).

경뎨ᄒᆞ다 동 경제(經濟)하다. 경세제민(經世濟民)하다. ¶혹문이 깁고 너ᄅᆞ며 ᄯᅩ 경뎨ᄒᆞᆯ 지죄 이시니(經筵).

경도 명 경도(京都). 서울. ¶京都애 도ᄌᆞ기 드러:賊入京都(龍歌33章).

경:듕 명 경중(輕重). ¶이 날ᄃᆞᆯᄒᆞᆫ 罪ᄅᆞᆯ 모도아 輕重을 一定ᄒᆞᄂᆞ니(月釋21:98). 사ᄅᆞ미 輕重과 冷熱을 斟酌ᄒᆞ야(救急上73). 權ᄒᆞᆫ 然後에 輕重을 알며:權然後知輕重(宣孟1:26). 병의 경듕을 알고져 ᄒᆞ거든:欲知差劇(五倫1:35).

경ᄃᆡ 명 경대. ¶경ᄃᆡ:鏡臺(譯解下15). 경ᄃᆡ:奩(物譜 服飾). 경ᄃᆡ 렴:奩(兒學上11).

경·략ᄒᆞ·다 동 경략(經略)하다. ¶江南ᄋᆞᆯ 經略ᄒᆞ라 ᄒᆞ야시ᄂᆞᆯ:經略ᄋᆞᆫ 다ᄉᆞ릴 씨라(三綱. 忠29).

:경·례·ᄒᆞ·다 동 경례(敬禮)하다. ¶한 幻法을 여희실시 所觀 업스샤ᄆᆞᆯ 敬禮ᄒᆞᅀᆞᆸ노이다(圓覺下二之二11). 내 경례ᄒᆞᆫᄃᆡ 날ᄃᆞ려 닐너 골오ᄃᆡ(敬信27).

경:루 명 경루(更漏). ¶城이 어드우니 更漏ㅅ 사ᄉᆞ리 ᄲᆞᄅᆞ고(初杜解14:21). 瞿塘애 밤 므리 어드우니 城 안해 更漏ㅅ 사ᄉᆞ리 고티놋다(重杜解11:47).

경륜ᄒᆞ·다 동 경륜(經綸)하다. ¶ᄠᅳ들 구펴 經綸호ᄆᆞᆯ 기우리혀도다:志屈偃經綸(初杜解6:30). 經綸ᄒᆞᆯ 이리 다 새 마리로소니 足히 ᄢᅥ곰 神器ᄅᆞᆯ 고티리로다(重杜解22:35).

경·마ᄒᆞ·다 동 경마잡다. ¶ᄆᆞᆯ 경마ᄒᆞ다:牽馬 今俗謂䩫著馬(四解上11 䩫字註). 겨집의 ᄆᆞᆯ 경마ᄒᆞ고(重二倫41).

경:만 명 경만(輕慢). ¶神通 업스닐 보고 輕慢ᄋᆞᆯ 내야 賢을 欺弄ᄒᆞ며(牧牛訣11).

경:만히 부 경만(輕慢)히. ¶鬼神ᄋᆞᆯ 輕慢히 말며(宣賜內訓1:9). 동렬읫 사ᄅᆞ믈 경만히 너기면:輕慢同列(飜小8:30). 同列을 輕慢히 너겨:輕慢同列(宣小5:108).

경만ᄒᆞ다 동 경만(輕慢)하다. ¶조션 신령을 경만ᄒᆞ며 웃사ᄅᆞᆷ의 명을 어긔여 거슬으며(敬信5).

경망이 부 경망(輕妄)히. ¶경망이 놀나다:肯驚慌(漢淸8:23).

경망ᄒᆞ다 형 경망(輕妄)하다. ¶경망ᄒᆞ다:輕佻(同文解上22).

경멸ᄒᆞ다 동 경멸(輕蔑)하다. ¶ᄇᆡᆨ셩을 경멸ᄒᆞ며 나라 정ᄉᆞᄅᆞᆯ 요란케 ᄒᆞ며(敬信3).

경모ᄒᆞ다 동 경모(敬慕)하다. ¶경모ᄒᆞᄂᆞᆫ ᄯᅳ들 뵈시니(經筵).

경·묘·히 부 경묘(輕妙)히. ¶ᄆᆡᆼᄀᆞ로ᄆᆞᆯ 경묘히 ᄒᆞ고:打的輕妙着(飜朴上15).

경물 명 경물(景物). ¶간밤의 눈 갠 後에 景物이 달랏고야(古時調. 尹善道. 孤遺).

:경·미 명 경미(秔米. 粳米). 멥쌀. ☞깅미 ¶漸漸 粳米 머근 後에 사ᄅᆞᄆᆡ ᄠᅳ디 漸漸 거츠러 제여곰 바톨 논홀씨(釋譜9:19). 粳米 나ᄃᆡ 한 됴ᄒᆞᆫ 마시 다 ᄀᆞᆺ더니(月釋1:43). 여ᄃᆞᆲ 푼 은에 ᄒᆞᆫ 말 경미오:八分銀子一斗粳米(飜老上9).

경·박·히 부 경박(輕薄)히. ¶일 져머셔 혼인호믄 사ᄅᆞ믈 경박히 ᄀᆞᄅᆞ츄미오:早婚少聘敎人以偸(飜小7:31). 楊王盧駱ᄋᆡ 當時옛 글 體ᄅᆞᆯ 輕薄히 글ᄒᆞᆯ 사ᄅᆞ미 우ᅀᅳ믈 마디 아니ᄒᆞᄂᆞ다(重杜解16:11).

경·박ᄒᆞ·다 형 경박(輕薄)하다. ¶溫和ᄒᆞ며 부드러운 顔色ᄋᆞᆯ ᄇᆞ리고 아ᄅᆞᆺ다온 양ᄌᆞᆯ 지ᅀᅳ면 이 輕薄ᄒᆞᆫ 겨지비니라(宣賜內訓1:30). 子弟ᄋᆡ 경박ᄒᆞ며 놀라니ᄅᆞᆯ:子弟之輕俊(飜小6:6). 경박ᄒᆞ고 호협ᄒᆞᆫ 손을 사괴더니:通輕俠客(宣小5:12). 近世 以來로 人情이 輕薄ᄒᆞ야(家禮3:1). 명ᄉᆞ의셔 그 경박ᄒᆞᆫ 구과ᄅᆞᆯ 긔록ᄒᆞ야(敬信52).

경발ᄒᆞ다 형 경발(警拔)하다. ¶句法이 警拔ᄒᆞ고(落泉2:4).

경·복ᄒᆞ·다 동 경복(傾覆)하다. ¶傾覆ᄒᆞᆫ 災禍ㅣ:傾은 기울 시오 覆ᄋᆞᆫ 업더딜 시라(宣賜內訓2上49).

경복ᄒᆞ다 동 경복(敬服)하다. ¶경복ᄒᆞ믈 이긔디 못ᄒᆞ야 이에 니ᄅᆞ과이다(洛城2). 더욱 경복ᄒᆞ야(引鳳簫1).

경봉ᄒᆞ다 동 경봉(敬奉)하다. ¶셩심으로 경봉ᄒᆞ며 착ᄒᆞᆫ 일을 아울오 힝ᄒᆞ면(敬信23).

경분 명 경분(輕粉). ¶ᄯᅩ 黃連과 黃栢과 輕粉ᄋᆞᆯ ᄀᆞ티 논호고(救急下13).

경상 명 정상(情狀). ¶ᄡᅧ나ᄂᆞᆫ 경상이(閑中錄280).

경·샹 명 경상(卿相). ¶夫子ㅣ 齊ㅅ 卿相에 加ᄒᆞ샤(宣孟3:8). 그 ᄢᅴ 블근 殿에 오ᄅᆞ리ᄂᆞᆫ ᄒᆞᆫ갓 卿相이 尊ᄒᆞ니ᄲᅳᆫ 아니러니라(重杜解16:3). 십오 년에 만시 ᄯᅳᆺ과 ㄱ고 이십 년에 ᄌᆞ손이 경샹이 되고(敬信8).

경셔 명 경서(經書). ¶經書ᄅᆞᆯ 議論ᄒᆞ시며 平生ᄋᆞᆯ 니ᄅᆞ샤(宣賜內訓2上57). 能히 文ᄒᆞ며 能히 武ᄒᆞ며 經書ᄅᆞᆯ 잘ᄒᆞᄂᆞ다(金三4:14). 경셔 ᄠᅳᆮ의:經義(宣小6:9). 경셔와 ᄉᆞ긔ᄅᆞᆯ 통ᄒᆞ더라:通經史(東新續三綱. 孝6:9). 경셔:經(漢淸4:1). 로쥐 빅힝이 경셔ᄅᆞᆯ ᄶᅳᄅᆞ 안ᄭᅩ 왼 집이 악질을 알코(敬信25).

경셕ᄒᆞ다 동 경석(輕釋)하다. 가벼이 버리다. ¶글씨 쓰인 죠희ᄅᆞᆯ 경셕지 아니며(敬信82).

경션이 부 경선(輕先)히. ¶엇디 가히 경션이 거취을 결단ᄒᆞ리오(經筵).

경셩 명 경성(京城). 서울. ¶경셩에 난이 니러나:京都亂(五倫5:25).

경세ᄒᆞ다 동 경세(警世)하다. ¶深意山 모딘 범도 경세ᄒᆞ면 도셔ᄂᆞ니(古時調. ᄃᆞᆺᄂᆞᆫ 말도. 靑丘).

경솔이 부 경솔(輕率)히. ¶믹을 보매 경솔이 말며(敬信68).

경·솔ᄒᆞ·다 형 경솔(輕率)하다. ¶子孫ᄋᆡ 모딜며 경솔ᄒᆞ며:子孫頑率(宣小5:19).

:경:신·ᄒᆞ·다 동 경신(敬信)하다. ¶敬信ᄒᆞᄋᆞᆸᄂᆞᆫ ᄆᆞᅀᆞᄆᆞᆫ 소리 ᄅᆞ고(法華5:162). 이러므로ᄡᅥ 중국 사ᄅᆞᆷ은 이 ᄎᆡᆨ을 경신ᄒᆞ와 건륭 긔ᄉᆞ로 지어 신츅 이삼십여 년지간의 십일 ᄎᆞᄅᆞᆯ 삭여시니(敬信序1).

경ᄉᆞ 명 경사(京師). ¶海內ㅣ 오래 戎服ᄋᆞᆯ 니벳더니 京師ㅣ 이제 늣거아 朝會ᄒᆞᄂᆞ다(重杜解20:52). 唐 저긔 大臣이 다 京師의 다가가(家禮1:9). 경ᄉᆞ 셔울(敬信39). 경ᄉᆞ로 향ᄒᆞᆯ시(洛城1).

경ᄉᆞ 명 풍수(風水). 지관(地官). ¶경ᄉᆞ:山人(譯解上28).

:경·ᄉᆞ 명 경사(慶事). ¶반ᄃᆞ시 기틘 경ᄉᆡ 잇ᄂᆞ니라:必有餘慶(飜朴上31). 이 엇지 경ᄉᆞᄅᆞᆯ ᄒᆞᆫ가지로 ᄒᆞᄂᆞᆫ ᄯᅳᆺ이며(綸音20). 젹션지가에 반ᄃᆞ시 나믄 경ᄉᆡ 잇고(敬信30). 만일 ᄒᆞᆫ 말의 쳔심을 도로혀 간흉을 졔긔ᄒᆞ면 큰 경ᄉᆞㅣ여니와(落泉3:7). 경ᄉᆞ 경:慶(註千10. 兒學下5).

경ᄉᆞ롭다 형 경사(慶事)롭다. ¶형벌과 앙홰 ᄯᅥ로며 경ᄉᆞ로온 일이 피ᄒᆞ며(敬信1).

경·ᄉᆡᆨ 명 경색(景色). 경치(景致). ¶貴ᄒᆞᆫ 집 지은 걷과 景色이 죠홈애 ᄠᅳ들 펴고(重新語6:10). 내 가듕 경ᄉᆡᆨ을 보니(洛城1). 낙화ᄂᆞᆫ 줄지어 흐르니 경ᄉᆡᆨ이 쇼슬ᄒᆞ야 슬프믈 돕ᄂᆞᆫ지라(落泉2:4).

경악 명 경악(經幄). 경연(經筵). ¶다만 경악의 뫼셧ᄂᆞᆫ 신하ᄅᆞᆯ(經筵).

경악ᄒᆞ다 동 경악(驚愕)하다. ¶왕지현이 ᄯᅩ ᄒᆞᆫ 영남의 올무믈 듯고 경악ᄒᆞ야 어ᄉᆞᄃᆞ려 무ᄅᆞ디(落泉3:7).

경안ᄒᆞ·다 형 경안(輕安)하다. 가볍고 편안(便安)하다. ¶안ᄆᆞᅀᆞ미 제 便安ᄒᆞ야 寂靜ᄒᆞ며 淸虛ᄒᆞ며 輕安ᄒᆞ며 和ᄒᆞ며 훤ᄒᆞ야(圓覺下二之一19).

:경:앙·ᄒᆞ·다 동 경앙(景仰)하다. ¶弟子의 미조차 그리ᅀᆞ와 景仰ᄒᆞᅀᆞᆸ던 이ᄅᆞᆯ 니ᄅᆞ시니라:景仰은 그리ᅀᆞ와 울워ᅀᆞ올 씨라(法華1:124).

경연 명 경연(經筵). ¶경연을 님ᄒᆞ샤 션비 엣 신하ᄅᆞᆯ 친근히 ᄒᆞ샤(仁祖行狀16). 샹이 경연을 님ᄒᆞ여(仁祖行狀21).

경열ᄒᆞ다 동 경열(哽咽)하다. 목메어 울다. ¶됴공이 쇼릐ᄅᆞᆯ 먹음고 경열ᄒᆞ야 ᄒᆞ거ᄂᆞᆯ(引鳳簫1).

경영·ᄒᆞ·다 동 경영(經營)하다. ¶衣食 爲ᄒᆞᆫ 젼ᄎᆞ로 ᄆᆞᅀᆞᆷ 내야 經營ᄒᆞ야 得을 求ᄒᆞ며(圓覺上二之二117). 上元ㅅ 처ᅀᅥᆷ의 經營ᄒᆞ고 寶應年에 소ᄂᆞᆯ 그츄라:經營上元始斷手寶應年(初杜解6:36). 샹녜 여러 날 경영ᄒᆞ야 모톤 후에아:常數日營聚然後(宣小6:131). 집을 경영ᄒᆞᄂᆞᆫ 女ᄂᆞᆫ:營家之女(女四解2:28). 무덤을 경영ᄒᆞᆯ시(五倫1:27). 그 싱리ᄅᆞᆯ 경영치 못ᄒᆞ고 쇽졀업시 스스로 간난 직희믈 나무라되(敬信16). 쇼싱이 풍파의 남은 목숨으로 여러 ᄒᆡ 경영ᄒᆞ여 계유 금빅을 모호미 이의 니ᄅᆞ러(落泉3:8).

경요 명 경요(瓊瑤). 아름다운 옥(玉). ¶萬壑이 瓊瑤 된 ᄃᆞᆺ(靑友仁. 梅湖別曲).

경이히 부 경이(輕易)히. ¶그ᄃᆡᄂᆞᆫ 磊落ᄒᆞᆫ 사ᄅᆞᄆᆞᆯ 보라 제 몸 輕易히 호ᄆᆞᆯ 즐기디 아니ᄒᆞᄂᆞ니라(重杜解25:15).

경작 명 경작(耕作). ¶ᄀᆞ을졀은 보야흐로 깁허 가니 져 경작이 건긔치 아니ᄒᆞ고 결실이 잘 된(綸音86).

경·쟈 명 경자(耕者). 농사짓는 사람. 농민(農民). ¶녜 文王이 岐를 治ᄒᆞ심애 耕者를 九애 一을 ᄒᆞ며:昔者文王之治岐也耕者九一(宣孟2:18).

:경·쟉 명 경작(慶爵). 경하하는 뜻의 술잔. ¶百步앳 여름 쏘샤 衆賓을 뵈여시늘 慶爵ᄋᆞᆯ 받ᄌᆞᄫᆞ니이다(龍歌63章).

경제 명 경제. ¶經濟란 긴 謀策을 븟그리고 ᄂᆞ라가 깃기우므란 ᄒᆞᆫ 가지ᄅᆞᆯ 비렛노라:經濟慙長策飛棲假一枝(重杜解16:9).

경졈 명 경점(更點). ☞경뎜 ¶경졈 시작ᄒᆞ다:起更(漢淸1:28).

경조ᄒᆞ다 형 경조(輕躁)하다. ¶경조ᄒᆞᆫ 이:躁(漢淸8:34).

경주 명 경주(競走). ¶뎐ᄒᆞᆯ 뎐. 경주 뎐:傳

(類合下25).

경중 명 경중(輕重). ¶輕重올 마초아 혜아리다 호믄 罪의 輕重올 마초아 혜아릴 시라(南明下60). 君父ㅣ 一致라 輕重을 두로소냐(蘆溪. 五倫歌). 權然後에 知輕重ᄒᆞ고(古時調. 金天澤. 海謠). 사ᄅᆞᆷ의 범ᄒᆞᆫ 바 경중을 ᄯᅡ라 사ᄅᆞᆷ의 나흘 앗ᄂᆞ니(敬信1).

·경·ᄌᆞ 명 경쇠. ¶경ᄌᆞᆺ 경:磬(訓蒙中32).

경ᄌᆞ 명 어리광. 애교(愛嬌). ¶경ᄌᆞ 밧다:嬌愛(同文解上54).

경ᄌᆞ마치조 명 조의 한 품종. ¶경ᄌᆞ마치조:擎子兮赤粟(衿陽).

경천이 부 경천(輕賤)히. ☞경천히 ¶그 부친을 쳔소의셔 경쳔이 ᄃᆡ졉ᄒᆞ믈 보앗다가(落泉5:12).

경쳔히 부 경천(輕賤)히. ☞경쳔이 ¶이 다 輕賤히 너기논 이리어늘(金三3:55).

경쳡ᄒᆞ다 형 경첩(輕捷)하다. 민첩하다. ¶경쳡ᄒᆞ다:捷健(漢淸6:25).

경청·ᄒᆞ·다 형 경청(輕淸)하다. 몸이 가볍고 마음이 맑다. ¶이런 ᄃᆞ로 衆生이 ᄆᆞᅀᆞ매 禁戒ᄅᆞᆯ 가지면 온모미 輕淸ᄒᆞ고(楞解8:70). 身心이 輕淸ᄒᆞ야:輕淸은 몸 가ᄇᆡ얍고 ᄆᆞᅀᆞᆷ ᄆᆞᆰ골 씨라(蒙法39).

경텩 명 경척(儆惕). ¶경텩:ᄆᆞᄋᆞᆷ의 소소치단 말(敬信56).

경텩ᄒᆞ다 동 경척(儆惕)하다. 마음에 솟구치다. ¶써야 경텩ᄒᆞ야 다시 만 쟝을 박아 포시ᄒᆞ니라(敬信56).

경텹ᄒᆞ다 형 경첩(輕捷)하다. ¶경텹ᄒᆞᆫ 거지은반을 ᄀᆞ리와(洛城1).

경퇴ᄒᆞ다 동 경퇴(傾頹)하다. ¶비뎡이 다 경퇴ᄒᆞ고 패방이 다 허러졋더라(引鳳簫2).

·경·티 명 경치(景致). ¶뎌긧 경티를:那裏的景致(飜朴上67). 宛然이 드틀 밧긔 두어 景致 이실시(重杜解13:6).

경틔우 명 경대부(卿大夫). 경(卿)과 대부(大夫). 〔'大'의 옛 음(音)에 '틔'가 있었음. '우'는 '부'의 'ㅂ' 탈락.〕 ¶ᄃᆡ틱의 거ᄒᆞ야 경틔우를 인친이 되니(落泉5:12).

경파 명 경파(鯨波). 경도(鯨濤). 큰 파도. ¶鯨波ᄅᆞᆯ 헤티고 蜃霧에 소사 올라(曺友仁. 關東續別曲).

:경·하 명 경하(慶賀). ☞경하ᄒᆞ다 ¶경하 경:慶(類合下10). 경하 하:賀(類合下40). 경하 경:慶(石千10).

:경:하·ᄒᆞ·다 동 경하(慶賀)하다. ¶慶幸은 慶賀ᄒᆞ야 幸히 너길 씨라(月釋13:5). 제 깃거 慶賀호미 올ᄒᆞ니라(法華2:44). 새로 지어슈믈 慶賀ᄒᆞᄂᆞ다(初杜解14:11). 믄득 가 경하ᄒᆞ고:便去慶賀(飜朴上25). 비르서 하ᄂᆞᆯ히 비 마로ᄆᆞᆯ 慶賀ᄒᆞ다니:始賀天休雨(重杜解12:33).

경혹ᄒᆞ다 동 경혹(驚惑)하다. ¶문득 경혹ᄒᆞ니 이 가히 민망ᄒᆞ다(經筵).

경홀이 부 경홀(輕忽)히. ¶경홀이 너기디 말라:毋忽(警民23). 빈쳔ᄒᆞᆫ 병인을 경홀이 말며(敬信68).

경황ᄒᆞ다 동 경황(驚惶)하다. ¶온 집이 경황ᄒᆞ여(五倫3:21). 일쥬야의 ᄋᆞ히 죽어 나키 어려오니 거개 경황ᄒᆞ더니(敬信57).

경후 명 경도(經度). 월경(月經). ¶ᄌᆞ식 구ᄒᆞ여 나ᄒᆞᆯ 법은 몬져 경후 됴화홈만 ᄒᆞ니 업ᄉᆞ니:求子之法莫先調經(胎要1).

경·히 부 경(輕)히. 가볍게. ¶道ᄅᆞᆯ 重히 ᄒᆞ시고 生ᄋᆞᆯ 輕히 ᄒᆞ샤다(永嘉序10). 法을 爲코 사로ᄆᆞᆯ 輕히 호미 이 身業 닷고미라(永嘉上45). 내 ᄌᆞ식 두곤 경히 ᄒᆞ야:却輕於己之子(飜小7:43). 請컨댄 輕히 ᄒᆞ야 ᄡᅥ 來年을 기ᄃᆞ린 然後에:請輕之以待來年然後(宣孟6:24). ᄂᆞᆷ이 경히 너길가 념녀ᄒᆞ면(太平1:24). 친족 무의ᄒᆞᆫ 이ᄅᆞᆯ 경히 치지 말며(敬信62).

경ᄒᆞ·다 형 경(輕)하다. 가볍다. ¶布施ᄅᆞᆯ 혜아리건댄 輕ᄒᆞ니 잇고 重ᄒᆞ니 이셔(月釋21:138). 一頭ㅅ 時節은 輕코 兩頭ㅅ 時節은 重ᄒᆞ니라 ᄒᆞ시니(永嘉下77). 주구미 泰山애셔 重ᄒᆞ니 이시며 터러긔셔 輕ᄒᆞ니 잇ᄂᆞ니(三綱. 忠25). 罰이 輕코 주규미 져그면(宣賜內訓序4). 병이 경ᄒᆞ니란 반 돈만 ᄒᆞ고:輕者半錢匕(救簡1:5). 그 병중의 경ᄒᆞ며 듕ᄒᆞ며(救簡1:68). 경ᄒᆞᆫ 거ᄉᆞᆯ 즁히 ᄆᆡᆫ들며(敬信3).

:경:힝ᄒᆞ·다 동 경행(慶幸)하다. ¶오ᄂᆞᆯ 믄득 希有ᄒᆞᆫ 法을 듣ᄌᆞᆸ고 기피 제 慶幸ᄒᆞ야:慶幸은 慶賀ᄒᆞ야 幸히 너길 씨라(月釋13:5). 기피 내 慶幸ᄒᆞ야 큰 善利ᄅᆞᆯ 어두니(法華2:181).

·곁 명 ①곁〔傍〕. 어조사. ¶乎ᄂᆞᆫ 아모그에 ᄒᆞ논 겨체 ᄡᅳᄂᆞᆫ 字ㅣ라(訓註1). 與ᄂᆞᆫ 이와 뎌와 ᄒᆞᄂᆞᆫ 겨체 ᄡᅳᄂᆞᆫ 字ㅣ라(訓註1). 夫ᄂᆞᆫ 말ᄊᆞᆷ 始作ᄒᆞᄂᆞᆫ 겨체 ᄡᅳᄂᆞᆫ 字ㅣ라(月釋序1). 이러타 ᄒᆞ논 겨치라(月釋序3).
②결. 기(氣). ¶紺ᄋᆞᆫ ᄀᆞ장 프른 거긔 블근 겨치 잇ᄂᆞᆫ 비치라(月釋10:52).

곁 명 곁. ☞겯 ¶ᄆᆞᆯ 겨틔 엇마ᄀᆞ시니:馬外橫防(龍歌44章). 太子ㅅ 겨틔 안ᄍᆞᄫᆞ시니(月印上17). 힌 둘 겨틔 사ᄂᆞ니라(釋譜13:10). 精舍 겨ᄐᆞ로 디나아가니(月釋1:6). 겨트로 미츠샤:傍及(楞解6:44). 겨틧 지비 ᄌᆞ모 淳朴ᄒᆞ니:傍舍頗淳朴(初杜解22:4). 술 곳다오닐 안잣ᄂᆞᆫ 겨틔셔 기우리ᄂᆞ니:酒香傾座側(初杜解23:52). 겨틧 사ᄅᆞ미 할ᄆᆡ ᄆᆞᅀᆞᄆᆞᆯ 오히려 웃ᄂᆞ다(南明上8). ᄒᆞᆫ 겨틀 몯 ᄡᅳ며:半身不遂(救簡1:9). 내 평측문 겨틔셔 사노라:我在平則門邊住(飜朴上11).

이롤 내 당ᄒᆞ여 안ᄂᆞᆫ 겨틔셔 두고:此當坐隅(飜小8:17). 주근 아ᄇᆡ 겨틔셔 홈ᄭᅴ 주그리라 ᄒᆞ더라:同死亡父之側(東新續三綱. 孝3:39). 地主와 겨틧 平人을 다가:地主幷左近平人(老解上25). 一區 陶山이요 그 겨틔 名勝地라(陶山別曲).

:계 [명] 계(契). 교분(交分). ¶사괴ᄂᆞᆫ 졍셩이 쇠롤 베티며 ᄆᆞᅀᆞᆷ맷 말호미 곳다오미 蘭草 ᄀᆞᄐᆞᆫ 契롤 일웻ᄂᆞᆫ가 ᄒᆞᄂᆞ니:擬結金蘭契(飜小6:24). 金蘭 ᄀᆞᄐᆞᆫ 契롤 ᄆᆡ잔노라 ᄒᆞᄂᆞ니:擬結金蘭契(宣小5:23).

계·곡 [명] 계곡(谿谷). ¶山川 谿谷:谿ᄂᆞᆫ 믈 잇ᄂᆞᆫ 묏고리오 谷ᄋᆞᆫ 고리라(月釋13:44). 山川 谿谷:谿ᄂᆞᆫ 믈 흐르ᄂᆞᆫ 묏고리오 谷은 믈 업슨 묏고리라(法華3:9).

계관업다 [형] 관계(關係)없다. ¶계관업시:有要無緊的(漢淸7:4).

:계·교 [명] 계교(計巧). ¶廣을 위ᄒᆞ야 이 계교를 닐은대:爲廣言此計(宣小6:82). 주근 남진 위ᄒᆞ야 슈신호려 ᄒᆞᆫᄂᆞᆫ 계괴라니:爲亡夫守信之計耳(東續三綱. 烈20 李氏守信). 사ᄅᆞᆷ 업ᄉᆞᆫ 곳의 ᄀᆞ마니 殺害ᄒᆞ야 ᄉᆞᄉᆞ로ᄡᅥ 잘 ᄒᆞᆫ 계교라 ᄒᆞᄂᆞ니(警民17). 강박ᄒᆞ며 계교로 사 남의 명본을 니즈리치지 말며(敬信74). 계교 계:計(兒學下4). 노뫼 당의 이시니 화롤 두려 계교롤 ᄉᆡᆼ각고 공ᄌᆞ의 원경을 바든 후의(落泉1:1).

:계:교 [명] 계교(計較). ¶내 計較롤 一定ᄒᆞ얫노니 속졀업슨 말 말라(三綱. 忠21). 佛佛와 祖祖왜 計較롤 일우디 몯ᄒᆞ며(金三2:49). 計校 이르터니 功名이 느저셰라(古時調. 權好文. 松岩續集).

:계:교·ᄒᆞ·다 [동] 계교(計校)하다. ¶思量ᄒᆞ야 혜아려 計校ᄒᆞ야 혜여 ᄆᆞᅀᆞᄆᆞᆯ 니르와다(圓覺下三之一98).

계구ᄒᆞ다 [동] 계구(計究)하다. ¶고올홀 ᄠᅥ나디 아녀 군ᄉᆞ롤 뫼화 방어ᄒᆞᆯ 계구ᄒᆞ니:不離官守聚兵爲備禦計(東新續三綱. 忠1:71).

계규 [명] 계교(計巧). ¶계규 쓰다:用計(漢淸4:33).

계·급 [명] 계급(階級). ¶聖人 階級에 너믐 업스며(永嘉上90). ᄂᆞ외야 階級이 漸漸 變ᄒᆞ야 覺ᄃᆞ욀 것 업스니(圓覺上二之一50). 반ᄃᆞ기 엇던 이롤 ᄒᆞ면 곧 階級에 디디 아니ᄒᆞ리잇고(六祖中94).

:계·다 [동] 지나다. 넘다. ¶낫 계어든 밥 아니 머구미 읏드미오(釋譜9:18). ᄒᆞᄅᆞᆫ ᄢᅵ 계ᄃᆞ록 아니 받ᄌᆞ바ᄂᆞᆯ(釋譜11:40). ᄒᆞᆫ ᄢᅢ 계도록 긷다가 몯ᄒᆞ야(月釋7:9). 낫 계어든 믈 아니 머굼과(月釋7:31). 짐 시러 녀져 나리 낫 계어다:打了駝馱着行日頭後晌也(飜老上66). 말ᄉᆞᆷᄒᆞ기를 ᄢᅢ 계게 호ᄃᆡ:談論踰時(宣小6:124). 날이 낫 계엇다:日頭後晌也(老解上59). 낫 계어 경히 더울 ᄢᅢ예:晌午剉正熱時(朴解下1). 낫 계다:晌上剉(譯解上5). ᄒᆡ도 나지 계면(古時調. 靑丘).

계:도 [명] 계도(階道). ¶四邊 階道애 四寶ㅣ ᄀᆞᄌᆞ니:階道ᄂᆞᆫ 버텅길히라(月釋7:57).

계두·실 [명] 계두실(雞頭實). ¶煉ᄒᆞᆫ ᄢᅮ레 丸을 지ᅀᅩᄃᆡ 雞頭實만게 ᄒᆞ야(救急上44). 누에ᄡᅵ 낸 죠ᄒᆡ를 ᄉᆞᆯ히디 아니케 ᄉᆞ라 달힌 ᄢᅮ레 환 지ᄋᆞᄃᆡ 계두실만ᄒᆞ야:蠶退紙燒存性煉蜜丸如雞頭大(救簡2:79).

계려 [명] 계려(計慮). ¶그 계려 블쳬ᄒᆞᆫ더라(經筵).

계로·기 [명] 게로기. 모싯대. 모싯대의 뿌리. ☞겨류기. 계륙이 ¶계로기:薺苨(四解上27. 訓蒙上14 薺字註). 계로기:薺苨(東醫 湯液二 菜部). 계로기:薺苨(柳氏物名三 草). 계로기:薺苨(方藥2). 계로기 달힌 즙을 마시고:薺苨(臘藥26).

:계류ᄒᆞ·다 [동] 계루(係累)하다. 포로로 삼다. ¶그 子弟를 係累ᄒᆞ며 그 宗廟를 毁ᄒᆞ며:係累其子弟毁其宗廟(宣孟2:33).

계륙이 [명] 게로기. 모싯대. 모싯대의 뿌리. ☞계로기 ¶계륙이:薺苨(物譜 蔬菜).

:계륜 [명] 계륜(桂輪). [‘달’의 이칭(異稱).] ¶桂輪이 퍼런 하ᄂᆞᆯ해 ᄒᆞ오ᅀᅡ 블ᄀᆞ니:桂輪은 ᄃᆞ리라(圓覺序29).

:계·률 [명] 계율(戒律). ¶威儀롤 헐며 戒律을 더러여(楞解1:26). 계률을 엄이 가지며(敬信72).

계림 [명] 계림(雞林). [‘신라(新羅)’의 별칭(別稱). ‘우리 나라’의 별칭.] ¶나ᄂᆞᆫ 雞林臣下ㅣᆯᄊᆡ 내 님금 ᄠᅳ들 일우려 ᄒᆞ다라 ᄒᆞ야ᄂᆞᆯ(三綱. 忠30). 신은 이 계림 신해니:臣是鷄林臣(東三綱. 忠1).

:계:모 [명] 계모(繼母). ¶繼母ㅣ 우리롤 어엿비 너기거시ᄂᆞᆯ:繼母ᄂᆞᆫ 다ᄉᆞᆷ어미라(三綱. 烈7). 齊ㅅ 義 繼母ᄂᆞᆫ 齊國ㅅ 二子의 어미러니(宣賜內訓3:20). 繼母 朱氏 어엿비 녀기디 아니ᄒᆞ야(宣小6:22). 계모 거상을 니브ᄃᆡ(東新續三綱. 孝3:86). 繼母롤 爲ᄒᆞ며 慈母롤 爲ᄒᆞ예니(家禮6:16). 슈절ᄒᆞᆫ 繼母ᄂᆞᆫ 親母로 더브러 ᄒᆞᆫ가지니라(警民2). 손의 계뫼 손을 믜워ᄒᆞ여(五倫1:2). 계모 쥬시 ᄉᆞ랑티 아니ᄒᆞ야(五倫1:25). 부뫼 일죽고 계모ㅣ 풀기의 니ᄅᆞ니(落泉1:2).

계변 [명] 계변(溪邊). 시냇가. ¶山頭에 달 ᄡᅥ오고 溪邊에 게 나린다(古時調. 歌曲).

계부 [명] 계부(繼父). ☞계모 ¶繼父와 同居ᄒᆞ며(家禮6:19).

계부 [명] 계부(季父). 아버지의 막내 아우. ¶계부ᄂᆞᆫ 풍의 숙결ᄒᆞ시고(閑中錄350). 계부의 ᄌᆞ손들이(五倫4:34).

계ᄡᅵ 명 '계(啓)'자를 새긴 도장. 임금이 재가(裁可)할 때 찍는 도장. ¶계ᄡᅵ와 시보와 마패 등 이러ᄐᆞᆺ 듕대ᄒᆞᆫ 것들을 즉시 도라보내고(癸丑11).

계샹이다 형 계시나이다. ¶딩아 돌하 當今에 계샹이다(樂詞. 鄭石歌).

-계셔 조 -께서. ¶님계셔 보오신 後에 녹아진들 어이리(古時調. 鄭澈. 松林의. 靑丘). 東萊계셔 니ᄅᆞ심은(重新語1:25).

-계셔도 조 -께서도. ¶東萊계셔도 病患을 强忍ᄒᆞ여(隣語1:5). 三使계셔도 ᄀᆞ장 감격히 너기시올쇠(重新語7:3).

계수ᄒᆞ다 동 계수(計數)하다. ¶計數ᄒᆞ야 버혀 내고 다 글월 ᄆᆡᆼᄀᆞ라(家禮1:22).

계슈 명 계수(桂樹). ¶桂樹를 더위자바 머므러슈믈 깃노니(初杜解11:22). 계수 계:桂(類合上8. 倭解下27). 桂樹를 버히던들(古時調. 李浣. 君山을. 靑丘).

계슈나무 명 계수(桂樹)나무. ¶계수나무 계:桂(兒學上6).

:계·슈·ᄒᆞ·다 동 계수(稽首)하다. 머리를 조아리다. ¶다 볼기 알에 ᄒᆞ시ᄂᆞ닐 稽首ᄒᆞᄉᆞᆸ노이다(永嘉下130).

계술ᄒᆞ다 동 계술(繼述)하다. ¶숙종대왕이 비셔를 니으샤 뜻이 계술ᄒᆞ시기예(經筵).

:계시·다 형 계시다. ☞겨시다 ¶부톄 계시며…祖師 계시료(龜鑑上36). ᄑᆞᆯ목 쥐시거든 두 손으로 바티리라 나갈 듸 계시거든(古時調. 靑丘). 안히 계시면 오려 ᄒᆞ더라 니ᄅᆞ고 오라(重新語1:2).

:계시·다 조동 계시다. ¶홰불이 하ᄂᆞᆯ의 바회고 녜군이 단좌ᄒᆞ야 계신ᄃᆡ(敬信49).

:계시·다 조형 계시다. ¶큰 하ᄂᆞᆯ히 眞實로 照臨ᄒᆞ야 계시니라:皇天實照臨(重杜解3:18). 姑ㅣ 안자 계시거든 셧다가(女四解2:18). 어히업시 아라 계시외(新語4:23). 불셔 떠나 계시되(隣語1:6). ᄃᆞᆫᄃᆞᆫ이 給約ᄒᆞ여 계시다가(隣語1:25).

:계:신ᄒᆞ·다 동 계신(戒愼)하다. 삼가다. ¶그 보디 몯ᄒᆞᄂᆞᆫ 바에 戒愼ᄒᆞ며(宣中1).

:계:ᄉᆞ 명 계사(繼嗣). ¶크면 宗族을 업더리와다 繼嗣를 긋게 ᄒᆞᄂᆞ니:大則覆宗絕嗣(宣賜內訓1:25).

계ᄉᆞ 명 계사(啓辭). ¶과궁을(과인이랏 말과 ᄀᆞᆺᄒᆞ니라) 보젼코져 ᄒᆞᆯ딘대 ᄲᆞᆯ리 계ᄉᆞ를 그쳐 내 ᄆᆞᄋᆞᆷ을 편안케 ᄒᆞ라(仁祖行狀8). 계ᄉᆞ를 뵈여 왈(癸丑24).

계엄ᄒᆞ다 동 계엄(戒嚴)하다. 경계를 엄히 하다. ¶戒嚴ᄒᆞᄂᆞᆫ 城울 ᄀᆞ장 닫디 아니ᄒᆞ야셔(重杜解14:27).

계엇다 동 지났다. ㉮계다 ¶날이 낫 계엇다:日頭後晌也(老解上59).

계여가다 동 지나가다. ☞계다 ¶月黃昏 계여간 날에 定處 업시 나간 님이 白馬金鞭으로 어듸 가 됴니다가(古時調. 靑丘).

계·오 부 겨우. ☞계요. 계우. 계유 ¶계오 열 설 머거셔:甫十歲(飜小9:2). 계오 열 설에:甫十歲(宣小6:2). 계오 두어 설에(重內訓3:27). 계오 五六年도 못 ᄒᆞᆫ디(新語9:21). 東州 밤 계오 새와 北寬亭의 올나ᄒᆞ니(松江. 關東別曲). 계오 십 년의 미처 화를 만나(敬信17).

계오다 동 못 이기다. 지다. ☞계우다 ¶五逆 ᄆᆞᅀᆞᆷ을 계와(月印上47). 어와 아븨 즈ᅀᅵ여 處容 아븨 즈ᅀᅵ여 滿頭挿花 계오샤 기울어신 머리예(樂範. 處容歌).

-계오셔 조 -께서. ¶션인계오셔 ᄭᅮᆷ에 보와 계시오더니(閑中錄4).

:계·옥·ᄒᆞ·다 동 계옥(啓沃)하다. 열어 적시다. ¶오직 賢才를 어더 朝夕에 啓沃ᄒᆞ야:啓ᄂᆞᆫ 열 시오 沃은 저질 시니 高宗이 傅說ᄃᆞ려 니ᄅᆞ샤ᄃᆡ 네 ᄆᆞᅀᆞᄆᆞᆯ 여러 내 ᄆᆞᅀᆞᄆᆞᆯ 저지라 ᄒᆞ시니라(宣賜內訓2下47).

계요 부 겨우. ☞계오. 계우. 계유 ¶계요 ᄆᆞᆯ 도로혐을 용납ᄒᆞᆯ 만ᄒᆞ더니:僅容旋馬(宣小6:127). 계요 ᄀᆞᅀᅵ 미니라:僅得泊岸(東新續三綱. 烈4:10). 계요 二十里 ᄯᅡ히:約二十里地(老解上23). 계요 닐곱 발이 낫브다:剛剛的七托少些(老解下26). 正根을 계요 출혀(新語2:18). ᄒᆞᆫ 간 방에 다ᄉᆞᆺ 사ᄅᆞᆷ이 계요 안는 거시여:一間房子裏五箇人剛坐的(朴解上37). 계요 ᄒᆞᆫ 말을 내면:纔(女四解2:15). 계요 당ᄒᆞ다:僅足(漢淸6:48). 계요 능히:將能着(漢淸8:67). 열여듧 번 왕닉ᄒᆞ여 계요 마자 왓다가(五倫2:52). 계요 면ᄒᆞ여 ᄃᆞ라나고:僅以身免(五倫3:26). 路次의 ᄌᆞ바 계요 이지야 守門ᄭᆞ지 왇ᄉᆞᆸᄂᆡ(重新語1:1). 그날 밤 계요 새와 덕원을 들냐ᄒᆞ야(宋疇錫. 北關曲).

계요계요 부 겨우겨우. ¶ᄀᆞ장 醉ᄒᆞ엳ᄉᆞ오되 계요계요 氣向을 출혀(重新語3:23).

계·우 부 겨우. ☞겨요. 겨유. 계오. 계요. 계유 ¶계우 안잣ᄂᆞᆫ 거셔:剛坐的(飜朴上41). 계우:剛(四解下34). 대텽 알피 계우 ᄆᆞᆯ 도라셜 만ᄒᆞ더니:廳事前僅容旋馬(飜小10:29). 계우 ᄌᆞ:纔. 계우 근:僅(類合下22). 나히 계우 열힌 제:年纔十歲(東新續三綱. 孝2:45). 계우 이루다:剛濟(語錄30). 계우 앗다:剛坐(老朴集. 單字解1).

계·우·다 동 못 이기다. 지다. ☞계오다 ¶藥이 하ᄂᆞᆯ 계우니:藥不勝天(龍歌90章). ᄃᆞ토면 모로매 계우리 잇ᄂᆞ니(釋譜23:55). 그 後에ᅀᅡ 외니 올ᄒᆞ니 이긔니 계우니 ᄒᆞᆯ 이리 나니라(月釋1:42). 우리옷 계우면 큰 罪를 닙ᄉᆞᆸ고(月釋2:72). 이긔며 계우ᄂᆞᆫ ᄆᆞᅀᆞ미 업스며:無勝負心(金剛下151). 이긔유믈 獻ᄒᆞᅀᆸ고 계우므란 니ᄅᆞ디 아니ᄒᆞ더라:獻捷不云輸(重杜解2:47). 春鳥도 送春을 계워 百般啼를 ᄒᆞ더라(古時調. 琵琶를. 古歌). 夕陽에 醉興을 계워 나귀 등에 실려시니(古時調. 靑丘). 수풀에 우는 새는 春氣를 못내 계워(丁克仁. 賞春曲).

계움 통 짐〔負〕. ㉠계우다 ¶이긔유믈 獻ᄒᆞᅀᆸ고 계우므란 니ᄅᆞ디 아니ᄒᆞ더라:獻捷不云輸(重杜解2:47).

계유 부 겨우. ☞계오. 계요. 계우 ¶그 지비 무덤의 샹게 계유 오 리는 호ᄃᆡ ᄒᆞᆫ 번도 왕니ᄅᆞᆯ 아니ᄒᆞ다:其家距墓塋纔五里一不來往(東新續三綱. 孝3:3). 계유 ᄡᅳ다:裁給(語錄30). 一夜ᄅᆞᆯ 계유 堪忍ᄒᆞ엿ᄉᆞ오니(新語1:24). 계유:剛剛(譯解下46). 계유:剛剛的(同文解下50). 醉ᄒᆞ여 계유 든 ᄌᆞᆷ을 喚友鶯에 ᄭᅵ괘라(古時調. 곳 지고. 靑丘). 太公의 釣魚臺를 계유 구러 ᄎᆞ자 가니(古時調. 靑丘). 효종의 지죄 계유 나라흘 직흴 거시니(經筵). 머지 아닌 쥬인 집을 쳔신만고 계유 오니(萬言詞).

계일ᄒᆞ다 통 계일(計日)하다. 날짜를 세다. ¶늘그며 어리며 병들며 부녜 능히 못 ᄒᆞᄂᆞᆫ 이ᄂᆞᆫ 혜고 계일ᄒᆞ야 ᄡᆞᆯ을 주라(敬信78).

계졀 명 계절(階節). 무덤 앞에 평평하게 닦아 놓는 땅. ¶계졀의 ᄢᅴ 위ᄒᆞ야 나디 아니ᄒᆞ고:階莎爲之不生(東新續三綱. 孝1:66).

계주ᄒᆞ다 통 계주(啓奏)하다. 임금에게 아뢰다. ¶계주ᄒᆞ다:奏(漢淸2:61).

:계·집 명 ①계집. 여자. ☞겨집 ¶계집의 월경슈:婦人月水(東醫 湯液一 人部). 계집 녀:女(倭解上42). 계집 되옴이(重內訓2:13). 계집을 ᄀᆞᄅᆞ치디 아니ᄒᆞ니(女四解1:6). 계집:女人(同文解上13). 게으른 계집:懶婦(漢淸7:56). 계집이 解産ᄒᆞᆫ 후의(隣語2:5). ※계집<겨집

②아내. 처(妻). ¶계집과 쳡을 ᄃᆡ졉ᄒᆞ고:妻(呂約尊經本4). 계집과 쳡을 ᄃᆡ졉ᄒᆞ고:妻(呂約華山本4). 계집과 쳡을 ᄃᆡ졉ᄒᆞ고:妻(呂約一石本4).

계집년 명 계집년. ☞겨집. 계집 ¶계집년:妮子(譯解上27).

계집동셰 명 여자 동서(同壻). ☞겨집동셰 ¶계집동셰:妯娌(譯解上58. 同文解上11).

계집종 명 계집종〔婢〕. ☞겨집종 ¶계집종:女幇子(同文解上13). 계집종:使婢(漢淸5:34). 계집종 비:婢(兒學上1).

계ᄌᆞ 명 계자(系子). 양아들. ¶안동졍과 계ᄌᆞᄀᆞ티 넉이다가(癸丑24).

계·ᄌᆞ 명 겨자. ☞개ᄌᆞ. 겨ᄌᆞ ¶계ᄌᆞ ᄧᅡ맛가미라도(釋譜23:5). 계ᄌᆞ ᄒᆞᆫ 되ᄅᆞᆯ:芥子一升(救簡1:15). 계ᄌᆞ:芥子(飜老下38). 계ᄌᆞᆺ 개:芥(訓蒙上14. 光千3). 계ᄌᆞ 개:芥(類合上10. 石千3. 倭解下5). 계ᄌᆞ:芥菜(東醫 湯液二 菜部). 계ᄌᆞㅅᄀᆞᄅᆞ:芥末(譯解上52). 계ᄌᆞ:芥(物譜 蔬菜). 계ᄌᆞ:芥菜(方藥36). 계ᄌᆞ ᄡᅵ:芥子子(辟新3).

계:쳬 명 계체(階砌). 섬돌. ¶階砌ᄂᆞᆫ 서미라(月釋2:27).

계츄 명 계추(季秋). ¶季秋에 시졀이 ᄒᆞ마 半이로소니(重杜解11:27). 季秋애 禰ᄅᆞᆯ 祭ᄒᆞ라(家禮10:39).

계츌이 명 계추리. 황저포(黃苧布). ¶계츌이:黃苧布(柳氏物名三 草).

계칙ᄒᆞ다 통 계칙(戒飭)하다. ¶여러 번 계칙ᄒᆞ여도(閑中錄570).

계칙 명 계책(計策). ¶쳐ᄌᆞ를 치지 못ᄒᆞ야 오오ᄒᆞ고 황황ᄒᆞ야 호구ᄒᆞᆯ 계칙이 업스니(綸音87).

:계피 명 계피(桂皮). ¶두터운 계피:肉桂(救簡1:21). 계핏솝:桂心(救簡2:86). 계피ᄅᆞᆯ 서 돈곰:桂每服三錢(救簡2:87). 계피 계:桂(訓蒙上10).

:계핏ᄀᆞᄅᆞ 명 계핏가루. ¶細辛과 桂皮ㅅ ᄀᆞᄅᆞᆯ 等分ᄒᆞ야:細辛桂末等分(救急上18). 계핏ᄀᆞᄅᆞᆯ 혀 아래 녀허:末桂着舌下(救簡1:17). 계핏ᄀᆞᄅᆞ:桂末(救簡1:50).

:계핏즙 명 계피즙(桂皮汁). ¶계핏즙:桂汁(救簡1:17).

계:하 명 계하(階下). ¶階下에 디디 아니케 ᄒᆞ야ᄂᆞᆯ(楞解7:62). 中門 열고 階下의 셔셔 再拜ᄒᆞ고(家禮1:23).

계화 명 계화(桂花). ¶노피 다ᄉᆞᆺ 가지 계화ᄅᆞᆯ 썩고(敬信8).

계힝 명 계행(戒行). ¶남의 계힝을 헐어 ᄇᆞ리며(敬信82).

·고 명 ①코. ¶고해 내 마톰과 이베 맛 머굼과(釋譜13:38). 香ᄋᆞᆫ 고ᄒᆞ로 맏ᄂᆞᆫ 거슬 다 니ᄅᆞ니라(釋譜13:39). 고히 平코 엷디 아니ᄒᆞ며(釋譜19:7). 鼻ᄂᆞᆫ 고히라(釋譜19:9). 눈과 귀와 고콰 혀와(月釋2:15). 고ᄒᆞᆫ 수미 나며 드로ᄃᆡ(月釋17:57). 시혹 입 고ᄒᆞᆯ 디ᄅᆞ며(月釋21:42). 고히 내욘 거시라:鼻之所生(楞解3:24). 고햇 수미 ᄒᆡ에 ᄃᆞ외어늘:鼻息成白(楞解5:56). 고 비:鼻(訓蒙上25. 類合上20). 고 버힐 의:劓(訓蒙下29). 고과 고 아래와(瘟疫方15). 고ᄒᆞᆯ 싀여 아니리 업더라:莫不酸鼻(宣小6:57). 고ᄅᆞᆯ 버히되 굴티 아녀 죽다:割鼻不屈而死(東新續三綱. 烈5:53).

②콧물. ¶더 고해 고 흐르ᄂᆞ니 고 내ᄂᆞᆫ ᄆᆞ리로고나:那鼻子裏流膿是瘙馬(飜老下19). ᄆᆞᆯ 고 내ᄂᆞᆫ 병:瘙(四解下38). 고 낼 상:瘙(訓蒙下7). ※고>코

※'고'의 첨용 ┌ 고…
└ 고히/고ᄒᆞᆫ/고ᄒᆞᆯ/고해/고콰…

·**고** [명] 공이. ¶杵ᄂᆞᆫ 방핫괴니(釋譜6:31). 방핫고 디여 디ᄒᆞ니:落杵(初杜解7:18). 고져:杵(訓蒙中11). 방핫고:碓觜(訓蒙中11 杵字註). 방하고와 호왁과 ᄀᆞᆺ도다:如杵臼(重杜解6:2). 방하ㅅ고:碓嘴(同文解下2).

·**고** [명] 휘. 곡식이 스무 말 또는 열닷 말 드는 말. ¶고로 되에 ᄒᆞ라:着斛起(飜朴上12). 고 곡:斛(訓蒙中11).

·**고** [명] 고. (그물의) 눈. ¶咫尺ᄋᆞᆫ 고 ᄉᆞᅀᅵ 머디 아니ᄒᆞᆯ 시니(初杜解20:17). 裙에 허리 업스며 ᄀᆞ외예 고히 업도다:裙無腰袴無口(金三5:6). ᄒᆞᆫ ᄡᅡᆼ 훠예 다 블근 실로 고 ᄃᆞ라 잇더라:一對靴上都有紅絨鴈爪(飜老下53). 신의 絇:신 ᄲᅮ리예 고 ᄃᆞ라 긴 ᄢᅦ여 ᄆᆡᄂᆞᆫ 거시라(宣小3:22). 상토 고가 탁 풀리고(春香傳207). 이러탓 슬푼 심회 어나 고의 풀일손가(答思鄕曲).

·**고** [명] 고(庫). 곳간. 곳집. ¶내 庫앳 쳔량ᄋᆞ란 말오(釋譜24:47). ᄒᆞ다가 주글 나래 廩에 나ᄆᆞᆫ ᄡᆞ리 이시며 庫애 나ᄆᆞᆫ 쳔량이 이셔(宣賜內訓3:57). 고애 나ᄆᆞᆫ 쳔량을 두어:庫有餘財(飜小8:20). 다 ᄒᆞᆫ 고애 뫼화 사ᄅᆞ믈 혀여:皆聚之一章計口(飜小9:108). 고 름:廩. 곳 고:庫(訓蒙中9). 고 고:庫(類合上18). 庫애 남ᄋᆞᆫ ᄌᆡ믈이 잇ᄭᅦ ᄒᆞ야:庫有餘財(宣小5:99). 만일 가젓ᄂᆞᆫ 行李 財帛이 잇거든 공번히 驗ᄒᆞ야 庫ᄒᆡ 녀허(無寃錄1:56). 祭器ㅅ庫와 밋 神廚ᄅᆞᆯ 그 東의 짓고(家禮1:10).

고 [명] 고(高). 높이. ¶長이 ᄒᆞᆫ 자히오 高ㅣ 다ᄉᆺ 치ᄅᆞᆯ ᄲᅢ셔(家禮1:34).

고 [명] ①고(膏). 고약(膏藥). ¶ᄲᆞᆯ리 술 내시ᄂᆞᆫ 膏로 브티면 神驗ᄒᆞ니(救急上3).
②고(膏). 명치끝. ¶肺와 脾와 腎과 胃와 ᄆᆞᅀᆞᆷ과 膏와 膀胱과(永嘉上36).

·**고** [명] 고(鼓). 북. ¶밥 ᄆᆡᆼᄀᆞᆯ오 鼓 티며 衆 모도매 鍾 텨(楞解3:21). 鼓 티ᄂᆞᆫ 고대 가면(楞解3:22). 小子아 鼓를 鳴ᄒᆞ야 攻홈이 可ᄒᆞ니라(宣論3:8).

고 [명] 금(琴). 거문고. ¶고 비화ᄅᆞᆯ 노디 아니ᄒᆞ며:琴瑟不御(宣賜內訓1:52). ¶고 금:琴(訓蒙中32).

고 [명] 고(蠱). 주술(呪術)에 써서 남을 해친다는 벌레. ¶고ᄅᆞᆯ 뭇어 남을 져주ᄒᆞ며 악으로 나모를 죽이며(敬信4).

고 [부] 곧. ☞곧 ¶고 즉:卽(光千31).

-·**고** [조] -인고. ¶王이 荒唐히 너기샤 니ᄅᆞ샤ᄃᆡ 이 엇던 光明고(月釋10:7). 뉘 닷고 ᄒᆞᆫ대(三綱. 孝15). 그 닐온 거슨 무스고(圓覺序12). 어느 님긊 宮殿고:何王殿(杜解6:1). 엇던 사ᄅᆞᆷ고 너기놋다:何爲人(初杜解8:28). 世ᄅᆞᆯ 嗟嘆ᄒᆞᄂᆞ닌 누고(杜解14:9). 賢良ᄋᆞᆫ ᄯᅩ 몃 사ᄅᆞᆷ고:賢良復幾人(杜解19:10). 이 므슴 相고(金三2:22). 이 엇던 ᄂᆞᆾ고(南明上2). 네 스승이 엇던 사ᄅᆞᆷ고(飜老上6). 뉘 허믈고(野雲4). 므슨 종요로운 일고(桐華寺 王郎傳1). 뉘 ᄡᅡ히 되닷 말고(古時調. 이바 楚ㅅ 사ᄅᆞᆷ. 靑丘). 몃 낫 돈에 ᄒᆞᆫ 斤고(蒙老2:2). 경신록이라 ᄒᆞᆷᄋᆞᆫ 엇지 닐움고(敬信序1).

-·**고** [어미] ①-고. 〔두 가지 이상의 움직임이나 성질·상태를 잇달아 나타내는 연결어미.〕 ¶곶 됴코 여름 하ᄂᆞ니:有灼其華有蕡其實(龍歌2章). 얼우시고 ᄯᅩ 노기시니:旣氷又釋(龍歌20章). 軍容이 녜와 다ᄅᆞ샤 아ᅀᆞᆸ고 믈러가니(龍歌51章). 긼ᄀᆞᅀᆡ 軍馬 두시고(龍歌58章). 모딘 ᄠᅳ들 그치고(釋譜6:2). 모딘 힝뎌글 ᄇᆞ리고(釋譜9:14). 齒頭ㅅ 소리예 ᄡᅳ고(訓註15). 네 天下 밧긔 둘어 잇고(月釋1:28). 한비 와 ᄆᆞ리 ᄀᆞ득ᄒᆞ고(月釋1:40). 밥 가져다가 머기고(月釋1:44). 발 밧고 ᄂᆞ치 ᄲᅧ 무티고(月釋10:17). 보ᄇᆡ옛 帳이 우희 두퍼고(月釋18:25). 일 피옴애 도로 몬져 이울고(宣小5:25). ᄒᆞ디 말고(宣小5:35). 가ᄋᆞ멸고(宣小5:64). 도적기 ᄡᅡ홀고 가니라(東新續三綱. 烈8:42). 새도록 아나셔 울고(東續三綱. 孝12 今之撲虎). 안히 계시면 오려 ᄒᆞ더라 니ᄅᆞ고 오라(重新語1:2). 사ᄅᆞᆷ의 죄악을 긔록ᄒᆞ야 나를 앗고(敬信1).
②-오. -고. 〔소망을 나타내는 종결어미.〕 ¶사발 잇거든 ᄒᆞ나 다고(老解上38). 아희야 질甁을 거후르혀 朴국이예 부어 다고(古時調. 銀唇玉尺. 海謠). 高堂素壁에 거러 두고 보고지고(古時調. 내 ᄀᆞᄉᆞᆷ. 靑丘).
③-고. 〔의문을 나타내는 종결어미.〕 ¶어ᅀᅵ 아ᄃᆞᆯ 離別이 엇던고(月印上52). ᄒᆞᄅᆞ 몃 里ᄅᆞᆯ 녀시ᄂᆞ니잇고(釋譜6:32). 蒼生ᄋᆞ로 ᄒᆡ여 環堵ᄅᆞᆯ 두게 ᄒᆞᆯ고:蒼生有環堵(初杜解7:29). 어느 ᄡᅡ호로 향ᄒᆞ야 가시ᄂᆞᆫ고(飜朴上8). 어와 뎌 디위ᄅᆞᆯ 어이ᄒᆞ면 알거이고(松江. 關東別曲).
④-고서. ☞-곡 ¶百姓으로 根本을 삼고:民爲本(重杜解16:19). 〔初杜解에는 '삼곡'〕

-·**고** [어미] -하고. ¶미혹고 鈍ᄒᆞᆫ(釋譜11:6).

고가 [명] 고가(高價). ¶병든 사ᄅᆞᆷ ᄣᅳᆯ 것ᄉᆞᆯ 고가로 케오지 말며(敬信67).

·**고가** [명] 고가(故家). ¶그 故家와 遺俗과 流風과 善政이 오히려 存ᄒᆞᆫ 者ㅣ 이시며:其故家遺俗流風善政猶有存者(宣孟3:5).

·**고·각** [명] 고각(鼓角). ¶鼓角ㅅ 소리ᄂᆞᆫ 싀ᄂᆞᆫ 하ᄂᆞᆯ 東녀기로다(初杜解14:12). 우믌 미틧 머고리ᄂᆞᆫ 鼓角ᄋᆞᆯ 불어늘 門 알ᄑᆡᆺ 나ᄐᆞᆫ 기든 燈籠ᄋᆞᆯ 웃ᄂᆞ다:井底蝦蟇吹鼓角門前露柱笑燈籠(南明下27). 鼓角 소리ᄂᆞᆫ ᄀᆞᄅᆞᆯ 바랏ᄂᆞᆫ ᄀᆞ올히로소니(重杜解13:36). 鼓

角을 섯부니 海雲이 다 것는 ᄃᆞᆺ(松江. 關東別曲).

고간 명 고간(庫間). 곳간. ¶나라 고간 기지(癸丑270).

고·갈 명 고갈(枯渴). ¶心中에 忽然히 큰 枯渴ᄋᆞᆯ 내야:枯ᄂᆞᆫ 이울 씨오 渴ᄋᆞᆫ 믈 여윌 씨라(楞解9:71).

고·갈ᄒᆞ·다 동 고갈(枯渴)하다. ¶브톰 업스며 봄 업슨 견ᄎᆞ로 枯渴ᄒᆞ야 기피 ᄉᆞ랑ᄒᆞ야(楞解 9:72).

고·개 명 고개. ¶妃子ㅣ 보시고 고갤 안아우르시니(月印上21). 고개 수기다:穗垂(同文解下1). 고개 수기다:穗垂(譯解補41). 오려 고개 숙고 열무우 ᄉᆞᆯ졋ᄂᆞᆫᄃᆡ 낙시에 고기 물고(古時調. 靑丘).

고·개 명 고개. ☞고ᄏᆡ ¶흙고개:泥峴(龍歌1:44). 고개예 다ᄃᆞ라 밠가락ᄋᆞᆯ ᄎᆞ고(南明上50). 고개 현:峴(訓蒙上3. 倭解上7). 고개:嶺頭(譯解上6).

고결ᄒᆞ다 형 고결(高潔)하다. ¶군ᄌᆞ의 고결ᄒᆞᆫ 지개 이 ᄀᆞᆮᄒᆞ시면 첩이 엇지 밍시의 초군을 감심치 아니리잇고(落泉2:6).

고계ᄒᆞ다 동 고계(告戒)하다. ¶이 효유ᄒᆞᄂᆞᆫ 글을 보고 맛당히 갈마드려 서로 고계ᄒᆞ야(敬信26).

고고·리 명 꼭지. ☞고그리 ¶비ᄂᆞᆫ 불휘와 고고리 업고:舟楫無根蔕(杜解16:19). 불휘 고고리 그춤 ᄀᆞᆮᄒᆞ야:根蔕斷(南明下57). ᄃᆞᆫ 果ᄂᆞᆫ 고고리예 ᄉᆞᄆᆞᆺ ᄃᆞᆯ오:甜果徹蔕甜(金三2:50). ᄎᆞᆷ외 고고리:瓜蔕(救簡1:110). 고고리 톄:蔕(訓蒙叡山本下2). ᄂᆞᄂᆞᆫ 비치 본ᄃᆡ 고고리 업도다:飛櫓本無蔕(重杜解2:63). 참외 고고리:瓜蔕(嘗百譜. 茶部).

고고이 부 굽이굽이. (그물 따위의) 코마다. ¶ᄉᆞ랑 ᄉᆞ랑 고고이 ᄆᆡᆺ친 ᄉᆞ랑 웬 ᄇᆞ다흘 두루 덥는 그물것치(古時調. 歌曲).

고·곰 명 고금. 학질(瘧疾). ☞고봄. 고롬 ¶고곰 히:痎. 고곰 학:瘧. 고곰 졈:痁(訓蒙中34). 잠간 굿브러 잇다가 도로 니러나미 ᄒᆞᄅᆞ거리 고곰 ᄀᆞᄐᆞ니:暫伏還起如隔日瘧(野雲19). 고곰과 痢疾로 巴水ᄅᆞᆯ 먹고:瘧痢飡巴水(重杜解24:60). 고곰:瘧疾(譯解上61). 바다ᄶ 모딘 긔운으로 된 고곰이며:時氣瘴瘧(臘藥2). 모든 고곰이며:諸瘧(臘藥25).

·고공 명 고공(雇工). ☞고공이 ¶고공 드러갑 바다 어미ᄅᆞᆯ 닙피며 머규ᄃᆡ:行傭以供母(飜小9:21). 고공 ᄃᆞᆫ녀 ᄡᅧ 어미를 공양호ᄃᆡ:行傭以供母(宣小6:19). 집의 옷 밥을 언고 들 먹ᄂᆞᆫ 져 雇工아(許坱. 雇工歌).

고공이 명 고공(雇工). ☞고공 ¶고공이:傭工(同文解上14). 고공이:作活的(譯解補59). 고공이 되여 어미ᄅᆞᆯ 공양ᄒᆞ되:行傭以供母(五倫1:9). 공역 고공이(敬信73).

고굉 명 고굉(股肱). 팔과 다리. ¶天子ㅣ 그듸ᄅᆞᆯ 股肱 사ᄆᆞ시고:股ᄂᆞᆫ 다리오 肱ᄋᆞᆫ ᄇᆞᆯ히라(三綱. 忠17). 고굉을 삼고(五倫2:40).

:고:구 명 고구(故舊). 옛 친구. ¶故舊를 遺티 아니ᄒᆞ면 民이 偸티 아니ᄒᆞᄂᆞ니라:故舊不遺則民不偸(宣論2:29). 권당읫 사ᄅᆞᆷ과 故舊와 손ᄃᆞᆯᄒᆞᆯ 請ᄒᆞ야(宣小6:81). 자최ᄂᆞᆫ 朝廷ㅅ 故舊를 더러이고 ᄠᅳ든 節制의 尊ᄋᆞᆯ 븓노라(重杜解21:6). 상공이 부형의 고구ᄅᆞᆯ 만나 뉴련ᄒᆞ시ᄂᆞᆫ가(落泉2:4).

고구 명 고구(姑舅). ¶네 이 姑舅의게 난 弟兄이어니(老解上14). 친척과 고구ᄅᆞᆯ(五倫4:51).

:고·국 명 고국(故國). ¶故國에 平時예 사던 ᄧᅡᄒᆞᆯ ᄉᆞ랑ᄒᆞ논 배 이쇼라(初杜解6:8). 닐온밧 故國은 喬木이 잇다 닐옴을 닐온 줄이 아니라(宣孟2:23). 故國은 시름ᄃᆞ왼 눈섭 밧기로소니(重杜解12:37).

고규 명 고규(古規). ¶졔싱이 고규ᄅᆞᆯ 법밧디 아니ᄒᆞ고(仁祖行狀24).

고그·리 명 꼭지. ☞고고리 ¶고그리 톄:蔕(訓蒙東中本下4).

:고금 명 고금(古今). ¶ᄒᆞᄆᆞᆯ며 古今에 眞을 發ᄒᆞ니 하ᄃᆡ(楞解9:45). 고금 듀:宙(類合下37). 〔訓蒙上1 '宙'字 註에 '舟車所極覆也 又往古來今曰宙'로 기록되어 있음.〕 天上과 人間애 古今이 아ᄃᆡ 몯ᄒᆞᄂᆞ다(金三3:5). 제게 잇ᄂᆞᆫ 靈光이 古今에 비취어니(南明下65). 君子ㅣ 비록 或 古今의 變호므로 ᄡᅥ(家禮1:3).

고긔양 명 고갱이. ☞고ᄀᆡ양 ¶고긔양:木心(同文解下44). 나모 고긔양:木心(譯解補51). 고긔양:木心(柳氏物名四 木).

고·기 명 ①고기〔肉〕. ¶거즛말 마롬과 수울 고기 먹디 마롬과(釋譜6:10). 도틔 고기 사라 가라:買猪肉去(飜老上20). 고기 ᅀᅲᆨ:肉(訓蒙中21). 고기 뎡:定 熟肉(註千13). 고기:肉(譯解上50).

②물고기〔魚〕. ¶筌ᄋᆞᆫ 고기 잡ᄂᆞᆫ 대로 ᄆᆡᆼᄀᆞ론 거시라(月釋序22). 龍ᄋᆞᆫ 고ᄀᆡ 中에 위두ᄒᆞᆫ 거시니(月釋1:14). 筌ᄋᆞᆫ 고기 잡ᄂᆞᆫ 그르시오(楞解1:3). 늘그늬 머굴 盤앳 바ᄇᆞᆯ ᄂᆞᆫ화 더러 시내햇 고ᄀᆡ게 밋게 ᄒᆞ노라:盤飧老夫食分減及溪魚(初杜解10:31). 고기 어:魚(訓蒙下3. 類合上14. 石千29. 倭解下24). 고기 자블 어:漁(訓蒙中2). 고기 잡을 어:漁(倭解下38). 급ᄒᆞᆫ 것 건지기ᄅᆞᆯ 확쳘의 고기ᄀᆞᆮ치 ᄒᆞ고(敬信9).

③어육(魚肉). ¶고기ᄅᆞᆯ 도로 그르세 노티 말며:毋反魚肉(宣賜內訓1:3). 魚肉皆曰姑記(雞類).

고기깃 명 고기깃. ¶고기깃 주다:椮(柳氏物

名二 水族).
고기부레 명 고기의 부레. ☞고긔부레 ¶고기부레:鰾(柳氏物名二 水族).
고기ㅅ덩이 명 고깃덩어리. ¶고기ㅅ덩이:肉塊(同文解上59).
고기싯기 명 고기새끼. ('싯기'의 '싯'은 '삿'의 탈획(脫畫)으로 짐작됨.) ¶고기싯기곤:鯤(註千33).
고·기·뼈 명 고기 뼈. ¶고기뼈 경:鯁(類合下25).
고기알 명 물고기의 알. ¶고기알:魚米(物譜 飮食). 고기알:魚子(柳氏物名二 水族).
고·기·즙 명 고기 즙(肉汁). ☞고깃즙 ¶고기즙과 믿 포육과:肉汁及脯(宣小5:51).
고기진에 명 물고기 지느러미. ¶고기진에:奔水(同文解下41. 譯解補50).
고·기·탕 명 고기탕(肉湯). 고깃국. ¶고기탕 확:臛(訓蒙中22).
고·깃국 명 고깃국. ☞고기탕 ¶고깃국을 받드러:奉肉羹(宣小6:102).
고깃깅 명 고깃국. ¶侍婢로 고깃羹을 바다 朝服애 드위터 더러이고:使侍婢奉肉羹翻汚朝服(宣賜內訓1:17).
고·깃·빈 명 고깃배(漁船). ¶고깃빈예 잇ᄂ니라:在漁船(金三3:59).
고깃·즙 명 고기 즙(肉汁). ☞고기즙 ¶시드러 病이 일가 저프닌 어루 고깃汁과 脯肉과 젓과 고기 아니 하니로써 그 滋味를 도올디언뎡:恐成疾者可以肉汁及脯醢或肉少許助其滋味(宣賜內訓1:70). 고깃즙과 보육과:肉汁及脯(飜小7:18).
고긔 명 고개. ¶고긔 령:嶺(兒學上3).
고·긔 명 고기의. ('고기'+관형격조사 '-의') 독고기 ¶龍ᄋᆞᆫ 고긔 中에 위두ᄒᆞᆫ 거시니(月釋1:14). 고긔 비늘 ᄉᆞ론 지를 ᄀᆞᄂᆞ리 ᄀᆞ라:魚鱗燒灰細研(救簡6:2).
고·긔게 명 고기에게. 독고기 ¶시내햇 고긔게 밋게 ᄒᆞ노라:及溪魚(初杜解10:31).
고·긔부레 명 고기의 부레. ¶고긔부레를 하나 져그나:鰾不以多少(救簡6:79). 고긔부레:魚膠(救簡6:82).
고긔양 명 고갱이. ☞고긔양 ¶팟 누른 고긔양이어나 염굣 누른 고긔양이어나:葱黃心或韭黃(救簡1:42). 팟 누런 고긔양으로:葱心黃(救簡1:48). 또 天門冬을 고긔양 업게 ᄒᆞ고:又方天門冬去心(瘟疫方26). 빅샹환은 대극 블근 엄 나니를 조쥭 운믈에 달혀 므므ᄒᆞ거든 고긔양 업시 ᄒᆞ고:百祥丸大戟紅芽者漿水煮軟去骨(痘要下27).
:고·긱 명 고객(賈客). 장사치. ¶商估賈客이:賈客ᄋᆞᆫ 홍졍바지라(月釋13:7). 商估와 賈客이 또 甚히 만타니(法華2:186).
-·고·나 어미 -구나. ☞-고녀 ¶이 버다 네 콩 숢기 아디 몯ᄒᆞᄂᆞᆫ 둣ᄒᆞ고나:這火伴俗敢不會煮料(飜老上19). 됴ᄒᆞᆫ 거슬 모ᄅᆞᄂᆞᆫ 둣ᄒᆞ고나:敢不識好物麼(飜朴上73).
·고:난 명 고난(苦難). ¶功德 지ᅀᅥ 苦難애 救ᄒᆞ야 ᄲᅡ혀ᇙ 사ᄅᆞᆷ 업스며(月釋21:25).
고내다 동 (옷고름 따위) 고를 내다. ☞고 ¶고내여 ᄆᆡ다:活扣(譯解補55). 고내여 ᄆᆡ다:拴活扣(漢淸12:13).
:고·내·셔 명 골(谷)에서. ¶기픈 고내셔:幽谷(野雲51).
-고녀 어미 -는구나. -는 것이여. ☞-고나 ¶每事를 묻고녀:每事問(宣論1:24). 晏平仲은 사ᄅᆞᆷ 더블어 사괴욤ᄋᆞᆯ 잘ᄒᆞᄂᆞᆺ다 오라되 공경ᄒᆞ고녀(宣小4:40). 落葉이 말 발에 차이니이 닙닙히 秋聲이로다 風伯이 뷔 되야 다 쓸어 버리고녀(古時調. 海謠).
고념 명 고념(顧念). ¶써러진 글ᄌᆞ 보고 고념 아닛는 쟈는(敬信82).
·고:노 명 고노(苦惱). 고뇌(苦惱). ¶여러 가짓 苦惱를 受ᄒᆞ거든(月釋9:41). 苦惱ㅣ ᄌᆞ자 범그러 機緘이 잇ᄂᆞᆫ 둣ᄒᆞ야(楞解7:4). 밧긔 身心의 苦惱를 아쳐러 ᄒᆞ고(圓覺上一之二147).
고노 명 고누. (놀이의 한 가지.) ¶우물 고노:格五(物譜 博戲).
고·노·다 동 꼬느다. 꼲다. ☞꼬노다 ¶試:글지여 고노단 말이라(宣小6:14. 英小6:16). 다시 놉프며 ᄂᆞᆺ가옴을 고노와 막키디 아니ᄒᆞ며:更不考定高下(宣小6:14). 다시 놉프며 ᄂᆞᄌᆞᆷ을 고노와 뎡티 아니ᄒᆞ며(英小6:16). 형부 과거 고노매 니르어 공션싱이 응당 데이로 혬ᄒᆞ엿더니(敬信30).
고노무지 명 풍계묻이. ¶고노무지:藏鉤(物譜 博戲).
고노히 부 고뇌(苦惱)스럽게. 괴로이. ¶東의셔 꼬힐쟉시면 언디 이대도록 苦惱히 숣ᄉᆞ올가(重新語4:28).
-·고·논 어미 -고는. ☞-곤 ¶올티 몯ᄒᆞ고는 ᄒᆞ믈며(野雲50).
고단ᄒᆞ다 형 고단(孤單)하다. ¶내 만일 사ᄅᆞᆷ의게 가면 고단ᄒᆞ여 어ᄃᆡ 힘 니블고:我若適人子孑何賴(東新續三綱. 烈6:78). 군ᄉᆞ의 힘이 피폐ᄒᆞᆫ즉 쟝쉬 고단ᄒᆞ고:士力疲敝則將孤(三略上19). 공이 닐오ᄃᆡ 내 일즉 너의 고단ᄒᆞ믈 권년ᄒᆞ고(落泉1:1).
고당 명 고당(高堂). ¶高堂의 鶴髮 雙親을 더듸 늙게 ᄒᆞ쇼셔(古時調. 君山을. 槿樂). 高堂엔 사호맷 드트리로다(重杜解11:47).
고·대 부 고대. 곧. 즉시. ¶고대 아ᄅᆞ샤 눖믈로 여희시니(月印上53). 金剛杵를 자바 머리 견지니 고대 믈어디니(月印上59). 고대 어름 노ᄀᆞ며:當下氷消(金三2:1).
고대셔 부 고대. 즉시. ☞고대 ¶고대셔 싀여

덜 내 모미 내 님 두웁고 년뫼롤 거로리(樂詞. 履霜曲).

-고뎌 ㉥어미 -고자. ☞-고져 ¶눈므리 드리고뎌 ᄒᆞ노라:淚欲垂(重杜解11:28).

-고·도 ㉥어미 -아도. -어도. ☞-오도 ¶남기 높고도 불휘룰 바히면 여름을 다 빠 먹ᄂᆞ니(月印上36). 사ᄅᆞᄆᆡ 무레 사니고도 즁싱마도 몯 호이다(釋譜6:5). 하ᄂᆞᆯ히 현마 즐겁고도 福이 다아(月釋1:21).

고도리 명 ①고두리살. ¶見遮陽三鼠綠楣而走太祖呼童取弓及高刀里三候之(太祖實錄1:14). 鹿角오로 ᄆᆡᆼᄀᆞᆫ 고도리:鹿角樸頭(飜老下32). 노각 고도리:鹿角樸頭(老解下29). 고도리:樸(譯解上21). 고도리:撲頭(同文解上47). 고도리:骲頭(漢淸5:7).
②고두리뼈. 넓적다리뼈의 머리빼기. ¶고도리 박:髀(訓蒙中29. 倭解上40).

고도리 명 고등어. ☞고동어 ¶고도리:古道魚(譯解下37).

고도리전 명 고두리살. ¶以高刀里箭射中數十(太祖實錄1:10).

고도쇠 명 고두쇠. ¶고도쇠:鐗釘(譯解下17). 고도쇠:鐗釘(柳氏物名一 獸族).

고독ᄒᆞ다 형 고독(孤獨)하다. ¶의지 업슨 고독ᄒᆞᆫ 쟈롤 교양ᄒᆞ며(敬信78). ᄌᆞ가 일신의 고독ᄒᆞ믈 슬허ᄒᆞ야(落泉1:1).

고돌키 명 고들개. ☞고돌개 ¶고돌키:鞦(柳氏物名一 獸族).

고돌비 명 고들빼기. ☞고ᄎᆞᆺ바기 ¶고돌비:苦菜(柳氏物名三 草).

고돌싹이 명 고들빼기. ☞고ᄎᆞᆺ바기 ¶고돌싹이 둘오 키야(古時調. 중놈이. 海謠).

고동 명 고둥. ¶고동:海螺(同文解上49. 漢淸14:46). 고동:鳴螺(柳氏物名二 水族).

고동어 명 고등어. ☞고도리 ¶고동어:古道魚(柳氏物名二 水族).

고동잔 명 고둥 술잔. ¶술을 가져다가 고동잔의 ᄀᆞ득 브어(太平1:40).

고두 명 고두(叩頭). ¶비야ᄒᆞ로 ᄉᆞ명진실인 줄 ᄭᅢᄃᆞᆺ고 인ᄒᆞ여 분향ᄒᆞ야 고두 사례ᄒᆞ고(敬信38). 미션이 고두ᄒᆞ고 ᄭᅮ러 ᄡᅡᆼ슈로 산호편을 밧드러 드린ᄃᆡ(引鳳簫3).

고·든·갑 명 실가(實價). ¶고든갑슨 닉 량이니:老實價錢四兩(飜老下29).

고들바기 명 고들빼기. ☞고ᄎᆞᆺ바기 ¶草삽쥬 고ᄉᆞ리 들밧트로 ᄂᆞ리다라 곰달닉 물숙 게우목 ᄉᆞᆺ다지 잔다괴 쏨바괴 고들바기 두룹 키야(古時調. 둥놈이. 靑丘).

고·디 부 곧이. ¶너옷 고디 아니 듣거든 뒷東山 佛堂 알피 僧齋ᄒᆞ던 ᄶᅡ흔 보라 ᄒᆞ야놀(月釋23:74).

고·디듣·다 동 곧이듣다. ☞고디듯다 ¶舍利弗아 너희 부텻 마롤 고디드르라 거츠디 아니ᄒᆞ니라(釋譜13:47). 倭王이 고디드러 잇거늘:倭王信之(三綱. 忠30).

고디듯다 동 곧이듣다. ☞고디듣다 ¶고디듯고 니ᄅᆞᆫ 대로 ᄒᆞᆫ대(癸丑27).

고·디·시·기 부 고지식이. 정직하게. ☞고디식이 ¶내 고디시기 너ᄃᆞ려 닐오마:我老實對伱說(飜老下26). 네 고디시기 갑슬 바다라:伱老實討價錢(飜老下27). 내 고디시기 너ᄃᆞ려 닐으마:我老實對伱說(老解下24). 네 고디시기 갑슬 바드라(老解下24). 고디시기:實的(語錄15). 고디시기 잔마다 다 먹고(新語3:10).

고·디식·다 형 고지식하다. ¶淳은 고디시글 씨라(月釋14:63). 고디시그닌:實直者(法華5:166). 네 고디시근 갑슬 니르면:伱說老實價錢(飜老下22). 고디시근 갑슨:老實價錢(飜朴上32). 고디시근 갑슨 엿 량 은이라:老實價錢六兩銀子(飜朴上73). 고디식고 온공히 ᄒᆞ더시니:恂恂如也(飜小10:4).

고디식이 부 고지식이. ☞고디시기 ¶고디식이 버리고 두쟈:老實擺着下(朴解中49).

고디식ᄒᆞ다 형 고지식하다. ¶이제 고디식ᄒᆞᆫ 갑슬:如今志實的價錢(老解下10). 고디식ᄒᆞᆫ 갑슨 넉 냥이니:老實價錢四兩(老解下27). 고디식ᄒᆞᆫ 갑손:老實價錢(朴解上30). 고디식ᄒᆞ니는 덧덧이 잇고:老實常在(朴解中47). 고디식ᄒᆞᆫ 이:老實的(譯解上28).

고·ᄃᆞᆫ·말 명 곧은 말. 직언(直言). 직간(直諫). ¶ᄌᆞ조 고ᄃᆞᆫ말 ᄒᆞ요모로:以數直諫(飜小9:38). 고ᄃᆞᆫ말 악:諤(類合下25).

고ᄃᆞᆯ·개 명 고들개. ☞고돌키 ¶고ᄃᆞᆯ개:鞦(飜老下30). 고ᄃᆞᆯ개:鞦皮(飜朴上28). 고ᄃᆞᆯ개 츄:鞧(訓蒙中27). 고ᄃᆞᆯ개:鞦(老解下27. 譯解下19). 고ᄃᆞᆯ개 잡고 ᄹᅱ여오르다:奪鞦大上(漢淸4:45).

고·ᄃᆞᆯ·파 부 억지로. 애써. ¶父母ㅅ 顔色ᄋᆞᆯ 바다 손바ᄅᆞᆯ 부르게 ᄃᆞᆫ니고 안잿ᄂᆞᆫ 소니게 盤飧ᄋᆞᆯ 고ᄃᆞᆯ파 ᄒᆞᄂᆞᆺ다:承顔胝手足坐客强盤飧(初杜解21:33). 뎌른 나래 노피 누어쇼미 어려울시 衰殘ᄒᆞᆫ 나해 이 모ᄆᆞᆯ 고ᄃᆞᆯ파 ᄃᆞᆫ니노라:短景難高臥衰年强此身(初杜解7:18). 머므러셔 봆 바미 춤처 눇므리 듣거ᄂᆞᆯ 고ᄃᆞᆯ파 머므노라:留連春夜舞淚落强徘徊(初杜解15:48).

고ᄃᆞᆷ 형 곧음(直). ㉮곧다 ¶고ᄇᆞ며 고ᄃᆞᄆᆞᆯ 내 모ᄅᆞ고:曲直吾不知(重杜解2:59).

고·ᄃᆡ 부 고대. 곧. 즉시. 이제 막. ¶고ᄃᆡ 죽어 뵈야(癸丑96). 고ᄃᆡ 모라기ᄅᆞᆯ 관득디 몯ᄒᆞᄂᆞᆫ 줄만 ᄒᆞᆫ이로다(閑中錄588). 다만 고ᄃᆡ 지내고 고ᄃᆡ 니즈니(敬信37).

고ᄃᆡ머리 명 대머리. ¶고ᄃᆡ머리:癩頭 禿頭(譯解上61).

고ᄃᆡᄒᆞ다 동 고대(苦待)하다. ¶終日토록 苦

待ᄒᆞᅀᆞᆸ더니(隣語1:22).

고라 명 소라고둥. ☞골와라 ¶고라 불고 바라 티고:吹螺打鈸(朴解下42).

-·고·라 어미 -고자 하노라. -고 싶어라. -기를 바라노라. ¶咐囑ᄋᆞᆫ 말ᄊᆞᆷ 브텨 아ᄆᆞ례 ᄒᆞ고라 請ᄒᆞᆯ 씨라(釋譜6:46). 내 願을 일티 아니케 ᄒᆞ고라(月釋1:13). 네 大悲로 니ᄅᆞ고라(月釋9:9). 내ᅀᅡ 주거도 므던커니와 이 아ᄃᆞᄅᆞᆯ 사ᄅᆞ고라:我不惜死乞活此兒(三綱. 孝20 潘綜). 願ᄒᆞᆫᄃᆞᆫ ᄆᆡ해 므를 부러 金잔애 더으고라:願吹野水添金杯(初杜解15:39). ᄇᆞ란ᄃᆞᆫ 別駕ㅣ 爲ᄒᆞ야 스고라:望別駕爲書(六祖上44). 사발 잇거든 ᄒᆞ나 다고라:有椀與一箇(飜老上42). 모로매 지부로 오고라:是必家裏來(飜老上44). 講論ᄒᆞ시논 殿에 글월로 ᄆᆡᆼᄀᆞ론 帳ᄋᆞᆯ 펴고라:講殿闢書帷(重杜解3:4). 金과 玉과란 ᄇᆞ리고라:棄金玉(重杜解4:27).

고·라·니 명 고라니. ☞고란이. 고랑이 ¶고라니:麞子(四解下20 麞字註). 고라니 포:麅(訓蒙上18). 고라니:麞子(譯解下33).

고·라ᄆᆞᆯ 명 고라말. 등이 검은 빛을 띤 누런 말. ¶고라ᄆᆞᆯ:土黃馬(飜老下9. 老解下8). 뎌긔 ᄒᆞᆫ 고라ᄆᆞ리 이쇼ᄃᆡ:那裏有一箇土黃馬(飜朴上62). 뎌긔 ᄒᆞᆫ 고라ᄆᆞᆯ이 이셔:那裏有一箇土黃馬(朴解上55). 고라ᄆᆞᆯ:黃馬(譯解下28. 同文解下37). 갈기와 ᄭᅩ리 검은 고라ᄆᆞᆯ:黑鬃黃馬(漢淸14:22).

-고라쟈 어미 -게 하고 싶은 것이여. -게 하고 싶구나. ¶뎌긔 셧ᄂᆞᆫ 뎌 소나모 길ᄀᆞ의 셜 줄 엇디 져근덧 드리혀 뎌 굴헝의 셔고라쟈(古時調. 鄭澈. 松江). 世事ㅣ 삼써울이라 허틀고 ᄆᆡ쳐셰라 거귀여 드리치고 나몰래라 ᄒᆞ고라쟈(古時調. 靑丘).

고라지 명 골마지. ☞골아지 ¶고라지 ᄢᅵ다:白皮(譯解上53).

·고·락 명 고락(苦樂). ¶涅槃ᄋᆞᆯ 닷가ᅀᅡ 苦樂ᄋᆞᆯ 기리 여희리이다(釋譜11:3). 本來 苦樂이 업거늘 衆生이 能히 두르ᅘᅧ 듣디 몯고(法華7:46). 고락이 고로디 아니케(五倫4:43). 사라셔 일싱 고락을 군ᄌᆞ긔 울열고(落泉1:2).

고란이 명 고라니. ☞고라니 ¶고란이:麞(漢淸14:5). 고란이:麋(柳氏物名一 獸族).

고랑 명 고랑. ¶고랑 견:甽(訓蒙叡山本上4). 고랑 경:畎(訓蒙東中本上7).

고랑이 명 고라니. ☞고라니. 고란이 ¶고랑이:麞(物譜 毛蟲).

고래 명 고래(鯨). ☞고릐 ¶술 머구믈 긴 고래 온 냇믈 마숌ᄀᆞ티 ᄒᆞ야:飮如長鯨吸百川(初杜解15:40). 고래 경:鯨. 고래 예:鯢(訓蒙上20). 수고래 경:鯨. 암고래 예:鯢(類合上15). 고래:鯨(同文解下41). 고래:房魚(漢淸14:44).

고려 명 고려(高麗). ¶다믄 高麗ㅅ ᄯᅡ해만 ᄡᅳᄂᆞᆫ 거시오:只是高麗地面裏行的(飜老上5). 죠셔 ᄀᆡ독ᄒᆞᆫ 후에 고렷 ᄯᅡ호로 가노이다:開詔後頭高麗地面裏去麼(飜朴上8). 고려 ᄎᆞᆷ외:高麗香瓜(漢淸13:7).

-·고·려 어미 -고 싶은 것이여. -구려. ¶어듸ᅀᅡ 됴ᄒᆞᆫ ᄯᆞ리 양ᄌᆞ ᄀᆞᄌᆞ니 잇거뇨 내 아기 위ᄒᆞ야 어더 보고려(釋譜6:13). 날ᄃᆞ려 ᄀᆞᄅᆞ치고려(飜朴上13). 댱개여 네 나를 ᄆᆞᆯ 누네 치 고텨 다고려:張五你饋我醫馬骨眼(飜朴上43). 벗 지어 가고려:做火伴去(老解上7). 아희야 벽데예 손이라커든 날 나가다 ᄒᆞ고려(古時調. 鄭澈. 새원 원쥐 되여. 松江).

고려ㅅ:말·ᄉᆞᆷ 명 고려말(高麗語). ¶우리 이 高麗ㅅ말ᄉᆞ믄:我這高麗言語(飜老上5).

고려ㅅ:사·ᄅᆞᆷ 명 고려 사람. 고려인(高麗人). ¶너는 高麗ㅅ사ᄅᆞ미어시니:你是高麗人(飜老上5). 우리 高麗ㅅ사ᄅᆞᆷ이 아디 몯ᄒᆞ노니:我高麗人不識(飜老下64).

고·로 명 능(綾). (비단의 한 종류.) ¶깁과 고로와 소옴ᄃᆞᆯ 거두워 사:收買些絹子綾子綿子(飜老上13). 고뢰며 솔기며 금슈ᄅᆞᆯ ᄡᅳ디 아니ᄒᆞ며:不用綾羅錦繡(飜小9:106). 고로:綾(四解下57). 고로 릉:綾(訓蒙中30). 고로 릉:綾(類合上25). 솔기며 고뢰며 금의와 슈치ᄅᆞᆯ ᄡᅳ디 아니ᄒᆞ며:不用綾羅錦繡(宣小6:98).

고·로 부 고루. ☞골오 ¶그 지믈을 고로 ᄂᆞᆫ홀시:乃中分其財(宣小6:20). 이 술 가져다가 四海예 고로 ᄂᆞᆫ화(松江. 關東別曲). 역ᄉᆞ를 고로 ᄒᆞ야(女四解4:32). 天下ㅣ 고로 되오믈 期約지 못ᄒᆞ리어다(小兒4).

·고로 부 고(故)로. ¶故로 三桓의 子孫이 微ᄒᆞ니라(宣論4:21). 녯 사ᄅᆞᆷ이 民으로 더블어 ᄒᆞᆷᄭᅴ 樂ᄒᆞᆫ 故로 能히 樂ᄒᆞ니이다(宣孟1:5). 世예 傳ᄒᆞᄂᆞᆫ 本이모로ᄡᅥ 그런 故로(家禮1:7). 이ᄂᆞᆫ 成호ᄃᆡ 尊티 아닌 故로(家禮圖6). 그런 고로 이제 귀보ᄅᆞᆯ 몯 버ᄉᆞ니:故(桐華寺 王郞傳4). …되리라 ᄒᆞ시니 고로 셔방 아미타불이 웃듬이라(普勸文1). 지극ᄒᆞᆫ 고로(五倫1:35). ᄯᅳᆺᄅᆞᆯ 모단의게 통ᄒᆞᄂᆞᆫ 고로(三略上1). 명을 하ᄂᆞᆯ게 텽죵ᄒᆞᄂᆞᆫ지라 고로 능히 참위예(敬信7).

고로다 동 고르다. 고르게 하다. ¶아ᄎᆞᆷ나죄 자실 거ᄉᆞᆯ 고로고 뫼셔:晨夕調膳(東新續三綱. 孝1:72). 연지ᄅᆞᆯ 고로다가 ᄆᆞᆺ디 못ᄒᆞ야셔:匀鉛黃未竟(太平1:22). 남의 분묘ᄅᆞᆯ 파고로고 부억을 민들고 분묘의 나모ᄅᆞᆯ 쟉벌치 말면(敬信72).

고로다 형 고르다. ☞고ᄅᆞ다 ¶치우며 더위 고로디 못ᄒᆞ여 사ᄅᆞᆷ이 이 병 ᄒᆞ리 만하:和

(辟新1). 곳 고기알ᄀᆞ티 고로고 깃깃ᄒᆞ거니와:便是魚子兒也似勻淨的(老解下56). 고롤 화:和(倭解上23). ᄎᆞ마 ᄒᆞᆫ 어믜 소ᄉᆡᆼ으로 고락이 고로디 아니케 ᄒᆞ리오:均(五倫4:43). 고롤 균:鈞(註千39).

고로래 명 소라. ☞골오래. 골와라 ¶고로래라:螺(類合上14).

고로로 부 골고루. ☞골오로 ¶히여곰 고로로 닉게 ᄒᆞ고:使之和熟(家禮1:43). 녀노ᄒᆞᆫ 과부ᄅᆞᆯ 또ᄒᆞᆫ 여러 등의 논화 ᄉᆞ믈ᄒᆞ샤 고로로 은뎐을 닙긔 ᄒᆞ시니(仁祖行狀30). 嫡庶ᄅᆞᆯ 논호디 아니ᄒᆞ고 고로로 ᄉᆞ랑ᄒᆞ미(女四解4:41). 고로로:均匀(同文解下27). 고로로 ᄒᆞ다:均匀(漢淸6:47). 고로로 평안케 ᄒᆞ야(三略下7).

·고·로옴 형 괴로움. ㉮고롭다 ¶아비 그 ᄆᆞᆰ고 고로오믈 긔특이 녀겨:父奇其淸苦(宣小6:54). 아비 그 淸렴ᄒᆞ고 고로옴을 긔특이 녀긴 고로:父奇其淸苦故(重內訓2:109).

고·로외·다 형 괴롭다. ¶가난코 賤호매 여희유미 가ᄉᆡ야 苦로왼 ᄃᆞᆯ 아노니:乃知貧賤別更苦(初杜解8:32). 奏ᄒᆞᄂᆞᆫ 소리 苦로외니 드르리 피눉므를 오새 저지놋다:奏苦血沾衣(初杜解16:51). ᄒᆞᆫ ᄀᆞᅀᆞᆳᄒᆞᆯ 댱샹 비 苦로외더니:一秋常苦雨(初杜解23:7). 因緣ᄋᆞᆫ 苦로외야(南明下33). 苦로왼 알포ᄆᆞᆯ 受호ᄃᆡ(觀經3).

고로·이 부 고(苦)로이. 괴로이. ¶슬프다 너희 이젯 사ᄅᆞᄆᆞᆫ 苦로이 제 소가 니마ᄒᆞᆯ 다딜어 허루ᄃᆡ:嗟你今人苦自欺撞破額頭(南明上50). 세 큰 劫에 苦로이 ᄒᆞ뇨ᄆᆞᆫ(南明下2). 곧 ᄆᆞᅀᆞ매 厄ᄒᆞ며 苦로이 ᄒᆞ노니:直爲心厄苦(初杜解8:35). 苦로이 鍛錬ᄒᆞᄆᆞᆯ(金三4:4). 모ᄆᆞᆯ 법대로 호믈 ᄆᆞᆰ고 고로이 ᄒᆞ더라:律己淸苦(東新續三綱. 孝6:26). 嘗膽ᄋᆞᆫ ᄆᆞᄋᆞᄆᆞᆯ 苦로이 ᄒᆞᆯ 시라(重杜解3:5). ᄆᆞᅀᆞᆷ ᄡᅳ믈 苦로이 ᄒᆞ놋다:用心苦(重杜解9:9). 안고 노치 아니ᄒᆞ니 명치 고로이 넉여 오술 ᄯᅥᆯ치고 가니라(山城133). 평ᄉᆡᆼ에 고로이 학문ᄒᆞ다가도(敬信25).

고:로ᄒᆞ·다 동 고로(孤露)하다. 외롭게 나타나다. ¶한 劫에 孤露호니:孤ᄂᆞᆫ 외ᄅᆞ욀 씨오 露ᄂᆞᆫ 나타날 씨라(楞解5:29).

·고·롬 명 고름. ☞고름 ¶能히 고로미 ᄃᆞ외며:能爲膿(楞解8:99). 얼읜 고로ᄆᆞᆯ:淤膿(法華6:154). 내 더러우며 고롬 흘러:臭穢膿流(圓覺上二之二25). ᄀᆞ래춤과 곳믈와 고롬과:唾涕膿(圓覺上二之二27). 고롬:膿水(訓蒙上30 膿字註). 헤여뎌 고롬이 나고:潰裂膿出(辟新11). 약을 ᄇᆞᆯ나 고롬을 만히 내ᄋᆞᆸ소(隣語4:5). 대변의 고롬 ᄀᆞᄐᆞᆫ 것 나믈 고티고:便膿又治(臘藥10).

고롬 명 고름. 옷고름. ☞골홈 ¶고롬 반:襻(倭解上46).

·고롬·피 명 고름피. 피고름. ¶모긔셔 고롬피 나면 즉재 됴ᄒᆞ리라:喉中膿血出立效(救簡2:69).

·고롭·다 형 고(苦)롭다. 괴롭다. ¶잇브고 고로운 줄을 아디 몯ᄒᆞ시게 ᄒᆞᆯ디니(宣小5:37). 여러 가짓 고롭고 셜움을 받ᄂᆞ니라 ᄒᆞᄂᆞ니:受諸苦楚(宣小5:55). 그 ᄆᆞᆰ고 고로오믈 긔특이 녀겨:奇其淸苦(宣小6:54). 브즈런코 고로옴ᄋᆞᆯ 돕게 ᄒᆞ더라:資勤苦(宣小6:99). 평ᄉᆡᆼ애 고로온 절을 사ᄅᆞᆷ이 밋디 몯ᄒᆞᆯ러라:平生苦節人不可及(東新續三綱. 忠1:36). 비록 ᄀᆞᆺ바 고로온 ᄃᆞᆺᄒᆞ나:雖似勞苦(警民11). 엇디 더리 고롭과 ᄒᆞᄂᆞᆫ다(女範3. 뎡녀 조문슉쳐).

고루 명 고루(鼓樓). ¶鼓樓 앏히 니ᄅᆞ러 東을 향ᄒᆞ여(朴解下48). 鼓樓 앏 東편에셔 사노라(捷蒙3:2).

고루ᄒᆞ다 형 고루(固陋)하다. ¶학문이 자못 넉넉ᄒᆞᆯ지라도 샹에 엿고 고루ᄒᆞᆫ ᄉᆡᆼ각을 ᄒᆞ야(敬信32).

고르다 형 고르다. ☞고로다. 고ᄅᆞ다 ¶고를 균:均(倭解下37).

고름 명 고름〔膿〕. ☞고롬 ¶누르며 블그며 고름과 피 누ᄂᆞᆫ ᄃᆡ(痘要下65).

·고·리 명 고리. 고리짝. ☞고리ᄡᅡᆨ ¶고리:⿱竹考筄 屈柳爲器(四解下18 ⿱竹考字註). 고리:⿱竹考筄柳器(四解下23 筄字註). 고리 고:⿱竹考. 고리 로:筄(訓蒙中13). 고리 광즈리도 만흔쟈(癸丑41). 고리:栲栳(物譜 筐筥).

고리드레 명 용두레. 〔농구(農具)의 한 가지.〕 ¶고리드레:戽斗(物譜 耕農).

고리ᄡᅡᆨ 명 고리짝. 고리. ☞고리 ¶고리ᄡᅡᆨ:籮(兒學上1).

고림증 명 늘 앓는 증세. ¶우리의 아기ᄯᆞᆯ이 고림症 비아리와(古時調. 재 너머. 靑丘).

고립ᄒᆞ다 동 고립(雇立)하다. ¶사ᄅᆞᆷ을 고립거나 혹 승도ᄅᆞᆯ 공급ᄒᆞ여 글씨 쓴 죠희ᄅᆞᆯ 주으며(敬信79).

고ᄅᆞ·다 동 고르다. 고르게 하다. ☞고로다 ¶羹을 고ᄅᆞ거늘:絮羹(宣賜內訓3:33).

고ᄅᆞ·다 형 고르다〔調〕. ☞고로다. 고르다 ¶ᄒᆞ나ᄒᆞᆯ 바ᄃᆞ면 네 ᄆᆞᅀᆞᆷ이 고ᄅᆞ디 몯ᄒᆞ리(月印上32). 情想이 골아 ᄌᆞᆫᄒᆞ면:情想均等(楞解8:74). 定慧 ᄒᆞ마 고ᄅᆞ면:定慧旣均(永嘉上10). 息이 고ᄅᆞ며 ᄆᆞᅀᆞ미 조호ᄆᆞᆯ 브틀시:息調心淨故(圓覺下三之二51). 섯거 디허 고ᄅᆞ게 ᄒᆞ야:和搗令勻(救簡6:23). 고ᄅᆞ고 正히 ᄒᆞ며:楷正(宣賜內訓1:26). 여러 가짓 役事ᄂᆞᆫ 고ᄅᆞ게 ᄒᆞᆯ디니라:萬役但平均(初杜解23:12). ᄇᆞᄅᆞᆷ도 고ᄅᆞ며:風調(飜朴上1). 고ᄅᆞᆯ 됴:調(光千2). 고ᄅᆞᆯ 화:和. 고ᄅᆞᆯ 목:睦(光千14). 고ᄅᆞᆯ 화:和(類合下49).

고ᄅᆞᆯ 균:均(類合下60. 倭解下37). 고ᄅᆞᆯ 됴:調(類合下60. 石千2). 律은 소리ᄅᆞᆯ 고ᄅᆞ게 ᄒᆞᄂᆞᆫ 거시니:律和聲(宣小1:10).

:고ᄅᆞ외·다 형 괴롭다. ☞고ᄅᆞᆸ다 ¶쟝ᄎᆞ 苦ᄅᆞ왼 ᄞᅵ가닐 더러:將除苦盲(法華3:100). 苦ᄅᆞ왼 曲調앳 뎌ᄅᆞ며 긴 이푸미로다:苦調短長吟(初杜解14:15). 어딘 畫工ᄋᆡ ᄆᆞᅀᆞ미 ᄒᆞ올로 苦ᄅᆞ왼 고ᄃᆞᆯ ᄯᅩ 알와라(初杜解16:32). 겨지븨 우루믄 ᄒᆞᆫ골ᄋᆞ티 ᄌᆞ모 苦ᄅᆞ외도다:婦啼一何苦(重杜解4:8).

고ᄅᆞ왼 형 괴로운. ㉠고ᄅᆞ외다 ¶苦ᄅᆞ왼 말ᄉᆞᄆᆞᆯ 베프노라:陳苦詞(重杜解2:55).

:고ᄅᆞ·이 부 괴로이. ¶苦ᄅᆞ이 닐오ᄃᆡ:苦言(法華2:242). 三塗애 苦ᄅᆞ이 그우루미:三塗苦輪(永嘉下74). ᄆᆞᅀᆞᆷ ᄡᅮᆷ 苦ᄅᆞ이 호ᄆᆞᆯ:苦用心(初杜解16:14).

:고ᄅᆞᆫ 동 곪은. 썩은. ㉠골다 ¶오ᄋᆞᆫ 모미 고ᄅᆞᆫ 더러ᄫᅳᆫ 내 나거늘(釋譜24:50).

:고ᄅᆞᆸ·다 형 괴롭다. ☞괴롭다 ¶苦ᄅᆞᆸ도 苦ᄅᆞᄫᅵ써(釋譜24:15).

고ᄅᆡ 명 고래. 방고래. ¶고ᄅᆡ에 덕진 그으름:炕洞烟釉(漢淸10:52). 繮炕同訓 고ᄅᆡ(雅言一 薑讓).

고ᄅᆡ 명 고래. ☞고래 ¶고ᄅᆡ 경:鯨(倭解下25). 고ᄅᆡ:鯨(柳氏物名二 水族). 고ᄅᆡ 경:鱷(兒學上7). 긴 고ᄅᆡ 잠감 만나 白日昇天ᄒᆞ랴ᄂᆞᆫ가(萬言詞).

고ᄅᆡ실 명 고래실. 바닥이 깊숙하고 물길이 좋아 기름진 논. ¶잔솔 밧 언덕 아ᄅᆡ 굴죽 갓튼 고ᄅᆡ실을(古時調. 靑丘).

고·마 명 첩(妾). ¶臣下와 고마ᄅᆞᆯ ᄇᆞ리고 머리 가ᄶᅡ 法服올 니브리도 보며(釋譜13:20). 겨지비 보고 어버ᅀᅴ게 請호ᄃᆡ ᄂᆞᄆᆡ 겨집 ᄃᆞ외노니 출히 뎌 고마 ᄃᆞ외아지라 ᄒᆞ리 열히로ᄃᆡ 마디 아니터니(法華2:28). 아ᄃᆞ러 두 고마ᄅᆞᆯ:子有二妾(宣賜內訓1:55). 고마ᄋᆡ 나혼 子息을 네 이대 길어:前妾所生子汝善保護之(三綱. 烈26). 고마 쳡:妾(訓蒙上31). 고마:小娘子(譯解上27). ᄃᆞ려 잇ᄂᆞᆫ 고매 數百 사ᄅᆞᄆᆞᆯ:侍妾數百人(重內訓3:51).

:고·마 명 공경(恭敬). ☞고마ᄒᆞ다 ¶고마 경:敬(類合下1). 고마 건:虔(類合下3). 고마 흠:欽(類合下9).

고·마ᄂᆞᄅᆞ 명 곰나루. 웅진(熊津). 〔지명(地名)〕 ¶고마ᄂᆞᄅᆞ:熊津(龍歌3:15).

고마이 부 고맙게. 감사히. ¶고마이 너기오셔(癸丑43).

:고·마·ᄒᆞ·다 동 높이다. 공경하다. ☞고마 ¶부톄 마조 나아 마ᄌᆞ샤 서르 고마ᄒᆞ야 드르샤(釋譜6:12). 그 고마ᄒᆞ시던 바ᄅᆞᆯ 恭敬ᄒᆞ며:敬其所尊(宣賜內訓1:42). 고마ᄒᆞᆯ 지:祇(類合下23). 그 고마ᄒᆞ야 례도홈을 봄이:其見敬禮(宣小6:38).

고막 명 고막. 안다미조개. ☞고막죠개 ¶고막:魁蛤 如棗栗小蛤(柳氏物名二 水族).

고막죠개 명 고막. 안다미조개. ☞고막 ¶고막죠개:蚶(物譜 介蟲).

·고·맙·다 형 ①존(尊)하다. 존귀하다. ¶고마온 이리 잇디 아니커든 조널이 메왯디 말며:不有敬事不敢袒裼(宣賜內訓1:50). 禮記예 ᄀᆞᆯ오ᄃᆡ 君子의 모양은 ᄌᆞ녹ᄌᆞ녹ᄒᆞ니 고마온 바를 보고 공경ᄒᆞ야 조심ᄒᆞᄂᆞ니라:禮記曰君子之容舒遲見所尊者齊遬(明小3:10. 宣小3:11). 상복ᄒᆞ니를 式(술위 앏히 ᄀᆞ론 남글 고마온 일 잇거든 굽어 딥픔이라)ᄒᆞ시며 호젹진 이를 式ᄒᆞ더시다:凶服者式之式負版者(宣小3:16).

②고맙다. ¶고마와 ᄒᆞ시도록 말을 음흉이 ᄒᆞ니(閑中錄202). 참괴 고맙단 말(敬信76).

·고머·근·놈 명 코머거리. ¶고머근놈:齆鼻子(四解上5 齆字註).

·고먹·다 동 코 먹다. ¶고머근놈:齆鼻字(四解上5 齆字註). 고머글 옹:齆(訓蒙上30).

고명 명 고명. ☞고믈 ¶고명을 믿ᄃᆞ라:作料(老解上19). 고명:作料(漢淸12:40).

고명·ᄒᆞ·다 형 고명(高明)하다. 식견(識見)이 높고 사리에 밝다. ¶博厚ᄒᆞ면 高明ᄒᆞᄂᆞ니라(宣中38).

고모 명 괴로움. ¶ᄯᅩ 니 사ᄅᆞᆷ이 주거 영혼니 극낙 세계예 나면 틸보 모새 년화 고ᄎᆞ로 사ᄅᆞᆷ이 되여 나셔 젓도 먹지 아니ᄒᆞ고 절노 크고 한 고모 업고 즐거오믄 만만ᄒᆞ고(普勸文 海印板4). 즉시 부톄 되면 살며 주그며 병들며 ᄒᆞᄂᆞᆫ 고모도 다 면ᄒᆞ고(普勸文 海印板6). 내 ᄇᆡᆨ셩의 님금이 되여시ᄃᆡ 나셔 늘그며 병 드러 죽는 고모ᄅᆞᆯ 면치 못ᄒᆞ고(新編普勸 海印板13).

고모 명 고모(姑母). ¶고모:姑(漢淸5:40). 두 형과 고모와(五倫4:34).

고모도적 명 좀도둑. 절도(竊盜). ¶고모도적:竊盜(同文解下30. 漢淸7:59). 이놈들은 그저 이 고모도적이니:這廝們只是小毛賊(朴新解2:40).

고모부 명 고모부(姑母夫). ☞고모 ¶고모부:姑夫(漢淸5:40).

고모장지 명 고미장지. ☞고모장ᄌᆞ ¶고모장지 세살장지 들장지 열장지(古時調. 窓 내고쟈. 靑丘).

고모장ᄌᆞ 명 고미장지. ☞고모장지 ¶고모장ᄌᆞ 세살장ᄌᆞ 가로다지 여다지예(古時調. 한숨아. 靑丘). 고모장ᄌᆞ:槅扇(漢淸9:28).

고:묘ᄒᆞ다 형 고묘(高妙)하다. ¶其曲이 高妙ᄒᆞ야 和者ㅣ 寡ᄒᆞ니(初杜解6:6).

고무 명 고무(鼓舞). ¶고무 움작이고 우즐

겨 즐거온 거동(敬信37).

고무ᄒᆞ다 동 고무(鼓舞)하다. ¶ᄒᆞᆫ 가지 션ᄉᆞ 볼 ᄢᅢ에 고무홈을 견ᄃᆡ지 못ᄒᆞ나(敬信37).

고물 명 고물. ¶고물 축:舳(兒學上10).

고믈 명 고물. ¶빗고믈:舡稍(譯解下21).

고믈 명 고명. ¶탕슈고믈:細料物(朴解上7).

고믈젓다 형 고명쩍다. 고명이 맛깔지게 얹혀 있다. ¶朝鮮 ᄯᅥᆨ과 고믈저은 안쥬의 珍味를 ᄉᆡᆼ각ᄒᆞ매 인ᄉᆞ당도 아므 것도 ᄉᆞᆲ디 아니ᄒᆞ오니(新語9:8).

고미레 명 고무래. ☞고미러 ¶고미레:推扒(漢淸11:40). 고미레:扒(物譜 耕農).

고미러 명 고무래. ☞고미레 ¶古尾乃:고미러 使之準平穀物者也(行吏).

·고믿 명 코밑. ¶고믿 니르리 몯 ᄀᆞ초아셔 자며(釋譜3:p.100).

고ᄆᆞᆯ 명 구(區). ¶고ᄆᆞᆯ 구:區(類合上14).

·고·ᄆᆞᆯ 명 고물. 선미(船尾). ¶빗고ᄆᆞᆯ 쵸:艄. 빗고ᄆᆞᆯ 튝:舳(訓蒙中26).

:고ᄆᆡ열 명 곰의 쓸개. 웅담(熊膽). ¶고ᄆᆡ열 콩낫만ᄒᆞ니ᄅᆞᆯ ᄀᆞᄂᆞ리 가라 ᄃᆞᄉᆞᆫ 므레 프러 머그면 즉재 됴ᄒᆞ리라:熊膽如大豆許細硏以溫水和服之立差(救簡2:38). 고ᄆᆡ열:熊膽(救簡3:38).

·고방 명 고방(庫房). 광. ☞고ᄉᆞ방 ¶이ᄂᆞᆫ 몸채라 이ᄂᆞᆫ 翼廊이라 이ᄂᆞᆫ 庫房이라 ᄒᆞ고(釋譜24:7). 고방의 가 잡일 보고 의혹 내디 말롤디니라:不得詣庫房見聞雜事自生疑惑(誡初11). ※고방>고왕>광

·고버·히·다 동 코 베다. 형벌의 한 가지로 코를 베다. ☞고. 버히다 ¶고버힐 의:劓 截鼻之刑(訓蒙下29).

고·봄 명 고금. 학질(瘧疾). ☞고곰 ¶나ᄅᆞᆯ 隔ᄒᆞᆫ 고봄 ᄀᆞᆮ도소이다:猶隔日瘧(楞解5:2). 세 ᄒᆡᄅᆞᆯ 오히려 고봀 病을 ᄒᆞ니:三年猶瘧疾(初杜解20:37). 고봄과 痢疾로 巴水ᄅᆞᆯ 먹고:瘧痢飡巴水(初杜解24:60). 고봄 히:痎. 고봄 학:瘧. 고봄 졈:痁(訓蒙中34). 〔宋錫夏本, 方鍾鉉本, 李仁榮本에는 석 자가 다 '고봄'. 李秉岐本에는 석 자 가운데서 '瘧'은 '고곰'으로 되어 있음. (東方學志 第一輯 參照).〕

고봉 명 고봉(孤峯). ¶孤峯ᄋᆡ ᄒᆞ오ᅀᅡ 자며 樹下애 이대 이셔(永嘉下109).

고붓지다 형 강렬(强烈)하다. ¶고붓지게 ᄭᅳᆯ타:翻滾(漢淸12:55).

고비 명 고비. 편지꽂이. ¶고비:書襻(四解上77 襻字註). 고비:書机(譯解上19).

고비 명 고비. ¶고비:薇(柳氏物名三 草).

·고:비 명 고비(考妣). ¶百姓ᄋᆞᆫ 考妣ᄅᆞᆯ 喪홈ᄀᆞ티 ᄒᆞ욤을(宣孟9:14). 만일 考妣ᄅᆞᆯ 홈ᄭᅴ 祔ᄒᆞᆫ則(家禮9:12).

고·비 부 간곡(懇曲)히. ¶私情에 고비 마초아:曲會私情(永嘉下73).

고본자 명 곱자. 곡척(曲尺). ¶고본자 구:矩(類合上28. 光千41).

고볼 명 고리짝. ☞골 ¶匱曰枯孛(鷄類).

고·ᄫᅵ 명 굽이. ☞구븨. 구비 ¶ᄆᆞᆯᄀᆞᆫ ᄀᆞᄅᆞᇝ ᄒᆞᆫ 고ᄫᅵ ᄆᆞᅀᆞᆯᄒᆞᆯ 아나 흐르ᄂᆞ니:淸江一曲抱村流(初杜解7:3). 녀름짓ᄂᆞᆫ 지븐 ᄆᆞᆯᄀᆞᆫ ᄀᆞᄅᆞᇝ 고ᄫᅵ오:田舍淸江曲(初杜解7:4). 九皐ᄂᆞᆫ 아홉 고ᄫᅵ옛 모시니 鶴ᄋᆡ 앉ᄂᆞᆫ ᄃᆡ라(金三2:61). 네 繡 ᄠᅳᆫ 거시 고비ᄃᆞᆯ히 올마 잇ᄂᆞ니:舊繡移曲折(重杜解1:5).

고ᄇᆡ 명 골짜기. ¶陵寢은 뷘 고ᄇᆡ예 서리여시니:陵寢盤空谷(重杜解6:25).

고ᄇᆡ얌의경자 명 고삼(苦蔘). 쓴너삼. ¶고ᄇᆡ얌의경자:苦參(柳氏物名三 草).

:고봄 형 고움. ㉮곱다 ¶내 겨지븨 고ᄫᆞ미 사ᄅᆞᆷ 中에도 ᄠᅡᆨ 업스니(月釋7:11). 네 겨지븨 고ᄫᆞ미 天女와 엇더ᄒᆞ더뇨(月釋7:12). ※고봄>고움

:고·ᄫᅵ 부 고이. 곱게. ☞고이 ¶각시 ᄭᅬ노라 ᄂᆞᆾ 고ᄫᅵ 빗여 드라(月印上18). 곳 ᄀᆞᆮᄒᆞ야 고ᄫᅵ 너기면 당다이 제 모미 더러ᄫᅳ며(月釋7:18). ※고ᄫᅵ>고이

:고·ᄫᆞᆫ 형 고운. ㉮곱다 ¶婆羅門이 그 말 듣고 고ᄫᆞᆫ ᄯᆞᆯ 얻니노라 ᄒᆞ야(釋譜6:14). ※고ᄫᆞᆫ>고온>고운

고ᄉᆞ방 명 고방(庫房). 광. ☞고방 ¶고ᄉᆞ방:庫房(漢淸9:68).

고ᄉᆞ집 명 곳집. ¶고ᄉᆞ집:倉房(漢淸9:68).

고사 명 고사(告祀). ¶滿江 船子들은 북 티며 告祀ᄒᆞᆫ다(古時調. 江村에. 花源).

-고사 어미 -고야. ¶네 키 능히 耈를 羞ᄒᆞ고사:爾大克羞耈惟君(書解4:3).

고사리 명 고사리. ☞고사리치 ¶힌 곳갈 스고 靑雲ㅅ 그테 고사리 키요ᄆᆞᆯ 반ᄃᆞ기 思念ᄒᆞ라:當念著白帽採薇靑雲端(初杜解22:57). 고사리:蕨 拳頭菜(四解下9). 고사리 궐:蕨. 고사리 별:虌(訓蒙上14). 고사리 궐:蕨(類合上11. 倭解下50). 고사리:拳頭菜(譯解下11).

고사리치 명 고사리. ☞고사리 ¶고사리치:拳頭菜(朴解中34).

고사문 명 대궐(大闕)의 문. ¶固麻:百濟稱都城今俗稱闕門曰 고사문 盖固麻之註也(才物譜一 地譜).

고삭고비 명 종이 고비. ¶고삭고비:紙窩子(譯解上19).

고살 명 고살(故殺). ¶경됴로ᄡᅥ 헤아리면 고살의셔 비ᄒᆞᆫ지라(敬信19).

고상 명 고생. ¶디옥게 드러 고상을 슈ᄒᆞ고:入地獄而受大苦(普勸文11). 닉 고상 ᄒᆞᆫ히 홈은 남의 고상 십 년이라(萬言詞).

고새눈거미 명 늦벼의 한 품종. ¶高沙伊眼

檢伊:고새눈거미(衿陽).

고새사노리 명 늦벼의 한 품종. ¶高沙伊沙老里:고새사노리(衿陽).

-·고·셔 어미 -고서. ¶이ᄂᆞᆫ 오직 心意識中엣 本元由處ᄅᆞᆯ 得고셔 그 本性이 恒常 ᄒᆞᆯ ᄊᆡ(楞解10:14). 이에 나ᄆᆞᆯ 아디 몯고셔 佛道애 허믈 닐위여(法華3:180). 문 닫고셔 오직 닐오ᄃᆡ(南明下12).

고셕ᄒᆞ다 동 고석(顧惜)하다. ¶임의 능히 ᄌᆞ지ᄅᆞᆯ 고셕ᄒᆞ엿거니 엇지 가만ᄒᆞᆫ 갑ᄒᆞ미 업ᄉᆞ리오(敬信25).

고셩 명 고성(高聲). ¶ᄉᆞᆫ지 高聲으로 닐오ᄃᆡ(釋譜19:31).

고셩ᄒᆞ다 동 고성(高聲)하다. 크게 소리지르다. ¶고셩ᄒᆞ여 도적을 ᄭᅮ지즈니:高聲罵賊(東新續三綱. 烈4:29). 고셩ᄒᆞ여 브르다:高聲叫喚(漢淸7:18).

고소다 형 고소하다. 향기롭다. ☞고ᄉᆞ다 ¶고소다:香(譯解上53. 同文解上61). 고소다:香(漢淸12:58).

고솜도치 명 고슴도치. ☞고솜돋. 고솜돝 ¶고솜도치:刺蝟(漢淸14:8).

고·솜도:티 명 고슴도치가. 독고솜돝☞고솜돋. 고솜돗 ¶고솜도티 쥐굼긔 드로미니라:蝟入鼠宮(修行章19).

고솜도틔 명 고슴도치의. 독고솜돝 ¶고솜도틔 가출:猬皮(救急下66).

고·솜돋 명 고슴도치. ☞고솜도치. 고솜돗. 고솜돝 ¶쇼와 ᄆᆞᆯ왜 터리 치워 움치혀 고솜돋 ᄀᆞᆮ더니라:牛馬毛寒縮如蝟(初杜解10:40). 고솜돋 위:蝟(訓蒙上19).

고솜돗 명 고슴도치. ☞고솜돋. 고솜돝. 고슴돗 ¶고솜돗:刺蝟(譯解下32. 同文解下39). 고솜돗:蝟鼠(柳氏物名一 獸族).

고·솜돝 명 고슴도치. ☞고솜도치. 고솜돋. 고솜돗 ¶머리터럭과 고솜도틔 가출 ᄀᆞᆮ게 ᄂᆞᆫ호아:頭髮猬皮各等分(救急下66). 고솜도틔 갓 ᄒᆞᆫ 나출:蝟皮一枚(救簡2:98). 고솜도티 쥐굼긔 드로미니라:蝟入鼠宮(修行章19). ᄒᆞᆫ 고대 니ᄅᆞ러 고솜도티 ᄃᆞᆮ거ᄂᆞᆯ:至一處有蝟前走(東新續三綱. 孝6:79).

고쇠 명 갈고리. ¶고쇠:鉛(柳氏物名五 金).

·고:수 명 고수(瞽瞍). 소경. ¶밍ᄌᆞ 니ᄅᆞ샨 瞽瞍ㅣ 깃거호매(飜小7:4).

고슈 명 고수(高壽). ¶내 임의 텬당의 오로고 여뫼 ᄯᅩᄒᆞᆫ 고슈ᄅᆞᆯ 누리며(敬信41).

고슈 명 고수(枯樹). 고목(枯木). ¶枯樹에 여름 열며(月印上46).

고슈ᄒᆞ다 동 고수(固守)하다. ¶녯 어딘 사ᄅᆞᄆᆞᆫ 職分을 固守호ᄆᆞᆯ 重히 너기고:前賢重守分(重杜解25:38).

고스레 명 고수레. ¶고스레 고스레 事望 일게 ᄒᆞ오쇼셔(古時調. 물 우흿. 海謠).

고슴돗 명 고슴도치. ☞고솜돋. 고솜돗. 고솜돝 ¶고슴돗:蝟(物譜 毛蟲).

고숭 명 고승(高僧). ¶高僧 七百에 오직 負舂居士ㅣ ᄒᆞᆫ 偈예 오ᄉᆞᆯ 傳ᄒᆞ야(六祖序4).

고싀 명 고수풀. ☞고시 ¶고싀:胡荽 今俗呼芫荽(四解上51 荽字註). 고싀:園荽(朴解中33). 고싀:芫荽(譯解下10). ᄎᆞᆷ죠개와 고싀와 마ᄂᆞᆯ과:蛤胡荽大蒜(臘藥1). ᄎᆞᆷ죠개와 고싀와 쳥어젓과:蛤胡荽青魚鮓(臘藥27).

-고시라 어미 -시라. -십시오. 〔원망(願望)의 뜻을 아울러 가진 존칭 명령형(尊稱命令形).〕 ¶어느이다 노코시라 어긔야 내 가논 ᄃᆡ 점그ᄅᆞᆯ셰라(樂範. 井邑詞). 혀고시라 밀오시라 鄭少年하(樂詞. 翰林別曲).

고식ᄒᆞ다 형 고식(姑息)하다. ¶細小ᄒᆞᆫ 사ᄅᆞ미 姑息호ᄆᆞᆯ 崇尙ᄒᆞᄂᆞ니 그듸ᄂᆞᆫ ᄂᆞᆺ비치 더옥 삼가놋다(重杜解19:41).

-고신뎌 어미 -고 있는 것이여. -고 있는가. ¶므슴다 錄事니ᄆᆞᆫ 녯 나ᄅᆞᆯ 닛고신뎌 아으 動動다리(樂範. 動動).

-고신뎐 어미 -건대. -니까. ¶雙花店에 雙花 사라 가고신뎐(樂詞. 雙花店). 三藏寺애 블 혀라 가고신뎐(樂詞. 雙花店).

고심 명 고심(苦心). ¶셰손만 보젼ᄒᆞ랴 ᄒᆞ시ᄂᆞᆫ 고심이신ᄃᆡ(閑中錄226). 종샤ᄅᆞᆯ 위ᄒᆞᆫ 고심을 톄렴ᄒᆞ야 그 삭이ᄃᆞᆺ ᄒᆞ며(綸音23).

:고:ᄉᆞ 명 고사(故事). ¶兩漢故事애 엇더ᄒᆞ니잇고:兩漢故事果何如其(龍歌28章). 됴애 뎐ᄒᆞ야 닐오ᄃᆡ 대평 고ᄉᆞᄅᆞᆯ 오ᄂᆞᆯ 다시 보오라 ᄒᆞ더라(仁祖行狀16).

고ᄉᆞ·다 형 고소하다. 향기롭다. ☞고소다. 옷고ᄉᆞ다 ¶고ᄉᆞᆫ 수리 ᄢᅮᆯᄀᆞ티 ᄃᆞ닐 노티 아니호리라:不放香醪如蜜甜(初杜解10:9). ᄎᆞᆷᄥᅢᄅᆞᆯ 고ᄉᆞ게 봇가:熬胡麻令香(救簡2:42). ᄡᅳᆫ 우웡 ᄡᅵ 죠히 ᄭᆞᆯ오 봇가 고ᄉᆞ니 ᄒᆞᆫ 량과:惡實隔紙炒香一兩(救簡2:67).

고·ᄉᆞ미·다 동 타다. ¶ᄆᆞᄅᆞᆯ 辱ᄒᆞ면 ᄆᆞᆯ 터리 고ᄉᆞ미오 고기ᄅᆞᆯ 困히오면 고기 神異호미 잇ᄂᆞ니라:辱馬馬毛焦困魚魚有神(初杜解25:14).

고ᄉᆞᄒᆞ다 동 고사(固辭)하다. ¶엇지 일비박쥬ᄅᆞᆯ 이러틋 고ᄉᆞᄒᆞ시ᄂᆞ뇨(落泉1:2).

고ᄉᆞᆫ 형 고소한. 향기로운. ㉮고ᄉᆞ다 ¶고ᄉᆞᆫ 수리 ᄢᅮᆯᄀᆞ티 ᄃᆞ닐 노티 아니호리라:不放香醪如蜜甜(初杜解10:9).

고ᄉᆞᆷ 명 고삼(苦蔘). 쓴너삼. ¶中惡ᄒᆞ야 가ᄉᆞᆷ 알ᄂᆞ닐 고툐ᄃᆡ 苦參 석 兩ᄋᆞᆯ 사ᄒᆞ라(救急上30). 苦蔘 두 량(瘟疫方22). 샹해 긔결ᄒᆞ야 苦參과 黃連과 熊膽을 ᄀᆞ라:常命粉苦參黃連熊膽(宣小6:99).

고시 명 고수풀. ☞고싀 ¶고시 원:芫. 고시 슈:荽(訓蒙上13). 고시:胡荽(東醫 湯液二 菜部). 고시:蒝荽(物譜 菜蔬).

고싱 명 고생(苦生). ¶절도 고싱 ᄒᆞ려던지(萬言詞). 잇ᄢᅴ 고싱 아니 보리(萬言詞).

-·고·사 어미 -고야. ¶주근 벌에 ᄃᆞ외야ᄂᆞᆯ 보시고사 안 다시 ᄒᆞ시니(月印上16). 지조 겻구고사 須達이와 舍利弗왜 精舍ᄅᆞᆯ 짓더니(釋譜6:35). 몬져 됴ᄒᆞᆫ 飮食ᄋᆞ로 ᄇᆡ브르긔 ᄒᆞ고사(月釋9:25). 서 말 수를 먹고사 비르서 天子ᄭᅴ 朝會ᄒᆞᄂᆞ니:三斗始朝天(初杜解15:40). 막대 딥고사 니더니:杖而後起(續三綱. 孝29).

:고신 명 고인(故人). ¶故人ᄋᆞᆫ 그듸ᄅᆞᆯ 알어ᄂᆞᆯ 그듸ᄂᆞᆫ 故人ᄋᆞᆯ 아디 몯호ᄆᆞᆫ 엇데오(宣賜內訓3:58). 故人이 녜 東蒙ㅅ 뫼해 隱居ᄒᆞ아셔(初杜解9:8).

:고신 명 고인(古人). ¶오직 古人의 이ᄅᆞᆯ 보고 服食之術도 노뇨ᄆᆞ로 몯ᄒᆞ노라 ᄒᆞ니 皆 自嘆之詞ㅣ라(初杜解14:21). 古人이 닐오ᄃᆡ 道ㅣ 보며 드르며 아로매 屬디 아니ᄒᆞ며:古人道道不屬見聞覺知(金三4:61). 古人 情意 重ᄒᆞᆯ씨(三綱. 烈12).

-고야 어미 -구나. ¶白玉樓 남은 기동 다만 네히 셔 잇고야(松江. 關東別曲). 長沙王 賈太傅 혜어든 우ᄋᆸ고야(古時調. 鄭澈. 松江). 滿山 紅綠이 휘드르며 웃ᄂᆞᆫ고야(古時調. 孝宗. 淸江에. 瓶歌).

고약 명 고약(膏藥). ¶환과 산과 고약에 본방ᄃᆡ로 ᄒᆞ고 귀ᄒᆞᆫ 약이라고 덜 엿치 말라(敬信78).

고약ᄒᆞ다 형 고약(孤弱)하다. ¶내 남편이 일 죽고 ᄌᆞ녜 고약ᄒᆞ거ᄂᆞᆯ:某父亡子女孤弱(太平1:20).

고양남게 명 회양목에. ¶비 마즌 고양남게 셕은 쥐 챤 져 소로기(古時調. 靑丘).

고양이 명 고양이. ☞괴 ¶고양이:猫(柳氏物名一 獸族).

고어 명 고어(古語). 옛말. ¶고어의 닐너시되 긱박히 셩가ᄒᆞ면 텬리 오래 누리지 못ᄒᆞ고(敬信79).

고여 동 사랑을 받아. ㉮고이다 ¶왕ᄭᅴ 고여(十九史略1:21).

고오다 동 골다. 코골다. ☞고으다. 코을다 ¶코 고오고 자거늘:打鼾睡(朴解中47). 코 고오고 자다:打鼾睡(譯解上40). 니 골고 코 고오고(古時調. 재 너머. 靑丘).

고·오·다 동 고다. ☞고으다 ¶사ᄉᆞᄆᆡ 쁠로 고온 갓플:鹿角膠(救簡3:99). 고오다 又 달히다:煎熬(漢淸12:54).

고오·다 동 괴다. ¶숩 궁근 남긔 고왓ᄂᆞᆫ 므레 계피ᄅᆞᆯ 시서:樹空中水洗桂(救簡6:85).

:고온 형 고운. ㉮곱다 ¶고온 곳부리ᄂᆞᆫ 븕도다:娟娟花蘂紅(初杜解21:15). 고온 양ᄌᆞᄅᆞᆯ 앗기노라:惜娉婷(初杜解24:7). 合竹桃花 고온 두 분 위 相映ㅅ 景 긔 엇더ᄒᆞ니잇고(樂詞. 翰林別曲). 고온 님 괴기옷 괴면(古時調. 鄭澈. 기울계. 松江). 千萬里 먼아 먼 길희 고온 님 여희ᄋᆞᆸ고(古時調. 王邦衍. 海謠). ※고온<고ᄫᆞᆫ

고올 명 고을〔郡. 邑. 縣. 州〕. ☞ᄀᆞ올. 고을 ¶고올히셔 얻ᄌᆞᄫᆞᄂᆞᆯ(三綱. 孝28). 廣州ㅅ 고올 刺史ㅣ란 벼슬 ᄒᆞ엿더니:爲廣州刺史(飜小10:7). 荊州ㅅ 고올 刺史ᄅᆞᆯ ᄒᆞ니(飜小10:8). 고올 읍:邑(類合上19. 石千18. 倭解上34). 큰 고올 쥬:州(類合上19). 그 고올히 드니:入其邑(宣小4:39). 두어 고올히다 니ᄅᆞ니:數郡畢至(宣小5:13). 현령은 이 고올희 웃듬이니:令是邑之長(宣小5:58). 고올 다ᄉᆞ료ᄆᆞ로브터:從爲郡(重杜解1:52). 고올 군:郡(倭解上34). 巴蜀 ᄒᆞᆫ 고올이 당당히 萬人을 役ᄒᆞᆯ너니(女四解4:59). 고올 현:縣(註千21). 고올 쥬:州. 고올 군:郡(註千26). 고올 셥:葉(註千33).

:고올 형 고울〔麗〕. ㉮곱다 ¶艷은 고올 씨라(楞解5:57). ※고올<고ᄫᆞᆯ

고올·히 명 고을에. 〔ㅎ 첨용어 '고올'의 부사격(副詞格).〕 ㉢고올 ¶길 녜ᄂᆞᆫ 이 길ᄒᆞᆯ ᄉᆞ양ᄒᆞ며 그 고올히 드니:行者讓路入其邑(宣小4:39).

고·왓ᄂᆞᆫ 동 괴어 있는. ㉮고오다 ¶숩 궁근 남긔 고왓ᄂᆞᆫ 므레:樹空中水(救簡6:85).

고외 명 아랫도리옷. 고의. 치마. ☞ᄀᆞ외 ¶고외 샹:裳(光千4).

고요 명 고요. ☞괴외 ¶고요 경:靜(倭解上29). 고요:悄然(漢淸8:73).

-고요 어미 -가요. -나요. ¶져재 녀러신고요(樂範. 井邑詞).

고요다 동 괴다〔支〕. ☞괴오다 ¶門 고요다:撑門(譯解上18). 술위 뒤 고요ᄂᆞᆫ 나모:撑兒(譯解下22).

고요하다 형 고요하다. ☞괴외ᄒᆞ다 ¶고요할 경:靜(兒學下9).

고요히 부 고요히. ☞고요ᄒᆞ다 ¶고요히 디킈엿고(練兵23). 고요히 안자 겨사(癸丑38). 고요히 ᄒᆞ며(重內訓1:22). 고요히 싱각ᄒᆞ면 허믈이 다 나 ᄒᆞᆫ 사ᄅᆞᆷ의게로 말ᄆᆡ암음이니(綸音84).

고요ᄒᆞ다 형 고요하다. ☞괴외ᄒᆞ다 ¶고요ᄒᆞᆯ 경:靜(石千17). 서ᄅᆞ 부ᄂᆞᆫ 추미 고요ᄒᆞ고:寂寥相煦沫(重杜解2:16). 엄슉 고요ᄒᆞ과댜 호미며(兵學1:16). 고ᄃᆞ며 고요ᄒᆞ며 그윽ᄒᆞ며:貞靜幽(女四解3:10). 고요ᄒᆞ다:靜(同文解下57). 고요ᄒᆞ다:靜悄(漢淸8:73). 고요ᄒᆞᆫ즉 일념도 이지 아니ᄒᆞᄂᆞᆫ지라(敬信39). 남기 고요ᄒᆞ고져 ᄒᆞ여도 ᄇᆞ람이 그치디 아니ᄒᆞ고:樹欲靜而風不止(五倫1:5). 고요ᄒᆞᆯ 막:莫(註千8).

·고욤 명 고욤. ¶고욤:爲梬(訓解. 用字). 고

욤:楔棗(四解下13 楔字註). 고욤 빙:梬(訓蒙上12). 고욤:羊棗(物譜 木果). 고욤:君遷子(柳氏物名四 木).

고외마른 동 사랑하지마는. ¶西京이 셔울히 마르는 닷곤 ᄃᆡ 쇼셩경 고외마른(樂詞. 西京別曲).

고운ᄣᅵ 명 고운때. ¶속적우리 고운ᄣᅵ 치마 밋머리에 粉ᄣᅵ 민 閣氏 엇그제 날 소기고(古時調. 金壽長. 海謠).

고·위 명 고위(高位). ¶이러모로ᄡᅥ 오직 仁者ㅣ사 高位예 이슘이 맛당ᄒᆞ니(宣孟7:4).

고위ᄭᅴ몸 명 고위까람. 곡정초. ¶고위ᄭᅴ몸:穀精草(方藥).

고윗가롬 명 고위까람. 곡정초. ¶고윗가롬:穀精草(東醫 湯液三 草部).

고유ᄒᆞ다 동 고유(告諭)하다. ¶서로 고유ᄒᆞ여 시죵이 게어르지 아니ᄂᆞᆫ 쟈ᄂᆞᆫ(敬信25).

고으다 동 골다. 코골다. ☞고오다. 코을다 ¶코 고으다:打呼鼾(同文解上19). 코 고으다:呼鼾(譯解補24).

:고·으·다 동 고다. ☞고오다 ¶죠고맛 소티 녀허 고아:入小鐺內熬(救簡6:89). 후에 ᄯᅥᆨ 밍ᄀᆞᆯ며 양육 고으며:然後打餠熬羊肉(飜老下53). 발 므르고으니와:燂爛蹄蹄(飜朴上5). 고을 오:燂(訓蒙下13). 므르게 고아:烹爛(救荒8). 타락 고으다:熬酪. 젓 고으다:熬妳子(譯解上52).

고은 형 고운. ㉠곱다 ¶고은 님 오면 캉캉 지져 못 오게 ᄒᆞᆫ다(古時調. 바독이. 海謠). 고은 님 옥 ᄀᆞᄐᆞᆫ 양ᄌᆡ 눈의 암암ᄒᆞ여라(古時調. 鄭澈. 辛君望. 松江).

고은약 명 고약. ¶고은약:膏藥(譯解上63).

고을 명 고을〔州. 郡. 縣. 邑〕. ☞고올. 골. ᄀᆞ올 ¶昌邑이란 고을 슈 ᄡᅧ슬:爲昌邑令(飜小10:5). 고을 환:寰(訓蒙中7). 고을 쥬:州. 고을 군:郡. 고을 현:縣 고을 읍:邑(訓蒙中8). 고을 현:縣(光千21). 고을 쥐:州. 고을 군:郡(光千26). 고을 군:郡(類合下10). 고을 읍:邑(石千18). 淮陽:陳 ᄯᅡ 고을히라(宣小6:53). ᄆᆞ을히며 고을히 일ᄏᆞᆮ더라:鄕邦稱之(宣小6:55). 고을히 이셔 일이 업거든:在州無事(宣小6:107). 유션이 등과ᄒᆞ야 세 번 큰 고을을 쥬ᄒᆞ니라(敬信18). 고을:縣(同文解上40). 고을 합:蓋(註千7). 고을 읍:邑. 고을 군:郡. 고을 현:縣. 고을 쥬:州(兒學上4).

고의 명 고의(袴衣). ¶고의:袴兒(飜朴上26). 고의 군:裩. 고의 고:袴(訓蒙中23). 오ᄉᆞᆯ 기브로 한옷과 고의를 아니 ᄒᆞ며:衣不帛襦袴(宣小1:5). 털조차 ᄧᆞᆫ 비단과 남능 고의:氈段藍綾子袴兒(老解下46). 젹삼 고의:衫兒袴兒(朴解上25). 고의:袴兒(譯解上45). 고의 곤:褌(倭解上45). 고의:單褲(同文解上56). 고의:褲(漢淸11:5).

고의 명 황새. ¶鵠浦縣一云古衣浦(三史. 地理志 四).

고의믿 명 속잠방이. ☞고의밋 ¶고의믿 당:襠(訓蒙中23).

고의밋 명 속잠방이. ☞고의믿 ¶고의밋:褲襠. 고의밋 솔:褲襠縫(漢淸11:7).

:고이 부 고이. ☞고ᄫᅵ ¶고이 히오 조ᄒᆞ니로 그 우희 둡고:鮮白淨潔以覆其上(法華2:140). 나 양ᄌᆞᄅᆞᆯ 고이 말며:出無治容(宣賜內訓2上12). ※고이<고ᄫᅵ

고·이·다 동 사랑을 받다. 사랑하다. ☞괴다 ¶고이고 교ᄐᆡ 아니ᄒᆞ며:夫寵而不驕(宣小4:48). 네 가지의 오ᄆᆞᆫ 고이며:四者之來寵(宣小4:48). 太武의게 고임이 잇더니:有寵於太武(宣小6:39). 고일 춍:寵(倭解下33). 삼ᄃᆡ 말왕이야 고이ᄂᆞᆫ 겨집이 이시니(女範3. 문녀 한반쳡여).

고이다 동 괴다. ¶고인 물:死水(譯解上7).

고이이다 동 사랑을 받다. ☞고이다 ¶고이이다:被寵(同文解上31).

고·이·히 부 괴이(怪異)히. ¶ᄯᅩ ᄂᆞᆷ도 고이히 아니 너기ᄂᆞ니:亦恬不爲恠(飜小7:16). 고이히 너기디 아니콰뎌 ᄇᆞ라노라:望不爲異(重內訓1:54). 승이 고이히 너겨(太平1:23). 고이히 넉이ᄂᆞ이다(癸丑84). 형뎨의 의ᄅᆞᆯ 샹해오면 엇디 샹텬의 고이히 너기ᄂᆞᆫ 배 되디 아니리오(山城53). 왕이 고이히 너겨(女範2. 현녀 졔숙뉴녀). 쥬인이 그 힝ᄉᆡᆨ을 고이히 너겨:疑之(五倫3:32).

고·이ᄒᆞ·다 형 괴이(怪異)하다. ¶거상애 고기 먹ᄂᆞ니ᄅᆞᆯ 사ᄅᆞ미 오히려 고이ᄒᆞᆫ 이리라 ᄒᆞ니:居喪食肉者人猶以爲異事(飜小7:16). 큰 이 고이ᄒᆞᆫ 일이로다:大是異事(宣小6:72). 입빼예 혹 일흠 짓디 못ᄒᆞᆯ 고이ᄒᆞᆫ 증이:此時或有難名之癥(痘瘡方67). 티독ᄒᆞ기 고이티 아니ᄒᆞ고(癸丑80). 고이ᄒᆞ다:巧奇(譯解下44). 오ᄅᆞ디 못ᄒᆞ거니 ᄂᆞ려가미 고이ᄒᆞᆯ가(松江. 關東別曲). 고이ᄒᆞᆫ ᄭᅮᆷ을 ᄭᆡ고 ᄲᆞᆯ리 도라오니:異夢亟歸則(五倫1:66). 일변 고이ᄒᆞ고 일변 인ᄉᆡ가 ᄒᆞ리지 아니헌 듯ᄒᆞ더라(閑中錄20). 일흠을 고이ᄒᆞ게 지엇는고 ᄒᆞ되(引鳳簫2).

고인 명 고인(古人). ☞고인 ¶그런 故로 古人이 비록 祭티 아니ᄒᆞ나(家禮1:30).

고인 명 고인(故人). ¶그듸ᄂᆞᆫ 故人을 아디 몯홈ᄋᆞᆫ 엇디오:君不知故人何也(宣小6:105). 고인이 은졍이 듕ᄒᆞ니(五倫3:24).

고ᄋᆞ 명 고아(孤兒). ¶孤兒ㅣ 믈러 ᄃᆞ로ᄆᆞᆯ 해 ᄒᆞ니라:孤兒却走多(重杜解10:12). 고ᄋᆞ와 과부ᄅᆞᆯ 진념ᄒᆞ고 무휼ᄒᆞ며(敬信74).

고ᄋᆞ·다 동 골다. ¶고 고ᄋᆞ고 니 ᄀᆞᆯ오(釋譜3:p.100).

:고ᄋᆞ·며 형 고우며. ㉠곱다 ¶거우루는 고ᄋᆞ며 골업스며 됴ᄒᆞ며 구주믈 어루 ᄀᆞᆯᄒᆡᄂᆞ니:鏡者可辨姸媸好惡(圓覺上一之二13). ※고ᄋᆞ며<고ᄫᆞ며

고ᄋᆞᆫ 형 고운. ㉠곱다☞고온 ¶媛ᄋᆞᆫ 고ᄋᆞᆫ 겨지비라:媛美女也(楞解10:63). 고ᄋᆞᆫ 사ᄅᆞᆷ:美人(重內訓2:20). ※고ᄋᆞᆫ<고ᄫᆞᆫ

고ᄋᆞᆫ강 명 고운 강. 호수(湖水). ¶고ᄋᆞᆫ강 호:湖(類合上6).

고·ᄋᆞᆯ 명 고을. ☞ᄀᆞ올 ¶고ᄋᆞᆳ 관원의 어딜며 사오나오며:州縣官員長短(飜小8:21). 그 고ᄋᆞᆯ 知州ㅣ 事ㅣ랏 벼슬ᄒᆞ엿더니:知州事(飜小9:4). 그 고ᄋᆞᆯ호로 ᄀᆞ장 권ᄒᆞ여 보내라 ᄒᆞ야(飜小9:13). 고ᄋᆞᆯ 구:區(類合上14). 고ᄋᆞᆯ 현:縣(石千21). 고ᄋᆞᆯ 쥬:州. 고ᄋᆞᆯ 군:郡(石千26). 고ᄋᆞᆯ 읍:邑(光千18). 고ᄋᆞᆳ 官員의 길며 댜르며:州縣官員長短(宣小5:100). 蘇湖 두 고ᄋᆞᆯ 教授ㅣ 되야ᄂᆞᆫ(宣小6:8). 고ᄋᆞᆯ히 니ᄅᆞ런 ᄃᆡ:到縣(宣小6:27). 河陽:고ᄋᆞᆯ히니 절도ᄉᆞ 인ᄂᆞᆫ ᄃᆡ라(宣小6:128). 그 고ᄋᆞᆯ히 귀향간 손 둘히 이시니(太平1:6). 그ᄃᆡ 고ᄋᆞᆯ히 가 ᄒᆞᆫ 벼슬을 ᄒᆞᆯ 거시니(太平1:8). 고ᄋᆞᆯ 가온대 ᄀᆞ믈기ᄅᆞᆯ 삼 년을 ᄒᆞ더니(女範2. 효녀 당시부).

고ᄋᆞᆯ 형 고울. ㉠곱다 ¶고ᄋᆞᆯ 연:姸(類合下52. 石千40).

고ᄋᆞᆯ·히 명 고을에. 〔ㅎ 첨용어 '고ᄋᆞᆯ'의 부사격(副詞格).〕 ⑤고ᄋᆞᆯ ¶그 고ᄋᆞᆯ히 귀향간 손 둘히 이시니(太平1:6). 그ᄃᆡ 고ᄋᆞᆯ히 가 ᄒᆞᆫ 벼슬을 ᄒᆞᆯ 거시니(太平1:8).

고자 명 광대의 자식. 아이 광대. 악공(樂工). ¶倡人之子曰故作 樂工亦曰故作(雞類).

고자 명 활고자. ¶고자 ᄭᅳᆺ 시위 언ᄂᆞᆫ ᄃᆡ:弰頭(漢清5:16).

고장 명 고장(告狀). ¶告狀 ᄒᆞᆫ 사ᄅᆞᆷ 아뫼라:告狀人某(朴解下53). 므슴 고장고:甚麼狀子(朴解下53).

고·재 명 고자. 활고자. ☞고자 ¶고재 미:弭(訓蒙中28). 온ᄂᆡ 적고 고재 뎌ᄅᆞ다:弰兒(老解下28). 고재ᄭᆞ지 ᄲᅳᆯ 붓친 활:長角弓(漢清5:4).

:고·쟈 명 ①옛날. ¶古者애ᄂᆞᆫ 子弟 父兄을 從ᄒᆞ더니(家禮1:13).
②옛사람. ¶古者에 말ᄉᆞᆷ을 내디 아니홈은 몸의 밋디 몯홈을 븟그림이니라:古者言之不出恥躬之不逮也(宣論1:37).

고·쟈 명 고자(鼓子. 鼓者). ¶고쟈 엄:閹. 고쟈 환:宦. 고쟈 혼:閽. 고쟈 시:閹(訓蒙中2). 고쟈 환:宦(類合上17). 門ᄋᆞᆯ 굳이 ᄒᆞ야 고쟈로 딕희워:固門閹寺守之(宣小2:50). 고쟈 엄:閹(倭解上51). 고쟈:火者(譯解 上30). 고 쟈:太 監(同 文 解 上13). 고 쟈 엄:奄註千23).

·고:쟈 명 고자(瞽者). 소경. ¶冕ᄒᆞ고 衣裳ᄒᆞᆫ 者와 다ᄆᆞᆺ 瞽者ᄅᆞᆯ 보시고:見…冕衣裳者與瞽者(宣論2:41).

–·고·쟈 어미 -고자. ¶내 요ᄉᆞᅀᅵ 도로 가고쟈 ᄒᆞ니(飜老下71). ᄆᆞᄋᆞᆷ과 ᄠᅳᆮ과 즐기시던 것과 ᄒᆞ고쟈 ᄒᆞ시던 것슬 ᄆᆞᄋᆞᆷ애 닛디 아니ᄒᆞ시니:心志耆欲不忘乎心(宣小2:27). 잡아가고쟈 ᄒᆞ거든:欲將去(宣小6:18). 뎌 긔운 흐터 내야 人傑을 만들고쟈(松江. 關東別曲). 故國山川을 ᄯᅥ나고쟈 ᄒᆞ랴마ᄂᆞᆫ(古時調. 金尙憲. 가노라. 靑丘). 겨월날 ᄃᆞᄉᆞᄒᆞᆫ 볃츨 님 계신 듸 비최고쟈 봄 미나리 ᄉᆞᆯ진 마슬 님의게 드리고쟈(古時調. 靑丘). 텬션을 구ᄒᆞ고쟈 ᄒᆞᄂᆞ니ᄂᆞᆫ(敬信2).

–고저 어미 -고자. ¶겨을날 다사ᄒᆞᆫ 볃츨 님에게 비최고저 봄 미나리 살진 맛을 님에게 드리고저(古時調. 時調類). 남의 흉 보거라 말고 제 허물을 고치고저(古時調. 麟平大君. 世上 사람. 時調類).

고젓·긔 명 그때. 접때. ¶내 고젓긔 묻ᄌᆞ오이다 浩의 ᄒᆞ욘 이리라 ᄒᆞ여 니ᄅᆞ더이다:臣竊問皆云浩所爲(飜小9:46). 臣이 고젓긔 묻ᄌᆞ오니:竊問(宣小6:42).

고져 동 하고자. ¶오래 너와 다ᄆᆞᆺ 살어나 죽거나 고져 ᄉᆞ랑ᄒᆞ노라:久念與存亡(重杜解8:35).

–·고·져 어미 -고자. ☞-고뎌 ¶뉘 아니 좇ᄌᆞᆸ고져 ᄒᆞ리:孰不願隨(龍歌78章). 그딋 ᄯᆞᄅᆞᆯ 맛고져 ᄒᆞ더이다(釋譜6:15). 欲ᄋᆞᆫ ᄒᆞ고져 ᄒᆞᆯ ᄯᅵ라(訓註2). 니르고져 홇 배 이셔도(訓註2). ᄒᆞ다가 有情이 주으려 밥 얻고져 ᄒᆞ야(月釋9:25). 고ᄌᆞᆫ 옮기고져 ᄒᆞᄂᆞᆫ 대예 기우렛고:花亞欲移竹(杜解7:11). 뒤헤 쥭 ᄡᅮ라 가고져 ᄒᆞ니:待要後頭熬粥去(飜老上55). 위연ᄒᆞ며 되욤을 알고져:欲知差劇(宣小6:28). 내 ᄆᆞᄋᆞᆷ 버혀 내여 뎌 ᄃᆞᆯ을 ᄆᆡᆼ글고져(古時調. 鄭澈. 松江). 이 몸 허러 내여 낸믈의 ᄢᅴ오고져(古時調. 鄭澈. 松江). 일이 됴흔 世界 ᄂᆞᆷ 대되 다 뵈고져(松江. 關東別曲). 亭主의 道理를 출혀 술을 권ᄒᆞ고져 너겨 완ᄉᆞ오니(重新語3:21). 곳 망샹을 ᄒᆞ고져 ᄒᆞ나 ᄯᅩᄒᆞᆫ 가히 망샹ᄒᆞᆯ 거시 업세라(敬信27).

–·고·졔니 어미 -고자이니. ¶올몸 이쇼ᄆᆞᆯ 볼기고졔니(永嘉下31).

고·조 명 술주자. ¶고조:酒醡 亦作醋笮(四解下29 醡字註). 고조 조:槽. 고조 자:榨 俗稱酒榨(訓蒙中12).

고·조 명 고조(高祖). ¶오직 내 高祖ㅅ 墳墓ㅣ 다 이 ᄯᅡ해 잇ᄂᆞ니(六祖略序9). 九族:고조로셔 현손ᄭᆞ장 아홉 뎌예 겯권당 통ᄒᆞ야 닐옴이라(宣小5:70). 비록 오복 니외지분이 이스나 고조로셔 볼진ᄃᆡ 다 ᄌᆞ손

이라(敬信78).

고조목술 명 술주자에서 갓 짜낸 술. ¶고조목술:鋼頭酒(譯解上50).

고조주머니 명 술주자 주머니. ¶고조주머니:酒帘(四解下86 帘字註).

고조즐 명 먹줄. ¶집은 어이ᄒᆞ야 되엿ᄂᆞᆫ다 大匠의 功이로다 나무ᄂᆞᆫ 어이ᄒᆞ야 고든다 고조즐을 조찬노라(古時調. 尹善道. 孤遺).

고·족상 명 고족상(高足床). 사선상(四仙床). ¶고족상 탁:卓(訓蒙中10). 고족상:高卓兒(譯解下13).

·고·즉ᄒᆞ·다 형 곧다. ¶엇게와 둥이 고즉ᄒᆞ며:肩背竦直(飜小10:26). 엇게과 둥이 고즉ᄒᆞ고 바ᄅᆞ며:肩背竦直(宣小6:124).

고지 명 꼬치. 꼬챙이. ¶즁싱ᄋᆞᆯ 고재 ᄢᅦ여(月釋23:79). 肝이 各 ᄒᆞᆫ 고지오(家禮10:10). ᄒᆞᆫ 고재 다 ᄢᅦ며:串(語錄24).

고지 명 활고자. ¶고지:䩬(物譜 兵仗).

고지 명 지고(脂膏). ¶ᄀᆞᄅᆞᆯ 밍ᄀᆞ라 고지예 ᄆᆞ라 ᄇᆞᄅᆞ라:爲末面脂調傅(救簡3:7).

고지듣다 동 곧이듣다. ¶그리 니ᄅᆞ심을 고지듣지ᄂᆞᆫ 아니ᄒᆞᄋᆞᆸᄂᆡ(重新語2:17).

고지새 명 고지새. 청작(青雀). 청조(青鳥). ¶고지새:竊脂(東醫 湯液一 禽部). 고지새:石鐩兒(譯解下27).

고지시기 부 고지식이. ¶고지시기 잔마다 다 먹고 몬져 醉ᄒᆞ엳건마ᄂᆞᆫ(重新語3:13).

고지식 명 고지식함. ☞고지식ᄒᆞ다 ¶고지식:老實(同文解上21).

고지식ᄒᆞ다 형 고지식하다. ¶고지식ᄒᆞ다:老實(譯解補51).

고집 명 곳집. ¶고집 고:庫(兒學上9).

고집히 부 고집스럽게. ¶하 固執히 구ᄋᆞᆸ시니(隣語3:3).

·고·집ᄒᆞ·다 동 고집하다. ¶長常 固執디 아니ᄒᆞ야(釋譜13:38). 고집ᄒᆞ고 막딜인 이를(飜小8:42). 天下엣 學이 여트며 좁으며 고집ᄒᆞ며 거리ᄭᅵᆫ 이 아니면:天下之學非淺陋固滯則(宣小5:120). 고집ᄒᆞᆫ 사ᄅᆞᆷ:執拗人(譯解補19). 고집ᄒᆞᄂᆞᆫ 이:固執人(漢淸8:51). 부인이 ᄆᆞᄋᆞᆷ과 셩픔이 편벽ᄒᆞ고 고집ᄒᆞᆫ 이 만ᄒᆞᆫ지라(敬信71). 혹쟈 숙녀를 만나리니 너모 고집치 말나(落泉1:2).

고ᄌᆞ 명 기름틀. ☞고조. 술고ᄌᆞ ¶기름 ᄧᆞᄂᆞᆫ 고ᄌᆞ:油搾(譯解下14).

고ᄌᆞ 명 먹통. ☞먹고ᄌᆞ ¶뭇 지위 고ᄌᆞ 자 들고 헤ᄠᅳ다가 말려ᄂᆞ다(古時調. 鄭澈. 어와 동냥지. 松江).

·고ᄌᆞ·기 부 극진하게. 지극하게. ¶더 부텻 일후믈 고ᄌᆞ기 念ᄒᆞ야 恭敬ᄒᆞ야(釋譜9:25). ᄆᆞᅀᆞᄆᆞᆯ 고ᄌᆞ기 너기시니(釋譜11:3). 迦葉이 袈裟ᄅᆞᆯ 바다 드ᅀᆞᄫᅡ 고ᄌᆞ기 안자 잇거늘(釋譜24:6). 衆生ᄃᆞᆯ히 ᄆᆞᅀᆞᄆᆞᆯ 오ᄋᆞᆯ와 ᄒᆞᆫ 고대 고ᄌᆞ기 머거(月釋8:5). 고ᄌᆞ기 念ᄒᆞ야 恭敬ᄒᆞ야(月釋9:45).

고ᄌᆞ기ᄒᆞ다 동 도사리다. 움츠리다. ¶모ᄆᆞᆯ 고ᄌᆞ기ᄒᆞ야쇼ᄆᆞᆫ 간곡ᄒᆞᆫ 톳기ᄅᆞᆯ ᄉᆞ랑ᄒᆞᄂᆞᆫ ᄃᆞᆺ고:攫身思狡兎(初杜解16:45).

·고·죽ᄒᆞ·다 형 극진하다. 지극하다. ¶精誠이 고죽ᄒᆞ니 밤누니 번ᄒᆞ거늘(釋譜6:19). 이제 와 ᄯᅩ ᄉᆡᇰ각ᄒᆞ야 고죽ᄒᆞᆫ ᄆᆞᅀᆞᄆᆞ로 歸依ᄒᆞ면(釋譜9:16). 藥師如來ㅅ 일후믈 듣ᄌᆞᄫᅡ 고죽ᄒᆞᆫ ᄆᆞᅀᆞᄆᆞ로 디니면(月釋9:38).

고ᄌᆞᆺ바기 명 고채(苦菜). 씀바귀. 고들빼기. ☞고돌싹이. 고들바기 ¶고ᄌᆞᆺ바기:苦菜(東醫 湯液二 菜部).

:고·찰·ᄒᆞ·다 동 고찰(考察)하다. ¶宮妾ᄋᆞᆯ 考察ᄒᆞ샤 겨지븨 이ᄅᆞᆯ 다ᄉᆞ리샤(宣賜內訓2下42). 關은 行人 考察ᄒᆞᄂᆞᆫ ᄃᆡ라(宣賜內訓3:36). 鄕애 여듧 형벌로ᄡᅥ 萬民을 고찰ᄒᆞ니:以鄕八刑糾萬民(宣小1:12). 守令이 考察ᄒᆞ야 罪를 주ᄂᆞ니라(警民11).

고쳐 명 고처(故妻). ¶랑군의 고쳐 송씨러니(桐華寺 王郞傳1).

고쳠 명 고첨(顧瞻). 돌아다봄. ¶이셔 둥쥐ᄅᆞᆯ 고쳠ᄒᆞ샤(經筵).

고초 명 고추. ☞고쵸 ¶고초:番椒(柳氏物名三 草).

·고·초 명 고초(苦楚). ¶苦楚ㅣ 서르 니ᅀᅥ:苦楚ᄂᆞᆫ 셜ᄫᅳᆯ 씨라(月釋21:46).

고·초 부 곧추. 곧게. ☞곳쵸 ¶信ᄒᆞ며 恭敬ᄒᆞ샤 ᄒᆞᆫ ᄇᆞᆯ로 고초 드듸여 셔샤 부텨 向ᄒᆞᅀᆞᄫᅡ 손 고초샤(月釋1:52). 이제 本因ᄋᆞᆯ 뵈샤 사ᄅᆞ미 고초 드듸여 思慕ᄒᆞ야(月釋18:21). 고초 드듸여 아ᄅᆞᆷ다오신 應을 기드리ᅀᆞ오니라:翹竚嘉應(法華1:59). 如來ㅅ긔 고초 드듸여 미츠시놋다:跂及如來也(法華5:194). 고초 드듸여 ᄉᆞ랑ᄒᆞᅀᆞ와:跂慕(法華6:130). 발 고초 드듼 勢ㅣ 잇ᄂᆞ니:有翹足勢(金三2:61). 고초 드딜 기:企(類合下30). ᄃᆞᄅᆞᆫ 히 수이 디여 긴 밤을 고초 안자(松江. 思美人曲).

고·초·다 동 ①곧추 세우다. ☞고쵸다. 곳초다 ¶부텨 向ᄒᆞᅀᆞᄫᅡ 손 고초샤 밤낫 닐웨ᄅᆞᆯ 곰ᄌᆞ도 아니ᄒᆞ샤(月釋1:52). 諸天이 손 고초ᅀᆞᆸ고 空中에 侍衛ᄒᆞᅀᆞᄫᅡ 셋더니(月釋7:37). 渴望ᄒᆞ야 고초아 ᄇᆞ라ᅀᆞ와:渴翹佇(楞解1:77). ᄆᆞᅀᆞᄆᆞᆯ 고초아 듣더시니:注意聽之(宣賜內訓2下50). 뭀 벼리 다 北極ᄋᆞᆯ 고초놋다:衆星皆拱北(金三5:44). 손 고초며:拱手(金三5:44).

②지극히 하다. 한결같이 하다. ¶눉믈 흘려 精誠 고초아:雨淚翹誠(楞解5:3).

고초히 부 괴롭게. ¶고초히 잇다 불평ᄒᆞᄋᆞᆸ시랴(癸丑223).

고쵸 명 고추. ☞고초 ¶고쵸ᄅᆞᆯ ᄀᆞ라 수레 머

그라:胡椒硏酒服(救簡1:32). 고쵸어나 마ᄂᆞᆯ리어나:胡椒蒜(救簡6:63). 고쵸:秦椒(漢淸12:41). 고쵸:番椒(物譜 蔬菜).

고쵸다 동 곧추 세우다. ☞고초다 ¶龍王之神게 손 고쵸와 告祀ᄒᆞᆯ 제(古時調. 靑丘).

고춍 명 고총(古塚). 오래된 무덤. ¶미실ᄒᆞᆫ 분묘 고춍(敬信65).

·고·춤 명 콧물과 침. ¶고춤 흘리고 오좀 ᄶᅵ니 니르리 ᄡᅳ며(釋譜3:p.100). 佛前에 고춤 받거나 ᄒᆞ면(龜鑑下55). 廁鬼 警戒ᄒᆞ고 고춤 받디 말며(龜鑑下55).

고취 명 고취(苦趣). 사바세계(娑婆世界). 속세(俗世). ¶너ᄂᆞᆫ 엇디 댱샹 고취 듕에 륜회ᄒᆞᄂᆞ다:汝何長輪苦趣中(野雲40).

고치나뷔 명 나방. 누에나방. ¶고치나비아:蛾(兒學上8).

고·치·다 동 고치다. ☞고티다. 곳치다. 곳티다 ¶다 고텨 商量티 몯ᄒᆞ리로다(龜鑑上15). 모롬이 고치지 말라:醫(馬解下123). 그ᄃᆡ ᄆᆞᄋᆞᆷ 고텨 참회ᄒᆞ고(桐華寺 王郞傳5). 고칠 ᄀᆡ:改(倭解下36. 註千8). 고칠 동안은 다ᄅᆞᆫ ᄃᆡ 主人 잡아 인ᄉᆞᆸᄂᆡ(隣語1:28). 고칠 경:更(註千24). 비들도 줄이나 고치시과쟈 問安ᄒᆞ시더이다(重新語5:18). 허믈을 알고 고치지 아니며(敬信3). 술노드온 병이오면 술을 먹어 고치오며(萬言詞). 님으로 든 병이면 님을 만나 고치나니(萬言詞).

고·치·다 동 꽂히다. ☞곳다. 곶다 ¶프른 묏부리ᄂᆞᆫ 雕刻ᄒᆞᆫ 집ᄆᆞᆯ리 고쳿도다:靑嶂揷雕梁(初杜解16:42).

고치켜다 동 고치실 켜다. ¶고치 켤 노:繅(兒學下5).

고침 명 코침. ¶죠희 심으로 고침ᄒᆞ야 ᄌᆞ최욤ᄒᆞ요미 됴ᄒᆞ니라(簡辟5). 죠희 시므로 고침히야:以紙撚探鼻(瘟疫方18).

·고·코을·다 동 코골다. (ʻ고코을다'는 ʻ고+ㅎ+고을다')☞고 ¶고코을 한:鼾(訓蒙上30).

고·콤 명 고금. 학질(瘧疾). ☞고곰. 고봄 ¶고콤 ᄒᆡ:痎(訓蒙中34).

·고·콰 명 코와. 〔ㅎ 첨용어ʻ고'의 부사격(副詞格).〕 ㊅고 ¶귀와 고콰 혀와 몸과 ᄠᅳᆮ(釋譜6:28. 月釋2:15).

·고키·리 명 코끼리. ¶象兵은 ᄀᆞᄅᆞ쳐 싸호매 브리ᄂᆞᆫ 고키리오(月釋1:27). 象寶ᄂᆞᆫ 고키리니 비치 희오 ᅀᅬ리예 구스리 ᄢᅦ오(月釋1:28). 고키리 샹:象(訓蒙上18. 石千36). 고키리 샹:象(類合下51).

고텨 동 고쳐. 거듭하여. ㉮고티다 ¶眞歇臺 고텨 올나 안즌마리(松江. 關東別曲). 開心臺 고텨 올나 衆香城 ᄇᆞ라보며(松江. 關東別曲). 그제야 고텨 만나 또 ᄒᆞᆫ 잔 ᄒᆞ쟛고야(松江. 關東別曲).

고·토·리 명 꼬투리. ¶혈 면홧 고토리:綿繐兒(四解上52 繐字註). 고토리 협:莢(訓蒙下6). 플소옴 고토리:綿繐兒(譯解下5). 고토리 ᄆᆡ티다:結角兒(同文解下1). 고토리:豆角(同文解下1. 漢淸10:5). 고토리:莢(柳氏物名三 草).

·고:통 명 고통(苦痛). ¶한 苦痛ᄋᆞᆯ 受ᄒᆞᆯ ᄢᅵ(牧牛訣43).

·고:통·ᄒᆞ·다 형 고통(苦痛)하다. 고통스럽다. 괴롭다. ¶地獄애 모다 苦痛ᄒᆞ야 種種 셜워ᄒᆞᄂᆞᆫ 소리와(法華6:37). 비 속의 형상이 일워 미양 발ᄒᆞ매 고통ᄒᆞ야 긔졀코져 ᄒᆞᄂᆞᆫ지라(敬信53).

고틀 동 고칠. ㉮고티다 ¶고틀 門을 묻ᄌᆞ오샤(圓覺上二之一12).

고·툠 동 고침. ㉮고티다 ¶새 그를 고툐ᄆᆞᆯ ᄆᆞᆺ고:新詩改罷(初杜解16:14).

:고:통·ᄒᆞ·다 동 고총(固寵)하다. 총애받음을 굳히다. ¶小人이 固寵ᄒᆞ리라 不可令閑이라 커든(龍歌122章).

고·티 명 고치. 누에고치. ☞곳티. 누에고티 ¶고티:繭(訓解. 用字). 序ᄂᆞᆫ 싨그티니 고티예 그틀 어드면 고팃 시를 다 ᄲᅡ혀 내ᄂᆞ니라(楞解1:5). 序ᄂᆞᆫ 싨그티니 고티 싨그틀 어더:序者緖也如繭得緖(永嘉序1). 고티ᄅᆞᆯ 돈ᄀᆞ티 ᄇᆞ리고:繭剪如錢大(救急上48). 실와 고티ᄅᆞᆯ 다ᄉᆞ리며:治絲繭(宣賜內訓3:3). 足繭ᄋᆞᆫ 바리 브르터 고티 ᄀᆞᆮᄒᆞᆯ 시라(初杜解16:49). 고티 견:繭(訓蒙中24). 고티 견:繭(倭解下10). 고티 ᄠᅳ다:摘繭(譯解下2). 나뷔 나온 고티:蛾口. 고티 허믈:繭衣(柳氏物名二 昆蟲).

고·티·다 동 ①고치다. ☞고치다. 곧티다. 곳치다 ¶田制를 고티시니:大正田制(龍歌73章). 入定으로셔 니러 옷 고티고(釋譜6:30). 檃은 구븐 것 고틸 씨오 括은 方ᄒᆞᆫ 것 고틸 씨라(月釋序19). ᄀᆞᄅᆞ쳐 고텨시ᄂᆞᆯ(月釋1:9). 고틀 門을 묻ᄌᆞ오샤(圓覺上二之一12). 새 그를 고툐ᄆᆞᆯ ᄆᆞᆺ고:新詩改罷(初杜解16:14). 고틸 ᄀᆡ:改(類合上4. 石千8). 이제 고텻ᄂᆞᆫ가 못 ᄒᆞ엿ᄂᆞᆫ가:如今修起了不曾(老解上23).
②바꾸다. ¶ᄆᆞᅀᆞᄆᆞᆫ 수비 고티려니와 모ᄃᆞᆫ ᄆᆞᅀᆞᄆᆞᆫ 섈리 몯 고티리라(月釋1:51). 고틸 광:匡(類合下8). 고틸 깅:更(類合下46). 고틸 광:匡(石千23). 고틸 깅:更(石千24). 아비 道애 고팀이 업세사:無改於父之道(宣小2:24). 官渡애 또 술윗 자최ᄅᆞᆯ 고툐라:官渡又改轍(重杜解2:36). 우리 나라ᄂᆞᆫ 禮 ᄃᆞᆫᄃᆞᆫᄒᆞ여 ᄒᆞᆫ번 뎡ᄒᆞᆫ 후ᄂᆞᆫ 고티ᄂᆞᆫ 일은 업ᄉᆞ오니(重新語3:30).
③낫게 하다. 다스리다. ¶또 브레 데닐 고

튜ᄃᆡ:又方治湯潑火燒(救急下13). 我執을 고티리니:治於我執(圓覺上二之二84). 여러 가짓 방문에 뎝단병 고툘 법을 ᄡᅡ:治(簡辟序2). 병 고툐ᄃᆡ(瘟疫方8). 고틸 리:理(光千29). 병 고틸 료:療(類合下18). 고텨다:醫了(朴解上39). 병 고티다:醫病 醫治(譯解上63). 허믈을 고텨 긴 거슬 조출ᄶᅵ니라:改過從長(女四解2:14). 온갓 병의 열나ᄂᆞᆫ 증들을 고티고:一切病發熱等症又治(臘藥1).
④거듭하다. ¶汲長孺 風彩를 고텨 아니 볼 게이고…眞歇臺 고텨 올나…十里 氷紈을 다리고 고텨 다려(松江. 關東別曲).

고·티힐·후·다 동 따지다. ¶믈러와 날마다 ᄒᆞᄂᆞᆫ 일와 믈읫 니ᄅᆞᄂᆞᆫ 말와ᄅᆞᆯ 견줍ᄲᅧ 고티힐훠 보니:及退而自櫽括日之所行與凡所言(飜小10:25).

고·티혀·다 동 고치실 켜다. ¶질삼ᄒᆞ며 고티혀며:執麻枲治絲繭(三綱. 烈2).

·고프·다 동 코 풀다. ¶고프디 말며(宣賜內訓1:50). 고프다:拧鼻涕(四解下55 擤字註).

고프다 형 고프다. ☞곺다 ¶비고프디 아니ᄒᆞ니(救荒3).

고·피·다 동 굽히다. 구부리다. ¶비 알파 펴디 몯ᄒᆞ며 ᄃᆞᆫ닐 제 댱샹 허릴 고피며:腹痛不肯舒伸行動多是曲腰(救急下81).

곺다 형 고프다. ☞고프다. 골ᇁ다 ¶老人이 긴 날의 비고파 ᄒᆞ야도 헌도이 디내디 말라 ᄒᆞᄂᆞᆫ ᄠᅳᆮ이라(女四解2:17).

곺리켜다 동 굽혀 오그리다. 고부리다. ¶다리ᄂᆞᆯ 곺리켜고 ᄃᆞᆫ니ᄂᆞᆫ 이ᄂᆞᆫ ᄆᆞᄃᆡ 우히 알품이오:曲腿行節上痛(馬解上75).

고:하 명 고하(高下). ¶일호미 업스며 高下 업수미 일후미 隨順ᄒᆞ야 平等히 보미라(楞解8:38). 照ᄅᆞᆯ 對ᄒᆞ야 그 高下ᄅᆞᆯ 볼길 ᄯᆞᄅᆞ미니라(永嘉下65).

고한ᄒᆞ다 형 고한(孤寒)하다. ¶가난하고 지체가 낫다. ¶시관 놀옷슬 공평이 ᄒᆞ여 고한ᄒᆞᆫ 이로 억울케 말며(敬信62).

고·함ᄒᆞ·다 동 고함지르다. ¶ᄒᆞᆫᄢᅴ 고함코 나거늘(月釋10:29). 고함ᄒᆞ야 블로ᄃᆡ(月釋23:86). 머리로 柱礎애 다디르고 고함호ᄃᆡ:以首觸柱礎疾呼日(三綱. 忠21).

고해 명 황새. ☞고홰 ¶고해 곡:鵠(訓蒙上15. 類合上11. 倭解下20).

고·해 명 코에. 〔ㅎ 첨용어 '고'의 부사격(副詞格).〕 ㊀고 ¶고해 이션 香ᄋᆞᆯ ᄀᆞᆯᄒᆡ오:在鼻辨香(牧牛訣6).

:고향 명 고향(故鄕). ¶故鄕 뫼햇 고사리 시름도외얫거니라 ᄒᆞ노라:愁寂故山薇(初杜解17:19). 내게 잇ᄂᆞᆫ 쳔량이 故鄕애 ᄀᆞ독ᄒᆞ니라(南明上36). 故鄕애 아ᄋᆞ와 누의왜 잇ᄂᆞ니:故鄕有弟妹(重杜解1:31). 故鄕에 도라가니라(重杜解3:59). 或이 무로ᄃᆡ 지비 가난ᄒᆞ고 고향이 머러(家禮7:16). 비단옷 닙고 고향의 도라가:衣錦還鄕(朴解下11). 등도의 실산ᄒᆞ야 고향으로 도라갈 길히 업셔(落泉2:4).

고혈 명 고혈(膏血). ¶고혈 기름과 피(敬信19). 邊民이 膏血이 ᄆᆞᆯ나시니(靑友仁. 出塞曲). 膏血이 點滴이로다(古時調. 紛紛大雪. 興比賦).

고홈 명 고름. 옷고름. ☞고롬. 골홈 ¶고홈及 긴흘 皆曰帶子(訓蒙東中本中23 帶字註).

고황 명 고황(膏肓). ¶病ㅣ 膏肓애 ᄀᆞ독ᄒᆞ도다(重杜解2:43).

고홰 명 황새. ☞고해 ¶고홰 곡:鵠(類合安心寺板6).

·고·히 명 코가. 〔ㅎ첨용어 '고'의 주격(主格).〕 ㊀고 ¶고히 平코 엷디 아니ᄒᆞ며:鼻不匾㔸(法華6:13).

고히 부 곱게. ☞고ᄫᅵ ¶고히 죽고져 ᄒᆞ오시나(癸丑105).

:고ᄒᆞ·다 동 고(告)하다. ¶여러 龍ᄋᆡ게 能히 告ᄒᆞᄂᆞ니라(月釋10:106). 父母ᄅᆞᆯ 이바ᄃᆞ며 나갌 저긔 告ᄒᆞ고 도라와 왯노이다 ᄒᆞ며(三綱. 孝27). 文王ᄭᅴ 告ᄒᆞ야(宣賜內訓1:40). 耆德ᄃᆞ려 너비 告ᄒᆞ야 닐오ᄃᆡ(六祖中50). 그 나그내 즉제 고ᄒᆞ니:那客人就告了(飜老上29). 고ᄒᆞᆯ 고:告(訓蒙下29. 類合下39). 고ᄒᆞᆯ 고:誥(類合下19). 만일 告ᄒᆞᆯ 이 이셔(宣小2:61). 往을 告홈애 來者를 알오녀:告諸往而知來者(宣論1:8). 서ᄅᆞ 告ᄒᆞ야 ᄀᆞᆯ오ᄃᆡ 우리 王의 樂 鼓홈을 好홈이여(宣孟2:4). 이리 이시면 반ᄃᆞ시 고ᄒᆞ더라:有事必告(東續三綱. 孝3). 나갈 제 고ᄒᆞ고:出告(東續三綱. 孝28). 나가며 드러올 제 반ᄃᆞ시 告ᄒᆞ라(家禮1:23). 對티 아니코 나와 ᄲᅧ 母의게 고ᄒᆞᆫ대(女四解4:11). 내실노 ᄲᅧ 고ᄒᆞᆫᄃᆡ 운곡 왈(敬信28). 고할 고:告(兒學下4).

고ᄒᆞ·다 동 고(孤)하다. 고아가 되다. ¶오ᄂᆞᆳ날 兵馬 ᄡᅮ믄 亂을 禁호미니 萬一에 사ᄅᆞᄆᆡ 겨지블 寡케 ᄒᆞ며 사ᄅᆞᄆᆡ 子息을 孤케 ᄒᆞ면:孤ᄂᆞᆫ 졈고 아비 업슬 시라(宣賜內訓2下37). 졈어셔 孤ᄒᆞ야:아비 업단 말이라(宣小6:62).

고ᄒᆞ·다 형 고(孤)하다. 외롭다. ¶子ㅣ ᄀᆞᆯᄋᆞ샤ᄃᆡ 德이 孤티 아니ᄒᆞᆫ디라 반ᄃᆞ시 隣이 인ᄂᆞ니라:子曰德不孤必有隣(宣論1:38).

·고ᄒᆞ·로 명 코로. 〔ㅎ 첨용어 '고'의 부사격(副詞格).〕 ㊀고 ¶고ᄒᆞ로 맏ᄂᆞᆫ 거슬 다 니르니라(釋譜13:39).

:고·ᄒᆞ·야나·다 동 고발(告發)하다. ¶고ᄒᆞ야나다:告發(老朴集. 單字解7).

·고·훈 명 코는. ⑤고 ¶고훈 수미 나며 드로듸(月釋17:57).

·고·홀 명 코를. 〔ㅎ 첨용어 '고'의 목적격(目的格).〕 ⑤고 ¶시혹 입 고홀 디르며(月釋21:43).

·고:히 명 고해(苦海). ¶自然히 乃終애 苦海롤 여희여 涅槃樂올 證ᄒᆞ리니(月釋21:153). 다 解脫ᄒᆞ야 苦海예 건너디 몯ᄒᆞ고 便安히 너겨(圓覺下三之一53). 生死苦海예 여희여 나물 求티 아니ᄒᆞᄂᆞ니(六祖上10). 一切 衆生올 救ᄒᆞ야 苦海예 ᄀᆞᄌᆞ기 건나뛰여(金三1:13). 고히에 류랑ᄒᆞ야 사라셔 몸을 해ᄒᆞ고 집을 멸ᄒᆞ며(敬信23).

고히 명 고(庫)에. 곳간에. 〔ㅎ 첨용어 '고'의 부사격(副詞格).〕 ⑤고 ¶만일 가젓ᄂᆞᆫ 行李財帛이 잇거든 공번히 驗ᄒᆞ야 庫히 녀허: 如有携帶行李財帛公驗貯庫(無寃錄1:56).

·고:힝 명 고행(苦行). ¶伽闍山 苦行애 六年을 안ᄌᆞ샤(月印上22).

·고:힝·ᄒᆞ·다 동 고행(苦行)하다. ¶여슷 히롤 苦行ᄒᆞ샤(釋譜6:4). 이 如來 六年 苦行ᄒᆞ더신 ᄣᅢ히니이다(釋譜24:36). 여슷 히롤 苦行ᄒᆞ샤 臘月 여ᄃᆞ랫날 바미 明星 보시고 道롤 아ᄅᆞ샤(金三1:1).

·곡 명 곡(斛). 휘. ☞고 ¶皇帝 ᄡᆞᆯ 千斛올 주시고:斛은 열 말 드ᄂᆞᆫ 그르시라(三綱. 孝6). 고 곡:斛(訓蒙中11). 밀의 싸흔 곡식 오천 곡을 취ᄒᆞ야(敬信47).

-·곡 어미 -고서. 〔'-고'의 강세형(強勢形).〕 ☞-고 ¶날 ᄇᆞ리곡 머리 가디 말라(釋譜11:37). 구피시곡 쏘 펴시며 펴시곡 쏘 구피시고(楞解1:108). 잢간 몸 아ᄂᆞᆫ 義分을 갑곡 녯 수플 기세 도로 드로리라:暫酬知己分還入故林棲(初杜解7:8). 차롤 ᄀᆞ초ᄒᆞ곡:具茶茗(初杜解9:16). 나라흔 百姓으로 根本을 삼곡 고기ᄂᆞᆫ 주리면 곳다온 낛바볼 費食ᄒᆞᄂᆞ니라:邦以民爲本魚飢費香餌(初杜解16:19). 東녀그로 ᄃᆞ라 鶴 가던 듸 다 가곡 南녀그로 녀 쇠로기 쁟듣ᄂᆞᆫ 듸 다 가리라:東走窮歸鶴南征盡跕鳶(初杜解20:13). 그를 스곡 子細히 議論호미 됴토다:題詩好細論(初杜解21:6). 뫼헤 쒱은 舟楫을 맛곡:山雉迎舟楫(初杜解23:38). 南녁 늘그닐 惠愛ᄒᆞ야 깃게 ᄒᆞ곡:惠愛南翁悅(初杜解23:38). 名區 勝地를 졸희곡 졸희여(古時調. 千古 義皇天과. 青丘).

곡갑다 형 고깝다. ¶곡가오신 마ᄋᆞᆷ으로 격경을 ᄒᆞ실 적의(農月 十月令).

곡거름 명 고위까람. 곡정초(穀精草). ¶곡거름:穀精草(柳氏物名三 草).

곡걸다 동 곱걸다. 곱쳐 걸다. 옭걸다. ¶승년은 둥놈의 샹토 플쳐 손에 츤츤 곡거러 잡고(古時調. 둥놈은. 青丘).

곡녜 명 곡례(哭禮). ¶ᄆᆞᄎᆞᆷ내 곡녜롤 힝ᄒᆞ오시다(仁祖行狀9).

곡님ᄒᆞ다 동 곡림(哭臨)하다. ¶혼궁의 가오셔 곡님ᄒᆞ러 ᄒᆞ오시거ᄂᆞᆯ(仁祖行狀9).

곡도 명 ①곡두. 꼭두각시. ¶곡도 ᄀᆞᆮᄒᆞ며(釋譜11:36). 幻質은 곡도 ᄀᆞᆮᄒᆞᆫ 얼구리오(月釋2:21之1). 곡도 노롯 ᄀᆞᆮᄒᆞ야(月釋10:14). 幻은 곡되라(楞解2:7). 곡도ᄂᆞᆫ 이 거즛 念이오:幻者是妄念(金剛下152). 棚ㅅ 그테 곡도 놀요물 보라:看取棚頭弄傀儡(金三2:25). 幻은 곡되오 軀ᄂᆞᆫ 모미라(金三2:67). 가졸비건댄 곡도 놀유매 실 그ᄎᆞ면 一時에 그침 ᄀᆞᆮ도다:譬如弄傀儡線斷一時休(龜鑑上27). 곡도:面魁(譯解下24).
②고깔. ¶곡도 변:弁(光千20).

곡도·손 명 꼭두서니. ☞곡도송. 곱도송 ¶곡도손 쳔:蒨(訓蒙叡山本上5). 곡도손으로 뻐 초히 드리텨 傷處에 ᄇᆞ르면:以茜草投醋內塗傷處(無寃錄1:20). 곡도손:茹藘(詩解物名8). 곡도손:茜草(方藥25).

곡도손이 명 꼭두서니. ☞곡도손. 곡도송 ¶곡도손이:茅蒐(物譜 雜草).

곡도송 명 꼭두서니. ☞곡도손. 곡도숑. 곱도숑 ¶곡도송:茜草(譯解下40). 곡도송:茹藘(柳氏物名三 草).

곡도·숑 명 꼭두서니. ☞곡도손. 곡도송. 곱도숑 ¶곡도숑:茹藘蒨草(四解上35 藘字註). 곡도숑:茜(四解下4). 곡도숑 쳔:蒨 亦作茜一名 茅蒐又茹藘俗呼蒨草又馬蒨(訓蒙東中本上9). 곡도숑 믈드린 블근 빗체 털조차 뿐 비단과:茜紅氈段(老解下46). 곡도숑 믈든 비단:茜紅(譯解下3). 곡도숑:茜草(同文解下45).

곡독각시 명 꼭두각시. ¶곡독각시:傀儡伎(物譜 博戲).

곡됴 명 곡조(曲調). ¶苦ᄅᆞ왼 曲調앳 더ᄅᆞ며 긴 이푸미로다(初杜解14:15). 律은 法이오 調ᄂᆞᆫ 曲調ㅣ라(金三3:6). 어비잇긔 잔치ᄒᆞᄂᆞᆫ 곡됴 여듧 뭘ᄂᆞᆯ 지어:作宴親曲八闋(東新續三綱. 孝6:27). 노하 노래롤 들으며 곡됴롤 唱ᄒᆞ면(女四解2:25). 거믄고 ᄒᆞᆫ 곡됴를:琴一操(朴解中44). 곡됴:曲兒(同文解上52). 곡됴 률:律. 곡됴 려:呂. 곡됴됴:調(註千2). 곡됴 쟝:章(註千5). 곡됴 조:操(註千17). 곡됴 산:散(註千32). 곡됴 쇼:招(註千32). 유랑이 쏘ᄒᆞᆫ 곡됴의 묘ᄒᆞᆫ 곳을 가ᄅᆞ치니(落泉1:1).

곡:뒤 명 꼭뒤. ☞뽁뒤. 뽁듸 ¶머리 곡뒤헤 도돈 것:腦後有核(救簡 目錄9). 곡뒤와 둥의 나거든:發腦發背(救簡3:41). 곡뒤:後腦(訓蒙上28 腦字註). 곡뒤 우묵ᄒᆞᆫ 듸롤(瘟疫方22). 곡뒤:腦後(譯解上32). 곡뒤에 죵긔 나 의약과 긔도ᄒᆞ여 석 돌이 되매 거의

죽게 된(敬信57).

곡딘ᄒᆞ다 형 곡진(曲盡)하다. ¶의논ᄒᆞᆫ 말이 다 ᄌᆞ셔ᄒᆞ고 곡딘ᄒᆞ다(經筵).

곡ᄃᆡ 명 ①꼭대기〔頂〕. ¶뫼ㅅ곡ᄃᆡ:頂(漢淸1:39).
②꼭뒤. ☞곡뒤 ¶곡ᄃᆡ 뒤헤 ᄇᆞ리다:拋在腦後(譯解補60).

곡림 명 곡림(哭臨). ¶곡림 림:臨(註千11).

곡물 명 곡물(穀物). ¶곡물은 이제 독과 병엣 거시 진치 아니ᄒᆞᆫ ᄣᅢ를 미처(綸音94).

·곡:미 명 곡미(穀米). ¶財物 穀米 飮食 衣服애 ᄒᆞᆫ 거시나 아니 주거든(月釋21:40).

곡벽ᄒᆞ다 동 곡벽(哭擗)하다. 가슴을 두드리며 통곡하다. ¶곡벽(곡은 통곡 벽은 가ᄉᆞᆷ 두드리단 말이라)ᄒᆞ오시기(仁祖行狀3). 男女ㅣ 哭擗호ᄆᆞᆯ 數업시 ᄒᆞ라(家禮5:2).

곡비 명 고삐. ¶以轡爲靮方言云 곡비 靮者(雅言二 轡者).

곡셕 명 곡식. ☞곡식 ¶밧가리를 ᄇᆞᄌᆞ러니 ᄒᆞ면 가이 곡셔글 마니 두어:勤於耕稼則可以豊粟穀(正俗21). 社ᄂᆞᆫ ᄯᅡ 신이오 稷은 곡셕 신이니(宣小2:30). 곡셕 삼ᄇᆡᆨ 셕글 주시니라:賜租三百石(東新續三綱. 孝1:2). 곡셕 그테 귀 나고:禾頭生耳(重杜解12:15). ᄆᆡ기ᄅᆞᆯ 모로미 ᄇᆞᄌᆞ런이 홀ᄶᅵ니 플이 기으면 곡셔을 害ᄒᆞᄂᆞ니라(警民11). 곡셕 이삭:穗(柳氏物名三 草).

·곡·식 명 곡식(穀食). ☞곡셕 ¶이ᄂᆞᆫ 쳔량이라 이ᄂᆞᆫ 穀食이라 ᄒᆞ야(釋譜24:7). 穀食이 科ㅣ 이셔 펴 가ᄅᆞᆯ 담ᄃᆞᆺ ᄒᆞ며(楞解1:16). 苗ᄂᆞᆫ 아니 핀 穀食이오 稼ᄂᆞᆫ 핀 穀食이라(法華3:56). 飢ᄂᆞᆫ 곡식 업슬 시오(南明下30). 곡식에 몯내 염근 거슬 머거 모기 부르터 나거든:咽喉生穀賊(救簡2:76). 베 닉디 아닌 제 곡식글 ᄭᅮ이고:禾未熟也貸穀(正俗23). 바팃 곡식 뷔다:割田(訓蒙下5 割字註). 곡식 곡:穀(類合上10. 倭解下4). 곡식 거둘 쉭:穡(石千28). 곡식 삭망:芒(類合下51). 穀食 시므던 바티(重杜解3:62). 곡식 녓ᄂᆞᆫ 움:地窨(同文解上40). 곡식 모:秧子(漢淸10:4). 곡식:穀(漢淸12:63). 남의 곡식 이삭을 해ᄒᆞ고 남의 혼인을 파ᄒᆞ며(敬信3). 엷고 ᄃᆞᆺ거온 오ᄉᆞ로ᄡᅥ 동치의게 밋ᄂᆞ냐 오ᄂᆞᆫ 곡식의 ᄒᆡᄒᆡ마다 크게 풍년들고(綸音82).

·곡·읍 명 곡읍(哭泣). ¶哭泣의 哀ᄒᆞᆷ애 弔ᄒᆞᄂᆞᆫ 者ㅣ 키 悅ᄒᆞ더라(宣孟5:8).

곡읍ᄒᆞ다 동 곡읍(哭泣)하다. ¶곡읍ᄒᆞ기ᄅᆞᆯ 그치디 아니ᄒᆞ고:哭泣不絶(東新續三綱. 烈1:70). 곡읍ᄒᆞ미 녜시어ᄂᆞᆯ(癸丑28).

·곡·젹 명 곡젹(穀賊). ¶穀賊은 穀食에 몯내 핀 이사기 굳고 ᄢᅡᆯᄒᆞᆫ 거시니 몰라 ᄲᆞ리라 머그면 목 안히 브ᅀᅥ 通티 아니ᄒᆞᄂᆞ니 일후믈 목 안해 穀賊 나다 ᄒᆞᄂᆞ니라(救急上46).

곡졀 명 곡절(曲折). ¶ᄒᆞᆫ 두들기 曲折을 갈맷ᄂᆞ니(重杜解10:15). 出入ᄒᆞ며 向背ᄒᆞᄂᆞᆫ 曲折을 아라셔(家禮1:7). 곡졀 업시:無緣無故(漢淸7:51). 이받기 어려온 곡졀을(重新語8:5). 듕국을 위ᄒᆞ야 병화의 죽은 곡졀(山城2). 별후 곡졀을 무ᄅᆞ니 화연이 이의 궤고ᄒᆞ야 ᄀᆞᆯ오ᄃᆡ(落泉2:6).

·곡졍·초 명 곡정초(穀精草). 고위까람. ¶곡졍초 ᄒᆞᆫ 량을 ᄀᆞ라 밄ᄀᆞᄅᆡ ᄆᆞ라 죠히 우희 ᄇᆞᆯ라 알폰 ᄃᆡ 브툐ᄃᆡ:穀精草一兩爲末用白麪調攤紙花子上貼痛處(救簡2:6).

곡지 명 꼭지. ☞꼭지 ¶곡지 ᄲᅥ러디ᄃᆞᆺ:蔕落(痘要上34). 금탕권 쇠곡지:金鑵兒鐵攜兒(朴解上37). 물 ᄃᆞᆷ북 ᄯᅥ내ᄂᆞᆫ 드레 곡지(古時調. 믯난편. 靑丘). 졋곡지:妳頭子(同文解上16). 춤외 곡지:苽蔕(方藥42).

·곡·지·니 부 곡진(曲盡)히. ☞곡진이. 곡진히 ¶ᄯᅩ 맛당이 곡지니 졷ᄌᆞ올디니:亦當曲從(飜小7:2).

곡직 명 곡직(曲直). ¶네 나라홀 멸ᄒᆞ고 네 ᄇᆡᆨ셩을 해ᄒᆞ려 ᄒᆞ미 아니오 정히 곡직을 분변ᄒᆞ려 ᄒᆞ미라(山城65).

·곡:진이 부 곡진(曲盡)히. ☞곡지니 ¶ᄯᅩ 맛당이 곡진이 졷출디니:亦當曲從(宣小5:36). 진실노 곡진이 구완ᄒᆞ고 ᄉᆞᄉᆞ로 새롭기ᄅᆞᆯ(山城70). 샹이 ᄠᅳᆮ을 구펴 곡진이 졷ᄌᆞ와(仁祖行狀10).

·곡:진·히 부 곡진(曲盡)히. ☞곡지니 ¶오직 반ᄃᆞ기 곡진히 조차:但當曲從(宣賜內訓1:48). 그 妙ᄅᆞᆯ 曲盡히 ᄒᆞ야(六祖中109). 그 권당의게 더욱 恩意를 곡진히 ᄒᆞ야:其於宗族尤盡恩意(飜小9:36). 공슌 아닌 ᄒᆡᆼ실을 ᄒᆞ리 잇거든 ᄆᆞᄋᆞᆯ 얼운들이 곡진히 ᄀᆞᄅᆞ쳐 알외여(警民23).

·곡:진ᄒᆞ·다 형 곡진(曲盡)하다. ¶龍伯高ᄂᆞᆫ 도타오며 曲盡ᄒᆞ며 조심ᄒᆞ야(宣賜內訓1:37). 지도ᄒᆞ오시미 곡진ᄒᆞ시니(閑中錄48).

곡홀 명 고콜. ¶곡홀:糠燈洞子(漢淸9:74).

·곡ᄒᆞ·다 동 곡(哭)하다. ¶子ㅣ 이 날애 哭ᄒᆞ시면 歌티 아니ᄒᆞ더시다(宣論2:16). 面이 기피 墨ᄒᆞ야 位예 卽ᄒᆞ야 哭하거든(宣孟5:6). 이믜 긔絶ᄒᆞ거든 이에 哭ᄒᆞ라(家禮5:1). 샹이 침뎐을 ᄇᆞ라고 지비ᄒᆞ고 곡ᄒᆞ오시니(仁祖行狀5).

·곡ᄒᆞ·다 형 곡(曲)하다. 바르지 않다. ¶이리 曲ᄒᆞ며 直호미 이시며(宣賜內訓2上9).

·곤 명 고니. ☞곤이 ¶거름 거루미 곤 ᄀᆞᄐᆞ시며(月釋2:57). 곤:天鵝(訓蒙上16).

곤 명 곤(棍). 몽둥이. ¶두 사ᄅᆞᆷ이 棍을 잡아(武藝圖58). 甲이 棍을 들어(武藝圖58).

-·곤 어미 -거든. -니. ☞-고ᄂᆞᆫ ¶功도 그러

ᄒᆞ곤 圓持功ᄋᆞᆯ 아ᄅᆞᆯ디로다(月釋17:54). 오히려 모디로ᄆᆞᆯ 두리곤 十方ᄋᆞᆫ 眞實로 어려울씨 ᄯᅩ 守護 더으샤ᄆᆞᆯ 求ᄒᆞ니라(法華4:193). 그 福이 오히려 하곤 ᄒᆞᄆᆞᆯ며 ᄯᅩ 能히 사ᄅᆞᆷ 爲ᄒᆞ야 사겨 닐오미ᄯᆞ녀:其福尙多何況更能爲人解說(金剛下92). 오히려 怨嘆ᄒᆞ야 ᄢᅴ리 하곤 ᄒᆞᄆᆞᆯ며 滅度後ㅣᄯᆞ녀:猶多怨嫉況滅度後(圓覺上一之一44). 나라히 오히려 德을 닙곤:國猶賴之(宣賜內訓3:54). 여희요미 맛당ᄒᆞ곤(金三2:37). 누릿 가온ᄃᆡ 나곤 몸하 ᄒᆞ올로 녈셔(樂範. 動動). 새도 ᄒᆞᆫᄃᆡ 몯 잇곤 ᄒᆞᄆᆞᆯ며 사ᄅᆞᆷ이ᄯᆞ녀:禽鳥不相容況人耶(二倫26). 제 죄도 벗디 몯ᄒᆞ곤(修行章32). 釋迦도 외히려 아디 몯ᄒᆞ시곤 迦葉ㅣ 엇뎌 傳得ᄒᆞ료(龜鑑上1). 이ᄅᆞᆯ 가히 ᄎᆞᆷ아 ᄒᆞ곤 므스거ᄉᆞᆯ 可히 ᄎᆞᆷ아 몯 ᄒᆞ리오:是可忍也孰不可忍也(宣論1:19). 天도 ᄯᅩ 違치 몯ᄒᆞ곤 ᄒᆞᄆᆞᆯ며 人에며 ᄒᆞᄆᆞᆯ며 鬼神에ᄯᆞ녀:天且弗違而況人乎況於鬼神乎(周解 乾卦). 入良沙寢矣見昆脚烏伊四是良羅(三遺. 處容歌).

곤고다 동 돋우다. ¶젓줄 곤고노라 ᄆᆞ양 우ᄂᆞᆫ 아희 ᄂᆞᆯ와(古時調. 鄭澈. ᄃᆞᆯ좀. 松江).

곤고ᄒᆞ다 형 곤고(困苦)하다. ¶어찰을 곤고ᄒᆞᆫ 경상을 다 니ᄅᆞ시니(仁祖行狀31). ᄇᆡᆨ셩이 곤고ᄒᆞ여 슈화의 ᄲᅡ딘 닷(經筵).

:곤궁ᄒᆞ·다 형 곤궁(困窮)하다. ¶四海ㅣ 困窮ᄒᆞ면 天의 祿이 永히 終ᄒᆞ리라(宣論4:67). 困窮호매 이셔 獨立디 몯호라(重杜解1:41). 손을 놀와 浮浪ᄒᆞ면 오라매 반ᄃᆞ시 困窮ᄒᆞ고(警民30).

-곤·대 어미 -관대. -었기에. -건대. ¶世尊하 摩耶夫人이 엇던 業을 지ᅀᆞ시곤대 畜生中에 나시니잇고(釋譜11:40).

곤당 명 곤장(棍杖). ☞곤쟝 ¶곤당 가져다가 티라:將棍來打(朴解中7). 곤당으로 티다:棍打(譯解上67).

곤:뎨 명 곤제(昆弟). 형제. ¶君臣과 父子와 夫婦와 昆弟와 朋友(宣中25). 그 父母와 昆弟의 말애 間티 몯ᄒᆞᄂᆞ다(宣論3:2). 昆弟의 喪은 宗子ㅣ 主호미니라(家禮5:4). 맛당히 어미 ᄀᆞᆺ고 아비 다ᄅᆞᆫ 昆弟 爲ᄒᆞ며(家禮6:22). 사ᄅᆞᆷ이 그 부모와 곤뎨의 말에 간치 못ᄒᆞᆫ다:昆弟(百行源12).

곤두박질 명 곤두박질. ¶곤두박질:攧倒(物譜 博戲).

:곤룡포 명 곤룡포(袞龍袍). 임금이 입는 정복(正服). ¶莽龍衣 袞龍袍애 寶玉帶 ᄯᅴ샤:龍衣與袞袍寶玉且橫腰(龍歌112章). 香ㅅ 닌ᄂᆞᆫ 袞龍袍ᄅᆞᆯ 바라ᄢᅵ도다(初杜解6:5).

곤무 명 골무떡. ☞골무 ¶흰 곤무 콩인졀미 자치술국 按酒에 (古時調. 묵은희. 歌曲).

곤믈 명 콧물. ¶곤믈 톄:涕(類合上22).

:곤·복 명 곤복(袞服). ¶袞服 니피ᅀᆞᄫᆞ니:袞服以御(龍歌25章). 太子ㅣ 袞服ᄋᆞ로 밧고아 니브시고:袞服ᄋᆞᆫ 龍 그륜 冠帶옛 오시라(釋譜3:p.126).

:곤·븨·ᄒᆞ·다 형 곤비(困憊)하다. ¶오라 여위오 곤븨ᄒᆞ야 병이 도욀가 십브거든:久而羸憊恐成疾者(飜小7:18). 오라여 외고 곤비ᄒᆞ야:久而羸憊(宣小5:51). 날이 오라 곤븨ᄒᆞ야:日久困憊(東新續三綱. 孝1:4). 오히려 곤븨ᄒᆞ더니(經筵). 긔운이 곤븨ᄒᆞ여:氣甚困憊(臘藥26).

-·곤여 어미 -고녀. ¶관원을 ᄀᆞ초고 듣디 몯ᄒᆞ엿곤여:備官而未之聞耶(宣小4:44).

곤위 명 곤위(坤位). ¶곤위ᄅᆞᆯ 뎡ᄒᆞ옵고(閑中錄206).

곤의 명 곤의(袞衣). 곤룡포(袞龍袍). ¶곤의 곤:袞(類合上30).

·곤이 명 고니. ☞곤 ¶네 닐온 곤이ᄅᆞᆯ 사기다가 이디 몯ᄒᆞ야도:所謂刻鵠不成(飜小6:14). 닐온바 곤이ᄅᆞᆯ 사겨 이디 몯ᄒᆞ야도:所謂刻鵠不成(宣小5:14). 곤이:天鵝(譯解下27). 곤이:鵠(物譜 羽蟲). 곤이:鵠(柳氏物名一 羽蟲). 곤이 혹:鵠(兒學上7).

곤쟝 명 곤장(棍杖). ☞곤당 ¶곤쟝:板子(同文解下30. 譯解補37).

곤지 부 위로. ¶곤지 쏘다:向上射(同文解上48. 漢淸4:43).

:곤·직 명 곤직(袞職). 임금의 자리. ¶ᄒᆞᄆᆞᆯ며 袞職 돕ᅀᆞᄫᆞ려(龍歌121章). 袞職 王職也 不敢斥言 故曰袞職也(龍歌10:49). 袞職을 일즉 ᄒᆞᆫ 字로도 깁디 몯ᄒᆞᅀᆞ오니(初杜解6:14). 지조 업슨 모ᄆᆞ로 袞職 깁소오ᄆᆞᆯ ᄒᆞ가지로 호니 詔書ᄅᆞᆯ 바도니 옷기ᄉᆞᆰ 돌ᄋᆡ요ᄆᆞᆯ 許ᄒᆞ시다(重杜解20:42).

곤츙 명 곤충(昆蟲). ¶곤츙 초목도 오히려 상케 말며(敬信1).

곤치다 동 고치다. ¶님 그려 기피 든 病을 어이ᄒᆞ여 곤쳐 낼고(古時調. 靑丘).

곤튱 명 곤충(昆蟲). ¶蜫蟲(訓蒙 目錄). 덕틱이 곤튱에 밋ᄎᆞ면:昆蟲(三略下2).

곤포 명 곤포(昆布). 다시마. ¶곤포:昆布(柳氏物名三 草).

곤핍ᄒᆞ다 형 곤핍(困乏)하다. ¶표ㅣ 곤핍ᄒᆞ여(五倫1:32).

:곤ᄒᆞ·다 형 ①곤(困)하다. 곤궁(困窮)하다. 곤핍(困乏)하다. ¶나히 ᄌᆞ라 窮困ᄒᆞ야 四方애 밥 求호ᄃᆡ 五道애 困ᄒᆞ며 四生애 디나 제 命을 살오ᄆᆞᆯ 가ᄌᆞᆯ비고(法華2:184). ᄌᆞ개 비골포ᄆᆞᆯ ᄎᆞᄆᆞ시고 乾飯ᄋᆞᆯ 푸머 나ᄅᆞᆯ 이바ᄃᆞ시니 豆粥과 보리밥애 가ᄌᆞᆯ비건댄 그 困호미 더욱 甚ᄒᆞ니라(宣賜內訓2下40). 게ᄂᆞᆫ 네 진무공이 게 ᄡᅡ히 가 곤ᄒᆞ야 죽을 번ᄒᆞᆫ 일이니(仁祖行狀28).

②곤(困)하다. 고생스럽다. ¶곤ᄒᆞᆯ 곤:困(類合下46). 或 生ᄒᆞ야 知ᄒᆞ며 或 學ᄒᆞ야 知ᄒᆞ며 或 困ᄒᆞ야 知ᄒᆞᄂᆞ니(宣中26). 딕흰 사ᄅᆞᆷ이 곤ᄒᆞ여 조ᄋᆞ다가 ᄭᅵ여 브ᄅᆞ니:守者困睡覺而呼之(東新續三綱. 烈6:41). 正官은 비멀믜ᄒᆞ여 困ᄒᆞ여 좀드럳ᄉᆞᆸᄂᆡ(重新語1:20). 칩고 잠 곤홈으로ᄡᅥ 응치 아니커나 업다 ᄒᆞ지 말며(敬信67).

곧 명 꽃. ☞곳 ¶곧 미티셔 흐터 오고:花底散(重杜解6:15). 곧 화:花(倭解下29). 내 집 東山의 곧치 爛發ᄒᆞ여(隣語2:4).

·곧 명 ①곳. ¶이 곧 뎌 고대:於此於彼(龍歌26章). 현 고ᄃᆞᆯ 올마시뇨:幾處徙厥宅(龍歌110章). 處는 고디라(釋譜13:2). 사ᄅᆞ미게 믜이샨 고ᄃᆞᆯ:人憎處(蒙法61). 李膺을 相對홀 고ᄃᆞᆯ 어느 알리오:何知對李膺(初杜解8:9). 이 고ᄃᆞᆫ 佛祖ㅣ 亂 앗고(南明上2). 곧 쳐:處(類合上24. 石千31). ᄉᆡ부모 겨신 곧애 가되(宣小2:3). 尊 노ᄒᆞᆫ 곧ᄋᆡ 가 절ᄒᆞ고 받오ᄃᆡ:拜受於尊所(宣小2:62). 온갓 곧의 神을 求ᄒᆞ야(女四解2:22). 음식 먹는 곳과 왕ᄂᆡᄒᆞᄂᆞᆫ 고대(正念解2). 代宮中도 ᄒᆞᆫ 곧에 인ᄉᆞᆸᄂᆡ(重新語1:3). 이 곧은 준폐ᄒᆞᆫ 村이오라(隣語1:14).

②바. 것. ¶우리 父母ㅣ 듣디 아니ᄒᆞ샨 고ᄃᆞᆫ(釋譜6:7). 一世 流ᄒᆞ야 十世 ᄃᆞ외논 고ᄃᆞᆫ(釋譜6:7). 부텻 소리 조ᅀᆞᄅᆞᄫᆡᆫ 고ᄃᆞ로 니르건댄(釋譜19:15). 그ᄢᅴ 大臣이 太子ㅣ 고ᄃᆞᆯ 아란마ᄅᆞᆫ(釋譜24:52). 알ᄑᆡ 현 곧 ᄂᆞᆫᄒᆞ닌:如前所引(圓覺上一之一26). 주구믜 저픈 고ᄃᆞᆯ 모ᄅᆞᇙ 것 아니어니와(三綱. 孝23). 므슴 어려운 고디 이시리오:有甚麼難處(飜老上21).

·곧 부 곧〔卽〕. ☞고. 곳 ¶邦本이 곧 여리ᄂᆞ니:邦本卽杌隉(龍歌120章). 곧 阿羅漢ᄋᆞᆯ 아니라(釋譜6:12). 제 스승을 곧 닛긔 ᄒᆞ니(月印上41). 舍利弗을 곧 보내시니(月印上56). 뎨 곧 信受ᄒᆞᄂᆞ니 ᄆᆡᆼᄀᆞ론 城에 결유미 ᄌᆞᆫᄒᆞ니라(月釋14:74). 니ᄅᆞ샤ᄆᆞᆯ ᄯᅩ 듣ᄌᆞᆸ고 곧 落處ᄅᆞᆯ 알려니와(南明上2). 뎌 뎜이 곧 瓦店이니:那店子便是瓦店(飜老上17). 곧 즉:卽(類合下47).

-곧 접미 -(다고)만. ¶그ᄅᆞᆯ 마다곧 너기시면 내여 가 ᄀᆞ라 드리실가(重新語4:20).

곧·갈 명 고깔. ¶힌 곧가ᄅᆞᆯ ᄀᆞᄅᆞᆷ 두듥게 벗기와닷도다:白幘岸江皐(重杜解7:21).

·곧고·대 명 곳곳에. ¶곧고대 衆生ᄋᆞᆯ 爲ᄒᆞ야(月釋18:84). 곧고대 밥 求ᄒᆞ며:處處求食(法華2:112). 곧고대 자최 업고(南明上21). 곧고대 뫼햇 고지 프도다:處處山花秀(金三3:33).

곧고디 부 꼿꼿이. ¶다리ᄅᆞᆯ 곧고디 ᄃᆞᆫ니ᄂᆞᆫ 이ᄂᆞᆫ 무룹 우히 알폼이오(馬解上75).

·곧곧 명 곳곳. ¶곧곧마다 ᄇᆞᆰ비치 나더라(月釋2:52). 보미 오면 곧고대 뫼햇 고지 프도다:春來處處山花秀(金三3:33).

곧곧ᄒᆞ다 형 꼿꼿하다. ¶머리를 펴고 목을 곧곧ᄒᆞ며(馬解上89).

곧·다 형 ①곧다. ¶놉고 고ᄃᆞ며(釋譜19:7). 고ᄃᆞᆫ 氣運이 乾坤애 빗겟더라:直氣橫乾坤(初杜解8:6). 고히 곧고 누니 빗도다:鼻直眼橫(金三2:11). 고들 딕:直(訓蒙下29). 고든 딕:直(光千29). 고ᄃᆞᆯ 딕:直(類合下18). 고ᄃᆞᆫ 딕:直(石千29). 곧오ᄃᆡ 온화케 ᄒᆞ며:直而溫(宣小1:10). 머리의 양은 곧으며:頭容直(宣小3:11). 밧 얼굴이 고ᄃᆞᆫ 然後에:外體直然後(宣小3:19). 고ᄇᆞ며 고ᄃᆞᄆᆞᆯ 내 모ᄅᆞ고:曲直吾不知(重杜解2:59). 엇디 고ᄃᆞᆫ 말 ᄒᆞ야 스스로 변졍 아니ᄒᆞᄂᆞᆫ다:何不直言自辯(東新續三綱. 忠1:5). 고들 직:直(倭解下34). 고든 거ᄉᆞᆫ 굽다 ᄒᆞ고 굽은 거ᄉᆞ로 곳다 ᄒᆞ며(敬信3).

②정숙(貞淑)하다. 정절(貞節)이 있다. ¶고ᄃᆞᆫ 뎡:貞(訓蒙下25). 고ᄃᆞᆫ 뎡:貞(光千7). 고ᄃᆞᆯ 뎡:貞(類合下3). 고ᄃᆞᆯ 뎡:貞(石千7). 고들 졍:貞(倭解上22. 註千7).

곧답다 형 꽃답다. ¶機心을 닛고 곧다온 프를 相對ᄒᆞ야:忘機對芳草(重杜解5:35). 粳稻의 곧다오ᄆᆞᆯ 듣고져 호ᄆᆞᆯ 오래 ᄒᆞ노라:佇聞粳稻香(重杜解7:34). 곧다온 일홈을 千載애 펴ᄂᆞᆫ 者ㅣ니:播芳名於千載者也(女四解4:20). 곧다올 향:香. 곧다올 방:芳(倭解下30).

곧부리 명 꽃부리. ☞곳부리 ¶곧부리 영:英(倭解下30).

곧치 명 꼬치. 꼬챙이. ☞곶 ¶곧치 쳔:串(倭解下15).

곧·티·다 동 고치다. ☞고티다 ¶혜아리ᄂᆞᆫ ᄆᆞᅀᆞ미 사오나온 이레 달애여 곧텨 도ᄋᆡ야:知誘物化(飜小8:9). 근틀 곧티거시든:更端(宣小2:61). 몸이 ᄆᆞᆺ도록 곧티디 아니ᄒᆞᄂᆞ니:終身不改(宣小4:36).

:골 명 ①골〔洞〕. ¶至 北泉洞 뒷심골…北泉洞 在松京北部五冠坊(龍歌2:32). 비얌골:蛇洞(龍歌6:43). 이 고리 조ᄇᆞ니:這衚衕窄(飜老上34). 북녁 고래:北巷裏(飜老上48). 골 호:衚. 골 동:衕(訓蒙上6). 골 동:洞(類合上5. 倭解上8). 골 동:洞(石千27). 삼 년을 골 어귀예 나디 아니ᄒᆞ니라:三年不出洞口(東新續三綱. 孝3:21). 이 골이 조브니:這衚衕窄(老解上31).

②고을〔州. 邑. 縣〕. ☞고을. ᄀᆞ올. ᄀᆞᇹ ¶골히 이셔 일 업슨 저기어든:在州無事(飜小10:7). 남진 조차 다ᄅᆞᆫ 골히 가:隨夫壻外郡他鄕(恩重16). 조ᅀᆞᄅᆞ왼 일곳 아니어ᄃᆞᆫ 골희 가 노니며(誡初11). 한나라 동희

골 쟝시 과부ㅣ 시모를 효도로 길으거늘(女四解4:12). 븕은 지게 십 니의 온 골회 빗나도다(女範4. 녈녀 셔군보쳐).
③골〔谷〕. 골짜기. ¶묏 고래 수머 겨샤(釋譜6:4). 谷온 고리라(月釋13:45). 谷響:고랫 뫼사리라(楞解8:55). 고릐 ᄀᆞ독ᄒᆞᆫ 뫼햇 구루미 니렛고:滿谷山雲起(初杜解8:51). 桃源ㅅ 곬 소배 곳 펫ᄂᆞᆫ 고ᄃᆞᆫ:桃源洞裏花開處(南明上37). 즈믄 바회와 萬 골왜:千巖萬壑(南明下27). 그 도ᄌᆞ글 ᄒᆞᆫ 산고래 에워:把那賊圍在一箇山峪裏(飜老上30). 골곡:谷(訓蒙上3. 類合上5. 石千10. 倭解上8). ᄆᆞ리 놀라도 기픈 고릐 딜가 시름 아니커니와:馬驚不憂深谷墜(重杜解4:34). 가마귀 싸호ᄂᆞᆫ 골에 白鷺ㅣ야 가지 마라(古時調. 青丘). 만막골 긴긴 골의 쟝쳥이 빗겨셰라(萬言詞). 谷曰丁蓋(雞類).
:골 명 고래. 방고래. ¶구듨 골샛 거믜영:突内煤(救簡6:76).
골 명 꼴. ¶起踊振吼擊도 다 잇 골로 닐어 셰코미라(月釋2:14). 몺 골 아라우히(月釋2:41). ᄂᆞ치 고리 제 낟ᄃᆞᆺ ᄒᆞ니라:面像自現(永嘉上105). 세 受의 고리 덛더디 그러호ᄃᆡ:三受之狀固然(永嘉下74). 고리나 보고쟈:思見面(恩重17). 鍾乳ㅅ골 ᄀᆞᆮᄒᆞᆫ 거시 잇거늘:若有鐘乳狀(宣賜内訓2下9). 양ᄌᆞᆺ 고를 모로매 단졍ᄒᆞ고 엄졍히 ᄒᆞ며:容貌必端莊(飜小8:16). ※골>꼴
골 명 골. 머릿골. 골수(骨髓). ¶골 슈:髓(類合上21). 마리ㅅ골:頭腦(同文解上14). 골:骨髓(同文解上56).
:골 명 왕골. 골풀. ¶골 관:菅 通作莞(訓蒙上9). 요 우희 골 난다 홈을 아ᄂᆞᆫ다(小兒8). 골:莞草(漢清13:13). 골:水葱(同文解下46). 골:燈心草(柳氏物名三 草).
골 명 고(膏). ¶골 ᄆᆡᆼᄀᆞ라:爲膏(救急上62). 골 ᄆᆡᆼᄀᆞ라 헌ᄃᆡ 브티면 뎡죵이 절로 싸디니라:爲膏以敷瘡上丁自出矣(救簡3:20). 골 ᄆᆡᆼᄀᆞ라 뵈 우희 ᄇᆞᆯ라:作膏塗布上(救簡3:31). 골 ᄆᆡᆼᄀᆞ라:爲膏(救簡6:21).
:골 명 ①궤〔櫃〕. 함. 고리짝. ☞고볼 ¶골독:櫝(訓蒙中10).
②관(棺). ¶바ᄅᆞ 늘근 쥐 골 너호로ᄆᆞᆯ ᄀᆞ티 ᄒᆞ야:直如老鼠咬棺材(蒙法16).
골 명 골(骨). 뼈. ¶骨애 사긴ᄃᆞᆯ 엇데 이 恩ᄋᆞᆯ 갑ᄉᆞ오리오(南明上41). 龍이 骨을 바사 ᄇᆞ리고 가니(六祖略序15).
골각갈곡 부 까마귀 울음소리. ¶골각갈곡 우지즈면셔(古時調. 이제ᄉᆞ. 青丘).
골각골각 부 까마귀 울음소리. ¶深意山 ᄀᆞᆯ가마귀 太白山 기슭으로 골각골각 우닐며(古時調. 이제ᄂᆞᆫ. 青丘).
골격 명 골격. ¶골격 장ᄒᆞ다:骨格粗壯(漢清6:6). 골격이 긔이ᄒᆞ야(閑中錄134).
골골 명 고을 고을. ¶列邑의 官間 밧고 골골이 졈고ᄒᆞ여(萬言詞).
골골이 부 고을마다. ¶골골이 버러시니(松江. 關東別曲).
골다 동 굶다. ¶王이 病을 호ᄃᆡ 오ᄋᆞᆫ 모미 고ᄅᆞᆫ 더러ᄫᅳᆫ 내 나거늘(釋譜24:50).
골다 형 굶다. ¶술 골케 붓다:醮淺(譯解上59). 골케 되다:凹量(譯解補18).
골독이 명 꼴뚜기. ¶골독이:柔魚 似烏賊魚而無骨小(柳氏物名二 水族).
골·라 동 골라. 고르게 하여. ㉠고ᄅᆞ다. ☞골아 ¶여듧 가지 소릐 능히 골라:八音克諧(宣小1:10).
골마지 명 골마지. ☞고라지. 골아지 ¶골마지 ᄭᅵ다:起衣(譯解補31).
골모 명 골무. ¶골모:頂針子(同文解下17. 譯解補41). 골모:頂鍼(漢清10:36). 손ᄲᅮ리의 피가 나셔 죠희 골모 얼리로다(萬言詞).
골목 명 골목. ¶골목 어귀:衕口(譯解補14).
골몰ᄒᆞ다 동 골몰(汨沒)하다. ¶부귀에 골몰ᄒᆞ야(普勸文38).
골무 명 골무떡. ☞곤무 ¶흰 골무 콩인절미 쟈치술국(古時調. 묵은 ᄒᆡ. 歌曲).
골박다 동 신골 박다. ¶골박다:援一援(同文解下17). 골박다:揎(漢清11:26).
골방 명 우렁이. ☞골왕이 ¶田螺鄕云古乙方(馬醫方).
골블무 명 골풀무. ¶내게 골블무 잇던니 뇌겨 볼가 ᄒᆞ노라(古時調. 鐵을. 槿樂).
골속 명 골속. 등심(燈心). 등심초(燈心草). ☞골솝 ¶골속:燈心草(東醫 湯液三 草部).
:골:솝 명 골속. 등심(燈心). ☞골속 ¶골솝:燈心(救簡3:92).
·골:슈 명 골수(骨髓). ¶뼈를 그처 骨髓 내오 두 눈ᄌᆞᅀᆞᄅᆞᆯ 우의여 내니라(釋譜11:21). 骨髓는 뼛 소개 잇ᄂᆞᆫ 기르미라(月釋1:13). 뼈 두드려 골슈 내며 피 내여 經 스며:敲骨出髓刺血寫經(牧牛訣2). 머릿 골슈에 들에 ᄒᆞ라(救簡2:2). 머리옛 골슈ᄅᆞᆯ ᄇᆞᄅᆞ면(救簡6:22). 骨髓이 幸혀 ᄆᆞᄅᆞ디 아니ᄒᆞ옛노라:骨髓幸未枯(重杜解6:40). 그림 ᄉᆞ랑호미 骨髓에 드렛도다:愛畫入骨髓(重杜解16:30). 셜우미 골슈의 박혀 비ᄒᆞᆯ ᄃᆡ 업ᄉᆞ니(洛城2).
골싸지다 형 우둔하다. 서투르다. ¶골싸지다:拙笨(漢清8:28).
·골·슉 명 골육(骨肉). ☞골육 ¶骨肉은 뼈와 ᄉᆞᆯ쾌니 어버ᅀᅵ 子息 兄弟 夫妻ᄃᆞᆯᄒᆞᆯ 니ᄅᆞ니라(月釋21:66). 骨肉이 누네 ᄀᆞ독ᄒᆞ얏고:骨肉滿眼(初杜解17:4).
골·아 동 고르게 하여. ㉠고ᄅᆞ다. ☞골라 ¶諸法에 골아 中에 맛게 ᄒᆞᆯ 씨라:諸法均調

適中也(法華2:212). 섯거 골아 흔 兩만 글는 므레 둠가:拌勻每一兩許沸湯浸(救急上8). 곳갈와 띄왜 뻐 묻거든 짓믈 골아 시소물 請흐며:冠帶垢和灰請漱(宣賜內訓1:50).

골·아사 형 골라야. ¶文과 質왜 골아사:文質彬彬(金三2:61).

골아지 명 골마지. ☞고라지. 골마지 ¶골아지 복:醭 酒醋上白皮(訓蒙下12).

골:업·다 형 상스럽다. 추하다. ¶골업슨 증을 지사(月印上68). 골업슨 양주롤 지서(月釋序35). 골업고 더러브며 病 하몰 슬히 녀겨(月釋21:87). 惡人은 양지 골업슨 사루미라(法華2:28). 됴커나 골업거나 美커나 美티 몯거나:若好若醜若美若不美(法華6:51). 우히며 아래 됴흐며 골업숨과:上下好醜(法華6:57). 거우루는 고우며 골업스며 됴흐며 구주믈 어루 굴히느니:鏡者可辨姸媸好惡(圓覺上一之二13). 들면 머리 허트며 양주 골업시 흐고:入則亂髮壞形(宣賜內訓2上12). 이드며 골업소믈 굴히리오:辨姸醜(南明下28).

골·오 부 고루. ☞고로 ¶等은 골오 니르실씨라(釋譜6:45). 잠간 뭔 딕 업시 다 골오 マ장 뮈윤 뜨디 업스릴씨(月釋2:14). 골오 고드시고(法華2:14). 定慧 골오 等흐느니:定慧均等(金剛序7). 네거릿 골오 준 큰 白牛車눈 곧 이 實教大乘이라:四衢等賜大白牛車卽是實教大乘(圓覺上一之一18). 함과 져고몰 골오 흐야:均於廣略(圓覺上一之二24). 깃브며 便安호몰 골오 흐야:均其勞逸(宣賜內訓2上16). 아드리 크니 글읤 卷帙을 골오 가졧도다:男大卷書勻(初杜解20:28). 샹녜 권당의게 골오 주고:常均於族人(宣小5:80).

:골·오·다 동 고르다. 가리다. ¶제 무레 幻術 잘흐는 사루몰 골와(釋譜24:11). 이베 머검즉흐니로 골와 먹더라:揀口兒喫(飜老下53). 다믄 쳔흔 거슬 골와 사느니 거즛 거슨 맛당흐고:只揀賤的買正是宜假(飜老下66). 다시 노프며 눗가오믈 골와 막키디 마롤디니라:更不考定高下(飜小9:16). 반드시 위흐야 사회롤 골와 얼요딕:必爲擇婿嫁之(飜小9:103).

골오래 명 소라. ☞고로래. 골와라 ¶골오래:梵贏(四解下27 贏字註).

골오로 부 골고루. ☞고로로 ¶편안홈올 골오로 흐야(重內訓2:13).

골오져 동 고르려. ㉮골오다 ¶여러 므롤 골오져 흐야 가노라(朴解 單字解1).

골·오·코 동 고르게 하고 ¶利和로 マ티 골오코(眞言21).

:골·와 동 골라. ㉮골오다 ¶泠泠흔 녯 曲調를 줄줄이 골와 닉야(陶山別曲).

골와 명 소라. ☞고로로. 골오래. 골와라 ¶골와 부다:吹海螺(譯解上26).

골와라 명 소라. ☞고라. 고로래. 골와 ¶螺는 골와래오(釋譜13:26). 角온 쓰리오 貝는 골와래니(釋譜13:53). 한숨 디는 소리 골와랏 소리(釋譜19:14).

골와:래 명 소라이-. 독골와라 ¶螺는 골와래오(釋譜13:26).

골왕·이 명 우렁이. ☞골방 ¶골왕이:大螺(救簡3:69). 골왕이:螺螄(四解上19 螄字註). 골왕이:田贏(四解下27 贏字註). 골왕이 라:螺. 골왕이 ᄉ:螄(訓蒙上23). 골왕이 갓가온 城郭애 マ둑흐얫고:螺蚌滿近郭(重杜解13:28). 골왕이:水螺子(譯解下34).

골육 명 골육(骨肉). ☞골슉 ¶아비와 아돌은 骨肉이 잇고:父子有骨肉(宣小4:27). 긔운이 흔가지오 얼굴만 다루니 骨肉의 지극히 親흔 이 兄弟 マ투니(警民4). 골육을 도륙흐며(仁祖行狀3). 남의 골육을 리간흐며(敬信3). 장양역 빗긴 날에 골육을 니별하고(宋疇錫. 北關曲). 滄波에 骨肉을 버셔(古時調. 成忠. 靑丘).

골절 명 골절(骨節). 뼈마디. ¶골절 알타:骨節疼(漢淸8:6).

골창 명 골창. 고랑창. ¶골창에 낙슈 밧는 대쪽:隔漏(漢淸9:76).

·골·치 명 ①골〔髓〕. ¶골치 슈:髓 骨中脂(訓蒙上28).
②머릿골. ¶골치 내여 죽거늘:打出腦漿來死了(飜老上28). 골치 노:腦(訓蒙上28). 내 져기 골치 알푸고:我有些腦痛(老解下36). 내 오놀 골치 앏파 머리 어즐흐고:我今日腦疼頭旋(朴解中14).

골·타 동 굶다. ¶사숨도 삿기 비골하 흐거든(釋譜11:41). 시혹 비골커나:或失飢(救急上31). 便安커시든 孝養올 닐위여 그 비골흐실가 저코:安則致養唯恐其餒(宣賜內訓1:48). 비골흐며 치우믈 어엿비 너기며:軫其飢寒(宣賜內訓2上16). 골타:不滿(同文解下54). 골흔 잔에 술 치와 붓다:描斟酒(漢淸3:33). 골타:盛的淺(漢淸11:50).

골패 명 골패(骨牌). ¶골패 노롯흐다:抹骨牌(譯解下23). 골패흐다:抹骨牌(同文解下32). 골패:牌(物譜 博戲).

골·폼 형 고픔. ㉮골프다 ¶머긂 제 비골폼과 목몰롬과(月釋2:42). 비골포몰 맛나 곧 머그며:逢飢卽餐(圓覺下三之一102). 골폼 알며 渴홈 알며:知飢知渴(牧牛訣5).

골풀무 명 골풀무. ¶골풀무:拉風廂(譯解補44). 골풀무:颱匣爐(柳氏物名五 金).

골프다 형 고프다. ☞고프다. 골푸다. 곪푸다 ¶倉卒에 스스로 비골픔을 춤으시고:倉卒

自忍飢餓(重內訓2:80). 빅 ᄀᆞ장 골프다:肚裏好生飢了(老解上35). 골픈 제 ᄒᆞᆫ입 어더 먹으미:飢時得一口(老解上39). 쥭 쑤어 간대로 골픈 ᄃᆡ 메오라:煮粥胡亂充飢(老解上49). ※골프다<골ᄑᆞ다

골플무 명 골풀무. ☞골풀무 ¶골플무:風匣爐(譯解上20).

골ᄑᆞ·다 형 고프다. ☞고ᄑᆞ다. 골프다. 곪ᄑᆞ다 ¶머굶 제 ᄇᆡ골폼과 목ᄆᆞᆯ롬과(月釋2:42). ᄇᆡ골폼도 업더시니이다(月釋8:82). 골폰 ᄇᆡ 브르며(月釋8:100). ᄇᆡ골포ᄆᆞᆯ 맛나곤 머그며(圓覺下三之一102). 十二時中에 골폼 알며 渴홈 알며(牧牛訣5). ᄇᆡ골ᄑᆞ거든(南明上10). ᄇᆡ골ᄑᆞ거든(金三3:43). 밥 먹고 골폰 블로ᄆᆞᆫ 다 아로ᄃᆡ:共知喫食而慰食(野雲19). ᄇᆡ골ᄑᆞ며 ᄀᆞᆺᄇᆞᆫ 줄을 아디 몯호라:不知飢倦也(重內訓2:18). ᄇᆡ골ᄑᆞ며 ᄀᆞᆺᄇᆞ니잇가:飢倦(重內訓2:18). ※골ᄑᆞ다>골프다>고프다

골항 명 고랑. ¶골항 츠다:撚了(同文解上8). 지새 골항:瓦壠溝(譯解補13). 골항 내다:開壠(漢淸10:3).

골홈 명 고름. 옷고름. ☞고롬. 고홈 ¶골홈 及 긴흘:皆曰帶子(訓蒙叡山本中11 帶字註). 골홈 류:紐(類合上31). 의ᄃᆡ예 골홈을 그ᄅᆞ디 아니ᄒᆞ시고(仁祖行狀9). 골홈 글너 좀자디 못ᄒᆞ여셔(癸丑67). 골홈 ᄃᆞ다:釘帶子(譯解下7). 안히 이셔 골홈을 여러 번 ᄆᆡ고(女範3. 뎡녀 졔효밍희).

골:회 명 고리. ☞골희. 골히 ¶目連이 내 네 열두 골회 가진 錫杖 잡고(月釋23:83). 連環ᄋᆞᆫ 두 골회 서르 니슬 씨라(楞解1:22). 釧은 ᄇᆞᆯ횟 골회라(永嘉下45). ᄯᅩ 金銀 곳골회 그르 ᄉᆞᆷᄭᅧ닐 고툐ᄃᆡ:又方治誤呑金銀釵環(救急上53). 여슷 골회ᄂᆞᆫ 六度ᄅᆞᆯ 表ᄒᆞ고(南明上69). 골회ᄀᆞ티 ᄆᆡᆼᄀᆞᆯ(飜朴上54). 골회 환:環(訓蒙中24. 類合上3. 石千41). 귀엣 골회:耳環(漢淸11:22).

골회눈 명 고리눈. ☞골희눈 어 ¶골회눈 어:魚(詩解 物名21). 삿기 빈 ᄆᆞᆯ 골회눈 ᄆᆞᆯ:懷駒馬 環眼馬(老解下8).

골희 명 고리. ☞골회 ¶골희 환:環(倭解下16). 골희:環子(同文解下17). 이 세 가지ᄂᆞᆫ 텬운이 골희 쳐로 도라 ᄃᆞᆫᄂᆞᆫ지라(敬信26).

골희눈 명 고리눈. ☞골회눈 ¶골희눈 ᄆᆞᆯ:環眼馬(譯解下28). 골희눈:環眼(柳氏物名一 獸族). 골희눈 개:玉眼狗(漢淸14:14).

골히다 타 (배를)곯게 하다. ☞골타 ¶ᄇᆡᄅᆞᆯ 골히며(痘要下41).

골힉 명 고리. ☞골회. 골희 ¶골힉 환:環 圓成無端者(註千41).

곪기다 동 곪다. ☞곰기다 ¶부를 적과 곪길 적과(痘要上35).

:곪·다 동 곪다. ☞곰다 ¶ᄒᆞ다가 피 몯다 나 ᄇᆡ 안해 골ᄆᆞᆫ 피 잇거든:若血出不盡腹中有膿血(救急上86). 모로매 곪게 홀디니:必須出膿(救簡3:58). 곪디 아니ᄒᆞ며:不潰(救簡6:32). 골믈 ᄂᆞᆼ:膿(訓蒙上30). 골마 ᄡᅮ시ᄃᆞ시 알타:跳膿疼(漢淸8:6).

곪프다 형 고프다. ☞골프다. 골ᄑᆞ다 ¶ᄇᆡ ᄀᆞ장 곪프다:肚裏好生飢了(飜老上39).

·곲·다 동 곪다. ¶알포미 그츠며 곲디 아니ᄒᆞ며:痛定不作膿(救急下35).

:곰 명 곰(熊). ¶범과 일히와 곰과 모딘 ᄇᆡ얌과(釋譜9:24). 일희게 샹ᄒᆞ니와 고ᄆᆡ게 샹ᄒᆞ니왜 조차ᄂᆞ니라:附狼傷熊傷(救簡6:30). 곰 그린 車軾으로 술윗ᄢᅵᄅᆞᆯ 옮기놋다:熊軾且移輪(初杜解20:40). 곰 웅:熊. 곰비:羆(訓蒙上19). 곰 웅:熊(類合上13). 곰:熊(譯解下33). 곰 비:羆(倭解下23).

곰 명 구멍. ¶슈싨 곰긔:尿孔(救簡3:121).

-·곰 접미 ①-씩. ☞-음. -콤 ¶王이 ᄒᆞᆫ 太子ᄅᆞᆯ ᄒᆞᆫ 夫人곰 맛디샤(釋譜11:33). 十方곰 ᄃᆞ외면(釋譜19:12). 銀돈 ᄒᆞᆫ 낟곰 받ᄌᆞᄫᆞ니라(月釋1:9). 이 世界 여러 번 고텨 ᄃᆞ외야ᅀᅡ ᄒᆞᆫ 적곰 고텨 ᄃᆞ욀씨(月釋1:38). 五色 삿기ᄅᆞᆯ 五百곰 나ᄒᆞ며(月釋2:45). 百年에 一年곰 더러:百年減一年(圓覺上二之二160). 열네 붓곰 ᄯᅳᄃᆡ(救急上20). 세 번곰 ᄒᆞ더시니(宣賜內訓1:39). 열헤 열아홉곰 ᄒᆞ도다(初杜解18:17). ᄒᆞᆫ 돈곰 소오매 ᄲᅡ(救簡6:9). 각각 돈 일ᄇᆡᆨ곰 내면(飜朴上1). 三年곰 ᄒᆞ고(續三綱. 孝35). ᄃᆞᆯ마다 ᄒᆞᆫ 사ᄅᆞᆷ곰 돌여:月輪一人(呂約2). ᄀᆞ장 먼 사ᄅᆞᆷ은ᄒᆞᆫ ᄒᆡ예 ᄒᆞᆫ 번곰 두 번곰 와도 므던ᄒᆞ니라:又遠者歲一再至可也(呂約37). 두닐굽 낫곰(瘟疫方5). 王季ᄭᅴ 뵈ᄋᆞ오샤ᄃᆡ 날마다 세 번곰 ᄒᆞ더시니(宣小4:11).
②용언이나 부사에 붙어 성조(聲調)를 부드럽게 하고 뜻을 조금 강조하는 접미사. ¶種種 方便으로 다시곰 솔ᄫᅡ도(釋譜6:6). 아ᄃᆞ리 아비 나해셔 곱긔곰 사라(月釋1:47). 이리곰 火災호ᄆᆞᆯ 여듧 번 ᄒᆞ면(月釋1:49). 아라녀리 그츤 이런 이븐 길헤 눌보리라 우러곰 온다(月釋8:86). 엇데 시러곰 ᄲᅳᆫ 일후믈 崇尙ᄒᆞ리오(初杜解7:7). ᄃᆞᆯ하 노피곰 도ᄃᆞ샤 어긔야 머리곰 비취오시라(樂範. 井邑詞). 사ᄅᆞ미로 ᄒᆞ여곰:令人(重杜解1:30). ᄲᅧ곰 ᄆᆞᄋᆞᆷ올 훤히 시슬 주리 업도소니:無以洗心胷(重杜解1:34). 鳥雀ᄋᆞᆫ 바미 제여곰 자리에 가거ᄂᆞᆯ:鳥雀夜各歸(重杜解1:38). 다시곰 자:再宿(重杜解2:23). 도라보실 니믈 적곰 좃니노이다(樂範. 動動). 여히므론 질삼뵈 ᄇᆞ리시고 괴시란ᄃᆡ 우러곰 좃니노이다(樂詞. 西京別曲). ᄒᆞᆫ 잔 ᄀᆞᄃᆞ기곰 먹고(飜老上64). 그리곰

너기디 마ᄅᆞ쇼셔(新語3:19). 다시곰 받지 아니치 몯ᄒᆞᆯ 일을 仔細히 ᄉᆞᆯ오려 위ᄒᆞ여(重新語8:7). 세 번 ᄐᆡ오ᄃᆡ ᄒᆞ여곰 죽게 아니ᄒᆞ고(敬信21).

-곰 어미 -곤. ¶아니한더데 ᄯᅩ 오ᄅᆞ곰 ᄒᆞᆯ씨(法華1:164). ᄇᆞ리곰 호미 두 번이러니(佛頂10). 사ᄅᆞᆷ을 ᄀᆞ라곰 ᄒᆞ라(救簡1:34).

곰곰 부 곰곰. ¶곰곰 ᄉᆡᆼ각ᄒᆞ여 보ᄋᆞᆸ소(新語4:24). 他國 일이라 ᄉᆡᆼ각 말고 곰곰 ᄉᆡᆼ각ᄒᆞ여 보ᄋᆞᆸ소(重新語4:30). 곰곰 ᄉᆡᆼ각ᄒᆞ면(諺簡. 明聖王后諺簡).

곰기다 동 곪다. ☞곪기다 ¶블셔 곰기ᄂᆞᆫ 점이 잇ᄂᆞ니:已有向膿之漸(痘要49). 온몸이 허러 곰겨(太平1:49). 곰기게 ᄒᆞ다:使會膿(漢淸9:12).

곰다 동 곪다. ☞곰기다. 곪다 ¶곰다:會濃(同文解下7). 곰다:會膿了(漢淸8:11).

곰달뇌 명 곰취. ☞곰돌외 ¶草삽쥬 고ᄉᆞ리 들밧트로 ᄂᆞ리다라 곰달뇌 물숙 게우목 ᄯᅵᆺ다지 잔다귀 씀바괴 고들바기 두릅 ᄏᆡ야(古時調. 둥놈이. 靑丘).

곰ᄃᆞ릐 명 곰취. ☞곰달뇌. 곰돌외 ¶곰ᄃᆞ릐:馬蹄菜(同文解下4).

곰돌릐 명 곰취. ☞곰달뇌 ¶들밧트로 ᄂᆞᆯ이 ᄃᆞᆯ아 곰돌릐라(古時調. 중놈이. 海謠).

곰돌릐 명 곰취. ☞곰달뇌. 곰ᄃᆞ릐. 곰돌외 ¶곰돌릐:馬蹄菜(譯解下11).

곰돌·외 명 곰취. ☞곰달뇌. 곰돌릐 ¶곰돌외:羊蹄菜 又馬蹄菜(訓蒙上9 蕗字註).

곰방ᄃᆡ 명 곰방대. ¶곰방ᄃᆡ를 톡톡 ᄯᅥ러 닙담ᄇᆡ 퓌여 물고(古時調. 논밧 가라. 靑丘).

곰방메 명 곰방메. 〔씨앗을 묻을 때 쓰는 농구(農具).〕 ¶곰방메:耰(物譜 耕農).

곰뷔님뷔 부 곰비임비. 자꾸자꾸. 계속하여. ☞곰븨님븨. 곰ᄇᆡ님ᄇᆡ ¶곰뷔님뷔 님뷔곰뷔 쳔방지방 지방쳔방 ᄒᆞᆫ 번도 쉬지 말고(古時調. 天寒코. 靑丘).

곰븨님븨 부 곰비임비. 자꾸자꾸. 계속하여. ☞곰ᄇᆡ님ᄇᆡ ¶보션 버서 품에 품고 신 버서 손에 쥐고 곰븨님븨 님븨곰븨 쳔방지방 지방쳔방 즌 듸 ᄆᆞ른 듸 ᄀᆞᆯ희지 말고(古時調. 님이 오마 ᄒᆞ거ᄂᆞᆯ. 靑丘).

곰ᄇᆡ 명 뒤. ¶德으란 곰ᄇᆡ예 받ᄌᆞᆸ고 福으란 림ᄇᆡ예 받ᄌᆞᆸ고 德이여 福이라 호ᄂᆞᆯ 나ᅀᆞ라 오소이다 아으 動動다리(樂範. 動動).

곰ᄇᆡ님ᄇᆡ 부 곰비임비. 자꾸자꾸. 계속하여. ☞곰뷔님뷔. 곰븨님븨 ¶날은 느져 가고 어셔 내라 곰ᄇᆡ님ᄇᆡ 지촉ᄒᆞ고(癸丑上98).

:곰·ᄡᅳ·다 동 곰피다. ☞곰퓌다. 곰픠다 ¶ᄯᅩ 곰ᄡᅳᆫ 고기와 저즌 脯肉괏 毒ᄋᆞᆯ 고튜ᄃᆡ:又方治欝肉濕脯毒(救急下61).

곰ᄠᅡᆯ기 명 고무딸기. 복분자(覆盆子). ¶곰ᄠᅡᆯ기:蓬草子 普盤 木苺(物譜 草果). 곰ᄠᅡᆯ기:覆盆子(柳氏物名三 草).

곰주림 명 굶주림. ¶ᄒᆞ여곰 곰주리미 업게 ᄒᆞ니라:不使飢之(東新續三綱. 孝5:13).

곰취 명 곰취. ☞곰달뇌. 곰돌릐 ¶곰취:杜蘅(柳氏物名三 草).

곰탕 명 곰팡. ☞곰탕쓰다 ¶당마의 곰탕픠다:上壇了(譯解上53).

곰탕슬니다 동 곰팡 슬게 하다. ¶쥬인의 의복을 곰탕슬녀 ᄲᅥᆨ이고 긔명을 닷쳐 ᄭᅵ이지 말며(敬信73).

곰탕쓰다 동 곰팡 슬다. 곰팡이가 슬다. ¶곰탕쓰다:霉了(同文解上62). 곰탕쓰다:傷熱壞了(漢淸12:59).

곰탕픠다 동 곰팡피다. ¶당마의 곰탕픠다:上壇了(譯解上53).

곰·퓌·다 동 곰피다. 곰팡이가 피다. ☞곰픠다 ¶곰퓔 부:殕 食上生白(訓蒙下12).

곰픠다 동 곰피다. 곰팡이가 피다. ☞곰퓌다 ¶곰픠다:白殕(譯解上53).

·곱 명 곱〔膏. 脂〕. 기름. ¶도틔 곱ᄋᆞᆯ 노겨 골 ᄆᆡᇰᄀᆞ라:猪膏調成膏(救急上84). 구리 기들 ᄆᆡᇰᄀᆞ라 곱으로 ᄇᆞᆯ라(宣賜內訓序4). 머리옛 곱과 바랫 ᄣᅦᄅᆞᆯ:頭脂足垢(初杜解8:28). 거믄 곱 ᄀᆞᆮᄒᆞ야:如黑脂(救簡6:95). 곱 고:膏(訓蒙中5).

·곱 명 곱. 곱절. ¶아흔아홉 곱 머근 老丈 濁酒 걸러 醉케 먹고(古時調. 靑丘).

곱고·뢰·다 동 고부라지다. ☞곱골외다 ¶거믜주른 小人ᄋᆡ 양ᄌᆞ ᄀᆞᄐᆞ니 외와 果實ㅅ 가온ᄃᆡ 곱고뢰오 얽놋다:蛛絲小人態曲綴瓜果中(初杜解11:24). 복을 구호ᄃᆡ 곱고뢰에 ᄒᆞ디 아니ᄒᆞᄂᆞᆫ 주ᄅᆞᆯ 보고:觀…求福不回(飜小8:29).

곱골·외·다 동 고부라지다. ☞곱고뢰다 ¶곱골외디 아니ᄒᆞ며:不曲戾(法華6:13).

곱·ᄭᅵ·곰 부 곱으로. ¶아ᄃᆞ리 아비 나해셔 곱ᄭᅵ곰 사라(月釋1:47).

곱·다 동 ①곱하다. ¶倍ᄂᆞᆫ 고ᄫᆞᆯ 씨라(月釋1:48). 고ᄫᆞᆯ 비:倍(類合下43).
②곱으로 되다. ¶구버 겺又 먹더니 數를 혜면 千萬이 고ᄫᆞ니이다(月釋21:54).

곱다 형 곱다. 저리다. ¶니 싀여 곱다:牙齼(譯解補32).

곱·다 형 곱다. 굽다. ¶曲ᄋᆞᆫ 고ᄫᆞᆯ 씨라(釋譜11:6). 邪曲ᄋᆞᆫ 빗그며 고바 正티 몯ᄒᆞᆯ 씨라(月釋1:25). 어긔디 아니ᄒᆞ며 곱디 아니ᄒᆞ며(月釋17:52). 고ᄇᆞ며 뷔트디 아니ᄒᆞ며(月釋17:53). 횟두루 막고 고ᄇᆞᆫ ᄃᆡ 雜 더러운 거시 ᄀᆞᄃᆞᆨ거늘:周障屈曲雜穢充遍(法華2:104). 고ᄇᆞ며 直호ᄆᆞᆯ:曲直(宣賜內訓2上14). 藤ㅅ 너추른 고바:藤蔓曲(初杜解15:8). 고ᄫᆞᆯ 곡:曲(類合下18. 石千23). 곱은 것:有鉤的(漢淸11:60). 곱은 것:鈎的

(譯解補55). 고블 아:阿. 곱을 곡:曲(註千23).

:곱·다 형 곱다〔麗〕. ¶곶 고ᄫᆡ 빙여(月印上18). 七寶로 ᄭᅮ미실ᄊᆡ 고ᄫᆞ시고 쳔쳔ᄒᆞ더시니(月印上43). 아기아ᄃᆞ리 양ᄌᆡ 곱거늘 各別히 ᄉᆞ랑ᄒᆞ야(釋譜6:13). 고ᄫᆞᆫ ᄯᆞᆯ 얻니노라(釋譜6:13). 누네 고ᄫᆞᆫ 것 보고져 ᄒᆞ면 제 머굼 ᄠᅳ드로 고ᄫᆞᆫ 거시 ᄃᆞ외야 뵈며(月釋1:32). 네 겨지븨 고ᄫᆞ미 天女와 엇더ᄒᆞ더뇨(月釋7:12). 王이 곱다 듣고 惑心을 내야(月釋7:14). 졈고 고ᄫᆞ니로 여듧 각시를 ᄀᆞᆯᄒᆡ샤(月釋8:91). 貞婦ㅣ 고ᄫᆞᆯᄊᆡ(三綱. 烈21 貞婦淸風). 婥婥ᄋᆞᆫ 부드럽고 고아 ᄉᆞ랑ᄒᆞ올 씨라(楞解8:131). 얼구리 고오ᄆᆞᆫ:形體姝好(法華2:74). 한 고ᄫᆞᆫ 고ᄌᆞᆯ 다마:盛衆妙華(阿彌9). 거우루는 고ᄋᆞ며 골업스며 됴ᄒᆞ며 구주믈 어루 ᄀᆞᆯᄒᆡᄂᆞ니:鏡者可辨妍媸好惡(圓覺上一之二13). 구틔여 顔色이 됴ᄒᆞ며 고오미 아니오:不必顔色美麗也(宣賜內訓1:14). 江漢앤 ᄃᆞᆯ비치 곱도다:江漢月娟娟(初杜解20:8). 고온 곳부리ᄂᆞᆫ 븕도다:娟娟花蘂紅(初杜解21:15). 뫼셧ᄂᆞᆫ 겨집종ᄋᆞᆫ 고와:侍婢艷(初杜解22:43). 고우닐 스싀옴 녈셔(樂範. 動動). 양ᄌᆡ ᄀᆞ장 고오ᄃᆡ:生的十分可喜(飜朴上63). 고을 염:艶. 고을 연:姸(訓蒙下33). 고올 ᄌᆞ:姿(光千40). 고올 연:姸(類合下52). 合竹桃花 고온 두 분 위 相映ㅅ景 긔 엇더ᄒᆞ니잇고(樂詞. 翰林別曲). 졈고 고온 이를 ᄉᆡᇰ각ᄒᆞ고:慕少艾(宣小4:10). 고오ᄃᆡ ᄌᆞ식이 업더니:美而無子(宣小4:47). 고으믄 곱거니와(太平1:13). ᄀᆞ장 고오되(太平1:15). 도적이 그 고ᄋᆞᆫ 주ᄅᆞᆯ 됴히 너겨 자바가고져 ᄒᆞ거ᄂᆞᆯ:賊悅其姿色將欲攬去(東新續三綱. 孝7:56). 업ᄉᆞᆼ은 얼고리 ᄀᆞ장 곱고:業崇容姿絶美(東新續三綱. 烈3:40). 고을 연:姸(倭解上19). 고을 염:艶(倭解下30). 고은 계집 어린 ᄌᆞ식들과(三譯3:24). 그 고음을 듯고 娶ᄒᆞ고져 ᄒᆞ거ᄂᆞᆯ(女四解4:21). 곱다:姸(同文解上18). 고온 곳출 고치고(明皇1:33). 남의 ᄉᆡᆨ 고으믈 보고 ᄉᆞᄉᆞ로온 ᄆᆞᄋᆞᆷ을 일의혀며(敬信4). 고을 려:麗(註千2). 고을 연:姸(註千40).

※'곱다'의 활용 ┌ 곱고/곱게…
고ᄫᆞᆫ/고ᄫᆞ니/고ᄫᆞᆯ…>고온/고
└ 오니…

곱댱이 명 곱사등이. ☞곱쟝이 ¶곱댱이:痆子(譯解上29).

곱도·송 명 꼭두서니. ☞곡도송. 곱두송 ¶곱도숑불휘:茜草(救簡3:28).

곱도·숑불·휘 명 꼭두서니 뿌리. ☞곡도송 ¶곱도숑불휘 ᄒᆞᆫ 량을 ᄲᅡᆯ 글힌 믈곤 믈:茜根一兩淡漿水(救簡2:106).

곱돌 명 곱돌. ¶곱돌:滑石(東醫 湯液三 石部). 곱돌:滑石(柳氏物名五 石).

곱돌다 동 곱아 돌다. ¶비 오다가 개야아 눈 하 디신 나래 서린 석석사리 조ᄇᆞᆫ 곱도신 길헤(樂詞. 履霜曲).

곱두송 명 꼭두서니. ☞곡도송. 곱도송 ¶茜根 鄕名 古邑豆訟(鄕藥月令 二月).

곱송그리다 동 꼬부리다. ¶어졔밤도 혼ᄌᆞ 곱송그려 시오잠 ᄌᆞ고 지난 밤도 혼ᄌᆞ 곱송그려 시오잠 잣네(古時調. 靑丘).

곱ᄉᆞ등이 명 곱사등이. ☞곱쟝이 ¶곱ᄉᆞ등이 구:痀(兒學下4).

곱ᄲᅱ 명 띠. ¶곱ᄲᅱ:白茅(柳氏物名三 草).

곱쟝이 명 곱사등이. ☞곱댱이 ¶곱쟝이:痆子(同文解下8). 곱쟝이:鷄胸(漢淸8:16).

곱절 명 갑절. ☞갑절 ¶남경 장사 북경 가니 곱절 장ᄉᆞ 남겨ᄂᆞᆫ가(萬言詞). 곱절 븨:倍(兒學下13).

곱흐리다 동 고푸리다. ¶곱흐려 안ㅅ다:圭腰坐(漢淸7:27).

곳 명 꽃. ☞곶. ᄭᅩᆺ ¶時節 아닌 곳도 프며(釋譜11:2). 가지와 닙과 곳과 여름괘(釋譜23:18). 곳 잇ᄂᆞᆫ ᄡᅡᄒᆞᆯ ᄋᆞᆫ가 가시다가(月釋1:9). 곳 바리ᄅᆞᆯ 圍繞ᄒᆞ오ᄆᆞᆫ:圍繞華鉢者(楞解7:14). 江南 三二月에 곳 프고 ᄇᆞᄅᆞᆷ 덥거늘:江南三二月拆花風暖(南明上7). 곳가지 제 뎌르며 기도다:花枝自短長(金三2:12). 곳 픈 ᄃᆞ래:花月(初杜解8:9). 곳 됴코 여름 하ᄂᆞ니(樂範5:6. 與民樂 불휘章). 보ᄇᆡ로 ᄭᅮ민 수늙 노픈 곳 곳고:寶粧高頂插花(飜朴上5). 곳 화:花(訓蒙下4). 곳 것거 算 노코 無盡無盡 먹새 그려(松江. 將進酒辭). 곳 디고 속닙 나니(古時調. 申欽. 靑丘). 곳 보고 춤추ᄂᆞᆫ 나뷔와 나뷔 보고 당싯 웃ᄂᆞᆫ 곳과(古時調. 瓶歌). 곳아 色을 밋고 오ᄂᆞᆫ 나뷔 禁치 마라(古時調. 靑丘). 곳은 밤비에 퓌고(古時調. 靑丘). 곳 ᄭᅩᆺ다:戴花兒(譯解上47). 곳 화:華(註千18). 閣氏네 곳을 보소 픠는 듯 이우는이(古時調. 李鼎輔. 海謠).

곳 명 곳〔處〕. ¶시름ᄒᆞ얀 곳마다 슔盞ᄋᆞᆯ 求ᄒᆞ노라(重杜解3:9). 이 곳:此處(同文解下47). ᄀᆞ리온 곳:遮僻處(漢淸9:76). 복력이 진ᄒᆞᆫ 곳ᄃᆡ 보응이 발그니(敬信20). 강희 원년 적의 글 박이ᄂᆞᆫ곳에 낫의 뎨군이 홍포 옥ᄃᆡ로 뵈시니(敬信54). 디나ᄂᆞᆫ 곳의 즘싱이 죽고:處(五倫1:44). 天慳地祕 이런 곳에 先人蔽廬 옴겨 두고(皆岩歌). 곳 소:所(註千13). 곳 쳐:處(註千31).

곳 명 꼬치〔串〕. 꼬챙이. ☞곶 ¶ᄒᆞᆫ 곳:一串(語錄11).

·곳 명 비녀. ¶ᄯᅩ 金銀 곳 골회 그르 ᄉᆞᆷᄭᅧ 닐 고툐ᄃᆡ:又方治誤呑金銀釵環(救急上53).

곳 [부] 곧(卽). ☞곧 ¶곳:卽(野雲67). 막대ᄅᆞᆯ 비규니 곳 시냇ᄀᆞ이로라:倚杖卽溪邊(重杜解3:29). 눈 ᄀᆞᆷ작일 ᄉᆞ이예 곳 늙어 가ᄂᆞ니(捷蒙1:16). 點劍勢ᄂᆞᆫ 곳 칼을 點ᄒᆞ야 디룸이라(武藝圖16). 일로ᄡᅥ 미뢰여 보니 ᄒᆞ나토 곳 내 허믈이(綸音28). 이 ᄀᆞᆮᄐᆞᆫ 재 잇거든 곳 편의로 시힝ᄒᆞ믈 허ᄒᆞ야(敬信19). 곳 즉:則(註千11). 곳 즉:卽(註千31).

-곳 [조] -곧. -만. ¶오직 魔王곳 제 座애 便安히 몯 안자 시름ᄒᆞ야 ᄒᆞ더라(月釋2:42). 疑心곳 잇거든(月釋10:68). 衆生인 菩薩이 七趣예 ᄢᅥ디여 잇ᄂᆞ니 萬行곳 아니면 닷디 몯ᄒᆞ릴ᄊᆡ:衆生菩薩淪於七趣非萬行不修(楞解1:8). 密因곳 아니면 나타나디 아니ᄒᆞ리며(楞解1:80). ᄒᆞ다가 微妙ᄒᆞᆫ 가락곳 업스면:若無妙指(法華序23). ᄒᆞ다가 戒行곳 업스면(法語2). 이 고대 ᄒᆞ다가 아논 ᄆᆞᅀᆞᆷ곳 내면:於斯若生知覺心(蒙法42). 눈곳 ᄀᆞᆽ디 몯ᄒᆞ면:不具眼(蒙法56). 음담곳 아니면 ᄌᆞ라디 몯ᄒᆞ리며:非食不長(三綱. 忠2). 시름 근곳 ᄯᅩ 歲時로 잇도다:憂端且歲時(初杜解8:36). 그릇곳 아니면(南明下8). 사ᄅᆞᆷ곳 아니면(金三2:3). 傷ᄒᆞᆯ가 ᄒᆞᄃᆞᆺᄒᆞ신 仁곳 아니시면(簡辟序3). ᄉᆞᆷ에 단이ᄂᆞᆫ 길이 자최곳 날쟉시면(古時調. 青丘). 두 분곳 아니시면 이 몸이 사라실가(古時調. 鄭澈. 아바님. 松江). 나곳 업ᄉᆞ면(閑中錄90).

곳·갈 [명] 고깔. 모자. 관(冠). ☞곧갈 ¶調達인 곳갈ᄋᆞᆯ 밧고(月印上47). 곳갈 쓰고(三綱. 孝35). 힌 곳가ᄅᆞᆯ:白幘(初杜解7:21). 곳갈 밧고:脫帽(初杜解15:41). 누른 곳갈 스니 그듸 기들오ᄆᆞᆯ 해ᄒᆞᄂᆞᆺ다:黃帽待君偏(杜解21:13). 곳가리 ᄡᅡ해 딜 시오(南明上62). 봇 거플로 곳갈 ᄒᆞ고(南明下8). 곳갈 관:冠. 곳갈 면:冕. 곳갈 개:蚧. 곳갈 건:巾. 곳갈 젹:幘(訓蒙中22). 내 ᄯᅩ 곳갈 ᄒᆞᆫ 불 와:我再把一副頭面(飜朴上20). 보셕에 금 젼 메워 바근 곳갈와:金廂寶石頭面(飜朴上45). 곳갈 면:冕. 곳갈 관:冠(類合上30. 石千22). 곳갈 긴 영:纓(類合上31). 곳갈 변:弁(石千20). 누른 곳갈와 프론 신으로 山林에 가리라:黃帽青鞋歸去來(重杜解1:44). 곳갈:頭面(譯解上43). ᄆᆞ쇼ᄅᆞᆯ 갓 곳갈 싀워 밥 먹이나 다ᄅᆞ랴(古時調. 鄭澈. ᄆᆞᄋᆞᆯ 사ᄅᆞᆷ들하. 松江).

곳감 [명] 곶감. ¶곳감:柿餅(譯解上54. 同文解下4). 곳감:柿餅(漢淸13:1). 곳감:乾柿(柳氏物名四 木).

곳갓 [명] 첩(妾). ☞고마. 곳겨집. 쳡 ¶곳갓 쳡:妾(光千35).

곳갸ᄌᆞ [명] 꽃가자. 꽃시렁. ☞갸ᄌᆞ ¶곳갸ᄌᆞ:花架(漢淸13:45).

곳게 [명] 꽃게. ☞게 ¶곳게:海鷄(譯解下38). 곳게:蠘(物譜 介蟲).

곳게 [부] 곧게. ☞곧다. 곳다. ¶곳게 셰오다:直樹着(漢淸11:61).

곳:겨집 [명] 첩(妾). ☞곳갓 ¶곳겨지븨그에 자본 것 만히 보내더니:賂遺外妻甚厚(三綱. 烈2 女宗知禮). 갈 사ᄅᆞᆷ 잇거든 남지늬게 안부ᄒᆞ며 곳겨지븨게 자본 것 만히 보내더니:因往來者請問其夫賂遺外妻甚厚(重三綱. 烈2). 곳겨집:下妻(語錄26).

곳고·리 [명] 꾀꼬리. ☞ᄭᅬ고리. ᄭᅬᄭᅩ리 ¶舍利ᄂᆞᆫ 봀 곳고리라 ᄒᆞᆫ 마리라(月釋7:66. 阿彌10). 가지예서 우ᄂᆞᆫ 곳고리ᄂᆞᆫ:囀枝黃鳥(杜解3:25). 수프렛 곳고리ᄂᆞᆫ 지즈로 놀애 브르디 아니ᄒᆞᄂᆞᆺ다:林鶯遂不歌(初杜解10:3). 곧 곳고릐 말로 ᄒᆡ여:便教鶯語(杜解10:7). 巴州ㅅ ᄀᆞᅀᅢ 우ᄂᆞᆫ 곳고리 모ᄃᆞᆺᄂᆞᆫ ᄃᆡᄅᆞᆯ 말오:欲辭巴徼啼鶯合(初杜解21:7). 곳고릐 우룸과 져븨 말:鶯吟燕語(金三2:23). 곳고리 잉:鸎. 곳고리 례:鸝(訓蒙上17).
※곳고리>괴ᄭᅩ리(굇고리)>꾀꼬리

곳고리새 [명] 꾀꼬리. ¶四月 아니 니저 아으 오실셔 곳고리새여(樂範. 動動).

곳고릐 [명] 꾀꼬리의. 〔'곳고리'+관형격조사 '-의'〕 [독]곳고리 ¶곳고릐 놀애:鶯歌(初杜解8:46). 곳고리와 곳고릐 우루미 소리 둘 아니며:鶯與鶯吟聲莫二(金三2:23).

곳고의 [명] 꽃받침. ¶곳고의 악:萼. 곳고의 부:柎(訓蒙下6).

곳곳 [명] 곳곳. ¶곳곳의 딘에 ᄀᆞ만이 부려셔(三譯8:4). 곳곳:處處(漢淸8:68).

곳곳이 [명] 곳곳이. ¶곳곳이 南을 향ᄒᆞ여:處處向南(朴解中60).

곳곳이셔 [명] 곳곳에서. ¶빗 고온 ᄭᅬ꼬리는 곳곳이셔 노래로다(古時調. 尹善道. 夕陽이 죳타만은. 海謠).

곳광이 [명] 곡괭이. ☞광이 ¶곳광이:尖钁頭(漢淸10:37).

·곳구모 [명] 콧구멍. ☞곳구무. 코ㅅ구무 ¶곳구모:鼻孔中(救簡1:48).

·곳구무 [명] 콧구멍. ☞곳구모. 코ㅅ구무 ¶곳구무 소배:鼻孔裏(金三4:27). 왼녁 곳구무(救簡1:42). ᄯᅩ 두 곳구무와 항문에 부러 녀코:又吹入兩鼻孔中及下部中(救簡1:45).

·곳굼·긔 [명] 콧구멍에. [독]곳구무 ☞코ᄭᅮᆼ긔 ¶믄득 곳굼긔 다혀:驀然觸著鼻孔(金三4:42). 곳굼긔 부러 드려:吹入鼻中(救簡1:3). 셰신을 ᄀᆞ라 죠고매 ᄡᅥ 곳굼긔 불라(救簡1:29). 곳굼긧 터리 ᄲᅢᆸ고:摘了那鼻孔的毫毛(飜朴上44).

곳궤 [명] 꽃게. ☞곳게 ¶곳궤:角蟹 海中大蟹(柳氏物名二 水族).

곳기 [형] 곧기. ㉮곳다 ¶곳기ᄂᆞᆫ 뉘 시기며(古時調. 尹善道. 나모도. 孤遺).

곳기·름 명 꽃기름〔花油〕. ¶여러 가짓 香 먹고 ᄯᅩ 곳기름 마시샤(月釋18:31).

곳나모 명 꽃나무. ¶곳나모 가지마다 간 ᄃᆡ 족족 안니다가 향 므틴 ᄂᆞ애로 님의 오ᄉᆡ 올므리라(松江. 思美人曲).

곳·닙 명 꽃잎. ¶믈 가온ᄃᆡ 곳니플 잇ᄂᆞᆫ 조초 노코:水中隨安所有華葉(楞解7:12). 믈 가온ᄃᆡᆺ 곳니픈:水中華葉(楞解7:13).

곳다 동 꽂다. ☞곳다 ¶草不花蘆ᄅᆞᆯ 甁의 곳고(月釋10:120). 머리예 곳디 아니ᄒᆞ고:不插髮(初杜解8:66). 어즈러이 곳곡:亂插(初杜解15:38). 곳 곳고:插花(飜朴上5). 열히오 ᄯᅩ 다ᄉᆺ ᄒᆡ어든 빈혀 곳고:十有五年而笄(宣小1:7). 寶粧高頂에 곳츨 곳고:寶粧高頂插花(朴解上5). 香爐에 香乙 곳고(草堂曲).
※곳다>꽂다

곳다 형 곧다. ¶간난ᄒᆞ고 신고ᄒᆞᆫ 절개를 곳다 이르고(女四解4:17). 곧다:直(同文解下54). 고ᄃᆞᆫ 거ᄉᆞᆫ 굽다 ᄒᆞ고 굽은 거ᄉᆞ로 곳다 ᄒᆞ며(敬信3). 곳ᄃᆞᆯ 직:直(註千29).

곳다대 명 꽃꼭지. ☞곳ᄃᆞᄃᆡ ¶곳다대:花蒂(同文解下45).

곳다대 명 꽃다지. ☞ᄭᅩᆺ다대. ᄭᅩᆺ다지 ¶곳다대:狗脚蹥菜(譯解下11).

곳다림 명 꽃달임. ¶곳다림 모릐 ᄒᆞ고 講信으란 글픠 ᄒᆞ리(古時調. 金裕器. 오ᄂᆞᆯ은 川獵ᄒᆞ고. 青丘).

곳달힘ᄒᆞ다 동 꽃달임하다. 화전(花煎)놀이하다. ¶崔行首 ᄡᅮᆨ달힘ᄒᆞ새 趙同甲 곳달힘ᄒᆞ새(古時調. 金光煜. 青丘).

·곳답·다 형 꽃답다. 향기롭다. ¶비 저즌 블근 蓮ㅅ고ᄌᆞᆫ 冉冉히 곳답도다:雨裛紅蕖冉冉香(初杜解7:2). 粳稻의 곳다오ᄆᆞᆯ:粳稻香(初杜解7:34). 져근 한오새 곳다온 프를 繡ᄒᆞ얏더니:小襦繡芳蓀(初杜解8:6). ᄯᅡ히 ᄆᆞᆯᄀᆞ니 어득ᄒᆞᆫ ᄃᆡ 곳다온 고지 깃기엣도다:地淸棲暗芳(初杜解9:20). 시ᄅᆞᆯ 니ᅀᅥ 곳다온 낛바ᄇᆞᆯ 드리우고:接縷垂芳餌(初杜解10:6). 제여곰 곳다오니라:自馨香(金三4:53). 곳다올 향:香. 곳다올 형:馨(訓蒙下13). 곳다올 항:馨(光千12). 곳다온 길임을 詩書의 揚ᄒᆞ고:揚芳譽於詩書(女四解4:66).
※곳답다>꽃답다

곳동 명 꽃송이. ¶千葉은 곳동앳 니피 즈므니라(釋譜11:2).

곳ᄃᆞᄃᆡ 명 꽃꼭지. ☞곳다대 ¶곳ᄃᆞᄃᆡ:花蒂(漢淸13:45).

·곳·믈 명 콧물. ☞코ㅅ믈. 콤믈. 콧믈 ¶ᄀᆞ래춤과 곳믈와 고롬과:唾涕膿(圓覺上二之二27). 곳믈 ᄂᆞᆼ:膿. 곳믈 톄:涕(訓蒙上29). 곳믈 톄:涕(類合上22). 나죗 길헤 눉믈와 곳므를 ᄠᅳᆮ들이노라:暮途涕泗零(初杜解6:20). 간장은 눈믈이오 폐장은 곳믈이오:肝主淚肺主涕(痘要上2).

·곳ᄆᆞᄅᆞ 명 콧마루. ☞코ㅅᄆᆞ라 ¶여슷차힌 곳ᄆᆞᆯ리 놉고(月釋2:56). 高帝ㅅ 子孫ᄋᆞᆫ 다 곳ᄆᆞᆯ리 노ᄑᆞ니:高帝子孫盡隆準(初杜解8:2). 곳ᄆᆞᄅᆞ 쥰:準(訓蒙上26).

·곳ᄆᆞᆯ·리 명 콧마루가. 통곳ᄆᆞᄅᆞ ¶여슷차힌 곳ᄆᆞᆯ리 놉고 두렵고 고ᄃᆞ시고(月釋2:56). 高帝ㅅ 子孫ᄋᆞᆫ 다 곳ᄆᆞᆯ리 노ᄑᆞ니:高帝子孫盡隆準(初杜解8:2).

곳봉오리 명 꽃봉오리. ☞곳봉으리 ¶곳봉오리:花乳頭(同文解下45). 곳봉오리 버다:花綻(譯解補50). 곳봉오리:咕嘟(漢淸13:44).

곳봉으·리 명 꽃봉오리. ☞곳봉오리 ¶곳봉으리 파:葩(訓蒙下4).

곳봉이 명 꽃봉오리. ☞곳붕이 ¶향기로온 곳봉이 셩히 픠여(太平1:46).

곳:부리 명 꽃부리. ☞곧부리. 곳ᄲᅮ리 ¶香風이 時로 와 이운 곳부리 아ᅀᆞ든:香風時來吹去萎華(法華3:94). 고온 곳부리ᄂᆞᆫ 븕도다:娟娟花蘂紅(初杜解21:15). 어느 저긔 곳부리ᄅᆞᆯ 와 보실고:何當看花蘂(初杜解22:9). 곳부리 영:英(訓蒙下4).

곳불 명 고뿔. 감기. ☞곳블 ¶곳불ᄒᆞ다:害鼻淵(同文解下6).

곳불휘 명 꽃뿌리. ¶믈어디ᄂᆞᆫ 몰애옌 곳불휘 것거뎻도다:危沙折花當(重杜解1:51).

곳붕이 명 꽃봉오리. ☞곳봉이 ¶극낙 세계 가셔 년곳붕이예 들어 닛ᄭᅡ가:引導極樂入蓮花中(普勸文5). 년화 곳붕이예 들어(普勸文7).

곳블 명 고뿔. 감기. ☞곳불 ¶그 ᄒᆡ 그ᄆᆞ도록 곳블도 만나디 아니ᄒᆞ며 :竟年不遭傷寒(瘟疫方4). 곳블:鼻淵(譯解上61). 곳블ᄒᆞ다:傷風(漢淸8:2).

곳비 명 고삐. ¶곳비ᄂᆞᆯ 두르혀 ᄆᆞᄅᆞᆯ 터 바ᄅᆞ 도적의 딘으로 향ᄒᆞᆫ대:回轡策馬直向賊陣(東新續三綱. 忠1:44). 곳비:韁繩(同文解下20). 곳비 글러지다:溜韁(譯解補48). 개곳비:牽狗皮條(漢淸4:57). 右手로 곳비ᄅᆞᆯ 잡고(武藝圖9). ᄆᆞᆯ 곳비ᄅᆞᆯ 잡고 노티 아니ᄒᆞ니(五倫2:75). 쇠 곳비:絼鞙(物譜 牛馬). 곳비 비:轡(兒學上10).

곳·비 명 꽃비. ☞곳비 ¶하ᄂᆞᆳ 풍류 虛空애 ᄀᆞ독ᄒᆞ야 곳비 비흐며(釋譜11:13). 노ᄑᆞ며 ᄂᆞᆺ가ᄫᆞᆫ ᄃᆡ 업스며 곳비 오며(月釋2:33). 하ᄂᆞᆯ해셔 보ᄇᆡ옛 곳비 오고(月釋2:75).

곳·빗 명 꽃빛. ¶낫나치 다ᄉᆺ 가짓 곳빗 ᄃᆞ도다:箇箇五花文(初杜解7:31).

곳송이 명 꽃송이. ¶곳송이:花朶(譯解補50). 곳송이:朶(漢淸13:44).

·곳:숨 명 콧숨 ¶곳수믄 나며 드로매:鼻息出入(法華6:26).

곳쌉다 형 꽃답다. ¶곳짜올 형:馨(石千12). 곳짜온 때롤(太平1:14).

곳·씨 동 꽂지. ㉮곳다 ¶冠 쓰며 빈혀 곳쎠 아니ᄒᆞ얏ᄂᆞᆫ 이:未冠笄者(宣小2:4).

곳뿌리 명 꽃부리. ☞곧부리. 곳부리 ¶곳뿌리 영:英(石千21).

곳쏙 명 꽃잎. ¶곳쏙:花瓣(漢淸13:44).

곳·안 명 꽃술. ¶種種草木華蘂롤:蘂ᄂᆞᆫ 곳안히라(月釋10:119).

곳어름 명 고드름. ¶곳어름:簷垂氷(譯解補6). 곳어름:簷凌. 곳어름 지다:簷冰垂凌(漢淸1:14).

곳에 부 고대. ☞고대 ¶眞實로 님 혼듸 이시면 곳에 죠흘가 ᄒᆞ노라(古時調. 님 그려. 靑丘).

곳여의 명 꽃술. ☞곳여희. 곳여히 ¶곳여의ᄂᆞᆫ 버럭 입거우제 오ᄅᆞ놋다:花蘂上蜂鬚(重杜解3:27). ᄠᅳ들 조차셔 곳여의롤 혜노라:隨意數花鬚(重杜解15:48).

곳여희 명 꽃술. ☞곳여의. 곳여히 ¶곳여희:花鬚(同文解下45).

곳여히 명 꽃술. ☞곳여의. 곳여희 ¶곳여히:花心(漢淸13:44). 곳여히:花絨兒 花鬚花心(譯解下40).

곳음 형 곧음. ㉮곳다 ¶몸 셰우ᄂᆞᆫ 법은 오직 맑고 곳음을 심쓸지니:貞(女四解3:4).

곳:좌 명 화좌(華座). 꽃방석. ¶華座ᄂᆞᆫ 곳座ㅣ라(月釋8:20).

곳집 명 곳집. ¶곳집 궤예 둔 ᄡᆞᆯ을:庫房櫃子裏米(朴解中56). 곳집 창:倉. 곳집 고:庫(倭解上34). 곳집 장:藏(註千2). 곳집 상:箱(註千34).

곳챵이 명 꼬챙이. ¶곳챵이:尖子(同文解下17). 고기 곳챵이:肉叉子(漢淸11:39).

곳초 부 곧추. ¶네 면이 곳초 ᄂᆞ리게 ᄒᆞ고(家禮圖18). 啓明星 돗도록 곳초 안자 ᄇᆞ라보니(松江. 關東別曲).

곳초 부 곧장. ¶곳초 가다:徑直行(漢淸7:34).

곳초다 동 곧추세우다. ☞고초다 ¶五江 城隍之神과 南海 龍王之神께 손 곳초와 告祀홀 쎄(古時調. 李鼎輔. 믈 우희. 海謠).

곳쵸 부 곧추. ☞고초. 곳초 ¶그제야 곳쵸 안져 瑤琴을 비겨 안고(陶山別曲).

곳치 명 꽃이. ⑤곳 ¶긔이혼 곳치 픠엿거놀(太平1:55). 봄 곳치 픠도록애 넘다히 긔별을 모ᄅᆞ니(古時調. 鄭澈. 松江).

곳치다 동 고치다. 바꾸다. ☞고티다. 고치다 ¶열 번 곳쳐 시기고(癸丑38). 렬녀ᄂᆞᆫ 두 가쟝을 곳치지 아니ᄒᆞᄂᆞᆫ지라(女四解4:17). 날마다 그른 줄을 알면 날마다 허물을 곳치고(敬信33). 셩명을 곳치고 산듕에 드러가:變姓名入唐石山(五倫2:60).

곳티 명 고치. 누에고치〔繭〕. ☞고티 ¶곳티:蠶繭(同文解下25).

곳티다 동 ①고치다. ☞고티다 ¶ᄃᆞ리 곳티다:修橋(譯解上14).
②다시 하다. ¶平生애 곳텨 못홀 일이 잇ᄲᅮᆫ인가 ᄒᆞ노라(古時調. 鄭澈. 어버이 사라신 제. 松江).

공 명 공(功). ¶東征에 功이 몯 이나:東征無功(龍歌41章). 몯내 혜ᅀᆞᄫᆞᆯ 功과 德괘(釋譜序1). 功 모도시며 德 더으샤(法華4:173). 功이 업서ᅀᅡ 福이 가졸빌 ᄃᆡ 업스리라(六祖中56). ᄀᆞᄅᆞ쳐 혀 가ᄂᆞ니ᄂᆞᆫ 스승의 공이오:夫指引者師之功也(飜小8:35). 공 훈:勳(類合下40). 공 공:功(類合下42. 倭解下28). 공 공:功(石千22). 아러 사롬의게 칭학ᄒᆞ야 공을 취ᄒᆞ며(敬信2).

공 대 공(公). ¶帝의 솔와 닐오ᄃᆡ 公이 보야ᄒᆞ로 孝道로 天下롤 다ᄉᆞ리샤ᄃᆡ 阮籍의 큰 거상으로 公坐애셔 술 머그며 고기 머고ᄆᆞᆯ 許ᄒᆞ시ᄂᆞ니(宣賜內訓1:66). 申國夫人이 性이 싁싁ᄒᆞ야 法度ㅣ 이셔 비록 甚히 公을 ᄉᆞ랑ᄒᆞ나(宣賜內訓3:16). 비록 심히 公을 ᄉᆞ랑ᄒᆞ나:雖甚愛公(宣小6:1). 공이 즁년 료도ᄒᆞ야 빈군ᄒᆞ미 더옥 심ᄒᆞ니(敬信34). 待人難이라 公이 나오시기롤 ᄇᆞ셔부터 기ᄃᆞ리오되(隣語1:4). 公니 말숨과 그 사롬니 말과ᄂᆞᆫ(隣語1:20).

-공 어미 -고. ☞-ㅇ ¶이링공 뎌링공 ᄒᆞ야셔 나즈란 디내와손뎌(樂詞. 靑山別曲).

-공 접미 -공(公). ¶申國正獻公의 몯아ᄃᆞᆯ:申國正獻公之長子(宣小6:1).

공간 명 공간(公幹). 공사(公事). ¶兩國 公幹이 自然 順成ᄒᆞ올 꺼시니(隣語1:34).

공경 명 공경(公卿). ¶公卿ㅅ 벼슬 히오 아니 닐면(三綱. 忠9). 그 ᄢᅴ 諸將의 엳ᄌᆞᆸᄂᆞᆫ 일와 公卿의 議論이 一定 어려운 이롤 帝ᄌᆞ조 后의 묻ᄌᆞᆸ거시든(宣賜內訓2上47). 子ㅣ ᄀᆞᄅᆞ샤ᄃᆡ 나ᄂᆞᆫ 公卿을 셤기고(宣論2:45). 公卿과 태우ᄂᆞᆫ 이 人爵이니라:公鄕大夫此人爵也(宣孟11:34). 驛ㅅ ᄆᆞᄅᆞᆯ ᄂᆞᆯ여 河隴ᄋᆞ로셔브터 사롬 맛보아 公卿인ᄂᆞᆫ 딜 무르니라(重杜解24:19). 公卿ᄃᆞᆯ히 각각 그 집을 保젼ᄒᆞ면(家禮1:13).

공:경 명 공경(恭敬). ¶恭敬 아니 호ᄆᆞᆯ 마라 싁싁ᄒᆞ야 ᄉᆞ랑ᄒᆞᄂᆞᆫ ᄃᆞᆺᄒᆞ며(宣賜內訓1:7). 너비 恭敬을 行ᄒᆞ면(六祖中41). 공경 경:敬(訓蒙叡山本下11. 東中本下25). 공경 경(石千11). 어버이롤 공경 아니 ᄒᆞ고:不敬其親(宣小2:32). 공경 경:敬(倭解上22. 兒學下12). 비록 공경을 마디 아니ᄒᆞ나(桐華寺 王郎傳). 공경 동:洞(註千27). 공경 지:祇(註千30). 공경 촉:屬(註千34).

공:경ᄒᆞ·다 동 공경(恭敬)하다. ¶國王이 恭

敬ᄒᆞᅀᆞᄫᅡ(月印上70). 恭敬ᄒᆞᅀᆞᆸᄂᆞᆫ 法이 이러ᄒᆞᆫ 거시로다(釋譜6:21). 깃ᄉᆞᄫᅳ며 恭敬ᄒᆞ샤(月釋1:57). 恭敬ᄒᆞ야(月釋9:35). 越姬마ᄅᆞᆯ 恭敬ᄒᆞ샤ᄃᆡ:敬越姬之言(宣賜內訓2上29). 後에 菴主ㅣ 주그니 五色 舍利 나거늘 大衆이 恭敬ᄒᆞ더니(南明上31). 사ᄅᆞᆷ과 하ᄂᆞᆯ쾌 恭敬ᄒᆞ야 울워ᄂᆞ니(金三3:4). 門人으로 香 퓌우고 저ᅀᆞ와 恭敬ᄒᆞ야(六祖上18). 우흘 恭敬ᄒᆞ고(六祖中21). 싁싁ᄒᆞ고 공경ᄒᆞ면:莊敬(飜小8:6). 모로미 이 恭敬홀디니:須是恭敬(宣小5:76). 그 尊ᄒᆞ더신 바ᄅᆞᆯ 공경ᄒᆞ며(宣中22). 恭敬ᄒᆞᄂᆞᆫ 心을 人이 다 두어시며(宣孟11:12). 아ᄋᆞᄂᆞᆫ 반ᄃᆞ시 兄을 공경ᄒᆞ야 서르 믜워ᄒᆞ며 원티 말올ᄯᅵ니(警民4). 그 님금 ᄉᆞ랑ᄒᆞᄂᆞᆫ ᄆᆞᄋᆞᆷ을 ᄉᆡᆼ각ᄒᆞ면 공경ᄒᆞ야 이 하교ᄅᆞᆯ 톄렴ᄒᆞ야(綸音33). 남진과 겨집괘 恭敬호모로 비릇ᄂᆞ니라(重杜解11:25). 食道ᄅᆞᆯ ᄡᅳ디 아니홈은 ᄡᅧ 공경ᄒᆞᄂᆞᆫ 배니라(家禮7:29). 공경ᄒᆞ여(山城). 공경ᄒᆞ다:尊敬(同文解上30). 늙은 이ᄅᆞᆯ 공경ᄒᆞ고 어린이ᄅᆞᆯ ᄉᆞ랑ᄒᆞ며(敬信1).

공·경·ᄒᆞᄫᆞᆫ 형 공경(恭敬)스러운. ㉠공경ᄒᆞᆸ다 ¶恭敬ᄒᆞᄫᆞᆫ ᄆᆞᅀᆞᆷ 아니 내리도 잇ᄂᆞ니(釋譜11:6).

공·경·ᄒᆞᆸ·다 형 공경스럽다. ¶恭敬ᄒᆞᄫᆞᆫ ᄆᆞᅀᆞᆷ 아니 내리도 잇ᄂᆞ니(釋譜11:6).

공고라 명 공골말. ☞공골. 공골ᄆᆞᆯ ¶공고라:騧 黃馬黑喙(柳氏物名一 獸族).

공골 명 공골말. ☞공고라. 공골ᄆᆞᆯ ¶공골와:騧(詩解 物名11). 공골 비:駓(詩解 物名21).

공·골ᄆᆞᆯ 명 공골말. ☞공고라. 공골 ¶공골ᄆᆞᆯ:黃馬(飜老下8). 공골ᄆᆞᆯ:土黃馬(譯解下28). 공골ᄆᆞᆯ:黃馬(漢淸14:22).

공과 명 공과(功過). ¶공은 착ᄒᆞᆫ 일이오 과ᄂᆞᆫ 사오나온 일(敬信13).

공:교 명 공교(工巧). ¶부텨 거즛 工巧ᄅᆞᆯ 거스리샤(楞解1:62). 공교 교:巧(類合下4. 倭解上24. 註千39). 공굣 교:巧(石千39). 공교:巧(同文解上22. 漢淸8:39). 공교 공:工(註千40). 言語 工巧 업고 눈치 몰라 ᄃᆞᆫ닌 일를(曺友仁. 自悼詞).

공교로이 부 공교로이. ¶태비 궁인이 비록 혀ᄅᆞᆯ 공교로이 ᄒᆞᆯ 재 이실디라도(仁祖行狀10). ᄠᅳᄃᆞᆯ 마자 아당ᄒᆞ며 공교로이 깃기ᄂᆞᆫ 틱되 업ᄂᆞᆫ 고로(仁祖行狀20).

공:교·히 부 공교(工巧)히. ¶諸法을 工巧히 ᄡᅥ 機ᄅᆞᆯ 조차 衆生ᄋᆞᆯ 利케 홀 씨라(釋譜13:38). 〔'ᄡᅥ'는 'ᄡᅧ'의 오기(誤記).〕 問答을 工巧히 ᄒᆞ야 人中엣 寶ㅣ라(法華5:117). 뉘 工巧히 安排호ᄆᆞᆯ 아ᄂᆞ뇨(金三5:2). 바리 드믄 ᄃᆡ로 工巧히 드러 사ᄅᆞ미 오새 앉ᄂᆞ다(初杜解17:38). 勝ㅅ소갯 金으로 ᄆᆡᆼ고론 고즌 工巧히 치위ᄅᆞᆯ 견듸놋다:勝裏金花巧耐寒(重杜解11:8). 공교히 ᄒᆞ다:行巧(同文解上22).

공:교ᄒᆞ·다 형 공교(工巧)하다. ¶工巧ᄒᆞᆫ 하리 甚ᄒᆞ야 貝錦을 일우려 커든(龍歌123章). 그지업슨 工巧ᄒᆞ신 方便과 그지업슨 큰 願을(釋譜9:28). 世옛 工巧ᄒᆞᆫ 幻師ㅣ 幻ᄋᆞ로 모ᄃᆞᆫ 男女ᄅᆞᆯ 짓ᄃᆞᆺ ᄒᆞ니(楞解6:74). 오직 이 ᄠᅳᆮ ᄆᆞᅀᆞ미 工巧ᄒᆞᆫ 보미라(圓覺上二之三44). 取ᄒᆞ며 捨ᄒᆞᄂᆞᆫ ᄆᆞᅀᆞ미 工巧ᄒᆞ며(南明上79). 虛히 工巧호ᄆᆞᆯ 펴노소니(初杜解17:12). 혹 공교ᄒᆞᆫ 말 ᄒᆞ며 망령된 말 ᄒᆞ야 사ᄅᆞᆷ의 허믈을 도으며(敬信16). 의ᄉᆞ 공교ᄒᆞ야 젼일 힉둥 풍낭이 녁녁히 눈 알ᄑᆡ 잇ᄂᆞᆫ 듯ᄒᆞ니(落泉2:5).

공구 명 공구(攻究). ¶공구만 더ᄒᆞ시더니(閑中錄146).

·공:구·ᄒᆞ·다 동 공구(恐懼)하다. 두려워하다. ¶ᄆᆞᄋᆞᆷ애 忿懥ᄒᆞᄂᆞᆫ 바ᄅᆞᆯ 두면 그 正을 得디 몯ᄒᆞ고 恐懼ᄒᆞᄂᆞᆫ 바ᄅᆞᆯ 두면 그 正을 得디 몯ᄒᆞ고(宣大13). 흉당이 공구ᄒᆞ야 ᄒᆞᆯ 제(經筵).

공궤ᄒᆞ다 동 공궤(供饋)하다. ¶ᄉᆞ옹원으로 ᄒᆞ여곰 특별이 공궤ᄒᆞ라(仁祖行狀13).

공근ᄒᆞ다 형 공근(恭勤)하다. ¶더옥 공근ᄒᆞ더라(五倫1:2).

공·급ᄒᆞ·다 동 공급(供給)하다. ¶衣食ᄋᆞᆯ 供給홀 씨라(楞解7:54). 終身ᄐᆞ록 供給ᄒᆞ샤미라(法華4:155). 사ᄅᆞᆷᄋᆞᆯ 혀여 날로 먹일 거ᄉᆞᆯ 供給ᄒᆞ며:計口日給餉(宣小6:100). 졔ᄅᆞᆯ 공급ᄒᆞ더니:供奠(東新續三綱. 孝3:40). 軍을 ᄂᆞᆫ화 供給호ᄆᆞᆯ 應當ᄒᆞ니:分軍應供給(重杜解20:48). 사ᄅᆞᆷᄋᆞᆯ 고립거나 혹 승도ᄅᆞᆯ 공급ᄒᆞ며(敬信79).

공긔놀다 동 공기놀이를 하다. ¶공긔노다:要指兒(譯解下23).

공노 명 공로(功勞). ☞공로 ¶공노 젹:勣. 공노 훈:勳(訓蒙叡山本下13). 비록 직분의 일이나 죠고만 공노의 일곳 이시면(仁祖行狀27). 각노 엄숭이 쳔ᄌᆞ긔 주ᄒᆞ되 왕셕작의 공노ㅣ 당셰의 읏듬이니(落泉3:7).

공논 명 공론(公論). ¶이 ᄠᅳ들 냥ᄉᆞ의 닐러 공논을 조차 죄ᄅᆞᆯ 주라(仁祖行狀26).

공눙 명 공능(功能). ¶藥의 功能을 세여 重病을 고틸 씨라(永嘉上96). 詮과 ᄠᅳᆮ과 功能과ᄂᆞᆫ 이 말와 象ᄋᆡ ᄇᆞᆯ곤 거우뤼니(圓覺上一之二13). 이 곧ᄒᆞ신 功能이 ᄉᆞᆷ이 서르 곧ᄒᆞ야(金三4:37).

공단 명 공단. 바탕이 두껍고 무늬가 없는 비단. ¶공단:贛段(物譜 蠶績).

공·덕 명 공덕(功德). ¶功德을 國人도 ᄉᆞᆲ거니(龍歌72章). 無量無邊 功德을 劫劫에 어느 다 ᄉᆞᆯᄫᆞ리(月印上1). 부텻 功德을 듣ᄌᆞᆸ

고 깃거 偈룰 지어(釋譜6:40). 功德은 恒沙劫을 디내야도(楞解7:45). 또 일홈난 사르미 功德이 빗나다가 훈룻 아추미 허러(宣賜內訓3:6). 識心이 뮈디 아니후면 漏업슨 功德이 自然히 具足후누니(金三宗序3). 一念 수이예 功德이 圓滿후야(六祖序7). 공덕을 뻐흐며 만물에 무옴을 인주히 후며(敬信1).

공덕후다 동 공덕(功德)하다. 보시(布施)하다. ¶공덕후다:捨施(譯解上27).

공도 명 공도(公道). ¶수욕심으로뻐 공되라 후누니(仁祖行狀17). 우흐로 경샹과 아래로 일명이 회뢰 공힝후야 공되 셔지 못후는지라(敬信19). 公道是非 아니는다(李德一. 漆室遺稿).

공도로이 부 공도(公道)에 맞게. ¶내 공도로이 죽이면 제 죽기룰 올커니 허믈치 못후리라(三譯4:5).

공도롭다 형 공도(公道)답다. ¶공도롭다 후는 거시 엇지오(三譯4:5).

공듕 명 공중(空中). ¶또 空中에 幢幡瓔珞寶珠를 虛空애 구두기 비후니(釋譜23:20). 空中은 虛空ㅅ 가온더라(月釋1:14). 空色온 사루무로 空中에 녀며 앉게 후논 젼치라(金三宗序3). 河北士庶ㅣ 드르니 空中에 소리 이셔 닐오더(六祖中107). 자 촌 고기 공듕으로셔 수당 아픠 뻐러디거놀:盈尺之魚自空而墜落於祠前(東新續三綱. 孝6:41). 비치 空中ㅅ 樓의(重杜解13:9). 공듕을 向후야 놉히 훈 길 남즉이 더뎌놀(武藝圖22). 공듕을 향후야 지비후고(洛城1).

공력 명 공력(功力). ¶남의 일운 공력을 헐어 브리며(敬信84).

공·렬 명 공렬(功烈). 공업(功業). ¶功烈이 뎌러투시 그 卑후니:功烈如彼其卑也(宣孟3:2). 공렬 렬:烈(註千7).

공로 명 공로(功勞). ☞공노 ¶또 功勞룰 記錄디 아니후샤미(宣賜內訓2上48). 공로 젹:勣. 공로 훈:勳(訓蒙下31). 일일을 동비룰 친이후매 공로란 미뤄고 슈고란 맛다 후며(敬信81).

공명 명 공명(功名). ¶功名을 일 셰디 몯호니 늙고 病후야(初杜解14:20). 오누리 이 공명을 셰일 저기라 훈대(東新續三綱. 忠1:8). 富貴와 功名을 엇데 足히 圖謀후리오(重杜解9:31). 功名이 在天훈이 슬허 무슴 훌이오(古時調. 海謠). 공명을 구후여 공명을 엇고(敬信28).

공문 명 공문(公文). ¶비록 엄훈 공문이라도 반두시 돌회여 도르혀며(敬信60).

:공·믈 명 공물(貢物). ¶巫峽ㅅ 믌 뉘누릿 새배 黔陽 구읈 貢物 시러 오는 구올히로다(初杜解15:33). 공믈 싯는 누른 비:貢舫黃快船(漢淸12:19).

공번되다 형 공변되다. 공평하다. ☞공번두외다 ¶妾이 능히 私로뻐 公번되욤을 蔽티 못후야:妾不能以私蔽公(重內訓2:19). 妾온 드르니 賞罰이 공번되여야 足히 뻐 사룸을 항복게 훈다 호니:妾聞賞罰惟公足以服人(重內訓2:91). 진실노 텬하의 공번된 의린 즉(經筵). 공번된 하놀 아래 녠들 언마 져머시리(古時調. 青春 少年들아. 青丘). 공번된 天下業을 힘으로 어들 것가(古時調. 青丘). 공번되다:公(漢淸6:12). 공번된 훈날이 현우를 제금 낼 제(人日歌).

공번두외·다 형 공변되다. 공평하다. ☞공번되다 ¶妾이 아룸오로뻐 公反두외요믈 蔽티 몯후야(宣賜內訓2上22).

공번·히 부 공변되게. ¶공번히 조훈 구루치샤매(楞解6:99). 만일 가졋는 行李 財帛이 잇거든 공번히 驗후야 庫희 녀허:如有携帶行李財帛公驗貯庫(無寃錄1:56).

공:번후·다 형 공정(公正)하다. ¶공번후샤 黨 아니실씨:公而不黨故(法華4:38). 儉朴후며 淸廉후며 公反후며 威嚴이 잇누니(宣賜內訓1:38). 또 兄 주기고 앗올 사루면 이는 아룸더 수랑후요무로 公反훈 義룰 브료미오(宣賜內訓3:21). 쳥념후며 공번후고:廉公(宣小5:13).

공복 명 공복(空腹). ¶공복의 술을 먹습기의 비속이 조여미오(隣語1:10).

공·복 명 공복(公服). ¶혹 公服 지어 니펴(飜小7:9). 글월과 공복과 제귀를:書及公服禮器(飜小9:95). 벼슬 잇는 이는 或 위후야 公服(복두 관더라)을 지어셔 희롱후논디라:有官者或爲之製公服而弄之(宣小5:42). 벼슬 인누니는 公服과 띄와 靴와 笏을 후고(家禮3:6).

공·복후·다 동 공복(公服)을 입다. ¶비록 큰 더위라도 반두시 公服후고:雖大暑必公服(宣小6:8).

공부 명 공부(工夫). ¶오라면 工夫ㅣ 니거 반두기 能히 힘뿌미 져그리라(蒙法4). 오직 후니거나 구마니 잇거나 호매 모더 工夫룰 그춤 업게 호리니(蒙法5). 엇디 다룬 사룸 혜아려 검찰훌 공뷔 이시리오:豈有工夫點檢他人耶(飜小8:15). 셩인 현인이 가온더로브터 工夫룰 후시니:聖賢自這裏做工夫(宣小5:33). 글 비호는 공부는 모룸이 이예 일과후는 법을 嚴히 세고:學業則須是嚴立課程(宣小5:113). 일과 날마다 후는 아무 공부(敬信83).

공부 명 공부(功夫). 공력(功力). 노력. ¶저히야 공부 드려 다으게 후라:着他下功夫打(飜朴上10). 이 다숫 볇 갈훌 네 용심후야 공부 드려 밍골라:這五件兒刀子你用心下功

夫打(飜朴上17). 공붓 공:功(訓蒙下31).

공부·ᄒᆞ·다 동 공부(工夫)하다. ¶글 사김ᄒᆞ기 ᄆᆞᆺ고 또 므슴 공부ᄒᆞᄂᆞ뇨:說書罷又做甚麼工課(飜老上3).

공상 명 다리〔脚〕. ¶공상 놉흔 ᄆᆞᆯ:高脚馬(漢淸14:23).

공셕 명 공석(空石). 빈 섬. ¶큰 대 열과 공셕 五六枚만 몬져 드려 주ᄋᆞᆸ소(新語1:24).

:공셰 명 공세(貢稅). ¶공셰 부:賦(訓蒙下2). 공셰 조:租. 공셋 셰:稅(訓蒙下21). 몯 바틴 공셰를 반ᄃᆞ시 덜며:逋租必貰免(宣小6:113). 天子ㅣ 吏로 ᄒᆞ여곰 그 國을 治ᄒᆞ고 그 貢稅를 納케 ᄒᆞ니(宣孟9:12). 공셰 셰:稅(倭解下4). 공셰ᄅᆞᆯ 두터이 바다(十九史略1:14).

공소ᄒᆞ다 형 공소(空疏)하다. ¶혹식이 공소ᄒᆞ오니(經筵).

공손 명 공손(恭遜). ☞공손ᄒᆞ다 ¶공손 데:悌(兒學下1).

공·손ᄒᆞ·다 형 공손(恭遜)하다. ¶弟子ㅣ 이예 법바다 온화ᄒᆞ며 공손ᄒᆞ야 스스로 허심ᄒᆞ야:弟子是則溫恭自虛(宣小1:13).

:공:슈ᄒᆞ·다 동 공수(拱手)하다. ¶漢ㅅ 님그믈 拱手케 ᄒᆞ니라(初杜解6:28). 어즈러운 굼긔셔 拱手ᄒᆞ얫도다(重杜解1:4).

공:슌 명 공순(恭順). ¶효도와 공슌과:孝悌(飜小9:13). 튱셩과 공슌을:忠順(宣小2:31). 공슌:恭(漢淸6:27).

공슌이 부 공순(恭順)히. ☞공슌히 ¶공의 ᄆᆞᄋᆞᆷ의 이샹이 넉여 례ᄅᆞᆯ 심히 공슌이 ᄒᆞ고(敬信34). 싱이 자분 필ᄉᆞᄒᆞ야 공슌이 닐오ᄃᆡ(落泉1:1).

공:슌·히 부 공순(恭順)히. ☞공슌이 ¶조심ᄒᆞ며 공슌히 듣ᄌᆞ와:敬恭聽(宣小2:47).

공:슌ᄒᆞ·다 형 공순(恭順)하다. ¶효되며 공슌ᄒᆞ며:孝弟(飜小6:5). 兄은 ᄉᆞ랑ᄒᆞ고 아ᄋᆞᆫ 공슌ᄒᆞ며:兄友弟恭(宣小5:34). 恭順ᄒᆞᆫ 례도ᄅᆞᆯ 다ᄒᆞ야 안ᄌᆞ며 음식 먹으며 나ᄋᆞ며 믈롬애:盡恭順之禮坐食進退(宣小6:86). 셩되 유화ᄒᆞ고 공슌ᄒᆞ야:性度柔順(東新續三綱. 烈8:39). 兄은 ᄉᆞ랑ᄒᆞ고 아ᄋᆞᆫ 공슌ᄒᆞ며 ᄌᆞ식은 효도ᄒᆞ며(警民19). 충효ᄒᆞ며 우이 공슌ᄒᆞ며 몸을 바르게 ᄒᆞ야(敬信1). 이제 아래셔 절ᄒᆞ니 공슌ᄒᆞᆫ디라(家禮4:22). 공슌ᄒᆞ다:致恭(漢淸6:28). 다만 공슌ᄒᆞ고 춤으면 무ᄉᆞᄒᆞ리라(落泉1:1).

공신 명 공신(功臣). ¶始終이 다ᄅᆞ실ᄊᆡ 功臣이 疑心ᄒᆞ니(龍歌79章). 勳ᄋᆞᆫ 功臣이오(月釋序24). 國夫人ᄋᆞᆫ 功臣ㅅ 벼슬ᄒᆞᆫ 妻라(楞解6:19).

공심 명 공심(空心). 공복(空腹). ¶ᄯᅩ 복샹화 나못 힌 거츨 글혀 汁을 空心애 머그라(救急上28). 공심애 머고ᄆᆞᆯ 반ᄃᆞᆯ만 그치디 아니ᄒᆞ면:空心服之不絕半月(救簡1:94). 又 기론 믈 반 되예 고ᄅᆞ게 프러 공심에 머그라:新汲水半盞和勻空心服(救簡2:59). 됴ᄒᆞᆫ 분 ᄒᆞᆫ 돈과 ᄂᆞᆯ춤기름 ᄒᆞᆫ 홉과ᄅᆞᆯ 섯거 공심에 머그라:膩粉一錢生麻油一合相和空腹服之(救簡3:66). 늘그니와 져므니왜 ᄒᆞᆫ 환곰 다 空心에 머그라(簡辟4). 공심의 미음으로 ᄉᆞᆷ껴:空心米飮呑下(臘藥11).

공심 명 공심(公心). 공정하고 편벽되지 않은 마음. ¶인심 도심(샹섯말이니 공심과 ᄉᆞ심을 니론 기픈 말이라)읫 말을 강논ᄒᆞ실시(仁祖行狀17).

공ᄉᆞ 명 공사(工師). 공장(工匠)의 우두머리. ¶巨室을 ᄒᆞᆫ則 반ᄃᆞ시 工師로 ᄒᆞ여곰 大木을 求ᄒᆞ시리니(宣孟2:27).

공ᄉᆞ 명 공사(公私). ¶시혹 公私ᄅᆞᆯ 因커나 시혹 生死ᄅᆞᆯ 因커나(月釋21:170). 공ᄉᆞᄅᆞᆯ 분별ᄒᆞ기 심히 어려오니(仁祖行狀17). 이제 公私의 廟ㅣ 다 堂이 同ᄒᆞ고 室이 異ᄒᆞ여(家禮9:18).

공·ᄉᆞ 명 공사(公事). ¶吏ᄂᆞᆫ 公事ᄒᆞ논 官員이라(楞解8:89). 공ᄉᆞ로 ᄇᆞᆯ리다:公事勾攝(老朴集. 單字解4). 공ᄉᆞ 파ᄒᆞ고 믈러와:公退(飜小10:13). 공ᄉᆞᄅᆞᆯ 엄엄이 잘ᄒᆞ며:政教(呂約3). 됴뎡과 각 ᄀᆞ올 공ᄉᆞ:政事(呂約41). 공ᄉᆞ 정:政(類合下10). 公事ㅣ 아니어든:非公事(宣小4:41). 公事ㅣ 아니어든 일쯕 偃의 室에 니르디 아니ᄒᆞᄂᆞ닝이다(宣論2:7). 公事ᄅᆞᆯ 畢ᄒᆞᆫ 然後에 敢히 私事를 治홀띠니(宣孟5:16). 公事ᄅᆞᆯ 니ᄅᆞ고 家事ᄅᆞᆯ 니ᄅᆞ디 마롤디니라(家禮9:37). ᄉᆞᄉᆞ일로 공ᄉᆞᄅᆞᆯ 폐ᄒᆞ며(敬信3). 공ᄉᆞ 텹:牒(註千37).

공·ᄉᆞᄒᆞ·다 동 공사(公事)하다. 상의하다. ¶제 지순 罪며 福ᄋᆞᆯ 다 써 琰魔法王ᄋᆞᆯ 맛뎌든 뎌 王이 그 사ᄅᆞᆷᄃᆞ려 무러 지순 罪며 福이며 혜여 공ᄉᆞᄒᆞ리니(釋譜9:30). 吏ᄂᆞᆫ 公事ᄒᆞ논 官員이라(楞解8:89).

공ᄉᆞᆷ 명 공삼(貢蔘). 〔평북(平北) 강계(江界)에서 공물로 바치던 산삼(山蔘).〕 ¶ᄂᆞᄉᆞᆷ과 공ᄉᆞᆷ을(閑中錄582).

공션·히 부 공연(公然)히. ☞공연히 ¶넷 사ᄅᆞ미 거상애 잠간도 公然히 고기 머그며 술 머그리 업더라(宣賜內訓1:65).

공안 명 공안(公案). ¶이 公案ᄋᆞᆯ 因ᄒᆞ야 ᄒᆞ다가 아론 고디 이시면 곧 녯 聖人과 손자바 ᄒᆞᆫᄃᆡ 녀리라(牧牛訣7). 公案ᄋᆞᆫ 그윗 글와리니 사ᄅᆞ미 다 從홀시 話頭ᄅᆞᆯ 公案이라 ᄒᆞ니라(蒙法6).

공:양 명 ①공양(供養). 부처에게 음식을 바치는 일. ¶阿羅漢ᄋᆞᆫ 分段生ᄋᆞᆯ 여희여 人天 供養애 맛당ᄒᆞ며(金三1:34). ②공양(供養). 어른에게 음식을 드리는

일. ¶父母의 공양을 도라보디 아니홈이 혼 不孝ㅣ오:不顧父母之養一不孝也(宣小2:34). 어버이 늘그심애 供養이 궐낙호미 만흐며(警民22).

공:양ᄒᆞ·다 동 ①공양(供養)하다. 부처에게 음식을 바치다. ¶供養ᄒᆞᅀᆞᄫᆞᆯ 일 니ᄅᆞ샨 經이라(釋譜6:44). 그저긧 燈照王이 普光佛을 請ᄒᆞᅀᆞᄫᅡ 供養호리라 ᄒᆞ야(月釋1:9). 諸天이 밥 보내며 온가짓 새 곳 므러 供養ᄒᆞ다가(南明上3). 니ᄅᆞ논 고ᄃᆞᆯ 조차 다 供養호ᄃᆡ 塔ᄀᆞ티 ᄒᆞ리니(金三3:1). 五祖ㅅ 血脉圖ᄅᆞᆯ 그려 流傳ᄒᆞ야 供養케 호려 ᄒᆞ더시니(六祖上14). 부텨 공양ᄒᆞ며 즁을 이바드며:供佛飯僧(飜小7:22). 부텨 공양ᄒᆞ며:供佛(宣小5:54). 부텨 공양ᄒᆞ다:供佛(譯解上25). 인ᄒᆞ야 가당의 공양ᄒᆞᄂᆞᆫ 바 관음대ᄉᆞ 압히 고두류혈ᄒᆞ고(敬信38).
②공양(供養)하다. 어른에게 음식을 드리다. ¶내게 늘근 어미 供養ᄒᆞ기로 ᄡᅥ 맛뎌ᄂᆞᆯ:屬妾以供養老母(宣小6:52). 술과 밥으로ᄡᅥ 부모의게 공양ᄒᆞ고(綸音82). 辛苦ᄂᆞᆫ 싀어버이 공양ᄒᆞ기 신고홈을 니ᄅᆞ단 말리라(女四解2:17).

공업 명 공업(功業). ¶盛ᄒᆞᆫ 功業이 이제 이 ᄀᆞᄐᆞ니 經術을 傳ᄒᆞ요ᄆᆞᆫ 여ᄆᆞᆺ 무레 그츠리로다(重杜解19:4). 이 ᄒᆞᆫ 가지 일을 ᄇᆞ리면 아오로 공업이 업ᄂᆞ니(敬信11). 공업을 ᄆᆞᆺ디 못ᄒᆞ시고(五倫2:65).

공연이 부 공연(空然)히. ¶공연이 너ᄅᆞᆯ 보낼 도리 업스니(捷蒙4:4). 온각 것슬 공연이 헤피 업시치 말난 말(敬信74).

공연·히 부 공연(公然)히. ☞공연히 ¶녯 사ᄅᆞᆷ이 居喪애 敢히 公然히 고기 먹으며 술 먹던 이 업스니라:古人居喪無敢公然食肉飮酒者(宣小5:44).

공용 명 공용(公用). ¶서ᄅᆞ 니ᄅᆞ거니 ᄃᆡ답거니 날을 저물오 ᄲᅮᆫ으로ᄂᆞᆫ 公用은 되디 아니코(重新語4:29).

공이 명 공이. ¶공이 저:杵(倭解下3).

공이 명 옹이. 마디. ¶솘공이:松節(救簡1:89). 나모공이:樹節子(同文解下44). 나모ㅅ 공이:木節子(譯解補51). 공이:錯節(漢淸13:28).

공이 명 고의(袴衣). ¶呼袴曰 공이(華方).

공작 명 공작(工作). ¶쳔ᄌᆞ이 공작을 일으혀ᄀᆡ 말며(敬信61).

·공·작 명 공작(孔雀). ¶두 孔雀일 그리시니이다(龍歌46章). 孔雀이 소리 빗 ᄀᆞᄐᆞᆫ 프리 나고(月釋1:46). ᄀᆞᅀᅢ 공쟉의 짓 고잣고:傍邊插孔雀翎兒(飜朴上29). 孔雀이 날호야 열러 傘扇ㅅ 그르메 횟도더라(重杜解11:35).

공쟝 명 공장(工匠). ¶工匠ᄋᆞᆯ 가ᄌᆞᆯ비시고 (金剛序8).

공·쟝바지 명 공장(工匠). ☞공쟝바치 ¶論語에 닐오ᄃᆡ 工匠바지 그 이ᄅᆞᆯ 이대코져 홇딘댄(圓覺序80).

:공·쟝바치 명 공장(工匠). ☞공쟝바지. 공쟝와치 ¶공쟝바치 공:工(訓蒙中3).

공쟝와치 명 공장(工匠). ☞셩냥바지. 공쟝바치 ¶네 ᄇᆡᆨ셩 도의리 네 가지니 냥반과 녀름 지으리와 공쟝와치와 흥졍와치라:古之爲民者曰士農工商是也(正俗21).

공젹 명 공적(功績). ¶나는 功績을 敗ᄒᆞ고 스싀로 머므러 잇노라(重杜解19:12). 공젹 젹:績(類合下42).

공·젹ᄒᆞ·다 형 공적(空寂)하다. ¶定과 慧왜 두려이 ᄇᆞᆰ고 空寂ᄒᆞᆫ 고대 잇디 아니ᄒᆞᆯ시 (南明上45).

공:젼 명 공전(攻戰). ¶攻戰에 ᄃᆞ니샤:攻戰日奔馳(龍歌113章).

공젼 명 공전(工錢). ¶내 공젼을 혜아리디 아니ᄒᆞ고:我不算工錢(朴解下30). 술 밥이 후치 아니코 공젼이 져금으로ᄡᅥ 게얼은 ᄆᆞᄋᆞᆷ 내야 거즛걸노 ᄒᆞᄂᆞᆫ 쳬 말며(敬信65).

공졍 명 공정(公庭). 조정(朝廷). ¶公庭 無事ᄒᆞ니 村落도 일이 업다(蘆溪. 嶺南歌).

공졍 명 공정(公正). ¶공졍 공:公(光千23).

공:졍·ᄒᆞ·다 형 공정(公正)하다. ☞공졍 ¶淸廉ᄒᆞ며 조ᄒᆞ며 公正ᄒᆞ요ᄆᆞ로 님금을 갑ᄉᆞ올디어늘(宣賜內訓3:27). 公正ᄒᆞ며 誠信ᄒᆞ야 義ㅣ 行호ᄆᆞᆯ 決斷히 ᄒᆞ니(宣賜內訓3:54). 시관이 공졍ᄒᆞ여 방녕 냥지 ᄲᅥ러지니(落泉2:6).

공:좌 명 공좌(公坐. 公座). 공석(公席). ¶阮籍의 큰 거상으로 公坐애셔 술 머그며 고기 머고ᄆᆞᆯ 許ᄒᆞ시ᄂᆞ니(宣賜內訓1:66).

공·쥬 명 공주(公主). ¶公主ㅣ 情誠일ᄊᆡ(月印上63). 諸 王妃와 公主와ᄅᆞᆯ 주시고 니ᄅᆞ샤ᄃᆡ(宣賜內訓2下51). 公主ㅅ 집 어득ᄒᆞᆫ 고랑 ᄀᆞᄂᆞᆫ 煙霧ㅣ 졋ᄂᆞ니:主家陰洞細煙霧(初杜解15:46). ᄆᆞᄅᆞᆯ 아ᄋᆞ니 公主ㅣ 슬코:奪馬悲公主(重杜解10:11).

공즁 명 공중(空中). ¶공즁을 向ᄒᆞ야 놉히 길남아 더지고(武藝圖23). 공즁의셔 듯고 옥뎨의 준문ᄒᆞ고(敬信15).

공치ᄒᆞ다 동 공격하다. 헐뜯다. ☞공티ᄒᆞ다 ¶명길을 공치ᄒᆞ며 스ᄉᆞ로 놉흔 쳬ᄒᆞ니 사ᄅᆞᆷ이 다 웃더라(山城89).

공칙 명 공책(空册). ¶내 공칙 ᄒᆞᆫ나흘 두고 일홈을 치심편이라 ᄒᆞ고(敬信31).

공티ᄒᆞ다 동 공격하다. 헐뜯다. ☞공치ᄒᆞ다 ¶禮樂이 내의 사오나오ᄆᆞᆯ 攻治ᄒᆞᄂᆞ니:禮樂攻吾短(重杜解10:31).

공평 명 공평(公平). ¶공평 공:公(註千23).

공평이 부 공평(公平)히. ☞공평히 ¶말과

저울을 공평이 ᄒᆞ야 거부여이 내고 무거이 들이지 못ᄒᆞᆯ지며(敬信9).

공평히 부 공평(公平)히. ☞공평이 ¶린리ᄅᆞᆯ 도솔ᄒᆞ야 되 말과 자 저울은 츌입의 공평히 ᄒᆞ며(敬信76).

:공:포ᄒᆞ·다 동 공포(恐怖)하다. 두려워하다. ¶시혹 슬커나…시혹 恐怖커나 ᄒᆞ면: 恐怖ᄂᆞᆫ 저허ᄒᆞᆯ 씨라(月釋21:94).

공하다 동 공(貢)하다. 이바지하다. ¶공할 공:貢(兒學下6).

공한 명 공한(空閑). ¶ᄒᆞ다가 사ᄅᆞ미 空閑애 잇거든(法華4:104).

공한ᄒᆞ·다 형 공한(空閑)하다. ¶僧坊애 잇거나 空閑ᄒᆞᆫ ᄯᅡ히어나(月釋17:45). 시혹 阿練若애 누비오ᄉᆞ로 空閑ᄒᆞᆫ ᄃᆡ 이셔 제 너교ᄃᆡ(法華4:194). 空閑ᄒᆞᆫ 수픐 가온ᄃᆡ 잇거든(法華5:55). 三十二分ᄋᆞᆯ 가져다가 空閑ᄒᆞᆫ ᄲᅮᆯᄃᆡ업슨 ᄯᅡ해 두어도 ᄯᅩ 이 허므리 아니니라(金三1:13). 공한ᄒᆞᆫ 받ᄐᆞᆯ 삼고 믈러오니:爲閑田而退(宣小4:39).

공:효 명 공효(功效). ¶공효ᄅᆞᆯ 헤아리디 아니ᄒᆞᄂᆞ니라(飜小8:1). 그 공효ᄅᆞᆯ 헤아리디 아니ᄒᆞᄂᆞ니라:不計其功(宣小5:82). 어느 모맷 功效ㅣ 能ᄒᆞᆫ 고ᄃᆞᆯ 알리오:豈知身效能(重杜解16:59). 聖賢書의 着意ᄒᆞ야 功效를 일워니여(蘆溪. 獨樂堂).

공후 명 공후(公侯). ¶命婦ᄂᆞᆫ 곧 公侯의 妻ㅣ 錫命을 受ᄒᆞ니니(楞解6:20). 공후 공:公(類合上17).

공후 명 공후(箜篌). ¶箜篌는 모기 구븐ᄒᆞ고 鳳ᄋᆡ 머리 밍ᄀᆞᆯ오 시울 한 거시라(釋譜13:53). 내 져머셔브터 풍뉴ᄅᆞᆯ 니겨 공후 ᄩᅡ기예 ᄀᆞ장 공이 잇노라(太平1:22).

공훈 명 공훈(功勳). ¶將軍ㅣ 功勳을 셰여 安西에셔 니러나니:將軍樹勳起安西(重杜解17:10). 古人이 큰 공훈과 德이 이시면(家禮8:19).

공·히 부 공연히. 부질없이. ¶공히:徒然之辭(老朴集. 單字解2).

공히 부 거저. 공으로. ¶공히 뎌 개암을 어더 먹으니:乾得那些榛子喫(朴解下28).

:공ᄒᆞ·다 동 공(供)하다. ¶王의 諸臣이 다 足히 ᄡᅥ 供ᄒᆞᄂᆞ니:王之諸臣皆足以供之(宣孟1:28).

공ᄒᆞᆫ밥 명 공밥. ¶하로 이틀 멋 날 되되 공ᄒᆞᆫ밥만 먹으려노(萬言詞).

공ᄒᆡ 명 공해(公廨). 공청(公廳). ¶강원 감ᄉᆞ의게 하유ᄒᆞ야 공ᄒᆡ예 드리고 잘 ᄃᆡ접ᄒᆞ라 ᄒᆞ오시고(仁祖行狀14).

곶 명 꽃. ☞곧. 곷. 쏫 ¶빗곶爲梨花(訓解. 終聲). 곶 됴코 여름 하ᄂᆞ니:有灼其華有蕡其實(龍歌2章). 고ᄌᆞᆯ 받ᄌᆞᄫᆞ시니(月印上3). 다ᄉᆞᆺ 곶 두 고지(月印上3). 蓮ㅅ고지 안자 뵈실씨(月印上50). 다 하ᄂᆞᆳ 貴ᄒᆞᆫ 고지라(釋譜13:12). 됴ᄒᆞᆫ 고ᄌᆞ란 ᄑᆞᄃᆡ 말오(月釋1:9). 花ᄂᆞᆫ 고지라(月釋1:23). 이운 남ᄀᆡ 고지 프며(月釋2:31). ᄲᅮ리 고지셔 이ᄂᆞ니:蜜成於花(楞解7:17) 世界ㅣ 虛空앳 고지며:世界虛華(圓覺上一之二15). ᄒᆞ오ᅀᅡ 고ᄌᆞᆯ 곳디 아니호니:獨不戴花(宣賜內訓3:59). 묏고지 ᄒᆞ마 절로 폣도다:山花已自開(杜解18:5). 고지 더우니 ᄢᅮᆯ 짓ᄂᆞᆫ 버리 수수놋다:花暖蜜蜂喧(初杜解21:6). ᄀᆞᅀᆞᆳ ᄃᆞᆯ와 봆 고지:秋月春花(金三2:6). 하ᄂᆞᆯ히 보ᄇᆡᆺ 고ᄌᆞᆯ 비허:天雨寶華繽紛亂下(佛頂上2). 長松 ᄒᆞ션 속의 포기마다 고지 픠니(辛啓榮. 月先軒十六景歌). 花曰骨(雞類).
※곶(곳)>꽃

곶 명 꼬치〔串〕. 꼬챙이. ☞곧치 ¶즁ᄉᆡᆼᄋᆞᆯ 고재 ᄢᅦ여 굽고 남진 겨지비 두루 안자 모다 머그며 맛날써 ᄒᆞ던 사ᄅᆞ미니(月釋23:79). ᄒᆞᆫ 고재 다 ᄢᅦ며:一串都穿(法語12).

곶 명 곶. ¶암림곶:暗林串(龍歌1:36).

곶 명 곳〔所〕. ¶구름이 깁허 간 고즐 아디 못게라(古時調. 歌曲).

곶·닢 명 꽃잎. ☞곳닢 ¶ᄒᆞᆫ 남ᄀᆞᆯ 내니 곶니피 퍼 衆人ᄋᆞᆯ 다 두프니(月印上58).

곶·다 동 꽂다. ☞곳다 ¶열다ᄉᆞ시어든 빈혀 고ᄌᆞ며(宣賜內訓3:3). 붇 고잿ᄂᆞᆫ 架子앤 窓앳 비 저지고:筆架霑窓雨(初杜解7:31). ᄇᆞᄅᆞ매 고잿ᄂᆞ니:在壁(初杜解8:35). 짓 고존 글워리 도로 ᄲᆞᄅᆞᆫ ᄃᆞᆺᄒᆞ니:羽書還似急(初杜解24:8). 소옴애 ᄡᅡ 귀예 고조ᄃᆡ ᄒᆞᄅᆞ 세 번곰 ᄀᆞ라 ᄒᆞ라:緜裹塞耳中日三易之(救簡1:29). 師ㅣ 막대ᄅᆞᆯ 흐느러 ᄯᅡ해 고ᄌᆞ시니(六祖中108). 두루믜 지초로 살픠 고잣고:是箇鵝鸛翎兒(飜朴上27). 고즐 삽:揷(訓蒙下5). 고ᄌᆞᆯ 공:拱(訓蒙下26. 石千5). 풀뎡 고ᄌᆞᆯ 공:拱(類合下16). 고ᄌᆞᆯ 삽:揷(類合下46). 됴관의 집 ᄯᆞᆯ이 빈혀 고좀애(宣小6:114). ᄆᆞᄋᆞᆷ조초 葛巾애 빈혀 고자 ᄉᆞ고:隨意簪葛巾(重杜解1:50). 母의 문에 고자 ᄀᆞᆯᄋᆞᄃᆡ(女四解4:38). 귀비 단장ᄒᆞᆫ 방의 가 친히 고ᄌᆞ시고(明皇1:38). 고즐 공:拱(註千5). ※곶다>꽂다

곶·비 명 꽃비. ☞곳비 ¶祥瑞ㅅ 구룸과 곶비도 ᄂᆞ리니(月印上29).

곶 명 꽃. ☞곶 ¶져비ᄂᆞᆫ ᄂᆞᄂᆞᆫ 고출 박차 춤츠ᄂᆞᆫ 돗긔 디놋다:燕蹴飛花落舞筵(重杜解15:33).

:과 명 과(過). 허물. 잘못. ¶혜미 밋디 몯ᄒᆞᆯ 고ᄃᆞᆫ 한 過ᄅᆞᆯ 免호라 너기다가(圓覺下三之一30). 過도 허믈도 千萬 업소이다(樂範. 鄭瓜亭). 어디디 안인 이를 보고 能히 退티 몯ᄒᆞ며 退호ᄃᆡ 能히 멀리 몯 홈이 過ㅣ니라(宣大26). 과ᄂᆞᆫ 사오나온 일(敬信13).

·과 명 괘(棵). 거문고의 기러기발. ¶과:爲琴柱(訓解. 合字).

-·과 조 ①-과. ¶엄과 혀와 입시울와 목소리옛 字ᄂᆞᆫ 中國 소리예 通히 쓰ᄂᆞ니라(訓註15). ᄂᆞᆷ과 다ᄅᆞ샤(龍歌51章). 마ᅀᆞᆫ 사ᄉᆞ미 등과(龍歌88章). 밤과 낫과(月印上16). 龍과 鬼神과 위ᄒᆞ야 說法ᄒᆞ더시다(釋譜6:1). 나디 바티셔 남과 ᄀᆞᄐᆞᆯ씨(釋譜6:19). 나모와 곳과 果實와ᄂᆞᆫ(釋譜6:40). 聚落과 田里예(月釋17:45). 스승과 ᄒᆞᆫᄃᆡ 나ᄂᆞ니(法華3:191). 하ᄂᆞᆯ과 밋 祖宗 이실 ᄯᆞᄅᆞᆷ이라:天曁祖宗而已(常訓9). 특별히 ᄃᆞᆯ과 날을 아래 쓰니:特書月日於下(常訓44). 大衆과 ᄒᆞᆫᄃᆡ 잇더시니(阿彌5). 님금과 臣下왜 義 이시며(宣賜內訓序3). 楊雄의 집과 가ᄌᆞᆯ비ᄂᆞ니(初杜解7:1). 머믈워슘과 당다이 ᄅᆞᆫᄒᆞ리로다(初杜解7:4). 郎中과 評事ᄅᆞᆯ 對接ᄒᆞ야셔(初杜解7:13). 닐옴과 ᄅᆞᆫᄒᆞ니라(南明下25). 凡과 聖과ᄅᆞᆯ(金三2:3). 二乘과 ᄅᆞᆫ디 아니ᄒᆞ야(金三4:1). 나와 ᄒᆞᆫ 번과 ᄒᆞ야 몬져 가(飜老上66). 다ᄉᆞᆺ ᄃᆞ리면 회틔 머리와 두 엇게와 두 무룹과 이ᄂᆞ니라(恩重4). 여ᄉᆞᆺ ᄃᆞ리면 회틔 아기 눈과 귀와 고와 입과 혀와 ᄠᅳᆺ과 여ᄂᆞ니라(恩重4). 형벌과 법을 犯홈을(宣小5:28). 덕분에 알터 가슴과 ᄇᆡ 져기 나와(重新語3:4). 우물과 부억을 넘으며 사ᄅᆞᆷ과 음식을(敬信5).
②-와. ¶쇼과 ᄆᆞᆯ과 양과 돋과 개과:牛果馬果羊果猪果犬果(牛疫方5). ᄃᆞᆯ기알 누른 ᄌᆞᅀᆞ과 블근 수ᄃᆞᆰ:雞子黃丹雄雞(瘟疫方11). 니마 우콰 고과 고 아래과:額上鼻人中(瘟疫方15). 졔불과 제조시 다 이 녯나래 우리과 ᄒᆞᆫ가지 범뷔니(野雲82). 어딘 션비과 민 온갓 관원을(宣小6:11). 바독쟝긔과(宣小6:121). 어미과 ᄯᆞᆯ리 다 사다:母女俱活(東新續三綱. 孝8:7 召史活母). 혈지일은 ᄡᅥ리ᄂᆞᆫ 거시 우과 ᄀᆞᆺ다:血支日忌上同(馬解上49). 형과 아ᄋᆞ과 뭇누의과 아ᄋᆞ누의ᄂᆞᆫ:兄弟姊妹(警民4). 기ᄅᆞ마과 굴에란:鞍子轡頭(老解下41). ᄒᆞ믈며 士과 ᄇᆡᆨ셩가:況於士民乎(孝經11). ᄒᆞ믈며 안해과 ᄌᆞ식가:況於妻子乎(孝經12). 西傾과 朱圉와 鳥鼠과로(書解1:66). 다른 아희과 다ᄅᆞ거늘(女範3. 뎡녀 농셔당시). 내 져과 녜ᄉᆞ로이 사괴고(捷蒙2:10).

과갈이 부 급자기. ☞과ᄀᆞᆯ이 ¶과갈이 님자 엇기 어렵고:急且難着主兒(老解下56).

:과:감ᄒᆞ·다 형 과감(果敢)하다. ¶果敢ᄒᆞ고 窒ᄒᆞᆫ 者를 惡ᄒᆞᄂᆞ니라(宣論4:44).

:과:거 명 과거(過去). ¶三世ᄂᆞᆫ 過去와 未來와 現在왜니 過去는 디나건 劫이오 未來ᄂᆞᆫ 아니 왯ᄂᆞᆫ 劫이오 現在ᄂᆞᆫ 現ᄒᆞ야 잇ᄂᆞᆫ 劫이라(釋譜13:50). 過去는 디나건 뉘오(月釋2:21之1). 過去엣 모ᄃᆞᆫ 如來 이 門ᄋᆞᆯ ᄒᆞ마 일우시며 現在ᄒᆞᆫ 모ᄃᆞᆫ 菩薩도 이제 各各 두려이 ᄇᆞᆯ고매 들며(楞解6:76). ᄯᅩ 過去 現在 未來예 ᄀᆞ초 ᄉᆞᄆᆞᄎᆞ니(金三2:27). 前際ᄂᆞᆫ 過去ㅣ오 後際ᄂᆞᆫ 未來라(南明序1). ᄯᅩ 이 過去生 中에 諸佛 供養ᄒᆞᅀᆞ와(六祖上47).

과거 명 과거(科擧). ¶과거 과:科(倭解下38). 과거뵈다:科試(同文解上44). 과거뵈다:考試(漢淸2:48). ᄌᆞ손이 현명ᄒᆞ야 과거의 오르고(敬信8).

과거리 부 급자기. 문득. ☞과ᄀᆞᆯ이 ¶다ᄉᆞᆺ 솔 엣 아희 과거리 아직 어ᄃᆡ로 ᄃᆞ라나리오:五歲的小廝急且那裏走(朴解中11). 과거리 언제 ᄯᅩ 除홈을 어드리오:急且幾時又得除(朴解中46).

과:거보·다 동 과거(科擧)보다. ¶몬져 셔울 니르러셔 開封 戶籍에 드려 과거보기를 ᄒᆞ고져 ᄒᆞ노이다:欲先至京師貫開封戶籍取應(宣小6:45).

과거뵈다 동 과거(科擧)보게 하다. ☞과거보다 ¶과거뵈다:科試(同文解上44). 과거뵈다:考試(漢淸2:48).

과:거:시댱 명 과거 시장(科擧試場). ¶과거시댱이 갓가오니:科場近(宣小6:45).

과거ᄒᆞ다 동 과거(科擧)하다. 과거에 급제하다. ¶닐곱 ᄋᆞᄃᆞᆯ과 세 사회ᄅᆞᆯ 다 과거ᄒᆞ고(敬信14).

과걸리 부 급자기. 문득. ☞과ᄀᆞᆯ이 ¶과걸리:急且(譯解下49).

과궁 명 과궁(寡宮). ¶과궁을(과인이랏 말과 ᄀᆞᆺᄒᆞ니라) 보젼코져 ᄒᆞᆯ딘대(仁祖行狀8).

과궐 명 과궐(窠闕). 관직(官職)의 빈 자리. ¶과궐:缺(漢淸2:46).

과그르다 형 과격하다. 급하다. 심하다. ☞과ᄀᆞᄅᆞ다 ¶小人ᄃᆞᆯ히 과그른 ᄂᆞ치 서ᄅᆞ 보와셔:小人們驟面間廝見(老解上37). 과그른 쇠나기에 흰 동졍 거머지고(古時調. 白髮에 환양. 靑丘).

과·극 명 과극(戈戟). 창(槍). ¶武王이 紂ᄅᆞᆯ 伐ᄒᆞᆫ 後에 戈戟을 디여 農器를 ᄆᆡᇰᄀᆞ니(圓覺下二之二24).

과글니 부 급자기. 문득. ☞과ᄀᆞᆯ이 ¶과글니 주거셔 시왕ᄭᅴ 가셔 빈ᄃᆡ:暴死至陰府見閻羅王(普勸文 海印板16). 과글니 주거 시왕ᄭᅴ 재펴 가니(普勸文 海印板18).

과글리 부 급자기. 문득. ☞과글이. 과ᄀᆞᆯ이 ¶요ᄉᆞ이 時俗애 音이 上去셩이 서르 섯기여 ᄡᅥ 과글리 고티기 어려온디라:近世時俗之音上去相混難以卒變(宣小凡例2). 어미 과글리 주거ᄂᆞᆯ:母暴死(東新續三綱. 孝4:38 金碩斷指).

과글·이 부 급자기. 문득. ☞과글리. 과ᄀᆞ리.

과ᄀᆞᆯ이 ¶과글이 ㅂ]ᄅᆞᆯ 알하 믄득 니러안자(月釋10:24). 暴流ᄂᆞᆫ 과글이 ᄒᆞ를 씨라(楞解5:13). 목져지 과글이 브ᅀᅳ닐 고툐ᄃᆡ:治懸壅暴腫(救急上42). 과글이 가숨 알피ᄅᆞᆯ 어더:卒患心痛(佛頂中7). 世俗의 弊를 可히 과글이 고티디 몯ᄒᆞᆯ 거시니:世俗之弊不可猝變(宣小5:43).

과ᄀᆞ·리 부 급자기. 문득. ☞과글이. 과ᄀᆞᆯ이 ¶과ᄀᆞ리 ᄇᆞ롬마즌 병:中風(救簡目錄1). 과ᄀᆞ리 ㅂ]얌 감겨 프디 몯ᄒᆞ거든:卒爲蛇繞不解(救簡6:49). 만이래 과ᄀᆞ리 약 업거든:若倉卒無藥(瘟疫方18). 도적이 과ᄀᆞ리 니ᄅᆞ러:賊猝至(東新續三綱. 烈4:3).

과ᄀᆞᄅᆞ·다 형 과격하다. 급하다. 심하다. ☞과그르다. 괘그르다 ¶과ᄀᆞᄅᆞ디 아니ᄒᆞ며:不卒(法華5:7). 能히 ᄉᆞᆯ펴 호미 과ᄀᆞᄅᆞ디 아니ᄒᆞ며:能審而所施不暴(法華5:8). 샹녜 質直을 머거 ᄆᆞᅀᆞ미 과ᄀᆞᄅᆞ디 아니ᄒᆞ야:恒懷質直心不卒暴(永嘉下139). 과ᄀᆞ른 ᄂᆞᆺ곳출 아니 ᄒᆞ더니(飜小10:2). 과ᄀᆞᄅᆞᆯ 포:暴(類合下3). 과ᄀᆞᄅᆞᆯ 취:驟. 과ᄀᆞᄅᆞᆯ 거:遽(類合下27). ᄲᆞᄅᆞᆫ 말이며 과ᄀᆞᄅᆞᆫ ᄂᆞᆺ곳출:疾言遽色(宣小6:102). 과ᄀᆞᄅᆞᆫ 적ᄇᆡᆨ 니질이며:暴痢赤白(臘藥2).

과ᄀᆞᄅᆞᆫ 형 급한. 과격한. ㉮과ᄀᆞᄅᆞ다 ¶말ᄉᆞᆷ 쌜리 아니 ᄒᆞ며 과ᄀᆞᄅᆞᆫ ᄂᆞᆺ곳출 아니 ᄒᆞ더니:未嘗疾言遽色(飜小10:2). 일즉 ᄲᆞᄅᆞᆫ 말이며 과ᄀᆞᄅᆞᆫ ᄂᆞᆺ곳출 아니 ᄒᆞ더니:未嘗疾言遽色(宣小6:102). 과ᄀᆞᄅᆞᆫ 등풍으로 인ᄉᆞ를 출히디 못ᄒᆞ며:卒中風不省人事(臘藥4).

과ᄀᆞᄅᆞᆫᄇᆞᄅᆞᆷ 명 폭풍(暴風). ¶과ᄀᆞᄅᆞᆫᄇᆞᄅᆞᆷ과 ᄲᆞᄅᆞᆫ 비:暴風疾雨(瘟疫方1).

과ᄀᆞᆯ리 부 급자기. 문득. ☞과글이. 과ᄀᆞᆯ이 ¶도적이 과ᄀᆞᆯ리 니ᄅᆞ니:賊猝至(東新續三綱. 烈6:36). 또 과ᄀᆞᆯ리 등풍ᄒᆞ여:卒中風(臘藥1). 과ᄀᆞᆯ리 긱된 샤긔를 마자:卒中客忤(臘藥4).

과ᄀᆞᆯ·이 부 급자기. 문득. ☞과갈이. 과ᄀᆞ리 ¶公이 과ᄀᆞᆯ이 色ᄋᆞᆯ 變커ᄂᆞᆯ:公悖然變色(法華7:52). 과ᄀᆞᆯ이 주그니와:卒死(救急上25). 恭敬 아니 ᄒᆞ며 孝道 아니커든 과ᄀᆞᆯ이 믜여 말오:未敬未孝不可遽有憎疾(宣賜內訓3:4). 과ᄀᆞᆯ이 ᄃᆞ라오디 말며 과ᄀᆞᆯ이 도로 가디 말며:毋拔來毋報往(宣小3:12).

과긱 명 과객(過客). ¶싱이 답왈 과긱이 녀반 충등의 드러가기 불안ᄒᆞ니(落泉2:6).

과남플 명 과남풀. ☞관음풀 ¶과남플:龍膽(東醫 湯液二 草部).

과내 명 나나니벌. 나나니. ¶과내:蠮螉(東醫 湯液二 蟲部).

:과·녀 명 과녀(寡女). 과부(寡婦). ¶ᄒᆞ다가 다ᄅᆞᆫ 지븨 드러도 小女 處女 寡女 ᄃᆞᆯ콰로:寡ᄂᆞᆫ 남진 업슬 씨라(法華5:16).

-·과·ᄂᆞᆫ 조 -과는. -은. -는. ¶가지와 닙과ᄂᆞᆫ(釋譜13:47). 福과 힘과ᄂᆞᆫ 하ᄂᆞᆯ콰 ᄀᆞ토ᄃᆡ(月釋1:14). 伏羲와 堯와 舜과ᄂᆞᆫ 녯 어딘 皇帝시니라(月釋2:70). 剕와 쏨과 相考와 ᄆᆡ욤과ᄂᆞᆫ:剕射考縛(楞解8:107). ᄠᅴ와 빗과ᄂᆞᆫ 다 地예 가고:垢色皆歸於地(圓覺上二之二27). 堯와 舜과ᄂᆞᆫ 天下앳 큰 聖人이샤ᄃᆡ(宣賜內訓序7).

과당ᄒᆞ다 형 과당(過當)하다. ¶대신의 말이 엇디 과당ᄒᆞᆯ 거시 업ᄉᆞ리오(經筵).

-과댜 어미 -고자. ☞-과뎌 ¶사ᄅᆞᆷ이 수이 알과댜 ᄒᆞ야:欲人易曉(宣小凡例1). ᄇᆡᆨ셩이 感發ᄒᆞ야 興起홈이 잇과댜 호미오:欲民之有所感發而興起也(警民序3). 내 迷惑을 프르시과댜(新語1:30). ᄆᆞᄋᆞᆷ을 좃과댜 ᄒᆞ야 금ᄇᆡᆨ 만이 흐터 주다(三譯10:3). 호령을 니ᄅᆞ혀과댜 호매(兵學1:1).

-과·뎌 어미 -고자. -고 싶어. ☞-과댜. -과ᄃᆡ여. -과져 ¶厄이 스러디과뎌 ᄒᆞ노니:冀…災消(月釋序25). 後엣 行境은 解ᄅᆞᆯ ᄆᆞ차 行애 가과뎌 ᄒᆞ시니(月釋18:21). 衆生이 다 解脫ᄋᆞᆯ 得과뎌(月釋21:8). 부톄 ᄲᅢ혀시과뎌 願ᄒᆞ니라:願佛與拔之(楞解2:22). ᄀᆞ티 가지과뎌 ᄒᆞ시니라:欲等持也(楞解9:73). 解 ᄆᆞ차 行애 가과뎌 ᄒᆞ시니:欲其解終趨行(法華6:131). 알애 ᄒᆞ시과뎌 願호미오(金剛13). 사ᄅᆞ미 ᄠᅳ들 一定ᄒᆞ며 ᄆᆞᅀᆞᄆᆞᆯ 올오과뎌 ᄒᆞᄂᆞᆫ 마리라:欲人定志專心之言也(宣賜內訓2上14). 사ᄅᆞ믄 戈鋌을 그치시과뎌 ᄉᆞ랑ᄒᆞᄂᆞ다:人憶止戈鋌(初杜解20:4). 내 迷惑을 프르시과뎌(新語2:8). 일홈을 엇과뎌 ᄒᆞ오셔(癸丑42). 므서슬 니ᄅᆞ과뎌 ᄒᆞᄂᆞ뇨(朴解下56).

과도이 부 과도(過度)히. ☞과도히 ¶너모 과도이 인ᄉᆞᄒᆞᄋᆞᆸ시니(隣語1:9).

과도히 부 과도(過度)히. ¶슬허ᄒᆞ기를 과도히 ᄒᆞ고(東新續三綱. 烈7:68). ᄉᆞ랑호믈 과도히 ᄒᆞ니(太平8). 샹벌이 평치 못ᄒᆞ며 일락을 과도히 ᄒᆞ며(敬信4).

과도ᄒᆞ다 형 과도(過度)하다. ¶음욕이 과도ᄒᆞ며 ᄆᆞᄋᆞᆷ은 독ᄒᆞ고(敬信5).

과독ᄒᆞ다 형 과독(寡獨)하다. ¶구경ᄒᆞᆫ 부모 셤기기ᄂᆞᆫ 쉽고 과독ᄒᆞᆫ 부모 셤기기ᄂᆞᆫ 어려오니(敬信11).

-·과ᄃᆞ:녜니·라 어미 -고자 함이니라. ¶힝ᄒᆞ과ᄃᆞ녜니라(飜小8:25). 양ᄌᆞᄅᆞᆯ 가도혀 ᄠᅳ들 ᄂᆞ리누르과ᄃᆞ녜니라(飜小8:27). 만히 사하 둣ᄂᆞᆫ 거슬 흗과ᄃᆞ녜니라(飜小8:27).

-·과ᄃᆡ·여 어미 -고자. -고 싶어. ☞-과뎌 ¶一切 衆生이 다 버서나과ᄃᆡ여 願ᄒᆞ노이다(釋譜11:3). 이베 어루 시러 니ᄅᆞ디 몯과ᄃᆡ여 ᄒᆞ노라(宣賜內訓1:37). 商聲으로 브르ᄂᆞᆫ 놀애ᄅᆞᆯ 듣과ᄃᆡ여 ᄒᆞ야:商歌聽(重杜解

2:16). 眞實로 나라ᄒᆞᆯ 사ᄅᆞ과ᄃᆡ여 ᄒᆞ시ᄂᆞ니:實欲邦國活(重杜解2:35). 다시 이 吹噓ᄒᆞ과ᄃᆡ여 ᄉᆞ랑ᄒᆞ노라:重此憶吹噓(重杜解20:34). 님금 軍師ᄅᆞᆯ 마ᄅᆞ시과ᄃᆡ여 願ᄒᆞ노라:且願休王師(杜解22:28).

-과·라 어미 -았(었)노라. -노라. ☞-노라 ¶ 다 ᄀᆞ장 깃거 녜 업던 이ᄅᆞᆯ 얻과라 ᄒᆞ더니(釋譜19:40). 다 ᄀᆞ장 歡喜ᄒᆞ야 녜 업던 이ᄅᆞᆯ 得과라 ᄒᆞ야(月釋18:7). 붓그러ᄫᅮ미 업과라(三綱. 忠24). 巫山과 楚水ㅅ 보ᄆᆞᆯ 두 번 보과라:兩見巫山楚水春(初杜解7:13). 萬里옛 巴州 渝州ㅅ 놀애ᄅᆞᆯ 세 ᄒᆡᄅᆞᆯ 眞實로 ᄇᆡ브르 듣과라:萬里巴渝曲三年實飽聞(初杜解7:14). 다ᄅᆞᆫ 나래 ᄯᅡ해 ᄇᆞ리과라:他日委泥沙(杜解7:15). 湯休上人을 처엄 맛보과라:初逢休上人(杜解9:26). 正히 이 江南애 風景이 됴ᄒᆞ니 곳 디ᄂᆞᆫ 時節에 ᄯᅩ 너ᄅᆞᆯ 맛보과라:正是江南好風景落花時節又逢君(初杜解16:52). 俊哲ᄒᆞᆫ 사ᄅᆞᄆᆡ ᄠᅳ들 믄득 보과라:欻見俊哲情(杜解25:33). 내 두 ᄊᆞᆼ 새 훠를 다가 다 ᄃᆞᆫ녀 ᄒᆡ야ᄇᆞ리과라:把我的兩對新靴子都走破了(飜朴上35). 내 이 ᄒᆞᆫ 글월 쓰과라:我寫了這一箇契了(飜老下16. 老解下14). 두어두어 내 알과라:罷罷我知道(朴解上30).

-·과·란 조 -일랑. -일랑은. ¶ 舍利와 經과 佛像과란(月釋2:73).

과람ᄒᆞ다 형 과람(過濫)하다. ¶ 과람ᄒᆞ다:過踰(漢淸8:17). ᄯᅩ 관가ᄅᆞᆯ 빙쟈ᄒᆞ여 과람ᄒᆞᆷ을 념녀ᄒᆞ미라(敬信61).

-·과·로 조 -과로. -로(으로). ¶ 妻眷과 子息과로(釋譜13:19). 몸과 ᄆᆞᅀᆞᆷ과로(月釋9:23). ᄇᆡ옷과 ᄂᆞᄆᆞᆯ 밥과로:布衣蔬食(永嘉序9). 單과 複과 圓과로 닷게 ᄒᆞ시며:單複圓修(圓覺序60). 法과 디ᄂᆞᆷ과로 ᄠᅳᆮᄒᆞ니:軌持爲義(圓覺上一之二14). 中國 님그미 犬戎과로 王ᄋᆞᆯ 티거늘(宣賜內訓序4). 다시 暮春과로 다ᄆᆞᆺ 期約호라:再與暮春期(初杜解7:14). 無生과로 다ᄅᆞ리오(南明上17). 實相과로 어긔여(金三2:68). 셩인과 현신과로 ᄒᆞᆫᄃᆡ 가리라:聖賢同歸(飜小8:11).

과립 명 발진(發疹). ¶ 과립 만타:花兒多(漢淸8:12).

-·과·ᄅᆞᆯ 조 -과를. -을. -를. ¶ 부텨와 즁과ᄅᆞᆯ(釋譜6:16). 香과 곳과ᄅᆞᆯ(月釋1:37). 續命幡과 燈과ᄅᆞᆯ(月釋9:52). 凡과 聖과ᄅᆞᆯ(金三2:3). 덛덛홈 업숨과 苦와 空과 나 업숨과ᄅᆞᆯ 너비 니ᄅᆞ샤:廣說無常苦空無我(圓覺上二之二24). 엇데 可히 南과 北과ᄅᆞᆯ 그지ᄒᆞ리오:安可限南北(杜解9:17). 셩과 일훔과ᄅᆞᆯ 브르게 ᄒᆞ면(救簡1:84).

-과·만 조 -과만. ¶ ᄇᆞᄅᆞᆷ앳 ᄒᆞᆰ으로 더포ᄃᆡ 입과 눈과만 나게 ᄒᆞ면(救簡1:69).

과만ᄒᆞ다 동 과만(瓜滿)하다. ¶ ᄎᆞ시의 방단여ᄂᆞᆫ 안찰ᄉᆞ 벼슬을 과만ᄒᆞ야 도라오고(引鳳簫3).

과명 명 과명(科名). 과거(科擧)에 급제한 사람들의 이름. ¶ 나히 스믈히라 科名을 더러여 聞喜ㅅ 이바디예 ᄒᆞ오ᅀᅡ 고잘 곳디 아니호니(宣賜內訓3:59).

과모 명 과모(戈矛). ¶ 녜로 오매 사ᄅᆞᆷ 업슨 ᄡᅡ히려니 이 代에 戈矛ᄅᆞᆯ 빗겻도다:古來無人境今代橫戈矛(重杜解22:38).

과모 명 과모(寡母). 홀어미. ¶ 과모 ᄆᆞᆮ누의 셤기믈 어버이 셤김ᄀᆞ티 ᄒᆞ니:事寡姊如事其親(東新續三綱. 孝5:17).

과몽ᄒᆞ다 동 과몽(過蒙)하다. 과분하게 입다. ¶ 텬은을 과몽ᄒᆞ니(洛城2).

:과·믁·ᄒᆞ·다 형 과묵(寡默)하다. ¶ 간ᄎᆞ라오며 므거우며 寡默ᄒᆞ야 일로ᄡᅥ ᄆᆞᅀᆞ매 ᄃᆡ내디 아니ᄒᆞ며(宣賜內訓3:16).

:과·부 명 과부(寡婦). ¶ 寡婦ᄂᆞᆫ 남진 업슨 겨지비라(楞解6:111). 寡婦의 ᄌᆞ식이 나타남이 잇디 아니커든:寡婦之子非有見焉(宣小2:56). 일 과부되여 졀을 디킈엳더니:早寡守節(東新續三綱. 烈3:40). 년노ᄒᆞᆫ 과부ᄅᆞᆯ ᄯᅩᄒᆞᆫ 여러 등의 ᄂᆞᆫ화(仁祖行狀30). 혼인 젼의 된 과부:望門寡(譯解補57). 寡婦 되거나 ᄒᆞ여서(隣語1:18). 과부 과:寡(註千42). 垂白ᄒᆞᆫ 과부 싀엄이ᄅᆞᆯ 온젼케 ᄒᆞ며(女四解4:19). 외로온 이ᄅᆞᆯ 불샹이 넉이고 과부ᄅᆞᆯ 무휼ᄒᆞ며(敬信1).

과분ᄒᆞ다 형 과분(過分)하다. ¶ 엇지 과분ᄒᆞᆷ을 모ᄅᆞ고 옥 ᄀᆞᆺ튼 절개ᄅᆞᆯ 헐워(落泉1:2).

과셰ᄒᆞ다 동 과세(過歲)하다. ¶ 과셰ᄒᆞ다:守歲(同文解下60).

과시나아 명 계집아이. ¶ 女童曰 과시나아(東言).

:과·실 명 과실(果實). ¶ 곳과 果實왜 다 ᄀᆞ초 잇더니(釋譜6:31). 果實와 믈와 좌시고(月釋1:5). 어ᅀᅵ 다 눈멀어든 菓實 ᄲᅡ 머기더니(月釋2:12). ᄯᅩ ᄂᆞᄆᆞᆯ과 菓實와 먹고(救急下45). 果實ᄋᆞᆯ 맛보노라 ᄒᆞ야 밤나못 위안ᄒᆞᆯ 여ᄂᆞ다(初杜解14:30). 菴摩ᄂᆞᆫ 果實이니 예셔 닐오맨 ᄂᆞᆷ희욤 어려울 시니(南明上26). ᄡᅳᆫ 果實 머고매 긔운이 便安티 몯ᄒᆞᄂᆞ니라(金三2:73). 과실와 ᄎᆡ소:果子菜蔬(飜老下38). 과실와 拖爐과 隨食과를(飜朴上2). ᄂᆞᄆᆞᆯ와 과시ᄅᆞᆯ 먹디 아니ᄒᆞ더니라(飜小7:10). 과시를 ᄇᆡ와 밤과 대초와(飜小10:32). 山果ᄂᆞᆫ 山中엣 果實ㅣ라(重杜解1:3). 묏 果實ㅣ 혹ᄃᆞ근 거시(重杜解1:3). ᄆᆡ햇 果實로 糇糧사마 먹고(重杜解1:12). 거믜주를 小人ᄋᆡ 양ᄌᆞ ᄀᆞᆺᄒᆞ니 瓜와 果實ㅅ 가온ᄃᆡ 곱고리오 얽놋다:蛛絲小人態曲綴瓜果中(重杜解11:24). 羊酒ㅣ며 果

實뉴ᄅᆞᆯ 쓰니 ᄯᅩ 可ᄒᆞ니라(家禮4:7). 時절 ᄎᆡ蔬와 時절 과실 ᄡᅳ믈 各 다ᄉᆺ 가지ᄅᆞᆯ ᄒᆞ고(家禮10:11). ᄂᆞᄆᆞᆯ와 과실을 먹디 아니ᄒᆞ며:不食菜果(宣小5:44). 우리 과실 ᄎᆡ소ᄅᆞᆯ 뎜고ᄒᆞ여 보자:咱們點看這果子菜蔬(老解下34). 과실:樹果(譯解上54). 과실 과:果(倭解下6). 과실:果子(同文解下4). 과실 ᄢᅡ다:揭開(漢淸12:16). 과실 ᄡᅵ:果仁(漢淸13:8).

:과·실 명 과실(過失). ¶다 過失 업슨 사ᄅᆞ민ᄃᆞᆯ 보게 ᄒᆞᆯ셔(圓覺下三之一54). 子孫이 過失이 잇거든 ᄭᅮ짓디 아니ᄒᆞ고:子孫有過失不誚讓(宣小6:77). 나의 과실을 ᄎᆡᆨ티 아니ᄒᆞ고(仁祖行狀33).

과심ᄒᆞ다 형 괘씸하다. ☞과씸ᄒᆞ다 ¶과심ᄒᆞ다:可惡(譯解下47).

과ᄉᆞ 명 괘사(卦辭). ¶과ᄉᆞ 사기다:破卦(譯解上64).

-·과:ᄲᅮᆫ 조 -과만. ¶수를 져제 가 사고 과시를 비와 밤과 대초와 감과ᄲᅮᆫ ᄒᆞ고:酒沽於市果止梨栗棗柿(飜小10:32).

과씸ᄒᆞ다 형 괘씸하다. ☞과심ᄒᆞ다 ¶과씸ᄒᆞ다:可惡(同文解下33).

:과션 부 과연(果然). ☞과연 ¶趙州ㅅ ᄠᅳ든 果然 그러ᄒᆞ도소니야(蒙法57). 果然 能히 이 神力을 두시니(法華7:2). 官屬이 果然 이에 마ᄌᆞ니(初杜解6:19). 空生이 果然 能히 부텻 ᄠᅳ들 아ᅀᆞᆸ고(金三2:66). 나쟈 바먀 셔긔 나ᄂᆞ니 과연 긔이ᄒᆞ도다:白日黑夜瑞雲生果是奇哉(飜朴上68).

:과션·히 부 과연(果然). ☞과연히 ¶그 주구매 미처ᄂᆞᆫ 과션히 그 말와 ᄀᆞᄐᆞ니:及卒果如其言(飜小8:20).

:과신 명 과인(寡人). ¶寡人이 制之ᄒᆞ고(初杜解14:28). 梁惠王이 ᄀᆞᆯᄋᆞ샤ᄃᆡ 寡人이 國에 心을 盡ᄒᆞ노니(宣孟1:6).

-·과·애 조 -과에. ¶姦僞와 屠販과애 니르리 ᄃᆞ외야(楞解6:111). 입과 귀와 고콰 빗복과 항문과애(救簡1:69).

과역 명 과녁. ¶송신ᄒᆞᄂᆞᆫ 소ᄡᅧ런가 과역 마준 살ᄃᆡ런가(萬言詞).

과연 부 과연(果然). ☞과션 ¶남진이 과연 주거 도라오디 몯ᄒᆞ여ᄂᆞᆯ:夫果死不還(飜小9:55). 남진이 과연 죽어 도라오디 몯ᄒᆞ야ᄂᆞᆯ(宣小6:51). 사ᄅᆞᆷ으로 ᄒᆡ여곰 과연 大賢인댄 곳 名聞이 ᄇᆞᆯ가 顯달ᄒᆞ야(家禮8:19). 果然 권당이 오고(老解下4). 반ᄃᆞ시 免티 몯ᄒᆞ리라 ᄒᆞ더니 延年이 과연 죄로 죽으니라(女四解4:10). 과연 죠타:果眞好(漢淸6:35). 과연 승샹ᄒᆞ와 ᄌᆞ시 듣고져 ᄒᆞ고(隣語1:20). 과연 돈 팔십만을 엇고(敬信15). 과연 ᄃᆞᆨ님의 무슈ᄒᆞ고(引鳳簫1).

:과연·히 부 과연(果然). ☞과션히 ¶과연히 이 道ᄅᆞᆯ 能히 ᄒᆞ면:果能此道矣(宣中34). 죽음에 과연히 그 말 ᄀᆞᄐᆞ니:及卒果如其言(宣小5:99). 과연히 믈을 어드니라:果得水(東新續三綱. 孝5:74). 김 샹궁이 과연히 넉여(癸丑126).

과연ᄒᆞ다 형 그러하다. ¶집사ᄅᆞᆷ이 ᄃᆡᆨ희기ᄂᆞᆯ 잠깐도 ᄯᅥ나디 아니ᄒᆞ니 과연티 몯ᄒᆞ여:家人守之不暫離不果焉(東新續三綱. 烈5:51). 과연티 못ᄒᆞ엿더시니(十九史略1:20).

-·과이·다 어미 -하나이다. -나이다. -ㅂ니다. ☞-와이다 ¶父母ㅅ 알ᄑᆡ 와 ᄉᆞᆯᄫᅩᄃᆡ 父母하 出家ᄒᆞᆫ 利益을 이제 ᄒᆞ마 得ᄒᆞ과이다 ᄒᆞ고(釋譜11:37). 그지업슨 보ᄇᆡᄅᆞᆯ 아니 求ᄒᆞ야셔 얻ᄌᆞᆸ과이다(月釋13:6). 내 듣ᄌᆞᆸ고 疑心 그므를 긋과이다(法華2:24). 求티 아니ᄒᆞ야 제 得과이다(法華2:181). 未曾有ᄅᆞᆯ 得과이다(法華2:233). 和尙 法力이 넙고 크샤ᄆᆞᆯ 아ᅀᆞᆸ과이다(六祖序17). 一句에 닛과이다(六祖上80). 예 와 해자ᄒᆞ고 널이과이다:這裏定害(飜老上43). 너를 ᄒᆞ야 ᄒᆞᆯᄅᆞᆯ 내내 슈고ᄒᆞ게 ᄒᆞ과이다:教你一日辛苦(飜老下35). 皇后 ᄠᅳᆮ을 내 알과이다(重內訓2:85).

과인 명 과인(寡人). ☞과궁. 과신 ¶과궁을 (과인이랏 말과 ᄀᆞᆺᄒᆞ니라) 보젼코져 ᄒᆞᆯ딘대(仁祖行狀8).

과인ᄒᆞ다 형 과인(過人)하다. ¶ᄃᆡ인지감이 과인ᄒᆞ믈 몬내 항복ᄒᆞ더라(洛城2).

-·과ᄋᆡ 조 -과에. ¶頓과 漸과ᄋᆡ 通ᄒᆞ니:通於頓漸(圓覺上一之一37).

과ᄋᆡᄒᆞ다 동 과애(過哀)하다. 지나치게 슬퍼하다. ¶과ᄋᆡᄒᆞ야 긔절ᄒᆞ얏다가 다시 살기ᄂᆞᆯ 두 번 ᄒᆞ니라:過哀絶而復甦者再(東新續三綱. 烈5:67).

과장ᄒᆞ다 동 과장(誇張)하다. ☞과쟝ᄒᆞ다 ¶그 용화ᄅᆞᆯ ᄌᆞ시 보ᄆᆡ 후마의 젼ᄒᆞ던 말의셔 더ᄒᆞ미 잇고 일호 과장ᄒᆞᆫ 거시 업ᄂᆞᆫ지라(落泉1:2).

-과쟈 어미 -고자. ¶어버이 날 나흐셔 어질과쟈 길러 내니(古時調. 孝宗. 靑丘). 웃과쟈 ᄒᆞ기ᄅᆞᆯ 온가지로 호ᄃᆡ(十九史略1:23). 신부의 효도ᄒᆞ고 공경ᄒᆞ믈 ᄀᆞᆺ과쟈 ᄒᆞ노라(女範2. 효녀 당부인). 다시 ᄏᆡ가ᄒᆞ과쟈 ᄒᆞ니(女範4. 녈녀 샤시절). 太守 니ᄅᆞ시ᄂᆞᆫ 바ᄂᆞᆫ 부ᄃᆡ 받과쟈(重新語8:8).

과쟝ᄒᆞ다 동 과장(誇張)하다. ☞과장ᄒᆞ다 ¶과쟝ᄒᆞᄂᆞᆫ 사ᄅᆞᆷ:誇張人. 간대로 과쟝ᄒᆞ다:胡誇張(漢淸8:22).

-과저 어미 -고자. ☞-과뎌 ¶한숨은 바람이 되고 눈물은 細雨 되어 님 계신 窓 밧게 불면서 ᄲᅳ리과저(古時調. 時調類). 平生에 願ᄒᆞ기ᄅᆞᆯ 이 몸이 羽化ᄒᆞ여 靑天에 소사올라 뎌 구름을 헤치과저(古時調. 李鼎輔. 時

調類). 松林에 눈이 오니 柯枝마다 꼿치로 다 한 가지 썩거 내어 님 계신 듸 드리과저(古時調. 時調類).

-과져 어미 -고자. ☞-과뎌 ¶뎌 물이 거스리 흐르과져 나도 우러 보니리라(古時調. 元昊. 간밤의 우던. 歌曲).

과즐 명 과줄. ☞과줄 ¶과즐:油果子(同文解上59). 과즐:高麗餠(漢淸12:45). 과즐:粔籹(物譜 飮食). 과즐 그 받긔 먹을 꺼슬 다 먹엄 즉이 쟝만ᄒᆞ엳ᄉᆞ오니(重新語2:16).

:과ᄌᆞ 명 과자(果子). 과실(果實). ¶能히 돈 果子 가져 네의 쁜바ᄅᆞᆯ 밧고도다(金三2:50). 天眼定을 어더 十方ᄋᆞᆯ 보듸 손바당앳 果子 보ᄃᆞᆺ ᄒᆞ더시니라(南明上25).

과줄 명 과줄. ☞과즐 ¶과줄 썩 실과 ᄒᆞ고(癸丑142).

:과쳐 명 과처(寡妻). 적처(嫡妻). ¶詩예 닐오듸 寡妻에 刑ᄒᆞ야 兄弟예 니르러:詩云刑于寡妻至于兄弟(宣孟1:26).

과·호·이 부 사랑스럽게. ¶샹해 과호이 너겨 ᄉᆞ랑ᄒᆞ노라:常愛(飜小8:19). 심히 에엿비 너기며 과호이 너겨 위ᄒᆞ야 무덤을 민ᄃᆞ라 주니라:甚加矜賞爲營塚壙(飜小9:33). 甚히 에엿비 너기며 과호이 너김을 더어:甚加矜賞(宣小6:30). 어엿비 너기며 과호이 너김을(重內訓1:59).

과히 부 과(過)히. 지나치게. ¶엄이 과히 ᄉᆞ랑ᄒᆞ야 노하 볼인 타시라(女四解2:25). 과히 청납ᄒᆞ시믈 닙ᄉᆞ오니(經筵). 과히 먹어 숨ᄎᆞ다:喫的發喘(漢淸12:51). 우리ᄂᆞᆫ 본듸 下戶연마ᄂᆞᆫ 감격ᄒᆞ오매 먹기ᄅᆞᆯ 과히 ᄒᆞ엳ᄉᆞ오니(重新語2:14). ᄉᆞ촉을 밧고 형벌을 과히 말며(敬信61).

과·ᄒᆞ·다 동 ①일컫다. 칭찬하다. 부러워하다. ¶奇才ᄅᆞᆯ 과ᄒᆞᅀᆞᄫᆞ니:奇才是服(龍歌57章). 義士ᄅᆞᆯ 올타 과ᄒᆞ샤:深奬義士(龍歌106章). 須達이 ᄇᆞ라ᅀᆞᆸ고 몯내 과ᄒᆞᅀᆞᄫᅡ 호듸(釋譜6:20). 부텨 보ᅀᆞᆸ고 과ᄒᆞᅀᆞᄫᅡ 닐오듸(釋譜6:40). 大王이 과ᄒᆞ야(釋譜11:27). 天龍 八部ㅣ 과ᄒᆞ야 네 업던 이리로다(月釋1:14). 눈 먼 어ᅀᅵᄅᆞᆯ 이받노라 받님자히 과ᄒᆞ샤 즁싱도 孝道ᄒᆞᆯ쎠(月釋2:13). 情塵ᄋᆞᆯ ᄉᆡᆨᄉᆡ기 ᄒᆞ야 기픈 理ᄅᆞᆯ 과ᄒᆞ야:肅情塵而賞幽致(永嘉下112). 甚히 더욱 어엿비 너기며 과ᄒᆞ야:甚加矜賞(宣賜內訓1:73). 비록 져젯 아히ᄃᆞᆯ히 과ᄒᆞ여 ᄒᆞ나:雖得市童憐(飜小6:26). 八月十五夜ᄅᆞᆯ 모다 엇디 과ᄒᆞᄂᆞᆫ고(松江. 星山別曲).

②원(願)하다. ¶네 므슴 고로ᄅᆞᆯ 과ᄒᆞᄂᆞᆫ다:你要甚麼綾子(飜老下25). 내 구의나깃 고로ᄅᆞᆯ 과ᄒᆞ노라:我要官綾子(飜老下25). 나그네여 네 깁 과ᄒᆞᆯ다:客官你要絹子麼(飜老下25).

과ᄒᆞ·다 동 과(課)하다. ¶글 ᄇᆡ호ᄂᆞᆫ 공부ᄂᆞᆫ 모롬이 이예 일 과ᄒᆞᄂᆞᆫ 법을 嚴히 셰고:學業則須是嚴立課程(宣小5:113).

과ᄒᆞ다 형 과(過)하다. 지나치다. 비싸다. ¶갑 過ᄒᆞ다:價高(同文解下26). 갑 과ᄒᆞ다:價昂(漢淸10:16).

·곽 명 곽(槨). 외관(外棺). ¶또 槨을 므져 슬피 우루믈 그치디 아니ᄒᆞ더니(宣賜內訓3:47). 世尊이 槨애 두 발 내야 뵈시니 生滅中에 生滅 업소ᄆᆞᆯ 뵈시니라(南明上51). 네 棺과 槨이 度ㅣ 업더니(宣孟4:18). 곽글 어ᄅᆞ므지고 슬피 브ᄅᆞ지져:撫柩悲號(東新續三綱. 烈1:39). 壙둥이 계요 能히 槨을 容납게 ᄒᆞ고(家禮7:21).

곽글 명 곽(槨)을. ¶한시 곽글 어ᄅᆞ므지고(東新續三綱. 烈1:39).

곽난 명 곽란(癨亂). ☞광난 ¶곽난 곽:癨(兒學下4).

·곽료ᄒᆞ·다 형 곽료(廓寥)하다. 비어 고요하다. ¶眞源이 廓寥ᄒᆞ고:廓ᄋᆞᆫ 뷜 씨오 寥ᄂᆞᆫ 괴외ᄒᆞᆯ 씨라(月釋序1).

곽연이 부 곽연(霍然)히. 재빨리. ¶곽연이 니러나 마ᄎᆞᆷ내 하슈ᄅᆞᆯ 어드니라(敬信44).

관 명 ①관(冠). ¶내 옷 니피고 내 冠 쓰이고 내 宮의 드려(釋譜24:27). 冠 ᄆᆡ고 나ᄆᆞᆫ 것 드리우며:冠緌纓(宣小2:2). 紘:관ㅅ 긴히라(宣小4:45). 관 관:冠(倭解上45). 관ᄭᅳᆫ:冠纓(譯解補28). 관 변:弁(註千20). 관 관:冠(註千22).

②스믈의 나이. ¶冠은 머리 조져 冠 슬시니 나히 스믈힌 저기라(圓覺序67).

관 명 관(棺). ¶大瞿曇이 슬허 ᄢᅳ리여 棺애 녀ᅀᆞᆸ고(月釋1:7). 棺ᄋᆞᆯ 다다ᅀᅡ 이ᄅᆞᆯ 一定ᄒᆞᆯ더니(三綱. 忠25). 帝ㅣ 무덤을 ᄑᆡ이니 오직 빈 棺애 ᄒᆞᆫ ᄧᅡᆨ 갓신이 잇더라(南明上52). 鯉ㅣ 죽거늘 棺이 잇고 槨을 업시 호니(宣論3:3). 네 棺과 槨이 度ㅣ 업더니(宣孟4:18). 綖:관 우희 덥ᄂᆞᆫ 거시라(宣小4:45). 사ᄅᆞᆷ과 棺과ᄂᆞᆫ ᄒᆞ마 하ᄂᆞᆯ해 올아가니:人棺已上天(重杜解9:1). 棺을 다ᄉᆞ리라(家禮5:5). 관:棺材(同文解下10).

관 명 관(官). 관작(官爵). ¶이제 님금이 官ᄋᆞᆯ ᄆᆡᆼᄀᆞᄅᆞ샤 너를 對接ᄒᆞ시며(宣賜內訓3:27). 官을 盛히 ᄒᆞ야(宣中29).

-·관 조 -과는. ¶悟刹와 我身관 다 長애 업고 僞예 잇나니라(圓覺下三之一75).

관:건 명 관건(關鍵). ¶ᄒᆞᆫ 가락 넌즈시 드르샤매 關鍵이:鍵은 ᄌᆞᄆᆞᆯ쇠라(法華4:131).

관겨ᄒᆞ다 동 관계하다. ¶태양의 션비 아니니 므어시 관겨ᄒᆞ리오:非濯纓之士不足憚也(太平1:31). 관겨티 아니커니와(新語4:26). 관겨치 아니타:不妨(同文解下49).

·관:견 명 관견(管見). ¶管見은 대롱ᄋᆞ로

하ᄂᆞᆯ 볼 씨니 져근 ᄃᆞᆯ 니ᄅᆞ니라(楞解1:18). 謝氏ᄂᆞᆫ 엇데 管見 가져셔 蒼蒼ᄋᆞᆯ 견추워 誹謗ᄒᆞ니오(金三2:65). 管見ᄋᆞᆫ 댓굼ᄀᆞ로 여ᅀᅥ볼 시니 죠고맛 보ᄆᆞᆯ 가졸비니라(金三2:65).

관:계ᄒᆞ·다 동 관계(關係)하다. ¶다ᄉᆞᆯ며 어즈러우며 니러나며 敗亡호미 비록 남지늬 어딜며 사오나오매 關係ᄒᆞ나(宣賜內訓序6). 關係호미 ᄯᅩ 크니(宣賜內訓2下61). 이거시 兵氣예 關係ᄒᆞ니:是物關兵氣(初杜解17:20). 어두운 뫼고ᄅᆞᆫ 비예 關係티 아니고 블근 싣남ᄀᆞᆫ 서리ᄅᆞᆯ 爲호미 아니로다(重杜解16:42). 소임의 죄ᄂᆞᆫ 관계티 아니나(新語4:20). 소임의 죄ᄂᆞᆫ 관계치 아니커니와(重新語4:26). 시름이 업슬션졍 富貴功名 관계ᄒᆞ며(古時調. 靑丘). 대단치 아니ᄒᆞᆫ 痲疾의ᄂᆞᆫ 술 먹어도 관계치 아니ᄒᆞ오리(隣語8:15). 붓슬 나리오매 남의 셩명과 명졀 관계ᄒᆞᆫ 것도 잇고(敬信64).

관곡히 부 관곡(款曲)히. ¶녜로 관곡히 ᄃᆡ졉ᄒᆞ더니(太平1:22). 主人兄아 小人이 여긔 와셔 네 크게 欵曲히 구되 姓도 뭇지 못ᄒᆞ얏ᄂᆞ니(蒙老3:9). 관곡히 뉴ᄒᆞᄂᆞᆫ ᄠᅳᆺ을 뵈리라(引鳳簫1).

:관·곡ᄒᆞ·다 형 관곡(款曲)하다. ¶款曲ᄒᆞᆫ ᄆᆞᅀᆞᄆᆞᆯ 가져셔 오ᄂᆞᆳ 바ᄆᆞᆯ 뭇곡:款曲終今夕(初杜解15:45). 셩실코 관곡ᄒᆞ야:愿款(宣小6:18).

관곽 명 관곽(棺槨). ¶주검을 져 뫼헤 놀와 관곽ᄀᆞ초와 조샹 무덤ᄀᆞ의 뭇고:負屍下山備棺槨葬于先塋之側(東新續三綱. 烈8:1). 관곽을 ᄀᆞ초와(五倫3:40). 관곽을 시쥬ᄒᆞ야 죽엄을 드러나게 말며(敬信9).

관광 명 관광(觀光). ¶觀光(텬하앳 션비ᄃᆞᆯ히 와 나라히 셩ᄒᆞᆫ 빗츨 봄이라) 法을 셰니:立觀光法(宣小6:15).

관:기 명 관기(官妓). ¶官妓로 怒ᄒᆞ샤미 官吏의 다시언마ᄅᆞᆫ(龍歌17章).

관:념 명 관념(觀念). ¶觀念이 서르 니ᅀᅳ샤 心心이 그춤 업스시며(永嘉序10).

관녜 명 관례(冠禮). ☞관례 ¶冠禮ᄂᆞᆫ 만히 司馬氏ᄅᆞᆯ 取ᄒᆞ시고 昏禮ᄂᆞᆫ 可馬氏 程氏ᄅᆞᆯ 參쟉ᄒᆞ시고(家禮1:4). 그 두 아ᄃᆞᆯ의 관녜ᄅᆞᆯ ᄒᆡᆼᄒᆞ니:乃爲二子行冠禮(五倫2:54).

관노 명 관노(官奴). ¶관노 니동이ᄂᆞᆫ 구셩부 사ᄅᆞᆷ이라(東新續三綱. 孝3:32).

-관대 어미 -기에. ¶ᄌᆞᆺ득 怒ᄒᆞᆫ 고래 뉘라셔 놀내관대(松江. 關東別曲).

-·관·댜 어미 -ㄴ 것이여. -ㄴ 것이로구나. ☞-관뎌 ¶모ᄃᆞᆫ 톄ᄌᆞᄃᆞᆯ히 저허 그르ᄒᆞ관댜ᄒᆞ여사:諸生恐懼畏伏(飜小9:4).

관댱 명 관장(官長). 윗사람. ☞노연 ¶거러가매 도로혀 官長ㅣ 怒ᄒᆞᆯ가 시름ᄒᆞ노니(重杜解25:40). 곳 이 아랫사ᄅᆞᆷ의 官長 모시ᄂᆞᆫ 通理어니ᄯᆞ녀(老解下41).

-·관·뎌 어미 -는 것이여. -는 것이로구나. ☞-관댜 ¶오ᄂᆞᆳ날 地獄門 알ᄑᆡ셔 아기와 서르 보관뎌 내 獄中에 이셔 罪 니버 辛苦ᄒᆞ야(月釋23:87).

관동화 명 관동화(款冬花). ¶관동화:款冬花(救簡2:25).

-관듸 어미 -기에. ¶淸江에 비 듯는 소릐 긔 무어시 우읍관듸 滿山紅綠이 휘드르며 웃는고야(古時調. 孝宗. 海謠).

관:ᄃᆡ 명 ①관대(冠帶). 관디. ¶威惠 너브실씨 被髮이 冠帶러니(龍歌56章). 아ᄎᆞᆷ히 冠帶ᄒᆞ야 先人ᄋᆞᆯ 地下애 가아 보긔 ᄒᆞ노라(三綱. 忠23). 아춤나죄 冠帶ᄒᆞ야(三綱. 孝28). 오시며 관ᄃᆡᄅᆞᆯ 모로매 싁싁고 졍졔히 ᄒᆞ며:衣冠必肅整(飜小8:16). 관ᄃᆡ옷 포:袍(訓蒙中22. 類合上30). 죽기ᄅᆞᆯ 님ᄒᆞ야 관ᄃᆡ ᄒᆞ고:臨死冠帶(東新續三綱. 孝3:72). 使者ㅣ 冠帶ᄅᆞᆯ ᄒᆞᆯ쟉시면(重新語7:9). ②단령(團領). ¶관ᄃᆡ:團領(同文解上55).

-관·ᄃᆡ 어미 -관데. -기에. ¶너희 그리 뫼고래 이셔 므슴 煩惱ᄅᆞᆯ 몯 ᄡᅳ러ᄇᆞ리관ᄃᆡ(釋譜24:26). 엇던 行願을 지ᅀᅳ시관ᄃᆡ(月釋21:18). 各各 엇던 願을 發ᄒᆞ시관ᄃᆡ(月釋21:49). 엇던 다ᄅᆞᆫ 術을 뒷관ᄃᆡ(月釋21:118). 듣ᄌᆞᆸ디 몯ᄒᆞ관ᄃᆡ…ᄉᆞᆯ오ᄂᆞ뇨(金剛73). 大德은 어느 方올브터 오관ᄃᆡ:大德自何方而來(六祖中101). 淸江에 비 듯ᄂᆞᆫ 소리 긔 무어시 우읍관ᄃᆡ 滿山紅綠이 휘드르며 웃ᄂᆞᆫ고야(古時調. 孝宗. 花源). 房안에 혓ᄂᆞᆫ 燭불 눌과 離別ᄒᆞ엿관ᄃᆡ(古時調. 李塏. 歌曲). 내 언제 無信ᄒᆞ여 님을 언제 소겻관ᄃᆡ(古時調. 黃眞伊. 靑丘). 네 덜이 언머나 ᄒᆞ관ᄃᆡ 먼 북소릐 들리ᄂᆞ니(古時調. 鄭澈. 잘 새ᄂᆞᆫ. 松江). 金烏玉兎들아 뉘 너를 ᄧᅩᆺ니관ᄃᆡ 九萬里 長天에 허위허위 ᄃᆞᆫ니ᄂᆞᆫ다(古時調. 靑丘).

관·ᄃᆡ·옷 명 관대(冠帶). 관디. ¶관ᄃᆡ옷 포:袍(訓蒙中22. 類合上30).

:관:례 명 관례(冠禮). ☞관녜 ¶두 아ᄃᆞᆯ 冠禮ᄒᆞ거늘:冠禮ᄂᆞᆫ 나히 스믈히어든 첫 곳갈 ᄡᅳ이논 禮라(三綱. 忠23). 冠례며 昏례며 喪ᄉᆞ며(家禮1:2).

관롱ᄒᆞ다 동 화농(化膿)하다. ¶관롱ᄒᆞ다:灌漿(譯解補34).

관료 명 관료(官僚). ¶官僚와 山ᄋᆡ 드러(六祖上1). 官僚와 僧尼道俗과(六祖上47). 官僚士庶와 ᄒᆞᆫ가지로 恭敬ᄒᆞᅀᆞ와 다시 저ᅀᆞᆸ고(六祖上84).

관:리 명 관리(官吏). ¶官妓로 怒ᄒᆞ샤미 官吏의 다시언마ᄅᆞᆫ(龍歌17章). 官吏 부들 자바 다딤 수ᄃᆡ ᄒᆞᆫ 字도 일우디 몯ᄒᆞ며(宣賜

內訓3:38). 官吏 枉抑ᄒᆞ야 원슈로 ᄃᆞ외ᄂᆞ니(簡辟2. 瘟疫方2). 너븐 하ᄂᆞᆯ 아래 官吏 빗기 도ᄂᆞᆯ 求索호미 업게 ᄒᆞ려뇨(重杜解11:54). 십악 오역이며 신민 관리와 ᄉᆞ농공샹과 승도 잡류 사오나온 일흔 이 약간 사ᄅᆞᆷ을 어든지라(敬信13).

관망ᄒᆞ다 동 관망(觀望)하다. ¶쇼민의 ᄉᆞᆯ과 피 임의 다ᄒᆞ엿고 니ᄂᆞᆫ ᄒᆞᆫ갓 관망ᄒᆞᄂᆞᆫ 호우의게 도라가(綸音102).

관문 명 관문(關門). ¶邊隅에 防戍ᄒᆞᄂᆞᆫ ᄒᆞᆫ 믃 關門ㅣ로다(重杜解13:47).

관·복 명 관복(冠服). ¶冠服이 비록 이신ᄃᆞᆯ 죵과 므스기 다ᄅᆞ리오(宣賜內訓1:33).

관부 명 관부(官府). 조정(朝廷). ¶ᄉᆞ십만 ᄌᆡ물을 관부의 몰입게 ᄒᆞ고(敬信19).

관비 명 관비(官婢). ¶관비 되엿더니:爲官婢(東新續三綱. 烈2:30).

관ㅅ드:림 명 관의 드림. ¶親히 검은 관ㅅ 드림을 ᄧᆞ시고:親織玄紞(宣小4:45).

관:샤 명 관사(官舍). ¶官舍ᄂᆞᆫ 그윗지비라(三綱. 孝27). 廨宇ᄂᆞᆫ 官舍也ㅣ라(初杜解6:20). ᄒᆞᆫ 官舍애 잇던 사ᄅᆞ믄 새배 ᄃᆞ라가(重杜解12:27).

관셔ᄒᆞ다 동 관서(寬恕)하다. ¶내 엇디 관셔ᄒᆞ리오(太平1:6).

관솔 명 관솔. 관솔불〔松明〕. ¶관솔:明子(譯解下17). 관솔:松明(譯解補44). 관솔:油松亮子(漢淸10:49). 관솔:松明(柳氏物名四木). 관솔의 현 불로(蘆溪. 莎堤曲).

관·쇽 명 관속(官屬). ¶官屬 몸도 現ᄒᆞ며:官屬ᄋᆞᆫ 그위예 좃브튼 사ᄅᆞ미라(釋譜11:7). 官屬이 降ᄒᆞ라 勸ᄒᆞ거늘(三綱. 忠21). 官屬이 果然 이에 마ᄌᆞ니(初杜解6:19). 님그미 官屬ᄋᆞᆯ 命ᄒᆞ야 쉬시놋다(重杜解13:10). 관쇽이 관ᄉᆞ를 빙쟈ᄒᆞ매 맛당이 중치 ᄒᆞᆯ지라(敬信61).

관:ᄉᆞ 명 관사(官事). ¶管氏ㅣ 三歸를 두며 官事를 攝디 아니ᄒᆞ니(宣論1:27). 士를 世로 官티 말며 官事를 攝디 말며(宣孟12:23). 관ᄉᆞ의 얽ᄆᆡ여 몸을 결을티 못ᄒᆞ니(洛城2). 관쇽이 관ᄉᆞ를 빙쟈ᄒᆞ매 맛당이 중치ᄒᆞᆯ지라(敬信61).

관ᄉᆞ옥 명 관아(官衙)의 감옥. ☞구읫옥 ¶官司옥에 번ᄃᆞ시 이셔 가텻ᄂᆞ니라:官司牢(老解上27).

관싄 명 관인(官人). 관원(官員). ☞관인 ¶관싄ᄃᆞᆯ히 ᄒᆞ마 각산ᄒᆞ리로소니:官人們待散也(飜朴上7). 우리 이 官人이 ᄒᆞᆫ 붓 갈홀 ᄆᆡᆼᄀᆞᆯ오져 ᄒᆞᄂᆞ니(飜朴上16). 해 이 관원이 ᄀᆞ장 촌ᄎᆞ니 ᄉᆞ랑ᄒᆞ며 계교 크다:咳這官人好尋思計量大(飜朴上23). 저희 願ᄒᆞ논 바ᄂᆞᆫ 님금 官人ᄋᆞᆯ 보와 惠慈로ᄡᅥ 撫養콰ᄃᆡ여 ᄒᆞ거ᄂᆞᆯ(初杜解25:38).

관원 명 관원(官員). ¶사ᄅᆞᆷ 주귫 官員을 定ᄒᆞ야 두쇼셔(釋譜24:13). 그윗 官員의 겨집 ᄃᆞ외요미ᅀᅡ 알티 아니ᄒᆞ리어니 엇데 우는다(三綱. 烈19). 관원도 도외리라:官人也做了(飜老下42). 수울 ᄀᆞᅀᆞ만 관원ᄃᆞᆯ:管酒的官人(飜朴上2). 관원 원:員(訓蒙中1). 관원 니:吏(類合下10). 변방 ᄀᆡ별와 관원 브리며(宣小5:100). 관원이 사오나와 원망이 만하도 되ᄂᆞ니(辟新1). 션비 실힝이 이즐어지며 관원이 탐모를 방ᄌᆞ히 ᄒᆞ며(敬信14). 어룬의 官員 兩人이 三島ᄶᅵ지 와셔 기ᄃᆞ린다 ᄒᆞ오니(重新語7:7).

관음대 명 고죽(苦竹). 왕대. ¶관음대:苦竹(柳氏物名三 草).

관음비솹 명 소라. ¶관음비솹:珠螺(柳氏物名二 水族).

관음풀 명 용담(龍膽). 과남풀. ☞과남플 ¶관음풀:龍膽(柳氏物名三 草).

관인 명 관인(官人). ☞관싄 ¶놀라 닐러 ᄀᆞᆯ오ᄃᆡ 관인이라코:驚謂曰官人也(東新續三綱. 忠1:28).

관쟉 명 관작(官爵). ¶官爵ᄋᆞᆯ 아니 앗기시니(龍歌106章). 그 관쟉을 도로 주시고 그 졔ᄌᆞ를 특별이 호휼ᄒᆞ오시더라(仁祖行狀15). 관쟉을 튜증ᄒᆞ고(五倫2:84).

관:죠 명 관조(觀照). ¶奢摩他ㅅ 微密ᄒᆞᆫ 觀照앳 ᄆᆞᅀᆞ미 오히려 아디 몯ᄒᆞ니(楞解2:78). 샹녜 觀照를 더으게코졔시니라(永嘉上60). 觀照로 힘뎌 닷그면 性ㅅ 지비 훤히 ᄆᆞᆯᄀᆞᆯ 시라(南明上15).

관:죠ᄒᆞ·다 동 관조(觀照)하다. ¶샹녜 智慧로 제 性을 觀照ᄒᆞ야 모ᄃᆞᆫ 惡을 짓디 아니ᄒᆞ며(六祖中21).

:관:즁 명 관중(貫衆). 관절(貫節). 면마(綿馬). ¶鯉魚 ᄡᅧ 걸우닐 고툐ᄃᆡ 貫衆을 두터이 글혀 즈블 ᄒᆞᆫ 잔 半ᄋᆞᆯ 세 服애 ᄂᆞᆫ화 다 머구ᄃᆡ(救急上48).

관직 명 관직(官職). ¶나ᄂᆞᆫ 將次ㅅ 官職ᄋᆞᆯ 守ᄒᆞ야(重杜解25:36). 孔子ᄂᆞᆫ 仕의 當ᄒᆞ샤 官職을 듯거시ᄂᆞᆯ(宣孟10:32).

관ᄌᆞ 명 관자(貫子). 망건 당줄을 꿰는 고리. ¶관ᄌᆞ:圈子(譯解上43).

관·찰 명 관찰(觀察). ☞관찰ᄒᆞ다 ¶또 이 ᄆᆞᅀᆞᄆᆞ로 妙明ᄋᆞᆯ 精히 窮究ᄒᆞ야 觀察ᄋᆞᆯ 마디 아니ᄒᆞ야(楞解9:58). 또 用ᄋᆞᆯ 니르와다 幻과 幻 아놈ᄃᆞᆯᄒᆞᆯ 觀察 아니 호미라(圓覺下二之二6).

관·찰ᄒᆞ·다 동 관찰(觀察)하다. ¶觀察ᄒᆞ논 智 이시면 곧 幻이 滅호ᄆᆞᆯ 보ᄂᆞ니(圓覺上二之二38). 善知識아 各各 제 觀察ᄒᆞ야 ᄆᆞᅀᆞᆷ 뿌믈 그르 마롤디어다(六祖中35). 모래 도라보아 ᄉᆞᆯ펴 ᄌᆞ셔히 관찰ᄒᆞ다가(桐華寺王郞傳3).

관:텽 명 관청(觀聽). 보고 들음. ¶세흔 觀聽을 두르혀 도라가 모둔 衆生ㅇ로 큰 므레 삐요매 므리 能히 둠디 몯게 ㅎ며(楞解6:25).

:관·통ㅎ·다 동 관통(貫通)하다. ¶ㅎㄹ 아춤의 豁然히 貫通홈애 니르면(宣大10).

:관·할 명 관할(管轄). ¶妙法蓮華經은 諸佛ㅅ 읏듬 뭘리시며 千經엣 輨轄이며:輨온 술윗갈뢰오 轄온 술윗軸 근 쇠야미라(法華序21).

관혁 명 과녁. ¶관혁:箭把子(同文解上48). 관혁 가온디 구무:法口(漢淸5:20).

관혼상제 명 관혼상제(冠昏喪祭). ¶세 집 글을 편次ㅎ야 冠昏喪祭ㅅ 禮 다솻 卷을 뮝그니(家禮10:49).

관ㅎ·다 동 관(冠)을 쓰다. 어른이 되다. ¶許子는 冠ㅎㄴ냐 골오디 冠ㅎㄴ니라(宣孟5:19). 冠흔 者 五六人과 童子 六七人으로 沂예 浴ㅎ야(宣論3:16).

관·ㅎ·다 동 관(觀)하다. 보다. ¶더 네 허므리 顚倒ㅣ 드외야 生死애 둠겨 여희여나미 어려운 둘 觀ㅎ야(永嘉上50). 閑散올 힘뻐 生올 덜며 올마 變호몰 觀ㅎ야 道롤 더으ㄴ니(永嘉下46). 제 智慧롤 뻐 샹녜 觀ㅎ야 비취는 젼ㅊ로(六祖上64). 그 以ㅎ는 바롤 視ㅎ며 그 由흔 ㅂ롤 觀ㅎ며:視其所以觀其所由(宣論1:13).

관ㅎ·다 형 관(寬)하다. 너그럽다. ¶寬ㅎ며 柔ㅎ야 뻐 ㄱㄹ치고(宣中6). 子ㅣ 골ㅇ샤디 上애 居ㅎ야 寬티 아니ㅎ며 禮를 호디 敬티 아니ㅎ며(宣論1:30).

-·괄 조 -과를. ¶ㅁ숨과 힘괄 기료몬(法華2:213). 昏沈과 散亂괄(牧牛訣29).

괄로 명 관노(官奴). ¶괄로 김셕은 울딘현 사룸이라:官奴金石蔚珍縣人(東新續三綱. 孝6:3).

괄시ㅎ다 동 괄시(恝視)하다. ¶아홉 아돌에 편안이 너겨 흔 아돌을 괄시ㅎ야(綸音96). 궁흔 친척을 괄시ㅎ며(敬信83).

-·괏 조 -과의. ¶부톄와 즁괏 마롤(釋譜6:16). 니ㄹ샴과 證괏 이리 두려우실씨:說證事圓(法華4:135). 세흔 즈갸와 눔괏 뜨들 조ㅊ샨 마리니:三隨自他意語(圓覺上一之一26). 地와 水와 火와 風괏 四緣이:地水火風四緣(圓覺上二之一29). 身과 心괏 相이 다아:身心相盡(圓覺下二之一19). 어긔욤과 順홈괏 境이:違順之境(圓覺下三之一54). 이베 내요미 마리니 마룬 榮華와 辱괏 지두릿 조가기며(宣賜內訓1:1).

-·괏그·에 조 -과에게. ¶부텨와 즁괏그에 布施ㅎ며(釋譜13:23).

광 명 ①광(光). 빛. ¶큰 光이 너비 비취여 世界예 ㄱ독ㅎ야 諸天光애 더으더니(法華3:105). 別業은 누네 病 뒷ㄴ니 燈읫 두려운 光 봄 곤ㅎ니라(法華5:134). 舌相의 너브샴과 몸 光의 머르샴과(法華6:107). 燈은 이 光의 體오(六祖中7).
②광(光). 마음. ¶隱密히 光올 두르혀 제 보면 수비 키 아로몰 得ㅎ야 몸과 ㅁ숨괘 便安ㅎ리라:光온 비치니 ㅁ슨몰 니ㄹ니라(蒙法7). 疑心이 盛커든 또 ㄴ문 뉘어뇨 호몰 擧ㅎ야 光올 두르혀 제 보리라(蒙法22). ㅎ다가 光올 도ㄹ혀 도라 솔펴 혜아리며 짐쟉ㅎ면(南明上6).

:광 명 ①광(廣). 가로. ¶縱은 南北이오 廣온 東西라(月釋13:68). 발오몰 닐온 縱이오 빗구믈 닐온 廣이라:直曰縱橫曰廣(法華1:86).
②광(廣). 넓이. ¶그 삐 大師ㅣ 廣과 韶와 또 四方앳 士庶ㅣ 山中에 모다 法 듣즈오몰 보시고(六祖中19).

광 명 광(鑛). 쇳돌. 광석. ¶鑛온 쇠 불이는 돌히라(金剛序6). 愛ㅅ 根源을 漸漸 다ㅇ면 金이 다시 鑛 드외디 아니ㅎ리라:鑛온 쇠 아니 불엿는 돌히라(圓覺序56). 히는 어루 ㅊ게 흗디어니와 眞金온 엇데 能히 다시 鑛이 드외리오(南明下71).

광경 명 광경(光景). ¶渡頭엣 光景올 알오져 ㅎ는다 비디 나며 구룸 가둔 江上 나조히(金三4:5). 그 광경을 더ㅎ오시니(閑中錄214).

광광이질 명 아기를 놀리는 짓의 한 가지. ¶더 손을 다가 들기롤 노피 ㅎ여 광광이질ㅎ며 와와이질ㅎㄴ니라:把那手來提的高着打光光打凹凹(朴解中48).

광구ㅎ다 동 광구(廣求)하다. ¶아모커나 廣求ㅎ시고(隣語2:10). 남녀롤 광구ㅎ고 록슈 부귀지젹의 더 주 달이며(敬信43).

광난 명 곽란(癨亂). ☞곽난 ¶어제 광난을 ㅎ야:昨霍亂(太平1:38).

광:내·다 동 광(光)내다. ¶거우루 ㄱ라 光내욤 ㄱㅌ니(龜鑑上29).

:광ㄴㄹ 명 광나루. 〔지명(地名)〕 ¶광ㄴㄹ:廣津(龍歌3:13).

:광·대 명 광대. ¶광대:傀儡木偶戲(四解上48 傀字註). 광대 괴:傀. 광대 뢰:儡(訓蒙中3). 죠고맛감 삿기광대(樂詞. 雙花店). 광대 괴:傀(倭解上15). 광대:要子(同文解上14. 譯解補20).

광대ㅄ리 명 광대싸리. ¶광대ㅄ리:荊條(物譜 雜木).

광대뼈 명 광대뼈. ☞광디뼈 ¶광대뼈:兩臉骨(同文解上14). 광대뼈:顴(漢淸5:49). 광대뼈:顴(物譜 形體).

광대자약 명 백작약(白芍藥). ¶광대자약:白芍藥(柳氏物名三 草).

광대탈 명 광대탈. ¶광대탈:鬼臉(漢淸3:56).

:광:대ᄒᆞ·다 형 광대(廣大)하다. ¶能히 廣大ᄒᆞᆫ 利益因을 지ᅀᆞ시논 젼ᄎᆡ니(楞解8:26). 凡夫ㅣ 비르ᄉᆞᆷ 업ᄉᆞᆫ 廣大ᄒᆞᆫ 劫으로 오매(牧牛訣24). 如來ㅅ 廣大ᄒᆞᆫ 나라해 어위에 거러(金三3:46). 心量이 廣大호미 虛空 ᄀᆞᆮᄒᆞ야(六祖上51). 그 廣大홈애 미처ᄂᆞᆫ 草木이 生ᄒᆞ며(宣中40). 所見이 廣大ᄒᆞ다 ᄂᆞᆫ 몬ᄒᆞ올쇠(隣語3:1). 만일 셩덕의 광심홈과 신력의 광대홈은(敬信56).

:광댱·셜 명 광장설(廣長舌). 장광설(長廣舌). ¶廣長舌을 내샤:廣長舌은 넙고 기르신 혜라(釋譜19:38). 諸佛도 ᄯᅩ 이 양ᄌᆞ로 廣長舌을 내시며 그지업슨 光明을 펴시니라(釋譜19:39).

광ᄃᆡ 명 광대. ☞광대. 광대탈 ¶광ᄃᆡ 쁴워:帶着鬼臉兒(朴解中1).

광ᄃᆡ등걸 명 광대등걸. 험상궂은 등걸. ¶어엿분 얼골이 ᄂᆡ가에 섯ᄂᆞᆫ 垂楊버드나무 광ᄃᆡ등걸이 되거고나(古時調. 져멋고. 靑丘). 셕어 스러진 광ᄃᆡ등거리 다 되단 말가(古時調. 각시님엣. 南薰). 뎌 건너 羅浮山 눈ㄷ 속에 검어 웃뚝 울통불통 광ᄃᆡ등걸아(古時調. 安玟英. 歌曲).

광ᄃᆡ뼈 명 광대뼈. ☞광대뼈 ¶광ᄃᆡ뼈:兩臉骨(譯解上33).

광망히 부 광망(狂妄)히. ¶이리 광망히 굴면 놈의게 우일셰라(捷蒙3:11).

광망ᄒᆞ다 형 광망(狂妄)하다. ¶광망ᄒᆞ다:行狂妄(同文解上23). 狂妄ᄒᆞ다(漢淸8:24).

광명 명 광명(光明). ¶祥瑞도 하시며 光明도 하시나(月印上10). 光明이 世界ᄅᆞᆯ ᄉᆞᄆᆞᆺ 비취샤(釋譜6:18). 큰 光明을 펴시고(釋譜6:38). 靈ᄒᆞᆫ 光明이 ᄒᆞ오ᅀᅡ 빗나고(月釋序1). 普光ᄋᆞᆫ 너븐 光明이라 이 부톄 나싫 저긔 몺ᄀᆞᅀᅢ 光이 燈 ᄀᆞᄐᆞ실씨(月釋1:8). 靈ᄒᆞᆫ 光明이 밧긔 가 得디 아니호ᄆᆞᆯ 처ᅀᅥᆷ 信호라(南明上15). 威嚴光明이 ᄡᅡ혀 뮈우며(金三涵序9). 光明을 제 ᄀᆞ리오고(六祖中62).

광명등 명 광명두. 나무로 만든 등잔걸이. ¶광명등:燈堅子(譯解補44).

광명ᄒᆞ·다 형 광명하다. ¶如來ㅣ 솑가락 구펴 光明ᄒᆞᆫ 주머귀 ᄆᆡᆼᄀᆞ라(楞解1:84).

광부 명 광부(狂夫). ¶狂夫ㅣ 肆虐홀씨 義旗를 기드리ᅀᆞᄫᅡ(龍歌10章).

광:슌ᄒᆞ·다 형 광윤(光潤)하다. ¶온 모미 光潤ᄒᆞ고(楞解8:68).

광어 명 광어(廣魚). 넙치. ¶즌 광어과 즌 여술 즐기더라(癸丑46).

광언ᄒᆞ다 동 광언(狂言)하다. ¶광언ᄒᆞ다:瘋話(同文解上24).

광우리 명 광주리. ☞광조리 ¶녀ᄌᆞ 밥광우리 가짐을 보고:筐(女四解4:36).

광음 명 광음(光陰). 시간. 세월(歲月). ¶이ᄅᆞᆯ 對ᄒᆞ야셔 머리 노닐아 ᄃᆞ뎌 光陰이 업서(南明上10). 逆旅 光陰은 白髮을 ᄫᅵ야는 듸(古時調. 金壽長. 海謠). 어즙어 逆旅 光陰을(古時調. 金壽長. 海謠). 光陰이 ᄀᆞ장 ᄲᆞᆯ라(捷蒙2:7). 한가ᄒᆞᆫ 의식을 누리고 광음을 지내지 말지니라(敬信72).

광이 명 괭이. ☞광히 ¶삽과 광이ᄅᆞᆯ 가지고(太平1:119). 광이:鐵鎬(譯解下8). 광이 궐:钁(倭解下16). 광이:钁頭(同文解下17). 광이:钁頭. 삽과 광이 ᄌᆞᄅᆞ 드리ᄂᆞᆫ 구무:鍬钁褲(漢淸10:37).

광인 명 광인(狂人). ¶광인이라 ᄒᆞ더니(五倫2:60).

광작이 명 광저기. 동부. ☞광쟝이 ¶광작이:莞豆(華類46).

광쟝·이 명 광저기. 동부. ☞광작이 ¶광쟝이:豇豆(四解下40 豇字註). 광쟝이 강:豇(訓蒙上13). 광쟝이:豇豆(漢淸12:65).

광조·리 명 광주리. ☞광우리. 광주리 ¶ᄆᆞᆯ똥이 주어 광조리 안해 다마 잇ᄂᆞ니:糞拾在筐子裏頭(飜老下35). 처ᅀᅥᆷ의 반 광조릿 디플:爲頭兒只半筐兒草(飜朴上22). 광조리 게:筥. 광조리 광:筐(訓蒙中13). 광조리 비:篚(訓蒙中19). 삿광조리 ᄆᆞᆯ귀유:蓆筐馬槽(朴解中12). 광조리 광:筐(倭解下15). 광조리:筐子(同文解下15). 광조리:筐子. 손에 거ᄂᆞᆫ 광조리:提筐(漢淸11:44).

광주리 명 광주리. ☞광조리 ¶딥 다믈 광주리도:盛草的筐兒(老解上29). 내 뎌 광주리와:將我那提攬(朴解下34). 광주리:筐(物譜筐筥).

광쥬리 명 광주리. ☞광조리 ¶광쥬리 광:筐(兒學上11).

광즈리 명 광주리. ☞광조리 ¶노 ᄢᅴ운 광즈리과(癸丑41).

광지 명 광주리. ☞광조리 ¶광짓 광:匡(光千23). 〔註千23에는 '匡 바롤 광 正也 (本) 그ᄅᆞᆺ 광 仝筐 方也'로 기록되어 있음.〕

광ᄌᆞ리 명 광주리. ☞광조리 ¶광ᄌᆞ리며 속고리예(癸丑40).

광치다 동 빛내다. 광내다. ☞광티다 ¶광치다:磨光(譯解補45). 갑옷아럿동에 박은 광친 린을:甲裙明葉(漢淸5:3). 목셕 광치ᄂᆞᆫ 연장:軋子(漢淸10:39). 광치다:砑亮(漢淸12:9).

광:ᄎᆡ 명 광채(光彩). ¶位 소배 모ᄆᆞᆯ 두르혀ᅀᅡ 다시 光彩 더으리라(金三2:61). 웅장셩식의 광ᄎᆡᄅᆞᆯ 빗내고(洛城1). 광ᄎᆡ 눈에 ᄇᆡ이다:耀眼(漢淸6:40).

광티다 동 빛내다. 광내다. ☞광치다 ¶水銀

으로 광틴 투구:明盔(譯解上21).

광·퇵·ᄒᆞ·다 형 광택(光澤)하다. ¶양지 光澤ᄒᆞ시며 깃그샤(法華2:17).

광패히 부 광패(狂悖)히. ¶광패히 구다:張狂(漢淸8:23).

광패ᄒᆞ다 형 광패(狂悖)하다. ¶潑은 撒潑이니 광패ᄒᆞᆫ 계집이라(女四解2:21).

광풍 명 광풍(狂風). ¶狂風에 ᄯᅥᆯ린 梨花(古時調. 李鼎輔. 海謠). 狂風에 놀나 ᄶᅵ닷거든(古時調. 술 븟다가. 靑丘).

:광:하 명 광하(廣廈). 넓고 큰 집. ¶廣廈애 細氈 펴고 黼座애 안ᄌᆞ샤(龍歌111章).

광활ᄒᆞ다 형 광활하다. ¶ᄯᅡ 광활ᄒᆞ다:地廣(同文解上6). 광활ᄒᆞ다:寬廣(漢淸1:35).

광히 명 괭이. ☞광이 ¶광히:钁(物譜 耕農).

광ᄒᆞ·다 동 광(狂)하다. 미치다. ¶論語疏애 닐오ᄃᆡ 狂ᄒᆞᆫ 사ᄅᆞ미 正經올 取ᄒᆞ야 妄히 穿鑿호미 잇다 ᄒᆞ니라(圓覺上一之二66).

-·괘 조 -과가. 〔접속 조사 '-과'+주격조사 '-이'〕 ¶功과 德괘(釋譜序1). ᄒᆞ다가 昏沈과 雜念괘 잇거든:或有昏沈掉擧(蒙法36). 이 無ᅙ字ᄂᆞᆫ 有心과 無心괘 다 ᄉᆞᄆᆞᆺ디 몯ᄒᆞᄂᆞ니라:者箇無字有心無心俱透不得(蒙法58). 壽量과 大機와 大用괘 다오미 업스니:壽量大機大用無盡無窮(蒙法68). 我와 人괘 업수믈 알면:知無我人(圓覺序53). 根과 塵괘 너비 조ᄒᆞ며:根塵普淨(圓覺下二之一9). 남진과 겨집괘 ᄀᆞᆯ히요미 이시며(宣賜內訓序3). 世尊 곳 자ᄇᆞ샴과 迦葉 우ᅀᅳ샴괘 다 ᄲᅮᆯ ᄃᆡ 업손디라(南明上2). 몸 우희 암근 ᄉᆞᆯ콰 갓괘 잇디 아니토다:身上無有完肌膚(初杜解8:2). 서리와 눈괘 ᄂᆞᄂᆞᆫ 다보재 ᄀᆞ독ᄒᆞ도다:霜雪滿飛蓬(杜解21:1). 하ᄂᆞᆯ히 ᄎᆞ고 서리와 눈괘 하거늘:天寒霜雪繁(重杜解1:16).

괘관ᄒᆞ다 동 괘관(掛冠)하다. ¶東門에 掛冠ᄒᆞ고(古時調. 功名을 혜아리니. 花源).

괘그르다 형 급작스럽다. ☞과그르다. 과ᄀᆞᄅᆞ다 ¶泰山 峻嶺으로 허위허위 너머가다가 괘그른 쇼낙기에 흰 동졍 거머지고(古時調. 白髮에. 靑丘).

-·괘·니 조 -과이니. ¶이 體와 相과 用괘니:是體相用(圓覺上一之二13). 믈와 블와 ᄃᆞᆯ와 두듥괘니:水火月岸也(圓覺上二之三24). 父母와 님금과 善知識괘니(勸善文).

-·괘·라 조 -과이라. ¶三寶ᄂᆞᆫ 佛와 法과 僧괘라(釋譜序6). 三吳ᄂᆞᆫ 吳郡과 吳興과 丹陽괘라(永嘉序13). 有想과 無想과 非有想非無想괘라:若有想若無想若非有想若非無想(圓覺下三之一129). 쇼와 羊과 돋괘라(宣賜內訓1:46).

-괘라 어미 -았(었)노라. -겠노라. ¶여긔 널이괘라:這裏定害了(老解上53). 桃李야 곳이온 양 마라 님의 ᄯᅳᆺ을 알괘라(古時調. 宋純. 風霜이. 海謠). 丈夫의 浩然之氣를 오ᄂᆞᆯ이야 알괘라(古時調. 金裕器. 泰山에. 靑丘). 어ᄃᆡ셔 急ᄒᆞᆫ 비 ᄒᆞᆫ 줅이에 出塵 行裝 싯괘라(古時調. 申靖夏. 벼슬이. 海謠). 門 밧긔 性急ᄒᆞᆫ 張翼德은 失禮ᄒᆞᆯ ᄲᅥᆫ ᄒᆞ괘라(古時調. 金壽長. 臥龍岡前. 海謠). 아러로ᄂᆞᆫ 만민을 졔도ᄒᆞᄂᆞᆫ지라 고로 이 과ᄅᆞᆯ 증ᄒᆞ괘라(敬信22).

-·괘·로·다 조 -과이로다. ¶狐와 狸와 織皮괘로다(書解1:63).

-·괘·며 조 -과이며. -이며. ¶ᄇᆞᄅᆞᆷ과 곳괘며(金三3:23).

괘방 명 괘방(掛榜). ¶괘방 일노 더욱 화심을 죠장ᄒᆞ야(癸丑53). 임ᄌᆞ년 괘방 일노 대군 믜워ᄒᆞ미 더옥 심ᄒᆞ더라(癸丑124).

괘심히 부 괘씸히. ¶우히 하 괘심히 넉이오샤(癸丑179).

괘씸ᄒᆞ다 형 괘씸하다. ☞과심ᄒᆞ다 ¶괘씸ᄒᆞ다:可惡(漢淸8:65).

-·괘·오 조 -과이오. ¶세ᄒᆞᆫ 오직 ᄆᆞᅀᆞ미 妄과 眞괘오:三唯心妄眞(圓覺上一之一45). 眞如ㅣ 凝然과 緣 조촘괘오:眞如凝然隨緣(圓覺上一之一46).

-·괘이다 어미 -었습니다. ¶여긔 널이괘이다 너희 므슴 널인 고ᄃᆡ 이시리오:這裏定害了你有甚麼定害處(飜老上59).

:괴 명 고양이. ¶사ᄅᆞ미게 질드ᄂᆞ니 곧 괴 가히 ᄃᆞᆰ 돋 類라:馴服於人即猫犬雞豘類也(楞解8:122). 괴 쥐 자봄ᄀᆞ티 ᄒᆞ며:如猫捕鼠(法語3). 쥐 믄 ᄃᆡᆯ 고튜ᄃᆡ 괴 입거웃 ᄒᆞᆫ 낫 ᄉᆞ론 ᄌᆡ를 ᄇᆞ티라:方治鼠咬猫兒鬚一根燒灰傅之(救急下64). 남긔 오ᄅᆞᄂᆞᆫ 늘근 괴 몸 드위티논 ᄠᅳᆮ으로 볼뎬(南明上1). 괴 묘:貓(訓蒙上18. 類合上14. 倭解下23). 괴 쥐 잡ᄃᆞᆺ ᄒᆞ며:如猫捕鼠(龜鑑上13). 네 집의 괴 업스냐:你家裏沒猫兒那(朴解中56). 괴:猫兒(譯解下32). 괴 모:貓(兒學上7). 猫曰 鬼尼(雞類). 方言猫謂 高伊(高麗史).

괴기 명 고기〔魚〕. ¶江中ᄋᆡ 뎌 괴기야 너ᄂᆞᆫ 어이 ᄲᅱ노넌다(陶山別曲).

괴·다 동 사랑하다. ☞고이다 ¶녜라와 괴쇼셔(鄕樂. 三城大王). 쳔인 괼 폐:嬖(類合下16). 괼 통:寵(類合下22). 괼 통:寵(石千30). 나 ᄒᆞ나 졈어 잇고 님 ᄒᆞ나 날 괴시니(松江. 思美人曲). 비록 이 세간 판탕ᄒᆞᆯ 만졍 고온 님 괴기옷 괴면 그ᄅᆞᆯ 밋고 살리라(古時調. 鄭澈. 기울계. 松江). 머흔 일 구즌 일 널로 ᄒᆞ여 다 닛거든 이제야 놈 괴려ᄒᆞ여 녯 벗 말고 엇디리(古時調. 鄭澈. 내 말. 松江). 이러코 괴실가 ᄠᅳᆺ은 젼혀 아니 먹노라(古時調. 鄭澈. 내 양ᄌᆞ. 松江). ᄆᆡ리도 괴리도 업시 마자셔 우니노라

(樂詞. 靑山別曲). 아소 님하 어마님ᄀᆞ티 괴시리 업세라(樂詞. 思母曲). 耽耽이 괴던 ᄉᆞ랑 날 ᄇᆞ리고 어듸 간고(古時調. 朴孝寬. 꿈에 왓던. 歌曲). 괼 줄 어이 ᄀᆡ필ᄒᆞᆯ고(曺友仁. 自悼詞). 평싱의 괴던 님을 쳔리의 니별ᄒᆞ니(萬言詞).

괴다 동 괴다. 고이다. ☞고이다 ¶물이 괴여셔(三譯9:3). 괸물:死水(同文解上8).

괴다 동 ①괴다. 술이 익으려고 거품이 일다. ¶술 괴다:酒發(老朴集. 單字解7). 술 괴다:酒發(譯解上49). 乂 괴여 닉은 술을 葛巾으로 밧타 노코(丁克仁. 賞春曲).
②괴게 하다. ¶져즐 괴와:釀乳(痘要下41).

괴·다 동 (음식을) 괴다. ¶괼 뎡:飣. 괼 두:餖 飣餖盛食之貌(訓蒙下12).

괴로이 부 괴로이. ¶벼슬이 졍승의 올라시되 초옥의 괴로이 잇ᄂᆞᆫ 고로(仁祖行狀29). 괴로이 날 적의(三譯9:15). 사ᄅᆞᆷ이 괴로이 스스로 ᄶᅵᄃᆞᆺ지 못ᄒᆞᄂᆞ니라(敬信20).

괴롭다 형 괴롭다. ☞고ᄅᆞᆸ다 ¶괴로오미 만흐냐(太平1:28). 괴롭고 브즈러니(警民7). 괴롭고 셜니 넉여(癸丑41). 路次의 괴로오미나(新語7:16). 괴로올 고:苦(倭解下35). 괴롭게 ᄒᆞᄂᆞᆫ ᄣᅢ를(三譯6:11). 괴로은 구실:苦差(譯解補10). 괴로온 세계을(普勸文4). 괴롭게 ᄒᆞ다:苦累(漢淸7:54). 엇디 구ᄐᆞ여 이러ᄐᆞ시 괴롭게 ᄒᆞᄂᆞ뇨(五倫2:12).

괴망이 명 백부자(白附子). 흰바곳. ¶괴망이:白附子(柳氏物名三 草).

괴망ᄒᆞ다 형 괴망(怪妄)하다. ¶괴망ᄒᆞ니:佐詐的(同文解下33).

:괴·벽ᄒᆞ·다 형 괴벽하다. ¶샤곡ᄒᆞ고 괴벽ᄒᆞᆫ 긔운을:邪辟之氣(宣小3:7).

괴슈 명 괴수(怪獸). ¶란륜 괴슈:인륜 어즈러인 괴이ᄒᆞᆫ 즘싱(敬信21).

괴슈 명 괴수(魁首). ¶괴슈 괴:魁(類合下36. 倭解下40).

괴승아 명 괴승아. 괭이밥. ☞괴싀영 ¶괴승아:酢漿草(東醫 湯液三 草部).

괴싀영 명 괴승아. 괭이밥. ☞괴승아 ¶괴싀영:酢漿草(物譜 蔬菜). 괴싀영:酢漿草(柳氏物名三 草).

괴ᄭᅩ리 명 꾀꼬리. ☞곳고리 ¶괴ᄭᅩ리:百舌鳥(東醫 湯液一 禽部). 괴ᄭᅩ리:黃鳥(詩解物名1). 節 아ᄂᆞᆫ 괴ᄭᅩ리ᄂᆞᆫ 어드러셔 오돗던고(松江. 星山別曲).

괴ᄡᅵ양 명 시초(蓍草). 톱풀. ¶괴ᄡᅵ양:蓍(柳氏物名三 草).

괴아내다 동 괴게 하다. ☞괴다 ¶즈는 것 마고 ᄡᅥ허 쥐비저 괴아내니(古時調. 金光煜. 뒷집의. 靑丘).

-괴야 어미 -구나. ¶그저 간대로 혜아리ᄂᆞᆫ 이로괴야:只是胡商量的(老解下11). 졀숩ᄒᆞ로 바자니며 고기 엿기 ᄒᆞᄂᆞᆫ괴야(古時調. 金光煜. 어와 뎌. 靑丘). 등 검고 술진 고기 버들 넉싀 올ᄭᅵ괴야(古時調. 兪崇. 간밤 오던. 甁歌). 一壺酒 가지고 오ᄂᆞᆯ이야 시서괴야(古時調. 萬頃蒼波水의. 靑丘). 덧업시 볼가지니 새날이 되야괴야(古時調. 李侃原君. ᄒᆡ져 어둡거ᄂᆞᆯ. 靑丘). ᄌᆞᆨ박귀 다 업괴야(古時調. 鄭澈. 이바 이 집. 松江).

괴야내다 동 괴게 하다. ☞괴다 ¶쥐비저 괴야낸이(古時調. 뒷집의. 海謠).

괴오 명 고요. ☞괴외 ¶괴오 졍:靜(光千17). 괴오 적:寂. 괴오 료:寥(石千31).

괴오다 동 ①사랑하다. ☞괴다 ¶아소 님하 도람 드르샤 괴오쇼셔(樂範. 鄭瓜亭).
②사랑을 받다. ¶그스기 고온 양ᄒᆞ야 괴오ᄆᆞᆯ 取ᄒᆞᄂᆞ니:陰媚取寵(龜鑑下51).

괴·오·다 동 ①괴다〔支〕. ☞고요다 ¶支ᄂᆞᆫ 서르 잡드러 괴올 씨니(釋譜9:18). 平牀을 괴오니 어르누근 돌이 두렵도다:支牀錦石圓(初杜解10:38). 하ᄂᆞᆯ홀 괴와 셔셔 치위ᄎᆞᄆᆞ며:擎天耐寒(飜朴上69). 괴오다:跂起也(四解下77 䟗字註). 괴올 지:搘. 괴올 오:捂. 괴올 팅:撐. 괴올 뎜:䟽. 괴올 궤:跂(訓蒙下17). 괴올 지:支(類合下12). 괴올 팅:撐. 괴올 듀:拄(類合下56). 괴오다:支着(譯解下45). 괴와 버티다:撐着(同文解上30). 괴오다:拄着(漢淸7:35). 괴오다:支着. 괴와 밧치다:擎着(漢淸9:78). 左手로ᄡᅧ 허리ᄅᆞᆯ 괴오고(武藝圖22).
②(음식을) 괴다. ¶과즐 괴온 걷도 놉고 건물도 두 가지 足지 몯ᄒᆞ고(重新語2:18).

괴오다 동 괴게 하다. ¶맛당이 겸ᄒᆞ야 젓어미을 다ᄉᆞ려 ᄒᆞ여곰 약을 머겨 져즐 괴와 ᄡᅥ곰 아기ᄅᆞᆯ 머기고:當兼治乳母令服藥釀乳以飼之(痘要下41). 한강 채로 술을 비져 종누갓치 괴와 올려(扶餘路程).

괴오히 부 고요히. ☞괴외히. 괴요히 ¶괴오히 오히려 잇ᄂᆞᆫ가 업슨가:蕭條猶在否(重杜解2:49).

괴오ᄒᆞ·다 형 고요하다. ☞괴외ᄒᆞ다 ¶모로매 괴오ᄒᆞᆫ 지븨 졍다이 안자:須靜室危坐(飜小8:35). 모롬이 괴오ᄒᆞᆫ 집의 危坐ᄒᆞ야:須靜室危坐(宣小5:113). 烟氣 져거 괴오ᄒᆞ도다:煙眇蕭瑟(重杜解1:2).

괴옴 동 사랑을 받음. ㉮괴오다 ¶그스기 고온 양ᄒᆞ야 괴오ᄆᆞᆯ 取ᄒᆞᄂᆞ니:陰媚取寵(龜鑑下51).

괴외 명 고요. ☞고요. 괴오 ¶괴외 적:寂. 괴외 묵:默. 괴외 료:寥(光千31). 괴외 젹:寂. 괴외 막:寞(類合下49).

괴외좀좀·ᄒᆞ·다 형 고요하고 잠잠하다. ¶牟尼ᄂᆞᆫ 괴외좀좀ᄒᆞᆯ 씨니(月釋1:15). 釋迦牟尼ᄂᆞᆫ 能히 仁ᄒᆞ며 괴외좀좀ᄒᆞ시다 ᄒᆞᆫ 마리니(月釋14:53). 그 道ㅣ 괴외좀좀ᄒᆞ야 ᄒᆞ욤업스샤(月釋14:54).

괴외히 부 고요히. ☞괴오히 ¶寂滅은 괴외히 업슬 씨니 佛性ㅅ 가온ᄃᆡ ᄒᆞᆫ 相도 업슬 씨라(月釋2:16). ᄆᆞᆯ가 괴외히 이셔 비춰슬 닐오ᄃᆡ 微妙히 ᄇᆞᆰ고미오:湛然寂照曰妙明(楞解4:13). 괴외히 動티 아니ᄒᆞ샤ᄃᆡ:寂然不動(法華3:159). 得혼 ᄆᆞᅀᆞ미 괴외히 업서:取得心寂滅(金剛下111). 괴외히 無字ᄅᆞᆯ 잡드러:默默提介無字(法語5). 괴외히 照ᄒᆞᄂᆞᆫ 邪ᄒᆞᆫ 무리라(南明上27). 괴외히 좀좀ᄒᆞ시니라:寂默也(圓覺上一之二99). 지비 괴외히 사ᄅᆞᆷ 흐른 後ㅣ러라:寂寥人散後(初杜解8:55).

괴외·ᄒᆞ·다 형 고요하다. ☞고요ᄒᆞ다. 괴오ᄒᆞ다. 괴요ᄒᆞ다 ¶괴외타 ᄒᆞ니라(釋譜6:28). 如來 三昧예 드러 괴외ᄒᆞ야 겨실씨(釋譜11:16). 寥ᄂᆞᆫ 괴외ᄒᆞᆯ 씨라. 寂은 괴외ᄒᆞᆯ 씨라(月釋序1). 性智 ᄆᆞᆰ고 괴외ᄒᆞ며:性智湛寂(月釋序1). 나랏ᄀᆞᅀᅵ 괴외ᄒᆞ고:境靜(月釋序25). 涅槃ᄋᆞᆫ 괴외ᄒᆞᆯ 씨니(月釋1:18). 智 조히오미 업서 뷔오 괴외코 ᄆᆞᆯ가(月釋9:21). 肅靜ᄋᆞᆫ 괴외ᄒᆞᆯ 씨라(蒙法40). 뮈며 괴외ᄒᆞᆫ 境界:動靜境界(蒙法40). 괴외ᄒᆞ며 ᄉᆞᆯᄉᆞᆯᄒᆞ야:寂寂惺惺(蒙法41). 가온ᄃᆡ 괴외ᄒᆞ야 이어디 아니ᄒᆞ며:中寂不搖(蒙法43). 괴외ᄒᆞᆫ 中에:寂中(蒙法70). 괴외호매 드니ᄂᆞᆫ(牧牛訣29). ᄆᆞᅀᆞᄆᆞᆫ 괴외ᄒᆞ고 아ᄂᆞ니 일후믈 圓覺이라 ᄒᆞᄂᆞ니:心寂而知目之圓覺(圓覺序36). 괴외호ᄆᆞᆫ 당당이 버믜 굼긔 니엣도다:靜應連虎穴(初杜解7:30). ᄃᆞ리 도ᄃᆞ니 뫼히 가ᄉᆡ야 괴외ᄒᆞ도다:月出山更靜(杜解9:14). 四面ㅅ ᄇᆞᄅᆞ미 괴외ᄒᆞ도다:四壁靜(初杜解25:27). ᄆᆞᅀᆞᄆᆞᆯ 두어 괴외호ᄆᆞᆯ 보면(南明上18). 반ᄃᆞ기 괴외ᄒᆞᆫ 고대 ᄒᆞ오ᅀᅡ 안자:當獨坐靜處(佛頂5).

괴요 명 고요. ☞괴오 ¶괴요 적:寂(註千31).

괴요히 부 고요히. ☞괴외히 ¶괴요히 이셔 ᄆᆞᆯᄀᆞᆫ ᄇᆞ라ᄆᆞᆯ 펴롸:落落展淸眺(重杜解1:47). 괴요히 안ᄌᆞ오셔 엄숙ᄒᆞ시고(仁祖行狀16). 괴요히 싱각ᄒᆞ여(仁祖行狀57).

괴요ᄒᆞ다 형 고요하다. ☞괴외ᄒᆞ다 ¶믈결이 괴요ᄒᆞᆫᄃᆡ(太平1:22). 名聲이 괴요ᄐᆞᆫ가(古時調. 千秋 前. 靑丘). 邊境이 ᄆᆞᆰ아 괴요ᄒᆞᆫ 後에야:邊境淸靜然後(重內訓2:45). 괴요ᄒᆞᆯ 션:禪(註千27).

괴위ᄒᆞ다 형 괴위(魁偉)하다. ¶신낭은 긔골이 괴위ᄒᆞ고(落泉3:8). 긴 슈염과 괴위ᄒᆞᆫ 상뫼 표표히 신션 ᄀᆞᆮᄒᆞᆫ지라(敬信27).

:괴이 부 사랑스럽게. 〔'괴다'의 전성 부사(轉成副詞).〕 ¶나면 괴이 양ᄌᆞᄅᆞᆯ 지ᅀᅳ며:出則窈窕作態(宣賜內訓2上12).

괴·이·다 동 ①사랑하다. ☞괴다 ¶괴여 爲我愛人(訓解. 合字). 괴일 툥:寵(光千30). 괴일 힝:幸(註千31). 진실로 너 삼겨 너오실 제 날만 괴이려 홈이라(古時調. 웃는 양은. 靑丘). 괴일 총:寵(兒學下7).

②사랑을 받다. ¶젼혀 괴이ᄆᆞ로(三綱. 烈2). 太姜과 太任의 괴이샤:思媚太姜太任(重內訓3:11). 太武ㅣ란 님금의 괴이더니:有寵於太武(飜小9:43). 갓가이 괴임을 어들이니:得近幸(宣小4:32). 그ᄃᆡᄂᆞᆫ 댱 안해 괴이ᄂᆞᆫ 신해니:公帷幄寵臣(宣小6:39). 또 효ᄀᆞᆫ 臣下ㅣ 님금의 괴이ᄋᆞ와:亦如小臣媚至尊(重杜解3:70). 태강과 태임긔 괴이샤(女範1. 셩후 셩모태ᄉᆞ).

:괴:이·히 부 괴이(恠異. 怪異)히. ¶이 오직 空裏예 곳 이쇼ᄆᆞᆯ 恠異히 너기고(圓覺上一之二147). 左右엣 사ᄅᆞ미 恠異히 너겨 묻ᄌᆞ온대(宣賜內訓2下7). 朝參 게을이 호ᄆᆞᆯ ᄌᆞ모 恠異히 너기다니(初杜解15:12). 龍王ᄋᆞᆫ 속절업시 시름ᄒᆞ야 恠異히 너기디 마롤디어다(南明上49). 괴이히 너기디 말와뎌 ᄇᆞ라노라:望不爲異(宣小5:47). 弘이 듣고 괴이히 너겨(宣小6:72). 힝혀도 괴이히 너기디 마ᄅᆞ쇼셔(東新續三綱. 烈6:41). 져믄 柱史ᄅᆞᆯ 疑心ᄒᆞ고 術 한 仙公을 恠異히 너기노라(重杜解24:57). 랑이 ᄅᆞᆯ나 괴이히 너겨 닐오ᄃᆡ(桐華寺 王郎傳1). 帝ㅣ 괴이히 너겨 무ᄅᆞ신대(女四解4:31). 내 그으기 금셰옛 사ᄅᆞᆷ을 괴이히 넉이ᄂᆞ니(敬信25).

·괴·이·ᄒᆞ·다 형 괴이(怪異)하다. ¶明州布袋ᄂᆞᆫ 어둑 미치고 怪異ᄒᆞ샤 수스ᄂᆞᆫ 가온ᄃᆡ 샹녜 자바 녀ᄂᆞᆫ 사ᄅᆞᆷ 뵈시니라(南明下13). 怪異ᄒᆞᆫ 돌히 ᄃᆞᆫᄂᆞᆫ ᄃᆞᆺ도다(初杜解6:2). 괴이ᄒᆞᆯ셔:怪道(飜老下4). 아자비 쇼ᄅᆞᆯ 쏘아 주기니 큰 괴이ᄒᆞᆫ 이리로다:叔射殺牛大是異事(飜小9:78). 居喪애 고기 먹ᄂᆞᆫ 이ᄅᆞᆯ 사ᄅᆞᆷ이 오히려 ᄡᅧ 괴이ᄒᆞᆫ 일을 삼으니:居喪食肉者人猶以爲異事(宣小5:49). 괴이ᄒᆞ다 ᄀᆞᆺ 十五歲엣 女孩兒ㅣ 이런 괴이ᄒᆞᆫ 말을 닐ᄋᆞᄂᆞᆫ고나:恠哉恰十五歲的女孩兒說這般作怪的言語(朴解中49). 괴이ᄒᆞᆯ 괴:怪(倭解下35). 人情이란 거시 아니 괴이ᄒᆞ온가(隣語1:2). 경 등이 또 이런 말을 ᄒᆞ니 내 놀랍고 괴이ᄒᆞ여 ᄒᆞ노라(仁祖行狀9). 이제 셰상이 크게 괴이ᄒᆞ야(敬信19).

괴임 명 굄. 총애(寵愛). ☞괴이다 ¶형과 동싱이 홈믜 은혜 괴임을 밧으되:幸(女四解3:2). 인군 괴임을 바라지 아니ᄒᆞ고:寵(女四解3:2).

괴·여 동 굄을 받아. ㉠괴ᅇᅧ다 ¶괴여 爲我愛人而 괴ᅇᅧ 爲人愛我(訓解. 合字).

괴·ᅇᅧ·다 동 굄을 받다. ¶괴여 爲我愛人而 괴ᅇᅧ 爲人愛我(訓解. 合字).

괴좃 명 괴좃나무의 열매. 구기자(枸杞子).

¶괴좃 녈미:枸杞(柳氏物名四 木).

괴좃나모 명 괴좃나무. 구기자(枸杞子)나무. ¶괴좃나모:枸杞子(東醫 湯液三 木部).

괴홈 동 사랑함. ¶비록 져젯 아히들히 괴홈울 어드나:雖得市童憐(英小5:20).

괴화 명 괴목(槐木). 회화나무. ☞괴화나모 ¶괴화 괴:槐(石千21).

괴화나모 명 괴목(槐木). 회화나무. ☞괴화 ¶괴화나모:槐(漢淸13:23).

괵고리 명 꾀꼬리. ☞곳고리. 괴꼬리. 굇고리 ¶괵고리:黃鳥(物譜 羽蟲).

괸물 명 괸 물. ☞괴다. 괸믈 ¶괸물:死水(同文解上8). 괸물:潮(兒學上4). ※괸물<괸믈

괸믈 명 괸 물. ☞괸물 ¶괸믈:存水(漢淸1:42). ※괸믈>괸물

굇고리 명 꾀꼬리☞곳고리. 괵고리. 굇고리 ¶굇고리 잉:鶯(倭解下21).

굇고리 명 꾀꼬리. ☞곳고리. 괵고리. 굇고리 ¶굇고리 잉:鶯(類合上11). 굇고리:黃鳥(譯解下27). 봄 나래 굇고리는:春日鶯(百聯21). 굇고리 잉:鸎(詩解 物名18). 온 가지로 울며셔 옮듣니는 굇고리는 建章宮에 ᄀ득ᄒ얘도다:百囀流鶯滿建章(重杜解6:3). 驕慢ᄒᆫ 굇고리 ᄭᅬ올 줄이 무ᄉ 일고(辛啓榮. 月先軒十六景歌).

굉연·ᄒ·다 형 굉연(轟然)하다. ¶法雷를 뮈우시니 ᄒᆞᆫ적 툐매 轟然ᄒᆞ야 九垓예 ᄀ득ᄒ도다(南明下5).

교거ᄒ다 동 교거(僑居)하다. ¶남교진에 교거ᄒ야(敬信56).

교거ᄒ다 형 교거(驕居)하다. ¶驕倨ᄒ야 다 즐겨 庖廚의 드러가디 아니ᄒ니(家禮2:5).

교교ᄒ·다 형 교교(皎皎)하다. 맑다. ¶妙相ᄋ로 莊嚴ᄒ시니 皎皎ᄒ야 볈 가온딧 두려운 ᄃ리샷다(金三2:24). 皎皎는 몱골 시라(金三2:24). 신월은 교교ᄒ고(빅화당가).

교·ᄃᆡ 명 교대(交代). ¶동관 ᄉ이와 교ᄃᆡ ᄉ이 형데지의 잇ᄂ니:同僚之契交承之分有兄弟之義(飜小7:46).

교ᄃᆡᄒ다 동 교대(交代)하다. ¶이에 교ᄃᆡᄒ여 哭ᄒ라(家禮8:5).

교량 명 교량(橋梁). ¶요ᄉ이 風雨의 橋梁이 頹落ᄒ여(隣語1:27). 교량을 노흐며 중슈ᄒ고 도로를 닥그며(敬信78).

교:만 명 교만(憍慢. 驕慢). ¶둘흔 憍慢울 것거 降伏ᄒ요몰 爲ᄒ고(楞解6:103). 驕慢업수미오(金剛42). 어리닌 無識ᄒ야 憍慢이 곧 니ᄂ니(圓覺下三之一119). 遜티 아니호문 이 憍慢이라(圓覺下三之一120). 사ᄅ미 지븨 生計 두터우면 驕慢이 니를오(宣賜內訓2下46). 교만 만:慢(類合下3). 교만 교:驕(倭解下35). 그 妻妾의게 교만ᄒ더라(女四解4:48).

교:만히 부 교만(驕慢)히. ☞교만ᄒ다 ¶그르메를 도라보고 驕慢히 우러:顧影驕嘶(初杜解17:28).

교:만ᄒ·다 형 교만(憍慢. 驕慢)하다. ¶億衆이 절로 化ᄒ야 恭敬ᄒ며 憍慢ᄒᆫ ᄆ숨과 罪와 福괏 이리며(釋譜19:37). 憍慢ᄒ며 奢侈ᄒᆫ 쁟 警戒ᄒᆫ 第二라(永嘉上4). 驕慢ᄒ며 새옴ᄒ는(宣賜內訓1:81). 府庫는 驕慢ᄒ며 豪奢호몰 爲ᄒ야(初杜解17:33). 憍慢ᄒᆫ ᄆ숨과(六祖中40). 아히 ᄢᅢ브터 곧 교만ᄒ며 게을어 어딘 셩을 ᄒ여ᄇ려:從幼便驕惰壞了(飜小6:3). 본ᄃᆡ 교만ᄒ고:素驕(飜小8:26). 우희 이셔 교만티 아니ᄒ면 노파도 위티티 아니ᄒ고:在上不驕高而不危(宣小2:30). 교만ᄒ다:行驕(同文解上23). 비록 졔가 교만ᄒᆫ 말을 ᄒᆯ지라도(隣語1:18). 구챠이 부ᄒ고 교만ᄒ며(敬信3). 교만 ᄒᆯ 교:驕(兒學下12).

교·목 명 교목(喬木). ¶喬木이 잇다 닐옴을 닐온 줄이 아니라(宣孟2:23).

교사ᄒ다 형 교사(巧詐)하다. ¶교사ᄒᆫ 쟈로 ᄒ여곰 궁진케 ᄒᄂ니(山城66). 교사ᄒ여 벼술 옴기를 구ᄒ며(敬信4).

교샤ᄒ·다 형 교사(憍奢)하다. ¶ᄒ다가 憍奢ᄒ면 道를 어딀브터 일우리오(永嘉上4).

교셔 명 교서(敎書). 임금의 명령서. ¶고려 셩죵이 교셔를 ᄂ리와:高麗成宗下敎(東新續三綱. 孝1:5). 태비 교셔의 대강 닐오ᄃᆡ(仁祖行狀5). 말을 구ᄒ시는 교셰 젼후의 만흐시되(仁祖行狀34).

교숑 명 교송(喬松). ¶새 그른 沈謝ㅣ 낫는 ᄃᆺᄒ고 奇異ᄒᆫ 氣骨은 喬松ㅣ ᄂ렷는 ᄃᆺᄒ더니라(重杜解24:55). 喬松을 비기어 四隅로 도라보니(蘆溪. 莎堤曲).

:교·수·ᄒ·다 동 교수(敎授)하다. ¶菩薩울 敎授ᄒᄂ다 ᄒ시니라(圓覺序53).

:교·슈 명 ①교수(敎授). ¶부텻 敎授 듣ᄌᆞ바:敎授는 ᄀᄅ쳐 심길 씨라(釋譜6:46). 妾이 父母의 敎授를 드러 쁑을 ᄈ고 大王을 보ᅀᆞ오라 ᄒᆫ 敎授를 듣디 아니호이다(宣賜內訓2下69). 敎授를 닙디 몯ᄒ나(六祖上22).
②교수(敎授). 사학(四學)에서 유생을 가르치는 벼슬아치. ¶교슈 딘탁의 ᄯᆞᆯ이오(東新續三綱. 烈6:32).

교심 명 교심(驕心). 교만한 마음. ¶佞臣이 善諛ᄒ야 驕心이 나거시든(龍歌117章).

교아리 명 꽈리. ¶교아리:酸醬 寒漿 苦葴 燈籠草(柳氏物名三 草).

교·역ᄒ·다 동 교역(交易)하다. ¶엇디 紛紛히 百工으로 더브러 交易ᄒ는고:何爲紛紛然與百工交易(宣孟5:21).

교외 명 교외(郊外). ¶교외 죠금 먼 곳은:

郊外稍遠之所(字恤6).

:교·육ᄒᆞ·다 동 교육(教育)하다. ¶天下엣 英才ᄅᆞᆯ 得ᄒᆞ야 教育홈이 세 樂이니:得天下英才而教育之三樂也(宣孟13:14).

·교의 명 교의(交椅). ¶교의:椅子(四解上20 椅字註). 교의 의:椅(訓蒙中10). 데갑이 융복을 닙고 교의예 결안자 ᄂᆞ리디 아니ᄒᆞ거ᄂᆞᆯ:悌甲猶着戎衣踞胡床不下(東新續三綱. 忠1:39). 교의 ᄒᆞᆫ나ᄒᆞᆯ 設ᄒᆞ여(家禮7:12). 교의:椅子(同文解下13. 漢淸11:34). 교의 방셕:椅搭(漢淸11:20).

:교:졍·ᄒᆞ·다 동 교정(校正)하다. ¶나ᄅᆞᆯ 命ᄒᆞ야 校正ᄒᆞ야 證ᄒᆞ라코(法華序21).

교:졔·ᄒᆞ·다 동 교제(交際)하다. ¶交際ᄒᆞ욤은 엇던 ᄆᆞ음이니잇고(宣孟10:15).

교:죵ᄒᆞ·다 형 교만하고 방종하다. ¶고이고 교죵티 아니ᄒᆞ며 교죵ᄒᆞ고 能히 ᄂᆞ초며:夫寵而不驕驕而能降(宣小4:48).

교지기 명 표고. ¶교지기:蘑菰(物譜 蔬菜).

교·ᄌᆞ 명 교자(轎子). 평교자(平轎子). ¶또 다시 먹고 轎子애 누바(三綱. 忠25). 오직 대로 ᄒᆞᆫ 교ᄌᆞ를 타:秖乘竹兜子(飜小9:106). 교ᄌᆞᆺ 교:轎(訓蒙中26). 뵈로 기ᄅᆞ마 ᄡᆞ고 흰 교ᄌᆞ의 뵈로 발을 ᄒᆞ라(家禮6:32). 져근 교ᄌᆞᄅᆞᆯ 잡ᄉᆞ와지이다(仁祖行狀10). 또 궐니예 겨여:쟈근 교지라(仁祖行狀25). 각각 냥가의 화금교ᄌᆞ로 두 가인을 티워 호송ᄒᆞ야(引鳳簫3). 교ᄌᆞ:轎. 모쟝 친 교ᄌᆞ:煖轎(漢淸12:24).

교쳔ᄒᆞ다 동 교천(喬遷)하다. ¶교쳔ᄒᆞ미 너 엇지 ᄒᆞᆫ번 젼송티 아니ᄒᆞ리오(引鳳簫1).

교·칠 명 교칠(膠漆). 아교와 칠. ¶시혹 土石 膠漆와:膠ᄂᆞᆫ 갓브리라(月釋21:85). 시혹 뵈예 膠漆호ᄆᆞ로:膠ᄂᆞᆫ 프리오 漆은 오시라(法華1:219).

·교·토 명 고명. 꾸미. ☞교퇴 ¶다 조ᄒᆞᆫ 각석 약 드려 ᄆᆡᆼ근 교토 두라:都着些細料物(飜朴上6). 쟝믈의 파와 교토를 빠 노하:調上些醬水生葱料物(老解上19). 다 져기 ᄀᆞᄂᆞᆫ 교토ᄅᆞᆯ 두고:都着些細料物(朴解上7).

교통ᄒᆞ다 동 교통(交通)하다. 오가다. ¶광히ᄅᆞᆯ 교통ᄒᆞ며 ᄌᆞ지ᄅᆞᆯ 교구(위조ᄒᆞᆫ닷 말이라)ᄒᆞ야(仁祖行狀14).

교퇴 명 고명. 꾸미. ☞교토 ¶ᄌᆞᆫ 것과 ᄉᆡᆼ강과 교퇴와 파와 마ᄂᆞᆯ과 초와 소금을 다 가져오라:零碎和生薑料物葱蒜醋塩都將來(朴解下33). 교퇴:料物(譯解上51).

교ᄐᆡ 명 교태(嬌態). ¶교ᄐᆡ 교:嬌(倭解上19). 이러야 교ᄐᆡ야(松江. 續美人曲). 교ᄐᆡ:俏浪(漢淸8:18). ᄉᆡᆼ이 잠간 지혓더니 니고 일인이 교ᄐᆡᄅᆞᆯ 먹음고(落泉2:5).

교:호ᄒᆞ·다 동 교호(交互)하다. ¶다 이 色陰에 ᄆᆞᅀᆞᆷ 뿌미 交互홀ᄊᆡ:交互ᄂᆞᆫ 禪那ㅅ ᄆᆞᅀᆞ미 色陰의 堅固ᄒᆞᆫ 妄想과 서르 사ᄒᆞᆯ ᄊᆡ라(楞解9:65).

:교·화 명 교화(教化). ¶教化ᄂᆞᆫ ᄀᆞᄅᆞ쳐 어딜에 ᄃᆞ외올 ᄊᆡ라(月釋1:19). 周文王ㅅ 教化ㅣ 太姒ᄋᆡ 뵐ᄀᆞ샤매 더욱 넙고 楚莊王 霸主 ᄃᆞ외요미(宣賜內訓序3). 飮光ᄋᆞᆯ 付囑ᄒᆞ야 너비 教化ᄅᆞᆯ 傳케 ᄒᆞ노라 ᄒᆞ시니(金三5:2). 풍쇽과 교화를 둗겁게 ᄒᆞ고:厚風教(宣小6:15). 우흰 明哲ᄒᆞ신 님금이 겨시고 아랜 教化 行ᄒᆞᄂᆞᆫ 臣下ㅣ 잇ᄂᆞ니라(重杜解19:32). 男女ㅣ 位ᄅᆞᆯ 正ᄒᆞ면 교홰 일며(女四解. 女誡序3). 졍직ᄒᆞ미 하ᄂᆞᆯ을 ᄃᆡᄒᆞ야 교화을 ᄒᆡᆼᄒᆞ며(敬信8).

:교·화ᄒᆞ·다 동 교화(教化)하다. ¶諸國ᄋᆞᆯ 教化ᄒᆞ샤(釋譜9:1). 부톄 百億世界예 化身ᄒᆞ야 教化ᄒᆞ샤미(月釋1:1). 教化ᄒᆞᆫ 사ᄅᆞ미 엇데 億萬 ᄯᆞᄅᆞ미리오(楞解1:4). 衆生ᄋᆞᆯ 教化ᄒᆞ시며(楞解6:34). 教化ᄒᆞ논 道ㅣ 모매 이시리라(金三涵序11). 教化ᄒᆞ야 引導ᄒᆞ야 見性을 得게 ᄒᆞᄂᆞ니라(六祖上71).

교활ᄒᆞ다 형 교활(狡猾)하다. ¶네의 쇼통영민ᄒᆞᆫ 셩졍으로 언변의 교활ᄒᆞ미 이러ᄐᆞᆺᄒᆞ야(落泉2:4).

:교:회·ᄒᆞ·다 동 교회(教誨)하다. ¶내 屑히 너겨 教誨티 아니홈은(宣孟12:38). 션ᄉᆡᆼ의 여러 ᄒᆡ 교회ᄒᆞ시믈 닙으니(引鳳簫2).

:교:훈 명 교훈(教訓). ¶正獻과 申國夫人ᄋᆡ 教訓이 이러ᄐᆞ시 싁싁ᄒᆞ고 밧ᄀᆞ론 焦先生 化導ㅣ 이러ᄐᆞ시 도타올시(宣賜內訓3:18). 교훈이 엄ᄒᆞ오셔(閑中錄45). 쳐쳡의 말을 쓰고 부모 교훈을 어긔우며(敬信5).

교훈ᄒᆞ다 동 교훈(教訓)하다. ¶ᄉᆞ쟝의 교훈ᄒᆞᄂᆞᆫ ᄒᆞᆫ 말ᄉᆞᆷ을 어긔오며(敬信83).

교ᄒᆞ다 동 교(絞)하다. 교수형에 처하다. ¶손 디호니ᄂᆞᆫ 絞호ᄃᆡ:下手者絞(警民18).

교ᄒᆡᆼᄒᆞ다 동 교행(驕行)하다. 교만하게 행동하다. ¶더욱 흉포 탐학ᄒᆞ야 세를 밋고 교ᄒᆡᆼᄒᆞ니(落泉2:4).

구 명 구(句). ¶ᄒᆞᆫ 偈 ᄒᆞᆫ 句를 드러도 그지 업스며(釋譜19:24). 句ᄂᆞᆫ 말ᄊᆞᆷ 그촌 ᄯᅡ히라(月釋序8). 句는 말 그츤 ᄯᅡ히라(月釋10:72). 여러 말 모다 句ㅣ ᄃᆞ외ᄂᆞ니라(永嘉上59). 됴ᄒᆞᆫ 긄句ᄂᆞᆫ ᄌᆞᆺ디 아니ᄒᆞ니아:佳句莫頻頻(初杜解15:25). 네짯 句ᄂᆞᆫ 세 ᄠᅳ디 잇ᄂᆞ니(南明上1). 말마다 ᄂᆞᆯ카온 갈히 버틔 當ᄒᆞᆫ ᄃᆞᆺᄒᆞ며 句마다 므를 ᄲᅳ려도 묻디 아니ᄒᆞ논디라(金三涵序8).

구 명 구(毬). 공. ¶毬 흣튼 곳의 니ᄅᆞ러(武藝圖67).

-구 어미 -고. ¶盜賊 더브러 닐오ᄃᆡ 靑氈은 我家 舊物이니 두구 가라 ᄒᆞ니라(初杜解15:28).

구가ᄒᆞ다 동 구가(謳歌)하다. ¶謳歌ᄒᆞᆯ 者ㅣ

堯의 子를 謳歌티 아니ᄒᆞ고(宣孟9:22).

구겨·내 명 구지내. ☞구딘이 ¶구겨내:黃鶻子(訓蒙上16 鶻字註. 譯解下25).

구·경 명 구경. ¶구경 가싫 제(月釋2:35). 바독 쟝긔 됴ᄒᆞᆫ 구경:博奕奇玩(飜小10:23). 구경 완:翫(石千33). 구경 완:翫(倭解下35). 구경 샹:賞(註千29).

·구:경 명 구경(究竟). ¶ᄀᆞ장 다ᄋᆞᆯ씨 究竟이라(釋譜13:41). 이로ᄆᆞ로 究竟ᄋᆞᆯ 삼ᄂᆞᆫ 사ᄅᆞᄆᆞ로 ᄌᆞᆫᄒᆞ리오(蒙法69). 般若行ᄋᆞᆯ 닷가 究竟에 니르롤띠니(金剛序9). 더욱 見知ᄅᆞᆯ 더어 宗眼이 ᄇᆞᆰ디 아니ᄒᆞ야 究竟이 아니리라(金三宗序2).

구경 명 구경(具慶). ¶구경:냑외 갓단 말(敬信11).

구경ᄃᆞᆫ니다 동 구경다니다. ¶구경ᄃᆞᆫ니다:遊玩(漢淸6:56).

구·경ᄒᆞ·다 동 구경하다. ¶王ᄭᅴ ᄉᆞᆯᄫᆞ샤ᄃᆡ 東山 구경ᄒᆞ야지이다(月釋2:27). 忉利天上애 가샤 天宮을 구경케 ᄒᆞ시니(月釋7:11). 구경ᄒᆞ다:隨喜(老朴集. 單字解5). 구경ᄒᆞ다:看景致(譯解下51).

·구:경ᄒᆞ·다 동 구경(究竟)하다. 끝까지 구명(究明)하다. ¶三世 諸佛이 다 이ᄅᆞᆯ브터 첫 因ᄋᆞᆯ 사ᄆᆞ시ᄂᆞᆫ ᄃᆞᆯ 알에 ᄒᆞ시며 닷가 證ᄒᆞᇙ 了義ᄅᆞᆯ ᄇᆞᆯ기샤 究竟ᄒᆞᆫ 法을 아라 一切 聖人이 다 이ᄅᆞᆯ브터 果ᄅᆞᆯ 證ᄒᆞ시ᄂᆞᆫ ᄃᆞᆯ 알에 ᄒᆞ시며(楞解1:8). 菩薩ㅅ 淸淨 萬行이 ᄀᆞ자 一切 事法이 究竟티 아니ᄒᆞ니 업수메 니르러 實相이 구더 허디 아니호매 니를에 ᄒᆞ시니(楞解1:9). 다 究竟ᄒᆞ야 大涅槃ᄋᆞᆯ 證케 호리라 ᄒᆞᆯ 씨라(永嘉上75).

:구:경ᄒᆞ·다 형 구경(具慶)하다. ¶만일 具慶ᄒᆞ니ᄂᆞᆫ 므던ᄒᆞ니라:若具慶者可矣(宣小5:56). 구경ᄒᆞᆫ 부모 셤기기ᄂᆞᆫ 쉽고 과독ᄒᆞᆫ 부모 셤기기ᄂᆞᆫ 어려오니(敬信11).

:구고 명 구고(舅姑). 시부모(媤父母). ¶張氏 舅姑ᄅᆞᆯ 至極 孝道ᄒᆞ더니 舅姑ㅣ 病ᄒᆞ얫거ᄂᆞᆯ(三綱. 烈24). 父母와 舅姑ᄭᅴ 病이 잇거시든(宣賜內訓1:52). 舅姑ㅣ ᄒᆞ다가 버근며ᄂᆞ리ᄅᆞᆯ ᄇᆞ리거시든(宣賜內訓1:57). 程太中의 夫人 候氏ㅣ 舅姑ᄅᆞᆯ 셤교ᄃᆡ(宣賜內訓2:18). 后ㅣ 舅姑ᄅᆞᆯ 미처 셤기ᅀᆞᆸ디 몯호ᄆᆞ로 슬흐샤(宣賜內訓3:54). 舅姑의 ᄆᆞᄋᆞᆷ을 엇디 맛당히 가히 일흐리오(女四解1:18). 舅姑ᄅᆞᆯ 孝事ᄒᆞ기로 ᄡᅧ 重홈을 삼을디니(女四解3:64). 쳐ᄌᆞ의게 무휼ᄒᆞ며 구고의게 례ᄅᆞᆯ 일흐며(敬信5).

:구·곡 명 구곡(舊穀). 묵은 곡식. ¶舊穀이 이믜 沒ᄒᆞ고 新穀이 이믜 升ᄒᆞ며:舊穀旣沒新穀旣升(宣論4:41).

구과 명 구과(口過). 실언(失言). ¶구과 말의 허믈(敬信33).

:구·구 명 구구(句句). ¶그 놀애 句句ㅅ ᄉᆞ싀예(南明下77). ᄌᆞᄌᆞㅣ며 구구ᄅᆞᆯ:字字句句(飜小8:35).

구구·히 부 구구(區區)히. ☞구구ᄒᆞ다 ¶므슴 區區히 사ᄅᆞᆷ 아로ᄆᆞᆯ 마ᄌᆞ리오:區區ᄂᆞᆫ 혀근 양이라(金三2:57). 어득히 世界ㅣ 거므니 區區히 ᄃᆞ토이오미 하도다:漢漢世界黑區區爭奪繁(重杜解16:4).

구구·ᄒᆞ·다 형 구구(區區)하다. ¶南陽國老ᄂᆞᆫ 區區호미 甚ᄒᆞ야 오직 毗盧 頂上ᄋᆞᆯ ᄇᆞᆯ와 ᄒᆞ니다 ᄒᆞ니라(南明下38). 샹녜 區區ᄒᆞᄂᆞ니오(初杜解17:5).

구굴무디 명 구굴무치. ☞구글무지. 구을무지 ¶구굴무디:細鱗白(柳氏物名二 水族).

구굼술 명 구김살. 꾸김살. 구김. ¶구굼술 지다:皺(漢淸8:54).

구글무지 명 구굴무치. ☞구굴무디. 구을무지 ¶손죠 구글무지 낙가 움버들레 ᄢᅦ여 물에 ᄎᆡ와 두고(古時調. 압 논에. 靑丘).

구글뭇이 명 구굴무치. ☞구을무지 ¶손조 구글뭇이 낙가 움버들에 ᄢᅦ여(古時調. 압 논에 올여. 海謠).

구긔 명 구기(枸杞). 구기자(枸杞子)나무. ¶구긧 불휫 거플:地骨皮(救簡6:71).

구긔다 동 구기다. ☞거귀다 ¶옷 구긔다:衣服臥了(譯解上47). 구긔다:縐縮(同文解上56). 구긔다:抽縱(漢淸8:54).

구기 명 구기. ☞국이 ¶구기 쟉:勺(訓蒙中12). 구기ᄅᆞᆯ 시서 새 수를 열오:洗杓開新醞(初杜解3:30). 구기 쟉:勺(倭解下13). 구기:馬勺(同文解下14. 漢淸11:39). 구기:杓勺升(物譜 酒食). 구기 쟉:勺(兒學上11).

구나모 명 상수리나무. 참나무. ¶구나모:槭(柳氏物名四 木).

구눔 명 구름. ☞구룸 ¶구눔 ᄀᆞᆮᄒᆞᆫ 지븐:雲幕(重杜解11:17).

구단 명 구절(句節). ¶句ᄂᆞᆫ 구단이니 差別을 나토ᄂᆞᆫ 거시오 文은 글와리니 ᄠᅳ데 말ᄉᆞᄆᆞᆯ 나토ᄂᆞᆫ 거시라(金三3:7).

구·더·기 명 구더기. ☞귀더기 ¶구더기 잇논 ᄣᅡ히라:蟲蛆任處(永嘉上35). 싀어미 ᄉᆞᆯ히 서거 구더기 나거ᄂᆞᆯ:姑體腐蛆生(三綱. 孝31). 구더기 져:蛆(類合上16).

구·뎍 명 구적(寇敵). ¶寇敵이 업거니와:寇敵은 도ᄌᆞ기라(楞解9:40).

:구:도ᄒᆞ·다 동 구도(救度)하다. 구제하다. ¶一切 衆生ᄋᆞᆯ 救度코져 ᄒᆞᇙ 사ᄅᆞᆷ과(月釋21:165). 이 겁운이 가히 념려로옴으로ᄡᅥ 드듸여 즁싱 구도ᄒᆞᆷ을 원ᄒᆞ더니(敬信13).

구돌 명 구들. ☞구들 ¶구돌:炕(同文解上35. 漢淸9:73). 구돌 아ᄅᆡᆺ목:炕頭(譯解補13). 구돌 방:房(註千35).

구돌고래 명 방고래. ☞구돌고릭. 구듨골 ¶

구돌고래:炕通(漢清9:73).

구돌고릐 명 방고래. ☞구돌고래. 구듨골 ¶구돌고릐에 그으름:炕通煤(漢清10:52).

구두 명 구두(句讀). ¶구두 두:讀(註千33).

구두더리다 동 구두덜거리다. 투덜거리다. ¶ᄆᆞᄋᆞᆷ에 노흐여 구두더리다:咕噥(譯解上38). 구두더리다:咕噥(華類23).

구:듕 명 구중(九重). 구중궁궐(九重宮闕). 대궐(大闕). ¶九重에 드르샤(龍歌110章). 九重엣 블비츤 仙桃ㅣ 醉ᄒᆞ얫ᄂᆞᆫ ᄃᆞᆺᄒᆞ도다(初杜解6:4). 九重에 블뎡 고잿거든 四海朝宗ᄒᆞᄂᆞ다(金三3:4).

구드러 동 굳어져. ¶하 무셔워 구드러 나가니라(癸丑155).

구득ᄒᆞ다 동 구득(求得)하다. ¶어진 스싱과 벗즐 구득ᄒᆞ야 착ᄒᆞᆫ 더 화ᄒᆞ고 학문을 인도ᄒᆞ며(敬信80).

구·들 명 구들. ☞구돌 ¶이런 ᄆᆡᆫᄒᆞᆰ 구드레:這般精土炕上(飜老上25). 오ᄂᆞᆯ 훠 바사 구들헤 오ᄅᆞ고도:今日脫靴上炕(飜老上76). 구들 강:炕(訓蒙中9). 구들 방:房(光千35). ᄆᆡᆫᄒᆞᆰ 구들에:精土炕上(老解上23). 구들:土炕(四解下34 炕字註). 구들 드리다:打炕(譯解上18). 구들 방:房(倭解上31).

구들그을음 명 구들그을음. ¶구들그을음:百草霜(柳氏物名五 土).

구·듨골 명 방고래. ☞구돌고릐 ¶구듨골샛거믜영:突內煤(救簡6:76).

구디 명 꾸지뽕나무. ¶구디:奴柘 似柘有刺葉可飼蠶(柳氏物名四 木).

구·디 부 굳이. 굳게. 든든히. ☞굿이 ¶神通力으로 모ᄅᆞᆯ 구디 미니(月印上28). 門ᄃᆞᆯᄒᆞᆯ 다 구디 ᄌᆞᆷ겨 뒷더시니(釋譜6:2). 空觀ᄋᆞᆯ 구디 닷가:堅修空觀(楞解9:26). 구디 블로ᄆᆞᆯ 니ᄅᆞ니라(南明下16). 헤아려 구디 간슈ᄒᆞ고:計除堅藏(警民13). 구디 청ᄒᆞ야 노ᄒᆞ니라:固請釋之(東新續三綱. 忠1:25). ᄆᆡ기ᄅᆞᆯ 구디 ᄒᆞ라:挽的牢着(老解上67). 뎌 ᄭᅩ리ᄅᆞᆯ 다가 ᄆᆡ기ᄅᆞᆯ 구디 ᄒᆞ라:把那尾子挽的牢着(朴解中52).

구디누에 명 꾸지뽕나무의 잎을 먹고 사는 누에. ¶구디누에:柘蠶(柳氏物名二 昆蟲).

구·디잡·다 동 고집하다. 고지(固持)하다. 견지(堅持)하다. ¶덛덛ᄒᆞᆫ 德을 모로매 구디자ᄇᆞ며:常德必固持(宣賜內訓1:27). 구디잡고 듣디 아니ᄒᆞ다:堅執不肯(飜老上64). 덛덛ᄒᆞᆫ 덕글 모로매 구디자ᄇᆞ며:常德必固持(飜小8:17). 덛덛ᄒᆞᆫ 德을 반ᄃᆞ시 구디잡으며:常德必固持(宣小5:96).

구딘이 명 구지내. ☞구겨내 ¶구딘이:鶻(柳氏物名一 羽蟲).

구돌 명 구들. ☞구돌. 구들 ¶구돌을 ᄆᆡᆫᄃᆞᆯ려 ᄒᆞ면:做炕時(朴解下5).

구래 명 굴레. ☞구레. 굴릐. 굴에 ¶힌 ᄆᆞ리 黃金 구래ᄅᆞᆯ 너흐리든:白馬嚼嚙黃金勒(重杜解11:16).

·구러 부 다시. ¶구러 묻디 말고:更不問(龜鑑上17).

구·러디·다 동 거꾸러지다. ☞구러지다 ¶구러뎐ᄂᆞᆫ 버드른 절로 가지 낫도다:臥柳自生枝(重杜解24:61). 그 사ᄅᆞᆷ이 구러디거ᄂᆞᆯ:那人倒了(老解上26). 뎌 ᄒᆞᆫ 날 ᄒᆞᆫ 번 구러딤을 닙어:那一日喫了一跌(朴解中48). 니마히 구러뎌 해야디니:額頭上跌破了(朴解中48). 코ᄅᆞᆯ 다가 구러뎌 해여ᄇᆞ리니:把鼻子跌破了(朴解下9). 잘 것디 못ᄒᆞ야 구러딜 ᄃᆞᆺᄒᆞ거ᄂᆞᆯ:足趾跌蹶屢欲仆地(太平1:17).

구러지다 동 거꾸러지다. ☞구러디다 ¶구러지다:傾倒(同文解上30). 니마 우히 구러져 하야지니:額頭上跌破了(朴新解1:53). 구러지다:倒(漢清9:77). 녈 번 찍어 아니 구러질 나모 업다 말쳐로(閑中錄396).

구럭 명 구럭. ¶ᄇᆞᄅᆞ매 거렛ᄂᆞᆫ 구러겟 果實을 옮겨 오고:掛壁移筐果(初杜解22:11). 아히야 구럭 망태 어두 西山에 날 늣거다(古時調. 趙存性. 青丘).

구렁 명 구렁. ¶巷曰 구렁(東言). 구렁 학:壑(兒學上3).

구·렁ᄆᆞᆯ 명 구렁말. ¶구렁ᄆᆞᆯ:栗色馬(飜老下9). 구렁ᄆᆞᆯ:栗色馬(老解下8).

구렁빗 명 밤색. ¶ᄒᆞᆫ 구렁빗치 간쟈ᄆᆞᆯ이:一箇栗色白臉馬(朴解上56).

구렁이 명 구렁이. ☞구령이 ¶구렁이 믈여든 두리뻬 니ᄑᆞᆯ 므르디허:虺中人以荏葉爛杵(救簡6:54). 구렁이:蟒 大蛇(四解下37). 구렁이 망:蟒(倭解下26). 구렁이:黃頷蛇(柳氏物名二 水族).

구·렁쟘·불ᄆᆞᆯ 명 적갈색의 잠불마. ¶ᄒᆞᆫ 구렁쟘불ᄆᆞ리:一箇栗色白臉馬(飜朴上63).

구렁절다 명 구렁말의 한 가지. ¶구렁절다:栗色馬(柳氏物名一 獸族).

구렁촬 명 구렁찰.〔찰벼의 한 품종.〕¶구렁촬:仇郎粘(衿陽).

구레 명 허구리. ¶구레 강:腔. 구레 광:框(訓蒙上28). 댱곳 구레:鼓㮮(四解下34).

구레 명 굴레. ☞굴에 ¶구레:轡頭(老解下27). 구레:轡頭. 구레 ᄢᅵ오다:帶轡頭. 구레 벗기다:摘轡頭. 구레 벗다:退轡頭(同文解下19). 구레 벗다:退轡頭. 구레 ᄢᅵ다:帶轡頭(譯解補18). 졔왕이 거마와 기ᄅᆞ마 구레ᄅᆞᆯ 금은으로 ᄭᅮ민 거시 업고(女範1. 셩후 명덕마후). 구레:轡. 구레 ᄡᅩᆨ듸 거리:搭腦. 구레 녑 쇠:腮花. 구레 녑 다림쇠:鐵拉扯(漢清5:25). 구레:轡頭(柳氏物名一 獸族). 綠草 晴江上에 구레 버슨 ᄆᆞᆯ이 되야 ᄣᅢᄣᅢ로 머리 드러 北向ᄒᆞ여 우ᄂᆞᆫ 뜻은 夕陽이

재 너머가매 님자 그려 우노라(古時調. 徐益. 青丘). 구레 버슨 千里馬를 뉘라셔 자바다가(古時調. 金聖器. 青丘).

구레나롯 명 구레나룻. ¶구레나롯:連鬢鬍(漢淸5:51). 얽고 검고 킈 큰 구레나롯 그것조차 길고 넙다(古時調. 青丘).

구레나룻 명 구레나룻. ☞구레나롯 ¶구레나룻:連鬢鬍子(譯解上34).

구려기 명 노래기. ☞구력이. 놀여기 ¶구려기:多脚蟲(譯解下35).

구력이 명 노래기. ☞구려기. 놀여기 ¶구력이:百足蟲(漢淸14:50).

구령이 명 구렁이. ☞구렁이 ¶구령이 망:蟒(訓蒙上22).

·구롬 명 구름. ☞구룸 ¶구롬과 비는 ᄆᆞᄎᆞ매 업도다:雲雨竟虛無(初杜解10:22). 프른 구롬은 힘오로 닐위욤이 어려우니라:青雲難力致(宣小5:26). 五色 구롬:五色雲彩(譯解上2). 武陵 어제 밤의 구롬이 머흐더니(古時調. 鄭澈. 松江). 막대로 흰 구롬 ᄀᆞᄅᆞ치고 도라 아니 보고 가노매라(古時調. 鄭澈. 믈 아래. 松江). 구롬 城이라 ᄒᆞ여 이시니 그를 구롬으로 빳ᄃᆞᆫ가(八歲兒9). 今日은 구롬 가기도 됴코 ᄇᆞ람도 됴히 부러시니(重新語5:15). 구롬 운:雲(兒學上3).

구:료 명 구료(救療). ¶비록 날 보고 깃거 救療를 求ᄒᆞ나(法華5:157).

구:료ᄒᆞ·다 동 구료(救療)하다. ¶ᄒᆞ다가 病이 이시면 ᄂᆞ미 救療ᄒᆞ리 업스며(法華2:167). 간난ᄒᆞ고 병든 이를 만나거든 약을 주어 구료ᄒᆞ며(敬信68).

·구룸 명 구름. ☞구눔. 구롬. 구ᄅᆞᆷ ¶구루미 비취여늘:赤氣照營(龍歌42章). 祥瑞ㅅ 구룸과 곳비도 ᄂᆞ리니(月印上29). ᄇᆡ혼 거시 十方ᄋᆞ로셔 오니 구룸 지픠ᄃᆞᆺ ᄒᆞ야(釋譜19:41). 雲ᄋᆞᆫ 구루미라(月釋序18). 구루미 自在호미 ᄀᆞᆮᄒᆞ시니라(月釋14:53). 내 迷惑ᄒᆞᆫ 구루믈 여르쇼셔:開我迷雲(楞解4:6). 微妙ᄒᆞᆫ 구루믄(楞解8:50). 구루미 ᄃᆞᄅᆞ면 ᄃᆞ리 뮈욤ᄃᆞᆯ ᄀᆞᆮᄒᆞ니라:如雲駛月運等(圓覺上一之一10). 블근 구루미 ᄒᆡᄅᆞᆯ ᄢᅧ:有赤雲夾日(宣賜內訓2上30). 蛟龍이 구룸과 비와ᄅᆞᆯ 어든 ᄃᆞᆺᄒᆞ며:蛟龍得雲雨(初杜解21:7). 프른 구루메 새 ᄂᆞ뇨ᄆᆞᆯ 브노라:青雲羨鳥飛(初杜解21:14). 바ᄅᆞᆳ 구룺 ᄀᆞᅀᅵ 病ᄒᆞ야 누엣도다:臥病海雲邊(初杜解21:41). 구룸의 자최며 鶴의 양지어니:雲蹤鶴態(南明上3). 英英ᄋᆞᆫ 구룸 나는 양지라(南明上6). 구룸 운:雲(訓蒙上2. 類合上4. 石千2. 倭解上2). 구룸:雲(同文解上1). 뎨군이 구룸을 지나 올나가시거ᄂᆞᆯ(敬信53).

·구룸ᄃᆞ리 명 구름다리. ¶구룸ᄃᆞ리:雲梯(初杜解23:3). 구룸ᄃᆞ리:雲梯(同文解上49. 漢淸5:11).

·구룸·비 명 구름과 비. ¶神龍이 구룸비 펴ᄃᆞᆺ고:如神龍布雲雨(圓覺下二之二26).

구류ᄒᆞ다 동 구류(拘留)하다. ¶비변ᄉᆞ의 구류ᄒᆞ여 둣다가(癸丑27).

구률 명 규율(規律). ¶선말이 쎌으면 구률이 업고 어훈도 듯기 죠치 아니ᄒᆞ니라(捷蒙1:6).

구·르·다 동 구르다. ☞구ᄅᆞ다 ¶위두ᄒᆞᆫ 큰 力士ㅣ 업더디여 발로 ᄯᅡ홀 구르니(釋譜11:31). 구를 돈:頓(石千36). 놀애 블으며 춤츠며 발 굴러:詠歌舞蹈(宣小題辭3). 옷 브티들며 발 구르고 길헤 ᄀᆞᄅᆞ셔셔 우ᄂᆞ니:牽衣頓足攔道哭(重杜解4:1). 발 구르다:頓足(同文解上26). ᄉᆡ어마님 며늘아기를 낫비 넉여 손ᄲᅡ당 구르지 마오(古時調. 青丘).

구르치다 동 거꾸러뜨리다. ☞구르티다. 구리티다 ¶뎌를 구르치지 말라:休跌了他(朴新解2:53).

구르티다 동 거꾸러뜨리다. ☞구르치다. 구리티다 ¶믈 우희 ᄩᅴ워 배텨 구르텨:離水面擺動倒(老解上32). 아ᄒᆡ를 구르티디 말라:休跌了孩兒(朴解中48).

구름 명 구름. ¶셧겟는 구름 ᄢᅵᆫ 돌히 하고(重杜解1:50). 魚鱗 ᄀᆞᆺᄒᆞᆫ 구름:魚鱗雲(譯解補2). 어이 ᄒᆞᆫ 조각 구름 잇다감 그늘지니(萬言詞).

구름다리 명 구름다리. ☞구룸ᄃᆞ리 ¶구름다리 징검다리 돌다리(萬言詞).

구릉 명 구릉(丘陵). ¶禽獸를 得홈이 비록 丘陵 ᄀᆞᆮᄐᆞᆯ띠라도 ᄒᆞ디 아니ᄒᆞ니(宣孟6:4).

구·리 명 구리. ¶구리爲銅(訓解. 用字). 구리 술위오(月釋1:26). 구리 기동:銅柱(楞解8:80). 구리 거싀 다ᄆᆞ닐:銅器之所盛(法華6:47). 다시 구리 기들 ᄆᆡᆼᄀᆞ라(宣賜內訓序4). 外道ㅣ 구리로 ᄇᆡᄅᆞᆯ ᄣᅡ고 닐오ᄃᆡ(南明下4). 구리 동:銅(訓蒙中31). 구리 동:銅(類合上25. 倭解下8. 兒學上4). 구리로ᄡᅥ 거울을 삼으면(女四解4:3). 구리:赤銅(柳氏物名五 金).

구·리·다 동 굴리다〔轉〕. ¶큰 돌 세흘 무덤 ᄀᆞᅀᅢ 구려 오니:轉三大石至墓側(續三綱. 孝11).

구·리·다 형 구리다. ¶구리고 슷므르거든:腐爛(救簡3:49). 온몸이 구리고:遍身臭(痘要上36).

구·리·대 명 구리때. ¶구리대:芷 白芷(四解上18). 구리대:白芷(柳氏物名三 草).

구·리·댓불·휘 명 구리때 뿌리. ¶구리댓불휘:香白芷(救簡1:7). 구리댓불휘:白芷(救簡2:117).

구·리·돈 명 구리돈. 동전(銅錢). ¶구리돈

을 몰라 솜껴든:誤呑銅錢(救簡6:18).

구리마놀개 명 주전자. ¶구리마놀개:銅ケ飛介 酒煎子也(行吏).

구·리·쇠 명 구리(銅). ¶가지는 프른 구리쇠 곧고:柯如青銅(初杜解18:12).

구·리·져 명 구리 젓가락. ¶구리젓 그틀 므레 저져 약 굴올 무텨 목 안해 디그라:用銅筋頭於水中蘸令濕搵藥末點於咽喉中(救簡2:75).

구리티다 동 거꾸러뜨리다. ☞구르티다 ¶믄득 도적의 멱 잡고 박차 구리틴대:遂扼賊吭蹴而倒之(東新續三綱. 孝1:57 辛氏扼賊). 혼 살의 구리티고:一箭殪之(東新續三綱. 孝1:59 君萬射虎).

구린내 명 구린내. 구린 냄새. ¶온몸이 줏믈러 구린내 나고(痘要下12).

구른다 동 구르다. ☞구르다 ¶혼 발 구르고 혼 거름 나아가 騎龍勢룰 호고 므즈라(武藝圖12).

구롬 명 구름. ☞구룸 ¶우는 소리 바른 올아 구룸 쒸 하놀해 干犯호놋다:哭聲直上干雲霄(重杜解4:1). 머리는 구롬 곳고(明皇1:35). 멀니 져믄 구롬을 브라오니(百行源20). 구롬ㄱ치 호더라(十九史略1:4). 山寺鐘聲은 구롬 밧긔 들리누다. 이러혼 形勝 구롬 밧긔 들리누다(蘆溪. 獨樂堂). 바롬도 쉬여 가고 구롬도 멈쳐 가닉(萬言詞). 만니장쳔 구롬 되여 써나가셔(萬言詞). 구롬 운:雲(註千2). 구롬 운:云(註千27).

구멍 명 구멍. ☞구무 ¶죠고만 구멍을 듧고:開一竅(痘要上8). 닉인 측간의 구멍 숣고(西宮上1). 담 구멍 가온대 숨어 실어곰 죽디 아니호야 도망호야 母家의 도라와 少康을 나흐니(女四解4:52).

구메 명 구멍. ☞구무 ¶離別 나는 구메도 막히는가(古時調. 窓 밧게 가마솟. 青丘).

구면호다 동 구면(苟免)하다. ¶혼 사롬의 죽을 거술 구면호며(敬信80).

구모 명 구멍. ☞구무 ¶왼녁 곳구모(救簡1:48). 구모 광:壙(訓蒙叡山本中17). 터럭 구모마다 즈몬 광명을 펴샤 삼쳔 대쳔 셰계룰 비최시니(地藏解上2).

구묘 명 구묘(丘墓). 무덤. ¶先人 丘墓를 쒼 後의 싱각호니(曺偉. 萬憤歌).

구무 명 ①구멍. ☞구멍. 구메. 구모 ¶如來ㅅ 모매 터럭 구무마다 放光호샤(釋譜11:1). 바룴믈 서는 굼긔 드러 이셔(釋譜13:10). 窟은 굼기라(月釋序21). 道理ㅅ 굼글 ㄱ다드마(月釋序21). 내 모미 하 커 수물 굼기 업서(月釋2:51). 굼기 아니 뵈시며(月釋2:56). 굼근 밧긔 잇누니:竅穴居外(楞解1:59). 들워 져근 구무 밍ㄱ로매:穿爲小竇(楞解2:43). 徹는 굼기니 無룰브터셔 오는 굼기라(楞解4:53). 마톨 다오매 굼귓 개야밀 어엿비 너기고:築場憐穴蟻(初杜解7:18). 괴외호묻 당당이 버믜 굼긔 니엣도다:靜應連虎穴(初杜解7:30). 댓굼그로 보믈:管見(南明下74). 管見은 댓굼ㄱ로 여서 볼 시니(金三2:65). 구무:鼻凹(訓蒙上26 鼻字註). 구무 공:孔. 구무 혈:穴. 구무 굴:窟. 구무 룡:竉(訓蒙下18). 식구무 연:咽. 긔구무 후:喉(類合上20). 구무 공:孔(類合下24). 구무 규:竅(類合下51). 구무 혈:穴(類合下56. 倭解上8). 구무 공:孔(石千15) 聖人ㅅ 념통애 닐굽 굼기 잇다 호니:聖人之心有七竅(宣小4:26). 닉인 측간의 구무 숣고(癸丑9). 두렷혼 구무룰 밍골고(家禮7:30). 어즈러운 굼긔셔:亂穴(重杜解1:4). 구무를 여누니라:開孔(馬解下25). 요샹 닐곱 구무룰 블침호누니라:火針腰上七穴(馬解下46). 콧구무로 고롬을 흘리며:鼻孔流膿(馬解下54). 귓구무:天門(譯解上32). 담 구무로 도망호야(女四解4:41). 구무 공:空(註千10). 구무 호:好(註千18). ②보지. ¶구무 비:屄. 구무 쥬:屦 俗稱女人陰曰屄屦(訓蒙上30).

※'구무'의 첨용 ┌ 구무/구무도/구무와… └ 굼기/굼글/굼긔/굼기라…

구무거리다 동 구물거리다. ☞구믈어리다 ¶구무거릴 쥰:蠢(倭解下27).

구무바회 명 공암(孔巖). (바위 이름) ¶陽川縣北爲 孔巖 구무바회(龍歌3:13).

구믈거리다 동 구물거리다. ☞구믈어리다 ¶구믈거릴 쥰:蠢(類合上16).

구믈구믈 부 구물구물. ¶비얌 믈여 헌 딘 암그로딕 그 도기 술해 이셔 구믈구믈 알픈고 브랍거든:蛇螫人瘡已愈餘毒在肉中淫淫痛癢(救簡6:55).

구믈구믈·호·다 동 구물구물하다. ☞구믈우믈호다 ¶구믈구믈호는 衆生이 다 佛性이 잇거시니:蠢動含靈皆有佛性(蒙法13). 곳이 人城이니 그저 구믈구믈호더라:便是箇人城只是垓垓滾滾的(朴解下30).

구믈어·리·다 동 구물거리다. ☞구무거리다 ¶구믈어리는 벌에오:蠢蝡(楞解4:25). 구믈어려 무유믈 머겟는 거시 그 類 ㄱ독호니라:含蠢蝡動其類充塞(楞解7:81). 구믈어려 누는 거슬:蠢動蜎飛(永嘉上29). 구믈어리는 含靈에 니르리 너비 恭敬호며 어엿비 너겨:乃至蠢動含靈普敬愛之(金剛9). 平生애 혼 무렛 사르믄 혼갓 구믈어리누니:平生流輩徒蠢蠢(重杜解5:38). 구믈어릴 쥰:蠢. 구믈어릴 연:蠕(訓蒙下8).

구믈우믈호·다 동 구물구물하다. ☞구믈구믈호다. 구믈어리다 ¶蠢蠢은 구믈우믈홀 시라(南明上68).

구믿 명 구레나룻. ☞구밑. 귀밑 ¶혜 길오 너브샤 구믿 니르리 ᄂᆞ출 다 두프시며(月釋2:41). 구믿과 머리왜 셰여 시리 ᄃᆞ외도다:鬢髮白成絲(初杜解11:44). 나그내 구믿 셰욤 뵈아뫼 뉘 시름ᄒᆞ리오:誰憂客鬢催(初杜解18:5). 구믿 빙:鬢(訓蒙上25).

구믿터리 명 구레나룻. ☞구밋터리. 귀밋털 ¶다봇 ᄀᆞᄐᆞᆫ 구믿터리 드믈언 디 오라니:蓬鬢稀疎久(初杜解11:8). 엇뎨 구틔여 구읫 춋브를 자바리오 구믿터리의 셰유믈 ᄒᆞ놀이ᄂᆞᆫ ᄃᆞᆺ도다:何須把官燭似惱鬢毛蒼(初杜解14:13).

구밋 명 구레나룻. ☞구믿. 구밑 ¶프른 거스로 匐葉을 ᄆᆡᇰ그라 구밋과 이베 드리옛도다:翠爲匐葉垂鬢脣(重杜解11:17). 구밋과 머리왜 셰여 시리 ᄃᆞ외도다:鬢髮白成絲(重杜解11:44).

구밋터리 명 구레나룻. ☞구믿터리. 귀밋털 ¶다봇 ᄀᆞᄐᆞᆫ 구밋터리 드므런 디 오라니:蓬鬢稀疎久(重杜解11:8).

구밑 명 구레나룻. ☞구믿. 구밋. 귀밑 ¶身世ᄂᆞᆫ 다봇 ᄌᆞᆫᄒᆞᆫ 구미티로소니:身世雙蓬鬢(初杜解7:14). 百年人生애 두녁 센 구미티로소니:百年雙白鬢(初杜解8:12). 어르누근 구미테 ᄀᆞ마니 안자셔 숤잔ᄋᆞᆯ 드노라:斑鬢兀稱觴(重杜解2:41).

구박ᄒᆞ다 동 구박(驅迫)하다. ¶후의 왜적의 자핀 배 도여 목 ᄆᆡ여 구박ᄒᆞ거ᄂᆞᆯ:後爲倭賊所執結項驅迫(東新續三綱. 烈6:49).

구버기다 동 꾸벅이다. ¶白沙場 紅蓼邊에 구버기ᄂᆞᆫ 白鷺들아(古時調. 金尙憲. 青丘).

구버들다 동 굽어들다. ¶구버드런 두터운 ᄯᅡ홀 믜혓도다:俯入裂厚坤(重杜解1:27).

구버보다 동 굽어보다. ¶구버볼 감:瞰(類合下32). 아래를 구버보시기ᄅᆞᆯ ᄀᆞ장 ᄇᆞᆰ게 ᄒᆞ시고:臨下孔昭(警民17). 님 계신 九重宮闕을 구버볼가 ᄒᆞ노라(古時調. 앗가야 사롬되야. 青丘).

구벅구벅 부 꾸벅꾸벅. ¶ᄃᆞ리 거든 蓑笠翁이 긴 호뮈 두러메고 紅蓼岸 白蘋洲渚에 與白鷗로 구벅구벅 夕陽中 騎牛 笛童이 頌農功을 ᄒᆞ더라(古時調. 우슬부슬. 青丘).

구변 명 구변(口辯). ¶구변 잇ᄂᆞᆫ 이:鸚鵡嘴(同文解上24). 蘇季子 口辯으로 남의 손에 쥭엇ᄂᆞ니(古時調. 孔夫子. 花源).

구부락비기락 부 굽으락비기락. ¶葛巾을 기우 쓰고 구부락비기락 보ᄂᆞᆫ 거시 고기로다(松江. 星山別曲).

구부수이 부 구부정하게. ¶구부수이 셔다:探着身站立(漢淸7:28).

구분 명 구분(區分). ¶여슷 어즈러운 妄想이 業性이 ᄃᆞ왼 젼ᄎᆞ로 十二區分이:區ᄂᆞᆫ 논홀 씨라(楞解7:76).

구불쟈할 명 흰빛이 섞인 누른 말. ☞구블쟈할 ¶구불쟈할:豹臀馬(同文解下37).

구불쟈헐 명 흰빛이 섞인 누른 말. ☞구불쟈할. 구블쟈할 ¶구불쟈헐:豹臀馬 或曰 황부루(柳氏物名一 獸族).

구붓ᄒᆞ다 형 구붓하다. ☞구븐ᄒᆞ다 ¶구붓ᄒᆞ다:羅鍋腰(漢淸11:61).

구뷔 명 굽이. ☞구븨 ¶청산은 멋 겹이며 녹슈ᄂᆞᆫ 멋 구뷔고(萬言詞).

구뷔구뷔 부 굽이굽이. ☞구븨구븨 ¶어론님 오신 날 밤이여든 구뷔구뷔 펴리라(古時調. 冬至ㅅᄃᆞᆯ. 青丘).

구뷔지다 동 굽이지다. ¶구뷔진 곳:彎曲處(漢淸9:76).

구브러디다 동 구부러지다. ¶비 ᄀᆞᄂᆞᆯ고 허리 구브러디고(馬解上33).

구븐ᄒᆞ·다 형 구붓하다. 조금 굽다. ☞구붓ᄒᆞ다. 굽은ᄒᆞ다 ¶구븐호미 ᄲᅳᆯ ᄌᆞᆫ홀씨 角貝라 ᄒᆞ니라… 箜篌는 모기 구븐ᄒᆞ고 鳳ᄋᆡ 머리 ᄆᆡᇰᄀᆞᆯ오 시울 한 거시라(釋譜13:53). 구븐홀 궁:穹. 구븐홀 늉:窿(訓蒙下1).

구블 명 ①정강이. ¶ᄯᅩ 폴와 구브를 ᄲᅮᆺᄎᆞ며 굽힐훠 보라:仍摩將臂腿屈伸之(救簡1:60). ②엉덩이. 볼기. ¶귀 ᄎᆞ며 콘근 ᄎᆞ며 구블이 ᄎᆞ며 발근티 ᄎᆞ며:耳冷鼻冷尻冷脚梢冷(痘要上11). 오직 평상ᄒᆞᆫ 증은 귀과 구브리 ᄎᆞ면 슌ᄒᆞ고 만일 검어 ᄲᅢ디고 귀과 구브리 더우면 역ᄒᆞ니라:但見平證耳凉尻凉爲順若痘黑陷耳及尻反熱者爲逆(痘要上52).

구블뼈 명 궁둥이뼈. ¶구블뼈 ᄆᆞᄅᆞ:馬屁股梁(漢淸14:23).

구블쟈할 명 궁둥이가 얼룩무늬인 말. ☞구불쟈할 ¶구블쟈할:豹臀馬(譯解下28).

구븟기다 동 구불거리다. ¶셰요 각시 가는 허리 구븟기며 ᄂᆞᆯ랜 부리 두르혀 니르되(閨中七友爭論記).

구븨 명 굽이. ☞구뷔. 구비 ¶뫼 시냇 구븨예셔 녀름지ᅀᅵᄒᆞ고:爲農山澗曲(初杜解21:41). 긼 구븨예 건니노라:步道周(初杜解22:38). 구븨 위:委(註千33).

구븨구븨 부 굽이굽이. ☞구뷔구뷔. 구비구비 ¶백구에 길을 물어 구븨구븨 돌아드니(皆岩歌).

구븨지다 동 굽이지다. ¶구븨진 길:羊腸路(譯解補5). 구븨진 캉:彎子炕(漢淸9:73).

구비 명 굽이. ☞구븨 ¶銀河水 한 구비ᄅᆞᆯ 촌촌이 버혀 내여 실ᄀᆞ티 플텨 이셔 뵈ᄀᆞ티 거러시니 圖經 열두 구비 내 보매ᄂᆞᆫ 여러히라(松江. 關東別曲). 일곱 구비 ᄒᆞᆫᄃᆡ 움쳐 믄득믄득 버러ᄂᆞᆫ ᄃᆞᆺ(宋純. 俛仰亭歌).

구비구비 부 굽이굽이. ☞구븨구븨 ¶千年老龍이 구비구비 서려 이셔 晝夜의 흘녀 내여(松江. 關東別曲).

구·쁠·다 동 엎드리다. ☞굽슬다 ¶妄識 더러ᄫᅮ메 ᄀᆞᄆᆞ니 구쁠씨 사오나ᄫᅡ 어디디 몯ᄒᆞᄂᆞ니(月釋14:7).

구·ᄫᅥ 동 구워. ㉠굽다 ¶만히 머구ᄃᆡ 봇그며 구ᄫᅥ 졋ᄌᆞᆺ 먹더니(月釋21:54).
※구ᄫᅥ>구워

구·ᄫᅮᇙ 동 구울. ㉠굽다 ¶더오ᄆᆞᆫ 밤 구ᄫᅮᇙ 제 더ᄫᅳᆫ 氣韻이 소배 드러(蒙法44).

구석 명 구석. ¶집 셔남 구석이니 얼운 안ᄂᆞᆫ ᄯᅡ히라(宣小2:10). ᄒᆞᆫ ᄇᆞᄅᆞᆷ 구석의 가ᄅᆞ래디 몯ᄒᆞᆯ소냐:一壁廂去浪蕩不的(朴解中55). 이 구석의 다락 小園을 두엇ᄉᆞᆸ더니 게 가셔 茶ᄅᆞᆯ 자ᄋᆸ시고(新語6:6). 나며 드ᄂᆞᆫ 문 짓고 나오며 무르ᄂᆞᆫ 구석과 모 두고 딘 친 거시 언머예 그쳣ᄂᆞ니(三譯7:14). 이 구석의 書院과 小園을 두언ᄉᆞᆸ더니(重新語6:7).

구석구석 부 구석구석. ¶구석구석 드럿더니(癸丑94).

구션 명 귀선(龜船). 거북선. ¶통제ᄉᆞ 니슌신은…임진왜난의 통제시 되여 구션을 ᄆᆡᆼᄀᆞ라 예ᄅᆞᆯ 텨 여러 번 이긔다:統制使李舜臣…壬辰亂爲統制使作龜船擊倭累捷(東新續三綱. 忠1:90).

:구·셜 명 구설(口舌). ¶구위죵과 구셔렛 ᅌᅵ글 맛나 잇거든:遭着官司口舌時(飜老下47). 口舌의 ᅌᅵ을(老解下42). 질병과 구셜의 모든 일이 이셔(敬信6).

구소다 형 구수하다. ☞구스다 ¶구소다:薰(譯解上53).

:구숑 명 꾸중. ¶미리 구숑 니보ᄆᆞᆯ 전ᄂᆞ니:預畏被呵(永嘉下71).

:구숑ᄒᆞ·다 동 꾸중하다. ☞구죵ᄒᆞ다 ¶가ᄌᆞᆯ벼 구숑ᄒᆞ시니라:喩而讓之(永嘉下126). 내 죵을 구숑ᄒᆞ야 ᄆᆞ욘 거슬 글우라:吾叱奴人解其縛(初杜解17:15) 네 엇뎨 ᄂᆞᄆᆡ 구숑호ᄆᆞᆯ 要求티 아니ᄒᆞ리오:爾寧要謗讟(初杜解25:13). 세 아ᅀᆡ 수을 즐겨 먹고 놈과 사화 그 사ᄅᆞᆷ미 집븨 와 어미조쳐 구숑ᄒᆞ거ᄂᆞᆯ:三弟嗜酒縱佚抵忤於人致人踵門詬及其母(二倫17).

구수닭 명 되새. 화계(花雞). ☞구수ᄃᆞᆰ ¶구수닭:花雞(柳氏物名一 羽蟲).

구수ᄃᆞᆰ 명 되새. 화계(花雞). ☞구수닭 ¶구수ᄃᆞᆰ:花雞(譯解下24).

구슈 명 구수(仇讎). 원수. ¶ᄂᆞᄆᆞᆫ 仇讎ㅣ라커늘(龍歌77章). 죠고만 利며 害를 ᄃᆞ토와 싸홈ᄒᆞ며 不和ᄒᆞ야 드듸여 仇讎ㅣ 되ᄂᆞ니(警民4). 구슈 ᄀᆞᄐᆞ여 ᄒᆞᆼ상 살상이 잇다ᄒᆞ더니(閑中錄450).

구슈 명 구유. ☞구슈. 구ᅀᅵ ¶구슈 조:槽(類合上27).

구스·다 형 구수하다. ☞구소다 ¶또 가야미 귀예 드닐 고튜ᄃᆡ 도틔 기름과 구ᄉᆞᆫ 것과ᄅᆞᆯ 구어 귓구뭇 ᄀᆞᅀᅢ 노하 두면 즉재 제 나ᄂᆞ니라:又方治蟻入耳炙猪脂香物安耳孔邊卽自出(救急下43). 회홧고ᄌᆞᆯ 구스게 니기 봇가:槐花炒香熟(救簡1:16).

구·슬 명 구슬. ☞구ᄉᆞᆯ ¶귀옛 구슬 호리라(釋譜13:10). 珠ᄂᆞᆫ 구스리라(月釋1:15). 구슬 그므리 우희 두퍼 잇ᄂᆞ니(月釋14:72). 이 구스리 ᄆᆞᆯ가 서르 그르메 現커든(月釋14:72). 神奇ᄒᆞᆫ 구슬의 오새 이숌 ᄀᆞᆮᄒᆞ니:若神珠之在衣(法華1:202). 구슬ᄀᆞ티 ᄒᆞ야 저허 守ᄒᆞᆯ디니:若珠與瓊戰兢自守(宣賜內訓2上2). 宮中이 굴근 구슬 ᄒᆞᆫ 箱子ᄅᆞᆯ 일흔대(宣賜內訓2下18). 니 구슬 ᄀᆞᆮ도다:齒似珂(南明上5). 芝蘭과 구슬왜 답사혓ᄂᆞᆫ ᄃᆞᆺᄒᆞ도다:芝蘭疊璵璠(杜解24:1). 구슬 경:瓊. 구슬 요:瑤. 구슬 영:瓔. 구슬 락:珞. 구슬 딘:珍. 구슬 긔:璣. 구슬 벽:璧. 구슬 쥬:珠(訓蒙中31). 구슬 옥:玉(石千3). 구슬 벽:璧(石千10. 兒學上4). 구슬 션:璇. 구슬 긔:璣(石千40). 구슬:珠子(譯解下1). 구슬 쥬:珠(兒學上4).

구실 명 벼슬〔官〕. 공무(公務). ☞구ᄉᆞᆯ. 구우실 ¶맛당히 녜법을 조차 구실ᄅᆞᆯ 봉ᄒᆞᆯ 거시라(女範1. 셩후 명덕마후). 우리도 代官의 구실이면 아모려도 쳐치ᄒᆞ기 어렵ᄉᆞ외(重新語4:28). 구실은 ᄀᆞ라나셔 불셔 여러 달이 되오되(隣語1:27).

구실 명 구실. 조세(租稅). 부역(賦役). ¶브즈러니 질삼ᄒᆞ야 구실 ᄃᆡ답ᄒᆞ더니:勤績紝以供租賦(續三綱. 烈1). 그 문의 졍표ᄒᆞ고 그 집 구실을 영히 덜라 ᄒᆞ시니라:詔旌表其門閭永蠲其家丁役(飜小9:66). 구실에 참예티 아니홈이라(宣小6:53). 졍녀ᄒᆞ고 집의 구실 더ᄅᆞ시니라:旌閭復家(東新續三綱. 孝3:23). 그 호 구실을 더ᄅᆞ시니라:蠲其戶役(東新續三綱. 烈1:20). 게어른 농뷔 밧 달호기ᄅᆞᆯ 브즈런이 아니 ᄒᆞ면 무근 던디ᄅᆞᆯ 다 그 구실을 거두고 守令이 考察ᄒᆞ야 罪를 주ᄂᆞ니라(警民11). ᄇᆡᆨ셩의 구실을 더ᄅᆞ시고 노롬노리와 산힝을 긋치시면 쳡이 비록 구천의 가도(女範1. 셩후 당문덕후). 보지 고을의 밧치 ᄆᆡ이랑에 구실이 이분 칠리 삼호식인ᄃᆡ(敬信32). 여러 가지 폐막을 뭇고져 호미며 괴로은 구실을 덜게 코져 호미며(綸音80).

구실 명 구슬〔珠〕. ☞구슬 ¶푸른 구실 ᄇᆡᆨ 셕으로 고흔 겨집 ᄡᅥ바 사고(人日歌).

구·실ᄒᆞ·다 동 벼슬하다. ☞구우실ᄒᆞ다 ¶나 구실ᄒᆞ며 隱處호미 제여곰 天機니라:出處各天機(初杜解15:5). 나ᄅᆞᆯ 구실ᄒᆞ노라 이셔:我爲官在(重杜解9:27).

구ᄉᆞᆯ 명 구슬. ☞구슬 ¶구ᄉᆞᆯ 쥬:珠(石千3.

倭解下8). 구은 구슬 됴흐니 잇ᄂᆞ냐:燒子珠兒好的有麼(朴解下25). 구슬(明皇1:29). 구슬ᄀᆞ치 엉긘 그으름:焦烟釉子(漢清10:52). 구슬 션:璇. 구슬 긔:璣(註千40).

구슬 명 구실. 벼슬. ☞구실 ¶관가 구슬로써 샹주려 ᄒᆞ니(女範4. 녈녀 황시절).

구식ᄒᆞ다 동 구색(求索)하다. 구하여 찾다. ¶흉년에 ᄡᆞᆯ을 너허 두고 안자 놉흔 갑슬 구식ᄒᆞ며(敬信84). 오빅 금을 구식ᄒᆞ여 ᄒᆞᆫ 푼도 요디치 마ᄅᆞ쇼셔(落泉1:2).

구·ᄲᅳᆯ·다 동 엎드리다. ☞굿블다 ¶屈은 구블 씨오 服은 구ᄲᅳᆯ 씨라(三綱. 忠18).

구·슈 명 구유. ☞구싀 ¶ᄆᆞᆯ구슈:馬槽(訓蒙光文會板中12 槽字註). 구슈 력:櫪(訓蒙光文會板中19).

※구싀(구슈) >귀유(귀요) >구유

구·싀 명 구유. ☞구슈. 구슈. 구유 ¶구싀예 주어 바리예 다ᄆᆞ니:槽頭拾得鉢中盛(南明下63). 이 구싓 터히 ᄀᆞ장 어위다:這槽道好生寬(飜老上37). ᄒᆞᆫ ᄢᅴ 구싀예 ᄀᆞᄃᆞ기 여믈 주고:一發滿槽子饋草(飜朴上21). ᄆᆞᆯ구싀:馬槽(訓蒙中12 槽字註). 구싀 력:櫪(訓蒙中19).

:구·악 명 구악(舊惡). ¶子ㅣ ᄀᆞᆯᄋᆞ샤ᄃᆡ 伯夷와 叔齊ᄂᆞᆫ 舊惡을 念티 아니ᄒᆞ논디라 怨이 일로 ᄡᅥ 드므니라(宣論1:49).

구애ᄒᆞ다 동 구애(拘碍)하다. ¶더 우심ᄒᆞᆫ 곳은 구실 감ᄒᆞ기를 엇지 삼분 일에 구애ᄒᆞ리오(綸音90). 이 大事ᄅᆞᆯ 小小ᄒᆞᆫ 일의 拘碍ᄒᆞ여(隣語3:1). 후일의 리ᄒᆞ미 이슬 거시어든 목젼의 구애ᄒᆞ므로 ᄡᅥ ᄒᆞ지 아니치 말며(敬信62).

구·어 동 구워. ㉠굽다 ¶구어 빼혀:炮裂(救急下27). 生蛤 구어 오라(宣賜內訓1:67). 구어 겁질 벗겨:炮去皮(瘟疫方12). 구어 ᄆᆞ뢰온 고기:烤乾肉(漢清12:32).

구어보다 동 굽어보다. ¶窟穴을 구어보니 구든 덧도 ᄒᆞ다마ᄂᆞᆫ(蘆溪. 太平詞). 遠近山川을 一眼의 구어보니(陶山別曲).

구역ᄒᆞ다 동 구역(嘔逆)하다. ¶즉시 구역ᄒᆞ오시고(癸丑80).

구예 명 귀에. 독귀 ¶ᄒᆞᆫ 번도 구예 디내디 아니ᄒᆞ며:未嘗一經於耳(飜小9:3).

구완 명 구완. 구원(救援). ☞구완ᄒᆞ다 ¶구완 구:救(類合下11).

구완병 명 구원병(救援兵). ☞구원병 ¶구완병:援兵(同文解上44).

구완ᄒᆞ다 동 구원(救援)하다. ¶만호 김원계 군ᄉᆞ 거ᄂᆞ리고 가 구완ᄒᆞ니:萬戶金原桂率兵赴援(東三綱. 忠6). 날마다 셩둥의 구완ᄒᆞ라 오ᄂᆞᆫ 군ᄉᆞᄅᆞᆯ ᄇᆞ라ᄃᆡ(山城29).

구완ᄒᆞ다 동 구완하다. 간호(看護)하다. ☞구완 ¶샹이 듯ᄌᆞ오시고 어의ᄅᆞᆯ 머믈워 구완ᄒᆞ라 ᄒᆞ시고(仁祖行狀26). 보뫼 구완ᄒᆞ니 채 숨이 긋디 아니ᄒᆞ얏거ᄂᆞᆯ(女範3. 뎡녀 졔효밍희).

구왕되오리 명 올벼의 한 품종. ¶구왕되오리:救荒狄所里 一名氷折稻어름것기(衿陽).

구외 명 관아(官衙). ¶프ᄅᆞ닌 구윗 소곰 굽ᄂᆞᆫ 닛비치로다:青者官塩烟(重杜解1:18).

구윗값 명 공정가(公定價). ¶뎡튝난 후의 부마와 밋 종실 ᄌᆞ네 피로ᄒᆞ니 잇거ᄂᆞᆯ 다 구윗갑ᄉᆞ로 사라 ᄒᆞ시고(仁祖行狀15).

구우·니·다 동 굴러가다. 〔'구울다〈轉〉'와 '니다〈行〉'의 복합 형태.〕☞구으니다. 그우니다 ¶邪道의 더레요ᄆᆞᆯ 수이 맛나 구우녀 ᄠᅥ러디니:易遭邪染宛轉零落(楞解1:37). 갓ᄀᆞ라 구우뉴믈 어엿비 너기시니라:愍…倒輪轉也(楞解2:78). 五道애 구으녀:流轉五道(牧牛訣24).

구우다 동 행하다. ☞굴다 ¶우리도 이러셩 구우다가 ᄒᆞᆫ빗 될가 ᄒᆞ노라(古時調. 平壤女妓. 青丘).

구우·룸 동 구름. ㉠구울다 ¶報應이 無盡ᄒᆞᆫ ᄠᅳ디 술윗ᄢᅱ 구우룸 ᄀᆞᆮ호ᄆᆞᆯ 볼기니라:明報應無盡義如車輪轉(圓覺上二之三20).

구우·리·다 동 굴리다. ¶대롱ᄋᆞᆯ 가져셔 ᄆᆞᅀᆞᆷ 아래 구우류미 됴ᄒᆞ니라:將竹筒於心下赶下爲妙(救急下89). 평ᄒᆞᆫ ᄯᅡ해다가 그우료ᄃᆡ 일ᄉᆡ빅 번을 구우리면:就平地上衮轉一二百轉則(救簡1:67). 큰 돌 세흘 무덤 ᄭᅢ애 구우려 오니:轉三大石至墓側(東續三綱. 孝8). 돌ᄒᆞᆯ 구우려 魑魅ᄅᆞᆯ 놀래오:轉石驚魑魅(重杜解2:4).

구우실 명 구실. 공무(公務). 직책(職責). ☞구실. 구위실. 그위실 ¶ᄯᅩ 구우실이 만ᄒᆞᆫ 사ᄅᆞᆷ과 가난ᄒᆞᆫ 사ᄅᆞᆷ이 대도 염불 못 ᄒᆞ거든(普勸文28).

구우실ᄒᆞ다 동 벼슬하다. ☞구실ᄒᆞ다. 구위실ᄒᆞ다. 그위실ᄒᆞ다 ¶구우실ᄒᆞ논 ᄠᅳ데 다시 믈ᄀᆞᅀᅵ 머루믈 아노니:吏情更覺滄洲遠(重杜解11:20).

구울·다 동 구르다. ☞구을다. 그울다 ¶報應이 無盡ᄒᆞᆫ ᄠᅳ디 술윗ᄢᅱ 구우룸 ᄀᆞᆮ호ᄆᆞᆯ 볼기니라:明報應無盡義如車輪轉(圓覺上二之三20). 구우러 횟도ᄂᆞᆫ 죽사릿 바ᄅᆞ래 나고져 홀딘댄:欲出輪廻生死海(南明上12). 구울 뎐:轉(類合上3). 댁ᄃᆡ글 구우러 ᄯᅩᆨ 나려지거고(古時調. ᄋᆞ자 나 ᄡᅳ던. 青丘). 구울 젼:轉(註千20).

구울리다 동 굴리다. ¶알 구울리다:巢鴡(譯解下24).

구울무지 명 구굴무치. ☞구을무지 ¶구울무지:細鱗白(漢清14:41).

:구:원 명 구원(久遠). ¶내 如來ㅅ 知見力으로 뎌 久遠을 보ᄃᆡ:久遠은 오라고 멀 씨

라(月釋14:9). 내 如來ㅅ 知見力 젼ᄎᆞ로 뎌 久遠을 보ᄃᆡ(法華3:88).

구원병 명 구원병(救援兵). ☞구완병 ¶ 구원병을 브른대(五倫2:75).

구원ᄒᆞ다 동 구원(救援)하다. ¶ 도셩을 구원ᄒᆞ려 ᄒᆞ니(五倫2:26). ᄒᆞᆫ 환난ᄒᆞᆫ 이ᄅᆞᆯ 맛나 구원ᄒᆞᆯ 만ᄒᆞ되(敬信82).

:구:원ᄒᆞ·다 형 구원(久遠)하다. ¶ 뎌 부텻 滅度ㅣ 이ᄀᆞ티 久遠ᄒᆞ샤ᄆᆞᆫ 下根迷惑ᄒᆞᆫ ᄠᅳ들 對ᄒᆞ야 니ᄅᆞ실 ᄯᆞᄅᆞ미시니라(法華3:87). 舜과 禹과 益의 서ᄅᆞ 去ᄒᆞ욤이 久遠ᄒᆞᆷ과 그 子의 賢ᄒᆞ며 肖티 아니홈이 다 天이라(宣孟9:25). 久遠토록 行ᄒᆞ야도 疑심이 업스리라(家禮1:31).

구위 명 관아(官衙). ☞구의. 그위 ¶ 이 구윗 威嚴에 逼迫ᄒᆞ얘로다:迫此公家威(初杜解15:5). 구윗ᄆᆞᄅᆞᆯ 구위예 도로 보내요ᄆᆞ로브터:自從官馬送還官(初杜解25:40). 집의 살옴이 다ᄉᆞᆫ 故로 다ᄉᆞ림을 可히 구위예 옴기ᄂᆞ니:居家理故治可移於官(宣小2:70). 구위예셔 지유미 ᄒᆞ마 限ㅣ 이실시:官作既有程(重杜解1:18). 구위와 아ᄅᆞᆷ 창름이 다 풍실ᄒᆞ더니라:公私倉廩俱豐實(重杜解3:61).

구위·실 명 구실. ☞구우실. 그위실 ¶ 구위실 마로미 ᄯᅩ 사ᄅᆞᄆᆞ로브테어늘:罷官亦由人(初杜解10:29).

구위실ᄒᆞ다 동 벼슬하다. ☞구우실ᄒᆞ다. 그위실ᄒᆞ다 ¶ 이ᄂᆞᆫ 聖明時ᄅᆞᆯ 만나니 뉘 구위실티 말오져 ᄒᆞ리오(重杜解2:9).

구위죵 명 송사(訟事). ☞구의죵 ¶ 버디 ᄒᆞ다가 됴티 몯ᄒᆞ야 구위죵과 구셔렛 ᄋᆡ글 맛나 잇거든:朋友若不幸遭着官司口舌時(飜老下47).

구위집 명 관아(官衙). ☞구윗집 ¶ 샤가의 잇ᄂᆞᆫ 줄 알고 구위집의 더브러다가 다시 모다(女範3. 뎡녀 노진ᄉᆞ쳐).

구윗문 명 관아(官衙)의 문. ¶ 구윗門에 이슈믄 적고 므레 이슈미ᅀᅡ 하도다:少在公門多在水(初杜解25:46).

구윗ᄆᆞᆯ 명 관아(官衙)의 말. ¶ 구윗ᄆᆞᄅᆞᆯ 구위예 도로 보내요ᄆᆞ로브터:自從官馬送還官(初杜解25:40).

구윗저·울 명 관아(官衙)의 저울. 관제(官製) 저울. ¶ 내해 구윗저우리라:我的是官稱(飜老下57).

구윗집 명 관아(官衙). ¶ 구윗지비 寂靜ᄒᆞᆫᄃᆡ 히 臨ᄒᆞ얏ᄂᆞ니:日臨公館靜(初杜解16:45).

구·유 명 구유. ☞구슈. 구ᅀᅵ ¶ ᄆᆞᆯ구유:馬槽(譯解上19). 구유:馬槽(同文解下40). 구유:槽(漢淸14:36). 기르ᄂᆞᆫ 개 ᄢᅵ여 ᄆᆞ리 이셔 ᄯᅩ ᄒᆞᆫ 구유에 먹이니(五倫4:49).

구유박 명 구유 바가지. ¶ 구유박:整木槽盆(漢淸11:42).

구으니·다 동 굴러가다. 굴러다니다. ☞구우니다 ¶ 五道애 구으녀 사라오며 주거가매:流轉五道生來死去(牧牛訣24).

구으·러디·다 동 거꾸러지다. 넘어지다. 〔'구을〈轉〉'과 '디다〈落〉'의 복합 형태.〕 ¶ 구으러디다:倒了(老朴集. 單字解3). 그 사ᄅᆞ미 구으러디거늘:那人倒了(飜老上29).

구으리다 동 굴리다. 구르게 하다. ¶ 구슬 구으리ᄂᆞᆫ 듯ᄒᆞ면 즉제 난ᄂᆞ니라:轉珠者即產也(胎要20).

구으·리혀·다 동 굴려 당기다. 뒤집어 당기다. ¶ 이 드레 믈 ᄃᆞᆷ디 아니ᄒᆞᄂᆞ다 엇디ᄒᆞ야 구으리혀료:這洒子是不沈水怎生得倒(飜老上35). 드레를 드러 믈 우희 ᄢᅳ워 베텨 구으리혀:將洒子提起來離水面擺動倒(飜老上35).

구은 동 구운. ㉮굽다 ¶ 우리 져기 구은 ᄡᅧᆨ과 炒ᄒᆞᆫ 고기 사 먹고 가쟈(蒙老4:7).

구은옥 명 번옥(燔玉). ¶ 구은옥:茅山石(譯解下2). 구은옥:燔玉(柳氏物名五 石).

구을나무 명 굴대. 축(軸). ¶ 구을나무 축:軸(兒學上10).

구을·다 동 구르다. ☞구울다 ¶ 누어 구을오 ᄒᆞᆫ숨도 딥 먹디 아니ᄒᆞᄂᆞ매라:臥倒打滾一宿不喫草(飜朴上42). 구으다:滾滾了(老朴集. 單字解2). 구을 뎐:轉(石千20). 구을 젼:轉(倭解下19). 구을러 ᄣᅥ러지다;從高處輾下(漢淸9:78). 구을 젼:轉(兒學下7).

구을리다 동 굴리다. ¶ 뎌 발ᄲᅡ당에 노하 구을리고:放在他脚心上轉(朴解中1). 발ᄯᅳᆼ에 구을리고:脚背上轉(朴解中1). 구을리다:展轉(同文解上29). 구을리다:滾(漢淸7:45). 마당에 구을리ᄂᆞᆫ 매:溜軸(漢淸10:8). 형셰ᄅᆞᆯ ᄯᆞᆯ아 구을려 殺ᄒᆞ고(武藝圖18).

구을매 명 연자매. 연자방아. ¶ 구을매:碾子(同文解下2). 구을매:碾子. 구을매 판:碾臺(漢淸10:8).

구을무지 명 구굴무치. ☞구굴무디. 구글무지 ¶ 구을무지:細鱗白(同文解下41).

구의 명 관아(官衙). ☞구위. 그위 ¶ 구의예 오미 쉰 나리 몯 호ᄃᆡ:到官未五十日(初杜解25:36). 구의로 ᄆᆞᆯ 집 문마다 ᄇᆞᄅᆞ매 분칠ᄒᆞ고:官司排門粉壁(飜老上47). 구의 공:公(訓蒙中1. 石千23). 구의 관:官(訓蒙中7. 類合上18. 石千4. 倭解上33). 구의 공:公(類合上17. 倭解下32). 구윗 정ᄉᆞᄅᆞᆯ 맛다 ᄒᆞ고:服官政(宣小1:6). 구의를 디늘어 공경티 아니홈이:莅官不敬(宣小2:35). 重ᄒᆞᆫ 슬픔으로 ᄡᅥ 구읫座의셔 술 마시고 고기 먹기를 허ᄒᆞ니:以重哀飮酒食肉於公座(宣小5:46). ᄉᆞ졍 ᄡᅥ 구의 소김ᄋᆞᆫ 형의 다시라:用情欺官者兄也(東新續三綱. 孝7:

32). 구의 주검을 검시ᄒᆞ고:官司檢了屍(老解上25). 구의예 할면 죄 지극히 듕ᄒᆞ니라:告訴則其罪至重(警民2). 내 져믈을 아사도 더브러 결워 ᄃᆞ토디 말고 반ᄃᆞ시 구의에 告ᄒᆞ야 辨正ᄒᆞ라:攘奪我財勿與較爭必告官司辨正(警民9). 부뫼 밋디 아니ᄒᆞ야 자바 구의예 고ᄒᆞᆫ대(太平1:9). 구의도 알디 말며 사ᄅᆞᆷ도 가지디 말라 ᄒᆞ야(重三綱. 孝12). 구의:官(同文解上50). 그 일을 구의예 고ᄒᆞ야(女範1. 부계모 ᄌᆞ모ᄉᆡ시).

구의나·기 명 관제(官製). ☞구윗나기 ¶내해 다 실 ᄀᆞᄂᆞᆫ 구의나깃 시픈 은이니:我的都是細絲官銀(飜朴上33). ᄌᆞ디비쳇 구의나깃 믠비단 ᄒᆞᆫ 자콰:紫官素段子一尺(飜朴上47).

구의나기은 명 관은(官銀). 관제은(官製銀). ☞구의나깃은. 구윗나기은 ¶구의나기은 닷 량:官銀五兩(老解下15).

구의나깃은 명 관은(官銀). 관제은(官製銀). ☞구의나기은. 구윗나기은 ¶구의나깃은이라:官銀(飜老下14). 구의나깃은 닷 량을 벌로 내여:罰官銀五兩(飜老下17). 구의나깃은:官銀(飜朴上61).

구의실ᄒᆞ·다 동 벼슬하다. 벼슬살이하다. ☞그위실ᄒᆞ다 ¶내ᄋᆡ 구의실호ᄃᆡ 隱居ᄅᆞᆯ 兼ᄒᆞᆫ 일후믈 어느 알리오:肯信吾兼吏隱名(初杜解6:16).

구의죵 명 송사(訟事). 소송(訴訟). ☞구위죵 ¶구의죵 어려운 일 잇거든:有官司災難(飜朴上25). 구의죵:官司 凡干詞訟累禍之事皆謂之官司如鄕語 구의죵 司字恐是事字之誤(朴解上24).

구의치·시 명 관원(官員). ¶문 밧긔 오직 구윗치시 나날 와 곡식을 믈이며 또 돈을 내라 ᄒᆞᄂᆞ다:門外惟有吏日來徵租更索錢(飜小9:98).

구의ᄒᆞ·다 동 소송(訴訟)하다. ¶구의ᄒᆞᆯ 송:訟(訓蒙下32).

구의ᄒᆞ다 동 치료하다. ¶인ᄒᆞ여 주거도 구의ᄒᆞ리 업서:因此命終無人救療(恩重14).

구윋:좌 명 공좌(公座). 공석(公席). ☞구의 ¶阮籍이 重ᄒᆞᆫ 슬픔오로ᄡᅥ 구윋座의셔 술 마시고 고기 먹기를 허ᄒᆞ니:聽阮籍以重哀飮酒食肉於公座(宣小5:46).

구윗나기 명 관제(官製). ☞구의나기 ¶ᄌᆞ뎍 구윗나기 믠비단 ᄒᆞᆫ 자과:紫官素段子一尺(朴解上43).

구윗나기은 명 관은(官銀). 관제은(官製銀). ☞구의나기은. 구의나깃은 ¶구윗나기은:官銀(譯解下1).

구윗·옥 명 관아(官衙)의 감옥. ☞관ᄉᆞ옥 ¶이제 그 도ᄌᆞ기 구윗옥애 이셔 가텻ᄂᆞ니라:如今那賊現在官司牢裏禁着(飜老上30).

구윗일 명 공사(公事). 공무(公務). ☞구의 ¶녀인이란 거ᄉᆞᆫ 본ᄃᆡ 이 구윗일만 ᄒᆞ고(癸丑115).

구윗자 명 관아에서 만든 자. ☞구의 ¶구윗자흐로ᄂᆞᆫ ᄉᆞ믈여듧 자히오:官尺裏二丈八(老解下25).

구이 명 구이. ¶구이 자:炙(兒學上13).

구이쇼 명 관아(官衙). 관아의 청사. ☞그윗곧 ¶집안히 싁싁ᄒᆞ야 구이쇼 ᄀᆞᆺ더라:家中凜如公府(二倫31).

구젼ᄒᆞ다 형 구전(俱全)하다. ¶복녹이 구젼ᄒᆞ미 이럿틋 ᄒᆞ믄(洛城2).

구졔 명 구제(救濟). ¶복틱이 이믜 내게 도라와시니 엇지 구졔 아니코 혼ᄌᆞ 누릴이오(敬信78).

:구:졔ᄒᆞ·다 동 구제(救濟)하다. ¶이제 救濟홇 法을 닐어 一切難이 다 시름 受苦ᄅᆞᆯ 여희에 호리라(月釋23:93). 한 難ᄋᆞᆯ 救濟ᄒᆞ샤ᄆᆞᆫ(法華7:41). 만일 능히 권당을 화동ᄒᆞ며 ᄆᆞᄋᆞᆯ흘 구졔ᄒᆞ야 모ᄃᆞᆫ 의논의 츄듕ᄒᆞᄂᆞᆫ 배 되면(警民26). 闔을 ᄂᆞ화 時世ᄅᆞᆯ 救濟호매 賢豪ᄅᆞᆯ ᄡᅳ시ᄂᆞᆺ다(重杜解16:56). 경등으로 더브러 어려온 일을 ᄒᆞᆫ가지로 구졔ᄒᆞ고(仁祖行狀27). 외방 션비 경ᄉᆞ의 와 회시의 낙방ᄒᆞ고 도라갈 길히 업셔 구졔ᄒᆞ라 ᄒᆞ거ᄂᆞᆯ(落泉2:6).

구조개 명 굴조개. ¶ᄂᆞᄆᆞ자기 구조개랑 먹고 바ᄅᆞ래 살어리랏다(樂詞. 青山別曲).

:구·족 명 구족(九族). ¶일로브터 九族애 니르히 다 이 세 가짓 친ᄒᆞᆫ ᄃᆡ 믿드ᄃᆡ엿ᄂᆞ니:自玆以往至于九族皆本於三親焉(飜小7:38). 일로븓터 ᄡᅥ 가모로 九族(고조로셔 현손ᄶᆞ장 아홉 ᄃᆡ예 걸권당 통ᄒᆞ야 닐옴이라)애 니르히 다 세 가짓 親에 믿드ᄃᆡ연ᄂᆞ니(宣小5:70).

:구·족ᄒᆞ·다 동 구족(具足)하다. 빠짐없이 갖추어지다. ¶하나한 靈妙ㅣ 다 自然히 具足ᄒᆞ리라(蒙法68). 本分 受用이 ᄒᆞ마 具足ᄒᆞ거니 엇데 오ᄂᆞᆳ날 神通三昧ᄅᆞᆯ 假借ᄒᆞ리오 ᄒᆞ시니라(南明上65). 識心이 뮈디 아니ᄒᆞ면 漏 업슨 功德이 自然히 具足ᄒᆞᄂᆞ니(金三 宗序3).

·구·죵 명 종. ¶비록 술위와 구죵이 할디라도 밧긔 두고 젹고 간약홈으로 ᄡᅥ 들어가며:雖衆車徒舍於外以寡約入(宣小2:20). 구죵:跟馬人(同文解上14. 漢淸5:34).

구죵ᄒᆞ다 동 꾸중하다. 꾸짖다. 야단치다. ☞구숑ᄒᆞ다 ¶흰 갈ᄒᆞᆯ 구죵ᄒᆞ야 헤티디 몯호라:不叱白刃散(重杜解2:51).

구쥬 명 고주(古州). 〔지명(地名)〕 ¶구쥬:古州(龍歌7:24).

구죽히 부 우뚝이. ☞구즈기 ¶九萬里長天을 구죽히 밧쳐시니(曺友仁. 梅湖別曲).

·구즈기 [부] 우뚝이. ☞구죽히. 구즉. 구즉히 ¶머리를 구즈기 셰오:頭腦卓竪(蒙法24). 구즈기 드렛ᄂᆞᆫ:矯矯(初杜解7:26). 부드 놀이리 鸞이 구즈기 셋ᄂᆞᆫ ᄃᆞᆺ고:筆飛鸞聳立(初杜解8:8). 榻 우콰 뜰 알ᄑᆡ 구즈기 서르 向ᄒᆞ얫도다:榻上庭前屹相向(杜解16:27). 구즈기 센 도ᄌᆞᄀᆞ 빠기로다:屹然强寇敵(杜解24:11). 구즈기 글 닑ᄂᆞᆫ 帳ᄋᆞᆯ 지엿더니라:突兀倚書幌(初杜解24:38).

구즉 [부] 우뚝. 우뚝이. ☞구즈기 ¶구즉 셜탁:踔(類合下55).

구즉구즉·ᄒᆞ·다 [형] 우뚝우뚝하다. ¶구즉구즉ᄒᆞ야 피ᄯᆞᆷ 내ᄂᆞᆫ ᄆᆞᆯ삿기 ᄀᆞᆮ도다:倜儻汗血駒(初杜解22:45).

·구즉ᄒᆞ·다 [형] 우뚝하다. ☞궤즉ᄒᆞ다 ¶구즉ᄒᆞᆫ 石壁ᄋᆞᆫ 鏌鎁釼이 모ᄃᆡᆺᄂᆞᆫ ᄃᆞᆺᄒᆞ도다:竦壁攢鏌鎁(初杜解6:47). 구즉호ᄆᆞᆫ ᄒᆞᆫ 天帝ㅣ 龍ᄋᆞᆯ 타 ᄂᆞ솟ᄂᆞᆫ ᄃᆞᆺᄒᆞ고:矯如郡帝驂龍翔(初杜解16:47). 구즉ᄒᆞᆫ 큰 賢人의 後에:嶷然大賢後(初杜解24:18). 구즉ᄒᆞᆫ 江海예 이ᄉᆞᆯ ᄠᅳ디:矯然江海思(初杜解24:40). 魏侯 氣骨이 구즉ᄒᆞ고 精神이 ᄲᆞᄅᆞ니:魏侯骨聳精爽緊(重杜解5:38).

구·즌 [형] 궂은. ㉮궂다. ¶구즌 가포ᄅᆞᆯ 얻ᄂᆞ니라(月釋序3). 구즌 길:惡道(阿彌11). 머흔 일 구즌 일 널로 ᄒᆞ여 다 닛거든(古時調. 鄭澈. 내 말 고쳐 드러. 靑丘).

구지 [명] 꾸지나무. ¶구지:柘(物譜 雜木).

구지 [부] 굳게. ¶寂寂重門 구지 닷다(萬言詞). 더욱 맛당이 ᄆᆞᄋᆞᆷ을 구지 ᄒᆞ야 음즐을 힘뻐 힝ᄒᆞ고 삼가(敬信55).

구·지 [부] 궂게. 흉하게. ¶呪 외올 사ᄅᆞ미 열다ᄉᆞᆺ 가짓 善히 사로ᄆᆞᆯ 얻고 열다ᄉᆞᆺ 가짓 구지 주구ᄆᆞᆯ 受티 아니ᄒᆞ리라(靈驗3).

구·지·돔 [명] 꾸지람. 꾸짖음. ¶慈悲心ᄋᆞ로 구지돔 모ᄅᆞ시니(月印上28). 구지돔 모ᄅᆞ샤도 世尊ㅅ德 닙ᄉᆞᄫᅡ(月印上28).

구지람 [명] 꾸지람. 야단. ☞구지럼. ᄢᅮ디롬. ᄢᅮ지람 ¶샹녜 구지라ᄆᆞᆯ 드로ᄃᆡ(月釋17:85). 샹녜 구지라ᄆᆞᆯ 니부ᄃᆡ:常被罵詈(法華6:80). ᄒᆞ다가 구지람과 誹謗ᄋᆞᆯ 因ᄒᆞ야(南明上42). ᄂᆡ일 ᄂᆞᄆᆡ 구지람 듣ᄂᆞ니라:明日着人罵(飜老上37). 達人의 구지람 ᄃᆞ외요ᄆᆞᆯ 붓그리다니:恥爲達人誚(重杜解1:48). 주구매 니르ᄃᆞ록 구지람 마고미 어렵도다:至死難塞責(重杜解7:27). ᄂᆡ일 ᄂᆞᆷ에게 구지람 드ᄅᆞ리라:明日着人罵(老解上34).
※구지람>꾸지람

구지럼 [명] 꾸지람. 야단. ☞구지람 ¶이 야ᄋᆞ로 여러 히ᄅᆞᆯ 샹녜 구지럼 드로ᄃᆡ 怒ᄒᆞᆫ ᄠᅳ들 아니 내야(釋譜19:30).

구·지좀 [동] 꾸짖음. 야단침. ㉮구짖다 ¶여러 히 구지조매:歷年罵詈(法華6:81). 일ᄏᆞ롬과 구지좀과:稱譏(圓覺上二之一12). 구지조미 分에 맛당ᄒᆞ미니:詈乃分之宜(宣賜內訓2上3).

구·지줌 [동] 꾸짖음. ㉮구짖다 ¶怒호ᄆᆞᆯ 구지주매 니르디 마롤디니:怒不至詈(宣賜內訓1:52).

구진닐 [명] 궂은일. ¶조흔닐은 서로 ᄒᆞ고 구진닐은 갓치 ᄆᆡ시(人日歌).

구·짇·다 [동] 꾸짖다. 야단치다. ☞구짓다. 구짖다 ¶구지돔 모ᄅᆞ시니(月印上28). 法華經 디닗 사ᄅᆞᄆᆞᆯ ᄒᆞ다가 모딘 이브로 구지드며 비우ᅀᅳ면 큰 罪報 어두미 알ᄑᆡ 니ᄅᆞᆺ ᄒᆞ며(月釋17:78). 무렛 衆을 구지드며:罵詈徒衆(楞解9:108).

구·짓·다 [동] 꾸짖다. 야단치다. ☞구짇다. 구짖다. ᄢᅮ짓다 ¶그 아비 그 ᄯᆞ니ᄆᆞᆯ 구짓고(釋譜11:26). 산 것 주기며 허러 구짓ᄂᆞᆫ 두 業으로(月釋21:56). 구짓더시니:毁呰(法華2:232). 업시워 구짓거든:輕毁罵詈(法華6:92). 子息ᄃᆞᆯ히 시혹 구짓거든:諸子或加呵責(宣賜內訓3:32). 개ᄅᆞᆯ 구짓디 아니ᄒᆞ며:不叱狗(宣小2:61). 도적을 구짓고 주그니라:罵賊而死(東新續三綱. 忠1:32).
※구짓다(구짖다)>꾸짖다

구·짖·다 [동] 꾸짖다. 야단치다. ☞구짇다. 구짓다. ᄢᅮ짖다 ¶이브로 구지저(釋譜19:26). 죠ᄋᆞᆯ 맛나니 자바 구지조ᄃᆡ(月釋8:98). 여러 히ᄅᆞᆯ 구지주ᄃᆡ(月釋17:85). 方便으로 구지저 ᄉᆞᆯ피게코:方便叱省(法華2:212). 구지조ᄆᆞᆯ 내디 아니ᄒᆞ야(金剛96). 구지저든 怒ᄒᆞ면(圓覺序60). 教ᄅᆞᆯ 구지주믄 닐오ᄃᆡ ᄆᆞᅀᆞᄆᆞ로 ᄆᆞᅀᆞᄆᆞᆯ 傳ᄒᆞ고(圓覺上一之一73). 일ᄏᆞ롬과 구지좀과:稱譏(圓覺上二之一12). 구지줌과 辱홈과(圓覺下一之一28). ᄒᆞ다가 티며 구지저도:倘有笞詈(宣賜內訓1:48). 嗔喝은 怒ᄒᆞ야 구지즐 시라(初杜解1:7). 그제 猰㺄ᄅᆞᆯ 구지저:時呵猰㺄(初杜解20:32). 구지좀 니봄 ᄀᆞᆮᄒᆞ니:訶(六祖中5). 苦로이 구지즈샤ᄆᆞᆯ:苦訶責(南明下44). 구지즐 마:罵. 구지즐 리:詈(訓蒙下15). 구지즐 쵸:誚. 구지즐 칙:讀(訓蒙下29). 구지즐 쵸:誚(石千42).
※ 구짓다(구짖다)>꾸짖다

구ᄌᆞ [명] 지방에서 뽑아 보낸 관방(官房)의 계집종. ¶邸史:구ᄌᆞ 外邑選上之官房婢子也(行吏).

구ᄌᆞ [명] 구자(鉤子). 갈고랑이. ¶ᄀᆞ올히ᄂᆞᆫ 금으로 입ᄉᆞ히욘 구ᄌᆞ 띄 띄ᄂᆞ니:秋裏繫減金鉤子(飜老下51). 금 입ᄉᆞᆫ 구ᄌᆞ를 띄ᄂᆞ니:繫減金鉤子(老解下46).

구죽히 [부] 우뚝이. ☞구즈기 ¶九萬里長天을 구죽히 밧쳐시니(曺友仁. 關東續別曲).

구좀 [형] 궂음. 나쁨. ㉮궂다 ¶ᄒᆞ다가 ᄆᆞᆯ의

됴홈 구즘으란:如馬好歹(老解下17).

구창 명 구창(口瘡). ¶구창 나다:生口瘡(漢淸8:10).

구채 명 구채(舊債). ¶舊債를 이번의 다 除ᄒᆞ려 ᄒᆞ다가ᄂᆞᆫ(隣語1:32).

구챠이 부 구차(苟且)히. ☞구챠히 ¶구챠이 부ᄒᆞ고 교만ᄒᆞ며(敬信3).

:구:챠·히 부 구차(苟且)히. ☞구챠이 ¶거즛말 거즛 行으로 일훔 도ᄌᆞᆨᄒᆞ야 苟且히 利ᄒᆞ야(法華4:195). 그 그리 敎ᄅᆞᆯ 도ᄫᆞᆯ ᄯᆞᄅᆞ미오 구챠히 ᄭᅮ미디 아니ᄒᆞ며:其文也扶於敎而已不苟餙(圓覺序9). 苟且히 그 가ᄉᆞ멸며 벼슬 노폰 이ᄅᆞᆯ 과ᄒᆞ디 마롤디니라(內訓蓬左本1:80. 奎章本1:72). 苟且히 親ᄒᆞ요ᄆᆞᆯ 닐온 디 아니라(內訓蓬左本2:12. 奎章本2:11). 苟且히 그ᄉᆞ기 주구ᄆᆞᆯ 조초ᄆᆞ로(內訓蓬左本2:29. 奎章本2:27). 구챠히 허비티 아닐 거시라…구챠히 어즈럽게 아닐 거시라 ᄒᆞ더라:無苟費也…無苟亂也(飜小9:95). 내 엇디 구챠히 ᄒᆞ리오:吾豈苟哉(飜小10:21). 구챠히 헐ᄲᅳ리디 아니ᄒᆞ며:不苟訾(宣小2:10). 구챠히 살오ᄆᆞᆯ 구호미 몸을 조케 ᄒᆞ야 주금만 ᄀᆞᆮ디 아니니라:苟且求活不如潔身而死(東新續三綱. 烈2:88). ᄎᆞ마 구챠히 살리오:豈忍苟活(東新續三綱. 烈5:55). 烈士ᄂᆞᆫ 苟且히 어두믈 아쳘코 俊傑은 제 모ᄆᆞ로 어도믈 ᄉᆞ랑ᄒᆞᄂᆞ니라:烈士惡苟得俊傑思自致(重杜解16:20). 션ᄇᆡᄂᆞᆫ 몸을 닥고 ᄒᆡᆼ실을 조히 ᄒᆞ야 구챠히 잇디 아니ᄒᆞ고(女範1. 모의 졔뎐직모). ᄌᆞ식이 아비 죽으믈 보고 구챠히 살면 엇디 효지리오:見父之死而苟存豈孝子(五倫2:75).

:구:챠·ᄒᆞ·다 형 구차(苟且)하다. ¶가히 性은 苟且ᄒᆞ야 자보ᄆᆞᆯ 잘ᄒᆞᄂᆞ니 識情의 執著ᄋᆞᆯ 가줄비시니라(法華2:113). 셩이 강딕ᄒᆞ야 바ᄅᆞᆫ 거슬 디킈여 구챠티 아니터니:性剛直守不苟(東新續三綱. 忠1:5). 구챠ᄒᆞᆫ 일이 읻ᄉᆞ오매(隣語6:18).

구·쳐 부 구태여. ¶世尊ᄋᆞᆯ 맛나ᅀᆞᄫᆞ며 즘게남기 들여늘 구쳐 뵈ᅀᆞᆸ고 조ᄍᆞᄫᅡ 오니(月印上65). 일훔도 업건마ᄅᆞᆫ 구쳐 法身이라 ᄒᆞ니라(月釋2:53).

구쳐ᄒᆞ다 동 구처(區處)하다. ¶만삭ᄒᆞ나 구쳐ᄒᆞ시ᄂᆞᆫ 일 업시 ᄇᆞ려 두시니 ᄒᆞᆯ일업시니 구쳐 아니면 어려울고로(閑中錄144). 그 집 권속을 어찌 구쳐ᄒᆞ려 ᄒᆞᄂᆞ뇨(靑談). 내 구쳐ᄒᆞ여 감ᄒᆞ야 일분 ᄉᆞ리 륙호식ᄒᆞᆫ지라(敬信32).

구천 명 구천(九泉). 저승. ¶聖宗ᄋᆞᆯ 뫼셔 九泉에 가려 ᄒᆞ시니(龍歌109章). 亡者로 히여곰 九泉 아래 두터이 ᄀᆞ리홈을 엇게 홈만 ᄀᆞᆺᄐᆞ리오(家禮5:18).

구청 명 구청(求請). 구하고 청함. ¶잡간도 지빗 아롬으로 求請 아니 ᄒᆞ실쇠(宣賜內訓2上47).

구청ᄒᆞ다 동 구청(求請)하다. ¶구청ᄒᆞ라:求請罷(同文解上33).

구츔 동 궂힘. 상하게 함. ㉮구치다 ¶늘그시닛 ᄠᅳ들 구츄미 어려운 젼ᄎᆞ로:難傷老人意故(重內訓2:60).

구·치·다 동 ①굽히다. 마지못하다. ¶東山ᄋᆞᆯ 구쳐 내야 ᄑᆞ니(月印上56). 耶輸ㅣ 보시고 ᄒᆞ녀ᄀᆞ론 분별ᄒᆞ시고 ᄒᆞ녀ᄀᆞ론 깃거 구쳐 니러 절ᄒᆞ시고(釋譜6:3). 須達이 닐오ᄃᆡ 太子ㅅ 法은 거즛마ᄅᆞᆯ 아니 ᄒᆞ시ᄂᆞᆫ 거시니 구쳐 ᄑᆞᄅᆞ시리이다 ᄒᆞ고(釋譜6:24). 太子ㅣ 구쳐 ᄑᆞ라ᄂᆞᆯ(釋譜6:25). 世尊ᄋᆞᆯ 맛나ᅀᆞᄫᆞ며 즘게남기 들여늘 구쳐 뵈ᅀᆞᆸ고 조ᄍᆞᄫᅡ 오니(月釋7:5). 難陁ᅵ그에 가신대 難陁ㅣ 구쳐 갓ᄀᆞ니라(月釋7:9). ②궂히다. 상하게 하다. ¶늘그시닛 ᄠᅳ들 구츄미 어려운 젼ᄎᆞ로 ᄎᆞᆷ노라:難傷老人意故忍之耳(宣賜內訓2下7). 벼ᄉᆞᄅᆞᆫ 놉고 지죄 맛디 몯ᄒᆞ야 ᄆᆞᅀᆞᆷ 구쳐 분별ᄒᆞ며 저플 ᄠᅳ들 머거:位重才不充戚戚懷憂畏(飜小6:27). ᄆᆞᅀᆞᄆᆞᆯ 구치ᄂᆞᆺ도다:心酸(恩重10).

구ᄎᆞ히 부 구차(苟且)히. ☞구챠히 ¶구ᄎᆞ히 용납ᄒᆞᆷ을 구ᄒᆞ야(引鳳簫1).

구치 명 구채(韭菜). 부추. ¶또 韭菜ᄅᆞᆯ 디허 汁을 귓굼긔 브스면 됴ᄒᆞ니라(救急下42).

구타여 부 구태여. 굳이. ☞구ᄐᆞ야 ¶田畓이 有餘ᄒᆞ여도 구타여 갸륵ᄒᆞ올가(隣語6:7).

구토 명 구토(嘔吐). ¶구토과 셜사를 그치기 신긔로이 됴ᄒᆞ니(痘要上66).

구토ᄒᆞ다 동 구토(嘔吐)하다. ¶ᄆᆞ옴이 어즐러워 답답ᄒᆞ며 담과 믈을 구토ᄒᆞᄂᆞ니:心中憒悶嘔吐痰水(胎要13).

구·튜리·라 동 굳히려고. ㉮구티다 ¶僞姓을 구튜리라:謀固僞姓(龍歌71章).

구트나 부 구태여. ¶구트나 울고 가고 그리ᄂᆞᆫ 뎌ᄅᆞᆯ 심어 무슴 ᄒᆞ리오(古時調. 百草ᄅᆞᆯ. 靑丘).

구·틔·다 동 강요하다. 강권하다. ☞구틔우다 ¶주거 안조ᄆᆞᆯ 구틔디 마롤디니(法語11). 모ᄃᆞᆫ 父兄ᄃᆞᆯ히 구틘대:諸父兄强之(宣賜內訓3:47). 스므나ᄆᆞᆫ 나ᄅᆞᆯ 밥 먹디 아니커늘 어버이 구틔디 아니ᄒᆞ니라:不食數旬父母知其志堅不敢强(續三綱. 烈28).

구틔야 부 구태여. 억지로. ☞구틔여. 구ᄐᆞ야 ¶구틔야 노ᄒᆞ야 말라:不須惱懆(飜老下19. 老解下18).

구·틔·여 부 구태여. 억지로. 강제로. ☞구틔야. 구ᄐᆞ야. 구ᄐᆞ여 ¶구틔여 뒷더시니(月印上53). 太子ㅣ 구틔여 從티 아니ᄒᆞᆫ대(釋譜24:29). 구틔여 法身이라 일ᄏᆞᄌᆞᄫᆞ니라(月釋序5). 구틔여 닐오ᄃᆡ(月釋9:13). 더욱

急히 자바 구틔여 잇거 ᄃᆞ려오거날(月釋13:16). 구틔여 네 자바 닐오ᄃᆡ:必汝執言(楞解1:61). 엇데 구틔여 宗ᄒᆞ료:何必宗之(圓覺上一之一104). 구틔여 어더 머구려 말며:毋固獲(宣賜內訓1:3). 구틔여 긴 말ᄉᆞᄆᆞ로 交錯ᄒᆞᆫ 길헤 臨ᄒᆞ얏디 몯ᄒᆞ릴ᄉᆡ:不敢長語臨交衢(初杜解8:2). 구틔여 솔와 대왜 오래 거츠러슈믈 議論ᄒᆞ리아:敢論松竹久荒蕪(杜解21:3). 두 고ᄃᆞᆫ 아래브터 오매 구틔여 일홈 셰니라:兩處由來強立名(南明上4). 구틔여 苦로히 브즈러니 아니 ᄒᆞ야:不必辛勤(南明下1). 구틔여 콩딥 밧고디 말 거시어니ᄯᆞ나:不須糴草料(飜老上56). 모ᄃᆞᆫ 父兄이 구틔여 나가라 ᄒᆞᆫ대(飜小9:73). 구틔여 필:必(類合下9). 구틔여 감:敢(類合下29). 順히 홈이 잇고 구틔여 홈이 업스니라:有順無彊(宣小題辭1). 求홈을 구틔여 말며:求毋固(宣小3:10). ᄉᆡ어마님이 만일 구틔여 ᄒᆞ면:姑若强之(東新續三綱. 烈1:85). 사괴욤 議論호믄 엇뎨 구틔여 몬졋 同調로아 ᄒᆞ리오:論交何必先同調(重杜解1:11). 구틔여 올은 체 말고:强(女四解3:12).

구·틔우·다 동 강요(强要)하다. 강권(强勸)하다. ☞구틔다 ¶주구ᄆᆞ로 盟誓ᄒᆞᆫ대 어버이 구틔우디 몯ᄒᆞ니라:以死自誓父母不能强之(續三綱. 烈22).

구·티·다 동 굳히다. ¶하ᄂᆞᆯ히 구티시니:天爲之堅(龍歌30章). 僞姓을 구튜리라:謀固僞姓(龍歌71章). 仙人ᄋᆞᆫ 제 몸 구텨 오래 사ᄂᆞᆫ 사ᄅᆞ미니(月釋1:8). 明을 구텨 마고ᄆᆞᆯ 셰니:堅明立礙(楞解4:22). 形을 구텨:固形(楞解8:129). 구틸 감:敢(石千7).

구ᄐᆡ야 부 구태여. ☞구타여. 구틔야. 구틔여 ¶구ᄐᆡ야 六面은 므어슬 象톳던고(松江. 關東別曲). 구ᄐᆡ야 光明ᄒᆞᆫ 날 비출 ᄯᆞ라가며 덥ᄂᆞ니(古時調. 李存吾. 구롬이 無心. 靑詠). 통신을 해티 말나 ᄒᆞ시고 구ᄐᆡ야 노흐라 ᄒᆞ신대(明皇1:32).

구ᄐᆡ여 부 구태여. ☞구틔여. 구ᄐᆡ야 ¶구ᄐᆡ여 버으리왓고 좃디 아니ᄒᆞ니:固拒不從(東新續三綱. 烈5:11). 제 구ᄐᆡ여 보내고 그리는 情을 나도 몰라 ᄒᆞ노라(古時調. 黃眞伊. 어져 내일. 海謠). 엇디 구ᄐᆡ여 이러ᄐᆞ시 괴롭게 ᄒᆞᄂᆞ뇨:何自苦如此(五倫2:12).

구틔다 동 (무슨 일을) 구태여 하다. ¶구틸 감:敢(光千7).

구틔야 부 구태여. ☞구틔여 ¶제 구틔야 보니고 그리는 情은 나도 몰나 ᄒᆞ노라(古時調. 어뎌 니일. 瓶歌).

구틔여 부 구태여. ☞구틔여 ¶겨지븨 녀 아ᄋᆞ미 려ᄅᆞᆯ 블 브티고 구틔여 ᄣᅳ어 오거늘:妻黨牽引登這仍焚其廬(東三綱. 孝2). 信使의셔 구틔여 말리ᄂᆞᆫ 故로(新語8:31).

구틧다 동 굳어 있다. ¶農器ᄂᆞᆫ 오히려 아ᄆᆞ라 구틧도다:農器尙牢固(重杜解1:49).

구·폼 동 굽힘. ㉮구피다 ¶둥 구표미 몯 ᄒᆞ리라:不可背曲(蒙法24).

구피다 동 굽히다. ☞굽피다 ¶즘게남기 가지ᄅᆞᆯ 구피니(月印上23). 그 八萬四千塔이 다 알ᄑᆡ 와 벌오 ᄒᆞ나콤 王의 와 구펴든 王이 손ᅀᅩ 幡을 ᄃᆞ더니(釋譜24:32). 몸 구펴 合掌ᄒᆞ야(月釋9:49). 구퓨믈 보ᄃᆡ:見枉(楞解8:92). 구펴 좃ᄂᆞᆫ 젼ᄎᆞ로:曲從故(楞解8:117). 둥 구표미 몯 ᄒᆞ리라:不可背曲(蒙法24). 壯士의 ᄇᆞᆯ 구피락 펼 ᄉᆞᅀᅵ 곧ᄒᆞ야(佛頂4). 모ᄆᆞᆯ 구펴 ᄂᆞᆺ가이 ᄒᆞ시며:僂身自卑(宣賜內訓2下12). 유무를 베풀 바ᄅᆞᆯ 구펴 보내도다:筆札枉所申(初杜解8:53). 三乘敎法ᄋᆞᆫ 人情을 구펴 順ᄒᆞ야 理ᄅᆞᆯ 니ᄅᆞ며(南明下38). 여러 ᄒᆡᄅᆞᆯ 구펴:多年枉(南明下46). 구펴 좃ᄂᆞ니:曲順(金三2:29). 구펴 올마 흐르ᄂᆞ니:枉(六祖中81). 구필 유:揉(類合下37). 구필 굴:屈(類合下62).

:구피변 명 구피변(口皮邊). 말. ¶ᄒᆞ다가 趙州禪을 口皮邊으로 ᄉᆞᆯ펴보리라:口皮邊ᄋᆞᆫ 마ᄅᆞᆯ 니르니라(蒙法51).

구·학 명 구학(溝壑). 구렁. ¶山陵 谿澗 溝壑이 업고(法華4:17). 君의 民이 老弱은 溝壑에 轉ᄒᆞ고(宣孟2:35).

구향 명 귀양. ☞귀향 ¶너ᄅᆞᆯ 일홈호ᄃᆡ 구향 왯ᄂᆞᆫ 仙人이라 ᄒᆞ더니라:呼爾謫仙人(重杜解16:5).

구향가다 동 귀양가다. ¶내 항거시 멀리 구향가니:吾主遠謫(東續三綱. 忠2). 죄인의 연자로ᄡᅥ 길셩의 구향가고:罪人延坐流吉城(東新續三綱. 孝4:79). 구향가다:擺站去(同文解下31).

:구:호ᄒᆞ·다 동 구호(救護)하다. ¶國土 救護호ᄆᆞᆯ 즐기거든 내 뎌 알ᄑᆡ 天大將軍 모ᄆᆞᆯ 現ᄒᆞ야 爲ᄒᆞ야 說法ᄒᆞ야 일우게 ᄒᆞ며(楞解6:13). 衆生ᄋᆡ 末劫에 ᄢᅥ듀믈 救護홇덴 네 이제 子細히 드르라(楞解6:83). 우릴 어엿비 너겨 能히 救護ᄒᆞ시리러니(法華5:158). 프른 매ᄂᆞᆫ 기슬 救護ᄒᆞ라 도라오놋다:蒼隼護巢歸(初杜解14:37). 가히ᄂᆞᆫ 일즉 와 잔 소ᄂᆞᆯ 맛고 가마괴ᄂᆞᆫ 기세 디ᄂᆞᆫ 삿기ᄅᆞᆯ 救護ᄒᆞ놋다:犬迎曾宿客鴉護落巢兒(重杜解15:12). 구호 호:護(倭解下33). 븟드러 구호ᄒᆞ실ᄃᆡ(閑中錄56). 쇼제 ᄆᆡ양 져의 ᄇᆞ라ᄂᆞᆫ ᄆᆞᄋᆞᆷ과 구호ᄒᆞᆫ 은혜 간절이 베프면(落泉2:5).

구혼ᄒᆞ다 동 구혼(求婚)하다. ¶이후 관부와 명가의셔 구혼ᄒᆞᄂᆞ니 문졍의 니어시니(落泉2:6).

·구화 명 국화. ¶구홧 국:菊(訓蒙上7). 구화

국:菊(類合上7). 양ᄌᆞ 고온 울헤 구화ᄂᆞᆫ 쇠잔ᄒᆞᆫ ᄀᆞᄋᆞᆯᄒᆞᆯ 깃기놋다:態娟籬菊慰殘秋(百聯4). 구화:菊花(物譜 花卉). 구화:鞠俗作菊(柳氏物名三 草).

구화등 명 국화동(菊花童). 국화 동자못. ¶ 집신에 구화등(東韓).

구활ᄒᆞ다 동 구활(救活)하다. 구완하다. ¶ 심시 홀로 디킈기ᄅᆞᆯ 열나ᄆᆞᆫ 날을 ᄒᆞ야 ᄠᅥ나디 아니ᄒᆞ야 구활ᄒᆞ고:沈氏獨守十餘日不離救活(東新續三綱. 烈4:52).

:구·ᄒᆞ·다 동 구(救)하다. ¶ 님그믈 救ᄒᆞ시고:我救厥辟(龍歌24章). 建義臣을 할어늘 救호ᄃᆡ 몯 사ᄅᆞ시니:訴建義臣救而莫活(龍歌104章). 難陁ᄅᆞᆯ 救호리라 比丘 ᄆᆡᇰᄀᆞᄅᆞ시고(月印上65). 갓ᄀᆞᆫ 거츤 이ᄅᆞᆯ 힘ᄡᅥ 救ᄒᆞ샤(楞解1:3). 도ᄌᆞ기 行在所ᄅᆞᆯ 犯屬ᄒᆞ거늘 救ᄒᆞᄃᆞ란 몯ᄒᆞ고(三綱. 烈18). 性命이 아니 한ᄉᆞᅀᅵ예 救티 몯ᄒᆞᄂᆞ니(救急上15). 내 本來 이 ᄯᅡ해 오ᄆᆞᆫ 法을 傳ᄒᆞ야 모ᄅᆞᄂᆞᆫ ᄠᅳ들 救호미니(南明下24). ᄒᆞ다가 구티 아니ᄒᆞ면:若不救時(飜老下47). 믄득 힘ᄡᅥ 가 구ᄒᆞ져:便儘氣力去救一救(飜朴上25). 간난ᄒᆞ며 어려운 이레 아ᅀᆞ미 서르 구ᄒᆞ며:貧窮患難親戚相救(飜小6:36). 구티 몯ᄒᆞᄂᆞ니라(牛疫方15). 또 醫官을 藥 가지여 分ᄒᆞ야 보내샤 救ᄒᆞ라 ᄒᆞ샤ᄃᆡ(簡辟序2). 네 能히 救티 몯ᄒᆞ리로소냐:女弗能救與(宣論1:21). 그 아ᄅᆞᆷ다온 일란 받ᄌᆞ와 슌죵ᄒᆞ고 그 왼 일란 졍ᄒᆞ야 救ᄒᆞᄂᆞ니(宣小2:42). 슬프다 百姓이 녀름진ᄂᆞᆫ 거슬 可히 救티 못ᄒᆞ리로다:吁嗟乎蒼生稼穡不可救(重杜解11:26). 몬져 先公의 遺文을 救ᄒᆞ고(家禮1:29). 잇ᄂᆞᆫ 것 업ᄂᆞᆫ 거ᄉᆞᆯ 서ᄅᆞ ᄌᆞ뢰ᄒᆞ며 患難의 서ᄅᆞ 救ᄒᆞ니 분의 권당 ᄀᆞᄐᆞ니라(警民8). 폐롭ᄉᆞ오나 오ᄅᆞᄋᆞᆸ셔 대되 민망홈을 救ᄒᆞ여 주쇼셔(重新語6:25). 사ᄅᆞᆷ의 급ᄒᆞ믈 건지며 위틔ᄒᆞ믈 구ᄒᆞ며(敬信2).

구·ᄒᆞ·다 동 구(求)하다. ¶ 글 冊ᄋᆞᆯ 求ᄒᆞ시니:典籍是索(龍歌81章). 아기 아ᄃᆞᆯᄋᆡ 각시ᄅᆞᆯ 求ᄒᆞ더니(月印上54). 믈읫 有情이 求ᄒᆞᄂᆞᆫ 이ᄅᆞᆯ 다 得긔 호려 ᄒᆞ시니라(釋譜9:4). 衆生ᄋᆞ로 모맷 珍寶ᄅᆞᆯ ᄇᆞ려 내 어엿비 너교ᄆᆞᆯ 求케 ᄒᆞ노이다(楞解6:43). ᄠᅳ데 됴ᄒᆞᆫ 法을 求커든(法華1:71). 그 아비 몬져 아ᄃᆞᆯ 求ᄒᆞ다가 몯 어더 ᄒᆞᆫ 城에 사로ᄃᆡ(圓覺序46). ᄂᆞᄆᆡ 지븨 갈 제 求호ᄆᆞᆯ 구틔여 말며(宣賜內訓1:5). 번드기 밧긧 것 求호ᄆᆞᆯ 닛고:烱然忘外求(初杜解17:1). 音聲ᄋᆞ로 如來ᄅᆞᆯ 求ᄒᆞᄂᆞ니(南明序1). 黃色ᄋᆞᆫ 사ᄅᆞᄆᆡ 求호ᄆᆞᆯ 좃ᄂᆞᆫ 젼ᄎᆡ라(金三宗序3). 므스거슬 求호려 ᄒᆞᄂᆞᆫ다(六祖上6). 南陽 ᄯᅡ해셔 반가라 어디단 소릐 나ᄆᆞᆯ 구티 아니ᄒᆞ더나(飜小8:19). 구ᄒᆞᆯ 구:求(光千31. 類合下45. 石千31. 倭解下36. 兒學下6). 敢히 먼ᄃᆡ가 求티 아니ᄒᆞ며(宣小2:75). 夫子ㅣ 이 邦에 니르샤 반ᄃᆞ시 그 政을 드르시ᄂᆞ니 求ᄒᆞ시ᄂᆞ냐 與ᄒᆞᄂᆞ냐(宣論1:5). 몸을 正히 ᄒᆞ고 사ᄅᆞᆷ의게 求티 아니ᄒᆞ면(宣中13). ᄣᅢ 겨을히 당ᄒᆞ야 구호ᄃᆡ 얻디 몯ᄒᆞ야:時當冬月求之未得(東新續三綱. 孝2:46). 봆 뫼해 벗 업시 ᄒᆞ오아 서르 求ᄒᆞ야 오니:春山無伴獨相求(重杜解9:12). 子ㅣ 醫원ᄭᅴ 절ᄒᆞ고 藥을 求ᄒᆞ라 ᄒᆞ니(家禮2:12). 이ᄂᆞᆫ 내 ᄉᆞᄉᆞ로 求ᄒᆞᆯ 일은 아니오니(重新語1:30). 장싱을 구ᄒᆞ고쟈 ᄒᆞᄂᆞ니ᄂᆞᆫ 몬져 모로미 피ᄒᆞᆯ지니라(敬信1). 구ᄒᆞᆯ 요:要(註千37).

구ᄒᆞ다 동 구(灸)하다. ¶ 포ᄒᆞ며 쵸ᄒᆞ며 구ᄒᆞ며 당그믈 제 법ᄃᆡ로 ᄒᆞ여야 제독ᄒᆞ며 효험이 잇ᄂᆞ니라(敬信67).

구ᄒᆡᆨᄒᆞ다 동 구핵(究覈)하다. ¶ 구ᄒᆡᆨᄒᆞ여 뭇다:究問(漢淸3:7).

국 명 국. ¶ 구긔 ᄣᅡ ᄡᅥ 받ᄌᆞ오니:和羹以進(東新續三綱. 孝1:44). 국 ᄀᆡᇰ:羹(倭解上46. 兒學上13). 국:湯(同文解上60). 국 먹다:哈湯(譯解補30). 국:羹(漢淸12:33).

·국가 명 국가(國家). ¶ 能히 그 國家ᄅᆞᆯ 두어:能有其國家(宣小4:53). 國家에 長ᄒᆞ야 財用을 힘ᄡᅳᄂᆞᆫ 이ᄂᆞᆫ 반ᄃᆞ시 小人으로브테니(宣大28). 天下 國家ᄅᆞᆯ 다ᄉᆞ릴 바ᄅᆞᆯ 알리라(宣中27). 國家를 治홈애 니르러ᄂᆞᆫ(宣孟2:28). 國家의ᄡᅥ 교化ᄅᆞᆯ 崇상ᄒᆞ며(家禮1:4). 국가의 큰 일은(五倫2:14). ᄌᆞᆯ온 긔뎐 ᄀᆞᄐᆞᆫ ᄃᆡᄂᆞᆫ 국가의 근본 ᄯᅡ히니(綸音85). 문호의 쇠체ᄒᆞᆫ 거ᄉᆞᆯ 니ᄅᆞ혀고 국가의 쥬셕이 되니(落泉3:7).

국거·리 명 국건더기. ¶ 국거리ᄅᆞᆯ 입으로 후려 먹디 말며:毋嚃羹(宣小3:23).

국공ᄒᆞ다 동 국공(鞠恐)하다. ¶ 국공ᄒᆞ여 고게를 못 드시니(閑中錄166).

국국기 부 샅샅이. ☞국국히 ¶ 두더쥐 伶息인지 국국기 뒤지듯시(古時調. 간밤의 ᄌᆞ고 간. 海謠).

국국히 부 샅샅이. ☞국국기 ¶ 두더쥐 靈息인지 국국히 뒤지드시 沙工의 成營인지 ᄉᆞ어ᄯᅥ로 지로드시(古時調. 간밤의. 青丘).

국궁 명 국궁(鞠躬). ¶ 미션이 노ᄉᆡ의 ᄂᆞ려 국궁 답 왈(引鳳簫1).

국그릇 명 국그릇. ☞국 ¶ 국그릇 형:鉶(兒學上10).

국긔 명 국기(國忌). ¶ 국긔예 또 지계ᄒᆞ며:國忌亦齋(東新續三綱. 孝4:29).

국놀 명 궁노루. 사향노루. ¶ 국놀의 비ᄉᆡᆨ:麝香(東醫 湯液一 獸部).

국문ᄒᆞ다 동 국문(鞠問)하다. ¶ 명일의 명ᄇᆡᆨ히 국문ᄒᆞ리라(引鳳簫1). 일 맛기ᄅᆞᆯ 기ᄃᆞ리지 말고 십옥의 가셔 국문ᄒᆞ라 ᄒᆞ시니라

(敬信19).

·국부신 명 국부인(國夫人). ¶國夫人ᄋᆞᆫ 功臣ㅅ 벼슬 ᄒᆞᆫ 妻라(楞解6:19).

·국·샹 명 국상(國相). ¶國相이 그듸를 알씨:國相ᄋᆞᆫ 나랏 宰相이니(三綱. 忠19).

국슈 명 국수. ¶즌 국슈 머기 닉디 몯ᄒᆞ얘라:不慣喫濕麵(飜老上60). 한식날 밍근 밀ᄀᆞᄅᆞ 국슈:寒食麪(東醫 湯液一 土部). 즌 국슈 먹기 닉디 못ᄒᆞ여라:不慣喫濕麵(老解上54). 국슈:麵. 굴근 국슈:餄餎(譯解上51). 국슈 면:麪(倭解上47). 국슈:哈絡(同文解上59). 국슈 미다:趕麵(漢淸10:13). 국슈 썩국:湯餅(物譜 飮食).

국슈록이 명 뱅어. 백어(白魚). ¶국슈록이:鱠(物譜 蟲魚).

국슈만도람이 명 국수맨드라미. ¶국슈만도람이:草百日紅(物譜 花卉).

국식 명 국색(國色). ¶목이 오래 보다가 닐오ᄃᆡ 이야 진짓 국식이로다:牧熟視曰此眞國色(太平1:13).

·국신 명 국인(國人). 국민. ¶功德을 國人도 ᄉᆞᆲ거니:維彼功動東人稱美(龍歌72章). 迦葉欝卑羅ㅣ 國人ᄋᆞᆯ 뵈요리라(月印上36). 國人이 다 ᄀᆞᆯ오ᄃᆡ 賢타 ᄒᆞᆫ 然後에 察ᄒᆞ야(宣孟2:24). 그 家人을 宜ᄒᆞᆫ 后에 可히 ᄡᅥ 國人을 ᄀᆞᄅᆞ칠이니라(宣大18).

·국·얼 명 국얼(麴糱). 술. ¶麴孼(술 빋ᄂᆞᆫ 거시니 술이란 말이라)을 耽ᄒᆞ야 즐겨:耽嗜麴孼(宣小5:18).

·국왕 명 국왕(國王). ¶國王이 恭敬ᄒᆞᄉᆞᄫᅡ(月印上70). 國王과 大臣과 婆羅門과(釋譜9:1). 如來ㅣ 因中에 일쯕 國王이 ᄃᆞ외샤(金剛80). 達磨ㅣ 入寂ᄒᆞ실 제 國王이 世예 오래 겨쇼셔 請ᄒᆞᅀᆞ와ᄂᆞᆯ(南明上42).

국운 명 국운(國運). ¶국운이 그릇되려 ᄒᆞ다(閑中錄102).

국의지르다 동 구기지르다. ¶넙은 사미 국의질러 품속으로 너코 보니(萬言詞).

국이 명 구기. ☞구기 ¶ᄠᅳᄂᆞᆫ 국이:提子(譯解補43). 국이:斛(物譜 酒食).

·국정 명 국정(國政). ¶國政을 行홈이 더러트시 그 久호ᄃᆡ(宣孟3:2).

·국·쵹ᄒᆞ·다 형 국촉(局促)하다. ¶衆生ᄋᆞᆫ 眞을 背叛ᄒᆞ고 妄애 어울씨 이런 ᄃᆞ로 世間ㅅ 相中에 局促ᄒᆞ고:局促ᄋᆞᆫ 그슴ᄒᆞ야 져글 씨라(楞解4:46). 局促ᄒᆞ야 樊籠애 드렷ᄂᆞᆫ ᄃᆞᆺ호믈 슬노라:局促傷樊籠(重杜解12:16).

국톄 명 국체(國體). ¶國體의 安危ᄅᆞᆯ 구틔여 혜여리아:敢料安危體(重杜解10:12).

·국·토 명 국토(國土). ¶娑婆世界와 녀느 國土앳 그지업슨 天龍鬼神이(釋譜11:4). 듣글ᄋᆞᆫ 터럭 ᄀᆞᄐᆞᆫ 國土애 緣을 조차 ᄂᆞ려나며(楞解1:9). 부텻 國土 조케 홈과 衆生 일우맨 ᄆᆞᅀᆞ매 즐기디 아니ᄒᆞ다니(法華2:179). 頭頭ㅣ 淨妙ᄒᆞᆫ 國土ㅣ며 物物이 常住ᄒᆞᆫ 眞身이라(金三3:33). 國土애 일며 이시며 헐며 부유미 잇고(南明上20).

·국화 명 국화(菊花). ¶소ᄂᆞ로 菊花ᄅᆞᆯ 잢ᄀᆞ새 ᄯᅩᄆᆞᆯ 兼ᄒᆞ노라:手兼菊花路傍摘(初杜解17:33). 菊花ᄂᆞᆫ 이제 ᄀᆞᅀᆞᆯ 고지 드리옛고:菊垂今秋花(重杜解1:3). 솔와 菊花ᄅᆞᆯ 帶ᄒᆞ얫도다:帶松菊(重杜解7:30). 金 ᄀᆞᄐᆞᆫ 菊花와 ᄀᆞᆮᄒᆞ리오(重杜解7:39). ᄒᆞ올로 솔와 菊花ㅅ분 잇도소니:獨松菊(重杜解9:10). 국화 국:菊(兒學上5).

군 명 군(軍). 군대. ¶無數ᄒᆞᆫ 軍이 淨甁을 몯 무우니(月印上26). 싸호ᄆᆞᆯ 즐겨 제 軍 알픠 가다가(釋譜13:9). 내 어즈러본 軍ㅅ 서리예 주그면(三綱. 忠26). 군 모들 둔:屯(訓蒙中8). 군 군:軍(石千26).

군 관 다른. 딴. ¶계ᄌᆞ ᄡᅵᄅᆞᆯ ᄀᆞᄅᆞ 밍그라 빋복 가온대 메오고 군 옷 ᄒᆞᆫ ᄇᆞᆯ을 펴고 더온 거스로 울ᄒᆞ면:取子爲末塡臍中以熱物隔衣一層熨之卽(辟新3).

군- 접두 군-. 쓸데없는. ¶군ᄠᅳ디 젼혀 업서(松江. 續美人曲). 군말 업시(新語4:17). 날ᄀᆞᆺ치 군ᄆᆞ음 업씨 좀만 들면 엇더리(古時調. 金光煜. 어화 져. 海謠).

-군 접미 -꾼. ¶샹도ㅅ군:扛擡軍(譯解補27).

군공 명 군공(軍功). ¶軍功 업스니와 劉氏 아니어든 諸侯ᄅᆞᆯ 封티 말라 ᄒᆞ니(宣賜內訓2上53).

군냥 명 군량(軍糧). ☞군량 ¶크게 흉년 드러 도적이 군냥이 업ᄉᆞ니:縣大饑平章劉哈刺不花兵乏食(五倫3:58).

군녀 명 군려(軍旅). ☞군려 ¶可히 ᄡᅥ 軍旅ᄅᆞᆯ 다ᄉᆞ릴 거시라(家禮1:44).

:군·뎌·괴 명 고리. ☞군뎌귀 ¶고ᄃᆞᆯ개 뎔채 고ᄃᆞᆯ개 ᄃᆞ릿 군뎌괴 다 셔피로 ᄒᆞ엿더라:鞦皮穗兒鞦根都是斜皮的(飜朴上28).

군뎌귀 명 고리. ☞군뎌괴 ¶쥬피 뎔채와 군뎌귀ᄅᆞᆯ 다 이 斜皮로 ᄒᆞ엿고:鞦皮穗兒鞦根都是斜皮的(朴解上27).

군듕 명 군중(群衆). ¶군듕이 분답ᄒᆞ야 ᄉᆞ경을 펴디 못ᄒᆞ엿더니(洛城2).

군듕 명 군중(軍中). ¶軍中에 出令ᄒᆞ야(三綱. 忠4). 王이 病ᄒᆞ야 軍中에 겨시거늘(宣賜內訓2上30). 軍中에 ᄲᅮ리라 須求ᄒᆞ놋다:軍中須(初杜解17:32). 만이레 軍中에 갈딘대ᄂᆞᆫ 허리예 ᄆᆡ여 모매 내디 말라(簡辟11). 댱구령이 엿ᄌᆞ오ᄃᆡ 군듕의 법을 ᄲᅳᆯ쟈 이면(明皇1:31).

군량 명 군량(軍糧). ☞군냥 ¶軍粮 잇ᄂᆞᆫ ᄃᆡ 나아가:就粮(重杜解4:6). 이 時節에 甚히 軍粮이 업서 一物이라도 구위예셔 다 아오

믈 슬노라:傷時苦軍乏一物官盡取(重杜解18:18).

군:려 명 군려(軍旅). ☞군녀 ¶마초아 大明末애 東土ㅣ 가난ᄒᆞ고 軍旅ㅣ 니ᅀᅥ실ᄉᆡ:旅ᄂᆞᆫ 할 시라(宣賜內訓1:72). 다 軍旅ㅅ ᄡᅳ메 더으ᄂᆞ니:盡添軍旅用(初杜解15:5). 王孫 賈ᄂᆞᆫ 軍旅를 다ᄉᆞ리니(宣論3:60). 다 軍旅ㅅ ᄡᅳ매 더으ᄂᆞ니(重杜解15:5).

군령 명 군령(群靈). 중생(衆生). ¶群靈이 다 두쇼ᄆᆞᆯ 뵈시니라:群靈ᄋᆞᆫ 衆生이니 性이 靈ᄒᆞᆯᄊᆡ 靈이라 ᄒᆞ니라(楞解1:96).

군·령 명 군령(軍令). ¶ᄒᆞᆫ 軍士ㅣ 軍令ᄋᆞᆯ 그르처 忽然히 겨지블 ᄃᆞ렛거늘 져주니(宣賜內訓2下37).

군뢰 명 군뢰(軍牢). 뇌자(牢子). ¶군뢰:牢子(譯解上27).

군림ᄒᆞ다 동 군림(君臨)하다. ¶일국의 군림ᄒᆞ엿던 사ᄅᆞᆷ이니 쳐티ᄅᆞᆯ 그리 못ᄒᆞ링이다 ᄒᆞ시고(仁祖行狀12). 내 비록 덕이 업스나 너희등의게 군림ᄒᆞ야 슈발이 다 희여시니(綸音32).

군:마 명 군마(軍馬). ¶ᄉᆞᄆᆞᆺ 軍馬ᄅᆞᆯ 이길ᄊᆡ:克彼鄕兵(龍歌35章). 軍馬 보내야 거스리 싸호니(三綱. 忠10).

군마기 명 방어(防禦). ¶防禦는 軍마기라(三綱. 孝5). 그 남지니 군마기 갈 저긔:其夫當戍且行(重三綱. 孝5).

군마음 명 군마음. 잡생각. ☞군ᄆᆞ음 ¶이 밧긔 군마음 업스니는 낫분인가 ᄒᆞ노라(古時調. 蝸室은. 海謠).

군말 명 군말. ¶조을며 군말ᄒᆞ고(痘要6). 군말 업시 잡숩소(新語4:17). 혼ᄌᆞ말노 군말ᄒᆞ듯 ᄒᆞ는 말이(萬言詞).

군:명 명 군명(君命). ¶君命엣 바오리어늘:君命之毬(龍歌44章). 四方에 使ᄒᆞ야 君命을 辱디 아니ᄒᆞ면(宣論3:45). 君命으로ᄡᅥ 將ᄒᆞ야든 再拜ᄒᆞ고(宣孟10:25). 군명을 밧ᄌᆞ와(五倫2:47).

군ᄆᆞ음 명 군마음. 잡생각. ¶어와 져 白鷗야 므슴 슈고ᄒᆞᄂᆞ슨다 ᄀᆞᆯ 숩흐로 바자니며 고기 엇기 ᄒᆞᄂᆞᆫ괴야 날ᄀᆞᆺ치 군ᄆᆞ음 업시 ᄌᆞᆷ만 들면 엇더리(古時調. 金光煜. 青丘).

군박히 부 군박(窘迫)히. ¶날 졍ᄒᆞᆫ ᄃᆡ 군박히 되야 겨ᄅᆞᆯ치 못ᄒᆞ면(三譯6:15).

군박ᄒᆞ다 형 군박(窘迫)하다. ¶네 下邳城의셔 군박ᄒᆞ여 항ᄒᆞ니(三譯2:2).

군법 명 군법(軍法). ¶원이 군법으로 ᄡᅥ 버히고져 ᄒᆞ더니(東新續三綱. 孝7:32).

군병 명 군병(軍兵). ¶계미년에 군병 ᄲᅢ기ᄂᆞᆯ 보아ᄒᆞᆯᄉᆡ:癸未年監選兵(東新續三綱. 孝7:32). 군병 만 인이 일삭 냥식은(山城). ᄉᆞ졸 군병(敬信71).

군ᄠᅳᆮ 명 잡생각. ¶나도 님을 미더 군ᄠᅳ디 젼혀 업서 이ᄅᆡ야 교ᄐᆡ야 어ᄌᆞ러이 구돗썬디(松江. 續美人曲).

군·ᄡᅳ·다 동 용군(用軍)하다. 용병(用兵)하다. ¶나랏 큰일이 졔ᄒᆞ기와 다ᄆᆞᆺ 군ᄡᅳ미 이시니 졔ᄒᆞ기예 膰을 잡음이 이시며 군ᄡᅳ기예 脤을 받옴이 이숌이 神ᄭᅴ ᄒᆞᄂᆞᆫ 큰 졀목이어늘:國之大事在祀與戎祀有執膰戎有受脤神之大節也(宣小4:51).

군속 명 군속(窘束). ¶싹낸 말 빈 사람 군속도 할세이고(宋疇錫. 北關曲).

군:ᄉᆞ 명 군사(軍士). ¶德望이 뎌러ᄒᆞ실ᄊᆡ 가다가 도라옮 軍士ㅣ ᄌᆞ갸긔 黃袍 니피ᅀᆞᄫᆞ니:德望如彼言旋軍士迺於厥躬黃袍用被(龍歌25章). 懷光이 軍士ᄃᆞᆯᄒᆞ로 ᄇᆞ려 머그라 ᄒᆞ야ᄂᆞᆯ(三綱. 忠17). 안개ᄅᆞᆯ ᄆᆡᇰᄀᆞ라 軍士ㅣ 어즐커늘(法華1:9). 軍士ᄅᆞᆯ ᄀᆞᆫ초고 陣ㅅ門을 닫고(內訓蓬左本2:32. 奎章本2:29). 손애 듕ᄒᆞᆫ 군ᄉᆞᄅᆞᆯ 자바시니:手握重兵(飜小8:19). 군ᄉᆞ 군:軍. 군ᄉᆞ 졸:卒. 군ᄉᆞ 오:伍(訓蒙中2). 군ᄉᆞ 군:軍(類合下13. 註千26. 兒學下6). 군ᄉᆞᄂᆞᆫ 쟝슈ᄅᆞᆯ 위ᄒᆞ여 의예 죽그니:士爲將死於義(東新續三綱. 孝6:37). 潼關앳 百萬 軍士ㅣ:潼關百萬師(重杜解1:4). 官軍ᄋᆞᆫ 天子ㅅ 軍士ㅣ라(重杜解1:8). 제앙 속기 합치ᄅᆞᆯ 죽이고 군ᄉᆞᄅᆞᆯ 아오라 모ᄃᆞᆫ 오랑캐ᄅᆞᆯ 침노ᄒᆞ더니(山城2). 셔산 뒤히 보내여 젹은 졀집의 안치고 부리라 ᄒᆞ고 두 군ᄉᆞ 사ᄅᆞᆷ을 두다(三譯7:7). 군ᄉᆞ 병:兵(倭解上38. 註千22). 군ᄉᆞ:兵丁(同文解上44). 군ᄉᆞ:披甲的(譯解補19). 모든 軍士들이(隣語3:5). 일일은 병이 중ᄒᆞ야 두 군ᄉᆞ의게 잡히여 가더니(敬信44). 군ᄉᆞ ᄉᆞ:師(註千4). 군ᄉᆞ ᄉᆞ:士(註千24).

군역 명 군역(軍役). 병장기(兵仗器). ¶군역글 면ᄒᆞ고:免軍役(東新續三綱. 孝8:32).

군연장 명 병기(兵器). 병장기(兵仗器). ¶군연장 병:兵(類合下24).

군용 명 군용(軍容). ¶軍容이 녜와 다ᄅᆞ샤:軍容異昔(龍歌51章).

군인 명 군인(軍人). ¶군인 김말건의 ᄯᆞᆯ이라:軍人金末巾之女(東新續三綱. 烈7:2).

군장기 명 군장기(軍仗器). 병장기(兵仗器). ¶큰 긔 젹은 긔와 군장기 가지니는 가지고(三譯9:1).

군졸 명 군졸(軍卒). ¶군졸 졸:卒(類合下13). 어느 나래야 軍卒을 習호믈 말려뇨(重杜解1:7). 潼關앳 軍卒ㅣ 처엄 허여딜 저긔 萬乘ㅣ 오히려 믈리 ᄃᆞᄅᆞ니라(重杜解24:12). 군졸은 옷과 다ᄆᆞᆺ 피믈을 주시더라(仁祖行狀32).

군·ᄌᆞ 명 군자(君子). ¶君子ᄅᆞᆯ 그리샤:言念君子(龍歌109章). 君子ㅣ 닐오ᄃᆡ 石碏ᄋᆞᆫ 純ᄒᆞᆫ 臣下ㅣ로다 큰 義로 제 아ᄃᆞᄅᆞᆯ 주기

도다(三綱. 忠3). 君子의 아름더 뫼셔 밥 머글 저기어든(宣賜內訓1:8). 군즈는 호 마리오:君子一言(飜朴上26). 君子ᄂᆞᆫ 그 賢호샤믈 賢히 너기며(宣大28). 사ᄅᆞᆷ이 아디 몯ᄒᆞ야도 慍티 아니ᄒᆞ면 ᄯᅩᄒᆞᆫ 君子ㅣ 아니가(宣論1:1). 君子ㅣ 禽獸에 그 生을 보고 춤아 그 死를 보디 몯ᄒᆞ며(宣孟1:22). 군즈ᄂᆞᆫ 정덕ᄒᆞ야 일을 조차 규경ᄒᆞ며(仁祖行狀20). 君子ᄂᆞᆫ 고돌파 逶迤히 ᄃᆞᆫ니거니와(重杜解11:26).

군포 명 군포(軍鋪). 병사(兵舍). 병영(兵營). ☞군푸 ¶군포:鋪舍(譯解上14). 군포:冷鋪(同文解上45). 군포:營房(漢淸9:21).

군푸 명 군포(軍鋪). 병사(兵舍). 병영(兵營). ☞군포 ¶군푸:冷鋪(訓蒙中9 鋪字註).

군·핍ᄒᆞ·다 형 군핍(窘乏)하다. ¶가난ᄒᆞ야 군핍ᄒᆞ야 能히 잇디 몯ᄒᆞ더라 ᄒᆞ면 이ᄂᆞᆫ 됴ᄒᆞᆫ 긔별이어니와:貧乏不能存此是好消息(宣小6:46).

군ᄒᆞ다 형 군(窘)하다. 군색(窘塞)하다. ¶군ᄒᆞᆯ 군:窘(類合下29).

·굳 명 구덩이. ☞굿 ¶굳 ᄑᆞ고 블 퓌우니(月印上22). 큰 어려ᄫᅳᆫ 구데 ᄠᅥ러디긔 ᄒᆞᄂᆞ니(釋譜9:14). 구디며 두들기 업서(月釋13:63). 큰 구데 가도고 음식 아니 주더니:乃幽武大窨中絶不飮食(三綱. 忠6 蘇武). 科ᄂᆞᆫ 구디오(楞解1:16). 쟝ᄎᆞ 큰 구데 ᄠᅥ러디리라:將墜於大坑(法華1:168). 無爲 굳 中에:無爲坑中(圓覺上一之二129). 斷常ㅅ 구데 딜가 저헤니 ᄒᆞ다가 이 구데 디면:恐落斷常坑若落此坑(南明下40). ᄡᅡᄒᆞᆯ 파 굳 ᄆᆡᇰᄀᆞᆯ오:掘地作坑(救簡1:75). 굳 교:窖(訓蒙中9). 굳 광:壙(訓蒙中35). 굳 ᄀᆡᆼ:坑. 굳 감:坎(訓蒙下17).

굳기다 동 궂은일을 당하다. ¶내가 八字 險惡ᄒᆞ여 이리 굳기오되(隣語3:19). 놈이 굳기ᄂᆞᆫ 形象을 춤아 보ᄃᆞᆯ 몯ᄒᆞ여(隣語4:9). 춤혹이 굳기올 ᄲᅮᆫ 아니라(隣語7:10).

굳·다 동 굳다. 단단해지다. ¶이리 쟝ᄎᆞ 굳ᄂᆞ니(圓覺上二之二105). 곧 딘더디 굳ᄂᆞ니:則確然其堅(金三2:29). 우콰 아래 能히 서르 굳ᄂᆞ니이다(宣小4:53).

굳·다 형 굳다[固]. ¶구든 城을 모ᄅᆞ샤:不識堅城(龍歌19章). 어늬 구더 兵不碎ᄒᆞ리잇고:何敵之堅而兵不碎(龍歌47章). 禮士溫言ᄒᆞ샤 人心이 굳ᄌᆞᄫᆞ니:禮士溫言人心斯固(龍歌66章). 配天之業이 구드시리잇가:配天之業其何能固(龍歌93章). 더욱 구드시리이다:迺益永世(龍歌125章). 堅固ᄂᆞᆫ 구들 씨오(釋譜23:11). 信이 굳다 ᄒᆞ샤ᄆᆞᆫ(月釋14:59). 銅ᄋᆞᆫ 구두디 能히 ᄌᆞᆫᄂᆞ니:銅剛而能同(楞解7:13). 목수미 구둠 업수미:命無牢强(法華2:105). 구든 거슬 여희에 ᄒᆞ며:離堅(宣賜內訓1:1). 我執이 손지 구두ᄆᆞᆫ:我執猶堅(圓覺下三之一50). 구도미 온 적 불은 金 ᄀᆞᆮᄒᆞ니:堅密長如百鍊金(南明上21). 구든 마치와 ᄆᆡ온 블로:剛鎚猛燄(南明上21). 아래 치와 견조면 너므 굳다:比在前忒牢壯(飜老上39). 구들 강:剛(訓蒙下26). 구들로:牢(類合下28). 구들 공:鞏(類合下52). 구들 경:硬(類合下53). 구들 견:堅. 구들고:固(類合下59). 구들 확:確(類合下60). 구들 견:堅(石千17. 倭解下36).

굳ᄇᆞᄅᆞ·다 형 어삽(語澁)하다. (입놀림이)부자유스럽다. 굳고 되다. ¶말ᄉᆞ미 굳ᄇᆞᄅᆞ며 모미 다 알ᄑᆞ거든:語澁渾身疼痛(救簡1:6). 어귀 굳ᄇᆞᄅᆞ고 누늘 티ᄠᅳ고:牙關緊急眼目上視(救簡1:7). 어귀 굳블라 약을 브어도 ᄂᆞ리오디 몯ᄒᆞᄂᆞ니도:牙關緊急湯劑灌不下者(救簡1:8). 과ᄀᆞ리 입 기울오 말ᄉᆞ미 굳ᄇᆞᄅᆞ거든:卒患偏口喎語澁(救簡1:19). 거스리 녀매 믌겨리 굳ᄇᆞᄅᆞ도다:逆行波浪慳(重杜解2:22).

굳비얌 명 굿뱀. ☞굿바얌 ¶굳비얌:土桃蛇(東醫 湯液二 蟲部).

굳:세·다 형 굳세다. ☞굿세다. 굿세다 ¶과ᄀᆞ리 ᄇᆞᄅᆞᆷ마자 말솜 몯 ᄒᆞ고 혓불휘 굳세어든:卒中風不語舌根强硬(救簡1:18). 굳셀 강:剛(類合下2. 倭解上23).

굳·이 부 굳이. ¶겨집은 안해 이셔 집을 깁히 ᄒᆞ며 門올 굳이 ᄒᆞ야 고쟈로 딕희워:女子居內深宮固門閽寺守之(宣小2:50).

굳ᄒᆞ나 부 구태여. ☞구트나. 구틔야. 구틔여. 구ᄐᆡ야. 구ᄐᆡ여 ¶빋촌 이러ᄒᆞ여도 굳ᄒᆞ나 허물은 되지 아니ᄒᆞ오리(隣語1:2).

굳ᄒᆞ여 부 구태여. ¶굳ᄒᆞ여 두시기예 마지 몯ᄒᆞ여 바다 두엇ᄉᆞ오되(重新語8:2).

:굴 명 ①굴(窟). ¶精舍 이르ᅀᆞᆸ고 窟 ᄆᆡᇰᄀᆞᆯ오(釋譜6:38). 塔 셰오 堀 짓고(釋譜6:44). 그 뫼해 ᄒᆞᆫ 仙人ᄋᆞᆫ 南녀 堀애 잇고 ᄒᆞᆫ 仙人ᄋᆞᆫ 北녀 堀애 잇거든 두 山 ᄊᆞ시예 ᄒᆞᆫ 시미 잇고(釋譜11:25). 녯 사ᄅᆞᄆᆞᆫ 부톄오 驪龍ᄋᆞᆫ 無明이오 窟ᄋᆞᆫ 生死ㅅ 窟穴이라(南明下69). 굴 굴:窟(類合下56). 돌굴 가온더 도적글 피ᄒᆞ여셔:避賊石窟中(東新續三綱. 烈3:57). 굴:洞(漢淸1:40).

②구덩이. ¶독 굽ᄂᆞᆫ 굴:甌窨(譯解上20). 굴 교:窖(倭解上8).

:굴 명 굴뚝. ¶굴:堗(四解上63). 굴 총:囪. 굴 돌:堗(訓蒙中9).

·굴 명 굴[牡蠣]. ¶굴:蠔(四解下22). 굴 려:蠣(訓蒙上20). 굴:蠣子(譯解下37). 굴:蠣(物譜 介蟲). 굴:蠣蛤(柳氏物名二 水族). 牡蠣 鄕名 大屈乙曹介(鄕藥月令 十二月).

굴갓 명 굴갓. [지난날, 벼슬한 중이 쓰던 대갓.] ¶굴갓:箬笠(譯解上26).

굴강ᄒᆞ다 형 굴강(屈强)하다. ¶ 슌티 아닌 쟈ᄂᆞᆫ 사ᄅᆞ잡아 굴강ᄒᆞᆫ 쟈로 ᄒᆞ여곰 징계ᄒᆞ고(山城66).

굴겁질 명 굴 껍데기. ¶ 굴겁질:蠣房(物譜 介蟲).

·굴·곡·히 부 굴곡(屈曲)히. ¶ 名과 句와 文과ᄂᆞᆫ 이 소리 우흿 屈曲히 닐어:屈曲ᄋᆞᆫ 구블 시라(圓覺上一之一93).

:굴·근:깁 명 올이 굵은 비단. ¶ 굴근깁 뎨:綈(訓蒙中30).

굴근바ᄂᆞᆯ 명 굵은 바늘. ¶ 굴근바ᄂᆞᆯ:大針(譯解下7).

:굴·근·뵈 명 올이 굵은 베. ¶ 굴근뵈 격:綌(訓蒙中30).

:굴·근집 명 큰 집. ¶ 樓閣이 이쇼ᄃᆡ:閣ᄋᆞᆫ 굴근지비라(阿彌8).

굴근체 명 어레미. ¶ 굴근체:籮(物譜 筐筥).

굴긔 명 굵기. ¶ 손ᄭᅡ락 굴긔:指頭來大(朴解上27). ᄒᆞᆫ 발 기릐예 기동만ᄒᆞᆫ 굴긔예:一托來長短停柱來麁細的(朴解中1).

:굴·다 동 ①입으로 불다. ¶ 사ᄅᆞᆷ으로 가ᄉᆞᆷ 구러 덥게 호ᄃᆡ:使人噓其心令煖(救簡1:34). 산 긔운을 구러:呵吐生氣(救簡1:65). 굴 허:噓(類合下6).
②저주(詛呪)하다. 주문(呪文)을 외다. ☞굴이다 ¶ 굴 축:呪(訓蒙中3).

:굴·다 형 굵다. ¶ 이ᄂᆞᆫ ᄯᅩ 굴고 둔박ᄒᆞ다:這的却又麤倴(飜老下32).

굴·다 조동 굴다. 행동하다. ¶ 五欲ᄋᆞᆯ ᄉᆡᇰ각고 그렁 구ᄂᆞ니(月釋7:5). 이리ᄃᆞ록 甚히 구는다(三綱. 烈34). 엇데 벼 브즈러니 굴리오(南明下2). 되기 어려이 폐로이 굴모로(新語4:24). 위엄으로 모딜게 굴매:以威猛暴(太平1:35). 네 君夫人의게 禮 업시 굴니오(女四解4:21). 강악히 구다:用强(同文解上22. 漢淸8:25). 서재오 구ᄂᆞᆫ 거시 周瑜 향ᄒᆞ야 싸홀 제 반ᄃᆞ시 잡히이리라(三譯6:14). 하 固執히 구옵시니(隣語3:3).

굴독 명 굴뚝. ☞굴ㅅ독 ¶ 굴독 돌:堗(倭解上33). 굴독:曲突(物譜 第宅). 굴독 돌:堗(兒學上9).

굴둑 명 굴뚝. ☞굴독 ¶ 굴둑 막은 덕셕인가 덥고 검기 다 바리다(萬言詞).

굴럭 명 구럭. ¶ 아희야 굴럭 網태 어두 西山에 날 늣거다(古時調. 趙存性. 海謠).

굴레 명 굴레. ☞굴에 ¶ ᄆᆞᆯ 굴레 ᄡᅧ:馬套上轡頭(朴解中51). 굴레:轡頭(譯解下20). 굴레 긔:羈(兒學上10).

굴령 명 군령(軍令). ¶ 일을 이로지 못ᄒᆞ면 굴령을 ᄃᆞᆯ게 바드마(三譯7:2).

굴름 명 구름. ☞구룸 ¶ 鐵嶺 놉흔 재예 쉬여 넘는 져 굴름아(古時調. 海謠).

굴릐 명 굴레. ☞굴에 ¶ 굴릐 ᄡᅵ다:套轡頭. 굴릐 벗기다:穈轡頭(譯解上23).

굴먹다 동 살찔 만큼은 못 먹다. ¶ ᄀᆞ득의 굴먹은 나귀를 모라 므슴 ᄒᆞ리오(古時調. 갈 길이 머다. 槿樂).

굴밤 명 굴밤.〔졸참나무의 열매.〕 ¶ 굴밤者 屈櫟之房也(東言).

·굴·복ᄒᆞ·다 동 굴복(屈服)하다. ¶ 父母ㅣ 늘그시니 저기 屈服ᄒᆞ시면(三綱. 忠18). 婦人은 사ᄅᆞᆷᄋᆡ게 굴복ᄒᆞᄂᆞᆫ 거시라:婦人伏於人也(宣小2:53).

굴ㅅ독 명 굴뚝. ☞굴독. 굴쪽 ¶ 굴ㅅ독:烟洞(譯解上18).

굴신 명 굴신(屈伸). ¶ 굴신을 임의로 못 ᄒᆞ다:拘攣(漢淸8:17).

굴쪽 명 굴뚝. ☞굴ㅅ독 ¶ 굴쪽:烟洞(同文解上35. 漢淸9:74).

굴엉 명 구렁. ☞굴헝 ¶ 굴엉을 며여 힝인을 편케 ᄒᆞ며(敬信65). 문허진 다리와 굴엉진 길을 슈보ᄒᆞ고(敬信72).

굴·에 명 굴레. ☞구래. 구레 ¶ 프른 실로 ᄆᆡᇰᄀᆞ론 굴에 도라오디 아니ᄒᆞᄂᆞ니:不返靑絲鞚(杜解21:28). 굴에 바소미 ᄆᆞᆯ ᄌᆞᆫ홀 시라(南明上58). 두 ᄶᅡᆨ 어울운 굴에예:雙條轡頭(飜朴上28). 기르마와 굴에란 내 자ᄂᆞᆫ 방의 노코:鞍子轡頭自己睡臥房子裏放着(飜老下45). 굴에:馬絡頭(四解上23 鞝字註). 굴에 공:鞚. 굴에 륵:勒. 굴에 긔:羈. 굴에 롱:巃(訓蒙中27). 굴에:轡頭(訓蒙中27 轡字註). 굴에 륵:勒(類合下25. 石千23. 倭解下17). 기ᄅᆞ마과 굴에:鞍子轡頭(老解下41).

굴·이·다 동 저주를 받다. 저주를 당하다. ☞굴다 ¶ 여듧차힌 모딘 藥ᄋᆞᆯ 먹거나 ᄂᆞ오ᄅᆞᆯ 굴이거나 邪曲ᄒᆞᆫ 귓거시 들어나 ᄒᆞ야 橫死ᄒᆞᆯ 씨오(釋譜9:37). 노을 굴인 병:蠱毒(救簡目錄5).

굴죽 명 굴죽. ¶ 잔솔밧 언덕 아릐 굴죽 갓튼 고릐실을(古時調. 靑丘).

굴탈이 명 큰 자두.〔자두의 한 품종.〕 ¶ 굴탈이:虎刺賓李之大者(柳氏物名四 木).

굴항 명 구렁. ☞굴헝 ¶ 굴항에 업드러 잇ᄂᆞ니:顚擠溝壑者(正俗29). 巷壑坑塹方言皆謂之屈亢故以壑爲巷者多矣然壑者谿谷也(雅言二 巷壑坑塹).

굴허에 명 구렁에. 통굴헝 ¶ 굴허에 어즈러우니:亂坑壕(重杜解16:56).

굴·헝 명 ①구렁. ☞굴엉. 굴항 ¶ 峯ᄋᆞᆯ 逃亡ᄒᆞ야 굴허에 가미라:逃峯而赴壑(永嘉下85). 굴헝에 멋귀여 주구리라 호매:欲塡溝壑(初杜解7:3). 므렛 고즌 굴헝을 ᄂᆞᆫ화 보ᄃᆡ라 왯고:水花分塹弱(初杜解8:44). 굴헚 北녀긔:塹北(初杜解25:19). 기픈 굴헝에 ᄲᅡ디여(南明下60). 굴헝 학:壑(訓蒙上3). 깁픈 굴헝이 ᄀᆞ장 접프다:深坑塞可怖畏(龜

鑑下58). 굴헝 학:壑(類合下32). 굴헝이 깁픠 두어百 자히나 훈 디를 디늘어셔:臨壑谷深數百尺(宣小6:61). 기픈 굴헝의 뛰여ᄂᆞ려뎌 죽다:臨絕壑投下而死(東新續三綱. 烈8:48). 굴헝 메오다:塡坑(譯解上8). 굴헝감:坎(倭解上8). 져근덧 드리혀 뎌 굴헝에 서고라쟈(古時調. 뎌긔 섯는. 松江). 굴헝:壑(同文解上6).

②거리〔巷〕. ¶굴허에 ᄆᆞᄅᆞᆯ 디내샤:深巷過馬(龍歌48章). 기픈 굴허이 슬프고:窮巷悄然(初杜解21:41). 굴헝 항:巷(訓蒙上6). 굴헝에 법새 춤새는 못내 즐겨 ᄒᆞᄂᆞ다(古時調. 얼일샤 져. 靑丘).

굴헝ᄆᆞᆯ 명 구렁말. ¶굴헝ᄆᆞᆯ:栗色馬(譯解下28. 同文解下37. 漢淸14:21).

굴헝이 명 구렁이. ☞구령이 ¶굴헝이:蟒(同文解下42. 譯解補49. 漢淸14:40).

·굴·혈 명 굴혈(窟穴). ¶生死ㅅ 窟穴이 實로 이에 잇ᄂᆞ니라(楞解9:28). 窟穴은 굼기라(楞解9:28). 녯 사ᄅᆞᄆᆞᆫ 부톄오 驪龍ᄋᆞᆫ 無明이오 窟ᄋᆞᆫ 生死ㅅ 窟穴이라(南明下69). 굴혈의 나아가(太平1:33).

·굴ᄒᆞ·다 동 굴(屈)하다. ¶乃終내 屈티 아니ᄒᆞᆫ대(三綱. 忠20). 시혹 믈리 屈호려 ᄒᆞ며(圓覺下三之一55). 아디 몯ᄒᆞ야 제 屈ᄒᆞᄂᆞ니(六祖中53). 威武ㅣ 能히 屈티 몯홈이(宣孟6:7). ᄆᆞᄎᆞᆷ내 굴티 아니ᄒᆞ고(東新續三綱. 忠1:39). 칼홀 빼여 겁틱호ᄃᆡ 굴티 아니ᄒᆞᆫ대:拔劍劫之不屈(東新續三綱. 孝6:9). 종시 굴티 아니코 죽으니(山城3). 밧그로 天의 屈ᄒᆞ고 갓가(家禮6:17). ᄉᆞ정을 좃차 법을 굴치 말며(敬信60).

:굵·다 형 ①굵다. ¶杵는 방핫괴니 굴근 막다히 ᄀᆞᄐᆞᆫ 거시라(釋譜6:31). 모미 ᄀᆞ장 크고 다리 굵고 쁘리 놀캅더니(釋譜6:32). 부톄 도녀 諸國ᄋᆞᆯ 敎化ᄒᆞ샤 廣嚴城에 가샤 樂音樹 아래 겨샤 굴근 比丘 八千人과 ᄒᆞᆫ디 잇더시니(月釋9:5). 질삼의 굴그며 ᄀᆞᄂᆞ로ᄆᆞᆯ 톨히 너기고:甘紡績之粗細(宣賜內訓序6). 이 心珠ㅣ 本來 굴그며 ᄀᆞᄂᆞᆫ 두 惑이 업슬시 精麁ㅣ 굿다 니ᄅᆞ시니라(南明上23). 너므 굵다:忒麤(飜老上19). 굴글 추:麤(類合下48. 倭解下31). 굴근깁 데:綈. 굴근뵈 격:綌(訓蒙中30).

②크다. ¶기ᄅᆞ논 효ᄀᆞᆫ 즘싱과 굴근 즘싱도 이시며:孳畜頭口有來(飜老下48). 闍ᄋᆞᆫ 굴근지비라(阿彌8).

굵즈긔 부 굵직하게. ¶굵즈긔 여우메 奇異ᄒᆞᆫ 사ᄅᆞᄆᆞᆯ 보일디로소니:磊落見異人(重杜解3:65).

굶다 동 굶다. ¶呻吟ᄋᆞᆫ 굴머셔 알논 소리라(初杜解25:27). 人生애 定分ㅣ 인ᄂᆞ니 굴므며 비블오믈 엇디 可히 逃亡ᄒᆞ리오:浮生有定分飢飽豈可逃(重杜解1:30). 긔아적 굴머 줄여 죽을 사ᄅᆞᆷ 적은 칙(敬信42). 이시면 죽이요 업ᄉᆞ면 굴물망경(江村晩釣歌).

굶주리다 동 굶주리다〔飢〕. ¶비록 凶荒을 만나도 굶주리기ᄅᆞᆯ 근심티 아니ᄒᆞ고:雖遇凶荒不患飢饑(警民13).

·굸죠개 명 굴조개. 굴. 모려(牡蠣). ¶굸죠개:牡蠣(救簡3:56).

·굸죠개·분 명 굴조개 가루. ¶빅교향과 굸죠개분과 각각 ᄂᆞᆫ게 ᄂᆞᆫ화 ᄀᆞ라:白膠香牡蠣粉各等分爲末(救簡2:120).

굸죠갯거플 명 굴조개 껍데기. ¶굸죠갯거플 ᄉᆞ론 분과:牡蠣燒粉(救簡1:25).

굼 명 꿈. ¶샹시가 아니옵고 굼 갓타면 엇지할고(思鄕曲).

굼겁다 형 궁금하다. ¶그 간틱 보디 못ᄒᆞᄂᆞᆫ 일도 굼겁고 인경 밧 일인 줄 한심ᄒᆞ여(閑中錄232).

굼굼ᄒᆞ다 형 궁금하다. ¶년ᄒᆞ야 혼자 겨ᄋᆞᆸ시니 쳥티 못ᄒᆞ오니 굼굼ᄒᆞᄋᆞᆸ더이다(諺簡. 顯宗諺簡).

굼그로 명 구멍으로. 톡구무 ¶少康을 ᄡᅵ고 굼그로 나가(女四解4:60).

굼글 명 구멍을. 톡구무 ¶칩충을 헤치며 깃드린 거슬 놀내고 굼글 막으며(敬信3).

굼·긔 명 구멍에. 톡구무 ¶괴외호ᄆᆞᆫ 당당이 버믜 굼긔 니엣도다:靜應連虎穴(初杜解7:31). 곳굼긔 불오:吹入鼻中(救簡1:85). ᄒᆞᆫ 굼긔 들기로써 긔약ᄒᆞ더니:期以同穴(東新續三綱. 烈2:69).

굼ᄂᆞᆫ 동 굽는. ¶썩 굼ᄂᆞᆫ 편쇠:鏊子. 고기 굼ᄂᆞᆫ 섯쇠:炙床(譯解下13).

굼다 동 굶다. ¶길 우희 두 돌부텨 벗고 굼고 마조 셔셔(古時調. 鄭澈. 松江). 굼다:飢餒(漢淸6:65).

:굼벙 명 굼벵이. ☞굼벙이 ¶굼벙 爲螬螬(訓解. 用字). 굼벙의 부리ᄅᆞᆯ 헌 굼긔 다히고 빡으로 굼벙의 ᄭᅩ리ᄅᆞᆯ 뚜ᄃᆡ(救簡6:80).

※굼벙>굼벙이>굼벵이

:굼벙·의 명 굼벵이의. 〔'굼벙'+관형격조사 '-의'〕 톡굼벙 ¶굼벙의 부리ᄅᆞᆯ 헌 굼긔 다히고(救簡6:80).

:굼벙·이 명 굼벵이. ☞굼벙. 굼병이 ¶또 굼벙이ᄅᆞᆯ ᄀᆞ라 가시 우희 브티면 믄득 나ᄂᆞ니라:一方以蠐螬研爛傅之刺上立出(救急下6). 산 굼벙이:生蠐螬(救簡3:44). 굼벙이:蠐螬蟲(救簡6:80). 굼벙이 제:蠐. 굼벙이 조:螬(訓蒙叡山本上11). 굼벙이 졔:蠐(倭解下27). 굼벙이:蠐螬(柳氏物名二 昆蟲).

※굼벙이>굼벵이

굼병이 명 굼벵이. ☞굼벙이 ¶굼병이 조:螬(訓蒙上21).

굼일다 동 굼닐다. ¶지게를 버셔 노코 田間

의 굶일면서(萬言詞).

굶주리다 동 굶주리다. ¶사ᄅᆞᆷ이 비록 굶주려 流離ᄒᆞᆯ띠라도:人雖飢餓流離(警民11).

굼틀굼틀ᄒᆞ다 동 굼틀굼틀하다. ¶굼틀굼틀ᄒᆞ다:蜿蜒(同文解下42. 譯解補49). 굼틀굼틀ᄒᆞ다:曲動(漢淸14:40).

굼틀뒤틀 부 굼틀뒤틀. ¶굼틀뒤틀 뒤틀어져(古時調. 海謠).

·굽 명 굽〔蹄〕. ¶굽爲蹄(訓解. 用字). 새려 구블 팻도소니:新鑿蹄(初杜解22:30). ᄒᆞ나ᄒᆞᆫ 굽 ᄀᆞ리ᄂᆞᆫ 돌:一箇磨硯(飜老下9). ᄯᅩ 져기 굽 ᄀᆞ리기 ᄒᆞ더라:也有些撒蹄(飜朴上63). 굽 데:蹄(訓蒙下9. 類合上14. 倭解下24). 굽 ᄀᆞ리ᄂᆞᆫ 물:撒蹄馬(譯解下29). 굽ᄀᆞ리다:掃蹄(漢淸14:34).

굽거신 형 굽으신. ㉠굽다 ☞-거신 ¶福智俱足ᄒᆞ샤 브르거신 ᄇᆡ예 紅鞓 계우샤 굽거신 허리예(樂範. 處容歌).

굽걸오다 동 구부러져 걸리다. ¶굽걸온 藤이 얼켜고:纏着乞留曲律藤(朴解中32).

굽격지 명 진신. 굽 달린 나막신. ☞격지 ¶굽격지 보요 박온 잣딩이 무되ᄃᆞ록 ᄃᆞᆫ녀 보새(古時調. 鄭澈. 쉰 술 걸러. 松江). 처엄은 칼노 평격지를 믿ᄃᆞ라 주엇더니 졈졈 ᄒᆞ여 굽격지를 믿ᄃᆞ라 주다(癸丑216). 굽격지:屐(物譜 衣服).

굽구·뤼·다 동 구부러지다. ¶鸕鷀ᄂᆞᆫ 굽구뤼믌 ᄀᆞᆺ시셔 울오:鸕鷀號枉渚(初杜解7:26). 朔方은 詼諧호미 키 굽구뤼도다:方朔諧太枉(初杜解24:37). 져근 길흔 굽구뤼여 ᄆᆞᅀᆞᆯ히 ᄉᆞᄆᆞ찻도다:小徑曲通村(初杜解25:19). 滄江 흐르ᄂᆞᆫ 므리 굽구뤼오 브어 오놋다:屈注滄江流(重杜解13:10).

굽닐다 동 굼닐다. ¶白沙場 紅蓼邊에 구버기ᄂᆞᆫ 白鷺들아 口腹을 못 메워 더다지 굽니ᄂᆞᆫ다(古時調. 靑丘). 우리도 구복이 웬슈라 굽니러 먹네(古時調. ᄇᆡᆨ사장. 南薰).

:굽·다 동 굽다〔炙〕. ¶陶師ᄂᆞᆫ 딜엇 굽ᄂᆞᆫ 사ᄅᆞ미라(月釋2:9). 만히 머구ᄃᆡ 봇그며 구버 겨ᇫ 먹더니(月釋21:54). 구우미 ᄃᆞ외ᄂᆞ니라:爲炙(楞解8:106). 도렫고 흰 天南星을 져즌 죠희예 ᄡᅡ 구으니와:天南星濕紙裹煨(救急上1). 全蝎 두 나출 구어 더으라:加全蝎二枚炙(救急上2). 甘草를 굽고:甘草炙(救急上13). 술 더이고 生蛤 구어 오라 ᄒᆞᆫ대:䐖酒炙車螯(宣賜內訓1:67). 더오ᄆᆞᆫ 밤 구ᄫᅳᆯ 제 더ᄫᅳᆫ 氣韻이 소배 드러 ᄀᆞᆺ 심통애 들면 ᄲᅮᆨ 떠딜 씨니(蒙法44). 구은 甘草ㅅ ᄀᆞᄅᆞ(簡辟20). 죠히예 ᄡᅡ 구으니와:紙裹煨(救簡1:2). 젼갈 두 나출 구어 녀흐라:加全蝎二枚炙(救簡1:2). 믈 저져 구워:炮(救簡2:1). 구워 브티라:炮貼之(救簡6:67). 구운 그르시:瓷甖(初杜解15:32). 게유 구으니와:燒鵝(飜朴上4). 구은 구슬(老朴集下4). 구을 번:燔. 구울 자:炙. 구을 포:炮(訓蒙下13). 밤 구블 제 더븐 氣韻이 소배 드러(松廣寺蒙法34). 고기 굽다:燒肉(譯解上50). 구을 젹:炙(倭解上48). 굽다:燒了(同文解上60).

※'굽다'의 활용 [굽고/굽게/굽디…
구블/구본/구버…

굽·다 동 ①굽다〔屈. 曲〕. ¶無憂樹ㅅ 가지 굽거늘 어마님 자ᄇᆞ샤(月印上7). 그르 나며 굽디 아니ᄒᆞ며(釋譜19:7). 道ᄂᆞᆫ 本來 平ᄒᆞ며 곧거늘 妄ᄋᆞ로브터 굽ᄂᆞ니:道固坦直因妄而曲(楞解1:44). 그 身心을 보차 믈러 구부믈 내에 말라:惱其身心令生退屈(圓覺下三之二86). 믈러 굽게 ᄒᆞᄂᆞ니(圓覺下三之二87). 오직 ᄌᆞ오라셔 둥어리 ᄢᅬ오 갠 軒檻애 구벳노라:只睡炙背俯晴軒(初杜解8:47). 저홈 업슨 마ᄅᆞᆫ 구브며 빗디 아니ᄒᆞ니:無畏說不迂斜(南明上47). 福智 俱足ᄒᆞ샤 브르거신 ᄇᆡ예 紅鞓 계우샤 굽거신 허리예(樂範. 處容歌). 구블 왕:枉(訓蒙下29). 구블 왕:枉(類合下21). 구블 부:俯(訓蒙下27. 類合下5). 가히 것거도 가히 굽디 아니호미니:可折而不可屈(東新續三綱. 忠1:9). 葛巾을 기우 쓰고 구브락비기락 보ᄂᆞᆫ 거시 고기로다(松江. 星山別曲). 구불 굴:屈(倭解上29). 구불 부:俯(註千41). 등굽다:龜腰(同文解上19). 구불 곡:曲(兒學下8).

②구부리다. ¶毗闍耶ㅣ 깃거 부텻 알ᄑᆡ 굽거늘(釋譜24:8). 부톄 구브샤 바리로 바다시ᄂᆞᆯ(釋譜24:8). 과ᄀᆞᆯ이 허리 알파 굽도 젓도 몯 ᄒᆞ거든(救簡2:43).

굽·다 형 굽다〔屈. 曲〕. ¶눈 멀오 귀 먹고 등 구버:盲聾背傴(法華2:167). 구븐 남ᄀᆞ로 ᄆᆡᆼᄀᆞ론 그릇(宣賜內訓1:16). 道의 구버쇼ᄆᆞᆫ 네 엇뎨 ᄒᆞ리오:道屈爾何爲(初杜解20:48). 旌麾ㅣ 城府로 나오ᄆᆞᆯ 굽게 니부니:枉沐旌麾出城府(初杜解22:13). 굽은 일ᄋᆞᆯ 인슌티 말며:毋循枉(宣小3:12). 게얼리 이러 안져 굽은 다리 펴올 져긔(萬言詞). 고든 거슨 굽다 ᄒᆞ고 굽은 거ᄉᆞ로 곳다 ᄒᆞ며(敬信3).

굽슬굽슬ᄒᆞ다 형 굽슬굽슬하다. ¶굽슬굽슬한 털:捲毛(譯解補49. 漢淸14:24).

굽·슬·다 동 엎드리다. ☞구쁠다. 굿블다 ¶믄득 가아 울며 굽스러 닐오ᄃᆡ:遽往救之涕泣伏地告於兵曰(三綱. 烈28). 벼개예 굽스러셔 지즈로 ᄲᆞᆯ리 오니:伏枕因超忽(杜解3:8). 雲安縣에 벼개예 굽스러셔 白帝城에 올마와 사노라:伏枕雲安縣遷居白帝城(初杜解7:10). 바미 ᄆᆞᆺ도록 石閣애 굽스려슈라:竟夜伏石閣(初杜解9:1). 기동에 굽스렷ᄂᆞ

니를 周史를 듣노니:伏杜聞周史(初杜解20:27). 프른 싣나모 서리예 벼개예 굽스러셔 玉除를 限隔호라:伏枕青楓限玉除(初杜解21:18).

굽은ᄒᆞ·다 형 구붓하다. ☞구븐ᄒᆞ다 ¶나ᅀᅡ갈 제ᄂᆞᆫ 굽은ᄒᆞ고 믈러갈 제ᄂᆞᆫ 드ᄂᆞ니:進則揖之退則揚之(宣小3:18). 나아갈 제ᄂᆞᆫ 굽은ᄒᆞ고:進則揖之(明小3:18).

굽의굽의 부 굽이굽이. ¶어론님 오신 날 밤의 굽의굽의 펴리라(古時調. 黃眞伊. 冬至ᄯᆞᆯ. 海謠).

굽지지다 동 굽고 지지다. ¶블읫 ᄉᆞ로ᄂᆞᆫ 내 굽지지ᄂᆞᆫ 내 길롬의 쵸ᄒᆞᄂᆞᆫ 내 닛내:凡燒煮油炒烟臭(痘瘡方14).

굽푸리다 동 구푸리다. ¶물가의 굽푸려:匍伏(女四解4:28). 아모리 굽푸려도 잣바지니 엇지ᄒᆞ리(萬言詞).

굽·피·다 동 굽히다. ☞구피다 ¶대궐 문의 들으실시 몸올 굽피ᄃᆞ시 ᄒᆞ샤:入公門鞠躬如也(宣小2:38). 머리를 굽피고 ᄭᅩ리를 ᄂᆞ조기 ᄒᆞ고:俛首低尾(十九史略1:9).

굽히다 동 굽히다. ¶굽힐 굴:屈(兒學下8).

·굽힐·후·다 동 굽혔다 폈다 하다. 굴신(屈伸)하다. ¶또 ᄑᆞᆯ와 구브를 ᄲᅮᆺ츠며 굽힐훠 보라:仍摩捋臂腿屈伸之(救簡1:60).

굿 명 구덩이. ☞굳 ¶굿의 녀코:納之坑中(救荒15). 굿에 불 딛너 屍를 안히 노코:當燒坑置屍於內(無寃錄1:42). 굿 兩邊 相去 二三尺:坑兩邊相去二三尺(無寃錄1:42). ᄒᆞᆫ 굿올 ᄑᆞ이되:令掘一坑(無寃錄1:42).

·굿 명 굿. ¶어미 平生애 심방굿ᄲᅮᆫ 즐길씨(月釋23:68). 山ㅅ굿볏 겻더신ᄃᆞᆫ 鬼衣도 金線이리라(鄕樂. 儺禮歌). 동궁 위ᄒᆞ여 굿을 술을 ᄒᆞ라 ᄒᆞ며(癸丑9). 셰자 친영 구술 보려 ᄒᆞ오실 일이더니(癸丑52). 뭇 쇼경이 구슬 보니(古時調. 중놈은. 青丘). 동동 ᄒᆞ면 다 굿신가(普勸文附18). 빅셩이 다 구술 보되(女範2. 현녀 계숙슈녀). 시회굿 ᄀᆞᆺᄐᆞᆫ 것(敬信61).

굿 명 구석. ¶눈굿:眼角(訓蒙上25 目字註).

굿 부 굳이. ☞긋 ¶父母ㅣ 굿 얼우려 커늘:父母欲嫁强之(三綱. 烈12 李氏感燕). 예 도적이 드리텨 오나늘 자피여 어루려 커늘 굿 거슨대:倭寇本府林被執賊欲汚之林固拒(重三綱. 烈33).

굿것 명 귀신. 도깨비. ☞귓것 ¶굿것시 ᄇᆞ롬 애셔 뒷ᄑᆞ람 부ᄂᆞ니:魑魅嘯有風(重杜解1:21). 사호매 우니 새 굿거시 하도다:戰哭多新鬼(重杜解12:39).

굿게 부 굳게. ¶이 닐온 죵죵ᄒᆞᆫ 악의 속에 굿게 매치여(敬信36).

굿기다 동 머뭇거리다. 머무적거리다. ¶굿길 둔:迍(類合下29).

굿기다 동 궂기다. ¶닉인이 옥둥의 가 굿겨시니(癸丑188). 칠십 노인이 독ᄌᆞ를 굿겨시면(閑中錄502). 외오 굿겨 올히 굿겨 이 몸의 타실넌가(曺偉. 萬憤歌).

굿다 형 굳다. ¶대변이 굿고 몸이 더오락치오락ᄒᆞᄂᆞᆫ 증을 고티ᄂᆞ니라(辟新6). ᄯᅳᆺ을 딕희며 ᄆᆞᄋᆞᆷ을 굿게 ᄒᆞ야:守志堅心(女四解2:38). 신근이 원릭 깁지 못ᄒᆞ여 ᄒᆡᆼ셩이 일노ᄡᅥ 굿지 못ᄒᆞᆫ지라(敬信37).

굿다 형 궂다. ¶됴커나 굿거나 아룸답거나 아룸답디 아니커나(釋譜19:20). 날로 ᄒᆡ여 ᄆᆞᅀᆞ미 굿게 ᄒᆞᄂᆞ다:令我惡懷抱(初杜解22:31). 욋녁 엇게 이제 니ᄅᆞᄃᆞ록 날이 굿고져 ᄒᆞ면:左膊至今天欲陰則(太平1:27).

굿드리 부 구태여. 반드시. ¶굿드리 ᄆᆞᆯ 브리디 아니ᄒᆞ야두 무던ᄒᆞ니라:不必下馬可也(呂約23).

굿바얌 명 굿뱀. ☞굳ᄇᆡ얌 ¶굿바얌:土桃蛇(柳氏物名二 水族).

굿보다 동 구경하다. ¶언덕의 굿보ᄂᆞᆫ 사룸이 구룸 못ᄃᆞᆺ ᄒᆞ엿더라(太平1:13). 뎨 굿보라 왓더니(癸丑123). 본틱들을 굿보게 ᄒᆞ라 ᄒᆞ오시고(閑中錄38).

굿부다 형 구쁘다. 궁금하다. ¶주려 입 굿부다:熬淡了(漢淸6:65).

굿불다 동 엎드리다. 구푸리다. ☞굿브리다. 굿블다 ¶벼개예 굿부로니 눈므리 두 그제로다:伏枕淚雙痕(重杜解11:30).

굿브리다 동 엎드리다. 구푸리다. ☞굿불다. 굿블다 ¶이 時節에 青蒲애 굿브려셔:斯時伏青蒲(重杜解2:44).

굿·븐 동 엎드린. 구푸린. ㉮굿블다 ¶굿븐 ᄭᅯ을 모ᄃᆡ 놀이시니:維伏之雉必令驚飛(龍歌88章).

굿·블·다 동 엎드리다. 구푸리다. ☞구쁠다. 굿불다. 굿브리다 ¶굿븐 ᄭᅯ을 모ᄃᆡ 놀이시니:維伏之雉必令驚飛(龍歌88章). 굿브러 慈旨를 받ᄌᆞᆸ더라:伏受慈旨(楞解1:50). 모딘 즁싱 毒ᄒᆞᆫ 벌에 굼긔 수머 굿블며:惡獸毒蟲藏竄孔穴(法華2:127). 地中엣 한 굿브렛ᄂᆞᆫ 藏앳:地中衆伏藏(法華6:47). 나지 굿블오 바미 行ᄒᆞᄂᆞ나:晝伏夜行(圓覺下三之一154). 婦人은 사ᄅᆞ미게 굿브ᄂᆞᆫ 거시니:婦人伏於人也(宣賜內訓1:85). 새와 즘싱이 굿브렛ᄂᆞ니:鳥獸伏(初杜解8:59). 굿브러 請ᄒᆞ노니:伏請(金三2:67). 굿블 복:伏(光千6. 類合下5. 石千6). 잠간 굿브러 잇다가 도로 니러나미 ᄒᆞᄅᆞ거리 고곰 ᄀᆞᄐᆞ니:暫伏還起如隔日瘧(自警19). 잠을 굿브러 말며:寢毋伏(宣小3:9). 後에 또 ᄃᆞ리 아래 굿브러셔:後又伏於橋下(宣小4:33). 萬里예 고기와 龍ㅣ 두리여 굿블오:萬里魚龍伏(重杜解2:23). 굿브러 쳥ᄒᆞ노니 힝니ᄒᆞ쇼셔(桐

華寺 王郞傳3).

궃·블이·다 동 엎드리게 하다. 구푸리게 하다. ¶궃블여 그추믈 알에 ᄒᆞ시니:使知伏斷(法華2:152). 煩惱 궃블여 그추ᄃᆡ:伏斷煩惱(法華2:210). 方便力으로 그 ᄆᆞᅀᆞᄆᆞᆯ 부드럽게 궃블인 後에ᅀᅡ…그 ᄆᆞᅀᆞᄆᆞᆯ 질드려 궃블이시고ᅀᅡ:方便力柔伏其心然後…方便力調伏其心(法華2:252). 我ᄅᆞᆯ ᄃᆞᆺᄂᆞᆫ 根ᄋᆞᆯ 궃블여 涅槃相ᄋᆞᆯ 사ᄆᆞ며:伏我愛根爲涅槃相(圓覺下三之一44). 涅槃애 禁ᄒᆞ야 궃블요ᄆᆞᆯ 니버:被涅槃之所禁伏(六祖中87). 엇데 ᄒᆞ물며 다시 涅槃의 諸法을 禁ᄒᆞ야 궃블여 永히 나디 아니케 호ᄆᆞᆯ 니ᄅᆞ리오:何況更言涅槃禁伏諸法令永不生(六祖中90).

궃세다 형 굳세다. ☞굳세다. 궃셰다 ¶싁싁ᄒᆞ며 궃세여 方正ᄒᆞ거늘:嚴毅方正(重內訓3:14). 궃세다:剛强(漢淸6:32). 능히 부들업고 능히 궃세면:能柔能剛(三略上6). 잡념 업고 궃세여(閑中錄102). 굳셀 강:强(兒學下8). 깃거 닒고 외와 궃세게 준힝ᄒᆞᆯ 뜻이 잇더니(敬信40).

궃셰다 형 굳세다. ☞궃세다 ¶례를 아지 못ᄒᆞ야 언어를 궃셰게 ᄒᆞ야(女四解3:20).

궃이 부 굳게. ☞구디 ¶柳一枝 휘여다가 궃이궃이 미얏는듸(古時調. 長松으로. 海謠). 궃이 직희다:固守(漢淸4:30). 칼 허리ᄅᆞᆯ 궃이 잡고:牢執刀腰(武藝圖21).

궃틔여 부 구태여. ¶다 궃틔여 ᄒᆞ디 아니ᄒᆞᆯ 거시니:皆不必爲(警民35).

궃ᄒᆞ다 동 굿하다. ¶궃ᄒᆞ다:跳神(譯解上13. 同文解下11. 漢淸3:37).

궃ᄒᆞ야 부 구태여. ☞구틔여. 궃ᄒᆞ여 ¶방샤ᄅᆞᆯ 부러 출혀 오ᄅᆞ시게 궃ᄒᆞ야 니ᄅᆞ오니(新語6:15). 궃ᄒᆞ야 두시니 마디못ᄒᆞ여 두엇더니(新語8:1). 궃ᄒᆞ야 취어ᄒᆞ랴 自醉를 취홈이라(萬言詞).

궃ᄒᆞ여 부 구태여. ☞구틔여. 궃ᄒᆞ야 ¶이 알프란 궃ᄒᆞ여 숣거든(新語6:21). 궃ᄒᆞ여 칼노 디ᄅᆞ며(癸丑80). 궃ᄒᆞ여 光明ᄒᆞᆫ 날 빗출 덥퍼 무슴 ᄒᆞ리요(古時調. 李存吾. 구름이 無心탄. 歌曲). 궃ᄒᆞ여 닉 집으로 연분잇셔 와 계신가(萬言詞).

궃희여 부 구태여. ☞구틔여 ¶궃희여 이리 니를다:硬道是這們(朴解中57). 궃희여:何必(漢淸8:62).

궁 명 궁(宮). ¶太子ᄃᆞ히 시름ᄒᆞ야 宮의 도라와(釋譜1:37). 龍 잇ᄂᆞᆫ 모ᄉᆞᆫ 녯 宮에 ᄀᆞᄃᆞᆨᄒᆞ얫ᄂᆞ니라:龍池滿舊宮(初杜解6:11). 珍寶ᄅᆞᆯ 밧ᄌᆞᆸ던 宮의 臨ᄒᆞ얫ᄂᆞᆫ ᄃᆞᆺᄒᆞ도다:如臨獻寶宮(重杜解13:30).

궁:검 명 궁검(弓劍). 활과 검. ¶弓劍 ᄎᆞᅀᆞᆸ고 左右에 좇ᄌᆞᄫᆞ니:常佩弓劍 左右昵侍(龍歌55章).

궁곤히 부 궁곤(窮困)히. ¶내조쳐 일 두위이저 ᄂᆞᄌᆞ기 드리워 더운 病ᄒᆞᆫ ᄡᅡ해 窮困히 ᄃᆞᆫ니니라(重杜解24:29).

궁:곤·ᄒᆞ·다 형 궁곤(窮困)하다. ¶더욱 窮困ᄒᆞ야 四方애 ᄃᆞᆫ녀 옷밥 求ᄒᆞ야(月釋13:6). 나히 ᄒᆞ마 長大ᄒᆞ야 더욱 ᄯᅩ 窮困ᄒᆞ야 四方애 ᄃᆞᆫ녀 옷밥 求ᄒᆞ다가(法華2:183). 내 道ㅣ 窮困ᄒᆞ니(重杜解1:24). 엇데라 옷과 밥과애 窮困ᄒᆞ야 ᄂᆞᆾ비치 ᄆᆞᅀᆞ메 맛게 인 이리 져그니오(重杜解16:19). 궁곤ᄒᆞᆫ ᄇᆡᆨ셩의(仁祖行狀6). 가음열믈 미더 궁곤ᄒᆞᆫ 이ᄅᆞᆯ 업수이 넉이지 말며(敬信10).

궁·구ᄒᆞ·다 동 궁구(窮究)하다. ¶네 이제 無上菩提 眞發明性을 窮究코져 ᄒᆞᆯ딘댄(楞解1:44). 세히 和合ᄋᆞᆯ 因ᄒᆞ니 窮究컨댄 本來 제 體 업슬ᄊᆡ(楞解6:60). 一乘을 기피 窮究ᄒᆞ며:窮究ᄂᆞᆫ 다ᄃᆞᆯ게 알 씨라(法華序21). 네 法華 妙旨ᄅᆞᆯ 窮究ᄒᆞ다가 普賢ㅅ ᄀᆞᄅᆞ치샨 마ᄅᆞᆯ 親히 感動ᄒᆞ야(金三2:67). 法 허논 因緣ᄋᆞᆫ 苦로외야 窮究티 어려우니라(南明下34). 句句마다 궁구ᄒᆞ야:句句理(飜小8:32). ᄎᆞ자 ᄉᆡᆼ각ᄒᆞ야 궁구ᄒᆞᄂᆞ니ᅀᅡ:尋思推究者(飜小8:37). 理ᄅᆞᆯ 궁구ᄒᆞ며 몸ᄋᆞᆯ 닷고믄:窮理修身(宣小題辭3). ᄉᆡᆼ각ᄒᆞ며 궁구ᄒᆞᄂᆞ니(宣小5:116). 궁구ᄒᆞᆯ 구:究(倭解下42). 造物의 情狀을 뉘라셔 窮究ᄒᆞᆯ고(曺友仁. 關東續別曲).

궁궁 명 궁궁(芎藭)이. ☞궁궁이 ¶거믄 피 吐호ᄃᆡ ᄑᆞᆺ 汁 ᄀᆞᄐᆞ닐 고티ᄂᆞ니 芎藭과 當歸와 白芍藥과 百合 므레 저지니와(救急下22). 芎藭 白芷 藁本 각각 ᄆᆞᆫ게 골오 ᄂᆞᆫ화(瘟疫方15). 궁궁:川芎(濟衆).

궁궁이 명 궁궁이. ¶궁궁잇불휘:川芎(救簡6:78). 궁궁이와 셰심과 두야머조자기과 숑의맛불휘와ᄅᆞᆯ(牛疫方7). 궁궁이 닙:蘼蕪(物譜 藥草). 궁궁이:芎藭(柳氏物名三 草) 궁궁이 궁:芎(兒學上5).

궁궁·잇불·휘 명 궁궁이 뿌리. ¶궁궁잇불휘:芎藭(救簡1:25). 궁궁잇불휘ᄅᆞᆯ ᄀᆞᄂᆞ리 사ᄒᆞ라:京芎 細剉(救簡2:8).

궁극히 부 궁극(窮極)히. 끝끝내. ¶도적을 모범ᄒᆞ여 궁극히 ᄎᆞᆺ다가 도적 만나 쟝ᄎᆞᆺ 더러요려 ᄒᆞ거늘:冒賊窮尋遇賊將汚(東新續三綱. 烈6:21). 폐해 반ᄃᆞ시 궁극히 ᄎᆞ즐쟉시면(山城102).

궁극ᄒᆞ다 명 궁극(窮極)하다. ¶셩 안해 냥식이 다ᄒᆞ고 힘이 궁극ᄒᆞ니라:城內食盡力窮(東新續三綱. 忠1:4).

궁글 명 구멍을. ¶神仙의 궁글 드위터 뮈워:飜動神仙窟(重杜解21:20). 가슴에 궁글 둥시러케 ᄯᅮᆯ고(古時調. 靑丘). 가삼이 터지오니 터지거든 궁글 ᄯᅮ러(萬言詞).

궁글·다 형 비다. ¶숩 궁근 남긔 ᄀᆞ온 믈:

樹空中水(救簡6:85). 솝 궁근 남긔 고왓ᄂᆞᆫ 므레 계피ᄅᆞᆯ 시서:樹空中水洗桂(救簡6:85). 속 궁그다:心空(同文解下54. 譯解補55).

궁글리다 동 굴리다. ¶가히 궁글리며:可轉(女四解2:12).

궁:금 명 궁금(宮禁). 궁궐(宮闕). ¶宮禁이 至極 重커늘(宣賜內訓2下11). 宮禁에셔 다ᄉᆞ리샤ᄆᆞᆯ 周密히 ᄒᆞ시니 台階여셔 翊戴호ᄆᆞᆯ 오로 ᄒᆞᄂᆞ다(重杜解20:5).

궁긔 명 구멍의. ¶어름 궁긔 잉어 잡아(쌍벽가).

궁·녀 명 궁녀(宮女). ¶宮女로 놀라샤미 宮監ᄋᆡ 다시언마ᄅᆞᆫ(龍歌17章). 宮女ㅣ 새배 새야오ᄆᆞᆯ 알오:宮女曉知曙(初杜解6:17). 宮女ㅣ 函ᄋᆞᆯ 여러 님굼 돗긔 갓가이 노ᄉᆞᆸᄂᆞ다:宮女開函近御筵(重杜解21:11).

궁달 명 궁달(窮達). ¶窮達이 길이 달라(蘆溪. 船上嘆). 窮達 浮雲ᄀᆞ치 보아(古時調. 權好文. 松岩續集).

궁:뎐 명 궁전(宮殿). ¶여슷 하ᄂᆞ래 宮殿이 싁싁ᄒᆞ더라(釋譜6:35). 宮殿은 지비라(月釋1:50). 그 宮殿이 緣故 업시 믈어디여(楞解9:47). 어느 님굼 宮殿고 기튼 지슨 거시 노ᄑᆞᆫ 石壁ㅅ 아래로다(初杜解6:1).

궁동이 명 궁둥이. ¶볼기 ᄉᆞ이 엿고 궁동이 열오면 다ᄉᆞᆺ 노티 마니라(馬解上10).

궁둥이 명 궁둥이. ¶궁둥이:外胯(同文解上16). 궁둥이:胯(漢清5:54).

궁둥이다올뼈 명 넓적다리뼈. ¶궁둥이다올뼈:棒子骨(漢清12:29).

궁둥이뼈 명 궁둥이뼈. ¶궁둥이뼈:胯骨(漢清5:56).

궁둥치 명 궁둥이. ¶네 소 궁둥치헤 걸쳐다가 주렴(古時調. 綠楊芳草岸에. 青丘).

궁듕 명 궁중(宮中). ¶王ㅅ 宮中에 五百 夫人이 잇ᄂᆞ니(釋譜11:33). 宮中은 宮 안히라(月釋2:31). 闥門ᄋᆞᆫ 宮中엣 져근 門이라(楞解6:34). 宮中에셔 미양 나:宮中每出(初杜解6:7). 다ᄆᆞᆫ 다 그 宮中에 取ᄒᆞ야 用티 아니ᄒᆞ고(宣孟5:20). 궁듕의셔도 뉴가ᄅᆞᆯ 의심ᄒᆞ더라(西宮日記上1). 宮中엣 오시 또 일우미 잇ᄂᆞ니(重杜解11:23). 금반의 담아 궁듕의 두면(明皇1).

궁듕낄 명 궁중(宮中) 길. 대궐 안의 길. ¶궁듕낄 곤:壼(類合下9).

궁ᄃᆡ 명 궁대(弓袋). 활집. ¶또 화살 녀흘 궁ᄃᆡ 동개 사져:再買這弓箭撒袋(飜老下32). 궁ᄃᆡ 고:櫜. 궁ᄃᆡ 건:鞬. 궁ᄃᆡ 독:韣. 궁ᄃᆡ 턍:韔(訓蒙中29). 궁ᄃᆡ 동개:弓箭撒帒(譯解上21).

궁문 명 궁문(宮門). ¶궁문 위:闈. 궁문 달:闥(類合下36). 虢國ㅅ 夫人ㅣ 님금 恩惠ᄅᆞᆯ 닙ᄉᆞ와 ᄇᆞᆰ기예 ᄆᆞᆯ 타 宮門으로 드ᄂᆞ다(重杜解24:10).

궁민 명 궁민(窮民). ¶이 四者ᄂᆞᆫ 天下의 窮民이오(宣孟2:19).

궁·박ᄒᆞ·다 형 궁박(窮迫)하다. ¶더브러 셔셔 말ᄒᆞ리 업스리니 그 窮迫호ᄆᆞᆯ 어루 알리로다(金三2:15). 가난ᄒᆞ고 궁박ᄒᆞ여:貧窮(宣小6:19). ᄒᆞᆫ갓 時人ㅣ 슬흘 ᄲᅮᆫ 아니라 오직 당당이 우리 道ㅣ 窮迫ᄒᆞ리로다(重杜解24:58). 형셰 궁박ᄒᆞ여(山城51). 만일 ᄒᆞᆫ 窮迫ᄒᆞᆫ 일이 나면(捷蒙2:12). 그 즁 냥반 부녀들의 궁박ᄒᆞ고 홀노 된 쟤 임의 브르지져 발궐ᄒᆞ기 어렵고(綸音212).

궁·발 명 궁발(窮髮). 초목이 나지 않는 불모(不毛)의 땅. ¶聲教ㅣ 너브실씨 窮髮이 編戶ㅣ러니(龍歌56章).

궁산 명 궁산(窮山). 궁벽한 산골. ¶窮山ᄋᆡ 혼자 누어 往事를 省覺ᄒᆞ니(陶山別曲).

궁셩 명 궁성(宮城). ¶바ᄆᆡ 宮城 나ᄆᆞ샤(月釋21:196).

궁소 명 활의 뼈대. ¶궁소:弓胎(譯解補16). 궁소 믿드다:砍弓胎(漢清5:14).

궁슈 명 궁수(弓手). ¶그 도ᄌᆞ기 즉재 ᄒᆞᆫ 弓手를 살 혀 노하 ᄡᅩ니(飜老上30). 그 살 마즌 弓手를 보니(飜老上30).

궁실 명 궁실(宮室). ¶녜 周國이 亡ᄒᆞ야 宮室이 다 반 ᄃᆞ외야(南明上17). 宮室을 ᄂᆞᆽ게 ᄒᆞ시고 힘을 溝洫애 다ᄒᆞ시니(宣論2:37). 暴君이 代로 作ᄒᆞ야 宮室을 壞ᄒᆞ야(宣孟6:27). 宮室을 지오ᄃᆡ:爲宮室(宣小2:50). 누ᄃᆡ와 궁실이 화려ᄒᆞ야(太平1:48).

궁싄 명 궁인(宮人). ¶비록 宮人隷役이라도(宣賜內訓2下11). 宮人이 請ᄒᆞ야 ᄉᆞᆯ오ᄃᆡ 宮中에 사ᄅᆞ미 하니 聖體 잇비 마ᄅᆞ쇼셔(宣賜內訓2下48). 발 아래ᄂᆞᆫ 宮人이 나셔 보고(初杜解6:13).

궁진 명 궁진(窮盡). ¶이 구스리 ᄉᆞᄆᆞᆺ ᄇᆞᆯ가 서르 그리메ᄅᆞᆯ 나토아 그리메 또 그리멜 나토아 窮盡이 업스니라(圓覺上一之一76).

궁진이 부 궁진(窮盡)히. ☞궁진히. 궁진ᄒᆞ다 ¶궁진이 ᄒᆞ야(山城). 궁진이 힐문ᄒᆞ다:窮詰(漢清7:12).

궁진히 부 궁진(窮盡)히. 남김없이. 샅샅이. ☞궁진이 ¶최시 간 ᄃᆡᄅᆞᆯ 궁진히 ᄎᆞ자(太平1:21).

궁진ᄒᆞ다 동 궁진(窮盡)하다. 다하여 없어지다. ¶힘이 궁진호ᄃᆡ 굴티 아니코 주그니라:力窮不屈而死(東新續三綱. 忠1:49). 궁진케 ᄒᆞᄂᆞ니(山城). 남의 긔물을 손상ᄒᆞ야 남의 ᄡᅳᆯ 거ᄉᆞᆯ 궁진케 ᄒᆞ며(敬信4).

궁츈 명 궁춘(窮春). ¶므ᄉᆞᆷ 남은 곡식이 이셔 능히 궁츈에 미츠리오(綸音210).

궁품 명 궁품(弓品). 활을 쏘는 품. ¶궁품 죳타:弓式好(譯解補15). 弓品 죳타:樣子好

(漢淸4:42).

궁핍ᄒᆞ·다 형 궁핍(窮乏)하다. ¶識ᄒᆞᄂᆞᆫ 밧 窮乏ᄒᆞᆫ 者ㅣ 나ᄅᆞᆯ 得홈을 爲ᄒᆞ얀뎌(宣孟11:26). 친구 궁핍ᄒᆞᆫ 쟈ᄅᆞᆯ ᄡᅳ이며 주어 싱리ᄒᆞ야 ᄌᆞ싱케 ᄒᆞ며(敬信78). 질녀의 나히 어려시나 궁핍ᄒᆞ기 극ᄒᆞ여(落泉1:2).

궁합 명 궁합(宮合). ¶궁합 마초다:合庚(同文解上52).

궁흉ᄒᆞ다 형 궁흉(窮凶)하다. ¶궁흉ᄒᆞᆫ 소치니(閑中錄504).

궁·히 부 궁(窮)히. 궁하게. ¶비록 窮히 居ᄒᆞ나 損티 아니ᄒᆞᄂᆞ니(宣孟13:15).

궁ᄒᆞ·다 형 ①궁(窮)하다. ¶그 龍이 窮ᄒᆞ야 갈 ᄃᆡ 몰라(南明上69). 窮ᄒᆞᆫ 시르메 醉ᄒᆞ야 ᄭᅵ디 몯ᄒᆞ얫노라:窮愁醉未醒(初杜解6:20). 君子ㅣ ᄯᅩᄒᆞᆫ 窮홈이 인ᄂᆞ니잇가(宣論4:2). 道ㅣ 前에 定ᄒᆞ야시면 窮티 아니ᄒᆞᄂᆞ니라(宣中31). 사오나온 바븐 녯 나ᄅᆞᆯ 브터고 窮ᄒᆞᆫ 시르므란 이 ᄠᅳᆯ 佐異히 너기노라(重杜解20:28). 이우러 ᄠᅳ드로미 되어ᅀᅡ 궁ᄒᆞᆫ 지븨셔 슬허ᄒᆞᆫ돌:遂成枯落悲歎窮廬(飜小6:17). 궁ᄒᆞᆫ 사ᄅᆞᆷ을 거느리치며 업서 ᄒᆞᄂᆞᆫ 사ᄅᆞᆷ을 에엿비 너기던:賙窮卹匱(飜小8:27). 궁ᄒᆞᆫ 집의셔 슬탈ᄒᆞᆫ돌(宣小5:16). 궁ᄒᆞᆯ 궁:窮(倭解下39). 궁ᄒᆞᆯ 곡:谷(註千10). 세인이 악 짓기ᄂᆞᆫ 궁ᄒᆞ야 그치미 이슬시 업스믈 슬어ᄒᆞᄂᆞ니(敬信13). 궁할 궁:窮(兒學下7). 긔강이 날로 처지며 민싱이 날로 궁ᄒᆞ니(綸音24).
②궁구(窮究)하다. ¶知를 致홈이 物을 格홈애 잇다 홈은 내의 知를 致코져 ᄒᆞᆯ딘댄 物에 卽ᄒᆞ야 그 理ᄅᆞᆯ 窮홈애 이쇼믈 니ᄅᆞ니라(宣大10).

궂·다 형 ①궂다. ¶아뫼나 ᄯᅩ 사ᄅᆞ미 모딘 ᄭᅮ믈 어더 구즌 相ᄋᆞᆯ 보거나(釋譜19:23). 구즌 가포ᄆᆞᆯ 얻ᄂᆞ니라(月釋序3). 欲漏ᄂᆞᆫ 멀텁고 구저 能히 微妙히 븗고ᄆᆞᆯ 막ᄂᆞ니(楞解1:42). 됴ᄒᆞ며 구즌 業緣으로 果報 受호ᄆᆡ 됴ᄒᆞ며 구주믈 예셔 다 보며:善惡業緣受報好醜於此悉見(法華1:69). 내게 구지 ᄒᆞᆯ 싸ᄅᆞ매 내 ᄯᅩ 이대 호리라:於我惡者吾亦善之(永嘉下121). 구즌 길:惡道(阿彌11). 누네 구즌 비츨 보디 아니ᄒᆞ시며:目不視惡色(宣賜內訓3:9). 구즌 ᄡᆞᆯ바배 곳다온 마시 더으니:飯糲添香味(初杜解22:20). 구즐 흉:凶(類合下57). ᄯᅩᆼ이 ᄃᆞᆯ며 ᄡᅳ믈 맛보와 됴ᄒᆞ며 구ᄌᆞᆷ 점복ᄒᆞ고:嘗糞甜苦以占吉凶(東新續三綱. 孝6:81). ᄒᆞ다가 ᄆᆞ리 됴홈 구주므란:如馬好歹(飜老下19). 이 ᄡᆞᆯ이 구즈니:這米麤(朴解中7). 머흔 일 구즌 일 널로 ᄒᆞ여 다 닛거든(古時調. 鄭澈. 내 말. 靑丘).
②어리석다. ¶구즐 치:蚩(訓蒙下33). 됴홈

구즘을 니ᄅᆞ디 말고 받ᄉᆞᆸ노(重新語4:23).

궉·진 명 매의 한 가지. ¶궉진:白角鷹(訓蒙上15 隼字註). 궉진:白角鷹(譯解下25).

권간 명 권간(權奸). ¶충신이 쇽절업시 권간의 손의 ᄶᅥ러져(落泉1:1). 양공의 권간의 손의 드러 죽게 되믈(落泉1:1).

권계ᄒᆞ다 동 권계(勸戒)하다. ¶향약과 률법을 강론ᄒᆞ야 우인ᄅᆞᆯ 권계ᄒᆞ며(敬信64).

:권·권·이 부 권권(卷卷)이. 책권(冊卷)마다. ¶칙을 권권이 흐러ᄇᆞ려 만히 아희며 죵의 더러이미 도ᄋᆡ며:分散部秩多爲童幼婢妾所點汚(飜小8:39).

권긔ᄒᆞ다 형 권기(權奇)하다. 뛰어나다. ¶倜儻ᄒᆞ며 權奇호ᄆᆞᆯ 다 닐오미 어렵도다(重杜解17:26).

권념ᄒᆞ다 동 권념(眷念)하다. ¶지아비ᄂᆞᆫ 모로미 계집을 권념ᄒᆞ고 계집은 모로미 지아비를 슌죵ᄒᆞ야(警民2).

:권·당 명 권당(眷黨). 친척(親戚). ¶그 권당의게 더욱 恩義를 곡진히 ᄒᆞ야(飜小9:36). 권당 쳑:戚(類合下16). 동셩 권당 친히 홈과(宣小1:11). 箕子ᄂᆞᆫ 紂의 권당이라:箕子者紂親戚也(宣小4:24). 친ᄒᆞ온 권당ᄃᆞ려(恩重7). 권당ᄃᆞᆯ히 돈 삼만ᄂᆞᆯ 모도와 주니:親族裒錢三萬遺(二倫40). 主婦ㅣ 亞獻ᄒᆞ고 권당이나 손이나 終獻ᄒᆞ며(家禮9:16). 이 네 권당가:是你親眷那(老解上14). 이 쟉도ᄂᆞᆫ 이 우리 권당의 집 거시니:這劄刀是我親眷家的(老解上17). 권당:親眷(譯解補33). 권당 쇽:屬(註千34). 슉진이 가희 권당이니(癸丑80). 이러면 ᄂᆡ일 너ᄅᆞᆯ ᄎᆞ자 店에 가셔 져 眷儻과 ᄒᆞᆫ가지로 ᄒᆞ두 盞 술을 먹자(蒙老5:9).

권도 명 권도(權道). ¶권도로 ᄉᆞ당을 제 집의 셰우고:權立祠于其家(東新續三綱. 孝6:41). 正官이 특별이 싱각ᄒᆞ시고 권도로 ᄒᆞ여 주마 ᄒᆞ시니(隣語4:3).

:권·딜 명 권질(卷帙). ☞권질 ¶권딜을 흐터 만히 아히와 종ᄃᆞᆯ히 더러인 배며:分散部秩多爲童幼婢妾所點汚(宣小5:117).

권련ᄒᆞ다 동 권련(眷戀)하다. ¶ᄀᆞ장 권련ᄒᆞ다:貪戀(漢淸6:58). 遲遲ᄒᆞᆫ 行色이 眷戀ᄒᆞ다 어이 ᄒᆞ리(辛啓榮. 月先軒十六景歌).

:권·말 명 권말(卷末). ¶이 經 翻譯호ᄃᆡ 囑累ᄅᆞᆯ 옮겨 卷末애 두니(法華6:119).

권면ᄒᆞ다 동 권면(勸勉)하다. ¶처어믈 正히 ᄒᆞ야 勸勉호ᄆᆞᆯ 貞正히 ᄒᆞ니라(重杜解24:35). 얼운에 어딘 덕 인ᄂᆞᆫ 사ᄅᆞᆷ이 서ᄅᆞ 권면ᄒᆞ며 챵솔ᄒᆞ여(警民25). 王事ᄅᆞᆯ 供ᄒᆞ고 도라오라 권면ᄒᆞ니라(女四解4:31). 지현이 지삼 권면ᄒᆞ고 닐오ᄃᆡ 내 일작 경ᄉᆞ의 이실 제(落泉2:6).

권모 명 골무떡. ☞곤무 ¶무근 히 보ᄂᆡ올 제 시름 함ᄭᅴ 餞送ᄒᆞ자 흰 권모 콩 仁絶味(古時調. 靑丘).

권:변 [명] ①권변(權變). 임기 응변으로 일을 처리함. ¶方便은 權變이라 ᄒᆞᄃᆞᆺ ᄒᆞᆫ 마리니 諸法을 工巧히 ᄡᅥ('ᄡᅧ'의 誤記) 機ᄅᆞᆯ 조차 衆生ᄋᆞᆯ 利케 ᄒᆞᆯ 씨라 權은 저욼 ᄃᆞ림쇠니 ᄒᆞᆫ 고대 固執디 아니ᄒᆞ야 나ᅀᅩ믈림ᄒᆞ야 맛긔홀 씨오 變은 長常 固執디 아니ᄒᆞ야 맛긔 고틸 씨라(釋譜13:38). ②권모(權謀). ¶지죄 업ᄉᆞ면 엇디 능히 인심을 혹ᄒᆞᄂᆞᆫ 권변을 도적ᄒᆞ리오(經筵). 후마의 권변의 ᄡᅳ더 심곡을 드러내여 죵용히 니ᄅᆞᄃᆡ(落泉1:2).

권:셔 [명] 권세(權勢). ¶부형의 권셔를 의거ᄒᆞ야 됴ᄒᆞᆫ 벼슬 호미 두 가짓 됴티 아니ᄒᆞᆫ 이리오(飜小8:12). 父兄의 권셔를 의지ᄒᆞ야:席父兄之勢(宣小5:92).

권션ᄒᆞ다 [동] 권선(勸善)하다. ¶또 권션ᄒᆞ여 ᄒᆞᆫ가지로 베퍼심으로 내 임의 텬당의 오로고(敬信41).

권:셰 [명] 권세(權勢). ¶이 곧ᄒᆞᆫ 사ᄅᆞᆷᄃᆞᆯᄒᆞᆫ 權勢롯 아랠 通히 ᄀᆞᄅᆞ치시니라(法華5:14). 소ᄂᆞᆯ 뗘면 어루 더울 덧ᄒᆞᆫ 權勢ㅣ 무레 그츠니:炙手可熱勢絶倫(重杜解11:18). 은통과 권셰 셩ᄒᆞ며 빗남의 요괴로움이:恩權隆赫之妖(宣小6:117). 권셰 권:權(倭解下37). 권셰ᄅᆞᆯ 도적ᄒᆞᆫ즉 뜻을 방ᄌᆞ히 ᄒᆞ야(經筵). 권셰ᄅᆞᆯ 의지ᄒᆞ야 션량ᄒᆞᆫ 이ᄅᆞᆯ 욕ᄒᆞ지 말며(敬信10).

:권:쇽 [명] 권속(眷屬). ¶眷屬ᄋᆞᆫ 가시며 子息이며 죵이며 집앐 사ᄅᆞᄆᆞᆯ 다 眷屬이라 ᄒᆞᄂᆞ니라(釋譜6:5). 여듧 炎火地獄이 眷屬ᄃᆞ외야 잇고(月釋1:29). 다ᄉᆞᆺ 眷屬이 여희여 흘러 갈 시라(南明上62). 한 眷屬과 다 三昧예 드르샤(圓覺序51). 여러 권쇽ᄃᆞᆯ콰 혀근 아히ᄃᆞᆯ콰 아랫사ᄅᆞᆷᄃᆞᆯ 니ᄅᆞ리:大小家眷小娃娃們以至下人們(飜朴上51). 권쇽 권:眷(訓蒙上31. 類合上20).

권유 [명] 권유(勸誘). ¶남의 우환 이스믈 보매 잘 권유 위로ᄒᆞ며(敬信77).

권유ᄒᆞ다 [동] 권유(勸誘)하다. ¶리시 일즉 권유ᄒᆞ되 듯지 아니터니(敬信15).

권장이 [명] 곤쟁이. ☞권쟝이 ¶비부른 올창이 공지 결레 만흔 권장이(古時調. 바독걸쇠. 海謠).

권쟝 [명] 권장(勸奬). ☞권쟝ᄒᆞ다 ¶권쟝 쟝:奬(類合下22).

권쟝이 [명] 곤쟁이. ☞권장이. 권쟝이젓 ¶권쟝이:鹵鰕(譯解補31). 권쟝이:紫鰕(柳氏物名二 水族).

권쟝이젓 [명] 곤쟁이젓. ¶권쟝이젓:鹵鰕(柳氏物名二 水族).

권쟝ᄒᆞ다 [동] 권장(勸奬)하다. ¶권쟝ᄒᆞ다:勸勉(同文解上42). 녯 宋 仁宗이 사ᄅᆞᆷ을 勸奬ᄒᆞᄂᆞᆫ 글에 닐러시되(捷蒙1:11). 착ᄒᆞᆫ 일을 권쟝ᄒᆞᄋᆞᆸ고 사오나온 일을 징계ᄒᆞᄋᆞᆸᄂᆞᆫ 말슴과 일을 긔록ᄒᆞᆫ 칙이오매(敬信序1).

권질 [명] 권질(卷帙). ☞권딜 ¶분류ᄅᆞᆯ 널니ᄒᆞ며 권질이 호번ᄒᆞ매 왕왕 두로 다 보기 어려워(敬信84).

:권·ᄌᆞ [명] 탕관(湯罐). ¶권ᄌᆞ애 탕 ᄡᅧ 가져:罐兒裏將些湯(飜老上43).

권하다 [동] 권(勸)하다. ☞권ᄒᆞ다 ¶권할 권:勸(兒學下12).

:권·ᄒᆞ·다 [동] 권(勸)하다. ¶甘露ᄅᆞᆯ 勸ᄒᆞᅀᆞᄫᆞ니(月印上25). 無上正眞道理ᄅᆞᆯ 勸ᄒᆞ시더라(釋譜3:p.38). 이제 有情을 勸ᄒᆞ야 燈 혀며(釋譜9:38). 阿輸迦王ᄋᆞᆯ 勸ᄒᆞ야(釋譜23:32). 本ᄋᆞᆯ 나토샤 디뉴믈 勸ᄒᆞ샤미니(法華5:126). 삼가 머리 ᄂᆞ라가디 말라 勸ᄒᆞ노라(杜解15:5). 너ᄅᆞᆯ 勸ᄒᆞ노니 이제브터 얻디 마롤디어다(南明上36). 大師ㅣ 샹녜 僧과 俗ᄋᆞᆯ 勸ᄒᆞ샤ᄃᆡ(六祖上5). 種種若口ᄒᆞ샤 勸ᄒᆞ야 그치게 ᄒᆞ시니(六祖中62). ᄀᆞ장 권ᄒᆞ여 보내라 ᄒᆞ야(飜小9:13). 힝실이 닷ᄀᆞᆫ이 잇거든 마자 블러오며 권ᄒᆞ야 보내게 ᄒᆞ야(宣小6:11). 民으로 ᄒᆞ여곰 敬ᄒᆞ며 忠ᄒᆞ며 ᄡᅥ 勸케 호ᄃᆡ 엇디ᄒᆞ리잇고(宣論1:16). 賢을 勸ᄒᆞᄂᆞᆫ 배오(宣中29). 권ᄒᆞᆯ 권:勸(類合下34. 石千29). 흔이ᄅᆞᆯ 권ᄒᆞ야 ᄀᆞ마니 도라보내니(東三綱. 忠1). 도ᄅᆞ혀 밥 더 머그라 勸호ᄆᆞᆯ 듣노라(重杜解4:9). 杜康ᄋᆡ 밍ᄀᆞ론 술로 ᄀᆞ장 잇비 勸ᄒᆞᄂᆞ니(重杜解9:13). 날을 권ᄒᆞ야 긔약만 ᄒᆞ라 ᄒᆞ니(仁祖行狀33). 밧드러 女子들을 권ᄒᆞ노니(女四解2:36). 나의 권ᄒᆞᄂᆞᆫ 일이오니 이 一盞은 자ᄋᆞᆸ소(重新語2:15). 그리 醉ᄒᆞᆫ 사ᄅᆞᆷᄃᆞ려 우격으로 부ᄃᆡ 권ᄒᆞ려 ᄒᆞ다가는(隣語1:4). 一杯薄酒ᄅᆞᆯ 勸ᄒᆞᄋᆞᆸ더니(隣語1:9). 이제 셰샹 사ᄅᆞᆷ을 권ᄒᆞ노니(敬信7). 쇼졔 ᄆᆞ양 자며 싱을 권ᄒᆞ여(落泉1:2). 술 권ᄒᆞᆯ 슈:酬(兒學下6).

·궐 [명] 궐(厥). ¶厥ᄋᆞᆫ 손발 ᄎᆞ고 脉 그츤 病이라(救急上2).

궐냑ᄒᆞ다 [동] 궐략(闕略)하다. 생략하다. ¶어버이 늘그심애 공양이 궐냑호미 만흐며:親老而供養多闕(警民22).

궐번ᄒᆞ다 [동] 궐번(闕番)하다. 번을 거르다. ¶궐번ᄒᆞ다:跳班(漢淸3:2). 궐번ᄒᆞ고 미조차 드다:補(漢淸3:3).

·궐ᄒᆞ·다 [동] 궐(闕)하다. ¶이런ᄃᆞ로 中間ㅅ 셧구멘 闕ᄒᆞ니라(楞解4:98). 禮ᄅᆞᆯ 闕티 마롤띠니(永嘉上16). 朔望祭와 薦新을 궐티 아니ᄒᆞ며:朔望必祭時物必薦(續三綱. 孝6). 해 드러 疑를 闕ᄒᆞ고 그 남으니를 삼가 니르면 허믈이 젹으며(宣論1:15). 무고히 하

로 일과를 권ᄒᆞ며(敬信83).

궤 명 게. ¶궤:蟹(柳氏物名二 水族).

:궤 명 궤(几). ¶几ᄂᆞᆫ 書案 ᄀᆞᄐᆞᆫ 거시라(楞解2:82). 主人이 廟애 돗 ᄭᆞᆯ며 几 노코 門 밧긔 절ᄒᆞ야 마자드러 揖ᄒᆞ야 辭讓ᄒᆞ야(宣賜內訓1:74). 거믄 가ᄎᆞ로 ᄆᆡᆼᄀᆞ론 几를 스저 지여셔(初杜解15:4). 或 궤며 셔안의 흐러 이시며:或有狼籍几案(飜小8:39). 뫼신 이ᄂᆞᆫ 几를 들고:御者擧几(宣小2:58). 반ᄃᆞ시 几과 막대를 잡아 ᄲᅧ 조ᄎᆞᆯ디니:必操几杖以從之(宣小2:58). 巾과 几왜 오히려 믈리왇디 아니ᄒᆞ엿도다(重杜解9:1). 녕의정 니원익이 늘거 힝보를 못 ᄒᆞᄂᆞᆫ디라 궤와 댱을 주시고(仁祖行狀25).

:궤 명 궤(机). ¶사ᄅᆞ미 바미 녀다가 机를 보고:机ᄂᆞᆫ 안자 지ᅇᅴᄂᆞᆫ 거시라(釋譜11:34). 官舍애 궤와 돗과 노코 父母를 이바ᄃᆞ며 나갊 저긔 告ᄒᆞ고 도라와 뵈노이다 ᄒᆞ며(三綱. 孝27).

:궤 명 궤(軌). ¶이제 天下ㅣ 車ㅣ 軌ㅣ 同ᄒᆞ며(宣中44). 城門읫 軌ㅣ 兩馬의 力가:城門之軌兩馬之力與(宣孟14:13).

:궤 명 궤(簣). 삼태기. ¶譬컨댄 뫼흘 ᄆᆡᆼᄀᆞ롬애 ᄒᆞᆫ 簣를 일오디 몯ᄒᆞ야셔(宣論2:46).

:궤 명 궤(櫃). ¶이 궤 안해 노하 두어:放在這櫃裏頭(飜朴上52). 或 궤며 셔안의 흐러 이시며(飜小8:39). 궷 궤:櫃(訓蒙中10). 궤 궤:櫃(類合上28. 倭解下12. 兒學上11). 東西 壁 아래 두 櫃를 ᄆᆡᆼᄀᆞ라 노하(家禮1:10). 궤:櫃子(譯解下15).

궤계 명 궤계(詭計). ¶적국 ᄀᆞᄐᆞᆫ ᄡᅡ회 엇지 궤계를 쓰지 아니리오(落泉1:2).

궤댱 명 궤장(几杖). ¶얼구른 眞實로 土木 ᄀᆞᆮ고 親近ᄒᆞᄂᆞᆫ 거슨 오직 几杖ㅣ러라(重杜解24:38).

궤산ᄒᆞ다 동 궤산(潰散)하다. ¶ᄃᆞ라나 궤산ᄒᆞ거ᄂᆞᆯ:奔潰(東新續三綱. 忠1:42).

:궤:안 명 궤안(几案). ¶几案ᄋᆞᆫ 비겨 앉ᄂᆞᆫ 거시니 案은 너브니라(法華2:61). 칙을 밧들고 뎐의 드러가 ᄭᅮ러 궤안 압희 베픈디(敬信49). 아모 것ᄉᆞᆯ ᄊᆞ며 창 발으며 궤안 부치 씻ᄂᆞᆫ 류라(敬信82).

·궤·즉ᄒᆞ·다 형 유별나다. 분방(奔放)하다. 우뚝하다. ☞구즉ᄒᆞ다 ¶文身은 모매 文 도틸 씨오 惡服은 궤즉ᄒᆞᆫ 오시라(法華5:14). 궤즉ᄒᆞᆯ 뎍:倜. 궤즉ᄒᆞᆯ 당:儻(類合下5). 궤즉ᄒᆞᆯ 흘: 屹(類合下54).

궤지ᄉᆞᆷ이 명 담배 쌈지. ¶安巖山 차돌 老姑山 수리치 一番 부쇠 螺鈿디 궤지ᄉᆞᆷ이(古時調. 寒松亭. 靑丘).

:궤측 명 궤칙(軌則). ¶믈읫 有情이 비록 如來ㅅ긔 道理 ᄇᆡ호다가도 尸羅를 헐며 尸羅를 아니 허러도 軌則을 헐며(釋譜9:13).

궤휼 명 궤휼(詭譎). ¶궤휼로ᄡᅥ 닐위연 거시 아니라(山城61). 만일 궤휼로 너를 잡을쟉시면(山城78).

:궤·휼·ᄒᆞ·다 형 궤휼(詭譎)하다. ¶凶이라 혼 거슨 말ᄉᆞ미 詭譎ᄒᆞ고 行止擧動이 그슥ᄒᆞ고 險ᄒᆞ며(宣賜內訓1:24). 말ᄉᆞ미 詭譎ᄒᆞ고:語言詭譎(飜小6:30).

·귀 명 ①귀〔耳〕. ¶與馬耳齊謂之比耳 귀견줌(龍歌6:40). 귀예 듣논가 너기ᅀᆞᄫᆞ쇼셔(月印上1). 눈과 귀와(釋譜6:8). 귀예 됴ᄒᆞᆫ 소리 듣고져 ᄒᆞ여(月釋1:32). 귀 누네 머믈우디 아니ᄒᆞ며:不留聰明(宣賜內訓1:11). 귀 막고 鈴 도ᄌᆞᆨ호미니라(南明上67). ᄒᆞᆫ 번도 구예 디내디 아니ᄒᆞ며:耳(飜小9:3). 귀 ᅀᅵ:耳(訓蒙上26). 귀 이:耳(類合上20. 石千34. 倭解上16). 왼녁 귀를 버혀:截左耳(東新續三綱. 烈3:34). 귀 버혀 관의 녀허 무드니라:割耳納棺以葬(東新續三綱. 孝7:57). 귀:耳輪(同文解上15). ᄒᆞᆫ 귀 거슬니ᄂᆞᆫ 말을 슌슈ᄒᆞ며(敬信81). 아니 비슨 헛튼 머리 두 귀 미찰 덥퍼 잇니(萬言詞). ②귀때. ¶귀ᄃᆞᆫ병:執壺(譯解補43).

귀 명 관아(官衙). ☞그위 ¶度ᄂᆞᆫ 度牒이니 즁이며 도ᄉᆞ 될 제 귀예셔 ᄒᆞ야 주ᄂᆞᆫ 글월이라(宣小6:113). 왕시 임의 주거시매 명증이 업서 귀예 가 송ᄉᆞ를 ᄒᆞ니:王氏旣歿無所明遂訟於官(太平1:21). 최시 ᄌᆞ식을 비엿다 ᄒᆞ야 거즛 귀예 고ᄒᆞ야 죄를 주디 아니ᄒᆞ고(太平1:21).

-귀 접미 '따위'의 뜻. ¶기울계대 니거니ᄯᅡ나 죡박귀 업거니ᄯᅡ나(古時調. 鄭澈. 이바. 松江).

·귀갓·갈 명 귓구멍 둘레의 털을 깎는 가위. 교도(鉸刀). ¶뎌 귀갓갈 가져다가:將那鉸刀(飜朴上44).

·귀견·줌 명 격구 용어(擊毬用語). ¶擊毬之法…行毬之初不縱擊執杖橫直與馬耳齊謂之比耳 귀견줌(龍歌6:40).

귀경 명 구경. ¶귀경 완:翫(註千33).

귀경ᄒᆞ다 동 구경하다. ¶ᄇᆡᆨ셜과 쳔봉 향긔를 ᄒᆞᆫ 번 귀경ᄒᆞ야(洛城2). 오날날 ᄉᆞ향곡은 눈으로 귀경ᄒᆞ니(答思鄕曲).

귀구ᄒᆞ다 동 귀구(歸咎)하다. 자기 허물을 남에게 돌리다. ¶도로혀 쇼싱의게 귀구ᄒᆞ야(落泉1:1).

귀국 명 귀국(貴國). ¶貴國 分付가 重ᄒᆞ면 내 나라 申飭도 亦是 重ᄒᆞ오니(隣語1:1).

귀글월 명 공문서(公文書). ☞귀. 그윗글왈 ¶귀글월:公案(語錄9).

귀긱 명 귀객(貴客). ¶귀긱을 ᄂᆞ려 맛디 몯ᄒᆞ니(洛城1). 귀긱이 혼자 이셔 어이 디내시ᄂᆞ뇨:貴客獨處何以爲歡(太平1:42).

·귀·눈 명 귀와 눈. 이목(耳目). ¶ᄇᆡᆨ셩의

귀눈을 마그며:塗生民之耳目(飜小8:42).

귀느ᄅᆡ [명] 귀느래. 귀가 늘어진 말. ¶귀느ᄅᆡ여 뎌 소곰 실라 갈쟉신ᄃᆞᆯ(古時調. 鄭澈. 松江).

·귀대·야 [명] 귀때. 액체(液體)를 담는 그릇에 부리처럼 내민 부분. ¶귀대야 이:匜柄中通水(訓蒙中12).

·귀·더·기 [명] 구더기〔蛆〕. ☞귀덕이 ¶귀더기:蛆(四解上31). 귀더기 져:蛆(訓蒙上24. 倭解下27). 두어 히 디나니 악ᄎᆔ 만실ᄒᆞ야 귀더기 나(癸丑2:210). 더운 제 힝역기 즌믈러 귀더기 나거든:暑月痘爛生蛆(痘要下12). 귀더기:蛆蟲(譯解下35).

귀덕이 [명] 구더기. ☞귀더기 ¶싀어미 瘡疾이 썩어 귀덕이 낫거ᄂᆞᆯ(女四解4:15). 귀덕이 쓔신 것:蛆拱的(漢淸7:57). 싀어미 몸이 석어 귀덕이 나거ᄂᆞᆯ 또 입으로 귀덕이ᄅᆞᆯ ᄲᆞ니 다시 나디 아니ᄒᆞ더라:姑體腐蛆生又爲齧蛆蛆不復生(五倫1:58). 蟲蛆:귀덕이라(無寃錄). 귀덕이:蛆(柳氏物名二 昆蟲. 物譜 蟲豸). 귀덕이 져:蛆(兒學上8).

귀덜이 [명] 구더기. ☞귀더기. 귀덕이 ¶귀덜이:蛆 蠅子(柳氏物名二 昆蟲).

귀도리 [명] 귀뚜라미. ☞귓돌와미. 귓도리 ¶귀도리 져 귀도리 어엿불손·져 귀도리(古時調. 靑丘).

귀돌·와·미 [명] 귀뚜라미. ☞귓돌와미 ¶귀돌와미:虹蟧蜻蛚也(四解上66 蟧字註).

귀뒤ㅅ밋 [명] 귀뿌리. ¶귀뒤ㅅ밋:耳根(漢淸5:50).

귀듕ᄒᆞ다 [형] 귀중(貴重)하다. ¶그ᄃᆡᄅᆞᆯ 귀듕ᄒᆞ미 비길 곳 업ᄉᆞ니(落泉1:2).

귀돈병 [명] 귀때 달린 병. ¶귀돈병:執壺(譯解補43).

귀령ᄒᆞ다 [동] 귀녕(歸寧)하다. ¶귀령ᄒᆞᄂᆞᆫ 네ᄅᆞᆯ 폐치 아니ᄒᆞ고(落泉1:2).

귀롭다 [형] 공변되다. ☞공번ᄃᆞ외다 ¶귀로온 거ᄉᆞᆯ 몬져 ᄒᆞ고 私ᄉᆞ 거ᄉᆞᆯ 後에 ᄒᆞ며:先公後私(家禮2:28).

귀마개 [명] 귀막이. ¶귀마개 이:珥. 귀마개 당:璫(類合上31).

귀막 [명] 귀청. ¶귀막 질려 먹먹ᄒᆞ다:耳震聾(漢淸6:41).

귀머거리 [명] 귀머거리. 농자(聾者). ¶귀머거리:耳聾的(同文解下8).

·귀머·그니 [명] 귀먹은 이. 귀머거리. ¶눈머니 ᄀᆞᆮᄒᆞ며 귀머그니 ᄀᆞᆮ다 ᄒᆞ니:如盲如聾(金剛88). 미련호미 눈멀고 귀머그니 ᄀᆞᄐᆞ며:蚩蚩然有同乎瞽聵(警民序2).

:귀머·리 [명] 복사뼈. ¶밠귀머리ᄂᆞᆫ:脚跟(金三2:8). 발앖귀머리예:脚內踝(飜朴上38). 귀머리 과:踝 俗呼內踝外踝(訓蒙上15).

·귀먹·다 [동] 귀먹다. ¶입버우며 귀머그며(月釋21:139). 귀먹고 迷惑고 발 업서:聾騃無足(法華2:165). 쇠 쇼로 울우믈 지ᅀᅳ샤 귀머그니 시러 듣게 ᄒᆞ시고:以鐵牛而作哮吼致令聾者得聞(金三4:38). 귀머글 롱:聾. 귀머글 홰:聵(訓蒙下28). 귀머글 롱:聾(類合下30. 倭解上51). 중년에 눈멀고 귀먹으며 ᄌᆞ손이 서어ᄒᆞ니라(敬信18).

귀먹어리 [명] 귀머거리. ☞귀머거리 ¶귀먹어리:聾子(漢淸8:15).

귀믿 [명] ①귀뿌리. 이근(耳根). ☞귀밑 ¶귀믿:耳根(同文解上15).
②구레나룻. ☞귀믿터리. 귀믿털. 귀밑 ¶귀믿 빈:鬢(倭解上16).

귀믿터·리 [명] 구레나룻. ☞구밋터리. 귀믿털 ¶귀믿터리ᄂᆞᆫ 도로 당당이 누니 머리예 ᄀᆞ독ᄒᆞᆫ ᄃᆞᆺ거니라:鬢髮還應雪滿頭(初杜解21:33). 귀믿터리의 衰殘호ᄆᆞ란 肯許티 마롤디니라:未肯鬢毛衰(初杜解22:18).

귀믿털 [명] 구레나룻. ☞귀믿터리. 귀밋털 ¶귀믿털 슈:鬚(類合上21).

귀밀 [명] 귀리. ¶供養ᄒᆞ논 거시 오직 馬麥이어ᄂᆞᆯ:馬麥은 귀밀이라(月釋21:198). 귀밀:浮麥(柳氏物名三 草).

귀밋털 [명] 구레나룻. ☞구밋터리. 귀믿털 ¶귀밋털:鬢毛(譯解上33).

귀밑 [명] ①귀뿌리. ☞귀믿 ¶귀미틧 터리ᄂᆞᆫ 본ᄃᆡ 절로 셰오:鬢毛元自白(初杜解10:10).
②구레나룻. ☞구믿. 귀믿 ¶구룸 ᄀᆞᄐᆞᆫ 귀미ᄐᆞᆫ 儼然히 行列을 ᄂᆞᆫ홧도다:雲鬢儼分行(初杜解15:29). 두 다봇 ᄀᆞᆮᄒᆞᆫ 귀미티오:雙蓬鬢(初杜解21:16).

귀ᄆᆡ [명] 귀매(鬼魅). 도깨비. 두억시니. ¶그ᄃᆡ 귀ᄆᆡ 아닌다:非鬼物乎(太平1:135).

귀박 [명] 표주박. ☞표ᄌᆞ박 ¶귀박:懸瓠長柄(柳氏物名三 草).

귀밝다 [형] 귀밝다. ☞귀ᄇᆞᆰ다 ¶귀발글 총:聰(兒學下3).

·귀벅·다 [동] 귀먹다. ☞귀먹다 ¶귀버글 롱:聾(訓蒙下28).

귀보리 [명] 귀리. ¶귀보리:雀麥 一名燕麥(東醫 湯液三 草部).

·귀ᄇᆞᆰ·다 [형] 귀밝다. ¶귀ᄇᆞᆯ글 총:聰(訓蒙下28). 귀ᄇᆞᆯᄀᆞᆯ 총:聰(類合下13).

귀ㅅ것 [명] 귀신. ☞귓것 ¶시혹 鬼ㅅ것도 브리며(月釋2:71).

귀ㅅ구무 [명] 귓구멍. ☞귓구무 ¶귀ㅅ구무:耳孔(同文解上15. 譯解補21). 귀ㅅ구무:耳竅(漢淸5:50).

귀ㅅ뎐 [명] 귓전. ☞귀ㅅ젼 ¶귀ㅅ뎐 뒷쳐지다:耳輪反(譯解補21).

귀ㅅ등 [명] 귓등. ¶귀ㅅ등:耳背(漢淸5:50).

귀ㅅ바회 [명] 귓바퀴. ☞귀ㅅ박회 ¶귀ㅅ바회:耳輪(譯解上33).

귀ㅅ박회 명 귓바퀴. ☞귀ㅅ바회. 귓바회 ¶ 귀ㅅ박회:耳輪(同文解上15).

귀ㅅ밥 명 귓불. ☞귀ㅅ쁠. 귓밥 ¶귀ㅅ밥:耳垂(譯解上33).

귀ㅅ속 명 귓속. ¶귀ㅅ속 닥는 것:耳撚(漢淸11:25).

귀ㅅ쁠 명 귓불. ☞귀ㅅ밥. 귓밥 ¶귀ㅅ쁠:耳垂(漢淸5:50).

귀ㅅ젼 명 귓전. ¶귀ㅅ젼:耳城郭(譯解上33). 귀ㅅ젼 젓바지다:耳輪返(漢淸6:4).

귀쇼시게 명 귀이개. ☞귀우개. 귀우게 ¶除耳中垢者 귀우게 亦曰 귀쇼시게(華方).

귀·슉하·다 동 귀숙(歸宿)하다. ¶外道ㅣ 이롤브터 歸宿홇 뒤 업서 漏 이쇼매 迷ᄒᆞᄂᆞ니라(楞解9:30).

귀:슌 명 귀순(歸順). ¶金이 亡커늘 西ㅅ녁 ᄀᆞ올히 歸順 아니 ᄒᆞ리 업더니:歸順ᄋᆞᆫ 元에 가아 順從홀 씨라(三綱. 忠28).

:귀·신 명 귀신(鬼神). ¶또 모든 鬼神도 또 무리 이셔(楞解6:92). 龍과 鬼神과 위ᄒᆞ야(釋譜6:1). 天地 鬼神이 아ᄅᆞ시ᄂᆞ니라(三綱. 烈22). 뷘 뫼해 鬼神을 셰옛도다:空山立鬼神(杜解6:30). 鬼神도 또 能히 아디 몯ᄒᆞ더니(金三3:52). 虛妄이 이 鬼神이오(六祖上97). 蘇合香元은 귓것 긔운과 시령 병긔와 귀신 샤미롤 고티ᄂᆞ니(簡辟4). 石雄黃을 사ᄅᆞ미 ᄎᆞ면 귀시니 븓디 몯ᄒᆞᄂᆞ니라:石雄黃人佩之鬼神不敢近(瘟疫方8). 民의 義를 힘쓰고 鬼神을 공경코 멀리ᄒᆞ면(宣論2:10). 鬼神과 사ᄅᆞᆷ이 ᄡᅥ 和ᄒᆞ리라:神人以和(宣小1:10). ᄌᆡ계ᄒᆞ야 ᄡᅥ 鬼神ᄭᅴ 告ᄒᆞ며:齊戒以告鬼神(宣小2:45). 공경홈ᄋᆞᆫ 귀신 봉양홈애 잇고:敬在養神(宣小4:51). 그른 당당이 鬼神의 도오미 잇도다(重杜解9:34). 鬼神이 象이 업ᄉᆞᆫ디라(家禮5:14). 증셰 ᄒᆞᆫ골ᄀᆞᄐᆡ여 귀신의 긔운이 인ᄂᆞᆫ ᄃᆞᆺᄒᆞ니(辟新1). 귀신 귀:鬼(倭解上53). 귀신의게 빌고 醉ᄒᆞ얏ᄂᆞᆫ디라(女四解4:17). 다ᄉᆞᆺ 귀신이 오ᄂᆞ니(桐華寺 王郎傳2). 텬디 귀신이 라렬 숨포ᄒᆞ엿ᄂᆞ니(敬信17). 귀신 신:神(註千17). 귀신 기:祇(註千30).

귀실 명 구실. ☞구실 ¶반 갈 사ᄅᆞ미 조셰와 님자히 귀시리 정ᄉᆞ애 관계호미 이러니:佃租主役有關於時政如此(正俗23).

귀씻 명 귀신. ☞귓것 ¶사ᄅᆞ미 바믹 녀다가 机롤 보고 도ᄌᆞᆨ긴가 너겨며 모딘 귀씬가 너겨 두리여(釋譜11:34).

귀ᄡᅩᆼ알 명 '귀'의 상스러운 말. ¶눈콩알 귀ᄡᅩᆼ알리 업나(春香傳270).

귀ᄯᅩ라미 명 귀뚜라미. ¶귀ᄯᅩ라미 실:蟋(兒學上8). 귀ᄯᅩ라미 솔:蟀(兒學上8).

귀ᄯᅩ람이 명 귀뚜라미. ¶귀ᄯᅩ람이:竈馬(物譜 飛蟲).

귀야 명 귀얄. ¶귀야:糊刷(譯解下14). 귀야:糊箒(譯解補43).

귀약 명 화승총(火繩銃)에 다져 넣는 화약(火藥). ¶귀약:烘藥. 총 귀약 통:鎗堂內裝藥處(漢淸5:12).

귀양다리 명 귀양살이하는 사람을 업신여겨 이르던 말. ¶손가락질 가라치며 귀양다리 온다 ᄒᆞ니(萬言詞).

귀어리 명 귀리. ¶귀어리:羚鐺麥 俗名耳麥(柳氏物名三 草).

귀어엿 명 귓불. 이타(耳朶). ¶귀어엿:耳朶(漢淸5:49).

귀여골 명 귀고리. ☞귀역골 ¶귀여골:明環(齊諧物名. 天文類).

귀여ㅅ골 명 귀고리. ☞귀엿골 ¶귀여ㅅ골:耳墜(漢淸11:22).

귀여지 명 귀지. ¶귀여지:耳塞(東醫 湯液一人部). 귀여지:耳矢(譯解上33. 同文解上15). 귀여지:耳塞(漢淸5:60).

귀역고리 명 귀고리. ☞귀엿골회 ¶귀역고리이:珥(兒學上12).

귀역골 명 귀고리. ☞귀여골 ¶珥ᄂᆞᆫ 玉으로 ᄆᆡᆼᄀᆞᆫ 귀역골이라(重內訓2:58).

귀엳골 명 귀고리. ☞귀엿골. 귀옛골 ¶귀엳골 이:珥(倭解上44).

귀·엸골·회 명 귀고리. ☞귀엿골회. 귀엿골휘 ¶진쥬 네콤 드려 ᄆᆡᆼᄀᆞ론 귀엸골회와:八珠環兒(飜朴上45).

귀엿골 명 귀고리. ☞귀여ㅅ골 ¶ᄉᆞ나히 귀엿골:男子大耳墜(漢淸11:22). 귀엿골:耳環(譯解補28). 귀엿골:珥(物譜 衣服).

귀·엿골·회 명 귀고리. ☞귀엸골회. 귀엿골휘 ¶ᄒᆞᆫ 솽 귀엿골회와 ᄒᆞᆫ 솽 풀쇠 다가 호리라:把一對八珠環兒一對釧兒(飜朴上20). 귀엿골회 ᅀᅵ:珥(訓蒙叡山本中12). 귀엿골회 당:璫(訓蒙叡山本中12. 訓蒙東中本中24).

귀·엿골·휘 명 귀고리. ☞귀엿골회 ¶귀엿골휘 ᅀᅵ:珥(訓蒙東中本中24).

귀예골 명 귀고리. ¶십일일의 히예 귀예골 달리고 흰 긔운이 하ᄂᆞᆯ의 벗치다(山城48).

귀옛골 명 귀고리. ☞귀엿골. 귀예골 ¶귀옛골:耳墜(譯解上44). 귀옛골 ᄯᅮ미개:墜子寶盖(漢淸11:22).

귀옛골회 명 귀고리. ☞귀엿골휘 ¶ᄒᆞᆫ 빵 귀옛골회과:一對耳墜兒(朴解上20). 귀옛골회:耳環(漢淸11:22).

귀옛말 명 귓속말. ¶귀옛말ᄒᆞ다:耳邊低語(漢淸7:14).

귀오리 명 귀리. ¶귀오리:蕎麥(痘瘡方13). 귀오리:鈴鐺麥(譯解補42).

귀요 명 구유. ☞구ᅀᅵ ¶ᄆᆞᆯ 믈 머기ᄂᆞᆫ 돌귀요 잇ᄂᆞ니라:有飮馬的石槽兒(老解上28). ᄯᅩ

귀요에 平케 주어 잇긋 새배 다ᄃᆞ게 말라:却休槽兒平直到明(老解上29).
※귀요<구ᅀᅵ(구슈)

귀우 명 구유. ☞구ᅀᅵ ¶귀우 조:槽(倭解下16). 귀우:槽(柳氏物名一 獸族).

귀우개 명 귀이개. ☞귀쇼시게. 귀우게 ¶귀우개:耳穵子(譯解上44. 同文解上54). 귀우개:耳穵(漢淸11:25). 귀우개:耳挑子(物譜 服飾).

귀우게 명 귀이개. ☞귀쇼시개. 귀우개 ¶除耳中垢者 귀우게 亦曰 귀쇼시게(華方).

귀우리 명 귀리. ¶귀우리:雩大麥(譯解下9). 귀우리:鈴鐺麥(漢淸12:64).

·귀:울·다 동 귀울다. ¶귀울 홍:聑(訓蒙下28). 귀울 탐:耽(光千33).

귀유 명 구유. ☞구ᅀᅵ ¶내 앗가 이 귀유 안해:我恰纔這槽兒裏頭(老解上31). 게여른 아히들히 ᄒᆞᆫ의 귀유에 ᄀᆞ득이 여믈을 주고:懶小廝們一發滿槽子饋草(朴解上21). ᄆᆞᆯ 귀유ㅣ 다 壯ᄒᆞ냐:馬槽都壯麼(朴解中12). 귀유:皀(物譜 牛馬). ※귀유<구슈

귀의ᄒᆞ·다 동 귀의(歸依)하다. ¶또 ᄉᆡᆼ각ᄒᆞ야 고즉ᄒᆞᆫ ᄆᆞᅀᆞᄆᆞ로 歸依ᄒᆞ면(釋譜9:16). 이런 젼ᄎᆞ로 三寶ㅣ 샹녜 이셔 衆生ᄋᆡ 歸依홇 ᄣᅡ히 ᄃᆞ외야 잇ᄂᆞ니라(釋譜23:6). 外道ㅣ 歸依ᄒᆞ야 降伏ᄒᆞᅀᆞᆸᄂᆞ니(金三1:28). 善知識아 覺二足尊을 歸依ᄒᆞ며(六祖中31).

귀·이 명 구유. ☞구슈. 구유. 구ᅀᅵ ¶소곰 글힌 므를 ᄀᆞ장 ᄧᆞ게 ᄒᆞ야 귀이예 븟고:作極鹹塩湯於槽中(救簡2:55).

귀·일ᄒᆞ·다 동 귀일(歸一)하다. ¶祇園座 우희 블셔 歸一ᄒᆞ샷다(金三3:10).

귀쟈 명 귀자(貴者). ¶귀쟈ᄂᆞᆫ 말을 내며 빈쟈ᄂᆞᆫ 힘을 내미라(敬信81).

귀젓 명 귀젖. ¶귀젓 븟다:耳挀(漢淸6:4).

귀젼 명 귀젖. 〔귓병으로 나는 진물〕 ¶귀젼 나다:生耳底(漢淸8:10). 귀젼:聤耳出汁(物譜 氣血).

귀졍ᄒᆞ다 동 귀정(歸正)하다. ¶일을 귀졍ᄒᆞ야(閑中錄464).

귀지다 동 귀나다. ¶귀진 조각:灣子(漢淸10:60).

귀ᄌᆞ 명 귀자(貴子). ¶귀ᄌᆞ 회득 쳔 년:귀ᄒᆞᆫ 아ᄃᆞᆯ을 깃비 어드니 쳔 년이라 ᄒᆞᆫ 말이라(仁祖行狀1).

귀찬ᄒᆞ다 형 귀찮다. ¶듯기의 즈즐ᄒᆞ고 보기의 귀찬ᄒᆞ다(萬言詞).

:귀:쳔 명 귀천(貴賤). ¶貴賤通俗이 모다가 恭敬 供養커든(圓覺下三之一53). 貴賤이 비록 다ᄅᆞ나 사ᄅᆞᆷ은 ᄒᆞᆫ가지니(宣賜內訓3:32). 이에 귀쳔 업시 셰샹의 드믄 은퇴을 닙ᄉᆞᆸ고(仁祖行狀30). 사ᄅᆞᆷ의 貴賤이 가히 ᄡᅥ 禮 업디 몯홀 거신 故로(家禮2:28). 가온더로 인간 슈요 화복 ᄉᆞᄉᆡᆼ 귀쳔을 쥬쟝ᄒᆞ고(敬信13).

·귀청 명 귀청. ¶쇠야지 귀청ᄋᆞᆯ:犢子耳中塞(救簡3:31).

귀:취 명 귀취(歸趣). 귀추(歸趨). ¶如來 一切 諸法의 歸趣ᄅᆞᆯ 보아 알며:諸法 歸趣ᄂᆞᆫ 諸法의 간 ᄃᆡ라(月釋13:43).

·귀터·리 명 귀밑털. 살쩍. ¶舌相이 엷고 조ᄒᆞ시고 넙고 기르샤 能히 ᄂᆞᄎᆞᆯ 두프샤 귀터릿 ᄀᆞᅀᅢ 가샤미(法華2:13).

귀텬 명 귀천(歸天). 세상을 떠남. ¶ᄒᆞᆫ갓 ᄌᆞ라ᄂᆞᆫ 일훔만 듯고져 ᄒᆞ오시다가 귀텬ᄒᆞ오시니(癸丑103).

귀·향 명 귀향(歸鄕). 귀양. ☞귀향보내다. 귀향오다 ¶鄭道傳 南誾을 ᄐᆞᅀᆞ와 귀향보내시긔 ᄒᆞ고(三綱. 忠33). 너를 일훔호ᄃᆡ 귀향왯ᄂᆞᆫ 仙人이라 ᄒᆞ더니라:號爾謫仙人(初杜解16:5). 귀향 뎍:謫(類合下21).

귀·향가·다 동 귀양가다. ¶남지니 머리 귀향가거늘(三綱. 烈14). 내 항거시 어려이 머리 귀향가거ᄂᆞᆯ 뉘 머기ᄂᆞᆫ고 ᄒᆞ고(續三綱. 忠5). 다만 내 항거시 죄 업시 매 마자 귀향가믈 셜워ᄒᆞ노라:只傷吾主無罪杖配耳(東續三綱. 忠2). 杖 一百 도년 귀향가고:杖一百徒役(警民5). 嶺南의 귀향갈시(女四解4:22). 귀향가다:擺站去(譯解上67).

귀향보내다 동 귀양보내다. ¶논박ᄒᆞ야 귀향보내고(東三綱. 忠4). 귀향보내엿더니:謫外(五倫2:78). 젼의 귀향보낸 류칠빅 남은 사ᄅᆞᆷ을 일병 특별히 노코(綸音32).

귀·향오·다 동 귀양오다. ☞귀향가다 ¶녜 어러운 客이 잇더니 너를 일훔호ᄃᆡ 귀향왯ᄂᆞᆫ 仙人이라 ᄒᆞ더니라:昔年有狂客號爾謫仙人(初杜解16:5).

:귀·히 부 귀(貴)히. 귀하게. ☞귀ᄒᆞ다 ¶오직 物을 玩코 제 貴히 너겨 ᄃᆞ디 아니홀ᄊᆡ 이에 알외시니라(法華2:79). 모ᄆᆞ란 貴히 ᄒᆞ고(永嘉上26). 녯 사ᄅᆞ믜 어딘 이를 귀히 너기고(飜小8:27). 君子ㅣ 道애 貴히 너기ᄂᆞᆫ 배 세히니(宣論2:30). 엇디 ᄡᅥ 是티 아니타 ᄒᆞ야 貴히 아니 너기리오(宣孟5:33). 德을 貴히 너김은(宣中29).

:귀ᄒᆞ·다 형 귀(貴)하다. ¶그 고지 ᄂᆞ올 ᄇᆞᆰ고 貴ᄒᆞᆫ 光明이 잇더라(釋譜11:31). 하 貴ᄒᆞ야 비디 업스니라(釋譜13:22). ᄯᅩ 貴ᄒᆞᆫ 氣韻이 須彌山이 ᄃᆞ외오(月釋1:41). 姓이 貴홈과 벼슬 노폼과(楞解6:15). 맛드논 사ᄅᆞᄆᆞ란 貴히 ᄒᆞ고(宣賜內訓序3). 가ᅀᆞ멸며 貴호ᄆᆞᆫ 내게 ᄠᅳᆫ구룸 ᄀᆞᆮᄒᆞ니라 너기놋다:富貴於我如浮雲(初杜解16:25). 아마커나 金ᄉᆞ라기ᄅᆞᆯ 가져 두누네 두라 비록 貴ᄒᆞᆫ돌 엇뎨 사ᄅᆞᄆᆞᆯ ᄀᆞ리디 아니ᄒᆞ리오(南明上71). 황금이 귀ᄒᆞ다:黃金貴(飜老下4). 해

귀ᄒᆞᆫ 사ᄅᆞᄆᆞᆫ 보미 어렵도다:咳貴人難見(飜朴上37). ᄯᅩ 귀ᄒᆞ며 천ᄒᆞ며(飜小8:14). 賤ᄒᆞᆫ 이 貴ᄒᆞᆫ 이 섬곱애 다 이ᄅᆞᆯ 조ᄎᆞᆯ디니라(宣小2:8). 귀ᄒᆞᆯ 귀:貴(訓蒙下26. 類合下2. 石千14. 倭解下32. 兒學下7). 이 무른 져거도 貴ᄒᆞ니:此輩少爲貴(重杜解1:7). 珠玉ᄀᆞ티 貴ᄒᆞᆫ 거시 아니로니(重杜解1:57). 貴호ᄆᆞᆯ 업시 너기논디라:無貴(重杜解2:58). 榮華ᄃᆞ외며 貴호ᄆᆞᆯ ᄒᆞᆰᄀᆞ티 너규ᄆᆞᆯ(重杜解9:9). 貴ᄒᆞ니 賤ᄒᆞ니 업시 다 高祖로브터(家禮1:8). 아므 날의 맛당이 나오시되 귀ᄒᆞ기ᄅᆞᆯ(仁祖行狀1). 귀ᄒᆞ다:稀罕(譯解上69). 집과 콩이 귀ᄒᆞᆫ 곳이면 서너 돈 銀이 ᄡᅳ이고(蒙老1:16). 남의 귀ᄒᆞᆫ 약을 도적ᄒᆞ지 말지니라(敬信67).

귈군 명 관군(官軍). ¶시합이와 시ᄇᆡᆨ기ᄅᆞᆯ 자바ᄆᆡ여 귈군의 보내고:執施合施伯縛送官軍(東續三綱. 忠1).

귈닙 명 귓불. ☞귀ㅅ밥. 귀ㅅᄲᅳᆯ. 귓밥 ¶귈닙 ᄎᆞ니과:耳尖冷(痘要上1).

귓것 명 귀신. 도깨비. ☞굿것. 귀썻 ¶제 너교ᄃᆡ 바ᄆᆡ 가다가 귓것과 모딘 즁ᄉᆡᆼ이 므ᅀᅴ엽도소니(釋譜6:19). 餓鬼ᄂᆞᆫ 주으린 귓거시라(月釋1:46). 시혹 귓것도 브리며(月釋2:71). 妖恠ㅅ 귓것ᄀᆞ티 ᄒᆞ야:若妖魅(楞解9:117). 杌木 우희 귓것 봄 ᄀᆞᆮᄒᆞ야:如杌上見鬼(圓覺上一之一61). 주거 가아 당다이 모딘 귓것 ᄃᆞ외야 도ᄌᆞᄀᆞᆯ 주규리이다 ᄒᆞ고:死當爲厲鬼以殺賊(三綱. 忠14). 주거 귓거시 ᄃᆞ외에 ᄒᆞ도다:殘害爲異物(重杜解1:5). 귓거시 森然히 므ᅀᅴ엽도다:魍魎森慘戚(初杜解7:24). 묏 귓거슨 ᄒᆞ오ᅀᅡ ᄒᆞᆫ 허튀오:山鬼獨一脚(初杜解21:38). 혀 우희 귓것 귀ᄍᆞᄅᆞᆯ 스고:於舌上書鬼字(救簡1:49). 귓것 귀:鬼. 귓것 마:魔(訓蒙中2). 귓것 귀:鬼. 귓것 미:魅(類合下33). 당당이 잇ᄯᅡ 귓거시 되려니와:當作此地鬼(東新續三綱. 烈2:89).

귓구무 명 귓구멍. ☞귀ㅅ구무 ¶도틔 기름과 구ᅀᅳᆫ 것과ᄅᆞᆯ 구어 귓구뭇 ᄀᆞᅀᅢ 노하 두면:炙猪脂香物安耳孔邊卽(救急下43). 다시 두 귓굼긔 부러 드리면:更吹入兩耳內卽活矣耳內(救簡1:46). 귓구무 닷가 틔 업게 ᄒᆞ라:掏一掏耳朶(飜朴上45). 귓구무 타:睡(訓蒙上26).

·귓굼·긔 명 귓구멍에. (독)귓구무 ¶ᄯᅩ 것위ᄅᆞᆯ 팟닙 소배 녀허 므리 ᄃᆞ외어든 귓굼긔 처디면:又方取蚯蚓內葱管中候化爲水滴耳中(救急下43). 다시 두 귓굼긔 부러드리면:更吹入兩耳內(救簡1:46).

·귓:ᄀᆞᇫ 명 귓가. ¶알면 곧 귓ᄀᆞᅀᅢ 소리 업스니 이런 ᄃᆞ로 道애 갓가오니라:悟之則耳畔無聲所以近於道也(金三3:19).

귓도·라·미 명 귀뚜라미. ☞귓돌와미 ¶귓도라미:蜻 蜻蛚今俗呼促織兒(四解下51 蜻字註). 귓도라미 실:蟋. 귓도라미 솔:蟀. 귓도라미 공:蛩(訓蒙上23). 귓도라미 실:蟋. 귓도라미 솔:蟀(類合上16). 귓도라미:織兒(譯解下34).

귓도람이 명 귀뚜라미 ¶귓도람이:蟋蟀(詩解物名10). 귓도람이:竈馬兒(譯解補49).

귓도리 명 귀뚜라미. ¶귓도리 져 귓도리 에엿부다 져 귓도리(古時調. 靑丘).

귓돌·아미 명 귀뚜라미. ☞귓도라미. 귓돌와미 ¶귓돌아미 中堂애 갓가이 와:蟋蟀近中堂(初杜解7:36).

귓돌·와미 명 귀뚜라미. ☞귀돌와미 ¶치윗 그려기와 귓돌와ᄆᆡ 類라:寒雁蟋蟀類也(楞解8:121). 흘러가ᄂᆞᆫ ᄒᆡ예 귓돌와미 우로매 ᄀᆞᇫ노니:流年疲蟋蟀(初杜解20:47). ᄆᆞᆯᄀᆞᆫ ᄀᆞᅀᆞᆯᄒᆡ 귓돌와미 입주릴 저글 디내디 말라:莫度淸秋吟蟋蟀(初杜解23:10).

귓돌·와·ᄆᆡ 명 귀뚜라미의. 〔'귓돌와미'+관형격조사 '-ᄋᆡ'〕 (독)귓돌와미 ¶치윗 그려기와 귓돌와ᄆᆡ 類라:寒雁蟋蟀類也(楞解8:121). 나그내 시르믄 귓돌와ᄆᆡ 소리예 니ᅀᅥᆺ고:客愁連蟋蟀(初杜解21:28).

귓돌이 명 귀뚜라미. ☞귓돌아미. 귓돌와미 ¶귓돌이:蟋蟀(柳氏物名二 昆蟲).

·귓바·회 명 귓바퀴. ☞귀ㅅ박회 ¶넙고 기르시고 귓바회 세시며(月釋2:56). 짓븨 가져다가 귓바회 ᄲᆞᆯ라:捎篦來掏一掏耳朶(朴解上40). 키만치 크게 ᄒᆞᆫ ᄒᆞᆫ ᄡᅡᆼ 귓바회와:簸箕來大一對耳朶(朴解下46).

귓밥 명 귓불. ☞귀ㅅ밥. 귀ㅅᄲᅳᆯ ¶귓밥:耳垂(訓蒙上26 耳字註).

귓안 명 귀 안. ¶귓안 돌아:斡耳(飜朴上44).

귓:일 명 공사(公事). 공무(公務). ☞그윗일 ¶귓일 호믈 집일ᄀᆞ티 ᄒᆞᆫ 후에ᅀᅡ:處官事如家事然後(飜小7:24).

규:간ᄒᆞ·다 동 규간(規諫)하다. ¶이젯 사ᄅᆞᄆᆞᆫ 허므리 잇거든 ᄂᆞᄆᆡ 規諫호ᄆᆞᆯ 깃디 아니호미:規ᄂᆞᆫ 말ᄉᆞ미 드럼 직ᄒᆞᆯ 시라(宣賜內訓1:22). 親히 ᄒᆞ논 밧 사ᄅᆞ미 規諫ᄒᆞ야 닐오ᄃᆡ(宣賜內訓3:63).

규구 명 규구(規矩). 규식(規式). ¶法鼓ᄅᆞᆯ 티시니 西天과 此土앳 親ᄒᆞᆫ 規矩ㅣ시니라(南明下5). 規矩ᄅᆞᆯ 조차 ᄇᆞᆲ드듸게 ᄒᆞ더라:循蹈規矩(宣小6:1). 後엣 어딘 사ᄅᆞ미 녯 例ᄅᆞᆯ 조쳐 ᄒᆞ니 歷代예 제여곰 ᄆᆞᆯᄀᆞᆫ 規矩ㅣ 잇도다(重杜解16:8). 움즉이매 규구의 맛게 ᄒᆞ오시고(仁祖行狀16). 승상 셤기미 규구의 합하니(洛城2).

규듕 명 규중(閨中). ☞규중 ¶閨中엣 히믈 다 ᄡᅳᄂᆞ니 그ᄃᆡᄂᆞᆫ 虛空 밧ᄭᅴ 소리ᄅᆞᆯ 드르라:用盡閨中力君聽空外音(重杜解25:17).

놀나 니르디 규둥 필적을 엇지 내야다가(落泉1:2).

규례 명 규례(規例). ¶본디 편지ᄒᆞᄂᆞᆫ 규례 업노라 ᄒᆞ엿ᄂᆞ뇨(山城40).

규모 명 규모(規模). ¶創業 規模ㅣ 머르시니이다:創業規模是用遠大(龍歌81章). 오직 이거슨 堂堂이 ᄂᆞ출 보아 規模ㅣ 난ᄂᆞ니(金三5:29). 規模ㅣ 넙고 크니(六祖序6). 진실로 女學의 곧다온 규모ㅣ라:誠女學之芳規也(女四解4:73). 규모 잇다:有規模了(漢淸12:17). 규모를 어즈럽게 ᄒᆞ야 남의 공을 패케 ᄒᆞ며(敬信4).

규문 명 규문(閨門). ¶閨門ᄋᆞᆫ 宮中엣 져근 門이라(楞解6:34). 슈을 閨門에 내디 아니ᄒᆞ며(宣賜內訓1:85). 살아실 제 閨門에 기피 잇고 나가면 덩 ᄐᆞ고(家禮5:20). 규문을 엄숙히 못ᄒᆞ므로뻐 각각 슈 일긔식 감ᄒᆞ고(敬信21).

규방 명 규방(閨房). ¶타향의 표박ᄒᆞ야 일쳐를 거ᄂᆞ리지 못ᄒᆞ야 규방의 드리쳐 두고(落泉2:6).

규식 명 규식(規式). ¶규식 식:式(類合下23). 문셔 녜졀이 ᄌᆞ연 응당ᄒᆞᆫ 규식이 이시니(山城70). 신主 규식은 곧 伊川先生의 ᄆᆡᆼᄀᆞᄅᆞ신 배라(家禮7:33).

규정ᄒᆞ·다 동 규정(規正)하다. ¶行ᄒᆞ욤애 닐으디 몯홈이 잇거든 從容히 규졍ᄒᆞ며 경계홈ᄋᆞᆫ 벋의 소임이니:行有不至從容規戒者朋友之任也(宣小5:114). 군ᄌᆞᄂᆞᆫ 경딕ᄒᆞ야 일을 조차 규졍ᄒᆞ며(仁祖行狀20).

규즁 명 규중(閨中). ☞규듕 ¶규즁의 관셥ᄒᆞ거든 다른 일노 문셔를 ᄆᆡᆫ드며(敬信60).

규:풍·ᄒᆞ·다 동 풍간(諷諫)하다. ¶친ᄒᆞᆫ 밧사름이 或 규풍ᄒᆞ야 ᄀᆞᆯ오디:所親或規之曰(宣小6:128).

규화 명 규화(葵花). 접시꽃. ¶규홧 규:葵(訓蒙上7). 블근 ᄭᅩᆺ 픠ᄂᆞᆫ 규화:紅蜀葵(東醫 湯液二 菜部). 규화:蜀葵花(物譜 花卉). 규화:蜀葵(柳氏物名三 草).

균:둥·ᄒᆞ·다 형 균등하다. ¶定慧로 均等ᄒᆞ야 二邊을 ᄇᆞ리게 ᄒᆞ노라(永嘉上10).

균일ᄒᆞ다 형 균일(均一)하다. ¶品節이 잇게 ᄒᆞ야 均壹티 아니미 업게 ᄒᆞ며(家禮2:2).

·귤 명 귤(橘). ¶블근 橘와 누른 甘子ᄂᆞᆫ 이ᄯᅡ해 업도다:丹橘黃甘此地無(初杜解15:14). 져기 ᄆᆞ른 ᄉᆡᆼ앙과 귨 거플와:少乾薑橘皮(救簡1:33). 귨 거플:橘皮(救簡6:3). 귨 귤:橘(訓蒙上11). 陸績의 橘 품음과:陸績懷橘(宣小5:5). 귤 귤:橘(類合上9). 귤:金橘(譯解上55). 귤 귤:橘(倭解下6). 귤 ᄡᅳ러미 쇼반의 오로면 너희들의 슈고ᄒᆞ야 시무며(綸音73). 귤:橘(柳氏物名四 木). 귤귤:橘(兒學上6).

그 대 그것. ¶그도 됴타 가져 오라:也好將來(飜老上41). 城 안해 바비 업서 죠히와 나못 겁질조쳐 먹다가 그도 업거늘(三綱. 忠14). 그ᄂᆞᆫ ᄀᆞ장 쉬우니라:那的最容易(飜朴上48).

그 관 그(其). ¶그 ᄀᆡ별 드르시고(釋譜6:2). 瞿曇氏 그 姓이시니(月印上4). 그 믈에 沐浴ᄒᆞᇙ 씨(月印上45). 그 일후믄 닐오디:其名曰(楞解1:27). 그 기:其(類合上19). 그 기:其. 그 궐:厥(石千30). 그 기:其(倭解上27). 처엄이ᅀᆞᆸ고 그 외예 싱소ᄒᆞᆫ 거시오니(重新語1:4). 그 죄 크고 져그미 수빅 가지라(敬信1).

그글픠 명 그글피. ¶그글픠 邊射會ᄒᆞᆯ 제(古時調. 오ᄂᆞᆯ은. 靑丘).

그날 명 그날. ¶그낤 밦中에 괴외ᄒᆞ샤(釋譜23:17). 그낤 밤 ᄉᆞ메 와 닐오디(三綱. 孝29). 그낤 이를 싱각ᄒᆞ야(南明上5). 그날:當日(譯解上3). 그날은 天氣에도 걸니지 아냐(重新語6:16).

·그·늘 명 그늘. ☞ᄀᆞᄂᆞᆯ ¶그늘 서느러운 듸 ᄆᆡ여 두고:絟在陰凉處(飜朴上21). 그늘 음:陰(類合上4. 石千11). 문 다닷ᄂᆞᆫ 드릇 더레ᄂᆞᆫ 솘 그늘히 올마가고:閉門野寺松陰轉(百聯10). 그 늘:陰(同文解 上3). 그늘 음:陰(兒學上3).

그늘우다 동 그느르다. ¶天下앳 치운 사ᄅᆞᄆᆞᆯ 키 그늘워 다 깃븐 ᄂᆞ치에 ᄒᆞ야:大庇天下寒士俱歡顔(初杜解6:43). 그늘울 비:庇. 그늘울 음:蔭(類合下28).

그늘지다 동 그늘지다. ☞ᄀᆞᄂᆞᆯ지다 ¶ᄀᆞ리워 그늘진 디:陰凉(漢淸1:2). 어이 ᄒᆞᆫ 쏘각 구름 잇사람 그늘지니(萬言詞). 그늘지에(兒學下1).

그늣 명 그릇. ☞그른 ¶원량이 몬져 ᄒᆞᆫ 그느슬 다 먹고 권ᄒᆞ니:元良先喫一器勸之(東新續三綱. 孝3:80 元良孝友).

그늬 명 그네. ☞글위 ¶그늬:鞦韆. 西洋國 도ᄂᆞᆫ 그늬:忽悠悠(漢淸9:18).

그늬쒸기 명 그네뛰기. ¶그늬쒸기:秋千(物譜 博戲).

그늬씌다 동 그네뛰다. ☞글위ᄠᅳ다 ¶그늬씌다:打鞦韆(漢淸9:18).

그ᄂᆞᆯ 명 그늘. ☞ᄀᆞᄂᆞᆯ ¶부디 건져 그ᄂᆞᆯ애 ᄆᆞᆯ나 ᄂᆞᄂᆞᆫ 양을 보며(警民音6).

그다 동 긋다. ¶그다:搜扒(譯解補43).

그다지 부 그다지. ¶閣氏네 그다지 숙보와도(古時調. 折衝將軍. 海謠).

그대도록 부 그토록. 그렇게까지. ¶그대도록 거르기 니ᄅᆞ지 아니셔도(重新語1:8). 그 ᄉᆞ경을 익이 아ᄂᆞᆫ 일이오니 그대도록 여러 번 당부 아니ᄒᆞᅀᆞᆸ셔도 얼현히 ᄒᆞ올가 념녀마ᅀᆞᆸ소((隣語4:8).

그·대·로 부 그대로. ¶마초와 그대로 ᄒᆞ다:昭依(老朴集. 累字解9).

그대록 부 그토록. ☞그대도록 ¶뭇지도 아니시니 그대록 무정하고(思鄕曲).

그대지 부 그다지. ¶무슴 緣故로 그대지 失約을 ᄒᆞ시ᄋᆞᆸ던고(隣語1:22).

그더기다 동 끄덕이다. 끄떡이다. ¶呂布ㅣ 알고 안이 ᄇᆞ아지ᄂᆞᆫ 듯ᄒᆞ여 가셔 다만 머리 그더기니(三譯1:9). 마리 그더기다:點頭(同文解上27).

그듸 대 그대. ¶이 나라해 그듸 ᄀᆞᄐᆞ니 ᄒᆞᆫ ᄉᆞ랑ᄒᆞᄂᆞᆫ 아기 아ᄃᆞ리 양지며 ᄌᆡ죄 ᄒᆞᆫ 그티니 그듸 ᄯᆞᄅᆞᆯ 맛고져 ᄒᆞ더이다(釋譜6:15). ᄊᆞᄒᆞᆫ 그딋 모ᄀᆡ 두고(釋譜6:26). 太子ㅣ 닐오ᄃᆡ 그듸냇 말 ᄀᆞᆮ디 아니호니(釋譜11:19). 모다 偈로 무로ᄃᆡ 그듸 엇던 사ᄅᆞ민다 呪術 힘가 龍鬼神가(月釋10:29). 그듸 엇던 사ᄅᆞ민다(楞解7:62). 그딋 어마니ᄆᆞᆯ 보시니(宣賜內訓序5). 그듸의 膽 크고 ᄯᅩ ᄆᆞᅀᆞᆷ 큰 ᄃᆞᆯ 足히 너기노라(金三2:67). 그듸의 ᄒᆞ오ᅀᅡ 주구믈(三綱. 烈15). 그듸 날로 腹心 사ᄆᆞᆺᄂᆞ니(三綱. 忠17). 그딋 櫪上앳 追風驃ᄅᆞᆯ 타 가고져 求ᄒᆞ노라:須公櫪上追風驃(重杜解1:11). 그듸 能히 ᄀᆞᄂᆞᆫ 돌ᄒᆞ로 거를 ᄆᆡᇰᄀᆞᄂᆞ니:子能渠細石(初杜解7:17). 그듸ᄅᆞᆯ 對ᄒᆞ야셔 이 뷘 비 삣ᄂᆞᆫ가 疑心ᄒᆞ노라:對君疑是泛虛舟(杜解9:12). 그듸옷 나그내를 ᄉᆞ랑티 아니ᄒᆞ더든:非君愛人客(初杜解15:31). 그듸ᄂᆞᆫ 瀟湘 뫼해 衡山ᄋᆡ 노포ᄆᆞᆯ 보디 아니ᄒᆞᄂᆞ다:君不見瀟湘之山衡山高(初杜解17:2). 다봇 門을 오ᄂᆞᆯ 비르서 그듸ᄅᆞᆯ 爲ᄒᆞ야 여노라:蓬門今始爲君開(初杜解22:6).

그:듸 대 그대가. 똑그듸 ¶그듸 가아 아라듣게 니르라(釋譜6:6). 그듸 날로 腹心 사ᄆᆞᆺᄂᆞ니(三綱. 忠17). ᄇᆞᆯᄀᆞᆫ 그듸 ᄒᆞ오ᅀᅡ 져믄 나히로다:明公獨妙年(初杜解21:7). 그듸 ᄒᆞ다가 台輔에 오ᄅᆞ거든:公若登台輔(初杜解23:6).

·그듸·내 대 그대네. 그대들. 똑그듸 ¶太子ㅣ 닐오ᄃᆡ 그듸냇 말 ᄀᆞᆮ디 아니호니(釋譜11:19). 그듸내 舍利ᄅᆞᆯ 뫼셔 믈로 드러가면(釋譜23:47). 그듸내ᅀᅡ 舍利ᄅᆞᆯ 몯 어드리라(釋譜23:52). 그듸내 기우려 머구믈 보노라:看君傾(初杜解15:52).

·그듸·냇 대 그대네의. 그대들의. 똑그듸 ¶太子ㅣ 닐오ᄃᆡ 그듸냇 말 ᄀᆞᆮ디 아니호니(釋譜11:19).

그듸·네 대 그대네. 그대들. ☞그듸. 그듸내 똑그듸 ¶그듸네 큰 일훔 일우믄 다 이 사ᄅᆞᄆᆡ 소ᄂᆞᆯ 因ᄒᆞ리라:子等成大名皆因此人手(初杜解8:55).

그딋 대 ①그대의. 똑그듸 ¶ᄊᆞᄒᆞᆫ 그딋 모ᄀᆡ 두고(釋譜6:26). 그딋 櫪上앳 追風驃ᄅᆞᆯ 타 가고져 求ᄒᆞ노라:須公櫪上追風驃(重杜解1:11). 盧老ㅣ 그딋 오ᄆᆞᆯ 기드리더라 ᄒᆞ라:爲傳盧老待君來(南明上50).
②그대가. 똑그듸 ¶布施ᄒᆞ야도 그딋 혼조초 ᄒᆞ야(釋譜6:8).

그딋거·긔 대 그대에게. 똑그듸 ¶그딋거긔 ᄇᆞᆯᄀᆞᆫ 義ᄅᆞᆯ 져ᄇᆞ료니:於公負明義(初杜解7:28).

그딋게 대 그대에게. 똑그듸 ¶그딋게 屬거든:若屬君(南明下41).

그디 대 그대. ¶그디 子息 업더니 므슷 罪오(月釋1:7). 願ᄒᆞᆫᄃᆞᆫ 내 生生애 그딧 가시ᄃᆞ외아지라(月釋1:11). 그딧 마리 내 ᄠᅳ데 ᄀᆞ장 맛다 ᄒᆞ시고:爾言深合我意(宣賜內訓2下36). 故人ᄋᆞᆫ 그디ᄅᆞᆯ 알어ᄂᆞᆯ 그디ᄂᆞᆫ 故人ᄋᆞᆯ 아디 몯호ᄆᆞᆫ 엇데오:故人知君君不知故人何也(宣賜內訓3:58).

그:디 대 그대가. 똑그디 ¶그디 子息 업더니 므슷 罪오(月釋1:7).

그디업다 형 그지없다. 한(限)없다. 끝없다. ¶人生은 有限ᄒᆞᆫᄃᆡ 시름도 그디업다(松江. 思美人曲).

그ᄃᆡ 대 그대. ¶그ᄃᆡᄂᆞᆫ 徐卿의 두 아ᄃᆞ리나 ᄀᆞ장 奇異호ᄆᆞᆯ 보디 아니ᄒᆞᄂᆞ다:君不見徐卿二子生絕奇(初杜解8:24). 돗기 그ᄃᆡᆺ 臥床애 덥디 아니ᄒᆞ얫다:席不暖君床(初杜解8:67). 그ᄃᆡᄂᆞᆫ 아니 보ᄂᆞ다:君不見(南明上2). 내 그ᄃᆡᄅᆞᆯ 위ᄒᆞ여 주글 죄를 벗규려 ᄒᆞ거늘:吾欲爲卿脫死(飜小9:48). 그ᄃᆡ 군:君(倭解下33). 그ᄃᆡ 엇디 非禮의 金을 권년ᄒᆞ야(女四解4:48). 됴뎡이 그ᄃᆡ 일홈과 덕을 ᄉᆞ모ᄒᆞ여:朝廷貪慕名德(五倫2:20). 그ᄃᆡ 군:君(註千11). 그ᄃᆡ ᄌᆞ:子(註千15). 그ᄃᆡ 경:卿(註千21). 그ᄃᆡ 집의 근심ᄒᆞ고 탄식ᄒᆞ믈 듯고(敬信34).

그ᄃᆡ·네 대 그대들. 똑그ᄃᆡ ¶그ᄃᆡ네 어딘 사ᄅᆞᆷ이 되오져 호매:諸君欲爲君子(飜小6:32). 그ᄃᆡ네 君子를 되고져 호ᄃᆡ:諸君欲爲君子(宣小5:30).

그ᄃᆡ도록 부 그토록. ¶그ᄃᆡ도록 셜워하며 져ᄃᆡ도록 ᄋᆡ를 셕혀(萬言詞答).

그ᄃᆡᆺ네 대 그대들. 똑그ᄃᆡ ¶그ᄃᆡᆺ네 귀향 온 줄을 셜워 말라:君無爲復患遷謫(太平1:7).

그·라 감 그래. ¶그라 오녀 호ᄆᆞᆯ 모로매 므거이 맛ᄀᆞᆯ ᄆᆞ며:然諾必重應(宣賜內訓1:27).

그러 동 끌어. ¶그러 가지다:摟(漢淸8:45).

그러 부 그러하게. 그렇게. ¶부테 그러 아니ᄒᆞ시니 업스시니라:無佛不爾(圓覺上一之二125). 그러 연:然(類合下52). 그러 연:然(倭解上27). 眞實로 그러곳 ᄒᆞᆯ쟉시면 벗고 굴믈진들 셩이 므슴 가싀리(古時調. 白華山 上上頭에. 靑丘).

그러곰 부 그렇게. ¶ㅎ면 그러곰 ㅎ올가(新語6:16).

그러그러 부 그렇고 그렇게. ¶이려도 그러그러 져려도 그러그러(古時調. 그러ㅎ거니. 靑丘).

그러기 명 기러기. ☞그려긔. 그려기 ¶그러기 안:鴈(光千27). ᄀᆞᄅᆞ맷 그러기 雙雙ㅣ 니러:湖鴈雙雙起(重杜解2:20). ᄀᆞᇫ 그러기ᄂᆞᆫ 時節로 다ᄆᆞᆺ 몯거ᄂᆞᆯ:塞鴈與時集(重杜解2:25). 그러기ᄂᆞᆫ ᄀᆞᄅᆞᆯ 므럿ᄂᆞᆫ 안해 ᄂᆞᆯ개ᄅᆞᆯ 드럿고:鴈矯銜蘆內(重杜解2:27). ᄣᅥ러디오ᄂᆞᆫ 그러기ᄂᆞᆫ 촌 므레 ᄢᅥ고:落鴈浮寒水(重杜解2:29).

그·러·나 부 그러나. 그러하지만. ¶그러나 뎌 부텻 ᄯᅡ히 雜말 업시 淸淨ㅎ고(釋譜9:10). 그러나 識을 브터 업게 홀씨(月釋1:36). 그러나 이 三身ㅅ法은 시혹 나ᅀᅡ간 쁘들 자ㅂ면(月釋13:40). 그러나 信으로 드로ᄆᆞᆯ 許ㅎ실씨:然許以信入故(法華2:159). 그러나 다 ᄭᅮ믈 브트샤 니ᄅᆞ샤ᄆᆞᆫ:然皆依夢說者(法華5:77). 그러나 ㅎ요미 甚히 쉬우니:然爲之甚易(宣賜內訓1:15). 그러나 實相이 둘히 잇ᄂᆞ니(南明上7). 그러나 힝의 슌일치 못ㅎ고 몸 검속ㅎ미 그릇ㅎ미 만하(敬信30).

그러도 형 그러하기도. 그렇기도. ¶그는 그러도 ㅎ거니와(重新語1:22).

그·러·면 부 그러면. ¶善慧 니ᄅᆞ샤ᄃᆡ 그러면 네 願을 從호리니(月釋1:12). 그러면 大藏이 다 圓覺經이오(圓覺序12). 그러면 일 업슨 道人이 이와 서르 ᄀᆞᆮ거니(南明上3). 그러면 얼굴 업슨 法身이(南明下10). 그러면 널로ᄡᅥ 妻ᄉᆞᆷ이 可ㅎ다 ㅎ고(女四解4:45). 그러면 언지 수이 홀 양으로 니ᄅᆞ시던고(重新語2:3).

그·러·모·로 부 그러므로. ¶그러모로 君子ㅣ 술위예 이시면 방올 소리ᄅᆞᆯ 듣고:故君子在車則聞鸞和之聲(宣小3:18). 그러모로 君子ᄂᆞᆫ 반 거름이라도 敢히 효도ᄅᆞᆯ 닛디 몯ㅎᄂᆞ니:故君子頃步而不敢忘孝也(宣小4:18). 그러모로 公이 德과 그ᄅᆞ시 이러 키 모든 사ᄅᆞᆷ에셔 다ᄅᆞ니라:故公德器成就大異衆人(宣小6:5). 그러모로 八歲兒ᄅᆞᆯ 큰 어진 이ᄅᆞᆯ 삼아(八歲兒11).

그러셔 대 거기서. ¶사ᄅᆞ미 그러셔 도라오리 업더라:無人遂却廻(重杜解5:5).

그·러케 부 그렇게. ¶모ᄅᆞ며 거츠로미 그러케 ㅎ야 念念에 어긔여 디낼ᄉᆡ(南明下42).

그·러·타 형 그렇다. ¶부톄 니ᄅᆞ샤ᄃᆡ 내 니ᄅᆞ던 究羅帝 眞實로 그러터녀 아니터녀(月釋9:36中). 겨지븐 그러티 아니ㅎ야:女子不然(宣賜內訓序6).

그러히 부 그렇게. ¶사ᄅᆞᆷ이 다 닐오ᄃᆡ 잠시 권을 잡은 연괴라 ㅎ니 황데 그러히 너기샤(五倫2:15).

그러ㅎ·긧·고 부 그러하게끔. 그러하게시리. 그러하여지라고. ¶庶幾ᄂᆞᆫ 그러ㅎ긧고 ᄇᆞ라노라 ㅎᄂᆞᆫ ᄠᅳ디라(釋譜序6).

그·러ㅎ·다 형 그러하다. ¶隨喜功도 그러ㅎ곤 圓持功ᄋᆞᆯ 아ᄅᆞᆶ디로다(月釋17:54). 理 그러ㅎ고(月釋17:59). 미리 그러홇 돌 아ᄅᆞ샤:懸知其然(楞解1:3). 그러티 몯ㅎ면(楞解1:61). 衣와 正괘 다 그러ㅎ니(楞解9:23). 定力이 잢간 그러커늘:定力暫爾(楞解9:76). 滔滔ㅎ니 다 그러ㅎ니라:滔滔皆是(宣賜內訓2上15). 져근 分도 오히려 그러콘 ㅎ물며 다 能히 오ᄋᆞᆫ 經ᄋᆞᆯ 디녀 니ᄅᆞᆯ 사ᄅᆞ미ᄯᆞ녀(金三3:1). 音聲도 ᄯᅩ 그러ㅎ거늘:音聲亦復然(金三4:58). 비록 그러ㅎ나 이 無ㆆ字ᄂᆞᆫ 어느 고돌 從ㅎ야 나뇨:雖然如是者箇無字從何處出(蒙法61). 튝뫼란 벼슬이 그러ㅎ닝이다:有名逐要者是也(太平1:7). 님의 연장이 그러코라쟈(古時調. 白華山. 靑丘). 그런가:或是(同文解下47). 그러커니와 우리게 미ᄃᆞ시ᄂᆞᆫ 일은 바ᄂᆞᆯ 쁟만ㅎ고(重新語1:5). 어와 그러ㅎ온가(重新語1:11). 그런 긴치 아닌 일ᄶᅵ(隣語1:13). 내 ᄀᆞᆯ오ᄃᆡ 그러흔즉 수ᄅᆞᆯ 가히 도망ㅎ리잇가(敬信28).

그런 관 그런. 그러한. ¶그런 祥瑞ᄅᆞᆯ 보ᅀᆞᆸ고(釋譜6:39). 우리도 그런 일을 어이 ㅎ여 ᄌᆞ세히 아올고(重新語2:19). 엇그제 그런 바ᄅᆞᆷ 간밤의 이런 눈의(萬言詞).

그런고로 부 그런고로. ¶그런故로 大夫ㅣ 貴妾을 爲ㅎ야(家禮6:30). 그런고로 진인은 착흔 거ᄉᆞᆯ 말ㅎ며 착흔 거ᄉᆞᆯ 보며(敬信7).

그·런·ᄃᆞ로 부 그러므로. ¶그런ᄃᆞ로 仙苑에 告成ㅎ샤:所以仙苑告成(法華序13). 그런ᄃᆞ로 風俗ᄋᆞᆯ 조차 奢侈ㅎ며 華靡 아니 ㅎ리 져그니:故不隨俗奢靡者鮮矣(宣賜內訓3:62). 그런ᄃᆞ로 無相흔 돌 아롤디로다:故知無相也(金三3:29).

그런즉은 부 그런즉. ¶그런즉은 ᄂᆡ인은 우리네 일홈 알기나 아더냐 ㅎ고(癸丑66).

그·럴·시 부 그러므로. ☞그럴ᄊᆡ ¶그럴시 如來光明藏애:故如來於光明藏(圓覺序6). 그럴시 君子ㅣ 重히 ㅎᄂᆞ니:故君子重之(宣賜內訓1:74). 너출 버두미 그럴시 기디 몯ㅎᄂᆞ니라:引蔓故不長(初杜解8:67). 그럴시 前際예 오디 아니ㅎ며(南明序1). 그럴시 니ᄅᆞ샤ᄃᆡ 向上앳 機關ᄋᆞᆯ 엇데 足히 니ᄅᆞ리오(南明上10).

그·럴·씨 부 그러므로. ☞그럴시 ¶그럴씨 거즛말로 둥 알패라 ㅎ샤ᄃᆡ(釋譜23:44). 그럴씨 宗親과 宰相과 功臣과 아ᅀᆞᆷ과 百官四衆과 發願ㅅ 술위ᄅᆞᆯ 석디 아니호매 미며:

肆與宗宰勳戚百官四衆結願軫於不朽(月釋序24). 閻浮는 나못 일후미오 提는 셔미니… 그럴씨 일후믈 閻浮提라 ᄒᆞᄂᆞ니라(月釋1:24). 그럴씨 모로매 信機를 ᄀᆞᆯᄒᆡ야 宣傳홀 띠니라:故須擇信機宣傳也(法華2:160).

그럿긔 명 그러께. 재작년(再昨年). ¶그럿긔:前年(同文解上4. 漢淸1:22).

그·렁 부 그렇게. ¶五欲을 ᄉᆡᇰ각고 그렁 구ᄂᆞ니(月釋7:5).

그렁져렁 부 그럭저럭. ¶그렁져렁 어든 보리 듣고 가기 어려우니(萬言詞).

-그려 조 -그려. ¶이러니 져러니 말고 술만 먹고 노새그려(古時調. 青丘).

그려·긔 명 기러기의. ⓢ그력 ¶그려긔 발 ᄀᆞᄐᆞ시며(月釋2:40). 구룸 소개 두 그려긔 디나가ᄆᆞᆯ 듣디 몯ᄒᆞ고:雲裏不聞雙鴈過(初杜解8:14). 노하 ᄇᆞ리샤ᄆᆞᆫ 그려긔 지체셔 가ᄇᆡ얍고(南明下25). 그려긔 ᄯᅩᇰ:鴈糞(救簡6:2).

그려·기 명 기러기. ☞그러기. 그려긔. 긔려기 ¶치윗 그려기와 귓돌와미 類라:寒鴈蟋蟀類也(楞解8:121). ᄂᆞᆯ개 것근 그려기를 머기니:飼折翅鴈(救急下23). 納采ᄂᆞᆫ 그려기 드려 ᄀᆞᆯᄒᆡᄂᆞᆫ 禮라(宣賜內訓1:74). 그려기 올히ᄂᆞᆫ 기리 혜요미 맛당ᄒᆞ니:鵝鴨宜長數(初杜解7:9). 비록 南으로 디나갈 그려기 업스나:雖無南過鴈(初杜解22:15). 그려기ᄂᆞᆫ 塞北에 ᄂᆞ로ᄆᆞᆯ ᄉᆞ랑ᄒᆞ고:鴈思飛塞北(金三2:6). 그려기 안:鴈(石千27). 鴈曰哭利兮幾(雞類).

그·려도 부 그래도. ☞글여도 ¶ᄉᆡᇰ앙 글힌 므레 프러 머고ᄃᆡ 그려도 누디 몯ᄒᆞ거든(救簡3:71). ᄯᅩ 그려도 아니 나거든 아홉 나촐 더 머거(救簡6:37). 네 밧긔 그려도 버디 잇ᄂᆞ녀:你外頭還有火伴麼(飜老上42). 그려도 유:猶(類合下27). 네 밧긔 그려도 벗이 잇ᄂᆞ냐:你外頭還有火伴麼(老解上37). 그려도 餘日이 이시니 學文이나 ᄒᆞ리라(古時調. 朗原君. 어져 내. 青丘). 그려도 하 애도래라 가는 뜻을 닐러라(古時調. 成宗. 이시렴. 海謠). 그려도 모르거든 네게 잇ᄂᆞᆫ 긴 부리로(萬言詞).

그·려·ᅀᅡ 부 그리 해야. ¶ᄒᆞ다가 부텻 授記를 닙ᄉᆞ오면 그려ᅀᅡ 훤히 安樂ᄒᆞ리로소이다:若蒙佛授記爾乃快安樂(法華3:65).

·그·려ᄒᆞ·다 동 그리워하다. ¶슬허 그려ᄒᆞ샤ᄆᆞᆫ 衆生과 ᄒᆞᆫ가지로 슬허 울워로ᄆᆞᆯ 뵈실 ᄯᆞᄅᆞ미라(月釋18:39). 讚歎ᄒᆞ니와 절ᄒᆞ니와 그려ᄒᆞ리왜 이 사ᄅᆞ미 三十劫罪를 걷내ᄠᅱ리라(月釋21:85). 슬허 그려ᄒᆞ샤ᄆᆞᆫ:悲感戀慕者(法華6:154).

그력 명 기러기. ☞그려긔 ¶그력 爲鴈(訓解. 用字). 손밠가락 ᄉᆞᅀᅵ예 가치 니ᅀᅥ 그려긔 발 ᄀᆞᄐᆞ시며(月釋2:40). 그력 올히로 ᄒᆡ여 갓가온 이우즐 어즈러이디 아니호리라:不教鵝鴨惱比隣(初杜解21:3). 南녀긔 왯ᄂᆞᆫ 그려긔 ᄠᅳ디 北녀긔 잇ᄂᆞ니라:南鴈意在北(重杜解6:51).

그륜 동 그린〔畫〕. ㉠그리다 ¶바렐 그륜 거시 믌겨리 ᄢᅥ데시며:海圖拆波濤(重杜解1:5). 답사히 그륜 눈서비 어위도다:狼藉畫眉闊(重杜解1:6). 그륜 양지 臺閣애 비취니라:丹青照臺閣(重杜解3:66).

그륨 동 그림〔畫〕. ㉠그리다 ¶雲臺예 形像ᄋᆞᆯ 그류믄 다 妖氛 ᄡᅳ러 ᄇᆞ료ᄆᆞᆯ 爲ᄒᆞ얘니라:雲臺畫形像皆爲掃氛妖(重杜解20:53).

그르 명 그루터기. ¶이운 그르히 잇거늘(月釋1:45). 그르 알:枿(訓蒙下3). 벼 뷘 그르헤 게ᄂᆞᆫ 어이 ᄂᆞ리ᄂᆞᆫ고(古時調. 대쵸볼 블근. 青丘). 그르:穀楂子(柳氏物名三 草).

그르 부 그릇. 잘못. ☞그ᄅᆞ ¶그르 닐어 阿耨達이라 ᄒᆞᄂᆞ니(釋譜13:7). 그르 아논 이ᄅᆞᆯ ᄀᆞᄅᆞ쳐 고텨시ᄂᆞᆯ(月釋1:9). 그르 알면 外道ㅣ오 正히 알면 부톄시니라(月釋1:51). 그르 앓가 저흔 젼ᄎᆞ로(楞解2:65). 그르 안 먼 사ᄅᆞ미로다:錯了也瞎漢(蒙法57). 그르 后ㅅ 니마홀 헐오ᄃᆡ(宣賜內訓2下7). 將帥의 ᄠᅳ들 그르 일흐면:誤失將帥意(初杜解8:7). 黃鸝ᄅᆞᆯ 그르 드러 杜鵑 삼ᄂᆞ다:誤聽黃鸝作杜鵑(南明上52). 상녜 내 性ㅣ 坦率ᄒᆞ야 몸 그르 ᄃᆞ외요ᄆᆞᆯ 술로 ᄃᆞ욀가 저타니:常恐性坦率失身爲杯酒(重杜解1:39). 馨香으로 祭호ᄆᆞᆯ 녜브터 그르 아니 ᄒᆞᄂᆞ니라:馨香舊不違(初杜解11:9). 즘ᄉᆡᆼ을 그르 주겨:橫殺衆生(佛頂上3). 그르 자바 가디 말라:休錯拿了去(飜老上59). 발을 그르 드틔여 배뎌 ᄣᅡ디거ᄂᆞᆯ:失足陷沒(東新續三綱. 孝3:56).

그르·다 동 끄르다. 풀다. ☞그ᄅᆞ다. 글흐다 ¶글어ᅀᅡ ᄒᆞ리이다(釋譜9:40). ᄆᆡᄍᆞᄆᆞᆯ 그르게 ᄒᆞᄂᆞ니라(月釋18:52). 父母ㅣ 病ᄒᆞ야 잇거늘 ᄯᅴ 그르디 아니ᄒᆞ며:父母有疾衣不解帶(三綱. 孝17). 글옳 고ᄃᆞᆯ 알에 호려 ᄒᆞ시고:使知所解也(楞解4:97). 엇데 글오ᄆᆞᆯ 알리오:何知解(楞解5:2). ᄆᆡ욘 ᄃᆡ 글옳 眞要를(楞解5:2). 여스슬 그르고:解六(楞解10:92). 글옴 업건마ᄅᆞᆫ(法華5:143). 글움 아디 몯호미(金剛後序14). ᄂᆞᄆᆡ ᄆᆡ요ᄆᆞᆯ 어루 그르시리라:可解他縛(圓覺下二之二20). ᄌᆞ녹ᄌᆞ녹기 글오ᄃᆡ(救急上75). 依依ᄒᆞᆫ ᄉᆞ매를 글어 여희디 몯ᄒᆞ야서:未解依依袂(初杜解20:47). 빗줄 글울 처ᅀᅥ믈 뵈야ᄒᆞ로 期約ᄒᆞ라:方期解纜初(初杜解20:51). 소리 虛空애 아ᅀᆞ라타 호ᄆᆞᆫ 二乘의 法執 怨讎를 그를 시오(南明上69). 글어 내여 보니:解下來看時(飜老上28). 그를 ᄒᆡ:解(類合下

46). 그를 셕:釋(類合下60. 光千39). 그르 혀:解(光千31). 비ᄅᆞᆯ 글러 ᄒᆞᆫ가지로 ᄢᅥ나(太平1:2). 글러 보니:解下來看時(老解上25). 골홈 글너 좀 자디 못ᄒᆞ여서(癸丑67). 옫에 ᄯᅴᄅᆞᆯ 그르디 말고:衣不解帶(女四解2:14). 글러내다:解脫開(漢淸12:16). 태로로ᄡᅥ 제ᄉᆞᄒᆞ고 찬 칼을 글너 주ᄂᆞᆫ 거ᄉᆞᆯ 삼고(敬信48). 탈 망건 갓 숙이고 홋중치막 ᄯᅴ 그르고(萬言詞).
※그르다>끄르다

그르·다 형 그르다. 옳지 아니하다. ☞그ᄅᆞ다 ¶時節 그른 ᄇᆞᄅᆞᆷ비 難이어나 ᄀᆞᇫ 難이어나 ᄒᆞ거든(釋譜9:33). ᄆᆞᅀᆞᆷ ᄡᅮ미 그르게 마롤디니(圓覺上二之二18). 法이 本來 이 업슬시 업다 닐어도 ᄯᅩ 法體예 그르디 아니ᄒᆞ며:法本是無道無亦乖法體(金三4:16). 오ᄂᆞᆳ날 아로미 오히려 그르실ᄉᆡ(南明上10). ᄇᆡ호ᄂᆞᆫ 사ᄅᆞ미 반ᄃᆞ시 이ᄅᆞᆯ 말미사마 ᄇᆡ호면 거의 그르디 아니ᄒᆞ니라:學者必由是而學焉則庶乎其不差矣(飜小8:31). 그르면 죄 이심이 녯 법이라:愆則有辟古之制也(宣小4:46). 그를 상:爽(類合下9). 그를 착:錯(類合下22). 그를 오:誤(類合下27). 그를 류:繆(類合下35). 그를 차:差(類合下60). 그르다ᄂᆞᆫ 아니 ᄒᆞ실 ᄃᆞᆺ(新語1:31). 그를 비:非(倭解下34. 註千10). 올흔 도여든 나아가고 그른 도여든 물너나며(敬信1). 이러코도 ᄉᆞ자ᄒᆞ니 ᄉᆞ자ᄒᆞᄂᆞᆫ ᄂᆡ 그르다(人日歌).

그르되다 동 그릇되다. 잘못되다. ☞그ᄅᆞ되다 ¶그르될 와:訛(類合下60).

그르매 명 그림자. ☞그르메. 그리메 ¶바래드리비취ᄂᆞ닌 殘月ㅅ 그르매로소니:入簾殘月影(重杜解2:28).

그르·메 명 그림자. ☞그르매 ¶밧긧 그르메 瑠璃 ᄀᆞᆮ더시니(月印上6). 世尊ㅅ 그르메예 甘露ᄅᆞᆯ ᄲᅳ리어늘(月印上69). 影은 그르메라(釋譜19:37). 그 새 거우루엣 제 그르멜 보고 우루리라(釋譜24:20). 그르메 밧긔 ᄉᆞᄆᆞᆺ 뵈요미 瑠璃 ᄀᆞᆮ더라(月釋2:22之2). 거우루 소배 나ᄐᆞᆫ 거슨 오직 그르메라(南明上27). 그르메 ᄀᆞᆮᄒᆞ야(金剛後序11). 鴻鴈의 그르메와 峽內예 니ᅀᅳ니:鴻鴈影來連峽內(初杜解8:41). 그르메 업슨 즘겟 머리예:無影樹頭(金三2:20). 그르메ᄂᆞᆫ 千官ㅅ 소개 와 安靜ᄒᆞ고:影靜千官裏(重杜解5:6). 솔 션 門엔 드믄 그르메 반ᄃᆞ원ᄃᆞᆺᄒᆞ도다:松門耿疎影(初杜解9:14). 白馬江이 서ᄂᆞᆯᄒᆞ니 나못 그르메 드므도다:白馬江寒樹影稀(初杜解23:46). 그르메 영:影(訓蒙上29). 그르메 영:影(類合下1). 발애 ᄂᆞᆷ의 그르메ᄅᆞᆯ ᄇᆞᆲ디 아니ᄒᆞ며:足不履影(宣小4:42).

그르·메너·흐·리 명 그리마. ☞그리매. 그림아 ¶그르메너흐리:蠷螋(四解上30 蠷字註). 그르메너흐리 구:蠷. 그르메너흐리 수:螋(訓蒙上22).

그르츠다 동 그르치다. ☞그릇츠다 ¶ᄒᆞᆫ 軍士ㅣ 軍令ᄋᆞᆯ 그르처 忽然히 겨지블 ᄃᆞ렛거늘:有一卒違令忽與婦人俱(宣賜內訓2下37). 그 ᄉᆞᅀᅵᆺ 잠간 그르츤 고ᄃᆡ 六月ㅅ 더운 하ᄂᆞᆯ해 눈과 서리왜 오미로다:其間些子爻訛處六月炎天下雪霜(金三4:21). 시절 긔운이 됴화티 아니ᄒᆞ며 치우며 더우미 그르츠며:節氣不和寒暑乖候(瘟疫方1). 내조쳐 왜 신ᄃᆞᆯ 엇데 性을 그르츠리오:放逐寧違性(杜解9:24).

그르헤 명 그루에. 〔ㅎ 첨용어 '그르'의 부사격(副詞格)〕 독그르 ¶벼 뷘 그르헤 게ᄂᆞᆫ 어이 ᄂᆞ리ᄂᆞᆫ고(古時調. 대쵸볼. 靑丘).

그르홈 동 그릇함. 잘못함. ㉮그르ᄒᆞ다 ¶그르호미 한가 分別ᄒᆞ샤(宣賜內訓2上46). 글 ᄇᆡ홈 그르호ᄆᆞ란 아ᄒᆡ 게을우믈 므더니 너기며:失學從兒懶(重杜解3:30). 글 ᄇᆡ호기 그르호ᄆᆞ란 어린 아ᄃᆞᄅᆞᆯ 므던히 너기노니:失學從愚子(重杜解14:24).

그르·히 명 그루가. 〔ㅎ 첨용어 '그르'의 주격(主格)〕 독그르 ¶이운 그르히 잇거늘 衆生ᄃᆞᆯ히 슬허 울오(月釋1:45).

그르·ᄒᆞ·다 동 그릇 하다. 잘못하다. ☞그른ᄒᆞ다 ¶비록 그르ᄒᆞ야 지순 이리 이셔도 내 일후믈 드르면(釋譜9:6). 翻譯ᄒᆞᇙ 사ᄅᆞ미 그르ᄒᆞᆫ가 저허:恐譯人錯(圓覺下二之一47). 하외욤 그르ᄒᆞ야 ᄐᆨ 글희여 버리고 어우디 아니ᄒᆞ닐 고티ᄂᆞᆫ 法은:失欠頰車蹉開張不合方(救急上79). 그르ᄒᆞᆫ 이ᄅᆞᆯ 좃ᄃᆞ되여 말며:毋循枉(宣賜內訓1:9). 佛法을 묻노라 ᄒᆞ야 글 보ᄆᆞᆯ 그르ᄒᆞ고:問法看詩妄(杜解9:25). 다ᄅᆞᆫ 나래 ᄡᅳ러 ᄇᆞ료ᄆᆞᆯ 그르ᄒᆞ도다:他日掃除非(初杜解24:49). 取ᄒᆞ며 捨호ᄆᆡ 그르호ᄆᆞᆯ 가ᄌᆞᆯ비시니라(南明上80). 그르ᄒᆞ도다:錯(金三4:59). 고ᄋᆞᆳ 관원의 어딜며 사오나오며 잘ᄒᆞᆫ 이리며 그르ᄒᆞᆫ 이를 니ᄅᆞ디 말며:不言州縣官員長短得失(飜小8:21). 글효ᄆᆞᆯ 그르ᄒᆞ얏거든 먹디 아니ᄒᆞ시며(宣小3:25).

그른 명 그릇. ☞그늣. 그릇 ¶그른 긔:器. 그른 명:皿(倭解下12).

그른되다 동 그릇되다. 잘못되다. ☞그르되다 ¶ᄒᆞ여금 遲慢ᄒᆞ야 工程을 그른되미 읻게 말올ᄶᅵ니라:莫教遲慢有悞工程(女四解2:29). 이 일이 그른되면 인역이 蕩敗ᄒᆞ기ᄂᆞᆫ 姑捨勿論ᄒᆞ고(隣語3:4).

그른ᄒᆞ다 동 그릇하다. 잘못하다. ☞그르ᄒᆞ다. 그ᄅᆞᆺᄒᆞ다 ¶그른ᄒᆞᆯ 오:誤(倭解下34).

그를 명 그늘〔陰〕. ☞그늘. ᄀᆞᄂᆞᆯ ¶그를 음:陰(倭解上6).

그름 형 그름(非). ㉠그르다 ¶ 그름:不是的(同文解下29). 正官이 나지 아니시면 우리의 그름은 발명 몯 ᄒᆞᆯ 꺼시니(重新語2:4). 그름:非(漢淸3:7).

그름재 명 그림자. ☞그름제 ¶ 혼자 뫼 그림재예 채 티ᄂᆞ니:獨鞭山影(百聯21).

그름제 명 그림자. ☞그름재 ¶ 나모 그름제ᄅᆞᆯ ᄆᆞᄅᆞ고:裁樹影(百聯3). 댓그름제 서믈 ᄡᅳ로ᄃᆡ:竹影掃階(百聯25).

그·릇 명 그릇〔器〕. ☞그른. 그ᄅᆞᆺ ¶ ᄌᆞ식 업스실ᄊᆡ 몸앳 필 뫼화 그르세 담아 男女를 내ᅀᆞᄫᆞ니(月印上2). 아비 麤ᄒᆞᆫ 헌옷 닙고 ᄯᅩᇰ 츨 그릇 잡고:父著麤弊衣執除糞器(圓覺序47). 고기ᄅᆞᆯ 도로 그르세 노티 말며(宣賜內訓1:3). 어름 다ᄆᆞᆫ 그르슨 프른 구스리 뮈ᄂᆞᆫ ᄃᆞᆺ고:冰壺動瑤碧(初杜解20:49). 筌ᄋᆞᆫ 고기 잡ᄂᆞᆫ 그르시라(南明上10). ᄯᅩ 그릇ᄃᆞᆯ 설어저 오라:却收拾家事來(飜老上43). 뎌 어름 담ᄂᆞᆫ 그릇 우희:那冰盤上(飜朴上5). 그릇 긔:器. 그릇 명:皿(訓蒙下18). 그릇 긔:器(類合上29). 그릇 긔:器(石千9). 더러온 것과 더러온 그릇슬 신령 압과 삼광 아래 드러내여 노치 말며(敬信70). 셰간 그릇 드던지며 역정 닉여 ᄒᆞᄂᆞᆫ 말이(萬言詞).

그·릇 명 그릇. 잘못. ¶ 세 가짓 供養이 그르시 업슬ᄊᆡ(月印上32).

그릇 부 그릇. 그르게. ☞그르. 그ᄅᆞ ¶ 늘근 사ᄅᆞᄆᆞᆯ 그릇 너기ᄂᆞ니(三譯1:1). 구학에 ᄌᆞ경ᄒᆞ야 그릇 셩명을 상ᄒᆞ리라(敬信16).

그릇그릇 부 그릇그릇. ¶ 쉰 밥이 그릇그릇 날진들 너 머길 쥴이 이시랴(古時調. 개를 여라믄이나. 靑丘).

그릇·다 동 그르치다. ¶ 믈읫 잇ᄂᆞᆫ 香ᄃᆞᆯ ᄒᆞᆯ다 마타 ᄀᆞᆯᄒᆞ야 그릇디 아니ᄒᆞ며(釋譜19:18). 그 ᄠᅳ들 그릇디 아니케 ᄒᆞ며:不違其志(宣賜內訓1:44). 일 져므리 ᄒᆞ야 집 이ᄅᆞᆯ 그릇디 말라:夙夜無違宮事(宣賜內訓1:84). 本來ㅅ 誓願을 그릇디 마ᄅᆞ샤:不違本誓(眞言. 供養文26).

그릇되다 동 그릇되다. 그르게 되다. ¶ 네 엇디 내 집을 그릇되게 ᄒᆞᄂᆞ뇨(五倫4:45). 남이 그릇되믈 보고 문득 그 사ᄅᆞᆷ의 허믈을 말ᄒᆞ며(敬信4).

그릇벼 명 그릇붙이. ☞그ᄅᆞᆺ벼 ¶ ᄯᅩ 사발와 그릇벼ᄃᆞᆯ 사져:再買些椀子什物(飜老下32). 차반 머거든 사발와 그릇벼ᄅᆞᆯ 간슈ᄒᆞ고:茶飯喫了時椀子家具收拾了(飜老下45). 이 칠ᄒᆞᆫ 그릇벼ㅣ(老解下30).

그·릇:부·리 명 그릇 아가리. ¶ ᄲᆞᆯ리 그릇 부리ᄅᆞᆯ 므레 주근 사ᄅᆞᄆᆡ ᄂᆞᆾ과 ᄇᆡ예 업프라:及壜口覆溺水人面上或臍上(救簡1:75). 그릇부리 벌쑥ᄒᆞ다:喇叭嘴(漢淸11:61).

그릇슬 명 그릇을. ㊕그릇 ¶ 엄이 업ᄉᆞ시거든 잔과 그릇슬 ᄎᆞᆷ아 먹디 몯홈ᄋᆞᆫ 입김 ᄭᅴ운이 이실ᄉᆡ니라:母沒而杯圈不能飮焉口澤之氣存焉爾(宣小2:16).

그릇시 명 그릇이. ㊕그릇 ¶ ᄉᆞᄉᆞ로온 그릇시 업ᄂᆞ니:無私器(宣小2:13).

그릇치다 동 그르치다. ¶ 天性으로 못된 사람 自作으로 그릇치늬(人日歌).

그릇ᄒᆞ다 동 그릇하다. 그릇되게 하다. 잘못하다. ¶ 그릇ᄒᆞ다:錯了(同文解上32). 그러나 힝의 슌일치 못ᄒᆞ고 몸 검속ᄒᆞ미 그릇ᄒᆞ미 만하(敬信30). ᄒᆞᆫ 번 일을 그릇ᄒᆞ고 불충불효 다 되거다(萬言詞). 그릇ᄒᆞᆫ 일 뉘우쳐셔 이달다 너모 마소(萬言詞).

그릐 명 그네. ☞그늬. 그리. 글위 ¶ 그릐:鞦韆(譯解下24).

그리 명 그네. ☞글위 ¶ 그리:鞦韆. 그리 ᄠᅴ다:打鞦韆(同文解下33).

그·리 부 ①그리. 그렇게. ¶ 나도 그리 호리라 ᄒᆞ고(釋譜6:12). 王이 곧 그리 ᄒᆞ라 ᄒᆞ시니라(月釋14:43). 對答ᄒᆞ야 닐오ᄃᆡ 그리 호리이다(宣賜內訓1:40). 그리 니ᄅᆞ시니라(南明上5). 그리 머리 좃고:那般磕頭(飜朴上34). 그리 니ᄅᆞ디 말라:休那般說(飜老上34). 자녀네도 그리 아ᄋᆸ소(重新語1:12). 그리 自作스러이 니ᄅᆞ지 마ᄋᆸ소(隣語1:1). ②그런 것이. ¶ 護彌 닐오ᄃᆡ 그리 아닝다 須達이 ᄯᅩ 무로ᄃᆡ 婚姻 위ᄒᆞ야 아ᅀᆞ미 오나ᄃᆞᆫ 이바도려 ᄒᆞ노닛가(釋譜6:16). 護彌 닐오ᄃᆡ 그리 아니라 부텨와 즁과ᄅᆞᆯ 請ᄒᆞᅀᆞᄫᆞ려 ᄒᆞᇂ다(釋譜6:16). 對答호ᄃᆡ 그리 아니라 내 ᄉᆞ랑호ᄃᆡ 어누 藏ㅅ金이ᅀᅡ 마치 ᄣᅦᆯ이려뇨 ᄒᆞ노이다(釋譜6:25). ③그리. 그곳으로. ¶ 나도 밋처 그리 가오리(重新語1:29).

그리곰 부 그리. 그렇게. ☞-곰 ¶ 이도 술이 ᄉᆞᆲᄂᆞᆫ 일이오니 그리곰 너기디 마ᄅᆞ쇼셔(新語3:19).

·그리·다 동 그리다. ¶ 天縱之才ᄅᆞᆯ 그려ᅀᅡ 아ᅀᆞᄫᆞᆯ까:天縱之才豈待畫識(龍歌43章). 두 孔雀일 그리시니이다:維二孔雀用以圖寫(龍歌46章). 佛像ᄋᆞᆯ 그리ᅀᆞᆸ더니도(釋譜13:52). 彩色ᄋᆞ로 佛像ᄋᆞᆯ 그리ᅀᆞᄫᆞᄃᆡ(釋譜13:52). ᄒᆞᆫ낫 고ᄌᆞ로 그륜 像ᄋᆞᆯ(釋譜13:53). 畫師 블러 그리ᅀᆞᄫᆞ라 ᄒᆞ니:畫ᄂᆞᆫ 그림 그릴 씨라(釋譜24:10). 답사히 그륜 눈서비 어위도다:狼籍畫眉闊(杜解1:6). 麒麟에 그리요ᄆᆞᆯ 짓고져 ᄒᆞ디 말라:休作畫麒麟(初杜解20:30). 葉公이 龍 그료ᄆᆞᆯ 즐기더니(南明下47). 범을 그리다가 일우디 몯ᄒᆞ면:畫虎不成(宣賜內訓1:38). 그릴 화:畫(訓蒙中2. 類合下41). 그릴 묘:描. 그릴 압:罨(訓蒙下20). 얼구ᄅᆞᆯ 그려셔 됴셕의 졔ᄒᆞ기ᄅᆞᆯ

몸이 뭇도록 ᄒᆞ니라:圖其形奠朝夕終身(東新續三綱. 烈1:16). 그리다:畫畫(同文解上42). 그릴 홰:畫. 그릴 샤:寫(註千19). 그릴 막:貌(註千30). 그릴 됴:彫(註千33). 모양을 의지ᄒᆞ야 호로ᄅᆞᆯ 그리지 말며 니 形相 可憐ᄒᆞ다 그려 녀여 보고파져(萬言詞).

·그리·다 동 그리워하다. ¶내 님금 그리샤:我思我君(龍歌50章). 厚恩 그리ᅀᆞᄫᆞ니:厚恩思憮(龍歌56章). 어마님 그리신 눉므를:憶母悲涕(龍歌91章). 君子ᄅᆞᆯ 그리샤:言念君子(龍歌109章). 아ᄃᆞᆯ님 成佛커시ᄂᆞᆯ 아바님 그리샤 梵志優陁耶ᄅᆞᆯ 숣ᄫᆞ라 브리시니(月印上41). 須達이 그리ᅀᆞᆸ더니(月印上64). 須達이 長常 그리ᅀᆞᄫᅡ 셜버ᄒᆞ더니(釋譜6:44). 네 겨집 그려 가던다(月釋7:10). 밤나죌 그려 어믜 간 ᄯᅡᄒᆞᆯ 무러(月釋21:22). 슬허 그려 ᄒᆞ샤ᄆᆞᆫ:悲感戀慕者(法華6:154). 帝의 그리ᅀᆞ와 슬허ᄒᆞ샤ᄆᆞᆯ 보ᅀᆞ오시고:見帝追慕悲傷(宣賜內訓2下54). 내 님믈 그리ᅀᆞ와 우니다니(樂範. 鄭瓜亭). 그릴 련:戀(類合下11. 倭解上21). 그리다:想慕(同文解上19).

그·리도·록 부 그렇도록. 그토록. ☞그리ᄃᆞ록 ¶그리도록 너므 만히 드려 므슴 ᄒᆞᆯ다:儻那偌多做甚麼(飜朴上20).

그·리ᄃᆞ록 부 그렇도록. 그토록. ☞그리도록 ¶어마닚 양지 엇더 그리ᄃᆞ록 여위시니잇고(月釋23:87).

그리로 부 그리로. 그곳으로. ¶그리로 드러가니(太平1:37).

그리로셔 부 그리로부터. ¶그리로셔 블이 ᄃᆞ긔야 오ᄅᆞᄃᆞᆺ더라(太平1:43).

그리매 명 그리마. ☞그르메너흐리. 그림아 ¶그리매:蠷螋(譯解下36. 物譜 蟲豸).

그리·메 명 그림자. ☞그르매. 그르메 ¶六塵의 그리메 像 브투믈 아라(月釋9:21). 影은 그리메오 質은 ᄋᆞᆺ드미라(月釋17:58). 分別은 그리메 ᄀᆞᆮᄒᆞ니라(楞解1:90). 前塵ㅅ 그리멧 이리:前塵影事(楞解10:1). 그리메 ᄀᆞᆮᄒᆞ며(金剛151). 燈 그리멜 보거든:見燈影(法華5:165). ᄒᆞ마 챗 그리메 뮈여니와:已搖鞭影(圓覺序58). 거우루엣 그리멧 像 ᄀᆞᆮ고:如鏡中影像(圓覺上一之一47). 그리메와 뫼ᅀᆞ리 ᄀᆞᆮᄒᆞ면:如影響(宣賜內訓2上14). 히 하고 物이 變化ᄒᆞ야 ᄒᆞᆫ갓 얼굴와 그리메ᄲᅮ니로소니:年多物化空形影(初杜解16:41). 븘 그리메 ᄌᆞ오롬 업수메 비취엿ᄂᆞ니:燈影照無睡(重杜解9:20).

·그·리볼·씨 형 그리우므로. ㉠그립다 ¶가시 그리볼씨 世尊 나신 ᄉᆞᄉᆡ로 녯 지븨 가리라 ᄒᆞ니(月釋7:6).

그·리어·니 부 그렇거니. ¶그리어니 여러 거름곰 즈늑즈늑호ᄃᆡ 재니라(飜老上12). 그리어니 내 ᄑᆞᆯ오져 ᄒᆞ노라:可知我要賣裏(飜老上69). 그리어니 다 가리라:可知都去裏(飜朴上46). 그리어니 ᄀᆞ래ᄂᆞ니 잇ᄂᆞ니라:可知有頑的(老解上6). 그리어니 여러 거름이 즈늑즈늑호ᄃᆡ 재니라:可知有幾步慢竄(老解上11). 그리어니 내 ᄑᆞᆯ고져 ᄒᆞ노라:可知我要賣裏(老解上62). 그리어니 ᄑᆞᆯ리라:可知賣裏(老解下19). 그리어니 곳 던기쟈:可知便賽(朴解上22).

그리옴 명 그리움. ¶철셕간장 아니여든 그리옴을 견딜소냐(萬言詞).

그리워ᄒᆞ다 동 그리워하다. ¶서ᄅᆞ 보ᄋᆞᆸ지 몯ᄒᆞ오니 그리워ᄒᆞᄋᆞᆸ더니(重新語3:1).

그리음 명 그리움. ¶샤랑홈도 죠커니와 그리음을 못 니긔니(萬言詞).

그리·이·다 동 그리어지다. ☞그리다 ¶노폰 義ᄂᆞᆫ 雲臺에 그리이고져 호매 잇ᄂᆞ니:高義在雲臺(初杜解22:46). 黃閣애 麒麟에 그리이요ᄆᆞᆯ 일 믇고져 ᄒᆞ노라:早聞黃閣畫麒麟(初杜解23:10). 〔'믇고져'는 '듣고져'의 오기(誤記).〕

그리쟈 동 그리하자. ¶서르 그리쟈 ᄒᆞᆯ션뎡:相許(重杜解12:15).

그리코 부 그리고. ¶그리코 또 軍官도 보내시더니 완습던가(重新語1:26).

그·리·코·ᅀᅡ 부 그리하고서야. ¶그리코ᅀᅡ ᄯᅩ ᄒᆞᆫ 누늘 ᄆᆞᄌᆞ ᄲᅢ혀(釋譜24:51).

그리티다 동 마구 치다. 마구 때리다. ¶더ᄀᆞ래ᄂᆞᆫ 學生을 다가 스승의 ᄉᆞᆲ고 그리티되 그저 젓티 아니ᄒᆞᄂᆞ니라:將那頑學生師傅上稟了那般打了時(老解上6).

그리혀·다 동 긁히다. ¶器物ㅅ 안해 ᄒᆞᆫ 번 디나면 크게 그리현 허므리 기리 결엣ᄂᆞ니라:一經器物內永掛麁刺痕(初杜解16:69).

·그·리힐·후·다 동 끼적거리다. 〔'그리〈畫〉'와 '힐후다〈詰〉'의 복합(複合).〕 ¶ᄡᅡ홀 그리힐후디 아니ᄒᆞ며:不畫地(宣小2:63).

그·리ᄒᆞ·다 동 그리하다. ¶諸佛도 出家ᄒᆞ샤ᅀᅡ 道理ᄅᆞᆯ 닷ᄀᆞ시ᄂᆞ니 나도 그리호리라 ᄒᆞ고(釋譜6:12). 그리ᄒᆞᆫ 因緣으로 八萬四千塔ᄋᆞᆯ 어드리라(釋譜24:11). 世間 여흰 樂을 念ᄒᆞ고 그리타이다(月釋7:5). 여희엿다가 다시 서르 맛보니 偶然히 그리ᄒᆞ디웨어느 뎌히 期約ᄒᆞ리오:離別重相逢偶然豈足期(初杜解22:22). ᄒᆞ다가 ᄯᅩ 王 ᄀᆞᄅᆞ쵸ᄆᆞᆯ 得ᄒᆞ면 그리ᄒᆞᆫ 後에ᅀᅡ 먹ᄃᆞᆺ ᄒᆞ야(法華3:65). 太學館ᄋᆡ 이실 제도 ᄯᅩ 그리ᄒᆞ더라:其在太學亦然(飜小9:11). 子路ㅣ 그리호려 ᄒᆞᆫ 말ᄋᆞᆯ 무굼이 업더라:子路無宿諾(宣小4:43). 그리ᄒᆞ올 거시니 근심 마ᄋᆞᆸ소(重新語1:19). ᄃᆞᆯ마다 그뭄날 조신이 ᄯᅩ 그리ᄒᆞ야(敬信1).

·그·림 명 그림〔圖. 畫〕. ¶畫ᄂᆞᆫ 그림 그릴

씨라(釋譜24:10). 그림 그리기예 늘구미 쟝ᄎᆞ 오ᄆᆞᆯ 아디 몯ᄒᆞᄂᆞ니:丹青不知老將至(初杜解16:25). 鄭公의 그림호미 長夜애 조차 가고:鄭公粉繪隨長夜(初杜解24:64). 奇玩은 그림트렛 ᄌᆡ죄라(宣賜內訓1:28). 葉公이 그림 즐기다가 眞實ㅅ龍ᄋᆞᆯ ᄀᆞᆺ 보고(南明下47). 황뎟 앏픠 글들히며 그림 보시더라:官裏前面看書畫裏(飜朴上64). 그림 도:圖(訓蒙下20. 類合下41. 石千19). 그림 회:繪(訓蒙下20). 그림 화:畫(倭解上38). 그림:畫(同文解上42). 음란ᄒᆞᆫ 그림 ᄒᆞᆫ 복을 그려 내미니라(敬信83). 楚囚 吳山 千萬疊의 ᄂᆡ 그림을 ᄂᆔ 傳ᄒᆞ리(萬言詞).

그림 명 그림자. ¶影 俗呼 그림(東韓).

그림아 명 그리마. ☞그르메너흐리. 그리매 ¶蠼螋…俗謂 그림아(柳氏物名二 昆蟲).

그림애 명 그림자. ☞그르메. 그리메. 그림재 ¶절로 그린 石屛風 그림애를 버들 삼아(松江. 星山別曲).

그림자 명 그림자. ☞그리메. 그림애 ¶그림자 영:影(倭解上20). 그림자:影兒(同文解上3. 譯解補1). 그림자:影(漢淸1:3).

그림·재 명 그림자. ☞그림제 ¶모매 그림재와 소리예 향이 서르 좃ᄃᆞᆺ ᄒᆞᄂᆞᆫ ᄃᆞᆯ:影響相從(誡初9). 뉘 이 서르 도라볼 사ᄅᆞᆷ이 댱을 것고 외로온 그림재를 됴문ᄒᆞᆯ고:誰是相顧人褰帷弔孤影(太平1:34). 믈 아래 그림재 디니(古時調. 鄭澈. 松江). 五十川 ᄂᆞ린 믈이 太白山 그림재를 東海로 다마 가니(松江. 關東別曲). 그림재 영:景(註千9).

그림·제 명 그림자. ☞그림재 ¶化身이 뵈샤도 根源은 업스샤미 ᄃᆞᆯ그림제 眞實ㅅ ᄃᆞᆯ 아니로미 ᄀᆞᄐᆞ니라(月釋2:55). ᄀᆞ장 ᄀᆞᄂᆞᆫ 그림제 ᄀᆞᆮ 後ㅅ 無明을 ᄒᆞ야ᄇᆞ려 죠고맛 드틀도 업게 ᄒᆞ야ᅀᅡ(月釋2:62).

그림즈 명 그림자. ¶션악의 보응이 그림지 형상을 ᄯᆞ롬 ᄀᆞᆺᄒᆞᆫ지라(敬信1).

·그림·ᄒᆞ·다 동 그림을 그리다. ¶鄭公의 그림호미 長夜애 조차가고 曹霸의 그림호ᄆᆞᆫ ᄒᆞ마 마리 셰도다:鄭公粉繪隨長夜曹霸丹青已白頭(初杜解24:64).

·그·립·다 형 그립다. ¶가시 그리ᄫᆞᆯ씨 世尊 나신 ᄉᆞᅀᅵ로 녯 지븨 가리라 ᄒᆞ니(月印上65. 月釋7:5). ᄆᆞᅀᆞ매 그리ᄫᆞᆫ ᄠᅳ들 머거(月釋17:15). 다 그리우믈 머거:咸皆懷戀慕(法華5:161).

※'그립다'의 활용 ┌그립고/그립게/그립디… └그리ᄫᆞᆫ/그리ᄫᆞᆯ/그리ᄫᅥ…

그ᄅᆞ 부 그릇. 그르게. ☞그르. 그릇 ¶엇디 ᄒᆞᆫ 사ᄅᆞᆷ도 그ᄅᆞ 地獄의 드러가 十王을 보니 업스뇨:何故都無一人誤入地獄見所謂十王者耶(飜小7:22). 이 사ᄅᆞ미 病ᄋᆞᆫ 오직 見聞覺知ᄅᆞᆯ 그ᄅᆞ 아라(龜鑑上23).

그ᄅᆞ·다 동 끄르다. 풀다. ☞그르다 ¶그ᄅᆞᆯ ᄒᆡ:解(石千31). 그ᄅᆞᆯ 셕:釋(石千39). 祥이 옷슬 그ᄅᆞ고 쟝ᄎᆞᆺ 어름을 ᄡᅩ고 어드랴 ᄒᆞ더니:祥解衣將剖冰求之(宣小6:22). 아븨 거상의 밤이라도 셔 아니 그ᄅᆞ고:居父喪夜不解帶(東新續三綱. 孝2:29). 김 샹궁과 유시ᄂᆞᆫ 목미야ᄃᆞ랏거ᄂᆞᆯ 모다 그ᄅᆞ니 죽디 몯ᄒᆞ니라(癸丑1:65). 오시 ᄯᅴᄅᆞᆯ 그ᄅᆞ디 아니ᄒᆞ고:衣不解帶(五倫1:25).

그ᄅᆞ다 형 그르다. ☞그르다 ¶삼 년 시묘호ᄃᆡ 네ᄅᆞᆯ 조차 그ᄅᆞᆫ 이리 업게 ᄒᆞ고:廬墓三年遵禮無闕(東新續三綱. 孝2:40). 내 소견이 그ᄅᆞ디 아니ᄒᆞ더니 그 연고ᄅᆞᆯ 아디 몯ᄒᆞᆯ로다:某所見不錯未知何故(太平1:6). 그ᄅᆞ다:錯了(語錄18). 그 젼의 그ᄅᆞᆫ 일란 求티 아니ᄒᆞ고:不求其素(語錄34). 이런 시졀의 대군 나시믄 ᄇᆡᆨ 번 그ᄅᆞ거니와(癸丑1:159). 이 죠곰도 그ᄅᆞ지 아니타:是一點兒不錯(華解上2).

그ᄅᆞ되다 동 그릇되다. ☞그르되다 ¶나라일이 날로 그ᄅᆞ되ᄂᆞᆫ 줄 듣고 안즈나 누으나 일즙 우디 아닐 제기 업더라:聞國事日非坐臥未嘗不涕泣(東新續三綱. 忠1:24).

그ᄅᆞᄒᆞ·다 동 그릇하다. 그릇되게 하다. ☞그르ᄒᆞ다. 그ᄅᆞᆺᄒᆞ다 ¶그ᄅᆞᄒᆞ도다:錯(金三4:58). 그ᄅᆞᄒᆞᆫ 이ᄅᆞᆯ ᄂᆞᆼ히 뉘으처 ᄒᆞ고:過而能悔(飜小6:9). 그ᄅᆞᄒᆞ고 能히 뉘운ᄎᆞ며:過而能悔(宣小5:9). 고ᇙ 官員의 길며 댜ᄅᆞ며 올히 ᄒᆞ며 그ᄅᆞ홈을 닐으디 아니홈이오:不言州縣官員長短得失(宣小5:100). 밥 머그믈 어으름과 나죄 그ᄅᆞᄒᆞ노라:飯食錯昏晝(重杜解11:25).

그ᄅᆞᆫ 형 그른. ㉮그ᄅᆞ다 ¶삼 년 시묘호ᄃᆡ 네ᄅᆞᆯ 조차 그ᄅᆞᆫ 이리 업게 ᄒᆞ고:廬墓三年遵禮無闕(東新續三綱. 孝2:40).

그ᄅᆞᆮ 명 그릇. ☞그ᄅᆞᆺ. 그릇 ¶비록 그ᄅᆞᆮ 신ᄂᆞᆫ 져근 이리라도 죵을 맏디디 아니ᄒᆞ더라:雖滌器之微不委僮僕(東續三綱. 孝29).

그ᄅᆞᆯ 명 그늘. ¶어린 아ᄒᆡᄅᆞᆯ 기시 ᄡᅳ려 나모 그ᄅᆞᆯ히 두고:幼兒襁褓置諸樹陰(東新續三綱. 烈1:11).

그ᄅᆞᆺ 명 그릇. ☞그릇 ¶아비 ᄲᅧ와 ᄉᆞᆯ흘 가져 그ᄅᆞ시 담고:取父骸肉安於器(東續三綱. 孝1). 시녀ᄅᆞᆯ 명ᄒᆞ야 ᄒᆞᆫ 쟈근 문셔 녀흔 그ᄅᆞ술 내여다가:命侍兒取一小書篋(太平1:12). 또 그ᄅᆞᆺ들 설어저 오라:却收拾家事來(老解上39). 술 븟ᄂᆞᆫ 큰 그ᄅᆞ술 가디고(女範4. 녈녀 ᄃᆡ됴부인). 그ᄅᆞᆺ 두에ᄅᆞᆯ 덥퍼:蓋上碗蓋(華解上7). 그ᄅᆞᆺ 비:匪(註千17). 그ᄅᆞᆺ 쟉:爵. 그ᄅᆞᆺ 반:盤(註千18). 그ᄅᆞᆺ 죵:鍾(註千21). 그ᄅᆞᆺ 광:匡(註千23). 그ᄅᆞᆺ ᄃᆡ:敦(註千29).

그ᄅᆞᆺ 부 그릇. 잘못. ☞그르. 그릇 ¶그ᄅᆞᆺ:錯

(語錄4). 됴혼 時光을 그릇 디내디 마쟈:休蹉過了好時光(朴解上1). 黃庭經 一字를 엇디 그릇 닐거 두고(松江. 關東別曲). 아히 업어 둔니다가 그릇 못믈의 누려디거늘(明皇1:33).

그릇벼 명 그릇붙이. ☞그릇벼. 그릇쎠. -벼 ¶또 사발과 그릇벼들 사쟈:再買些椀子什物(老解下29).

그릇쎠 명 그릇붙이. ☞그릇벼. 그릇벼. -벼. -쎠 ¶사발과 그릇쎠를 슈습ᄒᆞ고:椀子家具收拾了(老解下41).

그릇ᄒᆞ다 동 그릇 하다. 그릇되게 하다. ☞그르ᄒᆞ다. 그ᄅᆞᄒᆞ다 ¶녹산이 그릇ᄒᆞ야 패ᄒᆞ거늘(明皇1:31). ᄠᅳᆺ을 승슌ᄒᆞ여 그릇ᄒᆞ미 업더니:承順無闕(五倫1:62).

그만 관 그만한. ¶그만 거손 鳥足之血이오니(隣語1:17).

그만 부 그만. 그 정도까지만. ¶감격ᄒᆞ오매 먹기를 과히 ᄒᆞ엿ᄉᆞ오니 그만 ᄒᆞ여 마ᄅᆞ쇼셔(重新語2:14).

그만·뎌만ᄒᆞ·다 형 그만저만하다. ¶간 디마다 촌 것 슬히 너기고 더운 것 ᄃᆞᄉᆞ 머구믈 그만뎌만ᄒᆞ야뇨마ᄅᆞᆫ:到處嫌冷愛熱喫却多少了也(金三3:52).

그망업다 형 아득하다. ¶그망업슬 막:漠(類合下55).

그모다 동 저물다. ☞그믈다 ¶그 집안 사ᄅᆞᆷ 돌히 다 그 히 그모도록 곳블도 만나디 아니ᄒᆞ며:使某家竟年不遭傷寒(瘟疫方4).

그몸 명 그믐. ☞그뭄. 그믐 ¶네 이 돌 그몸쯰:你這月盡頭(老解上1).

그몸날 명 그믐날. ¶그듸옷 나그내를 ᄉᆞ랑티 아니ᄒᆞ더든 그몸나래 또 시르믈 더으리랏다:非君愛人客晦日更添愁(初杜解15:31).

그몸쯰 명 그믐께. ☞그믐쯰. -쯰 ¶네 이 돌 그몸쯰 北京의 갈가(老解上1).

그무다 동 저물다. ☞그모다. 그믈다 ¶돌 그무다:月盡(同文解上3).

그물 명 그물[網]. ☞그믈 ¶위티홈 구ᄒᆞ믈 그물에 새ᄀᆞᆺ치 ᄒᆞ며(敬信9). 青雲을 알아시면 探花蜂蝶이 그물의 걸여시랴(萬言詞). 그물 죄:罪(註千5). 그물 라:羅(註千21). 그물:網(柳氏物名二 水族). 그물 망:網(兒學上11).

그물다 동 가무러지다. ☞그믈다 ¶燈盞불 그무러 갈 지 窓前 집고 드는 님과 서벽 달 지실 적에(古時調. 瓶歌).

그믈버굿 명 그물의 보굿. ☞그믈버굿 ¶그물버굿:網瓢兒(柳氏物名二 水族).

그물톳 명 그물의 추. ☞그믈톳 ¶그물톳:網脚兒(柳氏物名二 水族).

·그뭄 명 그믐. ☞그믐. 금음 ¶네 하 情誠일씨 그무메 가 주그리라 ᄒᆞ니 그무메 가아 죽거늘(三綱. 孝21). 그뭄 회:晦(類合上3. 石千41). 그뭄:盡頭(同文解上3). 졔셕 섯달 그뭄(敬信34).

그뭄날 명 그믐날. ☞그믐날 ¶돌마다 그뭄날 조신이 또 그리ᄒᆞ야(敬信1).

그뭀밤 명 그믐밤. ¶그뭀바ᄆᆡ 구룸 업수믈 ᄃᆞ리라 일홈 아닌ᄂᆞᆫ 젼ᄎᆞ라:晦夜無雲不名月故(圓覺上一之一56).

·그·므·다 동 저물다. ☞그믈다. 금을다 ¶돌이 커 그므다:大盡. 돌이 져거 그므다:小盡(譯解上3). 이 돌이 커 그므ᄂᆞ냐 져거 그므ᄂᆞ냐:這月是大盡是小盡(朴新解2:58). 이 커 그므니 당시롱 닷쇄 잇ᄂᆞ니라:這的是大盡還有五箇日子哩(朴新解2:59). 돌 거의 그므다:月將盡(漢淸1:24).

그므록ᄒᆞ다 동 거물거리다. ¶프른 블도 그므록ᄒᆞ야 어득호미 ᄂᆞᆫ홧도다:青燈死分翳(重杜解1:45).

그믄·뎌·믄 부 그만저만. 그 정도로 그만. 어느 정도. ¶살 사ᄅᆞᆷ이ᅀᅡ 그믄뎌믄 ᄒᆞ나므라디:買的人多少包彈(飜老下62). 길 헤쁠 거시 그믄뎌믄 ᄆᆞᄃᆞ려녀:省多少盤纏(飜朴上54).

그믄총 명 너새. ☞너새. 너시 ¶그믄총 보:鴇(詩解 物名8).

그·믈 명 그물. ☞그물 ¶믈읫 有情을 魔 그므레 내야(釋譜9:8). 眞珠 그므리(月釋8:10). 疑心 그므를 決斷ᄒᆞ샤(月釋13:14). 그므레 거더:掛網(楞解8:93). 羅網ᄋᆞᆫ 그므리라(阿彌7). 生靈의 그므를 ᄎᆞᄂᆞ니라(南明上71). 그믈 펴며:撒網(飜朴上70). 고기 자불 사ᄅᆞ미 그므른 ᄆᆞᆯᄀᆞᆫ 못 아래 모댓고:漁人網集澄潭下(初杜解7:3). 이젠 그믌 소갯 톳기 ᄀᆞᆮ도다:今如罝中兎(初杜解21:38). 그믈 망:網. 그믈 고:罟. 그믈 증:罾. 그믈 져:罝(訓蒙中17). 그믈 망:網(類合上15). 肅肅ᄒᆞᆫ 兎의 그믈이여:肅肅兎罝(詩解1:8). 그믈 티다:下網子(譯解上22). 小艇에 그믈 시러 흘리 씌여 더뎌 두고(古時調. 孟思誠. 江湖에. 青丘). 江村에 그믈 멘 사람 기러기란 잡지 마라(古時調. 青丘). 綱은 그믈애 벼리라(女四解4:1). 그믈 망:網(倭解下15). 그믈 슈:率(註千6). 그믈 망:罔(註千8). 뫼에 올나 새를 그믈 치지 말며(敬信9). ※그믈>그물

그믈고 명 그물코. ☞그믈 ¶그믈고를 미자(十九史略1:1).

그믈눈 명 그물눈. ☞그물. 그믌눈 ¶그믈눈:網眼(漢淸10:25).

그믈다 동 ①저물다. ☞그모다. 그무다. 그므다 ¶ᄒᆞ다가 그 돌이 그믈거든:若月盡則(胎要64). 가디록 새비출 내여 그믈 뉘를 모ᄅᆞᆫ다(古時調. 鄭澈. 남극 노인셩. 松江).

②가무러지다. ¶燈盞불 그므러 갈 제 窓 텩 집고 드는 님과(古時調. 時調類).

그믈버굿 명 그물의 보굿. ☞그물버굿 ¶그믈버굿:網瓢兒(譯解上22).

그믈벼리 명 그물의 벼릿줄. ☞그믈별이. 그믌벼리 ¶그믈벼리:網邊繩(漢淸10:25).

그믈별이 명 그물의 벼릿줄. ☞그믈벼리. 그믌벼리 ¶그믈별이:網綱(譯解上22).

그믈씨 명 그물찌. ☞그믈 ¶그믈씨:漂兒(漢淸10:25).

그믈톳 명 그물의 추. ☞그믈. 그물톳 ¶그믈톳:網脚兒(譯解上22). 그믈톳:網脚子(漢淸10:25).

·그·믌·눈 명 그물눈. ☞그믈눈 ¶紐는 그믌눈 미존 짜히라(楞解10:43).

·그·믌·벼리 명 그물의 벼릿줄. ☞그믈. 그믈벼리 ¶綱은 그믌벼리라(圓覺上一之二13). 綱은 그믌벼리라(心經19).

·그·믐 명 그믐. ☞그뭄 ¶그믐 회:晦(訓蒙上2. 註千41).

·그·믐날 명 그믐날. ☞그뭄날 ¶十二月 그믐날 낫만 우믈 가온듸(簡辟9). 섯돌 그믐날:十二月晦日(瘟疫方10). 그믐날과 랍향날 노래부르며 춤추며(敬信6).

그믐씌 명 그믐께. ☞그몸씌 ¶네 이 둜 그믐씌 北京의 갈가 가디 몯홀가:你這月盡頭到的北京麼到不得(飜老上2).

그못 명 자국. ¶니시 칼 그므치 몸의 펴디고:李氏劍痕遍體(東新續三綱. 烈3:80).

그숨:업·다 형 그지없다. ¶이 이리 그숨업거늘 셰ᄉᆞ롤 ᄇᆞ리디 아니ᄒᆞ며:此事無限世事不捨(修行章35).

그스기 부 그윽이. ☞그ᅀᅳ기 ¶그스기 고온 양ᄒᆞ야 괴옴을 取ᄒᆞᄂᆞ니:陰媚取寵(龜鑑下51). ※그ᅀᅳ기>그스기>그윽이

그스·다 동 끌다. ☞그ᅀᅳ다. 긋다 ¶猪鼻롤 자바 두루 그스며(龜鑑上18).

그슬리다 동 그슬리다. ☞그슬이다 ¶머리와 니마 그슬려셔(三譯9:1). 그슬리다:燎了(同文解上60).

그슬이다 동 그슬리다. ☞그슬리다 ¶그슬이다:燎了(譯解補31).

그·슴 명 끝. 한도(限度). 한정(限定). ☞그슴 ¶頭數는 수 그스미라(楞解4:103). 一期는 ᄒᆞᆫ 그슴이라(法華序22). 限은 그스미라(法華3:41).

그슴 동 그음(畫). 그림. ㉠긋다 ¶東 ᄀᆞᄅᆞ치며 西 그슴으로 禪 삼고:指東畫西爲禪(龜鑑下59).

그슴:업·다 형 그지없다. ☞그슴. 그슴 ¶부텻 光明이 十方애 비취시며 壽命이 그슴업스시니(月釋7:56).

그슴:업·시 부 그지없이. ☞그슴업다 ¶올히 다올업거늘 그슴업시 번노ᄒᆞ며:今年不盡無限煩惱(修行章36).

그슴츠러ᄒᆞ다 형 거슴츠레하다. ¶눈 그슴츠러ᄒᆞ다:眼露困(漢淸7:40).

그·실 부 기실(其實). ¶비록 거상옷ᄉᆞᆯ 닙어시나 그실로는 상녜를 行티 아니홈이니라:雖被衰麻其實不行喪也(宣小5:51).

그·ᅀᅥ 동 그어. ㉠그ᅀᅳ다 ¶ᄯᅡ 그ᅀᅥ 字 지수메:畫地作字(永嘉下77).

그·ᅀᅦ 명 그윽한 곳. 의지할 곳. ¶그ᅀᅦ 밍ᄀᆞᆯ오(月釋1:44). 그ᅀᅦ 밍ᄀᆞ노라 집지시롤 처ᅀᅥᆷ ᄒᆞ니(月釋1:44).

그ᅀᅳ근 형 그윽한. ㉠그ᅀᅳᆨ다 ¶그ᅀᅳ근 ᄠᅳ멧 드트른 ᄠᅥ러ᄇᆞ료미 어려우니:幽隙之塵拂之且難(楞解1:107).

그ᅀᅳ기 부 그윽이. ☞그스기. 그으기. 그윽이 ¶魔事 그ᅀᅳ기 스러:魔事潛銷(楞解7:2). 그ᅀᅳ기 이 念을 호ᄃᆡ:竊作是念(法華2:194). ᄆᆞᅀᆞᄆᆞᆯ 論호ᄃᆡ 그ᅀᅳ기 自然에 맛ᄂᆞ니:論心暗叶自然(永嘉下22). 그ᅀᅳ기 이 念 호ᄃᆡ:竊作是念(圓覺序47). 네흔 그ᅀᅳ기 니수미 命 ᄀᆞᆮ호미라:四潛續如命(圓覺下三之一23). 그ᅀᅳ기 주구믈:闇死(宣賜內訓2上29). 오직 그ᅀᅳ기 노ᄒᆞ로 ᄆᆡ야 能히 움즈기게 ᄒᆞᄂᆞ니(南明上17). 그ᅀᅳ기 思量ᄒᆞᄂᆞ다:暗思量(南明上27). 그ᅀᅳ기 채 엿우미:暗窺鞭(金三2:2).

그ᅀᅳ·다 동 ①끌다. 이끌다. ☞그스다. 그으다. ᄭᅳᅀᅳ다 ¶四天王이 술위 그ᅀᅳᅀᆞᆸ고 梵天이 길 자바(月釋2:35). 罪人을 휫두루 그ᅀᅳ며(月釋21:44). 어미 잇블가 ᄒᆞ야 제 술위를 그ᅀᅳ더니(三綱. 孝6). 술 醉코 게으른 추믈 뉘 서르 자바 그ᅀᅳᄂᆞ고:酒酣懶舞誰相拽(初杜解21:40). 玉ᄋᆞᆯ 그ᅀᅳ며 金을 허리예 ᄢᅴ여 님그믈 갑ᅀᆞᆸᄂᆞᆫ 모미로다:拖玉腰金報主身(初杜解23:10).
②긋다. 그리다. ¶ᄯᅡ 그ᅀᅥ 字 지수메:畫地作字(永嘉下77).

그ᅀᅳ름 명 그을음. ☞그으름. 그을음 ¶그ᅀᅳ름 틱:炲(訓蒙下35). ※그ᅀᅳ름>그으름

그ᅀᅳ리·다 동 그슬리다. ¶ᄆᆡ홧 여름 검게 그ᅀᅳ려 ᄆᆞᄅᆞ니:烏梅肉(救簡1:2). 니예 그ᅀᅳ린 ᄆᆡ홧 여름 크니 두 낫:大烏梅二介(救簡2:14). 니예 그ᅀᅳ린 ᄆᆡ실:烏梅(救簡3:72).

그ᅀᅳᆨ·다 형 그윽하다. ☞그윽다 ¶그ᅀᅳ근 ᄠᅳ멧 드트른 ᄠᅥ러ᄇᆞ료미 어려우니:幽隙之塵拂之且難(楞解1:107). 陰賊은 그ᅀᅳ근 ᄢᅴ로 害홀 씨라(楞解8:93). 곧 妄히 取ᄒᆞᄂᆞᆫ 그ᅀᅳ근 根源이라:卽妄取之幽本也(楞解9:33). ᄒᆞ오ᅀᅡ 그ᅀᅳ근 ᄯᅡ해 겨집 爲ᄒᆞ야 說法 마롤띠니:莫獨屛處爲女說法(法華5:27). 닐오ᄃᆡ ᄀᆞ만ᄒᆞ며 그ᅀᅳᆨ다 ᄒᆞ니라:云潛密(圓覺上

一之二15). 祕密ᄒᆞᆫ 말ᄊᆞᆷ과 그ᅀᅳ근 글워ᄅᆞᆯ 모로매 안ᄒᆞ로 ᄒᆞ게 ᄒᆞ야ᅀᅡ ᄒᆞ리언마ᄅᆞᆫ:祕訣隱文須內敎(初杜解9:6).

그슥ᄒᆞ·다 형 그윽하다. ☞그윽ᄒᆞ다 ¶그슥ᄒᆞᆫ ᄢᅳ멧 드트를 가ᄌᆞᆯ비니라:譬幽隙之塵也(楞解1:107). ᄠᅳ디 그슥ᄒᆞ며 머구머 수믄 말:密意含隱之譚(圓覺上一之二17). 相ᄋᆞᆯ 두프며 ᄠᅳ디 그슥ᄒᆞ며:覆相密意(圓覺上一之二17). 조가ᄅᆞᆯ 그슥ᄒᆞ며 現然ᄋᆞᆯ 아디 몯ᄒᆞ며:機不識隱顯(蒙法47). 그슥ᄒᆞᆫ 이ᄅᆞᆯ 엿보디 말며:不窺密(宣賜內訓1:9). 縟애ᄂᆞᆫ 繡ᄒᆞᆫ 蓮ㅅ고지 그슥ᄒᆞ얫도다:縟隱繡芙蓉(初杜解7:33). ᄆᆡ햇 뎌리 노ᄑᆞᆫ 나모 서리예 그슥ᄒᆞ야 잇ᄂᆞ니:野寺隱喬木(初杜解9:17). 그슥ᄒᆞ락 나ᄃᆞ락 ᄒᆞ고(初杜解9:40). ※그슥ᄒᆞ다>그윽하다

그·슴 명 끝. 한정(限定). ☞그슴. 그음. 금 ¶未來옛 그ᅀᅳᄆᆞ로 알핏 塵劫을 가ᄌᆞᆯ비건댄:未來之期比前塵劫(法華3:165). 그슴 몯ᄒᆞ리라:不可限(法華6:20). 本來 그슴 마고미 업스니:本無限礙(法華6:31). 니블 두퍼 ᄯᆞᆷ 나ᄆᆞᆯ 그슴 사모미 ᄀᆞ장 됴ᄒᆞ니라:被蓋汗出爲度大効(救簡6:83). 알히 검거든 ᄯᅩ ᄀᆞ로ᄃᆡ 됴호ᄆᆞᆯ 그슴 사마 ᄒᆞ라:鷄子黑又換以差爲度(救急下75). ※그슴>그음

그슴:셤 명 매도(煤島). 〔섬 이름〕 ¶江華之煤島 그슴셤(龍歌8:23).

그·슴ᄒᆞ·다 동 한정(限定)하다. ☞그음ᄒᆞ다 ¶ᄯᅩ 열 ᄒᆡ옴 그슴ᄒᆞ야:且限十年(楞解2:7). 닐웨로 그슴ᄒᆞ시고:以七日爲期(楞解7:24). 區局은 그슴ᄒᆞᆯ 씨라(楞解9:51). 그슴ᄒᆞ다:捱(老朴集. 單字解2).

그ᅀᅵ 명 긋기. ¶글ᄌᆞ긋 그ᅀᅵᄅᆞᆯ 모로매 반ᄃᆞᆨ반ᄃᆞᆨ이 졍히 ᄒᆞ며:字畫必楷正(飜小8:16).

그·ᅀᅵ·다 동 기이다. 속이다. 숨기다. ☞그이다 ¶거즛 일로 소교ᄆᆞᆯ 그ᅀᅧ:潛匿姦欺(楞解6:101). 長沙애셔 그ᅀᅵᄂᆞ니:長沙諱(初杜解24:52). 사오나온 일란 그ᅀᅵ고 됴ᄒᆞᆫ 일란 펴 낼 거시라 ᄒᆞᄂᆞ니라:隱惡揚善(飜老下44). 올ᄒᆞᆫ 대로 엳ᄌᆞ와ᅀᅡ ᄒᆞ려 그ᅀᅧᅀᅡ ᄒᆞ려:當以實告爲當諱之(飜小9:43).

그어가다 동 끌어가다. ¶제 술위 그어가 급뎨ᄒᆞ야ᄂᆞᆯ:徒載而西登第(重三綱. 徐積).

그어·긔 대 거기에. 거기. ☞그에 ¶耳根이 그어긔 本來ㅅ 相이 ᄒᆞᆫ가질ᄊᆡ(釋譜19:16). 그어긧 衆生…人非人等이(釋譜19:39). 그어긔 쇠 하아 쇼료 쳔사마 흥졍ᄒᆞᄂᆞ니라(月釋1:24). 그어긔 受苦ᄒᆞᆯ 싸ᄅᆞ미(月釋1:29). 諸佛淨土ㅣ 다 그어긔 現커늘(月釋8:5). 더러운 桶애 ᄆᆞᆯᄀᆞᆫ ᄆᆞ를 담고 病人ᄋᆞ로 그어긔 小便ᄋᆞᆯ 누워 나잘만 두면:將穢桶盛淸水令患人尿小便於內停半日(救急下71).

그에 대 거기에. 그곳에. ☞그어긔 ¶그에 精舍ㅣ 업거니 어드리 가료(釋譜6:22). 샹녜 一生 補處 菩薩이 그에 와 나샤(釋譜6:36). 그에 드리텨든 우르ᄂᆞ니라(月釋1:29). 아라 우히 큰 브리어든 罪人을 그에 드리티ᄂᆞ니라(月釋1:29). 여쉰차힌 說法호ᄆᆞᆯ ᄒᆞᆫ 그에 브터 아니 ᄒᆞ시며(月釋2:58). 處는 그에 이실 씨라(月釋10:104).

-그에 조 -에게. -게. ☞-ᄋᆡ그에. -의그에 ¶내그에 모딜언마ᄅᆞᆫ:於我雖不軌(龍歌121章). 乎ᄂᆞᆫ 아모그에 ᄒᆞ논 겨체 ᄡᅳ는 字ㅣ라(訓註1). 於는 아모그에 ᄒᆞ논 겨체 ᄡᅳ는 字ㅣ라(訓註3). 내그에 맛딘 사ᄅᆞ미 죽거놀:寄我者死矣(宣賜內訓3:65).

그에·셔 대 거기에서. ¶ᄯᅡ히 훤ᄒᆞ고 고지하거늘 그에셔 사니(月釋2:7).

그엣 대 거기의. ¶그엣 宮殿과 諸天괘 ᄒᆞᆫᄢᅴ 냇다가 절로 ᄒᆞᆫᄢᅴ 업ᄂᆞ니라(月釋1:50). 그엣 사ᄅᆞ미 無量無邊阿僧祇劫일ᄊᆡ(阿彌13).

그여나다 동 이끌려 나다. 끌려 나다. ☞긓이다 ¶내ᄋᆡ 여희ᄂᆞᆫ 興이 그여나미 더ᄋᆞᄂᆞ다:添余別興牽(重杜解8:46).

그우·놈 동 굴러다님. ㉮그우니다 ¶그우뇨ᄆᆞᆯ 受ᄒᆞᄂᆞ니라:受輪轉(楞解1:85). 긴 劫에 흘러 그우뇨미:流轉長劫(心經40). 無明이 흘러 그우뇨ᄆᆞᆯ 順히 觀ᄒᆞᄂᆞᆫ 門이니:順觀無明流轉門(心經48). 生死애 그우뇨ᄆᆞᆯ 가ᄌᆞᆯ비시니라:喩…輪廻生死(圓覺序46). 生死애 그우놈 이실시:輪轉生死(圓覺上一之二147).

그우·늄 동 굴러다님. ㉮그우니다 ¶이런 ᄃᆞ로 그우뉴미 잇ᄂᆞ니라:故有輪轉(楞解1:43). 곧 이 分別이 곧 이 無明일시 圓覺이 ᄯᅩ 흘러 그우늄 ᄀᆞᆮ호ᄆᆞᆯ 보니:卽此分別便是無明故見圓覺亦同流轉(圓覺上一之一10).

그우·니·다 동 굴러다니다. ☞구우니다 ¶모딘 길헤 ᄠᅥ러디여 그지업시 그우니ᄂᆞ니이다(釋譜9:27). 여윈 못 가온ᄃᆡ 몸 커 그우닐 龍ᄋᆞᆯ 현맛 벌에 비늘을 ᄲᆞᄅᆞ뇨(月印上11. 月釋2:47). 五道애 그우녀 잢간도 쉬디 몯ᄒᆞ야(月釋21:49). 그우녀 ᄠᅥ러디여:宛轉零落(楞解9:49). ᄯᅩ 愛命을 조차 여러 趣에 그우녀:又逐愛命輪轉諸趣(法華2:131). 生死애 그우닐 시라(南明上36).

그우·다 동 구르다. ☞그울다 ¶술위ᄠᅴ 그우ᄃᆞᆺ ᄒᆞᆯᄊᆡ(釋譜13:4). 가ᄉᆞᆷ 닶겨 ᄯᅡ해 그우더니(月釋17:16). 業을 當ᄒᆞ야 그우ᄂᆞ니:當業輪轉(楞解2:79). ᄯᅡ해 그우더니:宛轉于地(法華5:151). 阿鞞跋致ᄂᆞᆫ 믈리 그우디 아니타 혼 마리니(阿彌15). 本來 흘러 그우디 아니ᄒᆞ며:本不流轉(圓覺下一之二37). 그우ᄂᆞᆫ 술위 ᄀᆞᆮᄒᆞ며:如轉輪(南明下1).

그우듣·다 동 굴러 떨어지다. 〔'그울다'와 '듣다'의 복합어.〕 ¶각시ᄃᆞᆯ히 다리 드러내

요 손발 펴 ᄇᆞ리고 주근 것ᄀᆞ티 그우드러 이셔(釋譜3:p.100).

그우·러·디·다 동 굴러 내리다. 구르다. ¶太子ㅣ 듣고 안닶겨 ᄯᅡ해 그우러디옛더라(釋譜11:19). ᄯᅡ히 사ᄅᆞᆷ ᄅᆞᆯ 그우러디게 ᄒᆞ논 디 아니며 ᄯᅩ 사ᄅᆞᄆᆞᆯ 닐에 ᄒᆞ논 디 아니니 닐며 그우러듀믄 사ᄅᆞᄆᆡ 젼ᄎᆡ라:地不令人倒亦不令人起起倒由人(金三3:41).

그우·룸 동 구름. 굴러감. ㉠그울다 ¶그우루미 일 ᄯᆞᄅᆞ미니라:遂成輪轉耳(永嘉下117). 뉘 그우루믈 바ᄃᆞ리오:誰受輪轉(圓覺序53). 塵劫앳 그우루미:塵劫輪廻(圓覺上一之二129).

그우리 부 구르게. ¶그 象ᄋᆞᆯ 티ᄎᆞ며 그우리혀고(月印上14). 舍利弗이 神力으로 旋嵐風ᄋᆞᆯ 내니 그 나못 불휘ᄅᆞᆯ ᄲᅢ혀 그우리 부러 가지 것비쳐 드트리 ᄃᆞ외ᄋᆡ ᄇᆞᆺ아디거늘(釋譜6:30).

그우·리·다 동 굴리다. ¶轉法은 法을 그우릴 씨니 부톄 說法ᄒᆞ샤 世間애 法이 퍼디여 갈씨 그우리다 ᄒᆞᄂᆞ니(釋譜6:18). 法輪을 그우리샤(釋譜13:4). 轉輪은 술위를 그우릴 씨니(月釋1:19). 法이 그우루미니:輪轉(楞解8:128). ᄒᆞᆫ 芥子ᄅᆞᆯ 그우리고:輥一芥子(圓覺序69). 輪ᄋᆞᆫ 것거 그우리논 ᄠᅳ디니(圓覺下二之二5). 님굼ᄭᅴ 應對호미 두려운 것 그우리ᄃᆞᆺ ᄒᆞᄂᆞ니:應對如轉丸(初杜解22:35). 평ᄒᆞᆫ ᄯᅡ해다가 그우료ᄃᆡ:就平地上袞轉(救簡1:67).

그우·리왇·다 동 굴리다. 거꾸러뜨리다. ☞-왇다 ¶그 象ᄋᆡ 머리ᄅᆞᆯ 자바 ᄯᅡ해 그우리왇고(釋譜3:p.48). 太子ㅣ 둘흘 자바 ᄒᆞᆫᄢᅴ 그우리와ᄃᆞ시며(釋譜3:p.50). 須彌ᄅᆞᆯ 미러 그우리와다 玉蟾ᄋᆞᆯ 좀도다:推倒須彌浸玉蟾(金三2:68). ᄒᆞᆫ 주머귀로 化城關ᄋᆞᆯ 텨 그우리왇고:一拳打倒化城關(金三3:46). 化城을 텨 그우리와다:摑倒化城(金三3:46).

그우·리혀·다 동 굴리다. ¶象ᄋᆞᆯ 티ᄎᆞ며 그우리혀고(月印上14).

그우·실 명 구실. 벼슬. ☞그위실 ¶名利 그우실에 時急히 ᄒᆞ야 有勢ᄒᆞᆫ ᄃᆡ 갓가이 ᄒᆞ야:急於名宦匿近權要(宣賜內訓1:33). 어믜 거상애 그우시ᄅᆞᆯ ᄇᆞ리고 슬허호ᄆᆞᆯ 禮예 너모 ᄒᆞ야:母喪去官哀毁踰禮(宣賜內訓1:72).

그우·실ᄒᆞ·다 동 벼슬하다. ¶漸漸 ᄌᆞ라 出身ᄒᆞ며 그우실홈 몯ᄒᆞ니:漸漸成長出身入仕(圓覺上一之一111).

그울·다 동 구르다. ☞구울다. 구을다 ¶ᄯᅡ해 그우러(釋譜11:18). 轉은 그울 씨오(月釋1:19). 그 술위 절로 그우러(月釋1:26). 제 瓔珞 그처 ᄇᆞ리고 ᄯᅡ해 그울며 ᄒᆞᆰ 무텨 우더니(月釋10:6). 너를 흘러 그울에 호미:使汝流轉(楞解1:46). 生死애 그울오 知見에 보미 업스면:輪生死知見無見(楞解5:6). ᄯᅡ해 그우로ᄆᆞᆫ:宛轉于地(法華5:152). 샹녜 흘러 그울오:常流轉(金剛上16). 衆生이 오래 흘러 그우루믄(圓覺下一之一25). 生死ㅅ 바ᄅᆞ래 ᄃᆞᆷ겨 그우러 브즐우즐 ᄃᆞᆫ닐시라(南明上56). 닐며 그우러 듀믄:起倒(金三3:41).

그움 동 끎. 이끎. ㉠그으다. ¶믈로 ᄂᆞ려가매 ᄇᆡ 그우믈 잇비 아니 ᄒᆞ리로다:下水不勞牽(重杜解2:15).

그·위 명 관아(官衙). ☞구위. 구의. 귀 ¶그위에 決ᄒᆞ라 가려 ᄒᆞ더니(釋譜6:24). 官屬ᄋᆞᆫ 그위예 좃ᄇᆞ튼 사ᄅᆞ미라(釋譜11:7). 즉자히 그위ᄅᆞᆯ 더디고 도라온대:卽日棄官歸(三綱. 孝21). 그윗거슬 일버ᅀᅥ(月釋1:6). 그윗일로 녀믈 當ᄒᆞ야:官事當行(法華4:37). 公案ᄋᆞᆫ 그윗글와리니(蒙法6). 市橋애ᄂᆞᆫ 그윗 버드리 ᄀᆞᄂᆞᆯ오:市橋官柳細(初杜解7:6). 그위ᄂᆞᆫ 바ᄂᆞᆯ도 容納 몯거니와 아ᄅᆞᆷ뎌ᄂᆞᆫ 車馬ᄅᆞᆯ 通ᄒᆞᄂᆞ니라:官不容針私通車馬(金三4:33). ᄆᆞᆯᄀᆞᆫ 氣運이 그윗 소ᄐᆡ 머겟ᄂᆞᆫ ᄃᆞᆺᄒᆞ도다:淑氣含公鼎(初杜解24:42).

그위·실 명 구실. 관직(官職). 관리(官吏). ☞구우실. 구위실. 구의실 ¶그위실 아니ᄒᆞ고 놈 글 ᄀᆞᄅᆞ치고 이셔(三綱. 孝15). 靜이 아러 사오나온 그위실ᄋᆞᆯ 因ᄒᆞ야:靜徙因薄宦(永嘉序13).

그위·실ᄒᆞ·다 동 벼슬하다. ☞구우실ᄒᆞ다. 구위실ᄒᆞ다. 구의실ᄒᆞ다 ¶네 百姓ᄋᆞᆫ 그위실ᄒᆞ리와 녀름지ᅀᅳ리와 셩냥바지와 흥졍바지왜라:四民士農工商(楞解3:88). 子息이 그위실ᄒᆞᇙ 사ᄅᆞ미 와 닐오ᄃᆡ:兒子從宦者有人來云(宣賜內訓3:29). 安東將軍司馬昭ㅣ그에 그위실ᄒᆞ더니(三綱. 孝15).

그위종ᄒᆞ·다 동 소송(訴訟)하다. 송사(訟事)하다. ¶내종애 그위종ᄒᆞ여 옥개 드러 셰간 배아고 원슈 지ᅀᅥ 서르 갑힐훠 말 저기 업스니:卒至俯仰胥吏訴訟於官拘繫囹圄破蕩家産仇讎相結展轉報復無有已時(正俗26).

그윗것 명 관물(官物). ¶도ᄌᆞᆨ 五百이 그윗거슬 일버ᅀᅥ 精舍ㅅ 겨ᄐᆞ로 디나가니(月釋1:6). 그윗것과 아ᄅᆞᇝ거시 제여곰 ᄯᅡ해 브터셔 ᄌᆞᆷ겨 저저 하ᄂᆞᇗ ᄀᆞᄆᆞ리 업도다:公私各地着浸潤無天旱(初杜解7:36).

그윗곧 명 관아(官衙). 관아의 청사. ☞구이쏘 ¶더욱 엄정코 은혜 이셔 집안히 싁싁ᄒᆞ야 그윗곧 ᄀᆞᆮ더라:益嚴而有恩家中凜如公府(二倫31).

그윗글왈 명 공안(公案). 공문서(公文書). ☞귀글월 ¶公案ᄋᆞᆫ 그윗글와리니 사ᄅᆞ미 다 從홀씨 話頭ᄅᆞᆯ 公案이라 ᄒᆞᄂᆞ니라(蒙法6).

그윗금 명 공금(公金). ¶稷子ㅣ 罪ᄅᆞᆯ 赦ᄒᆞ샤 宰相을 도로 사ᄆᆞ시고 그윗金으로 어미를 주시노라(宣賜內訓3:28).

그윗:일 명 관아(官衙)의 일. ☞귓일 ¶그윗일로 녀믈 當ᄒᆞ야:官事當行(法華4:37). 親ᄒᆞᆫ 버디 그윗일로 나갈 제:親友官事當行(圓覺序76).

그윗집 명 공관(公館). 관사(官舍). ¶主人이 늘근 ᄆᆞᄅᆞᆯ 思念ᄒᆞ야 그윗지븨 ᄀᆞᇫ 반되를 容納ᄒᆞ야 뒷다:主人念老馬廨宇容秋螢(初杜解6:20).

그으근 형 그윽한. ㉮그윽다 ¶구ᇫ 가온ᄃᆡ 그으근 字ㅣ 잇ᄂᆞ니 ᄀᆞᆯ히요리라 호니 그리이디 아니ᄒᆞ도다:珠中有隱字欲辨不成書(重杜解4:35).

그으기 부 그윽이. ☞그ᅀᅳ기 ¶그으기 절:竊(類合下44). 근간에 일즉 그으기 程子ㅅ 뜨을 取ᄒᆞ야:間嘗竊取程子之意(宣大10). 그ᄋᆞ기 袞職ᄋᆞᆯ 돕ᄉᆞ와:竊補袞(重杜解2:43). 새 아ᄂᆞ니도 ᄒᆞ마 그으기 疎薄ᄒᆞᄂᆞ다:新知已暗疎(重杜解3:46). 내 그으기 금셰읫 사ᄅᆞᆷ을 괴이히 넉이ᄂᆞ니(敬信24). ※그으기<그ᅀᅳ기

그으다 동 끌다. 이끌다. ☞그ᅀᅳ다. 그을다 ¶그 지아븨 시신을 그어:曳其夫屍(東新續三綱. 烈4:39). 주검을 가싀더울히 그으고 신테를 촌촌이 버히다:曳屍叢棘中寸斬肢體(東新續三綱. 烈8:57). 믈로 ᄂᆞ려가매 비그우믈 잇비 아니 ᄒᆞ리로다:下水不勞牽(重杜解2:15). 醴酒 둣ᄂᆞᆫ 따해 옷기슬글 그으고:曳裾置醴地(重杜解2:41). 술 醉코 게으른 추믈 뉘 서르 자바 그으ᄂᆞᆫ고:酒酣懶舞誰相拽(重杜解21:40).

그으다 동 그스르다〔燻〕. ¶너에 그으다:燻黑(漢淸11:52).

그으다 동 보내다. 파견하다. ¶므슴 詔書ㅣ여 어ᄃᆡ를 그어 반포ᄒᆞ라 가ᄂᆞ뇨:甚麼詔派往那一路頒去呢(朴新解1:8).

그으름 명 그을음. ☞그ᅀᅳ름 ¶그으름:竈煤(同文解上63. 譯解補32). 고릭에 덕진 그으름:炕洞烟釉. 구술ᄀᆞ치 엉긘 그으름:焦烟釉子(漢淸10:52).

그윽다 형 그윽하다. ☞그ᅀᅳᆨ다 ¶祕密ᄒᆞᆫ 말ᄉᆞᆷ과 그윽은 글워를 모로매 안ᄒᆞ로 ᄒᆞ게 ᄒᆞ야아 ᄒᆞ리언마ᄂᆞᆫ:祕訣隱文須內教(重杜解9:6). 구ᇫ 가온ᄃᆡ 그으근 字ㅣ 잇ᄂᆞ니:珠中有隱字(重杜解4:35). ※그윽다<그ᅀᅳᆨ다

그윽은 형 그윽한. ㉮그윽다 ☞그ᅀᅳᆨ다¶祕密ᄒᆞᆫ 말ᄉᆞᆷ과 그윽은 글워를 모로매 안ᄒᆞ로 ᄒᆞ게 ᄒᆞ야아 ᄒᆞ리언마ᄂᆞᆫ:祕訣隱文須內教(重杜解9:6).

그윽이 부 그윽이. ☞그ᅀᅳ기 ¶어버이를 셤교ᄃᆡ 隱(그윽이 諫홈이라)홈이 잇고 犯(ᄂᆞᆾ빗출 거슬여 諫홈이라)홈이 업스며:事親有隱無犯(宣小2:72). 信ᄒᆞ고 녜를 됴히 너김을 그윽이 우리 老彭의게 比ᄒᆞ노라:信而好古竊比於我老彭(宣論2:14).

그윽ᄒᆞ·다 형 그윽하다. 으슥하다. ☞그ᅀᅳᆨᄒᆞ다 ¶ᄂᆞᄆᆡ 그윽ᄒᆞᆫ ᄃᆡ를 엿보디 아니ᄒᆞ며:不窺密(宣小3:12). 고지 禁掖ㅅ 닶 나조히 그윽ᄒᆞ니 기세 잘 새 우러 지나가놋다:花隱掖垣暮啾啾棲鳥過(重杜解6:14). 치위옛 고즌 어즈러운 플 서리예 그윽ᄒᆞ고 자ᄂᆞᆫ 새ᄂᆞᆫ 기픈 가지를 ᄀᆞᆯ히놋다:寒花隱亂草宿鳥擇深枝(重杜解11:44). 부인이 비록 뎡절이 이시나 그윽ᄒᆞ고 사ᄅᆞᆷ 업ᄂᆞᆫ 곳에셔 됴흔 말로 다래면 ᄆᆞᄋᆞᆷ을 동티 아니ᄒᆞ리 업ᄂᆞ니라:婦人雖貞在幽昏無人之處誘以巧言則不動心者鮮矣(五倫3:63). 그윽 유:幽(倭解下37). 그윽 절:竊(倭解下42). 그윽ᄒᆞ다:幽(同文解下55). 그ᄃᆡ 임의 그윽ᄒᆞᆫ 일을 통ᄒᆞ니 일뎡 놉흔 신명이라(敬信37).

그은총 명 은총이. ☞그은총이 ¶그은총인:騆(詩解 物名14).

그은총이 명 은총이. ☞그은총 ¶그은총이:騆 陰白襍毛(柳氏物名一 獸族).

그을다 동 끌다. ☞그으다 ¶그을 타:拖(類合下46). ※그을다>끌다

그을다 동 그을다. ¶그을어 검다:熏黑(譯解補56).

그을음 명 그을음. ☞그ᅀᅳ름 ¶그을음:煤炱(柳氏物名五 土).

그음 명 한정(限定). 한도(限度). ☞그슴 ¶오직 술을 그음 아니 ᄒᆞ샤ᄃᆡ 미란홈애 밋게 아니 ᄒᆞ시며:唯酒無量不及亂(宣小3:28). ᄃᆡ문 열 그음을 몰나 답답 민망ᄒᆞ여(癸丑115). 문 열 그음이 업거놀(癸丑222). 그음 업순 근심과(閑中錄64).

그음ᄒᆞ다 동 한정하다. 한도로 하다. ☞그슴ᄒᆞ다 ¶모로미 여러 날 그음ᄒᆞ쟈:須要限幾日(老解下52). 또 촌므레 둠가 셰여 모미 ᄎᆞ믈 그음ᄒᆞ라:又冷水浸竪令體寒爲度(牛疫方8). 부뷔 히로홀 날은 빅 년을 그음ᄒᆞ고(落泉4:11).

그이·다 동 기이다. 속이다. 숨기다. ☞그ᅀᅵ다. 긔이다 ¶올ᄒᆞᆫ 대로 엳ᄌᆞ와ᅀᅡ ᄒᆞ려 그여ᅀᅡ ᄒᆞ려:當以實告爲當諱之(飜小9:43). 그일 휘:諱(類合下15). 샹언에 니ᄅᆞ되 사오나온 일란 그이고 됴ᄒᆞᆫ 일란 들어나게 ᄒᆞ라 ᄒᆞ니라:常言道隱惡揚善(老解下40). ᄒᆞ다가 사ᄅᆞᆷ의 어딘 일란 그이고:若是隱人的德(老解下40).

그이다 동 끌리다. 이끌리다. ☞긋이다 ¶내ᄋᆡ 여희ᄂᆞᆫ 興이 그여 나미 더ᄋᆞᄂᆞ다:添余別興牽(重杜解8:46).

그이다 동 파견(派遣)되다. ¶내 이지 金剛山 松廣寺 等處에 그이여 가:我如今也派往金剛山松廣寺等處去(朴新解1:8).

그ᄋᆞ기 부 그윽이. 가만히. ☞그ᄉᆞ기 ¶備員ᄒᆞ야 그ᄋᆞ기 袞職ᄋᆞᆯ 돕ᄉᆞ와:備員竊補袞(重杜解2:43).

그저 부 그저. ¶그저 더러ᄇᆞᆫ 거긔셔 微妙ᄒᆞᆫ 法을 나토며(釋譜13:33). 엄니ᄲᅮᆫ 그저 겨시더라(釋譜23:51). 브를 브티니 道士ᄋᆡ 經은 다 ᄉᆞ라 ᄌᆡ ᄃᆞ외오 부텻 經은 그저 겨시고(月釋2:75). 이제 그저 現ᄒᆞ야 잇거늘 네 아디 몯고:今故現在而汝不知(法華4:39). 밧긔셔 온 거슨 그저 좌샤미 몯 ᄒᆞ리라(宣賜內訓序5). 그저 뎨 가 자고 가져:只那裏宿去(飜老上10). 너희 다 그저 예셔 기들우라:你都只這裏等候着(飜老下18). 그저 가면 妾이 되ᄂᆞ니라:奔則爲妾(宣小1:7). 그저 ᄃᆡ답ᄒᆞ다가(西宮日記上1). 그저 콩믈을 다가 버므려 주고:只將料水拌與他(老解上22). 그저 여러 나그내로 ᄒᆞ여 재엿더니:只爲教幾箇客人宿來(老解上45). 그저 그저 우리 ᄉᆞᆲᄂᆞᆫ 양으로 ᄒᆞ시면(新語4:22). 그저 分別ᄒᆞ실 배오니 잘 혜아려 수이 몯ᄉᆞᆸ소(重新語4:31).

그·저긃·픠 명 그끄저께. 그끄제. ¶네 언제 온다 그저긃픠 오라:你幾時來大前日來了(飜朴上51).

그저·긔 명 그때에. 동그적 ¶그저긔 六師ㅣ 나라해 出令호ᄃᆡ(釋譜6:27).

그저ㅅ긔 명 그저께. ☞그적긔. 그젓긔 ¶그저ㅅ긔:前日(漢淸1:26).

그저ᄒᆞ다 동 전과 다름없이 그대로 하다. ¶태비 계툭화ᄅᆞᆯ 만나므로브터 힝소ᄒᆞ기ᄅᆞᆯ 복위ᄒᆞ신 후의도 오히려 그저ᄒᆞ거시ᄂᆞᆯ(仁祖行狀10).

그적 명 그때. ☞그제 ¶그저긧 燈照王이 普光佛을 請ᄒᆞᅀᆞᄫᅡ(月釋1:9). 그저긔 ᄡᆞᆯ 마시 ᄭᅮᆯᄀᆞ티 ᄃᆞᆯ오(月釋1:42). 그저긔 粳米ᄅᆞᆯ 아ᄎᆞᆷ 뷔여든(月釋1:45). 그저긔 閻浮提天下ㅣ 가ᅀᆞ며고(月釋1:46). 그저긔 釋迦菩薩ᄋᆞᆫ(月釋1:52). 그저긔 臣下ㅣ며 百姓ᄃᆞᆯ(月釋2:76). 그저긔 규홰 나히 아홉 설이러니:差時葵花年九歲(東新續三綱. 孝8:53). 그적의 휘 병이 듕ᄒᆞ야(女範1. 셩후당문덕후). 은덕이 가히 등은 그적브터 ᄒᆞᄃᆡ(癸丑53). 封進宴을 수이 ᄒᆞ올 꺼시니 그적의 뵈오리이다(重新語2:13).

그적긔 명 그저께. ☞그저ㅅ긔. 그젓긔 ¶그적긔 여긔 ᄂᆞ려와 어제라도 오올 거ᄉᆞᆯ 路次의 ᄀᆞᆺ브매 이제야 門ᄶᅵ 왓ᄉᆞᆸᄂᆡ(新語1:1). 그적긔 여긔 ᄂᆞ려와 어제라도 오올 ᄶᅥᄉᆞᆯ(重新語1:1).

그적·의 명 그때에. 동그적 ¶그적의 公이 보야호로 열남은 설이러니:時公方十餘歲(宣小6:4).

그젓긔 명 그저께. ☞그저ㅅ긔 ¶그젓긔 三更은 ᄒᆞ여 도적이 드러와:前日三更前後賊入來(朴解下2). 그젓긔:前日(同文解上3).

그제 명 자리. 흠. 허물. 흔적. ¶蛟螭ᄂᆞᆫ 나ᄂᆞᆫ 그제 업스니라:蛟螭出無痕(初杜解8:7). 녯 핏 그제예:舊血痕(初杜解8:36). ᄀᆞᄅᆞᆷ 흘루미 녯 그제예 도로 ᄀᆞᄃᆞᆨᄒᆞ도다:江流復舊痕(初杜解10:6). ᄂᆞᆫ믈 그제를 ᄂᆞ취 ᄀᆞᄃᆞ기 드리우노라:啼痕滿面垂(初杜解11:3). 벼개예 굿브로니 ᄂᆞᆫ므리 두 그제로다:伏枕淚雙痕(初杜解11:30). ᄆᆞᆯᄀᆞᆫ ᄃᆡᆫ 沙土ㅅ 그제 업도다:清無沙土痕(重杜解1:28). 이시 믌그제ᄅᆞᆯ 다 머겟도다:苔蘚食盡波濤痕(重杜解3:70). 둘희 눈믈 그제 ᄆᆞᄅᆞᆫ닐 비취에 ᄒᆞ려뇨:雙照淚痕乾(重杜解12:4).

그제 명 ①그때. ☞그적 ¶그제ᅀᅡ 須達이 설우ᅀᆞᄫᅡ 恭敬ᄒᆞᅀᆞᆸᄂᆞᆫ 法이 이러ᄒᆞᆫ 거시로다(釋譜6:21). 그제 六十六億 諸天이 모다(月釋2:10). 그제 부톄 올ᄒᆞᆫ녀그로 도ᄅᆞ샤 善宿ᄃᆞ려 니ᄅᆞ샤ᄃᆡ(月釋9:36). 그제 華色比丘尼 즉자히 三昧예 드러(月釋10:23). 그제 부텨 겨샤ᄃᆡ:爾時有佛(法華3:84). 그제 모ᄃᆞᆫ 夫人이 다 ᄀᆞ장 붓그리니라:於是諸夫人皆大慙(宣賜內訓2下73). 그제아 아히ᄅᆞᆯ 싯기고:纔只洗了孩兒(朴解上50).
②그제. 그저께. ¶그제:前日(譯解上3). 空中 玉簫 소ᄅᆡ 어제런가 그제런가(松江. 關東別曲). 江湖의 四十年이 어제런 ᄃᆞᆺ 그제런 ᄃᆞᆺ(쌍벽가).

그제·ᅀᅡ 명 그때야. 동그제 ¶그제ᅀᅡ 須達이 설우ᅀᆞᄫᅡ(釋譜6:21).

그제아 명 그때야. ¶그제아 아히ᄅᆞᆯ 싯기고:纔只洗了孩兒(朴解上50).

그제야 명 그때야. ¶그제야 털을 ᄡᅧ 올리ᄂᆞ니라:纔套上氈兒(朴解中26).

그·제어·니ᄯᆞ·나 형 그만이지만. ¶뎨 가면 곧 그제어니ᄯᆞ나 ᄯᅩ 그리 몯 ᄒᆞ거든 너희 다 그저 예셔 기들우라:到那裏便了更不時你都只這裏等候着(飜老下18). 믈러가면 곧 그제어니ᄯᆞ나:悔將去便是(飜老下19).

그져 부 그저. ☞그저 ¶그져 원혹ᄒᆞ도다(閑中錄160).

그졔 명 그저께. ¶그졔 ᄡᅵ엿든지 긋그제도 ᄂᆡ 몰ᄂᆡ라(古時調. 어졔도. 青丘).

그즈니 부 가지런히. ¶셜애 그즈니 셜오:鋪陳整頓着(飜老下45).

그·지 명 끝. 한(限). ¶제 그지 마고미 ᄃᆞ외야:自爲限礙(法華1:61). ᄯᅡᇂ 그지의 미추미며 方位의 ᄀᆞᆮ호미니:壇畿所及方位所同(法華3:156). 하며 져근 그지ᄂᆞᆫ 오직 人情의 거츠리 셜 ᄯᆞᄅᆞ미라:多寡之限特人情妄立耳(法華5:85). 사라실 젯 그지 잇ᄂᆞᆫ 숤盞을 ᄯᅩ 다 머굴디니라:且盡生前有限杯(初杜解10:8). 人生애 즐겨 會集호ᄆᆞᆫ 어느 그지

이시리오:人生歡會豈有極(初杜解15:44). 사ᄅᆞᆷ 주규미 ᄯᅩ 그지 이시며:殺人亦有限(重杜解5:28).

그·지:업·다 형 그지없다. 끝없다. 한없다. ¶그지업서 몯내 혜ᅀᆞᄫᆞᆯ 功과:無量功(釋譜序1). 쳔랴ᇰ이 그지업고(釋譜6:13). 地獄애 드러 낤 그지업스니(釋譜9:36). ᄒᆞᆫ가지로 그지업스며 ᄯᅩ 업스리라(釋譜23:4). 깃부미 그지업서이다 ᄒᆞ고(釋譜24:34). 그지업슨 諸佛ㅅ道라 ᄒᆞ니(月釋10:24). 應身이 그지업서:應身無量(楞解1:24). 쳔량 보ᄇᆡ 그지업더니(圓覺序46). 그지업슨 목수미라(阿彌5). ᄀᆞᅀᆞᆳ ᄃᆞᆯ와 봆 고ᄌᆞᆺ 그지업슨 ᄠᅳ들:秋月春花無限意(金三2:6). ᄠᅳ디 그지업스니:義無量(南明上44). 예셔 닐오맨 그지업슨 數ㅣ니(南明下11). 아ᅀᆞᆷ돌히 닐오ᄃᆡ 환란 그지업스리라 ᄒᆞ고:親戚皆言禍且不測(東續三綱. 孝31). 믈결ᄅᆞᆯ 좃ᄂᆞᆫ 그지업슨 ᄃᆞ리:隨波無限月(重杜解2:21). 격기 사ᄅᆞᆷ들의 민망ᄒᆞ여 ᄒᆞᄂᆞᆫ 일은 그지업순 일임으로(重新語6:27).

그·지:업·시 부 그지없이. 한없이. ¶모딘 길헤 ᄠᅥ러디여 그지업시 그우니ᄂᆞ니이다(釋譜9:27). 天下애 病이 업서 사ᄅᆞ미 나히 그지업시 오라더니(月釋1:46). 그지업시 마시디 말며:毋流歠(宣賜內訓1:3). 平人이 그지업시 믌겨를 조ᄎᆞ니라:平人無限隨波浪(南明上16).

그·지ᄒᆞ·다 동 한정(限定)하다. ¶六根이 이에 거츠리 그지ᄒᆞ며:六根於是妄局(楞解4:24). 술와 고기ᄅᆞᆯ 젹젹 그지ᄒᆞ야 주고:限酒肉(重杜解1:53). 엇뎨 可히 南과 北과ᄅᆞᆯ 그지 ᄒᆞ리오:安可限南北(重杜解9:17).

그·처디·다 동 그쳐지다. 끊어지다. ☞그츠다 ¶正ᄒᆞᆫ 敎化ㅣ 길흘 일허 貴ᄒᆞᆫ 風俗이 그처디릴ᄊᆡ(月釋2:74). 天閼ᄋᆞᆫ 그처딜 ᄊᆡ라(月釋17:14). 니ᅀᅳ취며 隱密ᄒᆞ야 그처딘 ᄢᅳᆷ 업슨 ᄢᅴᆫ:緜緜密密無有間斷時(蒙法27). 양시기 그처디다:缺少口糧(老朴集. 單字解6). 시혹 ᄉᆞᆯ히 그처디며 ᄢᅧ야디거든:或肌肉斷裂(救急上82).

그·춤 동 그침. ㉠그츠다 ¶工夫ᄅᆞᆯ 그춤 업게 호리니:工夫無間斷(蒙法5). 날로 더로ᄆᆞ로 惑 그추믈 삼고:以日損爲斷惑(圓覺序84). 그추미 다오ᄆᆞᆯ 기드려ᅀᅡ:欲待斷盡(圓覺上一之二129). 漸漸 사괴야 노ᄂᆞᆫ 사ᄅᆞ미 그추믈 깃노니:漸喜交遊絕(重杜解3:26).

그츄니 동 그치니. ㉠그치다 ¶青楓浦애 와 비출 그츄니:輟棹青楓浦(重杜解2:24).

그츄리라 동 그치리라. ㉠그치다 ¶漢陰엣 機心을 기리 그츄리라:永息漢陰機(重杜解2:25).

그·츠·다 동 ①그치다. 끊어지다. 쉬다. ☞긋다 ¶ᄀᆞᄆᆞ래 아니 그츨ᄊᆡ:旱亦不竭(龍歌2章). 功이 그츠리잇가:豈絕其勳(龍歌79章). 句ᄂᆞᆫ 말ᄊᆞᆷ 그츤 ᄯᅡ히라(月釋序8). 이런 구즌 法이 냇거든 그추리라 ᄒᆞ야(月釋7:43). 風流ㅣ 그츬 슷 업스니(月釋7:58). 그츯 것 잇ᄂᆞ니ᄂᆞᆫ 有上師ㅣ오(月釋9:11). 내 命 그추미ᅀᅡ 므더니 너기가니와(月釋10:4). 究竟法ᄋᆞᆫ 곧 道ᄋᆡ 그츤 ᄀᆞᅀᆡ오:究竟法卽道之絕域(法華1:184). 모ᄃᆡ 工夫ᄅᆞᆯ 그춤 업게 호리니:要工夫無間斷(蒙法5). 純一ᄒᆞᆫ 妙ㅣ 그츠리니 큰 害니라:斷純一之妙大害也(蒙法42). 믄득 맛ᄃᆞ로매 啐호미 그츠며:忽然築着磕着啐地折(蒙法44). 고온 사ᄅᆞᄆᆡ 代예 그츤 놀애여:佳人絕代歌(初杜解16:49). 갈ᄒᆞ로 믈 그추미 ᄀᆞᆮᄒᆞ며:如刀斷水(金三3:29). 그츤 ᄉᆞ치 업거늘:無間斷(南明上13). 대궐문에 니르러 그첫다가:至闕而止(宣小4:29). 내 穆伯의 니으리 그츨가 저허ᄒᆞ노라:予懼穆伯之絕嗣也(宣小4:46). 楚ㅅ 貢은 어느 ᄒᆡ예 그츠니오:楚貢何年絕(重杜解3:3).

②끊다. ¶ᄲᅧ를 그처 骨髓 내오 두 눈ᄌᆞᅀᆞᄅᆞᆯ 우의여 내니라(釋譜11:21). 思想ᄋᆞᆯ 그처 ᄇᆞ리고:截斷思想(蒙法63). 녜브터 ᄉᆞ랑호매 애ᄅᆞᆯ 그첨직ᄒᆞ니:舊好腸堪斷(初杜解20:18). ᄇᆡ 몯 보게 가매 넉슬 그추니:魂斷航舸失(初杜解23:34). 一切 얼쿄ᄆᆞᆯ 그츠며:能斷一切繫縛(佛頂上1). 그츨 지:止(光千12). 그츨 졀:絕. 그츨 단:斷(類合下12). 그츨 졀:切(石千16). 손가락글 그처 약의 ᄲᅡ ᄡᅥ 나오니 병이 위연ᄒᆞ다:斷指和藥以進病愈(東新續三綱. 孝3:63).

그·치누·르·다 동 끊어 막다. 저지(沮止)하다. ¶止ᄂᆞᆫ 그치누를 씨니(月釋8:66). 그치눌러 업게 홀ᄊᆡ(月釋8:66). 偸劫이 서르 쥬믄 禁ᄒᆞ야 그치눌룸 업슨 다시니:偸劫相負由無禁遏(楞解8:8). 觀察ᄋᆞᆯ 마디 아니ᄒᆞ야 그치눌러 降伏히와:觀察不停抑按降伏(楞解9:58). 일후미 그치누르ᄂᆞᆫ 功力이 分에 너무니:名抑按功力逾分(楞解9:58). ᄒᆞ나ᄒᆞᆫ 나디 아니ᄒᆞᆫ 惡ᄋᆞᆯ 그치눌러 나디 아니케 호미오:一未生之惡遏令不生(圓覺上二之二114). 塵沙劫波애 그치눌러 긋디 몯ᄒᆞᄂᆞ니라:塵沙劫波莫之遏絕(圓覺上二之三20). 제 그치눌러:自爲制勒(圓覺下三之二2). 兵馬ᄅᆞᆯ 그치눌러 이셔:按兵而止(宣賜內訓3:53). 그치눌러도 눉므리 흐르놋다:掩抑淚潺湲(初杜解22:24). 그치누를 저:沮(類合下31). 包ㅣ 能히 그치누르디 몯ᄒᆞ야:包不能止(宣小6:20).

그·치·다 동 ①끊다. ☞긋다. 슨타 ¶寢食을 그쳐시니:爲之廢寢饍(龍歌116章). 恩愛ᄅᆞᆯ 그쳐 羅睺羅ᄅᆞᆯ 노하 보내야(釋譜6:1). 모

딘 쁘들 그치고(釋譜6:2). 止는 그쳐 ᄇᆞ릴 씨 解脫이오(月釋8:66). 버거 殺生ᄋᆞᆯ 그츠디니:次斷殺生(楞解6:95). 구든 거슬쁜 ᄆᆞᅀᆞᄆᆞᆯ 그치게 ᄒᆞᆯ씨:息剛戾心(金剛35). ᄆᆞᅀᆞᄆᆞᆯ 가져 妄 그츰도:將心息妄(圓覺上一之二38). 세흔 妄情을 그츄미오:三止息妄情(圓覺下三之一104). 歲예 ᄡᅳᆯ 거슬 그칠 ᄯᆞᄅᆞᆷ 호ᄆᆡ:但絕歲用而已(宣賜內訓2上51). 機心 그츄믈 ᄃᆞᆯ히 너기노라:甘息機(初杜解21:5). 오히려 ᄡᆞᆯ 머구믈 그칫더니:猶絕粒(初杜解21:29). 그칠 뎡:停. 그칠 텰:輟(類合下42). 그칠 지:止(類合下47. 石千12. 倭解下40). 그칠 식:息(註千12).

②그치다. ¶한비ᄅᆞᆯ 아니 그치샤:不止霖雨(龍歌68章). 可티 아니커든 그치ᄂᆞ니라:不可則止(宣小2:43). 君子ᄅᆞᆯ 아ᄅᆞᆷ뎌 뫼셔실 적이어든 몬져 밥 먹고 後에 그칠디니:侍燕於君子則先飯而後已(宣小3:24). 난편이 죽거ᄂᆞᆯ 우롬소릐 그치디 아니코:夫歿哭不絕聲(東新續三綱. 烈2:11). 지금에 졔ᄒᆞ기ᄅᆞᆯ 그치디 아니ᄒᆞ니라:至今祀之不替(東新續三綱. 孝3:41). 우롬을 그치디 아니ᄒᆞ고 삼 년을 문뎡에 나디 아니ᄒᆞ니라:不輟三年不出門庭(東新續三綱. 孝8:61). 원슈ᄅᆞᆯ 싱각ᄒᆞ야 그치지 아니며(敬信3).

그·치·티·다 동 끊다. ¶ᄒᆞ나ᄒᆞᆫ 法을 가젯ᄂᆞᆫ 警戒니 모딘 이ᄅᆞᆯ 그치틸 씨오(釋譜9:6). 千差ᄅᆞᆯ 그치텨 안ᄌᆞ샤:坐斷千差(金三2:3). 薾然히 그치텨 허우록ᄒᆞ야:薾然沮喪(宣小5:107). 여ᄃᆞᆲ 설인 제 어미 일흐므로ᄡᅥ 그치텨 고기 먹디 아니ᄒᆞ더라:以八歲喪母絕不食肉(東新續三綱. 孝7:2 春陽斷指).

그티다 동 그치다. ¶혹이 텬명이라 ᄒᆞ야 그티쇼셔 ᄒᆞᆫ대(女範1. 셩후 당문덕후).

극녁ᄒᆞ다 동 극력(極力)하다. 있는 힘을 다하다. ☞극력ᄒᆞ다 ¶졍이 병을 어더ᄂᆞᆯ 극녁ᄒᆞ야 고티고:淨得疾極力療治(東新續三綱. 烈1:47).

극듕ᄒᆞ다 형 극중(極重)하다. 병세가 매우 위중하다. ¶병이 극듕ᄒᆞ니(洛城1).

·극·락 명 극락(極樂). ¶十萬億土 디나아 ᄒᆞᆫ 世界 잇ᄂᆞ니 일훔이 極樂이니 十劫을 ᄂᆞ려오신 ᄒᆞᆫ 부톄 겨시니 일훔이 阿彌陀ㅣ시니(月釋7:56). 極樂ᄋᆞᆫ ᄀᆞ장 즐거ᄫᅳᆯ 씨라(月釋7:63). 그 나랏 衆生이 한 受苦ㅣ 업고 오직 여러 가짓 快樂ᄋᆞᆯ 누릴씨 일후믈 極樂이라 ᄒᆞᄂᆞ니라(月釋7:63). 일로브터 西方ᄋᆞ로 十萬億 부텻 ᄯᅡ흘 디나가 世界 이쇼ᄃᆡ 일후미 極樂이니:極樂ᄋᆞᆫ ᄀᆞ장 즐거ᄫᅳᆯ 씨라(阿彌5).

극력 부 극력(極力). 있는 힘을 다하여. 힘껏. ¶아모커나 極力 周旋ᄒᆞ여 주ᄋᆞᆸ소(隣語1:17). 후에 우연이 이 편을 보고 곳 극력 준힝ᄒᆞ고(敬信45).

극력ᄒᆞ다 동 극력(極力)하다. 있는 힘을 다하다. ☞극녁ᄒᆞ다 ¶해로온 일이어든 극력ᄒᆞ야 도로혀며(敬信63).

극빈ᄒᆞ다 형 극빈(極貧)하다. ¶황암현 양침이 집이 극빈ᄒᆞ야(敬信42).

극악ᄒᆞ다 형 극악(極惡)하다. ¶극악ᄒᆞ다:萬惡(漢淸8:41).

극진 명 극진(極盡). ¶극진:極(漢淸8:71). 극진 진:盡(註千11).

극진이 부 극진(極盡)히. ¶극진이 대접ᄒᆞ섬즉ᄒᆞ오ᄃᆡ(隣語6:17). 극진이 니ᄅᆞ시매 비록 病이 날지라도 먹ᄉᆞ오리이다(重新語2:15). 십팔 셰부터 구고 밧들믈 효셩을 극진이 ᄒᆞ야(敬信15). 양공이 상ᄉᆞᄅᆞᆯ 극진이 다ᄉᆞ려 션영의 합댱ᄒᆞ고(落泉1:1).

·극·진히 부 극진(極盡)히. ☞극진이 ¶비호ᄂᆞᆫ 바ᄅᆞᆯ 이예 극진히 ᄒᆞᆯ디니라:所受是極(宣小1:13). 졍셩과 공경을 극진히 ᄒᆞ더라:極其誠敬(東新續三綱. 孝6:25). 祭ᄂᆞᆫ 愛ᄒᆞ며 敬ᄒᆞᄂᆞᆫ 졍誠을 극盡히 호매 主ᄒᆞᆫ디라(家禮10:29). 풍속을 감화케 ᄒᆞᆯ 도리예 ᄆᆞᄋᆞᆷ을 극진히 ᄒᆞ며(警民序3). 완슌ᄒᆞ신 얼골과 화ᄒᆞᆫ 비ᄎᆞ로 극진히 ᄒᆞ시고(仁祖行狀7). 경등이 다 노친이 이셔 영화로이 치ᄆᆞᆯ 극진히 ᄒᆞ니(仁祖行狀30). 먼 ᄃᆡ 극진히 軍官을 ᄡᅧ 무르시니(重新語1:27). ᄡᅥ셔 극진히 닉인 후에야(捷蒙1:1). 凡事ᄅᆞᆯ 너모 극진히 ᄒᆞ려 ᄒᆞ다가ᄂᆞᆫ(隣語1:30).

극진ᄒᆞ다 형 극진(極盡)하다. ¶아직 극진ᄒᆞ신 인ᄉᆞ장을 듣ᄌᆞᆸ고 安心ᄒᆞ거니와(重新語1:5). 말솜이 비록 간략ᄒᆞ나 ᄯᅳᆺ은 극진ᄒᆞᆫ지라(綸音23). 졍일ᄒᆞ야 극진케 ᄒᆞ면 가히 화육ᄒᆞ매 참찬ᄒᆞᆯ지라(敬信11). 극진ᄒᆞᆯ 치:致(註千2).

·극·측 명 극칙(極則). 지극한 법. ¶經中에 므스 거스로 極則ᄋᆞᆯ 삼ᄂᆞ뇨(金三1:17). 極則은 至極ᄒᆞᆫ 法이라(金三1:17).

·극·칙ᄒᆞ·다 동 극책(剋責)하다. 깎아내려 꾸짖다. ¶世尊하 내 녜브터 오매 나리 져믈오 바미 ᄆᆞᆺᄃᆞ록 ᄆᆡ샹 내 剋責ᄒᆞ다니:責은 외다 ᄒᆞᆯ 씨라(法華2:7).

극키 부 극(極)히. ☞극히 ¶빅졔 의ᄌᆞ왕이 궁 사ᄅᆞᆷ으로 더브러 음황ᄒᆞ고 탐낙ᄒᆞ여 술 마심을 긋치디 아니ᄒᆞ거ᄂᆞᆯ 튱이 좌평 벼슬ᄒᆞ야 이셔 극키 간ᄒᆞᆫ대:百濟義慈王與宮人淫荒耽樂飮酒不止忠爲佐平極諫(東新續三綱. 忠1:11).

·극:티 명 극치(極致). ¶엇데 極致ᄅᆞᆯ 알리오 ᄒᆞ샤(永嘉上13).

극한 명 극한(極寒). ¶극한:嚴寒(漢淸1:29). 극한과 셩열에 형벌을 쉬이 더치 말며(敬信62).

극히 부 극(極)히. ☞극키 ¶衣며 裳을 다 極히 굴근 生布를 써(家禮6:1). 머리 알프며 극히 열ᄒᆞᆫ 증을 고티ᄂᆞ니(辟新3). 兄아 네 쓴 글지 극히 草率ᄒᆞ다(捷蒙1:17). 여긔 事情이 극히 어려워 뵈오니(隣語1:11). 東西館 집들이 극히 毁傷ᄒᆞ온 줄은(隣語1:28). 집이 극히 간난ᄒᆞ되 문을 닷고 글 닑더니(敬信17). 혈셕이 업셔 분명ᄒᆞᆫ 시신이 어ᄂᆞᆯ 문득 말을 ᄒᆞ니 극히 신이ᄒᆞᆫ지라(落泉2:6).

극ᄒᆞ다 동 극(極)하다. ¶열세 ᄒᆡ ᄉᆞ이예 벼ᄉᆞᆯ이 인신의 극ᄒᆞ야:十三年間位極人臣(太平1:8). 극ᄒᆞᆯ 극:極(倭解上28).

극ᄒᆞ다 형 극(革)하다. 심하다. ¶병이 극ᄒᆞ야셔 ᄒᆞ야곰 븓드려 니르혀고:疾革使扶起(東續三綱. 忠3).

근 명 근(斤). ¶또 杏仁 ᄒᆞᆫ 斤을 더운 므레 ᄃᆞ마(救急上6). 소곰 ᄒᆞᆫ 斤을 섯거 므르디허 보ᄭᅡ(救急上68). 내 靑州ㅣ 이실 저긔 ᄒᆞᆫ 領ㅅ 뵈젹삼ᄋᆞᆯ 지ᅀᆞ니 므거우미 닐굽 斤이러라 ᄒᆞ시니라(南明下56). 바곳 불휘 ᄒᆞᆫ 근을(救簡1:10). ᄒᆞᆫ 돈 은애 열 근 ᄀᆞᆯ이오:一錢銀子十斤麵(飜老上9). ᄒᆞᆫ 근시기니:一斤(飜老下57). 셜흔 근 균:鈞(類合下23). 黃金 마ᅀᆞᆫ 근을 주시고:賜黃金四十斤(宣小6:53). 근 근:斤(倭解上55).

근 관 근(近). ¶그 당신은 나흔 近 七十이오되(隣語1:19).

-·근 조 -는. -은. 〔ㄱ첨용어(添用語)에 쓰인 보조사.〕 ¶지와 숫근 觸ᄋᆡ 類라:灰炭觸類也(楞解8:97). 늘근 남근 ᄀᆞ장 서리를 디내엣ᄂᆞ니라:老樹飽經霜(初杜解7:10). 삿근 업거니와:席子沒(老解上23).

:근간 명 근간(近間). ¶頃은 近間이라(釋譜序3). 近間애 家厄ᄋᆞᆯ 맛나(月釋序14). 근간에 일즉 그으기 程子ㅅ ᄠᅳ들 取ᄒᆞ야 ᄡᅥ(宣大10). 내 近間앳 그를 외오고라 請호니:余請誦近詩(重杜解19:24). 東萊令監이 近間의 新舊交亀ᄒᆞᄋᆞᆸ시다 ᄒᆞ오니(隣語1:7). 근간:新近(漢淸1:21).

근:검 명 근검(勤儉). ¶닛디 몯ᄒᆞᆯ 거시 勤儉이오(宣賜內訓2下52).

근·고 명 근고(勤苦). ¶오래 勤苦 受ᄒᆞᆯ까 분별호ᄆᆞᆯ 가ᄌᆞᆯ비니라(法華2:197).

근·고·히 부 근고(勤苦)히. ¶勤苦히 窮究ᄒᆞ야 ᄎᆞ자 宿命을 貪ᄒᆞ야 求ᄒᆞ면(楞解9:104). 비록 多劫을 디나가 勤苦히 道를 닷가도 오직 일후미 有爲라(圓覺下三之一39). 勤苦히 修行ᄒᆞ야(金剛83).

근·고·ᄒᆞ·다 동 근고(勤苦)하다. ¶여러 劫에 勤苦ᄒᆞ야 이러틋ᄒᆞᆫ 化티 어려ᄫᅳᆫ 剛强ᄒᆞᆫ 罪苦 衆生ᄋᆞᆯ 度脫ᄒᆞ거든 보ᄂᆞ니(月釋21:34). 長遠ᄒᆞᆫ 봄과 勤苦ᄒᆞᆫ 功ᄋᆞᆯ 잠간도 펼 떠 업스리라(法華3:180). 아비 그 ᄆᆞᅀᆞᆷ 조코 勤苦ᄒᆞᆫ 주를 긔이히 너겨(飜小9:58). 근고ᄒᆞ믈 잡아(五倫1:15).

근·골 명 근골(筋骨). 근육과 뼈. 몸. ¶筋骨ᄋᆞᆯ 몬져 ᄀᆞ고샤:迺先勞筋骨(龍歌114章). 그 筋骨을 勞케 ᄒᆞ며 그 體膚를 餓케 ᄒᆞ며(宣孟12:37). ᄂᆞ솟ᄂᆞᆫ 놉고 큰 三萬匹이 다 이앳 筋骨와로 ᄀᆞᆮ더라(重杜解16:39). 근골이 ᄃᆞᆫᄃᆞᆫᄒᆞ다:筋骨長足(漢淸5:46).

근내 명 근래(近來). ¶내 ᄯᅩ 근내에 악몽이 자자니 ᄯᅩ 무슴 환난이 이셔(落泉3:7).

근너 명 건너. ¶져 근너 일엽정 어부야(古時調. 삼경에. 詩謠).

근녁 명 근력(筋力). ¶병들면 筋力을 혜아려 行ᄒᆞᆯ디니(家禮10:29). 칠십이 넘으되 근녁이 조화(閑中錄46).

근년 명 근년(近年). ¶近年의 婦女ㅣ 驕倨ᄒᆞ야 다 즐겨 庖廚의 드러가디 아니ᄒᆞ니(家禮2:5). ᄒᆞ물며 近年 以來 년ᄒᆞ여 木花 나기가 사오나와(重新語4:16).

근대 명 근대. ¶근대:莙薘菜(四解上67 莙字註). 근대 군:莙. 근댓 달:薘(訓蒙上14). 근대:莙薘菜(譯解下11. 物譜 蔬菜).

근두 명 곤두. 몸을 번드쳐서 재주 넘는 일. ¶三間 토김 四間 근두 半空에 소ᄉᆞ올나(古時調. 江原道 雪花紙를. 靑丘).

근두딜ᄒᆞ다 동 몸을 번드쳐서 재주 넘다. ☞근두. 근두질ᄒᆞ다 ¶근두딜ᄒᆞ다:打跟蚪(同文解下33).

근두질ᄒᆞ다 동 몸을 번드쳐서 재주 넘다. ☞근두. 근두딜ᄒᆞ다 ¶근두질ᄒᆞ다:跟陡(譯解下24). 근두질ᄒᆞ다:打觔斗(漢淸3:50). 근두질ᄒᆞ다:飜觔斗(漢淸6:60).

근드기다 동 근덕이다. 근덕거리다. ☞근ᄃᆞ기다 ¶ᄂᆞ즈기 ᄡᅩ면 근드겨 가ᄂᆞ니라:低射時竄到了(老解下33).

근ᄃᆞ기다 동 근덕이다. 근덕거리다. ☞근드기다 ¶살 근ᄃᆞ겨 가다:箭搖到(譯解上20).

근ᄃᆡ 명 근대(近代). ¶天下ㅣ 다 富駱을 슬흐며 近代예 盧王을 앗기ᄂᆞ다:擧天悲富駱近代惜盧王(重杜解20:36).

근력 명 근력(筋力). ¶筋力이 바ᄃᆞ라오ᄆᆞᆯ 시름 아니 ᄒᆞ노니:未憂筋力弱(重杜解9:3). 근력 디치다:力竭(漢淸7:38). 衰白ᄒᆞ고 筋力이 업순 사ᄅᆞᆷ이 어이 支續ᄒᆞᆯ가 보온가(隣語1:11).

근로·ᄒᆞ·다 동 근로(勤勞)하다. ¶太姒ㅣ 太姜과 太任ᄭᅴ 괴이샤 아ᄎᆞᆷ나조ᄒᆡ 勤勞ᄒᆞ샤 ᄡᅥ 婦道애 나ᅀᆞ시니라(宣賜內訓3:11). 嚮티 아니리 업습은 근로홈이니라:莫不嚮義勞也(宣小4:45).

:근릐 명 근래(近來). ¶근릐예 四海內예 긴 글句 ᄒᆞ리ᄂᆞᆫ(初杜解15:39). 近來ᄂᆞᆫ 公作米

의 糙米 相雜ᄒᆞ여(隣語1:21).

근·본 명 근본(根本). ¶모로매 身中ㅅ 淨圓覺性을 아라 行ㅅ 根本을 사몰디니 根本ᄋᆞᆫ 곧 解니(圓覺下二之一14). 사ᄅᆞᆷ 주기디 아니호ᄆᆞ로 根本ᄋᆞᆯ 사마 업더디ᄂᆞᆫ 닐 니ᄅᆞ와ᄃᆞ며(宣賜內訓2下36). 眞常ᄋᆞᆫ 衆生과 부텨왓 平等ᄒᆞᆫ 큰 根本이라(金三序2). 魔外와 佛祖왜 그 根本ᄋᆞᆯ 推ᄒᆞ건댄 父母ㅣ ᄒᆞᆫ가지며 家業이 ᄒᆞᆫ가지라(南明下31). 쏘 상패ᄒᆞᆯ 근본은 지승예셔 미츠니 업스니:喪道之本莫及貨財(野雲66). 승냥이와 슈달이 다 근본 갑픔을 알거늘:豺獺皆知報本(宣小5:40). 나라ᄒᆞᆫ 百姓으로 根本을 삼고 고기ᄂᆞᆫ 주리면 곳다온 낛바ᄇᆞᆯ 費食ᄒᆞᄂᆞ니라(重杜解16:19). 定과 慧와로 根本 삼노니(六祖中1). 이거ᄉᆞᆯ ᄇᆞ리고 말을 셰온즉 근본 업손 말이 되고(敬信11).

근셰 명 근세(近世). ¶焚黃ᄒᆞ기ᄅᆞᆯ 近世예 墓次의 가 行ᄒᆞ니(家禮1:34).

근시 명 근시(近侍). ¶샹이 근시ᄅᆞᆯ 보내셔 어온(향온이라)으로ᄡᅥ 벌ᄒᆞ고(仁祖行狀23). 샹이 ᄌᆞ로 근시ᄅᆞᆯ 보내여 존문ᄒᆞ시더라(仁祖行狀26).

:근:시ᄒᆞ·다 동 근시(近侍)하다. ¶近侍ᄒᆞᆫ 臣下ㅣ 날호야 거러(初杜解6:6). 瑤墀엿 近侍ᄒᆞᄂᆞᆫ 臣下ᄂᆞᆫ ᄒᆞ마 아ᄃᆞᆨᄒᆞ도다(重杜解11:6). 션묘 근시ᄒᆞ던 숙진이 가희 권당이니(癸丑80).

근신 부 간절히. ¶근신 당보ᄒᆞᄃᆡ(癸丑35).

:근:신ᄒᆞ·다 동 근신(謹愼)하다. ¶돈독ᄒᆞ며 후듕ᄒᆞ며 쥬밀ᄒᆞ며 근신ᄒᆞ야 입에 ᄀᆞᆯᄒᆡᆯ 말이 업스며:敦厚周愼口無擇言(宣小5:13).

근실ᄒᆞ다 형 근실(勤實)하다. ¶근근ᄌᆞᄌᆞ:근실ᄒᆞ고 ᄌᆞ절ᄐᆞᆫ 말(敬信37).

근심 명 근심. ¶일란 네 근심 말라:這的你休愁(飜朴上47). 근심 우:憂(類合下3. 倭解上21). 근심 환:患(類合下13). 근심 수:愁(類合下35. 倭解上21). 근심을 ᄂᆞᆫ화 맛디시므로브터:憂(警民2). 죽이디 아니시면 후의 근심이 되리이다 ᄒᆞ니(明皇1:31). 비ᄒᆞᆫ 칙 떠젼ᄉᆞ오니 글노 ᄒᆞ여 근심이 限업ᄉᆞ외(重新語1:14). ᄒᆞᆫ 사ᄅᆞᆷ의 근심을 늣추며(敬信81). 근심 려:慮(註千32). 근심 쳑:戚(註千35). 근심 슈:愁(兒學下11).

근심·ᄒᆞ·다 동 근심하다. ¶사ᄅᆞᄆᆞᆯ ᄀᆞ장 근심ᄒᆞ야 셟게 ᄒᆞ다:愁(老朴集. 單字解6). 근심ᄒᆞᆯ 휼:恤(類合下21). 주리며 치워ᄒᆞᄂᆞᆫ 이를 내 엇디 시러곰 근심티 아니ᄒᆞ리오:饑寒者吾安得不恤也(宣小5:80). 바로디 몯홈을 근심ᄒᆞ리오(女四解4:3). 근심ᄒᆞ샤(明皇1:29). 各各 민망히 너기실까 근심ᄒᆞᄋᆞᆸᄂᆡ(重新語1:4). 그ᄃᆡ 집의 근심ᄒᆞ고 탄식ᄒᆞ믈 듯고(敬信34).

-근여 조 -그려. ¶ᄒᆞᆫ 盞 먹새근여 쏘 ᄒᆞᆫ 盞 먹새근여(松江. 將進酒辭).

근원 명 근원(根元). ¶生類ㅅ 根元은 곧 ᄒᆞᆫ가지로 난 터히라 本類 中에난 根元이 나ᄐᆞ닌 ᄒᆞᆫ가지로 난 터헤 내 行의 根元 볼씨라 그속ᄒᆞᆫ ᄆᆞᆯᄀᆞᆫ 뮈ᄂᆞᆫ 根元은 곧 行의 根元이라(楞解10:6).

근원 명 근원(根源). ¶本ᄋᆞᆫ 根源이오(釋譜6:42). 夫妻ᄒᆞ야 사로미 횡뎌기 조티 몯ᄒᆞ야 輪迴ᄅᆞᆯ 벗디 몯ᄒᆞᄂᆞᆫ 根源일ᄊᆡ 죽사릿 因緣이라 ᄒᆞ니라(月釋1:12). 請ᄒᆞᅀᆞ올 敎의 根源을 여르시고(法華序14). 根源에 도라가 性을 證호미(楞解6:50). 녀나ᄆᆞᆫ 사ᄅᆞ미 닐온 배 아니니 法門의 기픈 根源이라(金三序6). 本來ㅅ 根源 제 性인 天眞佛ᄋᆞᆫ 누니 靑蓮 ᄀᆞᆮ고(南明上5). 믌 根源 우희 반ᄃᆞ기 됴ᄒᆞᆫ ᄡᅡ히 잇ᄂᆞ니(六祖略序10). 惠能의 ᄃᆞᆫ니던 根源과 法 得혼 일 ᄠᅳ들 쏘 드르라(六祖上3). 孝ᄂᆞᆫ 百行의 근원이어니와(女四解4:18). 근원 원:源(倭解上9. 兒學下13). 믈 근원:水源(同文解上8).

근원ᄒᆞ·다 동 근원(根源)하다. ¶父母 ᄠᅳ든 天性에 根源혼디라(月釋序14). 이 녀느 다시 아니라 ᄉᆞ랑ᄒᆞ요ᄆᆞ로 根源혼디니라 ᄉᆞ랑호미 잇고(宣賜內訓3:7). 五家의 綱要ᄅᆞᆯ 根源컨댄(六祖序6).

근일 명 근일(近日). 가까운 날. ¶근일의 빅 집ᄉᆡ 티만ᄒᆞ고(仁祖行狀28).

근일간 명 근일간(近日間). 가까운 날. 요며칠 사이. ☞근일 ¶近日間 보오실 꺼시오니(重新語7:13). 近日間의 吉日을 擇定ᄒᆞ여(隣語2:3).

·근·쳐 명 근처(近處). ¶東昌 高唐 근쳐ᄃᆞᆯ해 가(飜老上12). 늘근 수세외 고고리 근쳐 세 치 기릐만 그처:絲瓜老者近蒂取三寸(痘要上9). 아마도 녈구룸이 근쳐의 머믈세라(松江. 關東別曲).

근츠다 동 끊다. ☞긋다 ¶그 아비 사오나온 병을 어덧거ᄂᆞᆯ 손가락글 근처 수리 빠 ᄡᅥ 나오니 병이 됴ᄒᆞ니라:其父得惡疾斷指和酒以進疾愈(東新續三綱. 孝2:68). 손ᄀᆞ락글 근처:斷指(東新續三綱. 孝3:67 命中斷指). 闔中 처음 ᄆᆞᆯ라 근츤 고대 加ᄒᆞ야(家禮6:7). 모시를 이리져리 삼아 두로 삼아 감삼다가 가다가 한가온대 똑 근처지거ᄂᆞᆯ(古時調. 靑丘).

근치다 동 그치다. 〔'그치다'에 'ㄴ'이 개입한 형태.〕 ¶그 친부ㅣ 놀ᄂᆡ여 근치니라:止(女四解4:13). 왕이 붓그러ᄒᆞ야 근치니라:止(女四解4:19).

근친 명 근친(覲親). ¶수이 도라가 覲親이나 ᄒᆞᄋᆞᆸ고(隣語1:15).

:근친ᄒᆞ·다 동 근친(覲親)하다. 친정 어버이

를 찾아뵙다. ¶미양 도라가 근친홀 제 금이며 프른 건 호 수러롤 ㅌ디 아니ᄒ고:每歸覲不乘金碧輿(宣小6:98).

근타 동 끊어지다. ¶大川 바다 한가온대 一千石 시른 비에 노도 일코 닷도 일코 농총도 근코 돗대도 것고(古時調. 나모도 바히 돌도. 靑丘).

근후ᄒ다 형 근후(謹厚)하다. ¶순나 근후ᄒ고 나약단 말(敬信50).

·귿 명 끝. ☞끗. 긑 ¶믿과 귿과롤 솔피실씨(月釋8:16). ᄒ다가 ᄒ 터럭 귿매나 이시면 門外예 잇거다:若有一毫末且居門外(蒙法12). 처섬과 귿과롤 다시곰 드듸면:始末覆蹋(圓覺上一之一69). 다ᄅ 귿텟 사오나온 道ㅣ 해ᄒ시니:異端害之也(飜小8:41). 귿 쵸:梢(訓蒙下4). 나모 귿 표:標(類合下38). 나못 귿 쵸:杪(類合下57). 귿 말:末(類合下63). 귿 단:端(石千10). 터럭 귿만도 더으디 아니ᄒ야도:不加毫末(宣小題辭2). 곧 술의 귿티 화란을 내욤이니:則酒之流生禍也(宣小3:27).

·귿·고 명 그릇의 손잡이.〔'귿〈端. 末〉'+'고〈鼻〉'의 복합 형태.〕 ¶오직 이 無ㅎ字ㅣ 全혀 귿고히 업소ᄃ 져기 귿고히 잇ᄂ니라:只者箇無字全無巴鼻有些巴鼻(蒙法52).

귿다 동 끊다. ☞긋다 ¶져즌 고기란 니로 귿고 ᄆᄅ 고기란 니로 귿디 아니ᄒ며:濡肉齒決乾肉不齒決(英小3:27).

귿ᄇᄅ다 형 끝이 빨다. 첨예(尖銳)하다. ☞귿섈다 ¶거스리 녀매 믌겨리 귿ᄇᄅ도다:逆行波浪慳(重杜解2:22).

귿섈다 형 끝이 빨다. ☞귿ᄇᄅ다 ¶귿섈 쳠:尖(類合下53).

·귿:업·다 형 그지없다. ¶뵈왓비 ᄒ마 긴 길헤 나사가니 맛니로미 귿업서 나가 餞送호ᄆ 더듸 호라:蒼惶已就長途往邂逅無端出餞遲(初杜解23:39).

·귿:업·시 부 끝없이. 한없이. ¶아니한ᄉᅀᅵ예 귿업시 種種 올마 改호ᄆ 보리니:見…少選無端種種遷改法(楞解9:64). 귿업시 미쳐 ᄃᄅ니:無狀狂走(圓覺序46).

귿치다 동 그치다. ¶술 마심을 귿치디 아니ᄒ거ᄂ:飮酒不止(東新續三綱. 忠1:11). 兵窮홈이 드듸여 귿치며:止(女四解4:72).

귿ᄎ다 동 끊다. ☞그치다 ¶또 손ᄀ락글 귿ᄎ며 다리비롤 버혀 뻐 나오니:又斷指割股以進(東新續三綱. 孝5:2).

글 명 글. ¶블근 새 그를 므러:赤爵銜書(龍歌7章). 글 冊올 求ᄒ시니:典籍是索(龍歌81章). 녜ᄂᆺ 글 아니라도:古書縱微(龍歌86章). 두 글을 비화사 알씨(月印上13). 태즈ᄂ 여쉰네 글을 아니 비화 아ᄅ실씨(月印上13). 製ᄂ 글 지슬 씨니 御製ᄂ 님금 지스산 그리라(訓註1). 이 太子ㅣ 擧動이 천천ᄒ고 글도 잘 ᄒ며 활도 잘 쏘며(釋譜24:49). 곧 이에 ᄆᅀᆞᆷ 便安히 ᄒ샨 글와 ᄀᆮᄒ시고:卽同此安心之文(圓覺下一之二54). 뎌 긄 ᄠ들 일허:失彼文意(圓覺下三之一102). 내 글 닑다가:余讀書(宣賜內訓序3). ᄒ 줄 그른:一行文(金三3:3). 글 지ᅀᅥ 니ᄅ샤ᄃ(南明上28). 져믄 나해 글스기와 갈ᄡᅳ기와 비호니:壯年學書劍(初杜解7:15). 아ᅀᆞ미 豪貴예 니ᅀᅥ쇼ᄃ 글 ᄒᄂ 션비롤 즐기놋다:戚聯豪貴躭文儒(初杜解8:22). 긄 출ᄒ 三峽 므를 갓고로 흘리리오:詞源倒流三峽水(初杜解8:30). 글 바틴 후에:試文書之後(飜朴上49). 글지ᅀᅵ ᄯᄅᆷ ᄒᄂ니ᄂ:文辭而已者(飜小5:108). 글 시:詩(石千9). 글:文書(同文解上42). 글 닑다:讀書(同文解上42). 글 강ᄒ다:講書(同文解上43). 글 쓴 죠희롤 ᄇ리지 말며 남의 저산을 도모치 말며(敬信9). 나의 이 글을 보고 동심치 아니ᄂ 쟈ᄂ 사름이 아니며(敬信12). 술도 잘홀 뿐 아니라 글 잘ᄒ매(重新語3:15). 글 서:書(註千21).

-·글 조 -를.〔ㄱ 첨용(添用) 목적격조사(目的格助辭).〕 ¶四海롤 년글 주리여:維彼四海肯他人錫(龍歌20章). 숫글 沐浴ᄒ야:沐浴其炭(楞解7:16). 므렛 효ᄀ 잇글 즛두드려 뽄 즙을 머그라:水中細苔擣絞汁服(救簡1:108). ᄂᆷ글 ᄀᄅ치기 ᄒ야:敎授(飜小9:27). 돗글 피ᄒ야:避席(孝經1).

글·게 명 ①대패. ¶글게 포:鉋 ᄃ파日推鉋(訓蒙中16).

②글경이. ¶글게로 글거 조히 ᄒ야:着抱子刮的乾淨着(飜朴上21). 글게로 다가 긁빗기기롤 乾淨히 호되:着鉋子刮的乾淨着(朴解上20). 글게:鐵鉋子(譯解下18). 글게:鈀子(物譜 工匠).

글·게·질·ᄒ·다 동 글겅이질하다. ¶ᄒᄅ 세 번식 미실 싯기며 빗겨 글게질ᄒ야 조히 ᄒ야:一日三遍家每日洗刷抱的乾乾淨淨地(飜朴上21). 每日에 싯빗겨 글게질ᄒ기롤 乾乾淨淨히 ᄒ고:每日洗刷鉋的乾乾淨淨地(朴解上20).

글귀 명 글귀. ☞긄구 ¶그 글귀롤 써(太平1:2).

글니 부 그르게. ¶입으로 올타 ᄒ고 ᄆᄋᆷ의 글니 알며(敬信5). ᄆᄋᆷ의 글니 넉이지 못홀지며(敬信10).

·글닐기 명 글읽기. 독서(讀書). ¶오직 실혹으로 ᄀᄅ쳐 글닐기롤 좀탁ᄒ게 ᄒ고:只敎以經學念書(飜小6:6). 글닐기를 그치디 아니ᄒ더라:讀書不輟(飜小9:78).

글ᄂ 동 끓는. ㉮글타 ¶罪人올 글ᄂ 가마애 드리티ᄂ니라(月釋1:29).

글데 명 글제. 제목. ¶글데 데:題(倭解上37). 글데:題目(同文解上42. 漢淸4:9).

글·란 대 그것을랑. 그것은. ¶글란 ᄉᆞ랑티 아니코(月釋7:17). 글란 ᄉᆡᆼ각 마오 ᄆᆡ친 일이 이셔이다(松江. 續美人曲).

·글런 명 글이란. 시(詩)란. (독)글 ¶글런 ᄆᆞᅀᆞᆷ 슬턴 ᄯᅡᄒᆞᆯ ᄉᆞ랑ᄒᆞ노니:詩憶傷心處(初杜解21:13).

글렁절렁 부 그렁저렁. ¶바람비 눈설이는 글렁절렁 지닉여도 언어제 다ᄉᆞᄒᆞᆫ ᄒᆡ빗치야 ᄶᅬ야 볼쏠 잇시랴(古時調. 金壽長. 花開洞. 海謠).

글·로 대 그것으로. 그걸로. (독)그 ¶부텻 거스란 글로 부텻 像과 부텻 옷과ᄅᆞᆯ ᄆᆡᇰᄀᆞᆯ오(釋譜23:3). 글로 일후믈 사ᄆᆞ니라(月釋2:27). 글로 오미:爾來(法華5:160).

글로ᄒᆞ·다 동 부리다. ¶ᄒᆡ여곰 내의 힘을 글로ᄒᆞ며:使勞己之力(宣小5:30).

글·롬 동 그릇됨. ¶그 글롬이 더옥 큰 이:其失尤大者(宣小5:16).

글림 명 그림. ¶앗츰 안ᄀᆡ 다 것어진이 遠近 江山이 글림이요(古時調. 海謠).

·글ᄇᆡ호·기 명 글 배우기. 학업(學業). ¶글ᄇᆡ호기를 모로매 일과ᄒᆞᄂᆞᆫ 법을 엄졍히 셰오:學業則須是嚴立課程(飜小8:34).

·글·발 명 글월. 편지. ☞글왈 ¶北道애 보내어시ᄂᆞᆯ 글ᄫᆞᆯ로 말이ᅀᆞᄫᆞᆫᄃᆞᆯ 가샴겨샤매 오ᄂᆞᆯ 다ᄅᆞ리잇가:遣彼北道尼以巧詞載去載留豈異今時(龍歌26章).
※글ᄫᆞᆯ>글왈>글월

·글·스기 명 글쓰기. ☞글ᄡᅳ기 ¶져믄 나해 글스기와 갈ᄡᅳ기와 ᄇᆡ호니:壯年學書劍(初杜解7:15).

글시 명 ①글씨. ¶글시 예:隸(石千21). 글시며 유무에 니르러ᄂᆞᆫ:至於書札(宣小5:6).
②사서(史書). ¶史書ᄂᆞᆫ 글시라(宣賜內訓2下7).

·글ᄡᅳ기 명 글쓰기. ☞글스기 ¶글ᄡᅳ기와 산계홈이니라:書數(宣小1:11).

글씨 명 글씨. ¶사ᄅᆞᆷ을 고립거나 혹 승도ᄅᆞᆯ 공급ᄒᆞ여 글씨 쓴 죠희ᄅᆞᆯ 주으며(敬信79).

글·어 동 끌러. 풀어. (기)그르다 ¶五色 실로 우리 일후믈 ᄆᆡ자 제 願을 일운 後에 글어ᅀᅡ ᄒᆞ리이다(釋譜9:40). ᄑᆞᆯ히 ᄆᆡ얫다가 글어ᄇᆞ려시ᄂᆞᆯ:解繫臂棄之(宣賜內訓3:37). 글어 내여 보니:解下來看時(飜老上28).

글여도 부 그래도. ☞그려도 ¶감아괴 너를 본이 글여도 애ᄃᆞ왜라(古時調. 海謠).

글·옴 동 끄름. 픎. (기)그르다 ☞글움 ¶엇뎨 글오ᄆᆞᆯ 알리오:何知解(楞解5:2).

·글·왈 명 ①글. ¶文은 글와리라(訓註1). 譜ᄂᆞᆫ 平生앳 처ᅀᅥᆷ 乃終ㅅ 이ᄅᆞᆯ 다 ᄡᅳᆫ 글와리라(釋譜序4). 일훔 브튼 글와ᄅᆞᆯ ᄀᆞᅀᆞᆷ아랫ᄂᆞ니(釋譜9:38). ᄉᆞᆲᄂᆞᆫ 글와ᄅᆞᆯ 表ㅣ라 ᄒᆞᄂᆞ니라(月釋2:69). 公案ᄋᆞᆫ 그윗글와리니(蒙法6). 杜撰ᄋᆞᆫ 杜家ᄋᆡ 撰集이니 實티 아니ᄒᆞᆫ 글와리라(蒙法20).
②편지. ☞글발. 글월 ¶封ᄋᆞᆯ 여로니 보내욘 글와리 빗나도다:開緘書札光(重杜解1:46). 두 번 가ᄂᆞᆫ 글와리 업스니(重內訓2:10).

·글·왈ᄒᆞ·다 동 편지하다. ¶婆羅門이 글왈ᄒᆞ야 須達ᄋᆡ손ᄃᆡ 보내야ᄂᆞᆯ(釋譜6:15).

글·우·려 동 끄르려. 풀으려. (기)그르다 ¶ᄂᆞᄆᆡ ᄆᆡ요ᄆᆞᆯ 글우려 ᄒᆞᆯᄊᆡ:欲解他縛故(圓覺下三之一53).

글·움 동 끄름. 픎. (기)그르다☞글옴 ¶病이 더어 藥이 어루 고툘 것 업스니 ᄆᆡ요ᄆᆞ로 ᄆᆡ닐 글우미 올ᄒᆞᆫ 곧 업스니라:增病無藥可治以縛解縛無有是處(圓覺下三之一92). 빗줄 글우믈 ᄒᆡᄅᆞᆯ 아디 몯ᄒᆞ리로다:解纜不知年(初杜解7:17).

글·움 형 그름. (기)그르다 ¶如來 ᄇᆞᆯ기 보아 글우미 업건마ᄅᆞᆫ(月釋17:11).

·글·월 명 ①글월. 글. 책. ¶編은 글월 ᄆᆡᇰᄀᆞᆯ씨라(月釋序11). 두 글워ᄅᆞᆯ 어울워:爰合兩書(月釋序12). 소리와 글월와 놀요ᄆᆞᆯ:弄音文(楞解6:59). 天下애 술위와 글월왜 正히 ᄒᆞᆫ 지비러니라:天下車書正一家(杜解15:22). 여러 글워ᄅᆞᆫ ᄆᆡ욘 ᄇᆡ예 ᄀᆞ독ᄒᆞ얏도다:群書滿繫船(杜解20:1). 글웘 근 빈 죠희예(飜朴上62). 가문 ᄀᆞᄅᆞ치ᄂᆞᆫ 글월의 닐어쇼ᄃᆡ:家訓曰(飜小8:25). 글월 문:文(訓蒙上34. 類合上25. 石千4. 倭解上37). 글월 셔:書. 글월 쟝:章. 글월 편:篇(訓蒙上34). 글월 ᄉᆞ:詞. 글월 쟝:章(類合下39). 져근 아ᄒᆡ ᄇᆡ홀 글월의 쓴 거시라:小學書題(宣小書題1). 글월로 칙ᄒᆞ여 ᄀᆞᆯ오ᄃᆡ(女範1. 모의 도간모).
②경전(經典). 전적(典籍). ¶經은 곧 能詮ᄒᆞᆫ 글월 ᄯᆞᄅᆞ미라:經卽能詮之文而已(楞解1:10). 글워를 시러:載典籍(杜解7:28). 글월 경:經(訓蒙上3. 石千21). 글월 젼:典(訓蒙上34. 註千20). 글월 젹:籍(訓蒙上34. 類合下24. 石千13. 註千13).
③편지. 문서(文書). 문안(文案). ¶남진은 다시 娶ᄒᆞ논 義 잇고 겨지븐 두 번 가ᄂᆞᆫ 글월리 업스니:夫有再娶之義婦無二適之文(宣賜內訓2上11). 멧 디위ᄅᆞᆯ 글월 보내야:幾回書札(杜解21:3). 글월 간:簡(訓蒙上35. 光千37). 글월 독:牘. 글월 소:疏. 글월 잡:箚(訓蒙上35). 글월 텹:牒(訓蒙上35. 類合下39. 光千37. 石千37. 註千37). 글월 젼:箋. 글월 계:契. 글월 안:案. 글월 패:牌. 글월 피:批(訓蒙上35). 글월을 봉ᄒᆞ야 념습 가온대 브티고:封書付於斂襲之中(東新續三綱. 烈4:24). 未陽이 글워ᄅᆞᆯ ᄃᆞᆯ여:未陽

馳尺素(重杜解1:57).
④시(詩). ¶글월 시:詩(訓蒙上34. 光千9).
⑤글자. ¶글월 ᄌᆞ:字(訓蒙上35. 石千4).
※ 글월<글왈<글발

글월갑 명 대서료(代書料). ☞글월ᄊᆞᆸ ¶즈름갑 글월갑슬 다 혜어다:牙稅錢都算了(老解下16). 즈름갑 글월갑시 ᄒᆞ오니 석 냥 ᄒᆞᆫ 돈 오 푼이로소니:牙稅錢該三兩一錢五分(老解下16).

글·월ᄆᆞ·로니 명 책(冊). 서권(書卷). 서적(書籍). ¶卷은 글월ᄆᆞ로니라(月釋序19). 軸은 글월ᄆᆞ로니라(月釋序23).

글·월·ᄊᆞᆸ 명 대서료(代書料). ☞글월갑 ¶네 각각 즈름갑 글월ᄊᆞᆸ슬 혜라:你各自算將牙稅錢來(老解下16).

·글·월:톄 명 문체(文體). ¶글월體 다 그러ᄒᆞ시니:文體皆然(法華1:123).

·글위 명 그네. ☞그늬. 그릐. 그리 ¶萬里옛 글위ᄠᅳ긴 習俗이 ᄒᆞᆫ가지로다:萬里鞦韆習俗同(初杜解11:15). 글위 츄:鞦. 글위 쳔:韆(訓蒙中19). 紅실로 紅글위 ᄆᆡ요이다(樂詞. 翰林別曲).

·글위·ᄠᅳ·다 동 그네뛰다. ☞그늬ᄠᅱ다 ¶萬里옛 글위ᄠᅳ긴 習俗이 ᄒᆞᆫ가지로다:萬里鞦韆習俗同(初杜解11:15).

글으다 형 그르다. ☞그르다 ¶글으다:謬(漢淸8:42). 젼 글으믈 고치고 션ᄉᆞᄅᆞᆯ 힘ᄡᅥ 힝ᄒᆞ며(敬信55).

글은 부 그릇. ¶글은 죽다 傳ᄒᆞᄂᆞ니 이시니(女四解4:22).

글읏 명 그릇[器]. ☞그릇. 그ᄅᆞᆺ ¶글으슨 사긔와 옷거슬 ᄡᅳ더니:器用甆漆(宣小6:130). 취편ᄒᆞ야 샹반ᄒᆞᆫ 약을 ᄒᆞᆫ 글읏시 다무지 말며(敬信68).

글읏치다 동 그르치다. ¶남의 공명 글읏치며 골육 리간ᄒᆞᆯ 것도 잇고(敬信64).

글읏ᄒᆞ다 동 그릇하다. 그르게 하다. ¶가람 토디ᄂᆞᆫ 신명히 알외믈 글읏ᄒᆞ므로 ᄯᅩᄒᆞᆫ 옥의 매이여(敬信22).

글이다 동 그리다. 그리워하다. ¶글여 사지 말고 이몸이 곳ᄋᆡ 죽어(古時調. 海謠).

·글이·피 명 글 읊기. 시 읊기. ¶년구ᄒᆞ기 ᄆᆞᆺ고 글이피 ᄒᆞ고:對句罷吟詩(飜老上3).

글일ᄭᅵ 명 글 읽기. ¶글일ᄭᅵ를 권ᄒᆞ니라:讀書(女四解4:8).

글임 명 그림. ¶伏羲 ᄣᅢ의 龍馬ㅣ 글임을 지고 나니(女四解4:4).

글임애 명 그리마. ¶야윈 목의 솔진 목의 글임애 ᄲᅧ록이 晝夜로 빈 ᄣᅢ 업씨 물건이 ᄲᅩ건이(古時調. 一身이. 海謠).

·글지·ᅀᅵ 명 글짓기. 글을 짓는 일. ☞글지이 ¶그 시졀 겨지비 글지ᅀᅵ와 글 수ᄆᆞ로 ᄂᆞ미게 보내ᄂᆞᆫ닐 보고 ᄀᆞ장 외오 너겨 ᄒᆞ더라:見世之婦女以文章筆札傳於人者則深以爲非(宣賜內訓1:29). 글지ᅀᅵᆯ ᄆᆞᄎᆞ니 鳳이 ᄂᆞᄂᆞᆫ ᄃᆞᆺᄒᆞ도다:章罷鳳騫騰(初杜解8:8). 글지ᅀᅵᄂᆞᆫ 國風을 닛놋다:詞場繼國風(初杜解21:1). 글지ᅀᅵᄂᆞᆫ 녯 史記 어딘 거슬 ᄡᅳ렛도다:文包舊史善(初杜解24:32). 글지ᅀᅵ와 글스기로 지븨 올아:詞翰升堂(初杜解25:49). 뎌 ᄡᅥ곰 글지ᅀᅵ ᄯᆞᄅᆞᆷ ᄒᆞᄂᆞ니ᄂᆞᆫ 더러오니라:彼以文辭而已者陋矣(飜小8:4). 벼슬ᄒᆞᆯ 사ᄅᆞᆷ이 글지ᅀᅵ만 숭샹ᄒᆞ고 실혹을 ᄇᆞ려:仕進尙文辭而遺經業(飜小9:9).
※ 글지ᅀᅵ>글지이

·글지·이 명 글짓기. 글을 짓는 일. ☞글지ᅀᅵ ¶시러곰 ᄒᆞ여곰 글지이ᄅᆞᆯ ᄒᆞ게 아니홀디니라:不得令作文字(宣小5:6). ᄃᆞᆯ마다 ᄒᆞ여곰 ᄃᆞ토게 홈이:글지이로 겯오단 말이라(宣小6:14). 글지일 ᄆᆞᄎᆞ니 鳳이 ᄂᆞᄂᆞᆫ ᄃᆞᆺᄒᆞ도다:章罷鳳騫騰(重杜解8:8). 글지이ᄂᆞᆫ 國風을 닛놋다:詞場繼國風(重杜解21:1).

글짓기 명 글짓기. ☞글지ᅀᅵ. 글지이 ¶글짓기 민쳡ᄒᆞ다:寫作敏捷(漢淸4:12).

글짓다 동 글을 짓다. ¶글짓다:作文章(同文解上42).

·글·ᄌᆞ 명 글자. ¶陳倉ㅅ 石鼓앳 글지 ᄯᅩ ᄒᆞ마 訛傳ᄒᆞ니:陳倉石鼓又已訛(初杜解16:15). 구룸 가온ᄃᆡᆺ 그려긴 두어 줈 글字ᄅᆞᆯ ᄉᆞ고:雲中鴈寫數行字(金三5:8). 글ᄌᆞᆺ 그ᅀᅵᄅᆞᆯ 모로매 반ᄃᆞᆨ반ᄃᆞᆨ이 졍히 ᄒᆞ며:字畫必楷正(飜小8:16). 글ᄌᆞ ᄌᆞ:字(類合上1. 兒學下6). 글ᄌᆞ를 흐리오며 비븨며:如塗擦文字(宣小5:62). 글ᄌᆞᄅᆞᆯ ᄣᅡ ᄡᅥ 지아븨게 닐외ᄃᆡ:織字以致夫(女四解4:72). 글ᄌᆞ:字(同文解上43). 글ᄌᆞ 쓴 죠희 사로며 노래부르며 울며(敬信24).

·글ᄌᆞᆺ 명 글자의 획(畫). 자획(字畫). ☞ᄌᆞᄉᆞᆺ ¶글ᄌᆞᆺ 그ᅀᅵᄅᆞᆯ 모로매 반ᄃᆞᆨ반ᄃᆞᆨ이 졍히 ᄒᆞ며:字畫必楷正(飜小8:16). 글자 그슬 반ᄃᆞ시 고르고 正히 ᄒᆞ며:字畫必楷正(重內訓1:24).

·글·지 명 글자가. [‘글ᄌᆞ’+주격조사(主格助辭) ‘-ㅣ’] 통글ᄌᆞ ¶陳倉ㅅ 石鼓앳 글지 ᄯᅩ ᄒᆞ마 訛傳ᄒᆞ니:陳倉石鼓又已訛(初杜解16:15).

·글지·조 명 글재주. ¶부형이 글지조로 그 ᄌᆞ뎨ᄅᆞᆯ 긔걸ᄒᆞ고:父兄以文藝令其子弟(飜小8:24). 기르 크게 도욀 사ᄅᆞᄆᆞᆫ 도국과 슬거오미 몬졔오 글지조ᄂᆞᆫ 후엣 이리니:士之致遠先器識而後文藝(飜小10:11).

글쳬 형 그르지. ㉮그르다 ¶네가 글쳬 닉가 글야(春香傳51).

·글·초 명 원고(原稿). 초고(草稿). ¶글초 고:稿(訓蒙上35. 類合下25. 註千21). 글초:草稿(同文解上43). 글초 잡다:打草稿(同文

解上43. 譯解補11). 글초 잡다:起草(漢淸4:10). 글초 초:草(註千6).

글·키·다 동 긁게 하다. ¶아히로 훤히 둥어리 글키고 내 머리 우횟 빈혀를 바사 ㅂ료리라:令兒快搔背脫我頭上簪(初杜解15:4).

글타 동 끓다. ☞글타 ¶글는 가마애(月釋1:29). 도틀 동여 두고 매로 티며 글는 가마애 오로 녀허 데티니(月釋23:75). 넘뿌미 ᄃ외며 글호미 ᄃ외오:爲洋爲沸(楞解8:101). 沒ᄒ며 溺ᄒ며 넘뼈며 글후미 ᄃ외면:爲没溺洋沸(楞解8:102). 몸과 이비 글허 ᄂ소ᄉ며:身口沸騰(永嘉下72). 여듧苦ㅣ 서르 글허 다완ᄂ니:八苦相煎迫(永嘉下146). 일빅 소솜 글커든:百沸(救簡1:54). 술 ᄒᆫ 되예 글효ᄃ 글허 오ᄅ거든:酒一升煮沸(救簡2:104). 믈읫 ᄀ장 것 글후미 ᄒᆫ 디위만 ᄒ거든:但滾的一霎兒(飜老上20). 글타:沸(四解上17). 글른 믈:滾滾(老朴集.單字解2). 글흘 비:沸(訓蒙下11. 類合下52). 글흘 곤:滾. 글흘 관:涫(訓蒙下11). 글흘 탕:湯(類合上30). ※글타>끓다

글탈타 동 끓고 닳다. 끌탕하다. 애태우다. ¶杜曲애 애를 횟돌아 글탈노라:回腸杜曲煎(杜解20:4). 百姓의 ᄆᅀᆞᄆ 杼柚이 뷔여 글탈놋다:氓心杼柚焦(初杜解20:46). 求홈이시며 苦ㅣ 이시면 八風과 五欲괘 서르 글탈코:有求有苦八風五欲交煎(金三5:7). 넷 이를 자바셔 온가짓 혜아료믈 글탈노라:撫事煎百慮(重杜解2:66). 슬피 제 글탈는 ᄃᆺ도다:哀哀自煎熬(重杜解3:56). ᄆᄋᆞ믈 ᄀᆺᄀ며 ᄉ랑호믈 글탈하 四方올 기우시ᄂ니라:勞心焦思補四方(重杜解3:60).

글픠 명 글피. ☞글픠 ¶글픠 와 가져 가라:外後日來取(朴解中5). 글픠:外後日(譯解上3). 글픠:大後日(同文解上3). 來日은 山行 가시 곳다림 모릐 ᄒ고 降神으란 글픠 ᄒ리(古時調. 金裕器. 오ᄂᆞᆯ은. 靑丘).

글피 명 글피. ☞글픠 ¶講信을란 글피 ᄒᆞ이(古時調. 金裕器. 오ᄂᆞᆯ은. 海謠).

글픠 명 글피. ☞글픠. 글피 ¶글픠:外後日(齊諧物名 天文類).

글헉긔 명 그러께. 재작년. ☞그럿긔 ¶글헉긔:大前年(譯解補3).

글헤 부 그래. ¶글헤 엇지 ᄃ답하엿난야(春香傳67).

글·홈 동 끓음. ⑦글타 ¶넘뿌미 ᄃ외며 글호미 ᄃ외오:爲洋爲沸(楞解8:101).

글훔 동 끄름. ⑦글흐다 ¶빗줄 글후믈 히를 아지 몯ᄒ리로다:解纜不知年(重杜解7:17).

글흐다 동 끄르다. 풀다. ☞그르다 ¶빗줄 글후믈 히를 아지 몯ᄒ리로다:解纜不知年(重杜解7:17).

글·희·다 동 끌러지다. 풀리다. 빠지다. ☞글히다 ¶ᄆᄃᆡᄆᄃᆡ 四支를 글휠 쩨:節節支解時(永嘉下50). 하외욤 그르ᄒ야 톡 글희여 버리고 어우디 아니ᄒᄂᆞᆯ 고티ᄂᆞᆫ 法은:治失欠頰車蹉開張不合方(救急上79). 當世옛 이를 議論ᄒ며 ᄐ굴 글희여 제 모미 ᄒ마 아논 이리 젹고:論當世而解頤身既寡知(宣賜內訓1:32). 일 議論호미 眞實로 사ᄅ미 ᄐ굴 글희여 즐겨 웃게 ᄒᄂ니:討論實解頤(杜解8:4).

글희드·렛·다 동 흐느적흐느적하게 되어 떨어졌다. ⑦글희듣다 ¶그 ㅂ야미 또 쇼와 몰와를 쏘아놀 이틄나래 남지늬 모미 긔ᄒ며 헤믈어 ᄲᅨ 글희드렛거늘 슬흐며 두리여 ᄡᅡ해 것ᄆ르주거 가슴 두드리며 ᄀ장 우러 손소 머리 뜯고(月釋10:24).

글희듣·다 동 흐느적흐느적하게 되어 떨어지다. 〔'글희'는 '글흐다〈解〉'의 부사형, '듣다'는 '듣다〈滴〉'의 뜻.〕 ¶그 ㅂ야미 또 쇼와 몰와를 쏘아놀 이틄나래 남지늬 모미 긔ᄒ며 헤믈어 ᄲᅨ 글희드렛거늘 슬흐며 두리여 ᄡᅡ해 것ᄆ르주거 가슴 두드리며 ᄀ장 우러 손소 머리 뜯고(月釋10:24). 南閻浮提옛 衆生이 갈 즘겟 그테 이셔 소ᄂ로 갈 즘게를 자ᄇ니 ᄆᄃᆡᄆᄃᆡ마다 글희듣거든(月釋23:79).

글희·여·디·다 동 흐느적흐느적하게 되어 떨어지다. 〔'글희여'는 '글흐다〈解〉'의 부사형, '디다'는 '떨어지다〈落〉'의 뜻.〕 ¶발로 갌山올 드듸니 즈믄 ᄆᄃᆡ 다 글희여디거늘(月釋23:79). 네 활기 알파 글희여디ᄂᆞᆫ ᄃᆺ거든:四肢疼痛如解落(救簡1:91).

글희영 명 그령. 암크령. ☞글희영 ¶菲ᄂᆞᆫ 플 일홈이니 글희영 톄엿 거시라(家禮6:10). 글희영 간:菅(詩解 物名12).

글희·혀·다 동 벌리다. ¶水銀올 탄ᄌᆞ 크만 ᄒ야 이블 글희혀 븟고 븓드러 안치고:水銀如彈子大斡開口灌之扶令坐(救急下82).

글·히·다 동 끓이다. ☞글히다 ¶香湯은 香 글휸 므리라(釋譜11:28). 가마돌해 사ᄅ믈 녀허 두고 글효ᄃ ᄒᆫ 가마애 뷘 므를 글히더니(月釋7:13). 글휸 가마애 오로 녀허(月釋23:75). ᄒᆫ 鑊애 글히ᄂᆞᆫ 地獄올 보니(月釋23:81). 能히 ᄲ러듀미 ᄃ외며 ᄂ로미 ᄃ외며 글휴미 ᄃ외며 구우미 ᄃ외ᄂ니라:則能爲墜爲飛爲煎爲炙(楞解8:106). 無量ᄒᆫ 글히며 ᄉ로미:無量煎燒(楞解8:108). 도로 글힌 믈로 노기면 어름과 湯괘 다 다ᄋ고(圓覺下三之一38). 잘 글히디 몯호믈 辭緣ᄒ고:辭不能烹(宣賜內訓1:3). 밥 머글 제ᄂᆞᆫ 靑泥坊 미틧 미나리를 글히놋다:飯煮靑泥坊底芹(杜解7:33). 글힌 므레 섯거 숨ᄶᅧ면(佛頂7). 열 스믈 소솜 글혀 즈싀 앗고 ᄃᆺᄉᆞᆫ 머교ᄃ:一二十沸去柤温服(救簡

1:3). 대초 ᄒᆞᆫ 낫과 ᄒᆞᆫᄃᆡ 글효니 ᄒᆞᆫ 되 ᄃᆞ외어든:棗一枚同煎至一盞(救簡1:40). 술 ᄒᆞᆫ 되예 글효ᄃᆡ 글허 오ᄅᆞ거든:酒一升煮沸(救簡2:104). ᄇᆡ번 글힌 믈로 ᄉᆞᆷᄭᅵ라:白礬湯嚥下(救簡6:6). 블 디더 쥭을 글히더니:然火煮粥(飜小9:79). 主人이 잘 글히디 몯호라 샤례ᄒᆞ고:主人辭不能亨(宣小3:23). 글효ᄆᆞᆯ 그르ᄒᆞ얏거든 먹디 아니ᄒᆞ시며:失飪不食(宣小3:25). ᄀᆞᅀᆞᆯ 아오글 글히니 ᄯᅩ 새롭도다:秋葵煮復新(重杜解7:38).
※ 글히다>끓이다

글ᄒᆞ다 동 글하다. 학문하다. ¶종실 쥬계군 심원은 글ᄒᆞ기 경코 깁프며:宗室朱溪君深源學問精深(東續三綱. 忠3).

글ᄒᆞᆫᄆᆞ춤 명 편(篇). ¶글ᄒᆞᆫᄆᆞ춤 편:篇(類合下25).

글·히·다 동 끌러지다. 풀리다. ☞글희다 ¶곧 어름 노ᄀᆞ며 디새 글히야 듐 ᄀᆞᆮᄒᆞ야:卽同冰消瓦解(金三3:56).

글히영 명 그령. 암크령. ☞글희영 ¶글히영:勒草(譯解下40).

긁·다 동 긁다. ¶브레 옴ᄋᆞᆯ 글그며 渴ᄒᆞᆫ 제 ᄠᅳᆫ믈 먹덧 ᄒᆞ야(月釋7:18). ᄇᆞ라와도 조널이 긁디 말며:癢不敢搔(宣賜內訓1:50). 센 머리ᄅᆞᆯ 글구니 ᄯᅩ 뎌르니:白頭搔更短(杜解10:6). 블러 니로매 머리 글구믈 ᄲᆞᆯ리 ᄒᆞ고:喚起搔頭急(杜解20:2). 글글 소:搔. 글글 파:爬(訓蒙下22). 글글 괄:刮(類合下24). 글글 살:刷(類合下32). 알파ᄒᆞ시며 ᄀᆞ라와 ᄒᆞ심애 공경ᄒᆞ야 딥퍼 보며 긁ᄉᆞ오며:疾痛苛癢而敬抑搔之(宣小2:3). 긁다:搔痒(同文解下7). ᄀᆞ려온 ᄃᆡ 긁다:搔癢(譯解補34). 가족 안 긁다:剷皮板(漢淸11:16). 솟출 두드리며 글그며(敬信24).

긁빗·기·다 동 긁어 빗기다. ¶ᄉᆞᆯ의여 긁빗기기 말라 긁빗기기 너므면 머리 앏프리라:不要只管的刮刮的多頭疼(飜朴上44). 글게로 다가 긁빗기기ᄅᆞᆯ 乾淨히 호ᄃᆡ:着鉋子刮的乾淨着(朴解上20).

긁빗·다 동 긁어 빗다. ¶머리 긁빗고 밧돕다ᄃᆞᆷ고:梳刮頭修了脚(飜朴上53). 비듬 긁빗다:刮風屑(譯解上47).

긁싯·다 동 긁어 씻다. 닦다. ¶가마 긁싯고:刷了鍋着(飜老上21. 老解上19).

긁:쥐·다 동 움키어서 쥐다. 움켜쥐다. ¶긁쥘 좌:抓(訓蒙下22).

긁치다 동 (살갗 따위가) 긁히다. 벗겨지다. ¶긁쳐 ᄡᅥ러지다:擦破(漢淸8:14).

긁티다 동 할퀴다. ¶긁텨 히여 ᄇᆞ려ᄂᆞᆯ:撓破了(朴解下7). ᄯᅩ ᄒᆞᆫ 번을 긁티니:又蟒抓了一遍(朴解下7).

긁히다 동 긁히다. ¶긁히다:劃傷(漢淸8:14).

긃나다 동 끝나다. ¶이 理에 合ᄒᆞᆫ 일이라 ᄒᆞ니 언제 긃나리오:是合理的事幾時倒的了(朴解中60).

긃:내·다 동 끝내다. ¶공ᄉᆞ 긃내다:發落(老朴集. 單字解8).

긃·픠 명 글피. ☞글픠. 글피 ¶긃픠:大前日(飜朴上51).

·긄구 명 글귀. ☞글귀 ¶됴ᄒᆞᆫ 긄句ㅣ 傳ᄒᆞᄂᆞ다:秀句傳(初杜解25:47).

·긄초 명 글의 초(草). ¶사ᄅᆞᄆᆞᆯ 에여가 諫諍ᄒᆞ던 긄草ᄅᆞᆯ 브레 ᄉᆞᆯ오:避人焚諫草(初杜解6:15).

·긄·출 명 글의 근원. ¶긄출ᄒᆞᆫ 三峽 므를 갓고로 흘리리오 붇 陣ᄋᆞᆫ ᄒᆞ올로 즈믄 사ᄅᆞ미 軍ᄋᆞᆯ 쓰러ᄇᆞ리리로다:詞源倒流三峽水筆陣獨掃千人軍(初杜解8:30).

·금 명 금. ¶밠바닶 千輻輪相ㅅ 그미 ᄯᅡ해 分明호미 세히라(月釋2:38). 소ᇇ가락 근마다 八萬四千 그미오 금마다 八萬四千 비치오(月釋8:36). 갓 밧ᄀᆞᆯ 닐오ᄃᆡ 膚ㅣ오 그믈 닐오ᄃᆡ 腠ㅣ라:皮表曰膚文理曰腠(楞解2:5). 소ᇇ그미 깁고 기르시고(法華2:16). 즈믄 가짓 두려운 그미라(南明上55). 밠 엄지가락 아랫 ᄀᆞᄅᆞᆫ 금을:足大趾下橫文(救簡1:31). 뵈옷 그미 잇더니(六祖上60).

금 명 한(限). 한도. ☞그슴 ¶더옥 허우록 섭섭기 금이 업서 ᄒᆞ노라(諺簡116).

금 명 금(金). ¶모미 金ㅅ비치시며(釋譜6:17). 金으로 ᄯᅡ해 ᄭᆞ로ᄆᆞᆯ ᄢᅳᆷ 업게 ᄒᆞ면(釋譜6:24). 帝釋이 鬼神 브려 세 줈 ᄃᆞ리ᄅᆞᆯ 노ᄒᆞ니 가온ᄃᆡᆫ 金이오 왼녀긘 瑠璃오 올ᄒᆞᆫ녀긘 瑪瑙ㅣ러라(釋譜11:12). 金으로 그르슬 ᄆᆡᆼᄀᆞᆯ면 그릇그르시 다 金이오(楞解6:90). 금ᄯᅴ 븕고:金帶赤(杜解21:8). 다 사회ᄅᆞᆯ ᄀᆞᆯ히오 녹 ᄐᆞᆫ 그믈 주어 결속ᄒᆞ야 셔방ᄒᆞ게 ᄒᆞ더라:皆爲選婿出俸金爲資裝嫁之(飜小10:14). 보ᄆᆡᄂᆞᆫ 금 토환 ᄢᅴ오:春裏繫金條環(飜老下51). 이ᄂᆞᆫ 당츄ᄌᆞ 금독과 은독괘 밧과 안히 틈 업슨 거셔:這箇是核桃金䙩兒銀䙩兒表裏無縫兒(飜朴上40). 金이며 진珠ㅣ며 錦繡ㅣ며(家禮9:19). 빗치 금 ᄀᆞᆮ더니(明皇1). 마로 우희 금과 옥이 ᄀᆞ득ᄒᆞ얏거ᄂᆞᆯ(敬信15). 금 금:金(兒學上4).

금 명 금(琴). 거문고. ¶그 琴ㅅ 소리 三千大千世界예 들여(釋譜11:15). ᄒᆞᆫ 쇼겨이 琴을 잘 노ᄂᆞ이다(釋譜24:52). 琴 쏘리 비록 ᄀᆞᄌᆞ나 소ᇇ가락 아니면 發티 몯ᄒᆞ며(楞解4:55). 伯牙ᄂᆞᆫ 녯 琴 잘 ᄩᆞ던 사ᄅᆞ미오(金三涵序12). 琴과 瑟을 잡드디 아니ᄒᆞ며:琴瑟不御(宣小2:23). 瑟과 琴을 鼓홈 ᄀᆞᄐᆞ며(宣中15).

-금 접미 -금. ¶可히 다시금 소기기를 ᄒᆞ디 몯ᄒᆞᆯ 거시니라(英小6:32).

금가락지 명 금가락지. ¶날바근 금가락지

ᄒᆞᆫ 솽과를 다가 ᄒᆞ야:一對窟嵌的金戒指兒(飜朴上20).

금·갑 명 금갑(金甲). 쇠붙이로 만든 갑옷. ¶金甲이 서르 ᄆᆞᆯ이ᄂᆞ니:金甲相排蕩(初杜解6:21). 금갑을 닙고(太平1:55).

금계ᄒᆞ다 동 금계(禁戒)하다. ¶져기 스스로 사랑홀 줄 아는 쟈면 오히려 금계홈을 아되(敬信82).

금고ᄒᆞ다 동 금고(禁錮)하다. ¶노비ᄅᆞᆯ 금고ᄒᆞ야 혼인 아니ᄒᆞ여 주며(敬信82).

금광 명 금광(金鑛). ¶金鑛이 精金에 섯겟ᄃᆞᆺ ᄒᆞ니:鑛ᄋᆞᆫ 金 브튼 돌히라(楞解4:37). 金鑛 가ᄌᆞ료ᄆᆞᆫ 곧 오직 부톄 다시 迷ᄒᆞ디 아니ᄒᆞ샤ᄆᆞᆯ 對答이시니 이 疑心이 허므리기플시(圓覺上二之三31).

금굼히 부 근근히. 근질근질. ¶나ᄆᆞᆫ 毒氣ᄉᆞᆯ ᄉᆞᅀᅵ예 이셔 금굼히 알ᄑᆞ고:餘毒在肉中淫淫痛痒(救急下80)

금긔 명 금기(禁忌). ¶듕간의 금긔를 아니ᄒᆞ야 뻐 곰 더더거니와(痘要上37).

금긔ᄒᆞ다 동 금기(禁忌)하다. ¶병ᄒᆞᄂᆞᆫ 사ᄅᆞᆷ의 금긔홀 법이라(辟新17).

금녀지 명 여주. ¶금녀지:苦瓜(物譜 草果).

금년 명 금년(今年). ¶금년으란 진샹티 말고(仁祖行狀32).

금닌어 명 쏘가리. ¶금닌어:鱖(物譜 蟲魚).

금다 동 끊다. ¶어믜 병의 손ᄀᆞ락글 금다:母病斷指(東新續三綱. 孝3:31 卵同斷指).

금덕 부 끔적. ¶金書房을 눈 금덕 불너니여 두 손목 마조 덥썩 쥐고(古時調. 니르랴 보쟈. 歌曲).

금듕 명 금중(禁中). 궁궐(宮闕). ¶피ᄅᆞᆯ 나오시고 목욕ᄒᆞ고 금듕의셔 비ᄅᆞ오시더라(仁祖行狀7).

금등화 명 금등화(金藤花). 능소화(凌霄花). ¶금등화:紫葳(東醫 湯液三 木部). 금등화:紫葳(柳氏物名三 草).

금디 명 금지(金紙). 금종이. ¶금디:金鈿紙(柳氏物名五 金).

금뢰 명 금뢰(金罍). 금동이. ¶君子ᄅᆞᆯ 그리샤 金罍ㄹ 브수려 ᄒᆞ시니(龍歌109章).

금명간 명 금명간(今明間). ¶됴ᄒᆞᆫ 쌀을 今明間 드려 주ᄋᆞᆸ소(隣語1:3). 아모커나 今明間의 差定ᄒᆞ시게 다시 催促ᄒᆞ여 주쇼셔(隣語1:22).

금몰애 명 금모래. 사금(砂金). ¶그 믈 미틔 金몰애 잇ᄂᆞ니 일후미 閻浮檀金이니(月釋1:24).

금믓다 동 금가다. 틈이 나다. ☞금싣다 ¶금므을 흔:釁(類合下52).

금박 명 금박(金箔). ¶금박:飛金(譯解補38). 금박:金鉑(柳氏物名五 金).

금부어 명 금붕어. 금어(金魚). ¶금부어:金魚(漢淸14:43).

금빈혀 명 금비녀. ¶금빈혀로 눈ᄌᆞᅀᆞ애 ᄀᆞ리ᅅᅵᆫ 거슬 거더 ᄇᆞ리면:金篦刮眼膜(初杜解9:19). 칠보 금빈혀 ᄒᆞ나콰:一箇七寶金簪兒(飜朴上20).

금빗 명 금빛. ¶금슈ᄂᆞᆫ 새 피 ᄌᆞ 나 금빗 ᄌᆞᆫ단 말이라(胎要上7).

금ㅅ·빛 명 금빛. ¶모미 金ㅅ비치시며(釋譜6:17). 香山애 金ㅅ비쳇 優曇鉢羅花ㅣ 프니라(月釋2:46).

금사 명 금사(金沙). ¶金沙ᄂᆞᆫ 沙色이 如金이라(初杜解15:31).

금션단 명 금섬단(金閃緞). 비단의 한 가지. ¶금션단:片金(同文解下24. 譯解補40. 漢淸10:53).

금:셰 명 금세(今世). ¶今世 後世ᄅᆞᆯ 實다비 아라(月釋13:49). 今世예ᄂᆞᆫ 다 분墓애 告ᄒᆞ니(家禮1:35). 슬푸다 금셰읫 사ᄅᆞᆷ이 ᄌᆞ식이 어버이게 효셩치 아니며(敬信13). 일경 강의 드러 어복을 치온가 금셰예 다시 만나기ᄅᆞᆯ ᄇᆞ라지 못ᄒᆞ더니(落泉2:4).

:금·슈 명 금수(錦繡). ¶錦繡 ᅀᅭ홀 펴고 앉더시니(月印上42). 내 너희ᄃᆞᆯ콰로 金繡ᄅᆞᆯ 니브며 飮食을 됴히 ᄒᆞ고(宣賜內訓2下55). 錦繡ᄅᆞᆯ 여러 내옛고(杜解14:16). 잇다감 뻐러 겨르ᄅᆞ이 자바 니르와ᄃᆞ니 쇽졀업시 錦繡 젹삼 니보매 더으도다(南明上32). 샹해 흰 기블 닙고 고뢰며 ᄉᆞᆯ기며 금슈ᄅᆞᆯ 쓰디 아니ᄒᆞ며:常衣絹素不用綾羅錦繡(飜小9:106). 비록 온 집이 금슈 옷과 귀ᄒᆞᆫ 음식을 호려 ᄒᆞᆫ돌 엇디 能히 몯 홈을 근심ᄒᆞ리오:雖擧家錦衣玉食何患不能(宣小6:128). 錦繡를 안 믿들며(捷蒙1:15).

금·슈 명 금수(禽獸). ¶戒ᄅᆞᆯ 헐며 齋ᄅᆞᆯ 犯ᄒᆞ릴 맛나ᄃᆞᆫ 禽獸 ᄃᆞ외야 주으릶 報ᄅᆞᆯ 니ᄅᆞ고(月釋21:67). 여러 가짓 禽獸ㅣ:禽은 ᄂᆞᆯ즁ᄉᆡᆼ이오 獸ᄂᆞᆫ 긔ᄂᆞᆫ 즁ᄉᆡᆼ이라(法華2:116). 禽獸ㅣ 居ᄒᆞ며(宣中40). 君子ㅣ 禽獸에 그 生을 보고 ᄎᆞᆷ아 그 死를 보디 몯ᄒᆞ며(宣孟1:22). 금슈의 ᄒᆡᆼ실을 나ᄂᆞᆫ 아니ᄒᆞ리라 ᄒᆞ더라:禽獸之行吾何爲乎(五倫3:21). 이 두 일 말면 禽獸ㅣ나 다라리야(古時調. 權好文. 生平에. 松巖續集). 화ᄒᆞ야 효ᄌᆞ와 슌ᄒᆞᆫ 며ᄂᆞ리 아니 되ᄂᆞᆫ 쟈ᄂᆞᆫ 금슈로 더브러 엇지 다르리오(敬信13).

금·슬 명 금슬(琴瑟). 금실. ¶가ᄌᆞᆯ비건댄 琴瑟와 箜篌와 琵琶왜 비록 微妙ᄒᆞᆫ 소리 이시나(楞解4:54). 先生 書策과 琴瑟이 앏ᄑᆡ 잇거든:先生書策琴瑟在前(宣小2:60). 쟝ᄎᆞ 금슬이 화ᄒᆞ야 ᄆᆞᆺᄎᆞᆷ내 홈ᄢᅴ 늘글가 ᄒᆞ엿더니(太平1:44). 금슬 슬:瑟(註千20).

금시 명 금시(今時). ¶今時ᄅᆞᆯ 뻐러 ᄇᆞ리고:拂盡今時(金三5:31).

금시 부 금시(今時). 바로. ¶내 금시 흔 귀를 니르되(要路院23).

금:싣·다 동 금가다. 금이 생기다. ☞금믓다 ¶금싣다:璺了(四解上65 璺字註). 금시를 문:璺(訓蒙下16).

금ㅅ 명 금선(金線). ¶금ㅅ 얽다:鑲嵌(同文解下18. 柳氏物名一 獸族). 금ㅅ:金線(漢淸10:62).

금ㅅ·라·기 명 금싸라기. 금가루. ¶아ᄆ커나 金ㅅ라기를 가져 두 누네 두라:試將金屑安雙眼(南明上71).

금·ᄉᆡᆨ 명 금색(金色). 금빛. ¶金色잇ᄂᆞᆫ 가시 시리여(月印上23). 世尊이 金色 불흘 펴샤(釋譜11:5). 金色 모야히 ᄃᆞ닚 光이러시다(月釋2:51). 金色 불흘 펴(楞解1:28). 그 因緣으로 九十一劫을 모미 金色 ᄃᆞ외니라(南明上1).

금·ᄯᅴ 명 금띠. ¶안녀그로셔 ᄂᆞᆫ화 주시ᄂᆞᆫ 금ᄯᅴ 븕고 恩惠로 주시ᄂᆞᆫ 荔枝 프르도다:內分金帶赤恩與荔枝青(初杜解21:8). 네 그 금ᄯᅴᄂᆞᆫ 이 뉘 젼메운 것고:你那金帶是誰廂的(飜朴上18).

금:신 명 금인(金刃). 날이 있는 쇠붙이. 쇠붙이로 만든 화살. ¶才勇을 앗기샤 金刃을 ᄇᆞ려시니:愛其才勇載捨金刃(龍歌54章).

금·실 명 금일(今日). 오늘. ¶三韓 今日에 엇더ᄒᆞ니잇고(龍歌28章). 다ᄉᆞᆺ ᄭᅮᆷ을 因ᄒᆞ야 授記 볼ᄀᆞ실ᄊᆡ 今日에 世尊이 ᄃᆞ외시니(月印上3). 今日 身心이 어늬 이 믿 거시며(楞解5:3). 今日 世尊으로 能作 大事애 니르린 서르 어긔요매 마초시니라(法華5:118). 天地 祖宗이 今日에 도올 ᄲᅮ니 아니라(宣賜內訓2下48). 今日엔 桃樹ㅣ 遮掩也ㅣ라(初杜解15:22). 네 進ᄒᆞᆫ 바를 今日에 그 亡홈을 아디 몯ᄒᆞ고녀(宣孟2:23).

금·실:ᄉ 명 금일사(今日事). 오늘의 일. ¶今日事 모ᄅᆞ실ᄊᆡ(月印上42).

금야 명 금야(今夜). 오늘 밤. ¶아모려나 今夜中에 御養性ᄒᆞ셔 나실 양으로 ᄒᆞ여 보ᄋᆞᆸ소(重新語2:6).

금월 명 금월(今月). 이 달. ¶여긔 上船은 今月 十五日이라 니ᄅᆞ니(重新語6:14).

금은 명 금은(金銀). ¶時節 아닌 저긔 밥 먹디 마롬과 金銀 보비 잡디 마롬괘라(釋譜6:10). 金銀 그르세 담은 種種 차반이러니(月印上44). 金銀ᄋᆞ로 ᄭᅮ뮤미 업거늘(宣賜內訓2上56). 도니어나 금은 빈혜어나 가락지어나 몰라 ᄉᆞᆷᄶᅧ든:誤呑錢金銀釵鐶(救簡6:17). 사름 ᄆᆞᄉᆞ 가지 금은 긔명을:人口頭疋家財金銀器皿(飜老下55). 金銀과 錢飾을 ᄡᅳ디 아니홈은(家禮7:4). 금은 ᄒᆞᆫ 자로를 언덕의셔 어더(敬信16).

금읁·고 명 금은(金銀)을 넣어 두는 곳. 금고(金庫). ¶금읁고 탕:帑(訓蒙中9).

금을다 동 저물다. ☞그무다. 그므다 ¶돌 금을어 가다:月將盡(譯解補3).

금음 명 그믐. ☞그뭄 ¶금음:月盡(譯解上3). 금음이 되매 아비 죽으니:晦而易亡(五倫1:35). 금음 회:晦(倭解上4). 西海의 日落ᄒᆞ고 금음밤 어두운ᄃᆡ(萬言詞).

:금·의 명 금의(錦衣). 비단옷. ¶비록 집 안ᄒᆡ 사ᄅᆞ미 다 금의를 니브며 귀ᄒᆞᆫ 차바ᄂᆞᆯ 머근돌 언디 몯흘가 분별ᄒᆞ리오마ᄅᆞᆫ:雖擧家錦衣玉食何患不能(飜小10:30). 솔기며 고뢰며 금의와 슈치를 ᄡᅳ디 아니ᄒᆞ며:不用綾羅錦繡(宣小6:98). 錦衣를 입으면(古時調. 甁歌).

금일 명 금일(今日). 오늘. ¶某ㅣ 今日에 歸自某所호니(家禮1:23). 진실노 今日은 처엄으로 뵈ᄋᆞᆸᄂᆞᆫᄃᆡ 극진ᄒᆞ심을 미더(重新語1:7). 쇼졔 금일 죽어도 한이 업ᄉᆞ리로다(落泉3:7).

금져기다 동 끔적이다. ☞금적이다 ¶눈 금져기다:睄眼(譯解上38). 눈 금져길 별:瞥(倭解上30).

금적이다 동 끔적이다. ☞금져기다 ¶눈 금적이다:展眼(漢淸6:4). 눈 금적일 슌:瞬(兒學下3).

금젼화 명 금전화(金錢花). ¶금젼화:金錢花(物譜 花卉).

금죠개 명 금조개. ¶금죠개:朋蚵(譯解下37). 금죠개:蜃(漢淸14:46).

금즈·기·다 동 움직이다. ¶一點은 여듧 가짓 ᄇᆞᄅᆞ미 부러도 금즈기디 아니ᄒᆞ고:一點八風吹不動(眞言. 供養文43).

금즉ᄒᆞ다 형 끔직하다. ¶보완다 보왜라 소ᄅᆡ에 가슴 금즉ᄒᆞ여라(古時調. 林晋. 활 지여. 青丘). 白松骨이 ᄻᅧ 잇거놀 가슴이 아죠 금즉ᄒᆞ여 펄적 ᄠᅱ여 ᄂᆡ닷다가(古時調. 듯텁이. 青丘).

:금·지 명 금지(禁止). ¶俊을 춤다가 禁止 몯ᄒᆞ야 우수믈 呵呵ᄒᆞ고(金三3:38). 公이 금지 아니ᄒᆞ다:公不禁(宣小4:48).

:금·지·ᄒᆞ·다 동 금지(禁止)하다. ¶우리 ᄒᆞᄂᆞᆫ 이를 禁止ᄒᆞ야 法이 ᄉᆡᆨᄉᆡᆨ홀ᄊᆡ(釋譜23:41). 모ᄃᆞᆫ 比丘를 禁止ᄒᆞ샤(金剛5). 后ㅣ 卽位를브터 다 禁止케 ᄒᆞ시고(宣賜內訓2下16). 말호매 ᄲᆞᄅᆞ며 망녕도이유믈 금지ᄒᆞ면 안히 이에 안졍ᄒᆞ며 젼일ᄒᆞᄂᆞ니라:發禁躁妄內斯靜專(飜小8:10). 暴亂을 禁止ᄒᆞ야 安靖호미 雙ㅣ 업스니(重杜解24:14). 奢華호믈 禁止ᄒᆞ며(家禮2:2). 벗기리 말들이 원숙ᄒᆞᆫ 중의 ᄇᆞ람을 ᄯᅡ라 ᄭᅮ짓고 웃서 능히 금지치 못ᄒᆞ니(敬信35).

금차 명 금채(金釵). 금비녀. ¶그 겨집이 금차를 ᄣᅢ혀 주며 닐오ᄃᆡ(太平1:38).

금창 [명] 금창(金瘡). ¶金瘡을 고툐ᄃᆡ 오직 갈콰 도최예 헐여(救急上82).

·금티·다 [동] 금치다. ¶음식이며 이바디예 금텨 ᄒᆞ디 아니ᄒᆞ며:食饗不爲槩(宣小2:10). 금텨 드리리잇가(癸丑41).

금테 [명] 금(金)테. ¶금테:釦 金飾器口(柳氏物名五 金).

금패 [명] 금빛 호박(琥珀). ¶금패:金珀(譯解下1. 柳氏物名四 木).

금풍 [명] 금풍(金風). 가을 바람. ¶金風이 瑟瑟ᄒᆞ야 庭畔애 지닉 부니(蘆溪. 莎堤曲). 金風이 부ᄂᆞᆫ 밤에(古時調. 宋完元. 花源).

금황 [명] 금황(禽荒). 사냥을 지나치게 즐김. ¶禽荒ᄋᆞᆫ 山行 즐교미오(圓覺下一之一19).

금후 [명] 금후(今後). ¶언셔로 히셕ᄒᆞ여 판의 삭여 금후 사ᄅᆞᆷ의게 광권ᄒᆞ면(敬信序1).

:금ᄒᆞ·다 [동] 금(禁)하다. ¶涅槃애 ᄆᆞᄎᆞ매 니르샤 ᄀᆞ장 禁티 아니ᄒᆞ샤미(楞解6:94). 오ᄂᆞᆳ날 兵馬 ᄡᅮ믄 亂을 禁호미니(宣賜內訓2下37). 비록 能히 禁티 몯ᄒᆞ나 ᄎᆞ마 도ᄋᆞ리여(宣賜內訓3:62). 一切 諸法이 涅槃애 禁ᄒᆞ야 긋블요ᄆᆞᆯ 니버(六祖中87). 금ᄒᆞᆯ 금:禁(類合下19. 倭解上53). 벼슬에 인ᄂᆞᆫ이 비록 能히 禁티 몯ᄒᆞ나 ᄎᆞ마 도오랴(宣小6:131). 澤과 梁을 禁홈이 업ᄉᆞ며(宣孟2:18). 니향ᄒᆞ니 엇디 도라오고 시븐 념녀ᄅᆞᆯ 금ᄒᆞ리오(仁祖行狀31). 금ᄒᆞ다:禁止(漢淸2:51). 이제 술 금홈이 힝치 못홈은 실로 ᄒᆞᆫ 사ᄅᆞᆷ을 말믜암으니(綸音22). 불을 금ᄒᆞ야 뫼와 수풀을 살오지 말며(敬信9).

긊뎡 [명] 금덩어리. ¶長者ㅣ 제 긊뎡을 펴니:長者自布金(初杜解9:18).

급거이 [부] 급거(急遽)히. ¶쇼져ᄂᆞᆫ 어이 급거이 말ᄉᆞᆷ을 ᄒᆞ시나뇨(引鳳簫3). 兪尙書彦國氏는 급거이도 올셔이고(빅화당가).

·급:거·히 [부] 급거(急遽)히. ¶잢간도 말ᄊᆞᄆᆞᆯ 섈리 ᄒᆞ며 비출 急遽히 아니ᄒᆞ더니(宣賜內訓1:17). 급거히 업시ᄒᆞᆯ 일을 뉴가와 날노 일워내니(癸丑24).

·급:거ᄒᆞ·다 [형] 급거(急遽)하다. ¶섈ᄅᆞᆫ 말ᄉᆞᆷ과 急遽ᄒᆞᆫ 비치 업스며(宣賜內訓1:28). 急遽ᄒᆞ며 어려운 시절에 婦道ᄅᆞᆯ 조심ᄒᆞ야 조차하더시니(宣賜內訓2下35). 또 삼가 급거ᄒᆞᆫ 저기라도 모로매 이 이ᄅᆞᆯ ᄒᆞ라(飜小6:21). 섈ᄅᆞᆫ 말와 급거ᄒᆞᆫ ᄂᆞᆺ비치 업스며:無疾言遽色(宣小6:121). 卒은 急遽ᄒᆞᆯ 시라(重杜解1:4).

급급히 [부] 급급(急急)히. ¶급급히 쟝만ᄒᆞ엿터니(癸丑30).

·급·급ᄒᆞ·다 [형] 급급(岌岌)하다. ¶ᄀᆞᄂᆞᆫ 터럭마도 업소ᄃᆡ 虛空애 티와텨 岌岌ᄒᆞ도다(南明上57). 이 時예 天下ㅣ 殆ᄒᆞ다 岌岌ᄒᆞ뎌 ᄒᆞ시니(宣孟9:14).

급난 [명] 급난(急難). ¶彭州牧ᄃᆞ려 爲ᄒᆞ야 묻노니 어느 저긔아 急難을 救ᄒᆞᆯ다:爲問彭州牧何時救急難(重杜解21:19).

급뎨 [명] 급제(及第). ¶나히 거의 오십에 급뎨 못 ᄒᆞᆫ지라(敬信46).

·급:뎨·ᄒᆞ·다 [동] 급제(及第)하다. ☞급졔ᄒᆞ다 ¶내 辛朝애 及第ᄒᆞ야 門下注書ᄅᆞᆯ 호니(三綱. 忠34). 네 ᄇᆡ화 사ᄅᆞᆷ 도외여 ᄌᆞ라나 급뎨ᄒᆞ야 벼슬ᄒᆞ야:你學的成人長大應科擧得做官(飜朴上50). 노ᄑᆞᆫ 급뎨호미:登高科(飜小8:12). 듕원이 급뎨ᄒᆞ다:仲元登科(東新續三綱. 孝3:6). 명년에 무션이 급뎨ᄒᆞ고 두 ᄋᆞᄃᆞᆯ이 다 등과ᄒᆞ니라(敬信17).

·급디 [형] 급(急)하지. ¶ᄡᅳᆯᄃᆡ업슨 의론과 急디 아니ᄒᆞᆫ 숣핌을 ᄇᆞ려 다ᄉᆞ리디 아니홀디니:無用之辯不急之察棄而不治(宣小2:77).

급박ᄒᆞ다 [형] 급박(急迫)하다. ¶비록 ᄉᆞ졍이 급박ᄒᆞ야 여러 번 글을 올려 스ᄉᆞ로 새롭기ᄅᆞᆯ(山城82).

급씌 [명] 그때에. ☞그ᄢᅴ ¶급씌 시방 무량 셰계 불가셜 불가셜 일제 제블과 대보살 마하살이 다 와 모다 계샤 찬탄ᄒᆞ샤ᄃᆡ(地藏解上4). 급씌 여러 우연ᄒᆞ샤 ᄇᆡᆨ쳔만억 대광명운을 펴시니(地藏解上4).

급졔ᄒᆞ다 [동] 급제(及第)하다. ☞급뎨ᄒᆞ다 ¶급졔ᄒᆞᆫ 긔별 젼ᄒᆞ다:報喜(譯解補12).

급피 [부] 급히. ¶예 도적기 바ᄆᆞᆯ 타 급피 니ᄅᆞ니:倭賊乘夜猝至(東新續三綱. 孝1:50). 가ᄆᆞ귀 급피 ᄂᆞᆯ고(古時調. 歌譜). 實에 緩ᄒᆞ고 文에 급피 호매 니ᄅᆞ니:緩於實而急於文(家禮1:3).

급·히 [부] 급(急)히. ¶일로ᄡᅥ 이러ᄐᆞ시 그 急히 ᄒᆞ시니라(宣孟8:26). 江水ㅣ 급히 니ᄅᆞ매(女四解4:49). 급히 니다:快起來(同文解上26). 급히:緊急(漢淸7:44). 급히 몸을 두루혀며(武藝圖1). 공이 급히 이러나 ᄯᅩ라가니 부억 알ᄋᆡ 니르러 홀연 보지 못ᄒᆞᆯ지라(敬信38). 스ᄉᆞ로 급히 글너안고 쇼릐질너 니ᄅᆞᄃᆡ(落泉1:2).

·급ᄒᆞ·다 [형] 급하다. ¶그럴ᄊᆡ 주으류미 急ᄒᆞ야 四面을 向ᄒᆞ야 窻牖 엿오ᄆᆞᆯ 가줄비시니라(法華2:123). 氣分이 急ᄒᆞ면 즉자히 사ᄂᆞ니라(救急上77). ᄆᆞᅀᆞᆯ히 급ᄒᆞᆫ 일이 이셔도 오히려 서르 가 구ᄒᆞᆯ 거시니:鄰里有急尙相赴救(飜小9:65). 급ᄒᆞᆯ 급:急(類合下14. 倭解下34). 사ᄅᆞᆷ을 위ᄒᆞ야 급ᄒᆞ고 어려운 ᄃᆡ ᄃᆞ라들어:爲人赴急難(宣小5:23). 급ᄒᆞᆫ 우러 ᄀᆞᆮᄒᆞ니(武藝圖19). 사ᄅᆞᆷ의 급ᄒᆞ믈 건지며 위티ᄒᆞ믈 구ᄒᆞ며(敬信2). 급ᄒᆞᆯ 체:切(註千16). 급ᄒᆞᆯ 급:急(兒學下9).

긋 [명] ①끝. ☞귿. 긑 ¶송곳과 칼긋만ᄒᆞᆫ 쟈근 니로 송ᄉᆞᄅᆞᆯ 니ᄅᆞ혀리 이셔:錐刀小利而興訟(警民22). 뎌 셧녁 긋틔:那西頭(老解

上62). 江上山 ᄂᆞ린 긋ᄒᆡ 솔 아릐 너분 돌해(古時調. 朴仁老. 蘆溪集).
②단서(端緖). 실마리. ¶그제야 긋출 엇괘라 ᄒᆞ야(癸丑63).

긋 명 획(畫). ¶字ㅅ 그슬 모로매 고ᄅᆞ고 正히 ᄒᆞ며:字畫必楷正(宣賜內訓1:26). 伏羲 긋 그ᅀᅥ 사ᄅᆞᆷ 뵈며:伏羲畫之以示人(法華3:156). 글ᄌᆞ긋 그ᅀᅵᄅᆞᆯ 모로매 반ᄃᆞᆨ반ᄃᆞᆨ이 졍히 ᄒᆞ며:字畫必楷正(飜小8:16). 東字ᄅᆞᆯ 어이 쓰ᄂᆞ뇨 ᄒᆞᆫ 긋 아릐 曰字 ᄒᆞ고 ᄒᆞᆫ 고든 긋 ᄒᆞ고 ᄒᆞᆫ 긋 밧그로 비티고 ᄒᆞᆫ 긋 안흐로 비틴 거시 곳 이라(朴解中42).

·긋 부 꼭. 퍽. 굳이. ☞긋 ¶하ᄂᆞᆯ홀 브르며 ᄯᅡ 굴러 긋 ᄲᅥᆯ텨 도라가아:呼天擗地力排還歸(三綱. 孝33 自强). 긋 病 탈ᄒᆞ고 아니 닐어늘:固疾不起(三綱. 忠9). 性覺이 긋 ᄇᆞᆯ가:性覺必明(楞解4:12). 만히 듣고 긋 아라:多聞强識(法華2:172). 긋 그ᇫ어 ᄃᆞ려 도라오거늘:强牽將還(法華2:200). 긋 化ᄒᆞ샤ᄆᆞᆯ:强化(法華2:202). 긋 그ᇫ오ᄆᆞᆫ:强牽(法華2:202). 긋 ᄃᆞ리샤ᄆᆞᆯ:强率(法華2:202). 긋 ᄃᆞ려 오디 말오:勿强將來(法華2:202). 긋 모라 짓게 ᄒᆞ리로다:强驅使作(法華2:239). 趙州의 사ᄅᆞ미게 믜인 고ᄃᆞᆯ 긋 아라 法法ᄋᆞᆯ 圓滿히 通達ᄒᆞ야:勘破趙州得人憎處法法圓通(蒙法19). ᄯᅩ 구ᅀᅵ예 평케 주어 긋 새배 다ᄃᆞᆮ게 말라:却休槽兒平直到明(飜老上32). 긋 ᄌᆡ 도의게 ᄒᆞ니:直到做灰(飜朴上38). 긋:直(老朴集. 單字解2). 림씨…자피여 어루려커늘 긋 거슨대:被執賊欲汚之林固拒賊(東三綱. 烈4).

·긋·구 명 글귀. ¶긋긋 구:句 文絶處曰句(訓蒙上34).

긋그적ᄭᅴ 명 그끄저께. ☞긋그제 ¶긋그적ᄭᅴ 왓노라:大前日來了(朴解上46).

긋그제 명 그끄저께. ☞긋그적ᄭᅴ ¶긋그제:大前日(齊諧物名 天文類). 내 一百疋 ᄆᆞᆯ을 몰고 긋그제 올와:我赶着一百疋馬大前日來了(朴解中13). 긋그제:大前日(朴解中46). 긋그제:大前日(譯解上3). 어제도 爛醉ᄒᆞ고 오늘도 술이로다 그제는 엇더턴지 긋그제는 ᄂᆡ 몰ᄂᆡ라(古時調. 歌曲). 긋그제 왓노라:大前日來的(朴新解1:49).

·긋·긋·다 형 깨끗하다. ☞ᄀᆞᆺᄀᆞᆺᄒᆞ다. ᄢᅵᆺ긋ᄒᆞ다 ¶곧 고기알ᄀᆞ티 고ᄅᆞ고 긋긋다 커니와:便是魚子兒也似勻淨的(飜老下62).

긋긋치 부 끝마다. ☞긋긋티 ¶大川 바다 한가온대 中針 細針 ᄲᅡ지거다 열나믄 沙工놈이 긋 므된 사엇대를 긋긋치 두러메여 一時에 소릐치고 귀 ᄢᅧ여 내닷 말이 이셔이다(古時調. 青丘).

긋긋티 부 끝마다. ☞긋긋치 ¶그러커니와 朝鮮 作法은 긋긋티 그리 몯 ᄒᆞ염즉ᄒᆞ건마ᄂᆞᆫ(新語5:29).

긋긔 명 그때에. ☞ᄢᅴ ¶긋긔 문득 오귀ᄉᆡ ᄠᅳᆯ 가온ᄃᆡ 와 셔셔(桐華寺 王郎傳2).

긋기다 동 헤매다. ¶어즈럽다 호ᄆᆞᆫ 져머셔브터 이제 다ᄃᆞᆮ도록 어더먹던 일 ᄒᆞ며 아릐 긋기던 일 ᄒᆞ며 즈슴 업이 헤아리던 이ᄅᆞᆯ 닐온 亂惺이라(七大18).〔'업이'는 '업시'의 오기(誤記).〕

긋누·르·다 동 억누르다. 눌러 끊다. ¶여러 方앳 마ᄅᆞᆯ 긋누르리니:截斷諸方舌頭(蒙法33). 눈서블 바ᄅᆞ보아 누늘 힘ᄡᅥ ᄠᅥ 몸과 ᄆᆞᅀᆞᆷ과ᄅᆞᆯ 긋눌로ᄆᆞᆯ 모ᄃᆡ 마ᄅᆞᇙ디니라:不要瞠眉努目遏捺身心(蒙法35). 몸과 ᄆᆞᅀᆞᆷ과ᄅᆞᆯ 긋눌러:捺伏身心(牧牛訣25).

긋:눌롬 동 억누름. 눌러 끊음. ㉠긋누르다 ¶눈서블 바ᄅᆞ보아 누늘 힘ᄡᅥ ᄠᅥ 몸과 ᄆᆞᅀᆞᆷ과ᄅᆞᆯ 긋눌로ᄆᆞᆯ 모ᄃᆡ 마ᄅᆞᇙ디니라:不要瞠眉努目遏捺身心(蒙法35).

긋·닛 명 끊임과 이음. 단속(斷續). ¶긋닛이 업게 호리니:全無斷續(蒙法2). 긋닛이 업게 호리라:無令斷續(法語3).

긋·다 동 ①그치다. 끊어지다. 쉬다. ☞씃다 ¶닐웻 ᄉᆞᅀᅵᄅᆞᆯ 모다 울ᅘᅩ리 긋디 아니ᄒᆞ더라(釋譜23:45). 긋디 아니ᄒᆞ야 니ᅀᅳ시며(月釋2:57). 疑心이 긋디 아니ᄒᆞ면:有疑不斷(蒙法1). 그ᅀᅳ며 니ᅀᅥ 긋디 아니ᄒᆞᄂᆞᆫᄃᆞᆯ 보리라:緜緜不絶(蒙法41). 드트른 將次 긋고:塵將息(蒙法42). 일로 긋디 아니ᄒᆞ며:以之不絶(圓覺上一之二129). 繼嗣ᄅᆞᆯ 긋게 ᄒᆞᄂᆞ니:絶嗣(宣賜內訓1:25). 煩惱 긋디 아니ᄒᆞ야:不斷煩惱(南明序2). 아니한더데 ᄇᆞᄅᆞ미 긋고 구루미 먹빗 ᄀᆞᆮᄒᆞ니:俄頃風定雲墨色(杜解6:42). 兵革이 긋디 아니ᄒᆞ야 사ᄅᆞ미 蘇復디 몯ᄒᆞᆯᄉᆡ:兵革未息人未蘇(初杜解8:22). 玉繩이 횟도라 긋고:玉繩回斷絶(杜解9:21). 애ᄅᆞᆯ 긋노니:腸斷(杜解10:8). 서ᄅᆞ 모다 긋디 아니ᄒᆞ얏다:交會未斷絶(重杜解12:10). 병이 긋ᄶᅧ시든 녜대로 도로 홀디니라:疾止復故(宣小2:23). ᄭᅮ지즈믈 입에 긋디 아니ᄒᆞ니:罵不絶口(東新續三綱. 孝6:19). 긔우니 쟝ᄎᆞᆺ 긋게 되거늘:氣將絶(東新續三綱. 孝7:38).
②끊다. ☞끈타 ¶머리 긋고 삼 년을 무덤 디킈여:斷髮守墳三年(東新續三綱. 烈1:21).

긋·다 동 긋다〔畫. 劃〕. ¶그을 획:畫(倭解上37. 註千19). 획 긋다:劃了. 줄 긋다:剕畫(同文解上43).

긋·다 동 끌다. 이끌다. ☞끄으다 ¶ᄀᆞᆯ ᄉᆞᆺᄎᆞ로 ᄆᆡ야 무덤 서리예 긋어다가 두리라(月釋9:35下). 긋어도 나디 아니ᄒᆞ거든:挽不出(救急下78). 一萬 쇠 긋어 가노라 머리ᄅᆞᆯ 도로혀셔:萬牛回首(杜解18:13). 主人이

ᄇᆞᆯ ᄒᆞᆯ 긋어낸대(東續三綱. 烈15). ᄃᆞ래 긋어 微風에 드논놋다:曳月揚微風(重杜解11:24). 玉을 긋우믄 엇데 내 모매 ᄒᆞᆯ 이리리오:拖玉豈吾身(重杜解15:25).

·긋·드리 부 구태여. ¶ᄀᆞ장 져믄 사ᄅᆞᆷ이어든 긋드리 ᄆᆞᆯ 브리디 아니ᄒᆞ야두 므던ᄒᆞ니라:於幼者則不必下馬可也(呂約23). 긋드리 빌이디 마롤디니:不必借(呂約36).

긋·드시 부 끊듯이. ¶사괴ᄂᆞᆫ 졍셩이 쇠ᄅᆞᆯ 긋드시 ᄒᆞ며(宣小5:23).

긋돋·다 동 그치다. 끝이 달리다.〔'긋〈末·端〉'+'돋다〈走〉'의 복합 형태.〕 ¶入聲은 ᄲᆞᆯ리 긋돋ᄂᆞᆫ 소리라(訓註14).

긋버히다 동 끊어 베다. ¶긋버힐 절:截(類合下15). 내 ᄯᅩ 일즙 긋버히디 아녓고:我又不曾剪了稍子(老解下55).

긋브리 부 엎드려. ¶긋브리 쳥ᄒᆞ노니 힝니ᄒᆞ쇼셔(王郞傳3).

긋ᄢᅴ 명 그때. ¶긋ᄢᅴ나 죽어더면 잇ᄢᅥ 고싱 아니 보리(萬言詞).

긋·어 동 끌어. ㉮긋다 ¶ᄀᆞᆯ ᄉᆞᄎᆞ로 ᄆᆡ야 무덦 서리예 긋어다가 두리라(月釋9:35下). 一萬 쇠 긋어 가노라 머리ᄅᆞᆯ 도로혀셔 丘山ᄀᆞ티 므거이 너기리로다:萬牛回首丘山重(杜解18:13). ᄃᆞ래 긋어 微風에 드논놋다:曳月揚微風(重杜解11:24).

긋움 동 끎〔曳〕. ㉮긋다 ☞그ᅀᅳ다. 그으다 ¶옷기슭 긋우믈 어ᄃᆡ 가 王門을 어ᄃᆞ리오:曳裾何處覓王門(重杜解11:7). 玉을 긋우믄 엇데 내 모매 ᄒᆞᆯ 이리리오:拖玉豈吾身(重杜解15:25).

긋재 부 완전히. 모두. 남김없이. ¶쇼렬은 공명의 어딘 줄을 아라 긋재 미더 ᄡᅳ니이다:專(仁祖行狀21). 나믄 ᄇᆡᆨ셩이 긋재 도라오다:仝(仁祖行狀48). 긋재 내미다:和盤托出(譯解補61). 긋재:一併(同文解下48. 漢淸6:45).

긋제 명 그저께. ¶어제도 爛醉ᄒᆞ고 오늘도 ᄯᅩ 술이로다 긋제 ᄭᆡ엿ᄯᅳᆫ지 긋그제는 나 몰래라(古時調. 海謠).

긋처디다 동 끊어지다. ¶네 ᄇᆡ화 긋처디디 아니킈 ᄒᆞ라(女範3. 문녀 위모종시).

긋처지다 동 끊어지다. ¶셩듕의 냥식이 긋처져 셩이 함몰ᄒᆞ야(女範4. 녈녀 화운쳐).

긋치 부 그치게. ¶추러히 모딘 긔운을 긋치 눌러 업시 ᄒᆞ야:薾然沮喪(飜小8:28).

긋치다 동 그치다. ¶소릐ᄅᆞᆯ 긋치고(太平1:15). 곡셕을 긋쳔 디 ᄇᆞᆯ셔 구십 년이라:絶粒今已年九十矣(太平1:43). 울움을 솔의ᄂᆞᆯ 긋치디 아니ᄒᆞ고:哭泣不絶聲(東新續三綱. 孝8:71). 王이 붓그려 이에 긋치니(女四解4:24). 이러ᄐᆞᆺᄒᆞᆫ 일을 다 긋치시니라(明皇1:33). 비컨ᄃᆡ 루포로 주린 거ᄉᆞᆯ 구ᄒᆞ고 짐쥬로 목말은 거ᄉᆞᆯ 긋침 ᄀᆞᆺᄒᆞ야(敬信6).

그ᇫ·다 동 ①긋다. ☞긋다 ¶안자셔 七曜曆ᄋᆞᆯ 알오 소ᄂᆞ로 三軍ㅅ 양ᄌᆞᄅᆞᆯ 그ᇫ어 뵈놋다:坐知七曜曆手畫三軍勢(初杜解22:33). ②이끌다. 끌다. ☞긋다 ¶긋 그ᇫ어 ᄃᆞ려 도라오거늘:强牽將還(法華2:200). 時急히 자바 긋 그ᇫ오ᄆᆞᆫ:急執而强牽(法華2:202). 鄒生은 옷기슭 그ᇫ우믈 앗기니라:鄒生惜曳裾(初杜解20:34). 헌 돗ᄀᆞᆯ 겨ᄅᆞᄅᆞ이 그ᇫ어:破席閑拖(南明上18).

그ᇫ·어 동 ①그어. ㉮그ᇫ다 ¶안자셔 七曜曆ᄋᆞᆯ 알오 소ᄂᆞ로 三軍ㅅ 양ᄌᆞᄅᆞᆯ 그ᇫ어 뵈놋다:坐知七曜曆手畫三軍勢(初杜解22:33). ②이끌어. 끌어. ㉮그ᇫ다 ¶긋 그ᇫ어 ᄃᆞ려 도라오거늘:强牽將還(法華2:200). 술위 그ᇫ어 ᄆᆞᅀᆞᆯ히 가:挽鹿車歸鄕里(宣賜內訓2下76). 구틔여 그ᇫ어 오거늘(三綱. 孝33). 헌 돗ᄀᆞᆯ 겨ᄅᆞᄅᆞ이 그ᇫ어:破席閑拖(南明上18).

그ᇫ·옴 동 이끎. ㉮그ᇫ다 ¶時急히 자바 긋 그ᇫ오ᄆᆞᆫ:急執而强牽(法華2:202).

그ᇫ·움 동 끎〔曳〕. ㉮그ᇫ다 ¶鄒生은 옷기슭 그ᇫ우믈 앗기니라:鄒生惜曳裾(初杜解20:34).

그ᇫ·윰 동 기임. ㉮그ᇫ이다 ☞그ᅀᅵ다 ¶닐오ᄃᆡ 忿怒와 그ᇫ윰과 慳貪과 새옴과:謂忿覆慳嫉(圓覺上一之二30).

그ᇫ이·다 동 이끌리다. ☞그이다. 그ᇫ다 ¶내ᄋᆡ 여희ᄂᆞᆫ 興이 그ᇫ여 나미 더ᄋᆞᄂᆞ다:添余別興牽(初杜解8:46).

그ᇫ이·다 동 기이다. ☞그ᅀᅵ다. 긔ᅀᅵ다 ¶그ᇫ이디 몯ᄒᆞ야:不能隱(宣賜內訓2下37). 자내 아로ᄆᆞᆯ 그ᇫ이도다:諱却已悟也(金三2:4). 닐오ᄃᆡ 忿怒와 그ᇫ윰과 慳貪과 새옴과:謂忿覆慳嫉(圓覺上一之二30).

긍과ᄒᆞ다 동 긍과(矜誇)하다. ¶다ᄃᆞᄅᆞᆫ ᄯᅡ햇 繁華호ᄆᆞᆯ 오ᄂᆞᆳ 나ᄅᆞᆯ 矜誇ᄒᆞ노니:著處繁華矜是日(重杜解11:12).

긍긍 부 긍긍(兢兢). 삼가는 모양. 조마조마해하는 모양. ¶긍긍:삼가단 말(敬信30).

긍긍ᄒᆞ·다 동 긍긍(兢兢)하다. ¶詩예 닐오ᄃᆡ 戰戰ᄒᆞ며 兢兢ᄒᆞ야 기픈 모ᄉᆞᆯ 디ᄂᆞᄃᆞᆺ ᄒᆞ며(宣論2:29). 이로 조차 후ᄂᆞᆫ 날이 맛도록 긍긍ᄒᆞ야 젼과 ᄀᆞᆺ지 아니코(敬信30).

긍식ᄒᆞ다 동 긍식(矜式)하다. 존경하며 모범(模範)으로 삼다. ¶ᄉᆞ림을 긍식ᄒᆞᆯ 거시어ᄂᆞᆯ(經筵).

긍어 동 그어. 그리어. ☞그ᇫ다. 긍어 ¶소ᄂᆞ로 三軍ㅅ 양ᄌᆞᄅᆞᆯ 긍어 뵈놋다:手畫三軍勢(重杜解22:33).

긍어 동 끌어. ¶술위 긍어 가아(三綱. 孝28). 엇데ᄒᆞ야아 健壯ᄒᆞᆫ 사ᄅᆞ믈 어더 天河ᄅᆞᆯ 긍어다가:安得壯士挽天河(重杜解4:19). 옷기슬글 긍어 나리 ᄆᆞᆺᄃᆞ록 글ᄒᆞᆯ 션비 하도다:曳裾終日盛文儒(重杜解14:12).

궁에ᅀᅡ [대] 그곳에야. ¶儺禮日이 廣大도 金線이샤ᄉᆞ이다 궁에ᅀᅡ 山ㅅ굿 봇 겻더신둔 鬼衣도 金線이리라(鄕樂. 儺禮).

긍움 [동] 끎(曳). ☞긍다. 긍움 ¶鄭生은 옷기슭 긍우믈 앗기니라:鄭生惜曳裾(重杜解20:34).

:긍·허ᄒᆞ·다 [동] 긍허(肯許)하다. ¶뉘 罪ㅣ 업숨 ᄀᆞᆯᄒᆡ요ᄆᆞᆯ 肯許ᄒᆞ리오(初杜解6:39).

긍휼ᄒᆞ다 [동] 긍휼(矜恤)하다. ¶비록 문안을 일워실지라도 반ᄃᆞ시 긍휼ᄒᆞ여 도르히며(敬信60).

긍히 [부] 공연히. ¶긍히:徒然 又 쇽졀업시(老朴集. 單字解2).

긑 [명] 끝. ☞귿. ᄭᅳᆺ. ᄶᅳᆺ. ᄭᅳᇀ ¶이 소리ᄂᆞᆫ 우리 나랏 소리예셔 열ᄫᅳ니 혓그티 웃닛머리예 다ᄂᆞ니라(訓註15). 末ᄋᆞᆫ 그티라(釋譜9:2). 뭿그테 올아(釋譜11:29). 다시 댓그테 어윈 거르믈 나ᅀᅩ 드듸여ᅀᅡ:更進竿頭闊步(蒙法21). 모미 分ᄒᆞ야 두 그티 ᄃᆞ외리라:分身作兩段(蒙法55). 澄觀書ㅅ 그테 닐오ᄃᆡ:澄觀書末云(圓覺序75). 그티 버서낫ᄂᆞᆫ 솔옷 든 ᄂᆞᄆᆞᆺ출 묻지노라:穎脫撫錐囊(杜解3:12). ᄀᆞᇝ 그테 사ᄅᆞ미 녀디 아니ᄒᆞᄂᆞ다:江頭人不行(杜解7:6). 아ᄎᆞ미 오매 몰앳 그티 다 ᄃᆞᆷ기니:朝來沒沙尾(初杜解10:6). 네 그티 감동홈을 조차 나타나ᄂᆞ니라:四端隨感而見(宣小題辭1). 그 그틔 스이라:冠其抄(武藝諸21).
※ 긑>끝

긔 [명] 기(旗). ¶旗를 ᄇᆞ리고 갓가ᄫᅵ 몯 가더라(三綱. 忠22). 긧 긔:旗(訓蒙中29). 긔 긔:旗(類合上29. 兒學上12). 죠히 ᄆᆞᆯ아 旗 ᄆᆡᆼᄀᆞ라 내 넉슬 브르ᄂᆞ다(重杜解1:13). 술 ᄑᆞᄂᆞᆫ 집 표ᄒᆞᆫ 긔:靑帘(譯解上68). 긔 긔:旗(倭解上41). ᄆᆞᆯ을 旗 아러 낼 제(武藝圖67). 긔 물:勿(註千24).

·긔 [명] 기(氣). ¶楚國엣 天子氣를 行幸ᄋᆞ로 마ᄀᆞ시니(龍歌39章). 鴨江앳 將軍氣를 아모 爲ᄒᆞ다 ᄒᆞ시니(龍歌39章). 東녀그로셔 오ᄂᆞᆫ 블근 氣ᄂᆞᆫ(初杜解6:8). 모딘 긔를 고티며 답답호ᄆᆞᆯ 업게 호ᄃᆡ(簡辟20). 또 덥듯ᄒᆞᆫ 병과 뫼해 구룸 안개와 모딘 긔를 고티며(瘟疫方23). 氣를 屛ᄒᆞ샤 息디 몯ᄒᆞᄂᆞᆫ 者 ᄀᆞᆮ더시다(宣論2:52).

·긔 [명] 기(騎). ¶옷 ᄀᆞ라 닙고 四百騎로 八千 사ᄅᆞᄆᆞᆯ 티고:騎ᄂᆞᆫ ᄆᆞᆯ 톤 兵馬ㅣ라(三綱. 忠26).

·긔 [명] 기(紀). ¶紀ᄂᆞᆫ 記錄ᄒᆞᆯ 씨오:紀ᄂᆞᆫ 記오(永嘉序17).

:긔 [대] ①그것이. 그가. 〔'그'＋주격조사(主格助辭) '-ㅣ'〕 ¶긔 아니 어리시니:不其爲癡. 긔 아니 올ᄒᆞ시니:不其爲然(龍歌39章). 긔 아니 ᄠᅳ디시리:寧不眷(龍歌116章). 곧 긔 사ᄅᆞ미라 ᄒᆞ야시ᄂᆞᆯ:即其人也(宣賜內訓2上43). 風流好子 긔 뉘신고(萬言詞). ②그것이-. 〔'그'＋서술격조사 어간 '-이-'〕 ¶이 버디 곧 긔니:這箇火伴便是(飜老上1). 守拙田園이야 긔오 내오 다르랴(古時調. 金光煜. 陶淵明 죽은. 靑丘). 어즈버 東陵 瓜地ᄂᆞᆫ 예야 긘가 ᄒᆞ노라(古時調. 울밋 陽地. 靑丘). 그립고 아쉬온 마음에 ᄒᆡᆼ혀 긘가 ᄒᆞ노라(古時調. 雪月이. 靑丘).

-·긔 [조] ①-에게. -께. ¶보모로 ᄒᆞ여곰 왕긔 말을 통ᄒᆞ여(女範1. 셩후 쥬션강후). 하날님긔 천거하고(人日歌).
②-한테. ¶도적긔 더러이고 배 살므론 출히 의예 죽글 거시라 ᄒᆞ고:汚賊以生無寧死義(東三綱. 烈2).
③-에. ¶ᄆᆞᅀᆞ미 안해 잇고 누니 밧긔 이쇼ᄆᆞᆫ(楞解1:47). 城郭ㅅ 밧긔 나:出郭(初杜解7:2). 셔울은 아모 ᄃᆞᆯ 아모 날 떠나셔 釜山긔ᄂᆞᆫ 아모 ᄃᆞᆯ 아모 날 오오셔(重新語5:15).

-·긔 [어미] -게. ¶곧 닛긔 ᄒᆞ니(月印上41). 부텨 ᄀᆞᄐᆞ시긔 ᄒᆞ리이다(釋譜6:4). 正ᄒᆞᆫ ᄃᆡ 가긔 호니 열헷 ᄒᆞ나 둘흔 오히려 모딘 비ᄒᆞ시 이실ᄊᆡ(釋譜11:6). 브를 ᄡᅱ긔 ᄒᆞ야시ᄂᆞᆯ 그 아비 그 ᄯᅳ니ᄆᆞᆯ 구짓고(釋譜11:26). 부텻 양ᄌᆞᄅᆞᆯ ᄀᆞᄐᆞ시긔 그리ᅀᆞᆸ거나(月釋2:66). 衆生도 다 ᄫᅳᆯ고ᄆᆞᆯ 어더 ᄆᆞᅀᆞᆷ조초 이ᄅᆞᆯ ᄒᆞ긔 호리라(月釋9:15). 一切 受苦ᄅᆞᆯ 다 버서나긔 호리라(月釋9:25). 飮食ᄋᆞ로 ᄇᆡ브르긔 ᄒᆞ고ᅀᅡ(月釋9:25). 便安코 즐겁긔 ᄒᆞ야(月釋9:26). 뎌의 목수믈 긋긔 ᄒᆞ거든(月釋9:36中). 부텻 일후므로 들여 ᄣᅵ ᄃᆞᆫ긔 호리이다(月釋9:39). 너 爲ᄒᆞ야…菩提ㅅ 果ᄅᆞᆯ 얻긔 호리라:爲汝護菩提果(楞解2:78). 喝ᄋᆞᆫ 헥홀 씨니 비홇 사ᄅᆞ미 혜아료미 다 ᄢᅥ러디긔 우리틸 씨라(蒙法31). 點眼ᄋᆞᆫ 스스이 弟子ᄋᆡ 누늘 ᄠᅳ긔 ᄒᆞᆯ 시라(金三2:59). 이제 나라히 仁義之道를 펴ᄡᅳ시며 詩書之教를 크긔 너기시ᄂᆞ니:如今國家行仁義重詩書(飜朴上50).

-긔 [접미] -께. -쯤. ¶ᄒᆞᆫ ᄃᆞᆯ 젼긔 ᄒᆞ야 문군이 병드러(女範4. 녈녀 님계왕녀).

긔·갈 [명] 기갈(飢渴). ¶엇디 口腹이 饑渴의 害 이시리오(宣孟13:23). 긔갈에 못 견듸다:飢渴透了(漢淸6:66).

·긔강 [명] 기강(紀綱). ¶나랏 紀綱을 亂ᄒᆞ야 서르 남놋다(初杜解6:38). 干戈ㅣ 甚히 긋디 아니ᄒᆞ니 紀綱을 正히 가져슐디니라(重杜解22:23). ᄇᆡᆨ집시 ᄐᆡ만ᄒᆞ고 긔강이 프러디믄(仁祖行狀28).

·긔거 [명] 기거(起居). ☞긔거ᄒᆞ다 ¶太子ㅣ 내 罪라 ᄒᆞ샤 起居ᄅᆞᆯ 즐기디 아니ᄒᆞ샤(宣賜內訓2上55).

·긔거·ᄒᆞ·다 [동] 기거(起居)하다. ¶節:飮食이며 起居ᄒᆞ시ᄂᆞᆫ 빼라(宣小4:11). 出入 起居ᄒᆞᄂᆞᆫ 節문이다(家禮1:3).

:긔·걸 [명] 명령. ☞긔걸ᄒᆞ다 ¶아바닚 긔걸로 宗親ᄃᆞᆯ토 沙門이 ᄃᆞ외니(月印上47). 부텻 기티논 긔걸이니(釋譜23:13). 긔걸이 방門에 나디 아니ᄒᆞ며:教令不出閫門(宣小2:53). 路次 各官의 接待의 긔걸을 ᄒᆞ려 위홈이니(重新語5:5).

:긔·걸·ᄒᆞ·다 [동] 명령하다. 제어(制御)하다. ¶사ᄅᆞᄆᆞᆯ 긔걸ᄒᆞ야 두고(釋譜6:23). 위ᄒᆞ야 긔걸ᄒᆞ야 그 ᄡᅳᄆᆞᆯ 검거ᄒᆞ며:爲之區處稽其出內(呂約35). 긔걸ᄒᆞᆯ 령:令(訓蒙上35). 긔걸ᄒᆞ시미 잇거시든:有命之(宣小2:6). 일즉 네 나라을 ᄌᆞ로 긔걸ᄒᆞ더니(山城60). 형아 날ᄃᆞ려 긔걸ᄒᆞ야라:大哥你與我擺布着(飜老下66). 내 날호여 ᄀᆞ곰 긔걸ᄒᆞ마:我慢慢的旋指分(朴解下13). 싱각 됴흘 양으로 긔걸ᄒᆞ시소(新語7:19). 긔걸ᄒᆞ다:擺佈(譯解下46). 죵ᄃᆞᆯᄒᆞᆯ 긔걸ᄒᆞ시니:勅制僮御(重內訓2:38). ᄀᆞ마니 긔걸ᄒᆞ야 각각 술 븟는 그ᄅᆞᄉᆞᆯ 갓다 ᄃᆡ왕과 죵쟈ᄅᆞᆯ 다 텨 죽이고(女範4. 녈녀 ᄃᆡ됴부인).

긔계 [명] 기계(器械). 병장기. ¶긔계 계:械(倭解上41). ᄆᆞᆯ 톤 군ᄉᆡ ᄆᆞᆯ게 오ᄅᆞ며 거ᄅᆞᆫ 군ᄉᆡ 긔계ᄅᆞᆯ 자브라:馬兵上馬步兵執器械(練兵5). 거ᄅᆞᆫ 군ᄉᆞᄂᆞᆫ 긔계ᄅᆞᆯ 자바 수레예 븟ᄐᆞ고:步兵執器械附車(練兵20). 긔계와 ᄆᆞᆯ을(閑中錄258).

긔계 [명] 기계(奇計). ¶쇼졔 왈 네 비록 영니ᄒᆞ나 장ᄎᆞᆺ 무슨 긔계 잇ᄂᆞ뇨(落泉1:2).

·긔·곡 [명] 기곡(綺穀). 무늬 있는 얇은 비단. ¶后ㅅ 오시 얼믜오 굴구믈 ᄇᆞ라고 도ᄅᆞ혀 綺穀이라 너기다가:綺ᄂᆞᆫ 기비오 穀ᄋᆞᆫ 뇌라(宣賜內訓2上44). 後宮이 綺穀ᄋᆞᆯ 볼오며 珠玉을 놀여 ᄡᅳ데 足히 너길 시절이 업순디라(宣賜內訓2下73).

긔골 [명] 기골(氣骨). ¶블근 하ᄂᆞᆯ해 眞實ㅅ 氣骨이 잇ᄂᆞ니:赤霄有眞骨(重杜解16:35). 아희 ᄀᆞᆺ나며 긔부ㅣ 빅셜 ᄀᆞᆺ고 명뫼 낭셩 ᄀᆞᆺᄒᆞ야 긔골이 비상ᄒᆞ니(落泉1:1).

긔괴ᄒᆞ다 [형] 기괴(奇怪)하다. ¶幽深靈異ᄒᆞ야 이 可히 奇恠ᄒᆞᆯ시:幽靈斯可恠(重杜解13:10). 그 당신은 나흔 近七十이오되 老狀은 뵈지 아니ᄒᆞ니 이런 긔괴ᄒᆞᆫ 일은 업ᄉᆞ외(隣語1:19).

긔교ᄒᆞ다 [형] 기교(機巧)하다. ¶인히ᄅᆞᆯ 東都애 나그내 ᄃᆞ외야 디나ᄃᆞᆫ니논 바애 機巧ᄒᆞᆫ 사ᄅᆞᄆᆞᆯ 아쳐라 ᄒᆞ노라:二年客東都所歷厭機巧(重杜解19:46).

긔:구 [명] 기구(器具). ¶고기ᄅᆞᆯ 칙칙ᄒᆞᆫ 器具ㅅ 안해 자자 이셔(救急下61). 시혹 衣服과 器具와로 서르 崇尙ᄒᆞ거든(宣賜內訓2下57). 긔구를 ᄀᆞ초와 술 음식을 쟝만ᄒᆞ야:供具設酒食(宣小6:81). 져주움ᄢᅴ 玉珂ᄒᆞ고 ᄃᆞᆫ니던 사ᄅᆞ미 뉘 이 靑雲 서리옛 器具오:嚮者玉珂人誰是靑雲器(重杜解16:18). 엄동이어든 치위 덥게 ᄒᆞᆯ 긔구ᄅᆞᆯ 주시더라(仁祖行狀27). 졔ᄉᆞᄒᆞᄂᆞᆫ 긔구ᄅᆞᆯ 아사다가 새 사ᄅᆞᆷ을 주려 ᄒᆞ거ᄂᆞᆯ(太平1:16). 긔구ᄅᆞᆯ 陳ᄒᆞ라(家禮8:5).

긔구무 [명] 후두(喉頭). ¶긔구무 후:喉(類合上20).

긔구ᄒᆞ다 [형] 기구(崎嶇)하다. ¶누네 뵈ᄂᆞᆫ 한 나 져믄 사ᄅᆞᆷ은 ᄠᅳ들 ᄡᅮ미 다 崎嶇ᄒᆞ도다:眼中萬少年用意盡崎嶇(重杜解22:45). 긔구ᄒᆞ여 평치 아니ᄒᆞ다:崎嶇不平(漢淸1:35). 싱왈 쇼싱이 명되 긔구ᄒᆞ여 환난을 맛나(落泉1:2).

·긔·국 [명] 기국(器局). ¶器局이 인ᄂᆞᆫ 이ᄅᆞᆯ ᄀᆞᆯᄒᆡ여:擇…有器局者(宣小6:9).

긔·군·ᄒᆞ·다 [동] 기병(起兵)하다. ¶成子ㅣ 社애 脤(긔군ᄒᆞᄂᆞᆫ 제예 고기 담ᄂᆞᆫ 그ᄅᆞ시라)을 받오ᄃᆡ:成子受脤于社(宣小4:50).

·긔·궐·ᄒᆞ·다 [동] 기궐(氣厥)하다. 기혈(氣血)이 없어지고 사기(邪氣)가 위로 떠올라서 몹시 아프게 되다. ¶三寶散 ᄇᆞᄅᆞᆷ마자 아즐ᄒᆞ며 氣厥ᄒᆞ야 ᄎᆞ림 몯고(救急上2).

긔:근 [명] 기근(飢饉). ¶飢饉은 주으릴 씨오(月釋10:88). 刀兵과 飢饉과 즈믄 가짓 苦ㅣ 다 이 사ᄅᆞᄆᆡ ᄆᆞᅀᆞᄆᆡ 지ᅀᅥ 나오리라(南明下30). 饑饉으로ᄡᅥ 因ᄒᆞ얏거든 由ㅣ ᄒᆞ면 三年에 미츰애 다ᄃᆞ라(宣論3:14). 칠팔년 ᄉᆞ이예 병화와 긔근이 업순 히 업순디라(仁祖行狀30). ᄆᆞᄎᆞᆷ내 내 빅셩으로 ᄒᆞ여금 이러ᄒᆞᆫ 긔근에 걸니이게 ᄒᆞ니(綸音84).

긔근ᄒᆞ다 [동] 기근(飢饉)하다. 굶주리다. ¶임오츈의 긔근ᄒᆞ기 심ᄒᆞ더니(仁祖行狀15).

긔기 [명] 기어가기. ¶긔기ᄅᆞᆯ 아ᄂᆞ냐:會爬麽(朴解中48). 긔기ᄒᆞ다:會爬(譯解上40).

긔년 [명] 기년(期年). ¶爲ᄒᆞ야 期年ㅅ 居喪 닙고ᅀᅡ(三綱. 烈21). 부상의 털쥭 긔년ᄒᆞ고:父喪啜粥期年(東新續三綱. 孝3:72). 인셩 인슌 상애 다 소ᄒᆞ기ᄂᆞᆯ 긔년늘 ᄒᆞ니라:仁聖仁順喪皆行素期年(東新續三綱. 孝7:19). 百日과 朞年과 再朞와(家禮5:22). 댱긔ᄅᆞᆯ:상당 닙ᄂᆞᆫ 긔년이라(仁祖行狀8).

긔ᄂᆞᆫ즁싱 [명] 길짐승. ¶獸ᄂᆞᆫ 긔ᄂᆞᆫ즁싱이라(月釋21:113). 禽은 ᄂᆞᄂᆞᆫ즁싱이오 獸ᄂᆞᆫ 긔ᄂᆞᆫ즁싱이라(法華2:116).

·긔·다 [동] 기다. ¶긔ᄂᆞᆫ 거시며 ᄂᆞᄂᆞᆫ 거시며(月釋1:11). 摩睺羅伽ᄂᆞᆫ 큰 빗바다ᄋᆞ로 긔여ᄒᆞᄂᆞ니ᄂᆞ다 ᄒᆞᆫ ᄠᅳ디니 큰 ᄇᆡ얌 神靈이라(月釋1:15). 獸ᄂᆞᆫ 긔ᄂᆞᆫ즁싱이라(月釋21:113). 이제 仁과 智와 둘흘 바라디 아니ᄒᆞᆯᄉᆡ 그런 ᄃᆞ로 어즐ᄒᆞᆫ 길헤 댱샹애 긔놋

다:如今仁智兩不習故於迷途長匍匐(金三3:50). 벌에 길 긔:蚑(類合上16). 도적이 므ᄅᆞ거ᄂᆞᆯ 긔여 가 어미ᄅᆞᆯ ᄎᆞ자(東新續三綱. 烈5:73). 길 긔:蚑(倭解下27). 긔다:跁走(同文解上26). 긔다:跁(漢淸7:33). ᄂᆞᆯ다 길다 네 어드로 갈다(古時調. ᄇᆞ른갑이라. 靑丘). 집이라여 이러하여 긔여들고 긔여나며(萬言詞).

긔뎡ᄒᆞ다 동 기정(起程)하다. 길을 떠나다. ¶스므닷쇗날 다ᄃᆞ르면 起程ᄒᆞ리니(老解下65). 〔飜老下72에는 '스므닷쇗나리어든 츌힝ᄒᆞ져'로 기록되어 있음.〕

긔·도 명 기도(祈禱). ¶太后ㅣ 그 ᄢᅴ예 오래 病ᄒᆞ샤 무당과 醫員을 信티 아니ᄒᆞ샤 祈禱 말라 ᄌᆞ조 勅ᄒᆞ더시니 六月에 니르러 주그시니(宣賜內訓2上58). 긔도로ᄡᅥ 말무로 혜시나(仁祖行狀33).

긔도ᄒᆞ다 동 기도하다. ¶몸소 긔도ᄒᆞ시고(閑中錄64). ᄆᆡ양 져녁이면 분향ᄒᆞ고 부모ᄅᆞᆯ 위ᄒᆞ야 긔도ᄒᆞ니(敬信14).

긔동ᄒᆞ다 동 기동하다. ¶셔울 대개 언제 긔동ᄒᆞ실러뇨:京都駕幾時起(朴解上48).

긔·듕 명 기중(氣中). 중기(中氣). 기색(氣塞). ¶氣中ᄒᆞᆫ 證은 해 豪貴ᄒᆞᆫ 사ᄅᆞ미 이ᄅᆞᆯ 因ᄒᆞ야 격발ᄒᆞ며 것기여 忿怒ᄒᆞ야 氣分이 盛호ᄃᆡ 펴ᄃᆞᆯ 몯ᄒᆞ야 氣分이 거스러 우흐로 올오매 나 믄득 업더디여 어즐ᄒᆞ야 人事ᄅᆞᆯ ᄎᆞ리디 몯ᄒᆞ고 니 세워드며 손바리 뷔트라 그 양이 中風과 다ᄅᆞ디 아니ᄒᆞ니 오직 입 안해 춤소릐 업스니 이 證이 곧 이 氣中이니(救急上12).

·긔·듕ᄒᆞ·다 동 기중(氣中)하다. 중기(中氣)하다. 기색(氣塞)하다. ¶氣中ᄒᆞᆫ 證은 해 豪貴ᄒᆞᆫ 사ᄅᆞ미 이ᄅᆞᆯ 因ᄒᆞ야 격발ᄒᆞ며:氣中證候者多生於驕貴之人因事(救急上12). 긔듕ᄒᆞᆫ 증은:氣中證候者(救簡1:38).

긔디 명 기지(機智). ¶馬祖와 石頭왜 나 機智ㅣ 두려이 ᄇᆞᆯ가(六祖序5).

긔디 명 기록. ¶긔디 긔:記(類合下17).

긔디·ᄒᆞ·다 동 기지(記知)하다. 기록하다. ¶기피 記知홀디어다:宜深誌之(宣賜內訓1:32). 그듸ᄂᆞᆫ 이에 記知ᄒᆞ얀다 몯 ᄒᆞ얀다(金三4:54). 오ᄂᆞᆯ나래 ᄒᆞᆫ 이를 긔디ᄒᆞ고 ᄂᆡ일나래 ᄒᆞᆫ 이를 긔디ᄒᆞ면:今日記一事明日記一事(飜小8:36). 아ᄒᆡ 비홈은 긔디ᄒᆞ며 외올 만ᄒᆞᆯ 줄이 아니라:童穉之學不止記誦(宣小5:4). 맛당히 깁히 긔디홀ᄶᅵ니라:宜深誌之(重內訓1:26).

긔딜 명 기질(氣質). ¶부ᄉᆞᆯ은 다만 긔딜이 슌박ᄒᆞᆯ 분 아니라(經筵).

긔ᄃᆡᄒᆞ다 동 기대(期待)하다. ¶나의 원ᄌᆞ의게 긔ᄃᆡᄒᆞ고 ᄇᆞ람은 다만 ᄉᆞ방의 뜻ᄒᆞᆯ ᄯᅳ름의 잇지 아닌즉(綸音145).

·긔·량 명 기량(器量). ¶法을 가져 사ᄅᆞ미게 나ᅀᅡ가샤 그 器量을 조ᄎᆞ시니라(永嘉上93). 이 사ᄅᆞᆷ돌히 비록 글 ᄒᆞᄂᆞᆫ 징죄 이셔도 긔량이 ᄲᆞᄅᆞ고 엳타오니:勃等雖有文才而浮躁淺露(飜小10:11).

긔량 명 기량(氣量). ¶소ᄇᆡᆺ 사ᄅᆞ미 氣量이 크니(金三2:25). ᄆᆞᆯᄀᆞᆫ 氣量은 놉고 머루믈 우렛고 ᄆᆞᆯᄀᆞᆫ ᄆᆞᅀᆞ몬 ᄀᆞᆮᄒᆞᆫ 사ᄅᆞ미게 비취엿도다:雅量涵高遠淸襟照等夷(重杜解20:53).

긔럭이 명 기러기. ¶南山에 져 긔럭이 이 노래 가져다가(皆岩歌).

·긔·려·기 명 기러기. ☞그려기 ¶긔려기 홍:鴻. 긔려기 안:雁(訓蒙上15). 긔려기 안:雁. 긔려기 홍:鴻(類合上11).

·긔·력 명 기력(氣力). ☞기력 ¶버거 氣力을 ᄉᆞᆯ표리니(永嘉上18). ᄒᆞ다가 氣力올 힘ᄡᅥ ᄒᆞ면:若用氣力(蒙法35). 긔력이 곤ᄒᆞ야:氣力困憊(太平1:50). 당상ᄒᆞᆨ발 우리 ᄌᆞ부 긔력이 엇더신고(思鄕曲).

긔록 명 기록(記錄). ¶긔록 록:錄(類合下24). 긔록 젼:牋(註千37).

긔록하다 동 기록(記錄)하다. ☞긔록ᄒᆞ다 ¶긔록할 긔:記(兒學下6).

긔·록·ᄒᆞ·다 동 기록(記錄)하다. ¶믈읫 펴 記錄ᄒᆞ샤미(永嘉序16). 法相을 너비 니르시니 하ᄂᆞᆯ 덜오 數ᄅᆞᆯ 記錄호니(圓覺上一之一33). ᄯᅩ 功勞ᄅᆞᆯ 記錄디 아니ᄒᆞ샤미 아니너므니잇가(宣賜內訓2上48). 오히려 可히 記錄홀디니라:尙可記(初杜解6:23). 胷中에 記錄ᄒᆞ야 두미 업스니(金三5:24). 그 말ᄉᆞᄆᆞᆯ 記錄ᄒᆞ야ᄂᆞᆯ(六祖序5). 어딘 힝뎍을 긔록ᄒᆞ야(飜小6:2). 어딘 ᄒᆡᆼ실을 긔록ᄒᆞ야:紀善行(宣小5:1). 됴뎡이 운혁을 뎍개공신을 조초 긔록ᄒᆞ시고:朝廷追錄云革敵愾功臣(東續三綱. 忠1 云革討賊). 효힝을 긔록ᄒᆞᆫ 글에:紀孝行章(警民33). 그릇 긔록ᄒᆞ다:錯記了(譯解下52). 可히 記錄홀디니라:可記(重杜解6:23). 虎豹의 슬허 우로ᄆᆞᆯ ᄯᅩ 記錄ᄒᆞ얌즉도다:虎豹哀號又堪記(重杜解10:40). 그더러 긔록호ᄃᆡ ᄀᆞᆯ오ᄃᆡ(仁祖行狀31). 몰옴즉이 길홀 긔록ᄒᆞ야:須記途程(女四解2:22). 긔록ᄒᆞ다:記(漢淸4:14). 긔록ᄒᆞ여 슈용ᄒᆞ다:錄用(漢淸2:46). 사ᄅᆞᆷ의 죄악을 긔록ᄒᆞ야 나를 앗고(敬信1). 긔록ᄒᆞᆯ 지:志(註千17). 긔록ᄒᆞᆯ 명:銘(註千23). 대개 이 날을 만나 깃붐을 긔록ᄒᆞ야 ᄒᆞᆫ가지로 즐기ᄂᆞᆫ 뜻의 나고(綸音151). 큰 덕과 일월의 ᄇᆞᆯ근 거슬 그림으로 그리매 족히 방불치 못ᄒᆞᆯ 거시로ᄃᆡ 잠간 대략을 긔록ᄒᆞ노라(山城147). ᄑᆞᆯ 우희 싱년을 긔록ᄒᆞ고 슉부ᄅᆞᆯ ᄃᆡᄒᆞ여 도라와(落泉1:2).

긔·록:히·다 동 기록(記錄)시키다. 기록하게 하다. ¶家法과 어딘 힝뎌글 記錄히야 샹네 외오여 드르시고(宣賜內訓2下43).

긔:롱 명 기롱(欺弄. 譏弄). ¶져근 機ᄅᆞᆯ 긔롱 아니ᄒᆞ며:不欺小機(法華1:206). 우ᄒᆞ론 陛下로 아ᄅᆞᆷ뎌 어엿비 너기시논 긔롱 잇고:上令陛下有幸私之譏(宣賜內訓2下11). 밧사ᄅᆞ미 公孫이 뵈니블 둡던 譏弄이 ᄌᆞ모 잇ᄂᆞ니(宣賜內訓3:63). 이 글 지ᅀᅳᆫ 사ᄅᆞᄆᆡ 譏弄ᄋᆞᆯ ᄎᆞ려 보미 맛당ᄒᆞ니라(飜小6:22). 긔롱 긔:譏(石千30). 만ᄃᆡ예 긔롱을 드ᄅᆞᆯ가 ᄒᆞ여(癸丑87). 긔롱:頑兒(譯解補47). 긔롱 됴:調(註千2).

긔:롱ᄒᆞ·다 동 기롱(欺弄. 譏弄)하다. ¶舍利弗 欺弄ᄒᆞ야 蓮花地獄애 드러가니(月印上47). ᄆᆞ더니 너겨 欺弄ᄒᆞᆫ 報ㅣ라(楞解5:47). 聖言을 긔롱ᄒᆞ야:侮聖言(永嘉上26). 다 譏弄홀 議論ᄋᆞᆯ 즐겨 輕薄ᄒᆞ야(宣賜內訓1:37). 엿이 버믜 威ᄅᆞᆯ 假借호ᄆᆞᆫ ᄒᆞᆫ갓 제 欺弄호미니(南明下37). 神通 업스닐 보고 輕慢ᄋᆞᆯ 내야 賢을 欺弄ᄒᆞ며 聖을 欺弄ᄒᆞᄂᆞ니 實로 슬프다(牧牛訣11). 내의 늘거 힘 업수믈 긔롱ᄒᆞ야:欺我老無力(初杜解6:42). 寃과 親과 말ᄉᆞᆷ 다와ᄃᆞᆷ과 긔롱ᄒᆞ며 ᄃᆞ톨 제(六祖中8). 사ᄅᆞᆷ이 긔롱호ᄃᆡ ᄂᆞ미 날 아로믈 구티 아니ᄒᆞᆫ다 ᄒᆞ거ᄂᆞᆯ:人或譏其不求知者(飜小9:54). 다 긔롱ᄒᆞ며 의론ᄒᆞ기ᄅᆞᆯ 즐겨:並喜譏議(宣小5:12). 그 알옴을 求티 아니ᄒᆞᄂᆞᆫ 줄을 긔롱ᄒᆞ거ᄂᆞᆯ:譏其不求知者(宣小6:50). 져믄 사ᄅᆞᄆᆞᆫ 늘근 한아비ᄅᆞᆯ 欺弄ᄒᆞᄂᆞ니라(重杜解19:45). 不義ᄅᆞᆯ 긔롱ᄒᆞ고(女四解4:50). 남의 문ᄌᆞᄅᆞᆯ 긔롱ᄒᆞ야 웃지 말며(敬信65).

:긔·리·라 대 그것이라. ¶더러ᄫᅳ며 조ᄒᆞᆫ 情을 니ᄌᆞ면 勝妙ᄒᆞᆫ 境이 거름마다 다 긔리라(月釋17:35).

긔린 명 기린(麒麟). ¶麒麟ᄋᆞᆫ 이 理오(南明下61). 오ᄉᆡᆨ 므든 실로 麒麟 슈질ᄒᆞ고(飜朴上26). 긔릾 긔:麒. 긔린 린:麟(訓蒙上18). 긔린 긔:麒. 긔린 린:麟(類合上13). 麒麟이 走獸에와 鳳凰이 飛鳥애와(宣孟3:23). 긔린 린:麟(詩解 物名2). 苑邊ㅅ 노ᄑᆞᆫ 무더멘 麒麟이 누엇도다(重杜解11:19). 긔린 린:麟(兒學上7).

긔막히다 동 기막히다. ¶긔막히게 분ᄒᆞ다:氣極了(漢淸7:1).

긔망ᄒᆞ다 동 기망(欺罔)하다. ¶네 나라쳐로 긔망ᄒᆞ고 교사ᄒᆞ고(山城67).

긔망ᄒᆞ다 동 기망(期望)하다. ¶ᄆᆞᄎᆞ매 漢武帝ㅅ 巡守ᄅᆞᆯ 期望ᄒᆞᄂᆞᆺ다(重杜解13:35).

·긔·명 명 기명(器皿). 그릇. ¶器皿과 衣服이 備티 몯ᄒᆞ야(宣孟6:8). 금은 긔명을 다 ᄑᆞᄂᆞ외며:金銀器皿都盡賣了(飜老下55). 긔명(明皇1). 이번은 膳數 器皿ᄭᆞ지 조촐히 ᄒᆞ고(重新語2:16). 상과 쟝과 긔명이 다 바아지고(敬信45).

긔묘히 부 기묘(奇妙)히. ¶스스로 긔묘히 너기더니:自謂奇妙(太平1:43). 능셔 장식 병든 잉무ᄅᆞᆯ ᄑᆞ니 비록 병드나 언어ᄅᆞᆯ 긔묘히 ᄒᆞ거ᄂᆞᆯ(落泉1:2).

긔:묘ᄒᆞ·다 형 기묘(奇妙)하다. ¶갓갓 奇妙ᄒᆞᆫ 雜色鳥ㅣ:奇妙ᄂᆞᆫ 奇特고 微妙홀 씨오(月釋7:66). 容顏이 甚히 奇妙ᄒᆞ시며(法華6:150).

긔물 명 기물(器物). ☞긔믈 ¶가즁 긔물을 수습ᄒᆞ야(引鳳簫1).

·긔·믈 명 기물(器物). ¶긔믈 시시라도:滌器(續三綱. 孝32). 器物을 그 석고 히여딘 거슬 가지며:器物取其朽敗者(宣小6:20). 온갓 긔믈을:什物(宣小6:88). 器物ㅅ 안해 ᄒᆞᆫ 번 디나면 크게 그리현 허므리 기리 걸엣ᄂᆞ니라:一經器物內永掛龜刺痕(重杜解16:70). 실상과 다ᄅᆞ고 호조 긔믈을 삼각산의 두엇다가 도적에게 다 아이고(山城35). 남의 긔믈을 손샹ᄒᆞ야 남의 ᄡᅳᆯ 거ᄉᆞᆯ 궁진케 ᄒᆞ며(敬信4).

긔미 명 기미(機微. 幾微). ¶긔미 긔:幾(類合下58). 긔미 긔:幾(註千29). 긔미 긔:機(註千31).

긔민 명 기민(飢民). ¶살쎈 밧 삼쳔 묘ᄅᆞᆯ 더러 긔민을 구제ᄒᆞ여 살우미 수업ᄉᆞᆫ지라(敬信48).

·긔·ᄆᆡᆨ 명 기맥(氣脈). ¶뿍 기미 ᄇᆡ예 드러가니 긔ᄆᆡᆨ이 통ᄒᆡᆼᄒᆞ야 즉재 됴커니와:艾氣肚裏入去氣脈通行便好了(飜朴上39).

긔박ᄒᆞ다 형 기박(奇薄)하다. ¶어와 奇薄ᄒᆞ다 나의 命도 奇薄ᄒᆞ다(萬言詞).

긔:변 명 기변(機變). ¶機變ㅅ 巧를 ᄒᆞᄂᆞᆫ 者ᄂᆞᆫ 恥를 ᄡᅳᆯ ᄲᅢ 업스니라(宣孟13:4).

긔별 명 기별(寄別). 소식. ¶셔욼 긔벼를 알씨:詷此京耗(龍歌35章). 青衣 긔별을 ᄉᆞᆯᄫᅡᄂᆞᆯ 아바님 깃그시니(月印上9). 青衣ᄅᆞᆯ 브려 긔별 아라 오라 ᄒᆞ시니(釋譜6:2). 긔별:信息·聲息(訓蒙上28 息字註). 변방의셔 알외ᄂᆞᆫ 긔별:邊報(飜小8:21). 뎡시 싀골셔 긔별 듣고 우루믈 그치디 아니ᄒᆞ니:鄭氏在咸昌村舍聞之號哭不絕(東續三綱. 烈19). 이ᄂᆞᆫ 사오나온 긔별이라:此惡消息(重內訓3:24). 天地間 壯ᄒᆞᆫ 긔별 ᄌᆞ셔히도 홀셔이고(松江. 關東別曲). 긔별 듯보다:探信(漢淸6:42). 뵈면 즉시 釜山으로셔 우리게 긔별이 올 꺼시니(重新語1:11). 淮陽 녜 ᄉᆞ실 긔별만 드럿더니(曺友仁. 出塞曲). 경셩 긔별이 각쳐의 젼파ᄒᆞᄃᆡ(落泉1:1).

긔별ᄒᆞ다 동 기별(寄別)하다. ¶노신이 ᄯᅩᄒᆞᆫ 셔등의 긔별ᄒᆞ리라(落泉1:2). 화경 위지현이 긔별ᄒᆞᄃᆡ(落泉2:6).

긔병 명 기병(騎兵). ¶긔병 뎡원남:騎兵鄭

元男(東新續三綱. 孝8:34).
긔부 명 기부(肌膚). 살갗. ¶아희 ᄌᆞᆺ나며 긔부ㅣ 빅셜 ᄌᆞᆺ고 명뫼 낭셩 ᄌᆞᆺᄒᆞ야 긔골이 비상ᄒᆞ니(落泉1:1).
·긔분 명 기분(氣分). 기운(氣運). ¶氛은 妖恠엣 氣分이라(楞解2:29). 祥瑞 아닌 氣分이 現호매(楞解2:86). 빗 氣分이 四方ᄋᆞ로 날씨 닐오ᄃᆡ 孛이니 孛孛ᄒᆞᆯ 씨라:孛孛ᄋᆞᆫ ᄀᆞ리쪄 어즈러이 ᄇᆞᆰ디 몯ᄒᆞᆫ 양지라(楞解2:87). 陰陽ㅅ 氣分이 시혹 ᄒᆡ롤 뒤도라 슈미 지여솜 ᄀᆞᆮᄒᆞ며:陰陽之氣或背日如負(楞解2:87). 導引ᄒᆞᄂᆞᆫ 사ᄅᆞ미 녯 氣分으란 吐ᄒᆞ고 生氣롤 드리ᄂᆞ니라(法華4:19). 더푸미 모ᄀᆞ로 올아 氣分이 마가 通티 몯ᄒᆞ닐 고티ᄂᆞ니(救急上4).
긔ㅅ대 명 깃대. 기간(旗竿). ¶旗竿:門樓에 긔ㅅ대(譯解補10).
긔ㅅ대박이 명 깃대 받침대. ☞긧대박이 ¶절 앏 긔ㅅ대박이:旗杆(漢淸9:1). 긔ㅅ대박이의 ᄀᆞᄅᆞ지른 나모:舞梁杆(漢淸9:2).
긔ㅅ발 명 깃발. 기폭(旗幅). ☞긧발 ¶긔ㅅ발:旗幅(同文解上49). 긔ㅅ발 부치이다:旗飄動(漢淸7:45).
긔사ᄒᆞ다 동 기사(欺詐)하다. 사기(詐欺)하다. ¶欺詐ᄒᆞ며 背公徇私ᄒᆞ며(家禮2:29). 얼골노 텬디롤 공경ᄒᆞ나 ᄆᆞᄋᆞᆷ의 긔사ᄒᆞ믈 밍동ᄒᆞ며(敬信16).
긔색 명 기색(氣色). ¶죵의 남복을 어더 감초고 긔색을 살피니(落泉1:1).
긔:사 명 기사(欺詐). 사기(詐欺). ¶綺語 아니ᄒᆞ며 貪嫉 欺詐 諂曲 嗔恚 邪見을 머리 여흴 씨라(楞解5:62).
·긔·상 명 기상(氣象). ¶挺世 氣象이 엇더ᄒᆞ시니(龍歌65章). 빗난 부드로 녜 일즉 氣象을 干犯호니:綵筆昔曾干氣象(初杜解6:11). 제 氣象을 보와셔 고팉 거시라(飜小8:14). 氣象이 됴ᄒᆞᆫ ᄢᅴ옌:氣象好時(宣小5:94). 글 지우매 氣象ᄋᆞᆯ ᄂᆞᆫ화 주니:賦詩分氣象(重杜解15:25).
긔샹 명 기상(氣像). ¶文人 氣像 어ᄃᆡ 두고 ᄋᆞ유 지티 져러ᄒᆞᆯ고(빅화당가). 氣像이 엇더턴고(沙村集7 張經世).
긔셰 명 기세(氣勢). ¶오랑캐롤 침노ᄒᆞ야 긔셰 점점 듕ᄒᆞ고(山城1). 됴애 츄목ᄒᆞ되 긔셰롤 두려 감히 말ᄒᆞ리 업거ᄂᆞᆯ(落泉1:1). 揖讓 周旋ᄒᆞ여 氣勢롤 다토ᄂᆞᆫ ᄃᆞᆺ(曺友仁. 梅湖別曲).
긔:셰 명 기세(饑歲). ¶凶年과 饑歲예 君의 民이 老弱은 溝壑에 轉ᄒᆞ고(宣孟2:35).
긔쇼 명 기소(譏笑). ¶ᄒᆞᆫ갓 譏笑롤 取ᄒᆞ리니 그 뒤 즐겨 미ᄃᆞ리오(家禮8:20).
긔쇼ᄒᆞ다 동 기소(譏笑)하다. ¶음란ᄒᆞᆫ 가ᄉᆞ와 시에 의탁ᄒᆞ야 남을 긔쇼ᄒᆞ고 ᄭᅮ지즈며 (敬信64).
긔수ᄒᆞ다 동 수기(授記)하다. 팔자(八字) 보다. ¶공 션싱이 날을 위ᄒᆞ야 긔수(팔ᄌᆞ 보단 말)ᄒᆞ매 다 합ᄒᆞᄂᆞᆫ지라(敬信27).
긔슈 명 기수(綺繡). ¶부들 두르이즈니 綺繡ㅣ 펴ᄂᆞᆫ ᄃᆞᆺ고 지은 글워ᄅᆞᆫ 鬼神ㅣ 잇ᄂᆞᆫ ᄃᆞᆺᄒᆞ더라:揮翰綺繡揚篇什若有神(重杜解24:25).
긔습 명 기습(氣習). ¶聖賢ㅅ 學을 講論ᄒᆞ야 ᄆᆞᄉᆞᄆᆞᆯ 開明케 ᄒᆞ야ᅀᅡ 自然히 이 氣習이 업스리라(宣賜內訓2下58). 호걸의 긔습이 잇ᄂᆞᆫ디라(洛城1).
긔시 부 기시(旣時). 이미. ¶긔시 죽을 일이로ᄃᆡ(癸丑90).
긔·식 명 기식(氣息). 호흡(呼吸). 숨. ¶ᄠᅳ들 正히 ᄒᆞ야 氣息과 形과 色과 虛空과 地와(圓覺下二之一17). 그러나 곳굼근 氣息 잇고 눈섭터리ᄂᆞᆫ 氣息 업스니(南明上74).
긔식ᄒᆞ다 동 기식(寄食)하다. ¶져머셔 지아비게 내틴 배 되여 아의 집의 긔식ᄒᆞ더니:少爲夫所黜寄食弟家(東新續三綱. 烈1:83).
긔ᄉᆞ 명 기사(饑死. 飢死). ¶긔ᄉᆞ 긔:饑(類合下23).
긔·ᄉᆡᆨ 명 기색(飢色). ¶廐에 肥馬ㅣ 잇고 民이 飢色이 이시며(宣孟1:11).
·긔·ᄉᆡᆨ 명 기색(氣色). ¶말솜과 긔ᄉᆡᆨ이 경셩되여:辭氣愿款(飜小9:20). 이 날 윤오공이 장촛 적진의 나갈ᄉᆡ 긔ᄉᆡᆨ이 죵ᄂᆡ 여샹ᄒᆞ더라(山城122). 긔ᄉᆡᆨ 펴이다:氣色開展. 긔ᄉᆡᆨ 변ᄒᆞ다:氣色變了(漢淸6:8).
긔쏭 부 그까짓. ☞긧동 ¶ᄀᆞ을비 긔쏭 언마 오리(古時調. 靑丘). 가을히 긔쏭 몃촛 가리 나귀 등에 鞍粧 ᄎᆞ루지 마라(古時調. 靑丘). 긔쏭 天下야 어드나 못 어드나(古時調. 부헙고. 靑丘). 긔쏭 天下ᄂᆞᆫ 興盡커든 볼인 내오(古時調. 浮虛토. 槿樂).
긔·ᅀᅵ·다 동 깔리다. ¶ᄆᆞᆯ타 ᄃᆞ니와 술위예 긔ᅀᅵ니와:落馬車輾(救急下27). ᄯᅩ 지즐이며 비와 술위예 긔ᅀᅵ며:又…被壓迮舟舡車轢(救急下29).
긔ᅀᅵ다 동 기이다. 속이다. ☞그ᅀᅵ다. 긊이다. 긔이다 ¶覇業엣 샹녯 體니 宗臣의 아쳐러 긔슈미 災害니라:覇業尋常體宗臣忌諱災(初杜解3:10).
긔:아ᄒᆞ·다 동 기아(飢餓)하다. 굶주리다. ¶夕애 食디 몯ᄒᆞ야 飢餓ᄒᆞ야(宣孟12:35).
긔야 대 그것이야. ¶긔야 므슴 말을 니ᄅᆞ미 이시리오:那的有甚麽話說(朴解中5).
긔·약 명 기약(期約). ¶恭敬心ᄋᆞ로 期約ᄋᆞᆯ 니ᄌᆞ니(月印上28). 諸侯와로 期約호ᄃᆡ(宣賜內訓序4). 어드움 허롤 燈 ᄃᆞ외요ᄆᆞᆯ 期約호라(南明下43). 永히 날 긔야기 업스리라:永無出期(佛頂3). 도라갈 期約이라 엇

데ᄒᆞ려뇨 호미 업도다(初杜解15:11). 내죵내 解脫ᄒᆞᆯ 期約 업스리라(金三宗序4). 아ᄅᆞ매ᄂᆞᆫ 긔약을 미들 거시니:私憑要約(飜老下19). 긔약 약:約(類合下4). 긔약 긔:期(類合下13). 그칠 긔약이 업슬 거시니:無有休期(警民29). 긔약을 일 뎡ᄒᆞ야ᄂᆞᆯ:約已定(東續三綱. 烈18). 다시 올 期約ㅣ 업도다(重杜解1:16). 이 ᄠᅳ들 陶潛이 아더니 내 나미 네 期約애 ᄢᅥ듀라(重杜解10:16). 반ᄃᆞ시 형벌 업기로 ᄡᅥ 긔약을 삼을디니(綸音23). 이제 국월슌간이라 셜유 긔약이 슈일이 가렷거ᄂᆞᆯ(落泉2:5). ᄒᆞᆫ번 ᄡᅥ니 모든 긔약이 업스니(洛城1). 금슈의 몸이 되야 혼혼믁믁ᄒᆞ야 길이 나올 긔약이 업ᄉᆞ니(敬信23). 긔약:約(漢淸3:1).

긔·약다·이 부 기약(期約)대로. ¶信ᄋᆞᆯ 니즈면 이ᄂᆞᆫ 주그닐 소기논디니 마ᄅᆞᆯ 期約다이 몯 ᄒᆞ며(宣賜內訓3:21).

긔·약·ᄒᆞ·다 동 기약(期約)하다. ¶아래 阿闍世王이 迦葉尊者ᄭᅴ 期約호ᄃᆡ 尊者ㅣ 入滅ᄒᆞ싫 저긔 모로매 날ᄃᆞ려 니르쇼셔(釋譜24:6). 聞을 두르혀메 期約ᄒᆞᆫ 後에ᅀᅡ(楞解6:65). 거우루 자ᄇᆞ면 ᄂᆞᆾ 보ᄆᆞᆯ 期約디 아니ᄒᆞ야도(永嘉上105). 반ᄃᆞ기 긔약호ᄃᆡ:當期(初杜解9:16). 엇데 嶺南애 부톄 世예 나샤ᄆᆞᆯ 期約ᄒᆞ리오(六祖上83). 千餘遍을 期約호ᄃᆡ(六祖中72). 이제 쳔량 ᄡᅳᆯ 거시 업슨 젼ᄎᆞ로 졍원으로 긔약ᄒᆞ야:今爲缺錢使用情愿立約(飜朴上60). ᄉᆞᄉᆞ로 긔약ᄒᆞ야 기들오며:自期待(宣小5:31). ᄇᆞ리디 아니호ᄆᆞᆯ 期約ᄒᆞ노라:期勿替(重杜解2:64). 긔약ᄒᆞ더라(山城). 긔약 긔:期(倭解下41). 긔약ᄒᆞ다:約會(漢淸3:1). 어제ᄂᆞᆫ 내리 期約ᄒᆞᆫ 날이매(隣語1:22). 지ᄂᆞᆫ 일을 ᄉᆡᆼ각ᄒᆞ고 오ᄂᆞᆫ 일을 긔약ᄒᆞᄂᆞᆫ 념과(敬信36). 興盡을 긔약ᄒᆞ여 夕陽을 보닌 후의(靑友仁. 梅湖別曲). ᄒᆡᆼ실을 닷가 큰 사ᄅᆞᆷ이 되기ᄅᆞᆯ 긔약ᄒᆞ라(落泉1:1).

긔양 명 기양(祈禳). 재앙(災殃)은 가고 복이 오라고 신명(神明)에게 비는 일. ¶이등이 나의 과실을 칙디 아니ᄒᆞ고 날을 권ᄒᆞ야 긔양만 ᄒᆞ라 ᄒᆞ니:祈禳(仁祖行狀33).

·긔:어 명 기어(綺語). ¶綺語 아니 ᄒᆞ며:綺ᄂᆞᆫ ᄭᅮ며 實에셔 너믄 正티 몯ᄒᆞᆯ 씨라 語ᄂᆞᆫ 마리라(月釋9:17). 거즛말 아니 ᄒᆞ며 綺語 아니 ᄒᆞ며(楞解5:62). 口四ᄂᆞᆫ 妄言과 綺語와 兩舌와 惡口왜오(六祖上61).

긔억ᄒᆞ다 동 기억(記憶)하다. ¶벌에ᄅᆞᆯ 사기ᄃᆞᆺ ᄒᆞᆫ 그레 그딋 記憶호ᄆᆞᆯ 니부니:雕蟲蒙記憶(重杜解20:8).

긔·업 명 기업(基業). 기초가 되는 사업. ¶二百年 基業을 여르시니이다:維二百年基業啓止(龍歌103章). 太宗 基業ㅣ 셰샤ᄆᆞᆯ:太宗業樹立(重杜解1:10).

·긔·여·ᄒᆞ·니·다 동 기어 다니다. ¶摩睺羅伽ᄂᆞᆫ 큰 ᄇᆡᆺ바다ᄋᆞ로 긔여ᄒᆞ니ᄂᆞ다 ᄒᆞᆫ ᄠᅳ디니 큰 ᄇᆡ얌 神靈이라(月釋1:15).

긔연 명 기연(機緣). 기틀. ¶各各 機緣을 조ᄎᆞ시논 젼ᄎᆡ라 뎌 諸佛土ᄂᆞᆫ 利ᄒᆞᆫ 智 아니니 업슨 젼ᄎᆞ로 機緣이 좀좀히 마자(楞解6:65). 이 ᄯᅡ해 드르샤 機緣ᄋᆞᆯ 아ᄅᆞ시니(南明下23). 差別ᄒᆞᆫ 機緣ᄋᆞᆯ 다 ᄇᆞᆯ기 알리니(蒙法19). 몸 해ᄒᆞᆯ 긔연ᄋᆞᆫ 녀ᄉᆡᆨ에셔 디나니 업고:害身之機無過女色(野雲56).

긔:완 명 기완(奇玩). ¶博奕 奇玩애 니르리:博은 ᄡᅣᆼ륙이오 奕은 바독이오 奇玩은 그림트렛 지죄라(宣賜內訓1:28). 이제 奇玩읫 것도 오히려 保藏호믈 固密케 ᄒᆞ야 ᄡᅥ곰(家禮7:23).

긔용 명 기용(器用). 그릇. ¶긔용 긔:器(光千9). 〔註千9에는 '器:그릇 긔 器用皿也'라 기록되어 있음.〕

긔우ᄒᆞ다 동 기우(祈雨)하다. ¶간원이 한지ᄅᆞᆯ 인ᄒᆞ야 친히 긔우ᄒᆞ시믈 쳥ᄒᆞᆫ대(仁祖行狀32).

긔우ᄒᆞ다 동 기휘(忌諱)하다. 피하다. ☞긔휘ᄒᆞ다 ¶긔우ᄒᆞ다:忌門(同文解下12. 譯解補18).

·긔운 명 기운(氣運). 기운〔元氣. 氣〕. ¶하ᄂᆞᆯ ᄯᅡ 靈ᄒᆞᆫ 긔운을 ᄐᆞ며(宣賜內訓序2). 비르수 戎馬의 氣運을 鎭壓ᄒᆞ리오(初杜解6:22). 봆ᄇᆞᄅᆞᆷ 和ᄒᆞᆫ 긔운ᄋᆞᆫ 本來 놉ᄂᆞᆽ가이 업스니(南明上22). 긔우니 울에 ᄀᆞᆮ도다:氣若雷(金三3:48). 긔운이 마가 통티 몯ᄒᆞ거든:氣閉不通(救簡1:5). 긔운 됴ᄒᆞᆫ 사ᄅᆞᄆᆞᆯ 머교ᄃᆡ:氣實者服之(救簡1:13). 모딘 긔운 마자 긔우니 긋거든:中惡氣絕(救簡1:48). 긔운 씌:氣(訓蒙上33). 긔운 긔:氣. 긔운 후:候(類合上4). 긔운 긔:氣(石千16). 말ᄉᆞᆷ과 긔운 내욤애:出辭氣(宣小3:6). 祥瑞로온 氣運도(重杜解1:10). 반ᄃᆞ시 氣운을 ᄂᆞᄌᆞ기 ᄒᆞ고(家禮2:7). 父祖ㅣ며 子孫이 氣운이 ᄒᆞᆫ가지니(家禮7:17). 긔운이 ᄒᆞᆫ가지오 얼굴만 다ᄅᆞ니:同氣而異體(警民4). 형과 아ᄋᆞ과 ᄆᆞᆮ누의과 아ᄋᆞ누의ᄂᆞᆫ 날로 더브러 ᄒᆞᆫ가지로 父母ᄭᅴ셔 나시니 긔운이 ᄒᆞᆫ가지오(警民4). 긔운:氣(同文解上19). 실 ᄌᆞᆽᄌᆞ오신 긔운이 샹소ᄅᆞᆯ 보ᄋᆞᆸ시오(癸丑11). ᄯᅩ 말을 만히 ᄒᆞ야 긔운을 모손ᄒᆞ고(敬信29). 가지록 긔운을 나초고 공경ᄒᆞ기ᄅᆞᆯ 극진이 ᄒᆞ더라(落泉1:2).

·긔운 명 기운(氣韻). ¶축축ᄒᆞᆫ 氣韻으로 ᄃᆞ외야(釋譜13:10). ᄒᆞᆫ 氣韻으로셔 十二世 ᄃᆞ외요미 一疊이오(釋譜19:11). ᄒᆞᆫ 氣韻이 流ᄒᆞ야 三世 일오(釋譜19:12). 마ᄂᆞᆳ 氣韻을 쐬니(釋譜24:50).

긔운젓다 형 기운차다. ¶다 긔운젓고 어디다 일ᄏᆞᄂᆞ니:俗呼爲氣義(飜小6:25). 시속이 일ᄏᆞ라 긔운젓고 올타 ᄒᆞᄂᆞ니라:俗呼爲氣義(宣小5:23).

긔·월 명 기월(朞月). 기월(期月). ¶朞月 ᄯᆞ롬이라도 可ᄒᆞ리니 三年이면 成홈이 이시리라(宣論3:40). 中庸을 ᄀᆞᆯᄒᆡ야 能히 期月도 딕희디 몯ᄒᆞᄂᆞ니라(宣中5).

긔·위·ᄒᆞ·다 형 기위(奇偉)하다. ¶天姿ㅣ 奇偉ᄒᆞ실ᄊᆡ:天姿奇偉(龍歌29章).

긔욤 동 기임. 속임. 꺼림. ㉮긔이다☞그ᅀᅵ다. 긔ᅀᅵ다 ¶안즉 긔욤만 ᄀᆞᆮ디 몯ᄒᆞ니라:不如姑諱之(飜小9:43).

긔:이 명 기이(奇異). ¶奇異ᄂᆞᆫ 常例ᄅᆞᆸ디 아니ᄒᆞᆯ 씨라(月釋2:67).

긔이·다 동 기이다. 속이다. 꺼리다. ☞그ᅀᅵ다. 긔ᅀᅵ다 ¶안즉 긔욤만 ᄀᆞᆮ디 몯ᄒᆞ니라:不如姑諱之(飜小9:43). 위ᄒᆞ야 맛당히 긔이랴:爲當諱之(宣小6:39). 어버이ᄅᆞᆯ 긔이고 ᄃᆞ려 가니(癸丑23). 긔이다:瞞他(同文解上33). 긔이다:隱瞞(漢淸7:58). 긔이지 말고 ᄀᆞᄅᆞ침을 원ᄒᆞ노라(三譯7:13). 날과 公 ᄉᆞ이의 긔이실 일이 인ᄉᆞ오리잇가(隣語3:25).

긔이하다 형 기이(奇異)하다. ☞긔이ᄒᆞ다 ¶긔이할 긔:奇(兒學下13).

긔:이·히 부 기이(奇異)히. 기이하게. ¶後에 듣고 다 嗟嘆ᄒᆞ야 奇異히 너겨 ᄒᆞ더라(宣賜內訓2上41). 그 ᄆᆞᅀᆞᆷ 조코 勤苦ᄒᆞᆫ 주를 긔이히 너겨:奇其淸苦(飜小9:58). ᄒᆞᆫ 일을 드ᄅᆞ미 ᄇᆡᆨ 가지ᄅᆞᆯ ᄉᆞᄆᆞᆺᄎᆞ니 왕공이 더욱 긔이히 넉이더라(落泉1:1).

긔:이ᄒᆞ·다 형 기이(奇異)하다. ☞긔이하다 ¶바미 奇異ᄒᆞᆫ 光明이 이실ᄊᆡ:奇異ᄂᆞᆫ 常例ᄅᆞᆸ디 아니ᄒᆞᆯ 씨라(月釋2:67). 닐오ᄃᆡ 奇異타 奇異타 이 觀音ㅅ 理예 드르샨 門이시니(牧牛訣19). 奇異ᄒᆞᆫ 지촐 앗기디 아니ᄒᆞ야:不惜奇毛(初杜解17:11). 歎ᄒᆞ야 니ᄅᆞ샤ᄃᆡ 奇異ᄒᆞᆯ셔 ᄒᆞ시고(金三涵序5). 黎明에 두 奇異ᄒᆞᆫ 즁이 나ᅀᅡ 뵈오(六祖略序2). 과연 긔이ᄒᆞ도다:果是奇哉(飜朴上68). 늘근 이ᄃᆞᆯ히 모다 ᄀᆞᆯ오ᄃᆡ 긔이ᄒᆞ다 이 손이여:父老咸曰異哉此子(宣小6:68). 긔이ᄒᆞᆫ 마ᄉᆞᆯ 어드면 믄득 푸머다가 ᄡᅥ 드리더니:得異味輒懷以獻(東新續三綱. 孝4:22). 奇異ᄒᆞᆫ 香氣ㅣ 너비 ᄢᅦᆺ도다:異香泱漭浮(重杜解13:10). 긔이ᄒᆞᆫ 보ᄇᆡ 하 만히 이시니(明皇1:30). 졈으신 너만 이셔셔ᄂᆞᆫ 어긔여기기 긔이치 아니ᄒᆞ오매(隣語1:8). 나매 긔이ᄒᆞᆫ ᄌᆡ조ᄅᆞᆯ 주어 이십륙 셰에 응당 진ᄉᆞᄒᆞ고(敬信51). ᄆᆞᆰ고 긔이ᄒᆞ야 샹녜인이 아니러라(洛城1). ᄉᆞ현경 奇異ᄒᆞᄃᆡ ᄇᆡᆨ화당도 절묘ᄒᆞ다(ᄇᆡᆨ화당가). 죠운이 일쇠을 먹음은 듯ᄒᆞ여 긔이ᄒᆞᆫ 틔도와 쇄락ᄒᆞᆫ 용광이 사ᄅᆞᆷ의게 쏘이더니(落泉1:2).

긔·일 명 기일(忌日). ¶긔일에 신쥬를 옴겨 대텽에 졔ᄒᆞ더니:忌日遷主祭於正寢(飜小7:7). 忌日에 신쥬를 옴겨:忌日遷主(宣小5:40). 긔일:忌日(東新續三綱. 孝1:64). 돌ᄉᆞᆯ 만나며 긔일을 만나거든:逢周遇忌(女四解2:15). 忌日이어든 빗난 服식을 업시 ᄒᆞ고(家禮1:29).

긔일ᄒᆞ다 동 기일(期日)하다. ¶미리 期日ᄒᆞ고 請ᄒᆞ여도(隣語2:7).

긔·쟈 명 기자(飢者). 굶주린 사람. ¶飢者애 食 되옴이 쉬오며(宣孟3:7).

긔저·리·다 동 어지르다. 탁란(濁亂)하게 하다. ¶ᄆᆞᆯᄀᆞ며 괴외ᄒᆞᆫ 거슬 긔저려 어즈리ᄂᆞ닌 다 드트리라:汨亂澄寂皆塵也(楞解1:106). 覺海 두려이 ᄆᆞᆰ가 物이 能히 긔저리디 몯ᄒᆞᆯᄊᆡ:覺海圓澄物不能汨(楞解3:111). ᄆᆞᆯᄀᆞᆫ 거슬 긔저려 濁이 ᄃᆞ욀 씨니:汨湛成濁(楞解4:83). ᄒᆞᆰ 아ᅀᆞᆫ 純ᄒᆞᆫ 므리 긔저료ᄆᆞᆯ ᄒᆞᆫ 야ᅌᆞ로 ᄇᆞ려두어:去泥純水一任攪淘(楞解4:90). ᄆᆞᆯᄀᆞᆫ 性을 긔저류미 일후미 見濁이니:汨擾湛性名見濁(楞解9:68). 性眞ᄋᆞᆯ 긔저려 ᄒᆞ나히 몯 ᄃᆞ외게 ᄒᆞ며:汨亂性眞莫得而一(楞解10:3).

긔·졀ᄒᆞ·다 동 기절(氣絶)하다. ¶마자 피나 닶겨 氣絶ᄒᆞ닐 고튜ᄃᆡ 오좀ᄋᆞ로 저지라(救急下21). 믄득 긔졀ᄒᆞ엿다가 보야호로 ᄭᆡ더라:頓絶方蘇(宣小6:29). 內外 安靜케 ᄒᆞ야 ᄡᅥ 氣絶호ᄆᆞᆯ 기도로ᄃᆡ(家禮5:1). ᄇᆡ속의 형상이 일워 ᄆᆡ양 발ᄒᆞ매 고통ᄒᆞ야 긔졀코져 ᄒᆞᄂᆞᆫ지라(敬信53). 하션이 이 쇼식을 듯고 긔졀ᄒᆞ얏다가 계유 ᄭᆡ야 셔로 븟들고(落泉3:7).

긔쥬ᄒᆞ다 동 기주(起酒)하다. 띄우다. ¶ᄯᅥᆨ 긔쥬ᄒᆞ다:起畚(譯解上51). 긔쥬ᄒᆞ다:發麵(漢淸10:14).

긔·지 명 기약(期約). ¶期ᄂᆞᆫ 긔지오(月釋序19). ᄒᆞ마 眞趣 得ᄒᆞ야 올아 證호미 긔지 이슈ᄆᆞᆯ 니ᄅᆞ시고:言已得眞趣登證有期(法華5:208).

긔지업다 형 그지없다. ☞그지업다. 그디업다 ¶긔지업슨 사ᄅᆞᄆᆞ로 邪見에 ᄠᅥ러디게 ᄒᆞᆫ 젼ᄎᆡ라:令無窮人墮邪見故(楞解8:78).

긔·지·ᄒᆞ·다 동 기약하다. 기필(期必)하다. ¶ᄆᆞᅀᆞᆷ 다보ᄆᆞᆯ 닐윓 ᄀᆞ장 긔지ᄒᆞ야:期致盡心(月釋序20). 모든 망샹을 더러ᄇᆞ림을 긔지홈이라(敬信38).

·긔·질 명 기질(氣質). ¶제여곰 氣質ᄋᆞᆯ 조ᄎᆞ샤 化身ᄋᆞᆯ 보샤 敎化ᄒᆞ샤미 므레 비췬 ᄃᆞᆯ 곧ᄒᆞ시니라(月釋2:55). ᄌᆡ죄 업서 서근 氣質을 ᄃᆞᆯ히 너기노니:不才甘朽質(初杜解15:51). ᄀᆞ장 됴ᄒᆞᆫ 긔지리 나리라:甚生氣

質(飜小8:32). 긔질 긔:氣(類合上16). 긔질을 변화ᄒᆞ며(敬信80). 쳡이 비박ᄒᆞᆫ 긔질로 군ᄌᆞ의 건긔를 밧드런디(洛城1). 긔질이 호상ᄒᆞ고 지긔 ᄡᅥ혀ᄂᆞ니 보ᄂᆞ니 다 비상이 넉이더라(落泉1:1).

긔찰ᄒᆞ다 동 기찰(譏察)하다. ¶譏察ᄒᆞ다(同文解上51). 긔찰ᄒᆞ다:訪察(漢淸6:42).

긔쳑 명 기척. 인기척. ¶긔쳑:聲息(同文解下56). 긔쳑:聲氣(漢淸7:17).

긔추 명 기추(騎芻). 말을 타고 달리면서 목표물을 활로 쏘아 맞히는 일. ¶네 步射와 긔추 쏘기 다 아ᄂᆞ냐(捷蒙3:3). 긔추 쏘다:騎射(同文解上48). 긔추:騎射(譯解補15). 긔추 쏘다:射馬箭(漢淸4:44).

-·긔·코·져 어미 -게 하고자. ¶믈읫 有情을 利樂긔코져 ᄒᆞ노이다(釋譜9:2).

긔탁 명 기탁(寄託). ¶남의 긔탁을 져ᄇᆞ리지 말며(敬信81).

긔탁ᄒᆞ다 동 기탁(寄託)하다. ¶ᄌᆡ물 긔탁ᄒᆞᆫ 거ᄉᆞᆯ 져ᄇᆞ리지 말며(敬信75). 사라셔 쇼져 긔탁ᄒᆞ시믈 ᄇᆞ드리잇고(落泉1:2). 셕일 가친의 긔탁ᄒᆞ시던 어음이 귀ᄶ의 정녕ᄒᆞ되(落泉3:7).

·긔:탄ᄒᆞ·다 동 기탄(忌憚)하다. 거리끼다. ¶小人의 中庸에 反홈은 小人이오 忌憚홈이 업슴이니라(宣中3).

긔트기 부 기특(奇特)히. ☞긔특이. 긔특히 ¶아ᄂᆞᆫ 사ᄅᆞᆷ이 긔트기 녀기더라:識者奇之(東新續三綱. 忠1:50). 긔트기 너기다:奇之(同文解下52).

긔·특·다 형 기특(奇特)하다. ☞긔특ᄒᆞ다 ¶玉바치 ᄒᆞᆫ 빈혀를 ᄑᆞ니 긔특고 공교로온디라:玉工貨一釵奇巧(宣小6:114). 三釜瀑 積禾潭도 기특다 ᄒᆞ려니와(曺友仁. 關東續別曲).

긔·특이 부 기특(奇特)히. ☞긔트기. 긔특히 ¶아비 그 ᄆᆞᆰ고 고로오믈 긔특이 녀겨:父奇其淸苦(宣小6:54). 긔특이 넉이다:驚奇(漢淸6:35). 왕공이 심하의 긔특이 넉여 ᄉᆞ직ᄒᆞ고(落泉1:1).

긔·특·히 부 기특(奇特)히. ☞긔트기. 긔특이 ¶奇特히 너기ᅀᆞᆸ논 ᄆᆞᅀᆞᄆᆞᆯ 니르와다(月釋10:45).

긔·특·ᄒᆞ·다 형 기특(奇特)하다. ☞긔특다 ¶釋迦太子ㅣ 지죄 奇特ᄒᆞ실씨:奇ᄂᆞᆫ 神奇ᄒᆞᆯ 씨오 特은 ᄂᆞᄆᆡ ᄆᆞ리예 ᄠᅥ로 다ᄅᆞᆯ 씨라(釋譜6:7). 奇特ᄒᆞᆫ 지조와(楞解1:3). 블 알며 쇼 아로미 이리 드믈오 奇特ᄒᆞ니(金三2:3). 各各 서르 닐오ᄃᆡ 奇特ᄒᆞ다(六祖上26). 욱은 긔특ᄒᆞᆫ 일을 됴히 너기ᄂᆞᆫ더라:郁好奇(太平1:42). 믄득 돌붑을 어ᄃᆞ니 심히 긔특ᄒᆞ더라:忽得石鐘甚奇(東新續三綱. 孝1:1). 긔특ᄒᆞ다:奇哉(同文解下52). 꼬리 치고 아론 체ᄒᆞ니 아니 奇特ᄒᆞ온가(隣語1:18). 긔특ᄒᆞᆫ 아ᄒᆡ올도쇠(隣語2:6). 平安監司 金思穆은 萬金孝養 긔특ᄒᆞ다(ᄇᆡᆨ화당가). 우리 녕감 자랑ᄒᆞ니 션풍도골 긔특ᄒᆞᆯ샤(ᄇᆡᆨ화당가).

긔틀 명 기틀. ¶ᄉᆞᄉᆞ로 그 긔틀을 굿처(女四解4:57). 복의 징죄 아니오 화의 긔틀이니(閑中錄36). 다ᄉᆞᆯ며 어즈럽ᄂᆞᆫ 긔틀을 ᄉᆞᆯ피며:審治亂之機(三略下11). 긔틀 긔:機(兒學上11). 긔틀을 보아 형세ᄅᆞᆯ ᄯᆞ라 구을려(武藝圖18).

긔픔 명 기품(氣品). ¶대개 그 션근과 긔픔이 이믜 용렬ᄒᆞ고(敬信45).

긔·필ᄒᆞ·다 동 기필(期必)하다. ¶事迹은 固執ᄒᆞ며 期必호미 업서ᅀᅡ ᄒᆞ리니(初杜解6:37). 비록 셩현이샤도 긔필티 몯ᄒᆞ시ᄂᆞ니:雖聖賢不能必(飜小10:21). 能히 긔필티 몯ᄒᆞ시리니:不能必(宣小6:120). 반ᄃᆞ시 주그믈 긔필ᄒᆞ여:期於必死(東新續三綱. 烈5:29). 重入修門을 어이하여 긔필ᄒᆞᆯ고(曺友仁. 出塞曲). 괼 줄 어이 긔필ᄒᆞᆯ고(曺友仁. 自悼詞).

긔핍 명 기핍(饑乏). ¶긔핍ᄒᆞ시거든 밥을 나오고:饑則進食(女四解2:14).

긔한 명 기한(期限). ¶미리 녜미 期限ㅣ 잇도다(重杜解1:45). 알퓌 期限ㅣ 업도다(重杜解2:17). 긔한:限期. 긔한 졍ᄒᆞ다:定限(漢淸3:1). 긔한 업다:無了期(漢淸8:72).

긔한 명 기한(飢寒). ¶제 飢寒ᄋᆞᆯ 분별ᄒᆞ야 衣食ᄋᆞᆯ ᄀᆞ장 求호ᄃᆡ(永嘉上23). 두리건대 인ᄒᆞ여 탕진ᄒᆞ여 긔한을 면티 못ᄒᆞᆯ가 ᄒᆞ미러니:恐皆蕩盡俱有飢寒之憂(五倫4:38). ᄉᆞ졸의 긔한 질고ᄅᆞᆯ 무휼ᄒᆞ며(敬信62).

긔한ᄒᆞ다 형 기한(飢寒)하다. ¶ᄀᆞᄋᆞᆯ히 니르거ᄂᆞᆯ ᄀᆞ장 飢寒호라:秋至轉飢寒(重杜解21:19). 의식을 조비ᄒᆞ야 길에 긔한ᄒᆞᆫ 이를 구졔ᄒᆞ며(敬信9).

·긔·합·다 동 기합(氣合)하다. 의기가 서로 잘 맞다. ¶ᄡᅧ 서르 사괴여 엇게 티며 ᄉᆞ매 자바 ᄡᅧ 긔합다 ᄒᆞ고:以相與拍肩執袂以爲氣合(飜小7:45).

긔험ᄒᆞ다 형 기험(崎險)하다. 기구(崎嶇)하다. ¶팔지 긔험ᄒᆞ야(洛城1).

긔혈 명 기혈(氣血). ¶블ᄆᆞᄅᆞ고 거믄 이ᄂᆞᆫ 긔혈이 ᄆᆡ친디라:焦褐色者氣血結也(痘要上53). 긔혈이 다시 녜라오면:氣血復則(痘要下53). 人生이 氣血을 含ᄒᆞ야(家禮5:22).

긔화 명 기화(奇禍). ¶독ᄒᆞᆫ ᄆᆞᄋᆞᆷ이 반ᄃᆞ시 긔홰 잇ᄂᆞ니라(敬信71).

긔화노히 명 꽃무늬를 새긴 것. ¶긔화노히:起花(柳氏物名五 金).

긔화ᄒᆞ다 동 꽃무늬를 새기다. ¶긔화ᄒᆞᆫ 환도:玲瓏刀(漢淸5:8). 긔화ᄒᆞᆫ 장식:玲瓏飾件

(漢淸5:26). 긔화ᄒᆞ다:起平花(漢淸12:7).

긔황ᄒᆞ·다 형 기황(飢荒)하다. 기근이 들어 매우 군색하다. ¶世 해 飢荒커늘:穀食 ᄃᆞ외디 아니호미 飢오 果實 ᄃᆞ외디 아니호미 荒이라(楞解5:68). 계갑년에 긔황ᄒᆞᆫ 제 싀부모ᄅᆞᆯ 봉양ᄒᆞ되:癸甲年飢養舅姑(東新續三綱. 孝8:13).

긔회 명 기회(機會). ¶긔회 마조치다:逢機會(漢淸7:48). 이제 됴흔 긔회 업고 상공의 무식ᄒᆞᆫ 뜻을 보니(落泉1:2).

긔후 명 기후(氣候). ¶이 ᄡᅡᆺ 氣候ᄂᆞᆫ 엇디 서르 어즈러이 ᄃᆞ외ᄂᆞ니오:氣候何回互(重杜解1:48). 힌 묏고ᄅᆡ 氣候ㅣ 改變ᄒᆞᄂᆞ니:白谷變氣候(重杜解12:12).

긔휘 명 기휘(忌諱). ¶긔휘:忌較(漢淸9:8).

긔휘ᄒᆞ다 동 기휘(忌諱)하다. ¶남의 긔휘ᄒᆞᄂᆞᆫ 일을 풍ᄌᆞᄒᆞ고(敬信64).

긔ᄒᆞ다 동 기(忌)하다. ¶무일은 ᄉᆞ시에 다 버ᄒᆞ믈 긔ᄒᆞ고(敬信66).

:긔ᄒᆞ·다 동 곰피다. ¶이틄나래 남지늬 모미 긔ᄒᆞ며 헤믈어 ᄢᅨ 글희드렛거ᄂᆞᆯ(月釋10:24). 긔ᄒᆞᆯ 번:畚(訓蒙叡山本下6). 긔ᄒᆞᆯ 범:畚(訓蒙東中本下12).

긔:ᄒᆞᆫ 명 기한(期限). ¶다시 十方阿鼻예 드러 낤 期限이 업스니(楞解8:78). 魅 ᄃᆞ외니와 시혹 仙의 期限이 ᄆᆞᄎᆞᆯ 제 나ᄒᆞᆯ 혜여 반ᄃᆞ기 주그리어든(楞解9:110). 또 長과 中과 下왓 期限으로 念을 一定ᄒᆞ며(圓覺序62). 期限ᄋᆞᆯ 일흐닌 罪ㅣ 貶職削地호매 니르리라 ᄒᆞ니(重杜解25:36).

긔·ᄒᆞᆫᄒᆞ·다 동 긔한(期限)하다. ☞긔ᄒᆞᆫ ¶ᄒᆞᆫ 돌새 긔ᄒᆞᆫᄒᆞ야:限至周年(飜朴上34). ᄅᆡ년 아모 ᄃᆞᆯ ᄂᆡ예 긔ᄒᆞᆫᄒᆞ여:限至下年幾月(飜朴上61).

·긔:ᄒᆡ 명 기해(氣海). ¶氣海와 丹田ᄋᆞᆯ 三百壯ᄋᆞᆯ ᄯᅧ 모미 덥거든 말라(救急上38).

길버러지 명 길벌레. ☞길벌어지 ¶길버러지 날짐싱(古時調. 南薰).

길벌러지 명 길벌레. ¶날즘싱 길벌러지(古時調. 鄭澈. 花灼灼 범나뷔. 靑丘).

길벌어지 명 길벌레. ☞길버러지 ¶날즘싱 길벌어지 오로 다 이 노니는듸(古時調. 鄭澈. 花灼灼 범나뷔. 歌曲).

길즘싱 명 길짐승. ☞길짐승 ¶길즘싱:獸(同文解下36. 漢淸14:1).

길짐승 명 길짐승. ☞길즘싱 ¶ᄂᆞᆯ즘승 길짐승 다 雙雙ᄒᆞ다마ᄂᆞᆫ(古時調. 鄭澈. 花灼灼 범나븨. 松江).

-·긧·고 어미 -게 하고자. ¶庶幾ᄂᆞᆫ 그러ᄒᆞ긧고 ᄇᆞ라노라 ᄒᆞ논 ᄠᅳ디라(釋譜序6). 사ᄅᆞᆷ마다 수ᄫᅵ 아라 三寶애 나ᅀᅡ가 븓긧고 ᄇᆞ라노라(釋譜序6).

긧긧ᄒᆞ다 형 끼끗하다. 깨끗하다. ☞긋긋다 ¶곳 고기알ᄀᆞ티 고로고 긧긧ᄒᆞ거니와:便是魚子兒也似匀淨的(老解下56).

긧대박이 명 깃대의 받침. ☞긔ㅅ대박이 ¶긧대박이:桅杆(同文解下18).

긧동 부 그까짓. ☞긔똥 ¶긧동 天下야 어드나 못 어드나(古時調. 浮虛코. 海謠).

긧·발 명 깃발. ¶긧발 유:斿. 긧발 류:旒(訓蒙下15). 긧발:旗幅(譯解補16).

-·기 어미 -기. 〔명사형어미(名詞形語尾)〕 ¶布施ᄒᆞ기ᄅᆞᆯ 즐겨(釋譜6:13). 供養ᄒᆞ기 外예(釋譜23:3). 져믄 나해 글스기와 갈ᄡᅳ기와 ᄇᆡ호니:壯年學書劍(初杜解7:15). 셔품ᄡᅳ기 ᄆᆞᆺ고 년구ᄒᆞ기 ᄒᆞ고 년구ᄒᆞ기 ᄆᆞᆺ고 글 이피 ᄒᆞ고:寫倣書罷對句對句罷吟詩(飜老上3). 네 ᄀᆞ장 일 가기 말라:伱十分休要早行(飜老上26). 구워렌 태티기 ᄒᆞ며 모ᄎᆞ라기로 노ᄅᆞᆺᄒᆞ기 ᄒᆞ며:九月裏打擂要鵪鶉(飜朴上18). 시워렌 대ᄆᆞᆯ ᄐᆞ기 ᄒᆞ며:十月裏騎竹馬(飜朴上18). 브터 ᄒᆞ기ᄅᆞᆯ 니ᄅᆞ디 말며(飜小8:21).

-기 어미 -기에. ¶닙고 시브냐 ᄒᆞ시기 ᄂᆡᄃᆡᄒᆞᄃᆡ 슬ᄉᆞ오이다(閑中錄26).

-기- 접미 -기-. ¶마함 벗기고(飜老上39). 어이 남기고 머그리잇가(新語3:11). 뒷 내헤 ᄆᆞᆯ 싯기라 가쟈(朴解上20). 기ᄅᆞ마 벗기다:摘鞍子(譯解上23). 싱심이나 어이 남기고 먹으리잇가(重新語3:14). 졍쵸ᄒᆞᆯ 제 남의 의복을 벗기지 말며(敬信72).

기갈 명 기갈(飢渴). ¶우리 졍히 飢渴ᄒᆞᆫ 때예(老解上39). 〔飜老上43에는 '우리 졍히 ᄇᆡ 골프고 목ᄆᆞᆯ라 이신 저긔'로 기록되어 있음.〕

기강 명 기강(紀綱). ¶皇綱ᄋᆞᆫ 님긊 紀綱ㅣ라(重杜解1:8). 님긊 紀綱ᄋᆞᆫ 그추미 맛당티 아니커니ᄯᆞ녀(重杜解1:8).

기괴 명 기괴(奇怪). ¶싸커니 셔거니 奇怪도 ᄒᆞᆫ뎌이고(辛啓榮. 月先軒十六景歌).

기나긴 관 기나긴. ¶기나긴 밤의(松江. 續美人曲). 기나긴 날:長天老日(譯解補61).

:기·녀 명 기녀(妓女). ¶안잿ᄂᆞᆫ ᄃᆡ ᄂᆞᆯ애 브르ᄂᆞᆫ 妓女ㅣ 密近호ᄆᆞᆯ(初杜解15:51).

기다 동 끼다. ☞ᄢᅵ다 ¶봄이 깁거늘 고지 잇긴 ᄯᅡ해 ᄢᅥ러디도다:春深花落莓苔地(南明上39). ᄆᆞ론 飮食과 진기름 긴 거슬 머겨:令乾食與肥脂之物(救急上80).

:기·다 동 자라다. 크다. ☞길다 ¶므리 바ᄐᆞᆯ 저져 草木이 나 기ᄃᆞᆺ ᄒᆞ니:如水浸田草木生長(楞解8:86). 根塵ᄋᆞᆯ브터 나 기ᄂᆞ니라(月釋2:22之1). 妄히 기ᄂᆞᆫ 種애 나리라(楞解10:61). 너출 버두미 그럴ᄊᆡ 기디 몯ᄒᆞᄂᆞ니라:引蔓故不長(初杜解8:67). 겁 밧긧 보ᄆᆡ 나아 기니:生長劫外春(金三2:21). 뒷뫼헤 엄 기ᄂᆞᆫ 藥을(古時調. 田園에. 靑丘).

기·다 형 길다. ☞길다 ¶나그내로 밥 머고매 ᄇᆞᆯᄀᆞᆫ 나리 기니:旅食白日長(初杜解7:23). 삽듯 불휘니 비치 프러ᄒᆞ고 ᄆᆞᄃᆡ 기니(救簡1:9). 긴 댱:長(類合下48). 긴 댱:長(石千8). 긴 쟝:長(倭解下31). ᄀᆞ득 시ᄅᆞᆷ한ᄃᆡ 날은 엇디 기돗던고(松江. 思美人曲). 허믈을 고텨 긴 거슬 조ᄎᆞᆯᄶᅵ니라:改過從長(女四解2:14). ᄒᆡ 기다:日長(同文解上3).

기다리다 동 기다리다. ¶움ᄌᆞ기거든 기다리고(三略上10).

기다ᄒᆞ다 형 기다랗다. ¶불이 ᄲᅧᄶᅩᆨᄒᆞᆫ 목의 달이 기다ᄒᆞᆫ 목의(古時調. 一身이. 海謠).

:기·덕 명 기덕(耆德). ¶里中엣 耆德ᄃᆞ려 너비 告ᄒᆞ야(六祖中50).

기도로다 동 기다리다. ☞기들오다. 기들우다 ¶文義를 辨졍ᄒᆞ믈 기도로디 아녀셔(家禮6:9). 기도로다:等者(譯解下45).

기돌오다 동 기다리다. ☞기도로다. 기들우다 ¶므스 ᄒᆞ라 너를 기돌오료:要甚麼等你(老解下18).

기동 명 기둥. ¶졔 머리ᄅᆞᆯ 기도애 다텨 피와 솔ᄭᅫ 너르듣더니(月釋23:87). 鐵牀과 구리 기동 여러 이리 잇ᄂᆞ니라:有鐵牀銅柱諸事(楞解8:80). 탁ᄌᆞᄅᆞᆯ 두 기동애 반ᄃᆞ기 스리라:設卓子於兩楹間(呂約24). 나ᄅᆞᆯ 도라본뎐 늘거 기동애 스ᄂᆞᆫ 客이 아니로니:顧我老非題柱客(初杜解15:35). 기동에 굽스럿ᄂᆞ니ᄅᆞᆯ:伏柱(初杜解20:27). 형데 서너히 기동 ᄃᆡ킈여 안잣ᄂᆞᆫ 거셔 이ᄂᆞᆫ 마ᄂᆞᆯ:弟兄三四箇守着停柱坐這箇是蒜(飜朴上42). 이 ᄃᆞ릿보와 기동ᄃᆞᆯ히:這橋梁橋柱(飜老上39). 기동 영:楹. 기동 듀:柱(訓蒙中6). 기동 듀:柱(類合下23). 기동 영:楹(石千19). ᄃᆞ리예 올아 기동애 반ᄃᆞ기 스다라:登橋柱必題(重杜解3:21). 기동만ᄒᆞᆫ 굴긔예:停柱來麁細的(朴解中1). 기동:停柱(譯解上17). 기동 쥬:柱(倭解上32. 兒學上9). 기동으로 사ᄅᆞᆷ을 티며(癸丑41). 기동:柱(漢淸9:69). 용예 기동 아ᄅᆡ 은신ᄒᆞ엿더니(敬信49). ※기동<긷

기동돌 명 주춧돌. ¶섬돌해 다ᄃᆞ라 머리로 기동돌해 다디르고:及階以首觸柱礎(重三綱. 忠21).

기동쇠 명 기둥쇠. ¶기르마에 걸피 거ᄂᆞᆫ 기동쇠:車鞍上鐵柱(漢淸5:23).

기둘러 동 기다려. ☞기들우다 ¶반ᄃᆞ시 긔운이 채 소복기ᄅᆞᆯ 기둘러 다ᄉᆞ리미 가ᄒᆞ고:必須完復之後方可(痘瘡方69).

기듕 명 기중(其中). 그 중. ¶其中에 알오져 ᄒᆞ리 비록 이셔도 子細히 모ᄅᆞᆯᄊᆡ ᄡᅥ라 ᄒᆞ니라(釋譜序3). 其中에 金玉을 만히 藏티 아년ᄂᆞᆫ 주ᄅᆞᆯ 알리오(家禮8:18). 기듕 일인이 닐오ᄃᆡ(引鳳簫1).

기·드·룜 동 기다림. ㉮기드리다 ¶또 ᄆᆞᅀᆞᆷ 가져 아롬 기드료미 몯 ᄒᆞ리며:却不得將心待悟(蒙法14). 기프며 靈호미 기드룜 그츤 거시이라:幽靈絕待(圓覺序50).

기·드·리·다 동 기다리다. ☞기들우다. 기ᄃᆞ리다 ¶我后를 기드리ᅀᆞᄫᅡ:徯我后. 義旗를 기드리ᅀᆞᄫᅡ:徯義旗(龍歌10章). 보리라 기드리시니:欲見以竢(龍歌19章). 즐거본 ᄠᅳ디 업고 주구믈 기드리노니(釋譜6:5). 時節을 기드리ᄂᆞ다 ᄒᆞ시고(釋譜6:11). 부텨를 기드리ᅀᆞ와(楞解6:78). 내 날호야 기드리ᄌᆞᆸ디 아니ᄒᆞᅀᆞ외:而我不款待(法華2:7). 밧긔 기드룜 업수미시니라(法華5:81). 알외요ᄆᆞᆯ 기드리릴ᄉᆡ(圓覺上一之一15). 그츄믈 기드려(圓覺上一之一116). 어ᄂᆡ 내의 ᄀᆞᄅᆞ쵸ᄆᆞᆯ 기드린 後에ᅀᅡ:何待我敎而後(宣賜內訓序6). 기드류리라 ᄒᆞ고(三綱. 烈5). 또 ᄆᆞᅀᆞᆷ 가져 아롬 기드료미 몯ᄒᆞ리며:却不得將心待悟(蒙法14). 기드릴 ᄉᆞ:竢(類合下30). 기드릴 ᄃᆡ:待(類合下34). 아젹을 기드리더라:待朝(東新續三綱. 孝4:28). 반ᄃᆞ시 맛보아 기드리며:必嘗而待(重內訓1:14). 그ᄃᆞᄅᆞᆯ 기드려사 결단ᄒᆞ리라(桐華寺 王郞傳1). ᄃᆞᄉᆞ홈을 기드려:待溫(臘藥32). 早晩 佳期ᄅᆞᆯ 손고펴 기드리니(曺友仁. 自悼詞).

기들 명 기둥을. 〔'긷'+목적격조사 '-을'〕 ㉻긷 ¶다시 구리 기들 ᄆᆡᇰᄀᆞ라 곱으로 블라 숫블 우희 엱고(宣賜內訓序4).

기·들·다 동 기다리다. ¶子息이 孝道호려 ᄒᆞ야도 어버ᅀᅵ 기드디 아니ᄒᆞᄂᆞ니(三綱. 孝4).

기·들·오·다 동 기다리다. ☞기들우다 ¶오ᄆᆞᆯ 기들오더니:遲其至也(宣賜內訓2下71). 우루믈 기들오노니:佇鳴(初杜解8:25). ᄆᆞᆯ 발 기들오ᄂᆞᆫ ᄆᆞᅀᆞ미 업소라:無心待馬蹄(初杜解10:16). 기들오디 아니ᄒᆞ리로다(初杜解16:72). 몃 디위ᄅᆞᆯ 글월 보내야 潛隱ᄒᆞᆫ 노ᄆᆞᆯ 기들오거시니오:幾回書札待潛夫(初杜解21:3). 날 ᄆᆞᆺ도록 기들오ᄆᆞᆯ:終日待(初杜解21:7). 오직 부숫그려 하ᄂᆞᆯ로 올여 보내요ᄆᆞᆯ 기들오노라:唯待吹噓送上天(杜解21:11). 스스로 긔약ᄒᆞ야 기들오며:自期待(宣小5:31). 整齊홈을 기들온 후에:整齊然後(宣小5:117).

기·들·우·다 동 기다리다. ☞기드리다. 기들오다 ¶또 ᄆᆞᅀᆞᄆᆞᆯ 가져 아로ᄆᆞᆯ 기들우디 마롤디니라:却不得將心待悟(蒙法5). 願ᄒᆞᆫ ᄃᆞᆫ 져기 기들워 아힛 거슬 져주디 마ᄅᆞ쇼셔:願且待聿無効兒(宣賜內訓3:37). 微霜ᄋᆞᆯ 기들우ᄂᆞ니라:候微霜(初杜解7:35). 아ᅀᆞᄆᆞᆯ ᄒᆞᆫᄢᅴ 馳驅호ᄆᆞᆯ 기들우디 몯ᄒᆞ시니라:骨肉不待同馳驅(初杜解8:1). 이운 麥을 기들우

거늘:待枯麥(重杜解8:21). ᄀᆞᄅᆞᆷ과 뫼히 기들우미 잇ᄂᆞᆫ ᄃᆞᆺᄒᆞ니:江山如有待(重杜解9:35). 서르 기들우들 아니ᄒᆞ니:不相待(重杜解16:71). 門의 나 기들울 거시 업스니:出門無所待(杜解22:1). ᄆᆞ리 ᄒᆞᆫ 디위 ᄀᆞ장 쉬어든 기들워:等馬大控一會(飜老上24). 기들우다:等候待也(老朴集. 單字解1). 청컨대 다른 날을 기들워징이다:請俟他日(東三綱. 烈1).

기·들이·다 동 기다리다. ☞기ᄃᆞ리다 ¶반ᄃᆞ시 맛보고셔 기들이며:必嘗而待(宣小2:12). 술위 메옴을 기들이디 아니코 가더시다:不俟駕行矣(宣小2:41).

기ᄃᆞ리다 동 기다리다. ☞기드리다 ¶기ᄃᆞ릴 ᄃᆡ:待(類合下34). 고로이 기ᄃᆞ리며 의심ᄒᆞᆯ 즈음에:苦待疑訝之間(東新續三綱. 烈3:21). 모든 지상이 나오믈 기ᄃᆞ려 압픠 시둥의 혁을 자바 ᄀᆞᆯ오ᄃᆡ:候諸相出前執侍中馬轡曰(東新續三綱. 孝1:62). 너희 다 그저 예셔 기ᄃᆞ리라:你都這裏等候着(老解下17). 기ᄃᆞ릴 ᄃᆡ:待(倭解下38). 승샹을 기ᄃᆞ련지 크게 오랜지라(三譯9:9). 섬 알픠셔 그 浣洗ᄒᆞ시기ᄅᆞᆯ 기ᄃᆞ려:堦前待其浣洗(女四解2:18). 門 두드리기ᄅᆞᆯ 기ᄃᆞ릴지니:等候敲門(女四解2:22). 기ᄃᆞ리다:等着(同文解上27). 이튼날 부지 가지고 언덕의 가 기ᄃᆞ리더니(敬信16). 기ᄃᆞ릴 요:要(註千37). 기ᄃᆞ릴 등:等(註千42). 볼셔부터 기ᄃᆞ리오되(隣語1:4).

기·ᄃᆞᆯ·오·다 동 기다리다. ☞기드리다 ¶沙邊에셔 이제 니르도록 기ᄃᆞᆯ오라:沙邊待至今(重杜解2:5). 샹해 닐오ᄃᆡ 구틔여 결속을 됴히 쟝만호믈 기ᄃᆞᆯ오모론:常言必待資裝豐備(飜小9:104). 곧 왼녁키며 올ᄒᆞᆫ녁크로 치여셔 기ᄃᆞᆯ올디니라:則左右屛而待(宣小2:62).

기·ᄃᆞᆯ·우·다 동 기다리다. ☞기ᄃᆞᆯ오다 ¶ᄆᆞᆯ 머리예 마조 기ᄃᆞᆯ우더니:迎候於馬首(飜小9:105). 치워셔 翠華ㅅ 보믈 기ᄃᆞᆯ우ᄂᆞ니라:寒待翠華春(重杜解5:14).

기라다 동 기르다. ¶우리ᄅᆞᆯ 기라실 제 간신히 키워 내ᄉᆞ(思鄕曲).

기·러가·다 동 자라가다. ¶오직 그 병 불휘 업디 아니ᄒᆞ야 간 ᄃᆡ며 다ᄃᆞ른 ᄃᆡ마다 기러갈시니라:只爲病根不去隨所居所接而長(飜小6:4).

기러·기 명 기러기. ☞그려기. 긔려기 ¶摯: 친영홀 제 가져가ᄂᆞᆫ 기러기라(宣小2:49). 기러기 톄로 ᄃᆞ니고:鴈行(宣小2:64). 기러기 기롬:鴈肪(東醫 湯液一 禽部). 기러기 안:鴈(倭解下20. 註千27). 기러기:隨陽鳥(譯解補47). 기러기:鴈(柳氏物名一 羽蟲). 기러기 안:鴈(詩解 物名4). 기러기 홍:鴻(詩解 物名5). 기러기 안:鴈(兒學上91).

기·러나·다 동 자라나다. ¶그 소리 五根五力과 七菩提分과 八聖道分과 이 트렛 法을 演暢ᄒᆞ거든:演은 너필 씨오 暢ᄋᆞᆫ 기러나며 ᄉᆞᄆᆞᄎᆞᆯ 씨라(月釋7:66). ᄒᆞᆫ 구룸 온 비 種性에 마자 기러나ᄆᆞᆯ 得ᄒᆞ야(月釋13:46). 卉木叢林과 藥草 ᄃᆞᆯ히 種性다ᄫᅵ ᄀᆞ초 저저 各各 기러남 得호미 ᄀᆞᆮᄒᆞ니라(月釋13:51). 師子ㅣ 삿기 기러나 제 어미ᄅᆞᆯ 머구려 ᄧᅩᆺ거든(南明下36). 明妃ㅣ 기러난 村이 오히려 잇도다:生長明妃尚有村(杜解3:68). 가스면 지븨셔 기러나:生富驕(飜小9:59).

기럭이 명 기러기. ☞그려기 ¶정나라 기럭이 쏘ᄂᆞᆫ 경계ᄂᆞᆫ 녀ᄌᆡ 그 가장 일즉 이러남을 ᄌᆡ촉ᄒᆞ니라(女四解4:52). 기럭이:鴻鴈(物譜 羽蟲). 기럭이 지ᄂᆞᆫ 후의 尺書도 못 傳ᄒᆞ니(萬言詞). 서벽 셔리 치ᄂᆞᆫ 날의 외기럭이 슬피 우니(萬言詞).

기력 명 기력(氣力). ☞긔력 ¶氣力을 내디 못ᄒᆞ여 ᄃᆞ니면(老解下39). 〔飜老下43에는 '힘내 ᄲᅧ ᄃᆞᆫ니디 아니ᄒᆞ면'으로 기록되어 있음.〕

:기:로 명 기로(耆老). ¶그 耆老를 屬ᄒᆞ야 告ᄒᆞ야:乃屬其耆老而告之(宣孟2:39).

기로 명 기로(岐路). ¶호온자 岐路애 셔셔(權好文. 松岩遺稿4).

-·기·로 어미 -기로. ¶번이 벼슬ᄒᆞ기로 서르 불러(飜小8:24). ᄆᆞᆯ이 업기로 ᄇᆡ호지 못ᄒᆞ엿노라(捷蒙3:3).

기·룜 동 기림. ㉮기리다 ¶기료미 밋디 몯ᄒᆞ며 할아오미 밋디 몯ᄒᆞᄂᆞ니:讚不及毁不及(金三3:57).

·기·륨 동 기림. ㉮기리다 ¶기륨 어두믈 붓그리고:慙取譽(初杜解25:20).

기르 부 장차. ¶裴行儉이 닐오ᄃᆡ 기르 크게 도월 사ᄅᆞᄆᆞᆫ 도국과 슬거오미 몬제오:裴行儉曰士之致遠先器識(飜小10:11).

기르·다 동 ①기르다. 키우다. ☞기ᄅᆞ다 ¶果實 ᄠᅡ 머겨 기르ᄉᆞᄫᆞ니(釋譜11:26). 내 져믄 ᄢᅦ브터 길어 사ᄅᆞᆷ ᄃᆞ외야(釋譜11:27). ᄯᅡ니ᄆᆞᆯ 기르더니(釋譜11:40). 모딘 業을 길어(月釋9:34). 젓 머기며 飮食 머겨 길어:乳哺飮食養育(圓覺上一之一111). 本智ᄅᆞᆯ브터 大悲를 기르고:猶依本智長養大悲(楞解6:41). ᄃᆞᆯᄀᆞᆯ 해 기르놋다:多養雞(初杜解8:33). ᄂᆞᄆᆡ 子息을 기르면:若養它子者(宣賜內訓2上41). 길어 ᄌᆞ라 사ᄅᆞᆷ 도의ᄂᆞ니라:養大成人(飜朴上57). 어린 제 길로미 단졍티 아니ᄒᆞ고:蒙養弗端(宣小題辭3). 기르다:養活(同文解上54). 화긔 능히 만물을 기르거ᄅᆞᆯ(敬信29).
②크다. 자라다. ¶아ᄃᆞ리나 ᄯᆞ리어나 아룻 殃報ᄅᆞᆯ 곧 버서 安樂ᄒᆞ야 수ᄫᅵ 길어 목수

미 增長ᄒᆞ리니(月釋21:97).

기·르·마 명 길마. ☞기ᄅᆞ마 ¶즈믄 金으로 ᄆᆞᆯ 기르마ᄅᆞᆯ 사고:千金買馬鞍(杜解5:30). 기르마지흔 ᄆᆞᄅᆞᆯ:鞍馬(初杜解15:1). 眞實로 銀 기르마로 險ᄒᆞᆫ ᄃᆡ 바라 녈 거시 져고라:實少銀鞍傍險行(初杜解21:22). ᄆᆞᆯ 기르마 벗겨 머므로ᄆᆞᆯ ᄒᆞᆫ갓 어즈러이 호라:空煩卸馬鞍(杜解22:8). ᄆᆞᆯ돌 다 오랑 서우니 ᄒᆞ고 안직 기르마 벗기디 발라:把馬們都鬆了且休摘了鞍子(飜老上69). 〔'벗기디 발라'의 '발라'는 '말라'의 오기(誤記)로 짐작됨.〕 기르마 안:鞍(訓蒙中27). 사오나온 ᄆᆞᆯ ᄐᆞ고 뵈로 기르마와 셕슬 ᄣᅡᆯ 디니라:乘樸馬布裏鞍轡(宣小5:54). 기르마 안:鞍(倭解下17). ※기르마>길마

기르마가지 명 길맛가지. ☞기르맛가지 ¶기르마가지:鞍鞽(漢淸5:23).

기르마우비 명 길마 우비. ¶기르마우비:鞍罩(譯解補46).

기르·마지·타 동 길마짓다. ¶揵陟이 기르마지혀 오라 ᄒᆞ시니(釋譜3:p.116). 다시 기르마지흔 ᄆᆞᄅᆞᆯ 調習ᄒᆞ야 어러이 즐겨 賞玩ᄒᆞ놋다:更調鞍馬狂歡賞(初杜解15:1). 손 오던 亭子앤 기르마지흔 ᄆᆞ리 긋고:客亭鞍馬絕(杜解24:47). 기르마지흘 피:鞁(訓蒙下20).

기르마짓다 동 길마짓다. ¶기르마지을 피:鞁(倭解下17).

기르맛가지 명 길맛가지. ☞기르마가지 ¶시톄엣 흑셔피 ᄲᅮᆫ 기르맛가지예:時樣的黑斜皮鞍橋子(飜朴上30).

기·름 명 기름〔油. 膏〕. ¶香과 기름과(釋譜23:3). 骨髓는 ᄲᅧᆺ소개 잇ᄂᆞᆫ 기르미라(月釋1:13). 기르ᄆᆞ로 모매 ᄇᆞᄅᆞ고(月釋18:29). 脂ᄂᆞᆫ 얼읜 기르미오(楞解6:99). 기름으란 앗디 아니ᄒᆞ니와ᄅᆞᆯ:不去油(救簡1:7). 기름 유:油(訓蒙中21. 類合上26). 기름 지:脂(訓蒙中25). 기름 고:膏(類合下37). 기름 유:油(倭解上47). 기름과 소곰과 호쵸와 몌조ᄅᆞᆯ 항아리와 독에 ᄡᅳ려 담으며:油鹽椒豉瓮粧盛(女四解2:30). 기름:脂(柳氏物名一 獸族). 고혈:기름과 피(敬信19).

기·름·갓 명 호드기. 막(膜). ¶기름갓 막:膜(訓蒙上38).

기름믈 명 이익. 국물. ¶기름믈 업슨 일을 어ᄃᆡ 즐겨 用心ᄒᆞ여 發落ᄒᆞ리오:沒油水的勾當那裏肯用心發落(朴解中59).

기·름지·다 형 기름지다. ¶腴ᄂᆞᆫ 기름진 고기라(楞解6:99). 기름진 고기ᄅᆞᆯ 만히 머거 비브르게 ᄒᆞ면:多食脂肥肉令飽(救簡6:14). 기름질 옥:沃(兒學下10).

기름칠ᄒᆞ다 동 기름칠ᄒᆞ다. ¶기름칠ᄒᆞ다:上油(漢淸12:14).

기름틀 명 기름틀. 유자기(油榨器). ¶기름틀:油榨(物譜 筐筥).

기·릐 명 길이. ☞기리. 기릐 ¶五色 綵幡을 ᄆᆡᇰᄀᆞ로ᄃᆡ 기릐 마ᅀᆞᆫ아홉 搩手ㅣ오(月釋9:53). 다 기릐 두어 자히로ᄃᆡ:皆長數尺(楞解9:108). 기릐 너븨 正히 ᄀᆞᄐᆡ 二千由旬이며(法華1:85). 두 寸ㅅ 기릐와:二寸長(救急下15). 위안햇 柑子ㅣ 즈랄 ᄢᅴ 기릐 세 寸만 ᄒᆞ야 비치 黃金 ᄀᆞᄐᆞ니라:園甘長成時三寸如黃金(初杜解15:3). 훤히 기릐와 너븨왜 自在ᄒᆞ도다:廓尔縱橫自在(金三2:20). 기릐로 놋타:長放(譯解下45).

기·리 명 길이. ☞기릐. 기릐 ¶몸기리 七百由旬이오(釋譜13:9). 마릿기리 몸과 ᄀᆞᄐᆞᄫᅧ(月釋1:26). 度ᄂᆞᆫ 기리 견주ᄂᆞᆫ 거시오(月釋9:7). 믄득 대 잣 기릿 고기 어름 우희 소사 나거늘:忽有一魚長五尺踊出冰上(三綱. 孝19). 몸기리 닐굽 자 두 치시고:身長七尺二寸(宣賜內訓2上44). 조각 ᄒᆞᆫ 낫 기리 자만ᄒᆞ닐 두드려 ᄇᆞ사:皁角一條長尺以上者槌碎(救簡3:60).

기리 부 길이. ¶苦樂을 기리 여희리이다(釋譜11:3). 어딘 버들 맛나아 魔 그므를 기리 그츠며(月釋9:34). 究竟ᄒᆞ야 기리 寂滅호미 涅槃이라(月釋13:49). 기리 여희노라(三綱. 烈14). 날로 ᄲᅧ예 刻ᄒᆞᆫ 애와툐ᄆᆞᆯ 기리 머거시리니:長抱刻骨之恨(宣賜內訓2上52). 그려기 올히ᄂᆞᆫ 기리 혜요미 맛당ᄒᆞ니:鵝鴨宜長數(初杜解7:9). 寸陰ᄋᆞᆯ ᄲᅮᆯ라 머믈옴 어려오ᄆᆞᆯ 기리 恨호라:寸陰長恨急難留(南明下42). 畜生ᄋᆞᆫ 기리 畜生이 ᄃᆞ외오 餓鬼ᄂᆞᆫ 기리 餓鬼 ᄃᆞ외야:畜生永作畜生餓鬼永作餓鬼(金三2:12). 기리 영:永(類合下59). 눈썹이 길에 뎡슈홈을 萬年을 ᄒᆞ야먼 福을 기리 바ᄃᆞ리라:眉壽萬年永受胡福(宣小3:20). 뉴시 하ᄂᆞᆯ을 울얼고 기리 소릐 딜너 ᄀᆞᆯ오ᄃᆡ:柳氏仰天長號曰(東新續三綱. 烈2:88).

-기리 접미 -끼리. ¶벗기리 말들이 원슉ᄒᆞᆫ 즁의 ᄇᆞ람을 ᄡᅡ라 ᄯᅮ짓고 웃서(敬信35).

기·리·다 동 기리다. 칭찬하다. ¶讚ᄋᆞᆫ 기릴 씨라(釋譜序2). 부텨를 기리ᅀᆞᆸ고(釋譜6:40). 제 모ᄆᆞᆯ 기리고(釋譜9:15). 臣下ᄃᆞᆯ히 보고 ᄒᆞᆫ 이ᄇᆞ로 기료ᄃᆡ(釋譜24:40). 四生ᄋᆞᆯ 거려 濟度ᄒᆞ신 功德을 어루 이긔여 기리ᅀᆞᄫᆞ려(月釋序9). 기려 義諦라 일ᄏᆞᄅᆞ니라(月釋9:23). 몬져 알ᄑᆡ 法을 기리ᅀᆞᆸ고:先讚前法(楞解4:3). 常性을 기려 나토시니라:讚顯常性也(楞解6:69). 阿難ᄋᆞᆯ 기리샤ᄃᆡ(楞解6:83). 일ᄏᆞ라 기리거시든(法華2:21). 讚歎ᄒᆞ야 기륜 福ᄋᆞᆯ 나토시니라:顯讚美之福也(法華4:83). 各各 어디로ᄆᆞᆯ 기리거늘(永嘉下116). 기려든 깃고(圓覺序60).

할암과 기룜:毁譽(圓覺上二之一12). 勸ᄒᆞ야 기리샤미시니(圓覺下三之一111). 기료미 믿디 몯곤(牧牛訣45). ᄆᆞᅀᆞᆯ히 仁厚ᄒᆞᆫ 기류믈:仁里譽(初杜解7:36). 周宣王을 기리ᅀᆞᆸ놋다:美周宣(初杜解20:5). 어미 뷘 뫼해 ᄀᆞ독ᄒᆞ니 기륨 어두믈 붓그리고:苗滿空山慚取譽(初杜解25:20). 기룜 밋디 몯ᄒᆞ며(南明上13). 할아며 기리논 ᄉᆞᅀᅵ예:毁譽間(宣賜內訓1:12). 慈尊ᄋᆞᆯ 기리ᅀᆞ오니라:讚慈尊(金三3:43). 기료미 밋디 몯ᄒᆞ며 할아오미 밋디 몯ᄒᆞᄂᆞ니:讚不及毁不及(金三3:57). 기리샤ᄆᆞᆫ 그 相 여희요매 나ᅀᆞ샤미니라:贊之者進其離相也(金三4:30). 기릴 예:譽(訓蒙下29). 기릴 송:頌. 기릴 찬:讚(訓蒙下32). 기릴 송:頌(類合下23). 기릴 예:譽(類合下45). 외니 올ᄒᆞ니 ᄒᆞ며 헐쓰리며 기리ᄂᆞᆫ ᄉᆞ이예:是非毁譽間(宣小5:22). 기리다:稱贊(同文解上24). 朝廷으로셔도 書契마다 보시고 ᄀᆞ장 기리시고(重新語3:16). 기렴즉지 아닌 것 기리다:戴高帽(漢淸8:41). 기릴 찬:讚(註千9). 기릴 여:譽(註千26. 兒學下11).

기·리·다 [동] 가장귀지다. ¶珊瑚ᄂᆞᆫ 바ᄅᆞᆳ 미틔 나ᄂᆞᆫ 남기니 가지 기리고 닙 업스니라(月釋8:10). 기릴 차:㕚(訓蒙下26).

기·리·혀·다 [동] ①길게 끌다. ¶기리혀 나죵 들티ᄂᆞᆫ 소리옛 字ᄂᆞᆫ 上聲이니(訓蒙凡例). 두 點은 기리혀 들고:二點厲而擧(宣小凡例2). 놀애ᄂᆞᆫ 마ᄅᆞᆯ 기리혀ᄂᆞᆫ 거시오:歌永言(宣小1:10). 소릐ᄂᆞᆫ 기리혀믈 의지ᄒᆞᄂᆞᆫ 거시오:聲依永(宣小1:10). 引은 기리혀미라(家禮10:25).
②길게 빼다. 늘어뜨리다. ¶목을 기리혀 칼흘 바다 죽다:延頸受刃而死(東新續三綱. 忠1:73).
③늘이다. 연장하다. ¶아비 병드러거ᄂᆞᆯ ᄯᅩᇰ을 맏보고 단지ᄒᆞ야 ᄡᅧ 나오니 즉시 됴하 열 히를 기리혀 죽거ᄂᆞᆯ:父病嘗糞斷指以進即愈延十年而歿(東新續三綱. 孝5:80. 石環斷指). 다시 열다ᄉᆞᆺ 히ᄅᆞᆯ 기리혀 죽거ᄂᆞᆯ:復甦延十五年而歿(東新續三綱. 孝5:87).

기림 [동] 기림. 칭찬함. ㉮기리다 ¶母德의 아름다온 기림을 낫타낸 者ㅣ니라:著母德之徽音者也(女四解4:13). ᄂᆞᆷ의 기림 취ᄒᆞᄂᆞᆫ 이:討好的(漢淸8:41). 기림 여:譽(註千26).

기ᄅᆞ·다 [동] 기르다. ☞기르다 ¶后ᄅᆞᆯ 기ᄅᆞᅀᆞ오ᄃᆡ:育后(宣賜內訓2下34). 이대 기ᄅᆞ다(三綱. 烈23). 菩提身을 쳐 기ᄅᆞᆯ시라(圓覺下三之一118). 아비 어미 날 기ᄅᆞᆯ 저긔 밤나지 날로 히여 곰초더니:父母養我時日夜令我藏(初杜解8:67). 님금이 산 것슬 주어시든 반ᄃᆞ시 기ᄅᆞ더시다:君賜生必畜之(宣小2:41). 어미 죽거ᄂᆞᆯ 머리 기ᄅᆞ니:母歿還長髮(東新續三綱. 烈1:35). 아ᄃᆞᆯ 나하ᄃᆞᆫ 잘 기ᄅᆞ라:生男善保(東新續三綱. 烈2:26). 사라실 제 기ᄅᆞ던 개 겨틔 ᄃᆞᆨ킈여셔 슬피 우니:生時所養之狗守側悲嘷(東新續三綱. 烈6:81). 母ㅣ 날을 기ᄅᆞ샷다 ᄒᆞ고(警民21). 아바님 날 나흐시고 어마님 날 기ᄅᆞ시니(古時調. 鄭澈).

기·ᄅᆞ·마 [명] 길마. ☞기르마. 기ᄅᆞ매 ¶山 미틔 軍馬 두시고 온 사ᄅᆞᆷ ᄃᆞ리샤 기ᄅᆞ말 밧기시니:山下設伏遂率百人解鞍而息(龍歌58章). 기ᄅᆞ마ᄂᆞᆫ 이 ᄒᆞᆫ 거믄 셔각으로 젼 ᄒᆞ고:鞍子是一箇烏犀角邊兒(飜朴上28). 기ᄅᆞ마 안:鞍(類合上31). 네 이 기ᄅᆞ마:你這鞍子(老解下27). 기ᄅᆞ마 벗기다:摘鞍子(譯解上23). ᄆᆞᆯ 기ᄅᆞ마 지어셔(三譯7:13). 졔왕이 거마와 기ᄅᆞ마 구레ᄅᆞᆯ 금은으로 ᄭᅮ민 거시 업고(女範1. 셩후 명덕마후).
※기ᄅᆞ마(기르마)＞길마

기ᄅᆞ마가지 [명] 길맛가지. ☞기ᄅᆞ맛가지 ¶기ᄅᆞ마가지:鞍橋子(老解下27). 시톄로 ᄒᆞᆫ 黑斜皮 ᄡᅳᆫ 기ᄅᆞ마가지오:時樣的黑斜皮鞍橋子(朴解上28).

기·ᄅᆞ마짓·다 [동] 길마짓다. ¶ᄆᆞᆯ 기ᄅᆞ마짓노라 ᄒᆞ면:鞁了馬時(飜老上38). ᄆᆞᆯ 기ᄅᆞ마짓노라 ᄒᆞ면:鞁了馬時(老解上34). 기ᄅᆞ마짓다:鞴鞍子(譯解上23). 曹操ㅣ ᄆᆞᆯ 기ᄅᆞ마지여셔(三譯7:13). 기ᄅᆞ마짓기 겨ᄅᆞᆯ치 못ᄒᆞ여(三譯9:2).

기·ᄅᆞ·맛·가·지 [명] 길맛가지. ☞기ᄅᆞ마가지 ¶기ᄅᆞ맛가지:鞍橋子(飜老下30). 슈파 그린 면엣 기ᄅᆞ맛가지예:畫水波面兒的鞍橋子(飜朴上28).

기·ᄅᆞ·매 [명] 길마. ☞기ᄅᆞ마 ¶네 기ᄅᆞ매 굴에:你這鞍子轡頭(飜老下30).

기·ᄅᆞᆷ [명] 기름(油). ☞기름 ¶모매 香 기ᄅᆞᆷ ᄇᆞᄅᆞ며(釋譜6:10).

기ᄅᆞᆷ지다 [형] 기름지다. ¶밥과 기ᄅᆞᆷ진 것과 구은 음식을 ᄀᆞ장 금긔ᄒᆞ라(辟新17).

기ᄅᆡ [명] ①길이. ☞기릐. 기리 ¶ᄒᆞᆫ 줌 기ᄅᆡ예 견주워 베혀:比着只一把長短鉸了(飜朴上38). 그저 ᄒᆞᆫ ᄲᅵᆷ 기ᄅᆡᄅᆞᆯ:一把長短(朴解上35). ᄒᆞᆫ 볼 기ᄅᆡ예:一托來長短(朴解中1). ᄒᆞᆫ 발 기ᄅᆡ예 두 ᄲᅳᆯ이오:一托來長的兩箇機角(朴解下46).
②길이가. ¶ᄲᅩᇰ나못 불휘 손ᄭᅡ락 ᄀᆞᄐᆞ니 기ᄅᆡ 닐굽 치ᄅᆞᆯ 다가 쥬사로 ᄇᆞᆯ라:桑根如指長七寸以朱砂塗之(瘟疫方7). 므레셔 나ᄂᆞᆫ 큰 고기 기ᄅᆡ 사ᄅᆞᆷ ᄀᆞᄐᆞ니:泉出巨魚長比人(初杜解17:26). 기ᄅᆡ 여닐굽 바리나 ᄒᆞ고:長七八丈(太平1:10). 이 楊州ㅅ綾이 닐곱 발 기ᄅᆡ ᄎᆞ고:這楊州綾子滿七托長(朴解中3). ᄲᅳᆯ 기ᄅᆡ 석 자 남고(詩解 物名1). 기ᄅᆡ 닐곱 자히오:長七尺. ᄂᆞᆯ 기ᄅᆡ 두 치

니:刃長二寸(武藝諸1). 하ᄂᆞᆯ로 오ᄅᆞ니 기리 쳔 댱이나 ᄒᆞ고(洛城1).

기뮈 명 기미. ☞기믜 ¶기뮈 지:痣(倭解上51).

기·믜 명 기미. ☞기뮈 ¶기믜 지:痣(訓蒙中34). 기믜 하:瑕(訓蒙下16). 기믜 지:痣(類合上22).

기블다 동 기울다. ¶月斜 得二吉卜格大臥捨(譯語. 天文門).

기샹 명 기상(氣像). ¶긔뷔 빅셜 갓고 기샹이 ᄠᅱ여나 풍아의 읏듬이 되얌작ᄒᆞ더(落泉1:1).

기셰ᄒᆞ다 동 기세(棄世)하다. 죽다. ¶ᄉᆞ십여 셰의 기셰ᄒᆞ니(洛城1). 쳡이 명되 긔구ᄒᆞ여 자뫼 일즉 기셰ᄒᆞ시고(落泉1:2).

기·스심 명 댓돌. ☞기슭섬 ¶기스심과 ᄡᅡ해 ᄭᅮ민 거슨 다 花班石이니:地基地飾都是花班石(飜朴上68).

기·슨:말·ᄉᆞᆷ 명 어언(語言). ¶凶ᄒᆞᆫ 사ᄅᆞ미란 기슨말ᄉᆞ미 詭譎ᄒᆞ고:凶也者語言詭譎(飜小6:30).

기슭 명 ①산기슭. ¶須彌山 기슬글 후려 龍王ᄋᆞᆯ 자바ᄆᆡ야 오려 ᄒᆞ더니(釋譜24:30). ②처맛기슭. ¶집 기슬게 비긴 묏비촌 구루믈 니ᅀᅥ:倚簷山色連雲(南明上20). 마고ᄆᆞᆫ 담과 집 기슬게 도라가고:壅還牆宇(楞解2:29). 椽과 梠와ᄂᆞᆫ ᄒᆞᆫ 類니 기슬게 잇ᄂᆞ닐 닐오ᄃᆡ 椽이오:椽梠一類在簷曰椽(法華2:106). 집 기슬게 드러 횟도놋다:入簷廻(初杜解7:34). 기슭 쳠:簷. 기슭 ᄆᆡᆼ:甍(訓蒙中5). 집 기슭 쳠:簷(類合上23). 기슭 ᄆᆡᆼ:甍(倭解上32). ③옷의 가장자리. ¶斬衰ᄂᆞᆫ 기슭 아니 ᄒᆞ온 오시라(宣賜內訓1:61). 기슭 금:襟. 기슭 심:衽(訓蒙中24). 옷기슭 예:裔(類合下57). 齊衰:기슭 ᄒᆞᆫ 최복이니(宣小5:43). 기슭 각다:綽針(譯解下6).

기·슭·믈 명 낙수(落水). 낙숫물. ¶기슭믈 류:溜(訓蒙下18).

기·슭섬 명 댓돌. 첨계(檐階). ☞기스심 ¶기슭섬 쳬:砌(類合上23).

기슭집 명 행랑(行廊). 낭하(廊下). ¶기슭집 무:廡(類合下36).

기슴 명 기음. ☞기ᅀᅳᆷ ¶三業 기슴ᄋᆞᆯ ᄆᆡ오매 百福 바티 茂盛ᄒᆞᄂᆞ니라(龜鑑下39).

기시 명 기시(其時). 그때. ¶기시의 궁듕의 셔도(西宮日記上1). 부인왈 기시 황망이 가ᄆᆡ 아모 곳으로 가ᄂᆞᆫ 쥴 못 미쳐 니ᄅᆞ더이라(引鳳簫2).

기시다 형 계시다. ¶므슴 유익ᄒᆞ미 기시리잇가(癸丑29).

기실 명 지실(枳實). ¶기실 ᄒᆞᆫ 돈 반 반하 ᄒᆞᆫ 돈 이 약을 ᄡᅡ흐라(辟新7).

기ᄉᆞ미 명 살담배. 썬 담배. 각연초(刻煙草). 〔일본말에서 온 말.〕☞지삼이 ¶논밧 가라 기음ᄆᆡ고 돌통ᄃᆡ 기ᄉᆞ미 퓌여 물고(古時調. 申喜文. 靑丘.).

기ᄉᆞᆰ 명 기슭. ¶침뎐 기ᄉᆞᆰ(癸丑83). 그 ᄀᆞ와 밋 아래 기ᄉᆞᆯ글 마모로라(家禮6:15).

기싀련 명 가시연. ☞가싀련 ¶기싀련 역:茷(訓蒙叡山本上6. 東中本上12).

기ᄉᆡᆼ 명 기생(妓生). ¶기ᄉᆡᆼ:妓女(同文解上14). 기ᄉᆡᆼ:娼妓(漢淸7:56). 각관 기ᄉᆡᆼ(山城). 기ᄉᆡᆼ 기:妓(兒學上1).

기·ᄭᅥᄒᆞ·다 동 기뻐하다. ㉮깃그다 ¶하ᄂᆞᆯ콰 神靈괘 기ᄭᅥ ᄇᆞᄅᆞᆷ비ᄅᆞᆯ 時節로 ᄒᆞ야 百姓이 가ᅀᆞ며더라(釋譜11:36). 시름 말오 기ᄭᅥᄒᆞ시며 믈읫 經엣 ᄠᅳ들 子細히 ᄉᆞ랑ᄒᆞ샤(月釋10:9).

기ᄡᅳ·다 형 기쁘다. ☞깃브다 ¶佛子ㅣ 이제 對答ᄒᆞ야 疑心을 決ᄒᆞ야 기ᄡᅳ긔 ᄒᆞ고라(釋譜13:25).

기ᄊᆞ·ᄫᅡ 동 기뻐하와. ㉮깃다 ¶衆生ᄃᆞᆯ히 머리 조ᅀᆞᆸ고 기ᄊᆞᄫᅡ(月釋2:51).
※기ᄊᆞᄫᅡ>깃ᄉᆞ와>기뻐하와

기·ᅀᅳᆷ 명 김. ☞기슴 ¶기ᅀᅳ미 기ᅀᅥ 나ᄃᆞᆯ ᄒᆞ야 ᄇᆞ리ᄃᆞᆺ ᄒᆞᄂᆞ니라(月釋10:19).
※기ᅀᅳᆷ>기음>김

기·ᅀᅳᆷ·ᄆᆡ·다 동 김매다. ☞기슴. 기음. 기음ᄆᆡ다. 기ᄋᆞᆷᄆᆡ다 ¶겨집과 ᄌᆞ식은 앏픠셔 기ᅀᅳᆷᄆᆡ더니:妻子耘於前(飜小9:91). 기ᅀᅳᆷᄆᆡᆯ 운:耘. 기ᅀᅳᆷᄆᆡᆯ 표:穮. 기ᅀᅳᆷᄆᆡᆯ 호:薅(訓蒙下5). 기ᅀᅳᆷᄆᆡ다:薅草(訓蒙下5 薅字註).
※기ᅀᅳᆷᄆᆡ다>기음ᄆᆡ다>기ᄋᆞᆷᄆᆡ다>김매다

기여 명 기여(其餘). 그 나머지. ¶德分의 大關節을 지내오면 其餘ᄂᆞᆫ 自然히 順便ᄒᆞ올 거시니(隣語1:17).

-기예 어미 -기에. ¶날이 놉하셔 분들 ᄭᅥ술 ᄇᆞᄅᆞᆷ이 사오납기예 계요 이지야 완ᄉᆞᆸ니(重新語1:16).

기오다 동 기울다. ¶기오다:偏了(同文解下54).

기오로 부 기울게. ¶기오로 안ᄶᅡ:歪坐(譯解上40). 기오로 가다:歪着走(漢淸7:33).

기오리 부 기울게. ¶계오 기오리 셔:纔欹(百聯25).

기오리다 동 기울이다. ¶계오 기오리고 다시 바ᄅᆞᄂᆞ니ᄂᆞᆫ 년 니페 비 뒤티미오:纔欹復正荷翻雨(百聯17).

기옴ᄆᆡ다 동 김매다. ☞기ᅀᅳᆷᄆᆡ다. 기음ᄆᆡ다 ¶기옴ᄆᆡᆯ 운:耘(類合下7).

기옷ᄒᆞ다 형 기웃하다. ¶기옷ᄒᆞᆫ ᄂᆞᆺᄂᆞᆫ 믌겨를 소다디어 흘러 가놋다:欹斜激浪輸(重杜解2:7).

기와 명 기와. ¶기와:屋瓦(柳氏物名五 石).

기욕 명 기욕(嗜慾). ¶기욕을 존절ᄒᆞ미니라(敬信80).

기우 [부] 기울게. 기웃이. ¶葛巾을 기우 쓰고 구브락비기락 보ᄂᆞᆫ 거시 고기로다(松江. 星山別曲).

기·우·다 [동] 기울다. ¶仁義行애 기우다 ᄒᆞ니라(法華1:9). 히미 다ᄋᆞ면 漸漸 기우ᄂᆞ니:勢力盡漸傾欹(南明上62). 혹 ᄒᆡ 기우도록 오디 아니ᄒᆞ엿거든:或日斜不至(飜小9:76). ᄒᆡ 기우다:日昃(同文解上1). 銀河水 기우도록 房燈은 어데 가고(萬言詞).

기·우·다 [형] 기울다. ¶이저디디 아니ᄒᆞ며 기우디 아니ᄒᆞ며(釋譜19:7). ᄯᅡ 度量호ᄆᆞᆯ 기운 ᄃᆡ다 ᄒᆞ놋다:度地偏(初杜解20:2). 머리의 양이 잠ᄭᅡᆫ 기우더니:頭容少偏(宣小6:125).

기우러지다 [동] 기울어지다. ¶기우러질 긔:欹(兒學下9).

기우로 [부] 기울게. ☞기우루 ¶기우로 얽ᄆᆡ요미 ᄃᆞ외야:爲偏縛(法華1:26). 깃브며 怒ᄒᆞᆫ ᄉᆞᅀᅵ예 賞罰을 行ᄒᆞ면 반ᄃᆞ기 기우로 重호미 이셔:喜怒之際而行賞罰必有偏重(宣賜內訓2下53). 앗가 ᄡᅩᄆᆞᆯ 기우로 ᄒᆞ야다:纔射的歪了(飜老下37). 白日은 ᄯᅩ 기우로 비취놋다:白日亦偏照(重杜解1:47). ᄀᆞᆺ ᄡᅩ기를 기우로 ᄒᆞ여다:纔射的歪了(老解下33). 살 기우로 가다:歪了(譯解上20).

기·우·루 [부] 기울게. ☞기우로 ¶左ㅅ 녀글 기우루 ᄃᆞᇰ기시고:偏掣其左(楞解5:24). 조코져 호ᄃᆡ 기우루 더러우며:欲潔而偏染(楞解7:3). 空애 기우루 證호ᄆᆞᆫ 이 眞實ㅅ 滅이 아니어니와:於空偏證非是實滅(法華2:23). 上天이 기우루 ᄒᆞ샤미 업서:上天無偏頗(初杜解7:34).

기·우리·다 [동] 기울이다. ¶이슘과 업수미 서르 기우려 輪廻ㅅ性을 니르왇ᄂᆞ니:有無相傾起輪廻性(圓覺下一之一39). 귀를 기우류니 ᄠᅳ들 向ᄒᆞ얫논 배라:側意情所嚮(初杜解16:50). 녜 秦靑이 天下앳 귀ᄅᆞᆯ 기우리게 ᄒᆞ더니라:昔秦靑傾側天下耳(初杜解16:50). 사괴요ᄆᆞᆫ 盖ᄅᆞᆯ 기우료매 새 ᄃᆞᆫ디 아니ᄒᆞ도다:交非傾盖新(初杜解20:28). 子貢이 술위 ᄐᆞ고 蓋 기우려 原憲 보라 간대(南明上30). ᄯᅩ 越王ᄋᆡ 吳國 기우료ᄆᆞᆫ(南明下68). 잘 제 기우리디 아니ᄒᆞ며:寢不側(宣小1:2). 모ᄆᆞᆯ 기우려 ᄂᆞ려뎌 ᄑᆞᆯ리 브러디니:傾身投下傷折其臂(東新續三綱. 烈5:60). 귀ᄅᆞᆯ 기우려 소릐ᄅᆞᆯ 듯더니:側耳聽聲(朴解下9). 지아비 말ᄉᆞᆷ이 잇거든 귀ᄅᆞᆯ 기우려 ᄌᆞ셰히 들으며(女四解2:21). 남을 기우리고 위ᄅᆞᆯ 취ᄒᆞ며 항복ᄒᆞᆫ 이ᄅᆞᆯ 죽이며(敬信3).

기·우리혀·다 [동] 기울어뜨리다. ¶긄 비츤 後輩ᄅᆞᆯ 기우리혀고 風雅ᄂᆞᆫ 藹然히 외로이 ᄂᆞᄂᆞᆫ ᄃᆞᆺᄒᆞ도다:詞華傾後輩風雅藹孤鶱(初杜解8:64). 엇데 오직 甲兵을 기우리혈 ᄲᅮ니료:豈惟偃甲兵(初杜解25:34). 虎牙와 銅柱ㅣ 다 기우리혓도다:虎牙銅柱皆傾側(初杜解25:44). 독을 기우리혀고 므레 주근 사ᄅᆞᄆᆞᆯ 독 우희 두ᄃᆡ:瓮傾之以死人着瓮(救簡1:73).

기우시 [부] 기웃이. 기웃하게. ¶ᄀᆞᄂᆞᆫ 프리 기우시 안조매 마ᄌᆞ니:細草稱偏坐(初杜解15:48). 머리 톄를 져기 기우시 호니:頭容少偏(飜小10:27). 나비 놀내 ᄃᆞ로ᄆᆞᆯ 기우시 놀라고:側驚猿猱捷(重杜解1:58).

기·우·트·다 [형] ①사벽(邪辟)하다. ¶게으르며 기우튼 긔운을 모매 두디 아니ᄒᆞ며:惰慢邪辟之氣不設於身體(宣賜內訓1:12). ②기울다. ¶얼굴이 기우틈이 업서 엇게과 등이 고즉ᄒᆞ고 바ᄅᆞ며:體無欹側肩背竦直(宣小6:124).

기·울 [명] 기울. ¶枳殼을 솝 앗고 기울와 봇고:枳殼去穰麩炒(救急上68). 밀기울:麩(救簡6:86). 기울:麩 小麥屑皮(四解上38). 기울 부:麩(訓蒙中22).

기울누룩 [명] 기울누룩. ¶기울누룩:麲子(柳氏物名三 草).

기·울·다 [동] 기울다. ¶須彌山도 어루 기울의 ᄒᆞ려니와(釋譜9:27). 須彌山도 어루 기울의 ᄒᆞ려니와(月釋9:46). 기우러 가디 아니호려 ᄒᆞ야:不傾逝(楞解10:60). 기울우미 ᄃᆞ외디 아니ᄒᆞ야(法華5:3). 기울면 姦邪ᄒᆞ니라:傾則姦(宣賜內訓1:6). 대예 기우렛고(初杜解7:11). 갠 구루미 이페 ᄀᆞᄃᆞᆨᄒᆞ야 기우린 盖예 도렫ᄒᆞ고:晴雲滿戶團傾蓋(杜解7:31). ᄒᆡ 기울어늘 ᄇᆞᆯ 베오 누어:日斜枕肘(初杜解8:28). 큰 지비 기울어든 더위자보미 맛당ᄒᆞ니라:大廈傾宜扶(初杜解22:46). 滿頭揷花 계오사 기울어신 머리예(樂範. 處容歌). 기울 칙:昃(訓蒙下2). 기울 긔:欹. 기울 왜:歪. 기울 경:傾. 기울 측:仄(訓蒙下17). 기울 경:傾(類合下12). 기울 긔:欹. 기울 측:側(類合下62). 기울 칙:昃(石千1). 나라히 거의 기울게 되니:國祚幾傾(東續三綱. 忠3). 횟도로 힐훠 ᄂᆞᄂᆞᆫ 盖ㅣ 기울오:回回偃飛盖(重杜解5:48). 이믜 져 큰 지븨 기우롬과 다ᄅᆞ니:既殊大廈傾(重杜解6:44). 기울 긔:欹(倭解下41). 懶ᄒᆞ면 집이 기우러디며:懶則家傾(女四解2:28). 기울 경:傾(註千24). 기울 파:頗(註千25). 기울 칙:仄(兒學下9).

기웃거리다 [동] 기웃거리다. ¶기웃거리다:窺探(同文解上28).

기웃기웃 [부] 기웃기웃. ¶기웃기웃 엿보다:探頭舒腦(譯解補61). 기웃기웃:賊眉鼠眼(漢淸8:24).

기웃ᄒᆞ·다 [형] 기웃하다. ¶幽深ᄒᆞᆫ 고ᄌᆞᆫ 기웃

ᄒᆞ야 남긔 ᄀᆞ독ᄒᆞ얏고:幽花欹滿樹(初杜解7:20). 기운ᄒᆞᆫ 두듥과 기운ᄒᆞᆫ 셤과ᄂᆞᆫ ᄀᆞᄂᆞᆫ 터럿귿ᄀᆞ티 젹도다:欹岸側島秋毫末(初杜解16:30).

기워가다 동 무성해가다. ¶山田도 깃츠럿고 무논도 기워간다(許墺. 雇工歌).

기윰 동 속임. 숨김. ☞그싀다. 그이다. 긔이다 ¶宗臣의 아쳐러 기유미 災害니라:宗臣忌諱災(杜解3:10).

기으다 형 깃다. ☞깃다 ¶수프리 기으면 새 가미 잇고:林茂鳥有歸(杜解3:58). 플 기은 ᄡᅡ히 노하:草地裏撒(老解下41). 플이 기으면 곡셕을 害ᄒᆞᄂᆞ니라:草茂則害苗(警民11).

기·음 명 김. ☞기슴 ¶기음:莠子草(譯解下8). 기음:莠草(譯解補50). 늙은 도인이 기음을 ᄆᆡ거ᄂᆞᆯ(引鳳簫2).

기·음·ᄆᆡ·다 동 김매다. ☞기ᄋᆞᆷᄆᆡ다 ¶冀 ᄡᅡ缺이 기음ᄆᆡ거ᄂᆞᆯ:冀缺耨(宣小4:34). 妻子ㅣ 앏피셔 기음ᄆᆡ더니:妻子耘於前(宣小6:84). 어미 조차 묏바틔 가 기음ᄆᆡ다가 어미 범의게 자피여ᄂᆞᆯ:從母往鋤山田母爲虎所攫(東續三綱. 孝12 今之撲虎). 기음ᄆᆡᆯ 운:耘(類合下7. 倭解下3. 兒學下5). 기음ᄆᆡ다:盪地(譯解補41). 디나다가 보니 결이 기음ᄆᆡᄂᆞᆫ듸(女範2. 현녀 진각결쳐).

기음의털 명 띠. ¶기음의털:毛草(譯解下41). 기음의털:毛草(柳氏物名三 草).

기음풀 명 김. ☞기슴. 기슴 ¶기음풀 뎨:稊(兒學上7).

기이ᄒᆞ다 형 기이(奇異)하다. ¶奇異ᄒᆞᆫ 돌히 흔토다:饒奇石(重杜解1:33).

기ᄋᆞᆷ 명 김. ¶기ᄋᆞᆷ:莠草(同文解下46).

기ᄋᆞᆷᄆᆡ다 동 김매다. ☞기음ᄆᆡ다 ¶그듸의 기ᄋᆞᆷᄆᆡ기 廢ᄒᆞ고 오ᄆᆞᆯ 붓그리노라:媿子廢鋤來(重杜解12:37).

기장 명 기장〔黍〕. ¶ᄒᆞᆫ 기잜 너비 分이오(永嘉上38). 기장ᄡᆞᆯ ᄀᆞᄐᆞ니:如黍米(救急上18). 기장바ᄇᆞᆯ 머구듸 져로 말며:飯黍毋以箸(宣賜內訓1:3). 기장이 離離ᄒᆞ리라:黍離離(南明上17). 기장 미:糜. 기장 제:穄. 기장 셔:黍(訓蒙上12). 기장 셔:黍(類合上10). 기장 셔:黍(石千28). 기장 즙 두어 홉식 마시더라:日啜黍汁數合(東新續三綱. 烈2:84). 기장 셔:黍(倭解下4). 열 기장이 絫ㅣ오 열絫ㅣ 銖ㅣ라(楞解3:24).

기장·밥 명 기장밥. ¶기장바ᄇᆞᆯ 머구듸 져로 말며(宣賜內訓1:3). 기장밥 먹음애 져로 ᄡᅥ 말며:飯黍毋以箸(宣小3:23).

기장·ᄡᆞᆯ 명 기장쌀. ¶흰 거시 기장ᄡᆞᆯ만 ᄀᆞᄐᆞ니 잇거든:有白如黍米(救簡1:47). 기장ᄡᆞᆯ 두 홉:黍米二合(救簡2:53).

기장·이 명 기장〔黍〕. ☞기장 ¶기장이:黃米(四解上33 黍字註).

·기 조·치 명 길이. 세로. 〔'길〈長〉+좇〈逐·從〉+이'로 이루어진 말로 추정됨. '기'는 '길'의 'ㄹ'이 'ㅈ' 음 앞에서 탈락(脫落)한 형태.〕☞길조치 ¶술윗통 구무 안히 달티 아니케 기조치로 바가 잇ᄂᆞᆫ 쇠:車鐧(飜老下36). 衣帶 아래 기조치 뵈 ᄒᆞᆫ 자홀 ᄡᅥ 우흐로 오새 브텨:於衣帶之下用縱布一尺上屬於衣(家禮6:9). 술윗통 안히 달티 아니케 기조치로 박은 쇠:車鐧(老解下32).

기즁 명 기중(其中). 그 중. ¶其中의 나은 거ᄉᆞᆯ ᄀᆞᆯ히여 가지시고(隣語2:3).

:기·지·게 명 기지개. ☞기지게켜다. 기지게혀다 ¶기지게 신:伸(訓蒙上30). 하외욤ᄒᆞ며 기지게혀며:欠伸(宣小2:7). 기지게켜다:舒腕(譯解上38). 기지게혀다:伸腰(同文解上19).

기지게켜다 동 기지개 켜다. ¶기지게켜다:舒腕(譯解上38).

:기·지·게혀·다 동 기지개 켜다. ¶하외욤ᄒᆞ며 기지게혀며:欠伸(宣小2:7). 기지게혀다:伸腰(同文解上19).

:기지·게ᄒᆞ·다 동 기지개하다. ☞기지게 ¶하외욤ᄒᆞ며 기지게ᄒᆞ며:欠伸(宣賜內訓1:49). 하외욤ᄒᆞ며 기지게ᄒᆞ며 기춤호ᄆᆞᆯ:欠伸謦咳(金三2:11)

기질 명 기질(氣質). ¶게으른 氣質에 버므러 이쇼믈(重杜解1:33).

기·ᄌᆞ피 명 개발사슴의 가죽. ¶봄 ᄉᆞᅀᅵᄂᆞᆫ 거믄 기ᄌᆞ피 훠 시노ᄃᆡ:春間穿皁麂皮靴(飜老下52). 거믄 기ᄌᆞ피예:皁麂皮(飜朴上26). 흰 기ᄌᆞ피 훠:白麂皮靴(老解下47). 흰 기ᄌᆞ피 훠ᄋᆞ에:白麂皮靴子(朴解上27).

기·춤 명 기침. ☞기츰 ¶謦欬ᄂᆞᆫ 기추미라(月釋18:6). 과ᄀᆞ리 열ᄒᆞᆫ 기춤에:暴熱嗽(救簡2:12). 기춤:欬嗽(譯解上37).

기·춤기·치·다 동 기침하다. ☞기춤깃다 ¶과ᄀᆞ리 기춤기치고 가ᄉᆞ미 훤티 몯ᄒᆞ거든:卒咳嗽胸膈不利(救簡2:10). 폣 긔운이 차 믄득 기춤기치거든:肺寒卒咳嗽(救簡2:11). 기춤기처 소리 몯ᄒᆞ거든:咳嗽有失聲音(救簡2:24).

기춤깃·다 동 기침하다. ☞기춤기치다 ¶과ᄀᆞ론 기춤깃ᄂᆞᆫ 병이라:卒咳嗽(救簡2:8). 과ᄀᆞ리 기춤깃고 가ᄉᆞ미 마가 ᄂᆞᆺ치 븟고 가ᄉᆞ미 훤티 아니커든:卒咳嗽肺壅面腫心胸不利(救簡2:11). 과ᄀᆞ리 열ᄒᆞ야 기춤깃거든:暴患熱嗽(救簡2:24).

기·춤·ᄒᆞ·다 동 기침하다. ¶ᄒᆞᆫᄢᅴ 기춤ᄒᆞ시며(釋譜19:39). ᄌᆞ최욤ᄒᆞ며 기춤ᄒᆞ며:嚔咳(宣賜內訓1:49). 하외욤ᄒᆞ며 기지게ᄒᆞ며 기춤호ᄆᆞᆯ 다ᄅᆞ늬 히믈 비디 아니ᄒᆞᄂᆞ니라:欠伸謦咳不借他力(金三2:11). 과ᄀᆞ리 기춤ᄒᆞ야 모기 알ᄑᆞ고:暴嗽咽痛(救簡2:

14). 기춤ᄒᆞ다:咳嗽(同文解上19).

기·츰 명 기침. ☞기춤 ¶ᄒᆞᆫ 기츰 ᄒᆞᆫ 彈指 예:一謦欬一彈指(法華6:107). 諸佛 기츰 소리와:諸佛謦欬聲(法華6:111). 기츰 히:咳. 기츰 수:嗽(訓蒙中33).

기·츰기·치·다 동 기침하다. ☞기춤기치다 ¶과ᄀᆞ리 기츰기치고 가ᄉᆞ미 막고 추미 다 와텨 우히 훤티 몯ᄒᆞ거든:卒咳嗽肺壅痰滯上焦不利(救簡2:9).

기츰깃다 동 기침하다. ☞기춤깃다 ¶기츰깃고 ᄌᆞ취욤ᄒᆞ며:咳嗽噴嚔(痘要上10). 담으로 기츰기ᄎᆞ며:痰嗽(臘藥31).

기·츰·ᄒᆞ·다 동 기침하다. ☞기춤ᄒᆞ다 ¶一時예 기츰ᄒᆞ시고:一時謦欬(法華6:102).

기치다 동 끼치다. 남기다. ☞기티다 ¶은혜ᄅᆞᆯ 만히 기쳐 두고 각쇠 노ᄅᆞ술 다 ᄒᆞ엿거니와(癸丑125). 알 사ᄅᆞ미 우우믈 기칠가 전노라:恐貽識者嗤(重杜解6:44). 이에 父의 기친 體오:乃父之遺(無冤錄3:91). 사ᄅᆞᆷ이 되여 聖人의 기친 道理ᄅᆞᆯ 窮究ᄒᆞ면(捷蒙1:10). 英雄의 恨을 기쳐 曠百代之尙感이라(古時調. 昭烈之大度. 靑丘). 기칠 유:遺(倭解下39). 쟝럭에 해 기칠 거시어든 목하에 편의ᄒᆞ므로ᄡᅥ ᄒᆞ지 말며(敬信62). ※기치다<기티다

기침 명 기침. ¶기침 수:嗽(兒學下4).

기침ᄒᆞ다 동 기침(起寢)하다. ¶동ᄌᆞ로 기침ᄒᆞ기ᄅᆞᆯ 술오라 ᄒᆞ고(洛城2).

기·춤 명 기침. ¶기춤ᄒᆞ며 하외욤ᄒᆞ며:咳欠(宣小2:7). 北向ᄒᆞ야 기춤ᄒᆞ고(家禮9:6). 이 닐온 오장이 안흐로 샹ᄒᆞ야 밧ᄭᅳ로 응ᄒᆞᆫ 기춤이닝이다:此謂五臟內傷外應之啌也(馬解下57). 큰 기춤 아함이를 良久토록 ᄒᆞ온 後에(蘆溪. 陋巷詞).

기·튬 동 끼침. 남김. ㉮기티다 ¶보샤ᄆᆞᆯ 기튜미 업스샤 ᄎᆞ자 ᄉᆞᆯ표ᄆᆞᆯ 더으디 아니ᄒᆞ실씨니:所覽無遺不加尋伺(永嘉序6).

기·트·다 동 끼치다. 남기다. ☞기티다 ¶목숨 기트리잇가:性命奚遺(龍歌51章). 遺ᄂᆞᆫ 기틀 씨라(月釋序19). 感遇ㅣ 기튼 編이 잇ᄂᆞ니라:感遇有遺編(杜解3:65). 오히려 벼 뷔ᄂᆞᆫ 功夫ㅣ 기텃도다:猶殘穫稻功(杜解7:18). 藥 디턴 드트리 기텃고:餘擣藥塵(杜解9:5). 오히려 시러곰 기튼 보ᄆᆞᆯ 보리로다:猶得見殘春(杜解21:3).

기특이 부 기특(奇特)히. ¶送使들의게 對面ᄒᆞ면 奇特이 너기올 꺼시니(重新語1:9).

기특ᄒᆞ다 형 기특(奇特)하다. ¶萬柳綠陰 어린 고ᄃᆡ 一片苔磯 奇特ᄒᆞ다(古時調. 尹善道. 孤遺). 萬事ㅣ 長老의 떠지지 아녀 奇特ᄒᆞᆫ 지간이라 니ᄅᆞ오니(重新語3:16). 기특ᄒᆞᆫ 일을 됴히 너기ᄂᆞᆫ디라(太平1:42).

기·틈 동 끼침. 남김. ㉮기트다 ¶건네여 기틈 업스샤ᄆᆞᆯ ᄉᆞᆯ오ᄃᆡ 普ㅣ오:濟無遺曰普(圓覺上一之二68).

기·티·다 동 끼치다. 남기다. ☞기트다. 긷티다 ¶부텻 기티논 귀결이니(釋譜23:13). 遺ᄂᆞᆫ 기틸 씨라(釋譜24:2). 滅을 臨ᄒᆞ샤 기텨 뵈샤미니(楞解1:18). 一時랏 말도 부텻 기티산 마리시니:一時之語乃佛遺言(法華1:20). 부텻 기티산 付囑ᄋᆞᆯ(圓覺序65). 萬物을 委曲히 일우고 기티디 아니타 ᄒᆞ니라:曲成萬物而不遺(圓覺序83). 건네여 기틈 업스샤ᄆᆞᆯ(圓覺上一之二68). 어버ᅀᅴ 시르믈 기티논디라:貽親憂(宣賜內訓2上3). 後ㅅ 사ᄅᆞ미게 恩德 기튜메:遺後(初杜解24:46). 너븐 하ᄂᆞᆯ콰 두른 ᄯᅡ해 기텨 남디 아니ᄒᆞ도다:普天匝地勿遺餘(南明上67). 됴ᄒᆞᆫ 일 만히 무어난 지븐 반ᄃᆞ시 기틴 경시 잇ᄂᆞ니라:積善之家必有餘慶(飜朴上31). 기틸 이:貽(光千30). 기틸 유:遺(類合下31). 父母ᄋᆡ 어딘 일훔 기팀을 ᄉᆡᆼ각ᄒᆞ야:思貽父母令名(宣小2:24). 父母의 기티신 얼굴이니:父母之遺體也(宣小2:35). 敢히 업스신 父母의 기티신 몸을 ᄡᅥ 위틱ᄒᆞᆫ ᄃᆡ ᄃᆞᆫ니디 아니ᄒᆞ며:不敢以先父母之遺體行殆(宣小4:18). 셰샹 사ᄅᆞᆷ은 다 위틱ᄒᆞᆫ 거스로ᄡᅥ 기티거늘:世人皆遺之以危(宣小6:85). 그 비ᄅᆞᆯ 헤티고 다 기틴 ᄲᅧᄅᆞᆯ 주어 ᄉᆞ라 영장ᄒᆞ니라:剖其腹盡收遺骸焚而葬之(東新續三綱. 孝1:59). 비예 기틴 ᄌᆞ식이 나셔 여슷 설이면:遺腹子生六歲(東新續三綱. 烈2:26). 기틴 의복으로ᄡᅥ 쇼화ᄒᆞ던 고ᄃᆡ 합장ᄒᆞ고:以遺服合葬于燒化之處(東新續三綱. 孝4:73). 錦字廻文詩ᄅᆞᆯ ᄡᅡ ᄡᅥ 기티니(女四解4:69). 기틴 명이(桐華寺 王郞傳6). ※기티다>기치다>끼치다

기·ᄐᆞ·다 동 끼치다. 남기다. ☞기트다. 기티다 ¶孑遺ᄂᆞᆫ 半맛 몸 가지니도 기ᄐᆞ니 업닷 마리니 此ᄂᆞᆫ 言 軍中에 擧無遺策也ㅣ라(初杜解22:22).

기픈 형 깊은. ㉮깊다 ¶온 번 罰ᄒᆞᄂᆞᆫ 기픈 잔ᄋᆞᆯ ᄯᅩ 마디 아니ᄒᆞ노라:百罰深盃亦不辭(初杜解15:2). 기픈 믈:深水(警民18).

기·픠 명 깊이. ☞기퓌. 깁희 ¶세 가짓 즁ᄉᆡᆼ이 므를 건나ᄃᆡ 톳기와 ᄆᆞᆯ와ᄂᆞᆫ 기픠ᄅᆞᆯ 모ᄅᆞᆯ씨(月釋2:19). 기픠 여틔 기니 뎌ᄅᆞ니 되디 몯ᄒᆞ리라:深淺長短不可量(飜朴上67). 기픠ᄅᆞᆯ 모ᄅᆞ거니 ᄀᆞ인들 엇디 알리(松江. 關東別曲). 江湖에 겨월이 드니 눈 기픠 자히 남다(古時調. 孟思誠. 靑丘).

기·피 부 깊이. ☞깁피. 깁히. 깁히 ¶羅雲이ᄅᆞᆯ 기피 ᄀᆞ초시니(月印上50). 기피 들 씨라(月釋2:38). 지븐 기피 드로ᄆᆞᆯ 가줄비니(月釋13:11). 기피 더드므며 너비 무러:冥搜博訪(楞解1:3). ᄠᅳ들 기피 아라:深解義

趣(金剛72). 기피 記知홀디어다:宜深誌之(宣賜內訓1:32). 盟誓ᄒᆞ샤 기피 알외시니라(南明上10). 칼ᄂᆞᆯ히 기피 드디 아니ᄒᆞ니 어미과 ᄯᆞᆯ리 다 사다:刃不深入母女俱活(東新續三綱. 孝8:7). 기피 간슈ᄒᆞ야:深藏(警民12).

기피 부 급(急)히. ¶춘향을 기피 올이라(春香傳303).

기·피·다 동 깊게 하다. ¶바ᄅᆞ래 ᄇᆡ 업거늘 녀토시고 ᄯᅩ 기피시니:海無舟矣旣淺又深(龍歌20章).

기픠 명 깊이. ☞기픠 ¶太古로브터 오매 ᄒᆞᆫ 잣 기픠 눈도 업더니라:太古以來無尺雪(初杜解10:41). 四方 가온ᄃᆡ ᄡᅡ홀 ᄑᆞᄃᆡ 기픠 석 자히오(簡辟3).

기황ᄒᆞ다 형 기황(飢荒)하다. 기근(飢饉)하다. ¶飢荒ᄒᆞᆫ 젼ᄎᆞ로:飢荒的(老解上24). 〔飜老上27에는 '간난ᄒᆞᆫ 젼ᄎᆞ로'로 기록되어 있음.〕

·긴 명 ①끈. ☞낀 ¶綬ᄂᆞᆫ 印ㅅ긴히라(宣賜內訓2上47). 金紫ᄂᆞᆫ ᄌᆞᄃᆡ 긴 ᄃᆞᆫ 印이라(三綱. 忠13). 그낤 바ᄆᆡ 치맛 긴ᄒᆞ로 목ᄆᆡ야 주그니라:是夕解裙帶自經獄中死(三綱. 烈19 李氏縊獄). 病ᄒᆞᆫ 모ᄆᆞᆯ 扶持ᄒᆞ야셔 印ㅅ 긴ᄒᆞᆯ 드리오고:扶病垂朱紱(初杜解10:14). 긴히 소내 잇거든:若線猶在手中者(救簡6:14). 호박 구스를 긴헤 ᄢᅦ여:琥珀珠着線貫之(救簡6:15). 긴콰 안 ᄒᆞᆯ 거시오:做帶子和裏兒(飜朴上48). 긴 슈:綬. 긴 영:纓(訓蒙中23). 곳갈 긴 영:纓(類合上31). 인긴 조:組(類合上31). 긴 영:纓(石千22). 冠 쓰고 긴 ᄆᆡ고 나ᄆᆞᆫ 것 드리우며:冠緌纓(宣小2:2). 구스리 바회예 디신ᄃᆞᆯ 긴히ᄯᆞᆫ 아즐가 긴힛ᄃᆞᆫ 그ᄎᆞ리잇가(樂詞. 西京別曲). 등의 긴ᄒᆞᆯ 글러 ᄡᅧ 목ᄌᆞᆯ라 주그니라(東新續三綱. 烈7:11).

②끈. 한 조상으로부터 이어진 줄기. 가계(家系). ¶긴 계:系 宗派也(訓蒙上32).

※'긴'의 첨용 ⎡긴
⎣긴히/긴헤/긴ᄒᆞᆯ/긴콰…

·긴·급ᄒᆞ·다 형 긴급(緊急)하다. ¶緊急ᄒᆞᆫ 頭腦와 雄壯ᄒᆞᆫ 양ᄌᆞ로:緊腦雄姿(初杜解17:9). 샹공이 화란 여싱으로 ᄌᆞ손 두기 가장 긴급ᄒᆞᆫ지라(落泉1:2).

긷노라 동 기뻐하노라. ㉮긷거ᄒᆞ다. 긷그다. 깃다 ¶蛟螭ㅣ 업수믈 잠간 긷노라:暫喜息蛟螭(重杜解10:43).

:긷·놋·다 동 긷도다. ㉮긷다 ¶어드운 ᄃᆡ 돌 미틧 우믌므를 긷놋다:暗汲石底井(初杜解9:14).

긴속ᄒᆞ다 형 긴요하다. 요긴하다. ¶긴속지 못ᄒᆞ다:無緊要(漢淸6:44).

긴요ᄒᆞ다 형 긴요(緊要)하다. ¶슈챵ᄒᆞ야 긴요ᄒᆞᆫ 교량과 험ᄒᆞᆫ 길을 닥그며(敬信80).

긴졀ᄒᆞ다 형 긴절(緊切)하다. ¶모도 다 삭길 힘 업ᄉᆞ와 그 즁 더 긴졀ᄒᆞᆫ 거ᄉᆞᆯ ᄡᅥ고(敬信序1).

:긴창 명 긴 창. ¶긴창 삭:槊(訓蒙中28).

긴치마 명 긴 치마. ¶긴치마:長裙(譯解上45).

·긴·콰 명 끈과. 〔ㅎ첨용어 '긴'의 부사격.〕 ㉻긴. ☞-콰 ¶긴콰 안 ᄒᆞᆯ 거시오:做帶子和裏兒(飜朴上48).

·긴·흘 명 대자(帶子). ☞고홈 ¶골홈 及 긴흘 皆曰帶子(訓蒙叡山本中11 帶字註).

·긴히 부 끈이. 〔ㅎ첨용어 '긴'의 주격.〕 ㉻긴 ¶金印과 블근 긴히 프른 보ᄆᆡ 비취엿도다:金章紫綬照青春(初杜解21:12).

긴히 명 긴(緊)히. ¶긴히:着緊(語錄24).

긴ᄒᆞ·다 형 긴(緊)하다. ¶ᄆᆞᄉᆞ거시 긴ᄒᆞᆯ고:打甚麼緊(飜老上41). ᄆᆞᄉᆞ거시 긴ᄒᆞ료(老解上37). 긴ᄒᆞᆯ 긴:緊(倭解下40). 그런 긴치 아닌 일ᄶᅵ지(隣語1:13).

·긴·ᄒᆞ·로 명 끈으로. 〔ㅎ첨용어 '긴'의 부사격.〕 ㉻긴 ¶그낤 바ᄆᆡ 치맛 긴ᄒᆞ로 목ᄆᆡ야 주그니라:是夕解裙帶自經獄中死(三綱. 烈19 李氏縊獄).

·긴ᄒᆞᆯ 명 끈을. 〔ㅎ첨용어 '긴'의 목적격.〕 ㉻긴 ¶病ᄒᆞᆫ 모ᄆᆞᆯ 扶持ᄒᆞ야셔 印ㅅ 긴ᄒᆞᆯ 드리오고:扶病垂朱紱(初杜解10:14).

긷 명 깃. 새 날개에 달린 털. ¶희고 흰 긷헤 거믄 ᄶᅴ 무칠세라(古時調. 李蒔. 가마괴 디디ᄂᆞᆫ. 善迂堂逸稿).

긷 명 깃. 옷깃. ☞깃 ¶긷 령:領(倭解上45).

긷 명 기둥. ¶긷爲柱(訓解. 合字). 七寶盖와 네 긴 寶臺 가지고(釋譜23:24). 네 긷 寶幢이 잇고(月釋8:19). 塔 우흿 바리 두픈 기디 塔의 表ㅣ ᄃᆞ욀씨 表刹이라 ᄒᆞᄂᆞ니라(月釋18:39). 柱ᄂᆞᆫ 기디라(月釋21:75). 구리 기들 븕게 달와(月釋21:80). 긷불휘 것거 서그며:柱根摧朽(法華2:103). 구리 긷과 쇠 牀애:銅柱鐵牀(永嘉上34). 구리 기들 ᄆᆡᆼᄀᆞ라 곱으로 ᄇᆞᆯ라(宣賜內訓序4). 기데 오ᄅᆞ라 ᄒᆞ야(宣賜內訓序4). 門 알핏 나ᄐᆞᆫ 기든 燈籠ᄋᆞᆯ 웃ᄂᆞ다(南明下27). 露柱ᄂᆞᆫ ᄡᅳ로 셋ᄂᆞᆫ 기디라(金三4:7).

※긷>기동>기둥

긷거ᄒᆞ다 동 기뻐하다. ☞깃거ᄒᆞ다 ¶지아비 能히 집 다ᄉᆞ리믈 긷거ᄒᆞ고:夫喜能家(女四解2:33). 젼의ᄂᆞᆫ 처엄으로 보ᄋᆞᆸ고 긷거ᄒᆞᄋᆞᆸ데(重新語3:6).

긷그다 동 기뻐하다. ☞깃그다 ¶긷글 열:悅(倭解上21). 긷글 희:喜(倭解上23).

긷기다 동 기쁘게 하다. ☞깃기다 ¶그 ᄆᆞᄋᆞᆷ 긷김으로 힘ᄡᅥ ᄒᆞ더라:務悅其心(東新續三綱. 孝3:75 世貞孝友).

:긷·다 동 긷다〔汲〕. ¶瓶의 므를 기러 두고 ᅀᅡ 가리라 ᄒᆞ야(月釋7:9). ᄒᆞᆫ ᄢᅴ 계도록 긷다가(月釋7:9). 梅檀井에 믈 긷더시니(月釋8:78). 기론 찻므리(月釋8:92). 又 기룬 므레:新水(救急上7). 도ᄅᆞᆯ 자바 나가 믈 기러:提甕出汲(宣賜內訓2下76). 오직 ᄂᆞᄆᆞᆯ 키며 믈 기르며(南明上19). 므를 져기 기르라 기루믈 해 ᄒᆞ면:少汲水汲多(初杜解8:32). 아ᄒᆡ 井華水를 긷ᄂᆞ니:兒童汲井華(初杜解9:21). 네 몬져 믈 기르라 가라:你先打水去(飜老上34). 믈 긷다:打水(老朴集. 單字解4). 므를 길라 가고신뎐(樂詞. 雙花店). 기를 급:汲(訓蒙下11. 類合下41. 倭解上10). 믈 긷ᄂᆞᆫ 길히 심히 어녑거ᄂᆞᆯ:汲道甚艱(東新續三綱. 孝3:77). 일즙 멀리 가 믈 긷기를 근심ᄒᆞ더니:嘗患遠汲(東新續三綱. 孝5:22). 멀리 가 기러다가 공양ᄒᆞ고(女四解4:14).

긷드리다 동 깃들이다. ☞깃드리다. 짓드리다 ¶흰 새 분묘 ᄀᆞᄋᆡ 긷드리니:白鳥巢于墓傍(東新續三綱. 孝1:66). 긷드릴 소:巢. 긷드릴 셔:棲(倭解下22).

긷보다 형 기쁘다. ☞긷부다. 깃브다 ¶오래 개야 뵈오니 긷보와ᄒᆞᄋᆞᆸ내(隣語4:15). 書契를 보니 島中 無事ᄒᆞ시니 긷보외(重新語2:10). 크게 긷봄이 아모듸도 ᄒᆞᆫ가지로소이다(重新語6:3).

긷부다 형 기쁘다. ☞긷보다. 깃브다 ¶久阻之懷를 펴ᄋᆞᆸ고 긷부ᄋᆞᆸ거니와(隣語8:4). 말ᄉᆞᆷ을 듣ᄌᆞ오니 긷부기ᄂᆞᆫ 가이 업ᄉᆞ외다(隣語8:5). 昨日은 無事히 宴享을 ᄒᆞ시니 긷부외(重新語3:32).

긷·불·휘 명 기둥뿌리. ¶긷불휘 서거 ᄒᆞ야디며:柱根腐敗(法華2:56). 담과 ᄇᆞᄅᆞᆷ과 긷불휘와 보 ᄆᆞᆯ리 잇ᄂᆞ니:有墻壁柱根梁棟(法華2:57). 긷불휘 것거 서그며:柱根摧朽(法華2:103).

긷브다 형 기쁘다. ☞깃브다 ¶긷븐 ᄃᆞ시 그 안해ᄃᆞ려 닐러 ᄀᆞ로ᄃᆡ:怡然謂其妻曰(東新續三綱. 忠1:56).

긷비 부 기쁘게. ¶다 無事히 御渡海ᄒᆞ시니 긷비 너기ᄋᆞᆸᄂᆡ(重新語2:7).

긷·티·다 동 끼치다. 남기다. ☞기티다 ¶父母ᄭᅴ 됴ᄒᆞᆫ 일훔 긷툐ᄆᆞᆯ ᄉᆞ랑ᄒᆞ야:思貽父母令名(宣賜內訓1:58). 父母ᄭᅴ 붓그러우며 辱ᄃᆞ왼 일 긷틸가 ᄉᆞ랑ᄒᆞ야:思貽父母羞辱(宣賜內訓1:58).

길 명 길〔道. 路〕. ¶길헤 ᄇᆞ라ᅀᆞᄫᆞ니:于路迎候(龍歌10章). 갏 길히 입더시니:則迷于行(龍歌19章). 길 버서 쏘샤 세 사래 다 디니:避道而射三箭皆踣(龍歌36章). 긼ᄀᆞᅀᆡ 百姓이:路傍田叟(龍歌57章). 竹園ㅅ 길ᄒᆞᆯ 卽時예 向ᄒᆞ니(月印上53). 六道ᄂᆞᆫ 여슷 길히라(月釋序4). 그 길ᄒᆞ로 오거시ᄂᆞᆯ(月釋7:10). 길흘 조차 ᄃᆞᆫ니다가(月釋9:33). 길ᄒᆞᆫ 멀오 도ᄌᆞᄀᆞᆫ 하고(月釋10:23). 能히 길흘 알며(楞解8:122). 街ᄂᆞᆫ 바ᄅᆞᆫ 길히오(楞解9:62). 네 又 버듨길ᄒᆞᆯ:四邊階道(阿彌7). 길희 平홈과(圓覺下二之一15). 어딘 사ᄅᆞᄆᆡ 길ᄒᆞᆯ 막논디니:塞賢路(宣賜內訓2上23). 諸天이 곳 받ᄌᆞ올 길 업스며(南明上26). ᄀᆞᄅᆞᆳ 길헤 ᄆᆡ햇 梅花ㅣ 곳답도다:江路野梅香(初杜解7:6). ᄀᆞᄅᆞᆳ 길희 갓가오ᄆᆞᆯ 니기 아라:熟知江路近(初杜解7:9). 몃 길ᄒᆞ로 ᄉᆡ미 ᄂᆞᄆᆞᆯ 바ᄐᆞᆯ 저지ᄂᆞ뇨:幾道泉澆圃(初杜解7:39). 시냇믈 뷘 묏길콰 섭나모 門 늘근 나모 셋ᄂᆞᆫ ᄆᆞᅀᆞᆶ해:澗水空山道柴門老樹村(初杜解8:47). 길혼 下牢ㅣ 千里나ᄒᆞ도다:道里下牢千(初杜解20:6). 正ᄒᆞᆫ 길히라(金三3:13). 길 로:路. 길 도:途. 길 경:徑. 길 계:蹊(訓蒙上6). 길 도:道(訓蒙中2). 길 로:路. 길 도:道(類合下58). 큰길ᄒᆞ로 ᄒᆞ고 즐어 아니ᄒᆞ며:道而不徑(宣小4:18). 길히 ᄃᆞᆫ니ᄂᆞᆫ 사ᄅᆞᆷ이(八歲兒12). 압길히 아모 빗쳇 긔며(兵學1:11). 알고도 못 막는 길히니(古時調. 青春은. 歌曲). 길로:路(倭解上8. 註千21). 責罰이 몸의 더으면 뉘온출 길히 업스리라:責罰加身悔之無路(女四解2:19). 길:路(同文解上41). 먼 길히 슈고ᄒᆞ외(重新語7:17). 샤특ᄒᆞᆫ 길을 ᄇᆞᆲ지 아니며(敬信1). 님 그리ᄂᆞᆫ 마음이야 변ᄒᆞᆯ 길이 잇슬소냐(萬言詞). 길 당:唐 廟中路(註千5). 길 힝:行(註千9). 길 도:途(註千25).

※'길'의 첨용 [길 / 길히/길흔/길ᄒᆞ로…

길 명 길미. 이자(利子). ☞길의 ¶믿과 길헤 여듧 량 은에:本利八兩銀子(飜朴上34).

:길 명 ①길〔丈〕. ¶半 길 노ᄑᆡᆫ ᄃᆞᆯ 넌기 디나리잇가:雖半身高誰得能度(龍歌48章). 우므를 네 길 나마 포ᄃᆡ 므리 업거늘:浚井四丈餘不得泉(續三綱. 孝1). 일쳔 기리나 ᄒᆞᆫ 바회 아래 ᄂᆞ려뎌 죽다:投千仞崖下而死(東新續三綱. 烈8:22). 길 쟝:丈(倭解上39. 兒學下12). 길 심:尋(兒學下12). 뎐 왼편의 ᄒᆞᆫ 괘 놉희 길 남즉ᄒᆞ니 이예 금ᄌᆞ로 쓴 감응편이라(敬信43).
②길이. ¶넙마다 너븨와 길왜 다 스믈다ᄉᆞᆺ 由旬이오(月釋8:12). 길와 너븨왜 二百쉰 由旬이라(月釋8:18).

·길 명 길(吉). ¶善이라 ᄒᆞᆫ 거슨 吉을 닐오니오 不善이라 ᄒᆞᆫ 거슨 凶을 닐오닌ᄃᆞᆯ 아롤디로다 吉이라 ᄒᆞᆫ 거슨 누네 非禮옛 비츨 보디 아니ᄒᆞ며 귀예 非禮옛 소리를 듣디 아니ᄒᆞ며 이베 非禮옛 마ᄅᆞᆯ 니ᄅᆞ디 아니ᄒᆞ며 바래 非禮옛 ᄯᅡ홀 ᄇᆞᆯᄡᅵ 아니ᄒᆞ며

(宣賜內訓1:24). 易에 幽人之貞이면 吉이라 ᄒᆞ니(初杜解6:37). 이럴ᄊᆡ 어디니ᄂᆞᆫ 吉이라 닐오미오:是知善也者吉之謂也(飜小6:29).

길거리 명 길거리. ☞깂거리 ¶길거리ᄅᆞᆯ 臨ᄒᆞ야셔(重杜解1:26). 길거리:街上(同文解上41). 길거리에 우지디며 공경의게 빌고 청ᄒᆞ니(五倫1:39). 명을 밧드러 조혜 시슈ᄅᆞᆯ 큰 길거리에 바ᄋᆞ고(敬信21).

·길:경 명 길경(桔梗). 도라지. ¶桔梗ㅅ ᄀᆞᄅᆞ ᄒᆞᆫ 兩과 射香ㅅ ᄀᆞᄅᆞ ᄒᆞᆫ 分을 다시 ᄀᆞ라 고ᄅᆞ게 ᄒᆞ야(救急上26). 大黃 桔梗 蜀椒 桂心 각 ᄒᆞᆫ 량 반(簡辟9). 大黃 桔梗 川椒 桂心 각 ᄒᆞᆫ 량 반(瘟疫方10).

·길:경 명 길경(吉慶). ¶吉夢은 吉慶엣 ᄭᅮ미라(月釋2:47). ᄒᆞ다가 吉慶 ᄀᆞᄌᆞ닌 可ᄒᆞ니라(宣賜內訓1:58).

·길:경ᄃᆞ·ᄫᅵ 부 길경(吉慶)되이. ¶得道ᄒᆞᆫ 사ᄅᆞᄆᆞᆫ 吉慶ᄃᆞᄫᅵ 너겨 ᄒᆞ더라(月釋10:14).

길경이 명 질경이. ¶길경이:芣苢(詩解 物名2). 길경이치:車前菜(漢淸12:40). 길경이:車前 芣苢(物譜 藥草).

길경ᄒᆞ다 형 길경(吉慶)하다. ¶셩심으로 경봉하며 착ᄒᆞᆫ 일을 아올오 힝ᄒᆞ면 반다시 길경홈을 어드리라(敬信23).

길ᄀᆞ 명 길가. ☞길ᄶ. 깂ᄀᆞᆺ ¶초팔일 샹이 셰ᄌᆞ 힝ᄎᆞᄅᆞᆯ 보내려 챵능 길ᄀᆞ호로 나가시더니(山城135). 뎌긔 셧ᄂᆞᆫ 뎌 소나모 길ᄀᆞ의 셜 줄 엇디(古時調. 松江).

길나다 동 길을 떠나다. ¶동당 갈 제 가난ᄒᆞ여 길나디 못ᄒᆞ엿ᄶᅥᄂᆞᆯ:赴擧貧不能上道(二倫40 查道傾囊).

·길녀·다 동 길을 가다. ☞길려다 ¶길녏 사ᄅᆞᆷ과 ᄀᆞ티 너기시니(釋譜6:4). 길녈 한 사ᄅᆞᄆᆞᆯ 보고(月釋10:25). 길녏 사ᄅᆞ미어나(月釋21:119). ᄒᆞ마 버린 後엔 길녀리 블오며(法華2:212). 옷깃 녀미오 길녀매 나ᅀᅡ가놋다:斂衽就行役(初杜解8:20). 길녈 이 길ᄒᆞᆯ ᄉᆞ양ᄒᆞ며:行者讓路(宣小5:34).

길니다 동 길리다. 양육(養育)되다. ¶과부 아ᄌᆞ미게 길닌 배 되야(女四解4:41).

:길·다 동 자라다. 크다. ☞기다 ¶그 남기 倍倍히 싁싁ᄒᆞ고 길어늘(釋譜24:48). 곧 알ᄑᆡ 五根이 더 기러:卽前五根增長(圓覺上二之二115). 富貴예 나 기런 모로매 蠶桑ᄋᆡ 쉽디 아니호ᄆᆞᆯ 아롤디니:生長富貴當知蠶桑之不易(宣賜內訓2下51). 십 년에 슈명이 기러지고 십오 년에 만시 ᄯᅳᆺ과 ᄀᆞᆺ고(敬信8).

:길·다 형 길다. ☞기다 ¶톱 길며 엄이 길오(月印上60). 모미 길오 머리 우희 블 븓고(釋譜6:33). 長廣舌은 넙고 기르신 혜라(釋譜19:38). ᄀᆞᄂᆞᆯ오 기르시며(月釋2:40). 혜 길오 너브샤(月釋2:41). 당당이 길어니라:應長(初杜解9:8). ᄆᆡ햇 興趣 기루ᄆᆞᆯ 당당이 貪ᄒᆞᄃᆞ다:應耽野趣長(初杜解15:12). 나ᄃᆞ리 길어다:日月長(初杜解15:23). 뎌ᄅᆞ며 기로ᄆᆞᆯ 므더니 너굘디니:任短長(南明上22). 길어신 허튀예(樂範. 處容歌). 올ᄒᆞ며 외며 길며 뎌르며 됴ᄒᆞ며 구주믈:是非長短好惡(六祖中18). 길 슈:脩(光千41). 길 만:曼(類合下30). 네 德을 잘 삼가ᄒᆞ면 눈썹이 길에 댱슈홈을 萬年을 ᄒᆞ야 먼 福을 기리 바ᄃᆞ리라:淑愼爾德眉壽萬年永受胡福(宣小3:20). 터럭기 길거든:髮長(東新續三綱. 烈2:36). 길 슈:脩. 길 영:永. 길 인:引(註千41). 길 쟝:長(兒學下8).

길됴 명 길조(吉兆). ¶힝궁 남녁희 쟈소ᄅᆞᆯ 지어시니 인인이 다 이ᄅᆞᆯ ᄇᆞ라고 길됴라 ᄒᆞ야 그만 밋더라(山城37). 므슴 길됸고(洛城1).

길드다 동 길들다〔馴〕. ¶길드다:馴(柳氏物名一 獸族).

길드리다 동 길들이다. ¶길드릴 슌:馴(倭解下24). 룡 길드리기ᄅᆞᆯ ᄇᆡ화:學擾龍(十九史略1:10).

길려다 동 길을 가다. ☞길녀다 ¶사ᄋᆞᄅᆞᆯ 길려ᄂᆞᆫ 사ᄅᆞ미 업스니:三日無行人(重杜解12:10).

길름 명 기름. ¶믈쎨이 길름 ᄀᆞᆺ다(古時調. 海謠).

길·리 부 길이. ☞기리 ¶어딘 일홈이 후셰예 길리 가고:令聞長世(宣小4:53).

길리다 동 기리다. 칭찬하다. ☞기리다 ¶길릴 예:譽(倭解上25).

길마 명 길마. ☞기ᄅᆞ마 ¶길마ᄂᆞᆯ 얻더니:求鞍(東新續三綱 烈5:27. 兪氏投井). 뵈로 길마와 혁을 ᄡᆞᆯ디니라:布裹鞍轡(英小5:43). 길마:負鞍(柳氏物名一 獸族).

길모롱이 명 길모퉁이. ¶길모롱이:路隅(同文解上41).

·길:몽 명 길몽(吉夢). ¶漢明帝ㅅ 吉夢ᄋᆞᆯ 傅毅 아라 ᄉᆞᆯᄫᆞᄂᆞᆯ(月印上10). 吉夢은 吉慶엣 ᄭᅮ미라(月釋2:47).

길벋 명 길벗. ¶길벋:路伴(同文解上12).

길복 명 길복(吉服). ¶길복을 아니ᄒᆞ오시다(仁祖行狀9).

·길샹 명 길상(吉祥). ¶自在와 熾盛과 端嚴과 名稱과 吉祥과 尊貴왜시니라(楞解6:16). 다 吉祥앳 깃비 도ᄅᆞ신 德相이 겨샤 文이 비단 紋 ᄀᆞᆮᄒᆞ시고(法華2:19). 미뤼여 ᄉᆞ양ᄒᆞᆫ즉 현셩이 칙칙ᄒᆞ며 화긔 길샹을 닐위고(敬信70).

길시 명 기장. ¶길시 무:袤(類合下62).

·길·ᄉᆞ 명 길사(吉事). ¶우와 아랫 사ᄅᆞ미 옷과 밥과 길ᄉᆞ와 흉ᄉᆞ애 ᄡᅳᆯ 거슬 족게 호

ᄃᆡ:以給上下之衣食及吉凶之費(飜小7:50). 길ᄉᆞ 흉ᄉᆞ애 ᄡᅳᄂᆞᆫ 거슬 죡게 호ᄃᆡ(宣小5:81). 길ᄉᆞ의 미안ᄒᆞ시ᄃᆡ(癸丑52).

길ᄶᆞ [명] 길가. 노방(路傍). 노변(路邊). ☞길ᄀᆞ. 긼ᄀᆞᆺ ¶길ᄶᆞ 나모 밋 서ᄂᆞᆯᄒᆞᆫ ᄃᆡ 쉬며 자더니:在路傍樹底下歇凉睡(老解上25). 어와 뎌 소나모 셤도셜샤 길ᄶᆞ의 가(古時調. 海謠).

·길:ᄸᅥᆺ [명] 길가. ☞긼ᄀᆞᆺ ¶길ᄶᆞᅀᅢ셔 뒤보기 말라:休在路邊淨手(飜老上37).

길알외다 [동] 길을 알리다. 길을 인도(引導)하다. 안내하다. ¶길알욀 도:導(類合下8).

길·어 [동] ①커서. 자라서. ㉮길다 ¶내 져믄 ᄢᅳ브터 길어 사ᄅᆞᆷᄃᆞ외야(釋譜11:27). 아ᄃᆞ리나 ᄯᆞ리어나 아ᄅᆞᆳ 殃報ᄅᆞᆯ 곧 버서 安樂ᄒᆞ야 수ᄫᅵ 길어 목수미 增長ᄒᆞ리니(月釋21:97).
②길러. ㉮기르다 ¶젓 머기며 飮食 머겨 길어:乳哺飮食養育(圓覺上一之一111).

길·어:내·다 [동] 길러내다. ¶仙人이 ᄉᆞᆯᄫᅩᄃᆡ 大王하 이 南堀ㅅ 仙人이 ᄒᆞᆫ ᄯᆞᄅᆞᆯ 길어내니(釋譜11:27). ᄒᆞᆫ 曾參을 길어내요라:養得一曾參(三綱. 孟熙得金).

길·오 [형] 길고. ㉮길다 ¶혜 길오 너브샤 구믿 니르리 ᄂᆞᆺ출 다 두프시며(月釋2:41).

길·오·다 [동] 기르다. 길게 하다. ☞길우다 ¶목숨 길오져 ᄒᆞ다가(釋譜9:36). ᄯᆞᄅᆞᆯ 나하 길오니(釋譜11:29). 길온 功이 ᄆᆞᄎᆞ시면:養功終(楞解6:41). 子息을 길오ᄃᆡ(宣賜內訓3:6). ᄒᆞᆫ 이ᄅᆞᆯ 因티 아니ᄒᆞ면 ᄒᆞᆫ 智ᄅᆞᆯ 길오디 몯ᄒᆞ리라:不因一事不長一智(金三3:56). 어린 ᄠᅳ드로 슈힝 아니 ᄒᆞ니 아인을 길오ᄂᆞᆺ다:痴意無修長我人(野雲47).

길·우·다 [동] 기르다. 길게 하다. ☞길오다 ¶罪業을 길워(釋譜9:17). 네ᄒᆞᆫ ᄒᆞ마 냇ᄂᆞᆫ 됴ᄒᆞᆫ 法을 길우리라 ᄒᆞ야(月釋7:44). 일후미 聖胎 길우미니:名長養聖胎(楞解8:27). 類ᄅᆞᆯ 觸ᄒᆞ야 길우며:觸類而長(楞解8:30). 能히 ᄒᆞᄅᆞᆯ 길우샤 ᄒᆞᆫ 劫 ᄆᆡᇰᄀᆞᄅᆞ시며:能延一日以爲一劫(法華5:88). 여러 惡ᄋᆞᆯ 길우고:增長衆惡(永嘉上45). 慧ᄅᆞᆯ 치여 닷ᄀᆞ면 邪見을 길우ᄂᆞ니라:偏修慧增長邪見(圓覺上一之一110). 善根을 길우게 ᄒᆞᄂᆞ니:增長善根(圓覺下一之一61). ᄒᆞᆯᄀᆡ 苗 길움 ᄀᆞᆮᄒᆞ니:如土長苗(圓覺下二之一33). 오직 어엿비 너겨 길우미:但患愛養(宣賜內訓2上42). 竹笋 길우노라 門을 다ᄅᆞᆫ ᄃᆡ로 여로니:長筍別開門(初杜解25:19). 안 ᄆᆞᅀᆞᄆᆞᆯ 길워 됴케 호미니:所以養其中也(飜小8:8). 後後에 길워:養(龜鑑上23). 오만홈ᄋᆞᆯ 可히 길우디 몯ᄒᆞᆯ 거시며:敖不可長(宣小3:2).

길의 [명] 길미. 이자(利子). ☞길 ¶풍년과 즐거온 ᄒᆡ예 곡식을 지워 ᄲᅧ 길의ᄅᆞᆯ 밧고:豐年樂歲輸租以取贏(正俗46).

길이 [명] 길이〔長〕. ☞기릐. 기릐 ¶길이 아홉 치오(火砲25).

길·이·다 [동] 길리다. 긷게 하다. ¶林淨寺애 가샤 聖人 뫼ᅀᆞᄫᆞ시ᄂᆞᆯ ᄀᆞ장 깃거 믈을 길이시니(月釋8:84). 우믌므를 ᄒᆞᄅᆞ 五百 디위옴 길이더시니(月釋8:91).

길이다 [동] 길게 하다. ☞길우다 ¶芝草와 琅玕괘 날로 당당이 길이니라:芝草琅玕日應長(重杜解9:8).

길이다 [동] 기리다. ☞기리다 ¶것흐로 길이다:面奬(譯解補51).

길인 [명] 길인(吉人). ¶그런고로 길인은 착ᄒᆞᆫ 거ᄉᆞᆯ 말ᄒᆞ며 착ᄒᆞᆫ 거ᄉᆞᆯ 보며(敬信7).

길일 [명] 길일(吉日). ¶날로 ᄒᆡ여곰 吉日을 請ᄒᆞ라 ᄒᆞ연ᄂᆞ니라(家禮4:8). 어ᄂᆡ ᄃᆞᆯ 어ᄂᆡ 날 셔울을 떠나셔 어ᄂᆡ ᄢᅴ 出船 吉日인고 ᄒᆞ야(重新語5:4). 近日間의 吉日을 擇定ᄒᆞ여(隣語2:3).

길자비 [명] 길잡이. ¶길자비:引路(語錄18).

·길잡·다 [동] 길을 인도하다. ¶하ᄂᆞᆳ 풍류 虛空애 ᄀᆞᄃᆞᆨᄒᆞ야 곳비 비흐며 香 퓌우고 길잡ᄉᆞᆸ거니 미조ᄍᆞᆸ거니 ᄒᆞ야 ᄂᆞ려오더라(釋譜11:13). 梵天이 길자바 無憂樹 미틔 가시니 諸天이 곳 비터니(月釋2:35). 導ᄂᆞᆫ 길자ᄇᆞᆯ 씨니(月釋9:12). 引導ᄂᆞᆫ ᅘᅧ 길자ᄇᆞᆯ 씨라(法華1:4).

길장구 [명] 질경이. ¶芣 芣苢車前草 질경이 길장구(新字典3:49 芣字註).

:길조·치 [명] 길이〔縱〕. 〔'길'은 '사람의 키의 한 길이(身長大)'의 뜻, '조치'는 '좃(좇)다(隨. 從)'의 어간(語幹)에 접미사 '-이'가 붙어 이루어진 명사.〕☞기조치 ¶병ᄒᆞᆫ 사ᄅᆞ미 ᄇᆡᄅᆞᆯ 자바 뉘이고 두 ᄇᆞᆯᄒᆞᆯ 길조치로 펴 노코 노ᄒᆞ로 두 ᄇᆞᆯ독 ᄆᆞ됫 그틀 ᄀᆞᄅᆞ견조고(救簡2:61).

길쥭 [부] 길쭉이. ¶길쥭 넙쥭 어틀머틀 믜몽슈로 ᄒᆞ거라 말고(古時調. 白華山. 靑丘).

길즈기 [부] 길찍이. ☞길즉ᄒᆞ다 ¶불휘 길즈기 나거든:根出稍長(救簡3:18). 길즈기:長些兒(同文解下54).

길즉ᄒᆞ다 [형] 길찍하다. ¶길즉ᄒᆞᆫ 것:長長的(漢淸11:59).

길치냥ᄒᆞ다 [형] 치우쳐 있다. 떨어져 있다. ¶ᄂᆡ 집이 길치냥ᄒᆞ여 杜鵑이 낫제 운다(古時調. 歌曲).

길표 [명] 길표〔道標〕. ¶길표 ᄒᆞ여 나모에 삭인 것:樹上砍的刻(漢淸13:30).

길하다 [형] 길(吉)하다. ☞길ᄒᆞ다 ¶길할 길:吉(兒學下1).

길·헤 [명] 길에. 〔ㅎ 첨용어 '길'의 부사격(副詞格).〕㉢길 ¶玄黃筐篚로 길헤 ᄇᆞ라ᅀᆞᄫᆞ니:玄黃筐篚于路迎候(龍歌10章). 길헤 이

셔 소밥ᄋᆞᆯ 아니 먹더니:居道上不素食(宣賜內訓1:65). 禾黍ㅣ ᄒᆞ마 길헤 비취ᄂᆞ니:禾黍已映道(杜解5:35).

길헤 명 지라. 비장(脾臟). ¶길헤 비:脾(兒學上2).

·길흉 명 길흉(吉凶). ¶祥ᄋᆞᆫ 吉凶의 몬져 뵈요미라(楞解7:59). 세흔 吉凶을 占ᄒᆞ며 相ᄒᆞᆯ 시오(圓覺上二之二117). 그 길흉을 시험ᄒᆞ더니:驗其吉凶(東新續三綱. 孝2:2). 衣食과 밋 吉凶에 ᄡᅳᄂᆞᆫ 거ᄉᆞᆯ(家禮2:2).

·길흐·로 명 길로. 〔ㅎ 첨용어 '길'의 부사격(副詞格).〕 독길 ¶몃 길흐로 시미 ᄂᆞ ᄆᆞᆯ 바ᄐᆞᆯ 저지ᄂᆞ뇨:幾道泉澆圃(初杜解7:39).

·길흔 명 길은. 독길 ¶길흔 下牢ㅣ 千里나 ᄒᆞ도다:道里下牢千(初杜解20:6).

·길희 명 길의. 〔ㅎ 첨용어 '길'의 관형격(冠形格).〕 독길 ¶ᄀᆞᄅᆞᆷ 길희 갓가오ᄆᆞᆯ 니기 아라:熟知江路近(初杜解7:9).

길히 명 길이. 〔ㅎ 첨용어 '길'의 주격(主格).〕 독길 ¶西ㅅ녀크로 가ᄂᆞᆫ 술위예브터 길히 다ᄅᆞ니:西轅自玆異(重杜解1:34).

·길ᄒᆞ·다 형 길(吉)하다. ¶聖王ㅅ 알ᄑᆡ 占이라 吉호ᄆᆞᆯ 니ᄅᆞ디 몯ᄒᆞ리로소이다(宣賜內訓2下9). 相 볼 사ᄅᆞ미 닐오ᄃᆡ 善ᄒᆞ며 吉토다 ᄒᆞ야ᄂᆞᆯ 일후믈 善吉이라 ᄒᆞ며(南明下14). 吉ᄒᆞᆫ 사ᄅᆞᄆᆞᆫ:吉也者(飜小6:30). 길ᄒᆞᆫ 사ᄅᆞᄆᆞᆫ:吉人(飜小6:31). 길ᄒᆞ며 흉ᄒᆞ며:吉凶(飜小8:10). 吉홈을 닐옴이오:吉之謂也(宣小5:27). 길ᄒᆞᆯ 길:吉(石千41). 길ᄒᆞᆯ 길:吉(倭解下33). 오래고 오래매 반ᄃᆞ시 길ᄒᆞ고 경ᄉᆞ로온 일이 이스리니(敬信7). 쇼졔 반신반의ᄒᆞ야 칙을 펴 ᄒᆞᆫ 점괘ᄅᆞᆯ 어드니 크게 길ᄒᆞᆫ지라(落泉2:4).

긼ᄀᆞ 명 길가. ☞길ᄀᆞ. 긼ᄀᆞᆺ ¶소ᄂᆞ로 菊花ᄅᆞᆯ 긼ᄀᆞ애 ᄠᅩᄆᆞᆯ 兼ᄒᆞ놋다:手兼菊花路傍摘(重杜解17:33).

·긼·거리 명 길거리. ☞길거리 ¶긼거리ᄅᆞᆯ 臨ᄒᆞ야셔 ᄠᅳ디 ᄌᆞ모 셜울시:臨岐意頗切(初杜解8:21). 긼거리ᄅᆞᆯ 臨ᄒᆞ야셔 슬후믈 짓디 아니ᄒᆞ고:不作臨岐恨(初杜解23:11).

긼구븨 명 길굽이. ¶아ᅀᆞᆷ도히 긼구븨예 ᄢᅳ렛도다:親戚擁道周(重杜解5:30).

·긼:ᄀᆞᆺ 명 길가. ☞길ᄀᆞ. 길ᄍᆞ. 길ᄌᆞᆺ ¶긼ᄀᆞᅀᅢ 百姓이 큰 功ᄋᆞᆯ 일우ᅀᆞᄫᆞ니:路傍田叟大功斯立(龍歌57章). 긼ᄀᆞᅀᅢ 軍馬 두시고:路畔留兵(龍歌58章). 긼ᄀᆞᅀᅵ셔 ᄲᅩᇰᄋᆞᆯ ᄠᅡᄃᆡ:採桑道傍(宣賜內訓2下69). 서브로 ᄒᆞᆫ 門은 녯 긼ᄀᆞᅀᅵ로다:柴門古道傍(初杜解7:4). 이 긼ᄀᆞᅀᅢ 노하:這路傍邊放了(飜老上39).

:김 명 김. ¶사ᄅᆞᄆᆞ로 가ᅀᆞ매 입김 드려 덥게 호ᄃᆡ:使人噓其心令暖(救急上10). 항 부리 우희 안자 김을 ᄢᅬ요ᄃᆡ:坐缸口上熏蒸(救簡3:65). ᄯᅩ ᄆᆞᆯ 김 들면:或但爲馬氣所蒸(救簡6:73). 김 나게 말라:休教走了氣(飜老上20. 老解上18). ᄡᅮᆨ 기미 ᄇᆡ예 드러가니:艾氣肚裏入去(飜朴上39). 김 나다:氣(老朴集. 單字解7). 입김 ᄢᅵ운이 이실시니라:口澤之氣存焉爾(宣小2:16).

김 명 김. 어떻게 된 기회. ¶ᄂᆞᆷ의 김에:隨聲附和(漢淸8:66). 醉ᄒᆞᆫ 김의 憤ᄒᆞ여 酒戰을 시작ᄒᆞᆯ 작시면(隣語1:4).

김삼 명 돌삼. 산에 절로 자라는 삼. ¶薜 山生似人家麻者疑是 김삼(柳氏物名三 草).

김싱 명 짐승. ¶가루를 모도와 김싱을 멕여(女四解3:22).

김의 명 기미. ☞기믜 ¶김의:痣子(譯解上36. 同文解上19). 져 ᄃᆞᆯ에 김의곳 업쓴들 내 님 될ᄭᅡ ᄒᆞ노라(古時調. 海謠).

김칙 명 김치. ☞짐치 ¶져리김칠망정 업다 말고 너여라(古時調. 다나 쓰나. 青丘).

김치 명 김치. ¶김치 或曰細切曰虀全物曰菹(柳氏物名三 草).

:깁 명 깁. 비단(緋緞). ¶깁爲繒(訓解. 合字). 기베 안ᅀᆞᄫᅡ 어마님ᄭᅴ 오ᅀᆞᆸ더니(月印上9). 하ᄂᆞᆳ 기ᄇᆞ로 안ᅀᆞᄫᅡ(月釋2:39). 綵女ㅣ 기베 안ᅀᆞᄫᅡ 어마님ᄭᅴ 오ᅀᆞᆸ더니(月釋2:43). 깁 두드리며 ᄡᆞᆯ 디호면:擣練舂米(楞解4:130). 諸輪을 깁섯ᄃᆞ시:諸輪綺互(圓覺序60). 깁 ᄧᅡᄂᆞᆫ 소리ᄅᆞᆯ 즐겨 듣더니(宣賜內訓序4). ᄉᆞᆯ히 힌 깁 ᄀᆞᆮᄒᆞ닐 다시 ᄃᆞ려 보내라:再騁肌膚如素練(杜解10:1). 錦官城에 기블 무로라 가놋다:問絹錦官城(杜解16:8). 吳門에셔 조콰 기블 옮겨:吳門轉粟帛(杜解21:36). 깁 겸:縑. 굴근 깁 뎨:綈. ᄀᆞᄂᆞᆫ 깁 증:繒(訓蒙中30). 깁 환:紈. 깁 긔:綺. 깁 쵸:綃. 깁 견:絹(訓蒙中31). 깁 쵸:綃. 깁 견:絹(類合上25). 깁 ᄇᆡᆨ:帛(類合上26). 깁 긔:綺(石千24). 깁 환:紈(石千35). 오ᄉᆞᆯ 기브로 한옷과 고의를 아니 ᄒᆞ며:衣不帛襦袴(宣小1:4). 갓옷과 기블 니브며:衣裘帛(宣小1:5). 아ᄒᆡᄂᆞᆫ 갓옷 아니 닙으며 깁것 아니 닙으며:童子不裘不帛(宣小3:22). 피로 깁 젹삼의 글써 관의 녀허(東新續三綱. 烈2:26). 깁과 능과 소옴을 거두어 사:收買些絹子綾子綿子(老解上11). 깁 ᄇᆡᆨ:帛. 깁 라:羅. 깁 사:紗. 깁 릉:綾(倭解下9). 깁 ᄶᆞᄂᆞᆫ 계집이 밥 그르ᄉᆞᆯ 가져시믈 보고(女四解4:47). 깁 라:羅(註千21). 깁 소:素(註千29). 깁 ᄀᆞᄐᆞᆫ 쟝 ᄢᅴ예 白雲 ᄀᆞᄐᆞᆫ ᄉᆞᆯ을 치고(曺友仁. 出塞曲). 통綿紬 紫芝 쟉져구리 속에 깁 젹삼 안셥히 되여(古時調. 각시닉 玉. 青丘). 깁을 ᄧᆞ며 샹일을 친히 ᄒᆞ니(洛城2).

:깁누븜 동 깁고 누빔. ㉮깁누비다 ☞깁다. 누비다 ¶옷과 치마왜 ᄣᅥ디거든 바ᄂᆞᆯ애 실 소아 깁누뷰ᄆᆞᆯ 請호ᄃᆡ니:衣裳綻裂紉箴請補

綴(宣賜內訓1:50).

:깁누·비·다 동 깁고 누비다. ¶옷과 치마왜 ᄧᅡ디거든 바ᄂᆞᆯ애 실 소아 깁누뷰ᄆᆞᆯ 請ᄒᆞᆯ디니:衣裳綻裂紉箴請補綴(宣賜內訓1:50).

:깁·다 동 깁다. ¶버거 부텻 고ᄃᆞᆯ 깁ᄉᆞ오이다:次補佛處(楞解5:82). 지조 업슨 모ᄆᆞ로 袞職 깁소오ᄆᆞᆯ ᄒᆞᆫ가지로 호니:不才同補袞(初杜解20:42). 옷과 신과ᄅᆞᆯ 고텨 기우샤:完緝衣韈(宣賜內訓2下38). 바ᄂᆞᆯ애 실 ᄢᅦ아 기우며 븐텨징이다 請ᄒᆞᆯ디니라:紉箴請補綴(宣小2:8). 부텻 지븨 五色 지젼으로 ᄂᆞᄆᆞᆺ 기워 녀흐며:佛室中以五色雜綵作囊盛之(觀經12). 옷 기울 보:補(類合下12). 기올 보:補(倭解下32). 깁다:補綻(同文解上56). 네 손쇼 깁자ᄒᆞ니 기을 것 바히 업녀(萬言詞).

깁·다 형 깊다. ☞깊다 ¶梵音이 깁고 微妙ᄒᆞ샤(釋譜13:17). 善賢ㅅ 묻ᄌᆞ오샤미 깁거시늘(圓覺上二之二4). 눈 깁다:雪深(譯解上3). 보미 깁거늘:春深(南明上3). 깁다:深(同文解上8). 흔흔믁믁ᄒᆞ야 길이 나올 긔약이 업ᄉᆞ니 깁게 가히 슬픈지라(敬信23).

깁더타다 동 눌러타다. ¶大龍을 깁더타고 天衢로 너ᄂᆞᆫ ᄃᆞᆺ(武豪歌).

깁드레 명 눈이 잔 그물. ¶깁드레:細絲粘網(漢淸10:24).

:깁보·타·다 동 기워 보태다. ☞깁보태다 ¶縫緝은 깁보탈 시라(宣賜內訓2下40).

:깁보·태·다 동 기워 보태다. ¶믈러와ᄂᆞᆫ 허믈 깁보태욤ᄋᆞᆯ ᄉᆡᆼ각ᄒᆞ야:退思補過(宣小2:42). 널이 ᄯᅩ 엷ᄉᆞ 다 니와겨 깁보태엿다:板子又薄都是接頭補定麽(朴解中2).

:깁섯·다 동 비단 ᄧᆞ듯이 얼기설기 섞다. ¶諸輪을 깁섯ᄃᆞ시:諸輪綺互(圓覺序60). 單과 複괘 깁섯ᄃᆞᆺ ᄒᆞ야(圓覺下二之一62).

:깁소옴쇼 명 풀솜요. ¶깁소옴쇼ᄒᆞᆯ 가즐블디라:則譬繒纊絪褥(法華2:243).

깁수위·다 형 깊숙하다. 그윽하다. ☞깁스위다 ¶퍼러ᄒᆞ야 天理 ᄯᅩ 깁수위도다:蒼蒼理又玄(初杜解20:19). 文章ᄋᆞᆯ 깁수윈 딜 여럿ᄂᆞ니:文章開突奧(初杜解24:5). 묏부리 깁수위오:峯巒窈窕(初杜解25:44).

깁스위·다 형 깊숙하다. 그윽하다. ☞깁수위다 ¶北極을 配對ᄒᆞᆫ 玄都ㅣ 깁스위니:配極玄都閟(杜解6:26). 긴 그리메 깁스윈 디ᄢᅧ더 드렛고:長影沒窈窕(初杜解6:46). 드트레 나 술윗 자최 깁스위니:出塵閟軌躅(初杜解22:26). 기프며 깁스위여:深玄(金三3:27).

:깁·옷 명 비단옷. ¶天人이 ᄒᆞᆫ적 ᄂᆞ려와 깁옷 닙고(南明上61).

깁즈기 부 깊숙이. ¶마지란 거슨 ᄀᆞ장 쟈가 깁즈기 이셔:麻子最小隱隱(痘要下68).

깁체 명 깁으로 메운 체. 견사(絹篩). ¶깁체:羅兒(譯解下13).

깁프·다 형 깊다. ☞깁ᄑᆞ다. 깁ᄒᆞ다. 깊다 ¶孝子의 깁픈 ᄉᆞ랑ᄋᆞᆯ 둔ᄂᆞᆫ 이ᄂᆞᆫ 반ᄃᆞ시 온화ᄒᆞᆫ 긔운이 잇고:孝子之有深愛者必有和氣(宣小2:9).

깁·픠 명 깊이. ☞기픠 ¶굴헝이 깁픠 두어 百 자히나 ᄒᆞᆫ ᄃᆡ를 디늘어셔:臨壑谷深數百尺(宣小6:61). ᄀᆞ장 깁프니도 一丈 깁픠 업서 다 닐곱 여돏 자 깁픠라(老解上32).

깁·피 부 깊이. ☞기피 ¶내 다 깁피 ᄉᆞᆯ피디 몯ᄒᆞ논디라:我皆未深省(飜小8:17). 깁피 그 罪ᄅᆞᆯ 받ᄌᆞ와(宣小4:20). 애ᄃᆞ롬을 깁피 품어(宣小6:62). 上下坪 公私田을 깁피 ᄀᆞᆯ고 ᄌᆞ로 ᄆᆡ여(人日歌).

깁ᄑᆞ·다 형 깊다. ☞깁프다. 깊다 ¶녯 害ᄂᆞᆫ 갓가와 수이 알리러니 이젯 害ᄂᆞᆫ 깁퍼 분변홈이 어렵도다:昔之害近而易知今之害深而難辨(宣小5:119). 더옥 쥬역의 깁ᄑᆞ니:尤邃於易(東新續三綱. 忠1:72). 江湖의 病이 깁퍼(松江. 關東別曲).

깁흐·다 형 깊다. ☞깁프다. 깁ᄑᆞ다. 깊다 ¶깁흔 모ᄉᆞᆯ 디늘어심 ᄀᆞᆮ티 ᄒᆞ며:如臨深淵(宣小4:24). 깁흘 심:深(倭解上10). 밤이 늗고 更이 깁허:夜晩更深(女四解2:19). 소년 노리 그만 ᄒᆞ쟈 부모 근심 깁흐시다(萬言詞). 이 情誼 깁흔 情을 만의 ᄒᆞ나 옴기시면(萬言詞).

깁희 명 깊이. ☞기픠 ¶눈이 ᄲᅡ혀 깁희 ᄒᆞᆫ 자히러라:雪深一尺矣(五倫5:27).

깁히 부 깊이. ☞기피 ¶겨집은 안해 이셔 집을 깁히 ᄒᆞ며 門ᄋᆞᆯ 굳이 ᄒᆞ야:女子居內深宮固門(宣小2:50). 샹은 깁히 겨사(明皇1:34). 고황데 깁히 아름다이 너기시더라(女範1. 셩후 황명고후). 깁히 드러가다:深入. 깁히 ᄲᅡ지다:淹沒(漢淸1:49). 깁히 녀허 읻ᄉᆞ오니 別ᄒᆞᆫ 일도 업ᄉᆞ오니 明日 보ᄋᆞᆸ소(重新語1:21). 죄벌이 머지 아니ᄒᆞ니 깁히 ᄋᆡ련ᄒᆞᆫ지라(敬信13).

깁·히 부 깊이. ☞기피 ¶만일 能히 論語 孟子ㅅ 가온ᄃᆡ 깁히 求ᄒᆞ고 玩味ᄒᆞ야:若能於論孟中深求玩味(宣小5:110).

깃 명 깃〔羽〕. 새의 날개의 털. ☞긷 ¶깃 우:羽(兒學上8). 깃 다듬다:刷羽(柳氏物名一 羽蟲).

·깃 명 ①새집. 새의 보금자리〔巢〕. ¶깃爲巢(訓解. 用字). ᄌᆞ조 와 말ᄒᆞᄂᆞᆫ 져비ᄂᆞᆫ 새기슬 一定ᄒᆞ얫도다:頻來語燕定新巢(杜解7:1). 기시 하니 뭀 새 사호고:巢多衆鳥鬪(杜解22:4). 그려기 塞北ᄋᆞᆯ ᄉᆞ랑ᄒᆞ며 져비 녯 깃 ᄉᆡᆼ각호미 ᄀᆞᆮᄒᆞ니:如鴈之思塞北燕之憶舊巢(金三2:6). 깃 시:塒. 깃 소:巢. 깃 과:窠(訓蒙下7). 깃 소:巢. 깃 셔:栖. 棲

(類合上12). 새 기시 홈이 뜻듯고(女範2. 변녀 니시옥영).

②소굴(巢窟). ¶승샹이 네 범의 깃과 농의 소 곳혼 딕 괴로이 날 적의(三譯9:15).

·깃 명 포대기. 강보(襁褓). ¶뭇앗이 기세 잇더니:其季在襁褓(三綱. 烈31). 깃:襁褓(四解下20 褓字註). 우희 두서 깃 졀오:上頭鋪兩三箇襁子(飜朴上56). 깃 쟈:襁(訓蒙叡山本中12). 깃 챠:襁(訓蒙東中本中24). 친히 기술 지어 ᄌ조 스스로 굴고:親造襁褓數自遞改(東新續三綱. 孝8:71). 기시 아히ᄂᆞᆫ 오히려 업더여 젼즤 나아가니:襁褓兒猶匍匐就乳(東三綱. 烈2). 아긔 깃:襁子(譯解上37). 아희 깃:襁褓(同文解上54).

·깃 명 깃. 옷깃. ☞긷. 깆 ¶깃과 ᄉᆞ매 正히 히어놀:領袖正白(宣賜內訓2上51). 깃 녕:領(石千41). 깃:領(譯解下6).

깃·가 동 기뻐하여. ☞깃거 ¶羅卜이 듣고 어믜 ᄠᅳ들 깃가(月釋22:66).

깃·거 동 기뻐하여. ㉮깃그다 ¶耶輸ㅣ 보시고 ᄒᆞ녀ᄀᆞ론 분별ᄒᆞ시고 ᄒᆞ녀ᄀᆞ론 깃거 구쳐 니러 절ᄒᆞ시고(釋譜6:3). ᄆᆞᄉᆞ매 깃거(圓覺序46). 허믈 드로ᄆᆞᆯ 깃거(宣賜內訓1:22). 쇽졀업시 詩書ᄅᆞᆯ 卷秩ᄒᆞ야셔 깃거 미칠 ᄃᆞᆺ호라:漫卷詩書喜欲狂(重杜解3:24). 녯 가히 내 도라오ᄆᆞᆯ 깃거:舊犬喜我歸(重杜解6:39).

깃·거·ᄒᆞ·다 동 기뻐하다. ☞긷거ᄒᆞ다 ¶놀애ᄅᆞᆯ 블러 깃거ᄒᆞ더니(月印上9). 諸天이 듣ᄌᆞᆸ고 다 깃거ᄒᆞ더라(月釋2:17). 和悅은 溫和히 깃거ᄒᆞ실 씨라(月釋2:58). ᄯᅩ 깃거호미 몯ᄒᆞ리라:却不得歡喜(蒙法16). 文王이 깃거ᄒᆞ더시다(宣賜內訓1:40). 지빗 사ᄅᆞ미 그ᄉᆞ기 깃거호ᄃᆡ:家人竊喜(宣賜內訓2下9). 昏蒙호ᄆᆞᆯ 包容ᄒᆞ야셔 텨 ᄇᆞ료ᄆᆞᆯ 깃거ᄒᆞ노라:包蒙欣有擊(杜解16:1). ᄇᆞᄅᆞ미 가비야오니 힌 나비 깃거ᄒᆞ고:風輕粉蝶喜(杜解21:6). 깃거ᄒᆞᄂᆞᆫ ᄆᆞᆯᄀᆞᆫ ᄠᅳ디로다:欣然淡情素(初杜解22:40). 天下읫 션비 깃거홈은:天下之士悅之(宣小4:9). 將士ㅣ 다 깃거ᄒᆞ고(女四解4:9). 깃거ᄒᆞ더니 젺고 녀외표리홀 사ᄅᆞᆷ이(癸丑22). 깃거ᄒᆞ다:喜歡(同文解上22). 샹이 깃거ᄒᆞ면 ᄯᅩ한 깃거ᄒᆞ시니:喜(百行源16).

깃·게 동 기뻐하게. ㉮깃다 ¶喜ᄂᆞᆫ 뎌를 즐겨 깃게 홀 씨오(月釋9:42). 南녁 늘그닐 惠愛ᄒᆞ야 깃게 ᄒᆞ곡 나ᄆᆞᆫ 恩波ᄅᆞᆯ 내 늘근 모매 밋게 ᄒᆞ라:惠愛南翁悅餘波及老身(初杜解23:38).

깃게이·다 형 기쁩니다. 고맙습니다. ¶만히 깃게이다 누의님하:多謝姐姐(飜朴上48). ᄀᆞ장 깃게이다:多謝多謝(老解上50).

깃·교리·라 동 기쁘게 하리라. 기쁘게 하려고. ㉮깃기다 ¶耶輸를 깃교리라 쉰 아히 出家ᄒᆞ니(月印上53).

깃·굼 동 기꺼워함. 기뻐함. ㉮깃그다 ¶됴타 됴타 내 너의 깃구믈 돕노니(釋譜11:9). 깃구믈 내 이긔디 몯ᄒᆞ며:喜不自勝(金剛序14). 내 盛코 ᄂᆞ미 衰커든 깃구믈 내 알면:自覺已盛他衰則喜(圓覺下三之一64).

깃그·다 동 기뻐하다. ☞기ᄢᅥᄒᆞ다. 긷그다. 깃다. 깃쁘다 ¶卽日에 깃그시니:卽日懌之(龍歌27章). 遼左ㅣ 깃ᄉᆞᄫᆞ니:遼左悅服(龍歌41章). 二軍 鞠手ᄲᅮᆫ 깃그니이다:二軍鞠手獨自悅懌(龍歌44章). 淨居天이 깃그며(月印上29). 耶輸ㅣ 보시고 ᄒᆞ녀ᄀᆞ론 분별ᄒᆞ시고 ᄒᆞ녀ᄀᆞ론 깃거 구쳐 니러 절ᄒᆞ시고(釋譜6:3). 됴타 됴타 내 너의 깃구믈 돕노니(釋譜11:9). 드러 보시고 깃그샤(釋譜11:28). 하ᄂᆞᆯ콰 神靈괘 기ᄢᅥ ᄇᆞᄅᆞᆷ 비ᄅᆞᆯ 時節로 ᄒᆞ야 百姓이 가ᄉᆞ며러라(釋譜11:36). 歡喜ᄂᆞᆫ 깃글 씨라(釋譜13:13). 깃긔 호리라 ᄒᆞ샤(月釋7:55). 시름 말오 기ᄢᅥᄒᆞ시며(月釋10:9). 반ᄃᆞ기 깃굴띠니라(法華6:123). 깃구믈 내 이긔디 몯ᄒᆞ며:喜不自勝(金剛序14). 窮子ㅣ 비록 깃그나:窮子雖喜(圓覺序47). 내 盛코 ᄂᆞ미 衰커든 깃구믈 내 알면(圓覺下三之一64). 王이 깃그샤:王悅(宣賜內訓上23). ᄀᆞ장 깃거 니ᄅᆞ샤ᄃᆡ:大悅之曰(宣賜內訓2下70). 너ᄂᆞᆫ 깃거도 나ᄂᆞᆫ 깃디 아니ᄒᆞ며:你喜我不喜(金三2:5). ᄠᅳ데 내 깃고니:情自悅(金三3:37). 깃글 감:感(光千24). 깃글 흔:欣. 깃글 환:歡(光千32). 깃글 열:悅(光千37). 깃글 희:喜(類合下3). 깃글 흔:欣. 깃글 열:悅(類合下13). 깃글 이:怡(類合下27). 깃거 미칠 ᄃᆞᆺ호라:喜欲狂(重杜解3:24). 녯 가히 내 도라오ᄆᆞᆯ 깃거:舊犬喜我歸(初杜解6:39). 염왕이 깃거 ᄀᆞᆯ오ᄃᆡ(桐華寺 王郎傳7). 샹이 깃그샤 상ᄉᆞ 만히 ᄒᆞ시고(明皇1:30). ᄀᆞ장 깃거 궤청ᄒᆞᄂᆞᆫ 대로(明皇1:35). 샹이 깃거 가려 ᄒᆞ신ᄃᆡ(明皇1:37). 왕이 깃그샤(女範2. 현녀 초장번희). 깃글 열:說(註千24). 깃글 열:悅(註千37).

깃급 명 분재(分財). ☞깃득. 깃부 ¶分財謂之衿給俗呼 깃급(東韓).

깃긔 명 관아(官衙)에 내는 발기. ¶깃긔:衿記 結役捧上件記(行吏).

깃·기·다 동 기뻐하게 하다. ☞긷기다. 깃씌다 ¶秦民ᄋᆞᆯ 깃기시니:悅秦民士(龍歌45章). 耶輸를 깃교리라 쉰 아히 出家ᄒᆞ니(月印上53). 時節ㅅ 비로 物을 깃겨:以時雨喜物(法華1:47). 모ᄃᆞᆫ ᄆᆞᄉᆞᄆᆞᆯ 깃기니:悅可衆心(法華1:68). 喜ᄂᆞᆫ 깃기실 씨오(法華1:141). 사ᄅᆞᆷ 깃기산 젼ᄎᆞ라:悅人故(法華4:188). 衆生 깃규ᄆᆞᆯ 爲혼 젼ᄎᆞ로 無量神

力 나토ᄃᆡ:爲悅衆生故現無量神力(法華6:111). 그 ᄠᅳ들 慰勞ᄒᆞ야 깃기시며:慰悅其意(宣賜內訓2下40). 여러 ᄆᆞᅀᆞᄆᆞᆯ 깃기시니:悅可衆心(南明序2). 山ᄋᆞᆯ 니즈면 道性이 神을 깃기고:忘山則道性怡神(永嘉下114). 이ᄂᆞᆫ 님금 사오나옴ᄋᆞᆯ 나토고 스스로 ᄇᆡᆨ셩의게 깃김이니:是彰君之惡而自說於民(宣小4:25). 힘ᄡᅥ 어버이ᄅᆞᆯ 깃기모로ᄡᅥ 일삼고:務以悅親爲事(宣小5:37). 그 아비 혼자 사로매 ᄉᆞ립이 그 ᄠᅳᄃᆞᆯ 깃기고져 ᄒᆞ야:其父鰥居斯立欲悅其志(東新續三綱. 孝3:73). 어버의 ᄆᆞᄋᆞᆷ 깃기ᄆᆞᆯ 힘ᄡᅳ더라:務悅親心(東新續三綱. 孝6:16). ᄠᅳᄃᆞᆯ 마자 아당ᄒᆞ며 공교로이 깃기ᄂᆞᆫ 틔되 업ᄂᆞᆫ 고로(仁祖行狀20). 깃게라 致賀ᄒᆞᄂᆞᆫ 말:恭喜(譯解上41). 은젼으로 하인을 깃기니(落泉3:8).

깃기엣다 동 깃들여 있다. ☞깃깃다. 깃다 ¶ ᄯᅡ히 ᄆᆞᆯᄀᆞ니 어득ᄒᆞᆫ ᄃᆡ 곳다온 고지 깃기엣도다:地淸棲暗芳(重杜解9:20).

깃:깃·다 동 깃들이다. ☞깃다 ¶ 어려운 바회와 노ᄑᆞᆫ 남ᄀᆡ 깃깃고:巢危巖高木(法華2:111). ᄯᅡ히 ᄆᆞᆯᄀᆞ니 어득ᄒᆞᆫ ᄃᆡ 곳다온 고지 깃기엣도다:地淸棲暗芳(初杜解9:20). 니ᅀᅳᆫ 니페ᄂᆞᆫ 깃기섯ᄂᆞᆫ 곳고리 어득ᄒᆞ얏도다:接葉暗巢鶯(初杜解15:7). ᄂᆞ라가 깃기수므란 ᄒᆞᆫ 가지ᄅᆞᆯ 비렛노라:飛棲假一枝(初杜解16:9). 깃기ᅀᅥ 모다술 期約을 아디 몯ᄒᆞᆯ시:未知棲集期(初杜解22:47). ᄑᆞ른 머괴ᄂᆞᆫ 鳳凰이 깃깃던 가지 늘겟도다:碧梧棲老鳳凰枝(重杜解6:10). 病ᄒᆞᆫ 새ᄂᆞᆫ 오직 ᄀᆞᆶ닙 아래 깃기섯거니와:病鳥只栖蘆葉下(南明下16). 새 깃깃디 아니ᄒᆞ놋다:鳥不栖(金三2:21). 寨ᄂᆞᆫ 羊의 깃기서 자ᄂᆞᆫ ᄃᆡ라(金三3:46). 톳기 月殿에 깃기수미어니와:兎棲月殿(金三4:36).

※'깃깃다'의 활용 [깃깃던/깃깃디… / 깃기ᅀᅥ/깃기ᅀᅳᆫ…

·깃·ᄀᆞᆺ 명 길가. ☞긼ᄀᆞᆺ ¶ 깃ᄀᆞ앳 나모 미틔 이셔셔 서늘ᄒᆞᆫ ᄃᆡ 쉬며셔 자더니:在路傍樹底下歇凉睡(飜老上27).

깃·다 동 기뻐하다. ☞깃그다. 깃ᄡᅳ다 ¶ 모딘 ᄃᆞᆯ 아니 깃ᄉᆞᄫᆞ리(月印上70). 듣ᄌᆞᆸ고 깃ᄉᆞᄫᅡ(釋譜6:21). 賀禮ᄂᆞᆫ 깃ᄉᆞᄫᅡ이다 ᄒᆞ야 禮數ᄒᆞᆯ 씨라(釋譜11:30). 깃디 아니ᄒᆞ리도 보며(釋譜13:21). 藥 킈라 가 보ᅀᆞᄫᅡ시고 깃ᄉᆞᄫᆞ며(月釋1:52). 諸天이 다 깃ᄉᆞᄫᆞ니(月釋2:8). 衆生ᄃᆞᆯ히 머리 조ᅀᆞᆸ고 기ᄡᅡ(月釋2:51). 道ᄅᆞᆯ 깃ᄉᆞᆸ고(月釋18:20). 功일우믈 깃ᄂᆞᆫ 젼ᄎᆞ로:喜成功故(楞解9:70). 世尊이 ᄒᆞ마 讚歎ᄒᆞ샤 妙光을 깃게 ᄒᆞ시고:世尊旣讚歎令妙光歡喜(法華1:20). 다 좃ᄌᆞ와 깃ᄉᆞᆸ노이다(法華2:48). ᄀᆞ장 깃ᄉᆞ와(金剛152). 비르서 드르히 훤호ᄆᆞᆯ 깃노라:始喜原野闊(杜解1:36). 漸漸 사괴야 노ᄂᆞᆫ 사ᄅᆞ미 그추믈 깃노니:漸喜交遊絶(杜解3:26). 가마오디와 믌ᄃᆞᆯ가 쇽절업시 ᄒᆞ오ᅀᅡ 깃디 말라:鸕鷀鸂鶒莫漫喜(初杜解10:4). ᄯᅩ 故人이 오ᄆᆞᆯ 깃노니:又喜故人來(杜解21:7). 南녁 늘그닐 惠愛ᄒᆞ야 깃게 ᄒᆞ곡 나ᄆᆞᆫ 恩波ᄅᆞᆯ 내 늘근 모매 밋게 ᄒᆞ라:惠愛南翁悅餘波及老身(初杜解23:38). 둘히 ᄆᆞᆯ고ᄆᆞᆯ 깃노라:喜雙淸(重杜解3:30).

·깃·다 동 깃들이다. ☞깃깃다. 깃드리다 ¶ 기슬 셔:棲(訓蒙下7).

깃다 동 기침하다. ¶ 폐로 깃ᄂᆞᆫ 형상은 기춤홈애 숨쉴 저긔 소릐 이시며:肺啌之狀啌而喘息有音(馬解下56). 심으로 깃ᄂᆞᆫ 형상은 기춤홈애 압굽으로 ᄯᅡ흘 허위ᄂᆞ니:心啌之狀啌而前蹄咆地(馬解下56).

깃다 동 긷다(汲). ☞긷다 ¶ 내 믈 깃기 닉디 몯호롸:我不慣打水(老解上31). 두 시내 둘은 물은 人力으로 깃단 말가(草堂曲).

깃다 동 불을 지피다. ¶ 香爐의 불 깃고(家禮9:2).

깃·다 형 깃다. 무성하다. ☞기으다 ¶ 東山이 淸淨ᄒᆞ고 남기 盛히 기ᅀᅳ니(釋譜11:37). 노내 기ᅀᅳ미 기ᅀᅥ 나ᄃᆞᆯ ᄒᆞ야ᄇᆞ리ᄃᆞᆺ ᄒᆞ니라(月釋10:19). 개욤남기 ᄀᆞ장 기엣거늘(三綱. 烈24). 莽ᄂᆞᆫ 기슬 씨라(楞解2:22). 플 기ᅀᅳᆫ 길히:草徑(初杜解9:9). 門 압 길헤 플 기ᅀᅥ쇼ᄆᆞᆯ 므던히 너기노니:門逕從榛草(初杜解10:16). 몃 ᄯᅡ히 쇡ᄉᆡ기 기엣ᄂᆞᆫ고:幾地肅芊芊(初杜解20:13). 森森ᄋᆞᆫ 나모 기ᅀᅳᆫ 양지라(南明上28). 鬱密ᄋᆞᆫ 기ᅀᅮᆫ 양지오(南明下35). 기ᅀᅳᆫ ᄯᅡ해 노하:草地裏撤了(飜老下45). 기ᅀᅳᆫ 검주리랏 마리니(七大1). ᄀᆞᅀᆞᆶ 프리 깃고 ᄯᅩ 퍼러토다:秋草萋更碧(重杜解2:68).

깃드리다 동 깃들이다. ☞긷드리다. 짓드리다 ¶ 창 우희 져비 깃드려 ᄆᆡ양 빵빵이 왕니ᄒᆞ다가:戶有鸗巢常雙飛來去(五倫3:24). 가ᄇᆡ야온 듯글이 약ᄒᆞᆫ 플의 깃드림 ᄀᆞᆺᄐᆞ니(女範3. 뎡녀 조문숙쳐). 칩충을 헤치며 깃드린 거ᄉᆞᆯ 놀내고 굼글 막으며(敬信3).

깃득 명 분재(分財). ☞깃급. 깃부 ¶ 깃득:衿得 分財所得謂之衿得(行吏).

깃돈 형 그러한. ¶ 잠ᄶᅡᆫ 내 니믈 너겨 깃돈 열명 길헤 자라 오리잇가(樂詞. 履霜曲).

깃목숨 명 남은 목숨. ¶ 깃목숨을 즈려 죽게 ᄒᆞ니(普勸文39).

깃바·대 명 등바대. ☞깃바ᄃᆡ ¶ 깃바대:襬肩(四解下35 襬字註).

깃바ᄃᆡ 명 등바대. ☞깃바대 ¶ 깃바ᄃᆡ:護肩(譯解補41).

깃부 명 분재(分財). ☞깃급. 깃득 ¶ 깃부:衿付 如分財之類(行吏).

깃부·다 [형] 기쁘다. ☞깃브다 ¶그 깃부몰 엇뎨 내 니ᄅᆞ료(牧牛訣43). 깃부미 할시: 喜多(初杜解8:41). 내 果然 깃부믈 이긔지 못ᄒᆞ되 붓그럽다(捷蒙4:16). 공이 슬푸고 깃부미 교집ᄒᆞ야(敬信40). 깃불 열:說(兒學下4). 깃불 희:喜(兒學下11).

깃·붐 [명] 기쁨. ☞깃부다 ¶利益ᄃᆞ외여 깃부믈 뵈야(釋譜19:3). 깃부믄…다ᄅᆞ도다:喜異(初杜解20:42). 깃부ᄆᆞ로 賞을 더으디 아니ᄒᆞ며:不以喜而加賞(宣賜內訓2下53).

깃브·다 [형] 기쁘다. ☞기ᄲᅳ다. 긷브다. 깃부다 ¶깃븐 ᄠᅳ디 이실씨(釋譜6:16). 喜ᄂᆞᆫ 깃블 씨니(釋譜9:6). 歡樂ᄋᆞᆫ 깃버 즐거ᄫᅳᆯ 씨라(釋譜9:34). 難陁ᄂᆞᆫ 깃브다 ᄒᆞ논 마리오(釋譜13:7). 깃븐 ᄆᆞᅀᆞᄆᆞᆯ 得디 아니호미 업스시며(宣賜內訓2下58). 또 깃븐 ᄆᆞᅀᆞᆷ 내디 마롫디어다:亦莫生喜心(蒙法18). 깃브다:喜歡(譯解下43).

깃븜 [명] 기쁨. ☞깃붐. 깃브다 ¶亭主의 깃븜이 노외야 업서(新語9:7).

깃·비 [부] 기쁘게. ¶말ᄊᆞᆷ 깃비 너기니(月印上66). 時節ㅅ 비를 깃비 ᄂᆞ리와(釋譜13:7). 깃비 도ᄅᆞ신 德相이 겨샤(法華2:19). 오ᄂᆞᆳ 아촘 가막가치 깃비 우루믄:今朝烏鵲喜(杜解5:11). 더위자바 니러 곧 行호미 깃비 快ᄒᆞᆫ마ᄅᆞᆫ:慶快撩起便行(金三3:53). 우리도 깃비 너기ᄋᆞᆸᄂᆡ(新語2:19). 일뎡 깃비 너기올쇠(新語5:11). 無事히 오신 긔별을 거르기 깃비 너기샤(新語7:13).

깃숩·다 [동] 기뻐하옵다. ☞깃다. -숩- ¶遼左ㅣ 깃ᄉᆞᄫᆞ니:遼左悅服(龍歌41章). 그ᄢᅴ 世尊이 須達이 위하야 四諦法을 니ᄅᆞ시니 듣ᄌᆞᆸ고 깃ᄉᆞᄫᅡ(釋譜6:21). 藥 킈라 가 보ᅀᆞᄫᅵ시고 깃ᄉᆞᄫᆞ며(月釋1:52). 釋迦牟尼佛ㅅ 法中에 便安ᄒᆞᆫ 이리 만ᄒᆞ시고 衰ᄒᆞ며 셜ᄫᅳᆫ 일ᄃᆞᆯ히 업스시다 듣ᄌᆞᆸ노라 ᄒᆞ야ᄂᆞᆯ 내 기ᄊᆞᄫᅡ(月釋10:26). 다 感動ᄒᆞ야 깃ᄉᆞ와 ᄒᆞ더라:莫不感悅(宣賜內訓2下49).

깃ᅀᅳ다 [동] 기뻐하다. ☞깃그다. 깃다 ¶깃ᅀᅳᆯ 흔:欣(石千32). 깃ᅀᅳᆯ 열:悅(石千37).

깃·ᄭᅵ·다 [동] 기뻐하게 하다. ☞깃기다 ¶初喪애 풍뉴ᄒᆞ야 ᄡᅧ 주검을 깃ᄭᅵ고:初喪作樂以娛尸(宣小5:50). 어미 듯고 거르기 귀히 너겨 깃ᄭᅴ라 ᄒᆞ오니(新語8:27).

깃치다 [동] 끼치다. ☞기티다. 깃티다 ¶깃치다:遺下(同文解下59). 그 어버의게 븟그러오믈 깃치며(百行源18).

깃춤기츠다 [동] 기침하다. ☞기춤기치다. 기춤깃다 ¶폐 샹ᄒᆞ야 깃춤기츠며:肺傷咳嗽(馬解下56).

깃티다 [동] 남기다. ☞기티다. 깃치다 ¶ᄒᆞᆫ 아기시ᄅᆞᆯ 위ᄒᆞ오샤 깃틴 사ᄅᆞᆷ을 다 셜리 죽게 마오쇼셔(癸丑2:172).

깃ᄒᆞ·다 [동] 깃들이다. ☞깃다. 깃드리다 ¶미햇 사ᄅᆞᆷᄋᆞᆫ 半만 깃ᄒᆞ야 사놋다:野人半巢居(杜解1:31). 서리ᄂᆞᆫ 힌 鶴ᄋᆡ 깃ᄒᆞ얏ᄂᆞᆫ 프ᄅᆞᆫ 머귀ᄅᆞᆯ 누르게 ᄒᆞ노소니:霜黃碧梧白鶴棲(杜解3:45). 녯 廟앳 杉과 松앤 믌 鶴이 깃ᄒᆞ얏고:古廟杉松巢水鶴(初杜解6:32). 다ᄅᆞᆫ 風俗ᄋᆞᆫ 깃ᄒᆞ야 사로미 ᄀᆞᆺᄒᆞ니:殊俗狀巢居(杜解12:12). 나조히 어느 ᄀᆞᄋᆞᆳ 남긔 깃ᄒᆞ니오:暮棲何鄕樹(杜解22:39).

깄어시다 [형] 무성하게 자라 있다. ¶깄어신 눈섭에(樂範. 處容歌).

깇 [명] 깃. 옷깃. ☞깃 ¶기젯 그를 보고 굴티 아니ᄒᆞᆯ 줄 알오 주기니라:虜見襟書不可屈遂害之(三綱. 忠21 邦乂). 領은 옷기지오(法華1:31). 領은 옷기지라(圓覺上一之二76). 먼 ᄃᆡ 가매 다시 옷기즐 눈믈로 저지노라:適遠更霑襟(杜解2:26). 눉므를 스주니 옷기제 젓ᄂᆞᆫ 피오:拭淚霑襟血(杜解8:28). 우러 옷기지 저즌대:泣下沾襟(宣賜內訓3:21).

깇 [명] 깃. 몫. ¶즉자히 세 기제 ᄂᆞᆫ호아 ᄒᆞᆫ 기ᄌᆞ란 諸天ᄭᅴ ᄒᆞ고 ᄒᆞᆫ 기ᄌᆞ란 龍王ᄭᅴ ᄒᆞ고 ᄒᆞᆫ 기ᄌᆞ란 여듧 王ᄭᅴ 골오 ᄂᆞᆫ혼대 모다 깃거(釋譜23:55). 三千貫이 잇거늘 세 기제 ᄂᆞᆫ호아(月釋23:73).

깊·다 [형] 깊다. ☞깁다. 깁프다. 깁ᄑᆞ다 ¶불휘 기픈 남ᄀᆞᆫ:根深之木(龍歌2章). 聖化ㅣ 기프샤:聖化旣深(龍歌9章). 믈 깊고 ᄇᆡ 업건마ᄅᆞᆫ:江之深矣雖無舟矣(龍歌34章). 學問이 기프시니:學問是邃(龍歌81章). ᄆᆞ리 病이 기퍼:我馬孔瘏(龍歌109章). 深山ᄋᆞᆫ 기픈 뫼히라(月釋1:5). 어미 몯 보아 시름 깊거다(月釋8:87). 智 기프샤미라(圓覺下一之一37). 내 다 기피 차리디 몯ᄒᆞ야(宣賜內訓1:27). 프리 기프니:草深(初杜解7:5). 봆비츤 ᄇᆞᆯ 자뱃ᄂᆞᆫ 알ᄑᆡ 기펫더니라:春深把臂前(初杜解21:13). 바ᄅᆞᄅᆡ 기품 ᄌᆞᆫᄒᆞ며:以海之深(金三3:3). 기픈 새 도라오디 아니ᄒᆞ니:幽鳥不歸來(南明上3). 기플 슈:邃(類合下37). 기픈 ᄃᆡ 오:奧(類合下38). 기플 심:深(類合下48. 光千11). 기ᄑᆞᆯ 심:深(石千11). 기플 연:淵(註千12).

ᄀᆞ [명] 가(邊). ☞ᄀᆞᆺ ¶우믌ᄀᆞ애 드레와 줄 다 잇ᄂᆞ니라:井邊頭洒子井繩都有(飜老上32). ᄀᆞ 업ᄉᆞ니(野雲80). ᄀᆞ이업서 하ᄂᆞᆳ 복경을 받ᄌᆞ오리라:無疆受天之慶(宣小3:20). 받 가ᄂᆞᆫ 이 받 ᄀᆞᄋᆞᆯ ᄉᆞ양ᄒᆞ고:耕者讓畔(宣小4:39). 받 갈리 ᄀᆞᄋᆞᆯ ᄉᆞ양ᄒᆞ며:耕者讓畔(宣小5:34). 妖怪ᄒᆞᆫ 氣運ㅣ 훤히 업서 가ᄆᆞᆯ ᄀᆞᄒᆞ로 아ᄂᆞᆺ다(重杜解1:7). ᄀᆞᄅᆞᆷ ᄀᆞᅀᅵ와 늙노라:老江邊(重杜解2:1). 夷狄ㅅ ᄀᆞ은 거츤 묏 뎡바기오:夷界荒山頂(重杜解5:10). 이 ᄀᆞ 엇마ᄅᆞᆫ ᄃᆡ를(家禮圖2). 기픠

ᄅᆞᆯ 모ᄅᆞ거니 ᄀᆞ인들 엇디 알리(松江. 關東別曲). 출하리 믈ᄀᆞ의 가 비 길이나 보쟈 ᄒᆞ니(松江. 續美人曲). 하ᄂᆞᆯㅅ ᄀᆞ:天涯(同文解上1). 믈ᄀᆞ:河沿(譯解上7). ᄀᆞ 두르다:緣邊(漢淸11:28).
※ᄀᆞᆺ>ᄀᆞᇫ>ᄀᆞ>가

ᄀᆞ는체 명 가는체. ¶ᄀᆞ는체:篩(物譜 筐筥).

ᄀᆞ늘다 형 가늘다. ☞ᄀᆞᄂᆞᆯ다 ¶닙ᄒᆞᆯ 빠 ᄆᆞᆯ뢰여 ᄀᆞ늘게 ᄀᆞᄅᆞ 밍그라 술의나 더온 믈의나(辟新14).

ᄀᆞᄂᆞ도·다 형 가늘도다. 〔'ᄀᆞᄂᆞᆯ도다'의 'ㄹ'이 'ㄷ' 앞에서 탈락(脫落)한 형태.〕 ㉮ᄀᆞᄂᆞᆯ다 ¶ᄀᆞᄅᆞᆷ 우흿 ᄀᆞᄂᆞᆫ 보리ᄂᆞᆫ ᄯᅩ ᄀᆞᄂᆞ도다:江上細麥復纖纖(初杜解10:8).

ᄀᆞ·ᄂᆞ롬 형 가늚. ㉮ᄀᆞᄂᆞᆯ다 ¶몰애 ᄀᆞᄂᆞ로미 ᄀᆞᄅᆞ ᄀᆞᄂᆞ롬 ᄀᆞᆮᄒᆞᆯᄉᆡ:沙細如麵細故(圓覺上二之二154). 질삼의 굴그며 ᄀᆞᄂᆞ로ᄆᆞᆯ 둘히 너기고(宣賜內訓序6).

ᄀᆞᄂᆞ·리 부 가늘게. ¶ᄀᆞᄂᆞ리 ᄇᆞᅀᆞᆫ 旃檀沈水香ᄃᆞᆯᄒᆞᆯ 비흐며(月釋17:29). 剉ᄂᆞᆫ ᄀᆞᄂᆞ리 사ᄒᆞᆯ 씨라(月釋21:76). ᄯᅩ ᄀᆞᄂᆞ리 ᄇᆞᅀᆞᆫ 旃檀沈水香 等을 비흐며:又雨細抹旃檀沈水香等(法華5:180). 져근 므른 ᄀᆞᄂᆞ리 모새 ᄉᆞᄆᆞ차 가ᄂᆞᆺ다:小水細通池(初杜解7:20). 복셨고즌 ᄀᆞᄂᆞ리 버듨고ᄌᆞᆯ 조차 디고:桃花細逐楊花落(初杜解11:20). ᄀᆞᄂᆞ리 수픐 그르메ᄅᆞᆯ 이어가ᄂᆞᆺ다:細蕩林影趣(杜解13:21). 오ᄂᆞᆫ 그를 ᄀᆞᄂᆞ리 行列을 지ᅀᅳ라:來書細作行(初杜解23:47). 고기 비늘 ᄉᆞ론 ᄌᆡᄅᆞᆯ ᄀᆞᄂᆞ리 ᄀᆞ라:鱗燒灰細研(救簡6:2).

·ᄀᆞ·ᄂᆞᆫ:깁 명 가는깁. 결이 고운 비단. ¶ᄀᆞᄂᆞᆫ깁 증:繒(訓蒙中30).

ᄀᆞᄂᆞᆫ대 명 가는대. ¶ᄀᆞᄂᆞᆫ대:挑遠箭(同文解上47).

·ᄀᆞ·ᄂᆞᆫ·뵈 명 가는베. ¶ᄀᆞᄂᆞᆫ뵈 티:絺(訓蒙中30).

·ᄀᆞ·ᄂᆞᆫ·비 명 가랑비. ¶ᄀᆞᄂᆞᆫ비옌 고기 므레 냇고:細雨魚兒出(初杜解7:7). 濛濛ᄋᆞᆫ ᄀᆞᄂᆞᆫ 비라(南明下6). ᄀᆞᄂᆞᆫ비 굴근눈 쇼쇼리ᄇᆞ람 불 제(松江. 將進酒辭).

·ᄀᆞ·ᄂᆞᆯ 명 그늘. ☞그ᄂᆞᆯ ¶一箭道ᄂᆞᆫ ᄀᆞᄂᆞᆯ히 너부믈 니ᄅᆞ시니라(月釋18:26). 慈悲ㅅ ᄀᆞᄂᆞᆯ 微妙ᄒᆞᆫ 구루믄:慈陰妙雲(楞解8:50). ᄀᆞᄂᆞᆯ ᄀᆞ료미:陰翳(法華6:165). ᄀᆞᄂᆞᆯ해 이시면:處陰(圓覺下一之二50). 긴 숤 ᄀᆞᄂᆞᆯ해 도ᄐᆞ랏 디퍼 ᄃᆞᆫ니고:杖藜長松陰(初杜解7:24). ᄀᆞᄂᆞᆯᄒᆞᆫ 밥 다ᄆᆞᆫ 그르셋 서늘호ᄆᆞᆯ 더으ᄂᆞ다:陰益食簞凉(杜解15:9). ᄒᆞᆫ갓 ᄒᆞᆫ 院엣 ᄀᆞᄂᆞᆯ옷 머므럿도다:空留一院陰(初杜解23:8). 아ᄎᆞᆷ ᄀᆞᄂᆞᆯ히 軒檻 階砌에 올마 가더라:朝陰改軒砌(初杜解24:30). 光陰은 ᄒᆡᆺ ᄀᆞᄂᆞᆯ히라(南明上10). ᄀᆞᄂᆞᆯ해 ᄆᆞᆯ외야:陰乾(救簡6:8). ᄀᆞᄂᆞᆯ 음:陰(訓蒙上1. 光千11). 치만ᄒᆞᆫ ᄒᆡᆺ ᄀᆞᄂᆞᆯᄒᆞᆯ 앗기시니:惜寸陰(宣小6:109). 나모 ᄀᆞᄂᆞᆯ히 길헤 ᄲᅵᆺ거시니:樹陰橫路(百聯4). ※ᄀᆞᄂᆞᆯ>그늘
※'ᄀᆞᄂᆞᆯ'의 ┌ ᄀᆞᄂᆞᆯ
첨용 └ ᄀᆞᄂᆞᆯ히/ᄀᆞᄂᆞᆯᄒᆞᆫ/ᄀᆞᄂᆞᆯ해…

·ᄀᆞ·ᄂᆞᆯ·다 형 가늘다. ☞ᄀᆞ늘다. ᄀᆞᄅᆞᆯ다 ¶굴근 비츤 업고…ᄀᆞᄂᆞᆫ 비치 잇ᄂᆞ니(月釋1:36). 솑가라기 ᄀᆞᄂᆞᆯ오 기르시며(月釋2:40). ᄀᆞᄂᆞ닌 微塵이 ᄃᆞ외니:細爲微塵(楞解3:68). 纖ᄋᆞᆫ ᄀᆞᄂᆞᆯ 씨오(楞解3:73). 몰애 ᄀᆞᄂᆞ로미 ᄀᆞᄅᆞ ᄀᆞᄂᆞ롬 ᄀᆞᆮᄒᆞᆯᄉᆡ:沙細如麵細故(圓覺上二之二154). ᄀᆞᄂᆞᆫ 길ᄒᆞᆯ 어두라:得微路(杜解9:13). ᄀᆞᄅᆞᆷ 우흿 ᄀᆞᄂᆞᆫ 보리ᄂᆞᆫ ᄯᅩ ᄀᆞᄂᆞ도다:江上細麥復纖纖(初杜解10:8). ᄇᆞᆷ낤 ᄇᆞᆷ 盤잇 ᄀᆞᄂᆞᆫ 生菜ᄅᆞᆯ:春日春盤細生菜(初杜解11:2). ᄯᅩ 나잘만커든 ᄀᆞᄂᆞᆯ에 ᄀᆞ라 ᄌᆞᆺ 기론 므레 서 돈을 프러 머그라(救簡1:112). ᄀᆞᄂᆞᆯ게 사ᄒᆞ라:細剉(瘟疫方16). ᄀᆞᄂᆞᆯ 세:細(類合下48. 倭解下31). ᄀᆞᄂᆞᆯ 섬:纖(類合下48). 膾ᄅᆞᆯ ᄀᆞᄂᆞᆯ옴을 厭ᄒᆞ디 아니ᄒᆞ시며:膾不厭細(宣小3:24). 細啊通稱 ᄀᆞᄂᆞ다(同文解下58). ᄀᆞᄂᆞ다:細條(漢淸6:2).
※ᄀᆞᄂᆞᆯ다>가늘다

ᄀᆞᄂᆞᆯ에 형 가늘게. ㉮ᄀᆞᄂᆞᆯ다 ¶ᄀᆞᄂᆞᆯ에 사ᄒᆞ라 ᄒᆞᆫ 량을 믈 ᄒᆞᆫ 되 브어(簡辟22).

·ᄀᆞ·ᄂᆞᆯ지·다 동 그늘지다. ☞ᄀᆞᄂᆞᆯ ¶ᄀᆞᄂᆞᆯ지니 이 수프리오:陰者是林(楞解2:48). ᄀᆞᄂᆞᆯ진 뒷 고깃 무저게 日光 비취욤 업스면:陰處肉團無日光照(圓覺上二之二27). 내 ᄀᆞᄅᆞᄆᆞᆯ ᄀᆞᄂᆞᆯ지게 ᄒᆞᄂᆞᆫ 대ᄅᆞᆯ 뒷노니:我有陰江竹(初杜解6:45).

·ᄀᆞᄂᆞᆯ·해 명 그늘에. 〔ㅎ 첨용어 'ᄀᆞᄂᆞᆯ'의 부사격(副詞格).〕 ㉯ᄀᆞᄂᆞᆯ ¶긴 숤 ᄀᆞᄂᆞᆯ해 도ᄐᆞ랏 디퍼 ᄃᆞᆫ니고:杖藜長松陰(杜解7:24).

·ᄀᆞ·ᄂᆞᆯ·히 명 그늘이. 〔ㅎ 첨용어 'ᄀᆞᄂᆞᆯ'의 주격(主格).〕 ㉯ᄀᆞᄂᆞᆯ ¶ᄀᆞᄂᆞᆯ히 너부믈 니ᄅᆞ시니라(月釋18:26). 아ᄎᆞᆷ ᄀᆞᄂᆞᆯ히 軒檻 階砌에 올마 가더라:朝陰改軒砌(初杜解24:30).

ᄀᆞᄂᆞᆺ브다 형 가냘프다. ¶여외여 ᄀᆞᄂᆞᆺ브거든 幅을 조차 좁게 ᄒᆞᄃᆡ니:瘦細則幅隨而狹(家禮1:43).

ᄀᆞ·다 동 갈다. 대신하다. ☞ᄀᆞᆯ다 ¶서르 ᄀᆞ디 몯ᄒᆞᄂᆞ니라:不容相代(楞解1:93). 倒馬ᄆᆞᆯ ᄀᆞ다(老朴集. 單字解3). 벼ᄉᆞᆯ ᄀᆞ다:替代(譯解上13). ᄆᆞᆯ ᄀᆞ다:對馬. 換馬(譯解上23). 烈女ᄂᆞᆫ 두 지아비를 ᄀᆞ디 아니ᄒᆞᄂᆞᆫ디라:烈女不更二夫(女四解4:28).
※ᄀᆞ다>ᄀᆞᆯ다>갈다

ᄀᆞ다 동 갈다〔研. 磨〕. ☞ᄀᆞᆯ다 ¶고기 싯고 갈ᄒᆞᆯ ᄀᆞ니:洗魚磨刀(初杜解16:60). 虛空ᄋᆞᆯ ᄀᆞᄂᆞ니(金三5:16). 저지ᄃᆞᆺ ᄒᆞ며 ᄀᆞᄃᆞᆺ ᄒᆞ야 어디리 도ᅌᅵ게 ᄒᆞᄂᆞᆫ(飜小9:14). 우러 흐르ᄂᆞᆫ 므레 갈ᄒᆞᆯ ᄀᆞ다니:磨刀嗚咽水(重杜解

5:26). 먹 ᄀᆞ다:硏墨(同文解上44). 칼 ᄀᆞ다:磨刀(同文解上48).

ᄀᆞ다듬다 동 가다듬다. ☞ᄀᆞ다ᄃᆞᆷ다 ¶ 정신 ᄀᆞ다듬다:勵精(同文解上31). 學을 ᄀᆞ다듬고(女四解. 女誡序2). ᄡᅥ드ᄃᆡ케 ᄀᆞ다듬아 煩惱賊을 다 버히고(染禪曲4). 슬금슬금 ᄀᆞ다듬아 밤 시도록 가ᄂᆞᆫ 길의(染禪曲6). 풍교ᄅᆞᆯ ᄀᆞ다듬고져 ᄒᆞᆯ진댄:勵(百行源12).

·ᄀᆞ다·ᄃᆞᆷ·다 동 가다듬다. ☞ᄀᆞ다듬다 ¶ 劘ᄂᆞᆫ ᄀᆞ다ᄃᆞ몰 씨라(月釋序18). ᄀᆞ다ᄃᆞ마 다ᄃᆞᆫ게 至極게 ᄒᆞ며(月釋序19). 微細히 혜아려 ᄀᆞ다ᄃᆞᄆᆞ라:微細揣摩(楞解1:90). ᄀᆞ다ᄃᆞ마 精히 ᄒᆞ야:硏精(圓覺序81). ᄀᆞ다ᄃᆞ몰 뎡:鋥(訓蒙下16). 勃然히 분발ᄒᆞ야 ᄀᆞ다ᄃᆞᆷ아:勃然奮厲(宣小5:107). 날이며 ᄃᆞᆯ로 ᄀᆞ다ᄃᆞ마:日月刮劘(宣小6:9). 풍속을 ᄀᆞ다ᄃᆞ마(女範2. 변녀 니시옥영). 풍속을 ᄀᆞ다ᄃᆞ므면(女範3. 뎡녀 당애홍쳐).

ᄀᆞ닥 부 가득. ¶ 瓦樽의 濁醪을 朴盞의 ᄀᆞ독 부어(江村晚釣歌).

ᄀᆞ덕 부 가득. ☞ᄀᆞ득. ᄀᆞ독 ¶ 그 밤이 ᄎᆞ고 별이 하ᄂᆞᆯ에 ᄀᆞ덕 도닷더니(三譯6:3).

ᄀᆞ득 부 가득. ☞ᄀᆞ덕. ᄀᆞ독 ¶ ᄀᆞ득:多多的(同文解下49). ᄀᆞ득 굿다:拉滿(漢淸4:41).

ᄀᆞ득이 부 가득히. ☞ᄀᆞᄃᆞ기 ¶ ᄒᆞᆫ 잔 ᄀᆞ득이 먹고:滿飮一盞(老解上58).

ᄀᆞ득ᄒᆞ다 형 가득하다. ☞ᄀᆞ독ᄒᆞ다 ¶ 쑥 ᄀᆞᄐᆞᆫ 머리예 니 ᄀᆞ득ᄒᆞ엿더라:蓬頭滿蝨(東新續三綱. 孝3:82 世麟居廬). 피 흘너 ᄂᆞᆺ치 ᄀᆞ득ᄒᆞᆫ디라(五倫2:38).

ᄀᆞᄃᆞ기 부 가득히. ☞ᄀᆞ득이. ᄀᆞ독히 ¶ 倉庫ㅣ ᄀᆞᄃᆞ기 넘ᄶᅥ고(釋譜9:20). 諸天이 虛空애 ᄀᆞᄃᆞ기 ᄲᅧ 좃ᄌᆞᄫᅡ(月釋2:18). 法界예 ᄀᆞᄃᆞ기 ᄠᅥᆯ면:徧法界拂(楞解3:86). ᄀᆞᄃᆞ기 布施ᄒᆞ니(金三2:47). ᄂᆞᆫ므ᄅᆞᆯ 手巾에 ᄀᆞᄃᆞ기 흘리노라:淚盈巾(初杜解7:22). ᄇᆞᄅᆞ매 ᄀᆞᄃᆞ기 믌ᄀᆞᇫ 그리니오:滿壁畫滄洲(初杜解9:24). 오새 ᄀᆞᄃᆞ기 버므니라(南明下17). ᄒᆞᆫ 잔 ᄀᆞᄃᆞ기곰 먹고:滿飮一盞(飜老上64).

ᄀᆞ독 부 가득. ☞ᄀᆞ덕. ᄀᆞ득 ¶ 이 잔 ᄀᆞ독 부어 이 시름 닛댜ᄒᆞ니(靑友仁. 出塞曲). 세 잔 ᄀᆞ독 먹고(三譯8:15). ᄀᆞ독 굿다:滿拉(同文解上47).

ᄀᆞ독·다 형 가득하다. ☞ᄀᆞ독ᄒᆞ다 ¶ ᄒᆞᆫ 甁의 ᄀᆞ독거든 ᄒᆞᆫ 甁이 ᄢᅵ곰 ᄒᆞ야(月釋7:9). 一切 渴ᄒᆞ니게 ᄀᆞ독게 ᄒᆞ며(月釋18:51). 雜 더러운 거시 ᄀᆞ독거늘(法華2:104). 法界예 ᄀᆞ독도소니:充滿法界(永嘉下104). 눈알ᄑᆡ ᄀᆞ독다 호리라:滿目前(金三2:67). 그르시 상의 ᄀᆞ독디 아니커든:器皿非滿案(宣小6:131). ᄀᆞ독 미:彌(倭解下36).

ᄀᆞ독히 부 가득히. ☞ᄀᆞᄃᆞ기 ¶ 佛土애 ᄀᆞ독히 다 珍寶ᄅᆞᆯ 布施호미ᄉᆞ니잇가:佛土充徧皆施珍寶(楞解10:90).

ᄀᆞ독ᄒᆞ·다 형 가득하다. ☞ᄀᆞ득ᄒᆞ다. ᄀᆞ독다 ¶ 道上애 ᄀᆞ독ᄒᆞ니:道上洋溢(龍歌41章). ᄃᆞ트리 ᄀᆞ독ᄒᆞ며(釋譜23:20). 滿은 ᄀᆞ독ᄒᆞᆯ 씨라(月釋2:53). 十方界예 ᄀᆞ독ᄒᆞ더시다:徧十方界(楞解1:30). ᄒᆞ다가 體예 ᄀᆞ독ᄒᆞᇙ딘댄:若徧體者(楞解1:67). 血氣 ᄀᆞ독ᄒᆞ더니:血氣充滿(楞解2:5). 오직 ᄒᆞᆫ 집에 ᄀᆞ독ᄒᆞᄂᆞ니(楞解2:40). 倉애 法喜食이 ᄀᆞ독ᄒᆞ고:倉盈法喜之食(法華2:187). 法이 ᄀᆞ독ᄒᆞ리라(圓覺序54). ᄠᅳ든 어루 ᄀᆞ독호미 몯ᄒᆞ리며:志不可滿(宣賜內訓1:7). 고기 잡ᄂᆞᆫ 돌해 ᄀᆞ독ᄒᆞ얏도다:滿漁梁(初杜解7:5). 믈읫 스러디며 길며 ᄀᆞ독ᄒᆞ며 뷔윰 잇ᄂᆞᆫ 거시:凡有消長盈虛者(金三2:6). 光明이 지븨 ᄀᆞ독ᄒᆞ야:霞光滿室(佛頂上4). ᄀᆞ독ᄒᆞᆯ 영:贏(訓蒙下22). ᄀᆞ독ᄒᆞᆯ 미:瀰(訓蒙下35). ᄀᆞ독ᄒᆞ여도 넘ᄶᅵ디 아니ᄒᆞᄂᆞ니:滿而不溢(宣小2:30). ᄀᆞ독ᄒᆞᆫ 것 잡음 ᄀᆞᆮ티 ᄒᆞ며:如執盈(宣小3:17). 예도적기 ᄀᆞ독ᄒᆞ야 셩 받긔 결딘ᄒᆞ니:倭賊充斥結陣城外(東新續三綱. 忠1:87). 눈믈이 ᄡᅡ히 ᄀᆞ독ᄒᆞ니(癸丑104). 각각 남은 ᄀᆞ독ᄒᆞᆫ 거시 이시리니:各有餘盈(女四解2:30). ᄡᅡ히 ᄀᆞ독ᄒᆞ얏ᄂᆞᆫ 늘읍나모(女範2. 변녀 니시옥영).
※ᄀᆞ독ᄒᆞ다>ᄀᆞ득ᄒᆞ다>가득하다

ᄀᆞ·라곰 동 번갈아. ㉮ᄀᆞᆯ다 ☞-곰 ¶ 힘센 사ᄅᆞᄆᆞ로 ᄀᆞ라곰 등의 병ᄒᆞᆫ닐 업고:更迭令有力之人背負病人(救簡1:65). 콩을 ᄢᅵ거나 글히거나 ᄒᆞ야 쟈ᄅᆡ 녀허 ᄀᆞ라곰 알ᄑᆞᆫ ᄃᆡ 울호ᄃᆡ:蒸大豆或煮豆以囊盛更番熨痛處(救簡2:27).

ᄀᆞ·라닙·다 동 갈아입다. 바꾸어 입다. ¶ 댜ᄅᆞᆫ 뵈우틔를 ᄀᆞ라닙고:更著短布裳(飜小9:59). 오ᄉᆞᆯ ᄀᆞ라니브라 ᄒᆞ야든:易服(家禮2:21). 날마다 ᄒᆞᆫ 불 벗고 ᄒᆞᆫ 불 ᄀᆞ라닙ᄂᆞ니:每日脫套換套(老解下45).

ᄀᆞ라안ᄶᅡ 동 가라앉다〔沈〕. ¶ ᄀᆞ라안ᄂᆞᆫ 말암 빈:蘋(詩解 物名2). ᄀᆞ라안ᄶᅡ:澄下去(漢淸1:42).

ᄀᆞ락 명 가락. ¶ 오직 이 엄지ᄀᆞ락이 둘재ᄀᆞ락으로 더브러 ᄒᆞᆫ 에움이오(家禮圖11).

ᄀᆞ락지 명 가락지. ¶ ᄀᆞ락지 ᄶᅡᆨ을 일코 네 홀노 날 ᄯᆞ로니(古時調. 歌曲).

ᄀᆞ·람 부 번갈아. 〔'ᄀᆞᆯ다'의 전성부사(轉成副詞)〕 ¶ 사ᄅᆞ미 서르 ᄀᆞ람 더운 소ᄂᆞ로 비ᄅᆞᆯ 눌러:令人更迭以熱手按腹(救簡1:66).

ᄀᆞ람내다 동 갈음하여 내다. ¶ 겨집죵 두어 흘 서르 ᄀᆞ람내야 뵈니(太平1:39).

ᄀᆞ·람·불·다 동 갈음하여 불다. 번갈아 불다. ¶ 두서 사ᄅᆞ미 서르 ᄀᆞ람부러:數人更互吹之(救簡1:46). 사ᄅᆞᆷ으로 서르 ᄀᆞ람불면 이슥ᄒᆞ야 살리라:令人更互吹…不過良久

卽活(救簡1:46). 서르 ᄀᆞ람부러 아라우ᄒᆞ로 ᄀᆡ우니 통케 ᄒᆞ라:更迭吹之令上下氣相通(救簡1:69).

ᄀᆞ·람ᄒᆞ·다 동 갈음하다. ¶사ᄅᆞᄆᆞᆯ ᄀᆞ람ᄒᆞ라:易人爲之(救急上10). 즉재 ᄀᆞ람ᄒᆞ라:卽易(救簡1:79). 그 므레 ᄃᆞᆷ가쇼ᄃᆡ 식거든 ᄀᆞ람ᄒᆞ라:以湯浸冷易之(救簡6:50).

ᄀᆞ랍·다 형 가렵다. ☞ᄀᆞ럅다. ᄀᆞ렵다 ¶알파ᄒᆞ시며 ᄀᆞ라와ᄒᆞ심애:疾痛苛癢(宣小2:3). ᄀᆞ라와도 敢히 긁디 아니ᄒᆞ며:癢不敢搔(宣小2:7). 모ᄃᆞᆫ 알ᄑᆞ며 ᄀᆞ라오며 허ᄂᆞᆫ 병이:諸痛痒瘡瘍(痘要上1). ᄀᆞ라온 증 알히ᄂᆞᆫ 증:痒痛(痘要下8). 피 ᄉᆞᆯ해 퍼디디 몯ᄒᆞ모로 ᄀᆞ랍ᄂᆞ니:血不榮肌膝所以痒(痘要下9).

·ᄀᆞ랏 명 가라지. 강아지풀. ☞가라디. 가래 ¶다봊과 ᄀᆞ랏과ᄂᆞᆫ 오히려 이우디 아니ᄒᆞ며:蓬莠猶不燋(初杜解16:71). ᄀᆞ랏 랑:稂. ᄀᆞ랏 유:莠. ᄀᆞ랏 뎨:稊. ᄀᆞ랏 패:稗(訓蒙上9). ᄀᆞ랏 랑:稂(詩解 物名13). ᄀᆞ랏:野穀草(譯解下40).

ᄀᆞ랏조 명 조〔粟〕의 한 품종. ¶ᄀᆞ랏조:開羅叱粟(衿陽).

ᄀᆞ랑비 명 가랑비. ☞ᄀᆞᄅᆞ비 ¶ᄀᆞ랑비:濛鬆雨(譯解上2).

·ᄀᆞ래 명 가래나무. ¶ᄀᆞ래:爲楸(訓解. 用字). ᄀᆞ래 츄:楸(訓蒙上11). ᄀᆞ래 츄:楸(類合上9. 倭解下28).

·ᄀᆞ·래나모 명 가래나무. ¶ᄀᆞ래나못 서리예셔:楸間(初杜解16:39). ᄀᆞ래남기 곳다와:楸樹馨香(初杜解25:22). ᄀᆞ래나모 흰 거플:楸木白皮(救簡6:87). ᄀᆞ래나모 지:梓(訓蒙上11. 類合下33).

ᄀᆞ래ᄂᆞᆫᄆᆞᆯ 명 성질이 고약한 말. ☞ᄀᆞ래다 ¶ᄀᆞ래ᄂᆞᆫᄆᆞᆯ:劣馬(老解下8. 同文解下37).

ᄀᆞ래다 동 가래다. 함부로 행동하다. 방탕하다. ☞ᄀᆞᆯ외다 ¶개벼ᄐᆞᆯ 만나셔 웃줄겨 ᄀᆞ래ᄂᆞᆫ다(李俔. 百祥樓別曲). 그 등에 ᄀᆞ래ᄂᆞ니 잇ᄂᆞ냐:裏頭也有頑的麼(老解上6). 뎌 ᄀᆞ래ᄂᆞᆫ 學生을 다가:將那頑學生(老解上6). 漢ㅅ 아희들은 ᄀᆞ장 ᄀᆞ래거니와:漢兒小廝們十分頑(老解上6). 날마다 힘힘이 ᄀᆞ래여:每日家閑浪蕩(朴解中19). ᄀᆞ래다:詢氣(漢淸8:25). ※ᄀᆞ래다<ᄀᆞᆯ외다

ᄀᆞ래여ᄅᆞᆷ 명 가래 열매. ¶머괴류ㅣ니 ᄀᆞ래여ᄅᆞᆷ이오 머괴 겁질이라:椅(詩解 物名5).

·ᄀᆞ·래:올 명 추동(楸洞). 〔'ᄀᆞ래골'의 'ㄱ'이 모음 사이에서 탈락(脫落)한 형태.〕¶ᄀᆞ래올:楸洞(龍歌10:19).

·ᄀᆞ래·춤 명 가래침. ¶ᄀᆞ래춤과 곳믈와 고롬과:唾涕膿(圓覺上二之二27). ᄀᆞ래춤 밧다:吐痰(譯解上37).

ᄀᆞ랴옴 형 가려움. ㉮ᄀᆞ럅다 ¶알프며 ᄀᆞ랴오미 서ᄅᆞ 관계ᄒᆞ야:痛痒相關(警民28).

ᄀᆞ럅다 형 가렵다. ☞ᄀᆞ랍다. ᄀᆞ렵다 ¶ᄀᆞ랴와도 敢히 긁디 아니ᄒᆞ며:痒不敢搔(宣賜內訓1:40). ᄒᆞᆫ나ᄒᆞᆫ ᄀᆞᆯ온 ᄀᆞ럅고 ᄢᅥ디고:一曰痒塌(痘要上48). 쟝ᄎᆞᆺ ᄀᆞ랴올 증이 나리라:將發痒也(痘要下9). 알프며 ᄀᆞ랴오미:痛痒(警民36).

ᄀᆞ레 명 가래. ¶ᄀᆞ레 들고 씨 지어 볼ᄀᆞ가 ᄒᆞ노라(古時調. 閣氏네 되. 歌曲).

·ᄀᆞ·려내·다 동 깎아 내다. 덜어 내다. ☞ᄀᆞᆯ여내다 ¶듕간애 반이나 ᄀᆞ려내여:中間剋落了一半兒(飜老下54).

ᄀᆞ려더다 동 덜어내다. ¶ᄀᆞ려더다:剋減了(譯解下52).

ᄀᆞ렵다 형 가렵다. ☞ᄀᆞ랍다. ᄀᆞ럅다 ¶힝역 ᄀᆞ려온 ᄃᆡ션:痘痒(痘要下10). 니 하 므러 ᄀᆞ려워 셜워커늘:苦蝨蘩癢悶(東續三綱. 孝5 正命分蝨). ᄀᆞ려옴을 당티 못ᄒᆞ니:痒當不的(朴解下6). ᄀᆞ려온 ᄃᆡ 긁다:快快癢(譯解上48). ᄀᆞ려올 양:癢(倭解上51).

ᄀᆞ로 명 가루. ☞ᄀᆞᄅᆞ. ᄀᆞᆯ ¶감초 ᄀᆞ로:甘草末(痘瘡方19). 뇽노 ᄀᆞ로 서 ᄑᆞᆫ:龍腦三分(痘瘡方19).

ᄀᆞ로 부 가로〔橫〕☞ᄀᆞᄅᆞ ¶ᄀᆞ로 지나 셰로 지ᄂᆞ 中에 주근 後ㅣ면 뉘 아더냐(古時調. 詩謠). ※ᄀᆞ로<ᄀᆞᄅᆞ

ᄀᆞ·로·ᄃᆡ 동 가로되〔曰〕. ☞ᄀᆞᆯ오ᄃᆡ ¶曰은 ᄀᆞ로ᄃᆡ ᄒᆞᄂᆞᆫ ᄠᅳ디라(釋譜序4). 表애 ᄀᆞ로ᄃᆡ(月釋2:69). 欒公子ㅣ ᄀᆞ로ᄃᆡ 사ᄅᆞ미 세 고대 사ᄂᆞ니(三綱. 忠2). 毛詩예 ᄀᆞ로ᄃᆡ 하ᄂᆞ리 모ᄃᆞᆫ 빅셩을 내샤(飜小6:1). ᄃᆡ답ᄒᆞ야 ᄀᆞ로ᄃᆡ(正念解1).

ᄀᆞ로막다 동 가로막다. ☞ᄀᆞᄅᆞ막다 ¶ᄀᆞ로막다:攔住(譯解補26).

ᄀᆞ로:ᄢᅦ·다 동 가로 꿰다. ¶西方애 흰 므지게 열둘히 南北으로 ᄀᆞ로ᄢᅦ여 잇더니(釋譜23:22).

ᄀᆞ·론 관 이른바. ☞ᄀᆞᆯ온 ¶ᄒᆞᆫ나ᄒᆞᆫ ᄀᆞ론 덕과 업과로 서ᄅᆞ 권호미오:一曰德業相勸(呂約1). 다ᄉᆞᆺ재ᄂᆞᆫ ᄀᆞ론 거즛 말ᄉᆞᆷ 지ᅀᅥ 사ᄅᆞᆷ을 소겨 훼호미오:五曰造言誣毁(呂約7). ᄀᆞ론 감필이며 ᄀᆞ론 쥰쳔이며 ᄀᆞ론 금쥬며 ᄀᆞ론 호혼이며 ᄀᆞ론 거톄니:曰減疋也 曰濬川也 曰禁酒也 曰互婚也 曰去髢也(加髢1). 혹 ᄀᆞ론:或曰(十九史略1:4). ※ᄀᆞ론<ᄀᆞᆯ온

ᄀᆞ·롬 동 가림. ㉮ᄀᆞ리다 ¶엇뎨 ᄀᆞ료미 업디 아니ᄒᆞ야:何不無礙(楞解3:88). 가ᄆᆞᆯ 조차 ᄀᆞ롬 업수미:隨往無礙(楞解3:88). 圓明ᄒᆞ야 ᄀᆞ료미 업서:圓明無碍(蒙法46). 일이레 ᄀᆞ료미 업슬ᄊᆡ 坐禪이라 ᄒᆞᄂᆞ니:事事無碍謂之坐禪(蒙法66). 비취여 아로미 ᄀᆞ롬 업서:鑑覺無礙(金剛44). ᄯᅩ 업스며 ᄀᆞ롬 업슨 刹土ᄅᆞᆯ 나토샤ᄃᆡ:現無邊無礙刹土(圓覺上一之二44).

ᄀᆞ르 명 가루〔粉〕. ☞ᄀᆞᄅᆞ ¶ᄀᆞ르로 즘싱 밍드라 지내ᄂᆞᆫ 소졔:麵猪還愿(漢清3:36).

ᄀᆞ르 명 가로〔橫〕. ☞ᄀᆞ로. ᄀᆞᄅᆞ ¶ᄀᆞ르:橫(同文解下54).

ᄀᆞ르 부 가로〔橫〕. ☞ᄀᆞᄅᆞ ¶ᄀᆞ르 지나 세 지낫 즁에 주근 後ㅅ면 내 아ᄃᆞᆫ냐(古時調. 青丘). ᄀᆞ르 ᄭᅳᆫ허 치다:橫擊(漢清4:35).

ᄀᆞ르지르다 동 가로지르다. ☞ᄀᆞᄅᆞ디르다. ᄀᆞᄅᆞ디ᄅᆞ다 ¶궤에 ᄀᆞ르지르고 잠을쇠 치오ᄂᆞᆫ 쇠:穿釘(漢清11:31).

ᄀᆞ르·치·다 동 가르치다. ☞ᄀᆞᄅᆞ치다 ¶ᄀᆞ르쳐 경계홈을 조차 받ᄌᆞ와:遵奉教誡(宣小6:47).

ᄀᆞ르침 명 가르침. ¶ᄌᆞ로 ᄀᆞ르침을 입ᄊᆞ와(正念解1).

ᄀᆞ릅지다 동 가로채다. ¶ᄀᆞ릅져 말ᄒᆞ다:橫插話(漢清7:12).

ᄀᆞ릇세 명 가로대. ¶통에 ᄀᆞ릇세:桶樑(譯解補43). 상ㅅ발 ᄀᆞ릇세:桌撑子(漢清11:33).

ᄀᆞ·리·다 동 가리다〔蔽〕. ☞ᄀᆞ리ᄫᅵ다 ¶더러ᄫᅳᆫ 아래 ᄀᆞ린 거시 업게 ᄃᆞ외니(月印上25). 迦葉의 弟子ᄃᆞᆯ히 귀ᄅᆞᆯ ᄀᆞ리여(釋譜23:42). 煩惱障이 ᄆᆞᅀᆞᄆᆞᆯ ᄀᆞ려(月釋9:6). 業障이 能히 ᄀᆞ리리 업스리라(月釋21:74). ᄀᆞ류미 업수믈:無障礙(楞解2:32). 엇데 ᄀᆞ료미 업디 아니ᄒᆞ야:何不無礙(楞解3:88). 地性은 ᄀᆞ리고:地性障礙(楞解4:6). 다ᄆᆞᆯ ᄀᆞ려서(楞解6:67). 듣글 비ᄒᆞ시 ᄀᆞ룐 젼ᄎᆞ라:塵習自障故也(法華3:165). 무로ᄃᆡ 이 惑ᄋᆞᆫ ᄯᅩ 理ᄅᆞᆯ ᄀᆞ리ᄂᆞ녀:問此惑爲復障理(永嘉下27). 비취여 아로미 ᄀᆞ롬 업서(金剛44). ᄀᆞᆺ 업스며 ᄀᆞ롬 업슨 刹土ᄅᆞᆯ ᄂᆞ토샤ᄃᆡ:現無邊無礙刹土(圓覺上一之二44). 正ᄒᆞᆫ 知見을 ᄀᆞ리ᄂᆞ니라(圓覺下二之一36). 機緣에 ᄀᆞ린 고ᄃᆡ 이시면:機緣上有碍處(蒙法45). 圓明ᄒᆞ야 ᄀᆞ료미 업서:圓明無碍(蒙法46). ᄯᅩ 뎌와 이왓 혜아료매 ᄀᆞ료민뎌(宣賜内訓2上6). 누른 드트리 沙漠애 ᄀᆞ렛ᄂᆞ니:黃塵翳沙漠(初杜解22:30). 어즈러운 뫼히 ᄀᆞ리리라(南明上2). 몯다 ᄀᆞ리어늘(南明上54). 아ᅀᆞ라이 ᄀᆞ리오(南明上76). ᄒᆞ마 來世 ᄀᆞ리어늘ᅀᅡ:已隔來世(金三4:19). 다ᄉᆞᆺ 길히 ᄀᆞ리여(佛頂上5). ᄀᆞ릴 폐:蔽(類合下31). ᄀᆞ릴 예:翳(石千33). ᄀᆞ릴 거시 알픠와 섯그면:蔽交於前(宣小5:89). ᄯᅩ 돋ᄂᆞᆫ 히 ᄀᆞ리락 ᄯᅩ 나락 ᄒᆞ놋다:初日翳復吐(重杜解1:20). ※ᄀᆞ리다>가리다

·ᄀᆞ·리·다 동 갈리다〔磨〕. ☞ᄀᆞᆯ다. ᄀᆞᆯ이다 ¶ᄒᆞ나ᄒᆞᆫ 굽 ᄀᆞ리ᄂᆞᆫ ᄆᆞᆯ:一箇磨硯(飜老下9). ᄒᆞ나흔 ᄀᆞ리고 ᄒᆞ나흔 등 헐고(老解下9). 굽 ᄀᆞ리다:掃蹄(漢清14:34).

ᄀᆞ리다 동 베다. 나누다. 끊다. ¶ᄀᆞ릴 할:割(類合下41). ᄀᆞ려 더다:剋減了(譯解下52).

ᄀᆞ·리둡·다 동 가려 덮다. ☞ᄀᆞ리다. ᄀᆞ리둪다 ¶陰은 ᄀᆞ리두플 씨니 ᄒᆞᆫ논 일 이쇼ᄆᆞᆯ 모도아 眞實ㅅ 性을 ᄀᆞ리둡다 ᄒᆞᆫ논 ᄠᅳ디라(月釋1:35).

ᄀᆞ·리·둪·다 동 가려 덮다. ☞ᄀᆞ리다 ¶모ᄃᆞᆫ 사ᄅᆞᄆᆞᆯ ᄀᆞ리두프니 곳과 여름괘(釋譜6:30). 陰은 ᄀᆞ리두플 씨니 ᄒᆞᆫ논 일 이쇼ᄆᆞᆯ 모도아 眞實ㅅ 性을 ᄀᆞ리둡다 ᄒᆞᆫ논 ᄠᅳ디라(月釋1:35). 陰ᄋᆞᆫ ᄀᆞ리두푸ᄆᆞ로 ᄠᅳᆮᄒᆞ니:陰以蔽覆爲義(楞解9:51).

ᄀᆞ리붓·다 동 가려 붓다〔閉腫〕. ¶모기 ᄀᆞ리붓거든 눈비여즐 하나 져그나 므르디허:喉閉腫益母草不拘多少擣爛(救簡2:73).

ᄀᆞ·리ᄫᅳ·다 동 가리다. ☞ᄀᆞ리다. ᄀᆞ리우다 ¶사ᄅᆞᄆᆡ게론 더러ᄫᅳᆫ 서근 내ᄅᆞᆯ ᄀᆞ리ᄫᅳ며 가야미 머구믈 免ᄒᆞ야(月釋18:39).
※ᄀᆞ리ᄫᅳ다>ᄀᆞ리오다

ᄀᆞ·리·씨·다 동 가리다. ☞갈리기다 ¶피 흘려 ᄂᆞ치 ᄀᆞ리쎠ᄂᆞᆯ:流血被面(三綱. 忠21 邦乂). 힛 光ᄋᆞᆯ ᄀᆞ리씨시니(月釋2:75). 癘鬼예 사ᄅᆞᄆᆞᆯ ᄀᆞ리ᄊᆈᆯ씨:癘鬼襲人(楞解8:120). ᄭᅩ리 ᄉᆞ랑호매 ᄀᆞ리쎠:蔽於愛尾(法華1:232). 五欲愛예 ᄀᆞ리쓔미 害 이 ᄀᆞᆮᄒᆞ니라:蔽五欲之愛害猶是也(法華1:232). 금빈혀로 눈ᄌᆞᅀᆞ애 ᄀᆞ리씬 거슬 거더ᄇᆞ리면:金篦刮眼膜(杜解9:19). 믌겨리 니르와ᄃᆞ며 雲霧ㅣ ᄀᆞ리씨니:波浪恟湧雲霧陰翳(六祖序21).

·ᄀᆞ·리·ᄯᅳ·다 동 가려 뜨다. ¶바ᄇᆞ란 雲子ㅣ 히니ᄅᆞᆯ ᄀᆞ리ᄯᅳ고:飯抄雲子白(初杜解15:54).

ᄀᆞ리얼다 동 가려 얼다. ¶앏 여흘 ᄀᆞ리어러 獨木橋 빗겻ᄂᆞᆫᄃᆡ(松江. 星山別曲).

ᄀᆞ리오·다 동 가리다. ☞가리우다 ¶增上慢이 ᄆᆞᅀᆞᄆᆞᆯ ᄀᆞ리온 젼ᄎᆞ로(月釋9:31). 이 正ᄒᆞᆫ 知見을 ᄀᆞ리오ᄂᆞᆫ ᄠᅳ던 젼치라(圓覺下一之一45). ᄯᅩ 慳이 布施ᄅᆞᆯ ᄀᆞ리오며(圓覺下二之一28). 忍을 ᄀᆞ리옴ᄃᆞᆯ ᄀᆞᆮᄒᆞ니(圓覺下二之一28). 六度애 ᄒᆞ마 여슷 ᄀᆞ리오ᄆᆞᆯ 니ᄅᆞ면(圓覺下二之一28). 조ᄒᆞᆫ ᄆᆞᅀᆞᄆᆞᆯ ᄀᆞ리올가 저홀시(圓覺下二之二41). 樘林이 히ᄅᆞᆯ ᄀᆞ리오니:樘林礙日(杜解7:1). 여르미 드리여 옷ᄀᆞ외ᄅᆞᆯ ᄀᆞ리오놋다:垂實礙衣裳(杜解18:23). 허튀ᄅᆞᆯ ᄀᆞ리오ᄃᆡ 몯ᄒᆞ리로다:不掩脛(初杜解25:27). ᄇᆞᄅᆞᆷ과 히ᄅᆞᆯ ᄀᆞ리오ᄃᆡ 몯ᄒᆞ거ᄂᆞᆯ(宣賜内訓1:73). 제 本性을 ᄀᆞ리와 도ᄅᆞ혀 조호ᄆᆡ ᄆᆡ요ᄆᆞᆯ 닙ᄂᆞ니라(六祖中18). ᄀᆞ리올 챠:遮(類合下26). ᄀᆞ리올 격:隔(類合下26). ᄀᆞ리올 예:翳(類合下49). ᄀᆞ리올 쟝:障(類合下55). ᄀᆞ리올 애:礙(類合下55). ᄀᆞ리울 예:翳(倭解下37). 그ᄂᆞᆯ ᄀᆞ리오며(家禮2:16). 간사ᄒᆞᆫ 거즛 일은 ᄆᆞᄎᆞᆷ내 ᄀᆞ리오고 둣덥기 어려워(警民21). 그 몸으로ᄡᅥ 그 아비를 ᄀᆞ리와:以身

蔽其父(東新續三綱. 孝3:34). 몸으로ᄡᅥ 펴 ᄀᆞ리와 한도ᄅᆞᆯ 받고:以身翼蔽受劒(東新續三綱. 烈3:80). 몸으로 ᄀᆞ리와:以身翼蔽(東新續三綱. 孝6:23). 그 아비ᄅᆞᆯ ᄀᆞ리오니 도적기 다 주기니라(東新續三綱. 孝6:61). ᄂᆞᆾ ᄀᆞ리와 ᄒᆞ다:遮飾臉(同文解上32). 다 어미 溺愛ᄒᆞ야 숨기고 ᄀᆞ리옴이니라(女四解4:11). 압 뫼히 안개 횟빗출 ᄀᆞ리오니(辛啓榮. 月先軒十六景歌). 슈죡을 ᄀᆞ리오듸 못ᄒᆞ고(女範3. 문녀 노검누쳐).

ᄀᆞ리온ᄆᆞᆯ 명 가리온. 갈기가 검은 흰 말. ¶ ᄀᆞ리온ᄆᆞᆯ:海騮(漢清14:22).

ᄀᆞ·리왇·다 동 가리다. ☞ᄀᆞ리다. -왇다 ¶ 히로 ᄀᆞ리와ᄃᆞᆫ 日蝕ᄒᆞᄂᆞ니라(釋譜13:10). 승간이 블 가온대 ᄠᅱ여드러 모ᄆᆞ로ᄡᅥ ᄀᆞ리왇더니:承幹投入烈焰中以身翼蔽(東新續三綱. 孝5:8 承幹入火).

ᄀᆞ리왓다 동 가리다. ☞ᄀᆞ리다. -왇다 ¶ 이 嶺ㅣ 울어러 干犯ᄒᆞ얀 히ᄅᆞᆯ ᄀᆞ리왓고:仰干塞大明(重杜解1:27). 다보존 둘엣ᄂᆞᆫ 다ᄆᆞᆯ ᄀᆞ리왓도다:蓬蒿翳環堵(重杜解9:9). ᄒᆞᄅᆞ밤이 ᄀᆞ리왓고(警民音7).

ᄀᆞ·리외·다 동 가려 눌리다. ¶ 奸邪ᄒᆞᆫ 사ᄅᆞ미 正ᄒᆞᆫ 사ᄅᆞᄆᆞᆯ 干犯ᄒᆞ면 ᄀᆞ리외여 주구메 니르러 가ᄆᆞᆯ 因ᄒᆞ야 아노라:因知邪干正掩抑至沒齒(初杜解16:67).

ᄀᆞ·리우·다 동 가리다. ☞ᄀᆞ리다. ᄀᆞ리ᄫᅳ다 ¶ ᄇᆞᄅᆞᆷ과 벼틀 ᄀᆞ리우디 몯ᄒᆞ거늘:不蔽風日(飜小9:33). 술위 우희 ᄀᆞ리우다:打篷(四解上3 篷字註). 왼편을 ᄀᆞ리우며 올흔편을 호위ᄒᆞ고(武藝圖17).

ᄀᆞ리지다 동 가로지르다. ¶ 銀河水 건너ᄯᅱ여 北海 ᄀᆞ리지고 風土ㅣ 切甚ᄒᆞᆫ듸(古時調. 어제ᄂᆞᆫ 못. 青丘). 弱水 ᄀᆞ리진 듸 구름 길히 머흐러라(曺偉. 萬憤歌).

ᄀᆞ리춤 동 후려침. ㉮ᄀᆞ리치다 ¶ 飄颻히 ᄂᆞ라셔 ᄀᆞ리추믈 됴히커ᄂᆞᆯ:飄颻搏擊便(重杜解3:26).

ᄀᆞ리치다 동 후려치다. ☞ᄀᆞ리티다 ¶ 飄颻히 ᄂᆞ라셔 ᄀᆞ리추믈 됴히커ᄂᆞᆯ:飄颻搏擊便(重杜解3:26).

·ᄀᆞ리·텨ᄇᆞ·리·다 동 후리쳐 버리다. ☞ᄀᆞ리티다 ¶ 프른 뷘 ᄊᆞ해 魍魎ᄋᆞᄅᆞᆯ ᄀᆞ리텨ᄇᆞ리고:翠虛捎魍魎(初杜解20:21).

ᄀᆞ리·툠 동 후림. 겁탈(劫奪)함. ㉮ᄀᆞ리티다 ¶ 盜賊의 ᄀᆞ리튜미 官吏의 븟그리논 배니라:剽劫吏所羞(初杜解22:37).

ᄀᆞ리틀 명 갈이틀. ¶ ᄀᆞ리틀:鏇牀(漢清10:35).

·ᄀᆞ리·티·다 동 후리다. 공략하다. 후려치다. ☞ᄀᆞ리치다. ᄀᆞᄅᆞ티다 ¶ ᄇᆞᆯ홀 ᄀᆞ리티고:掣臂(初杜解16:35). 江과 淮ᄂᆞᆫ 孟諸로 ᄀᆞ리텨 가놋다:江淮略孟諸(杜解20:35). 盜賊의 ᄀᆞ리튜미 官吏의 븟그리논 배니라:剽劫吏所羞(初杜解22:37). 긴 놀앳 소리 激越ᄒᆞ야 수프를 ᄀᆞ리텨 가더니:長歌激越捎林莽(初杜解25:14). ᄲᆞᄅᆞᆫ 비ᄂᆞᆫ 시냇발로 ᄀᆞ리텨 가고:急雨捎溪足(初杜解25:18). 횟돈 ᄃᆡ로 디나며 믌ᄀᆞ쇄 ᄀᆞ리텨 가 險阻호ᄆᆞᆯ 업시 ᄒᆞ놋다:撇漩捎濆無險阻(杜解25:47). 버러우흿 매 ᄒᆞᆫ번 비 브르면 ᄂᆞ라 ᄀᆞ리텨 가ᄂᆞ니:韝上鷹一飽則飛掣(杜解25:55). 하ᄂᆞᆯ홀 가리텨 ᄂᆞᄂᆞ니라:搏天飛(南明下16). ᄀᆞ리틸 표:剽(類合下45). ᄀᆞ리티ᄂᆞᆫ 번개를 디나 ᄃᆞ로ᄆᆞᆯ 城中이 기울에 모다 아ᄂᆞ다:走過掣電傾城知(重杜解17:30).

ᄀᆞ리호다 동 가리다. ¶ 車ㅣ 行ᄒᆞᆯ 제 가져 ᄡᅥ곰 車ᄅᆞᆯ ᄀᆞ리호고 임의 무ᄃᆞ매 壙中애 셰워 柩ᄅᆞᆯ ᄀᆞ리호ᄂᆞ니라(家禮圖12).

ᄀᆞ림자 명 가리마. ☞ᄀᆞ림ᄌᆞ ¶ ᄀᆞ림자:分道子(同文解上14).

ᄀᆞ림ᄌᆞ 명 가리마. ☞ᄀᆞ림자 ¶ ᄀᆞ림ᄌᆞ:頭髮分道(漢清5:48).

ᄀᆞᄅᆞ 명 가루〔粉〕. ☞ᄀᆞ로. ᄀᆞᆯ. ᄀᆞᆳ ¶ 모ᄆᆞᆯ ᄇᆞᅀᆞ며 命을 ᄀᆞᄅᆞᄅᆞᆫ히 ᄒᆞ야도:碎身粉命(法華1:223). 몰애 ᄀᆞᄂᆞ로미 ᄀᆞᄅᆞ ᄀᆞᄂᆞ롬 ᄀᆞᆮᄒᆞᆯᄉᆡ 數ㅣ 하니라:沙細如麵細故數多也(圓覺上二之二154). ᄀᆞᄅᆞ 면:麵. ᄀᆞᄅᆞ 말:麩. ᄀᆞᄅᆞ 셜:糏(訓蒙中22). ᄆᆞᆯ굽 슬ᄒᆞᆫ ᄀᆞᄅᆞ:馬蹄屑(瘟疫方5). ᄀᆞᄅᆞ 면:麵(類合上26). ᄀᆞᄅᆞ 설:屑(類合下61). 네 ᄃᆞ론 서 근 ᄀᆞᄅᆞᄂᆞᆫ(老解上20). 콩ᄀᆞᄅᆞᄅᆞᆯ ᄒᆞ여 닝슈의 프러 지령 종ᄌᆞ의 잡ᄉᆞ오면(癸丑110). 菖蒲 ᄀᆞᄅᆞ로 ᄡᅳ리기ᄅᆞᆯ 고로게 ᄒᆞ고:着菖蒲末兒撒的均了着(朴解下1). ᄀᆞᄅᆞ 셜:屑(倭解上47). ᄀᆞᄅᆞ:麵(同文解下3. 漢清12:65).
※ᄀᆞᄅᆞ<ᄀᆞᆯ

ᄀᆞᄅᆞ 명 가로〔橫〕. ¶ ᄀᆞᄅᆞ 횡:橫(類合下62).

ᄀᆞᄅᆞ 부 가로〔橫〕. ☞ᄀᆞ르 ¶ 西方애 흰 므지개 열둘히 南北으로 ᄀᆞᄅᆞ ᄢᅦ여 잇더니(釋譜23:22). ᄀᆞᄅᆞ ᄠᅱ고 셰 ᄠᅱ다:橫跳竪跳(譯解補60). ※ᄀᆞᄅᆞ>ᄀᆞ로>가로

ᄀᆞᄅᆞ 동 가로되. ☞ᄀᆞᆯ오ᄃᆡ. ᄀᆞᆯᄋᆞ샤ᄃᆡ. ᄀᆞᆯ ¶ ᄀᆞᄅᆞ 왈:曰(類合安心寺板8).

ᄀᆞᄅᆞ다 동 가르다. ☞가ᄅᆞ다 ¶ 도적이 ᄡᅳ저 ᄀᆞᄅᆞ니라:賊磔解之(東新續三綱. 烈5:35). 그 칼흘 아사 스스로 멱 디ᄅᆞ니 도적이 ᄀᆞᆯ나 ᄡᅳᄌᆞ니라:奪其刀自剄賊節解臠之(東新續三綱. 烈5:85 朴氏自剄).

ᄀᆞᄅᆞ·다 동 가로지르다. ¶ ᄲᆞᆯ리 밠 엄지가락 아랫 ᄀᆞᄅᆞᆫ 금을 나 마초 ᄡᅳ면 됴ᄒᆞ리라:急灸足大趾下橫文隨年壯立愈(救簡1:31). ᄀᆞᄅᆞᆫ ᄇᆞᄅᆞᆷ과 ᄲᆞᄅᆞᆫ 비와 안개와 이스리 혜여디디 아니ᄒᆞ면(簡辟1). 式:술위 앏히 ᄀᆞᄅᆞᆫ 남글 고마온 일 잇거든 굽어 딥픔이라(宣小3:16).

ᄀᆞᄅᆞ디다 동 가로질리다. ¶ ᄆᆞ리 ᄎᆞ고 긴 어

름ㅣ ᄀᆞᄅᆞ데시니:水寒長氷横(重杜解1:17).

ᄀᆞᄅᆞ디르·다 동 가로지르다. ☞ᄀᆞᄅᆞ디ᄅᆞ다 ¶너를 依藉ᄒᆞ야 져근 울헤 ᄀᆞᄅᆞ디르고:藉汝跨小籬(初杜解25:2).

ᄀᆞᄅᆞ디ᄅᆞ·다 동 가로지르다. ☞ᄀᆞᄅᆞ디르다 ¶關은 門의 ᄀᆞᄅᆞ디ᄅᆞᄂᆞᆫ 남기오(法華4:130). ᄀᆞᄅᆞ디롤 녕:挺(類合下61). 〔'녕'은 '뎡'의 오기(誤記).〕 扃:문허리예 ᄀᆞᄅᆞ디론 남기라(宣小3:10).

ᄀᆞᄅᆞ딜이·다 동 가로질리다. ¶프른 소리 뎌른 뫼고리 ᄀᆞᄅᆞ딜엿ᄂᆞ니:青松架短壑(初杜解10:28). 답사ᄒᆞᆫ 므리 三峽에 ᄀᆞᄅᆞ딜엇고:積水駕三峽(初杜解22:28). 긴 ᄇᆞᄅᆞᄆᆡ 노푼 믌겨리 ᄀᆞᄅᆞ딜엿ᄂᆞ니:長風駕高浪(重杜解1:32).

ᄀᆞᄅᆞ되 동 가로되. ☞ᄀᆞ로ᄃᆡ ¶그 쵸례ᄒᆞ매 명ᄒᆞ야 ᄀᆞᄅᆞᄃᆡ(百行源15).

ᄀᆞᄅᆞ막다 동 가로막다. ☞ᄀᆞ로막다 ¶ᄀᆞᄅᆞ마글 알:遏(類合下31). ᄀᆞᄅᆞ막다:攔住(同文解上30).

ᄀᆞᄅᆞ믈다 동 가로 물다. 머금다. ¶ᄀᆞᄅᆞ믈 함:啣(類合下40).

ᄀᆞᄅᆞ·비 명 가랑비. 〔ᄀᆞᄅᆞ〈粉〉+비〈雨〉〕 ☞ᄀᆞ랑비 ¶無色界옛 눇므리 ᄀᆞᄅᆞ비ᄀᆞ티 ᄂᆞ리다(月釋1:36).

ᄀᆞᄅᆞ살 명 가로 살. ¶창 ᄀᆞᄅᆞ살:窓横欞(同文解上35).

ᄀᆞ·ᄅᆞ·샤·ᄃᆡ 동 가라사대. ☞ᄀᆞᆯᄋᆞ샤ᄃᆡ ¶子思子ㅣ ᄀᆞᄅᆞ샤ᄃᆡ:子思子曰(宣小1:1). 젼교ᄒᆞ샤 ᄀᆞᄅᆞ샤ᄃᆡ:傳曰(字恤1).

ᄀᆞᄅᆞ셔다 동 가려 서다. 가리고 서다. 막아서다. ¶옷 ᄇᆞ티들며 발 구르고 길헤 ᄀᆞᄅᆞ셔셔 우ᄂᆞ니:牽衣頓足欄道哭:欄은 遮欄也ㅣ라(重杜解4:1).

ᄀᆞᄅᆞ어치다 동 가르치다. ¶몸이 커 ᄀᆞᄅᆞ어치리 업더니(癸丑67).

ᄀᆞᄅᆞ와디 명 평조(平調). ¶ᄀᆞᄅᆞ와디:平調(鄕樂. 大王飯).

ᄀᆞᄅᆞ쟝 명 가루장. 마른장. ¶ᄀᆞᄅᆞ쟝:麵醬(譯解上52).

ᄀᆞᄅᆞ지다 동 가로놓이다. ¶젹토마 ᄐᆞ고 가ᄂᆞᆫ 길을 ᄀᆞᄅᆞ져시니(三譯9:7).

ᄀᆞᄅᆞ·쵸·ᄃᆡ 동 가르치되. ㉮ᄀᆞᄅᆞ치다 ¶몬아ᄃᆞᄅᆞᆯ ᄀᆞᄅᆞ쵸ᄃᆡ:教胄子(宣小1:10).

ᄀᆞᄅᆞ·춈 동 가르침. 가리킴. ㉮ᄀᆞᄅᆞ치다 ¶ᄀᆞᄅᆞ쵸미 常이오(月釋8:24). 다ᄆᆞᆫ 바ᄅᆞ ᄀᆞᄅᆞ쵸ᄆᆞᆯ 자바 키 아로ᄆᆞ로 써 門의 드로ᄆᆞᆯ 사ᄆᆞ시고:單提直指以大悟爲入門(蒙法37). ᄀᆞᄅᆞ쵸ᄆᆞᆯ 드리우샤ᄃᆡ:垂教(圓覺序6).

ᄀᆞᄅᆞ·춈 동 가르침. ㉮ᄀᆞᄅᆞ치다 ¶ᄀᆞᄅᆞ춈이 이러ᄐᆞ시 嚴ᄒᆞ고:教訓如此之嚴(宣小6:5).

ᄀᆞᄅᆞ·치·다 동 ①가르치다. ☞ᄀᆞᆯᄋᆞ치다. ᄀᆞᆯᄋᆞ치다 ¶子孫ᄋᆞᆯ ᄀᆞᄅᆞ치신돌:訓嗣(龍歌15章). 後世ᄅᆞᆯ ᄀᆞᄅᆞ치시니:以教後人(龍歌105章). 訓은 ᄀᆞᄅᆞ칠 씨오(訓註1). 부텻 ᄀᆞᄅᆞ치샤ᄆᆞᆯ 만히 듣ᄌᆞᄫᆞᆯ 씨 聞이오(釋譜11:43). 淫女를 ᄀᆞᄅᆞ쵸ᄃᆡ(月釋7:15). 고티디 몯호미 ᄀᆞᄅᆞ쵸미 常이오(月釋8:24). 大智 ᄀᆞᄅᆞ치고져 ᄒᆞ시ᄂᆞᆫ ᄃᆞᆯ 볼기니라:教大智(法華2:253). 오직 ᄀᆞᄅᆞ춈ᄀᆞ티 住홀띠니라:但應如所教住(金剛28). ᄒᆞ다가 邪ᄒᆞᆫ 스승의 ᄀᆞᄅᆞ쵸ᄆᆞᆯ 맛나면:若遇邪師教者(圓覺下一之一43). ᄀᆞᄅᆞ치디 아니호미 몯ᄒᆞ리라:不可不教(宣賜內訓序6). 내 너ᄃᆞ려 ᄀᆞᄅᆞ쵸마:我教與你(飜朴上10). 君子ㅣ 사ᄅᆞᆷ ᄀᆞᄅᆞ츄미 ᄎᆞ례 잇ᄂᆞ니:君子教人有序(飜小8:40). ᄀᆞᄅᆞ칠 교:教. ᄀᆞᄅᆞ칠 훈:訓. ᄀᆞᄅᆞ칠 회:誨(訓蒙下32). ᄀᆞᄅᆞ칠 훈:訓(石千15). 녜 小學애 사ᄅᆞᆷᄋᆞᆯ ᄀᆞᄅᆞ츄ᄃᆡ(宣小書題1). ᄒᆡ여곰 스승 되니로써 ᄀᆞᄅᆞ칠 바ᄅᆞᆯ 알에 ᄒᆞ며:爲師者知所以教(宣小1:1). 모롬이 이 사ᄅᆞᆷ을 조차 ᄀᆞᄅᆞ쳐ᄃᆞᆫ 닑어:須是從人授讀(宣小5:113). 아비 티운이 모시 샹셔로써 ᄀᆞᄅᆞ쳔더니:父致雲教以詩書(東新續三綱. 烈1:92). ᄀᆞᄅᆞ치고 시기ᄂᆞᆫ 일을 듯디 아니ᄒᆞ며:不聽教令(警民2). ᄀᆞᄅᆞ칠 교:教. ᄀᆞᄅᆞ칠 훈:訓(倭解上37). ᄀᆞᄅᆞ치다:教(同文解上42). 귀비ᄅᆞᆯ ᄀᆞᄅᆞ쳐(明皇1:38). ᄀᆞᄅᆞ칠 효:斅(註千13).

②가리키다. ¶右手 左手로 天地 ᄀᆞᄅᆞ치샤(月印上8). 잇ᄂᆞᆫ ᄃᆡᄅᆞᆯ ᄀᆞᄅᆞ쳐놀(三綱. 烈24). 次第로 ᄀᆞᄅᆞ쵸ᄃᆡ:次第標指(楞解3:100). 如ᄂᆞᆫ ᄀᆞᄅᆞ치ᄂᆞᆫ ᄠᅳ디오:如者指義(金剛1). 念은 뫼화 ᄀᆞᄅᆞ츄미오(圓覺下三之二51). 虛無ᄒᆞᆫ ᄃᆡᄅᆞᆯ ᄀᆞᄅᆞ쳐:指點虛無(初杜解22:52). 머리 하ᄂᆞᆯ홀 ᄀᆞᄅᆞ치고:頭指天(金三2:11). 師ㅣ 모ᄃᆞᆫ 사ᄅᆞᆷᄃᆞ려 ᄀᆞᄅᆞ쳐 무러(南明上2). ᄒᆞᆫ 소ᄂᆞ로 하ᄂᆞᆯ ᄀᆞᄅᆞ치시고(南明下38). 城의 올라 ᄀᆞᄅᆞ치디 아니ᄒᆞ며:登城不指(宣小3:10). 親히 ᄀᆞᄅᆞ치디 아니ᄒᆞ더시다:不親指(宣小3:13). 길ᄒᆞᆯ ᄀᆞᄅᆞ치라 ᄒᆞ거ᄂᆞᆯ:使指路(東新續三綱. 忠1:51). 막대로 흰 구름 ᄀᆞᄅᆞ치고 도라 아니 보고 가노매라(古時調. 鄭澈. 믈 아래. 松江). 길 ᄀᆞᄅᆞ치ᄂᆞᆫ 관원:鄕導官(同文解上38).

ᄀᆞᄅᆞ치샴 동 가르치심. ㉮ᄀᆞᄅᆞ치다 ¶부텻 ᄀᆞᄅᆞ치샤ᄆᆞᆯ 만히 듣ᄌᆞᄫᆞᆯ 씨 聞이오(釋譜11:43).

ᄀᆞᄅᆞ침 명 가르침. ¶ᄀᆞᄅᆞ치미 업스면 곧 즘승에 갓가오릴씨:無教則近於禽獸(宣小1:9). 尹母의 ᄀᆞᄅᆞ침은 菽水을 즐겨 ᄒᆞ고(女四解4:13). 兄이 ᄉᆞ랑ᄒᆞ여 이리 ᄀᆞᄅᆞ침으로 내 비록 庸劣ᄒᆞ나 兄의 ᄀᆞᄅᆞ침을 긔록ᄒᆞ자(捷蒙1:7).

ᄀᆞᄅᆞᄎᆞ·다 동 갈음하다. 대신하다. ¶너를 ᄀᆞᄅᆞ차:替你(法語10). 보인ᄒᆞᆫ 사ᄅᆞ미 호은

자 ᄀᆞᄅᆞ차 가ᄑᆞ리라:代保人一面替還(飜朴上61). ᄀᆞᄅᆞ출 ᄃᆡ:代(訓蒙中1). 너를 ᄀᆞᄅᆞ차 공히 슈고 드려 다시 ᄣᅡ미 엇더ᄒᆞ뇨:替你白効勞重新打築何如(朴新解1:12).

ᄀᆞᄅᆞ·티·다 동 가로치다. 끊다. 후려치다. ☞ᄀᆞ리티다 ¶ᄀᆞᄅᆞᆯ ᄀᆞᄅᆞ텨 數百 고기ᄅᆞᆯ ᄒᆞᆫ 버네 ᄢᅥ려 내놋다:截江一擁數百鱗(初杜解16:62). ᄀᆞᄅᆞ텨 뎜ᄒᆞ거든(兵學1:10). 右手로 綽衣勢로 압홀 向ᄒᆞ야 거름을 나아가 ᄀᆞᄅᆞ티ᄂᆞ니라(武藝圖17).

ᄀᆞᄅᆞ·티·다 동 ①가르치다. ☞ᄀᆞᄅᆞ치다 ¶셩인 ᄀᆞᄅᆞ틴 것과:聖教(野雲48).
②가리키다. ☞ᄀᆞᄅᆞ치다 ¶손으로 ᄀᆞᄅᆞ티다:指示(同文解下61).

ᄀᆞ른 동 가로로 된. ㉮ᄀᆞᄅᆞ다 ¶ᄀᆞ른 그믈:橫文(救急上2). ᄲᆞᆯ리 발 엄지가락 아랫 ᄀᆞ른 금을 나 마초 ᄯᅳ면 됴ᄒᆞ리라:急灸足大趾下橫文隨年壯立愈(救簡1:31). 술위 압히 ᄀᆞ른 남글(宣小3:16).

ᄀᆞ·ᄅᆞᆯ 명 강(江). ☞ᄀᆞᄅᆞᆷ ¶ᄆᆡ햇 두듥과 ᄀᆞᄅᆞᇝ 蒲애 ᄀᆞᅀᆡ 나ᄂᆞ니:側生野岸及江蒲(初杜解15:21).

ᄀᆞᄅᆞᆯ게 형 가늘게. ㉮ᄀᆞᄅᆞᆯ다 ¶혹 ᄀᆞᄅᆞᆯ게 십거나:或嚼細(臘藥5).

·ᄀᆞ·ᄅᆞᆯ·다 형 가늘다. ☞ᄀᆞᄂᆞᆯ다 ¶솔오즌 ᄀᆞᄅᆞᆯ오 노ᄒᆞᆫ 굴그니:錐兒細線麁(飜老下53). 송고손 ᄀᆞᄅᆞᆯ고:錐兒細(老解下48). 솔닙 ᄀᆞᄅᆞᆯ게 ᄀᆞ라 ᄆᆡᆼ그라:松葉細末(辟新13).

ᄀᆞ·ᄅᆞᆷ 명 강(江). 하천(河川). 호수(湖水). ☞ᄀᆞᄅᆞᆯ ¶ᄀᆞᄅᆞ매 ᄇᆡ 업거늘:河無舟矣(龍歌20章). ᄀᆞᄅᆞᇝᄀᆞᅀᆡ 자거늘:宿于江沙(龍歌67章). ᄃᆞ리 즈믄 ᄀᆞᄅᆞ매 비취요미 ᄀᆞᆮᄒᆞ니라(月釋1:1). ᄀᆞᄅᆞᆷ과 우믌므리 다 넚디고(月釋2:48). 나라히 破亡ᄒᆞ니 뫼콰 ᄀᆞᄅᆞᆷᄲᅮᆫ 잇고:國破山河在(初杜解10:6). ᄀᆞᄅᆞᆷ 우희 글 출홀 ᄉᆞ랑ᄒᆞ라:江上憶詞源(初杜解21:6). ᄀᆞᄅᆞᇝᄀᆞᅀᆡ셔 孫楚ᄅᆞᆯ 보낼 저긔:江邊送孫楚(初杜解21:16). ᄀᆞᄅᆞᆷ 강:江. ᄀᆞᄅᆞᆷ 호:湖. ᄀᆞᄅᆞᆷ 하:河(訓蒙上4). ᄀᆞᄅᆞᆷ 하:河(石千3). 묏 눈과 ᄀᆞᄅᆞᇝ 어르메 드르히 서늘ᄒᆞ니:山雪河氷野蕭颼(重杜解4:4). ᄀᆞᄅᆞᆷ 호:湖(倭解上9).

ᄀᆞᄅᆞᆷ 명 갈음. 대신(代身). 대체(代替). ¶ᄀᆞᄅᆞᆷ 받디 아니ᄒᆞᄂᆞ니라:不容替(南明下33). ᄀᆞᄅᆞᆷ ᄃᆡ:代(類合上4).

ᄀᆞᄅᆞᆷ길 명 갈림길. ☞거림쐴 ¶ᄀᆞᄅᆞᆷ길 어귀:岔路口(漢淸9:23).

ᄀᆞᄅᆞᆷ·ᄒᆞ·다 동 갈음하다. 대신하다. ¶고기 ᄇᆞ려 비두릐 ᄀᆞᄅᆞᆷᄒᆞ신 ᄊᆞᆯ해 노니거시ᄂᆞᆯ(月釋7:54之3). 사ᄅᆞᆷ ᄀᆞᄅᆞᆷᄒᆞ시며 쇼를 건네샤ᄃᆡ:代人濟牛(楞解5:69).

ᄀᆞ·ᄅᆞᇝ:ᄀᆞᆺ 명 강가(江邊). ☞강ㅅᄀᆞᆺ ¶ᄀᆞᄅᆞᇝᄀᆞᆺ 아니 말이샤:不禁江沙(龍歌68章). ᄀᆞᄅᆞᇝᄀᆞᅀᆡ셔 孫楚ᄅᆞᆯ 보낼 저긔:江邊送孫楚(初杜解21:16).

ᄀᆞ·ᄅᆞᆸ·다 형 가렵다. ¶알파 ᄒᆞ시며 ᄀᆞ라와 ᄒᆞ심애 공경ᄒᆞ야 딥퍼 보며:疾痛苛癢而敬抑(宣小2:3). ᄀᆞ라와도 敢히 긁디 아니ᄒᆞ며:癢不敢搔(宣小2:7).

ᄀᆞᄅᆞᆺ 명 안개. ¶늘근 나햇 고즌 ᄀᆞᄅᆞᆺ 소개 보ᄂᆞᆫ ᄃᆞᆺᄒᆞ도다:老年花似霧中看(初杜解11:11).

ᄀᆞᄅᆞᆺ세 명 가로장. ¶방하 허리엣 ᄀᆞᄅᆞᆺ세:碓腰幹(譯解下16).

ᄀᆞᄅᆡ 명 가래. ¶ᄀᆞᄅᆡ 들고 ᄡᅵ 디여 볼ᄀᆡ가 ᄒᆞ노라(古時調. 閣氏네 되오. 花源).

ᄀᆞ마니 부 ①가만히. ☞ᄀᆞᄆᆞ니 ¶ᄀᆞ마니 몯 이셔 自然히 니러(釋譜6:30). ᄀᆞ마니 잇거나 호매:靜中(蒙法8). ᄀᆞ마니 부ᄂᆞᆫ ᄇᆞᄅᆞ맨:微風(初杜解7:7). 어느 바ᄆᆡ ᄀᆞ마니 이실고:何夜靜(初杜解21:26). 입의 거동은 ᄀᆞ마니 이시며:口容止(英小3:13).
②남몰래. 은밀히. ☞ᄀᆞᄆᆞ니 ¶독 안해 ᄀᆞ마니 ᄲᅮ를 ᄇᆞᄅᆞ니(釋譜23:56). 내 正法眼藏ᄋᆞ로 너를 ᄀᆞ마니 맛디노니(釋譜24:39). ᄀᆞ마니 出令호ᄃᆡ 쳔만 버히며 ᄡᅩ디 마오(月釋10:28). ᄀᆞ마니 根 ᄉᆞ배 수멧도소이다:潛伏根裏(楞解1:56). 漢ㅅ 成帝 ᄀᆞ마니 나ᄃᆞ니시다가(宣賜內訓序5). ᄀᆞ마니 사ᄅᆞᆷ을 브려 고ᄒᆞᄃᆡ:密遣人告(東新續三綱. 忠1:4). ᄀᆞ마니 도적질ᄒᆞᄂᆞᆫ:竊盜(警民16). 적진의 왕ᄂᆡᄒᆞ여 ᄀᆞ마니 의논ᄒᆞ고 감히 소릐를 내디 못ᄒᆞ여(山城130).
※ᄀᆞ마니>가만히

ᄀᆞ마니·시·다 동 가만히 있다. [‘ᄀᆞ마니 이시다’가 축약(縮約)된 형태.] ☞ᄀᆞ마니. 이시다. 시다 ¶澄ᄋᆞᆫ 므리 ᄀᆞ마니셔 ᄆᆞᆯᄀᆞᆯ 씨라(楞解2:119). 動ᄒᆞ며 ᄀᆞ마니슈ᄆᆞᆯ 堅固히 ᄒᆞ야:堅固動止(楞解8:130). 運과 ᄀᆞ마니슘과ᄅᆞᆯ 타:乘運止(楞解8:131). ᄀᆞ마니시며 뮈여:止運(楞解10:14).

ᄀᆞ만ᄀᆞ마니 부 가만가만히. ☞ᄀᆞᄆᆞᆫᄀᆞᄆᆞ니 ¶ᄀᆞ만ᄀᆞ마니 두드려:輕敲(救簡6:69).

ᄀᆞ만ᄀᆞ만 부 가만가만. ¶ᄀᆞ만ᄀᆞ만 칼질도 ᄒᆞ며(癸丑193). ᄀᆞ만ᄀᆞ만 말ᄒᆞ다:悄悄說(同文解上24).

ᄀᆞ만이 부 가만히. 은밀히. ☞ᄀᆞ마니. ᄀᆞᄆᆞ니 ¶뫼셧ᄂᆞᆫ 이ᄃᆞ려 ᄀᆞ만이 무러:竊問侍者(宣小6:79). ᄀᆞ만이 집것히 가다(三譯1:5). 이에 ᄀᆞ만이 ᄯᅡ라가(女四解4:48). 고쟈ᄃᆞ려 ᄀᆞᆯ오샤ᄃᆡ ᄀᆞ만이 두로 고온 사ᄅᆞᆷ을 어ᄃᆞ라(明皇1:35). ᄀᆞ만이:悄悄的(同文解下60). ᄀᆞ만이:暗暗的(漢淸8:74).

ᄀᆞ만히 부 가만히. ☞ᄀᆞ마니. ᄀᆞᄆᆞ니 ¶ᄀᆞ만히 ᄉᆡᆼ각ᄒᆞ오ᄃᆡ:默思(常訓4).

ᄀᆞ만ᄒᆞ·다 형 가만하다. 은밀하다. ☞가만ᄒᆞ

다. ᄀᆞᄆᆞᆫᄒᆞ다 ¶닐오ᄃᆡ ᄀᆞ만ᄒᆞ며 그ᄉᆞᆨ다 ᄒᆞ니라:云潛密(圓覺上一之二15). ᄀᆞ만ᄒᆞᆫ 하리 날로 들여:漸漬日聞(宣賜內訓3:44). 놉고 ᄀᆞ만ᄒᆞᆫ 두 甘子ㅅ남기여:岑寂雙甘樹(初杜解18:22).

ᄀᆞ만ᄒᆞᆫ 형 은연(隱然)한. ㉠ᄀᆞ만ᄒᆞ다 ¶아모란 ᄀᆞ만ᄒᆞᆫ 보람이 잇고 인은 업ᄂᆞ니:有甚暗記沒印(朴解下55).

ᄀᆞ무다 동 가물다. ☞ᄀᆞ믈다. ᄀᆞ므다 ¶ᄀᆞ무다:天旱(同文解上5).

ᄀᆞ므다 동 가물다. ☞ᄀᆞ믈다 ¶ᄀᆞ므다:天旱(譯解上2). 三年을 크게 ᄀᆞ므더니(女四解4:14). 극히 ᄀᆞ므다:亢旱(漢淸1:23).

ᄀᆞ믈 명 가물. ☞ᄀᆞᄆᆞᆯ ¶ᄀᆞ믈 한:旱(倭解上2). ᄀᆞ믈:旱(漢淸1:23).

ᄀᆞ믈다 동 가물다. ☞ᄀᆞᄆᆞᆯ다 ¶우리 여긔 올 녀ᄅᆞᆷ의 하ᄂᆞᆯ히 ᄀᆞ믈고:我這裏今年夏裏天旱了(老解上47). 올히 하ᄂᆞᆯ이 ᄀᆞ므라:今年天旱(朴解中35). ᄀᆞ믈 한:旱(倭解上2).

ᄀᆞ믓 명 신골. 신을 만드는 데 쓰는 골. ☞ᄀᆞᄆᆞᆺ ¶신ᄀᆞ믓:楦頭(譯解上46).

ᄀᆞ믓다 동 삐다. ¶허리 ᄀᆞ믓다:閃腰(譯解補34).

ᄀᆞᄆᆞ니 부 ①가만히. ☞가마니. ᄀᆞ마니 ¶즘게남기 ᄀᆞᄆᆞ니 이쇼려 ᄒᆞ야도 ᄇᆞᄅᆞ미 긋디 아니ᄒᆞ며:夫樹欲靜而風不止(三綱. 孝4). ᄀᆞᄆᆞ니 이시면 虛空이 ᄃᆞ외ᄂᆞ니라:靜成虛空(楞解4:17). ᄀᆞᄆᆞ니 졍:靜(類合下4). ②남몰래. 은밀히. ☞ᄀᆞ마니 ¶그 夫人이 ᄀᆞᄆᆞ니 사ᄅᆞᄆᆞᆯ 부려(釋譜24:50). ᄀᆞᄆᆞ니 두 사ᄅᆞ미 양ᄌᆡ 시들오 威德 업스닐 보내요ᄃᆡ:密遣二人形色憔悴無威德者(法華2:206). ᄀᆞᄆᆞ니 두 사ᄅᆞᆷ 보내요ᄆᆞᆫ:密遣二人者(法華2:207). 祕密ᄒᆞᆫ 化ᄅᆞᆯ ᄀᆞᄆᆞ니 펴샤:潛施密化(法華2:209).
※ᄀᆞᄆᆞ니>ᄀᆞ마니>가만히

ᄀᆞᄆᆞ리티다 동 까무러치다. ¶열이 발ᄒᆞᆯ 제 놀라 ᄀᆞᄆᆞ리티ᄂᆞ니ᄂᆞᆫ 힝역이 심장의셔 나ᄂᆞᆫ 디니 길ᄒᆞ니라:發熱時發驚者痘在心經而出也乃爲吉兆(痘要上64).

ᄀᆞᄆᆞᆫᄀᆞᄆᆞ니 부 가만가만히. ☞ᄀᆞ만ᄀᆞ마니 ¶두 사ᄅᆞᆷ으로 마조 안자 ᄀᆞᄆᆞᆫᄀᆞᄆᆞ니 구우료ᄃᆡ:令兩人對面輕輕袞轉往來(救簡1:87).

ᄀᆞᄆᆞᆫᄒᆞ·다 형 가만하다. 은밀하다. ☞가만ᄒᆞ다. ᄀᆞ만ᄒᆞ다 ¶ᄀᆞᄆᆞᆫᄒᆞᆫᄇᆞᄅᆞ미 부니(釋譜11:16). ᄀᆞᄆᆞᆫᄒᆞᆫ 소리로 무르샤ᄃᆡ(月釋21:218). 몸과 손바리 ᄀᆞᄆᆞᆫᄒᆞ샤 便安히 뮈디 아니ᄒᆞ시며:身體及手足靜然安不動(法華3:99). 뮈며 ᄀᆞᄆᆞᆫ호미(金剛145). ᄀᆞᄆᆞᆫᄒᆞᆫ 盜賊ᄒᆞ거든:竊盜(宣賜內訓1:87).

ᄀᆞᄆᆞᆫᄒᆞᆫᄇᆞ·ᄅᆞᆷ 명 미풍(微風). ¶ᄀᆞᄆᆞᆫᄒᆞᆫᄇᆞᄅᆞ미 부니 微妙ᄒᆞᆫ 소리 나더라(月釋21:209). ᄀᆞᄆᆞᆫᄒᆞᆫᄇᆞᄅᆞ미 뎌 사ᄅᆞᄆᆡ ᄂᆞ출 뻘리니:微風拂彼人面(楞解3:82). ᄀᆞᄆᆞᆫᄒᆞᆫᄇᆞᄅᆞ미 나고:微風出(楞解3:86). ᄀᆞᄆᆞᆫᄒᆞᆫᄇᆞᄅᆞ미 부러 뮈우면:微風吹動(阿彌12).

·ᄀᆞ·ᄆᆞᆯ 명 가물. 가뭄. ¶ᄀᆞᄆᆞ래 아니 그츨씨:旱亦不竭(龍歌2章). ᄀᆞᄆᆞᆳ 難이어나 ᄒᆞ거든(釋譜9:33). 魃ᄋᆞᆫ ᄀᆞᄆᆞᆳ鬼라(楞解8:115). 하ᄂᆞᆶ ᄀᆞᄆᆞ리 업도다:無天旱(初杜解7:36). 큰 ᄀᆞᄆᆞ리어든 이 일ᄅᆞᆯ 드러 ᄒᆞᄂᆞ니라:大旱則斯擧(初杜解25:11). ᄀᆞᄆᆞᆯ 한:旱(訓蒙上3. 類合上4). 믈 디며 ᄀᆞᄆᆞᆯ이 잇거든:有水旱(宣小6:113).

·ᄀᆞ·ᄆᆞᆯ·다 동 가물다. ☞ᄀᆞ믈다 ¶여러 ᄒᆡ 닛위여 ᄀᆞᄆᆞ니 모시 ᄒᆞᆯ기 ᄃᆞ외어늘(月釋2:50). ᄀᆞᄆᆞ라 비 아니 오ᄂᆞᆫ ᄯᅡ히 잇거든(月釋10:84). ᄀᆞᄆᆞᆫ 저긔 能히 비오긔 ᄒᆞ며(月釋10:88). ᄀᆞ장 ᄀᆞᄆᆞᆯ어ᄂᆞᆯ:太旱(宣賜內訓2上49). 그 ᄉᆞᅀᅵ예 ᄆᆞᆯ라 ᄀᆞᄆᆞ니:枯旱於其中(初杜解16:65). 오래 ᄀᆞᄆᆞ다가 비 오미 ᄯᅩ 됴토다:久旱雨亦好(初杜解22:3). 하ᄂᆞᆯ히 ᄀᆞᄆᆞᆯ오:天旱了(飜老上53). ᄀᆞᄆᆞᆯ 한:旱(訓蒙上3). 하ᄂᆞᆯ히 ᄀᆞᄆᆞ라 田禾ᄅᆞᆯ 거두디 못ᄒᆞ니:天旱田禾不收(老解上24).
※ᄀᆞᄆᆞᆯ다>ᄀᆞ믈다>가물다

·ᄀᆞ·ᄆᆞᆺ 명 ①자국. ¶무룹 ᄀᆞᄆᆞᆺ과:膝痕(六祖上60). 술윗ᄀᆞᄆᆞᆺ 궤:軌(類合下36). ②신골. ☞ᄀᆞ믓 ¶신ᄀᆞᄆᆞᆺ 받다:楦鞋(四解下12 楦字註). ᄀᆞᄆᆞᆺ 훤:楦(訓蒙中23).

ᄀᆞᄆᆞᆺ 명 가물의. ☞ᄀᆞᄆᆞᆯ ¶驕陽은 녀ᄅᆞᇝ ᄀᆞᄆᆞᆺ 陽이라(初杜解15:2).

ᄀᆞᄆᆞᆾ 명 자취. ☞ᄀᆞᄆᆞᆺ ¶서리 ᄀᆞᄆᆞ촐 ᄢᅴ엿도다:帶霜痕(百聯19).

ᄀᆞᄇᆡ야이 부 가벼이. ☞가ᄇᆡ야ᄇᆡ. 가ᄇᆡ야이 ¶ᄀᆞᄇᆡ야이 표판치 말며(敬信60).

ᄀᆞ·바 동 괴어. 잠겨. ㉠ᄀᆞᆸ다 ¶ᄒᆞᆫ 머리 자거늘 ᄒᆞᆫ 머리 ᄀᆞ바 이샤 됴ᄒᆞᆫ 곳 머거 ᄂᆞᄆᆞᆯ 爲ᄒᆞ니 두 머리 ᄀᆞ바 이셔 ᄒᆞᆫ 머릴 자라 ᄒᆞ야(月印上49).

ᄀᆞ·바·ᄉᆞᆸ더·니 동 괴옵더니. 펴지옵더니. ㉠ᄀᆞᆸ다 ¶좀자ᄉᆞᆶ 제 風流ㅣ ᄀᆞ바ᄉᆞᆸ더니(月印上43).

ᄀᆞ·뱃·더니·라 동 괴어 있더니라. ㉠ᄀᆞᆸ다 ¶ᄇᆞᄅᆞ미 아니 닐면 믈 담ᄭᆞᆶ 거시 업스릴ᄊᆡ 風輪이 닐어늘 므리 디니 風輪에 담겨 므리 ᄀᆞ뱃더니라(月釋1:39).

ᄀᆞᄫᆞᆯ 명 고을. 골. ¶조ᄏᆞᄫᆞᆯ:栗村(龍歌2:22).
※ᄀᆞᄫᆞᆯ>ᄀᆞ올>골(고을)

ᄀᆞᄉᆞ라기 명 까끄라기. ☞ᄀᆞᅀᆞ라기. ᄀᆞᄋᆞ라기 ¶것보리ᄅᆞᆯ ᄀᆞᄉᆞ라기 업시 ᄒᆞ고:皮麥去芒(新救荒8).

ᄀᆞ술 명 가을. ☞ᄀᆞᅀᆞᆶ ¶보ᄆᆡ 다 내야 녀르메 길어 ᄀᆞ술히 다 結實히와 겨스레 다 ᄀᆞᆷ초와(七大13).

ᄀᆞ·ᄉᆡ 명 가위. ☞가ᅀᅵ. ᄀᆞ애 ¶세잿 형은 ᄀᆞ

ᄉᆡ오:三哥是剪子(飜朴上39). ᄀᆞᄉᆡ 젼:剪(訓蒙中14). ※ᄀᆞᄉᆡ>ᄀᆞ애>가위

ᄀᆞᅀᆞ라·기 명 까끄라기. ☞ᄀᆞᄉᆞ라기. ᄀᆞᄋᆞ라기 ¶보릿 ᄀᆞᅀᆞ라기:麥芒(救急下38). ᄀᆞᅀᆞ라기ᄅᆞᆯ 더러ᄇᆞ리니 볏 나치 븕도다:除芒子粒紅(初杜解7:18).
※ᄀᆞᅀᆞ라기>ᄀᆞᄋᆞ라기

ᄀᆞᅀᆞ말·다 동 가말다. 관리하다. 관장하다. ☞ᄀᆞᅀᆞᆷ알다 ¶亭 ᄀᆞᅀᆞ만 사ᄅᆞᄆᆞᆫ:掌亭人(楞解2:24). 族姓을 ᄀᆞᅀᆞ마라:愛主族姓(楞解6:15). 靑帝ᄂᆞᆫ 봄 ᄀᆞᅀᆞ만 神이라(南明上22). 黃閣애 기리 諫爭호ᄆᆞᆯ ᄀᆞᅀᆞ말리로소니:黃閣長司諫(初杜解23:42). 舊例예ᄂᆞᆫ 살 님재 글월 벗깂 갑슬 ᄀᆞᅀᆞ말오:舊例買主管稅(飜老下17). 수울 ᄀᆞᅀᆞ만 관원ᄃᆞᆯ:管酒的官人(飜朴上2). 므스일 ᄀᆞᅀᆞ마라셔:管甚麽來(飜朴上44). 뫼히며 ᄀᆞᄅᆞᄆᆞᆯ ᄀᆞᅀᆞ마라 베혀:宰割山河(宣賜內訓3:56). ※ᄀᆞᅀᆞ말다(ᄀᆞᅀᆞᆷ알다)>ᄀᆞᄋᆞ말다(ᄀᆞᄋᆞᆷ알다)>가말다

ᄀᆞᅀᆞ실가 동 끊으실까. ㉮ᄀᆞᆽ다 ¶獐 ᄀᆞᅀᆞ실가 일ᄋᆞᅀᆞ실가(鄕樂. 三城大王).

ᄀᆞᅀᆞᆯ 명 가을. ☞ᄀᆞᄉᆞᆯ. ᄀᆞᄋᆞᆯ ¶ᄀᆞᅀᆞᆯ히 霜露ㅣ와 草木이 이울어든 슬픈 ᄆᆞᅀᆞ미 나ᄂᆞ니(月釋序16). ᄀᆞᅀᆞᆯ 거두우미오:秋穫(楞解1:19). ᄀᆞᅀᆞᆯ로 ᄂᆞ리ᄂᆞ니:以秋降(楞解7:13). 녀르메 盛코 ᄀᆞᅀᆞᆯ히 듀믈 알며:悟夏茂而秋落(永嘉下44). ᄀᆞᅀᆞᇗ 하ᄂᆞ리 ᄀᆞᆮᄒᆞᆫ ᄢᅴ 이 第一 ᄆᆞ디니:如秋天相似時是第一箇程節(蒙法40). ᄆᆞᆰᄀᆞᆫ ᄀᆞᅀᆞᇗ 믯햇 므리 ᄀᆞᆮᄒᆞ며:如澄秋野水(蒙法41). 城闕애 ᄀᆞᅀᆞᆯ히 나거ᄂᆞᆯ 畫角ㅅ 소리 슬프도다:城闕秋生畫角哀(初杜解7:3). ᄀᆞᅀᆞᇗ 므른 애야ᄅᆞ시 너덧 자ᄒᆞᆫ 깁고:秋水纔深四五尺(初杜解7:22). 이 ᄢᅴ ᄀᆞᅀᆞᆯ와 겨ᅀᅳᆯ왓 ᄉᆞᅀᅵ로소니:是時秋冬交(初杜解8:59). ᄀᆞᅀᆞᇗ 바ᄆᆡ 와 ᄇᆡᄅᆞᆯ ᄆᆡ야셔 봄 플나ᄆᆞᆯ 디내요니:泊船秋夜經春草(初杜解21:18). 水國ㅅ ᄀᆞᅀᆞᆯᄒᆞᆯ 아ᅀᆞ라히 슬노라:遙悲水國秋(初杜解23:37). ᄀᆞᅀᆞᇗ ᄃᆞᆯ와 봆 고지 그지업슨 ᄠᅳ들:秋月春花無限意(金三2:6). ᄒᆞᆫ 양ᄌᆞᆺ 애 ᄀᆞᅀᆞᆯ히로다:一樣秋(金三4:29). 녀름과 ᄀᆞᅀᆞᆯ왓 ᄉᆞᅀᅵ예:夏秋之交(救簡1:102). ᄀᆞᅀᆞᆯ히ᄂᆞᆫ 므리 채여:秋裏水滂了(飜老上53). ᄀᆞᅀᆞᆯ히ᄂᆞᆫ 금으로 입ᄉᆞ히욘 구ᄌᆞ ᄢᅵ ᄢᅵᄂᆞ니:秋裏鑿減金鉤子(飜老下51). ᄀᆞᅀᆞᆯ 츄:秋(訓蒙上1. 光千2).
※ᄀᆞᅀᆞᆯ>ᄀᆞᄋᆞᆯ>ᄀᆞ을>가을

ᄀᆞᅀᆞᆯ·히 명 가을이. 〔ㅎ 첨용어 'ᄀᆞᅀᆞᆯ'의 주격(主格).〕 똑ᄀᆞᅀᆞᆯ ¶城闕애 ᄀᆞᅀᆞᆯ히 나거ᄂᆞᆯ 畫角ㅅ 소리 슬프도다:城闕秋生畫角哀(初杜解7:3).

ᄀᆞᅀᆞᆯ·ᄒᆞᆯ 명 가을을. 〔ㅎ 첨용어 'ᄀᆞᅀᆞᆯ'의 목적격(目的格).〕 똑ᄀᆞᅀᆞᆯ ¶ᄒᆞᆫ ᄀᆞᅀᆞᆯᄒᆞᆯ 댱샹 비 苦로외더니:一秋常苦雨(初杜解23:7). 水國ㅅ ᄀᆞᅀᆞᆯᄒᆞᆯ 아ᅀᆞ라히 슬노라:遙悲水國秋(初杜解23:37).

ᄀᆞᅀᆞᆯ·히 명 가을에. 〔ㅎ 첨용어 'ᄀᆞᅀᆞᆯ'의 부사격(副詞格).〕 똑ᄀᆞᅀᆞᆯ ¶녀르메 盛코 ᄀᆞᅀᆞᆯ히 듀믈 알며:悟夏茂而秋落(永嘉下44).

ᄀᆞᅀᆞᆷ 명 감. 재료(材料). ☞ᄀᆞ음 ¶實로 블 닐위욜 ᄀᆞᅀᆞ미니:實致火之具也(法華2:89). 다 諸佛ㅅ 禪定 解脫 等 즐길 ᄀᆞᅀᆞᄆᆞᆯ 주ᄂᆞ니:悉與諸佛禪定解脫等娛樂之具(法華2:99). 내 種種 玲玩앳 ᄀᆞᅀᆞᆷ 微妙ᄒᆞᆫ 보ᄇᆡ예 ᄭᅮ뮨 술위ᄅᆞᆯ 두ᄃᆡ:我有種種玲玩之具妙寶好車(法華2:316). 므스거스로 供養ᄒᆞᆯ ᄀᆞᅀᆞᆷ 사ᄆᆞ리오:以何爲供養具(金三3:51). 모로매 供養ᄒᆞᆯ ᄀᆞᅀᆞ미론 아ᄎᆞᆯ 아라ᅀᅡ 올타:須知所以爲供養具始得(金三3:52). ᄀᆞᅀᆞᆷ:料(四解下18). ᄎᆡ쇡 ᄀᆞᅀᆞᆷ:顔料(訓蒙中30 碧字註). ᄀᆞᅀᆞᆷ 차:次(光千16). ᄀᆞᅀᆞᆷ ᄌᆞ:資(類合下28). 혼인 ᄀᆞᅀᆞᆷ 쟝만ᄒᆞ야:自辦婚具(東新續三綱. 忠1:78).
※ᄀᆞᅀᆞᆷ>ᄀᆞᄋᆞᆷ>가음>감

ᄀᆞᅀᆞᆷ:아ᄂᆞᆫ·디라 동 가마는지라. 재량(裁量)하는지라. ㉮ᄀᆞᅀᆞᆷ알다 ¶가온ᄃᆡ 이셔 飮啖ᄋᆞᆯ ᄀᆞᅀᆞᆷ아ᄂᆞᆫ디라:主中饋(宣賜內訓2上17).

ᄀᆞᅀᆞᆷ:알·다 동 가말다. 맡은 일을 처리하다. 재량하다. 거느리다. ☞ᄀᆞᄋᆞᆷ알다 ¶世界ᄅᆞᆯ ᄀᆞᅀᆞᆷ아ᄂᆞ니라(釋譜13:6). 四天下ᄅᆞᆯ ᄀᆞᅀᆞᆷ아ᄅᆞ시련마ᄅᆞᆫ(釋譜6:17). ᄀᆞᅀᆞᆷ안 臣下ㅣ니(月釋1:27). 사ᄅᆞᄆᆡ 목수믈 ᄀᆞᅀᆞᆷ알며(月釋21:133). 앉 政을 ᄀᆞᅀᆞᆷ아ᄂᆞ니:掌內政(楞解6:20). 가온ᄃᆡ 이셔 飮啖ᄋᆞᆯ ᄀᆞᅀᆞᆷ아ᄂᆞᆫ디라:主中饋(宣賜內訓2上17). 집이ᄅᆞᆯ ᄀᆞᅀᆞᆷ아라 ᄒᆞ샤:幹理家事(宣賜內訓2上40). 丈人이 宗卿을 ᄀᆞᅀᆞᆷ아라셔:丈人領宗卿(初杜解8:6). 郎官ㅅ 마ᅀᆞ래 ᄀᆞᆯ히야 소리 나ᄂᆞ닐 信州ᄅᆞᆯ ᄀᆞᅀᆞᆷ알에 ᄒᆞ도다:選郎署傳聲典信州(初杜解23:14). 이 ᄀᆞ올ᄒᆞᆯ ᄀᆞᅀᆞᆷ아로니 뫼햇 되 ᄯᅩ 어즈럽도다:典斯郡山夷又紛然(初杜解25:39). 뉘 ᄀᆞᅀᆞᆷ알료:誰管(金三3:31).
※ᄀᆞᅀᆞ말다(ᄀᆞᅀᆞᆷ알다)>ᄀᆞᄋᆞ말다(ᄀᆞᄋᆞᆷ알다)>가말다
※'ᄀᆞᅀᆞᆷ알다'의 활용 [ᄀᆞᅀᆞᆷ알며/ᄀᆞᅀᆞᆷ알에… / ᄀᆞᅀᆞᆷ아ᄂᆞ니/ᄀᆞᅀᆞᆷ아ᄂᆞᆫ…]

:ᄀᆞ·ᅀᅵ 명 가에. 〔'ᄀᆞᆺ'+부사격조사 '-이'〕 똑ᄀᆞᆺ ¶ᄌᆡᄅᆞᆯ ᄀᆞᅀᅵ 휫두로 ᄡᅥ라 두면 즉재 살리라:以灰圍四方立起(救簡1:44).

ᄀᆞ애 명 가위. ☞ᄀᆞᄉᆡ ¶ᄀᆞ애 일ᄇᆡᆨ ᄌᆞᄅᆞ:剪子一百把(老解下62). ᄀᆞ애ᄅᆞᆯ 버리혀(癸丑216). 셋재 형은 이 ᄀᆞ애오:三哥是剪子(朴解上36). ᄀᆞ애:剪刀(物譜 蠶績).

ᄀᆞ업다 형 가없다. 끝없다. ¶至匊忩至匊忩於思卧 ᄀᆞ업슨 믉결이 깁 편 ᄃᆞᆺᄒᆞ여 잇다(古時調. 尹善道. 구룸 거든. 孤遺).

ᄀᆞ여 동 개어. 이기어. ¶춤에 ᄀᆞ여 각금 ᄇ

ᄅᆞ시면(隣語9:12).

ᄀᆞ·오누·르·다 동 가위누르다. ☞ᄀᆞ오누ᄅᆞ다 ¶厭魅ᄂᆞᆫ ᄀᆞ오누르ᄂᆞᆫ 鬼神이니(月釋9:35上). 魘은 ᄀᆞ오누르ᄂᆞᆫ 귓거시라(楞解8:116). 사ᄅᆞᄆᆞᆯ ᄀᆞ오누르던 젼ᄎᆞ로:魘人故(楞解8:121). 受의 ᄀᆞ오눌루미 ᄃᆞ외야:爲受所魘(楞解9:67).

ᄀᆞ·오누·르이·다 동 가위눌리다. ☞ᄀᆞ오눌이다 ¶ᄀᆞ오누르이닐 블 혀 뵈요미 몯ᄒᆞ리니 블 뵈면 넉시 도로 드디 아니ᄒᆞ야 죽ᄂᆞ니라 블 현 ᄃᆡ 이셔 ᄀᆞ오누르이니 본ᄅᆡ 블 ᄀᆞᆫ ᄃᆡ 이실ᄊᆡ 블 혀미 므던ᄒᆞ니라(救急上22). 믄득 ᄀᆞ오누르여 ᄎᆞ림 몯 ᄒᆞ거든:卒魘昏昧不覺(救急上23).

ᄀᆞ·오누·ᄅᆞ·다 동 가위누르다. ☞ᄀᆞ오누르다 ¶厭은 ᄀᆞ오누ᄅᆞᆯ 씨오 禱ᄂᆞᆫ 빌 씨라(月釋9:58).

ᄀᆞ·오:눌·이·다 동 가위눌리다. ☞ᄀᆞ오누르이다 ¶ᄀᆞ오눌인 허므리 歇ᄒᆞ면:魘咎歇(楞解9:67). 바ᄆᆡ ᄀᆞ오눌여 주그니라:夜魘死(救簡1:41. 救簡1:81). 어드운 ᄃᆡ셔 ᄀᆞ오눌여ᄃᆞᆫ 블 혀디 말오:暗中着魘不得以火照之(救簡1:82).

ᄀᆞ오·다 동 괴다. ☞곱다 ¶派ᄂᆞᆫ 믈 ᄂᆞᆫ화 흘러가ᄂᆞᆫ ᄃᆡ오 源은 ᄀᆞ왯ᄂᆞᆫ 根源이라(金三2:37). 솝 궁근 남긔 ᄀᆞ온 믈:樹空中水(救簡6:85).

ᄀᆞ올 명 고을. ☞고올. 고ᄋᆞᆯ. 골. ᄀᆞᄋᆞᆶ ¶ᄀᆞ올히어나 나라히어나(釋譜9:40). ᄀᆞ올히 모ᄃᆞᆯ 저긔(三綱. 孝6). ᄀᆞ올 들어(三綱. 忠2). 蜀이라 홇 ᄀᆞ올히 잇ᄂᆞ니(月釋2:50). ᄀᆞ올ᄒᆞᆯ 從ᄒᆞ야:從邑(法華2:236). ᄀᆞ올콰 나라쾌 일ᄏᆞᆮ더라:鄕邦稱之(宣賜內訓2下76). 秦中은 녜로브터 님금 겨신 ᄀᆞ올히니라:秦中自古帝王州(初杜解6:9). 다ᄅᆞᆫ ᄀᆞ올히 녯 ᄀᆞ올히라와 됴토다:他鄕勝故鄕(杜解8:35). 다ᄅᆞᆫ ᄀᆞ올 와셔 녯 버들 맛나:異縣逢舊友(杜解9:17). ᄀᆞ올 안햇 노폰 소니:邑中上客(初杜解15:43). 東녃 ᄀᆞ올셔 시혹 ᄇᆞᄅᆞᄆᆡ 글 스고:東郡時題壁(初杜解20:7). ᄀᆞ올ᄒᆞᆯ ᄀᆞᅀᆞᆷ아로미:典郡(初杜解20:19). 나그내 ᄠᅳ데 다ᄅᆞᆫ ᄀᆞ올ᄒᆞ로 가노니:客情投異縣(初杜解21:18). 殘廢ᄒᆞᆫ ᄀᆞ올핸 여ᅀᆞ 숤기셔 말ᄒᆞ고:廢邑狐狸語(初杜解23:4). 湖南애 믈 지옛ᄂᆞᆫ ᄀᆞ올ᄒᆞᆯ 便安케 ᄒᆞ리로소니:湖南安背水(初杜解23:7). 다ᄅᆞᆫ ᄀᆞ올ᄒᆞ로 ᄯᅩ 길 녀셔:他鄕復行役(初杜解24:44). 何有ㅅ ᄀᆞ올히 시므다 니ᄅᆞ디 말라:莫謂栽培何有鄕(金三2:21). 鄕ᄋᆞᆫ ᄀᆞ올히오(金三4:33). ᄀᆞ올 안히 九萬 지빗:邑中九萬家(重杜解2:45). 二百 ᄀᆞ올해:二百州(重杜解4:2). ᄀᆞ올흘 거느려든 곧 비치 업고:領郡輒無色(重杜解5:15). 세 ᄀᆞ올히 犬戎의게 ᄢᅥ뎌시니:三州陷犬戎(重杜解5:48). 그 ᄀᆞ올 원으로 빌라(簡辟3). ※(ᄀᆞᄫᆞᆯ)>ᄀᆞ올(ᄀᆞᄋᆞᆶ)>고을>골(고을)

ᄀᆞ올해 명 고을에. 〔ㅎ 첨용어 'ᄀᆞ올'의 부사격(副詞格).〕 독ᄀᆞ올 ¶二百 ᄀᆞ올해:二百州(重杜解4:2).

ᄀᆞ올흘 명 고을을. 〔ㅎ 첨용어 'ᄀᆞ올'의 목적격(目的格).〕 독ᄀᆞ올 ¶ᄀᆞ올흘 거느려든 곧 비치 업고:領郡輒無色(重杜解5:15). ※ᄀᆞ올흘<ᄀᆞ올ᄒᆞᆯ

ᄀᆞ올희 명 고을에. 〔ㅎ 첨용어 'ᄀᆞ올'의 부사격(副詞格).〕 독ᄀᆞ올 ¶ᄀᆞ올희 갈 저기어든 다 말ᄉᆞ미 잇도다:之官皆有詞(重杜解5:15). ※ᄀᆞ올희<ᄀᆞ올ᄒᆡ

ᄀᆞ올히 명 고을이. 〔ㅎ 첨용어 'ᄀᆞ올'의 주격(主格).〕 독ᄀᆞ올 ¶세 ᄀᆞ올히 犬戎의게 ᄢᅥ뎌시니:三州陷犬戎(重杜解5:48).

ᄀᆞ올·ᄒᆞ로 명 고을로. 〔ㅎ 첨용어 'ᄀᆞ올'의 부사격(副詞格).〕 독ᄀᆞ올 ¶나그내 ᄠᅳ데 다ᄅᆞᆫ ᄀᆞ올ᄒᆞ로 가노니:客情投異縣(初杜解21:18). 다ᄅᆞᆫ ᄀᆞ올ᄒᆞ로 ᄯᅩ 길 녀셔:他鄕復行役(初杜解24:44).

ᄀᆞ올ᄒᆞᆯ 명 고을을. 〔ㅎ 첨용어 'ᄀᆞ올'의 목적격(目的格).〕 독ᄀᆞ올 ¶湖南애 믈 지옛ᄂᆞᆫ ᄀᆞ올ᄒᆞᆯ 便安케 ᄒᆞ리로소니:湖南安背水(初杜解23:7).

ᄀᆞ올·ᄒᆡ 명 고을에. 〔ㅎ 첨용어 'ᄀᆞ올'의 부사격(副詞格).〕 독ᄀᆞ올 ¶ᄀᆞ올ᄒᆞᆯ 從ᄒᆞ야 ᄀᆞ올ᄒᆡ 가며:從邑至邑(法華2:236).

ᄀᆞᄋᆞᆶ 명 고을. ☞ᄀᆞ올. 골 ¶뫼 ᄀᆞᄋᆞᆶ해 일 져재ᄅᆞᆯ 마ᄂᆞ니:山縣早休市(重杜解3:29).

ᄀᆞ외 명 아랫도리옷. 치마. ☞고외 ¶ᄃᆞ나ᄃᆞ로매 암ᄆᆞᆫ ᄀᆞ외도 업스니라:出入無完裙(重杜解4:8). 기브로 ᄀᆞ외 ᄒᆞᆫ 사ᄅᆞᄆᆞᆫ 주려 죽디 아니ᄒᆞ거늘:紈袴不餓死(重杜解19:1). 나ᄂᆞᆫ 내 어미 나혼 ᄀᆞ외ᄅᆞᆯ 뒷가니(南明上31). 어미 나ᄒᆞᆫ ᄀᆞ외오:孃生袴子(金三2:61). 裙에 허리 업스며 ᄀᆞ외예 고히 업도다:裙無腰袴無口(金三5:6).

ᄀᆞ으다 동 이지러지다. ¶初生에 빗친 달이 낫갓치 ᄀᆞ으다가 보름이 돌아오면 거울갓치 둘엿ᄒᆞ다(古時調. 金振泰. 靑謠).

ᄀᆞ으마ᄂᆞᆫ 동 가마는. 관리(管理)하는. ㉮ᄀᆞ으말다 ¶馬草 ᄀᆞ으마ᄂᆞᆫ 이:管草的. 냥식 ᄀᆞ으마ᄂᆞᆫ 이:管粮的. 料 ᄀᆞ으마ᄂᆞᆫ 이:管料的(譯解補18).

ᄀᆞ으말다 동 가말다. 관리(管理)하다. ☞ᄀᆞ음알다. ᄀᆞᄋᆞᆷ알다 ¶馬草 ᄀᆞ으마ᄂᆞᆫ 이:管草的. 냥식 ᄀᆞ으마ᄂᆞᆫ 이:管粮的. 料 ᄀᆞ으마ᄂᆞᆫ 이:管料的(譯解補18). 허물 ᄀᆞ으마ᄂᆞᆫ 신명이 이셔(敬信1).

ᄀᆞ을 명 ①가을. ☞ᄀᆞᅀᆞᆯ. ᄀᆞᄋᆞᆯ ¶江湖에 ᄀᆞ을이 드니 고기마다 ᄉᆞᆯ져 잇다(古時調. 孟思

誠. 海謠). ᄀᆞ을 ᄆᆡ암이:秋蟬(物譜 飛蟲). ᄀᆞ을 츄:秋(註千2).
②가을걷이. 추수(秋收). ¶ᄀᆞ을 거둔 후면 成造를 아니 ᄒᆞ랴(許墺. 雇工歌). ᄀᆞ을 다 거두어 드린 셴 하라비(古時調. 槿樂).

ᄀᆞ을ᄒᆞ다 동 경계짓다. 견주다. 구별하다. ☞ᄀᆞᄋᆞᆯᄒᆞ다. 가을ᄒᆞ다 ¶水賊 만난 都沙工의 안과 엇그제 님 여흰 내 안히야 엇다가 ᄀᆞ을ᄒᆞ리오(古時調. 나모도 바히. 靑丘).

ᄀᆞ음 명 감. 재료. ☞ᄀᆞᅀᆞᆷ ¶이 비단 ᄒᆞᆫ 疋이 큰 옷 ᄀᆞ음 두 볼이 넉넉ᄒᆞ니:這段子一疋足勾袍料二件(朴新解1:16).

ᄀᆞ음아ᄂᆞᆫ 동 가마는. 관리하는. ㉠ᄀᆞ음알다 ¶儀仗 ᄀᆞ음아ᄂᆞᆫ 마ᄋᆞᆯ:鑾儀衛(譯解補8).

ᄀᆞ음알다 동 가말다. 관리하다. ☞ᄀᆞ으말다. ᄀᆞᄋᆞᆷ알다 ¶ᄀᆞ음알 쟝:掌(倭解上36). 셧녁 흔 쇼공이 ᄀᆞ음아ᄅᆞ시고(十九史略1:21). 儀仗 ᄀᆞ음아ᄂᆞᆫ 마ᄋᆞᆯ:鑾儀衛(譯解補8).

ᄀᆞ이다 동 베이다. ¶넙엿ᄒᆞ쟈 ᄒᆞ니 모난 듸 ᄀᆞ일셰라(古時調. 靑丘).

ᄀᆞ이:업·다 형 가없다. 끝이 없다. ☞가이업다 ¶ᄀᆞ이업서:無疆(宣小3:20). ᄒᆞᆫ이 ᄀᆞ이 업도다 ᄒᆞ엳더라:恨無極只(東新續三綱. 烈1:92). 섭섭ᄒᆞᆫ ᄆᆞᄋᆞᆷ이 ᄀᆞ이업서 暫間이라도 挽留코져 ᄒᆞ니(隣語1:2). 思鄕之心이 ᄀᆞ이업ᄉᆞ오매(隣語1:15). ᄂᆡ 몸애 싸힌 죄는 그지 ᄀᆞ이업거니와(曺友仁 自悼詞). 가히 ᄀᆞ이업다 닐을디라(百行源11).

ᄀᆞ이업다 형 가없다. ¶그 사ᄅᆞᆷ이 나모라면 ᄀᆞ이업서지니(閑中錄386). 漆身爲癩 ᄀᆞ이업다(쌍벽가).

ᄀᆞᄋᆞ라기 명 까끄라기. ☞ᄀᆞᅀᆞ라기 ¶ᄀᆞᄋᆞ라기를 더러ᄇᆞ리니 볏 나치 븕도다:除芒子粒紅(重杜解7:18). ※ᄀᆞᄋᆞ라기<ᄀᆞᅀᆞ라기

ᄀᆞᄋᆞ말다 동 가말다. ☞ᄀᆞᅀᆞ말다 ¶群公이 各各 마ᄋᆞᆯ ᄀᆞᄋᆞ마랏도다:群公各典司(重杜解3:4). ※ᄀᆞᄋᆞ말다<ᄀᆞᅀᆞ말다

ᄀᆞᄋᆞᆯ 명 가을. ☞ᄀᆞᅀᆞᆯ ¶ᄀᆞᄋᆞᆯ 츄:秋(類合上2. 石千2). 봄과 ᄀᆞᄋᆞᆯ히ᄂᆞᆫ 례도와 음악으로ᄡᅥ ᄀᆞᄅᆞ치고:春秋教以禮樂(宣小1:13). 皇帝 即位ᄒᆞ신 이듬힛 ᄀᆞᄋᆞᆶ:皇帝二載秋(重杜解1:1). 菊花ᄂᆞᆫ 이제 ᄀᆞᄋᆞᆯ 고지 드리옛고:菊垂今秋花(重杜解1:3). 노푼 ᄀᆞᄋᆞᆯ히(重杜解10:36). 늘거 가매 ᄀᆞᄋᆞᆯ홀 슬허셔 고ᄃᆞᆯ파 내 ᄆᆞᄋᆞᆷ올 어위키 ᄒᆞ노니:老去悲秋强自寬(重杜解11:33). ᄀᆞᄋᆞᆯᄒᆞᆫ 黍를 薦ᄒᆞ고 겨ᄋᆞᆯᄒᆞᆫ 稻를 薦홀디니(家禮10:1). ᄀᆞᄋᆞᆯ히 믈 ᄢᅵ여:秋裏水滂了(老解上48). ᄀᆞᄋᆞᆯ:秋(譯解上3). ᄀᆞᄋᆞᆯ:秋(同文解上3. 漢淸1:23). ᄀᆞᄋᆞᆯ히 다 디나고 北風이 노피 부니(辛啓榮. 月先軒十六景歌). ᄀᆞᄋᆞᆯ은 닐웨오:秋七(臘藥6). ※ᄀᆞᄋᆞᆯ<ᄀᆞᅀᆞᆯ

ᄀᆞᄋᆞᆯ절 명 가을철. ¶시방 ᄀᆞᄋᆞᆯ절이 다ᄃᆞ라시니:當于飛之秋(太平1:36).

ᄀᆞᄋᆞᆯᄒᆞ다 동 한정하다. 견주다 ☞ᄀᆞ을ᄒᆞ다 ¶그 쉽기ᄅᆞᆯ 어ᄃᆡ ᄀᆞᄋᆞᆯᄒᆞ시며(癸丑105).

ᄀᆞᄋᆞᆯ홀 명 가을을. 〔ㅎ 첨용어 'ᄀᆞᄋᆞᆯ'의 목적격(目的格).〕㉢ᄀᆞᄋᆞᆯ ¶늘거 가매 ᄀᆞᄋᆞᆯ홀 슬허셔 고ᄃᆞᆯ파 내 ᄆᆞᄋᆞᆷ올 어위키 ᄒᆞ노니:老去悲秋强自寬(重杜解11:33).

ᄀᆞᄋᆞᆯ히 명 가을에. 〔ㅎ 첨용어 'ᄀᆞᄋᆞᆯ'의 부사격(副詞格).〕㉢ᄀᆞᄋᆞᆯ ¶노푼 ᄀᆞᄋᆞᆯ히 그륜 부체를 곰초고:高秋收畫扇(重杜解10:36).

ᄀᆞᄋᆞᆷ 명 ①감. 재료(材料). ☞ᄀᆞᅀᆞᆷ ¶ᄀᆞᄋᆞᆷ ᄎᆞ:次(類合上3. 石千16). 소임이 ᄀᆞᄌᆞ면 ᄀᆞᄋᆞᆷ이 ᄀᆞᆽᄂᆞ니라:官備則具備(宣小2:25). ᄀᆞᄋᆞᆷ이 업거든(癸丑180). ᄀᆞᄋᆞᆷ이 다 잇ᄂᆞ냐:木植都有麼(朴解下12). 내게 現成ᄒᆞᆫ ᄀᆞᄋᆞᆷ이 업세라:我沒有現成裁料(朴新解1:45).
②재목(材木). ¶ᄀᆞᄋᆞᆷ 임:任(光千39).
※ᄀᆞᄋᆞᆷ<ᄀᆞᅀᆞᆷ

ᄀᆞᄋᆞᆷ아ᄂᆞ니 동 가마느니. 재량(裁量)하느니. 관리하느니. ㉠ᄀᆞᄋᆞᆷ알다 ¶풀님재 즈름갑슬 ᄀᆞᄋᆞᆷ아ᄂᆞ니:賣主管牙錢(老解下16).

ᄀᆞᄋᆞᆷ아ᄂᆞᆫ 동 가마는. 재량(裁量)하는. 관리(管理)하는. ㉠ᄀᆞᄋᆞᆷ알다 ¶어귀예 ᄂᆞᄅᆞ ᄀᆞᄋᆞᆷ아ᄂᆞᆫ 구의:守口子渡江處的官司(老解上46). 또 內部에 술 ᄀᆞᄋᆞᆷ아ᄂᆞᆫ 官人들의:又內府管酒的官人們(朴解上2).

ᄀᆞᄋᆞᆷ알·다 동 가말다. 관리하다. ☞ᄀᆞᅀᆞᆷ알다. ᄀᆞ으말다 ¶진지 ᄀᆞᄋᆞᆷ안 사ᄅᆞᆷᄃᆞ려 命ᄒᆞ야 ᄀᆞᄅᆞ샤ᄃᆡ:命膳宰曰(宣小4:12). 보야호로 졍승 位예 이셔 지릿 權을 ᄀᆞᄋᆞᆷ아랏더니:方居相位掌利權(宣小6:114). 世世로 綵綸 ᄀᆞᄋᆞᆷ아로ᄆᆡ:世掌綵綸(重杜解6:4). 소리 나ᄂᆞᆫ 信州를 ᄀᆞᄋᆞᆷ알에 ᄒᆞ도다:傳聲典信州(重杜解23:14). 어귀예 ᄂᆞᄅᆞ ᄀᆞᄋᆞᆷ아ᄂᆞᆫ 구의:守口子渡江處的官司(老解上46). 풀님재 즈름갑슬 ᄀᆞᄋᆞᆷ아ᄂᆞ니:賣主管牙錢(老解下16). 舊例예ᄂᆞᆫ 살님재 글월 벗길 깝슬 ᄀᆞᄋᆞᆷ알고:舊例買主管稅(老解下16). 또 內部에 술 ᄀᆞᄋᆞᆷ아ᄂᆞᆫ 官人들의 비즌 됴흔 술:又內府管酒的官人們造的好酒(朴解上2). 샹경 벼슬을 ᄒᆞ여 나라 졍ᄉᆞ를 ᄀᆞᄋᆞᆷ알게 ᄒᆞ리라:上卿制晋國之政(五倫2:4).
※ᄀᆞᄋᆞᆷ알다<ᄀᆞᅀᆞᆷ알다
※'ᄀᆞᄋᆞᆷ알다'의 활용 ┌ ᄀᆞᄋᆞᆷ알에/ᄀᆞᄋᆞᆷ알고…
└ ᄀᆞᄋᆞᆷ아ᄂᆞ니/ᄀᆞᄋᆞᆷ아ᄂᆞᆫ…

ᄀᆞ작흐다 형 가지런하다. ¶가문과 용홰 다 ᄀᆞ작흐고 나히 져므니를 만나면(落泉1:2).

ᄀᆞ·장 명 끝. ¶그 나랏 ᄀᆞ자ᄋᆞᆫ 낫ᄀᆞ티 ᄇᆞᆰᄂᆞ니라(月釋1:26). 이 여슷 하ᄂᆞᆳ ᄀᆞ자이 欲心을 몯 여흰 ᄒᆞᆫ ᄀᆞᆯ비니(月釋1:32). 苦惱滅ㅅ ᄀᆞ장ᄋᆞᆫ 滅道諦라(月釋2:22之2). ᄂᆞᆫᄀᆞ장이 가ᄉᆡ라:極目荊榛(金三5:31).

ᄀᆞ·장 부 ①가장. 자못. 매우. 크게. ☞ᄀᆞ재.

기장 ¶하ᄂᆞᆯ 따히 ᄀᆞ장 震動ᄒᆞ니(月印上8). 旋嵐風ᄋᆞᆫ ᄀᆞ장 ᄆᆡ봔 ᄇᆞᄅᆞ미라(釋譜6:30). ᄀᆞ장 恭敬ᄒᆞ야(釋譜23:4). 無道ᄒᆞᆫ ᄀᆞ장 모딘 님그미라:無道極惡君也(金剛80). 滋味 ᄀᆞ장 업슨 ᄣᅵ:百無滋味時(蒙法15). ᄒᆞ마 ᄀᆞ장 玄妙ᄒᆞ거든:旣盡玄妙(蒙法45). 疎拙ᄒᆞ며 게으른 ᄠᅳ디 ᄀᆞ장 기도다:疎懶意何長(初杜解7:6). 다 ᄀᆞ장 드러치고:皆大震動(佛頂上2). 지비 ᄀᆞ장 가ᅀᆞ며러:家中大富(佛頂下9). 이제 구의 ᄀᆞ장 嚴謹ᄒᆞ야:如今官司好生嚴謹(飜老上49). ᄀᆞ장 최:最(類合下61. 倭解上27). ᄀᆞ장 최:最(石千26). 버믈 티며 ᄀᆞ장 브르지지고 ᄇᆡᆨ 보 나가니:撲虎大呼至百步許(東續三綱. 孝12 今之撲虎). ᄀᆞ장 편당ᄒᆞ더라:十分便當(老解上10). ᄀᆞ장 ᄂᆞᄌᆞ니아 栄玉이요:最低的是栄玉(老解下46). ᄀᆞ장 깃거 궤쳥ᄒᆞᄂᆞᆫ 대로(明皇1:35). ᄀᆞ장 극:極(註千30).
②모두. 다. ¶一切 世間앳 ᄆᆞᅀᆞᄆᆞᆯ ᄀᆞ장 ᄇᆞ리고:捨盡一切世間心(蒙法23).
※ᄀᆞ장>가장

-ᄀᆞ·장 조 -까지. ☞-ᄭᆞ장 ¶ᄆᆞᅀᆞᆷ 다ᄫᆞᄆᆞᆯ 닐웛ᄀᆞ장 그지ᄒᆞ야:期致盡心(月釋序20). 열히 ᄃᆞ웛ᄀᆞ장 조료ᄆᆞᆯ(月釋1:47). ᄯᅩ 집과 一切 쳔량ᄀᆞ장 얻고 ᄀᆞ장 깃거:幷及舍宅一切財物甚大(法華2:245).
※ᄀᆞ장〔極盡〕 ┌ ᄀᆞ장〔最〕>가장 └ ᄀᆞ장〔極盡〕>-까지

ᄀᆞ·장ᄃᆞ외·다 형 완전하다. 만족스럽다. ¶비르서 어루 닐후믈 ᄀᆞ장ᄃᆞ왼 莊嚴이라 ᄒᆞᆯ 디니라:始可名爲十成莊嚴(金三2:61).

ᄀᆞ·장·홈 동 극진함. ㉠ᄀᆞ장ᄒᆞ다 ¶즐거우미 ᄀᆞ장호매 머리 셰요ᄆᆞᆯ 슬노니:樂極傷頭白(初杜解21:30).

-ᄀᆞ·장히 조 -까지가. ¶이에 니를 ᄀᆞ장히 ᄒᆞᆫ 經體 ᄀᆞᆽ고:極至於此一經體備(金三3:5).

ᄀᆞ·장ᄒᆞ·다 동 다하다. 마음대로 하다. 자의(恣意)로 하다. ¶究ᄂᆞᆫ ᄀᆞ장ᄒᆞᆯ 씨라(月釋序21). 네 보ᄆᆡ 根源을 ᄀᆞ장ᄒᆞ라 ᄒᆞ샤ᄆᆞᆫ:極汝見源(楞解2:34). 貪ᄋᆞᆯ ᄀᆞ장ᄒᆞ야:恣貪(楞解8:104). ᄡᅮ믈 ᄀᆞ장케 ᄒᆞ노라:恣其所用(法華2:245). 邪ᄒᆞᆫ 마ᄅᆞᆯ ᄀᆞ장ᄒᆞ야 어린 사ᄅᆞᄆᆞᆯ 소기며:縱邪說以誑愚人(永嘉下73). 五欲ᄋᆞᆯ ᄀᆞ장케 호려 ᄒᆞ야(圓覺序77). 라온 이론 어루 ᄀᆞ장호미 몯 ᄒᆞ리라:樂不可極(宣賜內訓1:7). 즐거우미 ᄀᆞ장ᄒᆞᆯ시:歡劇(初杜解8:42). 즐거우미 ᄀᆞ장호매 머리 셰요ᄆᆞᆯ 슬노니:樂極傷頭白(初杜解21:30). 親ᄒᆞᆫ 버디 말ᄉᆞᆷ과 戲謔호ᄆᆞᆯ ᄀᆞ장ᄒᆞ야셔:親朋縱談謔(初杜解22:3). 貪瞋ᄋᆞᆯ ᄀᆞ장ᄒᆞ야 家財ᄅᆞᆯ 다 ᄡᅮᄃᆡ:恣貪瞋用盡家財(南明下32). 나리 뭇도록 壯히 보ᄆᆞᆯ ᄀᆞ장호라:盡日窮壯觀(重杜解1:42).

ᄀᆞ·장·히·다 동 마음대로 하게 하다. 자의(恣意)로 하게 하다. ¶ᄒᆞᆫ 디위 쉬요믈 ᄀᆞ장히야든 기들워 머기라 가져:等一會控到時飮去(飜老上31).

ᄀᆞ·재 부 가장. ☞ᄀᆞ장 ¶諸佛ㅅ ᄀᆞ재 조ᄒᆞᆫ ᄇᆞᆯᄀᆞᆫ ᄆᆞᅀᆞ미시며:諸佛勝淨明心(牧牛訣20). ᄀᆞ재 盛커든:熾盛(牧牛訣30). ᄀᆞ재 극:極(訓蒙下35. 石千30). ᄀᆞ재 항:抗(光千30).

ᄀᆞ·좀 형 갖음. ㉠ᄀᆞᆽ다 ¶ᄀᆞ조미 序에 버륨 ᄀᆞᆮᄒᆞᆯᄊᆡ:具如序曆(法華序11). ᄒᆞ다가 닐오ᄃᆡ 本來 一切 佛德 ᄀᆞ조ᄆᆞ로 悟삼고:若云本具一切佛德爲悟(圓覺上一之一116). 諸德은 ᄀᆞ조미 別錄 ᄀᆞᆮ다 ᄒᆞ니라:諸德具如別錄(圓覺上一之二21).

ᄀᆞ즉이 부 가지런히. ☞ᄀᆞᄌᆞ기. ᄀᆞ족이 ¶禮義廉恥로 ᄀᆞ즉이 네엿신이(古時調. 朱義植. 仁心은. 海謠). ᄀᆞ즉이 잘ᄒᆞ여시니(三譯4:16). ᄀᆞ즉이 ᄒᆞ다:整齊(同文解上45). ᄀᆞ즉이 ᄌᆞᄅᆞ다:截齊(漢淸11:56).

ᄀᆞ즉ᄒᆞ다 형 가지런하다. ☞ᄀᆞ족ᄒᆞ다 ¶큰 福이 하ᄂᆞᆯ과 ᄀᆞ즉ᄒᆞ야:洪福齊天(朴解上1). 집이 ᄀᆞ즉ᄒᆞᆫ 후에 나라히 다ᄉᆞ다 ᄒᆞ니라:家齊而後國治(朴解中45). ᄀᆞ즉 제:齊(倭解下41). ᄀᆞ즉ᄒᆞ다:齊(漢淸11:60).
※ᄀᆞ즉ᄒᆞ다<ᄀᆞ족ᄒᆞ다

ᄀᆞ즌 관 완전한. ¶ᄀᆞ즌 것:全的(漢淸11:58).

ᄀᆞ즌삼거리 명 갖은삼거리. 번영(繁穎). ¶ᄀᆞ즌삼거리:繁穎(物譜 牛馬).

-ᄀᆞ지 조 -까지. ¶萬里烟樹를 薊門ᄀᆞ지 늘워시니(古時調. 鄭澈. 長城 萬里. 松江). 廣이 幅ᄀᆞ지 ᄒᆞ야 다ᄉᆞᆺ 자히라(家禮5:11). 남양녕ᄀᆞ지 ᄒᆞ니라:官止南陽令(太平1:8). ᄭᅳᆺᄀᆞ지 ᄯᅩ로다:追到盡頭(漢淸4:48).

ᄀᆞ지·다 동 가지다. ☞가지다 ¶生死 두 字ᄅᆞᆯ ᄀᆞ져 니마해 두워:持生死二字釘在額上(法語7). 뎌 왕랑을 엄히 ᄆᆡ여 ᄀᆞ져 오라 ᄒᆞ시니(桐華寺 王郞傳3).

ᄀᆞ지다 형 갖추어 있다. ¶湯水와 茶飯이 다 ᄀᆞ지다:湯水茶飯都完備了(老解下35).

ᄀᆞᄌᆞ기 부 가지런히. ☞ᄀᆞ즉이 ¶威儀ᄅᆞᆯ 싁싀기 ᄒᆞ며 ᄀᆞᄌᆞ기 ᄒᆞ야:嚴整威儀(楞解1:34). 三根ᄋᆞᆯ ᄀᆞᄌᆞ기 니피시니:三根齊被(法華1:14). ᄒᆞᆫ 理 ᄀᆞᄌᆞ기 平ᄒᆞᆯ시:一理齊平故(圓覺上一之一49). ᄀᆞᄌᆞ기 오ᄅᆞᄂᆞ리거늘:齊上下(初杜解7:2). 光明이 ᄀᆞᄌᆞ기 等ᄒᆞ며:光明齊等(金剛序7). ᄀᆞᄌᆞ기 모ᄃᆞᆫ ᄢᅵ라:齊集之時(金剛2). ᄀᆞᄌᆞ기 囉囉哩ᄅᆞᆯ 브르ᄂᆞ니:齊唱囉囉哩(金三3:7). 일즉 누늘 ᄀᆞᄌᆞ기 여니라:曾爲眼齊開(南明下5).

ᄀᆞᄌᆞ기ᄒᆞ·다 동 가지런히 하다. 정제(整齊)하다. ☞ᄀᆞ족이ᄒᆞ다 ¶ᄂᆞᆺ비ᄎᆞᆯ ᄀᆞᄌᆞ기ᄒᆞ며:齊顏色(宣賜內訓1:20). 집을 ᄀᆞᄌᆞ기ᄒᆞ며:齊家(宣小書題1). 物理ᄅᆞᆯ 곧 難히아 ᄀᆞᄌᆞ

기ᄒᆞᆯ 거시로다:物理直難齊(重杜解3:20).

ᄀᆞ·ᄌᆞ·니 명 갖은 이. 갖춘 사람. ☞ᄀᆞᆽ다 ¶婆羅門ᄋᆞᆯ ᄃᆞ려 닐오ᄃᆡ 어ᄃᆡ사 됴ᄒᆞᆫ ᄯᆞ리 양ᄌᆞ ᄀᆞᄌᆞ니 잇거뇨(釋譜6:13). ᄒᆞ다가 吉慶 ᄀᆞᄌᆞ닌 可ᄒᆞ니라:若具慶者可矣(宣賜內訓1:58).

ᄀᆞᄌᆞ론이 부 가지런히. ¶ᄀᆞᄌᆞ론이 平ᄒᆞ야 저올대 ᄀᆞᆽ티야(家禮1:44).

ᄀᆞᄌᆞ론ᄒᆞ다 형 가지런하다. ☞ᄀᆞᄌᆞᆨ다. ᄀᆞᄌᆞᆨᄒᆞ다 ¶박은 남그로 더불어 ᄀᆞᄌᆞ론케 ᄒᆞ고:與植木齊(火砲解26).

ᄀᆞᄌᆞᆨ 부 가지런히. ¶ᄀᆞᄌᆞᆨ 제:齊(類合下59). ᄀᆞᄌᆞᆨ 등:等(註千42).

ᄀᆞᄌᆞᆨ·다 형 가지런하다. ¶니 마ᅀᆞ니 ᄀᆞᄌᆞᆨ고 조코 칙칙ᄒᆞ시며(月釋2:41). 어디롬과 어류미 ᄀᆞᄌᆞᆨ디 아니ᄒᆞᆯ시:賢愚不齊故(圓覺序74). 오직 業과 報와ᄋᆡ ᄀᆞᄌᆞᆨ고:唯齊業報(圓覺上一之一84). 이에 ᄀᆞᄌᆞᆨ다 ᄒᆞ니라:云齊此(圓覺上一之一84).

ᄀᆞᄌᆞᆨ이 부 가지런히. ☞ᄀᆞ즉이. ᄀᆞᄌᆞ기 ¶ᄀᆞᄌᆞᆨ이 세손을 보호ᄒᆞ실 경셩만 겨시니(閑中錄82). 부뷔 녜복을 ᄀᆞᆽ초아 ᄀᆞᄌᆞᆨ이 비례ᄒᆞ니(落泉5:12).

ᄀᆞᄌᆞᆨ이ᄒᆞ·다 동 가지런히 하다. 정제(整齊)하다. ☞ᄀᆞᄌᆞ기ᄒᆞ다 ¶ᄂᆞᆺ빗ᄎᆞᆯ ᄀᆞᄌᆞᆨ이ᄒᆞ며:齊顏色(宣小3:9). 召南:毛詩篇이니 몸 닷그며 집 ᄀᆞᄌᆞᆨ이ᄒᆞᆯ 일을 닐으니라(宣小4:6). ᄒᆞᆫ번 더브러 ᄀᆞᄌᆞᆨ이ᄒᆞ면:一與之齊(重內訓1:63). 다 ᄡᅧ 몸ᄋᆞᆯ 닷ᄀᆞ며 집을 ᄀᆞᄌᆞᆨ이ᄒᆞ며 나라ᄒᆞᆯ 다ᄉᆞ리며 天下ᄅᆞᆯ 平히 ᄒᆞᆯ 근본을 ᄒᆞᄂᆞᆫ 배니:皆所以爲修身齊家治國平天下之事(英小書題1). 상을 드러 눈섭을 ᄀᆞᄌᆞᆨ이ᄒᆞ야(女範2. 현녀 한냥홍체). ᄆᆞᆯ 귀로 더부러 ᄀᆞᄌᆞᆨ이ᄒᆞᆷ을 니ᄅᆞᄃᆡ(武藝圖67).

ᄀᆞᄌᆞᆨ·ᄒᆞ·다 형 가지런하다. ☞ᄀᆞ즉ᄒᆞ다 ¶佛覺애 ᄀᆞᄌᆞᆨᄒᆞ나:齊佛覺(楞解8:45). 一와 異왜 ᄠᅳ디 ᄀᆞᄌᆞᆨᄒᆞ며:一異齊旨(永嘉下48). 네 ᄒᆞᆫ 果애 ᄀᆞᄌᆞᆨᄒᆞᆯ 씨니:四齊果(心經62). 서르 ᄀᆞᄌᆞᆨᄒᆞᆫ 젼ᄎᆡ니:相齊故(心經62). 理 ᄀᆞᄌᆞᆨᄒᆞᆯ시:理齊故(圓覺上二之二135). 우리 무리 ᄒᆞ마 니르러 가 엇게 서르 ᄀᆞᄌᆞᆨᄒᆞ도다:我曹已到肩相齊(初杜解8:27). 옷 압뒤히 ᄀᆞᄌᆞᆨᄒᆞ더시다:衣前後襜如也(宣小2:38). ※ᄀᆞᄌᆞᆨᄒᆞ다>ᄀᆞ즉ᄒᆞ다

ᄀᆞ·존 형 갖은〔具〕. ㉠ᄀᆞᆽ다 ¶功德이 ᄀᆞ존 ᄆᆞ리니(月釋2:42).

ᄀᆞ천 명 개천. ☞ᄀᆡ천 ¶혹 ᄀᆞ천을 츠디 아녀 더러온 긔운이 사ᄅᆞᆷ의게 ᄡᅬ이거나:或溝渠不泄穢惡不修薰蒸而成者(辟新1).

ᄀᆞ·초 부 갖추. ☞가초. 갓초. ᄀᆞᆽ초 ¶다 ᄀᆞ초 잇더니(釋譜6:31). 詮은 ᄀᆞ초 니ᄅᆞᆯ 씨라(月釋序21). 幡과 蓋와 풍류 花香이 ᄀᆞ초 ᄀᆞᄃᆞᆨᄒᆞ며(月釋2:28). 열흘 ᄀᆞ초 아니혼 젼ᄎᆞ로:不具十故(楞解8:112). 밧ᄀᆞ론 萬境에 ᄀᆞ초 通ᄒᆞ시니:外則該通乎萬境(法華1:3). ᄒᆞ다가 ᄀᆞ초 닐올띠면:若具說者(金剛102). 또 ᄀᆞ초 ᄉᆞᄆᆞᄎᆞ니:亦乃該通(金三2:27). 어렵살ᄒᆞᆫ ᄃᆡᄅᆞᆯ ᄀᆞ초 디내여:備經險阻(宣小6:18). 南山 ᄂᆞ린 골에 五穀을 ᄀᆞ초 심거(古時調. 金天澤. 青丘).

ᄀᆞ·초ᄀᆞᄃᆞᆨ·ᄒᆞ·다 형 원만하다. ¶아롬과 行괘 ᄀᆞ초ᄀᆞᄃᆞᆨᄒᆞ야:解行圓滿(金剛下116).

ᄀᆞ초·다 동 ①갖추다. ☞가초다. 갓초다 ¶棺ᄋᆞᆯ 둡ᄉᆞᆸ고 풍류 ᄀᆞ초아(釋譜23:24). 聘幣 ᄀᆞ초고(三綱. 烈17). 네 이리 能히 ᄀᆞ초노니(圓覺上二之二105). 種子ᄅᆞᆯ 머거 ᄀᆞ초앗ᄂᆞ니(圓覺下三之一43). 되 征伐호ᄆᆞᆯ ᄀᆞ초아 ᄒᆞᄂᆞᆺ다:備征狄(初杜解7:25). ᄀᆞ촐 구:具(石千34. 倭解下40). 긔구를 ᄀᆞ초라 ᄒᆞ더라:供具(宣小6:81). ᄃᆞᆯ고 만난 거ᄉᆞᆯ ᄀᆞ초고:具甘旨(宣小6:92). 이제 狀을 ᄀᆞ초와 某官의 申告ᄒᆞ노니:今具狀申告某官(朴解下53). 百人의 食을 ᄀᆞ초며:具百人之食(女四解4:60). 쥬찬을 ᄀᆞ초아 아비 셤기ᄃᆞᆺ ᄒᆞ더니:具酒饌如事父(五倫1:65). ᄀᆞ초다:全備(漢淸12:17).
②간직하다. 감추다. ☞감츄다. ᄀᆞᆫ초다. ᄀᆞᆷ초다 ¶얻ᄌᆞᄫᅡ ᄀᆞ초ᅀᆞᄫᅡ:得言藏之(龍歌27章). 마리ᄅᆞᆯ 塔애 ᄀᆞ초ᅀᆞᄫᆞ니(月印上20). 庫ᄂᆞᆫ 쳔량 ᄀᆞ초아 뒷ᄂᆞᆫ 지비라(釋譜9:20). 瓶ㄱ 소배 ᄀᆞ초아 뒷더시니(月釋1:10). 제 ᄠᆞᆯ란 ᄀᆞ초고(月釋1:45). 제 ᄀᆞ리와 ᄀᆞ촐 씨라:以自蔽藏也(楞解10:86). 안해 ᄀᆞ초고:內祕(法華2:175). ᄆᆞᅀᆞ매 ᄀᆞ초아슈미:藏心(宣賜內訓1:1). 기피 ᄌᆞ개 ᄀᆞ초와 그치더시니:深自閉絕(宣賜內訓2下15). 곧 后ᄅᆞᆯ 命ᄒᆞ샤 ᄀᆞ초라 ᄒᆞ시고:輒命后藏之(宣賜內訓2下35). 제 모ᄆᆞᆯ ᄀᆞ초ᄂᆞ니:藏其身(初杜解7:24). 날로 ᄒᆡ여 ᄀᆞ초더니:令我藏(初杜解8:67). 옷과 바리ᄅᆞᆯ ᄀᆞ초시고:收衣鉢(金三序4).

ᄀᆞ·초아 동 ①갖추어. ㉠ᄀᆞ초다 ¶되 征伐호ᄆᆞᆯ ᄀᆞ초아 ᄒᆞᄂᆞᆺ다:備征狄(初杜解7:25). 쥬찬을 ᄀᆞ초아 아비 셤기ᄃᆞᆺ ᄒᆞ더니:具酒饌如事父(五倫1:65).
②간직하여. 감추어. ㉠ᄀᆞ초다 ¶瓶ㄱ 소배 ᄀᆞ초아 뒷더시니(月釋1:10). 光ᄋᆞᆯ ᄀᆞ초며 자최ᄅᆞᆯ ᄀᆞ초아 便安히 養ᄒᆞ야:韜晦保養(蒙法45). 기피 ᄀᆞ초아 뒷다가 늘그니ᄅᆞᆯ 주ᄂᆞᆫ 거시어ᄂᆞᆯ:深藏供老宿(重杜解9:23).

ᄀᆞ·초·ᄒᆞ·다 동 갖추다. ¶ᄒᆞ다가 ᄀᆞ초코져 ᄒᆞᆯ딘댄:若欲具之(圓覺上二之一49). 또 ᄒᆞᆫ 사ᄅᆞ미 세흘 ᄀᆞ초호ᄆᆞᆫ가:爲復一人具三(圓覺下二之二2). 힘ᄡᅳᆯ 바ᄅᆞᆯ ᄀᆞ초ᄒᆞ야:具所務(初杜解7:35). 柴荊에 차ᄅᆞᆯ ᄀᆞ초ᄒᆞ고 길ᄒᆞᆯ 林丘ㅅ 서리로 通히 내오:柴荊具茶茗經路

通林丘(重杜解9:16). 비ᄅᆞᆯ ᄀᆞ초ᄒᆞ야 쟝ᄎᆞᆺ 峽으로 나가노니:具舟將出峽(初杜解15:16). ᄆᆞᄎᆞ매 밧글 ᄭᆞ뮤믈 ᄀᆞ초ᄒᆞ야시나:縱然備外飾(重杜解19:29).

-ᄀᆞ치 [조] -같이. ☞-ᄀᆞᆺ치. -ᄀᆞ티. -ᄀᆞᆮ티 ¶밤마다 먹이ᄂᆞᆫ 法을 이ᄀᆞ치 ᄒᆞ고:夜夜如此喂法(朴新解1:25). 구슬ᄀᆞ치 엉긘 그으름:焦烟釉子(漢淸10:52). 이ᄀᆞ치 ᄒᆞ기ᄅᆞᆯ 세 번 ᄒᆞᄂᆞ니라(武藝圖22).

·ᄀᆞ티 [부] 같이. ☞ᄀᆞᆺ치. ᄀᆞᆺ티 ¶나도 ᄀᆞ티 術을 호려 ᄒᆞ니(月印上46). 년글 ᄀᆞ티 救호려 ᄒᆞ시니(月印上46). 사ᄅᆞᆷ과 ᄀᆞ티 너기시니(釋譜6:5).

-ᄀᆞ티 [조] -같이. ☞-ᄀᆞ치. -ᄀᆞᆮ티. -ᄀᆞᆺ치 ¶ᄡᆞᆺ마시 ᄢᅮᆯᄀᆞ티 ᄃᆞᆯ오(月釋1:42). 이ᄀᆞ티 工夫ᄒᆞ야 가면:若如此做將去(法語9). 이ᄀᆞ티 種種ᄋᆞ로 일후믈 變ᄒᆞᆯ시:如此種種變號故(圓覺下三之一53). 이ᄀᆞ티 세 번 請ᄒᆞ샤:如是三請(圓覺下三之二5). 내 ᄒᆞ마 닐옴ᄀᆞ티 ᄒᆞ고:如我已說(圓覺下三之二7). 난ᄀᆞ티 들 리도 업스니이다(樂詞. 思母曲). 아소 님하 어마님ᄀᆞ티 괴시리 업세라(樂詞. 思母曲). 우리 만일 형ᄀᆞ티 伶俐ᄒᆞ드면(捷蒙2:3).

ᄀᆞ티·곰 [부] 같이. ☞ᄀᆞ티. -곰 ¶ᄀᆞ티곰 ᄂᆞᆫ화 제여곰 ᄀᆞ라:各分等別硏(救簡3:18).

·ᄀᆞ·ᄐᆞ·다 [형] 같다. ☞ᄀᆞᆮᄒᆞ다. ᄀᆞᆺᄐᆞ다 ¶始終이 ᄀᆞᄐᆞ실ᄊᆡ:始終如一(龍歌79章). 부텨 ᄀᆞᄐᆞ시긔 ᄒᆞ리이다(釋譜6:4). 이 ᄀᆞᄐᆞ니 이시리잇고(釋譜6:5). 나ᄃᆡ 바틔셔 남과 ᄀᆞᄐᆞᆯ씨 福 바티라 ᄒᆞ니라(釋譜6:19). 如ᄂᆞᆫ ᄀᆞᄐᆞᆯ 씨라(訓註3). ㄱᄂᆞᆫ 엄쏘리니 君ㄷ字 처ᅀᅥᆷ 펴아나ᄂᆞᆫ 소리 ᄀᆞᄐᆞ니(訓註4). 氏ᄂᆞᆫ 姓 ᄀᆞᄐᆞᆫ 마리라(月釋1:8). 감ᄑᆞᄅᆞᆫ 瑠璃ㅅ 빗 ᄀᆞᄐᆞ시며(月釋2:55). 하ᄂᆞᆯ콰 ᄀᆞ토ᄃᆡ(阿彌29). ᄀᆞ토ᄆᆞ로 眞을 사ᄆᆞᆯ시:以似爲眞(圓覺三之一44). 어느 말ᄆᆡ로 녜 ᄀᆞᄐᆞ려뇨:何由似平昔(初杜解7:26). 正히 六安ㅅ 丞 ᄀᆞ토라:正似六安丞(初杜解20:24). 長史ᄂᆞᆫ 우리와 ᄒᆞᆫ집 ᄀᆞᄐᆞ니:長史事同一家(飜小7:14). ᄀᆞᄐᆞᆯ 유:猶(類合下27. 石千15). ᄀᆞᄐᆞᆯ ᄉᆞ:似(類合下49. 石千12. 倭解下41). ᄀᆞᄐᆞᆯ 여:如(類合下49. 倭解下41). ᄀᆞᄐᆞᆯ 약:若(石千12). ᄀᆞᄐᆞᆯ 경:京 齊也憂也(註千18).

·ᄀᆞ·ᄐᆞ실·ᄊᆡ [형] 같으시매. 같으시므로. (기)ᄀᆞᄐᆞ다 ¶始終이 ᄀᆞᄐᆞ실ᄊᆡ 功臣이 忠心이니:始終如一功臣忠勤(龍歌79章).

ᄀᆞ흘ᄒᆞ다 [동] 견주다. 경계(境界)짓다. 〔'ᄀᆞ'는 'ᄀᆞᆺ〈境界〉'의 뜻.〕☞ᄀᆞ을ᄒᆞ다. ᄀᆞᄋᆞᆯᄒᆞ다 ¶엇그제 님 여흰 나의 안이샤 엇ᄃᆞ가 ᄀᆞ흘ᄒᆞ리요(古時調. 나무도. 歌曲).

·ᄀᆞᆨ [명] 각(刻). ¶이제 두어 刻앳 사ᄅᆞ미로니 ᄒᆞᆫ 말 니ᄅᆞ고 죽가지라(三綱. 忠15).

·ᄀᆞᆨ·박ᄒᆞ·다 [형] 각박(刻薄)하다. ¶仁厚에 너무미 아니 刻薄호매 더으녀(宣賜內訓2下43). 刻薄ᄒᆞ다:刻薄(同文解上23). ᄀᆞᆨ박지 아니타:不刻薄(漢淸6:22).

ᄀᆞᆨ일ᄒᆞ다 [동] 각일(刻日)하다. 날짜를 정하다. ¶ᄀᆞᆨ일ᄒᆞ야 시랑 도라오기ᄅᆞᆯ 지촉ᄒᆞᄂᆞᆫ 지라(落泉4:9).

·ᄀᆞᆨᄒᆞ·다 [동] 각(刻)하다. 새기다. ¶鏤ᄂᆞᆫ 쇠예 刻ᄒᆞᆯ 씨오(月釋21:17). 諸形像ᄋᆞᆫ 시혹 남ᄀᆡ 刻ᄒᆞ며 뵈예 漆커나(法華1:220). 吳中 休休禪庵의 刻ᄒᆞ야 여러 勝士와 ᄒᆞᆫ가지로 受用ᄒᆞ노니(六祖序7). ᄲᅧ에 刻ᄒᆞ야:刻骨(宣賜內訓序8). 너희 ᄲᅧ에 刻호미 맛당ᄒᆞ니라(宣賜內訓1:34). ᄒᆞ다가 주그면 날로 ᄲᅧ예 刻ᄒᆞᆫ 애와툐ᄆᆞᆯ 기리 머거시리니(宣賜內訓2上52). ᄀᆞᆨᄒᆞᆯ ᄀᆞᆨ:刻(類合下37). ᄀᆞᆨᄒᆞᆯ 전:鐫. ᄀᆞᆨᄒᆞᆯ 명:銘(類合下40). 남글 ᄀᆞᆨᄒᆞ야 부모의 얼구ᄅᆞᆯ ᄆᆡᆼᄀᆞ라 ᄭᆞ미기ᄅᆞᆯ 더어고(東新續三綱. 孝1:9). 誌石을 刻ᄒᆞ라(家禮7:27).

·ᄀᆞᆨ:히·다 [동] 새기게 하다. ¶王이 돌해 刻히샤:刻ᄋᆞᆫ 사길 씨라(月釋2:49).

·ᄀᆞᆫ [명] 간〔塩分〕. ¶ᄀᆞᆫ ᄐᆡᆫ 외 잇ᄂᆞ니:有塩瓜兒(飜老上63). ᄀᆞᆫ저릴 엄:醃(訓蒙下12). ᄀᆞᆫ ᄐᆡᆫ 고기:醃魚(譯解下38).

-·ᄀᆞᆫ [조] -은. 〔ㄱ 첨용어에 쓰이는 보조사.〕 ¶불휘 기픈 남ᄀᆞᆫ ᄇᆞᄅᆞ매 아니 뮐ᄊᆡ(龍歌2章). 幽深ᄒᆞᆫ 남ᄀᆞᆫ 나조ᄒᆡ 고지 하도다:幽樹晩多花(初杜解7:7).

ᄀᆞᆫᄀᆞᆫ [부] 크게 웃는 모양. ¶ᄀᆞᆫᄀᆞᆫ 웃다:顚倒笑(同文解上25). ᄀᆞᆫᄀᆞᆫ 웃다:顚倒笑(譯解補23). ᄀᆞᆫᄀᆞᆫ 웃다:俯仰大笑(漢淸6:59).

ᄀᆞᆫᄀᆞᆫ이 [부] 매우. ¶ᄀᆞᆫᄀᆞᆫ이 ᄉᆞ랑ᄒᆞ다:經意愛惜(漢淸6:55).

ᄀᆞᆫ나ᄋᆡ [명] 창기(娼妓). ¶今稱娼妓曰 ᄀᆞᆫ나ᄋᆡ(東韓).

ᄀᆞᆫ나희 [명] ①계집아이. ¶ᄉᆞ나희가 ᄀᆞᆫ나희가:小廝兒那女孩兒(朴解上46). ②갈보. ☞ᄀᆞᆫ나ᄒᆡ ¶또 건너 ᄀᆞᆫ나희 집의 가:又常到婊子家裏去(老解下46).

ᄀᆞᆫ나ᄒᆡ [명] 갈보. ☞ᄀᆞᆫ나희 ¶ᄀᆞᆫ나ᄒᆡ:養漢的(同文解上14).

ᄀᆞᆫ·ᄂᆞ니 [형] 갖느니. ☞ᄀᆞᆽ다. ᄀᆞᆺ다 ¶말ᄉᆞᆷ이 順ᄒᆞᆫ 후에 禮와 義ㅣ ᄀᆞᆫᄂᆞ니:辭令順而後禮義備(宣小3:9).

ᄀᆞᆫ댕ᄀᆞᆫ댕 [부] 간댕간댕. ¶우믈 젼에 치ᄃᆞ라 ᄀᆞᆫ댕ᄀᆞᆫ댕ᄒᆞ다가(古時調. 밋난편. 靑丘).

ᄀᆞᆫ댱 [명] 간장. ☞ᄀᆞᆫ쟝 ¶됴흔 ᄀᆞᆫ댱을 올히 ᄆᆞᄎᆞᆷ내 어들 ᄃᆡ 업더니:好淸醬今年竟沒處尋(朴新解2:26).

·ᄀᆞᆫ·슈 [명] 간수. ☞간슈 ¶ᄀᆞᆫ슈 로:滷(訓蒙中22). ᄀᆞᆫ슈:滷水(譯解上52. 同文解上61).

ᄀᆞᆫ쟝 [명] 간장. ☞ᄀᆞᆫ댱 ¶ᄀᆞᆫ쟝:醬油(訓蒙中21

醬字註). ᄀᆞᆫ쟝이 되ᄂᆞ니라:作醬(救荒9). ᄀᆞᆫ쟝:醬油(譯解上52). ᄀᆞᆫ쟝:淸醬(同文解上61).

ᄀᆞᆫ저리·다 동 간으로 저리다. ¶ᄀᆞᆫ저릴 엄:醃(訓蒙下12).

ᄀᆞᆫ절 명 간절(懇切). ¶ᄀᆞᆫ절 ᄀᆞᆫ:懇(類合下9). ᄀᆞᆫ절 절:切(石千16).

ᄀᆞᆫ절이 부 간절(懇切)히. ☞ᄀᆞᆫ절히 ¶울고 ᄀᆞᆫ절이 니ᄅᆞ믈 앗기디 아니ᄒᆞ야:不惜涕泣懇告(警民35). ᄌᆞ칙ᄒᆞ기ᄅᆞᆯ 심히 ᄀᆞᆫ절이 ᄒᆞ오시니(仁祖行狀34). ᄀᆞᆫ절이 구ᄒᆞ다:懇求(漢淸6:51).

:ᄀᆞᆫ·절히 부 간절(懇切)히. ☞ᄀᆞᆫ절이 ¶ᄀᆞᆫ절히 션비ᄃᆞᆯᄒᆞᆯ 위ᄒᆞ야:懇懇爲諸生(飜小9:9). 벋은 ᄀᆞᆫ절히 ᄒᆞ며 ᄌᆞ셔히 힘ᄡᅥ ᄒᆞ고:朋友切切偲偲(宣小2:65). ᄀᆞᆫ절히 모ᄃᆞᆫ 션비ᄅᆞᆯ 위ᄒᆞ야(宣小6:8). ᄀᆞᆫ절히 비러 면호믈 엇다:懇乞獲免(東新續三綱. 孝8:9). ᄀᆞᆫ절히 념불ᄒᆞ니(桐華寺 王郎傳6).

ᄀᆞᆫ절ᄒᆞ다 형 간절(懇切)하다. ¶ᅌᅵ모ᄒᆞ시기 더옥 ᄀᆞᆫ절ᄒᆞ오시더라(仁祖行狀3). 근근ᄀᆞᆫᄀᆞᆫ 근실ᄒᆞ고 ᄀᆞᆫ절ᄐᆞᆫ 말(敬信37). 덕을 감샤ᄒᆞ야 도라가 븟좃촐 ᄆᆞᄋᆞᆷ이 더옥 ᄀᆞᆫ절ᄒᆞ되 신의 몸을 도라 ᄉᆞᆯ피니(山城110).

ᄀᆞᆫ지러이다 동 간지럽히다. 간질이다. ¶ᄀᆞᆫ지러이다:挧肐子窩(同文解下33). ᄀᆞᆫ지러이다:格支(漢淸6:60).

ᄀᆞᆫ청ᄒᆞ다 동 간청(懇請)하다. ¶더신 죽거지라 셔리 ᄀᆞᆫ청ᄒᆞᆫ대(東新續三綱. 烈5:8). 더옥 ᄀᆞᆫ청ᄒᆞ거ᄂᆞᆯ(五倫3:60). 왕의게 교유ᄒᆞ노라 주무의 ᄆᆞᄋᆞᆷ을 졍히 ᄒᆞ고 멍에 도라오기ᄅᆞᆯ ᄀᆞᆫ청ᄒᆞ여시니 딤이 거즛말ᄒᆞᆯ가 너기ᄂᆞᆫ다(山城118).

ᄀᆞᆫ·초·다 동 감추다. ☞ᄀᆞ초다. ᄀᆞᆷ초다 ¶한 모딘 이ᄅᆞᆯ 숨겨 ᄀᆞᆫ촐씨 일후미 覆ㅣ오(法華6:175). 軍士ᄅᆞᆯ ᄀᆞᆫ초고:伏師(宣賜內訓2上32). ᄀᆞᆫ초며 나토ᄆᆞᆯ ᄒᆞᆫ가지로 ᄒᆞ며:隱現同時(野雲67). 길우며 염글우며 ᄀᆞᆫ초와(七大14).

ᄀᆞᆫ측이 부 간측(懇惻)히. ☞ᄀᆞᆫ측히 ¶광히군을 봉셰ᄌᆞᄒᆞᆯ 일을 표문을 각별이 ᄀᆞᆫ측이 지어 올니니(西宮日記上1). 삼 년을 두고 ᄀᆞᆫ측이 비다가 못 ᄒᆞ고(癸丑30).

ᄀᆞᆫ측히 부 간측(懇惻)히. ☞ᄀᆞᆫ측이 ¶표문을 ᄀᆞᆫ측히 지어 올니니(癸丑10).

·ᄀᆞᇇ곳 명 간꽃(塩花). ¶ᄇᆡᆨ번 ᄒᆞᆫ 량 ᄉᆞ론 지와 ᄀᆞᇇ곳 ᄒᆞᆫ 량과ᄅᆞᆯ:白礬一兩燒灰塩花一兩(救簡2:63).

-·ᄀᆞᆮ 조 -같이. ¶하ᄂᆞᆳ 벼리 눈ᄀᆞᆮ 디니이다:維時天星散落如雪(龍歌50章). 妻眷이 ᄃᆞ외ᅀᆞᄫᅡ 하ᄂᆞᆯᄀᆞᆮ 셤기ᅀᆞᆸ다니(月印上51). 두 ᄲᅳᆯ이 갈ᄀᆞᆮ ᄂᆞᆯ캅고(月印上59). 塵沙ᄂᆞᆫ 할 시니 塵ᄀᆞᆮ 沙ᄀᆞᆮ닷 마리라(金三2:15).

ᄀᆞᆮ·가 부 따라서. 좇아. ¶阿僧祇劫에 父母孝養ᄒᆞ시단 고ᄃᆞᆯ 아ᅀᆞᄫᅡ 一切 衆生이 다 소리 ᄀᆞᆮ가 閻浮提예 와〔原典 釋迦譜大方便佛報恩經 卷三에 '一切衆生皆隨聲至閻浮提'라 기록되어 있음.〕부텨ᄭᅴ 禮數ᄒᆞᅀᆞᆸ고(釋譜11:16). 善慧 드르시고 ᄎᆞ기 너겨 곳 잇ᄂᆞᆫ ᄯᅡᄒᆞᆯ ᄀᆞᆮ가 가시다가(月釋1:9).

·ᄀᆞᆮ가·지이·다 동 같아지고자 하나이다. ㉠ᄀᆞᆮ다 ¶이젯 世尊 ᄀᆞᆮ가지이다(月釋2:9).

ᄀᆞᆮᄂᆞ·녀 동 가르치느냐. ㉠ᄀᆞᆮ다 ¶즐겨 ᄀᆞᆮᄂᆞ녀 즐겨 ᄀᆞᄅᆞ치디 아닛ᄂᆞ녀:耐繁教那不耐繁教(飜老上6).

ᄀᆞᆮᄂᆞ·니·라 형 갖느니라. 갖추어 있느니라. ㉠ᄀᆞᆮ다 ¶소임이 ᄀᆞᄌᆞ면 ᄀᆞᄋᆞᆷ이 ᄀᆞᆮᄂᆞ니라:官備則具備(宣小2:25).

ᄀᆞᆮ·다 동 가르치다〔教〕. ¶즐겨 ᄀᆞᆮᄂᆞ녀 즐겨 ᄀᆞᄅᆞ치디 아닛ᄂᆞ녀:耐繁教那不耐繁教(飜老上6).

·ᄀᆞᆮ·다 형 같다. ☞ᄀᆞᆮᄒᆞ다. ᄀᆞᄐᆞ다. ᄀᆞᆺ다 ¶瑠璃 ᄀᆞᆮ더시니(月印上15). 즐거ᄫᅮᆷ ᄀᆞᆮ다 ᄒᆞ니(月印上48). 나 ᄀᆞᆮ게 ᄒᆞ리라(釋譜6:1). ᄯᅡᆺ 기르미 나니 마시 수을 ᄀᆞᆮ더라(月釋1:43). 이젯 世尊 ᄀᆞᆮ가지이다(月釋2:9). 겨지비ᅀᅡ 눈먼 獼猴 ᄀᆞᆮ도소이다(月釋7:12). 거부븨 터리와 톳긔 ᄲᅳᆯ왜 ᄀᆞᆮᄂᆞ니:則同龜毛兎角(楞解1:90). 시혹 ᄀᆞᆮᄒᆞ며 ᄀᆞᆮ디 아니ᄒᆞ며:或同非同(楞解3:95). 다 佛子ㅣ ᄀᆞᆮᄌᆞ오니:皆似佛子(法華2:227). 안ᄒᆞᆫ 이운 나모 ᄀᆞᆮ고:則內同枯木(永嘉下19). 가며 오며 뮈워 짓ᄂᆞᆫ 相이 ᄀᆞᆮ다가(圓覺上二之一8). ᄯᅩ 몸과 ᄆᆞᅀᆞᆷ괘 다 녜 ᄀᆞᆮ디 아니ᄒᆞ며:及身心皆不同先已(蒙法4). 네 닐오미 내 ᄠᅳᆮ과 ᄀᆞᆮ다:你說的恰和我意同(飜老上11). 미들 일은 뫼 ᄀᆞᆮᄉᆞ올 거시니(重新語1:5).
※ᄀᆞᆮ다>같다

ᄀᆞᆮ다 형 갖다. 갖추어 있다. ☞ᄀᆞᆺ다. ᄀᆞᆺ다 ¶惡風을 만나 大船에 水夫도 젹고 비예 연장도 ᄀᆞᆮ지 몯ᄒᆞ여(重新語1:17).

ᄀᆞᆮ봄 형 가쁨. 괴로움. 피곤함. ㉠ᄀᆞᆮᄇᆞ다 ¶ᄠᅳ든 決定호ᄃᆡ 軍務에 ᄀᆞᆮ보매 모미 죽도다:志決身殲軍務勞(重杜解6:33).

ᄀᆞᆮ부다 형 가쁘다. 괴롭다. 피곤하다. ☞ᄀᆞᆮᄇᆞ다. ᄀᆞᆺᄇᆞ다 ¶비예 ᄀᆞᆮ부심도 계실 거시니(重新語5:17). 御馳走ㅣ 심샹치 아니시니 ᄀᆞᆮ붐도 계실까 너겨(重新語6:10).

ᄀᆞᆮ붐 형 가쁨. 괴로움. 피곤함. ㉠ᄀᆞᆮ부다 ¶御馳走ㅣ 심샹치 아니시니 ᄀᆞᆮ붐도 계실까 너겨(重新語6:10).

ᄀᆞᆮ브다 형 가쁘다. 괴롭다. 피곤하다. ☞ᄀᆞᆮᄇᆞ다 ¶너 조ᄎᆞᆫ 사ᄅᆞᆷᄃᆞᆯ히 ᄀᆞᆮ바 호ᄆᆞᆯ 愧謝ᄒᆞ노라:謝爾從者勞(重杜解2:61). 어제라도 오올ᄶᅥ술 路次의 ᄀᆞᆮ바 계요 이제야 守門ᄭᅡ지 왇습ᄂᆡ(重新語1:1).

ᄀᆞᆮᄇᆞ다 형 가쁘다. 괴롭다. 피곤하다. ☞ᄀᆞᆺᄇᆞ다 ¶邪僞히 나ᄆᆞᆫ 利를 어두미 아니 ᄀᆞᆮᄇᆞ녀:邪贏無乃勞(重杜解3:56). ᄠᅳ든 決定ᄒᆞᆫ ᄃᆡ 軍務에 ᄀᆞᆮᄇᆞ매 모미 죽도다:志決身殲軍務勞(重杜解6:33).

ᄀᆞᆮ볼·기 명 갓밝이. 막 밝을 무렵. ☞ᄀᆞᆺ볼기 ¶ᄆᆡ양 ᄀᆞᆮ볼기예 믄득 자근집의 니ᄅᆞ거든:每平旦輒出至小齋(宣小6:94).

:ᄀᆞᆮ·지·다 동 가에 자리하다. ¶ᄀᆞ로ᄃᆡ 녜 겨집이 ᄌᆞ식 ᄇᆡ여실 제 잘 제 기우리디 아니ᄒᆞ며 안조매 ᄀᆞᆮ지디 아니ᄒᆞ며:曰古者婦人姙子寢不側坐不邊(宣小1:2).

ᄀᆞᆮ초 부 갖추. ☞ᄀᆞ초 ¶귀시 보던 바ᄅᆞᆯ ᄀᆞᆮ초 펴니:鬼使具陳所見(王郎傳5). 자ᄂᆡ네 口上道理 ᄀᆞᆮ초 註進ᄒᆞ여시니(重新語5:8). ※ᄀᆞᆮ초<ᄀᆞ초

ᄀᆞᆮ·초·다 동 갖추다. ☞ᄀᆞ초다 ¶쇼와 羊이며 창젹을 ᄀᆞᆮ초아:牛羊倉廩備(宣小4:8). 올ᄒᆞ며 외며 利ᄒᆞ며 害로옴ᄋᆞᆯ ᄀᆞᆮ초와 ᄉᆞᆯ와:具是非利害而白之(宣小5:36). 산힝과 쳔녑ᄒᆞ여 ᄡᅥ 만난 거ᄉᆞᆯ ᄀᆞᆮ초더니:畋漁以供甘旨(東新續三綱. 孝4:29). ᄡᆞᆯᄋᆞᆯ 비러 ᄡᅥ 됴셕에 ᄀᆞᆮ초더라:乞米以供朝夕(東新續三綱. 孝8:13).

-ᄀᆞᆮ치 조 -같이. ☞-ᄀᆞ티 ¶니ᄅᆞ심ᄀᆞᆮ치 처엄으로 뵈ᄋᆞᆸ건마ᄂᆞᆫ(重新語3:6).

ᄀᆞᆮ토니 형 같으니. ㉠ᄀᆞᆮᄐᆞ다 ¶내 얼구른 본ᄃᆡ로 ᄒᆞᆰ과 나모 ᄀᆞᆮ토니:形骸尤土木(重杜解2:15).

-·ᄀᆞᆮ·티 조 -같이. ☞-ᄀᆞ티. -ᄀᆞᆮ ¶심ᄒᆞᆫ 사ᄅᆞᆷ 원슈ᄀᆞᆮ티 ᄒᆞ야(飜小7:43). 안좀ᄋᆞᆯ 尸ᄀᆞᆮ티 ᄒᆞ며:坐如尸(宣小3:12).

·ᄀᆞᆮ·ᄐᆞ·다 형 같다. ☞ᄀᆞᄐᆞ다. ᄀᆞᆮ다. ᄀᆞᆮᄒᆞ다 ¶舜 ᄀᆞᆮᄐᆞᆯ ᄯᆞᄅᆞᆷ이라 ᄒᆞ시니:如舜而已矣(宣小4:1). 다 담이며 ᄇᆞᄅᆞᆷ이 ᄀᆞᆮᄐᆞ니:皆墻壁也(宣小5:11). 진실로 東宮이 닐ᄋᆞᄂᆞᆫ 바 ᄀᆞᆮᄐᆞ냐:信如東宮所言乎(宣小6:42). 우리 君 ᄀᆞᆮᄐᆞ뇨:似我君也(宣孟13:30). 몬 홈이 이 ᄀᆞᆮᄐᆞ뎌(宣中16). 내 얼구른 본ᄃᆡ로 ᄒᆞᆰ과 나모 ᄀᆞᆮ토니:形骸尤土木(重杜解2:15). 아비ᄂᆞᆫ 하ᄂᆞᆯ ᄀᆞᆮᄐᆞ시고:父如天(警民1).

·ᄀᆞᆮ·홈 형 같음. ㉠ᄀᆞᆮᄒᆞ다 ¶이 ᄀᆞᆮ호ᄆᆞᆯ 내 듣ᄌᆞᄫᆞ니:如是我聞(阿彌2). 德이 두려우며 ᄇᆞᆯ고매 ᄀᆞᆯ오ᄆᆞᆫ 부텨 ᄀᆞᆮ호미라:德等圓明者同佛也(圓覺序57). 제 안 ᄆᆞᅀᆞ미 이 ᄀᆞᆮ호ᄆᆞᆯ 보면:自驗內心如此(圓覺下三之一64). 이 ᄀᆞᆮ호ᄆᆞᆯ 내 듣ᄌᆞ오니(金三1:1).

·ᄀᆞᆮ·히 부 같이. 같게. 함께. ☞ᄀᆞ티 ¶事相數量 ᄀᆞᆮ히 아로미 일후미 如量智니 곧 權智라(心經59). ᄒᆞ다가 가졸보ᄆᆞᆯ ᄀᆞᆮ히 ᄒᆞ야:若以同喩(圓覺下三之一38). ᄀᆞ득ᄒᆞᆫ 것 자봄 ᄀᆞᆮ히 ᄒᆞ며:如執盈(宣賜內訓1:9).

ᄀᆞᆮᄒᆞ·다 형 같다. ☞ᄀᆞᄐᆞ다. ᄀᆞᆮ다. ᄀᆞᆮᄐᆞ다 ¶東海ㅅ ᄀᆞᅀᅵ 져재 ᄀᆞᆮᄒᆞ니:東海之濱如市之從(龍歌6章). 瑠璃 ᄀᆞᆮᄒᆞ야 안팟기 ᄆᆞᆯ가(釋譜9:4). 虛空 ᄀᆞᆮ홈도 보며(釋譜13:23). 追薦이 轉經 ᄀᆞᆮᄒᆞ니 업스니(月釋序11). 듣논 소리 뫼ᅀᆞ리 ᄀᆞᆮᄒᆞ야(月釋2:53). 如來와 ᄀᆞᆮᄒᆞ릴ᄊᆡ(月釋17:33). 너도 ᄯᅩ 이 ᄀᆞᆮᄒᆞ다:汝亦如是(楞解2:23). 나토미 ᄀᆞᆮᄒᆞ나:似現(楞解2:89). 草木 ᄀᆞᆮᄒᆞ릴ᄊᆡ ᄯᅩ 올티 몯도다:則如草木又不可也(楞解3:42). 갠 虛空 ᄀᆞᆮᄒᆞ야:猶如晴空(楞解10:1). 네 邪애 ᄀᆞᆮᄒᆞᇙ가 저ᄒᆞᆫ뎬:汝恐同邪(楞解10:74). ᄯᅩ 이 ᄀᆞᆮᄒᆞ더라:亦復如是(法華3:122). 이 ᄀᆞᆮᄒᆞ곤 엇데 ᄒᆞᄆᆞᆯ며…ᄒᆞ리ᄯᆞ녀(法華6:15). 당다이 ᄀᆞᆮᄒᆞ리로다:應同(初杜解7:4). 시혹 집 일흔 가히도 ᄀᆞᆮ호라:或似喪家狗(初杜解8:5). 불휘ᄅᆞᆯ 버혀 거프ᄅᆞᆯ 갓ᄀᆞ니 블근 玉이 ᄀᆞᆮᄒᆞ니:斬根削皮如紫玉(初杜解16:57). 虛空 ᄀᆞᆮᄒᆞ고(六祖上41). 道 ᄀᆞᆮᄒᆞ니ᅀᅡ 비르서 아ᄂᆞ니라:同道方知(金三2:3). 누니 盲眼이 ᄀᆞᆮᄒᆞ야뇨:眼如盲(金三2:10). 다 거우루 소뱃 듣글 ᄀᆞᆮᄒᆞ니라(南明上3). 진실로 문지두리 ᄀᆞᆮᄒᆞ며(飜小6:24). 수렛바퀴 ᄀᆞᆮᄒᆞ여 물속으로셔 치밀어(意幽堂).

ᄀᆞᆯ 명 가루. ☞ᄀᆞᄅᆞ ¶栴檀香ㄱ ᄀᆞᆯᄋᆞ로 ᄇᆞᄅᆞ고(釋譜6:38). 두 山이 어우러 ᄀᆞ라 ᄀᆞᆯ리 ᄃᆞ외ᄂᆞ니라(月釋1:29). 沉香 ᄀᆞᆯᄋᆞ로(月釋2:29). 栴檀末ᄋᆞᆫ 栴檀香ㅅ ᄀᆞᆯ이라(月釋10:54). 麨ᄂᆞᆫ 乾飯ㅅ ᄀᆞᆯ이오(圓覺上二之二26). ᄯᅩ 菖蒲ㅅ ᄀᆞᆯᄋᆞᆯ:又方以菖蒲末(救急上23). ᄀᆞᄂᆞᆫ ᄀᆞᆯ이 ᄃᆞ외에 ᄒᆞ야:爲細末(救急下71). ᄂᆞᆫ 가온ᄃᆡᆺ ᄀᆞᆯ이니:眼中屑(金三5:29). ᄯᅩ 계핏 ᄀᆞᆯ을 혀 아래 녀허:亦可末桂着舌下(救簡1:17). ᄯᅩ ᄇᆞᄅᆞᆷ앳 오란 ᄒᆞᆰ을 ᄇᆞᅀᅡ ᄀᆞᆯ이 ᄃᆞ외어든:亦…陳壁土末(救簡1:67). 조협 ᄀᆞᆯᄋᆞᆯ:皂莢末(救簡6:1). ᄀᆞᆯ이 ᄃᆞ외어든:爲散(救簡6:30). 石雄黃 ᄀᆞᆯᄋᆞᆯ(瘟疫方6). ᄡᆞᆯ ᄀᆞᆯᄋᆡ 녀허(瘟疫方16). 미리 ᄡᆞᆯ을 ᄶᅵ허 ᄀᆞᆯᄅᆞᆯ ᄆᆡᆼᄃᆞ라(太平1:11). 다리예 ᄉᆞᆯᄒᆞᆯ 버혀 ᄀᆞᆯᄅᆡ 섯거:割脛肉和麪(東新續三綱. 孝2:8). ᄒᆞᆫ 돈 은애 열 ᄭᅳᆫ ᄀᆞᆯ리오:一錢銀子十斤麪(老解上8). 서 근 ᄀᆞᆯᄅᆡ 쪅 ᄆᆡᆼ글라:打着三斤麪的餠着(老解上18). 우리 딥과 콩과 ᄀᆞᆯᄅᆞᆯ:我草料麵(老解上21). 네 녀흰 ᄀᆞᆯᄅᆞᆯ 가져다가:你將那白麵來(朴解中6). 몸이 ᄀᆞᆯ니 되여도(癸丑149).

·ᄀᆞᆯ 명 갈대. ☞갈 ¶ᄀᆞᆯ爲蘆(訓解. 用字). ᄀᆞᆯ ᄉᆞᄎᆞ로 ᄆᆡ야 무덦 서리예 긋어다가 두리라(月釋9:35下). 섯근 ᄀᆞᆯ ᄀᆞᆮᄒᆞ니:同於交蘆(楞解5:7). 뭇군 ᄀᆞᆯᄃᆡ:束蘆(楞解5:8). ᄒᆞ마 믌ᄀᆞᆺ 알ᄑᆡᆺ ᄀᆞᆶ고지 비취ᄂᆞ다:已映洲前蘆荻花(初杜解10:34). 亭子ᄂᆞᆫ ᄂᆞᆯ가 ᄀᆞᄅᆞᆯ ᄢᅴ 찻도다:亭古帶蒹葭(初杜解21:28). ᄀᆞᆯ곳과 누넷 ᄃᆞᆯ와로:蘆花雪月(金三2:61). ᄇᆞᆯᄀᆞᆫ ᄃᆞᆯ와

ᄀᆞᆳ곳괘 비치 ᄀᆞᄌᆞᆨ디 아니ᄒᆞ도다:明月蘆花色莫齊(南明上73). ᄀᆞᆯ 가:葭. ᄀᆞᆯ 위:葦. ᄀᆞᆯ 로:蘆(訓蒙上8). ᄀᆞᆯ 위:葦. ᄀᆞᆯ 로:蘆(類合上7). ᄀᆞᆯᄒᆞᆯ 버히고:刈蒹葭(東三綱. 忠1 堤上忠烈). ᄀᆞᆯ 위:葦(倭解下31). ᄀᆞᆯ숩흐로 바자니며 고기 엿기 ᄒᆞᄂᆞᆫ괴야(古時調. 金光煜. 어와 져 白鷗야. 青丘). ※ᄀᆞᆯ>갈

ᄀᆞᆯ 동 가로되. ☞ᄀᆞᆯ오ᄃᆡ. ᄀᆞᆯᄋᆞ샤ᄃᆡ. ᄀᆞᆯᄋᆞ시ᄃᆡ ¶ᄀᆞᆯ 왈:曰(類合上14. 光千11. 石千11. 石千安心寺板5. 倭解上28). ᄀᆞᆯ 월:曰 正音音왈(註千11).

-·ᄀᆞᆯ 조 -을. ¶餘殘 수레 돗ᄀᆞᆯ 다시 옮겨 ᄯᆞ라셔 먹노라:殘樽席更移(初杜解7:21).

-·ᄀᆞᆯ 어미 -을. ¶져믄 아ᄃᆞ론 바ᄂᆞᄅᆞᆯ 두드려 고기 낫ᄀᆞᆯ 낙술 ᄆᆡᇰᄀᆞᄂᆞ다:稚子敲針作釣鉤(初杜解7:4).

ᄀᆞᆯ가마·괴 명 갈가마귀. ☞갈가마괴. ᄀᆞᆯ가마귀 ¶ᄀᆞᆯ가마괴 아:鴉. ᄀᆞᆯ가마괴 여:鸒. ᄀᆞᆯ가마괴 ᄉᆞ:鷀(訓蒙上16). ᄀᆞᆯ가마괴:環鴉(譯解下26). ᄀᆞᆯ가마괴 여:鸒(詩解 物名17).

ᄀᆞᆯ가마귀 명 갈가마귀. ☞ᄀᆞᆯ가마괴 ¶深意山 ᄀᆞᆯ가마귀(古時調. 이제ᄂᆞᆫ. 青丘).

ᄀᆞᆯ거·믜 명 갈거미. ¶ᄀᆞᆯ거믜 쇼:蛸(訓蒙叡山本上11). ᄀᆞᆯ거믜 쇼:蠨. ᄀᆞᆯ거믜 소:蛸. ᄀᆞᆯ거믜 희:蟢(訓蒙東中本上21).

ᄀᆞᆯ겨티다 동 갈겨치다. 후려치다. ¶나아드러 ᄒᆞᆫ 번 ᄀᆞᆯ겨티고:進入一剪打(武藝圖31). 또 ᄒᆞᆫ 번 ᄀᆞᆯ겨티거든:又一剪打(武藝圖31).

·ᄀᆞᆯ·기·다 동 갈기다. ¶다 관원ᄃᆞᆯ히 ᄀᆞᆯ겨 더도다:都是官人們剋減了(飜朴上4). ᄇᆞᄅᆞᆷ ᄀᆞᆯ겨든 여름 ᄆᆡᆺᄂᆞᆫ 거셔:刮颱結子(飜朴上40). ᄀᆞᆯ길 젼:剪(石千25. 倭解下42). 다 官人들이 ᄀᆞᆯ겨 더도다:都是官人們剋減了(朴解上4). ᄀᆞᆯ기디 아니ᄒᆞ시며:不剪(重內訓2:106). 法이 能히 도도아 ᄀᆞᆯ겨 아러로 殺ᄒᆞ고(武藝圖17).

·ᄀᆞᆯ·다 동 갈다〔磨. 硏〕. ☞ᄀᆞ다. 갈다 ¶두 山이 어우러 ᄀᆞ라(月釋1:29). 形色이 스러ᄀᆞ라디여:型色鎖磨(楞解7:86). 서르 ᄀᆞ로매 發ᄒᆞᄂᆞ니:發於相磨(楞解8:80). 婬習이 ᄀᆞ라 마디 아니ᄒᆞ야:婬習硏磨不休(楞解8:81). 六門ᄋᆞᆯ 스러 ᄀᆞ라ᄇᆞ려:鎖磨六門(楞解10:47). 프른 구운 거스로 ᄀᆞᆯ오 鷺鷀의 기르믈 ᄇᆞᆯ랫도소니:鎸錯碧甖鷺鷀膏(初杜解16:55). 엇데 오래 ᄀᆞᆯ이ᄂᆞ뇨:如何久磨礪(初杜解23:33). 하ᄂᆞᆯᄒᆞᆯ ᄀᆞᆯ어니:摩霄漢(南明下40). ᄀᆞᆯ고 ᄀᆞ다ᄃᆞᄆᆞ면(誡初20). ᄀᆞᆯ뢰:擂(訓蒙下12). ᄀᆞᆯ 연:硏(訓蒙下12. 類合下37). 옥 ᄀᆞᆯ 탁:琢. 옥 ᄀᆞᆯ 차:磋(類合下38). ᄀᆞᆯ 마:磨(類合下46. 石千16. 倭解下36). 반ᄃᆞ시 地獄의 들어 ᄡᅡᄒᆞᆯ며 ᄉᆞᆯ며 디흐며 ᄀᆞ라:必入地獄剉燒舂磨(宣小5:55). ᄀᆞᆯ 마:摩仝磨(註千33).

·ᄀᆞᆯ·다 동 갈다. 대신하다. 바꾸다. ☞ᄀᆞ다 ¶나랏 일훔 ᄀᆞᄅᆞ시니:聿改國號(龍歌85章). 罪ᄅᆞᆯ 버서 地獄ᄋᆞᆯ ᄀᆞᆯ아 나니(月印上28). 새옷 ᄀᆞ라 닙고(釋譜6:27). 時節이 ᄀᆞᆯ어든 어버ᅀᅵᄅᆞᆯ 일흔 ᄃᆞᆺᄒᆞ니라(月釋序16). 일후믈 ᄀᆞ라 지ᄒᆞ샤ᄃᆡ(月釋23:77). 날와 밤과애 서르 ᄀᆞᆯ어늘:日夜相代(楞解10:82). 番은 ᄀᆞᆯ 씨라(法華4:135). 져기 식거든 ᄀᆞᆯ오:少冷則易(救急上10). 사ᄅᆞᆷᄋᆞ로 나ᄅᆞᆯ ᄀᆞᆯ어시든:人代之己(宣賜內訓1:51). 北闕애 새 님그미 ᄀᆞᄅᆞ시니:北闕更新主(初杜解21:23). 머리 ᄀᆞᆯ며 ᄂᆞᆺ 밧고오미:改頭換面(南明上55). 머리 ᄀᆞ로미:改頭(南明下20). 우리 둘히 너희 ᄀᆞᆯ라 가리라:我兩箇却替你去(飜老上57). 친히 기ᄉᆞᆯ 지어 ᄌᆞ조 ᄉᆞ스로 ᄀᆞᆯ고:親造襁褓數自遞改(東新續三綱. 孝8:71). ᄀᆞ라 도라오게 ᄒᆞ여:替廻來(老解上51). 그도 ᄀᆞᆯ 양으로 ᄒᆞᆸ소(新語2:11). ※ᄀᆞᆯ다>갈다

ᄀᆞᆯ다괴 명 각다귀. ¶ᄀᆞᆯ다괴:蚋(物譜 飛蟲).

ᄀᆞᆯ라 동 갈아〔替〕. ㉠ᄀᆞᆯ다 ¶저희를 ᄀᆞᆯ라 가셔(清老4:7).

ᄀᆞᆯ래나무 명 가래나무. ¶ᄀᆞᆯ래나무 됴:條(詩解 物名11).

ᄀᆞᆯ래다 동 장난하다. 거칠게 놀다. ¶ᄒᆞᆫ ᄇᆞᄅᆞᆷ 구석의 가 ᄀᆞᆯ래디 못ᄒᆞᆯ소냐:一壁廂去浪蕩不的(朴解中55). 우리 내히 ᄀᆞᆯ래라 가쟈:咱河裏浪蕩去來(朴解中56).

ᄀᆞᆯ레 명 가루의. 독ᄀᆞᆯ ¶우리 다ᄉᆞᆺ 사ᄅᆞᆷ이 매 서 斤 ᄀᆞᆯ레 ᄯᅥᆨ을 ᄆᆡᇰ글라(蒙老2:1).

ᄀᆞᆯ론 관 이른바. ☞ᄀᆞᆯ온 ¶또 ᄀᆞᆯ론 청양이라:亦曰青陽(十九史略1:3).

ᄀᆞᆯ·리 명 가루가. 〔'ᄀᆞᆯ'의 주격(主格).〕 독ᄀᆞᆯ ¶두 山이 어우러 ᄀᆞ라 ᄀᆞᆯ리 ᄃᆞ외ᄂᆞ니라(月釋1:29).

ᄀᆞᆯ리다 동 섞갈리다. ¶ᄀᆞᆯ리여 결단 못 ᄒᆞ다:游移(漢清8:20).

ᄀᆞᆯ리오 명 가루요. 독ᄀᆞᆯ ¶ᄒᆞᆫ 돈 은애 열 근 ᄀᆞᆯ리오:一錢銀子十斤麵(老解上8).

ᄀᆞᆯᄋᆞ치다 동 가르치다. ☞ᄀᆞᄅᆞ치다 ¶모ᄃᆞᆫ 皇子와 公主ᄅᆞᆯ ᄀᆞᆯᄋᆞ치게 ᄒᆞ시니라(女四解. 女論語1).

ᄀᆞᆯᄅᆞᆯ 명 가루를. 〔'ᄀᆞᆯ'의 목적격.〕 독ᄀᆞᆯ ¶우리 딥과 콩과 ᄀᆞᆯᄅᆞᆯ:我草料麵(老解上21). 미리 ᄡᆞᆯ을 ᄯᅵ허 ᄀᆞᆯᄅᆞᆯ ᄆᆡᆫᄃᆞ라 ᄉᆞᆯ을 버므려 두어 섬을 ᄒᆞ야 비얌의 구무 어귀예 ᄡᅩ다 두엇더니(太平1:11).

ᄀᆞᆯ릐 명 가루의. 〔'ᄀᆞᆯ'의 관형격.〕 독ᄀᆞᆯ ¶서 근 ᄀᆞᆯ릐 ᄯᅥᆨ ᄆᆡᇰ글라:打着三斤麵的餅着(老解上18).

ᄀᆞᆯ마드리다 동 갈마들이다. ☞ᄀᆞᆯᄆᆞ드리다. ᄀᆞᆯᄆᆞ들이다. ᄀᆞᆯᄆᆞᄃᆞ리다 ¶두 발로 ᄀᆞᆯ마드

려 ᄢᅱ노타:雙腿換跳(漢淸6:60).

ᄀᆞᆯ·며긔 명 갈매기의. ¶ᄀᆞᆯ며긔 도라오ᄆᆞᆫ 오직 녯 모시로다:鷗歸祇故池(初杜解24:61).

ᄀᆞᆯ·며·기 명 갈매기. ☞갈머기. ᄀᆞᆯ며긔 ¶서르 親ᄒᆞ며 서르 갓갑ᄂᆞ닌 믈 가온딧 ᄀᆞᆯ며기로다:相親相近水中鷗(初杜解7:3). ᄀᆞᆯ며기 ᄠᅥ슈믄 ᄒᆞ마 보밋 소리로다:鷗泛已春聲(初杜解10:2). 몰애옛 ᄀᆞᆯ며기는 ᄒᆞᆫ 雙이 ᄀᆞᆯ와 안잿도다:沙鷗竝一雙(初杜解15:53). 녜는 믈 우흿 ᄀᆞᆯ며기 ᄀᆞᆮ더니:昔如水上鷗(初杜解21:38). ᄀᆞᆯ며기 구:鷗(訓蒙上16. 類合上11. 倭解下36). 나모 자ᄂᆞ로 믈 건나매 ᄀᆞᆯ며기 놀라디 아니ᄒᆞ얏도다:杯渡不驚鷗(重杜解9:24). ᄀᆞᆯ며기:江鷹(譯解下27). 蘆花에 수만흔 ᄀᆞᆯ며기는 제 벗인가 ᄒᆞ노라(古時調. 公庭에. 靑丘). ※ᄀᆞᆯ며기>갈매기

ᄀᆞᆯ멱이 명 갈매기. ☞ᄀᆞᆯ며기 ¶ᄢᅦ 만흔 ᄀᆞᆯ멱이는 오명가명 ᄒᆞ거든(古時調. 山前에. 海謠). ᄀᆞᆯ멱이:白鷗(物譜 羽蟲).

ᄀᆞᆯ미 명 갈매기. ☞ᄀᆞᆯ며기 ¶有情ᄒᆞᆫ ᄀᆞᆯ미는 白沙의 버러 잇다(江村晩釣歌).

ᄀᆞᆯᄆᆞ드리다 동 갈마들이다. ☞ᄀᆞᆯᄆᆞᄃᆞ리다 ¶ᄀᆞᆯᄆᆞ드려 힐란ᄒᆞ여 믇는ᄃᆡ ᄃᆡ답지 아니치 못ᄒᆞ리라(三譯3:2). ᄉᆞ쇽을 위ᄒᆞ여 ᄀᆞᆯᄆᆞ드려 제 방에 가 자더니:以係嗣當立乃遞往就室(五倫4:15).

ᄀᆞᆯᄆᆞ들이다 동 갈마들이다. ☞ᄀᆞᆯ마드리다. ᄀᆞᆯᄆᆞᄃᆞ리다 ¶ᄀᆞᆯᄆᆞ들일 경:更(註千24).

ᄀᆞᆯᄆᆞᄃᆞ리다 동 갈마들이다. ☞ᄀᆞᆯ마드리다. ᄀᆞᆯᄆᆞ들이다 ¶蓋世次ㅣ ᄀᆞᆯᄆᆞᄃᆞ려 遷홈과 昭穆이 니어 序홈이 그 일이 至重ᄒᆞ니 엇디 可히 祭ᄒᆞ야 告ᄒᆞᄂᆞᆫ 禮 업시 다만 酒果로ᄡᅥ 告ᄒᆞ고 믄득 ᄀᆞᆯᄆᆞᄃᆞ려 遷홈을 行ᄒᆞ리오(家禮9:27). 三年喪을 畢홈애 大廟애 祫祭ᄒᆞ고 그 祭 畢호매 主를 遷ᄒᆞᆯ 時ᄅᆞᆯ 因ᄒᆞ야 神主ᄅᆞᆯ ᄀᆞᆯᄆᆞᄃᆞ려 遷ᄒᆞᆯ 거시라 ᄒᆞ니(家禮9:27). 兄弟와 밋 賓이 ᄀᆞᆯᄆᆞᄃᆞ려 서ᄅᆞ 獻ᄒᆞ며(家禮10:20). 여러 아희들이 ᄀᆞᆯᄆᆞᄃᆞ려 ᄶᅵ오매(隣語1:14).

ᄀᆞᆯ·바 동 나란히 하여. ㉮ᄀᆞᆲ다 ¶並書는 ᄀᆞᆯ바 쓸 씨라(訓註3). ᄀᆞᆯ바쓰면 虯끃ㅸ字ᄍᆞᆼ 처ᅀᅥᆷ 펴아나는 소리 ᄀᆞᄐᆞ니라(訓註4).

ᄀᆞᆯ·바·쓰·다 동 나란히 쓰다. ☞ᄀᆞᆲ다 ¶並書는 ᄀᆞᆯ바쓸 씨라(訓註3).

ᄀᆞᆯ·ᄫᆞ·리 명 가룰 이. 견줄 이. ☞ᄀᆞᆲ다 ¶天人 世間애 ᄀᆞᆯᄫᆞ리 업스샷다 ᄒᆞ더라(月釋21:222). ※ᄀᆞᆯᄫᆞ리>ᄀᆞᆯ오리

ᄀᆞᆯ·ᄫᆞ·며 동 가루며. 맞서 견주며. ㉮ᄀᆞᆲ다 ¶能히 須彌ᄅᆞᆯ ᄀᆞᆯᄫᆞ며(月釋21:78).

ᄀᆞᆯ새 명 갈새. 개개비. ¶ᄀᆞᆯ새:葦鳥(同文解下35. 漢淸13:48).

·ᄀᆞᆯ숯 명 갈대로 꼰 바. ¶ᄀᆞᆯᄉᆞᄎᆞ로 ᄆᆡ야 무덦 서리예 긋어다가(月釋9:35下).

ᄀᆞᆯ·아 동 갈아〔替〕. ㉮ᄀᆞᆯ다 ¶地獄ᄋᆞᆯ ᄀᆞᆯ아 나니(月印上28).

ᄀᆞᆯ아마괴 명 갈가마귀. ☞ᄀᆞᆯ가마괴 ¶ᄀᆞᆯ아마괴:寒鴉(四解下31 鴉字註).

·ᄀᆞᆯ안·초·다 동 가라앉히다. ¶누른 조ᄡᆞᆯ 닷 되ᄅᆞᆯ 시서 믈 ᄒᆞᆫ 마래 글혀 닷 되 ᄃᆞ외어든 ᄀᆞᆯ안초아 잢간 ᄃᆞᄉᆞ게 ᄒᆞ야 머그라:黃粱米淘五升以水一斗煮取五升澄淸稍溫飮之(救簡2:59).

ᄀᆞᆯ여내다 동 깎아 내다. 덜어내다. ☞ᄀᆞ려내다 ¶듕간애 반이나 ᄀᆞᆯ여내여:中間剋落了一半兒(老解下49).

ᄀᆞᆯ여먹다 동 침식(侵蝕)하다. ¶놈 모로게 ᄀᆞᆯ여먹다:侵蝕(漢淸8:45).

ᄀᆞᆯ·오·기 명 쌍둥이. 쌍생아. ¶ᄀᆞᆯ오기 솬:孿(訓蒙上33).

ᄀᆞᆯ·오니 명 가룰 이. ☞ᄀᆞᆯ오다 ¶비치 노파 ᄀᆞᆯ오니 업스니:符彩高無敵(初杜解8:26).

ᄀᆞᆯ·오·다 동 가루다. 함께 나란히 하다. 맞서서 견주다. ☞ᄀᆞᆲ다 ¶德이 두려우며 ᄇᆞᆯ고매 ᄀᆞᆯ오ᄆᆞᆫ 부텨 ᄀᆞᆮ호미라:德等圓明者同佛也(圓覺序57). ᄀᆞᆯ온 ᄡᅡ기 업스샤:無等倫(法華3:101). 손 主人의 ᄀᆞᆯ오미 아니라:非賓主之敵(法華5:16). 定慧ᄅᆞᆯ ᄀᆞᆯ와 닷고미:定慧雙修(金剛下124). 날와 ᄀᆞᆯ오니 닐구비니:同列者七人(宣賜內訓2上22). 엇데 先帝ㅅ 아ᄃᆞᆯ와로 ᄀᆞᆯ오리오:豈宜與先帝子等乎(宣賜內訓2上46). 비치 노파 ᄀᆞᆯ오니 업스니:符彩高無敵(初杜解8:26). 아니한 나래 ᄀᆞᆯ오리니:不日竝(初杜解20:32). 벼슰 等級은 敢히 엇게ᄅᆞᆯ ᄀᆞᆯ오리아:等級敢比肩(初杜解22:53). 구의나깃은 ᄀᆞᆯ와 ᄒᆞᆫ가지로 ᄡᅳᆯ 거시라:比官銀一般使(飜老下64). ᄀᆞᆯ올 뎍:敵(訓蒙下24). ᄀᆞᆯ올 항:伉. ᄀᆞᆯ올 려:儷(訓蒙下33). ᄀᆞᆯ올 구:俱(類合下30). ᄀᆞᆯ올 병:並(類合下48). ᄀᆞᆯ올 병:並(石千40). ᄀᆞᆯ올 등:等(石千42). 民으로 더브러 ᄀᆞᆯ와 耕ᄒᆞ야 食ᄒᆞ며:與民幷耕而食(宣孟5:18). 취ᄒᆞ니 ᄶᅵ니 ᄀᆞᆯ와 선우음 웃디 마소(古時調. 鄭澈. 인ᄂᆞ니. 松江).
※ᄀᆞᆯ오다<ᄀᆞᆲ다

ᄀᆞᆯ오ᄃᆡ 동 가로되. 말하기를. ☞ᄀᆞ로ᄃᆡ. ᄀᆞᄅᆞᄃᆡ ¶王制예 ᄀᆞᆯ오ᄃᆡ:王制曰(宣小1:12). 湯誓에 ᄀᆞᆯ오ᄃᆡ 이 日은 어ᄂᆡ 제 喪ᄒᆞᆯ고:湯誓曰時日害喪(宣孟1:5). 니어 ᄀᆞᆯ오ᄃᆡ 덕으로 갑고져 ᄒᆞᆯ쫀댄:繼之曰欲報之德(警民21). 송씨 ᄀᆞᆯ오ᄃᆡ 내 주근 후 열ᄒᆞᆫ 히로ᄃᆡ(桐華寺 王郞傳1). 그 모ᄉᆞᆯ ᄀᆞᆯ오ᄃᆡ 비ᄌᆞ 던 모시라 ᄒᆞ더라(明皇1:33). 공원이 ᄀᆞᆯ오ᄃᆡ 이 월궁이니이다(明皇1:37). 노래 지어 일홈을 ᄀᆞᆯ오ᄃᆡ 득보지라 ᄒᆞ시니(明皇1:37). 원지 그 연고ᄅᆞᆯ 무르니 ᄀᆞᆯ오ᄃᆡ(敬信16).

ᄀᆞᆯ·오·리 명 가룰 이. 가룰 사람. 대적할 사

람. ☞ᄀᆞᆯ오니. ᄀᆞᆯ오다 ¶이 가ᄌᆞᆯ벼 ᄀᆞᆯ오리 업슨 呪ㅣ라:是無等等呪(心經60). 일후미 가ᄌᆞᆯ벼 ᄀᆞᆯ오리 업슨 呪ㅣ라(心經62).
※ᄀᆞᆯ오리<ᄀᆞᆯᄫᆞ리

ᄀᆞᆯ오샤ᄃᆡ 동 가라사대. ☞ᄀᆞᆯᄋᆞ샤ᄃᆡ ¶장이 ᄀᆞᆯ오샤ᄃᆡ 잘 아라보ᄂᆞᆫ 드시 ᄒᆞ야(明皇1:32). 고쟈ᄃᆞ려 ᄀᆞᆯ오샤ᄃᆡ(明皇1:35).

ᄀᆞᆯ온 관 이른바. ☞ᄀᆞ론 ¶ᄒᆞᆫ 말이 ᄡᅥ 蔽ᄒᆞ야시니 ᄀᆞᆯ온 思ㅣ 邪 업슴이니라:一言以蔽之曰思無邪(宣論1:9). 녯 帝堯를 稽혼ᄃᆡ ᄀᆞᆯ온 放ᄒᆞᆫ 勳이시니:曰若稽古帝堯曰放勳(書解1:1). ᄀᆞᆯ온 자밧ᄂᆞᆫ 던던ᄒᆞᆫ 거시라:曰秉彝(宣小題辭2). ᄒᆞᆫ낟재 ᄀᆞᆯ온 여ᄉᆞᆺ 가짓 德이니:一曰六德(宣小1:11). ᄒᆞ나흔 ᄀᆞᆯ온 무털이니 던둥시어ᄉᆞ로셔 내티여 그 고ᄋᆞᆯ 당ᄉᆞ롤 ᄒᆞ엿고(太平1:6). 만일 ᄀᆞᆯ온 삼천공과 팔ᄇᆡᆨ 션은 사ᄅᆞᆷ의 잘 방편ᄒᆞ믈 ᄒᆞ야(敬信84). 혹 ᄀᆞᆯ온 일홈은 重華ㅣ니(十九史略1:6).

ᄀᆞᆯ·와 동 가루어. 함께 나란히 하여. ㉮ᄀᆞᆯ오다 ¶구의나깃은 ᄀᆞᆯ와 ᄒᆞᆫ가지로 ᄡᅳᆯ 거시라:比官銀一般使(飜老下64). 宣과 쟈근 술위를 ᄀᆞᆯ와 ᄭᅳ어 본향의 가:與宣共挽鹿車歸鄕里(飜小9:59). ᄀᆞᆯ와 안즘애 ᄑᆞᆯ을 빗기디 아니ᄒᆞ며:竝坐不橫肱(宣小3:17). 인ᄂᆞ니 가ᄂᆞ니 ᄀᆞᆯ와 한숨을 디디 마소(古時調. 鄭澈. 松江).

ᄀᆞᆯ·외·다 동 ①침범하다. 함부로 행동하다. 날뛰다. ☞ᄀᆞ래다 ¶狄人이 ᄀᆞᆯ외어늘:狄人于侵. 野人이 ᄀᆞᆯ외어늘:野人不禮(龍歌4章). 羅雲이 ᄀᆞᆯ외어시ᄂᆞᆯ(月印上53). 도ᄌᆞ기 ᄀᆞᆯ외어나 ᄒᆞ야도(釋譜9:24). 豪族이 져기 뮈여 ᄀᆞᆯ외면:豪族小動搖(重杜解4:27). 盜賊의 해 ᄀᆞᆯ외요미 甚히 갓가오니:盜賊縱橫甚密邇(初杜解7:29). ᄂᆞᆯ우즈며 ᄀᆞᆯ외요ᄆᆞᆫ 누를 爲ᄒᆞ야셔 雄ᄒᆞᆫ 양ᄒᆞᄂᆞ다:飛揚跋扈爲誰雄(初杜解21:34). 漢兒 아ᄒᆡ돌히 ᄀᆞ장 ᄀᆞᆯ외거니와:漢兒小廝們十分頑(飜老上7). ②빈둥거리다. ¶거리로 ᄀᆞᆯ외디 말며:街上休遊蕩(飜朴上50).

ᄀᆞᆯ으·치·다 동 ①가르치다. ☞ᄀᆞᄅᆞ치다 ¶내 이믜 ᄡᅥ 子孫을 ᄀᆞᆯ으쳐 되게 홈이 업순디라:吾旣無以敎化子孫(宣小6:83). ②가리키다. ☞ᄀᆞᄅᆞ치다 ¶表ㅣ ᄀᆞᆯ으치고 무러 ᄀᆞᆯ오ᄃᆡ:表指而問曰(宣小6:84).

ᄀᆞᆯ의다 동 가리다. ¶죠흔 것ᄉᆞᆯ ᄀᆞᆯ의여 앗지 말며(敬信70).

ᄀᆞᆯ·이·다 동 갈리다. ☞ᄀᆞ리다. ᄀᆞᆯ다 ¶金甲이 서르 ᄀᆞᆯ이ᄂᆞ니 靑衿 니브니ᄂᆞᆫ ᄒᆞᆫᄀᆞᆯᄋᆞ티 憔悴ᄒᆞ니라:金甲相排蕩靑衿一憔悴(初杜解6:21). 엇데 오래 ᄀᆞᆯ이ᄂᆞ뇨:如何久磨礪(初杜解23:33).

ᄀᆞᆯ·이막·다 동 가리어 막다. ¶廳堂 ᄉᆞ이예 잇다감 댱으로 ᄀᆞᆯ이막아 자며 쉴 쳐소를 ᄆᆡᆼᄀᆞ라:廳堂間往往幃幔隔障爲寢息之所(宣小6:69).

ᄀᆞᆯᄋᆞᄃᆡ 동 가로되. ☞ᄀᆞᆯ오ᄃᆡ ¶그 등에 크게 써 ᄀᆞᆯᄋᆞᄃᆡ 란륜괴슈라 ᄒᆞ야(敬信21). 나ᄂᆞᆫ ᄀᆞᆯᄋᆞᄃᆡ 그 오히려 효의 ᄒᆞᆫ 가지 일이라 ᄒᆞ노라(百行源12).

ᄀᆞᆯᄋᆞ·로 명 가루로. 〔'ᄀᆞᆯ'+부사격조사 '-ᄋᆞ로'〕 (독)ᄀᆞᆯ ¶栴檀香ㄱ ᄀᆞᆯᄋᆞ로 ᄇᆞᄅᆞ고(釋譜6:38). 沈香 ᄀᆞᆯᄋᆞ로(月釋2:29).

ᄀᆞᆯᄋᆞ·샤·ᄃᆡ 동 가라사대. ☞ᄀᆞᄅᆞ샤ᄃᆡ. ᄀᆞᆯᄋᆞ시ᄃᆡ ¶孔子ㅣ ᄀᆞᆯᄋᆞ샤ᄃᆡ(宣小3:1). 子ㅣ ᄀᆞᆯᄋᆞ샤ᄃᆡ:子曰(孝經2). 子ㅣ ᄀᆞᆯᄋᆞ샤ᄃᆡ 管仲의 그르시 小ᄒᆞ다:子曰管仲之器小哉(宣論1:27). 伊川先生이 歎ᄒᆞ야 ᄀᆞᆯᄋᆞ샤ᄃᆡ(女四解4:11). 태샹이 ᄀᆞᆯᄋᆞ샤ᄃᆡ(敬信1). ᄆᆡᆼ지 ᄀᆞᆯᄋᆞ샤ᄃᆡ(百行源11).

ᄀᆞᆯᄋᆞ시ᄃᆡ 동 가라사대. ☞ᄀᆞᆯᄋᆞ샤ᄃᆡ ¶훤의 ᄭᅮᆷ에 뎨군이 블너 ᄀᆞᆯᄋᆞ시ᄃᆡ(敬信55).

ᄀᆞᆯᄋᆞ·치·다 동 가르치다. ☞ᄀᆞᄅᆞ치다 ¶젹은 아ᄒᆡ를 ᄀᆞᆯᄋᆞ치되:敎小兒(宣小5:2). 일즉 子弟를 ᄀᆞᆯᄋᆞ쳐 ᄀᆞᆯ오ᄃᆡ:嘗誨子弟曰(宣小5:83). 이 글은 곳 ᄉᆞ나희와 겨집을 ᄀᆞᆯᄋᆞ치ᄂᆞᆫ 종요로온 글이니:是書卽敎訓男女之要書(英小序3). 敬姜은 紡績ᄒᆞ야 子를 ᄀᆞᆯᄋᆞ치니(女四解4:72).

ᄀᆞᆯᄋᆡ다 동 구분하다. 가리다. ¶귀ᄂᆞᆫ 왼 올ᄒᆞᆫ 일 ᄀᆞᆯᄋᆡ야 드르라 주시고(七大10).

ᄀᆞᆯᄋᆡ지 부 똑똑히. 밝히. 분명히. ¶너희돌ᄒᆞ로 三身을 보아 ᄀᆞᆯᄋᆡ지 自性을 제 알에 호리니 다 내 닐오ᄆᆞᆯ 조ᄎᆞ라(六祖中35).

·ᄀᆞᆯ청 명 갈대청〔蘆膜〕. 갈청. ¶ᄀᆞᆯ청 부:孚(訓蒙下6).

·ᄀᆞᆯ·포 부 겹으로. 거듭. 거푸. ¶疊은 ᄀᆞᆯ포 ᄡᆞ흘 씨니(釋譜19:11). 偏計ᄅᆞᆯ ᄀᆞᆯ포 ᄢᅥ르샤:疊拂偏計(楞解2:60). 나ᄇᆞᆫ ᄀᆞᆯ포 ᄃᆞᆯ엿도다:獼猴壘壘懸(初杜解20:2). 칩거든 繡혼 니브를 ᄀᆞᆯ포 두퍼 ᄌᆞ오로라:寒重繡被眠(杜解20:17). 掾吏ᄅᆞᆯ ᄯᅩ ᄀᆞᆯ포 ᄇᆞᆯ오니라:掾吏亦累踐(杜解24:33). ᄀᆞᆯ포 迷妄ᄋᆞᆯ 推尋커ᄂᆞᆯ:疊疊窮迷妄(金三5:42).

·ᄀᆞᆯ·품 명 갈품. ¶閔損이란 ᄀᆞᆯ품 두어 주어ᄂᆞᆯ(三綱. 孝1 閔損). 손으란 ᄀᆞᆯ품 두어 닙히더니:損以蘆花絮(五倫1:2).

ᄀᆞᆯ피 명 갈피. ¶ᄒᆞᆫ ᄀᆞᆯ피라:一重(語錄10).

·ᄀᆞᆯ·ᄑᆞ·다 동 겹치다. ☞ᄀᆞᆲᄒᆞ다 ¶열히 百애 ᄀᆞᆯᄑᆞ며:十疊百(楞解4:96). 세 經이 ᄀᆞᆯ파:三經重沓(法華序11). 文이 어즈러이 ᄀᆞᆯᄑᆞᆫ ᄃᆞᆺᄒᆞ다:則文似繁重(法華2:253).

ᄀᆞᆯ희곡 동 가리고. ㉮ᄀᆞᆯ희다. ☞-곡. -ㄱ ¶名區勝地를 ᄀᆞᆯ희곡 갈희여(古時調. 千古羲皇天과. 靑丘).

ᄀᆞᆯ희내다 동 가리어 내다. ¶平生에 말ᄉᆞᆷ을

ᄀᆞᆯ희내면 므슴 是非 이시리(古時調. 듯는 말. 青丘).

ᄀᆞᆯ희다 동 가리다. ☞ᄀᆞᆯᄒᆡ다 ¶父母ㅣ 다시 ᄀᆞᆯ희고져 ᄒᆞ거늘(女四解4:21). 내 큰 형과 ᄒᆞᆫ가지로 가 ᄀᆞᆯ희여 사미 됴타:我同大哥去揀着買好麽(朴新解1:31). ᄆᆞ옴대로 ᄀᆞᆯ희여 가지라 ᄒᆞ고(五倫4:36). 名區勝地를 ᄀᆞᆯ희곡 갈희여(古時調. 千古羲皇天과. 青丘).

ᄀᆞᆯ희ᄯᅡ다 동 가리어 따다. ¶대쵸 볼 블글 柯枝에 후루혀 ᄀᆞᆯ희ᄯᅡ고(古時調. 青丘).

ᄀᆞᆯ히다 동 가리다. ☞ᄀᆞᆯ희다. ᄀᆞᆯᄒᆞ다. ᄀᆞᆯᄒᆡ다 ¶질고를 믈을지니 원습을 ᄀᆞᆯ힐소냐(古時調. 내 말이. 古歌).

ᄀᆞᆯ·ᄒᆞ·다 동 가리다. ☞ᄀᆞᆯᄒᆡ다 ¶내 ᄀᆞᆯᄒᆞ야 닐오리라(釋譜13:46). 이러트시 種種 音聲을 ᄀᆞᆯᄒᆞ요ᄃᆡ 耳根ᄋᆞᆫ 허디 아니ᄒᆞ리라(釋譜19:16). 機를 爲ᄒᆞ야 ᄀᆞᆯᄒᆞ야 니ᄅᆞ노라 ᄒᆞ야(月釋序5). 精明淨妙見元을 ᄀᆞᆯᄒᆞ야 내야:析出精明淨妙見元(楞解2:48). 반ᄃᆞ기 ᄀᆞᆯᄒᆞ요미 잇디 아니ᄒᆞ리며:不應有擇(楞解2:114). 認은 ᄀᆞᆯᄒᆞ야 알 씨라(法華2:246). 어버이 ᄀᆞ장 ᄉᆞ랑ᄒᆞ야 싸회를 ᄀᆞᆯᄒᆞ야:父母鍾愛擇婿(續三綱. 烈7). 사ᄅᆞᆷ을 ᄀᆞᆯᄒᆞ야 살이고(飜小9:10).

ᄀᆞᆯ·ᄒᆞ·야 동 가리어. ㉮ᄀᆞᆯᄒᆞ다 ¶내 ᄀᆞᆯᄒᆞ야 닐오리라(釋譜13:46).

ᄀᆞᆯ홀 명 갈대를. 동ᄀᆞᆯ ¶다리 아래 겁질을 벗기고 ᄀᆞᆯ홀 버히고 ᄒᆞ여곰 그 우희 ᄃᆞᄅᆞ라 ᄒᆞ고:剝脚下皮刈蒹葭使趨其上(東三綱. 忠1 堤上忠烈).

ᄀᆞᆯ·ᄒᆡ·나·다 동 갈라지다. 갈리어 나다. ¶솑가락 文이 ᄀᆞᆯᄒᆡ나시며 셜흔닐굽차힌 솑그미 ᄀᆞᆯᄒᆡ나고(月釋2:57). 구티여 이비 ᄀᆞᆯᄒᆡ나며 말ᄉᆞ미 놀카오미 아니오:不必辯口利辭也(宣賜內訓1:14).

ᄀᆞᆯ·ᄒᆡ:내 부 분별하여. 가리어 내어. ¶ᄂᆞᆷ 위ᄒᆞ야 ᄀᆞᆯᄒᆡ내 니르며(釋譜19:8). ᄀᆞᆯᄒᆡ내 닐어:辯說(楞解1:28). 말숨을 ᄀᆞᆯᄒᆡ내 ᄒᆞ샤ᄃᆡ:便便言(宣小3:14).

ᄀᆞᆯ·ᄒᆡ·다 동 가래다. 가르다. 분별(分別)하다. 가리다. ¶하ᄂᆞᆯ히 ᄀᆞᆯᄒᆡ샤:維天擇兮(龍歌8章). 姓 ᄀᆞᆯᄒᆡ야 員이 오니:擇姓以尹(龍歌16章). 하ᄂᆞᆯ히 ᄀᆞᆯᄒᆡ이시니:天方擇矣(龍歌21章). ᄀᆞᆯᄒᆡ욤 업슨 法을(釋譜13:61). 五百女妓 ᄀᆞᆯᄒᆡ샤(月印上13). 뉘 ᄯᆞᆯ올 ᄀᆞᆯᄒᆡ야ᅀᅡ 며ᄂᆞ리 ᄃᆞ외야 오리야(月印上14). 사회를 ᄀᆞᆯᄒᆡ야(月印上14). 別은 ᄀᆞᆯᄒᆡᆯ 씨라(訓註14). 齒頭와 正齒왜 ᄀᆞᆯᄒᆡ요미 잇ᄂᆞ니(訓註14). 擇法 覺支ᄂᆞᆫ 法을 ᄀᆞᆯᄒᆡᄂᆞᆫ 覺支니(月釋2:37). ᄀᆞᆯᄒᆡ에코져 ᄒᆞ노니(月釋2:74). 여듧 각시를 ᄀᆞᆯᄒᆡ샤(月釋8:91). 내 너를 爲ᄒᆞ야 ᄀᆞᆯᄒᆡ야 보오리라(月釋21:183). 法 ᄀᆞᆯᄒᆡᇙ 누니 ᄃᆞ외샨:爲擇法眼(楞解1:30). 모로매 決ᄒᆞ야 ᄀᆞᆯᄒᆡ욤디니라:須決擇也(楞解1:82). 決ᄒᆞ야 ᄀᆞᆯᄒᆡ에 ᄒᆞ시니라:令決擇(楞解2:34). ᄀᆞᆯᄒᆡ야 ᄇᆞᆯ기시니:辯明(楞解3:69). ᄆᆞᅀᆞ매 잇비 ᄀᆞᆯᄒᆡ샤미니:勤心辯析(楞解10:68). 세흔 權과 實와ᄅᆞᆯ 마초아 ᄀᆞᆯᄒᆡ요미오:三權實對辨(圓覺上一之一2). 應化佛을 ᄀᆞᆯᄒᆡᅀᆞ오미라(圓覺上一之一64). 거우루는 고ᄋᆞ며 골업스며 됴ᄒᆞ며 구주믈 어루 ᄀᆞᆯᄒᆡᄂᆞ니(圓覺上一之二13). 五性 ᄀᆞᆯᄒᆡ샴 ᄌᆞᆫ디 아니ᄒᆞ니(圓覺下一之一53). ᄒᆞ마 한 筌을 ᄀᆞᆯᄒᆡ며:已採群筌(圓覺下三之二102). 漢朝 ᄌᆞ조 將軍을 ᄀᆞᆯᄒᆡ시ᄂᆞ니:漢朝頻選將(重杜解5:52). 英秀 ᄀᆞᆯᄒᆡ요ᄆᆞᆯ:擢秀(初杜解8:31). 누니 ᄀᆞᆯᄒᆡ나:辨眼(初杜解16:17). 微妙히 ᄀᆞᆯᄒᆡ요ᄆᆞᆫ(初杜解20:45). 눈 알ᄑᆡ 브텨 보내욜 거슨 므슷 거슬 ᄀᆞᆯᄒᆡ리오:眼前所寄選何物(初杜解21:18). 桂樹를 ᄀᆞᆯᄒᆡ오:擢桂(初杜解24:54). 프르며 누르닐 ᄀᆞᆯᄒᆡᄂᆞ니라:別青黃(金三4:21). ᄆᆞᆯ져제 ᄀᆞᆯᄒᆡ여:馬市裏揀(飜朴上63). ᄀᆞᆯᄒᆡ여 ᄇᆞ리며 머그며 호미:揀擇去取(飜小8:23). ᄀᆞᆯᄒᆡᆯ 별:別(類合上17). ᄀᆞᆯᄒᆡᆯ 튁:擇(類合下8). ᄀᆞᆯᄒᆡᆯ 션:選. ᄀᆞᆯᄒᆡᆯ 간:揀(類合下10). ᄀᆞᆯᄒᆡᆯ 변:辨(類合下8. 石千30). ᄀᆞᆯᄒᆡᆯ 륜:掄(類合下26). 각각 德을 ᄀᆞᆯᄒᆡ고:各擇德焉(宣小5:63). ᄉᆞ나ᄒᆡ와 간나ᄒᆡ ᄀᆞᆯᄒᆡ요미 이시며:男女有別(警民19). 날 ᄀᆞᆯᄒᆡ다:揀箇日子. ᄢᅢ ᄀᆞᆯᄒᆡ다:擇箇時候(譯解上64). 남진과 겨집이 ᄀᆞᆯᄒᆡ요미 이시며:夫婦有別(英小1:10). ᄡᅥ 그 ᄀᆞᆯᄒᆡ욤ᄋᆞᆯ 두터이 홈이니라(英小2:50). 其中의 나은 거ᄉᆞᆯ ᄀᆞᆯᄒᆡ여 가지시고(隣語). 우리도 公木을 ᄀᆞᆯᄒᆡ여 바드면 ᄒᆞᆫ가지ᄋᆞᆸ도쇠(重新語4:7). ᄋᆞ돌을 위ᄒᆞ여 스싱을 ᄀᆞᆯᄒᆡ시 사ᄅᆞᆷ이 입을 서귀여 공을 쳔거ᄒᆞᄂᆞ니(敬信39).

ᄀᆞᆯ·ᄒᆡ·디·ᄫᅵ 동 가리지마는. ☞-디ᄫᅵ ¶正定中에 受用ᄒᆞ논 法을 닐어 邪受에 ᄀᆞᆯᄒᆡ디ᄫᅵ 梵語三昧 이엣 마래 正受ㅣ라 호미 아니라(月釋18:68).

ᄀᆞᆯᄒᆡᄡᅳ·다 동 가리다. 분별(分別)하다. ☞ᄀᆞᆯᄒᆡ다 ¶大抵ᄒᆞᆫᄃᆡ 機 니주믄 이 부텨의 道ㅣ오 ᄀᆞᆯᄒᆡᄡᅮ믄 이 魔의 境界ㅣ라:大抵忘機是佛道分別是魔境(龜鑑上7). ᄉᆞ나ᄒᆡ와 겨집의 례예 ᄀᆞᆯᄒᆡᄡᅳ다 ᄒᆞ시니라:爲別於男女之禮矣(宣小4:35).

ᄀᆞᆯ·ᄒᆡ·욤 동 분별(分別)함. ㉮ᄀᆞᆯᄒᆡ다 ¶齒頭와 正齒왜 ᄀᆞᆯᄒᆡ요미 잇ᄂᆞ니(訓註14). 세흔 權과 實와ᄅᆞᆯ 마초아 ᄀᆞᆯᄒᆡ요미오:三權實對辨(圓覺上一之一2). 남진과 겨집이 ᄀᆞᆯᄒᆡ요미 이시며:夫婦有別(英小1:10). ᄡᅥ 그 ᄀᆞᆯᄒᆡ욤ᄋᆞᆯ 두터이 홈이니라(英小2:50).

ᄀᆞᆯ·ᄒᆡ·이시·니 동 가리어 내시니. ㉮ᄀᆞᆯᄒᆡ다 ☞-어시니 ¶하ᄂᆞᆯ히 ᄀᆞᆯᄒᆡ이시니:天方擇矣

(龍歌21章). 〔'ᄀᆞᆯᄒᆡ이시니'는 'ᄀᆞᆯᄒᆡ어시니'의 오기(誤記).〕

ᄀᆞᆯ·ᄒᆡ집·다 동 갈라내다. ¶ᄀᆞᆯᄒᆡ지버 알 씨라:識濫(月釋1:35). 오ᄂᆞᆯ나래 ᄒᆞᆫ ᄉᆞ리를 ᄀᆞᆯᄒᆡ지버 ᄒᆞ고 ᄂᆡ실나래 ᄒᆞᆫ ᄉᆞ리를 ᄀᆞᆯᄒᆡ지버 ᄒᆞ면:今日辨一理明日辨一理(飜小8:36). 后ㅣ ᄀᆞᆯᄒᆡ집어 理에 맛게 ᄒᆞ샤:后輒分解趣理(重內訓2:39).

ᄀᆞᆯᄒᆡᆺᄀᆞᆯᄒᆡᆺᄒᆞ다 형 분명하다. ¶便便:ᄀᆞᆯᄒᆡᆺᄀᆞᆯᄒᆡᆺᄒᆞᆫ 양이라(英小3:11).

·ᄀᆞᇌ·다 동 갉다. ¶ᄂᆞᆯ뒷 가ᄎᆞᆯ ᄀᆞᆯ가:刮生竹皮(救急上66). ᄒᆞᆫ 량 반을 웃거플 ᄀᆞᆯ가 앗고:一兩半刮去(救簡1:21). 프른 대 ᄉᆞ싯거플 ᄀᆞᆯ고니와:靑竹取茹(救簡1:81). 프른 대 ᄀᆞᆯ고니 반 량과:靑竹茹半兩(救簡2:115). 버믜 니어나 ᄲᅧ어나 ᄀᆞᆯ가 ᄒᆞᆫ 수를 머그라:刮虎牙若骨服方寸匕(救簡6:35).

ᄀᆞᇌ이다 동 갈기다. ¶모롬이 머리털을 딕어 즛ᄎᆞᆫ 거시 칼을 써 ᄀᆞᇌ인 ᄃᆞᆺᄒᆞ고:必須斫斷頭髮如用刀剪者(無冤錄3:36).

ᄀᆞᇌ쥬어리다 동 갉죽거리다. ¶사ᄅᆞᆷ ᄀᆞᇌ쥬어리다:索落人(譯解補56).

ᄀᆞᆲ 명 ①겹. ¶界ᄂᆞᆫ ᄀᆞᅀᅵ라 ᄒᆞ며 ᄀᆞᆯ비라 ᄒᆞᄂᆞᆫ 마리니(月釋1:32). 七寶 ᄀᆞᆯ비 分明ᄒᆞ고(月釋8:7). 다ᄉᆞᆺ ᄀᆞᆯ비 흐리니라:五疊渾濁(楞解4:81). 이 ᄀᆞ티 다ᄉᆞᆺ ᄀᆞᆯ빈:如是五重(楞解10:76). 세 ᄀᆞᆯ비 흘러 變ᄒᆞ야 千二百이 ᄃᆞ외니:流變三疊成千二百(法華6:26). 알핏 첫 ᄀᆞᆯᄫᆞᆯ 사기시니라:釋前初重(永嘉上68). 本과 末왓 다ᄉᆞᆺ ᄀᆞᆯᄫᆞᆯ ᄇᆞᆯ겨:明…本末五重(圓覺上一之一78). 다ᄉᆞᆺ ᄀᆞᆲ ᄌᆞᆫᄒᆞ니(圓覺上一之一78). 세찻 ᄀᆞᆯ배 니르디 몯ᄒᆞ니(圓覺上一之一84). ᄒᆞᆫ ᄀᆞᆲ을 ᄇᆞᅀᆞ텨:打一堵(救簡1:69).

②연륜(年輪). ¶ᄀᆞᆲ:木理(訓蒙叡山本下13理字註).

ᄀᆞᆲ 부 함께. 나란히. ¶도적이 머리ᄅᆞᆯ 버히고 ᄇᆡᄅᆞᆯ ᄠᅳ고 그 아ᄒᆡ조차 ᄀᆞᆲ 주기니라:賊斷頭刳腹並殺其兒(東新續三綱. 烈4:60 韓氏刳腹). 萬物이 ᄀᆞᆲ 育ᄒᆞ야 서르 害티 아니ᄒᆞ며 道ㅣ ᄀᆞᆲ 行ᄒᆞ야 서르 悖티 아니ᄒᆞ야:萬物竝育而不相害道竝行而不相悖(宣中栗53). 小人을 ᄒᆡ여곰 國家ᄅᆞᆯ ᄒᆞ면 菑害 ᄀᆞᆲ 至ᄒᆞᆯ디라:彼爲善之小人之使爲國家菑害倂至(宣大栗31).

·ᄀᆞᆲ·ᄀᆞᆲ히 부 겹겹이. ¶네짯 句ᄂᆞᆫ 師子ㅣ 一一 터럭 가온ᄃᆡ 다 師子ㅣ 나ᄐᆞ니 ᄒᆞᆫ 터럭 師子ㅣ 여러 터럭에 다 들며 여러 터럭 師子ㅣ ᄒᆞᆫ 터럭의 다 드러 ᄀᆞᆲᄀᆞᆲ히 서르 비취여 ᄒᆞ나콰 여러쾌 ᄀᆞᄅᆞᆷ 업서 두 面ㅅ 거우룻 像이 ᄀᆞᆲᄀᆞᆲ히 섯거 비취니 이 華嚴 事事ㅣ ᄀᆞᄅᆞᆷ 업슨 法界라(南明上75).

ᄀᆞᆲ노타 동 나란히 놓다. ¶棺槨은 棺을 ᄀᆞᆲ노하 합장ᄒᆞ단 말이라(女四解2:21).

ᄀᆞᆲ니ᄅᆞ다 동 함께 이르다. ☞ᄀᆞᆲ ¶精微學文은 窮理正心 ᄀᆞᆲ닐넌니(古時調. 張經世. 孔孟의. 沙村集).

ᄀᆞᆲ닛다 동 연결(連結)하다. ☞닛다 ¶ᄀᆞᆲ니을 련:聯(類合下54).

:ᄀᆞᆲ·다 동 함께 나란히 하다. 맞서서 겨주다. 가루다. ¶並書는 ᄀᆞᆯᄫᅡ쓸 씨라(訓註3). 能히 須彌ᄅᆞᆯ ᄀᆞᆯᄫᆞ며(月釋21:78). 天人 世間애 ᄀᆞᆯᄫᆞ리 업스샷다 ᄒᆞ더라(月釋21:222). 불셔 부텨의 ᄀᆞᆲ건마ᄅᆞᆫ:已侔佛(楞解1:36). ᄀᆞᆲᄉᆞ오리 업스샤미(法華2:17). 圓覺애 ᄀᆞᆲ디 몯ᄒᆞ니:不偕圓覺(圓覺序79). 智慧ᄅᆞ왼 匠도 엇게ᄅᆞᆯ ᄀᆞᆲ디 몯ᄒᆞ리로다:哲匠不比肩(杜解3:64). ᄒᆞᆫ 字도 빗난 별와 ᄀᆞᆲ도다:一字偕華星(杜解25:34).

※'ᄀᆞᆲ다'의 활용 ┌ ᄀᆞᆲ디/ᄀᆞᆲ건마ᄅᆞᆫ/ᄀᆞᆲ도다…
└ ᄀᆞᆯᄫᆞ며/ᄀᆞᆯᄫᆞ리/ᄀᆞᆯᄫᅡ…

ᄀᆞᆲ되다 동 겹치다. ¶등ᄆᆞᄅᆡ 서ᄅᆞ ᄀᆞᆲ된 고대 當케 ᄒᆞ니 닐온 바 辟領 八寸을 加ᄒᆞ다 ᄒᆞ거시이라(家禮9:7).

ᄀᆞᆲ션므지게 명 쌍무지개. ☞므지게 ¶ᄀᆞᆲ션므지게:虹橋(譯解上1).

ᄀᆞᆲ셰오다 동 나란히 세우다. ☞ᄀᆞᆲ다. 셰오다 ¶두 사ᄅᆞᆷ이 ᄆᆞᆯ을 ᄀᆞᆲ셰오고(武藝圖9).

ᄀᆞᆲ지다 동 함께 넘어지다. 아울러 넘어지다. ¶ᄀᆞᆲ지다:二人齊倒(漢淸4:50).

ᄀᆞᆲ피 명 갈피. 구역(區域). ¶어든 나라히 일만 ᄀᆞᆲ피오:萬區(十九史略1:3).

·ᄀᆞᆲ·ᄒᆞ·다 동 겹치다. ☞ᄀᆞᆯ포다 ¶百이 千에 ᄀᆞᆲᄒᆞ야 千二百이 이니:百疊千成千二百(楞解4:96). ᄒᆞ나히 열헤 ᄀᆞᆲ호ᄆᆞᆯ브터:自一疊十(楞解4:96). ᄆᆞᄅᆞᆯ ᄀᆞᆲᄒᆞ고 군 거ᄂᆞ리고:並馬率兵(東新續三綱. 忠1:88).

·ᄀᆞᆳ 명 겹의. ㉵ᄀᆞᆲ ¶세 ᄀᆞᆳ 甚히 기픈 詰難ᄋᆞᆯ 니ᄅᆞ와ᄃᆞ샤 末世옛 疑心을 사기시니:起三重甚深之難以消末世之疑(圓覺上一之二70).

ᄀᆞᆳ곳 명 갈꽃. 갈대꽃〔蘆花〕. ☞ᄀᆞᆳ곶 ¶고기 잡ᄂᆞᆫ 사ᄅᆞ미 ᄀᆞᆳ곳 ᄀᆞᅀᅢ 웃고 셧다:漁人笑立蘆花岸(南明上46).

ᄀᆞᆳ곶 명 갈꽃. 갈대꽃〔蘆花〕. ☞ᄀᆞᆳ곳 ¶ᄇᆞᆯᄀᆞᆫ ᄃᆞᆯ와 ᄀᆞᆳ고지 ᄒᆞᆫ 양ᄌᆞ앳 ᄀᆞᅀᆞᆯ히로다:明月蘆花一樣秋(金三4:29).

·ᄀᆞᆳ·닙 명 갈대잎. ☞ᄀᆞᆯ ¶ᄀᆞᆳ닙 ᄒᆞᆫ 줌을 믈 큰 ᄒᆞᆫ 되예 달혀:蘆葉一握剉水一大盞煎(救簡2:49).

·ᄀᆞᆳ대 명 갈대. ¶ᄀᆞᆳ대:蘆管(救簡1:59). 셕우황을 ᄀᆞᄂᆞ리 ᄀᆞ라 ᄀᆞᆳ대예 녀허:雄黃細研以蘆管(救簡1:84).

ᄀᆞᆳ움 명 갈대의 움. ¶믌ᄀᆞᅀᅵ 내왓ᄂᆞᆫ ᄀᆞᆳ우미 파라ᄒᆞ도다:渚秀蘆筍綠(重杜解6:52).

·ᄀᆞᆷ·다 동 감다〔閉〕. ☞감다 ¶눈ᄀᆞᄆᆞ며 ᄠᅳ메(月釋8:6). 누늘 ᄠᅳ거나 ᄀᆞᆷ거나 ᄒᆞ야도

(月釋8:8). 네 눈ᄀᆞ모ᄆᆞᆯ 當ᄒᆞ야:汝當閉眼(楞解1:59). ᄯᅩ ᄀᆞ모매:且合(楞解1:61). 눈ᄀᆞ마 어드운 ᄃᆡ 보ᄆᆞᆫ:閉眼見暗(楞解4:81). ᄒᆞ다가 ᄲᆞᆯ리 ᄀᆞᆷ게 ᄒᆞ면:若令急合(楞解4:118). 瞬ᄋᆞᆫ 눈ᄀᆞᄆᆞᆯ 씨오(楞解9:105). 눈ᄀᆞᆷ고 누워쇼미 열열ᄒᆞ리 남더니:閉目逾十旬(杜解10:25). ᄌᆞᆷ 오나ᄃᆞᆫ 눈ᄀᆞᆷᄂᆞ니라:睡來合眼(金三5:24). 눈ᄀᆞ모매 니르리:合眼(金三5:25). 눈ᄀᆞᆷ아 자디 아니ᄒᆞ고:目不交睫(東新續三綱. 孝6:81). 눈ᄀᆞᆷ다:閉眼(同文解上28. 漢淸7:40). ᄒᆞᆫ 방의 ᄃᆡ좌ᄒᆞ야 믈읫 삼쥬야ᄅᆞᆯ 눈을 ᄀᆞᆷ지 아닌ᄃᆡ(敬信27).

·ᄀᆞᆷ·다 동 감다(浴). ¶沐浴 ᄀᆞᆷ아 나니(月印上57). 沐浴 ᄀᆞ마 香 ᄇᆞᄅᆞ고(釋譜9:22). 므레 글혀 모욕 ᄀᆞᄆᆞ라:煮湯浴之(救簡1:104). ᄒᆞᆫ 디위 ᄀᆞᆷ고:洗了一會兒(飜朴上52). 머리 ᄀᆞᄆᆞᆯ 목:沐(訓蒙下11). 뫼욕 ᄀᆞᄆᆞᆫ 후의:沐然後(東新續三綱. 烈3:40). 머리 비ᄉᆞ며 ᄀᆞᆷ기ᄅᆞᆯ 아니ᄒᆞ고:不施櫛沐(東新續三綱. 孝4:90). 내 지아비 미양 머리ᄅᆞᆯ 목욕 ᄀᆞᆷ으면(女四解4:17). 아기네도 목욕 ᄀᆞᆷ습ᄂᆞᆫ가(癸丑1:109). ※ᄀᆞᆷ다>감다

ᄀᆞᆷ쟉ᄒᆞ다 동 깜작하다. 깜작이다. ☞ᄀᆞᆷ족ᄒᆞ다 ¶눈 ᄀᆞᆷ쟉ᄒᆞᆯ ᄉᆞ이에 ᄒᆞᆫ ᄀᆞ장 큰 금 빗치 鯉魚를 낙가 내니:瞓眼間釣出箇老大金色鯉魚(朴新解3:50).

ᄀᆞᆷ즉 부 깜짝. ¶슈고홈이 심의 샹ᄒᆞ면 ᄀᆞᆷ즉 놀라고:勞傷心怔忡驚悸(馬解上38).

ᄀᆞᆷᄌᆞ·기·다 동 깜작이다. ☞ᄀᆞᆷ족이다. ᄀᆞᆷ자기다 ¶뎡바기옛 光明이 업스며 누늘 ᄌᆞ조 ᄀᆞᆷᄌᆞ기며(月釋2:13). 눈 ᄀᆞᆷᄌᆞ길 슌:瞬(訓蒙下28). ※ᄀᆞᆷᄌᆞ기다>감자기다>깜작이다

ᄀᆞᆷ족·다 동 깜작이다. ☞ᄀᆞᆷᄌᆞ기다 ¶누늘 ᄀᆞᆷ족도 아니ᄒᆞ얫더니(釋譜11:16). ᄒᆞᆫ ᄆᆞᅀᆞᄆᆞ로 밤낫 닐웨ᄅᆞᆯ ᄀᆞᆷ족도 아니ᄒᆞ야 보ᅀᆞᄫᆞ시며(月釋1:52). 눈ᄍᆞᅀᆡ ᄀᆞᆷ족디 아니ᄒᆞ야:目睛不瞬(楞解2:15).

ᄀᆞᆷ족이다 동 깜작이다. ☞ᄀᆞᆷᄌᆞ기다. ᄀᆞᆷ족다 ¶눈 ᄀᆞᆷ족일 ᄉᆞ이예 니그리라:瞓眼熟了(朴解下44).

ᄀᆞᆷ족ᄒᆞ·다 동 깜작하다. 깜작이다. ☞ᄀᆞᆷ쟉ᄒᆞ다 ¶눈ᄀᆞᆷ족ᄒᆞᆯ ᄊᆞᅀᅵ 비 悅澤이 天下애 ᄀᆞᄃᆞᆨᄒᆞᄂᆞ니(月釋18:5). 눈ᄀᆞᆷ족ᄒᆞᆯ ᄉᆞᅀᅵ예 곧 디나가ᄂᆞᆫ ᄠᅳ디라(南明上23). 눈ᄀᆞᆷ족ᄒᆞᆯ ᄉᆞ이예 디나오니:瞥眼過(重杜解2:63). 얻거나 일커나 호미 눈ᄀᆞᆷ족ᄒᆞ며 숨쉴 ᄉᆞ이로소니:得失瞬息間(重杜解2:63).

ᄀᆞᆷ·초·다 동 감추다. ☞감초다. ᄀᆞ초다. ᄀᆞᆷ추다 ¶後에 나니ᄅᆞᆯ 곧 ᄀᆞᆷ초아 民間애 기르더니:後生者輒隱祕養於人間(宣賜內訓2下16). 아ᄃᆞ리 ᄒᆞ오사 ᄀᆞᆷ촌 줄 아니라:乃知男獨取之也(宣賜內訓3:39). ᄀᆞᆷ촐 도:韜(類合下39). 어딘 사ᄅᆞᆷ이 아ᅌᆞ게 노호옴ᄋᆞᆯ ᄀᆞᆷ초아 두디 아니ᄒᆞ며:仁人之於弟也不藏怒焉(宣小4:37). 칼ᄒᆞᆯ 음식 그ᄅᆞᄉᆡ ᄀᆞᆷ초아:隱刀食器(東新續三綱. 忠1:14). 보ᄇᆡ옛 거슬 만히 아모 ᄯᅡ히 ᄀᆞᆷ초앗다 ᄒᆞ고:寶物多藏某地(東新續三綱. 孝8:57). 눈믈을 ᄀᆞᆷ초고(癸丑98). 새 우러 제 모ᄆᆞᆯ ᄀᆞᆷ초ᄂᆞ니:鳥呼藏其身(重杜解7:24). ᄆᆞᄋᆞᆷ애 ᄀᆞᆷ초왓더니(女四解3:6). ᄀᆞᆷ초다:藏着(同文解上30). 옷 가혀 ᄀᆞᆷ초다:疊藏了(譯解上47). 들쥐 냥식 ᄀᆞᆷ촌 구무:野鼠藏食穴(漢淸1:40). ᄀᆞᆷ초다:藏躱(漢淸7:58). 구룸아 너ᄂᆞᆫ 어이 ᄒᆡᆺ비ᄎᆞᆯ ᄀᆞᆷ초ᄂᆞᆫ다(古時調. 靑丘). ᄀᆞᆷ촐 장:藏(註千2). ᄀᆞᆷ촐 암:厭(註千35).

ᄀᆞᆷ초이다 동 감추어지다. ¶고기 ᄀᆞᆷ초이디 몯ᄒᆞ고(女四解3:75). 슈족이 채 ᄀᆞᆷ초이디 못ᄒᆞ야(女範3. 문녀 노검누쳐).

ᄀᆞᆷ추다 동 감추다. ☞ᄀᆞᆷ초다 ¶ᄀᆞᆷ출 장:藏(倭解下3).

ᄀᆞᆷ치다 동 감치다. ¶ᄀᆞᆷ치다:緝(漢淸11:26).

ᄀᆞᆸᄀᆞᆸᄒᆞ다 형 갑갑하다. ¶긔운이 올라 ᄀᆞᆸᄀᆞᆸᄒᆞ고:上氣急(痘要上57). 이런 절박히 민망ᄀᆞᆸᄀᆞᆸᄒᆞᆫ 이리 어듸 이시리(諺簡70 仁宣王后諺簡).

ᄀᆞᆸ누르·다 동 가위누르다. ¶烏蘇慢ᄋᆞᆫ ᄀᆞᆸ누르다 ᄒᆞᆫ ᄠᅳ디니 이 鳩槃茶ㅣ니 ᄌᆞ오롬 神靈이라(釋譜3:p.114).

ᄀᆞᆸ·다 동 괴다(溜). 잠기다. ☞갑히다. ᄀᆞ오다 ¶耶輸ㅣ 드르신대 믈 ᄀᆞᆸ고 蓮이 프니(月印上22). ᄌᆞᆷ자싫 제 風流ㅣ ᄀᆞᄬᅡᄉᆞᆸ더니(月印上43). ('ᄀᆞᄬᅡᄉᆞᆸ더니'의 'ᄀᆞᄬᅡ'는 'ᄀᆞᆸ다' 활용형으로 짐작되나 'ᄫ' 아닌 'ᄬᅡ'인 점은 알 수 없음. '괴다'의 뜻으로 여기서는 '미만(瀰漫)하다'의 뜻.) ᄒᆞᆫ 머리 자거늘 ᄒᆞᆫ 머리 ᄀᆞᄬᅡ 이샤 됴ᄒᆞᆫ 곶 머거 ᄂᆞᆷ을 爲ᄒᆞ니 두 머리 ᄀᆞᄬᅡ 이셔 ᄒᆞᆫ 머릴 자라 ᄒᆞ야 모딘 곶 먹고 저도 주그니(月印上49). ᄇᆞᄅᆞ미 아니 닐면 믈 담굟 거시 업스릴ᄊᆡ 風輪이 닐어늘 므리 디니 風輪에 담겨 므리 ᄀᆞᄬᅢᆺ더니라(月釋1:39).

ᄀᆞᆸ작도이 부 갑자기. 갑작스레. ¶ᄇᆡᆨ셩이 ᄀᆞᆸ작도이 주그리 이시면(家禮5:3).

ᄀᆞᇫ 명 가(邊). ☞ᄀᆞ. ᄀᆞᇧ ¶그지 업스며 ᄀᆞᇫ 업스니(釋譜19:4). 岸은 ᄀᆞᅀᅵ라(月釋序26). 네 ᄀᆞᇫ 버텽길헤(月釋7:64). ᄀᆞᇫ 업슨 사ᄅᆞ미(月釋13:41). ᄀᆞᇫ 업시 저지고져 ᄒᆞ시니라(月釋18:38). 恒河水ㅅ ᄀᆞᅀᅢ 가 믈 머겨비 안ᄒᆞᆯ 싯겨지이다(月釋23:90). 稱讚ᄒᆞ리 ᄀᆞᇫ 업스며:稱讚者無邊(金剛序5). 生死애 흘러 ᄀᆞᅀᅵ 업소니:際(金剛後序10). 諸佛ㅅ ᄀᆞᅀᅢ 조ᄒᆞᆫ ᄇᆞᆯᄀᆞᆫ ᄆᆞᅀᆞᆷ:諸佛勝淨明心(牧牛訣20). 武皇ᄋᆡ ᄀᆞᇫ 여ᄂᆞᆫ ᄠᅳ든 마디 아니ᄒᆞ시놋다:武皇開邊意未已(重杜解4:2). 悠悠히 ᄀᆞᇫ 먼 ᄃᆡ 비취옛ᄂᆞ니:悠悠照塞遠(初杜解

15:52). 長安은 어느 ᄀᆞᆺ고:長安若箇畔(初杜解24:51). ᄀᆞᆺ 석:塞. ᄀᆞᆺ 계:界(訓蒙上6). ᄀᆞᆺ 변:邊(訓蒙中7. 類合上2). ᄀᆞᆺ 비:鄙(訓蒙中7). ᄀᆞᆺ 제:際(類合下49). 즉재 뎌 ᄀᆞ새 건너리라 ᄒᆞ시다:即度彼岸(龜鑑下42). ※ᄀᆞᆺ>ᄀᆞᇫ>ᄀᆞ>가

ᄀᆞᆺ [부] 겨우. 갓. 처음. 방금. ¶그듸 精舍 지수려 터흘 ᄀᆞᆺ 始作ᄒᆞ야 되어늘(釋譜6:35). 나못가지 ᄀᆞᆺ 자바시늘(月釋2:36). ᄀᆞᆺ 글 비혼 혀근 사ᄅᆞᄆᆡ 마ᄅᆞᆯ(三綱. 朱雲折檻). ᄀᆞᆺ 아로미:纔有覺(楞解1:74). ᄀᆞᆺ 눈두베 므거븐 둘 아라든:纔覺眼皮重(蒙法2). ᄀᆞᆺ 챗 그리메 보고:纔見鞭影(圓覺序58). ᄀᆞᆺ 百日이러시니(宣賜內訓2下17). 興心이 다ᄋᆞ니 ᄀᆞᆺ 닶가오미 업더니:興盡纔無悶(杜解3:14). ᄒᆞᆫ 믌겨리 ᄀᆞᆺ 뮈면:一波纔動(金三4:24). ᄀᆞᆺ 기론 므레:新汲水(救簡1:37). 내 앗가 ᄀᆞᆺ ᄡᆞᆯ 밧고라 갓다니:我恰纔糴米去來(飜老上45). 올히 ᄀᆞᆺ 열여스신 숟간나희라:今年纔十六歲的女孩兒(飜朴上45). 엇디 ᄀᆞᆺ 여긔 오뇨:怎麼纔到的這裏(老解上1). 또 엇디 이 즈음에아 ᄀᆞᆺ 온다:却怎麼這時間纔來到(老解下3). ᄀᆞᆺ:剛纔(譯解下48). 魯肅이 ᄀᆞᆺ ᄧᅵ치다(三譯5:9). 자 나믄 보라매를 엇그제 ᄀᆞᆺ 손 ᄲᅧ혀(古時調. 靑丘).

ᄀᆞᆺ- [접두] 갓-. ¶ᄀᆞᆺ쉰이 져믈가마ᄂᆞᆫ 간 ᄃᆡ마다 술을 보고(古時調. 鄭澈).

-ᄀᆞᆺ [접미] -껏. ¶一萬二千峯의 ᄆᆞ음ᄀᆞᆺ 소사올나(萬憤歌).

ᄀᆞᆺ·가 [동] 가빠하여. ㉠ᄀᆞᆺ다 ¶사ᄅᆞ미 이제 ᄀᆞᆺ가 病ᄒᆞ고 버미 하도다:人今罷病虎縱橫(初杜解3:34).

ᄀᆞᆺ·가ᄒᆞ·다 [동] 가빠하다. 겨워하다. 힘들어하다. ☞ᄀᆞᆺ다 ¶뎌른 나래 ᄀᆞᆺ가ᄒᆞ다니:倦日短(初杜解9:14). 디나ᄃᆞᆫ뇨매 俗人ᄋᆡ 양ᄌᆞ애 ᄀᆞᆺ가ᄒᆞ다니:經過倦俗態(初杜解15:4). 漂然히 사오나이 노로매 ᄀᆞᆺ가타니:漂然薄遊倦(初杜解16:4). ᄀᆞᆺ가티 아니ᄒᆞᄂᆞ니:不倦(初杜解22:13). 地境이 내 ᄯᅡ히 아닐시 樓에 올오ᄆᆞᆯ ᄀᆞᆺ가ᄒᆞ노라:境非吾土倦登樓(初杜解23:46). 蓐收ㅣ 일호ᄆᆞᆯ ᄀᆞᆺ가ᄒᆞ고:蓐收困用事(初杜解25:5). 기텟ᄂᆞᆫ 사ᄅᆞ미 진실로 ᄀᆞᆺ가ᄒᆞ놋다:遺人實困疲(初杜解25:36). ᄀᆞᆺ가ᄒᆞᄂᆞᆫ ᄃᆡ란 믈 머기디 말라:勞困裏休飮水(飜老上24).

ᄀᆞᆺ갑다 [형] 가깝다. ☞갓갑다 ¶ᄀᆞᆺ가오되 가기 먼 길:路覺遠(漢淸9:24). ᄀᆞᆺ가온 곳:近處(漢淸9:24). 집 ᄀᆞᆺ가온 곳에 됴흔 밧 슈쳔 묘ᄅᆞᆯ 사 두어(五倫4:50).

ᄀᆞᆺ·갯·다 [동] 가빠했다. 힘겨워했다. ㉠ᄀᆞᆺ다 ¶西京은 온 번 사호매 ᄀᆞᆺ갯고:西京疲百戰(初杜解10:9).

ᄀᆞᆺ고굳다 [형] 갖고 굳다. ¶ᄀᆞᆺ고구들 완:完(類合下62).

ᄀᆞᆺ·고·다 [동] 가쁘게 하다. 괴롭게 하다. ☞ᄀᆞᆺ다 ¶筋骨ᄋᆞᆯ 몬져 ᄀᆞᆺ고샤:先勞筋骨(龍歌114章). 이 菩薩ᄋᆞᆯ ᄀᆞᆺ고아 오래 劫數 디내야 度脫ᄋᆞᆯ 짓게 ᄒᆞᄂᆞ니(月釋21:117).

ᄀᆞᆺ·고·샤 [동] 가쁘게 하시어. 괴롭게 하시어. ㉠ᄀᆞᆺ고다 ¶筋骨ᄋᆞᆯ 몬져 ᄀᆞᆺ고샤:先勞筋骨(龍歌114章).

ᄀᆞᆺ곰 [부] 가끔. ☞ᄀᆞᆺ금 ¶우리도 ᄀᆞᆺ곰 밧고아 ᄀᆞᆺ곰 먹으니:我也旋糴旋喫裏(老解上48). 내 날호여 ᄀᆞᆺ곰 ᄀᆡ걸ᄒᆞ마:我慢慢的旋指分(朴解下13). ᄀᆞᆺ곰 사 ᄀᆞᆺ곰 먹다:旋買旋喫(譯解下53).

ᄀᆞᆺ곱다 [형] 피곤스럽다. ¶ᄀᆞᆺ곱고 더옥 셜다(普勸文31).

ᄀᆞᆺ금 [부] 가끔. ☞ᄀᆞᆺ곰 ¶ᄀᆞᆺ금 후비(后妃)의 말을 미미히 말ᄉᆞᆷᄒᆞ셔(閑中錄326).

ᄀᆞᆺ·기·다 [동] 가쁘게 하다. 애쓰게 하다. 괴롭히다. ☞ᄀᆞᆺ다 ¶后ㅣ 겨신 저긔 內政ᄋᆞᆯ ᄒᆞ나토 帝ᄭᅴ ᄀᆞᆺ기시디 아니ᄒᆞ샤:后在時內政一不以煩帝(宣賜內訓2下65). 사ᄅᆞᄆᆞᆯ ᄀᆞᆺ기며 ᄆᆞᄅᆞᆯ 害ᄒᆞ야:勞人害馬(初杜解15:21).

ᄀᆞᆺᄀᆞ며 [동] 가빠하며. ㉠ᄀᆞᆺ다 ¶ᄆᆞᄋᆞᄆᆞᆯ ᄀᆞᆺᄀᆞ며 ᄉᆞ랑호ᄆᆞᆯ 글탈하 四方ᄋᆞᆯ 기우시ᄂᆞ니라:勞心焦思補四方(重杜解3:60).

ᄀᆞᆺᄀᆞ지 [부] ①깨끗이. ☞ᄲᆡᄀᆞ지 ¶믄득 ᄀᆞᆺᄀᆞ지 ᄒᆞ야:便著精彩(蒙法2). ᄒᆞ다가 昏沉과 雜念괘 잇거든 져기 ᄀᆞᆺᄀᆞ지 ᄒᆞ야:或有昏沉掉擧着些精彩(蒙法36). ᄲᆞᆯ리 ᄀᆞᆺᄀᆞ지 ᄒᆞ야:急着精彩(蒙法68). 모로매 ᄆᆡ이 ᄀᆞᆺᄀᆞ지 ᄒᆞ다:須是猛著精彩(法語11).
②낭랑(琅琅)히. (소리가) 맑고 아름답게. ¶이틋날 아ᄎᆞᄆᆡ 소리 점점 ᄀᆞᆺᄀᆞ지 나리라:明朝聲響漸琅琅(救簡2:88).

ᄀᆞᆺᄀᆞᆺ [부] 가지가지로. ¶진휼쳥 낭관이 그 ᄉᆞᆯ찌고 여위기를 보고 그 브즈런ᄒᆞ고 게으르기를 ᄉᆞᆯ펴 잘못ᄒᆞᄂᆞᆫ 고직이와 잘못ᄒᆞᄂᆞᆫ 젓어미ᄂᆞᆫ ᄀᆞᆺᄀᆞᆺ 경칙ᄒᆞ오되:該廳郎官審其肥瘠察其勤慢不善饋粥之庫直不善飼乳之女人這這警責白乎矣(字恤8).

ᄀᆞᆺᄀᆞᆺ거·든 [형] 맑고 깨끗하거든. 맑고 깨끗하면. ㉠ᄀᆞᆺᄀᆞᆺ다 ¶누니 ᄀᆞᆺᄀᆞᆺ거든 또 안자:眼頭淸明又去坐(蒙法3).

ᄀᆞᆺᄀᆞᆺ·다 [형] 맑고 깨끗하다. ☞ᄀᆞᆺᄀᆞᆺᄒᆞ다. 깃깃다 ¶淸은 ᄀᆞᆺᄀᆞᆺᄋᆞᆯ 씨오(釋譜24:20). 두서 열 거르믈 거러 누니 ᄀᆞᆺᄀᆞᆺ거든:行數十步眼頭淸明(蒙法3). 리려기 ᄀᆞᆺᄀᆞᆺ디 아니ᄒᆞ면:來歷不明時(飜老上51).

ᄀᆞᆺᄀᆞᆺ·ᄒᆞ·다 [형] 맑고 깨끗하다. ☞ᄀᆞᆺᄀᆞᆺ다. 깃깃다 ¶淸風ᄋᆞᆫ ᄆᆞᆰ고 ᄀᆞᆺᄀᆞᆺᄒᆞᆫ ᄇᆞᄅᆞ미라(月釋8:8). ᄀᆞᅀᆞᆳ 비치 正히 ᄀᆞᆺᄀᆞᆺᄒᆞ도다:秋色正蕭灑(初杜解6:1). ᄌᆞ연히 ᄆᆞᅀᆞ미 ᄀᆞᆺᄀᆞᆺᄒᆞ리니:自然心凉(救簡3:27). 사ᄅᆞ미 ᄀᆞᆺᄀᆞᆺᄒᆞ나

ᄒᆞ리나 다 일티 아녀 사괴야:淸濁無所失(飜小6:14).

ᄀᆞᆺ나·다 동 갓나다. ¶ 晬ᄋᆞᆫ 돌ᄀᆡ알히 이러 ᄀᆞᆺ낤 젯 우루미라(蒙法44). 아히 ᄀᆞᆺ난 나래(牧牛訣12). 小女ᄂᆞᆫ ᄀᆞᆺ난 가ᄉᆞ나ᄒᆡ라(七大14). ᄀᆞᆺ난 벌에ᄅᆞᆯ 죽이디 아니ᄒᆞ며:啓蟄不殺(宣小4:42). ᄀᆞᆺ나며 단졍ᄒᆞ고 팀등ᄒᆞ야(女範3. 뎡녀 눌양ᄉᆞ여).

·**ᄀᆞᆺ난아·ᄒᆡ** 명 갓난아이. ¶ 赤子ᄂᆞᆫ ᄀᆞᆺ난아ᄒᆡ라(楞解9:68). ᄀᆞᆺ난아ᄒᆡ(金三4:54).

ᄀᆞᆺ·다 동 끊다. ¶ 牛頭栴檀 種種 香木ᄋᆞᆯ ᄀᆞ사 오라(月釋10:13). 羅漢ᄃᆞᆯ히 彈指ᄒᆞᇙ ᄉᆞᅀᅵ예 바ᄅᆞ래 가아 香木 ᄀᆞ사 즉자히 도라오나ᄂᆞᆯ(月釋10:13).

ᄀᆞᆺ·다 동 가빠하다. 괴로워하다. 애쓰다. ☞ᄀᆞᆺ가ᄒᆞ다 ¶ 그 ᄆᆞ리 ᄀᆞᆺ디 아니ᄒᆞ며(月釋1:28). 더욱 제 ᄀᆞᆺᄀᆞᆯ ᄡᆞ니언뎡:秪益自勞(楞解2:70). 브즈러니 ᄀᆞᆺᄀᆞ며 分別ᄒᆞ야 두려호미:勤勞憂懼(宣賜內訓3:24). 사ᄅᆞ미 이제 ᄀᆞᆺ가 病ᄒᆞ고 버미 하도다:人今罷病虎縱橫(初杜解3:34). 西京은 온 번 사호매 ᄀᆞᆺ갯고:西京疲百戰(初杜解10:9). 俗人ᄋᆡ 양ᄌᆞ애 ᄀᆞᆺ가ᄒᆞ다니:倦俗態(初杜解15:4). 漂然히 사오나이 노로매 ᄀᆞᆺ가타니:漂然薄遊倦(初杜解16:4). 믈 기르며 방하 디호ᄆᆞᆯ ᄀᆞᆺ노니:疲井臼(初杜解20:45). ᄀᆞᆺ고ᄆᆞᆯ 모ᄅᆞ시ᄂᆞ니:不知倦(初杜解23:15). 羽林 서르 ᄀᆞᆺ놋다:羽林相摩戛(重杜解2:34). ᄆᆞᄋᆞᄆᆞᆯ ᄀᆞᆺᄀᆞ며 ᄉᆞ랑호ᄆᆞᆯ 글탈하 四方ᄋᆞᆯ 기우시ᄂᆞ니라:勞心焦思補四方(重杜解3:60).

※'ᄀᆞᆺ다'의 활용 ┌ ᄀᆞᆺ디/ᄀᆞᆺ노니/ᄀᆞᆺ놋다…
└ ᄀᆞᆺᄀᆞ며/ᄀᆞᆺᄀᆞᆫ/ᄀᆞᆺᄀᆞᆯ/ᄀᆞᆺ고…

ᄀᆞᆺ다 형 같다. ☞ᄀᆞᆮ다. ᄀᆞᆮᄒᆞ다 ¶ ᄀᆞᆺ고:如(修行章30). ᄀᆞᆯ 셧ᄂᆞᆫ 두듨 ᄀᆞᅀᆞᆯ 믈 ᄀᆞᆺ고 松門ᄋᆞᆫ 그리미 ᄀᆞᆺ도다:荻岸如秋水松門似畫圖(重杜解11:42). 내 ᄠᅳᆮ과 ᄀᆞᆺ다:我意同(老解上10). 杭州 치ᄂᆞᆫ ᄡᅵ 놀히 ᄀᆞᆺ고:杭州的經緯相等(老解下23). 댱단이 ᄀᆞᆺ디 아니ᄒᆞ야:長短不等(老解下55). 이 ᄒᆞᆫ가지 ᄀᆞᆺᄐᆞ니ᄂᆞᆫ ᄡᅵ 놀히 ᄀᆞᆺ디 아니ᄒᆞ고:似這一等經緯不等(老解下56). ᄀᆞᆺ게 傳書ᄒᆞᆫ 글월:似本(譯解上11). 맛치 ᄀᆞᆺ다:恰似(譯解補53). 머리ᄂᆞᆫ 구룸 ᄀᆞᆺ고(明皇1:35). 샹이 ᄉᆞ랑ᄒᆞ시미 혜비 ᄀᆞᆺ더니(明皇1:36). 실 ᄀᆞᆺᄌᆞ오신 긔운의 샹소ᄅᆞᆯ 보ᄋᆞᆸ시고(癸丑10). 만시 뜻과 ᄀᆞᆺ고(敬信8).

ᄀᆞᆺ·다 형 갖다. 구비되어 있다. ☞ᄀᆞᆽ다 ¶ 兪羅國 婆羅門 迦葉이 三十二相이 ᄀᆞᆺ고 글도 만히 알며(釋譜6:12). 三十二相 八十種好ㅣ ᄀᆞᆺ더시니(釋譜6:17). 諸根이 ᄀᆞᆺ디 몯ᄒᆞ야(釋譜9:6). ᄒᆞ마 ᄀᆞᆺ거신마ᄅᆞᆫ(釋譜13:63). 舍利ㅅ 비치 五色이 ᄀᆞᆺ더시다(釋譜23:51). 六根이 ᄀᆞᆺᄂᆞ니(月釋2:21之2). 三聚戒ᄅᆞᆯ ᄀᆞᆺ게 호리라(月釋9:16). 功德이 ᄀᆞᆺ거늘 寶藏ᄋᆞᆯ 몰라(月釋9:22). 이제 불ᄒᆞᆯ ᄉᆞᄅᆞ샤 모미 ᄀᆞᆺ디 몯거시다 ᄒᆞ더니(月釋18:42). 五無間이 ᄀᆞᆺᄂᆞ니라:具五無間(楞解8:110). 됴호미 ᄀᆞᆺ돗 ᄒᆞ니:美具備(法華2:100). 處와 界와 諸有엣 有漏ᄒᆞᆫ 法이 ᄀᆞᆺ거든:具足處界諸有有漏之法(圓覺上二之二125). 그 그리 절로 나ᄐᆞ니 四弘이 ᄀᆞᆺ도다:其文自顯四弘備矣(圓覺下一之一6). 無生忍이 ᄀᆞᆺ게 ᄒᆞᄂᆞ니:具無生忍(圓覺下一之一10). 忠과 義왜 ᄀᆞᆺ도다:忠義俱(初杜解8:21). 뎡바깃門애 누니 ᄀᆞᆺ다 홀디니라:爲頂門具眼(金三2:13). 네짯 句ᄂᆞᆫ 法이 ᄀᆞᆺ디 아니ᄒᆞ니 업슬 시라(南明下27). 혹 ᄀᆞᆺ디 안임이 잇거든:或有不備(宣小6:90).

ᄀᆞᆺ득 부 가뜩. 가뜩이나. ☞갓득에. ᄀᆞᆺ득의 ¶ ᄀᆞᆺ득 怒ᄒᆞᆫ 고래 뉘라셔 놀내관대(松江. 關東別曲). ᄀᆞᆺ득 ᄃᆞᆯ 불근 밤의 草蟲聲은 무ᄉᆞ 일고 님이 못 오거든(古時調. 古歌).

ᄀᆞᆺ득의 부 가뜩이나. ☞ᄀᆞᆺ득. ᄀᆞᆺ득이 ¶ ᄀᆞᆺ득의 차변된 님 길 즈다고 아니 올셰(古時調. ᄇᆞ람아. 槿樂).

ᄀᆞᆺ득이 부 가뜩이나. ¶ ᄀᆞᆺ득이 저는 나귀 채 주어 모지 마라(古時調. 古歌). ᄀᆞᆺ득이 허튼 근심 눈물의 져젓세라(萬言詞).

ᄀᆞᆺ바ᄅᆞ·다 형 똑바르다. ¶ 입과 눈과 ᄀᆞᆺ바ᄅᆞ거든:口眼準正(救簡1:20).

ᄀᆞᆺ바ᄒᆞ다 동 가빠하다. 고단해하다. ¶ 늘근 나해 歲時예 ᄃᆞᆫ녀 ᄀᆞᆺ바ᄒᆞ노라:衰年歲時倦(重杜解1:24). ᄀᆞᆺ바ᄒᆞᆯ 제란 믈 머기디 말고:勞困裏休飮水(老解上22).

ᄀᆞᆺ·봄 형 가쁨. 고단함. ㉮ᄀᆞᆺᄇᆞ다 ¶ 모ᄆᆡ ᄀᆞᆺᄇᆞᄆᆞᆯ 아노라:覺身勞(初杜解8:58).

ᄀᆞᆺ:부·다 형 가쁘다. 고단하다. ☞ᄀᆞᆺᄇᆞ다 ¶ 네 나모ᄒᆞ며 믈 길이예 ᄀᆞᆺ부ᄆᆞᆯ 돕노니:助汝薪水之勞(宣小6:85). ᄀᆞᆺ부다:疲了(同文解上27). ᄀᆞᆺ부다:乏. 절로 ᄀᆞᆺ부다:覺疲. 극히 ᄀᆞᆺ부다:乏透了(漢淸7:38).

ᄀᆞᆺ브·다 형 가쁘다. 고단하다. ☞ᄀᆞᆺᄇᆞ다 ¶ ᄯᅩ해 ᄀᆞᆺ브게 말오:亦勿苦勞之(救簡1:60). ᄀᆞᆺ블 피:疲(石千17). ᄀᆞᆺ바도 메왓디 말며:勞毋袒(宣小3:10). ᄇᆡᆨ셩이 ᄀᆞᆺ브면 ᄉᆡᆼ각ᄒᆞᄂᆞ니:民勞則思(宣小4:44). 비록 ᄀᆞᆺ바 고로온 ᄃᆞᆺᄒᆞ나:雖似勞苦(警民11). ᄀᆞᆺ블 곤:困(註千25). ᄀᆞᆺ블 번:煩(註千25). ᄀᆞᆺ블 로:勞(註千29). 아니 ᄇᆡ골프며 ᄀᆞᆺ브니잇가(女範2. 현녀 초장번희).

ᄀᆞᆺ·비 부 가쁘게. 고단하게. ¶ 너희 머리셔 ᄀᆞᆺ비 오니(釋譜23:41). 種種ᄋᆞ로 ᄀᆞᆺ비 ᄒᆞ야도:種種疲勞(圓覺下三之一42). 朝夕에 ᄀᆞᆺ비 ᄃᆞᆫ녀 그 罪ᄅᆞᆯ 救ᄒᆞ거ᄂᆞᆯ:朝夕勤勞以救其罪(宣賜內訓3:23). 使者ㅣ ᄒᆞᆫ갓 ᄀᆞᆺ비 萬里예셔 도라오ᄂᆞ다:使者徒勞萬里廻(杜解

5:23). ᄆᆞᅀᆞᄆᆞᆫ 져ᄆᆞᆫ 제브터 ᄀᆞᆺ비 ᄒᆞ노라:心從弱歲疲(初杜解16:8). ※ᄀᆞᆺ비>가뻬

ᄀᆞᆺ비다 [동] 가쁘게 하다. ¶사ᄅᆞᄆᆞᆯ ᄀᆞᆺ비며 ᄆᆞᄅᆞᆯ 害ᄒᆞ야 翠眉ᄅᆞᆯ 爲ᄒᆞ야 어더 오ᄂᆞᆺ다:勞人害馬翠眉須(重杜解15:21).

ᄀᆞᆺᄇᆞ·다 [형] 가쁘다. 고단하다. ☞ᄀᆞᆺ부다. ᄀᆞᆺ브다 ¶즉자히 도로 니저 ᄀᆞᆺᄇᆞᆯ ᄡᅳ니니(釋譜6:11). 우리ᄃᆞᆯ히 至極 ᄀᆞᆺᄇᆞ며 ᄯᅩ 두리ᄫᅥ(月釋14:76). ᄀᆞᆺ봄 업ᄉᆞᆫ ᄃᆞᆯ(月釋14:79). 내 ᄌᆞᆼ내 ᄀᆞᆺ보미 업서:終不疲厭(法華3:41). ᄆᆞᅀᆞ미 ᄒᆞ다가 잇버 ᄀᆞᆺᄇᆞ거든:心若疲倦(圓覺下一之一62). 모ᄆᆡ ᄀᆞᆺ보ᄆᆞᆯ 아노라:覺身勞(初杜解8:58). 畦丁이 ᄀᆞᆺᄇᆞ며 受苦ᄅᆞ외요ᄆᆞᆯ 닐오ᄃᆡ:畦丁告勞苦(初杜解16:71). 옷 디호ᄆᆞᆯ ᄀᆞᆺᄇᆞ다 엇데 말리오:寧辭擣衣倦(初杜解25:17). ᄒᆞᆫ갓 제 ᄀᆞᆺᄇᆞ니:徒自疲(南明上39). ᄀᆞᆺᄇᆞ거든 곧 겨르로이 ᄌᆞ올오:困卽閑眠(南明上59). ᄀᆞᆺᄇᆞᆯ 로:勞(類合下7). ᄀᆞᆺᄇᆞᆯ 피:疲(類合下44. 石千17). ᄀᆞᆺᄇᆞᆯ 권:倦(類合下46). 人生ᄋᆞᆯ ᄀᆞᆺᄇᆞ게 호미 ᄒᆞᆫ 이레 ᄆᆡ엿ᄂᆞ니:勞生繫一物(重杜解2:13). 甚히 슈고롭고 ᄀᆞᆺᄇᆞ나:雖甚勞勸(重內訓1:39). ᄇᆡ 골ᄑᆞ며 ᄀᆞᆺᄇᆞ니잇가:飢倦(重內訓2:19). ※ᄀᆞᆺᄇᆞ다>가쁘다

ᄀᆞᆺᄇᆞᆯ·기 [명] 갓 밝이. 여명(黎明). 평명(平明). ☞ᄀᆞᆫᄇᆞᆯ기 ¶ᄀᆞᆺᄇᆞᆯ기예 나귀 타 나:平明跨驢出(初杜解8:32). 虢國ㅅ 夫人이 님굼 恩惠ᄅᆞᆯ 닙ᄉᆞ와 ᄀᆞᆺᄇᆞᆯ기예 ᄆᆞᆯ 타 宮門으로 드ᄂᆞᆺ다:虢國夫人承主恩平明上馬入宮門(初杜解24:10). 한설날 ᄀᆞᆺᄇᆞᆯ기예:大歲日平旦(簡辟18).

ᄀᆞᆺ초 [부] 갖추. 두루 갖추어. ☞가초. ᄀᆞ초 ¶간고ᄒᆞ기ᄅᆞᆯ ᄀᆞᆺ초 디내니 싀한 미셩이 엄ᄒᆞ니(女範4. 녈녀 샤시졀).

ᄀᆞᆺ초다 [동] 갖추다. ☞ᄀᆞ초다 ¶돗과 댱을 ᄇᆞᆯ셔 ᄀᆞᆺ초왓거ᄂᆞᆯ:堂中帷帳已滿(太平1:25). 百人의 食을 ᄀᆞᆺ초ᄃᆡ(女四解4:54).

ᄀᆞᆺ치 [부] 같이. ☞ᄀᆞ티 ¶임의 그ᄃᆡ 삭인 바와 ᄀᆞᆺ치 맛친이라 ᄒᆞ더니(敬信42).

-ᄀᆞᆺ치 [조] -같이. ☞-ᄀᆞ티 ¶사ᄅᆞᆷ의 어드믈 보매 내 어듬ᄀᆞᆺ치 ᄒᆞ며(敬信2). 놈으로 삼긴 즁에 벗ᄀᆞᆺ치 有信ᄒᆞ랴(古時調. 靑丘).

ᄀᆞᆺ트다 [형] 같다. ☞ᄀᆞᆺᄐᆞ다 ¶이 ᄀᆞᆺ튼 ᄒᆞᆫ 뵈 ᄂᆞᆫ ᄡᅵ ᄂᆞᆯ히 다 ᄀᆞᆺᄐᆞ여:似這一箇布經緯都一般(老解下56). 샹과 벌을 반듯시 밋비 홈을 한을 ᄀᆞᆺ트며 ᄯᅡᄀᆞᆺ티 ᄒᆞ여야:賞罰必信如天如地(三略上18). 이 ᄀᆞᆺ튼 무릿 죄 어늬 ᄣᅢ예 가히 뉘웃츠랴(敬信22).

ᄀᆞᆺ티 [부] 같이. ☞ᄀᆞ티. ᄀᆞᆺ치 ¶젼법과 ᄀᆞᆺ티 ᄒᆞ야 ᄆᆞ츠라(武藝圖56).

-ᄀᆞᆺ티 [조] -같이. ☞-ᄀᆞ치. -ᄀᆞ티. -ᄀᆞᆺ치 ¶놈으로 삼긴 등의 벗ᄀᆞᆺ티 有信ᄒᆞ랴(古時調. 鄭澈. 松江). 한을 ᄀᆞᆺ트며 ᄯᅡᄀᆞᆺ티 ᄒᆞ여야:如天如地(三略上18).

ᄀᆞᆺᄐᆞ·다 [형] 같다. ☞ᄀᆞᄐᆞ다. ᄀᆞᆺ트다 ¶飮食 ᄀᆞᆺᄐᆞᆫ 類에도 밥과 ᄀᆡᆼ으란 다시 더음을 許ᄒᆞ고:如飮食之類飯羹許更益(宣小6:5). ᄡᅵ ᄂᆞᆯ히 다 ᄀᆞᆺᄐᆞ여:經緯都一般(老解下56). 듕셩도이 간ᄒᆞ시기 이 ᄀᆞᆺᄐᆞ시더라(女範1. 셩후 당문덕후). 이 ᄀᆞᆺᄐᆞᆫ 재 잇거든 곳 편의로 시힝ᄒᆞ믈 허ᄒᆞ야(敬信19).

ᄀᆞᆺᄐᆞ시더라 [형] 같으시더라. ㉮ᄀᆞᆺᄐᆞ다 ¶듕셩도이 간ᄒᆞ시기 이 ᄀᆞᆺᄐᆞ시더라(女範1. 셩후 당문덕후).

ᄀᆞᆺᄐᆞ여 [형] 같아서. ㉮ᄀᆞᆺᄐᆞ다 ¶방 속의 향긔 난사 ᄀᆞᆺᄐᆞ여 ᄃᆞᆯ이 넘도록 흣터지디 아니ᄒᆞ니(女範4. 녈녀 졀부뉴시).

ᄀᆞᆺᄐᆞᆫ [형] 같은. ㉮ᄀᆞᆺᄐᆞ다 ¶옥 ᄀᆞᆺᄐᆞᆫ 여흘은 깁 편 ᄃᆞᆺ 흘러 잇다(曺友仁. 梅湖別曲).

ᄀᆞᆺ흐다 [형] 같다. ☞ᄀᆞᆺᄒᆞ다 ¶春紬 ᄀᆞᆺ흔 사:春紗(漢淸10:58).

ᄀᆞᆺᄒᆞ다 [동] 가에 서다. ¶두던늘 ᄀᆞᆺᄒᆞ야 우다가 인ᄒᆞ야 므릐 ᄡᅡ뎌 주그니라:並岸號哭仍投水死(東新續三綱. 烈1:86).

:ᄀᆞᆺᄒᆞ·다 [동] 한계(限界)로 하다. ¶하ᄂᆞᆯ홀 ᄀᆞᆺᄒᆞ야:界天(初杜解7:10). 碣石山애 ᄀᆞᆺᄒᆞ니:際碣石(初杜解21:36).

ᄀᆞᆺᄒᆞ·다 [형] 같다. ☞ᄀᆞᆫ다. ᄀᆞᆺ다 ¶普眼이 ᄀᆞᆺᄒᆞᆫ 念 니ᄅᆞ와ᄃᆞ시니(南明上73). 급ᄒᆞᆫ 우릐 ᄀᆞᆺᄒᆞ니(武藝圖19). 션악의 보응이 그림ᄌᆡ 형상을 ᄯᆞᄅᆞᆷ ᄀᆞᆺᄒᆞᆫ지라(敬信1).

:ᄀᆞᇫ [명] 가〔邊〕. ☞ᄀᆞᆺ ¶漆沮 ᄀᆞᅀᆡᆺ 움흘:漆沮陶穴(龍歌5章). 東海ㅅ ᄀᆞᅀᅵ:東海之濱(龍歌6章). ᄀᆞᄅᆞᇝ ᄀᆞᇫ 아니 말이샤:不禁江沙(龍歌68章). 뎌녁 ᄀᆞᅀᆡ 건나가샤(釋譜13:4). 邊은 ᄀᆞᅀᅵ라(月釋1:1). ᄃᆞᆯᄀᆡ 소리 서르 들여 ᄒᆞᆫ ᄀᆞᅀᆡ 니ᅀᅥᆺ고(月釋1:51). 際ᄂᆞᆫ ᄀᆞᅀᅵ라(月釋21:18). ᄀᆞᅀᆞᆫ 實로 옮디 아니호ᄃᆡ:岸實不移(圓覺序56). 淸淨ᄒᆞ야 ᄀᆞᅀᅵ 업스며:淸淨無際(蒙法46). 四方ㅅ ᄀᆞᅀᅵ 無事커늘:方垂無事(宣賜內訓2上57). 芙蓉 져고맛 苑이 ᄀᆞᅀᆡᆺ 시르메 드렛도다:芙蓉小苑入邊愁(初杜解6:9). 먼 ᄀᆞᅀᆡ 봆 비치 改變ᄒᆞᄂᆞ다:絶域改春華(初杜解7:15). 술밥 ᄀᆞᅀᆡ셔:酒食傍(初杜解7:26). 곳 ᄀᆞᅀᆡ ᄃᆞᆫ뇨ᄆᆞᆯ 내 날호야 호라:花邊行自遲(初杜解9:23). 奇異ᄒᆞᆫ 고지 먼 ᄀᆞᅀᆡ셔 프더니:異花開絶域(初杜解15:8). 네 ᄀᆞᅀᆡ다가 두려뇨:置汝傍(初杜解25:27). 날마다 ᄒᆡ 東녁 ᄀᆞᅀᆞᆯ 조차 나고:日從東畔出(南明下22).

ᄀᆞᇫ·애 [명] 가위. ☞ᄀᆞᅀᆡ ¶치운 젯 오ᄉᆞᆯ 곧마다 ᄀᆞᇫ애와 자콰로 지소ᄆᆞᆯ 뵈아ᄂᆞ니:寒衣處處催刀尺(初杜解10:33).

:ᄀᆞᇫ:업·다 [형] 가없다. ¶卜年이 ᄀᆞᇫ업스시니:卜年無疆(龍歌125章). 光明도 하시나 ᄀᆞᇫ업스실ᄊᆡ(月印上10). 快樂이 ᄀᆞᇫ업스니

(月印上45). 光明도 하시니 ᄀᆞᇫ업스실씨(月釋2:45). 虛空이 ᄀᆞᇫ업서:虛空無有邊際(金剛27). ᄀᆞᇫ업숨 ᄌᆞᆫ ᄒᆞ니라:無邊際也(金剛27). ᄀᆞᇫ업슬씨(金剛145). ᄀᆞᇫ업슨 젼ᄎᆞ로(牧牛訣19).

ᄀᆞᆼ잉 명 강잉(强仍). 마지 못하여 그대로 함. ¶마지 못ᄒᆞ야 밧고 ᄀᆞᆼ잉ᄒᆞ야 치ᄉᆞᄒᆞ거ᄂᆞᆯ(引鳳簫3).

ᄀᆞᆽ·다 형 갖다. 구비되어 있다. ☞ᄀᆞᆽ다 ¶聰明ᄒᆞ고 神足이 ᄀᆞᄌᆞ니(釋譜6:22). 定과 慧왜 ᄀᆞ자(釋譜13:21). 禮法이 ᄀᆞᄌᆞ며 님그미 恭敬ᄒᆞ시며(月釋2:23). 菩薩ㅅ 相好ㅣ 다 ᄀᆞᄌᆞ시며(月釋2:26). 德이 다 ᄀᆞᄌᆞ실씨 圓滿이라 ᄒᆞ니라(月釋2:53). ᄒᆡᆼ뎌기 이어긔 다ᄃᆞ라 ᄀᆞᄌᆞ니라(月釋2:61). 四寶ㅣ ᄀᆞᄌᆞ니(月釋7:57). 어버ᅀᅵ 몯 ᄀᆞᄌᆞᆫ 子息은 어딘 이ᄅᆞᆯ ᄇᆡ호ᄃᆡ 몯ᄒᆞᆯ씨(月釋8:97). 八解脫이 ᄀᆞ조니(月釋10:26). 사ᄅᆞ미 비록 本來 ᄀᆞᄌᆞ나:人雖本具(楞解3:111). ᄀᆞ조미 序에 버륨 ᄌᆞᆫᄒᆞᆯ씨:具如序曆(法華序12). 歎과 願과 둘히 일씨 ᄀᆞᄌᆞᆫ 목수미라(法華2:176). ᄆᆞᅀᆞ미 便安ᄒᆞ야 ᄀᆞ조이다:心安具足(法華4:190). 닐오ᄃᆡ 本來 一切 佛德 ᄀᆞ조ᄆᆞ로 悟 삼고:若云本具一切佛德爲悟(圓覺上一之一116). 비록 여슷 成就 ᄀᆞᄌᆞ나:雖具六成就(圓覺上一之二24). 大願이 性이 本來 ᄀᆞ존디라:大願性本具之(圓覺下一之一62). 聖人ㅅ ᄀᆞᄌᆞ샨 功德에 니르리라:乃至聖人所具功德(圓覺下三之一62). 力量이 오ᄋᆞᆯ며 ᄀᆞ자:力量全備(蒙法46). 禮와 義왜 ᄀᆞᄌᆞ리라:禮義備(宣賜內訓1:20). 이 ᄠᅳ디 ᄀᆞ졸뎬(南明上7). ᄀᆞᄌᆞᆯ 구:具. ᄀᆞᄌᆞᆯ 비:備(類合上9). ᄀᆞᄌᆞᆯ ᄒᆡ:該(類合下57). ᄀᆞ존 구:具(光千34). 소임이 ᄀᆞᄌᆞ면 ᄀᆞ옴이 ᄌᆞᆫᄂᆞ니라:官備則具備(宣小2:25). 튱신과 효ᄌᆞ과 녈시 ᄀᆞ잣다 닐러시니:忠臣孝子烈士俱云(東新續三綱. 孝6:37). 이도곤 ᄀᆞ존 ᄃᆡ 또 어듸 잇ᄃᆞᆫ 말고(松江. 關東別曲).
※ᄀᆞᆽ다>갖다

ᄀᆡ 명 개〔狗〕. ☞가히. 개 ¶이 가튼 계집은 ᄀᆡ와 돗과 시랑이니라(女四解3:13). 헌 먼덕 수기 스고 측 업슨 집신에 설피설피 물너오니 風彩 저근 形容애 ᄀᆡ 즈칠 쑨이로다(蘆溪. 陋巷詞). 임ᄌᆞ 안여 즛ᄂᆞᆫ ᄀᆡ를 ᄭᅮ즈져 무어 ᄒᆞ리(萬言詞). 시비의 ᄀᆡ 즈즈니 날를 노흘 관문인가(萬言詞).

ᄀᆡ 명 개〔浦〕. ☞개 ¶ᄀᆡ 포:浦(兒學上4).

:ᄀᆡ·가 명 개가(改嫁). ¶남진이 죽어도 ᄀᆡ가 아니 ᄒᆞᄂᆞ니라:夫死不嫁(宣小2:48). 늘그매 니ᄅᆞ도록 ᄀᆡ가 아니 ᄒᆞ니라:至老不嫁(東新續三綱. 烈1:9). 改嫁 아니ᄒᆞ고 守節ᄒᆞ기ᄂᆞᆫ 쉽지 아니ᄒᆞ기의(隣語1:18).

ᄀᆡ가이다 동 개개다. ☞ᄀᆡ개이다 ¶ᄀᆡ가여버서지다:碾傷(漢淸8:14).

:ᄀᆡ:가:ᄒᆞ·다 동 개가(改嫁)하다. ¶그 어미 쟝ᄎᆞᆺ 改嫁호려 ᄒᆞ더니:其母將改嫁之(宣小4:36). 그 降服은 ᄀᆡ嫁ᄒᆞᆫ 母ㅣ며(家禮6:17). 지아비ᄅᆞᆯ ᄇᆡ반ᄒᆞ면 杖 一百ᄒᆞ고 因ᄒᆞ야 改嫁ᄒᆞ면 絞ᄒᆞ고(警民3). ᄀᆡ가ᄒᆞᆯ ᄯᅳᆺ이(五倫1:7). 진평의 안ᄒᆡ 다셧 번 ᄀᆡ가ᄒᆞ여 ᄆᆞᄎᆞᆷ내 지샹 부인이 되니(落泉1:2)

ᄀᆡ간 명 개간(開刊). ¶진ᄌᆞ 판본을 ᄀᆡ간ᄒᆞ여 일부 경뎐이 되오니(敬信序1). 그 ᄎᆡᆨ은 아직 開刊을 몯 ᄒᆞ오매(隣語1:16).

ᄀᆡ개이다 동 개개다. ¶ᄒᆞᆫ 지위 서ᄂᆞᆯ이 ᄒᆞ여 도라오고 그저 ᄉᆞ러여 사ᄅᆞᆷ의게 ᄀᆡ개이지 말라:涼快一會兒回來不要只管磨人了(朴新解3:2).

:ᄀᆡ:과 명 개과(改過). ¶五年을 改過 몯 ᄒᆞ야:五年罔悛(龍歌12章).

ᄀᆡ과쳔션ᄒᆞ다 동 개과천선(改過遷善)하다. ¶부모ᄭᅴ 간ᄒᆞ여 ᄀᆡ과쳔션케 ᄒᆞᄂᆞᆫ ᄒᆞᆫ 큰 일이니라(敬信80).

:ᄀᆡ:과ᄒᆞ·다 동 개과(改過)하다. 허물을 고치다. ¶王이 改過ᄒᆞ샤 政事ᄅᆞᆯ 브즈러니 ᄒᆞ시니라(宣賜內訓2上21). ᄀᆡ과ᄒᆞ든 일을 아오로 ᄲᅧ셔(敬信40).

ᄀᆡ구리 명 개구리. ☞개고리. 개골이 ¶ᄀᆡ구리 와:鼃(兒學上8).

ᄀᆡ구리밥 명 개구리밥. 부평초(浮萍草). ¶ᄀᆡ구리밥:浮萍草(方藥26).

ᄀᆡ·국신 명 개국신(開國臣). 개국 공신(開國功臣). ¶開國臣을 할어늘 救ᄒᆞ야 사ᄅᆞ시니(龍歌104章).

ᄀᆡ·국ᄒᆞ·다 동 개국(開國)하다. ¶開國ᄒᆞ더신 나리 괴외ᄒᆞ도소니(初杜解6:25).

ᄀᆡᄀᆡ 부 꾀꼬리의 울음소리. ¶황잉은 ᄀᆡᄀᆡᄒᆞ고 ᄇᆡᆨ셔리 영영 울 ᄯᅵ(思鄕曲).

ᄀᆡ다 동 개다. ☞개다 ¶ᄀᆡᆯ 쳥:晴(兒學下1).

ᄀᆡ도ᄒᆞ다 동 개도(開導)하다. ¶ᄇᆡᆨ셩을 ᄀᆡ도ᄒᆞ야:其於導民(警民序3).

ᄀᆡ·독ᄒᆞ·다 동 개독(開櫝)하다. ¶죠셔 ᄀᆡ독ᄒᆞ라 가노라:開詔去(飜朴上8).

ᄀᆡ동ᄇᆡᆨ 명 개동백나무. ¶ᄀᆡ동ᄇᆡᆨ:狗骨(柳氏物名四 木).

ᄀᆡ둘리다 동 휘둘리다. ¶놈의손ᄃᆡ 둘릴셰라 外 두렷 內 번듯ᄒᆞ면 ᄀᆡ둘릴 줄 이시랴(古時調. 넙엿ᄒᆞ쟈 ᄒᆞ니. 青丘).

ᄀᆡ랑ᄒᆞ다 형 개랑(開朗)하다. ¶이 공덕으로 ᄲᅧ 일됴의 심디 ᄀᆡ랑ᄒᆞ야(敬信45).

·ᄀᆡ·래 명 가래. ¶ᄀᆡ래 츄:楸(訓蒙上11).

ᄀᆡ마 명 가마솥. ¶몬져 출우케 딥ᄒᆞᆯ ᄀᆡ마예 므르녹게 달힌 후에:先以糯稈於鍋中濃煎(救荒8).

ᄀᆡ명ᄒᆞ·다 동 개명(開明)하다. ¶聖賢ㅅ 學을 講論ᄒᆞ야 ᄆᆞᅀᆞᄆᆞᆯ 開明케 ᄒᆞ야ᅀᅡ(宣賜內

訓2下58). 비록 ᄀᆡ명코져 ᄒᆞ야도 득디 몯ᄒᆞ리라:雖欲開明不可得矣(飜小6:12). 經義齋예ᄂᆞᆫ 氣質이 ᄀᆡ명ᄒᆞ고:經義齋者擇疏通(飜小9:10). 그 지질와 디식이 ᄀᆡ명ᄒᆞ고:材識明(飜小9:14).

ᄀᆡ발ᄒᆞ다 동 개발(開發)하다. ¶그 사ᄅᆞᆷ의 셩경을 감동ᄒᆞ야 ᄀᆡ발케 ᄒᆞ기예:其於感發人之性情(警民41).

ᄀᆡ버들 명 갯버들. ☞개버들. 개ㅅ버들 ¶ᄀᆡ버들 양:楊(兒學上6).

:ᄀᆡ:변 명 개변(改變). ¶眞金은 眞如ㅣ 改變 아니 호미니(圓覺上一之二178). 眞心ᄋᆞᆫ 虛空 곧ᄒᆞ야 아ᄃᆞ기 아니ᄒᆞ며 改變 아니ᄒᆞᆯ시(牧牛訣1).

:ᄀᆡ:변·ᄒᆞ·다 동 개변(改變)하다. ¶如는 샹녜 곧호ᄆᆞᆯ 니ᄅᆞ니 改變ᄒᆞ야 밧곰 업수믈 表호미니(圓覺上一之二111). ᄆᆞᄅᆞ맷 城이 改變ᄒᆞᄂᆞᆫ 양ᄌᆞᄅᆞᆯ 머것ᄂᆞ니(初杜解14:6). 비록 거믄 머리 改變호미아 슬프나 筋力이 바ᄃᆞ라오ᄆᆞᆯ 시름 아니 ᄒᆞ노니(重杜解9:3).

ᄀᆡ복ᄒᆞ다 동 개복(改服)하다. 옷을 갈아입다. ¶목욕 ᄀᆡ복ᄒᆞ고:沐浴改服(東新續三綱. 烈2:45).

ᄀᆡ셜ᄒᆞ다 동 개설(開設)하다. ¶嗟嘆ᄒᆞ야 布施호ᄆᆞᆯ 開設ᄒᆞᄂᆞ다(重杜解9:28).

ᄀᆡ셜ᄒᆞ다 동 개설(開說)하다. 설명하다. ¶ᄂᆞᆺ빗ᄎᆞᆯ 화히 ᄒᆞ야 ᄀᆡ셜ᄒᆞ야 플며:和顏開解(警民34).

ᄀᆡ찜 명 개찜. ¶ᄃᆞᆰ찜 ᄀᆡ찜 오려 點心(古時調. 金光煜. 崔行首. 靑丘).

ᄀᆡ야지 명 버들개지. ¶버드나무 ᄀᆡ야지 픠이 그 ᄀᆡ야지 여름이 되랴(古時調. 樂府).

ᄀᆡ약고 명 가얏고. ¶ᄀᆡ약고 슬:瑟(倭解上43). 거문고 ᄀᆡ약고(古時調. 寒松亭. 靑丘).

ᄀᆡ얌 명 개암. ¶ᄀᆡ얌:榛(方藥41).

ᄀᆡ얌 명 개미. ¶ᄀᆡ얌 벌게과(龜鑑下60).

:ᄀᆡ·역 명 개역(改易). ¶ᄆᆞᅀᆞ몬 改易 업스며 바ᄅᆞᆯ와 뫼히 올모ᄃᆡ ᄠᅳ든 옮디 아니ᄒᆞ야(永嘉下78). 便安ᄒᆞ며 어려우매 改易 아니 ᄒᆞ샤미라(圓覺上一之二84).

:ᄀᆡ·역ᄒᆞ·다 동 개역(改易)하다. ¶일홈 둔 ᄌᆞ를 여러 번 ᄀᆡ역홈 ᄌᆞᆫ톤 이리:重易押字(宣小5:62).

ᄀᆡ유ᄒᆞ다 동 개유(開諭)하다. ¶다시옴 ᄀᆡ유ᄒᆞ오샤(癸丑28). 文穆을 ᄀᆡ유ᄒᆞ야(女四解4:41). ᄀᆡ유ᄒᆞ다:曉誘(同文解上24). 남을 ᄀᆡ유ᄒᆞ야 다톰과 송ᄉᆞᄅᆞᆯ 말녀 그치며(敬信63). 의리로 ᄀᆡ유ᄒᆞ여(五倫2:37).

ᄀᆡᄋᆞ미 명 개미. ¶ᄀᆡᄋᆞ미 의:螘(兒學上8).

ᄀᆡᅀᅵ 명 가위. ¶剪刀卽交刀也 俗名 ᄀᆡᅀᅵ(東韓).

ᄀᆡ자ᄒᆞ다 형 개제(愷悌)하다. 준수(俊秀)하다. ☞ᄀᆡᄌᆞᄒᆞ다 ¶ᄀᆡ자ᄒᆞ다:俊美(同文解上17). 얼골 ᄀᆡ자ᄒᆞ고(古時調. 高臺廣室. 靑丘). 그 장ᄒᆞᆫ 포부와 ᄀᆡ자ᄒᆞᆫ 인물로 일즉 도라가니(閑中錄372).

ᄀᆡ장 명 개장(改葬). ¶朋友ᄅᆞᆯ 爲ᄒᆞ며 改葬을 爲ᄒᆞ며(家禮6:28).

ᄀᆡ장 부 가장. ☞ᄀᆞ장 ¶나죄 볏 ᄢᅬ고 밤의 긔운이 소사 빗치 검고 맛이 ᄆᆡ온 ᄒᆞᆰ이 ᄀᆡ장 아ᄅᆞᆷ답고:晝曝陽夜潮氣色黑味釅者最佳(煮硝方1).

ᄀᆡᄌᆞᄒᆞ다 형 개제(愷悌)하다. 준수(俊秀)하다. ☞ᄀᆡ자ᄒᆞ다 ¶ᄀᆡᄌᆞᄒᆞ다:麗(漢淸6:2).

ᄀᆡ창 명 개창(開創). ¶高帝ㅣ 洪基ᄅᆞᆯ 草莽ᄒᆞ셔 ᄀᆡ창ᄒᆞ실시(女四解4:7).

ᄀᆡ천 명 개천. ☞ᄀᆞ천 ¶ᄀᆡ천 거:渠(石千32. 倭解上9). ᄀᆡ천ᄀᆞ치 내내 ᄉᆞ랑(古時調. ᄉᆞ랑 ᄉᆞ랑. 靑丘). ᄀᆡ천:溝(同文解上8). ᄀᆡ천:大溝(漢淸9:76). ᄀᆡ천에 ᄡᅥ러뎌:落渠(無寃錄3:10). ᄀᆡ천 거:渠(兒學上3).

ᄀᆡ취ᄒᆞ다 동 개취(改娶)하다. 재취(再娶)하다. ¶妻ㅣ 주거셔 ᄀᆡ취ᄒᆞ여셔도 ᄯᅩ ᄒᆞᆫ가지니(家禮6:27).

ᄀᆡ탹 명 개착(改着). 개의(改衣). ¶심규 ᄋᆞ녀지 남복을 ᄀᆡ탹ᄒᆞ고(洛城2).

ᄀᆡ·텩·ᄒᆞ·다 동 개척(開拓)하다. ¶四境을 開拓ᄒᆞ샤:開拓四境(龍歌53章).

ᄀᆡ통 명 개통(開通). ¶ᄆᆞᅀᆞ매 開通ᄋᆞᆯ 得ᄒᆞ야 將來 末法中엣 모ᄃᆞᆫ 修行ᄒᆞ릴 傳ᄒᆞ야 뵈야(楞解10:89).

ᄀᆡ통ᄒᆞ·다 동 개통(開通)하다. ¶다ᄅᆞᆫ 자최ᄅᆞᆯ ᄡᅳ러 ᄇᆞ리니 모로기 心地 다 開通케 ᄒᆞ도다(金三3:54).

ᄀᆡ혀쇠 명 정은(丁銀). 품질이 낮은 은(銀). ¶俗稱丁銀大片曰 ᄀᆡ혀쇠 其小稱 바독쇠(東韓).

ᄀᆡ활ᄒᆞ다 형 개활(開豁)하다. ¶왕시 닌ᄋᆞ의 문당이 이 ᄀᆞᆮᄒᆞ니 날노 ᄒᆞ야곰 흉당의 ᄀᆡ활ᄒᆞ야 손이 춤 츄이고(落泉3:7).

ᄀᆡᆨ 명 보습. ¶ᄀᆡᆨ 루:耬(訓蒙中17).

·ᄀᆡᆨ 명 객(客). 손. 나그네. ¶제 너교ᄃᆡ 客ᄋᆞ로 와 일ᄒᆞᄂᆞᆫ 賤人이로라 ᄒᆞ더니:客은 손이라(月釋13:25). 客이 그 便을 得ᄒᆞᄂᆞ니(楞解9:48). 客은 本性 아닐시니 本性은 이 主人이오 妄念은 이 客이라(圓覺下二之一19). 그 ᄢᅴ ᄒᆞᆫ 客이 나모 사거ᄂᆞᆯ:時有一客買柴(六祖上3). 客이 거두워 니거ᄂᆞᆯ:客收去(六祖上3). 客은 指 賈至ᄒᆞ다(初杜解6:6). 客이 悅티 아니ᄒᆞ야 ᄌᆞ오ᄃᆡ(宣孟4:29). 먼딧 客이 ᄃᆞ외니:作遠客(重杜解1:50). ᄀᆡᆨ이 만일 하딕고 가거든:客如辭去(女四解2:33). ᄀᆡᆨ이 이셔 감응편으로 ᄲᅥ 주어 왈(敬信41).

ᄀᆡᆨ거ᄒᆞ다 동 객거(客居)하다. ¶ᄀᆡᆨ거ᄒᆞᆯ 제 데군젼의 비러 음즐문을 힘ᄡᅥ 힝홈을 원ᄒᆞ엿더니(敬信48). 임의 ᄀᆡᆨ거ᄒᆞ야시니 데 어

이 ᄉᆞ양ᄒᆞ리오(引鳳簫2).

ᄀᆡᆨ관 명 객관(客館). ¶ᄀᆡᆨ관(太平1:26).

ᄀᆡᆨᄀᆡ 명 객기(客氣). ¶믈읫 탐음 ᄀᆡᆨᄀᆡ와 망녕된 ᄉᆡᆼ각 모든 잡념 잇ᄂᆞᆫ 거ᄉᆞᆯ(敬信37).

ᄀᆡᆨ기 부 각기(各其). ¶ᄀᆡᆨ기 분발하신 후의(春香傳259).

·**ᄀᆡᆨ:뎜** 명 객점(客店). 여관. ¶客店에 가게 호니:使令送至客店(六祖上3).

ᄀᆡᆨ드롬 동 객증(客症) 들림. 앓던 병 끝에 딴 병이 생김. ¶이 몸 ᄀᆡᆨ드로미 처엄브터 이러ᄒᆞᆯ가(古時調. 鄭澈. 松江).

ᄀᆡᆨ박히 부 각박히. ¶어버이ᄅᆞᆯ 셤기매 복비ᄒᆞ고 ᄯᅩ ᄀᆡᆨ박히 사ᄅᆞᆷ을 의론ᄒᆞ야(敬信51).

·**ᄀᆡᆨ:샤** 명 객사(客舍). ¶그 證이 客舍ㅣ어나 시혹 驛이어나 오래 사ᄅᆞᆷ 업슨 ᄎᆞᆫ 房의 자다가(救急上21). ᄀᆡᆨ샤와 역을 반ᄃᆞ시 더 ᄭᅮᆷ이며:館傳必增飾(宣小6:113). 咸陽ㅅ 客舍에 ᄒᆞᆫ 일도 업거늘:咸陽客舍一事無(重杜解11:39). ᄀᆡᆨ샤:官舍(同文解上39).

ᄀᆡᆨᄉᆞ 명 객사(客舍). ☞ᄀᆡᆨ샤 ¶ᄀᆡᆨᄉᆞ 관:館(兒學上9).

·**ᄀᆡᆨ:오ᄒᆞ·다** 동 객오(客忤)하다. 어린애가 갑자기 복통을 일으켜 죽다. ¶믄득 客忤ᄒᆞ야 믄득 주그니 ᄌᆞᆫᄒᆞ닐 고툐ᄃᆡ:治卒客忤有似卒死(救急上16).

ᄀᆡᆨ인 명 객인(客人). 손. ¶나ᄂᆞᆫ 下戶연마ᄂᆞᆫ 客人을 위ᄒᆞ여 고지시기 잔마다 다 먹고(重新語3:13). 샹공이 셜워 우리 ᄀᆡᆨ인을 청ᄒᆞ여(落泉1:2).

·**ᄀᆡᆨ·ᄌᆞ** 명 객자(客子). 나그네. ¶客子ㅣ 녯 지블 ᄉᆞ랑호니:客子念故宅(初杜解6:53).

ᄀᆡᆨ회 명 객회(客懷). ¶ᄃᆞᆯ이 明朗ᄒᆞᆫ 양을 보면 凄凉ᄒᆞ여 客懷가 더ᄒᆞ외(隣語2:2). 쥬과로ᄡᅥ ᄀᆡᆨ회ᄅᆞᆯ 잘 위로ᄒᆞ면 쇼년 남ᄌᆡ 감격ᄒᆞ리니(落泉2:5).

ᄀᆡᆺᄀᆡᆺ다 동 깨닫다. ¶ᄀᆡᆺᄀᆡᆺ 셩:惺(類合下37).

ᄀᆡᆺᄀᆡᆺ다 형 깨끗하다. ☞ᄀᆞᆺᄀᆞᆺ다. ᄀᆞᆺᄀᆞᆺᄒᆞ다 ¶ᄀᆡᆺᄀᆡᆺ다:精彩(語錄12).

:**ᄀᆡᆼ** 명 갱(羹). 국. ¶竹筍 두어 줄기 나거늘 가져다가 羹 ᄆᆡᆼᄀᆞ라 이바ᄃᆞ니(三綱. 孝16). 더운 羹과 고기ᄅᆞᆯ 머그면(救急上80). 밥 머글 제 羹을 고ᄅᆞ거ᄂᆞᆯ 구지저 말여 닐오ᄃᆡ(宣賜內訓3:33). ᄃᆞᆯᄀᆡ민가빗 닙 ᄒᆞᆫ 근을 ᄀᆞᄂᆞᆯ에 사ᄒᆞ라 쟝국의 ᄃᆞᆯ혀 ᄀᆡᆼ ᄆᆡᆼᄀᆞ라 머그라:雞腸菜一斤細切以豉汁煮作羹食之(救簡3:85). ᄂᆞᄆᆞᆯ ᄀᆡᆼ도 먹디 아니ᄒᆞ며:不茹蔬歡羹(續三綱. 烈14). ᄀᆡᆼ과 고기와 두 가짓 거슬 ᄀᆞ초아 아니 ᄒᆞ고(飜小10:28). ᄀᆡᆼ ᄀᆡᆼ:羹(訓蒙中21). ᄀᆡᆼ ᄀᆡᆼ:羹(類合上30). ᄀᆡᆼ과 고기ᄅᆞᆯ(宣小6:126). ᄒᆞᆫ 簞와 食와 ᄒᆞᆫ 豆ㅅ 羹을 得ᄒᆞ면(宣孟11:26). 아비 병 드러 쟈ᄅᆞ ᄀᆡᆼ을 먹고져 ᄒᆞ거늘:父病欲啗鱉羹(東新續三綱. 孝5:15). ᄑᆞ른 시내햇 거스로 ᄆᆡᆼᄀᆞ론 羹ᄋᆞᆫ 곳다온 미나리로다(重杜解15:7). ᄉᆡᆼ션이며 麪이며 편이며 羹이며 뫼를(家禮7:2). ᄀᆡᆼ:羹(家禮圖22). ᄀᆡᆼ을 재촉ᄒᆞ야 상을 마ᄌᆞ며(洛城2).

ᄀᆡᆼᄀᆡ 명 국그릇. ¶ᄀᆡᆼᄀᆡ:梪(物譜 酒食).

ᄀᆡᆼ:미 명 갱미(秔米. 粳米). 멥쌀. ¶粳米 나ᄃᆡ 한 됴ᄒᆞᆫ 마시 다 ᄀᆞᆺ더니(月釋1:43). 겨는 癡使ㅣ오 粳米는 種種法 니ᄅᆞ샤미니(圓覺上一之二178).

ᄀᆡᆼ반 명 갱반(羹飯). 국과 밥. ¶ᄀᆡᆼ반을 ᄃᆡ령ᄒᆞ여(閑中錄46).

ᄀᆡᆼㅅ거리 명 국 건더기. ¶羹ㅅ거리ᄅᆞᆯ 후려 먹디 말며(宣賜內訓1:3).

ᄀᆡᆼ션ᄒᆞ·다 형 갱연(鏗然)하다. ¶ᄯᅩ 져근 學ᄋᆞᆯ ᄀᆡ롱ᄒᆞ야 一時ㅅ 强ᄒᆞᆫ 이블 ᄀᆞ장ᄒᆞ야 誹謗앳 말ᄒᆞᆫ 患이 鏗然ᄒᆞ니:鏗ᄋᆞᆫ 金石 소리라(永嘉下74).

ᄀᆡᆼ연히 부 갱연(鏗然)히. ¶ᄀᆡᆼ연히 소ᄅᆡ 잇기 두 번니러라:鏗然有聲者再(東新續三綱. 孝5:51).

ㄲ 병서 쌍기역. 한글 초성(初聲) 자모(字母)의 하나. 아음(牙音). 어금닛소리. ㄱ의 각자병서(各自並書). 〔한자음(漢字音) 전탁음(全濁音) 표기에 쓰였음. 우리말 표기의 경우, 중세 문헌에는 ㄹ 소리 뒤에서만 쓰였음.〕¶ㄱ. 牙音. 如君字初發聲. 並書. 如虯字初發聲(訓正). ㄲㄸㅃㅉㅆㆅ. 爲全濁…ㄱ木之成質. ㅋ木之盛長. ㄲ木之老壯. 故至此乃皆取象於牙也(訓解. 制字). 天縱之才ᄅᆞᆯ 그려ᅀᅡ 아ᅀᆞᄫᆞᆯᄭᅡ:天縱之才豈待畫識(龍歌43章). ㄱᄂᆞᆫ 엄쏘리니 君ᄀᆞᆫㄷ字ᄍᆞᆼ 처ᅀᅥᆷ 펴아나ᄂᆞᆫ 소리 ᄀᆞᄐᆞ니 ᄀᆞᆯᄫᅡᄡᅳ면 虯뀨ᇢ字ᄍᆞᆼ 처ᅀᅥᆷ 펴아나ᄂᆞᆫ 소리 ᄀᆞᄐᆞ니라(訓註4). 其끵(訓註2). 極끅(釋譜6:25). 祇낑(釋譜6:45). 오실 낄ᄒᆞ로 가더니(月釋7:10).

까불다 동 까부르다. 까불다. ¶까불 파:簸(倭解下3).

껏 명 것. 〔용언의 관형사형 어미 '-ㄹ' 뒤에서만 쓰임.〕¶몯ᄒᆞᆯ 꺼시라(釋譜6:38). 莊嚴ᄒᆞᆯ 껏과(釋譜19:41). 孝養ᄒᆞᆯ 꺼ᄉᆞ로(月釋8:63). 볼 꺼시 아닐ᄊᆡ니:非可見故(法華1:62). 즐길 꺼슬 다 주ᄃᆡ(法華6:6). 資生ᄒᆞᆯ 꺼세(法華6:175). 肉眼의 能히 볼 껏 아니라(金剛29). 可히 均ᄒᆞᆯ 꺼시며(宣中6). 面目업시 너길 꺼시니(新語7:6). 送使들의게 對面ᄒᆞ면 奇特이 너기올 꺼시니(重新語1:9).

-꼐셔 조 -께서. ¶使者꼐셔 御禮를 죠토록 술와 주쇼셔(重新語7:4).

·**꼳** 명 〔용언의 관형사형 어미 '-ㄹ' 뒤에서만 쓰임.〕①곳. ☞곧 ¶得ᄒᆞᆯ 꼬디라(法華1:202). 쉴 꼳 젼ᄎᆞ로 둘ᄒᆞᆯ 니ᄅᆞ시ᄂᆞ니라:息處故說二(法華3:198). ᄆᆞᅀᆞᆷ 行ᄒᆞᆯ 꼬디

업거니(永嘉下24). 住ᄒᆞᆯ 꼬디니(金剛82). ②바. ¶因位예 아ᄅᆞᆯ 꼬디 아닐씨:非因位所解(心經65). 分別ᄒᆞᆯ 끋 업스니(金剛28).

꾸러안끼 동 꿇어앉기. ¶그러ᄒᆞ온지 본ᄃᆡ 오래 꾸러안끼 잘 몯 ᄒᆞ오와 ᄉᆞᆯ왓ᄉᆞᆸ더니(重新語3:11).

꾸즁 명 꾸중. ☞꾸지람 ¶어룬의게 꾸즁을 듣고(隣語5:18).

꾸즁ᄒᆞ다 동 꾸중하다. ¶하 게얼니 굴기의 大段이 꾸즁ᄒᆞᆫ즉(隣語3:5).

꾸지람 명 꾸지람. ☞구지람. 꾸즁 ¶이쳐로 꾸지람을 들니오니(隣語3:12).

꾸짓다 동 꾸짖다. ☞구짓다 ¶操心ᄒᆞ게 公ᄂᆡ계셔 꾸지저 주ᄋᆞᆸ(隣語8:7).

꿈기 명 구멍이. 〔용언의 관형사형 어미 '-ㄹ' 뒤에서만 쓰임.〕 ¶하 커 수믈 꿈기 업서(月釋2:51).

끄으다 동 끌다. ☞긋다. ᄯᅳ스다. ᄯᅳ으다 ¶우리 舘所ᄭᆞ지 끄어 가게 엄히 신칙ᄒᆞ여 주ᄋᆞᆸ쇼셔(隣語4:2).

끠 명 때에. ¶그 끠란 病氣ㅣ 平愈ᄒᆞᄋᆞᆸ거든 보ᄋᆞᆸ새(重新語2:13). 아모 ᄃᆞᆯ 아모 끠 여긔 御上船되올 즈음인 줄을 닐너 보내엳ᄉᆞ오매(重新語6:15).

-끠 조 -께. ¶代官ᄂᆡ끠 書簡을 써 니ᄅᆞᆷ은(重新語1:12).

-끠셔 조 -께서. ¶對馬島主끠셔 使ㅣ 즉시 와셔(重新語5:20).

끼·름 명 기름. ¶ᄒᆞ마 네 값과 바래 ᄇᆞᄅᆞᆯ 끼름조쳐 더으며:既益汝價并塗足油(法華2:242).

-끼리 접미 -끼리. ¶그 일은 우리끼리 아라 私事로이 議論ᄒᆞ면(隣語9:22).

끼이다 동 끼이다. ☞ᄢᅵ이다 ¶안개가 대단이 끼여지며(隣語1:5).

·낄 명 길. 〔용언의 관형사형 어미 '-ㄹ' 뒤에서만 쓰임.〕 ¶오실 낄ᄒᆞ로 가더니(月釋7:10). 날 낄ᄒᆞᆯ 求ᄒᆞ논 젼치라:求出路故(永嘉上15). 견될 낄이 업ᄉᆞ외(隣語1:13).

ᆪ 병서 기역시옷. ㄱ,ㅅ의 합용병서(合用並書). 〔종성(終聲)에 쓰인 글자.〕 ¶낛爲釣(訓正. 合字). 낛 바도말 ᄒᆞ니(月釋1:46). 삯과 삯괘 ᄡᅵᄅᆞᆯ브터 나고:芽芽從種生(圓覺上一之二14). 사리 ᄂᆞᄂᆞᆫ ᄆᆞᆯ셗 안해셔 나거든:箭出飛鞚內(杜解24:23). 낛 구:鉤(訓蒙中15). 낛밥:釣餌(訓蒙中20 餌字註).

ㄴ

ㄴ [자모] 니은. 한글 초성(初聲) 자모(字母)의 하나. 설음(舌音). 혓소리. ¶ㄴ. 舌音. 如那字初發聲(訓正). 舌音ㄴ. 象舌附上腭之形. …ㅋ比ㄱ. 聲出稍厲. 故加畫. ㄴ而ㄷ. ㄷ而ㅌ.…其因聲加畫之義皆同(訓解. 制字). ㆁㄴㅁㅇㄹㅿ. 爲不淸不濁. ㄴㅁㅇ. 其聲最不厲. 故次序雖在於後. 而象形制字則爲之始(訓解. 制字). 所以ㆁㄴㅁㅇㄹㅿ六字爲平上去聲之終. 而餘皆爲入聲之終也. 然ㄱㆁㄷㄴㅂㅁㅅㄹ八字可足用也(訓解. 終聲). 五音之緩急. 亦各自爲對如牙之ㆁ與ㄱ爲對. 而ㆁ促呼則變爲ㄱ而急. ㄱ舒出則變爲ㆁ而緩. 舌之ㄴㄷ.…其緩急相對. 亦猶是也(訓解. 終聲). ㄴ는 혀쏘리니 那낭ㆆ字쫑 처ᅀᅥᆷ 펴아나ᄂᆞᆫ 소리 ᄀᆞᄐᆞ니라(訓註5). ㄴ 尼隱(訓蒙凡例2).

-ㄴ [조] -는. ☞-ᄂᆞᆫ. -은 ¶長生인 不肖ᄒᆞᆯ씨(月印上4. 月釋1:41). ᄒᆞ녀ᄀᆞ론 분별ᄒᆞ시고 ᄒᆞ녀ᄀᆞ론 깃거(釋譜6:3). 절로 가며 절로 오ᄂᆞ닌 집 우흿 져비오(初杜解7:3). 이젠 엇디 져그니오:如今怎麼少了(飜朴上4).

-ㄴ [조] -의. ¶魏ㄴ 님금 조샹 홍을 돌해 사겨(宣小6:40).

-ㄴ [조] -ㄴ. -인. ¶果實의 서룸과 니곰괘 漸漸 次第ㄴ 젼ᄎᆞ로(圓覺上一之二180).

-ㄴ [어미] ①-ㄴ. ¶ᄢᅴ 한 도ᄌᆞᄀᆞᆯ 모ᄅᆞ샤 보리라 기드리시니:靡知黠賊欲見以俟(龍歌19章). 간 고대 禮貌 업더니(龍歌95章). 뵌 길헤 軍馬ㅣ 뵈니이다(龍歌98章). 訓民正音은 百姓 ᄀᆞᄅᆞ치시논 正ᄒᆞᆫ 소리라(訓註1). 中國ᄋᆞᆫ 皇帝 겨신 나라히니(訓註1). 이런 젼ᄎᆞ로 어린 百姓이 니르고져 ᄒᆞᇙ 배 이셔도(訓註2). 내의 ᄀᆞᄅᆞ쵸ᄆᆞᆯ 기드린 後에ᅀᅡ:待我敎而後(宣賜內訓序6).
②-는. ¶度ᄂᆞᆫ 건날 씨니 뎌 ᄀᆞᅀᅢ 건나다 ᄒᆞᆫ ᄠᅳ디니(月釋2:25).

-ㄴ [어미] -ㄴ가. ¶風霜 섯거친 제 네 무스 일 혼자 프른(古時調. 草木이. 靑丘).

-ㄴ·가 [어미] -ㄴ가. -는가. ☞-ᄂᆞᆫ가 ¶투구세 사리 녜도 ᄯᅩ 잇더신가:兜牟三箭又在于昔(龍歌89章). 누비옷 니브샤 붓그료미 엇뎨 업스신가(月印上44). 혼ᄌᆞ말로 중중ᄒᆞ니 쥬린 중 드러온가(萬言詞).

-ㄴ·고 [어미] -ㄴ고. ☞-ᄂᆞᆫ고 ¶어시 아ᄃᆞᆯ 離別이 엇던고(月印上52). 므슴 ᄇᆞ리샨 이리신고:甚麼差使(飜朴上8).

-ㄴ고로 [어미] -ㄴ고로. ¶갓가이 와 겨신고로(太平1:42).

-ㄴ고요 [어미] -ㄴ고요. ¶全 져재 녀러신고요(樂範. 井邑詞).

-ㄴ논·디·라 [어미] -하는지라. ¶諸法이 나디 아니논디라(圓覺上一之一32).

-ㄴᄂᆞ녀 [어미] -하느냐. -하는 것인가. ☞-녀 ¶得호라 ᄒᆞᄂᆞ녀 아닌ᄂᆞ녀(金剛51).

-ㄴᄂᆞ·니 [어미] -하느니. ¶海中에 이셔도 光明이 滅티 아닌ᄂᆞ니(圓覺序29).

-ㄴ논다 [어미] -하느냐. -하는가. ☞-논다 ¶ᄉᆞᄆᆞᆺ디 아닌논다 ᄒᆞ니다(朴解上14).

-ㄴ·다 [어미] ①-ㄴ다. ¶ᄌᆞ셔 나하ᅀᅡ ᄀᆞᆺ 부모의 은혜를 안다 ᄒᆞᄂᆞ니라:養子方知父母恩(飜朴上58). 엇디 가비여이 ᄒᆞᆫ다 니ᄅᆞᄂᆞ뇨:何謂輕哉(飜小10:4). 無常 ᄇᆞ리 한 世間을 산다 ᄒᆞ시며:無常之火燒諸世間(龜鑑上50).
②-냐. -는가. ☞-ᄂᆞᆫ다 ¶눌 爲ᄒᆞ야 가져간다(月釋2:13). 그듸 엇던 사ᄅᆞ민다(月釋10:29). 뉘 弟子ㄴ다:誰是弟子(法華7:135). 桃源君 아닌다:得非桃源君乎(金剛下事實3). 惟正上座ᄂᆞᆫ 能히 아란다 몰란다:惟正上座能悟徹也未(蒙法21). 여흘란 어듸 두고 소해 자라온다(樂詞. 滿殿春別詞).
③-았느냐. -았는가. ¶네 어듸 이셔 趙州 본다(蒙法53). 네 언제 온다:你幾時來(飜朴上51). 므슴 연고로 아니 온다:何故不來(飜朴上66). 네 어드러로셔브터 온다:你從那裏來(飜老上1).

-ㄴ다네 [어미] -ㄴ다네. ¶밋기 곳다오면 굴근 곡이 문다네(古時調. 海謠).

-ㄴ·다:마다 [어미] -자마자. ¶부텨 說法ᄒᆞ신다마다 다 能히 놀애로 브르ᅀᆞᆸᄂᆞ니라(月釋1:15). 業感호미 이 ᄀᆞᆮᄒᆞ야 든다마다 億劫을 디내야 나고져 ᄒᆞᇙ 그지업스니(月釋21:44). 손소 ᄒᆞᆰ 지여 ᄂᆞᄆᆡ 도ᄫᆞᄆᆞᆯ 받디 아니ᄒᆞ고 슬피 운다마다 鳥獸ㅣ 모다 오더라(三綱. 孝18). 湖南애 나그내 ᄃᆞ외야신다마다 보ᄆᆞᆯ 디내요니 져비 ᄒᆞᆯᄀᆞᆯ 므러 두 버늘 새롭도다:湖南爲客動經春燕子啣泥兩度新(初杜解17:16). 뮌다마다 法에 어긔면:動輒違規(金三2:18).

-ㄴ·대 [어미] -ㄴ즉. -니까. ☞-ㄴ댄 ¶須達이

무른대 對答호ᄃᆡ(釋譜6:35). 王이 盟誓ᄒᆞ야 드로리라 ᄒᆞ신대 夫人이 ᄉᆞᆯᄫᆞᄃᆡ(月釋2:5). 天子ㅣ 브르신대 즉재 ᄇᆡ예 오ᄅᆞ디 몯ᄒᆞ고:天子呼來不上船(杜解15:41). 올ᄒᆞᆫ대로 ᄃᆡ답 아니 ᄒᆞᆫ대 님굼이 로ᄒᆞ샤 주기시다:不以實對帝怒殺之(飜小9:43). 禹ㅣ 拜ᄒᆞ고 首를 稽ᄒᆞ야 固辭ᄒᆞᆫ대 帝ㅣ ᄀᆞᆯᄋᆞ샤ᄃᆡ 毋ᄒᆞ라 네사 諧ᄒᆞ리라(書解1:33).

-ㄴ·댄 어미 -ㄴ즉슨. -니까는. ☞-ㄴ대. -ㄴ던 ¶네 겨지븨 고ᄫᆞ미 天女와 엇더ᄒᆞ더뇨 難陁ㅣ ᄉᆞᆯᄫᆞᄃᆡ 天女를 보건댄 내 겨지비ᅀᅡ 눈먼 獼猴 ᄀᆞᆮ도소이다(月釋7:12). 일로브터 보건댄 다ᄉᆞᆯ며 어즈러우며 니러나며 敗亡호미(宣賜內訓序6). 잢간 채ᄅᆞᆯ 뮈우신댄:略搖鞭(南明下4). 富를 可히 求ᄒᆞᆯ 꺼신댄(宣論2:18).

-ㄴ댜 어미 -구나. -ㄴ 것이여. ☞-ㄴ뎌. -ㄴ쟈 ¶셜운댜 이제 죄인이로쇠이다(恩重17). 從容ᄒᆞᆫ댜 이 氣像 濶遠ᄒᆞᆫ댜 뎌 境界 이도곤 ᄀᆞ즌 ᄃᆡ 또 어ᄃᆡ 잇단 말고(松江. 關東別曲). 나온댜 今日이야 즐거온댜 오ᄂᆞᆯ이야(古時調. 金絿). 느져 날셔이고 太古적을 못 보완댜(古時調. 申欽).

-ㄴ·덴 어미 -ㄴ들. -면. ☞-ㄴ들 ¶나ᅀᅡ오던덴 목숨 기트리잇가:如其進犯性命奚遺. 믈러가던덴 목숨 ᄆᆞᄎᆞ리잇가:如其退避性命奚戕(龍歌51章). 일로 혜여 보건덴 므슴 慈悲 겨시거뇨 ᄒᆞ고(釋譜6:6).

-ㄴ·뎌 어미 -ㄴ 것이여. -료구나. ☞-논뎌. -ᄂᆞᆫ뎌 ¶오직 聖人ㅅ 마리신뎌:其惟聖言乎(永嘉下36). 義ᄂᆞᆫ 그 큰뎌(宣賜內訓3:54). 싁싁ᄒᆞᆫ뎌 風憲所司(樂詞. 霜臺別曲). 孝弟ᄂᆞᆫ 그 仁ᄒᆞ욤 本인뎌(宣論1:2). 中庸의 德이로옴이 그 至ᄒᆞᆫ뎌(宣論2:13). 내 누를 소기료 하ᄂᆞᆯᄒᆞᆯ 소긴뎌(宣論2:43). 山梁雌雉ㅣ 時哉 時哉ㄴ뎌(宣論2:62). 공셩이 니ᄅᆞ샤ᄃᆡ 부모ᄂᆞᆫ 그 슌ᄒᆞ신뎌 ᄒᆞ시니(百聯16).

-ㄴ뎌이고 어미 -구나. -는구나. ☞-ㄴ져이고. -ㄴ져이고 ¶데 가ᄂᆞᆫ 뎌 각시 본 듯도 ᄒᆞᆫ뎌이고(松江. 續美人曲). ᄇᆞᄅᆞᆷ이야 믈결이야 어둥졍 된뎌이고(松江. 續美人曲). 님다히 消息이 더욱 아득ᄒᆞᆫ뎌이고(松江. 續美人曲).

-ㄴ·동 어미 -ㄴ지. ¶아모ᄃᆞ라셔 온동 모ᄅᆞ더시니(月釋2:25). 넉시 어느 趣예 간동 몰라이다(月釋21:27). 아모 毒인동 모ᄅᆞᄂᆞ닐 고튜ᄃᆡ(救急下52). 탕ᄌᆞᆺ 갑시 언메나 ᄒᆞᆫ동 몰래라:不理會的少湯錢(飜朴上52). 을싱이 예게 자피여 니거늘 주근동 산동 몰라 고기와 마ᄂᆞᆯ과 먹디 아니ᄒᆞ며:乙生爲倭寇搶去藥哥未知存歿不食肉不茹葷(東續三綱. 烈1). 진짓 ᄡᅧ신동 거즛 ᄡᅧ신동:眞的假的(老解下58). 산동 죽은동 모ᄅᆞᆯ라 ᄒᆞ엿더라(山城46). 손인동 主人인동 다 니저 ᄇᆞ려셔라(松江. 星山別曲).

-ㄴ들 어미 -ㄴ들. ☞-ㄴᄃᆞᆯ ¶주근 後에 뉘우츤들 미츠리여(釋譜24:28). 날회여 간들 므서시 저프리오:慢慢的去怕甚麼(老解上28). 손과 다리 머다 ᄒᆞᆫ들 그 ᄉᆞ이 얼마치리(萬言詞).

-ㄴ듸 어미 -ㄴ데. ☞-ㄴᄃᆡ ¶秋月이 滿庭ᄒᆞᆫ듸 슬피 우는 져 기러기(古時調. 金箕性. 青丘). 巖花의 春晩ᄒᆞᆫ듸 松崖에 夕陽이라(古時調. 金箕性. 青丘).

-ㄴ디 어미 -ㄴ 까닭인지. ¶ᄇᆡ예 이치여 오오니 그러ᄒᆞ온디 밥도 일졀 먹디 몯ᄒᆞ고(新語2:2). 아디 못게라 엇디ᄒᆞᆫ디 구으러 아러이셔:不知怎生滾在底下(朴解下9).

-ㄴ·디·라 어미 -는구나. -ㄴ지라. ☞-ᄂᆞᆫ디라 ¶無量千萬億劫에 이 供養ᄒᆞᆫ디라(月釋17:38). 노교ᄆᆞᆯ 得ᄒᆞᆫ디라(圓覺序38). 重修ᄒᆞ야 나톤디라(牧牛訣10).

-ㄴ·디·며 어미 -ㄴ 것이며. ¶僧坊 짓고 衆僧 供養ᄒᆞᆫ디며 부텻 舍利로 七寶塔 셰요ᄃᆡ(月釋17:37).

-ㄴ·디·면 어미 -ㄴ 것 같으면. ☞-단디면 ¶沙門과 婆羅門과ᄅᆞᆯ 恭敬ᄒᆞᆫ디면 날 위ᄒᆞ야 禮數ᄒᆞ리라(釋譜6:29).

-ㄴ·ᄃᆞᆫ 어미 -건대. -는 것은. ☞-논ᄃᆞᆫ ¶願ᄒᆞᆫᄃᆞᆫ 내 生生애 그딋 가시 ᄃᆞ외아지라(月釋1:11). ᄇᆞ란ᄃᆞᆫ 別駕ㅣ 爲ᄒᆞ야 스고라:望別駕爲書(六祖上44). 비ᅀᆞ온ᄃᆞᆫ 和尙이(六祖上89). 저ᄒᆞᆫᄃᆞᆫ 이 病ᄋᆞᆫ 乘黃인가 ᄒᆞ야 슬노라:惆悵恐是病乘黃(重杜解17:27).

-ㄴ·ᄃᆞᆯ 어미 ①-ㄴ들. -ㄴ들…하랴. ¶揚子江南ᄋᆞᆯ ᄭᅥ리샤 使者ᄅᆞᆯ 보내신ᄃᆞᆯ:揚子江南忌且遣使. 公州ㅣ 江南ᄋᆞᆯ 저ᄒᆞ샤 子孫ᄋᆞᆯ ᄀᆞᄅᆞ치신ᄃᆞᆯ:公州江南畏且訓嗣(龍歌15章). 赤脚仙人 아닌ᄃᆞᆯ:匪赤脚仙. 누비즁 아닌ᄃᆞᆯ:匪百衲師(龍歌21章). 하리로 말이ᅀᆞᄫᆞᆫᄃᆞᆯ:沮以讒說(龍歌26章). 전ᄆᆞ리 현 버늘 딘ᄃᆞᆯ:爰有蹇馬雖則屢蹶(龍歌31章). 爛漫히 픈ᄃᆞᆯ 므스기 有益ᄒᆞ리오(初杜解18:1). 아모타 百年行樂이 이만ᄒᆞᆫᄃᆞᆯ 엇지ᄒᆞ리(丁克仁. 賞春曲).

②-ㄴ 것을. -ㄴ 줄을. ¶不進饍이 현 ᄢᅦ신ᄃᆞᆯ 알리:絶饍知幾時(龍歌113章). 아러 드렛던 險道ㅣᆫ ᄃᆞᆯ 아디 몯ᄒᆞ야(月釋21:120). 밧 아닌ᄃᆞᆯ ᄀᆞᆯᄒᆡ시니라:辯非外也(楞解1:55). 趙州ㅣ 엇던 面目인ᄃᆞᆯ 아로리라:識趙州是何面目(蒙法13).

-ㄴᄃᆡ 어미 -ㄴ데. ☞-ㄴ듸. -ᄂᆞᆫᄃᆡ ¶國泰民安ᄒᆞᆫᄃᆡ 또 이 봄 二三月 됴ᄒᆞᆫ 時節을 만나시니:國泰民安又逢着這春二三月好時節(朴解上1). ᄀᆞ득 시름 한ᄃᆡ 날은 엇디 기돗던

고(松江. 思美人曲).

-ㄴ던 어미 -ㄴ즉슨. -니까는. ¶求ᄒᆞᆫ논 야ᄋᆞᆯ 본던 布施ᄅᆞᆯ ᄒᆞ되(釋譜13:19). 슬허 ᄇᆞ라온던 오직 烽火ㅅ ᄯᅳᄅᆞ미로소니:悵望但烽火(杜解6:53). 서르 본던 다 衰老ᄒᆞᆫ 나히로소니:相看俱衰年(杜解9:17). ᄉᆞ랑혼던 녜 李公이 이실 제:憶昔李公存(初杜解24:26). 願ᄒᆞᅀᆞ온던 慈悲로 어엿비 너기샤(佛頂上1). 술 풀 지븨 수를 사라 가고신던(樂詞. 雙花店).

-ㄴ마리 어미 -니. -ㄴ즉. ☞-ㄴ말이. -은마리 ¶正陽寺 眞歇臺 고텨 올나 안즌마리 廬山眞面目이 여긔야 다 뵈ᄂᆞ다(松江 關東別曲). 子絃의 羽調 올라 막막됴 쇠온마리 섭기ᄂᆞᆫ 젼혀 아니호되 離別 엇디 ᄒᆞ리(古時調. 鄭澈. 거믄고. 松江).

-ㄴ말가 어미 -는 말인가. -는 것인가. ☞-ㄴ말ᄀᆞ ¶자근 나귀 초롱불로 쵸쵸이 오단말가(빅화당가). 닙번 거슈 압홀 셰워 이제 쳐향ᄒᆞ단말가(빅화당가). 史獄 중의 드단말가(萬言詞).

-ㄴ말ᄀᆞ 어미 -는 말인가. -는 것인가. ☞-ㄴ말가 ¶春塘臺 너로온 ᄠᅳᆯ의 壯元及第 ᄒᆞᄃᆞᆫ 말ᄀᆞ(武豪歌). 邊地 리력 치온 후의 防禦使를 ᄒᆞᄃᆞᆫ말ᄀᆞ(武豪歌). 天恩이 罔極ᄒᆞ야 兵曹判書 ᄒᆞᄃᆞᆫ말ᄀᆞ(武豪歌).

-ㄴ말이 어미 -니. -ㄴ즉. ☞-ㄴ마리. -은마리 ¶天根을 못내 보와 望洋亭의 올은말이 바다 밧근 하ᄂᆞᆯ히니 하ᄂᆞᆯ 밧근 므서신고(松江. 關東別曲).

-ㄴ작가 어미 -ㄴ 것인가. ¶東陵이 놉픈작가 首陽이 ᄂᆞ즌작가(曺偉. 萬憤歌).

-ㄴ쟈 어미 -구나. -ㄴ 것이여. ☞-ㄴ댜 ¶광즈리도 만흔쟈(癸丑41). 나온쟈 오ᄂᆞᆯ이여 즐거온쟈 今日이야(古時調. 靑丘).

-ㄴ저이고 어미 -구나. -는구나. ☞-ㄴ뎌이고. -ㄴ져이고 ¶於焉忽焉間에 燦爛도 ᄒᆞᆫ저이고(古時調. 夏四月. 時調類).

-ㄴ져이고 어미 -구나. -는구나. ☞-ㄴ저이고 ¶半世 紅塵에 남의 우음 된져이고(古時調. 胸中에. 靑丘). 於焉忽焉間에 燦爛도 ᄒᆞᆫ져이고(古時調. 夏四月. 海謠).

-ㄴ졔이고 어미 -구나. -는구나. ☞-ㄴ뎌이고 ¶헐ᄲᅳ더 기운 집의 議論도 한졔이고(古時調. 鄭澈. 어와 棟樑材ᄅᆞᆯ. 松江).

-ㄴ지 어미 -ㄴ지. ¶피눈물 난지 만지(古時調. 海謠).

·나 명 나이. ¶나히 ᄒᆞ마 아호빌씨(釋譜6:3). 아ᄃᆞ리 아비 나해셔 곱기곰 사라(月釋1:47). 가ᅀᆞ멸며 싁싁ᄒᆞ야 므싀여ᄇᆞ며 智慧 기프며 나틀며 힝뎍 조ᄒᆞ며(月釋2:23). 나히 늘글씨 ᄒᆞ마 涅槃ᄋᆞᆯ 得ᄒᆞ야(月釋13:4). 나콰 德괘:年德(法華2:176). 내 나ᄒᆡ 늙고:我年老大(法華2:213). 나 져믄 弟子와 沙彌小兒ᄅᆞᆯ 즐겨 치디 말며:不樂畜年少弟子沙彌小兒(法華5:18). 衰殘ᄒᆞᆫ 나ᄒᆞᆯ:衰年(初杜解7:11). 衰殘ᄒᆞᆫ 나해 이 모ᄆᆞᆯ 고ᄃᆞᆯ피 ᄃᆞᆫ니노라:衰年强此身(杜解7:18). 그듸ᄂᆞᆫ 나콰 머리터리 새로외야:君齒髮新(初杜解8:20). 나히 侵逼ᄒᆞ야 허리와 허튀왜 衰殘ᄒᆞ니:年侵腰脚衰(杜解9:15). 너희 무른 어루 나ᄒᆞᆯ 닛고 사괴욜디로다:爾輩可忘年(杜解22:10). 나ᄒᆞ로 兄이라 推尊호ᄆᆞᆯ 더러요니:年事推兄忝(初杜解23:34). 네 ᄆᆞᆯ 나흘 모ᄅᆞᄂᆞᆫ ᄃᆞᆺᄒᆞ다:你敢不理會的馬歲(飜老下8). 아븨 나 ᄀᆞᄐᆞᆫ 이ᄅᆞᆯ 조차 ᄃᆞᆫ니고:父之齒隨行(宣小2:64). 長孫 夫人 나히 만ᄒᆞ야:長孫夫人年高(宣小6:26). 하ᄂᆞᆯ 삼긴 나호로ᄡᅥ:以天年(宣小6:52). 늘근 나해 기장ᄋᆞ로 술 비주믈 뵈야고:衰年催釀黍(重杜解3:25). 형아 네 나히 엇머고:大哥你貴壽(老解上57). 문신 나 져므니로 ᄯᅩᄒᆞᆫ 각각 젼경을 ᄒᆞ라 ᄒᆞ샤(仁祖行狀22). 나:年紀(同文解上18). 조아의 나히 십ᄉᆞ 셰라(五倫1:13). 나 적을 묘:妙(註千40).

※'나'의 첨용 ┌ 나…
└ 나히/나ᄒᆞᆫ/나ᄒᆞ로/나콰…

나 명 날.〔'날'의 'ㄹ'이 'ᅀ'소리 앞에서 탈락한 형태.〕☞날 ¶나 싈:日(訓蒙上1).

나 대 나. ¶내 님금 그리샤:我思我君. 내 百姓 어엿비 너기샤:我愛我民(龍歌50章). 내 니거지이다 가샤:請而自往(龍歌58章). 내 가리이다 말이나:人請去矣(龍歌94章). 날 거ᄉᆞᆯ 도ᄌᆞᄀᆞᆯ:拒我慓悍賊(龍歌115章). 涅槃得호ᄆᆞᆯ 나 ᄀᆞᆮ게 ᄒᆞ리라(釋譜6:1). 나옷 無數ᄒᆞᆫ 劫에 父母 孝道ᄒᆞ고(釋譜6:29). 나ᄅᆞᆯ 보ᅀᆞᆸ게 ᄒᆞ쇼셔(釋譜6:40). 날 여희여 가ᄂᆞ니(釋譜11:29). 仁과 날와 보ᄂᆞ니(釋譜13:25). 나 涅槃ᄒᆞᆫ 後에(釋譜23:6). 내 나아간 ᄃᆞᆯ 아바님이 나ᄅᆞᆯ 올타 ᄒᆞ시니(月釋1:41). 내 아ᄃᆞ리 비록 ᄆᆞ디라도(月釋2:5). 나ᄂᆞᆫ 이제 시르미 기퍼(月釋2:5). 내 모매 다히샤 나ᄅᆞᆯ 便安케 ᄒᆞ쇼셔(月釋10:8). 나ᄂᆞᆫ 나히 늙고 ·너는 져므니(月釋13:24). 나와 너왜(月釋13:28). 날ᄃᆞ려 닐오ᄃᆡ(三綱. 孝30). 날로 解脫케 ᄒᆞ니:令我解脫(楞解7:27). 나의 小 즐교ᄆᆞᆯ 아ᄅᆞ샤:知我樂小(法華2:246). 날와 多寶ᄅᆞᆯ:我及多寶(法華4:140). 뎌 諸佛도 내의 不可思議 功德을 일ᄏᆞ라 讚歎ᄒᆞ샤 이 말ᄒᆞ샤ᄃᆡ(阿彌27). 날ᄃᆞ려 묻ᄂᆞᆫ 거시(牧牛訣18). 나ᄂᆞᆫ 信티 아니호리라:吾不信也(宣賜內訓1:24). 文章은 다 날록 몬졔로다:文章並我先(初杜解20:6). 山접동새 난 이슷ᄒᆞ요이다(樂範. 鄭瓜亭). 날 주디 말오(飜老下14). 나 오:吾(訓蒙下24. 類合上20). 나 아:我(訓蒙下24. 類

合上22). 나 여:予(訓蒙下24. 類合下19). 나 암:俺. 나 자:咱(訓蒙下24). 나 여:余(類合下6). 나 아:我(光千28. 倭解下33). 날러는 엇디 살라 ᄒᆞ고(樂詞. 가시리). 위 날조차 몃 부니잇고(樂詞. 翰林別曲). 나의 不幸 ᄌᆞᆫᄒᆞ니(女四解2:35). 그 사ᄅᆞᆷ은 날과 ᄒᆞᆫ 洞內의 읻ᄉᆞ오매(隣語1:12).

-나 조 -나. -거나. ¶ᄒᆞ다가 실터럭매나 브트면(南明上29). 봄과 녀름괏 ᄉᆞᅀᅵ나 녀름과 ᄀᆞᅀᆞᆯ왓 ᄉᆞᅀᅵ예 맛비 ᄀᆞᆺ 그처(救簡1:102). 즙을 ᄒᆞᆫ 되나 두 되나 머고ᄃᆡ(救簡2:99). ᄶᅡᆨ 닐코 글이는 양이야 네나 ᄂᆡ나 다르랴(古時調. 가락디. 歌曲).

-·나 어미 ①-나. -든지. ¶오나 가나 다 새지비 兼ᄒᆞ얫도소니(初杜解7:16). 귓동 天下야 어드나 몯 어드나(古時調. 海謠).
②-나. ¶人鬼도 하나 數업슬씨 오ᄂᆞᆯ 몯 ᄉᆞᆲ뇌(月印上10). 德 심고ᄆᆞᆯ ᄒᆞ나 낟비 너기샤(月釋10:4). 알퓟 境에 나토미 ᄌᆞᆫᄒᆞ나(楞解2:89). 사ᄅᆞ미 道理 이시나(宣賜內訓1:21). 프른 시내해 비록 비 해 오나:碧澗雖多雨(初杜解7:8). ᄂᆞᆯ숑의맛불휘 하나 져그나 디허:取生菖蒲不拘多少搗(救簡1:36). 비록 이시나 업ᄉᆞ나(太平1:10).
③-거나. ¶ᄂᆞᆯ거든 ᄯᅱ디마나 셧거든 솟디마나(松江. 關東別曲).
④-나. ¶되나된 벼틔(古時調. 鄭澈. 내 ᄒᆞᆫ 낫. 松江). 기나긴 낙대예 미늘 업슨 낙시 ᄆᆡ여(古時調. 아희야. 青丘). 千萬里 머나먼 길의 고은님 여희ᄋᆞᆸ고(古時調. 海謠).

나가ᄂᆡ 명 나그네. ☞나ᄀᆞ내 ¶니면이 져믄 제 가난ᄒᆞ여 나가ᄂᆡ 되여셔:李勉少貧客(二倫38 李勉還金).

·나·가·다 동 나가다. ¶셔ᄫᅳᆯ 도ᄌᆞ기 드러 님그미 나갯더시니:冠賊入京天子出外(龍歌49章). 나가싫가 저ᄒᆞ샤 太子ㅅ 겨틔 안ᄍᆞᄫᆞ시니(月印上17). 太子ㅣ ᄒᆞ마 나가시고(釋譜6:7). 집 ᄇᆞ리고 나가(月釋1:17). 댱ᄉᆞ 나가더니(月釋23:64). 도ᄌᆞᆨ 자바 나가믈 기려:提甕出汲(宣賜內訓2下76). 나갏 저긔 告ᄒᆞ고(三綱. 孝26). 나가고져타가 虎狼ᄋᆞᆯ 전노라:欲出畏虎狼(初杜解8:29). 뫼해 나가ᄂᆞᆫ ᄉᆡᆷ므리 흐리놋다:出山泉水濁(初杜解8:66). 나그내 나감도:客去(初杜解9:16). 우리 ᄂᆡ일 오경두에 나가리라:我明日五更頭早行(飜老上25). 네 안직 나갓다가:你出去(飜老下1). 막대 딥프니 나거든 이예 나가더시다:杖者出斯出矣(宣小2:65). 나가다:出去(同文解上27). 나가ᄂᆞᆫ 길 어인 길고 무ᄉᆞᆷ 일노 가ᄂᆞᆫ 길고(萬言詞).

·나가·지이·다 동 태어나고 싶소이다. ☞-가지이다 ¶阿彌陀佛國에 나가지이다 ᄒᆞ야ᄂᆞᆯ(月釋8:5).

나·갯·더·니 동 나가 있더니. ㉠나가다 ¶曲沃애 나갯더니(宣賜內訓序5).

·나·갯·더시·니 동 나가 있으시더니. 나가셨더니. ㉠나가다 ☞나갯더니 ¶셔ᄫᅳᆯ 도ᄌᆞ기 드러 님그미 나갯더시니:冠賊入京天子出外(龍歌49章).

-·나·거신 어미 -나신. ¶文殊師利ᄂᆞᆫ 法王ㅅ 아ᄃᆞ리라 디나거신 無量諸佛ᄭᅴ ᄒᆞ마 親近히 供養ᄒᆞᅀᆞᄫᅡ 이실ᄊᆡ(釋譜13:15).

·나거·ᅀᅡ 동 나가서야. ☞-거ᅀᅡ ¶밀므리 사ᄋᆞ리로ᄃᆡ 나거ᅀᅡ ᄌᆞᄆᆞ니이다:不潮三日迨其出矣江沙迺沒(龍歌67章).

나계시다 동 나가 계시다. 즉위하시다. 거둥하시다. ¶聖人니 나계오ᄉᆞ 大綱을 발희시ᄆᆡ(古時調. 申喜文. 青丘).

나고 명 북. ¶모든 가인들이 일시의 나고를 울리며 고함ᄒᆞ니(引鳳簫1).

나·괴 명 나귀. ☞라귀 ¶곧 그 나괴를 모라:便赶着那驢(飜老上29). 뎌 나괴 어러 나ᄒᆞᆫ 노미:那驢養下來的(飜朴上34). 나괴 려:驢(光千38). 나괴 비 과:驢胎(龜鑑下60). 나괴 즈름:驢板腸(譯解上50). 이 도적 화냥년의 난 나괴ᄡᅵ야:這賊養漢生的小驢精(朴解下26). 나괴:驢子(同文解下38).

나괴썰이 명 나귀 고들개. ¶나괴썰이:滾鞦(譯解下31).

나구 명 나귀. ☞나괴. 라귀 ¶나구 안장 지어라(春香傳31).

나·귀 명 나귀. ☞나괴. 라귀 ¶나귀 ᄆᆡ 말히라(蒙法14). ᄀᆞᆺ ᄇᆞᆯ기예 나귀 타 나 아뫼 짓 門의 갈 ᄃᆞᆯ 몰로라:平明跨驢出未知適誰門(初杜解8:32). 惠子의 흰 나귀 여위니:惠子白驢瘦(杜解21:34). 나귀 려:驢(訓蒙上19. 石千38. 類合上13. 倭解下23). 나귀 고기:驢肉(東醫 湯液一 獸部). 나귀:驢子(譯解下31). 그 안히 ᄐᆞᆫ 나귀 견마ᄅᆞᆯ 잡고:驢(五倫5:17).

나·그내 명 나그네. ☞나그ᄂᆡ. 나ᄀᆞ내 ¶ᄯᅩ ᄆᆞᆯᄀᆞᆫ ᄀᆞᄅᆞ미 나그내 시르믈 ᄉᆞ로미 잇도다:更有澄江銷客愁(杜解7:2). ᄀᆞ장 시르미 나그내ᄅᆞᆯ 번호ᄆᆞᆯ 더으ᄂᆞ니:轉添愁伴客(杜解10:2). 잇ᄂᆞᆫ 나그내 傳호ᄃᆡ:有客傳(杜解21:1). 디나갈 나그내ᄂᆞᆫ:過客(杜解21:4). 나그내 ᄠᅳ데 다ᄅᆞᆫ ᄀᆞ올ᄒᆞ로 가노니:客情投異縣(杜解21:18). 믈읫 遼東으로셔 간 나그내ᄃᆞᆯ히:但是遼東去的客人(飜老上11). 나그내 긔:羇. 나그내 려:旅(類合下29). ᄯᅩ ᄒᆞᆫ 나그내 이셔:又有一箇客人(老解上26).

나그ᄂᆡ 명 나그네. ☞나그내. 나ᄀᆞ내 ¶나그ᄂᆡ네:客人們(老解上18). 너 나그ᄂᆡ들흔:你客人們(老解下54). 나그ᄂᆡ 려:旅(倭解下40). 나그ᄂᆡ:賓友(漢淸5:42). 져 나그ᄂᆡ 혜어 보소 쥬인 아니 불상ᄒᆞᆫ가(萬言詞). 나

그늬 려:旅(兒學下6).

나긔 명 나귀〔驢〕. ☞나괴. 나귀 ¶나긔 려:驢(兒學上7).

·나·기 명 내기. ☞더니 ¶우리 므슴 나기 ᄒᆞ료:咱賭甚麼(飜朴上23). 나기 도:賭(倭解下20). 나기 셜치ᄒᆞ다:趕撈本(同文解下32). 나기 셜치ᄒᆞ다:撈本(漢淸9:14).

·나·기ᄒᆞ·다 동 내기하다. ☞낙이ᄒᆞ다 ¶나기ᄒᆞᆯ 도:賭(訓蒙下22). 나기ᄒᆞ다:賭賽(同文解下32. 譯解補47). 나기ᄒᆞ다:打賭(漢淸9:14). 댱긔 두어 나기ᄒᆞ여 너ᄅᆞᆯ 어더시니:博得之(五倫3:62).

나·ᄀᆞ·내 명 나그네. ☞나그늬 ¶나ᄀᆞ내 사ᄅᆞ매:旅泊之人(楞解4:77). 나ᄀᆞ내 려:旅. 나ᄀᆞ내 긔:羇(訓蒙中3). 나ᄀᆞ내 븐ᄃᆞᆺ ᄒᆞ야 결은 ᄃᆡ 업서:旅泊無累(龜鑑下56).
※나ᄀᆞ내>나그내>나그네

나나리 명 나나니벌. ☞나나리벌. 나나벌 ¶나나리:蜾蠃(詩解 物名17).

나나리벌 명 나나니벌. ☞나나벌 ¶나나리벌:螟蛉(譯解補49).

나나벌 명 나나니벌. ☞나나리벌 ¶나나벌:蠮螉(柳氏物名二 昆蟲).

·나·날 부 날마다. 나날이. ☞나랄 ¶나날 모로매 새로 호ᄃᆡ(月釋10:120). 나날 새삼ᄃᆞᆸ비 孝道ᄒᆞ야(三綱. 孝5). 나날 서르 타 오놋다:日相乘(初杜解8:8). 나날 粥 머그며(續三綱. 孝1). 君子ㅣ 싁싁ᄒᆞ고 공경ᄒᆞ면 나날 어디러 가고:君子莊敬日彊(飜小8:6). 나날 법다오매 나ᅀᅡ가ᄂᆞ니라:日就規矩(飜小8:6). 엇더타 世上 人事은 나날 달나 가ᄂᆞ니(古時調. 有馬有金. 靑詠). 나날 ᄒᆞᆫ골ᄀᆞᆮ티 ᄒᆞ며:日日一般(女四解2:19).

·나·날로 부 나날로. ¶믈러 나날로 行ᄒᆞᆯ 바와 다ᄆᆞᆺ 믈읫 닐온 바ᄅᆞᆯ 檃括ᄒᆞ야 보니(宣賜內訓1:16).

나남즉 부 내남없이. ¶나남즉 놈대되 그ᄂᆞᆫ 아모죠로나(古時調. 져 업슨. 靑丘).

나노 동 나누어. ¶太子로브터 나노소이다(宣賜內訓序5). 말만ᄒᆞᆫ 草屋에 집덕셕 나노 덥고(古時調. 지 너머 싀앗년. 靑丘).

나놋 명 나룻. ¶ᄲᅥ러딘 바 나놋과 머리털을 가져다가 주머니 가온대 담고:所落髭髮盛諸囊中(東新續三綱. 烈3:43).

-나·뇨 어미 -느냐. -았느냐. ☞-거뇨. -ᄂᆞ뇨 ¶바미 가다가 귓것과 모딘 즁싱이 므싀엽도소니 므스므라 바미 나오나뇨 ᄒᆞ야(釋譜6:19). 현맛 供養이 모다 오나뇨…현맛 나라히 ᄒᆞᆫᄃᆡ 어울어뇨(月釋18:2). 엇던 젼ᄎᆞ로 이에 오나뇨 ᄒᆞ고(法華2:239).

-나·늘 어미 -거늘. ☞-나ᄂᆞᆯ ¶使臣이 三峽에 도라오나늘:有使歸三峽(重杜解5:16). ᄢᅴ 업슨 손이 오나늘 갓 버슨 主人이 마져(古時調. 靑丘). 안ᄶᅵ 나오나늘(女範2. 변녀 졔샹괴녀).

나니 감 아아. ¶나니 아힛 적의 너를 ᄐᆞ고 ᄃᆞ니더니(古時調. 靑丘). 나니 나든 적에 天地를 쳐음 보왜 하늘은 놉호시고…(古時調. 金壽長. 海謠).

-나니 어미 ①-느니.〔'오다'의 어간 '오-'에 붙는 어미(語尾).〕 ☞-ᄂᆞ니 ¶迷로셔 도라오나니(永嘉上90). 이제야 도라오나니 녀ᄂᆡ ᄆᆞ음 마로리(古時調. 靑丘).
②-느니. ¶각시네 꽃을 보소 피는 듯 이우나니 옥 같은 얼굴인들 청춘에 매양일가(古時調. 李鼎輔). 다 오르면 나려오고 가득ᄒᆞ면 넘치나니(萬言詞).

·나·니·다 동 나다니다. ¶집 主ㅣ 갓가비 나니거늘 그 지븨셔 블 내요미 곧ᄒᆞ니라(月釋17:16). 내 나니거든 님그미 그르ᄒᆞ실 이리 겨실가 젓ᄉᆞᆸ노라:恐君有遺失(重杜解1:2). 녯 員의 나니거든 ᄉᆞ랑ᄒᆞ야 혜아리논 이레:故吏去思計(初杜解24:27). 제 나니거니:他出去了(飜老下2). 지아비 마초아 받긔 나니거ᄂᆞᆯ:夫適出于外(東新續三綱. 烈3:26). 伏羲 ᄢᅢ의 龍馬ㅣ 글임을 지고 나니라(女四解4:4).

-·나니·와 어미 -거니와. ☞-거니와 ¶처엄브터 마초ᄧᅢ 證ᄒᆞ야 가져오나니와:從頭勘證將來(金三2:57).

-나·ᄂᆞᆯ 어미 -거늘.〔'오다'의 어간 '오-'에 붙는 어미(語尾).〕 ☞-나늘 ¶ᄆᆞ리 사ᄅᆞᆯ 마자 馬廐에 드러오나ᄂᆞᆯ:我馬帶矢于廐猝來(龍歌109章). 그 짓 ᄯᅳ리 ᄡᆞᆯ 가져오나ᄂᆞᆯ(釋譜6:14). 그런 祥瑞ᄅᆞᆯ 보ᅀᆞᆸ고 모다 오나ᄂᆞᆯ(釋譜6:39). 無憂樹ㅅ 가지 절로 구버 오나ᄂᆞᆯ(月釋2:36). 弘이 지븨 도라오나ᄂᆞᆯ:弘還宅(宣賜內訓3:49). 잇ᄂᆞᆫ 소니 ᄇᆡ 타 忠州로셔 오나ᄂᆞᆯ:有客乘舸自忠州(杜解7:19). 畦丁이 籠을 지여 오나ᄂᆞᆯ:畦丁負籠至(杜解16:70). 더러온 동뫼 오나ᄂᆞᆯ(飜老下65). 보뫼 오나ᄂᆞᆯ 좌위 ᄯᅩ 닐오ᄃᆡ(女範4. 녈녀 송공ᄇᆡᆨ희).

·나·다 동 ①나가다. 나오다. 태어나다. ¶ᄒᆞᄫᅀᅡ 뒤헤 나샤:于後獨出(龍歌61章). 나거ᅀᅡ ᄌᆞᄆᆞ니이다:迨其出矣江沙迺沒(龍歌67章). 尼連水예 沐浴ᄒᆞ샤 나리라 너기시니(月印上23). 人間애 나고도 ᄆᆞ리어나 약대어나 ᄃᆞ외야(釋譜9:15). 世世예 나ᄃᆡ(釋譜19:7). 一千 世尊이 나싫 둘 아니(月釋1:21). 내 어미 아모ᄃᆡ 냇ᄂᆞᆫ디 몰래이다(月釋21:53). 부톄 世間애 냇더시니(月釋21:131). ᄀᆞᆺ 낤 젯 우루미라(蒙法44). 안해셔 날딘댄:內出(楞解1:64). 生死애 나게 호니:出生死(楞解9:119). 아ᄃᆞ리 시러 나게 호려 ᄒᆞ니:令子得出(法華2:80). 飮啖을 소

리나게 말며:毋咤食(宣賜內訓1:3). 소리 나거늘 ᄒᆞ마 도로 숨ᄭᅵ노라:聲出已復呑(初杜解8:59). 속절업시 나며 업ᄂᆞ니:出(南明上6). 몃 디위를 나뇨:生(南明上55). 누릿가온ᄃᆡ 나곤 몸하 ᄒᆞ올로 녈셔(樂範. 動動). 世예 나ᄆᆞ로 宗 사ᄆᆞ니:出(六祖中59). ᄡᆞᆯ 타 나커든:關出米來(飜朴上11). 날 싱:生(訓蒙上34). 집 나건 디 오라도(恩重2). 날 싱:生(類合上14). 날 출:出(類合下5). 들어는 효도ᄒᆞ고 나는 공경ᄒᆞ야:出(宣小題辭3). 문 닫고 나디 아니ᄒᆞ며:出(續三綱. 孝30). 삼 년을 골 어귀예 나디 아니ᄒᆞ니라:三年不出洞口(東新續三綱. 孝3:21). 녀 효경이 당나라 경시로부터 나되:出(女四解3:3). ᄒᆡ 나다:日出(同文解上1).

②되다. 이르다. ¶三月 나며 開ᄒᆞᆫ 아으 滿春 ᄃᆞᆯ욋고지여(樂範. 動動).

③드러나다. 발각되다. ¶허러 ᄒᆞ마 ᄒᆡ미 낫도다:損傷已露筋(初杜解16:70). 坐榻을 ᄀᆞ올히 나게 ᄃᆞ랏ᄂᆞ닐 그르리로다:解榻秋露懸(初杜解22:54). 뵈 일쳔 필 받고 그 일이 나거늘:受布千疋事覺(飜小9:43).

-나·다 어미 -았다. 〔'오다'의 어간 '오-'에 붙는 어미(語尾).〕 ☞-거다 ¶오ᄂᆞᆯ 寶藏이 自然히 오나다 ᄒᆞ니(月釋13:32). 수울 어드라 가더니 다 도라오나다:討酒的都廻來了(飜朴上3). 관원ᄃᆞᆯ히 다 오나다:官人們都來了(飜朴上5). 너희 둘히 예 오난 디 언머 오라니오:伱兩箇到這裏多少時(飜老上68).

-나다 어미 -ㄴ다. -는구나. ☞-ᄂᆞ다 ¶無情히 셔는 바회 有情ᄒᆞ야 보이ᄂᆞ다(古時調. 朴仁老. 蘆溪). ※-나다<-ᄂᆞ다

·나·다가·다 동 나다. 태어나다. 〔'낟다〈現〉'의 부사형 '나다'에 '가다〈行〉'가 복합된 형태.〕 ¶大臣이 닐오ᄃᆡ 나다가며브터 嗔心 아니ᄒᆞ는 사ᄅᆞ미 눈ᄌᆞᅀᆞ와 骨髓왜니이다(釋譜11:19). 衆生ᄃᆞᆯ히 내 나라해 ᄯᅩ 나다가며 다 ᄆᆞᅀᆞ미 조코(月釋8:65). 나다가며브터 嗔心 아니ᄒᆞ는 사ᄅᆞ미 눈ᄌᆞᅀᆞ와(月釋21:215).

-나다나 어미 -나마나. ¶가마귀 거무나다나 ᄒᆡ오리 희ᄂᆞ다ᄂᆞ(古時調. 靑丘).

나·다·나·다 동 나타나다. 드러나다. 〔'낟다〈現〉'의 부사형 '나다'와 '나다〈生〉'가 복합된 형태.〕 ☞나다냇다 ¶妙行이 ᄀᆞᄃᆞ기 나다나아 億衆이 절로 化ᄒᆞ야 恭敬ᄒᆞ며(釋譜19:37). 現露는 나다날 씨라(釋譜24:49). 뎌ᄒᆞᆫ 비치 나다나시며(月釋2:59).
※나다나다>나타나다

나·다·냇·다 동 나타나 있다. 나타났다. ㉮나다나다 ¶담과 ᄇᆞᄅᆞᆷ 밧긔 나다냇ᄂᆞ니:暴露墻壁外(初杜解16:35).

나·다잇·다 동 나타나 있다. ☞나댓다 ¶現在는 나다잇는 뉘오(月釋2:21之1).

나·담나·다 동 나타나다. 〔'낟다'의 어간(語幹) '낟-'+부사형 접사 '-암'+'나다〈出〉'〕 ¶顯現은 나담날 씨오(月釋10:49).

나댓다 동 나타나 있다. ☞나다잇다 ¶술 ᄆᆞᆺ고 갈흘 고자시니 肝膽이 나댓도소니:酒闌揷劒肝膽露重(重杜解5:39).

나뎐 명 나전. ☞라뎐 ¶나뎐:鈿螺(譯解下1).

:나·뎡ᄒᆞ·다 동 나정(裸裎)하다. 온몸을 벌거벗다. ¶비록 내 側애셔 袒裼ᄒᆞ며 나뎡ᄒᆞᆫ ᄃᆞᆯ(宣孟3:38).

-나·도 어미 -아도. 〔'오다'의 어간 '오-'에 붙는 어미.〕 ¶소니 오나도 믜요ᄆᆞᆯ 므더니 너기고:客至從嗔(初杜解25:23). 밀므리 밀여 오나도 가지 아니ᄒᆞ니(續三綱. 烈4).

나동희나물 명 두루미냉이. ¶나동희나물:狗芥(柳氏物名三 草).

나됴 명 초〔燭〕. ¶나됴:燭 在地曰炬 在手曰燭(柳氏物名五 火).

나드라ᄒᆞ다 동 나들이하다. ☞나드리. 나드리ᄒᆞ다. 나ᄃᆞ리 ¶나드라ᄒᆞ며 니러 ᄃᆞᆫ기실 제:出入起居(家禮2:7).

나·드·리 명 나들이. ☞나ᄃᆞ리 ¶나드리 쉽사디 아니며:出入不便當(飜老上55).

나·드·리ᄒᆞ다 동 나들이하다. ☞나드라ᄒᆞ다 ¶나드리홈도 훤츨타:出入通達(飜老下71). 나드리ᄒᆞᆯ 제 얼운ᄃᆞ려 니ᄅᆞ디 아니코:出入往來不啓尊人(恩重13).

나·든 동 나타난. ㉮낟다 ¶自然히 나든 ᄢᅵ니르러는:自然現前時(蒙法4).

-나든 어미 -거든. 〔'오다'의 어간 '오-'에 붙는 어미(語尾).〕 ☞-나ᄃᆞᆫ ¶우리 더긔 오나든:到我那裏(飜老上44). 비 오나든 곳 퓌오:下雨開花(飜朴上40). 녜 漢ㅅ 使者ᄅᆞᆯ 조차 즈믄 무딋 珍寶ᄅᆞᆯ 가져오나든:舊隨漢使千堆寶(重杜解5:21). 時節이 오나든 材力을 펴면:時來展材(重杜解5:35). 다 ᄏᆡ여 가져오나든:都拔將來(朴解中34).

·나·들·다 동 나들다〔出入〕. ☞나ᄃᆞᆯ다. 드나ᄃᆞᆯ다 ¶門의 나드ᄃᆺ ᄒᆞᆯ씨(月釋8:50). 나드는 수미 잇ᄂᆞ니:有出入息(楞解9:17). 대궐의 나들옴이 스므남ᄋᆞᆫ ᄒᆡ예:出入禁闈二十餘年(宣小6:33).

나·ᄃᆞ·리 명 나들이. ☞나드리 ¶독벼리 내라 ᄒᆞ야 외방의 나ᄃᆞ리 아니 ᄒᆞᆯ가:偏我不出外(飜老上41).

-나ᄃᆞᆫ 어미 -거든. 〔'오다'의 어간 '오-'에 붙는 어미(語尾).〕 ☞-나든 ¶婚姻 爲ᄒᆞ야 아ᅀᆞ미 오나ᄃᆞᆫ 이바도려 ᄒᆞ노닛가(釋譜6:16). 술위 ᄂᆞ라 오나ᄃᆞᆫ(月釋1:19). 飮食이 自然히 오나ᄃᆞᆫ 夫人이 좌시고(月釋2:25). ᄯᅩ 사ᄅᆞ미 오나ᄃᆞᆫ:更有人來(法華6:12). 第

一엔 ᄌᆞ오로미 오나ᄃᆞᆫ:一者睡魔來(蒙法2). 봄이 오나ᄃᆞᆫ 온갓 고지 프매(南明上63). 도적이 오나ᄃᆞᆫ:賊來(東新續三綱. 忠1:80).

·나ᄃᆞᆫ·니·다 동 나다니다. ☞나딍기다 ¶ 일즉 인방의 나ᄃᆞᆫ니기 니그면:慣曾出外(飜老上41). 겨집이 열 히어든 나ᄃᆞᆫ니디 아니ᄒᆞ며:女子十年不出(宣小1:7).

·나ᄃᆞᆮ·다 동 내닫다. ☞내ᄃᆞᆮ다 ¶ 仙人ᄋᆞᆯ 보고 나ᄃᆞᄅᆞ니라(釋譜11:25). 百官이 다 나ᄃᆞᆮ거늘:百官侍御皆散(三綱. 忠10). 미쳐 나ᄃᆞᆮ고져 ᄒᆞᄂᆞᆫ 병:發狂欲走(救簡1:99). 王이 나ᄃᆞᆮ거ᄂᆞᆯ:王出走(宣小4:33). 鄭ㅅ子藏이 宋애 나ᄃᆞ랏더니(宣小4:43). 내 쟝ᄎᆞᆫ 몬져 나ᄃᆞᆯ을 거시니:子將先出走(東新續三綱. 孝6:60 天民引賊). 궁둥이 븨여 밤이면 인적이 긋처 만군이 드러와 나ᄃᆞ라도 알 길히 업더니(癸丑130). 吳王이 나ᄃᆞ라 나니(女四解4:23).

나ᄃᆞᆯ 명 나달(日月). 세월(歲月). ☞날ᄃᆞᆯ ¶ 나ᄃᆞ리 길어다:日月長(初杜解15:23). 瀟洒히 나ᄃᆞᆯ 보내오져 호미:瀟洒送日月(重杜解2:33). 다ᄅᆞᆫ ᄀᆞ올 와셔 나ᄃᆞ리 虛히 가ᄆᆞᆯ 놀라고:異縣驚虛往(杜解3:20). 나ᄃᆞᆯ을 조초 고티며:追改日月(宣小5:62).

나ᄃᆞᆯ다 동 나들다(出入). ☞나들다 ¶ 門의 나ᄃᆞᆯ어(南明下1). ᄆᆡ실 차 ᄑᆞᄂᆞᆫ 지븨 ᄢᅦ 나ᄃᆞᆯ며 술 ᄑᆞᄂᆞᆫ 져제와 녀기의 지븨 드러가:每日穿茶房入酒肆妓女家(飜老下49). 고히며 이브로 김 나ᄃᆞᆯ며(七大6).

나딍기다 동 나다니다. ☞나ᄃᆞᆫ니다 ¶ 일로부터 연고 업시셔 나딍기디 말고:自是無故不出(家禮6:32).

나·라 명 나라. ¶ 나라ᄒᆞᆯ 맛ᄃᆞ시릴씨:將受大東(龍歌6章). 五百年 나라히 漢陽애 올ᄆᆞ니이다:五百年邦漢陽是遷(龍歌14章). 나라해 도라오시고:我還厥國(龍歌24章). 나랏小民을 사ᄅᆞ시리잇가:國民焉救(龍歌52章). 나랏일훔 ᄀᆞᄅᆞ시니:聿改國號(龍歌85章). 나라해 도라오샤도 ᄌᆞ올아비 아니 ᄒᆞ샤(釋譜6:4). 나라 니ᄉᆞ리ᄅᆞᆯ 굿게 ᄒᆞ시ᄂᆞ니(釋譜6:7). 如來하 우리 나라해 오샤 衆生의 邪曲ᄋᆞᆯ 덜에 ᄒᆞ쇼셔(釋譜6:22). 다ᄅᆞᆫ 나라히 와 보차거나(釋譜9:24). 나라콰 宮殿과 臣下와(釋譜13:20). 부텻 나라히 ᄌᆞᆫ더라(釋譜19:42). 나랏말ᄊᆞ미 中國에 달아(訓註1). 國ᄋᆞᆫ 나라히라(訓註1). 西天 나라ᄒᆞᆯ 해 힌 象이 하니라(月釋2:31). 子息으란 孝道ᄅᆞᆯ 勸ᄒᆞ시고 나라ᄒᆞ란 大平을 勸ᄒᆞ시고(月釋8:29). 나라ᄒᆞᆯ 아ᅀᆞ 맛디시고(月釋8:93). 다ᄅᆞᆫ 나라ᄒᆞᆫ 五道애 ᄣᅥ디여(法華2:183). 刹ᄋᆞᆫ 나라히오(金三2:26). 나라ᄒᆞᆯ 기우리ᄂᆞ니라:傾邦國(初杜解25:43). 나라히 바ᄃᆞ라온 주를(飜小8:26). 雍州ㅣ 원 錢明逸이 그 일을 나라히 알외소온대(飜小9:35). 나라 방:邦. 나라 국:國(訓蒙中1). 나라 방:邦. 나라 ᄠᅳᆯ 뎡:廷(類合下23). 나라 우:虞(光千5). 나라 괵:虢. 나라 한:韓(光千25). 나라 진:秦(光千26). 나라 국:國(類合上17. 石千4. 倭解上33). 이 나라히 이셔(宣小2:66). 되나라히라도 ᄃᆞᆫ니려니와(宣小3:5). 나라해 들어 ᄃᆞᆯ이디 아니ᄒᆞ며(宣小3:17). 나라호로셔 브ᄅᆞ시단 말이라(宣小6:24). 나라토 부디티 몯ᄒᆞᆯ 일은 公木을 端端이 ᄀᆞᆯ희쟈 니르시미(新語4:25). 나라흘 위ᄒᆞ야(敬信8). 나라 채:祭(註千37). 나라 원:阮(註千39). 忠臣은 두 나라흘 섬기디 아니ᄒᆞ고(女四解4:28). 나라:國(同文解上40).

※'나라'의 ┌ 나라
　　첨용 └ 나라히/나라ᄒᆞᆯ/나라해…

-나·라 어미 -너라. ('오다'의 어간 '오-'에 붙는 어미.) ☞-거라 ¶ 내 니마해 ᄇᆞᆯ론 香이 몯 ᄆᆞᆯ랫거든 도로 오나라(月釋7:7). 네 또 더리로 오나라(飜老上57). 네 모로매 일즈시 오나라(飜老下56).

나라가다 동 날아가다. ¶ 나릐 도친 학이 되여 나라가셔 보고지고(萬言詞).

나라법 명 나라법(國法). ☞나랏법 ¶ 썰리 즉시 가문 관원을 죽이려 ᄒᆞᄂᆞᆫ 거슨 나라법을 업슈이 너기미(三譯2:3).

나라ᄠᅳᆯ 명 조정(朝廷). ¶ 나라ᄠᅳᆯ 뎡:廷(類合下23).

나라창 명 나라창(國庫). ¶ 나라창과 ᄉᆞᄉᆞ고ᄂᆞᆫ 너의 개장과 ᄯᅩᄒᆞᆫ 거시니(綸音93).

나·라·콰 명 나라와. 독나라 ¶ 됴ᄒᆞᆫ 나라콰 宮殿과(釋譜13:20).

나라토 명 나라도. 독나라 ¶ 나라토 부디티 몯ᄒᆞᆯ 일은 公木을 端端이 ᄀᆞᆯ희쟈 니르시미(新語4:25).

나·라·해 명 나라에. 독나라 ¶ 如來하 우리 나라해 오샤 衆生의 邪曲ᄋᆞᆯ 덜에 ᄒᆞ쇼셔(釋譜6:22).

나·라·히 명 나라가. 독나라 ¶ 聖子ㅣ 三讓이시나 五百年 나라히 漢陽애 올ᄆᆞ니이다:維我聖子三讓雖堅五百年邦漢陽是遷(龍歌14章).

나·라·ᄒᆞ·란 명 나라는. 나랄랑은. 독나라 ¶ 子息으란 孝道ᄅᆞᆯ 勸ᄒᆞ시고 나라ᄒᆞ란 大平을 勸ᄒᆞ시고(月釋8:29).

나·라ᄒᆞ·로 명 나라로. 독나라 ¶ 아ᄃᆞᆯ 댱가 드리고 제 나라ᄒᆞ로 갈 쩌긔(釋譜6:22).

나·라ᄒᆞᆯ 명 나라를. 독나라 ¶ 나라ᄒᆞᆯ 기우리ᄂᆞ니라:傾邦國(初杜解25:43).

나·라·히 명 나라에. 독나라 ☞나라해 ¶ 雍州ㅣ 원 錢明逸이 그 일을 나라히 알외소온대:雍守錢明逸以事聞(飜小9:35).

나락 명 벼. ¶나락 두:稌(詩解 物名21).

나락밥 명 쌀밥. ¶슈져 갓초 장김치의 나락밥이 돈독하고(萬言詞).

나랄 부 날마다. 나날이. ☞나날 ¶朝會ᄒᆞ고 도라와 나랄 보빗 오ᄉᆞᆯ 볼모드리고:朝回日日典春衣(重杜解11:19).

나랏ᄌᆞᆺ 명 국경(國境). ☞-ᄌᆞᆺ ¶境은 나랏ᄀᆞᅀᅵ오(月釋序25).

나·랏:ᄂᆡ 명 나라 안. 국내(國內). ¶나랏內예 王ㅅ病 고ᄐᆞᆯ 사ᄅᆞᄆᆞᆯ 어더 ᄃᆞ려다가(釋譜24:50). 國中은 나랏 가온ᄃᆡ니 나랏內ᄅᆞᆯ 다 니ᄅᆞ니라(月釋2:46).

나·랏·말ᄊᆞᆷ 명 우리 나라의 말. 국어(國語). ¶나랏말ᄊᆞ미 中國에 달아(訓註1).

나·랏·법 명 나라의 법. ¶有情이 나랏法에 자피여 ᄆᆡ여(釋譜9:8). ᄯᅩ 나랏법을 삼가 법 셰온 ᄠᅳ들(飜小6:35).

나·랏·위 명 왕위(王位). ¶王이 손소 그 夫人ᄋᆞᆯ 供養ᄒᆞ시며… 아ᄃᆞᆯ 나하ᄃᆞᆫ 나랏位ᄅᆞᆯ 닛긔코져 ᄒᆞ더시니(釋譜11:30).

나랏일 명 나라일. 국사(國事). ¶지븨 이셔셔 샹녜 일 닐오 나랏일 시름ᄒᆞ야 ᄒᆡ 가ᅀᆞ멸와뎌 願ᄒᆞᄂᆞ다:在家常早起憂國願年豐(初杜解8:52).

나·랏:쳔 명 나라의 천량(←錢糧). 나라의 재산. 공금(公金). ¶나랏쳔 일버ᅀᅡ 精舍ᄅᆞᆯ 디나아가니(月印上2).

나·랏일·훔 명 나라 이름. 국호(國號). ¶나랏일훔 ᄀᆞᄅᆞ시니:聿改國號(龍歌85章).

나래 명 날개. ☞나ᄅᆡ ¶호졉의 나래 빌어 장풍을 경마 들고(皆岩歌).

나려지다 동 떨어지다. ¶되더글 구우러 ᄯᅩᆨ 나려지거고(古時調. ᄋᆞ자 나. 青丘).

나렬ᄒᆞ다 동 나열하다. ¶ᄌᆞ질들은 섬 아려 나렬ᄒᆞ고:子姪羅列階下(五倫4:27).

나로 명 나루〔津〕. ☞나르. ᄂᆞᄅᆞ ¶나로 진:津(兒學上4).

나로ᄇᆡ 명 나룻배. ☞ᄂᆞᄅᆞᆺᄇᆡ ¶나로ᄇᆡ 믿들어(敬信78). 各津놈의 나로ᄇᆡ야 ᄶᅬ야나 볼 줄 이스랴(古時調. 各道 各船이. 青丘).

나로여 부 천천히. ☞날호여 ¶나로여 셔:徐(倭解下41).

나론 명 나룻. ☞나롯. 날옷. 날옺 ¶나론 슈:鬚. 나론 염:髯(倭解上17).

나롯 명 나룻. ☞나론. 날옷. 날옺 ¶입 웃 나롯:髭. 입 아랫 나롯:鬚. ᄐᆞᆨ앳 나롯:髯(譯解上34). ᄁᆡ자반 나롯 거스리고(古時調. 이바 편메곡. 青丘). 나롯:髯子(同文解上15). 孫權을 ᄀᆞ만이 보니 눈이 푸르고 나로시 븕고(三譯3:3). 나롯 이:而(註千14).

나르 명 나루〔津〕. ☞나로. ᄂᆞᄅᆞ ¶나르:津(柳氏物名五 水).

나르다 동 나르다. ☞나ᄅᆞ다 ¶살 나르려 ᄒᆞ여(三譯4:20).

나리다 동 내리다. 울리다. ¶五更鐘 나리올제 다시 안고 눕ᄂᆞᆫ 님은(古時調. 歌曲).

나리다 동 내리다. ☞ᄂᆞ리다 ¶나릴 강:降(兒學下2).

나리어다 동 날 것이다. ¶아니옷 ᄆᆡ시면 나리어다 머즌 말(樂範. 處容歌).

나릿믈 명 냇물. ¶正月ㅅ 나릿므른 아으 어져 녹져 ᄒᆞ논ᄃᆡ(樂範. 動動).

나ᄅᆞ다 동 나르다. ¶山水 清涼 소릐와 清涼애ᅀᅡ 두 스리 믈어디새라 道場애ᅀᅡ 오시ᄂᆞ니 ᄒᆞᆫ 남종과 두 남종과 열세 남종 주ᅀᅥ ᄲᅧ라 바회에 나ᄅᆞ새라(鄕樂. 內堂). 사ᄅᆞᆷ을 부려셔 살 나ᄅᆞ라 ᄒᆞ고(三譯4:9).

나ᄅᆡ 명 날개. ☞ᄂᆞ래 ¶나ᄅᆡ 도친 鶴이 되여 나라가셔 보고지고(萬言詞). 나ᄅᆡᄅᆞᆯ 펴티ᄂᆞᆫ 거시라(武藝圖19).

-나마 조 -넘도록. ☞-남아 ¶一千 디위나마 절ᄒᆞ거늘(月釋23:74). 여ᄃᆞᆫ나마 삼긴 나호로 죽거ᄂᆞᆯ(飜小9:57). ᄒᆞᆫ ᄃᆞᆯ나마 밥 아니 먹고 믈ᄲᅮᆫ 먹거늘:踰月不食唯啜水(東三綱. 烈6). 十年나마 되야시되(新語9:20).

나·마가·다 동 넘어가다. ☞남다 ¶우룸 쏘릐 즘게 나마가며 王이 ᄐᆞ샤 나시면 天下ᄅᆞᆯ ᄒᆞᄫᆞᆺ 內예 다 도라오샤ᄃᆡ(月釋1:27).

-·나:마·나 어미 -거나 말거나. ¶제 ᄆᆞᅀᆞᆷ조초 니ᄅᆞ나마나:由他說(飜老下31).

나먹다 형 나이 먹다. 여자가 나이 먹어 성숙하다. ¶나머글 연:姸(光千40).

나명들명 부 들락날락. ¶이 店 밧긔 나명들명(樂詞. 雙花店).

나모 명 나무. ¶불휘 기픈 남ᄀᆞᆫ:根深之木(龍歌2章). 이븐 남기 새닢 나니이다:時維枯樹茂焉復盛(龍歌84章). 빗근 남ᄀᆞᆯ:于彼横木(龍歌86章). 이본 나모와:與彼枯木(龍歌89章). 남기 ᄢᅦ여 性命을 ᄆᆞᄎᆞ시니(月印上2). 나모 아래 안ᄌᆞ샤(月印上43). ᄒᆞᆫ 남ᄀᆞᆯ 내니 곳니피 펴(月印上58). ᄡᅡ호ᄂᆞᆫ 그딋 모ᄀᆡ 두고 남ᄀᆞ란 내 모ᄀᆡ 두어(釋譜6:26). 보비예 남기 느러니 셔며(月釋2:29). 夫人이 나모 아래 잇거시ᄂᆞᆯ(月釋2:42). 模ᄂᆞᆫ 法이니 남ᄀᆞ로 본 ᄆᆡᇰᄀᆞᆯ 씨라(月釋17:55). 丁蘭이 져머셔 어버ᅀᅵᄅᆞᆯ 일코 남ᄀᆞ로 어버ᅀᅴ 樣子ᄅᆞᆯ ᄆᆡᇰᄀᆞ라(三綱. 孝10). 엇뎨 남기리잇고:何樹(楞解2:52). ᄒᆞ다가 남긔셔 낡던댄:若生於木(楞解3:25). 나모 아니며:非木(楞解5:35). 남그로 본 ᄆᆡᇰᄀᆞᆯ 씨 模ㅣ오(法華1:93). 여러 가짓 남ᄀᆡᆺ 곳과(法華6:46). 프를 브트며 남긔 브튼 精靈이리라:依草附木精靈(蒙法8). 그 ᄠᅳᆮ 사교미 고다 나모 ᄢᅥᆨ듯 ᄒᆞ며:其釋義也端如析薪(圓覺序9). 나모 버흄과 셔울 드롬괘라:伐木入都(圓覺上一之一112). 滄波와 늘근 나모

는:滄波老樹(初杜解6:41). 늘근 남근 ᄀᆞ장 서리ᄅᆞᆯ 디내옛ᄂᆞ니라:老樹飽經霜(初杜解7:10). ᄇᆞᄅᆞ미 紫荊 남글 부니:風吹紫荊樹(初杜解8:29). 봄 남ᄀᆞᆫ 다ᄅᆞᆫ 사ᄅᆞ미 迷失ᄒᆞ니라:春樹他人迷(初杜解8:33). 나모 버히ᄂᆞᆫ 소리 丁丁ᄒᆞ고 뫼히 ᄯᅩ 幽深ᄒᆞ도다:伐木丁丁山更幽(杜解9:12). 나모도 오히려 사ᄅᆞᆷ ᄉᆞ랑ᄒᆞ요미 ᄃᆞ외얫도다:樹木猶爲人愛惜(初杜解18:12). 城엔 프른 남긧 ᄂᆡ 얼의엿도다:城凝碧樹煙(初杜解20:16). 남글 듧디 아니면 ᄉᆞᄆᆞᆺ디 몯ᄒᆞᄂᆞ니라:木不鑽不透(飜朴上14). 나모 슈:樹. 나모 목:木(訓蒙下3. 石千6). 큰 나모 슈:樹(類合上5). 나모 목:木(類合上7. 註千6). 나모 환:桓(光千23). 나모 비:枇. 나모 파:杷(石千32). 남글 안고:抱樹(宣小6:22). 눈물이 남ᄀᆡ 무드니:涕淚著樹(宣小6:24). 남그로 사긴 셩뎍 그ᄅᆞ슬(宣小6:96). 남ᄀᆡ 비컨대(警民6). 남그로 ᄲᅮ시며(癸丑9). 나모도 아닌 거시 플도 아닌 거시(古時調. 尹善道). ᄆᆞᄅᆞᆫ 나모:枯樹(漢淸13:27). 木曰南記. 松曰鮓子南. 柴曰孛南木(雞類).

※'나모'의 ┌ 나모도/나모와…
　첨용 └ 남기/남ᄀᆞᆫ/남ᄀᆞᆯ/남ᄀᆡ/남ᄀᆡ셔…

나모가래 명 넉가래. ☞가럭. 가래 ¶나모가래:木杴(譯解下8).

나모겁질 명 나무껍질. ¶나모겁질 두:土 木根皮(註千25 土字註).

나모격지 명 나막신. ¶나모격지:木屐(四解下48 屐字註).

나모공이 명 나무의 옹이. 마디. ☞나모ㅅ공이 ¶나모공이:樹節子(同文解下44).

나모뎝·시 명 나무 접시. ☞뎝시 ¶나모뎝시:木楪子(飜老下33).

나모라다 동 나무라다. ☞나무라다. 나므라다 ¶그 사ᄅᆞᆷ이 나모라면(閑中錄386).

나모밑 명 나무의 밑동. ¶나모밑 듀:株(類合下50).

나모·뷔·다 동 나무를 베다. 나무하다. ¶나모뷜 쵸:樵(訓蒙中2).

나모브·틧ᄀᆞ숨 명 나무붙잇감(木材料). ¶나모브틧ᄀᆞ숨:木料(朴集中2).

나모빈혀 명 나무비녀. ¶나모빈혀와 뵈치마로(女範2).

나모빨기 명 나무딸기. 고무딸기. 복분자딸기. ☞나모ᄠᆞᆯ기 ¶나모빨기:覆盆子(東醫 湯液二 果部).

나모ᄠᆞᆯ기 명 나무딸기. 고무딸기. 복분자딸기. ☞나모빨기 ¶나모ᄠᆞᆯ기:覆盆子(方藥41).

나모ㅅ결 명 나뭇결. 나무의 결. ¶나모ㅅ결:木理(譯解補51).

나모ㅅ공이 명 나무의 옹이. ☞나모공이 ¶나모ㅅ공이:木節子(譯解補51).

나모·신 명 나막신. ☞나모격지 ¶天台 寒山子ᄂᆞᆫ 양지 여위시들오…봇 거플로 곳갈 ᄒᆞ고 나모신 ᄯᅳᆺ고(南明下8).

나모긑 명 나무 끝. 나뭇가지의 끝. ☞나못긑 ¶나모긑 쵸:梢(倭解下28).

나모잔 명 나무잔. ¶나모자ᄂᆞ로 믈 건나매:杯渡(初杜解9:24).

나모쥬게 명 나무 주걱. ☞나모쥭 ¶나모쥬게:檊杓(朴解中11. 譯解下13).

나모쥭 명 나무 주걱. ☞나모쥬게 ¶나모쥭 쟉:杓(訓蒙中19).

나모진 명 나무진. 나무의 진액. ¶나모진:樹津(同文解下44).

나모혹 명 나무 혹. ¶나모혹:木癭(譯解補51).

나모활 명 나무활. ¶나모활:木弓(漢淸5:4).

나모ᄒᆞ·다 동 나무하다. ¶네 나모ᄒᆞ며 믈길이예 ᄌᆞ부ᄅᆞᆯ 돕노니:助汝薪水之勞(宣小6:85). 나모ᄒᆞᄂᆞᆫ 사ᄅᆞᆷ:樵夫(同文解上13).

나못것 명 나무 껍질. 목피(木皮). ☞나모겁질 ¶仙人ᄃᆞᆯ히 다 나못것과 닙과로 옷ᄒᆞ야 닙고(釋譜3:p.132).

나못긑 명 나무 끝. ☞나모긑 ¶나못긑 표:標(類合下38). 나못긑 쵸:杪(類合下57).

나못·닙 명 나뭇잎. ¶나못닙도 머그며 ᄇᆞᄅᆞᆷ도 마시며(釋譜24:26).

나무 명 남의. ¶너도 나무 집 귀한 ᄯᅡᆯ이로다(春香傳64).

나무 명 나무. ☞나모 ¶나무 슈:樹(註千6). 여기 ᄉᆞᄅᆞᆷ 일을 비화 고기낙기 나무뷔기(萬言詞). 나무:木(柳氏物名四 木). 나무시:柴(兒學上4). 나무:木(兒學上5).

나무라다 동 나무라다. ☞나모라다. 나므라다 ¶간난 직희믈 나무라되(敬信16).

나무라ᄒᆞ다 동 나무라다. ☞나무라다 ¶나무라ᄒᆞᆯ 단:短(註千8).

나무신 명 나막신. ☞나모신 ¶나무신 극:屐(兒學上12).

나무조각 명 나무의 조각. 나무쪽. ¶나무조각 판:版(兒學上10).

나무하다 동 나무하다. ☞나모ᄒᆞ다 ¶나무할 쵸:樵(兒學下5).

나문 명 나문(拿問). 죄인을 잡아다가 죄상을 심문함. ¶됴정의셔 나문ᄒᆞ고 ᄯᅩ 쇼싱을 잡으려 ᄒᆞ미(引鳳簫1).

나물 명 나물. ☞ᄂᆞᄆᆞᆯ. ᄂᆞᄆᆞᆯ ¶나물:菜(柳氏物名三 草). 나물 소:蔬(兒學上5).

나물밧 명 나물밭. ☞ᄂᆞᄆᆞᆯ밧 ¶나물밧 포:圃(兒學上5).

나·므·라·다 동 나무라다. ☞나므래다. 나ᄆᆞ라다. 흔나므라다 ¶이런 화를 네 다하 므스글 나므라ᄂᆞᆫ다(飜老下31). 나므라ᄂᆞ니아

이 사는 님재라:駁彈的是買主(朴解中38). 公木을 다 나므라고(新語4:11).

나므래다 동 나무라다. ☞나므라다 ¶불법 나므랜 죄로 디옥의 든다 ᄒᆞ시니:毁謗佛法則入地獄(普勸文9).

-나믄 접미 -여(餘). -넘은. ☞-나ᄆᆞᆫ. -라ᄆᆞᆫ ¶져근덧에 두 되나믄 개암을 이긔어다(朴解下28).

나ᄆᆞ니 명 나머지. 남은 것. ¶나ᄆᆞ니란 형데ᄅᆞᆯ 준대:餘皆推與兄弟(東續三綱. 孝19).

나·ᄆᆞ·라·다 동 나무라다. ☞나므라다. 나므래다 ¶衰老ᄅᆞᆯ 나ᄆᆞ라고(月釋13:25). 三寶ᄅᆞᆯ 허러 나ᄆᆞ라거니와(月釋21:39). 제 모ᄆᆡ 衰코 늘고ᄆᆞᆯ 나ᄆᆞ라고:貶己衰老(法華2:213). ᄂᆞᄆᆡ 옷과 일언 그르슬 나ᄆᆞ라디 말며:毋訾衣服成器(宣賜內訓1:9). 부톄 布施ᄅᆞᆯ 나ᄆᆞ라샤:佛訶布施(金三3:44). 衣服과 인 그릇슬 나ᄆᆞ라디 말며:毋訾衣服成器(宣小3:13).

나ᄆᆞ·티·다 동 넘어뜨려 치다. 쳐 넘어뜨리다(擊倒). ¶太子ᄂᆞᆫ ᄒᆞ오사 象ᄋᆞᆯ 나ᄆᆞ티며 바ᄃᆞ시고(月印上15). 太子ᄂᆞᆫ 象ᄋᆞᆯ 드러 城 나ᄆᆞ티시고 미처 ᄃᆞ라가 바다 알피 아니디게 ᄒᆞ시니라(釋譜3:24).

-나·ᄆᆞᆫ 접미 -여(餘). -넘은. ☞-나믄. -라ᄆᆞᆫ ¶一千나ᄆᆞᆫ 사ᄅᆞ미 出家ᄒᆞ고(月釋2:76). 德을 싸ᄒᆞᆫ 일ᄇᆡᆨ나ᄆᆞᆫ ᄒᆡ예ᅀᅡ:積德百餘年而(宣小5:80).

나박김치 명 나박김치. ☞나박팀ᄎᆡ ¶나박김치:閉甕菜(物譜 飮食).

나박팀ᄎᆡ 명 나박김치. ☞나박김치 ¶또 쉰무수 나박팀칫 구글(簡辟15).

나벋나벼디 부 납작납작하게. ¶나벋나벼디 사ᄒᆞ라:切作片子(救簡1:8).

나봇·기·다 동 나부끼다. ☞나봇피다. 나붓기다 ¶넉슨 蜃氣ㅅ 미쳇ᄂᆞᆫ 樓에 나봇기ᄂᆞ다:魂飄結蜃樓(初杜解8:45).

나봇피다 동 나부끼다. ☞나봇기다 ¶나봇필 표:飄. 나봇필 요:颻(光千33).

나·뵈 명 나비. ☞나뷔. 나뵈 ¶ᄆᆡ햇 받이러믄 나뵈 ᄂᆞᆫ ᄃᆡ 니엣거ᄂᆞᆯ:野畦連蛺蝶(初杜解15:32). 몰애 더우니 ᄇᆞᄅᆞᄆᆡᆺ 나뵈 ᄂᆞ죽ᄒᆞ고:沙暖低風蝶(初杜解23:20).

※나뵈>납ᄋᆡ>나븨>나뷔>나비

나부 명 나비. ☞나비 ¶ᄇᆡᆨ셜 갓튼 힌 나부 웅봉ᄌᆞ접은(春香傳39).

나붓기다 동 나부끼다. ☞나봇기다 ¶고은 ᄌᆡ질은 나붓기ᄂᆞᆫ ᄇᆞᄅᆞᆷ을 두려ᄒᆞᄂᆞᆫ도다(太平1:37).

나뷔 명 나비. ☞나뵈. 나ᄫᅵ ¶나뷔야 靑山에 가쟈(古時調. 靑丘). 나뷔되야 ᄂᆞ다ᄂᆞᆫ다(古時調. 靑丘). 나뷔:蛾(柳氏物名二 昆蟲). 등잔불 치ᄂᆞᆫ 나뷔 져 죽을 쥴 아라시면(萬言詞). 나뷔 뎝:蜨(兒學上8).

나븨 명 나비(蝶). ☞나뷔. 나ᄫᅵ ¶누에 나븨(瘟要上49). 쏫 보고 춤츄ᄂᆞᆫ 나븨ᄅᆞᆯ 다 잡으려 ᄒᆞ더라(古時調. 一生에. 靑丘). 나븨:蝴蝶兒(同文解下42). 나븨:小蝴蝶(漢淸14:52). 나븨:蛺蝶(物譜 飛蟲).

나·비 명 원숭이가. (‘납’+주격조사‘-이’) 독납 ¶나비 우러도 ᄀᆞᅀᆞᆯ 눖므리 업고:猿鳴秋淚缺(重杜解3:54). 窮迫ᄒᆞᆫ 나비 우르ᄂᆞᆺ다:窮猿呼(杜解8:22). 대수프렛 나비 날爲ᄒᆞ야 ᄆᆞᆯᄀᆞᆫ 나지셔 우ᄂᆞ다:竹林猿爲我啼淸晝(杜解25:28).

나·ᄇᆞᆫ 명 원숭이는. 독납 ¶믌돌근 雙雙이 춤츠고 나ᄇᆞᆫ 골포 ᄃᆞᆯ엿도다:鸂鶒雙雙舞獼猴壘壘懸(初杜解20:2).

나ᄫᅩᆺ기다 동 나부끼다. ☞나봇기다 ¶ᄀᆞᄅᆞᄆᆡᆺ 구루미 누네 어즈러이 나ᄫᅩᆺ기ᄂᆞᆺ다:江雲亂眼飄(重杜解12:30). 두 그르메 속절업시 나ᄫᅩᆺ기ᄂᆞᆺ다:雙影漫飄颻(杜解14:25). 나ᄫᅩᆺ길 표:飄(類合下17).

나·ᄫᅵ 명 ①나비. ¶나ᄫᅵ 브레 드ᄃᆞᆺ ᄒᆞ야(釋譜11:35). 벌에 나ᄫᅵ ᄃᆞ외면(楞解7:83). 누에 나ᄫᅵᄅᆞᆯ 소고매 ᄉᆞᆯ마:鹽煮蠶蛾(永嘉上22). 곧 ᄂᆞᄂᆞᆫ 나ᄫᅵ로 ᄒᆞ여 密近케 ᄒᆞᄂᆞ니라:轉使飛蛾密(重杜解2:60). 나ᄫᅵᄅᆞᆯ 티고:捎蝶(杜解15:11). 나ᄫᅵ 협:蛺. 나ᄫᅵ 뎝:蝶. 나ᄫᅵ 아:蛾(訓蒙上21). 나ᄫᅵ 호:蝴. 나ᄫᅵ 뎝:蝶(類合上15). 나ᄫᅵ 아:蛾(類合上16). ②나비가. ¶ᄇᆞᄅᆞ미 가ᄫᅵ야ᄫᅩ니 힌 나ᄫᅵ 깃거ᄒᆞ고:風輕粉蝶喜(杜解21:6).

나·ᄫᅵ 명 원숭이의. (‘납’+관형격조사‘-ᄋᆡ’) 독납 ¶似量이 나ᄫᅵ ᄆᆞᅀᆞᆷ 봄놀이고:似量騰於猿心(圓覺序64). 나ᄫᅵ 놀내 ᄃᆞ로ᄆᆞᆯ 기우시 놀라고:側驚猿猱捷(重杜解1:58). 어린 나ᄫᅵ:癡猿(金三2:44).

나사가다 동 나아가다. ☞나ᅀᅡ가다 ¶나ᄆᆞᆯ 보고 滅의 나사가ᄂᆞ니ᄂᆞᆫ 聲聞의 見解ㅣ오:見生趣滅聲聞見(龜鑑38).

나소 부 나아가. ☞나ᅀᅩ ¶粉壁紗窓 月三更에 傾國色에 佳人을 만나 翡翠衾 나소 긋고 琥珀枕 마조 베이고 잇ᄀᆞ지 서로 즐기ᄂᆞᆫ 양(古時調. 靑丘).

나소덥다 동 내어 덮다. ¶翡翠衾 나소덥고 鴛鴦枕 도도 베고(古時調. 歌曲).

나솟다 동 솟아나다. ¶일홈이 후셰에 나솟ᄂᆞ니라:名揚於後世(三略下13).

나슈다 동 드리다. ¶왕손을 슬피 녀겨 밥을 나슈니(女四解4:44).

나시 명 냉이. ☞나ᅀᅵ. 나이 ¶두루믜나시 씨:葶藶(經驗).

-·나시·니 어미 -시니. (‘오다’의 어간 ‘오-’에 붙는 어미(語尾).) ¶네 아릐 일즉 셔울 녀러 오나시니:你在先也曾北京去來(飜

老上60).

-·나시·ᄂᆞᆯ 어미 -시거늘. 〔'오다'의 어간(語幹) '오-'에 붙는 어미(語尾).〕 ¶부톄 오나시ᄂᆞᆯ 보ᅀᆞᄫᅡ ᄉᆞᆯᄫᅩᄃᆡ(釋譜6:44). 分身地藏이 다 모다 오나시ᄂᆞᆯ(月釋21:3). 世尊ㅅ긔 오나시ᄂᆞᆯ(月釋21:7). 公이 오나시ᄂᆞᆯ(宣賜內訓序5). 先師 孔子ㅅ긔 졔ᄒᆞ시고 도라오나시ᄂᆞᆯ:祀先師孔子還(重內訓2:98).

-·나시·든 어미 -시거든. -시매. 〔'오다'의 어간 '오-'에 붙는 어미(語尾).〕 ☞-거시든 ¶西에 오나시든 東鄙 ᄇᆞ라ᅀᆞᄫᆞ니:我西日來東鄙竚望(龍歌38章).

나:삽·다 동 낳으시다. ☞나타 ¶如來를 나ᄊᆞᄫᆞ실쎠(釋譜11:24). ᄒᆞᆫ 겨지블 나ᄊᆞᄫᆞ니라(釋譜11:25). 太子ᄅᆞᆯ 나ᄊᆞᄫᆞ시니(月釋21:211).

나·ᅀᅡ·가·다 동 나아가다. ☞나사가다 ¶ᄒᆞᄫᅡ 나ᅀᅡ가샤:輕騎獨詣(龍歌35章). 棺 알ᄑᆡ 나ᅀᅡ가 禮數ᄒᆞ시고(釋譜23:28). 내 하더러ᄫᅥ 사ᄅᆞ미 몯 나ᅀᅡ가리라(釋譜24:50). 日月宮殿이 머므러 이셔 나ᅀᅡ가디 아니ᄒᆞ며(月釋2:32). 믈와 묻과애 다 나ᅀᅡ가리라:水陸並進也(蒙法38). 달오ᄆᆞᆫ 빗기 닐오매 나ᅀᅡ가니:異就橫說(圓覺上一之二111). 靈芝蘭草애 나ᅀᅡ감ᄀᆞ티 ᄒᆞ고:如就芝蘭(宣賜內訓1:24). 옷깃 녀미오 길 녀매 나ᅀᅡ가놋다:斂衽就行役(初杜解8:20). 수이 곧 길헤 나ᅀᅡ가놋다:容易卽前程(初杜解23:1). 나ᅀᅡ가 거의 ᄉᆡ십 리만 ᄯᅡ해 다ᄃᆞ리:往前赶到約二十里地(飜老上29). 나ᅀᅡ갈 취:就(類合下36). ᄲᆞᆯ리 거러 나ᅀᅡ가실 제 ᄂᆞᆯ개 편 ᄃᆞᆺᄒᆞ더시다:趨進翼如也(宣小2:38). 나ᅀᅡ갈 제ᄂᆞᆫ 굽은ᄒᆞ고:進則揖之(宣小3:18). ※나ᅀᅡ가다>나아가다

나·ᅀᅡᄫᅵ홈 동 나가서 배움. ¶나ᅀᅡᄫᅵ호ᄆᆞᆯ 가ᄇᆡ야이 너기며 슬희여 ᄒᆞ리와:輕厭進習者(圓覺上一之一90).

나·ᅀᅡ오·다 동 나아오다. 가까이 오다. ¶나ᅀᅡ오던댄 목숨 기트리잇가:如其進犯性命奚遺. 置陣이 ᄂᆞᆷ과 다ᄅᆞ샤 아ᅀᆞᄫᆞ디 나ᅀᅡ오니:置陣異他知亦進當(龍歌51章).

나·삼 부 나아. 나아가. ☞낫다 ¶더 나삼 드러:示增進(楞解1:21).

나·소 부 나아가. ☞나소 ¶부텨 向ᄒᆞᅀᆞᄫᅡ ᄒᆞᆫ 거름 나소 거름만 몯ᄒᆞ니라(釋譜6:20). 다시 댓그테 어윈 거르믈 나소 드듸여ᅀᅡ:更進竿頭闊步(蒙法21). 곧 그 ᄣᅢ 乘ᄒᆞ야셔 나소 거룸디니라:便宜乘時進步(蒙法41).

나·소·다 동 ①나수다. 나아가다. ☞나ᅀᆞ다. 낫다 ¶舍利ᄂᆞᆫ 몯 나소리어다(釋譜23:54). 通커든 나소고(月釋14:76). 쉬오져 願ᄒᆞᄂᆞᆫ 사ᄅᆞᄆᆞᆯ 거리처 나소아:願息之人而進之(法華3:83). 갓ᄀᆞᆫ 보ᄆᆞᆯ 펴 니ᄅᆞ샤 달애야 나소샨 고디라(法華3:180). 나소ᄆᆞᆫ 凡이 佛와 ᄀᆞᆮ호미오(圓覺上二之三5). 無間業ᄋᆞᆯ ᄡᅧ 나소디 아니코져 ᄒᆞ린댄:欲得不招無間業(蒙法58). 德을 나소아 두루 디내여 ᄡᅳᆯ 고ᄃᆞᆯ 아라 ᄒᆞ시ᄂᆞ니라:進德知歷試(初杜解16:19). 어디닐 알오 나소디 아니ᄒᆞ면:知賢不進(宣賜內訓2上23). 어디닐 나소고:進賢(宣賜內訓2上23).
②드리다. 진상(進上)하다. ☞나ᅀᆞ다 ¶如來ㅅ 舍利ᄂᆞᆫ 몯 나소리어라(釋譜23:54). 내 이 고졸 나소리니 願ᄒᆞᆫᄃᆞᆫ 내 生生애 그딧 가시 ᄃᆞ외아지라(月釋1:11). 나소샤ᄆᆞᆯ 가졸비니라(法華2:197). 날회여 잔 자바 나소마:慢慢的把盞(飜朴上48).

나소·다 동 낫다. ☞낫다 ¶火化호ᄆᆡ 나소미 ᄀᆞᆮ디 몯ᄒᆞ며:不若火化之愈矣(法華6:155).

나소믈·림 동 나아감과 물러남. 진퇴(進退). ☞나솜. 믈리다 ¶權은 저욼ᄃᆞ림쇠니 ᄒᆞᆫ 고대 固執디 아니ᄒᆞ야 나소믈림ᄒᆞ야 맛긔 ᄒᆞᆯ 씨오(釋譜13:38).

나·소·오·다 동 대접(待接)하다. ¶네 나ᄅᆞᆯ 나소와 더르게 ᄒᆞ야 다고려:你饋我饡短些(飜朴上18).

나소혀·다 동 내어 끌다. ¶나소혀 볼딘댄 내 모매 ᄀᆞᄃᆞᆨᄒᆞ야 잇ᄂᆞ니(七大2).

나·솜 동 나아감. ㉮나소다 ¶ᄂᆞ외야 나소ᄆᆞᆯ 求티 아니ᄒᆞ니라:不復求進也(法華2:180). 닷가 나소ᄆᆞᆯ 펴 버리샤ᄃᆡ:敷列修進(法華6:117). 나소ᄆᆞᆫ 凡이 佛와 ᄀᆞᆮ호미오(圓覺上二之三5).

나·ᅀᅵ 명 냉이. ☞나시 ¶뉘 엿귀를 ᄡᅳ다 니ᄅᆞᄂᆞ뇨 ᄃᆞ로미 나ᅀᅵ ᄀᆞᆮ도다:誰謂荼苦甘如薺(初杜解8:18). 나ᅀᅵ:今俗語薺菜(四解上27 薺字註). 나ᅀᅵ 졔:薺(訓蒙上14). ※나ᅀᅵ>나이>냉이

나·ᅀᅵ 부 나아가게 하여. ¶나ᅀᅵ 간 고디 念 여희요미니:所造離念(圓覺上二之三47).

나·ᅀᆞ·다 동 ①나아가다. ☞나소다. 낫다 ¶부텻 알ᄑᆡ 나ᅀᅡ 드ᄅᆞ샤(釋譜11:17). 나ᅀᆞ면 어루 큰 法 니ᄅᆞ며(法華2:216). 나ᅀᅡ 맛고ᄆᆞᆯ 닐오ᄃᆡ 成이오:進脩曰成(圓覺下一之二41). 나ᅀᆞ며 믈으며 두루 돌오ᄆᆞᆯ 반ᄃᆞ시 禮예 맛게 홀디니:進退周還必中禮(宣小3:19). 이톄로 므르명 나ᅀᆞ명 네 번 합젼ᄒᆞ매 니르러 힘이 궁ᄒᆞ여 주그니라(東新續三綱. 忠1:12).
②드리다. 진상(進上)하다. ☞나소다 ¶十二月ㅅ 분디남ᄀᆞ로 갓곤 아으 나ᅀᆞᆯ 盤잇져 다호라(樂範. 動動). ※나ᅀᆞ다>나ᄋᆞ다

나ᅀᆞ리 명 나리. ¶進賜 나ᅀᆞ리 堂下官尊稱也(吏讀). 宗親曰進賜(中宗實錄7:54). 謂內官曰進賜凡人稱王子宗屬等曰進賜尊之之辭(中宗實錄10:63).

·나·아가·다 동 나가다. ☞나가다 ¶ ᄂᆞᆷ이 나아간ᄃᆞᆯ 百姓ᄃᆞᆯ히 ᄂᆞᆷᄋᆞᆯ 다 조ᄎᆞ니(月印上4). 道理 ᄇᆡ호라 나아가샤 瞿曇婆羅門을 맛나샤(月釋1:5).

나·아가·다 동 나아가다. ☞나사가다. 나ᅀᅡ가다 ¶ 先生ᄋᆞᆯ 길헤 만나 ᄲᆞᆯ리 거러 나아가 바ᄅᆞ 셔:遭先生於道趨而進正立(宣小2:58). 도 잇ᄂᆞᆫ ᄃᆡ 나아가 질졍ᄒᆞ면:就有道而正焉(宣小3:7). 녀름에 서ᄂᆞᆯᄒᆞᆫ ᄃᆡ 나아가디 아니ᄒᆞ며:夏不就淸涼(宣小6:29). 알ᄑᆡ 갇가이 나아가 듣ᄌᆞ와(女四解2:14). ᄒᆞᆫ 거름 나아가(武藝圖1). 나아갈 쟝:將(註千21). 나아갈 즉:卽(註千31).

나·아·오·다 동 나오다. 〔'나아〈進〉'+'오다〈來〉'〕 ¶ 아비 번을 보아 나아오라 닐ᄋᆞ디 아니커든:見父之執不謂之進(宣小2:57). 술이 나아오나ᄃᆞᆫ 니러 尊 노ᄒᆞᆫ 곧ᄋᆡ 가 절ᄒᆞ고 받오ᄃᆡ:酒進則起拜受於尊所(宣小2:62).

·나·아·ᄒᆞ니·다 동 나다니다. ¶ 出은 나아ᄒᆞ닐 씨라 處는 나아ᄒᆞ니디 아니ᄒᆞ야 ᄀᆞ마니 이실 씨라(釋譜序2).

·나:알·다 동 나면서 알다. ¶ 天然ᄒᆞᆫ 나아ᄂᆞᆫ 양ᄌᆞ로소니:天然生知姿(初杜解24:36).

나암나암 부 차츰차츰. ☞나옴나옴히 ¶ 능히 화케 호ᄃᆡ 효도로 ᄡᅥ ᄒᆞ샤 나암나암 다ᄉᆞ라:克諧以孝烝烝乂(宣小4:7).

·나·약ᄒᆞ·다 형 나약(懦弱)하다. ¶ 본ᄃᆡ 怯ᄒᆞ고 나약ᄒᆞᆫ 이ᄂᆞᆫ:素怯懦者(宣小5:107).

나여가다 동 내어가다. ¶ 나여가라 ᄒᆞᄂᆞᆫ고(新語4:16).

·나오·다 동 나오다. ¶ 므스므라 바ᄆᆡ 나오나뇨 ᄒᆞ야(釋譜6:19). 東土애 나와(釋譜24:5). 부텨 門ᄋᆡ 와 겨시다 듣고 보ᅀᆞᄫᆞ려 나올 ᄶᅥᄀᆡ(月釋7:7). 有情의 ᄒᆞᆫᄢᅴ 나온 神靈이 제 지ᅀᅮᆫ 罪며(月釋9:50). 對티 아니코 나와 ᄡᅥ 母의게 고ᄒᆞᆫ대(女四解4:11). 나오다:進(同文解上51).

나·오·다 동 드리다. 진상(進上)하다. ☞나ᅀᅩ다 ¶ 고기란 다시 나오디 아니ᄒᆞ니:魚肉不更進也(宣小6:5). 다리 고기ᄅᆞᆯ 버혀 나오니:割股肉進之(東新續三綱. 孝1:11 尉貂割股). 손가락 버혀 약의 ᄲᅡ ᄡᅥ 나오니 병이 됴ᄒᆞ니라:斷指和藥以進病愈(東新續三綱. 孝2:85). 왕이 할지ᄒᆞ야 치ᄅᆞᆯ 나오오시ᄃᆡ(仁祖行狀3). 나올 진:進(倭解上29). ᄀᆡ핍ᄒᆞ시거든 밥을 나오고(女四解2:13). 보비ᄅᆞᆯ 구ᄒᆞ야 나오니(十九史略1:1). 나올 진:晋(註千24). 나올 고:皐(註千31). 나올 주:奏(註千32). 나올 어:御(註千35).

나오먹다 형 빛나다. ¶ 나오머글 려:麗(光千2).

나오치다 동 낚아채다. ¶ 뷔온 님 쏙 직어 믈니치ᄂᆞᆫ 갈고리 고온 님 촉 직어 나오치ᄂᆞᆫ 갈고리(古時調. 靑丘).

나·오·혀·다 동 인접(引接)하다. ¶ 모ᄃᆞᆫ 션비ᄅᆞᆯ 나오혀 告ᄒᆞ야 ᄀᆞᆯ오ᄃᆡ:引諸生告之曰(宣小6:7).

나온 관 즐거운. ☞라온 ¶ 이제 幸혀 나온 나라해 져고맛 모ᄆᆞᆯ 치노라:今幸樂國養微軀(初杜解9:31). 나온 君子ㅣ여 福과 履ㅣ 綏之ᄒᆞ놋다:樂只君子福履綏之(詩解1:5).

나온댜 감 즐겁도다. ¶ 나온댜 今日이야 즐거온댜 오ᄂᆞᆯ이야(古時調. 金絿. 靑丘).

나옴나옴히 부 차츰차츰. ☞나암나암 ¶ 나옴나옴히 다ᄉᆞ리샤:烝烝乂(十九史略1:6).

나옷치다 동 낚아채다. ¶ 고온 님 촉 직어 나옷친은 갈골아 쟝쟐이(古時調. 뮈온님 쏙 직어. 海謠).

나으다 동 바치다. ¶ 諺譯ᄒᆞ야 ᄡᅥ 나으게 ᄒᆞ고:諺譯以進(女四解序5).

나의 명 나이〔年〕. ☞나 ¶ 엇디 보니 형의 나의 엇디 보니 아의 나의(쌍벽가).

나이 명 냉이. ☞나ᅀᅵ ¶ ᄃᆞ로미 나이 ᄃᆞᆯ도다:甘如薺(重杜解8:18). 나이ᄅᆞᆯ 먹고 뇨긔ᄒᆞ니라:啖薺療飢(救荒補14). 나이 졔:薺(詩解 物名4). 나이 져:薺(兒學上5).

나이 부 낫게. ¶ 엇디 ᄒᆞᆫ 江山을 가디록 나이 너겨(松江. 星山別曲).

나ᄋᆞ라 동 드리러. 진상(進上)하러. ㉠ 낫다 ¶ 德이여 福이라 호ᄂᆞᆯ 나ᄋᆞ라 오소이다 아으 動動다리(樂範. 動動).

나올 명 나흘. ☞나ᄋᆞᆯ ¶ 사ᄋᆞ리어나 나ᄋᆞ리어나(月釋7:71). 사ᄋᆞ리어나 나ᄋᆞ리어나 다ᄉᆡ어나:若三日若四日若五日(阿彌17).

나작이 부 나직이. ¶ 강셩ᄒᆞ거든 나작이 ᄒᆞ고(三略上10).

나·잘 명 반날〔半日〕. ¶ 나잘만 두면:停半日(救急下71). 한 브레 ᄉᆞ라 나잘만 ᄒᆞ야:大火煆半日(救簡1:112). ᄒᆞᆫ 나잘 가리:一晌田(同文解下1).

·나·져·바:며 부 밤낮으로. ¶ 제 사오나온 이를 고텨 나져바며 혜아려(飜小8:14).

나젼대 명 자개로 꾸민 담뱃대. ¶ 安岩山 ᄎᆞ돌 一番 부쇠 나젼대 귀지삼이(古時調. 寒松亭. 靑丘).

나조 명 저녁. ☞나죄 ¶ 나조ᄒᆡ 므레 가(釋譜13:10). 그저긔 粳米ᄅᆞᆯ 아ᄎᆞᆷ 뷔여든 또 나 나조히 닉고 나조히 뷔여든 또 나 아ᄎᆞᄆᆡ 닉더니(月釋1:45) 나조히 鬼神 爲ᄒᆞ야 說法ᄒᆞ시고(月釋2:26). 西ᄉᆞ녀긔 가면 나조ᄒᆡᆯ씨(月釋2:50). 頹ᄂᆞᆫ ᄒᆡ디둠 ᄃᆞᆫᄒᆞ니 나조ᄒᆞᆯ 니ᄅᆞ니라:頹如日頹言晩暮也(楞解2:5). 나조ᄒᆡ 므레 가 자ᄂᆞ니:暮歸水宿(楞解9:34). 처ᅀᅥᆷ 歡樂ᄒᆞ던 나조ᄒᆞᆫ 노ᄑᆞᆫ ᄀᆞᅀᆞᆯᄒᆡ 서ᄂᆞᆯᄒᆞᆫ 氣運이 ᄆᆞᆰ더라:初歡夕高秋爽氣澄(初杜解8:9). ᄂᆞᄂᆞᆫ 하야로비ᄂᆞᆫ 나조히 悠悠ᄒᆞ도

다:飛鷺晚悠悠(杜解9:38). 나조히 뭇도록 刀斗를 티느니:竟夕擊刀斗(杜解10:20). 나조히 니르러ᅀᅡ 믈러가라:至晡乃退(呂約41). 나조히 미처 또 니ᄅ샤:及莫又至(宣小4:11). 오늘 나조ᄒᆞᆫ 엇던 나조코:今夕何夕(重杜解11:39). 아ᄎᆞᆷ 나조히:早起晚夕(老解下42). 아ᄎᆞᆷ에 採山ᄒᆞ고 나조히 釣水ᄒᆞ새(丁克仁. 賞春曲).

※ '나조'의 첨용 ┌ 나조 └ 나조히/나조ᄒᆞᆫ/나조ᄒᆞᆯ…

나조ㅅ겻 명 저녁 나절. 초저녁. ¶나조ㅅ겻:傍午(譯解補3. 漢淸1:27).

나조코 명 저녁인고. 저녁인가. 독나조 ¶오늘 나조ᄒᆞᆫ 엇던 나조코(重杜解11:39).

나조히 명 저녁이. 〔ㅎ 첨용어 '나조'의 주격(主格).〕 독나조 ¶나조히 뭇도록 刀斗를 티느니:竟夕擊刀斗(杜解10:20).

나조·ᄒᆞᆫ 명 저녁은. 독나조 ¶雲霧를 헤틴 ᄃᆞᆺᄒᆞ야 처ᅀᅥᆷ 歡樂ᄒᆞ던 나조ᄒᆞᆫ 노ᄑᆞᆫ ᄀᆞᅀᆞᆯ히 서늘ᄒᆞᆫ 氣運이 ᄆᆞᆰ더라:披霧初歡夕高秋爽氣澄(初杜解8:9). 오늘 나조ᄒᆞᆫ 엇던 나조코:今夕何夕(重杜解11:39).

나조·ᄒᆞᆯ 명 저녁을. 〔ㅎ첨용어 '나조'의 목적격(目的格).〕 독나조 ¶나조ᄒᆞᆯ 니ᄅᆞ니라(楞解2:5). ᄀᆞᅀᆞᆯ 슬후믈 나조ᄒᆞᆯ 向ᄒᆞ야 ᄆᆞ놋다:悲秋向夕終(初杜解10:38).

나조·히 명 저녁에. 독나조 ¶幽深ᄒᆞᆫ 남ᄀᆞᆫ 나조히 고지 하도다:幽樹晚多花(初杜解7:7). ᄂᆞᄂᆞᆫ 하야로비ᄂᆞᆫ 나조히 悠悠ᄒᆞ도다:飛鷺晚悠悠(杜解9:38). 나조히 노ᄑᆞᆫ 樓를 비겨 눈 인ᄂᆞᆫ 뫼ᄒᆞᆯ 相對ᄒᆞ니:暮倚高樓對雪峯(杜解9:38). 나조히 單父臺예 올오라:晚登單父臺(杜解21:36). 아ᄎᆞᆷ에 採山ᄒᆞ고 나조히 釣水ᄒᆞ새(丁克仁. 賞春曲).

나죄 명 저녁. ☞나조 ¶나죄 주그믈 ᄃᆞ히 너기니(月釋18:32. 法華6:145). 아ᄎᆞᆷ 나죄 뵈더니(三綱. 孝8). 나죄마다 머리 조ᅀᅡ(三綱. 孝21). 나지 ᄆᆞᄀᆞ면 想이오 나죄 어드우면 夢이니:晝明則想夕暮則夢(楞解10:3). 나죗 치위 하도다:暮寒多(杜解10:3). 기픈 수픐 나죄히:深林晚(杜解15:56). 아ᄎᆞᆷ 나죄로:朝夕(南明下2). ᄒᆞᄅᆞᆺ 나죄예셔 넘디 아니ᄒᆞ야 나리라:不過一夕(救簡6:27). 아ᄎᆞᆷ 나죄 울오:旦夕哭(續三綱. 孝1). 아ᄎᆞᆷ 나죄로 보와 경계ᄒᆞ노라:朝夕視爲警(飜小8:17). 나죄 셕:夕(訓蒙上2. 類合上3. 石千34). 나죄 포:晡(訓蒙下2). 나죄애 ᄃᆞ라(誡初17). 敢히 나죄를 當티 말올디니라:莫敢當夕(宣小2:51). ᄉᆞᆷ운 나죄 병ᄒᆞ얏더라(東三綱. 孝4). 아ᄎᆞᆷ의 비브를셔졍 나죄 비골흘 줄을 혜아리디 아니ᄒᆞᄂᆞᆫ고로(警民13). 나죗:晚(譯解上9).

나죄밥 명 저녁밥. ☞나죄ᄡᆞᆸ. 나죗밥 ¶여러 날 음식 긋쳐시니 나죄밥이 니로매 결의 믈리티고(女範4. 녈녀 님계왕녀).

나죄ᄡᆞᆸ 명 저녁밥. ☞나죄밥. 나죗밥 ¶나죄ᄡᆞᆸ이ᄂᆞᆫ 무수와 박만 ᄒᆞ야 먹더라:夕食齕蔔匏而已(飜小10:28).

나죗밥 명 저녁밥. ☞나죄밥. 나죄ᄡᆞᆸ ¶도ᄅᆞ혀 疑心호ᄃᆡ 柂樓ㅅ 미틔셔 나죗밥 먹고:飜疑柂樓底晚飯(初杜解15:7).

나죗·히 명 석양(夕陽). ¶뷘 수프레 나죗횟 비치 ᄃᆞᆯ엣도다:空林暮景懸(杜解7:4). 나죗히예 巴蜀이 幽僻ᄒᆞ니:暮景巴蜀僻(杜解8:16). 나죗히옌 ᄀᆞᄂᆞᆫ 프리 옷곳ᄒᆞ고:夕陽薰細草(杜解12:36).

나죵 명 나중. ☞내죵 ¶회 처엄 나죵이 업다 ᄒᆞ리오:孝無始終(東三綱. 孝1). 효도의 처엄이며 나죵이:孝之始終(警民33). 처음과 나죵을 오직 ᄒᆞᆫ골ᄀᆞᆺ티 ᄒᆞ면:始終惟一(女四解3:23). 우리도 새님 거러두고 나죵 몰라 ᄒᆞ노라(古時調. ᄒᆞᆫ눈 멀고. 靑丘). 나죵의 염습ᄒᆞᆯ 오ᄉᆞᆯ 샹ᄌᆞ의 녀허(女範4. 녈녀 딘실녈녀방시). 쳐음의 못 ᄒᆞ던 일 나죵은 다 ᄒᆡ혼다(萬言詞). 나죵 후:後(註千37).

나죵내 부 내내. 끝끝내. ☞내내. 내죵내 ¶나죵내 봉양 몯 ᄒᆞᆫ 일이 ᄒᆞᆫ홉다 ᄒᆞ고:恨不終養(東新續三綱. 烈2:26 張氏絶食). 나죵내:到底(同文解下49. 漢淸8:56). 나죵내 아니ᄒᆞ다(十九史略1:35). 나죵내 ᄒᆞᆫ번 니별은 ᄒᆞᆯ 거시니(女範2. 변녀 니시옥영).

:나죵·애 명 나중에. 독 나죵 ¶나죵애 다ᄃᆞ라:臨晚也(飜老下23). 나죵애:到頭(老朴集. 單字解7).

-나지라 어미 -아지라. ¶누의 지븨 잠간 녀러오나지라 ᄒᆞ야ᄂᆞᆯ:請暫詣妹家(三綱. 孝29 呉二免禍).

나직 명 나직(羅織). ¶대옥을 나직ᄒᆞ이미ᄒᆞᆫ 일을 비단 ᄧᆞ듯 겨러 민ᄃᆞ닷 말(仁祖行狀3).

나·친 명 난추니. ☞나친이 ¶나친:鴉鶻(訓蒙下15 鶻字註).

나친이 명 난추니. ☞나친 ¶나친이 쥰:隼(詩解 物名16). 나친이:鴉鶻(譯解下25). 나친이:鵶鶻(柳氏物名一 羽蟲).

나·타 동 낳다. ¶아ᄃᆞᆯ 나ᄒᆞ며 諸釋 아ᄃᆞᆯ도 또 나니이다(月印上9). 겨지비 아기 나ᇙ 時節을 當ᄒᆞ야(釋譜9:25). 나ᄒᆞᆫ 子息이 양ᄌᆡ 端正ᄒᆞ야(釋譜9:26). ᄯᆞ니ᄆᆞᆯ 나하 두고(釋譜11:25). 아ᄃᆞᆯ 나하ᄃᆞᆫ 나랏 位ᄅᆞᆯ 닛긔 코져(釋譜11:30). ᄒᆞᆫ ᄯᆞ님 나코(釋譜11:40). 아ᄃᆞᄅᆞᆯ 나하ᄂᆞᆯ(月釋8:101). 새 나ᄒᆞ니란 치마예 다마 이베 믈오(月釋10:24). 아ᄃᆞᄅᆞᆯ 나케 ᄒᆞ며(楞解6:32). 女人이 男女ᄅᆞᆯ 나티 몯ᄒᆞ야:若有女人未生男女(楞解7:55). 父母ㅣ 나ᄒᆞ시니(宣賜內訓1:44). ᄌᆞ셔 나하ᅀᅡ ᄀᆞᆺ 부모의 은혜를 안다 ᄒᆞᄂᆞ니라:養

子方知父母恩(飜朴上58). 나홀 면:娩. 나홀 산:産(訓蒙上33). 나홀 산:産(類合上12). 경과 녜를 다ᄒᆞ야 나ᄒᆞᆫ 어미나 달리 아니ᄒᆞ고:盡情禮無異所生(東新續三綱. 孝8:32). 슈고로이 날을 나ᄒᆞ샤:欲勞生我(警民1). 나흘 산:産(倭解上41. 兒學下5). 귀비를 그 고을의 가 나핫더니(明皇1:33).

나타 동 낳다[織]. ¶白越은 플로 나ᄒᆞᆫ 힌 뵈라(宣賜內訓2上48). 어믜 나ᄒᆞᆫ 헌 뵈적삼 니브니:著箇孃生破布衫(南明上31).

나타 동 나타나. ㉠낟다 ¶功이 ᄒᆞ마 나타:功用旣著(圓覺序24). ᄒᆞᆫ ᄃᆞ리 一切 므레 너비 나타(南明上20).

나·타·나·다 동 나타나다. ¶이 밦 燈 볼고매 나타난 두려운 光ᄋᆞᆫ:此夜燈明所現圓光(楞解2:80). 色ᄋᆞᆯ 因ᄒᆞ야 나타나미라:因色顯發也(楞解3:88). 嗟嘆이 나타날가 너기노이다(宣賜內訓2下59). 海印은 萬像이 나타나니 用이 조출씨 大道애 가줄비고(金三2:18). 나타날 뎌:著(類合上10). 나타날 챵:彰(類合下60). 나타날 현:顯(類合下62). 일ᄇᆡᆨ나믄 ᄒᆡ예사 비로소 내 거긔 나타나:百餘年而始發於吾(宣小5:80).

나·타:내·다 동 나타내다. ☞나토다. 나토오다 ¶父母ㅣ 怒ᄒᆞ거시든 ᄠᅳ데 짓디 아니ᄒᆞ며 ᄂᆞᆾ비체 나타내디 아니ᄒᆞ야:父母怒之不作於意不見於色(宣小4:20).

나·토·다 동 나타내다. ☞나타내다 ¶부텨 나샤ᄆᆞᆯ 나토아 金고지 퍼디ᅀᆞᄫᆞ니(月印上10). 더러ᄫᅳᆫ 거긔셔 微妙ᄒᆞᆫ 法을 나토며(釋譜13:33). 功德을 너비 나토샤(釋譜19:8). 圓記를 나토시고(釋譜19:25). 現은 나톨 씨라(月釋序5). 現은 나톨 씨니 ᄆᆞᄅᆞᆫ 거우루 ᄀᆞᆮᄒᆞ야 여러 가짓 양ᄌᆞ를 잘 나톨씨라(月釋1:34). 貪欲ᄋᆞᆯ 나토디 아니홀 씨오(月釋10:20). 精持를 나토샤리라(月釋17:78). 濟度호매 잇ᄂᆞᆫ 돌 나토니라(楞解1:26). 愛染을 여희여사 올ᄒᆞᆫ 돌 나토도다(楞解1:43). 著 이쇼미 몬홈 주를 나토아시ᄂᆞᆯ:顯(楞解1:73). 쟝ᄎᆞ 本來 볼고ᄆᆞᆯ 나토려 ᄒᆞ시논 젼ᄎᆞ로:將顯本明故(楞解1:78). ᄉᆞᆷᄉᆞᆷᄒᆞ야 話題ㅣ 알퓌 나토ᄃᆡ:惺惺話頭現前(蒙法42). 고ᄃᆞᆫ 臣下를 나토라(三綱. 忠7). 세흘 여르샤 ᄒᆞ나 나토샨 法이라:開三顯一之法也(法華5:53). 涅槃나토건뎡 實은 滅度 아니 ᄒᆞ노라(法華5:105). 顔色애 나토디 아니ᄒᆞ야:不見於色(宣賜內訓1:54). 내의 사오나온 德을 나토간 디니라:彰孤之不德也(宣賜內訓2上31). 義를 나톼 반ᄃᆞ시 手巾을 저지더라:義形必霑巾(初杜解24:25). 對ᄒᆞ야 나토미 分明ᄒᆞᆫ뎬(南明上1). 나톨 뎡:呈(類合下32). 이ᄂᆞᆫ 님금 사오나옴ᄋᆞᆯ 나토고:是彰君之惡(宣小4:25). 이ᄂᆞᆫ 내의 블덕을 나토미라(女範4. 녈녀초쇼월희).

나·토·오·다 동 나타내다 ☞나타내다. ¶微妙ᄒᆞᆫ 이를 나토오미 蓮ㅅ고지 더러ᄫᅳᆫ 므레 이쇼ᄃᆡ 조호미 ᄀᆞᆮ고(釋譜13:33). 내 안ᄒᆞ로브터 精誠 나토옴 ᄃᆡ 업고(三綱. 烈3). 話頭를 알퓌 나토오리니:話頭現前(蒙法25). 格ᄋᆞᆫ 나토온 法이라(金三4:28). ᄒᆞᄅᆞᆫ 얼구를 나토오ᄃᆡ:一日現形(六祖序21).

·나·틀·다 형 나이 들다. 나이 많다. ¶가ᄉᆞ멸며 ᄉᆡᆨᄉᆡᆨᄒᆞ야 므싀여ᄫᅳ며 智慧 기프며 나틀며 힝뎍 조ᄒᆞ며(月釋2:23). 나틀 기:耆(類合下9).

나·ᄐᆞ리·라 동 나타나리라. ㉠낟다 ¶自然히 話頭ㅣ 나ᄐᆞ리라:自然話頭現前(蒙法8).

나·ᄐᆞ·면 동 나타나면. ㉠낟다 ¶알퓌 나ᄐᆞ면:現前(永嘉下20). 眞이 나ᄐᆞ면:眞顯則(圓覺上二之三36).

·나평 명 납평(臘平). 납일(臘日). 납(臘) ¶나평 납:臘(訓蒙上2).

·나·해 명 나이에. 톡나 ¶늘근 나해 기장ᄋᆞ로 술 비주믈 뵈야고:衰年催釀黍(重杜解3:25). 衰殘ᄒᆞᆫ 나해 이 모ᄆᆞᆯ 고돌파 ᄃᆞ니노라:衰年强此身(初杜解7:18).

나·화 명 밀수제비. ¶나화 박:餺. 나화 탁:飥(訓蒙上20).

나흘 명 나이를. 톡나 ☞나홀 ¶네 ᄆᆞᆯ 나흘 모ᄅᆞᄂᆞᆫ 톳ᄒᆞ다:你敢不理會的馬歲(老解下7). 그적브터 나흘 혜니 ᄇᆞᆯ셔 ᄇᆡᆨ이 나맛더라(太平1:50).

·나히 명 나이가. [ㅎ 첨용어 '나'의 주격(主格).] 톡나 ¶太子 羅睺羅ㅣ 나히 ᄒᆞ마 아호빌씨(釋譜6:3). 나히 侵逼ᄒᆞ야 허리와 허튀왜 衰殘ᄒᆞ니:年侵腰脚衰(杜解9:15). ᄒᆞ오사 져믄 나히로다:獨妙年(初杜解21:7). 나히 열다ᄉᆞ새:壽年十五(佛頂下12). 형아 네 나히 엇머고:大哥你貴壽(老解上57). 이제 나히 늙고:今年老(五倫2:18).

나히 명 냉이. ☞나ᅀᅵ ¶나히:薺菜(譯解下11). 나히:甘薺菜(同文解下4). 나히:野薺菜(漢淸12:40).

나·히·다 동 낳게 하다. 조산(助産)하다. ¶ᄃᆞᆯ 촌 나래 아기 나히던 어미 와:滿月日老娘來(飜朴上56). 나히ᄂᆞᆫ 사ᄅᆞᆷ이 날회여 아기 발을 미러 ᄒᆞᆫ 겨트로 바ᄅᆞ티완고:收生者徐徐推其足就一邊直上(胎要23). 산모를 히여곰 젓바 누이고 나히ᄂᆞᆫ 사ᄅᆞᆷ이 ᄀᆞ만ᄀᆞ만 아기를 미러 티완고:令産母仰臥收生者輕輕推兒近上(胎要24). 네 ᄆᆞ리 집의셔 나힌 이가 본ᄃᆡ 사니가:你的馬是家生的那元買的(老解上14).

나ᄒᆞ다 동 나아가다[進]. ¶왼 겻히 홰를 자바 오륙 니 나ᄒᆞᆫᄃᆡ:左執炬五六里許(東新

續三綱. 孝2:69).

·나ᄒᆞ·로 [명] 나이로. (독)나 ¶나ᄒᆞ로 兄이라 推尊호ᄆᆞᆯ 더러요니(初杜解23:34).

나ᄒᆞᆫ날 [명] 나흔날〔四日〕. ¶나ᄒᆞᆫ날 아ᄎᆞᄆᆡ 成服ᄒᆞ기를 ᄯᅩ ᄀᆞ티 ᄒᆞ며(家禮7:14).

나·ᄒᆞᆯ [명] 나흘. ☞나ᄋᆞᆯ ¶열나ᄒᆞᄅᆞᆯ 밥 아니 머거 주그니:遂不復飮食積十四日死(三綱. 忠8). 병 어든 나ᄒᆞᆯ 닷쇗만의 머리와 몸이 아프며(辟新5).

·나ᄒᆞᆯ [명] 나이를.〔ㅎ 첨용어 '나'의 목적격(目的格).〕 (독)나 ¶너희 무른 어루 나ᄒᆞᆯ 닛고 사괴욜디로다:爾輩可忘年(杜解22:10).

낙 [명] 구실. 세(稅). 조세(租稅). ☞낛 ¶낙 셰:稅(石千28).

·낙 [명] 낙(樂). ¶낙이 만 가지리라:樂(野雲68). 낙ᄒᆞᆯ 락:樂(光千14).

낙거로 [명] 낚거루. 낚싯거루. ¶중거로며 낙거로ᄅᆞᆯ(漢陽歌).

낙거믜 [명] 납거미. ☞낙검의 ¶그 남긔 그 츩이 낙거믜 나븨 감듯 이리로 츤츤 져리로 츤츤(古時調. 님으란. 甁歌).

낙검의 [명] 납거미. ☞낙거믜 ¶낙검의 납의 감듯(古時調. 님으란. 海謠).

낙고다 [동] 낚아 내다. ¶먼듸 님 줄脈을 길게 ᄃᆡ혀 낙고아 올가 ᄒᆞ노라(古時調. 江原道 雪花紙를. 青丘).

낙낙ᄒᆞ다 [형] 낙락(樂樂)하다. ¶희희ᄒᆞᆫ 쇼어와 낙낙ᄒᆞᆫ 희히 능히 울회를 ᄀᆡ활케 ᄒᆞ니(落泉2:5).

낙낙ᄒᆞ다 [형] 낙낙(犖犖)하다. 꿋꿋하고 우뚝하다. ¶져 쇼년의 낙낙ᄒᆞᆫ 풍도로 그 굿기던 셜화를 드ᄅᆞᄆᆡ(落泉2:4).

낙다 [동] 낚다. ☞낛다 ¶낙ᄉᆞᆯ 됴:釣(光千39). 고기 낙기로 위업ᄒᆞ더니(太平1:31). 고기 낙 다:釣了(譯解補17). 낙글 됴:釣(註千39). 셰버들 柯枝 것거 낙근 고기 쒀여 들고(古時調. 青丘). 에제ᄂᆞᆫ 새 고기 낫거니 낙가 숨다 엇더리(古時調. 屈原 忠魂. 青丘). 여기 ᄉᆞ롬 일을 비화 고기 낙기 나무 뷔기(萬言詞). 압 언덕의 고기 낙아(萬言詞).

낙다 [형] 그렇다. 옳다. ¶셔쳔령이 웃어 가로대 낙다 ᄒᆞ고 스스로 새로 준마를 얻은지라(於于).

·낙·닥 [명] 희락(戲樂). ¶노폰 소리로 우숨 낙닥 말며:不得高聲戲笑(誡初5).

낙대 [명] 낚싯대. ☞낙ᄃᆡ ¶낙대 간:竿(倭解下15). 기나긴 낙대에 미ᄂᆞᆯ 업슨 낙시 ᄆᆡ야(古時調. 아희야. 青丘).

낙디 [명] 낙지. ¶낙디:小八梢魚(譯解下36). 낙디:小八梢(柳氏物名二 水族).

낙ᄃᆡ [명] 낚싯대. ☞낙대 ¶낙ᄃᆡ을 둘러메고 紅蓼을 헤혀 도러(蘆溪. 莎堤曲). 有斐君子들아 낙ᄃᆡ ᄒᆞ나 빌려ᄉᆞ라(蘆溪. 陋巷詞). 아희야 江湖에 봄이 드냐 낙ᄃᆡ 推尋ᄒᆞ리라(古時調. 安玟英. 笛 소리. 時調類). 낙ᄃᆡ의 줄 거두어 낙근 고기 ᄭᅰ여 들고(萬言詞). 어뷔 이 말 듯고 낙ᄃᆡ를 둘너메고(曺友仁. 出塞曲).

낙막ᄒᆞ다 [형] 낙막(落寞)하다. ¶마치 은ᄌᆞ 빅금만 내고 그도 도적 마ᄌᆞ니 동관인이 낙막ᄒᆞ여 ᄒᆞ더라(落泉1:3).

낙방ᄒᆞ다 [동] 낙방(落榜)하다. ¶본현 호강 ᄌᆞ제 만히 낙방ᄒᆞ여 당당ᄒᆞ고(落泉2:6).

낙시 [명] 낚시. ☞낛 ¶ᄀᆞᄂᆞᆫ 손으로 낙시를 드리오고:纖手垂鉤(太平1:2). 낙시:釣鉤(譯解上22). 낙시 미늘:鐖(物譜 佃漁). 낙시 됴:釣(倭解下15). 낙시 조:釣(兒學下5).

낙시갈고리 [명] 낚시 갈고리. ☞낙시갈구리 ¶낙시갈고리:釣魚鉤(漢淸10:26).

낙시갈구리 [명] 낚시 갈고리. ☞낙시갈고리 ¶낙시갈구리:鉤(柳氏物名二 水族).

낙시ᄃᆡ [명] 낚싯대. ☞낙대. 낙ᄃᆡ ¶발 가온 낙시ᄃᆡ라 죠혼 품 되리로다(萬言詞).

낙시밥 [명] 낚싯밥. 미끼. ☞낙시ㅅ밥. 낛밥 ¶낙시밥:下誘子(譯解上23).

낙시ㅅ대 [명] 낚싯대. ☞낙시ᄃᆡ. 낛대 ¶낙시ㅅ대:釣魚竿(漢淸10:26).

낙시ㅅ밥 [명] 낚싯밥. 미끼. ☞낙시밥. 낛밥 ¶낙시ㅅ밥:釣魚食(漢淸10:26).

낙시ㅅ줄 [명] 낚싯줄. ☞낙시줄. 낛줄 ¶낙시ㅅ줄:釣魚線(漢淸10:26).

낙시ᄡᅵ [명] 낚시찌. ☞낙시찌 ¶낙시ᄡᅵ:釣瓢子(柳氏物名二 水族).

낙시찌 [명] 낚시찌. ¶낙시찌:浮苴(物譜 佃漁). 낙시찌:跑鉤漂兒(漢淸10:27).

낙시줄 [명] 낚싯줄. ☞낙시ㅅ줄. 낛줄 ¶낙시줄:釣線(同文解下12).

낙ᄉᆞ [명] 낙사(樂事). ¶하간 샹님의 낙ᄉᆞ를 아지 못ᄒᆞᄂᆞᆫ지라(落泉1:1).

낙ᄣᅢ [명] 낚싯대. ☞낛대 ¶秋江 ᄇᆞᆰ은 ᄃᆞᆯ에 一葉舟 혼자 저어 낙ᄣᅢ를 ᄯᅥᆯ쳐든이(古時調. 金光煜. 海謠).

낙월 [명] 낙월(落月). 지는 달. ¶출하리 ᄉᆡ여디여 落月이나 되야 이셔(松江. 續美人曲).

낙이ᄒᆞ다 [동] 내기하다. ☞나기ᄒᆞ다 ¶그 겨집의게 낙이ᄒᆞ야 어든 옥지환이:其贏玉指環(太平1:18).

낙일 [명] 낙일(落日). 지는 해. ¶落日은 西山에 져서(古時調. 李鼎輔. 海謠).

·낙·줄 [명] 낚싯줄. ☞낙시ㅅ줄. 낛줄 ¶아래로 낙줄와 낛미ᄂᆞᆯ를 ᄲᅡ혀 나 근 헌ᄃᆡ 업더라:向下裹定鉤線鬚而出並無所損(救急上48). 갠 하ᄂᆞᆯ해 낙주를 다ᄉᆞ리고져:晴天理釣絲(重杜解12:34).

낙지 명 낙지. ¶낙지:八梢魚(物譜 水族).
낙챵 명 낙창(樂悵). 즐거움과 슬픔. ¶다시 니산ᄒᆞᄂᆞᆫ 환이 이시나 낙챵의 긔을 ᄂᆞᆫ호던(落泉5:11).
낙천 명 낙천(洛川). 낙동강(洛東江). ¶黃池로 소ᄉᆞᆫ 물이 洛川이 말가셔라(陶山別曲).
낙틔 명 낙태(落胎). ¶낙틔ᄒᆞ실 일을 ᄒᆞ노라(癸丑9).
낙화 명 낙화(落花). ¶落花ㅣ들 곳이 아니랴(古時調. 간밤의. 靑丘).
낙ᄒᆞ다 동 낙(烙)하다. 낙(烙)치다. ¶화침으로ᄡᅥ 낙ᄒᆞ기 깁기ᄂᆞᆯ 세 분만 ᄒᆞ고(馬解上71).
·낛 명 낚시. 갈고랑이. ☞낙시 ¶낛爲釣(訓解. 合字). 鱗衆의 낙ᄉᆞᆯ 놀라:鱗衆驚鉤(永嘉下77). 고기의 낛 避호미 ᄀᆞᆮᄒᆞ야:如魚避鉤(永嘉下77). 낛 ᄆᆡ욘 ᄃᆡ 니ᄅᆞᆫ가 식브거늘:覺至繫鉤處(救急上48). 져믄 아ᄃᆞᄅᆞᆫ 바ᄂᆞᄅᆞᆯ 두드려 고기 낫ᄀᆞᆯ 낙ᄉᆞᆯ ᄆᆡᆼᄀᆞᄂᆞ다:稚子敲針作釣鉤(杜解7:4). 여러 ᄢᅳ 속절업시 낙ᄉᆞᆯ ᄂᆞ리오다 니ᄅᆞ디 말라:莫謂多時空下釣(金三5:26). 그믈 펴며 낛 드리워 잇ᄂᆞ니ᄂᆞᆫ:撒網垂鉤的(飜朴上70). 낛 구:鉤(訓蒙中15). 小人ᄋᆞᆫ 낛ᄀᆞ티 고ᄇᆞ니:小人似鉤曲(重杜解2:59).
낛 명 구실. 조세(租稅). ☞낙 ¶그제ᅀᅡ 낛 바도ᄅᆞᆯ ᄒᆞ니(月釋1:46). 낙ᄉᆞᆯ 三世ᄅᆞᆯ 더니라:蠲租布三世(三綱. 孝20).
낛·다 동 낚다. ☞낙다. 낫다 ¶고기 낛ᄂᆞᆫ 여흐레 나그내 ᄇᆡ리 ᄃᆞᆯ엿도다:釣瀨客星懸(初杜解20:14). 江漢애 낛줄 드리워 고기 낛ᄂᆞ니 잇더라 니ᄅᆞ디 말라:勿云江漢有垂綸(初杜解21:13). ᄒᆞᆫ 고기 낛ᄂᆞᆫ ᄇᆡ로다:一釣舟(初杜解21:16). 錦江앳 고기ᄅᆞᆯ 眞實로 낛노라:眞釣錦江魚(初杜解22:13). 錦水에서 고기 낛구믈 時로 와 보ᄃᆡ:時觀錦水釣(初杜解24:22). 고기 낛ᄂᆞᆫ ᄇᆡ(南明上40). 고기 낛글 사ᄅᆞ미 오직 고기 낛ᄂᆞᆫ ᄇᆡ예 이시면 곧 반ᄃᆞ기 고기 낛ᄀᆞᆯ 時節 이시리라:釣魚者只在釣魚之船則必有釣魚之時也(金三3:60). 이제 낛가 ᄇᆡ예 ᄀᆞᄃᆞ기 ᄒᆞ야 도라가도다:如今釣得滿船歸(金三5:26).
·낛·대 명 낚싯대. ☞낙대. 낙ᄃᆡ ¶ᄒᆞ올로 낛대ᄅᆞᆯ 자바 ᄆᆞᄎᆞ매 머리 가리니:獨把漁竿終遠去(初杜解21:17). 속절업시 ᄀᆞᇙ 그틀 向ᄒᆞ야 낛대ᄅᆞᆯ 자뱃ᄂᆞ니:漫向江頭把釣竿(初杜解22:12). 낛대ᄅᆞᆯ 珊瑚 남긔 다잇고져 ᄒᆞ놋다:釣竿欲拂珊瑚樹(初杜解22:51).
·낛·밥 명 낚싯밥. ☞낙시ㅅ밥 ¶시ᄅᆞᆯ 니ᅀᅥ 곳다온 낛바ᄇᆞᆯ 드리우고:接縷垂芳餌(初杜解10:6). 고기ᄂᆞᆫ 주리면 곳다온 낛바ᄇᆞᆯ 費食ᄒᆞᄂᆞ니라:魚飢香餌(初杜解16:19) 낛밥:鉤餌(訓蒙中20 餌字註).
·낛줄 명 낚싯줄. ☞낙시ㅅ줄 ¶飄零히 ᄃᆞᆫ뇨매 ᄯᅩ 고기 낫ᄂᆞᆫ 낛주를 ᄡᅳ노라:飄零且釣緡(初杜解6:31). 江漢애 낛줄 드리워 고기 낛ᄂᆞ니 잇더라 니ᄅᆞ디 말라:勿云江漢有垂綸(初杜解21:13).
난 명 난(亂). 난리. ¶어긔여뎌 和티 못ᄒᆞ면 ᄆᆞᄎᆞᆷ내 禍과 亂을 닐위ᄂᆞ니라(警民3).
난간 명 난간(欄干). ☞란간 ¶난간 함:檻(類合上23). 술윗 두 녁 난간:車廂(老解下32). 좌우 난간 우희 긔이ᄒᆞᆫ 곳치 픠엇거ᄂᆞᆯ(太平1:55). 술윗 난간:車箱(譯解下22).
난감ᄒᆞ다 형 난감(難堪)하다. ¶난감ᄒᆞ오신 ᄯᅢᄂᆞᆫ(閑中錄242).
난·겻 부 다투어. 겨루어. ☞난겻기로 ¶外道ᄃᆞᆯ히 난겻 佛法을 헐어든(釋譜23:33). 識境이 난겻 뮈여 나거든:識境競動(月釋序3). 난겻 모다 ᄒᆞᆫ 供養 ᄆᆡᆼᄀᆞ라(月釋21:194). 미친 아로ᄆᆞᆯ 난겻 내ᄂᆞ니:競生狂解(楞解4:55). 邪ᄒᆞᆫ 法이 난겻 니러:邪法競起(金剛89). 난겻 빗어 簪珥ᄅᆞᆯ 빗내 ᄒᆞ며:競自修整簪珥光采(宣賜內訓2下12). 난겻와 저ᅀᆞᆸ거늘(六祖上60). 난겻 와 저ᅀᆞᆸ더니:競(六祖中51).
난겻·기로 부 다투어. 겨루어. ¶여듧 나랏 王이 난겻기로 ᄃᆞ토거늘(釋譜6:7). 난겻기로 塔와 뎔와 ᄒᆞ야ᄇᆞ리고(釋譜23:36).
난:나치 부 낱낱이. ☞낟나치 ¶난나치:箇箇(老朴集. 單字解3). 난나치 ᄡᅩ리 긴거셔:個個尾子長(飜朴上41). 人間 善惡을 난나치 분간ᄒᆞ니(靑友仁. 關東續別曲).
:난:난ᄒᆞ·다 동 난난(赧赧)하다. 부끄러워 얼굴을 붉히다. ¶同티 몯ᄒᆞ고 言홈을 그 色을 보건댄 赧赧ᄒᆞᆫ디라(宣孟6:23).
난·놋·다 동 낳는구나. ☞-놋다 ¶善을 積ᄒᆞ야 니엄 公侯ᄅᆞᆯ 난놋다:積善袞袞生公侯(初杜解8:24).
난니 명 난리(亂離). ☞란리 ¶임진년 난니와(經筵). 이 몸이 히ᄌᆞ의 장신ᄒᆞᆯ 거시면 엇지 시러곰 여러 번 난니의 간고히 사라ᄂᆞᆫ고(落泉2:6).
난ᄂᆞ·니 동 낳나니. ¶陰陽이 和ᄒᆞ야 子息을 난ᄂᆞ니(楞解4:23).
-·난·다 어미 -았는가. ¶네 오난다:你來了(飜老上58).
난됴 명 난조(鸞鳥). ☞란됴 ¶난됴 난:鸞(類合上11). 난됴 란:鸞(詩解 物名18).
난듸 명 분디. ☞난듸나모. ᄂᆞᆫ되. 분디 ¶난듸:秦椒(物譜 蔬菜).
난듸나모 명 분디나무. ☞난듸 ¶난듸나모:崖椒(柳氏物名四 木).
난량ᄒᆞ·다 동 난량(難量)하다. ¶福과 德과 難量호미 어려우ᄆᆞ란 아직 둘디어니와:福德難量且置(金三2:20).

난리 [명] 난리(亂離). ☞난니. 란리 ¶비록 난리ᄅᆞᆯ 만나도(東新續三綱. 孝7:20). 난리등 위ᄐᆡᄒᆞᆫ 일을 닛디 말고 경계ᄒᆞ라 ᄒᆞ오신 ᄠᅳᆺ이라(仁祖行狀28).

-·난마·ᄅᆞᆫ [어미] 건마는. ¶그듸내 머리셔 ᄌᆞ비 오난마ᄅᆞᆫ 如來ㅅ 舍利ᄂᆞᆫ 몯 나ᅀᆞ리어다(釋譜23:54).

난만ᄒᆞ다 [형] 난만(爛漫)하다. ¶내 집 東山의 곧치 爛漫ᄒᆞ여 爛漫ᄒᆞᆫ 春光이 몃 가지나 샹톳던고(辛啓榮. 月先軒十六景歌). 내 집 東山의 곧치 爛漫ᄒᆞ여(隣語2:4).

난모 [명] 난모(暖帽). ¶그 制되 이젯 暖帽 ᄀᆞᆮ고 深衣와 帶와 履ᄂᆞᆫ 즈스로 制度ㅣ 인ᄂᆞ니라(家禮5:11).

난산 [명] 난산(難産). ¶난산 고티ᄂᆞᆫ 방문:治難産方(胎要30).

난안ᄒᆞ다 [형] 난안(難安)하다. ¶쁠ᄃᆡ업손 밧긔 ᄯᅩ 난안ᄒᆞᆫ 졍셰이시니(經筵).

난연이 [부] 난연(赧然)히. ¶일ᄉᆡᆨ이 놉ᄒᆞ시니 난연이 니러날시(落泉5:12).

·난연히 [부] 난연(赧然)히. ¶赧然히 뉘웃고 붓그려 ᄒᆞ야:赧然悔恥(宣小5:106).

난잡히 [부] 난잡(亂雜)히. ¶난잡히 노히단 말이라(女四解2:28).

난장이 [명] 난쟁이. ¶난장이:矮子(譯解上28. 同文解下8). 난장이:矬子(漢淸6:6). 난장이:矮矬(物譜 形體).

난쳐ᄒᆞ다 [형] 난처(難處)하다. ¶과연 난쳐ᄒᆞᆫ 일이오되(隣語4:3) 난쳐ᄒᆞᆫ 소문을 듣ᄌᆞ오시고(閑中錄172).

난·초 [명] 난초(蘭草). ☞란초 ¶蘭草와 ᄡᅮᆨ의 달옴(宣賜內訓序3). 난초 난:蘭(類合上7. 石千12). 어디니를 親히 호ᄃᆡ 령지와 난초애 나아감ᄀᆞᆮ티 ᄒᆞ며:親賢如就芝蘭(宣小5:28).

난편 [명] 남편(男便). ☞남편 ¶그ᄃᆡ 난편이 어ᄃᆡ 잇ᄂᆞ뇨:汝前夫何在(太平1:16) ᄉᆡ아비와 난편이 ᄒᆞᆷᄢᅴ 죽거ᄂᆞᆯ:舅與夫俱歿(東新續三綱. 孝7:55).

난·호·다 [동] 나누다. ☞논호다. ᄂᆞᆫ호다 ¶이 ᄶ자ᄋᆞᆫ 序品이니 品은 난호아 제여곰 낼 씨라(釋譜13:37). 난화 봉ᄒᆞ고:裂之(三略上10). 형뎨 난호여 다토며(敬信15). 난홀 분:分(兒學下12).

난·히 [부] 난(難)히. ¶화사리 江海예 어드워셔 五湖애 노ᄅᆞᄆᆞᆯ 難히 호라(初杜解6:39). 네 後에 부텨 ᄃᆞ외야 五濁惡世예 人天을 濟度호ᄃᆡ 難히 아니호ᄆᆞᆯ ᄯᅩ 날 ᄀᆞᆮᄒᆞ리라 ᄒᆞ시니라(南明上54). 子游ㅣ ᄀᆞᆯ오ᄃᆡ 내 友 張이 難히 能ᄒᆞᆯ 꺼시나(宣論4:60). 君子의 仕ᄒᆞ욤을 難히 너곰은 엇디니잇고(宣孟6:10). 黃雀이 안직 져고ᄃᆡ 오히려 難히 逃亡ᄒᆞ놋다:黃雀最小猶難逃(重杜解17:3).

난ᄒᆞ·다 [동] 난(亂)하다. 난행(亂行)하다. ¶네짯 句ᄂᆞᆫ 魔王 세 ᄯᆞ리 부텨ᄅᆞᆯ 亂ᄒᆞᅀᆞ오려타가 곧 늘근 할미 ᄃᆞ외니 어루 허디 몯ᄒᆞᆯ ᄠᅳ들 혀 證ᄒᆞ니라(南明下14). 그 지븨 니ᄅᆞ려 쟝ᄎᆞᆫ 난ᄒᆞ려 ᄒᆞ거ᄂᆞᆯ:抵其家將亂(東三綱. 烈1).

난·ᄒᆡ·돌·날·ᄣᅢ [명] 생년월일시(生年月日時). ¶네 난ᄒᆡ돌날ᄣᅢ 니ᄅᆞ라:你說將年月日生時來(飜老下71).

낟 [명] 낯〔面〕. ¶머구릐밥 ᄀᆞᄐᆞ여 낟출 분변 몯ᄒᆞ면(痘要上49).

:낟 [명] 낟. 곡식. ¶낟爲穀(訓解. 用字). 福田은 衆生ᄋᆡ 福이 쥬의그에셔 남과 나디 바티셔 남과 ᄀᆞᄐᆞᆯ씨(釋譜6:19). 倉ᄋᆞᆫ 갈ᄆᆞᆯ 씨니 나ᄃᆞᆯ 갈ᄆᆞᆯ 씨라(釋譜9:20). 노내 기ᅀᅳ미 기ᅀᅥ 나ᄃᆞᆯ ᄒᆞ야ᄇᆞ리ᄃᆞᆺ ᄒᆞ니라(月釋10:19). 나디라 혼 거슨 人命에 根本이니(杜解7:34). 낟 곡:穀(訓蒙下3).

낟 [명] 낫〔晝〕. ☞낫 ¶낟밤을 옷 ᄯᅴᄅᆞᆯ 그르디 아니ᄒᆞ고:晝夜不解衣帶(東新續三綱. 孝4:19).

·낟 [명] 낫〔鎌〕. ☞낫 ¶낟爲鎌(訓解. 用字). 나ᄃᆞᆯ 휫두루며:揮鎌(續三綱. 孝9). 낟 결:鍥. 낟 삼:釤. 낟 딜:銍(訓蒙中16). 낟 겸:鎌(類合上28). 호ᄆᆡ도 ᄂᆞᆯ히언마ᄅᆞᄂᆞᆫ 낟ᄀᆞ티 들 리도 업스니이다(樂詞. 思母曲). ᄇᆡᆨ산이 낟 휘저어 범을 티니:白山揮鎌擊虎(東新續三綱. 孝2:6). 낟:鎌子(同文解下2).

낟 [명] 낱. ¶銀돈 ᄒᆞᆫ 낟곰 받ᄌᆞᄫᆞ니라(月釋1:9). 上根ᄋᆞᆫ ᄒᆞᆫ 낟ᄲᅮ니니(月釋14:32). 낟 쥬:株(倭解下28). 낟 ᄆᆡ:枚(倭解下39).

:낟:낟·치 [부] 낱낱이. ☞낫나치 ¶나지며 밤의 아직 스스로 낟낟치 출화:日夜且自點檢(宣小5:94).

낟·노·라 [동] 낳노라. ¶네 아기 낟노라 ᄒᆞ야 나ᄅᆞᆯ 害호려 ᄒᆞᄂᆞ니 이 子息 므스게 ᄡᅳ료(月釋10:25).

낟·다 [동] 나타나다. ☞낟다 ¶妙行이 ᄀᆞᄃᆞ기 나다나아(釋譜19:37). 現在ᄂᆞᆫ 나다 잇ᄂᆞᆫ 뉘오(月釋2:21之1). 顯은 번드기 나다날 씨라(月釋10:12). 功 이루미 절로 나ᄃᆞ니라(月釋18:58). 密因 곳 아니면 나다나디 아니ᄒᆞ리며:非密因平顯(楞解1:8). ᄒᆞᆫ ᄢᅴ 여러 낟거늘:時開現(楞解1:78). 낟디 아니ᄒᆞᇙ ᄃᆡ 업수ᄆᆞᆯ:無所不現也(楞解1:79). 여러 낟거늘:開現(楞解1:79). 오직 量ᄋᆞᆯ 조차 應ᄒᆞ야 나ᄃᆞᆯ ᄯᆞᄅᆞ미라:但隨量應現耳(楞解1:96). 見性이 알ᄑᆡ 낟ᄂᆞ니:見性現前(楞解2:68). 日月에 適이 낟다 혼 災異라:適見于日月之災也(楞解2:87). 이제 반ᄃᆞ기 나다시려니ᄯᆞᆫ:今應現在(楞解2:118). 畏ᄂᆞᆫ 境에 낟고:畏見於境(楞解8:96). 낟디 아니ᄒᆞ샤(法華2:16). 功 이루미 절로 나ᄃᆞ샷다(法

華6:180). 妙智의 나ᄃᆞ신 ᄃᆡ니(法華7:127). ᄯᅩ 두 일홈 낟ᄃᆞᆺ ᄒᆞ니라:亦彰二號(永嘉下33). 本覺이 ᄒᆞ마 낟고:本覺既顯(圓覺上一之二127). 나든 ᄢᅴ 니르러는:現前時(蒙法4). 自然히 나ᄃᆞ면(蒙法8). 自然히 알ᄑᆡ 나ᄃᆞ리니:自然現前(蒙法16). 그ᅀᅳᆨᄒᆞ락 나ᄃᆞ락 ᄒᆞ고:隱見(初杜解9:40). 담과 ᄇᆞ롬 밧긔 나다냇ᄂᆞ니:暴露墻壁外(初杜解16:35). ᄒᆡᆺ비치 낟디 몯ᄃᆞᆺ ᄒᆞ니:日光不現(六祖上79). 萬象이 다 낟ᄃᆞᆺ ᄒᆞ니(六祖中38). 理ㅣ 心源에 낟ᄂᆞ니라:現顯於心源(龜鑑上11).

낟다 동 낫다〔愈〕. ☞낫다 ¶氣運이 거복ᄒᆞ매 服藥을 ᄒᆞ오되 至今 채 낟지 몯ᄒᆞ오니(隣語1:8).

낟다 형 낫다〔勝.優〕. ☞낫다 ¶얼구리 ᄂᆞᆷ의게 낟더니:容姿過人(東新續三綱. 烈5:64). 限을 넘기지 말고 갑슬 건네면 前頭의 자닉게 낟게 ᄒᆞ여 줄 거시니 부ᄃᆡ 背約지 마ᄋᆞ소(隣語1:19).

·**낟·만** 명 한낮. ☞낫만 ¶낟만홈애 미처 ᄯᅩ 니ᄅᆞ샤:及日中又至(明小4:11).

낟밤으로 부 밤낮으로. 밤낮없이. 늘. ☞밤낟 ¶낟밤으로 브느지져 울어:日夜號哭(東新續三綱. 烈2:69). 낟 쥬:晝(倭解上5).

낟부다 형 나쁘다. ☞낟브다 ¶고을로셔 두 참이도록 多人 中의 겨기 낟분 ᄃᆡ 업고(新語7:4).

낟브·다 형 나쁘다. 부족하다. ☞낟ᄇᆞ다. 낫브다 ¶아ᅀᆞ 이바도ᄆᆞᆯ 낟븐 일 업더니:養弟勤劇無所不知(三綱. 孝24 不害捧屍). 좀 낟브디 아니ᄒᆞ리라:不渴睡(飜老上57). 계우 닐굽 발 낟브다:剛剛的七托少些(飜老下29). 그러면 좀 낟브디 아닐 거시라:那們時不渴睡(飜朴上21). 네게 언메나 낟브뇨:虧你多少(老朴集. 單字解5). 사ᄅᆞᄆᆡ 용ᄒᆞᆫ 곧과 낟븐 곧을 즐겨 議論ᄒᆞ며:好議論人長短(宣小5:12). 곧 ᄆᆞᄋᆞᆷ애 낟브리니:則慊於心矣(宣小5:94).

낟·비 부 나삐. 나쁘게. ☞낫비 ¶德 심고ᄆᆞᆯ ᄒᆞ나 낟비 너기샤(月釋10:4).

낟ᄇᆞ·다 형 나쁘다. 부족하다. ☞낟브다 ¶다 낟ᄇᆞᆫ 줄 업긔 호리라(釋譜9:5. 月釋9:15). 東山이 淸淨ᄒᆞ고 남기 盛히 기ᅀᅳ니 供養ᄋᆞᆯ 낟ᄇᆞ디 아니케 호리라(釋譜11:37). 낟ᄇᆞᆯ 겸:慊(類合下15).

낟타나다 동 나타나다. ☞나다나다. 나타나다 ¶낟타날 현:顯(倭解下39).

·**날** 명 ①날. ¶虐政이 날로 더을ᄊᆡ:虐政日深. 쳥나래 讒訴ᄅᆞᆯ 드러 兇謀ㅣ 날로 더을씨:始日聽讒兇謀日熾(龍歌12章). ᄂᆞᄆᆞᆫ 즐기ᄂᆞᆫ 나ᄅᆞᆯ 아니 즐겨 聖經을 니르시니:人樂之日我獨不樂聖經是說(龍歌92章). 날ᄃᆞᆯ이 ᄎᆞ거늘(月印上7). 後ㅅ날ᄋᆞᆯ 分別ᄒᆞ샤(月印上17). 이 날애ᅀᅡ 머리 좃ᄉᆞᄫᆞ니(月印上40). 悉達이라 ᄒᆞ샤리 나실 나래(釋譜6:17). 日ᄋᆞᆫ 나리라(訓註3). 나리 져므러 ᄒᆡ 디거늘(月釋8:93). 오ᄂᆞᆳ 나래ᅀᅡ(楞解1:93). 날와 ᄃᆞᆯ와:日月(楞解2:8). 나리 져믈오 바미 ᄆᆞᆺᄃᆞ록:終日竟夜(法華2:7). 사호매 서르 맛나ᄆᆞᆫ ᄯᅩ 어느 날오:戎馬相逢更何日(初杜解21:16). 이 내의 날로 애와티논 이리라:是余之日恨也(宣賜內訓序6). 그 낤 이ᄅᆞᆯ(南明上5). 날와 ᄃᆞᆯ로 ᄡᅥ 님금의 告ᄒᆞ며:日月以告君(宣小2:45). 날 실:日(光千1). 날 일:日(類合上2. 石千1. 倭解上1). 날:日(同文解上3).

②해. ¶하ᄂᆞᆯ에 두 날이 업ᄂᆞ니 내 엇디 두 낭군이 이시리오 ᄒᆞ니(五倫2:42). 왕이 병드러 군듕의 잇거늘 뎍운이 날을 ᄶᅧ ᄂᆞᆫ 새 긋거ᄂᆞᆯ(女範4. 녈녀 초쇼월희).

③날씨. ¶날이 져기 ᄎᆞ면:天少冷(宣小6:74). 날이 칩거ᄂᆞᆯ(女四解4:25).

날 명 날〔刃〕. ☞ᄂᆞᆯ ¶飛生刃日其訓同 날(雅言一 鬣松). 날 인:刃(兒學下6).

날 명 날〔經絲〕. ☞씨 ¶ᄂᆞᆯ와 씨를:經緯(飜朴上14). 실을 쥐ᄒᆞ야 날ᄒᆞ고 씨ᄒᆞ야(女四解3:6).

날가얌이 명 나는 개미. ¶날가얌이:蟚 飛蟻遇熱濕群飛脫翼墮死(柳氏物名二 昆蟲).

날공젼 명 날공전〔日工錢〕. 날삯. ¶날공젼 밧ᄂᆞᆫ 놈:短工(漢淸5:32).

날ᄀᆡ 명 날개. ☞ᄂᆞᆯ개 ¶앗갑다 걸리거다 두 날ᄀᆡ 걸리거다(萬言詞). 山陽의 우ᄂᆞᆫ 꿩 두 날ᄀᆡ 쎼여 내여(武豪歌).

날니다 동 날리다. ¶강촌의 눈 날니고 북풍이 호노ᄒᆞ여(萬言詞).

날닉다 형 ①날카롭다. ¶날닐 예:銳(兒學下8).

②날래다. ¶날닐 용:勇(兒學下12).

날다 동 날다. ☞ᄂᆞᆯ다 ¶날다:飛(柳氏物名一 羽蟲). 날 비:飛(兒學下10).

날ᄃᆞ려 대 나에게. 나더러. ¶桂殿 仙語를 날ᄃᆞ려 ᄒᆞ요ᄃᆡ(曺友仁. 關東續別曲).

·**날·ᄃᆞᆯ** 명 날과 달. 세월(歲月). ☞나ᄃᆞᆯ ¶날ᄃᆞᆯ이 ᄎᆞ거늘 어마님이 毘藍園을 보라 가시니(月印上7). 날ᄃᆞ래 籠ㅅ 소갯 새오:日月籠中鳥(杜解8:15). ᄃᆞᆷ겨 무텨슈메 날ᄃᆞ리 ᄃᆞᆫ놋다:沈埋日月奔(初杜解8:64). 여희여오매 날ᄃᆞ리 좃더니:別來頻甲子(初杜解10:3).

날러는 대 나더러는. ¶날러는 엇디 살라 ᄒᆞ고 ᄇᆞ리고 가시리잇고(樂詞. 가시리).

·**날·로** 부 날로. 나날이. 날마다. ☞나날로 ¶날로 ᄡᅮ메 便安킈 ᄒᆞ고져 ᄒᆞᇙ ᄯᆞᄅᆞ미니라(訓註3). 제 갓 靑提夫人이 ᄒᆞ오ᅀᅡ 사더니

천량이 날로 젹더니(月釋23:64). 날로 녯 일ᄋᆞᆯ 긔디ᄒᆞ야:日記故事(宣小5:4). 샹의 날로 슌을 살ᄒᆞ고져 ᄒᆞ므로도(百行源15).

날리다 동 날리다. 나르게 하다. ¶새와 ᄒᆞᆰ을 날려 굼헝을 몌오고(三譯9:3).

날마다 부 날마다. 매일. ¶네 날마다 므슴 이력ᄒᆞᄂᆞ다:你每日做甚麼功課(飜朴上49). 믈 가온대 날마다 두 鯉魚ㅣ 나거늘(女四解4:14).

날·믈 명 큰물. 홍수(洪水). ¶날므를 외오시니:迺回潢洋(龍歌68章). 〔'날믈'은 현대어로는 '나가는 물' 곧 '썰물'과 같은 말인데 여기서는 '썰물'이 아니고 '큰물〈洪水〉'의 뜻. 〈龍歌8:19〉에 '潢洋. 水多貌'라 기록되어 있음.〕

날바늘 명 날바늘. ¶指南石 날바늘을 달혀 日再服을 ᄒᆞ시소(古時調. 金壽長. 나는 指南石. 海謠).

·날박·다 동 장식을 박다. ¶날바근 금가락지:窟嵌的金戒指兒(飜朴上20).

날셔이고 동 태어났구나. ¶느저 날셔이고 太古ㅅ 적을 못 보완쟈 結繩을 罷ᄒᆞᆫ 後에(古時調. 申欽. 靑丘).

날아 명 나라. ☞나라 ¶軍을 喪ᄒᆞ고 날아ᄒᆞᆯ 辱ᄒᆞ더이다(女四解4:55).

날오 명 나룻배〔津船〕. ¶津船捏傲(熱河日記 還燕道中錄).

날옷 명 나룻. 수염. ☞날옺 ¶날옷 염:髥(類合上21). 날옷 슈:鬚. 날옷 념:髯(類合武橋板9). 날옷:髭鬚(東醫 湯液一 人部).

날·옺 명 나룻. 수염. ☞날옷 ¶브레 날오지 븓거늘:火焚其鬚(飜小9:79). 블이 그 날오재 븓거늘:火焚其鬚(宣小6:73).

날을 대 나를. ¶엇디 날을 죽이려 ᄒᆞᄂᆞ뇨(明皇1:31). 날을 마자 어ᄃᆡ로 가라 ᄒᆞᄂᆞ뇨(女範4. 녈녀 뎌됴부인).

날읏 명 나룻. 수염. ☞날옷. 날옺 ¶날읏 슈:鬚(兒學上2).

날이다 동 날리다. ☞ᄂᆞᆯ이다 ¶날일 양:揚(兒學下8).

날즘싱 명 날짐승. ☞날짐싱 ¶花灼灼 범나뷔 雙雙 柳靑靑 ᄭᅬᄭᅩ리 雙雙 날즘싱 길벌러지(古時調. 靑丘).

날짐싱 명 날짐승. ☞날즘싱 ¶花灼灼 범나뷔 雙雙 柳靑靑 ᄭᅬᄭᅩ리 雙雙 날짐싱 길버러지(古時調. 詩歌).

날티 명 날치. 비어(飛魚). ¶날티:黃顙魚(柳氏物名二 水族).

날·포 명 여러 날. 연일(連日). ¶쥬인도 ᄯᅩ 술와 차반 ᄀᆞ초와 서르 머거 취ᄒᆞ며 비블오ᄆᆞᆯ 날포 ᄒᆞ야:主人亦自備酒饌相與飮啜醉飽連日(飜小7:17). 主人도 ᄯᅩ 스스로 술차반 ᄀᆞ초와 서르 더블어 머거 醉ᄒᆞ며 비블옴을 날포 ᄒᆞ고:主人亦自備酒饌相與飮啜醉飽連日(宣小5:50).

날·호·다 형 느리다. 더디다. ¶져기 날호져 커늘:稗惠(三綱. 忠12). 흐르ᄂᆞᆫ 믈로 조차 가매 ᄲᆞᄅᆞ며 날호ᄆᆞᆯ 스치노라:沿流想疾徐(初杜解20:45).

날·호야 부 더디게. 천천히. ☞날호여 ¶날호야 거러:徐步(楞解1:34). 내 날호야 기드리ᅀᆞᆸ디 아니ᄒᆞᅀᆞ와:我不款待(法華2:7). 네 날호야 ᄃᆞᆫ니면:汝若安徐(宣賜內訓3:33). 날호야 길흘 너머가니:靡靡踰阡陌(重杜解1:2). 날호야셔 ᄆᆞᄎᆞ매 기리 嗟歎ᄒᆞ노라:遲回竟長歎(重杜解4:10). 다 날호야 거러오니:盡徐步(杜解9:22). 도ᄐᆞ랏 딥고 날호야 거러 곳다온 믌ᄀᆞᅀᅵ 셔쇼라:杖藜徐步立芳洲(初杜解10:8). 이제 비를 날호야 오ᄆᆞᆯ 깃노라:今雨喜容易(杜解12:18).

날호여 부 천천히. 더디게. ☞날호야 ¶뷘 곬 아래로 날호여 도라오니:威遲哀壑底(重杜解1:17). ᄲᆞᄅᆞ며 날호여 홈애:疾徐(宣小5:94). 날호여 머기라:慢慢的喂着(老解上22). 날호여 江南의 가 집마다 보시ᄒᆞ여:慢慢的到江南沿門布施(朴解下4). 네의 날호여 行ᄒᆞᆯ 제도:爾之安行(詩解12:16). 날호여 닐러 ᄀᆞ오ᄃᆡ(女範4. 녈녀 오일계쳐).

날·호·이·다 동 느리게 하다. ☞날회다 ¶날호예라 ᄒᆞᄂᆞᆫ ᄒᆞᆫ ᄌᆞᄂᆞᆫ:緩之一字(宣小6:48).

날혹ᄌᆞᄂᆞ기 부 찬찬히. ¶노하 날혹ᄌᆞᄂᆞ기 ᄒᆞ야:其可放緩(牧牛訣43). 날혹ᄌᆞᄂᆞ기 글어 ᄂᆞ리와:緩緩解下(救簡1:59). 머리ᄅᆞᆯ 드라디게 ᄒᆞ야 날혹ᄌᆞᄂᆞ기 움즈겨 ᄃᆞᆫ뇨ᄃᆡ:令頭垂下徐徐行動(救簡1:65). 날혹ᄌᆞᄂᆞ기 솜ᄶᅧ ᄂᆞ리오라:徐嚥下(救簡6:9).

날혹ᄌᆞᄂᆞᆨᄒᆞ·다 형 찬찬하고 조용하다. 더디고 조용하다. ☞날회다 ¶날혹ᄌᆞᄂᆞᆨᄒᆞᆫ 힌 鳳ᄋᆡ 양지오:威遲白鳳態(初杜解16:34).

날회·다 동 천천히 하다. 느리게 하다. ☞날호이다 ¶날회라:慢著(老朴集. 單字解1). 네 안직 날회라:你且停一停(飜朴上75). 날횔 셔:徐(類合下17). 아직 날회라:且住(老解下64). 아직 날회라 내 보쟈:且慢着我看(朴解中54). 아직 날회라 ᄒᆞ더니 과연 덕지 ᄠᅥ러딘 후의:徐徐果於落痂之後(痘瘡方12). 날회라:且住(同文解下48. 漢淸8:70). 첩의 길흘 날회고 몬져 모셔 절노 힝ᄒᆞ게 ᄒᆞ쇼셔(落泉1:2).

날·회·야 부 천천히. 더디게. ☞날회여 ¶키 날회야 호미 외니:不可大緩(蒙法23). 하ᄂᆞᆯ히 머니 나죗 ᄀᆞᄅᆞ미 날회야 흐르놋다:天遠暮江遲(杜解8:28). 날회야 다ᄅᆞᆫ 峯ᄋᆡ 가샤(南明上29). 버거 날회야 됴리ᄒᆞ고:次緩而調理(救簡1:6). 노 ᄶᅧ지믈 기ᄃᆞ려 날회야 프러 노흐니(女範1. 셩후 당문덕후).

날회여 부 천천히. 더디게. ☞날회야 ¶ 날회여 거로매 지즈로 대막대룰 어더 잡노라:緩步仍須竹杖扶(初杜解15:15). 돌달고로 날회여 다ᄋᆞ고:着石杵慢慢兒打(飜朴上10). 안직 여윈밥과 고깃국으로 날회여 됴리호딕:且着乾飯肉湯慢慢的將息(飜朴上39). 날회여 머기라:慢慢的喂着(飜老上24). 날회여 혀라:慢慢的扯(飜老下30). 날회여 가 얼운ᄋᆡ게 후에 홈올 닐오딕 공슌타 ᄒᆞ고:徐行後長者謂之弟(宣小2:57). 和홈과 날회여 홈이니라:和緩(宣小6:48). 날회여 간들 므서시 저프리오:慢慢的去怕甚麼(老解上28). 우리 둘흔 뒤헤 날회여 즘싱 모라가마:我兩箇後頭慢慢的赶將頭口去(老解上60). 내 길흘 조차 날회여 오롸:我沿路慢慢的來(老解下3). 날회여 됴리ᄒᆞ면:慢慢的將息(朴解上35). 날회여 가과댜 홀딘대ᄂᆞ(兵學1:15).

날회예 부 천천히. 더디게. ☞날회야 ¶ 두 매의 모딘 頭腦예 미온 노히 날회예 드리웟ᄂᆞ니:二鷹猛腦絛徐墜(杜解17:10).

날혹ᄌᆞ녹ᄒᆞ다 형 찬찬하고 조용하다. 더디고 조용하다. ☞날회다. ᄌᆞ녹ᄒᆞ다. 날혹ᄌᆞ녹ᄒᆞ다 ¶ 날혹ᄌᆞ녹ᄒᆞ야 能ᄒᆞᆫ 이리 잇ᄂᆞ니라:逍遙有能事(重杜解17:25).

날희다 동 구애치 아니하다. ¶ 셜싱은 모로미 이런 말을 날희고 붉히 가ᄅᆞ치믈 ᄇᆞ라노라(落泉4:10).

날ᄒᆞ다 동 날줄로 삼다. ☞날. 씨ᄒᆞ다 ¶ 실을 취ᄒᆞ야 날ᄒᆞ고 씨ᄒᆞ야(女四解3:6).

낡다 형 낡다. ☞눍다 ¶ 젼틱 긔믈의 낡고 엇지 아닌 거ᄉᆞᆫ:荒獘朽敗(五倫4:42).

·낤긔운 명 일기(日氣). ¶ 낤氣運이 덥고:日氣暖(初杜解7:30).

낤빛 명 일광(日光). ¶ 거츤 뫼해 낤비츤 悠揚ᄒᆞ고:悠揚荒山日(重杜解3:64).

·낤:수 명 날수. 날의 수(數). 일수(日數). ¶ 醫藥올 뫼ᅀᆞ와 낤數를 限티 아니케 ᄒᆞ야시놀(宣賜內訓2下11).

남 명 남. 타인(他人). ☞놈 ¶ 貧寒을 남이 웃고 富貴를 ᄉᆡ오ᄂᆞ니(古時調. 말ᄒᆞ면. 歌曲). 나ᄂᆞᆫ 남의게 해로온 일을 一生 아니ᄒᆞᄋᆞᆸᄂᆡ(隣語2:9). 남으 어론 늬 섬기면 남으 少年 날 섬길리(人日歌).

남 명 남(男). 남자. ¶ 一切 衆生이 天이어나 人이어나 男이어나 女ㅣ어나(月釋21:136). 慈悲로 女 사ᄆᆞ시고 誠善으로 男 사ᄆᆞ시니(法華4:49). 淳于髡이 ᄀᆞᆯ오딕 男과 女ㅣ 授ᄒᆞ며(宣孟7:27). 男坐於左ᄒᆞ고 女坐於右호딕(家禮2:6) 믈읫 男이 ᄂᆞᄆᆡ 계후되니(家禮圖14). 男은 書堂의 드러가 師傅룰 請ᄒᆞ야(女四解2:25). 男은 글을 아디 몯ᄒᆞ고(女四解2:26). 女 ᄀᆞᄅᆞ치ᄂᆞᆫ 道ㅣ 오히려 男도곤 심ᄒᆞ고(女四解4:3).

·남 명 남(南). ¶ 南ᄋᆡ셔 보면(楞解1:38). 南으로 갈 비ᄂᆞᆫ ᄃᆞ룰 南으로 가놋다 보고(南明上12). 南오로 楚에 辱ᄒᆞ니 寡人이 恥ᄒᆞ야(宣孟1:13). 다ᄆᆞᆫ 앏픈로ᄡᅥ 南을 삼고 뒤호로 北을 삼고(家禮1:11).

남 명 남빛. ¶ 남:月白(同文解下25).

:남 동 남(出). (‘나암’의 축약형(縮約形)) ㉮ 나다 ¶ 世예 나ᄆᆞ로 宗 사ᄆᆞ니(六祖中59).

남경 명 남경(南京). ¶ 南京ㅅ 오란 나그내 남녁 이러믈 가노니:南京久客耕南畝(初杜解15:32).

남교 명 남교(南郊). 남문(南門) 밖. ¶ 南郊애 무더 두라 ᄒᆞ시다:南郊ᄂᆞᆫ 南녁 城門 밧기니 하ᄂᆞᆯ 祭ᄒᆞᄂᆞᆫ ᄯᅡ히라(月釋2:49).

남·극 명 남극(南極). ¶ 오ᄂᆞᆳ밤 南極ㅅ 밧긔와 老人星 ᄃᆞ외야슈믈(初杜解14:38).

남글 명 나무를. 독나모 ¶ 남글 삭여 샹을 밍그라(女範4. 녈녀 텬우방절).

남긔 명 나무에. 독나모 ¶ ᄒᆞᆫ 남긔 ᄒᆞᆫ 臺러니(月釋18:25).

남·긔·셔 명 나무에서. 독나모 ¶ ᄒᆞ다가 남긔셔 낦딘댄:若生於木(楞解3:25).

남·기 명 나무가. 독나모 ¶ 보비예 남기 느러니 셔며(月釋2:29).

남기다 동 남기다. ¶ 엇디 남기링잇가(新語1:5). 예셔 보매 잔을 남기ᄂᆞᆫ가 시버 뵈니(新語3:5). 남기다:剩一些(同文解下58).

남·ᄀᆞ·란 명 나물랑. 나무는. 독나모 ¶ ᄡᅡᄒᆞᆫ 그뒷 모긔 두고 남ᄀᆞ란 내 모긔 두어 둘히 어우러 精舍 밍ᄀᆞ라(釋譜6:26).

남·ᄀᆞ·로 명 나무로. 독나모 ¶ 模ᄂᆞᆫ 法이니 남ᄀᆞ로 본 밍ᄀᆞᆯ 씨라(月釋17:54). 뎡란이 져머셔 어버ᅀᅵ룰 일코 남ᄀᆞ로 어버ᅀᅴ 얼구를 밍ᄀᆞ라 사니:丁蘭河內人少喪考妣不及供養乃刻木爲親形像事之如生(三綱. 孝10 丁蘭).

남·ᄀᆞᆫ 명 나무는. 독나모 ¶ 불휘 기픈 남ᄀᆞᆫ:根深之木(龍歌2章).

남·ᄀᆞᆯ 명 나무를. 독나모 ¶ 빗근 남ᄀᆞᆯ:于彼橫木(龍歌86章).

남·ᄀᆡ 명 나무에. 독나모 ¶ 남ᄀᆡ 모몰 ᄲᅦᅀᆞ바 뒷더니(月釋1:6).

남남ᄒᆞ·다 동 남남(喃喃)하다. 지루하게 지껄이다. ¶ ᄒᆞ마 한 일 이쇼미 일어니 엇뎨 ᄯᅩ 喃喃ᄒᆞ야 葛藤을 니ᄅᆞ리오(金三3:47). 喃喃ᄋᆞᆫ 말ᄒᆞ논 양지라(金三3:47).

남·녀 명 남녀(男女). ¶ 몸앳 필 뫼화 그르세 담아 男女를 내ᅀᆞᄫᆞ니(月釋1:2). 男女를 論홀 ᄯᅵ 아니니라(永嘉上25). 男女ㅣ ᄉᆞᅀᅵ룰 順케 ᄒᆞ시며(宣賜內訓1:87). 陰陽이 다ᄅᆞ고 男女ㅣ 힝뎌기 다ᄅᆞ니(宣賜內訓2上8). 男女ㅣ 室에 居ᄒᆞ욤은 人의 큰 倫이니(宣孟9:6). 이 저긔 남네 뎡티 몯ᄒᆞ여

시모로:是時男女未定故(胎要11). 男女ㅣ位ᄅᆞᆯ 正ᄒᆞ면 교홰 일며(女四解序2). 禮ᄂᆞᆫ 男女의 즈음을 귀히 너기고(女四解1:5).

남녀므즉 명 남녘께. ¶남녀므즉 두 집 즈음ᄒᆞ야:近南隔着兩家兒人家(飜老上48).

남녁 명 남녘. ¶南녀긔 내ᄃᆞ고(釋譜6:33). 남녁 남:南(類合上2. 倭解上11. 註千28). 남녁 병:丙(石千19). 남녁 향ᄒᆞ야:朝南(飜朴上58). 남녁 뎡:丁(註千24).

남누ᄒᆞ다 형 남루(襤褸)하다. ¶의샹이 남누ᄒᆞ다:懸鶉衣裳(同文解上57). 의장이 남누ᄒᆞ나(洛城1).

남·님 명 남아(男兒). ¶남님 ᄃᆞ외어 ᄃᆞᆫ닐딘댄:做男兒行時(飜老下48).

·남·다 동 남다〔餘〕. ¶無餘涅槃ᄋᆞᆫ 나ᄆᆞᆫ 것 업슨 涅槃이라(釋譜13:34). 그 나ᄆᆞ닐 물이ᄂᆞ니(楞解8:124). 나ᄆᆞᆫ 거슬 주어시ᄃᆞᆫ(宣賜內訓1:10). ᄒᆞᆫ갓 枚叟ㅣ 나마 잇노니:空餘枚叟在(初杜解8:14). 시냇 길헤 나ᄆᆞᆫ 치위예 어름과 눈과ᄅᆞᆯ 디나:澗道餘寒歷氷雪(初杜解9:12). 잠간도 모ᄌᆞ라며 나모미 업스리라:初無欠剩(金三2:34). 남거시든 내 머고리 히야해(鄕樂. 相杵歌). 行홈애 남ᄋᆞᆫ 히미 잇거든:行有餘力(宣小題辭3). 내게 나믄 은이 이시니:我有些餘剩的銀子(飜老下23). 나ᄆᆞᆯ 여:餘(類合下58. 石千2). 남을 여:餘(倭解下32. 註千2). 남다:餘剩(同文解下22).

남다 동 넘다〔越〕. 지나다. ¶빗근 남ᄀᆞᆯ ᄂᆞ라 나마시니:于彼橫木又飛越兮(龍歌86章). 城을 남아 山ᄋᆞᆯ 向ᄒᆞ시니(月印上20). 世間 ᄇᆞ리시고 城 나마 逃亡ᄒᆞ샤(釋譜6:4). 바ᄆᆡ 宮城 나ᄆᆞ샤(月釋21:196). ᄒᆞᆫ ᄃᆞᆯ 나마ᅀᅡ 죽거늘(三綱. 孝31). 城 나마 出家ᄒᆞ야:逾城出家(楞解5:60). 밧 쳔량애 남디 몯ᄒᆞ니:不過外財(法華6:144). 百年이 ᄒᆞ마 半이 나ᄆᆞ니:百年已過半(杜解21:19). 어미 나히 여ᄃᆞᆫ니 나ᄆᆞᆫ디라 거롬 걷디 몯ᄒᆞ더니:母年八十餘不能行步(東新續三綱. 孝8:9). 송시 나히 팔십이 나문지라(女四解4:52). 江湖에 겨월이 드니 눈 깁픠 자히 남다(古時調. 海謠). 나문 거손 인ᄒᆞ여 두오시고(隣語2:3).

남단 명 남단(南端). ¶卓子 南端의 設ᄒᆞ고(家禮10:12).

남만 명 남만(南蠻). 〔유구(琉球), 섬라(暹羅)를 가리킴.〕 ¶徼外南蠻인ᄃᆞᆯ 아니 오리잇가(龍歌54章). 남만 만:蠻(類合下38). 이제 南蠻ㅅ 鴃舌읫 사ᄅᆞᆷ이(宣孟5:29).

남목 명 남나무. ¶남목 남:楠(類合上9).

남ᄆᆡ 명 남매(男妹). ¶그거시 남ᄆᆡ가(閑中錄176).

남보 명 남색보(藍色袱). ¶두 아기시ᄂᆞᆫ 남보 덥ᄉᆞ와(癸丑102).

남복 명 남복(男服). ¶ᄒᆞᆫ 발 녀장과 죵의 남복을 어더 감초고(落泉1:1).

남복 명 남복(男僕). ¶男僕이 非有繕修와 及有大故ㅣ어든 不入中門ᄒᆞ고(家禮2:15).

남사 명 남사(藍紗). ¶남사:藍紗(譯解下4).

남샹 명 남생이. ☞남샹이. 남셩. 남셩이 ¶남샹爲龜(訓解. 用字).

남샹이 명 남생이. ☞남샹. 남셩. 남싱이 ¶남샹이와 고기(小兒4).

남셩 명 남생이. ☞남샹. 남샹이 ¶남셩의 등겁질:龜甲(東醫 湯液二 蟲部).

남셩이 명 남생이. ☞남샹. 남셩 ¶남셩이:龜(柳氏物名二 水族).

남싱이 명 남생이. ☞남샹. 남샹이. 남셩 ¶魚龍燈 鳳鶴燈과 둘움 남싱이며(古時調. 夏四月. 海謠).

남신 명 남편. ☞난편. 남펴 ¶男人 ᄒᆞᆫ뒤 이시리 ᄉᆞ랑ᄒᆞ야 나가디 몯ᄒᆞ며 겨지비 보고 어버싀게 請호ᄃᆡ ᄂᆞᄆᆡ 겨집 ᄃᆞ외노니 출히 뎌 고마 ᄃᆞ외아지라(法華2:28). 어딘 남신인 양으로(飜老下54).

남ᄋᆞ 명 남아(男兒). ☞남ᄋᆞ ¶健壯ᄒᆞᆫ 男兒ㅣ 서근 션비라와 느도다:健兒勝腐儒(初杜解6:40).

-남아 조 -넘도록. ☞-나마 ¶열 번남아 보고(三譯6:11).

남아지 명 나머지. ¶비란 우리 무리 남아지 업슬 ᄲᅮᆫ 아니라(青談).

남악신 명 나막신. 목리(木履). 목혜(木鞋). ¶남악신을 주어(太平1:56).

남여 명 남여(籃輿). ¶슈경이 남여ᄅᆞᆯ 븟잡고 나가디 아니ᄒᆞ야:壽慶扶輿不去(東新續三綱. 孝8:19). 籃輿 緩步ᄒᆞ야 山映樓의 올나ᄒᆞ니(松江. 關東別曲). 승교 남여:爬山篼(同文解下19). 남여:爬山篼(譯解補46). 남여:爬山虎(漢淸12:24).

남오리 명 남오리. ¶金線 남오리로 갸품 ᄢᅵ고:嵌金線藍條子(朴解上24).

남·오ᄒᆞ·다 동 나무하다. ☞나모ᄒᆞ다 ¶或 뫼헤 남오ᄒᆞ며:或山而樵(宣小6:92).

남용ᄒᆞ다 동 남용(濫用)하다. ¶남용ᄒᆞ다:胡使了(同文解上32).

남우 명 나무. ☞나모 ¶몬져 다ᄉᆞᆺ ᄌᆞᄅᆞᄅᆞᆯ ᄒᆞᆫ 베올 남우 어힌 곳에 버려:先列五柄於一枕木刻處(火砲解26). 남우를 가려 불을 살려(女四解3:10).

남우ᄯᅡᆯ기 명 나무딸기. ☞나모ᄡᅡᆯ기 ¶남우ᄯᅡᆯ기:木苺(物譜 草果).

남인맞다 동 시집가다. ☞남진어르다 ¶남인마졸 가:嫁(類合下40).

남인죵 명 사내종. ☞남진종 ¶남인죵 노:奴(類合上20).

남ᄋᆞ 명 남아(男兒). ☞남ᅀᆞ ¶ᄡᅩ롯ᄒᆞᆫ 男兒ㅣ 나가(重杜解2:67). 男兒ᄂᆞᆫ 녀ᄃᆞ니ᄂᆞᆫ ᄯᅡ해 이리ᄒᆞ고 客子ᄂᆞᆫ 모ᄆᆡ 强호ᄆᆞᆯ ᄃᆞ롤디니라(重杜解20:36). 男兒란 거슨 ᄒᆞᆫ 말을 ᄒᆞᆯ지라도 前後ᄅᆞᆯ 슯혀(隣語3:4).

남:자 명 남자(男子). ☞남ᄌᆞ ¶男子ᄂᆞᆫ ᄆᆞᅀᆞᄆᆞᆯ ᄆᆞᆯᄀᆞᆫ ᄃᆡ 노니며(宣賜內訓序6).

남잡히 부 난잡히. 함부로. ¶남잡히 쓰기를 거의 다ᄒᆞ모로:濫用殆盡故(警民12).

남장 명 남장(男裝). ¶우리 남장으로 도망ᄒᆞ야 대노야 젹쇼ᄅᆞᆯ ᄎᆞ즈미 올흘가 ᄒᆞᄂᆞ이다(落泉1:2).

남져지 명 나머지. ¶엄부렁ᄒᆞ던 거시 남져지 바히업다(農月 十一月令).

남종 명 사내종. ☞남인죵 ¶ᄒᆞᆫ 남종과 두 남종과(鄕樂. 內堂).

남죠각 명 나무 조각. ☞나모조각 ¶닐곱 남죠각을 ᄢᅦ치니(女範2. 변녀 진중공쳐).

남즈기 부 남짓이. ☞남ᄌᆞ기 ¶오ᄂᆞᆯ 다시 ᄉᆡᆼ각ᄒᆞ니 三十里 남즈기 잇ᄂᆞᆫ ᄯᅡ히로다:今日再想起來有三十里多地(飜老上60).

남즉 명 남짓. ☞남ᄌᆞᆨ ¶돌ᄒᆞᆯ 더디며 ᄧᅩ차 오리 남즉 니ᄅᆞ니:投石追至五里許(東新續三綱. 孝2:70).

남즉이 부 남짓이. ☞남즈기. 남ᄌᆞ기 ¶十端 남즉이 드럿고(新語4:10). ᄒᆞᆫ 길 남즉이 더져놀(武藝圖22).

남즉ᄒᆞ·다 형 남짓하다. ☞남ᄌᆞᆨᄒᆞ다 ¶내 비환 디 반 히 남즉ᄒᆞ다:我學了半年有餘(飜老上6). 三十里 남즉ᄒᆞᆫ ᄯᅡ히 잇ᄂᆞᆫ ᄃᆞᆺᄒᆞ다:敢有三十里多地(老解上53). 三十里 남즉ᄒᆞᆫ ᄯᅡ히 잇다:有三十里多地(老解上54).

남즛ᄒᆞ·다 형 남짓하다. ☞남ᄌᆞᆺᄒᆞ다 ¶三十里 남즛ᄒᆞᆫ ᄯᅡ히 잇ᄂᆞᆫ ᄃᆞᆺᄒᆞ다:敢有三十里多地(飜老上59).

남지 명 사내. ☞남진 ¶도ᄌᆞᆨᄒᆞ야 더브러 갈 저긔 졍히 제 남지를 맛보와:偷將去的時節正撞見他的漢子(飜朴上35).

남진 명 ①사내. ¶士ᄂᆞᆫ 어딘 남지니니(釋譜9:3). 奴ᄂᆞᆫ 남진 죠이오(釋譜13:19). 남지늬 소리 겨지븨 소리(釋譜19:14). 男子ᄂᆞᆫ 남지니라(月釋1:8). 남진 겨지비 업고(月釋1:42). 善男子ᄂᆞᆫ 이든 남지니오(阿彌17). 健壯ᄒᆞᆫ 남지ᄂᆞᆫ 도라오ᄆᆞᆯ 게을이 말롤디어다:健兒歸莫懶(重杜解4:19). 겨집 남진 얼이며 남진 겨집 얼이노라:嫁女婚男(佛頂上3). 우리 거긔ᄂᆞᆫ 남지니:我那裏男子漢(飜老上36). 남진죵 노:奴(訓蒙上33). 남진:丈夫(譯解上58). 명뷔 그 남진을 여어보니(女範2. 현녀 제샹어쳐).
②남편. ¶寡婦ᄂᆞᆫ 남진 업슨 겨지비라(楞解6:111). 寡ᄂᆞᆫ 남진 업슬 씨라(法華5:16). 남진과 겨집괘 ᄀᆞᆯ히요미 이시며:夫婦有別(宣賜內訓序3). 남지니 일죽고 여러 子息이 어리도다:良人早沒諸孤癡(初杜解25:27). 남지늬 갑새(三綱. 烈10). ᄭᅮ지저 ᄀᆞ로ᄃᆡ 이미 내 남진을 주겨시니:罵曰既殺我夫(東新續三綱. 烈8:57). 제 남진 제 계집 아니어든 일홈 뭇디 마으려(古時調. 鄭澈. 간나희. 警民編).

남진:겨집 명 부부(夫婦). ☞남진계집 ¶남진겨지비 업고(月釋1:42). 남진겨지비 나니라(月釋1:43). 남진겨지비 莊嚴에 ᄡᅳᄂᆞ니(月釋2:29). 머리터리ᄅᆞᆯ ᄆᆡ자 남진겨지비 ᄃᆞ외요니:結髮爲夫婦(杜解8:67). 祭라 혼 거슨 반ᄃᆞ시 남진겨집이 친히 ᄒᆞᄂᆞ니:夫祭也者必夫婦親之(宣小2:25).

남진계집 명 부부(夫婦). ☞남진겨집 ¶呂布ㅣ 셔셔 니로되 내 ᄒᆞᆫ ᄢᅴ 시작ᄒᆞ여셔 우리 남진계집 되여 사쟈(三譯1:18).

남진동셰 명 남자 동서. ¶남진동셰:連妗(四解下72 妗字註).

남진븥·다 동 시집가다. 출가(出嫁)하다. ☞남진어르다 ¶스믈히어든 남진브틀디니 연고 잇거든 스믈세힌 ᄒᆡ예 남진브틀디니라:二十而嫁有故二十三年而嫁(宣小1:7).

남진어르기 명 서방질. ¶롱담ᄒᆞ야 남진어르기ᄅᆞᆯ ᄒᆞ며(月釋1:44).

남진어르·다 동 시집가다. ¶嫁ᄂᆞᆫ 겨지비 남진어를 시오 娶ᄂᆞᆫ 남진이 겨집어를 시라(宣賜內訓1:70). 내죵내 다ᄅᆞᆫ 남진어를 ᄠᅳ디 업더라:終無嫁意(飜小9:55).

남진어리다 동 시집보내다. ☞남진얼이다 ¶나히 열여스세 남진어려ᄡᅥ니:年十六而嫁(三綱. 孝5).

남진어·리·ᄒᆞ·다 동 서방질하다. ¶제 그 남진어리ᄒᆞᄂᆞᆫ 겨지비 ᄃᆞᆫ 말와 됴ᄒᆞᆫ 말로 다하 ᄂᆡ일모ᄅᆡ 가포마 니ᄅᆞ니 모로리로다 몃 ᄂᆡᄉᆡ린고:他那養漢的老婆甜言美語的只說明日後日還我知他是幾箇明日(飜朴上35).

남진얼오다 동 시집보내다. ☞남진어리다. 남진얼이다 ¶ᄒᆞᆯᄂᆞᆫ 제 어버이 과연 남진얼오려 ᄒᆞᆫ대 조이 알오 목ᄆᆡ야ᄃᆞ라 주그니라:一日其父母果欲嫁召史知之縊死(東續三綱. 烈16).

남진얼이다 동 시집보내다. ☞남진어리다 ¶겨집 남진얼이며 남진 겨집얼이며:嫁女婚男(佛頂上3). ᄯᅩ 그 ᄯᆞᄅᆞᆯ 남진얼이게 ᄒᆞ니라:又嫁其女(重二倫40 査道傾橐).

남진:죵 명 사내종. ☞남인죵 ¶奴ᄂᆞᆫ 남진죠이오 婢ᄂᆞᆫ 겨집죠이라(釋譜13:19). 남진죵ᄋᆞᆫ 沙門이 ᄃᆞ외오(釋譜23:34). 남진죵 노:奴(訓蒙上33).

남진ᄒᆞ다 동 남편 얻다. ¶계뫼 남진ᄒᆞ얏ᄂᆞᆫ가 의심ᄒᆞ야(女範2. 변녀 니시옥영).

남·ᄌᆞ 명 남자. ☞남자 ¶왼녁 피ᄂᆞᆫ 男子ㅣ

ᄃᆞ외오:男子ᄂᆞᆫ 남지니라(月釋1:8). 男子ㅣ 精誠이 至極ᄒᆞᆯᄊᆡ(月釋1:11). 됴ᄒᆞᆫ 男子아 다ᄅᆞᆫ 나래 다시 나거든 나ᄅᆞᆯ 得게 ᄒᆞ고라 ᄒᆞ더라(三綱. 忠26). 더 男子아 네 샹녜 이ᄅᆞᆯ 짓고 ᄂᆞ외 년 ᄃᆡ 가디 말라(法華2:211). ᄒᆞᆫ갓 男子 ᄆᆞ미 ᄃᆞ외오 丈夫 ᄠᅳ디 업스니(永嘉上24). 男子ᄂᆞᆫ ᄆᆞᅀᆞᄆᆞᆯ ᄆᆞᆯᄀᆞᆫ ᄃᆡ 노니며…겨지븐 그러티 아니ᄒᆞ야(宣賜內訓序6). 어딘 남지어니ᄯᆞ나(飜老下48). 남ᄌᆞ의 ᄲᅧᄂᆞᆫ 희오:男子骨頭白了(恩重2). ᄆᆞ릇 절ᄒᆞᆯ 제 男子ㅣ 再拜ᄒᆞ면(家禮1:23).

남ᄌᆞ기 [부] 남짓이. ☞남ᄌᆞ시 ¶믿나라해 도라와 제 지블 즘게 남ᄌᆞ기 듣고(月釋23:73). 세 돈 남ᄌᆞ기 머기면:三錢許與服(救急上60). 열 거름 남ᄌᆞ기 기픈 우믈이 잇거ᄂᆞᆯ(東新續三綱. 烈5:27).

남ᄌᆞ시 [부] 남짓이. ☞남ᄌᆞ기 ¶半 돈 남ᄌᆞ시 입 안해 녀허셔 추므로 ᄂᆞ리오라:每以半錢許入口中津液嚥下(救急上44).

남죽 [명] 남짓. ☞남즉 ¶믈 ᄒᆞᆫ 사발 브ᅀᅥ 달히니 반 남죽 되어든 즈ᅀᅴ 업게 ᄒᆞ고:水一沙鉢煎至七分去滓(瘟疫方26).

남죽다 [형] 남짓하다. ☞남죽ᄒᆞ다 ¶ᄒᆞᆫ ᄒᆡ 남죽고 父母ㅣ 븟그려 도라오라 ᄒᆞ니라:歲餘父母慚而還之(三綱. 孝7). 믈 ᄒᆞᆫ 마래 글혀 반 남죽거든 즈ᅀᅴ 앗고:以水一斗煮至六升去滓(救簡6:54).

남죽이 [부] 남짓이. ☞남ᄌᆞ기 ¶ᄒᆞᆫ ᄒᆡ 남죽이 되니 부뫼 븟그러워 도로 ᄃᆞ려 오니라:積歲餘父母慚而還之(五倫1:11).

남죽ᄒᆞ·다 [형] 남짓하다. ☞남죽다 ¶ᄒᆞᆫ 해 남죽ᄒᆞ거늘 王이 病을 호ᄃᆡ(釋譜24:50). 甘蔗ᄂᆞᆫ ᄃᆞ리니 시믄 두ᅀᅥ ᄒᆡᆺ자히 나ᄃᆡ 대ᄀᆞᆮ고 기리 열 자 남죽ᄒᆞ니(月釋1:6). 남진 어려 ᄒᆞᆫ ᄒᆡ 남죽ᄒᆞ야 남진니 머리 귀향가거ᄂᆞᆯ(三綱. 烈14).

남줏ᄒᆞ다 [형] 남짓하다. ☞남죽ᄒᆞ다 ¶附子 므긔 닐굽 돈 남줏ᄒᆞ닐 炮ᄒᆞ야 니겨:附子重七錢許炮熟(救急上38). 附子 ᄒᆞᆫ낫 므긔 열 돈 남줏ᄒᆞ닐 사ᄒᆞ라 여듧 片 ᄆᆡᆼᄀᆞᆯ오:附子一枚重十錢許剉作八片(救急上54).

남지 [명] 남자(男子). ☞남ᄌᆞ ¶존당의 층층전의 남지도 그러ᄒᆞ며(答思鄕曲).

남초 [명] 담배. ¶늙도록 有信키는 암아도 南草로다(古時調. 金友奎. 靑謠).

남·편 [명] 남편(男便). ☞남진 ¶王과 즁님과ᄂᆞᆫ 남편 氣韻이실ᄊᆡ 길ᄒᆞᆯ ᄀᆞᆮ디 아니커시니와(月釋8:93). 오직 婦人의 남편 셤교ᄆᆞᆫ 삼가디 아니호미 몯ᄒᆞ리며:但婦之事夫不可不謹(宣賜內訓2下49). 아모 姓 넛할믜 남편이라 ᄒᆞ고:某姓尊姑夫(宣小6:75). 내 남편이 일죽고(太平1:20). 남편 참최 삼년(家禮圖16).

납 [명] 원숭이. ☞진납이 ¶납爲猿(訓解. 用字). 눈먼 납 무러시ᄂᆞᆯ(月印上65. 月釋7:5). 似量이 나ᄫᅵ ᄆᆞᅀᆞᄆᆞᆯ 봄놀이고:似量騰於猿心(圓覺序64). 대수프렛 나비 날 爲ᄒᆞ야 ᄆᆞᆯᄀᆞᆫ 나지셔 우ᄂᆞ다:竹林猿爲我啼淸晝(杜解25:28). 어린 나ᄫᅵ:癡猿(金三2:44). 납 미:獼. 납 손:猻. 납 원:猿. 납 호:猢. 납 후:猴(訓蒙上18). 납 원:猿. 납 후:猴(類合上13). 나ᄫᅵ ᄂᆞᆯ내 ᄃᆞ로ᄆᆞᆯ 기우시 놀라:側驚猿猱捷(重杜解1:58). 나비 우러도 ᄀᆞᅀᆞᆳ ᄂᆞᆫ므리 업고:猿鳴秋淚缺(重杜解3:54). 납:胡猻(譯解下33).

·납 [명] ①땜납. ¶납 납:鑞(訓蒙中31). 납 랍:鑞(倭解下8).
②석(錫). ☞듀셕 ¶납 석:錫(訓蒙中31. 類合上25). 납:錫(東醫 湯液三 金部). 납:錫鑞(同文解下23). 납:鉛(漢淸10:44).

납 [명] 도리. ☞도리 ¶납:檁 屋上橫木(四解下74). 납 름:檁(訓蒙叡山本中3). 납:檁(朴解下12). 납:檁(譯解下17).

납가ᄉᆡ [명] 납가새. 질려(蒺藜). ☞납가시 ¶납가ᄉᆡ:白蒺藜(東醫 湯液二 草部). 납가ᄉᆡ:蒺藜子(經驗).

납가시 [명] 납가새. ☞납가ᄉᆡ ¶납가시 ᄌᆞ:茨(詩解 物名5). 납가시:刺蒺藜(柳氏物名三 草). 납가시:蒺藜(濟衆8:8).

납거·믜 [명] 납거미. ☞납거ᄆᆡ ¶납거믜:壁蟢(訓蒙上22 蟢字註). 납거믜:壁錢(東醫 湯液二 蟲部).

납거ᄆᆡ [명] 납거미. ☞납거믜 ¶납거ᄆᆡ 집 세히나 다ᄉᆞ시나 믈에 달혀 더우니를 마시면:壁鏡窠三五箇水煎熱呷(胎要56).

납검의 [명] 납거미. ☞납거믜 ¶납검의:壁錢(物譜 蟲豸).

·납·길 [명] 납길(納吉). ¶이런ᄃᆞ로 昏姻禮예 納采와 問名과 納吉와:納吉은 됴ᄒᆞᆫ 占卜 드릴 시라(宣賜內訓1:74). 古禮예 問名ᄒᆞ며 納吉호미 잇더니(家禮4:6).

납다 [형] 납작하다. ¶납은 ᄇᆡ:匾子船(漢淸12:19).

납량ᄒᆞ다 [형] 납량(納涼)하다. ¶님긊 納涼ᄒᆞ시ᄂᆞᆫ 나조ᄒᆡ(重杜解16:66). 납량ᄒᆞ다:乘凉(漢淸7:35).

납빙ᄒᆞ다 [명] 납빙(納聘)하다. 납폐(納幣)하다. ¶길긔 다ᄅᆞ로니 납빙ᄒᆞ고 혼녜를 일울ᄉᆡ(洛城1). 닉일 납빙ᄒᆞ기로 완졍ᄒᆞ엿시니(引鳳簫3).

·납:셤ᄒᆞ·다 [동] 도금(鍍金)하다. ¶납셤ᄒᆞᆯ 옥:鋈(訓蒙下16).

납월 [명] 납월(臘月). 음력 섣달. ☞랍월. 섯ᄃᆞᆯ ¶납월 초뉵일 이후의(山城16).

납ᄋᆡ [명] 나비. ☞나ᄇᆡ ¶납ᄋᆡ 아:蛾(詩解 物名6). 납ᄋᆡ:粉蝶(譯解補49).

납족됴라ᄒᆞ다 형 납죽하다. ¶납족됴라ᄒᆞᆫ 길로 이리로 뵛독 져리로 뵛쳑(古時調. 아흔아홉. 靑丘).

납족이 부 납작이. ¶져기 납족이 ᄒᆞ고:匾着(朴解下29).

납족ᄒᆞ다 형 납작하다. ¶납족ᄒᆞᆫ 것:匾的(譯解補55). 입 납족ᄒᆞ다:匾嘴(漢淸6:5).

납쥬 명 납주(納主). ¶뭇ᄌᆞ와 ᄀᆞ오ᄃᆡ 納主ᄒᆞᄂᆞᆫ 녜ᄅᆞᆯ 禮經애 나타나니(家禮9:25).

·납·ᄌᆞ 명 납자(衲子). (‘중’을 달리 일컫는 말.) ¶性命이 本色 衲子의 소내 디여 잇다(蒙法54). ᄀᆞᄅᆞᇝ ᄃᆞ리 비취니 衲子ᄋᆡ 家風이 못 조ᄉᆞᄅᆞ외도다(南明上66).

·납:치 명 납채(納采). ¶이런ᄃᆞ로 昏姻禮예 納采와:納采ᄂᆞᆫ 그려기 드려 ᄀᆞᆯᄒᆡᄂᆞᆫ 禮라(宣賜內訓1:74). 왕시의게 납치ᄒᆞ고 안해를 취ᄒᆞ야시니(太平1:20). 나ᄅᆞᆯ 언약ᄒᆞ야 납치 받게 ᄒᆞ야(東新續三綱. 烈1:64). 俟女氏 許之 然後에 納采ᄒᆞ라(家禮4:2).

납폐 명 납폐(納幣). ¶納幣ᄅᆞᆯ ᄢᅥ셔 ᄢᅥ곰 簡便ᄒᆞ몰 졷노라(家禮4:6). 싱이 본ᄃᆡ 녜ᄉᆞ 납폐 치단으로 아랏다가(落泉1:2).

납향날 명 납일(臘日). ☞랍향날 ¶납향날:臘日(譯解上4). 납향날:臘八(同文解上4).

낫 명 낮(晝). ☞낮 ¶齋라 ᄒᆞᆫ 거시 낫 계어든 밥 아니 머구미 웃드미오(釋譜9:18). 낫바미 샹녜 爲ᄒᆞᆫ 젼ᄎᆞ로(法華5:55). 낫맛ᄉᆞ시예:亭午際(初杜解16:71). 낫바ᄆᆞᆯ ᄇᆞ리디 아니ᄒᆞ야(南明下43). 낫 듀:晝(訓蒙上1. 類合上3. 石千36). 낫 샹:晌(訓蒙上1). 날이 낫 계엇다:日頭後晌也(老解上59). 낫계어 경히 더울 ᄢᅢ예 미처 收拾ᄒᆞ여:比及晌午對正熱時分收拾(朴解下1). 낫밥:晌飯(譯解上49). 낫:晌午(同文解上4).

:낫 명 낱(箇). ☞낟 ¶ᄒᆞᆫ 낫 고ᄌᆞ로 그륜(釋譜13:53). 그 ᄒᆞᆫ 낫 도니 도로 王ᄭᅴ 오나ᄂᆞᆯ(釋譜24:30). 숨툰 거시 ᄒᆞᆫ 낫도 업서(月釋1:48). 이제 이 지비 ᄒᆞᆫ 낫도 어루 즐거우미 업거늘:今此舍宅無一可樂(法華2:136). 河水의 너부믈 ᄒᆞᆫ 낫 ᄀᆞᆯ을 타 건너다 傳聞호니:河廣傳聞一葦過(重杜解4:15). ᄌᆞ믄 낫 녀름 남기 ᄆᆞᆰ도다:千章夏木淸(初杜解15:7). 스무 낫 됴ᄒᆞᆫ ᄉᆞᆯ진 양:二十箇好肥羊(飜朴上2). 낫 개:介(類合下44). ᄒᆞᆫ 낫:一箇(同文解下21).

:낫 명 낟(粒). ☞낟 ¶大地ᄅᆞᆯ 다 지버 와 조ᄡᆞᆯ 낫 킈 ᄀᆞᆮᄒᆞ닐 ᄂᆞᆺ 알ᄑᆡ 向ᄒᆞ야 더됴니(南明下70). 스므시 ᄇᆞ렛ᄂᆞᆫ 낫 이사ᄀᆞᆯ 보논 ᄃᆞᆺᄒᆞ야라(重杜解12:18).

낫 명 낫(鎌). ☞낟 ¶낫:鎌刀(譯解下8). 낫렴:鎌(兒學上11).

낫 명 낯(面). ¶나미 반다시 낫슬 가뤼며(女四解3:4).

낫거믜 명 납거미. ☞납거믜 ¶낫거믜 집:壁鏡(譯解下35).

낫계즉만 구 한낮이 겨운 때쯤. (‘낫’은 ‘낮(晝)’, ‘계’는 ‘계다(지나다)’의 ‘계’, ‘즉’은 ‘때’, ‘만’은 한정(限定)을 뜻하는 말.) ¶오뉴월 낫계즉만 살얼ᄋᆞᆷ 지픤 우희 즌서리 섯거티고 자최눈 디엿거ᄂᆞᆯ 보앗ᄂᆞᆫ다(古時調. 鄭澈. 심의산. 松江).

낫글 동 낚을. ㉠낫다 ¶낫글 됴:釣(類合下7).

낫:나·치 부 낱낱이. ☞낫낫치 ¶낫나치 보ᄆᆞᆯ ᄀᆞ장 ᄆᆞᆯᄀᆞᆺᄆᆞᆯᄀᆞ시ᄒᆞ야(月釋8:8). 낫나치 子細히 ᄀᆞᆯᄒᆡ에 ᄒᆞ샷다(楞解2:34). 낫나치 記를 심기샤:面一一授記(法華3:55). 낫나치 覺性에 ᄀᆞᆮᄒᆞ야:一一同於覺性(圓覺上一之二15). 낫나치 다 내 아니라(永嘉上40). 낫나치 다ᄉᆞᆺ 가짓 곳빗 ᄀᆞᆮ도다:箇箇五花文(初杜解7:31). 뷔어나 잇거나 호매 낫나치 對 긋거니(南明上7). 낫나치 ᄀᆞᄅᆞ치고:一一指(金三2:11).

낫:낫 명 낱낱. 하나하나. ¶낫낫 寶樹ㅣ 노피 五百由旬이오 가지와 닙과 곳과:一一寶樹高五百由旬枝葉花(法華4:121). 낫낫 衆生이 다 이런 心數 잇ᄂᆞᆫ ᄃᆞᆯ 불기고져 ᄒᆞ시니라(金剛120). 낫낫 善知識ᄭᅴ ᄉᆞᆯ와 닐오ᄃᆡ:於一一善知識所白言(金三2:4).

낫낫치 부 낱낱이. ☞낫나치 ¶그ᄅᆞ시 낫낫치 ᄠᅳ려디고:食器粉碎(太平1:6). 낫낫치 니ᄅᆞ다:一箇箇說(同文解上25). 낫낫치 알외다:擧要告訴(漢淸6:37). 인간 만물 싱긴 중의 낫낫치 혜어 보니(萬言詞).

:낫다 동 나아가다. ☞나ᅀᅡ다 ¶性에 기피 드러 오직 낫고 믈룸 업수미(楞解8:18). 발 하ᄃᆡ 녀믈 낫디 몯ᄒᆞ고:多足行不進(法華2:109). 이ᄂᆞᆫ 二乘法을브터 더 낫ᄂᆞ니라:此依二乘之法增進者(法華3:48). 能히 다시 낫디 몯ᄒᆞ리어늘ᅀᅡ:不能復進(法華3:174). 理ᄅᆞᆯ ᄒᆞ마 기피 낫고도 行ᄋᆞᆯ 외다 ᄒᆞ야:理旣深造非行(法華5:206). 病이 手足애 잇ᄂᆞ닌 알ᄑᆡ 나ᅀᅡ며 뒤헤 므르며:病在手足者以進前退後(龜鑑下59).

낫다 동 낫다(癒). ¶곤ᄒᆞᆫ 것 즉시 낫다:乏解的快(漢淸7:38).

낫다 동 낚다. ☞낙다. 낛다 ¶飄零히 ᄃᆞᆫ뇨매 ᄯᅩ 고기 낫ᄂᆞᆫ 낛주를 ᄡᅩ노라:飄零且釣緡(杜解6:31). 져믄 아ᄃᆞ른 바ᄂᆞᄅᆞᆯ 두드려 고기 낫ᄀᆞᆯ 낙ᄉᆞᆯ ᄆᆡᇰᄀᆞᄂᆞ다:稚子敲針作釣鉤(初杜解7:4). 어딘 사ᄅᆞ미 해 고기 다히며 고기 낫ᄂᆞᆫ ᄃᆡ 수멧ᄂᆞ니:賢多隱屠釣(杜解10:11). 목 움츤 鯿魚를 쇽졀업시 낫가 먹더니라(初杜解16:14). 나ᄭᆞᆯ 됴:釣(訓蒙下9). 낫글 됴:釣(類合下7). 간활ᄒᆞᆫ 아젼의게 고기 낫ᄂᆞᆫ 바비 ᄃᆞ외여:多爲猾吏所餌(飜小7:28).

※'낫다'의 활용 [낫ᄂᆞᆫ/낫고…
낫ᄀᆞᆯ(낫글)/낫ᄀᆞᆫ…

낫·다 동 낳다(生). ☞나타 ¶肅宗을 낫ᄉᆞ온대:生肅宗(宣賜內訓2上42). 외가의셔 낫ᄌᆞ오시니(閑中錄4).

낫다 동 나타나다. ☞낟다 ¶옷 ᄉᆞᄆᆡ예 두 ᄇᆞᆯ도기 낫도다:衣袖露兩肘(重杜解2:20). 녯 님금의 ᄇᆡᆨ셩 ᄉᆞ랑ᄒᆞ시ᄂᆞᆫ 어딘 ᄆᆞᄋᆞᆷ으로셔 낫ᄂᆞ니:出於先王愛民之仁也(警民2).

낫·다 형 낫다(優). ¶나을 우:優(石千13). 내 집두곤 나ᄋᆞᆫ 이로 ᄒᆞᆯ디니:勝吾家者(宣小5:66). 이젼 수도곤 나음이 ᄇᆡᄒᆞ다:强如已前數倍(老解下64). 아모 ᄒᆞᆫ 무리 나은이:那一火兒强的(朴解下48). 나을 우:優(倭解下34). 그 맛이 江믈도곤 낫고(女四解4:14). 나은 소임:優任(譯解補9). 이도곤 나은 ᄉᆞ업 우쥬간의 ᄯᅩ 인ᄂᆞᆫ가(쌍벽가).

낫대 명 낚싯대. ☞낙대. 낙시ㅅ대 ¶반ᄃᆞ기 두어 낫대ᄅᆞᆯ 시므노라:必種數竿竹(杜解6:52). 至匊忩 至匊忩 於思臥 낫대ᄂᆞᆫ 쥐여 잇다 濁酒ㅅ甁 시럿ᄂᆞ냐(古時調. 尹善道. 날이 덥도다. 孤遺). 낫대로 막대 삼고 柴扉ᄅᆞᆯ ᄎᆞ자 보쟈(古時調. 尹善道. 來日이. 孤遺). 낫대ᄅᆞᆯ 두러메고 釣臺로 ᄂᆞ려가니(江村晩釣歌).

낫도적 명 낫도둑. ☞낫. 도적 ¶낫도적:白眼强盜(譯解上66).

:낫ᄃᆞ·라 동 내달려. ㉮낫ᄃᆞᆮ다 ¶안답ᄭᅴ샤 낫ᄃᆞ라 아ᄂᆞ샤 것ᄆᆞᄅᆞ 죽거시ᄂᆞᆯ(釋譜11:20. 月釋21:217).

:낫ᄃᆞᆮ·다 동 내닫다. ¶안답ᄭᅴ샤 낫ᄃᆞ라 아ᄂᆞ샤 것ᄆᆞᄅᆞ 죽거시ᄂᆞᆯ(釋譜11:20. 月釋21:217). 主簿ㅣ 낫ᄃᆞ라 닐오ᄃᆡ:主簿進曰(飜小10:4). 옷ᄉᆞᆯ 거두잡아 모흐로 낫ᄃᆞ라 반ᄃᆞ시 ᄃᆡ답홈ᄋᆞᆯ 삼가ᄒᆞᆯ디니라:摳衣趨隅必愼唯諾(明小3:10).

낫만 명 한낮. ☞낟만. 낫맛 ¶낫만 空靈ㅅ 뫼ᄒᆞᆯ 여희오:午辭空靈岑(重杜解1:48). 낫만ᄒᆞ야 ᄯᆞᆷ 흘로미 더ᄂᆞ니:亭午減汗流(杜解10:25). 바ᄅᆞ 낫만 ᄒᆞ거든 셔품 쓰기 ᄒᆞ야:到晌午寫倣書(飜朴上50). 수릿날 낫만:五月五日午時(瘟疫方6). 수릿날 낫만 ᄒᆞ야 잡약을 뫼화 틔오면:又方仲夏五日午時聚先所蓄時藥燒之(救荒. 辟瘟6). 낫만홈애 미처 ᄯᅩ 니르ᄅᆞ샤:及日中又至(重內訓1:33).

낫맛 명 한낮. ☞낫만 ¶낫맛 ᄉᆞᅀᅵ예 바고니ᄅᆞᆯ 소ᄃᆞ니:放筐亭午際(初杜解16:71).

낫·맛·감 명 한낮쯤. ☞낫만 ¶수릿날 낫맛감:五月五日日中(瘟疫方6).

낫믈 명 낟알 물. 곡기(穀氣). 식음(食飮). ¶우흔 더옥 셟ᄉᆞ오샤 낫믈을 긋치오시고(癸丑1:110).

·낫·밤 명 낫밤. 주야(晝夜). ¶낫바ᄆᆞᆯ 分ᄒᆞᄂᆞᆫ 젼ᄎᆞ로:分晝夜故(楞解8:137). 낫밤애 受苦ᄒᆞ야 쉴 ᄡᅀᅵ 업스리니:晝夜受苦無有休息(法華2:166). 낫바ᄆᆞᆯ 瑤琴과 ᄧᅡᆨᄒᆞ야 뒷다라:日夜偶瑤琴(初杜解15:3). 낫밤을 블으지져 울오:日夜號泣(宣小6:19).

낫부다 형 나쁘다. 양에 차지 않고 부족하다. ☞낫브다 ¶아침의 낫분 밥이 낫 못되여 시장ᄒᆞ니(萬言詞).

낫브다 형 나쁘다. 부족하다. ☞낟브다. 낟ᄇᆞ다 ¶계요 닐곱 발이 낫브다:剛口的七托少些(老解下26). 一生에 옷밥이 낫브디 아니ᄒᆞ고:一生不少衣祿(老解下64). 그리면 ᄌᆞᆷ이 낫브디 아니ᄒᆞ리라:那們時不渴睡(朴解上21). ᄉᆡ어마님 며느라기 낫바 벽바흘 구루지 마오(古時調. 靑丘). 낫브고 잘못ᄒᆞᄂᆞᆫ 줄만 아ᄅᆞ시니(閑中錄174). 春風은 불고도 낫바 건듯건듯 ᄒᆞ노라(古時調. 곳츤 블긋블긋. 古歌).

낫ᄌᆞᆷ 명 낫잠. ¶荊扉ᄅᆞᆯ 기되 닫고 낫ᄌᆞᆷ을 잠ᄭᆞᆫ 드니(辛啓榮. 月先軒十六景歌).

낫참 명 낫참. ¶낫참:打過站(同文解上41). 낫참:中伏處(漢淸9:23).

낫타 동 낳다. ☞나타 ¶아기 낫타:分娩(譯解上36). ᄌᆞ식 낫타:分娩(同文解上53). 뎨ᄅᆞᆯ 낫타(十九史略1:2).

낫타나다 동 나타나다. ☞나타나다. 낟타나다 ¶낫타나믈 당ᄒᆞᆯ지라도(敬信32).

낫토아 동 나타나게 하여 밝혀. ¶군신대의로ᄡᅥ 죄ᄅᆞᆯ 낫토아 칠 거시니(山城93).

·낫:후 명 오후(午後). ¶낫후만 ᄒᆞ야 ᄇᆡ 안히 글흐면:至日午後腹中如雷鳴(救簡3:74).

나ᇫ:나·치 부 낱낱이. ☞낟낟치 ¶나ᇫ나치 發明ᄒᆞ시니:一一發明(法華6:68). 나ᇫ나치 내 아니며 和合도 ᄯᅩ 업스니:一一非我和合亦無(永嘉上40).

낭 명 낭떠러지. ¶낭의 ᄢᅥ러뎌 주그니라:投崖而死(東新續三綱. 烈6:31).

낭군 명 낭군(郎君). 남편. ¶낭군이 만일 블힝ᄒᆞ면:郎君若不幸(東新續三綱. 烈4:9). 닐오ᄃᆡ 낭군이 에엿비 너기샤(太平1:17). 동시 쳡곳 아니면 낭군의 비필이 되지 못ᄒᆞᆯ 거시오(落泉1:2).

낭글 명 나무를. ¶서근 낭글 代ᄒᆞ고:代彼朽木(重杜解13:5).

낭독 명 낭독(狼毒). 오독도기의 뿌리. ¶낭독:地丁草(漢淸13:15).

낭듕 명 낭중(囊中). ¶내 囊中이 조호ᄆᆞᆯ 幸혀 깃거ᄒᆞ노라(重杜解1:50). 낭듕의 나믄 금보ᄅᆞᆯ 다 내여 하션을 쥬고(落泉2:5).

낭연ᄒᆞ다 형 낭연(琅然)하다. ¶부인이 낭연ᄒᆞᆫ 말ᄉᆞᆷ으로 티하ᄒᆞ기ᄅᆞᆯ 그치디 아니ᄒᆞ고(洛城2).

낭이 명 냉이. ☞나ᅀᅵ ¶낭이:薺菜(朴解中34.

方藥37). 낭이 졔:薺(倭解下5).

낭쟈ᄒᆞ다 형 낭자(狼藉)하다. ☞랑쟈ᄒᆞ다 ¶이 ᄒᆞᆫ 말이 낭쟈ᄒᆞ고(閑中錄176). ᄃᆡ칙이 낭쟈ᄒᆞ야(引鳳簫1).

낭죵 명 나중. ☞내죵 ¶처엄의ᄂᆞᆫ 비록 편논으로 나시나 낭죵의ᄂᆞᆫ(經筵).

낭죵내 부 내내. ☞내내 ¶세시와 긔일의 친히 졔믈을 쟝만ᄒᆞ야 낭죵내 게으르디 아니ᄒᆞ더라:歲時忌日親備奠具終始不怠(東新續三綱. 忠1:81).

낭ᄌᆞ 명 낭자(娘子). ¶낭ᄌᆞㅣ 사ᄅᆞᆷ 져ᄇᆞ리지 아닛ᄂᆞᆫ 층졀이 이시ᄃᆡ(落泉1:2).

낭탁 명 낭탁(囊槖). ¶됴젹은 나의 낭탁이 비유ᄒᆞᆫ가 ᄒᆞ야(引鳳簫1).

낭ᄑᆡᄒᆞ다 동 낭패(狼狽)하다. ¶낭군은 ᄋᆞ녀의 졍을 ᄉᆞᆯ펴 낭ᄑᆡᄒᆞ믈 면케 ᄒᆞ라(落泉3:7).

낭히 명 냉이. ☞나ᅀᅵ. 나이. 낭이 ¶낭히:薺菜(華類47).

·**낮** 명 낮. ☞낫 ¶새벼리 나지 도ᄃᆞ니:煌煌太白當晝垂示(龍歌101章). 밤과 낫과 法을 니ᄅᆞ시니(月印上6). 밤나줄 分別ᄒᆞ더시니(月印上13). 나지 자다가(釋譜23:27). 밤과 낫과 法을 니ᄅᆞ시니(月釋2:24). 나지며 바미며 블러 우로ᄃᆡ(宣賜內訓1:72). 나지여 바미여 기리 ᄉᆞ랑ᄒᆞ야:夙夜永懷(宣賜內訓2下17). 내 이제 나쟈 바며 시름ᄒᆞᄂᆞ니:我今日夜憂(初杜解8:29). ᄆᆞᆯᄀᆞᆫ 나져셔 우ᄂᆞ다:啼清晝(初杜解25:28). 사ᄅᆞ미 나지 도ᄌᆞᆨ 잡다 구디 블로ᄆᆞᆯ 니브니라(南明下16). 밤나줄 조차:逐日夜(佛頂下11). 큰 병 ᄒᆞᆫ 후에 나져 바며 ᄆᆞᅀᆞ미 허손ᄒᆞ야 자디 몯ᄒᆞ거든:大病之後晝夜虛煩不得睡(救簡1:114). 나쟈 바먀 셔긔 나ᄂᆞ니 과연 긔이ᄒᆞ도다:白日黑夜瑞雲生果是奇哉(飜朴上68). 나지 ᄠᅳᆯ헤 ᄃᆞ니디 아니ᄒᆞ며:晝不遊庭(宣小2:54). 나지며 밤의 아직 스스로 난낟치 출화:日夜且自點檢(宣小5:94). 낫 쥬:晝(註千36).

낮다 형 낮다. ☞ᄂᆞᆽ다 ¶나질 비:卑(兒學下7). 나즐 져:低(兒學下8).

:**낯** 명 낱(箇). ☞낟. 낫. 낱 ¶구슬 열 나출(宣賜內訓3:36). 댓 나출 바횟 굼긔 다혀 므ᄅᆞᆯ 혀 흘려:竹竿接嵌竇引注(初杜解15:18). 一萬 나치 골오 두려우니 뎌러히 ᄀᆞᆮ호ᄆᆞᆯ 疑心ᄒᆞ노라:萬顆勻圓訝許同(杜解15:23). 모딘 대ᄂᆞᆫ 당당이 모로매 一萬 나출 버힐디로다:惡竹應須斬萬竿(初杜解21:5). 사ᄅᆞ미 ᄒᆞᄅᆞ 네 나출 버히니:人日四根止(杜解25:1). 사ᄅᆞᆷㅣ 네 나출 메여 오고 마니:人肩四根已(杜解25:2). ᄡᅩ리 ᄒᆞᆫ 나출(救簡6:4). 돈 스므 나챗 쇼빙 가져오라(飜老上61). 삼쳔 나치로소니:三千箇(飜朴上1). ᄇᆞᆰ근 곳 닐굽 나출 조쳐 숨끼고(簡辟18). 총통 ᄒᆞᆫ 낫츨:銃筒一箇(兵學1:4).

:**낯** 명 낟(粒). ☞낫 ¶ᄀᆞᅀᆞ라기ᄅᆞᆯ 더러ᄇᆞ리니 벼 나치 븕도다:除芒子粒紅(初杜解7:19). 玉 ᄀᆞᆮᄒᆞᆫ ᄡᆞᆯ 나ᄎᆞᆫ:玉粒(初杜解7:38). 還丹 ᄒᆞᆫ 나치 쇠예 디그면 金이 ᄃᆞ외며:還丹一粒點鐵成金(金三4:56).

:**낱** 명 낱(箇). ☞낫 ¶大箭 ᄒᆞᆫ 나태 突厥이 놀라ᅀᆞᄫᆞ니:大箭一發突厥驚懾(龍歌47章). 세 낟 붚뿐 ᄢᅦ여디니(月印上16). 한 낟 ᄡᆞᆯ올 좌샤(月印上23). 王이 다만 돈 ᄒᆞᆫ 나ᄐᆞ로 供養ᄒᆞᆫ대(釋譜24:39).

낱·다 동 나타나다. ☞낟다 ¶自然히 話頭ㅣ 나ᄐᆞ리라(蒙法8). 眞際 ᄒᆞ마 나ᄐᆞ면:眞際旣顯(楞解1:77). 國土ㅣ ᄒᆞᆫᄢᅴ 여러 나토ᄆᆞᆫ(楞解1:79). 智境이 두려이 나타:智境圓現(楞解1:79). 法은…ᄇᆞᆯ고ᄆᆞᆯ 나ᄐᆞ며:顯(楞解2:71). 佛境이 心光애 나ᄐᆞ리니:佛境現于心光(楞解9:58). 알ᄑᆡ 나ᄐᆞ면:現前(永嘉下20). 功이 ᄒᆞ마 나타:功用旣著(圓覺序24). 凡情이 스러디고 聖境이 알ᄑᆡ 나ᄐᆞᆯ시(南明上3). 紋彩 오ᄋᆞ로 나탯ᄂᆞ니(金三3:8).

:**내** 명 내(川). ¶내히 이러 바ᄅᆞ래 가ᄂᆞ니:流斯爲川于海必達(龍歌2章). 내히며 ᄀᆞᄅᆞ미며(釋譜11:7). 나모와 뫼콰 내콰:木山川(楞解2:34). 기픈 뒷 내토 足히 그 ᄆᆞᆯ고ᄆᆞᆯ 가ᄌᆞᆯ비디 몯ᄒᆞ리며:幽澗未定比其清(永嘉下77). 훤ᄒᆞ야 ᄆᆞᆯᄀᆞᆫ 내ᄒᆞᆯ 當ᄒᆞ얫도다:敞豁當清川(初杜解6:36). ᄒᆞᆫ 내해셔 보리로다:見一川(初杜解7:17). 엇데 뫼콰 내쾌 開隔ᄒᆞᆯ ᄲᅮ니리오:豈伊山川閒(初杜解8:59). 내 우르니:溪喧(初杜解15:11). 이 내ᄒᆞᆯ 건내ᄂᆞᆫ 功인디 아노라:知是濟川功(初杜解15:35). 내햇 ᄆᆞ지게ᄂᆞᆫ:川蜺(初杜解16:42). 여듧 내ᄒᆞ로:八川(初杜解20:16). 너븐 내해:廣川(初杜解22:23). 내콰 묏고릐 피 빗기 흐르고:川谷血橫流(初杜解22:32). 내ᄒᆞᆯ 디내오매:過得溪來(南明下19). 내 쳔:川(訓蒙上4. 類合上5. 石千12). 내 쳔:川(倭解上9). 내헤 ᄲᅡ뎌 자최를 업시 ᄒᆞ며(女四解4:50). 내:川(同文解上7).

내 명 냄새(臭). ☞내옴 ¶香 내 머리 나ᄂᆞ니(釋譜6:44). 고해 됴ᄒᆞᆫ 내 맏고져 ᄒᆞ며(月釋1:32). 내 더러우며:臭穢(圓覺上二之二25). 香 내 나ᄂᆞᆫ 프리라(宣賜內訓2上50). 네 性이 내 나ᄂᆞᆫ ᄂᆞᄆᆞᆯᄒᆞᆯ 먹디 아니ᄒᆞᄂᆞ니:汝性不茹葷(初杜解25:7). 내 취:臭(訓蒙下13. 類合下12). 내 마톨 후:嗅(類合下12). 내 사오납거든 먹디 아니ᄒᆞ시며:臭惡不食(宣小3:25). 모미 ᄆᆞᆺ도록 내 나ᄂᆞᆫ ᄂᆞᄆᆞᆯ 아니 먹으며(東新續三綱. 烈1:53). 내 취:臭(倭解上48). 내:氣(同文解下62). 내:氣味(漢淸12:58).

·내 대 내가. [‘나’+주격조사 ‘-ㅣ’] 똑나 ¶ 내 나아간ᄃᆞᆯ 아바님이 나ᄅᆞᆯ 올타 ᄒᆞ시니(月印上4. 月釋1:41). 내 太子ᄅᆞᆯ 셤기ᅀᆞᄫᅩᄃᆡ(釋譜6:4). 予는 내 ᄒᆞᅀᆞᆸ시논 ᄠᅳ디시니라(訓註2). 내 이ᄅᆞᆯ 爲ᄒᆞ야(訓註2). 내 와 너를 맛노라(月釋8:57).

내 대 나의. [‘나’의 관형격(冠形格)] 똑 나 ¶ 내 님금 그리샤:我思我君(龍歌50章). 내 百姓 어엿비 너기샤:我愛我民(龍歌50章). 내 몸애 欲心 업거늘(月印上40). 내 마ᄅᆞᆯ 다 드를따(釋譜6:8). 둘흔 내 해어니와 둘흔 뉘 해어니오(樂範. 處容歌). 내 ᄒᆞᆫ 버디:我有一箇火伴(飜老上1). 내 하는 구읫 저울이라:我的是官稱(老解下51).

:내 부 내내. 그냥. ¶싀어미 죽거늘 거상 三年을 내 우러 디내니라:姑歿泣血終喪(續三綱. 烈10). 삼 년을 내 우러 사ᄅᆞᆷᄃᆞ려 마조셔디 아니ᄒᆞ더라(東續三綱. 烈13).

-내 어미 -나. [뜻을 강조하는 어미.] ¶冬至ᄃᆞᆯ 기내긴 밤을 ᄒᆞᆫ허리를 둘의 내여(古時調. 黃眞伊. 靑丘).

-:내 접미 -내. [‘처음부터 끝까지’의 뜻.] ¶ 迺終내 赤心이시니:終亦赤心(龍歌78章). 목숨 길오져 ᄒᆞ다가 乃終내 得디 몯ᄒᆞᄂᆞ니(月釋9:57). 내종내 삭디 아니ᄒᆞ야(圓覺上一之一92). 겨슬내 더기 ᄎᆞ며:一冬裏踢建子(飜朴上18).

-·내 접미 -네. ☞-네 ¶아자바님내ᄭᅴ 다 安否ᄒᆞᅀᆞᆸ고(釋譜6:2). 어비몯내ᄅᆞᆯ 모도아(釋譜6:9). 녀느 夫人냇 아ᄃᆞᆯ 네히(月釋2:4). 어마님내 뫼ᅀᆞᆸ고 누의님내 더브러(月釋2:6). 如來 뫼ᅀᆞᄫᅡ 가시ᄂᆞᆫ 聖人내라(月釋2:52). 각시내 二百셜흔 사ᄅᆞ미(月釋2:76). 즁님낸 다 나가시고(月釋23:74). 녯 聖人냇 보라ᄆᆞᆯ 보미 맛당컨뎡(蒙法20). 그듸내 기우려 머구믈 보노라(初杜解15:52).

내거·긔 대 내게. 나에게. 똑나 ☞내그에 ¶ 王이 니ᄅᆞ샤ᄃᆡ 將軍과 宰相과ᄂᆞᆫ 내거긔 허튀와 ᄇᆞᆯ콰 ᄀᆞᆮᄒᆞ니(宣賜內訓2上30). 儒術이 내거긔 므슴 됴ᄒᆞᆫ 이리 이시리오:儒術於我何有哉(初杜解15:38). 쟝슈와 졍승은 내거긔 다리과 ᄑᆞᆯ ᄀᆞᆮᄒᆞ니:將相之於孤猶股肱也(重內訓2:25).

:내:걷·다 동 앞서 걷다. ¶번은 서르 내걷디 아니홀디니라:朋友不相踰(宣小2:64).

내그에 대 내게. 나에게. 똑나 ☞내거긔 ¶ 내그에 모딜언마ᄅᆞᆫ:於我雖不軌(龍歌121章). 내그에도 恩惠 잇거니와(月釋10:19). 내그에 맛디던 사ᄅᆞ미(宣賜內訓3:65).

:내:내 부 내내. 늘. 항상. ¶내내 붓그리리:曷勝其羞. 내내 웃ᄫᅳ리:曷勝其哂(龍歌16章). 내내 기리ᅀᆞᆸ디 몯ᄒᆞᅀᆞᆸ논 배시니라(釋譜序2). 내내 모ᄆᆞᆯ 소교미 ᄃᆞ외도다(法華2:20). 내내 우러 거상 디내오:泣血終喪(續三綱. 孝7).

:내노·리 명 밖에 나가서 하는 놀이. ¶처ᅀᅥᄆᆡ 閔王이 내노리 ᄒᆞ샤 東郭애 가시니:初閔王出遊至東郭(宣賜內訓2下69). 내 내노리 호매 車騎ㅣ 甚히 할시:寡人出遊車騎甚衆(宣賜內訓2下69).

:내·다 동 내다. ¶聖子ᄅᆞᆯ 내시니이다:聖子誕兮(龍歌8章). 제 모맷 고기ᄅᆞᆯ 바혀 내논ᄃᆡ셔(釋譜9:12). 부텻 모매 피 내어나 ᄒᆞ논 業이라(月釋9:6). 내욘 香ᄋᆞᆯ 드러도 아디 몯ᄒᆞ니(月釋17:65). 누늬 보ᄆᆞᆯ 내ᄂᆞ녀:生眼見(楞解3:18). 구틔여 아로ᄆᆞᆯ 내ᇙ 쓸 닐오ᄃᆡ ᄀᆞᆺ ᄇᆞᆯ고미니:强生了知曰必明(楞解4:13). 게으른 믈롤 ᄠᅳᆮ 낼까 저호샤(法華3:83). 妄ᄋᆞᆯ 내ᄂᆞᆫ가 ᄒᆞ샤미라(圓覺上二之三3). 말 내요미 醉ᄒᆞᆫ 사ᄅᆞ미 ᄀᆞᆮᄒᆞ며:出語如醉人(蒙法47). 서늘호ᄆᆞᆯ 내ᄂᆞ다:生淅瀝(初杜解7:23). 幽深ᄒᆞᆫ 길헤 해 길 낼가 전노라:幽徑恐多蹊(初杜解25:16). 金剛眼ᄋᆞᆯ 點ᄒᆞ야 내욜디니라:點出金剛眼(金三3:15). 보ᅀᆞᆸ고 金 내야 ᄇᆞᄅᆞᅀᆞ오니(南明上1). 입에 오만ᄒᆞᆫ 말ᄋᆞᆯ 내디 아니ᄒᆞ더시니:口不出敖言(宣小4:3). 書契를 내셔ᄃᆞᆫ 보ᄋᆞᆸ새(新語1:16). 계요 ᄒᆞᆫ 말을 내면:纔出一語(女四解2:15).

내당 명 내당(內堂). ¶짐ᄌᆞᆺ 내당의 가 오러 나오지 아니ᄒᆞ니(落泉1:1).

:내ᄃᆞᆮ·다 동 내닫다. ☞내ᄃᆞᆺ다 ¶城門애 내ᄃᆞ라(釋譜6:19). 西ㅅ녀긔 내ᄃᆞᆮ고(釋譜6:33). 믄득 내ᄃᆞᆯ 돌:突(類合下50). 금시 머리ᄅᆞᆯ 플고 내ᄃᆞᄅᆞ니:琴氏披髮而出(東新續三綱. 烈6:47). 최금이 돌ᄒᆞᆯ 가지고 겨릐 내ᄃᆞ라 ᄒᆞᆫ 도적을 주기니:崔今持石突出打殺一賊(東新續三綱. 烈8:86).

내ᄃᆞᆺ다 동 내닫다. ☞내ᄃᆞᆮ다 ¶됴뎡의 내ᄃᆞᆺ더라(癸丑11).

내ᄃᆡ 명 내쪽. ¶네 내ᄃᆡ예 粥 쑤어 줌이 엇더ᄒᆞ뇨(淸老4:5).

내롯던가 대 나였던가. ¶유정ᄒᆞᆫ 네런가 연분 인은 내롯던가(李俔. 百祥樓別曲).

:내·맛몰 명 말[馬]의 한 품종. ¶내맛ᄆᆞᆯ 산:驊 俗稱光馬(訓蒙下9).

내믈 명 냇물. ¶스스로 노로목 내믈에 ᄲᅱ여드러 죽다:自投獐項川而死(東新續三綱. 烈8:58).

:내:밀·다 동 내밀다. ¶돌히 내미니:石出(初杜解23:30). 부리 내미다:橛嘴(譯解補20). 앏뒤 내미다:後奔顱(漢淸5:49). 가ᄉᆞᆷ 내밀고 큰 쳬ᄒᆞ다:挺胸自大(漢淸8:22).

내밀리다 동 내밀리다. ¶복이 내밀리여(太平1:4).

:내ᄆᆞᄅᆞ·다 동 바싹 마르다. ¶長常 病ᄒᆞ야

시드러 음담 몯ᄒᆞ고 모기며 입시우리 내ᄃᆞ라 주긇 相이 一定ᄒᆞ야(釋譜9:29).

내브티다 동 내어 붙이다. ¶貂鼠皮 ᄉᆞ매조차 내브틴 갓오ᄉᆞᆯ 다가 좀이 먹어 ᄒᆞᆫ 낫 댱티도 업서시니:貂鼠皮丢袖虫蛀的無一根兒風毛(朴解下1).

:내ᄠᅩ치·다 동 내쫓기다. ☞내조치다 ¶三危예 내ᄠᅩ쳇ᄂᆞᆫ 臣下ㅣ로다:三危放逐臣(初杜解16:6). 내ᄠᅩ친 나그내 비록 다 萬里ᄅᆞᆯ 가나:逐客雖皆萬里去(初杜解21:32).

:내ᄣᅩᆺ·다 동 내쫓다. ☞내좇다 ¶오ᄂᆞᆯ 내 노리ᄒᆞ야 ᄒᆞᆫ 聖女ᄅᆞᆯ 어두니 이제 오ᄂᆞ니 너희ᄅᆞᆯ 내ᄠᅩ초리라:今日出遊得一聖女今至斥汝屬矣(宣賜內訓2下71). 아비 怒ᄒᆞ야 ᄯᅩ 내ᄠᅩᄎᆞᆫ대:父怒又逐之(宣小6:19).

:내·받·다 동 내밀다. ☞내왇다. -받다 ¶그저긔 世尊이 金棺ᄋᆞ로셔 金色 ᄇᆞᆯᄒᆞᆯ 내바ᄃᆞ샤(釋譜23:39). 두 바ᄅᆞᆯ 棺 밧긔 내바ᄃᆞ샤(釋譜23:43). ※내받다>내왇다

:내:살·다 동 내돋다. ¶피 그츠며 알포미 그츠며 ᄉᆞᆯ히 내사ᄂᆞ니 ᄀᆞ장 됴ᄒᆞ니라:止血定痛生肌甚良(救急上87).

내상 명 내상(內相). 〔남의 아내를 높이어 일컫는 말.〕¶지현이 무ᄅᆞ되 현질의 내상이 이제 어디 잇ᄂᆞ뇨(落泉3:7).

:내쉬·다 동 (숨을) 내쉬다. ¶숨 내쉴 호:呼(訓蒙上28).

내ᄉᆞ로다 동 살려내다. ¶에운 것 내ᄉᆞ로다:圈活(漢淸4:11).

내암 명 냄새. ☞내. 내옴 ¶내암 나ᄂᆞᆫ 더로온 오ᄉᆞᆯ(正念解2).

:내·야ᄇᆞ·리·다 동 내버리다. ¶末利花鬘ᄋᆞᆯ 도로 내야ᄇᆞ리니(月印上18).

:내·야주·다 동 내주다. ¶모로매 童女로 내야주더니(釋譜6:14). 네 엇더 암ᄒᆞᆯ 내야주디 아니ᄒᆞᄂᆞᆫ다(月釋7:17).

:내오·다 동 내오다. ¶아ᄆᆞ례나 求ᄒᆞ야 내오다(月釋23:87).

:내옥 동 내고서. ㉮내다☞-ㄱ ¶새ᄅᆞᆯ 여러 내옥 놀ᄀᆞ닐 뫼화 어듸 두ᄂᆞ니오:開新合故置何許(初杜解25:50).

내옴 명 냄새. ¶술을 마시며 고기 먹디 아니ᄒᆞ고 내옴 나ᄂᆞᆫ 건 아니 머거:不飮酒食肉不茹葷(東新續三綱. 烈2:43). 내옴이 더러워:氣息臭(朴解中50).

:내와듬 동 내밀음. ㉮내왇다 ¶반ᄃᆞ기 삼계예 머리 내와듬 어려오니라:必於三界出頭難(野雲74).

:내왇·다 동 내밀다. ☞내받다. -왇다 ¶머릿뎡바기예 ᄉᆞᆯ히 내와다 머릿조조리 ᄀᆞᄐᆞ샤(月釋2:41). 엄니 밧긔 내와ᄃᆞ니 놀카ᄫᆞᆫ 놀히 갈 ᄃᆞᆮᄒᆞᆫ 것ᄃᆞᆯ히(月釋21:23). 빗보기 둗거우시고 우묵디 아니ᄒᆞ시고 내왇디 아니ᄒᆞ시고 두루 微妙히 됴ᄒᆞ샤미 二十四ㅣ시고(法華2:15). 軒檻애 내와ᄃᆞᆫ 곳 가지ᄂᆞᆫ:出檻花枝(南明上20). 섯긘 울헤 내와댓도다(初杜解18:3). 노파 무레 내와다쇼ᄆᆞᆫ:落落出群(杜解18:22). 반ᄃᆞ기 삼계예 머리 내와듬 어려오니라(野雲74).

:내·요·리·라 동 내리라. 나게 하려고. ㉮내다 ¶賢君을 내요리라 하ᄂᆞᆯ히 駙馬 달애샤:將降賢君天誘駙馬(龍歌46章).

:내욤 동 냄. ㉮내다 ¶말 내요미 醉ᄒᆞᆫ 사ᄅᆞ미 ᄀᆞᆮᄒᆞ며:出語如醉人(蒙法47). ᄯᅩ 이베 내욤을 어려이 너기던 일을 알리로다:又難於啓齒(重內訓2:97).

내이 부 내내. 그냥. ☞내내 ¶내이 나조희 잔치ᄒᆞᆯ 제(三譯8:8).

내이 부 낫게. ¶塵寰을 내이 너겨 눌 위히여 ᄂᆞ려온다(楊士彦. 美人別曲).

내옴새 명 냄새. ☞내암. 내옴 ¶내옴새:氣臭(漢淸12:59).

:내조·치·다 동 내쫓기다. ☞내ᄠᅩ치다 ¶ᄠᅳ들 일허 올마 내조촐ᄆᆞᆯ 보도다:失意見遷斥(初杜解7:27). 故人이 다 利ᄒᆞ디 몯ᄒᆞ야 내조쳐 벼슬ᄒᆞ요매:故人俱不利謫宦(初杜解20:14). 보미 기픈 ᄃᆡ 내조친 나그내ᄂᆞᆫ ᄒᆞᆫ ᄠᅥᆫᄂᆞᆫ 말왐 ᄀᆞᆮ도다:春深逐客一浮萍(初杜解21:40).

:내조·치이·다 동 내쫓기다. ☞내조치다 ¶永泰ㅅ 末애 罪 어더 五溪ㅅ ᄀᆞᅀᅵ 내조치여 오도다:得罪永泰末放之五溪濱(初杜解8:53). 鄭老ㅣ 모미 지즈로 내조치이니 台州예셔 音信이 비르수 傳ᄒᆞ야 오ᄂᆞ다:鄭老身仍竄台州信始傳(初杜解21:41).

:내좃다 동 내쫓다. ☞내좇다 ¶티거나 내좃거나 주기라 ᄒᆞ야도(釋譜11:33). 이 羅刹ᄋᆞᆯ 내좃고 毒龍ᄋᆞᆯ 降服히면(月釋7:28).

:내좇·다 동 내쫓다. ☞내ᄣᅩᆺ다 ¶斥은 내조ᄎᆞᆯ 씨라(月釋14:63). 犯ᄒᆞ면 반ᄃᆞ기 내조차 ᄇᆞ룛디라:犯當屛棄(楞解7:54). ᄎᆞ기 너겨 내조차:擯逐(法華4:200). 좀좀ᄒᆞ야 내조ᄎᆞ며(圓覺上一之二23). 四裔예 내조ᄎᆞ샤(宣賜內訓1:66). 아비 로ᄒᆞ여 ᄯᅩ 내조차ᄂᆞᆯ:父怒又逐之(飜小9:22). 독을 내조ᄎᆞ리라:追毒(救簡6:71). 내조ᄎᆞᆯ 튤:黜(訓蒙下30). 내조ᄎᆞᆯ 튤:黜(光千29).

:내죵 명 나중. 끝. ☞나죵 ¶乃終에 便코 즐겁긔(釋譜9:9). 乃終ㄱ소리ᄂᆞᆫ 다시 첫소리ᄅᆞᆯ ᄡᅳᄂᆞ니라:終聲復用初聲(訓註11). 내죵애 法華애 니르르샤:終至法華(楞解1:20). 내죵애 니르르샤ᅀᅡ(法華1:44). 이ᄂᆞᆫ 涅槃 내죵ᄋᆞᆯ 頌ᄒᆞ시니라:此頌涅槃之終也(法華1:86). 처엄 업스시며 내죵 업스샤:無始無終(法華3:161). 처엄과 내죵과 더움과 더룸 업서(圓覺上一之一5). 처엄과 내죵괘

져고맛 ᄉᆞᅀᅵ도 업스시니라:始終無纖介之間(宣賜內訓2上43). 諸葛孔明이 漢 시절 내죵애 이셔:諸葛孔明當漢末(飜小8:19).

:내죵ㄱ소리 명 나중소리. 종성(終聲). 받침. ¶乃終ㄱ소리ᄂᆞᆫ 다시 첫소리ᄅᆞᆯ 쓰ᄂᆞ니라:終聲復用初聲(訓註11).

:내:죵:내 부 끝끝내. ☞내즁내 ¶乃終내 달옳 주리 업스시니이다(釋譜9:27). 내죵내 實ᄒᆞᆫ 證 업수믈 가ᄌᆞᆯ비니라:終無實證也(法華2:191). 내죵내 부러 犯티 말오:終無故犯(永嘉上31). 내죵내 삭디 아니ᄒᆞ야(圓覺上一之一92). 내죵내 取홈 몯 ᄒᆞ리라:終不可取(圓覺下三之二27). 처ᅀᅥᆷ므로 내죵내(宣賜內訓2上47). 내죵내 어드러셔 오뇨 ᄒᆞ야(宣賜內訓3:29). 고ᄃᆞᆯ파 가니 내죵내 잇브며 受苦ᄅᆞ외도다:勉强終勞苦(重杜解1:19). 내죵내 踈放ᄒᆞ야리아:終踈放(重杜解1:51). 내죵내 앗기디 아니ᄒᆞᄂᆞ니(南明上34). 내죵내 듣디 아니ᄒᆞ니라:終不聽(宣小4:37). 내죵내 됴티 몯ᄒᆞ엿더니(宣小6:37). 내죵내 좃ᄶᅵ 아니ᄒᆞ고 슬허 여위여 병드럿ᄶᅥ니(東新續三綱. 孝31). 신이 내죵내 졈졈코 죽을 일이오ᄃᆡ(女範2. 변녀 니시옥영). 알고도 ᄯᅩ ᄒᆞ면 내죵내 그ᄅᆞ리라(古時調. 金尙容. 그른 일. 仙源續稿).

:내:죵·애 부 나중에. ¶내죵애 法華애 니르르샤ᅀᅡ:終至法華(楞解1:20). 내죵애 니르르샤ᅀᅡ(法華1:44). 내죵애 일우리니(金剛103). 내죵애 이셔(飜小8:19).

:내즁:내 부 끝끝내. ☞내죵내 ¶迺終내 赤心이시니:終亦赤心(龍歌78章). 乃終내 成佛코져 願티 아니호리라(月釋21:51).

:내즁·애 부 나중에. ¶嚴威로 처ᅀᅥᆷ 보샤 迺終애 殊恩이시니(龍歌78章).

:내·지 명 내지(乃至). ¶곧 一月 四月 乃至 一歲라(法華6:66). ᄠᅳ디 中間ᄋᆞᆯ 兼ᄒᆞᆯ시 니ᄅᆞ샤ᄃᆡ 乃至라(圓覺上二之二136).

내치다 동 내치다. ☞내티다 ¶내칠 출:黜(倭解上54). 젼의 내친 쳐 싀시의 소싱이라:出(五倫3:47). 내칠 츌:出(註千3). 내칠 류:流(註千12). 내칠 출:黜(註千29).

:내·콰 명 내와. 독내 ¶내콰 뫼고리 피 빗기 흐르고:川谷血橫流(初杜解22:32).

:내·텨·늘 동 내치거늘. ㉮내티다 ¶迦葉이 여슷 가지 罪로 븕여 내텨늘(釋譜24:2).

:내토 명 내도. 독내 ¶기픈 뎃 내토 믇히 그ᄅᆞ고ᄅᆞᆯ 가ᄌᆞᆯ비디 몯ᄒᆞ리며(永嘉下77).

:내·티·다 동 내치다. ¶迦葉이 여슷 가지 罪로 븕여 내텨늘(釋譜24:2). 네 아ᄃᆞ리 孝道ᄒᆞ고 허믈 업스니 어드리 내티료(月釋2:6). 아비 알오 다ᄉᆞᆷ어미ᄅᆞᆯ 내토려커늘:父察知之欲遣後妻(三綱. 孝1). 겨집 나 닐굽 가짓 내티요미 잇고(三綱. 烈2). ᄌᆞ조 내텨:數數見擯出(法華4:199). 宜臼ㅣ 申에 내텨갯더니(宣賜內訓序4). 내틸 척:斥(訓蒙下30. 類合下18). 내틸 빈:擯(類合下16). 내틸 병:迸(類合下33). 내틸 튤:黜(類合下45. 石千29). 겨집이 닐굽 가짓 내팀이 인ᄂᆞ니:婦有七去(宣小2:55). 멀리 내티여 길헤셔 죽거늘:遠竄道死(東新續三綱. 烈1:71). 그 손을 잇그러 내티니(女四解4:20). 근시의 무상ᄒᆞ니ᄅᆞᆯ 내티고(女範1. 셩후 션인고후).

:내·팀 동 내침. ㉮내티다 ¶겨집이 닐굽 가짓 내팀이 인ᄂᆞ니:婦有七去(宣小2:55).

:내·퓌·다 동 내피다. ¶ᄲᅧ 그 불휘ᄅᆞᆯ 븟도도며 ᄲᅧ 그 가지ᄅᆞᆯ 내퓌게 ᄒᆞ시니라:以培其根以達其支(宣小題辭2).

:내·히 명 내가. 독내 ¶내히 이러 바ᄅᆞ래 가ᄂᆞ니:流斯爲川于海必達(龍歌2章).

내히다 동 낳게 하다. 조산(助産)하다. ☞나히다 ¶내힐 사ᄅᆞᆷ이 ᄀᆞ만ᄀᆞ만 아기를 우흐로 밀고:令產母仰臥收生者輕輕推兒近上(胎要25).

:내ᄒᆞ·로 명 내로. 독내 ¶王師ᄂᆞᆫ 여듧 내ᄒᆞ로 ᄂᆞ려가놋다:王師下八川(初杜解20:16).

:내ᄒᆞᆯ 명 내를. 독내 ¶훤ᄒᆞ야 ᄆᆞᆯᄀᆞᆫ 내ᄒᆞᆯ 當ᄒᆞ얫도다:敞豁當淸川(初杜解6:36). 하야로비의 沐浴ᄋᆞᆫ 갠 내ᄒᆞᆯ 브텟도다:鷺浴自晴川(重杜解12:8).

:내:혀·다 동 내다. 〔'내다'의 힘줌말. '내'는 '出', '혀'는 '引'의 뜻.〕 ¶됴ᄒᆞᆫ ᄆᆞᅀᆞᄆᆞᆯ 내혀ᅀᆞᄫᆞ니(月印上26). 人相 我相ᄋᆞ로 모딘 ᄠᅳ들 내혀(月釋2:63). 됴ᄒᆞᆫ ᄡᅵ 내혀ᄂᆞ니(月釋2:76).

낸믈 명 냇물. ☞냇믈 ¶낸므릐 어ᄅᆞ미 ᄇᆡ아ᄒᆞ로 지픠엿더니:川氷方合(東新續三綱. 孝3:43).

낻ᄀᆞ 명 냇가. ¶낻ᄀᆞᅀᆡ 단정히 안자:端坐川邊(東續三綱. 忠1:72).

낻믈 명 냇물. ☞냇믈 ¶川反:낻믈의 무티단 말이라(警民5).

냄 명 나누어 맡아 내는 몫. 〔'내다'의 명사형(名詞形).〕 ¶노리ᄒᆞ려고 냄 내다:出分資(譯解下52).

냅다 형 냅다. ☞솔불이 내와 괴로온지라(要路院).

냅더 부 냅다. ¶인ᄒᆞ여 냅더 티다가 ᄆᆞ춤내 도적의게 죽으니라:因奮搏之乃被殺(五倫3:46). 제라셔 냅더 말을 ᄒᆞ니 이런 판탕ᄒᆞᆫ 인시 어이 읻ᄉᆞ올고(隣語3:25).

냅드다 동 기운차게 앞으로 들다. ☞냅ᄯᅳ다 ¶左足을 냅드며 올흔 편으로 곱초고…左足을 냅드며 왼편으로 칼을 드리우고 左足을 므릅ᄯᅳ며 올흔 편으로 칼을 드리우고 右足을 므릅ᄯᅳ며(武藝圖31).

냅쓰다 동 기운차게 앞으로 들다. ☞냅드다 ¶냅쓰다:奪扯手(漢清14:27).
냇ᄀᆞ 명 냇가. ☞냇ᄌᆞ ¶더된 냇ᄀᆞ잇 솔은 덤써츠러 늣도록 프르믈 머굼엇ᄂᆞ니라:遲遲澗畔松欝欝含晩翠(宣小5:26).
:냇ᄌᆞ 명 냇가. ☞냇ᄀᆞ ¶냇ᄀᆞ쉿 소른 덤써츠러:澗畔松欝欝(飜小6:28).
·냇·다 동 났다. ㉮나다 ¶서르 브터 냇다가 이 世界 인 後에 도로 오리니(月釋21:44). 아모디 냇는디 몰래이다(月釋21:53). 부톄 世間애 냇더시니(月釋21:131).
냇믈 명 냇물. ☞낸믈 ¶술 머구믈 긴 고래 온 냇믈 마숌ᄀᆞ티 ᄒᆞ야:飮如長鯨吸百川(初杜解15:40). 냇믈:河水(譯解上7).
냉낙ᄒᆞ다 형 냉락(冷落)하다. ¶냉낙ᄒᆞ여 타일 빅두의 탄을 흔치 말나(落泉1:2).
냉한 명 냉한(冷汗). ¶모골이 숫글고 냉한이 편신의 흘녀 흔 말도 못ᄒᆞ고(落泉2:5).
-냐 어미 -냐. ¶삼가디 아니호미 가ᄒᆞ냐:可不愼歟(野雲83).
냑간 부 약간. ☞략간 ¶냑간 그 대개를 긔록ᄒᆞ노니:略記其概(重內訓序2).
냑다 형 약다. ¶져놈은 얼골은 져리 모지러 뵈되 온갇 즌손 냑아 뵈니(隣語8:16).
냥 명 냥(兩). ☞량 ¶가마 아래 흙 두 냥을 술 ᄒᆞᆫ 되와 섯거 글혀(牛疫方6). 미리 ᄃᆞᆰ ᄒᆞᆫ나흘 굽고 ᄒᆞᆫ 兩 소음으로써 술 가온대 적서 내야(家禮7:5). 슌마다 ᄒᆞᆫ 냥식 ᄆᆡ이 달혀 머그라(辟新4).
냥각 명 양각(兩脚). 양다리. ¶兩手兩脚으로 형세ᄅᆞᆯ 쫄아 딜너(武藝圖21).
냥구의야 부 양구(良久)에. 이윽고. 한참 있다가. ¶냥구의야 존고의 뜻을 니ᄅᆞ니(洛城2).
냥구히 부 양구(良久)히. ¶잡앗던 일을 노하 ᄇᆞ리고 냥구히 안잣더니(落泉2:5).
냥국 명 양국(兩國). 두 나라. ¶兩國 公幹이 自然 順成ᄒᆞ올 꺼시니(隣語1:34). 냥국이 화친ᄒᆞ여:兩國講好(五倫2:47).
냥난ᄒᆞ다 형 양난(兩難)하다. ¶ᄉᆞ셰 냥난ᄒᆞ야 오리 쥬져ᄒᆞ니(落泉1:2).
냥녀 명 양가(良家)의 딸. ¶냥녀 현금은 븍청부 사ᄅᆞᆷ이라:良女玄今北青府人(東新續三綱. 孝5:33).
냥마 명 양마(良馬). ¶샹방 금단과 니구 냥마ᄅᆞᆯ 주시고(仁祖行狀32).
냥미간 명 양미간(兩眉間). ¶냥미간:印堂(蒙解補5).
냥민 명 양민(良民). ¶냥민이 다 항오ᄅᆞᆯ 치우고(經筵).
:냥반 명 양반(兩班). ¶어버시 업고 가난ᄒᆞᆫ 냥반의 ᄯᆞᆯ이 나 ᄎᆞ니 잇거든:有孤貧衣纓家女及笄者(飜小10:15). 가히 냥반의 상ᄉᆞ의 쓰랴 ᄒᆞ더니:可用於兩班喪乎(東新續三綱. 烈4:41). 겻기ᄒᆞᄂᆞᆫ 냥반ᄃᆞᆯ히 방샤ᄅᆞᆯ 부러 츌혀(新語6:14).
냥슈 명 양수(兩手). 양손. ¶兩手兩脚으로 형세ᄅᆞᆯ 쫄아 딜너(武藝圖21).
냥식 명 양식(糧食). ¶냥식 냥:糧(石千35). 뻐 녀름지을 냥식을 ᄀᆞ촐찌니라:以備農糧(警民13). ᄇᆡ 안희 냥식이 업ᄉᆞ니 므어슬 먹고 디내ᄂᆞ뇨:舟無粮糧何以爲食(太平1:1). 냥식과 살이 진ᄒᆞ여 셩이 함몰ᄒᆞ니:糧盡矢竭城遂陷(五倫2:29).
냥안 명 양안(兩眼). ¶냥안의 슬픈 눈물이 강물을 보티ᄂᆞᆫ 듯ᄒᆞ더라(落泉1:2).
냥역 명 양역(良役). ¶냥역지폐해 닌족ᄶᅡ디 밋기ᄂᆞᆫ(經筵).
냥익 명 양익(兩翼). 양쪽 날개. ¶ᄂᆞᆯ겨 兩翼을 殺ᄒᆞ고(武藝圖19).
냥인 명 양인(良人). ¶냥인 보기ᄅᆞᆯ 깃거ᄒᆞ노라:喜覩良人(太平1:36). 냥인이 외당의 와시되 쳐첩이 다 ᄃᆡ접지 아니미 녜 아니라(落泉4:9).
냥젼ᄒᆞ다 형 양전(兩全)하다. ¶거의 냥젼ᄒᆞ리라:庶得兩全(東新續三綱. 孝6:19). 내 튱효ᄅᆞᆯ 냥젼티 못ᄒᆞ게 되엿ᄂᆞᆫ디라:兒不能兩全忠孝(五倫2:70).
냥쥐 명 양주(兩主). ¶난밧 냥쥐:露水夫妻(譯解補61).
냥쳑 명 양척(兩隻). ¶냥쳑:對頭(漢清3:5).
냥초 명 양초(糧草). ¶여러 ᄃᆞᆯ 모흔 냥초ᄅᆞᆯ(三譯5:12).
:냥친 명 양친(兩親). ¶老萊子ㅣ 냥친을 효도로이 봉양ᄒᆞ더니:老萊子孝奉二親(宣小4:16). 具慶:냥친이 다 겨시단 말이라(宣小5:56).
너 대 너. ¶부톄 니ᄅᆞ샤ᄃᆡ 올타 올타 네 말 ᄀᆞᄐᆞ니라(釋譜9:22). 너희 부텻 마ᄅᆞᆯ 고디 드르라(釋譜13:47). 汝ᄂᆞᆫ 네라(月釋序10). 너희 디마니 ᄒᆞᆫ 이리 잇ᄂᆞ니(月釋2:6). 부톄 韋提希ᄃᆞ려 니ᄅᆞ샤ᄃᆡ 네며 衆生ᄃᆞᆯ히 ᄆᆞᅀᆞᄆᆞᆯ 오ᄋᆞᆯ와 ᄒᆞᆫ 고대 고ᄌᆞ기 머거(月釋8:5). 두 사ᄅᆞ미 眞實로 네 항것가(月釋8:94). 이제 너를 노하 보내면(月釋8:98). 너희게 付囑ᄒᆞ노니(月釋18:15). 네게 囑累ᄒᆞ며(月釋18:37). 너와 ᄀᆞᄫᆞ리 업스니라(月釋18:57). 내 너ᄅᆞᆯ 勑ᄒᆞ야(楞解1:90). 너희의 어루 玩好홀 꺼시 希有ᄒᆞ야(法華2:66). 너희 ᄌᆞ보미 至極ᄒᆞ야(法華3:196). 너희 爲ᄒᆞ샤 그 相ᄋᆞᆯ 나토시리라(法華7:17). 諸佛이 너를 심기샷다(圓覺序8). 널로 ᄯᅩᆼ 츼유리라코(圓覺序47). 너를 어더 므슴ᄒᆞ료(宣賜內訓1:47). 願ᄒᆞᆫ ᄃᆞᆫ 너ᄂᆞᆫ 干謁호ᄆᆞᆯ 져기 ᄒᆞ라:願子少干謁(初杜解8:7). 너ᄂᆞᆫ 깃거도(金三2:5). 오직 이 네로다(金三

4:56). 널로 한 劫엣 迷惑혼 罪를 혼쁴 스러 滅케 ᄒ리라:汝(六祖中45). 너ᄂ 오직 塑性을 알오:汝(六祖中110). 너 니:你. 너님:恁. 너 셔:汝. 너 ᄉ:爾(訓蒙下24). 너이:爾. 너 여:汝(類合下6). 네로라 너기실ᄉ(松江. 續美人曲). 네로라 ᄒ면 살리라(癸丑58). 너 여:汝(倭解下33). 너놀 경계ᄒ노니(野雲83). 네오 긔오 다르랴(古時調. 許筬이. 淸溪). 너를 먹이려 ᄒᄂ니라(女四解4:8). 너 내:乃(註千4). 너 융:戎(註千6). 너 여:女(註千7). 너 약:若(註千12). 너 이:而(註千14).

너 관 너(四). ☞넉 ¶여듧 셤 너 마리러시니(釋譜23:51). 블근 엿귓 줄기와 닙과를 ᄀᄂ리 사ᄒ라 세 홉과 믈 너 홉과 술 두 홉과 혼ᄃ 글혀 네 호블 取ᄒ야(救急上32). 비록 여듧 셤 너 말이 나도(南明上31). 거플와 머흣머흣혼 것 앗고 ᄀ라 너 돈곰 믈 두 되예 소곰 반 돈 조쳐(救簡2:49). ᄡ 너 홉을 시서(救簡2:85). 여슌 말 너 되 죵:鍾(類合下58). 너 푼:四分(譯解上64).

너고리 명 너구리. ☞너구리 ¶汝古里叱同 너고리ᄯ:獺糞(牛疫方1). 너고릐 고기나(牛疫方1). 너고리:山獺(同文解下39).

너구리 명 너구리. ☞너고리 ¶너구릐 고기ᄂ(瘟疫方24). 너구리 달:獺(類合上13). 여ᄋ와 너구릐 갓옷 닙으니와 더블어:與衣狐貉者(宣小4:43). 너구리 고기:獾肉(東醫湯液一 獸部). 너구리:獾(柳氏物名一 獸族). 너구리:獾(物譜 毛蟲).

너그러이 부 너그러이. 너그럽게. ¶너그러이 ᄉ랑ᄒ다:優愛(漢淸6:20). 반ᄃ시 너그러이 ᄒ며(敬信77).

너그럽다 형 너그럽다. ¶너그러울 관:寬(兒學下1). 너그러울 유:裕(兒學下12).

너·기·다 동 여기다. 생각하다. ¶내 百姓 어엿비 너기샤:我愛我民(龍歌50章). 어엿비 너겨 보샤:覽之哀矜(龍歌96章). 四天王이 各各 너교ᄃ(釋譜23:45). 눈에 보논가 너기ᅀᆞᄫᆞ쇼셔(月印上1). 내 이를 爲ᄒ야 어엿비 너겨(訓註2). 尊히 너기ᅀᆞᄫᆞᆯ씨(月釋9:13). 奇特히 너기ᅀᆞᆸ논 ᄆᅀᆞᄆᆞᆯ 니르와다(月釋10:45). 혼 會예 다 니ᄅ디 아니ᄒ시니라 너기며:謂非一會頓說(楞解1:16). 내 法에 이 究竟이라 너기다이다:自於法謂是究竟(法華2:250). ᄆᅀᆞ매 너기며 ᄉ랑ᄒ야:心想思惟(金剛上16). 그 잘 호ᄆ로 ᄂᄆᆞᆯ 病ᄃ이 너기디 아니홀시:不以其所長病人故(圓覺序10). ᄀ장 어엿비 너기시더니(宣賜內訓序5). 漸漸 져근 ᄇ를 노코져 너기노라:漸擬放扁舟(初杜解14:8). 어느 出守ᄒ야 江城의 와 사로ᄆᆞᆯ 너기리오:豈意出守江城居(初杜解21:17). 너겨 議論ᄒ며 思量ᄒ린댄:擬議思量(南明下67). 됴히 너기더시니(飜小8:6). 에엿비 너길 련:憐(類合下13). 重히 너기뇌다 ᄒ시니(龜鑑下63). 飮食만 ᄒᄂ 사ᄅᆞᆷ올 곧 사ᄅᆞᆷ이 賤히 너기ᄂ니:飮食之人則人賤之矣(宣小3:27). ᄯ 오직 날을 不足히 너겨 ᄒᄂ다 ᄒ니:亦惟日不足(宣小5:29). 하 젓소이 너기ᄋ와 다 먹ᄉᆸᄂ이다(新語2:7). 너길 습:習(倭解上37). 슈샹이 너겨 죽이디 아니ᄒ고(明皇1:31). 착히 너기다:善之(同文解上24). 빗난 거ᄉᆞᆯ 됴히 너기디 아니ᄒ샤(女範1. 셩후명덕마후). 량이 롤나 괴이히 너겨 닐오ᄃ(桐華寺 王郞傳1). 義皇 盛時를 다시 본가 너기로라(蘆溪. 太平詞).

너·기ᄡ·다 동 여기다. 생각하다. ¶이거싀 體ᄂ 是非를 여희니 ᄒ다가 져그나 너기ᄡ면 믄득 어긔리라(龜鑑上3). 學者ㅣ 眞實로 너기뼈 議論티 몯ᄒ리로다:學者實不可擬議也(龜鑑下63).

너널 명 너널. 솜을 둔 덧버선. ¶너널:暖襪子(同文解上56). 너널:皮襪頭(漢淸11:11).

너·덧 관 너덧. 네댓. 사오(四五). ¶ᄀ숤 므른 애야ᄅ시 너덧 자혼 깁고:秋水纔深四五尺(初杜解7:22). 너덧 번에 ᄂ화 머기라:分作四五次服(救簡1:4). 얼운 늘근 너덧 사ᄅ미:父老四五人(重杜解2:67).

-너라 어미 -너라. ¶오놀은 일 것거 오너라(古時調. 서벽 비 일 긴. 甁歌).

너러바회 명 너럭바위. 반석(盤石). ☞너르바회 ¶圓通골 ᄀᄂ 길로 獅子峯을 ᄎ자가니 그 알픠 너러바회 化龍쇠 되여셰라(松江. 關東別曲).

너럭이소라 명 자배기. ¶너럭이소라:老瓦盆(物譜 酒食).

너로다 형 넓다. ☞너르다. 너ᄅ다 ¶春塘 님너로온 뜰의 壯元及第ᄒ든 말ᄀ(武豪歌).

너룹다 형 넓다. ☞너르다. 너ᄅ다 ¶빗침이 너룹고(女四解4:2).

너르·다 형 너르다. 넓다. ☞너ᄅ다 ¶너른 혜ᄆ로 멀터이 보미라:以寬數粗觀也(楞解2:7). 너를 광:曠(石千27). 大祝奉禮의 대텽이 됨애ᄂ 너모 너르니라:爲大祝奉禮廳事則已寬矣(宣小6:127). 그 사ᄅᆞᆷ이 肥大ᄒ면 뵈 幅을 조차 너르게 ᄒ고:其人肥大則布幅隨而闊(家禮1:43). 너를 관:寬(倭解上23). 너를 활:濶(倭解下31). 너르게 ᄒ면(女四解3:73). 옷 너르다:衣寬(同文解上57). 너르다:寬濶(同文解下54). 너르다:寬(漢淸11:60). 너를 막:漠(註千26). 途上 너른 길로(萬言詞). 너를 회:恢(兒學下11).

너르:듣·다 형 난만(爛漫)하다. 낭자하다. ¶모ᄆᆞᆯ 즈믄 무저긔 싸ᄒ라 피와 고기왜 너르듣더니(月釋23:78). 그르메 업슨 즘겟

머리예 고지 너르드르니:無影樹頭花爛漫(金三2:20). 劫 밧긧 봆 ᄇᆞᄅᆞ매 고지 너르듣도다:劫外春風花爛漫(金三2:21).

너르럿다 형 한창 판이 벌어졌다. 난만(爛漫)하다. ¶술이 너르럿거늘 열 힛 이ᄅᆞᆯ 도로혀 ᄉᆞ랑ᄒᆞ노니:酒闌却憶十年事(重杜解11:32).

너르바회 명 너럭바위. 반석(盤石). ☞너러바회 ¶너르바회:盤石(漢淸1:41).

너르ᄡᅵ·다 동 헤벌어지다. ¶가마 노고 너르ᄡᅵᆫ 가마 두 녀긔 자ᄇᆞᆯ 귀 잇ᄂᆞᆫ 발아딘 가마:鍋兒鑼鍋荷葉鍋兩耳鍋(飜老下33).

너른 형 너른. ㉮너르다 ¶상하촌 너른 들은 벽젼에 암암ᄒᆞ니(皆岩歌).

너리다 동 폐 끼치다. ☞널이다 ¶너리과라:定害(老朴集. 累字解). 李舍 형아 ᄀᆞ장 네게 너리과라:李舍哥好生定害你(朴解下28). 므슴 너린 곳이 이시리오:有甚麼定害處(朴解下28). 너리다:定害(譯解上60). 엇디 가히 너리오(女四解4:42).

너ᄅᆞ다 형 너르다. 넓다. ☞너르다 ¶大祝奉禮만ᄒᆞᆫ 사ᄅᆞ믜 대텽이 도이면 너모 너ᄅᆞ니라 ᄒᆞ더라:爲大祝奉禮廳事則已寬矣(飜小10:29). 汪汪:깁고 너ᄅᆞᆫ 양이라(宣小5:23). 하ᄂᆞᆯ히 길고 바다히 너ᄅᆞ니 ᄒᆞᆫ이 ᄀᆞ이 업도다:天長海闊恨無極只(東新續三綱. 烈1:92). 두 자히 놉고 석 자히 너ᄅᆞ니:高二尺濶三尺(老解上23). 너ᄅᆞᆫ 집:寬房(譯解上17).

너ᄅᆞ바회 명 너럭바위. 반석(盤石). ☞너러바회 ¶너ᄅᆞ바회 우희 松竹을 헤혀고(宋純. 俛仰亭歌).

너머가·다 동 ①넘어가다. ¶西南ㅅ 묏 그틀 너머가리다:越西南頂(初杜解9:15). ②힘차게 가다. ¶너머갈 매:邁(類合下4).

너머디다 동 넘어지다. ☞너머지다 ¶믈 가온대로셔 깁 ᄀᆞᆺᄐᆞᆫ 긔운이 ᄂᆞ라 올라 그 션비 몸을 두로ᄂᆞᆫ ᄃᆞᆺᄒᆞ더니 너머뎌 믈의 ᄲᅡ디니:忽有物如練自潭中飛出繞書生而入(太平1:32).

너머지다 동 넘어지다. ☞너머디다 ¶너머져 가다가 도로 셔다:扎挣住. 필경 너머지다:竟倒了(漢淸4:50).

:너·모 명 네모〔四角〕. ¶너모 번득ᄒᆞᆫ 연:四方鶴兒(飜朴上17).

너모 부 너무. ☞너무. 너므 ¶너모 슬허ᄒᆞ며(三綱. 烈26). 沙苑엣 ᄆᆞᄅᆞᆯ 너모 토니:濫騎沙苑馬(初杜解22:13). 셜워호ᄆᆞᆯ 너모 ᄒᆞ야(續三綱. 烈12). 너모 쉬오면 곧 거즛되오 너모 하면 지리ᄒᆞ며:傷易則誕傷煩則支(飜小8:11). 술을 너모 자시고 취호믈이긔디 몯ᄒᆞ야 이에 너ᄅᆞ럿더니라:因被酒興酣至此(太平1:17). 이 버다 네 싸ᄒᆞᄂᆞᆫ 딥히 너모 굵다:這火伴你切的草忒麤(老解上17). 너모 어위여:太寬(重內訓2:34). 너모 과도이 인ᄉᆞᄒᆞᄋᆞᆸ시니(隣語6:13). 너모 ᄌᆞ셔히 아니ᄒᆞ도다(女範3. 문녀 뉴하혜쳐).

너모나·다 형 네모나다. ¶方器ᄂᆞᆫ 너모난 그르시라(楞解2:42). 두 눉ᄌᆞᅀᆞᄂᆞᆫ 너모나도다:雙瞳方(初杜解16:40). 矩:너모난 것 민드ᄂᆞᆫ 그릇시라(宣小3:18).

너뫼치다 동 넘어뜨리다. ¶드려다가 너뫼쳐 ᄇᆞ리고(癸丑200).

너무 부 너무. ☞너모. 너므 ¶두 하ᄂᆞᆯ 너무 게을이 便安ᄒᆞ고(釋譜6:36). 阿那律이 닐오ᄃᆡ 닐굽 ᄒᆡ 너무 오라다(月釋7:2). 너무 아니 ᄒᆞ샴 곧ᄒᆞ니(金剛5). 法에 아니 너무 져그니잇가(宣賜內訓2上46). 아니 너무 ᄲᆞᄅᆞ니여:無乃太忽忙(初杜解8:67). 才力은 당당이 두어 公의게 너무 드듸유미 어려우니:才力應難跨數公(初杜解16:12).

너므 부 너무. ☞너모. 너무 ¶너므 슬흐며(三綱. 孝21). 너므 굵다:忒麤(飜老上19). 이ᄂᆞᆫ 너므 ᄀᆞᄂᆞᆯ오:這的忒細(飜老下32). ᄂᆞᆯ ᄒᆞ란 너므 둗겁게 말오:刃兒不要忒厚(飜朴上16). 바탕이 너므 기니:鞓帶忒長了(飜朴上18). 너므 크다:太過(老朴集. 單字解5).

너므·다 동 넘다. 어기다. ¶阿難아 겨지비 沙門 ᄃᆞ외오져 홇 사ᄅᆞᄆᆞᆫ 八敬法을 너므디 아니ᄒᆞ야 죽ᄃᆞ록 行ᄒᆞ야ᅀᅡ 律法에 어루 들리라(月釋10:20). 七行애 너므디 아니호ᄃᆡ(宣賜內訓3:61). 量애 너믄 사ᄅᆞᄆᆞᆫ(南明上36). 닐굽 번의 너므디 아니ᄒᆞ며:不過七行(飜小10:32). 나히 여ᄃᆞᆫ니 너므되:年踰八十(東新續三綱. 孝4:32 金敏誠孝).

너분니 명 넓은 이. 앞니. ¶너분니:板齒(物譜 形體).

너·붐 형 넓음. ㉮넙다 ¶舌相 너붐과 身光 머룸과(月釋18:10). 예셔 닐오매 衆이며 揔이며 너부미니:此云衆也揔也普也(心經65). 너붐과 져고미 겨시며:有廣略(圓覺序6). 함과 너붐과로 ᄠᅳᆮᄒᆞ니:廣多廣博爲義(圓覺上一之二14). 河水의 너부믈 ᄒᆞᆫ낫 ᄀᆞᆯ을 타 건나다 傳聞호니:河廣傳聞一葦過(重杜解4:15).

너브면 형 넓으면. ¶너브면 옷 지으매 남음이 잇고:寬時做衣裳有餘剩(老解下56).

너븜 형 넓음. ㉮넙다 ¶漢의 너브미 可히 泳티 몯ᄒᆞ며:漢之廣矣不可泳思(詩解1:9).

너·븨 명 넓이. 너비. ¶너븨와 길왜 다 스믈다ᄉᆞᆺ 由旬이오(月釋8:12). 노퓌와 너븨왜 漸漸 져거(月釋17:37). ᄒᆞᆫ 기ᇍ 너븨 分이오 돈 ᄒᆞ나히 文이라(永嘉上38). 밥 알ᄑᆡ 열 잣 너븨 버룸과:食前方丈(宣賜內訓3:56). ᄒᆞᆫ두 돗 너븨만 부루 菜ᄅᆞᆯ 즈슴ᄒᆞ야 심고니:隔種一兩席許萵苣(初杜解16:65).

기리와 너븨왜 自在ᄒᆞ도다(金三2:19). 훤히 기릐와 너븨왜(金三2:20). 뵈 너븨 복:幅(類合上31). 너븨 연:延(類合下62). 너븨 광:廣(註千20).

너·비 副 널리. 넓게. ¶衆生ᄋᆞᆯ 너비 濟渡ᄒᆞ시ᄂᆞ니:弘濟衆生(釋譜序1). 廣熾ᄂᆞᆫ 너비 光明이 비취닷 ᄠᅳ디오(月釋2:9). 듣ᄌᆞ오니 慧門을 너비 여르샤:聞夫慧門廣闢(永嘉序1). 그ᅀᅳ기 通ᄒᆞ시며 너비 니피샤:潛通而廣被(圓覺序7). 가난ᄋᆞᆯ 붓그려 너비 求ᄒᆞᄂᆞ니(宣賜內訓1:30). 됴ᄒᆞᆫ 건 ᄯᅡᄒᆞᆫ 너비 멀오:紆餘脂膏地(重杜解1:37). 되 드트리 너비 어드웻더라:胡塵昏坱莽(初杜解24:38). ᄒᆞᆫ ᄃᆞ리 一切 므레 너비 나타(南明上12). 너비 경셔와 ᄉᆞ긔ᄅᆞᆯ 통ᄒᆞ더라:博通經史(東新續三綱. 孝6:9). 너비 ᄉᆞ랑ᄒᆞᄂᆞᆫ 風을 돗타이 ᄒᆞ야(女四解4:45).

너·비·ᄒᆞ·다 동 넓게 하다. ¶弘ᄋᆞᆫ 너비ᄒᆞ논 ᄠᅳ디라(釋譜序1). 雕蟲篆刻과 丹靑ᄒᆞ기ᄅᆞᆯ 너비ᄒᆞ놋다:蟲篆丹靑廣(杜解24:37).

너삼 명 너삼. ¶ᄡᅳᆫ 너삼 불휘 두 량을 디허 처 ᄒᆞᆫ 복애 세 돈식 ᄒᆞ야(簡辟16). 너삼 ᄲᅮᆯ휘(瘟疫方22). 너삼:葎草(柳氏物名三 草).

너새 명 너새. ☞너시. 너ᅀᅵ ¶너새:鴇子(同文解下34). 너새:鴇(漢淸13:48).

너슷너슷 부 느슨느슨. 느슨하게. ¶가슴에 궁글 둥시러케 ᄯᅮᆯ고 왼숫기를 눈 길게 너슷너슷 ᄭᅩ와(古時調. 가슴에. 靑丘).

너시 명 너새. ☞너ᅀᅵ ¶萬頃滄波之水에 둥둥 ᄯᅥᆺᄂᆞᆫ 부략금이 게오리들아 비슬금셩 증경이 동당 강셩 너시 두루미들아(古時調. 靑丘). 너시 보:鴇(詩解 物名10). 너시:鴇(柳氏物名一 羽蟲).

너시기 명 너새. ☞너ᅀᅵ ¶황시 ᄎᆞᆨ시 두루미 너시기(古時調. 져 건너. 南薰).

:너ᅀᅵ 명 너새. ☞너시 ¶너ᅀᅵ爲鴇(訓解. 用字). 너ᅀᅵ:鴇(四解下20). 너ᅀᅵ 부:鴇(訓蒙上15). 너ᅀᅵ:鴇子(譯解下27).

너운너우니 부 너울너울. 펄펄. ☞너운너운. 너운너운히 ¶모로매 너운너우니 ᄃᆞᆫ뇨리니:須要活弄(法語11).

너운너운 부 너울너울. 펄펄. ☞너운너우니 ¶너운너운 오ᄂᆞᆫ 구룸 氣運이 둗겁고:霏霏雲氣重(杜解9:37). 소내 ᄒᆞᆫ ᄡᅡᆨ 신 잡고 너운너운 ᄒᆞ오ᅀᅡ 가시거늘(南明上52).

너운너운히 부 너울너울. 펄펄. ☞너운너우니. 너운너운 ¶너운너운히 새 ᄃᆞᆫ니ᄂᆞᆫ 길ᄒᆞ로 드러가:翩翩入鳥道(初杜解19:30).

너울 명 너울. ¶擁蔽 其面은 너울이며 면사 ᄀᆞᄐᆞᆫ 뉴ㅣ라(家禮2:15).

-너이다 어미 -나이다. ¶솔 아래 童子더래 무르니 니르기를 先生이 藥을 ᄏᆡ라 갓너이다(古時調. 歌曲).

너·출 명 넌출. ¶너추렛 여르미 나니(月釋1:43). 너추를 자바 머흔 ᄃᆡ 몬져 오ᄅᆞ고:捫蘿澁先登(杜解9:13). 픐 너추렌 ᄒᆞ마 이스리 해 왯도다:草蔓已多露(杜解9:14). 퍼덧ᄂᆞᆫ 너추리 ᄆᆞᆯᄀᆞᆫ 모ᄉᆞᆯ 횟돌앳도다:滋蔓匝淸池(初杜解15:8). 너출:藤蔓(訓蒙上14 蔓字註). 너출 만:蔓(類合下54. 倭解下31). 너출 등:藤. 너출 류:虆(訓蒙下4). 너출:苽藤(同文解下46). 프른 너출이 얼겻ᄂᆞᆫᄃᆡ:靑蔓離披(五倫1:56). 너출:蔓(柳氏物名三 草). 너출:瓜藤(漢淸13:7).
※ 너출>넌출

너·출·다 동 ①넌출지다. 뻗치다. ¶ᄯᅩ 엇데 楞嚴에 지리히 너출에 ᄒᆞ시리오:復何枝蔓於楞嚴哉(楞解1:19). 災害옛 브리 너추러:災火蔓(法華2:134). 藤蘿ᄂᆞᆫ 다 너추는 거시라(永嘉下113). 岡巒ㅣ 서르 너추럿고:岡巒相經亘(重杜解1:20). 프른 시리 너추럿ᄂᆞᆫ ᄃᆞᆺᄒᆞ도다:蔓靑絲(重杜解9:25). 너춘 프리 기펫고:深蔓草(杜解22:12).
②뻗쳐서 옮다. ¶병긔 서르 뎐염ᄒᆞ야 가문이 업게ᅀᅡ 다ᄅᆞᆫ 사ᄅᆞᆷ의게 너출시:病氣轉相染易乃至滅門延及外人故(瘟疫方1).

너출모란 명 메꽃. ¶육홍 비체 너출모란 문ᄒᆞᆫ 비단:肉紅纏枝牡丹(飜老下24). 너출모란:牽枝牡丹(物譜 花卉).

너출지다 동 넌출지다. ¶너출진 풀:野藤草(譯解補50).

너·타 동 넣다. ☞녀타 ¶ᄌᆞ갸 모ᄆᆞᆯ 너흐니(釋譜23:26). 藥을 너허 받ᄌᆞᆸ고(宣賜內訓序5). 生薑 세 片 너허 七分을 글혀:入生薑三片煎至七分(救急上13). 더운 므레 ᄒᆞᆫᄃᆡ 너허:同泡湯(救急下41). 속고리예 너허(癸丑40). 젼복 너허 솔믄 고기와(朴新解1:5). 쥬시 ᄯᅩ ᄀᆞ만이 술에 독을 너허 샹을 먹이려 ᄒᆞ니(五倫4:17). 몬져 입에 너티 아니ᄒᆞ니:入(五倫4:28).

너털·다 동 너털거리다. 덜덜 떨리다. ¶치위 너터러 토코져 호ᄆᆞᆯ:覺寒振欲吐(救簡1:79). 목소릐 쉬고 치워 너털고:聲啞寒戰(痘要上31). 너털고 니 ᄀᆞᆯ면:寒戰咬牙(痘要下4). 힛소옴이 업서 너터더니(癸丑217). 너털 진:振(光千22).

너픈너픈 부 너푼너푼. ¶두 곳갈이 ᄒᆞᆫ듸 다하 너픈너픈 ᄒᆞ는 樣은(古時調. 듕과 僧과. 靑丘).

너·피·다 동 넓히다. ☞넙피다 ¶光明을 너피샤(月印上69). 너펴 닐올ᄠᅵᆫ댄(釋譜9:29). 法音을 너피실ᄊᆡ(月釋7:59). 다 秦本ᄋᆞᆯ 너피ᄂᆞ니라:皆弘秦本(法華序11). 道 너퓰뗸 德行으로 우 삼ᄂᆞ니(法華4:61). 道化 너표ᄆᆞᆯ 願ᄒᆞ니(法華4:182). 禪觀ᄋᆞᆯ 치여 너피샤:偏弘禪觀(永嘉序7). 미러 너피면:

推而廣之(圓覺序4). 命ᄒᆞ야 板애 사겨 ᄡᅧ 그 傳ᄋᆞᆯ 너피노니(南明下77). ᄌᆡ조ᄅᆞᆯ 너폴 주리 없고:無以廣才(飜小6:16).

너흐·다 동 널다. 물다. 씹다. 〔'너흘다'의 'ㄹ'이 'ㄷ' 앞에서 탈락한 형태.〕 ☞너흘다 ¶ᄢᅧ를 너흐디 말며(宣賜內訓1:3). 豺狼이 붑괴여 서르 너흐놋다:豺狼沸相噬(初杜解22:32). ᄢᅧ 너흐디 말며:毋齧骨(宣小3:23). 너흐다:齦 齧也(四解上61). 너흐다:齦(譯解上54). 너흐다:齦了(同文解上62).

너·흘·다 동 널다. 물다. 씹다. ☞너흐다 ¶가히 ᄢᅥ를 너흘면 입시울 ᄒᆞ야디ᄂᆞᆫ 돌 모ᄅᆞ고(月釋7:18). 주거믈 너흐러:齧死屍(法華2:110). 범이 집 앏비 남ᄀᆞᆯ 너흘고 가니:虎嚙舍傍梨樹而去(三綱. 金氏樸虎條). 숫가락 너흐러(三綱. 孝31). 바ᄅᆞ 늘근 쥐 골 너흐로ᄆᆞᆯ ᄀᆞ티 ᄒᆞ야:直如老鼠咬棺材(蒙法16). ᄒᆞᆫ 匹은 프를 너흘오 ᄒᆞᆫ 匹은 우ᄂᆞ니:一匹齕草一匹嘶(初杜解16:42). 어린 ᄯᆞ리 굴머셔 나ᄅᆞᆯ 너흐러ᄂᆞᆯ:癡女飢我咬(重杜解1:12). 너흘 근:齦. 너흘 흘:齕(訓蒙下14). 너흘 흘:齕(倭解上49). ᄉᆡ엄의 몸의 귀더이ᄅᆞᆯ 너흘고(女四解4:19).

너희 대 너희. ¶舍利弗아 너희둘히 ᄒᆞᆫ ᄆᆞᅀᆞ ᄆᆞ로 信解ᄒᆞ야(釋譜13:62). 너희둘히 能히 이리 ᄒᆞ면(月釋18:18). 너희 世人을 알외노니(南明上32). 몸 닷ᄀᆞᆯ 道ᄂᆞᆫ 너희둘희 어려이 홀 배 아니라(宣賜內訓序7). 이제 너희둘ᄒᆞ로(六祖中23). 너희 兩姨예셔 난 형뎨라 ᄒᆞ니:你兩姨弟兄(飜老上16). 너희들:你每(譯解補55).

너:희 대 너희가. ¶너희 ᄒᆞ마 諸佛ㅅ 方便을 아라 ᄂᆞ외야 疑心 업스니(釋譜13:62). 너희 如來 滅後에 一心ᄋᆞ로 受持讀誦ᄒᆞ며(月釋18:11). ᄆᆞᅀᆞ미 알ᄑᆞ니 너희 ᄢᅧ에 刻호미 맛당ᄒᆞ니(宣賜內訓1:34). 너희 ᄒᆞ마 姑舅兩姨예셔 난 형뎨로ᄃᆡ:你既是姑舅兩姨弟兄(飜老上16).

너희ᄃᆡ 대 너희쪽. ☞너희. 너히 ¶내 너희ᄃᆡ예 졍ᄒᆞ마(淸老5:19).

너히 대 너희. ¶너히 무리 내 남진을 주겨시니 내 원슈라:汝輩殺我夫我之讎也(東新續三綱. 烈6:48). 영ᄋᆡ이시니 너히 둥이 위ᄒᆞ야 잘 기ᄅᆞ라(女範4. 녈녀 화운쳐).

넉 명 넋. ☞넋 ¶넉 혼:魂(訓蒙中35). 넉:魄(同文解上17).

:넉 관 넉〔四〕. ☞너 ¶ᄒᆞᆫ 돌 넉 돌 ᄒᆞᆫ 히예 니르리(釋譜19:24). 믈 넉 되로 글혀 ᄒᆞᆫ 되 半ᄋᆞᆯ 取ᄒᆞ야(救急上30). 朴硝 넉 兩ᄋᆞᆯ 各別히 ᄀᆞ로오:朴硝四兩別研(救急上42). 믈 넉 되예:水四升(救簡3:16). 대횽 불휘 넉 량과:大黃四兩(救簡3:70). 넉 ᄉᆞ:四(訓蒙下33. 類合上1. 光千7. 倭解上54). 넉 ᄉᆞ:四(兒學下12).

넉갈 명 떡갈나무. ☞넙갈나모 ¶넉갈:樸樕(物譜 雜木).

넉넉ᄒᆞ·다 형 넉넉하다. ¶샹해 남아 넉넉홈이 잇더라:常有餘裕(宣小6:124). 황데 아름다이 넉이샤 덕틱이 흡죡ᄒᆞ고 녜쉬 넉넉ᄒᆞ도다(山城149). 몸을 보젼ᄒᆞ며 後ᄅᆞᆯ 넉넉게 홀 者ㅣ 잇디 아니ᄒᆞᆫ디라:裕(女四解3:67). 넉넉홀 요:饒(倭解下40). 넉넉ᄒᆞ다:餘裕(同文解下22). 넉넉ᄒᆞ다:寬裕(漢淸6:16). 넉넉홀 뢰:賴(註千7). 넉넉 우:優(註千13). 넉넉홀 급:給(註千22). 넉넉홀 족:足(註千36).

넉늘개 명 술 주전자(酒煎子). ¶넉늘개:偏提(物譜 酒食).

넉우리 명 너구리. ☞너고리. 너구리 ¶넉우리:山獺(譯解下33).

넉이다 동 여기다. ☞너기다 ¶ᄋᆞ시적브터 불민히 넉이오시나(癸丑22). 이 옥ᄉᆞᄅᆞᆯ 올타 넉이게 홀 일이러라(癸丑79). 그 孝ᄅᆞᆯ 아름다이 넉이샤 免ᄒᆞ리라(女四解4:14). 외로온 이ᄅᆞᆯ 불샹이 넉이고(敬信1).

넉ᄌᆞ 명 넉자. ¶仍子 넉ᄌᆞ 卽方席也(古俗).

넋 명 넋. ☞넉 ¶世尊ㅅ 몸이 이 넉시러시니(月印上49). 精氣ᄂᆞᆫ 넉시라 ᄒᆞ듯 ᄒᆞᆫ ᄠᅳ디라(釋譜9:22). 病ᄒᆞ닌 넉시 도로 ᄊᆞᆯ 저긔(釋譜9:31). 넋 일허 逃亡ᄒᆞ야 가며:褫魄逃逝(楞解10:74). 돌 거우루엔 어드운 뒷 넉시 ᄉᆞᄆᆞ찻고:石鏡通幽魄(初杜解20:29). 넉시 업스며(金三5:32). 넋 빅:魄(訓蒙中35). 妾의 넉ᄉᆞᆫ 어니 따흘 向ᄒᆞ야 도라올 줄 알리오(女四解4:27).

넋 명 너겁. ¶둥 검고 술진 고기 버들 넉싀 올나괴야(古時調. 간밤 오던. 海謠).

넌즈기 부 넌지시. ☞넌즈시 ¶사ᄅᆞᆷ 브려 넌즈기 니ᄅᆞᆫ대:乃微使人風之(三綱. 烈11).

넌즈러지다 동 쫙 헤어져 있다. ¶ᄉᆞ랑 ᄉᆞ랑 긴긴 ᄉᆞ랑 지쳔ᄀᆞ치 내내 ᄉᆞ랑 九萬里長空에 넌즈러지고 남ᄂᆞᆫ ᄉᆞ랑(古時調. 靑丘).

넌즈시 부 넌지시. ☞넌즈기 ¶넌즈시 치혀시니:薄言挈之(龍歌87章). ᄒᆞᆫ 가락 넌즈시 드르샤매:一指聊擧(法華4:131). 말솜과 우수믈 넌즈시 ᄒᆞᆫᄃᆡ 호라:談笑偶然同(杜解9:6). 넌즈시 壯大ᄒᆞᆫ 뼈ᄅᆞᆯ 구펫도다:居然屈壯圖(杜解23:35). 아히ᄂᆞᆫ 엇뎨 能히 넌즈시 알리오:兒童爭解等閑知(南明下20). 넌즈시 金剛眼ᄋᆞᆯ 點ᄒᆞ야(金三3:16). 넌즈시 ᄡᅳ리ᅀᆞ오리:輕輕洒(眞言27).

넌즉ᄒᆞ·다 형 허술하다. ¶넌즉ᄒᆞᆫ 門 아래 사:等閑門下(南明上59).

넌ᄌᆞ시 부 넌지시. ☞넌즈시 ¶넌ᄌᆞ시 사ᄅᆞᆷ으로 ᄒᆞ여곰 녕녀ᄅᆞᆯ 다래니:乃微使人風之令女(五倫3:21).

넌테 명 너테. ¶ 넌테:氷滑處(漢淸1:31). 넌테진 비탈:偏坡滑處(漢淸1:32).

:널 명 널. ¶ 널爲板(訓解. 用字). 軒은 술윗 우흿 欄干 너리니(釋譜12:19). 헌 비ᄂᆞᆫ 온 너리 ᄣᅥ뎻고:壞舟百板坼(初杜解15:2). 이제ᄂᆞᆫ 다 널 ᄶᅡ라 잇고:如今都是板輓了(飜老上39). 널 판:板(訓蒙中14. 類合上23. 倭解下28). 널ᄃᆞ리:板橋(譯解上14).

널다 동 널다. ¶ 모래 우희 금을 널고 ᄡᅱ 밋틔 누어 쉬쟈(古時調. 海謠).

널다 형 넓다. 너르다. ☞넙다 ¶ 널을 거:渠(註千32). 널을 광:廣(兒學下8).

널뒤기 명 널뛰기. ¶ 널뒤기:蹴蹁 一作名 蹋蹁(物譜 博戲).

:널문 명 널문. ¶ 죠고맷 널문이 긔라:小板門兒便是(飜老下1. 老解下1). 널문인가:板閨門那(飜朴上58).

널뽁 명 널쪽. ¶ 손가락 ᄶᅧ미고 티ᄂᆞᆫ 널뽁:索板(譯解上66).

널우다 동 넓히다. ☞널피다. 넓히다 ¶ 널울 탁:拓(類合下32).

널으다 형 넓다〔寬〕. ☞너르다. 널다 ¶ 옷 널으다:衣寬(譯解補29). 널으다:寬闊(譯解補54).

널이·다 동 폐를 끼치다. ☞너리다 ¶ 小人돌히 예 와 해자ᄒᆞ고 널이과이다:小人們這裏定害(飜老上43). 여긔 널이괘이다:這裏定害了(飜老上59). 小人이 예와 널이오뎌:小人這裏攪擾了(老解上40). 여긔 널이괘라:這裏定害了(老解上53). 너희 므슴 널인 고디 이시리오:你有甚麼定害處(老解上53).

널피다 동 넓히다. ¶ 關睢의 化ᄅᆞᆯ 널피니라(女四解3:44).

넓히다 동 넓히다. ☞널피다 ¶ 敎ᄅᆞᆯ 述ᄒᆞ야 ᄡᅥ 넓혀 內訓 二十篇을 ᄆᆡᆼ그라 ᄡᅥ 宮壼애 ᄀᆞᄅᆞ치노니(女四解3:7).

:넘:걷·다 동 넘어 걷다. 걸어 넘다. 밟으며 지나가다. ¶ 신을 ᄇᆞᆲ디 말며 돗글 넘걷디 말며(明小3:10). 신을 ᄇᆞᆲ디 말며 돗글 넘걷디 말며:毋踐屨毋踖席(宣小3:11).

넘·구·다 동 넘기다. ☞넘우다 ¶ 禮ᄂᆞᆫ 절ᄎᆞᄅᆞᆯ 넘구디 아니ᄒᆞ며:禮不踰節(宣小3:6).

넘그·다 동 넘기다. ☞넘구다 ¶ 말ᄉᆞᄆᆞᆯ ᄇᆞ텨 노폰 뫼ᄒᆞᆯ 넘거 보내노라:寄語踰崇岡(初杜解7:35).

넘나다 동 넘나다. ¶ 跳梁은 넘나게 방죵ᄒᆞ단 말이라(女四解2:25). 넘나다:潛越(同文解下57).

넘나들기 명 넘나들기. ¶ 門地方 넘나들기를(古時調. 靑丘).

넘난ᄆᆞᅀᆞᆷ 명 넘쳐나는 마음. 성욕(性慾). ¶ 술보ᄃᆡ 情欲앳 이른 ᄆᆞᅀᆞ미 즐거ᄫᅥᅀᅡ ᄒᆞᄂᆞ니 나ᄂᆞᆫ 이제 시르미 기퍼 넘난ᄆᆞᅀᆞ미 업수니(月釋2:5).

넘녀ᄒᆞ다 동 염려(念慮)하다. ¶ 이ᄃᆡ도록 넘녀ᄒᆞ시리오(閑中錄64).

넘ᄂᆞ다 동 넘놀다. ☞넙놀다 ¶ 술 ᄶᅵ야 니러 안자 거문고를 戲弄ᄒᆞ니 牕 밧긔 셧ᄂᆞᆫ 鶴이 즐겨셔 넘ᄂᆞᄂᆞᆫ다(古時調. 靑丘).

넘ᄂᆞ믈 명 넘나물. ☞넘ᄂᆞᄆᆞᆯ ¶ 넘ᄂᆞ믈:黃花菜(漢淸12:38).

넘ᄂᆞᄆᆞᆯ 명 넘나물. ☞넘ᄂᆞ믈 ¶ 넘ᄂᆞᄆᆞᆯ:萱 今俗呼黃花菜 一名 鹿葱(四解下11). 넘ᄂᆞᄆᆞᆯ 훤:萱(訓蒙上9). 넘ᄂᆞᄆᆞᆯ:諼草(詩解 物名7).

:넘·다 동 넘다. 넘치다. 지나다. 지나치다. ¶ 過ᄂᆞᆫ 너믈 씨라(釋譜序3). 또 八相ᄋᆞᆯ 넘디 아니ᄒᆞ야셔 마ᄂᆞ니라(釋譜序3). 거름거리 넘디 아니ᄒᆞ시며(月釋2:57). 어루 녀느 三昧예 너므리니:可超餘三昧(楞解6:79). 거름거리 便安히 ᄌᆞᄂᆞᆨᄌᆞᄂᆞᆨᄒᆞ샤 넘디 아니ᄒᆞ시며(法華2:14). 두 服애 넘디 아니ᄒᆞ야셔 듣ᄂᆞ니라:不過二服效(救急上60). 數量애 너머(金剛序6). 이 너뭄과 몯 미추미 다 了義 아니오(圓覺上一之一38). 사ᄅᆞ미게 너무미 아니라(宣賜內訓1:14). 듯논 지조ᄂᆞᆫ 屈原 宋玉ᄋᆡ게 넘도다:有才過屈宋(初杜解15:37). 너믈 일:溢(訓蒙下11). ᄉᆞ려를 或도 넘디 마롤디니라:思罔或逾(宣小題辭3). 너믈 일:溢(倭解上10). 믈 넘다:水溢(同文解上8). 넘을 릉:淩(註千33). 너믈 쵸:超(註千38). 넘을 일:溢(兒學下9). 너믈 람:濫(兒學下10).

:넘·다 동 넘다〔越〕. ¶ 도ᄌᆞᄀᆞ 담 너머 드러(月釋10:25). 너믈 유:踰. 너믈 월:越(類合下26). 넘을 유:踰(倭解上31). 넘다:越過(同文解上26). 이에 담을 넘어 들어가(女四解4:35). 거러 넘던 문경 ᄉᆡ재 남여로 완보ᄒᆞ니(쌍벽가).

넘드듸다 동 넘어 디디다. ¶ 넘드딀 녑:躐(類合下37).

넘디다 동 넘치다. ☞넘ᄢᅵ다. 넘ᄶᅵ다 ¶ 덕이 이예 넘디ᄂᆞ니라(三略上36).

:넘돈·다 동 넘어 달리다. ¶ 히 하ᄂᆞᆯ콰 모도매 넘ᄃᆞ라 氣盈이 ᄃᆞ외오(楞解6:17).

넘ᄠᅵ다 동 넘치다. ☞넘ᄢᅵ다 ¶ 술 넘ᄠᅵ다:瀽酒(譯解上59).

:넘:ᄢᅡᆷ 동 넘침〔溢〕. ㉮넘ᄢᅵ다 ¶ 넘ᄢᅡ미 ᄃᆞ외며 글호미 ᄃᆞ외오:爲洋爲沸(楞解8:101).

:넘·ᄢᅵ·다 동 넘치다. ☞넘ᄠᅵ다. 넚디다 ¶ 넘ᄢᅡ미 ᄃᆞ외며 글호미 ᄃᆞ외오:爲洋爲沸(楞解8:101). 沒ᄒᆞ며 溺ᄒᆞ며 넘ᄢᅵ며 글후미 ᄃᆞ외면:爲沒溺洋沸(楞解8:102). 形體예 흘러 넘ᄢᅡ미니(楞解9:54). 조티 몯ᄒᆞᆫ 거시 흘러 넘ᄢᅵ거든:不淨流溢(法華2:110). 조티 아닌 거시 흘러 넘ᄢᅵ여:不淨流溢(永嘉上35). 큰

功勳이 소티 사겻ᄂᆞᆫ 게 넘쎳도다:元勳溢鼎銘(初杜解24:8). 西乾에 넘ᄢᅵ고(金三3:7).

넘쓤 [동] 넘침〔溢〕. ㉾넘ᄶᅵ다 ¶믈 넘쓔미 張儀樓에 갓갑디 아니ᄒᆞᄂᆞ니라:泛溢不近張儀樓(重杜解3:71).

:넘ᄶᅵ·다 [동] 넘치다. ☞넚디다. 넘ᄢᅵ다 ¶쳔랴이 有餘ᄒᆞ고 倉庫ㅣ ᄀᆞᄃᆞ기 넘ᄶᅵ고(釋譜9:20). 앏 境에 흘러 넘ᄶᅵ면:流溢前境(楞解9:54). 넘ᄶᅵᆯ 건:瀽(訓蒙下11). 넘ᄶᅵᆯ 람:濫(訓蒙下35. 類合下50). 믈 넘ᄶᅵᆯ 턍:漲(類合下51). 넘ᄶᅵᆯ 일:溢(類合下58). 넘ᄶᅵ디 아니ᄒᆞᄂᆞ니:不溢(英小2:30).

넘씨다 [동] 넘치다. ☞넘ᄶᅵ다 ¶네 업슴이 넘씨니(三譯2:14). 은틱이 넘씨옵고:恩澤洋溢(字恤4).

넘·어디·다 [동] 넘치다. ☞넘ᄶᅵ다 ¶반ᄃᆞ시 비로소 니를 저긔셔 차 넘어디게 ᄒᆞ며:必盈溢於始至(宣小6:114).

넘어지다 [동] 넘어지다. ¶ᄌᆞᆺ바 넘어지다:乏透(漢淸14:33).

넘오·다 [동] 넘기다. ☞넘우다 ¶닐굽 슌에 넘오디 아니호ᄃᆡ:不過七行(宣小6:130).

넘우·다 [동] 넘기다. ☞넘오다 ¶도라옴애 ᄣᆡ롤 넘우디 아니ᄒᆞ며:復不過時(宣小2:16).

:넚:듐 [동] 넘침. ㉾넚디다 ¶倉庫ㅣ 넚듀믈 가좋비니:譬倉庫盈溢(法華2:218).

:넚디·다 [동] 넘치다. ☞넘ᄶᅵ다 ¶ᄀᆞᄅᆞᆷ과 우믌므리 다 넚디고(月釋2:48). 倉庫애 다 ᄀᆞᄃᆞᆨᄒᆞ야 넚디며(月釋13:7). 앏 境에 흘러 넚듀미니:流溢前境(楞解9:53). 다 ᄀᆞᄃᆞᆨᄒᆞ야 넚디며:悉皆盈溢(法華2:186). 庫애 諸法財 넚디니라:庫溢諸法之財(法華2:187).

넙 [명] 옆. ¶넙흐로 눕다:側臥(漢淸7:39).

넙가래 [명] 넉가래. ¶넙가래:杴(物譜 耕農).

넙갈나모 [명] 떡갈나무. ¶넙갈나모:撥欏樹(譯解下41). 넙갈나모:婆蘿樹(漢淸13:24).

넙:놀·다 [동] 넘놀다. ☞넘ᄂᆞ다 ¶鸞鳳이며 種種 새돌히 모다 넙놀며(月釋2:27).

넙ᄂᆞ믈 [명] 넘나물. ☞넘ᄂᆞ믈. 넘ᄂᆞᄆᆞᆯ ¶넙ᄂᆞ믈:黃花菜(譯解下11).

넙ᄂᆞᄆᆞᆯ [명] 넘나물. ☞넘ᄂᆞ믈. 넘ᄂᆞᄆᆞᆯ ¶넙ᄂᆞᄆᆞᆯ 훤:萱(類合上7).

넙·다 [형] 너르다. 넓다. ☞너르다 ¶聲敎ㅣ 너브실씨:聲敎普及(龍歌56章). 經을 너비 펴며(釋譜9:40). 佉羅騫馱ᄂᆞᆫ 엇게 넙다 ᄒᆞᆫ 마리니(釋譜13:9). 精ᄒᆞ며 너부미 ᄃᆞ외리니(釋譜19:37). 廣ᄋᆞᆫ 너블 씨오(月釋序7). 覃은 너블 씨오(月釋序11). 혜 길오 너브샤(月釋2:41). 舌相 너붐과 身光 머룸과(月釋18:10). 如來ㅅ 藏心이 넙고 크고(楞解1:9). 너부믄 後文에 겨시니(法華5:105). 히미 充實ᄒᆞ며 너브면:力量充廣(蒙法6). 예셔 닐오매 衆이며 摠이며 너부미니:此云衆也摠也普也(心經65). 너붐과 져고미 겨시며:有廣略(圓覺序6). 그 性이 너버 虛空 ᄀᆞᆮᄒᆞ니라:其性廣博猶如虛空(圓覺上一之二14). 함과 너붐과로 ᄠᅳᆮᄒᆞ니:廣多廣博爲義(圓覺上一之二14). 教化ㅣ 太姒ᄋᆡ 볼ᄀᆞ샤매 더욱 넙고(宣賜內訓序3). 河水의 너부믈 ᄒᆞᆫ낫 ᄀᆞᆯ올 타 건나다 傳聞호니:河廣傳聞一葦過(重杜解4:15). ᄇᆞᄅᆞᄆᆞᆫ 너븐 두듥겟 믌겨를 머겟도다:風含廣岸波(杜解10:3). 너블 박:博(訓蒙下20. 類合下4). 너블 보:普(類合下14). 너블 부:溥(類合下20). 너블 광:廣(類合下47). 너블 홍:洪(類合下51). 너블 홍:洪(石千1). 너블 광:廣(石千20). 너브면 옷 지으매 남음이 잇고:寬時做衣裳有餘剩(老解下56). 漢의 너브미 可히 泳티 몯ᄒᆞ며:漢之廣矣不可泳思(詩解1:9). 넙거나 넙은 天下 엇씨ᄒᆞ야 적닷 말고(松江. 關東別曲). 江上山 ᄂᆞ린 긋헤 솔 아릐 너분 돌해(古時調. 朴仁老. 蘆溪集). 넙은 사믜 국의질러 품속으로 너코 보믜(萬言詞). 넙을 홍:洪(註千1. 兒學下9).
※넙다>넓다

넙다쟘ᄒᆞ다 [형] 널따랗다. ☞넙다ᄒᆞ다 ¶길고 넙다쟘지 아닌 놈(古時調. 靑丘).

넙다ᄒᆞ다 [형] 널따랗다. ¶四海 넙다ᄒᆞᆫ 바다 ᄒᆞᆫ 舟楫이면 건나리어니와 니믜 너브샨 恩澤을 此生애 갑ᄉᆞ오리잇가(梁琴22).

넙더기다 [동] 딱지가 지다. ¶힝역이 즌믈러 넙더겨:痘瘡斑爛成片(痘要下13).

넙덕 [명] 딱지. ¶송엽을 만히 빠 싱을 ᄶᅥ허 넙덕지거든 몰뢰여 ᄀᆞᆯᄅᆞᆯ ᄆᆡᆼ그로되:松葉不限多少摘取生者擣細末蒸曝用如餘自成片者晒乾易擣(新救荒4).

넙덕다리 [명] 넓적다리. ¶넙덕다리:大腿(漢淸5:54). 넙덕다리�:大腿骨(漢淸5:56).

넙덕쎠 [명] 넓적뼈. ¶가슴 넙덕쎠:胸疼髆(馬解上. 諸脈).

넙셔·이 [부] 뻔뻔스러이. ¶또 서르 조차가 이바디 會集ᄒᆞ며 넙셔이 붓그림 업거든:又相從宴集靦然無愧(宣賜內訓1:68).

넙엿다 [형] 널찍하다. ¶ᄉᆞ랑이 엇더터니 두렷더냐 넙엿더냐(古時調. 靑丘).

넙엿ᄒᆞ다 [형] 널찍하다. ¶넙엿ᄒᆞ쟈 ᄒᆞ니 모난 듸 ᄀᆞ일세라(古時調. 靑丘).

넙이 [부] 넓게. ☞너비 ¶모든 사ᄅᆞᆷ을 넙이 ᄉᆞ랑호ᄃᆡ:汎愛衆(英小1:14). 넙이 혹ᄒᆞ고 힝실이 두터우며:博學篤行(東新續三綱. 忠1:36).

넙죽 [부] 넓적. ¶길쥭 넙죽 어틀머틀 믜뭉슈로 ᄒᆞ거라 말고(古時調. 白華山. 靑丘).

넙죽ᄒᆞ다 [형] 넓적하다. ¶넙죽ᄒᆞ다:匾的(同文解下54). 넙죽ᄒᆞ다:扁(漢淸11:60).

넙챵 [명] 대장(大腸). 큰창자. ¶넙챵:洞腸(柳

氏物名一 獸族).

넙치 명 넙치. ¶넙치의 쏠 가잠이(古時調. 海謠).

넙피·다 동 넓히다. ☞너피다 ¶지조를 넙핌이 업고:無以廣才(宣小5:15).

넛- 접두 넛-. ¶아모 姓 넛할믜 남편이라 ᄒᆞ고:某姓尊姑夫(宣小6:75).

넛넛이 부 항상(恒常). 늘. ¶넛넛이 네 몸이 괴롭도다(洛城1)

넛다 동 넣다. ☞너타. 녀타 ¶곡식 넛는 움:地窖(同文解上40).

넛시 명 너새. ☞너싀 ¶넛시:鴇(物譜 羽蟲).

넛출 명 넌출. ☞넛출 ¶일엉절엉 넛출에 둥실둥실 水朴에 얽어지고 틀어졋는듸(古時調. 저 것너. 海謠).

넛타 동 넣다. ☞너타 ¶갑에 넛타:入套(同文解上44). 주먼이에 넛타:裝囊(同文解上58).

:넛·할·미 명 대고모(大姑母). ¶아좀이며 넛할미 남진으란 반드시 닐오듸 아모 셩 아좀의 남진이며:諸姑尊姑之夫必曰某姓姑夫(飜小9:80). 아ᄌᆞ미며 넛할믜 남편으란 반ᄃᆞ시 ᄀᆞᆯ오ᄃᆡ 아모 姓 아좀의 남편이며 아모 姓 넛할믜 남편이라 ᄒᆞ고:姑尊姑之夫必曰某姓姑夫某姓尊姑夫(宣小6:74).

넝넉ᄒᆞ다 형 넉넉하다. ¶외입속이 넝넉ᄒᆞ되(春香傳177).

넝·우·리 명 수달(水獺). ☞러울 ¶넝우리 빈:獱. 넝우리 달:獺 俗呼水獺(訓蒙上18).

:네 대 ①네가. 〔'너'+주격조사 '-ㅣ'〕 독너 ¶네 가사 ᄒᆞ리라커시ᄂᆞᆯ:汝必往哉(龍歌94章). 네 이 一切 諸佛 菩薩와 天龍鬼神ᄋᆞᆯ 보ᄂᆞᆫ다(月釋21:13). 네 이에 이셔 므슷 일 ᄒᆞᄂᆞᆫ다(南明上58). 네 어드러로셔브터 온다:秖是你從那裏來(飜老上1).
②너이-. 〔'너'+서술격조사 어간 '-ㅣ-'〕 독너 ¶汝ᄂᆞᆫ 네라(月釋序10). 네며 衆生ᄃᆞᆯ히 ᄆᆞᅀᆞᄆᆞᆯ 오ᄋᆞᆯ와(月釋8:5). 오직 이 네로다:秖是你(金三4:56).
③너의. 〔'너'의 관형격(冠形格)〕 독너 ¶부톄 니ᄅᆞ샤ᄃᆡ 올타 올타 네 말 ᄀᆞᄐᆞ니라(釋譜9:22). 서 돈에 ᄒᆞ나직 ᄒᆞ여 네 하ᄅᆞᆯ 사자:三錢一箇家買你的(朴解上30).

:네 수 넷. ¶셜흔네히러시니(釋譜6:40). 네흔 소내 히ᄅᆞᆯ 자ᄇᆞ며(月釋1:17). 녀느 夫人냇 아ᄃᆞᆯ 네히(月釋2:4). 이 네흘 몯 보아(月釋10:4). 네흔 槃若時오(楞解1:4). 네흔 結經分이니(楞解1:21). 度ᄅᆞᆯ 네헤 논호아 ᄒᆞ나히니(楞解6:17). 七淨은 ᄒᆞ나흔 戒淨이오 둘흔 心淨이오 세흔 見淨이오 네흔 疑心 그츤 淨이오(永嘉序9). 能히 前엣 네흘 그칠시(永嘉上93). 네흔 上慢ᄋᆞᆯ 警戒호미오:四則警其上慢(永嘉下9). 네찻 頓敎ᄂᆞᆫ (圓覺上一之一70). 열세콰 네콰 다ᄉᆞᆺ과ᄂᆞᆫ(圓覺上二之二106). 세콰 네쾌라(圓覺下三之一112). 슬프다 네찻 놀애 블로매:嗚呼四歌兮(初杜解25:28). 네헤 그처(救簡6:11). 진쥬 네콤 드려 밍ᄀᆞ론(飜朴上45). 가ᄅᆞ리 네히로새라(樂範. 處容歌). 네흔 몸애 ᄡᅳ이ᄂᆞᆫ 거시라:四者身之用也(宣小5:88). 당신과 아ᄃᆞᆯ 네희 녹이 각각 이천 셕식이 모로(宣小6:77). 四曰迺(雞類).

※'네'의 ┌ 네
　첨용 └ 네흔/네흘/네헤/네히/네콰…

:네 관 네〔四〕. ☞너. 넉 ¶네 사ᄅᆞᆷ ᄃᆞ리샤 셔슬 치자ᄫᆞ시니:遂率四人按轡而行(龍歌58章). 그저긔 拘尸城엣 네 力士ㅣ 各各 七寶 홰엣블 가져 드러(釋譜23:45). 네 가짓 分ᄒᆞᆫ 혜메:四種分計(楞解10:19). 네 되 드ᄂᆞ니(三綱. 忠19). 믈 너 홉과 술 두 홉과 ᄒᆞᆫᄃᆡ 글혀 네 호ᄇᆞᆯ 取ᄒᆞ야(救急上32). 노폰 뫼ᄒᆞᆫ 네 面이 ᄒᆞᆫ가지로다:高山四面同(初杜解7:16). 네 바ᄅᆞ래 ᄇᆞᄅᆞ미 자고:四溟風息(金三2:2). 오모로 미양 네 ᄌᆞᄅᆞᆯ 가져 잇ᄂᆞ니:來常持四字(飜小9:53). 우리 대되 네 사ᄅᆞ매:我共通四箇人(飜老上67).

-·네 접미 -네. -들. ☞-내 ¶그듸네 큰 일훔 일우믄:子等成大名(初杜解8:55). 너희네ᄂᆞᆫ 잘 브리디 몯ᄒᆞ리라:若不能使也(飜小9:23). 나그내네 됴히 자쇼셔:客人們好睡着(飜老上31). 나그내네 먹고 디나가라:客人們喫了過去(飜老上40). 제왕네 ᄡᅳ실 비단도 아니며:不是諸王段子(飜朴上14). 현인네 글월란(野雲48). 先生이 ᄇᆡ호ᄂᆞᆫ 이를 ᄀᆞᄅᆞ쳐 ᄀᆞᆯ오ᄃᆡ 그ᄃᆡ네 君子를 되고져 호ᄃᆡ(宣小5:30). 나그ᄂᆡ네(老解上18). 判事네도 同道ᄒᆞ야(新語1:2). 아직 자너네 앏흔(新語1:4). 그딋네 귀향온 줄을 셜워 말라:君無爲復患遷謫(太平1:7).

:네거·리 명 네거리. ¶네거리예 塔 이르ᅀᆞᄫᅡ(釋譜23:58). 네거리:十字街(譯解上6).

네골외 명 네골외〔四瓣瓜〕. ¶네골외:四瓣瓜(譯解下11).

네기다 동 여기다. ☞너기다. 넉이다 ¶네브터 비르수 天命ᄋᆞᆯ 便安히 네겨:宿昔始安命(重杜解2:13).

네·녁:ᄀᆞᆺ 명 네녘 가. 사예(四裔). ¶머리 네녁ᄀᆞ새 내텨:宜擯四裔(飜小7:13).

네눈개 명 네눈이. 네눈박이. ¶네눈개:四眼狗(漢清14:14).

:네닐·굽 수 사칠(四七). 스물여덟. ¶ᄎᆞ쇳닙 네닐굽과 ᄉᆡᆼ앙 두닐굽 편:紫蘇葉四七葉生薑錢二七片(救簡1:103).

네다·ᄉᆞᆺ 수 네다섯. 네댓. 사오(四五). ¶곳굼긔 네다ᄉᆞᆺ 촌만 기피 ᄢᅦ어 누네 피나게 ᄒᆞ면 즉재 살리라:刺入鼻中深四五十令目中

出血卽活(救簡1:42).

:네모 명 네모〔四角〕. ¶네모 연:四方鶴兒(朴解上17).

네모반 명 네모진 상. ¶예 못 보던 네모반의 슈져 갓초 장김치의 나락밥이 돈독하고(萬言詞).

네모지다 형 네모지다. ¶길ᄀᆞ에 네모진 흙무덕이:土方(漢淸1:48).

:네·발·ᄐᆞ·다 동 네 발을 가지다. ¶두발ᄐᆞᆫ 것과 네발ᄐᆞᆫ 것과(釋譜19:3). 世間앳 네발ᄐᆞᆫ 즁ᄉᆡᆼ 中에 獅子ㅣ 위두ᄒᆞ야(月釋2:38). 獸ᄂᆞᆫ 네발ᄐᆞᆫ 즁ᄉᆡᆼ이라(三綱. 孝18).

네오 대 너나. ☞제오 ¶두어라 一般 飛鳥ㅣ니 네오 제오 달으랴(古時調. 감쟝새 쟉다ᄒᆞ고. 海謠).

네차히 수 넷째. ☞녣재 ¶네차힌 눈서비 놉고 기르시고(月釋2:55).

:네찻 수 넷째. 넷째의. ☞네차히 ¶가온ᄃᆡ 네찻 하ᄂᆞ리ᅀᅡ(釋譜6:36). 슬프다 네찻 놀애 블로매:嗚呼四歌兮(初杜解25:28).

:네·콰 수 넷과. 독네 ¶열세콰 네콰 다ᄉᆞᆺ과ᄂᆞᆫ:十三四五(圓覺上二之二106).

:네·헤 수 넷에. 독네 ¶度를 네헤 논호아 ᄒᆞ나히니(楞解6:17).

:네·활기 명 네활개. 사지(四肢). ¶네활기 몯 ᄡᅳ며:四肢不收(救簡1:14). 네활기 ᄡᅳ디 몯ᄒᆞ고 혼팀ᄒᆞᆫ 중에:四肢不收昏沈等證(救簡1:39). 과ᄀᆞ리 주거 네활기 몯 ᄡᅳ고:卒死而四肢不收(救簡1:43).

:네·흔 수 넷은. 독네 ¶七淨은 ᄒᆞ나ᄒᆞᆫ 戒淨이오 둘흔 心淨이오 세흔 見淨이오 네흔 疑心 그츤 淨이오(永嘉序9).

:네·흘 수 넷을. 독네 ¶能히 前엣 네흘 그칠ᄊᆡ:能止前四(永嘉上93).

:네ᄒᆞᆫ 수 넷은. 독네 ¶네ᄒᆞᆫ 上慢ᄋᆞᆯ 警戒호미오:四則警其上慢(永嘉下9).

:녣·재 수 넷째. ☞네차히. 네찻. 넷재 ¶녜일 샹고홈이니 ᄎᆞ례예 녣재라:稽古第四(宣小4:1). 녣재ᄂᆞᆫ 벼슬 나아가기와 시절을 조차 勢의 븓틈을 닐으디 아니홈이오:四不言仕進官職趨時附勢(宣小5:100).

넷 수 넷. ☞네 ¶넷:四箇(同文解下20). 넷:四(漢淸4:25).

넷재 수 넷째. ☞녣재 ¶넷재ᄂᆞᆫ 벼슬 나ᅀᅡ 홈과 시절을 조차 유셰ᄒᆞᆫ ᄃᆡ 브터 ᄒᆞ기를 니ᄅᆞ디 말며:四不言仕進官職趨時附勢(飜小8:21). 넷잿 형은 ᄒᆞᆫ ᄃᆡ 모도고져 ᄒᆞᄂᆞ니:四哥待要一處(飜朴上39).

·녀 명 여(女). 여자. ☞남 ¶一切 衆生이 天이어나 人이어나 男이어나 女ㅣ어나(月釋21:136). 女ᄋᆡ 道ㅣ 겨실ᄊᆡ 이런ᄃᆞ로 能히 그 求호ᄆᆞᆯ 應ᄒᆞ시ᄂᆞ니라(楞解6:34). 慈悲로 女 사ᄆᆞ시고 誠善으로 男 사ᄆᆞ시니(法華4:49). 모ᄃᆞᆫ ᄯᆞ를 占卜ᄒᆞᆫ대 后를 보ᅀᆞᆸ고 ᄀᆞ장 놀라 닐오ᄃᆡ 반ᄃᆞ기 이 女를 爲ᄒᆞ야 臣下ㅣ라 일ᄏᆞᆯ이리로다(宣賜內訓2上41). 農이 나ᄆᆞᆫ 粟이 이시며 女ㅣ 나ᄆᆞᆫ 布ㅣ 이시려니와(宣孟6:12). 女ㅣ 室에 인ᄂᆞ니ᄂᆞᆫ 冠子ㅣ며 背子를 ᄒᆞ고(家禮1:27). 古者에 女ㅣ 난 디 사ᄒᆞᆯ 만애(女四解1:2). 女ᄂᆞᆫ 閨門의 處ᄒᆞ야(女四解2:25). 집을 경영ᄒᆞᄂᆞᆫ 女ᄂᆞᆫ 오직 儉ᄒᆞ며(女四解2:28).

-·녀 어미 -냐. -ㄴ가. ☞-냐 ¶나고져 식브녀(月印上48). 이 大施主의 功德이 하녀 져그녀(釋譜19:4). 眞實로 그러터녀(月釋9:36中). 어리녀 ᄉᆞᆯ가오녀(楞解4:36). 이 大施主의 得ᄒᆞᆫ 功德이 하녀 몯 하녀(法華6:9). 알펴 이니 니ᄅᆞ녀(圓覺序12). 이 이리 어려우녀 쉬우녀(圓覺序69). 吉ᄒᆞᆫ 사ᄅᆞ미 ᄃᆞ외옷 ᄒᆞ녀(宣賜內訓1:25). ᄯᅩ 淸新호ᄆᆞᆯ 어드녀 몯 ᄒᆞ녀(初杜解20:38). 住著ᄒᆞᆯ 고ᄃᆡ 잇ᄂᆞ녀(金三2:19). 卽ᄒᆞ녀 이 用ᄋᆞᆯ 여희녀(金三3:32). ᄧᆞ녀 슴거우녀 엿더ᄒᆞᆫ고:鹹淡如何(飜老上22).〔'엿더ᄒᆞᆫ고'는 '엇더ᄒᆞᆫ고'의 오기(誤記).〕勘合 잇ᄂᆞ녀 몯 ᄒᆞ녀:勘合有了不曾(飜朴上3).

·녀·가·다 동 가다. 다녀가다. ¶길 녀가ᄂᆞᆫ ᄆᆞ디라(蒙法38). 客ㅣ 歲晩애 녀가니 歲月ㅣ 더옥 뵈아놋다:客行歲晩尤相催(重杜解1:44). 그듸 녀가미 비록 머디 아니ᄒᆞ야:君行雖不遠(初杜解8:67). 여러 나를 시러곰 한ᄢᅴ 東ᄋᆞ로 녀가ᄆᆞᆯ 깃노라:累日喜得俱東行(杜解17:31). ᄒᆡᆫ 옷 닙고 녀가놋다:白衣行(杜解23:2). 녀가리와 이시리ᄂᆞᆫ 제여곰 구루미 ᄠᅳᆫ ᄃᆞᆺᄒᆞ도다:行止各雲浮(初杜解23:16). 니믈 ᄒᆞᆫᄃᆡ 녀가져 願ᄋᆞᆯ 비ᅀᆞᆸ노이다(樂範. 動動).

·녀·계 명 기생(妓生). 창기(娼妓). ☞녀기 ¶녀계 챵:娼. 녀계 기:妓. 녀계 항:衙. 녀계 원:衏(訓蒙中3). 연산군의 ᄉᆞ랑ᄒᆞᄂᆞᆫ 녀계 긔와 민 동이를 하라 가도아 화형ᄒᆞ여 져주니:燕山嬖妓訴祺及同幷囚烙訊(東續三綱. 忠2).

녀공 명 여공(女工). ¶女子ᄂᆞᆫ 비로소 女工의 효근 일을 비호라(家禮2:24).

녀군 명 여군(女君).〔첩이 본처를 일컫는 말.〕¶妾이 女君을 爲ᄒᆞ며(家禮6:19).

·녀·기 명 여기(女妓). 기생(妓生). 창기(娼妓). ☞녀계 ¶七寶殿 ᄭᅮ미며 五百 女妓 ᄀᆞᆯᄒᆡ샤 밤나조 달애더시니(月印上13). 술 ᄑᆞᄂᆞᆫ 져제와 녀기의 지븨 드러가:入酒肆妓女人家(飜老下48). 녀기 기:妓(類合下33). 술 ᄑᆞᄂᆞᆫ 져제와 녀기의 집에 드러가:入酒肆妓人家(老解下44). 第二ᄂᆞᆫ ᄒᆞᆫ ᄀᆞ장 고온 녀기와:第二一箇十分可喜的衏衏(朴解下47).

녀·기·다 동 여기다. ☞너기다 ¶어엿비 녀

기거시늘(三綱. 烈7). ᄆᆞᅀᆞᆷ 됴히 녀기ᄂᆞᆫ 형뎨:好哥哥弟兄們(飜朴上71). 녀길 상:想(類合下11). 용밍을 됴히 녀겨 싸홈 싸호며:好勇鬪狠(宣小2:34). ᄆᆞ올 사ᄅᆞᆷ이 영화로이 녀기거늘:鄕人榮之(宣小5:30). 아비 命 아닌 줄을 셜이 녀겨:痛父非命(宣小6:24). 나ᄅᆞᆯ 足히 녀기디 아니ᄒᆞ니:不我足也(宣孟5:6). 엇던디 날 보시고 네로다 녀기실시(松江. 續美人曲). 엇디 ᄒᆞᆫ 江山을 가디록 나이 녀겨(松江. 星山別曲). 아ᄂᆞᆫ 사ᄅᆞᆷ이 긔트기 녀기더라:識者奇之(東新續三綱. 忠1:50). 도적이 그 고온 주ᄅᆞᆯ 됴히 녀겨 자바가고져 ᄒᆞ거늘:賊悅其姿色將欲攬去(東新續三綱. 孝7:56).

녀나믄 관 다른 남은. 그 밖의. 다른. ☞녀나믄 ¶녀나믄 사ᄅᆞ믄:別人(飜朴上34). 그 밧긔 녀나믄 일이야 分別ᄒᆞᆯ 줄 이시랴(古時調. 尹善道. 슬프나. 孤遺). ᄒᆞ믈며 녀나믄 丈夫이야 닐러 무슴ᄒᆞ리오(古時調. 項羽ㅣ. 靑丘). 녀나믄 富貴야 ᄇᆞ랄 줄이 이시랴(古時調. 南山 ᄂᆞ린. 靑丘).

·녀나·몬 관 다른 남은. 그 밖의. 다른. ☞녀나믄 ¶녀나몬 祥瑞도 하며(月釋2:46). 罪니블 ᄆᆞ디어나 녀나몬 그지업슨 어려ᄫᅳᆫ 이리 다와댓거든(月釋9:25). 녀나몬 聖人ㅅ 像ᄋᆞᆯ 供養ᄒᆞ며(月釋21:103). 녀나몬 飮食에 니르리 佛僧의 받ᄌᆞᆸ디 몯ᄒᆞ야(月釋21:111). 녀나몬 業報ᄃᆞᆯᄒᆞᆫ 다 消滅ᄒᆞ리니(月釋21:137). 녀나몬 ᄃᆡ 디나 ᄒᆞ거나:及餘經行(楞解7:65). 녀나몬 惡道애 이쇼ᄃᆡ:在餘惡道(法華2:169). 고사리ᄅᆞᆯ 먹고 녀나몬 거슬 願티 아니호리니:食蕨不願餘(重杜解1:24). 고사리ᄅᆞᆯ 먹고 구틔여 녀나몬 것 아니호리라:食薇不敢餘(杜解6:40). 녀나몬 사ᄅᆞ미 가디 몯ᄒᆞᄂᆞᆫ 젼ᄎᆞ로(南明上28). 녀나몬 약으로:諸藥(救簡1:28).

녀너 관 여느. 다른. ☞녀느. 녀ᄂᆞ ¶녀너타:他(類合下6).

녀느 명 다른 사람. 여느 것. ¶四海ᄅᆞᆯ 년글 주리여:維彼四海肯他人錫(龍歌20章). 半길 노ᄑᆞᆫᄃᆞᆯ 년기 디나리잇가:雖半身高誰得能度(龍歌48章). 년그란 주기고 貞婦ㅣ 고ᄫᆞᆯ씨 드류려커늘(三綱. 烈21 貞婦淸風). 녀느 아니라:非他(楞解4:23). 敬은 녀느 아니라:夫敬非他(重內訓2:3).

※'녀느'의 첨용 [녀느…
년기/년글/년그란…

녀느 관 여느. 다른. ☞녀너 ¶녀느 쉰 아ᄒᆡ도 다 出家ᄒᆞ니라(釋譜6:10). 녀느 나라해셔 와 아ᅀᆞᆸ가 녀겨(釋譜23:51). 녀느 龍이 다 臣下ㅣ라(月釋1:24). 녀느 나랏 王이 ᄒᆞᆫ날 다 아ᄃᆞᆯ 나ᄒᆞ며(月釋2:45). 녀느 神은 어루 알리로다:餘神可知(法華7:117). 敬은 녀느 아니라 오래 가져슈믈 니ᄅᆞ고 順은 녀느 아니라 어위크며 ᄌᆞ녹ᄌᆞ녹호믈 니ᄅᆞ니:夫敬非他持久之謂也夫順非他寬裕之謂也(宣賜內訓2上8). 녀느 일 업시 ᄯᅩ 自饒ᄒᆞ도다:無他亦自饒(杜解17:23). 녀느 것 求티 아니ᄒᆞ노이다:不求餘物(六祖上8). 녀느 쇠 말오:不要別樣鐵(飜朴上16). 녀느 ᄂᆞᄆᆡ새ᄂᆞᆫ(飜老上41).

녀늠짓다 동 농사하다. ☞녀름짓다 ¶녀늠지을 롱:農(光千28).

녀ᄂᆞ 관 여느. 다른. ☞녀너 ¶녀ᄂᆞᆺ 일란 아릿 法ᄀᆞ티 호ᄃᆡ:餘依前法(救急下72). 녀ᄂᆞ 사ᄅᆞᄆᆞ란(續三綱. 忠4). 녀ᄂᆞ 兄弟 효양을 ᄀᆞ초리 업스니:無他兄弟備養(宣小6:50). 녀ᄂᆞ ᄌᆞ식 업스니:無他子(東續三綱. 烈2 宋氏誓死). 녀ᄂᆞ 일은 혹 쉽거니와 계집 되옴이 ᄀᆞ장 어려온이라(重內訓2:13).

·녀·다 동 가다. 다니다. ☞녈다. 녜다 ¶홍졍바지ᄃᆞᆯ히 길ᄒᆞᆯ 몯 녀아 天神씌 비더니이다(月印上31). 流ᄂᆞᆫ 믈 흐를 씨오 行ᄋᆞᆫ 녈씨니 法이 펴디여 가미 믈 흘러 녀미 ᄀᆞᄐᆞᆯ씨(釋譜9:21). 길녏 사ᄅᆞ미어나:行路人(月釋21:119). 발 뒷ᄂᆞ니로 모다 녀게 ᄒᆞ샤미라:使有趾者共由也(法華2:39). ᄇᆡ 녀ᄆᆞᆯ 因ᄒᆞ야 ᄃᆞᆫᄂᆞ니:因舟行而驚驟(圓覺序56). ᄆᆞᅀᆞᆷ 길히 녀디 아니ᄒᆞᆯ ᄢᅴ:心路不行時(蒙法41). 길 녀매 나ᅀᅡ가놋다:就行役(初杜解8:20). 거러 녀 自由호ᄆᆞᆯ 아로라:徒步覺自由(杜解22:1). 녈 고디 업스며(南明上14). ᄇᆡ 녀유미 다 빗 자ᄇᆞᆫ 사ᄅᆞᄆᆡ게 잇ᄂᆞ니:行船盡在把梢人(金三3:20). 니믈 뫼셔 녀곤 오ᄂᆞᆳ날 嘉俳샷다(樂範. 動動). 넉시라도 님을 ᄒᆞᆫᄃᆡ 녀닛 景 너기다니 벼기더시니 뉘러시니잇가(樂詞. 滿殿春). 녈 ᄒᆡᆼ:行(訓蒙下27. 石千9). 나ᄂᆞᆫ 녀 ᄇᆞᆯ셔 믌ᄀᆞ애 왯거늘:我行已水濱(重杜解1:4). 나못 그데 녀고:行木杪(重杜解2:12). 아마도 녈구롬이 근쳐의 머믈세라(松江. 關東別曲). 잠깐 긴 녈 비예 道上 無源水을 반만깐 ᄃᆡ혀 두고(蘆溪. 陋巷詞).

녀도ᄉᆞ 명 여도사(女道士). ¶녀도ᄉᆞ:道姑(譯解補18).

녀디 명 여지(荔枝). 여주. ¶녀디:苦瓜(柳氏物名三 草).

·녀ᄃᆞ·놈 동 돌아다님[行]. ㉮녀ᄃᆞ니다 ☞녀ᄃᆞᆫ놈 ¶길 녀ᄃᆞ뇨맨 모미 엇더ᄒᆞ뇨:跋涉體何如(初杜解20:34).

·녀ᄃᆞ·니·다 동 돌아다니다. ☞녀ᄃᆞᆫ니다 ¶길 녀ᄃᆞ뇨맨 모미 엇더ᄒᆞ뇨:跋涉體何如(初杜解20:34).

·녀ᄃᆞᆫ·놈 동 돌아다님[行]. ㉮녀ᄃᆞᆫ니다 ¶녀ᄃᆞᆫ뇨매 ᄆᆞᅀᆞ매 어긔르추미 하니:行邁心多違(初杜解7:27). 뉘 닐오ᄃᆡ 녀ᄃᆞᆫ뇨미 ᄂᆞᄆᆞᆯ

밋디 몯ᄒᆞᄂᆞ다 ᄒᆞᄂᆞ뇨:誰云行不逮(初杜解20:10). 길 녀ᄃᆞᆫ뇨매 어려우미 이 ᄀᆞᆮᄒᆞ니:行路難如此(重杜解14:17).

·녀ᄃᆞᆫ·니·다 동 돌아다니다. ☞녀ᄃᆞ니다 ¶녀ᄃᆞᆫ뇨매 ᄆᆞᅀᆞ매 어긔르추미 하니:行邁心多違(初杜解7:27). 뉘 닐오ᄃᆡ 녀ᄃᆞᆫ뇨미 ᄂᆞᄆᆞᆯ 밋디 몯ᄒᆞᄂᆞ다 ᄒᆞᄂᆞ뇨:誰云行不逮(初杜解20:10). 길 녀ᄃᆞᆫ뇨매 어려우미 이 ᄀᆞᆮᄒᆞ니:行路難如此(重杜解14:17). 길 녀ᄃᆞᆫ뇨맨 모미 엇더ᄒᆞ뇨:跋涉體何如(重杜解20:34).

녀랑 명 여랑(女郞). ¶눈을 드러 공ᄌᆞ를 보고 다시 보다 웃고 닐오ᄃᆡ 부귀ᄒᆞᆯ 녀랑이로다(落泉1:1).

녀러신고요 동 가 계신가요. 가시었는가. ¶全져재 녀러신고요(樂範. 井邑詞).

녀·러·오·다 동 갔다 오다. ¶鬱單越에 녀러오샤 迦葉일 뵈시니(月印上38). 잠간 녀러오나지라 ᄒᆞ야ᄂᆞᆯ:請暫詣(三綱. 孝29 吳二免禍). 斯陁含ᄋᆞᆫ ᄒᆞᆫ 번 녀러오다 혼 ᄠᅳ디니(月釋2:19). ᄀᆞᄆᆞ니 逃亡ᄒᆞ야 ᄲᆞᆯ리 녀러오리이다(月釋8:98). 잠간 비러 타 하ᄂᆞᆯ해 오라 녀러오리라:暫借上天迴(重杜解2:24). 어듸 녀러오시ᄂᆞᆫ고:那裏去來(飜朴上14). 내 몬져 버늬 北京의 녀러올 제:我先番北京來時(飜老上26).

녀·름 명 여름. ☞녀ᄅᆞᆷ ¶ᄇᆞᄅᆞᆷ비 時節에 마초ᄒᆞ야 녀르미 ᄃᆞ외야(釋譜9:34). 녀르메 서늘ᄒᆞᆫ ᄃᆡ 가디 아니ᄒᆞ며:夏不就淸涼(宣賜內訓1:72). 긴 녀릆 江村애 일마다 幽深ᄒᆞ도다:長夏江村事事幽(杜解7:3). 사ᄅᆞ미 사라쇼ᄆᆞᆫ 언머만 ᄒᆞ니오 보미 ᄒᆞ마 녀르미 ᄃᆞ외노소니:人生幾何春已夏(杜解10:9). 괴외히 녀르메 몬져 나조히 ᄃᆞ외오:寂寂夏先晚(初杜解20:51). 開州예 녀르미 들어:開州入夏(杜解21:30). 보미 나며 녀르메 길며 ᄀᆞᅀᆞᆯ히 가ᄃᆞ며 겨ᅀᅳ레 갈ᄆᆞ며:春生夏長秋收冬藏(金三2:6). 올히 녀르메 하ᄂᆞᆯ히 ᄀᆞᄆᆞᆯ오:今年夏裏天旱了(飜老上53). 녀름 하:夏(訓蒙上1). 녀름 다ᄃᆞᆮ거든:到夏間(老解下45). 녀름:夏(譯解上3. 同文解上3. 漢淸1:23). 江湖에 녀름이 드니 草堂에 일이 업다(古時調. 靑丘). ※녀름>여름

녀·름 명 ①농사(農事). ¶時節이 便安ᄒᆞ고 녀르미 ᄃᆞ외며(月釋序25). 녀름됴ᄒᆞᆯ 풍:豐(訓蒙下19).
②농작물(農作物). ¶沙門ᄋᆞᆫ ᄂᆞᄆᆡ 지ᅀᅮᆫ 녀르믈 먹ᄂᆞ니이다(釋譜24:22).

녀름내 부 여름내. ¶녀름내 숨막질ᄒᆞᄂᆞ니:一夏裏藏藏昧昧(飜朴上18).

녀·름·됴·타 형 농사가 잘 되다. 풍년(豐年) 들다. ☞녀름. 녀ᄅᆞᆷ됴타 ¶녀름됴ᄒᆞᆯ 풍:豐(訓蒙下19).

녀름디을아비 명 농부(農夫). ☞녀름지ᅀᅳᆯ아비 ¶녀름디을아비ᄂᆞᆫ 膠漆 바툐ᄆᆞᆯ 슬허코:田父嗟膠漆(重杜解3:3).

녀름디이 명 농사짓기. 농사(農事). ☞녀름지ᅀᅵ ¶邊方애 監臨ᄒᆞ얫ᄂᆞᆫ 王相國의 金甲을 즐겨 ᄉᆞᆯ오 봄 녀름디이ᄅᆞᆯ 일사마 호믈 저기 깃노라:稍喜臨邊王相國肯銷金甲事春農(重杜解5:46).

녀·름ᄃᆞ외·다 동 농사가 잘 되다. 풍년 들다. ¶歲有ᄂᆞᆫ 녀름ᄃᆞ욀 씨라(月釋序25). 釋種이 ᄆᆞᆺ 盛ᄒᆞ니 녀름ᄃᆞ외오(月釋2:11).

녀·름지·ᅀᅳ·리 명 농사지을 이. 농부. 농민. ☞녀름지으리 ¶네 百姓ᄋᆞᆫ 그위실ᄒᆞ리와 녀름지ᅀᅳ리와 셩냥바지와 흥졍바지왜라:四民士農工商(楞解3:88).

녀·름지·ᅀᅳᆯ아·비 명 농부(農夫). ☞녀름디을아비 ¶녀름지ᅀᅳᆯ아비ᄂᆞᆫ 膠漆 바툐ᄆᆞᆯ 슬허코:田父嗟膠漆(初杜解3:3).

녀·름지·ᅀᅵ 명 농사짓기. 농사(農事). ☞녀름디이 ¶묏 시냇 구븨예셔 녀름지ᅀᅵᄒᆞ고:爲農山澗曲(初杜解21:41). 녀름지ᅀᅵ 중싱치길 ᄒᆞ더니:以田畜爲事(二倫2). 〔'중싱'은 '즁싱'의 오기(誤記).〕

녀·름지ᅀᅵ·다 동 농사를 짓게 하다. ¶녀름지ᅀᅵ슈메 나라ᄒᆞᆯ 버ᄋᆞ리와다쇼미 머도다:爲農去國賖(初杜解7:5).

녀름지으리 명 농사지을 이. 농부(農夫). ☞녀름지ᅀᅳ리. 녀름디을아비 ¶녀름지으리 키 傷害로다:太傷農(重杜解4:28).
※녀름지으리<녀름지ᅀᅳ리

녀름지이 명 농사짓기. 농사(農事). ☞녀름디이. 녀름지ᅀᅵ ¶도로 녀름지이를 힘ᄡᅥ:還力農(重杜解4:23). 묏 시냇 구븨예셔 녀름지이ᄒᆞ고:爲農山澗曲(重杜解21:42). 婚姻이며 상ᄉᆞ애 이우지 서르 도우며 녀름지이ᄅᆞᆯ 게을이 말며(警民19).
※녀름지이<녀름지ᅀᅵ

녀·름:짓·다 동 농사짓다. ☞녀ᄅᆞᆷ짓다 ¶戍陁羅ᄂᆞᆫ 녀름짓ᄂᆞᆫ 사ᄅᆞ미라(月釋10:21). 녀름짓ᄂᆞᆫ 功의 힘 모도미 기프며 두터우ᄆᆞᆯ 兼ᄒᆞ야 ᄡᅳᄂᆞ니:兼用農功積力深厚(永嘉上23). 자ᄂᆞᆫ 비ᄂᆞᆫ 녀름짓ᄂᆞᆫ ᄃᆡ 브텃고:宿槳依農事(重杜解2:20). 녀름짓ᄂᆞᆫ 지븐 ᄆᆞᆯᄀᆞᆫ ᄀᆞᄅᆞᇝ 고비오:田舍淸江曲(杜解7:4). 녀름지ᅀᅳᆯ 이ᄅᆞᆫ ᄆᆞᅀᆞᆯ마다 ᄲᆞᆯ리 ᄒᆞ고:農務村村急(初杜解10:13). 前日에 노하 녀름짓게 ᄒᆞ야ᄂᆞᆯ:前日放營農(初杜解15:42). 거츤 프서리예 녀름지ᅀᅥ 또 秋成호미 잇도다:荒榛農復秋(初杜解23:15). 녀름지ᅀᅳᆯ 농:農(訓蒙中3). 녀름지을 롱:農(類合下24). 녀름지을 가:稼(類合下32). 녀름지을 롱:農(石千28). 곧 마ᄋᆞ내 니르러 西ㅅ녀그로 가 녀름짓놋다:便至四十西營田(重杜解4:1).

녀리 명 여리(閭里). 여염(閭閻). ¶절노 ᄒᆞ

이곰 녀ᄌᆞᆯ 더러여 ᄆᆞᄋᆞᆷ을 헐고 녀리의 실ᄒᆡᆼᄒᆞ믈 회쟈ᄒᆞ고(落泉1:2).

녀롬 명 여름. ☞녀름〔夏〕 ¶녀롬 하:夏(類合上2. 石千18). 黃香의 벼개 부춤과:黃香이 녀롬에 어버의 벼개ᄅᆞᆯ 붓더니라(宣小5:5). 봄과 녀롬 ᄉᆞ이예 다ᄃᆞ라셔ᄂᆞᆫ:當春夏之時(警民11). 고로 녀롬에 다만 ᄀᆡ유ᄒᆞᄂᆞᆫ 말ᄉᆞᆷ을 ᄂᆞ리오고(綸音25).

녀롬됴타 형 농사가 잘 되다. ☞녀름됴타 ¶녀롬됴타:年成好(譯解下8).

녀·롬지·이 명 농사짓기. 농사(農事). ☞녀름디이. 녀름지이 ¶王中이ᄂᆞᆫ 登封 사ᄅᆞ미라 지비 녀롬지이ᄒᆞ고:王中登封人家業農(續三綱. 孝1 王中感天). 녀롬지이와 즘싱치기 ᄒᆞ더니:以田畜爲事(重二倫2 卜式分畜). ᄒᆞᆫ갓 녀롬지이ᄒᆞᄂᆞᆫ 집이 그럴 ᄲᅮᆫ이 아니라:不特農家爲然(警民11). ᄇᆡᆨ셩이 녀롬지이ᄅᆞᆯ ᄒᆞ매(經筵).

녀롬짓다 동 농사짓다. ☞녀름짓다 ¶녀롬지을 농:農(註千28).

녀막 명 여막(廬幕). ¶다시 녀막으로 도라가라 ᄒᆞᆫ다:令復歸廬(東三綱. 孝4). 삼 년을 녀막 사라 쥭만 마시고:三年居廬啜粥(東新續三綱. 孝5:87). 무덤 겻ᄒᆡ 녀막ᄒᆞ여:廬於墓側(五倫1:21).

녀모 명 예모(禮貌). ¶그 쟝슈 ᄃᆡ졉ᄒᆞ시ᄂᆞᆫ 도리 녯 녀모와 만히 ᄀᆞᆺ더라(仁祖行狀31).

녀믜치다 동 여미다. ☞녀미다 ¶녀믜치고 안잔ᄂᆞᆫ ᄃᆞᆺ(楊士彦. 美人別曲).

녀·미·다 동 여미다. ¶옷깃 녀미오 길녀매나ᅀᅡ가놋다:斂衽就行役(初杜解8:20). 옷ᄉᆞ로 ᄲᅧ 尸신을 더퍼 외오 녀미고(家禮圖8).

녀복 명 여복(女僕). ¶女僕이 無故ㅣ어든 不出中門ᄒᆞ고(家禮2:16).

녀빈혀 명 여자의 비녀. ¶녀빈혀 차:釵(類合上32).

녀셩 명 여성(女性). ¶싱이 답왈 쥬픠 비록 졍심을 표ᄒᆞ나 도로혀 녀셩 감초기의는 어려오니(落泉2:4).

·녀:ᄉᆞ 명 여사(女史). ¶一日에 女史 淸江 范孺人ᄃᆞᆯᄒᆞᆯ 뫼호샤:女史ᄂᆞᆫ 글 아ᄂᆞᆫ 겨지비니 皇后ㅅ 禮度의 안녁 政事 ᄀᆞᅀᆞᆷ아랫ᄂᆞᆫ 벼스리라…后ㅣ 이에 女史ᄅᆞᆯ 命ᄒᆞ샤(宣賜內訓2下42).

·녀·ᄉᆡᆨ 명 여색(女色). ¶女色 衒賣ᄒᆞᄂᆞᆫ:衒은 ᄉᆞᅀᅵ 들 씨라(法華3:27). 女色애 ᄆᆞᅀᆞᄆᆞᆯ 더러여 著디 마로리니(永嘉上32). 녀ᄉᆡᆨ에 드러셔(三譯10:10). 싱이 평싱 셥신ᄒᆞ여 녀ᄉᆡᆨ을 부운ᄀᆞᆺ치 넉이다가(落泉1:2).

·녀신 명 여인(女人). ☞녀인 ¶부텨를 女人 調御師ㅣ 사다 ᄒᆞ면(月釋9:11). 男子 女人 百千萬數ㅣ 바ᄅᆞᆯ 가온ᄃᆡ 나락 ᄌᆞᄆᆞ락 ᄒᆞ거든(月釋21:23). 시혹 女人 이시며 시혹 女人 업스며(月釋21:37). ᄒᆞ다가 女人이 앉 政事로 모ᄆᆞᆯ 셰여(楞解6:19). ᄒᆞ다가 善男子 善女人이(法華4:163). 女人이 ᄒᆞ다가 아ᄃᆞᆯ 求ᄒᆞ야 觀世音菩薩을 절ᄒᆞ야 供養ᄒᆞ면(法華7:66).

녀알 명 여알(女謁). 계집. ¶샹이 ᄀᆞᆯᄋᆞ샤ᄃᆡ 녀알이(겨집이라) 홀로 춤쇠 업더냐 ᄒᆞ시더라(仁祖行狀21).

:녀·역 명 여역(癘疫). ☞려역 ¶비르소 녀역의 能히 서르 뎐염티 몯ᄒᆞᄂᆞᆫ 줄을 알와라:始知疫癘之不能相染也(宣小6:68). 니식은 셩쥐 사ᄅᆞᆷ이라 부뫼 녀역을 만나 다 죽거ᄂᆞᆯ:李植星州人父母遘癘疫偕歿(東新續三綱. 孝2:73). ᄇᆡᆨ셩이 녀역을 ᄒᆞ야 주그리 반이 남고:郡民大疫死者過半(太平1:51).

녀염 명 여염(閭閻). ¶그 ᄢᅢ 녀염집의 션ᄇᆡ 메여 쥬인ᄒᆞᆯ ᄃᆡ 업거ᄂᆞᆯ(太平1:23). 녀염의 셔 요언을 뎐파ᄒᆞ리(癸丑53). 녀염 도쳐의 병화 강도 낫다 소문 내니(西宮日記上1).

녀오니 동 가니. ㉠녀다 ¶南으로 녀오니:南行(重杜解1:20).

녀인 명 여인(女人). ☞녀신 ¶남ᄌᆞ의 ᄢᅧᄂᆞᆫ 희오 므겁고 녀이늬 ᄢᅧᄂᆞᆫ 검고 가븨여우니라:若是男子骨頭白了又重若是女人骨頭黑了又輕(恩重2). 男子ᄂᆞᆫ 일홈을 稱ᄒᆞ고 女人은 字ᄅᆞᆯ 稱ᄒᆞᆫ다 ᄒᆞ니라(家禮5:3). 대개 女人의 썬썬ᄒᆞᆫ 道ㅣ며(女四解1:3).

녀ᄋᆞ 명 여아(女兒). ¶녀ᄋᆞ와 방불ᄒᆞᆫ 가셔ᄅᆞᆯ 일방의 광문ᄒᆞᄃᆡ(洛城1).

녀졈 명 여점(旅店). 객점(客店). ¶가만니 녀졈 즁의 가 싀목 ᄯᅳ리ᄂᆞᆫ 도치ᄅᆞᆯ 어더(引鳳簫1).

녀존댱 명 여존장(女尊長). ¶婦女ㅣ 女尊長을 안회셔 獻호ᄆᆞᆯ 衆男 녜ᄀᆞ티 호ᄃᆡ(家禮10:28).

·녀·ᄌᆞ 명 여자(女子). ¶올ᄒᆞᆫ녁 피ᄂᆞᆫ 女子ㅣ ᄃᆞ외어늘:女子ᄂᆞᆫ 겨지비라(月釋1:8). ᄒᆞ다가 男子ㅣ 비호ᄆᆞᆯ 즐겨…ᄒᆞ다가 女子ㅣ 비호ᄆᆞᆯ 즐겨 出家ᄒᆞ야(楞解6:18). 論語에 닐오ᄃᆡ 오직 女子와 小人은 츄미 어려오니(圓覺下三之一120). 오직 女子와 다ᄆᆞᆺ 小人이 養홈이 어려오니(宣論4:45). 女子의 嫁ᄒᆞ욤애 母ㅣ 命ᄒᆞᄂᆞ니(宣孟6:6). 女子ᄂᆞᆫ 始習女工之小者ᄒᆞ라(家禮2:23). 卑弱은 女子의 正ᄒᆞᆫ 義라(女四解1:1). 므릇 女子 되오매(女四解2:1). 女子ᄅᆞᆯ 勸ᄒᆞ야(女四解2:5). 女子ㅣ 열 ᄉᆞᆯ이어든 女母敎ᄅᆞᆯ 듣더니(女四解3:6). 내 ᄒᆞᆫ 녀ᄌᆞ라 너희 마리ᄅᆞᆯ 버히디 못ᄒᆞ믈 ᄒᆞᆫᄒᆞᄂᆞ니:我恨一女子不能引劒斷汝頭以快衆憤(五倫3:36).

녀·타 동 넣다. ¶五色 ᄂᆞᄆᆞ채 녀허 조ᄒᆞᆫ ᄶᅡᄒᆞᆯ ᄡᅳ설오(釋譜9:21). 믈읫 가온ᄃᆡ 녀코(月釋1:29). 香 ᄂᆞᄆᆞ채 녀홈디니(楞解7:

46). 藥 녀흔 ᄂᆞᄆᆞᄎᆞ란 道士ᄅᆞᆯ 親近히 ᄒᆞ고:藥囊親道士(初杜解20:24). 믈읫 머굴 거슬 그 주머니예 녀허 메오져(南明下13). 녀혀 둘 온:蘊(類合下8). 군ᄉᆞ 머글 거슬 창의 녀호ᄃᆡ 반ᄃᆞ시 精ᄒᆞ고 만케 ᄒᆞ며:廩軍食必精豐(宣小6:113). ᄒᆞᆫ 족 므ᄅᆞᆯ 이베 녀티 아니ᄒᆞ고:勺水不入口(東新續三綱. 孝5:18). 젼ᄃᆡ에 ᄒᆞᆫ 권 죠히를 녀허:纏帶裏着一卷紙(老解上25). 녀ᄒᆞᆫ ᄃᆡ 녀허 두언기의(隣語1:24).

녀·토·다 동 열게 하다. ¶녀토시고 ᄯᅩ 기피시니:旣淺又深(龍歌20章).

녀·톰 형 열음. ㉮녙다 ☞녀툼 ¶그 므릐 기프며 녀톰 업스믈 알리로다:知其水無深淺(永嘉下60). 므리 기프며 녀톰 업수믄:水無深淺(永嘉下61). 기프닌 반ᄃᆞ기 녀토미 ᄀᆞᄌᆞ릴씨:深必該淺(永嘉下66).

녀·툼 형 열음. ㉮녙다☞녀톰¶이제 녀투미 기푸메 달오ᄆᆞᆯ ᄀᆞᆯ히실씨:今揀淺異深(心經22). 기품과 녀투미 겨시니:有深淺(圓覺序6). 보미 기프며 녀투미 이실시:見有深淺故(金剛44).

녀·티 부 열이. 열게. ¶져고매 흐르ᄂᆞᆫ 수를 녀티 자바:淺把涓涓酒(初杜解7:8). 或 녀튼 거슬 기픠 알며 或 기픈 거슬 녀티 아라 觀과 行앳 大病ㅣ 되일시(龜鑑上9).

녀편 명 여편네. 아내. 여자. ☞녀편네. 녀편ᄂᆡ ¶俱夷ᄂᆞᆫ 볼ᄀᆞᆫ 녀펴니라 ᄒᆞ논 ᄠᅳ디니(月釋1:9). 先妣ᄂᆞᆫ 祠堂애 든 녀편ᄃᆞᆯ히라(宣賜內訓1:83).

·녀편:네 명 여편네. 아내. 여자. ☞녀편. 녀편ᄂᆡ ¶江東 녀편네ᄂᆞᆫ 잠ᄭᆞᆫ도 사괴여 놀음이 업서:江東婦女略無交遊(宣小5:68). 본ᄃᆡ 녀편네 덕이 읻더니:素有婦德(東新續三綱. 烈3:3). 녀편네 의논이 극키 어려오니:婦人輩論議太峻(痘瘡12).

녀편ᄂᆡ 명 여편네. 아내. 여자. ☞녀편네 ¶식견이 범 녀편ᄂᆡ와 다ᄅᆞ셔(閑中錄352). 그 글이 셰샹의 크게 뎐ᄒᆞ야 녀편ᄂᆡ 비호기의 ᄀᆞ장 유익ᄒᆞ니(女範3. 문녀 당뎡시).

·녀:헌 명 여헌(女憲). ¶女憲은 겨집 警戒ᄒᆞᆫ 글월리라(宣賜內訓2上11).

녀흘 명 여울. ¶채석강 뱃머리가 녀흘을 맛내난듯(扶餘路程).

녁 명 녘. 편. ¶ᄒᆞ녀ᄀᆞ론 분별ᄒᆞ시고(釋譜6:3). 方面은 녀기라(釋譜19:22). 올ᄒᆞᆫ녀긔브터 쓰라(訓註13). 므리 왼녀긘 덥고 올ᄒᆞᆫ녀긘 ᄎᆞ더라(月釋2:39). 左ㅅ녀글 기우루 ᄃᆞᇰ기시고(楞解5:24). 기우루 올ᄒᆞᆫ녁ᄉᆞᆯ 메와소ᄆᆞᆫ:偏右肉袒(法華2:178). 瀼水ㅅ 西녀글 허리노라:破瀼西(初杜解7:13). 北녁의 다ᄃᆞᆮ도다(南明下45). 北녀고로 돌며(金三3:3). 올ᄒᆞᆫ녁희 경계ᄒᆞᄂᆞᆫ 그를 서(飜小8:21). 남녀코로 가시다가(恩重1). 왼녁히며 올ᄒᆞᆫ녁히(宣小2:2). 中門 東녁킈 쟈근 집이 잇더니:中門東有小齋(宣小6:94). 거긔보 세 군이 ᄒᆞᆫ녁크로 ᄃᆞ라드러 즛디러 주기라:車騎步三兵一面飛趁鏖殺(練兵28). ᄒᆞᆫ 녁희 ᄒᆞ나식(癸丑73). 네 녁흐로 도라보아(武藝圖18). 오라바님 녁ᄉᆞᆯ 드러(閑中錄118).

녁긔 명 녘에. ¶黃牛ㅣ ᄯᅩ 東녁긔 잇도다:黃牛更在東(重杜解3:42).

녁기다 동 여기다. ☞너기다 ¶인군이 그 ᄯᅳ슬 아름다히 녁겨(女四解3:2).

녁드다 동 편들다. 역성들다. ¶뎌를 녁드다:向他(譯解下43).

녁이다 동 여기다. ☞너기다. 녀기다 ¶힝혀 나갈가 녁여(癸丑210).

녁질 명 역질(疫疾). ☞역질 ¶녁질의 다ᄃᆞ라:及疫(痘瘡8).

년 명 년(年). 〔해를 세는 단위.〕 ¶비여 열 ᄃᆞᆯ 젓 머기노라 삼 년 ᄊᆞᅀᅵ예:懷躭十月乳哺三年(飜朴上57). 겨집 아ᄒᆡ 년이 십여 세 치ᄅᆞᆯ 먹고져 ᄒᆞ노라 ᄒᆞ야ᄂᆞᆯ:欲得啗童女年十二三者(太平1:10).

년 명 년〔女〕. ¶그 년들이 와셔 침실의 올나 안ᄌᆞ며 닐오ᄃᆡ(癸丑94). 이 년이 ᄀᆞ장 用意티 아니ᄒᆞ엿다:這婆娘好不用意(朴解下44). 계집년:妮子(譯解上27). 환양 노ᄂᆞᆫ 년이(古時調. 靑丘).

년 명 연(輦). ¶년 년:輦(石千22). 년 메온 하인이 업셔(癸丑50).

년 명 연(蓮). ☞련 ¶년 년:蓮(類合上8).

·년 관 다른. ☞녀느 ¶常不輕比丘ㅣ 년 分이시리잇가 오ᄂᆞᆳ날애 世尊이시니(月釋17:77). 년 뫼ᄅᆞᆯ 거로리(樂詞. 履霜曲).

년곳 명 연꽃〔蓮花〕. ☞련곳. 련ㅅ곳 ¶년곳부:芙(訓蒙上7). 년곳:藕花(譯解下39).

년·글 명 남을. 다른 사람을. 독녀느 ¶四海ᄅᆞᆯ 년글 주리여:維彼四海肯他人錫(龍歌20章). 년글 ᄀᆞ티 救호려 ᄒᆞ시니(月印上46).

년긔 명 연기(年期). 나이 또래. ¶년긔 ᄀᆞᆺ고(洛城2).

년·긔 명 연기(年紀). ¶年紀:열두 ᄒᆡ ᄒᆞᆫ 紀라(法華5:137).

년긔 명 연기(煙氣). ¶뭉울뭉을 저녁 년긔 동졍호에 피어나고(皆岩歌).

년·기 명 남이. 누가. 독녀느 ¶半 길 노ᄑᆡᆫᄃᆞᆯ 년기 디나리잇가:雖半身高誰得能度(龍歌48章). 년기 가면 몯 이긔리니(釋譜6:22).

년노ᄒᆞ다 형 연로(年老)하다. ¶년노ᄒᆞᆫ 과부ᄅᆞᆯ ᄯᅩᄒᆞᆫ 여러 등의 논화(仁祖行狀30).

년누ᄒᆞ다 동 연루(連累)하다. ¶내 홀노 이일을 ᄒᆞ야시니 타인의게 년누치 말나 ᄒᆞ고(落泉1:1).

년닙 명 연잎. 연엽(蓮葉). 하엽(荷葉). ☞년엽 ¶년닙 하:荷(類合上8).

년·듸 명 여느 데. 딴 데. 딴 곳. ☞년ᄃᆡ ¶내 이에 이셔 년듸 옮디 아니호리니(釋譜11:29). 년듼 쇼화문ᄒᆞᆫ 비단(飜老下24). 이제야 도라오나니 년듸 ᄆᆞ음 마로리(古時調. 李滉. 當時예. 靑丘).

년·ᄃᆡ 명 여느 데. 딴 데. 딴 곳. ☞년듸 ¶ᄂᆞ외 년ᄃᆡ 가디 말라:勿復餘去(法華2:211). 敬으로 丘隅를 사마 년ᄃᆡ 안ᄶᅵ 마옵새(竹溪志. 儼然曲).

년밤 명 연밥. 연실(蓮實). 연자(蓮子). ☞녓밤 ¶년밤:蓮實(東醫 湯液二 果部). 년밤:蓮子(柳氏物名三 草).

년밤송이 명 연방(蓮房) 송이. 연방(蓮房). ¶년밤송이:蓮房(柳氏物名三 草).

년불휘 명 연뿌리. ¶년불휘 즙은 시병의 답답고 목ᄆᆞᄅᆞᄂᆞᆫ 증을 고티ᄂᆞ니(辟新9).

년ᄲᅮᆰ 명 연근(蓮根). 연뿌리. ☞년섥 ¶년ᄲᅮᆰ 즙과 ᄉᆡᆼ디황 즙 각 닷 홉식 ᄠᅡ 머기라:生藕汁生地黃汁各五合調服(胎要58).

년상 명 연상(連喪). ¶부모ᄅᆞᆯ 년상ᄒᆞ고:連喪父母(東新續三綱. 孝3:50).

년셰 명 연세(年歲). ¶년셰도 두 ᄒᆡ가 더ᄒᆞ시고(閑中錄288). 년셰는 점거니와 언변인들 업슬소냐(빅화당가).

년송이 명 연(蓮)송이. ☞련ㅅ송이 ¶년송이:蓮蓬(譯解下39).

년쇽ᄒᆞ다 동 연속(連續)하다. ¶裳 겻ᄐᆞᆯ 連續ᄒᆞ야 압뒤 幅의 혼솔이 업고(家禮1:40).

년ᄭᅩᆺ 명 연꽃〔蓮花〕. ☞년곳. 녓곳. 련ㅅ곳. 련ㅅ곶 ¶두 귀 미튼 년ᄭᅩᆺ ᄌᆞᆫ더니(恩重9). 년ᄭᅩᆺ:荷花(物譜 花卉).

년섥 명 연근(蓮根). 연뿌리. ☞년ᄲᅮᆰ ¶년섥 우:藕(訓蒙上14).

년어 명 연어(鰱魚). ☞련어 ¶년어:鰱魚(譯解下36). 년어:鱮(柳氏物名二 水族).

년엽 명 연엽(蓮葉). 연잎. ☞년닙 ¶년엽 ᄉᆞ이로셔 텬존샹 알ᅌᅬ 와:自蓮葉而來天尊所(太平1:53).

년·월 명 연월(年月). ¶年月이 디나ᄃᆡ 讀誦 몯 ᄒᆞᇙ 사ᄅᆞᄆᆞᆫ(月釋21:167). 謹奉狀 陳謝謹狀이라 ᄒᆞ고 年月 업시 ᄒᆞ고(家禮9:40).

년·월·실 명 연월일(年月日). ¶아모 年月日에 갑업슨 寶珠로(圓覺序77).

년월일 명 연월일(年月日). ¶祝文애 ᄀᆞᆯ오ᄃᆡ 年月日애 孝曾孫 某ᄂᆞᆫ(家禮9:28).

년으 관 여느. 다른. ☞녀느 ¶년으 사ᄅᆞᆷ으로 더블어 ᄌᆞᆫᄐᆞ리니:與凡人齊(宣小6:83).

년ᄋᆡᄒᆞ다 동 연애(憐愛)하다. 가엾이 여겨 사랑하다. ☞련ᄋᆡᄒᆞ다 ¶부인이 년ᄋᆡᄒᆞ야 손을 잡고(洛城2).

년젼총이 명 연전총(連錢驄). 검푸른 털빛에 흰 무늬가 있는 말. ¶년젼총이:驛(柳氏物名一 獸族).

년죵 명 연종(年終). 연말(年末). ¶시워레 王京의 가 年終애 다ᄃᆞ라(飜老上15).

년쥬창 명 연주창(連珠瘡). ☞련쥬창 ¶년쥬창:瘰癧(同文解下7. 譯解補34).

년·ᄌᆞ 명 연자(蓮子). 연밥. ☞년밤 ¶ᄆᆞ론 ᄉᆡᆼ앙을 갓가 년ᄌᆞ만케 ᄒᆞ야:乾薑削如蓮子大(救簡2:96).

년:호 명 연호(年號). ¶顯慶은 高宗ㅅ 年號ㅣ라(初杜解14:1). 照寧:宋神宗 년회라(宣小6:31).

년흐 명 여느 것. ¶년흐의 ᄆᆞᄋᆞᆷ을(癸丑188).

년ᄒᆞ다 동 연(連)하다. ☞련ᄒᆞ다 ¶궁궐이 년히여 ᄉᆞᆯ오ᄂᆞᆫ 줄 보고:見宮闕連燒(東新續三綱. 忠1:16). 셔 다히ᄂᆞᆫ 뫼ᄒᆞᆯ 년ᄒᆞ야 사ᄅᆞᆷ의 자최 업거ᄂᆞᆯ:西則連山林無人跡也(太平1:27). 일로 말ᄆᆡ아마 문과의 오ᄅᆞ리 년ᄒᆞ야 잇더라(仁祖行狀24). 우흐로 向ᄒᆞ야 그 솔흘 連ᄒᆞ야 ᄡᅥ 衣예 브티고(家禮1:38). 년ᄒᆞ야 봉화 두ᄌᆞ로 놀혀ᄃᆡ(山城16). 년ᄒᆞ야 진샹ᄒᆞᄂᆞ니이다 ᄒᆞ여ᄂᆞᆯ(明皇1:30).

녓:밤 명 연밥. 연실(蓮實). 연자(蓮子). ☞년밤 ¶녓밤 뎍:菂(訓蒙上12).

녇가·온 형 옅은. ㉮녇갑다 ¶녇가온 識은:淺識(法華2:158). 녇가온 識엣 무리:淺識之流(圓覺上一之二184). 사ᄅᆞᄆᆞᆫ 論을 조차 자바 末代로 녇가온 權을 구디 잡게 ᄒᆞᆯ 시:人隨論執致令末代固守淺權(圓覺上二之一30). 기프며 녇가온 執이:深淺之執(圓覺上二之二51).

녇가·옴 형 옅음. ㉮녇갑다 ¶셋 술위 ᄒᆞᆫ 門 녇가오ᄆᆞᆯ 혀샤:引三車一門之淺(法華2:2). 말ᄉᆞ미 녇가옴과 기품괘 겨시게 ᄒᆞ니:令說有淺深(圓覺上二之一31).

녇가·와 형 옅어. ㉮녇갑다 ¶性 비ᄒᆞ시 어듭고 녇가와:性習昏淺(法華2:190).

녇갑·다 형 옅다〔淺〕. ☞녇겁다 ¶ᄆᆞᅀᆞᆯᄒᆞᆫ 녇가ᄫᆞ니 小乘權敎ᄅᆞᆯ 가ᄌᆞᆯ비고(月釋13:9). 性 비ᄒᆞ시 어득고 녇가ᄫᅡ(月釋13:10). 녇가ᄫᆞᆫ 비록 시혹 일티 아니ᄒᆞ야도(月釋17:18). 功이 녇가ᄫᅳ며 기푸믈 조차(月釋17:44). 性 비ᄒᆞ시 어듭고 녇가와:性習昏淺(法華2:190). 녇가오닌 시혹 일티 아니ᄒᆞ나:淺者雖或未失(法華5:154). 녇가온 識엣 무리:淺識之流(圓覺上一之二184). 사ᄅᆞᄆᆞᆫ 論을 조차 자바 末代로 녇가온 權을 구디 잡게 ᄒᆞᆯ 시:人隨論執致令末代固守淺權(圓覺上二之一30).

※'녇갑다'의 활용 ┌ 녇갑게/녇갑디…
└ 녇가ᄫᆞ며/녇가ᄫᆞᆫ…

녇거·온 형 옅은. ㉮녇겁다 ¶세흔 녇거오니 기픈 ᄃᆡ 나ᅀᅡ감 어려우믈 나토샤미오:三顯

淺難造深(圓覺上二之三14).

녇겁·다 형 열다. ☞녇갑다 ¶세흔 녇거오니 기픈 듸 나사감 어려우믈 나토샤미오:三顯淺難造深(圓覺上二之三14).

녇ᄂᆞᆫ 동 넣는. ☞녀타 ¶壜은 술 녇ᄂᆞᆫ 딜어시라(救急上75).

녇·다 형 열다. ☞녙다 ¶世間法엣 門은 녇고 室은 기픔 ᄀᆞ디 아니ᄒᆞ니:不同世法門淺室深(圓覺上一之二105). 庾公의 興心이 녇디 아니ᄒᆞ며:庾公興不淺(初杜解24:42).

녈 동 가는. 지나가는. ㉠녀다 ¶길 녏 사ᄅᆞ미 어나:行路人(月釋21:119). 아마도 녈구롬이 근쳐의 머믈세라(松江. 關東別曲) 새원 원쥐되여 녈손님 디내옵너(古時調. 鄭澈. 松江). 잠깐 긴 녈 비예 道上無源水을 반만깐 뎌혀 두고(蘆溪. 陋巷詞).

녈구롬 명 떠가는 구름. 지나가는 구름〔行雲〕. ☞녀다 ¶아마도 녈구롬이 근쳐의 머믈세라(松江. 關東別曲).

녈녀 명 열녀(烈女). ¶烈女ᄂᆞᆫ 두 지아비을 ᄀᆞ디 아니ᄒᆞᄂᆞ더라(女四解4:28). 녈녀ᄂᆞᆫ 두 지아비ᄅᆞᆯ 셤기디 아니ᄒᆞ고:貞女不事二夫(五倫2:45).

녈다 동 다니다. ☞녀다. 녀러오다 ¶全 져재 녀러신고요(樂範. 井邑詞).

녈부 명 열부(烈婦). ¶녈부ᄂᆞᆫ 경산 사ᄅᆞᆷ이니:烈婦京山人(東三綱. 烈3).

녈빈 명 가는 배〔去舟〕. ☞녀다 ¶녈비 적도다:少行舟(初杜解10:37). 네 가시 럼난 디 몰라셔 녈비예 연즌다 샤공아(樂詞. 西京別曲).

녈손님 명 지나가는 손님. 행객(行客). ☞녀다 ¶새원 원쥐되여 녈손님 디내옵너(古時調. 鄭澈. 松江).

녈ᄉᆞ 명 열사(烈士). ¶다 ᄀᆞ오듸 녈시라 수이 죽게 ᄒᆞ쟈 ᄒᆞ고 몬져 목을 버히니:皆曰烈士也可令快死以刀斷其頸(五倫2:40).

녈음 명 여름. ☞녀름. 녀ᄅᆞᆷ ¶이듬힛 녈음이 ᄀᆞ쟝 ᄀᆞ몰거ᄂᆞᆯ:明年夏大旱(重內訓2:40).

:념 명 염(念). ¶ᄒᆞᆫ 念 몰로매 구루미 긴 虛空애 니러(金三涵序5). 一切 時中에 念마다 제 보아(六祖上20). 敬과 孝밖의 엇디 다ᄅᆞᆫ 念이 잇기ᄅᆞᆯ 容납ᄒᆞ리오(家禮2:9). 유인ᄒᆞᆯ 념을 ᄭᅳᆫ코(引鳳簫2).

념결ᄒᆞ다 형 염결(廉潔)하다. ¶념결ᄒᆞ고 담긔와 모략이 잇더니(東新續三綱. 忠1:58). 청포 지현 왕귂 청경 념결ᄒᆞ고 지략이 심원ᄒᆞ니(落泉3:7).

념근 명 염근(廉謹). ¶셩하종이 ᄯᅩᄒᆞᆫ 념근으로써 여러 번 벼슬을 옴겨(仁祖行狀29).

념녀 명 염려(念慮). ☞념려 ¶맛당이 그 근심과 념녀를 극진히 ᄒᆞ다 홈이니:當極其憂慮也(警民35). 승샹의 념녀ᄅᆞᆯ 기티디 아니호링이다:不至貽尊憂耳(太平1:12). 믄득 념녀를 드리오ᄂᆞᆫ 연고로(綸音72). 념녜 천빈 가지나 엇지ᄒᆞᆯ 계교 업셔(落泉1:3).

념녀롭다 형 염려롭다. 염려스럽다. ¶언지 無事이 도라가온지 모로와 념녀롭ᄉᆞ외(隣語2:10). 見退나 아니ᄒᆞ올지 념녀롭ᄉᆞ외(隣語7:8).

념녀ᄒᆞ다 동 염려하다. ☞렴려ᄒᆞ다 ¶길흉은 념녀ᄒᆞᆯ 배 아니라:吉凶非所慮也(東新續三綱. 忠1:63). 우리 ᄇᆡᆨ셩 다ᄉᆞ리ᄂᆞᆫ 사ᄅᆞᆷ은 거의 ᄯᅩᄒᆞᆫ 념녀ᄒᆞᆯ디어다(警民序3). 그 세도ᄅᆞᆯ 위ᄒᆞ야 념녀ᄒᆞ시미(經筵). 념녀ᄒᆞ기ᄅᆞᆯ 마디 아니ᄒᆞ오시더니(仁祖行狀15). 변지의 위티ᄒᆞᆫ 일을 념녀ᄒᆞ미 심시 더욱 경치 못ᄒᆞ더니(落泉1:1).

념념으로 부 점차로. ¶ᄭᅵ거든 념념으로 죽을 주어 머기라:蘇醒漸與粥食(救荒3).

:념:려 명 염려(念慮). ☞념녀 ¶모ᄃᆞᆫ 緣塵과 ᄆᆞᅀᆞᄆᆡ 念慮왜 和合 아니잇가(楞解2:101). 念慮ᄂᆞᆫ 虛ᄒᆞᆫ 情이라 色身ᄋᆞᆫ 實ᄒᆞᆫ 얼구리라(楞解10:81). 념려 념:念(倭解上21).

념려ᄒᆞ다 동 염려(念慮)하다. ¶옥개 ᄆᆡ양 스스로 죽고져 호듸 져제아히로 념려ᄒᆞ더니:玉介每欲自決以乳兒爲念(東新續三綱. 烈6:62).

념박ᄒᆞ다 동 염박(厭薄)하다. 싫어서 쌀쌀하게 대하다. ¶뎐해 봉됴의게 념박ᄒᆞ기 특별이 심ᄒᆞ시니(經筵).

:념·불 명 염불(念佛). ¶念佛 三昧예 드라 諸佛ㅅ 말ᄉᆞᆷ 다 듣ᄌᆞᄫᆞ니(月釋7:26). 念佛이 叅禪에 막디 아니ᄒᆞ며(金三4:47).

:념·불ᄒᆞ·다 동 염불(念佛)하다. ¶경도 보며 념불호미 됴커니ᄯᆞᆫ:看經念佛也好(飜朴上36). 迷人ᄋᆞᆫ 念佛ᄒᆞ야 뎌에 나ᄆᆞᆯ 求ᄒᆞ고(六祖上91).

념ᄇᆡᆨᄒᆞ다 형 염백(恬白)하다. ¶임직의 념ᄇᆡᆨᄒᆞ며(閑中錄334).

념습ᄒᆞ다 동 염습(殮襲)하다. ☞렴습ᄒᆞ다 ¶마ᄋᆞᆫ 날 밧긔 처엄으로 념습ᄒᆞ니(東新續三綱. 忠1:37). 념습ᄒᆞ다:殯殮(譯解補27). 부뫼 ᄀᆞ장 셜워 념습ᄒᆞ더니 그 시신이 믄득 ᄇᆡᆨ잉무 되야 ᄂᆞ라나니:父母驚哭不已方欲葬之其屍忽爲一白鸚鵡飛去(太平1:30).

념의오다 동 여미다. ☞녀ᄆᆡ다 ¶曲袷은 념의온 기시라(家禮圖3). 념의온 가슴이 산득산득ᄒᆞ여라(古時調. 天寒코. 靑丘).

:념쥬 명 염주(念珠). ☞렴쥬 ¶점점 念珠를 더 미러 모ᄀᆡ 다ᄃᆞᆫ게 ᄒᆞ야(救急上48). 념쥬:數珠(譯解上25. 同文解上57. 漢淸11:2).

념쥬ᄲᅧ 명 후골(喉骨). ¶념쥬ᄲᅧ:外結喉(蒙解補6). 념쥬ᄲᅧ:結喉(漢淸5:52). 념쥬ᄲᅧ 내미다:結喉長出(漢淸6:3).

념치 명 염치(廉恥). ☞렴티 ¶념치 업시 비

다:無耻祈求(漢淸6:52).

념통 명 염통. 심장(心臟). ☞렴통 ¶념통 심:心(訓蒙上27). 내 들오니 聖人ㅅ 념통애 닐굽 굼기 잇다 호니:吾聞聖人之心有七竅(宣小4:26). 념통 심:心(倭解上18). 쇠 념통:牛心(譯解上50). 념통:心(同文解上17. 漢淸5:57).

:념·ᄒᆞ·다 동 염(念)하다. 생각하다. ☞렴ᄒᆞ다 ¶더욱 깃거 다시 ᄭᅵᄃᆞ라 世尊을 念ᄒᆞᅀᆞᄫᆞ니 누니 도로 ᄇᆞᆰ거늘(釋譜6:20). 又 그리 念ᄒᆞᄂᆞᆫ 저긔 如來 忽然히 虛空애 오샤(釋譜6:40). 아비 미샹 아ᄃᆞᆯ 念호ᄃᆡ 아ᄃᆞᆯ와 여희연 디 쉬나몬 ᄒᆡ로ᄃᆡ(法華2:189). ᄂᆞ라셔 우는 소리 제 무를 念ᄒᆞᄂᆞ다(初杜解17:20). 善知識아 다 ᄆᆞᅀᆞᄆᆞᆯ 조히 ᄒᆞ야 摩訶般若波羅蜜을 念ᄒᆞ라 ᄒᆞ시고(六祖上2). 念은 므슷 거슬 念ᄒᆞ료(六祖中12). ᄆᆞᅀᆞ매 四海神의 일후믈 세닐굽 번 念ᄒᆞ면(瘟疫方3). 념ᄒᆞᆯ 념:念(石千9). 伯夷와 叔齊ᄂᆞᆫ 舊惡을 念티 아니ᄒᆞ논디라(宣論1:50). 글 념ᄒᆞ다:念書(同文解上43).

념ᄒᆞ다 동 염하다. 염습(殮襲)하다. ☞념습ᄒᆞ다 ¶襲ᄒᆞ며 斂홈은 술과 몸을 간슈ᄒᆞ야 ᄀᆞ리홈을 主ᄒᆞᆫ 거시라(家禮5:11). 쟝ᄎᆞᆺ 념ᄒᆞ매 후개 니르러 손으로 만지니 눈을 ᄀᆞᆷ으니라:且斂而可至拊之乃瞑(五倫5:20).

녑 명 옆. 옆구리. ¶녑爲脅(訓解. 合字). 右脇은 올ᄒᆞᆫ 녀비라(月釋2:17). 올ᄒᆞᆫ 녀브로 드르시니(月釋2:22之2止). 菩薩이 올ᄒᆞᆫ 녀브로 나샤(月釋2:36). 엇게와 녑괘 다 充實ᄒᆞ샤미(法華2:13). 두 녀블 울ᄒᆞ라(救急上25). 녑 ᄋᆡᆨ:腋(類合上21). 녑 협:脅(類合下28). ᄑᆞᆯ 버리고 녑플 서흘오ᄃᆡ(東新續三綱. 孝7:33). 왼편 녑히 ᄭᅵ고(武藝圖5). 왼편 녑히 槍을 ᄭᅵ고(武藝圖9). ※녑>옆

녑구·레 명 옆구리. ☞녑당이 ¶녑구레 협:脇(訓蒙上25).

녑당이 명 옆구리. ☞녑구레 ¶녑당이며 손발 ᄆᆞ듸예:脇手足肢節(痘要下61).

녑·발·치 명 갈비. ☞녑팔지. 녑팔치 ¶녑발치 조츤 고기를 사다가:帶肋條的肉買着(飜老上21). 녑발치:肋扇(飜老下38). 녑발치륵:肋(訓蒙上25).

녑팔씨 명 갈비. ☞녑발치 ¶녑팔씨 고기 사ᄒᆞ즉이 ᄲᅧ흐러 복가(蒙老2:2).

녑팔지 명 갈비. ☞녑발치. 녑팔치 ¶녑팔지 브튼 고기를 사다가:帶肋條的肉買着(老解上19). 녑팔지:水肉(漢淸12:28).

녑팔치 명 갈비. ☞녑발치. 녑팔지 ¶녑팔치:肋扇(老解下35).

녑흐로 부 옆으로. ¶녑흐로 눕다:側臥(同文解上27).

녓곶 명 연꽃(蓮花). ¶이 紅白 녓고지러라:是紅白荷花(飜朴上70).

녓ᄂᆞᆫ 동 넣는. ¶놀ᄉᆞ즘싱 녓ᄂᆞᆫ 우리:串籠(漢淸10:29).

녓좁다 동 여쭙다. ¶천만 번이나 녓좁고(閑中錄166). 아모리 녓ᄌᆞ와도(閑中錄166).

녕 명 영(令). 명령(命令). ☞령 ¶님금의 녕을 바다셔(三譯5:14). 녕을 ᄂᆞ리오셔(閑中錄218).

녕감 명 영감. ¶가마기 ᄶᅡᆨᄶᅡᆨ 아모리 운들 내 가며 녕감 가며 들의 간 아들놈 가며 뵈틀의 안즌 ᄯᆞᆯ아기 가랴(古時調. 靑丘).

녕긔 명 영기(靈氣). 신령스런 기운. ¶강산의 녕긔를 거두어(洛城1).

녕냑ᄒᆞ다 동 영략(領略)하다. ¶아모 고을이 적이 낫게 됨은 젼후 농형계본의 ᄯᅩᄒᆞᆫ 거의 녕냑ᄒᆞ여시ᄃᆡ(綸音150).

녕농ᄒᆞ다 형 영롱(玲瓏)하다. ¶오치 녕농ᄒᆞ여 방듕이 됴요ᄒᆞ니(落泉3:7).

녕니ᄒᆞ다 형 영리(怜悧. 伶俐)하다. ¶미ᄉᆞ의 녕니ᄒᆞ다:百伶百俐(譯解補61).

녕믈 명 영물(靈物). ¶네 ᄯᅩᄒᆞᆫ 녕믈이라 엇디 이러ᄐᆞ시 심ᄒᆞ뇨:爾亦含靈之物何若是之甚乎(五倫3:71).

녕악ᄒᆞ다 형 영악(獰惡)하다. ¶기둥 녕악ᄒᆞᆫ 재 닐오ᄃᆡ 우리ᄂᆞᆫ 쥬ᄉᆞ마되 가졍이라(落泉1:1).

녕약 명 영약(靈藥). ¶녕약을 주엄즉 호ᄃᆡ(太平1:55).

녕한ᄒᆞ다 형 영한(獰悍)하다. ¶샹뫼 츄비ᄒᆞ고 긔골이 녕한ᄒᆞ거ᄂᆞᆯ(落泉2:6).

녕험 명 영험(靈驗). ¶녕험 뵈다:現靈(同文解下11).

녕혼 명 영혼(靈魂). ☞령혼 ¶녕혼:魂(同文解上17).

녕ᄒᆞ다 형 영(靈)하다. ☞령ᄒᆞ다 ¶녕ᄒᆞᆯ 녕:靈(石千19). ᄯᅩ한 녕ᄒᆞᆫ 즘승이니:亦含靈之物(東三綱. 烈5). 녕ᄒᆞᆫ 이:有靈的(同文解上22). ᄆᆞᄋᆞᆷ 녕ᄒᆞ다:心靈(譯解補23).

녇·다 형 엳다. ☞녙다 ¶功이 녀트며 기푸믈(釋譜19:8). 녀트며 기푸미 ᄌᆞᆫ디 아니커늘(月釋17:22). 性을 여희여 녀트니:離性而淺(楞解4:100). 녀트며 기픈 ᄆᆞᅀᆞᆷ 宗要ㅣ 貫花ㅣ사 조호ᄆᆞᆯ 붓그리리로다:淺深心要貫花慙潔(永嘉序11). 그 므릐 기프며 녀톰 업스믈 알리로다:知其水無深淺(永嘉下60). 이제 녀투미 기푸메 달오ᄆᆞᆯ ᄀᆞᆯᄒᆡ실씨:今揀淺異深(心經22). 보미 기프며 녀투미 이실시:見有深淺故(金剛44). 기품과 녀투미 겨시니:有深淺(圓覺序6). 녀토ᄆᆞᆯ 나토노니(圓覺上一之一78). 이ᄂᆞᆫ 아로미 녀터 ᄀᆞ장 玄妙티 몯ᄒᆞ리라:是悟淺未盡玄妙(蒙法45). 쇽졀업시 것근 솔옷 자바 녀트며 기푸ᄆᆞᆯ 자히ᄇᆞᄂᆞ다:徒把折錐候淺深(南明下20).

※녇다>열다

녚 명 옆. 옆구리. ☞녑 ¶예 도적을 만나 녀플 븓드러 몰게 올리니:遇倭賊扶腋上馬(東新續三綱. 烈3:74).

:녜 명 예. 옛적. ¶軍容이 녜와 다ᄅᆞ샤:軍容異昔(龍歌51章). 녜 업던 모ᄉᆞᆯ 帝釋이 일워 내니(月印上38). 녜뉫 時節에(釋譜6:8). 昔은 녜라(月釋序10). 녜 업던 이리로다(月釋1:14). 녜ᄅᆞᆯ ᄉᆞ양 아니 ᄒᆞ련마ᄅᆞᆫ(法華5:179). 녜 우리 如來:昔(金剛序12). 녜예 도라갈디니라:復故(宣賜內訓1:52). 녜 처섬 보던 ᄠᅳᆮ ᄉᆞ랑호니:憶昔初見時(初杜解8:6). 녜록 서르 사괴노라:昔相於(初杜解20:44). 녜ᄅᆞᆯ브터 封에 迷惑ᄒᆞ며:依舊迷封(金三2:12). 녜 고:古. 녜 석:昔(訓蒙下2). 녜 구:舊(石千35). 닐글이 잇다감 ᄒᆞᆫ갓 녜와 이제와 맛당홈이 달름으로ᄡᅥ:讀者往往直以古今異宜(宣小書題2). 녜록브터 오매(重杜解19:5). 녜:古(同文解上5). 녜대로:照舊(譯解補52). ※녜>예

녜 명 예(禮). ☞례 ¶영장과 슬픈 녜ᄅᆞᆯ 극진이 ᄒᆞ고(太平1:21). 므릇 禮ㅣ 本이 이시며 文이 이시니(家禮1:2). 이ᄂᆞᆫ ᄌᆞ못 禮 아니라(家禮5:20). 禮 ᄯᅩ 맛당히 그러니라(家禮圖5). 오날이 길일이니 도라가지 말고 녜ᄅᆞᆯ 출히리라(落泉1:3).

:녜:뉫 명 옛 세상. 예전. ¶石壁에 수멧던 녜뉫글 아니라도:巖石所匿古書縱微(龍歌86章). 네 디나건 녜뉫 時節에 盟誓 發願혼 이ᄅᆞᆯ 혜ᄂᆞᆫ다 모ᄅᆞᄂᆞᆫ다(釋譜6:8).

:녜:뉫·글 명 옛 글. 옛 세상의 글. ☞뉘 ¶녜뉫글 아니라도:古書縱微(龍歌86章).

:녜·다 동 ①가다〔行〕. ☞녀다. 녈다 ¶사ᄅᆞ미 바미 녤 제:人夜行(誡初16). 쵸탐마란 자우와 뒤희 녜게 ᄒᆞ라:哨探馬分行左右與後(練兵13). 내 길흘 조차 날호여 녜여 기ᄃᆞ려 오노라 ᄒᆞ니:我沿路上慢慢的行着等候來(老解上1). ᄂᆡ일 일 녜자:明日早行(老解上9). 일 녜리오:早行(老解上27). 더위자바 녜매:扶行(重杜解20:2). 諸將이 녜가매(重杜解23:56). ᄉᆞ나희 녜ᄂᆞᆫ 길흘 계집이 츼도ᄃᆞ시(古時調. 鄭澈. 간나희 가ᄂᆞᆫ. 松江). 녤 힝:行(倭解上28). 流蘇寶帳의 萬人이 우러 녜나(松江. 將進酒辭). 當時예 녜던 길을 몃 ᄒᆡ를 ᄇᆞ려 두고(古時調. 李滉. 海謠). 져 물도 내 안 ᄀᆞᆺ도다 우러 밤길 녜놋다(古時調. 王邦衍. 千萬里. 靑丘).
②가게 하다. ¶비 녜요미 다 빗자ᄇᆞᆫ 사ᄅᆞ미게 잇ᄂᆞ니라 샤공이 비 녜요ᄃᆡ 東ᄋᆞᆯ 求ᄒᆞ면 東ᄋᆞ로 나ᅀᅡ가며:行船盡把梢人篙師行船要東卽東(金三5:38).

녜·다 동 (술잔을) 돌리다. ¶수를 녜며 글 지수믈 ᄀᆞ장 다ᄋᆞ디 아니ᄒᆞ놋다:行酒賦詩殊未央(初杜解23:19).

:녜·다 동 두루 읽다. ¶傳과 記를 녜며 보며 드른 거슬 븓텨 아ᄅᆞᆷ다온 말슴을 닷그며:歷傳記接見聞述嘉言(宣小5:2).

녜다 동 이다. ¶지새 녜다:蓋瓦. 초가 녜다:苫蓋(同文解上36. 譯解補13). 초가 녜다:苫茅草(漢淸12:10).

녜다이 부 예(禮)답게. ¶송장과 졔던을 녜다이 ᄒᆞ니라:葬祭以禮(東續三綱. 烈14).

녜단 명 예단(禮緞). ¶셰시 녜단 보너ᄂᆞᆫ 거시 낙녁브절ᄒᆞ미(引鳳簫1). 이날 분부ᄒᆞ야 황금 일 반과 ᄇᆡᆨ 깁 오십 필을 녜단을 삼아 조ᄎᆞ 힝ᄒᆞ라 ᄒᆞ고(落泉3:8).

녜담 명 예담(例談). ¶강셜간의 녜담으로 아디 마ᄅᆞ시고(經筵).

녜도 명 예도(禮度). ☞례도 ¶녜도 녜:禮(類合下11. 石千14). 녜도엣 풍쇽의 믈허딤을 니거 ᄡᅥ 샹ᄉᆞᄅᆞᆯ 삼ᄋᆞ니 슬프다:禮俗之壞習以爲常悲夫(宣小5:49). 이 등의셔 녜도ᄅᆞᆯ 출히지 못홀지라(落泉1:2).

녜ᄃᆡᄒᆞ다 동 예대(禮待)하다. ¶군문의 가 죄ᄅᆞᆯ 청ᄒᆞ니 황뎨 이에 녜ᄃᆡᄒᆞ고 은혜로 어ᄅᆞ몬져(山城145).

:녜·라ᄫᆞᆫ 형 예스러운. ㉠녜랍다 ¶棺이 녜라ᄫᆞᆫ ᄃᆞᆺᄒᆞ더시다(釋譜23:44).

:녜랍·다 형 예스럽다. ☞녜ᄅᆞ외다 ¶棺이 녜라ᄫᆞᆫ ᄃᆞᆺᄒᆞ더시다(釋譜23:44). 녜라온 ᄃᆞᆺᄒᆞ더라(癸丑221).

:녜·로:오·매 부 고래(古來)로. ¶녜로오매 부텻 ᄀᆞᄅᆞ치샤ᄆᆞᆯ 닙ᄉᆞ와:昔來蒙佛敎(法華2:8). 녜로오매 野人인ᄃᆞᆯ 알리로다:由來知野人(初杜解7:13).

:녜로외·다 형 예스럽다. ☞녜ᄅᆞ외다 ¶潭州 ᄉᆞᄀᆞ올 안히 甚히 淳朴ᄒᆞ며 녜로외니:潭府邑中甚淳古(初杜解9:31).

녜리 명 가는 사람. ¶길 녜리 길흘 ᄉᆞ양ᄒᆞ며:行者讓路(警民27).

:녜ᄅᆞ외·다 형 예스럽다. ☞녜로외다 ¶草書ㅣ ᄌᆞ모 키 녜ᄅᆞ외니 글 ᄒᆞᄂᆞᆫ 興이 神奇ᄅᆞ외요미 업디 아니ᄒᆞ도다:草書何太古詩興不無神(初杜解16:22). ᄉᆞᄉᆡ로 더옥 毛髮이 녜ᄅᆞ외도다:自益毛髮古(初杜解9:9). 格調ㅣ 녜ᄅᆞ외며 神이 ᄆᆞᆯ가 道風이 제 노ᄑᆞ니:調古神淸風自高(南明上29).

녜모 명 예모(禮貌). ☞례모 ¶대신을 공경ᄒᆞ샤 반ᄃᆞ시 녜모ᄅᆞᆯ ᄒᆞ시며(仁祖行狀25). 부가의셔 녜모ᄅᆞᆯ ᄀᆞ초디 아니ᄒᆞ야(女範3. 뎡녀 쇼남신녀).

·녜모·ᄒᆞ·다 동 예모(禮貌)를 차리다. ¶비록 ᄉᆞᄉᆞ로ᄋᆞᆫ ᄃᆡ나 반ᄃᆞ시 ᄡᅥ 녜모ᄒᆞ시며:雖褻必以貌(宣小3:15).

녜믈 명 예물(禮物). ☞례믈 ¶사ᄅᆞᆷ으로 ᄒᆞ여 通ᄒᆞ고 禮物로 더브러 ᄒᆞᆷᄢᅴ 드리리(家禮

7:6). 등혼 녜믈로 긔약을 삼고 니별ᄒᆞ니라:以重幣結之爲盟而別(太平1:13).

녜법 명 예법(禮法). ☞례법 ¶ᄆᆞ올히 녜법이 이시며:鄕閭有禮(警民19). 최시 일즉 녜법이 잇더니:崔氏甚有禮度(五倫3:26).

녜비ᄒᆞ다 동 예배(禮拜)하다. ☞례비ᄒᆞ다 ¶져믄 녀승 슈십 인이 싱을 보고 합댱 녜비ᄒᆞ고 챠과ᄅᆞᆯ 드리고 니ᄅᆞ되(落泉2:5).

:녜·삐 명 옛적. ☞녯삐 ¶또 迦葉의 녜삣 양ᄋᆞᆯ 보라:更看迦葉古時樣(南明上70).

녜ᄉᆞ 명 예사(例事). ☞례ᄉᆞ ¶녜ᄉᆞ 녜:例(類合上25). 녜ᄉᆞᆺ 것:常行的(譯解上69). 곡읍ᄒᆞ미 녜ᄉᆡ어ᄂᆞᆯ(癸丑28). 녜ᄉᆞ일:常事(同文解上50). 죽으며 사ᄂᆞᆫ 거시 다 녜ᄉᆡ라(三譯9:5). 녜ᄉᆞ 本府와 釜山과 水營의 過歲問安ᄒᆞᄋᆞᆸ고(隣語8:5).

녜ᄉᆞ로이 부 예사(例事)로이. ¶내 져과 녜ᄉᆞ로이 사괴고(捷蒙2:10).

녜아기 명 이야기. ☞니야기 ¶다 녜아기 삼아 보랴(癸丑227).

녜우 명 예우(禮遇). ¶녜우도 만히 밧ᄌᆞ와(閑中錄370).

녜의 명 예의(禮儀). ☞례의 ¶잠깐 禮儀ᄅᆞᆯ 알오믈 기ᄃᆞ려 그런 後에(家禮3:2). 안홀 바로게 홀 녜의 맛당히 밧긔셔 몬져 홀ᄶᅵ니(女四解4:3).

·녜·절 명 예절(禮節). ☞례절 ¶녜절이며 ᄉᆞ양호미(飜小9:15).

녜ᄒᆞ다 동 예(禮)하다. 절하다. ¶손을 마자 녜ᄒᆞ고(太平1:28). 몬져 미타팅을 녜ᄒᆞ고 버거 왕랑을 절ᄒᆞ야ᄂᆞᆯ(桐華寺 王郞傳3). 녜ᄒᆞ다:行禮(同文解上51).

:녣 관 옛. ☞녯 ¶다시 그 녣 것슬 請ᄒᆞ야:復請其故(宣小2:14). 녣 님금이 因ᄒᆞ야 술 먹을 례도ᄅᆞᆯ ᄆᆡᆼᄀᆞᄅᆞ샤:先王因爲酒禮(宣小3:27). 恭敬ᄒᆞ며 和穆ᄒᆞ야 녣 法을 돗가이ᄒᆞ니라:肅穆穆古制敦(重杜解8:6).

녣말 명 옛말. ☞녯말 ¶녣말의도(隣語1:15).

녣적 명 옛적. ☞녯적 ¶녣적은 그런 걷시 미오 흔ᄒᆞ기의(隣語3:2).

:녯 관 옛. ☞녣 ¶녯 ᄠᅳ들 고티라 ᄒᆞ시니(月印上11). 녯 阿僧祇劫 時節에(月釋1:4). 하ᄂᆞᆯ히 녯 罪ᄅᆞᆯ 赦ᄒᆞ시니:感天已宥宿惡(三綱. 孝29). 녯 廟 쏘뱃 香爐ㅣ ᄀᆞᆮᄒᆞ야:如古廟裏香爐相似(蒙法41). 녯 行履處ᄅᆞᆯ 밧고ᄆᆞᆯ 다 몯ᄒᆞ면:換舊時行履處未盡(蒙法47). 堯ㅅ 封ᄒᆞ던 녯 民俗이 이제 疑心ᄃᆞ외도다:堯封舊俗疑(杜解3:3). 져비ᄂᆞᆫ 녯 기세 도라오ᄆᆞᆯ ᄉᆡᆼ각ᄒᆞ놋다:燕憶舊巢歸(金三2:6). 이 내 녯 쥬인 지비니:是我舊主人家(飜老上17). 녯 皐陶를 稽혼ᄃᆡ 닐오ᄃᆡ:曰若稽古皐陶(書解1:36). 周 비록 녯 나라히나:周雖舊邦(詩解16:1). 녯 버ᄅᆞᆺ슬 혼ᄀᆞᆯᄌᆞ티 ᄲᅦ서 ᄇᆞ리고(山城70). 녯 방의는:舊方(救荒補1:4). 녯 마음 다시 나서 ᄒᆞ던 공부 고쳐 ᄒᆞ여(萬言詞).
※녯>옛

녯것 명 옛 것. ¶녯것:舊的(同文解上56).

:녯·글 명 옛 글. 고전(古典). ¶녯그레 잇ᄂᆞ니 ᄀᆞ로ᄃᆡ:傳有之曰(飜小6:31). 녯글돌ᄒᆞᆯ 잠깐 아라 싀어버시를 셤규ᄃᆡ:略涉書史事舅姑(飜小9:64).

:녯ᄀᆞ올 명 고향(故鄕). ¶녯ᄀᆞ올히라와 됴토다:勝故鄕(初杜解8:35).

:녯·날 명 옛날. ¶녯낤 願을 일우ᅀᆞᄫᆞ니(月印上32). 녯날애 바리ᄅᆞᆯ 어더(月印上32). 사오나온 바ᄇᆞᆫ 녯나ᄅᆞᆯ 브텃고:麁飯依他日(初杜解20:28). 므슴다 錄事니ᄆᆞᆫ 녯나ᄅᆞᆯ 닛고신뎌 아으 動動다리(樂範. 動動).

:녯:말 명 옛말. 고어(古語). ☞녣말 ¶녯마리 닐오ᄃᆡ 어딘 일 조초미 노ᄑᆞᆫ ᄃᆡ 올옴 ᄀᆞᆮ고:古語云從善如登(飜小9:2).

:녯삐 명 옛적. ☞녜삐 ¶녯삐브터 시름ᄒᆞ시니라:嚮時憂(初杜解23:14).

녯적 명 옛적. ☞녣적. 예적 ¶녯적의 이러ᄒᆞ면 이 形容이 나마실가 愁心이 실이 되야(古時調. 靑丘).

녯정 명 옛정. ¶보야흐로 두 손으로 더브러 녯졍을 니ᄅᆞᄂᆞᆫ디라(太平1:6).

:녯집 명 옛집. ¶世尊 나신 ᄉᆞᅀᅵ로 녯지븨 가리라 ᄒᆞ니(月印上65).

:노 명 노(怒). 노여움. 노기(怒氣). ¶毒氣ᄅᆞᆯ 내니 고지 ᄃᆞ외어늘 모딘 龍이 怒ᄅᆞᆯ 더ᄒᆞ니(月印上37). 孝道 아니커든 과ᄀᆞᆯ이 믜여 말오 아직 ᄀᆞᄅᆞ쵸ᄃᆡ ᄀᆞᄅᆞ치디 몯ᄒᆞ린 後에사 怒ᄒᆞ고 怒ᄅᆞᆯ 몯ᄒᆞ린 後에사 튤디니 ᄌᆞ조 튜ᄃᆡ 내죵내 고티디 아니커든 아ᄃᆞᄅᆞᆯ 내티며 며ᄂᆞ릴 내튤디니(宣賜內訓3:5). 눈드로매 ᄒᆞ마 브튼 고디 업스나 金剛이 門 밧긔 오히려 怒ᄅᆞᆯ 머것도다(南明上8). 喜와 怒와 哀와 樂이(宣中2). 顔子의 노 옴기디 아니홈을 졈졈 可히 비홀 거시오:顔子之不遷漸可學矣(宣小5:9). 父母ㅣ 怒ᄒᆞ야 不悅而撻之流血이라도(家禮2:9). 지아비ᄂᆞᆫ 더옥 怒를 ᄎᆞᆷ으며 계집은 더옥 順호믈 닐위예야(警民3).

노 명 노〔繩〕. 노끈. ¶金 노ᄒᆞ로 길흘 느리고(釋譜9:10). 더ᄫᅳᆫ 쇠 노ᄒᆞ로 시울 티고(月釋1:29). 繩은 노히오(楞解8:86). 黃金으로 노 ᄆᆡᆼᄀᆞ라:黃金爲繩(法華2:34). 情中엔 노콰 杌왜 다 업슬시:繩(圓覺上一之一61). 朝廷엔 뉘 노ᄒᆞᆯ 請ᄒᆞᄂᆞ니오:朝廷誰請纓(杜解10:47). 블근 실 노ᄒᆞᆫ:朱絲繩(初杜解16:58). ᄒᆞ마 고ᄃᆞᆫ 노 ᄀᆞᆮᄒᆞᆫ ᄆᆞᅀᆞᄆᆞᆯ 보앗ᄂᆞ니라:已見直繩心(初杜解21:35). 金 노히 부치놋다:飄金繩(初杜解22:25). 즈믄 잣 노

ᄒᆞᆯ 모로매 드리울디니:千尺絲綸也須垂(金三5:26). 노 ᄭᅩ아:爲繩(救簡6:30). 노ᄒᆞ로 믈 기러 내ᄂᆞ니라:只着繩子拔水(飜老上31). ᄒᆞᆫ 오릿 ᄀᆞᄂᆞᆫ 노ᄒᆞᆯ ᄆᆡ얏ᄂᆞ니:絟着一條細繩子(飜老上36). 세 올 노히 ᄆᆞᅀᆞ모로 ᄭᅳᅀᅳ니ᄂᆞᆫ 거셔:三條繩子由你曳(飜朴上42). 노 삭:索. 노 승:繩(訓蒙中14). 노 승:繩(類合上28). 노ᄒᆞ로 견조워(瘟疫方19). 노 삭:索(石千31). 칼 ᄎᆞ고 노ᄒᆞᆯ ᄯᅴ여셔 ᄆᆡᆼ세ᄒᆞ야:佩刀帶繩以自誓(東續三綱. 烈13). 칼ᄒᆞ로 죽디 몯ᄒᆞ면 노ᄒᆞ로 목ᄆᆡ야 주구리라:刀不能決繩以縊之(東續三綱. 烈13). 다만 경당이 ᄇᆡ여 쟈근 노ᄒᆞ로 문을 ᄆᆡ엿거ᄂᆞᆯ(太平1:23). 부군이 오십여 인으로 칼과 노ᄒᆞᆯ 가지고 좌우의 섯더니(太平1:51). ᄒᆞᆫ 오리 ᄀᆞᄂᆞᆫ 노ᄒᆞᆯ ᄆᆡ얏ᄂᆞ니:絟着一條細繩子(老解上33). ᄯᅩ 노히 얼킬가 저페라:又怕繩子紐着(老解上34). 노 승:繩(倭解下15). 스므 비롤 노ᄒᆞ로 얽어 ᄆᆡ고(三譯4:14). 노ᄒᆞ로 ᄲᅧ 머리털을 묵고(女四解4:22). 자리 노를 ᄇᆡ화 ᄭᅩ니 쳔슈만ᄒᆞᆫ ᄂᆡ 마음(萬言詞). 노 승:繩(兒學下13).

※'노'의 첨용 [노 / 노히/노ᄒᆞ로/노ᄒᆞᆫ/노ᄒᆞᆯ…

노 [명] 사(紗)붙이의 비단. ☞로 ¶비단과 노와 깁과(月釋23:72). 곳다온 노ᄂᆞᆫ:香羅(杜解11:23). 노 보션 시ᄂᆞᆫ 겨지븐 블근 蓮이 고온 ᄃᆞᆺ고:羅襪紅蕖豔(杜解11:39). 놋 라:羅(訓蒙中30). 흰 노 큰 더그레예:白羅大塔胡(老解下45).

·노 [명] 노(櫓). ¶百丈은 ᄇᆡ ᄭᅳᅀᅳᄂᆞᆫ 노히라(初杜解10:45). 노:艣(四解上42). 놋 노:艣(訓蒙中25). 노 로:櫓(倭解下18). 노도 일코 닷도 일코(古時調. 나모도. 青丘). 노:櫓(物譜 舟車). 노 젓다:搖櫓(漢淸12:22).

-노 [조] -로. ☞-로 ¶이 일노 보아도(閑中錄94). 眞實노 죽기곳 죽으면 님의 님이 죽으리라(古時調. 가마괴. 槿樂). 무산 닐노 獨立 ᄒᆞ야 버러 흣터 잘나져셔(皆岩歌).

-노 (어미) -노. -는고. ☞-는다. -ᄂᆞ뇨 ¶져 둥아 거긔 셔거라 네 어듸 가노(古時調. 青丘). 무음 일 좃ᄎᆞ셔 흔들흔들ᄒᆞ노(古時調. 青丘). 네 언제 ᄂᆞ려완노(쌍벽가).

노·가·디·다 [동] 녹아지다. ¶뫼히여 돌히여 다 노가디여(月釋1:48). 이베 들면 노가디ᄂᆞ니라(月釋7:48).

노가ᄌᆞ [명] 노간주나무. ¶노가ᄌᆞ:刺松(譯解下41). 노가ᄌᆞ나모:刺松(柳氏物名四 木).

노각 [명] 녹각(鹿角). ☞로각 ¶노각 고도리:鹿角樸頭(老解下29).

노감탁이 [명] 노감투. 노를 꼬아 만든 감투. ¶훌 居師님의 노감탁이 버서 견은 말 겻틔(古時調. ᄋᆞ흠 긔 뉘. 歌曲).

노고 [명] 노구. 노구솥. ☞노구. 로고 ¶노고:鑼鍋(飜老下33. 老解下29). 노고 안치고:鑼鍋安了着(飜老下45. 老解下40). 노고 오:鏊(訓蒙中10. 倭解下14). 노고:鑼鍋(譯解下12). 노고:鎗(物譜 鼎鐺).

노고자리 [명] 번철. 노구걸이. ¶가마와 노고자리와 사발 뎝시 다 잇ᄂᆞ냐:鍋竈椀楪都有麼(老解上61).

노고지리 [명] 종다리. ¶동창이 ᄇᆞᆰ앗ᄂᆞ냐 노고지리 우지진다(古時調. 南九萬. 青丘).

-노괴·여 (어미) -는구나. ☞-는고나 ¶속절업시 간대로 갑슬 바도려 ᄒᆞ노괴여:沒來由這般胡討價錢(飜老下10). 이러면 네 므로고져 ᄒᆞ노괴여:這們的你要番悔(飜老下19).

노구 [명] 노구솥. ☞노고 ¶곧 淸涼호ᄆᆞᆯ 아로미 ᄒᆞᆫ 노곳 더운 므레 ᄒᆞᆫ 쟛 ᄎᆞᆫ믈 ᄀᆞᆺ 브ᅀᅮᆷ 곤ᄒᆞ니라:便覺淸涼如一鍋湯才下一杓冷水相似(法語5).

노구 [명] 노구(老嫗). ☞노옹 ¶노옹과 노구를 ᄡᅥ어내야(太平1:52).

노·기·다 [동] 녹이다. ☞녹이다 ¶얼우시고 ᄯᅩ 노기시니:旣氷又釋(龍歌20章). 根塵ᄋᆞᆯ 노기샤(月釋18:27). 色性을 ᄉᆞᄆᆞᆺ아라 두려이 노겨 自在ᄒᆞ면:了色圓融自在(楞解1:28). ᄀᆞᄃᆞᆨ게 너펴 두려이 노교미라:充擴圓融也(楞解8:31). 妄히 섯거 노기논 말 호미라:而妄爲混融之說也(楞解9:98). 노교미 어려워(圓覺下三之一5). 陽氣ᄅᆞᆯ 비러 노기매:借陽氣以鎔消(牧牛訣10). 내죵내 노교ᄆᆞ로 이ᄂᆞ니:終以銷成就(金三2:4). 노겨 不思議예 모로기 드리라 ᄒᆞ시니(南明上40). 노길 용:鎔. 노겨 브슬 샤:鎢(訓蒙下16). 쇠 노길 쇼:銷. 쇠 노길 샥:鑠(類合下50). 쇠ᄅᆞᆯ 노겨(太平1:36). 노길 용:鎔(倭解下8). 노기다:鎔化(同文解下18).

노나 [부] 다시. ¶오리기야 오럴손가 훌연 노나 싱각ᄒᆞ니(萬言詞).

노나모 [명] 노나무. ☞노남우 ¶노나모:梓(柳氏物名四 木).

노나무 [명] 노나무. ☞노나모 ¶노나무 지:梓(兒學上5).

노남우 [명] 노나무. ☞노나모 ¶노남우:梓(物譜 雜木).

노냑ᄒᆞ다 [동] 노략하다. ¶예 도적기 ᄆᆞ올ᄒᆞᆯ 모라 노냑ᄒᆞ거ᄂᆞᆯ:倭寇驅掠里閭(東新續三綱. 孝1:51).

·노노·하ᄒᆞ·다 [동] 좇다(從). ¶私欲ᄋᆞᆫ 어루 노노하호미 몯ᄒᆞ리며:欲不可從(宣賜內訓1:7).

노놈 [동] 노닒. ㉠노니다 ¶머리 노뇨매 아히 ᄃᆞ히 ᄌᆞ라ᄂᆞ니:遠遊長兒子(初杜解15:16).

:노·니 [형] 드무니. 귀하니. ㉠놀다 ¶부텨 나아 ᄃᆞᆫ니시며 ᄀᆞ마니 겨시던 처섬 ᄆᆞᄎᆞᆯ

알리 노니:鮮有知出處始終(釋譜序2).

-노·니 어미 -노니.〔말하는 이가 자기의 동작을 베풀어 말할 때 끝맺지 않는 어미.〕¶즐거븐 ᄠᅳ디 업고 주거믈 기드리노니(釋譜6:5). 根源을 ᄉᆞᄆᆞᆺ게 코져 ᄇᆞ라노니(月釋序21). 새로 스믈여듧 字ᄅᆞᆯ ᄆᆡᇰᄀᆞ노니 사ᄅᆞᆷ마다 ᄒᆡᅇᅧ 수ᄫᅵ 니겨(訓註3). ᄂᆞ미 겨집ᄃᆞ외노니 출히 뎌 고마 ᄃᆞ외아지라(法華2:28). 쇽졀업시 죽노니 北녀ᄀᆞ로 가아 富貴ᄒᆞ니만 못ᄒᆞ니라:與其徒死不若北去取富貴(三綱. 忠19). 말 하디 아니호ᄃᆡ 警戒ᄒᆞ노니(宣賜內訓1:12). 진짓치 거즛치 내 모로노니:眞假我不識(飜老下14).

:노니·다 동 노닐다. 돌아다니다. ☞노닐다. 논힐후다 ¶請 드른 다대와 노니샤:受賂之胡與之遊行(龍歌52章). 東南門 노니샤매(月印上16). 이 東山ᄋᆞᆫ 남기 됴ᄒᆞᆯᄊᆡ 노니논 ᄯᅡ히라(釋譜6:24). 샹녜 諸佛ㅅ 조코 微妙ᄒᆞᆫ 國土애 노니리니(月釋8:41). 내 龍逢과 比干과 ᄒᆞᆫᄃᆡ 가아 노뇨미 足ᄒᆞ이다(三綱. 朱雲). 四天에 노뇨ᄃᆡ 간고대 ᄀᆞ룜 업ᄂᆞ니라:遊於四天所去無礙(楞解8:73). 어루 노녀 노ᄅᆺᄒᆞ리니:可以遊戲(法華2:67). 巴子ㅅ 나라해 오래 노니고:久遊巴子國(初杜解7:17). 머리 노뇨매 아히ᄃᆞ히 ᄌᆞ라ᄂᆞ니:遠遊長兒子(初杜解15:16). 머리 노닐 아ᄃᆞ리:遠遊子(南明上10). 이 노니논 바탕이니라:是遊戲之場(金三2:19). 노닐 유:遊(類合下7. 石千33). 先王 聖代예 노니ᄋᆞ와지이다(樂詞. 鄭石歌). 노닐 쇼:逍. 노닐 요:遙(類合下28. 石千32. 註千32).

노닐다 동 노닐다. ☞노니다 ¶일업시 노닐며셔(古時調. 金天澤. 人間. 靑丘). 萬頃滄波에 슬ᄏᆞ장 노닐며셔(古時調. 海謠).

노닐우다 동 노느다. 분배(分配)하다. ☞논일우다. 논힐후다 ¶나를 져기 노닐워 주고려:那與我些箇(老解上48). 너를 서 되를 노닐워 줄 써시니:那與你三升(老解上49).

-·노닛·가 어미 -나이까. ☞-ᄂᆞ닛가 ¶須達이 護彌ᄃᆞ려 무로ᄃᆡ 主人이 므슴 차바ᄂᆞᆯ 손소 ᄃᆞᆫ녀 ᄆᆡᇰᄀᆞ노닛가 太子ᄅᆞᆯ 請ᄒᆞᅀᆞᄫᅡ 이바ᄌᆞᄫᅳ려 ᄒᆞ노닛가 大臣ᄋᆞᆯ 請ᄒᆞ야 이바도려 ᄒᆞ노닛가(釋譜6:16). 婚姻 위ᄒᆞ야 아ᅀᆞ미 오나ᄃᆞᆫ 이바도려 ᄒᆞ노닛가(釋譜6:16).

노·ᄂᆞ·다 형 노르스름하다. 노랗다. ¶노ᄂᆞᆯ 샹:緗(訓蒙下19).

-노다 어미 -는구나. ☞-ᄂᆞ다 ¶나그내 ᄠᅳ든 林坰에 도라가고져 ᄒᆞ노다:客思向林坰(重杜解6:20). 百年曠感이 一篇中의 보히노다(陶山歌).

노다회 명 산등(山藤).〔덩굴 식물의 한 가지.〕¶노다회:山藤(物譜 雜木).

노도 명 노둣돌. 하마석(下馬石). ☞노두ㅅ돌 ¶뎌 집 문 알ᄑᆡ 노도 우희:那家門前兀子上(朴解下7).

노두ㅅ돌 명 노둣돌. 하마석(下馬石). ☞노도 ¶노두ㅅ돌:馬臺石(漢淸9:76).

노둔ᄒᆞ다 형 노둔(魯鈍)하다. ¶노둔ᄒᆞᆫ 사ᄅᆞᆷ:魯蠢人(譯解補19). 졍문의 결친ᄒᆞ니 불승감샤ᄒᆞ나 쇼ᄌᆞ의 노둔ᄒᆞ믈 근심ᄒᆞ샤(落泉3:7).

-노라 어미 -노라. ☞-과라 ¶如來 그 ᄢᅴ 菩薩ㅅ 道理 ᄒᆞ노라 ᄒᆞ야(釋譜6:8). 霜露애 애와텨 더욱 슬허ᄒᆞ노라(月釋序16). 衆僧 供養 아니 ᄒᆞ야도 ᄒᆞ리라 ᄒᆞ노라(月釋17:40). 아ᄎᆞᆷ나조ᄒᆡ 보아 警戒ᄒᆞ노라(宣賜內訓1:27). 녜 내 山東ᄋᆡ 노로니 東岳陽애 노ᄅᆺᄒᆞ던 이ᄅᆞᆯ ᄉᆞ랑ᄒᆞ노라:昔我遊山東憶戲東岳陽(初杜解25:5). 믈 건나노라 비 타(南明上36). 겨집 얼이노라 즘ᄉᆡᆼ을 주겨(佛頂3). 선우음 ᄎᆞᆷ노라 ᄒᆞ니 ᄌᆞ치옴의 코히 시예(古時調. 鄭澈. 松江).

노라딍기다 동 돌아다니다. ¶노라딍기지 말게 ᄒᆞ라(女四解3:20).

·노·라·타 형 노랗다. ☞노ᄅᆞ다. 누러ᄒᆞ다 ¶白殭蠶ᄋᆞᆯ 焙籠애 ᄆᆞᆯ외야 노라커든 ᄀᆞᄅᆞ ᄆᆡᇰᄀᆞ라:白殭蠶焙黃爲末(救急上3).

노랑 명 노랑. ¶죠 노랑 암ᄏᆡ갓치 얄믜오랴(古時調. 바독이. 海謠).

노래 명 노래. ☞노ᄅᆡ. 놀애 ¶이윽고 노래 브ᄅᆞᄂᆞᆫ 소ᄅᆡ 이셔(太平1:27). 노래 부ᄅᆞ다:歌唱(釋解上60). 노래 삼긴 사ᄅᆞᆷ 시름도 하도 할샤(古時調. 靑丘). 노하 노래ᄅᆞᆯ 들으며 곡됴ᄅᆞᆯ 唱ᄒᆞ면(女四解2:25). 노래:歌曲兒(同文解上13). 노래 가:歌(註千36).

노략 명 노략. ¶노략 략:掠(倭解上39).

노략이 명 노래기. ☞놀여기 ¶노략이:香囊香郞(物譜 蟲豸). 노략이:蜈蟆(柳氏物名二 昆蟲).

노략질 명 노략질. ¶도적이 주김과 노략질을 져기 그친 후에(五倫2:62).

노략ᄒᆞ다 동 노략(擄掠)하다. ☞로략ᄒᆞ다 ¶졈졈 듕ᄒᆞ고 잇다감 노략ᄒᆞᆫ 한인을 도로 보내여(山城1). 사ᄅᆞᆷ을 노략ᄒᆞ야 먹더니(女四解4:27). 노략ᄒᆞ다 擄掠(譯解補15).

노로 명 노루. ☞노ᄅᆞ ¶노로爲獐(訓解. 用字). 노로 쟝:麞(類合上13. 倭解下23). 노로 균:麕(詩解 物名3). 효근 노로:麂(東醫 湯液一 獸部). 노로 잡ᄂᆞᆫ 개:赶獐狗(譯解下32). 노로:獐(同文解下39). 노로:麞(漢淸14:5). 노로 균:麕(兒學上7).

노로다 동 놀리다. ☞놀오다 ¶이예 손을 노로와 한가키 됴히 너기ᄂᆞᆫ 무리 이셔:乃有游手好閑之徒(正俗36). 손 노로디 아니타:手不停(譯解下50).

노로다 형 노랗다. ☞노ᄅᆞ다 ¶ᄯᅩ ᄒᆞᆫ 부리

노론 수죵다리:又是一箇銅鬢(朴解中1).

노론빗 명 노란빛. ☞노로다. 노ᄅᆞ다 ¶노론빗:焦黃(漢淸10:64).

노론 명 노릇. 구실. ☞노롯. 노롯 ¶그 놈이 어린 노론 ᄒᆞᄂᆞᆫ 양 보옵소(隣語6:3).

노롬 명 놀이. 놀음. ☞노름 ¶아모리 絕景이라 ᄒᆞ여도 시장ᄒᆞ면 ᄌᆞ미 업ᄉᆞ오니 飮食이나 만히 쟝만ᄒᆞ여 가야 노롬이라 ᄒᆞ오리(隣語1:10). 노롬:頑藝(漢淸6:60).

노·롬노·리 명 놀음놀이. ☞노롬놀이. 놀옴놀이 ¶노롬노리 이바디예과 써 바독 쟝긔과 긔특ᄒᆞᆫ 보암즉ᄒᆞᆫ 거싀 니르히 淡然ᄒᆞ야 됴히 너기ᄂᆞᆫ 배 업더라:遊宴以至於博奕奇玩淡然無所好(宣小6:121).

노롬놀·이 명 놀음놀이. ☞노롬노리. 놀옴놀이 ¶일삼ᄂᆞᆫ 배 옷밥 ᄉᆞ이와 노롬놀이 즐김애셔 넘디 아니ᄒᆞ니라:所事不踰衣食之間燕遊之樂耳(宣小5:92).

노롬터 명 노름판. ¶노롬터에 모히다:會場子(漢淸9:15).

노롬ᄒᆞ다 동 노름하다. ¶노롬ᄒᆞᄂᆞᆫ 쪄둑쎠:背式骨(漢淸9:16).

노롯 명 놀이. 장난. ☞노릇. 노ᄅᆞᆺ ¶立春 노롯:打春(譯解上4). 官員 사ᄅᆞᆷ이 노롯 즐기면 國事ㅣ 어즈럽고(小兒2).

노롯 명 노릇. 구실. ☞노릇 ¶통ᄉᆞ 노롯 ᄒᆞ다:通番話(同文解上24). 쥬인 노롯 ᄒᆞ다:作東家(同文解上52).

노롯바치 명 재인(才人). 광대〔倡優〕. ☞노릇바치. 노ᄅᆞᆺ바치 ¶每日 열아믄 노롯바치 집의:每日十數箇幇閑的家裏(老解下44). 반당 ᄃᆞ리고 여러 노롯바치로 놀이ᄒᆞ거든:引着伴儅着幾箇幇閑的盤弄着(老解下48).

노롯바치 명 재인(才人)의. 광대〔倡優〕의. 통노롯바치 ¶每日 열아믄 노롯바치 집의:每日十數箇幇閑的家裏(老解下44).

노롯ᄒᆞ다 동 놀이하다. ☞노릇ᄒᆞ다. 노ᄅᆞᆺᄒᆞ다 ¶살올 일 일오기 힘쓰디 아니ᄒᆞ고 노롯ᄒᆞ며 홍똥여 놀며 보피로온 男女로 ᄒᆞ여 여ᄋᆞ 벗 지으며:不務營生教些幇閑的潑男女狐朋(老解下44). 뫼초라기 노롯ᄒᆞ고:要鵪鶉(朴解上17). 宋개아 넙춘 노롯ᄒᆞᄂᆞᆫ 양 보라 가쟈:宋舍看打春去來(朴解下45).

노·롬노·리·ᄒᆞ·다 동 놀음놀이하다. ☞노롬놀이 ¶ᄒᆞᄂᆞᆫ 이리 옷밥 ᄉᆞ이와 노롬노리ᄒᆞ야 즐기매 넘디 아니ᄒᆞ니라:所事不踰衣食之間燕遊之樂耳(飜小8:13).

노르다 형 노랗다. ☞노ᄅᆞ다 ¶노른 댓무우:胡蘿蔔(譯解下10).

노른ᄌᆞ의 명 노른자위. 노른자. ☞노ᄅᆞᆫᄌᆞ의 ¶노른ᄌᆞ의:蛋黃(同文解下35). 노른ᄌᆞ의:鴟黃(譯解補47).

노름 명 놀음. ☞노롬 ¶다만 노름 히로나 ᄒᆞ려 ᄒᆞ오니(新語9:4). 어와 이 노름이 즐겁기도 즐겁다(빅화당가).

노름노리 명 놀음놀이. ☞노롬노리. 노룸노리ᄒᆞ다 ¶노름노리와 산힝을 긋치시면(女範1. 셩후 당문덕후).

노·릇 명 놀이. 장난. ☞노롯. 노ᄅᆞᆺ ¶상뉵 쟝긔ᄂᆞᆫ 돈 치ᄂᆞᆫ 종의 노르시오:樗蒲者牧猪奴戲耳(宣小6:109). 풍뉴ᄒᆞ며 노르시며 노롬노리 이바디예:聲伎游宴(宣小6:121).

노릇 명 노릇. 구실. ☞노롯 ¶밥 쏜 노릇 ᄒᆞ오시니 져녁밥 만이 먹소(萬言詞). 차라리 굴물진경 이 노릇슨 못 ᄒᆞ리라(萬言詞).

노·릇바·치 명 재인(才人). 광대〔倡優〕. ☞노롯바치. 노ᄅᆞᆺ바치 ¶미실 여라믄 노릇바치 지빗:每日十數箇幇閑的家裏(飜老下49).

노릇밧치 명 재인(才人). 광대〔倡優〕. ☞노릇바치 ¶광대과 노릇밧치(十九史略1:33).

노릇ᄒᆞ다 동 놀이하다. 장난하다. ☞노롯. 노릇. 노ᄅᆞᆺᄒᆞ다 ¶입에 먹을 것도 업ᄉᆞ니 노릇ᄒᆞ던 그 놈들히:口裏喫的也沒幇閑的那廝們(老解下50).

·노리 명 놀이. ¶녯날 노리ᄂᆞᆫ 淫ᄒᆞᆫ 樂이라:昔日之遊淫樂也(宣賜內訓2上30). ᄃᆞᆯ 샹완ᄒᆞᆯ 노리 ᄒᆞ져:做甑月會(飜朴上24). 노리ᄒᆞ려코 냄 내다:出分資(譯解下52). 소년노리 더욱 죠타(萬言詞).

노리 명 노래. ☞노릐. 놀애 ¶엇노리:思母曲(鄕樂. 思母曲).

노리·개 명 노리개. ¶보비 노리개옛 거슬 두겨시다가:有珍玩之具(法華1:101). 노리개 패:佩(訓蒙中23).

노·리·다 형 노리다. ¶노릴 젼:羶(訓蒙下13. 倭解上48).

노리처 명 놀이처(處). 놀이터. ¶삼청운뎌광통교들 노리처가 아니런가(萬言詞).

노린내 명 노린내. ¶노린내:臊氣(譯解上53). 노린내 이셔:有羶氣(朴新解1:2). 노린내 又 즈린내:臊(漢淸12:59).

노린내 명 타는 내. ¶져기 노린내 이시니:有些胡撥氣(朴解下44).

노ᄅᆞ 명 노루. ☞노로. 놀 ¶노ᄅᆞ 쟝:獐. 노ᄅᆞ 균:麕(訓蒙上18). ※노ᄅᆞ>노로>노루

노·ᄅᆞ·다 형 노랗다. ☞노라타. 노로다. 노르다 ¶贍婆ᄂᆞᆫ 곳 일후미니 비치 노ᄅᆞ고 香氣저ᄉᆞ니라(月釋1:44). 봇가 져기 노ᄅᆞ게코:炒微黃(救急上85). 노ᄅᆞᆫ비체 쳔화 봉문ᄒᆞ욘 비단:柳黃穿花鳳(飜老下24).

노·ᄅᆞ·샛것 명 장난감. ¶아히 노ᄅᆞ샛거시니:爲幼稚玩好之具(法華2:68).

노ᄅᆞᆫ속새 명 노란속새. ¶노ᄅᆞᆫ속새:黃皮草(譯解下40).

노ᄅᆞᆫᄌᆞ의 명 노른자위. ☞노른ᄌᆞ의 ¶오계알 ᄒᆞᆫ나ᄒᆞᆯ 흰ᄌᆞ의 업시 노ᄅᆞᆫᄌᆞ의만 두고:

烏雞卵一箇去淸留黃(胎要43).

노ᄅᆞᆫ·차·할 명 황갈색(黃褐色). ¶노ᄅᆞᆫ차할 ᄆᆡᆫ 비단 매 둥 비쳇 차할 ᄒᆡ마문 비단:密褐光素鷹背褐海馬(飜老下24).

노ᄅᆞᆫ차할빗 명 황갈색(黃褐色). ☞노ᄅᆞᆫ차할 ¶노ᄅᆞᆫ차할빗:密褐光(老解下22).

노ᄅᆞᆷ 명 놀이. 장난. ☞노ᄅᆞᆺ ¶노ᄅᆞᆷ 희:戲(倭解下19).

노ᄅᆞᆷ노리 명 놀음놀이. ☞노름노리. 놀음노리 ¶노ᄅᆞᆷ노리(閑中錄358). 셩이 노ᄅᆞᆷ노리와 음악을 됴화 아니시고(女範1. 셩후 명덕마후).

노·ᄅᆞᆺ 명 놀이. 장난. ☞노릇 ¶노ᄅᆞ샛 바오리실ᄊᆡ:嬉戲之毬(龍歌44章). 羅雲이 져머 노ᄅᆞ술 즐겨(釋譜6:10). 戲ᄂᆞᆫ 노ᄅᆞ시라(月釋13:4). 노ᄅᆞ샛 말ᄉᆞ매:戲論(楞解2:61). 다 노ᄅᆞ샛 마리 ᄃᆞ외리니:但爲戲論(楞解4:68). 아ᄒᆡ 노ᄅᆞ새 몰애 뫼화 佛塔 ᄆᆡᆼᄀᆞᆯ면(圓覺下三之一99). 노ᄅᆞᄉᆞ로 霜威ᄅᆞᆯ 비러:戲假霜威(初杜解22:8). 노ᄅᆞᆺ 솨:耍. 노ᄅᆞᆺ 희:戲(訓蒙下15).

노·ᄅᆞᆺ노·리 명 놀음놀이. ☞노ᄅᆞᆷ노리 ¶孟子ㅣ 져머 겨실 제 노ᄅᆞᆺ노리ᄅᆞᆯ 무덤 서리옛 이ᄅᆞᆯ ᄒᆞ야:孟子之少也嬉戲爲墓間之事(宣賜內訓3:13).

노ᄅᆞᆺ·다 동 놀이하다. ☞노ᄅᆞᆺ. 노ᄅᆞᆺᄒᆞ다 ¶無量無邊ᄒᆞᆫ 佛智慧樂을 주어 노녀 노ᄅᆞᆺ게 호리라:與無量無邊佛智慧樂令其遊戲(法華2:86).

노·ᄅᆞᆺ도·이 부 장난스레. ¶무듼 부들 노ᄅᆞᆺ도이 자바 驊騮ᄅᆞᆯ 그리니:戲拈禿筆掃驊騮(初杜解16:41).

노·ᄅᆞᆺᄃᆞ외·다 형 장난스럽다. ¶노ᄅᆞᆺᄃᆞ왼 顔色 말며:不戲色(宣賜內訓1:9).

노·ᄅᆞᆺ바·치 명 재인(才人). 광대(倡優). ☞노릇바치 ¶여러 노ᄅᆞᆺ바치로 ᄒᆞ놀이거든:着幾箇幇閑的盤弄着(飜老下54). 노ᄅᆞᆺ바치 우:優. 노ᄅᆞᆺ바치 령:伶(訓蒙中3).

노·ᄅᆞᆺᄒᆞ·다 동 놀이하다. 장난하다. ☞노릇ᄒᆞ다. 노ᄅᆞᆺ ¶化樂은 노ᄅᆞᆺᄒᆞ야 웃고(圓覺下一之一23). 東岳陽애 노ᄅᆞᆺᄒᆞ던 이ᄅᆞᆯ ᄉᆞ랑ᄒᆞ노라:憶戲東岳陽(初杜解25:5). 해 아ᄒᆡ돌히 도ᄅᆞ혀 짓글혀 ᄉᆞ시 조초 노ᄅᆞᆺᄒᆞᄂᆞ다:咳小廝們倒聒噪按四時耍子(飜朴上18). 노ᄅᆞᆺᄒᆞ며 홍ᄯᅧ여 놀며 보피ᄒᆞᄂᆞᆫ 남진 겨집돌:些幇閑的潑男女(飜老下48). 노ᄅᆞᆺᄒᆞ던 그 놈돌히:幇閑的那廝們(飜老下55).

노릐 명 노래. ☞놀애 ¶노릐 가:歌(倭解上42). 노릐 곡죠ᄒᆞ여 비다:念神歌(漢淸3:37). 노릐:歌(漢淸3:50).

노망태 명 노망태기. ☞노망틔 ¶노망태:繩絡子(譯解補45).

노망틔 명 노망태기. ☞노망태 ¶노망틔:繩絡子(漢淸11:43).

노망ᄒᆞ다 동 노망(老妄)하다. ¶노망ᄒᆞ다:老悖回(譯解補25).

-노매 어미 -는구나. ☞-노매라. -노믜 ¶어즈버 夕陽이 盡타 마라 ᄃᆞᆯ이 조차 오노매(古時調. 金樽에. 靑丘).

-노매라 어미 -는구나. ☞-노믜라 ¶막대로 흰 구름 ᄀᆞᄅᆞ치고 도라 아니 보고 가노매라(古時調. 물 아래. 松江). 내의 왼 일을 다 닐오려 ᄒᆞ노매라(古時調. 鄭澈. 놈으로. 松江). 四面 靑山이 네 얼골 나노매라(古時調. 金光煜. 東風이. 靑丘).

노·먹 명 먹줄. ¶邪와 正과ᄅᆞᆯ 一定ᄒᆞᆯᄊᆡ 노머글 가ᄌᆞᆯ비며(月釋8:25).

노모 명 노모(老母). ¶싱이 노모ᄅᆞᆯ ᄀᆡ이고(太平1:47). 노모의 지의라 깃거ᄒᆞ샤(閑中錄508). 니경예 노모ᄅᆞᆯ 위ᄒᆞ여 밧벼ᄉᆞᆯ을 구ᄒᆞ거ᄂᆞᆯ(仁祖行狀26). 혹셔봉 등 모ᄃᆞᆫ 지신돌이 그 노모ᄅᆞᆯ 슈연ᄒᆞᆯ시(仁祖行狀30). 노뫼 겨시되(五倫1:7). 노모ㅣ 당의 이시니 화ᄅᆞᆯ 두려 계교ᄅᆞᆯ ᄉᆡᆼ각고(落泉1:1).

-노믜라 어미 -는구나. ☞-노매라 ¶盤中 早紅 감이 고와도 뵈노믜라(古時調. 海謠).

-노믜 어미 -는구나. ☞-노매 ¶지 넘어 현암은 벗이 와 携壺款扉ᄒᆞ노믜(古時調. 漁歌牧畜. 海謠).

-노믜라 어미 -구나. -는구나. ☞-노매라 ¶秋江에 밤이 드니 물결이 ᄎᆞ노믜라 낙시 드리치니 고기 아니 무노믜라(古時調. 靑丘). 가마귀 눈비 마자 희ᄂᆞᆫ 듯 검노믜라(古時調. 靑丘). 아ᄒᆡ야 나믄 술 부어라 興이 다시 오노믜라(古時調. 술 ᄭᅵ야. 靑丘).

노방 명 노방(路傍). 길가. ¶힝탁을 버셔 노방의 두며(引鳳簫3).

노병 명 노병(老病). 늙고 쇠약하여 생긴 병. ¶어미 노병으로 능히 나디 몯ᄒᆞ거ᄂᆞᆯ:母老病不能出(東新續三綱. 孝5:8). 노병을 일카라 국듕 대시 아니면 간예치 아니ᄒᆞ더라(落泉1:1).

노병ᄒᆞ다 동 노병(老病)하다. ¶평시의 쇼졔 ᄃᆞ려 ᄎᆞᆨ부ᄒᆞ샤 내 노병ᄒᆞ야 절ᄉᆞᄒᆞ믈 면케 ᄒᆞ라 ᄒᆞ시고(落泉3:7).

-노븟터 조 -로부터. ¶오날노븟터 우구ᄒᆞ여 죽을 곳을 모르노라(閑中錄36).

노:비 명 노비(奴婢). ¶여러 보비와 奴婢와:奴ᄂᆞᆫ 남진죠이오 婢ᄂᆞᆫ 겨집죠이라(釋譜13:19). 여러 보비와 奴婢와 술위와(法華1:76). 노비를 늘그니ᄅᆞᆯ 가지며(飜小9:23). 브리ᄂᆞᆫ 奴婢를(老解下31). 노비와 지믈을(五倫3:17).

-노ᄡᅥ 조 -로써. ¶술노ᄡᅥ 모ᄉᆞᆯ ᄆᆡᆼ글고(十九史略1:14). ᄂᆞᆯ노ᄡᅥ(武藝圖24).

노새 명 노새. ☞로새 ¶나귀 노새 메우ᄂᆞᆫ 큰

술위:驢騾大車(飜老下36). 노새 로:騾(訓蒙上19. 光千38). 노새:騾(東醫 湯液一 獸部). 나귀 노새돌 머오는 큰 술위:驢騾大車(老解下32). 노새:騾子(譯解下31). 노새라:騾(倭解下23). 노새:騾子(同文解下38. 漢淸14:19). 노새:騾(物譜 毛蟲).

노샹 부 노상. ¶즉금 나삼이 남은 거시 노샹 젹으니(閑中錄582).

노셩ᄒᆞ다 형 노성(老成)하다. ¶노셩ᄒᆞᆫ 어룬(閑中錄54). 노셩ᄒᆞᆫ 사ᄅᆞᆷ:長者(漢淸5:42).

-·노소·니 어미 -니. -노니. 〔현재 진행을 나타내는 부드러운 말투.〕 ¶우리 이제 衰ᄒᆞᆫ 災禍ㅣ ᄒᆞ마 오노소니 이제 天人大衆에 가ᅀᅡ ᄒᆞ리로다 ᄒᆞ고(釋譜11:14). 우리도 兵馬 뒷노소니 저티 아니호리이다(釋譜23:54). 西方애 聖人이 나시노소니 이 後로 千年이면 그 法이 이에 나오리로소이다(月釋2:49). ᄆᆞᆯᄀᆞᆫ 힛쎄첸 듥 ᄀᆞᆯ며기 도라오노소니:淸輝回群鷗(重杜解1:33). 百舌은 마리 업고져 ᄒᆞ노소니:百舌欲無語(初杜解7:14). 豺狼이 사호미 굿디 아니ᄒᆞ노소니(初杜解8:46). 止ᄒᆞᆯ 제 그 止ᄒᆞᆯ 바ᄅᆞᆯ 아노소니:於止知其所止(宣大栗6). 또 御를 良히 ᄒᆞ노소니(詩解4:18).

-·노소·라 어미 -노라. ☞-노라. -노왜라 ¶우리도 이 偈ᄅᆞᆯ 좃ᄌᆞᄫᅡ 외오노소라(月釋8:100). 葛洪을 븟그리노소라:愧葛洪(初杜解21:33). 큰 형아 우리 도라가노소라:大哥我們廻去也(飜老下72). 우리 이제 니르히 힘니버 지블 보젼ᄒᆞ엿노소라:開輩抵此賴之得全其家云(飜小7:42).

-노·소이·다 어미 -나이다. -옵니다. ☞-노이다 ¶世예 나 常住ᄅᆞᆯ 얻게 ᄒᆞ노소이다:出世獲常住(楞解6:66). 도ᄌᆞ기 太子로브터 나노소이다 ᄒᆞ야ᄂᆞᆯ(宣賜內訓序5).

노:솝놋·다 동 높도다. ¶宮女ㅣ 函ᄋᆞᆯ 여러 님굺 돗긔 갓가이 노솝놋다:宮女開函近御筵(初杜解21:11).

-노쇠 어미 -는군요. ¶그러면 계셔도 日吉利 이실 ᄃᆞᆺᄒᆞ다 니르ᄋᆞᆸ노쇠(新語5:14).

노송 명 노송(老松). 노송나무. ¶노송:圓柏檜栝仝(柳氏物名四 木).

노신 명 노신(老身). ¶동쇼졔 만일 이러타시 아름다올진ᄃᆡ 노신의게 ᄯᅩᄒᆞᆫ 광치 이실쇼이다(落泉1:2).

노실ᄒᆞ다 형 노실(老實)하다. ¶노실ᄒᆞᆫ 체ᄒᆞ다:假粧老實(漢淸8:37).

노ᄉᆡ 명 노새. ☞노새. 로새 ¶노ᄉᆡ:騾 驢父馬母所生(柳氏物名一 獸族).

노ᄉᆡᆨ 명 노색(怒色). ¶노ᄉᆡᆨ으로 불쾌ᄒᆞ여(閑中錄474). 노ᄉᆡᆨ 드러내다(漢淸7:6).

노야 명 노야(老爺). 할아범. ☞로야 ¶노야의 어질믈 엇지 ᄎᆞ마 안져셔(引鳳簫1). 노야ㅣ 젹쇼의셔 일야 쇼져 형미만 미드시거ᄂᆞᆯ(落泉1:2).

노야 부 다시. ☞노여. ᄂᆞ외야 ¶노야 돋디 아닌ᄂᆞ니라:再不出痘(痘要上17).

노야·기 명 노야기. ☞노약이 ¶도와리예 빅변두와 노야기와 각 ᄒᆞᆫ 되ᄅᆞᆯ:霍亂藊豆香薷各一升(救簡2:60). 노야기:香薷(東醫 湯液二 菜部).

노약이 명 노야기. ☞노야기 ¶노약이:香薷(柳氏物名三 草).

노어 명 농어. ☞로어 ¶노어:四腮魚 鱸魚(柳氏物名二 水族).

노여 부 다시. ☞뇌여. ᄂᆞ외야 ¶이 마ᄋᆞᆷ 이 ᄉᆞ랑 견졸 ᄃᆡ 노여 업다(松江. 思美人曲).

노역 명 노역(勞役). ¶안흐로 노역의 샹홈을 인ᄒᆞ야(馬解上93).

노연 명 윗사람. 상전. ☞뇌연. 관댱 ¶노연네 조차 ᄃᆞᆫ닐 제:跟着官人們行時(飜老下45). 노여늬 ᄆᆞᄅᆞᆯ 잇거다가:將官人的馬牽着(飜老下45). 곧 이 아랫사ᄅᆞ미 노연 셤기ᄂᆞᆫ 이리어니ᄯᆞ나:便是在下人扶侍官長的道理(飜老下46). 노연:使長(朴解中26). 노연:使長(譯解上26).

노오다 동 되풀이하다. 거듭하다. ☞ᄂᆞ외다 ¶노올 지:再(光千37).

노올 명 노을〔霞〕. ☞노ᄋᆞᆯ. 노을 ¶노올 하:霞(類合上4). 저녁 노올:晩霞(譯解上2). 노올디다:火雲(同文解上1). 노올 지다:霞彩(漢淸1:9).

노올 명 방자하는 데 쓰는 독물(毒物). 고독(蠱毒). ☞노을. ᄂᆞ올 ¶노올 굴인 병:蠱毒(救簡目錄5). 노올 고:蠱(訓蒙中33).

노올들다 동 고독(蠱毒)병에 걸리다. ¶노올들닌 사ᄅᆞᆷ의게셔 난 벌에:蠱蟲(東醫 湯液二 蟲部).

노올·압·지 명 잿불. ☞노ᄋᆞᆯ압지 ¶노올압짓브레 녀허 구어:入煻灰內煨之(救急下35).

노옹 명 노옹(老翁). ☞노구 ¶노옹과 노구ᄅᆞᆯ ᄡᅥ내야(太平1:52).

-노왜라 어미 -구나. -노라. ☞-노매라 ¶貧而無怨을 어렵다 ᄒᆞ건마ᄂᆞᆫ ᄂᆡ 生涯 이러호ᄃᆡ 설온 ᄠᅳᆺ은 업노왜라(蘆溪. 陋巷詞).

노외·다 동 뇌다. ☞ᄂᆞ외다 ¶南容이 白圭ᄅᆞᆯ 세 적 노왼대:南容三復白圭(宣小4:42).

노외·야 부 다시. 다시는. ☞ᄂᆞ외 ¶갈 ᄲᅡ혀 ᄯᅡᄒᆞᆯ 베티고 놀애ᄅᆞᆯ 노외야 슬픐업시 브르ᄂᆞ니:拔劒斫地歌莫哀(初杜解25:53). 亭主의 깃븜이 노외야 업서(新語9:7). 노외야 ᄎᆞ다:重羅(譯解下47).

노울 명 노을. ¶노울 하:霞(兒學上3).

노을 명 방자하는 데 쓰는 독물(毒物). 고독(蠱毒). ☞노올. ᄂᆞ올 ¶노을:蠱蟲(柳氏物名二 昆蟲).

노을 명 노을〔霞〕. ☞노올. 노올 ¶노을 하:霞(訓蒙上2. 倭解上2). 아춤 노을:早霞(齊諧物名 天文).

노을·압 명 잿불. ☞노올압지 ¶노을압 당:煻. 노을압 외:煨(訓蒙下35).

노의 부 다시. ☞ᄂᆞ외 ¶ᄒᆞ마 이리 아니완ᄎᆞᆯ ᄒᆞ거든 노의란 지달ᄊᆞ라:旣這般歹時再來着絆着(飜老上45).

노의·여 부 다시. 전혀. ☞ᄂᆞ외야 ¶그 즁이 닐오ᄃᆡ 노의여 아니 호리이다:那和尙說再也不敢(飜朴上37). 모ᄃᆞᆫ 사ᄅᆞ미 노의여 말이다 아니ᄒᆞ니:衆人再不會勸他(飜老下49). 노의여 ᄒᆞ나토 긔수ᄒᆞ리 업서:更沒一箇肯倸保的(老解下50).

-·노이·다 어미 -나이다. -옵니다. ☞-노이다 ¶내 ᄉᆞ랑호ᄃᆡ 어누 藏ㅅ金이ᅀᅡ 마치 ᄡᅳ리려뇨 ᄒᆞ노이다(釋譜6:25). 말ᄊᆞᄆᆞᆯ 엳ᄌᆞᆸ노이다(月釋2:69). 一切衆生이 다 解脫ᄋᆞᆯ 得과뎌 ᄒᆞ노이다(月釋21:8). 이제 손지 이 ᄠᅳ듸 究竟ᄒᆞ야 疑惑 업슨 ᄯᅡᄒᆞᆯ 子細히 모ᄅᆞ노이다:今猶未詳斯義究竟無疑惑地(楞解4:3). 녀느것 求티 아니ᄒᆞ노이다:不求余物(六祖上8). 回ᄂᆞᆫ ᄒᆞ나ᄒᆞᆯ 들어 ᄡᅧ 열ᄒᆞᆯ 알고 賜ᄂᆞᆫ ᄒᆞ나ᄒᆞᆯ 들어 ᄡᅧ 둘ᄒᆞᆯ 아ᄂᆞᆫ이다:回也聞一以知十賜也聞一以知二(宣論1:43). 즈믄 힐 長存ᄒᆞ샬 藥이라 받ᄌᆞᆸ노이다(樂範. 動動).

-노이다 어미 -나이다. -옵니다. ☞-노이다 ¶괴시란ᄃᆡ 우러곰 좃니노이다(樂詞. 西京別曲). 쇼인이 례부에 가노이다:小人到禮部裏(飜朴上7). ※-노이다＜-노이다

-노잇가 어미 -나이까. ¶엇더ᄒᆞ게ᄉᆞᆸ노잇가(閑中錄406).

노올 명 노을. ¶노올 하:霞(類合上4).

노올·압·지 명 잿불. ☞노올압지 ¶炮ᄂᆞᆫ 믈 저즌 죠희예 ᄡᅡ 노올압지예 무더 구을 시라(救急上14). 노올압지예 무더 구으니(救簡1:40). 노올압지 ᄒᆞᆫ 되ᄅᆞᆯ 드리티고:煻灰一升投之(救簡6:24).

:노·적 명 노적(露積). ¶노적 돈:囤. 노적 천:篅. 노적 균:囷(訓蒙中9). 노적 유:庾(類合上18).

노친 명 노친(老親). ¶노친이 잇ᄂᆞ니어든 보븨옛 실과와 의ᄌᆞᄅᆞᆯ 주시고(仁祖行狀26). 경 등이 다 노친이 이셔(仁祖行狀30). 老親之下의 인ᄂᆞᆫ 사ᄅᆞᆷ이(隣語2:11). 노친 ᄯᅳ딘들 엇디 가히 봉힝치 아니리오(經筵).

노친닉 명 노친네. 〔'노친'+접미사 '-닉'〕 ☞노친 ¶칠십 노친닉가 ᄒᆞᆫ가지로 일작 니러나샤(閑中錄84).

노코시라 동 놓으십시오. 놓으셨으면 하노라. 〔'놓〈置〉'에 '-고시라'가 결합된 형태.〕 ㉮노타 ☞-고시라 ¶어느이다 노코시라 어긔야 내 가논 ᄃᆡ 졈그ᄅᆞᆯ셰라(樂範. 井邑詞).

노콰 명 노와. 〔ᄒᆞ 첨용어 '노〈繩〉'의 부사격(副詞格).〕 ㉮노 ¶情中엔 노콰 杌왜 다 업슬시:情中都無繩杌故(圓覺上一之一61).

노·타 동 놓다〔置. 設〕. ¶열 銀鏡을 노ᄒᆞ시니이다:維十銀鏡用爲侯的(龍歌46章). 七寶平床座 노ᄊᆞᆸ고(月印上70). 舍利와 經과 佛像과란 집 西ㅅ녀긔 노ᄉᆞᆸ고(月釋2:73). 圓器ᄅᆞᆯ 노하ᄃᆞᆫ:安圓器(楞解2:42). 盤ᄋᆞᆫ 本來 사ᄅᆞᄆᆡ 노ᄒᆞᆫ 거시니:盤本人敷設(楞解3:80). 드러 노하샤매:擧措(法華7:35). 玉壺애 노햇ᄂᆞᆫ ᄃᆞᆺᄒᆞ도다:置…玉壺(初杜解8:22). 도깃 醬은 자바다가 디여 논ᄂᆞ다:甕醬落提携(初杜解22:20). 陀羅尼經을 ᄡᅥ 부텻 알ᄑᆡ 노ᄉᆞᆸ고(佛頂4). 金爐 ᄀᆞᅀᅢ 녿ᄉᆞ와(眞言42). 알ᄑᆡ ᄒᆞᆫ 옥돌호로 설픠에 사긴 애갓상 노핫고:前面放一箇玉石玲瓏酒卓兒(飜朴上69). 노ᄒᆞᆯ 조:措. 노ᄒᆞᆯ 뎐:奠(訓蒙下1). 노ᄒᆞᆯ 조:措(類合下18). 노ᄒᆞᆯ 돈:頓(類合下43). ᄉᆡᆼ각ᄒᆞ야 놋ᄌᆞ와라(癸丑121). 어느이다 노코시라 어긔야 내 가논 ᄃᆡ 졈그ᄅᆞᆯ셰라(樂範. 井邑詞). 松間에 綠罇을 녹코 벗 온 양 보노라(古時調. 一曲은. 海謠). 棺을 ᄭᅮᆯ 노하 합장ᄒᆞ단 말이라(女四解2:21).

노·타 동 놓다〔放. 捨〕. ¶所掠ᄋᆞᆯ 다 노ᄒᆞ샤:盡放所掠(龍歌41章). 부러 노ᄒᆞ시니:迺故放之(龍歌64章). 노하 보내야 샹재 ᄃᆞ외에 ᄒᆞ라(釋譜6:1). 安樂國이 어마닚긔 술보ᄃᆡ 나ᄅᆞᆯ 이제 노ᄒᆞ쇼셔(月釋8:98). 뎌 王ᄃᆞᆯ히 一切有情에 慈悲心ᄋᆞᆯ 내야 가도앳던 사ᄅᆞᆷ 노코(月釋9:54). 이제 너를 논노니 ᄠᅳ들 조차 가라(月釋13:19). ᄀᆞᄅᆞᄆᆞᆫ 논ᄂᆞᆫ ᄇᆡ와 다ᄆᆺ ᄆᆞᆰ도다:江與放船淸(初杜解7:11). 소ᄂᆞᆯ 노티 말라:莫放手(初杜解8:32). 고손 수리 ᄢᅮᆯᄀᆞ티 ᄃᆞ닐 노티 아니호리라:不放香醪如蜜甜(初杜解10:9). 디ᄂᆞᆫ ᄒᆡ예 ᄇᆡᄅᆞᆯ 노호미 됴ᄒᆞ니:落日放船好(杜解15:30). 고기 잡ᄂᆞᆫ ᄇᆡ 바ᄆᆡ 니어 노햇도다(南明上63). ᄒᆞ마 노화 ᄇᆞ렷ᄂᆞᆫ ᄆᆞᅀᆞᄆᆞᆯ 가져다가:將已放之心(飜小8:5). ᄒᆞᆨ당의 노하든:放學(飜老上3). 노ᄒᆞᆯ 방:放(類合下3). 노ᄒᆞᆯ 종:縱(類合下4). 노ᄒᆞᆯ 샤:捨(類合下40). 鐵樹山에 노호이다(樂詞. 鄭石歌). 大同江 너븐디 몰라셔 ᄇᆡ 내야 노ᄒᆞᆫ다 샤공아(樂詞. 西京別曲). 오직 이 사ᄅᆞᆷ이 이믜 노한ᄂᆞᆫ ᄆᆞᄋᆞᆷ을 가져다가:只是欲人將已放之心(宣小5:85). 신우ᄅᆞᆯ 텬리에 노하 ᄃᆞ라오게 ᄒᆞ니라(東新續三綱. 孝1:62). ᄎᆞ마 주기디 몯ᄒᆞ야 노ᄒᆞᄂᆞᆯ(東新續三綱. 忠1:8). 구디 청ᄒᆞ야 노ᄒᆞ니라(東新續三綱. 忠1:25).

이믜셔 몰 노한ᄂᆞ니:就放馬裏(老解上38). 대되 ᄆᆞᄋᆞᆷ 노흘이로다:大家自在(老解上58). 노흘 방:放(倭解上54). 은혜를 ᄉᆡᇰ각ᄒᆞ고 부러 노토다(三譯9:21). 쥰이 ᄇᆞ람을 인ᄒᆞ여 블을 노화 ᄃᆡᄉᆡᆼ과 여러 영을 다 ᄉᆞ로니:峻因風縱火燒臺省諸營皆盡(五倫2:24). 노흘 일:逸(註千17). 노흘 셕:舍 仝釋(註千19 舍字註). 노흘 셕:釋(註千39).

노타 동 놓다〔架〕. ¶帝釋이 鬼神 브려 세 즚 ᄃᆞ리를 노ᄒᆞ니(釋譜11:12).

노퇴ᄒᆞ다 동 노퇴(老退)하다. ¶빅공이 샹쇼시힝 아니믈 보고 드ᄃᆡ여 노퇴ᄒᆞ믈 구ᄒᆞᆫ ᄃᆡ(引鳳簫1).

노·티 동 놓지. ㉮노타 ¶고순 수리 ᄢᅮᆯᄀᆞ티 ᄃᆞ닐 노티 아니호리라:不放香醪如蜜甜(初杜解10:9).

노픠 명 높이. ☞노퓌 ¶네여 셕박 빙애 우희 니ᄅᆞ니 노픠 가히 일쳔 자히라:行至石崖高可千尺(東新續三綱. 烈1:11).

노·피 부 높이. ¶他化自在天이 次第로 노피 이쇼ᄃᆡ(月釋1:32). 子孫이 다 노피 ᄃᆞ외니라(三綱. 孝9). 더 노피 對接ᄒᆞ더시다:輒增隆遇(宣賜內訓2上43). 山堂애 노피 누워(南明上40).

노피곰 부 높이. 높게. ☞노피. -곰 ¶ᄃᆞᆯ하 노피곰 도ᄃᆞ샤 어긔야 머리곰 비취오시라(樂範. 井邑詞).

노피다 동 높이다. ¶뎡냥이 소릐를 노펴 크게 울며 도적 가온대 ᄃᆞ라드러:廷亮高聲大哭突入賊中(東新續三綱. 孝8:21). 스싱을 노피며(女四解4:3).

노·ᄑᆞ·니 명 높은 것. ¶이 法이 平等ᄒᆞ야 노ᄑᆞ니 ᄂᆞᆽ가오니 업스니:是法平等無有高下(金剛下30).

노ᄑᆞ·신 형 높으신. ㉮높다 ¶尊ᄋᆞᆫ 노ᄑᆞ신 부니시니라 ᄒᆞ논 ᄠᅳ디라(釋譜序1).

노·퓌 명 높이. ☞노픠 ¶半 길 노퓐ᄃᆞᆯ 년기 디나리잇가:雖半身高誰能度(龍歌48章). 虛空애 ᄒᆞᆫ 多羅樹ㅅ 노퓌를 오ᄅᆞ샤(釋譜23:10). 노퓌와 너븨왜(月釋7:37). 方이 열 步ㅣ오 노퓌ᄂᆞᆫ ᄒᆞᆫ 자히오(月釋10:117). 노퓌와 너븨왜 漸漸 져거(月釋17:37). 노퓌 다ᄉᆞᆺ 자히러라(月釋21:192). 노퓌 千由旬이오(法華3:74). 노퓌와 너븨(金剛133). 願ᄒᆞᆫᄃᆞᆫ 노퓌 예 자만ᄒᆞᆫ ᄆᆞ리 등어리 외ᄅᆞ이 녀ᄂᆞᆫ 그려기 ᄀᆞᄐᆞ니를 ᄃᆞ려가:願騰六尺馬背若孤征鴻(重杜解12:16). 집 노퓌 두어 仞이나 홈과:堂高數仞(宣小5:97).

노한 명 노한(老漢). 늙은이. ¶원의ᄂᆞᆫ 츄슈ᄒᆞᆫ 노한이로ᄃᆡ 본ᄃᆡ 쳥누 주인으로 유명ᄒᆞᆫ 지라(落泉1:3).

노한ᄂᆞ니 동 놓았느니. ㉮노타 ¶이믜셔 몰 노한ᄂᆞ니:就放馬裏(老解上38).

노혜로 부 마음놓고. 거리낌없이. ¶을프락 ᄑᆞ람ᄒᆞ락 노혜로 노거니(宋純. 俛仰亭歌).

:노·호옴 명 노여움. 노염. ¶어딘 사ᄅᆞᆷ이 아ᅀᆞ게 노호옴을 곰초아 두디 아니ᄒᆞ며:仁人之於弟也不藏怒焉(宣小4:37). ᄒᆞᆫ때예 노호오믈 ᄎᆞᆷ디 못ᄒᆞ야(警民9).

노혼노혼ᄒᆞ·다 형 하늘하늘하다. ¶이플 즈ᅀᅳᆷᄒᆞ얏ᄂᆞᆫ 버드리 보ᄃᆞ라와 노혼노혼ᄒᆞ니:隔戶楊柳弱嫋嫋(初杜解10:9).

노홉다 형 노엽다. ☞로홉다 ¶요ᄉᆞ이 일졀 예ᄂᆞᆫ 오디 아니ᄒᆞ시니 ᄀᆞ장 믜야 ᄒᆞ여 노홉ᄉᆞ와 ᄒᆞᄋᆞᆸ니(新語2:12). 격ᄒᆞ고 노홉고(閑中錄118). 깃거도 크게 웃디 말며 노호와도 소릐를 노피 말며(女四解2:2). 自然이 노호온 말도 ᄒᆞ고(隣語4:19).

노회염 명 노여움. ¶노회염도 밤이 ᄌᆞ면 ᄑᆞ러져셔 바라ᄂᆞ니(萬言詞).

노ᄒᆞ로 명 노로. 〔ᄒᆞ 첨용어 '노'의 부사격(副詞格).〕 ㉠노 ¶스므 비를 노ᄒᆞ로 얽어 ᄆᆡ고(三譯4:14). 다만 졍당이 븨여 쟈근 노ᄒᆞ로 문을 ᄆᆡ엿거ᄂᆞᆯ 창틈으로 여어보니(太平1:23). 노옹과 노구ᄅᆞᆯ ᄯᅥ어내야 큰 노ᄒᆞ로 ᄆᆡ고(太平1:52).

노흘 명 노를. 〔ᄒᆞ 첨용어 '노'의 목적격(目的格).〕 ㉠노 ¶ᄒᆞᆫ 오리 ᄀᆞᄂᆞᆫ 노흘 ᄆᆡ얏ᄂᆞ니:絟着一條細繩子(老解上33). 부군이 오십여 인으로 칼과 노흘 가지고 좌우의 셧더니(太平1:51).

노희여 동 성내어. ¶노희여 ᄒᆞᄂᆞᆫ 사ᄅᆞᆷ의게 몬져 말ᄒᆞ다:上趕着(漢淸7:12).

노히 명 노〔繩〕가. 〔ᄒᆞ 첨용어 '노'의 주격(主格).〕 ㉠노 ¶또 노히 얼킬가 저페라:又怕繩子紐着(老解上34).

노히·다 동 놓이다. ¶德武ㅣ 다ᄅᆞᆫ 겨집 어러 赦애 노혀 오다가 듣고(三綱. 烈14). 罪 잇거든 올ᄒᆞᆫ 대로 엳ᄌᆞ오면 거의 或 노힘을 보려니와:有罪首實庶或見原(宣小6:39). 쟝범이 노혀 가ᄂᆞᆫ 양을 보고:見汎事散(太平1:38). 노혀 도라오매 미처ᄂᆞᆫ:及放還(東新續三綱. 孝4:79). ᄆᆞᆯ 노히다:馬撒子(譯解下30). 후에 샤를 만나 노히여 도라와:遇赦還(五倫3:29).

:노·ᄒᆞ·다 동 노(怒)하다. ☞로ᄒᆞ다 ¶官妓로 怒ᄒᆞ샤미 官吏의 다시언마ᄅᆞᆫ(龍歌17章). 左右ㅣ 하ᅀᆞᄫᅡ 아바님 怒ᄒᆞ시니:左右訴止父皇則懠(龍歌91章). 王이 怒ᄒᆞ야 니ᄅᆞ샤ᄃᆡ(釋譜11:31). 性이 嗔心 하니 믜여 새와 怒ᄒᆞᆫ 報ㅣ라(法華2:166). 너무 怒커나:或大怒(救急上31). 八月에 ᄀᆞᅀᆞᆳ 하ᄂᆞᆯ히 놉고 ᄇᆞᄅᆞ미 怒ᄒᆞ야 우르ᄂᆞ니(初杜解6:42). 그 比丘ㅣ 怒ᄒᆞ야 그 겨지블 ᄧᅩᄎᆞ니 기픈 굴헝에 ᄲᅡ디여 주그니(南明下60). 顏淵은 노ᄒᆞᆫ ᄆᆞᅀᆞᄆᆞᆯ 옮기디 아니ᄒᆞ며(飜小

8:3). 노혼 긔운을 펴디 몯ᄒᆞ야 난 병이라(救簡1:38). 노홀 분:忿(類合下35). 崔浩ㅣ 魏ㄴ님금 조샹 흉을 돌해 사겨 셰여늘 帝ㅣ 노ᄒᆞ야 주기니라(宣小6:40). 詩에 닐오ᄃᆡ 王이 赫히 이예 怒ᄒᆞ샤(宣孟2:10). 공이 노ᄒᆞ야(太平1:5). 怒혼 듧겨레 가비야온 비롤 타 디나가라(重杜解9:4). 이제 사름이 이 두 가지 일에 잇다감 보기롤 가비아이 ᄒᆞ야 잠싼 노ᄒᆞ야 ᄃᆞ토미 이쇼매(警民25). 노홀 노:怒(倭解上23). 샹이 노ᄒᆞ샤 벼술을 아ᄉᆞ시니(明皇1:30). 母ㅣ 노ᄒᆞ여 밥을 먹디 아니ᄒᆞ고(女四解4:9). 어시 심하의 우으나 노치 못ᄒᆞ야(落泉3:7).

:노ᄒᆞ·다 동 뇌(惱)하다. 괴롭히다. ¶鬼神과 모ᄃᆞᆫ 天魔와 魍魎妖精이 三昧時예 모다와 너를 惱ᄒᆞ리라(楞解9:47).

노·ᄒᆞ·로 명 노로. 〔ㅎ 첨용어 '노'의 부사격(副詞格).〕 독노 ¶金 노ᄒᆞ로 길흘 느리고(釋譜9:11). 더본 쇠 노ᄒᆞ로 시울 티고(月釋1:29).

노ᄒᆞ·샤 동 놓으시어. ㉠노타 ¶所掠욀 다 노ᄒᆞ샤:盡放所掠(龍歌41章).

노혼노혼ᄒᆞ다 형 하늘하늘하다. ☞노혼노혼ᄒᆞ다 ¶이플 즈음ᄒᆞ얏ᄂᆞᆫ 버드리 보ᄃᆞ라와 노혼노혼ᄒᆞ니 마치 열다ᄉᆞ신 겨믄 겨지븨 허리 ᄀᆞᆮ도다:隔戶楊柳弱嫋嫋恰似十五兒女腰(重杜解10:9).

노홀 명 노를. 〔ㅎ 첨용어 '노'의 목적격(目的格).〕 독노 ¶朝廷엔 뉘 노홀 請ᄒᆞᄂᆞ니오:朝廷誰請纓(杜解10:47).

:노·홉·다 형 노엽다. ¶怒ᄒᆞᄫᆞᆫ 일 맛나샨 怒티 아니ᄒᆞ샤(月釋17:74).

노히다 동 성내다. ☞노ᄒᆞ다 ¶곳 노히여 니러:便焦懆起來(朴解下19).

·녹 명 녹(祿). ☞록 ¶녹 녹:祿(訓蒙下10. 石千22). ᄒᆞᆫ 힛 녹이 이쳔 셕이니(宣小6:34). 안자셔 나라 녹만 머그며 세월을 눅노라 디내고(警民序3). 녹 록:祿(倭解上36). 녹:俸祿(同文解上38).

녹난ᄒᆞ다 동 무르익다. ¶녹난ᄒᆞ다:爛煮(同文解上59). 녹난ᄒᆞ다:狼爛(漢淸12:33).

녹·다 동 녹다. ¶뫼히여 돌히여 다 노가디여(月釋1:48). 이베 들면 노가디ᄂᆞ니라(月釋7:42). 치버 므리 어렛다가 더ᄫᅳ면 노가 므리 ᄃᆞ외ᄂᆞ니라(月釋9:23). 眞性은 노가 몰가(楞解7:85). 虛ᄒᆞ야 노고몰 즐교미 일후미 淸淨 일우미라(楞解9:62). 理옌 녹거니와:於理則融(楞解10:19). 一切 두려이 노가:一切圓融(法華4:133). 이 사긴 쁘들 보면 疑心이 노가(金剛序6). 젼구기 노ᄀᆞ니 尊ㅅ시리 닉고:玟化尊絲熟(初杜解15:27). 됴ᄒᆞᆫ 議論으로 果然히 어름 녹ᄃᆞᆺ ᄒᆞ니라:讜議果氷釋(初杜解24:13). 고대 어름 노ᄀᆞ며 디새 믓ᄃᆞᆺ ᄒᆞ샷다 ᄒᆞ니:當下氷消瓦解(金三2:1). 노글 반:泮(訓蒙下2). 노글 쇼:焇. 노글 양:烊(訓蒙下16). 어름 노글 반:泮(類合下52). 노골 륭:融(類合下60). 正月ㅅ 나릿므른 아으 어져 녹져 ᄒᆞ논ᄃᆡ(樂範. 動動). 녹다:消了(同文解上5). 어렷던 몸 녹ᄂᆞᆫ고나(萬言詞).

·녹두 명 녹두(綠豆). ☞록두 ¶돌서리옛 숑의맛불휘 ᄒᆞᆫ 량과 량강 반 량과 ᄀᆞᄂᆞ리 ᄀᆞ라 초애 ᄆᆞ라 녹둣낫만케 비븨여:菉豆(救簡2:28). 댄닙과 츩불힛 ᄀᆞᄅᆞ과 심황과 녹두와(牛疫方9). 녹두기름:菉豆芽(譯解補42). 녹두:綠豆(柳氏物名三 草).

녹두기름 명 녹두나물. 숙주나물. ☞녹두 ¶녹두기름:菉豆芽(譯解補42).

녹두쥭 명 녹두죽(綠豆粥). ¶녹두쥭은 시병 열ᄒᆞ믈 고티니 쥭 쑤어 머그라(辟新12).

녹로 명 녹로(轆轤). ¶轆轤ㅣ 버텅에 어렛도다(初杜解6:22).

·녹·봉 명 녹봉. ☞록봉 ¶은혜옛 별례옛 것과 녹봉으로 주신 거슬:恩例俸賜(宣小5:80). 날을 녹봉으로 치디 못ᄒᆞ고(太平1:52). 그 됴신의 간난ᄒᆞᆫ 줄은 념녀ᄒᆞ샤 녹봉을 더 주시고(仁祖行狀27).

녹오질이 명 종다리. ¶東窓이 붉앗ᄂᆞᆫ야 녹오질이 우지진다(古時調. 海謠).

녹용 명 녹용(鹿茸). ¶녹용 소유 블라 구으니:鹿茸酥炙(胎要2). 인솜 녹용과(閑中錄556).

녹이다 동 녹이다. ☞노기다 ¶녹이다:鎔化(譯解補45). 녹이다:燁(柳氏物名五 火).

녹져 동 녹고자. 녹으려. ㉠녹다 ☞-져 ¶正月ㅅ 나릿므른 아으 어져 녹져 ᄒᆞ논ᄃᆡ 누릿 가온ᄃᆡ 나곤 몸하 ᄒᆞ올로 녈셔 아으 動動다리(樂範. 動動).

녹피 명 녹피(鹿皮). 녹비. ☞록피 ¶녹피로 신 짓기롤(癸丑216). 束帛은 十端이오 儷皮ᄂᆞᆫ 두 鹿皮라(家禮3:16). 녀름 녹피:伏天短毛皮(漢淸11:16).

·논 명 논〔畓〕. ¶논爲水田(訓解. 用字). 노내 기ᄉᆞ미 기ᅀᅥ(月釋10:19). 논:水田(訓蒙上7). 믈 잇ᄂᆞᆫ 논 가로맨 몬져 프를 ᄌᆞᄆᆞ거놀:水耕先浸草(重杜解2:22). 논:水田(譯解下7). 논 답:畓(倭解下2). 주근 무덤 우희 밧출 가나 논을 미나(古時調. ᄀᆞᄅᆞ 지나. 青丘).

-·논 어미 -는. ☞-ᄂᆞᆫ. -는 ¶沙彌ᄂᆞᆫ 慈悲 ᄒᆡᆼ뎌글 ᄒᆞ다 ᄒᆞ논 ᄠᅳ디니(釋譜6:2). 訓民正音은 百姓 ᄀᆞᄅᆞ치시논 正ᄒᆞᆫ 소리라(訓註1). 乎ᄂᆞᆫ 아모그에 ᄒᆞ논 겨체 ᄡᅳ는 字ㅣ라(訓註1). 不은 아니 ᄒᆞ논 ᄠᅳ디라(訓註1). 予는 내 ᄒᆞᄋᆞᆸ시논 ᄠᅳ디시니라(訓註2). 반ᄃᆞ기 本來 叅究ᄒᆞ논 公案애 疑心욀 두리니

(蒙法33). 맛드논 사ᄅᆞᄆᆞ란 貴히 ᄒᆞ고(宣賜內訓序3). 遺失은 님굼 그르ᄒᆞ시논 이리라(重杜解1:1). 늘근 괴 몸 드위티논 ᄠᅳ드로 볼덴(南明上1). 天下ᄅᆞᆯ 平히 홀 근본을 ᄒᆞ논 배니(宣小書題1).

-논·가 어미 -는가. -는 듯이. ☞-는가. -ᄂᆞ가 ¶눈에 보논가 너기ᅀᆞᄫᆞ쇼셔(月印上1). 귀예 듣논가 너기ᅀᆞᄫᆞ쇼셔(月印上1). 내 모매셔 나논가 ᄀᆞ티 ᄒᆞ며(宣賜內訓1:27).

논값 명 고가(高價). ¶이런 논갑슬 받고져 ᄒᆞ면(清老6:8).

논개고리 명 논개구리. ¶春間群鳴以聲相抱者 논개고리(柳氏物名二 昆蟲).

논난ᄒᆞ다 동 논란(論難)하다. ☞론난ᄒᆞ다 ¶우리 둘히 마조 먹으며 적이 論難ᄒᆞ고 안잣자(捷蒙4:4).

논ᄂᆞᆫ 동 놓는. ☞노타 ¶ᄀᆞᄅᆞᄆᆞᆫ 논ᄂᆞᆫ 비와 다ᄆᆞᆺ ᄆᆞᆰ도다:江與放船清(初杜解7:11).

논단ᄒᆞ다 동 논단(論斷)하다. ¶엄젹의 ᄯᅳᆺ을 바다 교죄로 논단ᄒᆞ니(落泉1:1).

-논·뎌 어미 -는 것이여. -는구나. ☞-ᄂᆞ뎌. -ᄂᆞᆫ뎌 ¶슬프다 녯 사ᄅᆞᄆᆡ 마ᄅᆞᆯ 아디 몯ᄒᆞ논뎌:悲哉不悟昔人言(南明下30).

논드렁 명 논두렁. ¶논드렁:埁(物譜 耕農).

-논든 어미 -는 것은. ¶願ᄒᆞ논든 모든 道者ᄂᆞᆫ(龜鑑上24).

-·논·디라 어미 -는지라. ☞-ᄂᆞ디라. -ᄂᆞᆫ디라 ¶世間애 나시논디라(釋譜13:49). 心中이 善티 몯ᄒᆞ면 쇽절업시 定慧 잇논디라:心中不善空有定慧(六祖中2). 간대로 禍福을 니ᄅᆞ논디라 곧 이 塵勞邪見이니라:妄說禍福卽是塵勞邪見(六祖中11).

-논·딘·댄 어미 -는 것이라면. ¶내 아ᄃᆞᆯ 悉達이 오논딘댄 몬져 光明 뵈요미 이 샹녯 祥瑞라(月釋10:8).

-논·ᄃᆞᆫ 어미 -건대. -는 것은. ☞-ᄂᆞᄃᆞᆫ ¶서르 보논ᄃᆞᆫ 恭敬ᄒᆞ야:相見敬(宣賜內訓1:77). 굿브러셔 ᄇᆞ라논ᄃᆞᆫ:伏望(野雲45).

-논ᄃᆡ 어미 -는데. ☞-ᄂᆞᆫᄃᆡ ¶正月ㅅ 나릿 므른 아으 어져 녹져 ᄒᆞ논ᄃᆡ 누릿 가온ᄃᆡ 나곤 몸하 ᄒᆞ올로 녈셔(樂範. 動動).

논박ᄒᆞ다 동 논박(論駁)하다. 논핵(論劾)하다. ¶ᄃᆡ간으로 ᄒᆡ여곰 논박ᄒᆞ야 귀향보내고:令臺諫劾流(東三綱. 忠4). 논박ᄒᆞ다:參劾(同文解上51). 논박ᄒᆞ다:參了(譯解補50). 논박ᄒᆞ여 귀향보내게 ᄒᆞᆫ대:劾流之(五倫2:80).

논쐬야기 명 논뙈기. ¶논쐬야기 ᄒᆞ여 준 것도(閑中錄334).

논쑥 명 논둑. ¶논쑥에 물 볼이라 밧 기음이 엇덧튼이(古時調. 헌 삿갓. 海謠).

논일우다 동 노느다. 분배하다. ☞논힐후다 ¶홈ᄭᅴ 져기 딥과 콩을 논일워 줌이 엇더ᄒᆞ뇨:一發那與些草料如何(老解上50).

논죄ᄒᆞ다 동 논죄(論罪)하다. ¶그 편지ᄅᆞᆯ 맛다 ᄒᆞ야 됴정이 논죄ᄒᆞ니라(山城9).

논호다 동 나누다. ☞ᄂᆞᆫ호다 ¶히미 ᄀᆞ톨서 社稷을 논핫더니:力侔分社稷(重杜解6:30). 도ᄌᆞ기 갓갑거든 논화 두 번을 호ᄃᆡ:賊近分爲二番(練兵1).

논호이다 동 나누어지다. 나눠다. ☞ᄂᆞᆫ호이다 ¶ᄒᆞᆯᄀᆞᆫ 金木水火애 논호여 잇ᄂᆞ니(七大10). 사ᄅᆞᆷ이 그 지친의게ᄂᆞᆫ ᄒᆞᆫ 긔운으로 논호엿도다:人於至親一氣而分(警民44).

논힐후다 동 노닐다. ☞노니다 ¶ᄒᆞᆫ 生日이 디나면 곳 논힐훠 거ᄅᆞᆯ ᄡᅥ시니:過了一生日時便那的步兒(朴解中48).

논힐후·다 동 노느다. ☞논일우다 ¶네 밧고아 왓ᄂᆞᆫ ᄡᆞ래셔 나ᄅᆞᆯ 져기 논힐훠 다고려:你糶來的米裏頭那與我些箇(飜老上53). 이믜셔 져기 딥과 콩을 논힐훠 주ᄃᆡ 엇더ᄒᆞ고:一發那與些草料如何(飜老上55).

논ᄒᆡᆨᄒᆞ다 동 논핵(論劾)하다. ¶몸이 간관이 되여 나라 도적을 논ᄒᆡᆨᄒᆞ여시니 엇디 ᄂᆞᆷ을 다히리오:身爲諫官第論國賊安有爲人所指(五倫2:77). ᄯᅢᄅᆞᆯ 기다려 ᄒᆞᆫ 말노 논ᄒᆡᆨᄒᆞ면(落泉1:1).

놀 명 놋쇠. ☞놋 ¶놀 유:鍮(倭解下8).

놀·노·니 동 놓노니(放). ㉠노타 ¶이제 너를 놀노니 ᄠᅳ들 조차 가라(月釋13:19).

놀 명 노루. ☞노ᄅᆞ ¶쥴애山 두 놀이 ᄒᆞᆫ 사래 ᄢᅦ니:照浦二麞一箭俱徹(龍歌43章). 峻阪앳 놀ᄋᆞᆯ 쏘샤:殪麞峻阪(龍歌65章). 여슷 놀이 디며:六麞斃兮(龍歌86章). 놀이 ᄒᆞ오사 뛰어:麞獨跳(永嘉下41). 놀이 고기 먹고쟈 커늘(續三綱. 孝2). 아비 병드러 놀릐 고기ᄅᆞᆯ 먹고져 ᄒᆞ니 놀리 스스로 동산 가온ᄃᆡ 오나ᄂᆞᆯ:父病欲啗獐肉山獐自來園中(東新續三綱. 孝7:4).
※놀>노ᄅᆞ>노로>노루

놀나다 동 놀라다. ☞놀라다 ¶돈 님재 놀나 두 사ᄅᆞᆷ을 노하 보내니:主驚逐放二人而去(五倫1:19). 위률이 놀나 븟들고 말린대:律驚自抱持(五倫2:12). 사랑 만나 안고 셔나 겁난 ᄯᅳᆺ히 놀나 셔나(萬言詞).

놀내오다 동 놀라게 하다. ☞놀니오다. 놀래다 ¶뉴개 낙틱ᄒᆞ실 일 ᄒᆞ노라 놀내오려(西宮日記上1).

놀니다 동 놀리다(弄). ¶그 니ᄅᆞᆯ 놀님을 들어:聽其弄齒(女四解2:26).

놀님 동 놀림. ㉠놀니다 ¶그 니ᄅᆞᆯ 놀님을 들어(女四解2:26).

놀ᄂᆡ 명 노루의. ⓐ놀 ¶놀ᄂᆡ 삿기:獐羔兒(譯解下33).

놀ᄂᆡ다 동 놀라다. ☞놀나다 ¶문을 열되 하여곰 놀ᄂᆡ시게 말고:驚忤(女四解3:15).

놀니오다 동 놀라게 하다. ☞놀내오다 ¶낙티ᄒᆞ실 일을 ᄒᆞ노라 놀니오ᄃᆡ(癸丑9).

:놀·다 동 ①놀다. ¶이제 져믄 저그란 안ᄌᆞ ᄆᆞᅀᆞᇝ장 노다가(釋譜6:11). ᄒᆞ마 道胎예 노라:旣遊道胎(楞解8:24). 諸根에 노로미 잠간도 긋디 아니호ᄆᆞᆯ(圓覺序61). 如來ㅅ 큰 寂滅海예 놀에 ᄒᆞ쇼셔(圓覺下二之一6). 네 놀며 즐겨홀 젠(宣賜內訓2上31). 노로ᄆᆞᆯ 아니 ᄒᆞ야 잇다니(初杜解7:23). 모다 노라 森然히 精神이 모댓도다:群遊森會神(初杜解16:34). 先主ㅅ廟애 다시 놀오 少城闉으로 ᄯᅩ 디나가라:重遊先主廟更歷少城闉(初杜解20:29). 錦水ㅅ ᄀᆞᅀᆡ ᄒᆞᆫᄃᆡ 노로라:同遊錦水濱(初杜解20:41). 큰 象ᄋᆞᆫ 톳ᄭᅴ 길헤 노디 아니ᄒᆞᄂᆞ니(南明下73). ᄆᆞ를 조차셔 노ᄅᆞ시다가:沿河快活(飜朴上71). 여듧 位런 놀오 쉬오(鄕樂. 大王飯). 놀일:逸(類合下7). 江東 녀편네ᄂᆞᆫ 잠ᄭᅡᆫ도 사괴여 놀옴이 업서:江東婦女略無交遊(宣小5:68). 놀 유:遊(倭解上42. 註千33). 풍뉴와 쟝기로 노ᄅᆞ시더니(明皇1:34). 노다:遊耍(譯解補47). 남으로 초나라희 놀시:南遊於楚(五倫1:4). 노라치 일쪽 나가 노다가(山城4). 노새 노새 매양 쟝식 노새(古時調. 靑丘). 봉황이 천의 놀고 문광이 영농ᄒᆞ니(쌍벽가).
②연주하다. ¶琴 놀오 놀애 브르니(釋譜11:15). 七寶琴을 노더니(月釋21:207). 七寶琴 놀오 놀애 블러(月釋21:207).

:놀·다 형 놀다. 드물다. 귀하다. ¶부텨 나아 ᄃᆞᆫ니시며 ᄀᆞ마니 겨시던 처엄 ᄆᆞᄎᆞᄆᆞᆯ 알 리 노니:鮮有知出處始終(釋譜序2). 가줄봄 업스며 이쇼미 노라 得호미 어려운 法 일울 ᄃᆞᆯ 반ᄃᆞ기 알리로다(金三3:1). 셔울 머글 거시 노든가 흔든가:京裏喫食貴賤(老解上8). 갑 노다:價貴(同文解下26). 노다:貴(漢淸10:16).

:놀·라·다 동 놀라다. ☞놀나다 ¶宮女로 놀라샤미 宮監ᄋᆡ 다시언마ᄅᆞᆫ:宮娥以驚宮監之尤(龍歌17章). 九逵都人이 다 놀라ᅀᆞᄫᆞ니:九逵都人悉驚讚揚(龍歌44章). 大箭 ᄒᆞᆫ 나태 突厥이 놀라ᅀᆞᄫᆞ니:大箭一發突厥驚懾(龍歌47章). 一聲白螺ᄅᆞᆯ 듣ᄌᆞᆸ고 놀라니:一聲白螺聽而驚悚(龍歌59章). 일후믈 놀라ᅀᆞᄫᆞᆯ ᄒᆞᄫᅀᅡ 뒤헤 셔샤:旣驚名號于後獨立(龍歌61章). 사ᄅᆞᆷ이 놀라더니(月印上59). 울에 번게 ᄒᆞ니 사ᄅᆞ미 다 놀라더니(釋譜6:32). 天人이 다 놀라아 疑心ᄒᆞ니라(釋譜13:44). 어미 놀랋가 너겨(三綱. 孝29). 놀라 저호ᄆᆞᆯ 내디 아니케 ᄒᆞ시며(楞解7:43). ᄀᆞ장 놀라 닐오ᄃᆡ(宣賜內訓2上41). 오직 반ᄃᆡ ᄂᆞ로ᄆᆞᆯ 놀라고 蟾蜍의 改變호ᄆᆞᆫ 記錄몬 ᄒᆞ노라:但驚飛熠燿不記改蟾蜍(初杜解20:35). 제 놀라디 아니ᄒᆞᄂᆞ다(南明上38). 놀랄 히:駭. 놀랄 악:愕(類合下27). 놀랄 경:驚(石千19). 놀랄 히:駭(石千38). 놀라다:喫驚(譯解上38). 놀라 씨시게 말고(女四解2:18). 놀라다:吃驚(同文解上20).

놀라비 부 놀랍게. ☞놀라이 ¶즉자히 그위ᄅᆞᆯ ᄇᆞ리고 도라온대 집 사ᄅᆞ미 다 놀라비 너겨 ᄒᆞ더니:即日棄官歸家家人悉驚其忽至(三綱. 孝21).

:놀라·이 부 놀랍게. ☞놀라비 ¶中宮과 놀라이 깃그샤(楞解跋3). 소리 나 놀라이 다ᄅᆞᆯ 씨 爆ㅣ라(法華1:58). 峽이 險ᄒᆞ니 ᄀᆞᄅᆞ미 놀라이 ᄲᆞᄅᆞ고:峽險江驚急(初杜解15:52).

놀라ᄒᆞ·다 동 놀라다. ☞놀라다 ¶내 ᄯᅩ 놀라ᄒᆞ노라:朕復惕然(宣賜內訓2下41). 기피 眷顧호ᄆᆞᆯ 遠客ㅣ 놀라ᄒᆞ노라:遠客驚深眷(重杜解1:24).

:놀랍·다 형 놀랍다. ¶놀라와 저픈 젼ᄎᆞ로:以可驚懾故(楞解8:93). 엇뎨 놀라온 믌겨릐 두위이주믈 보리오:何看駭浪飜(初杜解8:11). 주근 ᄃᆞᆺ시 자다가 헌 갓옷 두퍼셔 놀라오라:尸寢驚弊裘(初杜解22:1). 놀랍다:驚恐(譯解上38).

놀래 명 노래. ☞놀애 ¶긴 놀래ᄅᆞᆯ 지어 ᄲᅧ ᄠᅳᆮ을 뵈니라:作長歌以見意(東新續三綱. 忠1:5). 어리로온 아희ᄃᆞᆯ의 ᄡᅵ노ᄂᆞᆫ 양과 놀래 ᄠᅳᆺ은 모로거니와(新語6:8). 우리ᄂᆞᆫ 어리로온 얼굴과 놀래ᄅᆞᆯ 듯고 축슈만 위홀 ᄯᆞᄅᆞᆷ이오니(新語9:6). 놀래ᄅᆞᆯ 브ᄅᆞ니(太平1:40). 놀래ᄅᆞᆯ 드ᄅᆞ시니(十九史略1:5).

:놀·래·다 동 놀래다. 놀라게 하다. ☞놀내오다 ¶惡으로 天下ᄅᆞᆯ 놀래ᄂᆞ다 ᄒᆞ니:以爲惡駭天下(法華2:28). 모로매 白鷺ᄅᆞᆯ 놀래디 마라:莫須驚白鷺(初杜解15:26). 四面ㅅ 돗깃 사ᄅᆞᄆᆞᆯ 놀래ᄂᆞ니라:驚四筵(初杜解15:41). 녯 風俗이 蛟龍ᄋᆞᆯ ᄉᆞ라 놀래여 雷雨를 닐위ᄂᆞ니라:舊俗燒蛟龍驚惶致雷雨(初杜解25:12). ᄯᅩ 사ᄅᆞᄆᆞᆯ 놀래디 아니ᄒᆞ며:又不驚人(金三3:42).

놀릐 명 노루의. 독놀☞놀릐 ¶아비 병드러 놀릐 고기ᄅᆞᆯ 먹고져 ᄒᆞ니 놀리 스스로 동산 가온ᄃᆡ 오나ᄂᆞᆯ:父病欲啗獐肉山獐自來園中(東新續三綱. 孝7:4 命達孝感).

놀리 명 노루가. 독놀 ¶山中의 麝香 놀리 깁히 드러 수멋셔도(古時調).

놀리·다 동 놀리다[弄]. ¶새 삿기ᄅᆞᆯ 어버의 겨틔셔 놀려 어버이 깃거콰뎌 ᄒᆞ더라:弄雛於親側欲親之喜(宣小4:16). 방올 놀리다:弄鈴(譯解下24).

놀리다 동 움직이다. ¶발 손을 놀려:動脚動手(朴解下6).

놀릐 명 노루의. 독놀 ¶놀릐 고기:獐子肉(譯

解上50). 놀ᄅᆡ 삿기:獐羔(同文解下39).

놀ᄅᆡᄒᆞ다 동 노래하다. ☞노ᄅᆡ. 놀애 ¶碧梧桐 검은고에 南風詩 놀ᄅᆡᄒᆞ며(古時調. 大丈夫. 海謠).

놀·애 명 노래. ☞노ᄅᆡ ¶놀애ᄅᆞᆯ 브르리 하ᄃᆡ:謳歌雖衆(龍歌13章). 놀애예 일훔 미드니:信名於謳(龍歌16章). 頌은 놀애라(月釋序13). 놀애ᄅᆞᆯ 블러 깃거ᄒᆞ더니(月釋2:40). 歌詠ᄋᆞᆫ 놀애오(月釋21:193). 詠歌ᄂᆞᆫ 놀애오(楞解6:47). 슬픈 놀애ᄅᆞᆯ ᄒᆞᆫ 번 드로매 잇ᄂᆞ니라:悲歌在一聽(杜解21:9). 놀애 요:謠(訓蒙叡山本下14). 놀애 곡:曲. 놀애 가:歌(訓蒙下15). 놀애 구:謳(訓蒙下32). 놀애 가:歌(類合下6. 石千36). 놀애와 춤을 ᄀᆞᄅᆞ칠디니라:教之歌舞(宣小5:7).

놀·애브르·다 동 노래부르다. ☞놀애브ᄅᆞ다 ¶놀애브르ᄂᆞᆫ 神靈(月釋1:15). 天龍八部ㅣ 空中에셔 풍류ᄒᆞ며 부텻 德을 놀애브르ᅀᆞᄫᆞ며 香 퓌우며(月釋2:41). 수프렛 곳고리ᄂᆞᆫ 지즈로 놀애브르디 아니ᄒᆞᄂᆞᆺ다:林鶯遂不歌(杜解10:3).

놀·애브ᄅᆞ·다 동 노래부르다. ☞놀애브르다 ¶음심 내여 놀애브ᄅᆞᄂᆞᆫ 사ᄅᆞᄆᆡ 지븨 가:引動淫心唱的人家裏去(飜老下54).

놀여기 명 노래기. ☞노ᄅᆡᆨ이 ¶놀여기:蜈臊(譯解下35).

놀·오·다 동 놀리다. ☞놀이다 ¶ᄒᆞ물며 우리ᄂᆞᆫ 사만 손ᄋᆞᆯ 놀오거니 ᄇᆡ골ᄑᆞ며 치위ᄅᆞᆯ 엇디 염심ᄒᆞ리오:況我長游手飢寒何厭心(野雲50).

놀옴놀·이 명 놀음놀이. ☞놀음노리 ¶孟子ㅣ 점어 겨실 적의 놀옴놀이예 무덤 ᄉᆞ이 일ᄋᆞᆯ ᄒᆞ야:孟子之少也嬉戲爲墓間之事(宣小4:3).

놀음노리 명 놀음놀이. ☞놀옴놀이 ¶孟子ㅣ 져거 겨실 제 놀음노리ᄅᆞᆯ 무덤 ᄉᆞ이 일을 ᄒᆞ야:孟子之少也嬉戲爲墓間之事(重內訓3:11).

놀·이·다 동 ①놀리다. 희롱하다. ¶소리와 글왈와 놀요만:弄音文(楞解6:59). 嬈ᄂᆞᆫ 어즈려 놀일 씨라:嬈擾弄也(法華2:165). 玩ᄋᆞᆫ 놀일 시오(宣賜內訓2上27). 버들 오리 비출 놀이거든 ᄎᆞ마 보디 몯ᄒᆞ고:柳條弄色不忍見(杜解11:4). 믈 놀이며 결 ᄉᆞᄆᆞ차 ᄃᆞᆫ니ᄂᆞᆫ 거ᄉᆞᆫ 이 주글 ᄃᆡ 얻ᄂᆞᆫ 고기와 새요왜오:弄水穿波的是覓死的魚蝦(飜朴上70). 놀일 롱:弄(類合下41).
②놀리다. 움직이다. ¶ᄇᆡ 놀요ᄆᆞᆯ 보노라 ᄒᆞ야:看弄舟(初杜解22:7). ᄭᅩ리 놀이ᄂᆞᆫ 고래 잇도다:有掉尾鯨(初杜解22:18). 棚ㅅ 그테 곡도 놀요ᄆᆞᆯ 보라:看取棚頭弄傀儡(金三2:25). 어귀 세여 혀ᄅᆞᆯ 놀이디 몯ᄒᆞ거든:牙車急舌不得轉(救簡1:24). 곡도 놀유매(龜鑑上27).

놀이ᄒᆞ다 동 놀이하다. ☞노리ᄒᆞ다 ¶여러 노롯바치로 놀이ᄒᆞ거든:着幾箇幇閑的盤弄着(老解下48).

놀·ᄋᆞᆯ 명 노루를. ㊢놀 ¶峻阪앳 놀ᄋᆞᆯ 쏘샤:殪麏峻阪(龍歌65章).

놀·ᄋᆡ 명 노루의. ㊢놀 ¶놀ᄋᆡ 고기 먹고쟈커늘(續三綱. 孝2).

·놈 명 놈. 보통 사람. ☞놈 ¶叛ᄒᆞᄂᆞᆫ 노ᄆᆞᆯ:謀亂之徒(龍歌64章). 耆梨라 홀 노미 사로ᄃᆡ(釋譜24:13). ᄆᆞᄎᆞᆷ내 제 ᄠᅳ들 시러 펴디 몯ᄒᆞᇙ 노미 하니라:終不得伸其情者多矣(訓註2). 者ᄂᆞᆫ 노미라(訓註2). ᄒᆞᆫ 노미 큰 象 ᄐᆞ고 오시며(月釋10:28). 千戶ㅣ 梁氏ㅅ게 나ᅀᅡ간대 구지조ᄃᆡ 목 버힐 노마 내 남진과 盟誓호니 天地鬼神이 아ᄅᆞ시ᄂᆞ니라(三綱. 烈22). 潛隱ᄒᆞᆫ 노ᄆᆞᆯ 기들오:待潛夫(杜解21:3). 늘근 노미 누어슈미 편안ᄒᆞ야 아ᄎᆞ미 게을이 니로니:老夫臥穩朝慵起(杜解22:8). 그 놈ᄃᆞᆯ히 날 ᄒᆞ야 므슴 ᄒᆞ료:那廝們待要我甚麼(飜老上27). 놈 쟈:者(石千42). 어린 놈의 알외기 어려옴이 이예 니ᄅᆞᆯ셔:愚夫之難曉乃至此乎(宣小5:50). 강포ᄒᆞᆫ 놈이 더러이고져 ᄒᆞ리 잇거ᄂᆞᆯ:強暴者欲汚之(東新續三綱. 烈2:2).

놈ᄂᆞᆺ가이 명 높낮이. ☞놉ᄂᆞᆺ가이 ¶믈읫 字ㅅ 音의 놈ᄂᆞᆺ가이를 다 겨틧 點으로 ᄡᅥ 법을 삼을디니:凡字音高低皆以傍點爲準(宣小凡例2). 몬져 모롬애 인품의 놈ᄂᆞᆺ가이ᄅᆞᆯ ᄀᆞᆯ히욜디니:先要分別人品之上下(宣小5:8).

놉ᄂᆞ지 명 높낮이. ☞놈ᄂᆞᆺ가이. 놉ᄂᆞᆺ가이 ¶놉ᄂᆞ지 혤 췌:揣(類合下41).

놉ᄂᆞᆺ가·ᄫᅵ 명 높낮이. ☞놉ᄂᆞᆺ가이 ¶ᄯᅡ히 놉ᄂᆞᆺ가ᄫᅵ 업시 ᄒᆞᆫ가지로 다 ᄒᆞ시며(月釋2:40). ※놉ᄂᆞᆺ가ᄫᅵ>놉ᄂᆞᆺ가이

놉ᄂᆞᆺ가·옴 형 높거나 낮음. ㉮놉ᄂᆞᆺ갑다 ¶臺와 亭子왜 ᄯᅡ히 놉ᄂᆞᆺ가오ᄆᆞᆯ 조차 ᄒᆞ니:臺亭隨高下(初杜解6:36).

놉ᄂᆞᆺ가·이 명 높낮이. ☞놉ᄂᆞᆺ가ᄫᅵ ¶뎌와 나왓 相이 업스샤ᄆᆞᆫ 心地ᄅᆞᆯ 善히 平히 ᄒᆞ야 놉ᄂᆞᆺ가이 업수믈 表ᄒᆞ시니라:無彼我相表善平心地無有高下也(楞解5:69). ᄇᆞᆷᄇᆞᄅᆞᆷ 和ᄒᆞᆫ 긔운ᄋᆞᆫ 本來 놉ᄂᆞᆺ가이 업스니(南明上22). 輪王ㅅ 아ᅀᆞᄆᆞᆫ 놉ᄂᆞᆺ가이 업거늘 죽사리ᄂᆞᆫ 므슷 일로 갈아 ᄒᆞᆫ가지 아니오:輪王種族無高下死生何事不同歧(南明下42). 모로매 ᄉᆡᆫ품의 놉ᄂᆞᆺ가이ᄅᆞᆯ ᄀᆞᆯ히욜디니(飜小6:8).
※ 놉ᄂᆞᆺ가이<놉ᄂᆞᆺ가ᄫᅵ

놉ᄂᆞᆺ가·이 부 높이 또는 낮게. ¶寒食ㅅ ᄀᆞᄅᆞᆷ ᄆᆞᅀᆞᆶ 길헤 ᄇᆞᄅᆞᇝ 고지 놉ᄂᆞᆺ가이 ᄂᆞᄂᆞ다:寒食江村路風花高下飛(初杜解11:11). 參差ᄂᆞᆫ 不齊니 놉ᄂᆞᆺ가이 두루 셔 울 시라(重杜解1:11).

놉ᄂᆞ갑·다 형 높거나 낮다. ¶臺와 亭子왜 ᄶᅡ히 놉ᄂᆞ가오ᄆᆞᆯ 조차 ᄒᆞ니:臺亭隨高下(初杜解6:36).

놉·다 형 높다. ☞높다 ¶巍巍ᄂᆞᆫ 놉고 클 씨라(月釋1:1). 衛尉ᄂᆞᆫ 나히 놉고(宣賜內訓2上52). 하ᄂᆞᆯ콰 ᄯᅡ쾌 爲ᄒᆞ야 오래 ᄂᆞᆽ갑거니 놉거니 ᄒᆞ니라:天地爲之久低昻(初杜解16:47). 뫼 놉고 勝타 호ᄆᆞᆫ(南明下66). 숨셩별도 놉거다:參兒高也(飜老上57). ᄂᆞᆽ가온 ᄃᆡ 이셔 놉픈 ᄃᆡᄅᆞᆯ 엿보모로 ᄒᆞ야:處下而闚高(飜小9:19). 평ᄉᆡᆼ의 놉고 ᄆᆞᆯ가 스스로 디킈고:平生高潔自守(東新續三綱. 忠1:72). 제 지조ᄅᆞᆯ 놉흐라 ᄒᆞ고(三譯7:10). 공상 놉흔 ᄆᆞᆯ:高脚馬(漢淸13:23). 놉흘 고:高(註千22). 놉흘 위:魏(註千25). 놉플 텩:俶(註千28). 놉흘 강:抗(註千30). 놉흘 쇼:邵(註千41). 약쇼ᄂᆞᆫ 글이 놉고 조촐ᄒᆞ야(女四解3:2). 냥나라 놉흔 사ᄅᆞᆷ들이(女範3. 뎡녀 냥과고힝). 놉다:高啊(同文解上7). 東山泰山이 어ᄂᆞ야 놉돗던고(松江. 關東別曲). 놉흔 지 반겨 올나 고향을 ᄇᆞ라보니(萬言詞). 계룡산 놉흔 뫼을 눈결의 지나거다(萬言詞).

놉·디·옷 부 높을수록. ☞-디옷 ¶하ᄂᆞᆯ ᄃᆞᆯ히 놉디옷 목수미 오라ᄂᆞ니(月釋1:37).

놉ᄇᆞᄅᆞᆷ 명 높새바람. 북동풍. ¶놉ᄇᆞᄅᆞᆷ 늣ᄇᆞᄅᆞᆷ의 한외ᄇᆞᄅᆞᆷ 마파ᄅᆞᆷ의(萬言詞答).

놉즈기 부 높직이. ☞놉ᄌᆞ시 ¶놉즈기 ᄡᅩ고 ᄲᅧ디게 말라:高些箇射休小了(老解下33).

놉ᄌᆞ시 부 높직이. ☞놉즈기 ¶놉ᄌᆞ시 ᄡᅩ고 ᄲᅧ디게 말라:高些箇射休小了(飜老下37). 양의 오희양을 놉ᄌᆞ시 ᄆᆡᆼᄀᆞᆯ오(牛疫方14).

놉품 형 높음. ¶화로ᄡᅥ 귀ᄒᆞᆷ을 ᄒᆞ고 효슌으로 놉품을 ᄒᆞ라(女四解3:26).

놉픠 명 높이. ☞노픠. 노퓌 ¶용녕이란 재 이시니 놉픠 수십 니오:有庸嶺高數十里(太平1:10).

놉피 부 높이. ☞노피 ¶墳은 곳 封ᄒᆞᆫ ᄒᆞᆰ기 놉피 니러ᄂᆞᆫ 者ㅣ라(家禮7:21). 상인이 불의예 놉피 되다:撅竪(語錄 26).

놉히 부 높이. ☞노피 ¶놉히 ᄒᆞᆫ 소릐ᄅᆞᆯ ᄒᆞ고(武藝圖4). 두 손을 놉히 들어(武藝圖4).

놉히다 동 높이다. ¶右手ᄅᆞᆯ 놉혀 槍을 ᄶᅵ으러(武藝圖4). 앏흘 ᄂᆞ노며 뒤흘 놉히고(武藝圖4).

놋 명 놋쇠. ☞놋 ¶놋젓 그트로 므레 저져 藥ᄋᆞᆯ 무텨 목 안해 디그라:用銅筯頭於水中蘸令濕揾藥末點於咽喉中(救急上45). 놋술:銅匙(飜老下33). 놋 쥬게ᄅᆞᆯ 다 收拾ᄒᆞ여 두라:銅杓都收拾下着(朴解中12). 놋 쥬게:銅杓(譯解下13). 놋:鍮鐵(同文解下23). 놋:青銅(柳氏物名五 金). 놋 가마:鑼鍋(漢淸11:37).

놋갑 명 석(錫). 주석(朱錫). ☞납 ¶놋갑:錫(才物譜 地譜).

놋그릇 명 놋그릇. ☞놋. 놋. 그릇 ¶놋그릇:銅椀(譯解下12).

놋납 명 석(錫). 주석(朱錫). ☞납 ¶놋납:錫(柳氏物名五 金).

-놋·다 어미 -는구나. ☞-ᄂᆞᆺ다 ¶보비ᄅᆞᆯ 더리도록 아니 앗기놋다 ᄒᆞ야(釋譜6:26). 大導師ㅣ 自覺ᄒᆞ시고 能覺他ᄒᆞ시놋다(月釋9:12). 苦樂法을 알에 ᄒᆞ시놋다 ᄒᆞ시고(月釋21:9). 衆生애 만히 饒益ᄒᆞ놋다(法華7:112). 나지여 바미여 기리 ᄉᆞ랑ᄒᆞ야 셜우미 ᄆᆞᅀᆞ매 나놋다(宣賜內訓2下46). 알ᄒᆞ며 ᄯᅩ 피ᄅᆞᆯ 흘리놋다:呻吟更流血(重杜解1:2). 오시 ᄇᆞᄅᆞ매 부리놋다:衣颯飄颻(重杜解1:34). 수프렛 곳고리ᄂᆞᆫ 지즈로 놀애 브르디 아니ᄒᆞ놋다:林鶯遂不歌(杜解10:3). 사ᄅᆞᄆᆞᆫ 오히려 술 살 도ᄂᆞᆯ 주놋다:猶人乞酒錢(杜解21:42). 뷘 ᄆᆞᅀᆞᆯ힌 버미셔 ᄃᆞ토놋다:空村虎豹爭(初杜解23:4). 滄江 흐르ᄂᆞᆫ 므리 굽구뤼오 브어오놋다:屈注滄江流(重杜解13:10). 窈窕ᄒᆞᆫ 어딘 女ᄅᆞᆯ ᄭᆡ며 자매 求ᄒᆞ놋다:窈窕淑女寤寐求之(詩解 1:1). 之子ㅣ 歸ᄒᆞᆷ애 百兩으로 마놋다:之子于歸百兩御之(詩解 1:12).

놋더나물 명 바곳. ☞바곳 ¶놋더나물:草烏頭(柳氏物名三 草).

-·놋도·다 어미 -는구나. ☞-ᄂᆞᆺ도다 ¶구룸 ᄢᅵᆫ ᄀᆞᄅᆞ매ᄂᆞᆫ ᄃᆞᆳ비치 軒檻애 오ᄅᆞ놋도다:雲江月上軒(初杜解8:25). 구슬 ᄀᆞᄐᆞᆫ 눈므를 ᄀᆞ마니 흘려 ᄉᆞ랑ᄒᆞᄂᆞᆫ 사ᄅᆞᆷ 보내놋도다:暗垂珠淚送情人(百聯19).

놋소라 명 놋소라. ☞놋. 놋. 소라 ¶놋소라:銅盆(譯解下13).

놋쇠 명 놋쇠. ☞놋 ¶놋쇠 유:鍮(兒學上4).

놋술 명 놋숟가락. ¶놋술:銅匙(老解下30). 놋술:銅匙(漢淸11:36).

-놋ᄶᅡ 어미 -는구나. ☞-놋다 ¶우리 사오나와 간대로 ᄅᆞᆯ외놋ᄶᅡ ᄒᆞ고:吾等不良妄相侵犯(重二倫9).

놋타 동 놓다〔架〕. ☞노타 ¶ᄃᆞ리 놋타:搭橋(同文解上41).

놋타 동 놓다〔放〕. ☞노타 ¶매 놋타:放鷹(譯解上22). 됴총 놋타:放鳥銃(同文解上49). 매 놋타:放鷹(漢淸4:55). 개 놋타:放狗(漢淸4:56).

놋타 동 놓다〔置〕. ☞노타 ¶겹쳐 놋타:重垜上. 결쳐 놋타:擱着(漢淸10:15).

놋타 동 놓다. ¶상침 놋타:緝(漢淸11:26).

농 명 농(籠). 장롱(欌籠). ¶큰 범이 이셔 농 겨틔 와 우로되:有大虎來吼籠側(東新續三綱. 孝1:21).

농간ᄒᆞ다 동 농간(弄奸)하다. ¶다ᄆᆞᆫ 간ᄉᆞᄒᆞᆫ

사ᄅᆞᆷ의 등간 농간ᄒᆞ미 이실진ᄃᆡ(落泉1:2).

농게 명 농게. ¶바늘 갓흔 송ᄉᆞ리 눈 긴 농게(古時調. 金壽長. 바독 걸쇠갓치. 海謠). 농게:海蟹(漢淸14:46).

농·긔 명 농기(農器). 농기구(農器具). ¶武王이 紂ᄅᆞᆯ 伐ᄒᆞᆫ 後에 戈戟을 디여 農器를 ᄆᆡᆼᄀᆞ니(圓覺下二之二24). 兵戈ᄅᆞᆯ 노겨 農器를 디면 녜와 이제 히 뵈야ᄒᆞ로 편안ᄒᆞ리라(重杜解19:37). 농긔ᄅᆞᆯ 소ᄂᆡ 가져 ᄲᆞᆯ리 ᄃᆞ라드러 텨 주기니:手農器疾趨擊殺之(東新續三綱. 烈7:79). 농긔 ᄒᆞᆫ 벌:一具(漢淸10:3).

농난히 부 무르익게. ¶농난히 구은 족과 썬 싱션과:燒爛蹄蹄蒸鮮魚(朴解上5).

농량 명 농량(農糧). ¶농량도 예셔 ᄒᆞᆯ 거시오 진ᄌᆞ도 예셔 ᄒᆞᆯ 거시니(綸音104).

농부 명 농부(農夫). ¶陶冶ㅣ 또ᄒᆞᆫ 그 械器로ᄡᅥ 粟을 易ᄒᆞᄂᆞᆫ 者ㅣ 엇디 農夫를 厲홈이리오:陶冶亦以其械器易粟者豈爲厲農夫哉(宣孟5:20). 農夫와 田父왜 消息이 업도다:農夫田父無消息(重杜解12:15). 남은 곡셔으로 撙節ᄒᆞ야 머그모로 농부ㅣ 소업을 일티 아니ᄒᆞ야(警民13).

농소 명 ①농막(農幕). ¶농소 셔:墅(訓蒙中8). 농소 서:墅(倭解下3).
②농지(農地). ¶뎌 官人의 농소ᄅᆞᆯ ᄀᆞ음아라 種田ᄒᆞ더니:管着他官人家莊土種田來(朴解下36). 농소:莊地(譯解補41).

농ᄉᆞ 명 농사(農事). ¶비 오래 오ᄃᆡ 農事애 妨害티 아니ᄒᆞ도다:久雨不妨農(重杜解12:37). 졸양ᄒᆞᆫ 농ᄉᆞᄂᆞᆫ 아오로 협늑ᄒᆞ야 밧ᄂᆞᆫᄃᆡ 드ᄂᆞᆫ지라(綸音91).

-농이다 어미 -나이다. -옵니다. ☞-노이다. -노이다 ¶됴흔 天氣에 예ᄶᅵ지 브트시니 아ᄅᆞᆷ다와 ᄒᆞ농이다(新語5:17). 예ᄶᅵ지 使者ㅣ 감격키 너기농이다(新語5:18). 委細之儀ᄂᆞᆫ 對馬島主ᄭᅴ 닐러 보내농이다(新語8:3). 일로조차 하딕ᄒᆞ농이다 ᄒᆞ고:從此辭矣(東新續三綱. 烈6:48).

농장 명 농장(農場). ¶네 농장에 가고져 호ᄃᆡ:我要你莊頭裏去(朴解中42). 농장이 잇ᄂᆞᆫ디라(太平1:16).

농ᄒᆞ·다 동 농(弄)을 하다. ☞롱ᄒᆞ다 ¶일즉 ᄀᆞᄅᆞᆷ 우희 밀믈 弄ᄒᆞᆯ 사ᄅᆞᄆᆞᆯ 보니 믈 ᄃᆞᄉᆞ리 믌결 믜릴 듣디 몯호라(南明上72). 농ᄒᆞ기ᄅᆞᆯ 그저 눈이 바믜엿게 ᄒᆞ고:弄的只是眼花了(朴解中1). ᄯᅩ 셔기 비호ᄃᆡ 허리 므ᄅᆞ니 뎌ᄅᆞᆯ 농티 말라:恰學立的腰兒軟休弄他(朴解中48).

높·다 형 높다. ☞놉다 ¶城 높고 ᄃᆞ리 업건마ᄅᆞᆫ:城之高矣雖無梯矣(龍歌34章). 獨眼이 노ᄑᆞ시니:獨眼最大(龍歌49章). 남기 높고도 불휘ᄅᆞᆯ 바히면(月印上36). 尊ᄋᆞᆫ 노ᄑᆞ신 부니시니라 ᄒᆞ논 ᄠᅳ디라(釋譜序1). 노ᄑᆞᆫ 樓 우희 오ᄅᆞ시고(釋譜6:2). 去聲은 ᄆᆞᆺ 노ᄑᆞᆫ 소리라(訓註13). 崇은 노ᄑᆞᆯ 씨오(月釋序23). 노포미 뫼해셔 더으니(法華4:51). 소리 노파(圓覺序56). 德行의 노포ᄆᆞᆯ 아디 몯ᄒᆞᄂᆞ니:不知德行之迫雲(宣賜內訓序6). ᄒᆞᄅᆞᆺ바ᄆᆡ 므리 두 자히 나마 노ᄑᆞ니:一夜水高二尺强(杜解10:4). 수ᄇᆞᆰ 노ᄑᆞᆫ 곳 곳고:高頂揷花(飜朴上5). 노ᄑᆞᆯ 존:尊(類合上17. 倭解下32. 註千14). 노ᄑᆞᆯ 슝:崇(類合下18). 노ᄑᆞᆯ 고:高(類合下48. 石千22). 노ᄑᆞᆯ 외:巍(類合下53). 노ᄑᆞᆯ 쥰:峻. 노ᄑᆞᆯ 탁:卓(類合下56). 노ᄑᆞᆯ 쇼:邵(石千41).

-·뇌 어미 ①-나이다. -습니다. ☞-노이다. -노이다 ¶祥瑞도 하시며 光明도 하시나 ᄀᆞᆺ 업스실ᄊᆡ 오ᄂᆞᆯ 몯 ᄉᆞᆲ뇌(月印上10. 月釋2:45). 쳥ᄒᆞ뇌 지븨 드러 안ᄌᆞ쇼셔:請家裏坐的(飜老下35).
②-네. ¶太平盛代에 病으로 늘거 가뇌(古時調. 煙霞로. 靑丘).

뇌곤ᄒᆞ다 형 노곤(勞困)하다. ¶뇌곤ᄒᆞ다:倦軟(漢淸8:7).

뇌다 동 뇌다. 고운 체로 다시 한 번 치다. ¶뇌다:重篩(漢淸10:13).

-뇌·다 어미 -습니다. ☞-노이다 ¶先師의 道德은 重히 너기디 아니커니와 오직 先師ㅣ 날 爲ᄒᆞ샤 說破티 아니샤ᄆᆞᆯ 重히 너기뇌다 ᄒᆞ시니:不重先師道德只重先師不爲我說破(龜鑑下63). 대강 불법을 아도록 언문으로 ᄡᅥ 알귀 ᄒᆞ뇌다(普勸文12).

뇌물 명 뇌물(賂物). ¶뇌물 쓰다:打賂(同文解下29).

뇌야 부 다시. ☞ᄂᆞ외야 ¶幽間 景致ᄂᆞᆫ 견홀ᄃᆡ 뇌야 업ᄂᆡ(蘆溪. 獨樂堂).

뇌야·기 명 노야기〔풀 이름〕. 향유(香薷). ¶뇌야기 슈:葇(訓蒙上15).

뇌약ᄒᆞ다 동 뇌약(牢約)하다. 굳게 약속하다. ¶아쥬 종신 중밍을 셔도 뇌약ᄒᆞ야(引鳳簫2).

뇌여 부 다시. ☞노여. ᄂᆞ외야 ¶뎌 즁이 닐오ᄃᆡ 뇌여란 싱심이나:那和尙說再也不敢(朴解上34). 뇌여란 이런 일 모로ᄂᆞᆫ 말 니ᄅᆞ디 말라:再來休說這般不曉事的話(朴解中18). 뇌여 싱심이나 날과 당방올 티기 ᄒᆞᆯ 쌰:再也敢和我打毬麼(朴解下36). 뇌여 츠다:重羅(同文解下14).

뇌연 명 윗사람. 상전. ☞노연 ¶ᄌᆞ식은 어버의 거ᄉᆞᆯ 쓰고 종은 뇌연의 거ᄉᆞᆯ 쓰ᄂᆞ니:孩兒使爺娘的奴婢使使長的(朴解下37).

뇌정 명 뇌정(雷霆). 천둥. ¶폐해 뇌정 ᄀᆞᄐᆞᆫ 군ᄉᆞ로(山城85). 雷霆이 破山ᄒᆞ여도(陶山十二曲).

-뇡·다 어미 -나이다. -옵니다 ☞-노이다 ¶

그리 아니라 부텨와 즁과를 請ᄒᆞᅀᆞᄫᆞ려 ᄒᆞ놓다(釋譜6:16).

뇨 명 전곡(錢穀). ¶뇨:錢粮(同文解上38).

뇨 명 요(料). 요급(料給). ¶뇨 뇨:料(類合上26). 세 왕ᄌᆞ 부인을 특별이 명ᄒᆞ여 뇨ᄅᆞᆯ 주고(仁祖行狀15). 내 두 ᄃᆞᆯ 뇨 ᄐᆞᆯ ᄲᅥ시 이셰라:我有兩箇月俸來關(朴解上11).

뇨 명 요. ☞요 ¶셤거적 ᄯᅳ뎌 펴니 션단 뇨히 되엿거ᄂᆞᆯ(萬言詞).

-·뇨 어미 -냐. -느냐. ☞-ᄂᆞ뇨 ¶比丘ㅣ 어드러셔 오뇨(釋譜19:30). ᄆᆞᄉᆞᆷ 病으로 命終ᄒᆞ뇨(月釋9:36上). 나히 열세헤 니르러 그 ᄆᆞ리 엇더ᄒᆞ더뇨:至年十三其水云何(楞解2:8). 趙州ㅅ ᄠᅳ든 엇더ᄒᆞ뇨:趙州意作麼生(蒙法56). 이 無ㆆ字ᄂᆞᆫ 어느 고ᄃᆞᆯ 從ᄒᆞ야 나뇨:者箇無字從何處出(蒙法61). 녜ᄂᆞᆫ 엇데 ᄂᆞᆯ나더니 이제ᄂᆞᆫ 엇데 어리뇨:昔何勇銳今何愚(初杜解8:2). 뉘 시러 보뇨(南明上25). 어느 고ᄃᆞᆯᄇᆞ터 나오뇨(金三2:5). 엇디 앗가사 예 오뇨:怎麼纔到的這裏(飜老上1). 네 回로 더브러 뉘 愈ᄒᆞ뇨:汝與回也孰愈(宣論1:43 公治長).

뇨강 명 요강. ¶뇨강:尿缸(物譜 几案).

뇨긔ᄒᆞ다 동 요기(療飢)하다. ¶움을 국을 ᄒᆞ여 머그면 맛도 됴코 뇨긔ᄒᆞᄂᆞ니(救荒補15).

뇨령 명 요령. ¶뇨령 뇨:鐃(倭解下16).

뇨향 명 왕골. ☞요향 ¶뇨향:水葱草(柳氏物名三 草).

뇨화 명 요화(蓼花). 여뀌꽃. ☞료화 ¶뇨화:葒蓼(物譜 蔬菜).

뇽 명 용(龍). ☞룡 ¶ᄉᆡ옴 업슨 묘법을 비호면 뇽이 믈 어둠 ᄀᆞᄐᆞ며:學無漏之妙法如龍得水(野雲41). 뇽이 침실의 드러(閑中錄54). 뇽의 소 ᄀᆞᆺ흔 ᄃᆡ 괴로이 날 적의(三譯9:15).

뇽소 명 용수. ☞룡ᄉᆞ ¶뇽소:酒篘子(同文解下14). 뇽소:篘(物譜 酒食).

뇽지 명 용지. ☞룡지 ¶뇽지:亮子(同文解下15). 뇽지:亮子(譯解補44). 겨 믓친 뇽지:糠燈(譯解補44).

뇽총 명 용총(龍驄). 용총줄. ☞용총 ¶노도 일코 닷도 일코 뇽총도 근코 돗대도 것고 치도 ᄲᅡ지고(古時調. 나모도 바히. 靑丘).

뇽타 형 용하다. 재주가 뛰어나다. ☞뇽ᄒᆞ다 ¶너 손의 나ᄂᆞᆫ 지조 뇽타야 ᄒᆞᆯ가마ᄂᆞᆫ(曺友仁. 自悼詞).

뇽ᄒᆞ다 형 용하다. 재주가 뛰어나다. ☞뇽타 ¶재조 뇽ᄒᆞᆫ 內弓匠人 무어니니 활이로다(武豪歌).

누 명 누(樓). ☞루 ¶쇠북 돈 누:鍾樓(譯解上25). 누ᄅᆞᆯ 짓고(五倫3:24).

누 명 누(累). ¶亡者의 累ㅣ 되게 말라(家禮8:13).

·누 대 누구. ☞누구. 뉘 ¶討賊之功ᄋᆞᆯ 눌 미르시리:討賊之功伊誰云推(龍歌99章). 어느 누를 더브르시려뇨(月印上19). 눌 더브러 므려사 ᄒᆞ리며(釋譜13:15). 이 사ᄅᆞ미 누고(月釋17:34). 師ㅣ 무로ᄃᆡ 부톄 누고(月釋21:195). 種智 내리 누고(法華5:196). 釋迦 彌勒이 오히려 ᄂᆞᄆᆡ 죵이라 ᄒᆞ니 ᄂᆞᄆᆞᆫ 누구:釋迦彌勒猶是他奴他是阿誰(蒙法20). 눌와 다ᄆᆞᆺ 議論ᄒᆞ리오:與誰論(初杜解8:46). ᄆᆞᅀᆞ매 심히 ᄉᆞ랑ᄒᆞᄂᆞ닌 누고:苦心愛者誰(初杜解16:39). 눌ᄃᆞ려 니ᄅᆞ료(金三2:45). 더위자ᄇᆞ리 누고(南明上29). 이 버든 누고:這火伴是誰(飜老下6). 누를 ᄒᆞ야 가 어드라 ᄒᆞ료:着誰去討(飜朴上3). 누를 위ᄒᆞ야 孝ᄒᆞ며:誰爲孝(宣小2:76). 눌과 離別ᄒᆞ엿관ᄃᆡ(古時調. 窓 밧긔. 靑丘).

누각 명 누각(樓閣). ☞루각 ¶누각:樓子(同文解上34).

누고 대 누구. ☞누구 ¶누고오 무르신대 張禹ㅣ이다 ᄒᆞ야ᄂᆞᆯ:上問誰對曰張禹(三綱. 忠7). 누고:誰也那一箇(老朴集. 單字解3). 누고 지어셰니오(樂範. 處容歌). 이 벗은 누고고:這火伴是誰(老解下5). 삼ᄃᆡ 이하의 사ᄅᆞᆷ을 아라 잘 브린 님금이 누고고(仁祖行狀21). 누고:誰(同文解下51. 漢淸8:59). 누고 몬져 ᄒᆞ리오(古時調. 長白山에. 靑丘). 누고셔 大醉ᄒᆞᆫ 後ㅣ면(古時調. 靑丘). 물러간 이 긔 누고며(古時調. 海謠). 못 오신 친지 쳥ᄒᆞ소셔 누고누고 못 와던고(ᄇᆡᆨ화당가). 오신 손님 혜어 보소 누고누고와 겨신고(ᄇᆡᆨ화당가).

·누·구 대 누구. ☞누. 누고 ¶누구 슉:孰(石千23). 누구 슈:誰(石千31). 누구ᄂᆞᆫ 어믜오라븨게 난 ᄌᆞ식 누구ᄂᆞᆫ 아븨누의게 난 ᄌᆞ식고:誰是舅舅上孩兒誰是姑姑上孩兒(飜老上16). 누구 슈:誰(倭解下33).

누·규·리·라 동 눅이려고. ㉠누기다 ¶耶輸의 ᄠᅳ들 누규리라 ᄒᆞ샤(釋譜6:9).

누·그럽·다 형 너그럽다. ¶반ᄃᆞ시 그 어위크고 누그러오며 ᄌᆞ샹ᄒᆞ고:必求其寬裕慈(宣小1:3).

누그리 부 누긋이. ¶셩 누그리 ᄒᆞ다:氣略解了(漢淸7:6).

누긋ᄒᆞ다 형 누긋하다. ¶여러의 손에 다 장기 업슴을 보고 ᄆᆞᄋᆞᆷ이 누긋ᄒᆞ다(三譯2:11). ᄆᆞᄋᆞᆷ이 ᄀᆞᆺ 적이 누긋ᄒᆞ다(三譯8:1). 셩 누긋ᄒᆞ다(同文解下60).

누긔 명 누기(漏氣). ¶누긔가 이시매 셤을 푸러 ᄒᆞᆫ 이틀 ᄆᆞᆯ뇌여야(隣語1:21).

누·기·다 동 눅이다. 늦추다. 용서하다. ¶耶輸의 ᄠᅳ들 누규리라 ᄒᆞ샤(釋譜6:9). 弛ᄂᆞᆫ 누길 씨라(月釋序13). 尊奉ᄒᆞᅀᆞᄫᆞᆯ 엇데

누기리오:崇奉曷弛(月釋序13). 우디 마ᄅᆞ시고 ᄆᆞᅀᆞᄆᆞᆯ 누기쇼셔(月釋10:18). 반ᄃᆞ기 爲ᄒᆞ야 누겨 프로ᄃᆡ:必爲之寬解(宣賜內訓3:32). 장니 죄 줄 법을 누기디 말며:不貸贓吏法(飜小10:14). 누길 유:宥(類合下10). 누길 셔:紓(類合下18). 만일에 기름으로 누기디 아니ᄒᆞ며 밋 더듸 쁘드면:若不潤及遲揭(痘要下36).

누ᄀᆞᆨ [명] 누각(漏刻). 각루(刻漏). ¶다ᄉᆺ 바ᄆᆡᆺ 漏刻 소리:五夜漏聲(重杜解6:4).

누·네노·리 [명] 눈에놀이. ¶누네노리 멸:蠛. 누네노리 몽:蠓(訓蒙上23).

누네치 [명] 눈에치. 〔말의 눈병의 한 가지.〕 ☞눈에치 ¶네 나ᄅᆞᆯ ᄆᆞᆯ 누네치 고텨 다고려:你饋我醫馬骨眼(飜朴上43).

누누히 [부] 누누(屢屢)이. ☞누루히 ¶누누히:屢屢的(漢淸8:56).

누·다 [동] 누다. ¶오좀 누는 ᄊᆞᄒᆞᆯ 할ᄒᆞ니(釋譜11:25). 제 아비 ᄯᅩᆼ 즈ᄎᆡ더니 눈다마다 머거 보니:易泄痢黔婁輒取嘗之(三綱. 孝21). 오좀 누어 뷧복 가온ᄃᆡ 덥게 ᄒᆞ면 즉재 됴ᄒᆞ리라(救簡1:33). 그려도 몯 누거든 즉재 약을 통애 브ᅀᅥ:未通則傾藥於桶斛中(救簡3:61). ᄆᆞᆯ 보며 오좀 눌 ᄢᅴ(牧牛訣29). 오좀 누ᄂᆞᆫ 그르슬(宣小4:30). 오좀 몯 누거ᄂᆞᆯ ᄲᅡ니 즉제 됴ᄒᆞ니라:小便不通吮之卽愈(東新續三綱. 孝2:83). ᄯᅩᆼ 누다:出恭(同文解上17).

·누·다 [동] 보존하다. ¶샤특ᄒᆞᆫ 이ᄅᆞᆯ 막ᄌᆞᄅᆞ고 셩실ᄒᆞᆫ 이ᄅᆞᆯ 누어:閑邪存誠(飜小8:10).

누더기 [명] 중의 옷. 납의(衲衣). ☞눕더기 ¶누더기 납:衲(倭解上46).

누ᄃᆡ [명] 누대(樓臺). ¶누ᄃᆡ와 궁실이 화려ᄒᆞ야 인간 ᄀᆞᆮ디 아니ᄒᆞ더라:館宇屋室侈於王者(太平1:48).

누러ᄒᆞ·다 [형] 누렇다. ¶그 ᄢᅴ 누런 안개 四方애 ᄀᆞ독ᄒᆞ고:其時黃霧四塞(宣賜內訓2上49). ᄒᆡᆺ비치 ᄀᆞ독ᄒᆞᆫ 樓ㅅ 알ᄑᆡᄂᆞᆫ ᄀᆞᄅᆞᇝ 雲霧ㅣ 누러ᄒᆞ도다:日滿樓前江霧黃(杜解10:45). 가마 믿 마촘 아랫 누런 ᄒᆞᆰ:竈下黃土(救簡1:25). ᄂᆞᆾ 누러ᄒᆞ다(漢淸6:9).

누로게 [형] 누렇게. ㉮누로다 ¶굵게 것거 누로게 복가 만히 ᄆᆡ이 달혀(辟新4).

누로다 [동] 누르다〔壓〕. ☞누루다. 누르다 ¶쟉도 누로다:按草(譯解下34).

누로다 [형] 누르다〔黃〕. ☞누루다. 누르다 ¶프른 머귀ᄅᆞᆯ 누로게 ᄒᆞ노소니(重杜解3:45). 굵게 것거 누로게 복가 만히 ᄆᆡ이 달혀 덥게 ᄒᆞ여(辟新4). 누로 황:黃(註千1).

누록 [명] 누룩. ☞누룩 ¶가다니 ᄇᆡ 브른 도긔 설진 강수를 비조라 조롱곳 누로기 ᄆᆡ와 잡ᄉᆞ와니 내 엇디ᄒᆞ리잇고(樂詞. 靑山別曲). 누록:酒麯(同文解上60). 누록 ᄢᅴ오ᄂᆞᆫ 갸ᄌᆞ:熰架(漢淸9:74).

누루다 [동] 누르다. ☞누로다. 누르다 ¶목을 누루고 족치다:按頦子蹬脚(漢淸4:49). 누룰 거:據(註千18).

누루다 [형] 누르다〔黃〕. ☞누로다 ¶빗치 누루고 혹 프른 밀 빗 ᄀᆞᄐᆞ며:色黃或蒼蠟色(痘瘡方49). 누루다:黃(同文解下25).

누루러 [동] 누렇게 되어. ☞누르러 ¶비위 쥬ᄒᆞᆷ으로 비위 빗치 밧긔 발ᄒᆞ야 누루러:脾胃主之土色發於外而黃也. 혹 누루러 프르러 ᄒᆞᆫ 쟈ᄂᆞᆫ:或黃綠色者(痘瘡方49).

누루스러ᄒᆞ다 [형] 누르스름하다. ¶누루스러ᄒᆞ다:淡黃(同文解下25). 누루스러ᄒᆞᆫ 쇼:淡黃牛(漢淸14:36).

누루히 [부] 누누(屢屢)이. ☞누누히 ¶뎐해 미말 쇼신의 거취로ᄡᅥ 누루히 하교ᄒᆞ시기ᄅᆞᆯ(經筵).

누·룩 [명] 누룩. ☞누록 ¶됴ᄒᆞᆫ 누루글 ᄀᆞᄅᆞ밍ᄀᆞ라:神麴爲末(救急下96). 길헤 누룩 시른 술위ᄅᆞᆯ 맛보아ᄃᆞᆫ:道逢麴車(初杜解15:40). 누룩 국:麴(訓蒙中21). 누룩 국:麴(類合上26). 약의 드ᄂᆞᆫ 누룩:神麴(東醫 湯液一 土部). 누룩:酒麯子(漢淸12:42).

누뤼 [명] 누리. 우박(雨雹). ☞무뤼 ¶ᄇᆞᄅᆞᆷ과 누뤼와 하 티니 새 즘ᄉᆡᆼ이 주그며 플와 나모왜 것듯더니:風雹所經處禽獸暴死草木摧折(三綱. 孝25).

누르 [부] 눋도록. ¶콩 서 되ᄅᆞᆯ 누르 봇가 술 서 되예 ᄌᆞ마 우러난 므를 다 머그라:炒大豆令焦以酒三升淋取汁頓服(救簡1:27).

누·르·다 [동] 누르다. ☞누로다. 누루다. 누ᄅᆞ다 ¶내 손가락 눌루메(楞解4:54). 鎭ᄋᆞᆫ 누를 씨라(楞解7:57). 두 習이 서르 미리완ᄂᆞᆫ 젼ᄎᆞ로 누르며 텨 누르며 다와다 춋든게 ᄒᆞ며 빗기 건너ᄂᆞᆫ 여러 이리 잇ᄂᆞ니:二習相排故有壓捺椎按蹙漉衡度諸事(楞解8:92). 이ᄂᆞᆫ 일후미 功用ᄋᆞ로 눌러 것고ᄆᆞᆯ 너무 호미니:此名功用抑摧過越(楞解9:68). 큰 辯才 諸天을 누르건마ᄅᆞᆫ:大辯壓於諸天(法華4:142). ᄎᆞ마 눌롤ᄯᅵ니:忍以御之(法華5:8). 내 그 ᄢᅴ ᄒᆞᆫ 소ᄂᆞ로 받고 ᄒᆞᆫ 소ᄂᆞ로 눌로라 ᄒᆞ니:我當時一手擡一手搦(蒙法32). 西ㅅ녀그론 弱水ㅅ 길흘 눌렛고:西扼弱水道(初杜解22:37). 눌러슈믈 雄히 ᄒᆞ니라:雄所搤(初杜解24:14). 누를 딘:鎭(類合下10). 누를 압:壓(類合下33). 누를 억:抑(類合下45). 누를 거:據(光千18). 누를 압:壓(倭解下41. 註千35).

누·르·다 [형] 누르다〔黃〕. ☞누로다. 누루다. 누ᄅᆞ다 ¶니 검디 아니ᄒᆞ며 누르며 셩긔디 아니ᄒᆞ며(釋譜19:6). 黃ᄋᆞᆫ 누를 씨라(月釋1:22). 비치 누르고(月釋1:43). 두 귀ᄂᆞᆫ 누르니:兩耳黃(初杜解16:40). 우름 자친 누른 니피 거즛 거신 둘 알리라:止啼黃葉知虛妄(南明上44). 누를 황:黃(訓蒙中30. 石千1). 누를 황:黃(類合上5. 倭解下11). 머리 누르고 눗치 언 비 ᄀᆞᆮᄒᆞ야 ᄀᆞ이 업서 하ᄂᆞᆯ 복경을 받ᄌᆞ오리라:黃耇無疆受天之慶(宣小3:20). 누른 새 ᄂᆞ라 엇게와 머리예 몯다:有黃雀翔集肩首(東新續三綱. 烈2:11).

누르러 동 누르러. 누렇게 되어. ☞누루러 ¶ 대 이ᄀᆞ티 프르며 고지 이ᄀᆞ티 누르러:竹如是翠花如是黃(法華1:148). 錦城은 히 어득ᄒᆞ야 누르렛ᄂᆞ니라:錦城曛日黃(初杜解7:10). 나못니피 누르러 듣고:木葉黃落(杜解25:29).

누·륵 명 누룩. ☞누룩 ¶ 기장ᄡᆞᆯ와 누르글 ᄀᆞ티 논화 各各 봇고ᄃᆡ:方取黍米麯等分各炒令(救急下10).

누른내 명 눋은 내. ☞눋다 ¶ 누른내:胡撥氣(譯解上53).

누른밥 명 눋은밥. ☞눋다 ¶ 누른밥:胡飯(譯解上49).

누른ᄌᆞ의 명 노른자위〔卵黃〕. ¶ ᄃᆞᆰ의 알 누른ᄌᆞ의:卵黃(東醫 湯液一 禽部).

누를 동 눋을〔焦〕. ㉮눋다 ¶ 누를 쵸:焦(訓蒙下13. 類合下52).

누·리 명 세상. ☞뉘 ¶ 누리 셰:世(訓蒙中1). 누릿 가온ᄃᆡ 나곤 몸하 ᄒᆞ올로 녈셔(樂範. 動動).

·누·리 명 가리. 노적가리. 낟가리. ¶ 누리 타:稅(訓蒙下5). 누리 ᄌᆞ:積(類合下58).

누·리·다 동 누리다. ¶ 太平을 누리싫 제:享此太平日(龍歌110章). 여러 가짓 快樂ᄋᆞᆯ 누릴씨(月釋7:63). 至極ᄒᆞᆫ 貴와 至極ᄒᆞᆫ 富와ᄅᆞᆯ 누리시ᄂᆞ니(宣賜內訓2下52). 오래 富貴 누륨과 엇더ᄒᆞ뇨:長享富貴不亦美乎(三綱. 忠15). 혼자 부귀ᄅᆞᆯ 누리고 아ᅀᆞᄅᆞᆯ 어엿비 아니 너기면:若獨享富貴而不恤宗族(飜小7:49). 누릴 셰:世(光千22). 千千萬萬歲를 太平을 누리셔든(古時調. 南山 佳氣. 靑丘).

누·리·다 형 누리다. 누린내 나다. ¶ 누리디 아니ᄒᆞ고:不羶(初杜解22:36). 싄 것 ᄃᆞᆫ 것 비린 것 누린 것 둘 먹디 말오:休喫酸甜醒葷等物(飜朴上55). 俎豆에 누린 고기 서겟고:俎豆腐膻肉(重杜解4:22). 누릴 훈:葷(訓蒙下13. 倭解上48). 누릴 조:臊(訓蒙下13). 누리다:葷(譯解上53. 同文解上62).

·누·리·다 동 가리다. 낟가리 등을 가리다. ¶ 누릴 라:稞(訓蒙下5).

누리비리다 형 누리고 비리다. ¶ 누리비린 가히야 엇데 나ᄅᆞᆯ 믄득 아니 주기ᄂᆞᆫ다:臊羯狗何速殺我(重三綱. 忠13 顏袁).

누린내 명 누린내. 누린 냄새. ¶ 누린내:羶(漢淸12:58).

누ᄅᆞ다 동 누르다. ☞누르다 ¶ 대뎐이 누ᄅᆞ오실 타시니 션왕을 싱각ᄒᆞ오샤 인졍을 ᄉᆞᆯ려 보쇼셔(癸丑89). 칼을 누ᄅᆞ고 一字로 나아가(武藝圖29). 오랑캐 찰을 잡아 누ᄅᆞ고 ᄲᅡ히 엽더게 ᄒᆞ거ᄂᆞᆯ:或抑捽使伏地(五倫2:47). 누ᄅᆞᆯ 륵:勒(註千23).

누ᄅᆞ다 형 누르다〔黃〕. ☞누르다 ¶ 몸ᄋᆡ 밧긴 비ᄂᆞ리 잇고 고기 누ᄅᆞ니(詩解 物名6). 드르 비치 프ᄅᆞ며 누ᄅᆞ믄 베 반만 니구미오:野色靑黃禾半熟(百聯16).

누·비 명 누비. 납의(衲衣). ☞누비옷. 눕더기 ¶ 比丘ㅣ 누비 닙고 錫杖 디퍼(月釋8:92). 니분 누비 뎌르며 좁고:被褐短窄(初杜解15:35). ᄒᆞᆫ 옰 구룸 누비 이 生涯로다:一條雲衲是生涯(南明上59). 누비예 ᄀᆞᄋᆞᆳ 구루믈 거더가락:衲捲秋雲(金三5:9). 누비 닙고 믌ᄀᆞ새 오샤:被百衲直至江邊(佛頂下11). 져러틋 고은 양ᄌᆞ 헌 누비의 ᄊᆞ이엿는고(古時調. 어와 보완졔고. 靑丘).

누비다 동 누비다. ¶ 뎌른 오새 누비엿도다:在短褐(重杜解1:6). 누비다:衲一衲(同文解上56). 누비다:行逷(漢淸11:26).

누비바디 명 누비바지. ¶ 누비바디:衲袴兒(譯解上45).

누·비·옷 명 누비옷. ☞누비 ¶ 누비옷 니브샤 붓그료미 엇데 업스신가(月印上44). 빌머굼과 누비옷 니붐과(月釋7:31). 누비옷 니버 眞實ㅅ 말ᄊᆞᄆᆞᆯ 向호리라:衣褐向眞詮(初杜解20:12). ᄀᆞᄅᆞᆷ 서리예 누비옷 닙고 ᄠᅥ ᄃᆞᆫ니노니:江湖漂裋褐(初杜解21:1). 누비옷 닙고 에우아리 가지고:穿着衲襖將着鉢盂(朴解上33). 누비옷:衲襖(譯解上45).

누·비·즁 명 누비옷을 입은 중. ¶ 누비즁 아닌 둘:匪百衲師(龍歌21章). 누비즁이 許티 아니ᄒᆞᄂᆞ니(南明上29). ᄒᆞ다가 이 本分엣 누비즁ᄋᆞᆫ:若是本分衲僧(金三3:13).

누비쳥 명 누비버선. 누빈 버선. ¶ 누비쳥:衲襪子(譯解上45).

누·버 동 누워. ㉮눕다 ¶ 그 床애 ᄀᆞᄃᆞ기 누버 잇고(月釋21:43). ※누버>누워

누·분 동 누운. ㉮눕다 ¶ 제 모미 누분 자히셔 보ᄃᆡ(釋譜9:30). ※누분>누운

누봄 동 누움. ㉮눕다 ¶ 머믈며 안ᄌᆞ며 누부믈 空中에 千萬變化ㅣ러니(月印上60).

누ᄫᅳ·며 동 누우며. ㉮눕다 ¶ 안ᄌᆞ며 누ᄫᅳ며 호미라(蒙法15). ※누ᄫᅳ며>누우며

누ᄫᅳ·샴 동 누우심. ㉮눕다 ☞누으샴 ¶ 안ᄌᆞ시며 누ᄫᅳ샤매(月釋2:26).

누ᄫᅳᆫ 동 누운. ㉮눕다 ¶ 누ᄫᅳᆫ 남기 니러셔니이다:時維僵柳忽焉自起(龍歌84章).

누셜 명 누설(漏泄). ¶ 이 말을 누셜 말고 힝ᄉᆞᄅᆞᆯ 잘 ᄒᆞ라 당부ᄒᆞ니(落泉2:5).

누셜ᄒᆞ다 동 누설(漏泄)하다. ☞루셜ᄒᆞ다 ¶

다ᄅᆞᆫ 이 가면 일을 반ᄃᆞ시 누셜ᄒᆞ리라(三譯6:19). 말이 누셜ᄒᆞ면 제 일이 그룻될가 ᄒᆞᆫ 일이ᄅᆞᆺ더라(癸丑58). 누셜ᄒᆞ다:洩露(漢淸7:25). 션시 왈 천긔ᄅᆞᆯ 누셜치 못ᄒᆞ나 그ᄃᆡ 지익이 등ᄒᆞ니(落泉1:1).

누수 명 누수(淚水). 눈물. ☞누슈 ¶공이 누수를 거두고(洛城1).

누슈 명 누수(漏水). ¶누슈:更漏(譯解上5).

누슈 명 누수(淚水). 눈물. ☞누수 ¶누슈ㅣ ᄂᆞᆺ 우희 비ᄌᆞᆺ치 씻기이고(落泉2:5).

누·어·숌 동 누웠음. 누워 있음. ㉮눕다 ¶뎌 ᄅᆞᆫ 나래 노피 누어쇼미 어려울시:短景難高臥(杜解7:18).

누·에 명 누에. ¶누에爲蠶(訓解. 用字). 곧 누에와 쇼와 ᄆᆞᆯ왓 類라:卽蠶蟲牛馬類也(楞解8:121). 濯龍中에 누에 치이시고:蠶於濯龍中(宣賜內訓2上56). 밧 갈며 누에 치ᄂᆞᆫ 百姓을 ᄯᅩ 보고져 ᄒᆞ노라:復覩耕桑民(初杜解22:28). 절로 주근 흰 누에ᄅᆞᆯ ᄀᆞ라(救簡2:3). 누에 본도기와(救簡6:34). 누에 좀:蠶(訓蒙上22). 누에 좀:蠶(類合上16. 倭解下26). 누에 치다:養蠶(譯解下2). 누에:蠶(柳氏物名二 昆蟲).

누에고치 명 누에고치. ☞누에고티 ¶누에고치:蠶繭(漢淸14:49).

누에고·티 명 누에고치. ☞고티. 누에고치 ¶절로 살오 절로 주구미 누에고티예 잇ᄃᆞᆺ ᄒᆞ며(釋譜11:35).

누에나비 명 누에나방. ¶도나기 누에나비ᄅᆞᆯ 봇가 ᄀᆞ라:晩蠶蛾炒硏爲末(救簡3:114). 도나기 누에나비:原蠶蛾(東醫 湯液二 蟲部).

누에발 명 누에발. 누에채반. ¶누에발:蠶薄(柳氏物名二 昆蟲).

누·에·씨 명 누에씨〔蠶種〕. ☞누웨씨 ¶누에씨 난 죠히:蠶退紙(救急上44). 누에씨 낸 죠히:蠶子(救簡2:48). 누에씨 바든 죠희:蠶連(物譜 蠶績).

누에셥 명 누에섶. 잠족(蠶簇). ¶누에셥:槌(柳氏物名二 昆蟲).

누에주거ᄆᆞᄅᆞ니 명 백강잠(白殭蠶). ¶누에주거ᄆᆞᄅᆞ니:白殭蠶(東醫 湯液一 蟲部).

누엣거놀 구 누워 있거늘. ☞눕다 ¶뜰 알픠 모딘 버미 누엣거놀 지즈로 文公ᄋᆡ 지블 어두라:庭前猛虎臥遂得文公廬(杜解9:18).

누·역 명 도롱이. ☞되롱. 되롱이 ¶누역 사:簑(訓蒙中15). 누역:簑衣(譯解上45. 同文解上55. 漢淸11:6). 歷山 구진 비에 누역 색갓 바슬 가니(人日歌). 비 온 날 니믜촌 누역이 볏귀 본ᄃᆞᆯ 엇더리(古時調. 鄭澈. 인ᄂᆞ니. 松江). 삿갓 빗기 쓰고 누역으로 오슬 삼아(古時調. 孟思誠. 江湖에. 靑丘).

누역ᄎᆞ조 명 누역차조. ¶婁亦粘粟 누역ᄎᆞ조(衿陽).

누우다 동 누이다. ☞누으다. 누의다 ¶열 필 깁을 누우기ᄅᆞᆯ 닉게 잇긋 ᄒᆞ라:十箇絹練的熟到着(朴解中4).

누우록ᄒᆞ다 동 느즈러지다. ☞누흙다. 느읅ᄒᆞ다 ¶딕킨 사ᄅᆞ미 누우록ᄒᆞᆫ ᄉᆞ이예:待守者少懈(重三綱. 烈21 貞婦淸風).

누우쑬다 동 (말이) 뒹굴다. ☞누읏굴다 ¶내 절짜ᄆᆞᆯ이 눈에치 알하 머므디 아니ᄒᆞ고 누우ᄭᅮ러 ᄒᆞᄅᆞᆺ밤을 여믈을 먹디 아니ᄒᆞ니:我的赤馬害骨眼不住的臥倒打滾一宿不喫草(朴解上38).

누웨씨 명 누에씨. ☞누에씨 ¶누웨씨 슨 죠히ᄅᆞᆯ ᄉᆞ라:原蠶子紙燒灰(救急下85).

누위 명 누이. ☞누의 ¶그 누위 病커든:其姉病(宣賜內訓3:46). 아ᄋᆞ와 누위왜 蕭條히 제여곰 어드러 가니오:弟妹蕭條各何往(重杜解11:28). 아ᄋᆞ와 누위ᄂᆞᆫ 슬픈 놀애 소기오:弟妹悲歌裏(重杜解11:31). 내 ᄒᆞ마 아ᅀᆞ와 누위ᄅᆞᆯ ᄎᆞ자볼 지비 업수니:我已無家尋弟妹(初杜解23:46).

누으님 명 누님. ☞누의님 ¶누으님으란 어엿비 ᄒᆞ고(癸丑34).

누으다 동 누이다. ☞누우다. 누의다 ¶누은 뵈:洗白布(譯解下5).

누·으·샴 동 누우심. ㉮눕다 ☞누ᄫᅳ샴 ¶누으샤미 아니며(金剛143).

누은버들 명 갯버들. ¶누은버들:杞柳(柳氏物名四 木).

누읏:굴·다 동 (말이) 뒹굴다. ☞누우쑬다. 소용이치다 ¶누읏굴 뎐:驏 馬浴土中(訓蒙下10).

누의 명 누이. ☞누위 ¶그 ᄢᅴ 波斯匿王ㅅ 누의 승 ᄃᆞ외야(釋譜24:18). 妹ᄂᆞᆫ 아ᅀᆞ누의라(月釋21:162). 아ᅀᆞ와 누의와ᄂᆞᆫ 各各 어드러 가니오:弟妹各何之(初杜解8:28). 아ᅀᆞ와 누의ᄂᆞᆫ슬픈 놀앳 소기오:弟妹悲歌裏(初杜解11:31). 누의게 난 아들:外甥(飜老下34). ᄆᆞᆫ누의 져:姐. ᄆᆞᆫ누의 ᄌᆞ:姉. 아ᅀᆞ누의 ᄆᆡ:妹(訓蒙上32). ᄆᆞᆫ누의 ᄌᆞ:姉. 아ᅀᆞ누의 ᄆᆡ:妹(類合上19). 그 엄이 ᄒᆞᆫ가진 아이며 누의를 마자:迎其同母弟妹(宣小6:32). 관명이 누의 뎡개이시니:官明有妹廷加(東新續三綱. 孝2:69). ᄆᆞᆺ누의:姐姐(老解下30). 누의들:姊妹(譯解上57).

누의님 명 누님. ☞누위님 ¶네 아ᄃᆞ리 各各 어마님내 뫼ᅀᆞᆸ고 누의님내 더브러 즉자히 나가니(月釋2:6). 趙朔이 晋成公ㅅ 누의니믈 어럿더니(三綱. 忠25). 누의님 니ᄅᆞ디 말라:姐姐不要說(飜朴上48).

누의다 동 누이다. ☞누우다. 누으다 ¶모시 누의니:白紵(柳氏物名三 草).

누·이·다 동 누이다. ☞뉘이다 ¶淤濃ᄋᆞᆯ 거츤 드르헤 누이며(月釋18:39). 아기를 누

이고:着孩兒臥着(飜朴上56). 아기란 ᄆᆞ론 ᄃᆡ 누이놋도다:將兒以就乾(恩重8). ᄃᆞᄉᆞ고 서늘ᄒᆞᆫ ᄃᆡ 안치며 누이라:溫涼處坐臥(痘要下38). 긔와 고토ᄅᆞᆯ 누여든:仆旗招(練兵32). 비 안히 ᄀᆞ만이 누여 두니(太平1:4). 밧 가온대 누이엇고(太平1:34). 누여 놋타:放倒(漢淸9:77).

:누·이·다 동 (똥이나 오줌을) 누이다. ☞뉘다 ¶오좀 누이라:尿之(救簡6:49).

누추ᄒᆞ다 형 누추(陋醜)하다. ¶방새 파락ᄒᆞ야 누추ᄒᆞ니(新語1:24).

누·키·다 동 눅이다. 늦추다. 용서하다. ☞누기다 ¶贓吏ㅅ法을 누키디 아니ᄒᆞ며:不貸贓吏法(宣小6:113).

누튀 명 느티나무. ☞누퇴나모. 느틔. 느티 ¶누퇴 괴:槐(光千21).

누튀나모 명 느티나무. ☞누튀 ¶누튀나모:青楡樹又黃楡樹(訓蒙上10 楡字註).

누항 명 누항(陋巷). ¶陋巷에 安分커니(古時調. 金敏淳. 青丘).

누흐럽다 형 느른하다. ¶비 바랏 뫼해 개니 도라오ᄂᆞᆫ 구루미 누흐럽고:雨晴海嶠歸雲嫩(百聯16).

누흙·다 동 느즈러지다. ☞느흙ᄒᆞ다 ¶열두 히ᄅᆞᆯ 누흙디 아니ᄒᆞ샤(釋譜11:17. 月釋21:213).

눅놀·다 동 누긋하게 놀다. ¶너모 눅노라 편안ᄒᆞ면 일을 이긔디 몯홀가 저허ᄒᆞ노라 ᄒᆞ니:過爾優逸恐不堪事(宣小6:107). 안자셔 나라 녹만 머그며 셰월을 눅노라 디내고:坐食公廩玩愒歲月(警民序3).

눅눅·다 형 눅눅하다. 느글느글하다. ☞눅눅ᄒᆞ다 ¶ᄒᆞ다가 안히 눅눅거든 몬져 싱앙 즛두드려 쁜 즙을 져기 머고ᄃᆡ:如惡心先飲生薑自然汁少許(救簡3:26).

눅눅ᄒᆞ·다 형 눅눅하다. 느글느글하다. ☞눅눅다 ¶ᄒᆞ다가 精神이 어즐코 안 눅눅ᄒᆞ면 곧 이 中毒이니:如稍覺精神恍惚惡心卽是誤中諸毒(救急下47).

눅다 동 누그러지다. ¶내 죽거든 힘뻐 눅게 호믈 조차 아히ᄅᆞᆯ 기ᄅᆞ라:吾死務從寬抑撫養兒(東新續三綱. 烈4:74). 거믄고 대현을 티니 ᄆᆞᄋᆞᆷ이 다 눅더니(古時調. 鄭澈. 松江).

눅·다 형 눅다. ¶누근 플ᄀᆞ티 ᄒᆞ야 머그라:調如稀糊啜服(救急上59). 누근 膏ᄅᆞᆯ ᄆᆡᆼᄀᆞ라 헌 ᄃᆡ 둗거이 브토ᄃᆡ:成稀膏厚傳損處(救急下35). 므레 프로ᄃᆡ 누근 플ᄀᆞ티 ᄒᆞ야:水調如稀糊(救簡1:22). 눅은 국슈 먹기 비호지 못ᄒᆞ여시니(淸老4:14).

눅다 형 눅다. 순하다. ¶술맛 눅다:酒淡(漢淸12:43).

눅·이·다 동 눅이다. ☞누기다 ¶ᄆᆞᄋᆞᆷ을 져기 눅이ᄋᆞᆸ게 ᄒᆞᄂᆞᆫ 일이ᄋᆞᆸ디 해로운 일이 잇ᄉᆞ올가 근심 마ᄅᆞ쇼셔(癸丑89).

눅자치다 동 눙치다. 위로하다. 위안하다. ¶눅자칠 위:慰(類合下43).

·눈 명 눈〔目〕. ¶도ᄌᆞᄀᆡ 입과 눈과:與賊口目(龍歌88章). 누는 앏과 겯과ᄅᆞᆯ 보고 뒤흘 몯 보며(釋譜19:10). 눈에 보논가 너기ᅀᆞᄫᆞ쇼셔(月印上1). 귀 누네 머믈우디 아니ᄒᆞ며(宣賜內訓1:11). 누ᄂᆞ로 두루 보아 큰 ᄀᆞᄅᆞᄆᆞᆯ 俯臨ᄒᆞ고:遊目俯大江(初杜解8:59). 프른 눈ᄋᆞ로 노폰 놀애 블러(初杜解25:53). 올ᄒᆞᆫ녁 누는 體오(金三2:13). 누네 보ᄂᆞᆫ 日用앳 平常ᄒᆞᆫ 이리니(南明上5). 본ᄃᆡ ᄆᆞᅀᆞᄆᆞᆯ 열며 눈을 ᄇᆞᆯ겨 힝ᄒᆞ요매 리롸댜 ᄒᆞ예니라:本欲開心明目利於行耳(飜小8:25). 눈 안:眼. 눈 목:目(訓蒙上25). 눈 목:目. 눈 안:眼(類合上20). 눈 목:目(石千34. 倭解上16). 눈:眼(同文解上15). 眼曰嫩(雞類).

:눈 명 눈〔雪〕. ¶하ᄂᆞᆳ 벼리 눈 ᄀᆞᆮ 디니이다:維時天星散落如雪(龍歌50章). 더운 므레 눈 녹ᄃᆞᆺ ᄒᆞ야:猶湯銷雲(楞解7:54). 關山ᄋᆞᆯ 눉 ᄀᆞᇫ애셔 보ᄂᆞᆫ ᄃᆞᆺᄒᆞ도다:關山雪邊看(初杜解7:37). 서리와 누니라와 더으니(初杜解16:60). 눈괘 서리왜 서늘ᄒᆞ도다(南明上25). 눈 셜:雪(訓蒙上2. 類合上4). ᄡᆞ눈 션:霰(訓蒙上2). 서리 눈 우희 홑옷과 버슨 발로 반ᄃᆞ시 주그매 긔약ᄒᆞ더라:霜雪上單衣跣足期於必死(東新續三綱. 烈4:24). 눈:雪(同文解上2). 강촌의 눈 날니고 북풍이 호노ᄒᆞ여(萬言詞). 雪曰嫩(雞類).

눈결 명 눈결. ¶계룡산 놉흔 뫼을 눈결의 지나거다(萬言詞).

눈경 명 눈짓. ☞눈정 ¶눈경에 거론 님은 ᄯᅮᆨ딱 ᄯᅮ두려 방망치 쟝ᄉᆞ 돌호로 가마 홍도ᄭᅢ 쟝ᄉᆞ(古時調. 밋난편. 青丘).

눈곱 명 눈곱. ☞눈쏩. 눖곱 ¶눈곱을 스서(痘要下34). 눈곱:眵眼(譯解上61). 눈곱:眵(物譜 氣血).

눈굿 명 눈 구석. ¶눈굿:眼角(訓蒙上25).

눈긔다 동 눈짓하다. ☞눈ᄭᅵ다 ¶져 것너 쇼곤 金書房 눈긔여 불너 내여(古時調. 내 아니 니ᄅᆞ랴보쟈. 青丘).

눈길다 형 마디가 길다. ¶왼 ᄉᆞᆺ기를 눈길게 너슷너슷 ᄶᅩ와(古時調. 가슴애. 青丘).

·눈·ᄀᆞᆷ·다 동 눈감다. ¶瞬은 눈ᄀᆞᄆᆞᆯ 씨오(楞解9:115). 눈ᄀᆞᄆᆞᆯ 나래:瞑目(宣賜內訓2上58). 눈ᄀᆞᆷ고 누워쇼미 열열흐리 남더니:閉目逾十旬(初杜解10:25). 눈ᄀᆞᆷ고:閉目(佛頂上5). 눈ᄀᆞᄆᆞᆯ 명:瞑(訓蒙下28). 눈ᄀᆞ믈 명:瞑(倭解上30). 눈ᄀᆞᆷ다:閉眼(漢淸7:40).

눈ᄀᆞᆷ족ᄒᆞ·다 동 눈을 깜작하다〔瞬〕. ¶微妙ᄒᆞᆫ ᄠᅳ디 ᄲᅡᆯ라 눈ᄀᆞᆷ작ᄒᆞᆫ ᄉᆞᅀᅵ예 곧 디날 시

니(南明上5). 눈ᄀᆞᄌᆞᆨᄒᆞᆯ ᄉᆞ이예 디나오니:瞥眼過(重杜解2:63). 얻거나 일커나 호미 눈ᄀᆞᄌᆞᆨᄒᆞ며 숨 쉴 ᄉᆞ이로소니:得失瞬息間(重杜解2:63).

눈ᄀᆡ다 동 눈짓하다. ☞눈긔다 ¶눈ᄀᆡ여 ᄡᅮ지저(癸丑198). 눈ᄀᆡ다:擠眼(譯解上39. 同文解上28). 건넌집 쟈근 金書房을 눈ᄀᆡ야 불러 너여(古時調. 니르랴보쟈. 青丘).

눈두·베 명 눈두덩. 눈꺼풀. ☞눈두에. 눈두베. 눉두에 ¶ᄯᅩ 눈두베 므거븐 ᄃᆞᆯ 아라ᄃᆞᆫ:纔覺眼皮重(松廣寺蒙法2).

눈두에 명 눈두덩. 눈꺼풀. ☞눉두에 ¶兩眼胞 속명 눈두에(無寃錄1:62). 눈두에 검:瞼(倭解上16). 눈두에:眼胞(同文解上15. 漢淸5:49).

눈맛다 동 눈맞다. ¶눈맛지 아니타:反目(同文解上33).

눈망·올 명 눈망울. ☞눉마올. 눉망올 ¶눈망올:睛(飜老下38). 눈망올:睛(老解下34). 눈망올:眼睛(譯解上32). 눈망올을 옴기지 아니코(三譯1:9). 눈망올:眼珠(同文解上15. 漢淸5:49). 눈망올 경:睛(兒學上2).

눈망울 명 눈망울. ☞눈망올 ¶눈망울의 예장이 나며(馬解上98).

눈망을 명 눈망울. ☞눈망올. 눉마올. 눉망올 ¶눈망을 모:眸(倭解上16).

·눈:머·니 명 눈먼 이. 눈먼 사람. 소경. ¶눈머니 어드운 ᄃᆡ 이셔 아롬 업숨 ᄀᆞᆮᄒᆞ니(金剛88). 눈머니와 귀머그니와 입버우니와:盲聾瘖瘂(楞解7:43). 冕ᄒᆞ니와 다ᄆᆞᆺ 눈머니ᄅᆞᆯ 보시고:見冕者與瞽者(宣小3:15).

·눈:멀·다 동 눈멀다. ¶눈먼 납 무러시ᄂᆞᆯ(月印上65). 그 뫼해 늘근 눈먼 獼猴ㅣ 잇더니(月釋7:10). 눈머니와 귀머그니와 입버우니와:盲聾瘖瘂(楞解7:43). 귀먹고 눈멀오 입버우며:聾盲瘖瘂(法華2:169). 눈멀 할:瞎(訓蒙上30). 눈멀 밍:盲(類合下30). 눈먼 줄만 한탄ᄒᆞ고 ᄀᆡ쳔 원망 아니ᄒᆞᆫ다(萬言詞).

눈물 명 눈물. ☞눈믈 ¶눈물 루:淚(倭解上20. 兒學下3). 눈물은 드리워 ᄌᆞ로 듯고(女四解4:27). 눈물이 가리우니 거름마다 업더진다(萬言詞).

눈물겹다 형 눈물겹다. ¶夕陽에 지나ᄂᆞᆫ 客이 눈물계워 ᄒᆞᄂᆞ라(古時調. 興亡이 有數ᄒᆞ니. 青丘).

·눈·믈 명 눈물. ☞눉믈. 눉믈 ¶눈믈 그제를 ᄂᆞ치 ᄀᆞᄃᆞ기 드리우노라:啼痕滿面垂(杜解11:3). 눈므리 가ᄉᆞᄆᆡ ᄀᆞ독ᄒᆞ엿도다(恩重7). 눈믈 류:淚(訓蒙上30). 사ᄅᆞᆷ 더블어 말홈애 믄득 눈믈을 흘리더라:與人言輒流涕(宣小6:31). 눈믈 누:淚(類合上22). 믄득 절ᄒᆞ고 업ᄃᆡ여 눈믈을 흘리며:伏流涕(五倫1:37). ※눈믈>눈물

눈보라치다 동 눈보라치다. ¶눈보라치다:風揚雪(漢淸1:14).

눈부쳐 명 눈부처. 눈동자. ☞눉부텨 ¶눈부쳐 동:瞳(倭解上16).

·눈브·싀·다 동 사팔눈이 되다. ☞눈흙븨다 ¶뎌 눈브싄 활와치 왕오를 블러오라:叫將那斜眼的弓匠王五來(飜朴上59).

눈비 명 눈비. 눈이나 비. ¶三年 侍墓ᄒᆞᆯ 제 ᄆᆡ일 아ᄎᆞᆷ나죄 祭ᄒᆞ고 아비를 와 뵈요ᄃᆡ 비록 눈비 와도 폐티 아니터라:廬墓三年每朝夕奠訖必定省於父雖雨雪不廢(續三綱. 孝6). 비록 눈비ᄅᆞᆯ 당ᄒᆞ야도:雖當雨雪(東新續三綱. 烈1:24). 嚴冬에 뵈옷 닙고 岩穴에 눈비 마자(古時調. 青丘).

눈비약이 명 암눈비앗. 익모초(益母草). ☞눈비엿 ¶눈비약이:蓷(物譜 藥草).

눈비·얏 명 암눈비앗. 익모초(益母草). ☞눈비엿 ¶눈비얏:茺蔚(四解上9). 눈비얏 츙:茺 俗呼野蘇子草. 눈비얏 울:蔚 一名益母. 눈비얏 츄:萑 或呼野天麻. 눈비얏 퇴:蓷 又呼地麻(訓蒙上9).

눈비엿 명 암눈비앗. 익모초(益母草). ☞눈비약이. 눈비얏 ¶눈비엿:益母草(救簡2:73). 눈비여슬 디허 ᄧᅡ:益母草擣絞取汁(救簡3:94). 눈비엿:野蘇子(譯解下40).

눈ᄇᆞᆰ다 형 눈밝다. ☞눈. ᄇᆞᆰ다 ¶눈ᄇᆞᆯᄀᆞᆯ 료:瞭(類合下37).

눈ᄣᅵ 명 눈매. ☞눈ᄡᅵ ¶계집의 눈ᄣᅵ 곱다:眼光媚態(漢淸6:39).

눈ㅅ곱 명 눈곱. ☞눉곱 ¶눈ㅅ곱:眼脂兒(譯解上32).

눈ㅅ두에 명 눈두덩. ☞눉두베 ¶눈ㅅ두에:眼胞(譯解上32).

눈ㅅ물 명 눈물. ☞눉믈. 눉믈 ¶눈ㅅ물:眼淚(譯解上33).

눈ㅅ발 명 눈발. ¶눈ㅅ발:雪花(同文解上2).

눈ㅅ부텨 명 눈부처. 눈동자. ☞눉부텨 ¶눈ㅅ부텨:眼瞳子(譯解上32).

눈ㅅ섭 명 눈썹. ☞눈섭 ¶눈ㅅ섭:眉毛. 눈ㅅ섭 머리:眉頭(譯解上32).

눈살 명 눈살. ¶눈살 ᄆᆡ이 지픠오다:緊皺眉(譯解上38). 근심ᄒᆞ여 눈살 지픠다:愁的皺眉(漢淸7:2). ᄌᆞ남은 곡이를 눈살갓치 膾쳐 녹코(古時調. 淸流壁에. 海謠).

눈섭 명 눈썹. ☞눈ㅅ섭. 눈섭. 눈썹 ¶눈서비 놉고 길며(釋譜19:7). 소ᄂᆞ로 눈서블 들오(釋譜24:44). 눈서비 天帝ㅅ 활 ᄀᆞᆮᄒᆞ시며(月釋2:41). 눈섭 相이 조ᄒᆞ샤 天帝ㅅ 활 ᄀᆞᆮᄒᆞ샤미(法華2:13). 눈서블 바ᄅᆞ 보아(蒙法35). 눈서베 디나ᄂᆞᆫ 디픈 막대 어르눅도다:過眉柱杖斑(杜解7:12). ᄆᆞᆮ兄 눈섭 희니ᄅᆞᆯ:長兄白眉(初杜解8:17). 녜ᄅᆞᆯ브터 눈섭

터리 눉ᄀᆞ새 잇도다(南明上10). 눈섭 펴ᄆᆞᆯ:揚眉(金三2:11). 눈섭 미:眉(訓蒙上25. 類合上20).

눈셥 명 눈썹. ☞눈섭 ¶눈셥 미:眉(倭解上16). 눈셥 그린 져 쟝부야(쌍벽가). 눈셥은 그린 듯ᄒᆞ고 닙은 丹砂로 직은 듯ᄒᆞ다(古時調. 海謠). 눈셥 미:眉(兒學上2).

눈송이 명 눈송이. ☞눈. 눈발 ¶눈송이:雪片(漢淸1:14).

눈시·올 명 눈시울. ☞눉시울 ¶눈시올 쳡:睫(訓蒙上25).

눈시울 명 눈시울. ☞눈시욹 ¶두 눈시울이 뒤어뎌 브으며(馬解上93).

눈시욹 명 눈시울. ☞눈시올. 눉시울 ¶눈시욹:眼邊(漢淸5:49).

눈ᄡᅩᆸ 명 눈곱. ☞눈곱. 눉곱 ¶눈ᄡᅩᆸ이 눈ᄶᅮ석에 흘러 ᄂᆞ리되:眼脂兒眼角裏流下來(朴解中48). 눈ᄡᅩᆸ:眼眵(同文解上15). ᄂᆞᆺ 더럽고 눈ᄡᅩᆸ ᄢᅵ이다:面垢帶眵(漢淸8:46).

눈ᄶᅮ석 명 눈구석. ¶눈ᄡᅩᆸ이 눈ᄶᅮ석에 흘러 ᄂᆞ리되:眼脂兒眼角裏流下來(朴解中48).

눈ᄣᅵ 명 눈매. 눈맵시. ☞눈ᄢᅵ. 눈ᄡᅵ ¶웃는 양은 니ᄲᅥᄃᆡ도 도코 할의는 양은 눈ᄡᅵ도 곱다(古時調. 歌曲).

·눈·쌀 명 ①속눈썹. ☞눉살 ¶눈싸리 쇼 ᄀᆞᄐᆞ시며(月釋2:41). ②눈살. 양 눈썹 사이의 주름. ☞눈살 ¶눈쌀 지픠다:皺眉(同文解上20).

눈·썹 명 눈썹. ☞눈섭. 눈셥 ¶눈썹이 길에 댱슈홈을 萬年을 ᄒᆞ야:眉壽萬年(宣小3:20). 시름ᄒᆞᄂᆞᆫ 눈썹은 좀기여 여디 아니ᄒᆞᄂᆞ도다(女四解4:27).

눈씨 명 눈매. ☞눈ᄢᅵ. 눈ᄡᅵ ¶할긔ᄂᆞᆫ 양은 눈씨도 곱다(古時調. 웃ᄂᆞᆫ 양은. 青丘).

눈어둡다 형 눈이 어둡다. ¶눈어두을 무:瞀(類合下35).

눈어엿 명 눈자위. ☞눈엥엇 ¶눈어엿:眼眶(譯解上32. 同文解上15. 漢淸5:49).

눈에치 명 눈에치. 〔말의 눈병의 한 가지.〕 ☞누네치 ¶눈에치:骨眼(漢淸14:34).

눈엣동ᄌᆞ 명 눈동자. ¶눈엣동ᄌᆞ:眼瞳(同文解上15).

눈엥엇 명 눈자위. ☞눈어엿. 눈엥엊 ¶귀 아프로셔 두 눈엥엇즈로 둗거이 ᄇᆞᄅᆞ라:從耳前至于兩眼四畔厚塗之(痘要下35).

눈엥엊 명 눈자위. ☞눈엥엇 ¶두 눈엥어지 ᄇᆞᄅᆞ면:塗兩眼眶則(痘要下35).

눈엽 명 새로 돋아 나오는 보드라운 잎. ¶長堤嫩葉이 새 그ᄂᆞᆯ 어릴 저긔(辛啓榮. 月先軒十六景歌).

눈의티 명 눈에치. 〔말의 눈병의 한 가지.〕 ☞눈에치 ¶눈의티:骨眼(柳氏物名一 獸族).

눈졍 명 눈짓. ☞눈경 ¶눈졍에 거른님은 ᄯᅮᆨᄯᅡ ᄯᅮ드려 방마치 쟝ᄉᆞ ᄃᆡᄃᆡ글 마라 홍독ᄭᅵ 쟝ᄉᆞ(古時調. 밋남진. 青丘).

눈주다 동 눈 주다. 눈을 주다. ¶존외 둔이ᄅᆞᆯ 눈주어 ᄭᅮ지즌대:存吾目眡叱之(東三綱. 忠3). 눈주다:丟眼色(同文解上28).

눈ᄌᆞᄉᆞ 명 눈자위. ☞눉ᄌᆞᅀᆞ ¶갈로 눈ᄌᆞᄉᆞᄅᆞᆯ ᄇᆞᆯ아내여:手執利刀…割其眼睛(恩重19).

·눈ᄌᆞ·ᅀᆞ 명 눈자위. ☞눉ᄌᆞᅀᆞ ¶눈ᄌᆞᅀᆞ 쳥:睛(訓蒙東中本上25).

·눈ᄌᆞ·ᅀᅵ 명 눈자위. ☞눈ᄌᆞᅀᆞ. 눈ᄌᆞ이 ¶눈ᄌᆞᅀᅵ 쳥:睛(訓蒙叡山本上13).
※눈ᄌᆞᅀᅵ>눈ᄌᆞ이

눈ᄌᆞ이 명 눈자위. ☞눈ᄌᆞᅀᅵ. 눉ᄌᆞᅀᆞ ¶金빈혀로 눈ᄌᆞ이예 ᄀᆞ리ᄢᅵᆫ 거슬 거더 ᄇᆞ리면:金篦刮眼膜(重杜解9:19).
※눈ᄌᆞ이<눈ᄌᆞᅀᅵ

·눈ᄍᆞ·ᅀᆞ 명 눈자위. ☞눈ᄌᆞᄉᆞ. 눈ᄌᆞᅀᆞ. 눈ᄌᆞᅀᅵ ¶눈ᄍᆞᅀᆞᄅᆞᆯ 뮈우디 아니ᄒᆞ야:不動目睛(楞解2:109). 곧 뎌 눈ᄍᆞᅀᆞ이:即彼目睛(楞解3:1). 護持호ᄆᆞᆯ 눈ᄍᆞᅀᆞᄀᆞ티 ᄒᆞ샤:護如眼睛(佛頂上4). 샹녜 조차 擁護호ᄃᆡ 눈ᄍᆞᅀᆞ 護持ᄐᆺ ᄒᆞ리라(靈驗4).

눈초리 명 눈초리. ¶눈초리:眼角(譯解上32. 漢淸5:49).

눈칙 명 눈치. ☞눈치 ¶눈칙:眼勢(譯解上39). 눈칙 업다:無眼識(漢淸8:30). 눈칙 모로다:沒眼色(漢淸8:51). 그 눈칙를 ᄉᆞᆺ쳐 아르시고(閑中錄104).

눈치 명 눈치. ☞눈칙 ¶그 집 ᄉᆞ람 눈치 알고 보리 ᄒᆞᆫ 말 써셔 쥬며(萬言詞).

눈콩알 명 '눈'의 상스러운 말. ¶눈콩알 귀ᄯᅩᆼ알리 업나(春香傳270).

눈테 명 바퀴테. ¶눈테:輹(物譜 舟車).

눈흙븨다 동 사팔눈이 되다. ☞눈브싀다 ¶뎌 눈흙븬 弓匠 王五ᄅᆞᆯ 블러 오라:叫將那斜眼的弓匠王五來(朴解上52). 눈흙븨다:斜眼(同文解上19).

눈ᄒᆞᆰ븨여기 명 사팔눈. ¶눈ᄒᆞᆰ븨여기:斜眼(漢淸6:3).

눉시·울 명 눈시울. 눈꺼풀. ☞눈시올. 눈시욹 ¶머리ᄅᆞᆯ 구즈기 세오 눉시우를 뮈우디 아니ᄒᆞ야:頭腦卓竪眼皮不動(蒙法24).

눉ᄌᆞ·ᅀᆞ 명 눈자위. ☞눈ᄌᆞᅀᆞ. 눉ᄌᆞᅀᆞ ¶사ᄅᆞ미 눉ᄌᆞᅀᆞ와 骨髓왜니이다(釋譜11:19). 嗔心 아니ᄒᆞᄂᆞᆫ 사ᄅᆞ미 눉ᄌᆞᅀᆞ와 骨髓왜니이다(月釋21:215). 두 눉ᄌᆞᅀᆞᄅᆞᆯ 위여내니라(月釋21:218). 눉ᄌᆞᅀᅵ 뮈디 아니ᄒᆞ면:眼睛不動(蒙法25).

눉·곱 명 눈곱. ☞눈곱. 눈ᄡᅩᆸ ¶눉곱 두:䀿. 눉곱 치:眵(訓蒙上29).

눉두:베 명 눈두덩. 눈꺼풀. ☞눈두에. 눉두에 ¶ᄯᅩ 눉두베 므거ᄫᅳᆫ ᄃᆞᆯ 아라ᄃᆞᆫ:纔覺眼

皮重(蒙法2). ※눉두베>눉두에

눉두·에 명 눈두덩. 눈꺼풀. ☞눈두에. 눈ㅅ두에. 눉두베 ¶눉두에:眼胞(四解下20 胞字註). 눉두에 검:瞼(訓蒙上25).
※눉두베>눉두에>눈두에

눉마·올 명 눈망울. ☞눈망올. 눉망올 ¶눉마올 모:眸(訓蒙上25).

눉망·올 명 눈망울. ☞눈마올. 눈망올. 눉마올 ¶눉망올 모:眸(訓蒙叡山本上13).

·눉·믈 명 눈물. ☞눈믈. 눖믈 ¶이 말 듣즙고 눉믈 흘리며(釋譜11:23). 無色界옛 눉므리 ᄀᆞᄅᆞ비ᄀᆞ티 ᄂᆞ리다(月釋1:36). 눉믈을 흘리시니(月釋8:80). 눉믈와 춤과브터:從涕唾(楞解5:72). 눉믈 흘려 슬피 우니라:涕淚悲泣(金剛上73). 눉믈 흘려 니ᄅᆞ샤ᄃᆡ:流涕言曰(宣賜內訓2下13). 눉믈와 춤괘 煩多호라:涕唾煩(初杜解8:6). 書信을 封ᄒᆞ야 브텨 주고 눉므를 흘리노라:封書寄與淚潺湲(杜解9:26). 눉믈 쓰리고 제여곰 西東ᄋᆞ로 가리라:揮淚各西東(初杜解21:31). 눉므리 흐르면 간ᄃᆡ 몯홀가 전노라:淚下恐莫收(初杜解22:3). 눉믈 흘려(佛頂下11).
※눉믈(눖믈)>눈믈>눈물

눉믈디·다 동 눈물지다. 눈물짓다. ¶태ᄌᆞᄉᆞ손 자ᄇᆞ샤 두 눉믈디샤(月印上16). 后ㅣ子息이 넙디 몯홀가 分別ᄒᆞ샤 미샹 눉믈디며 한숨디호샤:后憂繼嗣不廣恒垂涕歎息(宣賜內訓2下13).

눉벼·록 명 안화(眼花). 눈앞에서 불꽃 같은 것이 어른거리는 증상. ¶ᄆᆞᅀᆞ물 어즐케 홀ᄉᆡ 눉벼로기 나ᄂᆞ니:迷亂心神故眼前生花(救急下94).

·눉·병 명 눈병. ¶瞖ᄂᆞᆫ 눉病이라(楞解4:36).

눉부텨 명 눈부처. 눈동자. ☞눈부쳐. 눈ㅅ부텨 ¶눉부텨 동:瞳(訓蒙上25).

·눉·살 명 속눈썹. ☞눈쌀 ¶눉사리 牛王 ᄀᆞᆮᄒᆞ시며(法華2:13). 눉살도 몯 보거니 ᄒᆞ물며 머리 아독호미여:不覩睫況渺冥乎(法華4:53).

·눉ᄌᆞ·ᅀᆞ 명 눈자위. ☞눈ᄌᆞᅀᆞ. 눉ᄌᆞᅀᆞ ¶아뫼어나 와 내 머릿바기며 눉ᄌᆞᅀᅵ며 骨髓며(月釋1:13). 眸子ᄂᆞᆫ 눉ᄌᆞᅀᅵ니(金三3:19). 누넨 블근 븘고지 잇고 두 눉ᄌᆞᅀᆞᄂᆞᆫ 너모나도다:眼有紫焰雙瞳方(初杜解16:40).

·눉ᄌᆞ·ᅀᅵ 명 ①눈자위가. 〔'눉ᄌᆞᅀᆞ'+주격조사 '-ㅣ'〕 독눉ᄌᆞᅀᆞ ¶눉ᄌᆞᅀᅵ 감ᄑᆞᄅᆞ며 힌ᄃᆡ 블근 ᄃᆡ 조히 分明ᄒᆞ시며(月釋2:41). ②눈자위이-. 〔'눉ᄌᆞᅀᆞ'+서술격조사 어간 '-ㅣ-'〕 독눉ᄌᆞᅀᆞ ¶머릿바기며 눉ᄌᆞᅀᅵ며 骨髓며(月釋1:13).

·눖·믈 명 눈물. ☞눈믈. 눉믈 ¶어마님 그리신 눖므를:憶母悲涕(龍歌91章).
※눉믈(눖믈)>눈믈>눈물

눋·다 동 눋다. ☞늣다 ¶숫브레 뙤여 눋게 ᄒᆞ야:於炭火上炙令焦燥(救簡1:81). 브레 ᄆᆞᆯ외요ᄃᆡ 눋디 아니케 ᄒᆞ야(救簡2:33). 惑日이 어즈러이 ᄲᅧ 道ㅅ 어미 누러 이우더니:惑日煩蒸道芽憔枯(金三5:45). 누를 쵸:焦(訓蒙下13. 類合下52).

:눌 대 누구. 누구를. 〔'누〈誰〉'+목적격조사 '-ㄹ'〕 독누 ¶討賊之功ᄋᆞᆯ 눌 미르시리:討賊之功伊誰云推(龍歌99章). 눌ᄃᆞ려 말ᄒᆞ료:誰語(重杜解2:2). 눌와 다ᄆᆞᆺ 議論ᄒᆞ리오:與誰論(杜解8:46). 妙絶호ᄆᆞᆯ 눌와 다ᄆᆞᆺ 議論ᄒᆞ리오:妙絶與議論(杜解16:3). 밤 괴외ᄒᆞᆫᄃᆡ 눌와 ᄒᆞ야 이 ᄆᆞᅀᆞᆷ 니ᄅᆞ료:夜靜同誰話此心(南明上66). 눌을 보라 가시ᄂᆞᆫ고(松江. 續美人曲). 샹이 므르시ᄃᆡ 눌을 니ᄅᆞᆫ 말인다:上問誰(五倫2:15).

·눌:둔ᄒᆞ·다 형 눌둔(訥鈍)하다. ¶訥鈍ᄒᆞᆫ:訥은 말 구들 씨라(月釋21:199).

눌리다 동 누리게 하다. ¶萬世無疆 눌리쇼셔(蘆溪. 太平詞).

눌믈 명 눈물. ☞눈믈. 눉믈. 눖믈 ¶슈포과 농포 도ᄃᆞ니ᄂᆞᆫ 콘믈 눌믈이 다 적ᄂᆞ니(痘要上3).

눌애 명 노래. ☞놀애 ¶눌애 요:謠(訓蒙東中本下32).

:눌·이·다 동 눌리다. ¶罪ᄅᆞᆯ 두푸미 마치 足히 제 눌이며:覆罪適足自壓(楞解8:94).

눌지리 대 누구에게. ¶갓업슨 미친 셔름 눌지리 ᄒᆞᆫ 말고(萬言詞).

눕 명 늪. ¶湖曰 눕(東言).

눕닐다 동 누웠다 일어났다 하다. ¶귤피산은 ᄆᆞᆯ이 믈로 샹ᄒᆞ여 챵ᄌᆞᄅᆞᆯ 알하 눕니ᄂᆞᆫ 병을 고티ᄂᆞ니라:橘皮散治馬傷水腸痛起臥病(馬解上106). 다리며 허리ᄅᆞᆯ 일하 눕닐기 어려워ᄒᆞ며:胯痛腰痛難臥難起(馬解下74). ᄆᆞᆯ이 ᄂᆡ신을 알하 눕닐기 어려워ᄒᆞᄂᆞᆫᄃᆡ 고티ᄂᆞ니라:治馬內腎痛難臥難起(馬解下75). ᄂᆡᆫᄒᆞ여 눕닐며(馬解下90).

:눕다 동 눕다. ¶누ᄫᅳᆫ 남기 니러셔니이다:時維僵柳忽焉自起(龍歌84章). ᄃᆞᆫ니며 머믈며 안ᄌᆞ며 누ᄫᅮ믈 空中에 千萬變化ㅣ러니(月印上60). 셔며 안ᄌᆞ며 누ᄫᅳ며(釋譜6:33). 누ᄫᅳᆫ 자리에 겨사(月釋10:9). 醉ᄒᆞ야 누ᄫᅳᆯ ᄯᅳᄅᆞ미니(月釋17:34). 비브르 먹고 누벳거늘(三綱. 孝22). 來日 樓 우희 머리 ᄀᆞᆷ고 東녀크로 벼여 누벳ᄂᆞ니 내 입 여러셔 기드류리라 ᄒᆞ고 지븨 가아 남진ᄃᆞ려 닐어 다ᄅᆞᆫ ᄃᆡ 누ᄫᅡ라 ᄒᆞ고 제 머리 ᄀᆞᆷ아 누벗거늘:旦日在樓上新沐東首臥則是矣妾詣開戶待之還家乃告其夫使臥他所自沐居樓上東首開戶而臥(三綱. 烈5 節女代死). 그 사ᄅᆞ미 醉ᄒᆞ야 누어 다 아디 몯ᄒᆞ야:其人醉臥都不覺知(法華4:37). 누으샤미 아니며

아니 누으샤미 아니샤(金剛143). 안ᄌᆞ며 누ᄫᅳ며 호미라(蒙法15). 안ᄌᆞ며 누우믈 便安히 몯거늘(宣賜內訓2上54). 수리 ᄭᅴ어놀 사ᄐᆡ 눕고져 ᄉᆞ랑ᄒᆞ고:酒醒思臥簟(初杜解15:9). 아ᅀᆞ라히 荊州 衡山애 누어쇼라:渺渺臥荊衡(初杜解23:34). 두루 ᄃᆞ니며 안ᄌᆞ며 누으며 호ᄃᆡ:經行及坐臥(金三2:23). 山堂애 노피 누워(南明上40). 누워 잘 저긔 디그라(簡辟5). 病人의 누은 床(簡辟15). 病ᄒᆞ야 床의 누엇거든:病臥於床(宣小5:39). 누을 와:臥(訓蒙下27. 倭解上31). 누올 와:臥(類合下5). 눕다:臥倒(譯解上40). 닐며 눕기ᄅᆞᆯ 다 법이 잇더라(三譯7:15). 堂의 눕ᄂᆞ니(女四解4:17). 눕다:臥着(同文解上27).

※'눕다'의 활용 ┌ 눕고/눕디…
└ 누ᄫᅳᆫ/누ᄫᅳ며/누ᄫᅥ…

눕더·기 명 중의 옷〔衲衣〕. ☞누비 ¶눕더기 닙고:將着衲襖(飜朴上36). 눕더기 납:衲(訓蒙中24).

눕치 명 누치. ☞눗치. 눗티 ¶눕치:重脣魚(柳氏物名二 水族).

눗다 동 눋다. ☞눋다 ¶눗다:烤燋(同文解上60). 눗ᄂᆞᆫ 내:燎煳氣(漢淸12:58). 눗다:黃焦(柳氏物名五 火).

눗믈 명 눈물. ☞눈믈. 눉믈 ¶내 듣고 놀라 感動ᄒᆞᆫ 눗므리 그지업다니(勸善文).

눗치 명 누치. ☞눕치. 눗티 ¶눗치:重唇魚(漢淸14:42).

눗티 명 누치. ☞눕치. 눗치 ¶눗티:重唇魚(譯解下37. 同文解下41).

:뉘 명 ①세상. ☞누리 ¶네 뉫글 아니라도:古書縱徵(龍歌86章). 千萬 뉘예 子孫이 니ᅀᅥ가ᄆᆞᆯ 위ᄒᆞ시니(釋譜6:7). 前世生ᄋᆞᆫ 아랫 뉘옛 生이라(月釋1:6). 우흐로 온 뉘짜히 鼓摩王이러시니(月釋2:2). 世ᄂᆞᆫ 뉘라(月釋2:12). 오ᄂᆞᆫ 뉘예 佛道ᄅᆞᆯ 일우리니:來世成佛道(法華1:201). 네 오ᄂᆞᆫ 뉘예 반ᄃᆞ기 부텨 ᄃᆞ외야:汝於來世當得作佛(金剛下108). 뉘마다 罪 니븐 사ᄅᆞ미 잇거든 取티 말며:世有刑人不取(重內訓1:78).

②적. 때. ¶過去는 디나건 뉘오(月釋2:21之1). 조코도 그칠 뉘 업기ᄂᆞᆫ 믈뿐인가 ᄒᆞ노라(古時調. 尹善道. 구룸 빗치. 孤遺). 가다록 새 비출 내여 그믈 뉘ᄅᆞᆯ 모른다(古時調. 鄭澈. 남극 노인셩. 松江). 이 天地 져 天地 즈음에 늙을 뉘를 모르리라(古時調. 李彦迪. 天覆 地載ᄒᆞ니. 海謠). 南極에 老人星 對ᄒᆞ야 늙을 뉘를 모롤이라(古時調. 李安訥. 天地로. 海謠). 閒中이 興味에 늙을 뉘을 모를노다(古時調. 金壽長. 池塘에 月白ᄒᆞ고. 海謠). 每日의 ᄶᅧ날 뉘 업ᄉᆞ니 그를 부러ᄒᆞ노라(古時調. 뭇노라 저 바회야. 古歌). 萬古 淵源이 그츨 뉘 업스샷다(周世鵬. 道東曲).

뉘 명 누이. ☞누위. 누의 ¶군ᄉᆞ를 들어 더를 멸ᄒᆞ고 그 뉘를 마지니(女四解4:20).

·뉘 대 ①누구. ☞누 ¶뉘 슈:誰. 뉘 슉:孰(訓蒙下24). 뉘 슈:誰(類合下6).

②누구가. 〔'누'+주격조사 '-ㅣ'〕 ⓢ누 ¶뉘 마ᄀᆞ리잇가:誰能禦止(龍歌15章). 뉘 아니 ᄉᆞ랑ᄒᆞᅀᆞᄫᆞ리:孰不思懷(龍歌78章). 하ᄂᆞᇙ ᄆᆞᅀᆞᄆᆞᆯ 뉘 고티ᅀᆞᄫᆞ리:維天之心誰改誰易(龍歌85章). 뉘 아니 오ᅀᆞᄫᆞ리:孰不來至(龍歌99章). 뉘 ᄒᆞ야디디 아니ᄒᆞᄂᆞ뇨:誰爲不壞(楞解4:80). 뉘 지ᅀᅳ며 뉘 받ᄂᆞᆫ고 호리라:誰作誰受(楞解4:91). 뉘 네 面前을 向ᄒᆞ야:誰敢向你面前(蒙法59). 뉘 이 나ᄅᆞᆯ 기리 살 사ᄅᆞᆷ고(杜解6:2). 金烏玉兎들아 뉘 너를 ᄧᅩᆺ니관ᄃᆡ(古時調. 靑丘).

③누구의. 〔'누'의 관형격(冠形格).〕 ⓢ누 ¶대 버히ᄂᆞ닌 뉘 아ᄃᆞᆯ오:伐竹者誰子(重杜解1:23). 뉘 지븨셔 ᄯᅩ 칠고:誰家且養(杜解17:28). 아으 둘흔 내해어니와 둘흔 뉘 해어니오(樂範. 處容歌).

-뉘 접미 '뉘〔世〕'에 어원을 둔 것으로, 별로 대단하지 않은 것, 작은 것, 또는 천한 것 등의 뜻을 나타내는 접미사. ☞뉘 ¶구름 ᄭᅴᆫ 볏뉘도 ᄶᅬᆫ 적이 업건마ᄂᆞᆫ(古時調. 曺植. 三冬에 뵈옷. 靑丘). 世上에 憂患뉘 몰은이 글을 부러ᄒᆞ노라(古時調. 李鼎輔. 草野에. 海謠).

:뉘·누·리 명 ①물살. ¶뉘누리 단:湍 疾瀨. 뉘누리 상:瀧(訓蒙上5).

②소용돌이. ¶믄드시 믌 뉘누릴 드위텨 ᄲᅥ ᄇᆞ리ᄂᆞ다:欻飜盤渦拆(杜解7:24). 믌 뉘누리ᄂᆞᆫ 기퍼 ᄆᆞ리 ᄌᆞᆷ기고:礀渦深沒馬(初杜解15:8). 뉘누리 와:渦(訓蒙上5).

:뉘:뉘 명 대대(代代). ☞ᄃᆡᄃᆡ ¶내 어버ᅀᅵ 뉘뉘예 어디러:妾之先人淸德奕世(三綱. 烈9 禮宗罵卓).

뉘다 동 뉘다. 누이다. 눕게 하다. ¶祝이 손 싯고 신主ᄅᆞᆯ 내여 卓ᄌᆞ 우희 뉘여 노코(家禮8:15).

:뉘·다 동 뉘다. (똥이나 오줌을) 누이다. ☞누이다 ¶사ᄅᆞᄆᆞ로 오조ᄆᆞᆯ 뉘라:令人尿之(救急下79). 믈인 ᄃᆡ 겨집으로 오좀 뉘라:令婦人尿瘡上(救簡6:57).

:뉘슺·다 동 뉘우치다. ☞뉘읓다 ¶구틔여 브ᅀᅥ베 드로ᄆᆞᆯ 뉘슺디 마롤디니라:不敢恨庖廚(初杜解17:36).

뉘예 명 누에. ☞누에 ¶뉘예를 보살피며(女四解3:6).

뉘오츠다 동 뉘우치다. ☞뉘오ᄎᆞ다 ¶常常 이ᄅᆞᆯ 뉘오츨 만ᄒᆞᄂᆞᆫ 날을(新語9:20).

뉘오ᄎᆞ다 동 뉘우치다. ☞뉘오츠다. 뉘온ᄎᆞ

다. 뉘웃ᄎᆞ다 ¶ ᄆᆞᄎᆞᆷ내 무궁ᄒᆞᆫ 뉘오ᄎᆞᆷ이 되ᄂᆞ니라:終致無窮之悔(警民9).

뉘옫ᄎᆞ다 동 뉘우치다. ☞뉘오ᄎᆞ다. 뉘웃ᄎᆞ다 ¶責罰이 몸의 더으면 뉘옫ᄎᆞᆯ 길히 업스리라(女四解2:19).

:뉘·옷·다 동 뉘우치다. ☞뉘웃다 ¶ 뉘옷고 고틸 줄ᄋᆞᆯ 아디 몯홈이:悔而不知改(宣小5:11). 뉘옷다:懊悔(譯解下43). 曹操ㅣ 제 몸을 제 그르다 ᄒᆞ여 뉘옷고(三譯4:19).

뉘옷브다 형 뉘우쁘다. 후회스럽다. ☞뉘웃브다. 뉘읏브다 ¶주근ᄃᆞᆯ 므엇시 뉘옷브료:死何憾(二倫14 棘薩爭死).

뉘옷ᄎᆞ·다 동 뉘우치다. ☞뉘오ᄎᆞ다. 뉘우ᄎᆞ다. 뉘읏다 ¶도ᄅᆞ혀 뉘옷처(三綱. 孝1). 비록 뉘옷ᄎᆞ나 이믜 느ᄌᆞ라:雖悔已遲(重內訓3:6). 이윽고 뉘옷처 ᄀᆞᆯᄋᆞᄃᆡ(女四解4:8).

뉘우춤 명 침. ¶뉘우춤:漦水(漢淸5:59).

:뉘우·츠·다 동 뉘우치다. ☞뉘우ᄎᆞ다. 뉘웃다 ¶뉘우츨 회:悔(類合下35). 이윽고 뉘우처 ᄀᆞᆯ오ᄃᆡ:旣而悔曰(宣小4:4). 그ᄅᆞᄒᆞ고 뉘우츨 줄ᄋᆞᆯ 아디 몯홈이 下等ㅅ 사ᄅᆞᆷ이오:過而不知悔下等人也(宣小5:11). 부뫼 뉘우처 그치니:父母悔而止終(東新續三綱. 烈1:33). 늙은 後 門前이 冷落ᄒᆞ면 뉘우츨가 ᄒᆞ노라(古時調. 李鼎輔. 閣氏네 ᄭᅩᆺ츨. 時調類).

뉘우치다 동 뉘우치다. ☞뉘우츠다. 뉘웃다 ¶뉘우칠 회:悔(兒學下1).

뉘우ᄎᆞ·다 동 뉘우치다. ☞뉘우츠다. 뉘욷츠다 ¶비호시 수이 거츠러 아라도 ᄒᆞ마 뉘우초미 어려오니라(飜小6:19). 무덤 우희 진납이 ᄑᆞ람 불 제 뉘우ᄎᆞᆫᄃᆞᆯ 엇디리(松江. 將進酒辭).

:뉘욷·츠·다 동 뉘우치다. ☞뉘우ᄎᆞ다 ¶그ᄅᆞᄒᆞ고 能히 뉘욷츠며:過而能悔(宣小5:9). 뉘욷츨 회:悔(倭解上21).

:뉘·웃·다 동 뉘우치다. ☞뉘옷다. 뉘우ᄎᆞ다 ¶ᄂᆞᆺ 블겨 뉘웃고 붓그려:赧然悔恥(飜小8:27). 알옴을 보디 몯ᄒᆞ야도 뉘웃디 아니ᄒᆞᄂᆞ니:不見知而不悔(宣中8). 홍닙이 비로소 뉘웃고(山城6). 후의 뉘웃디 마ᄅᆞ쇼셔(女範3. 뎡녀 늘양ᄉᆞ녀). 뉘웃다:後悔(同文解上32). 뉘웃다:懊惱(漢淸7:2).

뉘웃브다 형 뉘우쁘다. 후회스럽다. ☞뉘옷브다. 뉘읏브다 ¶ᄆᆞᄎᆞ매 그지업시 뉘웃브믈 닐위ᄂᆞ니라:終致無窮之悔(警民10).

뉘웃쓰다 형 뉘우쁘다. 후회스럽다. ☞뉘옷브다 ¶셩튱의 말을 쓰디 아니ᄒᆞ여 ᄡᅥ 이예 니ᄂᆞᆫ 줄이 뉘웃쓰다 ᄒᆞ더라:悔不用成忠之言以至於此(東新續三綱. 忠1:11).

뉘웃츠다 동 뉘우치다. ☞뉘우츠다. 뉘웃다 ¶子發이 뉘웃처 스ᄉᆞ로 責ᄒᆞ고(女四解4:9). 뉘웃처 변ᄒᆞ다:飜悔(漢淸8:39).

·뉘·으쁘·다 형 뉘우쁘다. 후회스럽다. ☞뉘웃브다. 뉘읏브다 ¶後에 뉘으ᄡᅳ미 나리라 ᄒᆞ시니라:後生憂悔(永嘉上6).

:뉘으·츠·다 동 뉘우치다. ☞뉘우츠다. 뉘읏다 ¶버릇 업숩던 일ᄋᆞᆯ 魔王이 뉘으츠니이다(月印上28). 悔ᄂᆞᆫ 뉘으츨 씨니 아랫 이ᄅᆞᆯ 외오 호라 ᄒᆞᆯ 씨라(釋譜6:9). 뉘으처 도로 오려 ᄒᆞ더니(釋譜6:19). 뉘으처 ᄯᅡ해 업더옛거늘(月釋1:44). 王이 뉘으처 블리신대(月釋2:7). 이제 다시 뉘으처 버서나고져 ᄒᆞᄂᆞ니(月釋2:64). 悔ᄂᆞᆫ 뉘으츨 씨니(楞解4:4). 일 아디 몯호ᄆᆞᆯ 뉘으츠니라:悔不早悟(法華4:36). 뉘으츰과 ᄌᆞ오롬:悔眠(圓覺上一之一31).

뉘으치·다 동 뉘우치게 하다. ☞뉘으츠다 ¶뉘으쳐 責호ᄆᆞᆫ 녯 일후믈 뉘읏고:悔責者悔昔之失(法華4:36).

:뉘읏·다 동 뉘우치다. ☞뉘옷다. 뉘웃다. 뉘으츠다 ¶須達이 뉘읏디 말라(釋譜6:19). 오직 王右軍의게 넘디 몯호ᄆᆞᆯ 뉘읏ᄂᆞ다:但恨無過王右軍(初杜解16:25). 늘구메 다ᄃᆞ라 그듸 맛나미 느주믈 뉘읏디 아니ᄒᆞ노니:垂老遇君未恨晩(杜解25:31).

:뉘·읏브·다 형 뉘우쁘다. 후회스럽다. ☞뉘옷브다. 뉘웃브다 ¶그딋 혼조초 ᄒᆞ야 뉘읏븐 ᄆᆞᅀᆞᄆᆞᆯ 아니호리라 ᄒᆞ더니(釋譜6:8). 後에 뉘읏붐 업게 ᄒᆞ라(釋譜23:11). 곧 붓그려 뉘읏븐 ᄆᆞᅀᆞᆷ 내요미오:卽生慙愧改悔之心(永嘉上92). 疑心과 뉘읏붐 永히 긋게 호ᄆᆞᆯ 爲ᄒᆞ쇼셔:爲…永斷疑悔(圓覺上二之三10). ᄆᆡ양 시름호ᄃᆡ 뉘읏브며 붓그러우미 니르와다:每愁悔吝作(杜解8:20).

·뉘·이·다 동 누이다. ☞누이다 ¶이 方은 얼읜 고로ᄆᆞᆯ 거츤 ᄆᆡ해 뉘이며:此方以臥淤膿於荒郊(法華6:154). 니블 더퍼 뉘이고:被臥之(救簡1:59).

뉜츼 명 눈치. ☞뉜츼 ¶뉜츼 아라 가며 소로소로 ᄒᆞ여 百年ᄭᆞ지 ᄒᆞ리라(古時調. 술 먹어. 靑丘).

:뉴 명 ①유(類). ¶방 뒤헤 솓가마 뉴엣 거시 잇거늘 보고:見舍後有鍋釜之類(飜小9:7). 산 두어 혜아림ᄒᆞᄃᆺ ᄒᆞᆫ 뉴엣 이리라:筭數之類(飜小9:11). 入門 以後에ᄂᆞᆫ 伊川을 존ᄂᆞᆫ 類 ᄀᆞᄐᆞ니이며(家禮1:5).
②유(流). ¶일 브즈러니 홈ᄋᆞ로 ᄡᅥ 용쇽ᄒᆞᆫ 뉴를 삼ᄂᆞ니:以勤事爲俗流(宣小5:18).
③무리. ¶이런 뉴엣 사ᄅᆞᆷ은 진실로 可히 大丈夫ㅣ라 닐으리로다:如此輩人眞可謂大丈夫矣(宣小5:99). 우리 ᄒᆞᆫ 뉴ᄂᆞᆫ 體例 모로ᄂᆞᆫ 사ᄅᆞᆷ이니:我一們不會體例的人(老解上15). 물이 뉴ᄅᆞᆯ 보면 감동ᄒᆞ기 샹졍이라(落泉1:1).

뉴니ᄒᆞ다 동 유리(流離)하다. ☞뉴리ᄒᆞ다 ¶

비록 굼주려 流離홀찌라도 나는 빅브르고 덥고 편안ᄒᆞ야(警民11).

뉴뎐ᄒᆞ다 동 유전(流轉)하다. ☞뉴젼ᄒᆞ다. 류뎐ᄒᆞ다 ¶四方의 流轉ᄒᆞ야 므듸므듸 親이 곳디 아녀셔(家禮8:17).

뉴락ᄒᆞ다 동 유락(流落)하다. ☞류락ᄒᆞ다 ¶우연이 이 ᄯᅡ히 뉴락ᄒᆞ야(洛城2).

뉴렴ᄒᆞ다 동 유념(留念)하다. ¶그 말이 됴흐니 맛당이 뉴렴ᄒᆞ리라(經筵). 안신홀 곳을 엇고 쇼졔롤 뉴렴치 말나(落泉1:1).

뉴리ᄒᆞ다 동 유리(流離)하다. 유랑(流浪)하다. ☞뉴니ᄒᆞ다 ¶뉴리ᄒᆞ미 무익ᄒᆞ니 낙양ᄯᅡ 청운ᄉᆞ 안졍ᄒᆞ고(洛城1). 텬하의 뉴리ᄒᆞ려 ᄒᆞᄂᆞ뇨(洛城2).

뉴민 명 유민(流民). ¶북뇌 드러와 대동을 ᄡᅳ고 녕남이 긔황ᄒᆞ여 유민이 작난ᄒᆞ고(落泉3:7).

뉴벽ᄒᆞ다 형 유벽(幽僻)하다. ¶쇼암이 ᄌᆞ못 뉴벽ᄒᆞ고 공실이 이시니(引鳳簫1).

뉴쇠 명 유철(鍮鐵). 놋쇠. ¶뉴쇠 도치로 옥문을 ᄭᅢ치고(引鳳簫1).

뉴월 명 유월〔六月〕. ☞류월 ¶암눈비아즐 단온날이나 혹 뉴월 뉵일에나 쇠것 범티 말고 ᄏᆡ야:益母草端午日或六月六日不犯鐵採取(胎要16). 뉴월 믈ᄭᅀᅢ 더온 몰애:六月河中熱沙(東醫 湯液一 土部).

뉴의ᄒᆞ다 동 유의(留意)하다. ¶쳔비 뎌롤 뉴의ᄒᆞ다가(引鳳簫2). 난ᄒᆞᄂᆞᆫ 말을 뉴의ᄒᆞ야 미ᄉᆞ롤 춤으되(落泉1:1).

뉴젼ᄒᆞ다 동 유전(流轉)하다. ☞뉴뎐ᄒᆞ다 ¶허위 귀롤 청계의 씨셔도 일홈이 만고의 뉴젼ᄒᆞ니 슈믄 지최라(落泉2:6).

뉴찬ᄒᆞ다 동 유찬(流竄)하다. 귀양보내다. ¶쇼녜 역시 뉴찬홀 죄인이라(落泉1:1).

뉴체ᄒᆞ다 동 유체(流涕)하다. 눈물 흘리다. ¶왕싱이 ᄯᅳᆺ밧긔 화롤 만나 옥듕의 가 슉질이 집슈 뉴체ᄒᆞ니(落泉1:1).

뉴패 명 유파(流派). ¶그 근원과 뉴패롤 의논컨댄:論其源流(警民28).

뉴ᄒᆡᆼᄒᆞ다 동 유행(流行)하다. ¶열흔 독긔 뉴ᄒᆡᆼᄒᆞᄂᆞᆫ 히예 발ᄒᆞ야 되ᄂᆞ니라(痘要上1).

뉵 명 윷. ¶흔 밤 자면 제석 오니 ᄲᅧ국 먹고 뉵 노ᄌᆞᄃᆡ(萬言詞).

뉵가락 명 육손이의 덧붙은 손가락. ¶뉵가락:贅指. 枝指(譯解補22). 뉵가락:贅指(同文解上16). 뉵가락:六指(漢淸5:53).

뉵노 명 육로. ¶뉵노:旱路(同文解上41).

뉵디 명 육지(陸地). ¶뉵디나 다ᄅᆞ디 아니ᄒᆞ고(經筵).

뉵분 명 운두. ¶뉵분:雲頭(漢淸11:12).

뉵월 명 유월〔六月〕. ☞류월 ¶뉵월의 간관이 샹언호ᄃᆡ:六月諫官上言(東三綱. 忠6). 뉵월 십삼일(癸丑71). 셰왕됴 을묘 뉵월 십팔일 오시의(閑中錄4).

뉸긔 명 윤기(倫紀). ¶아ᄃᆞᆯ을 ᄀᆞᄅᆞ쳐 아비롤 치기ᄂᆞᆫ 뉸긔예 관겨ᄒᆞ니라(山城124).

느껍다 형 느껍다. ¶인생 천지간의 그 아니 느꺼온가(萬言詞).

-느니 어미 -느냐. ☞-ᄂᆞ니 ¶어듸셔 妄悋엣 벗슨 노지 마ᄌᆞ ᄒᆞᄂᆞ니(古時調. 趙纘韓. 天地 멋 번지며. 大東風雅). 平生의 사올 일만 ᄒᆞ고 언제 놀려 ᄒᆞᄂᆞ니(古時調. 人生이 둘가. 時調類). ※-느니>-ᄂᆞ니

느·다 형 낫다〔勝〕. ☞는ᄒᆞ다. 늘다 ¶健壯ᄒᆞᆫ 男兒ㅣ 서근 션비라와 느도다:健兒勝腐儒(杜解6:40). 오ᄂᆞᆳ 아ᄎᆞᆷ ᄆᆞᆯᄀᆞᆫ 거우룻 가온ᄃᆡ셔 齋房앳 芝草 머구미라와 느도다:今晨淸鏡中勝食齋房芝(初杜解19:25). 宮闕엣 젼ᄡᅴᄂᆞᆫ 보ᄃᆞ라오미 소오미라와 느도다:宮莎軟勝綿(初杜解20:17).

느러가다 동 느럭느럭 가다. 느릿느릿 가다. 어정거리다. ¶느러갈 위:逶. 느러갈 이:迤(類合下51).

느러나다 동 늘어나다. 불어나다. ¶느러날 영:贏(類合下62).

느러니 부 느런히. ¶느러니 次第로 길 ᄀᆞᆯ더니(釋譜11:26). 보ᄇᆡ옛 남기 느러니 셔며(月釋2:29). 西天에셔 고즐 느러니 엿거(月釋2:29). 寶樹ㅣ 느러니 벌오:寶樹行列(法華5:197). 帳 아랜 손과 번과롤 느러니 안쳣도다:帳下羅賓友(重杜解1:40). 머리놀 느러니 해홈믈 닙다(東新續三綱. 忠1:62).

느러지다 동 늘어지다. ☞늘어지다 ¶느러져 눕다:軟癱睡臥(漢淸7:40).

느르다 동 늘이다. 늘어뜨리다. ☞느리다 ¶柳枝 ᄭᅩᆺ고 줄 느르고 지내ᄂᆞᆫ 졔:樹柳枝祭(漢淸3:35).

느르·샤·ᄃᆡ 형 나으시되. ㉮늘다 ¶이제 陛下ㅣ 道理ᄂᆞᆫ 伏羲예 더으시고 德은 堯舜에 느르샤ᄃᆡ(月釋2:70).

느름나모 명 느릅나무. ☞느름나무. 느릅나모 ¶느름나모 유:楡(倭解下28). 느름나모:楡(漢淸13:22).

느름나무 명 느릅나무. ☞느름나무. 느릅나모 ¶느름나무 유:楡(兒學上6).

느름남기 명 느릅나무가. ㉯느름나모 ¶버들과 느름남기:楡(五倫4:43).

느릅 명 느릅나무. ☞느름나무. 느릅나모 ¶느릅 유:楡(詩解 物名10). 느릅 분:枌(詩解 物名12). 楡 俗謂 느릅(物譜 雜木).

느·릅나모 명 느릅나무. ☞느름나무. 느릅. 르릅나모 ¶느릅나못 거츠로 더퍼 헌 딜ᄀᆞ리오ᄃᆡ:以楡皮盖定掩於傷處(救急下73). 느릅나못 거플로:以楡皮(救簡6:40). 느릅나모 분:枌. 느릅나모 유:楡(訓蒙上10). 느릅나모:榔楡(柳氏物名四 木).

느릐다 [형] 느리다. ☞날호다 ¶느릐다:遲遢(同文解上23). 느릐다:鈍(漢淸6:43).

·느리·다 [동] 늘이다. 늘어뜨리다. ☞느르다 ¶金 노ᄒᆞ로 길흘 느리고(釋譜9:10). 欄ᄋᆞᆫ 나모 느륜 高欄이오(月釋10:51). 黃金으로 노 ᄆᆡᇰᄀᆞ라 길ᄀᆞᅀᆡ 느리고:黃金爲繩以界道側(法華3:59).

느리다 [동] 늘이다. 늘게 하다. ¶느린 국슈:拉條麵(漢淸12:33).

느리혀·다 [동] 늘어뜨리다. ¶네 엇데 보ᄆᆞᆯ 느리혀 힛ᄀᆞᅀᆡ ᄀᆞᄌᆞ기 ᄒᆞᇙ다:汝豈挽見齊於日面. ᄒᆞ마 느리혀디 몯ᄒᆞᇙ딘댄 一定히 움치디 몯ᄒᆞ리며:旣非可挽定非可縮(楞解2:43). 宮闕을 ᄉᆞ랑ᄒᆞ야 슬허 모ᄀᆞᆯ 느리혀 ᄇᆞ라니라:戀闕悄延頸(初杜解24:43). 두 ᄉᆞ매 느리혀고 우즑우즑ᄒᆞᄂᆞᆫ 뜻은(古時調. 梁應鼎. 太平 天地間에. 靑丘).

-느슨다 [어미] -느냐. -는가. ☞-ᄂᆞ슨다 ¶어화 져 白鷗야 므슨 役事 ᄒᆞ느슨다(古時調. 海謠).

느읅ᄒᆞ·다 [동] 느즈러지다. ☞누흙다 ¶딕ᄒᆞᆫ 사ᄅᆞᄆᆡ 느읅ᄒᆞᆫ ᄉᆞᅀᅵ 어다:待守者少懈(三綱. 烈21).

느저 [부] 늦게서야. ¶느저 날셔이고 太古ㅅ 적을 못 보완쟈(古時調. 申欽. 靑丘).

느정이 [명] 말린 꽃. 줄기. ¶모밀 느정이과 콩닙과 콩각대ᄅᆞᆯ 우려 ᄆᆞᆯ뢰여 ᄀᆞᄅᆞ ᄆᆡᇰ그라:木麥花太葉太殼作末(救荒10). 모밀 느정이:穲(東醫 湯液一 土部).

느·주우·다 [동] 늦추다. ☞느초다. 느추다. 느치다 ¶느주워여 詔令을 그르츠면:逋緩違詔令(初杜解25:38).

느즈기 [부] 느직이. 늦게. ☞느즉이. 느즛. 느지 ¶ᄉᆞ나히ᄂᆞᆫ ᄲᆞᆯ리 ᄃᆡ답ᄒᆞ고 겨집은 느즈기 ᄃᆡ답게 ᄒᆞ며:男唯女兪(宣小1:3).

느즈럽다 [형] 늦다. ¶느즈럽거든 다만 이거ᄅᆞᆯ 덤ᄒᆞ고(兵學1:14).

느즈릉이 [명] 줄기〔莖〕. ¶모밀 느즈릉이:蕎穲(柳氏物名三 草).

느·즈·웨 [부] 늦추게. ¶엇디 어딘 사ᄅᆞᆷᄃᆞ려 느즈웨 ᄒᆞ여 이레 몯 미츨 일을 ᄀᆞᄅᆞ치료:何嘗教賢緩不及事(飜小9:53).

느즉이 [부] 느직이. 늦게. ☞느즈기. 느즛. 느지 ¶느즉이:傍晚(漢淸1:27).

느즉ᄒᆞ다 [형] 느직하다. ¶느즉ᄒᆞ여 도라가시게 ᄇᆞ라ᄂᆡᇰ이다(新語6:5). 兪ᄂᆞᆫ 느즉홈이라(重內訓3:2).

느즛 [부] 느직이. 늦게. ☞느즈기. 느즉이. 느지 ¶일 심어 느즛 퓌니 君子의 德이로다(古時調. 歌曲).

느·지 [부] 느직이. 늦게. ☞느즈기. 느즉이. 느즛 ¶마초ᄢᅵ 됴ᄒᆞᆫ ᄡᅡ해 느지 나게 ᄒᆞ리니(月釋21:106). 大道ᄅᆞᆯ 느지 듣ᄌᆞ온 ᄠᅳ들 펴니:敍…晩聞大道之意(法華2:178). 느지 니로니 지븨 므슷 이ᄅᆞᆯ ᄒᆞ리오:晩起家何事(杜解3:30). 늘근 ᄒᆡ예 盖ㅣ 기우류믈 느지 ᄒᆞ니:衰年傾盖晩(杜解23:45). ᄲᆞᆯ리 자바 ᄆᆡ여 오라 ᄒᆞ니 엇데 느지 오뇨(王郞傳5). 西施를 싯노라 ᄒᆞ야 느지 도라 가니라(古時調. 越相國. 靑丘). 午睡를 느지 ᄭᆡ야 醉眼을 여러보니(古時調. 靑丘).

느지럽다 [형] 늦다. ¶감히 느지럽게 아니 ᄒᆞᆯ 지니(女四解2:43).

느·초·다 [동] 늦추다. ☞느추다. 느치다 ¶법 셴 ᄠᅳᆮ을 샹고ᄒᆞ야 출혀 되오며 느초면:考求立法之意而操縱之(宣小5:32).

느·추·다 [동] 늦추다. ☞느초다. 느치다 ¶져고마도 느추디 아니ᄒᆞ더라:不少假也(宣賜內訓3:33). 오랑 느추고:鬆了肚帶(飜老上39). 도적이 그 마ᄅᆞᆯ 미더 느추워ᄂᆞᆯ:賊信其言緩之(東新續三綱. 烈3:40). 오랑 느추고:鬆了肚帶(老解上35).

느·치·다 [동] 늦추다. ☞느초다. 느추다 ¶問罪江都ᄅᆞᆯ 느치리잇가:問罪江都其敢留止(龍歌17章). ᄲᆞᄅᆞᆫ 酒觴ᄋᆞ로 시름ᄃᆞ왼 ᄆᆞᅀᆞ미 ᄃᆞᆫᄂᆞᆫ ᄃᆞᆺ호ᄆᆞᆯ 爲ᄒᆞ야 느치노라:急觴爲緩憂心擣(初杜解15:39).

느틔 [명] 느티나무. ☞느티 ¶臺 우희 섯ᄂᆞᆫ 느틔 몃 ᄒᆡ나 ᄌᆞ란ᄂᆞᆫ고(古時調. 鄭澈. 靑丘). 느틔 괴:槐(柳氏物名四 木).

느틔나모 [명] 느티나무. ☞느틔. 느티 ¶느틔나모:黃槐樹(譯解下42).

느티 [명] 느티나무. ☞느틔 ¶ᄃᆡ 우희 심근 느티 몃 ᄒᆡ나 ᄌᆞ란ᄂᆞᆫ고(古時調. 鄭澈. 松江).

늑놀다 [동] 하는 일 없이 지내다. ☞눅놀다 ¶안자셔 나라 녹만 머그며 셰월을 늑노라 디내고:坐食公廩玩愒歲月(警民序3).

늑지근ᄒᆞ다 [형] 느끼하다. ☞늿근ᄒᆞ다 ¶늑지근ᄒᆞᆫ 것:睺 過肥(物譜 飮食).

뉡다 [동] 늙다. ¶그 아비 부졍 희셩이 뉡고 병드럿거늘:其父副正希聖老病(新東續三綱. 孝6:42).

-·는 [조] -는. ☞-ᄂᆞᆫ ¶뒤헤는 모딘 도ᄌᆞㄱ 알ᄑᆡᄂᆞᆫ 어드븐 길헤:後有猾賊前有暗程(龍歌30章). 尼樓는 賢ᄒᆞᆯ씨(月印上4). 樓는 다라기라(釋譜6:2). 語는…與는…愚는…有는…予는…並書는…喉는…ㅡ는 即字 가온ᄃᆡᆺ 소리…ㅜ는 君ㄷ字 가온ᄃᆡᆺ 소리…ㅓ는 業字 가온ᄃᆡᆺ 소리…ㅠ는…ㅕ는(訓註1).

-는 [어미] -는. ☞-ᄂᆞᆫ ¶簫ᄂᆞᆫ 효ᄀᆞᆫ 대ᄅᆞᆯ 엿거 부는 거시라(釋譜13:53). 술위 소리 우는 소리(釋譜19:14). 어울면 모디 버으는 거시니(月釋2:15). ᄂᆞᆷ 업시우는 사ᄅᆞ미라(月釋2:46). 흐르는 심과(月釋7:30). 八千里 옴녀는 象이라(月釋7:52). 乎ᄂᆞᆫ 아모그에 ᄒᆞᄂᆞᆫ 겨체 ᄡᅳ는 字ㅣ라(訓註1).

-는고야 ㉠어미 -는구나. ☞-ᄂᆞᆫ고야 ¶滿山紅綠이 휘드르며 웃는고야(古時調. 孝宗. 淸江에. 海謠). 귀 밋틔 헤묵은 셜이는 녹을 쭐을 모로는고야(古時調. 金光煜. 東風이. 海謠). 골며이 둘씩 셋씩 오락가락ᄒᆞ는고야(古時調. 尹善道. 날이 더온쟈가. 海謠). 어즙어 압 뫼히 물러가고 뒷 뫼히 나아오는고야(古時調. 尹善道. 구즌비. 海謠). 浪波聲厭치 말아 塵喧을 막는고야(古時調. 尹善道. 머흔 굴름. 海謠).

-는다 ㉠어미 -느냐. -는가. ☞-ᄂᆞᆫ다 ¶네 엇던 아히완ᄃᆡ 허튀를 안아 우는다(月釋8:85). 엇데 우는다:何泣也(三綱. 烈19). 녯가의 海오라비 무스 일 셔 잇는다(古時調. 申欽. 海謠). 玉流堂 지은 뜻을 아는다 모르는다(古時調. 孝宗. 天寶山. 海謠).
※-는다<-ᄂᆞᆫ다

:는ᄒᆞ·다 형 낫다(勝). ☞늘다 ¶제 모매 는ᄒᆞ닐 아쳗고:勝己者厭之(宣賜內訓1:32). 모로매 내 지븨셔 는ᄒᆞᆫ ᄃᆡ 호리니:必須勝吾家者(宣賜內訓1:82).

·늗거이 부 느껍게. ¶문에 나셔 드롬애 늗거이 반ᄃᆞ시 그 한숨 소리를 드롬이 잇ᄂᆞ니라:出戶而聽愾然必有聞乎其嘆息之聲(宣小2:27).

늗기다 동 느끼다. ☞늣기다 ¶늗길 감:感(石千24. 倭解上21). ᄆᆞ른 사ᄅᆞ믜 ᄠᅳ들 늗기게 호매 여트며 기프미 잇도다:物感人情有淺深(百聯1). ᄆᆞ올 사ᄅᆞᆷ이 늗겨 우디 아니리 업더라:里人莫不感泣(東新續三綱. 孝1:32).

늗기다 동 슬퍼 흐느끼다. ¶이믜 영장홈애 늗겨:旣葬慨然(英小4:19).

늗다 형 늦다. ☞늣다 ¶셩네호미 늗디 아니ᄒᆞ니라:成禮未晩(東新續三綱. 烈1:2).

늘고니 명 늙은이. ☞늘그니. 늘근이 ¶즐겨 와 ᄒᆞᆫ 늘고니를 尋訪ᄒᆞ니:肯來尋一老(重杜解22:11).

늘·그·니 명 늙은이. ☞늘근이 ¶늘그니 病ᄒᆞ니를 보시고 ᄆᆞᅀᆞᄆᆞᆯ 내시니(月印上16). 늘그니 病ᄒᆞ니 주근 사ᄅᆞᆷ 보시고(釋譜6:17). 늘그늬 허튀를 안고 이리ᄃᆞ록 우ᄂᆞᆫ다(月釋8:101). 늘그니를 주시며(宣賜內訓2下51). 져근 것 다ᄆᆞᆺ호ᄆᆞᆯ 시내해 늘그늬게 밋게 ᄒᆞ도다:共少及溪老(初杜解15:18). 이 늘그늬 그리 잡드로ᄆᆞᆫ:此老伊麼提持(金三5:49). ᄆᆡ햇 늘그니로(南明上4). 늘그니ᄃᆞ려 말ᄉᆞᆷᄒᆞᆯ 제ᄂᆞᆫ:與老者言(宣小3:15). 이 늘그니 ᄒᆞ야 보게 ᄒᆞ라(老解上31). 늘그니 슈:叟(兒學上1).

늘근사ᄅᆞᆷ 명 늙은 사람. 늙은이. ¶늘근사ᄅᆞᆷ:老頭子(譯解上28).

늘·근·이 명 늙은이. ☞늘그니 ¶ᄆᆞ을 ᄊᆞ온대 늘근이들히 다 ᄃᆞ라들어 숨거늘:里中長老皆走匿(宣小6:80). 어룬이며 늘근이를 凌辱ᄒᆞᄃᆡ 말고(警民8). 늘근이 ᄃᆡ졉ᄒᆞ시ᄂᆞᆫ 은뎐이 샹네예셔 ᄲᅢ여나 ᄆᆡ양 새히 처음이면 뭇ᄌᆞ오시고(仁祖行狀29).

늘다 동 늘어나다. ¶늘 식:息(註千12).

늘·다 형 낫다(勝). ☞느다. 는ᄒᆞ다 ¶功德이 노파 븘 비ᄎᆞ로 莊嚴호미 日月라와 느러 어드본 ᄃᆡ 衆生도 다 ᄇᆞᆯ고ᄆᆞᆯ 어더 ᄆᆞᅀᆞᆷ조초 이를 ᄒᆞ긔 호리라(釋譜9:4). 그 中에 ᄯᅩ 느룸과 사오나봄과ᄅᆞᆯ 一定홇딘댄(釋譜19:10). 陛下ㅣ 道理ᄂᆞᆫ 伏羲예 더으시고 德은 堯舜에 느르샤ᄃᆡ(月釋2:70). 物을 敎化홇 디면 히미 乾坤에 느로ᄆᆞᆯ 禪이오:化物則力勝乾坤謂之禪(蒙法65). 늘 어:於(類合上16. 石千28. 倭解上26). 늘 영:贏(兒學下9).

늘어지다 동 늘어지다. ☞느러지다 ¶又바 늘어지다:軟倒(漢淸7:38).

늘우다 동 늘이다. ☞느리다 ¶비예 늘윗ᄂᆞᆫ 줄:攤繩(譯解下21).

늘은ᄒᆞ다 형 느른하다. ☞늘흔ᄒᆞ다 ¶늘은ᄒᆞ다:癱軟(漢淸8:27).

늘음 명 느릅나무. ☞느릅 ¶吾東之俗 白楡野生 方言云 늘음(雅言一).

늘읍나모 명 느릅나무. ☞느릅나모 ¶ᄡᅡ히 ᄀᆞ독ᄒᆞ얏ᄂᆞᆫ 늘읍나모든이(女範2. 변녀 니시옥영).

늘의다 동 늘이다. ☞느리다 ¶七寶 계우샤 숙거신 엇게예 吉慶 계우샤 늘의어신 ᄉᆞ맷 길헤(樂範. 處容歌).

늘의어신 동 늘이신. ㉮늘의다 ¶吉慶 계우샤 늘의어신 ᄉᆞ맷 길헤(樂範. 處容歌).

늘의혀다 동 늘어뜨리다. ☞느리혀다 ¶도경이 ᄯᅩ 목을 늘의혀 버히믈 쳥ᄒᆞ니:道卿固引頸請刃(五倫4:40).

늘읫늘읫 부 느릿느릿. ¶依依ᄂᆞᆫ 버듯니피 드리여 늘읫늘읫 ᄒᆞᆫ 양ᄌᆡ라(金三4:42).

늘흔ᄒᆞ다 형 느른하다. ☞늘은ᄒᆞ다 ¶又바 늘흔ᄒᆞ다:乏的獃了(漢淸7:38).

늘힛늘힛 부 느릿느릿. ☞늘읫늘읫 ¶늘힛늘힛:慢條斯禮(譯解補60).

늙·다 동 늙다. ¶늘근 션비를 보시고:接見老儒(龍歌82章). 저의 늘구믈 우ᅀᆞᄫᆞ니(月印上12). 사ᄅᆞ미 살면 주구미 이실ᄊᆡ 모로매 늙ᄂᆞ니라(釋譜11:36). 져므며 늘구미 잇ᄂᆞ녀(楞解2:10). 長老ᄂᆞᆫ 德이 놉고 나히 늘글 씨라(阿彌3). 孝道ᄒᆞᆯ 子息의 늘그시니 養호ᄆᆞᆫ:孝子之養老也(宣賜內訓1:44). 내 늙고 病ᄒᆞ야 머므렛노니:吾人淹老病(初杜解7:12). 眞實ㅅ 氣骨이 뫼헤셔 늙놋다:眞骨老崖嶂(初杜解16:36). 모미 늙고 時節이 바ᄃᆞ라온 저긔:身老時危(杜解21:7). 늘글ᄉᆞ록 ᄯᅩ 親ᄒᆞ도다:老更親(初杜解21:15).

ᄒᆞ마 늙게 인 일후믈 드로라:已聞老成名(初杜解24:18). 남긔 오ᄅᆞᄂᆞᆫ 늘근 괴(南明上1). 늘글 로:老(訓蒙上33). 늙고 병드러 능히 친히 몯 가매 니ᄅᆞ러ᄂᆞᆫ(東新續三綱. 烈2:8). 늘근 어미란 해티 말라 ᄒᆞ니(東新續三綱. 孝7:44). 늙ᄉᆞᆸ신 본 겨티 누를 잇고 사라 겨시리잇가(癸丑105). 늙게야 江山에 믈너와셔(古時調. 男兒의. 青丘). 父母ㅣ 나히 늙거시든(女四解2:14).

늙·다 형 낡다. ☞눍다 ¶녀름짓ᄂᆞᆫ 지빗 늘근 디새 盆을 웃디 말라 술 다마 머구므로브터 子孫이 ᄌᆞ라거다:莫笑田家老瓦盆自從盛酒長兒孫(初杜解25:17).

늙되다 형 늙숙하다. 늙수그레하다. ¶늙되다:老蒼(譯解上36).

늙어는 동 늙어서는. ㉠늙다 ¶늙어는 아ᄃᆞᆯ의게 미얏ᄂᆞ니(女範1. 모의 노모ᄉᆞ).

늙은이 명 늙은이. ☞늘그니. 늘근이. 절믄이 ¶늙은이:年老的(譯解補19). 늙은이를 늙은이로 ᄃᆡ졉ᄒᆞ다:老老(漢淸6:18). 늙은이ᄅᆞᆯ 공경ᄒᆞ고 어린이ᄅᆞᆯ ᄉᆞ랑ᄒᆞ며(敬信1).

늙키다 동 늙히다. ¶白髮이 公道ㅣ 업도다 날을 몬져 늙킨다(古時調. 青丘).

늜다 동 늙다. ☞늙다 ¶다ᄅᆞᆫ ᄀᆞ애 내 외로왼 자새 와 늜노라:異域賓客老孤城(重杜解3:34). 션 머리 드린 馮唐이 늜고:垂白馮唐老(重杜解3:40).

늠녈ᄒᆞ다 형 늠렬(凜烈. 凜冽)하다. 추위가 매섭다. ¶츄상이 늠녈ᄒᆞᆫ 가온대 양츈의 뜻을 ᄢᅵ여시니(山城69).

늠늠ᄒᆞ다 형 늠름(凜凜)하다. ¶늠늠ᄒᆞ기 호읍의 이시니(閑中錄542). 우리과 군이 남한의 늠늠ᄒᆞ야 봄 여ᄅᆞᆷ ᄌᆞᆺ기ᄅᆞᆯ(山城142).

늣거ᅀᅡ 형 늦게야. ㉠늣다 ☞늣거아. -거ᅀᅡ ¶지순 사ᄅᆞᄆᆡ ᄠᅳ들 늣거ᅀᅡ 보니:晚看作者意(初杜解16:3).

늣거아 형 늦게야. ㉠늣다 ☞늣거ᅀᅡ. -거아 ¶지죄 업서 名位ᄅᆞᆯ 늣거아 호니:不才名位晚(重杜解3:1).

늣겁다 형 느껍다. ¶경 등이 다 노친이 이셔 영화로이 치ᄇᆞᆯ 극진이 ᄒᆞ니 내 ᄆᆞᄋᆞᆷ의 늣거워ᄒᆞ노라(仁祖行狀30). 人生을 혜아리니 아마도 늣거웨라(古時調. 青丘).

늣기다 동 느끼다. ☞늗기다 ¶최싱이 ᄀᆞ장 늣겨 급피 흙을 덥퍼 녜과 ᄀᆞᆺ티 ᄒᆞ니라:崔生感之急爲掩瘞仍舊矣(太平1:19). 그 사ᄅᆞᆷ의 셩효ᄅᆞᆯ 늣겨 닐오ᄃᆡ(東新續三綱. 孝5:41). 늣겨 ᄀᆞ장 셜워(癸丑109). 치옴 더외 變移ᄒᆞᄂᆞᆫ 즈음을 當ᄒᆞ야 더옥 ᄡᅥ 늣기믈 더으니:當寒暑變移之際益用增感(家禮10:48). ᄆᆞᄋᆞᆷ의 늣겨(女範2. 변녀 니시옥영).

늣·다 형 늦다. ☞늗다. 늦다 ¶또 ᄲᆞᄅᆞ도 아니ᄒᆞ며 늣도 아니ᄒᆞ야:却不急不緩(蒙法7). 歲月이 늣고 ᄇᆞᄅᆞ미 ᄉᆞᆯᄒᆞᆯ 헐에 부ᄂᆞ니:歲晏風破肉(杜解9:29). 지순 사ᄅᆞᄆᆡ ᄠᅳ들 늣거ᅀᅡ 보니:晚看作者意(初杜解16:3). ᄒᆡ 늣고 楚山이 기프니:景晏楚山深(初杜解21:37). ᄒᆡ 또 이리도록 늣도다:日頭又這早晚了(飜老上60). 늣도록 안무 사ᄅᆞᆷ도 오디 아니ᄒᆞ거ᄂᆞᆯ(癸丑107). 서리 늣다:霜晚(同文解上2).

늣희 명 느티나무. ☞느틔. 느틔나모 ¶刺楡家種方言云 늣희(雅言一).

능 명 능(陵). ¶능 아래 시묘ᄒᆞ다:居廬陵下(東新續三綱. 孝8:32).

능 명 여유. ¶식구을 혜아리되 넉넉히 능을 두소(農月 五月令).

능감 명 마름. ¶능감은 마람이라(太平1:1).

능굴이 명 능구렁이. ¶능굴이:赤楝蛇(柳氏物名二 水族).

능그다 동 능그다. ¶보리 능거 點心 ᄒᆞ소(古時調. 올여 논. 海謠).

능금 명 능금. ☞닝금 ¶능금:檎(物譜 木果). 능금:林檎(柳氏物名四 木).

능멸ᄒᆞ다 동 능멸(凌蔑)하다. ¶구양의 답왈 형이 만일 져ᄅᆞᆯ 후ᄃᆡᄒᆞ면 복이 이시려니와 능멸ᄒᆞ면 쇄 젹지 아니리니(落泉3:8).

능쇼버들 명 능수버들. ☞능슈버들 ¶능쇼버들:大戟(物譜 藥草). 능쇼버들:山柳(柳氏物名四 木).

능쇼초 명 현삼(玄蔘). ¶玄蔘鄉名能消草(鄉藥月令 三月. 集成方). 陵霄草(村救方).

능슈버들 명 능수버들. ☞능쇼버들 ¶능슈버들:大戟(柳氏物名三 草).

능욕ᄒᆞ다 동 능욕(凌辱)하다. ¶어론이며 늘근이ᄅᆞᆯ 凌辱ᄒᆞ디 말고 서ᄅᆞ 관곡히 ᄒᆞ야(警民8).

능증ᄒᆞ다 형 능청맞다. ¶그 놈이 ᄢᅵ야실 거시로ᄃᆡ 능증ᄒᆞ야 자ᄂᆞᆫ 톄ᄒᆞ니(洛城1). ᄀᆞ득 애ᄃᆞᆯ은대 능증ᄒᆞᆫ 소ᄅᆡ나 말라(洛城2).

능활ᄒᆞ다 형 능활(能猾)하다. 능하고 교활하다. ¶싱싱이 후마의 능활ᄒᆞᆫ 말이 일마다 뜻의 마ᄌᆞ믈 다 항복ᄒᆞ여(落泉1:2).

능히 부 능(能)히. ☞릉히 ¶네 이제 能히 受ᄒᆞᄂᆞ니(釋譜9:28). 能히 부드러ᄫᅳ며 能히 剛ᄒᆞ샤(月釋14:54). 能히 玉 ᄀᆞᆮᄒᆞᆫ ᄆᆞᅀᆞ맷 며느리ᄅᆞᆯ 보아리여:能見玉心之婦耶(宣賜內訓序8). 비록 ᄆᆞᅀᆞᆷ 아ᄂᆞᆫ 버디 ᄌᆞᄌᆞ 能히 고기 낫ᄀᆞᆯ 비ᄅᆞᆯ 同ᄒᆞ리 이시나(初杜解6:36). 내 能히 미친 말 앗기디 아니ᄒᆞ야(南明序3). 이 약ᄋᆞᆫ 능히 긔운을 고티며:此藥能正氣(救簡1:5). 여듧 가지 소리 능히 골라:八音克諧(宣小1:10). 父母를 셤교ᄃᆡ 能히 그 힘을 竭ᄒᆞ며(宣論1:4). 녯 사ᄅᆞᆷ이 民으로 더불어 ᄒᆞᆷᄭᅴ 樂ᄒᆞᆫ 故로 能히 樂ᄒᆞ니이다(宣孟1:5). ᄒᆞ다가 여러 뵈요ᄆᆞᆯ 드

러 곧 能히 아라(六祖中61). 或 能히 그 要령을 드디 몯ᄒᆞ고(家禮1:3). 엇데 能히 다 이블 마고 므러시리오(重杜解9:21). 能히 솟드ᄂᆞᆫ 格으로(武藝圖16). 그 과궁으로 뻐 능히 금ᄒᆞ다 ᄒᆞ시라(綸音20).

능ᄒᆞ다 형 능(能)하다. ☞릉ᄒᆞ다 ¶내 能티 몯ᄒᆞ노라 ᄒᆞ면 이ᄂᆞᆫ ᄒᆞ디 아닐 ᄲᅮᆫ이언뎡 能티 몯홈이 아니니:我不能是不爲也非不能也(宣孟1:25). 내 능ᄒᆞᆫ 바ᄂᆞᆫ(太平1:35). 지조를 식여 보오셔 능ᄒᆞᆫ 재어든 샹ᄒᆞ오시니(仁祖行狀31). 능ᄒᆞᆫ 쳬ᄒᆞᄂᆞᆫ 이:充能的人(漢淸8:22). 능홀 능:能(兒學下13).

늦 명 늦. 조짐. 상서(祥瑞). ☞징됴 ¶天下ㅣ 定홀 느지르샷다:迺是天下始定之徵. 寶位 ᄐᆞ실 느지르샷다:迺是寶位將登之祥(龍歌100章). 이 됴ᄒᆞᆫ 느지 아니로다(釋譜23:26). 須彌山 베윤 이론 죽사리를 버서날 느지오(月釋1:17). 智慧 너비 비췰 느지오(月釋1:18).

늦·다 형 늦다. ☞늗다 ¶느즈며 ᄲᆞᆯ로ᄆᆞᆯ 보아(宣賜內訓2上15). 道流의 새로외요ᄆᆞᆯ 느저 接對호라:晩接道流新(初杜解16:22). 느준 고ᄃᆞᆯ 아디 몯ᄒᆞ노니:不覺晩(初杜解20:29). 느즐 한:旰. 느즐 안:晏(訓蒙下2). 느즐 만:晩(訓蒙上1. 類合下57. 石千32. 倭解上5). 느즐 완:緩(類合下17). 젼젼반측 싱각ᄒᆞ니 동방화촉 느져간다(萬言詞).

늦마 명 서남풍(西南風). ¶西南風 謂之緩寒意或云緩麻(星湖).

늦하늬 명 서남풍(西南風). ¶西南風 謂之緩寒意或云緩麻(星湖).

늿근ᄒᆞ다 형 느끼하다. ☞늬지근ᄒᆞ다 ¶늿근ᄒᆞ다:可膩(漢淸12:51).

·니 명 이〔齒〕. ¶齒ᄂᆞᆫ 니라(訓註6). 입시울와 혀와 엄과 니왜 다 됴ᄒᆞ며(釋譜19:7). 니 마ᄉᆞ니 ᄀᆞᄌᆞ고(月釋2:41). 니 뻐 무더 검디 아니ᄒᆞ며(法華6:13). 니 ᄲᅡ디거ᅀᅡ 일후미 어딘 사ᄅᆞᆷ 擧薦ᄒᆞᄂᆞᆫ 中에 더러욜 고ᄃᆞᆯ 어느 알리오:豈知牙齒落名玷薦賢中(初杜解10:14). 저즌 고기란 니로 베믈고:濡肉齒決(宣小3:24). 일즉 니ᄅᆞᆯ 뵈디 아니ᄒᆞ니:未嘗見齒(宣小4:23). 니 치:齒(訓蒙上26. 類合上20. 倭解上16). 네 니를 자바보라:你只拿着牙齒看(老解下7). 니 ᄀᆞ다:退齒(譯解上33). 齒藥은 니 다ᄉᆞ리ᄂᆞᆫ 약이니(女四解2:17). 니:牙齒(同文解上15). 齒曰你(雞類). 齒 你(譯語. 身體門).
※니>이

·니 명 이〔蝨〕. ¶머리옛 니ᄅᆞᆯ:黑虱(救簡6:23). 니 하 므러 ᄇᆞ려워 셜워커늘:苦蝨繁癢悶(續三綱. 孝8). 니 슬:蝨(訓蒙上23. 類合上16. 倭解下27. 兒學上8). 니:蝨子(譯解下35). 양지를 ᄡᅡ라 안져 오시 니 쥬어널 졔(萬言詞).

니 명 이(利). 이익(利益). ¶니 내다:轉錢(譯解上69). 엇디 죽기를 두려워 아니 ᄒᆞᄂᆞ뇨 가히 니로 다래리오:世豈有不畏死而可以利動者(五倫2:50).

니 명 입쌀. 멥쌀. ☞니ᄡᆞᆯ ¶金化ㅣ 金城 슈숫대 半 단만 어더 죠고만 말마치 움을 뭇고 조쥭 니쥭 白楊箸로 지거 자내 자소(古時調. 靑丘). ᄃᆞ나 ᄡᅳ나 니 濁酒 죠코(古時調. 靑丘).

니 명 이(履). 신. ¶深衣에 白屨를 ᄡᅳ니 형狀이 이제 履니 ᄀᆞᄐᆞ니(家禮圖5).

니 명 이〔者〕. 사람. ☞이 ¶날 알 니 뉘 잇스리(萬言詞).

니 명 이(理). 이치(理致). ¶하ᄂᆞᆯ과 사ᄅᆞᆷ이 ᄒᆞᆫ 니라 나타나며(仁祖行狀34). 病되이 녀기샤 일즉 理로ᄡᅥ 經文과 다ᄆᆞᆺ 몸의 니븜이(家禮1:40). 枝葉이 茂호미 ᄀᆞᄐᆞ니 理예 진실로 그러코(家禮7:17).

니 명 리(里). ☞리 ¶어버이를 위ᄒᆞ야 ᄇᆡᆨ 니 밧긔 ᄡᆞᆯ을 져 오더니:爲親負米於百里之外(五倫1:4).

:니 대 네가. 당신이. ¶니 아지어니:你是牙家(飜老下63).

니 관 이〔此〕. ¶오흡다 우리 先生 니 곳의 藏修ᄒᆞ니(陶山別曲). 니 최을 ᄒᆞᆫ 번이나 보거나(普勸文38).

-·니 조 -니. ¶製ᄂᆞᆫ 글 지ᅀᅳᆯ 씨니(訓註1). 音은 소리니(訓註1). ㄱᄂᆞᆫ 엄쏘리니(訓註4).

-·니 어미 -니. ¶雙鵰ㅣ ᄒᆞᆫ 사래 ᄢᅦ니:維彼雙鵰貫於一發(龍歌23章). 軍容이 녜와 다ᄅᆞ샤 아ᅀᆞᆸ고 믈러가니:軍容異昔識斯退歸(龍歌51章). 侯國이 背叛ᄒᆞ니:侯國斯離(龍歌66章). 赤祲이 바ᄆᆡ 비취니:明明赤祲方夜炳如(龍歌101章).

-니 어미 -니. 〔받침 없는 형용사 어간에 붙는 연결어미.〕 ¶正ᄒᆞᆫ 法을 외니 올ᄒᆞ니 호미(宣賜內訓1:37).

-·니 어미 -ㅂ니까. -느냐. ¶二百戶를 어느 뉘 請ᄒᆞ니:維二百戶誰其請爾(龍歌18章). 긔 아니 웃ᄫᅳ니(月印上64). 丹書ᄂᆞᆫ 宛然ᄒᆞ되 四仙은 어듸 가니(松江. 關東別曲).

니간ᄒᆞ다 동 이간(離間)하다. ☞리간ᄒᆞ다 ¶태비 궁인이 비록 혀를 공교로이 홀 재 이실디라도 감히 니간티 못ᄒᆞ더라(仁祖行狀10). 이 겨집이 무상ᄒᆞ여 ᄐᆞᆼ을 ᄀᆞᄅᆞ쳐 모ᄌᆞ와 형뎨를 니간ᄒᆞ니:此婦無狀而敎充離間母子兄弟(五倫4:13).

니거늘 동 가거늘. ㉮니다 ¶버미 ᄇᆞ리고 니거늘:虎乃去(東續三綱. 孝12).

니거니 동 가느냐. ㉮니다 ¶千里馬 絶代佳人을 ᄂᆞ믈 주고 니거니(古時調. 浮虛코 성거올쓴. 海謠).

니거든 동 가거든. 가면. ㉮니다 ¶ᄒᆞᆫ나히 盞盤을 자바 主人의 左의 니거든 主人이 울고(家禮1:26). 니거든 여러 두고 날인가 반기실가(松江. 思美人曲).

니거라 동 가라. 가거라. ㉮니다 ¶이후란 十里예 ᄒᆞᆫ 번식 쉬여 더듸더듸 니거라(古時調. 金烏 玉兎 들아. 靑丘).

·니거·지이·다 동 가고자 하나이다. 가고 싶습니다. ㉮니다 ¶내 니거지이다 가샤:請而自往(龍歌58章). 朴堤上이 니거지이다 ᄒᆞ야:朴堤上請行(三綱. 忠30 堤上忠烈).

니거징이다 동 가고자 하나이다. 가고 싶습니다. ㉮니다 ☞니거지이다 ¶옷 ᄀᆞ라닙고 나아 니거징이다 ᄒᆞ고 믈러가:更衣而進退(東三綱. 烈1 彌妻啖草).

니건 동 간. 지난. ㉮니다 ¶귀ᄂᆞᆫ 니건ᄃᆞᆯ브터 머구라:耳從前月聾(杜解3:54). 니건나랜 돈 ᄡᅳ믈 아ᄅᆞᆷ뎌 디릴 잡더니:往日用錢捉私鑄(重杜解4:29). 錫杖ᄋᆞᆯ ᄂᆞᆯ여 니건ᄒᆡ예 ᄀᆞ욼 사ᄅᆞᆷ ᄋᆞᆯ 울이니:飛錫去年啼邑子(杜解9:20). 니건ᄒᆡ옌 白帝城에 누니 뫼헤 잇더니:去年白帝雪在山(杜解10:40).

니건날 명 지난날. 지나간 날. ¶니건나랜 돈 ᄡᅳ믈 아ᄅᆞᆷ뎌 디릴 잡더니:往日用錢捉私鑄(重杜解4:29).

니건ᄃᆞᆯ 명 지난달. 지나간 달. ¶귀ᄂᆞᆫ 니건ᄃᆞᆯ브터 머구라:耳從前月聾(杜解3:54).

니·건·ᄒᆡ 명 지난해. 지나간 해〔去年〕. ¶니건ᄒᆡ 가난ᄒᆞ몬 가난티 아니ᄒᆞ더니(南明上8). 빗갑ᄉᆞᆫ 니건ᄒᆡ 갑과 ᄒᆞᆫ가지라 ᄒᆞ더라:布價如往年的價錢一般(飜老上9). 니건ᄒᆡᄅᆞᆯ ᄉᆞ랑ᄒᆞ노라:凄涼憶去年(杜解3:29). 錫杖ᄋᆞᆯ ᄂᆞᆯ여 니건ᄒᆡ예 ᄀᆞ욼 사ᄅᆞᆷ ᄋᆞᆯ 울이니:飛錫去年啼邑子(杜解9:20) 니건ᄒᆡ옌 白帝城에 누니 뫼헤 잇더니:去年白帝雪在山(杜解10:40). 니건ᄒᆡ예 行宮이 太白山ᄋᆞᆯ 當ᄒᆞ야 겨시거ᄂᆞᆯ:去年行宮當太白(杜解25:31).

니:곰 동 익힘〔習〕. ㉮니기다 ¶그 니교미 디혜로 더브러 길며 되오미 ᄆᆞᄋᆞᆷ과로 더브러 이러:其習與智長化與心成(宣小書題1).

니구무 명 목구멍〔喉〕. ¶니구무 후:喉(類合上20).

니근갓 명 다룬 가죽. 숙피(熟皮). ¶니근갓 혁:革(類合上26).

니근믈 명 익은 물. 끓인 물. ¶熟水曰泥根沒(雞類).

니근실 명 누인 실. 숙사(熟絲). ¶아니 뷘 니근실:布縷 又絨綫(訓蒙中24 縷字註).

니긔다 동 이기다. ¶깃분 홍 못 니긔여 명산 대찰 ᄎᆞᄌᆞ실 졔(萬言詞答).

니·기 부 ① 익히. ☞닉이 ¶威武를 니기 아ᅀᆞᄫᅡ:熟知威武. 智勇ᄋᆞᆯ 니기 아ᅀᆞᄫᅡ:熟知智勇(龍歌59章). 幽深ᄒᆞᆫ ᄃᆡ ᄎᆞ조ᄆᆞᆯ 니기ᄒᆞ노니:尋幽慣(杜解9:31). 새 지비 ᄀᆞ장 ᄂᆞᆽ갑고 져고ᄆᆞᆯ 니기 아라:熟知茅齋絶低小(杜解10:7). 일즉 인방의 나ᄂᆞᆫ 니기 니그면(飜老上41). 니기 알 암:諳(類合下35). 漢ㅅ ᄯᅡ히 니기 ᄃᆞᆫ니디 몯ᄒᆞ엿노니:漢兒地面裏不慣行(老解上7).

② 깊이. ¶여러 아히 좀 니기 드럿거늘:衆雛爛熳睡(重杜解1:13). 니기 좀들러 ᄭᅵ디 몯ᄒᆞ거ᄂᆞᆯ:熟寐未覺(東新續三綱. 孝5:44).

니기·다 동 ①이기다. ¶또 모싯 불휘ᄅᆞᆯ 조히 시서 디호ᄃᆡ 니균 흙ᄀᆞ티 ᄒᆞ야:又方野紵根洗淨不以多少擣爛如泥(救急上47). 陶甄ᄋᆞᆫ 陶者ㅣ 흙 니겨 디새 ᄆᆡᆼᄀᆞᆯ 시니(初杜解20:11).

②불리다. ¶쇠 니기다:鍊鐵. 니긴 쇠:熟鐵(同文解下23).

니·기·다 동 익히다. ¶上地定을 니겨(釋譜24:2). 法을 닷가 니겨(月釋18:15). 世尊하 모딘 일 니기ᄂᆞᆫ 衆生이 죠고맛 ᄉᆞᅀᅵᄅᆞᆯ브터 그지업수매 니르ᄂᆞ니(月釋21:103). 習ᄋᆞᆫ 니길 씨라(訓註3). 사ᄅᆞᆷ마다 ᄒᆡᅇᅧ 수ᄫᅵ 니겨:欲使人人易習(訓註3). 브즈러니 닷가 니겨ᄂᆞᆯ:精勤習(法華2:248). 일우며 니기논 施爲예:成熟施爲(永嘉上23). 次第로 닷가 니겨ᅀᅡ(圓覺上二之一11). 모로매 니겨 薦ᄒᆞ시며(宣賜內訓1:10). 도로 니균 業의(南明上62). 니길 습:習(類合下8. 石千10). 아ᄎᆞᆷ의 더 비호고 나조히 니겨:朝益暮習(宣小1:14). 샹해 외와 니겨:尋常誦習(警民41). 니길 련:鍊(倭解下8).

니기·다 동 익히다〔熟〕. 익게 하다. ¶소티 녀허 ᄀᆞ장 니규믈 資賴ᄒᆞ야:入鼎資過熟(初杜解16:64). 손소 니기믈 자바 뎬제ᄅᆞᆯ 정셩을 다ᄒᆞ니라:手執炊爨奠祭盡誠(東新續三綱. 孝2:43).

니·기이·다 동 익히게 하다. ¶또 命ᄒᆞ야 가져다가 니기이샤 ᄧᅡ 니블 ᄆᆡᆼᄀᆞᄅᆞ샤:亦命取練之織爲衾裯(宣賜內訓2下51).

니·기·자·다 동 잘 자다. 숙면(熟眠)하다. ¶ᄌᆞ오롬 重ᄒᆞᆫ 사ᄅᆞ미 平牀 벼개예 니기자거든:如重睡人眠熟牀枕(楞解4:130).

·니ᄀᆞᆯ·다 동 이갈다. ¶니ᄀᆞᆯ 됴:齠. 니ᄀᆞᆯ 친:齔(訓蒙上32).

니ᄀᆞᆯ다 동 이를 갈다. 아래윗니를 맞대어 문지르다. ¶너털고 니ᄀᆞᆯ면 고티기 어려우니라:寒戰咬牙則難治(痘要下4).

-니닛·가 어미 -옵니까. ¶聖人이 겨시니닛가:聖人在乎(圓覺序68).

니ᄂᆞ다 동 말하다. ☞니ᄅᆞ다. 니르다 ¶니ᄂᆞᆯ 셜:說(石千24).

·니·다 동 ①가다. ¶東이 니거시든 西夷 ᄇᆞ라ᅀᆞᄫᆞ니:我東曰徂西夷苦徯(龍歌38章). 내

니거지이다 가샤:請而自往(龍歌58章). 目連이 니거늘(月印上48). 須達이 護彌 지븨 니거늘(釋譜6:15). 내 처엄 모둔 딕 드러 니거든 한 사ᄅᆞ미 날 위ᄒᆞ야 禮數ᄒᆞ리라(釋譜6:29). 닐온 야ᅌᆞ로 ᄒᆞ고 니거시ᄂᆞᆯ(釋譜11:26). 아래 가신 八婇女도 니거시니(月釋8:93). 어셔 도라 니거라(月釋8:101). 아비 보라 니거라 ᄒᆞᆫ대(月釋8:101). 琰魔法王 알ᄑᆡ 니거든(月釋9:50). 이ᄀᆞ티 닷가 니거ᅀᅡ(圓覺上一之二160). 朝廷에 니거ᄂᆞᆯ 서르 보디 몯호니:歸朝不相見(初杜解24:54). 朴堤上이 니거지이다 ᄒᆞ야(三綱.忠30 堤上忠烈). 康子ㅣ 니거늘:康子往焉(宣小4:35). ᄒᆞᄅᆞᆫ 가마괴 향안 우희 사잔을 므러 니거ᄂᆞᆯ:一日烏啣香案上砂盃而去(東新續三綱.孝1:23). 우흐로셔 니거디라 ᄒᆞ오시니(癸丑29). ᄒᆞᆫ 나히 盞盤을 자바 主人의 左의 니거든 主人이 ᄫᅮᆯ고(家禮1:26). 니거든 여러 두고 날인가 반기실가(松江.思美人曲).
②지나다. ¶귀ᄂᆞᆫ 니건ᄃᆞᆯ브터 머구라:耳從前月聾(杜解3:54). 니건나랜 돈 ᄡᅳ믈 아ᄅᆞᆷ뎌 디릴 잡더니:往日用錢捉私鑄(重杜解4:29). 錫杖ᄋᆞᆯ ᄂᆞᆯ여 니건ᄒᆡ예 ᄀᆞᇫ옰 사ᄅᆞᄆᆞᆯ 울이니:飛錫去年啼邑子(杜解9:20). 니건ᄒᆡ옌 白帝城에 누니 뫼해 잇더니:去年白帝雪在山(杜解10:40). 니건 ᄢᅴ 되 벌비치 ᄢᅥ시니:往者胡星孛(初杜解20:32). 이제 수년을 니지 아니ᄒᆞ니(五倫2:20).

:니·다 동 이다. 지붕을 이다. ☞네다 ¶지블 ᄢᅱ로 니시고 ᄀᆞ리디 아니ᄒᆞ시며:茅茨不剪(宣賜內訓2下72). 힌 ᄢᅱ로 니유니:蔭白茅(杜解7:1). 뉘 힌 ᄢᅱ로 니욘 지븨 브텃ᄂᆞ니오:誰依白茅室(杜解9:5). 몰앳 읏 플 니윤 지븨 버드리 새려 어드웻고:沙上草閣柳新暗(杜解10:18). 새 니욘 菴子ㅣ(南明上72). 집을 니유미 엇디 맛당ᄒᆞ료:屋何宜覆(飜小9:33). 디새 니다:宜瓦(四解下31 宜字註). 디새 닐 와:宜. 새 닐 섬:苫(訓蒙下18). 디새 니다:宜瓦. 새 니다:苫房子(譯解上17). 디새 니ᄂᆞᆫ 칼:宜刀(譯解下17).

:니·다 동 일다. 일어나다. ☞닐다 ¶여쉰 十劫을 座애 니디 아니ᄒᆞ시니(釋譜13:33). 믌결 니디 아니홈 ᄀᆞᆮᄒᆞ니라:如波不起(圓覺下二之二17). 니디 몯ᄒᆞᆯ가 너기노이다(宣賜內訓2下63). 빗난 지븨 봆ᄇᆞᄅᆞ미 니니:華館春風起(初杜解7:33). 英英ᄋᆞᆫ 구룸 니ᄂᆞᆫ 양지라(南明上6). ᄇᆞ람 니다:起風(同文解上2). ᄉᆡ어미 풍병드러 능히 니디 못ᄒᆞ니:姑患風不能起(五倫1:58). 무덤 알ᄑᆡ 사흘을 업듸여 니디 아니ᄒᆞ니:伏塚三日不起(五倫1:62). 업이 병을 일ᄏᆞᆮ고 니디 아니ᄒᆞ니:業固疾不起(五倫2:20).

니다 동 (쌀 따위를) 일다〔淅〕. ¶ᄲᆞᆯ 니다:淅米(柳氏物名三 草).

니다 동 (머리 위에) 이다〔戴〕. ¶닐 딕:戴(倭解下38). 右手右脚으로 칼을 니고 압흘 ᄒᆞᆫ 번 티고(武藝圖26).

-니·다 접미 어떤 행동의 계속을 나타내는 접사(接辭). 〔'니'는 '行'의 훈(訓)임.〕 ¶攻戰에 ᄃᆞᆮ니샤:攻戰日奔馳(龍歌113章). 出은 나아 ᄒᆞ닐 씨라(釋譜序2). 여슷 길헤 횟도녀 잠간도 머무디 몯ᄒᆞ며:輪廻六道而不暫停(月釋序4). 안좀 걷뇨매 어마님 모ᄅᆞ시니(月釋2:24). 吉慶엣 새 ᄂᆞ니며(月釋2:33). 시르므로 사니거늘ᅀᅡ(月釋8:46). 東西로 ᄶᅩ니거든(月釋21:23). 직조 업슨 사ᄅᆞ미 天下애 ᄒᆞ니면:無才者行天下(金三2:15). 곳나모 가지마다 간 딕 족족 안니다가(松江.思美人曲).

-니·라 어미 -니라. ☞-으니라 ¶慈悲ㅅ 힝뎌글 ᄒᆞ야ᅀᅡ ᄒᆞ릴씨 沙彌라 ᄒᆞ니라(釋譜6:1). 제 ᄠᅳ들 시러 펴디 몯ᄒᆞᇙ 노미 하니라(訓註2). 欲使人人ᄋᆞ로 易習ᄒᆞ야 便於日用耳니라(訓註3). 點 더우믄 ᄒᆞᆫ가지로ᄃᆡ ᄲᆞᄅᆞ니라(訓註14). 炮烙刑이라 ᄒᆞ니라(宣賜內訓序4). 仁이 니믈리라 ᄒᆞ니 이ᄅᆞᆯ 니ᄅᆞ니라(宣賜內訓1:15). 늘근 남근 ᄀᆞ장 서리ᄅᆞᆯ 디내옛ᄂᆞ니라:老樹飽經霜(初杜解7:10).

니·러나·다 동 일어나다. ¶赤帝 니러나시릴씨:赤帝將興(龍歌22章). 불휘예셔 니러나아(釋譜13:38). 니러나샬 이ᄅᆞᆯ 仔細히 記ᄒᆞ시니라(法華4:34). 일로브터 보건댄 다ᄉᆞ리며 어즈러우며 니러나며 敗亡호미:由此觀之治亂興亡(宣賜內訓序6). 곧 니러나:便興(金三2:2). 妄이 니러나미 불휘 업서(南明上16). 니수어 군ᄉᆡ 니러날ᄉᆡ(飜小9:32). ᄲᆞᆯ리 ᄃᆡ답ᄒᆞ고 니러날디니라:唯而起(宣小2:14). 지비 블븓거늘 ᄉᆡ어미 늙고 병ᄒᆞ야 니러나디 몯ᄒᆞ더니:家嘗失火田耄且病不能起(東續三綱.烈14). 불 니러나다:火燒(同文解上63). 니러날 작:作(註千9).

니러서다 동 일어서다. ☞니러셔다 ¶아이 獻ᄒᆞ면 尊者ㅣ 니러서고 子姪이어든 안자시라(家禮10:27).

니·러셔·다 동 일어서다. ¶누븐 남기 니러셔니이다:時維僵柳忽焉自起(龍歌84章). ᄒᆞᆰ과 몰애예셔 ᄂᆞ소사 니러셜 저기 잇도다:屈强泥沙有時立(初杜解16:63). 니러셔 다시 ᄒᆞᆫ 발 나아가(武藝圖13).

니·러앉·다 동 일어앉다. ¶과글이 ᄇᆡᄅᆞᆯ 알하 믄득 니러안자(月釋10:24).

니러ᄒᆞ니 동 일어나니. 일어난즉. ☞-ᄒᆞ니 ㉮ 닐다 ¶日出을 보리라 밤ᄃᆞᇰ만 니러ᄒᆞ니(松江.關東別曲).

니·렛·다 동 일어 있다. 일어났다. ㉮닐다 ¶

흰 기베 ᄇᆞ롬과 서리왜 니렛ᄂᆞᆫ ᄃᆞᆺᄒᆞ니:素練風霜起(初杜解16:45).

니로 부 이루. ☞니르. 니ᄅᆞ ¶경계ᄒᆞ오시던 말솜은 니로 다 ᄡᅳ디 몯ᄒᆞ며(閑中錄40).

니로니 동 일어나니. ㉮닐다 ¶느지 니로니 지븨 므슷 이를 ᄒᆞ리오:晩起家何事(杜解3:30).

니로다 동 일구다〔開墾〕. ¶반 니로다:開荒(同文解下1). 니로지 아닌 ᄯᅡ:未開墾地. 又 니론 ᄯᅡ:新開地(漢淸10:2). 반 니로다:開墾(漢淸10:3).

-니로쇠 어미 -리로다. ¶사라실 제 알니로쇠(普勸文附18).

니롬 동 일어남〔起〕. ㉮닐다 ¶ᄀᆞᄋᆞ로 묏 盜賊의 니로ᄆᆞᆯ 制禦ᄒᆞᄂᆞ니:旁制山賊起(重杜解4:15).

니롭다 형 이(利)롭다. ¶니로온 곳을 ᄀᆞᄅᆞ침을 원ᄒᆞ노라(三譯3:4). 니로올 리:利(兒學下7).

니뢰다 동 이르다〔致〕. ¶그 다ᄉᆞᆯ기를 니뢰디 못ᄒᆞᄂᆞ니라:不能致其治(三略下10). 니뢸 치:致(倭解下39).

니루다 동 읽다. ☞닑다 ¶져근 아들 글 니루고 며느아기 뵈 ᄧᆞᄂᆞᆫ듸(古時調. 吳擎華. 谷口哢. 靑丘).

니르 부 이루. ☞니ᄅᆞ ¶몯 니르 혤 씨라(釋譜13:8). 몯 니르 거스러:不能拒(三綱. 忠13). 니르 드디 몯ᄒᆞ시릴씨:不可勝擧(法華2:173). 엇데 어루 니르 다ᄋᆞ리오:何可勝窮哉(法華5:42). 一生애 머그며 니블 이른 니르 ᄒᆞ디 몯ᄒᆞ리로다 ᄒᆞ야ᄂᆞᆯ:一生喫着不盡(飜小10:19).

니·르·다 동 이르다〔至〕. ☞니를다. 니ᄅᆞ다 ¶아래로 阿鼻地獄애 니르며(釋譜19:13). 우흐로 梵世예 니르게 ᄒᆞ시고(釋譜19:38). 十方諸佛 世界예 다 니르며(釋譜19:39). 우흐로 梵世예 니르샤ᄆᆞᆫ(月釋18:4). 四卷 가온ᄃᆡ로 그테 니르리라(楞解1:21). 著 업스시며 마ᄀᆞᆫ ᄃᆡ 업스샤매 니르리라(法華2:21). 川原에 니르거나(圓覺上一之二136). 銷滅호매 니르고(圓覺下三之二89). 飛燕의 하리예 니르러(宣賜內訓序3). 이제 니르ᄃᆞ록 ᄭᅮ메 스츄니:至今夢想(初杜解9:6). 수픐 두들게 니르러 오라:到林丘(初杜解9:12). 이 고대 니르면 우희 佛法 求 업스며(南明上18). 니를 격:格(類合下25). 니를 진:臻. 니를 예:詣(類合下38). 나암나암 다ᄉᆞ라 간악애 니르디 아니케 ᄒᆞ시니라:烝烝乂不格姦(宣小4:7). 니를 티:致(光千2). 히여곰 손을 석거 싸화 샹홈이 잇기예 니르게 말라:莫令交手致有鬪傷(警民29). 심홀손 모다 마시기예 니르니(綸音20). 언ᄉᆞ싸회 니르러:至偃師(五倫2:33).

니르·다 동 이르다. 말하다. ☞니ᄅᆞ다. 닐다. 닐오다 ¶聖經을 니르시니:聖經是說(龍歌92章). 諸天을 아니 다 니를쁜뎡 實엔 다 왜ᄡᅧ니라(釋譜13:7). 無上智慧를 求ᄒᆞ거든 위ᄒᆞ야 道理 니르시ᄂᆞ다(釋譜13:18). 이 法이 뵈도 몯ᄒᆞ며 니르도 몯ᄒᆞ리니(釋譜13:41). 譬喩엣 말ᄊᆞᄆᆞ로 諸法을 너펴 니르노니(釋譜13:48). 내 샹녜 이리 니르다니(釋譜13:60). 아래 니르시던 經엣 偈ᄅᆞᆯ 다 듣ᄌᆞᆸ고(釋譜19:31). 言은 니를 씨라(訓註2). 이런 젼ᄎᆞ로 어린 百姓이 니르고져 홇 배 이셔도:故愚民有所欲言(訓註2). 큰 法을 니르거든 沙彌 듣더니(月釋7:33). 法을 니르ᄂᆞ다 ᄒᆞ시ᄂᆞ니라(月釋7:77). 쟝ᄎᆞ 니르시리어늘(法華2:7). 世尊이 實ᄒᆞᆫ 道ᄅᆞᆯ 니르시디위 波旬은 이 이리 업도소이다(法華2:26). 禪定神通ᄋᆞᆯ 니르디 아니ᄒᆞ시니:不論禪定神通(蒙法37). 니를 셜:說(光千24). 니를 위:謂(類合上10). 니를 운:云(類合上29). 나히 어려신들 니르ᄂᆞᆫ 말을 아니 듯나니(古時調. 靑丘). 이실 ᄃᆞᆺᄒᆞ다 니르ᄋᆞᆸ노쇠(新語5:14). 니르심이로송이다(新語6:2). 닐럿ᄂᆞ니라:已說了(漢淸8:70).
※니르다(니ᄅᆞ다)>이르다

니르·다 동 일으키다. 살잡이하다. ☞니ᄅᆞ다 ¶기운 집 니르다:牮屋(四解下4 牮字註). 니를 젼:牮(訓蒙下17).

니르·다 동 읽다. ☞니ᄅᆞ다 ¶셔산늬 올아 주으려셔 ᄂᆞᄆᆞᆯ 먹고 글 니르더니:登西山絶頂忍飢食齏讀書(二倫48).

니·르르시니·라 동 이르시니라〔至〕. ㉮니를다 ¶陀羅尼門에 드로미라 ᄒᆞ샤매 니르르시니라(圓覺上一之二102).

니르리 부 ①이르게. 이르도록. ☞니르히. 니ᄅᆞ히 ¶子息이며 내 몸 니르리 布施ᄒᆞ야도(釋譜6:8). 無色界天에 니르리(釋譜23:22). 欲界六天 니르리 다 뷔여(月釋1:48). 혜 길오 너브샤 구믜 니르리 ᄂᆞᆺ출 다 두프시며(月釋2:41). 일로 法師 不輕 세 品에 니르리ᄂᆞᆫ 正宗 드러 디닌 功德을 너비 나토샤(月釋17:44). 楞嚴이 唐브터 宋애 니르리 科ᄒᆞ며(楞解1:16). 아래로 昆蟲에 니르리(金剛131). 이제 니르리 府庫앳 粟帛ᄋᆞᆯ 모다 ᄂᆞᆫ호ᄂᆞ니:至今分粟帛(重杜解1:53). 글 議論호ᄆᆞᆯ 崔蘇의게 니르리 ᄒᆞ다소니:論文到崔蘇(初杜解24:30).
②영원히. 오래도록. 영영(永永). ¶즉재 됴하 니르리 發티 아니ᄒᆞᄂᆞ니라:卽愈永不發(救急下73). 李五의게 ᄑᆞ라 주워 니르리 님자 도의여:賣與…李五永遠爲主(飜老下16).

니르받·다 동 ①일으키다. ☞니르왇다 ¶四兵을 니르바다 와 香姓엣 婆羅門ᄋᆞᆯ 拘尸城

에 브려(釋譜23:53). 劫은 時節이니 時節에 모딘 이리 만ᄒᆞ야 ᄒᆞ리워 罪業을 니르바ᄃᆞᆯ 씨라(月釋1:16).
②일어나다. ¶이슥고 거믄 구루미 니르ᄫᅡ다 天動ᄒᆞ거늘:俄黑雲起日中天地冥暗雷聲闐闐然(三綱. 孝29).

니르와·도·라 [동] 일으키노라. ㉮니르왇다 ¶ 大慈悲心을 니르와도라(釋譜13:57).

니르와·돔 [동] 일으킴. ㉮니르왇다 ¶實로 닐오ᄃᆡ 나ᄅᆞᆯ 니르와도미라:實謂起予(圓覺上一之二96). 밥 업소미 날 니르와도ᄆᆞᆯ 일ᄒᆞᄂᆞ다:無食起我早(初杜解22:3).

니르왇·다 [동] 일으키다. ☞니르ᄫᅡᆮ다. 니르왓다 ¶根源 니르와ᄃᆞ샨 ᄆᆞᆺ 첫 根源을 닐온 終이라(釋譜6:42). 四兵을 니르왇디 아니ᄒᆞᆯ 씨(釋譜11:36). ᄀᆞᆺ 업슨 功德을 니르와ᄃᆞ샤(月釋2:54). 盟誓ᄒᆞ야 善心ᄋᆞᆯ 니르왇고:起慈愍心(金剛35). ᄀᆞ마니 니르왇고 그ᅀᅳ기 應ᄒᆞ며:潛興密應(圓覺上一之二15). 한 事識의 믌겨를 니르왇ᄂᆞ니라:起諸事識之浪(圓覺上二之一28). 니르와ᄃᆞ샨 行이:所起行(圓覺下二之二20). 時常애 疑心을 더 니르와다:及常常鞭起疑(蒙法3). 블러 니르와다 盤飧ᄋᆞᆯ 霑恩호라:喚起霑盤飧(重杜解1:13). 王業을 니르와든 後ㅣ로소니:興王後(初杜解24:44). 生ᄒᆞ면 體ᄅᆞᆯ브터 用ᄋᆞᆯ 니르왇고(六祖中87). 샹녜 스스로 격녀ᄒᆞ야 니르와대야:常自激昂(宣小5:98).
※니르ᄫᅡᆮ다>니르왇다

니르왓다 [동] 일으키다. ☞니르왇다 ¶엇디 늙고 게으른 ᄆᆞᅀᆞᆷᄋᆞᆯ 니르왓거니오:夫何激衰懦(重杜解2:52).

니·르위·다 [동] 이르게 하다. ¶ᄂᆞ라올오ᄆᆞᆯ 안자셔 어루 니르위리로소니:騫騰坐可致(初杜解20:49). 夾輔ᄅᆞᆯ 네 모매 니르위요ᄆᆞᆯ 기들우노라:夾輔待所致(初杜解22:36). 님그믈 니르위여 블근 欄檻을 것고:致君丹檻折(初杜解24:54).

니르켜다 [동] 일으키다. ☞니르ᅘᅧ다 ¶블을 부러 니르켜:吹起火來(朴解中35). 새로 니르켠 군시(三譯3:7). 쟝군이 군ᄉᆞ 니르켜(三譯3:9).

니르·티·다 [동] 일으키다. ☞니르켜다 ¶ᄠᅳ디 權엣 혀근 사ᄅᆞᄆᆞᆯ 니르텨 내샤매 겨시니라:意在激發權小也(法華1:156).

니르혀·다 [동] 일으키다. ☞니르ᅘᅧ다 ¶ᄡᅡ홈도 니르혀며 됴ᄒᆞᆫ 일도 나ᄂᆞ니:興戎出好(宣小5:90). 氣象을 크게 니르혀면:氣象大起來時(朴解中31). 군ᄉᆞᄅᆞᆯ 니르혀 도셩을 구원ᄒᆞ려 ᄒᆞ니:欲起兵赴朝(五倫2:26).

니르히 [부] 이르도록. ☞니르리. 니ᄅᆞ히 ¶이제 니르히 것근 欄檻이 ᄒᆞᆫ갓 노팻도다:至今折檻空嶙峋(重杜解4:30). 이제 니르히 鈇鉞 ᄡᅳ던 ᄯᅡ해:到今用鉞地(杜解6:39). 거믄고 노로ᄆᆞᆯ 이제 니르히 帝子ᄅᆞᆯ 슬노니:鼓瑟至今悲帝子(杜解11:7). 일로브터 九族애 니르히 다 이 세 가짓 친ᄒᆞᆫ ᄃᆡ 믿드뒤엿ᄂᆞ니(飜小7:38). 天子로브터 庶人에 니르히(宣小2:32). 이제 니르히 梗이 되게 ᄒᆞᄂᆞᆫ고:至今爲梗(詩解18:14). 海隅蒼生애 니르히 ᄒᆞ시면:至于海隅蒼生(書解1:47). 培瓦에 니르히:培瓦(朴解下12).

니르ᅘᅧ·다 [동] 일으키다. 〔'니르'는 '起', 'ᅘᅧ다'는 '引'의 뜻.〕☞니르켜다. 니르혀다 ¶그 겨지비 밥 가져다가 머기고 자바 니르ᅘᅧ니(月釋1:44). 어미 마조 가 손 자바 니르ᅘᅧ아 盟誓ᄅᆞᆯ 벼기니이다(月釋23:66). 저를 니르ᅘᅧ라 ᄒᆞ고(三綱. 忠32).

니·를·다 [동] 이르다〔至〕. ☞니르다. 니ᄅᆞ다 ¶山ᄋᆡ 니르르시니(月印上20). 無上菩提ᄅᆞᆯ 證호매 니를의 호리라(釋譜9:7). 致ᄂᆞᆫ 니를에 ᄒᆞᆯ 씨라(月釋序19). ᄒᆞ다가 衆生이 父母 不孝ᄒᆞ며 殺害호매 니를면 반ᄃᆞ기 無間地獄애 ᄢᅥ러디여(月釋21:38). ᄒᆞᆫ 王ᄋᆞᆫ 發願호ᄃᆡ 罪苦ᄅᆞᆯ 몬져 度脫ᄒᆞ야 安樂ᄒᆞ야 菩提예 니를에 몯 ᄒᆞ면(月釋21:51). ᄒᆞ다가 男子 女人이 善 아니 行ᄒᆞᄂᆞ니와 모딘 일 行ᄒᆞᄂᆞ니와 因果 信티 아니호매 니를며(月釋21:60). 이 經을 ᄒᆞᆫ 念 讚歎호매 니를어나(月釋21:94). 그 數ㅣ 세 버니어나 시혹 닐굽 버네 니를에 ᄒᆞ면(月釋21:95). 나히 자라매 니르런 血氣 ᄀᆞᄃᆞᆨᄒᆞ더니:年至長成血氣充滿(楞解2:5). 德 일우메 니르르샤ᅀᅡ:至成德(法華1:44). 한 사ᄅᆞᄆᆞ로 道場애 니를에 ᄒᆞ시다ᄉᆞ이다:會衆至道場(法華2:22). 究竟에 니르롤띠니(金剛序9). 證ᄒᆞ야 드로매 니를오:乃至證入(圓覺序58). 보비 잇ᄂᆞᆫ ᄃᆡ 니를란ᄃᆡ(牧牛訣45). 지븨 니르론 말와:至家語(蒙法30). 北녁 지븨 니르럿도다:到北堂(初杜解16:42). 村애 니르러뇨(南明下2).

니·를리·라 [동] 이르리라. ㉮니를다 ¶筭數 譬喩로 能히 아디 몯호매 니를리라(月釋17:32). ᄲᆞᆯ리 니를리라(月釋17:40).

니·를어·나 [동] 이르거나. ㉮니를다 ¶이 經을 ᄒᆞᆫ 念 讚歎호매 니를어나(月釋21:94).

니·를·에 [동] 이르게. ㉮니를다 ¶致ᄂᆞᆫ 니를에 ᄒᆞᆯ 씨라(月釋序19). ᄒᆞᆫ 王ᄋᆞᆫ 發願호ᄃᆡ 罪苦ᄅᆞᆯ 몬져 度脫ᄒᆞ야 安樂ᄒᆞ야 菩提예 니를에 몯 ᄒᆞ면(月釋21:51). 그 數ㅣ 세 버니어나 시혹 닐굽 버네 니를에 ᄒᆞ면(月釋21:95).

니·를·의 [동] 이르게. ㉮니를다 ☞니를에 ¶無上菩提ᄅᆞᆯ 證호매 니를의 호리라(釋譜9:7. 月釋9:18. 月釋9:19).

니릐혀다 [동] 일으키다. ☞니르ᅘᅧ다 ¶군ᄉᆞᄅᆞᆯ

니릐혀 드러오ᄂᆞᆫ디라(五倫2:47).

니ᄅᆞ 부 이루. ☞니르 ¶衆生 濟渡호ᄃᆡ 몯 니ᄅᆞ 혜에ᄒᆞ시고 命終ᄒᆞ야(月釋1:19). 이러트시 고텨 ᄃᆞ외샤미 몯 니ᄅᆞ 혜리러라(月釋1:21). 내 이제 未來際 ᄆᆞᆺᄃᆞ록 몯 니ᄅᆞ 혫 劫에(月釋21:18). 니ᄅᆞ 혜디 몯호ᄃᆡ 니ᄅᆞ니라:謂不勝數(法華1:48). 다 이 經에 모ᄃᆞ샤 니ᄅᆞ 다ᄋᆞ디 몯ᄒᆞᆯ 쩐ᄎᆞ라:盡萃此經不可勝窮故也(法華6:107). 아ᄅᆞ사긴 반의 긔이ᄒᆞᆫ 음식을 다마 노하시니 그 일홈을 니ᄅᆞ 아디 못ᄒᆞᆯ러라(太平1:23). 시냇 가온대 긔특ᄒᆞᆫ 곳과 보ᄇᆡ옛 실과ᄅᆞᆯ 니ᄅᆞ 긔록디 못ᄒᆞᆯ러라(太平1:48). 니ᄅᆞ 긔록디 못ᄒᆞ야(癸丑227).

니ᄅᆞ 부 이르게. ¶니ᄅᆞ 지:至(倭解下40).

니ᄅᆞ·다 동 이르다. 말하다. ☞니르다 ¶後聖이 니ᄅᆞ시니:後聖以矢(龍歌5章). 부톄 니ᄅᆞ샤ᄃᆡ(釋譜23:4). 謂ᄂᆞᆫ 니ᄅᆞᆯ 씨라(月釋序10). 說은 니ᄅᆞᆯ 씨라(月釋1:15). 부텨 니ᄅᆞ샤ᄃᆡ(月釋1:17). 弟子 ᄃᆞ려 겨샤 大乘 小乘法을 니ᄅᆞ샤(月釋8:90). 大悲로 니ᄅᆞ고라(月釋9:9). 法을 불어 니ᄅᆞ거시든(月釋14:66). 이 ᄀᆞᆮᄒᆞᆫ ᄃᆞᆯ 니ᄅᆞ시거늘 듣ᄌᆞᆸ고 큰 饒益을 得ᄒᆞ니라(月釋17:23). 니ᄅᆞ거나 쓰거나(月釋17:41). 니ᄅᆞᇙ 저긔 한 사ᄅᆞ미(月釋17:85). 如來 니ᄅᆞ거시나(月釋18:49). 眞實로 닐ᄃᆞ려 니ᄅᆞ거늘:眞實告汝(楞解2:66). 菩薩 因緣ᄋᆞᆯ 좃디 아니ᄒᆞᄂᆞ니라 니ᄅᆞ샨딘댄(楞解4:64). 이베 經法을 니ᄅᆞ게 ᄒᆞ야ᄃᆞᆫ:口說經法(楞解9:88). 本生ᄋᆞᆫ 부텻 아랫 因을 니ᄅᆞ샤니시고(法華1:199). 부톄 날 爲ᄒᆞ야 法을 니ᄅᆞ시리라ᄉᆞ이다(法華2:231). 聲聞 弟子ㅣ라 니ᄅᆞ시다ᄉᆞ이다(法華2:246). 세흘 니ᄅᆞ시노소이다(法華2:260). 法을 불어 니ᄅᆞ시거든(法華3:44). ᄆᆞᅀᆞᆷ ᄲᅮ믈 니ᄅᆞ디위(圓覺上一之一118). 迷悶이라 니ᄅᆞ거뇨(圓覺下三之一15). 求호ᄃᆡ 니ᄅᆞ샴가(圓覺下三之一114). 達磨ㅣ 頌ᄒᆞ야 니ᄅᆞ샤ᄃᆡ:達磨有頌云(蒙法49). 口皮邊으로 ᄉᆞᆯ펴보리라 니ᄅᆞ린댄:口皮邊照顧(蒙法51). 靈利ᄒᆞᆫ 사ᄅᆞᆷᄋᆞᆫ ᄯᅩ 니ᄅᆞ라:靈利漢且道(蒙法56). 니ᄅᆞ거ᄂᆞᆯ 드로니(初杜解8:60). ᄆᆞᆯ ᄃᆞᆯ여 ᄃᆞᆫ뇨ᄆᆞᆫ 可히 니ᄅᆞ디 몯ᄒᆞ리로소니:驅馳不可說(杜解9:6). 펫ᄂᆞ니라 니ᄅᆞ디웨(初杜解18:20). 오며 가ᄆᆞᆯ 니ᄅᆞ린댄(金三5:13). 니ᄅᆞᆯ 셜:說(訓蒙下28. 類合下1. 石千24). 허믈 니ᄅᆞᆯ 알:訐(訓蒙下28). 니ᄅᆞᆯ 위:謂(類合上10). 니ᄅᆞᆯ 위:謂(石千42). 니ᄅᆞᆯ 운:云(石千27. 倭解上28). 判事네ᄭᅴ도 니ᄅᆞ닝이다(新語7:21). 밧비 말려 니로되(三譯上1). 의논ᄒᆞᄂᆞᆫ 말을 니ᄅᆞ시니:言事示(五倫2:15). ᄂᆞᆷ이 날 니ᄅᆞ기를 貞節 업다 ᄒᆞ건만은(古時調. 槿樂).

※니ᄅᆞ다(니르다)>이르다

니ᄅᆞ·다 동 이르다〔至〕. ☞니르다. 니를다 ¶어엿비 너기시ᄂᆞᆫ 엄의 ᄉᆞ랑홈이 세 적 올믐애 니ᄅᆞ신 줄ᄋᆞᆯ ᄉᆡᇰ각ᄒᆞ야:念慈母之愛至於三遷(宣小5:9). 나조ᄒᆡ 니ᄅᆞᆷ애 ᄆᆡ양 北辰ᄭᅴ 머리를 조아:至夕每稽顙北辰(宣小6:28). 百五十步 즈음에 니ᄅᆞ러 ᄆᆞᆯ을 도로혀면(武藝圖10). 原地의 니ᄅᆞ러 다시 ᄆᆞᆯ을 노하(武藝圖10). 거의 죽기의 니ᄅᆞ고 ᄆᆡ양 제날에 다ᄃᆞᄅᆞ면:至滅性每至忌日(五倫1:29). 슬피 울기ᄅᆞᆯ 열흘에 니ᄅᆞ더라:悲啼至旬(五倫1:29). 심오령이라 ᄒᆞᄂᆞᆫ ᄯᅡᄒᆡ 니ᄅᆞ러:至深奧嶺(五倫1:56). 광녹 태우에 니ᄅᆞ럿더니:爲光祿大夫(五倫2:17). 군ᄉᆡ 불의에 니ᄅᆞ니:軍奄至(五倫2:23). 니ᄅᆞᆯ 뎍:弔(註千5). 니ᄅᆞᆯ 급:及(註千7)

니ᄅᆞ·다 동 읽다. ☞니르다 ¶ᄃᆞ론 묏지븨 글 니ᄅᆞᄂᆞᆫ 브리 도여 잇도다:月爲山室讀書燈(百聯12). 니야기칙 니ᄅᆞᄂᆞᆫ 사ᄅᆞᆷ:說書人(漢淸5:34).

니ᄅᆞ·다 동 일으키다. ☞니르다 ¶激ᄋᆞᆫ 믌결 니ᄅᆞᆯ 씨라(楞解1:113).

니·ᄅᆞ·리 부 이르도록. ☞니르리. 니ᄅᆞ히 ¶아랫 사ᄅᆞᆷᄃᆞᆯ 니ᄅᆞ리 다 모미 편안ᄒᆞ시더라:以至下人們都身已安樂(飜朴上51).

니ᄅᆞ·린·댄 동 이를 것인댄. ㉠니ᄅᆞ다 ¶口皮邊으로 ᄉᆞᆯ펴보리라 니ᄅᆞ린댄:口皮邊照顧(蒙法51).

니ᄅᆞ·받·다 동 일으키다. ☞니르받다 ¶恢復ᄋᆞᆫ 도로 니ᄅᆞ바ᄃᆞᆯ 씨라(三綱. 忠22).

니ᄅᆞ·샤·ᄃᆡ 동 이르시되. 말씀하시되. ㉠니ᄅᆞ다 ¶達磨ㅣ 頌ᄒᆞ야 니ᄅᆞ샤ᄃᆡ:達磨有頌云(蒙法49). 喝ᄒᆞ고 니ᄅᆞ샤ᄃᆡ 愚癡ᄒᆞᆫ 사ᄅᆞ미 알ᄑᆡ ᄭᅮᆷ 니르디 마롫디니라:喝癡人面前不得說夢(蒙法55).

니ᄅᆞ왇·다 동 일으키다. ☞니르왇다 ¶須達이 이 말 듣고 부텻긔 發心ᄋᆞᆯ 니ᄅᆞ와다 언제 새어든 부텨를 가 보ᅀᆞᄫᆞ려뇨 ᄒᆞ더니(釋譜6:19). 定으로 色을 니ᄅᆞ왇ᄂᆞ니(月釋1:36). 곧 憍慢ᄒᆞ며 ᄇᆞᆰ대ᄒᆞᆫ ᄆᆞᅀᆞᄆᆞᆯ 니ᄅᆞ와다 아쳐러 게으른 ᄠᅳ들 머거(月釋17:14). 惡報ᄅᆞᆯ 니ᄅᆞ왇ᄂᆞ니라:起惡報(楞解8:79). 둘흔 혀 니ᄅᆞ왇ᄂᆞᆫ 定이니:二引起定(永嘉上75). 見ᄋᆞᆯ 니ᄅᆞ와ᄃᆞ면:論起見(永嘉下23). ᄀᆞᆯ히요ᄆᆞᆯ 니ᄅᆞ왇디 아니ᄒᆞ며:不起分別(永嘉下138). 묻ᄌᆞ옴 니ᄅᆞ와도ᄆᆞᆯ 因ᄒᆞ샤(金剛序6). 寃讎ᄅᆞᆯ 니ᄅᆞ왇ᄂᆞ니(宣賜內訓1:1). 用ᄋᆞᆯ 니ᄅᆞ왇고:起用(金三3:2). 他門ᄋᆞᆯ 니ᄅᆞ와ᄃᆞᆯ 시라(南明上66). 妄을 ᄆᆞᅀᆞ매 니ᄅᆞ왇디 아니호미(六祖中4). 斧鉞을 디퍼 忠烈ᄒᆞᆫ ᄆᆞᅀᆞᄆᆞᆯ 니ᄅᆞ와ᄃᆞ니라:仗鉞奮忠烈(重杜解1:9).

니ᄅᆞ티다 동 일으키다. ☞니르티다. 니ᄅᆞ왇

다 ¶도적이 매질ᄒᆞ야 니ᄅᆞ티니:賊杖而起(東新續三綱.烈5:27).

니ᄅᆞ혀·다 동 ①일으키다. ☞니르혀다. 니ᄅᆞ혀다 ¶그틀 긋어 니ᄅᆞ혀 버혀도 긋디 아니ᄒᆞᄂᆞ다:拽起頭來割不斷(金三5:1). 세 사ᄅᆞᆷ이 ᄒᆞᆫ가지로 몸을 니ᄅᆞ혀 ᄀᆞᄅᆞ침을 請ᄒᆞᆫ대:三人同起身請敎(宣小6:48). 도적이 니ᄅᆞ혀다가 몯ᄒᆞ여 드듸여 버히다:賊挽之不得遂斬之(東新續三綱.烈5:64). 대군을 니ᄅᆞ혀(山城5). 뎡묘년의 군ᄉᆞᄅᆞᆯ 니ᄅᆞ혀(山城39). 믈어던 긔강을 쇽쇽이 니ᄅᆞ혀믄(仁祖行狀28). 項梁을 조차 兵을 니ᄅᆞ혓더니(女四解4:53). 드듸여 병을 니ᄅᆞ혀(女範2.변녀 제위우희). 棍을 니ᄅᆞ혀 乙의 마리우흘 向ᄒᆞ야 텨(武藝圖60).
②일으키다. 살잡이하다. ☞니르다 ¶기온 집 니ᄅᆞ혀다:垈房子(譯解上18).

니ᄅᆞ히 부 이르도록. ☞니르리. 니ᄅᆞ히 ¶아ᄎᆞᆷ브터 나죄 니ᄅᆞ히(飜小9:102). 어린 제브터 늘곰애 니ᄅᆞ히 슬흐여 ᄒᆞ디 아니ᄒᆞ며:自幼至老不厭(宣小5:9). 더데지을 적 니ᄅᆞ히 죵시 열이트리라(痘要上37). 샹궁의 니ᄅᆞ히 듕형을 베퍼(癸丑70). 쇼방 사ᄅᆞᆷ이 이제 니ᄅᆞ히 ᄡᅧ의 삭여(山城54). ᄡᅧ下人들에 니ᄅᆞ히:以至下人們(朴解上46). 一品으로 九品에 니ᄅᆞ히:一品至九品(朴解下30). 天子로브터 卿大夫ᄭᆞ지 니ᄅᆞ히 뭇아ᄃᆞᆯ올 니ᄅᆞᆷ이라(英小1:11). 우흐로 황후로브터 아래 셔인의 니ᄅᆞ히 효도롭디 아니ᄒᆞ고(女範3. 문녀 당뎡시). ᄒᆞᆫ 번의 세 환혹 다ᄉᆞᆺ 환으로 닐곱 환의 니ᄅᆞ히 쓰되:每用三丸或五丸至七丸(臘藥18). 어려셔브터 ᄌᆞ라기의 니ᄅᆞ히(百行源13).

니ᄅᆞ혀·다 동 일으키다. ☞니ᄅᆞ혀다 ¶뉘 愛樂ᄒᆞᇫ 무르샤ᄆᆞᆫ 妄本올 무러 니ᄅᆞ혀시니라:問誰愛樂徵起妄本也(楞解1:45).

니ᄅᆞᆫ 관 이른바. ☞니ᄅᆞᆫ바 ¶죵시 굴티 아니코 죽으니 이 니ᄅᆞᆫ 김 쟝군이라(山城3).

니ᄅᆞᆫ바 관 이른바. ☞닐온바 ¶아ᄃᆞᆯ을 나흐니 이 니ᄅᆞᆫ바 홍타시라(山城5).

니릐 명 응석. ☞이릐 ¶니릐ᄅᆞᆯ ᄒᆞ엿거니 지앙인들 업슬손가(金春澤.別思美人曲).

니릐혀다 동 일으키다. ☞니ᄅᆞ혀다 ¶놉히 니릐혐을:使高起(武藝圖67).

니·마 명 이마. ¶눈서비 놉고 길며 니마히 넙고(釋譜19:7). 王ㅅ 니마해 연ᄌᆞ시고(月釋10:3). 니마히 넙고 平正ᄒᆞ야:額廣平正(法華6:14). 生死 두 字ᄅᆞᆯ ᄀᆞ져 니마해 두워:持生死二字釘在額上(法語7). 그르 后ㅅ 니마ᄒᆞᆯ 헐오ᄃᆡ:誤傷后額(宣賜內訓2下7). 니마히 반만ᄒᆞᆫ 빗ᄂᆞᆫ 머리 셰니:半頂梳頭白(初杜解7:12). 니마ᄒᆞᆯ 다딜어 허루ᄃᆡ:撞破額頭(南明上50). 부텻 니마히 겨신 白毫光明이라(金三2:51). 니마 우희 ᄡᅳᄂᆞ니:頭頂上炙(飜朴上57). 니마 ᅌᅴ:額. 니마 뎡:頲. 니마 샹:顙(訓蒙上24). 니마 ᅌᅴ:額(類合上20. 倭解上16). 니마 게:稽(光千37). 니마 상:顙(石千37). 의관을 ᄀᆞ초와 븍신 별에 니마놀 조아:具衣冠稽顙北辰(東新續三綱.孝5:61). 니마히 ᄇᆞᄅᆞ면 사ᄂᆞ니라(太平1:57). 니마:頭顱(譯解上32). 니마:額顱(同文解上14). 니마의 디나게 놉히 들어(武藝圖9). 니마 뎐:顚(註千17).

니마ㅅ돌 명 (아궁이의) 이맛돌. ¶니마ㅅ돌:竈臉(漢淸9:74).

니마ㅅ박 명 이마빼기. ¶니마ㅅ박:額腦盖(譯解上32).

니마ㅅ살 명 이맛살. ¶니마ㅅ살 지프리다:蹙額(漢淸7:2).

니·마좃·다 동 조아리다. ¶니마조ᅀᆞᆯ 계:稽. 니마조ᅀᆞᆯ 돈:頓(訓蒙下26).

니모음 명 잇몸. ☞니무윰. 닛믜윰 ¶니모음 악:齶(兒學上2).

니무윰 명 잇몸. ☞닛므윰. 닛믜윰 ¶니무윰:齗(物譜 形體).

:니문 명 이문(里門). ¶내 니문을 지혀셔 ᄇᆞ라다니:吾倚閭而望(宣小4:33). 니문:柵欄(譯解補13). 니문에 막을 의지ᄒᆞ고:乃廬于里門(五倫1:11).

니믈·리·기 명 헌계집. ¶ᄉᆞᆫ 간나ᄒᆡ가 니믈리기가:女孩兒那後婚(飜朴上45). 새 각시러냐 니믈리기러냐:女孩兒那後婚(朴解上40). 니믈리기:後婚(譯解上41).

니믜ᄎᆞ다 동 입다. 걸치다. 〔'니믜'는 '님의' 즉 '앞에','ᄎᆞ다'는 '佩'의 뜻으로 짐작됨.〕 ☞님의혀다 ¶紅裳을 니믜ᄎᆞ고 翠袖ᄅᆞᆯ 半만 거더(松江.思美人曲). 麻衣ᄅᆞᆯ 니믜ᄎᆞ고 葛巾을 기우 쓰고(松江.星山別曲). 비온 날 니믜ᄎᆞᆫ 누역이 벗귀 본ᄃᆞᆯ 엇더리(古時調.鄭澈.인ᄂᆞ니. 松江). 鶴氅을 니믜ᄎᆞ고 江皐로 ᄂᆞ려 가니(古時調.許橿.西湖 눈 딘. 松湖遺稿). 簑衣를 니믜ᄎᆞ고(古時調. 人間을. 靑丘).

니·믈 명 이물. ¶빗니ᄆᆞᆯ 로:艫(訓蒙中26).
※니ᄆᆞᆯ>이물

니밥 명 이밥. ¶엇디모로 ᄇᆞ리고 나가 놀며 니밥 머그며 비단옷 니브리오(家禮7:16).

니밥노략이 명 노래기. ¶니밥노략이:馬陸(物譜 蟲豸). 니밥노략이:馬蚿 紫黑色多足觸之則臥如環(柳氏物名二 昆蟲).

·니번·다 형 이가 번다. ¶니버들 포:齙(訓蒙上30).

니별 명 이별(離別). ¶두 ᄒᆡ 니별에 쳔 리에서 닐은 말을 엇디 미드리오:二年之別千里結言何相信之審耶(五倫5:3). 니별을 당ᄒᆞ야 쳐춈ᄒᆞ믈 마지 아니터라(引鳳簫2).

니별ᄒᆞ다 동 이별(離別)하다. ¶니별ᄒᆞ려 ᄒᆞ야 서르 술 먹더니:告別飮酒(太平1:1). 샹이 인견ᄒᆞ시고 술 먹여 니별ᄒᆞ여(山城122). 니별ᄒᆞᄂᆞᆫ 술이 殷勤히 ᄒᆞ야:別酒殷勤(女四解2:33). 부모 친쳑 니별ᄒᆞᆯ 제(萬言詞). 내 어미ᄅᆞᆯ 니별ᄒᆞ고 ᄒᆞᆫ 번 죽으려 ᄒᆞᄂᆞ이다 ᄒᆞ더니:我別母求一死也(五倫3:56). 왕싱이 슉부ᄅᆞᆯ 만니 총총이 니별ᄒᆞ고(落泉1:1).

니부자리 명 이부자리. ¶네 내 니부자리ᄅᆞᆯ 다가 보내고:你把我的鋪蓋送去(朴新解2:31). 니부자리:鋪蓋(譯解上24).

:니·분 명 이분. 경분(輕粉). ¶膩粉 ᄒᆞᆫ 돈과 生麻油 ᄒᆞᆫ 홉과ᄅᆞᆯ 섯거(救急上67).

니불 명 이불. ☞니블 ¶기 가죡 추켜 덥고 비단 니불 삼아셰라(萬言詞).

니·블 명 이불. ☞니불 ¶지븨며 니블 쇼히며(釋譜11:22). 貴ᄒᆞᆫ 니블로 布施ᄒᆞ며(釋譜13:23). 니블와 벼개왜 저즈시니라:衾枕霑濕(金剛下4). 더러온 옷과 니블와ᄅᆞᆯ 안ᄒᆞᆯ 뵈디 말며(宣賜內訓1:50). 뵈 니브리 冷호미 쇠 ᄀᆞᆮᄒᆞ니:布衾冷似鐵(杜解6:42). 술 醉ᄒᆞ야 ᄌᆞ올 저긔 ᄀᆞᅀᆞᆯᄒᆡ ᄒᆞᆫ 니브를 다ᄆᆞᆺᄒᆞ고:醉眠秋共被(初杜解9:11). 歷下애 姜肱ᄋᆡ 니블 말오:歷下辭姜被(杜解16:22). 칩거든 繡ᄒᆞᆫ 니브를 ᄀᆞᆯ포 두퍼 ᄌᆞ오로라:寒重繡被眠(杜解20:17). 錦니브레 ᄌᆞ오로ᄆᆞᆯ:錦衾眠(初杜解23:11). 니블 금:衾(訓蒙中23. 類合上30). 니블 금:衾(倭解上46). 니블:被兒(譯解下15). 니블 아ᄅᆡ 든 님을 발노 툭 박ᄎᆞ(古時調. 콩밧데. 靑丘). 담을 펴고 니블을 싸하(女四解2:33). 니블:被. 니블깃:被當頭(漢淸11:19). 불ᄐᆞ고 남은 ᄲᅧᄅᆞᆯ 거두어 니블에 ᄡᅡ 뭇고:其餘燼裹以弊衾瘗于(五倫2:66). 被曰 泥不(雞類). 니블 금:衾(兒學上12). ※니블>이불

니블깃 명 이불 깃. ☞니블 ¶니블깃:被當頭(漢淸11:19).

니블지다 동 피막(皮膜)이 생기다. ¶죽에 니블지다:起粥皮(譯解上49).

니블집 명 이불 집. ☞니블 ¶니블집:搭連(譯解下15).

니ᄲᅮ시개 명 이쑤시개. ☞니ᄡᅮ시개. 토야 ¶니ᄲᅮ시개:牙叉兒(譯解補29). 니ᄲᅮ시개 집:牙簽筒(譯解補29).

:니·ᄡᆞᆯ 명 입쌀. 멥쌀. ☞니ᄡᆞᆯ ¶니ᄡᆞᆯ:粳米(四解下57). 니ᄡᆞ론 기르미 흐르ᄂᆞᆫ ᄃᆞᆺᄒᆞ고:稻米流脂(杜解3:61). 니ᄡᆞ리 밥 지ᅀᅳ니 能히 ᄒᆡ니:稻米炊能白(初杜解7:38). 니ᄡᆞᄅᆞᆯ 봇가 덥게 ᄒᆞ야 ᄆᆞᅀᆞᆷ뽁을 울ᄒᆞ며:用大米炒熱熨心上(救簡1:86). 됴ᄒᆞᆫ 니ᄡᆞᆯ ᄒᆞᆫ 되를:取粳米一升. 쏘 니ᄡᆞᆯ 서 홉을 ᄆᆡ이 복가:又大米三合炒過(救荒補6). 니ᄡᆞᆯ:稻米(譯解下9).
※니ᄡᆞᆯ>입쌀

니ㅅ무음 명 잇몸. ☞니ㅅ므음. 닛므음. 닛믜음 ¶니ㅅ무음 흔:齦(倭解上16). 니ㅅ무음:牙根(同文解上15). 니ㅅ무음:牙床(譯解補21). 니ㅅ무음:牙花(漢淸5:51).

니ㅅ므음 명 잇몸. ☞니ㅅ무음. 닛므음. 닛믜음 ¶니ㅅ므음:牙根(譯解上33).

니ㅅ블희 명 이의 뿌리. 이촉〔齒根〕. ¶니ㅅ블희 붓ᄐᆞᆫ ᄃᆡ:牙框(譯解上33).

니ㅅ삿 명 잇샅. ☞니ㅅᄉᆞ이 ¶니ㅅ삿:牙縫(譯解補21). 니ㅅ삿:牙縫(漢淸5:51).

니ㅅᄉᆞ이 명 이 사이. 잇샅. ☞니ㅅ삿 ¶니ㅅᄉᆞ이에 ᄉᆞᆯ:牙縫肉(漢淸5:51).

니ㅅ집 명 잇짚. 메벼의 짚. ☞닛딥 ¶니ㅅ집:稻草(同文解下46).

니:소 명 이소(泥塑). 질흙으로 형상을 만드는 일. ¶諸形像ᄋᆞᆫ 시혹 남ᄀᆡ 刻ᄒᆞ며 뵈예 漆커나 시혹 泥塑寶鑽이어나(法華1:220).

니슈리나무 명 싸리나무. ¶니슈리나무 호:楛(詩解 物名20).

니식 명 이식(利殖). ¶니식을 ᄒᆞ야 갑흐라 ᄒᆞ니(引鳳簫3).

니ᄯᅩᆼ 명 이똥. ¶니ᄯᅩᆼ:馬牙子(譯解補34).

니ᄲᅢ디 명 잇바디. ☞니ᄲᅢᄃᆡ ¶웃ᄂᆞᆫ 양은 니ᄲᅢ디도 죠코(古時調. 靑丘).

니ᄲᅢᄃᆡ 명 잇바디. ☞니ᄲᅢ디 ¶웃는 양은 니ᄲᅢᄃᆡ도 됴고 함의는 양은 눈ᄶᅥ도 곱다(古時調. 歌曲).

·니쏘·리 명 잇소리. 치음(齒音). ¶ᄌᆞᄂᆞᆫ 니쏘리니 即즉字ᄍᆞᆼ 처엄 펴아나ᄂᆞᆫ 소리 ᄀᆞᄐᆞ니(訓註7). ※니쏘리>잇소리

니쑤시개 명 이쑤시개. ☞니ᄲᅮ시개. 토야 ¶니쑤시개:剔牙杖(漢淸11:25).

니ᄶᆞᆯ 명 입쌀. 멥쌀. ☞니ᄡᆞᆯ ¶니ᄶᆞᆯ:粳米. ᄡᅥ누른 니ᄶᆞᆯ:老米(漢淸12:63).

니·ᅀᅥ·티·다 동 이어 치다. ¶ᄆᆞᆯ 우희 니ᅀᅥ티시나:馬上連擊(龍歌44章).

니ᅀᅥᆷ 부 잇달아. ☞니ᅀᅥᆷ니ᅀᅥ. 니엄 ¶니ᅀᅥᆷ 公侯ᄅᆞᆯ 난놋다:袞袞生公侯(初杜解8:24).

니·ᅀᅥᆷ니·ᅀᅥ 부 이엄이엄. 잇달아. ☞니엄니어 ¶니ᅀᅥᆷ니ᅀᅥ 牛頭에 올오라:袞袞上牛頭(初杜解9:35). 다ᄋᆞᆳ업슨 긴 ᄀᆞᄅᆞᄆᆞᆫ 니ᅀᅥᆷ니ᅀᅥ 오놋다:不盡長江袞袞來(初杜解10:35).

니·ᅀᅩᆷ 동 이음. ㉮닛다☞니ᅀᅮᆷ ¶未來際예 盡히 서르 니ᅀᅩ미 變ᄒᆞ야 純淨佛土ㅣ ᄃᆞ외야:盡未來際相續變爲純淨佛土(永嘉下21). ※니ᅀᅩᆷ(니ᅀᅮᆷ)>이음

니·ᅀᅮ·취·다 동 잇닿다. 잇대다. ☞니우취다 ¶프른 신남기 비취옛고 돌히 니ᅀᅮ취엿더니라:靑楓隱映石逶迤(初杜解15:21). 니ᅀᅮ취여 두 셔울흘 收復ᄒᆞ니라:聯翩收二京(初杜解24:20).

니·ᅀᅮ츠·다 [동] 잇달다. 잇대다. ☞니ᅀᅮ취다. 니우취다 ¶匍匐ᄒᆞ논 禮ᄅᆞᆯ 니ᅀᅮ처 ᄒᆞ니:聯翩匍匐禮(初杜解20:40).

니·ᅀᅮᆷ [동] 이음. ㉠닛다 ¶슬푸미 ᄯᅩ 니ᅀᅮ미니:哀又繼之(法華2:228). 세흔 니ᅀᅮ미오:三接續(永嘉上92). 네흔 그ᅀᅳ기 니ᅀᅮ미 命 ᄌᆞᆫ호미라:四潛續如命(圓覺下三之一23). 미러내여 擧薦ᄒᆞ야 ᄡᅳ이논디라 사ᄅᆞᆷ 업슨 저글 니ᅀᅮ미 아니로소니:推薦非承乏(初杜解23:38). ※니ᅀᅮᆷ(니ᅀᅩᆷ)>이음

니·ᅀᅳ리 [명] 이을 이〔後繼者〕. 이을 사람. ☞닛다 ¶나라 니ᅀᅳ리ᄅᆞᆯ 긋게 ᄒᆞ시ᄂᆞ니(釋譜6:7). 부텻 壽命 니ᅀᅳ리 업수믈 시름ᄒᆞ실씨라:憂其無以續佛壽命也(法華2:190). ※니ᅀᅳ리>이을이

니·ᅀᅳ·며 [동] 이으며. 계속하며. ㉠닛다 ¶니ᅀᅳ며 니ᅀᅥ 긋디 아니ᄒᆞ논 ᄃᆞᆯ 보리라:緜緜不絕(蒙法41).

니·ᅀᅳ·취·다 [동] 잇달다. 잇대다. ☞니ᅀᅮ취다 ¶니ᅀᅳ취며 隱密ᄒᆞ야:緜緜密密(蒙法27). 니ᅀᅳ취여 ᄒᆞᆫ 일도 업다 니ᄅᆞ디 말라:莫謂緜緜無一事(南明下7).

니ᅀᅳᆷ [동] 이음. ㉠닛다 ¶오히려 ᄒᆞᆫ 니ᅀᅳᇝ 길히 ᄀᆞ리엿도다:猶隔一線道(金三3:6). 그듸를 爲ᄒᆞ야 ᄒᆞᆫ 니ᅀᅳᆷ 시ᄅᆞᆯ 여노니:爲君通一線(金三4:36).

:니ᅀᅵ [명] 잇〔紅藍花〕. ☞닛 ¶니ᅀᅵᆺ 움과 불휘와ᄅᆞᆯ ᄌᆞᆺ두드려 ᄧᅩᆫ 즙을 머그며:野紅花苗根絞汁飮(救簡1:113).

니·ᅀᅵ:ᄢᅦ [부] 사뭇 잇달아. 〔'니ᅀᅵ'는 '닛다〈繼〉'의 불규칙활용어간 '니ᇫ'에 부사화(副詞化) 접미사(接尾辭) '이'가 연철(連綴)된 형태. 'ᄢᅦ'는 'ᄢᅦ다〔貫.徹〕' 동사 어간이 그대로 부사형으로 쓰인 것으로 봄.〕¶ᄯᅩ ᄆᆡ실에 모로매 이젼에 ᄇᆡ혼 사ᄋᆞᆯ 닷쇗 글 ᄅᆞᆯ 니ᅀᅵᄢᅦ 쉰 닐흔 번을 닐거 모로매 외오게 ᄒᆞ고:又每日須連前三五授通讀五七十遍須令成誦(飜小8:35).

:니·ᅀᅵᆺ곳 [명] 잇꽃〔紅藍花〕. ¶니ᅀᅵᆺ곳 석 량과:紅藍花三兩(救簡1:90).

-·니·아 [어미] -ㄴ 것인가. -ㄴ 것이냐. ☞-니야. -으니야 ¶사호ᄆᆞᆫ 어느 말ᄆᆡ로 定ᄒᆞ리오 슬후미 이어긔 잇디 아니ᄒᆞ니아:戰伐何由定哀傷不在玆(初杜解7:14). 겨ᅀᅳᆯ ᄃᆞ외요ᄆᆞᆫ ᄯᅩ 어렵디 아니ᄒᆞ니아:爲冬不亦難(重杜解10:42).

니아귀 [명] 입아귀〔牙關〕. ☞니. 아귀 ¶니아귀:牙關(漢淸5:51).

니알히풀 [명] 이앓이풀. ¶니알히풀:莨若(柳氏物名三 草).

-·니·야 [어미] -ㄴ 것인가. -ㄴ 것이냐. ☞-니아 ¶이ᄂᆞᆫ 百丈ㅅ 히ᄆᆞᆯ 得ᄒᆞ니야 馬祖ㅅ 히ᄆᆞᆯ 得ᄒᆞ니야:是百丈力耶得馬祖力耶(蒙法31). 이ᄂᆞᆫ 恩ᄋᆞᆯ 알아라 ᄒᆞ니야 恩ᄋᆞᆯ 갑가라 ᄒᆞ니야:是知恩耶報恩耶(蒙法32).

니야기 [명] 이야기. ¶니야기:古話(同文解上24. 譯解補23). 니야기:古詞(漢淸6:61).

니야기ᄎᆡᆨ [명] 이야기책. ¶니야기ᄎᆡᆨ 니르다:說書(漢淸6:61).

니약 [명] 치약(齒藥). ☞니 ¶니약과 ᄉᆞᆯ진 조협믈:齒藥肥皁(女四解2:18).

니어 [명] 잉어. ☞리어 ¶니어 ᄡᅳᆯ개:鯉魚膽(東醫 湯液二 魚部). 니어:鯉(物譜 蟲魚). 니어:鯉(柳氏物名二 水族).

니어나다 [동] 일어나다. 일어서다. ¶삼 취ᄒᆞ야ᄃᆞᆫ 니어나며셔 증 두 번 티고(練兵13).

니어음 [명] 잇몸. ¶니어음:齶(物譜 形體).

니어짓다 [동] 저술(著述)하다. ¶니어지ᅀᅳᆯ 술:述(類合下43).

니엄 [부] 잇달아. ☞니ᅀᅥᆷ. 니엄니어 ¶諸公은 니엄 臺省애 오ᄅᆞ거ᄂᆞᆯ:諸公袞袞登臺省(重杜解15:36).

니엄니어 [부] 이엄이엄. 잇달아. ☞니ᅀᅥᆷ니ᅀᅥ ¶니엄니어 牛頭에 올오라:袞袞上牛頭(重杜解9:35). 다ᇱ업슨 긴 ᄀᆞᄅᆞᄆᆞᆫ 니엄니어 오ᄂᆞ다:不盡長江袞袞來(重杜解10:35).

-·니·여 [어미] -ㄴ 것인가. ☞-니아. -니야 ¶王이 드르시고 소홈 도텨 讚嘆ᄒᆞ시고 무르샤ᄃᆡ 眞實로 그러ᄒᆞ니여 이 아니 내 鹿母夫人ᄋᆡ 나ᄒᆞᆫ 고진가(釋譜11:32). 무르샤ᄃᆡ 내 겨지비 고ᄫᆞ니여(月釋7:10). 아니 너무 ᄲᆞᄅᆞ니여(初杜解8:67).

니영 [명] 이엉. ☞놀애 ¶니영이 다 거두치니 울잣신들 셩ᄒᆞᆯ소냐(古時調. 許珽. 靑丘).

-니오 [어미] -뇨. -냐. -ㄴ가. ¶다시 줄 ᄠᅳ디 엇더ᄒᆞ니오:重惠意如何(初杜解7:40). 뉘 ᄒᆞ올로 슬허ᄒᆞᄂᆞ니오:誰獨悲(杜解19:40). 므슴 道理ᄅᆞᆯ 보고 곧 希有타 니ᄅᆞ니오:見介甚麼道理便道希有(金三2:1). 누고 지어 셰니오(樂詞. 處容歌). 예 오난 디 언마 오라니오:到這裏多少時(飜老上68).

니웃 [명] 이웃. ☞니웃 ¶후에 니웃 사ᄅᆞᆷ 쟝슉의 쳬 난의 쳐ᄃᆞ려 빌리라 ᄒᆞᄂᆞᆫ 배 잇거ᄂᆞᆯ:後鄰人張叔妻從蘭妻有所借(五倫1:16).

니웃집 [명] 이웃집. ¶싀어미 니웃집 ᄃᆞᆰ을 잡아:雞謬入園中姑盜殺(五倫3:15).

-니와 [어미] -거니와. ☞-거니와 ¶楚漢乾空ᄒᆞᆫ 營中의 將軍 其身 되려니와(萬言詞).

니와겨 [동] 잇대어. ¶다 니와겨 집보태엿다:都是接頭補定麼(朴解中2).

:니·욕 [명] 이욕(利慾). ¶니욕을 즐기며 왼 이ᄅᆞᆯ ᄭᅮ미고:好利飾非(飜小6:30). 니욕애 달애이ᄂᆞᆫ 일을 업게 ᄒᆞ며:以去利誘(飜小9:17). 니욕을 즐기고 왼 일ᄋᆞᆯ ᄭᅮ미며:好利飾非(宣小5:28).

니욘 [동] 이은. ㉠니다 ¶뉘 힌 ᄲᅧ로 니욘 지

빅 브텃ᄂᆞ니오:誰依白茅室(杜解9:5).

니우·다 [동] 잇다. 잇달다. ☞닛다 ¶병난으로 뻐 니우니:繼以師旅(宣小6:29). 詩예 닐오ᄃᆡ 穆穆ᄒᆞ신 文王이여 於흡다 니워 熙ᄒᆞ야 敬ᄒᆞ고 止ᄒᆞ시다 ᄒᆞ니:詩云穆穆文王於緝熙敬止(宣大栗7). 그 아븨 ᄠᅳ들 니워:承其父志(東新續三綱.忠1:26). 그 범ᄒᆞᆫ 쟈ㅣ 죠셕을 니우기 어려워 일로뻐 싱애ᄒᆞᄂᆞᆫ 이 만ᄒᆞ니(綸音29). 만일 니우리ᄅᆞᆯ 세디 아니ᄒᆞ면:若不立嗣(東新續三綱.烈5:65). 가난ᄒᆞ여 ᄌᆞ싱ᄒᆞᆯ 길이 업ᄉᆞ니 미양 품ᄑᆞ라 니우고(五倫5:24).

니우취다 [동] 잇달다. ☞니수취다 ¶니우취여 두 셔울흘 收復ᄒᆞ니라:聯翩收二京(重杜解24:20).

니우츠다 [동] 잇달다. ☞니수취다. 니우취다 ¶匍匐ᄒᆞ논 禮ᄅᆞᆯ 니우처 ᄒᆞ니:聯翩匍匐禮(重杜解20:40).

니·움 [동] 이음. ☞니음 ¶니움이 이만 크니 업고:續莫大焉(宣小2:32).

니웃 [명] 이웃. ☞니옷 ¶옛 神仙 노든 곧을 니웃ᄒᆞ야 졋ᄃᆡ 두고(草堂曲).

니위다 [동] 잇대다. ☞닛위다 ¶니위여 水族이 버렛ᄂᆞ니:逶迤羅水族(重杜解22:18).

니위셔다 [동] 잇대어 서다. ¶모든 伯叔母와 모ᄃᆞᆫ 姑ㅣ 니위셔고:諸伯叔母諸姑繼之(家禮10:13).

니윤 [동] 이은. ㉮니다 ¶몰앳 웃 플 니윤 지븨 버드리 새려 어드웻고:沙上草閣柳新暗(初杜解10:18).

니으취다 [동] 잇달다. 잇대다. ☞니ᄉᆞ취다. 니우취다 ¶프른 신남기 비취옛고 돌히 니으취엿더니라:青楓隱映石逶迤(重杜解15:21).

니으치다 [동] 잇달다. ☞니ᄉᆞ취다. 니음츠다 ¶니으쳐 노폰 일호미 寥廓애 뮈옛도다:合沓高名動寥廓(重杜解11:6).

니음 [동] 이음. ☞니움 ¶五色 실 니음 졀너 님의 옷슬 못 ᄒᆞ야도(曺偉.萬憤歌).

니음다라 [부] 잇달아. ☞니음다랏게. 니음ᄃᆞ라 ¶니음다라:連綿(漢淸8:56).

니음다랏게 [부] 잇달아. ☞니음다라. 니음ᄃᆞ라ᄡᅦ ¶니음다랏게:相繼(漢淸7:42).

니음ᄃᆞ라 [부] 잇달아. ☞니음다라 ¶동남계도 군병이 니음ᄃᆞ라 헤여지고(山城142). 니음ᄃᆞ라:連絡(同文解下52). 눈믈이 니음ᄃᆞ라 ᄠᅥ르치니(三譯1:9). 아이 ᄯᅩᄒᆞᆫ 니음ᄃᆞ라 ᄂᆞ려ᄡᅥ니(女範4.녈녀 두시이녀). 니음ᄃᆞ라 긋치 아니타:接續不斷(漢淸6:50). 니음ᄃᆞ라 사 오ᄃᆡ:節續貿來(煮硝方1).

니음ᄃᆞ라ᄡᅦ [부] 잇달아. ☞니음다랏게 ¶니음ᄃᆞ라ᄡᅦ:陸續(漢淸6:50).

니·음·츠·다 [동] 잇달다. ☞니으치다 ¶屬屬:정셩이 니음츤 양이라(宣小2:10).

니음ᄎᆞ다 [동] 잇달다. ☞니음츠다 ¶문경의 공ᄌᆞ 왕존이 니음ᄎᆞ지 아니면(落泉1:1). 풍뉴 협시 문젼의 니음ᄎᆞ시니(落泉1:2).

-·니이·다 [어미] -었습니다. -옵니다. ☞-니이다 ¶兄ㄱ ᄠᅳ디 일어시ᄂᆞᆯ 聖孫ᄋᆞᆯ 내시니이다:兄讓既遂聖孫出兮(龍歌8章). 漢陽애 올ᄆᆞ니이다:漢陽是遷(龍歌14章). 肇基朔方ᄋᆞᆯ 뵈아시니이다:肇基朔方實維趣只(龍歌17章). ᄆᆞᆯ 톤 자히 건너시니이다:乘馬截流(龍歌34章). 大瞿曇이 일우니이다(月印上2). 아래 難頭禾龍王이 阿闍世王ᄋᆞᆯ 므더니너겨 부텻 터리ᄅᆞᆯ 아ᅀᆞ가니이다(釋譜24:30). 甘蔗氏 니ᅀᆞ샤ᄆᆞᆯ 大瞿曇이 일우니이다. 釋迦佛 ᄃᆞ외싫 ᄃᆞᆯ 普光佛이 니ᄅᆞ시니이다(月釋1:3). 施ᄒᆞᄂᆞ니라 ᄒᆞᄂᆞ니이다(楞解6:43). 如來 니ᄅᆞ샨 身相이 곧 身相이 아니니이다(金剛30). 더러요미 업게 ᄒᆞ샤ᅀᅡ 맛당ᄒᆞ니이다(宣賜內訓1:66).

-·니·이·다 [어미] -었습니다. -옵니다. ☞-니이다 ¶하ᄂᆞᆯ해 미처 할ᄒᆞ시니이다(宣賜內訓2下9). 衆으로 더블어 ᄒᆞᆫ 이만 ᄀᆞᆮ디 몯ᄒᆞ니이다:不若與衆(宣孟2:3). 敢히 請티 몯ᄒᆞᆯ ᄲᅮᆫ이언뎡 진실로 願ᄒᆞᄂᆞᆫ 배니이다:不敢請耳固所願也(宣孟4:26). 祿養을 니ᄌᆞ니이다(女四解4:13). 송씨의 혼을 옹쥬 얼굴의 의탁ᄒᆞ야 도로 나게 호미 어루 맛당ᄒᆞ니이다(桐華寺 王郎傳7).

니이이다 [동] 이어지다. ¶궁졀ᄒᆞᆫ 바다 가온대 귀향가ᄂᆞᆫ 이 서ᄅᆞ 니이이니(綸音25).

-·니잇·가 [어미] -ㅂ니까. -옵니까. ☞-니잇가 ¶洛水예 山行 가 이셔 하나빌 미드니잇가:洛表遊畋皇祖其恃(龍歌125章). 여슷 하ᄂᆞ리 어늬ᅀᅡ 됴ᄒᆞ니잇가(釋譜6:35). 聖人이 겨시니잇가(圓覺序68). 性ᄋᆞᆯ 보시니잇가(牧牛訣6).

-니잇·가 [어미] -ㅂ니까. -옵니까. ☞-니잇가 ¶오직 求ᄂᆞᆫ 나라히 아니니잇가:唯求則非邦也與(宣論3:17). 父母ㅣ 惡ᄒᆞ거시든 勞ᄒᆞ고 怨티 아니ᄒᆞᆯ 꺼시니 그러면 舜은 怨ᄒᆞ시니잇가:父母惡之勞而不怨然則舜怨乎(宣孟9:2). 伯夷와 伊尹이 孔子ᄭᅴ 이러ᄐᆞ시 班ᄒᆞ니잇가:伯夷伊尹於孔子若是班乎(宣孟3:20).

-·니잇·고 [어미] -ㅂ니까. -옵니까. ☞-니잇고 ¶兩漢 故事애 엇더ᄒᆞ니잇고:兩漢故事果何如其. 三韓 今日에 엇더ᄒᆞ니잇고:三韓今日果何如其(龍歌28章). 므스므라 오시니잇고(釋譜6:3). 어드러셔 오시니잇고(月釋8:91). 힝뎍에 엇더ᄒᆞ니잇고(宣賜內訓3:21). 얼마나 너르니잇고(六祖序10). 엇데ᄒᆞ야ᄂᆞᆫ 부텨 ᄃᆞ외ᄂᆞ니잇고(七大21).

-니잇·고 [어미] -ㅂ니까. -옵니까. ☞-니잇고 ¶寡人의 民이 더ᄒᆞ디 아니홈은 엇디니잇

고:寡人之民不加多何也(宣孟1:6). 德으로 뻐 怨을 報홈이 엇더ᄒᆞ니잇고:以德報怨何如(宣論3:66).

니ᅀᅵ 뷰 이어. ¶窓 밧긔 草綠色 風磬 걸고 風磬 아릐 孔雀尾로 발을 다니 바람 불 적마다 흔날녀셔 니ᅀᅵ 난 쇼릐도 죠커니와(古時調. 靑丘).

니장이 명 미장이. ☞미쟝이 ¶니쟝이:泥水匠(譯解補19).

니쥭 명 입쌀죽. ¶조쥭 니쥭 白楊箸로 지거자내 자소(古時調. 金化 金城. 靑丘).

니즈냥ᄒᆞ다 동 잊은 양하다. ¶가더니 니즈냥ᄒᆞ여 ᄭᅮᆷ에도 아니 뵈ᄂᆡ(古時調. 靑丘).

니즈러디다 동 이지러지다. ¶샹이 니즈러디면:賞虧(三略下3).

니즘 동 잊음. ☞니좀 ¶耄ᄂᆞᆫ 늘거 니즘 헐울씨라(楞解2:5).

니지 부 잊게. ¶四月 아니 니지 아으 오실셔 곳고리새여(樂範. 動動).

니질 명 이질(痢疾). ¶니질ᄒᆞ다:害痢疾(譯解上61). 니질ᄒᆞ다:下痢(同文解下6). 니질리:痢(兒學下4).

니좀 동 잊음. ☞니즘 ¶니좀 헐흔 사ᄅᆞᆷ:肯忘人(同文解上13). 니좀 헐흔 이:忘魂大的(譯解補19). 니좀 헐흔 이:忘性. 니좀 헐ᄒᆞ다:肯忘(漢淸8:29).

니:쳔 명 이전(利錢). 이문(利文). ☞리쳔 ¶져그나 니쳔 잇ᄂᆞ녀:也有些利錢麼(飜老上13). 녀나문 사ᄅᆞ믄 ᄒᆞᆫ 량의 니쳔 ᄒᆞᆫ 량식 바도려 ᄒᆞ야 ᄲᅱ이거늘:別人便一兩要一兩利錢借饋(飜朴上34). 져그나 니쳔 인ᄂᆞ냐:也有些利錢麼(老解上11). 져기 니쳔 어두롸:也尋了些利錢(老解上12). ᄯᅩ 혀긔온 니쳔을 어들러라:也尋了加五利錢(老解上13). 니쳔이 업ᄉᆞ니:沒利錢(朴解下26).

니취ᄒᆞ다 동 이취(泥醉)하다. ¶니취ᄒᆞ다:狼醉了(同文解上60). 니취ᄒᆞ다:醉糊塗了(漢淸12:52).

니치 명 이치. ¶니치 아닌 말(三譯10:16).

니출ᄡᆞᆯ 명 찹쌀. ☞니ᄡᆞᆯ. 출ᄡᆞᆯ ¶니출ᄡᆞᆯ:糯米(東醫 湯液一 土部).

니탁쥬 명 멥쌀로 만든 막걸리. ¶ᄃᆞ나 쓰나 니濁酒 됴코 대테 메온 딜병드리 더옥 됴홰(古時調. 蔡裕後. 靑丘).

니통소 명 뒤통수. ¶니통소:爭食窩子(譯解上32). 니통소:爭食窩(漢淸5:48).

니풀 명 이풀. 쌀풀. ☞ᄡᆞᆯ플 ¶니풀:糨粉(同文解上57). 니풀:糨(物譜 飮食).

니·피·다 동 입히다. ☞닙피다. 닙히다 ¶ᄌᆞ갸긔 黃袍 니피ᅀᆞᄫᆞ니:迺於厥躬黃袍用被(龍歌25章). 袞服 니피ᅀᆞᄫᆞ니:袞服以御(龍歌25章). 내 옷 니피고 冠 쓰이고(釋譜24:27). 太子ㅅ 몸애 袈裟 니피ᅀᆞᄫᆞ니(月印上21). 加ᄂᆞᆫ 더을 씨니 히믈 니펴 護持ᄒᆞ실씨라(月釋10:87). 因緣說 一周로 下根을 니펴시ᄂᆞᆯ:因緣說一周以被下根(法華4:2). 오ᄉᆞᆯ 더 니표려 ᄒᆞ더니(宣賜內訓2下70). 니퓨ᄆᆞᆯ 난비 아니 ᄒᆞ더라(三綱. 孝6). 光明이 萬像에 니펴:光被萬像(金三3:26). ᄒᆞᆫ 신하로 ᄒᆡ여곰 왕의 오ᄉᆞᆯ 니펴:使一近臣假王衣服(東三綱. 烈1). ᄉᆞ시예 옫과 ᄯᅴ를 ᄀᆞ초와 ᄡᅥ 니피더라:四時衣帶以服之(東新續三綱. 烈1:57).

니향ᄒᆞ다 동 이향(離鄕)하다. ¶니향ᄒᆞ니 엇디 도라오고 시븐 념녀를 금ᄒᆞ리오(仁祖行狀31).

:니ᄒᆞ·다 형 이(利)롭다. ☞리ᄒᆞ다 ¶ᄇᆡᆨ셩의게 니케 ᄒᆞᄂᆞᆫ 일이며(飜小9:11). 니흘 니:利(類合下57). 니흘 리:利(石千39). 나 니코 놈 니흘 법이 다 구족ᄒᆞ란ᄃᆡ:自利利人法皆具足(野雲45). 올ᄒᆞ며 외며 利ᄒᆞ며 害로오ᄆᆞᆯ ᄀᆞ초와 ᄉᆞᆯ와(家禮2:8). 서ᄅᆞ 듣고 ᄯᅩ 들에 利ᄒᆞ다 ᄒᆞ니(家禮5:7). 지아비 ᄆᆞᄋᆞᆷ 연고로 이 니치 아닌 말을 내ᄂᆞ니(三譯10:16).

니ᄒᆡ 명 이해(利害). ¶대동의 마시 ᄀᆡ당ᄒᆞ믈 듯고 개연ᄒᆞ야 쇼를 올녀 니ᄒᆡ를 베푸니(落泉1:1).

닉·다 동 익다〔熟〕. ¶우케ᄂᆞᆫ 하ᄂᆞᆳ ᄇᆞᄅᆞ매 니겟도다:杭稻熟天風(杜解7:16). 豆子ㅣ 비예 ᄒᆞ마 닉도다:豆子雨已熟(杜解9:17). 말와ᄆᆞᆫ 時節을 디내오ᄂᆞᆫ 비예 니겟고:菱熟經時雨(初杜解15:28). ᄂᆞᆯ와 니그니왜로소니:生熟(初杜解16:71). 아므란 니근 ᄂᆞᄆᆞ새 잇거든:有甚麼熟菜蔬(飜老上40). 다 ᄉᆞᆯ마 닉거다:都煮熟了(飜老下38). 니글 슉:熟(訓蒙下12. 類合上10. 石千28). 니글 님:稔(訓蒙下19). 블에 니글 란:爛(類合下52). 이 밥이 닉거다:這飯熟了(朴解下45). 닉다:熟了(譯解下9). 니글 슉:熟(倭解上48). 곳은 밤비에 퓌고 비즌 술 다 닉거다(古時調. 靑丘). 고기ᄂᆞᆫ 닉게 지질ᄯᅵ니:熟(女四解2:18).

닉·다 형 익다. 익숙하다. ¶佛子ᄃᆞᆯ히 根機 니군 고ᄃᆞᆯ 보시고(釋譜13:60). 나조ᄒᆡ 뷔여든 ᄯᅩ 나 아ᄎᆞᄆᆡ 닉더니(月釋1:45). ᄌᆞ갸 ᄆᆞᅀᆞ미 다 닉디 몯ᄒᆞ샤(月釋1:51). 弟子ᄃᆞᆯ히 ᄆᆞᅀᆞ미 닉고(月釋1:52). 發心이 니거 淸淨ᄒᆞᆫ 法을 어루 ᄇᆡ호리어며(月釋2:12). ᄯᅩ 이러 니굼과(法華2:260). 오라면 工夫ㅣ 니거 반ᄃᆞ기 能히 힘ᄲᅮ미 져그리라:久久工夫純熟方能省力(蒙法4). 니근 風俗의 고툐미(宣賜內訓1:69). ᄀᆞᄅᆞᆷ을 버므렛ᄂᆞᆫ 길히 니그니:緣江路熟(杜解7:1). 니글 관:慣(類合下35). 오라며 오라셔 이러니그면:久久成熟(宣小5:5). 닉오믈 구홀디

니(宣小5:113). 힝보를 닉디 몯ᄒᆞ여라:不慣行步(東新續三綱. 烈5:27). 네 믈깃기 니근 ᄃᆞᆺᄒᆞ괴야:你敢慣打水(老解上31). 니글 관:慣(倭解下42). 니글 완:翫(註千33).

닉더귀 명 익더귀. ☞익더귀 ¶닉더귀:兎鶻(譯解下25).

닉수거 형 익숙하여. ㉮닉숙다 ¶닉수거 甁이 소내 잇도다:慣捷甁在手(重杜解9:21).

닉숙·다 형 익숙하다. ¶棣棣:만코 닉숙은 양이라(宣小4:54). 닉수거 甁이 소내 잇도다:慣捷甁在手(重杜解9:21). 닉숙디 아니ᄒᆞ야:不慣(重杜解17:27).

닉·이 부 익히. ☞니기 ¶출하리 닉이 諫홀디니:寧孰諫(宣小2:22). 禮儀를 닉이 學ᄒᆞ고(女四解2:25).

닉이·다 동 ①익히다. 익게 하다. ¶君子ㅣ 庖과 廚(음식 닉이ᄂᆞᆫ 짜히라)를 멀리ᄒᆞ야:君子遠庖廚(宣小3:26).
②익히다〔習〕. ¶글 닉이다:溫習(同文解上43). 처음으로 反切을 닑어 닉여 외오고(捷蒙1:1).
③익히다〔熟〕. 다루다. ¶닉인 가족:熟皮(譯解上46). 닉인 가족:去毛皮. 가족 닉이다:熟皮(漢淸11:16). 금 여러 번 닉이다:煉熟金(漢淸12:4).

닉이다 동 이기다. 반죽하다. ¶뎌 金水河에 ᄃᆞ라가 ᄒᆞᆫ 덩이 프른 홁을 닉여 가져다가:他走到金水河裏和將一塊靑泥來(朴解下21). 홁 닉이다:和泥(譯解上18).

닉·키·다 동 ①익히다. ☞닉이다 ¶반ᄃᆞ시 닉켜셔 졔 ᄒᆞ시고:必熟而薦之(宣小2:41).
②익히다. 복습(復習)하다. ☞닉이다 ¶니킬 온:溫(註千12).

닌가 명 인가(隣家). 이웃집. ¶유뫼 닌가의 칙을 비러 ᄀᆞᄅᆞ치매(洛城1).

-·닌·댄 어미 -ㄹ진대. ☞-ㄴ댄 ¶ᄒᆞ다가 잇ᄂᆞ닌댄:若有(蒙法62). ᄒᆞ다가 업스닌댄:若無(蒙法62).

닌믜움 명 잇몸. ☞닛므음 ¶닌믜움미 즌므르고 니 ᄲᅡ디고(痘要上48).

닌ᄒᆞ다 형 인색(吝嗇)하다. ¶닌ᄒᆞ다:性吝(同文解上22).

:닏·다 동 잇다〔繼〕. ☞닛다 ¶어버이를 닏ᄂᆞᆫ ᄎᆞ례라(宣小2:49).

닏다 동 잊다. ☞닛다 ¶후셰로 ᄒᆞ여곰 닏디 아니케 ᄒᆞ다:後世不忘(東新續三綱. 孝1:64). ᄂᆞᆷ이 살기를 닏고 드리ᄃᆞ라 어미과 ᄌᆞ식이 홈ᄭᅴ 주그니라:龍忘生投入母子俱死(東新續三綱. 孝3:55). 모몰 닏고 도적글 텨 여러 번 이긔여 공이 읻더라:忘身討賊累捷有功(東新續三綱. 孝8:80). 은덕을 닏디 아니ᄒᆞ올 거시니(隣語6:9).

닐 명 일〔事〕. ¶일언 닐 절언 ᄠᅳ즐 뉘라셔 짐작ᄒᆞ리(武豪歌).

닐고라 동 읽었노라. ¶論語 孟子 小學을 닐고라:讀論語孟子小學(飜老上2).

닐곱 수 일곱. ☞닐굽 ¶어려운 이리 닐곱 가지니:患難之事七(呂約34). 세 번 브ᄅᆞ며 닐곱 번 쳔거홈애 나아가디 아니ᄒᆞ고:三徵七辟皆不就(宣小6:24). 닐곱 근:七斤(譯解上64). 닐곱 칠:七(倭解上54). 닐곱:七箇(同文解下20). 닐곱:七(漢淸4:26). 기릐 닐곱자:長七尺(武藝諸1). 므긔 닐곱 근이라:重七斤(武藝諸21). ※닐굽(닐곱)>일곱

닐·굽 수 일곱. ☞닐곱 ¶솘바올 닐굽과:松子維七(龍歌89章). 닐굽 고졸 因ᄒᆞ야(月印上3). 穆王 닐굽찻 ᄒᆡ 丙戌이라(釋譜6:11). 거플 업고 기리 닐굽 치러니(月釋1:43). 닐굽 줄기 七寶蓮花ㅣ(月釋2:36). 스믈닐굽찻 天尊이라(月釋2:50). 닐구비 이쇼ᄆᆞᆫ:所以有七者(楞解3:63). 닐굽 ᄀᆞᇫ올 다ᄒᆞ야:窮盡七際(楞解10:37). 닐굽찻 종:七宗(圓覺上一之一98). 첫 닐굽 輪은:初七輪(圓覺下二之二15). 닐굽 章을 ᄆᆡᇰᄀᆞ라(宣賜內訓序8). 열닐구비 그 門에 諸王 ᄃᆞ외니라:十七王其門(杜解8:5). 슬프다 닐굽찻 놀애 블로매 슬허 놀애를 ᄆᆞᆺ고:嗚呼七歌兮悄終曲(初杜解25:29). 닐굽 손 여듧 바리오:七手八脚(金三2:7). 닐굽 칠:七(訓蒙下34. 類合上1). 닐굽 ᄒᆡ어든 ᄉᆞ나ᄒᆡ와 겨지비 돗글 ᄒᆞᆫ가지로 아니 ᄒᆞ며:七年男女不同席(宣小1:4). 나히 열닐굽에 부모ᄂᆞᆯ 뫼셔 치되 됴셕에 게을리 아니 ᄒᆞ고:年十七奉養父母朝夕不怠(東新續三綱. 孝7:47). 나히 쉰닐굽애(桐華寺 王郞傳1).
※닐굽(닐곱)>일곱

닐굽닐굽 수 일곱일곱. 일곱씩 일곱. ¶손발 열가락 그틀 침으로 ᄣᅵᆯ어 피 내오 빗보ᄌᆞᆯ 닐굽닐굽 븟글 ᄯᅳ라:七七壯(救簡2:41).

닐굽·닐·웨 명 일곱이레. 칠칠일(七七日). ¶보ᄇᆡ 못 가온ᄃᆡ 나아 닐굽닐웨 디내야 蓮花ㅣ 프리니(月釋8:71).

닐굽재 수 일곱째. ☞닐굽차히. 닐굽찻. 닐굽챗 ¶닐굽재ᄂᆞᆫ ᄂᆞᄆᆡ게 잇ᄂᆞᆫ 거슬 구ᄒᆞ며 술와 밥을 구홀 마를 니ᄅᆞ디 마롤디니라:七不言求覓人物干索酒食(飜小8:21).

닐굽차히 수 일곱째. ☞닐굽재. 닐굽찻. 닐굽챗 ¶닐굽차힌 귀 두텁고 넙고 기르시고 귓바회 세시며(月釋2:55).

닐·굽·찻 수 일곱째. ☞닐굽차히. 닐굽챗 ¶穆王 닐굽찻 ᄒᆡ 丙戌이라(釋譜6:11). 슬프다 닐굽찻 놀애 블로매 슬허 놀애를 ᄆᆞᆺ고:嗚呼七歌兮悄終曲(初杜解25:29).

닐굽챗 수 일곱째. ☞닐굽재. 닐굽차히. 닐굽찻 ¶슬프다 닐굽챗 노래 블로매:嗚呼七歌兮(重杜解25:29).

닐·기·다 동 읽히다. ¶제 아ᄃᆞᆯ 글 닐기라 보내오:遣其子讀書(三綱. 孝27).

닐느러 동 이르러. ☞니를다 ¶버으리와다 싸호매 살이 그 몸애 모ᄃᆞ니 피 흘러 발ᄯᅮᆨ머리예 닐느러 죽그니라:拒戰矢集其身血流至踵乃死(東新續三綱. 忠1:4).

닐·다 동 이르다. 말하다. ☞니르다 ¶엇뎨 부톄라 ᄒᆞᄂᆞᆫ닛가 그 ᄠᅳ들 닐어써(釋譜6:17). 梅呾麗耶ᄅᆞᆯ 그르 닐어 彌勒이시다 ᄒᆞᄂᆞ니(月釋1:51). 迦毗羅國이라 ᄒᆞᄂᆞ니 그르 닐어 迦毘羅衛라도 ᄒᆞ며 ᄯᅩ 迦維衛라도 ᄒᆞ며 迦夷라도 ᄒᆞᄂᆞ니라(月釋2:1). 여슷 가짓 이ᄅᆞᆯ 各各 세 양ᄌᆞ로 닐어 두루 뫼화 열여들비니(月釋2:14). 世尊ㅅ 三昧力에 苦空無常ᄋᆞᆯ 닐아 大千界 드르니이다(月釋21:190). 아ᄃᆞᄅᆞᆯ 소겨 닐아(月釋23:65). 惡世예 이 닐움 어려우미 ᄅᆞ디 몯ᄒᆞ니(法華4:142). 일후믈 祖ㅣ라 닐옯디라 ᄒᆞ시니라:名之曰祖(蒙法49). 내 ᄆᆡ이 닐너 비러 오니:我哀告借將來(老解上17). 머흔 일 다 닐러ᄉᆞ라 돌보고져 ᄒᆞ노라(古時調. 鄭澈. 어와 뎌 족하야. 松江).

:닐·다 동 일다. 일어나다. ☞니다 ¶御座애 니르시니:御座遽起(龍歌82章). 西面에 블이 니러 갌 길히 이블씨(月印上60). 風流 소리도 닐며(月印上63). 起ᄂᆞᆫ 닐 씨니(釋譜6:42). 이리 닔 時節에(釋譜9:33). 그 ᄢᅴ 日月燈明佛이 三昧로셔 니르샤(釋譜13:13). 妄念微塵의 니룸과 滅호미(金剛69). 슬픈 ᄇᆞᄅᆞ미 닐에 ᄒᆞ디 마ᄅᆞ디어다:莫令…起悲風(杜解5:9). 힌 기베 ᄇᆞᄅᆞᆷ과 서리왜 니렛ᄂᆞᆫ ᄃᆞᆺᄒᆞ니:素練風霜起(杜解16:45). 몃 디위ᄅᆞᆯ 江風이 닐어뇨마ᄅᆞᆫ:幾度江風連日起(南明上40). 닐 긔:起(訓蒙下27. 類合下5. 石千25). 닐 훙:興(類合下45). 닐 훙:興(石千12). 느지 니로니 지븨 므슷 이ᄅᆞᆯ ᄒᆞ리오:晚起家何事(重杜解3:30). ᄀᆞᅀᆞ로 묏 盜賊의 니로믈 制禦ᄒᆞᄂᆞ니:旁制山賊起(重杜解4:15). 日出을 보리라 밤둥만 니러ᄒᆞ니(松江. 關東別曲). ※닐다>일다

닐럼즉ᄒᆞ다 형 말함 직하다. 이름 직하다. ¶닐럼즉ᄒᆞᆯ가:敢說(老解上47).

닐ᄋᆞ·샤ᄃᆡ 동 이르시되. ¶孔子ㅣ 닐ᄋᆞ샤ᄃᆡ 婦人은 사ᄅᆞᄆᆡ게 굿브ᄂᆞᆫ 거시니:孔子曰婦人伏於人也(宣賜內訓1:85).

:닐·무이·다 동 움직이다. ☞닐뮈다 ¶닐무욤애 문치 이시며 말솜애 빗치 이셔:動作有文言語有章(宣小4:55).

:닐:뮈·다 동 움직이다. 〔'닐〈起〉'+'뮈다〈動〉'로 이루어진 말.〕 ☞닐무이다 ¶닐뮈여 ᄒᆞ니논 中에 話頭ᄅᆞᆯ 便安히 디녀:於動用中保持得話頭(蒙法27). 례 아니어든 닐뮈디 말라 ᄒᆞ시니라:非禮勿動(飜小8:7). 나ᄂᆞᆫ 공경ᄒᆞ야 닐뮈매:出恭動(宣小題辭3). 닐뮈기며 禮義예며 거동에 법이 인ᄂᆞ니:有動作禮義威儀之則(宣小4:50).

닐심 명 일심(一心). ¶빅연을 동덕ᄒᆞ야 닐심으로 상경ᄒᆞ소(人日歌).

닐ᄭᅵ 명 읽기. ¶글 닐ᄭᅵ 글 쓰기ᄂᆞᆫ 腐儒의 ᄒᆞᆯ 일이요(武豪歌).

닐·아 동 일러. 말하여. ㉮닐다 ☞닐어 ¶世尊ㅅ 三昧力에 苦空無常ᄋᆞᆯ 닐아 大千界 드르니이다(月釋21:190).

닐·어 동 일러. 말하여. ㉮닐다 ☞닐아 ¶梅呾麗耶ᄅᆞᆯ 그르 닐어 彌勒이시다 ᄒᆞᄂᆞ니(月釋1:51). 迦毗羅國이라 ᄒᆞᄂᆞ니 그르 닐어 迦毘羅衛라도 ᄒᆞ며 ᄯᅩ 迦維衛라도 ᄒᆞ며 迦夷라도 ᄒᆞᄂᆞ니라(月釋2:1).

닐·어 동 일으키어. ¶그듸 이제 봆 ᄀᆞᄅᆞᆷ 흐르ᄂᆞᆫ 므레 비출 닐어 가ᄂᆞ니:君今起柂春江流(初杜解25:56). 닐어 셰요미 ᄯᅩ 내게 이시며:建立亦在我(金三3:26).

닐어나다 동 일어나다. ☞니러나다 ¶안자실제 尊長이 디나가거든 닐어나고(家禮2:17). 닐어나 급피 누으며(馬解上73).

닐·어·써 동 말씀하시오. ㉮닐다 ¶다시 무로ᄃᆡ 엇뎨 부톄라 ᄒᆞᄂᆞᆫ닛가 그 ᄠᅳ들 닐어써(釋譜6:17).

닐에 명 이레〔七日〕. ☞닐웨 ¶닐에ᄅᆞᆯ ᄒᆞ여곰 타 ᄃᆞᆯ리디 말라(馬解下9). 닐엣 만의:七日(十九史略1:33).

닐에 동 일게. ㉮닐다 ¶슬픈 ᄇᆞᄅᆞ미 닐에 ᄒᆞ디 마ᄅᆞᆯ디어다:莫令…起悲風(杜解5:9). 안자셔 鴛鴦ᄋᆞᆯ 다딜어 닐에 호니:坐觸鴛鴦起(初杜解15:26).

닐여ᄃᆞᆲ 수 일여덟. 일고여덟. ¶정결히 홈을 닐여ᄃᆞᆲ 히지이 게얼리 아니 ᄒᆞ더라:精潔至七八年不怠(東新續三綱. 烈4:54).

닐오다 동 일구다. 개간(開墾)하다. ¶처ᄋᆞᆷ 닐온 밧:破荒田(譯解下7). ᄡᅡ 닐오다:開墾(譯解補41).

닐·오·다 동 이르다. 말해 주다. ☞니르다. 닐다 ¶닐오려 ᄒᆞ시ᄂᆞᆫ가(釋譜13:25). 經에 닐오ᄃᆡ(月釋1:36). 疑心 업스면 사겨 닐오ᄆᆞᆯ 븓디 아니ᄒᆞ리라(金剛序6). 반ᄃᆞ기 너爲ᄒᆞ야 닐오리라:當爲汝說(金剛上11). 無ㆆ字ᄅᆞᆯ 닐온 ᄠᅳ든 엇데어뇨:道介無字意作麼生(蒙法13). 衆人ᄋᆞᆯ 뵈야 닐오ᄃᆡ(蒙法20). 곧 工夫ᄅᆞᆯ 닐옯디니라:便論工夫(蒙法33). 末邊ᄋᆞᆫ 枝葉을 닐오니라(蒙法37). ᄆᆞᆰ겨레 비췬 ᄃᆞᆯ비출 닐온 마리니(蒙法43). 或이 닐오ᄃᆡ:或者謂(蒙法53). 잠간 닐오ᄆᆞᆫ:略言(蒙法66). ᄯᅩ 엇디 漢語 닐오미 잘ᄒᆞᄂᆞ뇨:却怎麼漢兒言語說的好(飜老上2). 사ᄅᆞᆷ이 닐오ᄃᆡ 산 사ᄅᆞᆷ의 ᄲᅧᄅᆞᆯ 피에 섯거

먹으면(五倫1:64). 점한이 닐오니:粘罕曰(五倫2:42).

닐·오·딕 동 이르되. ㉠닐오다 ¶經에 닐오딕(月釋1:36). 趙州ㅣ 닐오딕 업다 ᄒᆞ니(蒙法11). 衆人ᄋᆞᆯ 뵈야 닐오딕:示衆云(蒙法20). 趙州ㅣ 닐오딕 업스니라(蒙法50). 妙喜 닐오딕:妙喜道(蒙法56). 이제ᄂᆞᆫ 해 닐오딕:近來多道(蒙法57). 닐오딕 靈이라 ᄒᆞᄂᆞ니라:謂之靈(蒙法70). 生티 아니ᄒᆞ며 滅티 아니호ᄆᆞᆯ 닐오딕 常이오(圓覺序22). 픠 종ᄃᆞ려 닐오딕:驟語綜曰(五倫1:32). 사ᄅᆞᆷ이 닐오딕 산 사ᄅᆞᆷ의 쎄ᄅᆞᆯ 피에 섯거 먹으면(五倫1:64).

닐·온 관 이른바. ☞니ᄅᆞᆫ. 닐온바 ¶ᄂᆞᄆᆡ ᄡᅮ미 ᄃᆞ욀 씨 닐온 傭이오:爲人之用曰傭(法華2:191). 닐온 佛法이 곧 佛法 아니라:所謂佛法者卽非佛法(金剛上48). 닐온 叅究호ᄆᆞᆫ:所謂叅究者(蒙法22). 닐온 眞實ᄒᆞ며 조ᄒᆞ며 ᄇᆞᆯᄀᆞ며 微妙ᄒᆞ며:所謂眞淨明妙(圓覺序2). 이 닐온 겨지븨 德이라(宣賜內訓1:14). 닐온 休ᄒᆞᆫ 徵은 닐온 肅애 時雨ㅣ 若ᄒᆞ며:曰休徵曰肅時雨若(書解3:40).

닐·온·바 관 이른바. ☞니ᄅᆞᆫ바 ¶닐온밧 거유를 사기다가 이디 몯ᄒᆞ야도 오히려 올히 ᄃᆞᆫ다 호미라:所謂刻鵠不成尙類鶩者也(宣賜內訓1:38). 써 나니 닐온밧 命이라:以生所謂命也(宣小4:50).

닐왇·다 동 ①일으키다. ☞니르왇다. -왇다 ¶사홈도 닐와ᄃᆞ며 됴ᄒᆞᆫ 일도 내요미ᄯᅥ녀:興戎出好(飜小8:10). 그 달애며 추들며 닐와ᄃᆞ며 힘ᄡᅳ우며:其…誘掖激勵(飜小9:13). 됴ᄒᆞᆫ 일란 닐왇고 해ᄅᆞ온 일란 업게 호ᄆᆞᆯ 잘 ᄒᆞ며:能興利除害(呂約4). 탐심 닐와다 ᄂᆞᄆᆡ 것 가지고져 호ᄆᆞᆯ ᄀᆞ장 호미라(呂約7).
②일구다. ¶받 닐와ᄃᆞᆯ ᄀᆞᆫ:墾(類合下41).

닐외다 동 이르게 하다. ☞니르위다 ¶강시 지셩으로 감동호ᄆᆞᆯ 닐외니라:康氏以至誠致感(東新續三綱. 烈5:50). 안밧긔 거ᄉᆞᆯ 傳ᄒᆞ야 닐외믈 主ᄒᆞ고(家禮2:16).

닐우다 동 읽다. ☞니르다. 닑다 ¶門 닷고 글 닐원 지 멋 歲月이 되엿관대(古時調. 李廷鎭. 靑丘).

닐·욼디·라 동 이를지라. 말할지라. ㉠닐다 ☞니르다¶일후믈 祖ㅣ라 닐욼디라 ᄒᆞ시니라:名之曰祖(蒙法49).

닐·웨 명 이레. ☞닐에. 닐웻날 ¶닐웨ᄅᆞᆯ 숨엣더시니(月印上39). 이 後 닐웨예 城 밧 훤ᄒᆞᆫ ᄯᅡ해 가(釋譜6:27). 밤낫 닐웨ᄅᆞᆯ ᄌᆞᆷ자도 아니 ᄒᆞ야(月釋1:52). 열 ᄃᆞᆯ ᄒᆞ고 닐웨 기터(月釋2:13). 後ㅅ 닐웨엔(月釋21:197). 닐웨예:七日(楞解4:28). 닐웨로 그슴ᄒᆞ고:以七日爲期(楞解7:24). 여ᄉᆡ어나 닐웨어나:若六日若七日(阿彌17). 닐웨ᄅᆞᆯ 門 다ᄃᆞ시고(南明上43). 入滅ᄒᆞ신 後에 닐웨 디나거늘(南明上51). 혹 엿새 닐웬 만이 나ᄂᆞ니ᄂᆞᆫ:或六七日乃出者(痘瘡方21). ᄀᆞᄋᆞᆯ은 닐웨오:秋七(臘藥6).

닐웻날 명 이렛날. ☞닐웨 ¶열닐웻날 孝寧이 더레 겨시던 分身舍利 三十枚ᄅᆞᆯ 進上ᄒᆞᅀᆞ와ᄂᆞᆯ(楞解跋3).

닐위·다 동 이루다. ¶ᄆᆞᅀᆞᆷ 다ᄫᆞ물 닐윓ᄀᆞ장 긔지ᄒᆞ야(月釋序20). 熏ᄋᆞᆫ ᄢᅬᆯ 씨니 發ᄒᆞ며 닐윌 씨라(楞解4:72). 現在苦ᄅᆞᆯ 닐위오:致現在苦(法華3:133). ᄒᆞᆫ 氣分에 專一히 ᄒᆞ야 부드러우믈 닐위오:專一氣而致柔(圓覺序24). 便安커시든 孝養ᄋᆞᆯ 닐위여 그 빅골ᄒᆞ실가 저코(宣賜內訓1:48). 님그믈 닐위요딕 質樸正直ᄒᆞᆫ 말ᄉᆞᄆᆞ로 ᄒᆞ니라:致君樸直詞(初杜解22:41). 닐윌 티:致(類合下38. 石千2). 공경을 닐윔만 ᄀᆞᄐᆞ니 업고:莫如致敬(宣小4:51). 原과 隰애 績을 닐위샤:原隰底績(書解1:64). 居홈애ᄂᆞᆫ 그 공경을 닐위고 봉양홈애ᄂᆞᆫ 그 즐김을 닐위고:居則致其敬養則致其樂(英小2:36). ᄡᅥ곰 ᄀᆞᄅᆞ나며 갓고로 나ᄆᆞᆯ 닐위고:以致橫生逆產(胎要21). 화긔 길샹을 닐위고(敬信70). 孝子의 어버이 섬김애 居홈애ᄂᆞᆫ 그 공경을 닐위고 養홈애ᄂᆞᆫ 그 즐김을 닐위고:孝子之事親居則致其敬養則致其樂(孝經16).

닐위다 동 일으키다. ☞닐왇다 ¶이런 지변을 닐위다 ᄒᆞ고(女範2. 효녀 당시부).

:닐위·우·다 동 이루게 하다. ☞닐위이다 ¶님그믈 堯舜에 닐위우므란 그듸내게 브티노니:致君堯舜付公等(初杜解19:23).

닐위이다 동 이르다. 말하다. ☞니르다. 닐다 ¶궤휼로ᄡᅥ 닐위연 거시 아니라(山城61).

닐위이다 동 이루게 하다. ☞닐위우다 ¶님금을 堯舜ㅅ 우희 닐위이곡:致君堯舜上(重杜解19:2).

닐으다 동 이르다. 말하다. ☞니르다. 닐다. 닐ᄋᆞ다 ¶母ㅣ 閭에 의지ᄒᆞ야 그 義티 아니홈을 닐으며(女四解4:12). 닐을 도:道(註千5). 닐을 위:謂. 닐을 어:語(註千42). ᄒᆞᆫ골ᄀᆞᆺ치 그 욕심대로 ᄒᆞ면 이 가히 회라 닐으며(百行源15).

닐으혀다 동 일으키다. ☞니르혀다. 닐의혀다 ¶兵을 닐으혀 宋을 회복ᄒᆞ려 ᄒᆞ다가(女四解4:34). 中夜의 차탄홈을 닐으혀:中夜興嗟(常訓16). 크게 文學을 닐으혀:大興文學(常訓40). 내 드듸여 글 닑을 념을 닐으혀니(敬信27).

닐의혀다 동 일으키다. ☞니ᄅᆡ혀다. 닐으혀다 ¶仍ᄒᆞ여 감동홈을 닐의혀 스스로 能히 인내티 몯ᄒᆞ야:仍起感而自弗能耐(常訓5).

닐ᄋᆞ·다 동 이르다. 말하다. ☞니르다. 닐다.

닐으다 ¶넷 번의 녜 일을 닐ᄋᆞ디 아니ᄒᆞ며:不道舊故(宣小3:12). 닐ᄋᆞ건댄 ᄆᆞᄋᆞᆷ이 알ᄑᆞ니 너희 맛당히 ᄡᅧ의 사길디니라:言之痛心爾宜刻骨(宣小5:19).

닐ᄏᆞ러 동 일컬어. ☞일ᄏᆞ다 ¶죠셕의 스스로 닐ᄏᆞ러 왈(敬信21).

닐·흔 수 일흔. ¶닐흔 살 쏘샤 닐흐늬 ᄂᆞ치 맛거늘:矢七十射中七十面(龍歌40章). 닐흔 다ᄉᆞ시 이쇼ᄃᆡ:有七十五(圓覺上一之一29). 城 닐흔으란 아ᅀᆞ라히 ᄇᆞ라고:蒼茫城七十(初杜解20:15).

닐훈 수 일흔. ☞닐흔 ¶어믜 나히 닐훈에 듕ᄒᆞᆫ 병을 어더:母年七十得重病(東新續三綱5:6).

닑·다 동 읽다. ¶이 經을 닑고(釋譜9:30). 讀은 닐글 씨오(月釋序22). 經 닐긇 사ᄅᆞᄆᆞᆫ(楞解1:117). 엇데 ᄒᆞ물며 一心으로 드러 니ᄅᆞ며 닐그며 외와:何況一心聽說讀誦(法華6:15). 엇데 내 글 닑다가 ᄒᆞ물며 一心으로 드러 니ᄅᆞ며 닐그며 외와(宣賜內訓序3). 일즉 唐ㅅ 實錄을 닐고니:嘗讀唐實錄(初杜解22:44). 그를 닑디 아니ᄒᆞ야(金三3:50). 오직 경히 니기 닐골디니(飜小8:35). 내 닐고마 네 드르라:我讀你聽(飜朴上60). 닐글 독:讀(訓蒙下32. 類合下8. 石千33. 倭解上37). 닑으리로 ᄒᆡ여곰 興起ᄒᆞᆯ배 잇게 ᄒᆞ노라:使讀者有所興起(宣小4:1). 셩이 쥬역 닑기ᄅᆞᆯ 즐기고:性喜讀易(東新續三綱. 忠1:61). 경 닑다:念經(譯解上25). 글 닑기ᄅᆞᆯ 됴화ᄒᆞ샤(女範1. 셩후 당문덕후). 글 닑다:讀書(同文解上42).

※닑다>읽다

닑움 동 읽음. ⑦닑다 ¶ᄯᅩ 닐오ᄃᆡ 글 닑움은:又云讀書(宣小5:116).

닑히다 동 읽히다. ¶글 닑히다:敎讀書(同文解上42). 닑혀 드ᄅᆞ시게 ᄒᆞ면(閑中錄56).

닓더셔다 동 일어서다. ¶닓더셔아 乃終내 屈티 아니ᄒᆞᆫ대(三綱. 忠20). 닓더셔 금계반두세를 ᄒᆞ고:起立作金雞畔頭勢(武藝諸19). 닓더셔 반기려 ᄒᆞ니 ᄭᅮᆷ이 나를 속여다(古時調. 님 그려. 古歌).

닓써안다 동 일어나 앉다. ¶存吾 병들어 죽을 ᄢᅢ에 닓써안자 ᄀᆞᆯ오ᄃᆡ 辛旽이 그저 살앗ᄂᆞ냐(三綱. 鄭李上疏).

:님 명 ①임금. ¶數萬里ㅿ 니미어시니:數萬里主(龍歌31章). 고ᄫᆞ니 몯 보아 ᄉᆞᆯ읏 우니다니 님하 오ᄂᆞᆳ나래 넉시라 마로리어다(月釋8:102). 아소 님하(樂範. 鄭瓜亭). ②임. ¶님 쥬:主(訓蒙中1. 類合上16). 님을 ᄒᆞᆫᄃᆡ 녀닛 景 너기다니(樂詞. 滿殿春). 셜온 님 보내ᄋᆞᆸ노니 가시는 ᄃᆞᆺ 도셔오쇼셔(樂詞. 가시리). 님 쥬:主(石千27). 이 몸 삼기실 제 님을 조차 삼기시니(松江. 思美人曲). 내 얼굴 이 거동이 님 괴얌즉ᄒᆞᆫ가마ᄂᆞᆫ(松江. 續美人曲). 온 놈이 온 말을 ᄒᆞ여도 님이 짐쟉ᄒᆞ쇼셔(古時調. 鄭澈. 深意山. 松江). 님:主 下稱上曰 님(行吏). ※님>임

-:님 접미 -님. ¶아ᄃᆞ님긔 袞服 니피ᅀᆞᄫᆞ니:迺於厥嗣袞服以御(龍歌25章). 아바님 뒤헤 셔샤(龍歌28章). 아바님 지ᄒᆞ신 일훔 엇더ᄒᆞ시니…어마님 드르신 말 엇더ᄒᆞ시니(龍歌90章). 兄님ᄋᆞᆯ 모ᄅᆞᆯᄊᆡ(月印上2). 아바님긔와 아ᄌᆞ마님긔와(釋譜6:1). 우리 스승님이 燃燈佛을 보ᅀᆞ오샤(南明上54). ᄆᆞᅀᆞᆷ됴ᄒᆞ신 누의님하:好姐姐(飜朴上47). 칠월 초닐웻날 집 사ᄅᆞ미 대되 블근 ᄑᆞᆺ 두닐굽 나출 ᄒᆡ님 향ᄒᆞ야 ᄉᆞᆷᄭᅵ라:七月七日向日合家呑赤小豆二七枚(瘟疫方8).

님군 명 임금. ☞님금 ¶님군 우:禹(石千26). ᄉᆞ군 닛ᄂᆞᆫ 님군이라(仁祖行狀5). 다 두 님군을 도아 ᄡᅥ 帝業을 일오니라(女四解4:5). 쥬션왕의 강후ᄂᆞᆫ 졔국 님군의 녀라(女範1. 셩후 셩모태ᄉᆞ). 하나라 님군 걸이 모술 ᄑᆞ며:桀鑿池(五倫2:1). 나라히 파ᄒᆞ고 님군이 망ᄒᆞ여시니:國破君亡(五倫2:7). 신해 님군을 셤기매:臣事君(五倫2:12). 大明의 正統 님군(武豪歌).

:님·굼 명 임금. ☞님금 ¶님굼 셤교미(三綱. 忠6). 네 님구미 스승 ᄉᆞ로ᄆᆞᆯ 삼가시고:前聖愼焚巫(初杜解10:25). 나라 돕ᄉᆞ와 님굼ᄭᅴ 진심ᄒᆞ야 셤기ᅀᆞ오며:輔國忠君(飜朴上50). 님굼 황:皇. 님굼 뎨:帝. 님굼 군:君. 님굼 후:侯(訓蒙中1). 님굼 션:宣. 님굼 우:禹(光千26). 님굼 군:君(類合上17). 님굼 왕:王(類合上19). 님굼 후:后(類合下32). 그 아비ᄅᆞᆯ 조차 님굼 가 겨신 고ᄃᆞᆯ 향ᄒᆞ다가:從其父向行在所(東新續三綱. 孝6:9). 되ᄋᆡ 님굼 셤규믄:羯胡事主(重杜解3:67).

:님·금 명 임금. ☞님군. 님굼 ¶올모려 님금 오시며:欲遷以幸(龍歌16章). 님그믈 救ᄒᆞ시고:我救厥辟(龍歌24章). 님그미 울어시ᄂᆞᆯ:天子泣涕(龍歌33章). 하ᄂᆞᆯ히 님금 달애샤:天誘厥辟(龍歌46章). 내 님금 그리샤:我思我君(龍歌50章). 님긊 말 아니 듣ᄌᆞᄫᅡ:弗順君命(龍歌98章). 御製ᄂᆞᆫ 님금 지ᅀᅳ샨 그리라(訓註1). 님금이 ᄀᆞ장 깃그시니(月釋8:79). 님금과 臣下왜 義 이시며(宣賜內訓序3). 님금이 예셔 업스시니(三綱. 忠27). 商ㅅ 時節 님금이라(金三4:40). 님금 셩:聖(光千9). 님금 어:御(光千35). 님금 뎨:帝. 님금 황:皇(石千4). 님금 왕:王(石千6). 님금 군:君(石千11). 님금ᄭᅴ 튱셩ᄒᆞ며(宣小題辭1). 님금 군:君. 님금 왕:王(倭解上35). 님금:主子(同文解上36). 님금

과 빅셩과 ᄉᆞ이 하ᄂᆞᆯ과 ᄡᅡ히로ᄃᆡ(古時調. 鄭澈. 松江). ※님금>임금

님금 명 능금. ☞능금. 닝금 ¶님금:林檎(東醫 湯夜二 果部). ᄉᆞᆯ고와 굴근 님금과:杏子蘋婆果(朴解上4). 굴근 님금:白檎(譯解上55). 님금:檳子. 굴근 님금:蘋婆果(同文解下5).

님당ᄒᆞ다 동 임당(臨當)하다. ¶ㅂ|여 열 ᄃᆞᆯ 디나니 나ᄒᆞᆯ 시 님당ᄒᆞ도다:懷經十箇月産難欲將臨(恩重7).

님뷔곰뷔 부 자꾸자꾸. 연거푸. ☞님븨곰븨 ¶곰뷔님뷔 님뷔곰뷔 쳔방지방 지방쳔방(古時調. 天寒코. 青丘).

님븨곰븨 부 자꾸자꾸. 연거푸. ☞곰비림비. 님뷔곰뷔 ¶보션 버서 품에 품고 신 버서 손에 쥐고 곰븨님븨 님븨곰븨 쳔방지방 지방쳔방 즌 듸 ᄆᆞ른 듸 ᄀᆞ희지 말고(古時調. 님미 오마 ᄒᆞ거ᄂᆞᆯ. 青丘).

님삭 명 임삭(臨朔). 임월. ¶님삭:臨月(同文解上53). 님삭ᄒᆞ다:臨月(譯解補22).

님의ᄎᆞ다 동 여미어 입다. ☞니믜ᄎᆞ다 ¶西湖 눈 진 밤의 ᄃᆞᆯ빗치 낫 ᄀᆞᆺ튼 제 鶴氅을 님의ᄎᆞ고 江皐로 나려가니(古時調. 青丘).

님의혀다 동 여미어 입다. ¶鶴氅을 님의혀고 江皐로 ᄂᆞᆯ여간이(古時調. 許珽. 西湖 눈 진 밤의. 海謠).

:님·자 명 임자. ☞님쟈. 님ᄌᆞ ¶刹帝利ᄂᆞᆫ 田地 님자히라 ᄒᆞ논 마리니(釋譜9:19). 刹利ᄂᆞᆫ 田地ㅅ 님자히라 ᄒᆞ논 ᄠᅳ디라(月釋1:46). 받 님자히 ᄡᅵ 비홇 저긔(月釋2:12). 對答호ᄃᆡ 눈먼 어ᄉᆡ를 이받노라 받님자히 과ᄒᆞ야(月釋2:13). 님자히 하 어즈러우리니:多主紛亂(永嘉上40). 님자ᄅᆞᆯ 사마:爲已主宰(永嘉上54). 거즛 님자ᄒᆞᆯ 모로기 덜면:頓除妄宰(永嘉上104). 五陰 님자ᄅᆞᆯ ᄒᆞ다가 니즈면:陰宰若忘(永嘉下27). 妄 님자ᄒᆞᆯ 다 덜면 虛空애 고지 나디 아니ᄒᆞ며(圓覺序56). 손ᅀᅩ 桃李ᄅᆞᆯ 심구니 님재 업순 디 아니로다:手種桃李非無主(初杜解10:7). ᄡᅡ햇 님자히 ᄃᆞ외디 아니ᄒᆞ야시면:非…爲地主(初杜解15:45). 驊騮ㅣ 님자ᄒᆞᆯ 도라보아 우ᄂᆞᆫ ᄃᆞᆺᄒᆞ도다:驊騮顧主鳴(初杜解23:1). 쇽졀업시 ᄡᅡᆺ 님자와:乾把地主(飜老上28). 사ᄂᆞᆫ 님자:買主(譯解上68). 님재 업손 江山의 風月 홈ᄭᅴ 즐긔리라(江村晩釣歌). ※님자>임자

※'님자'의 ┌ 님자
첨용 └ 님자ᄒᆞᆯ(ᄅᆞᆯ)/님자히(님재)…

님자 대 당신. ¶하인은 ᄒᆞᄃᆡ 웃던이 못 ᄡᅳ오시게 그리ᄒᆞᆫ다 ᄒᆞ고 님자〔內殿〕ᄂᆞᆫ ᄒᆞᄃᆡ 힝혀 불의지별이 이셔도 내종의 살닛노라 ᄒᆞ며(癸丑42).

:님자·히 명 임자가. 〔ᄒᆞ 첨용어 '님자'의 주격(主格).〕 동님자 ¶눈먼 어ᄉᆡ를 이받노라 받님자히 과ᄒᆞ야(月釋2:13). 님자히 하 어즈러우리니:多主紛亂(永嘉上40).

:님자·ᄒᆞᆯ 명 임자를. 〔ᄒᆞ 첨용어 '님자'의 목적격(目的格).〕 동님자 ¶거즛 님자ᄒᆞᆯ 모로기 덜면:頓除妄宰(永嘉上104). 妄 님자ᄒᆞᆯ 다 덜면 虛空애 고지 나디 아니ᄒᆞ며:頓除妄宰空不生華(圓覺序56).

님재 명 ①임자. ☞님자 ¶王侯의 지븨ᄂᆞᆫ 다 새 님재히오:王侯第宅皆新主(重杜解6:8). ②임자가. 〔'님자'+주격조사 '-ㅣ'〕 동님자 ¶손ᅀᅩ 桃李ᄅᆞᆯ 심구니 님재 업순 디 아니로다:手種桃李非無主(初杜解10:7).

님쟈 명 임자. ☞님자 ¶과갈이 님쟈 엇기 어려오리라:急且難着主兒(老解下56).

님죵 명 임종(臨終). ¶어미 님죵에 어린 아ᄃᆞᆯ로 극의게 부탁ᄒᆞ엿더니:母臨亡以小兒薩屬棘(五倫4:25).

님질 명 임질(淋疾. 痳疾). ¶아비 님질로 죽게 되여셔:父患淋垂死(東新續三綱. 孝3:29). 님질:痳疾(譯解上62).

님ᄌᆞ 명 임자. ☞님자 ¶님ᄌᆡ 업손 風月江山애 절로절로 늘그리라(蘆溪. 陋巷詞).

님ᄌᆡ 명 임자가. 〔'님ᄌᆞ'+주격조사 '-ㅣ'〕 동님ᄌᆞ ¶님ᄌᆡ 업손 風月江山애 절로절로 늘그리라(蘆溪. 陋巷詞).

님ᄒᆞ다 동 임(臨)하다. ¶원컨대 ᄒᆞᆫ 번 시신을 님ᄒᆞ야 우러지라 ᄒᆞ니:乞一臨屍盡哀(太平1:9). 죽기ᄅᆞᆯ 님ᄒᆞ여 노래ᄒᆞ여 ᄀᆞᆯ오ᄃᆡ:臨死歌曰(五倫2:43).

·닙 명 잎. ☞닢 ¶가지와 닙괘 다 解脫ᄒᆞ며(釋譜23:17). 닙마다 너븨와 길왜 다 스믈다ᄉᆺ 由旬이오(月釋8:12). 구룸 ᄭᅵᆫ 돌히 빗나니 노ᄑᆞᆫ 닙 새배오:雲石熒熒高葉曉(初杜解7:20). 닙 ᄲᅮ며 가지 ᄎᆞ조ᄆᆞᆯ 내 能히 몯 ᄒᆞ노니(南明上23). 닙 엽:葉(訓蒙下4. 類合上8. 石千33. 倭解下28). 년닙 하:荷(類合上8). 닙이 莫莫ᄒᆞ거ᄂᆞᆯ:維葉莫莫(詩解1:3). 그 닙이 蓁蓁ᄒᆞ도다:其葉蓁蓁(詩解1:7). 프른 닙픠 그늘이 일고:綠葉成陰(太平1:14). 동향ᄒᆞᆫ 닙플 킈야(瘟疫方9). 空山의 싸힌 닙흘 朔風이 거두 부러(松江. 星山別曲). 돌담비ᄃᆡ 닙난초를 쉬똥 블의 부쳐 물고(萬言詞). ※닙(닢)>잎

닙 명 입〔口〕. ☞입 ¶닙은 丹砂로 직은 듯ᄒᆞ다(古時調. 海謠). 내 닙으로 ᄉᆞ론 후에 그 뉘라셔 구제ᄒᆞᆯ고(普勸文32).

·닙 명 닢. 가마니 따위를 세는 단위. ¶두어 닙 가져오라:將幾領來(飜老上25). 여러 닙 가져오라:將幾領來(老解上23). ᄲᅱᄌᆞ리 ᄒᆞᆫ 닙 쥬어 쳠하의 거쳐ᄒᆞ니(萬言詞).

·닙·니·피 부 잎잎이. ¶닙니피 서르 次第로 나고(月釋8:12).

닙ᄂᆡ 명 입내. 소리나 말로 내는 흉내. ¶일변 ᄃᆡ쇼ᄒᆞ며 닙ᄂᆡᄂᆡ여 브ᄅᆞ니(引鳳簫3).

닙ᄂᆡᄂᆡ다 동 입내 내다. ☞임내내다 ¶일변 ᄃᆡ쇼ᄒᆞ며 닙ᄂᆡᄂᆡ여 브ᄅᆞ니(引鳳簫3).

닙·다 동 ①입다(服). ¶놀온 옷 니버 시름ᄀᆞ장 ᄒᆞ니(月印上57). ᄲᅧ 무든 옷 닙고 시름ᄒᆞ야 잇더니(釋譜6:27). 禮服 니브시고(月釋8:90). 오시어든 니버 주샤ᄆᆞᆯ 저ᅀᆞ오며(宣賜內訓1:11). ᄡᅡ히 幽僻ᄒᆞᆯᄉᆡ 옷ᄀᆞ외 니부믈 게을이 ᄒᆞ노라:地僻嬾衣裳(杜解7:5). 니블 탁:着(訓蒙下19). ᄇᆡ블리 먹고 덥게 닙을ᄶᅵ라도:飽食煖衣(警民16). 비록 밤이나 반ᄃᆞ시 니러 옷 닙고 관ᄒᆞ고 안즐디니라:雖夜必興衣服冠而坐(宣小3:16). 아ᄒᆡ논 갓옷 아니 닙으며 깁것 아니 닙으며:童子不裘不帛(宣小3:22). ᄃᆞᆰ이 처엄 울어든 옷 닙ᄋᆞ샤:雞初鳴而衣服(宣小4:11). 오ᄉᆞᆯ 닙드라(老解下46). 옷 닙다:穿衣裳(譯解上46). 닙을 챡:着(倭解上46). 닙을 복:服(倭解上52). 갑옷 닙다:披甲(同文解上47). 닙다:穿上(同文解上57). 모다 흰 옷 닙고(明皇1:37). 므릇 ᄌᆞ식의 삼 년을 최복 닙으믄(百行源13). 니블 복:服. 니블 의:衣(註千4). 닙을 복:服(兒學上12).
②입다(被). 당하다. ☞입다 ¶善慧ㅅ德 닙ᄉᆞᄫᅡ(月印上2). 接引ᄒᆞ샤ᄆᆞᆯ 닙ᄉᆞᄫᅡ(釋譜11:8). 罪를 닙ᄉᆞᆸ고(月釋2:72). 부텻 接引ᄋᆞᆯ 닙ᄉᆞᄫᅡ(月釋21:35). 月盖 ᄀᆞᄅᆞ치샤ᄆᆞᆯ 닙ᄉᆞ와(楞解1:4). 외다 ᄒᆞ샤ᄆᆞᆯ 닙ᄉᆞᆸ고:蒙辯斥(楞解1:91). 識이 ᄒᆞ마 드로ᄆᆞᆯ 니버니:識已被聞(楞解3:41). 罪 니붏 方所ㅣ(楞解8:109). 므르샤ᄆᆞᆯ 닙ᄉᆞ와(金剛138). 許호ᄆᆞᆯ 너무 닙고(圓覺序74). 恩惠ᄅᆞ왼 비츨 빌요ᄆᆞᆯ 니부니:恩光蒙借貸(初杜解15:15). 빗난 ᄌᆡ조로 님굼 殊異ᄒᆞᆫ 恩渥ᄋᆞᆯ 닙ᄉᆞ오니:文彩承殊渥(初杜解16:5). 사로ᄆᆡ 이릐 잇구믈 니베로다:蓋被生事牽(初杜解22:54). 제 슬피 너교ᄆᆞᆯ 니베니라:蓋蒙其傷憐而已(初杜解25:39). 젼혀 經 受持혼 히믈 니베니라:全承受持經力(金三3:57). 針箚ᄒᆞ샤ᄆᆞᆯ 닙ᄉᆞ와ᅀᅡ(金三4:59). 니블 피:被(訓蒙中23). 힘니블 뢰:賴(類合下44. 石千7). 니블 몽:蒙. 니블 피:被(類合下46). 니블 피:被(石千6). 니블 몽:蒙(石千42). 어미 아ᅌᆞ 덕린으로 더브러 사ᄅᆞ잡핌을 닙으니:母與弟德麟被虜(東新續三綱. 孝1:13). 춤소 닙다:被讒(同文解上25). 잡히임을 닙어(武藝圖10).

닙담ᄇᆡ 명 잎담배. ¶곰방ᄃᆡ를 톡톡 ᄯᅥ러 닙담ᄇᆡ 퓌여 물고(古時調. 논밧 가라. 靑丘).

닙법 명 입법(立法). ¶처음의 朝廷의 立法이 아니니(家禮7:34).

닙셩 명 입성. 옷. ¶저희 닙셩의 것도 당초예 죽을동살동 아디 못ᄒᆞ여(癸丑1:115).

닙소왓거니와 동 입으셨거니와. ㉮닙다 ¶殿下의 다시 사ᄅᆞ신 은혜ᄅᆞᆯ 닙소왓거니와:荷殿下再造之慈(飜小9:48). 殿下의 다시 살오신 어엿비 녀기심을 닙소왓거니와:荷殿下再造之慈(宣小6:44).

닙신ᄒᆞ다 동 입신(立身)하다. ¶일즉 닙신ᄒᆞ야(洛城1).

닙ᄉᆞ·ᄫᅡ 동 입사와. ㉮닙다 ¶부텻 接引ᄋᆞᆯ 닙ᄉᆞᄫᅡ 不可思議 神力을 어더(月釋21:35).

·닙츈 명 입춘(立春). ☞립츈 ¶닙츈에 조샹을 졔ᄒᆞ며:立春祭先祖(飜小7:7). 닙츈의 션조ᄅᆞᆯ 졔호ᄃᆡ:立春祭先祖(東新續三綱. 孝1:64). 立春에 先祖ᄅᆞᆯ 祭ᄒᆞ라(家禮10:35). 닙츈도 ᄡᅥ여(閑中錄480).

닙·피·다 동 입히다. ☞니피다 ¶다 그 남진을 닙피ᄂᆞ니:皆衣其夫(宣小4:46). ᄒᆞᆫ 오ᄉᆞᆯ 어드면 반ᄃᆞ시 몬져 ᄲᅧ 어버이ᄅᆞᆯ 닙피ᄂᆞ니:得一衣必先衣父母(宣小5:74). 太祖의 몸에 닙피니:穿與太祖身上(朴解下60).

닙·히·다 동 입히다. ☞니피다. 닙피다 ¶알퓌 ᄃᆞᆫ니ᄂᆞᆫ 아ᄒᆡᄅᆞᆯ 프른 옷 닙히ᄂᆞ니라(宣小6:116). 네 이 ᄒᆞᆫ 댱 누론 봇 닙힌 활 가져다가 시욹 연ᄌᆞ라:你將這一張黃樺弓上弦着(老解下27).

닛 명 잇. ☞니ᅀᅵ ¶닛:紅花(濟衆8:8). 닛:紅藍(物譜 花卉). 닛:紅藍(柳氏物名三 草).

-닛고 어미 -ㅂ니까. -옵니까. ☞-니잇고 ¶귀신ᄭᅴ 비러 화복을 구호미 엇더ᄒᆞ닛고(普勸文38).

닛고신뎌 동 잊으신 것이여. 잊고 계시단 말인가. 잊으셨단 말인가. ('닛고'+'신뎌(이신뎌)'의 결합.) ㉮닛다 ¶무슴다 錄事니ᄆᆞᆫ 녯 나ᄅᆞᆯ 닛고신뎌(樂範. 動動).

닛과다 동 잊었노라. ¶北闕의 拜辭ᄒᆞ니 우리집을 다 닛과다(楊士彦. 南征歌).

닛글다 동 이끌다. ¶쥬산 닛글고 노시며(閑中錄60).

닛금 명 임금. ☞님금 ¶尼斯今方言也 謂齒理以齒長相嗣故稱尼斯今(三史. 羅紀一).

:닛·다 동 잇다. ☞니우다. 닛위다 ¶ᄆᆞᆯ 우희 니ᅀᅥ 티시나:馬上連擊(龍歌44章). 聖神이 니ᅀᆞ샤도:子子孫孫聖神雖繼(龍歌125章). 어엿브신 命終에 甘蔗氏 니ᅀᆞ샤ᄆᆞᆯ 大瞿曇이 일우니이다(月印上2). 나랏 位ᄅᆞᆯ 닛긔코져 ᄒᆞ더시니(釋譜11:30). 連은 니ᅀᅳᆯ ᄡᅵ라(訓註11). 날 니ᅀᅩᄆᆞᆫ 밤 새일 ᄡᅵ라(月釋序17). 燈 혀 블고ᄆᆞᆯ 닛ᄉᆞ오며:然燈續明(法華3:58). 세흔 니ᅀᅮ미오:三接續(永嘉上92). 念念이 서르 니ᅀᅳᆯᄉᆡ:念念相續(圓覺下一之二19). 오직 話頭옷 니ᅀᅳ며 니ᅀᅥ 긋디 아니ᄒᆞ논 ᄃᆞᆯ 보리니:但見箇話頭綿綿不絶(蒙法41). 後世ᄅᆞᆯ 닛게 ᄒᆞᄂᆞ니(宣賜內訓1:

74). 烽火ㅣ 석 ᄃᆞᆯ 니ᅀᅦ시니:烽火連三月(初杜解10:6). 집 기슬게 비긴 뫼 비ᄎᆞᆫ 구루믈 니ᅀᅥ 펴러커늘(南明上20). 니ᅀᅳᆯ ᄆᆡ:每(訓蒙下24). 密密히 니숟디어다(龜鑑上17). 니을 승:承(光千20). 니을 속:續(光千37). 니으 ᄆᆡ:每(光千40). 니을 련:連(類合上6). 니ᅀᅳᆯ 승:承(類合下9). 니ᅀᆞᆯ 쇽:續. 니ᅀᆞᆯ 계:繼(類合下12). 니을 ᄉᆞ:嗣(類合下23). 니ᅀᅳᆯ 윤:胤(類合下23). 니ᅀᅳᆯ 즙:緝(類合下24). 니ᅀᆞᆯ 쇼:紹(類合下43). 니을 련:連(石千16). 니ᅀᆞᆯ 승:承(石千20). 니을 ᄉᆞ:嗣(石千37). 孝ㅣ란 거슨 사ᄅᆞᆷᄋᆡ ᄠᅳ들 잘 니으며:夫孝者善繼人之志(宣小4:13). 祖上 벼슬 닛다:襲職(譯解上12). 니을 승:承(倭解下36). 홋아뷔 셩을 니어 안녹산이라 ᄒᆞ더니(明皇1:32). 밤을 시와 낫즐 니어(萬言詞). 니을 촉:屬(註千34).

닛·다 동 잊다. ☞닞다 ¶이 ᄠᅳ들 닛디 마ᄅᆞ쇼셔:此意願毋忘(龍歌110章). 네 이제 다 닛고:汝今悉忘(法華2:31). 무슴다 錄事니ᄆᆞᆫ 녯 나ᄅᆞᆯ 닛고신뎌(樂範. 動動). 드른 말 卽時 닛고 본 일도 못 본 드시(古時調. 宋寅. 青丘).

닛다히다 동 잇대다. ¶닛다혀 조ᄡᆞᆯ ᄀᆞᄐᆞᆫ 거시 뷘 틈에 도다:陸續出如粟米於痘空隙處(痘要上24).

닛돗던가 형 있었던가. ¶야속다 강산이 날 기둘려 닛돗던가(李俔. 百祥樓別曲).

닛딥 명 잇짚. 볏짚. ☞니ㅅ집 ¶이 졷딥피 됴ᄒᆞ니 ᄒᆞ다가 닛딥피면:是稈草好若是稻草時(老解上16). 닛딥:稻草(譯解下10).

닛무음 명 잇몸. ☞닛므윰 ¶감창으로 웃입시울이 다 서거 닛무음이 드러나시니:有疳瘡上脣已腐至於齒齦露出(痘瘡方45).

·닛므윰 명 잇몸. ☞닛무음. 닛므음 ¶혓그티 아랫 닛므유메 다ᄂᆞ니라(訓註15).

닛므음 명 잇몸. ☞닛무음. 닛므윰 ¶닛므음이 青黑色이니라:齒齦青黑色(無寃錄3:59).

닛믜옴 명 잇몸. ☞닛므음. 닛믜욤 ¶우음을 닛믜옴 남애 니르게 아니ᄒᆞ며:笑不至矧(重內訓1:42).

·닛믜욤 명 잇몸. ☞닛무음. 닛므윰. 닛믜윰 ¶우수믈 닛믜요매 니르디 말며:笑不至矧(宣賜內訓1:52). 닛믜욤 글근 거슬 머리옛 니ᄅᆞᆯ 섯거 ᄀᆞ라 ᄇᆞ티라:齒𪘲和黑蝨硏傅(救簡6:23).

닛믜윰 명 잇몸. ☞닛므윰. 닛믜욤 ¶ᄯᅩ 닛믜유메 피나 긋디 아니커든:又方齒齗血出不止(救急上65). 우숨을 닛믜윰 남애 니르게 아니ᄒᆞ며:笑不至矧(宣小2:23).

닛믜음 명 잇몸. ☞닛믜윰 ¶ᄲᆞᆯ리 아긔 닛믜음 우흘 보면:急看兒齒齦上(胎要69).

닛믜임 명 잇몸. ☞닛므윰. 닛믜욤 ¶닛믜임 흔:齗(訓蒙上26).

닛바대 명 잇바디. ☞니ᄲᅥ디 ¶닛바대ᄂᆞᆫ 박시 ᄶᅧ 세온 ᄃᆞᆺᄒᆞ고(古時調. 눈섭은. 青丘).

닛발 명 이빨. 이. ¶白玉琉璃ᄀᆞ티 ᄒᆡ여신 닛바래 人讃福盛ᄒᆞ샤 미나거신 톡애(樂範. 處容歌).

닛병 명 잇병. ¶녜브터 알ᄂᆞᆫ 닛病이 됴커든:宿昔齒疾瘳(重杜解9:16).

닛뷔 명 잇비. 잇짚으로 맨 비. ☞닛븨 ¶밋난편 廣州ㅣ ᄡᅡ리뷔 쟝ᄉᆞ 쇼대난편 朔寧 닛뷔 쟝ᄉᆞ(古時調. 青丘). 임의셔 닛뷔 가져다가 ᄡᅳ흘 ᄡᅳᆯ라:就拿苕箒來掃地(老解上62). 닛뷔:苕箒(漢清11:35).

닛븨 명 잇비. ☞닛뷔 ¶닛븨 가져다가 ᄡᅳᆯ기ᄅᆞᆯ 간졍히 ᄒᆞ고:將苕箒來掃的乾淨着(朴解中44). 닛븨:苕帚(譯解下14).

·닛·뻼 명 이틈. ¶ᄯᅩ 닛ᄢᅦ메 忽然히 피 나거든:又方治牙齒縫忽然出血(救急上64).

·닛·삿 명 잇샅. ☞닛샅. 닛ᄉᆞᅀᅵ ¶닛삿 ᄢᅵᄅᆞ디 말며:毋刺齒(宣賜內訓1:3). 닛삿 ᄡᆞ시디 말며:毋刺齒(宣小3:23).

·닛·샅 명 잇샅. ☞닛삿. 닛ᄉᆞᅀᅵ ¶닛사채 피나 긋디 아니커든:齒縫出血不止(救簡2:116). 닛사채 문득 피 나거든:牙齒縫忽出血(救簡2:118).

·닛샹 명 이의 생김새. 잇바디. ¶닛相이 平ᄒᆞ시고(法華2:13).

닛시울 명 잇몸. ☞닛므윰 ¶ᄌᆞ쉰 져물가마ᄂᆞᆫ 간 ᄃᆡ마다 술을 보고 닛시울 드러너여 웃ᄂᆞᆫ 줄 무스 일고(古時調. 鄭澈. 瓶歌).

닛ᄉᆞᅀᅵ 명 이 사이. 잇샅. ☞닛삿 ¶ᄯᅩ 젼ᄎᆞ 업시 입과 닛ᄉᆞᅀᅵ예 피 나 긋디 아니커든:又方無故口齒間血出不止(救急上65).

닛·우 부 잇달아. ☞닝우 ¶七氣湯ᄋᆞᆯ 닛우 머기면:七氣湯連進(救急上12). 닛우 세 劑ᄅᆞᆯ 머그라:連服三劑(救急上48).

닛우·다 동 잇달다. ☞닝우다 ¶서 돈곰 디투 글힌 ᄡᆞᆯ므레 프러 닛워 두ᅀᅥ 번을 머그라(救簡2:112).

닛·위·다 동 잇다. 잇달다. ☞니우다. 닛다 ¶燈 혀아 닛위여 ᄇᆞᆰ게 ᄒᆞ며(釋譜9:35. 月釋9:56). 여러 히 닛위여 ᄀᆞᄆᆞ니 모시 ᄒᆞᆯ기 ᄃᆞ외어늘(月釋2:50). 至極ᄒᆞᆫ ᄆᆞᅀᆞᄆᆞ로 닛위여 열 버늘 念ᄒᆞ면(月釋8:75). 닛위여 楚와 漢괘 危難ᄒᆞ도다:聯翩楚漢危(初杜解16:10). 도와리ᄒᆞ야 므를 닛위여 머고ᄃᆡ:霍亂引飮(救簡2:54).

닛집 명 잇집. ¶ᄌᆞ쉰이 져믈가마ᄂᆞᆫ 간 ᄃᆡ마다 술을 보고 닛집 드러내여 웃ᄂᆞᆫ 줄 므스 일고(古時調. 鄭澈. 松江).

닝다 동 잇다. ☞닛다 ¶趙州 無ㆆ字ᄅᆞᆯ 念念에 닝에 ᄒᆞ야:趙州無字念念相連(法語11).

닝·우 부 잇달아. ☞닛우 ¶ᄆᆞᅀᆞᄆᆞ로 닝우 브

서:念心連注(圓覺上一之二107). 닛우 더우니로 ᄀᆞ롤디니:續續易換熟者(救急下35). 醉ᄒᆞ야 ᄇᆡ블오ᄆᆞᆯ 날 닛우 ᄒᆞ며:醉飽連日(宣賜內訓1:69).

닛우·다 동 잇달다. ☞닛우다 ¶칠긔탕을 닛워 머기면:七氣湯連進(救簡1:39). 서르 닛워 잠간 덥게 ᄒᆞ야(救簡2:76). 두 돈곰 프러 닛워 머그라(救簡3:109). ᄒᆞᆫ 되 닷 홉을 세헤 논화 닛워 머그라:一盞半分三服倂進(救簡6:7).

닛·위·다 동 잇다. 잇달다. ☞닛위다. 닛우다 ¶닛위여 水族이 버렛ᄂᆞ니:逶迤羅水族(初杜解22:18).

닛·이·다 동 잇게 하다. ¶뵈 ᄧᆞᆯ 사ᄅᆞ미 시ᄅᆞᆯ 다ᄉᆞ릴 제 ᄇᆞ리ᄂᆞᆫ 무기 잇거든 또 닛여 ᄧᅵ이샤:織工治絲有荒類棄遺者亦俾緝而織之(宣賜內訓2下51).

닝금 명 능금. ☞능금. 님금 ¶닝금 금:檎 俗呼沙果(訓蒙上11).

-닝·다 어미 -옵니다. ☞-니이다 ¶부톄시다 ᄒᆞᄂᆞ닝다(釋譜6:18).

닝어 명 잉어. ☞리어 ¶닝어로 ᄲᅧ 달힌 믈에 약 달혀 머기면 신효ᄒᆞ니라:用鯉魚煮汁煎藥神效(胎要19).

-·닝·이·다 어미 -옵니다. ☞-니이다. -닝다 ¶ᄆᆞᄋᆞᆷ을 어글우쳐 구챠히 免ᄒᆞᆷ은 臣의 願ᄒᆞᄂᆞᆫ 배 아니닝이다:違心苟免非臣所願也(宣小6:44).

-닝이다 어미 -옵니다. ☞-닝이다 ¶無事ᄒᆞ닝이다(新語2:3). 튝뵈란 벼슬이 그러ᄒᆞ닝이다:有名逐要者是也(太平1:7).

닞다 동 잊다. ☞닛다 ¶天下 蒼生ᄋᆞᆯ 니ᄌᆞ시리잇가:天下蒼生其肯忘焉(龍歌21章). 陰謀를 니ᄌᆞ니이다:亶忘陰計(龍歌63章). 차반ᄋᆞᆯ 니조ᄃᆡ(月印上44). 恩惠ᄅᆞᆯ 니저(釋譜6:4). 忘은 니즐 씨오(月釋序17). 사ᄅᆞ쇼ᄆᆞᆯ 니조ᄆᆞᆫ:忘生(楞解2:113). 起와 滅와ᄅᆞᆯ 니저:忘起滅(圓覺序57). 話頭 니주미 몯ᄒᆞ리라:不可忘話頭(蒙法18). 집 니줄 혜미 업스니(宣賜內訓2上51). 님그미 히믈 브즈러니 ᄒᆞ샤ᄆᆞᆯ 敢히 니즈리아:敢忘帝力勤(初杜解22:27). 이 닐온 聖境ᄋᆞᆯ 또 니즌 고디니(南明上4). 四月 아니 니저 오실셔 곳고리 새여(樂範. 動動). 니즐 망:忘(類合下13. 光千8. 倭解上21). 니즐 망:忘(石千8). 니즘 헐ᄒᆞ다:肯忘(漢淸8:29). ※닞다>잊다

닢 명 잎. ☞닙 ¶이본 남ᄀᆡ 새 닢 나니이다:時維枯樹茂焉復盛(龍歌84章). 그 고지 五百 니피오(釋譜11:31). 花ᄂᆞᆫ 고지오 葉은 니피라(月釋8:10). 프른 비츤 버듨니페가 새롭도다:青歸柳葉新(初杜解10:2). 모밀이 반만 니거 줄기와 니피 연ᄒᆞᆫ ᄣᅢ예(救荒補2). ※닢>잎

ᄂᆞ 명 나이. ☞나 ¶ᄂᆞ 만흔 져 老人은 뉘와 으지 ᄒᆞ단 말가(人日歌).

-·ᄂᆞ고·나 어미 -는구나. ☞-ᄂᆞᆫ고나 ¶네 독벼리 모ᄅᆞᄂᆞ고나:你偏不理會的(飜老上27).

-ᄂᆞ고야 어미 -는구나. ☞-ᄂᆞᆫ고야 ¶淸雅ᄒᆞᆫ 녯 소릐 반가이 나ᄂᆞ고야(古時調. 尹善道. ᄇᆞ렷던. 孤遺). 그러기 ᄠᅥᆺᄂᆞᆫ 밧긔 못 보던 뫼 뵈ᄂᆞ고야(古時調. 尹善道. 孤遺).

-ᄂᆞ·냐 어미 -느냐. ☞-ᄂᆞ녀. -ᄂᆞ니아 ¶오래 어버이를 보디 몯ᄒᆞ엿ᄂᆞᆫ 이 인ᄂᆞ냐 ᄒᆞ니:有久不省親者乎(宣小6:7). 그ᄃᆡ 보디 아니ᄒᆞᄂᆞ냐:君不見(野雲82).

-ᄂᆞ·녀 어미 -느냐. -는가. ☞-ᄂᆞ냐. -ᄂᆞ니여 ¶이 堂中에 이셔 如來 보디 몯고 堂 밧 보리 잇ᄂᆞ녀(楞解1:50). 이 惑ᄋᆞᆫ 또 理ᄅᆞᆯ ᄀᆞ리ᄂᆞ녀 事ᄅᆞᆯ ᄀᆞ리ᄂᆞ녀(永嘉下27). 내 須陁洹果ᄅᆞᆯ 得호라 ᄒᆞᄂᆞ녀 아닌ᄂᆞ녀:我得須陁洹果아 不아(金剛49). 法에 得ᄒᆞᆫ 고디 잇ᄂᆞ녀 아니녀:於法有所得不(金剛57). 犬戎의 비뉘호ᄆᆞᆯ ᄡᅴ ᄎᆞ디 아니ᄒᆞ얫ᄂᆞ녀:莫帶犬戎膻(杜解20:4). 일즉 디쳐 아니ᄒᆞ야 잇ᄂᆞ녀:不曾發落(飜老下20).

-ᄂᆞ·뇨 어미 -느냐. ☞-나뇨. -ᄂᆞ니오 ¶네 스스의 弟子ㅣ 엇데 아니 오ᄂᆞ뇨(釋譜6:29). 엇데 一切 諸佛 護念ᄒᆞ싫 經이라 ᄒᆞᄂᆞ뇨(月釋7:75). ᄆᆞᄎᆞ매 이 無ㆆ字ㅣ 어느 고대 잇ᄂᆞ뇨:必竟者箇無字落在甚處(蒙法13). 뉘 엿귀ᄅᆞᆯ ᄡᅳ다 니ᄅᆞᄂᆞ뇨 ᄃᆞ로미 나ᅀᅵ ᄀᆞᆮ도다:誰謂荼苦甘如薺(初杜解8:18).

-ᄂᆞ·니 어미 ①-느니. ☞-나니 ¶곶 됴코 여름 하ᄂᆞ니(龍歌2章). 또 내 아ᄃᆞᄅᆞᆯ ᄃᆞ려가려 ᄒᆞ시ᄂᆞ니(釋譜6:5). 믈읫 字ㅣ 모로매 어우러ᅀᅡ 소리 이ᄂᆞ니(訓註13). ᄀᆞᆯᄒᆡ요미 잇ᄂᆞ니(訓註14). 乃終내 得디 몯ᄒᆞᄂᆞ니(月釋9:57). 두 복애 넘디 아니ᄒᆞ야셔 즉재 ᄭᆡᄂᆞ니(救簡1:53). 이ᄅᆞᆯ브터 功夫 두라 ᄒᆞᄂᆞ니:從此置功(六祖中6). 그제야 님 그린 내 병이 헐홀 법도 잇ᄂᆞ니(古時調. 鄭澈. 이 몸 허러. 松江).

②-느냐. ☞-ᄂᆞ냐 ¶엇뎨 怨讎를 니ᄌᆞ시ᄂᆞ니(釋譜11:34). 부텻긔 받ᄌᆞᄫᅡ 므슴 호려 ᄒᆞ시ᄂᆞ니(月釋1:10). 뒷 뫼헤 엄 기ᄂᆞᆫ 藥을 언제 ᄏᆡ랴 ᄒᆞᄂᆞ니(古時調. 江湖에 봄이 드니. 靑丘).

ᄂᆞ·니·다 동 나닐다. 날아다니다. ☞ᄂᆞᆯ다. -니다 ¶吉慶엣 새 ᄂᆞ니며(月釋2:33). 프른 구루메 새 ᄂᆞ뇨ᄆᆞᆯ 브노라:靑雲羨鳥飛(初杜解21:14). 져비ᄂᆞᆫ 짐대예 가마괴 조차 ᄂᆞ니ᄂᆞ다:燕子逐檣烏(重杜解2:8). 白沙淸江에 ᄂᆞ니ᄂᆞ니 白鷗ㅣ로다(古時調. 이몸이. 靑丘). 긴 하ᄂᆞᆯ 너븐 들헤 暮雪이 ᄂᆞ니더니(辛啓榮. 月先軒十六景歌).

-·ᄂᆞ니·라 어미 ①-느니라. ¶집앐 사ᄅᆞᄆᆞᆯ

다 眷屬이라 ᄒᆞᄂᆞ니라(釋譜6:5). 이ᄅᆞᆯ 쳐 橫死ㅣ라 ᄒᆞᄂᆞ니라(月釋9:58). 입시울가ᄇᆡ야ᄫᆞᆫ소리 ᄃᆞ외ᄂᆞ니라(訓註12). 이에 나ᅀᅡ가 ᄂᆞᆫ호ᄂᆞ니라(圓覺上一之一26). 이 약이 믄득 수이 고티ᄂᆞ니라(救簡1:8). 아홉 굼긔 피 나미라. 니 ᄢᅵ에 피 나미 조찻ᄂᆞ니라(救簡2:113). 집과 콩이 賤ᄒᆞᆫ 곳이면 두 돈 銀이 ᄡᅳ이ᄂᆞ니라(蒙老1:16).

②-니라. ¶두어 沙鉢ᄋᆞᆯ 머그면 便安ᄒᆞᄂᆞ니라(救急下21).

-ᄂᆞ·니·아 어미 -느냐. ☞-ᄂᆞ냐. -ᄂᆞ니야 ¶시러곰 아니 玄圃山이 ᄢᅴ여뎌 왓ᄂᆞ니아:得非玄圃裂(初杜解16:29).

-ᄂᆞ·니·야 어미 -느냐. ☞-ᄂᆞ니아 ¶이 無ㆆ字애셔 너므니 잇ᄂᆞ니야 업스니야:過此無者否(蒙法62).

-ᄂᆞ·니·여 어미 -느냐. ☞-ᄂᆞ녀 ¶太子ㅣ 무로ᄃᆡ 앗가ᄫᆞᆫ ᄠᅳ디 잇ᄂᆞ니여(釋譜6:25). 부텨 미처 보ᅀᆞᄫᆞᆫ 사라미 아니 잇ᄂᆞ니여(釋譜24:18).

-ᄂᆞ·니·오 어미 -느냐. ☞-ᄂᆞ뇨 ¶殷殷히 ᄯᅡ脈을 ᄎᆞᆺᄂᆞ니오:殷殷尋地脈(初杜解7:24).

-ᄂᆞ·니이·다 어미 -나이다. ☞-ᄂᆞ니이다 ¶모딘 길헤 ᄢᅥ러디여 그지업시 그우니ᄂᆞ니이다(月釋9:47). ᄯᅩ 帝王이 各別ᄒᆞᆫ 寶ㅣ 잇ᄂᆞ니이다(宣賜內訓2下45).

-ᄂᆞ·니 이·다 어미 -나이다. ☞-ᄂᆞ니이다. -ᄂᆞᇰ이다 ¶能히 서르 굳ᄂᆞ니이다:能相固也(宣小4:53). 傳에 인ᄂᆞ니이다(宣孟2:6). 君子ᄂᆞᆫ 庖廚를 멀리ᄒᆞᄂᆞ니이다:君子遠包廚也(宣孟1:22). 朝廷도 ᄀᆞ장 일ᄏᆞᄅᆞ시ᄂᆞ니이다(新語3:16).

-ᄂᆞ·니잇·가 어미 -나이까. ☞-ᄂᆞ니잇가 ¶舍衛國에 ᄒᆞᆫ 大臣 須達이라 호리 잇ᄂᆞ니 아ᄅᆞ시ᄂᆞ니잇가(釋譜6:15). 엇뎨…다 ᄇᆞ리고 가시ᄂᆞ니잇가(月釋7:17). 衆生이 能히 諸魔怨을 降伏히ᄂᆞ니잇가(月釋18:80). 가히ᄂᆞᆫ 佛性이 잇ᄂᆞ니잇가 업스니잇가:狗子還有佛性也無(蒙法11).

-ᄂᆞ니잇가 어미 -나이까. ☞-ᄂᆞ니잇가 ¶賢者도 ᄯᅩᄒᆞᆫ 이ᄅᆞᆯ 樂ᄒᆞᄂᆞ니잇가:賢者亦樂此乎(宣孟1:3). 人을 殺호ᄃᆡ 梃과 다ᄆᆺ 刃으로ᄡᅥ 홈이 ᄡᅥ 달오미 인ᄂᆞ니잇가:殺人以梃與刃有以異乎(宣孟1:11). 엇더ᄒᆞ게 ᄒᆞ얏ᄉᆞᆸᄂᆞ니잇가(閑中錄520).

※-ᄂᆞ니잇가<-ᄂᆞ니잇가

-ᄂᆞ·니잇·고 어미 '-ᄂᆞ니잇가'보다 깊은 뜻으로 묻는 어미. ☞-ᄂᆞ니잇고 ¶世尊이 ᄒᆞᄅᆞ 몃 里ᄅᆞᆯ 녀시ᄂᆞ니잇고(釋譜6:23). 엇뎨 다ᄆᆞᆫ 돈 ᄒᆞᆫ 나ᄐᆞ로 供養ᄒᆞ시ᄂᆞ니잇고(釋譜24:39). 다ᄆᆞᆫ ᄒᆞᆫ 암홀 어뎃거늘 내야 주라 ᄒᆞ시ᄂᆞ니잇고(月釋7:17). 므스글 道ㅣ라 ᄒᆞᄂᆞ니잇고(月釋9:23). 한 衆生으로 迷ᄒᆞ야 둀가와 드디 몯게 ᄒᆞᄂᆞ니잇고(圓覺下三之一4). 묻ᄌᆞ오ᄃᆡ 엇뎨 迷ᄒᆞ야 둀가와 드디 몯ᄒᆞᄂᆞ니잇고 ᄒᆞ실ᄉᆡ(圓覺下三之一13). 恩惠ᄅᆞᆯ 더으디 아니케 ᄒᆞ시ᄂᆞ니잇고(宣賜內訓2上52).

-ᄂᆞ니잇고 어미 '-ᄂᆞ니잇가'보다 깊은 뜻으로 묻는 어미. ☞-ᄂᆞ니잇고 ¶엇디 반ᄃᆞ시 利ᄅᆞᆯ 니ᄅᆞ시ᄂᆞ니잇고:何必曰利(宣孟1:3). 엇디 말ᄆᆡ암아 내의 可ᄒᆞᆫ 주ᄅᆞᆯ 알ᄋᆞ시ᄂᆞ니잇고:何由知吾可也(宣孟1:18).

※-ᄂᆞ니잇고<-ᄂᆞ니잇고

-·ᄂᆞ닛·가 어미 -나이까. ☞-ᄂᆞ니잇가 ¶그 ᄯᆞᆯ ᄃᆞ려 무로ᄃᆡ 그ᄃᆡᆺ 아바니미 잇ᄂᆞ닛가(釋譜6:14). 다시 무로ᄃᆡ 엇뎨 부톄라 ᄒᆞᄂᆞ닛가(釋譜6:16). 須達이 ᄯᅩ 무로ᄃᆡ 엇뎨 쥬이라 ᄒᆞᄂᆞ닛가(釋譜6:18).

-·ᄂᆞᇰ·다 어미 -나이다. ☞-ᄂᆞ니이다. -ᄂᆞ니이다. -ᄂᆞᇰ이다 ¶光明이 世界ᄅᆞᆯ ᄉᆞᄆᆞᆺ 비취샤 三世옛 이ᄅᆞᆯ 아ᄅᆞ실ᄊᆡ 부톄시다 ᄒᆞᄂᆞᇰ다(釋譜6:18). 이 사ᄅᆞᆷᄃᆞᆯ히 다 神足이 自在ᄒᆞ야 衆生ᄋᆡ 福田이 ᄃᆞ욀ᄊᆡ 쥬이라 ᄒᆞᄂᆞᇰ다(釋譜6:19).

-ᄂᆞᇰ이다 어미 -나이다. ☞-ᄂᆞ니이다. -ᄂᆞᇰ다 ¶常常節句日마다 拜禮ᄅᆞᆯ ᄒᆞᄂᆞᇰ이다(新語3:15).

ᄂᆞᆫᄃᆞ라미 명 날다람쥐. ☞ᄂᆞᇝᄃᆞᄅᆞ미 ¶ᄂᆞᄂᆞᆫᄃᆞ라미:鼯鼠(東醫 湯液一 獸部).

-ᄂᆞ·다 어미 -ㄴ다. -는다. ☞-ㄴ다. -ᄂᆞᆫ다 ¶羅睺羅 ᄃᆞ려다가 沙彌 사모려 ᄒᆞᄂᆞ다 ᄒᆞᆯᄊᆡ(釋譜6:2). 菩提 證ᄒᆞᆫ ᄆᆞᅀᆞ미 和合ᄒᆞ야 니니라 ᄒᆞᄂᆞ다(楞解2:96). 五色이 사ᄅᆞᄆᆞ로 눈멀에 ᄒᆞᄂᆞ다(圓覺序28). 프른 쥐 녯 디샛 서리예 숨ᄂᆞ다(杜解6:1). ᄀᆞᄅᆞᇝ 나비 프른 石屛에셔 입ᄂᆞ다(杜解7:15). 네 ᄀᆞᄅᆞᇝ우흿 지블 부ᄂᆞ다:吹汝江上宅(杜解7:26). 프른 묏쇼와 누른 곰괘 나를 向ᄒᆞ야 우ᄂᆞ다(杜解9:6). 글월 보고 됴히 이시니 깃거ᄒᆞ노라 翁主 證은 順ᄒᆞ고 밥도 먹ᄂᆞ다(諺簡9 宣祖諺簡). 廬山 眞面目이 여긔야 다 뵈ᄂᆞ다(松江. 關東別曲).

ᄂᆞ다ᄂᆞ다 동 날아다니다. ☞ᄂᆞ라ᄃᆞᆫ니다 ¶풀소게 푸른 버레 나뷔 되야 ᄂᆞ다ᄂᆞᆫ다(古時調. 申欽. 곳 지고. 靑丘).

ᄂᆞ디ᄅᆞ다 형 방자(放恣)하다. ¶ᄂᆞ디ᄅᆞᆯ ᄌᆞ:恣(類合下26).

ᄂᆞ·라가·다 동 날아가다. ☞ᄂᆞᆯ다 ¶이 네 弟子ᄃᆞᆯ히 五百 比丘옴 ᄃᆞ려 이리 안자 ᄂᆞ라가니(月印上68). 졍히 瘦禽도 ᄂᆞ라가디 못ᄒᆞ고:正是瘦禽也飛不到(朴解下3).

ᄂᆞ·라·남·다 동 날아 넘다. ¶빗근 남ᄀᆞᆯ ᄂᆞ라나마시니:于彼橫木又飛越兮(龍歌86章).

ᄂᆞ·라ᄂᆞ리·다 동 날아 내려오다. ¶ᄂᆞ라ᄂᆞ릴 항:翃(訓蒙下6).

ᄂᆞ·라돈·놈 동 날아다님. ㉮ᄂᆞ라ᄃᆞᆫ니다 ¶ ᄂᆞ라ᄃᆞᆫ놈도 몯 ᄒᆞ고(月釋1:42).
ᄂᆞ·라돈·니·다 동 날아다니다. ¶ ᄂᆞ라ᄃᆞᆫ놈도 몯 ᄒᆞ고(月釋1:42). 虛空애 ᄂᆞ라ᄃᆞᆫ니며 남진 겨지비 업고(月釋1:42).
ᄂᆞ·라·오·다 동 날아오다. ¶虛空애 ᄂᆞ라와 묻ᄌᆞᄫᆞᄃᆡ(月釋1:7). 聖王 셔실 나래 술위 ᄂᆞ라오나ᄃᆞᆫ 그 술위ᄅᆞᆯ ᄐᆞ샤(月釋1:19).
ᄂᆞ·라오르·다 동 날아오르다. ☞ᄂᆞ라오ᄅᆞ다 ¶ᄂᆞ라오를 힐:翓(訓蒙下6).
ᄂᆞ·라오ᄅᆞ·다 동 날아오르다. ☞ᄂᆞ라오르다 ¶ᄂᆞ라오ᄅᆞᆯ 튱:翀(訓蒙下8).
ᄂᆞ래 명 날개. ☞ᄂᆞᆯ개 ¶ ᄃᆞᆯᄀᆡ ᄂᆞ래ᄅᆞᆯ 두 녀긔 다 ᄡᅮᄃᆡ:雞翅左右俱用(救急上57). ᄂᆞ래와 발와 앗고:去翅足(救急上85). 버러 우흿 갌ᄂᆞᆯ ᄀᆞᆮᄒᆞᆫ 열두을 ᄂᆞ랫 지치여:講上鋒稜十二翮(杜解17:10). 大鵬이 ᄂᆞ래 드로매 하ᄂᆞᆯᄒᆞᆯ ᄀᆞᆯ어니:大鵬擧翼摩霄漢(南明下40). 雲霄에 오로젼들 ᄂᆞ래 업시 어이 ᄒᆞ며(古時調. 金天澤. 青丘). ᄂᆞ래 도쳐 ᄂᆞ라 올라(古時調. 青丘).
ᄂᆞ래 명 나래. 〔논밭을 고르는 데 쓰는 써레 비슷한 농구.〕 ¶ ᄂᆞ래:刮板(物譜 耕農).
ᄂᆞ·랫·짓 명 날개의 깃〔羽〕. ☞짓 ¶거유 ᄂᆞ랫짓 두ᅀᅥ흘 ᄉᆞ라 細末ᄒᆞ야 당쉿므레 프러 머구미 됴ᄒᆞ니라:燒鵝翎數根末白湯調服妙(救急上53).
ᄂᆞ·려가·다 동 내려가다. ¶내 이제 ᄂᆞ려가면 아니 오라아 涅槃호리이다(釋譜11:12). 우룸 소리 나며 숨 쉴 제 조차 ᄂᆞ려가(痘要上2). 여슷 ᄒᆡ예 ᄒᆞᆫ 적도 지븨 ᄂᆞ려가디 아니ᄒᆞ더라:六載一不下家(東新續三綱. 孝3:38).
ᄂᆞ·려·나·다 동 탄생하다. 강탄(降誕)하다. ¶降誕은 ᄂᆞ려나실 씨라(月釋序6). 閻浮에 ᄂᆞ려나샤 正覺 일우샤ᄆᆞᆯ 뵈샤(月釋序6).
ᄂᆞ·려·디·다 동 내려지다. 떨어지다. ¶노ᄑᆞᆫ ᄃᆡ셔 ᄂᆞ려디니와:從高墮下(救簡1:80). 그 도ᄌᆞ기 즉재 ᄒᆞᆫ 弓手를 살 혀 노하 ᄡᅩ니 ᄆᆞᆯ게 ᄂᆞ려디니:那賊便將一箇弓手放箭射下馬來(飜老上30). ᄂᆞ려딜 타:墮(類合下54). 그ᄅᆞ시 ᄂᆞ려디니(太平1:6). 기우러뎌 거의 ᄂᆞ려디오실 번ᄒᆞᄃᆡ(癸丑50).
ᄂᆞ·려오·다 동 내려오다. ¶世尊이 辭ᄒᆞ시고 그 寶階로 ᄂᆞ려오더시니(釋譜11:12). 이 老炎의 三十里 程道ᄅᆞᆯ ᄂᆞ려오시다 ᄒᆞ오매(隣語1:5).
ᄂᆞ·련 동 내리어서는. ¶ᄯᅩ 禪床애 ᄂᆞ련 곧 사름과(法語10).
-·ᄂᆞ·로 어미 -므로. 〔관형사형 어미 '-ㄴ'에 조사 '-ᄋᆞ로'가 연결된 형태.〕 ☞-ᄋᆞ로 ¶虞芮質成ᄒᆞᄂᆞ로 方國이 해 모ᄃᆞ나…威化振旅ᄒᆞ시ᄂᆞ로 興望이 다 몯ᄌᆞᄫᆞ나(龍歌11章). 부톄 迦葉의 付屬ᄒᆞ샤ᄆᆞ로브터:自佛이 屬迦葉ᄒᆞ시ᄂᆞ로(圓覺上一之一106).
ᄂᆞ로니 부 나른히. 곱게. ¶길헷 더운 ᄒᆞᆰ과 굴근 마ᄂᆞᆯ와 等分ᄒᆞ야 ᄂᆞ로니 ᄀᆞ라:路上熱土大蒜等分爛研(救急上11). 石菖蒲ᄅᆞᆯ ᄂᆞ로니 십고:細嚼石菖蒲(救急上28). ᄂᆞ로니 ᄒᆞᆰᄀᆞ티 두드려 됴ᄒᆞᆫ 술 ᄒᆞᆫ 죵과:細研如泥無灰酒一鍾(救簡1:3). 하나 져그나 ᄂᆞ로니 시버:不拘多少細嚼(救簡6:8). 산 게 ᄒᆞ나흘 ᄂᆞ로니 ᄶᅵ허(胎要51).
ᄂᆞ론ᄒᆞ·다 형 ①보드랍고 곱다. ¶져기 누르게 봊가 ᄀᆞ라 ᄂᆞ론ᄒᆞ니와ᄅᆞᆯ:炒微黃研如膏(救簡2:12). 산미ᄌᆞᄡᅵ 세닐굽 나ᄎᆞᆯ ᄂᆞ론케 십고:李人三七枚爛嚼(救簡2:30).
②나른하다. ☞ᄂᆞᆯ른ᄒᆞ다 ¶蘼然:ᄂᆞ론ᄒᆞᆫ 톄라(宣小5:107).
ᄂᆞ륨 동 내림. 항복시킴. ㉮ᄂᆞ리다 ¶伊尹 呂望도 ᄆᆞᄎᆞ매 ᄂᆞ류미 어려우며:伊呂終難降(重杜解2:11).
ᄂᆞ릐다 형 느리다. ☞날회다 ¶ ᄂᆞ릔이:慢性(漢淸6:44).
·ᄂᆞ·리 부 내리. ¶子孫ᄋᆞᆫ 아ᄃᆞ리며 孫子며 後ㅅ孫子ᄅᆞᆯ 無數히 ᄂᆞ리 닐온 마리라(月釋1:7). 안팟긧 大小 佛殿과 진영 잇ᄂᆞᆫ 집과 두 녁 ᄂᆞ리 지슨 집과:內外大小佛殿影堂串廊(飜朴上69).
ᄂᆞ·리누·르·다 동 내리누르다. ¶양ᄌᆞᄅᆞᆯ 가도혀 ᄠᅳ들 ᄂᆞ리누르과ᄃᆞ녜니라:斂容抑志也(飜小8:27). 용모ᄅᆞᆯ 슈렴ᄒᆞ며 ᄠᅳᆮ을 ᄂᆞ리누르과댜 홈이니라:斂容抑志也(宣小5:105).
ᄂᆞ·리·다 동 내리다. ¶帝命이 ᄂᆞ리어시ᄂᆞᆯ:帝命既降(龍歌8章). 百仞虛空애 ᄂᆞ리시리잇가:懸崖其跌(龍歌31章). 天才ᄅᆞᆯ ᄂᆞ리오시니:天才是出(龍歌32章). 재 ᄂᆞ려 티샤(龍歌36章). 그 金像이 象 우희 오ᄅᆞ락 아래 ᄂᆞ리락 ᄒᆞ야(釋譜11:13). ᄂᆞ리다 ᄒᆞᆫ 말도 이시며(月釋1:36). ᄃᆞ마 ᄂᆞ리다 ᄒᆞ시니(楞解8:76). ᄀᆞᆺ업슨 디ᄂᆞᆫ 나못니ᄑᆞᆫ 蕭蕭히 ᄂᆞ리고:無邊落木蕭蕭下(初杜解10:35). 妖怪ᄅᆞ왼 벼리 直宿ᄒᆞᄂᆞᆫ 지븨 ᄂᆞ렛더라:妖星下直廬(初杜解20:42). ᄂᆞ릴 강:降(類合下5). 서리와 이슬이 이믜 ᄂᆞ려든:霜露既降(宣小2:25). 나 ᄒᆞᆫ 층을 ᄂᆞ리샤ᄂᆞᆫ:出降一等(宣小2:39). 堂의 ᄂᆞ리다가 그 발을 傷ᄒᆞ오고:下堂而傷其足(宣小4:17). ᄆᆞᄎᆞ매 ᄂᆞ류미 어려우며:終難降(重杜解2:11). 人間이 됴터냐 ᄆᆞᄉᆞ므라 ᄂᆞ려온다(古時調. 鄭澈). ᄂᆞ리다:下來(同文解上27). 됴복으로 ᄆᆞᆯ게 ᄂᆞ려:朝服下馬(五倫2:23).
·ᄂᆞ·리·다 동 늘이다. ☞느리다 ¶ᄂᆞ릴 락:絡(訓蒙下19).
ᄂᆞ·리·오·다 동 내리게 하다. ☞ᄂᆞ리우다 ¶天爲建國ᄒᆞ샤 天命을 ᄂᆞ리오시니:天爲建國

天命斯集(龍歌32章). 하ᄂᆞᆯ히 病을 ᄂᆞ리오시니:維皇上帝降我身疾(龍歌102章). 溫水冷水로 左右에 ᄂᆞ리와 九龍이 모다 싯기ᅀᆞᄫᆞ니(月印上8). 時節ㅅ 비를 깃비 ᄂᆞ리와(釋譜13:7). 모ᄀᆡ ᄂᆞ리오디 몯ᄒᆞ야(宣賜內訓1:70). 金剛山禪院 松廣寺處로 향ᄒᆞ야 향 ᄂᆞ리와 가노이다:往金剛山禪院松廣寺處降香去(飜朴上8). ᄢᅴ예 ᄂᆞ리오면 근심홈이오(宣小3:13). 염왕이 령을 ᄂᆞ리오샤ᄃᆡ(桐華寺 王郞傳3). 곳 잡아 ᄂᆞ리와 즛긔텨 죽이고:便拿下來磕死了(朴解下20). 旨意 ᄂᆞ리오다:下旨意(同文解上44).

ᄂᆞ리와다보다 통 내려다보다. ¶城郭ᄋᆞᆯ ᄂᆞ리와다보고 내 시르믈 ᄉᆞ노라:下顧城郭銷我憂(初杜解15:43).

ᄂᆞ리왇다 통 내려다보다. ¶西ㅅ녁그로 ᄂᆞ라가ᄂᆞᆫ 새ᄅᆞᆯ 울워러 보며 東녀그로 가ᄂᆞᆫ 므를 ᄂᆞ리와다 붓그리노라:仰看西飛翼下愧東逝流(重杜解6:44).

ᄂᆞ·리우·다 통 내리게 하다. ☞ᄂᆞ리오다 ¶ᄃᆞᆫ비ᄅᆞᆯ ᄂᆞ리워 一切…藥草苗稼ᄅᆞᆯ 내야(月釋10:68). 空心에 茅根湯을 글혀 ᄂᆞ리우라(救急上69).

ᄂᆞᄅᆞ 명 나루〔津〕. ☞ᄂᆞᆯ ¶麻屯津:머튼ᄂᆞᄅᆞ(龍歌1:39). 南녁 져젯 ᄂᆞᄅᆞᆺ 머리예서 ᄇᆡ ᄑᆞᆯ 리 잇건마ᄅᆞᆫ:南市津頭有舡賣(初杜解10:4). ᄂᆞᄅᆞᆺ 사ᄅᆞᆷᄃᆞ려 다시 무르리오(南明上16). ᄂᆞᄅᆞ 진:津(訓蒙上5). ᄂᆞᄅᆞ 고ᄃᆡ 다ᄃᆞ라:到津(東新續三綱. 烈7:59). ᄂᆞᄅᆞ:津頭(同文解上7). ᄂᆞᄅᆞ:渡口(漢淸9:23).

ᄂᆞᄅᆞᄇᆡ 명 나룻배. ☞ᄂᆞᄅᆞᆺᄇᆡ ¶ᄂᆞᄅᆞᄇᆡ:擺渡舡(譯解下20).

ᄂᆞᄅᆞ아젼 명 나루아전〔津吏〕. ☞ᄂᆞᄅᆞ ¶ᄂᆞᄅᆞ 아젼이 취ᄒᆞ야 능히 건네디 못ᄒᆞ거늘(女範2. 변녀 됴진녀연).

ᄂᆞᄅᆞᆺ 명 나룻. ¶ᄂᆞᄅᆞᆺ 원:轅(訓蒙中26). 것드러 뎌른 술윗ᄂᆞᄅᆞᆺ ᄀᆞᆮ도다:摧折如短轅(重杜解1:27). 술윗ᄂᆞᄅᆞᆺ:車轅(老解下32). 보십ᄂᆞᄅᆞᆺ 나모:犂轅(譯解下7).

ᄂᆞᄅᆞᆺ머·리 명 수레의 채끝. 멍에. ¶ᄂᆞᄅᆞᆺ머리 ᄋᆡ:軛. ᄂᆞᄅᆞᆺ머리 듀:輈(訓蒙中26).

ᄂᆞᄅᆞᆺᄇᆡ 명 나룻배. ☞나로ᄇᆡ ¶ᄂᆞᄅᆞᆺᄇᆡ:刀船(漢淸12:20).

-·ᄂᆞ·매·라 어미 -는구나. -는도다. ☞-노매라 ¶ᄒᆞᆫ숨도 딥 먹디 아니ᄒᆞᄂᆞ매라:一宿不喫草(飜朴上42).

ᄂᆞ물 명 나물. ☞ᄂᆞ믈. ᄂᆞᄆᆞᆯ ¶ᄂᆞ물 데치다:炸菜(同文解上59).

ᄂᆞ믈 명 나물. ☞ᄂᆞ물. ᄂᆞᄆᆞᆯ ¶ᄂᆞ믈과 과실을 먹디 아니ᄒᆞ야:不食菜果(東新續三綱. 孝6:55 時中廬墓). ᄂᆞ믈 ᄏᆡ다:挖菜(譯解下12). 쓴 ᄂᆞ믈 데온 믈이 고기도곤 마시 이셰(古時調. 鄭澈. 松江). ᄂᆞ믈:菜蔬(漢淸12:34). ᄂᆞ믈을 심거 먹으며:種蔬以給食(五倫1:58). ※ᄂᆞ믈>나물

ᄂᆞᄆᆞ·새 명 남새. 채소. ☞ᄂᆞᄆᆞᆯ ¶아므란 니근 ᄂᆞᄆᆞ새 잇거든:有甚麼熟菜蔬(飜老上40). 다 ᄂᆞᄆᆞ새 ᄒᆞ여 음식을 먹더니:皆蔬食(飜小9:103). 녀느 ᄂᆞᄆᆞ새ᄂᆞᆫ 다 업거니와:別個菜都沒(老解上37). 므슴 됴ᄒᆞᆫ ᄂᆞᄆᆞ새 잇거든:有甚麼好菜蔬(老解上57).

ᄂᆞᄆᆞ자기 명 나문재. ¶ᄂᆞᄆᆞ자기 구조개랑 먹고 바ᄅᆞ래 살어리랏다(樂詞. 靑山別曲).

ᄂᆞᄆᆞᆯ 명 나물. ☞ᄂᆞ믈 ¶오직 ᄂᆞᄆᆞᆯ과 果實와 먹고:只茹蔬果(三綱. 忠25 枋得茹蔬). 葷은 내 나ᄂᆞᆫ ᄂᆞᄆᆞᆯ히라(楞解6:99). 소곰과 ᄂᆞᄆᆞᆯᄒᆞᆯ 먹디 아니ᄒᆞ더라(宣賜內訓1:72). 위 안햇 ᄂᆞᄆᆞᆯᄒᆞᆯ 金玉을 아나 가도:園蔬抱金玉(杜解10:25). 위 안햇 ᄂᆞᄆᆞᆯᄒᆞᆯ 주ᄂᆞ다:與園蔬(杜解22:14). 네 性이 내 나ᄂᆞᆫ 나ᄆᆞᆯᄒᆞᆯ 먹디 아니ᄒᆞᄂᆞ니:汝性不茹葷(杜解25:7). 飢ᄂᆞᆫ 곡식 업슬 시오 饉ᄋᆞᆫ ᄂᆞᄆᆞᆯ 업슬 시라(南明下30). 쇠비름ᄂᆞᄆᆞᆯᄒᆞᆯ 글혀:煮馬齒菜(救簡6:73). ᄂᆞᄆᆞᆯ와 果實도 먹디 아니ᄒᆞ며:不食菜菓(續三綱. 孝8). ᄂᆞᄆᆞᆯ ᄎᆡ:菜. ᄂᆞᄆᆞᆯ 소:蔬(訓蒙下3). ᄂᆞᄆᆞᆯ ᄎᆡ:菜(類合上11. 石千3). ᄂᆞᄆᆞᆯ 머글 여:茹(類合下40). ᄂᆞᄆᆞᆯ와 과실ᄋᆞᆯ 먹디 아니ᄒᆞ며:不食菜果(宣小5:44). ᄂᆞᄆᆞᆯ 과실 먹디 아니코:不食菜菓(東續三綱. 孝4). 모미 ᄆᆞᆺ도록 내 나ᄂᆞᆫ ᄂᆞᄆᆞᆯ 아니 먹으며:終身不茹葷菜(東新續三綱. 烈1:53). ᄠᅳᆯ헷 ᄂᆞᄆᆞᆯ히 오히려 누네 잇ᄂᆞ니:庭蔬尙在眼(重杜解2:25). ᄂᆞᄆᆞᆯ ᄎᆡ:菜. ᄂᆞᄆᆞᆯ 소:蔬(倭解下4). 반ᄃᆞ시 보리밥과 드릿 ᄂᆞᄆᆞᆯᄒᆞᆯ ᄉᆞ이ᄉᆞ이 쟝만ᄒᆞ더시니:必間設麥飯野蔬(重內訓2:95).

※'ᄂᆞᄆᆞᆯ'의 첨용 [ᄂᆞᄆᆞᆯ / ᄂᆞᄆᆞᆯ히/ᄂᆞᄆᆞᆯᄒᆞᆯ…

ᄂᆞᄆᆞᆯ국 명 나물국. ¶젓과 ᄂᆞᄆᆞᆯ국만 ᄒᆞ고:醢菜羹(宣賜內訓3:61).

ᄂᆞᄆᆞᆯ받 명 남새밭. ☞ᄂᆞᄆᆞᆯ밭 ¶ᄂᆞᄆᆞᆯ받 완:畹(訓蒙上7). ᄂᆞᄆᆞᆯ받 보:圃(類合下28).

ᄂᆞᄆᆞᆯ밭 명 남새밭. ☞ᄂᆞᄆᆞᆯ받 ¶몃 길ᄒᆞ로 ᄉᆡ미 ᄂᆞᄆᆞᆯ바ᄐᆞᆯ 저지ᄂᆞ뇨:幾道泉澆圃(初杜解7:39).

ᄂᆞᄆᆞᆯ히 명 나물이. 〔ㅎ 첨용어 'ᄂᆞᄆᆞᆯ'의 주격(主格).〕 (독)ᄂᆞᄆᆞᆯ ¶ᄠᅳᆯ헷 ᄂᆞᄆᆞᆯ히 오히려 누네 잇ᄂᆞ니:庭蔬尙在眼(重杜解2:25).

ᄂᆞᄆᆞᆯ·ᄒᆞᆯ 명 나물을. 〔ㅎ 첨용어 'ᄂᆞᄆᆞᆯ'의 목적격(目的格).〕 (독)ᄂᆞᄆᆞᆯ ¶이웃지비 위 안햇 ᄂᆞᄆᆞᆯᄒᆞᆯ 주ᄂᆞ다:隣舍與園蔬(杜解22:14). 네 性이 내 나ᄂᆞᆫ ᄂᆞᄆᆞᆯᄒᆞᆯ 먹디 아니ᄒᆞᄂᆞ니:汝性不茹葷(杜解25:7).

ᄂᆞᄆᆞᆺ 명 주머니. ☞ᄂᆞᄆᆞᆾ ¶五色 기ᄇᆞ로 ᄂᆞᄆᆞᆺ 밍ᄀᆞ라 녀허(月釋9:39). 시혹 ᄂᆞᄆᆞᆺ 소배 이시며:或處囊中(楞解9:108). ᄂᆞᄆᆞᆺ 낭:囊

(訓蒙中13. 石千34). 닷개 ᄒᆞᆫ ᄂᆞᄆᆞᆺ 일ᄇᆡᆨ 낫:壓口荷包一百箇(老解下62).

ᄂᆞᄆᆞᆺᄒᆞ·다 동 꾸리다. ¶내 ᄯᅩ 비노니 네 나를 ᄂᆞᄆᆞᆺᄒᆞ야 주딕 엇더ᄒᆞ뇨:我再央及俆做饋我荷包如何(飜朴上48).

ᄂᆞᄆᆞᆺ 명 주머니. ☞ᄂᆞᄆᆞᆺ ¶五色 ᄂᆞᄆᆞ채 녀허(釋譜9:21). 순 거슬 보아 藥ㅅ ᄂᆞᄆᆞ출 더러 ᄇᆞ리노라:看題減藥囊(初杜解7:6). ᄂᆞᄆᆞ치 뷔어눌 빈혀와 블쇠롤 자바 풀오:囊空把釵釧(初杜解20:9). ᄂᆞᄆᆞ채 ᄒᆞᆫ 것도 업서(南明上32). 后ㅣ 즉재 ᄂᆞᄆᆞ채 내야 받자오샤:后卽於囊中出而進之(重內訓2:87).

ᄂᆞ·ᄆᆡ그에 명 남에게. 〔'ᄂᆞᆷ'+부사격조사 '-ᄋᆡ그에'〕 독ᄂᆞᆷ ¶ᄂᆞᄆᆡ그에 브터 사로딕(釋譜6:5). 나라히 ᄂᆞᄆᆡ그에 가리이다(月釋2:6).

ᄂᆞ솟·다 동 날아 솟다. ¶歡喜踊躍ᄋᆞᆫ 깃거 ᄂᆞ소ᄉᆞᆯ 씨라(月釋8:48). 夫人ㅅ 말 드르시고 깃거 ᄂᆞ소사 나라ᄒᆞᆯ 아ᅀᆞ 맛디시고(月釋8:93). 모ᄃᆞᆫ 大衆과 ᄂᆞ소사 깃거:與諸大衆踊躍歡喜(楞解2:10). 舍利弗이 ᄂᆞ소사 깃거:舍利弗踊躍歡喜(法華2:3). 깃거 ᄂᆞ솟더니:歡喜踊躍(法華2:70). 用ᄋᆞᆫ 겨리 ᄂᆞ소ᄉᆞ며:用則波騰(永嘉下103). 믓겨리 오히려 ᄂᆞ솟고:波尙湧(牧牛訣24). ᄂᆞ솟ᄂᆞᆫ 놉고 큰 三萬匹이:騰驤磊落三萬匹(初杜解16:63). 쇠로 ᄆᆡᆼᄀᆞ론 鳳은 森然히 ᄂᆞ솟ᄂᆞᆫ ᄃᆞᆺ도다:鐵鳳森翺翔(杜解9:21). ᄆᆡ이 므로맨 ᄂᆞ소ᄉᆞᆯ 거시 일ᄂᆞ니라:猛噬失蹻騰(杜解24:62). ᄆᆡ양 울오 ᄂᆞ소소매:每哭踊(飜小9:32).

-ᄂᆞᄉᆞᆫ다 어미 -느냐. -는가. ☞-ᄂᆞᄉᆞᆫ다 ¶어와 져 白鷗야 므ᄉᆞᆷ 슈고ᄒᆞᄂᆞᄉᆞᆫ다(古時調. 金光煜. 青丘). 네 ᄯᅢ 書房은 언제나 마치ᄂᆞᄉᆞᆫ다(古時調. 네 집 喪事. 青丘).

-·ᄂᆞ손·다 어미 -느냐. -는가. ☞-ᄂᆞᄉᆞᆫ다 ¶너희ᄃᆞᆯ히 므스글 보ᄂᆞ손다(月釋10:28). 네 ᄯᅢ 셔방은 언제나 마치ᄂᆞ손다(古時調. 鄭澈. 네 집 상ᄉᆞ. 松江). 문노라 白鷗들아 녜 닐을 아ᄂᆞ손다(蘆溪. 獨樂堂).

ᄂᆞ솜 명 나삼(羅蔘). ¶어약의 ᄂᆞ솜과 공삼을 반식 너허(閑中錄582).

-ᄂᆞ쏘다 어미 -는도다. ☞-ᄂᆞᆫ쏘다 ¶삿기롤 머기ᄂᆞ쏘다:哺雛(重杜解17:4).

ᄂᆞ·실 명 내일(來日). ☞ᄂᆡ실 ¶ᄂᆞ싨 아ᄎᆞᄆᆡ 封事ㅣ 이실시:明朝有封事(初杜解6:14). ᄂᆞ실 아ᄎᆞᄆᆡ 世務에 잇기여:明朝牽世務(初杜解21:31).

ᄂᆞ오치다 동 낚아채다. ☞나오치다 ¶고은님 촉 ᄢᅥ어 ᄂᆞ오치ᄂᆞᆫ 갈고라장ᄌᆞ리(古時調. 뮈운 님. 青丘).

ᄂᆞ올 명 방자에 쓰는 독물(毒物). ¶여듧차힌 모딘 藥ᄋᆞᆯ 먹거나 ᄂᆞ오롤 굴이거나 邪曲ᄒᆞᆫ 귓거시 들어나 ᄒᆞ야 橫死ᄒᆞᆯ 씨오(釋譜9:37). 〔불교 대사전 '九橫死'條에는 제八항이 '毒藥厭禱呪咀起屍鬼' 등으로 되어 있으며 月印釋譜9:58에는 '여들븐 厭禱와 毒藥과 起屍鬼 ᄃᆞᆯ히 害ᄒᆞ야 橫死ᄒᆞᆯ 씨오'라 하고 厭禱註에는 '厭은 ᄀᆞ오누롤 씨오 禱ᄂᆞᆫ 빌 씨라'로 되어 있음.〕

ᄂᆞ올ᄇᆞᆰ·다 형 불꽃처럼 밝다. 〔'ᄂᆞ올'과 'ᄇᆞᆰ다'의 복합어(複合語).〕 ¶그 고지 ᄂᆞ올ᄇᆞᆰ고 貴ᄒᆞᆫ 光明이 잇더라(釋譜11:31). 〔釋迦譜大方便佛報恩經卷三에는 '其華紅赤有妙光明'이라 기록되어 있음.〕

ᄂᆞ외 부 다시. ☞ᄂᆞ외야. 노의 ¶ᄂᆞ외 죽사리 아니ᄒᆞ야(月釋1:31). 내 말옷 아니 드르시면 ᄂᆞ외 즐거ᄫᅳᆫ ᄆᆞᅀᆞ미 업스레이다(月釋2:6). ᄂᆞ외 드디 아니케 ᄒᆞ며 ᄂᆞ외 다나디 마롫디니(月釋21:102). ᄂᆞ외 잇ᄂᆞᆫ 거시 업스리니:更無所有(楞解1:86). ᄂᆞ외 나ᅀᅡ 닷고미 업고:無復進修(楞解2:18). ᄂᆞ외 煩惱ㅣ 업스며(法華1:22). ᄂᆞ외 여러 疑惑 업스니:無復諸疑惑(法華1:248). ᄂᆞ외 ᄡᅳ디 아니ᄒᆞ리니(金剛序6). 七家ㅅ 數ㅣ ᄎᆞ거든 ᄂᆞ외 나ᄆᆞᆫ 지ᄇᆡ 가디 아니ᄒᆞ실 씨라(金剛上5). ᄂᆞ외 방ᄋᆡ 나디 아니ᄒᆞ더니:不復出房閤(宣賜內訓1:29).

ᄂᆞ외·다 동 뇌다. 되뇌다. 되풀이하다. ☞노외다 ¶이에 세 번 ᄂᆞ외욜띠니라:宜三復于斯(法華5:206).

ᄂᆞ외·다 동 재발(再發)하다. 도지다. ¶시긧병 ᄒᆞᆫ 후에 남진겨지비 ᄒᆞᆫ딕 자 병이 ᄂᆞ외어든 남진ᄋᆞᆫ 겨지븨 ᄃᆡᆼ의 미톨 ᄉᆞ라 더운 므레 프러 먹고(救簡1:109).

ᄂᆞ외·야 부 다시. 다시는. ☞ᄂᆞ외. 노의여 ¶ᄂᆞ외야 현마 모딘 罪業을 짓디 아니ᄒᆞ리니(釋譜9:31). ᄂᆞ외야 아니 ᄂᆞ려 오ᄂᆞ니라(月釋2:19). ᄂᆞ외야 生死ㅅ 果報애 타나티 아니ᄒᆞᆯ 씨라(月釋2:20). ᄂᆞ외야 本來ㅅ 일후미 업서(月釋9:35). ᄂᆞ외야 모ᄃᆞᆫ 相ᄋᆡ 달오미 업스리라:無復諸相之異矣(楞解4:10). ᄂᆞ외야 俗論이 업스시면:無復俗論(法華5:37). ᄂᆞ외야 우 업스샤(金剛上8). ᄂᆞ외야 더 너므니 업수미:更無加過名(心經61). ᄂᆞ외야 나디 아니ᄒᆞᆯ 씨라(阿彌3). ᄯᅩ ᄂᆞ외야 滅흠 업건마ᄅᆞᆫ:不復更滅(圓覺上一之二122). ᄂᆞ외야 뉘으추미 업게코져 ᄒᆞ다니:無所復恨(宣賜內訓2上58). ᄂᆞ외야 더 크니 업슨 恩이라(南明上10). ᄂᆞ외야 머리 터럭마도 업서도:更無毫髮許(南明下4). ᄂᆞ외야 업스리라(野雲45). 날이 져믈거ᄂᆞᆯ ᄂᆞ외야 ᄒᆞᆯ닐 업서(古時調. 權好文. 松岩遺稿).

ᄂᆞ외·여 부 다시. ☞ᄂᆞ외야 ¶鄧氏로 ᄂᆞ외여 기튼 類 잇디 아니케 호리라:不令鄧氏復有遺類(宣賜內訓2下13).

-ᄂᆞ이·다 어미 -나이다. ☞-ᄂᆞ이다 ¶두리여

몯 오ᄂᆞ이다(釋譜6:29). 虛空ᄋᆞ로 ᄒᆞ마 오시ᄂᆞ이다(月釋10:8). 이 妙音菩薩이 보ᅀᆞᆸ고져 ᄒᆞᄂᆞ이다(月釋18:81). 阿蘭那行ᄋᆞᆯ 즐기ᄂᆞ니라 ᄒᆞ시ᄂᆞ이다(金剛56). 主上ᄋᆞᆯ 비러 업게 ᄒᆞ고져 ᄒᆞᄂᆞ이다(宣賜內訓序5).

-ᄂᆞ이다 어미 -나이다. ☞-ᄂᆞ이다 ¶ 相公아 王五ㅣ 왓ᄂᆞ이다:相公王五來(朴解上52). 다 먹ᄉᆞᆸᄂᆞ이다(新語2:8).

ᄂᆞ일 명 내일(來日). ☞ᄂᆡ실. 너실 ¶ ᄂᆞ일 아ᄎᆞᄆᆡ 沃野에 이시면:明朝在沃野(重杜解9:21). ᄂᆞ일 아ᄎᆞᄆᆡ 世務에 잇기여:明朝牽世務(重杜解21:31). ※ᄂᆞ일<ᄂᆡ실

ᄂᆞ즈기 부 나직이. ☞ᄂᆞᄌᆞ기 ¶ ᄂᆞ즈기 ᄡᅩ면:低射時(老解下33).

ᄂᆞ즉ᄒᆞ다 형 나직하다. ☞ᄂᆞᄌᆞᆨᄒᆞ다. ᄂᆞᄌᆞᆺᄒᆞ다 ¶ 이 ᄒᆞᆫ 등엣 져기 ᄂᆞ즉ᄒᆞᆫ 이ᄂᆞᆫ 닐곱 돈식이라:這一等較低些的七錢家(老解下53).

ᄂᆞ지 부 낮게. 나지리. ¶ 나ᄅᆞᆯ ᄂᆞ지 너기ᄂᆞᆫ다(三譯5:18).

ᄂᆞᄌᆞ기 부 나직이. ☞ᄂᆞ즈기 ¶ ᄂᆞᄌᆞ기 辭讓ᄒᆞ야 物을 恭敬ᄒᆞᆯ 씨오:卑遜敬物(永嘉上48). ᄆᆡ해 구루믄 ᄂᆞᄌᆞ기 믈로 건너가고:野雲低度水(初杜解14:12).

ᄂᆞᄌᆞ기·ᄒᆞ·다 동 나직이 하다. ☞ᄂᆞᄌᆞ시ᄒᆞ다. ᄂᆞᄌᆞᆨ기ᄒᆞ다 ¶ ᄆᆞᅀᆞᄆᆞᆯ ᄂᆞᄌᆞ기ᄒᆞ야(月釋21:133). ᄆᆞᅀᆞᆷ ᄂᆞᄌᆞ기ᄒᆞ샤ᄆᆞᆯ:下心(金剛上4). ᄂᆞᄌᆞ기ᄒᆞ야 諫ᄒᆞ며:謙而諫之(永嘉上48). 보ᄆᆞᆯ 모로매 ᄂᆞᄌᆞ기ᄒᆞ며:視必下(宣賜內訓1:6). 머리ᄅᆞᆯ ᄂᆞᄌᆞ기ᄒᆞ야 효근 盤ᄋᆞᆯ 스수라:低頭拭小盤(杜解3:31). 긔운을 ᄂᆞᄌᆞ기ᄒᆞ며 소리ᄅᆞᆯ 화열히 ᄒᆞ야:下氣怡聲(宣小2:3).

ᄂᆞᄌᆞ시ᄒᆞ·다 동 나직이 하다. ☞ᄂᆞᄌᆞ기ᄒᆞ다 ¶ 父母ㅣ 허믈이 잇거시든 긔운을 ᄂᆞᄌᆞ시ᄒᆞ며:父母有過下氣(宣小2:21). 봄을 반ᄃᆞ시 ᄂᆞᄌᆞ시ᄒᆞ며:視必下(宣小3:10).

ᄂᆞᄌᆞᆨ기ᄒᆞ다 동 나직이 하다. ☞ᄂᆞᄌᆞ기ᄒᆞ다. ᄂᆞᄌᆞᆨ이ᄒᆞ다 ¶ 궁실을 ᄂᆞᄌᆞᆨ기ᄒᆞ시며(女範2. 현녀 졔슉슈녀).

ᄂᆞᄌᆞᆨ이ᄒᆞ·다 동 나직이 하다. ☞ᄂᆞᄌᆞ기ᄒᆞ다. ᄂᆞᄌᆞ시ᄒᆞ다 ¶ 긔운을 ᄂᆞᄌᆞᆨ이ᄒᆞ며:下氣(宣小5:104). 보기ᄅᆞᆯ 반ᄃᆞ시 ᄂᆞᄌᆞᆨ이ᄒᆞ기ᄂᆞᆫ(女範1. 모의 추밍모). ᄂᆞᄌᆞᆨ이ᄒᆞᆯ 하:下(註千14).

ᄂᆞᄌᆞᆨᄒᆞ·다 형 나직하다. ☞ᄂᆞᄌᆞᆺᄒᆞ다 ¶ 辭讓ᄒᆞ야 ᄂᆞᄌᆞᆨᄒᆞ야:謙下(金剛上103). 溫恭ᄒᆞ야 ᄂᆞᄌᆞᆨ호ᄆᆞᆯ 崇尙ᄒᆞᄂᆞ니라:尙恭下也(宣賜內訓2上8). ᄂᆞᄌᆞᆨ디 몯호ᄆᆞᆯ 分別ᄒᆞᆯ디언뎡:患其不能屈(宣賜內訓3:34). 降服ᄒᆞᄂᆞᆫ 將軍ᄋᆞᆫ ᄂᆞᄌᆞᆨᄒᆞᆫ 마ᄅᆞᆯ ᄭᅮ미놋다:降將飾卑詞(杜解3:3). ᄂᆞᆺ가온 가지옌 ᄆᆡ즌 여르미 ᄂᆞᄌᆞᆨᄒᆞ고:卑枝低結子(初杜解15:7). 버들 ᄃᆡ졉호ᄃᆡ 버듸게 ᄂᆞᆼ ᄂᆞᄌᆞᆨ디 아니ᄒᆞ고:接朋友則不能下朋友(飜小6:3). ᄂᆞᄌᆞᆨᄒᆞᆫ 두던:慢坡子(譯解上6).

ᄂᆞᄌᆞᆺᄒᆞ·다 형 나직하다. ☞ᄂᆞᄌᆞᆨᄒᆞ다 ¶ ᄂᆞᄌᆞᆺᄒᆞ니ᄂᆞᆫ 엿 돈이오:低的六錢(飜老下60). ᄆᆡᄒᆞᆫ 량의 ᄂᆞᄌᆞᆺᄒᆞᆫ 은을 드틔우면:每一兩傾白臉銀子(飜朴上33).

ᄂᆞ·초·다 동 낮추다. ¶ ᄆᆞᄋᆞᆷ ᄂᆞ초ᄂᆞᆫ 사ᄅᆞᆷᄋᆞᆫ:下心者(野雲64). 能히 ᄂᆞ초며 ᄂᆞ초고 애ᄃᆞ디 아니ᄒᆞ며:能降降而不憾(宣小4:48). 범이 머리ᄅᆞᆯ ᄂᆞ초고 나가더라:虎俛首而去(東新續三綱. 孝4:90). 左手ᄅᆞᆯ ᄂᆞ초고 右手ᄅᆞᆯ 놉혀(武藝圖4).

ᄂᆞᆫ 명 낯. ¶ ᄂᆞᆫ 면:面(光千18).

-·ᄂᆞᆫ 조 -는. ☞-ㄴ. -는 ¶ 알ᄑᆡᆫ 어드ᄫᆞᆫ 길헤:前有暗程(龍歌30章). 之ᄂᆞᆫ 입겨지라(釋譜序1). 次ᄂᆞᆫ 次第 혜여 글왈 ᄆᆡᇰᄀᆞᆯ 씨라(釋譜序5). 나ᄂᆞᆫ 어버ᅀᅵ 여희오(釋譜6:5). ·ᄂᆞᆫ 呑ᄐᆞᆫ字ᄍᆞᆼ 가온ᄃᆡᆺ소리 ᄀᆞᄐᆞ니라(訓註9). 製ᄂᆞᆫ 글 지ᅀᅳᆯ 씨니(訓註1). 我ᄂᆞᆫ 내라(月釋序4). 念此月印釋譜ᄂᆞᆫ 先考 所製시니(月釋序15). 嗚呼ᄂᆞᆫ 한숨 디ᇫ ᄒᆞᆫ 겨치라(月釋序23). 巍巍ᄂᆞᆫ 놉고 클 씨라(月釋1:1). 그리메ᄂᆞᆫ 므렛 ᄃᆞᄅᆞᆯ 니ᄅᆞ시니라:影謂水月(楞解2:84). 世尊ᄂᆞᆫ 부텻 別名이시니(龜鑑上4). 니시ᄂᆞᆫ 양양부 사ᄅᆞᆷ이니 유혹 니덕유의 ᄯᆞᆯ이라:李氏襄陽府人幼學李德裕之女(東新續三綱. 孝7:46).

-·ᄂᆞᆫ 어미 -는. ☞-는 ¶ ᄂᆞᄆᆞᆫ 즐기ᄂᆞᆫ 나ᄅᆞᆯ 아니 즐겨:人樂之日我獨不樂(龍歌92章). 부텻긔로 가ᄂᆞᆫ 저긔(釋譜6:19). 供養 恭敬 尊重 讚歎ᄒᆞᄂᆞ니와(釋譜23:5). 그 塔이 震旦國에 잇ᄂᆞ니도 열아호비니(釋譜24:25). ᄂᆞᄂᆞᆫ 거시며 므렛 거시며(月釋1:11). 輪迴ᄅᆞᆯ 벗디 몯ᄒᆞᄂᆞᆫ 根源일씨(月釋1:12). 히 처ᅀᅥᆷ 나ᄂᆞᆫ ᄶᅡ히라(月釋1:24). 象兵은 ᄀᆞᄅᆞ쳐 싸오매 브리ᄂᆞᆫ 고키리오(月釋1:27). 믈읫 아롬 잇ᄂᆞᆫ 거시:凡有知者(圓覺序2). ᄇᆞᆰ디 몯ᄒᆞᄂᆞᆫ 젼ᄎᆞ로:不明故(楞解1:77). ᄠᅵ 절로 업ᄂᆞᆫ 젼ᄎᆞ로:垢自無故(楞解1:77). 城郭ᄋᆞᆯ 젯ᄂᆞᆫ 지비 일어늘(初杜解7:1).

-ᄂᆞᆫ 어미 -는가. ¶ 遲遲澗畔을 어듸 두고 예와 섯ᄂᆞᆫ(古時調. 솔아 삼긴 솔아. 靑丘). 네 벗인 줄 엇디 아ᄂᆞᆫ(松江. 關東別曲).

-ᄂᆞᆫ·가 어미 -는가. ☞-ㄴ가 ¶ 비론 바ᄅᆞᆯ 엇뎨 좌시ᄂᆞᆫ가(月印上44). 妙法을 닐오려 ᄒᆞ시ᄂᆞᆫ가(釋譜13:25).

-ᄂᆞᆫ·고 어미 -는고. ☞-ㄴ고 ¶ 므ᄉᆞ 이ᄅᆞᆯ 겻고오려 ᄒᆞᄂᆞᆫ고(釋譜6:27). 이리 니ᄅᆞ시ᄂᆞᆫ고 ᄒᆞ며(法華1:163).

-ᄂᆞᆫ고나 어미 -는구나. ¶ 네 독별이 모르ᄂᆞᆫ고나:你偏不理會的(老解上24). 애 진실로 ᄀᆞ장 영노술갑다 곳 아ᄂᆞᆫ고나:咳眞箇好標

致便猜着了(朴解上14).

-ᄂᆞᆫ고야 어미 -는구나. ☞-는고야. -ㄴ고야 ¶瑞光千丈이 뵈ᄂᆞᆫ ᄃᆞᆺ 숨ᄂᆞᆫ고야(松江. 關東別曲). 汗出沾背ᄒᆞᄂᆞᆫ고야(萬言詞).

-ᄂᆞᆫ·다 어미 -느냐. -는가. ☞-는다 ¶혜ᄂᆞᆫ다 모ᄅᆞᄂᆞᆫ다(釋譜6:8). ᄂᆞ미 무로ᄃᆡ 므스글 얻ᄂᆞᆫ다(月釋1:36). ᄂᆞᆷ 즁 ᄠᅳ디 이실씨 가져가니 엇데 잡ᄂᆞᆫ다(月釋2:13). 信ᄒᆞᄂᆞᆫ다 아니 ᄒᆞᄂᆞᆫ다(月釋9:46). 天龍鬼神ᄋᆞᆯ 보ᄂᆞᆫ다(月釋21:13). 覺圓上座ᄂᆞᆫ 아ᄂᆞᆫ다 모ᄅᆞᄂᆞᆫ다:覺圓上座覺也未(蒙法12). 이제 어드러 가ᄂᆞᆫ다:如今那裏去(飜老上1). ᄂᆞᆯ우츠며 ᄀᆞᆯ외요ᄆᆞᆫ 누를 爲ᄒᆞ야셔 雄ᄒᆞᆫ 양ᄒᆞᄂᆞᆫ다:飛揚跋扈爲誰雄(重杜解21:34). 어셔 먹어라 대비 ᄭᅮ지즈니 셜워 아니 먹ᄂᆞᆫ다(癸丑196). 風雲을 언제 어더 三日雨ᄅᆞᆯ 디련ᄂᆞᆫ다(松江. 關東別曲). 솔아 너ᄂᆞᆫ 얻디 눈서리ᄅᆞᆯ 모ᄅᆞᄂᆞᆫ다(古時調. 尹善道. 더우면 곳. 孤遺). 어나닷 환졀ᄒᆞ야 봄빗출 지촉ᄂᆞᆫ다(思鄕曲).

-ᄂᆞᆫ뎌 어미 -는구나. ☞-ㄴ뎌. -논뎌 ¶孔子ㅣ ᄀᆞᄅᆞ샤ᄃᆡ 이 詩 지은 사ᄅᆞᆷ이여 그 도리ᄅᆞᆯ 아ᄂᆞᆫ뎌(飜小6:1).

ᄂᆞᆫ되 명 분디. ☞난듸 ¶秦椒:분디 여름 又云 ᄂᆞᆫ되(東醫 湯液三 木部).

-ᄂᆞᆫ디라 어미 -는구나. ☞-ㄴ디라 ¶동셩을 건너ᄂᆞᆫ디라(太平1:1). 得否ᄅᆞᆯ 아디 못ᄒᆞᄂᆞᆫ디라:不知得否(朴解下11). 오륜 가온대 회 몬져 되ᄂᆞᆫ디라(百行源11).

-ᄂᆞᆫᄃᆡ 어미 -는데. ☞-ㄴᄃᆡ ¶ᄒᆡ ᄯᅩ 이리 느젓ᄂᆞᆫᄃᆡ:日頭又這早晩了(老解上54). ᄒᆞᆯ 양ᄋᆞ로 ᄒᆞ엿ᄂᆞᆫᄃᆡ(新語6:18).

-ᄂᆞᆫᄯᅩ다 어미 -는구나. ☞-놋도다 ¶請ᄒᆞ시ᄂᆞᆫᄯᅩ다(重內訓3:56). 우리 몸을 노로ᄂᆞᆫᄯᅩ다(捷蒙2:3).

-ᄂᆞᆫ졔고 어미 -는구나. ☞-ㄴ졔고 ¶긴 소릐 져른 소릐 切切이 슬흔 소릐 졔 혼ᄌᆞ 우러 예어 紗窓 여윈 잠을 살ᄯᅳᆯ이 ᄭᅵ오ᄂᆞᆫ졔고(古時調. 귀돌이. 靑丘).

ᄂᆞᆫ·호·다 동 나누다. ☞논호다 ¶제 座ᄅᆞᆯ ᄂᆞᆫ호아 안치면(釋譜19:6). 반도 제여곰 ᄂᆞᆫ호며 집도 제여곰 짓더니(月釋1:45). 支ᄂᆞᆫ ᄂᆞᆫ홀 씨라(月釋2:37). 九品에 ᄂᆞᆫ호오ᄃᆡ(月釋13:17). ᄆᆞᆯ곤 거시 일로브터 ᄂᆞᆫ호며:湛由是分(楞解5:13). 區ᄂᆞᆫ ᄂᆞᆫ홀 씨라(楞解7:77). 大章ᄋᆞᆯ ᄂᆞᆫ화 열 門에 ᄆᆡᆼᄀᆞ노라:大章分爲十門(永嘉上2). 定과 亂괘 거리 ᄂᆞᆫ호다:夫定亂分岐(永嘉下1). 判ᄋᆞᆫ ᄂᆞᆫ홀 씨라(圓覺上一之一21). 세 門에 ᄂᆞᆫ화 ᄆᆡᆼᄀᆞ노니(圓覺上一之一76). 寰宇에 ᄂᆞᆫ횃는 國邑이라(圓覺下二之一49). ᄂᆞᆫ호매 해 가죠ᄆᆞᆯ 求티 말며:分毋求多(宣賜內訓1:8). 주신 두 부들 ᄂᆞᆫ호미 맛당커늘:合分雙賜筆(杜解3:55). 雜고즌 이플 ᄂᆞᆫ화 비취옛고:雜花分戶映(初杜解7:34). ᄆᆡ햇 ᄃᆞ리ᄂᆞᆫ 子細히 ᄂᆞᆫ횃고:野橋分子細(初杜解16:44). 淸切호ᄆᆞᆯ ᄂᆞᆫ화실시(初杜解21:10). 汁과 즈ᅀᅴ와ᄅᆞᆯ ᄂᆞᆫ호도소니:分汁滓(初杜解22:20). ᄂᆞᆫ홀 분:分(訓蒙下34. 類合上1. 石千16). 陜 근심을 ᄂᆞᆫ화 맛디시므로브터(警民序2). ᄂᆞᆫ화 벼로다:按人派分(同文解下27). ᄒᆞᆫ몸 둘헤 ᄂᆞᆫ화 夫婦를 삼기실샤(古時調. 鄭澈. 松江). ᄂᆞᆷ이야 숨ᄭᅮ지 너긴들 ᄂᆞᆫ화 볼 줄 이시랴(古時調. 金光煜. 江山 閑雅. 靑丘). 업ᄂᆞᆫ 거ᄉᆞᆫ 어더 오고 잇ᄂᆞᆫ 거ᄉᆞᆫ ᄂᆞᆫ화 ᄒᆞ시(答思鄕曲). 千里ᄅᆞᆯ 限隔ᄒᆞ야 疆域을 ᄂᆞᆫ홧거든(曺友仁. 出塞曲). 혹 문을 ᄂᆞᆫ호며 호ᄅᆞᆯ 할ᄒᆞ야(百行源18). ᄂᆞᆫ홀 별:別(註千14).

ᄂᆞᆫ호막이 명 노느매기. ¶ᄂᆞᆫ호막이에 죠흔 것 가지다:留後手(漢淸8:45).

ᄂᆞᆫ·호이·다 동 나누이다. ☞논호이다. ᄂᆞᆫ회다 ¶믌출이 豕韋氏예셔 ᄂᆞᆫ호여 흐르니:分源豕韋派(初杜解23:34). 오직 君子 小人이 이예 ᄂᆞᆫ호일 ᄲᅮᆫ이 아니라:不惟君子小人於此焉分(宣小5:94). ᄒᆞᆫ ᄒᆡ 만에 도로 ᄂᆞᆫ호이니:一年許還復分散(五倫3:23). 형뎨ᄂᆞᆫ ᄒᆞᆫ 긔운으로 ᄂᆞᆫ호이고(百行源16).

ᄂᆞᆫ회다 동 나누이다. ☞ᄂᆞᆫ호이다 ¶가지와 입히 ᄂᆞᆫ회여 허여뎌시나(警民29).

ᄂᆞᆺ 명 낯. ☞ᄂᆞᆾ. ᄂᆞᆾ ¶손을 들고 ᄂᆞᆺ출 ᄂᆞᄌᆞ기 ᄒᆞ야:上手低面(宣小5:73). 이제 어니 ᄂᆞᆺᄎᆞ로 ᄉᆞ당ᄋᆡ 들어가리오:今何顔入家廟乎(宣小5:80). 지아비 죽거ᄂᆞᆯ ᄂᆞᆺ 싯고 머리 빗기ᄅᆞᆯ 아니 ᄒᆞ고:夫喪不梳洗(東新續三綱. 烈1:54). 아비 보고 붓그려 ᄂᆞᆺ 도라셔 우ᄂᆞ니:見爺背面啼(重杜解1:5). ᄂᆞᆺ 안:顔(倭解上16). ᄂᆞᆺ 면:面(倭解上19). ᄂᆞᆺ 씨슬 관:盥(倭解上44).

ᄂᆞᆺ빗 명 낯빛. ☞ᄂᆞᆾ빗 ¶늘근 어미ᄂᆞᆯ ᄂᆞᆺ빗ᄎᆞ로 치더니:色養老母(東新續三綱. 烈4:73).

ᄂᆞᆺ빛 명 낯빛. ☞ᄂᆞᆾ빗 ¶ᄂᆞᆺ비ᄎᆞᆯ 졍다이 ᄒᆞ니:正色(宣小6:103). ᄂᆞᆺ비ᄎᆞᆯ 변티 아니코 닐오ᄃᆡ:顔色不變曰(東續三綱. 忠2).

·ᄂᆞᆯ 명 ①날〔刃〕. ¶ᄂᆞᆯ히 蓮花ㅣ ᄃᆞ외니(月印上26). 毒이 害티 몯ᄒᆞ며 ᄂᆞᆯ히 헐이디 몯ᄒᆞ며(月釋10:70). 刃은 ᄂᆞᆯ히라(月釋21:75). 剚ᄂᆞᆫ 고기예 ᄂᆞᆯ 고줄 씨라:剚插刃於肉也(楞解8:107). 閻浮提예 ᄒᆞᆫ 바ᄂᆞᆳ ᄂᆞᆯᄒᆞᆯ 셰여:於閻浮提豎一針鋒(圓覺序69). 芥子ㅣ 바ᄂᆞᆳ ᄂᆞᆯ해 맛게 호미:使芥子投於針鋒(圓覺序69). 庖丁의 ᄂᆞᆯᄅᆞᆯ 겨ᄅᆞᆫᄒᆞᄂᆞᆫ(圓覺下二之一9). 갌 ᄂᆞᆯ해 디여 氷霜 ᄀᆞᆮᄒᆞ니ᄅᆞᆯ 십고(初杜解15:19). 보빗 갈히 ᄂᆞᆯ 업스닐(南明上55). ᄂᆞᆯᄒᆞ란 너므 듣겁게 말오:刃兒不要忒(飜朴上16). ᄂᆞᆯ 망:鋩. ᄂᆞᆯ 신:刃(訓蒙下15). ᄂᆞᆯ 봉:鋒. ᄂᆞᆯ 악:鍔(訓蒙中28). 호믹

도 ᄂᆞᆯ히언마ᄅᆞᄂᆞᆫ(樂詞. 思母曲). ᄂᆞᆯ 갈:白鐵刀(譯解下17). ᄂᆞᆯ 인:刃(倭解上40). ᄂᆞᆯ 셰오다:鍚刃(同文解上48). ᄂᆞᆯ 기릐 두 치니:亂刀張二寸(武藝諸1). 손에 죠고만 ᄂᆞᆯ이 업ᄉᆞ니:手無寸刃(五倫1:30).
②열엿 량. 한 근. ¶ᄂᆞᆯ 근:斤 又斧斤又十六兩爲一斤(訓蒙下34).
※'ᄂᆞᆯ'의 첨용[ᄂᆞᆯ / ᄂᆞᆯ히/ᄂᆞᆯᄒᆞᆫ/ᄂᆞᆯᄒᆞᆯ/ᄂᆞᆯ해…

ᄂᆞᆯ 명 날〔經〕. ¶經은 ᄂᆞᆯ히라(楞解7:59). ᄂᆞᆯ와 ᄡᅵ를 어울워 ᄧᅡ시니:經緯合線結織(飜朴上14). ᄂᆞᆯ 위:緯(訓蒙中17). ᄂᆞᆯ 경:經(類合上28. 倭解下10). ᄂᆞᆯ 넛타:打緯(同文解下25). ᄂᆞᆯ 넛타:打緯(譯解補39).

ᄂᆞᆯ 명 날것. ¶ᄂᆞᄅᆞᆯ 머그면 恚를 더으ᄂᆞ니:生啖增恚(楞解8:5). 甘草 ᄒᆞᆫ 兩 ᄂᆞᄅᆞᆯ 사ᄒᆞᆯ오(救急上53). 床애 올이니 半만 ᄂᆞᆯ와 니그니왜로소니:登床半生熟(初杜解16:71). ᄂᆞᄅᆞᆯ 거플와 브르도ᄃᆞᆫ 것 아ᅀᆞ니:生去皮臍(救簡1:40). 감초 반 량 반만 브레 ᄢᅵ오 반만 ᄂᆞᆯ와 거믄 콩 일ᄇᆡᆨ 낫(救簡2:24). 줄기와 ᄂᆞᄅᆞᆯ:莖生者(救簡6:26).

ᄂᆞᆯ 명 나루. ☞ᄂᆞᄅᆞ ¶다 行ᄒᆞᆯ 싸ᄅᆞ미 조ᅀᆞᄅᆞ왼 ᄂᆞᆯ이니:俱爲行者之要津(永嘉序11). 조ᅀᆞᄅᆞ왼 길콰 ᄂᆞᆯᄋᆡ:要路津口(楞解5:68). ᄀᆞᄅᆞᆷ 지븨셔 ᄂᆞᆯ읫 버드를 아쳗고:江閣嫌津柳(初杜解8:39). 사라쇼매 조ᅀᆞᄅᆞ왼 ᄂᆞᆯᄋᆞᆯ 버서나라:生涯脫要津(初杜解11:2). 뫼셔 어즈러이 왯ᄂᆞ닌 眞實로 조ᅀᆞᄅᆞ왼 ᄂᆞᆯ잇 사ᄅᆞ미로다:賓從雜遝實要津(初杜解11:18).

ᄂᆞᆯ 명 날〔日〕. ☞날 ¶그 ᄂᆞᆯ애 과연 거경이와 당에 올라 절ᄒᆞ고(五倫5:4). 여러 ᄂᆞᆯ 館 出入을 몯ᄒᆞ기의(隣語8:10).

ᄂᆞᆯ 명 기슭〔麓〕. 둔덕. ¶긋촌 ᄂᆞᆯ히:麓(仁祖行狀11). 댱능유향 ᄂᆞᆯ희 장ᄒᆞ오니(仁祖行狀42).

ᄂᆞᆯ 관 날〔生〕. ¶ᄂᆞᆯ 죠피:生椒(救簡1:23). ᄂᆞᆯ 숑의맛 불휘:生菖蒲(救簡1:36). ᄂᆞᆯ 감초 너 량(救簡1:101).

-ᄂᆞᆯ 조 -를. ☞-ᄅᆞᆯ ¶뉘 能히 하ᄂᆞᆯ ᄉᆡᄂᆞᆫ ᄃᆡᄂᆞᆯ 기우려뇨:疇能補天漏(杜解11:26). 아비ᄂᆞᆯ 안고 크게 브ᄅᆞ지져 닐오ᄃᆡ:抱父大呼曰(東新續三綱. 孝7:50). 샤공과 ᄇᆡᆺ 혀ᄂᆞᆫ 사ᄅᆞᆷᄃᆞᆯ하 아ᄋᆞ라히 너ᄂᆞᆯ 愛憐ᄒᆞ노니:長年三老遙憐汝(杜解3:32). 보내여 너ᄂᆞᆯ 주마:送將來與你(老解下17). 義ᄂᆞᆯ 브터 무유미:據義而動(重內訓3:36).

·**ᄂᆞᆯ가·래** 명 가래. ☞가래 ¶ᄂᆞᆯ가래:鐵杴(訓蒙中17 杴字註).

·**ᄂᆞᆯ·개** 명 날개. ☞ᄂᆞ래 ¶두 ᄂᆞᆯ개 ᄊᆞᅀᅵ 三百三十六萬里오(月釋1:14). 迦樓羅ᄂᆞᆫ 金ᄂᆞᆯ개라 ᄒᆞᆫ ᄠᅳ디니(月釋1:14). 奮은 새 ᄂᆞᆯ개 티고 ᄲᆞᆯ리 ᄂᆞᆯ 씨라(楞解9:30). 翅ᄂᆞᆫ ᄂᆞᆯ개라(法華1:51). 羽群의 ᄂᆞᆯ갤 펴:若羽群揚翅(永嘉下77). ᄂᆞᆯ개 드노홈을 困호라:羽翮困低昂(重杜解2:44). ᄂᆞᆯ개 ᄆᆞᆯ외노라 고기 잡ᄂᆞᆫ 돌해 ᄀᆞ독ᄒᆞ얏도다:曬翅滿漁梁(初杜解7:5). 새ᄂᆞᆯ개ᄅᆞᆯ 조차 ᄒᆞᆫ 번 서르 디나가미 어렵도다:難隨鳥翼一相過(杜解21:17). ᄂᆞᆯ개 시:翅. ᄂᆞᆯ개 익:翼(訓蒙下6). ᄂᆞᆯ개 펀 ᄃᆞᆺᄒᆞ더시다:翼如也(宣小2:38). ᄂᆞᆯ개:翅(同文解下35).

ᄂᆞᆯ건 명 날것. ☞ᄂᆞᆯ것. ᄂᆞᆯ엇 ¶ᄂᆞᆯ건 ᄉᆡᆼ:生(倭解上48).

ᄂᆞᆯ것 명 날것. ☞ᄂᆞᆯ건 ¶ᄂᆞᆯ것:生的(同文解上60). ᄂᆞᆯ것:生(漢淸12:53).

ᄂᆞᆯ고·기 명 날고기. ¶님금이 ᄂᆞᆯ고기ᄅᆞᆯ 주어시ᄃᆞᆫ:君賜腥(宣賜內訓1:9). 사ᄉᆞᄆᆡ ᄂᆞᆯ고기와 ᄂᆞᆯ죠피와:生鹿肉幷生椒(救簡1:23). 님금이 ᄂᆞᆯ고기ᄅᆞᆯ 주어시든:君賜腥(宣小2:41). ᄂᆞᆯ고기:生肉(譯解上50).

ᄂᆞᆯ기·름 명 날기름. 생유(生油). ¶벌에 귀예 들어든 ᄂᆞᆯ기르믈 귓 안해 처디라:虫入耳以生油滴耳內(救急下44). ᄂᆞᆯ기름 반 홉을:生油半合(救簡2:28).

ᄂᆞᆯᄀᆡ 명 날개. ☞ᄂᆞ래. ᄂᆞᆯ개 ¶ᄂᆞᆯᄀᆡ 익:翼(兒學上2).

·**ᄂᆞᆯ·나·다** 형 ①날래다. ☞ᄂᆞᆯ내다. ᄂᆞᆯ라다 ¶ᄂᆞᆯ난 羅刹 둘히(釋譜23:47). 夜叉ᄂᆞᆫ ᄂᆞᆯ나고 모디다 ᄒᆞᆫ ᄠᅳ디니(月釋1:14). 勇猛코 ᄂᆞᆯ나(金剛序7). 靈利ᄂᆞᆫ ᄂᆞᆯ날 씨라(蒙法6). 셩셩ᄒᆞᆫ ᄂᆞᆯ난 사ᄅᆞᄆᆞᆫ 바ᄅᆞ 드위텨:惺惺靈利直下掀飜(蒙法12). ᄂᆞᆯ날 쥰:儁(訓蒙上34). ᄂᆞᆯ날 용:勇(訓蒙下26).
②날카롭다. ☞ᄂᆞᆯ캅다 ¶그 그르슬 ᄂᆞᆯ나게 코ᅀᅡ:以利其器(圓覺序80). 部曲이 精코 지즈로 ᄂᆞᆯ나니:部曲精仍銳(初杜解24:63).

ᄂᆞᆯ내 부 날래게. 빨리. ¶나비 ᄂᆞᆯ내 ᄃᆞ로ᄆᆞᆯ 기우시 놀라고:側驚猿猱捷(重杜解1:58). ᄂᆞᆯ내 션부ᄅᆞᆯ 보와(敬信13).

ᄂᆞᆯ내다 형 날래다. ☞ᄂᆞᆯ나다 ¶ᄂᆞᆯ내다:便儇(語錄12). 모져라 ᄂᆞᆯ낸 낼싀만정 에헐질 번ᄒᆞ괘라(古時調. 두터비. 靑丘).

ᄂᆞᆯ놈 명 나와 남. 모든 사람. ¶녕녜 다시 코ᄅᆞᆯ 버혀 ᄂᆞᆯ놈이 닐오ᄃᆡ 인싱이 셰간의 잇기(女範3. 뎡녀 조문숙쳐).

ᄂᆞᆯ·다 동 날다. ☞날다 ¶海東 六龍이 ᄂᆞᄅᆞ샤:海東六龍飛(龍歌1章). 빗근 남ᄀᆞᆯ ᄂᆞ라나마시니:于彼橫木又飛越兮(龍歌86章). 虛空ᄋᆞ로 ᄂᆞ라오ᄃᆡ 아니코(釋譜23:40). ᄀᆡᄂᆞᆫ 거시며 ᄂᆞᄂᆞᆫ 거시며(月釋1:11). ᄂᆞᆯ며 ᄃᆞ모ᄆᆞᆯ 좃ᄂᆞ니:逐其飛沉(楞解4:26). 想ᄋᆞᆯ 가진 젼ᄎᆞ로 ᄂᆞ로ᄃᆡ:帶想故飛擧(楞解8:75). 經文에 져 ᄂᆞ로ᄆᆞᆯ 몬져 니ᄅᆞ샤ᄆᆞᆫ(圓覺上二之一48). 圓明ᄒᆞ야 ᄀᆞ료미 업서ᅀᅡ 어루 노피 ᄂᆞᆯ며 머리 드러:圓明無碍始可高飛遠擧(蒙

法46). ᄀᆞ마니 부ᄂᆞᆫ ᄇᆞᄅᆞᄆᆡᆫ 져비 빗 ᄂᆞ놋다:微風燕子斜(初杜解7:7). 누니 ᄂᆞᆯ오져 ᄒᆞ놋다:雪欲飛(初杜解8:15). 시혹 鸞鳥ᄅᆞᆯ 타 하ᄂᆞᆯ해 ᄂᆞ어ᄂᆞᆯ:或驂鸞登天(初杜解8:58). ᄂᆞᄂᆞᆫ 벌어질 잡노라 사ᄅᆞᄆᆞᆯ ᄀᆞ라티ᄂᆞ다:更接飛蟲打著人(杜解10:7). 그려기 ᄂᆞᆫ ᄂᆞ로ᄆᆞᆯ ᄉᆞ랑ᄒᆞ고(金三2:6). ᄂᆞᆯ 비:飛(訓蒙下3. 類合上13. 石千19. 倭解下22). ᄂᆞ라 오를 힐:翓. ᄂᆞ라 ᄂᆞ릴 항:翃(訓蒙下6).
※ᄂᆞᆯ다>날다

ᄂᆞᆯ·다 [동] 날다. 피륙이나 돗자리 같은 것을 짜려고 날을 칸 고르게 길게 늘이다. ¶뵈 ᄂᆞᆯ 싐:紝(訓蒙下19).

ᄂᆞᆯ디새 [명] 날기와. ¶ᄂᆞᆯ디새 비:坯 俗呼瓦未燒者曰坯瓦(訓蒙中18).

ᄂᆞᆯ·디황 [명] 생지황(生地黃). ¶ᄂᆞᆯ디황 불휘 굴그니:生地黃肥者(救簡2:104).

ᄂᆞᆯ라다 [형] 날래다. 날카롭다. ☞ᄂᆞᆯ나다 ¶ᄂᆞᆯ랄 용:勇(類合下1). ᄂᆞᆯ랄 쳡:捷. ᄂᆞᆯ랄 예:銳(類合下30). 계ᄇᆡᆨ이 그 졈고 ᄯᅩ ᄂᆞᆯ라ᄆᆞᆯ ᄉᆞ랑ᄒᆞ야:階伯愛其少且勇(東新續三綱. 忠1:8). 일홈은 능산이라 커셔 ᄂᆞᆯ라고 용긔 잇더니:名能山長有武勇(東新續三綱. 忠1:15). 내 ᄒᆞᆫ낫 산깁 젹삼 ᄲᅢᆯ고 다시 ᄲᅡ라 되나 된 벼틔 ᄆᆞᆯ뢰고 다료이 다려 ᄂᆞᄂᆞᆫ ᄃᆞᆺ ᄂᆞᆯ란 엇게예 거러 두고 보쇼셔(古時調. 鄭澈. 松江).

ᄂᆞᆯ래 [부] 날래게. ¶ᄒᆞ나ᄒᆞᆫ 처엄 돈기를 ᄂᆞᆯ래 셩히 ᄶᅵ턴 ᄃᆞᆺᄒᆞ니오(痘要上49).

ᄂᆞᆯ리다 [동] 날리다〔飛〕. ¶沙石 ᄂᆞᆯ리ᄂᆞᆫ 호로래ᄇᆞ람:羊角風(譯解上1). 니 좃차 ᄂᆞᆯ리ᄂᆞᆫ 거믜양:黑烟子(譯解上54).

ᄂᆞᆯ리 [명] 날개. ☞ᄂᆞ래 ¶ᄂᆞᆯ리:翅(漢淸13:60).

ᄂᆞᆯ:뮈·다 [동] 날아 움직이다. ¶ᄂᆞᆯ뮈ᄂᆞᆫ ᄠᅳ든 霹靂도 것그리로다:飛動摧霹靂(初杜解16:2). 슬픈 ᄇᆞᄅᆞ미 ᄂᆞᆯ뮈ᄂᆞᆫ ᄃᆞᆺᄒᆞ니:慘淡壁飛動(初杜解16:28). ᄂᆞᆯ뮈요매 關係ᄒᆞ고:關飛動(初杜解20:36).

ᄂᆞᆯ:밤 [명] 날밤. ¶ᄂᆞᆯ밤:生栗(救簡3:15).

ᄂᆞᆯ부츠다 [동] 날치다. 날뛰다. ☞ᄂᆞᆯ우츠다 ¶ᄂᆞᆯ부츨 분:奮(類合下39).

ᄂᆞᆯ·ᄠᅱ·다 [동] 날뛰다. ☞ᄂᆞᇗ드다 ¶막대 가지고 ᄂᆞᆯᄠᅱ며 들궤여:持杖鼓譟(宣小6:59). 즐겨 ᄂᆞᆯᄠᅱ다가 인ᄒᆞ야 주그니 그 겨집이 두려 아므리 ᄒᆞᆯ 줄을 몰라 제 집으로 ᄃᆞ라나왓더니(太平1:9).

ᄂᆞᆯᄉ즘싱 [명] 날짐승. ☞ᄂᆞᇗ즁ᄉᆡᆼ ¶ᄂᆞᆯᄉ즘싱 녓ᄂᆞᆫ 우리:串籠(漢淸10:29).

·ᄂᆞᆯ살 [명] 나는 화살〔矢〕. ¶箭은 ᄂᆞᆯ사리라(月釋21:74).

ᄂᆞᆯᄶᅱ다 [동] 날뛰다. ☞ᄂᆞᆯᄠᅱ다. ᄂᆞᇗ드다 ¶산고기 ᄂᆞᆯᄶᅱ듯 ᄒᆞ더라(癸丑123).

·ᄂᆞᆯ·씨 [명] 날〔經〕과 씨〔緯〕. ¶杭州 치ᄂᆞᆫ ᄂᆞᆯ씨 ᄒᆞᆫ가지오:杭州的經緯相等(飜老下25).

ᄂᆞᆯ·아ᄫᆞ·니 [명] 천한 이. 천인(賤人). ㉮ᄂᆞᆯ압다 ¶늘그니 져므니며 貴ᄒᆞ니 ᄂᆞᆯ아ᄫᆞ니며(月釋21:46). 貴ᄒᆞ며 ᄂᆞᆯ아ᄫᆞ니 업시 얼굴 잇ᄂᆞᆫ 거시 이 시름 免ᄒᆞ리 업도다 ᄒᆞ샤(月釋21:196).

ᄂᆞᆯ·아봄 [형] 천(賤)함. ㉮ᄂᆞᆯ압다 ¶貧窮ᄒᆞ며 ᄂᆞᆯ아보ᄆᆞᆫ 功德財 업수믈 니ᄅᆞ시고(月釋17:14). 이 ᄂᆞᆯ아봄과(月釋21:57).

ᄂᆞᆯ·아온 [형] 천(賤)한. ㉮ᄂᆞᆯ압다 ¶艱難ᄒᆞ고 ᄂᆞᆯ아온 고대 나ᄃᆡ(靈驗15).

ᄂᆞᆯ·아옴 [형] 천(賤)함. ㉮ᄂᆞᆯ압다 ¶貴ᄒᆞ며 ᄂᆞᆯ아옴과:貴賤(法華6:47).

ᄂᆞᆯ·아·이 [부] 천(賤)하게. ¶가ᄇᆡ야이 ᄂᆞᆯ아이 너기며:輕賤(法華2:163). 이ᄂᆞᆫ 가ᄇᆡ야이 ᄂᆞᆯ아이 너기며 믜여 새온 報ㅣ라:此輕賤憎嫉之報也(法華2:165). 나ᄅᆞᆯ ᄂᆞᆯ아이 너굔 젼ᄎᆞ로:輕賤我故(法華6:88).

ᄂᆞᆯ압·다 [형] 천(賤)하다. ¶德 열븐 사ᄅᆞ미 善根올 시므디 아니ᄒᆞ야 貧窮ᄒᆞ며 ᄂᆞᆯ아ᄫᆞ며(月釋17:13). 貧窮ᄒᆞ며 ᄂᆞᆯ아보ᄆᆞᆫ 功德財 업수믈 니ᄅᆞ시고(月釋17:14). 貴ᄒᆞ니 ᄂᆞᆯ아ᄫᆞ니며(月釋21:46). ᄂᆞᆯ아ᄫᆞᆫ 사ᄅᆞ미 ᄃᆞ외오(月釋21:55). 이 ᄂᆞᆯ아봄과(月釋21:57). 艱難ᄒᆞ며 ᄂᆞᆯ아ᄫᆞ며(月釋21:90). ᄯᅩ 普廣아 未來世예 ᄂᆞᆯ아ᄫᆞᆫ 사ᄅᆞᆷᄃᆞᆯ히(月釋21:96). 貴ᄒᆞ며 ᄂᆞᆯ아오며:貴賤(法華1:218). 貴ᄒᆞ며 ᄂᆞᆯ아옴과:貴賤(法華6:47). 艱難ᄒᆞ고 ᄂᆞᆯ아온 고대 나ᄃᆡ(靈驗15). 이제 비록 가난코 ᄂᆞᆯ아온ᄃᆞᆯ:今雖貧賤(宣賜內訓1:73).
※'ᄂᆞᆯ압다'의 활용 [ᄂᆞᆯ압고/ᄂᆞᆯ압디… ᄂᆞᆯ아ᄫᆞᆫ/ᄂᆞᆯ아ᄫᆞ며…

ᄂᆞᆯ애 [명] 날개. ☞ᄂᆞ래. ᄂᆞᆯ개 ¶매 ᄂᆞᆯ애 티ᄃᆞ시 가ᄇᆡ얍고(月釋10:78). ᄂᆞᆯ애 익:翼(類合上13). 곳나모 가지마다 간 ᄃᆡ 족족 안니다가 향 므틴 ᄂᆞᆯ애로 님의 오ᄉᆡ 올므리라(松江. 思美人曲). 예셔 ᄂᆞᆯ애ᄅᆞᆯ 드러 두세번만 븟츠면은(古時調. 鄭澈. 松江). 당지치 다 디게야 ᄂᆞᆯ애ᄅᆞᆯ 고텨 드러(古時調. 鄭澈. 松江). ᄂᆞᆯ애 븟다:搧翅(譯解補47). 왼편 ᄂᆞᆯ애로 티ᄂᆞᆫ 거시라(武藝圖16).

·ᄂᆞᆯ애 [명] 이엉. ☞니영 ¶두푼 ᄂᆞᆯ애 어즈러이 ᄠᅳ드르며:覆苫亂墜(法華2:104).

ᄂᆞᆯ애치다 [동] 날개를 치다. ☞ᄂᆞᆯ애티다 ¶ᄂᆞᆯ애칠 반:弁(註千20).

ᄂᆞᆯ애티다 [동] 날개를 치다. ☞ᄂᆞᆯ애치다 ¶ᄂᆞᆯ애틸 고:翺(類合下39).

ᄂᆞᆯ엇 [명] 날것. ☞ᄂᆞᆯ ¶ᄂᆞᆯ엇과 ᄎᆞᆫ것과:生冷(救簡6:85).

ᄂᆞᆯ·연·장 [명] 날이 있는 연장. ¶빈 ᄌᆞ식을 디오거나 ᄂᆞᆯ연장으로 사ᄅᆞᆷ을 傷ᄒᆞ요거나 ᄒᆞ면:墮胎刃傷人則(警民10).

ᄂᆞᆯ외 [명] 날 오이. ¶ᄂᆞᆯ외:生瓜(救急下49).

놀·외·다 형 천천하다. 더디다. 느리다. ☞날호다 ¶놀외여 또 다ᄉᆞ리디 몯ᄒᆞ리로다:驕蹇不復理(初杜解16:65).

놀우춤 동 날침. 날뜀. ㉮놀우츠다 ¶술위를 미러 외로이 놀우추믈 期望ᄒᆞ노라:推轂期孤騫(重杜解24:3).

놀우·츠·다 동 날치다. 날뛰다. 날리다. ☞놀우치다 ¶놀우츠며 굴외요믄 누를 爲ᄒᆞ야셔 雄ᄒᆞᆫ 양 ᄒᆞᄂᆞ다:飛揚跋扈爲誰雄(重杜解21:34). 놀우처 님그믈 갑ᄉᆞᆸᄂᆞᆫ 모미로다:騫飛報主身(初杜解24:4). 술위를 미러 외로이 놀우추믈 期望ᄒᆞ노라:推轂期孤騫(重杜解24:3).

놀우·치·다 동 날리다. ☞놀우츠다 ¶旌旆ㅣ 다 놀우치놋다:旌旆盡飛揚(初杜解6:27).

놀읏ᄂᆞ다 동 나부끼다. ¶시름ᄒᆞ며 애와텨 ᄆᆞᅀᆞ미 놀읏ᄂᆞ다:憂憤心飛揚(重杜解1:43).

놀·이·다 동 날리다. ☞날리다 ¶모ᄃᆡ 놀이시니:必合驚飛(龍歌88章). 四天王이 더븐 鐵輪을 놀여 보내야(釋譜6:46). 밤낫 겨틔 이셔 모기 놀이며(三綱. 孝31). 므레 놀여:水飛(救急下23). 잢간 燕ㅅ將軍의게 글워를 놀여 보내시니라:聊飛燕將書(重杜解5:7). 錫杖ᄋᆞᆯ 놀여 니건 ᄒᆡ예 ᄀᆞᄋᆞᆳ 사ᄅᆞ믈 울이니:飛錫去年啼邑子(杜解9:20). 아히 열 놀이거늘(南明上38). ᄒᆞ오아 안자셔 風霜 ᄀᆞᆮᄒᆞᆫ 威嚴ᄋᆞᆯ 놀이놋다:獨坐飛風霜(重杜解1:55). 믌ᄀᆞ애 놀이ᄂᆞᆫ 銘旌이 잇도다:湖邊有飛旐(重杜解1:58).

·**놀잠·개** 명 날〔刃〕이 있는 병기(兵器). ☞잠개 ¶모ᄃᆞᆫ ᄃᆡ 이셔 ᄃᆞ토면 놀잠개로 ᄒᆞᄂᆞ니:在醜而爭則兵(宣賜內訓1:46).

놀젓 명 날젖〔生乳〕. ¶쇠 놀젓과(牛疫方4).

놀즘승 명 날짐승. ☞놀즘싱. 놇즘싱 ¶花灼灼 범나븨 雙雙 柳青青 괴ᄭᅩ리 雙雙 놀즘승 길짐승 다 雙雙 ᄒᆞ다마는(古時調. 鄭澈. 松江).

놀즘싱 명 날짐승. ☞놀즘승 ¶花灼灼 범나뷔 雙雙 有青青 ᄭᅬ고리 雙雙 놀즘싱 길버러지(古時調. 鄭澈. 瓶歌). 놀즘싱의 집:巢窩(同文解下36). 놀즘싱에 鳳凰이 이시니(捷蒙1:11).

놀치 명 날치. ¶놀치 도든 사ᄅᆞᆷ:飛膀子(譯解上27).

·**놀카·바** 형 날카로워. ㉮놀캅다 ¶諸根이 聰明코 놀카바 智慧ᄅᆞᄫᆡ며(釋譜9:16).

·**놀카·ᄫᆞᆫ** 형 날카로운. ㉮놀캅다☞놀카온 ¶엄니 밧긔 내와ᄃᆞ니 놀카ᄫᆞᆫ 놀히 갈 ᄀᆞᆮᄒᆞᆫ 것ᄃᆞᆯ히 罪人ᄃᆞᆯ홀 모라 모딘 즁ᄉᆡᆼ이게 갓가비 가게 ᄒᆞ며(月釋21:24).
※놀카ᄫᆞᆫ>놀카온>날카로운

·**놀카·온** 형 날카로운. ㉮놀캅다 ¶山岳ㅣ 놀카온 ᄃᆡ 사겨 잇도다:追琢山岳鋭(杜解24:26).

·**놀카·이** 부 날카롭게. ¶그 精ᄒᆞᆫ ᄉᆞ랑ᄋᆞᆯ 놀카이 ᄒᆞ야:鋭其精思(楞解9:86).

·**놀캅·다** 형 날카롭다. ☞놀나다 ¶갈ᄀᆞᆮ 놀캅고(月印上59). 다리 굵고 ᄡᅳ리 놀캅더니(釋譜6:32). 톱과 엄괘 놀캅고(釋譜6:33). 놀카ᄫᆞᆫ 根은 ᄒᆞ나 듣ᄌᆞᆸ고 즈므늘 알오(月釋13:50). 밉고 놀캅다 ᄒᆞ샤(法華1:130). ᄇᆞᆯᄀᆞ며 놀카와:明利(法華6:65). 가비얍고 놀카오시며(法華7:20). 구틔여 이비 ᄀᆞᆯᄒᆡ나며 말ᄉᆞ미 놀카오미 아니오:不必辨口利辭也(宣賜內訓1:14). 구든 甲 닙고 놀카온 兵器를 자바 西極을 티니:被堅執鋭略西極(重杜解5:38). 놀카온 갈히 ᄀᆞᅌᆳ 터리를 當ᄒᆞᆫ ᄃᆞᆺ도다:利器當秋毫(重杜解8:57). 치위 ᄉᆞᆯ홀 ᄇᆞ리ᄂᆞᆫ ᄃᆞᆺᄒᆞᆫ 北녁 ᄇᆞᄅᆞ미 놀캅도다:寒刮肌膚北風利(杜解10:40). 놀카온 갈와 도최를 맛나도(南明上40). 놀카올 리:利(光千39). 입 놀카올 첨:憸(類合下34).
※'놀캅다'의 활용 ┌ 놀캅고/놀캅게/놀캅도다… └ 놀카ᄫᆞᆫ/놀카바…

놀콘ᄒᆞ다 형 나른하다. ☞ᄂᆞ론ᄒᆞ다 ¶놀콘홀 날:爾茶(類合下38).

놀틀 명 베날 틀. ¶놀틀 샹:經架(物譜 蠶績).

놀티 명 날치. 비어(飛魚). ☞날티 ¶놀티 샹:䲛(詩解 物名15).

·**놀·해** 명 날〔刃〕에. 〔ㅎ 첨용어 '놀'의 부사격(副詞格).〕 독놀 ¶芥子ㅣ 바ᄂᆞᆯ 놀해 맛게 호미:使芥子投於針鋒(圓覺序69).

·**놀·히** 명 날이. 〔ㅎ 첨용어 '놀'의 주격(主格).〕 독놀 ¶毒이 害티디 몯ᄒᆞ며 놀히 헐이디 몯ᄒᆞ며(月釋10:70).

·**놀·홀** 명 날을. 〔ㅎ 첨용어 '놀'의 목적격(目的格).〕 독놀 ¶閻浮提예 ᄒᆞᆫ 바ᄂᆞᆯ 놀홀 셰여:於閻浮提豎一針鋒(圓覺序69).

놁·다 형 낡다. ☞낡다 ¶놀ᄀᆞᆫ 옷 니버(月印上57). 놀ᄀᆞ니어나 허니를 맛나ᄃᆞᆫ(月釋21:146). 오라 놁다 니ᄅᆞ시고:日久故(法華2:105). 놀근 활시울:故弓絃(宣賜內訓2下51). 오시 놀ᄀᆞ니:衣故(初杜解20:26). 亭子ᄂᆞᆫ 놀가 ᄀᆞᄅᆞᆯ 띄챗도다:亭古帶蒹葭(初杜解21:28). 놀ᄀᆞᆫ 소옴 온:縕(訓蒙中24). 念念에 놁ᄂᆞᆫ ᄃᆞᆯ 아ᄂᆞᆫ다(龜鑑上20). 놀글 고:故(石千35). ᄉᆞ시 의복을 지어 새로 ᄲᅥ 놀ᄀᆞᆫ니를 ᄀᆞ라:造四時衣服以新替舊(東新續三綱. 烈2:29). 놁다:舊了(同文解上56). 놁은 견막이(癸丑122). 놁은 살ㅅ대 닥다:打磨見新(漢淸5:18).

놃·드·다 동 날뛰다. ☞놀ᄯᅳ다. 놃ᄯᅳ다 ¶強盜 스므나ᄆᆞ니 막대 들오 놃드며 소리 더ᄅᆞ고:有強盜數十持杖鼓譟(飜小9:64). 닌상이ᄂᆞᆫ 너를 보고 언머나 반겨 놃드던고(諺

簡69 仁宣王后諺簡). 주검을 어르ᄆᆞᆫ지고 울며 ᄂᆞᆲ드며 닐오ᄃᆡ:撫屍哭擗曰(東新續三綱. 烈8:71). 우리 다 ᄂᆞᆲ드며 이제야 다 사라 환도 ᄒᆞ오실 날이 이시로다(癸丑67). 고기 믓히 ᄂᆞᆲ드다:䱍跰(漢淸14:48).

ᄂᆞᆲᄠᅳ다 동 날뛰다. ¶언머 惡物의 ᄂᆞᆲᄠᅳᆷ을 만나시리오:逢多少惡物刀蹶(朴解下4).

ᄂᆞᆲᄯᅱ다 동 날뛰다. ☞ᄂᆞᆲ드다. ᄂᆞᆲᄠᅳ다 ¶ᄂᆞᆲᄯᅱ며 소릐 지르다:跳嚷(漢淸3:4).

ᄂᆞᆶᄃᆞᄅᆞ미 명 날다람쥐. ☞ᄂᆞᄂᆞᆫᄃᆞ라미 ¶鼯ᄂᆞᆫ ᄂᆞᆶᄃᆞᄅᆞ미오(楞解8:119).

ᄂᆞᆶ즁ᄉᆡᆼ 명 날짐승. ☞ᄂᆞᆯ즘승. ᄂᆞᆯ즘ᄉᆡᆼ ¶禽은 ᄂᆞᆶ즁ᄉᆡᆼ이라(月釋21:113).

·ᄂᆞᆷ 명 ①남. ¶三韓ᄋᆞᆯ ᄂᆞᄆᆞᆯ 주리여:維此三韓肯他人任(龍歌20章). ᄂᆞᄆᆞᆫ ᄠᅳᆮ 다ᄅᆞ거늘:他則意異(龍歌24章). ᄂᆞ미 오ᄅᆞ리잇가:誰得能陟(龍歌48章). 置陣이 ᄂᆞᆷ과 다ᄅᆞ샤:置陣異他(龍歌51章). 부러 ᄂᆞᄆᆞᆯ 뵈시니:示人孔昭(龍歌68章). ᄂᆞᄆᆞᆫ 仇讐ㅣ라 커늘:人謂讐也(龍歌77章). ᄂᆞᆷ이 나아간ᄃᆞᆯ 百姓ᄃᆞᆯ히 ᄂᆞᆷᄋᆞᆯ 다 조ᄎᆞ니(月印上4). ᄂᆞᄆᆡ 나랏 그를 제 나랏 글로 고텨 쓸 씨라(釋譜序6). ᄂᆞᄆᆡ란 분별 아니코 제 몸ᄲᅮᆫ 됴히 츄미라(釋譜13:36). ᄂᆞᆷᄃᆞ려 닐오ᄃᆡ(釋譜19:6). 그위실 아니 ᄒᆞ고 ᄂᆞᆷ 글 ᄀᆞᄅᆞ치고 이셔:隱居教授(三綱. 孝15 王裒廢詩). 나 알오 ᄂᆞᆷ조쳐 알욀 씨라(月釋1:8). 샹녜 ᄂᆞᄆᆡ게 求ᄒᆞ야(楞解9:74). 騏驥ㅅ 삿기ᄂᆞᆫ ᄂᆞᄆᆡ게 다ᄅᆞ니:騏驥兒尤異(初杜解8:19). ᄂᆞᄆᆡ게 미츠면(金三2:20). 벼슬 아니코 살며셔 ᄂᆞᆷ 글 ᄀᆞᄅᆞ치기 ᄒᆞ야:隱居教授(飜小9:27). 이제야 ᄂᆞᆷ 괴려 ᄒᆞ야 녜 벗 말고 엇디리(古時調. 鄭澈. 내 말 곳텨. 松江). 일이 됴흔 世界 ᄂᆞᆷ 대되 다 뵈고져(松江. 關東別曲). 나남즉 ᄂᆞᆷ 대되 그는 아무ᄧᅩ로나 견듸려니와(古時調. 가슴에 궁글. 青丘). ᄂᆞᆷ 더되 ᄒᆞᄂᆞᆫ 투기를 아니 ᄒᆞᆫ다(閑中錄114).
②사람. 놈. ☞놈 ¶게으른 ᄒᆞᆫ ᄂᆞ미 서르 ᄀᆞᄅᆞ쳐(月釋1:45).

ᄂᆞᆾ 명 낯. ☞ᄂᆞᆽ ¶네 이제 머리 셰며 ᄂᆞᆾ 삷쥬믈 슬ᄂᆞ니:汝今自傷髮白面皺(楞解2:9). 거우루엣 骨肉ㅅ ᄂᆞᆾ ᄀᆞᆮ고:如鏡中骨之面(圓覺上一之一47). ᄂᆞᆾ 양ᄌᆞᄂᆞᆫ 늘근 한아비 ᄃᆞ외옛도다:顏狀老翁爲(杜解21:31). 이 엇던 ᄂᆞᆾ고 여겨(南明下2). 내 ᄂᆞᆾ 시서지라(飜老上60. 老解上55). ᄂᆞᆾ 안:顏. ᄂᆞᆾ 면:面(訓蒙上24). ᄂᆞᆾ 렴:臉(訓蒙上25). ᄂᆞᆾ 시슬 관:盥(訓蒙下11). ᄂᆞᆾ 면:面(石千18). ᄂᆞᆾ 안:顏. ᄂᆞᆾ 면:面(類合上20). 머리 빗기 ᄂᆞᆾ 싯기ᄅᆞᆯ 아니 ᄒᆞ고:不梳洗(東新續三綱. 孝7:55). ᄂᆞᆾ 싯다:洗臉(譯解上47). ᄂᆞᆾ:臉(同文解上14). ᄂᆞᆾ 고은 빗:姿色(同文解上18). ᄂᆞᆾ 싯다:洗臉(同文解上54). 面曰捺翅(雞類).
※ᄂᆞᆾ(ᄂᆞᆽ)>낯

ᄂᆞᆽ가·ᄫᅵ 부 나지리. 낮게. ☞ᄂᆞᆽ가이 ¶比丘란 노피 안치시고 王ᄋᆞᆫ ᄂᆞᆽ가ᄫᅵ 안ᄌᆞ샤(月釋8:91). 내 노포라 ᄒᆞ릴 맛나ᄃᆞᆫ ᄂᆞᆽ가ᄫᅵ 브리ᅀᆸ 報ᄅᆞᆯ 니ᄅᆞ고(月釋21:67).

ᄂᆞᆽ가·ᄫᆞᆫ 형 낮은. ㉮ᄂᆞᆽ갑다 ¶平聲은 ᄆᆞᆺ ᄂᆞᆽ가ᄫᆞᆫ 소리라(訓註14).

·ᄂᆞᆽ가·오·니 명 낮은 것. ☞ᄂᆞᆽ갑다. 노ᄑᆞ니 ¶이 法이 平等ᄒᆞ야 노ᄑᆞ니 ᄂᆞᆽ가오니 업스니:是法平等無有高下(金剛下30).

ᄂᆞᆽ가·온 형 낮은. ㉮ᄂᆞᆽ갑다 ☞ᄂᆞᆽ가ᄫᆞᆫ ¶나모 ᄂᆞᆽ가온 가지로 집 일워자라:卑枝成屋椽(楞解1:12). 봄비ᄎᆞᆫ 노ᄑᆞᆫ ᄃᆡ ᄂᆞᆽ가온 ᄃᆡ 업거늘:春色無高下(金三2:12). 뫼햇 즁이 노ᄑᆞᆫ ᄃᆡ ᄂᆞᆽ가온 ᄃᆡ 사ᄂᆞᆺ다:山僧高下居(重杜解9:18).

ᄂᆞᆽ가·올 형 낮을. ㉮ᄂᆞᆽ갑다 ¶ᄂᆞᆽ가올 비:卑(訓蒙下26).

ᄂᆞᆽ가·옴 형 낮음. ㉮ᄂᆞᆽ갑다 ¶山川 溪谷ᄋᆡ 노ᄑᆞ며 ᄂᆞᆽ가옴 이쇼ᄆᆞᆫ:而有山川溪谷之高下(法華3:9). 蓮花峯의 ᄂᆞᆽ가오ᄆᆞᆯ 우ᅀᅳ며:笑蓮花卑(重杜解1:21). 벼스릐 ᄂᆞᆽ가오ᄆᆞᆯ 苦로이 너기놋다:苦官卑(初杜解21:31).

ᄂᆞᆽ가·이 부 나지리. 낮게. ☞ᄂᆞᆽ가ᄫᅵ ¶ᄂᆞᆽ가이 너기디 아니ᄒᆞ며(金剛上36). 모ᄆᆞᆯ ᄂᆞᆽ가이 ᄒᆞ며:卑躬(宣賜內訓2上2). ᄆᆞᅀᆞᄆᆞᆯ ᄂᆞᆽ가이 ᄒᆞ야(六祖中31). 大凡 ᄆᆞᅀᆞᆷ ᄂᆞᆽ가이 ᄡᅳᄂᆞᆫ 사ᄅᆞᄆᆞᆫ:凡有下心者(龜鑑下40). 믈읫 字ㅅ 音의 놉ᄂᆞᆽ가이를:凡字音高低(宣小凡例2).
※ᄂᆞᆽ가ᄫᅵ>ᄂᆞᆽ가이

ᄂᆞᆽ가족 명 낯가죽. ☞ᄂᆞᆾ갓 ¶ᄂᆞᆽ가족 둗겁다:皮臉(漢淸8:33). 모든 군ᄉᆡ 그 ᄂᆞᆽ가족을 벗기고 가니(五倫3:52).

ᄂᆞᆽ·갑·다 형 낮다〔低〕. ¶上聲은 처ᅀᅥᆷ미 ᄂᆞᆽ갑고 乃終이 노ᄑᆞᆫ 소리라(訓註13). 平聲은 ᄆᆞᆺ ᄂᆞᆽ가ᄫᆞᆫ 소리라(訓註14). 시혹 사ᄅᆞ미 ᄃᆞ외오도 ᄂᆞᆽ가ᄫᆞᆫ ᄂᆞ미 죠이 ᄃᆞ외야(釋譜9:16). 노ᄑᆞ니 ᄂᆞᆽ가ᄫᆞ니 업더니(月釋1:42). ᄀᆞ장 드러치니 노ᄑᆞ며 ᄂᆞᆽ가ᄫᆞᆫ ᄃᆡ 업스며(月釋2:33). 놉도 ᄂᆞᆽ갑도 아니 ᄒᆞ샤(月釋2:58). 低ᄂᆞᆫ ᄂᆞᆽ가ᄫᆞᆯ 씨라(月釋10:79). 艱難ᄒᆞ며 ᄂᆞᆽ가온 즐겁디 아니ᄒᆞᆫ ᄧᅡ해 나디 아니ᄒᆞ리라:不生貧窮下賤不可樂處(楞解7:50). ᄠᅳ디 ᄂᆞᆽ가와 사오나오ᄆᆞᆯ:志意下劣(法華2:204). ᄂᆞᆽ가와 더러우며:卑陋(圓覺下三之一19). 나모 ᄂᆞᆽ가온 가지로 집 일워자라:卑枝成屋椽(重杜解1:12). 蓮花峯의 ᄂᆞᆽ가오ᄆᆞᆯ 우ᅀᅳ며:笑蓮花卑(重杜解1:21). 새지비 ᄀᆞ장 ᄂᆞᆽ갑고 져고ᄆᆞᆯ 니기 아라:熟知茅齋絶低小(初杜解10:7). 봄비ᄎᆞᆫ 노ᄑᆞᆫ ᄃᆡ ᄂᆞᆽ가온 ᄃᆡ 업거늘(金三2:12). 窮子ㅣ ᄠᅳ디 ᄂᆞᆽ갑고 사오나올시:窮子志意下劣(金三3:25). ᄂᆞᆽ가올 비:卑(訓蒙下26). ᄂᆞᆽ가온

사ᄅᆞᆷ(譯解上27).
※'ᄂᆞᆺ갑다'의 활용 ┌ ᄂᆞᆺ갑고/ᄂᆞᆺ갑도…
└ ᄂᆞᆺ가ᄫᆞᆫ/ᄂᆞᆺ가ᄫᆞ니/ᄂᆞᆺ가ᄫᅡ…

ᄂᆞᆺ갓 명 낯가죽. 얼굴 가죽. ☞ᄂᆞᆺ가족. ᄂᆞᆺ갗 ¶번ᄇᆡ의 ᄂᆞᆺ갓 붓그리게 말라:朋友的面皮休教羞了(飜老下46). 벗의 ᄂᆞᆺ갓ᄎᆞᆯ 붓그업게 말라(老解下41). ᄂᆞᆺ갓:面皮(譯解上33).

ᄂᆞᆺ곳 명 낯빛. 얼굴빛. 안색(顔色). ☞ᄂᆞᆺ곶. ᄂᆞᆺ곷 ¶일즉 ᄲᆞ른 말이며 과ᄀᆞ른 ᄂᆞᆺ곳ᄎᆞᆯ 아니 ᄒᆞ더니:未嘗疾言遽色(宣小6:102).

ᄂᆞᆺ곳ᄒᆞ다 동 낯빛 변하다. ¶ᄂᆞᆺ곳ᄒᆞ다:皮氣(譯解補24).

ᄂᆞᆺ곶 명 낯빛. 얼굴빛. 안색(顔色). ☞ᄂᆞᆺ곳. ᄂᆞᆺᄭᅩᆺ ¶舍利弗이 측ᄒᆞᆫ ᄂᆞᆺ고지 잇거늘(釋譜6:36). 날 향ᄒᆞ야 호매 그딋 眞實ㅅ ᄂᆞᆺ고ᄌᆞᆯ 보노라:於我見子眞顔色(初杜解16:61).

ᄂᆞᆺ곷 명 낯빛. 얼굴빛. 안색(顔色). ☞ᄂᆞᆺ곳. ᄂᆞᆺ곶 ¶ᄉᆞ므나ᄆᆞᆫ ᄒᆡᄅᆞᆯ 어미 셤교ᄃᆡ 노ᄒᆞᆫ ᄂᆞᆺ고ᄎᆞᆯ 집 사ᄅᆞ미 몯 보더니:事母數十年家人未見其有忿恚之色(重三綱.孝26 孝肅). 寬이 ᄂᆞᆺ고ᄎᆞᆯ 달이 아니 ᄒᆞ야:寬神色不異(飜小10:2).

ᄂᆞᆺ:내·다 동 낯을 내다. ¶ᄂᆞᆺ내야 자바 디니샤:覿面提持(金三2:2).

ᄂᆞᆺ다 형 낮다. ☞ᄂᆞᆽ다 ¶ᄂᆞᆺ고 져므니란:卑幼(警民7). ᄂᆞᆺ다:低阿(同文解上7).

ᄂᆞᆺ·다 동 낫다〔癒〕. 사라지다. ☞ᄂᆞᆽ다 ¶ᄌᆞ조 熨ᄒᆞ면 절로 ᄂᆞᆺᄂᆞ니라:頻熨自消(救急上58). 글혀 시스면 즉재 ᄂᆞᆺᄂᆞ니라:沸淋之卽除(救簡6:48).

-ᄂᆞᆺ다 어미 -는구나. ☞-ᄂᆞᆽ다 ¶아ᄃᆞᆨᄒᆞᆫ ᄀᆞᄂᆞᆫ 비 오ᄂᆞᆺ다:冥冥細雨來(重杜解12:25).

ᄂᆞᆺ덥다 형 무안하다. 낯 뜨겁다. ¶ᄂᆞᆺ더울 란:赧(類合下15).

-ᄂᆞᆺ도다 어미 -는도다. ☞-ᄂᆞᆽ도다 ¶네 비록 나의 웃듬 뎨ᄌᆞ오 집 나건 디 오라도 이ᄅᆞᆯ 모ᄅᆞᄂᆞᆺ도다:汝雖是吾上足弟子出家深遠知事未廣(恩重2). 보미 오매 프리 절로 프ᄅᆞᄂᆞᆺ도다:春來草自靑(龜鑑上5).

ᄂᆞᆺ도라셔·다 동 향하여 돌아서다. ¶담애 ᄂᆞᆺ도라셧디라:面墻而立(宣賜內訓序6).

ᄂᆞᆺ빗 명 낯빛. 얼굴빛. 안색(顔色). ☞ᄂᆞᆺ빛 ¶ᄂᆞᆺ빗ᄎᆞᆯ 整齊ᄒᆞ면 속 ᄆᆞᅀᆞᆷ이 반ᄃᆞ시 공경ᄒᆞᄂᆞ니:顔色整齊中心必式(宣小1:14). ᄂᆞᆺ빗체 온화홈을 ᄉᆡᆼ각ᄒᆞ며:色思溫(宣小3:5). ᄂᆞᆺ빗ᄎᆞᆯ 화히 ᄒᆞ야 ᄀᆡ셜ᄒᆞ야 플며(警民34).

ᄂᆞᆺ빛 명 낯빛. 얼굴빛. 안색(顔色). ☞ᄂᆞᆺ빗 ¶ᄂᆞᆺ비ᄎᆞᆯ ᄀᆞᄌᆞ기 ᄒᆞ며:齊顔色(宣賜內訓1:20). ᄂᆞᆺ비치 히요미 누니라와 더으더니:顔色白勝雪(重杜解1:5). ᄆᆡ상 주렛ᄂᆞᆫ 져믄 아ᄃᆞᄅᆞᆫ ᄂᆞᆺ비치 서의ᄒᆞ도다:恒飢稚子色凄凉(初杜解7:2). ᄲᆞ른 말와 급거ᄒᆞᆫ ᄂᆞᆺ비치 업스며:無疾言遽色(宣小6:121).

ᄂᆞᆺ설다 형 낯설다. ☞설다 ¶ᄂᆞᆺ선 잡사ᄅᆞᆷ을 브리오디 못ᄒᆞ게 ᄒᆞ엿ᄂᆞ니:不得安下面生歹人(老解上43). ᄂᆞᆺ설고 疑心 저은 사ᄅᆞᆷ(淸老3:17).

ᄂᆞᆺᄭᅩᆺ 명 낯빛. 얼굴빛. 안색(顔色). ☞ᄂᆞᆺ곳. ᄂᆞᆺ곷 ¶셩낸 ᄂᆞᆺᄭᅩᆺ:面有嗔色(漢淸6:8).

ᄂᆞᆺ짓다 동 낯빛을 짓다. 정색(正色)하다. ¶孫權이 즉시 ᄂᆞᆺ짓고 니러셔 후당으로 드러가니(三譯3:14). 魯肅이 놀라 ᄂᆞᆺ짓고 니로되(三譯4:2).

ᄂᆞᆺᄎᆞᆯ 명 낯을. ㉠ᄂᆞᆺ ¶처엄의ᄂᆞᆫ ᄂᆞᆺᄎᆞᆯ 보고:始視面(宣小2:14).

ᄂᆞᆺᄎᆡ 명 낯에. ㉠ᄂᆞᆺ ¶ᄂᆞᆺᄎᆡ 살디다:面有紋(同文解上18).

ᄂᆞᇫ양·ᄌᆞ 명 낯 모습. 얼굴 모습. ¶ᄂᆞᇫ양ᄌᆞᄂᆞᆫ 아ᄒᆡᆺ 時節와 엇더뇨:顔貌何如童子之時(楞解2:5). ᄂᆞᇫ양ᄌᆡ ᄒᆞ마 첫 열 서린 時節에셔 늘그며:顔貌已老初十歲時(楞解2:6).

ᄂᆞᆽ·다 동 낫다〔癒〕. 사라지다〔消〕. ☞ᄂᆞᆺ다 ¶브ᅀᅳᆫ ᄃᆡ 즉재 ᄂᆞᄌᆞ리라:腫卽消(救簡2:73). 가마 미틧 거믜영과 소곰과ᄅᆞᆯ ᄀᆞᆮ게 ᄂᆞᆫ화 ᄀᆞᄂᆞ리 ᄀᆞ라 혀 안팟 겨틔 ᄇᆞᄅᆞ면 이ᅌᅳᆨ고 ᄂᆞ자 됴ᄒᆞ리라:消差(救簡2:89).

ᄂᆞᆽ·다 형 낮다〔低〕. ¶ᄂᆞᄌᆞᆯ 비:卑(類合上17. 石千14). ᄂᆞᄌᆞᆯ 뎌:低(類合下48). 庶士:벼ᄉᆞᆯ ᄂᆞ즌 사ᄅᆞᆷ이라(宣小4:46). ᄂᆞ즌 담:坎墻(漢淸9:28).

ᄂᆞᆾ 명 낯. ☞ᄂᆞᆺ ¶닐흐늬 ᄂᆞ치 맛거늘:中七十面(龍歌40章). 각시 ᄢᅮ노라 ᄂᆞᆾ 고ᄫᅵ ᄞᅵ여드라(月印上18). ᄂᆞ출 거우ᅀᆞᄫᆞᆫ들 ᄆᆞᅀᆞᆷ잇ᄃᆞᆫ 뮈우시리여(月印上23). 十一面은 열ᄒᆞᆫ ᄂᆞ치니 열ᄒᆞᆫ ᄂᆞᄎᆡᆺ 觀自在菩薩ㅅ 相ᄋᆞᆯ ᄆᆡᇰᄀᆞ라(釋譜6:44). ᄂᆞ치 두렵고 조호미(月釋2:56). 菩薩ㅅ ᄂᆞᄎᆞᆫ 金色이오(月釋8:35). ᄎᆞᆫ믈로 ᄂᆞᄎᆡ ᄲᅳ려 ᄭᆡ에 ᄒᆞ고(月釋13:18). 부텻 ᄂᆞᄎᆡ 겨시며:在佛面(楞解1:47). 엇데 ᄂᆞᄎᆞᆯ 보디 몯ᄒᆞᄂᆞ뇨:何不見面(楞解1:60). 그 ᄂᆞᄎᆞᆫ 一定히 아ᄒᆡ 나힌 제셔(楞解2:9). ᄂᆞᄎᆞᆯ 도ᄅᆞ혀 보나:反觀其面(楞解9:67). 骨肉ㅅ ᄂᆞᄎᆞᆫ:骨肉之面(圓覺上一之一47). ᄂᆞ치 衰殘ᄒᆞ니 다시 블구믈 肯許ᄒᆞ리아:顔衰肯更紅(楞解9:7). 춤츠ᄂᆞᆫ ᄃᆡ 다시 고지 ᄂᆞᄎᆡ ᄀᆞᄃᆞᆨᄒᆞ야쇼ᄆᆞᆯ 보리니:舞處重看花滿面(初杜解10:1). 늘근 ᄂᆞᄎᆞ란:衰顔(初杜解21:5). 이제 니르리 ᄂᆞᄎᆡ ᄀᆞᄃᆞᆨᄒᆞ니(南明上42). 面曰捺翅(雞類). ※ᄂᆞᆾ(ᄂᆞᆺ)>낯

·ᄂᆡ 명 내. 연기(煙氣). ¶머리 ᄂᆡᄅᆞᆯ 보고 블 잇ᄂᆞᆫ ᄃᆞᆯ 아로미 ᄀᆞᆮ호니(月釋9:7). ᄂᆡ 아니며 블 아니라:非烟非火(楞解5:35). 거믄 ᄂᆡ와 ᄌᆞᄃᆡ 브리 ᄃᆞ외ᄂᆞ니라:爲黑烟紫焰(楞解5:57). 그 야ᅌᅴ ᄂᆡ ᄀᆞᆮᄒᆞ니:其狀如烟(楞解5:57). 다ᄇᆞᆺ 門을 새뱃 ᄂᆡ예 여ᄂᆞ다:蓬門啓曙烟(初杜解22:10). ᄂᆡ ᄢᅵ여 잇ᄂᆞᆫ 프

른 대와:披煙翠竹(飜朴上70). 닉 연:烟(訓蒙下35) 닉 띄예 나온 鶴이 제 기술 더뎌 두고(松江. 星山別曲). 池塘에 비 뿌리고 楊柳에 닉 끼인 제(古時調. 青丘). 닉:火烟(同文解上63). 닉:烟(漢淸10:51). 밤비에 붉근 쏫과 아츰 닉에 프른 버들(古時調. 大東風雅). 닉:煙(柳氏物名五 火). 닉 연:烟(兒學上4).

닉 명 내〔川〕. ☞내 ¶닉 천:川(兒學上3).

닉 명 내. 냄새. ☞내 ¶그어긔 수제 섯드러 잇고 香닉 섯버므러 잇고(月釋23:74). 닉롤 비왓눈 돗훈 향노와(明皇1:38). 닉 츄:臭(兒學下2).

:닉 명 내(內). 안. ¶내 ᄒᆞᆫ롯 內예 八萬四千佛塔올 閻浮提예 셰오져 ᄒᆞ노이다(釋譜24:24). 나랏 內예 王ㅅ 病 곧훈 사ᄅᆞᆷ 어더(釋譜24:50). 忉利天 內예 셜흔세 하ᄂᆞ리 잇ᄂᆞ니(月釋1:20). 國中은 나랏 가온ᄃᆡ니 나랏 內롤 다 니ᄅᆞ니라(月釋2:46). 시혹 伽藍 內예 젼ᄎᆞ 淫欲올 行커나(月釋21:39). ᄀᆞ옰 內예 金銀銅鐵을 모도아(三綱. 忠28). 샹훈병 어든 사ᄅᆞᆷ 닉예 됴티 몯거든(救簡1:105). 그 은을 릭년 아모 ᄃᆞᆯ 닉예 긔훈ᄒᆞ여 가포믈 수에 족게 호리라:其銀限至下年幾月內歸還數足(飜朴上61). 一歲 內예 시절 긔운이 됴화티 아니ᄒᆞ며(簡辟1). 富눈 四海ㅅ 內롤 두샤(宣中17).

닉 대 내가. ☞내 ¶닉 홀로 이러훈가(萬言詞). 져 지은 죄 닉 아던가(萬言詞). 닉 의녀롤 ᄃᆞ리고(閑中錄450).

닉 대 나의. ☞내 ¶이 닉 말씀 드러 보소(萬言詞). 어와 닉 일이야 光陰을 혜어 보니(萬言詞). 힝인도 落淚ᄒᆞ니 닉 가삼 뮈여진다(萬言詞). 네 일을 이롬이냐 닉 일을 이롬이냐(萬言詞). 만슈의 연쇄ᄒᆞ니 닉 근심 먹으문 듯(萬言詞).

닉 수 넷. ¶四皓눈 다삿시요 三仁이 닉히로다(江村晩釣歌).

-닉 어미 -네. ☞-뇌 ¶門ᄶᅡ지 왓삽닉(新語1:1). 鴨綠江 ᄂᆞ린 므리 프른 빗치 젼혀 업닉(古時調. 青丘). 바롬도 쉬여 가고 구롬도 멈쳐 가닉(萬言詞). 산악 갓튼 놉흔 물결 비 머리를 둘러치닉(萬言詞).

-닉 접미 -네. ☞-내 ¶나그내닉 네 이 ᄆᆞᆯ을 풀고져 ᄒᆞᄂᆞ냐:客人們伱這馬要賣麽(老解上62). 判事닉씌로셔(新語4:3). 허술훈 비 가진 分닉눈 모다 조심ᄒᆞ시소(古時調. 鄭澈. 風波에. 青丘). 이보오 벗님닉야 흔드지나 마르되야(古時調. 노프나. 青丘). 아기닉롤 훈 쎠만 ᄀᆞᄅᆞ치지 아니ᄒᆞ시고(閑中錄102). 손님닉게 달여ᄯᅡ가(萬言詞答). 졈으신닉만 이셔셔눈(隣語1:8).

-닉끠 접미 -네게. 〔접미사 '-닉'+부사격조사 '-끠'〕 ¶送使닉끠 入送之米도 料米눈 먹을 만ᄒᆞ오되(隣語1:3). 公닉끠 드려 보내올 거시니(隣語1:29).

닉년 명 내년(來年). ☞릭년 ¶내 닉년의 아ᄃᆞᆯ을 나하 후의 그디 고올히 가 훈 벼슬을 홀 거시니:某明年當有一子後合爲所郡一官(太平1:8). ᄎᆞ마 來年을 기들워 쎌리 말라ᄒᆞ려뇨(重杜解4:4).

닉다 동 내다. 나오게 하다. ¶孔夫子 닉오심은 하늘이 입을 빌어(古時調. 海謠).

닉다 동 내다. ¶겁만 닉셔(閑中錄146).

-닉다 어미 -나이다. ☞-ᄂᆞ이다. -ᄂᆞ이다 ¶극낙 세계로 훈가지로 가게 지극 권ᄒᆞ닉다(普勸文4).

닉닷다 동 내닫다〔疾走〕. ¶치쒸락 ᄂᆞ리쒸락 반겨셔 닉닷고(古時調. 키를 여라문. 瓶歌). 十五步 잘논 길의 닉ᄃᆞ라며 쒸노눈 양(武豪歌).

닉도이 부 아주. ¶模樣을 비슥ᄒᆞ며 뵈되 實은 닉도이 다ᄅᆞ니(隣語1:7).

닉도히 부 담담히. ¶다 닉도히 너겨 즐길 거시 업더라:淡然無所好(飜小10:23). 닉도히:逈然(同文解下48. 漢淸11:53).

닉도ᄒᆞ다 동 내도(來到)하다. ¶환난을 닉도훈 일노 혀다혀 여러 주니(癸丑66).

닉·도ᄒᆞ·다 형 어긋나다. 어그러지다. ¶아비눈 ᄆᆞᅀᆞ미 슌티 아니ᄒᆞ고 어미눈 말소미 올티 아니ᄒᆞ야 인졍에 닉도ᄒᆞ시니:父頑母嚚不近人情(飜小7:3).

닉도ᄒᆞ다 형 담담하다. ¶일졀이 디답지 못ᄒᆞ고 닉도훈 말로 마가 니ᄅᆞ고(三譯4:3).

닉드리다 동 연기를 쐬다. ¶닉드린 가족:燻皮(譯解上46).

닉리다 동 내리다. ¶가븨아온 비단은 츅의 닉리고(女四解3:6).

-닉마눈 어미 -네마는. ¶臙脂粉 잇닉마눈 눌 위ᄒᆞ야 고이 홀고(松江. 思美人曲).

:닉심 명 내심(內心). ¶想온 곧 內心이오 相온 곧 外境이니(楞解4:131).

닉씸 명 연기(烟氣). ¶블에 ᄉᆞ라 ᄂᆞ치 다혀 닉롤 뽀여 미양 닉끼믈 마시라:燒火當面熏之令常吸烟氣(胎要59).

닉·실 명 내일(來日). ☞닉일. 릭실 ¶닉싨 아ᄎᆞᄆᆞᆯ 므던히 너기놋다(南明上40). 닉실 일 녀져:明日早行(飜老上10). 몃 닉시린고:幾箇明日(飜朴上35).

닉·실날 명 내일(來日). ¶닉실나래 훈 ᄉᆞ리를 굴히지버 ᄒᆞ면:明日辨一理(飜小8:36).

닉암시 명 냄새. ☞닉. 내옴새 ¶덥고 검기다 바리고 닉암시 어이하리(萬言詞).

닉약 명 내약(內藥). 내복약(內服藥). ¶병이 잇거든 반ᄃᆞ시 의원을 보내여 무ᄅᆞ시고 닉약으로써 주시더라(仁祖行狀26).

ᄂᆡ외 명 내외(內外). 내외척(內外戚). ¶ 뎡의 부모와 조샹과 ᄂᆡ외 결레 이 뎔의 와 노던 이ᄂᆞᆫ 모ᄅᆞ리 업거ᄂᆞᆯ:禎祖父母叔兄弟中外親族曾遊石甕寺者無不熟識(太平1:35).

ᄂᆡ원 명 내원(內苑). ¶ 엇던 사ᄅᆞᆷ이 무ᄉᆞ일노 남의 집 ᄂᆡ원의 드러온다(落泉1:1).

ᄂᆡ응ᄒᆞ다 동 내응(內應)하다. 내통하다. ¶ ᄀᆞ마니 셩 안해 드러셔 군ᄉᆞᄅᆞᆯ ᄌᆞ모 바다 뫼화 쟝ᄎᆞᆺ ᄂᆡ응ᄒᆞ려 ᄒᆞ더니:潛入城中募聚軍兵將爲內應(東新續三綱. 忠1:77).

ᄂᆡ이다 동 나게 하다. ¶ 하ᄂᆞᆯ은 베풀고 ᄯᅡᇰ은 ᄂᆡ이ᄂᆞ니(女四解4:7).

-ᄂᆡ이다 어미 -나이다. ☞-ᄂᆡᆼ이다 ¶ 아므 일도 업시 완ᄂᆡ이다(新語2:1). 祝願의 일이라 엿ᄌᆞᆸᄂᆡ이다(新語6:7). 이ᄅᆞᆯ 보려 위ᄒᆞ여 ᄉᆞ양을 아니 ᄒᆞᄂᆡ이다(新語6:7). 太醫 여긔 왓ᄂᆡ이다:太醫來這裏(朴解中14).

ᄂᆡ인 명 나인〔內人〕. ¶ 익뎡 사ᄅᆞᆷ 사괴여 ᄂᆡ인 측간의 구멍 ᄯᅮᆲ고(西宮上1).

ᄂᆡ·일 명 내일(來日). ☞ᄂᆡ실 ¶ ᄂᆡ일 ᄂᆞᄆᆡ 구지람 듣ᄂᆞ니라:明日着人罵(飜老上37). 네 ᄂᆡ일 날 ᄃᆞ려가:你明日領我去(飜朴上19). ᄂᆡ일 나래 ᄒᆞᆫ 이를 긔디ᄒᆞ면:明日記一事(飜小8:36). ᄂᆡ일 익:翌(訓蒙下2). ᄂᆡ일 일 녜자:明日早行(老解上9). ᄂᆡ일:明日(譯解上3). ᄂᆡ일 부귀ᄒᆞ리라(五倫2:42).

ᄂᆡ조 명 내조(內助). ¶ 어딘 ᄂᆡ조ᄅᆞᆯ 엇기 젹은 일이 아니라(女範1. 셩후 션인고후).

ᄂᆡᄌᆞ 명 내자(內子). ¶ 先生이 內子의 喪애 신主ᄅᆞᆯ 오직 祖妣의 겨ᄐᆡ(家禮9:12).

:ᄂᆡ·측 명 내칙(內則). 부녀자의 준칙(準則). ¶ 內則에 닐오ᄃᆡ 大凡ᄒᆞᆫ디 子息 나하 여러 어미와 맛당ᄒᆞᆫ 사ᄅᆞᄆᆞᆯ ᄀᆞᆯᄒᆡ요ᄃᆡ:內則曰凡生子擇於諸母與可者(宣賜內訓3:1).

ᄂᆡ치다 동 내쫓다. ☞내티다 ¶ 아ᄂᆡᄅᆞᆯ ᄂᆡ치고쟈 ᄒᆞ거시ᄂᆞᆯ(女四解4:35). 등 미러 ᄂᆡ치ᄂᆞᆫ 집 남북촌 듀셰 집의 솔불이 희미ᄒᆞ다(萬言詞). ᄂᆡ칠 출:黜(兒學下7).

ᄂᆡᆺ내 명 냇내. ¶ ᄂᆡᆺ내:煙臭(痘要14). ᄂᆡᆺ내:烟臭(痘瘡方14).

ᄂᆡᆼ과리 명 냉과리. ☞ᄂᆡᆼ괄이 ¶ ᄂᆡᆼ과리:煙頭子(譯解上54). ᄂᆡᆼ과리:烟頭(漢淸13:30).

ᄂᆡᆼ괄이 명 냉과리. ☞ᄂᆡᆼ과리 ¶ ᄂᆡᆼ괄이:烟頭子(才物譜 地譜).

:ᄂᆡᆼ담·ᄒᆞ·다 형 냉담(冷淡)하다. ¶ 셰쇽이 다 쳥쇄코 ᄂᆡᆼ담ᄒᆞ니ᄅᆞᆯ 쳔히 너겨:擧世賤淸素(飜小6:26).

ᄂᆡᆼ박히 부 냉박(冷薄)히. ¶ 부부 졍의ᄅᆞᆯ ᄂᆡᆼ박히 말나 ᄒᆞ고 인ᄒᆞ여(落泉1:2).

ᄂᆡᆼ쇼ᄒᆞ다 동 냉소(冷笑)하다. ¶ 모든 창뉴 ᄂᆡᆼ쇼ᄒᆞ며 비방ᄒᆞ여 져희ᄂᆞᆫ 졍녀 녈녀 다시 ᄒᆞ고(落泉1:1).

ᄂᆡᆼ슈 명 냉수(冷水). ¶ ᄂᆡᆼ슈과 어름ᄲᅮᆫ 마시오시고(癸丑106). 젼국과 ᄂᆡᆼ쉬라:豉冷水(臘藥8).

ᄂᆡᆼ시ᄒᆞ다 동 냉시(冷視)하다. ¶ 초미 믄득 놀나고 분ᄒᆞ여 ᄇᆡᆨ안으로 ᄂᆡᆼ시ᄒᆞ야 닐으ᄃᆡ(落泉3:8).

-ᄂᆡᆼ이다 어미 -나이다. ☞-ᄂᆞ이다·-ᄂᆡ이다 ¶ ᄂᆞ즉ᄒᆞ여 도라가시게 ᄇᆞ라ᄂᆡᆼ이다(新語6:5). ᄀᆞ장 아ᄅᆞᆷ다이 너기ᄂᆡᆼ이다(新語6:5). 뵈ᄋᆞᆸ고져 ᄒᆞᄂᆡᆼ이다(新語6:6). 藍島ᄶᅵᄂᆞᆫ ᄇᆞ트실까 아ᄅᆞᆷ다와 ᄒᆞᄋᆞᆸᄂᆡᆼ이다(新語6:13).

:ᄂᆡᆼᄒᆞ·다 형 냉(冷)하다. ¶ ᄇᆞᄅᆞᆷ마ᄌᆞᆫ 사ᄅᆞᄆᆡ 긔운이 ᄂᆡᆼᄒᆞ며 열ᄒᆞ며 긔운 사오나옴 됴호ᄆᆞᆯ 혜디 말오 다 머고미 맛당ᄒᆞ니:中風無問冷熱虛實皆可服(救簡1:4).

ㄴㄴ 병서 쌍니은. ㄴ의 각자병서(各自並書). 〔ㄴ보다 혀끝을 잇몸에 단단하게 붙이고 ㄴ보다 좀 오래 막아 두는 소리로 [n:], [nn]로 나타낼 수 있는 소리.〕 ¶ 술윗 소리 우는 소리 시름ᄒᆞ야 한숨디ᄔᅳᆫ 소리 골와란 소리 갓붑 소리 쇠붑 소리(釋譜19:14). 이 소리ᄂᆞᆫ 우리 나랏 소리예셔 열ᄫᅳ니 혓그티 웃닛머리예 다ᄔᆞ니라(訓註15). 혓그티 아랫 닛므유메 다ᄔᆞ니라(訓註15). 眞實ᄒᆞᆫ 性을 일ᄔᆞ니라:遺失眞性(楞解2:2).

-ᄔᆞ·니·라 어미 -ᄒᆞᄂᆞ니라. ¶ 혓그티 웃닛머리예 다ᄔᆞ니라(訓註15).

-ᄔᅳᆫ 어미 -는. ¶ 시름ᄒᆞ야 한숨디ᄔᅳᆫ 소리(釋譜19:14).

ㄴㄷ 병서 니은디귿. ㄴ, ㄷ의 합용병서(合用並序). ¶ 瞋心 아니 ᄒᆞᄂᆞᆫ 사ᄅᆞᄆᆡ 누ᇆᄌᆞᅀᆞ와 骨髓왜니이다(釋譜11:19). 누ᇆ시우ᄅᆞᆯ 뮈우디 아니ᄒᆞ야 平常히 누늘 ᄠᅳ리니:眼皮不動平常開眼(蒙法24).

ㄴㅅ 병서 니은시옷. ㄴ, ㅅ의 합용병서(合用並序). ¶ 만히 머구ᄃᆡ 봇그며 구ᄫᅥ 겨ᇇ곶 먹더니(月釋21:54). 소ᇇ가락 아니면 發티 몯ᄒᆞ며(楞解4:55). 소ᇇ그미 깁고 기르시고(法華2:16). 구리 기들 ᄆᆡᇰᄀᆞ라 곱으로 ᄇᆞᆯ라 ᄉᆞᆺ불 우희 여ᇇ고(宣賜內訓序4). 關山ᄋᆞᆯ 누ᇇᄀᆞᅀᅵ셔 보ᄂᆞᆫ ᄃᆞᆺᄒᆞ도다:關山雪邊看(初杜解7:37).

ㄴᅀ 병서 니은 반잇소리시옷. ㄴ, ㅿ의 합용병서(合用並書). ¶ 어마님 그리신 누ᇈ므를:憶母悲涕. 어마님 여희신 누ᇈ므를:戀母悲淚(龍歌91章).

ㄷ

ㄷ [자모] 디귿. 한글 초성(初聲) 자모(字母)의 하나. 설음(舌音). 혓소리. ¶ㄷ 舌音. 如斗字初發聲 並書. 如覃字初發聲(訓正). 牙音ㄱ. 象舌根閉喉之形. 舌音ㄴ. 象舌附上腭之形. …ㅋ比ㄱ. 聲出稍厲. 故加畫. ㄴ而ㄷ. …其因聲加畫之義皆同(訓解. 制字). ㄱㄷㅂㅈㅅㆆ. 爲全淸. ㅋㅌㅍㅊㅎ. 爲次淸. ㄲㄸㅃㅉㅆㆅ. 爲全濁(訓解. 制字). 所以ㆁㄴㅁㅇㄹㅿ六字爲平上去聲之終. 而餘皆爲入聲之終也. 然ㄱㆁㄷㄴㅂㅁㅅㄹ八字可足用也(訓解. 終聲). 五音之緩急. 亦各自爲對如牙之ㆁ與ㄱ爲對. 而ㆁ促呼則變爲ㄱ而急. ㄱ舒出則變爲ㆁ而緩. 舌之ㄴㄷ. …其緩急相對. 亦猶是也. …如入聲之彆字. 終聲當用ㄷ. 而俗習讀爲ㄹ. 蓋ㄷ變而爲輕也(訓解. 終聲). ㄷ는 혀쏘리니 斗ᄃᆞᇢ字ᄍᆞᆼ 처ᅀᅥᆷ 펴아나ᄂᆞᆫ 소리 ᄀᆞᄐᆞ니 ᄀᆞᆯᄫᅡ쓰면 覃땀ㅂ字ᄍᆞᆼ 처ᅀᅥᆷ 펴아나ᄂᆞᆫ 소리 ᄀᆞᄐᆞ니라(訓註5). ㄷ池㊌(訓蒙凡例2).

-ㄷ [조] -의. 〔사잇소리. ㄴ 뒤에 쓰임이 원칙.〕 ¶몃 間ㄷ 지븨 사ᄅᆞ시리잇고:幾間以爲屋(龍歌110章). 西天ㄷ 祖師ㅣ 스믈여듧비니(釋譜24:4). 西天ㄷ 字앳 經(月釋序23). 君군ㄷ 字ᄍᆞᆼ 처ᅀᅥᆷ 펴아나ᄂᆞᆫ 소리 ᄀᆞᄐᆞ니(訓註4). 呑ᄐᆞᆫㄷ 字ᄍᆞᆼ 처ᅀᅥᆷ 펴아나ᄂᆞᆫ 소리 ᄀᆞᄐᆞ니라(訓註5). 結ᄒᆞ샨 그렛 本본ㄷ 字ᄍᆞᆼ는 末ᄆᆞᇙㄷ 字ᄍᆞᆼㅣ사 올ᄒᆞ니라:結文本字合是末字(楞解10:9). 아랜 子ㄷ ᄌᆞ는 존칭ᄒᆞ는 말이라(宣小1:1).

다 [명] 차〔茶〕. ¶싱의 병을 념녀ᄒᆞ야 쥭과 다ᄅᆞᆯ 가지고 나와 보니(落泉2:5).

다 [명] 다〔皆〕. 모두. ¶ᄯᅩ ᄃᆞ린 사ᄅᆞᆷ돌토 다는 폐로을 ᄯᅳᆺᄒᆞ니(新語7:19).

:다 [부] 다. 모두. 〔'다ᄋᆞ다'의 활용형인 '다아'의 축약(縮約) 형태.〕 ¶輿望이 다 몯ᄌᆞᄫᆞ나:輿望咸聚(龍歌11章). 所掠ᄋᆞᆯ 다 노ᄒᆞ샤:盡放所掠(龍歌41章). 劫劫에 어느 다 ᄉᆞᆯᄫᆞ리(月印上1). ᄂᆞᆷᄋᆞᆯ 다 조ᄎᆞ니(月印上4). 다 구디 ᄌᆞᆷ겨 뒷더시니(釋譜6:2). 도ᄅᆞ혀 다 알어늘(南明上4). 念이 다 眞이니(南明上16). ᄯᅩ 다 음식 주워(飜老上54). 다 ᄀᆡ:皆(類合上20). 다 진:盡(類合下4). 다 실:悉(類合下37). 다 함:咸(類合下61). 다 順코 正홈ᄋᆞᆯ 말믜암아:皆由順正(宣小3:7). 다 ᄀᆡ:皆(石千40. 倭解上27). 다 실:悉(倭解下37). 다 거:擧(註千36).

-·다 [어미] ①-다. ☞-라 ¶義士ᄅᆞᆯ 올타 과ᄒᆞ샤:深奬義士(龍歌106章). 나ᄅᆞᆯ 올타 ᄒᆞ시니(月印上5). 和尙ᄋᆞᆫ 갓가ᄫᅵ 이셔 외오다 ᄒᆞ논 마리니(釋譜6:10). 舍利弗을 須達이 조차 가라 ᄒᆞ시다(釋譜6:22). 菩薩이시다 ᄒᆞᄂᆞ니라(月釋1:5). 十方界예 ᄀᆞ독ᄒᆞ더시다:徧十方界(楞解1:30). 외다 ᄒᆞ샤ᄃᆡ(楞解1:34). 즐겨 보다 ᄒᆞ샤ᄆᆞᆯ(法華5:32).
②-하다. ¶中土心得다 ᄒᆞᆫ돌(龍歌74章).

-다 [어미] ①-다가. ☞-다가 ¶소니 가재다 므르ᅀᆞᆸ노이다(樂範. 動動). 부녀ᄅᆞᆯ 수탐히여 내여다 더러이거늘(東新續三綱. 烈3:28).
②-다고 하여. ¶옷 디호ᄆᆞᆯ ᄌᆞᆺ브다 엇뎨 말리오:寧辭擣衣倦(初杜解25:17).

다·가 [동] 다그어. 가져. 가져서. ¶도로 다가 두어라 ᄒᆞ야ᄂᆞᆯ(月釋7:8). 도로 다가 두라(救簡6:63). 뎌 번 다가 주고(飜老上43). 쉬문을 다가다 다딜어 히야ᄇᆞ리고:把水門都衝壞了(飜朴上9). 내 두 ᄡᅡᆼ 새 훠를 다가:把我的兩對新靴子(飜朴上35). 이 ᄡᅡ흔 딥흘 다가:將這切了的草(老解上18). 그저 콩믈을 다가 버므려 주고:只將料水拌與他(老解上22). 이 발을 다가다 것고:把這簾子都捲起(朴解中55). 이 창을 다가다 벗틔오라:把這窓兒都支起着(朴解中55).

-다·가 [조] -다가. ¶元覺일 ᄒᆞ야 담사니 지여 뫼해다가 더디라 ᄒᆞ야ᄂᆞᆯ:乃命覺輿簣而棄於山中(三綱. 孝13).

-다·가 [어미] -다가. ☞-다. -다각 ¶가다가 도라옳 軍士ㅣ:言旋軍士. 죽다가 살언 百姓이:其蘇黎庶(龍歌25章). 雜草木 것거다가 ᄂᆞᆺ출 거우ᅀᆞᄫᆞᆫ돌(月印上23). 道理 븟그리다가 一千梵志 더블오(月印上39). 羅睺羅 ᄃᆞ려다가 沙彌 사모려 ᄒᆞᄂᆞ다 ᄒᆞᆯ씨(釋譜6:2). 안즉 ᄆᆞᅀᆞᆷᄶᅡᆼ 노다가 ᄌᆞ라면(釋譜6:11). 바ᄆᆡ 가다가(釋譜6:19). 坐禪ᄒᆞ시다가(月釋1:5). ᄒᆞᆫ ᄢᅢ 계도록 긷다가 몯ᄒᆞ야 너교ᄃᆡ(月釋7:9). 한 고ᄫᆞᆫ 고ᄌᆞᆯ 다마다가 다ᄅᆞᆫ 나랏 十萬億佛을 供養ᄒᆞᅀᆞᆸ고(月釋7:65). ᄂᆞ랏다가 ᄠᅥ러디며:飛墜(楞解8:87). 讀誦 아니ᄒᆞ시다가(法華6:83). 내 글 닑다가(宣賜內訓序3). ᄀᆞ마니 나ᄃᆞ니시다가(宣賜內訓序5). 무루플 폣다가(初杜解8:27). 아비 조차 가아 조 뷔다가:隨父田間

種粟(三綱. 孝3). 空ᄋᆞᆯ 아라 잇다가(金三2:13).

-다가ᄂᆞᆫ 어미 -다가는. ¶우격으로 부ᄃᆡ 권ᄒᆞ려 ᄒᆞ다가ᄂᆞᆫ(隣語1:4).

-다·가·도 어미 -다가도. ¶믈윗 有情이 비록 如來ㅅ긔 道理 ᄇᆡ호다가도 尸羅ᄅᆞᆯ 헐며(釋譜9:13). 븟그륨 업다가도 命終홇 저긔 善知識ᄋᆞᆯ 맛나(月釋8:69).

-·다가·며 어미 -자마자 곧. ¶나다가며 브터 瞋心 아니 ᄒᆞᄂᆞᆫ 사ᄅᆞᄆᆡ 눈ᄌᆞᅀᆞ와(月釋21:215). 아ᄃᆞᆯ 나호ᄆᆞᆫ ᄡᅢ해 디다가며 둥어리예 히미 조ᅀᆞᄅᆞ외니:生男墮地要膂力(初杜解25:43). 나시다가며 東西로 닐굽 거름 녀시니:生下東西七步行(金三4:54).

-다가셔 어미 -다가. ¶두 손목 마조 잡고 쇼곤쇼곤 ᄒᆞ다가셔(古時調. 青丘).

-다·각 어미 -다가. 〔'-다각'의 'ㄱ'은 말뜻을 강조하는 접미소(接尾素).〕☞-다. -다가 ¶막다히ᄅᆞᆯ 가져 미리 마고ᄃᆡ 막다각 免티 몯ᄒᆞᄂᆞ닌 ᄠᅳ메셔 더은 거시 업스니:持杖以預防之防而不免者莫出於灸(救急下66).

다갈 명 대갈. ¶다갈:馬釘子. 다갈 박다:打馬釘(同文解下38). 다갈 박다:打馬釘(譯解補46). 다갈 박다:釘鐵蹄(漢淸14:35). 다갈:馬釘(柳氏物名一 獸族).

다고 동 다오. ☞다고라. 다고려 ¶사발 잇거든 ᄒᆞ나 다고:有椀與一箇(老解上38). 曹操ㅣ 니로ᄃᆡ 글 다고 보쟈 ᄒᆞ니(三譯6:17). 아희야 粥早飯 다고(古時調. 趙存性. 海謠). 朴국이예 쳐 다고(古時調. 尹善道. 桶撥에. 海謠). 다고:饋我(譯解補56). 가져오라 又 다고:使拏來(漢淸6:50).

:다·고·라 동 다오. ☞다고려 ¶사발 잇거든 ᄒᆞ나 다고라:有椀與一箇(飜老上42).

:다고·려 동 다오. ☞다고. 다고라 ¶나ᄅᆞᆯ 져기 논힐훠 다고려:那與我些箇(飜老上53). 돈 여슷 낫만 거스려 날 다고려:貼六箇錢饋我(飜老上64). 됴ᄒᆞᆫ 은을 날 다고려:好銀子與我些(飜老下14). 네 나ᄅᆞᆯ 나ᅀᅩ와 뎌르게 ᄒᆞ야 다고려:你饋我趲短些(飜朴上18). 네 나ᄅᆞᆯ ᄆᆞᆯ 누네치 고텨 다고려:你饋我醫馬骨眼(飜朴上43).

다곰다곰 부 모두. 다. 〔'다'는 '皆', '-곰'은 부사(副詞)에 붙는 접사(接辭).〕☞-곰 ¶다곰다곰 긔특다코 일ㅋ줍ᄂᆞᆫᄃᆡ 또 말솜ᄒᆞ시ᄂᆞᆫ 젼치라(新語9:14).

다구 동 다오. ☞다고 ¶고사리 닷 丹 ᄲᅦ醬 직어 먹고 물 업슨 岡上에 올나 아무리 목 말나 물 다구 ᄒᆞᆫ들 어늬 歡陽의 ᄯᆞᆯ년이 날 물 ᄲᅥ다 주리(古時調. 歌曲).

다긏다 동 다긏다. 다그치다. ¶諸緣을 다그촘(圓覺上一之一114).

다·긴ᄒᆞ·다 형 매우 종요롭다. ¶메우기옷 됴ᄒᆞ면 다긴티 아니ᄒᆞ도다:若廟的好時也不打緊(飜朴上19). ᄆᆞᆯ을 고텨 됴흐면 多少ᄂᆞᆫ 다긴티 아니ᄒᆞ니라:治得馬好時多少不打緊(朴解上38).

다ᄂᆞ림ᄒᆞ다 동 보충하다. 벌충하다. ☞단ᅀᆞ리ᄒᆞ다 ¶뎌ᄅᆞᆯ 주어 生日을 다ᄂᆞ림ᄒᆞ면:饋他補生日(朴解上59). 보내여 뎌ᄅᆞᆯ 주어 生日을 다ᄂᆞ림홈이 무던ᄒᆞ다:去與他補做生日罷(朴新解2:4).

-다·니 어미 -더니. ☞-더니 ¶이ᄅᆞᆯ사 븟그리다니(月印上44). 妻眷이 ᄃᆞ외ᅀᆞᄫᅡ 하ᄂᆞᆯ ᄀᆞᆮ 셤기ᅀᆞᄫᅡ다니(月印上51). 셜버 슬써ᄫᅩ매 이셔 ᄒᆞ욣 바ᄅᆞᆯ 아디 몯ᄒᆞ다니(月釋序10). 時로 ᄯᅩ 勞ᄅᆞᆯ 일우다니 믄득 來書ᄅᆞᆯ 바도니(永嘉下107). 한 行이 無常이라 ᄒᆞ다니:諸行無常(圓覺序71). ᄇᆞ즈러니 ᄒᆞ시리라 ᄒᆞ다니(宣賜內訓2上28). 녜ᄂᆞᆫ ᄆᆞᅀᆞᆷ 훤호미 므레 ᄃᆞᆫ니ᄂᆞᆫ 고기 ᄀᆞᆮ다니:昔如縱壑魚(重杜解1:39). 내 두로 ᄃᆞᆫ니다니(三綱. 孝4). 내 님믈 그리ᅀᆞ와 우니다니 산 졉동새 난 이 슷ᄒᆞ요이다(樂範. 鄭瓜亭). 법도ᄅᆞᆯ 딕희ᄋᆞᆸ다니(女範2. 변녀 쥬시뎌부).

-·다니·라 어미 -더니라. ¶부톄 方便力으로 三乘教ᄅᆞᆯ 뵈요ᄆᆞᆫ 衆生이 곧고대 着홀ᄊᆡ ᅘᅧ나게 ᄒᆞ다니라:佛以方便力示以三乘教衆生處處着引之令得出(法華1:158).

다님 명 대님. ☞다임 ¶다님 ᄊᆡ:小帶子(譯解上45). 옷골홈 다님 ᄆᆡ기ᄭᆞ지 다ᄒᆞ야 드리니(閑中錄110).

다님쇠 명 쇠테. ¶다님쇠 ᄆᆡᆼᄀᆞ로ᄆᆞᆯ 경묘히 ᄒᆞ고:東兒打的輕妙着(飜朴上15).

다ᄂᆞ다 형 다르다. ☞다ᄅᆞ다 ¶다ᄂᆞᆯ 슈:殊. 다ᄂᆞᆯ 별:別(石千14).

:다ᄂᆡ·도·히 부 담담히. ¶세가ᄂᆡ 리ᄒᆞᆫ 일와 어즈러이 빗난 일와 풍뉴ᄒᆞ며 이바디며 바독 쟝긔 됴ᄒᆞᆫ 구경 도ᄋᆡᆫ 거세 다ᄂᆡ도히 너겨 즐길 거시 업더라:於世利紛華聲伎游宴以至於博奕奇玩淡然無所好(飜小10:23).

다ᄂᆞᆺ·니·라 동 닿느니라. ☞다타 ¶혓그티 웃닛 머리예 다ᄂᆞᆺ니라(訓註15). 혓그티 아랫 닛므유메 다ᄂᆞᆺ니라(訓註15).

다다거다 동 닫아걸다. ¶다다거다:關閉(同文解上35).

다다기 명 늦벼의 한 품종. ¶다다기:多多只一名 御飯米(衿陽).

다다기촐 명 다다기찰. 찰벼의 한 품종. ¶다다기촐:多多只粘(衿陽).

다다르다 동 다다르다. ¶경긔 ᄯᅡ 다 지나고 충청도 다다르니(萬言詞).

다대 명 되〔胡〕. ☞되 ¶請 드른 다대와 노니샤:受賂之胡與之遊行(龍歌52章). 다대골:韃靼洞(龍歌5:33). 되 다대의 道ㅣ니:夷虜之道也(宣賜內訓1:79). 東녀킈 가 다대 자

보ᄅᆞᆯ 얻고져 ᄒᆞᄂᆞᆺ다:欲得東擒胡(杜解19:47). 沙塞ᄂᆞᆫ 北녁 ᄀᆞᅀᅢ 프ᅀᅥᆼ귀 업시 몰애 ᄲᅳᆫ 잇ᄂᆞᆫ ᄯᅡ히니 다대 나라히라(金三3:48). 이제 다대 놀애 브르며 뎌 불라:如今唱達達曲兒吹笛兒着(飜朴上7).

다댓다 동 닫아 있다. 닫았다. ㉮닫다 ¶하ᄂᆞᆯ히 어드우니 ᄇᆞᆷ지비 다댓고:天黑閉春院(杜解9:20).

다드미 명 다듬이. 다듬잇돌. ☞다듬이돌 ¶다드미 침:砧(倭解下15).

다든·다 동 다다르다. ☞다ᄃᆞᆮ다 ¶나죄 다든거든 스승님 앏픠셔 사술 ᄲᅢ혀 글 외오기 ᄒᆞ야:到晩師傅前撤簽背念書(飜老上3). 밤 ᄯᅮᆼ만 다든거든:到半夜前後(飜老上57).

다듬다 동 다듬다. ☞다ᄃᆞᆷ다 ¶벽 다듬다:砍磚(譯解補14). 나모 다듬다:修去樹枝(漢淸11:56). 고든 ᄃᆡ 버려 니여 가지 쳐 다듬오니(萬言詞). 다듬아 갈ᄋᆞ쳐(落泉1).

다듬이돌 명 다듬잇돌. ☞다드미 ¶다듬이돌 침:砧(兒學上11).

다디르·다 동 들이받다. 대지르다. ☞다디ᄅᆞ다 ¶다딜어도 흗디 아니ᄒᆞ며:觸不散(蒙法43). 天柱ᄅᆞᆯ 다딜어 것근가 젓노라:恐觸天柱折(重杜解2:36). 바미 도라오매 버믈 다딜어 디나오니:夜來歸來衝虎過(杜解11:40). 시름ᄒᆞᄂᆞᆫ 사ᄅᆞᄆᆞᆯ 다딜어 거슬ᄧᅧ 숤ᄀᆞᅀᅵ 오ᄂᆞᆺ다:觸忤愁人到酒邊(初杜解23:23). 北녀그로 가매 雨雪을 다딜어 가노니:北歸衝雨雪(初杜解23:37). 나조히 어듭거든 사ᄅᆞᄆᆞᆯ 다디르리라:昏黑搪突(重初杜解25:2). 오히려 斗牛에 다딜엇도다:猶衝斗(重杜解25:10). 머리로 柱礎애 다디르고:以首觸柱礎(三綱. 忠21). 다디를 충:衝(類合下50). 돋티 이셔 다딜러 이우니:有豕觸而枯(東新續三綱. 孝1:72). 水門을 다가 다딜러 해야ᄇᆞ리고:把水門都衝壞了(朴解上10). 能히 다딜너 디ᄅᆞ고(武藝圖17).

다디ᄅᆞ·다 동 들이받다. 대지르다. ☞다디르다 ¶뮈며 괴외호미 다디ᄅᆞᄂᆞᆫ 바ᄅᆞᆯ 졷ᄂᆞᆺ다:動靜隨所激(初杜解7:24). 내 能히 中流에 비 ᄢᅴ워 黿와 獺이 怒호ᄆᆞᆯ 다딜오리라:我能泛中流搪突黿獺瞋(初杜解8:54). 안자셔 鴛鴦ᄋᆞᆯ 다딜어 닐에 호니:坐觸鴛鴦起(初杜解15:26). 周秦엔 놀란 고래 다디ᄅᆞᄂᆞᆺ다:周秦觸駭鯨(初杜解23:2). 쇼 머길 아ᄒᆡ 쇼 노홀 아ᄒᆡᄅᆞᆯ 다딜어:牧童撞著放牛兒(金三4:7). 몃 디위 綠水靑山ㅅ ᄀᆞᅀᅢ 祖師ᄅᆞᆯ 다디ᄅᆞ고(南明下45).

다딜·어 동 들이받아. 대질러. ㉮다디르다☞다지러. 다질어 ¶天柱ᄅᆞᆯ 다딜어것근가 젓노라:恐觸天柱折(重杜解2:36). 바미 도라오매 버믈 다딜어 디나오니:夜來歸來衝虎過(杜解11:40). 北녀그로 가매 雨雪을 다딜어 가노니:北歸衝雨雪(初杜解23:37).

다·딤 명 다짐. ¶官吏 부들 자바 다딤 수ᄃᆡ:關吏執筆書劾(宣賜內訓3:39). 詭異ᄒᆞᆫ 횡뎍이라 ᄒᆞ야 주규려 져주거늘 다딤 두ᄃᆡ:以詭行捕鞫將戮之自華供曰(續三綱. 孝33 自華盡孝). 다딤:招供(譯解上65).

다ᄃᆞ 부 다만. 오직. ¶그른 줄 ᄭᅵᄃᆞᄅᆞᄆᆡ 다ᄃᆞ 경계ᄒᆞ믈 ᄉᆡᆼ각ᄒᆞ더라(落泉5:11).

다ᄃᆞ·라·다 동 다다르다. ☞다ᄃᆞᄅᆞ다. 다ᄃᆞᆮ다 ¶이레 다ᄃᆞ라:觸事(楞解3:91). 나ᄅᆞᆯ 害코져 호매 다ᄃᆞ란(宣賜內訓2下40). 다ᄃᆞ랫ᄂᆞᆫ ᄯᅡ해 丹梯ᄅᆞᆯ 얻노라:著處覓丹梯(初杜解7:12). 이에 다ᄃᆞ란:到這裏(金三2:19). 이 늣도록 다ᄃᆞ라도:到這早晩(飜老上53). 올티 아니ᄒᆞᆫ ᄃᆡ 다ᄃᆞ라ᄂᆞᆫ:當不義則(宣小2:71). ᄌᆡ믈에 다ᄃᆞ라셔 구챠히 얻디 말며:臨財毋苟得(宣小3:3). 이제 반ᄃᆞᆯ에 다ᄃᆞ라ᄡᅥ든:到今半箇月(老解上1).

다ᄃᆞ르다 동 다다르다. ☞다ᄃᆞ라다. 다ᄃᆞᄅᆞ다. 다ᄃᆞᆮ다 ¶다ᄃᆞ를 뎌:抵(類合下41)). 다ᄃᆞ를 뎌:抵(倭解下40).

다ᄃᆞᄅᆞ·다 동 다다르다. ☞다ᄃᆞ라다. 다ᄃᆞᆮ다 ¶ᄯᅡ 저주메 다ᄃᆞᄅᆞ니:屬地濕(初杜解16:70). 엇데 能히 寶所애 바ᄅᆞ 다ᄃᆞᄅᆞ리오(南明上80). 다ᄃᆞᄅᆞᆯ 핍:逼(類合下27). 발등의 다ᄃᆞᄅᆞ면:到脚面上(臘藥21).

다ᄃᆞᆮ·다 동 다다르다. ☞다ᄃᆞ라다. 다ᄃᆞᆺ다 ¶그날 다ᄃᆞ라(釋譜6:27). 硏은 다ᄃᆞᆮ게 알씨라(月釋序18). 녯 글워레 講論ᄒᆞ야 ᄀᆞ다ᄃᆞ마 다ᄃᆞᆮ게 至極게 ᄒᆞ며:乃講劘硏精於舊卷(月釋序19). 覺애 다ᄃᆞᆮᄂᆞᆫ 이ᄅᆞᆯ(月釋2:37). 첫 乾慧브터 等覺ᄋᆡ 다ᄃᆞᆮ고(月釋2:62). 인ᄂᆞᆫ 배며 다ᄃᆞᆮᄂᆞᆫ 바ᄅᆞᆯ 조차 길믈 위홈이니라:爲…隨所居所接而長(宣小5:4). 어미 병드러 죽기예 다ᄃᆞᆮ앗거ᄂᆞᆯ:母病垂死(東新續三綱. 孝6:50).

다·ᄃᆞᆷ·다 동 다듬다. ☞다듬다 ¶먼 불휘ᄅᆞᆯ 求ᄒᆞ야 다ᄃᆞ마:搜剔玄根(月釋序21). 玉 다ᄃᆞᆷᄂᆞᆫ 거시라(月釋2:28). 練은 다ᄃᆞᄆᆞᆯ 씨라(月釋18:39). ᄇᆞ리ᄂᆞᆫ ᄆᆞᅀᆞᄆᆞᆯ 젼혀 다ᄃᆞ마:專硏捨心(楞解9:16). 머리 ᄀᆞᆰ빗고 밧돕 다ᄃᆞᆷ고:梳刮頭修了脚(飜朴上53). 손돕 다ᄃᆞᆷ다:修手(譯解上48). 鬼斧로 다ᄃᆞᆷ은가(松江. 關東別曲). 지게예 당ᄒᆞ야 단장을 다ᄃᆞᆷ고(女範3. 부무녀 목난녀).

다ᄃᆞᆷ이 명 다듬이질. ¶鴉靑 드려 널 다ᄃᆞᆷ이ᄒᆞ고:染鴉靑擺一擺(朴解中4).

다ᄃᆞᆺ다 동 다다르다. ☞다ᄃᆞᆮ다 ¶ᄒᆞᄅᆞᆺ 밤의 먹이기ᄅᆞᆯ 닐곱 여ᄃᆞᆲ 번의 다ᄃᆞᆺ게 ᄒᆞ라:一夜裏喂到七八遍家(朴解上21). 나죄 다ᄃᆞᆺ거든:到晩(老解上3). 다ᄃᆞᆺ게 말라(老解上29). 다ᄃᆞᆺ다:趕上(同文解上26). 다ᄃᆞᆺ다:到去(漢淸7:36).

다ᄃᆞᆺᄃᆞ록 [동] 다다르도록. ㉮다ᄃᆞᆺ다 ¶ 밤둥의 니러 새배 다ᄃᆞᆺᄃᆞ록 엄연히 셔 겨오시고(仁祖行狀16).

다ᄃᆡ [명] 꼭지〔蒂〕. ☞ᄃᆞᄃᆡ ¶ 다ᄃᆡ:蒂(柳氏物名四 木).

-다·라 [어미] ①-더라. ☞-다롸. -더라 ¶ 부톄 니ᄅᆞ샤ᄃᆡ 오ᄂᆞᆳ부니 아니라 녜도 이러 ᄒᆞ다라(月釋7:14). 내 일우려 ᄒᆞ다라(三綱. 忠30). ᄒᆡ 편안티 아니호ᄆᆞᆯ ᄒᆞᆫ가지로 시름ᄒᆞ다라:同憂歲不寧(杜解24:5). 總角 저긔 聰明호ᄆᆞᆯ ᄉᆞ랑ᄒᆞ다라:總角愛聰明(初杜解24:61). 나ᄂᆞᆫ 渡頭 몰애예 자다라(金三4:5).
②-였노라. ¶ 太子ㅣ 앗겨 ᄆᆞᅀᆞ매 너교ᄃᆡ 비들 만히 니르면 몯 삻가 ᄒᆞ야 닐오ᄃᆡ 金으로 ᄯᅡ해 ᄭᆞ로ᄆᆞᆯ ᄠᅳᆷ 업게 ᄒᆞ면 이 東山ᄋᆞᆯ ᄑᆞ로리라 須達이 닐오ᄃᆡ 니ᄅᆞ샨 양ᄋᆞ로 호리이다 太子ㅣ 닐오ᄃᆡ 내 롱담ᄒᆞ다라(釋譜6:24). 如來ㅅ게 묻ᄌᆞ오ᄆᆞᆯ 보ᄃᆡ 몯ᄒᆞ며 듣디 몯ᄒᆞ앳다라(法華5:95). 내 요ᅀᆞ이 ᄆᆞᆯ보기 어더셔 ᄆᆞᆯ ᄐᆞ디 몯ᄒᆞ다라:我這幾日害痢疾不曾上馬(飜朴上37). ᄒᆞ마 그리 ᄒᆞ마 ᄒᆞ다라:待擬要也(老朴集. 單字解1).
※-다라>-더라

다라가다 [동] 달라가다. 달라지다 ¶ 아ᄎᆞᆷ 나조ᄒᆡ 다라가ᄆᆞᆯ 슬허ᄒᆞ노라:痛…改昏旦(重杜解2:51).

다라가다 [동] 달려가다. ☞ᄃᆞ라가다 ¶ 적진의 다라가 죽으려 ᄒᆞ거ᄂᆞᆯ(五倫2:75).

다·라·나·다 [동] 달아오르다. ¶ 煩惱ㅣ 블ᄀᆞ티 다라나ᄂᆞᆫ 거실씨(月釋1:18).

다락 [명] 다락〔樓〕. ¶ 樓ᄂᆞᆫ 다라기라(釋譜6:2). 樓ᄂᆞᆫ 다라기라(月釋2:26). 다락 루:樓(訓蒙中5. 類合上22. 倭解上31. 註千19). 다락 누:樓(石千19). 다락의 올라 ᄠᅥ러디되 죽디 몯ᄒᆞ고:上樓墜落不死(東新續三綱. 烈2:36).

다락기 [명] 다래끼. ☞다락치. ᄃᆞ라치 ¶ 다 몰속 줍아ᄂᆡ 다락기에 너허 쥬어든(古時調. 압ᄂᆡ나. 靑丘).

다락집 [명] 다락집. ¶ 다락집:樓房(譯解上16).

다락치 [명] 다래끼. ☞다락기. ᄃᆞ라치 ¶ 압내 고기 뒷내 고기를 다 물속 잡아내 다락치에 너허드란(古時調. 綠楊芳草岸에. 甁歌).

다람이 [명] 다람쥐. ☞다람쥐. ᄃᆞ라미 ¶ 다람이:山鼠(柳氏物名一 獸族).

다람쥐 [명] 다람쥐. ☞다람이. ᄃᆞ라미 ¶ 다람쥐 오:鼯(兒學上7).

:다·랍·다 [형] 다랍다. ¶ 사ᄅᆞ미 간난ᄒᆞ면 다하 다랍고:人貧只爲慳(飜朴上35). 그저 다랍고(朴解上32). 져 얼골이 다랍고(癸丑182). ᄀᆞ장 다랍다:嗇(漢淸6:30). 얼골 조코 뜻 다라온 년아(古時調. 靑丘).

다래다 [동] 달래다. ☞달애다 ¶ 대왕이 노ᄒᆞ야 옥의 ᄂᆞ리와 다래더니ᄅᆞᆯ 져주다 둔이 ᄀᆞ마니 사ᄅᆞᆷ브려 존오ᄅᆞᆯ 다래여 ᄀᆞ로ᄃᆡ:王怒下獄鞫誘者吨陰使人誘存吾曰(東三綱. 忠3. 鄭李上疏). 도적이 니ᄅᆞ러 그ᄅᆞᆯ ᄒᆞ여 다래며 협틱ᄒᆞ거ᄂᆞᆯ(東新續三綱. 忠1:39). 왜적이 자바 다래여늘(東新續三綱. 烈6:70). 만일 계교로ᄡᅥ 너ᄅᆞᆯ 다랜다 ᄒᆞᆯ쟉시면(山城78). 義로ᄡᅥ 다래되(女四解4:21). 뫼히 올라 ᄃᆡ왕을 다래여 ᄇᆞᄅᆞ고(女範4. 녈녀 ᄃᆡ됴부인). 물욕이 압히 다래고(百行源12). 흉을 사로잡아 다래여 ᄀᆞᆯ오ᄃᆡ(五倫2:35). 부귀로ᄡᅥ 다래거ᄂᆞᆯ(五倫2:45).

-다려 [조] -에게. -더러. ☞-ᄃᆞ려 ¶ 쇼왕이 궁녀다려 일너 ᄀᆞᆯ오ᄃᆡ(女四解4:5). 관치다려 못한 말을 만만ᄒᆞᆯ손 ᄂᆡ가 듯ᄂᆡ(萬言詞). 眞宰의 處分을 눌다려 무ᄅᆞ려뇨(靑友仁. 自悼詞).

다려오다 [동] 데려오다. ¶ ᄭᅮᆷ이 날 爲ᄒᆞ여 먼듸 님 다려와ᄂᆞᆯ(古時調. 李廷藎. 歌曲).

다로 [명] 대로. ¶ 가ᄂᆞᆫ 다로 宿所ᄒᆞ야(八域歌).

다로다 [명] 달구다〔烙〕. ☞달오다 ¶ 그 약을 굽에 ᄇᆞᄅᆞ고 블에 다론 그릇스로 지지라(馬解下69).

다로리라 [형] 다르리라. ㉮다ᄅᆞ다 ¶ 일훔 일우므란 魯連과 다로리라:成名異魯連(重杜解2:14).

-다롸 [어미] -더라. ☞-다라 ¶ 져근 비 내 소내 딜 주를 너기디 아니ᄒᆞ다롸:不意…扁舟落吾手(重杜解1:40). 總角 저긔 聰明호ᄆᆞᆯ ᄉᆞ랑ᄒᆞ다롸:總角愛聰明(重杜解24:62).

다료이 [동] 다리고〔熨〕. 다리고 다시. ㉮다리다 ¶ 내 ᄒᆞᆫ낫 산깁 젹삼 ᄲᆞᆯ고 다시 ᄡᅥ라 되나 된 벼틔 ᄆᆞᆯ뢰고 다료이 다려 ᄂᆞᆫ ᄃᆞᆺ 눌란 엇게예 거러두고 보쇼셔(古時調. 鄭澈. 松江.).

다르다 [형] 다르다. ☞다ᄅᆞ다 ¶ 다를 이:異(光千35. 倭解下34). 믈읫 빗 다른 사ᄅᆞᆷ을:凡異色人(宣小5:60). 寬이 神色이 다르디 아니ᄒᆞ야:寬神色不異(宣小6:102). 다를 별:別(倭解上28). 다를 타:他(倭解下33). 다른 뎨ᄌᆞ들이 다 다ᄅᆞ나니(五倫5:25).

다릅나모 [명] 다릅나무. ¶ 다릅나모:炮火木(譯解下42. 柳氏物名四 木).

다릐 [명] 다리〔假髮〕. ☞ᄃᆞᆯ외 ¶ 굴름 갓튼 北道 다릐(古時調. 海謠).

다릐다 [동] 당기다. ☞다릐다. ᄃᆞᆯ이다 ¶ 다릐다:拉(漢淸4:47).

다·리 [명] 다리〔脚〕. ¶ 다리 크고 두 ᄲᅳᆯ이 갈ᄅᆞᆫ ᄂᆞᆯ캅고(月印上59). 모미 ᄀᆞ장 크고 다리 굵고(釋譜6:32). 다리 과:胯. 다리 비:髀. 다리 고:股. 쉰다리 퇴:腿(訓蒙上27).

한다리 고:股(類合上21). 다리 각:脚(類合上21. 倭解上18). 다리:腿子(同文解上16). 橋脚同訓 다리(雅言一 薑讓). 게얼리 이러안져 굽은 다리 펴올 져긔(萬言詞).

다리 명 다리〔橋〕. ☞ᄃᆞ리 ¶ 橋脚同訓 다리(雅言一 薑讓). 구름다리 징검다리 돌다리 토다리로다(萬言詞).

다리 부 달리. 다르게. 따로. ☞달리 ¶ 왕원뷕이 네 뒤롤 다리 밥 지여 먹디 아니ᄒᆞ야:王元伯四世不異爨(二倫32 元伯同爨).

다·리·다 동 다리다〔煎〕. ☞달히다 ¶ 보ᄉᆞ로 두퍼 ᄒᆞᆫ 차 다릴 ᄉᆞᅀᅵ:用碗覆一茶久(救急上51). 프론 玉瓶은 茶 다리ᄂᆞᆫ 옹지오(眞言49). 다리다:煎(柳氏物名五 火).

다리다 동 데리다. ¶ 어린 아달 다리고(女四解4:18).

다리·다 동 다리다〔熨〕. ☞달이다 ¶ 다리우리로 블 다마 다려:以熨斗火熨(救急上34). 가힌 뒤롤 다려 平케 ᄒᆞ야:熨帖平(初杜解25:50). 다릴 울:熨(類合下41). 옷 다리다:運衣裳(譯解上47). 내 ᄒᆞᆫ낫 산깁 젹삼 쌜고 다시 ᄲᅧ라 되나 된 벼티 믈뢰고 다료이 다려(古時調. 鄭澈. 松江). 다리다:熨(漢淸11:27).

다리뷔 명 허벅지. ¶ 또 손ᄀᆞ락글 긋ᄎᆞ며 다리뷔롤 버혀 뼈 나오니:又斷指割股以進(東新續三綱. 孝5:2).

다리샷 명 샅. ¶ 다리샷:胯襠(漢淸5:54).

다리오리 명 다리미. ☞다리우리 ¶ 다리오리:熨斗(譯解下15). 다리오리:火斗·熨斗(物譜 蠶績).

다·리·우·리 명 다리미. ☞다리오리 ¶ 다리우리롤 데여 두 녁 녀블 울ᄒᆞ라:灸熨斗兩脇下(救簡1:43). 둘잿 형은 다리우리오:二哥是運斗(飜朴上39). 다리우리 울:熨(訓蒙中14). 둘재 형은 이 다리우리오:二哥是運斗(朴解上36). 다리우리:熨斗(同文解下17. 漢淸10:39).

다림 명 다림. ¶ 다림:臬(漢淸10:39).

다림쇠 명 추(錘). ☞ᄃᆞ림쇠 ¶ 구레 녑 다림쇠:鐵拉扯(漢淸5:25). 마함 골희에 다림쇠:提嚼(漢淸5:25).

다ᄅᆞ니 명 다른 이(사람). 남. ¶ 시혹 다ᄅᆞ니 이롤 뵈야(月釋17:11). 나ᄂᆞᆫ 釋迦롤 니ᄅᆞ시고 다ᄅᆞ니ᄂᆞᆫ 諸佛을 니ᄅᆞ시니라(月釋17:11). 므슴호려 다ᄅᆞ니 ᄒᆞ야 뵈라 가리오(飜老上65). 지아비 이믜 다ᄅᆞ니롤 ᄉᆞ랑ᄒᆞ거ᄂᆞᆯ:夫人旣有所好(五倫3:3).

다ᄅᆞ늬 명 다른 이(사람)의. 톡다ᄅᆞ니 ¶ 시혹 다ᄅᆞ늬 이롤 뵈야(月釋17:11).

다ᄅᆞ·다 형 다르다. ☞다ᄂᆞ다. 다르다 ¶ ᄂᆞ믄 ᄠᅳ든 다ᄅᆞ거늘:他則意異(龍歌24章). 이곧 뎌고대 後ㅿ날 다ᄅᆞ리잇가:於此於彼寧殊後日(龍歌26章). 軍容이 녜와 다ᄅᆞ샤:軍容異昔(龍歌51章). 始終 다ᄅᆞ실씨:始終有異(龍歌79章). 太子ㅿ位 다ᄅᆞ거시늘:儲位則異(龍歌101章). 當時로 사라 이신돌 주구메셔 다ᄅᆞ리잇가(釋譜24:29). 異ᄂᆞᆫ 다롤 씨라(訓註1). 나랏말ᄊᆞ미 中國에 달아(訓註1). 殊ᄂᆞᆫ 다롤 씨라(月釋序14). 往生 快樂이 달옴 이시리잇가(月釋9:5). 다ᄅᆞ긔 ᄒᆞ시니라(三綱. 忠22). 頓ᄋᆞᆫ 二諦 달오미 업스샤(圓覺序50). 다론 나라해 가:至於他國(圓覺序76). 標ᄒᆞ야 세요미 千으로 달오ᄃᆡ:標立千差(圓覺上一之二66). 소리 다론 풍뉴롤(明皇1:38). 다론 거슬 몯게 ᄒᆞ며(宣賜內訓1:1). 다론 ᄀᆞ올 와셔 녯 버들 맛나:異縣逢舊友(杜解9:17). 다론 ᄯᅡ해 ᄯᅩ 故人ᄋᆡ 오몰 깃노니:殊方又喜故人來(杜解21:7). 다롤 이:異(類合上14. 石千35). 다롤 슈:殊(類合下61). 다롤 별:別(光千14). 셔모 셤김을 싱모의게 다롬이 업시 ᄒᆞ더라:事庶母無異生母(東新續三綱. 孝8:51).
※다ᄅᆞ다>다르다

다릐 명 다래. ☞ᄃᆞ래 ¶ 다릐:羊桃(漢淸13:5). 다릐:獼猴桃(柳氏物名三 草).

다릐 명 말다래. ☞ᄃᆞ래. 돌애 ¶ 다릐:障泥(柳氏物名一 獸族).

다릐 명 다리의. 톡다리 ¶ 다릜 고기롤 ᄇᆞ려(三綱. 孝31).

다릐다 동 잡아당기다. ☞다릐다. 돌ᄋᆡ다 ¶ 다릐여 ᄭᅳᆫ타:扯斷(漢淸12:16). 네 활을 다릐여 보라(捷蒙3:3).

다만 부 다만. ☞다몬 ¶ 다만 맛당히 ᄒᆞᆫ가지로 주글 ᄯᆞ롬이로송이다:但當同死而已(東新續三綱. 孝6:8). 다만 츌셩ᄒᆞ기의ᄂᆞᆫ 니ᄅᆞ듸(山城). 다만 高麗ㅅ ᄯᅡ히만:只是高麗地面(老解上4). 다만 사ᄅᆞᆷ을 쓰며 ᄇᆞ리ᄂᆞᆫ ᄉᆞ이예 샤특ᄒᆞ며 경다온 일을 분별티 못ᄒᆞ면(仁祖行狀20). 다만 正官이 본ᄃᆡ 병ᄒᆞᆫ 사ᄅᆞᆷ이ᄋᆸ더니(新語1:27). 다만 단:但(倭解上27). 다만:但是(同文解下48). 다만:惟止(漢淸11:47). 다만 ᄒᆞᆫ 발 다 못 ᄊᆞ아 손바닥이 부르트니(萬言詞). 다만 직:直(註千29). 다만 지:祇(註千30 祇字註). 다만 특:特(註千38).

다만단 부 다만. ☞다만당 ¶ 다만단 四十 못 사ᄂᆞᆫ 人生 안이 놀고서 무엇을 하리(古時調. 歲月아 네월아. 樂府).

다만당 부 다만. ☞다만단. 다만지 ¶ 다만당 님그린 타ᄉᆞ로 시ᄅᆞᆷ계워ᄒᆞ노라(古時調. 鄭澈. 쓴ᄂᆞ믈. 松江). 다만당 ᄃᆞᆺ톨이 업쓴 江山을 직희라고 ᄒᆞ도다(古時調. 尹善道. 내 性情. 海謠).

다만디 부 다만. ☞다만지 ¶ 일싱을 다 ᄉᆞ라도 다만디 빅 년이라(萬言詞).

다만지 [부] 다만. 〔시조 종장 첫 구를 석 자로 만들기 위해 '지'를 덧붙인 것임. '다만당'의 '당'도 마찬가지이며, 얼마간 뜻이 강조된다고도 할 만함.〕☞다만단. 다만당. 다만디 ¶다만지 손이 셩ᄒᆞ니 盞 잡기만 ᄒᆞ노라(古時調. 宋寅. 드른 말. 靑丘). 다만지 淸風 明月은 간 곳마다 좃닌다(古時調. 鄭斗卿. 君平이. 靑丘). 다만지 豪夫ᄒᆞᆫ 一癖이 매 블읏이 죠홰라(古時調. 金裕器. 내 몸에. 海謠). 다만지 날과 有信키는 明月 淸風쁜이로다(古時調. 金天澤. 索居 閑處. 海謠).

:다·목 [명] 다목. 단목(丹木). 소목(蘇木). 소방목(蘇枋木). ¶다목:蘇枋木(救簡6:79). 다목 일ᄇᆡᆨ 근:蘇木一百斤(飜老下67). 다목:櫯木(四解上40). 다목 소:櫯(訓蒙上11). 다목 일ᄇᆡᆨ 근:蘇木一百斤(老解下61). 다목:蘇木(譯解下42. 同文解下44).

다목발 [명] 냉기로 살빛이 검붉게 된 발. ¶안팟 보션 어ᄃᆡ 가고 다목발이 벌거ᄒᆞ며(萬言詞).

다몯 [부] 더불어. 함께. ☞다못·다ᄆᆞᆺ ¶다몯여:與(倭解上28).

다못 [부] 더불어. 함께. ☞다몯 ¶쥬야의 뫼셔 닑으시ᄂᆞᆫ 글을 다못 싱각ᄒᆞᄃᆡ(閑中錄56). 다못 ᄇᆡᆨ셩ᄅᆞᆯ 밋ᄂᆞ니:恃與民(三略上7).

다못ᄒᆞ다 [동] 같이하다. 더불어 하다. ☞다ᄆᆞᆺᄒᆞ다 ¶뉘 能히 公子와 다못ᄒᆞ야 어으르메 홈ᄢᅴ 도라가고져 ᄒᆞ리오:誰能共公子薄暮欲俱還(重杜解15:6).

다문 [부] 다만. ☞다ᄆᆞᆫ ¶다문 사ᄅᆞᆷ쁜니로다(普勸文31).

다물다 [동] 다물다. ☞다믈다 ¶니ᄅᆞᆯ 으드덕 다무다:咬定牙兒(譯解補61).

다므기 [부] 더불어. 함께. ☞다ᄆᆞᆺ ¶某ㅣ 다므기 일즙 抵敵디 아니ᄒᆞ엿ᄂᆞ니:某並不曾抵敵(朴解下54).

다·므사·리 [명] 더부살이. ☞다ᄆᆞ사리 ¶삭바ᄃᆞᆯ 용:傭 初學字會云 다므사리 용(訓蒙中2 傭字註). 삭 바ᄃᆞᆯ 고:雇 初學字會云 다므사리 고(訓蒙中2 雇字註).

:다·믄 [부] 다만. ☞다ᄆᆞᆫ ¶우리 이 高麗ㅅ 말소믄 다믄 高麗ㅅ ᄯᅡ해만 ᄡᅳᄂᆞᆫ 거시오:我這高麗言語只是高麗地面裏行的(飜老上5). 다믄 콩므를 다가 버므려 주고:只將料水拌與他(飜老上24). 다믄 오래 닙디 몯ᄒᆞᆯ 거시오(飜老下25). 다믄 내 믿쳔만 갑고:只還我本錢(飜朴上34). 다믄 져기 거르메 즈ᄂᆞᄯᅳ고:只是少行上遲(飜朴上63). 다믄 能히 닐ᄋᆞᆯ 만ᄒᆞ고:但能言之(宣小5:108). 다믄 내 말을 의지ᄒᆞ야 ᄒᆞ라:但依吾語(宣小6:40). 다믄 아기ᄅᆞᆯ 편안케 ᄒᆞ야(恩重8). 다믄 나라ᄒᆞᆯ 위ᄒᆞ야 도적 티려 ᄒᆞ던 ᄯᅳ들 니ᄅᆞᆫ대:直言爲國討賊之意(東新續三綱. 忠1:77). 다믄 신쥬 브ᄅᆞ기ᄅᆞᆯ 입의 그치디 아니ᄒᆞ더라(東新續三綱. 烈5:67).

다믇 [부] 더불어. 함께. ☞다뭇 ¶뉴시 닐오ᄃᆡ 아비와 다믇 지아비 다 주그니:柳氏曰父與夫俱死(東新續三綱. 烈4:64).

다믈 [명] 옛 땅을 회복함. ¶麗語 謂復舊 上爲多勿(通鑑6).

다믈다 [동] 다물다. ☞다물다 ¶입을 다믈고 긔졀코져 ᄒᆞ니ᄅᆞᆯ 고티ᄂᆞ니:口噤欲絕(胎要34). 그ᄃᆡ 내 몸 버서날 ᄢᅴᄅᆞᆯ ᄀᆞᄅᆞ쳐든 입 다믈고 먼 곳에 최여 가쟈(三譯8:3). 입 다므다:閉口(同文解上28).

다뭇 [부] 더불어. 함께. ☞다못. 다ᄆᆞᆺ ¶그 사회와 다뭇 며느리의 텬셩과 힝실과:其婿與婦之性行(宣小5:64). 士와 다뭇 女ㅣ 그 서르 謔ᄒᆞ야:維士與女伊其相謔(詩解4:33). 溱과 다뭇 洧ㅣ:溱與洧(詩解4:34). 天下ㅣ 널로 다뭇 功을 爭티 몯ᄒᆞᄂᆞ니:天下莫與汝爭功(書解1:30).

다미리다 [동] 다물리다. 마주치다. 맞부딪히다. ☞다밀히다 ¶촌 어름은 ᄃᆞ토와 다미렷고 구루메 ᄯᅳᆫ 서르 져기 ᄇᆞᆰ놋다:寒氷爭倚薄雲月遞微明(重杜解2:20).

다밀히다 [동] 다물리다. 마주치다. 맞부딪히다. ☞다미리다 ¶길헤 ᄆᆞ리 서르 다밀혓도다:行潦相豗蹙(杜解13:7).

다·ᄆᆞ사·리 [명] 더부살이. ☞다므사리 ¶다ᄆᆞ사리 ᄒᆞ야 어미ᄅᆞᆯ 이바ᄃᆞ며:行傭以供母(三綱. 孝6).

:다·ᄆᆞᆫ [부] 다만. ☞다믄 ¶다ᄆᆞᆫ ᄒᆞᆫ 큰 잀 因緣으로 世間애 나시ᄂᆞ니(釋譜13:48). 네 다ᄆᆞᆫ ᄒᆞᆫ 모맷 목숨 위ᄒᆞ야도(釋譜24:29). 다ᄆᆞᆫ 四天下ᄅᆞᆯ 領ᄒᆞ여(月釋14:15). 엇데 다ᄆᆞᆫ 열콰 一百곽 ᄯᆞᄅᆞ미리잇고(宣賜內訓2下72). 다ᄆᆞᆫ 아니 여러 나그내네를 ᄒᆞ야 잰 젼ᄎᆞ로(飜老上50). 다ᄆᆞᆫ 거즈마ᄅᆞᆯ 잘 니ᄅᆞᄂᆞ니:只是快說謊(飜朴上35). 다ᄆᆞᆫ 사ᄅᆞᆷ으로:只是人(飜小8:5). 다ᄆᆞᆫ 왕림의 형뎨옷 분묘 딕히여셔:惟琳兄弟獨守塚廬(二倫3 王琳救弟). 다ᄆᆞᆫ ᄯᅩᆼ이 ᄃᆞᆯ며(宣小6:18). 다ᄆᆞᆫ 다 그 宮中에 取ᄒᆞ야:舍皆取諸其宮中(宣孟5:20). 다ᄆᆞᆫ 원미쥭만 마시고(東新續三綱. 孝5:7).

:다·ᄆᆞᆫ:다·ᄆᆞᆫ [부] 다만. ☞다ᄆᆞᆫ ¶다ᄆᆞᆫ다ᄆᆞᆫ 無ㆆ字ᄅᆞᆯ 자바:單單提箇無字(蒙法15).

다ᄆᆞᆮ [부] 더불어. 함께. ☞다ᄆᆞᆺ ¶다ᄆᆞᆮ 그 구챠히 사라시므론 ᄒᆞᆫ 번 주금만 ᄀᆞᆮ디 몯ᄒᆞ다 ᄒᆞ더니:與其苟且而生莫如一死(東新續三綱. 烈7:11 德心縊死). 진쥬와 다ᄆᆞᆮ 구슬ᄀᆞᆺ티 ᄒᆞ야:若珠與瓊(重內訓2:2).

다·ᄆᆞᆺ [부] 더불어. 함께. ☞다몯. 다못. 다므기

¶슬픈 泉은 다뭇 幽咽ᄒᆞᄂᆞᆺ다:悲泉共幽咽(重杜解1:5). 歲月ㅣ 날와 다뭇 잇디 아니ᄒᆞᄂᆞ니:歲月不我與(重杜解2:55). 俗人과 다뭇 잡디 몯ᄒᆞ리라:未與俗人操(初杜解7:30). 龍의 삿기ᄂᆞᆫ 스싀로 샹녯 사ᄅᆞᆷ과 다뭇 다ᄅᆞ니라:龍種自與常人殊(杜解8:2). 너와 다뭇 두 늘그니 ᄃᆞ외야시면:與子成二老(杜解9:16). 도로 雲路로 다뭇 기도다:復與雲路永(杜解24:40). 다뭇 여:與(類合下63. 光千11). 다뭇 병:並(光千40). 모든 어미와 다뭇 可ᄒᆞᆫ 이예 ᄀᆞᆯᄒᆡ오ᄃᆡ:擇於諸母與可者(宣小1:3). 나랏 큰일이 졔ᄒᆞ기와 다뭇 군ᄉᆞ애 이시니:國之大事在祀與戎(宣小4:51). 人을 殺ᄒᆞ되 挺과 다뭇 刃으로 ᄡᅥ 홈이 ᄡᅥ 달오미 인ᄂᆞ니잇가:殺人以挺與刃有以異乎(宣孟1:11). 隘와 다뭇 恭티 아니홈은 君子ㅣ 由티 아니ᄒᆞᄂᆞ니라:隘與不恭君子不由也(宣孟3:39). 牧과 다뭇 芻를 求ᄒᆞ리니:求牧與芻(宣孟4:14). 다뭇 그 홀로 살ᄆᆞ로ᄂᆞᆫ 출하리 디하의 가 조출 거시라ᄒᆞ고(東新續三綱. 烈2:52). 名과 다뭇 利를 니저ᄇᆞ리라:忘棄名與利(朴解中44). 아비와 다뭇 지아비 다 온젼홈을 엇다(女四解4:18).

다·뭇ᄒᆞ·다 동 같이하다. 더불어 하다. ☞다뭇ᄒᆞ다 ¶兄과 다뭇ᄒᆞ야 行年을 ᄒᆞᆫ ᄒᆡ를 혜리로소니:與兄行年校一歲(初杜解8:27). 뉘 能히 公子와 다뭇ᄒᆞ야:誰能共公子(初杜解15:6). ᄑᆞ른 지ᄎᆞᆫ ᄃᆞ문 비와 다뭇ᄒᆞ도다:翠羽共沈舟(初杜解15:33). 오ᄂᆞᆳ 나조ᄒᆡ ᄯᅩ 엇던 나조코 이 븘비츨 다뭇호라:今夕復何夕共此燈燭光(初杜解19:42).

:다·ᄆᆞᆫ 부 다만. ☞다믄 ¶다ᄆᆞᆫ ᄒᆞᆫ 암ᄒᆞᆯ 어뎃거늘(月釋7:17). 다ᄆᆞᆫ 데ᄠᅳᆫ 너기미니:特浮想耳(楞解1:65). 다ᄆᆞᆫ 뷘 일홈 ᄯᆞᄅᆞ미라:特空名耳(楞解1:65). 시혹 ᄯᅩ 다ᄆᆞᆫ 合掌커나:或復但合掌(法華1:221). 내 오ᄂᆞᆯ 다ᄆᆞᆫ 조려 니ᄅᆞ노라:我今但略說(法華4:27).

:다·ᄆᆞᆫ:다·ᄆᆞᆫ 부 다만. ¶오직 다ᄆᆞᆫ다ᄆᆞᆫ 無字를 드러:只單單提介無字(法語3).

다복다보기 부 다복다복이. ¶너 버므렛ᄂᆞᆫ ᄑᆞ른 프리 다복다보기 기렛도다:烟綿碧草萋萋長(初杜解15:1).

다복다복·ᄒᆞ·다 형 다복다복하다. 풀과 나무가 이곳 저곳에 더부룩하다. ¶모래예 다복다복ᄒᆞ닌 효근 줄퍼 나놋다:沙茸出小蒲(杜解2:8). 다복다복ᄒᆞ야 프른 지치 빗나고:芊芊炯翠羽(杜解7:37).

다·복·ᄡᅮᆨ 명 다북쑥. ☞다복쑥 ¶다복ᄡᅮᆨ:蓬蒿(四解上81 蘩字註). 다복ᄡᅮᆨ 호:蒿. 다복ᄡᅮᆨ 봉:蓬(訓蒙上9). 다복ᄡᅮᆨ 봉:蓬(類合上8). 다복ᄡᅮᆨ 번:蘩(詩解物名2). 다복ᄡᅮᆨ 봉:蓬(詩解 物名3). 다복ᄡᅮᆨ:蒿草(譯解下40).

다복쑥 명 다북쑥. ☞다복ᄡᅮᆨ ¶다복쑥 봉:蓬(倭解下31). 다복쑥:蓬蒿(柳氏物名三 草).

다봗 명 다북쑥. ☞다봇. 다봊 ¶늘거가매 불여 ᄃᆞᆫ니ᄂᆞᆫ 다봗 ᄀᆞᆮ호라:老去若飄蓬(重杜解4:24). 이제 다봗 올마 ᄃᆞᆫ니ᄃᆞᆺ ᄒᆞ노라:今轉蓬(重杜解9:6).

다봇 명 다북쑥. ☞다봗. 다봊 ¶누늘 드러 보니 오직 다봇ᄲᅮ니로다:擧目唯蒿萊(杜解10:19). 두 다봇 ᄀᆞᆮᄒᆞᆫ 귀미티오:雙蓬鬢(杜解21:16). 다봇 門을 오ᄂᆞᆯ 비르서 그듸ᄅᆞᆯ 爲ᄒᆞ야 여노라:蓬門今始爲君開(杜解22:6). 飄飄ᄒᆞᆫ 나그내 다봇 ᄀᆞᆮ호라:飄飄客子蓬(初杜解24:58).

다봇ᄡᅮᆨ 명 다북쑥. ☞다복ᄡᅮᆨ. 다북쑥 ¶霈澤이 다봇ᄡᅮ게 니르리 베픗도다:霈澤施蓬蒿(重杜解12:10).

다봊 명 다북쑥 ☞다봗. 다봇. 다붓 ¶疎拙ᄒᆞᆫ 몸 養호매 다보ᄌᆞ로 입ᄒᆞᆯ ᄆᆡᆼᄀᆞ로니:養拙蓬爲戶(杜解3:36). 다보존 둘엣ᄂᆞᆫ 다ᄆᆞᆯ ᄆᆞ리 왓도다:蓬蒿翳環堵(杜解9:9). 서리와 눈괘 ᄂᆞᄂᆞᆫ 다보재 ᄀᆞ독ᄒᆞ도다:霜雪滿飛蓬(杜解21:1).

다북쑥 명 다북쑥. ☞다복ᄡᅮᆨ. 다복쑥. ¶다북쑥:蓬蒿(同文解下45. 漢淸13:16).

다붓 명 다북쑥. ☞다봊 ¶제여곰 닐오ᄃᆡ 올마ᄃᆞᆫ니ᄂᆞᆫ 다붓 ᄀᆞ토ᄆᆞᆯ 아쳗노라 ᄒᆞ다소라:各云厭轉蓬(重杜解19:44).

다·봄 동 다함(盡). ¶ᄆᆞᅀᆞᆷ 다ᄫᅩᄆᆞᆯ 닐ᄋᆞᆶᄀᆞ장 긔지ᄒᆞ야:期致盡心(月釋序20).

다ᄫᅵ 명 대로. ¶城邑과 巷陌과 聚落과 田里예 드론 다ᄫᅵ 父母宗親善友知識 爲ᄒᆞ야 히믈조차 불어닐어든 이 사ᄅᆞᆷ돌히 듣고(月釋17:45). 世尊 勅ᄒᆞ샨 다ᄫᅵ 다 奉行ᄒᆞᅀᆞᄫᅩ리니(月釋18:19).

-다·ᄫᅵ 접미 -답게. -되게. ☞-다이. -다히 ¶實다ᄫᅵ 잘 볼 씨라(月釋7:45). 제 ᄆᆞᅀᆞᆷ다ᄫᅵ 몯ᄒᆞᄂᆞᆫ 사ᄅᆞᆷ돌해(月釋21:96). 求ᄒᆞ논 이ᄅᆞᆯ ᄠᅳᆮ다ᄫᅵ 일우고(月釋21:150). 大臣이 닐오ᄃᆡ 太子ㅅ ᄠᅳᆮ다ᄫᅵ 호리이다(月釋21:216). 法다ᄫᅵ 參究ᄒᆞ야:如法參究(蒙法21). 法다ᄫᅵ ᄒᆞ야ᅀᅡ 비르소 올ᄒᆞ리라:如法始得(蒙法33). 禮다ᄫᅵ 送葬ᄒᆞ니:以禮葬之(續三綱. 烈. 張氏負屍). ※-다ᄫᅵ>-다이(-다히)

다샤ᄒᆞ다 동 다사(多謝)하다. ¶이 형이 ᄎᆞᄌᆞ시니 다샤ᄒᆞ여이다(洛城2).

다섯 수 다섯. ☞다ᄉᆞᆺ. 다ᄉᆞᆺ ¶ᄒᆞᄅᆞ밤 다섯 更에(古時調. 鄭澈. 光化門. 靑丘). 다섯 ᄶᅩᆨ:五瓣(譯解補36).

다셧 수 다섯. ☞다섯. 다ᄉᆞᆺ ¶다셧 ᄯᆞᆯ을 남이 약화와 약쇼와 약륜과 약헌과 약슌이니(女四解3:2). 두 다셧 홋 다셧 뭇 다셧 곱기로다(萬言詞). 다셧 오:五(兒學下12).

-·다소·니 어미 -더니. ☞-다니. -다ᄉᆞ니 ¶

부텨 니르시논 解脫올 우리도 得ᄒᆞ야 涅槃애 다ᄃᆞ론가 ᄒᆞ다소니 오ᄂᆞᆳ날 이 ᄠᅳ들 몯 아ᅀᆞᄫᆞ리로다(釋譜13:43). 내 너교ᄃᆡ 滅度ᄅᆞᆯ 得호라 ᄒᆞ다소니 오ᄂᆞᆯᅀᅡ 아로니(法華4:36). ᄡᅡ홀 삼고져 ᄒᆞ숩다소니(勸善文). 굽스러셔 셤기다소니(初杜解9:2). 글 議論호ᄆᆞᆯ 崔蘇의게 니르리 ᄒᆞ다소니:論文到崔蘇(杜解24:30).

-다소·라 어미 -더라. ☞-다라 ¶스믈 히ᄅᆞᆯ 조차 ᄃᆞᆫ녀 훤히 長安애셔 醉ᄒᆞ다소라(初杜解16:18). 제여곰 닐오ᄃᆡ 올마 ᄃᆞᆫ니ᄂᆞᆫ 다븟 ᄀᆞ토ᄆᆞᆯ 아쳗노라 ᄒᆞ다소라:各云厭轉蓬(初杜解19:44). 秦ㅅ ᄠᅳᆯ헤 우루믈 모다 議論ᄒᆞ다소라:俱議哭秦庭(杜解24:6). 特進의 빗나ᄆᆞᆯ ᄃᆞᆯ히 너기디 아니ᄒᆞ다소라:未甘特進麗(杜解24:30).

다솝 명 다섯 홉〔五合〕. ☞다ᄉᆞᆸ ¶파 흰 믿스므 낫과 니ᄡᆞᆯ 다솝과 달혀 쥭을 쑤고:取葱白二十莖粳米半升煮成粥(辟新3).

다쇄 명 닷새. ¶나흘 다쇄 만의 모미 시거야 돈ᄂᆞ니는 더옥 경ᄒᆞ니라(痘要上14).

다쇼 명 다소(多少). ¶짐줏 싱의 ᄆᆞ음을 눅여 빙금 다쇼ᄅᆞᆯ 념녀치 아니나(落泉1:2).

다숩다 형 따스하다. 따뜻하다. ☞다스다 ¶셰슈물 다숩고 셔늘홈을 맛당케 ᄒᆞ고 실은 동쇼져ᄅᆞᆯ 낙글 계교로ᄃᆡ(女四解3:15). 밥을 다숩게 ᄒᆞ야(女四解3:17).

다스다 형 따스하다. ☞다숩다 ¶다슬 온:溫(兒學下1).

다스리다 동 다스리다. ☞다ᄉᆞ리다 ¶훈이 집은 다스리디 아니ᄒᆞ매(東新續三綱. 孝5:13). 관원이 이예 법을 자바 다스리면:有司於是按律繩之(警民序2).

다스마 명 다시마. ☞다ᄉᆞ마 ¶다스마 긴 거리로 가거늘 보고 오롸(古時調. 이바 편메곡들아. 靑丘).

다스ᄒᆞ다 형 따스하다. 따뜻하다. ¶다스ᄒᆞᆫ 아름묵과 돗가온 니불 속의(古時調. 申獻朝. 閣氏네. 靑丘).

다슬이다 동 다스리다. 돌보다. ¶장기 연장 다슬여라(古時調. 海謠).

다슴아비 명 의붓아비의. ☞다ᄉᆞᆷ아비 ¶두 형이며 아비누의며 다슴아비 ᄌᆞ손들히:二兄及錢氏姑子孫(二倫19 杜衍待兄).

다·슴·어미 명 의붓어미. 계모(繼母). ☞다ᄉᆞᆷ어미 ¶다슴어미 싱션을 먹고져 ᄒᆞ더니:母嘗欲生魚(飜小9:24).

다습 명 다습. 다섯 살. 〔마소의 나이를 세는 말.〕 ☞다ᄉᆞᆸ ¶절다악대ᄆᆞᆯ ᄒᆞᆫ 필이 나히 다습이오:赤色騸馬一匹年五歲(老解下14).

다숫재 수 다섯째. ☞다ᄉᆞᆺ재. 다ᄉᆞᆺ차히 ¶다숫재ᄂᆞᆫ 믈읫 飮食 먹옴애 可히 ᄀᆞᆯ히야 ᄇᆞ리며 取ᄒᆞ디 아닐 거시며:五凡喫飮食不可揀擇去取(宣小5:102).

다·시 부 다시. ¶다시 ᄡᅳ샤 富庶를 보시니:迺復用之富庶斯見(龍歌77章). 罪ᄅᆞᆯ 니저 다시 브려시니:忘咎復任使(龍歌121章). 다시 說法ᄒᆞ시니 羅雲의 ᄆᆞᅀᆞ미 여러 아니라(釋譜6:11). 復는 다시 ᄒᆞᄂᆞᆫ ᄠᅳ디라(訓註11). 다시 구리 기들 ᄆᆡᆼᄀᆞ라(宣賜內訓序4). 다시 엇데 疑心ᄒᆞ리오(南明上13). 通이 다시 ᄉᆞᆯ오ᄃᆡ:通再啓曰(六祖中74). 다시 깅:更. 다시 부:復(類合下45). 다시 복:覆(石千8. 註千8). 다시 깅:更(倭解上27. 註千24). 다시 뭇다:再問(同文解上25). 다시 즁:重(註千3).

다시 부 듯이. ☞ᄃᆞ시 ¶고란사 청풍경은 본 다시 알거니와(扶餘路程).

다·시·곰 부 다시금. ☞다시금 ¶種種方便으로 다시곰 ᄉᆞᆯᄫᅡ도(釋譜6:6). 다시곰 것ᄆᆞᄅᆞ주거(月釋10:24). 普賢이 다시곰 니ᄅᆞ시며(法華7:182). 다시곰 學을 힘ᄡᅥ(宣賜內訓2下8). 다시곰 설으 외다 ᄒᆞ야 원망홈을 말믜삼아:更相責望(宣小6:90). 다시곰 욱이ᄃᆡ(癸丑77). 다시곰:再三(同文解下50). 다시곰 극진히 行下ᄒᆞ시니(新語7:9). 다시곰:再三(譯解補53).

다시곰·ᄒᆞ·다 동 되풀이하다. ¶百家ᄅᆞᆯ 다시곰ᄒᆞ야:反復百家(圓覺序80).

다시금 부 다시금. ☞다시곰 ¶可히 다시금 소기기를 ᄒᆞᄃᆡ 몯홀 거시니라(英小6:32).

다시다 동 (입맛을) 다시다. ¶입 다시다:咂嘴(譯解上37).

다·시·라 명 탓이라. 〔'닷'과 서술격조사(敍述格助詞) '-이라'가 연철(連綴)된 형태.〕 독닷☞-이라 ¶이 溫恭ᄒᆞ야 ᄂᆞᄌᆞ홈ᄋᆞᆯ 崇尙아니ᄒᆞᆫ 다시라:此由於不尙恭下者也(宣賜內訓2上9).

다시야 부 다시야. 〔'다시'에 뜻을 강조하는 보조사(補助詞) '-야'가 결합된 형태.〕 독다시 ¶다시야 무슨 일이 이실 줄 싱각ᄒᆞ야시리오(閑中錄288).

다시옴 부 다시금. ☞다시곰. 다시음 ¶다시옴 긔유ᄒᆞ오샤(癸丑28).

다시음 부 다시금. ☞다시곰. 다시옴 ¶유모의게 다시음 부탁 왈(洛城1).

다식 명 다식(茶食). ¶다식 톄로 바가 내여 ᄆᆞᆯ뢰여(救荒補20)

-·다ᄉᆞ·니 어미 -더니. ☞-다소니 ¶또 ᄆᆞᅀᆞ매 닛디 아니ᄒᆞ야 念ᄒᆞ다ᄉᆞ니 이 威神力으로 그 갈히 片片이 것듣거늘(靈驗10).

다·ᄉᆞ리·다 동 다스리다. ☞다ᄉᆞᆯ다. 다ᄉᆞᆯ오다 ¶四天下 다ᄉᆞ료미 아바님 ᄠᅳ디시니(月印上17). 世間 다ᄉᆞ룔 마리며(釋譜19:24). 毗尼ᄂᆞᆫ 이대 다스리다 ᄒᆞᄂᆞᆫ 마리니(釋譜23:34). 四天下ᄅᆞᆯ 다ᄉᆞ리시다가(月釋1:

19). 잠간 다ᄉᆞ리고(楞解6:85). 惑習 다ᄉᆞ료ᄆᆞᆯ 爲커늘:爲治惑習(楞解10:73). ᄆᆞᅀᆞᄆᆞᆯ 다ᄉᆞ리며(宣賜內訓1:28). 님금과 다ᄆᆞᆺ 다ᄉᆞ리고져 ᄒᆞᄂᆞᆺ다:與君理(初杜解16:55). 다ᄉᆞ릴 리:理(訓蒙下32. 石千29. 註千29). 다ᄉᆞ릴 티:治(類合下10. 石千28.). 다ᄉᆞ릴 토:討(類合下42). 믈읫 우리 ᄇᆡᆨ셩 다ᄉᆞ리ᄂᆞᆫ 사ᄅᆞᆷ은(警民序3). 귀예셔 다ᄉᆞ릴 ᄲᅮᆫ이 아니라:官司治之(警民36). 나라ᄒᆞᆯ 다ᄉᆞ리며 天下ᄅᆞᆯ 平히 홀 근본을 ᄒᆞ논 배니:治國平天下之本(宣小書題1). 쇼ᄒᆞᆨ과 가례로ᄡᅥ 모믈 다ᄉᆞ리더라(東新續三綱. 烈2:36). 나라ᄒᆞᆯ 다ᄉᆞ리ᄂᆞᆫ 도리 득인ᄒᆞ기 읏ᄯᅳᆷ이니(仁祖行狀21). 良藥으로 病 다ᄉᆞ림도곤 나으리라:强如良藥治病(朴解中18). 다ᄉᆞ릴 치:治(倭解上53). 다ᄉᆞ리다:治(同文解上50). 天下ᄂᆞᆫ 陽道ᄅᆞᆯ 다ᄉᆞ려 ᄡᅥ(女四解. 女誡序2). 다ᄉᆞ릴 국:鞠(註千7). 다ᄉᆞ릴 윤:尹(註千23). 다ᄉᆞ릴 치:治(註千28). 다ᄉᆞ릴 칙:勅(註千29). 다ᄉᆞ릴 이:易(註千34). 다ᄉᆞ릴 지:宰(註千34).

다ᄉᆞ림 명 다스름〔調音〕. ¶調音 俗稱 다ᄉᆞ림(梁琴18).

다ᄉᆞ·마 명 다시마. ☞다스마 ¶다ᄉᆞ마:海帶(飜老下38. 老解下34. 譯解上54). 다ᄉᆞ마:海帶菜(同文解下3. 漢淸12:39). 다ᄉᆞ마:海帶(物譜 蔬菜).

다ᄉᆞ·마머·육 명 다시마미역. ¶다ᄉᆞ마머육:昆布(救簡2:80). 다ᄉᆞ마머육을 ᄀᆞᆯ히야:揀取昆布(救簡2:80).

-·다·ᄉᆞ이·다 어미 -더이다. -었습니다. ¶내 ᄒᆞ던 이리 甚히 외다ᄉᆞ이다(釋譜24:18). 비록 모미 出家ᄒᆞ나 ᄆᆞᅀᆞ미 道애 드디 몯호미 가ᄌᆞᆯ비건댄 艱難ᄒᆞᆫ 子息이 아비 ᄇᆞ리고 逃亡ᄒᆞ야 감 ᄀᆞᆮ다ᄉᆞ이다:雖身出家心不入道譬如窮子捨父逃逝(楞解1:93). 쉬닌 時節을 보건댄 번ᄃᆞᆨ히 强壯ᄒᆞ다ᄉᆞ이다:觀五十時宛然强壯(楞解2:7). 이ᄂᆞᆫ 우리 허므리라 世尊ㅅ 다시 아니시다ᄉᆞ이다:是我等咎非世尊也(法華2:5). 道場애 니르에 ᄒᆞ시다ᄉᆞ이다(法華2:22). 智慧 업스니 ᄀᆞᆮ다ᄉᆞ이다:如無智者(法華4:36).

다ᄉᆞᄒᆞ다 형 따스하다. ¶언어제 다ᄉᆞᄒᆞᆫ 히빗치야 ᄶᅬ야볼 줄 잇시라(古時調. 金壽長. 花開洞. 海謠).

다ᄉᆞᆫ 수 다섯. ☞다ᄉᆞᆺ ¶다ᄉᆞᆫ 거시 ᄀᆞ존 후에:五者備矣然後(警民33). 반ᄃᆞ시 다ᄉᆞᆫ 형벌을 ᄀᆞ초리라:必具五刑(東三綱. 忠1). 祝融 다ᄉᆞᆫ 묏부리 노ᄑᆞ니:祝融五峯尊(重杜解13:2). 有時예 다ᄉᆞᆫ 묏부리옛 氣運ㅣ ᄇᆞᄅᆞ매 흐트니 서리 나ᄂᆞᆫ ᄃᆞᆺ도다:有時五峯氣散風如飛霜(重杜解13:2). 다ᄉᆞᆫ 거시 ᄀᆞ존 후에아:五者備矣然後(英小2:36).

다·ᄉᆞᆯ·다 동 다스리다. 다스려지다. ☞다ᄉᆞ리다. 다ᄉᆞᆯ오다 ¶다ᄉᆞᆯ며 어즈러우며(宣賜內訓序6). 다ᄉᆞᆯ며 어즈러우미 다 업거니:理亂俱亡(金三2:6). 다ᄉᆞᆯ 예:乂(訓蒙下25). 다ᄉᆞᆫ 것 티:治(類合下10). 나암나암 다ᄉᆞ라 간악애 니르디 아니케 ᄒᆞ시니라:烝烝乂不格姦(宣小4:7). 내 이ᄅᆞᆯ 닐그매 ᄀᆞ장 븟ᄭᅳ러워ᄒᆞ노니 이제 명ᄉᆞ 태위 다 됴뎡의 모다시되 편히 다ᄉᆞᄂᆞᆫ 긔샹은 업고(仁祖行狀18). 어딘 신하ᄅᆞᆯ ᄡᅳ니 나라히 다ᄉᆞᆯ고…어딜고 능ᄒᆞᆫ 사ᄅᆞᆷ이 위예 버러 이시나 다ᄉᆞᄂᆞᆫ 효험을 보디 몯ᄒᆞ니(仁祖行狀22). 집이 ᄀᆞ즉ᄒᆞᆫ 후에 나라히 다ᄉᆞᆫ다 ᄒᆞ니라:家齊而後國治(朴解中45). 다ᄉᆞ릴 치:治(註千28). 그 다ᄉᆞᆯ기ᄅᆞᆯ 니뢰디 못ᄒᆞᄂᆞ니라:不能致其治(三略下10).

다ᄉᆞᆯ오·다 동 다스리다. ☞다ᄉᆞ리다. 다ᄉᆞᆯ다 ¶모디닐 다ᄉᆞᆯ오고 어디닐 勸ᄒᆞ노라 호ᄃᆡ:懲惡勸善(圓覺下三之一53). 다ᄉᆞᆯ올 딩:懲(類合下21).

다·ᄉᆞᆯ·이·다 동 다스리다. ☞다ᄉᆞ리다. 다ᄉᆞᆯ다 ¶德으로 ᄡᅥ ᄇᆡᆨ셩을 다ᄉᆞᆯ이ᄂᆞ니:德以治民(宣小4:34).

다ᄉᆞᆷ 명 거짓 것〔假〕. ¶親ᄒᆞ닐 親히 ᄒᆞ고 다ᄉᆞᆷ으란 기우로 ᄒᆞ면:親其親而偏其假(重內訓3:22).

다ᄉᆞᆷ아ᄃᆞᆯ 명 의붓아들. ¶ᄒᆞ믈며 다ᄉᆞᆷ아ᄃᆞᆯ을 엇디 어미 업ᄉᆞᄃᆡ 다ᄅᆞ게 ᄒᆞ리오(女範1. 부계모 위망ᄌᆞ모).

다ᄉᆞᆷ아비 명 의붓아비. ☞다슴아븨 ¶다ᄉᆞᆷ아비 브티디 아니ᄒᆞ야ᄂᆞᆯ:繼父不容(二倫19 杜衍待兄).

다·ᄉᆞᆷ·어·미 명 의붓어미. 계모(繼母). ☞다슴어미 ¶다ᄉᆞᆷ어미:繼母(三綱. 孝1 閔損). 다ᄉᆞᆷ어미 샹녜 서근 사ᄆᆞ로 오새 두어 주거든:繼母卜氏遇之無道恒以蒲穰及敗麻頭與延貯衣(三綱. 孝19 王延躍魚). 다ᄉᆞᆷ어미ᄅᆞᆯ 가 뵈오:來省繼母(東續三綱. 孝18).

다ᄉᆞᆷᄌᆞ식 명 의붓자식. ¶다ᄉᆞᆷᄌᆞ식:假子(重內訓3:22).

다ᄉᆞᆸ 명 다섯 홉. ☞다솝 ¶믈 ᄒᆞᆫ 되 다ᄉᆞᆸ 브어 칠 홉 되게 달혀:水一升半煎七分(辟新2).

다ᄉᆞᆸ 명 다습. 다섯 살.〔마소의 나이를 세는 말.〕¶왼편 다리예 印 친 보람 잇ᄂᆞᆫ 다ᄉᆞᆸ에 졀다 블친 ᄆᆞᆯ ᄒᆞᆫ 필을(淸老6:1).

다·ᄉᆞᆺ 수 다섯. ☞다ᄉᆞᆫ. 다ᄋᆞᆺ ¶다ᄉᆞᆺ 가마괴 디고:五鴉落兮(龍歌86章). 다ᄉᆞᆺ 곶 두 고지 空中에 머믈어늘(月印上3). 다ᄉᆞᆺ 줄깃 蓮花ᄅᆞᆯ 사아(釋譜6:8). 五衰相ᄋᆞᆫ 다ᄉᆞᆺ 가짓 衰ᄒᆞᆫ 相이니(月釋2:13). 알ᄑᆡᆺ 다ᄉᆞᄉᆞᆫ:前五(楞解3:63). 다ᄉᆞᆺ ᄀᆞᆯ비 흐리니라:五疊渾濁(楞解4:81). ᄉᆞ므다ᄉᆞᆺ 고대 잇논 因果ㅣ 滅티 아니ᄒᆞᆯᄊᆡ 有ㅣ라(法華1:26). 열다

ᄉᆞ새 그를 해 알고:十五富文史(杜解8:19). 다ᄉᆞᆺ ᄆᆞ리 녜 일즉 져근 길흘 아ᄂᆞ니:五馬舊曾諳小徑(杜解21:3). 다ᄉᆞᆺ 길히 ᄀᆞ리여:五路閉塞(佛頂上5). 다ᄉᆞᆺ 오:五(訓蒙下33. 類合上1. 石千7). 몸애 다ᄉᆞᆺ 빗체 어르누근 오ᄉᆞᆯ 니브며:身着五色斑斕之衣(宣小4:16). 다ᄉᆞᆺ ᄆᆞᆯ이 셔셔(女四解4:24). 다ᄉᆞᆺ 가지 딜알과:五種癲疾(臘藥15). 고기 길히 다ᄉᆞᆺ 자히나 ᄒᆞ여(五倫1:29). ※ 다ᄉᆞᆺ>다섯

다ᄉᆞᆺ재 수 다섯째. ☞다ᄉᆞᆺ재. 다ᄉᆞᆺ차히 ¶ 다ᄉᆞᆺ재ᄂᆞᆫ 믈읫 음식 머고매 ᄀᆞᆯᄒᆡ여 ᄇᆞ리며 머그며 호미 올티 아니ᄒᆞ니라:五凡喫飲食不可揀擇去取(飜小8:23). 다ᄉᆞᆺ재ᄂᆞᆫ ᄀᆞ론 거즛 말ᄉᆞᆷ 지ᅀᅥ 사ᄅᆞᆷ을 소겨 훼호미오:五曰造言誣毁(呂約7).

다ᄉᆞᆺ차히 수 다섯째. ☞다ᄉᆞᆺ재 ¶ 다ᄉᆞᆺ차힌 누니 넙고 기르시며(月釋2:55).

다·쐐 명 닷새. ☞닷쇄. 닷쐐 ¶ 셜흔다쐐어나(釋譜9:31). 사ᄋᆞ리어나 나ᄋᆞ리어나 다쐐어나:若三日若四日若五日(阿彌17).

다·쐣·날 명 닷샛날. ¶ 四月ㅅ 열다쐣날(釋譜11:1). 七月ㅅ 열다쐣날(月釋2:18). 이ᄃᆞᆯ 열다쐣날 白馬寺애 모ᄃᆞ라(月釋2:72).

다·아 동 다하여. 다되어. ㉠다ᄋᆞ다 ¶ 天命이 다아 갈ᄊᆡ:將失天命(龍歌84章).

다아다 동 다하다(盡). ☞다ᄋᆞ다 ¶ 효ᄌᆞ의 지븨 니ᄅᆞ니 졍이 감동호미 만ᄒᆞ여 눈므리 다아미 업도다:到孝子廬情多感淚無窮(東三綱. 孝1).

다아다 부 몹시 다그쳐. 닥쳐. ☞다와다 ¶ 우리도 살냐 ᄒᆞᄂᆡ ᄒᆞ고 다아다 드러가니(癸丑73).

다·야 명 대야. ☞대야 ¶ 다야 爲匜(訓解. 用字). 다야 우:盂(訓蒙中19). 다야 션:鐥(倭解下14). 盂曰 大耶(雞類).

다언ᄒᆞ다 형 다언(多言)하다. ¶ 엇디 多言호매 이신 然後에야 사ᄅᆞᆷ이 그 어딜믈 알리오(家禮8:20).

:다·엿 수 대엿. 대여섯. ☞대엿 ¶ 胡騎ᄂᆞᆫ 기리 ᄃᆞᆯ여 ᄀᆞᆯ외오미 다엿 ᄒᆡ로다:胡騎長驅五六年(重杜解2:1). 마ᄂᆞᆯ 다엿 나출 거플 밧기고:蒜五六枚去皮(救簡2:116). ᄒᆞᄅᆞ 다엿 번곰 ᄀᆞ라 ᄇᆞ티면 됴ᄒᆞ리라(救簡3:8). 다엿 번 머거(救簡6:44). 사오나온 반티 열다엿 頃이러시니:薄田十五頃(飜小8:20). 다엿 ᄇᆞᆯ 칼은:五六件兒刀子(朴解上25). 다엿 돈 은이 업ᄉᆞ면:沒有五六錢銀子(朴解上43). 다엿 겨집들이 안자:五六箇婦人們坐的(朴解中53). 다엿 사ᄅᆞᆷ이 샹소ᄒᆞᄃᆡ(癸丑10). 이러ᄒᆞᆫ ᄃᆡ 입이 둔ᄒᆞ여 ᄒᆞᆫ 번의 다엿 말이 이시면(捷蒙2:4).

다엿쇄 명 대엿새. ☞다엿 ¶ 이러홈으로 처엄 비셜ᄒᆞᆫ 다엿쇄로(煮硝方5).

다오 동 다오. ¶ 아ᄒᆡ야 粥早飯다오(古時調. 趙存性. 青丘).

다오·다 동 다하다. 없애다. ¶ 이리 ᄀᆞᄌᆞ며 義ㅣ 다올뎬:事周義盡(圓覺上一之二13).

다·오·다 동 닦다. 쌓다. 수축(修築)하다. ☞다ᄋᆞ다 ¶ 마ᄐᆞᆯ 다오매 굼긧 개야미 어엿비 너기고:築場憐穴蟻(初杜解7:18).

다옥이 명 따오기. ☞다와기 ¶ 다옥이:朱鷺(柳氏物名一 羽蟲).

다·옴 동 다함(盡). ㉠다ᄋᆞ다 ¶ 工巧ᄒᆞ신 方便은 다오미 업스리라(月釋9:49). 곧 모딘 因이 다오미라:卽惡因盡也(心經56). 다오미 업스니:無盡無窮(蒙法68). 엇뎨 그 義와 마ᄉᆞᆯ 다오미 이 ᄀᆞᆮ거뇨:何盡其義味如此也(圓覺序11). 쉬윰 업스며 다옴 업스니라:無有休息有窮盡(圓覺上一之二15). 그추미 다오ᄆᆞᆯ 기드려ᅀᅡ:欲待斷盡(圓覺上一之二129). 서르 ᄉᆞᄆᆞ차 노겨 자ᄇᆞ샤 다폴다폴 다옴 업수믈 니ᄅᆞ시니:謂交徹融攝重重無盡(法華7:9). 오ᄂᆞ리 다옴 업거ᄂᆞᆯ:今日不盡(修行章36).

다와·기 명 따오기. ☞다옥이 ¶ 다와기 목:鶩(訓蒙上15). 곤이ᄅᆞᆯ 사기다가 이디 몯ᄒᆞ야도 오히려 다와기 ᄀᆞᆮᄒᆞ려니와:刻鵠不成尙類鶩者也(飜小6:15). 오히려 다와기 ᄀᆞᆮ홈이어니와:尙類鶩者也(宣小5:14). 다와기:紅鶴(譯解下27). 다와기 목:鶩(倭解下20). 다와기:紅鶴(同文解下34).

다와다 부 몹시 다그쳐. 닥쳐. ㉠다왇다 ☞다아다 ¶ 셩이 허러 병매 다와다 들어늘 ᄀᆞ장 오래 싸호니:城破兵塡委以入塵戰旣久(三綱. 忠28 蝦蟆). 이 王이며 大臣이라 다와다 브릴가 저허:是國王大臣恐逼驅使(圓覺序47). 주굼과 다와다 보참과:殺害逼惱(圓覺下一之一28).

다와·돔 동 다그침. 닥침. ㉠다왇다 ☞다와톰 ¶ 다와도미 일후미 苦ㅣ니:逼迫名苦(圓覺下三之一13). ᄒᆞ다가 어긔욤과 順호미 다와도매:若違順所逼(圓覺下三之一25).

다와톰 동 다그침. 닥침. ㉠다와티다 ☞다와돔 ¶ 거레 다와토ᄆᆞᆫ 無에 거루미니:衝渠滯無(永嘉下84).

다와·티·다 동 다그치다. 닥치다. ☞다왇다 ¶ ᄒᆞ다가 厄難애 두려 어려이 다와티닐 보아ᄃᆞᆫ:若見厄難恐怖危逼(永嘉上30). 오직 麤ᄒᆞ며 므거우믜 다와툐미라:但麤重所逼(圓覺上一之二179). 추미 올아 다와텨 입을 마고 믈오:涎潮口噤(救簡1:3).

다왁이 명 따오기. ☞다옥이. 다와기 ¶ 닐온 바 鵠을 사기다가 이디 못ᄒᆞ야도 오히려 다왁이 ᄀᆞᆺ흐려니와:所謂刻鵠不成尙類鶩(重內訓1:31).

다왇·다 동 다그치다. 닥치다. 무릅쓰다. ☞

다와티다. -왇다 ¶어려ᄫᅳᆫ 이리 다와다 ᄀᆞ장 ᄉᆡᄐᆞᆺᄒᆞ야(釋譜9:7). 受苦ㅣ 다와ᄃᆞᆯ씨 念佛홇 겨르를 몯ᄒᆞ야(月釋8:75). 어디닐 다와다 구피ᄃᆞᆺ ᄒᆞ니:逼枉良善(楞解8:92). 根과 境괘 어긔며 다와ᄃᆞᆯ 씨니:若根若境乖違逼迫(法華2:228). 거레 다와ᄃᆞ면:衝渠(永嘉下85). 여듧 苦ㅣ 서르 글혀 다왇ᄂᆞ니:八苦相煎迫(永嘉下146). 公案이 흗디 아니ᄒᆞ며 다왇디 아니ᄒᆞ며:公案不散不衝(蒙法8). 한 疑心이 다와다 發ᄒᆞ야:衆疑逼發(蒙法29). 무로피어나 소니어나 오ᄉᆞ로 두터이 ᄲᅡ 미틔 다왇고:用膝頭或手厚裹衣抵定糞門(救簡1:59). 말ᄉᆞᆷ 다와돔과:言語觸刺(六祖上8). 다와ᄃᆞᆯ 모:冒(類合下34). 그 功 일옴을 다와ᄃᆞ며:責其成功(宣小5:81). 갈ᄂᆞᆯ희 다와다 드러 도적을 ᄭᅮ짓고 아비ᄅᆞᆯ 구ᄒᆞ더니:冒白刃罵賊救父(東新續三綱. 孝7:24).

다으·다 동 다하다. 없애다. ☞다ᄋᆞ다 ¶滅ᄒᆞ야 다으게 호ᄃᆡ:滅盡(楞解1:4). 실올 매나 터럭근 매나 다으디 몯호미 이시면:絲毫不盡則(飜小8:15). 내 나믄 날을 다으려 ᄒᆞ노니:盡吾餘日(宣小6:84). 바미 다으거ᄂᆞᆯ 다시 燭얼 자바:夜闌更秉燭(重杜解2:66).

다으·다 동 다지다. ☞다이다. 다ᄋᆞ다 ¶저히야 공부드려 다으게 ᄒᆞ라:着他下功夫打(飜朴上10). 三年을 ᄀᆞ옴아라 工錢을 밧디 아니ᄒᆞ고 다으게 ᄒᆞ라:管的三年不要功錢打(朴解上11). 디경 다으다:打地脚(譯解補14). 다은 흙:堅(柳氏物名五 土).

-다이 접미 -편. -쪽. ☞-다히 ¶아마 中國인가 시보오매 東萊다이 醫術 용ᄒᆞᆫ 사ᄅᆞᆷ이 읻ᄉᆞᆸ거든(隣語4:6).

-다·이 접미 -답게. -되게. -대로. ☞-다ᄫᅵ. -다히 ¶法다이 持戒ᄒᆞ면:如法持戒(楞解7:52). 次第다이 마초건댄(法華1:73). 實다이 니ᄅᆞ쇼셔:如實說(法華1:165). 말다이 修行홀띠니이다:如說脩行(法華7:178). 샹녜 어루 ᄠᅳᆮ다이 ᄒᆞ야(圓覺序77). 마ᄅᆞᆯ 期約다이 몯ᄒᆞ며:夫言不約束(宣賜內訓3:21). 젼례다이 홀딘댄:照依前例(飜朴上3). 喪禮다이 ᄒᆞ면 샹ᄒᆞ리라 ᄒᆞ야(續三綱. 孝6). 올ᄒᆞᆫ 이를 졍다이 ᄒᆞ고:正其誼(飜小8:1). 졔ᄉᆞ를 례다이 ᄒᆞ며:祭以禮(東續三綱. 孝11). 법다이 ᄆᆡᆼ글기ᄅᆞᆯ 됴히 ᄒᆞ엿ᄂᆞ니라:如法做的好(老解上24). 그 말다이 ᄒᆞ야(王郎傳2). 여풍다이 드럿더니(萬言詞).

※-다이<-다ᄫᅵ

다이다 동 다지다. ☞다으다 ¶돌 고로다가 날회여 다이되:着石杵慢慢兒打(朴解上10). 뎌로 ᄒᆞ여 工夫 드려 다이라:着他下工夫打(朴解上11). 이리 뎌의게 文書ᄅᆞᆯ 밧고 다이면:這般要他文書打了時(朴解上11).

-·다이·다 어미 -더이다. ☞-대이다 ¶安居ᄒᆞ실 ᄢᅦ도 내 그 中에 잇다이다(釋譜24:44). 本來 求ᄒᆞ논 ᄆᆞᅀᆞᆷ 업다이다 ᄒᆞ노니(月釋13:37). 우리 닐오ᄃᆡ … ᄆᆞᅀᆞᆷ 업다이다 ᄒᆞ노니(月釋13:37). 如來ㅅ 無量知見을 일호라 ᄒᆞ다이다(法華2:4). 부텻 恩惠 갑ᄉᆞ오ᄆᆞᆯ ᄒᆞ마 得호미 ᄃᆞ외와라 ᄒᆞ다이다:則爲已得報佛之恩(法華2:251). 닐오ᄃᆡ ᄯᅩ ᄒᆞ디 아니ᄒᆞ다이다(六祖上95). 내 ᄯᅩ ᄒᆞᆫ 일 니젓다이다(飜老上31).

다이즈니 동 때리니. 치니. ㉮다잇다 ¶버ᄃᆞ리 旌旗ᄅᆞᆯ 다이즈니:柳拂旌旗(杜解6:5).

다임 명 대님. ☞다님 ¶뵈잠방이 다임 쳐 신들메고(古時調. 논밧 가라. 靑丘).

다잇·다 동 때리다. 치다. ☞다잊다 ¶구루메 다잇ᄂᆞᆫ 楚ㅅ 氣運이 어듭고:拂雲霾楚氣(初杜解20:2). 됴ᄒᆞᆫ 氣運이 ᄃᆞᆫ뇨매 다잇더라:佳氣拂周旋(初杜解20:16). 槍을 들어 ᄒᆞᆫ 번 다잇고(武藝圖10).

다잊·다 동 때리다. 치다. ☞다잇다 ¶擊은 다이즐 씨라(月釋2:14. 楞解5:4). 버ᄃᆞ리 旌旗ᄅᆞᆯ 다이즈니:柳拂旌旗(杜解6:5). ᄎᆞᆫ 긔운이 블와로 서르 다이저 사디 몯ᄒᆞ리라:冷氣與火相搏急卽不活也(救簡1:88). 다ᄅᆞᆫ 말이 들에여 다이즈니라:異言喧豗(宣小題辭4). 乙의 棍을 다이저(武藝圖58).

다ᄋᆞ·다 동 다하다. 없어지다. ☞다으다 ¶天命이 다아 갈ᄊᆡ:將失天命(龍歌84章). 盡은 다ᄋᆞᆯ 씨라(釋譜序2). 窮은 다ᄋᆞᆯ 씨라(月釋序17). ᄒᆡ 다ᄋᆞ며 나ᄅᆞᆯ 니ᅀᅥ:窮年繼日(月釋序17). 情과 境괘 다 다ᄋᆞ샤(楞解6:5). 이에 行陰이 다오맨(楞解10:45). 本이 다온 젼ᄎᆞ로(法華1:25). 그 根源을 다ᄋᆞ시니라:盡其根源(圓覺上一之一12). 鏡中에 ᄠᅴ 다아ᅀᅡ:鏡中垢盡(圓覺上一之一56). 내죵내 다ᄋᆞ디 아니홈 곧다 ᄒᆞ시니라(圓覺上一之一109). 빗구믄 十方애 다아도 ᄀᆞᆺ 업스니:橫者十方窮之無有涯畔(圓覺上一之二14). 因ᄒᆞ야 다ᄋᆞᄂᆞ다 ᄒᆞ시니(牧牛訣10). 내 히미 다오니(三綱. 忠14). 늘거가매 ᄌᆡ죄 難히 다ᄋᆞ리로소니:老去才難盡(初杜解20:35). 三千空假中을 ᄠᅥ러 다ᄋᆞ샷다:拂盡三千空假中(金三4:37). 道 求ᄒᆞ면 道ᄅᆞᆯ 다오미 어렵고(南明上35). 다ᄋᆞᆯ 궤:匱(類合下56). 다ᄋᆞᆯ 진:盡(石千11). 날이 다ᄋᆞ도록:盡日(宣小6:92).

다ᄋᆞ다 동 ①닦다. 쌓다. 수축(修築)하다. ¶마ᄐᆞᆯ 다ᄋᆞ고 穀食 收斂ᄒᆞ야 委積 보아호ᄆᆞᆯ:築場看斂積(重杜解7:18). 다시 ᄒᆞᆰ으로 ᄡᅥ 實ᄒᆞ고 굳게 다ᄋᆞ라:復實以土而堅築之(家禮8:15).

②다지다. ☞다으다 ¶돌달고로 날회여 다ᄋᆞ고:着石杵慢慢兒打(飜朴上10).

다올·업·다 형 다함이 없다. ☞다ᄋᆞᆶ업다 ¶ 올히 다ᄋᆞᆯ업거늘:今年不盡(修行章36).

다ᄋᆞᆶ:업·다 형 다함이 없다. ☞다ᄋᆞᆯ업다 ¶ 流布호ᄃᆡ 다ᄋᆞᆶ업시 호리라:流布無窮(楞解1:4). 너펴 돕ᄉᆞ오미 다ᄋᆞᆶ업서:弘贊莫窮(法華序18). 내 쳔랑앳 거시 다ᄋᆞᆶ업스니:我財物無極(法華2:75). 서르 니ᅀᅥ 다ᄋᆞᆶ업스샴 ᄅᆞᆮᄒᆞ시며:如…相繼無窮(法華6:86). 기리 다ᄋᆞᆶ업시 드리울디니라:永永垂無窮(重杜解4:23). 몸 밧긧 다ᄋᆞᆶ업슨 일란 ᄉᆞ랑티 말오:莫思身外無窮事(重杜解10:8). 慧命이 다ᄋᆞᆶ업게 홀디니:慧命無窮(金三5:49). 源源ᄒᆞ야 다ᄋᆞᆶ업서(南明上34). 法門이 다ᄋᆞᆶ업스니(六祖上27).

다ᄉᆞᆺ 수 다섯. ☞다섯. 다ᄉᆡᆺ. 다ᄎᆞᆺ ¶ 鐵丸이 열다ᄉᆞᆺ 낫이라:鐵丸十五箇(火砲解17). 火藥은 다 두 돈 다ᄉᆞᆺ 分이라:火藥皆二錢五分(火砲解28).

다정ᄒᆞ다 형 다정(多情)하다. ¶ 니고의 다졍홈과 낭ᄌᆞ의 박졍ᄒᆞ미 엇지 쇼양 갓ᄒᆞ뇨(落泉2:6).

다좇·다 동 다좇다. ¶ 다조차 자바오라 ᄒᆞ시니(釋譜6:46). 다조촐 박:迫(類合下62).

다지러 동 대질러. 들이받아. ☞다딜어. 다질어 ¶ 어르누근 지치 고줄 다지러 뎌거시 自得ᄒᆞ니:繡羽銜花他自得(重杜解11:13).

다질리다 동 대지르다. ¶ 어진 이를 다질리ᄂᆞᆫ 힝실을 비우지 말라(女四解3:26).

다질어 동 대질러. 들이받아. ☞다딜어. 다지러 ¶ 빗 소리ᄂᆞᆫ 邊塞예 다질어 다ᄋᆞ고:雨聲衝塞盡(重杜解12:35).

다짐 명 다짐. ¶ 다짐을 호되(東續三綱. 孝30). 추열 다짐 시비 장단(普勸文32). 다짐밧고 내여 주되(字恤5).

다짐글월 명 고백(告白)의 글. 자백(自白)의 글. ¶ 다짐글월:招狀(譯解補37).

다치 명 다래끼. 채롱. ☞ᄃᆞ라치 ¶ 내 다치에 너허 주어든 네 쇠 궁치에 언저다가 주렴(古時調. 綠楊芳草岸에. 靑丘).

다치다 동 다치다. ☞다티다 ¶ 다쳐 푸르다:傷靑(譯解補35). 다치다:傷(漢淸8:14).

다·타 동 닿다. ¶ ᄆᆞᅀᆞ미 一定ᄒᆞᆫ 고대 들면 봄과 드롬과 마톰과 맛 아롬과 모매 다홈과 雜ᄠᅳᆮ괘 다 업스릴ᄊᆡ 諸根이 괴외타 ᄒᆞ니라(釋譜6:28). 如來藏이 눈 다ᄒᆞᆫ ᄃᆡ 이시리로다:如來藏存於目擊矣(楞解2:76). 世界天人 阿修羅애 너비 다호ᄆᆞᆫ:普遍世界天人阿修羅(法華3:14). 굴형은 구윗 받 이러메 다핫고:塹抵公畦稜(初杜解20:10). 西江ᄋᆞᆫ 錦城에 다핫ᄂᆞ니라:西江接錦城(初杜解23:48). 눈 다ᄒᆞᆫ ᄃᆡ마다:觸目(金三3:42). 머리셔 ᄇᆞ라매 노피 하ᄂᆞᆯ해 다핫고:遠望高接靑霄(飜朴上68). 민홈이 다케 ᄃᆞᆷ갓다가(簡辟9). 믿홀ᄀᆡ 다케(瘟疫方10). 다홀 박:薄(註千11).

다·타 동 땋다〔編. 組〕. ¶ 多繪 다하:組紃(宣賜內訓3:3). 다흔 셕:編繩(飜老下30). ᄌᆞ셔피로 다하(飜朴上28). 머리 다흔 아ᄒᆡ를 더블고 셔시니(太平1:13). 少年의 머리 다하신 적브터 夫婦ㅣ 되다 호미니(家禮4:21). 다ᄒᆞᆫ 혁:編繩(老解下27). 마리 다ᄒᆞᆫ 계집아ᄒᆡ:Y頭(譯解上27). 다흔 것:辮子(譯解上47).

다탕 명 다탕(茶湯). ¶ 脯와 飯과 茶湯을 各ᄒᆞᆫ 그ᄅᆞ슬 ᄒᆞ야 뻐(家禮10:48).

다토다 동 다투다. ☞ᄃᆞ토다 ¶ 내 혼자 임ᄌᆞ되여 뉘라셔 다톨소니(古時調. 金光煜. 江山 閑雅. 瓶歌). 군ᄉᆡ 다토아 나아가 크게 이긘더라(五倫2:75). 無心ᄒᆞᆫ 白鷗야 오라ᄒᆞ며 말라 ᄒᆞ랴 다토리 업슬 손 다문 인가 너기로라(蘆溪. 陋巷詞).

다투다 동 다투다. ☞다토다. ᄃᆞ토다 ¶ 다툴징:爭(兒學下12).

다티 부 달리. 따로. ☞달 ¶ 우리 다티 살 흥졍 ᄆᆞᅀᆞ몰 의논호ᄃᆡ 엇더ᄒᆞ니오:咱們商量別買貨物如何(飜老下21). 우리 형뎨 다티 사란디 여라ᄆᆞᆫ ᄒᆡ니:吾兄弟別處十餘年矣(二倫25 思達義感). 겨지비 다티 살라 권ᄒᆞ며:妻勸其異居(二倫26 君良斥妻). 다티 살옴을 기들워 이에 그 制도를 ᄆᆞ초라(家禮1:12).

다·티·다 동 닫히다. ¶ 東門이 도로 다티고…西門이 도로 다티고(月釋23:80).

다티·다 동 스치다. 건드리다. 부딪히다. ☞닷치다 ¶ 네 머리 다틿 제 當ᄒᆞ야 ᄯᅩ 바ᄅᆞᆯ 다텨ᄃᆞᆫ:當汝觸頭亦觸其足(楞解1:68). 서르 다티 아니호미 ᄅᆞᆮᄒᆞ야:了不相觸(楞解2:89). 聽에 다티면:衝聽(楞解8:101). 블근 ᄉᆞ매 거믄고애 다티더니라:朱袖拂雲和(初杜解10:4). 다틸 촉:觸(類合下34). 다틸 당:撞(類合下47).

다·티·다 동 (고삐를) 채치다. ¶ 셕 다틸 송:騻(訓蒙下9).

다폴다폴 부 겹겹이. ☞다폴다폴 ¶ 서르 ᄉᆞᄆᆞ차 노겨 자ᄇᆞ샤 다폴다폴 다옴 업수믈 니ᄅᆞ시니:謂交徹融攝重重無盡(法華7:9).

다폴다폴 부 겹겹이. ☞다폴다폴 ¶ 서르 ᄉᆞᄆᆞ차 노겨 자ᄇᆞ샤 다폴다폴 다오미 업스시니:交徹融攝重重無盡(法華6:137).

다·하 부 다만. 오직. ☞다믄. ¶ ᄃᆞᆫ 말와 됴ᄒᆞᆫ 말로 다하 니일 모뢰 가포마 니ᄅᆞ니:甜甘言美語的只說明日後日還我(飜朴上35). 사ᄅᆞ미 간난ᄒᆞ면 다하 다랍고:貧只爲慳(飜朴上35). ᄒᆞ마 나그내네 다하 빌셔:旣是客人只管的央及(飜老上54). 다하 언메나 받고져 ᄒᆞᄂᆞ뇨:還要多少(老朴集. 單字解1).

다하다 동 다하다〔盡〕. ☞다ᄒᆞ다 ¶다할 궤:匱(兒學下10).

다함 명 다음〔次〕. ¶다함 손가락의 니르러:到次指(武藝圖22).

다:함 부 다만. 오직. ☞다하 ¶다함 저티 아닌ᄂᆞ니라:只是不怕(飜老上7). 望望:다함 ᄇᆞ라ᄂᆞᆫ 양이라(宣小4:23). 마시 다함 ᄃᆞᆯ오:味轉甜(宣小6:28). 望望은 다함 ᄇᆞ라ᄂᆞᆫ 양이라(家禮9:35).

-다혀 조 -다가. ☞-다가 ¶하ᄂᆞᆯ ᄀᆞᄐᆞᆫ ᄀᆞ업ᄉᆞᆫ 은덕을 어ᄃᆡ다혀 갑ᄉᆞ오리(古時調. 鄭澈. 아바님 날 나흐시고. 松江).

다호라 형 다워라. 같아라. ¶二月ㅅ 보로매 아으 노피 현 燈ㅅ블 다호라. 六月ㅅ 보로매 아으 별해 ᄇᆞ룐 빗 다호라. 十月애 아으 져미연 ᄇᆞᄅᆺ 다호라. 十二月ㅅ 분디 남ᄀᆞ로 갓곤 아으 나ᅀᆞᆯ 盤잇 져 다호라(樂範. 動動).

다홈 부 도리어. 또. ¶다홈 내게 셜웨라:還虧着我了(老解下11). 네 다홈 므서ᄉᆞᆯ 싱각ᄒᆞᄂᆞ다:你還要想甚麼(老解下11). 갑시 다홈 내게 셜웨라:價錢還虧着我(老解下12).

다홈다홈 부 거듭거듭. 재삼재사(再三再四). ☞다홈 ¶다홈다홈:再三再三的. 再四再四的(漢淸8:56).

·다홍 명 다홍. ¶다홍비체 금 드려 ᄧᆞᆫ 비단:大紅織金(飜老下24). 이 다홍비체 다ᄉᆞᆺ 밧ᄀᆞ락 가진 ᄲᅳᆯ 업슨 룡을 슈질ᄒᆞ니ᄂᆞᆫ:這的大紅綉五爪蟒龍(飜朴上14). 다홍 비단으로:大紅紵(老解下47). 이 니블 거죽 다홍 몸ᄯᅩ과:這被面大紅身兒(朴解中3). 다홍 비단:大紅(譯解下3).

다·회 명 다회(多繪). 끈목. 대자(帶子). ¶뵈 ᄧᆞ며 다회 다하 겨지븨 이롤 비화:織紝組紃學女事(宣賜內訓3:3). 명디깁 ᄧᆞ며 다회 ᄧᆞ 겨집의 일올 ᄇᆡ화:織紝組紃學女事(宣小1:7). 너븐 다회:匾絛(譯解上45).

다흐다 동 따르다. ¶陶陶興味을 다흐리 뉘 이시며(江村晩釣歌).

-다·히 접미 -답게. -같이. -대로. ☞-다비. -다이 ¶알픠 니르던 양다히 더 藥師瑠璃光如來ᄅᆞᆯ 供養ᄒᆞᅀᆞᄫᆞ면(釋譜9:33). 太子ㅅ ᄠᅳ다히 호리이다(釋譜11:20). 俱夷 니ᄅᆞ샤ᄃᆡ 그ᄃᆡᆺ 말다히 호리니(月釋1:13). 所如다히 닐오미라:如所如說(楞解2:54). 理다히 아로미 일후미 如理智니 곧 實智오(心經59). 法다히 三年 工夫호ᄃᆡ:如法下三年工夫(法語20). 엇데 ᄆᆞᅀᆞᆷ다히 ᄒᆞ리잇고:何以爲懷(宣賜內訓2下64). 法다히 수울 비저(三綱. 孝22). ᄠᅳᆮ다히 가놋다:任意過(南明上61). 實다히 보건댄(金三5:12). 願다히 圓滿히 일우리라(佛頂5). 法다히 受持ᄒᆞᆫ대(靈驗18). ※-다비>-다히

-다히 접미 -편. -쪽. ¶坐란 안다히로ᄡᅥ 크니ᄅᆞᆯ 삼을디니(家禮1:21). ᄌᆞ식 ᄇᆡᆫ 겨집을 남다히로 가라 ᄒᆞ고:遣姙婦面南行(胎要10). 또 送使 다히셔ᄂᆞᆫ(新語1:5). 信使 우다히 디나실 제(新語5:23). 믄득 믈 가온대다히셔 글 읇ᄂᆞᆫ 소릐 이셔 닐오ᄃᆡ(太平1:1). 븍다히로 일이 나ᄂᆞᆫ 가셔(太平1:17). 동다히로 가니(太平1:41). ᄒᆞᆫ 미인이 셔다히로셔 ᄆᆞᆯ을 ᄐᆞ고 오니(太平1:46). 디ᄂᆞᆫ ᄒᆡᄅᆞᆯ 구버보니 님다히 消息이 더욱 아득ᄒᆞᆫ뎌이고(松江. 續美人曲). 큰 독 ᄒᆞ나흘 밋다히로 녑희 굼글 ᄠᅮᆲ고:用一大甕傍底穿一小穴(煮硝方5). 뉘 그다히 일을 무셔워 통ᄒᆞ리(癸丑1:132). 無心ᄒᆞᆫ 東녁다히ᄂᆞᆫ 漸漸 밝아 오더라(古時調. 닭아 우지 마라. 歌曲). 적인이 그다히로셔 오니 그 곳의 도적이 갓더냐(落泉4:9).

다히·다 동 잡다. ¶ᄒᆞᆫ 갈로 쇼 다효ᄃᆡ:以一刀解牛(圓覺下二之二10). 어딘 사ᄅᆞ미 해 고기 다히며 고기 낫ᄂᆞᆫ ᄃᆡ 수멧ᄂᆞ니:賢多隱屠釣(初杜解10:11). 피 흘로미 羊 다힌 ᄃᆞᆺᄒᆞ도다:血流似屠羊(恩重7). 或 羊과 돗틀 버혀 다히며:或至刲宰羊豕(警民36). 즘싱 다히다:打牲(譯解補17). 다힐 지:宰(千字 安心寺板14). 겁이 나 못 다히면(閑中錄116).

다히다 동 (물을) 대다. ¶ᄀᆞ물거든 물을 다히고(救荒補16). 北海를 휘여다가 酒樽에 다혀 두고(古時調. 李安訥. 天地로 將幕 삼고. 瓶歌).

다·히·다 동 대다. ☞대히다 ¶香과 맛과 다홈과(月釋2:15). 혀에 맛보며 모매 다히며(月釋2:15). 如來 손ᄂᆞᆯ 내 모매 다히샤 나ᄅᆞᆯ 便安케 ᄒᆞ쇼셔(月釋10:8). 부텻 소ᄂᆞᆯ 손소 자ᄇᆞ샤 ᄌᆞ갸 가ᄉᆞ매 다히시고(月釋10:9). 소ᄂᆞᆯ 가ᄉᆞ매 다혀 겨샤ᄃᆡ(月釋10:15). 올ᄒᆞᆫ 무룹 ᄡᅡ해 다혀:右膝著地(楞解1:76). ᄎᆞᆫ 소ᄂᆞ로 더운 소내 다히면:以冷手觸於熱手(楞解3:11). 올ᄒᆞᆫ 엇게 메왓고 올ᄒᆞᆫ 무룹 ᄡᅡ해 다혀(金剛6). 세흔… 올ᄒᆞᆫ 무룹 ᄡᅡ해 다효미오(金剛7). 대롱을 항문에 다히고(救簡1:46).

다·히·다 동 때다. ☞대히다 ¶붑 두드리며 블 다히게 ᄒᆞ며:打鼓燒火(救急上15). 또 아기 밧방에 자ᄃᆞ니 블 다혀 주라 ᄒᆞ니(內簡. 鄭澈 慈堂安氏). 불 아니 다힌 房에 긴 밤 어이 새오려니(古時調. 니영이. 靑丘).

다히다 동 (불에) 데다. ¶熁:불에 다히다(柳氏物名五 火).

:다ᄒᆞ·다 동 다하다. ☞다ᄋᆞ다 ¶ᄌᆞᆺ 그 말 다ᄒᆞ니(釋譜6:36). 莊嚴을 다ᄒᆞ고(月印上62). 이 經을 너비 드르면 四知見이 ᄀᆞ자 一乘道ᄅᆞᆯ 다ᄋᆞᆯᄊᆡ 能히 種智ᄅᆞᆯ 내리라(月釋

17:34). 이 淸淨ᄒᆞᆫ 四十一心을 다ᄒᆞ고:盡是淸淨四十一心(楞解8:40). 몸 닷ᄀᆞᆯ 道ᄅᆞᆯ 다ᄒᆞ며(宣賜內訓序3). 다도ᄅᆞᆯ 다ᄒᆞ디 마롤디니라:闔而勿遂(宣賜內訓1:6). 靈ᄒᆞᆫ 神通펴ᄆᆞᆯ 다ᄒᆞ야도(南明上18). 그 노 다ᄒᆞᆫ 딧둥ᄆᆞᄅᆞ 큰 ᄲᅧᆺ 가온ᄃᆡ로셔(救簡2:61). 能히 그 힘을 다ᄒᆞ며:能竭其力(宣小1:15). 후에 들 리 잇거든 다도ᄃᆡ 다ᄒᆞ디 말올디니라:有後入者闔而勿遂(宣小3:11). 바미 다ᄒᆞ도록:夜闌(重杜解16:4). 다ᄒᆞᆯ 진:盡(倭解下37).

다ᄒᆞᆫ 동 땋은. ㉮다타 ¶마리 다ᄒᆞᆫ 계집아히:丫頭(譯解上27).

다힝이 부 다행(多幸)히. ¶오ᄂᆞᆯ 다힝이 ᄯᅩ 兄을 만나시니(捷蒙4:14).

다힝ᄒᆞ다 형 다행(多幸)하다. ¶이런 多幸ᄒᆞᆫ 일은 업ᄉᆞ외(隣語1:21). 修整ᄒᆞ여 주시면 多幸ᄒᆞᆯ가 ᄒᆞᄋᆞᆸᄂᆡ(隣語1:29). 主人의 ᄆᆞᄋᆞᆷ의도 과연 다힝ᄒᆞ오나(隣語2:7). 쇼민의 범ᄒᆞᆫ 쟈ᄅᆞᆯ ᄏᆡ야 엇기로ᄡᅥ 다힝ᄒᆞ야 말고(綸音23). ᄒᆞᆫ번 연화의 들ᄆᆡ 하로 몃 쳔금을 바들 줄 아지 못ᄒᆞᄂᆞ니 가히 다힝ᄒᆞᆫ지라(落泉1:2).

닥 명 닥나무〔楮〕. ☞닥나모 ¶닥 爲楮(訓解. 用字). ᄂᆞᆯ삼과 닥 니플 ᄒᆞᆫᄃᆡ 디허:生麻楮葉合搗(救簡6:56). 닥 뎌:楮. 닥 구:構(訓蒙上10). 닥 뎌:楮(類合上9). 닥 져:楮(倭解下28). 닥:楮(柳氏物名四 木). 닥 곡:穀(詩解 物名16).

닥나모 명 닥나무〔楮〕. ☞닥. 닥나무 ¶닥나모 니플 디허 즙 ᄧᅡ 서 되ᄅᆞᆯ 머교미 ᄀᆞ장 됴ᄒᆞ니라:楮(救簡2:97). 닥나못닙 디허 ᄧᅡ:楮(救簡2:108). 거플 벗긴 닥나모:楮骨(救簡6:4). 닥나모:楮木(漢清13:21).

닥나무 명 닥나무. ☞닥. 닥나모 ¶닥나무 저:楮(兒學上6).

닥·닙 명 닥나뭇잎. ¶닥닙 디허 ᄧᅩᆫ 즙:擣楮葉汁(救簡2:97). 닥닙:楮葉(救簡2:108).

닥다 동 ①닦다〔磨〕. ☞닷다 ¶니 닥다:剔牙(譯解上47). 닥다:銼磨(同文解上48). 니 닥ᄂᆞᆫ 샤ᄌᆞ:刷牙(譯解補29). 귀ㅅ속 닥ᄂᆞᆫ 것:耳撚(漢清11:25). 닥다:銼(漢清12:9).
②닦다〔修〕. ☞닷다 ¶내 몸이 닥디 몯홈은 德性이 이즈러딤이 이심일시(女四解3:11). 몸 닥ᄂᆞᆫ 者ᄂᆞᆫ 齊家의 要ㅣ오(女四解4:3). 닥다:修了(同文解下60). 쇼도의셔 덕 닥디 아니ᄒᆞᄂᆞᆫ 타시라(閑中錄210). 녜ᄅᆞᆯ 닥고(三略下11). 닥글 슈:修(兒學下13).

닥ᄃᆞ리다 동 닥뜨리다. ¶닥ᄃᆞ리다:相衝(同文解上29).

닥쟝버레 명 딱정벌레. ☞닥쟝벌레. 닥졍버릐 ¶닥쟝버레:磕頭蟲(漢清14:50).

닥쟝벌레 명 딱정벌레. ☞닥쟝버레. 닥졍버릐 ¶닥쟝벌레:焦苗蟲兒(譯解下35).

닥졍버릐 명 딱정벌레. ☞닥쟝버레. 닥쟝벌레 ¶孫行者ㅣ 변ᄒᆞ여 ᄒᆞᆫ 닥졍버릐 되여 ᄂᆞ라 궷 가온대 드러가:孫行者變做箇焦苗蟲兒飛入樻中(朴解下21).

:단 명 옷단. ¶冠과 옷ᄉᆞᆯ 힌 거ᄉᆞ로 단 도ᄅᆞ디 아니ᄒᆞ며:冠衣不純素(宣小3:21). 緣은 옷 ᄀᆞ의 단 두론 거시라(家禮1:45). 단 두루다:悶邊(同文解上56). 졉은 단:貼徵(譯解補41).

단 명 단. 뭇. ¶슈숫대 半 단만 어더(古時調. 青丘). 집 ᄒᆞᆫ 단 츄려ᄃᆞ가 신날부터 ᄡᅩᄋᆞ 보니(萬言詞).

단 관 다섯. ☞닷 ¶ᄯᅩ ᄎᆞ돌 단 량을 ᄀᆞ라 ᄀᆞ장 ᄀᆞᄂᆞᆯ에 처 ᄒᆞᆫ 버니 두 돈식 차의 프러 머그라:又方石膏五兩硏羅極細每服二錢以茶調下(瘟疫方25). ᄆᆡ문동 단 냥 반:麥門冬五兩半(胎要3).

-·단 어미 -던. ☞-던 ¶네 므로매 내이 忉利天宮에 이셔 브즈러니 付屬ᄒᆞ단 이ᄅᆞᆯ ᄉᆡᇰ각ᄒᆞ야(釋譜11:8). 아랫 果報 겻니단 주를 ᄉᆞᆯ보니(月釋2:63). 道理 마로려 ᄒᆞ단 젼ᄎᆞ로(月釋7:13). 恭敬 아니 ᄒᆞ단 젼ᄎᆞ로(月釋23:80). 前賢의 後生 저탄 이ᄅᆞᆯ 아디 몯ᄒᆞ리로다:不覺前賢畏後生(初杜解16:11).

-·단 어미 -다 하는. ¶어디단 소릐 나ᄆᆞᆯ 구티 아니ᄒᆞ더니(飜小8:19).

단검 명 단검. ¶단검:順刀(同文解上48).

단골 명 단골. ¶단골:主顧(物譜 商賈). 너모 욕심이 과ᄒᆞ여 단골 삼지 몯ᄒᆞ게 ᄒᆞ얍ᄉᆞᆸᄂᆡ(隣語4:5).

단긔ᄒᆞ·다 형 단기(短氣)하다. ¶이레 다ᄃᆞ라 수이 놀라며 단긔ᄒᆞ야 절로 ᄯᆞᆷ 나ᄂᆞ닌다 머골디니:觸事易驚短氣悸乏或復自汗竝宜服之(救簡1:115).

단기·다 동 당기다. ☞ᄃᆞᇰ기다 ¶몬져 ᄲᅧᄅᆞᆯ 고텨 ᄲᅧ 단기고:先整骨了夾定(救急上88).

단너삼 명 단너삼. ☞단너솜 ¶단너삼:草黃芪(柳氏物名三 草).

단너솜 명 단너삼. ☞단너삼 ¶단너솜 불휘:黃芪(方藥1).

단·눗·다 동 닫도다. ☞닫다 ¶외로왼 자샌 일 門을 단눗다:孤城早閉門(初杜解7:10).

단니거든 동 다니거든. ㉮단니다 ¶落下孤鶩은 오며 가며 단니거든(梅湖別曲).

단니다 동 다니다. ¶숩에 단니ᄂᆞᆫ 길이 ᄌᆞ최 곳 나랑이면(古時調. 李明漢. 青丘). 落下孤鶩은 오며 가며 단니거든(梅湖別曲).

단닉기 명 김. ¶단닉기:甘苔(方藥26).

단단하다 형 단단하다. ☞단단ᄒᆞ다. ᄃᆞᆫᄃᆞᆫᄒᆞ다 ¶단단할 영:硬(兒學下8).

단단ᄒᆞ다 형 단단하다. ☞ᄃᆞᆫᄃᆞᆫᄒᆞ다 ¶모질고 단단ᄒᆞ기 날밧긔 ᄯᅩ 잇ᄂᆞᆫ가(萬言詞). 독

ᄢᅵ치ᄂᆞᆫ 철 몽동이 단단ᄒᆞ기 날 가트랴(萬言詞).

단댱고 명 단장고. ☞단장고. 단쟝고 ¶매단댱고:鷹墊板 或云標兒(譯解下26).

단뎐 명 단전(丹田). ¶氣海와 丹田ᄋᆞᆯ 三百壯ᄋᆞᆯ ᄢᅥ 모미 덥거든 말라:氣海丹田三百壯覺身體溫暖卽止(救急上38).

단·디 명 단지. ¶금 단디예 쇠졸의:金罐兒鐵携兒(飜朴上41). 단디 관:罐(訓蒙中12).

-단·디·면 어미 -다 할 것 같으면. ¶藥師瑠璃光如來ㅅ 일후믈 듣ᄌᆞᄫᆞᆫ단디면(釋譜9:16). 精誠이 至極ᄒᆞ단디면(月釋1:7).

-단·딘·댄 어미 -다 할진댄. ☞-ㄹ딘댄 ¶됴ᄒᆞᆫ 일 ᄒᆞ시단딘댄 어마니ᇝ긔 드러가 이 돈ᄋᆞᆯ 供養ᄒᆞᅀᆞᄫᆞ리(月釋23:65).

:단:련·ᄒᆞ·다 동 단련(煅煉. 鍛鍊)하다. ¶반ᄃᆞ기 覺心에 勇猛히 煅煉ᄒᆞ야:煅煉ᄋᆞᆫ 쇠 두드려 니길 씨라(楞解7:18). 覺心에 勇猛히 煅煉ᄒᆞ야(楞解7:18). 비록 苦로이 鍛鍊호ᄆᆞᆯ ᄡᅳ디 아니ᄒᆞ나(金三4:4). 도라보ᄆᆞᆯ 기피 ᄒᆞ시니 鍛鍊호ᄆᆞᆯ 븟그리고 지죄 져그니 잡드로미 辱ᄃᆞ외도다(重杜解19:16).

:단·멸·ᄒᆞ·다 동 단멸(斷滅)하다. ¶究竟에 斷滅ᄒᆞ니라 ᄒᆞ야(楞解10:32).

:단:명ᄒᆞ·다 동 단명(短命)하다. ¶어마님 短命ᄒᆞ시나(月印上12). 또 短命ᄒᆞ야 목수미 열세히면(月釋21:55). 夫婦ᄂᆞᆫ 人倫의 큰 綱領이니 短命ᄒᆞ며 長壽홀 萌芽ㅣ라(宣賜內訓1:78). 댱슈ᄒᆞ며 단명호미 일로브터 일뎡ᄒᆞᄂᆞ니라:壽夭之所由定也(飜小8:14). 남진 겨집은 人倫의 큰 ᄆᆞ리오 단명ᄒᆞ며 댱슈ᄒᆞᄂᆞᆫ 밍되니:夫婦人倫大綱夭壽之萌也(宣小5:62). 단명타 못ᄒᆞ리라:不稱夭(同文解下69). ᄇᆡᆨ년히로ᄒᆞ기ᄅᆞᆯ ᄉᆡᆼ각ᄒᆞ야 됴혼의 단명ᄒᆞᄃᆞ ᄒᆞᄂᆞᆫ 경계ᄅᆞᆯ(落泉2:4).

단무우 명 무. ¶단무우:萊菔根. 단무우 ᄡᅵ:萊菔子(方藥).

단사 명 단사(丹砂). ¶시혹 블그니ᄂᆞᆫ 단새 ᄀᆞᆮ고(重杜解1:3). 닙은 丹砂로 직은 듯ᄒᆞ다(古時調. 海謠). 단사 단:丹(註千26).

단셔 명 단서(端緖). ¶셩인과 군ᄌᆞᄂᆞᆫ 셩ᄒᆞ며 쇠ᄒᆞᄂᆞᆫ 근원에 ᄇᆞᆰ그며 일오며 패ᄒᆞᄂᆞᆫ 단셔ᄅᆞᆯ 통ᄒᆞ며:夫聖人君子明盛衰之源通成敗之端(三略下11).

단션 명 단선(團扇). ¶我國 扇子 부ᄎᆡ 便面 단션 미션 원션(物譜 服飾).

단슐 명 단술. ¶단슐 례:醴(兒學上13).

:단·ᄉᆞ·리ᄒᆞ·다 동 벌충하다. 보충하다. ☞다느림ᄒᆞ다 ¶저 주워 싱실 단ᄉᆞ리ᄒᆞᆫ 날:饋他補生日(飜朴上67).

단엄·ᄒᆞ·다 형 단엄(端嚴)하다. 단정하고 위엄이 있다. ¶이비 기디 아니ᄒᆞ시며 뎌르디 아니ᄒᆞ시며 크디 아니ᄒᆞ시며 젹디 아니ᄒᆞ샤 맛가이 端嚴ᄒᆞ샤미 二十九ㅣ시고(法華2:16). 일즉 부터 ᄃᆞ외야 이제 잇ᄂᆞ니 相好ㅣ 端嚴ᄒᆞ샤미 百萬 가지로다(南明下56). 妙相이 端嚴ᄒᆞ샤 사ᄅᆞᄆᆞ로 즐겨 보게 ᄒᆞ시며(金三2:31).

단오 명 단오(端午). ¶宮中엣 오시 ᄯᅩ 일우미 잇ᄂᆞ니 端午애 恩榮을 닙ᄉᆞ오라:宮衣亦有名端午被恩榮(重杜解11:23).

단온날 명 단옷날. 단오(端午). ☞단오 ¶암눈비아졸 단온날이나 혹 뉴월 뉵일에나 쇠것 범티 말고 ᄏᆞ야:益母草端午日或六月六日不犯鐵採取(胎要16).

단장 명 단장(丹粧). ¶馮이 랑텽 벼슬을 ᄒᆞ여셔 안해의 머리 단장이 七十萬 돈 ᄊᆞᆫ 거시 이시니 그 可히 오라랴:馮爲郞吏妻之道飾有七十萬錢其可久乎(宣小6:116). 단장:粧飾(同文解上54). 단장:梳粧(譯解補30).

단장고 명 단장고. ☞단댱고. 단쟝고 ¶단장고 ᄲᅥ깃체 방올 소릐 더욱 갓틔(古時調. 中天에. 青丘).

단장ᄒᆞ다 동 단장(丹粧)하다. ¶녀이ᄂᆞᆫ 분ᄇᆞᄅᆞ고 연지 ᄃᆡ고 샤향 ᄎᆞ고 단장ᄒᆞ여 이실시:女人在世濃塗赤硃臙脂蘭麝裝裹(恩重2). 단장홀 장:粧(倭解上44). 단장ᄒᆞ다:打扮(漢淸11:21). 션둥의 쇼년 녀ᄌᆞ 두어시 션창 안희 이셔 단장ᄒᆞ고(落泉1:1).

단쟝고 명 단장고. ☞단댱고. 단장고 ¶단쟝고:鷹墊板(柳氏物名一 羽蟲). 단쟝고 ᄣᅦ짓체 방울 쏘릐 더욱 ᄌᆞᆺ다(古時調. 青天에 ᄯᅥᆺᄂᆞᆫ. 海謠).

단졀ᄒᆞ다 동 단절(斷絕)하다 ¶人馬 往來가 斷絕ᄒᆞᆫ다 ᄒᆞ오니(隣語1:27).

단·졍 명 단정(端正). ¶그 ᄂᆞ치 端正이 ᄯᅩ 예셔 디나시며(法華7:18). 단졍 단:端(類合下16).

단졍이 부 단정(端正)히. ☞단졍히 ¶부ᄃᆡ 端正이 구ᄋᆞᆸ소(隣語3:6).

단졍하다 형 단정(端正)하다. ☞단졍ᄒᆞ다 ¶단졍할 단:端(兒學下12).

단:졍·히 부 단정(端正)히. ☞단졍이 ¶端正히 안자 安居ᄒᆞ야(楞解7:25). 嚴은 端正히 싁싁ᄒᆞ실 씨라(法華1:205). 端正히 고툐미오(金剛7). 懺悔ᄒᆞ고져 ᄒᆞᆯ딘 端正히 안자 實相ᄋᆞᆯ 念홀디니(南明上9). 냇ᄀᆞᅀᅵ 단졍히 안자:端坐川邊(東新續三綱. 忠1:72). 블샹을 걸고 단졍히 안자(朴解中43). 도량을 조히 ᄒᆞ고 단졍히 안자(桐華寺 王郞傳3).

단:졍ᄒᆞ·다 형 단정(端正)하다. ¶양지 端正ᄒᆞ고 眷屬이 ᄀᆞᄌᆞ며(釋譜9:20). 양ᄌᆞ 擧動이 크시고 圓滿ᄒᆞ시고 端正ᄒᆞ시고 고ᄃᆞ샤미 第十八이시고(法華2:13). 妙ᄒᆞᆫ 相이 端正코 싁싁ᄒᆞ시니 江月의 ᄆᆞᆯ고미 ᄀᆞᆮᄒᆞ샷다(金三2:25). 양ᄌᆞ고를 모로매 단졍ᄒᆞ고 엄

경히 ᄒᆞ며:容貌必端莊(飜小8:16). 단졍ᄒᆞᆫ 주리 업고:欠端正些(飜朴上19). 어린 제 길로미 단졍티 아니ᄒᆞ고:蒙養弗端(宣小題辭4). 얼굴이 端正ᄒᆞ며:形容端正(宣小1:2). 尊榮호ᄃᆡ 眞實로 더러이디 아니ᄒᆞ니 端正코 淸雅ᄒᆞ야 ᄒᆞ올로 翛然ᄒᆞ도다(重杜解24:52).

단:좌ᄒᆞ·다 동 단좌(端坐)하다. ¶곧 世尊이 端坐ᄒᆞ샤(金三2:2).

단지 명 단지. ☞단디 ¶단지 관:罐(倭解下14). ᄯᅳᆷㅅ단지:拔火罐(譯解補35).

:단·ᄌᆞ 명 비단. ¶됴ᄒᆞᆫ 淸水 段子ㅣ라:好淸水段子(飜老下29). 이 비단 갑슬:這段子價錢(飜老下29).

단쳐 명 단처(短處). 단점(短點). ¶단쳐 들추다:揭短(漢淸7:52).

단쳥 명 단청(丹靑). ☞단쳥ᄒᆞ다 ¶기튼 廟애 丹靑이 ᄠᅥ러디니 뷘 뫼해 草木이 기럿도다(初杜解6:34).

단쳥ᄒᆞ다 동 단청(丹靑)하다. ¶丹靑ᄒᆞᆫ 미햇 지비 뷔옛도다(重杜解9:39). 챠셜 왕어시 쳔지ᄅᆞᆯ 바다 가묘ᄅᆞᆯ 신틱의 봉안ᄒᆞᆯ시 단쳥ᄒᆞᆫ ᄉᆞ당은 오쳐ᄅᆞᆯ 머금어(落泉3:8).

단쵸 명 단추. ¶단쵸 도적ᄒᆞᄂᆞᆫ 놈:剪紐的(譯解上66). 단쵸:鈕子. 단쵸 ᄭᅴ오다:扣鈕(同文解上57). 단쵸 고:鈕鼻(漢淸11:7).

단풍 명 단풍(丹楓). ¶프른 단풍 불회예(太平1:28). 단풍:楓樹(漢淸13:24). 단풍:楓(柳氏物名四 木). 단풍 풍:楓(兒學上6). 丹楓은 半만 붉고(古時調. 花源).

닫 명 닻〔錨〕. ¶닫 뎡:碇(訓蒙中25). 닫:鐵猫(譯解下20). 닫 뎡:碇(倭解下18). 닫:鐵錨. 닫 주다:抛錨(同文解下18).
※닫>닷>닻

·닫 부 따로. ☞닷 ¶別은 닫 내야 ᄒᆞᄂᆞᆫ ᄠᅳ디라(釋譜序4). ᄂᆞᆷ과 닫 나ᄆᆞᆯ 즐겨(釋譜9:16). 왼녁 피 닫 담고 올ᄒᆞᆫ녁 피 닫 다마(月釋1:7). ᄆᆞᅀᆞ미 뷔디 몯ᄒᆞ야 내 몸 닫 혜오 ᄂᆞᄆᆡ 몸 닫 혜요ᄆᆞᆯ 人相我相이라 ᄒᆞᄂᆞ니라(月釋2:63). ᄂᆞᆷ과 닫 나ᄆᆞᆯ 즐겨 서르 싸화(月釋9:34). 아ᅀᆞ 세간 논호아 닫 사로려커늘:弟求分財異居(三綱. 孝7 薛包). 淸風은 體오 明月은 用이니 體용이 닫 나디 아니ᄒᆞᆯ 시오(金三1:23) 아비 후 안해를 얻고 包ᄅᆞᆯ 믜여 닫 내여ᄂᆞᆯ:父娶後妻而憎包分出之(宣小6:19).

·닫 관 딴. 다른. ☞닷 ¶알퓐 經이 잇ᄀᆞ장 ᄒᆞ시고 닫 아랫 그를 니ᄅᆞ와ᄃᆞ시니라:前經止此別起下文(楞解4:75). 나ᄆᆞ닌 닫 닐옴 ᄀᆞᆮᄒᆞ니:餘如別說(永嘉下68).

·닫가 동 닦아. ㉮닫다 ¶이에 글을 닫가 얼아자비 뎡긔싱이ᄅᆞᆯ 맏뎌:乃修書付孽叔鄭已生(東新續三綱. 忠1:87).

닫·개 명 덮개. 조이개. ☞둡게 ¶닫개 ᄒᆞᆫ ᄂᆞᆺ 일빅 낫:壓口荷包一百箇(飜老下69).

닫기다 동 닦이다. ☞닷기다 ¶役軍을 만히 드려 닫기ᄋᆞᆸ시(隣語5:17).

닫ᄂᆞᆫ 동 닿는. ☞다타 ¶하ᄂᆞᆯ해 닫ᄂᆞᆫ 고히 사:撩天鼻孔(眞言49).

닫·다 동 닦다. ☞닷다 ¶禮 아니어든 動티 아니홈은 ᄡᅥ 몸을 닫ᄂᆞᆫ 배오(宣中29). 닫글 슈:修(倭解下39).

닫·다 동 닫다〔閉〕. ¶다ᄃᆞᆫ 이피 열어늘(月印上65). 곧 둡게를 닫ᄌᆞᄫᆞ니라(釋譜23:23). 緘ᄋᆞᆫ 다ᄃᆞᆯ 씨라(楞解7:4). 여룸과 다돔과ᄂᆞᆫ(楞解8:98). 이피 다댓거든 ᄯᅩ 다도ᄃᆡ:戶闔亦闔(宣賜內訓1:6). 묏귓거시 다ᄃᆞᆫ 門ㅅ 안해 잇도다:山鬼閉門中(初杜解8:61). 하ᄂᆞᆯ히 어드우니 봆지비 다댓고:天黑閉春院(杜解9:20). 山門이 萬里예 다댓도다:山門萬里閉(初杜解22:33). 如來ㅣ 道 일우샤 닐웨ᄅᆞᆯ 門 다ᄃᆞ시고(南明上43). 이 뎜에 다 문 다ᄃᆞ면(飜老上33). 다들 관:關(訓蒙上6). 다ᄃᆞᆯ 경:扃(訓蒙中7). 다ᄃᆞᆯ 비:閟(類合下34). 다ᄃᆞᆯ 합:闔(類合下53). 다ᄃᆞᆯ 폐:閉(類合下62). 지게 다닷거든 ᄯᅩ 다도ᄃᆡ:戶闔亦闔(宣小3:11). 衛ㅅ輒의 難애 나가다가 門이 다닷거늘:衛輒之難出而門閉(宣小4:42). 둑둑이 셩문 닫고 ᄡᅥ 막더니:竹竹閉城門以拒之(東新續三綱. 忠1:9). 문 닫고 듀야ᄅᆞᆯ 슬허 셜워ᄒᆞ야:閉門晝夜哀痛(東新續三綱. 烈2:80). 棺槨ㅅ 둡게ᄅᆞᆯ 다다아(重杜解19:46). 이 店에 다 門 다ᄃᆞ면:這店裏都閉了門子了(老解上30). 다들 폐:閉(倭解上32). 棺을 다다도 金 빗기ᄂᆞᆫ 계집이 되디 아니ᄒᆞ고(女四解4:22).

닫다 동 달다. ¶千石 싯던 大中船의 쏭돗츨 놉피 닫고(萬言詞).

닫다 동 닫다. 달리다. ☞ᄃᆞᆮ다 ¶달을 주:走(兒學下4). 다를 분:奔(兒學下10).

닫뎌구리 명 딱따구리. ¶닫뎌구리 렬:鴷(倭解下21).

·닫·살·다 동 따로 살다. ¶常例ㅅ 사ᄅᆞᆷ과 닫사ᄂᆞ니(釋譜11:21). 샹녯 사ᄅᆞᆷ과 닫사ᄂᆞ니(月釋21:218). 세간 논화 닫사라지라 求ᄒᆞ거늘:求分財異居(宣小6:20). 繼祖之宗으로 더브러 닫살거든(家禮9:14).

닫·줄 명 닻줄. ¶닫줄 람:纜(訓蒙中25). 닫줄:纜(譯解下20).

·닫·티 부 달리. 따로. ☞다티 ¶네 닫티 ᄒᆞᆫ 사발만 밥 담고:你另盛一椀飯(飜老上43).

:달 명 달. 달풀. ¶사ᄒᆞ론 달 우희 ᄃᆞᄅᆞ라 ᄒᆞ고:蒹葭(三綱. 忠30). 달:荻(四解下49). 달 뎍:荻. 달 겸:蒹. 달 란:薍. 달 환:萑. 달 담:菼. 달 오:蔦. 달 구:蒧(訓蒙上8). 달 란:薍(倭解下31). 달:荻草(同文解下46.

漢清13:12). 달:蒹(柳氏物名三 草).

달 명 달(達). 산. ¶釜山縣 一云松村活達. 功木達 一云熊閃山. 僧山縣 一云所勿達. 犁山城 本加尸達忽(三史. 地理志).

달 명 달(月). 개월(個月). ☞ᄃᆞᆯ ¶구실을 ᄀᆞ라나셔 볼셔 여러 달이 되오되(隣語1:27). ※ᄃᆞᆯ>달

·달·고 명 달구. ¶돌 달고로 날회여 다ᄋᆞ고:着石杵慢慢兒打(飜朴上10). 무덤 ᄉᆞ이 일ᄋᆞᆯ ᄒᆞ야 봄노소ᄉᆞ며 달고 다아 묻ᄂᆞᆫ 양 ᄒᆞ시거늘(宣小4:4). 모로미 달고ᄅᆞᆯ 춍춍 놀려 굳게 다ᄋᆞ라(家禮8:15).

달고질ᄒᆞ다 동 달구질하다. ☞달구질ᄒᆞ다 ¶봄뇌야 달고질ᄒᆞ야 묻논 양 ᄒᆞ신대:踊躍築埋(宣賜內訓3:13). 달고질ᄒᆞ여 고치니라(癸丑217). 달고질ᄒᆞ다:打夯(漢清12:10).

달구ㅅ대 명 달굿대. 달구질하는 데 쓰는 몽둥이. ¶달구ㅅ대:夯(漢清10:37).

달구질ᄒᆞ다 동 달구질하다. ☞달고질ᄒᆞ다 ¶달구질ᄒᆞ다:夯打(譯解補14).

달나 동 달라고. ☞달라 ¶샹 달나 ᄒᆞ다:討賞(譯解補54).

·달:내 명 달천(達川). 달천(撻川). ¶달내:撻川(龍歌3:13). 달내:撻川(龍歌5:42).

달내다 동 달래다. ☞달래다 ¶김례딕을 보내여 은근이 달내니(癸丑27). 대군 아기시ᄅᆞᆯ 달내되(癸丑99). 달낼 유:誘(倭解上26). 대접ᄒᆞᄂᆞᆫ 쳬ᄒᆞ여 달내면(隣語1:17). 저히며 달내며 등졍을 시험ᄒᆞ라 ᄒᆞ니(五倫1:39). 달낼 셰:說(註千24).

달니다 동 달리다. ¶달닐 치:馳(兒學下6).

:달·다 동 달다(焦. 熱). ¶더ᄫᅳᆫ 煩惱ᄂᆞᆫ 煩惱ㅣ 블ᄀᆞ티 다라 나ᄂᆞᆫ 거실씨 덥다 ᄒᆞᄂᆞ니라(月釋1:18).

달다 형 달다. ☞ᄃᆞᆯ다 ¶달 감:甘(兒學下2).

:달·라 동 달라고. ☞달나 ¶銀瓶을 ᄀᆞᄅᆞ쳐 수를 달라 ᄒᆞ야 먹ᄂᆞ다:指點銀瓶索酒嘗(初杜解25:18). 우르고 怒ᄒᆞ야 밥 달라 ᄒᆞ야 門ㅅ 東녀긔셔 우ᄂᆞ다:叫怒索飯啼門東(初杜解25:52). 브르지져 달라 ᄒᆞ야도:叫喚着討時(飜朴上34). 버혀 달라 ᄒᆞ야놀(龜鑑上4). 달라 ᄒᆞ더라 ᄒᆞ면(練兵19). 달라 ᄒᆞ야 오고(老解上62). 블러 달라 ᄒᆞ면:叫喚着討時(朴解上31).

달란ᄒᆞ다 형 단란하다. ¶各各 죵용히 말솜 달란ᄒᆞ시니(新語9:7).

달래다 동 달래다. ¶도ᄌᆞᄀᆞᆯ 달래야(練兵8). ᄡᅥ 쥬ᄅᆞᆯ 삼으려 ᄯᅩᄒᆞᆫ 달래며 ᄯᅩᄒᆞᆫ 협틱ᄒᆞ니:欲以爲主且誘且脅(東新續三綱. 忠1:20). 달래여 소기다:哄誘(譯解下43).

달르·다 형 다르다. ☞다ᄅᆞ다 ¶맛당홈이 달름으로 ᄡᅥ:以異宜(宣小題辭2).

달리 부 달리. ☞달이 ¶나ᄒᆞᆫ 어미나 달리 아니ᄒᆞ고:無異所生(東新續三綱. 孝8:32).

달릐 명 다리. ☞ᄃᆞᆯ외 ¶鍾樓 져지 달릐 파라 비 ᄉᆞ고 감 ᄉᆞ고(古時調. 朴孝寬. 書房님. 海謠).

달막달막 부 달막달막. ¶달막달막:跳跳蹋蹋(漢清8:24).

달바조 명 달바자. 달풀로 엮은 바자. ☞달바ᄌᆞ ¶달바조 밋트로 아장 밧삭 건니다가(古時調. 이제ᄂᆞᆫ. 青丘).

달바ᄌᆞ 명 달바자. 달풀로 엮은 바자. ☞달바조 ¶달바ᄌᆞᄂᆞᆫ 찡찡 울고 잔ᄡᅴ 속에 속닙 난다(古時調. 青丘).

·달·ᄠᅳ·다 동 달뜨다. 뜨다. ¶달ᄠᅳᆯ 읍:浥(訓蒙下12).

달ᄲᅢ다 동 정선(精選)하다. 좋은 것을 골라 뽑다. ¶달ᄲᅢ다:精選(同文解上45).

달·아 형 달라. 달라서. ☞다ᄅᆞ다 ¶나랏 말ᄊᆞ미 中國에 달아:國之語音異乎中國(訓註1). ᄒᆞ나히 ᄠᅡ로 단아(月釋2:46). 生住異滅은 나 住ᄒᆞ얫다가 달아 업슬 씨라(月釋9:21). 부텨와 祖師왜 엇뎨 사ᄅᆞ미게 다ᄅᆞ시료 사ᄅᆞ미게 달온 고ᄃᆞᆫ 能히 ᄉᆞᄉᆞ로 心念을 護持ᄒᆞ실 ᄯᆞᄅᆞ미라:佛祖奚以異於人而所以異於人者能自護心念耳(牧牛訣20).

달아여 동 달래어. ☞달애다 ¶어버잇긔 勸ᄒᆞ야 달아여 田宅을 두게 ᄒᆞ라:勸說君置田宅(宣小6:82).

달·애·다 동 달래다. ¶하ᄂᆞᆯ히 달애시니:天實誘他(龍歌18章). 하ᄂᆞᆯ히 駙馬 달애샤:天誘駙馬(龍歌46章). 天子ㅿ ᄆᆞᅀᆞᄆᆞᆯ 뉘 달애ᅀᆞᄫᆞ리:維帝之衷誰誘誰導(龍歌85章). 밤나죄 달애더시니(月印上13). ᄯᅩ 耶輪陁羅ᄅᆞᆯ 달애야(釋譜6:1). 달애야 혀 後에:誘引後(法華2:100). 無智를 소겨 달애야:誑誘無智(永嘉下72). 紂ᄅᆞᆯ 달애여(宣賜內訓序4). 사오나온 이레 달애여(飜小8:9). 달앨 유:誘. 달앨 튤:訹(訓蒙下28). 달앨 셰:說(類合下1). 달앨 유:誘(類合下34). 世俗이 즁의 소기며 달애욤을 믿어:世俗信浮屠誑誘(宣小5:54). 그 ᄡᅥ 달애며(宣小6:12). ※달애다>달래다

달·애이·다 동 달램을 받다. 유혹을 받다. 꾀이다. ☞달애다 ¶니욕애 달애이ᄂᆞᆫ 일을 업게 ᄒᆞ며(飜小9:17). 아ᄂᆞᆫ 거시 物의게 달애이여:知誘物(宣小5:90).

달야토록 부 달야(達夜)토록. 밤새도록. ¶잔치가 몯ᄃᆞᆰᄒᆞ여 日暮西山ᄒᆞ여도 樂而忘返이오매 아조 達夜토록 놀고 가게 ᄒᆞ엳ᄉᆞᆸᄂᆡ(隣語1:30).

달오다 동 다루다. ☞달호다 ¶飮食 달오ᄂᆞᆫ 집:廚房 庖廚(譯解上16).

달·오·다 동 달구다. ☞달호다 ¶다리우리ᄅᆞᆯ 달오고 사ᄅᆞᄆᆞ로 들라 ᄒᆞ니 소니 데어늘

(宣賜內訓序4). 초 닷 홉애 프른 돈 두 나출 븕게 달와:苦酒五合燒靑錢二文令赤淬(救簡2:35). 블의 달온 침을(馬解上62). 쇠롤 달와 형벌을 ᄒᆞ야(女範4. 녈녀 댱귀미).

달·옴 형 다름〔異〕. ㉠다ᄅᆞ다 ¶往生 快樂이 달옴 이시리잇가(月釋9:5). 漸은 다ᄉᆞᆺ 時 달오ᄆᆞᆯ 펴샤:漸設五時之異(圓覺序49). 頓온 二諦 달오미 업스샤:頓無二諦之殊(圓覺序50). 五性과 三乘이 ᄒᆞ나히 아니로ᄃᆡ 法雨ㅅ ᄒᆞᆫ 마ᄉᆞ 달옴 업다 ᄒᆞ샤미라:五性三乘不一法雨一味無差(圓覺上一之一23).

달우다 동 달구다. ☞달오다 ¶블에 쇠롤 달워 뎜낙ᄒᆞ야(馬解上67).

달으다 형 다르다. ☞다ᄅᆞ다 ¶年歲 高下 달으거든 老少分義 업슬손야(人日歌).

달·이 부 달리. ☞달리 ¶德用올 조차 달이 일ᄏᆞᄅᆞᆯ ᄡᆞᄅᆞ미라(月釋18:17). 萬法의 體用올 달이 일ᄏᆞᄅᆞ시니라:萬法體用異稱也(楞解4:10). 달이 일ᄏᆞᄅᆞ실 ᄲᅮᆫ니시니라(法華6:123). 알퍼 현 곤 ᄋᆞᆫᄒᆞᆫ 이ᄂᆞᆫ 通ᄒᆞ야 드로ᄆᆞᆯ 조차 달이 알어니와:如前所引此通隨聞異解(圓覺上一之一26). 機宜를 조ᄎᆞ샤 달이 닐옴ᄒᆞ실ᄊᆡ:逐機宜異說故(圓覺上二之一32). 달이 너기디 아니컷고 ᄇᆞ라노라:望不爲異(宣賜內訓1:67). ᄂᆞᆷ두군 달이 주샤:殊錫(重杜解5:46).

달이기장 명 달이기장. 〔기장의 한 품종.〕 ¶達乙伊黍:달이기장(衿陽).

달이다 동 다리다. ☞다리다 ¶굴근 실과 ᄀᆞᄂᆞᆫ 츩뵈롤 달이고 호와:粗絲細葛熨帖縫紉(女四解2:22).

달이삭 명 씀바귀. 고채(苦菜). ¶달이삭도:荼(詩解 物名14).

달인 명 달인(達人). ¶達人의 구지람 ᄃᆞ외요ᄆᆞᆯ:爲達人誚(重杜解1:48).

달ᄋᆞ·다 형 다르다. ☞다ᄅᆞ다 ¶그 ᄡᅥ 深山ㅅ 野人의게 달ᄋᆞᆫ 배 幾希ᄒᆞ더시니:其所以異於深山之野人者幾希(宣孟13:11).

달초ᄒᆞ다 동 달초(撻楚)하다. ¶母ㅣ 달초ᄒᆞ매 部下ㅣ 평안ᄒᆞ고:母撻之而部下安(女四解4:13).

달·타 동 닳다. ¶술윗통 구무 안히 달티 아니케 기조치로 바가 잇ᄂᆞᆫ 쇠:車鐧(飜老下36). 달하 반반ᄒᆞᆫ 것:包褒(漢淸11:52). 달하 둥그다:磨圓了(漢淸11:59).

달팡 명 달팽이. ☞ᄃᆞᆯ파니. 달팡이 ¶물달팡:蝸贏(柳氏物名二 水族).

달팡이 명 달팽이. ☞ᄃᆞᆯ파니. 달팡 ¶달팡이:蝸牛(漢淸14:49). 달팡이:蝸牛(柳氏物名二 水族).

달피 명 수달피. ¶달피:獺兒皮(漢淸11:14).

달하 동 닳아. ㉠달타 ¶달하 둥그다:磨圓了(漢淸11:59).

달·호·다 동 다루다. 다스리다. ☞달오다 ¶地獄ᄀᆞ티 사ᄅᆞᄆᆞᆯ 달호거늘 두리여 도로 나오려 ᄒᆞ더니(釋譜24:14). 머므러슈매 비 달홀 사ᄅᆞ미 怒ᄒᆞᄂᆞ다:稽留篙師怒(杜解2:57). 비 달홀 사ᄅᆞ미ᄒᆞ마비출 솔피ᄂᆞ니:長年已省柁(初杜解8:54). 날마다 펴 달호ᄆᆞᆫ(南明上50). 진실로 사ᄅᆞ미 달호리 업세라:實沒人整治(飜老上68). 비 달호다:使船(老朴集. 單字解4). ᄆᆞᆯ 달홀 어:馭(訓蒙下9. 類合下22). 밧 달호기롤 브즈런이 아니ᄒᆞ면:不勤服田(警民11). 친히 던믈을 달화ᄒᆞ며:親調奠饌(東新續三綱. 烈2:85). 샤공이 어드운 ᄃᆡ셔 비출 달화 놀애 브르며 우움 우어:篙師暗理楫謳笑(重杜解1:29). 빗김의 달화내니 靑門故事롤 이제도 잇다 홀다(松江. 星山別曲). ᄆᆡ거니 븟도도와 빗김에 달화내니(古時調. 울 밋. 靑丘). 달호지 아닌 ᄡᅡ:荒地(同文解下1).

달호다 동 달구다. ☞달오다 ¶달호다:燒紅(漢淸12:4).

달회다 동 달이다. ☞달히다 ¶술에 달회여 창 다고 ᄒᆞ여 가지고(三譯8:15).

달히·다 동 달이다. ☞달회다 ¶正히 사라셔 차롤 니어 달히노라:端居茗續煎(杜解2:13). 달혀 플 ᄆᆡᆼᄀᆞ라 그츤 활시우를 니ᅀᅥᅀᅡ:煎膠續絃(初杜解3:49). 블로 달히ᄂᆞᆫ ᄃᆞᆺᄒᆞ도다:如火煎(初杜解25:39). 粥 글히며 차 달효매:煮粥煎茶(南明上64). ᄡᅳᆫ 브레 달혀 곱 ᄋᆞᆫ거든 블 믈리고:煎(救簡1:21). ᄉᆡᆼ앙 열 편을 녀허 달효니:煎(救簡1:40). ᄡᅳᆫ 브레 달효ᄃᆡ 거로미 환 짓게 ᄃᆞ외어든:熬(救簡1:95). 달힌 ᄲᅮ레 환을 머귀여름마곰 ᄆᆡᆼ그라:煉(救簡2:9). ᄉᆡᆼ앙 달힌 므레 ᄂᆞ리우라:生薑湯送下(飜老下40). 복셩화 가지롤 ᄀᆞ놀에 사ᄒᆞ라 달힌 믈로 목욕ᄀᆞᄆᆞ라(簡辟15). ᄉᆡᆼ강 달힌 므레(瘟疫方16). 몬져 출우켓 딥흘 ᄀᆞ마예 므르녹게 달힌 후에:先以糯稈於鍋中濃煎(救荒8). 달힐 젼:煎(類合下41). 친히 스스로 약을 달히고:親自湯藥(東新續三綱. 孝5:23). 탕 달히며 믈 데이며:煎湯煮水(老解下42). 細茶롤 달히다(朴解中6). 약 달히다:湯藥(譯解上62). 달힐 젼:煎(倭解上48). 달히다:熬了(同文解上58). 박하 달힌 믈의 십버ᄂᆞ리오:薄荷溫水下(臘藥7). 고오다 又 달히다:煎熬(漢淸12:54).

달힘 명 달인 음식. ¶져기로니 죠치로니 열치로니 달힘 ᄲᅵ미로니(七大13).

달ᄒᆞ·다 동 달(達)하다. ¶武王과 周公ᄋᆞᆫ 그 達(天下의 사ᄅᆞᆷ이 통ᄒᆞ여 닐ᄋᆞ던 말이라) ᄒᆞᆫ 孝ㅣ신뎌(宣小4:13).

ᄃᆞᆰ 명 닭. ☞ᄃᆞᆰ ¶ᄃᆞᆰ:雞(柳氏物名一 羽蟲).

ᄃᆞᆱ다 동 물들다. 전염(傳染)되다. 옮다. ☞덞

다 ¶덥단 병을 닮디 아니케 ᄒᆞᄂᆞ니:令人不染溫病(瘟疫方7).

·담 명 담(墻). ¶담爲墻(訓解. 用字). 防墻洞:마근담ᄭᅩᆯ(龍歌5:27). 一萬 玉女ᄂᆞᆫ 孔雀拂 자바 담 우희 왯고(月釋2:32). 지비며 다미며 두루 허더니(月釋7:17). 소리 담 디나ᄃᆞᆺ ᄒᆞ야:如聲度垣(楞解6:42). 다ᄃᆞ라 다ᄆᆞᆯ 向호미오(圓覺上二之一32). 담애 ᄂᆞᆺ도라 셧디라(宣賜內訓序7). 횟도로 손 다ᄆᆡᆫ:環堵(初杜解8:62). 廟 닶 ᄀᆞᅀᅵ 브텃도다:依廟壖(初杜解20:10). ᄂᆞᄆᆡ 짓 담ᄃᆞᆯ:人家墻(飜朴上9). 담 용:墉. 담 원:垣. 담 쟝:墻(訓蒙中5). 담 쟝:墻(類合上24). 담 원:垣(類合下28. 石千34). 그 正히 담애 ᄂᆞᆺ 두고 섬 ᄌᆞᄐᆞᆫ뎌:其猶正墻面而立也與(宣小4:6). 담 쟝:牆(倭解上33. 註千34). 담:墻(同文解上36). 이에 담을 넘어 들어가(女四解4:35). 담 틈:墻豁(漢淸11:57).

·담 명 담(壜). 병(甁). ¶匠人 브려 여듧 金壜과:壜ᄋᆞᆫ 甁 ᄀᆞᆮᄒᆞᆫ 거시라(釋譜23:49). 婇女ㅣ 七寶壜ᄋᆞᆯ 잡ᄉᆞᄫᆞ며(釋譜23:49). 㲲ᄋᆞᆯ 자바 壜 四面에 셔ᅀᆞᄫᆞ며(釋譜23:49).

:담 명 담(膽). ¶膽이 肝의 府ㅣ오(楞解1:60). 鯉魚의 膽도 ᄯᅩ 됴ᄒᆞ니라(救急下37). 羊膽 두 낫과 ᄃᆞᆯᄀᆡ 膽 두 낫과(救急下40). 膽은 크고져 ᄒᆞ고:膽欲大(飜小8:1). 膽은 크고져 ᄒᆞ고 ᄆᆞᅀᆞᆷ은 적고져 ᄒᆞ며:膽欲大而心欲小(宣小5:82).

담 명 담(痰). ¶누른 痰과 힌 痰과(永嘉上35). 춤과 더품과 痰과 눉믈와(圓覺上二之二27). 痰 盛ᄒᆞ니란 全蝎 두 나출 구어 더으라(救急上2). 그 증은 담이 셩ᄒᆞ며 답답ᄒᆞ며 머리 알ᄑᆞ며(辟新1). 담:粘痰(同文解上15). 담 담:痰(倭解上50). 담 밧다:喀痰(譯解補23). 담 담:痰(兒學下4).

:담 명 담(毯). ☞시욱 ¶담으로 입과 고ᄒᆞᆯ 둡고:以氍毹(卽毛席也)覆口鼻(救急上75). 닶 담:毯(訓蒙中30). ᄯᅩ 담 ᄭᆞᆯ고:又鋪氈子(朴解上50). 담 젼:氈(倭解下13). 담을 펴고 니블을 싸하:鋪氈疊被(女四解2:33). 담:毡子(漢淸11:20). 담젼:氈(兒學上11).

:담·궐 명 담궐(痰厥). 〔원기가 허한 데 추운 기운을 받아서 생기는 증세〕. ¶中氣와 痰厥와 飮厥왓 類ᄅᆞᆯ(救急上2).

담기 명 담력. ¶朝遊北海 暮蒼梧요 神裡青蛇 膽氣粗ㅣ라(古時調. 金壽長. 神仙이. 海謠).

담·기·다 동 담기다. ¶風輪에 담겨 ᄆᆞ리 ᄀᆞ뱃더니라(月釋1:39). 믈 담굟 거시 업스릴씨(月釋1:39). 드믓ᄒᆞᆫ 다ᄉᆞᆺ 株ㅅ 양지 가ᄉᆞ매 칙칙기 어즈러이 담겨셰라:虛徐五株態側塞煩胸襟(初杜解15:3).

:담·다 동 담다. ¶모ᄆᆡᆺ 필 뫼화 그르세 담아 男女를 내ᅀᆞᄫᆞ니(月印上2). 七寶 바리예 供養ᄋᆞᆯ 담ᄋᆞ샤미 四天王ᄋᆡ 請이ᅀᆞᄫᆞ니(月印上32). 各各 제 ᄆᆞᅀᆞᄆᆞ로 다마다가 塔 일어(釋譜23:48). 하ᄂᆞᆶ 고졸 담고(月釋14:19). 머구머 다ᄆᆞ샤미:含容(楞解8:60). 헌 잘ᄋᆡ 보ᄇᆡ 다맷거든:盛(圓覺下三之一92). 밥 다ᄆᆞᆫ 그르셋 서늘호ᄆᆞᆯ:食簞涼(初杜解15:9). 블 다ᄆᆞᆫ 그르슬 일시니(南明下4). 바리예 다ᄆᆞ니(南明下63). 記得ᄋᆞᆫ ᄆᆞᅀᆞ매 다ᄆᆞᆯ 시라(金三4:54). 金盤애 담ᅀᆞ와:在金盤(眞言53). 가ᄉᆞ매 담아(飜小8:8). 다ᄆᆞᆯ 지:盌. 다ᄆᆞᆯ 셩:盛(訓蒙下12). 小盤의 다ᄆᆞ샨 紅牧丹(鄕樂. 大國). 주머니 가온대 담고(東新續三綱. 烈3:43). 딥 다믈 광주리도(老解上29). 금반의 담아 궁둥의 두면(明皇1). 항아리와 독에 ᄡᅳ려 담으며(女四解2:30). 담을 셩:盛(註千12).

담다 동 닮다. ¶션비ᄅᆞᆯ 만히 담ᄉᆞ와 겨오시니(閑中錄326).

담당ᄒᆞ다 동 담당(擔當)하다. ¶담당ᄒᆞ다:當者(譯解下45). 담당치 못ᄒᆞ고(三譯3:16). 담당ᄒᆞ다:承當(漢淸2:60). 나 擔當ᄒᆞ옵시(古時調. 花源).

·담대ᄒᆞ·다 형 담대(膽大)하다. ¶忠이 지죄며 디뫼 잇고 담대타 ᄒᆞ야:謂忠有才智膽略(續三綱. 忠3). 膽大ᄒᆞ다(同文解上23).

:담·듁 명 담죽(淡竹). 솜대. ¶淡竹 니플 두텁게 글혀:淡竹葉濃煎(救急上65).

·담모 명 담모퉁이. ¶담모햇 프리로다:墻隅草(初杜解22:3).

담바 명 담배. ¶南草曰 담바(東言).

:담·박ᄒᆞ·다 형 담박(淡薄. 澹泊)하다. ¶夫妻 서르 므던히 너겨 恩이 밧고며 情이 淡薄ᄒᆞ리라:室家相輕恩易情薄(宣賜內訓1:30). 제 便安호ᄆᆞᆯ 求ᄒᆞ고 澹泊ᄋᆞᆯ ᄃᆞᆯ히 너기디 아니ᄒᆞ야:澹泊ᄋᆞᆫ 기픈 소햇 믈 ᄆᆞᆯᄀᆞᆫ 양지니 便安코 寂靜ᄒᆞ야 ᄒᆞ욤업슬 시라(宣賜內訓1:32). 담박호미 보야호로 됴ᄒᆞ니:淡薄(飜小8:18). 오ᄂᆞᆯ 잠ᄭᅡᆫ 담박ᄒᆞᆫ 이레:今日些小淡薄禮(飜老下35). 담박ᄒᆞᆫ 녜로:淡薄禮(老解下31). 다만 군지 너모 담박ᄒᆞ야 청청ᄒᆞᆫ 션비오(落泉2:4).

담벙거지 명 전벙거지. ¶半龍丹 몸둥이에 담벙거지 뒤앗고셔(古時調. 셋괏고. 青丘).

담보션 명 전버선. ¶담보션:毡襪子(同文解上56).

담복 부 담뿍. ☞ᄃᆞᆷ복 ¶물 담복 ᄡᅥ내ᄂᆞᆫ 드레 ᄡᅳ지 쟝ᄉᆞ(古時調. 밋남편. 青丘).

담·뵈 명 담비. ☞담븨 ¶藪中 담뵈ᄅᆞᆯ 스믈 살 마치시니:藪中蜜狗廿發盡獲(龍歌32章). 蜜狗俗呼覃甫 담뵈 成群而行(龍歌5:21). 담뵈 환:貛(訓蒙上19).

담뷔 명 담비. ☞담뵈. 담븨 ¶담뷔:貉(東醫.

湯液一 獸部). 담뷔:獴鼠(同文解下39). 담뷔:掃雪(漢淸11:13). 담뷔:啖父(物譜 毛蟲). 담뷔:獴鼠(柳氏物名一 獸族).

담븨 명 ①담비. ☞담뵈. 담뷔 ¶ 담븨:掃雪(譯解補49).

②담비 가죽. ¶ 담븨:獴鼠皮(譯解下34).

담뷔 명 담배. ☞담파귀 ¶ 담뷔:烟. 담뷔 먹다:吃 烟(同文解上61). 담뷔:菸(漢淸13:15). 담뷔:南草(柳氏物名三 草).

담뷔대 명 담뱃대. ☞담뷔ㅅ대. 담뷔ㅅ듸 ¶ 담뷔대:烟帒(柳氏物名三 草).

담뷔ㅅ대 명 담뱃대. ☞담뷔대. 담뷔ㅅ듸 ¶ 담뷔ㅅ대:烟帒(同文解上61).

담뷔ㅅ듸 명 담뱃대. ☞담뷔대. 담뷔ㅅ대 ¶ 담뷔ㅅ듸:烟帒(漢淸11:45).

담뷔솜디 명 담배쌈지. ¶ 담뷔솜디:烟包(柳氏物名三 草).

담뷔ᄶᅵ 명 담뱃대. ☞담뷔ㅅ대 ¶ 남초 업ᄂᆞᆫ 뷘 담뷔ᄶᅵ 消日죠로 가지고셔(萬言詞).

:담산 명 갈대로 결어 만든 그릇. ¶ 元覺이 아비 元覺일 ᄒᆞ야 담사니 지여 뫼해다가 더디라 ᄒᆞ야ᄂᆞᆯ(三綱. 孝13). 元覺이 그 담사ᄂᆞᆯ 가져오거늘(三綱. 孝13).

담상 명 망녕(妄侫). ¶ 今稱人之妄作曰 담상(東言).

담·쇼 명 담소(談笑). ¶ 져믄 사ᄅᆞᆷ돌히 힘ᄡᅥ 談笑ᄅᆞᆯ ᄀᆞ장ᄒᆞᄂᆞ니(初杜解15:39). 공ᄌᆞ의 슈심고장이 져ᄅᆞᆯ 호표 싀랑ᄀᆞ치 ᄒᆞ더니마ᄂᆞᆫ 또ᄒᆞᆫ 담쇼ᄅᆞᆯ 아니치 못ᄒᆞ니(落泉2:5).

담:쇼ᄒᆞ·다 동 담소(談笑)하다. ¶ 곧 己ㅣ 談笑ᄒᆞ고 道홈은 他ㅣ 업ᄉᆞ니라:則己談笑而道之無他(宣孟12:8). 도로와 ᄒᆞᆫ가지로 담쇼ᄒᆞ고:還共談笑(五倫4:27). 쇼졔 또ᄒᆞᆫ 슈습ᄒᆞᄂᆞᆫ 틱도ᄅᆞᆯ 아니ᄒᆞ고 미미히 담쇼ᄒᆞ야(落泉1:2).

:담션·히 부 담연(淡然)히. ¶ 博奕奇玩애 니ᄅᆞ리 淡然히(淡은 열을 씨라) 즐기논 배 업더라(宣賜內訓1:28).

:담연ᄒᆞ·다 형 담연(淡然)하다. ¶ 淡然ᄒᆞ야 됴히 너기ᄂᆞᆫ 배 업더라:淡然無所好(宣小6:121).

담옷 명 담옷. ¶ 담옷:氈衫(譯解上44).

담유삼옷 명 털마고자. ¶ 담유삼옷:毡褂子(同文解上55). 담유삼옷:毡褂(漢淸11:6).

담으다 동 담금질하다. ¶ 담으다:淬 火與水合以堅鐵(柳氏物名五 金).

담은 부 다만. ☞담온 ¶ 오직 즐엄길노 닥가 힝홀 디 이시니 담은 아미타불을 념ᄒᆞ라(普勸文 興律寺板5).

담익기 명 담에 난 이끼. ¶ 담익기:垣衣(物譜 雜草).

:담·온 부 다만. ☞담은 ¶ 담온 天下애 올티 아니ᄒᆞᆫ 父母ㅣ 업슴을 위ᄒᆞ엠시라 ᄒᆞ여ᄂᆞᆯ:只爲天下無不是底父母(宣小5:38). 담온 디답ᄒᆞ야 ᄀᆞᆯ오ᄃᆡ 보육 밍ᄀᆞ라:直答曰作脯(宣小6:72).

담쟝 명 담쟁이. ☞담쟝이 ¶ 담쟝:千歲櫐(柳氏物名三 草).

담쟝·이 명 담쟁이. ☞담쟝 ¶ 담쟝이 벽:薜. 담쟝이 례:荔(訓蒙上9). 담쟝이:八散葫(譯解下41). 담쟝이:爬山虎(同文解下46). 담쟝이:地錦(物譜 雜草). 담쟝이:八散葫(柳氏物名三 草). ※담쟝이>담쟁이

:담:제 명 담제(禫祭). ¶ 담졔 몯 ᄒᆞ여셔 주그니라:未禫而死(東新續三綱. 孝5:72). 祝版의 大祥을 고텨 禫祭라 ᄒᆞ고(家禮9:32). 담졔 후의(외년 상을 ᄒᆞ오시매 이 담졔ᄂᆞᆫ 잡ᄉᆞ오실 복식을 소샹 후의 ᄒᆞ오신 일이라) 잡ᄉᆞ오실 복식을(仁祖行狀9).

:담:제ᄒᆞ·다 동 담제(禫祭)를 지내다. ¶ 또 ᄃᆞᆯ새 大祥ᄒᆞ고 醋와 醬과ᄅᆞᆯ 머그며 ᄃᆞᆯ 걸어 禫祭ᄒᆞ고 禫祭코 ᄃᆞᆫ수를 먹더니(宣賜內訓1:65). ᄃᆞᆯ을 가온대 두고 담졔ᄒᆞ고:中月而禫(宣小5:44). 大祥 後에 ᄒᆞᆫ ᄃᆞᆯ을 ᄉᆞ이 두어 禫졔ᄒᆞ라(家禮9:29).

담파귀 명 담배. ☞담바. 담뷔 ¶ 담파귀:烟草(物譜 雜草).

담하 명 작살. ☞담화 ¶ 담하 찬:鑹 俗呼魚叉(訓蒙中15).

담화 명 작살. ☞담하 ¶ 고기 디ᄅᆞᄂᆞᆫ 담화:魚叉子(譯解上23).

담화ᄒᆞ다 동 담화(談話)하다. ¶ 이윽이 담화ᄒᆞ야 희희ᄒᆞᆫ 쇼어와 낙낙ᄒᆞᆫ 희히 능히 울회ᄅᆞᆯ 기활케 ᄒᆞ니(落泉2:5).

:담 ᄒᆞ·다 형 담(淡)하다. 담박(淡泊)하다. 맛없다. 싱겁다. ¶ 뮈디 아니ᄒᆞᆫ 時節엔 淡ᄒᆞᆫ 性이 샹네 잇ᄂᆞ니:淡은 맛업슬 씨라(楞解3:9). ᄡᅳ며 싀며 ᄧᆞ며 淡ᄒᆞ며 ᄃᆞᆯ며 ᄆᆡ온 等 맛과(楞解5:37). 君子의 道ᄂᆞᆫ 淡호ᄃᆡ(宣中52).

답곡 명 답곡(畓穀). 논 곡식. ¶ 드르니 젼곡이 ᄌᆞ못 답곡이에셔 나앗다 ᄒᆞ니(綸音90).

답녜ᄒᆞ다 동 답례(答禮)하다. ¶ 싱이 놀나 답녜ᄒᆞ고 무러 ᄀᆞ로ᄃᆡ(落泉1:2).

-답·다 접미 -답다. ¶ 시름다ᄫᆞᆫ 이리(釋譜9:8). 美ᄂᆞᆫ 아ᄅᆞᆷ다ᄫᆞᆯ 씨니(釋譜13:9). 搖搖ᄂᆞᆫ ᄆᆞᅀᆞ미 시름다와 브틀 ᄯᅦ 업슨 ᄠᅳ디라(永嘉下108). ᄒᆞ마 아ᄅᆞᆷ다온 會예 當ᄒᆞ샤:旣當嘉會(圓覺上一之二96). 端正호미 法다오ᄃᆡ(佛頂19). 나날 법다오매 나ᅀᅡ가ᄂᆞ니라(飜小8:6). 아니한 마ᄅᆞᆯ 니ᄅᆞ디 말라:非法不道(飜小8:11). 禮다온 풍쇽으로셔 서르 사괴며:禮俗相交(宣小6:16). 젓줄 곤고노라 ᄆᆞ양 우ᄂᆞᆫ 아히 ᄀᆞᆯ와 이 누고 뎌 누고 ᄒᆞ면 얼운답디 아네라(古時調. 鄭澈. 松江).

답다비 부 답답히. ☞답답이 ¶ 먹뎡이 곧ᄒᆞ며 버워리 곧ᄒᆞ야 답다비 모ᄅᆞᆯ씨(月釋13:18). 더위ᄅᆞᆯ 자바 답다비 이셔:執熱沈沈在(重杜解2:23).

답답다 형 답답하다. ☞답답ᄒᆞ다 ¶ 믄득 어즐ᄒᆞ야 취ᄒᆞᆫ ᄃᆞᆺᄒᆞ며 답답고 네 활기ᄅᆞᆯ 몯 ᄡᅳ며:忽然昏若醉形體昏悶四肢不收(救簡1:5). 네 활기 몯 ᄡᅳ며 답답고 어즐ᄒᆞ야(救簡1:14). 다 브ᅀᅥ 알파 답답고 덥다ᄂᆞ니:皆致腫痛煩熱(救簡6:73). 답답 울:鬱(類合下14). 답답 민:悶(類合下18). 몸이 알파 웨지지며 밋 답답고 죄여 알폰 ᄃᆡ:身痛叫喚及煩燥脹痛(痘要下9).

답답이 부 답답히. ☞답다비 ¶ 싱소ᄒᆞᆫ 거시 오니 各各 답답이 너기실가(新語1:3).

답답하다 형 답답하다. ☞답답ᄒᆞ다 ¶ 답답할 울:鬱(兒學下10).

답답ᄒᆞ다 형 답답하다. ☞답답다 ¶ 안히 답답ᄒᆞ야:心悶(救急上2). ᄆᆞᅀᆞ미 답답ᄒᆞ야 늘구믈 슬흐리라:鬱紆遲暮傷(杜解7:36). 과ᄀᆞᆯ이 가슴 알파 긔운이 답답ᄒᆞ고:悶(救簡2:26). 그 증은 담이 셩ᄒᆞ며 답답ᄒᆞ며 머리 알ᄑᆞ며(辟新1). 답답ᄒᆞ다:悶的慌. 悶得慌(譯解上38). 답답ᄒᆞ다:鬱悶(漢淸7:2). 답답ᄒᆞᆯ 울:欝(註千18). 人馬 往來가 斷絶ᄒᆞ다 ᄒᆞ오니 아니 답답ᄒᆞ온가(隣語1:27).

·답·례ᄒᆞ·다 동 답례(答禮)하다. ¶ 날 고텨 얼우신ᄭᅴ 답례ᄒᆞ라 보ᄉᆞ오라 가ᅀᅡ 날회여 말호리이다:改日廻望大舍去慢慢的說話(飜朴上59).

답ᄇᆡᄒᆞ다 동 답배(答拜)하다. ¶ 그 男女ㅣ 서ᄅᆞ 答拜ᄒᆞᆯ 적도 ᄯᅩᄒᆞᆫ 그리ᄒᆞᆯ디니라(家禮1:24).

답사·타 동 첩첩이 쌓다. ¶ 石壁ㅅ 비츤 답사ᄒᆞᆫ 쇠 셋ᄂᆞᆫ ᄃᆞᆺᄒᆞ도다:壁色立積鐵(杜解1:17). 답사ᄒᆞᆫ 믈 밧긔 도라ᄇᆞ라셔:回眺積水外(杜解1:29). 烈士ᄋᆡ 슬호미 답사핫도다:烈士痛稠疊(杜解24:17). 답사하 그륜 눈서비 어위도다:狼藉畫眉闊(重杜解1:6).

답사히다 동 답쌓이다. 쌓이다. ☞답싸히다 ¶ 이 相公ᄋᆡ 軍인디 아노니 甲 니븐 ᄆᆞᄅᆞᆫ 구루미 답사혯ᄂᆞᆫ ᄃᆞᆺ도다:知是相公軍鐵馬雲霧積(初杜解7:25). 前後에 온 卷ㅅ 글워리 답사혀시니:前後百卷文枕藉(初杜解24:34). 주거미 답사효매 플와 나모왜 비뉘ᄒᆞ고:積屍草木腥(重杜解4:10).

답사ᄒᆞᆫ 동 ①첩첩이 쌓은. ㉠답사타 ¶ 石壁ㅅ 비츤 답사ᄒᆞᆫ 쇠 셋ᄂᆞᆫ ᄃᆞᆺᄒᆞ도다:壁色立積鐵(杜解1:17). 답사ᄒᆞᆫ 믈 밧긔 도라 ᄇᆞ라셔:回眺積水外(杜解1:29).
②많이 고인. ¶ 노폰 수플 아래 수를 노코 답사ᄒᆞᆫ 믌ᄀᆞᇫ애셔 奕碁ᄅᆞᆯ 보노라:置酒高林下觀碁積水濱(初杜解20:29).

답셔 명 답서(答書). ¶ 答書의ᄂᆞᆫ ᄀᆞᆯ오ᄃᆡ 某ㅣ 敢不夙興가(家禮3:4).

·답ᄶᅡ·와 형 답답ᄒᆞ여. ㉠답ᄷᅡᆸ다 ¶ 네 迷惑ᄒᆞ야 답ᄶᅡ와 根源을 일코 輪廻ᄅᆞᆯ 受ᄒᆞ야:汝自迷悶喪本受輪(楞解2:31). 갈잠개예 허러 피 통 안해 ᄀᆞ독ᄒᆞ야 나디 몯ᄒᆞ야 답ᄶᅡ와 죽ᄂᆞᆫ닐:刀兵所傷血滿腸中不出煩悶欲死(救急上17).

·답·ᄷᅡᆸ·다 형 답답하다. ☞닶갑다 ¶ 술히 덥고 안히 답ᄷᅡᆸ거늘(月釋2:51). 네 迷惑ᄒᆞ야 답ᄶᅡ와:汝自迷悶(楞解2:31). ᄯᅩ 迷ᄒᆞ야 답ᄷᅡᆸ디 아니ᄒᆞ리라:亦不迷悶(圓覺上二之二171). 갈잠개예 허러 피 통 안해 ᄀᆞ독ᄒᆞ야 나디 몯ᄒᆞ야 답ᄶᅡ와 죽ᄂᆞᆫ닐:刀兵所傷血滿腸中不出煩悶欲死(救急上17).

·답·ᄭᅵ·다 동 답답해지다. ☞닶기다 ¶ 王이 안ᄒᆞᆯ 답ᄭᅧ ᄒᆞ더니(釋譜24:20). 가슴 닶겨 ᄡᅡ해 그우더니(月釋17:16). 어마니미 드르시고 안 답ᄭᅧ샤(月釋21:217). 더욱 迷惑ᄒᆞ야 답ᄭᅧ ᄒᆞ노니:重增迷悶(楞解2:77). 窮子ᄋᆡ 놀라 답ᄭᅬ미 곧ᄒᆞ면 物에 마고미 이실씨:若窮子之驚愕迷悶則於物有妨(法華1:208). 두려 답ᄭᅧ ᄃᆞᆮ더니:周慞悶走(法華2:130). 답ᄭᅧ 주거 ᄯᅡ해 디거늘:悶絶躃地(法華2:201). 답ᄭᅧ 아디 몯ᄒᆞᆯ씨:悶然不解故(法華2:202).

답싸히다 동 답쌓이다. 첩첩이 쌓이다. ☞답사히다 ¶ 주근 거시 답싸힌 거시 뫼 ᄀᆞᄐᆞ니:死者堆積如山(東新續三綱. 忠1:40).

답장 명 답장(答狀). ¶ 티謝ᄒᆞᄂᆞᆫ 답狀이라(家禮9:39).

답ᄒᆞ다 동 답(答)하다. ¶ 랑이 크게 놀나 좌의 ᄂᆞ려 답ᄒᆞ야 절ᄒᆞᆫ대(王郎傳3). 晦翁先生ᄭᅴ 質졍호니 答ᄒᆞ야 니ᄅᆞ샤ᄃᆡ(家禮圖18). 쇼졔 념용 단좌ᄒᆞ여 일언을 답지 아니니(落泉1:2).

·닶가·옴 형 답답하고 성가심. ㉠닶갑다 ¶ ᄆᆞᅀᆞ매 키 닶가오ᄆᆞᆯ 내야:心大生惱(圓覺下一之一17). 興心이 다ᄋᆞ니 ᄯᅩ 닶가오미 업더니:興盡纔無悶(重杜解3:14).

·닶가·와 형 답답하여. ㉠닶갑다 ¶ 迷惑ᄒᆞ고 닶가와:迷悶(楞解4:44).

·닶·갑·다 형 답답하다. ☞답ᄷᅡᆸ다 ¶ 迷惑ᄒᆞ고 닶가와:迷悶(楞解4:44). ᄡᅡ해 닶가와 주글 씨라:悶絶於地(楞解8:101). ᄆᆞᅀᆞ미 몰라 닶갑디 아니ᄒᆞ리니:心不迷悶(楞解10:74). 迷惑ᄒᆞᆫ 닶가오미 나디 아니케 ᄒᆞ시니:不生迷悶(法華7:126). ᄆᆞᅀᆞ매 키 닶가오ᄆᆞᆯ 내야:心大生惱(圓覺下一之一17). 곧 더위 닶가오며 믜요ᄆᆞᆯ 내ᄂᆞ니:便生熱惱憎嫉(圓覺下一之一28). 닶갑거든 能히 져근 길호로 디나오면:悶能過小徑(初杜解20:51). 興心이 다ᄋᆞ니 ᄯᅩ 닶가오미 업더

니:興盡纔無悶(重杜解3:14).

닶·기·다 동 답답해지다. ☞답ᄭᅵ다 ¶다ᄅᆞᆫ 毒藥 먹고 藥이 發ᄒᆞ야 가ᄉᆞᆷ 닶겨 ᄯᅡ해 그우더니(月釋17:16). 놀라 닶겨 주고ᄆᆞᆫ:驚悶絶(法華2:201). 門庭을 닶겨셔 ᄡᅳ어리ᄒᆞ노라:門庭悶掃除(重杜解10:39).

닷 명 탓. 까닭. ☞탓 ¶宮監의 다시언마ᄅᆞᆫ:宮監之尤. 官吏의 다시언마ᄅᆞᆫ:官吏之失(龍歌17章). 이 다ᄉᆞ로 이제와 ᄯᅩ ᄉᆡᇰ각ᄒᆞ야(釋譜9:16). 遂ᄂᆞᆫ 브틀 씨니 아모 다ᄉᆞᆯ브터 이러타 ᄒᆞᄂᆞᆫ 겨치라(月釋序3). 모딘 일 지ᅀᅮᆫ 다ᄉᆞ로(月釋1:46). 菩提心 發티 아니혼 다시니(月釋9:20). 福 닷가 布施혼 다시라(月釋21:28). 妄想ᄋᆞᆯ ᄡᅳᄂᆞᆫ 다실씨니:用諸妄想(楞解1:43). 간대로 愛想애 미ᄋᆞᆫ 다시니:妄纏愛想(楞解1:43). 世尊ㅅ 다시 아니시다ᄉᆞ이다(法華2:5). 이 다ᄉᆞ로 沈滯ᄒᆞ야:坐是沈滯(宣賜內訓1:61). 과ᄀᆞ리 ᄇᆞᄅᆞᆷ마자 신긔 몯 ᄎᆞ료ᄆᆞᆫ 추미 올아 다와티ᄂᆞᆫ 다시니(救簡1:10). ᄉᆞ졍 ᄡᅥ 구의 소김ᄋᆞᆫ 형의 다시라:用情欺官者兄也(東新續三綱. 孝7:32). 이 마롬과 足호ᄆᆞᆯ 아디 몯혼 다시라:此由於不知止足者也(重內訓2:8).
※닷>탓

닷 명 닻. ¶노도 일코 닷도 일코(古時調. 나모도. 靑丘). 쇠 닷:鐵錨. 나모 닷:木椗(漢淸12:22). 닷:矴 碇(物譜 舟車). 밤즁만 지국총 닷 감는 소릐(古時調. 가노라 가노라. 南薰).

닷 관 닷[다섯]. ☞다ᄉᆞᆺ ¶ᄡᆞᆯ ᄒᆞᆫ 말 닷 되 잇ᄂᆞ니(三綱. 烈28). 나날 太倉앳 닷 뒷 ᄡᆞᄅᆞᆯ 내야:日糴太倉五升米(初杜解15:37). 져므니란 닷 홉곰 머기면 됴ᄒᆞ리라:少小服五合差(救簡1:14). 부ᄌᆞ와 계피 갓근 숍 각 닷 량과(救簡1:29). 술윗 바회에 무든 ᄒᆞᆰ 닷 돈을 ᄎᆞᆫ믈에 프러(救簡1:36). 술 닷 마래 ᄌᆞ마 두닐웨어든(救簡1:91). 믈 닷 홉애 달혀(救簡2:2). 믈 ᄒᆞᆫ 되 닷 홉애 달혀:以水一大盞半煎(救簡3:79). ᄒᆞᆫ 되 닷 홉을(救簡6:7). 닷 분에 ᄒᆞᆫ 말 조ᄡᆞᆯ리오:五分一斗小米(飜老上9).

닷 관 딴. 다른. ☞닫 ¶三輔ㅅ 닷 사ᄅᆞᆷ돌히 버블 삼더라:三輔以爲儀表(飜小10:3). ᄒᆞᆫ 졋 먹고 길러 나 이셔 닷 ᄆᆞᄋᆞᆷ을 먹디 마라(古時調. 鄭澈. 松江).

닷 부 따로. ☞닫 ¶각각 셰간 ᄂᆞᆫ화 닷 사쟈 커ᄂᆞᆯ:各求分財異居(二倫24 郭全分財). 드듸여 ᄂᆞᆫ화 닷 살기를 求ᄒᆞ고:遂求分異(宣小6:62). 만일 사라신 제 닷 살거든 미리 그 ᄯᅡ히 齋실을 지어 사라 祠堂制度ᄀᆞ티 ᄒᆞ엿다가(家禮1:12). 小功 以下와 大功이 닷 사ᄂᆞ니ᄂᆞᆫ 가히 ᄡᅥ 도라갈디니라:小功以下大功異居可以歸(家禮8:23).

닷·가 동 닦아. ㉮닷다 ¶福ᄋᆞᆯ 닷가 하ᄂᆞᆯ해 나앳다가(月釋1:42).

닷개 명 덮개. ☞닫개 ¶닷개 ᄒᆞᆫ 나ᄆᆞᆺ 일ᄇᆡᆨ 낫:壓口荷包一百箇(老解下62).

닷·고·미 동 닦음이. ㉮닷다 ¶나사 닷고미:進修(永嘉下106).

닷·곰 동 닦음. ㉮닷다 ¶이 正ᄒᆞᆫ 닷고밀ᄉᆡ 닐오ᄃᆡ 親이라:是正修故曰親(圓覺序4). 理 닷곰과 證홈 그츠나:理絶修證(圓覺序56).

닷·금 동 닦음. ¶ᄆᆞᄋᆞᆷ 다ᄉᆞ리며 몸 닷금을:治心修身(宣小5:33).

닷ᄀᆞ샤 동 닦으시어. ㉮닷다 ¶됴ᄒᆞᆫ 根源을 닷ᄀᆞ샤(月釋8:90).

닷ᄂᆞᆫ 동 닦는. ㉮닷다 ¶魔ᄂᆞᆫ ᄀᆞ릴 씨니 道理 닷ᄂᆞᆫ 사ᄅᆞᄆᆡ그에 마골 씨라(月釋2:14). 極樂國에 나고져 ᄒᆞ야 戒香ᄋᆞᆯ 픠워 닷ᄂᆞᆫ 사ᄅᆞᄆᆞᆫ 命終ᄒᆞᇙ 저긔(月釋8:57).

닷·다 동 닦다. ☞닫다 ¶몸 닷기 모ᄅᆞᄂᆞᆫ 돌슬피 너기니(月印上62). 前生애 닷곤 因緣으로(釋譜6:34). 됴ᄒᆞᆫ 法을 닷가(釋譜9:14). 道理 닷ᄂᆞᆫ 사ᄅᆞᄆᆡ그에 마골 씨라(月釋2:14). 됴ᄒᆞᆫ 根源을 닷ᄀᆞ샤(月釋8:90). 福 닷가 布施혼 다시라(月釋21:28). 닷곲 因ᄋᆞᆯ 사마:以爲修因(楞解4:120). 禪을 닷ᄀᆞ나:修禪(楞解9:15). 샹녜 梵行 닷도소니:常修梵行(法華5:114). 닷디 아니ᄒᆞ면 곧 凡夫:不修卽凡夫(金剛序8). 나사 닷고미:進修(永嘉下106). 나못 段은 닷ᄂᆞᆫ 幻妄ᄋᆞᆯ 가ᄌᆞᆯ비시고:木段喩所脩幻妄(圓覺上二之一48). 能히 닷ᄂᆞᆫ 사ᄅᆞ미니:能脩之人(圓覺下二之一6). ᄒᆞ다가 닷디옷 아니ᄒᆞ면(牧牛訣44). 忽然히 집터 닷다가(蒙法10). 몸 닷골 道ᄅᆞᆯ 다ᄒᆞ며(宣賜內訓序3). 文德을 닷고 武事ᄅᆞᆯ 偃息케 ᄒᆞᆯ 사ᄅᆞ미 업디 아니ᄒᆞ니라:修文偃武不無人(杜解5:23). 水關을 닷ᄂᆞ다:修水關(杜解10:27). 제 닷ᄀᆞ며 제 行ᄒᆞ면(六祖中16). 닷곤 ᄃᆡ 아즐가 닷곤 ᄃᆡ 쇼셩경 고ᄋᆡ마ᄅᆞᆫ(樂詞. 西京別曲). ᄆᆞᅀᆞᆷ 고텨 닷그라 가리이다:懺悔去(飜朴上37). 닷ᄀᆞᆯ 슈:修(類合下20). 닷ᄀᆞᆯ 틱:飭(類合下21). 몸 닷ᄀᆞ며 말 ᄇᆞᆯ옴을:修身踐言(宣小3:6). 아비 先生의 德을 닷고 검약을 딕히므로 ᄡᅥ(女四解4:64). 닷글 긍:矜. 닷글 슈:修(註千41).
※'닷다'의 활용 ┌닷디/닷게/닷ᄂᆞᆫ/닷논… └닷가/닷ᄀᆞ니/닷ᄀᆞ며…

닷다 동 닫다[閉]. ☞닫다 ¶門 닷다:關門(譯解上14). 닷다:關上(同文解上35). 寂寂重門 구지 닷고(萬言詞).

닷다 동 닫다. 달리다. ☞ᄃᆞᆮ다 ¶잘 가노라 닷지 말며 못 가노라 쉬지 말라(古時調. 金天澤. 海謠). 燕軍의 닷ᄂᆞᆫ 쇼를 잡ᄋᆞ다가 심을 ᄡᅦ여(武豪歌).

-닷·다 어미 -더라. ¶衆生돌히 이 말 듣고 닐오듸 우리돌히 스승 겨신 짜홀 모르다니 忉利天에 겨시닷다(釋譜11:11). 父母 孝養ᄒᆞ시닷다 ᄒᆞ고(月釋21:208). 부텻 아ᄅᆞᆷ ᄠᅳ디 아니샤 허므리 實로 내게 잇닷다:非佛所私咎實在我(法華2:6). 미햇 興趣 기루믈 당당이 耽ᄒᆞ닷다:應耽野趣長(初杜解15:12). 이 蒲城에 鬼神이 드닷다:乃是蒲城鬼神入(初杜解16:30). 쟝ᄎᆞ 나비 희다 너기다니 ᄯᅩ 나비 거므니 잇닷다:將謂猴白更有猴黑(金三4:22). 볼셔 아더든 보라 가미 됴탓다:早知道時探望去好來(飜朴上37). 生이 업슴만 ᄀᆞᆮ디 몯ᄒᆞ닷다(詩解15:14). 이 孫行者ᄂᆞᆫ 졍히 올탓다:這孫行者正是了的(朴解下25). 阮籍이 이러홈으로 窮途哭을 ᄒᆞ닷다(古時調. 泰山에. 靑丘). 샹풍 緣故ㅣ 이러ᄒᆞ닷다(捷蒙3:8).

닷둘흡 명 오갈피. ☞쌋둘흡 ¶닷둘흡:五加皮(方藥34).

닷무우 명 무. ☞단무우 ¶닷무우:蘿蔔(老解下34).

닷봇근 동 잘 닦은. [‘닷〈磨〉’과 ‘봇근〈拂拭〉’의 결합 형태.] ☞ᄉᆞᆺ봇다 ¶닷봇근 明鏡中 절로 그린 石屛風 그림애롤 버들 사마(松江. 星山別曲).

닷새 명 닷새〔五日〕. ☞닷쇄 ¶나흘 닷쇄 만의나 혹 엿새 닐웬 만이 나ᄂᆞ니ᄂᆞᆫ:四五日或六七日乃出者(痘瘡方21). 미양 닷샛 만의 모욕 말미홀 제:每五日洗沐(英小6:64).

닷쇄 명 닷새. ☞닷새 ¶닷쇄예 ᄒᆞᆫ 돌 그리니:五日畫一石(初杜解16:31). 사올 닷쇄만 ᄒᆞ야:三五日(救簡6:77). ᄯᅩ 미실에 모로매 이젼에 비혼 사홀 닷쇗 쓸롤 니시 뻬 쉰닐흔 번을 닐거:又每日須連前三五授通讀五七十遍(飜小8:35). 모롬이 이젼에 사흘 닷쇗 ᄀᆞᄅᆞ친 거슬 連ᄒᆞ야 通ᄒᆞ야 쉰닐흔 번을 닑어:須連前三五授通讀五七十遍(宣小5:113). 사홀이나 닷쇄나(痘要上9). 뻐곰 그 어미 술 즐긴다 ᄒᆞ여 각각 술과 안쥬 ᄀᆞ초와 닷쇄 도리로 샹톄ᄒᆞ며:以其母嗜酒各備酒饌五日而遞(東新續三綱. 孝8:65). ᄯᅩ 닷쇄 이시니:也有五箇日頭裡(朴解中53). ᄒᆞᆯ리나 잇트리나 사흐리나 닷쇄나:一日二日三日四日五六七日(普勸文 海印板3).

닷쓰다 동 닻 들다. 닻을 감다. ¶닷 ᄠᅳ쟈 비 ᄠᅧ나가니 이제 가면 언졔 오리(古時調. 靑丘).

닷쌔 명 닷새. ☞닷새. 닷쇄 ¶봄은 닷쌔오 녀름은 사흘이오:春五夏三(臘藥6).

닷아 동 닫아. ¶巷을 닷아 闔閭의 犯홈을 물리티며(女四解4:29).

닷져고리 명 딱따구리. ¶닷져고리:啄棺(同文解下35). 닷져고리:鴷啄木鳥(物譜 羽蟲). 닷져고리:山啄木(漢淸13:55).

닷졋고리 명 딱따구리. ☞닷져고리 ¶됴고만 닷졋고리 크나큰 고양감긔(古時調. 각시님 믈너. 古歌).

닷줄 명 닻줄. ☞닫줄 ¶닷줄 감ᄂᆞᆫ 즈싀:滑車(漢淸12:21).

닷치다 동 다치다. 상(傷)하다. ☞다티다 ¶잔 蓮 킈다가 굵은 蓮닙 닷칠세라(古時調. 洛陽. 歌曲).

닷타 동 땋다. ☞다타 ¶마리 닷타:編頭髮(譯解上47). 머리 닷타:編髮(同文解上54).

닷토다 동 다투다. ☞ᄃᆞ토다 ¶半開 花封이 닷토와 픠ᄂᆞᆫ고야(古時調. 봄비 긘. 海謠). 江山 죠흔 量을 힘센 이 닷톨 양이면(古時調. 金天澤. 海謠). 닉라 ᄉᆞ양ᄒᆞ며 닷토리 뉘 이시리(曺友仁. 梅湖別曲).

닷티 부 따로. ☞다티 ¶편안티 몯ᄒᆞ니 닷티 사라야 ᄒᆞ리로다 ᄒᆞᆫ대:難以久安願思分異(二倫8). 각각 겨집ᄒᆞ야도 서르 ᄉᆞ랑ᄒᆞ야 닷티 가 자디 아니ᄒᆞ야:及各取妻兄弟相戀不能別寢(二倫9). 父子ㅣ 財믈을 닷티 ᄒᆞ야 서르 뀌이며 빌리면(家禮2:4).

닶·가 동 닦아. ㉮닷다 ¶法을브터 나사 닶가:託法進脩(圓覺下二之一13).

·당 명 당(黨). 무리. ¶正法을 비우서 魔의 ᄒᆞᆫ 黨이 ᄃᆞ외리니(釋譜9:14). 네 아ᄃᆞ리 어디러 百姓의 ᄆᆞᅀᆞ물 모도아 黨이 ᄒᆞ마 이러 잇ᄂᆞ니(月釋2:6).

당게 명 댕기. ¶純金 갈악씨 石雄黃 眞珠 당게 繡草鞋를 줌야(古時調. 生미. 海謠).

당골 명 용수초(龍鬚草). 골풀. ¶당골:龍鬚草(物譜 雜草).

당구화 명 당국화. 과꽃. ¶당구화:秋牧丹(柳氏物名三 草).

당근 명 당근. ¶당근:胡蘿蔔(物譜 蔬菜. 柳氏物名三 草).

당금 명 당금(當今). 바로 지금. ¶네 ᄠᆞᆨ 드림이 이시니 當금 幞頭 ᄀᆞᄐᆞ니라(家禮10:42). 당금의 간흉이 용ᄉᆞᄒᆞ야 됴졍이 어즈럽고(落泉1:1).

당기 명 댕기. ¶髮係曰 당기(東言).

당기다 동 당기다. ¶뒤희셔 당기ᄂᆞᆫ 듯 압희셔 미옵ᄂᆞᆫ 듯(萬言詞).

당나귀 명 당나귀. ¶念珠 쓰더 당나귀 밀밀치 ᄒᆞ고(古時調. 長衫 쓰더. 靑丘).

당년 명 당년(當年). ¶네 당년의 은혜롤 싱각지 아니ᄒᆞ고 미녀롤 도적ᄒᆞ여 도망ᄒᆞ니(落泉3:8).

당다이 부 마땅히. 응당(應當). ☞당당이 ¶당다이 得道롤 샐리 ᄒᆞ리니(釋譜6:40). 당다이 이 피롤 사ᄅᆞᆷ ᄃᆞ외에 ᄒᆞ시리라(月釋1:8). 이 각시 당다이 轉輪聖王올 나ᄒᆞ시리로다(月釋2:23). 菩薩올 당다이 이리비

나ᄒᆞ시리라(月釋2:36). 陛下 ᄯᅳ샤미 당다이 긔샤시이다(月釋2:65). 모ᄆᆞᆫ 당다이 아디 몯ᄒᆞ리로다:身合非覺(楞解1:61). 몬져 당다이 ᄂᆞ출 보려니ᄯᆞᆫ:先合見面(楞解1:64). 당다이 ᄌᆞᆫᄒᆞ리로다:應同(初杜解7:4). 당다이 귓것 ᄃᆞ외야(三綱. 忠14). 비르서 당다이 알리라:始應知(金三2:44).

당당이 부 마땅히. 응당(應當). ☞당다이 ¶이 有德ᄒᆞᆫ ᄆᆞᅀᆞ미니 지비 당당이 절로 和ᄒᆞ리라:此謂德懷家當自和(宣賜內訓2上15). 괴외호ᄆᆞᆫ 당당이 버믜 굼긔 니ᅀᅥᆺ도다:靜應連虎穴(初杜解7:31). 당당이 주그리로다(三綱. 忠8). 내 당당이 너를 머구리라:吾當食汝(東三綱. 孝1). 당당이 帝子ㅅ 믌ᄀᆞ올 디나가:應經帝子渚(重杜解2:10). 의논ᄒᆞᄂᆞᆫ 놈을 내 당당이 머리ᄅᆞᆯ 베혀(山城23). 당당이 刑홀시(女四解4:14). 차홉다 이 금은 당당이 나라흐로 더부러 ᄒᆞᆫ가지로 잇고(綸音31). 당당이 명을 ᄇᆞ려 낭군 후덕을 져ᄇᆞ리지 아니ᄒᆞ리이다(落泉1:3).

당당히 부 마땅히. ☞당다이. 당당이 ¶내 당당히 디하의 뫼셔시리라:我當奉侍子泉下(東新續三綱. 孝6:27). 당당히 耽ᄒᆞ닷다:應耽(重杜解15:12).

당당ᄒᆞ다 형 당당(堂堂)하다. ¶巍巍ᄒᆞ며 堂堂ᄒᆞ샤 萬法中엣 王이시니(金三1:28).

당당ᄒᆞ·다 형 응당(應當)하다. 당연하다. ¶黃金을 揮散ᄒᆞ요미 당당ᄒᆞ나:揮金應物理(初杜解15:25).

당도라 명 당도리. ☞당도리 ¶쉬나놈의 먼정이와 龍山 三浦 당도라며(古時調. 各道各船. 青丘).

당도리 명 당도리. ☞당도라 ¶俗呼 圓船爲당도리(東韓).

당돌이 부 당돌(唐突)히. 당돌하게. ☞당돌히 ¶당돌이 드러가(癸丑38).

당돌히 부 당돌(唐突)히. 당돌하게. ☞당돌이 ¶놈의 집의 당돌히 드러오ᄂᆞ뇨(太平1:24). 쇼낭군이 체휘 미령ᄒᆞ시다 ᄒᆞ미 당돌히 문후ᄒᆞᄂᆞ이다(落泉2:5).

당돌ᄒᆞ다 형 당돌(唐突)하다. ¶쥬모의 ᄇᆰ히 가ᄅᆞ치믈 어드니 당돌ᄒᆞᆫ 죄ᄅᆞᆯ 샤ᄒᆞ쇼셔(落泉1:2).

당딕 명 당직(當直). 숙직실(宿直室). ¶義禁府郎官一員 晝夜伺候推鞫之命 通于本府者名其直宿之所曰當直(中宗實錄14:47).

당ᄃᆡ 명 당대(當代). ¶當代예 지조ᄒᆞᄂᆞᆫ 사ᄅᆞᄆᆞᆯ 議論홀뎬 그ᄃᆡ ᄌᆞᆫᄒᆞ니ᄂᆞᆫ ᄯᅩ 몃 사ᄅᆞᆷ고:當代論才子如公復幾人(重杜解21:15).

당릐 명 내세(來世). ¶當來예 法身을 얻고져(六祖中47).

당마 명 장마. ¶당마의 곰탕 픠다:上壇了(譯解上53).

당:말 명 당(唐)나라 말〔語〕. ¶엇데 일후미 般若오 이ᄂᆞᆫ 梵語ㅣ니 唐마랜 智慧라:何言般若是梵語唐言智慧(金剛序8). 佛陀多羅ᄂᆞᆫ 唐마래 아라 救호미니:佛陀多羅唐言覺救(圓覺上一之二20).

당명아지 명 명아주. ¶당명아지:藜(柳氏物名三 草).

당:뫼 명 당산(堂山). 〔지명(地名)〕 ¶당뫼:堂山(龍歌4:21).

당버들 명 땅버들. 갯버들. ¶당버들:河柳(柳氏物名四 木).

당보ᄒᆞ다 동 당부하다. 부탁하다. ☞당부ᄒᆞ다 ¶자시고 물녀 근신 당보ᄒᆞ되(癸丑35).

당부 명 당부. 부탁. ¶당부ᄅᆞᆯ 再三ᄒᆞ니(女四解4:47). 모로미 당부 말라:不須囑咐(朴新解1:19).

당·부·ᄒᆞ·다 동 당부하다. 부탁하다. ¶내 ᄯᅩ 너ᄃᆞ려 말소믈 당부ᄒᆞ노니:我又囑咐你些話(飜老上32). 당부ᄒᆞ다:分付(老朴集. 單字解9). 말을 당부ᄒᆞ노니:囑咐你些話(老解上29). 당부ᄒᆞ다:囑咐(同文解上24). 당부ᄒᆞ여 ᄀᆞᆯ오ᄃᆡ(五倫3:53).

당비루 명 비루. ¶晝夜로 빈 틈 업시 물거니 ᄲᆞᆯ거니 ᄠᅳᆺ거니 쏘거니 甚ᄒᆞᆫ 唐비루에 어려워라(古時調. 一身이. 時調類).

당비름 명 당비름. ¶당비름:老少年(物譜 花卉). 당비름:紫莧(柳氏物名三 草).

당빌리 명 비루. ☞당비루 ¶甚ᄒᆞᆫ 唐빌리예서 얼여왜라(古時調. 一身이. 海謠).

당:셰 명 당세(當世). ¶當世옛 이ᄅᆞᆯ 議論ᄒᆞ며(宣賜內訓1:32). 비치 녜와 이제예 소사 곧 當世옛 눈 머니로 보ᄆᆞᆯ 得ᄒᆞ며(金三涵序9). 當世ᄅᆞᆯ 의론ᄒᆞ야 톡을 프러ᄇᆞ려:論當世而解頤(宣小5:17). 當世옛 이ᄅᆞᆯ ᄀᆞᄅᆞ치고 말ᄉᆞ미 사홈 사호ᄂᆞᆫ ᄆᆞᆯ 이슈메 밋놋다:指揮當世事語及戎馬存(重杜解19:38). 왕셕작의 공뇌 당셰의 웃듬이니 갑졔ᄅᆞᆯ ᄌᆞᆯ희여 ᄉᆞ급ᄒᆞ시고(落泉3:7).

당·쉬 명 당수. ¶ᄯᅩ 側栢 東 向ᄒᆞᆫ 니플 ᄆᆞᆯ외여 ᄀᆞ라 당쉬예나 수우레나 프러 머그라(簡辟13). 당쉬 쟝:漿(訓蒙中20).

당·쉿·믈 명 당숫물. ☞당쉬 ¶당쉿므레 프러:白湯調(救急上54).

당시 명 당시(當時). ¶學無學ᄋᆞᆫ 當時로 몯다 아라 無學손ᄃᆡ ᄇᆡ호ᄂᆞᆫ 사ᄅᆞ미라(釋譜13:3). 當時예 비록 아니 因ᄒᆞ야 長時예 我習을 여희요미 어려울가 혜실시(圓覺下三之一71). 當時ᄅᆞᆯ 傲慢히 ᄒᆞ논 디 아니라:不是傲當時(初杜解15:56). 當時예 ᄆᆞᄉᆞ글 브티시뇨(金三5:2). 當時ㅅ 浣花ㅅ ᄃᆞ리예 시냇믌 기릐 아야라 자 남ᄌᆞᆨᄒᆞ더니라:當時浣花橋溪水纔尺餘(重杜解13:19). 當時예 每廟애 一室이런가(家禮1:14).

당시·론 부 아직. 오히려. 도리어. ☞당시롱 ¶몯ᄒᆞ야 겨시더라 당시론 일엇다:未裏且早裏(飜朴上53). 지븨 당시론 바비 잇다:家裏還有飯裏(飜老上42). 당시론 언메나 잇ᄂᆞ뇨:還有多少(老朴集. 單字解1). 너희 다 머그라 집의 당시론 밥이 이시니:伱都喫了着家裏還有飯裏(老解上38).

당시롱 부 아직. 오히려. 도리어. ☞당시론 ¶당시롱 五百里 우흐로 잇ᄂᆞ니:還有五百里之上(老解上9). 당시롱 十里 ᄶᅡ히 이시니:還有十里來地(老解上41). 당시롱 저기 머믈미 이실로다:還有些時住裏(老解下19). 엇디 당시롱 일즙 車輛을 修理티 아니ᄒᆞ엿ᄂᆞ뇨:怎麼還不曾修理車輛(朴解中11).

당신 대 당신(當身). ¶당신과 아ᄃᆞᆯ 네희 녹이 각각 이쳔 셕식이모로 만셕군이라(宣小6:77). 당身과 밋 主婚ᄒᆞᄂᆞᆫ 者(家禮4:1). 당신은 나흔 近 七十이오되(隣語1:19).

당싯 부 방긋. ¶나뷔 보고 당싯 웃ᄂᆞᆫ 곳과(古時調. 곳 보고 춤추ᄂᆞᆫ. 靑丘). 날 보고 당싯 웃ᄂᆞᆫ 양은(古時調. 눈섭은. 靑丘).

당싯당싯 부 방긋방긋. ¶閣氏닋 손목을 쥐니 당싯당싯 웃ᄂᆞᆫ고나(古時調. 靑丘).

당�

당ᄣᅡᆯ기 명 뱀딸기. ☞비얌ᄣᅡᆯ기 ¶당ᄣᅡᆯ기:蛇苺(物譜 草果).

당아·리 명 ①깍정이. ¶당아리 구:梂(訓蒙上11). 梔子ㅅ 당아리 半 나채:梔子殼半介(救急下3).
②(게, 소라 따위의) 딱지. ¶비ᄂᆞᆯ와 당아리 가진 비뉘ᄒᆞᆫ 고기ᄂᆞᆫ 본ᄃᆡ 먹디 아니ᄒᆞᄂᆞ니:鱗介腥膻素不食(初杜解17:19).

당연ᄒᆞ다 형 당연하다. ¶好惡ᄅᆞᆯ 분辨티 몯ᄒᆞ야 너기되 禮 當然ᄒᆞ니라(家禮2:23).

당옴 명 창병(瘡病). ¶당옴:楊梅瘡(譯解上61). 당옴:楊梅瘡(同文解下7. 漢淸8:9).

당의아지 명 버마재비. ☞당의야지. 당ᅌᅴ아지 ¶뽕나모 우희 당의아지 집:桑螵蛸(東醫 湯液二 蟲部).

당·의야·지 명 버마재비. ☞당ᅌᅴ아지 ¶당의야지 당:螳. 당의야지 랑:螂(訓蒙上22).

-당·이·다 어미 -더이다. -ㅂ디다. ☞-더이다 ¶날회여 ᄒᆞᆫ다 ᄒᆞᄂᆞᆫ ᄒᆞᆫ ᄌᆞᄂᆞᆫ 내 듣디 몯ᄒᆞ엿당이다:緩之一字某所未聞(飜小9:53).

당일 명 당일(當日). ¶당일에 ᄎᆞᆫ 믈을 금긔ᄒᆞ라(馬解上110).

당ᅌᅵ아지 명 버마재비. ☞당의야지 ¶뽕남긧 당의아지 집을 초애 ᄃᆞᆯ혀:桑螵蛸用醋煎(救簡6:9).

·당·ᅌᅵ아·지벌·에 명 버마재비. ☞당의야지 ¶당ᅌᅵ아지벌에 술위ᄞᅦ 거스ᄂᆞᆫ ᄃᆞᆯ 世間ㅅ 사ᄅᆞᆷ이 다 웃ᄂᆞ니이다(月印上61).

당잉도 명 당앵도(唐櫻桃). 주앵(朱櫻). ¶당잉도:朱櫻(物譜 木果).

당져구리 명 당저고리. 당의(唐衣). ¶초록 도유단 당져구리(閑中錄24).

당조 명 비름. ¶당조:白莧(柳氏物名三 草).

당쥬홍 명 은주(銀硃). ¶당쥬홍:銀朱(柳氏物名五 石).

당초 명 당초(當初). ¶當初애 祭ᄒᆞ더니(家禮10:30). 당초 ᄉᆡᇰ각과 달나 折價도 高登ᄒᆞᅌᆸ고(隣語8:1). 당초에 도ᄇᆡᆨ이 졍퇴ᄒᆞ기ᄅᆞᆯ 쳥치 아니ᄒᆞ기ᄂᆞᆫ(綸音101).

당츄 명 당추자(唐楸子). 호두〔胡桃〕. ☞당츄ᄌᆞ ¶당츄:胡桃(東醫 湯液二 果部).

당츄·ᄌᆞ 명 당추자(唐楸子). 호두〔胡桃〕. ☞당츄 ¶당츄ᄌᆞ:胡桃(救簡3:59). 프른 당츄ᄌᆞ:胡桃(救簡6:87). 당츄ᄌᆞ:核桃(飜老下38). 당츄ᄌᆞ:核桃(飜朴上4).

·당·티:몯·ᄒᆞ·다 형 당치 아니하다. 부당(不當)하다. ☞당티못ᄒᆞ다 ¶당티몯ᄒᆞ야이다:不當(飜老下35).

당티못ᄒᆞ다 형 당치 아니하다. ☞당티몯ᄒᆞ다 ¶당티못ᄒᆞ여라:不當(老解下32).

당풀가ᄅᆞ 명 밀가루. ¶당풀가ᄅᆞ:麥筋(柳氏物名三 草).

당피 명 당피. 〔피의 한 품종.〕 ¶당피 가론 밧틔 돌피 나니(古時調. 싀어마님. 靑丘).

·당·ᄒᆞ·다 동 당(當)하다. 처(處)하다. 겪다. 감당하다. ¶겨지븨 아기 나ᄒᆞᇙ 時節을 當ᄒᆞ야(釋譜9:25). 즈믄 사ᄅᆞᄆᆞᆯ 당ᄒᆞ릴씨(月釋1:28). 第十卷 그틀 當ᄒᆞ야(楞解1:17). 아래 偈 닐우매 니르러ᅀᅡ 곧 迦葉의게 當ᄒᆞ며 授記예 미츠샤(法華2:177). 님금과 臣下왜 다ᄆᆞᆺ 거리츄믈 당ᄒᆞ니(初杜解6:34). 말마다 ᄂᆞᆯ카온 갈히 버틔 당ᄒᆞᆫ ᄃᆞᆺᄒᆞ며 句마다 ᄆᆞ를 ᄡᅥ려도 묻디 아니ᄒᆞ논디라(金三涵序8). ᄒᆞᆯᄅᆞᆫ 思惟ᄒᆞ야 法 너퓰 ᄢᅵ 당혼디라(六祖上40). 알퓌 나톨 ᄠᅳᆯ 당ᄒᆞ야(六祖中90). 이ᄅᆞᆯ 내 당ᄒᆞ여 안ᄂᆞᆫ 겨틔서 두고:書此當坐隅(飜小8:17). 당ᄒᆞᆯ 뎡:丁(類合下22). 엇디 敢히 나ᄅᆞᆯ 당ᄒᆞ리오 ᄒᆞᄂᆞ니(宣孟2:10). 이제 당ᄒᆞ여ᄂᆞᆫ 금천교의 당을 치고(山城10). ᄆᆡ양 죄인 결단ᄒᆞ기예 當하야:每當斷獄(警民序2). 당ᄒᆞᆯ 당:當(倭解下42). 아비 從征ᄒᆞ기ᄅᆞᆯ 당ᄒᆞ여(女四解4:17). 거의 당ᄒᆞ다:將彀(漢淸6:48). 아모도 당ᄒᆞ리ᄂᆞᆫ 업ᄉᆞ오리(隣語1:4).

당히다 동 맞다. ¶구셰 몸으로ᄡᅥ 칼ᄂᆞᆯ홀 당히여:九敍以身當刃(東新續三綱. 孝3:39).

·대 명 대〔竹〕. ¶簫ᄂᆞᆫ 효ᄀᆞᆫ 대ᄅᆞᆯ 엿거 부ᄂᆞᆫ 거시라(釋譜13:53). 簡ᄋᆞᆫ 글 쓰ᄂᆞᆫ 대오(楞解9:105). 대와 기베 슬시(宣賜內訓2上57). 대 參差히 이시니:竹參差(初杜解7:20). 대 듁:竹. 대 황:篁(訓蒙上8). 대 황:篁(類合上7). 대 슌:筍(光千36). 대 쥭:竹

(倭解下27).

·대 [명] 대〔管〕. 대롱. ¶두 사ᄅᆞ미 붇ᄌᆞᄅᆞᆺ대로 므레 주근 사ᄅᆞ미 귓굼긔 다히고 불라:令兩人以筆管吹其耳中(救簡1:76).

대 [명] 돛대. ¶노ᄑᆞᆫ 대 션 ᄒᆞ오아 밦비로다:危檣獨夜舟(重杜解3:34).

대 [명] 때. ☞ᄣᅢ ¶네 난 히 ᄃᆞᆯ 날 대를 니ᄅᆞ라:你說將年月日生時來(老解下64). 강두의 비 다힐 대(萬言詞答).

대 [관] 대〔다섯〕. ☞닷 ¶대 잣 기릿 고기:魚長五尺(三綱. 孝19). 대 자만ᄒᆞᆫ 아히 킈예 놉더니:高於五尺童(重杜解17:18).

대- [접두] 대(大)-. ¶ᄆᆞᆯ 우흿 대버믈 ᄒᆞᆫ 소ᄂᆞ로 티시며:馬上大虎一手格之(龍歌87章). 대노로:麞(柳氏物名一 獸族).

대가·리 [명] 껍데기. 껍질. ¶無明ㅅ 대가리예 ᄣᅳ일씨(月釋14:8). ᄉᆞᆯ 잇ᄂᆞᆫ 果實와 대가리 잇ᄂᆞᆫ 果實와 거플 잇ᄂᆞᆫ 果實와(月釋23:94). 대가리 잇ᄂᆞ니와 송이 잇ᄂᆞ니와(楞解8:7). 대가리예 封ᄒᆞ야:封殼(法華3:84). 法身이 얼굴 대가릿 中에 수므며:法身隱於形殼之中(圓覺上一之二136). 封애 미혹ᄒᆞ며 대가리예 거리ᄡᅵ리니:迷封滯殼(金三2:12). 얼굸 대가릿 소배 수멧고:隱於形殼之中(金三2:34).

:대가·히 [부] 대개. ☞대가ᄒᆞᆫ디. 대저(大抵). 무릇. ¶대가히 薩婆訶애 靜히 處ᄒᆞ니라:大家靜處薩婆訶(金三5:25).

:대가ᄒᆞᆫ·디 [부] 대저(大抵). 무릇. ☞대가히 ¶대가ᄒᆞᆫ디 ᄀᆞᄌᆞ기 囉囉哩ᄅᆞᆯ 브르ᄂᆞ니:大家齊唱囉囉哩(金三4:7). 대가ᄒᆞᆫ디 져그나 ᄌᆞᆷ곳 자면:大家得些睡時(飜老上57).

대강 [명] 대강(大綱). ¶대강 략:略(類合下60). 그 대강은 ᄀᆞᆯ오ᄃᆡ:其略曰(宣小5:20). 대강 두루미 닐굽 자 두 치니(家禮1:38). 聖人니 나계오ᄉᆞ 大綱을 발회시미(古時調. 申喜文. 靑丘).

대강흔디 [명] 대저(大抵). 무릇. ☞대뎌흔디 ¶대강흔디 사ᄅᆞᆷ과 더브러 싸홈이 害로오미 잇고 유익홈이 업ᄉᆞ니:大抵與人鬪毆有害而無益(警民9).

:대:개 [명] 대개. ¶이 ᄒᆞᆫ 章ᄋᆞᆫ 져기 大槩ᄅᆞᆯ 니ᄅᆞ고 나ᄆᆞᆫ 位次ᄂᆞᆫ 閑暇ᄒᆞ야 니ᄅᆞ디 몯호라 ᄒᆞ시니(永嘉下81). 그 대개ᄂᆞᆫ ᄀᆞ로ᄃᆡ:其略曰(飜小6:21). 大槩ᄂᆞᆫ 學校ㅣ란 거손(飜小9:16). 대개 개:槩(類合下61). 대개:槩也大家(朴解. 單字解4). 대개:總得(漢淸8:64). 대개 개:蓋(註千7).

:대:개 [부] 대개. ☞대가히. 대개로. 대개ᄒᆞᆫ디 ¶대개 사ᄅᆞᆷ의 ᄌᆞ식이:大槩人的孩兒(老解下38). 대개 언제 긔동ᄒᆞ실려뇨(朴解上48). 대개 간란 질고ᄅᆞᆯ 자로자로 드를 길히 업ᄉᆞ므로(綸音72).

:대:개·로 [부] 대개. ☞대개 ¶얼운 섬괄 졀ᄎᆞᄀᆞᄅᆞ촐 일 대개로 닐어(飜小6:7).

:대·개ᄒᆞᆫ·디 [부] 대저(大抵). 무릇. ☞대가ᄒᆞᆫ디 ¶대개ᄒᆞᆫ디 사ᄅᆞ미 ᄌᆞ식이 져믄 적브터:大槩人的孩兒從小來(飜老下42).

대견ᄒᆞ다 [형] 굳다. 꿋꿋하다. ¶어버이 그 ᄠᅳ디 대견ᄒᆞᆫ 줄 알고 구틔우디 아니ᄒᆞ니:父母知其志堅不敢强(東續三綱. 烈20).

대경ᄒᆞ다 [동] 대경(大驚)하다. ¶대경ᄒᆞ야 심복을 시켜 가마니 해ᄒᆞ기ᄅᆞᆯ(落泉1:1).

대공 [명] 동자 기둥. 쪼구미. ¶블근 대공앳 ᄠᅳᆫ 구루믄 ᄀᆞᄂᆞ라 가비얍도다:朱栱浮雲細細輕(初杜解14:11). 대공 절:梲 梁上短柱(訓蒙中6). 블근 대공:朱栱(重杜解14:11).

:대·과 [명] 대과(大過). 큰 허물. ¶君이 大過이시면 言ᄒᆞ고(宣孟10:34).

대관견 [명] 대관견(大官絹). 관가(官家)의 비단. ¶내 다만 大官絹과(老解下23). 〔飜老下25에는 '큰 구의나깃 깁'이라 기록되어 있음.〕

대관절 [명] 대관절(大關節). 일의 중요한 마디. ¶德分의 大關節을 지내오면 其餘ᄂᆞᆫ 自然히 順便ᄒᆞ올 거시니(隣語1:16).

대광조리 [명] 대광주리. ¶대광조리:竹簍子(譯解補44).

대구 [명] 대구. ¶대구:大口魚(譯解下36. 同文解下41). 대구:大口魚(柳氏物名二 水族).

:대·궐 [명] 대궐(大闕). ¶大闕ㅅ 각시며 百官이며(釋譜9:34). 大闕은 큰 지비니 님금 겨신 지비라(月釋1:10). 大闕 엿쇄ᄅᆞᆯ 뒷더니(宣賜內訓序5). 兵馬 니ᄅᆞ와다 大闕로 가니(三綱. 忠15). 대궈릐 수울 ᄀᆞᅀᆞ만 관원ᄃᆞᆯ:內府管酒的官人們(飜朴上2). 대궐:內府(訓蒙中7 府字註). 대궐 궐:闕. 대궐 신:宸(類合上18). 대궐의 나아가 극히 연ᄌᆞ와 ᄀᆞ로ᄃᆡ:詣闕極陳曰(東續三綱忠3). 대궐ㅅ셩:紫禁城(漢淸9:20). 이ᄯᅢ예 대신이 문안홈으로ᄡᅥ 대궐에 드러오고(綸音157).

·대그·릇 [명] 대그릇〔竹器〕. ¶籩은 대그르시오(楞解6:100). 대그릇과 나모그릇과 팀치와:籩豆菹(宣小1:7).

대기룸 [명] 대기름. ¶대기룸은 시병열이 만ᄒᆞ여 답답ᄒᆞᆫ 증을 고티ᄂᆞ니(辟新8).

대길리ᄒᆞ다 [형] 대길(大吉)하다. ☞대길ᄒᆞ다 ¶인시예 동향ᄒᆞ야 喜神을 마자 가면 대길리ᄒᆞ리라:寅時往東迎喜神去大吉利(老解下65). 〔飜老下72에는 '喜神 마자 가면 대길ᄒᆞ리라'로 기록되어 있음.〕

:대·길ᄒᆞ·다 [형] 대길하다. ☞대길리ᄒᆞ다 ¶인시예 동향ᄒᆞ야 喜神 마자 가면 대길ᄒᆞ리라:寅時往東迎喜神去大吉利(飜老下72).

대노 [명] 대로(大路). ¶내 당당이 대노로 조차 갈 거시니(山城13).

대노로 명 대노루.〔노루의 한 가지.〕¶대노로:麞(柳氏物名一 獸族).

:대·노ᄒᆞ·다 동 대로(大怒)하다. ¶成帝 大怒ᄒᆞ샤 니ᄅᆞ샤ᄃᆡ(三綱. 忠7). 적이 대노ᄒᆞ여 촌촌이 대혀 버히다:賊大怒寸寸屠戮(東新續三綱. 烈7:42).

대단 명 대단(大緞).〔비단의 한 가지.〕¶대단:緞子(同文解下24). 大緞 칭아 鄕織 唐衣 亢羅 속엇(古時調. 李鼎輔. 海謠). 글ᄌᆞ문 노흔 대단:字緞(漢淸10:54).

대단이 부 대단히. ☞대단히 ¶안개가 대단이 끼여지매(隣語1:5). 大段이 雲暗ᄒᆞ여 咫尺을 分히지 몯ᄒᆞ기의(隣語3:5). 大段이 꾸중ᄒᆞᆫ 즉(隣語3:5).

대단히 부 대단히. ☞대단이 ¶비 곧 오면 대단히 시니(隣語1:11).

대단ᄒᆞ다 형 대단하다. ¶病患이 나 大段ᄒᆞ다 ᄒᆞ오니(隣語4:7). 대단티 아니ᄒᆞ니 념녀 마라(諺簡. 仁宣王后諺簡).

대답 명 대답(對答). ¶對答이나 ᄒᆞ더냐(古時調. 朴孝寬. 花源).

:대댱 명 대장(大腸). ¶膀胱과 大腸과 小腸과(永嘉上36).

:대:댱부 명 대장부(大丈夫). ☞대장부 ¶다시 댓그테 어윈 거르믈 나소 드듸여ᅀᅡ 大丈夫의 이ᄅᆞᆯ ᄆᆞᄎᆞ리라(蒙法21). 眞實로 어루 大丈夫ㅣ라 닐올디로다:眞可謂大丈夫矣(宣賜內訓3:58). 滅 업숨 아로미 이 무를 좃ᄂᆞᆫ 大丈夫ㅣ니라(金三4:2). 大丈夫ᄂᆞᆫ 저프고 ᄯᅩ 둣오니 플 누우미 ᄇᆞᄅᆞᆷ 녀미라(南明下3). 이러ᄐᆞᆺ ᄒᆞᆫ 사ᄅᆞ믄 진실로 大丈夫라 닐얼디로다(飜小8:20). 이런 뉴엣 사ᄅᆞᆷ은 진실로 可히 大丈夫ㅣ라 닐으리로다:如此輩人眞可謂大丈夫矣(宣小5:99). 公孫衍과 張儀ᄂᆞᆫ 엇디 진실로 大丈夫ㅣ 아니리오(宣孟6:5).

대뎌혼디 부 대저(大抵). 무릇. ☞대뎌ᄒᆞᆫ디 ¶대뎌혼디 샹한병과 서ᄅᆞ 곧ᄂᆞ니라:大抵與傷寒相類(痘要上10).

·대·뎌ᄒᆞᆫ·디 부 대저(大抵). 무릇. ☞대뎌혼디 ¶大抵ᄒᆞᆫ디 男子ᄂᆞᆫ ᄆᆞᅀᆞᄆᆞᆯ ᄆᆞᆯᄀᆞᆫ ᄃᆡ 노니며(宣賜內訓序6). 대뎌ᄒᆞᆫ디 녯 사ᄅᆞᄆᆡ 일ᄒᆞ요ᄆᆞᆫ 쥬밀ᄒᆞ며 ᄌᆞ셔호미 하고:大要前輩作事多周詳(飜小8:15). 先德ㅣ 니ᄅᆞ샤ᄃᆡ 大抵ᄒᆞᆫ디 衆生이 ᄆᆞᅀᆞᆷ 아라 저를 濟度호미 언뎡:先德云大抵衆生識心自度(龜鑑下43). 大抵ᄒᆞᆫ디 道人ᄂᆞᆫ 반ᄃᆞ기 ᄆᆞᅀᆞᄆᆞᆯ 端正히 ᄒᆞ야:大抵道人宜應端心(龜鑑下56). 大抵ᄒᆞᆫ디 衆生이 밧ᄀᆞᆯ 迷ᄒᆞ야 相에 着ᄒᆞ고:大抵衆生外迷着相(龜鑑下58). 대뎌ᄒᆞᆫ디 젼 사ᄅᆞᆷ들희 일ᄒᆞ욤ᄋᆞᆫ:大要前輩作事(宣小5:95). 大抵혼디 名分을 삼가고(家禮1:3).

대뎡 명 대장장이. ☞대장 ¶대뎡:冶匠(譯解上13. 同文解上13).

대도 부 모두. 통틀어. ☞대도히. 대되 ¶ᄯᅩ 닐오ᄃᆡ 념불은 져리나 ᄆᆞ으리나 대도ᄒᆞ라 ᄒᆞ시니(新編普勸 海印板12). ᄯᅩ 이 칙을 인간 사ᄅᆞᆷ을 대도 보게 ᄒᆞ뇌다(新編普勸 海印板12).

-대도록 조 -토록. ☞-토록 ¶진실로 뎌대도록 만히 됴ᄒᆞᆫ 은이 업세라:委實沒許多好銀子(老解下57). 이대도록 거ᄅᆞ기 니ᄅᆞ디 아니셔도(新語1:6).

:대·도·히 부 모두. 통틀어. ☞대되 ¶末法에 修行ᄒᆞ리 대도히 이에 븓ᄂᆞ니:末法修行凡賴於此(楞解7:20). 모미 대도히 헐어든:徧身瘡(救簡6:66). 대도히 돈이 삼천 나치로소니:共通三千箇銅錢(飜朴上1).

:대·도ᄒᆞᆫ 관 ①온. ¶모맷 터리 다 金ㅅ비치시며 대도ᄒᆞᆫ 모미 조ᄒᆞ샤 더러븐 ᄃᆡ 업스시며(月釋2:40). 대도ᄒᆞᆫ 身光 中에 五道衆生ᄋᆡ 一切 色相이 다 現ᄒᆞ고(月釋8:34). 대도ᄒᆞᆫ 身光明이 十方 나라ᄒᆞᆯ 비취여(月釋8:38).
②모든. ¶대도ᄒᆞᆫ ᄇᆞᄅᆞᆷ앳 병을 다 고티ᄂᆞ니라:一切風疾悉皆治癒(救簡1:6). 대도ᄒᆞᆫ 헌ᄃᆡ:一切瘡(救簡6:93).

:대도ᄒᆞᆫ·디 부 대저(大抵). 무릇. ☞대가ᄒᆞᆫ디 ¶龍王ᄋᆞᆫ 龍ᄋᆡ 中엣 王이니 대도ᄒᆞᆫ디 사ᄉᆞᄆᆞᆯ 鹿王이라 ᄒᆞ며 쇼ᄅᆞᆯ 牛王이라 ᄒᆞ며 …즘게남ᄀᆞᆯ 樹王이라 ᄒᆞᆮ ᄒᆞ야 아모거긔도 제 무레 위두ᄒᆞᆫ 거슬 王이라 ᄒᆞᄂᆞ니라(月釋1:23). 대도ᄒᆞᆫ디 長行이 略ᄒᆞ면:凡長行略(法華1:122).

대되 부 모두. 통틀어. ☞대도히 ¶밤마다 먹논 딥과 콩이 대되 언머만 쳔이 드ᄂᆞᆫ고:每夜喫的草料通該多少錢(飜老上11). ᄯᅩ 三年 侍墓ᄒᆞ니 대되 거상을 아홉 히를 ᄒᆞ니라:又居三年前後居喪九年(續三綱. 孝24). 우리 대되 열ᄒᆞᆫ 낫 ᄆᆞᆯ이니:我共通十一箇馬(老解上17). 대되 五百 낫 돈이로다:通該五百箇錢(老解上21). 대되 三千 낫 銅錢이니:共通三千箇銅錢(朴解上1). 대되 無事ᄒᆞᆼ이다(新語2:3). 대되 몃고:一總幾箇(譯解上64). 대되 언머나 잇ᄂᆞ뇨(三譯3:5). 이 술이 天香酒ㅣ라 모다 대되 슬타 마소(古時調, 朗原君. 靑丘). 일이 됴ᄒᆞᆫ 世界 ᄂᆞᆷ 대되 다 뵈고져(松江. 關東別曲). ᄂᆞᆷ 대되 근심을 제 혼자 맛다이셔(古時調. 鄭澈. 長沙王. 松江). 대되:共同(同文解下48). 대되:共. 대되 다:普裡(漢淸8:55).

대되이 부 모두. 통틀어. ☞대도히. 대되 ¶대되이:都是(漢淸8:55).

대되히 부 모두. 통틀어. ☞대도히 ¶완비 대되히 먹다:通完(譯解上59).

대들보 명 대들보. ¶엇던 남근 大明殿 大들

보 되고(古時調. 靑丘).

:대·디 명 대지(大地). ¶能히 썰리 비롤 ᄂ리와 이 大地롤 저지라(月釋10:101). 本來 ᄒ욤업스며 일 업서 大地 오으로 다 이 ᄆᆰ고 平ᄒᆞᆫ 世界어늘(金三1:33). 大地와 山河왜 다 내 지소니라(南明上68).

:대·략 명 대략(大略). ¶將軍도 하건마ᄅᆞᆫ 豁達大略이실씨:將軍雖多豁達大略(龍歌97章). 微妙ᄒᆞᆫ 用의 大略올 나토실 ᄯᆞᄅᆞ미라(楞解4:96). 안족 大略올 뵈샤 類로 골히야(法華2:173). 이 그 大略이니 만일에 潤澤홈인則(宣孟5:16).

대련 명 전대. ¶아답개와 가족 대련을 ᄆᆡᆫ들려 ᄒᆞ노라:做坐褥皮搭連(朴解上29). 니불 대련:被搭子(譯解補44). 대련:搭連(同文解下15. 漢淸11:43).

:대:로 명 대로(大路). ¶ᄀᆞᆯ오샤ᄃᆡ 道ᄂᆞᆫ 大路 ᄀᆞᄐᆞ니(宣孟12:6).

대로 명 대롱. ☞대롱 ¶오히려 수 우ᄂᆞᆫ 대로이 어긔르츠며:尙錯雄鳴管(重杜解3:13).

대로 명 대로. ☞ᄃᆡ로 ¶밥 머굼과 바볼 머굶 대로 혜여 머굼과(月釋7:31). 블론 대로 ᄒᆞᄂᆞ니(飜小8:10).

-·대·로 조 -대로. ¶제대로 두라:由他(飜老上42). 이대로 ᄒᆞ라(瘟疫方13). 性대로 ᄒᆞ시ᄂᆞᆫ 者ㅣ라(宣小題辭2).

·대·로·이 명 대로. ☞대로 ¶오직 命ᄒᆞ신 대로이 존ᄌᆞ오리이다(宣小6:54).

대로ᄒᆞ다 동 대로(大怒)하다. ¶강헌 대왕이 대로ᄒᆞ샤:康獻大王大怒(東續三綱. 忠4). 대로ᄒᆞ고(山城).

·대롱 명 대롱. ☞대로 ¶管見은 대롱ᄋᆞ로 하ᄂᆞᆯ 볼 씨니(楞解1:18). 管ᄋᆞᆫ 대로이니(心經67). 대로ᄋᆞ로 부러(救急上42). 대롱 ᄶᅡ온ᄃᆡ 녀코:置竹筒中(宣賜內訓1:67). 대롱올 니ᅀᅥ 져근 園圃롤 믈 흘려 저쥬라:連筒灌小園(初杜解10:6). 블근 대롱이 님굾 命을 좃ᄂᆞ니:赤管隨王命(初杜解10:14). 여슷 대롱앳 ᄠᅳᆫ 지 뮈놋다:六琯動浮灰(初杜解11:34). 블근 대롮 부데:彤管筆(初杜解23:15). 대롱애 녀허:內竹筒(救簡6:30).

대륜도 명 대륜도(大輪圖). 나침반(羅針盤). ¶대륜도:羅經(譯解補44).

:대마신 명 대마인(大麻仁). 삼씨의 알맹이. ¶大麻仁과 大黃올 사ᄒᆞ라(救急上68). 白茯苓 赤芍藥 大麻仁 봇가 ᄀᆞᆯ라(瘟疫方16).

대마ᄌᆞ 명 대마자(大麻子). 대마(大麻)의 씨. ¶대마ᄌᆞ 서 되를 더온 믈에 ᄃᆞᆷ가(救荒補8).

대막대 명 대막대. ¶소내 대막대 잡고:手携笻杖(南明上5). 대막대 너를 본이 有信ᄒᆞ고 반가왜라(古時調. 金光煜. 海謠). 대막대:竹挺(柳氏物名三 草).

대맛 명 대맛. 〔조개의 한 가지.〕☞대ᄆᆞᆺ ¶대맛:蟶(物譜 介蟲).

:대·목 명 대목(大木). ¶工師로 ᄒᆞ여곰 大木을 求ᄒᆞ시리니:使工師求大木(宣孟2:27).

대못 명 대못. ¶바회에 대못 박다:石頭撞釘(譯解補61).

:대문 명 대문(大門). ¶大門 外예 出ᄒᆞ시고 北으로 面ᄒᆞ야(宣孟10:24). 다 대문 쇼문과 허ᄒᆞᆫ ᄃᆡ롤 허킈 ᄒᆞ고(練兵25). 主人이 새배 大門 안히 가 비謁ᄒᆞ라(家禮1:22).

대ᄆᆞᆯ 명 대말〔竹馬〕. ¶시워렌 대ᄆᆞᆯ ᄐᆞ기 ᄒᆞ며 겨슬내 더기 ᄎᆞ며:十月裏騎竹馬一冬裏踢建子(飜朴上18).

대ᄆᆞᆺ 명 대맛. 〔조개의 한 가지.〕☞ᄃᆡ맛 ¶대ᄆᆞᆺ:竹蛤(柳氏物名二 水族).

대발 명 대발. ¶대발:竹簾(漢淸12:12).

대범ᄒᆞ다 형 대범하다. ¶대범ᄒᆞ다:大方模(漢淸8:37).

:대범ᄒᆞᆫ·디 부 므릇. ¶大凡ᄒᆞᆫ디 ᄡᅡᆹ가와 ᄒᆞ거든 즉자히 ᄲᅳ므라(救急下93). 大凡ᄒᆞᆫ디 사ᄅᆞᄆᆡ 나미 하ᄂᆞᆯ ᄯᅡᇂ 靈ᄒᆞᆫ 긔운을 ᄐᆞ며(宣賜內訓序2). 大凡ᄒᆞᆫ디 네 고대 열여슷 會시니(金三1:2). 大凡ᄒᆞᆫ디 行脚홀뎬(法語6). 大凡ᄒᆞᆫ디 이제 뉘 이 무레 特出ᄒᆞᆫ 雄傑오(重杜解16:12).

대벽 명 대벽(大辟). ¶청컨대 대벽으로ᄡᅥ 가 피ᄒᆞ쇼셔(引鳳簫1).

:대변 명 대변(大便). ☞큰ᄆᆞᆯ ¶自然히 大便애 ᄣᅡ려 나ᄂᆞ니라(救急上51). 대버니 굳거든(救簡1:11). 추미 대변으로 나게 ᄒᆞ면 ᄀᆞ장 됴ᄒᆞ니라:取涎自大便出極妙(救簡1:96). 대변을 맛ᄲᅡ아 됴ᄒᆞ지를 알오져 ᄒᆞ더라:嘗糞以驗吉凶(東續三綱. 孝2). 나흘 닷쇄도록 대변 몬 보거든(痘要20). 머리 아프고 열ᄒᆞ여 대변을 통티 몯ᄒᆞᆯ 고티ᄂᆞ니(辟新5).

:대부신 명 대부인(大夫人). ¶大夫人이 어엿비 너겨 마리롤 갓ᄀᆞ실시:大夫人哀憐爲斷髮(宣賜內訓2下7).

대ᄡᆞ·리 명 댑싸리. ☞댓ᄡᆞ리 ¶대ᄡᆞ릿ᄡᅵ:地膚子(救簡3:107). 대ᄡᆞ리:荊條(訓蒙上10. 荊字註 李秉岐本). 대ᄡᆞ리 여름:地膚子(東醫 湯液二 草部). 대ᄡᆞ리:地膚草(譯解補50). 대ᄡᆞ리 누:柎(詩解 物名10).

·대ᄧᅡ개 명 대쪽. ☞대ᄧᅩᆨ ¶簡은 대ᄧᅡ개니 녜ᄂᆞᆫ 죠히 업서 대롤 엿거 그를 쓰더니라 부텨 授記ᄒᆞ샤미 글 쑤미 ᄀᆞᆮ고 제여곰 달오미 대ᄧᅡ개 ᄀᆞᆮᄒᆞᆯ씨(月釋8:96).

·대ᄧᅩᆨ 명 대쪽. ☞대쪽. 대쏙 ¶ᄆᆡ ᄒᆞᆫ 대ᄧᅩᆨ애:每一箇竹簽上(飜老上4). 대ᄧᅩᆨ 멸:篾(訓蒙下16). 대ᄧᅩᆨ 간:簡(類合下61). 每 ᄒᆞᆫ 대ᄧᅩᆨ에:每一箇竹簽上(老解上3). 골창에 낙슈 밧ᄂᆞᆫ 대ᄧᅩᆨ:隔漏(漢淸9:76).

·대밭 명 대밭. 죽전(竹田). 〔지명(地名)〕 ¶ 대받:竹田(龍歌5:26).

대:범 명 큰 범. ¶ ᄆᆞᆯ 우흿 대버믈 ᄒᆞᆫ 소ᄂᆞ로 티시며:馬上大虎一手格之(龍歌87章).

대ㅅ가치 명 때까치. ☞댓가치 ¶ 대ㅅ가치:練鵲(漢淸13:54).

대삭 명 밧줄. ¶ 대삭:大繩子(同文解下16). 대삭으로 동히다:煞住了. 대삭:煞繩(漢淸12:14).

대샤ᄒᆞ다 동 대사(大赦)하다. ¶ 샹이 절ᄒᆞ고 나와 별당의 와 즉위ᄒᆞ오시고 팔도의 대샤ᄒᆞ시니(仁祖行狀5).

:대샹 명 대상(大祥). ¶ 믈읫 父母ㅅ 거상ᄒᆞ린 大祥 前에 다 어루 고기 머그며 술 머고미 몯ᄒᆞ리니:凡居父母之喪者大祥之前皆未可飮酒食肉(宣賜內訓1:69). 돌새 大祥ᄒᆞ고ᄂᆞᆫ 초와 쟝과 먹ᄂᆞ니라(飜小7:11). 믈읫 父母ㅅ 거상에 인ᄂᆞᆫ 이ᄂᆞᆫ 大祥 젼의 다 可히 술 마시며 고기 먹디 몯ᄒᆞᆯ 거시니(宣小5:51). 대샹 후에 아비 위ᄒᆞ여 분묘 ᄃᆡ킈기ᄂᆞᆯ:大祥後爲父守墓(東新續三綱. 孝3:76). 大祥의 니ᄅᆞ히 그 哀變홈이 업ᄉᆞ니 녜일이 아니라(家禮9:10).

대셜 명 대설(大雪). 큰눈. ¶ 갈 ᄣᅢᄂᆞᆫ 대풍ᄒᆞ고 적병이 수ᄅᆞᆯ 모ᄅᆞᄃᆡ 대셜이 갓 왓ᄂᆞᆫᄃᆡ 둥군이 들을 덥혀(山城36). 대셜이 ᄂᆞ리고(洛城1).

:대셩ᄒᆞ·다 동 대성(大成)하다. ¶ 孔子ᄅᆞᆯ 닐온 集ᄒᆞ야 大成홈이시니:孔子之謂集大成(宣孟10:6).

:대:쇼댱 명 대소장(大小腸). 대장(大腸)과 소장(小腸). ¶ 膽이 肝의 府ㅣ오 大小腸이 心의 府ㅣ며 肺의 府ㅣ니 府ᄂᆞᆫ 지비라(楞解1:60).

:대:쇼변 명 대소변(大小便). ¶ 大小便 ᄒᆞ야ᄃᆞᆫ 모로매 沐浴흟디니라(月釋10:121). 시혹 大小便이 두터운 石蜜 ᄀᆞᆮᄒᆞ리니(楞解9:111). 대쇼변을 ᄡᅳ거든:失便者(救簡1:43). 아비 병ᄒᆞ야 대쇼변을 불통커ᄂᆞᆯ:父淮祖嘗患便澁不通(東續三綱. 孝2).

대쇼ᄉᆞ 명 대소사(大小事). ¶ 집안 대쇼ᄉᆞᄅᆞᆯ 다 형의게 취품ᄒᆞᆫ 후에 힝ᄒᆞ고:家事大小皆諮而後行(五倫4:23).

대쇼ᄒᆞ다 동 대소(大笑)하다. ¶ 건충이 북방의 변ᄒᆞ미 놉흔 거시 것구러지리라 ᄒᆞ고 대쇼ᄒᆞ니(落泉1:1).

·대·수 명 대숲. ☞대숩. 대숲 ¶ 林淨寺로 가ᄂᆞᆫ ᄆᆞᄃᆡ에 대수히 이쇼ᄃᆡ(月釋8:99). 忽然히 집터 닷다가 지벽으로 대수 튼 소리예 알며(蒙法10). ᄇᆡᆨᄇᆡᆨᄒᆞᆫ 대수헤 ᄯᅩ 겨으레 筝ㅣ 나며:密竹復冬筝(重杜解1:14). 죵ᄃᆞᆯᄒᆞᆫ 대수흘 들워가 말ᄒᆞ거ᄂᆞᆯ:僕夫穿竹語(重杜解2:4).

대수뤼 명 대나무로 만든 수레〔竹輿〕. ¶ 대수뤼 슌:筍 竹輿(註千36 筍字註).

·대·숩 명 대숲. ☞대수. 대숲 ¶ 그 대숩 ᄉᆞ싀예 林淨寺ㅣ 잇더니(月釋8:99). 그 數ㅣ 대숩 ᄀᆞᆮᄒᆞᆫ 이ᄃᆞᆯ히:其數如竹林斯等(法華1:155). 대숩 소개 녀 왓ᄂᆞᆫ 브ᅀᅥ븨셔 玉盤ᄋᆞᆯ 싯ᄂᆞ니:竹裏行廚洗玉盤(初杜解22:7). ᄆᆡ양 집 뒷 대숩페 가 대ᄅᆞᆯ 안고셔 우더니:常日就堂後竹林抱竹號泣(東續三綱. 烈4).

·대숲 명 대숲. ☞대수. 대숩 ¶ 孟宗이 대수페 가 운대:宗入竹林哀泣(三綱. 孝16).

:대:ᄉᆞ 명 대사(大事). ¶ ᄆᆞᅀᆞ매 大事ᄅᆞᆯ 혜아리고 小道ᄅᆞᆯ 行티 아니호미니(六祖上55). 小利를 보면 大事ㅣ 이디 몯ᄒᆞᄂᆞ니라(宣論3:44). 그 能히 大事애 盡티 몯ᄒᆞᆯ까 恐ᄒᆞ노니(宣孟5:6). 大事의 일노 片紙ᄅᆞᆯ 여러 슌 ᄒᆞ오되(隣語1:29).

대ᄉᆞ로이 부 대수로이. ¶ 道德이 인ᄂᆞᆫ 사ᄅᆞᆷ은 대ᄉᆞ로이 혜니(隣語4:13). 우리들이 時方 이러 대ᄉᆞ로이 구ᄋᆞᆫ 거ᄉᆞᆫ(隣語8:15).

대ᄉᆞ롭다 형 대수롭다. ¶ 魚價米ᄂᆞᆫ 대ᄉᆞ롭지 아니ᄒᆞ니(隣語1:3).

대쪽 명 대쪽. ☞대뽁. 대쏙 ¶ 대쪽으로 치다:打板子(漢淸3:9).

대쏙 명 대쪽. ☞대뽁. 대쪽 ¶ 대쏙:竹片(柳氏物名三 草).

대야 명 대야(大也). 술 되는 그릇〔다섯 잔 들이〕. ¶ 鐥者量酒之器 吾東之造字也 今郡縣饋贈 以酒五盞謂之一鐥 方言謂之大也(雅言二 鐥者)

대·야 명 대야. ☞다야 ¶ 대야 치:巵(訓蒙中12). 대야:盂子(譯解下13). 대야 거리:盆架(譯解補43).

:대양 명 대양(大洋). ¶ 나모겨지비 구룸 들워 우숨 마디 아니커ᄂᆞᆯ 大洋 바닷 미틔 블근 듣그리 니ᄂᆞ다(南明上79). 사ᄒᆞᆯ 디나니 긔시의 시신이 ᄠᅥ 대양의 나:經三日奇屍浮出大洋(東新續三綱. 烈8:55).

대연고 명 돌쇠뇌. 돌을 쏘는 무기. ¶ 대연고:礮(漢淸5:11).

:대·엿 수 대엿. 대여섯. ☞다엿 ¶ 서 되ᄅᆞᆯ 取ᄒᆞ야 머구무ᄃᆡ 나지 대엿 번 바미 세 번 ᄒᆞ라:取三升含之日五六夜三(救急上66). 대엿 가지옛 갈해:五六件兒刀子(飜朴上27). 대엿 돈 은곳 업스면:沒有五六錢銀子(飜朴上48).

:대:오ᄒᆞ·다 동 대오(大悟)하다. ¶ 世尊이 良久ᄒᆞ야시ᄂᆞᆯ 外道ㅣ 直下애 大悟ᄒᆞ야 세 번 저ᅀᆞᆸ고 니거ᄂᆞᆯ(金三1:34). 두 比丘ㅣ 忽然 大悟ᄒᆞ야 無生忍ᄋᆞᆯ 어드니라(南明下60).

대왐풀 명 대왐풀. ☞대왐플 ¶ 대왐풀:白及(柳氏物名三 草).

·대왐·플 명 대왐풀. ☞대왐풀 ¶ 대왐픐 불휘: 白芨(救簡3:18). 대 왐 플: 白芨(四解 下72). 대왐플: 白芨(東醫 湯液三 草部).

:대:우 명 대우(大雨). ¶ 能히 大雨를 ᄂᆞ리워 너비 充足게 ᄒᆞ야(月釋10:103). 이십ᄉᆞ일의 대위 ᄂᆞ리니(山城27).

대우들이다 동 대우를 파다. ¶ 느즌 콩 팟 죠 기쟝을 뷔기 젼 대우드려(農月 六月令).

대위 명 대우(大雨)가. 큰비가. 〔'대우〈大雨〉'+주격조사 '-ㅣ'〕 ⓐ대우 ¶ 이십ᄉᆞ일의 대위 ᄂᆞ리니(山城27).

대유ᄌᆞ 명 등자(橙子). 등(橙). ¶ 대유ᄌᆞ: 橙(物譜 木果).

대이다 동 데우다. 덥게 하다. ¶ 주어 온 ᄆᆞᆯ 똥 가져다가 블무휘워 손발 대이자: 拾來的糞將來熰着些火熱手脚(老解下32).

-·대이·다 어미 -더이다. ☞-다이다. 더이다 ¶ 보ᅀᆞ오라 가디 몯ᄒᆡ야 잇대이다: 不曾得望去(飜朴上58).

대잇다 동 부딪치다. ¶ 머리로ᄡᅥ 돌헤 대이저 피 흘러 몸의 ᄀᆞ득ᄒᆞ고: 以首觸於石流血滿身(東新續三綱. 烈6:69).

대작ᄒᆞ다 동 대작(大作)하다. 크게 일어나다. ¶ ᄇᆞ롬과 눈이 대작ᄒᆞ거ᄂᆞᆯ: 風雪大作(東新續三綱. 烈3:21).

:대잔 명 큰 잔(盞). ¶ 每服 세 돈애 믈 ᄒᆞᆫ 大잔으로 生薑 세 片 녀허(救急上13).

대잔 명 재떨이. ¶ 대잔: 烟鍾(柳氏物名三 草).

대잡다 동 살대를 바로잡다. ¶ 대자블 교: 矯(類合下37).

대쟝 명 대장간. 야장간(冶匠間). ¶ 대쟝의 풀무: 鐵匠爐(譯解上19).

대쟝부 명 대장부(大丈夫). ☞대댱부 ¶ 大丈夫ᄂᆞᆫ 不拘小節이라 ᄒᆞᆸ거든(隣語3:1).

대졉ᄒᆞ다 동 대접(待接)하다. ☞ᄃᆡ졉ᄒᆞ다 ¶ 이녁이 미오 대졉ᄒᆞᄂᆞᆫ 체ᄒᆞ여 달내면(隣語1:17). 不請客이 自來ᄒᆞ엳숩더니 가지가지 대졉ᄒᆞ여 계시니(隣語2:6). 아모리 피폐ᄒᆞ여도 待接ᄒᆞᆯ 도리도 읻ᄉᆞ올ᄃᆡ(隣語6:10).

:대:조 명 대조(大棗). 대추. ☞대초. 대쵸 ¶ 生薑 닐굽 片과 大棗 ᄒᆞᆫ 낫과 ᄒᆞᆫᄃᆡ 글혀(救急上14). 果實란 ᄇᆡ와 밤과 大棗와 감만 ᄒᆞ고(宣賜內訓3:61).

:대종며·느·리 명 종부(宗婦). ¶ 대종아ᄃᆞᆯ과 대종며느리ᄅᆞᆯ 공경ᄒᆞ야 셤겨: 祇事宗子宗婦(宣小2:20).

:대종아·ᄃᆞᆯ 명 종자(宗子). ¶ 대종아ᄃᆞᆯ과 대종며느리ᄅᆞᆯ 공경ᄒᆞ야 셤겨: 祇事宗子宗婦(宣小2:20).

:대:즁 명 대중(大衆). ¶ 天龍 夜叉 人非人等 無量 大衆이 恭敬ᄒᆞ야(釋譜9:1). 阿難 大衆이 다 ᄉᆞᆯ오ᄃᆡ(楞解4:125). 大衆에 이셔(金剛6). 世尊이 그 고ᄌᆞᆯ 드르샤 大衆ᄋᆞᆯ 뵈신대(南明上1). 大衆은 迷惑ᄒᆞ야 定과 慧왜 다ᄅᆞ다 니ᄅᆞ디 말라(六祖中1). 아란과 대즁이 부텨ᄭᅴ ᄉᆞᆯ오ᄃᆡ: 阿難大衆白佛言(恩重1).

대ᄌᆞ 명 대자(帶子). 허리띠. ¶ 帶子 方言曰 대ᄌᆞ(雅言二 帶子).

:대창 명 대창(大倉). 큰 창고(倉庫). ¶ 대창애 무근ᄡᆞᆯ ᄀᆞ라 즙 ᄧᅩᆫ 므를 머그라: 陳倉米研汁服之(救簡2:31).

대청 명 대청(大廳). 대청 마루. ☞대텽 ¶ 아ᄎᆞᆷ이면 형뎨 대쳥에 모히여: 兄弟朝則聚於廳堂(五倫4:27).

대체 명 대체(大體). ¶ 송ᄉᆞ의 대체로ᄡᅥ 알외리이다(經筵).

:대·초 명 대추. ☞대조. 대쵸 ¶ 대최 닉거든 사ᄅᆞ미 텨 머구믈 므던히 너기고: 棗熟從人打(初杜解10:31). 아ᄒᆡ 블러 ᄇᆡ와 대초와ᄅᆞᆯ ᄀᆞ초 이반ᄂᆞ다: 呼兒具梨棗(初杜解22:3). ᄉᆡᆼ앙 닐굽 편과 대초 ᄒᆞᆫ 낫과: 生薑七片棗一枚(救簡1:40). 대촛닙: 棗葉(救簡6:29). 城邑과 聚落이 다 ᄡᅥ 흘로ᄃᆡ 大棗ㅅ 닙 ᄠᅳᆺ ᄒᆞ고(六祖上64). 싄 대초 ᄉᆡ: 樲(訓蒙上11). 대초 조: 棗(訓蒙上11. 類合上9). 대초 볼 블근 가지 후루혀 갈희 ᄲᅡ고(古時調. 靑丘). ※대초(대쵸)>대추

:대·초·ᄡᅵ 명 대추씨. ¶ 대초ᄡᅵ마곰 환 ᄆᆡᆼᄀᆞ라: 丸如棗核大(救簡1:74).

·대·쵸 명 대추. ☞대초 ¶ 대쵸나모 얼에빗: 棗木梳子(飜老下68). 과실은 ᄇᆡ와 밤과 대쵸와 감만이오: 果止梨栗棗柿(宣小6:130). 대쵸 조: 棗(詩解 物名13). 대쵸 다마 싯고 가더니: 盛着棗兒馳着行(老解上26). 이 과실은 대쵸: 這果子棗兒(老解下34). 대쵸: 棗兒(譯解上55). 대쵸 볼 블글 柯枝 에후루혀 골희 ᄯᅩ고(古時調. 靑丘). 대쵸 조: 棗(倭解下7). 대쵸: 棗兒(同文解下5). 대초: 棗(漢淸13:3). 대쵸: 棘(物譜 木果). 대쵸: 棗. 마른 대쵸: 乾棗(柳氏物名四 木). ᄡᅵᆫ 대쵸: 晒乾棗(漢淸13:3).

대쵸ㅅᄃᆡ 명 큰 촛대(燭臺). ¶ 대쵸ㅅ대: 滿堂紅(譯解補44).

대츄 명 대추. ☞대초. 대쵸 ¶ 대츄: 大棗(東醫 湯液二 果部). 감과 대츄과 엿슬 다 금긔ᄒᆞ라: 柿棗飴糖特忌(痘要下39).

대츄벼 명 늦벼의 한 품종. ¶ 밀다리 대츄벼와 등트기 경상벼라(農月 九月令).

대취ᄒᆞ다 동 대취(大醉)하다. ¶ 쟝숙이 대취ᄒᆞ여 목샹을 ᄭᅮ짓고 막대로 그 마리ᄅᆞᆯ 티거ᄂᆞᆯ: 張叔醉罵木橡以杖敲其頭(五倫1:16). 슈죨이 더욱 ᄆᆞᄋᆞᆷ을 노하 이 날 대취ᄒᆞ야(落泉1:1).

대칭 명 대저울. ¶대칭으로 ᄃᆞ다:秤稱(漢清10:20).
대테 명 대나무 테. ¶대테 메오다:篾箍(譯解下14). ᄃᆞ나 쓰나 니 濁酒 됴코 대테 메온 질병드리(古時調. 青丘). 대테 메오다:篾箍(譯解下14).
:대텽 명 대청(大廳). ¶대텽 알피 계우 ᄆᆞᆯ 도라셜 만ᄒᆞ더니:廳事前僅容旋馬(飜小10:28). 대텽에 祭ᄒᆞ게 호니:祭於正寢(宣小5:41). 대텽 알픠:廳事前(宣小6:127). 대텽:廳事(同文解上39).
대텽 명 대청. 대나무의 속껍질. ¶대텽:竽竹中衣(柳氏物名三 草).
대테로이 부 대충. ¶수이 아니티 몯ᄒᆞᆯ 일이 오니 대테로이 아니 ᄒᆞ실 양(新語5:5).
대·통 명 대통. ¶대통 가온ᄃᆡ 녀허:置竹筒中(飜小7:14). 대통 가온ᄃᆡ 녀허(宣小5:47). 대통 ᄀᆞᆺᄒᆞᆫ 차관:鑵子(漢清11:38).
대파 명 대패. ☞ᄃᆡ파. ᄃᆡ패 ¶대파 포:鉋(倭解下16). 대파:推鉋(漢清10:34).
대패질ᄒᆞ다 동 대패질하다. ¶대패질ᄒᆞ다:鉋(漢清12:5).
:대:패ᄒᆞ·다 동 대패(大敗)하다. ¶西陵에 가 사호다가 大敗ᄒᆞ니라(三綱. 忠11). 도적기 대패ᄒᆞ야 ᄃᆞ라나다:賊大敗而走(東新續三綱. 忠1:53). 경냑 양효 등이 대패ᄒᆞ고(山城3). 公이 아니 계시더면 一定 大敗ᄒᆞᆯ 번ᄒᆞ옵더니(隣語1:8).
:대평ᄒᆞ·다 형 태평하다. ¶王의 닐오ᄃᆡ 이제 四方이 大平ᄒᆞ니(釋譜24:49). 萬法이 내 모매 와 天下ㅣ 大平커늘(金三5:46). 나라히 대평ᄒᆞ고:國泰(飜朴上1).
대포 명 천. ¶굵은 대포:冷布(漢清10:59). 대포:布. 굵은 대포:粗布(漢清10:60).
:대풍 명 대풍(大風). ¶大風이 져근 나못가지 부ᄃᆞᆺ ᄒᆞ니(法華4:138). 블 디ᄅᆞ고 대풍 이며:焚之大風(東新續三綱. 烈6:12). 이날 대풍ᄒᆞ고 비 오려 ᄒᆞ더니(山城25).
대하 명 대하(大蝦). 왕새우. ¶대하:海蝦(漢清14:46). 대하:對鰕(柳氏物名二 水族).
대합 명 대합. ¶대합:篾絲盒(漢清11:32).
대합조ᄀᆡ 명 대합조개. 대합(大蛤). ¶대합조ᄀᆡ:車螯(柳氏物名二 水族).
·대항 명 항아리. 큰 항아리. ¶대항 영:甖(訓蒙中12).
대홈 명 대홈통. ¶대홈:筧(柳氏物名五 水).
대화 명 물억새. ¶대화:菼 似葦細小實中者(柳氏物名三 草).
:대황 명 대황(大黃). ¶大黃ᄋᆞᆯ 細末ᄒᆞ야 ᄀᆞᆺ기룬 므레 프러 헌ᄃᆡ ᄇᆞᄅᆞ라(救急上7). 대황 ᄒᆞᆫ 량을 수레 ᄌᆞ마 뒷다가:大黃一兩酒蒸(救簡1:78). 大黃 桔梗 蜀椒 桂心 각 ᄒᆞᆫ 량 반(簡辟9). ᄀᆞ장 덥달어든 대황을 더녀코 곳 그테 ᄯᅳ미 업거든(牛疫方9). 대황은 시병을 처음으로 어더 머리 아프고 열ᄒᆞ여(辟新4).
대회 명 대회향(大茴香). ¶대회:蘹香(柳氏物名三 草).
대히다 동 대다. ☞다히다 ¶제 머리를 퍼어믜 머리에 대혀:散其髮承接母首(續三綱. 孝8). 깁적삼 안섭히 되여 존득존득 대히고 지고(古時調. 각시닉. 青丘).
대히다 동 (불을) 때다. ☞다히다 ¶손조 블 대혀 졔므를 쟝만ᄒᆞ더라:躬爨供奠(東新續三綱. 孝3:45).
대히다 동 죽이다. ☞다히다 ¶젹이 크게 노ᄒᆞ여 다 대히다:賊大怒並屠之(東新續三綱. 烈7:46).
:대:ᄒᆡ 명 대해(大海). ¶ᄯᅩ 十方世界옛 一切 大海 다 ᄒᆞ리오(釋譜23:19). 如來衆은 大海 ᄀᆞᆮ고(月釋9:36). 大海 江河 山川 林藪ㅣ 업고(法華4:119). 大海예 건널 씨니(金剛18). 大海예 비 오면 더으디 아니ᄒᆞ며(六祖上64).
댄무우 명 무. ☞댓무수 ¶댄무우:蘿蔔(物譜 蔬菜).
댄무ᄋᆞ 명 무. ☞댄무우. 댓무수 ¶댄무ᄋᆞ 미티어나 닙피어나 주어 머기라:或以蘿蔔或以葉與而食之(牛疫方15).
댑솔이 명 댑싸리. ☞댑ᄡᅳ리. 댓ᄡᆞ리 ¶댑솔이:地膚(物譜 蔬菜).
댑쓰리 명 댑싸리. ☞댑솔이. 댓ᄡᆞ리 ¶댑쓰리 뷔:野篲掃(漢清11:35).
댓:가·치 명 때까치. ☞대ㅅ가치 ¶댓가치 학:鷽 卽練鵲(訓蒙上17).
·댓겁질 명 대나무의 껍질. ¶댓겁질 균:筠(訓蒙下5).
·댓고의 명 죽순(竹筍) 껍질. ☞댓슌 ¶댓고의 탁:籜(訓蒙下5).
·댓·닙 명 댓잎. ¶댓닙 약:箬(訓蒙下5). 어름 우희 댓닙 자리 보와(樂詞. 滿殿春).
댓뎌구리 명 딱따구리. ☞뎌고리. 뎌구리 ¶댓뎌구리:山啄木(東醫 湯液一 禽部).
댓두·러·기 명 늙은 매. ☞댓두럭기 ¶댓두러기:老鷹(訓蒙上15 鷹字註).
댓두럭기 명 늙은 매. ☞댓두러기 ¶댓두럭기:老鷹(譯解下25).
댓딜·위 명 때찔레. ☞댓질늬 ¶댓딜위:海棠(訓蒙上11 棠字註).
댓무수 명 무. ☞댄무우. 댓무우 ¶댓무수 ᄀᆞᆮᄒᆞ니라(月釋21:168). 댓무숫 불휘를 사ᄒᆞ라 ᄯᅮ드려:蔓菁根不拘多少剉碎(救急上59). 댓무수 삐를(救簡1:37). 댓무수와 파와:蘿蔔生葱(飜老上41). 댓무수:蘿蔔(四解上4 菔字註). 댓무수 라:蘿. 댓무수 복:蔔(訓蒙上14). 댓무수 복:蔔(類合上10).

※댓무수>댓무우

댓무우 명 무. ☞댄무우. 댄무ᄋᆞ. 댓무수 ¶ 댓무우와 파와 가지 잇거든 가져오고:有蘿蔔生葱茄子將來(老解上37). 댓무우:蘿蔔(老解下34). 댓무우:蘿蔔(朴解中33). 댓무우:萊菔(柳氏物名三 草).

댓바기 명 댑싸리. 〔'대ᄡᅳ리'의 오기(誤記).〕 ☞대ᄡᅳ리. 댓ᄡᅳ리 ¶ 댓바기:荊條(訓蒙上10 荊字註. 宋錫夏本).

댓바리 명 댑싸리. 〔'대ᄡᅳ리'의 오기(誤記).〕 ☞대ᄡᅳ리. 댓ᄡᅳ리 ¶ 댓바리:荊條(訓蒙上10 荊字註. 李仁榮本. 方鍾鉉本).

댓바미 명 댑싸리. 〔'대ᄡᅳ리'의 오기(誤記).〕 ☞대ᄡᅳ리. 댓ᄡᅳ리 ¶ 댓바미:荊條(訓蒙上10 荊字註. 金亨奎本. 光文會本).

댓ᄡᅳ리 명 댑싸리. ¶ 댓ᄡᅳ리:地膚(四解上38 膚字註). 댓ᄡᅳ리:荊條(訓蒙上10 荊字註).

댓ᄡᅳ·릿·ᄡᅵ 명 댑싸리 씨. ¶ 댓ᄡᅳ릿ᄡᅵ:地膚子(救簡3:108).

·댓·ᄇᆞᆯ 명 죽엽(竹葉). ¶ 비러옛 ᄧᅮ른 소나못 고지 닉고 뫼햇 盞잔은 댓ᄇᆞᆳ 보미로다:崖蜜松花老山杯竹葉春(初杜解21:34).

댓숩 명 대숲. ☞대수. 대숩 ¶ 스싀로 모로매 댓수페 길흘 여러 내ᄂᆞ니:自須開竹徑(初杜解15:25).

댓슌 명 죽순(竹筍). ¶ 댓슌니 ᄀᆞᆺ 나니 누른 쇼ᄋᆞ지 ᄲᅳ리오:竹筍初生黃犢角(百聯6).

댓줄·기 명 댓줄기. 대나무의 줄기. ¶ 댓줄기 간:竿(訓蒙下5).

·댓:진 명 댓진. ¶ 朱砂六分과ᄅᆞᆯ 細末ᄒᆞ야 댓지네 골오 프러 ᄒᆞᆫ 돈곰 머기라:朱砂六分右細末取竹瀝油勻調每服一錢(救急上2).

댓질늬 명 때찔레. ☞댓딜위 ¶ 댓질늬:海棠(柳氏物名四 木).

댓테 명 대나무 테. ¶ 댓테 질瓶들이 더옥 죠해(古時調. ᄃᆞ아 쓴아. 海謠).

-댕·다 어미 -더이다. ☞-다이다 ¶ 내 그런 ᄠᅳ들 몰라 ᄒᆞ댕다 ᄒᆞ야늘(釋譜24:32).

ᄃᆞ르·다 형 짧다. ☞ᄃᆞᄅᆞ다 ¶ 둘재ᄂᆞᆫ 고ᇫ 官員의 길며 ᄃᆞ르며 올히 ᄒᆞ며 그ᄅᆞ홈을 닐으디 아니홈이오:二不言州縣官員長短得失(宣小5:100).

ᄃᆞᄅᆞ·다 형 짧다. ☞ᄃᆞ르다 ¶ 조려 ᄃᆞᄅᆞ게 ᄒᆞ다:趲短些(老朴集. 單字解6). 기픠 여트기니 ᄃᆞᄅᆞ니:深淺長短(飜朴上67). ᄃᆞ론 뵈우틔를 ᄀᆞ라닙고:更著短布裳(飜小9:59). ᄃᆞ론 한옷 유:襦(類合上31). 고텨 ᄃᆞ론 뵈치마를 ᄆᆡ야:更著短布裳(宣小6:54). ᄃᆞ론히 수이 디여 긴 밤을 고초 안자(松江. 思美人曲).

ᄃᆞ롬 형 짧음. ㉠ᄃᆞᄅᆞ다 ¶ 길믈 ᄃᆞ토며 ᄃᆞ롬을 결워:爭長競短(宣小5:73).

:댱 명 장(帳). 장막. 휘장. 방장(房帳). ☞쟝 ¶ 구슬 서믄 帳이며 보ᄇᆡ옛 바오리(釋譜13:24). 變ᄒᆞ야 보ᄇᆡ옛 帳이 ᄃᆞ외야(釋譜19:42). 져비ᄂᆞᆫ 프른 帳ᄉ 드트레셔 춤츠놋다:燕舞翠帷塵(初杜解6:28). 잇다감 댱으로 ᄀᆞ리와:往往幃幔隔障(飜小9:75). 댱 댱:帳. 댱 듀:幬. 댱 위:幃. 댱 만:幔. 댱 유:帷. 댱 황:幌(訓蒙中13). 문 우희와 댱 알ᄑᆡ ᄆᆡ야 ᄃᆞᆯ라:繫戶上帳前(瘟疫方8). 댱 댱:帳(類合上24). 댱 댱:帳(石千19). 댱 유:帷(石千35). 댱과 니블와 요 ᄃᆞᆯ해 빗난 거슬 거더 업시 ᄒᆞᆯ디니라:撤去帷帳衾褥華麗之物(宣小5:52). 니블과 벼개와 帳 ᄃᆞᆯ홀 반ᄃᆞ시 修治ᄒᆞᄂᆞᆫ 類ㅣ라(家禮2:14).

댱 명 장(腸). ¶ 肺와 腸과앳 ᄲᅧ 흐리요ᄆᆞᆯ 시스샤(楞解2:123).

:댱 명 장(丈). 열 자. ¶ 그 킈 丈六이오:丈ᄋᆞᆫ 열 자히니 丈六은 열여슷 자히라(月釋2:65). 丈ᄋᆞᆫ 열 자히니(金三1:11). ᄀᆞ장 기프니도 ᄒᆞᆫ 댱 기픠 업서:最深殺的沒一丈(飜老上36). 댱 댱:丈(訓蒙中19). 열 자 댱:丈(類合下49). 食이 前의 方으로 丈과 侍ᄒᆞᆫ 妾이:食前方丈侍妾(宣孟14:24). 二丈 깁픠 잇거니와:有二丈深(老解上32). ᄀᆞ장 깁프니도 一丈 깁픠 업서(老解上32).

댱 명 장(張). ☞쟝 ¶ 죠희 ᄒᆞᆫ 댱 가져다가:將一張紙來(飜朴上24). 활 두 댱만:兩張弓(飜朴上59). ᄒᆞᆫ 댱 활을 곳고:挿一張弓(朴解中24). ᄒᆞᆫ 도림으로 여러 댱 교의ᄅᆞᆯ 노코:一周遭放幾張交椅(朴解中44).

댱 명 장(醬). ☞쟝 ¶ 댱:鹹豉(物譜 飮食).

댱 명 장(杖). 곤장. 지팡이. ☞쟝 ¶ 댱 일ᄇᆡᆨ ᄒᆞ고:杖(警民2). 댱 팔십 마자 죽게 되엿다가 사다:杖八十幾死而甦(東新續三綱. 忠1:81). 녕의정 니원익이 늘거 힝보ᄅᆞᆯ 못ᄒᆞᄂᆞᆫ디라 궤와 댱을 주시고(仁祖行狀25). 댱:杖(譯解上67).

댱가 명 장가. ¶ 늘그매 니ᄅᆞ도록 댱가 아니 드렷더니:至老不娶(東新續三綱. 孝3:87).

:댱가·드리 명 장가들이. 장가드는 일. ¶ 比丘ᄃᆞᆯ히 댱가드리를 ᄒᆞ매(釋譜23:34).

:댱가·드리·다 동 장가들이다. ☞쟝가드리다 ¶ 제 아기아ᄃᆞᆯ 댱가드리고 제 나라ᄒᆞ로 갈 쩌긔(釋譜6:22).

:댱가·들·다 동 장가들다. ☞겨집ᄒᆞ다. 쟝가들다 ¶ 댱가들며 셔방마조ᄆᆞᆯ 다 婚姻ᄒᆞ다 ᄒᆞᄂᆞ니라(釋譜6:16). 댱가들 취:娶(類合下40). 그 두 아이 ᄯᅩᄒᆞᆫ 다 댱가드디 아니ᄒᆞ고:其二弟亦皆不娶(東新續三綱. 孝1:8).

댱가락 명 장지(長指). 가운뎃손가락. 중지(中指). ☞댱ᄀᆞ락 ¶ 댱가라개 南星과 細辛ᄉ ᄀᆞᄅᆞᆯ 무텨:中指點南星細辛末(救急上2). 댱가락애 두야머주저기와 셰신 ᄀᆞᄅᆞᆯ 무텨:中指點南星細辛末(救簡1:3). 올흔손 댱

가락의 버곰 次ᄌᆞ롤 써 됴됴 쥐고 가라:以右手中指書次字握固(救辟. 辟新3). 당가락:長指(同文解上16).

당·고 명 장고(杖鼓). 장구. ¶당곳 구레:鼓瓬(四解下34 瓬字註).

당고재 명 장구채. ☞쟝고지 ¶당고재:王不留行(東醫湯液三 草部).

당구 명 장고(杖鼓). 장구. ¶당구로 소요ᄒᆞ여(閑中錄372).

당구ᄒᆞ다 형 장구(長久)하다. ¶네 만일 허믈을 뉘웃고 은덕을 닛디 아니ᄒᆞ여 ᄌᆞ손 당구홀 계규롤 ᄒᆞ라(山城118). 문무롤 ᄀᆞ와 ᄡᅳ미 당구ᄒᆞᆫ 도리니(仁祖行狀31).

당군풀 명 장군풀. 대황(大黃). ¶당군풀:大黃(柳氏物名三 草).

당긔 명 장기(將棋). ☞쟝긔 ¶도미로 더브러 당긔 두어 나기ᄒᆞ여 너롤 어더시니:與都彌博得之(五倫3:62).

당긔 명 장기(長期). ¶ᄒᆞ다가 長期ㄴ댄 百二十日이오(圓覺下三之二9).

당ᄀᆞ락 명 장지(長指). 가운뎃손가락. 중지(中指). ☞당가락 ¶당ᄀᆞ락 가온대 ᄆᆞ더로(家禮1:37). 올ᄒᆞᆫ손 당ᄀᆞ락의:右手中指(辟新17).

당나모 명 장대. ¶긴 당나모 우희 결박ᄒᆞ고:縛於長木上(東新續三綱. 烈5:40).

당녜 명 장리(長利). ☞당니. 댱리 ¶곡셔을 데튝ᄒᆞ야 당녜 주어:儲穀斂散(東新續三綱. 忠1:78).

당니 명 장리(長利). ☞당녜. 댱리 ¶還上에 볼기 셜흔 맛고 당니 갑세 동솟츨 쑥 ᄢᅵ여 넌다(古時調. 靑丘).

당닉 명 장래(將來). ¶이 ᄆᆞᄋᆞᆷ을 가뎌 일티 아닌 연후의 당닉에 효도의 크게 니ᄅᆞ기롤(經筵).

당·단 명 장단(長短). ¶네 이 뵛 둥에 당단이 ᄀᆞᆮ디 아니ᄒᆞ니:你這布裏頭長短不等(飜老下61). 度ᄒᆞᆫ 然後에 長短을 아ᄂᆞ니:度然後知長短(宣孟1:26). 네 이 뵈 둥에 당단이 ᄀᆞᆺ디 아니ᄒᆞ야:你這布裏頭長短不等(老解下55). 슈요 당단과 공명 부귀ᄒᆞ미 다 ᄣᅢ 잇ᄂᆞ니(洛城1).

:당:리 명 장리(長利). ☞당녜. 당니 ¶錦과 비단과 노와 깁과 眞珠ㅣ 庫애 ᄀᆞ독ᄒᆞ고 長利 노호미 數 모ᄅᆞ리러라(月釋23:72). 長利卽古之息錢(中宗實錄12:40).

당마 명 장마. ☞쟝마 ¶당마 림:霖(類合上4). 만일 음우 괴로온 당마홀 맛거나:若被陰雨苦霖(馬解上42). 당마:霖雨(同文解上2). 당마와 ᄀᆞ믐의 다 해로오니(綸音76).

당마디다 동 장마지다. ¶당마디다:下霖雨(同文解上2).

당마비 명 장마비. ☞당마. 장마 ¶당마비:連陰雨 霖雨(譯解上2).

:당·막 명 장막(帳幕). ☞쟝막 ¶曲江ㅅ 프른 帳幕앤 銀牓이 버렛도다:曲江翠幕排銀牓(初杜解15:1). 門의 나거든 흰 당막으로ᄡᅧ ᄡᅧ ᄀᆞ리오라(家禮8:9). 유시 당막을 베퍼 지이다 청ᄒᆞ더(仁祖行狀33).

당만ᄒᆞ다 동 장만하다. ☞쟝만ᄒᆞ다. 쟝망ᄒᆞ다 ¶曹操ㅣ 술 당만ᄒᆞ여 龐統과 ᄒᆞᆷᄢᅴ 먹으며(三譯7:16).

:당방올 명 장치기공. ¶당방올 구:毬(訓蒙中19). 당방올 팀이 엇더ᄒᆞ뇨:打毬兒如何(朴解下34). 당방올 티다:打毬(譯解下23).

당보다 동 장(場)보다. ☞쟝보다 ¶당보라 가다:赶集(譯解上68).

:당부 명 장부(丈夫). ☞쟝부 ¶丈夫는 게여본 남지니니 부톄 겨지블 調御ᄒᆞ시ᄂᆞ다 ᄒᆞ면 尊重티 아니ᄒᆞ시릴ᄊᆡ 丈夫를 調御ᄒᆞ시ᄂᆞ다 ᄒᆞ니라(釋譜9:3). 丈夫는 남지니니(月釋9:11). 奇特호미 아니니 ᄒᆞᆫ 고디 ᄯᅩ 업서ᅀᅡ 이 丈夫ㅣ니라(金三2:36). 당부의 ᄠᅳᆮ과 긔우니 이슐딘댄:有丈夫之志氣者(飜小7:33). 有司者ㅣ 治홀 ᄲᅮᆫ이러니 賤ᄒᆞᆫ 丈夫ㅣ 이시니(宣孟4:28). 진실로 丈夫의 ᄠᅳᆮ과 긔운을 둔ᄂᆞᆫ 이면:苟有丈夫之志氣者(宣小5:65). 丈夫ᄂᆞᆫ 天機롤 重히 너기ᄂᆞ니라:丈夫重天機(重杜解2:53). ᄀᆞ장 오활 무심ᄒᆞᆫ 당뷔라(洛城2).

당부 명 장부. ¶당부:筍子(譯解上17).

당부 명 장부(長婦). ¶長子ㅣ며 長婦ㅣ며 或 長女롤(家禮1:25).

당삼:리·ᄉᆞ 명 장삼이사(張三李四). ¶張三李四ᄂᆞᆫ 張姓엣 셋찻 사ᄅᆞ미며 李姓엣 네찻 사ᄅᆞ미라 ᄒᆞᆫ논 마리니 張개여 李개여 ᄒᆞᆫ 보로 다 닐온 마리라(金三2:33).

당상 명 장상(長床). ¶사ᄅᆞᄆᆞ로 長床 우희 졋바뉘이고(救急上71). 당상 우희 올여 졋바뉘이고:於長板凳上仰臥(救簡1:71).

당상 부 장상(長常). 늘. 항상(恒常). ☞당셩. 쟝샹 ¶須達이 長常 그리ᅀᆞᄫᅡ(釋譜6:44). 長常 病ᄒᆞ야 시드러(釋譜9:29). 恒은 長常이오(月釋序3). 緣을 ᄃᆞᆯ기야 가져 著ᄒᆞ야 長常 業報애 ᄆᆡᅇᅧ(月釋序3). 長常 주그락 살락 ᄒᆞ야 受苦호ᄆᆞᆯ 輪迴라 ᄒᆞᄂᆞ니라(月釋1:12). 당샹 잇디 아니커든:不常住(楞解2:24). 日月이 당샹 비취ᄃᆞᆺ ᄒᆞ니:日月長照(金剛61). 당샹 眞性을 믿ᄂᆞᆺ다:長任眞(初杜解8:28). 樽엣 수를 一定ᄒᆞ야 당샹 열어니라:樽酒定常開(初杜解21:45). ᄒᆞᆫ ᄀᆞᅀᆞᆯᄒᆞᆯ 당샹 비 苦로외더니:一秋常苦雨(初杜解23:7). 당샹 靈ᄒᆞ야(南明上51). 당샹 어즐ᄒᆞᆫ 길헤 이셔:長在迷途(金三4:23). 당샹 도ᄌᆞᆨ ᄆᆞᅀᆞᄆᆞᆯ 막고:常防賊心(飜老上34).

당셩 부 늘. 항상. ☞당샹 ¶쇠 ᄇᆡ얌과 쇠 가히 댱셩 블ᄢᅳ줄 토ᄒᆞ야:鐵蛇銅狗恒吐煙炎(恩重23).

댱셩ᄒᆞ다 동 장성(長成)하다. ¶져근 아이 이셔 이믜 댱셩ᄒᆞ니:有小弟弟壯(五倫4:3). 녀ᄋᆞ의 아름다이 댱셩ᄒᆞ여시믈 보고 크게 깃거ᄒᆞ더니(落泉1:2).

댱슈 명 장수(長壽). ¶長壽를 求ᄒᆞ면(釋譜9:23). 長壽ᄅᆞᆯ 求호미라(楞解2:9). 長壽ᄅᆞᆯ 得ᄒᆞ며(楞解6:44). 長壽를 ᄃᆞ사(金剛21).

댱·슈ᄒᆞ·다 동 장수(長壽)하다. ¶刹帝利 灌頂王ᄃᆞᆯ토 長壽ᄒᆞ고 病 업서(釋譜9:34). 내 未來예 長壽ᄒᆞ야 衆生 濟度호ᄃᆡ(法華5:193). 귀ᄒᆞ며 쳔ᄒᆞ며 댱슈ᄒᆞ며 단명호미 일로브터 일뎡ᄒᆞᄂᆞ니라:亦貴賤壽夭之所由定也(飜小8:14). 남진 겨집은 人倫의 큰 ᄆᆞ리오 단명ᄒᆞ며 댱슈ᄒᆞᄂᆞᆫ 밍되니:夫婦人倫大綱夭壽之萌也(宣小5:62). 네 어믜 무덤 가차이 댱슈ᄒᆞᆫ 지블 셰리라:近汝慈墳立壽堂(東新續三綱. 孝1:68).

댱·숭 명 장승. ¶댱숭 후:堠(訓蒙中9).

·댱·ᄉᆞ 명 장사〔商業〕. 쟝ᄉᆞ ¶商估ᄂᆞᆫ 댱시오(月釋13:8). 一千貫ᄋᆞ로 댱ᄉᆞ 나가더니(月釋23:64). 댱ᄉᆞᄒᆞ리 바ᄅᆞᆯ 어둠 ᄀᆞᆮᄒᆞ며:如賈客得海(法華6:170). 敗鬻興利者俗稱場師(中宗實錄44 己巳九月). 댱ᄉᆞ 고:賈(類合下17). 今呼商賣爲場廝者商古華音近場(頤齋25:32). ᄌᆞᄅᆞ북 흔들고 도ᄂᆞᆫ 댱ᄉᆞ:搖貨郞(譯解上68). 댱ᄉᆞ 비 만하 可히 뭇디 못ᄒᆞᆯ디라(女四解4:23).
※댱ᄉᆞ>장사

댱ᄉᆞ질ᄒᆞ다 동 장사질하다. ☞댱ᄉᆞ ¶누에 치며 질삼ᄒᆞ며 셩녕ᄒᆞ며 댱ᄉᆞ질ᄒᆞᄂᆞᆫ 사ᄅᆞᆷ(警民11).

댱쌔 명 긴 자. 장척(丈尺). ¶댱쌔 도:度(類合下20).

댱재피 명 장좌피. ¶댱재피:長佐稷(衿陽).

댱짗 명 장깃〔長羽〕. 긴 깃. ¶댱지치 다 디게야 ᄂᆞᆯ애ᄅᆞᆯ 고텨 ᄃᆞ러(古時調. 鄭澈. 松江). 댱지치 다 ᄲᅥ러디도록 ᄂᆞ라갈 줄 모ᄅᆞᄂᆞᆫ다(古時調. 鄭澈. 청텬 구름. 松江).

:댱·ᄌᆞ 명 장자(長子). ¶寡人의 身에 미처 東오로 齊예 敗홈애 長子ㅣ 死ᄒᆞ고(宣孟1:13). 그의 長子ㅣ 繼ᄒᆞ면 곧 小宗이 되니(家禮1:15).

댱지 명 장자(長子)가. 독댱ᄌᆞ ¶대힝대왕은 원종공냥대왕 댱지 오시고(仁祖行狀1).

:댱·티·기 명 장치기. ¶봄 내ᄃᆞ거든 댱티기 ᄒᆞ며:開春時打毬兒(飜朴上18).

댱혀 명 장여. ¶댱혀:桁條(四解下55 桁字註). 댱혀:桁條(譯解下17).

댱혀도리 명 장여도리. 처마도리. ☞쟝혀도리 ¶댱혀도리:托樑(譯解上17).

더 부 더. ¶金을 더 내디 말라(釋譜6:26). 네 갑슬 더 주리니(月釋13:23). 더 노ᄒᆞ니라(月釋17:55). 바ᄇᆞᆯ 더 머거:加飡(初杜解7:19). 더 크니 업슨 恩을(南明上9). ᄢᅵ니 혜디 말오 더 머그며 덜 머그라:不計時加減服之(救簡3:71). 病이 더 重ᄒᆞᆯ까 너기ᄋᆞᆸ ᄂᆡᆼ이다(新語2:5).

-더가 어미 -다가. ☞-다가 ¶ᄂᆞ려 먹더가 ᄒᆞᆯ글 맛니러 가ᄂᆞ니:下食遭泥去(重杜解12:35). 無狀ᄒᆞᆫ 우리 물도 臣子 되야 이셔더가(蘆溪. 太平詞).

더고나 부 더구나. ¶힝역 도ᄃᆞᆫ 후에 즈ᄎᆡ우미 ᄀᆞ장 외고 부를 제 더고나 외니라:痘出後極忌泄瀉起脹時尤忌(痘要上66). 或 급ᄒᆞ며 어렵기ᄅᆞᆯ 만난댄 더고나 모로미 구ᄒᆞ야 도올찌니라(警民28).

더곰 부 더. ☞더 ¶常常 ᄡᅳ디 아니모로 ᄒᆡ로 더곰 이러ᄒᆞ니(新語9:12).

더그·레 명 더그레. 호의(號衣). ☞돕지털릭 ¶금 드려 ᄧᆞᆫ 로 더그레예:織金羅搭護(飜朴上27). 흰 노 큰 더그레예:白羅大塔胡(老解下45). 우희ᄂᆞᆫ 슈노흔 흰 믠사 더그레에:上頭繡銀條紗塔胡(老解下45). 婦人의 더그레 것촌:婦人搭忽表兒(朴解中4). 더그레:搭護(譯解上44).

-더·녀 어미 -더냐. ☞-더뇨 ¶沙羅樹王이 八婇女 보낼 나래 앗가ᄫᅳᆫ ᄠᅳ디 업더녀(月釋8:91). 내 니ᄅᆞ던 究羅帝 眞實로 그러터녀 아니터녀(月釋9:36中).

-더·뇨 어미 -더냐. ☞-더녀 ¶네 어미 사라 싨 제 엇던 行業을 ᄒᆞ더뇨(月釋21:53). 제 슈공을 언메나 받더뇨:他要多少工錢(飜朴上19).

더·느·기 명 내기〔賭〕. ☞더ᄂᆞ기 ¶博으로 더느기ᄅᆞᆯ 비호디 말며:無學賭博(宣小5:34). 博으로 더느기ᄅᆞᆯ 비호디 말며:無學賭博(警民20).

더느·다 동 내기하다. ☞더ᄂᆞ다. 던으다 ¶더늘 도:賭(類合下45). 우리 ᄒᆞᆫ 판 두어 지며 이긔믈 더느미 엇더ᄒᆞ뇨:咱們下一局賭輸嬴如何(朴解上22). 돈 더느다:賭錢(譯解下23).

더·니 명 내기〔賭〕. ☞나기. 더느기 ¶혹식 돈 더니ᄒᆞ며 쌍불쥐기ᄒᆞ며:或是博錢拿錢(飜朴上18).

-·더·니 어미 -더니. ¶四方 諸侯ㅣ 몯더니:諸侯四合(龍歌9章). 뉘웃븐 ᄆᆞᅀᆞ믈 아니호리라 ᄒᆞ더니(釋譜6:9). 처ᅀᅥ믜 甚히 수이 너기더니:初甚易之(宣賜內訓1:16). 옷 밧고 어름 ᄢᅳ려 자보려터니:解衣將剖氷求之(三綱. 孝17).

-·더니·라 어미 -더니라. -었다. ☞-다니라. -ᄃᆞ니라 ¶十八億 사ᄅᆞ미 다 몯더니라(釋譜6:28). 아래 업더니라 ᄒᆞ시고(釋譜11:

32). ᄆᆞ술히 우리 지블 브더니라:鄕黨羨吾廬(初杜解8:43).

-더·니이·다 어미 -더이다. -었습니다. ¶乾闥婆ㅣ 아ᄃᆞᆯ이 놀애ᄅᆞᆯ 블라 七寶琴을 노더니이다(月釋21:190).

-더·니잇·가 어미 -ㅂ디까. -었습니까. ☞-더니잇고 ¶손ᄌᆡ 世間애 겨시더니잇가(月釋18:36). 손ᄌᆡ 녜ᄀᆞ티 世間에 겨시더니잇가(法華6:150).

-·더·니잇·고 어미 -ㅂ디까. -었습니까. ☞-더니잇가. -러니잇고 ¶獄主ㅣ 무로ᄃᆡ 스승닚 어마니미 이에 잇다 ᄒᆞ야 뉘 니르더니잇고(月釋23:84).

더ᄂᆞ기 명 내기〔賭〕. ☞더느기. 더니 ¶혹 돈 더ᄂᆞ기ᄒᆞ며 쌍블잡기ᄒᆞ고:或是博錢拏錢(朴解上17).

더ᄂᆞ다 동 내기하다. ☞더느다 ¶우리 므서술 더ᄂᆞ료:咱賭甚麼(朴解上22). 우리 ᄒᆞᆫ 羊을 더ᄂᆞ쟈:咱賭一箇羊着(朴解上22). 우리 므서슬 더ᄂᆞ료:咱賭甚麼(朴解中50).

:더더·러 부 더러더러. 이따금. ¶安定 션ᄉᆡᆼ의 뎨ᄌᆞᄃᆞᆯ히 더더러 녯 일을 샹고ᄒᆞ며 ᄇᆡᆨ셩 어엿비 너규믈 알어니:安定之門人往往知稽古愛民矣(飜小9:53).

더·덕 명 더덕. ¶더덕:沙蔘(救簡3:30). 더덕 ᄉᆞᆷ:蔘(訓蒙上13. 類合上8). 더덕:山蔘(譯解下12). 더덕 ᄉᆞᆷ:蔘(倭解下5). 더덕:沙蔘(同文解下4). 더덕:茗菥菜(漢淸12:40).

더덩이 명 더뎅이. ☞더데 ¶손똡의 ᄀᆞ득ᄒᆞᆫ 더덩이와 고롬을 엇디 당ᄒᆞ리오:滿指甲疙瀼和膿水怎麼當(朴解下6). 곳 더덩이져 다 �러디리라:便成疙滓都吊了(朴解下7). 더덩이:疙痒(譯解上62). 더덩이지다:瘡坐痂(同文解下8). 더덩이:瘡痂(漢淸8:11).

더덩이지다 동 더뎅이가 앉다. ¶곳 더덩이져 다 ᄠᅥ러디리라:便成疙滓都吊了(朴解下7). 더덩이지다:瘡坐痂(同文解下8).

더·데 명 더뎅이. ☞더덩이 ¶더데와 허므리 나디 아니ᄒᆞᄂᆞ니라:不生痂瘢(救急下13). 더데:痂(四解下30). 더데 가:痂. 더데 차:瘥(訓蒙中35). 더데 진ᄂᆞᆫ 사ᄒᆞ레 물이 쇠고 더데 지어:收醫三日漿老痂結(痘要上34). 더데 가:痂(倭解上51).

더·뎌두·다 동 던져 두다. 버려 두다. 맡겨 두다. ☞더디다 ¶뉘 이긔며 뉘 몯 이긔니오 더뎌두고셔 네 보라:誰羸誰輸由他你看(飜老下37). 더뎌두라:由他(老朴集. 累字解8). 더뎌둘 위:委(類合下21). 더뎌두고:由他(老解下33). 더뎌두라:由他(朴解下16). 鶴이제 기술 더뎌두고 半空의 소소ᄯᅳ 듯(松江. 星山別曲). 小艇에 그믈 시러 흘리 ᄢᅴ여 더뎌두고(古時調. 孟思誠. 江湖에 ᄀᆞ올. 靑丘).

더·뎌주·다 동 던져 주다. ☞더디다 ¶개ᄅᆞᆯ � 더뎌주디 말며:毋投與狗骨(宣小3:23).

더두어리 명 말더듬이. ¶더두어리:結吧(同文解下8. 漢淸8:16).

더두어리다 동 말을 더듬거리다. ☞더투어리다 ¶쳔쳔이 말ᄒᆞ면 썻썻이 더두어려 일오되(捷蒙1:5). 萬一 말ᄒᆞ게 되면 벅벅이 더두어리ᄂᆞᆫ지라(捷蒙3:4). 말 더두어리다:結巴. 말 미이 더두어리다:狼結巴(漢淸7:13). 우디 마ᄅᆞ시게 ᄒᆞ라 ᄒᆞ고 더두어리며 곡ᄒᆞ믄ᄏᆞ니와 죠곰도 ᄋᆡ쳑지용이 업ᄉᆞ니(癸丑1:28). 바둑을 입의 너코 더두어려 니ᄅᆞᄃᆡ(落泉1:1).

더둠다 동 더듬다. ☞더듬다 ¶더둠다:搜摩(同文解上29).

더드다 형 더디다. ¶더들 지:遲(兒學下9).

더드런 명 때는. 독딘 ¶다 여위실 더드런(鄕樂. 內堂).

더·드리·다 동 더하다. ¶즉ᄇᆡᆨ닙 더드려 달히니와ᄅᆞᆯ 머고미 맛당ᄒᆞ니라:宜…加側栢煎服(救簡2:103. 2:113).

-더·든 어미 -었거든. -었으면. ¶ᄂᆞᆷᄃᆞ려 니르디 아니ᄒᆞ더든 阿耨多羅三藐三菩提ᄅᆞᆯ ᄲᆞᆯ리 得디 몯ᄒᆞ리러니라(釋譜19:34). 볼셔 아더든 보라 가미 됴탓다:早知道時探望去好來(飜朴上37). 프른 묏브리옛 ᄃᆞ리 萬一 업더든 머리 센 사ᄅᆞᄆᆞᆯ 시름케 ᄒᆞ리랏다:若無靑嶂月愁殺白頭人(重杜解12:2). 그ᄃᆡ 옷 나그내를 ᄉᆞ랑티 아니ᄒᆞ더든 그믐나래 ᄯᅩ 시르믈 더으리랏다:非君愛人客晦日更添愁(重杜解15:31).

더·듬·다 동 더듬다. ☞더둠다 ¶기피 더드므며 너비 무러:冥搜博訪(楞解1:3). 한 마ᄅᆞᆯ 너비 더드머:博探衆說(法華序21). 根源을 더드므면(圓覺上一之二62). 나ᄅᆞᆯ ᄉᆞᅀᅵ ᄒᆞ야 脂髓ᄅᆞᆯ 더듬ᄂᆞ니:隔日搜脂髓(初杜解20:37). 더드믈 수:搜. 더드믈 탐:探(訓蒙下23). 더드믈 수:搜(類合下32). 더드믈 탐:探(類合下35. 倭解下38). 도적의 무리 뫼ᄒᆞᆯ 더드므니:賊徒搜山(東新續三綱. 烈4:33). 적이 깃거 더듬어 엇디 아니ᄒᆞ고(東新續三綱. 烈7:26). 胸腸을 더드므니:探腸(重杜解3:9). 고기 더듬다:摩魚(譯解上23). 더드머 가다:摸索着走(漢淸7:32).

더·듸 부 더디. 더디게. 늦게. ☞더디. 더ᄃᆡ ¶더듸 머므로미 몯ᄒᆞ리이다(宣賜內訓2上52). 酒盃 자봄 더듸 호ᄆᆞᆯ:執盃遲(初杜解8:6). 맛니로미 귿업서 나가 餞送호ᄆᆞᆯ 더듸 호라:邂逅無端出餞遲(初杜解23:39). 더듸 도라 올가 너기다 ᄒᆞ니(南明下46). 情둔 오ᄂᆞᆳ 밤 더듸 새오시라(樂詞. 滿殿春). 北堂에 鶴髮 雙親을 더듸 늙게 ᄒᆞ리라(古時調. 朴仁老. 萬鈞을. 靑丘). 일각 삼츄 더

듸 가니(萬言詞).

더·듸·다 형 더디다. ☞더딕다 ¶더듸며 섈론 功이:遲速之功(楞解4:100). 順現等은 報ㅣ 더듸며 섈로미 모다 세히 잇ᄂᆞ니(圓覺上二之二92). 오직 아로미 더듸요ᄆᆞᆯ 저ᄒᆞ라 ᄒᆞ시며:唯恐覺遲(牧牛訣25). 믌결 어즈러운 뎐 힛비치 더듸도다:波亂日華遲(初杜解7:14). 술위로 히여 더듸에 ᄒᆞ야:令軒車遲(初杜解8:21). 오미 더듸디 아니ᄒᆞ리로다:來未遲(初杜解22:42). 더딜 디:遲(類合下57). 더듼 냇ᄀᆞᆺ 솔ᄋᆞᆫ 덤ᄶᅥ츠러:遲遲澗畔松鬱鬱(宣小5:26). 더딜 지:遲(倭解下34). 春服을 처엄 닙고 麗景이 더듼 져긔(蘆溪. 莎堤曲). 더듸다:遲了(同文解上29).

더·디 부 더디. 더디게. ☞더듸. 더딕 ¶거름거리 더디 아니ᄒᆞ시며 마ᄉᆞᆫ차힌 거름거리 넘디 아니ᄒᆞ시며(月釋2:57).

더·디·다 동 던지다. ☞더지다. 던지다 ¶보시고 더디시니:見焉擲之(龍歌27章). 粥을 좌시고 바리ᄅᆞᆯ 더뎌시ᄂᆞᆯ(月印上23). 쥬의 오시 일허도 어루 물려니 안ᄌᆞᆨ 더디고 가리라(月釋7:9). ᄯᅡ해 더뎌:投地(楞解4:6). 投獻은 모ᄆᆞᆯ 精誠으로 더뎌 받ᄌᆞ올 씨라(法華3:110). ᄡᅧ를 가희게 더뎌주디 말며(宣賜內訓1:3). 崔大夫 알ᅌᅴ 더디니라:擲還崔大夫(重杜解5:40). 나ᄅᆞᆯ 棄絶호ᄆᆞᆯ 믄드기 더디ᄃᆞᆺ ᄒᆞᄂᆞ다:棄我忽若遺(杜解9:3). 金椀ᄋᆞᆯ 더디고:揮金椀(初杜解15:47). 黃金을 더디디 말라:黃金且休擲(初杜解16:72). 衣鉢ᄋᆞᆯ 더디고(南明上50). ᄂᆞᆺ 알ᄑᆞᆯ 向ᄒᆞ야 더됴니(南明下70). 더듄 쇳소리 이시리라(金三4:61). 어듸라 더디던 돌코(樂詞. 靑山別曲). 어미 병이 듕ᄒᆞ거ᄂᆞᆯ 벼슬을 더디고 싀골 돌아가(東新續三綱. 孝1:72). 더딜 텩:擲(訓蒙下22. 類合下47). 더딜 뎌:抵(類合下41). 더딜 투:投(類合下47. 石千16). ᄒᆞᆫ 손애 표창을 자바 더디면:一手執鏢擲去(武藝諸16). 강믈에 더디고 가니라:投江中而去(五倫3:36). 물의 더뎌 아비ᄅᆞᆯ ᄎᆞ자 사흘 만의 죽어(女四解4:17). 공듕을 향ᄒᆞ야 ᄒᆞᆫ 번 더디니(明皇1:37). 공명도 다 더디고 셩은을 갑흐려니(萬言詞).

더딕 부 더디. 더디게. 늦게. ☞더듸. 더디 ¶몸소 받 가다가 니러나ᄆᆞᆯ 더딕 아니ᄒᆞ도다:躬耕起未遲(重杜解6:34).

더딕다 형 더디다. ☞더듸다 ¶믌겨리 어즈러운 뎐 힛비치 더딕도다:波亂日華遲(重杜解7:14). 브터 오미 더딕요ᄆᆞᆯ ᄌᆞ모 아노라:頗覺寄來遲(重杜解7:39). 죄 짓기 더딕지 아니리라(三譯5:16). 谷口岩 더딘 길로 雲影臺 올라 안자(陶山別曲).

-더·라 어미 -더라. ☞-러라 ¶모ᄃᆞᆫ 사ᄅᆞᆷ과 六師왜 보고 ᄀᆞ마니 몯 이셔 自然히 니러 禮數ᄒᆞ더라(釋譜6:30). 마쫍더라(楞解1:31). 받좁더라(楞解1:50). 샹녜 有餘ᄒᆞ더라(宣賜內訓1:17). 올히와 그려기왜 헷ᄂᆞᆫ 븘비체셔 자더라(初杜解8:9). 심 리맛감 길히라 ᄒᆞ더라:說十里來路(飜老上59). 싀어버이 셤기기ᄂᆞᆯ 경셩을 다ᄒᆞ더라(東新續三綱. 孝7:5). 往年 갑과 ᄒᆞᆫ가지라 ᄒᆞ더라:如往年的價錢一般(老解上8).

더러 부 더러. ¶블근 ᄭᅩᆺ 닐굽 나출 조쳐 슴ᄶᅵ고 더러 우므레 드리티라(簡辟18).

더러 부 덜어서. 대강. ¶그 더러 긔록ᄒᆞᆫ 더ᄅᆞᆯ오디:略(仁祖行狀31).

더·러:내·다 동 덜어내다. ¶ᄌᆞ갸 밥 더러 내야 比丘의 주시니(釋譜11:41). 닷 량 은을 더러내여:除了五兩銀子(飜老下20).

더·러ᄇᆞ·리·다 동 덜어 버리다. ¶結使ᄅᆞᆯ 더러ᄇᆞ려 져품 업슨 涅槃城에(月釋9:35中). 淸淨行ᄋᆞᆫ 得홈 뒤ᄂᆞᆫ ᄆᆞᅀᆞᆷ 더러ᄇᆞ릴씨니(金剛56). ᄀᆞᅀᆞ라기ᄅᆞᆯ 더러ᄇᆞ리니 벼 나치 븕도다:除芒子粒紅(初杜解7:19).

:더러·벼 동 더럽혀. ㉠더러비다 ¶조타 ᄒᆞ샤ᄆᆞᆫ ᄠᅳᆮ 드트릐 더러벼(月釋17:70).

:더·러ᄫᅮᆷ 형 더러움. ㉠더럽다 ¶이 열여듧 하ᄂᆞ리 欲心 더러ᄫᅮ믈 여흴씨(月釋1:35). 塵ᄋᆞᆫ 더러ᄫᅮ므로 ᄠᅳᆮᄒᆞ니(月釋2:22之1). 이어긔 더러ᄫᅮ미 업서(月釋17:67).
※더러ᄫᅮᆷ>더러움

:더러·ᄫᅳᆫ 형 더러운. ㉠더럽다 ☞더러운 ¶모매 더러ᄫᅳᆫ 것 묻디 아니ᄒᆞ시며(月釋2:59). ※더러ᄫᅳᆫ>더러운

:더러·ᄫᅳᆫ아·래 명 음부(陰部). ¶더러ᄫᅳᆫ아래 ᄀᆞ린 거시 업게 ᄃᆞ외니(月印上25).

:더·러ᄫᅳᆫ이·슬 명 더러운 이슬. 월경(月經). ¶겨지븨그에 브튼 더러ᄫᅳᆫ이스리 업스며(月釋1:26).

:더·러ᄫᅳᆯ·쎠 형 더럽도다. 더럽구나. ㉠더럽다 ¶衆生이 보고 더러ᄫᅳᆯ쎠 엇데 이런 더러ᄫᅳᆫ 일 ᄒᆞ거뇨(月釋1:44).

:더러·ᄫᅵ 부 더럽게. ☞더러이 ¶더러ᄫᅵ 너기ᄂᆞᆫ ᄃᆞᆯ 아라(月釋13:29). 아랫 ᄆᆞᅀᆞᆷ 제 더러ᄫᅵ 너교ᄆᆞᆫ(月釋13:30). 엇데 도ᄌᆞ기 이리ᄃᆞ록 더러ᄫᅵ 辱ᄒᆞ야ᄃᆞᆫ 사ᄅᆞᆯ 理 이시리오:豈有爲賊汚辱至此而尙有生理乎(三綱. 烈17 趙氏縊輿).

:더러·ᄫᅵ·다 동 더럽히다. ☞더러이다 ¶能히 情識을 더러ᄫᅵᆯ씨(月釋2:22之1). 몯 더러ᄫᅲ믈 가졸비니라(月釋2:55). 어버ᅀᅴ 일후믈 더러ᄫᅵᄂᆞ다 ᄒᆞᄂᆞ니(月釋8:97). 惑이 더러ᄫᅵ디 몯ᄒᆞ며(月釋9:21). ᄆᆞᅀᆞᄆᆞᆯ 더러ᄫᅧᆺ거든(月釋13:21). 조타 ᄒᆞ샤ᄆᆞᆫ ᄠᅳᆮ 드트릐 더러벼(月釋17:70). 僧尼ᄅᆞᆯ 더러ᄫᅵ거나(月釋21:39). 거싀 光明이 盛大ᄒᆞ야 先宗ᄋᆞᆯ 더러ᄫᅵ디 아니ᄒᆞ리라:庶得光明盛大不辱

先宗(蒙法46). ᄒᆡᆼ뎌글 더러ᄫᅵ리여(三綱. 烈8). ※더러ᄫᅵ다>더러이다

:더·러·욤 [동] 더럽힘. ㉮더러이다 ¶ 듣글 ᄣᅥ 더러요ᄆᆞ로 일훔ᄒᆞ니라(圓覺上二之二42).

:더러·운 [형] 더러운. ☞더러ᄫᅳᆫ ¶ 더러운 이레 버므디 아니ᄒᆞ며:穢濁(宣賜內訓1:2).

:더러·이 [부] 더럽게. ☞더러ᄫᅵ ¶ 처ᅀᅥᆷ의 辱ᄃᆞ이 더러이 아니 너겨:初辱不鄙(法華序21). 이 새지브란 외다 ᄒᆞ야 더러이 너기디 말라:勿…陋此白屋非(初杜解15:5). 도ᄅᆞ혀 유식ᄒᆞ니의 더러이 너김이 되ᄂᆞ니라:還爲識者鄙(宣小5:24).

:더러·이·다 [동] 더럽히다. ☞더러ᄫᅵ다. 더레이다 ¶ 煩惱와 業이 더러이며 얽믤씨 塵累예 가ᄌᆞᆯ비니라(楞解1:24). 오직 사ᄅᆞ미 거즛 듣그릐 더러욤과:唯人以妄塵所染(法華1:180). 엇데 能히 내 性을 더러이리오:何能累我性哉(金剛序12). ᄒᆞ야ᄇᆞ리며 더러이ᄂᆞᆫ 고디 너블시:損汚處廣(圓覺上一之二107). 朝服애 드위텨 더러이고(宣賜內訓1:18). 나도 ᄯᅩ 諸孫애 더러엿노라:余亦忝諸孫(初杜解8:5). 누른 ᄃᆞ트리 사ᄅᆞᄆᆡ 오ᄉᆞᆯ 더러이고:黃汚人衣(初杜解8:18). 通籍ᄒᆞ야 죠그맛 班列을 더러요니:通籍微班忝(杜解23:4). 더러일 텸:忝(類合下37). 더러일 류:累(石千32). 일쳔 ᄒᆡ예 ᄉᆞ긔ᄅᆞᆯ 더러이니라:千載穢青史(宣小5:21). 샹녜 강포한 노미 더러일가 저허:常恐有强暴之汚(東續三綱. 烈13). 옷 더러이다:黷汚了(譯解上47). ᄒᆡᆼ실 더러이다:虧玷(同文解上33). 명절을 더러이디 말며(女範2. 변녀 쥬시뎌부). 더러일 염:染(註千9).

더럭 [부] 더럭. 버럭. ¶ 소릐 더럭 질러 상 앗으라 ᄒᆞ니(浮談).

더럼 [명] 더러움. ¶ 더럼으로 ᄒᆞ여곰 문졍의 어질업게 말라:穢汚(女四解3:22).

:더럽·다 [형] 더럽다. ¶ 더러ᄫᅳᆫ 거긔셔 微妙ᄒᆞᆫ 法을 나토며(釋譜13:33). 本來ㅅ 誓願力으로 이 더러ᄫᅳᆫ ᄯᅡ해 나아(釋譜23:10). 欲心 더러ᄫᅮ믈 여ᄒᆡᆯ씨(月釋1:35). 그ᄢᅴ ᄆᆡᆼᄀᆞᆯ오 남진 ᄃᆞ려드러 더러ᄫᅳᆫ 이ᄅᆞᆯ ᄒᆞ거늘 衆生이 보고 더러ᄫᅵᆯ써 엇데 이런 더러ᄫᅳᆫ 일 ᄒᆞ거뇨 ᄒᆞᆫ대(月釋1:44). 더러ᄫᅮ므로 ᄠᅳᆮᄒᆞ니(月釋2:22之1). 婬欲ᄋᆞᆫ 더럽고 佛道ᄂᆞᆫ 조커시니(月釋9:24). ᄯᅩᇰ 몬지 무더 더럽거늘(月釋13:21). ᄒᆞᆫ갓 거츨오 더러ᄫᅥ(月釋13:38). 버워리 아니 ᄃᆞ외며 입내 더럽디 아니ᄒᆞ며(月釋17:52). 더러ᄫᅮ미 업서(月釋17:67). 僧尼ᄅᆞᆯ 더러ᄫᅵ거나(月釋21:39). 골업스며 더럽고(月釋21:65). 如來ㅅ 藏心이 넙고 크고 더러움 업서(楞解1:9). 더러오ᄃᆡ 더럽디 아니호ᄆᆞ로 니ᄅᆞ샨 妙淨이니:汚而不染曰妙淨(楞解1:88). 오직 더럽디 아니ᄒᆞ며 기우디 아니호ᄆᆞ로 우 사ᄆᆞ실씨:但以不染不偏爲尙故(法華2:197). 더러우ᄃᆡ 더럽디 아니ᄒᆞᆫ:染而不染(圓覺上二之一17). 自然히 더러ᄫᅳᆫ 境界ᄂᆞᆫ 드디 아니코:自然塵境不入(蒙法5). 張弼의 겨집 徐氏 더러ᄫᅳ려커늘(三綱. 烈18). 더러운 거슬 시서(宣賜內訓1:14). ᄒᆞ다가 巫山앳 겨지비 더럽다 닐올뎬:若道巫山女麁醜(初杜解25:46). 음탕ᄒᆞᆫ 더러온 마리며(飜小8:21). 더러울 취:醜(訓蒙下33. 類合下52. 倭解上19). 더러울 독:黷(類合下3). 더러울 비:鄙(類合下30). 더러울 오:汚. 더러울 예:穢(類合下61). 더러울 루:陋(石千42). ᄌᆞ조 스스로 ᄀᆞᆯ고 더러운 거슬 ᄲᅥᆯ고:數自適改澣濯穢汚(東新續三綱. 孝8:71). 더러운 일홈을 ᄋᆡ미히 닙으미 블샹타(東新續三綱. 烈2:57). 더러온 말을 회피티 아니ᄒᆞᄂᆞ뇨:穢語不廻避(老解上15). 더럽다:臭(譯解上53). 더러울 류:累(註千32).

※'더럽다'의 활용 ┌더럽고/더럽게/더럽디…
　　　　　　　　　└더러ᄫᅳᆫ/더러ᄫᅳᆯ써/더러ᄫᅵ다…

:더레·욤 [동] 더럽힘. ㉮더레이다 ¶ 더러운 ᄒᆞᆰ기 明月 더레요ᄆᆞᆯ 보디 몯ᄒᆞ리로다:未見濁泥汚明月(南明上54).

:더레·이·다 [동] 더럽히다. 더럽혀지다. ☞더러이다 ¶ 더레유미 몯ᄒᆞ리라(三綱. 烈16). 邪直의 더레요ᄆᆞᆯ 수이 맛나(楞解1:37). 淨은 ᄠᅳᆮ듣그릐 더레여(法華6:57). 그텟 아ᅀᆞᄅᆞᆯ 더레요니:忝末親(初杜解22:53). 物의 더레욤 ᄃᆞ외디 아니ᄒᆞᆯ시라(金三2:64). 더러운 ᄒᆞᆰ기 明月 더레요ᄆᆞᆯ 보디 몯ᄒᆞ리로다:未見濁泥汚明月(南明上54).

더려오다 [동] 데려오다. ¶ ᄭᅮᆷ이 날 위ᄒᆞ여 먼 ᄃᆡ 님 더려오늘 貪貪이 반기 너겨(古時調. 青丘).

더롬 [동] 덞. 감(減)함. ㉮덜다 ¶ 네 져기 더로미 엇더ᄒᆞ뇨:你減了些箇如何(老解上21).

더루라 [동] 덜라(除). ㉮덜다 ☞더룸 ¶ 뎌 사ᄅᆞᄆᆡ 煩惱ᄅᆞᆯ 더루라 ᄒᆞ면:除得彼人煩惱(金剛下113).

더·룸 [동] 덞(減). ㉮덜다 ¶ 凡夫의 不善ᄒᆞᆫ ᄆᆞᅀᆞᆷ 더루믈 爲ᄒᆞ시니:爲除凡夫不善之心(金剛序6). 날로 더으고 날로 더루미니라:以日益日損者矣(圓覺序84).

더부러 [부] 더불어. ☞더브러 ¶ 모단 이로 더부러(三略上1). ᄆᆡ양 여러 신하로 더부러(女四解3:2).

더부룩ᄒᆞ다 [형] 더부룩하다. ¶ 더부룩ᄒᆞ다:厚密(漢淸13:26).

더불다 [동] 더불다. ☞더블다 ¶ 더불 여:與(倭解下39. 註千11).
※더불다<더블다

더·브러 [부] 더불어. ☞더부러. 더블다 ¶ 더브

러 셔셔:與立(金三2:15). 더브러 여:與(類合下63). 더브러 믜워ᄒᆞ믈 알니러라(癸丑9). 고황뎨 오과한으로 더브러(女範1. 셩후황명고후). 젼쳐의 아ᄃᆞᆯ로 더브러 ᄀᆞᆺ티 아니ᄒᆞ야(女範1. 부계모 위망ᄌᆞ모). 더브러:與(同文解下48). 쥬우로 더브러 진으로 갓더니:從州吁如陳(五倫2:5). 미양 우로 더브러 의논ᄒᆞ더니:必與定議(五倫2:14). 쟝니로 더브러 승의 집의 가:與郡縣長吏入里(五倫2:18). 쥰으로 더브러 셔릉의셔 싸호다가:及峻戰于西陵(五倫2:24). 소쥰으로 더브러 화친ᄒᆞ라:與峻通使以紓交至之禍(五倫2:27). 쟝ᄉᆞ 원니겸으로 더브러 거즛 녹산을 마즈니:與長史袁履謙往迎之祿山(五倫2:29).

-더·브·러 [조] -더러. -에게. ¶須達이 舍利弗더브러 무로ᄃᆡ(釋譜6:23). 家臣더브러 무로니:問家臣(初杜解7:37). 되즁더브러 묻노라:問胡僧(初杜解20:24). 方法을 뫼햇겨집더브러 알외노라:方法報山妻(初杜解22:21). 보야ᄒᆞ로 들에샤 俗더브러 니ᄅᆞ샤(南明序2).

더·브:살·다 [동] 더불어 살다. 함께 살다. ¶우리 사ᄅᆞ미 서르 둘우며 서르 더브사라 ᄃᆞ니면 됴커니ᄯᆞ나:咱們人廝將就廝附帶行時好(飜老下44).

더·븐 [동] 더불은(與). ㉠더블다 ¶삿기 더븐 놀애 唱和ᄒᆞ요ᄆᆞᆫ:唱和將鶵曲(初杜解8:26).

더·블·다 [동] ①더불다. ¶羅睺羅 더브러 노ᄑᆞᆫ 樓 우희 오ᄅᆞ시고(釋譜6:2). 한 사ᄅᆞᆷ 더블오 그 뫼해 山行 가샤(釋譜11:27). 梵志 더블오 이날애ᅀᅡ 머리 좃ᄉᆞᄫᆞ니(月印上40). 삿기 더븐 놀애 唱和ᄒᆞ요ᄆᆞᆫ:唱和將鶵曲(初杜解8:26). 더블 여:與(石千11). 사ᄅᆞᆷ으로 더블어 ᄒᆞᄂᆞᆫ 樂의 樂홈이 뉘야 樂ᄒᆞ니잇고:與人樂樂孰樂(宣孟2:2). 엇디 足히 더브러 仁義ᄅᆞᆯ 言ᄒᆞ리오:何足與言仁義也(宣孟4:6). 孟子ㅣ 일즉 날로 더브러 宋에 言ᄒᆞ야시ᄂᆞᆯ:孟子嘗與我言於宋(宣孟5:3). 더브러 中國에 同티 아니ᄒᆞᄂᆞ니:不與同中國(宣大25).
②더불다. 데리다. ¶阿難이ᄅᆞᆯ 더브러 가시니(月印上69). 부텨 難陁 더브르시고(月釋7:10). 羅雲이ᄅᆞᆯ 더브르샤(月釋10:8). 두어 삿기ᄅᆞᆯ 더브렛고:將數子(初杜解7:1). 더브렛ᄂᆞᆫ 겨집죵이:侍婢(初杜解8:66). 집 사ᄅᆞᄆᆞᆯ 더브러 고기와 보리 밀 잇ᄂᆞᆫ ᄃᆡ 나ᅀᅡ가:將家就魚麥(初杜解25:40). 늘근 할미 머리 다흔 아히ᄅᆞᆯ 더블고 셔시니(太平1:13). 弓兵을 더블고(老解上26). 져ᄌᆞ 아ᄃᆞᆯ을 더블고 도라가(女範1. 모의 노모ᄉᆞ).
※더블다>더불다

더블어 [부] 더불어. ☞더부러. 더브러 ¶어미로 더블어 홈ᄭᅴ 죽으니라:與母同死(東新續三綱. 孝7:71). 孝子로 더블어 ᄀᆞᄌᆞ게 맏을디니라(家禮7:9). 어론 어딘 사ᄅᆞᆷ이 맛당이 더블어 플어 닐러:老成賢德之士當與解說(警民37).

더블이 [명] 더부살이. ¶더블이와 어울이 아닐딘대 곳 제 갓가온 이오지오:非其傭佃卽其比鄰(正俗47).

더·ᄫᅮᆷ [형] 더움. ㉠덥다 ¶치ᄫᅮᆷ과 더ᄫᅮᆷ과 ᄇᆞᄅᆞᆷ과 비와(月釋7:53).

더·ᄫᅱ [명] 더위. ☞더위 ¶더ᄫᅱ 치ᄫᅱ로 셜ᄫᅥᄒᆞ다가 내 일후믈 드러 닛디 아니ᄒᆞ야(釋譜9:9. 月釋9:26).

더·ᄫᅳᆫ [형] 더운. ㉠덥다 ¶四天王이 더ᄫᅳᆫ 鐵輪을 ᄂᆞᆯ여 보내야(釋譜6:46).

더·ᄫᅵ [부] 덥게. ☞더이 ¶熱惱ᄂᆞᆫ 더ᄫᅵ 셜ᄫᅳᆯ씨니 罪人ᄋᆞᆯ 글ᄂᆞᆫ 가마애 드리티ᄂᆞ니라(月釋1:29).

더ᄫᆞᆫ [형] 더운. ㉠덥다 ¶더ᄫᆞᆫ 벼티 우희 ᄧᅬ니(月釋2:51).

더새다 [동] 들어가 밤을 새우다. ☞더시다 ¶主人님 暫間 더새와지 粮食 몰콩 내옵새(古時調. 간밤에 자고. 海謠).

더수기 [명] 목덜미. ☞더숙이 ¶더수기:脖項(同文解上15).

더숙이 [명] 목덜미. ☞더수기 ¶더숙이:脖(漢淸5:52).

더술 [형] 더울. 뜨거울. ¶블 더술 염:炎(類合下51).

-·더·시 [어미] -듯이. ☞-ᄃᆞ시 ¶매 새 ᄧᅩᆺ더시 ᄒᆞᇙ디니(三綱. 忠12). 水淸則無大魚ㅣ라 ᄒᆞ더시 凡事ᄅᆞᆯ 너모 극진히 ᄒᆞ려 ᄒᆞ다가ᄂᆞᆫ(隣語1:30). 士別三日이면 刮目相對라 ᄒᆞ더시(隣語3:10).

-·더시·뇨 [어미] -시던고. ¶如來ㅅ 正法이 언제 滅ᄒᆞ리라 ᄒᆞ더시뇨(釋譜23:31).

-더시·니 [어미] -시더니. ☞-시더니 ¶님그미 나갯더시니:天子出外(龍歌49章). 허므를 모ᄅᆞ더시니:竟莫知其辜(龍歌119章). 구디 ᄌᆞᆷ겨 뒷더시니(釋譜6:2). 乞食ᄒᆞ더시니(釋譜24:7). 甁ㄱ 소배 ᄀᆞ초아 뒷더시니(月釋1:10). 正ᄒᆞᆫ 法으로 다ᄉᆞ리더시니(月釋8:90). 오직 五道輪廻ᄅᆞᆯ 니ᄅᆞ더시니:只言五道輪廻(圓覺下一之一41). 글ᄒᆞᄂᆞᆫ 션비를 블으더시니:招文學儒者(宣小6:34). 干과 羽를 兩階예 舞ᄒᆞ더시니:舞干羽于兩階(書解1:36). ※-더시니>-시더니

-·더시·니 [어미] -시더냐. ¶므스글 닙더시니 ᄒᆞ야 엇뎨 아니 무른다(南明上31).

-·더시·니·라 [어미] -시더니라. ☞-시더라 ¶太子 ᄉᆞᄅᆞ시고 七寶塔 세여 供養ᄒᆞ더시니라(釋譜11:22). ᄌᆞ걋 ᄆᆞᅀᆞ미 닉더시니라(月釋1:52).

-더시니이·다 어미 -시었습니다. ☞-러시니이다 ¶놈 위ᄒᆞ야 ᄒᆞᆫ 句ㅅ法도 니르신 저기 업고 샹녜 말 업더시니이다(釋譜24:39). 宮中에 겨싫 제 옷 허롬 모ᄅᆞ시며 비골폼도 업더시니이다(月釋8:82).

-·더시·닛·가 어미 -시었습니까. ¶그듸ᄂᆞᆫ 아니 듣ᄌᆞᄫᆞᆺ더시닛가(釋譜6:17).

-·더시·다 어미 -시더라. -으시더라. ☞-시더라 ¶龍과 鬼神과 위ᄒᆞ야 說法ᄒᆞ더시다(釋譜6:1). 善慧 듣ᄌᆞᆸ고 깃거 ᄒᆞ더시다(月釋1:18). 바미도 세 ᄢᅳᆯ 說法ᄒᆞ더시다(月釋2:27). 님금이 산 거슬 주어시든 모로매 치더시다(宣賜內訓1:10). 能히 言티 몯ᄒᆞᄂᆞᆫ 者 ᄀᆞᆮ더시다:似不能言者(宣論2:50).
※-더시다>-시더라

-·더시·든 어미 -시거든. ¶ᄒᆞ다가 부톄 相ᄋᆞᆯ 묻더시든 ᄯᅩ 能히 相ᄋᆞ로 對答ᄒᆞᅀᆞ오리라:若使佛問相亦能答以相(金三3:12).

-더·시이·다 어미 -시더이다. -십디다. ☞-시덩이다 ¶佛法이 다 滅ᄒᆞ리라 ᄒᆞ더시이다(釋譜23:36). 若空無常無我와 六波羅蜜ᄋᆞᆯ 니르더시이다(月釋7:53). 知見이라 ᄒᆞ더시이다(六祖上88). ᄯᅩ 일후미 如來ㅅ 知見이라 ᄒᆞ더시이다(六祖中79).

-·더·신 어미 -(으)시던. ¶부톄 ᄒᆞ더신 方便力을 念ᄒᆞ야(釋譜13:58). 묻더신 사ᄅᆞᆷ 慧覺尊者信眉와(月釋序20). 善慧 니버 잇더신 鹿皮 오ᄉᆞᆯ(月釋1:16).
※-더신>-(으)시던

-·더신·가 어미 -시던가. ☞-시던가 ¶遮陽ㄱ 세 쥐 녜도 잇더신가:遮陽三鼠其在于昔(龍歌88章). 녜도 ᄯᅩ 잇더신가:又在于昔(龍歌89章). ※-더신가>-시던가

-더신고 어미 -시던가. -시던고. ☞-더신가 ¶王이 무로ᄃᆡ 뎨 엇던 功德을 뒷더신고(釋譜24:37).

-·더신돈 어미 -시더면. -시었더라면. ¶궁에ᅀᅡ 山ㅅ곳뵈 겻더신돈 鬼衣도 金線이리라(鄕樂. 儺禮).

더시다 동 들어가 밤을 새우다. ☞더새다 ¶문을 두다려 더시기ᄅᆞᆯ 비니(落泉4:9).

더·어 동 더하여. ㉠더으다 ¶天福이 더어(月釋21:59). 眞實ㅅ 境界ᄂᆞᆫ 날로 더어:眞境日增(蒙法5). 닐오ᄃᆡ 樓ᄅᆞᆯ 더어:謂加樓(圓覺下二之一49).

더어다 동 더하다. ☞더으다 ¶부모의 얼구ᄅᆞᆯ ᄆᆡᆼᄀᆞ라 ᄭᅮ미기ᄅᆞᆯ 더어고:爲父母形加繪飾(東新續三綱. 孝1:9 釋珠刻木). 임진왜난의 지아비 도적의 자핀 배 되여 쟝촌 ᄂᆞᆯ홀 더어고져 커ᄂᆞᆯ:壬辰倭亂夫爲賊所獲將欲加刃(東新續三綱. 烈3:80).

더열ᄡᅥ라 동 데었더라. ㉠더이다 ¶지아븨 신쥬ᄅᆞᆯ 안고 나니 얼구리 다 더열ᄡᅥ라:抱夫神主而出體皆燋爛(東新續三綱. 烈2:14).

더오ᄃᆡ 동 더하되. ☞더ᄋᆞ다 ¶내 ᄯᅩ 겨르를 어더 히ᄆᆞᆯ 더오ᄃᆡ(楞解跋4).

더옥 부 더욱. ☞더욱 ¶내 身世의 疎拙흔 고ᄃᆞᆯ 더옥 슬허ᄒᆞ노라:益歎身世拙(重杜解1:4). 나그내 시르미 얼의여슈믈 더옥 헤튜리라:益破旅愁凝(初杜解20:23). 容이ᄂᆞᆫ 혼자 ᄭᅮ러안자 더옥 조심ᄒᆞ더니:容獨危坐愈恭(飜小10:6). ᄆᆞᅀᆞ매 세 번 念호미 더옥 됴ᄒᆞ니라(簡辟13). 道이 놉디옷 더옥 盛ᄒᆞᄂᆞ니라(龜鑑上18). 지아비ᄂᆞᆫ 더옥 怒를 츰으며:夫益忍怒(警民3). 더옥 공슌ᄒᆞ고:愈恭(宣小6:22). 계모ᄅᆞᆯ 셤기ᄃᆡ 더옥 삼가더라(東新續三綱. 孝4:76). 싀어미 셤기믈 더옥 브즈런이 ᄒᆞ고(東新續三綱. 烈1:42). 더옥 ᄠᅳᆺ 두어 브즈런이 ᄇᆡ호라:越在意勤勤的學著(朴解上45). 어버의 ᄆᆞᄋᆞᆷ이 더옥 엇더ᄒᆞ시며(百行源13). 더옥 막연ᄒᆞ고(百行源20). 慈愛ㅣ 더옥 더ᄒᆞ고(女四解4:43). 집이 더옥 가난ᄒᆞ더니(女範2. 변녀 니시옥영). 더옥 ᄲᅥᄅᆞ니라:尤捷(臘藥2). 더옥:益發(漢淸8:63). 셰상 인ᄉᆞ 꿈이로다 닉 일 더옥 꿈이로다(萬言詞).

더외잡다 동 붙잡다. ☞더위잡다 ¶날로 ᄒᆞ여 네 더외자보ᄆᆞᆯ 엇디 몯게 ᄒᆞ야:使我不得爾之扶持(重杜解16:58).

더·우·다 동 더하다. ☞더으다 ¶ᄆᆞᄎᆞ매 나그내 바ᄇᆞᆯ 더우리니:終然添旅食(初杜解7:37). ᄒᆞᄆᆞᆯ며 늘구메 어즈러우미 더우미ᄯᆞ녀:況乃遲暮加煩促(重杜解3:53).

더·우·라·혼 형 더한. ¶人에 더우라혼 허므레 ᄯᅩ ᄆᆡ이며:過人之疊又縈(永嘉下74).

더·욱 부 더욱. ☞더옥 ¶敬天勤民ᄒᆞ샤ᅀᅡ 더욱 구드시리이다:敬天勤民迺益永世(龍歌125章). 比丘僧을 보시고 더욱 바ᄎᆞ시니(月印上16). 須達이 그 말 듣고 더욱 깃거 다시 ᄢᅮᄃᆞ라(釋譜6:20). 孝道와 恭敬을 더욱 힘ᄡᅳ더니라(宣賜內訓1:48). 더욱 조심ᄒᆞ야(三綱. 孝17). 더욱 尊重ᄒᆞ시니:彌尊重(初杜解8:14). 더욱 미:彌(類合下43). 더욱 우:又(類合下45). 더욱 우:尤(類合下61. 倭解上27). 德이 더욱 크도다(女四解4:69). 더욱:越發(同文解下49). 더욱 해ᄒᆞ다:加害(漢淸8:40).

더·움 동 더함. ㉠더으다 ¶入聲은 點 더우믄 ᄒᆞᆫ가지로ᄃᆡ:入聲加點同而(訓註14). 弟子ㅣ 더우믈 請ᄒᆞᆯ 쩨:弟子請益(金剛上7). 날로 더우ᄆᆞ로 智 일우ᄆᆞᆯ 사ᄆᆞ니라:以日益爲成智(圓覺序84).

더·위 명 더위. ☞더뷔 ¶치위와 더위와(宣賜內訓3:16). 더위면 사ᄅᆞᆷ을 젓바누이고:令暍人仰臥(救簡1:33). 더위 가고 치위 오매:暑往寒來(南明上59). 더위 고로ᄃᆡ 못ᄒᆞ

여(辟新1). 치움 더위예 오술 절마다 보내오시고(仁祖行狀13). 더위를 當ᄒᆞ야 메아듬을 보시고(女四解4:46). 더위:熱(漢淸1:28). 나도 요ᄉᆞ이 더위가 드러(隣語1:8).

더위다 동 잡다. ☞더위치다. 더위티다 ¶ 버미 와 아기를 더위여 가거늘:虎攬其子(續三綱. 烈19). 네 이믜 내 지애비를 더위고 날조차 므로려 ᄒᆞᄂᆞ냐:爾旣攫我夫欲幷取我耶(東三綱. 烈5 金氏撲虎). 그 어미 바미 범의게 더위여 간 배 되니:其母夜爲虎所攬而去(東新續三綱. 孝2:69 官明逐虎).

더·위드리·다 동 더위들다. 더위먹다. ☞더위메이다 ¶ 더위드려 죽ᄂᆞ닐 길헷 더운 홁과 마ᄂᆞᆯ와를 곤게 ᄂᆞ화 므르ᄀᆞ라:中暑熱暍死道上熱土大蒜略等多少爛研(救簡1:33). 믈읫 더위드려든 싱앙 큰 ᄒᆞᆫ 무적을 ᄲᅡᆯ리 십고:凡中暑急爵生薑一大塊(救簡1:35).

더·위메이·다 동 더위먹다. ☞더위드리다. 더위며다 ¶ ᄯᅩ 더위메여 죽거든:又方中熱暍死(救急上11).

더·위며·다 동 더위먹다. ☞더위메이다. 더위며이다 ¶ 더위면 사ᄅᆞᆷ을 졋바누이고:令暍人仰臥(救簡1:33).

더·위며이·다 동 더위먹다. ☞더위메이다. 더위며다 ¶ 녀르메 더위며여 주그니라:夏月熱死(救簡1:32). 더위며여 가ᄉᆞ미 답답ᄒᆞ거든:熱暍心悶(救簡1:34).

더위자기 명 더위지기. ¶ 더위자기:茵蔯蒿(東醫 湯液三 草部).

더·위자피·다 동 붙잡히다. 부축을 받다. ☞더위잡다 ¶ 神靈을 셰여 棟樑ᄋᆞᆯ 더위자펫고:立神扶棟樑(初杜解6:2). 醉ᄒᆞ고 더위자펴 도라오ᄆᆞᆯ 므던히 너기노라:酩酊任扶還(初杜解15:51).

더·위잡·다 동 ①붙잡다. 부축하다. ¶ 어느 餘暇애 서르 더위자ᄇᆞ리오:豈暇相扶持(杜解2:55). 네 醉ᄒᆞᆫ 수리 처엄 ᄭᅢ요ᄆᆞᆯ 더위잡게 호리라:扶汝醉初醒(初杜解21:20). 더위자ᄇᆞ리 누고(南明上29). 亂ᄋᆞᆯ 定ᄒᆞ며 바ᄃᆞ라오ᄆᆞᆯ 더위자바 天地便安ᄒᆞ니:定亂扶危天地泰(金三5:49). 더위자ᄇᆞᆯ 원:援(類合下25). 더위자ᄇᆞᆯ 부:扶(光千24).
②더위잡다. 끌어 잡다. ¶ ᄆᆞᆯᄀᆞᆫ 새배 더위자바 올오ᄆᆞᆯ 뫼셔:淸晨陪躋攀(初杜解7:23). 조차 더위자ᄇᆞ린 여러 나비 그처 업도다:追攀絶衆狙(初杜解20:33). 더위자바 올오ᄆᆞᆯ 뎌른 나래 깃가ᄒᆞ다니:躋攀倦日短(杜解9:14). 더위잡디 어렵도다:難攀(金三2:48). 더위자ᄇᆞᆯ 반:攀(類合下46).

더위치다 동 잡다. 움켜잡다. ☞더위티다 ¶ 더위칠 확:攫(倭解下22).

더위티다 동 잡다. 움켜잡다. ☞더위다. 더위치다 ¶ 범의게 더위틴 배 되여ᄂᆞᆯ:爲虎所攬(東新續三綱. 孝5:37 儉進殺虎).

더위티이다 동 잡히다. ☞더위티다 ¶ 아비 범의 더위티인 배 되거ᄂᆞᆯ:父爲虎所攬(東新續三綱. 孝5:33).

더위ᄐᆞ다 동 더위타다. ¶ 더위ᄐᆞ다:害熱(譯解上5).

더윗·병 명 더윗병(病). ¶ 더윗病을 어두니 飮食ㅅ 마ᄉᆞᆯ ᄒᆞᆫ갓 ᄌᆞ조 밍ᄀᆞᆯ ᄲᅮᆫ니로다:被暍味空頻(初杜解10:23).

더으·다 동 더하다. ☞더어다 ¶ 虐政이 날로 더을씨:虐政日深. 兇謀ㅣ 날로 더을씨:兇謀日熾(龍歌12章). 增은 더을 씨오(釋譜9:13). 왼녀긔 ᄒᆞᆫ 點을 더으면:左加一點(訓註13). 益은 더을 씨라(月釋序11). 너희 一心ᄋᆞ로 法을 流布ᄒᆞ야 너비 더으게 ᄒᆞ라(月釋18:15). 알ᄑᆞ론 法華애 더으고:前則加法華(楞解1:19). 福이 ᄯᅩ 더어(法華6:10). 道ᄅᆞᆯ 더으고 生ᄋᆞᆯ 더루믄:增道損生(永嘉上76). 닐오ᄃᆡ 樓ᄅᆞᆯ 더어(圓覺下二之一49). 더욱 意識을 더으리니:轉添意識(蒙法56). 뉘 예셔 더으리오:孰勝於此(宣賜內訓序3). 시르믈 더으리랏다:添愁(初杜解15:31). 더을 텸:添(訓蒙下11). 더을 가:加. 더을 익:益. 더을 텸:添(類合下45). 더을 증:增(類合下45). 더을 익:益(類合下45. 石千14). 더을 증:增(石千30). 밥과 깅으란 다시 더음을 許ᄒᆞ고:飯羹許更益(宣小6:6). 매과 ᄂᆞᆯ히 서ᄅᆞ 더어:挺刃交加(東新續三綱. 烈1:7). 뫼해ᄂᆞᆫ 雨雪ㅣ 노가 흐로미 더으놋다:山添雨雪流(重杜解13:27). 내의 근심을 더으미라(女範1. 모의 도간모). 더을 샹:上(註千14).

더으·명:덜·다 동 가감(加減)하다. ¶ 더운 차로 머구ᄃᆡ 虛實을 혜오 時刻 혜디 마라 더으명더러 머그라:以熱茶投之量虛實不計時加減服之(救急上70).

더음 명 덤. ¶ 더음:補錠(同文解下27). 더음 又 우넘기:貼頭(漢淸10:17).

더:음 동 더함. ⑦더으다 ¶ 다시 더음을 許ᄒᆞ고:許更益(宣小6:6). 팔쳑의 몸을 더으미라(女範2. 현녀 졔샹어쳐).

더·이 부 덥게. ☞더비 ¶ ᄀᆞ장 더이 ᄒᆞ야 食前에 머구ᄃᆡ:大溫服食前(救急下34). 더이 더퍼 ᄯᆞᆷ 내라:暖覆取汗(救簡1:106). 내의 平生 ᄠᅳ든 더이 닙고 ᄇᆡ블오매 잇디 아니ᄒᆞ니라:平生之志不在溫飽(飜小10:20).

더·이·다 동 ①데우다. ☞데우다 ¶ ᄎᆞ거든 다시 더이라:冷卽再煖(救急下76). 술 더이고 生蛤 구어 오라 ᄒᆞᆫᄃᆡ:臑酒炙車螯(宣賜內訓1:67). 탕 달히며 믈 더이며:煎湯煮水(飜老下47). 藥 더이ᄆᆞᆯ 게을이 아니ᄒᆞ니:湯藥不懈(續三綱. 烈8). 잠ᄭᅡᆫ 더여 ᄲᅢ 혜디 말오 ᄒᆞᄅᆞ 두세 번식 머고ᄃᆡ:熱(簡辟8).

인ᄒᆞ야 긔결ᄒᆞ야 술 더이고 죠개 구으라 ᄒᆞᆫ대:因命臑酒炙車螯(宣小5:47). 술 더이다:湯酒(譯解上59). 믈을 더이며:煮水(女四解2:10). 더이다:溫(同文解上61). 더이다:溫着(漢淸12:55).
②데다. ☞데다 ¶얼굴이 다 더엳써라:體皆燋爛(東新續三綱. 烈2:14).

-·더이·다 어미 -ㅂ디다. -습디다. ☞-더이다 ¶그듸 ᄠᅳ들 맛고져 ᄒᆞ더이다(釋譜6:15). 實로 世尊 말 ᄀᆞᆮ더이다(月釋9:36中). 즈믄 디위 블러도 맛ᄀᆞᆯ 사ᄅᆞ미 업더이다(月釋23:83). 이런 ᄃᆞ로 주머귀 相이 겨시더이다:故有拳相(楞解1:98).

-더이다 어미 -ㅂ디다. -습디다. ☞-더이다 ¶木이 너모 美ᄒᆞᆫ ᄃᆞᆺ ᄒᆞ더이다:木若以美然(宣孟4:18). 적이 입 브티쇼셔 ᄒᆞ더이다:口到些箇(朴解中17).

더ᄋᆞ·다 동 더하다. ☞더으다 ¶내 ᄯᅩ 겨르를 어더 허믈 더오ᄃᆡ(楞解跋4). 順에 더옴과:順益(楞解10:80). 내ᄋᆡ 여희ᄂᆞᆫ 興이 긋여 나미 더ᄋᆞᄂᆞ다:添余別興牽(初杜解8:46). 어리고 쳔량이 하면 허므를 더ᄋᆞᄂᆞ니:愚而多財則益其過(飜小9:90). 어리고 지믈이 하면 그 허믈을 더ᄋᆞᄂᆞ니:愚而多財則益其過(宣小6:83).

더지다 동 던지다. ☞더디다 ¶더질 척:擲(倭解下38). 창을 미처 더지니(三譯1:21). 진실로 ᄆᆞᄋᆞᆷ을 더짐이라(三譯7:14). 流水靑山을 벗사마 더젓노라(古時調. 靑丘). 그 아래 비ᄅᆞᆯ 씌워 갈대로 더져 두니(松江. 星山別曲). 더지다:抛子(同文解上29). 메여더지다:扛口袋(漢淸4:49). 海口에 더져 두고(蘆溪. 太平詞). 日月이 븻북 더짐 ᄀᆞᆺᄒᆞ여(捷蒙2:8). 공ᄯᅳᆼ을 向ᄒᆞ야 급히 ᄒᆞᆫ 길 남즉이 더져놀(武藝圖22). 毬ᄅᆞᆯ 더진 후의(武藝圖68). 더질 투:投(註千16). 가은을 더져 ᄇᆞ리며(敬信81).

더·토·다 동 더듬다. ☞더틀다 ¶焦遂ᄂᆞᆫ 입 더토ᄃᆡ 술 醉ᄒᆞ면 말ᄉᆞᆷ을 잘 ᄒᆞᄂᆞ니라(初杜解15:41).

더투어리다 동 더듬거리다. ☞더두어리다 ¶더투어리ᄂᆞᆫ 놈:拮吧子(譯解上29).

더·틀·다 동 더듬다. ☞더토다 ¶혀 더틀 걸:吃(訓蒙下28).

더펄가·히 명 더펄개. ☞더펄개 ¶더펄가히 방:尨 俗呼獅子狗(訓蒙上19). 더펄가히 방:尨(倭解下23).

더펄개 명 더펄개. ☞더펄가히 ¶더펄개:獅子狗(譯解上32).

더·품 명 거품. ¶더품 ᄀᆞᆮᄒᆞᆫ 모ᄆᆞᆯ 아니 치시ᄂᆞ니라(月釋10:15). 오직 ᄒᆞᆫ ᄠᅳᆫ 더품 體ᄅᆞᆯ 자바:唯認一浮漚體(楞解2:16). 큰 바ᄅᆞ랫 ᄒᆞᆫ 더푸믜:巨海一漚(法華6:59). 모ᄃᆞᆫ 더품:聚沫(永嘉上40). ᄭᅮᆷ 곡도 믌더품 그리메 ᄀᆞᆮᄒᆞ며:如夢幻泡影(金剛151). 이 모미 모ᄃᆞᆫ 더품 ᄀᆞᆮᄒᆞ야:是身如聚沫(圓覺上二之二24). 더푸미 모ᄀᆞ로 올아:涎潮於上(救急上4). 믈와 더품ᄋᆡ 일훔과 얼굴왜 다ᄅᆞ다 너기디 말라:勿謂水泡名相異(南明上6).

더피다 동 덮이다. ¶白雲 더핀 듸 날 인ᄂᆞᆫ 줄 뉘 알리(古時調. 靑丘).

더허다 동 더하다. ☞더ᄒᆞ다 ¶더헐 가:加(兒學下9).

더훈 형 더운. ¶더훈 김 서린 물:甑氣水(柳氏物名五 水).

더ᄒᆞ·다 동 더하다. ☞더으다. 더ᄋᆞ다 ¶모딘 龍이 怒ᄅᆞᆯ 더ᄒᆞ니(月印上37). ᄒᆡᆼ뎌글 더ᄒᆞ야ᅀᅡ 聖人ㅅ 地位에 들리라(月釋2:61). 다시 功行ᄋᆞᆯ 더ᄒᆞ야ᅀᅡ:復加功行(楞解8:40). 倍히 더ᄒᆞᄂᆞ니(金剛81). 나호니예 더ᄒᆞ더시니:過於所生(宣賜內訓2上42). 네 ᄯᅩ 닷돈만 더ᄒᆞ야든:你再添五錢(飜老下23). 紘과 綖을 ᄡᅥ 더ᄒᆞ고:加以紘綖(宣小4:45). 더ᄒᆞᆯ 가:加(倭解下32). 더ᄒᆞ다:添上(同文解下22). 더ᄒᆞ다:增添(漢淸11:50). 더ᄒᆞᆯ 증:增(註千30). 더할 징:增(兒學下9).

덕 명 덕〔棚〕. ¶棚ᄋᆞᆫ 더기라(金三2:25).

덕거믜 명 거미의 한 가지. ¶왕거믜 덕거믜 들아 진지 東山 진거믜 납거믜 들아(古時調. 靑丘).

덕다 동 굳은살이 박이다. 못이 박이다. ¶덕다:起膙子(同文解下8). 덕다:起膙子(譯解補35). 덕근 거플:重皮(譯解補55). 덕근것:膙子. 덕다:起膙子(漢淸8:13).

덕담 명 덕담(德談). ¶덕담으로 下人을 주시게 ᄒᆞ야(新語7:1). 下人을 위ᄒᆞ야 德談엣 일이라 ᄒᆞ셔(新語7:6). 죠히로 삭인 덕담:利市紙(譯解補10). ᄀᆺᄒᆞᆯ 제 덕담ᄒᆞ다:祝贊(漢淸3:37).

·덕믈 명 덕적도(德積島). 〔지명(地名)〕 ¶德積덕믈 紫燕二島. …德積島 在南陽府海中(龍歌6:58).

·덕바·회 명 덕암(德巖). 〔바위 이름〕 ¶덕바회:德巖(龍歌6:43).

·덕:분 명 덕분(德分). ☞덕쁜 ¶형뎨히 덕분 니버:托着哥哥們福陰裏(飜老下65). 황뎨 크신 덕부네:皇帝的大福陰裏(飜朴上7). 형들의 덕분을 닙어:托着哥哥們福陰裏(老解下59). 우리ᄂᆞᆫ 덕분을 ᄡᅥ(新語2:1). 덕분 닙히쇼셔(譯解補56). 一定 大敗ᄒᆞᆯ 번 ᄒᆞᄋᆞᆸ더니 德分의 無事이 되엳ᄉᆞ오니(隣語1:8). 德分의 大關節을 지내오면(隣語1:17).

덕셕 명 덕석. ¶헌 덕셕 집벼개예 草食을 ᄒᆞᆯ찌라도(古時調. 靑謠).

덕쁜 명 덕분(德分). ☞덕분 ¶덕쁜의 무ᄉᆞ히 오오니(新語7:17).

덕지 명 딱지. 더뎅이. ☞더데 ¶덕지 뻐러딘 후에:落痂之後(痘瘡方12).

덕지다 동 더께지다. ¶고릭에 덕진 그으름:炕洞烟釉(漢清10:52). 쇠리 덕지다:銹尾(漢清14:25).

-던 어미 -던. ☞-단 ¶업던 번게를 하늘히 불기시니:有爆之電天爲之明(龍歌30章). 祭흐던 싸흘 보고 절흐다가(釋譜6:19).

-던 어미 -지는. ☞-든 ¶히마다 미던 못흐고 늙기 셜워 흐노라(古時調. 綠楊春三月을. 歌曲).

-던·가 어미 -던가. ☞-든가 ¶우리 어버싀네 다 모미 편안흐시던가(飜朴上51).

:던·기 명 따먹기. 내기. ☞더느기 ¶상륙쟝긔 두어 누미 것 던기 즐기며:博謂賭博財物(呂約6).

던·기·다 동 물리다. 따먹다. 놀음하여 빼앗다. ¶지븨 儋石이 업서도 百萬곰 던기더니라:家無儋石輸百萬(初杜解11:40). 이러면 흔 몬 이긔니는 곧 던기리로다:這們時有一箇輸了底便賽殺(飜朴上23). 흐나히 지누니 이시면 곳 던기리라:有一箇輸了的便賽殺(朴解上22). 그리어니 곳 던기쟈:可知便賽(朴解上22).

:던·다 동 내기하다. ☞더느다 ¶우리 먼 솔노하 두고 쏘아 흔 양 던져:咱們遠垛子放着射賭一箇羊(飜老下36). 우리 흔 이바디 던져:咱賭一箇筵席着(飜朴上54).

-던·다 어미 -던가. ☞-던가 ¶네 이 念을 뒷던다 아니 뒷던다(月釋9:35下). 네 모루던다 自淨王種이시니(月釋21:195). 이 이룰 흐던다 몯흐던다:爲此事否(宣賜內訓3:32). 네 어듸 가 잇던다:你那裏有來(飜朴上37). 어제는 또 무엇흐던다(捷蒙2:14). 날 업슨 霜天雪月에는 눌로 흐여 운이던다(古時調. 에엿분 네. 海謠).

-던·댄 어미 -던들. -더면. ☞-던덴 ¶모수몰 두던댄… 니르시리라스이다(法華2:231). 相 잇던댄 반드기… 내리러니라(金剛79).

-던·덴 어미 -던들. -더면. ☞-던댄 ¶나사오던덴 목숨 기트리잇가:如其進犯性命奚遺. 믈러가던덴 목숨 므추리잇가:如其退避性命奚戕(龍歌51章).

던득다 동 주의를 게을리 하다. ¶油斷:던득단 말이라(新語1:9).

-던든 어미 -던들. ☞-던돌 ¶내 이 곤툴 줄 아던든(詩解15:14).

-던 돌 어미 -던들. ☞-던든. -던딘 ¶짓기룰 일 흐던돌 져기 먹기 됴흘러니:做的早時喫些箇好來(朴解下45).

-던·딘 어미 -던들. -더면. ☞-던돌 ¶므숨매 서르 體信흐숩던딘:心相體信(法華2:226).

던으다 동 걸다. 내기하다. ☞더느다. 던ᄋ다 ¶우리 멀리 솔 티고 쏘아 흔 양을 던으쟈:咱們遠垛子放着射賭一箇羊(老解下33).

던ᄋ다 동 걸다. 내기하다. ☞더느다. 던으다 ¶아모것도 던ᄋ디 말고:不要賭甚麼(朴解中50).

덛 명 때. 동안. ☞덧 ¶밥 머긇 덛만뎡(月釋8:8). 밥 머긇 덛만 흐여도(月釋21:87). 刹那는 아니한더디라(楞解2:7). 밥 머글 덛만 너기더니:謂如食頃(法華1:106). 아니한 더데:倏忽(蒙法26). 또 王孫 爲흐야 져근 더들 셔슈라:且爲王孫立斯須(初杜解8:2). 아니한더데:俄頃(初杜解8:55). 잠싼 더디나:暫時間(飜老上62). 열세 남종이 다 여위실 더드란(鄉樂. 內堂). 그 더더 엇디흐야 下界에 누려오니(松江. 思美人曲). 그 더더 던젹이 되도다 쑴이론 듯흐여라(古時調. 鄭澈. 광화문. 松江).

덛- 접두 덧-. ¶치워도 조널이 덛닙디 말며:寒不敢襲(宣賜內訓1:50). 다룬 골로 덛브티면:靑藥蓋之(救簡3:18).

덛닙·다 동 덧입다. ¶치워도 조널이 덛닙디 말며:寒不敢襲(宣賜內訓1:50).

덛더디 부 ①떳떳이. 늘. 한결같이. ☞덛덛시. 덛덛이 ¶微妙히 불곤 모수미 本來 圓滿흔 덛더디 住흔 모수몰 아나:悟妙明心元所圓滿常住心地(楞解2:21).
②본시(本是). ¶세 受의 고디 덛더디 그러호딕:三受之狀固然(永嘉下74).
③확연히. 확실히. ¶그 얼구리 싸해 이셔 곧 덛더디 굳누니:其質在地則確然其堅(金三2:29).

덛덛·다 형 ①떳떳하다. ☞덛덛흐다 ¶네의 本來 덛더든 거슬 일흔 젼칠씨:失汝元常(楞解1:85). 性이 덛덛다 혼 젼추로:性常恒故(楞解10:13).
②한결같다. ☞덛덛흐다 ¶人生애 모다쇼미 덛덛디 아니흐니:人生會合不可常(初杜解15:46).

덛덛시 부 떳떳이. 늘. 한결같이. ☞덛더디. 덛덛이 ¶믈읫 奠이 脯醢를 쓰는 者는 蓋 古人의 집의 덛덛시 이심이라(家禮7:1).

덛덛이 부 떳떳이. 늘. 한결같이. ☞덛더디. 덛덛시 ¶몸이 엇디 能히 덛덛이 이시리오:身豈能常存(宣小6:129). 人의 德의 慧와 術의 知룰 둔는 者는 덛덛이 疢疾에 인누니라:人之有德慧術知者恒存乎疢疾(宣孟13:12). 너희는 朕의 教를 덛덛이 드르라:其爾典聽朕教(書解4:4).

덛덛흐·다 형 ①떳떳하다. ☞덛덛다 ¶應化흐시논 모미 나토미 덛덛흔 法이 업스시니:應化之身現無常準(永嘉序3). 아릭 道ㅣ 덛덛흔 道ㅣ 아니라:頃以道非常道(圓覺序71). 다솟 덛덛흔 德을 머구머(宣賜內訓序

2). 뫼해 녀미 덛덛훈 限ㅣ 이실시:山行有常限(重杜解1:48). 덛덛훈 期限이 이시니:有常期(杜解25:39).
②한결같다. ☞덛덛다 ¶얼의여 덛덛ᄒᆞ야 變티 아니커늘:凝常不變(法華1:109). 法令이 嚴肅ᄒᆞ야 이리 덛덛호미 잇도다:令肅事有恒(初杜解22:25). 거츠롬 업슨 두려이 덛덛훈 體相 아로몰 니ᄅᆞ시니라(南明上7). 體 제 덛덛ᄒᆞ도다:體自常(南明下9). 덛덛홀 홍:恒(類合下53). 덛덛홀 샹:常(註千7). ※덛덛ᄒᆞ다>떳떳하다

덛브·티·다 동 덧붙이다. ¶다른 골로 덛브티면:膏藥蓋之(救簡3:18).

:덜 부 덜. ¶삐니 헤디 말오 더 머그며 덜 머그라:不計時加減服之(救簡3:71). 좀을 적기 덜 자다:省睡些箇(譯解下53). 내 자바 권ᄒᆞᄂᆞᆫ 잔을 덜 먹으려 ᄒᆞᄂᆞᆫ다(古時調. 鄭澈. 松江).

덜넝이다 동 덜렁이다. ☞덜렁이다 ¶덜넝이ᄂᆞᆫ ᄆᆞᆯ:光當馬(譯解下29). 덜넝이ᄂᆞᆫ ᄆᆞᆯ:光當馬(柳氏物名一 獸族).

:덜·다 동 덜다. ¶주굼 사로ᄆᆞᆯ 더라 시름이 업거니(月印上45). 부텻긔 恭敬이 덜리잇가(月印上62). 邪曲ᄋᆞᆯ 덜에 ᄒᆞ쇼셔(釋譜6:22). 우리ᄃᆞᆯ토 샤리ᄅᆞᆯ 더러 주쇼셔(釋譜23:55). 除覺支ᄂᆞᆫ 더ᄂᆞᆫ 覺支니(月釋2:37). 거즛 이ᄅᆞᆯ 더르쇼셔(月釋2:72). 五萬劫 生死ㅅ罪ᄅᆞᆯ 더러(月釋8:21). 여러 가지 觀ᄋᆞᆯ 지ᅀᅥ 더니(月釋13:21). 또 日天子ㅣ 어두부믈 能히 더ᄃᆞᆺᄒᆞ야(月釋18:48). 그르싀 方ᄋᆞᆯ 더롧디언뎡:除器方(楞解2:43). 物을 옮기린 그릇 덜오(楞解2:45). 더디 몯ᄒᆞ거니와:未除(楞解4:4). 如來ㅣ 今日에 ᄒᆞ다가 다 글어 더르샤 ᄆᆡ요미 나디 아니ᄒᆞ면(楞解5:22). 迷惑훈 妄이 ᄒᆞ마 더러ᅀᅡ:迷妄既除(楞解5:83). 妄語를 그처 더롧디니(楞解6:111). 妄ᄋᆞᆯ 덜오져 ᄒᆞ야도(楞解9:38). 滅은 色ᄋᆞᆯ브터 더ᄂᆞ니:滅從色除(楞解10:87). 어즈러우믈 덜오(法華1:82). 疑心ㅅ 그므를 다 ᄒᆞ마 덜와이다:疑網皆已除(法華2:8). 여러 가짓 어드움 더ᄃᆞᆺ ᄒᆞ야(法華6:114). 凡夫의 不善훈 ᄆᆞᅀᆞᆷ 더루믈 爲ᄒᆞ시니:爲除凡夫不善之心(金剛序6). 智慧ᄅᆞᆯ 닷ᄀᆞ샤 더르시니라(金剛序8). 뎌 사ᄅᆞᄆᆡ 煩惱ᄅᆞᆯ 더루라 ᄒᆞ면:除得彼人煩惱(金剛下113). 날로 더으고 날로 더루미니라:日益日損者矣(圓覺序84). 初果 ᄒᆞ마 더러니와(圓覺下三之一22). 이 세홀 더디 아니ᄒᆞ면(宣賜內訓1:46). 어름과 서리ᄂᆞᆫ 어젯바ᄆᆡ 더도다:氷霜昨夜除(初杜解8:43). 物膳 더르실:減膳(初杜解18:17). 오직 그 病을 덜오(南明上7). 念이 다아 덜면(六祖中10). 虛妄훈 혜아리ᄂᆞᆫ ᄆᆞᅀᆞᆷ 더로미 이라(六祖中30). 또 모딘 긔운을 더ᄂᆞᆫ 됴훈 術이라:消除(簡辟3). 덜 불:弗(光千16). 덜 견:蠲(類合下14). 덜 손:損(類合下21). 덜 뎨:除. 덜 감:減(類合下58). 졍녀ᄒᆞ고 집의 구실 더ᄅᆞ시니라:旌閭復家(東新續三綱. 孝3:23). 이 ᄆᆞᆯ을 덜고ᄂᆞᆫ(老解上11). 덜 감:減(倭解下32). 肉刑이 뻐 덜니고(女四解4:72). 더다:減了(漢淸11:50). 청묘법을 덜고 ᄎᆞ역법을 다시 ᄒᆞ야(女範1. 셩후 셔인고후). 덜 거:去(註千14). 덜 싱:省(註千30). 덜 손:損(兒學下9).

덜렁이다 동 덜렁이다. ☞덜넝이다 ¶덜렁이다:顚(漢淸14:26).

덜리다 동 덜리다. ☞덜리이다. 덜이다 ¶져기 즈름 갑시 덜림이 됴티 아니ᄒᆞ냐:省些牙錢不好(朴解中38).

덜리다 동 손해 보다. ¶졔 몸이 덜리고 파ᄒᆞ야:損(女四解3:8).

덜리이다 동 덜리다. ☞덜이다 ¶妻ㅣ 어딜면 지아븨 일이 덜리이고:妻賢夫省事(朴解中29).

덜·몸 동 더러워짐. 물듦. ㉠덟다 ¶ᄆᆞᅀᆞᆷ 性이 덜몸 업슨 ᄃᆞᆯ ᄉᆞᄆᆞᆺ 아라:了知心性無染(眞言. 施食文38).

덜믈 동 더러워질. 물들. ㉠덟다 ¶내 ᄆᆞᄋᆞᆷ 뎌 ᄀᆞᄐᆞ야 덜믈 줄을 모ᄅᆞ고져(古時調. 鄭澈. 쇠나기. 松江).

덜업다 형 더럽다. ☞더럽다 ¶ᄒᆞ야곰 덜업게 ᄒᆞ야 門庭을 틔긔호미 읻게 말올디니라(女四解2:29).

:덜·에 동 덜게. ㉠덜다 ☞-에 ¶衆生ᄋᆡ 邪曲ᄋᆞᆯ 덜에 ᄒᆞ쇼셔(釋譜6:22). ※덜에>덜게

덜·이·다 동 덜리다. 덜게 하다. ☞덜리다. 덜리이다 ¶罪ᄋᆡ 불휘 永히 덜인 젼ᄎᆞ로:則罪根永除故(金三3:56). 일후믈 덜여 淸江애 流配ᄒᆞ니:除名配淸江(初杜解8:53).

덜치다 동 덜다. ¶드ᄃᆡ여 지산을 덜쳐 삭이고(敬信40).

:덜·티·다 동 제거(除去)하다. ¶學者ㅣ 모로미 몬져 이런 것들홀 덜텨 ᄇᆞ리고:學者須先除去此等(宣小5:98).

덜퍽 부 더럭. ¶화증을 덜퍽 니오셔 ᄒᆞ시되(閑中錄196).

덟·기·다 동 물들이다. ¶이대 아로ᄆᆡ 덟규ᄆᆞ로:靈悟所染(楞解9:57).

:덟·다 동 더러워지다. 물들다. ☞닮다 ¶오직 덟디 아니ᄒᆞ며(月釋13:14). 心魂이 이대 아로매 덜머:心魂染於靈悟(楞解9:58). 世間法에 덟디 아니호미:不染世間法(法華5:119). 이 淸淨훈 ᄆᆞᅀᆞ미 世間애 이쇼ᄃᆡ 덟디 아니호ᄆᆞᆯ 가ᄌᆞᆯ비니라(眞言. 供養文14). ᄆᆞᅀᆞᆷ 性이 덜몸 업슨 ᄃᆞᆯ ᄉᆞᄆᆞᆺ 아라:了知心性無染(眞言. 施食文38). 내 ᄆᆞᄋᆞᆷ 뎌

ᄀᆞ트야 덜믈 줄을 모ᄅᆞ고져(古時調. 鄭澈. 쇠나기. 松江). 엇그제 비단옷 버ᄉᆞ니 덜믈 거시 업서라(古時調. 鄭澈. 靑山의. 松江).

덤겁다 형 우거져 빽빽하다. ☞덤썹다 ¶덤거울 무:茂(光千22).

덤벙이다 동 덤벙이다. ¶덤벙이다:亂弄(同文解下59). 덤벙이다:鬧的慌(譯解補23). 덤벙이는 ᄭᅵᆷ에:趕鬧(譯解補52). 덤벙여 결을 업슨 거동:手忙脚亂(譯解補60).

덤불 명 덤불. ¶가싀덤불 속에(五倫3:38). 덤불 구멍:薮(柳氏物名三 草).

덤블 명 덤불. ☞덤불 ¶덤블 수:藪(倭解下29). 가싀 덤블을 헤티고:披榛(五倫1:61). 가싀덤블 속에 숨어셔:莿棘中(五倫3:38). 덤블 모:莽(註千32). ※덤블>덤불

덤셕 부 덥석. ¶두 손목 마조 덤셕 쥐고 슈근슈근 말ᄒᆞ다가(古時調. 니르랴. 靑丘).

덤써·츨·다 형 덩거칠다. 울울(鬱鬱)하다. ☞덦거츨다. 덥써츨다 ¶냇ᄀᆞᇫ 소ᄂᆞᆫ 덤써츠러 늣도록 퍼러호ᄆᆞᆯ 머굼엇ᄂᆞ니라(飜小6:28). 더듼 냇ᄀᆞ잇 솔ᄋᆞᆫ 덤써츠러 늣도록 프로ᄆᆞᆯ 머굼엇ᄂᆞ니라:遲遲澗畔松鬱鬱含晩翠(宣小5:25).

덤썹다 형 우거져 빽빽하다. ☞덤겁다 ¶덤써울 울:鬱(光千18).

덦거·츨·다 형 덩거칠다. ☞덤써츨다. 덥써츨다 ¶ᄒᆞᆫ갓 덦거츠러 藥草ㅣ 아니라:則徒爲蕪穢非藥草矣(法華3:3). 귀 잔듸ᄀᆞ티 덦거츠니 업다(樂詞. 雙花店).

덥가나무 명 떡갈나무. ☞덥갈나모 ¶어욱새 속새 덥가나무 白楊 수페(松江. 將進酒辭). 덥가나무 역:棫(詩解 物名20).

덥갈 명 떡갈나무. ☞덥갈나모 ¶덥갈 우:栩(詩解 物名10). 덥갈 륵:櫟(詩解 物名11).

덥·갈나모 명 떡갈나무. ☞덥가나무 ¶덥갈나모 륵:櫟(訓蒙上10). 덥갈나모 겁질:櫟樹皮(東醫 湯液三 木部). 덥갈나모:槲樕(柳氏物名四 木).

덥·게 명 덮개. ¶구슬로 ᄆᆡ자 ᄒᆡ욘 덥게예:珠結子的盖兒(飜朴上30).

덥누로다 동 덮어 누르다. ¶泰山이 덥누로ᄂᆞᆫ ᄃᆞᆺ 존 放氣 소릐에 젓 먹던 힘이 다 ᄲᅳ이노ᄆᆡ라(古時調. 얽고 검고. 靑丘).

덥·다 동 덮다. ☞덮다 ¶또 ᄇᆞᄅᆞᆷ앳 오란 ᄒᆞᆰ을 ᄇᆞᅀᅡ 굴이 ᄃᆞ외어든 주근 사ᄅᆞᄆᆞᆯ 덥고:亦有用陳壁土末覆之死者(救簡1:67). 집을 엇디 맛당히 덥프리오:屋何宜覆(宣小6:30). ᄂᆞᆯ개로 ᄲᅧ 와 덥퍼셔 개 도라옴을 기들오놋다:以翼來覆待狗歸(宣小6:93). 난죵이 덥퍼 ᄲᅳ린대:難終覆翼之(東新續三綱. 忠1:13). 仍ᄒᆞ여 덥풀 디니라(家禮7:2). 아니 비슨 헛튼 머리 두 귀 미찰 덥퍼 잇니(萬言詞). 덥플 몽:蒙(註千42).

:덥·다 형 덥다. ¶四天王이 더ᄫᅳᆫ 鐵輪을 ᄂᆞᆯ여 보내야(釋譜6:46). 못 처ᅀᅥᆷ의 더ᄫᅳᆫ 블로 모ᄆᆞᆯ ᄉᆞ라(月釋1:29). 더ᄫᅳᆫ 쇠노ᄒᆞ로 시울 티고 더ᄫᅳᆫ 돗귀와 톱과로 바히ᄂᆞ니라(月釋1:29). 더우며 축축거늘ᅀᅡ:蒸濕(楞解6:93). ᄭᅮᆫ 돗ᄀᆞᆯ 둗거이 덥게 ᄒᆞ노라:薦席厚暖(法華2:242). 더우ᄆᆞᆯ 덜오:除熱(法華3:64). 더오ᄆᆞᆫ 밤 구ᄅᆞᇝ 제 더ᄫᅳᆫ 氣韻이 소배 드러(蒙法44). 더운 옷 니버 便安히 살오:暖衣逸居(宣賜內訓1:21). 炎天에 더워 ᄢᅵᄂᆞᆫ ᄃᆞᆺ호ᄆᆞᆯ:欝蒸(初杜解8:9). ᄀᆞᄅᆞᇝ ᄉᆞᅀᅵ 비록 더우나:江間雖炎瘴(初杜解15:18). 새 지비 치워 할시 덥거ᅀᅡ 비르서 여노라:白屋寒多暖始開(初杜解22:8). ᄇᆞᄅᆞᆷ 덥거늘(南明上7). 더울 셔:暑(訓蒙上1. 石千1. 倭解上6). 더울 탕:湯(訓蒙中21). 더울 훤:喧. 더울 난:暖. 더울 염:炎. 더울 욱:燠(訓蒙下2). 더울 탕:湯(光千5). 더울 열:熱(類合上2. 石千38. 兒學下8). 더울 란:煖(類合下48). 덥다:炎天(譯解上5). 덥다:熱啊(同文解上5). 溫涼은 덥도 아니코 ᄎᆞ도 아니케 ᄒᆞ란 말이라(女四解2:17).

※'덥다'의 활용 [덥고/덥게/덥다… / 더ᄫᅳᆫ(더ᄫᅳᆫ)/더ᄫᅳᆯ…

덥단병 명 온역(瘟疫). 열병(熱病). ¶여러 가짓 방문에 덥단병 고툘 법을(簡辟序2). 덥단병을 닮디 아니케 ᄒᆞᄂᆞ니:令人不染溫病(瘟疫方7).

:덥·달·다 동 덥게 달다. 몹시 달다. ¶덥달며 알ᄑᆞ거든:熱毒疼痛(救急下25). 안히 덥다로ᄆᆞᆫ 요ᄉᆞᅀᅵ예 엇더ᄒᆞ뇨:內熱比何如(初杜解20:51). ᄲᅧ 나 中腸ᄋᆞᆯ 덥다노라:骨出熱中腸(初杜解25:6). ᄇᆞᄅᆞᆷ마자 답답ᄒᆞ며 덥달며:中風煩熱(救簡1:13). 과ᄀᆞ리 주거 덥달어든:卒死而壯熱者(救簡1:44). ᄆᆞᅀᆞᆷ뽀기 덥달오:心頭熱(救簡6:48). 브서 덥다라:腫熱痛(救簡6:70). 애ᄅᆞᆯ 덥다노라:熱中腸(重杜解19:43).

덥두드리다 동 덮쳐 두드리다. ¶손으로 덥두드려:手撲之(東新續三綱. 烈6:14).

덥듯ᄒᆞ·다 형 덥고 훈훈하다. ¶서늘코 싁싁ᄒᆞ야 죠고맛 덥듯홈도 업슬 시라(南明上25). 덥듯ᄒᆞᆫ ᄇᆞᄅᆞ미 ᄃᆞᆺᄇᆞᆺᄒᆞ야:熏風習習(金三4:18).

덥듯ᄒᆞᆫ병 명 온역(瘟疫). 열병. ☞덥단병 ¶그 병이 時氣와 덥듯ᄒᆞᆫ병과로 ᄒᆞᆫ가지니:其病與時氣溫熱等病相類(瘟疫方1).

덥습고 동 덮고. ¶중의 長衫 나 덥습고(古時調. 靑丘).

:덥시·기 명 덥고 찬 것. ¶덥시기ᄅᆞᆯ 盡情ᄒᆞ야 ᄒᆞ더니:寒暖惟恐不至(三綱. 烈26).

덥써츨다 형 덩거칠다. ☞덦거츨다 ¶덥써츨울:鬱(石千18). 遲遲ᄒᆞᆫ 냇ᄀᆞ잇 솔ᄋᆞᆫ 덥써

츠러 늣도록 프르믈 머굼엇ᄂᆞ니라 遲遲澗畔松欝欝含晩翠(英小5:29).

덥으러 부 더불어. ☞덥을어 ¶襄ㅣ 文公으로 덥으러(女四解4:43).

덥·을·어 부 더불어. ☞덥으러 ¶ᄒᆞᆫ번 덥을어 ᄀᆞ죽ᄒᆞ면:一與之齊(宣小2:48). 사ᄅᆞᆷ 덥을어 ᄆᆞ옴ᄶᆞ지 홈올:與人忠(宣小3:4).

덥져기다 동 덥적이다. ¶두루 덥져겨 ᄡᅡᄒᆞ니 아모 그 가ᄆᆞ귄 줄 몰ᄂᆡ라(古時調. 가마귀. 靑丘).

덥치그믈 명 덮치기. ¶덥치그믈:罦(柳氏物名一 羽蟲).

덥티 명 광어(廣魚). ¶덥티:廣魚(柳氏物名二 水族). 〔'덥티'는 '넙티'의 오기(誤記).〕

덥펄개 명 더펄개. ☞더펄가히. 덥헐개 ¶덥펄개:獅子狗(柳氏物名一 獸族).

덥헐개 명 더펄개. ☞더펄가히. 덥펄개 ¶덥헐개:獅子狗(物譜 毛蟲).

덥히다 동 덮이다. ☞더피다 ¶德이 前古에 덥히샤:德蓋前古(女四解3:59). 덥히다:覆蓋(漢淸11:19).

덧 명 때. 동안. ☞덛 ¶잠싼 덧이나:暫時間(老解上56). 져근 더시 느저가니(癸丑98). 혈마 님이야 그 덧에 이져시랴(古時調. 가더니. 瓶歌).

덧 명 덫. ¶덧:反車子(譯解下19). 쥐 덧:木猫(譯解下19). 덧:地弩(譯解補44).

-·덧 어미 -듯. ☞-듯 ¶渴ᄒᆞᆫ 제 ᄝᅳᆯ 먹덧ᄒᆞ야(月釋7:18). 禮ᄅᆞᆯ 님금 밧ᄌᆞᆸ덧 ᄒᆞᄂᆞᆺ다:禮若奉至尊(重杜解17:3).

덧궂·다 형 몹시 험상궂다. 몹시 추하다. ☞덧궂다 ¶나ᄂᆞᆫ 양지 덧궂고 술히 세요이다(釋譜24:35). 몰애로 布施ᄒᆞᆯ씨 이제 와 양지 덧궂다 ᄒᆞ논 ᄠᅳ디라(釋譜24:35).

덧궂·다 형 몹시 험상궂다. 몹시 추하다. ☞덧궂다 ¶모미 디들오 양지 덧구즐씨(釋譜24:11).

덧기 부 듯이. ¶크나큰 빈 방안의 더진 덧기 안자시리(人日歌).

덧내다 동 덧내다. ☞덧ᄂᆡ다 ¶거워 덧내단 말:打草驚蛇(譯解補61).

덧니 명 덧니. ¶덧니:重牙(譯解補21). 덧니:重牙(漢淸5:51).

덧ᄂᆡ다 동 덧내다. ☞덧내다 ¶귀신 덧ᄂᆡ다:神鬼見怪(漢淸9:8).

-덧다 어미 -더라. ☞-닷다 ¶沈潛翫索ᄒᆞ야 聖賢事業ᄒᆞ시덧다(蘆溪. 獨樂堂).

덧더디 부 떳떳이. 늘. 한결같이. ☞덧덧이 ¶덧더디:常(同文解下47).

덧덧이 부 떳떳이. 늘. 한결같이. ☞덛덛이 ¶섭섭ᄒᆞᆫ 이ᄂᆞᆫ 덧덧이 패ᄒᆞᆫ다 ᄒᆞᄂᆞ니라:脫空常敗(朴解中47).
※덛덛이(덧덧이)＞떳떳이

덧덧ᄒᆞ다 형 떳떳하다. ☞덛덛ᄒᆞ다 ¶져근 거ᄉᆞ로 ᄡᅥ 큰 ᄃᆡ 섬기기ᄂᆞᆫ 덧덧ᄒᆞᆫ 일이라(山城53). 덧덧ᄒᆞᆫ 거슬 직희랴 ᄒᆞ미라(山城87). 하ᄂᆞᆯ 삼긴 덧덧ᄒᆞᆫ 거시라(警民29). ᄉᆞ싱은 덧덧ᄒᆞᆫ 일이니:死生常道也(五倫3:30). 덧덧ᄒᆞᆯ 경:經(註千21). 녜 것슬 변ᄒᆞ며 덧덧ᄒᆞᆫ 것슬 밧고ᄂᆞᆫ디라:變古易常(三略上35).

덧쎳업다 형 무상(無常)하다. ¶문득 이 몸이 덧쎳업슴을 염ᄒᆞ야:無常(正念解2).

덧업시 부 덧없이. ¶덧업시 ᄇᆞᆯ가지니 새날이 되야 괴야(古時調. ᄒᆡ 져. 靑丘).

덧업다 형 덧없다. ¶풀쯧희 이슬이니 오히려 덧업스니(萬言詞).

·덩 명 덩〔輦〕. ¶술위와 보ᄇᆡ로 ᄭᅮ뮨 덩과로(釋譜13:19). 보ᄇᆡ옛 더을 어드며(釋譜19:5). 덩 一百과:軿輜百(三綱. 烈9). 壻ㅣ 덩발을 들어 ᄡᅥ 기ᄃᆞ로거든(家禮4:17). 덩ᄀᆞᄐᆞᆫ 거슬 메고(癸丑108).

덩 명 덩이. ☞뎡 ¶소고ᄅᆞᆯ 져고매 더허 ᄇᆞᄉᆞ 달힌 ᄢᅮ레 ᄆᆞ라 덩 지ᅀᅥ 항문에 녀흐면 져근ᄆᆞᆯ 즉재 보리라:鹽少許搗碎煉蜜爲挺子於糞門內塞之小水即出(救簡3:80).

덩굴 명 덩굴. ☞덩울 ¶덩굴 등:藤(兒學上6). 덩굴 만:蔓(兒學上6).

덩울 명 덩굴. ¶얽머흔 가시 덩우리라 ᄒᆞ며(七大1). 절벽 아래 머래 덩울이 이셔 죽디 아니ᄆᆞᆯ 어ᄃᆞ니라:崖下有蘿蔓得不死(東新續三綱. 烈1:11). 주검을 가시 덩울히 그으고:曳屍叢棘中(東新續三綱. 烈8:57).

덩이 명 덩이. ☞덩. 뎡 ¶더 어름 담ᄂᆞᆫ 그릇 우희 ᄒᆞᆫ 덩잇 어름 노코:那冰盤上放一塊冰(飜朴上5). 즉제 게셔 ᄒᆞᆫ 덩이 큰 돌흘 가져다가:就那裏拿起一塊大石頭(老解上25). 장 덩이과 보리밥을(癸丑81). 덩이 괴:塊(倭解下32). 고기ㅅ덩이:肉塊(同文解上59). 고기 덩이:肉塊(漢淸12:34). 금 ᄒᆞᆫ 덩이를 어더(五倫3:15). 덩이:墣塊(柳氏物名五 土).

-덩·이·다 어미 -더이다. -ㅂ디다. ☞-더이다. -더이다 ¶浩의 ᄒᆞᆫ 배라 ᄒᆞ덩이다:浩所爲(宣小6:42). 七十萬 돈을 바도려 ᄒᆞ덩이다:須七十萬錢(宣小6:115).

덫 명 때. 동안. ☞덧 ¶人生은 더지 업고 造物이 ᄉᆡ암 발나(陶山別曲).

덮·다 동 덮다. ☞덥다. 둪다 ¶ᄯᅩ 고깃 汁이 器具ㅅ 中에 잇거든 칙ᄎᆞ기 더퍼 氣分이 ᄉᆞᄆᆞ차 나디 몯ᄒᆞᄂᆞᆫ 것도 ᄯᅩ 사ᄅᆞᄆᆞᆯ 주기ᄂᆞ니라:又肉汁在器中密蓋氣不泄亦殺人(救急下62). 조ᄒᆞᆫ 法體ᄅᆞᆯ 더프며(南明上37). 머리ᄅᆞᆯ 글어 더픈대(南明上54). 두터이 더퍼 ᄯᆞᆷ 내라:覆取汗(救簡1:17). 거플로 더퍼(救簡6:40). 칙을 더퍼(飜小8:39). 더플

부:覆(類合上2). 더플 엄:掩(類合下26). 더플 개:蓋(註千7). 더플 부:覆(註千8).

·데군·타 형 떼꾼하다. ¶ 곳구무 데군케 드위혀 고믿 니르리 몯 ᄀᆞ초아셔 자며(釋譜3:100).

:데·다 동 ①데다. ☞더이다 ¶ ᄇᆞ롬 거스려 홰자봄 ᄀᆞᆮᄒᆞ야 노하 ᄇᆞ리디 아니ᄒᆞ면 당다이 제 모미 데오(月釋7:18). 모ᄆᆡ 다 데여 므르닉 데니(月釋23:80). 네 어미ᄂᆞᆫ 므를 머그면 ᄆᆡᄫᆞᆫ 브리 ᄃᆞ외야 ᄇᆡ술히 데여 믈어디리라(月釋23:90). 더운 믈와 브레 데닌:被湯火燒者(救急下7). 다리우리ᄅᆞᆯ 달오고 사ᄅᆞᄆᆞ로 들라 ᄒᆞ니 소니 데어늘(宣賜內訓序4). 데디 아니케 호ᄃᆡ(救簡1:75). 소니 데어냐 ᄒᆞ니(飜小10:3). 국이 네 손ᄋᆞᆯ 데거냐 ᄒᆞ니:羹爛汝手乎(宣小6:102). 머리며 ᄂᆞ치 다 데니라:頭面盡焦爛(東新續三綱. 孝2:7). ᄉᆞ톄 데여 거의 죽다가 사다:四體燋爛幾死而生(東新續三綱. 孝5:11). 데다:燙了(漢淸8:13).
②데우다. ☞더이다 ¶ 生地黃汁 ᄒᆞᆫ 中盞을 데여 머그라:生地黃汁一中盞溫暖服之(救急上9). ᄉᆡᆼ디황 불휘 ᄧᅩᆫ 즙 닷 홉과 련 ᄌᆞᆫ 즙 닷 홉과 ᄢᅮᆯ ᄒᆞᆫ 홉과ᄅᆞᆯ 섯거 데여 ᄃᆞ시ᄒᆞ야:生地黃汁五合生藕汁五合蜜一合相和煖令溫(救簡3:100). 등잔을 머므르고 밥을 데여:停燈溫飯(女四解2:22).

데면이 부 데면데면히. ¶ 별장들을 딕희워시니 데면이 보고 일내디 말오(癸丑175).

데뻣다 동 떴다. ㉮데쁘다 ¶ 구룸과 안개ᄂᆞᆫ 데뻣도다:雲霧浮(重杜解1:15).

:데ᄠᅳ·다 동 뜨다. ¶ 다ᄆᆞᆫ 데ᄠᅳᆫ 너기미니:特浮想耳(楞解1:65). 네 ᄆᆞᅀᆞ미 멀터이 데ᄠᅥ:汝心麤浮(楞解3:106). 麤ᄒᆞᆫ 行과 녀튼 아ᄅᆞᄆᆞ로 데ᄠᅥ 機ᄅᆞᆯ 조차:麤行淺解汎濫隨機(永嘉上20). 샹녜 데ᄠᅮ미:常浮游(六祖上38). 아ᄋᆞ라히 구름과 안개ᄂᆞᆫ 데뻣도다:蒼茫雲霧浮(重杜解1:15).

데쓸타 동 데쓿다. 애벌로 쓿다. ¶ 糲은 데쓸ᄒᆞᆫ ᄡᆞᆯ이라(女四解3:29).

데오다 동 데우다. ☞데우다. 데이다 ¶ 쓴 ᄂᆞ믈 데온 믈이 고기도곤 마시 이셰(古時調. 鄭澈. 松江).

데우·다 동 데우다. ☞데오다. 데이다 ¶ 味ᄅᆞᆯ 술면 能히 데운 丸과 쇠쥭이 ᄃᆞ외오:燒味能爲焦丸鐵糜(楞解8:97). 骨髓ᄅᆞᆯ 데워 므르게 ᄒᆞᆯ 씨라:燋爛骨髓(楞解8:103). 화로애 데워오라:爐裏熱着來(飜老上62). 데우라 가디 말라:休旋去(飜老上63). 손발 데워지라:熱手脚(飜老下35). 화로에 데워 오라:爐裏熱着來(老解上56).

데이다 동 데우다. ☞데오다. 데우다 ¶ 탕 달히며 믈 데이며 병증 무로라:煎湯煮水問候着(老解下42).

데저비 명 노두(蘆頭). 인삼·사삼(沙蔘)·도라지 등의 대가리 부분. ¶ 방풍 불휘 두 량 데저비 아ᅀᆞ니와 겸위 두 량:防風二兩去蘆頭地龍二兩(救簡1:89).

데치다 동 데치다. ☞데티다 ¶ 고기 데치다:湯炸肉(譯解補30). 고기 데치다:滾湯炸肉(漢淸12:55). 설데친 무우남을 淸麴醬 씻쳐넌이(古時調. 海謠).

:데·티·다 동 데치다. ☞데치다 ¶ 도틸 동여 두고 매로 티며 글ᄂᆞᆫ 가마애 오로 녀허 데티니 몰ᄇᆞᆫ 쇼리 긋디 아니ᄒᆞ얫거든(月釋23:75). 데틸 잡:煠. 本音 텹. 데틸 약:爚(訓蒙下13). ᄂᆞ믈 데티다:煠菜(譯解下12).

데ᄒᆞ·다 동 덜하다. ¶ 孝婦ㅣ 싀어미 효양호ᄆᆞᆯ 데ᄒᆞ디 아니ᄒᆞ야:婦養姑不衰(飜小9:55).

뎌 명 저(笛). ¶ 笛은 뎌히라(釋譜13:53). 笛은 뎌히라(月釋10:62). 簫와 뎌콰(法華1:221). 슬픈 뎌히 믈ᄀᆞᆫ 거믄고애 좃고:悲管逐淸瑟(杜解2:36). 여러가짓 소리 眞實ㅅ뎌와 피릿 소리 ᄀᆞᆮ도소니:萬籟眞笙竽(初杜解6:1). ᄀᆞᅀᆞᆳ 뎟소리 드로ᄆᆞᆯ 正히 시름ᄒᆞ노니:正愁聞塞笛(初杜解7:4). 프른 하ᄂᆞᆯᄒᆞᆫ 뎌 부ᄂᆞᆫ 平床애 갓갑도다:靑霄近笛床(初杜解15:29). 빗기 자본 뎌ᄒᆞᆯ 부루믈 마디 아니ᄒᆞᄂᆞ다:橫笛未休吹(杜解15:52). 玳瑁 돗과 ᄲᆞ른 뎌헤:玳筵急管(初杜解16:49). 뎌 불라:吹笛兒着(飜朴上7). 뎌 관:管. 뎌 뎍:笛. 뎌 약:籥(訓蒙中32. 類合上24. 兒學上13). 뎌 싱:笙(類合上24. 石千20). 뎌 뎍:笛(倭解上43). 뎌:笛(同文解上53).
※ 뎌>저
※ '뎌'의 첨용 ┌ 뎌…
└ 뎌히/뎌히라/뎌ᄒᆞᆯ…

·뎌 대 저. ¶ 뎌옷 이긔면 짓게 ᄒᆞ고(釋譜6:26). 與ᄂᆞᆫ 이와 뎌와 ᄒᆞᄂᆞᆫ 겨체 ᄡᅳᄂᆞᆫ 字ㅣ라(訓註2). 彼ᄂᆞᆫ 뎌오(月釋序26). 뎌에 緣應ᄒᆞ샤(月釋14:58). 다시 뎌ᄋᆡ 옮교미 ᄃᆞ외야(楞解1:19). 이에 얼구ᄅᆞᆯ 逃亡ᄒᆞ야 뎌에 生ᄋᆞᆯ 브투믈 가ᄌᆞᆯ비시니:彼(楞解2:120). 곧 뎌라 ᄒᆞ샤ᄆᆞᆫ:卽彼者(楞解3:2). ᄒᆞ다가 뎌 힘 이시며 福德을 兼ᄒᆞ야 뒷ᄂᆞ닌:如彼有力兼有福德(楞解8:124). 뎌 안죽 즐겨 슬히 너기디 아니ᄒᆞ며:彼且喜而不厭(法華2:85). 뎌 歡喜心을 發ᄒᆞ고:彼發歡喜心(金剛上35). 그 福이 뎌에 더으리니(金剛46). 시혹 녀튼 識을 爲ᄒᆞ샤 뎌에 나ᅀᅡ가:彼(圓覺上一之一20). 또 뎌에도 처ᅀᅥᆷ 슬희여 ᄇᆞ룜 업스니라:彼(圓覺上一之二130). 엇뎨 이 양ᄋᆞ로 뎌ᄅᆞᆯ 差等ᄒᆞ야 論量ᄒᆞ며:何得如是品題他(蒙法62). 뎌로 便安케 ᄒᆞ고:令彼安隱(永嘉上31). 오직 能히 流를 조차 性을 알면 뎌마다 본ᄃᆡ 平等이

니라:但能隨流認性彼彼元來平等(金三4:46). 뎌 타:他. 뎌 피:彼(訓蒙下24. 類合下6). 뎌 피:彼(石千8). 뎌란 묻디 말고:休問他(朴解中50). ※뎌>저

·**뎌** 관 저〔彼〕. ☞져 ¶이 곧 뎌 고대 後△날 다ᄅᆞ리잇가:於此於彼寧殊後日(龍歌26章). 調達ᄋᆡ 몸이 뎌 넉시러니(月印上49). 뎌 두 相ᄋᆞᆯ 보ᅀᆞᆸ고 모다 ᄎᆞ기 너겨(月釋2:15). 뎌 機의 맛당호매(月釋13:40). 뎌 東녁 ᄆᆞᅀᆞᆯ 며느리게(宣賜內訓1:48). 뎌 사ᄅᆞᄆᆞᆫ 나모 사롬 ᄌᆞᆫ고(南明上38). 셜리 뎌 셰계예 가시리니(桐華寺 王郎傳6).

뎌고 명 저고(猪膏). 돼지기름으로 만든 고약. ¶猪膏를 ᄃᆞᆯᄀᆡ알만ᄒᆞ닐 醋 ᄒᆞᆫ 호배 글혀 모ᄀᆡ 브ᅀᆞ면 됴ᄒᆞ니라(救急上25).

뎌고리 명 저고리. ☞져구리 ¶뎌고리 유:襦(兒學上12).

뎌고·리 명 딱따구리. ☞뎌구리 ¶뎌고리 렬:鴷 啄木也俗呼啄木官(訓蒙上16). 부리 긴 뎌고리ᄂᆞᆫ 어느 골에 가 잇ᄂᆞᆫ고(古時調. 어인 벌레. 時調類).

뎌광이 명 저광수리.〔매과의 새.〕¶뎌광이:鶻(物譜 羽蟲).

뎌괴 명 고리. ¶獄門이 절로 열이고 뎌괴와 쇠왜 절로 글희여디고(月釋23:83).

뎌구리 명 딱따구리. ☞뎌고리 ¶뎌구리:啄木官(譯解下27).

뎌·긔 대 저기. ☞뎡어긔 ¶뎌긔 무르라 가마:那裏問去(飜老上70). 여긔 뎌긔 ᄆᆞᆯ 브린 ᄃᆡ:這裏那裏下馬處(飜老下45). 뎌긧 법을 아디 몯ᄒᆞ노라:不理會那裏的法度(飜朴上9). 네 날ᄃᆞ려 뎌긧 경티를 니ᄅᆞ고려:你說與我那裏的景致麼(飜朴上67). 내 신이 뎌긔 이시니:我鞋在彼(東新續三綱. 烈7:64). 그저 뎌긔 자고 가쟈:只那裏宿去(老解上9). 뎌긔 法度를 아디 몯ᄒᆞ니:不理會那裏的法度(朴解上9).

뎌·기 명 제기. ☞져기 ¶겨슬내 뎌기 ᄎᆞ며:一冬裏踢建子(飜朴上18). 뎌기 견:毽(訓蒙中19). ᄒᆞᆫ 겨ᄋᆞᆯ은 뎌기ᄎᆞ기ᄒᆞ고:一冬裏踢建子(朴解上17). 당방올 뎌기 ᄎᆞ다:蹋毬(譯解下27). 뎌기:鞬子(同文解下33). 뎌기구:毬(兒學上10). ※뎌기>제기

뎌기 부 적이. ☞져기 ¶보미 치우니 고지 뎌기 더듸도다:春寒花較遲(重杜解11:8). 아국 인심이 요동ᄒᆞ기 쉬워 뎌기 ᄒᆞᄂᆞᆫ 일이 이셔도(經筵).

뎌·기·다 동 ①제기다. 두드리다. ¶뎌길 겹:搯(訓蒙下22). 兒孩也 치 뎌겨 노ᄒᆞ라 任 계신 듸 보니리라(古時調. 思郞을 프러내야. 青丘).

②파고들다. 깊이 생각하다. ¶ᄉᆡᆼ각 뎌기다:沈思(同文解上19).

·**뎌:ᄀᆞᇫ** 명 피안(彼岸). ¶엇뎨 일후미 波羅蜜오 唐마랜 뎌ᄀᆞᇫ애 가미니 뎌ᄀᆞᇫ애 가ᄆᆞᆫ 生滅 여흰 ᄠᅳ디니:彼岸(金剛序9). 부텨 니ᄅᆞ샨 般若波羅蜜ᄋᆞᆫ 한 비홀 싸ᄅᆞᄆᆞ로 智慧를 ᄲᅧ 어린 ᄆᆞᅀᆞᆷ 生滅을 덜에 ᄒᆞ시니 生滅이 더러 업수미 곧 뎌ᄀᆞᇫ애 가미니:彼岸(金剛66).

뎌녁 명 저녁. ¶家間애 뎌녁 ᄒᆡ예 居喪홀 제(家禮9:32).

뎌녁 명 저쪽. ¶涅槃ᄋᆞᆫ 뎌녁 ᄀᆞᅀᅵ라(月釋2:25). 뎌녀긔 ᄋᆡ십 릿 ᄯᅡ해 人家ㅣ 업스니라:那邊有二十里地沒人家(飜老上10).

뎌다지 부 저다지. ¶白沙場 紅蓼邊에 구버기ᄂᆞᆫ 白鷺들아 口腹을 못 메워 뎌다지 굽니ᄂᆞᆫ다(古時調. 青丘).

뎌당ᄒᆞ다 동 저당(抵當)하다. ¶네 어ᄃᆡ 내게 뎌당ᄒᆞ리오:你那裏抵當的我(朴解中50).

뎌대도록 부 저토록. ¶진실로 뎌대도록 만히 됴흔 은이 업세라:委實沒許多好銀子(老解下57).

뎌뒤 명 저뒤새. ☞뎌뒤새 ¶뎌뒤:羅匍子(譯解下27).

뎌뒤새 명 저뒤새. ☞뎌뒤 ¶할미새 아리새 뎌뒤새:脊令(詩解 物名14).

뎌러 대 저기〔彼處〕. ¶네 ᄯᅩ 뎌러로 오나라:你却來那裏(老解上52). 뎌러셔ᄂᆞᆫ 아니 온다 다 노ᄒᆞ여 ᄒᆞ시니(新語2:13). 뎌러로셔 아므리 닐러도(新語8:8).

·**뎌·러·ᄐᆞ·시** 부 저러하듯이. ☞뎌러ᄐᆞᆺ ¶이 ᄉᆡᆼ애 뎌러ᄐᆞ시 편안이 됴히 잇ᄂᆞ니:今世裏那般得自在(飜朴上31).

뎌러ᄐᆞᆺ 부 저러하듯. ☞뎌러ᄐᆞ시 ¶뎌러ᄐᆞᆺ 홀 거시리오(癸丑23). 뎌러ᄐᆞᆺ:那樣的(同文解下48).

·**뎌러·히** 부 저렇게. 저러하게. ¶뎌러히 ᄌᆞ호ᄆᆞᆯ 疑心ᄒᆞ노라:訝許同(初杜解15:23).

·**뎌러·ᄒᆞ·다** 형 저러하다. ¶帝業 憂勤이 뎌러ᄒᆞ시니:帝業憂勤允也如彼(龍歌5章). 德望이 뎌러ᄒᆞ실ᄊᆡ:德望如彼(龍歌25章). 뎌런 모딘 이리 害티 몯ᄒᆞ며(釋譜9:17). 내 몸도 뎌러ᄒᆞ리로다(釋譜24:15). ※뎌러ᄒᆞ다>저러하다

뎌렁이렁 부 이렁저렁. ¶마좀 죵용ᄒᆞ여 뎌렁이렁 ᄉᆞᆲᄉᆞ오니(新語3:26).

뎌려쳐 동 저리하여. ¶이려쳐 뎌려쳐 期約이잇가(樂詞. 履霜曲).

뎌르다 형 짧다. ☞뎌ᄅᆞ다 ¶뎌르고 더럽고:矬陋(法華2:167). 그 뎌른 ᄃᆞᆯ 여서 求ᄒᆞ야도:伺求其短(法華7:112). 엇뎨 뎌의 뎔우믈 求ᄒᆞ시며:短(永嘉下138). 能히 뎌른 것 밧고아 긴 거시 ᄃᆞ외에 ᄒᆞ야:能易短爲長(蒙法48). 그 뎌르며 기로ᄆᆞᆯ조차 ᄡᅳ시ᄂᆞ니(宣賜內訓2下45). 업더디며 갓ᄀᆞ로디여 뎌

른 오새 누비엿도다:顚倒在短褐(重杜解1:6). 이바디 參預ᄒᆞᄂᆞ닌 더른 옷 니브니 아니로다:與宴非短褐(重杜解2:35). 더른 나래 노피 누어쇼미 어려울시:短景難高臥(杜解7:18). 니분 누비 더르며:被褐短(初杜解15:37). 燭을 ᄉᆞ라 더르게 ᄒᆞ고:燒燭短(初杜解15:55). 곳가지 제 더르며 기도다:花枝自短長(金三2:12). 긔운이 뎔어 주글 ᄃᆞᆺ거나:氣短欲死(救簡2:39). 더른 한져구리와:短襖子(飜老下51). 네 나ᄅᆞᆯ 나소와 더르게 ᄒᆞ야 다고려(飜朴上18). 뎌를 단:短(類合下48. 光千8). 뎌른 핫옷:短襖子(老解下46). ᄒᆡ 더르다:日短(同文解上3).
※더르다(뎌ᄅᆞ다)>짧다

뎌른묻·ᄃᆞ·리 명 경복(輕服). ¶뎌른묻ᄃᆞ리 ᄒᆞ고:輕服(三綱. 烈9).

·뎌리 부 저리. 저렇게. ¶제 간ᄋᆞᆯ 뎌리 모ᄅᆞᆯᄊᆡ 둘희 쏜 살이 세 낱 붑쁜 ᄢᅦ여디니(月印上15). 뎌리:那們(老朴集. 單字解3). 이대도록 ᄒᆞ되 뎌리 우ᄅᆞ시고(癸丑100). 네 뎌리 ᄒᆞᆯ쟉시면 엇디 블셔 죽디 아니ᄒᆞ엿는다(五倫2:60). 뎌리:那樣(同文解下48).

뎌리 부 짧게. ¶누네ᄂᆞᆫ 曹植 劉楨ᄋᆡ 담을 뎌리 너기노라:目短曹劉墻(重杜解2:40).

·뎌·리·도·록 부 저렇도록. ☞뎌리 ¶이 사ᄅᆞ미 보비ᄅᆞᆯ 뎌리도록 아니 앗기놋다 ᄒᆞ야(釋譜6:26). 진실로 뎌리도록 만히 됴흔 은이 업세라:委實沒許多好銀子(飜老下63).

뎌리ᄒᆞ다 동 저리하다. ¶어와 동냥지ᄅᆞᆯ 뎌리ᄒᆞ야 어이ᄒᆞᆯ고(古時調. 松江).

뎌링공 부 저렇게. ☞-ㅇ ¶이링공 뎌링공ᄒᆞ야 나즈란 디내와손뎌(樂詞. 靑山別曲).

뎌ᄅᆞ·다 형 짧다. ☞더르다 ¶길며 뎔옴ᄃᆞᆯᄒᆞᆯ 아ᄅᆞ실 씨오(法華1:42). 뎌ᄅᆞ고 더럽고(法華2:168). 수믜 길며 뎔오ᄆᆞᆯ 아라(圓覺下三之二47). 뎔오ᄆᆞᆯ ᄃᆞ토아(宣賜內訓3:41). 슬픈 놀애 時로 절로 뎌ᄅᆞ니:哀歌時自短(初杜解7:15). 뎌ᄅᆞᆫ 亭子ㅅ 가온ᄃᆡ 갈ᄒᆞᆯ 지혓도다:倚劍短亭中(杜解9:7). 더위자바 올오ᄆᆞᆯ 뎌ᄅᆞᆫ 나래 ᄀᆞᆺ가ᄒᆞ다니:躋攀倦日短(杜解9:14). 뎌ᄅᆞᆫ 복셩홧고ᄌᆞᆫ 믓ᄀᆞᆺ 두듥글 디러 잇고:短短桃花臨水岸(杜解10:46). 집기슬그로 디나 뎌ᄅᆞ니:經簷短(杜解21:32). 뎔오ᄆᆞᆯ 護持ᄒᆞ면:護短(六祖上102). 뎌ᄅᆞᆯ 단:短(石千8). 뎌ᄅᆞᆫ 병잠개로 텨 주긴대:以短兵格殺(東新續三綱. 忠1:40). 연산됴애 샹제ᄅᆞᆯ 뎌ᄅᆞ게 ᄒᆞ더니:燕山朝短喪制(東新續三綱. 孝4:48). 고재 뎌ᄅᆞ다:弰兒短(老解下28). 뎌ᄅᆞᆫ 거슬 니ᄅᆞ며(女四解2:15).
※뎌ᄅᆞ다(뎌르다)>짧다

뎌·멸·ᄒᆞ·다 동 제멸(除滅)하다. 덜어 없애다. ¶여러 가짓 受苦ᄅᆞᆯ 除滅ᄒᆞ야:除滅은 더러 ᄇᆞ려 업게 ᄒᆞᆯ 씨라(月釋10:70).

뎌브러디다 동 찌부러지다. ¶뎌브러디다:捲了(譯解下47).

뎌ᄢᅴ 명 접때. ☞뎌ᄢᅵ ¶뎌ᄢᅴ 敗散호ᄆᆞᆯ 엇데 ᄲᆞᆯ리 ᄒᆞ뇨:往者散何卒(重杜解1:4).

·뎌·ᄢᅵ 명 접때. ☞뎌ᄢᅴ ¶뎌ᄢᅵ 어러이 ᄃᆞ로ᄆᆞᆯ 催促ᄒᆞ던 이ᄅᆞᆯ ᄉᆞ랑호니:憶昨狂催走(初杜解8:34). 내 뎌ᄢᅵ ᄒᆞ다가 我相이 잇어든 당다이 瞋恨ᄋᆞᆯ 내리러니라 ᄒᆞ시니:我於彼時若有我相應生瞋恨(金三3:29).

:뎌·술 명 저술(著述). ¶著述에 謙辭호ᄆᆞᆫ:著述은 글 지ᅀᅳᆯ 씨라(永嘉序17).

뎌싱 명 저승. ¶한어버ᅀᅵ도 뎌싱애셔 필연니마 찡긔오 뒤 돕디 아니ᄒᆞ리라:祖宗冥冥之中亦必蹙額而不佑之矣(正俗10). 십왕은 뎌싱 귀신이라(家禮5:24).

뎌싱길 명 저승길. ¶저허ᄒᆞ건대 뎌싱길히 창황ᄒᆞ야(女範4. 녈녀 황시절).

뎌·슉 명 저육(豬肉). 제육. 돼지고기. ☞뎌육. 도틔고기 ¶사ᄒᆞ로니 ᄒᆞᆫ 근 豬肉에:切了一斤豬肉(飜老上23).

·뎌에 대 저기에. 〔'뎌'+부사격조사 '-에'〕 ㊕뎌 ¶이에 얼구ᄅᆞᆯ 逃亡ᄒᆞ야 뎌에 生ᄋᆞᆯ 브투믈 가줄비시니:逃形於此托生於彼(楞解2:120). 그 福이 뎌에 더으리니:其福勝彼(金剛46). 시혹 녀튼 識을 爲ᄒᆞ샤 뎌에 나ᅀᅡ가:或爲淺識就彼(圓覺上一之一20). ᄯᅩ 뎌에도 처엄 슬희여 ᄇᆞ룜 업스니라:亦於彼曾無厭捨(圓覺上一之二130).

·뎌에·셔 대 저기에서. ㊕뎌 ¶즉자히 뎌에셔 업서 도로 人間에 나(釋譜9:12).

뎌육 명 저육(豬肉). 제육. 돼지고기. ☞뎌슉. 도틔고기 ¶도마엣 豬肉을 사라가라:肉案上買豬肉去(老解上18). 이 오ᄂᆞᆯ 주긴 됴ᄒᆞᆫ 豬肉이라:是今日殺的好豬肉(老解上18).

뎌적 명 저적. 접때. 지난번. ☞뎌제 ¶뎌적의 唐ㅅ 三藏師傅ㅣ 西天의 經 가질라 갈 제:往常唐三藏師傅西天取經去時節(朴解下3).

뎌제 명 저적에. 접때에. 지난번에. ☞뎌적 ¶뎌젯 四衆:彼時四衆(法華6:88).

뎌젹 명 저적(貯積). 저축(貯蓄). ☞뎌튝. 뎨튝 ¶뎌젹 뎌:貯(類合下43).

뎌젹ᄒᆞ다 동 저축(貯蓄)하다. ☞뎌튝ᄒᆞ다. 뎨젹ᄒᆞ다. 뎨튝ᄒᆞ다 ¶존졀ᄒᆞ며 뎌젹ᄒᆞ야:撙節儲積(警民12).

뎌주숨 명 저즈음. ¶뎌주수메 그ᅀᅳ기 두어 公ᄋᆞᆯ 여ᅀᅥ 보니:向竊窺數公(初杜解8:55).

·뎌주·숨·ᄢᅴ 명 저즈음께. 저번에. ☞뎌주숨ᄢᅴ. 뎌즈숨ᄢᅴ ¶뎌주숨ᄢᅴ:曏來(初杜解20:34). 뎌주숨ᄢᅴ 님금 禮數ㅣ 阻隔ᄒᆞ야:向時禮數隔(初杜解24:43). 뎌주숨ᄢᅴ 戎麾ᄅᆞᆯ 健壯히 ᄒᆞ야 나왯거늘:頃壯戎麾出(初杜解24:56). 太守ㅣ 뎌주숨ᄢᅴ 山南을 領ᄒᆞ니:太守頃者領山南(初杜解25:10). ※뎌주숨ᄢᅴ

(뎌주숨씌)>뎌주움삐>저즈음께

·뎌주·숨·씌 명 저즈음께. 저번에. ☞뎌주숨삐. 뎌주움씌 ¶뎌주숨씌 그 時節에 비취더니:向來映當時(初杜解24:27).

뎌주움삐 명 저즈음께. 저번에. ☞뎌주숨삐. 뎌즈음삐 ¶뎌주움삐 구슬 곧흔 남기 섯거 안조니:昨者間瓊樹(重杜解1:55). 뎌주움삐 災害 오히려 느려:往者災猶降(重杜解6:24). 뎌주움삐브터 나랏 일 시름ᄒᆞ논 눈므를 괴외히 衣巾에 쓰리노라:向來憂國淚寂寞洒衣巾(重杜解6:31). 눈믌 點은 뎌주움삐브터 드리옛다:淚點向來垂(重杜解10:10).
※뎌주움삐<뎌주숨삐

뎌주움씌 명 저즈음께. 저번에. ☞뎌주숨씌. 뎌주움삐 ¶뎌주움씌 그 時節에 비취더니:向來映當時(重杜解24:27).

·뎌즈·슴삐 명 저즈음께. 저번에. ☞뎌즈음삐 ¶뎌즈슴삐 됴흔 政事를 세니 다 ᄒᆞ마 모든 이비 傳ᄒᆞ놋다:頃來樹嘉政皆已傳衆口(初杜解8:3).

뎌즈음삐 명 저즈음께. 저번에. ☞뎌즈슴삐 ¶뎌즈음삐 雲濤盤애:向來雲濤盤(重杜解2:63). 뎌즈음삐 됴흔 政事를 세니:頃來樹嘉政(重杜解8:3). ※뎌즈음삐<뎌즈슴삐

뎌즈음씌 명 저즈음께. 저번에. ¶뎌즈음씌 일즉 籍溪先生을 보오니(家禮7:26).

뎌지 명 저지(猪脂). 돼지기름. ¶猪脂를 ᄃᆞᆯ기알만ᄒᆞᆫ닐 머그면 즉재 됸ᄂᆞ니:服猪脂如雞子大卽差(救急上23).

뎌·튝 명 저축(貯蓄). ☞뎌젹. 데튝 ¶賑恤홀 法 이슈미 儲蓄올 몬져 預備홈 곧디 몯ᄒᆞ니(宣賜內訓2下58). 뎌튝 튝:蓄. 뎌튝 뎌:儲(類合下17).

뎌튝ᄒᆞ다 동 저축하다. ☞뎌젹ᄒᆞ다. 데젹ᄒᆞ다. 데튝ᄒᆞ다 ¶지븨 뎌튝흔 거시 업스ᄃᆡ:家無甔儲(東新續三綱. 烈5:29).

뎌편 명 저편. ¶뎌편 二十里 ᄊᆞ히 人家ㅣ 업스니라:那邊有二十里地沒人家(老解上9). 본집 뎌편 담을 ᄲᅱ여 안해 드러와:於本家那邊跳墻入來家內(朴解下52). 뎌편:那簷子(譯解下51).

뎌포 명 저포(紵布). 모시. ¶동궁의게 녜믈은 홍셰 뎌포 이십 필 빅셰 뎌포 삼십 필(山城138).

뎌허 동 저어. ¶江山을 下直ᄒᆞ고 扁舟를 도로 뎌혀(陶山別曲).

뎌희ᄒᆞ다 동 저희(沮戲)하다. ¶져 뎌희ᄒᆞᄂᆞᆫ 재 지금ᄭᆞ디 평안이 안자(經筵).

뎌히 명 저가. 〔ㅎ 첨용어 '뎌'의 주격(主格).〕 ⓦ뎌 ¶슬픈 뎌히 ᄆᆞᆯᄀᆞᆫ 거믄고애 좃고:悲管逐淸瑟(重杜解2:36). 되 프뎌히 樓 우희셔 나ᄂᆞ니:胡笳樓上發(重杜解12:37).

뎌·홀 명 저〔笛〕를. 〔ㅎ 첨용어 '뎌'의 목적격(目的格).〕 ⓦ뎌 ¶빗기 자본 뎌흘 부루믈 마디 아니ᄒᆞᄂᆞ다:橫笛未休吹(初杜解15:52).

·뎍 명 적(笛). 저. ¶簫와 笛과 琴과 箜篌와(釋譜13:52). 笛은 뎌히라(釋譜13:53).

뎍강ᄒᆞ다 동 적강(謫降)하다. ¶니태빅이 뎍강ᄒᆞ엿도다(洛城2).

·뎍·국 명 적국(敵國). ¶出ᄒᆞ면 敵國과 外患이 업손 者ᄂᆞᆫ:出則無敵國外患者(宣孟12:38). 敵國은 서르 征티 몯ᄒᆞᄂᆞ니라:敵國不相征也(宣孟14:2). 믄득 뎍국이며 원슈 되ᄂᆞ니:便爲敵讐(警民25). 드듸여 ᄃᆞ른 병잠기로 ᄡᅥ 뎍국긔 ᄃᆞ라드러 두어 사ᄅᆞᆷ을 주기고 죽다:遂以短兵赴敵殺數人而死(東新續三綱. 忠1:6).

뎍·다 동 적다〔記〕. ¶수 뎌거 둣다가:記着數目(飜老上24). ᄌᆞ셰히 뎌거 두ᄋᆞᆸ소(新語1:25). 數目 뎌것다가:記着數目(老解上21). 이젼의 ᄡᅳ고 뎌근 것들:已前般纏了的火帳(老解下65). 또 뎌 官人의게 뎍어 주니:却點饋那官人(朴解下37). 物目 뎍은 것:單目(譯解上11). ※뎍다>적다

뎍·다 동 찍다. ¶鐵에 뎌거든 金이 이ᄂᆞ다 닐올 디니:可謂點鐵成金(牧牛訣38).

뎍다 형 작다〔小〕. ☞젹다 ¶크며 뎌고매 아름다온 期會ㅣ 잇ᄂᆞ니:大小有佳期(重杜解11:25).

·뎍댱아·ᄃᆞᆯ 명 적자(嫡子). ¶뎍댱아ᄃᆞᆯ과 모ᄃᆞᆫ아ᄃᆞᆯ이 대종아ᄃᆞᆯ과 대종며느리를 공경ᄒᆞ야 셤겨 비록 貴ᄒᆞ고 가ᅀᆞ며나:適子庶子祇事宗子宗婦雖貴富(宣小2:20).

·뎍·뎍·ᄒᆞ·다 형 적적(的的)하다. ᄇᆞᆰ다. ¶無記흔 아ᄃᆞᆨᄒᆞ니도 ᄇᆞᆯ가 本來 眞空애 마ᄌᆞ니 的的ᄒᆞ도다:的的은 ᄇᆞᆯᄀᆞᆯ 씨라(永嘉上64). ᄃᆞᆯ가 괴외흔 時節에 본ᄃᆡ 的的ᄒᆞ며 하야 的的흔 고대 또 寥寥ᄒᆞ도다(金三1:18). 的的ᄋᆞᆫ ᄇᆞᆯᄀᆞᆯ 시라(金三1:18).

·뎍듕 명 적중(適中). ¶適中은 기우디 아니ᄒᆞ야 가온ᄃᆡ 마ᄌᆞᆯ 씨라(月釋13:24).

뎍딘 명 적진(敵陣). ¶즉제 ᄆᆞᆯ ᄐᆞ고 창을 빗기고 뎍딘의 ᄃᆞ도ᄒᆞ야:卽上馬橫槍直擣敵陣(東新續三綱. 忠1:8).

뎍모 명 적모(嫡母). ¶庶子ㅣ 嫡母의 父母ㅣ며 兄弟며(家禮6:25).

뎍병 명 적병(敵兵). ¶뎍병을 믈리텨놀(仁祖行狀32).

뎍부로 명 적부루마. ☞젹부루 ¶뎍부로 하:騢(詩解 物名21).

·뎍부신 명 적부인(嫡夫人). 본부인(本夫人). ¶轉輪眞子ᄂᆞᆫ 轉輪聖王이 一千 아ᄃᆞᆯ中에 嫡夫人ㅅ 나흔 나히 몯하니 ᄒᆞ나ᄒᆞᆯ 取ᄒᆞ야 輪王位를 닛ᄂᆞ니라(圓覺序75).

뎍소 명 적소(謫所). ¶제쥐 뎍소의 가 블러

오시다(仁祖行狀6).

·덕손 명 적손(嫡孫). ¶嫡孫온 正室엣 孫子ㅣ라(圓覺序7). 곧 主祭ᄒᆞᄂᆞᆫ 嫡孫이 맛당히 一日에 그 曾祖과 밋 祖과 밋 父ᄅᆞᆯ 祭ᄒᆞ야든(家禮1:17). 嫡孫이 父ㅣ 주거시면 祖와 밋 曾高祖ᄅᆞᆯ 위ᄒᆞ야(家禮圖14).

덕쇠 명 적쇠. 석쇠. ☞적쇠 ¶채로 티거나 혹 덕쇠로 티니(癸丑41).

·덕·실 명 적실(嫡室). 본처(本妻). ¶덕실 덕: 嫡(訓蒙上31. 類合下35. 石千37). 상해 덕실 싀어미 셤기기ᄅᆞᆯ 정셩을 다ᄒᆞ더니:平居事嫡姑盡誠(東新續三綱. 孝6:19).
※덕실>적실

덕실 명 적실(的實). 명확(明確)함. ¶덕실 덕: 的(類合下60). ※덕실>적실

·덕심 명 적심(赤心). 참된 마음. 적성(赤誠)스러운 마음. ¶赤心ᄋᆞ로 처엄 보샤 迺終내 赤心이시니:維是赤心始相見斯終亦赤心(龍歌78章).

·덕션ᄒᆞ·다 형 적연(的然)하다. 뚜렷하다. ¶小人의 道ᄂᆞᆫ 的然호ᄃᆡ 날로 亡ᄒᆞᄂᆞ니(宣中52).

덕이 명 축국(蹴鞠)에 쓰인 가죽공. ¶덕이: 行頭(漢淸9:17).

덕이다 동 제기다〔點滴〕. ¶아교믈을 덕이고:點膠水(煮硝方11).

·덕·ᄌᆞ 명 적자(嫡子). ¶嫡子ㅅ긔 無禮ᄒᆞᆯ씨(龍歌98章). 덕ᄌᆞ 나시니 봉셰ᄌᆞᄅᆞᆯ 아니신다 요언을 무ᄒᆞᆫ 뎐파ᄒᆞ니(西宮日記上1).

덕호 명 저퀴. ¶덕호: 鬼魂(譯解補34).

뎐 명 전. ☞젼 ¶구돌 뎐: 炕沿(譯解補13).

뎐 명 전(廛). ¶ᄆᆞᅀᆞᆯᄒᆞᆫ 廛ㅅ 가온ᄃᆡ라:廛은 百姓의 집ᄃᆞᆯ히라(法華5:28).

뎐·간ᄒᆞ·다 동 전간(癲癎)하다. 지랄병하다. ¶뎐간커나 미쳐 귓것 초촌 병이어든:癲狂鬼氣(救簡1:98).

뎐·갌:병 명 전간병(癲癎病). ¶뎐갌병에 뿍으로 음낭 아래 항믄 마좀 가온ᄃᆡᄅᆞᆯ 제 나마초 ᄯᅳ라:癲癎用艾於陰囊下穀道正門當中間隨年歲灸之(救簡1:98).

뎐·갈 명 전갈(傳喝). ¶오직 유무 뎐갈이며 주어 기티기로 뻐 慇懃홈을 닐위ᄂᆞ니라:唯以信命贈遺致慇懃焉(宣小5:68).

:뎐광 명 전광(電光). 번갯불. ¶ᄒᆞ다가 이 量애 너믄 사ᄅᆞ미면 石火 電光ᄋᆞᆯ ᄒᆞᆫ 번 자보매 곧 자ᄇᆞ며(金三宗序5).

:뎐·긔 명 전기(傳記). ¶傳記(녯 글월들히라)예 섯거 난ᄂᆞᆫᄃᆡ ᄯᅩ 하건마ᄂᆞᆫ:雜出於傳記者亦多(宣小 書題2).

뎐당 명 전당(典當). ☞뎐당ᄒᆞ다. 젼당 ¶뎐당 므르다: 贖(漢淸6:64).

뎐당푸ᄌᆞ 명 전당포(典當舖). ☞젼당푸ᄌᆞ ¶뎐당푸ᄌᆞ: 當舖(譯解補38).

뎐당ᄒᆞ다 동 전당(典當)하다. ¶뎐당ᄒᆞ여 오다:典當來(譯解下50).

뎐:도 명 전도(顚倒). ¶顚倒ᄂᆞᆫ 갓ᄀᆞᆯ 씨라(楞解1:80).

뎐:도ᄒᆞ·다 동 전도(顚倒)하다. ¶顚倒ᄒᆞᆫ 妄이 나디 아니ᄒᆞ면 正ᄒᆞᆫ 性에 도라가릴씨(楞解7:71). ᄠᅳ디 顚倒ᄒᆞᆫ 知見ᄋᆞᆯ ᄇᆞ리고(金三4:20). 나히 겨유 열 설에 뎐도ᄒᆞ여 뛰여드러 주검을 안고 주그니라:年纔十歲顚倒投入抱屍而死(東新續三綱. 孝3:56).

뎐·디 명 전지(田地). ¶刹利ᄂᆞᆫ 田地ㅅ 님자히라 ᄒᆞ논 ᄠᅳ디라(月釋1:46). 一切ㅅ 조ᅀᆞᄅᆞ왼 길콰 놀ᄋᆡ 田地 險ᄒᆞ며 조바(楞解5:68). 집 田地ᄅᆞᆯ ᄇᆞᆯ와 無生曲ᄋᆞᆯ 블러 내니(金三1:20). 뎐디 가산도 이시며:田産家計有來(飜老下48). 求키 쉬운 거슨 田地니:易求者田地(宣小6:63). 뎐디며 집셰 거둔 바와:田園邸舍所收(宣小6:100). ᄌᆞ식의게 뎐디 노비ᄅᆞᆯ ᄂᆞᆫ화 주려 ᄒᆞᆫ대:欲分與子女土田臧獲(東續三綱. 孝19).

뎐디·ᄒᆞ·다 동 전지(傳持)하다. 전해 받아 지니다. ¶부텻 法 뎐디ᄒᆞ야(釋譜24:4). 한아비 깁일 뎐디ᄒᆞ야(釋譜24:4). 妙道ᄅᆞᆯ 傳持ᄒᆞ야 닛게 ᄒᆞ시니라(法華2:39).

:뎐라 명 전라(鈿螺). 나전. ¶鈿螺ᄂᆞᆫ 그르세 ᄭᅮ미ᄂᆞᆫ 빗난 조개라(月釋2:51).

뎐:리 명 전리(田里). 향리(鄕里). ¶그 田里ᄅᆞᆯ 制ᄒᆞ야 樹ᄒᆞ며(宣孟13:18). 신우를 뎐리에 노하 도라오게 ᄒᆞ니라:放臣祐歸田里(東新續三綱. 孝1:62).

뎐문ᄒᆞ·다 동 전문(傳聞)하다. 전해 듣다. ¶녜 傳聞ᄒᆞ고 ᄒᆞᆫ 번 보고져 ᄉᆞ랑ᄒᆞ다니:夙昔傳聞思一見(初杜解17:28).

뎐믈 명 전물(奠物). ¶몸소 뎐믈을 자바 ᄒᆞ고:躬執奠物(東新續三綱. 孝3:50).

뎐민 명 전민(田民). ¶아인 대군짓 뎐민을 다 도로 주시고(仁祖行狀6).

뎐복ᄒᆞ·다 동 전복(顚覆)하다. ¶太甲이 湯의 典刑ᄋᆞᆯ 顚覆ᄒᆞ거ᄂᆞᆯ(宣孟9:27). 종새 뎐복(업더디닷 말이라)ᄒᆞᆯ러니(仁祖行狀27).

뎐셰 명 전세(田稅). ¶뎐셰 셰: 稅(類合上19).

뎐·슈 명 전수(傳授). ¶그러나 모로매 傳授ᄂᆞᆫ 우흘브터 오ᄆᆞ로(六祖上76).

뎐·슈ᄒᆞ·다 동 전수(傳受)하다. ¶서르 傳受호ᄆᆞ로 스승 弟子 사ᄆᆞ며(蒙法69). 五祖ㅅ 法衣을 傳受호미(六祖略序16). 法衣 法鉢를 뎐슈ᄒᆞ야(飜朴上75).

뎐슈ᄒᆞ·다 동 전수(傳授)하다. ¶傳授ᄒᆞ샨 오ᄉᆞᆯ 싯고져 호ᄃᆡ(六祖中108).

뎐·습ᄒᆞ·다 동 전습(傳習)하다. ¶傳習ᄒᆞ리다 法性ㅅ 經을 아라(圓覺上一之一37).

뎐·염·ᄒᆞ·다 동 전염(傳染)하다. ¶병긔 서르 뎐염ᄒᆞ야:病氣轉相染(瘟疫方1).

뎐안 명 전안(奠雁). ¶임의 뎐안을 ᄒᆞ여시나(洛城1).

뎐:야 명 전야(田野). ¶田野ㅣ 辟디 아니ᄒᆞ며(宣孟7:5).

뎐염 명 전염(傳染). ¶이 약을 ᄡᅥ 예방ᄒᆞ면 뎐염 아니 ᄒᆞᄂᆞ니라(痘要上7).

뎐염병 명 전염병(傳染病). ¶쇼와 ᄆᆞᆯ 뎐염병을 고툐ᄃᆡ 거믄 콩을 므레 ᄉᆞᆯ마 이베 브으라(牛疫方5).

뎐염병ᄒᆞ·다 동 전염병(傳染病)하다. ¶쇠 서르 뎐염병ᄒᆞ얏거든 숑의맛 불휘와 댄닙과(牛疫方9).

뎐·염·ᄒᆞ·다 동 전염(傳染)하다. ☞뎐염ᄒᆞ다 ¶모딘 병도 뎐염티 몯ᄒᆞᄂᆞᆫ 주를 알와라: 始知疫癘之不能相染也(飜小9:74). 모딘 병이 크게 니러나 傳染ᄒᆞ야(簡辟序2). 뎐염티 아니케 호ᄃᆡ:不相染(瘟疫方18). 뎐염ᄒᆞᄂᆞᆫ 병 고티ᄂᆞ니(牛疫方1). 서르 뎐염티 몯ᄒᆞᆫ 줄을(宣小6:68). 아비 병긔예 뎐염히여:父染病(東新續三綱. 孝7:63). 다 뎐염ᄒᆞ여:都染的(老解下17).

뎐원 명 전원(田園). ¶믈러 와 뎐원의 살며:退居田園(東新續三綱. 忠1:24). 田園의 類ᄅᆞᆯ ᄆᆞᄋᆞ말게 호미라(家禮2:1).

뎐장 명 전장(田莊). 자기가 가진 논밭. ¶척니 권귀의 뎐장을 다 혁파ᄒᆞ시고(仁祖行狀6). 뎐장 장:莊(註千41).

뎐조 명 전조(田租). ¶生靈이 凋喪ᄒᆞᆯᄊᆡ 田租ᄅᆞᆯ 고티시니(龍歌73章).

뎐질 명 전질(癲疾). 지랄병. ¶뎐질을 어더: 得癲疾(東新續三綱. 孝2:16).

뎐ᄌᆞ풀 명 백출(白朮). ¶뎐ᄌᆞ풀:白朮(柳氏物名三 草).

뎐ᄎᆞ 명 까닭. ☞젼ᄎᆞ ¶뎐ᄎᆞ 뎐ᄎᆞ에 벗님의 뎐ᄎᆞ로셔(古時調. ᄒᆞ리누거. 青丘).

뎐톄로 부 전체(傳遞)로. ¶뎐톄로 서로 傳ᄒᆞ샤:遞相傳(眞言43).

뎐토 명 전토(田土). ¶뎐토와 집 셰간:田土家産(東新續三綱. 烈6:65).

뎐·ᄐᆡᆨ 명 전택(田宅). ¶田宅과 또 죵ᄃᆞᆯᄒᆞᆯ 해 뒷더니(法華2:54). 田宅을 두게 ᄒᆞ라: 置田宅(宣小6:82).

뎐파ᄒᆞ다 동 전파(傳播)하다. ¶終古토록 흘러 뎐播ᄒᆞ야 可히 掩蔽티 몯ᄒᆞ리니(家禮8:19). 뎐파ᄒᆞ리 하 만ᄒᆞ니(癸丑53). 節操ᄂᆞᆫ 青史에 뎐파ᄒᆞᄂᆞᆫ 者ㅣ니(女四解4:30).

뎐피 명 전피(獜皮). ¶누른 뎐피로 연좌ᅀᅡ애:黃獜皮軟座兒(飜朴上28).

뎐피훠 명 전피신. ¶뎐피훠ᄅᆞᆯ 신고:穿獜皮靴(老解下47).

뎐·호 명 전화(田禾). 논밭 곡식. ☞뎐화 ¶뎐회 거두디 몯ᄒᆞ야:田禾不收(飜老上27). 뎐회 거두디 몯ᄒᆞ니:田禾不收的(飜老上53). 뎐회 다 ᄡᅥ여:澇了田禾(飜朴上9). 뎐호ᄅᆞᆯ 다 거두면:把田禾都收割了時(飜朴上53).

뎐화 명 전화(田禾). 논밭 곡식. ☞뎐호 ¶田禾ᄅᆞᆯ 거두디 못ᄒᆞ니:田禾不收(老解上24).

뎐후풍 명 전후풍(纏喉風). 목젖이 붓는 급성의 염증(炎症). ¶纏喉風은 과ᄀᆞᄅᆞᆫ 목더시라(救急上44).

뎐·ᄒᆞ·다 동 전(傳)하다. ¶呪心을 傳ᄒᆞ샤ᅀᅡ(楞解7:44). 頓教와 衣鉢을 傳ᄒᆞ시고(六祖上29). 道德經이 傳ᄒᆞ야 漢ㅅ 님그믈 拱手케 ᄒᆞ니라:經傳拱漢皇(初杜解6:28). ᄒᆞ마 傳호ᄃᆡ 아ᄒᆡ 프른 대ᄅᆞᆯ 타:已傳童子騎青竹(初杜解15:36). 諸佛ㅅ 密印ᄋᆞᆯ 傳ᄒᆞ야(金三涵序9). 뎐ᄒᆞᆯ 뎐:傳(類合下25). 집일을 몯며느리게 뎐ᄒᆞᆫ단 말이라(宣小2:19). 可히 後世예 뎐ᄒᆞ거시ᄂᆞᆯ:可傳於後世(宣小4:1). 내 날로 세 가지로 내 몸을 ᄉᆞᆯ피노니 사ᄅᆞᆷ을 爲ᄒᆞ야 謀홈애 忠티 몯ᄒᆞᆫ가 朋友로 더브러 交홈애 信티 몯ᄒᆞᆫ가 傳코 習디 몯ᄒᆞᆫ개니라(宣論1:2). 일로 ᄡᅥ 後世예 傳ᄒᆞ리 업ᄉᆞ니(宣孟1:18). 아븨게 뎐ᄒᆞ여 닐오ᄃᆡ(東新續三綱. 忠1:35). 악보의 뎐ᄒᆞ니라: 傳于樂譜(東新續三綱. 孝1:63). 뎐ᄒᆞ야 대군이라 ᄒᆞ고(西宮日記上1). 世예 傳ᄒᆞᄂᆞᆫ 本이(家禮1:7). 뎐티 못ᄒᆞ고(山城). 시병이 ᄂᆞᆷ의게 뎐티 아니ᄒᆞᄂᆞᆫ 법이라(辟新15). 뎐코져 홈이라(老解上40). 잠깐 뎐ᄒᆞ야 니ᄅᆞ라 왓노라(桐華寺 王郎傳1). 홍영 션ᄌᆞᄅᆞᆯ 뎐ᄒᆞ며(引鳳簫2).

:뎐·ᄒᆞ·다 동 전(轉)하다. 옮기다. ¶前世옛 因緣이실ᄊᆡ 法을 轉ᄒᆞ샤ᄃᆡ 鹿野苑에 ᄆᆞᆺ 몬져 니ᄅᆞ시니(月印上34). 처ᅀᅥᆷ의 鹿苑에 노니샤 四諦 法輪ᄋᆞᆯ 轉ᄒᆞ시고(金三1:2). 轉ᄋᆞᆫ 옮길 시니 法 니ᄅᆞ샤미 法輪 옮기샤미라(金三1:2). 凶年 饑歲예 君의 民이 老弱은 溝壑에 轉ᄒᆞ고(宣孟2:35).

뎐ᄒᆞ이다 동 전하게 되다. 전달되다. ¶우리의 情이 뎐ᄒᆞ인가 이리 祝願ᄒᆞ시니(新語8:15).

·뎔 명 절. ☞절 ¶뎔爲佛寺(訓解. 用字). 뎌레 드러 안ᄌᆞ(釋譜11:1). 城 밧긔 닐굽 뎔 닐어(月釋2:77). 僧伽藍ᄋᆞᆫ 뎌리니(月釋21:39). 또 뎌레 도라가(楞解跋3). 조ᄒᆞᆫ 뎘 通ᄒᆞᆫ 일후미라:淨刹通稱也(楞解7:57). 뎌레가 노로ᄆᆞᆯ:遊寺(重杜解2:14). 梵放ㅅ 소리時로 뎔 밧긔 나ᄂᆞ니:梵放時出寺(杜解9:21). 石壁ㅅ 뎔로셔 나오도다:出石壁(初杜解16:1). 雲門ㅅ 뎌리로소니:雲門寺(初杜解16:31). 楊岐ᄂᆞᆫ 뎌리니 方會禪師 잇더ᄃᆞ라(金三2:1). 그 ᄢᅴ 뎘 님자히 ᄢᅵ이고: 其時寺主接借(佛頂下12). 뎔 암:庵. 뎔 ᄉᆞ:寺. 뎔 찰:刹(訓蒙中10). 뎔 ᄉᆞ:寺(類合

上18). 농봉 더러 갈시(東新續三綱. 烈3:21). 뎔:寺院(譯解上25). ※뎔>절

·뎌·란 대 절랑〔彼〕. ⓢ뎌 ¶뎌란 ᄇᆞ리고 일란 ᄒᆞᆯ 시:去彼取此(飜小6:8).

뎔리 부 짧게. ☞뎔이 ¶ᄆᆞᄋᆞᆷ 뎔리 싱각디 마소(新語9:21).

뎔오다 동 절게 하다. 기름에 절게 하다. ¶뎔온 훠:油靴(譯解上46).

뎔·우·다 명 절게 하다. 기름에 절게 하다. ¶밍가ᄂᆞᆫ 죠히로 뎔운 갇모 둘 둣ᄂᆞ니:孟舍有兩箇油紙帽兒(飜朴上65).

뎔·움 형 짧음〔短〕. ㉮뎌르다 ¶엇뎨 뎌의 뎔우믈 求ᄒᆞ시며:豈求彼短(永嘉下138). 늘거셔 놀앳소리 뎔우믈 전노니:老畏歌聲短(初杜解23:12).

뎔·이 부 짧게. ☞뎔리 ¶기리 살며 뎔이 살며 受苦ᄅᆞᄫᅵ며 즐거ᄫᅮ미(月釋13:59).

뎔임 명 짧은 소리〔短音〕. ¶短音 俗稱 뎔임(樂範7:24).

:뎜 명 점(點). ¶눉믈 그제와 픳 點을 가ᄉᆞ매 드리우노라:涙痕血點垂胷臆(初杜解6:41). 點 업슨 이ᄂᆞᆫ 편히 ᄂᆞᆺ가이 ᄒᆞ고:無點平而低(宣小凡例). 뎜 뎜:點(類合下58. 倭解上37). 뎜 티다:打點(同文解上43).

:뎜 명 점방. 가게. ¶ᄒᆞᆫ 뎜이 이쇼ᄃᆡ:有箇店子(飜老上10). 뎌 뎜이 곧 瓦店이니:那店子便是瓦店(飜老上17). 릭실 店에 너 ᄎᆞ자 가셔:明日就店裏尋你去(飜老下7). 뎜에 뎐피 사라 가져:店裏買猠皮去來(飜朴上31).

:뎜·고ᄒᆞ·다 동 점고(點考)하다. ¶우리 이 과실와 채소를 뎜고ᄒᆞ야 보져:咱們點看這果子菜蔬(飜老下38). 뎜고ᄒᆞ여 보져:點看(老解下34). 간검ᄒᆞ야 뎜고ᄒᆞ고 뒤여 ᄎᆞ자(女四解2:29). 닉당의 드러가 노복을 뎜고ᄒᆞ니(洛城2).

뎜글다 동 저물다. ☞졈글다 ¶뎜그디도 새디도 마르시고(古時調. 오ᄂᆞᆯ이 오ᄂᆞᆯ. 靑丘).

뎜다 형 젊다. ☞졈다 ¶뎌믄 젯 나ᄅᆞᆯ 밋디 몯ᄒᆞ며:不及少年日(重杜解21:37).

뎜방 명 점방(店房). 가게. ¶뎜방 잡다:跐店房(譯解下50).

뎜심 명 점심(點心). ¶돈ᄋᆞᆯ 가도와 잠싼 다른 ᄯᅡ해 가 뎜심 ᄒᆞ게 ᄒᆞ라:率錢略設點心於他處(呂約38). 國俗謂午飯爲點心 點心字出於禮書晨羞之稱註云 小食點心也 今人早起白粥謂之早飯 當午頓食謂之點心 富貴之家日日七食 酒肉淋漓 珍異相高其一日之費可食百人何曾之驕溢 家家皆然 民生安得 不困甚可歎也(星湖5上50). 오려 點心 날 시기소(古時調. 崔行首. 靑丘). 俗의 닐온 點心이라(家禮2:5). ※뎜심>점심

뎜이다 동 저미다. ¶몸을 뎜이고 ᄲᅧᄅᆞᆯ ᄇᆞ아도:身斲骨碎(東新續三綱. 烈6:78).

:뎜쥬신 명 점주인(店主人). 점주(店主). ¶店主人과 세 나그내 셔셔 ᄆᆞᆯ 보더니:店主人和三箇客人立地看馬(飜老下7).

뎜화ᄒᆞ다 동 점화(點火)하다. ¶활 뎜화ᄒᆞ다:炕弓(譯解上21).

뎝 명 접.〔100 개를 한 단위로 이르는 말.〕¶건시 삼십 뎝 황뉼 십오 두(山城137).

뎝·개 명 전동. 전통(箭筒). ¶뎝개:箭鞁(訓蒙中29 鞁字註).

뎝다 동 접다. ☞접다 ¶또 禮애 오직 斬衰를 뎝디 아니ᄒᆞ고 나믄 衰ᄂᆞᆫ 다 뎌브ᄃᆡ 뎌븐 기ᄉᆞᆯ 반ᄃᆞ시 밧그로 向호믄 ᄲᅧ곰 그 吉服을 분別ᄒᆞᆫ 배니라(家禮6:14). 벽녕 네 치ᄅᆞᆯ 뎝어(家禮圖9). 청딘믈 들인 무명 대엿 자ᄒᆞᆯ 여러 ᄇᆞᆯ 뎌버 새로 기론 믈에 적셔:靑布五六尺疊摺新水浸(辟新9).

뎝수기·다 동 접어 숙이다. 접다. ¶져므도록 무루플 뎝수겨 ᄭᅮ러 안자셔:終日斂膝危坐(飜小10:8).

뎝·시 명 접시. ☞접시 ¶사발 뎝시 설어즈라:收拾椀楪着(飜老上43). 열여슷 뎝시예 치소:十六楪菜蔬(飜朴上4). 뎝시 뎝:楪(訓蒙中11). 사발 뎝시 서르즈라:收拾椀楪着(老解上38). 나모뎝시:木楪子. 옷칠ᄒᆞᆫ 뎝시:漆楪子(老解下30). 사발 뎝시:椀楪(朴解中11). 나모뎝시:木楪子(譯解下13). 뎝시 뎝:楪(倭解下14). 뎝시 뎝:楪(兒學上10). 楪曰楪至(雞類). ※뎝시>접시

뎝ᄯᅩᆼ 명 접동새. ☞접동새 ¶空山에 우ᄂᆞᆫ 뎝ᄯᅩᆼ 너ᄂᆞᆫ 어니 우지ᄂᆞᆫ다(古時調. 歌曲).

뎡 명 덩이. ¶長者ㅣ 제 금뎡을 펴니:長者自布金(初杜解9:18).

:뎡·가 명 정가. 형개(荊芥). ¶뎡가 ᄒᆞᆫ 량과ᄅᆞᆯ 디허 처:荊芥一兩擣羅(救簡1:19). 뎡가:荊芥(救簡3:36). 뎡가:荊芥(訓蒙上14 芥字註). 뎡가:荊芥(譯解下10). 뎡가:荊芥(柳氏物名三 草).

뎡·녀 명 정녀(貞女). ¶貞女ㅣ 두 남진 아니 셤기며(三綱. 忠19). 또 ᄉᆞᆯ오ᄃᆡ 貞女ㅣ ᄒᆞᆫ 禮度ㅣ나 ᄀᆞᆽ디 아니커든 비록 주그나 좃디 아니ᄒᆞᄂᆞ니이다(宣賜內訓2下70).

뎡녕ᄒᆞ다 형 정녕(叮嚀)하다. ¶여러 번 뎡녕ᄒᆞᆫ 말이 이시니(癸丑96).

뎡당ᄒᆞ다 형 정당(正當)하다. ¶ᄉᆞ어의 뎐후 연셜 소당이 다 뎡당ᄒᆞ니(經筵).

뎡렬ᄒᆞ다 형 정렬(貞烈)하다. ¶어딘 士와 貞烈ᄒᆞᆫ 겨지븨 家門이로소니:義士烈女家(重杜解1:57).

:뎡:례·ᄒᆞ·다 동 정례(頂禮)하다. ¶부텻 慈旨ᄅᆞᆯ 받ᄌᆞ와 곧 座로셔 니르샤 부텻 바래 頂禮ᄒᆞᅀᆞᆸ고(楞解6:51). 부텻 바ᄅᆞᆯ 頂禮ᄒᆞ시고(圓覺上二之一4). 衆이 다 頂禮ᄒᆞᅀᆞᆸ고 닐오ᄃᆡ(六祖上95).

·뎡·바기 명 정수리. ☞뎡박이. 졍박이 ¶ 楞迦頂은 楞迦山 뎡바기라(釋譜6:43). 有頂은 色 이쇼맷 뎡바기라(釋譜13:17). 뎡바기옛 光明이 업스며(月釋2:13). 머릿 뎡바기예 솔히 내와다(月釋2:41). 첫 相은 머릿 뎡바기를 보ᅀᆞᄫᆞ리 업스며(月釋2:55). 두서 번 뎡바기 ᄆᆞ니샤ᄆᆞᆫ 브즈런호ᄆᆞᆯ 뵈시니라(月釋8:16). 뎡바기ᄅᆞᆯ 브터 發揮ᄒᆞ야:從頂發揮(楞解5:2). 우희 뎡바기 업스며(圓覺下二之一38). 妙峯 뎡바깃 우희(南明上29). 뎡바기ᄅᆞᆯ ᄆᆞᆫ져:摩頂(佛頂上14). 뎡바기 뎡:頂(訓蒙上24). 뎡바기 뎡:頂(類合上20. 倭解上16). 夷狄ㅅ ᄀᆞ은 거츤 묏뎡바기오:夷界荒山頂(重杜解5:10).

뎡박이 명 정수리. ☞뎡바기 ¶ 뎡박이:頂上(朴解上51). 뎡박이:頭頂(譯解上32).

뎡:샤 명 정사(亭舍). ¶두 즘겟길마다 亭舍ᄅᆞᆯ 세콤 지ᅀᆞ니(月印上56). 二十里예 ᄒᆞᆫ 亭舍옴 짓게 ᄒᆞ야(釋譜6:23).

뎡샹 명 정상(禎祥). 경사(慶事)로운 징조. ¶뎡샹을 내며 샹셔를 ᄂᆞ리옴을:生祥下瑞(宣小6:92). 國家ㅣ 쟝ᄎᆞᆺ 興홈애 반ᄃᆞ시 禎祥이 이시며(宣中36).

:뎡:샹 명 정상(頂上). 정수리 위. ¶頂上 肉髻ᄂᆞᆫ 鉢頭摩華ㅅ ᄀᆞᆮ고(月釋8:39).

뎡쇽ᄒᆞ다 동 정속(定屬)하다. ¶고시 연자로 고을히 뎡쇽ᄒᆞ엿더니(東新續三綱. 烈2:24). 절도에 영영히 뎡쇽ᄒᆞ야 위노ᄒᆞ고:絶島永屬爲奴(警民16).

뎡식 명 정식(鼎食). 진수 성찬(珍羞盛饌). ¶임오 츈의 긔근ᄒᆞ기 심ᄒᆞ더니 님히 슌화인셩군 세 왕ᄌᆞ 부인을 특별이 명ᄒᆞ여 뇨ᄅᆞᆯ 주고 뎡식을 사ᄆᆞ라 ᄒᆞ시다(仁祖行狀15).

뎡:신·ᄒᆞ·다 형 정신(貞信)하다. ¶겨지븨 法은 ᄒᆞᆫ 번 가면 가ᄉᆡ디 아니ᄒᆞ야 貞信ᄒᆞᆫ 節介ᄅᆞᆯ 오ᄋᆞᆯ오ᄂᆞ니 주그닐 닛고 산 ᄃᆡ 가면 信이 아니오 貴ᄒᆞ닐 보아 賤ᄒᆞ닐 니ᄌᆞ면 貞이 아니오(三綱. 烈6).

뎡ᄉᆡᆨᄒᆞ다 동 정색(正色)하다. ☞졍ᄉᆡᆨᄒᆞ다 ¶환이 뎡ᄉᆡᆨᄒᆞ고(五倫2:27).

뎡어·긔 대 저곳. 저기. ☞뎌어긔 ¶가며 머므럿ᄂᆞᆫ 뎡어긔와 이어긔 消息이 업도다:去住彼此無消息(初杜解11:16).

뎡·절 명 정절(貞節). ☞졍절 ¶만이레 뎡절 일흔 거슬 겨집 사마:若取失節者(飜小7:35). 그 뎡절을 아ᄅᆞᆷ다이 너겨:嘉其貞烈(飜小9:66). 그 뎡절을 아ᄅᆞᆷ다이 너겨:嘉其貞烈(宣小6:61). 뎡절:節操(同文解上21).

뎡:졍·ᄒᆞ·다 형 정정(貞靜)하다. ¶后ㅣ 져머셔브터 貞靜ᄒᆞ시며 端正ᄒᆞ시며(宣賜內訓2下34).

뎡:졍ᄒᆞ·다 형 정정(貞正)하다. ¶돕ᅀᆞ와 文德이 貞正ᄒᆞ시고:翼亮貞文德(初杜解6:25). 님금을 소기디 아니홈ᄋᆞᆫ 뎡졍홈이니:不欺君貞也(宣小6:43).

뎡:죵 명 정종(疔腫). 정창(疔瘡). ☞졍죵 ¶뎡죵 뎡:疔(訓蒙中33). 뎡죵:疔瘡(同文解下7). 뎡죵 뎡:疔(兒學下4).

뎡·ᄌᆞ 명 정자(亭子). ¶亭은 亭子ㅣ오(釋譜6:23). 臺와 亭子왜 ᄃᆞ토와 노퓃도다(初杜解6:18). 뎡ᄌᆞᆺ 뎡:亭(訓蒙中5. 石千27). 뎡ᄌᆞ 뎡:亭(類合上22). ᄂᆞᄅᆞᆺ 亭子애셔 北녀클 ᄇᆞ라보미 머도다:津亭北望孤(重杜解2:9). 뎡ᄌᆞ 뎡:亭(倭解上31). 뎡ᄌᆞ ᄀᆞᆺᄒᆞᆫ 뎐:亭式殿(漢淸9:25). 뎡ᄌᆞ 뎡:亭(兒學上9). ※뎡ᄌᆞ(뎡ᄌᆞ)>정자

뎡지신 명 정재인(呈才人). ¶敎坊읫 여라믄 樂工과 읏듬 뎡지신과 여러 가짓 로ᄅᆞᆺ바치ᄃᆞᆯ 블러오라:叫敎坊司十數箇樂工和做院本諸般雜劇的來(飜朴上5).

뎡지ᄒᆞ·다 동 정재(呈才)하다. ¶百千 사ᄅᆞ미 侍衛ᄒᆞ야 呈才ᄒᆞ며:呈才ᄂᆞᆫ 지조ᄅᆞᆯ ᄂᆞᆷ 뵐 씨니 노ᄅᆞᆺᄒᆞ야 ᄂᆞᆷ 뵈요ᄆᆞᆯ 呈才라 ᄒᆞᄂᆞ니라(釋譜11:28).

:뎡:쳐 명 정처(定處). ¶알ᅌᅬ 묻ᄌᆞ오ᄃᆡ 地獄이 定處ㅣ 업스니잇가(楞解9:38).

뎡탈ᄒᆞ다 동 정탈(定奪)하다. 임금이 재결(裁決)하다. ¶뎡탈ᄒᆞᄃᆡ 아녀시니(山城131).

뎡향 명 정향(丁香). ¶뎡향 두 돈 반과 구리댓불휘 반 량:丁香(救簡2:4).

뎡향빙 명 정향배(香水梨). ¶셕류 뎡향빙 이ᄉᆞ랏:石榴香水梨櫻桃(飜朴上4).

:뎡·ᄒᆞ·다 동 ①정(定)하다. ¶千世 우희 미리 定ᄒᆞ샨 漢水北에 累仁開國ᄒᆞ샤:千世默定漢水陽累仁開國(龍歌125章). 그 사ᄅᆞᆷ 주긂 官員을 定ᄒᆞ야 두쇼셔(釋譜24:13). 처ᅀᅥᆷ의 뎡ᄒᆞᆫ 갑새셔:元定價錢內中(飜老下20). 뎡ᄒᆞᆯ 뎡:定(光千13). 뎡ᄒᆞᆯ 뎡:定(類合下10. 倭解下37). 居ᄂᆞᆫ 뎡ᄒᆞ여 이심이오 處ᄂᆞᆫ 잠싼 이심이라(宣小3:4). 신主 ᄆᆡᆼ그ᄂᆞᆫ 制되 비로소 定ᄒᆞ니(家禮圖18). 先生의 定ᄒᆞ신 바 家鄕이며(家禮1:4). 경계 뎡ᄒᆞᆫ 목칙:界閑(同文解上40). 뎡ᄒᆞᆫ 것 업다:沒定準(譯解補57). 뎡ᄒᆞᆯ 뎐:殿 安也定也(註千18). 허물며 텬연이 뎡ᄒᆞᆫ 사ᄅᆞᆷ이 잇심이러라(引鳳簫1).
②평정(平定)하다. ¶天下ㅣ 定ᄒᆞᆯ 느지르샷다:迺是天下始定之徵(龍歌100章).

뎨 대 ①저기. ¶뎨도 虛空이니(南明上50). 그저 뎨 가 자고 가져:只那裏宿去(飜老上10). 다 뎨 가 불법 드르라 가리라:都往那裏聽佛法去(飜朴上75). 뎨 가ᄂᆞᆫ 뎌 각시 본 듯도 ᄒᆞᆫ뎌이고(松江. 續美人曲).
②제가. 저 사람이. 독뎌 ¶뎨 大乘法樂ᄋᆞᆯ

受用킈 ᄒᆞ실 씨니(月釋13:40). 데 내 남지니니 사ᄅᆞ쇼셔(三綱.烈28). 人身 得ᄒᆞ닌 데 반ᄃᆞ기 善知識을 브터:得人身者彼應依善知識(圓覺上二之二16).

데긔ᄒᆞ다 동 제기(提起)하다. ¶데긔ᄒᆞ다:提撥(漢淸3:12).

데기 명 축국(蹴鞠)에 쓰인 가죽공. ☞뎍이 ¶데기 국:鞠(註千7).

데·김 명 관청에서 백성의 소송장이나 청원서에 써 주는 판결문. ¶데김:蕙帖(訓蒙上35 帖字註). 데김:票帖(譯解上11).

데미다 동 저미다. ☞져미다 ¶비를 데며 브티면:用梨削貼(救急下15).

데수 명 제수(弟嫂). ¶데수:弟婦(漢淸5:38).

데슈ᄒᆞ다 동 제수(除授)하다. ¶천년ᄒᆞ여 데슈홈이 이실 꺼시니:轉除的有(朴解中46).

데·ᅀᅲᆨ 명 저육(猪肉). 제육. ☞데육. 제ᅀᅲᆨ ¶사ᄒᆞ로니 ᄒᆞᆫ 근 猪肉에:切了一斤猪肉(飜老上23).

데야 명 제야(除夜). ¶또 除夜ㅅ 바미 뽕헤 섭나모를 사코 퓌우면(簡辟19).

데육 명 저육. 제육. ☞데ᅀᅲᆨ ¶제믈에 쵸ᄒᆞᆫ 데육과:川炒猪肉(朴解上5).

:데·일 주 제일(第一). ¶第一 大願은 내 來世예(釋譜9:4). 多聞이 第一이시고(釋譜24:40). 道 思慕홇 志와 儀와 第一이라(永嘉上3). 第一은 尊ᄒᆞ야 우 업슬 시라(金三4:32). 뭇 爲頭ᄒᆞ며 뭇 第一이라(六祖上60). ᄆᆞ리 데일 보빈니:馬是第一寶貝(飜朴上43). 데일론 사ᄅᆞ미 유무를 맛뎌 보내여든:一人附書信(飜小8:22). 데일을 ᄒᆞ니라:爲第一(東新續三綱.忠1:14). 西邊으로 뼈 上을 사마 高祖ㅣ 第一이오(家禮1:18).

데젹ᄒᆞ다 동 저축하다. ☞뎌젹ᄒᆞ다. 데튝ᄒᆞ다 ¶존절ᄒᆞ며 데젹ᄒᆞ야(警民19).

:데·ᄌᆞ 명 제자(弟子). ¶弟子의 힝뎌글(釋譜6:10). 弟子ㅣ ᄃᆞ외야 銀돈을 받ᄌᆞᄫᆞ니(月釋1:3). 五百 사ᄅᆞ미 弟子ㅣ ᄃᆞ외아지이다 ᄒᆞ야(月釋1:9). 法 ᄀᆞᄅᆞ치ᄂᆞ닌 스승이오 ᄇᆡ호ᄂᆞ닌 弟子ㅣ라(月釋1:9). 孔子ㅅ 弟子ㅣ 三千人이라(初杜解6:22). 스승과 弟子왜 모다 어우러(金三1:28). 能이 對答호ᄃᆡ 弟子ᄂᆞᆫ 嶺南新州ㅅ 百姓이라니(六祖上6). 弟子 너덧 사ᄅᆞ미 드러와(杜解9:1). 너ᄂᆞᆫ 부텻 데ᄌᆞ로:你是佛家弟子(飜朴上36). 데ᄌᆞ:生徒. 徒弟(訓蒙上34 徒字註). 弟子ㅣ 드러ᄂᆞᆫ 孝ᄒᆞ고 나ᄂᆞᆫ 弟ᄒᆞ며 謹ᄒᆞ고 信ᄒᆞ며 너비 衆을 愛호ᄃᆡ(宣論1:3). 내 免홈을 알와라 데ᄌᆞ들하:吾知免夫小子(宣小4:24). 이러ᄐᆞᆺ ᄒᆞᆫ則 弟子의 惑이 더옥 甚케이다(宣孟3:3). 데ᄌᆞ:徒弟(同文解上42). ※데ᄌᆞ>졔ᄌᆞ>졔자>제자

데·튝 명 저축. ☞뎌젹. 뎌튝 ¶ᄉᆞᄉᆞ로온 데튝이 업스며:無私畜(宣小2:13). 머글 것 데튝과 고엣 거시:食儲帑藏(宣小6:114).

데튝ᄒᆞ다 동 저축(貯蓄)하다. ☞뎌젹ᄒᆞ다. 뎌튝ᄒᆞ다. 데젹ᄒᆞ다 ¶또 곡셕을 데튝ᄒᆞ야:又儲穀(東新續三綱.忠1:78).

데ᄒᆞ다 동 제(除)하다. 빼다. ¶ᄯᅩ로 씨를 데ᄒᆞᆫ 후에:另除了種子後頭(朴解下37).

:도 명 도(道). ¶道ᄂᆞᆫ 부텻 法이라(釋譜序5). 世尊ㅅ 道 일우샨 이리 양ᄌᆞ를 그려 일우ᅀᆸ고(釋譜序5). 摩竭陁ㅅ 甁沙ㅣ 世尊ㅅ긔 ᄉᆞᆯᄫᅩᄃᆡ 道를 일우샤 날 救ᄒᆞ쇼셔 ᄒᆞ니(月印上36). 敬과 順괏 道ᄂᆞᆫ 婦人의 큰 禮라(宣賜內訓2上8). 사괴요미 道ㅣ 잇ᄂᆞ니(初杜解15:38). 다시 엇던 道를 닷ᄀᆞ료 ᄒᆞ고(六祖上15). 도ᄂᆞᆫ 귀예 들며:道(飜小8:4). 君子ᄂᆞᆫ 本을 힘ᄡᅳᆯ 디니 本이 섬애 道ㅣ 生ᄒᆞᄂᆞ니(宣論1:2). 하ᄂᆞᆶ 道를 ᄡᅳ며:用天之道(宣小2:31). 道 업스니를 갑디 아니홈은(宣中6). 거의 녯 사ᄅᆞᆷ의 ᄡᅥ 修身齊家ᄒᆞᄂᆞᆫ 道와(家禮1:4).

도 부 또. ¶도 역:亦(類合上14).

-·도 조 ①-도. ¶六合애도(龍歌24章). 國人도(龍歌72章). 네도 잇더신가(龍歌88章). 별도 ᄂᆞ리니이다(月印上7). ᄒᆞᆫ 번도 디만ᄒᆞᆫ 일 업수니(釋譜6:4). 乃終ㄱ 소리도 ᄒᆞᆫ가지라(訓註12). 터러마도 글우미 업스리니(楞解9:104). 하ᄂᆞᆯ도 ᄒᆞ마 볼가 가ᄂᆞ다:天道待明也(飜老上58). 더브럿는 사ᄅᆞ미며 종돌도 잇다가:人口奴婢有來(飜老下48). 소곰과 ᄂᆞ물도 먹디 아니ᄒᆞ더라(宣小6:29). 有情도 有情ᄒᆞᆯ샤(松江.關東別曲). 가거니 오거니 人事도 하도할샤(古時調.鄭澈.새원 원쥐 되여.松江).
②-만큼도. ¶우리 어미ᄂᆞᆫ 즁싱도 ᄆᆞᆫ디 몯도다(釋譜11:41).
③-고도. ¶苦ᄅᆞᆸ도 苦ᄅᆞᄫᆡ셔(釋譜24:15).

도간 명 도가니. ☞도관 ¶도간의 담고:盛砂鍋(痘要下30). 도간:坩堝(譯解下14).

도:검 명 도검(刀劍). ¶刀劍이 모매 觸ᄒᆞ야 ᄆᆞᅀᆞᆷ과 肝괘 버혀 갈아날 씨라(楞解8:105). 소ᄂᆞ로 刀劍을 자바 제 제 고길 ᄇᆞ려 목숨 ᄇᆞ료ᄆᆞᆯ 깃그며:手執刀劍自割其肉欣其捨壽(楞解9:74).

도고리 명 도고지. ¶도고리:弓墊子(同文解上47). 도고리 부치다:黏弓墊(漢淸5:14). 도고리:弭(物譜 兵仗).

-도고야 어미 -는구나. ☞-도괴야 ¶柴門 犬吠聲에 반가온 벗 오도고야(古時調.金昌業.검은고술.海謠). 流下萬灘ᄒᆞ야 淺水邊에 오도고야(蘆溪.莎堤曲).

-도곤 조 -보다. ☞-도곳 ¶곡셕도곤 나으리라(救荒5). 猛火도곤 烈ᄒᆞ니:烈于猛火(書解1:83). 얻디 블의 ᄉᆞᆯ기도곤 낫디 아니ᄒᆞ

리라(家禮7:17). 브른 제 ᄒᆞᆫ 말 어듬도곤 나으니라:强如飽時得一斗(老解上39). 피접 나ᄀᆞ니도곤 편코 됴이시리이다(癸丑93). 아므 일도곤 아름다와(新語1:18). ᄂᆞᆺ출 봄도곤 나으리이다:勝如見面(朴解下12). 病다ᄉᆞ림도곤 나으리라(朴解中18). 그도곤 북녁 ᄶᅡ히 사ᄅᆞᆷ은(三譯3:20). 李謫仙 이제 이셔 고텨 의논ᄒᆞ게 되면 廬山이 여긔도곤 낫단 말 못 ᄒᆞ려니(松江. 關東別曲). 쓴 ᄂᆞ믈 데온 믈이 고기도곤 마시 이셰(古時調. 鄭澈. 青丘). 九折羊腸이 물도곤 어려워라(古時調. 張晩. 풍파의. 海謠). 楚覇王 壯ᄒᆞᆫ 뜻도 죽기도곤 離別 셜어(古時調. 青丘). 바다이 어제 밤도곤 희기 더ᄒᆞ고(意幽堂. 東溟日記).

도곤도곤이 부 도근도근이. ¶도곤도곤이 기ᄃᆞ리더니(癸丑67).

도곤도곤ᄒᆞ다 동 도근도근하다. ¶가슴 도곤도곤ᄒᆞ다:心跳(同文解上20. 漢清8:5).

-도곳 조 -보다. ☞-도곤 ¶흰 구름 푸른 니는 골골이 잠겻는듸 秋風에 물든 丹楓 봄곳도곳 더 죠해라(古時調. 海謠).

·도·관 명 도가니. ☞도간 ¶도관:坩堝(四解下75 坩字註). 도관 감:坩. 도관 과:堝(訓蒙中16). 도관 균:鈞(光千39). 도관:鍋兒(朴解下29). 도관:火罐子(同文解下16). 부레ㅅ 도관:鰾罐子(譯解補44). 도관:火罐子(柳氏物名五 金).

-도괴야 어미 -는구나. ☞-도고야 ¶青鳥ㅣ야 오도괴야 반갑도다 님의 消息 弱水 三千里 ᄅᆞᆯ 네 어이 건너온다(古時調. 青丘). 냇ᄀᆞ에 프른 버들 네 몬져 아도괴야(古時調. 봄이 왓다 ᄒᆞ되. 青丘).

:도·구 명 도구(道具). ¶도구ᄅᆞᆯ 장만호ᄃᆡ:辦道具(誡初6).

도국 명 ①본보기. 모범. ¶도국 범:範(類合下36). 도국 모:模. 도국 양:樣(類合下51). ②도량(度量). 그릇. ¶도국과 슬거오미 몬져오:先器識(飜小10:11).

:도금 명 도금(鍍金). ¶도금:鍍(柳氏物名五 金).

:도·금ᄒᆞ·다 동 도금하다. ¶도금ᄒᆞᆯ 도:鍍(訓蒙下16). 도금ᄒᆞ다:鍍金(譯解補45).

도기 동 되기. 되기는. ¶붓텨 도기 쉅기ᄂᆞᆫ(普勸文12).

:도나·기누·에나·비 명 원잠아(原蠶蛾). ¶도나기누에나비:晩蠶蛾(救簡3:114). 도나기누에나비:原蠶蛾(東醫 湯液二 蟲部).

:도·녀 동 돌아다니어. ㉠도니다 ¶부텨 도녀 諸國ᄋᆞᆯ 敎化ᄒᆞ샤(釋譜9:1).

도년 명 도형(徒刑). ¶도년:徒(譯解上67).

:도니·다 동 돌아다니다. ¶부텨 도녀 諸國ᄋᆞᆯ 敎化ᄒᆞ샤(釋譜9:1). 地獄애 가 도녀 보더니(月釋23:78). 멋마 南岳과 天台예 도녀뇨:幾廻南岳與天台(金三5:9).

-도·다 어미 -도다. -구나. ¶그듸 가 들 ᄶᅵ 비 볼쎠 이도다 ᄒᆞ고(釋譜6:35). 또 文殊師利 等 보ᄆᆞᆯ 爲ᄒᆞ야 이에 오도다(月釋18:81). 末世엣 첫 機 能히 다 알 리 드므도다:末世初機罕能究盡(楞解1:3). 그 오미 甚히 갓갑도다(宣賜內訓1:68). 프른 ᄆᆡᄒᆞᆯ 디렛도다:俯青郊(杜解7:1). 關關ᄒᆞᄂᆞᆫ 雎鳩 河ㅅ洲에 잇도다:關關雎鳩在河之洲(詩解1:1). 네 子孫이 振振홈이 맛당ᄒᆞ도다:宜爾子孫振振兮(詩解1:6). 五倫에 信 잇스면 五行에 土 갓도다(人日歌).

도·다나·다 동 돋아나다. ¶鹿茸:사ᄉᆞᄆᆡ ᄀᆞᆺ 도다난 털조촌 뿔(救簡2:43).

도다지 명 돼지. ¶박그로셔ᄂᆞᆫ 담향제 도다지 만히 들매(癸丑200). 양의 눈과 쇼키리 눈과 도다지 허니과(馬解上8).

도당 명 도량(←道場). ¶道場을 設ᄒᆞ며:도당은 경 닑고 비ᄂᆞᆫ ᄃᆡ라(家禮5:22).

:도·덕 명 도덕(道德). ¶天下앳 道德엣 션비ᄅᆞᆯ 마자 오며:延天下道德之士(宣小6:15).

도도개 명 돋우개. ☞도도ᄀᆡ ¶도도개:挑竿(譯解下16).

도도ᄀᆡ 명 돋우개. ☞도도개 ¶도도ᄀᆡ:挑燈匕(柳氏物名五 火).

도도내다 동 돋우어 내다. 값을 비싸게 내다. ¶져젯 사ᄅᆞᆷ도 갑슬 도도내디 아니ᄒᆞ리라:市上人也出不上價錢(老解上63).

도·도·다 동 돋우다. ¶벼스를 도도시니:聿陞官爵(龍歌85章). 壇ᄋᆞᆫ ᄶᅡ ᄒᆞᆯ 닷가 도도온 거시라(月釋2:72). 이ᄀᆞ티 無ㆆ字ᄅᆞᆯ 도도아 보건댄:如是主張箇無字(蒙法61). 특명으로 부졍을 도도시다:特命陞副正(東新續三綱. 孝6:24). 블 도도다:挑燈(譯解下16). 우흐로 도도고 아려로 눌너(武藝圖16).
※도도다>돋우다

도도라지다 형 도드라지다. ¶도도라지다:骨丁(漢清11:60).

도도롯치다 동 소스라치다. ☞도도리치다 ¶놀라 도도롯치다:嚇一跳(漢清7:9).

도도리치다 동 소스라치다. ☞도도롯치다 ¶도도리치다:驚跳(同文解上20).

도도혀·다 동 ①돋우다. ¶交趾 ᄶᅡ 知州ㅣ랏 벼스를 도도혀 ᄒᆡ이신대:陞交趾政平知州(續三綱. 忠3).
②돋우어 켜다. ¶殘燈 도도혀고 輾轉不寐ᄒᆞᄂᆞᆫ ᄎᆞ에(古時調. 기러기 우ᄂᆞᆫ. 瓶歌).

도도ᄒᆞ·다 형 도도(滔滔)하다. ¶愛河ㅣ 믿 업서 믌겨리 滔滔ᄒᆞᆯ씨(法華7:43). 이런ᄃᆞ로 定水ㅣ 滔滔ᄒᆞ면:滔滔ᄂᆞᆫ 믈 한 양ᄌᆡ라(永嘉下124). 또 有毒ᄒᆞ야 嗔心ᄒᆞ면 크면 지블 ᄒᆞ야ᄇᆞ리고 져그면 모ᄆᆞᆯ 배리니 누늘

드러 보건댄 滔滔ᄒᆞ니 다 그러ᄒᆞ니라:滔滔ᄂᆞᆫ 므리 두르 펴딘 양지니 사ᄅᆞ미 다 ᄒᆞᆫ가지ᄆᆞᆯ 가줄비니라(宣賜內訓2上15). 滔滔ᄒᆞᆫ者ㅣ 天下ㅣ 다 이니 눌로 더블어 易ᄒᆞ리오(宣論4:49).

도두 명 도두(渡頭). 나루. ¶나ᄂᆞᆫ 渡頭ㅅ 몰애예 자다라(金三4:5). 渡頭ᄂᆞᆫ ᄂᆞᄅᆞ 건나ᄂᆞᆫ ᄃᆡᄅᆞᆯ 니ᄅᆞ니라(金三4:5).

도디게 명 도지개. ¶도디게 필:必(註千8).

도·ᄃᆞ·니 동 돋으니. ㉠돋다 ¶새벼리 나지 도ᄃᆞ니:煌煌太白當晝垂示(龍歌101章). ᄃᆞ리 도ᄃᆞ니 뫼히 가ᄉᆡ여 괴외ᄒᆞ도다:月出山更靜(杜解9:14).

도ᄃᆞ록ᄒᆞ·다 형 도도록하다. ¶도ᄃᆞ록ᄒᆞᆫ 쌋ᄒᆞᆰ을 프러(救簡3:55).

도ᄃᆞ미 동 돋음이. ㉠돋다 ¶東方앳 ᄇᆞᆯᄀᆞᆫ 벼리 도ᄃᆞ미 ᄯᅩ 더듸디 아니ᄒᆞ도다:東方明星亦不遲(重杜解2:17).

도ᄃᆞ샤 동 돋으시어. ㉠돋다 ¶ᄃᆞᆯ하 노피곰 도ᄃᆞ샤 머리곰 비취오시라(樂範.井邑詞).

:도·돈·다 동 돌아 달리다. 돌아 도망하다. ¶漢陰엣 槎頭ᄂᆞᆫ 머리 도ᄃᆞᄅᆞ리로다:漢陰槎頭遠遁逃(初杜解16:62).

도ᄃᆞᆳ 동 돋을. ㉠돋다 ¶沸星 도ᄃᆞᆳ 제 白象ᄐᆞ시고 힛 光明을 ᄐᆞ시니이다(月釋2:17).

·도라 동 달라. ¶迦葉이 도라 ᄒᆞ야(釋譜23:40). 가시며 子息이며 도라 ᄒᆞ야도(月釋1:13). 凡取物曰都羅(雞類).

도·라가·다 동 ①돌아가다. ¶도ᄌᆞ기 도라가니:寇虜解退(龍歌33章). 正覺 일워 도라가려 ᄒᆞ시니(月印上20). 절ᄒᆞ고 하ᄂᆞᆯ해 도라가니(月印上29). 羅睺羅ㅣ 得道ᄒᆞ야 도라가ᅀᅡ 어미ᄅᆞᆯ 濟渡ᄒᆞ야 涅槃 得호ᄆᆞᆯ 나 ᄀᆞᆮ게 ᄒᆞ리라(釋譜6:1). 目連이 淨飯王ᄭᅴ 도라가 이 辭緣을 ᄉᆞᆯᄫᆞᆫ대(釋譜6:6). 不還ᄋᆞᆫ 아니 도라갈 씨니(月釋1:34). 本來 ᄆᆞᅀᆞᄆᆞᆫ 엇뎨 도라가미 업스니잇고:元心云何無還(楞解2:26). 定은 ᄆᆞᆯ고매 도라가게 ᄒᆞ샤미오:定以復湛(楞解6:42). 亂 앗고 正에 도라간 機의 밋디 몯홀 젼치라(南明上2). 녯 ᄆᆞᅀᆞᆯ해 도라가리라:歸故里(南明上56). 네 이 ᄆᆞᆯ 잇거 도라가:你牽廻這馬去(飜老上37). 도라갈 귀:歸(類合下8.石千6.倭解上29.兒學下10). 그 位예 도라가샤ᄂᆞᆫ:復其位(宣小2:39). 마ᄎᆞᆷ내 무익ᄒᆞᆫ ᄃᆡ 도라가거니와:終歸無益(警民5).
②세상을 떠나다. 죽다. ¶그 ㅋ자ᄒᆞᆫ 인물로 일쯕 도라가니(閑中錄372).

도라나다 동 돌아서 나오다. ¶夢泉水 떠 마시고 幽貞門 도라나셔(陶山別曲).

도라니·다 동 돌아가다. ¶大海神ᄃᆞᆯ히 다 외오호이다 ᄒᆞ고 各各 도라니거늘(釋譜23:47). 主將이 소팃 마솔 調和ᄒᆞ라 도라니거시든:主將歸調鼎(初杜解10:30).

도라들다 동 돌아들다. ¶退溪水 도라드러 溫溪村에 올라오니(陶山別曲). 隴雲精舍 도라드러 岩栖軒 드러가니(陶山別曲). 월출산 도라드니 만이천봉이(萬言詞).

도·라보:내·다 동 돌려보내다. ¶안해 뫼신 사ᄅᆞᆷ과 의장읫 거슬 다 도라보내고:妻乃悉歸侍御服飾(宣小6:54). 도라보내미(山城).

도·라·보·다 동 돌아보다. ☞돌아보다 ¶王이 도라보고 上座ᄭᅴ 닐오ᄃᆡ(釋譜24:47). 世尊ㅅ 말ᄋᆞᆯ 듣ᄌᆞᆸ고 도라보아ᄒᆞ니 제 몸이 고텨 ᄃᆞ외니(月印上11). 東方ᄋᆞᆯ 도라보건댄:瞻顧東方(楞解10:43). 도라보라 ᄒᆞ니(金三2:16). 네 도라보샤매 조촐 주를 아노라:知汝隨顧眄(初杜解16:54). ᄲᆞᆯ리 도라와 도라보ᄆᆞᆯ 마롤디어다:火急歸來莫廻顧(南明上22). 내 모맷 眞性으란 도라보디 아니ᄒᆞ고(南明上64). 도라볼 고:顧(訓蒙下27.類合上25.石千38.倭解上29). 도라보다:回看(譯解上39.同文解上28). 올흔편을 도라보며(武藝圖10).

도·라·보·아ᄒᆞ·니 동 돌아보니. 돌아본즉. ㉠도라보다☞-ᄒᆞ니 ¶世尊ㅅ 말ᄋᆞᆯ 듣ᄌᆞᆸ고 도라보아ᄒᆞ니 제 몸이 고텨 ᄃᆞ외니(月印上11). 世尊ㅅ 말ᄋᆞᆯ 듣ᄌᆞᆸ고 도라보아ᄒᆞ니 제 모미 고텨 ᄃᆞ외니(月釋2:48).

도·라·오·다 동 돌아오다. ☞돌아오다 ¶지ᄇᆡ로 도라오ᇒ 제:言歸于家(龍歌18章). 나라해 도라오시고:我還厥國(龍歌24章). 가다가 도라ᅇᅩᇙ 軍士:言旋軍士(龍歌25章). 道理 일워 도라오려 ᄒᆞ시니(月印上51). 묏골애 苦行ᄒᆞ샤 六年에 도라오샤ᄃᆡ(月印上51). 내 園에 도라오나ᄃᆞᆫ:我歸園(楞解3:23). ᄒᆞ마 婚姻ᄒᆞ야 도라왯거든(宣賜內訓1:5). ᄲᆞᆯ리 도라와 도라보ᄆᆞᆯ 마롤디어다:火急歸來莫廻顧(南明上22). ᄌᆞ 자바 도라오니:纔拿着廻來(飜老上30). 도라올 귀:歸. 도라올 반:返(類合下8). 도라올 환:還(類合下19.倭解上29). 다ᄅᆞᆫ 곧애 가 醉ᄒᆞ야 도라오거늘:他處醉歸(宣小6:69). 도라올 회:回(註千24).

도·라ᄒᆞ·다 동 돌리다. ¶至極ᄒᆞᆫ 말ᄊᆞᄆᆞᆯ 듣ᄌᆞᄫᆞ니 ᄆᆞᅀᆞ미 ᄆᆞᆯ가 안팟기 훤ᄒᆞ야 虛空 ᄀᆞᆮ더니 내 모ᄆᆞᆯ 도라ᄒᆞ니 즉자히 스러디고 男子ㅣ ᄃᆞ외야(月釋2:64).

도람듣다 동 돌려 듣다. 용서하다. ¶아소 님하 도람드르샤 괴오쇼셔(樂範.鄭瓜亭).

도·랏 명 도라지. ☞도랒 ¶도랏 ᄀᆞ론 ᄀᆞᄅᆞ:桔梗末(救簡1:51). 도랏 길:莕. 도랏 경:葟(訓蒙上13). 도랏:桔梗(方藥2). 桔梗鄕名都乙羅叱(鄕藥月令 二月). 도랏:莕葟(譯解下12. 同文解下4). 도랏:桔梗(物譜 藥草).

도랑 명 도랑이. ¶도랑 머근 가히와 ᄒᆞᆰ 무든 도톤 도ᄅᆞ혀 다 알어늘:疥狗泥豬却共知(南明上4).

도랒 명 도라지. ☞도랏 ¶더덕과 도라즐 삭도다ᄡᅧᆫ 머리ᄅᆞᆯ 버히고 시서 ᄆᆞᆯ뢰여:沙參桔梗去蘆洗乾(救荒7).

도래 명 도래(規). 그림쇠. ¶도래 규:規(類合上28).

도래 명 둘레. ☞돌이 ¶뽄 도래 세 치오:包圍三寸(火砲解27).

도래 감 돼지를 부르는 소리. ¶呼猪曰 도래者 華語豚兒之轉也(華方).

도래도래 부 둘러. ¶도래도래 안ᄶᅡ:圍坐(譯解補25).

도래ᄇᆞ람 명 돌개바람. ¶도래ᄇᆞ람:右尤風(語錄19).

도래쇠 명 도래. 고리. ¶개 목엣 도래쇠:狗項圈(譯解下32).

:도량 명 도량(←道場). ¶부톄 道場애 안ᄌᆞ샤 得ᄒᆞ샨 妙法을 닐오려 ᄒᆞ시ᄂᆞᆫ가 授記ᄅᆞᆯ 호려 ᄒᆞ시ᄂᆞᆫ가(釋譜13:25). 衆生濟度ᄒᆞ며 道場애 안조매 니르러(法華5:126). 直心이 이 道場이며(六祖上4). 道場애 ᄡᅳ려(眞言24). 도량을 조히 ᄒᆞ고(王郞傳3).

:도량 명 도량(度量). ¶天下 英雄이 度量애 다 드ᅀᆞᄫᆞᆯᄊᆡ:天下英雄盡入度量(龍歌64章). 經世 度量이 크시니이다(龍歌80章). 도량이 잇더라(閑中錄146).

:도량ᄒᆞ·다 동 도량(度量)하다. ¶지블 度量ᄒᆞ야 지ᅀᅮ미 빗내 됴히 아니 ᄒᆞ노니:度堂非華麗(初杜解6:45). 우믈믈 글혀 소곰 ᄆᆡᇰᄀᆞ로ᄆᆞᆯ ᄲᆞᆯ리 ᄒᆞ고 畬田ᄋᆞᆯ 블브터 ᄡᅡ 度量호ᄆᆞᆯ 기운 ᄃᆡ다 ᄒᆞᄂᆞᆺ다:煮井爲塩速燒畬度地偏(初杜解20:2).

도러다 동 도르다. 토하다. ☞도로다 ¶쇼 여믈 도러다:齝(柳氏物名一 獸族).

도려디 부 동그랗게. 둥글게. ¶도려디 탄ᄌᆞᄀᆞ티 비저(牛疫方4).

도련ᄒᆞ다 동 도련(刀鍊)하다. 도련치다. ¶도련ᄒᆞ다:劄齊(漢淸11:25).

·도·렫ᄒᆞ·다 형 둥글다. ☞도렷ᄒᆞ다. 두렫ᄒᆞ다 ¶環ᄋᆞᆫ 도렫ᄒᆞᆫ 구스리오(楞解2:87). 개우희 도렫ᄒᆞᆫ ᄒᆞᆫ 프른 蓋 ᄀᆞᆮ더니라:浦上童童一青蓋(初杜解6:41). 갠 구루미 이페 ᄀᆞᄃᆞᆨᄒᆞ야 기우런 蓋예 도렫ᄒᆞ고:晴雲滿戶團傾蓋(初杜解7:31). 도렫호ᄆᆞᆫ 玉젓 머리와 ᄒᆞᆫ가지로다:圓齊玉筯頭(初杜解16:73). 도렫고 ᄆᆞᆯ그니ᄂᆞᆫ 길ᄒᆞ니라(痘要上24).

도렵·다 형 둥글다. ☞두렵다 ¶玉座애셔 당당이 흰 이스릐 도려오ᄆᆞᆯ 슬호시니라:玉座應悲白露團(初杜解15:20). 도려온 옥 벽:璧(類合上25).

도렷ᄒᆞ다 형 둥글다. ☞도렫ᄒᆞ다 ¶개 우희 도렷ᄒᆞᆫ ᄒᆞᆫ 프른 蓋 ᄀᆞᆮ더니라:浦上童童一青蓋(重杜解6:41). 도렷호ᄆᆞᆫ 玉젓 머리와 ᄒᆞᆫ가지로다:圓齊玉筯頭(重杜解16:74).

도령 명 도령. ¶童男曰 도령(東言).

:도:로 명 도로(道路). ¶此ᄂᆞᆫ 兵亂ᄒᆞ야 道路ㅣ 不通故也ㅣ라(初杜解6:49). ᄯᅩ 내 비록 시러곰 大葬티 몯ᄒᆞ나 내 道路애 死ᄒᆞ랴(宣論2:43). 頒白ᄒᆞᆫ 者ㅣ 道路에 負ᄒᆞ며 戴티 아니ᄒᆞ리니(宣孟1:9). 올 저긘 道路의 훤호ᄆᆞᆯ 보리라:來看道路通(重杜解8:38). ᄒᆞ여곰 他日의 道路ㅣ 되디 아닐 ᄃᆡ며(家禮7:18). ᄯᅩ 足히 ᄡᅥ 져기 道路의 빗나게 ᄒᆞ리라(家禮7:31).

도로 부 도로. ¶所獲ᄋᆞᆯ 다 도로 주샤:盡還所獲(龍歌41章). 忽然히 부텨 向ᄒᆞᆫ ᄆᆞᅀᆞᄆᆞᆯ 니ᄌᆞ니 누니 도로 어듭거늘(釋譜6:19). 열히로셔 도로 더어 가ᄃᆡ(月釋1:47). 도로 사ᄅᆞ미게 나 아랫 비들 가포ᄃᆡ:還生人酬其宿債(楞解6:105). 忍ᄋᆞᆯ 도로 니조니(南明上43). 卽時예 豁然ᄒᆞ면 도로 本心을 得ᄒᆞ리라 ᄒᆞ시며:卽時豁然還得本心(六祖中16). 공쥬 나시다 듯고 도로 블너 샹 주더라(西宮上1). 일 픠옴애 도로 몬져 이울고:早發還先萎(宣小5:25). 도로 복:復(類合下45). 도로 회:廻(光千24). 주것다가 도로 사니라(東新續三綱. 孝7:20). 도로 도적 가온대 드러가 ᄯᅩ 아비ᄅᆞᆯ 어버 나오더니:還入賊中又負父以出(東新續三綱. 孝8:16). 母ㅣ 도로 봉ᄒᆞ야 보내여 ᄀᆞᆯ오ᄃᆡ(女四解4:8). 도로 올흔편으로 向ᄒᆞ야(武藝圖11).

도로개 명 도리깨〔타작 농구〕. ¶도로개:捙竿(譯解下16).

도로다 동 도르다. 토(吐)하다. ☞도러다 ¶밥 도로다:擺呑(譯解下26). 쇼 여믈 도로다:倒嚼(譯解下31).

도로·다 동 ①돌리다. ☞도ᄅᆞ다. 돌이다 ¶비들토 도로시과댜(新語5:17). 뎌 귀갓갈 가져다가 귀안 도로고:將那鉸刀斡耳(朴解上40). 〔飜朴上44에 '뎌 귀갓갈 가져다가 귓안 돌아 털 갓고'로 기록되어 있음.〕 ②돌리다. 두르다. ☞도ᄅᆞ다 ¶善男子아 한 도로미 긋디 몯ᄒᆞ면:善男子諸旋未息(圓覺上二之三23). 옷깃 도로디 아니ᄒᆞ시며(宣小3:21). 鴨頭綠羅에 獅子ᄅᆞᆯ 綉ᄒᆞ야 깃 도론 프른 부드러온 시욹쳥에:鴨綠羅納綉獅子的抹口青絨氈襪上(朴解上27).

도로다 동 도르다. 돌라주다. ¶원컨ᄃᆡ 감응편 빅 벌을 삭여 도로고(敬信57).

도로람이 명 여치. 씨르래기. ¶도로람이:絡緯(物譜 飛蟲).

도로·래 명 땅강아지. ☞도로릐 ¶도로래:螻蛄 又螻蛄(四解上36 蛄字註). 도로래 루:螻. 도로래 고:蛄(訓蒙上23). 도로래:土狗(譯解下35. 同文解下42). 도로래 고:蛄(倭

解下26). 도로래:蝲蝲蛄(漢淸14:51).

도로릐 명 땅강아지. ☞도로래 ¶도로릐:螻蛄(柳氏物名二 昆蟲).

도로머기다 동 도로 먹이다. 반포(反哺)하다. ¶가마괴 비록 미믈이나 도로머기는 덕이 이시니:烏雖微物有反哺之德(東新續三綱. 孝1:23).

도로여 부 도리어. ☞도로혀 ¶도로여 生覺ᄒᆞ니 人間 淸福 니야 만타(草堂曲).

도로켜 부 도리어. ☞도로혀 ¶도로켜 서의ᄒᆞ온가는 너기ᄋᆞᆸ거니와(新語6:10).

도로·혀 부 도리어. ☞도ᄅᆞ혀 ¶도로혀 禮예 걸위여:還拘禮(初杜解8:28). 내 ᄒᆞᆫ낫 몸과 ᄆᆞᅀᆞᄆᆞ란 도로혀 됴히 ᄒᆞ고져 아니 ᄒᆞᄂᆞ니:自家一箇身與心却不要好(飜小8:7). 도로혀 개 ᄀᆞᆮ홈이니라:反類狗者也(宣小5:14). 님긊 恩私 닙ᄉᆞ오ᄆᆞᆯ 도로혀 붓그리ᄋᆞᆸ노니(重杜解1:1). 조심홈이 도로혀 됴ᄒᆞ니라:小心些還好(老解上24). 도로혀 붓그렵ᄉᆞ왕이다(新語6:10). 아히들히 도로혀 지져귀여:小厮們倒聒噪(朴解上17). 도로혀:反倒(同文解下50. 漢淸8:63). 도로혀 虛費가 되오매(隣語1:11). 도로혀 가히 ᄒᆞᆫ가지로 시ᄅᆞ랴(女四解4:24). 귀비ᄅᆞᆯ ᄀᆞᄅᆞ쳐 도로혀 월궁의 션인을(明皇1:38). 도로혀 웃듬으로셔 사오나온 일을 ᄒᆞ려 ᄒᆞᄂᆞ다(女範3. 뎡녀 당여홍쳐). 오회라 잇지 아니호매 도로혀 뻐 잇ᄂᆞ니(百行源19).

도로혀다 동 돌이키다. ☞도ᄅᆞ혀다 ¶白崖ᄅᆞᆯ ᄉᆞ랑ᄒᆞ야 돌ᄒᆞᆯ 보노라 머리ᄅᆞᆯ 도로혀롸:回首白崖石(重杜解1:26). 머리 도로혀매 도롱태 新羅ᄅᆞᆯ 디나리라 ᄒᆞ시니라:廻頭鷂子過新羅(南明上5). 도로혈 션:旋(類合下29). 도로혈 회:回(類合下44). 대텽 알피계요 ᄆᆞᆯ도로혐을 용납ᄒᆞᆯ 만ᄒᆞ더니:廳事前僅容旋馬(宣小6:127). 됴시의 봄믈 도로혈고 ᄒᆞ엿더라:重回趙氏春云云(東新續三綱. 忠1:26). 몸 도로혀다:轉身(譯解上39). 도로혈 반:返(倭解上26). 군ᄉᆞ 도로혀다:班師(同文解上46). 도로혀다:回(漢淸7:36). 도로혀 싱각ᄒᆞ니 어이 업셔 우숨 는다(萬言詞). 槍을 도로혀 ᄒᆞᆫ 거롬 믈너가(武藝圖1). ᄆᆞᆯ을 도로혀면(武藝圖10). 해로온 일이어든 극력ᄒᆞ야 도로혀며(敬信63).

도로히다 동 돌이키다. ☞도로혀다 ¶江山을 ᄒᆞ직ᄒᆞ고 扁舟를 도로힐 제(陶山別曲).

-도록 조 -토록. ☞-ᄃᆞ록 ¶보비ᄅᆞᆯ 더리도록 아니 앗기놋다(釋譜6:26). 히 ᄯᅩ 이리도록 늣도다:日頭又這早晚了(飜老上60).

-·도·록 어미 ①-도록. ☞-ᄃᆞ록 ¶ᄒᆞᆫ ᄢᅵ 계도록 긷다가 몯 ᄒᆞ야(月釋7:9). 나조히 ᄆᆞᆺ도록:竟夕(初杜解10:20). 아ᄎᆞ미 ᄆᆞᆺ도록 서늘호미 버므럿ᄂᆞ니:終朝紆颯沓(初杜解16:67). 東京 ᄇᆞᆯᄀᆞᆫ ᄃᆞ래 새도록 노니다가(樂範. 處容歌). 새도록 이시면:頭到明(飜老上56). 열 히 다ᄃᆞᆮ도록(老朴集 單字解2). 이 법을 죽도록 닛디 말라(簡辟18). 히 디도록:終日(同文解上3).
②-ㄹ수록. ☞-ᄃᆞ록 ¶ᄯᅩ 蓮ㅅ 불휘 汁 아ᅀᆞ 머구ᄃᆡ 하도록 됴ᄒᆞ니라:又方藕取汁飮之唯多爲妙(救急上4).

-도록애 어미 -도록. ¶저 ᄀᆞᆺ치 늙도록애(古時調. 靑丘). 어롬 눈 다 녹고 봄 곳치 픠도록애(古時調. 鄭澈. 나올 적. 松江).

도론 동 두른. ㉠도로다 ¶鴨頭綠羅에 獅子ᄅᆞᆯ 綉ᄒᆞ야 깃 도론 프른 부드러온 시욹쳥에:鴨綠羅納綉獅子的抹口靑絨氈襪上(朴解上27).

도·롬 동 돌림. ㉠도로다 ¶한 도로미 긋디 몯ᄒᆞ면:諸旋未息(圓覺上二之三23).

-도롬 어미 -도록. ☞-도록 ¶열 설 넘도롬 오히려 總角ᄒᆞ여시리 적으니(英小5:34).

도롱고리조 명 도롱고리〔조의 한 품종〕. ¶도롱고리조:都籠箕粟(衿陽).

도롱룡 명 도롱뇽. ¶도롱룡:石龍(柳氏物名二 水族).

도롱·태 명 새매. ☞되롱태 ¶도롱태 新羅ᄅᆞᆯ 디나리라:鷂子過新羅(南明上5). 鵃子ᄂᆞᆫ 도롱태라(金三4:34). 도롱태:鵃兒又曰弄鬪兒(四解上8 鵃字註). 도롱태 숑:鵃(訓蒙上15). 도롱태:隼(物譜 羽蟲).

도룡 명 도롱뇽. ☞도롱룡 ¶도룡:石龍子(東醫 湯液二 蟲部).

도룩ᄒᆞ다 동 도륙(屠戮)하다. ¶골육을 도륙ᄒᆞ며(仁祖行狀3).

도릐켜다 동 돌이키다. ¶딩김이 머리를 도릐켜지 말며(女四解3:4).

도·리 명 도리. ¶도리 힝:桁(訓蒙中5). 도리 힝:桁(倭解上32). 도리:隨樑(同文解上34). 도리:隨樑(譯解補13). 도리:檁子(漢淸9:69). 도리:楣(物譜 第宅).

:도·리 명 도리(道理). ¶盟誓ᄒᆞ샤ᄃᆡ 道理 일워(釋譜6:4). 이ᄂᆞᆫ 十方앳 道理 ᄒᆞᆫ가지론 고ᄃᆞᆯ 니르시니라(釋譜13:50). 부텻 道理로 衆生 濟渡ᄒᆞ시ᄂᆞᆫ 사ᄅᆞᄆᆞᆯ 菩薩이시다 ᄒᆞᄂᆞ니라(月釋1:5). 나라ᄒᆞᆯ 아ᅀᆞ 맛디시고 道理 비호라 나아가샤(月釋1:5). 鳳ᄋᆞ로 ᄡᅥ 큰 道理ᄅᆞᆯ 드리워(初杜解17:2). 場ᄋᆞᆫ 道理 닷ᄂᆞᆫ 바탕이오(金三涵序6). 도리ᄅᆞᆯ ᄇᆞᆯ기고(飜小8:1). 도릿 도:道(訓蒙中2. 光千5). 도리 다 ᄆᆞᄃᆡ며 ᄎᆞ례 이시니:道皆有節序(宣小6:12). 녀ᄌᆞ의 도리라:道(東新續三綱. 烈6:70). ᄆᆞᆯᄀᆞᆫ 詩ᄂᆞᆫ 道理ㅅ 宗要애 갓가오니:淸詩近道要(重杜解9:9). 칙을 밍글기ᄅᆞᆯ 반ᄃᆞ시 근본을 미뢰며 도리ᄅᆞᆯ 들어 니롬은(警民序3). 官長 모시ᄂᆞᆫ 道理어니ᄯᆞ

녀:扶侍官長的道理(老解下41). 亭主의 도리의 술을 디내먹고(新語9:7).

도리 명 굴대〔軸〕. ¶술위ㅅ 도리:車軸(漢淸12:25).

-도리 접미 -거리. 〔일정한 동안을 주기로 함을 뜻함.〕 ¶뻐곰 그 어미 술 즐긴다 ᄒᆞ여 각각 술과 안쥬 ᄀᆞ초와 닷쇄도리로 샹톄ᄒᆞ며:以其母嗜酒各備酒饌五日而遞(東新續三綱. 孝8:65).

도리개 명 도리깨. ☞도리ᄶᅢ. 도리채 ¶도리개:梻連枷(物譜 耕農).

도리개고동 명 도리깨꼭지. ¶도리개고동:連枷關(物譜 耕農).

도리매 명 곤장(棍杖). ¶도리매:木棍(同文解上49). 도리매:訊杖(物譜 兵仗).

도리ᄶᅢ 명 도리깨. ☞도리개. 도리채 ¶도리ᄶᅢ로 치다:用棍打(漢淸4:37).

도리·채 명 도리깨. ☞도리개. 도리ᄶᅢ ¶도리채:連耞(四解下30 耞字註). 도리채 가:耞(訓蒙中17. 倭解下3). 도리채:連耞(譯解下8. 同文解下2. 漢淸10:7).

도리채아ᄃᆞᆯ 명 도리깻열. ¶도리채아ᄃᆞᆯ:連耞齒(漢淸10:7).

도리채질 명 도리깨질. ¶도리채질 ᄒᆞ다:打連楷(譯解下8).

도림 명 돌림. 둘레. ☞돌림. 돌임 ¶우리 집 담도 여러 도림이 믄허뎌시니:我家墻也倒了幾堵(朴解上10). ᄒᆞᆫ 도림으로 여러 댱 교의를 노코:一周遭放幾張交椅(朴解中44).

도립 명 도립(倒立). 거꾸로 섬. ¶즉시 倒立ᄋᆞᆯ 호ᄃᆡ(武藝圖69).

도ᄅᆞ·다 동 ①돌리다. ☞도로다. 돌이다 ¶知音ᄒᆞ리ᄂᆞᆫ 爲ᄒᆞ야 머리ᄅᆞᆯ 도ᄅᆞ라:知音爲回首(初杜解8:5). ᄒᆞᆫ ᄆᆞ리 곳다온 ᄃᆡ 비ᄅᆞᆯ 도ᄅᆞ놋다:回舟一水香(初杜解15:30). 비 도ᄅᆞ곡 술 머굼 ᄆᆞᆺ곡:廻船罷酒(初杜解15:44). 滄海옛 비출 비르수 도ᄅᆞ고:試回滄海棹(初杜解22:18). 비ᄅᆞᆯ 도ᄅᆞ디 아니ᄒᆞ놋다:未廻船(初杜解23:54). 귓 안 돌아 털 갓고:斡耳(飜朴上44).
②두르다. ☞도로다 ¶치마애 변ᄌᆞᄅᆞᆯ 도ᄅᆞ디 아니 ᄒᆞ더시니:裙不加緣(宣賜內訓2上44). 쳥셔피로 ᄀᆞᄂᆞᆫ 시울 도ᄅᆞ고:藍斜皮細邊兒(飜朴上28). 冠과 옷ᄉᆞᆯ 힌 거ᄉᆞ로 단도ᄅᆞ디 아니ᄒᆞ며:冠衣不純素(宣小3:21).

도ᄅᆞ보다 동 돌아보다. ¶萬里 雙眸ᄅᆞᆯ 처드러 도ᄅᆞ보니(曺友仁. 梅湖別曲).

도ᄅᆞ티다 동 돌이키다. ☞도로히다 ¶수릐와 ᄆᆞᆯ ᄐᆞ니와 거른 세 군ᄉᆡ 다 몸을 도ᄅᆞ텨(練兵22).

도ᄅᆞ혀 동 돌이켜. 돌리어. ㉮도ᄅᆞ혀다 ¶머리ᄅᆞᆯ 도ᄅᆞ혀 ᄇᆞ라오니:回首(杜解6:48).

도ᄅᆞ·혀 부 도리어. ☞도로혀. 도ᄅᆞᅘᅧ ¶도ᄅᆞ혀 世間ᄋᆞᆯ 본ᄃᆡᆫ(圓覺上二之二56). 도ᄅᆞ혀 分에 업수라(牧牛訣9). 도ᄅᆞ혀 가히 ᄀᆞᆮ다 호미라(宣賜內訓1:38). 진실로 아ᄃᆞᆯ 나호ᄆᆞᆫ 사오납고 도ᄅᆞ혀 ᄯᆞᆯ 나호미 됴ᄒᆞᆫ ᄆᆞᆯ 아노라:信知生男惡反是生女好(重杜解4:3). 도ᄅᆞ혀 서르 ᄀᆞᆮᄒᆞ니:還相似(初杜解7:17). ᄆᆡ햇 늘그늬 집 다미 ᄂᆞᆽ가오나 도ᄅᆞ혀 이 지비로다:野老墻低還是家(初杜解10:7). 도ᄅᆞ혀 住着ᄒᆞᆯ 고디 잇ᄂᆞ녀(金三2:19). 도ᄅᆞ혀 다 알어늘:却共知(南明上4). 도ᄅᆞ혀 뎌 사ᄅᆞᆷ 다 ᄑᆞ라 줌만 ᄀᆞᄐᆞ니 업스나:倒不如都賣與他(飜老下8). 해 아ᄒᆡᄃᆞᆯ히 도ᄅᆞ혀 짓글혀 ᄉᆞ시조초 노ᄅᆞᆺᄒᆞᄂᆞ다:咳小廝們倒聒噪按四時要子(飜朴上18). 도ᄅᆞ혀:倒(朴解. 單字解2). ※도ᄅᆞ혀<도ᄅᆞᅘᅧ

도ᄅᆞ혀다 동 돌이키다. ☞도로혀다. 도ᄅᆞᅘᅧ다 ¶머리ᄅᆞᆯ 도ᄅᆞ혀 ᄇᆞ라오니:回首(杜解6:48). 머리 도ᄅᆞ혀셔 朝廷ㅅ 班列을 스치노라:回首想朝班(初杜解7:17). 머리 도ᄅᆞ혀 ᄇᆞ라노라:回首(初杜解21:16). 고ᄒᆞᆯ 자바 ᄀᆞᆺ어 도ᄅᆞ혀노이다(南明上58). 微塵世界ᄅᆞᆯ 도ᄅᆞ혀 비취여 뷔도다:返照微塵世界空(金三3:43). 善을 도ᄅᆞ혀면(六祖上42). 도ᄅᆞ혀디 아니ᄒᆞ야(續三綱. 忠2).

도ᄅᆞ·ᅘᅧ 부 도리어. ☞도ᄅᆞ혀 ¶이제 도ᄅᆞᅘᅧ ᄂᆞᄆᆡ 어ᄉᆡ 아ᄃᆞᄅᆞᆯ 여희에 ᄒᆞ시ᄂᆞ니(釋譜6:5). 니ᄌᆞ면 空애 디여 도ᄅᆞᅘᅧ 定의 어리요ᄆᆞᆯ 니버(蒙法25). 하나한 公案이 도ᄅᆞᅘᅧ 조ᅀᆞᄅᆞᄫᅵ요미 이 無ㆆ字애셔 너므니 잇ᄂᆞ니야 업스니야:許多公案還有要妙過此無者否(蒙法62). 도ᄅᆞᅘᅧ 뉘으처(三綱. 孝1).

도ᄅᆞ·ᅘᅧ·다 동 돌이키다. ☞도ᄅᆞ혀다 ¶ᄆᆞᅀᆞᆷ 도ᄅᆞᅘᅧ 오좀 누는 ᄯᅡᄒᆞᆯ 할ᄒᆞ니(釋譜11:25). 實際예 도ᄅᆞᅘᅧ 向ᄒᆞ야 一切 有情과 菩提彼岸애 ᄲᆞᆯ리 가고져 願ᄒᆞ노라(月釋序26). 廻向ᄋᆞᆫ 도ᄅᆞᅘᅧ 向ᄒᆞᆯ 씨니(月釋2:60). ᄲᆞᆯ리 도ᄅᆞᅘᅧ고져 홇딘댄:夫欲速反(楞解4:100). ᄂᆞᄎᆞᆯ 도ᄅᆞᅘᅧ 보아:反觀其面(楞解9:67). 처엄 迷方ᄋᆞᆯ 도ᄅᆞᅘᅧᆫ 本來 實相ᄋᆞᆯ 보아:創返迷方見本實相(永嘉上91).

도ᄅᆡ 명 도래. ¶도ᄅᆡ:轉軸(漢淸4:57).

도ᄅᆡ썩 명 도래떡. 〔초례상(醮禮床)에 놓는 흰떡.〕 ¶도ᄅᆡ썩이 안밧 업다(東韓).

도ᄅᆡ·혀 부 도리어. ☞도로혀. 도ᄅᆞ혀 ¶도ᄅᆡ혀 네 홍졍 머믈울 거시라:倒悞了你買賣(飜老下27).

도·마 명 도마. ¶도마 궤:机(訓蒙東中本中10). 도마:机案(訓蒙叡山本上18 案字註). 도마 궤:几(類合上24). 이 ᄇᆞᄅᆞᆷ ᄡᅡ잇 집 도마엣 猪肉을 사라 가라:這間壁肉案上買猪肉去(老解上18). 도마:切板. 按板(譯解下15). 도마 조:俎(倭解下14). 도마:案板(同文解下14. 漢淸11:39). 도마 조:俎(註千37.

兒學上10).

도마바얌 명 도마뱀. ☞도마빅얌 ¶도마바얌:蝘蜓(柳氏物名二 水族).

도마ᄇᆡ얌 명 도마뱀. ☞도마빅얌 ¶도마ᄇᆡ얌:馬蛇子(同文解下42). 도마ᄇᆡ얌:蠍虎子(漢淸14:52).

도마빅암 명 도마뱀. ☞도마빅얌 ¶도마빅암:蛇師 蜥蜴(物譜 蟲豸).

도·마·빅·얌 명 도마뱀. ☞도마바얌. 도마ᄇᆡ얌. 도마빅암 ¶도마빅얌:蠑蚖(四解下12 蚖字註). 도마빅얌 영:蠑 在壁曰蝘蜓. 도마빅얌 원:蚖 在草曰蠑蚖(訓蒙上23). 도마빅얌:馬蛇子(譯解下36). 도마빅얌 언:蝘(倭解下26). 도마빅얌ᄀᆞᆺ티 너기샤(十九史略1:9).

도마접 명 도마접. 〔접(椄)붙이기의 한 가지〕. ¶엇접 피접 도마접이 힝ᄎᆞ접이 잘 ᄉᆞᄂᆞ니(農月 三月令).

도망 명 도망(逃亡). ¶逃亡애 命을 미드며 놀애예 일훔 미드니:恃命於逃信名於謳(龍歌16章). 도망 도:逃(類合上15. 倭解下37). 도망 보:逋(類合下18). 도망 둔:遁(兒學下10). 도망 망:亡(註千39).

도망·ᄒᆞ·다 동 도망(逃亡)하다. ¶城 나마 逃亡ᄒᆞ샤(釋譜6:4). 萬象이 逃亡티 몯ᄒᆞ며(釋譜19:10). 모든 世間人도 ᄆᆞᅀᆞ미 흘러 逃亡티 아니호ᄆᆞᆯ(楞解6:89). 그리메 얼굴 조차 잇ᄂᆞᆫ 고대 逃亡티 몯ᄃᆞᆺ 홀씨(法華2:162). 黃雀이 안직 져고디 오히려 難히 逃亡ᄒᆞᄂᆞᆺ다(杜解17:3). 아비 ᄇᆞ리고 逃亡ᄒᆞ야 가 하ᇝ ᄀᆞ새 流落ᄒᆞ니(金三3:17). 즉재 게셔 ᄇᆞ리고 도망커ᄂᆞᆯ:就那裏撇下走了(飜老上28). 어미를 업고 환난을 도망ᄒᆞ야:負母逃難(宣小6:18). 두어귀 奴婢ᄂᆞᆫ 잇다감 逃亡ᄒᆞ거나 病드러 주그미 이시며(警民4). 趙ㅣ 도망ᄒᆞ야 가거ᄂᆞᆯ(女四解4:26). 도망ᄒᆞ다:逃走(同文解上46). 도망하다:逃(漢淸7:58). 셰젼에 민졍이 류산ᄒᆞ고 도망ᄒᆞ고 넘어지고 ᄶᅵ을니ᄂᆞᆫ 념녀 업슬넌가(綸音107).

도모 명 도모(圖謀). ¶聖人ㅅ 圖謀ᄂᆞᆫ 하ᄂᆞᆯ히 너버 큰 ᄃᆞᆺ고(初杜解6:25).

도모지 부 도무지. ¶도모지:一概(同文解下49. 漢淸8:55). 도모지:大槩(譯解補52). 수레의 도모지 못ᄂᆞᆫ 곳이라(綸音85). 일호도 탁지의 경비를 모손치 아니시고 도모지 니부로 ᄌᆞ비ᄒᆞ신 거시니(閑中錄360).

도모ᄒᆞ다 동 도모(圖謀)하다. ¶ᄒᆞᆺ 효험을 도모홈만 ᄀᆞᆮ디 몯ᄒᆞ다 ᄒᆞ야ᄂᆞᆯ(東新續三綱. 忠1:9). 富貴와 功名을 엇데 足히 圖謀ᄒᆞ리오(重杜解9:31). 忠孝ᄅᆞᆯ 도모ᄒᆞ라 ᄒᆞ더라(女四解4:35). 살기ᄅᆞᆯ 도모ᄒᆞ여(五倫2:45). 그 옹쥬가 엇지 도모ᄒᆞᆫ지 이어ᄅᆞᆯ ᄒᆞ시게 뎡ᄒᆞ야(閑中錄214).

도미 명 도미. ¶도미:家鷄魚(譯解下38). 도미:厚魚(漢淸14:42).

도보쟝ᄉᆞ 명 도붓장수. ¶도보쟝ᄉᆞ:販子(漢淸5:32).

도·ᄫᅡ 동 도와. ㉮돕다 ¶여듧 가짓 일로 도ᄫᅡ 일울씨 八支齋라 ᄒᆞᄂᆞ니라(釋譜9:18).

도·ᄫᅩᆷ 동 도움. ㉮돕다 ¶안존 中에 다시 定力으로 서르 도ᄫᅩ미 조ᅀᆞᄅᆞᄫᅵ니라:於坐中更加定力相資爲妙(蒙法9). 微妙ᄒᆞᆫ 定力 도ᄫᅩᄆᆞᆯ 어더든:得妙定力資(蒙法17).

:도·ᄫᆞ실·씨 동 도우시는 까닭에. ㉮돕다 ¶하ᄂᆞᆯ히 도ᄫᆞ실씨:天之佑矣(龍歌34章). ※도ᄫᆞ실씨＞도오실시＞도우실새

도·ᄫᅳᆯ 동 도울. ㉮돕다 ¶梵輔天:輔ᄂᆞᆫ 도ᄫᅳᆯ 씨니(月釋1:32).

도사공 명 도사공(都沙工). ¶水賊 만난 都沙工의 안과(古時調. 나모도. 靑丘).

·도·산 명 선물(膳物). ¶만히 너를 도산 주마:多多的與你人事(飜朴上48). 〔朴解上44 註에는 '人事 土產 俗 도산 舊 本作 撒花'라 기록되어 있음.〕

도살 명 도살(屠殺). ¶城郭ㅣ 져고디 도ᄌᆞ기 屠殺 아니 ᄒᆞ니(重杜解25:40).

도섭 명 변화. 요술. ¶도섭 환:幻(類合下56). 도섭 ᄒᆞᄂᆞᆫ 이:弄戲法的(譯解上28).

도셔 명 화압(花押). 수결(手決)과 함자(銜字). ☞투슈 ¶스승이 우희 도셔 두ᄂᆞ니라:師傅上頭畫着花押(老解上4).

도셔다 동 돌아서다. ¶가시ᄂᆞᆫ ᄃᆞᆺ 도셔 오쇼셔(樂詞. 가시리). 深意山 모진 범도 경셰ᄒᆞ면 도셔ᄂᆞ니(古時調. 靑丘).

도셔다 동 〔'별성마마가 돌아서 가다'의 뜻으로〕 마마의 물집이 꾸덕꾸덕해지다. ¶도셔다:花兒回動(漢淸8:12).

도셩 명 도성(都城). ¶도셩 ᄉᆞ녀와 져재 거리 부로ᄃᆞᆯ히(仁祖行狀7). 도셩 군ᄉᆡ 여러 번 패ᄒᆞ거ᄂᆞᆯ:臺兵屢敗(五倫2:24).

-·도소·뇨 어미 -더냐. ¶또 니ᄅᆞ라 ᄆᆞᄎᆞ매 엇더ᄒᆞ도소뇨:且道畢竟如何(蒙法52).

-·도소·니 어미 ①-더니. ¶모딘 즁ᄉᆡᆼ이 ᄆᆞᅀᆡ엽도소니 므스므라 바미 나오나뇨 ᄒᆞ야(釋譜6:19). 앏 門애 生人ᄋᆡ 소리 잇도소니 당다이 南閻浮提예셔 罪人ᄋᆞᆯ 보내도다(月釋23:82). 시혹 거므니ᄂᆞᆫ 디근 옷 ᄀᆞᆮ도소니:或黑如點漆(重杜解1:3). 어즈러온 돌해 수뤼 자최ᄅᆞᆯ 다ᄅᆞᆫ ᄃᆡ로 갈 ᄃᆡ 업도소니:亂石無改轍(重杜解1:16). 지비 消息 무롤 ᄃᆡ 업도소니 나그내 ᄃᆞ외야 ᄃᆞᆫ뇨ᄆᆞᆯ 乾坤을 믿노라:無家問消息作客信乾坤(初杜解7:39). 어딘 앗이 오히려 蒼水使ㅣ ᄃᆞ외얫도소니:令弟尙爲蒼水使(初杜解23:10). 微妙ᄒᆞᆫ 體 보미 어렵도소니 뮈우믈 몯ᄒᆞ며:

妙體難覩動彈不得(金三2:7). 高允의 죄 崔浩두곤 더으도소니 엇디 살리오:允罪甚於浩何以得生(飜小9:46). 이긔여 우ᅀᆞᆸ도소니 이제 사ᄅᆞᆷ이 能히 主ㅣ 되디 몯ᄒᆞ야(女四解2:26).
②-ㄹ지라도. -다 한들. ¶네 소릐 업도소니 날쉽 줄 뉘 모로리(古時調. 그리든 님. 青丘).

-·도소·니·야 [어미] -더냐. ¶趙州ㅅ ᄠᅳ든 果然 그러ᄒᆞ도소니야 아니ᄒᆞ도소니야:趙州意果如是不(蒙法57).

-·도·소이·다 [어미] -더이다. -옵디다. ☞-도소이다. -도송이다. -도쇠이다 ¶太子ㅣ 그런 사ᄅᆞ미시면 이 이리 어렵도소이다(釋譜11:19). 내 겨지비ᅀᅡ 눈 먼 獼猴 ᄀᆞᆮ도소이다(月釋7:12). 如來ㅅ 주머귀예 견주ᅀᆞᆸ건댄 事義 서르 ᄀᆞᆮ도소이다:例如來拳事義相類(楞解1:99). 이 어드운 안햇 사ᄅᆞᆷ과 뎌 모ᄃᆞᆫ 盲人과 두 거무믈 마초아 혜언댄 잠간도 달오미 업도소이다:此暗中人與彼群盲二黑校量曾無有異(楞解1:101). 功德이 甚히 하 無量無邊ᄒᆞ도소이다:功德甚多無量無邊(法華6:9). 녯 法을 조ᄎᆞ샤미 맛당ᄒᆞ시도소이다(宣賜內訓2上49).

-도소이다 [어미] -더이다. -옵디다. ☞-도소이다. -도쇠이다 ¶신이 뇽방 비간을 조차 놀미 족ᄒᆞ도소이다:臣得從龍逢比干遊足矣(五倫2:15).

도소쥬 [명] 도소주(屠蘇酒). ¶屠蘇酒와 螢火元과(簡辟2). 屠蘇酒와 熒火元과 殺鬼煎(瘟疫方2).

-도송·이다 [어미] -더이다. -옵디다. ☞-도소이다 ¶允은 젹은 신해라 아독ᄒᆞ고 어즐ᄒᆞ야 ᄎᆞ례를 일토송이다:允小臣迷亂失次耳(宣小6:42).

-도쇠 [어미] -더이다. -옵디다. ☞-도소이다 ¶어와 아ᄅᆞᆷ다이 오ᄋᆸ시도쇠(新語1:2).

-·도쇠이·다 [어미] -더이다. -옵디다. ☞-도소이다. -도소이다. -도송이다 ¶열우시니 어제 ᄒᆞᆫ 디위 속졀업시 ᄃᆞᆫ니시도쇠이다:大舍夜來乾走了一遭(飜朴上58).

도슭 [명] 도시락. 동고리. ¶點心 도슭 부시이고 곰방디를 톡톡 ᄯᅥ러(古時調. 논밧 가라. 青丘).

:도·숧 [명] 도술(道術). ¶道術이 ᄒᆞ마 ᄢᅦ야디여:術ᄋᆞᆫ 法이라(楞解1:2).

도시 [명] 도시(都市). ¶仍ᄒᆞ야 되놀애 브르고 都市예 이셔 술 먹ᄂᆞ니:仍唱胡歌飲都市(重杜解4:4).

도식 [명] 도식(圖式). ¶ᄒᆞᆫ골ᄀᆞ티 신셔 도식대로 ᄒᆞ고(練兵10).

도ᄉᆞ [명] 도사(陶師). 도공(陶工). ¶陶師ᄂᆞᆫ 딜엇 굽ᄂᆞᆫ 사ᄅᆞ미라(月釋2:9).

:도ᄉᆞ [명] 도사(導師). ¶導師ᄂᆞᆫ 法 앗외ᄂᆞᆫ 스스이니 如來ᄅᆞᆯ ᄉᆞᆯᄫᆞ시니라(釋譜13:16). 導師ᄂᆞᆫ ᄂᆞᄅᆞ ᄀᆞᄅᆞ치ᄂᆞᆫ 사ᄅᆞ미니 釋尊ᄋᆞᆯ 가ᄌᆞᆯ비시니라(月釋14:75). 導師ᄂᆞᆫ 引導ᄒᆞ시ᄂᆞᆫ 스승이라(法華1:68).

:도:ᄉᆞ [명] 도사(道士). ¶道士ᄂᆞᆫ 道理 ᄇᆡ호ᄂᆞᆫ 사ᄅᆞ미니 菩薩ᄋᆞᆯ ᄉᆞᆯᄫᆞ시니라(月釋1:7). 도ᄉᆞᆺ 도:道(訓蒙中2). 주쟝:도ᄉᆡ 하ᄂᆞᆯ씌 글월을 올리ᄂᆞᆫ 일이라(宣小5:56). 老夫ㅣ ᄆᆞᆯᄀᆞᆫ 새배 센 머리ᄅᆞᆯ 빗다니 玄都壇ㅅ 道士ㅣ 와 서르 보더라:老夫清晨梳白頭玄都道士來相訪(重杜解16:32). 冠服을 道士ᄀᆞ티 ᄒᆞ고 창을 잡고 방패ᄅᆞᆯ 두르와(家禮8:5).

도:ᄉᆞ [명] 도사(屠肆). ¶羊이 屠肆애 드러 거름마다 주글 ᄯᅡ해 감 ᄀᆞᆮᄒᆞ니라:屠肆ᄂᆞᆫ 즁ᄉᆡᆼ 주겨 ᄑᆞᄂᆞᆫ 져재라(楞解2:4).

도싱ᄒᆞ다 [동] 도생(圖生)하다. ¶내 ᄯᅩᄒᆞᆫ 도싱ᄒᆞᆯ ᄆᆞᄋᆞᆷ이 업ᄉᆞ리라(落泉2:5).

도ᄭᅩ마리 [명] 도꼬마리. ☞돗고마리 ¶도ᄭᅩ마리:蒼耳(譯解下40).

도ᄭᅴ [명] 도끼. ¶하우씨 큰 도ᄭᅴ예 셕문이 갈라지고(皆岩歌). 도ᄭᅴ 쳑:戚(註千35).

도아리 [명] 까마종이〔龍葵菜〕. ¶도아리:紫花菜(譯解下11).

도악이 [명] 마름. ¶도악이 힝:荇(詩解 物名1). 도악이:荅(柳氏物名三 草).

도야 [동] 되어. ☞도여 ¶아비 죽거늘 내 길러 내야 이만 도야 잇ᄂᆞ니(重二倫12). 도적의 핍박ᄒᆞᆫ 비 도야(女四解4:18).

도·야마·ᄂᆞᆯ [명] 달래. ☞되야마ᄂᆞᆯ ¶굴근 마ᄂᆞᆯ와 도야마ᄂᆞᆯ 各 ᄒᆞᆫ 되ᄅᆞᆯ 뫼화 디허:大蒜小蒜各一升右二味合擣(救急下80). 도야마ᄂᆞᆯ:獨顆蒜(救簡6:57). 도야마ᄂᆞᆯ:獨蒜(訓蒙叡山本上7 蒜字註). 도야마ᄂᆞᆯ:獨頭蒜(柳氏物名三 草).

도야지 [명] 돼지. ☞돗아지 ¶도야지 시:豕(兒學上7).

도야ᄒᆞ다 [동] 도야(陶冶)하다. ¶노폰 ᄃᆡ 올아 ᄃᆡ러 보니 物色이 하니 陶冶호ᄆᆞᆯ 글篇을 依賴ᄒᆞ노라:登臨多物色陶冶賴詩篇(重杜解20:1).

도약이 [명] 홍역(紅疫). ☞ᄯᅩ약이 ¶네 져근 ᄯᆞᆯ이 도약이 ᄒᆞ더니 내 올 ᄶᅴ 다 ᄒᆞ려 됴핫더라(蒙老5:6).

도·얏더니 [동] 되었더니. ¶文寧이 梁相이 도얏더니:文寧爲梁相(宣小6:56).

도언 [명] 도언(徒言). ¶도언ᄒᆞ다:調市語(漢淸7:12). 도언:打市話(譯解補23).

도여 [동] 되어. ☞도야 ¶도여 잇도다(百聯12).

-도여 [어미] -려무나. ¶남 ᄒᆞ여 片紙 傳치 말고 當身이 제 오도여(古時調. 歌曲).

도·엿·다 [동] 되었다. ¶士ㅣ 도엿거든(宣孟

13:28). 오기를 열흘 동안이나 도엿노라: 走有十來天的工夫咧(華解上1).

도·옛거·늘 동 되었거늘. ¶病이 도옛거늘: 病革(三綱. 烈26).

도오다 동 되다. ☞도외다. ᄃᆞ외다 ¶이제 가난ᄒᆞ고 모미 ᄯᅩ ᄂᆞ미 죵이 도오려 ᄒᆞ니:今貧若是身復爲奴(重三綱. 孝11).

·도와·리 명 곽란(癨亂). ¶도와리 ᄒᆞ야 모기 ᄆᆞ장 ᄆᆞᄅᆞ거든:霍亂渴甚(救簡2:58). 도와리예 ᄇᆡᆨ변두와 노야기와 각 ᄒᆞᆫ 되를 믈 엿 되예 글혀:霍亂藊豆香薷各一升以水六升煮(救簡2:60). 도와리 확:癨(訓蒙中34).

도외·다 동 되다. ☞도의다. 도이다. ᄃᆞ외다 ¶기름ᄀᆞ티 도외어든:如油者(救急下38). ᄆᆞᄎᆞ매 도오미 도외디 몯호니:竟不爲所祐(宣賜內訓2下14). 나그내 도외야슈믈 참ᄂᆞ니라:忍羈旅(初杜解25:51). 어버이 업거늘ᅀᅡ 노피 도외야 조촌 술위 일ᄇᆡᆨ이며 곡식을 만 종ᄋᆞᆯ 사ᄒᆞ며:親歿之後南遊於楚從車百乘積粟萬鍾(三綱. 孝2 子路). 皇帝 도외야 이실시(三綱. 孝15). 어딘 사ᄅᆞ미 도외니라(三綱. 烈7). 즁 도외여늘(續三綱. 烈1). 크게 도욀 사ᄅᆞᄆᆞᆫ(飜小10:11). 도욀 화:化(訓蒙下1). 원슈로 도외ᄂᆞ니(瘟疫方2). 쟝이 도외여 ᄯᅩᄒᆞᆫ 됴ᄒᆞ니라:爲(救荒10). 도욀 화:化(類合下63). 그리 도외ᄂᆞ니라(野雲53). 그 더러운 모딘 거시 ᄢᅵ어 도외며:其穢惡薰蒸而成者(瘟疫方2). 病ᄒᆞ야 누워 오래 나그내 도외요니:臥疾淹爲客(重杜解2:10). 甲 니븐 軍卒ㅣ 모미 비록 貴히 도외나:甲卒身雖貴(重杜解2:11). 너희 손 도왼 양 말고:你休做客(老解上38). ※도외다<ᄃᆞ외다<ᄃᆞᄫᆡ다

-도외다 접미 -되다. ☞-도의다. -ᄃᆞ외다 ¶疑心도왼 어려온 ᄃᆡ를(飜小8:35). 將軍들흔 시름도왼 ᄂᆞᄎᆞᆯ 허러ᄇᆞ리디 말라:將軍且莫破愁顏(重杜解5:44).

도·요 명 도요새. ☞도요새. 되요 ¶도요 휼: 鷸(訓蒙上15). 도요:鷸(東醫 湯液一 禽部).

도요새 명 도요새. ☞도요 ¶도요새:水札子(譯解下27). 도요새:水扎鳥(同文解下35). 도요새:大水札子(漢淸13:56). 도요새:鷸(柳氏物名一 羽蟲).

도우ᄂᆞ다 동 돕도다. ¶無情ᄒᆞᆫ 戴勝은 이내 恨을 도우ᄂᆞ다(蘆溪. 陋巷詞).

도음 명 도움(助). ¶고조와 문뎨 당나라를 흥홈ᄋᆡ 안으로 두시와 쟝손시의 도음이 잇도다(女四解4:5).

도·읍 명 도읍(都邑). ¶威嚴으로 虎狼ᄋᆡ 都邑을 平定ᄒᆞ시니라(初杜解6:23). 도읍 도: 都(訓蒙中7). 이 都邑이 湘西ㅅ 뎌려 노로ᄆᆞᆯ 즐기ᄂᆞ니:此都好遊湘西寺(重杜解11:12). 도읍 도:都(註千18. 兒學上4).

도읍다 동 돕다. ¶안의셔 가장을 도읍ᄂᆞᆫ 쟈ㅣ(女四解2:46).

도·의 명 도부. 도붓장사. ¶도의 판:販 買賤賣貴曰販(訓蒙下21).

도의·다 동 되다. ☞ᄃᆞ외다. 도외다 ¶그 후로 뭇형이 ᄀᆞᄅᆞ쵸ᄆᆞᆯ 더옥 ᄒᆞ야 다 어딘 션비 도의니라:自後訓導愈明並爲良士(三綱. 烈7 穆姜). 다 ᄂᆞ미 거시 도의리니:盡是他人之物(飜朴上7). 즈름아비 도의엿ᄂᆞ니:做牙子(飜朴上33). 이제 ᄒᆞᆫ ᄒᆡ 반이 도의도록:到今一年半了(飜朴上34). 너희 손 도윈 양 말오:你休做客(飜老上42). 도욀 육:毓(訓蒙上33). 도욀 화:化(訓蒙下1). ※도의다<ᄃᆞᄫᆡ다

-도의·다 접미 -되다. ☞-도외다 ¶말ᄒᆞ논 이비 아당도의고 말 잘 ᄒᆞ고:說口諂佞(飜朴上25).

-도이 접미 -되게. ☞-ᄃᆞ이 ¶싀어미를 나날 새삼도이 효도ᄒᆞ야 내죵내 다ᄅᆞᆫ 남진홀 ᄠᅳ디 업더니:婦養姑不衰終無嫁意(三綱. 孝5 陳氏). 모로매 精誠도이 ᄒᆞ며(宣賜內訓1:77). 시름도이 絕境ᄋᆞᆯ ᄇᆞ리고:忡忡去絕境(重杜解1:26). 해 病도이 너기노라(初杜解16:9). 어버이 셤김애 경셩도이 ᄒᆞ고 효도로이 ᄒᆞ더니:事親誠孝(東新續三綱. 孝7:87). 례믈을 반ᄃᆞ시 경셩도이 ᄒᆞ며:幣必誠(英小2:52). 과연 급작도이 ᄇᆞ람 블고(女範2. 효녀 고덕겸쳐).

도이다 동 되다. ☞도외다. ᄃᆞ외다 ¶남지니 病ᄒᆞ야 죽게 도여셔:夫病革(續三綱. 烈3). 졋 먹ᄂᆞᆫ 아ᄒᆡ 도여실 적브터:自爲乳兒時(宣小6:132). 우리 사ᄅᆞᆷ이 도여셔:咱們爲人(老解下65).

도임ᄒᆞ다 동 도임(到任)하다. ¶새로 도임ᄒᆞ야 ᄉᆞ경을 미처 아지 못ᄒᆞ여 그러ᄒᆞ던가(綸音101).

도·ᄋᆞ·며 동 도우며. ㉮돕다 ¶膏와 블고미 서르 도ᄋᆞ며:膏明相賴(圓覺下二之一15).

도ᄋᆡ·다 동 되다. ☞ᄃᆞᄫᆡ다. ᄃᆞ외다 ¶어미 일코 슬허 주글 ᄃᆞ시 도ᄋᆡ어늘:失母思慕憔悴(三綱. 孝9 黃香). 伊尹ᄂᆞᆫ 제 님그미 堯舜ᄀᆞ티 도ᄋᆡ디 몯호믈 붓그려ᄒᆞ며:伊尹恥其君不爲堯舜(飜小8:3). 밧긔 힝ᄒᆞᄂᆞᆫ 거시 事業이 도ᄋᆡᄂᆞ니:行之爲事業(飜小8:4). 常例 조흔 ᄃᆡ 걸유미 도ᄋᆡ며:常爲淨潔所拘(龜鑑上23).

도장 명 안방〔閨中〕. ☞도장방 ¶도장 규:閨. 도장 합:閤(訓蒙中4). 도장 규:閨(類合下36). 새 오ᄉᆞᆯ 닙고 도장의 드러가(東新續三綱. 烈5:22). 도장 안해셔 오직 ᄒᆞ오아 보ᄂᆞ니라:閨中只獨看(重杜解12:4). 도장 규:閨(倭解上31).

도장방 명 안방〔閨房〕. ☞도장 ¶도장방의 녈염 가온대 드러가:入閨房烈焰之中(東新續三綱. 烈3:63).

도·적 명 도적(盜賊). 도둑. ☞도즉. 도죽 ¶盜賊이 能히 劫디 몯게 ᄒᆞ며(楞解6:29). 戒ᄂᆞᆫ 盜賊 자봄 ᄀᆞᆮ고 定은 盜賊 ᄆᆡ욤 ᄀᆞᆮ고(永嘉上7). 물 盜賊이 어느 머므러시리오:群盜何淹留(初杜解17:2). 문 우희 거러 두면 盜賊을 업게 ᄒᆞᄂᆞ니라(簡辟11). 盜賊을 ᄒᆞ디 말며:無作盜賊(宣小5:34). ᄌᆞ조 도적을 만나:數遇賊(宣小6:18). 도적 도:盜(類合下21. 石千38). 도적이 와 핍박ᄒᆞ면 내 죽기 반ᄃᆞᆺᄒᆞ리라:賊若來迫吾死必矣(東新續三綱. 烈4:9 河氏死賊). 도적ᄒᆞ기와 거즛말 니ᄅᆞ기 말며:休做賊說謊(老解下39). 도적 적:賊(倭解上39). 도적:賊(漢淸7:59).

도적방귀 명 조심해서 소리 안 나게 뀌는 방귀. ¶도적방귀도 뀌고 풀숙방귀도 뀌고(浮談).

도적질ᄒᆞ다 동 도둑질하다. ☞도죽질ᄒᆞ다 ¶흠ᄢᅴ 도적질호미 됴티 아니ᄒᆞ랴:一發做賊時不好(朴解下26). 도적질ᄒᆞᆯ 투:偷(倭解上53). 도적질ᄒᆞ다:偷(漢淸7:59).

도젹 명 도적(盜賊). 도둑. ¶이천 ᄯᅡ해 니르러 도젹을 만나니:到伊川地遇賊(東新續三綱. 孝6:9).

도주ᄒᆞ다 동 도주(逃走)하다. ¶差科ᄂᆞᆫ 주거아 마로리니 盟誓호려니 지비 다 逃走티 아니호리라:差科死則已誓不擧家走(重杜解15:42).

도:즁 명 도중(徒衆). 사람의 무리. ¶徒衆은 무리라(月釋10:75). ᄯᅩ 徒衆이 다 左右에 잇ᄂᆞᆫ 둘 보시고(六祖上7).

도즉 명 도적(盜賊). 도둑. ☞도적. 도죽 ¶도즉놈히 네의 쳔 이시며 쳔 업슨 주를 엇디 알리오:賊們怎知你有錢沒錢(飜老上27). 도즉 즉:賊. 도즉 도:盜(註千38).

도즉·ᄒᆞ·다 동 도둑질하다. ☞도죽ᄒᆞ다 ¶도즉ᄒᆞ기와 거즛말 니ᄅᆞ기 말며:休做賊說謊(飜老下43). ᄒᆞᆫ 즁이 ᄂᆞᄆᆡ 겨지블 ᄀᆞ마니 도즉ᄒᆞ야 얻노라:一箇和尙偷弄別人的媳婦(飜朴上35).

도지·게 명 도지개. ¶도지게 경:檠(訓蒙下10). 도지게:弓拿子(譯解上21. 同文解上47). 도지게로 활 짓다:上弓(漢淸5:15). 도지게:檠(物譜 工匠).

도지다 동 돌아서 지다. ¶東窓에 도닷던 달이 西窓으로 도지도록 못 오실 님 못 오신들(古時調. 趙明履. 靑丘).

도죽 명 도적(盜賊). 도둑. ☞도적 ¶ᄢᅦ 한 도ᄌᆞᄀᆞᆯ 모ᄅᆞ샤:靡知黠賊(龍歌19章). 行宮에 도ᄌᆞ기 둘어:賊圍行宮(龍歌33章). 도ᄌᆞᄀᆞᆯ 다 자ᄇᆞ시니:賊以悉獲(龍歌48章). 도ᄌᆞ기 ᄉᆞᆯ실 디나샤:賊間是度(龍歌60章). 산 것 주기디 마롬과 도죽 마롬과(釋譜6:10). 五百 도ᄌᆞ기(月釋10:27). 殺生 아니 ᄒᆞ며 도죽 아니 ᄒᆞ며(楞解5:62). 그 中에 ᄀᆞᄃᆞᆨᄒᆞᆫ 怨讐ㅅ 도죽애(法華7:58). 도죽인돌 알면(圓覺下三之二53). 도ᄌᆞ기 오면 烽火ᄅᆞᆯ 드러(宣賜內訓序4). 미친 도ᄌᆞ기(三綱. 忠16). 도ᄌᆞᄀᆡ게 親히 두르도다(南明上41). 도죽ᄋᆡ 中媒 ᄃᆞ외야(南明下1). 도죽 도:盜. 도죽 적:賊(訓蒙中4). 도죽 구:寇(訓蒙中4. 類合下10). 도죽으로 ᄒᆞ여곰 죽인대:使盜殺之(宣小4:43).

도죽·질·ᄒᆞ·다 동 도둑질하다. ☞도적질ᄒᆞ다 ¶말 하거든 내티며 도죽질ᄒᆞ거든 내틸디니라:多言去竊盜去(宣小2:55).

도죽·ᄒᆞ·다 동 도둑질하다. ☞도즉ᄒᆞ다 ¶그 도ᄌᆞ기 後에 뉘위여 도죽ᄒᆞ다가 王ᄭᅴ 자피니(月釋10:25). 五百 도ᄌᆞ기 이셔 길헤 나ᄉᆞ롬 티고 도죽ᄒᆞ더니(月釋10:27). 귀 막고 鈴 도죽호미니라(南明上67). 도죽ᄒᆞᆯ 투:偷(訓蒙下25).

도쳐 명 도처(到處). ¶양공의 홰 이셔 도쳐로 ᄃᆞᆫ녀 현졔의게 의탁ᄒᆞ리니(落泉3:7).

:도·최 명 도끼. ☞도최. 도치 ¶도최와 鉞와 鎗과 톱괘 잇ᄂᆞ니:斧鉞鎗鋸(楞解8:85). 갈콰 도최예 헐여:刀斧傷損(救急上82). 나라ᄒᆞᆯ 배논 도최오:爲喪國斧斤(宣賜內訓2下46). 괴외히 도쵯 소리 그츠니:寂無斤斧響(杜解6:46). 도최 모ᄃᆞ면:集斧斤(初杜解18:18). 갈와 도최ᄅᆞᆯ 맛나도(南明上40). 玉 도최로 갓가 ᄆᆡᇰᄀᆞ니:玉斧削成(眞言. 供養文9). 도최란 나모 지ᄂᆞᆫ 아ᄒᆡᄅᆞᆯ 므더니 너기노라:斤斧任樵童(重杜解19:9).

도츼 명 도끼. ☞도최. 도치 ¶나라ᄒᆞᆯ 망ᄒᆞᄂᆞᆫ 도츼오:爲喪國斧斤(重內訓2:86). ᄉᆞᆺ 듸고 도츼 멘 分ᄂᆡᄂᆞᆫ 다 지그려 ᄒᆞᆫ다(古時調. 鄭澈. 져괴 셧ᄂᆞᆫ. 靑丘). 도든 扶桑 큰 도츼로 베혀 내여(武豪歌).

도치다 동 돋치다. ☞도티다 ¶굼벙이 매암이 되야 ᄂᆞ래 도쳐 ᄂᆞ라올라 노프나 노픈 남게(古時調. 靑丘).

:도·치 명 도끼. ☞도최. 도츼 ¶묻노라 도치ᄅᆞᆯ 가젯ᄂᆞᆫ 한아비:借問持斧翁(初杜解7:26). ᄆᆞᆯᄀᆞᆫ 새배 그 ᄇᆡ예 밥 머겨 도치 가져 힌 묏고리 드료라:淸晨飯其腹持斧入白谷(杜解25:2). 쟈ᄀᆞᆫ 도치 가지고:持小斧(續三綱. 孝19). 도치 부:斧(訓蒙中16). 도치 월:鉞. 도치 쳑:鏚(訓蒙中28). 큰 도치 월:鉞(類合上29). 도치 근:斤(類合下58). 도치 부:斧(類合上28. 倭解下16). 루ᄇᆡᆨ이 도치 메고:婁伯荷斧(東三綱. 孝1). 도치:斧(漢淸5:9). ᄉᆞᆺ ᄡᅴ고 도치 멘 분내ᄂᆞᆫ 다 디그려 ᄒᆞᆫ다(古時調. 鄭澈. 뎌긔 셧ᄂᆞᆫ. 松

江). 도치 멘 져 초부야 힝여나 찍으리라(萬言詞).

도타·이 뷔 도타이. ☞돈가이 ¶힝뎌글 도타이 ᄒᆞ며:行篤(宣賜內訓1:18). 효도홈과 공슌호ᄆᆞᆯ 도타이 行ᄒᆞ며:惇行孝弟(宣小1:5). 도타이 行홀띠니라:篤行之(宣中32). 됴홈을 도타이 ᄒᆞ며(女四解1:22).

도:탄 명 도탄(塗炭). ¶朝衣와 朝冠으로ᄡᅥ 塗炭애 坐ᄐᆞᆺ ᄒᆞ며(宣孟3:37). 사ᄅᆞ미 ᄌᆞ조 塗炭앳 ᄢᅥ러디ᄂᆞ니 그듸ᄂᆞᆫ 엇뎨 精誠을 니즈료(重杜解23:4). 스스로 원싊 되여 싱민을 도탄의 ᄲᅡ지오고(山城41).

도탑·다 형 도탑다. ☞돈갑다 ¶믈읫 힝뎍을 모로매 도타오며 조심ᄒᆞ야 ᄒᆞ며:凡行必篤敬(宣賜內訓1:26). 龍伯高ᄂᆞᆫ 도타오며 曲盡ᄒᆞ며 조심ᄒᆞ야:龍伯高敦厚周愼(宣賜內訓1:37). 인도홈이 이러ᄐᆞ시 도타오니:導如此之篤(宣小6:5). 도타올 독:篤(石千13). 어미 병이 도타와ᄂᆞᆯ:母疾篤(東新續三綱. 孝2:52). 도타올 돈:敦(註千29).

도:태 명 도태(淘汰). ¶淘汰ᄂᆞᆫ ᄡᆞᆯ 일 씨니 般若中에 空慧水로 이르시니라(月釋14:633).

도토다 동 다투다. ☞ᄃᆞ토다 ¶ᄂᆞᆺ출 펴 도톼 아ᄅᆞᆷ다이 웃고:披顏爭倩倩(重杜解3:18). 南風으란 외오 도토고 北녁 나그내란 踈히 ᄒᆞᄂᆞ다:誤競南風踈北客(重杜解25:48).

도토랏 명 명아주. ☞도ᄐᆞ랏 ¶도토랏 막대 디퍼 ᄃᆞᆫ뇨미 ᄆᆞᆯ ᄐᆞ기예 妨害ᄒᆞ란ᄃᆡ만뎡:杖藜妨躍馬(重杜解13:49).

도토리 명 도토리. ☞도토밤. 도톨왐 ¶도토리:梂(四解下68). 도토리 셔:芧. 도토리 샹:橡. 도토리 ᄉᆡ:栭(訓蒙上11). 도토리:櫟實(譯解下41). 도토리 샹:橡(倭解下28). 도토리 상:橡(兒學上6).

도토리각지 명 도토리의 깍정이. ¶도토리각지:橡椀(柳氏物名四 木).

도·토·마·리 명 도투마리. ☞도토말이 ¶북과 도토마리 새지븨 뷔엿도다:杼軸茅茨空(重杜解4:28). 도토마리 승:縢(訓蒙中17). 도토마리:機頭(譯解下3). 도토마리:機軸頭(漢淸10:68). 도토마리:柚(物譜 蠶績).
※도토마리>도투마리

도토말이 명 도투마리. ☞도토마리 ¶도토말이:柚(柳氏物名三 草).

도·토:밤 명 도토리. ☞도토리 ¶주으려 楢溪엣 도토바ᄆᆞᆯ 주ᅀᅳ니라:飢拾楢溪橡(初杜解24:39).

도·톨·왐 명 도토리. ☞도토리 ¶ᄒᆡ마다 도톨왐 주수믈 나ᄫᆡ 조차 ᄃᆞᆫ뇨니:歲拾橡栗隨狙公(初杜解25:26).
※도톨왐>도톨밤>도톨밤

도트랏 명 명아주. ☞도ᄐᆞ랏 ¶보리밥 지어 담고 도트랏 ᄀᆡᆼ을 ᄒᆞ여(存齋文集).

도·틱고·기 명 돼지고기. 저육(豬肉). 제육. ☞돗틱고기 ¶이 ᄇᆞᄅᆞᆷ ᄉᆞᆺ 짓 도마 우희 도틱고기 사라 가라:這間壁肉案上買豬肉去. 이 오ᄂᆞᆯ 주긴 됴ᄒᆞᆫ 도틱고기라:是今日殺的好豬肉(飜老上20).

도·티·다 동 ①돋치다. 도드라지다. ☞도치다 ¶須達이 부텨와 즁괏 마ᄅᆞᆯ 듣고 소홈 도텨 自然히 ᄆᆞᅀᆞ매 깃븐 ᄠᅳ디 이실씨(釋譜6:16). 룡봉 도틴 막새 수디새 암디새:龍鳳凹面花頭筒瓦和仰瓦(飜朴上68).
②돋게 하다. ¶文身은 모매 文 도틸 씨오(法華5:14).

도·ᄐᆞ·랏 명 명아주. ☞도토랏. 도트랏. 도ᄐᆞ랒. 도틱ᄋᆞ랏 ¶긴 숤 ᄀᆞᄂᆞᆯ해 도ᄐᆞ랏 디퍼 ᄃᆞᆫ니고(初杜解7:24). 도ᄐᆞ랏 막대 딥고 ᄆᆞᆯᄀᆞᆫ ᄀᆞᅀᆞᆯ히셔 ᄇᆞ라오니:杖藜望淸秋(初杜解9:3). 도ᄐᆞ랏 막대 딥고 눈 온 후에 블근 묏고를 디러슈니:杖藜雪後臨丹壑(杜解11:36). 도ᄐᆞ랏 막대 디퍼 ᄯᅩ ᄠᅳ들 放恣히 호니:杖藜復恣意(杜解22:1). 도ᄐᆞ랏 례:藜(訓蒙上13). 도ᄐᆞ랏:洛藜(譯解下11).

도ᄐᆞ랒 명 명아주. ☞도ᄐᆞ랏 ¶위안과 집괘 오직 다봇과 도ᄐᆞ라치로다:園廬但蒿藜(重杜解4:11).

도ᄐᆞ롯 명 명아주. ☞도ᄐᆞ랏. 도ᄐᆞ랒 ¶도ᄐᆞ롯 려:藜(倭解下5).

도틱기름 명 돼지기름. ¶도틱기름:猪膏(救簡6:5). 도틱기름:猪脂(胎要35).

도·틱삿·기 명 돼지새끼. ¶도틱삿기:猪豘(四解上63 豘字註).

도·틱쏭 명 돼지똥. ¶오래 ᄆᆞ른 도틱ᄯᅩᆼ:久乾猪糞(救簡2:47).

도·틱:엄 명 돼지의 어금니. ¶도틱엄 ᄀᆞᄐᆞᆫ 조각:猪牙皁角(救簡1:5).

도·틱·ᄋᆞ랏 명 명아주. ☞도ᄐᆞ랏 ¶도틱ᄋᆞ랏과 ᄑᆞᆺ닙과 먹고 어버ᅀᅵ 爲ᄒᆞ야 ᄡᆞᆯ 주려 ᄒᆞ야도 몯 ᄒᆞ리로다:雖欲食藜藿之食爲親負米不可得也(三綱. 孝2).

도피ᄒᆞ다 동 도피(逃避)하다. ¶員ㅣ 어느 罪ᄅᆞᆯ 逃避ᄒᆞ리오:刺史欲焉逃罪(重杜解25:36). 출하리 ᄒᆞᆫ가지로 도피ᄒᆞ야 츄죵을 만나면 ᄉᆞ싱을 ᄀᆞᆺ치 ᄒᆞ야(落泉2:5).

도홍빛 명 도홍색. ¶도홍비체 엇게예 구룸문 ᄒᆞ고:桃紅雲肩(飜老下24).

도화ㅅ곳 명 복숭아꽃. ¶靈雲和尙도 工夫ㅣ 至極ᄒᆞ야셔 桃花ㅅ곳 보고(蒙法10).

도화잠불 명 흰 털에 붉은 점 무늬가 있는 말. ☞도화잠불ᄆᆞᆯ. 도화쟘불ᄆᆞᆯ ¶도화잠불:駓(柳氏物名一 獸族).

도화잠불ᄆᆞᆯ 명 흰 털에 붉은 점 무늬가 있는 말. ☞도화잠불. 도화쟘불ᄆᆞᆯ ¶도화잠불ᄆᆞᆯ:桃花馬(老解下8).

도화잠불몰 명 흰 털에 붉은 점 무늬가 있는 말. ☞도화잠불. 도화잠불몰 ¶도화잠불몰:桃花馬(飜老下9). 도화잠불몰:豹花(漢淸14:22).

·독 명 독(毒). ¶毒 이슘과 毒 업수믈(楞解5:37). 비야미 毒 마ᄌᆞ닐 고튜ᄃᆡ(救急下45). 븘 독이 업거든(救簡1:112). 가싀 든 독으로 브ᅀᅥ 알파:刺毒腫痛(救簡6:29). 여러 가짓 毒을 업게 ᄒᆞᄂᆞ니 소ᄋᆡ ᄆᆞᄅᆞ니롤 디허(簡辟17). 시긔 덥단 독이 서ᄅᆞ 올마 ᄐᆞ디 아니케 고티ᄂᆞ니라(瘟疫方20). 여러 가짓 독을 업게 호ᄃᆡ:鮮諸毒(瘟疫方23). 독홀 독:毒(類合下23).

독 명 독〔甕〕. ☞항 ¶독爲甕(訓解. 用字). 舍利 되ᅀᆞᆸ던 독 안해(釋譜23:56). 도ᄀᆡ 다몸과 잘ᄋᆡ 녀허 됴미 잇ᄂᆞ니:甕盛囊撲(楞解8:88). 도골 자바 나가 믈 기러(宣賜內訓2下76). 도깃 醬은 자바다가 디여 논ᄂᆞ다:甕醬落提携(初杜解22:20). 고기란 도ᄀᆡ 다마(三綱. 孝32). 몰게 두 쁠 나고 독ᄋᆡ 불휘 나도:馬生雙角瓮生根(南明上67). 독을 업거나:覆瓮(救簡1:68). 긴 독:長甕(飜朴上41). 독:罋子(四解下34 罋字註). 독 옹:瓮. 독 강:甌(訓蒙中12). 가다니 비브른 도긔(樂詞. 靑山別曲). 독 옹:甕(類合上27). 독:甌子(譯解下13). 독 옹:瓮(倭解下14). 항아리와 독에 ᄶᅳ려 담으며:瓮(女四解2:30). 독:罋子(同文解下15). 독:缸(漢淸11:40). 銀 독 ᄀᆞᄐᆞ니라(武藝圖22).

독 명 돌〔石〕. ¶독 ᄶᅵ치는 철 몽둥이 단단ᄒᆞ기 날 갓트랴(萬言詞).

독 부 함께. 도와. ¶農人은 告余春及ᄒᆞ니 西疇에 일이 만타 漢漢水田을 뉘라셔 독 미야 줄이(古時調. 金天澤. 海謠).

독갑 명 도깨비. ☞독갑이. 돗가비 ¶독갑의 불:鬼火(同文解下12).

독갑이 명 도깨비. ☞돗가비 ¶독갑이:夜叉精(譯解下52. 同文解下12). 독갑이:狐魅(漢淸9:7). 두억신 되려시나 독갑이 되려시나(萬言詞答). 木石之恠一足鬼形 독갑이(柳氏物名五 石).

독고마리 명 도꼬마리. ☞돗고마리 ¶독고마리:卷耳(物譜 藥草).

·독·긔 명 독기(毒氣). ¶毒氣롤 내니 고지 ᄃᆞ외어늘 모딘 龍이 怒롤 더ᄒᆞ니(月印上37). 또 고미 발토배 혈여 毒氣 알폰 ᄶᅡ홀 고튜ᄃᆡ(救急下63). 건 즙을 머그면 즉재 吐ᄒᆞ야 毒氣 나리라(簡辟22). 더은 毒氣예 납과 새왜 뻗듣ᄂᆞ니:瘴毒猿鳥落(重杜解25:6).

독긔 명 도끼. ☞돗긔 ¶독긔:斧子(譯解下17. 同文解下17). 독긔예 죽어도:斧鉞(女四解4:18).

독긔벌에 명 도끼벌레. 방아벌레. ¶독긔벌에:叩頭虫(柳氏物名二 昆蟲).

·독·립 명 독립(獨立). ¶獨立은 言 羽毛ㅣ異於衆鳥也ㅣ라(初杜解17:23). 지치 獨立혼 고돌 아노니:羽毛知獨立(重杜解17:23).

독밧치 명 옹기장이. ¶어우하 날 죽거든 독밧치 집 東山에 무더(古時調. 靑丘).

독버리 부 유달리. 특별히. ☞독벼리 ¶독버리 내라 ᄒᆞ야 외방의 나ᄃᆞ리 아니홀가:偏我不出外(飜老上41).

·독·벼·리 부 유달리. 특별히. ☞독별이. 독별히 ¶네 독벼리 모ᄅᆞᄂᆞ고나:你偏不理會的(飜老上27). 독벼리:偏(老朴集. 單字解3). 독벼리:偏(朴解. 單字解2).

독별이 부 유달리. 특별히. ☞독벼리 ¶네 독별이 모ᄅᆞᄂᆞᆫ고나:你偏不理會的(老解上24). 독별이 내라 외방의 나가디 아니랴:偏我不出外(老解上37). 독별이 내라 외방의 나가면:偏我出外時(老解上39). 내라 독별이 됴흔 珊瑚롤 ᄎᆞ디 못ᄒᆞ랴:我偏帶不的好珊瑚(朴解下26).

독별히 부 유달리. 특별히. ☞독벼리 ¶독별히 므서시 ᄡᅳ리오:偏爭甚麼(老解下56).

독:부·리 명 독의 부리. ¶주근 사ᄅᆞᆷ롤 독우희 두ᄃᆡ 이비 독부리예 다케 ᄒᆞ고:死人着瓮上令口臨瓮口(救簡1:73).

·독샤 명 독사(毒蛇). ¶큰 毒蛇ㅣ 핏내 맏고 ᄃᆞ라오다가(月釋10:24). 毒蛇ㅅ 災禍롤 보디 몯ᄒᆞᆺ다 ᄒᆞ시니라(永嘉上33). 독샤 믈인 ᄃᆡ:蝮蛇螫(救簡6:54). 독샤:蝮蛇(四解上4 蝮字註). 독샤 훼:虺. 독샤 복:蝮(訓蒙上22). 독샤:蝮蛇(譯解下36).

독셔 명 독서(讀書). ¶凡所讀書롤 必擇其精要者而讀之ᄒᆞ고(家禮2:25). 졈어셔 일작 독셔ᄒᆞ더니(引鳳簫2).

독·솔 명 다복솔. ¶東門 밧긔 독소리 것그니:東門之外矮松立折(龍歌89章).

독쇼리 명 독수리. ¶鷲曰 독쇼리(東言).

·독:숑 명 독송(讀誦). ¶오히려 讀誦올 어려비 너기거니와(月釋序23). 혼 일후믄 讀誦이오 두 일후믄 祭祀ㅣ오(月釋21:193). 讀誦ᄒᆞ리 數 업스며(金剛序5).

·독·실·히 부 독실(篤實)히. ¶닙지를 篤實히 ᄒᆞ며(飜小9:12). 힝실을 독실히 ᄒᆞ더니:篤行(宣小6:19). 늘그듸 더옥 독실히 ᄒᆞ더라:老而彌篤(東新續三綱. 孝5:51).

독실ᄒᆞ다 형 독실(篤實)하다. ☞독실히 ¶힝뎍을 모로매 독실코 공경ᄒᆞ며:凡行必篤敬(飜小8:16).

·독·약 명 독약(毒藥). ¶毒藥과 起屍鬼돌히 害ᄒᆞ야 橫死홀 씨오(月釋9:58). 一切 呪詛와 厭蠱와 毒藥과(楞解7:47). 독약을 가져(五倫2:20).

독자 명 초례(醮禮). ¶겨지비 ᄒᆞᆫ 독자 바ᄃᆞ면 가ᄉᆡ디 아니ᄒᆞᆯ씨:婦人一醮不改(三綱. 烈2 女宗). ᄒᆞᆫ 번 ᄒᆞᆫ디 독자 바ᄃᆞ면 죽ᄃᆞ록 고티디 아니ᄒᆞᄂᆞ니:一與之醮終身不改(三綱. 烈4 宋女).

독젼 부 오로지. ¶독젼 젼:專(類合下29).

·독·쥬 명 독주(毒酒). ¶妻子ㅣ 어듸 브트료 ᄒᆞ고 毒酒 머거 주그니라(三綱. 忠9). 독쥬ᄅᆞᆯ 먹여 온돌을 달오고(癸丑81).

독ᄌᆞ 명 독자(獨子). ¶내 독ᄌᆡ 되엿고 네 ᄯᅩ ᄒᆞᆫ 손ᄌᆡ니:我爲獨子汝亦獨孫(東新續三綱. 孝6:61). 지아비 독ᄌᆞ로 일 주그니:良人以獨子早逝(東新續三綱. 烈1:42).

독창 명 들창. ¶독창 유:牖(兒學上9).

독쳐ᄒᆞ다 동 독처(獨處)하다. ¶남지 오래 독쳐치 못ᄒᆞ리니 미쳡을 취ᄒᆞ라 ᄒᆞ고(落泉1:3).

독촉ᄒᆞ다 동 독촉(督促)하다. ☞독쵹ᄒᆞ다 ¶군을 독촉ᄒᆞ여:督軍(東新續三綱. 忠1:54). 어셔 내라 독촉ᄒᆞ니(癸丑71). 독촉ᄒᆞ다:催逼(同文解下55). 셩화ᄀᆞᆺ치 독촉ᄒᆞ니 왕지현이 ᄯᅩᄒᆞᆫ 영남의 올무믈 듯고 경악ᄒᆞ야(落泉3:7).

독쵹ᄒᆞ다 동 독촉(督促)하다. ☞독촉ᄒᆞ다 ¶븍문의셔 싸홈을 독쵹ᄒᆞ시다(山城27).

·독튱 명 독충(毒蟲). ¶모ᄃᆞᆫ 毒蟲을 ᄡᅳ려 身體예 ᄀᆞᄃᆞᆨ게 ᄒᆞ고(楞解8:99). 毒蟲 禽獸ᄂᆞᆫ 三毒ᄋᆞᆯ 通히 가ᄌᆞᆯ비시고(法華2:117).

·독·혀 부 유달리. 특별히. ☞독벼리. 독벼리 ¶오히려 그 禍ᄅᆞᆯ 저허 그 害ᄅᆞᆯ 업게 ᄒᆞᆯ디온 獨혀 다ᄉᆞᆷ子息의게 아니 ᄒᆞ면 엇데 샹녯 어믜게셔 다ᄅᆞ리오(宣賜內訓3:24). 독혀 어버ᄉᆡ ᄌᆞ식 ᄉᆞ랑호ᄆᆞᆯ 내 ᄌᆞ식두곤 경히 ᄒᆞ야:獨愛父母之子却輕於己之子(飜小7:43). 偏:독벼리 又 독혀 又 칙여(老朴集. 單字解3). 독혀 어버의 ᄌᆞ식 ᄉᆞ랑ᄒᆞ기를:獨愛父母之子(宣小5:75). 독혀:偏(朴解. 單字解2).

·독·활 명 독활(獨活). ¶독활 두 량과 뎡가ᄒᆞᆫ 량과ᄅᆞᆯ 디허:獨活(救簡1:19). 숤공이와 강활와 독활와ᄅᆞᆯ:獨活(救簡1:89). 독활:獨活(物譜 藥草).

·독·히 부 독(篤)히. 열심히. ¶子ㅣ ᄀᆞᆯᄋᆞ샤ᄃᆡ 篤히 信ᄒᆞ고 學을 好ᄒᆞ며(宣論2:33). 周ㅅ 祜를 篤히 ᄒᆞ야 ᄡᅧ 天下를 對타 ᄒᆞ니(宣孟2:10). 君子ᄂᆞᆫ 恭을 篤히 홈애 天下ㅣ 平ᄒᆞᄂᆞ니라(宣中54).

·독ᄒᆞ·다 형 독(毒)하다. ¶우리ᄃᆞᆯ히 歸依ᄒᆞ노니 毒ᄒᆞᆫ 사ᄅᆞᆷ 내면(月釋10:29). 毒ᄒᆞᆫ 슈울 가져가아:持毒酒(三綱. 忠9). 비록 毒ᄒᆞᆫ 藥이라도 ᄆᆞ던ᄒᆞ니 일즉 金人ᄋᆡ 護生ᄒᆞᄂᆞᆫ 訣을 得ᄒᆞ도다(南明上54). 대엿 번이나 ᄡᅧ 독ᄒᆞᆫ 긔운을 내게 ᄒᆞ고(辟新11). 三千里에 귀향보내고 毒ᄒᆞᆫ 藥으로ᄡᅥ 사ᄅᆞᆷ을 주기니ᄂᆞᆫ(警民18).

독부·우·리 명 독의 부리. ☞독부리 ¶아ᄎᆞᆷ 비치 독부우리로 ᄒᆞᆫ 창ᄋᆡ 들여놀:朝光入甕牖(初杜解22:1).

:돈 명 ①돈〔錢〕. ¶銀돈ᄋᆞᆯ 받ᄌᆞᄫᆞ니(月印上3). 五百 銀도ᄂᆞ로 다ᄉᆞᆺ 줄깃 蓮花ᄅᆞᆯ 사아(釋譜6:8). 다ᄆᆞᆫ 돈 ᄒᆞᆫ 나ᄐᆞ로 供養ᄒᆞᆫ대(釋譜24:39). 銀돈 ᄒᆞᆫ 낟곰 받ᄌᆞᄫᆞ니라(月釋1:9). 三千貫ㅅ 돈ᄋᆞ로 아ᄃᆞᆯ 羅卜이 一千貫ᄋᆞ로 당ᄉᆡ 나가더니(月釋23:64). 金地國에 가 돈ᄋᆞᆯ ᄑᆞ라 불어 三千貫ᄋᆞᆯ 가져오더니(月釋23:65). 돈ᄋᆞᆯ 各各 五百萬ᄋᆞᆯ 주시니(宣賜內訓2上56). 도니 업거니 어듸가 사리오:無錢何處賖(初杜解7:7). 錢은 돈이니(南明下66). 돈을 가져오라(佛頂12). 각각 돈 일ᄇᆡᆨ곰 내면:各人出一百箇銅錢(飜朴上1). 다ᄉᆞᆺ 낫 돈이오(飜朴上52). 돈 젼:錢(訓蒙中31. 類合上26. 倭解上55). 지아비 돈과 ᄡᆞᆯ을 두엇거든(女四解2:29). 돈 모으ᄂᆞᆫ 벙어리라(萬言詞).

②돈. 엽전 열 푼. ¶닐굽 도ᄂᆞᆯ:七錢(楞解10:90). 호ᄀᆞᆫ 깁 ᄒᆞᆫ 피렌 세 돈 주고 사:小絹一匹三錢(飜老上13). 믓 갑시 두 돈이오:染錢二錢(飜老上13). 갑슨 엿 돈 은이니:價錢六錢銀子(飜老上14). ᄂᆞᄌᆞᆺᄒᆞ니ᄂᆞᆫ 엿 돈:低的六錢(飜老下60).

③돈. 〔무게의 단위〕 ¶각 ᄒᆞᆫ 돈 반과(救簡1:2). ᄆᆞ레 ᄒᆞᆫ 돈만 프러 머그라:水調一錢服之(救簡6:2). ᄉᆡ호 서 돈 황금 두 돈 인ᄉᆞᆷ 반하 각 ᄒᆞᆫ 돈(辟新6).

돈덕이 명 제기. ¶돈덕이:毽兒(漢淸9:18).

돈·독ᄒᆞ·다 형 돈독(敦篤)하다. ¶힘을 다홈ᄋᆞᆫ 敦篤홈만 ᄀᆞᄐᆞ니 업ᄉᆞᆫ디라:盡力莫如敦篤(宣小4:51). ᄒᆡᆼ실을 돈독고 공경티 아니홈이 下等ㅅ 사ᄅᆞᆷ이오:行不篤敬下等人也(宣小5:11). 어버이 셤기ᄂᆞᆫ 졍셩이 돈독ᄒᆞ여:事親誠篤(東新續三綱. 孝5:5).

돈목ᄒᆞ다 형 돈목(敦睦)하다. ¶돈목ᄒᆞ고 우ᄋᆡᄒᆞ시미 본ᄃᆡ 텬셩이시더라(仁祖行狀15).

돈쎄음 명 돈꿰미. ¶돈쎄음:錢串(同文解下22. 漢淸10:41).

돈피 명 돈피(獤皮). ¶ᄯᅩ 돈피 털 감과ᄋᆡ:又有貂鼠皮狐帽(飜老下52). 돈피:貂鼠(四解下13 貂字註). 돈피 됴:貂(訓蒙上18. 倭解下23). 돈피ᄅᆞᆯ 지 ᄉᆞ라 약의 ᄲᅡ ᄡᅳ면 가히 됴ᄒᆞ리라:若得貂皮燒灰和藥以用可瘳(東新續三綱. 孝5:52). 됴흔 돈피 이엄이오:好貂鼠皮披肩(老解下46). 돈피옷:貂裘(譯解上45). 돈피:貂鼠(物譜 毛蟲). 돈피 초:貂(兒學上7).

돋 명 돼지. ☞돗. 돝 ¶사ᄅᆞ미게 질드ᄂᆞ니 곧 괴 가히 ᄃᆞᆰ 돋 類라:馴服於人卽猫犬雞

狁類也(楞解8:122). 쇼와 羊과 돋괘라(宣賜內訓1:46). 비얌과 돋괘 나맷고:餘蛇豕(重杜解5:13). 가히와 돋괘 다 아다 호ᄆᆞᆫ 닐온 밧 跛跛挈挈ᄒᆞ야 能히 제 守ᄒᆞᄂᆞᆫ 젼ᄎᆡ오(南明上4). 돋 희:豨(訓蒙上18). 돋 뎨:豬. 돋 시:豕. 돋 뎨:彘(訓蒙上19). 돋 뎌:豬 猪(類合上14). 쇼와 양과 돋티라(宣小2:33). 士ㅣ 연괴 업거든 개과 돋톨 죽이디 아니ᄒᆞᄂᆞ니:士無故不殺犬豕(宣小3:26). 돋틱 고기ᄅᆞᆯ 사다가 ᄡᅧ 먹이니라:乃買猪肉以食之(宣小4:5). 돋티 이셔 다딜러 이우니:有豕觸而枯(東新續三綱. 孝1:71). 돋졔:猪(倭解下23). 돋출 치며 쥐ᄅᆞᆯ 치ᄂᆞᆫ 쟉시니라(女四解2:27). 猪曰 突(雞類).

돋 명 돗자리. ☞돗 ¶돋ᄭᅴ 도로 누어:反席(三綱. 忠32). 돋 셕:席(倭解下12). 녑ᄇᆞ람이 고이 부니 ᄃᆞ론 돋긔 도라와다(古時調. 尹善道. 孤遺).

돋 명 돛. ☞빗돗 ¶돋 범:帆. 돋대 장:檣(倭解下18).

돋가·이 부 도타이. 도탑게. ☞도타이. 돗가이 ¶다 돋가이 信ᄒᆞ며 善을 즐겨 열운 風俗 업수ᄆᆞᆯ 니ᄅᆞ시니라:言皆篤信樂善無薄俗也(法華3:72). 孝道로 다ᄉᆞ료ᄆᆞ로 나랏 政事ᄅᆞᆯ 돋가이 ᄒᆞ시고:孝理敦國政(初杜解6:18). 恭敬ᄒᆞ며 和穆ᄒᆞ야 녯 法을 돋가이 ᄒᆞ니라:肅穆古制敦(初杜解8:6).

돋:갑·다 형 도탑다. ☞도탑다. 돗갑다 ¶풍쇽 ᄀᆞᄅᆞ치ᄂᆞᆫ 일을 돋갑게 ᄒᆞ며:以厚風教(飜小9:17).

돋:겁·다 형 돈독(敦篤)하다. ☞둗겁다 ¶양지 돋겁고 ᄠᅳ디 멀오 ᄆᆞᆰ고 眞實ᄒᆞ니:態濃意遠淑且眞(初杜解11:17).

돋·다 동 돋다. ¶새 벼리 나지 도ᄃᆞ니:煌煌太白當晝垂示(龍歌101章). 一千青蓮이 도다 펫더니(月印上4). 두 ᄒᆡ 돋다가 세 ᄒᆡ 도ᄃᆞ면 江이 다 여위며(月釋1:48). 만히 도도ᄆᆞᆯ 니ᄅᆞ니라(月釋1:49). 沸星 도ᇙ 제 白象 ᄐᆞ시고 ᄒᆡᆺ 光明을 ᄐᆞ시니이다(月釋2:17). 벼리 아니 돋고(月釋2:48). ᄒᆡ 처섬 도ᇙ 제(楞解8:55). ᄒᆡ 도돔과:日出(圓覺上一之一111). 東方앳 볼ᄀᆞᆫ 벼릐 도ᄃᆞ미 ᄯᅩ 더디디 아니ᄒᆞ도다:東方明星亦不遲(重杜解2:17). ᄇᆞᄅᆞ미 나그내 오ᄉᆞᆯ 불어ᄂᆞᆯ ᄒᆡ 돋ᄂᆞ니:風吹客衣日杲杲(初杜解8:31). ᄒᆞᆫ ᄢᅴ 아니 돋ᄂᆞ니라(南明下32). ᄆᆡ일 ᄒᆡ 도ᄃᆞᆯ 아ᄎᆞᆷ의 의관을 졍져히 ᄒᆞ고:每旭朝整衣冠(東新續三綱. 孝7:22). ᄃᆞᆯ하 노피곰 도ᄃᆞ샤 어긔야 머리곰 비취오시라(樂範. 井邑詞).

※'돋다'의 활용 ┌돋고/돋게/돋디…
　　　　　　　└도ᄃᆞ니/도ᄃᆞ샤/도ᄃᆞ미…

돋·다 동 돋우다. ¶져젯 사ᄅᆞᆷ도 갑슬 도다 내디 아니ᄒᆞ리니:市上人也出不上價錢(飜老上70).

돋대 명 돛대. ¶돋대 장:檣(倭解下18).

돋ᄭᅴ 명 돗자리에. 통돋 ☞돗 ¶돋ᄭᅴ 도로 누어 편안티 몯ᄒᆞ야셔 죽다:反席未安而卒(東三綱. 忠3 鄭李上䟽).

돋여·흘 명 저탄(猪灘). 〔여울 이름〕☞돋. 여흘 ¶돋여흘:猪灘(龍歌2:22).

돋우러조 명 조의 한 품종. ¶猪啼粟:돋우러조(衿陽).

돋총 명 돗총이. 털빛이 검푸른 말. ☞돗총이 ¶돋총 현:駽(詩解 物名22).

·돌 명 ①도랑. ☞걸 ¶가ᄅᆞ마다 七寶 비치오 黃金돌히니 돐 미틔 다 雜色金剛ᄋᆞ로 몰애 ᄃᆞ외오(月釋8:13). 큰 ᄀᆞᄆᆞ래 쇠 돌히 흐르며 山土ㅣ 이우로ᄃᆡ(法華2:28). ᄂᆞᆯ개 몰 외노라 고기 잡ᄂᆞᆫ 돌해 ᄀᆞ득ᄒᆞ얏도다:曬翅滿漁梁(初杜解7:5). 돌 구:溝. 돌 거:渠(類合上18). 梁은 고기 잡ᄂᆞᆫ 돌이니(女四解2:17). 돌:渠(柳氏物名五 水).
②다리. ¶돌 량:梁 水橋也(訓蒙上5).

:돌 명 돌. ¶돌爲石(訓解. 合字). 돌ᄒᆞᆯ 무드시니(月印上10). 石은 돌히오 壁은 ᄇᆞᄅᆞ미니 ᄇᆞᄅᆞᆷᄀᆞ티 션 바회ᄅᆞᆯ 石壁이라 ᄒᆞᄂᆞ니라(釋譜9:24). 돌히며 梅檀香이며(釋譜13:51). 돌ᄒᆞ로 텨든(釋譜19:31). 모미 솟ᄃᆞ라 돌해 드르시니(月釋7:55). ᄂᆞᄂᆞᆫ 돌히 ᄃᆞ외야:爲飛砂礫(楞解8:101). 디새와 돌ᄒᆞᆯ ᄃᆞ토아 자바:競執瓦石(永嘉下80). 玉과 돌콰ᄋᆡ 달오미(宣賜內訓序3). 돐ᄲᅳ리 다 北ᄋᆞᆯ 向ᄒᆞ얏도다:石角皆北向(重杜解1:35). 禹ㅅ 功애 그츤 돌히 하더니:禹功饒斷石(杜解7:11). 楚ㅅ 비예 돌해 이시 젓고:楚雨石苔滋(重杜解12:29). 丹砂ᄂᆞᆫ 디ᄂᆞᆫ 돌콰 ᄀᆞᆮ고:丹砂同隕石(初杜解15:33). 돌콰 ᄒᆞᆯᄀᆞᆯ 보디 몯ᄒᆞ리로다:不見石與土(杜解25:12). 돌 쵸:礁. 돌 셕:石(訓蒙上4). 어듸라 더디던 돌코(樂詞. 青山別曲). 돌 셕:石(類合上6). 큰 돌 뢰:磊(類合下56). 돌 반:磻(石千23). 돌 갈:碣(石千27). 돌ᄒᆞᆯ 져셔 담을 무덤의 ᄡᅡ더라:負石築墻于墓(東新續三綱. 孝2:26 朴善負石). 믄득 큰 돌ᄅᆞᆯ 드러 범의 이븨 드리티고 인ᄒᆞ여 텨 주기니라:遂擧大石投諸虎口仍撲殺之(東新續三綱. 孝5:37 儉進殺虎). 돌 셕:石(倭解上8). 돌:石頭(同文解上7).

※'돌'의 ┌돌
　첨용 └돌히/돌해/돌ᄒᆞᆯ/돌콰…

돌 명 돌. ¶돌 긔:期. 돌 슈:晬(兒學下1).

돌갓 명 돌. 자갈. ¶悟道재 돌갓 매언 主山으로 俯臨ᄒᆞ고(草堂曲).

:돌·개 명 석포(石浦). 〔지명(地名)〕¶돌개:石浦(龍歌1:38).

돌것 명 돌꼇. ☞돌겻 ¶슈리는 물닉와 실자시와 씨야시와 돌것이라(女四解3:5).

돌겻 명 돌꼇. ☞돌것 ¶돌겻:旋棒(譯解下18). 돌겻:紡車(物譜 蠶績). 돌겻:紡車(柳氏物名三 草).

돌곗좀 명 돌꼇잠. 잠버릇이 험한 잠. ¶내 품에 드러셔 돌곗좀 즈다가 니로고 코고오고 오좀 소고(古時調. 재 너머. 靑丘).

돌고 명 돌달구. 돌공이. ☞돌달고 ¶돌고로다가 날회여 다이되:着石杵慢慢兒打(朴解上10).

:돌구·싀 명 돌구유. ☞돌귀요 ¶우믌 ᄀᆞ새 ᄆᆞᆯ 믈 머기는 돌구싀 잇ᄂᆞ니라:井邊頭有飮馬的石槽兒(飜老上31).

돌구요 명 돌구유. ☞돌구싀. 돌귀요 ¶兼ᄒᆞ야 우물 겻ᄒᆡ ᄆᆞᆯ 물 먹이는 돌구요 잇ᄂᆞ니라(蒙老2:17).

돌귀오리 명 야생 귀리. ¶돌귀오리:隸麥(柳氏物名三 草).

돌귀요 명 돌구유. ☞돌구싀 ¶우믈 ᄶᅢ애 ᄆᆞᆯ 믈 머기는 돌귀와 잇ᄂᆞ니라:井邊頭有飮馬的石槽兒(老解上28).

:돌그·릇 명 돌그릇. 석기(石器). ¶돌그르슬 ᄡᅳ디 아니ᄒᆞ며(三綱. 孝28).

돌길 명 돌길. ¶山村에 눈이 온이 돌길이 뭇쳣세라(古時調. 申欽. 海謠).

돌나물 명 돌나물. ¶돌나물:佛甲草(柳氏物名三 草).

돌노약이 명 돌노야기풀. ¶돌노약이:爵牀(柳氏物名三 草).

:돌·다 동 돌다〔廻〕. ¶ᄒᆞᆫ 번도 아니 도라놀(月印上55). 올ᄒᆞᆫ 녀그로 닐굽 볼 도ᅀᆞᆸ고(釋譜23:43). 輪王이 ᄒᆞᆫ 밤낫 ᄉᆞᅀᅵ예 ᄌᆞ개 다ᄉᆞ리시논 ᄯᅡ홀 다 도ᄅᆞ샤 十善ᄋᆞ로 敎化ᄒᆞ시ᄂᆞ니(月釋1:25). 빗보기 깁고 듣겁고 ᄇᆡ얌 서린 ᄃᆞᆺᄒᆞ야 두려ᄫᅥ 올히 도ᄅᆞ시며(月釋2:58). 壇ᄋᆞᆯ 돌며 울오 닐오ᄃᆡ(月釋2:74). 부텨의 도ᅀᆞ옴 ᄆᆞᆺ고:繞佛畢已(法華3:98). 機輪ᄋᆞᆯ 옮겨 갓ᄀᆞ로 도라ᅀᅡ:撥轉機輪却倒廻(金三2:42). 돌 회:廻(類合上3). 돌 알:斡(石千40). 두로 돌아 문에 남애:周還出戶(宣小2:27).

:돌·달·고 명 돌달구. ☞돌고 ¶돌달고로 날회여 다ᄋᆞ고:着石杵慢慢兒打(飜朴上10).

돌담빗ᄃᆡ 명 돌담뱃대. ¶돌담빗ᄃᆡ 닙난초를 쉬똥 불의 부쳐 물고(萬言詞).

돌덩이 명 돌덩이. ¶돌덩이로 텨 다 어더 나오니(東新續三綱. 孝4:89).

돌ᄃᆞ리 명 돌다리〔石橋〕. ¶ᄇᆞ름 부는 돌ᄃᆞ릿 구룸 무틘 그테 ᄒᆞ마 드로라:已入風磴霾雲端(初杜解15:46). 두 류리각 가온ᄃᆡ 세 가ᄅᆞ 돌ᄃᆞ리 잇ᄂᆞ니 란간이 다 힌 옥돌히오:兩閣中間有三叉石橋欄干都是白玉石(飜朴上68). 돌ᄃᆞ리:石橋(譯解上14). 돌ᄃᆞ리 강:矼(倭解上34).

돌라 동 돌려. ¶ᄯᅩ 돌라 項中의 ᄆᆡ오믈 爲호미라(家禮5:11).

돌려닐다 동 돌려가며 일어나다. ¶우리 돌려니러:咱們輪着起來(老解上29).

돌리다 동 돌리다. ☞돌이다 ¶열 사ᄅᆞᆷ이 ᄒᆞᆫ 좁식 돌려 먹이게 ᄒᆞ라:十箇人一宿家輪着喂(朴解上21).

돌림 명 돌림. 둘레. ☞도림. 돌임 ¶우리 집 담도 여러 돌림이 믄허져시니:我家的墻也倒了幾堵(朴新解1:10).

:돌·매 명 돌매. 맷돌. ¶ᄒᆞᆫ 돌매 地獄ᄋᆞᆯ 보니(月釋23:79). 돌매:磨兒(同文解下2). 돌매:拐磨子(漢淸10:7).

돌믈리다 동 돌 깨물다. ¶돌믈리다:牙塵(漢淸12:49).

돌미나리 명 돌미나리. ¶돌미나리:野芹菜(漢淸12:40).

돌벌에 명 돌벌레. ¶돌벌에:石蠶(柳氏物名二 昆蟲).

돌보다 동 돌보다. ☞돌보다. 돌오다. ¶앏뒤ᄒᆞᆯ 돌보디 아니ᄒᆞ고:不顧前後(宣小6:111). 구의로셔 그 상잔을 돌보시며(仁祖行狀25). 날 돌보다:照顧我(譯解下50). 내게도 업다커니와 돌보고져 ᄒᆞ노라(古時調. 鄭澈. 네 집. 松江). 돌보다:看顧(漢淸6:46).

돌붑 명 돌종〔石鍾〕. ¶믄득 돌붑을 어ᄃᆞ니:忽得石鍾(東新續三綱. 孝1:1).

:돌·블 명 별똥별. 유성(流星). ¶돌브리 ᄒᆞᆫ 번 둘우메 天外예 니거늘(돌브른 流星이라):石火一揮天外去(金三4:63).

돌비늘 명 돌비늘. 운모(雲母). ¶돌비늘:雲母(柳氏物名五 石).

:돌보·다 동 돌보다. ☞돌오다 ¶두루 돌보며 붓그려ᄒᆞ더라(釋譜3:30).

돌삼 명 야생마(野生麻). ¶돌삼:野麻(譯解下41).

돌서ᄃᆞ리 명 돌층계. ☞서ᄃᆞ리 ¶돌서ᄃᆞ리:階級(漢淸9:28).

돌섬 명 섬돌. ¶돌섬:石階(譯解上19).

:돌:셩 명 돌성〔廻性〕. 탄성(彈性). ¶이 화리 졀동이 므르니 혀디 어렵다 돌셩이 업다:這弓弝裏軟難扯沒廻性(飜老下31). 이 활이 좀이 므ᄅᆞ니 ᄃᆞ릐기 어렵다 돌셩이 업다:這弓弝裏軟難扯沒廻性(老解下28).

:돌숫 명 석탄(石炭). ☞숫 ¶돌숫 미:煤(訓蒙中15).

:돌·쌜 명 돌부리. ☞돖쌜 ¶돌쓰른 오ᄉᆞᆯ 걸위여 헐우고:石角鉤衣破(初杜解15:6).

돌씨 명 속적삼. ¶돌씨:襖子(同文解上55).

돌·아보·내·다 동 돌려보내다. ¶羅漢優陁耶ᄅᆞᆯ 돌아보내시니(月印上41). 뎌 나랏 風

俗은 아기 비야 ᄒᆞ마 나홇 저기면 父母ㅅ 지븨 돌아보내더니(月釋10:23). 글월 돌아보내야(宣賜內訓1:37).

돌·아보·다 동 돌아보다. ☞도라보다 ¶ ᄇᆞᄅᆞᆷ과 드트레 머리 돌아보고 機心 그츄믈 됴히 너기노라:回首風塵甘息機(初杜解21:5).

돌·아오·다 동 돌아오다. ☞도라오다 ¶ 비 돌아올 저긔 당당이 阿戎을 시러 놀리로다:回船應載阿戎遊(初杜解15:27).

돌아옥 명 동규(冬葵). 야생(野生) 아욱. ☞돌아혹 ¶ 돌아옥 씨:冬葵子(東醫 湯液二 葵部).

돌아혹 명 동규(冬葵). 야생(野生) 아욱. ☞돌아옥 ¶ 놀 돌아혹 불휘롤 조히 시서:生冬葵根淨洗(救簡3:62).

돌앗 명 도라지. 길경(桔梗). ☞도랏 ¶ 돌앗:桔梗(牛疫方12).

돌:애 명 도래. ☞도래 ¶ 눉ᄌᆞᅀᆡ 紺青ᄒᆞ시며 조히 히시며 블근 돌애 섯거 ᄭᅮ미샤(法華2:13).

돌어보다 동 돌아보다. ☞도라보다 ¶ 돌어볼고:顧(兒學下2).

돌·여 동 돌려. ㉮돌이다 ¶ ᄒᆞᆫ 숨곰 돌여 치라:一宿家輪着喂(飜朴上21).

돌연이 부 돌연(突然)히. ¶ 돌연이 말ᄒᆞ다:突然說出(漢淸7:16). 돌연이 일파옥산이 일엇고(引鳳簫1).

·돌열·씨 명 돌삼씨. ¶ 돌열씨:冬麻子(救簡1:11).

:돌·오·다 동 ①돌리다. ☞도ᄅᆞ다. 돌이다 ¶ 두루 돌오매 規에 맛게 ᄒᆞ고:周還中規(宣小3:18). 활ᄡᅩ기ᄂᆞᆫ 나ᅀᅡ며 믈으며 돌오ᄆᆞᆯ 반ᄃᆞ시 禮예 맛게 홀디니:射者進退周還必中禮(宣小3:19). 芮公이 머리ᄅᆞᆯ 돌와 ᄇᆞ라 ᄂᆞᆾ비ᄎᆞᆯ ᄀᆞᆽ비 ᄒᆞᄂᆞ니:芮公回首顏色勞(重杜解16:56).

②두르다. ☞도ᄅᆞ다 ¶ 폰류쳥비단 쳥씻 돌온 훠의:柳綠紵絲抹口的靴子(飜朴上26).

:돌·오·다 동 돌보다. ☞돌보다. 돌보다 ¶ 아힛ᄢᅵ 서르 돌오던 사ᄅᆞ미 다ᄋᆞ니:兒童相顧盡(初杜解24:47).

돌·온 동 두른. ㉮돌오다 ¶ 폰류쳥비단 쳥씻 돌온 훠의:柳綠紵絲抹口的靴子(飜朴上26).

돌·이 명 둘레. ☞도래. 도리 ¶ 이 술위 술윗바횟 밧 돌이 히여디도다:這車子折了車網子(飜老下35). 술윗통앳 구뭇 부리 돌이로 바가 잇ᄂᆞᆫ 쇠:車鐗(飜老下36).

돌·이·다 동 돌리다. ☞도ᄅᆞ다. 돌오다 ¶ 열 사ᄅᆞ미 ᄒᆞᆫ 숨곰 돌여 치라:十箇人一宿家輪着喂(飜朴上21). 혹 세 번식 돌이며 혹 다ᄉᆞᆺ 번식 돌여 닐굽 번의 너므디 아니ᄒᆞ며:或三行或五行不過七行(飜小10:32).

돌임 명 돌림. ☞도림 ¶ 그 달이 ᄡᅳᄂᆞᆫ 소리로 그 ᄌᆞᆺ귀예 돌임ᄒᆞᄂᆞ니(訓蒙凡例4).

돌입히다 동 돌입(突入)하다. ¶ 블강되 이셔 그 집의 돌입히여 쟝촌 ᄉᆞ룰롤 해ᄒᆞ려커놀:有火賊突入其家將害士訥(東新續三綱. 烈4:61).

돌져귀 명 돌쩌귀. ¶ 암돌져귀 수돌져귀 비목 걸새 크나큰 장도리로(古時調. 窓 내고쟈. 青丘). 거적문에 돌져귀(東韓).

돌지악 명 조약돌. 자갈. 석력(石礫). ¶ 돌지악 력:礫(兒學上3).

돌쳐보다 동 돌이켜보다. ¶ 돌쳐보다:回頭看(同文解上28). ᄀᆞ만이 돌쳐보다:偸着回看(漢淸6:39).

돌ᄎᆞ죠기 명 돌차조기. ¶ 돌ᄎᆞ죠기:野蘇(柳氏物名三 草).

:돌·콰 명 돌과. 〔ㅎ첨용어 '돌'의 부사격(副詞格).〕 ㉠돌 ¶ 돌콰 흙괄 보디 몯ᄒᆞ리로다:不見石與土(初杜解25:12). 돌콰 나모왜 뫼ᄀᆞ티 사하도 구틔여 便安티 몯ᄒᆞ리로다:木石如山不敢安(杜解25:20).

돌탕관 명 돌탕관. ¶ 茶 달히ᄂᆞᆫ 돌탕관과 고기 잡는 낙더로다(古時調. 니 집이 草堂三間. 青丘).

돌통더 명 골통대. ¶ 돌통더 기ᄉᆞ미 픠여 물고 코노릐 부로면셔(古時調. 金箕性. 논밧 가라. 青丘).

돌파 명 들파. ¶ 돌파:荅蔥(柳氏物名三 草).

돌피 명 돌피. ¶ 돌피:稗(物譜 禾穀). 唐피 가론 밧틔 돌피 나니 ᄀᆞᆺ치(古時調. 青丘). 돌피 유:莠. 돌피 랑:蓈(兒學上7).

:돌해 명 돌에. 〔ㅎ 첨용어 '돌'의 부사격.〕 ㉠돌 ¶ 언 서믄 ᄀᆞᄂᆞᆫ 돌해 브텟고:凍泉依細石(初杜解9:25). 楚ㅅ 비예 돌해 이시 젓고:楚雨石苔滋(重杜解12:29). 촌 ᄀᆞᄅᆞ믄 돌해 다텨 우르놋다:寒江觸石喧(初杜解23:13). ᄀᆞ래 남기 곳다와 고기 낛ᄂᆞᆫ 돌해 지엿ᄂᆞ니:楸樹馨香倚釣磯(杜解25:22).

돌확 명 돌확. ¶ 힘이 능히 돌확을 들고(女範2. 현녀 한냥홍쳐).

돌흔 명 돌은. ㉠돌 ¶ ᄀᆞᄅᆞ미 흘로되 돌흔 옮디 아니ᄒᆞ얏ᄂᆞ니:江流石不轉(重杜解5:54).

:돌히 명 돌이. ㉠돌 ¶ 禹ㅅ 功애 그츤 돌히 하더니:禹功饒斷石(初杜解7:11).

:돌ᄒᆞ·로 명 돌로. ㉠돌 ¶ 한 사ᄅᆞ미 막다히며 디새며 돌ᄒᆞ로 텨든(月釋17:85).

:돌·홀 명 돌을. ㉠돌 ¶ 디새와 돌홀 ᄃᆞ토아 자바:競執瓦石(永嘉下80). 외로왼 돌홀 보고:看孤石(杜解10:3).

돐 명 돌〔石〕. ¶ 돐이 아니라:匪石(女四解2:12). 피가 돐의 져져 싯쳐도 가시지 아니ᄒᆞ야(女四解4:21). 돐의 가 의지ᄒᆞ여 셕귀가 되려시나(萬言詞答).

·돐 명 돌〔朞〕. ¶ 三年ᄋᆞᆯ 피나긔 우러 거싀

죽게 ᄃᆞ외얫더니 돌씨어든 그 ᄃᆞ롤 내내 우더라(三綱. 孝19). 돌새 小祥ᄒᆞ고:期而小祥(宣賜內訓1:65). ᄒᆞᆫ 돌새 긔ᄒᆞᆫᄒᆞ야:限至周年(飜朴上34). 첫 돌시어든 ᄯᅩ 이바디ᄒᆞᆯ 제:百歲日又做筵席(飜朴上57). 돌ᄉᆞᆯ 슬허ᄒᆞ며:期悲哀(宣小4:22). ᄯᅩ 돌쌔 대샹 제ᄒᆞ고:又期而大祥(宣小5:44). 돌시 小祥ᄒᆞ라(家禮9:18). 돌ᄉᆞᆯ 만나며 긔일을 만나거든(女四解2:15). 날이 지나 달이 가고 ᄒᆡ가 지나 돌시로다(萬言詞).

:돍불휘 명 돌의 밑동. ¶東西에 돍불휘 다ᄅᆞ도다:東西異石根(初杜解8:12). ᄀᆞᄅᆞᆷ과 시내 ᄒᆞᆫ 돍불휘와 다ᄆᆞᆺ ᄒᆞ얏도다:江溪共石根(初杜解10:44).

:돍비·늘 명 돌비늘. 운모(雲母). ¶雲母는 돍비느리니(月釋2:35).

돍쌜 명 돌부리. ☞돌쌜 ¶돍ᄡᅳ리 다 北올 向ᄒᆞ얏도다:石角皆北向(重杜解1:35).

돕겁다 형 도탑다. 두껍다. ☞돋겁다 ¶豪華ᄒᆞᆫ 지븨 ᄠᅳ디 ᄌᆞ모 돕겁도다:豪家意頗濃(重杜解7:33).

:돕·다 동 돕다. ¶大耳兒롤 臥龍이 돕ᄉᆞᄫᆞ니:大耳之兒臥龍丞之(龍歌29章). 梟騎 보내야 戰陣올 돕ᄉᆞᄫᆞ니:遠致梟騎戰陣來助(龍歌55章). 聖祖仁政을 도ᄫᆞ시니이다:聖祖仁政斯能贊之(龍歌96章). 여듧 가짓 일로 도ᄫᅡ 일울씨 八支齋라 ᄒᆞᄂᆞ니라(釋譜9:18). 님그믈 돕ᄉᆞᄫᅡ 百官올 다ᄉᆞ릴씨(釋譜9:34). 輔는 도ᄫᆞᆯ 씨니(月釋1:32). 됴타됴타 내 너를 도ᄫᅡ 깃노라(月釋21:36). 道ㅣ 能히 敎化롤 돕ᄉᆞᆸ고:道能助化(楞解1:26). 道롤 도ᄋᆞᆯ ᄯᆞᄅᆞ미실씨:助道而(楞解8:57). 法化 돕소와 펴믈 爲ᄒᆞᆯ씨(法華2:175). 智와로 도와(圓覺上一之二118). 悲와 智왜 서르 도ᄋᆞ며(牧牛訣15). 서르 도ᄫᅩ미 조ᄉᆞᄅᆞᄫᅵ니라:相資爲妙(蒙法9). 微妙ᄒᆞᆫ 定力 도ᄫᅩ믈 어더든:得妙定力資(蒙法16). ᄆᆞᄎᆞ매 도오미 도외디 몯호니:竟不爲所祐(宣賜內訓2下14). 므스그로 ᄡᅥ 우리 님금 돕ᄉᆞ오리오:曷以贊我皇(初杜解13:3). 望雲亭에셔 술 머구믈 돕숩놋다:佐酒望雲亭(初杜解21:8). ᄂᆞ미 도ᄫᅩ믈 받디 아니ᄒᆞ고(三綱. 孝18). 서르 도온 後에ᅀᅡ(南明上65). 도올 보:輔(訓蒙中26. 倭解下40). 도올 좌:佐(光千23). 도을 우:祐(光千41). 도올 조:助(光千42). 도을 보:輔(類合下8). 도올 조:助. 도올 좌:佐(類合下11). 도올 찬:贊(類合下32). 도올 자:佐(石千23). 도올 조:助(石千42). 비록 能히 禁티 몯ᄒᆞ나 ᄎᆞ마 도오랴:雖不能禁忍助之乎(宣小6:131). 도을 ᄌᆞ:資(註千11). 도을 부:傅(註千15). 도올 우:右. 도올 자:左. 도을 승:承(註千20). 도을 조:助(註千42).

※'돕다'의 활용 ┌돕고/돕게/돕디…
└도ᄫᆞ시니이다/도ᄫᆞᆯ/도ᄫᅡ…

돕지털릭 명 더그레. ☞더그레 ¶돕지털릭:比甲(老朴集上8).

돗 명 돗자리. 자리. ¶筵은 돗기라(楞解1:29). 돗긔 므ᅌᅳᆫ 衆 이실 ᄯᆞᆯ 미리 아ᄅᆞ시며(法華1:168). ᄡᅳᄂᆞᆫ 돗ᄀᆞᆯ 둗거이 덥게 ᄒᆞ노라(法華2:242). 돗기 가ᄌᆞᆯᄫᅵ미 아니라(法華2:243). ᄒᆞᆫ 돗 마리 아니시니:非一席說(法華3:142). 오시 ᄆᆞᄅᆞ니 벼개와 돗괘 ᄆᆞᆰ도다:衣乾枕席清(杜解7:7). 餘殘 수레 돗ᄀᆞᆯ 다시 옮겨 ᄡᅳᄅᆞ셔 먹노라:殘樽席更移(杜解7:21). 벼개와 돗기 몬져 오놋다:先枕席(重杜解12:13). 이 여희ᄂᆞᆫ 돗기로다:是別筵(初杜解23:23). 쥬신은 돗긔 ᄂᆞ려:主人隱降席爲也(呂約24). 여러 돗과 지즑 달라 ᄒᆞ야 가져오디:要幾箇席子藁薦來(飜老上69). 돗 연:筵. 돗 셕:席(訓蒙中11). 돗 연:筵(光千19). 돗 셕:席(類合上24. 石千19). 돗ᄭᅴ 正티 아니커든 안ᄶᅵ 아니ᄒᆞ며:席不正不坐(宣小1:2). 여러 돗과 지즑을:幾箇席子藁薦(老解上62). 돗:席子(譯解下16). 돗ᄀᆞᆯ 避ᄒᆞ야:避席(重內訓2:21). 돗:凉席(同文解上58). 밧글 도라 남문으로 드러가 등당의 오ᄅᆞ니 돗과 당을 ᄇᆞᆯ셔 ᄀᆞ초왓거ᄂᆞᆯ(太平1:25).

※'돗'의 첨용 ┌돗과/돗도…
└돗기/돗ᄀᆞᆯ/돗그로/돗긔…

돗 명 돼지. ☞돋. 돝 ¶수돗:牙猪. 암돗:母猪(譯解下31). 돗:猪(同文解下39). 돗:豕(物譜 毛蟲). 돗:豕(柳氏物名一 獸族). 돗희불:猪脬包(漢清12:32).

돗 명 돛. ¶帆ᄋᆞᆫ ᄇᆡ옛 돗기라(金三3:24). ᄒᆞᆫ 돗ᄀᆞ로 洞庭湖롤 ᄂᆞ라 디나라:一帆飛過洞庭湖(南明上23). ᄇᆞᄅᆞᆷ이 급피 니러나니 위싱이 ᄇᆞᄅᆞᆷ을 타 돗글 ᄃᆞᆯ고 밧비 나가거ᄂᆞᆯ(太平1:3). 돗 범:帆(兒學上10).

-·돗- 어미 -쓰-. -았-. -었-. -였-. ¶날마다 五萬僧 齋ᄒᆞ시돗더이다(月釋23:74). 믯그러운 돌히 기우럿ᄂᆞ니 뉘 ᄑᆞ돗던고:滑石欹誰鑿(重杜解1:32). 글워롤 더디 鶺鴒을 뵈돗더라:拋書示鶺鴒(初杜解8:39). 山巖ㅅ 가온ᄃᆡᆺ 景趣롤 ᄀᆞ장 議論ᄒᆞ돗더라:盛論巖中趣(杜解9:13). 엇데 올이돗던고 ᄒᆞ더라(三綱. 烈14). 내 어제 그르 싱각ᄒᆞ돗더라:我夜來錯記了(飜老上59). 우리 짓 담도 여러 판이 믈어디돗더라:我家墻也倒了幾堵(飜朴上9). 제 다리롤 버히돗더라(龜鑑上18). 뫼해ᄂᆞᆫ 雨雪ㅣ 노가 흐로미 더으돗다:山添雨雪流(重杜解13:27). 沐浴ᄒᆞᄂᆞᆫ ᄒᆡᆺ비치 블고ᄆᆞᆯ 처엄 보돗다:初看浴日紅(重杜解13:30). 일즙 性命은 샹티 아니ᄒᆞ돗더라:不曾傷了性命(老解上27). 날 조차 죽으

려 ᄒᆞ돗다(重內訓2:23). 春風 玉笛聲의 첫 좀을 ᄭᅵ돗던디(松江. 關東別曲). 東山 泰山이 어ᄂᆞ야 놉돗던고(松江. 關東別曲). 淸澗亭 萬景臺 몃 고ᄃᆡ 안돗던고(松江. 關東別曲). 구ᄐᆞ야 六面은 므어슬 象톳던고(松江. 關東別曲). 이러야 교ᄐᆡ야 어ᄌᆞ러이 ᄒᆞ돗썬디(松江. 續美人曲). 오뎐된 雞聲의 좀은 엇디 ᄭᅵ돗던고(松江. 續美人曲). 닐러다 못 닐러 불러나 푸돗ᄃᆞᆫ가(古時調. 申欽. 노래 삼긴. 靑丘). 어제 오ᄃᆞᆫ 눈이 沙堤에도 오돗ᄃᆞᆫ가(古時調. 洪廸. 靑丘). 어즈버 崔瑩곳 잇돗더면 썩은 풀 치듯 ᄒᆞᆯ랏다(古時調. 金壽長. 丙子丁丑. 海謠). 간밤의 부던 ᄇᆞ롬 江湖의도 부돗던디(古時調. 海樂). 뉘라셔 가마귀를 검고 凶타 ᄒᆞ돗던고(古時調. 朴孝寬. 歌曲).

·돗가·비 명 도깨비. ☞독갑이 ¶ 돗가비를 제 몸이 ᄃᆞ외니(月印上59). 돗가비 請ᄒᆞ야 福ᄋᆞᆯ 비러 목숨 길오져 ᄒᆞ다가(釋譜9:36). 魍魎은 돗가비니(月釋21:105). 精魅ᄂᆞᆫ 靈精이니 돗가비트렛 거시라(金三4:23).

돗가이 부 도타이. 도탑게. ☞돋가이 ¶ 녯 法을 돗가이 ᄒᆞ니라:古制敦(重杜解8:6).

돗갑다 형 도탑다. ☞돋갑다 ¶ 양지 돗갑고 ᄠᅳ디 멀오 ᄆᆞᆰ고 眞實ᄒᆞ니:態濃意遠淑且眞(杜解11:17). 동포의 ᄆᆞᄋᆞᆷ이 돗갑디 못ᄒᆞᆫ고로(百行源17).

·돗고마리 명 도꼬마리. ☞도ᄭᅩ마리. 돗귀마리 ¶ ᄯᅩ 돗고마리를 ᄶᅴ허 처:蒼茸擣篩(瘟疫方27). 돗고마리 시:葈(訓蒙上8). 돗고마리:蒼耳(同文解下45). 돗고마리:蒼耳子(漢淸13:14). 돗고마리:蒼耳子(方藥14). 돗고마리:葈耳(柳氏物名三 草).
※돗고마리>도꼬마리

:돗·귀 명 도끼. ☞돗긔 ¶ 돗귀를 비ᅀᆞᄫᆞ사(月印上38). 돗귀와 톱과로 바히ᄂᆞ니라(月釋1:29). 一千 돗귀와 一萬 돗귀로:千斧萬斧(圓覺上一之一112). 즉자히 돗귀 메오 자괴 바다 가니:卽荷斧跡虎(三綱. 孝32).

·돗귀마·리 명 도꼬마리. ☞돗고마리 ¶ 돗귀마릿 움:蒼耳苗(救簡6:52). 돗귀마리:蒼耳(救簡6:53).

돗·그로 명 돗자리로. 㫖돗 ¶ 돗그로 ᄆᆡᆼᄀᆞ론 門을 避ᄒᆞᆯ가 전노라:恐避席爲門(初杜解21:6).

돗글 명 돛을. 㫖돗 ¶ ᄇᆞ롬이 급피 니러나니 위싱이 ᄇᆞ름을 타 돗글 ᄃᆞᆯ고 밧비 나가거늘(太平1:3).

돗·글 명 돗자리를. 㫖돗☞돗ᄀᆞᆯ ¶ 돗글 피ᄒᆞ야:避席(孝經1).

돗·긔 명 돗자리에. 㫖돗☞돗ᄀᆡ ¶ 춤 츠ᄂᆞᆫ 돗긔 디놋다:落舞筵(初杜解15:33).

:돗긔 명 도끼. ☞도치. 돗귀 ¶ 돗긔로 블ᄒᆞᆯ 베티니(三綱. 烈15). 돗긔를 메고 범의 자최를 ᄯᆞ로오니:荷斧跡虎(五倫1:60). 돗긔로 그 ᄑᆞᆯ을 ᄶᅥ어 ᄇᆞ리니:引斧自斷其臂(五倫3:33).

돗·ᄀᆞᆫ 명 돗자리는. 㫖돗 ¶ ᄶᅳᄂᆞᆫ 돗ᄀᆞᆫ 小乘의 여러 가짓 定인ᄌᆞᆨ 쉬ᄂᆞᆫ 法을 가ᄌᆞ비니:薦席譬小乘諸定姑息之法(法華2:243).

돗·ᄀᆞᆯ 명 돗자리를. 㫖돗 ¶ 餘殘 수레 돗ᄀᆞᆯ 다시 옮겨 ᄶᅡᄅᆞ셔 먹노라:殘樽席更移(初杜解7:21). 돗ᄀᆞᆯ 여러 ᄌᆞ조 올요ᄆᆞᆯ 어두라:開筵得屢供(初杜解18:9). 돗ᄀᆞᆯ 避ᄒᆞ야:避席(重內訓2:21).

돗·ᄀᆡ 명 돗자리에. 㫖돗 ¶ 벼개와 돗ᄀᆡ 몬져 오놋다:先枕席(重杜解12:13). 쥬신은 돗ᄀᆡ ᄂᆞ려:主人隱降席爲也(呂約24).

돗다 동 돋다. ☞돋다 ¶ 다 龍鳳을 우묵겨 면 돗게 ᄒᆞᆫ 막새와 수디새와 암디새오:都是龍鳳凹面花頭筒瓦和仰瓦(朴解上60). ᄒᆡ 돗다:日頭上了(同文解上1). 아른아른 ᄉᆡ벽별은 은하열슈 썩 돗앗다(皆岩歌).

-돗다 어미 -았다. -었다. -였다. ☞-돗- ¶ 뫼해ᄂᆞᆫ 雨雪ㅣ 노가 흐로미 더으돗다:山添雨雪流(重杜解13:27). 沐浴ᄒᆞᄂᆞᆫ 힛비치 블고ᄆᆞᆯ 처엄 보돗다(重杜解13:30). 날 조차 죽으려 ᄒᆞ돗다(重內訓2:23).

돗대 명 돛대. ☞돗 ¶ 빗 돗대:桅竿(譯解下21). 돗대도 것고 치도 ᄲᅡ지고(古時調. 靑丘). 돗대:桅杆(同文解下18. 漢淸12:20).

-돗더·라 어미 -았더라. -었더라. -였더라. ☞-돗- ¶ 鶺鴒을 뵈돗더라(初杜解8:39). 山巖ㅅ 가온ᄃᆡᆺ 景趣를 ᄀᆞ장 議論ᄒᆞ돗더라:盛論巖中趣(杜解9:13). 보니 ᄂᆞᄆᆡ 짓 담ᄃᆞᆯ다 믈어디돗더라:看那人家墻壁都倒了(飜朴上9). 우리 짓 담도 여러 판이 믈어디돗더라(飜朴上9). 일즙 性命은 샹티 아니ᄒᆞ돗더라:不曾傷了性命(老解上27).

-돗더이다 어미 -었더이다. ☞-돗- ¶ 날마다 五百僧 齋ᄒᆞ시돗더이다(月釋23:74).

-돗던가 어미 -았던가. -었던가. ☞-돗- ¶ 어제 오던 눈이 沙堤에도 오돗던가(古時調. 洪廸. 靑丘). 간밤의 부던 ᄇᆞ롬 江湖의도 부돗던디(古時調. 海樂). 消遙軒 안즌 사람 萬一이나 아돗던가(愁州曲).

-·돗던·고 어미 -았던고. -었던고. ☞-돗- ¶ 겨지븨 샹녯 이리어니 엇데 올이돗던고 ᄒᆞ더라:婦人之常何異而戴之書(三綱. 烈14 淑英斷髮). 믯그러운 돌히 기우럿ᄂᆞ니 뉘 ᄑᆞ돗던고:滑石欹誰鑿(重杜解1:32). 東山 泰山이 어ᄂᆞ야 놉돗던고(松江. 關東別曲). 오뎐된 雞聲의 좀은 엇디 ᄭᅵ돗던고(松江. 續美人曲).

-돗던디 어미 -었던지. -였던지. ☞-돗-. -돗썬디 ¶ 春風 玉笛聲의 첫좀을 ᄭᅵ돗던디(松

江. 關東別曲).

-돗던지 어미 -던지. -었던지. -였던지. ☞-돗던디 ¶간밤에 부든 ᄇᆞ람 江湖에도 부돗던지(古時調. 歌曲).

-돗ᄃᆞᆫ가 어미 -던가. ¶어제 오ᄃᆞᆫ 눈이 沙堤에도 오돗ᄃᆞᆫ가(古時調. 青丘). 엇그제 부던 ᄇᆞ람 江湖에도 부돗ᄃᆞᆫ가(古時調. 青丘).

돗바늘 명 돗바늘. ☞돗바ᄂᆞᆯ ¶돗바늘:鈹針(物譜 工匠).

돗바·ᄂᆞᆯ 명 돗바늘. ☞돗바늘 ¶돗바ᄂᆞᆯ 피:鈹(訓蒙中15). 돗바ᄂᆞᆯ:鈹針(譯解下17). ※돗바ᄂᆞᆯ>돗바늘

돗ᄭᅩ말이 명 도꼬마리. ☞돗고마리 ¶돗ᄭᅩ말이:卷耳(詩解 物名1).

돗ᄯᅢ 명 돛대. ☞돗ᄯᅴ ¶돗ᄯᅢ:檣(物譜 舟車).

-돗썬디 어미 -었던지. -였던지. ☞-돗-. -돗던디 ¶이러야 교틱야 어즈러이 ᄒᆞ돗썬디(松江. 續美人曲).

돗ᄯᅴ 명 돛대. ☞돗대. 돗ᄯᅢ ¶돗ᄯᅴ 조:棹(兒學上10).

돗치다 동 돋치다. ¶온몸애 짓치 돗쳐(古時調. 海謠).

돗타이 부 도타이. ☞돗가이 ¶ᄠᅳᆺ을 돗타이 ᄒᆞ여 ᄒᆞᆨ문을 힘ᄡᅥ ᄒᆞ오시고(仁祖行狀16). 공슌ᄒᆞᆷ을 돗타이 行ᄒᆞ며(英小1:5).

돗탑다 형 도탑다. ☞돗갑다 ¶돗타올 돈:敦(兒學下1).

돗틔고기 명 돼지고기. ☞도틔고기 ¶마ᄂᆞᆯ과 청어젓과 돗틔고기와 조ᄡᆞᆯ과:大蒜青魚鮓猪肉粟米(臘藥1).

돗틱고기 명 돼지고기. ☞도틔고기 ¶싱파와 돗틱고기와:生蔥猪肉(臘藥6).

돗합다 형 도탑다. ☞돗갑다. 돗탑다 ¶大本이 ᄲᅧ 돗합고:大本以敦(女四解4:2).

돗희고기 명 돼지고기. ☞도틔고기. 돗틔고기 ¶돗희고기:猪肉(譯解上50).

동 명 통(筒). ¶ᄯᅩ 녀느 닐굽 塔앳 舍利ᄅᆞᆯ 다 내ᅀᆞᄫᅡ 金銀 瑠璃 玻瓈로 八萬四千筒ᄋᆞᆯ ᄆᆡᇰᄀᆞ라 舍利ᄅᆞᆯ 담ᅀᆞᆸ고(釋譜24:23). ᄯᅩ 金銀 瑠璃 玻瓈로 八萬四千瓶을 ᄆᆡᇰᄀᆞ라 그 舍利ㅅ 筒ᄋᆞᆯ 담ᅀᆞᆸ고(釋譜24:24).

동 명 동강이. ¶夫人이 업스샤 三 동이 ᄃᆞ외샤 즘게 아래 더뎻더시니 아기 우르샤 三 동ᄋᆞᆯ 뫼호시고 西方애 合掌ᄒᆞ시니(月釋8:88). 長者ㅣ 菩提樹 미틔 ᄃᆞ려다가 삼 동 내 버혀 더뎻ᄂᆞ니라 安樂國이 듣고 가 보니 삼 동 내 버혀 더뎻거늘 주ᅀᅥ다가 次第로 니ᅀᅥ 노코 ᄡᅡ해 업데여 그울며 슬ᄒᆞ디여 우니(月釋8:102).

동 명 (-ㄴ·-은·-는·-ㄹ·-을) 둥. ☞ᄯᅩᆼ ¶우리 사ᄅᆞ미 오ᄂᆞᆯ 주글 동 ᄅᆡ실 주글 동:咱人今日死的明日死的(飜老下41). 昭君宅은 잇ᄂᆞᆫ 동 업슨 동 ᄒᆞ도다:昭君宅有無(重杜解2:7). 올 동 말 동 ᄒᆞ여라(古時調. 金尙憲. 가노라 三角山아. 青丘).

동갑 명 동갑(同甲). ¶나히 동갑이라(太平1:51). 동갑:同庚(同文解上18). 동갑:同歲(漢淸5:42).

동갓 명 장다리. ¶동갓:薹芥(物譜 蔬菜). 동갓:青芥(柳氏物名三 草).

동·개 명 동개. ¶ᄯᅩ 화살 녀흘 궁ᄃᆡ 동개 사져:再買這弓箭撒袋(飜老下32). 동개 보:韇. 동개 차:鞴. 동개 호:箶. 동개 록:簏(訓蒙中29). 동개:箭㡇(朴解中24). 활 녇ᄂᆞᆫ 동개:㡇(譯解上21). 살동개:箭釵㡇(同文解上48). 동개 ᄯᅴ:鞓帶(漢淸5:21). 동개 골회:鳥翅環(漢淸5:22).

동거 명 동거(同居). ¶타일의 ᄒᆞᆫ가지로 이셔 녯 사ᄅᆞᆷ의 구셰 동거를 효측ᄒᆞ쇼셔 ᄒᆞ고(落泉3:7).

동거ᄒᆞ다 동 동거(同居)하다. ¶만일 嫡長으로 더브러 同居ᄒᆞ면(家禮1:12).

동경개 명 동경이개〔꼬리 짧은 개〕. ¶동경개:獐子狗(譯解下32. 同文解下40). 동경개:獐子狗(柳氏物名一 獸族).

동고리 명 동고리. ¶동고리예 다마 드리더라(癸丑79). 동고리:小開披(同文解下15). 동고리:栲圈(物譜 筐筥).

동고리다 동 동그라미를 그리다. ¶동고리다:圈了(同文解上43). 글 머리에 동고리다:字頭圈圈. 글ᄌᆞ 겻ᄐᆡ 동고리다:字旁圈圈(漢淸4:11).

동고림 명 동그라미. ¶동고림:圈(同文解上43). 글ᄌᆞ 동고림:字圈(漢淸4:13). 비침과 뎜과 동고림을 잘 긔록ᄒᆞ여(捷蒙1:1).

동고치 명 쑥갓. ¶동고치:茼蒿(譯解下11).

동고ᄒᆞ다 동 동고(同苦)하다. ☞동낙ᄒᆞ다 ¶동쇼졔 오릭 동고ᄒᆞ던 졍을 닐너 다시곰 칭샤ᄒᆞ고(落泉2:4).

동·곳 명 동곳. ¶동곳 비:鎞. 동곳 차:釵(訓蒙中24). 동곳:串子(譯解補28).

동과 명 동과(冬瓜). 동아. ¶동과 ᄲᅱ옴 ᄒᆞ랴:跳冬瓜(朴解中56).

동관 명 동관(同官). 동료(同僚). ¶동관 향ᄒᆞ야 호믈 집사ᄅᆞᆷᄀᆞ티 ᄒᆞ며:與同僚如家人(飜小7:24). 동관 료:僚(訓蒙中1). 동관 뇨:僚(類合下22). 동관 향ᄒᆞ야 홈을 집사ᄅᆞᆷᄀᆞ티 ᄒᆞ며:與同僚如家人(宣小5:57). 동관 료:僚(註千39).

동구 명 동구(洞口). ¶사오나온 밥 먹고 믈만 먹고 동구의 나디 아니ᄒᆞ니라:疏食飲水不出洞口(東新續三綱. 孝2:39).

동·긔 명 동기(同氣). ¶너와 나왜 同氣라(楞解1:41). 다 내 동긔의 난 배니:皆我同氣之所出(警民6). 동긔 ᄉᆞ랑이 제 몸의 과ᄒᆞ되(閑中錄60). 경이 동긔예 디나더라(洛

城2). 싱이 ᄯᅩᄒᆞᆫ 왕쇼져로 형ᄆᆡ의 의ᄅᆞᆯ ᄆᆡ자 친ᄋᆡᄒᆞ미 동긔 ᄀᆞᆺ더니(落泉2:6).

동낙ᄒᆞ다 동 동락(同樂)하다. ¶모로미 욕되기ᄅᆞᆯ 춤고 기리 동낙ᄒᆞ야(落泉1:2).

동난지 명 방게젓. ¶宅드레 동난지들 ᄉᆞ오 뎌 匠事ㅣ야…小아리 八足으로 前行後行ᄒᆞ다가 靑醬 黑醬 아스삭ᄒᆞ난 동난지들 사오(古時調. 靑丘).

동남 명 동남(童男). ☞동녀 ¶그 고지 五百 니피오 닙 아래마다 ᄒᆞᆫ 童男이 이쇼ᄃᆡ(釋譜11:32).

동냥ᄒᆞ다 동 동냥하다. ¶동냥ᄒᆞ다:抄化(譯解上26).

동·녀 명 동녀(童女). ☞동남 ¶모로매 童女로 내야주더니(釋譜6:14). 童女는 아ᄒᆡ 겨지비라(月釋2:28). 童女 모ᄆᆞᆯ 現ᄒᆞ야(楞解6:20).

동녁 명 동녘. ¶東녀긔셔 수므면(釋譜6:33). 동녁으로 버든 복셩홧 가지ᄅᆞᆯ ᄀᆞᄂᆞ리 사ᄒᆞ라:細剉東引桃枝(救簡1:104). 거리론 동녀긔셔 사노라:街東住(飜老上48). 동녁 져제:東角頭(飜朴上58). 동녁 동:東(訓蒙中4. 石千18). 동녁 동:東(類合上2. 倭解上11). 동녁크로 ᄃᆞᆯ리기를 아ᄋᆞ라이 ᄒᆞ야:東馳遙遙(宣小6:91).

동년 명 동년(同年). 동방(同榜). ¶及第ᄒᆞ라 갏 저긔 어미ᄅᆞᆯ ᄇᆞ리디 몯ᄒᆞ야 제 술위 긋어가아 及第ᄒᆞ야ᄂᆞᆯ 同年ᄃᆞᆯ히 모다 어믜그에 절ᄒᆞ고 이바디호려 커늘 받디 아니ᄒᆞ니라(三綱. 孝28). 나히 스믈히라 科名을 더러여 聞喜ㅅ 이바디예 ᄒᆞ오ᅀᅡ 고ᄌᆞᆯ 곳디 아니호니 同年이 닐오ᄃᆡ 님금 주샨 거시라 그르추미 몯ᄒᆞ리라 ᄒᆞᆯ서(宣賜內訓3:59). 두 동년과 叅政ㅅ 벼슬 ᄒᆞ엿ᄂᆞᆫ(飜小9:52). 두 동년으로 더블어:與二同年(宣小6:48). 同年이 ᄀᆞᆯ오ᄃᆡ:同年曰(宣小6:132).

동녕 명 동냥. ¶자리치기 신삼기와 보리 동녕 ᄒᆞ여다가(萬言詞). 양반도 ᄒᆞᆯ 일 업ᄂᆡ 동녕도 하시거고(萬言詞).

동녹 명 동록(銅綠). ¶동녹:銅鐵銹(漢淸11:52). 後에 濕氣예 쏘이면 곳 동녹 쓰ᄂᆞ니(捷蒙1:8).

동니 명 동리(洞里). ¶임진의 왜적기 현 디경의 드니 동니 부인이 분주ᄒᆞ야 도적글 피ᄒᆞ거ᄂᆞᆯ:壬辰倭賊入縣境同里婦人奔走避賊(東新續三綱. 烈5:57).

동ᄂᆡ 명 동네. ¶동ᄂᆡ:黨(漢淸9:22). 그 사ᄅᆞᆷ은 날과 ᄒᆞᆫ 洞內의 읻ᄉᆞ오매(隣語1:12).

동다회 명 동다회(童多繪). ¶동다회 치다:打絛子(漢淸10:68).

동다히 명 동쪽. 동녘. ¶그 겨집이 동다히로 향ᄒᆞ야 브르되:又呼東邊(太平1:41).

동당 명 과장(科場). ¶동당이 갓가오니:科場近(飜小9:49).

동당가다 동 과거(科擧)보러 가다. ¶동당갈 제 가난ᄒᆞ여 길 나디 못ᄒᆞ엿ᄭᅥᄂᆞᆯ:赴擧貧不能上道(二倫40. 査道傾橐). ᄒᆞᆷᄢᅴ 셔울 동당 가셔:同試京師(二倫41 韓李更僕).

동당보다 동 과거(科擧)보다. ¶동당보고자 ᄒᆞ노이다:取應(飜小9:49).

동당이티다 동 휘젓다. ¶오려 동당이틴 믈:甘爛水(柳氏物名五 水). 만히 동당이텨 거품진 믈:甘爛水(東醫 湯液一 水部).

동동ᄒᆞ다 형 동동(憧憧)하다. ¶림어ᄒᆞ얀 지 몃 ᄒᆡ애 일심이 동동홈이 오직 ᄇᆡ셩에 잇건마는(綸音29).

동등거리 명 마괘자(馬褂子). 마고자. ¶동등거리:馬褂(漢淸11:4).

동량:뒤 명 지명(地名). ¶동량뒤:東良北(龍歌1:8).

동·록 명 동록(銅綠). ¶동록을 헌ᄃᆡ 브티라:銅靑傅瘡上(救簡6:51).

동:류 명 동류(同類). ¶凡과 聖과 同類와 異類예(楞解8:26). 茅容이 동류로 더브러:茅容與等輩(宣小6:105). 동류 류:類(倭解下43).

동·모 명 동무. ¶ᄒᆞᆫ 동모 ᄒᆞ야 보ᅀᆞᆸ펴ᄃᆡ 후ᄒᆞ게 ᄒᆞ라:敎一箇火伴伺候着(飜老下46). 동모:火計(老朴集. 單字解9). 동모:火伴(訓蒙中3 伴字註). 동모 반:伴(類合下38). 동모:夥計(譯解上68. 同文解上12). 문의 나녜 동모ᄅᆞᆯ 보니(女範3. 부무녀 목난녀).

동·모·ᄒᆞ·다 동 동무하다. ¶동모ᄒᆞ다:合夥(漢淸10:16).

동몽 명 동몽(童蒙). 소년(少年). ¶오직 大慈ᄅᆞᆯ 드리우샤 童蒙ᄋᆞᆯ 發ᄒᆞ야 여르샤:蒙ᄋᆞᆫ ᄠᅳ디 어둑ᄒᆞᆯ 씨라(楞解8:67). 녜조ᄅᆞᆯ 검틱ᄒᆞ샤 동몽을 힘ᄡᅧ ᄀᆞᄅᆞ치고(仁祖行狀24).

동문 명 동문(同門). ¶同門을 닐오ᄃᆡ 朋이오 同志를 닐오ᄃᆡ 友ㅣ라(永嘉下129).

동ᄆᆡᆨ 명 동맥(動脈). ¶목 두편 동ᄆᆡᆨ:脖項跳脈(漢淸5:58).

동·발 명 동발(銅鈸). ¶銅鈸ᄋᆞᆫ 바래라(釋譜13:53).

동봉ᄒᆞ다 동 동봉(同封)하다. ¶내 片紙과 同封ᄒᆞ여 올녀 보내오면(隣語1:12).

동비 명 동부. ¶동비:豇豆(同文解下3).

동ᄇᆡᆨ 명 동백(冬柏). ¶동ᄇᆡᆨ:冬花(譯解下39). 동ᄇᆡᆨ:山茶(柳氏物名四 木).

동ᄇᆡᆨ 명 머귀나무. ¶동ᄇᆡᆨ:岡桐(漢淸13:19).

동사걸이 명 등에. ¶동사걸이:虻(物譜 飛蟲).

동산 명 동산. ¶東山이 ᄡᅡ토 平ᄒᆞ며(釋譜6:23). 園은 東山이라(月釋1:6). 동산 원:苑. 동산 유:囿(訓蒙上7). 동산 원:園(石千32). 놀리 스스로 동산 가온ᄃᆡ 오나ᄂᆞᆯ:山

獐自來園中(東新續三綱. 孝7:4). 내 동산 아옥을 ᄇᆞᆯᄋᆞ니(女四解4:58).

동산직이 명 동산지기. ¶동산직이:園戶(漢淸5:31).

동상 명 동상(東床). 사위. ¶션년의 동상의 마잘 ᄶᅢ(落泉3:8). 금일 영웅을 어더 동상을 허ᄒᆞ여시니(洛城1). 문득 동상을 ᄆᆡᆽ고져 ᄒᆞ야 ᄠᅳᆺ을 통ᄒᆞ니(洛城2).

동·셩 명 동성(同姓). ¶동셩 이셩 ᄯᅮᆼ에(飜小9:51). 이 동셩 륙촌 兩姨가:是房親兩姨(飜老上16). 동셩 권당(宣小1:11). 안해를 얻우ᄃᆡ 同姓을 얻디 아니ᄒᆞᄂᆞ니:取妻不取同姓(宣小2:45).

동셰 명 동서(同壻). ¶남진 동셰:連妗(四解下72 妗字註). 동셰:連襟(同文解上11). ᄉᆞ나희 동셰:連妗. 계집 동셰:妯娌(譯解上58). 계집 동셰:妯娌(漢淸5:38).

동솟 명 옹솥. ¶당니갑셰 동솟츨 ᄯᅮᆨ ᄲᅥ여 넌다(古時調. 還上에. 靑丘).

동슉ᄒᆞ다 동 동숙(同宿)하다. ¶원의와 묘랑이 일당의 동슉ᄒᆞ믈 보고(落泉1:3).

동심ᄒᆞ다 동 동심(動心)하다. ¶김뉘 최명길로 더브로 동심ᄒᆞ고 청음의 말ᄉᆞᆷ이 김뉴ᄅᆞᆯ 침노ᄒᆞᆫ 연괴러라(山城114).

동심ᄒᆞ다 동 동심(同心)하다. 마음을 같이하다. ¶도뎐이와 은이 동심ᄒᆞ야:道傳誾等同心(東三綱. 忠4). 동심ᄒᆞ고(山城).

동ᄉᆞᄒᆞ다 동 동사(同事)하다. ¶동ᄉᆞᄒᆞ던 사ᄅᆞᆷ이 다 주그니:同事之人盡死(東新續三綱. 忠1:36).

동ᄉᆡᆼ 명 동생. ¶아ᄋᆞ와 동ᄉᆡᆼ의 ᄌᆞ식ᄃᆞᆯ히:弟子(宣小6:20). 동ᄉᆡᆼ ᄉᆞ랑ᄒᆞ기 나타나 들리리 잇거든:有…友愛著聞者(警民22). 셩이 본ᄃᆡ 효도롭고 동ᄉᆡᆼ ᄉᆞ랑ᄒᆞ더니:性本孝友(東新續三綱. 孝5:4). 어믜 동ᄉᆡᆼ의게 난 아이오:兩姨兄弟(老解上14). 동ᄉᆡᆼ ᄒᆞ나 어리다니 부모 봉양 뉘가 ᄒᆞᆯ고(萬言詞答).

동ᄉᆡᆼᄆᆞᆮ누의 명 누이. 큰누이. ¶동ᄉᆡᆼᄆᆞᆮ누의:姐姐(飜老下34).

동ᄉᆡᆼ아ᅀᆞ 명 친동생. 친아우. ☞동ᄉᆡᆼ아ᄋᆞ ¶동ᄉᆡᆼ아ᅀᆞ:兄弟(飜老下34).

동ᄉᆡᆼ아ᅀᆞ누의 명 친누이동생. ¶동ᄉᆡᆼ아ᅀᆞ누의:妹子(飜老下34).

동ᄉᆡᆼ아ᄋᆞ 명 친동생. 친아우. ☞동ᄉᆡᆼ아ᅀᆞ ¶동ᄉᆡᆼ아ᄋᆞ:親兄弟(譯解上57).

동ᄉᆡᆼ·오·라·비 명 친오라비. ¶이ᄂᆞᆫ 내 아비 동ᄉᆡᆼ누의와 어믜 동ᄉᆡᆼ오라비게 난 형이오:是小人姑舅哥哥(飜老上15).

동ᄉᆡᆼ형 명 친형(親兄). ¶동ᄉᆡᆼ형:哥哥(飜老下34). 동ᄉᆡᆼ형:親哥哥(譯解上57).

동ᄉᆡᆼ형·뎨 명 친형제(親兄弟). ¶동ᄉᆡᆼ형뎨게 난 아ᄎᆞᆫᄯᆞᆯ:姪女(飜老下34). 우리 일록 후에 ᄒᆞᆫ 어믜게셔 난 동ᄉᆡᆼ형뎨와 므스거시 ᄡᅳ리오:咱從今已後爭甚麼一母所生親弟兄(飜朴上72).

동아노리 명 동아노리. 〔늦벼의 한 품종.〕 ¶東謁老里:동아노리(衿陽).

동아줄 명 동아줄. ¶동아줄:索(物譜 耕農).

동안 명 동안. ¶고칠 동안은 다ᄅᆞᆫ ᄃᆡ 主人잡아 읻ᄉᆞᆸᄂᆡ(隣語1:28).

동옷 명 도포. ¶동옷:襖(漢淸11:5).

동요 명 소문(所聞). 풍문(風聞). ¶동요:謠言(同文解上24. 漢淸7:10). 동요ᄅᆞᆯ 지어ᄂᆡ여(癸丑10).

동우리 명 둥우리. ¶동우리:蔞(物譜 筐筥).

동의 명 동이. ☞동희 ¶호쵸와 메ᄌᆞ를 동의와 항아리에 담으며:盎(女四解3:22). 동의분:瓫(兒學上10).

동이·다 동 동이다. ☞동히다 ¶도ᄐᆞᆯ 동여두고 매로 티니(月釋23:73). 보로기로 동이고:着繃子絟了(飜朴上56). 발 동이다:絟脚(譯解補30).

동임 명 동무. 동료. ¶동임:夥伴(漢淸5:30).

동ᄋᆡ 명 등에. ¶동ᄋᆡ:虻(物譜 飛蟲).

:동·작 명 동작(動作). ¶나ᄂᆞᆫ 性이니 性이 곧 내니 안팟 動作이 다 性을브터 一切ᄅᆞᆯ 다 드를ᄊᆡ 我聞이라 니ᄅᆞ니라(金剛1).

:동·작·ᄒᆞ·다 동 동작(動作)하다. ¶ᄆᆞᅀᆞ맷 動作ᄒᆞ욤과 ᄆᆞᅀᆞ맷 戲論ᄋᆞᆯ 다 알리니(釋譜19:25). 動作ᄋᆞᆫ 感動ᄒᆞ야 고텨 ᄃᆞ외ᄂᆞᆫ ᄆᆞᅀᆞ미오(釋譜19:25).

:동·잣어미 명 부엌일을 맡아 하는 여자. ¶홍졍바지와 동잣어미 니르리:以至販夫竈婦(永嘉跋2).

동장ᄒᆞ다 동 동장(同葬)하다. ¶두 시신ᄂᆞᆯ 거두워 ᄒᆞᆫ 뫼 기슬게 동장ᄒᆞ다:收兩屍同葬一麓(東新續三綱. 烈6:66).

동젹우리 명 동저고리. ¶동젹우리:股褶(物譜 衣服).

동졍 명 (옷의) 동정. ¶동졍:護領(譯解下6). 흰 동졍 거머지고(古時調. 靑丘).

동졍 명 동정(動靜). ¶엄젹이 심복으로 동졍을 ᄉᆞᆯ필ᄉᆡ 아당ᄒᆞᄂᆞᆫ 지 이셔(落泉1:1).

동·지 명 동지(同志). ¶書生이 보ᅀᆞᄫᅡ 同志ᄅᆞᆯ 브터 오니(龍歌97章). 同門을 닐오ᄃᆡ 朋이오 同志를 닐오ᄃᆡ 友ㅣ라(永嘉下129).

동지ㅅᄃᆞᆯ 명 동짓달. 지월(至月). ¶동지ㅅᄃᆞᆯ:十一月(同文解上4).

동짓날 명 동짓날. ¶블근 수ᄐᆞᆯᄀᆞᆯ 동짓날 자바 오로 ᄆᆞᆯ외여 둣다가:雄赤雞冬至日作腊(瘟疫方5).

동·ᄌᆞ 명 동자(童子). 동남(童男). ¶이 버근 童子ᄂᆞᆫ 그 나랏 大臣이 ᄃᆞ외야(釋譜24:9). 童子ᄂᆞᆫ 아ᄒᆡ라(月釋8:11). 月光 童子ㅣ 곧 座로셔 니르샤(楞解5:71). ᄒᆞᆫ 童子ㅣ 방하애 디나가며(六祖上22). 互鄕은 더브러 말

홈이 어렵더니 童子ㅣ 뵈ᄋᆞ와늘(宣論2:23). 동ᄌᆞ 김뎐은 만포딘 사ᄅᆞᆷ이니:童子金腆滿浦鎭人(東新續三綱. 孝7:63). 喪服斬衰傳애 골오ᄃᆡ 童子ㅣ 엇디 뻐 杖티 아니ᄒᆞᄂᆞ뇨(家禮6:12). 동ᄌᆞ:孺子(漢淸5:44).

동ᄌᆞ 명 동자(瞳子). ¶눈의 동지 둘히 이시면 가비아이 녀겨 보디 말라(馬解上6).

동ᄌᆞ기동 명 동자기둥. 동자주(童子柱). ¶동ᄌᆞ기동:短柱(譯解上17).

:동창 명 동창(凍瘡). ¶凍瘡이 갓과 ᄉᆞᆯ쾌 헤여디여:凍瘡皮膚破爛(救急上7).

동쳐ᄒᆞ다 동 동처(同處)하다. ¶혜랑 등은 공지 쇼져로 동쳐ᄒᆞ니 조챠 단니기 미안ᄒᆞ야(落泉2:4).

동침ᄒᆞ다 동 동침(同寢)하다. ¶동쇼제 계교의 속은 비 되여 일야를 동침ᄒᆞ니 가만ᄒᆞᆫ 정이 더욱 견권ᄒᆞ더라(落泉2:6).

동·토 명 ①동토(東土). 〔인도(印度) 동쪽의 땅, 곧 중국(中國).〕 ¶東土ㅅ 初祖ㅣ ᄃᆞ외니 東土ㅅ 祖ㅣ ᄯᅩ 여스시니(釋譜24:5). 부텻 나라해셔 부텻 나라ᄒᆞᆯ 하ᄂᆞᆶ 가온ᄃᆡ라 ᄒᆞ고 中國을 東녁 ᄀᆞᅀᅵ라 ᄒᆞ야 東土ㅣ라 ᄒᆞᄂᆞ니 土ᄂᆞᆫ ᄯᅡ히라(月釋1:30). 達磨ㅣ 東土애 오디 아니ᄒᆞ시며 二祖도 西天의 가디 아니ᄒᆞ시니라코(南明上50).
②동토(東土). 〔중국(中國) 동쪽의 땅, 곧 우리 나라.〕 ¶동토 수쳐니를 둘너 빅만이나 ᄒᆞᆫ 싱녕이 뉘 나의 적지 아니리오마ᄂᆞᆫ(綸音85).

동트기 명 늦벼의 한 품종. ¶밀ᄶᅡ리 대추벼와 동트기 경상벼라(農月 九月令).

동트다 동 동트다. ¶동트다:東開了(同文解上2. 譯解補3). 동트다:東方明(漢淸1:1).

동편 명 동편(東便). ¶동편:東塊子(譯解下51). 鼓樓 앏 東편에셔 사노라(捷蒙3:2).

동풍 명 동풍(東風). ¶가ᄂᆞᆫ ᄆᆞᄃᆡ에 대수히 이쇼ᄃᆡ 東風이 불면(月釋8:99).

동하 명 동아〔冬瓜〕. ☞동과. 동화 ¶동하:冬瓜(柳氏物名三 草).

동하박 명 동아〔冬瓜〕. ☞동하 ¶동하박:瓠瓜(柳氏物名三 草).

동향 명 동향(同鄕). ¶쇼ᄌᆞ의 노둔ᄒᆞ믈 근심ᄒᆞ샤 마츰 동향 지시 닌현의 와시니(落泉3:7).

동향ᄒᆞ·다 동 동향(東向)하다. ¶인시에 동향ᄒᆞ야:寅時往東(飜老下72). 동향ᄒᆞᆫ 닙플 킈야:東向葉採取(瘟疫方9). 인시에 동향ᄒᆞ야:寅時往東(老解下65). 廟ᄂᆞᆫ 南向ᄒᆞ고 坐ᄂᆞᆫ 다 東向ᄒᆞ거ᄅᆞᆯ(家禮1:8).

동화 명 동아〔冬瓜〕. ☞동하 ¶동화 ᄡᅵ 글힌 믈:冬瓜子煎湯(救簡1:39). 동화:冬瓜(救簡3:43). 동화:冬瓜(飜老下38). 츰외 슈박 동화로니 ᄒᆞ고(七大13). 동화:冬瓜(老解下34. 朴解中34). 동화:冬瓜(譯解下10). 동화:冬瓜(物譜 草果). 동화 ᄡᅵ가(癸丑217).

동회 명 동이. ☞동희 ¶동회에 물 ᄇᆞ릴 제 내여 ᄽᅵᄃᆞ린단 말:揚盆(物譜 鼎鐺).

동희 명 동이. ☞동희 ¶동희:瓦盆(同文解下15). 믈 두 동회예(救荒7).

동히다 동 동이다. ☞동이다 ¶센머리 ᄡᅳ바내여 ᄎᆞᆫᄎᆞᆫ 동혀 두련마ᄂᆞᆫ(古時調. 金三賢. 綠楊 春三月. 青丘). 발 동히다:絟脚(同文解上55). 동히다:綑着(譯解補55). 동히다:纏繞(漢淸12:14).

:동ᄒᆞ·다 동 동(動)하다. 움직이다. ¶뉘 動ᄒᆞ며 뉘 靜ᄒᆞᄂᆞ뇨(楞解1:109). 動ᄒᆞ면 苦樂이 일오(永嘉上21). 과ᄀᆞᆯ이 주구ᄃᆡ 脈이 ᄉᆞᆫ지 動ᄒᆞᄂᆞ니(救急上40). 迷人ᄋᆞᆫ 모미 비록 動티 아니ᄒᆞ나 입 여로매 믄득 뎌 사ᄅᆞ미 올ᄒᆞ며(六祖中18). 장뷔 동ᄒᆞ야:便動臟腑(飜老下40). ᄒᆞᆫ두 번 동ᄒᆞ면:動一兩次時(飜老下41). 知ᄒᆞᆫ 者ᄂᆞᆫ 動ᄒᆞ고 仁ᄒᆞᆫ 者ᄂᆞᆫ 靜ᄒᆞ며(宣論2:11). 이ᄂᆞᆫ 天下ㅅ 兵을 動홈이니이다(宣孟2:33). 君子ᄂᆞᆫ 動티 아니ᄒᆞ야셔 敬ᄒᆞ며(宣中53). 쥬육 가무로 등경을 흔드러 희쇼 환낙으로 졍욕을 동케 ᄒᆞ니(落泉1:1).

동·혹ᄒᆞ·다 동 동학(同學)하다. ¶글 비홀 제 동혹ᄒᆞ며 노뉴믈 ᄒᆞᆫ 고ᄃᆡ ᄒᆞᄂᆞ니:學則連業遊則共方(飜小7:39).

동희 명 동이. ☞동회. 동희 ¶동희로 둡고:以盆蓋之(救簡1:112). 동희 분:盆(類合上27). ᄎᆞᆷ기름 닷 근을 달혀 동희예 담고:香油五斤煎熱盛盆(胎要59). ᄎᆞᆫ금이 동희를 이고:春今戴盆(東新續三綱. 烈3:45). 믈동희와 새 쓰슨 슈건을(家禮5:27). 동희로:着箇銅盔(老解上33). 동희 분:盆(倭解下14). ※동희>동이

동:ᄒᆡ 명 동해(東海). ¶東海ㅅ ᄀᆞᅀᅵ 져재 ᄀᆞᆮᄒᆞ니:東海之濱如市之從(龍歌6章). 東海 옛 도ᄌᆞ기 智勇ᄋᆞᆯ 니기 아ᅀᆞᄫᅡ:東海之賊熟知智勇(龍歌59章). 東海神 阿明과 南海神 祝融과(簡辟14. 瘟疫方3). 동ᄒᆡ신 아명 셔ᄒᆡ신 거승 남ᄒᆡ신 츅늉 븍ᄒᆡ신 응강(辟新13).

동ᄒᆡᆼ 명 동행(同行). ¶同行ᄋᆞᆫ ᄒᆞᆫᄃᆡ 녀실 씨라(月釋2:26).

동:ᄒᆡᆼᄒᆞ다 동 동행(同行)하다. ¶이ᄂᆞᆫ 오ᄂᆞᆯ ᄒᆞᆫ 길헤 同行ᄒᆞᆯ ᄃᆞᆯ 어느 알리오(初杜解15:46). 왕공이 녀셔의 쳥약ᄒᆞ믈 념녀ᄒᆞ야 동ᄒᆡᆼᄒᆞ기를 지삼 긔탁ᄒᆞ더라(落泉3:8).

돝 명 돼지. ☞돈. 돗 ¶玄武門 두 도티 ᄒᆞᆫ 사래 마ᄌᆞ니:玄武兩豝一箭俱中(龍歌43章). 苑囿엣 도ᄐᆞᆯ 티샤:斬豕苑囿(龍歌65章). 아ᄎᆞᆷ ᄒᆡ옌 ᄃᆞᆰ과 도티 흐렛도다:旭日散鷄豚(杜解7:39). 되아비ᄂᆞᆫ 굴근 도티 갓헤오:

羌父豪猪靴(杜解22:38).

·되 명 되〔升〕. ¶네 되 드ᄂᆞ니라(三綱. 忠19). 믈 ᄒᆞᆫ 되 닷 홉과(救簡1:2). 조ᄡᆞᆯ밥 반 되ᄅᆞᆯ(救簡1:12). ᄆᆞᆯᄀᆞᆫ 술 닷 되예:清酒五升(救簡1:14). 얼운 사ᄅᆞᄆᆞ란 ᄒᆞᆫ 되옴 ᄒᆞᄅᆞ 세 번 머기고 져므니란 닷 홉곰 머기면 됴ᄒᆞᄂᆞ니라(救簡1:14). ᄒᆞᆫ 되 닷홉을:一盞半分(救簡6:7). 너를 서 되만 논힐훠 주리니:那與你三升(飜老上54). 되 승:升(訓蒙中11). 되 승:升(類合上27. 倭解上55). 되 승:陞(光千20).

:되 명 되. 오랑캐. ☞다대 ¶되 反ᄒᆞ야:胡之反(初杜解7:28). 되 사ᄅᆞ미라(三綱. 忠17). 귀ᄃᆞ온 되중ᄋᆞᆫ 達磨ᄅᆞᆯ 슬오니라(南明下11). 내 되 ᄒᆞᆨ당의셔:我在漢兒學堂裏(飜老上2). 되 만:蠻. 되 뎍:狄. 되 강:羌. 되 로:虜. 되 이:夷. 되 ᅀᅲᇰ:戎(訓蒙中4). 되 이:夷(類合下15). 되 호:胡. 되 로:虜(類合下33). 되 웅:戎. 되 강:羌(石千6). 비록 되게 가도 可히 ᄇᆞ리디 아닐디니라:雖之夷狄不可棄也(宣小3:4).

되 부 도로. 다시. ¶그 客人이 ᄡᅩ여 어즐ᄒᆞ엿다가 되ᄢᅵ야나니:郡客人射的昏了蘇醒廻來(老解上26). 텨 반만 죽엇다가 되ᄢᅵ여나니:打的半死刺活的(朴解上32). 되ᄢᅵ다:甦醒(同文解下9. 譯解補35).

-·되 어미 -되. ☞-오ᄃᆡ. -우ᄃᆡ ¶세간을 고로 논호아 주되(飜小9:40). 거름곰 즈늑즈늑호ᄃᆡ(飜老上12). 各 ᄒᆞᆫ 붓식 ᄀᆞ마니 ᄡᅳ되(簡辟15). 적은 아ᄒᆡᄅᆞᆯ ᄀᆞᄅᆞ치되:教小兒(宣小5:2). 두 손 마초와 나되 어미ᄅᆞᆯ 해티 아녀 나고(恩重6). 絞포ᄅᆞᆯ ᄆᆡ되 몬져 기릐ᄅᆞᆯ ᄆᆡ고(家禮圖8).

되강오리 명 되강오리. 논병아리. ☞되강올히 ¶치 두져 먹는 되강오리(古時調. 青丘). 되강오리:鷿鵜(柳氏物名一 羽蟲).

되강올히 명 되강오리. 논병아리. ☞되강오리 ¶되강올히:鷿鵜(物譜 羽蟲).

되난 명 호란(胡亂). ¶南의는 예난 나고 北의는 되난 ᄂᆞ고 葛麻山下의 鼠竊狗偷 ᄡᅡ현니다(古時調. 清溪).

되·다 동 되다. ☞도외다. ᄃᆞ외다 ¶너므면 곧 셩인이 되오:過則聖(飜小8:3). 인ᄒᆞ야 글 ᄇᆡ호라 권ᄒᆞ니 내죵애 어딘 사ᄅᆞ미 되니라:因勸令學卒以成德(飜小10:6). 사ᄅᆞᆷ 되와다 원ᄒᆞᄂᆞ니라(恩重12). 될 화:化(石千6. 兒學下10). 聘례로 ᄒᆞ면 안해 되고:聘則爲妻(宣小1:7). 내 아ᄒᆡ 되엿거니:我爲孩童(宣小5:10). 尊호미 天子ㅣ 되시고:尊爲天子(宣中栗18). 天下앳 法이 되며(宣中47). 다ᄉᆞᆺ ᄒᆡ 되되 능히 도라가디 못ᄒᆞ더니(五倫1:59). 굳ᄒᆞ나 허물은 되지 아니ᄒᆞ오리(隣語1:2). 입신도 되다 ᄒᆞ고 양명도 ᄒᆞ다 ᄒᆞ리(萬言詞).

·되·다 동 되다. 재다. ☞자히다 ¶精舍 터흘 되더니(月印上61). 둘히 손ᅀᅩ 줄 마조 자바 터 되더니…터흘 乂 始作ᄒᆞ야 되어늘(釋譜6:35). 舍利 되ᅀᆞᆸ던 독 안해(釋譜23:56). 量ᄋᆞᆫ 하며 져구믈 되ᄂᆞᆫ 거시라(月釋9:7). 바ᄅᆞᄅᆞᆯ 되요미로소니:測海(初杜解8:10). 말로 되면:斗量(飜朴上12). 고로 되에 ᄒᆞ라:着斛起(飜朴上12). 기픠 여틔 기니 뎌ᄅᆞ니 되디 몯ᄒᆞ리라:深淺長短不可量(飜朴上67). 혜아릴 량. 되ᄂᆞᆫ 그릇 량:量(類合下13). 말로 되다:斗量(譯解上24). 되다:量量(同文解下22).

:되·다 형 ①심하다. 위독하다. ¶王ㅅ 病이 되샤(月釋10:5). 后ㅣ 더욱 病 되요라 ᄒᆞ샤 기피 ᄌᆞ개 ᄀᆞ초와 그치더시니:后愈稱疾篤深自閉絕(宣賜內訓2下15). 病이 되샤매 미처 帝 무러 니ᄅᆞ샤ᄃᆡ:及疾亟帝問曰(宣賜內訓2下63). 病이 되야(三綱. 孝31). 병이 되어든:病甚(救簡6:30).
②세다. 세차다. ¶팔워레 츄풍이 된 저긔:八月秋風急(飜朴上18). 되나 된 벼틔 ᄆᆞᆯ뢰고 다료이 다려(古時調. 鄭澈. 내 ᄒᆞᆫ 낫. 松江).
③되다. 진하다. ¶되게 달혀 먹고(瘟疫方6). 먹 되게 ᄀᆞ다:捱墨稠(譯解下49). 되다:濃(漢清12:54).

-되·다 접미 -되다. ☞-도외다. -ᄃᆞ외다 ¶天의 ᄲᅧ 天된 바ᄅᆞᆯ 닐옴이오(宣中41). 文王의 ᄲᅧ 文되신 바ᄅᆞᆯ 닐옴이니(宣中41). 門風을 辱되고 賤케 ᄒᆞ며(女四解2:8).
※-되다<-도외다<-ᄃᆞ외다<-ᄃᆞᄫᆡ다

되드리 명 한 홉의 십분의 일. 작(勺). ¶되드리 쟉:勺(類合下58).

되로리 명 도르리. ¶되로리:車輪會 打壺瓶(譯解下51).

되롱 명 도롱이. ☞되롱이 ¶헌 삿갓 자른 되롱 삽 집고 홈의 메고(古時調. 趙顯命. 海謠). 새원 원쥐 되여 되롱 삿갓 메오 이고(古時調. 鄭澈. 松江). 되롱 갓망 누역아 너는 엇디 날 소기는(古時調. 鄭澈. 青山의. 松江).

되롱룡 명 도롱뇽. 산초어(山椒魚). ☞되롱 ¶되롱룡:蛟龍(同文解下40).

되롱이 명 도롱이. ☞되롱 ¶삿갓세 되롱이 닙고 細雨中에 호믜 메고(古時調. 青丘). 되롱이:襏襫(物譜 衣服). 되롱이 사:簑(兒學上12).

되롱춤 명 도롱이 춤. 어깨춤. 어깨를 으쓱대며 추는 춤. ¶金風憲의 메더지에 朴勸農이 되롱춤 추니(古時調. 李鼎輔. 가을 打作 다 ᄒᆞᆫ 後에. 時調類).

되롱태 명 새매. ☞도롱태 ¶되롱태:鵟兒(同

文解下34).

되룡 명 도롱뇽. ☞되룡룡 ¶되룡 셕:蜥. 되룡 텩:蜴(訓蒙上23).

되박박고 명 오디새. ☞오도새 ¶되박박고:戴勝(柳氏物名一 羽蟲).

되쏘야기 명 평미레. ☞평목 ¶되쏘야기:評(物譜 耕農).

:되·씨 명 되씨. 호족(胡族). ¶그듸는 되씨니 天下익 毒 내요딕(三綱. 烈9).

되씨다 동 되깨다. 되살다. ¶터 반만 죽엇다가 되씨여나니:打的半死剌活的(朴解上32). 되씨다:甦醒(同文解下9. 譯解補35). 그나그닉 살에 마자 어즐호얏던 거시 다시 되씨야실 씨(蒙老2:14).

되아지 명 돼지. ☞되야지 ¶以豕爲豚 豕亦云 되아지(雅言一 以辛).

-되야 어미 -려무나. ☞-과뎌여 ¶이보오 벗님네야 흔드지나 말으되야(古時調. 李陽元. 놉흐나. 海謠).

·되야·기 명 두드러기. ☞두드러기 ¶되야기 내여 잇더니:出疹子來(飜老下53). 되야기 낫더니:出疹子來(老解下4). 되야기:疹子(譯解上62). 되야기:疹子(同文解下7). 되야기 나다:出疹子(漢淸8:6).

되야마·늘 명 달래. ☞도야마늘 ¶되야마늘 먹고:服小蒜(救急下81). 되야마늘:獨頭蒜(救簡3:46). 되야마ᄂ리 ᄀ장 됴ᄒ니라:獨顆者最良(救簡6:4).

되야지 명 돼지. ¶되야지:豚(物譜 毛蟲).

되·오 부 되우. 되게. ¶프른 뵈ᄅ 되오 ᄆ라노 ᅀ아:青布急卷爲繩(救急下63). 되오 ᄆ라:急卷(救簡6:30).

되·오·다 동 되게 하다. 굳게 하다. ¶제 허므를 ᄉ펴보고 목 되와 말ᄒ며(月釋10:20). 魏氏 목 되와 닐오딕 狗盜아 사ᄅᆷ 辱호려 ᄒᄂ니 ᄲᆯ리 주구미 내 ᄠ디라 ᄒ야ᄂᆯ 주기니라(三綱. 烈15). 출혀 되오며 느초면:操縱之(宣小5:32).

되·오·다 동 되게 하다. ¶내 ᄒ마 ᄌ손을 ᄀᄅ쳐 어딜에 되오디 몯ᄒ디라:吾旣無以教化子孫(飜小9:90).

되오려 명 올벼의 한 품종. ¶각시네 되오려 논이 물도 만코 걸다 ᄒ데(古時調. 歌曲).

되오왇·다 동 되알지게 되다. ¶幽深ᄒ 비치 幸혀 秀發ᄒ니 드믄 가지 ᄯ 되오와닷도다:幽色幸秀發疎柯亦昂藏(初杜解18:14).

되·요 명 도요새. ☞도요 ¶되요:鷸 今俗呼水扎子(四解上70). 水扎子 되요(訓蒙叡山本. 東中本凡例1).

되이·다 동 되다. ☞되다 ¶大病ㅣ 되일시 이리 仔細히 ᄀᆯ히시니라(龜鑑上9). 任病이 되이리니(龜鑑上17). 이 사ᄅ믄 다 廁蟲 되이리라 ᄒ시고(龜鑑下55). 三世의 결여 민욤이 되이디 아니ᄒ야:不爲三世所拘繫(龜鑑下61).

되죵고신 형 말라 빠진. ¶쉿동ᄌ치 되죵고신 싀어마님(古時調. 싀어마님. 靑丘).

되추다 동 뒤치다. ¶萬事 ᄆ옴대로 못ᄒ여 되추디 못ᄒ는 바는 게나 예나 ᄒ가지옵도쇠(新語4:29).

되프뎌 명 호가(胡笳). ☞되픗뎌 ¶되프뎌히 樓 우희셔 나ᄂ니 ᄒ 그려기는 노폰 虛空으로 드러가놋다:胡笳樓上發一鴈入高空(重杜解12:37).

되픗뎌 명 호가(胡笳). ☞되프뎌 ¶시름ᄃ왼 ᄠ데 되픗뎌 부는 나조히여 서늘코 슬픈 漢苑ㅅ 보미로다:愁思胡笳夕凄涼漢苑春(重杜解5:5).

되ᄑ람 명 휘파람. ☞됫ᄑ람 ¶ᄇᄅ미 ᄲᄅ며 하ᄂ히 놉고 나빈 되ᄑ라미 슬프니:風急天高猿嘯哀(重杜解10:35).

되혀다 동 뒤집다. ¶비시예 몸을 뷔틀고 눈을 되혀 숩고 ᄂ치 블그믄:非時發搐目竄面赤(痘要下48). 홀연히 긔운이 ᄶ라디고 눈을 되혀고:忽然氣痿目飜(胎要27).

된각 명 된각. 〔나발의 한 가지〕 ¶된각 불리고 죡곰도 두려ᄒ는 비치 업서:吹角略無怖色(東新續三綱. 忠1:88). 된각 불고 쇠북을 울리믄:吹角擂鼓鳴鍾(兵學8).

된견마 명 말굴레. ¶된견마:鞚(物譜 牛馬).

된뎌이고 동 되는구나. ☞-ㄴ뎌이고 ¶ᄇ람이야 믈결이야 어둥졍 된뎌이고(松江. 續美人曲).

:된목 명 큰소리. 큰 목소리. ☞된소리 ¶매로 티ᅀᄫ바도 머리 ᄃ라가샤 된모ᄀ로 니ᄅ더시니(月釋17:77). 된모ᄀ로 ᄀ장 워겨 어미ᄅ 브르며(月釋23:81).

된밀치 명 된밀치. 〔밀치의 한 가지〕 ¶된밀치:鞦鞦(漢淸5:26). 된밀치:鞦者緧也(雅言二 轡者).

된밥 명 된밥. ¶된밥도 지엇고:乾飯也做着裏(朴解中30). 된밥:乾飯(漢淸12:28).

된비ㅅ탈 명 된비알. ¶된비ㅅ탈:偏坡(漢淸1:39).

된서리 명 된서리. ¶된서리:嚴霜(譯解上2). 九十月 된서리 마즈면(古時調. 歌曲).

:된소·리 명 높은 소리〔高聲〕. 큰소리. ☞된목 ¶된소리로 經을 닐고딕 밤낫 그치디 아니ᄒ면(月釋10:123). 諸天이 虛空中에 된소리로 닐오딕(月釋18:8). 된소리로 威嚴 나토아(法華2:92). 된소리로 念佛ᄒ야:高聲念佛(金剛139).

된쇼쥬 명 독한 소주. ¶된쇼쥬:乾燒酒(譯解補30).

된장 명 된장. ¶된장:盤醬(譯解補31). 된장:盤醬(柳氏物名三 草).

된쥭 [명] 된죽. ¶된쥭:稠粥(譯解上49).

된흑탕 [명] 된엿. ¶된흑탕:餳(物譜 飮食).

·됫·고마·리 [명] 도꼬마리. ☞도ᄭᅩ마리. 돗귀마리 ¶됫고마릿 움:瘡茸苗(救急下74). 卷耳ᄂᆞᆫ 卽 蒼耳니 됫고마리라(初杜解16:71). 됫고마릿 불휘어나 줄기어나 움이어나 ᄡᅵ어나:蒼耳根莖苗子(救簡3:14).

됫ᄑᆞ람 [명] 휘파람. ☞되ᄑᆞ람 ¶ᄀᆞᆺ거시 ᄇᆞᄅᆞᆷ애셔 됫ᄑᆞ람 부ᄂᆞ니:魑魅嘯有風(重杜解1:21). 긴 됫ᄑᆞ람 부러셔 돌벼로ᄅᆞᆯ 얻도다:長嘯得石硯(初杜解16:54).

:됴 [수] 조(兆). ¶風俗通애 닐오ᄃᆡ 十萬ᄋᆞᆯ 닐오ᄃᆡ 億이오 十億ᄋᆞᆯ 닐오ᄃᆡ 兆ㅣ오 十兆ᄅᆞᆯ 닐오ᄃᆡ 京이오(法華3:186).

됴 [명] 그루〔株〕. ¶祠堂 겨틔 힌 大棗 나모 닐굽 되 忽然히 나거늘:廟傍忽生白棗七株(續三綱. 孝14).

됴개 [명] 조개. ¶됴개:蚌蛤(譯解補50).

됴건 [명] ①조건(條件). ¶욕심을 이긔오 례예 도라갈 됴건을 묻ᄌᆞ온대:問克己復禮之目(飜小8:7). 됴건 건:件(類合下51). ᄇᆡᆨ셩의 犯키 쉬온 거슬 드러 열세 됴건을 ᄒᆞ야:民之所易犯者爲十三條(警民序2). ②조목(條目). ¶됴건 됴건 엿ᄌᆞᆸ다:條奏(同文解上51).

됴고마ᄂᆞᆫ [형] 조그만. 조그마한. ¶됴고마ᄂᆞᆫ 이 몸이 病中에 드러시니(蘆溪. 船上嘆).

됴곰 [부] 조금. ☞죠곰 ¶됴곰:一點子(譯解補35). 됴곰 ᄒᆞᆫ 거름 나아가(武藝圖22). 가온대로브터 됴곰 믈너(武藝圖22).

됴공ᄒᆞ다 [동] 조공(朝貢)하다. ☞죠공ᄒᆞ다 ¶대원적의 됴선이 됴공ᄒᆞ기ᄅᆞᆯ ᄭᅳᆫ디 아니터니(山城41). 됴공ᄒᆞ다:進貢(漢淸3:30).

됴니 [명] 조리(調理). ☞됴리 ¶됴니ᄂᆞᆫ 서ᄂᆞᆯᄒᆞᆫ 고ᄃᆡ ᄆᆡ며(馬解上89).

됴니다 [동] 돌아다니다. ☞도니다 ¶白馬 金鞭으로 어ᄃᆡ 가 됴니다가(古時調. 月黃昏. 青丘).

됴니ᄒᆞ다 [동] 조리(調理)하다. ☞됴리ᄒᆞ다 ¶됴니ᄒᆞ기ᄂᆞᆫ 나지어든 ᄃᆞ르해 노ᄒᆞ며(馬解下68).

됴뎡 [명] 조정(朝廷). ¶朝廷 大臣이 다 거즛 거시니(三綱. 忠7). 朝廷에 늘근 션비 半만 ᄒᆞ도다:朝廷半老儒(初杜解6:24). 朝廷엣 羽儀며(心經67). 이제 됴뎡이 텬하를 一統ᄒᆞ야 겨시니:如今朝廷一統天下(飜老上5). 그 宗廟와 朝廷에 겨샤ᄂᆞᆫ 便便히 言ᄒᆞ샤ᄃᆡ 오직 삼가더시다(宣論2:50). 朝廷을 슈욕홈애 엇디료:奈辱朝廷何(宣小6:36). 방문 안히 朝廷 ᄀᆞᆮ더라:閨門之內若朝廷焉(宣小6:88). 됴뎡ㅣ:朝廷(東續三綱. 忠1 云革討賊). 이제ᄂᆞᆫ 宗子ㅣ 업ᄡᅳ모로 朝廷의 世臣이 업ᄡᅳ니(家禮1:12). 이제 朝廷이 天下ᄅᆞᆯ 一統ᄒᆞ여시니:如今朝廷一統天下(老解上4). 사ᄅᆞᆷ들이 됴뎡의 포렬ᄒᆞ엿더라(仁祖行狀7). 가ᄉᆞ 일로 됴뎡의 간예티 아니ᄒᆞ샤(女範1. 셩후 명덕마후).

됴:리 [명] 조리(條理). ¶條理 ᄒᆞ나히 ᄢᅦ시니:條ᄂᆞᆫ 가지오 理ᄂᆞᆫ 脈이라(法華7:156). 됴리 잇게:有條(同文解下58). 됴리 잇다:有條有理(漢淸2:62).

됴리 [명] 조리(調理). ☞됴니 ¶오래 됴리 아니ᄒᆞᄂᆞᆫ 니ᄂᆞᆫ 간의 독이오(馬解下102).

됴·리ᄒᆞ·다 [동] 조리(調理)하다. ¶버거 날회야 調理ᄒᆞ고 너무 吐호미 몯 ᄒᆞ리라(救急上4). 버거 날회야 됴리ᄒᆞ고 너무 토티 아니케 ᄒᆞ라:次緩而調理不可大吐(救簡1:6). 모ᄆᆞᆯ 편안히 ᄒᆞ야 잡ᄆᆞᅀᆞᆷ 업시 약을 머거 됴리ᄒᆞ라:身體安穩得以靜心服藥將息也(救簡3:27). 안직 여윈 밥과 고깃국으로 날회여 됴리호ᄃᆡ 또 아니 됴ᄒᆞ녀:且着乾飯肉湯慢慢的將息却不好(飜朴上39). 됴리ᄒᆞ다:將息(譯解上63).

됴·목 [명] 조목(條目). ¶이제 經이 무르샨 條目ᄋᆞᆫ 다 長애 잇고 偈예 업고 對答ᄒᆞ샤ᄆᆞᆫ 다 長애 넙고 偈예 略ᄒᆞ니(圓覺上一之二190). 됴목 됴:條(註千32). 됴목 목:目(註千34).

:됴:문 [명] 조문(弔問). ¶미햇 弔問ᄋᆞᆯ 몯 듣ᄌᆞ오리로소이다 ᄒᆞ야ᄂᆞᆯ(三綱. 烈3). 됴문 됴:弔(類合下40. 石千5. 倭解上52. 註千5).

:됴:문ᄒᆞ·다 [동] 조문(弔問)하다. ¶사ᄅᆞᆷ ᄇᆞ려 길헤 가아 弔問ᄒᆞᆫ대 닐오ᄃᆡ 殖이 罪 잇ᄂᆞ니(三綱. 烈3). 동궁 쳔츄졀과 태ᄌᆞ 쳔츄졀의 밋 하례ᄒᆞ고 됴문ᄒᆞᆯ 일의 대신을 명ᄒᆞ여(山城119). 주근즉 ᄒᆞᆫ갓 됴문ᄒᆞ시고 티부ᄒᆞ실 ᄲᅮᆫ이 아니라(仁祖行狀25). 거년의 쇼져와 챵화ᄒᆞ던 시ᄅᆞᆯ 읇허 믈을 ᄇᆞ라며 경인을 됴문ᄒᆞ니(落泉2:4).

됴·복ᄒᆞ·다 [동] 조복(調伏)하다. 마음과 몸을 고르게 하여 모든 악행(惡行)을 제어(制禦)하다. ¶剛强ᄒᆞᆫ 衆生ᄋᆞᆯ 敎化ᄒᆞ야 ᄆᆞᅀᆞ미 調伏게 ᄒᆞ야 邪ᄅᆞᆯ ᄇᆞ리고 正에 가게 호ᄃᆡ(月釋21:32). 調伏디 몯ᄒᆞᆫ 사ᄅᆞ미(月釋21:34).

됴·복ᄒᆞ·다 [동] 조복(朝服)하다. 조복을 입다. ¶만일 사ᄅᆞᆷᄋᆞᆯ 님금 겨신 ᄃᆡ 브리거든 반ᄃᆞ시 朝服ᄒᆞ고 니ᄅᆞ고:若使人於君所則必朝服而命之(宣小2:37).

:됴상ᄒᆞ·다 [동] 조상(弔喪)하다. ¶검은 양피 옷과 검은 冠으로ᄡᅥ 됴상ᄒᆞᄃᆡ 아니ᄒᆞ더시다:羔裘玄冠不以弔(宣小3:22). 됴상ᄒᆞᄂᆞᆫ 말:煩惱(譯解補27). 頃公이 들히셔 됴상ᄒᆞ고져 ᄒᆞ거ᄂᆞᆯ(女四解4:47).

됴상ᄒᆞ·다 [동] 조상(凋喪)하다. 시들어 죽다. ¶生靈이 凋喪ᄒᆞᆯᄊᆡ 田租ᄅᆞᆯ 고티시니:生靈

凋喪均定田租(龍歌73章).

:됴:셔 명 조서(兆庶). 수많은 백성(百姓). ¶五穀이 豐盛ᄒᆞ며 兆庶ㅣ 安樂ᄒᆞ며:兆ᄂᆞᆫ 十萬이오 庶ᄂᆞᆫ 할 씨니 百姓을 니ᄅᆞ시니라(楞解7:57).

됴·셕 명 조석(朝夕). ¶命이 朝夕애 잇ᄂᆞ니(三綱. 忠8). ᄆᆡ양 됴셕제ᄅᆞᆯ 다ᄒᆞ고:每朝夕奠訖(東續三綱. 孝3). 됴셕 제ᄒᆞ야 ᄡᅧ 뉵년을 ᄆᆞᄎᆞ니라:奠朝夕以終六年(東新續三綱. 孝1:22). 닐온 朝夕의 ᄒᆞᄂᆞᆫ 일이며 밋 非常ᄒᆞᆫ 일이라(家禮2:2). 안즉으로 ᄆᆞᄋᆞᆷ을 노화 朝夕의 ᄇᆡ브르기ᄅᆞᆯ 取ᄒᆞ며(警民12). 됴셕의 뎡셩ᄒᆞ더니(五倫1:16). 됴셕으로 호곡ᄒᆞ고(五倫1:66). 됴셕으로 룡안을 ᄉᆞ렴ᄒᆞ나(洛城1). 됴셕의 근노ᄒᆞ샤(女範1. 셩후 셩무태ᄉᆞ). 집 안의 반 되 ᄡᆞᆯ이 업셔 유랑과 가졍이 됴셕으로 분쥬ᄒᆞ믈 보니(落泉2:4).

됴션 명 조선(朝鮮). ¶도적글 ᄭᅮ지저 ᄀᆞᆯ오ᄃᆡ 나ᄂᆞᆫ 됴션 션ᄇᆡ라:罵賊曰我朝鮮士也(東新續三綱. 忠1:52).

됴슈 명 조수(潮水). ¶나모가지ᄅᆞᆯ 붓드려 ᄂᆞ리고져 ᄒᆞ나 됴슈ㅣ 미러 남기 반이나 담기이고(落泉2:6).

됴·슈 명 조수(鳥獸). ¶鳥獸ㅣ 모다 오더라:鳥ᄂᆞᆫ 새오 獸ᄂᆞᆫ 발톤 즁ᄉᆡᆼ이라(三綱. 孝18). 여러 가짓 모딘 鳥獸ㅣ 주으류미 急ᄒᆞ야(法華2:123). 鳥獸ㅣ 時예 놀어늘 새ᄃᆞ록 緜緜ᄒᆞ며(永嘉下109). 鳥獸와 草木의 일홈을 해 알 꺼시니라:多識於鳥獸草木之名(宣論4:36).

:됴·습ᄒᆞ·다 동 조습(調習)하다. ¶다시 기르마지ᄒᆞᆫ ᄆᆞᄅᆞᆯ 調習ᄒᆞ야 어러이 즐겨 賞玩ᄒᆞ놋다:更調鞍馬狂歡賞(初杜解15:1). ᄆᆞᆯ 調習ᄒᆞᄂᆞᆫ 일 보라 가져:看操馬去來(飜朴上26). ᄆᆞᆯ 됴습ᄒᆞᄂᆞᆫ 양 보라 가쟈:(朴解上24). ᄆᆞᆯ 됴습ᄒᆞ다:操馬(譯解下49).

됴ᄉᆡᆼ화 명 조생화(朝生花). 〔'조생(朝生)'은 목근(木槿)의 별칭(別稱).〕 ¶萎靈仙과 朝生花 各 ᄒᆞᆫ 分과(救急下1).

됴요ᄒᆞ다 동 조요(照耀)하다. ¶금광이 됴요ᄒᆞ야 어리니(洛城2).

됴총 명 조총(鳥銃). ¶됴총:鳥銃 一云 鳥槍(譯解上22). 됴총 놋타:放鳥銃(同文解上49). 됴총:鳥銃(漢淸5:11).

:됴·코 형 좋고. ㉮됴타 ¶곶 됴코 여름 하ᄂᆞ니:有灼其華有蕡其實(龍歌2章).

됴쿠디 명 좋고 궂음. 길흉(吉凶). ☞됴쿠지 ¶ᄂᆞᄆᆡ 됴쿠디 보ᄆᆞᆯ 삼가며:愼見他好惡(誡初13).

:됴쿠·줌 명 좋고 궂음. 길흉(吉凶). ☞됴쿠즘 ¶ᄆᆞᅀᆞ미 正티 몯ᄒᆞ야 됴쿠주믈 묻그리ᄒᆞ야(釋譜9:36). 됴쿠주믈 묻그리ᄒᆞ야(月釋9:57).

됴쿠즘 명 좋고 궂음. 길흉(吉凶). ☞됴쿠줌 ¶대변을 맛ᄡᅩ아 됴쿠즈믈 알고져 ᄒᆞ더라:嘗糞以驗吉凶(重續三綱. 姜廉). ᄒᆞ다가 ᄆᆞᆯ의 됴쿠즘으란:如馬好歹(老解下15).

:됴·쿠·지 명 좋고 궂음. 길흉(吉凶). ☞됴쿠디 ¶또 病의 됴쿠지를 알오져 ᄒᆞ야 大便을 맛보더니:又嘗糞以驗吉凶(續三綱. 孝5 姜廉鑿氷). 대변을 맛ᄡᅩ아 됴쿠지를 알오져 ᄒᆞ더라:嘗糞以驗吉凶(東續三綱. 孝2 姜廉鑿氷).

:됴·타 동 좋아지다. 낫다. ☞됴ᄒᆞ다 ¶깃거제 가져가아 ᄇᆞᄅᆞᅀᆞᄫᆞ니 됴커시ᄂᆞᆯ(月釋2:9). 세 번 시수믈 디나디 아니ᄒᆞ야 됴ᄂᆞ니라:不過三洗効(救急上8). 病이 져기 됴ᄂᆞ다:病微瘳(初杜解10:30). 쇠 할ᄒᆞ면 반ᄃᆞ기 됴ᄂᆞ니라:牛舐必瘥(救簡1:43).
※됴타>좋다

:됴·타 형 좋다. ☞됴ᄒᆞ다. 죠타 ¶곶 됴코 여름 하ᄂᆞ니:有灼其華有蕡其實(龍歌2章). 婆羅門 술ᄫᆞᆫ 말ᄋᆞᆯ 天神이 됴타 ᄒᆞᆯᄊᆡ(月印上12). 됴커나 궂거나(釋譜19:20). 三十棒ᄋᆞᆯ 툐ᄃᆡ 됴토다:好與三十棒(蒙法53). 오직 芝蘭ᄋᆞ로 히여 됴케 ᄒᆞᆯ션뎡:但使芝蘭秀(初杜解20:29). 오래 ᄀᆞᄆᆞ다가 비 오미 또 됴토다:久旱雨亦好(初杜解22:3). 보라 가미 됴탓다:探望去好來(飜朴上37). 보기 됴트라:好看(老解下48). 술이 됴토 아니ᄒᆞ오니(新語3:26). 滄江의 달이 ᄠᅳ니 夜色이 더옥 됴타(陶山別曲). ※ 됴타>좋다

:됴토·다 형 좋도다. 좋구나. ㉮됴타 ¶오래 ᄀᆞᄆᆞ다가 비 오미 또 됴토다:久旱雨亦好(初杜解22:3).

됴혼 명 조혼(早婚). ¶ᄇᆡᆨ년 ᄒᆡ로ᄒᆞ기ᄅᆞᆯ ᄉᆡᆼ각ᄒᆞ야 됴혼의 단명ᄒᆞᄃᆞ ᄒᆞᄂᆞᆫ 경계ᄅᆞᆯ 직희미러니(落泉2:4).

:됴·홈 형 좋음. ㉮됴ᄒᆞ다 ¶ᄒᆞ다가 ᄆᆞᄅᆡ 됴홈 구주므란:如馬好歹(飜老下17).

됴화 명 조화(造化). ¶됴화 셥:爕(類合下59).

됴화따 형 좋았다. ¶正官이 됴화따 ᄒᆞ니(新語2:17).

됴화·ᄒᆞ·다 동 조화(調和)하다. ¶血氣 調和티 몯ᄒᆞᆫ 等엣 病이 나리니:血氣不調等病生(蒙法7). 數中엣 닷고ᄆᆞᆫ 수믈 調和ᄒᆞ야 澁디 아니ᄒᆞ며 滑티 아니ᄒᆞ야(圓覺下三之二47). 公子ᄂᆞᆫ 어름므를 調和ᄒᆞ고:公子調氷水(初杜解15:30). 一歲 內예 시졀 긔운이 됴화티 아니ᄒᆞ며(簡辟1). 시절 긔운이 됴화티 아니ᄒᆞ며:節氣不和(瘟疫方1). 맛당이 긔운이 됴화ᄒᆞ여 병이 플리게 ᄒᆞᆯ찌니라(辟新5). 눅눌이 됴화ᄒᆞᆫ ᄃᆞᆺᄒᆞᆫ디라(洛城1).

됴화ᄒᆞ다 동 좋아하다. ☞죠하ᄒᆞ다 ¶됴화ᄒᆞ

다:好(同文解上33). 반ᄃᆞ시 샤치ᄅᆞᆯ 됴화ᄒᆞ고(女範1. 셩후 쥬션강후). 병든 싀어미 됴화ᄒᆞ고 신뷔 슌ᄒᆞ니(女範4. 녈녀 샤시절).

됴:회 명 조회(朝會). ¶ᄒᆞᆫ ᄃᆞᆯ 朝會 아니커늘(三綱. 忠1). 朝會예 當호ᄆᆞᆯ 엿워:伺當朝會(宣賜內訓1:17). ᄂᆞᆺ비ᄎᆞᆯ 달이 ᄒᆞ시고 됴회ᄅᆞᆯ 파ᄒᆞ시니:怒變色而罷朝(飜小9:39). 됴횟 됴:朝(訓蒙中7). 公父 文伯이 됴회로셔 믈러와:公父文伯退朝(宣小4:44).

됴희 명 종이〔紙〕. ☞죠희. 죠히 ¶차 ᄡᆞ던 됴희와 나무 거플을 섯거:雜以茶紙樹皮(五倫2:32). 소금 쟝 됴희 면화 병잠기 잡믈이 다(山城24).

:됴히 부 좋게. 좋이. ☞죠히 ¶부텻 功夫에 됴히 올아가샤(釋譜9:3). 경히 됴히 잡드룸디니:正好提撕(蒙法17). ᄂᆞᆺ비츨 됴히 말며:色不滿容(宣賜內訓1:53). ᄆᆞᅀᆞᄆᆞᆯ 어느 ᄢᅴ 시러곰 됴히 열려뇨:懷抱何時得好開(初杜解10:39). 두듥 머리ᄅᆞᆯ 됴히 向ᄒᆞ야:好向岸頭(金三2:49). 법다히 ᄆᆡᆼᄀᆞ로믈 됴히 ᄒᆞ엿ᄂᆞ니라:如法做的好(飜老上26). 色 됴히 너김을 아라ᄂᆞᆫ 졈고 고온 이ᄅᆞᆯ ᄉᆡᇰ각ᄒᆞ고:知好色則慕少艾(宣小4:9). 도적이 그 고ᄋᆞᆫ 주ᄅᆞᆯ 됴히 너겨 자바가고져 ᄒᆞ거ᄂᆞᆯ:賊悅其姿色將欲攬去(東新續三綱. 孝7:56). 법다이 ᄆᆡᆼ글기ᄅᆞᆯ 됴히 ᄒᆞ엿ᄂᆞ니라:如法做的好(老解上2[illegible]). 희롱을 됴히 너겨(明皇1:34). 빗난 거ᄉᆞᆯ 됴히 너기디 아니ᄒᆞ샤(女範1. 셩후 명덕마후). 됴히 너길 요:樂(註千14). ※됴히>좋이

:됴ᄒᆞ·다 동 좋아지다. 낫다. ☞됴타. 죠ᄒᆞ다 ¶王이 좌시고 病이 됴ᄒᆞ샤(釋譜11:21). 즉자히 숤가락 버혀 머기니 病이 즉자히 됴ᄒᆞ리라(三綱. 孝34 石珍斷指).

:됴ᄒᆞ·다 형 좋다. ☞됴타 ¶어늬ᅀᅡ ᄆᆞᆺ 됴ᄒᆞ니잇가(釋譜6:35). 됴ᄒᆞᆫ 일 지ᅀᅳ면 됴ᄒᆞᆫ 몸 ᄃᆞ외오(月釋1:37). 여든 가짓 됴ᄒᆞ신 相이시니(月釋2:55). ᄯᅩ 됴ᄒᆞ요ᄃᆡ(三綱. 忠11). 됴ᄒᆞ실쎠 吉이 우 업스샷다:善哉吉無上(法華3:98). 됴ᄒᆞ며 구주미 뎌를 브트실 ᄲᅮ니언뎡:美惡自彼(圓覺上一之二61). 모미 곳 ᄉᆞᅀᅵ로 디나갈시 저저도 됴ᄒᆞ고:身過花間霑濕好(初杜解21:22). ᄒᆞ다가 ᄆᆞ리 됴홈 구즈므란:如馬好歹(飜老下17). 샹공하 이제 다 됴ᄒᆞ샤 겨신가 몯ᄒᆞ야 겨신가:相公如今都好了不曾(飜朴上38). 됴ᄒᆞᆯ 호:好(訓蒙下31. 類合上26. 石千18). 됴ᄒᆞᆯ 션:善. 됴ᄒᆞᆯ 숙:淑(訓蒙下31). 버곡댱이ᅀᅡ 난 됴해(鄕樂. 維鳩曲). 됴ᄒᆞᆯ 가:佳(光千40. 類合下61). 됴ᄒᆞᆯ 미:美(類合上26). 됴ᄒᆞᆯ 가:嘉(類合上30). 됴ᄒᆞᆯ 의:懿(類合下30). 됴ᄒᆞᆯ 길:吉(類合下57).

:됴ᄒᆞ·며 형 좋으며. ㉮됴ᄒᆞ다 ¶됴ᄒᆞ며 구주미:美惡(圓覺上一之二61).

:됴·ᄒᆞ샴 형 좋으심. ㉮됴ᄒᆞ다 ¶相好ᄂᆞᆫ 양ᄌᆞ 됴ᄒᆞ샤미라(月釋2:10).

됴ᄒᆞᄒᆞ다 동 좋아하다. ☞됴화ᄒᆞ다 ¶道學仁義 됴ᄒᆞᄒᆞᄉᆞ 鄒魯之鄕 높은 고데(쌍벽가).

:됴ᄒᆞᆫ 형 좋은. ㉮됴ᄒᆞ다 ¶됴ᄒᆞᆫ 일 지ᅀᅳ면 됴ᄒᆞᆫ 몸 ᄃᆞ외오(月釋1:37).

됴ᄒᆞᆫ쇠 명 강철(鋼鐵). ☞시우쇠 ¶됴ᄒᆞᆫ쇠:鋼鐵(同文解下23).

됴ᄒᆡ 명 종이〔紙〕. ¶칙에 됴ᄒᆡ 심 박다:撚釘者(譯解下50).

:됴ᄒᆡ·오·다 동 (병을) 낫게 하다. ¶ᄯᅩ 그리ᄒᆞ야 됴ᄒᆡ오니라(三綱. 孝31). 녀나ᄆᆞᆫ 약으로 됴ᄒᆡ오디 몯ᄒᆞᄂᆞᆫ ᄇᆞᄅᆞᆷ마ᄌᆞᆫ 병:諸藥不能瘥者(救簡1:28).

:됴ᄒᆡᆼ·다 형 좋다. 좋으이. 〔'됴ᄒᆞ이다'의 축약형(縮約形)〕 ¶帝 깃그샤 됴ᄒᆡᆼ다 ᄒᆞ시다:帝喜稱善(宣賜內訓2下45).

됵박 명 쪽박. ¶됵박:瓢子. 나모 됵박:木瓢子(同文解下14).

됵히 부 족히. ¶됵히 ᄡᅥ 일을 ᄒᆞ미(經筵).

됸ᄂᆞ니라 동 좋아지느니라. ㉮됴타 ¶그 궈우니 비예 들면 즉재 됸ᄂᆞ니라:令烟入腹卽愈(牛疫方7).

:됸ᄂᆞ·다 동 좋아지다. ㉮됴타 ¶時節이 서늘ᄒᆞ야 病이 져기 됸ᄂᆞ다:節爽病微瘳(初杜解10:30).

:됻·ᄂᆞ니·라 동 좋아지느니라. ㉮됴타 ¶두어 잔ᄋᆞᆯ 먹그면 즉재 됻ᄂᆞ니라:飮數盞卽差(救急下46). 쇠 할ᄒᆞ면 반ᄃᆞ기 됻ᄂᆞ니라:牛舐必瘥(救簡1:43).

됼다 동 졸다. ¶이ᄂᆞᆫ 믈 됴ᄂᆞᆫ 영이니 반ᄃᆞ시 ᄀᆞ독ᄒᆞ야 죡ᄒᆞ리라(痘要下45).

됴타 형 좋다. ¶營將 堂上 더욱 됴타(武豪歌).

동다리 명 종다리. ☞종다리 ¶실별 지고 동다리 ᄯᅥ다 호뮈 메고 문을 나니(古時調. 李明漢. 樂府).

동요 명 종요. 중심되는 중요 부분. ¶티국의 동요ᄂᆞᆫ 네악 형경으로 몬져ᄅᆞᆯ 숨으나(引鳳簫1).

동용하다 형 종용(從容)하다. 조용하다. ¶從容ᄒᆞᆫ다 이 氣像 濶遠ᄒᆞᆫ다 뎌 境界(松江. 關東別曲).

동ᄌᆞ 명 종자(鍾子). 종지. ¶믈 ᄒᆞᆫ 동ᄌᆞ애 세 소숨을 달혀(馬解下109).

되 명 죄(罪). ¶어되셔 식녹지신이 되 짓ᄌᆞᄒᆞ랴마ᄂᆞᆫ(萬言詞).

:두 관 두〔二〕. ¶두 갈히 것그니:兩刀皆缺(龍歌36章). 두 도티 ᄒᆞᆫ 사래 마ᄌᆞ니:兩豝一箭俱中(龍歌43章). 다ᄉᆞᆺ 곶 두 고지(月印上3). 連環ᄋᆞᆫ 두 골회 서르 니슬 씨라(楞解1:22). 문 밧긔 두 시니 잇거든:戶外

有二屨(宣賜內訓1:5). 두 고ᄃᆞᆫ 無明과 佛性괘라(南明上4). 두 ᄉᆡ:二. 두 솽:雙(訓蒙下33). 두 량:兩(訓蒙叡山本下14). 두 이:二(類合上1. 石千18. 倭解上54. 兒學下12). 두 가지 이:貳(類合下31). 두 ᄧᅡᆨ 쌍:雙(類合下47). 두 량:兩(類合下58). 두 냥:兩(石千31). 두 ᄌᆡ:再(石千37). 두 쟈:二尺(譯解上64).

-·두 조 -도. ¶큰 치위와 덥고 비올 제라두:祁寒暑雨(宣小6:2). 后德두 惟臣이며 不德두 惟臣이니라(書解5:66).

두거머리 명 쑥대머리 닭. ☞두거머리ᄃᆞᆰ ¶두거머리:蓬頭雞(柳氏物名一 羽蟲).

두거머리ᄃᆞᆰ 명 쑥대머리 닭. ☞두거머리 ¶두거머리ᄃᆞᆰ:蓬頭雞(譯解下24).

두건 명 두건(頭巾). 건(巾). ¶頭巾과 보션과 힝뎐을 밧디 아니ᄒᆞ야:不得去巾襪縛袴(宣賜內訓3:17). 머리예 져근 거믄 頭巾을 스고 이시려뇨:頭戴小烏巾(初杜解15:6). 蒼頭:ᄉᆞ나히 죵을 프른 두건 쓰이ᄂᆞ니라(宣小6:116). 나그내 ᄃᆞ외야슈매 거믄 頭巾을 裁作ᄒᆞ고:爲客裁烏帽(重杜解11:30). 두건:孝巾 孝帽(譯解補27). 두건 근:巾(註千35).

·두:겨시·다 동 두어 계시다. 두시다. ¶ᄯᆞ롤 두겨시다 듣고 婚姻올 求ᄒᆞ노이다(釋譜11:28). 여듧 王子ᄅᆞᆯ 두겨샤ᄃᆡ(釋譜13:29). 聲門弟子ᄅᆞᆯ 두겨시니(月釋7:69). 두겨신 功德과 不可思議 神力을(月釋21:156). 두겨샤ᄆᆞᆯ 讚嘆ᄒᆞᅀᆞᆸ고:讚所蘊也(法華3:110). 두겨신 法은:所有之法(法華6:109). 弟子ᄅᆞᆯ 두겨시니:有…弟子(阿彌14). 世尊하 如來ㅣ 法眼올 두겨시니이다:有(金剛117). 일흔 넉슬 너희 무를 빌여 두겨시니라:遊魂貸爾曹(初杜解5:2). 나라히 乾坤의 쿠믈 두겨시니:國有乾坤大(初杜解8:10). 가ᄉᆞ며로ᄆᆞᆫ 萬德을 두겨시니:富有萬德(金三2:59). 오히려 근심ᄒᆞ시ᄂᆞᆫ ᄂᆞᆺ빗출 두겨샤ᄆᆞᆫ:猶有憂色(宣小4:17).

두견이 명 두견이. 두견새. ¶두견이:杜鵑(譯解下28).

·두계·시·다 동 두어 계시다. 두시다. ☞두겨시다 ¶四十八大願올 두계시니:有四十八大願(龜鑑下44).

-두·고 조 -보다. ☞-도곤. -두곤 ¶제 實엔 사오나보ᄃᆡ 웃 사ᄅᆞᆷ두고 더은 양ᄒᆞ야(釋譜9:14). 다아 衰ᄒᆞ면 受苦ᄅᆞᄫᆡ요미 地獄두고 더으니(月釋1:21). 光明이 ᄒᆡ ᄃᆞᆯ두고 더으니(月釋1:26). 能히 바ᄅᆞᆯ두고 기프며(月釋21:78). 옷바볼 제 아ᄃᆞᆯ두고 倍히 ᄒᆞ더니:衣食資供皆兼倍所生(三綱. 烈7). 불휘 기프시고 ᄒᆡ요미 珂雪두고 더으샤미:珂ᄂᆞᆫ 白玉이라(法華2:13). 오ᄋᆞᆫ 모미 ᄒᆡ요미 서리두고 더으니:渾身白勝霜(金三2:61).

-두고·셔 조 -보다도. ☞-두고 ¶이젼 수두고셔 더으리로다:强如已前數倍(飜老下71).

-두·곤 조 -보다. ☞-도곤 ¶주구미 태산두곤 므거우니 이시며 터럭두곤 가비야온니 잇ᄂᆞ니:死有重於泰山輕於鴻毛(三綱. 忠25 枋得). 아러두곤 두 자히 놉고:比在前高二尺(飜老上26). 지조홀 셩이 ᄂᆞᆷ두곤 더으니ᄂᆞᆫ:才性過人者(飜小8:37). 公의 유덕ᄒᆞᆫ 器量이 이러 샹녯 사ᄅᆞᆷ두곤 ᄀᆞ장 다ᄅᆞ더시다:公德器成就大異衆人(飜小9:5). 요괴로옴이 物두곤 甚ᄒᆞᆫ 줄을:妖甚於物耶(宣小6:117). 鈇鉞두곤 威ᄒᆞᄂᆞ니라(宣中54). 一節이 一節두곤 쉽다:一節易如一節(語錄40). 平原에 사힌 ᄲᅧᄂᆞᆫ 뫼두곤 노파 잇고(蘆溪. 太平詞). 民이 勸ᄒᆞ며 怒티 아녀셔 民이 鈇鉞두곤 젓ᄂᆞ니라:不怒而民威於鈇鉞(宣中栗59). 갑도 여긔두곤 헐ᄒᆞ더라(華解上32).

-두·군 조 -보다. ☞-도곤. -두곤 ¶ᄂᆞᆷ두군 달이 주샤 일즉 大司馬ㅣ ᄃᆞ외여 이시며:殊錫曾爲大司馬(重杜解5:46). 그 세ᄒᆞᆫ 저두군 더으니ᄅᆞᆯ 아쳐러ᄒᆞ고:其三勝己者厭之(飜小6:18).

두굿겁다 형 매우 기쁘다. ¶츄부인이 두굿거믈 이긔지 못ᄒᆞ야(落泉3:6). 영모 셩심 이신들 엇지 두굿겁지 아니시리오마ᄂᆞᆫ(閑中錄130).

두굿겨 부 매우 기쁘게. ¶두굿겨 보고져 ᄒᆞ더니(癸丑52).

두굿겨ᄒᆞ다 동 매우 기뻐하다. ¶웃고 손을 잡아 두굿겨ᄒᆞ더니(落泉4:9).

두남두다 동 두남두다. ¶복첩의ᄂᆞᆫ 두남두고:怨於僕妾(女四解4:7).

:두:네 수 두넷. 여덟. ¶이 두네히 다 別相이라:比兩四皆別相(圓覺下二之一3).

:두·녁 명 양쪽. ¶두녁 말로 의뎡ᄒᆞ야:兩言議定(飜老下16). 두녀긔 자블 귀 잇ᄂᆞᆫ 발아딘 가마:兩耳鍋(飜老下33). 술윗 두녁 란간:車廂(飜老下36). 두녁 말로 議定ᄒᆞ야(老解下15). 술윗 두녁 난간(老解下32).

두:노 명 두뇌(頭腦). ¶頭腦ᄂᆞᆫ 머리옛 骨髓라(月釋8:11). 머리터럭과 터럭과 톱과 니와 갓과 ᄉᆞᆯ콰 힘과 ᄲᅧ와 骨髓와 頭腦와 피와 ᄠᅧ와 빗과ᄂᆞᆫ 地예 가고(圓覺上二之二27). 緊急ᄒᆞᆫ 頭腦와 雄壯ᄒᆞᆫ 양ᄌᆞ로 갈 바ᄅᆞᆯ 이워ᄒᆞ노소니:緊腦雄姿迷所向(初杜解17:9). 外道와 邪魔왜 다 頭腦ㅣ ᄢᅵ야 디놋다(金三3:15).

:두닐·굽 수 두일곱. 열넷. ¶콩 두닐굽 나촐:大豆二七粒(救簡1:45). 두닐굽 븟:二七壯(救簡1:99). 콩 두닐굽과(瘟疫方4).

:두닐·웨 명 두이레. 열나흘. ¶술 닷 마래

즈마 두닐웨어든:二七日(救簡1:91).

·두·다 동 두다. ☞뒷다 ¶깂ᄀ새 軍馬 두시고:路畔留兵. 山 미틔 軍馬 두시고:山下設伏(龍歌58章). 滿朝히 두쇼셔 커늘:滿朝請置(龍歌107章). ᄡᅡ혼 그듸 모ᄀᆡ 두고 남ᄀ란 내 모ᄀᆡ 두어 둘히 어우러 精舍 ᄆᆡᆼᄀ라 부텻긔 받ᄌᆞᄫᆞ리라(釋譜6:26). 지블 두게 ᄒᆞ니(月印上61). 당다이 두리라 ᄒᆞ야(月釋13:34). 뒷다가 나도 아비 다모리라(三綱. 孝13). 서근 사ᄆᆞ로 오새 두어 주거든(三綱. 孝19). ᄒᆞᆫ가지로 두쇼ᄃᆡ 헤아려 아디 몯호ᄆᆞᆯ(楞解1:97). ᄆᆞᅀᆞᄆᆞᆯ 두던댄 부톄 날 爲ᄒᆞ샤 大乘法을 니ᄅᆞ시리라ᅀᅵ이다(法華2:231). 族姓 두믈 미더:有(金剛21). ᄀ초 뒷ᄂᆞ니라 ᄒᆞ시며(牧牛訣3). ᄠᅳᆮ 뒷ᄂᆞᆫ 사ᄅᆞᄆᆞᆫ:有志之士(蒙法68). 先生ᄋᆡ 둣ᄂᆞᆫ 道理ᄂᆞᆫ:先生有道(初杜解15:37). 取ᄒᆞ며 捨호ᄆᆞᆯ ᄆᆞᅀᆞ매 둣거니:取捨居懷(南明下48). 하ᄂᆞᆯ히 두디 아니ᄒᆞ며:天不容(佛頂上3). 반 잔만 춤기름을 두워:着上半盞香油(飜老上21). ᄒᆞᆫ 며함 두ᅀᆞᆸ고 오니:留下一箇拜貼來(飜朴上58). 둘 티:置(類合下13). 내 님 두ᅀᆞᆸ고 년뫼롤 거로리(樂詞. 履霜曲). ᄒᆞᄅᆞ ᄉᆞ이 두락 잇틀 ᄉᆞ이 두락(新語4:25). 둘 치:置(倭解下35). 텬하ᄅᆞᆯ 두션 디 십여 년에(五倫2:65). 둘 치:植(註千30).

·두·다 동 (바둑, 장기 따위를) 두다. ¶오ᄂᆞᆯ 비 오니 졍히 바독 두미 됴토다:今日下雨正好下碁(飜朴上22). 바독 두다:下大碁(同文解下32).

두·다 조동 두다. ¶門ᄃᆞᆯᄒᆞᆯ 다 구디 ᄌᆞᆷ겨 뒷더시니(釋譜6:2). 남ᄀᆡ 모ᄆᆞᆯ ᄢᅦᅀᆞᄫᅡ 뒷더니(月釋1:6). 뫼ᅀᆞ와 두ᅀᆞᆸ거시ᄂᆞᆯ(楞解跋3). 알폰 經家ㅅ 펴 두니오:前乃經家敍置(法華4:6). 사하 두디 能히 흐트며:積而能散(宣賜內訓1:7). 이틀만 ᄃᆞᆷ가 둣다가(簡辟15). 져근 버레 더져 두ᄃᆡ ᄃᆡ를 얼거 문을 ᄒᆞ고(萬言詞).

-두·다 어미 -도다. -구나. ☞-도다 ¶애와텨 앗겸 직ᄒᆞ두다:爲可歎惜矣(楞解3:116). 風雩에 춤처 오ᄂᆞᆫ ᄃᆞᆺᄒᆞ두다:若舞風雩至(重杜解6:21). 그리어니 유복ᄒᆞ두다:可知有福裏(飜朴上46). 님금씌 괴이여 유셰 딛고 빗나미 보비두곤 더 요괴로오ᄆᆞᆯ 아디 몯ᄒᆞ두다:不知恩權隆之妖甚於物耶(飜小10:18). 모로미 나믄 앙얼이 잇ᄂᆞ니라 ᄒᆞ두다:必有餘殃伊羅爲豆多(正俗30). 西窓을 여러ᄒᆞ니 桃花ㅣ 發ᄒᆞ두다(樂詞. 滿殿春別詞). 그 從이 雨 ᄀᆞᆮ두다:其從如雨(詩解5:10).

두더쥐 명 두더지. ☞두디쥐 ¶두더쥐:鼢鼠(譯解下33. 同文解下39. 漢淸14:9). 두더쥐 분:鼢(倭解下23). 두더쥐 佮息인지 국국기 뒤지듯시(古時調. 간밤의. 海謠). 두더쥐 슈신 흙:蚡壤(柳氏物名四 土).

두·던 명 두둑. 둔덕. ☞두듥. 두듥 ¶뎌 두던 ᄶᅡ온ᄃᆡ 잇도다:在彼中阿(宣賜內訓2下74). 두던에 올이고:上岸(救簡1:71). 반가리를 그치고 두던 우희 잇거를:釋耕於壟上(飜小9:90). 두던 구:丘. 두던 원:原. 두던 고:皐. 두던 부:阜(訓蒙上3). 두던 원:原(類合上6). 두던 아:阿. 두던 부:阜(石千23). 두던 고:皐(石千31). 두던 우희 가 반가던 거ᄉᆞᆯ 그치고:釋耕於壟上(宣小6:84). 젿먹ᄂᆞᆫ ᄌᆞ식글 두던 우희 노코:置乳子岸上(東三綱. 烈3). 두던을 지고 군만이를 보고 우르고:負嵎視君萬哮吼(東新續三綱. 孝1:59). 두던ᄂᆞᆯ ᄌᆞᆺᄒᆞ야 우다가 인ᄒᆞ야 므릐 ᄲᅡ뎌 주그니라(東新續三綱. 烈1:86). 가ᄑᆞ른 두던:坡子(譯解上6). 두던 구:丘(倭解上7). 모딘 블이 두던에 븓틈이라 ᄒᆞ고(女四解3:18). 두던 경:京(註千18). 두던 구:丘(兒學上9).

두두러기 명 두드러기. ☞두드러기. 두드럭이 ¶두두러기:癮疹(譯解上62).

두두러지다 동 두드러지다. ¶두두러지다:暴露(同文解下56).

두두렷ᄒᆞ다 형 두렷하다. ☞두렫ᄒᆞ다 ¶규ᄂᆞᆫ 두두렷ᄒᆞᆫ 거시라(家禮1:43).

두두록ᄒᆞ·다 형 두두룩하다. ¶두두록ᄒᆞᆫ 鄜畤ᄅᆞᆯ ᄇᆞ라오니:坡陁望鄜畤(重杜解1:4). 두두록ᄒᆞᆫ 靑州엣 피오:坡陁靑州血(初杜解24:31). ᄯᅡ 두두록ᄒᆞ다:地凸(同文解上6).
※두두록ᄒᆞ다>두두룩하다

두·드러·기 명 두드러기. ☞두두러기 ¶두드러기 은:癮. 두드러기 딘:疹(訓蒙中33). 두드러기 나다:鬼飯疙疸(同文解下8).

두드럭이 명 두드러기. ☞두두러기. 두드러기 ¶두드럭이 나다:起鬼風疱疸(漢淸8:2).

두드·레 명 차꼬. 수갑. ¶杻械ᄂᆞᆫ 두드레라(楞解7:57). 杻ᄂᆞᆫ 소냇 두드레오 械ᄂᆞᆫ 바랫 두드레오(法華7:56). 갈ᄒᆞᆯ 믜오 두드레 ᄉᆞ랑 호미오:憎枷愛杻也(永嘉下121). 두드레 딜:桎. 두드레 곡:梏. 두드레 츄:杻(訓蒙中15).

두·드·리·다 동 두드리다. ☞두ᄃᆞ리다 ¶대ᄅᆞᆯ 두드리거나(釋譜11:21). 煅煉ᄋᆞᆫ 쇠 두드려 니길 씨라(楞解7:18). ᄲᅧ 두드려 골슈 내며(牧牛訣2). 비촐 두드리고져 ᄒᆞ노니:欲…鼓枻(初杜解16:57). 두드려든 슬픈 玉 소리 ᄀᆞᆮ호ᄆᆞᆯ:扣如哀玉(初杜解16:60). 다시 柴扉 두드료ᄆᆞᆯ 肯許ᄒᆞᆯ가:重肯款柴扉(初杜解22:10). 師ㅅ 緖餘ᄅᆞᆯ 두드려 因ᄒᆞ야 여러 ᄇᆞᆯ길시:叩師之緖餘而因以開明故(南明下77). 두드릴 고:叩(類合下31). 쇠 두드릴 단:鍛(類合下41). 門 두드리기ᄅᆞᆯ 기ᄃᆞ릴ᄯᅵ니:敲(女四解2:22). 두드리다:敲

了(同文解上53).

두드림질ᄒᆞ다 동 다듬이질하다. ¶두드림질ᄒᆞ다:搖搗(譯解下5).

두들 명 두둑. 둔덕. ☞두던. 두듥 ¶두듨 웃뷘 ᄆᆞ올핸:岸上空村(重杜解1:44). 두들 양ᄌᆞᄂᆞᆫ 臘日을 기들워 將次ㅅ 버드를 펴리라ᄒᆞᄂᆞ니:岸容待臘將舒柳(重杜解11:34).

두들게 명 두둑에. 둔덕에. ⓢ두듥 ¶수픐 두들게 니르러 오라:到林丘(重杜解9:12). ᄇᆞᄅᆞᄆᆞᆫ 너븐 두들겟 믌겨를 머겟도다:風含廣岸波(初杜解10:3).

두들그로 명 두둑으로. ⓢ두듥 ¶건너ᄂᆞᆫ 이픈 그츤 두들그로 ᄂᆞ려가놋다:渡口下絶岸(重杜解1:28).

두·들·기 명 두둑이. ⓢ두듥 ¶두들기 뫼히 아니라(月釋2:76).

두·듥 명 두둑. 둔덕. ☞두던 ¶松原:소두듥(龍歌5:36). 두들기 뫼히 아니라(月釋2:76). 두듥과 굳과 가싀와 몰애와:丘陵坑坎荊棘沙礫(圓覺上二之二132). 뫼 두들겐 하ᇗ ᄃᆞᆯ기 춤츠놋다:野岸天雞舞(初杜解7:28). 鶴이 두들게셔 우루믈 지엣노라:聊作鶴鳴臯(初杜解8:58). 수픐 두들게 니르러 오라:到林丘(重杜解9:12). ᄇᆞᄅᆞᄆᆞᆫ 너븐 두들겟 믌겨를 머겟도다:風含廣岸波(初杜解10:3). 가난ᄒᆞᆫ 사논 ᄡᅡ히 村ㅅ 두듥 ᄀᆞᄐᆞ니:貧居類村塢(杜解22:4). 두듥엣 즘게 믈어디고져 호미(南明下30). 버듨 두듥에 녀거든:行楊柳岸(金三4:5). 두듥 파:坡. 두듥 판:阪. 두듥 릉:陵. 두듥 륙:陸(訓蒙上3). 얼운올 조차 두듥에 올라ᄂᆞᆫ:從長者而上丘陵則(宣小2:58). 밧 두듥:田壠(譯解下8).

두듥골예지 명 밭의 두둑과 골. 이랑. ¶두듥골예지 모:畝(類合上6).

두듥이다 동 두들기다. ¶곡식 두듥이다:打穀 打糧(譯解補42).

두·디·다 동 뒤지다. ☞드위다 ¶一道人ᄂᆞᆫ 一夜定中에 보니 一猪子ㅣ 와 座ᄅᆞᆯ 두디거ᄂᆞᆯ(龜鑑上18).

두·디·쥐 명 두더지. ☞두더쥐 ¶두디쥐 분:鼢(訓蒙上19). 두디쥐:鼴鼠(東醫 湯液一獸部).

두딘 명 두진(痘疹). ¶ᄀᆞ오더 두딘이라도 ᄒᆞ며 마딘이라도 ᄒᆞᄂᆞ니라(痘要下68).

두ᄃᆞ리다 동 두드리다. ☞두드리다 ¶머리ᄅᆞᆯ 두ᄃᆞ리고 향ᄒᆞ니:叩頭向之(東新續三綱. 孝5:15). 두ᄃᆞ릴 도:擣(倭解下3). 등 두ᄃᆞ리다:拍背(同文解上53).

두러메다 동 둘러메다. ¶琵琶를 두러메고 玉蘭干에 지혀시니(古時調. 靑丘). 玄琴을 두러메고 洞天으로 드러가니(古時調. 紅塵을. 靑丘)

두·러어려이 부 두려워하고 어려워하여. 〔'두러'는 '두려〈怖〉'의 탈획(脫畫)으로 짐작됨.〕 ¶ᄒᆞ다가 厄難애 두러어려이 다와티닐 보아ᄃᆞᆫ:若見厄難恐怖厄逼(永嘉上30).

두레 명 둘레. 〔여기서는 달무리.〕 ☞둘에 ¶淮王의 術을 得고져 호니 ᄇᆞᄅᆞ미 부니 두레 ᄒᆞ마 나ᄂᆞ다:欲得淮王術風吹暈已生(重杜解12:6).

두레사당 명 유당(乳糖). ¶두레사당:乳糖(柳氏物名三 草).

두려 동 두려워. 두려워하여. ¶밍지 두려 그 연고ᄅᆞᆯ 뭇ᄌᆞ온대(女範1. 모의 추밍모).

두려디 부 둥글게. ¶나ᅀᅡ며 므르며 두려디 돌며 모 것거 도로매 삼가 조심ᄒᆞ며:進退周旋愼齊(宣賜內訓1:49).

두·려·빙 부 두렷이. 온전히. ☞두려이 ¶覺이 두려빙 볼가 너비 다 비취실씨 正覺이라(月釋7:41). 所依體ᄂᆞᆫ 自性이 淸淨ᄒᆞ야 두려빙 볼곤 微妙ᄒᆞᆫ ᄆᆞᅀᆞ미라(月釋9:21). 衆生 佛性이 本來 두려빙 일며 世間 業行이 다 正法을 順ᄒᆞᄂᆞ니(月釋17:83). 根塵 十二處에 브터 두려빙 노겨 서르 비취여(月釋18:27). ※두려빙>두려이

두·려운 형 둥근. ㉠두렵다 ¶두려운 蓮은 효근 니피 뼷고:圓荷浮小葉(杜解7:5).

두·려워 형 둥글어. ㉠두렵다 ¶隴앳 ᄃᆞ리 사ᄅᆞᆷ을 向ᄒᆞ야 두려웻도다:隴月向人圓(杜解9:24).

두·려·이 부 두렷이. 온전히. ☞두려빙 ¶萬行이 다 두려이 ᄀᆞ자:萬行悉備(金剛下111). 三一인 理 두려이 덛덛다 ᄒᆞ시니라:三一理圓常(永嘉上84). 두려이 照ᄒᆞ시ᄂᆞᆫ 本體:圓照本體(圓覺上一之二87). 如來ㅅ우 업슨 知見을 두려이 알에 ᄒᆞ쇼셔(圓覺下一之一8). 이ᄂᆞᆫ 사ᄅᆞᆷ마다 覺性이 本來제 두려이 이렛거니(南明上4). 두려이 덛덛ᄒᆞᆫ 體相 아로ᄆᆞᆯ 니ᄅᆞ시니라(南明上7).

두:려·ᄒᆞ·다 동 두려워하다. ☞두리다 ¶오직 ᄠᅥ러딜가 두려ᄒᆞ노니:唯恐墜(宣小5:25). 公卿돌히 다 黜을 위ᄒᆞ여 두려ᄒᆞ더니:公卿皆爲黜懼(宣小6:35). 본집에셔 ㄱ가ᄒᆞᆯ가 두려ᄒᆞ야 마리털을 버혀 뜯을 표ᄒᆞ엿더니:恐家必嫁已乃斷髮爲信(五倫3:21).

두렫 명 원(圓). 둥근 것. ☞두렷. 두리 ¶두렫 원:圓(石千35).

·두·렫·다 형 둥글다. ☞두렫ᄒᆞ다. 두렵다 ¶믄득 ᄇᆞᄅᆞᆷ 맛거든 두렫고 힌 두야머주저깃 불휘ᄅᆞᆯ:卒中法圓白天南星(救簡1:2). 디혜ᄂᆞᆫ 두렫고져 ᄒᆞ며 힝실은 모나고져 홀디니라:智欲圓而行欲方(宣小5:82).

두렫두렫ᄒᆞ·다 형 둥글둥글하다. ☞두렫ᄒᆞ다¶두렫두렫ᄒᆞ야 양지 술위옛 蓋 ᄀᆞᆮ도다:童童狀車蓋(初杜解18:15).

두렫ᄒᆞ·다 형 둥글다. ☞두렫다 ¶모난 믿틔

두렫ᄒᆞᆫ 두에 ᄀᆞᄐᆞᆫ디라:猶方底而圓蓋(宣小5:71). 두렫홀 단:團(類合下51).

두·렵·다 형 둥글다. 원만하다. 온전하다. ☞두렫다 ¶ᄂᆞ치 두렵고 ᄎᆞ며(釋譜19:7). ᄂᆞ치 두렵고 조호미 보룸ᄃᆞᆯ ᄀᆞᄐᆞ시며(月釋2:56). 勝ᄒᆞᆫ 아로미 現ᄒᆞ야 두렵거든 내 부텻 모ᄆᆞᆯ 現ᄒᆞ야:勝解現圓我現佛身(楞解6:8). 性이 ᄇᆞᆯ가 두려우믄:性明圓(楞解7:72). 智와 悲왜 다 두려우니:智悲並圓(楞解8:49). 그 敎 펴미 두려우며:其敍敎也圓(圓覺序9). 幻이 다ᄋᆞ면 覺이 두려우믈 나토려 ᄒᆞ실씨(圓覺上二之一15). 부텻 두려우신 소리ᄅᆞᆯ 받ᄌᆞ와:承佛圓音(圓覺下二之一4). 두려운 蓮은 효근 니피 ᄲᅥᆺ고:圓荷浮小葉(杜解7:5). 隴앳 ᄃᆞ리 사ᄅᆞᄆᆞᆯ 向ᄒᆞ야 두려웻도다:隴月向人圓(杜解9:24). ᄃᆞ리 두려우며 ᄃᆞ리 이즈며:月圓月缺(金三2:6). 몃 고ᄃᆞᆯ 두렵거뇨:幾處圓(金三2:39). 能히 方ᄒᆞ며 能히 두렵ᄂᆞ니:能方能圓(金三2:50). 두려울 원:圓(類合下48).

※'두렵다'의 활용 ┌두렵고/두렵디/두렵게…
└두려버/두려볼/두려ᄫᅳ시며…

두렵다 형 두렵다. ☞두립다 ¶밧ᄭᅳ로 위틔코 두려오매(仁祖行狀3). 가히 두려온 거시 ᄇᆡᆨ셩이 아니가(仁祖行狀18). 두려울 송:悚. 두려울 외:畏(兒學下11).

두렷 명 원(圓). 둥근 것. ☞두렫. 두리 ¶두렷 원:圓(註千35).

두렷다 형 둥글다. ☞두렫다 ¶ᄉᆞ랑이 엇더터니 두렷더냐 넙엿더냐(古時調. 青丘).

두렷ᄒᆞ다 형 둥글다. ☞두렫ᄒᆞ다. 두렷다 ¶달아 두렷ᄒᆞᆫ 달아 임의 동창 비친 달아(古時調. 南薰). 두렷ᄒᆞ쟈 ᄒᆞ니 놈의손ᄃᆡ 들릴셰라(古時調. 녑엿ᄒᆞ쟈. 青丘).

두·례·라 동 두려워하노라. ㉮두리다 ¶내 긴 劫에 가히 모미 ᄃᆞ외아 사ᄅᆞᄆᆡ 똥ᄋᆞᆯ 머구믄 ᄒᆞ려니와 地獄 소리 드로ᄆᆞᆯ 두례라(月釋23:91).

두로 부 두루. ☞두루 ¶내 두로 ᄃᆞᆫ니다니(三綱. 孝4). ᄇᆡᆨ호픎병이 두로 ᄃᆞᆫ녀 알파 ᄒᆞᆫ고ᄃᆡ 아니어든:白虎風通走不定(救簡1:90). 두로 돌아 문에 남애:周還出戶(宣小2:27). 결레ᄃᆞᆯ히 두로 구호ᄃᆡ 엇디 몯ᄒᆞ야:族黨遍求不得(東新續三綱. 烈3:56). 두로 이예 咨諏ᄒᆞᄂᆞᆺ다(詩解9:5). 두로 종묘샤직과 명산대천의 비ᄅᆞ시다(仁祖行狀9). 두로 官人을 ᄎᆞ자 보고:繞地裏望官人(朴解下14). 萬事의 두로 ᄭᅳ리시믈 미들 ᄯᆞ롬이ᄋᆞᆸ도쇠(新語1:3). 두로 보:普(倭解下41). 두로 보다:遍觀(同文解上28). 두로 ᄎᆞᆺ다:遍尋(譯解補24). 두로 허다:遍瘡(譯解補34). 釜山ᄭᆞ지 사ᄅᆞᆷ을 보내여 두로 얻ᄉᆞ오되(隣語8:5).

두로걷다 동 배회(徘徊)하다. ☞두루걷다 ¶거상 ᄆᆞᆺ고 두로거러 ᄎᆞ마 가디 몯ᄒᆞ야:喪畢徘徊不忍去(東新續三綱. 孝1:32).

두로다 동 휘두르다. ☞두루다 ¶올ᄒᆞᆫ 손으로 ᄎᆞᆫ 칼흘 인ᄒᆞ야 ᄆᆡ이 두로고:右手引佩刀奮揮(東新續三綱. 烈3:51).

두로다 동 두르다. ☞두루다 ¶단 두로다:悶邊(譯解下6).

·두로·미 명 두루미. ☞두루미 ¶두로미:鶬鶴(四解下23 鶴字註). 두로미:鶬鶴(譯解下26). 우리도 수리 두로미라 검도 셰도 아녜라(古時調. 가마귀. 瓶歌).

두로혀다 동 돌이키다. ☞두루혀다 ¶도로 두로혀 西로 面ᄒᆞ야(家禮1:8). 머리ᄅᆞᆯ 두로혀 ᄇᆡᄅᆞᆯ 보ᄂᆞ니(馬解下4). 마리 두로혀다:回頭(譯解上39). ᄶᅡ홀 굴히여 두로혀되 쟝춘 ᄲᅡ딜 ᄃᆞᆺ 홀시(女四解3:33).

-두록 어미 -도록. ☞-도록. -ᄃᆞ록 ¶져므두록 앗겨 ᄒᆞ더니:終日惜(恩重9).

두롬 명 두루미. ☞두로미 ¶ᄯᅩ 이 두롬의 짓츨 ᄃᆞ랏고:又是箇鶬鶴翎兒(朴解上26).

두롭치 명 두릅나물. ¶두롭치:搖頭菜(朴解中34).

두루 부 두루. ☞두로. 두ᄅᆞ ¶太子ᄭᅴ 절ᄒᆞᅀᆞᆸ고 두루 돌ᄫᅩ며 븟그려 ᄒᆞ더라(釋譜3:p.30). 부톄 여러 나라해 두루 ᄃᆞᆫ니샤(釋譜6:44). 그지업시 두루 ᄃᆞᆫ니다가(釋譜9:14). 香樓에 두루 브티ᅀᆞᄫᆞ며(釋譜23:38). 周行ᄋᆞᆫ 두루 녀실 씨라(月釋2:34). 지비며 다미며 두루 허더니(月釋7:17). 世界예 두루 두푸믈 보아:周覆世界(楞解8:103). 두루 둘어실씨:周帀圍遶(阿彌7). 滔滔ᄂᆞᆫ 므리 두루 펴딘 양ᄌᆡ니(宣賜內訓2上15). 두루 옮ᄃᆞᆫ뇨ᄆᆞᆯ ᄠᅳᆫ 人生ᄋᆞᆯ 므던히 너굘디로다:飄轉任浮生(初杜解7:12). 두루 쥬:周(類合下22. 石千5. 兒學下10). 두루 변:徧(類合下57). 두루 돌오매 規에 맞게 ᄒᆞ고:周還中規(宣小3:18). 두루 변:辨(註千30).

두루걷·다 동 배회(徘徊)하다. ☞두로걷다 ¶毗藍園ㅅ 無憂樹 아래 닐굽 거름 두루 거르시고(南明下38). 그 ᄃᆞᆯ기 두루거르며 오래 ᄯᅥ나디 아니ᄒᆞ고:彷徨躑躅久不去(飜小9:100). 두루거를 배:徘. 두루거를 회:徊(類合下36).

두루다 동 휘두르다. ☞두로다 ¶적이 칼ᄂᆞᆯ 두루고 협박호ᄃᆡ ᄆᆞᄎᆞᆷ내 좃디 아니ᄒᆞ니:賊揮劍脅之竟不從(東新續三綱. 烈8:7).

두루다 동 돌이키다. ¶만일 아기 힘이 업서 머리 두루기를 ᄯᅳ게 ᄒᆞ야:若兒無力轉頭遲慢(胎要26).

두루다 동 속이다. ¶두룰 망:罔(類合下9). 孔明이 웃고 니로되 子敬은 나ᄅᆞᆯ 엇지 두루ᄂᆞ니(三譯5:19).

두루·다 동 두르다. 둘러막다. ☞두로다 ¶주

긇 相이 一定ᄒᆞ야 어버ᅀᅵ며 아ᅀᆞ미며 버디며 아로리며 두로에 ᄒᆞ야셔(釋譜9:30). 단두루다:悶邊(同文解上56). 두룰 션:旋(兒學下10).

두루돈니다 동 돌아다니다. ¶두루돈닐 슌:巡(類合下37).

두루막이 명 두루마기. ¶두루막이 오:襖(兒學上12).

두루·믜나·ᄉᆡ 명 두루미냉이. ☞두루믜나이 ¶두루믜나ᄉᆡ:葶藶(救簡3:75). 두루믜나ᄉᆡ:葶藶大薺(四解下49 葶字註).

두루믜나이 명 두루미냉이. ☞두루믜나ᄉᆡ ¶두루믜나이 ᄡᅵ:葶藶子(東醫 湯液三 草部).

·두루·미 명 두루미. ☞두로미 ¶白鶴은 힌두루미라(月釋7:66). 두루미:鶖鶬(四解上13 鶖字註). ᄯᅩ 두루믜 지초로 살픠 고잣고:又是箇鶖鶬翎兒(飜朴上27). 두루미:白鶴(東醫 湯液一 禽部). 우리ᄂᆞᆫ 수리 두루미라 검도 셰도 아녜라(古時調. 가마귀. 青丘). 두루미:鶴(柳氏物名一 羽蟲). 두루미학:鶴(兒學上7).

두루앉·다 동 둘러앉다. ¶남진 겨지비 두루안자셔 모다 머그며 맛날써 ᄒᆞ던 사ᄅᆞᆷ돌히니(月釋23:79).

두루치 명 모래무지. 사어(沙魚). ¶두루치:鯊(物譜 蟲魚).

두루·티·다 동 휘두르다. ☞두르티다 ¶詩句ᄅᆞᆯ 일우니 구스리 붇 두루튜메 잇도다:詩成珠玉在揮毫(初杜解6:4). 쇠 如意ᄅᆞᆯ 그르두루튜메 珊瑚ㅅ 가지ᄅᆞᆯ 避ᄒᆞ디 말라:錯揮鐵如意莫避珊瑚枝(初杜解22:43). 두루틸휘:揮(類合下47).

두루혀다 동 ①돌이키다. ☞두르혀다 ¶ᄂᆞᆺ출 북으로 두루혀셔 엇지 셤기지 아니ᄒᆞᄂᆞ뇨(三譯3:11). ᄂᆞᆺ출 북으로 두루혀셔 항복ᄒᆞ렴으나(三譯5:13). 두루혀다:轉向(同文解上29). 급히 몸을 두루혀며(武藝圖1). 몸을 두루혀(武藝圖13).
②두르다. ¶두루혈 알:斡(類合下13).

두루혀다 동 배반하다. ¶闕澤이 니로되 님금을 두루혀 반ᄒᆞᄂᆞᆫ디 엇지ᄒᆞ여 날을 졍ᄒᆞᆷ이 되리오(三譯6:15).

두루힐·후·다 동 휘두르다. 되풀이하다. ☞두르힐후다 ¶두루힐훠 虛妄ᄒᆞ야 어루 브틇 디 업스니라:宛轉虛妄無可憑據(楞解4:43). 두루힐훠 거동ᄒᆞ기:周旋(飜小9:13). 엄 ᄀᆞᆺᄒᆞᆫ 빗대예 비출 두루힐후매 프른 樓이 머도다:牙檣捩柂青樓遠(重杜解11:12).

두루·혀·다 동 돌이키다. ☞두루혀다 ¶眞ᄋᆞᆯ 두루혀 俗ᄋᆞᆯ 向ᄒᆞ며(月釋2:61). 내 ᄂᆞᆺ출 두르혀 보리니:反觀己面(楞解1:61).

두룸이 명 두루미. ☞두루미 ¶두룸이:鶴(物譜 羽蟲).

두룹 명 두릅. ☞둘읍 ¶두룹:蝎子草(漢淸13:15).

두룻치다 동 들치다. ¶소경이 盲觀이를 두룻쳐 업고(古時調. 歌曲).

두룽다리 명 모피로 둥글게 만든 겨울 모자. ¶두룽다리 쓰고 져 총셔 두러메고(古時調. 져 건너 풀은. 南薰).

·두류·ᄒᆞ·다 동 두류(逗留)하다. 체류하다. ¶岳飛 逗留ᄒᆞ더이다 ᄒᆞ고:逗留ᄂᆞᆫ 머믈 씨라(三綱. 忠22).

두르·다 동 두르다. 에워싸다. ☞둘우다 ¶풍류로 城을 두르고(釋譜23:52). 圍ᄂᆞᆫ 두를 씨오(月釋2:32). 七寶獅子座애 眞珠 그믈 두르고(月釋10:10). 周匝ᄋᆞᆫ 두를 씨라(月釋10:54). 너븐 하ᄂᆞᆯ콰 두른 ᄯᅡ해:普天匝地(南明上68). 도적기 둘러셔 보고 크기 놀라 감히 해티 몯ᄒᆞ더라:賊環視大驚不敢害(東新續三綱. 孝8:80). 두를 잡:匝(倭解上39). 두를 요:繞(倭解下38). 밤의 당ᄉᆞ비ᄅᆞᆯ 둘러 ᄃᆞᆫ니며(女四解4:23). 산슈병풍 어ᄃᆡ 가고 갈발 한쎄 둘러시며(萬言詞).

두르·다 동 휘두르다. ☞둘우다 ¶막다히ᄅᆞᆯ 두르고 이셔도(月釋7:5). 낛대 두르ᄂᆞᆫ:竿揮(金三4:2). 刃ᄋᆞᆯ 두르디 아니ᄒᆞ면(南明下39). 두를 휘:揮(倭解上30).

두르·다 동 알선(斡旋)하다. ¶두를 알:斡. 두를 션:旋(訓蒙下1).

두르뫼나이 명 두루미냉이. ☞두르믜나ᄉᆡ ¶두르뫼나이 ᄡᅵ:葶藶(方藥18).

두르잇·다 동 휘두르다. ☞두르다 ¶부들 두르이즈니 綺繡ㅣ 펴ᄂᆞᆫ ᄃᆞᆺ고:揮翰綺繡揚(初杜解24:25).

두르·티·다 동 휘두르다. 휘둘러 치다. ☞두루티다 ¶左右로 서리 ᄀᆞᄐᆞᆫ 갈ᄒᆞᆯ 두르티니:左右揮霜刀(初杜解16:62).

두르티다 동 돌이키다. 뒤치다. ☞두르혀다. 두르혀다 ¶그저 저컨대 두르티면:只怕反過來(朴解中61).

두르·혀·다 동 돌이키다. 뒤치다. ☞두르혀다 ¶그 根源을 두르혀 推尋ᄒᆞ면:反推其源(圓覺上一之一46). 드로ᄆᆞᆯ 두르혀샤:反聽(圓覺上一之一99). 文을 두르혀 이 方ㅅ 風俗ᄋᆞᆯ 順홀뗸:廻文順此方俗(圓覺上一之二122). 流를 두르현 四位를 브터 나토아:寄顯反流四位(圓覺下一之二16). 念에 光ᄋᆞᆯ 두르혀(牧牛訣12). 하ᄂᆞᆯ콰 ᄯᅡ콰도 두르혀리로소니:回天地(初杜解21:12). 모ᄆᆞᆯ 두르혀사 올ᄒᆞ리라(金三2:42). 머리 두르혀면(南明上5). ᄇᆞᄅᆞᆷ이 두르혀니 블이 ᄢᅥ디니라:風反火滅(東新續三綱. 孝5:50).

두르힐후·다 동 휘두르다. 되풀이하다. ☞두루힐후다 ¶서르 일며 서르 니ᅀᅥ 두르힐훠 虛妄ᄒᆞ니:相成相續展轉虛妄(楞解3:67). 侵

陵ᄒᆞ야 뫼ᇝ 門을 허러ᄇᆞ리고 두르힐훠 地軸을 믜혀ᄇᆞ리놋다:乘陵破山門回幹裂地軸(重杜解13:8).

두르·혀·다 동 돌이키다. 뒤치다. ☞두르혀다 ¶光明을 두르혀 제 비취요미 貴ᄒᆞ고(月釋序22). 廻ᄂᆞᆫ 두르혈 씨라(月釋序22). 그럴ᄊᆡ 智ᄅᆞᆯ 두르혀 일후믈 識이라 ᄒᆞᄂᆞ니(月釋2:20之1). 直ᄋᆞᆫ 두르혀 俗ᄋᆞᆯ 向ᄒᆞ며 智ᄅᆞᆯ 두로혀 悲ᄅᆞᆯ 向ᄒᆞ야(月釋2:61). 술위 두르혀아(三綱. 烈3). 能히 두르혀 보놋다:能反觀(楞解1:61). 두르혀디 몯고(法華7:170). 隱密히 光ᄋᆞᆯ 두르혀 제 보면:密密廻光自看(蒙法7). 光ᄋᆞᆯ 두르혀 제 보리라:廻光自看(蒙法35). 키 아디 몯ᄒᆞ야 두르혀 큰 病이 ᄃᆞ외리라:不得大悟反爲大病(蒙法37). 光ᄋᆞᆯ 두르혀 도라 비취여:廻光返照(蒙法64). 二乘을 두르혀(修行章).

두르·혀샴 동 돌이키심. ㉠두르혀다 ¶觀音ㅅ 普門과 妙嚴ㅅ 邪 두르혀샴과 普賢ㅅ 勸發이 다 實相行境을 뵈샤(月釋18:21).

두릅 명 두릅나무. ☞둘훕 ¶두릅:槐木(柳氏物名四 木).

두리 명 원(圓). 둥근 것. ☞두렫. 두렷 ¶두리 원:圓(光千35). 뎐 업슨 두리 놋錚盤에 물 무든 水銀을(古時調. 靑丘).

·두·리·다 동 두려워하다. 무섭게 여기다. 겁내다. ☞두려ᄒᆞ다 ¶毒龍이 두리여터니(月印上69). 龍王이 두리ᅀᆞᄫᅡ 부텨하 救ᄒᆞ쇼셔 ᄒᆞ니(月印上70). 두리여 몯 오ᄂᆞ이다(釋譜6:29). 東山애 드러가샤 ᄒᆞ녀고론 깃그시고 ᄒᆞ녀고론 두리여 ᄒᆞ더시다(月釋2:43). 내 긴 劫에 가히 모미 ᄃᆞ외아 사ᄅᆞ미 ᄯᅩᆼᄋᆞᆯ 머구믄 ᄒᆞ려니와 地獄 소리 드로ᄆᆞᆯ 두례라(月釋23:91). 처ᅀᅥᄆᆡ 놀라 두류과:始而驚怖(法華1:15). 機ㅣ 져거 큰 法 두류매 엇데 ᄒᆞ시리오:奈何機小怖大(法華1:208). 오히려 모디로ᄆᆞᆯ 두리곤(法華4:193). 놀라디 아니ᄒᆞ며 두리디 아니ᄒᆞ며 저티 아니ᄒᆞ면:不驚不怖不畏(金剛上77). 窮子 두리여 그ᅀᅳ기 이 念호ᄃᆡ:窮子恐怖竊作是念(圓覺序47). 두려 弭戢ᄒᆞᄂᆞ니(初杜解16:56). 父母ㅣ 놀라 두려:父母驚惶(宣賜內訓2下70). 高允은 ᄂᆞᆽ가온 신해라 두리소와:迷亂(飜小9:46). 두릴 구:懼. 두릴 황:惶(類合下15). 두릴 계:悸. 두릴 포:怖(類合下34). 두릴 송:悚. 두릴 구:懼(石千37). 어버이 두려 아니 얼이니라:父母懼而止(續三綱. 烈12). 내 엇디 죽기ᄅᆞᆯ 두리리오:妾豈復恪死(太平1:9). 두릴 외:畏(倭解上21). 두리디 아니ᄒᆞ고(山城). 두리다:怕(同文解上20).

두·리붐 형 두려움. ㉠두립다 ¶이제 ᄒᆞ오ᅀᅡ 무덤 서리예 나모 아래 이셔도 두리ᄫᅮ미 업소니(月釋7:6).

두·리본 형 두려운. ㉠두립다 ¶옛 禍福ᄋᆞᆯ 닐어든 곧 두리본 ᄠᅳ들 내야(釋譜9:36). 시혹 녀나ᄆᆞᆫ 머즌 일ᄃᆞᆯ히 모매 만히 오며 ᄭᅮ메 두리본 이리 만커든(月釋21:170).

두·리·빼 명 들깨. ☞두리ᄶᅢ. 들ᄧᅢ ¶구렁이 믈여든 두리ᄢᅢ 니풀 므르디허:虺中人以荏葉爛杵(救簡6:54).

두리숭숭 부 뒤숭숭. ¶이러타 져러탓 말이 오로 다 두리숭숭 잇거나 사거나 기픈 盞에 ᄀᆞ득 부어(古時調. 靑丘).

두·리·ᄶᅢ 명 들깨. ☞두리ᄢᅢ. 들ᄢᅢ ¶蘇油ᄂᆞᆫ 두리ᄶᅢ 기르미라(月釋10:120).

두·립·다 형 두렵다. ☞두렵다 ¶옛 禍福ᄋᆞᆯ 닐어든 곧 두리본 ᄠᅳ들 내야(釋譜9:36). 샹녜 環刀ㅣ며 막다히ᄅᆞᆯ 두르고 이셔도 두립더니(月釋7:5). 이제 ᄒᆞ오ᅀᅡ 무덤 서리옛 나모 아래 이셔도 두리ᄫᅮ미 업소니(月釋7:5). ᄯᅩ 두리버 ᄂᆞ외야 나ᅀᅡ가디 몯ᄒᆞ며(月釋14:76). 그 지븨 두리워(法華2:113). 足히 두립디 아니ᄒᆞ고:不足畏(宣小1:3). 可히 두리우니라 ᄒᆞ고 ᄯᅩ 닐오ᄃᆡ:爲可畏耳又云(宣小5:116).

※'두립다'의 활용 ┌두립고/두립게/두립디…
└두리ᄫᅳᆫ/두리ᄫᅳ며/두리ᄫᅳᆯ…

두·립사·리 부 두렵게. 〔'-사리'는 '어렵사리, 쉽사리'의 -'사리'.〕 ¶阿私陁ㅣ 두립사리 말이ᅀᆞᆸ고 ᄉᆞᆯᄫᅩᄃᆡ(釋譜3:p.4). ᄯᆞ리 두립사리 어미 朱氏ᄃᆞ려 닐오ᄃᆡ:其女臨安奴倉皇言曰(三綱. 烈27).

두ᄅᆞ 부 두루. ☞두루 ¶두ᄅᆞ 쥬:周(光千5).

두ᄅᆞ미다 동 둘러메다. ¶혼자셔 두ᄅᆞ미며(癸丑38).

두ᄅᆞ혀다 동 돌이키다. ☞두르혀다 ¶ᄇᆞ룸이 두ᄅᆞ혀 브리 ᄢᅥ디다:反風火滅(東新續三綱. 孝5:15). 군ᄉᆞᄅᆞᆯ 두ᄅᆞ혀 보존ᄒᆞ게 ᄒᆞ미(山城55). 군ᄉᆞᄅᆞᆯ 서로 두ᄅᆞ혈ᄉᆡ(山城78). 하ᄂᆞᆯ 우히 두ᄅᆞ혀니(女範3. 뎡녀 당쳐견시).

두멍 명 두멍. ☞두명 ¶豆毛:두멍 水鐵大鼎貯水者(行吏).

두메 명 두메. ¶두메 협:峽(兒學上3).

두멸ᄒᆞ다 동 두멸(杜滅)하다. ¶경등곳 아니런ᄃᆞᆯ 뉘긔 두멸ᄒᆞ고:두멸은 업닷 말이라(仁祖行狀27).

두명 명 두멍. ¶두명 확:鑊(兒學上10).

두목 명 두목. ¶두목이 몸을 니ᄅᆞ혀과댜(兵學1:5).

두미 명 도미(渡迷). 〔지명(地名)〕 ¶渡迷 두미(龍歌3:14).

두발 명 두발(頭髮). ¶안경이 안ᄌᆞ 두발을 거두고 죵용이 무로ᄃᆡ(落泉1:1).

:두·발·트·다 동 두 발을 가지다. ¶두발ᄐᆞᆫ 것과 네발ᄐᆞᆫ 것과(釋譜19:2).

두병 명 두병(斗柄). 북두칠성(北斗七星) 가운데 자루가 되는 부분의 세 별. ¶湖天 봄 빗치 斗柄 좃차 도라오니(辛啓榮. 月先軒十六景歌).

·두:부 명 두부(豆腐). ¶또 豆腐롤 므르ᄀ라 알폰 ᄃᆡ 브티라(救急下22). 두부:豆腐(東醫 湯液一 土部). 두부:豆腐(譯解上51). 두부:豆腐(柳氏物名三 草).

두블 수 둘. ☞둘 ¶二曰途孛(雞類). 二覩ㅏ二(譯語 文史門).
※두블>두블>두울>둘

두서 관 두어. ☞두서. 두어 ¶잇 樣子로 두서 히롤 그리ᄒᆞ거늘(三綱. 烈12). 두서 ᄃᆞᆯ 월경 아니 ᄒᆞ야:二三月經不行(胎要9). 굳게 다아 두틔 두서 자만 ᄒᆞ고(家禮7:23). 이 두서 ᄃᆞᆯ을 어이홀고(諺簡76 仁宣王后諺簡). 진지롤 두서 술은 계우 자ᄋᆞᆸ신다 ᄒᆞ오니(諺簡84 明聖王后諺簡). 다시 사라 두서 히롤 디내여셔 죽거롤:復蘇延數年而歿(東新續三綱. 孝6:42 朴峻斷指).

:두:세 관 두세(二三). ¶머근 後에 生薑 두세 片ᄋᆞ로 지즐 머그라:服後以薑數片默之(救急下2). 혜어든 우리 두세 나그내롤:量我兩三箇客人(飜老上47). 두세 번식 머고ᄃᆡ(簡辟8).

두셕 명 유석(鍮鉐). 놋쇠. ☞듀셕 ¶두셕:黃銅(譯解補38).

-두셰라 어미 -구나. ¶위 囀黃鶯 반갑두셰라(樂詞. 翰林別曲).

:두·서 수 두엇. ☞두어 ¶對荅ᄒᆞ리 두서만 호시 적다 ᄒᆞ니라:難得應和應和者或三二一故云稀也(圓覺序65). 거유 ᄂᆞ랫짓 두서흘 ᄉᆞ라 細末ᄒᆞ야:燒鵝翎數根末(救急上53). 數ᄂᆞᆫ 두서히라(三綱. 孝14). 거머리 두서히 손까락애 브터 나거늘:水蛭數三附手指而出(續三綱. 孝5 姜廉鑿氷).

:두·서 관 두어. ☞두서. 두어 ¶種種 方便으로 두서 번 니르시니(釋譜6:6). 시믄 두서 횟자히(月釋1:6). 기릐 두서 자히로ᄃᆡ:長數尺(楞解9:108). 두서 번 뎡바기 ᄆᆞᆫ지샤ᄆᆞᆫ:再三摩頂(法華6:121). 두서 번 브즈러니 ᄒᆞ야:再三殷勤(心經67). 서울 드로ᄃᆡ 두서 ᄃᆞ래:入於京都數月(圓覺上一之一112). 두서 ᄀᆞ올히 다 니르니:數郡畢至(宣賜內訓1:38). 두서 삿기롤 더브렛고:將數子(初杜解7:1). 두서 ᄡᆞᆯ 퍼런 뫼히 새 지블 對ᄒᆞ얏도다(南明上1). 두서 날 ᄉᆞ이예(續三綱. 孝31). 두서 닙 가져오라:將幾領來(飜老上25). 두서 날:兩日(飜朴上33).

두:서·열 수 수십(數十). ☞두어열 ¶ᄒᆞ다가 믈러가디 아니커든 믄득 ᄡᅡ해 ᄂᆞ려 두서열 거르믈 거러:若不退便下地行數十步(蒙法3). 뵈옷 니븐 두서열 사ᄅᆞ미:布衣數十人(初杜解6:38).

:두서·흘 수 두엇을. 독두서 ¶거유 ᄂᆞ랫짓 두서흘 ᄉᆞ라 細末ᄒᆞ야:燒鵝翎數根末(救急上53).

두·서·히 수 두엇이. 독두서 ¶거머리 두서히 손까락애 브터 나거늘:水蛭數三附手指而出(續三綱. 孝5 姜廉鑿氷).

두·야·머·주저기 명 두여머조자기. 천남성. ¶두야머주저깃 불휘:天南星(救簡1:2).

두어 수 두엇. ☞두서 ¶또 ᄒᆞᆫ 합 안히 구지 합ᄌᆞ 두어히 드러시니(太平1:19). 겨집죵 두어흘 서ᄅᆞ ᄀᆞ람내야 뵈니(太平1:39). 머리 누른 奚兒ㅣ 날마다 西롤 向ᄒᆞ야 두어 곰 ᄆᆞᆯ 타 활 혀 구틔여 ᄃᆞᆯ이ᄂᆞ다:黃頭奚兒日向西數騎彎弓敢馳突(重杜解4:4). 두어 수:數(兒學下6).

두어 관 두어. ☞두서. 두서 ¶피 두어 되만 나게 ᄒᆞ고:血出數升(救簡2:90). 두어 ᄃᆞᆯ을 나디 아니ᄒᆞ야:數月不出(宣小4:17). 두어 고올히 다 니ᄅᆞ니:數郡畢至(宣小5:13). 子孫이 두어 ᄃᆡ예 二百 남은 사ᄅᆞᆷ에 니르러 시되:子孫數世至二百餘口(宣小6:100). 도적이 ᄭᅳ어내여 두어 리예 가:賊曳出數里(東新續三綱. 烈8:36 黃氏死賊). 도적이 알프로 ᄭᅳ으며 뒤히셔 텨 힝ᄒᆞ기놀 두어 리ᄂᆞᆫ ᄒᆞ니:賊前曳後杖行數里(東新續三綱. 烈8:78 兄弟死賊). 왕람이 두어 설 머근 제 보고:覽年數歲見(二倫10 王覽爭酖). ᄌᆞ식이 두어 설도 못ᄒᆞ엿써놀:遺孤未數歲(二倫35 張裔).

두어귀 명 두어 사람. ¶두어귀 노비ᄂᆞᆫ:數口奴婢(警民4).

두어라 감 두어라. ¶두어라 날마당 人日이면 사람될가 ᄒᆞ노라(人日歌).

두어빅 명 수백(數百). ¶믄득 버슷 두어빅 믿티 울 미티 나 년ᄒᆞ여 긋디 아니ᄒᆞ더라:忽菌數百本生于籬側連綿不絕(東新續三綱. 孝7:4).

·두·어·열 수 수십(數十). ☞두서열 ¶또 두어열 됴건이러라:又數十條(宣小6:15). 두어열히:數十(宣小6:22). 뵈옷 니븐 두어열 사ᄅᆞ미:布衣數十人(重杜解6:38). 두어열 지비 기피 갈맛다 ᄒᆞᄂᆞ다:深藏數十家(重杜解13:40).

두어흘 수 두엇을. 독두어 ¶겨집죵 두어흘 서ᄅᆞ ᄀᆞ람내야 뵈니(太平1:39).

두어히 수 두엇이. 독두어 ¶쳥의 두어히 다시 나와(太平1:18). 또 ᄒᆞᆫ 합 안히 구지 합ᄌᆞ 두어히 드러시니(太平1:19).

두억신 명 두억시니. ¶夜叉ㅣ 두억신과(古時調. 靑丘). 두억신:魍鬼(漢淸9:7). 두억신 되려시나 독갑이 되려시나(萬言詞答).

두·에 명 뚜껑. ☞둡게 ¶눈두에 검:瞼(訓蒙

上25). 모난 믿틔 두렫호 두에 곤토디라:猶方底而圓蓋(宣小5:72). 두에 다다 듯다가:以蓋合定(痘要上66). 급급피 죠히로 덥고 그 우희 두에를 돈돈 덥퍼:急急以紙覆之仍擧蓋子合定(痘瘡方50). 두에와 죠히를 벗기고:除去蓋與紙(痘瘡方51). 가마 두에 덥고:鍋子上蓋覆了(老解上19). 두에쇠 므거 넉 兩이오:蓋鐵重四兩(火砲解10). 두에 개:蓋(倭解下14). 두에 더푸라:蓋罷(同文解下14). 가마 두에:鍋蓋(漢淸11:38). 그릇 두에를 덥퍼:蓋上碗蓋(華解上7).

두여춧다 동 뒤져 찾다. ¶지물과 비단을 두여추져:索(女四解3:13).

두올쓰기 명 두올뜨기. 〔바느질의 한 방법.〕 ¶凉縷緋 두올쓰기 上針호기 싹금질과(古時調. 歌曲).

두용 명 뒤웅박. ☞드뵈 ¶혹 블이 부어 크는 증이 이시되 나히 만호 사람은 두용만이나 호고:或有陰囊浮大之癥而年長者大如匏瓜(痘瘡方64).

두우 명 두우(斗牛). 북두성과 견우성. ¶仙槎를 씌워내여 斗牛로 向호살가(松江. 關東別曲).

두우티다 동 번드치다〔飜〕. ☞두위티다. 드위티다 ¶이스레 두우티며 비 튜믈 조쳐 호니:露飜兼雨打(重杜解15:8).

두울재 수 둘째. ☞둘재 ¶두울재는 므리니 내 모매 피와 눈믈와 곳믈와(七大2).

두워 관 두어. ☞두어 ¶누려디기를 두워 번의 니르러:顚墜至再(東新續三綱. 烈3:85).

두워·틀·다 동 뒤틀다. 〔'두위틀다'의 오각(誤刻)으로 짐작됨.〕 ☞두위틀다 ¶도와리 호야 모매 히미 두워트러:霍亂轉筋(救簡2:55).

두웨 명 뚜껑. ☞두에 ¶두웨 개:蓋(光千7).

두위구우리·다 동 뒤굴리다. ¶붇털 그트로 두 곳굼글 삘오디 남진온 왼녁 겨집은 올호녁을 호고 두위구우리면 즉재 닐리라:筆毛刺兩鼻中男左女右展轉卽起也(救簡1:83).

두위눕·다 동 돌아눕다. ¶모미 고다 구브며 펴며 두위눕디 몯호거든:身直不得屈伸反覆者(救簡1:28).

두위드·듸·다 동 헛디디다. ¶두위드듸여 알프거든:蹉跌疼痛(救急下27).

두위잇·다 동 번드치다. ☞드위잇다. 두위잊다 ¶두들겟 브르맨 나죗 믌겨리 두위잇거놀:岸風翻夕浪(重杜解2:18). 놀라온 브르미 河漢애 두위잇누니:驚風翻河漢(重杜解2:59). 별와 드리 두위잇고:飜星月(重杜解3:20). 여르믈 어더 프른 대예셔 두위잇고:得實飜蒼竹(初杜解23:36). 朱旗 가는 딘 드트리 두위잇디 아니호놋다:朱旗塵不翻(杜解24:2). 구룸 구읜 두위잇는 골며기 노누니:江渚飜鷗戲(重杜解3:48).

두위잊·다 동 번드치다. ☞두위잇다. 드위잊다 ¶품 안해 제 이블 구리오니 두위이저 소리 더옥 怒호야 호누다:懷中掩其口反側聲愈嗔(重杜解1:12). 구르미 두위이즈며 돌히 드르며 구룸 氣運이 흐르놋다:江飜石走流雲氣(杜解6:41). 엇데 놀라온 믌겨릐 두위이주믈 보리오:何看駭浪飜(杜解8:11). 노푼 믌겨리 지븨 두위이주메 다드랫고:高浪垂飜屋(初杜解16:44). 다시 두위이저 가도다:再聯翩(初杜解20:18). 내조쳐 일 두위이저:放逐早聯翩(杜解24:29).

두위저·기·다 동 뒤적이다. ¶호다가 옮기는 고대 情을 두디 아니호면 두위저교매 永히 那伽定에 이시리라:若於轉處不留情繁興永處那伽定(六祖中75).

두위치다 동 번드치다. ☞두위티다. 드위티다 ¶블근새 두위쳐 누라오고:赤雀飜然至(重杜解3:11). ※두위치다<두위티다

두위·틀·다 동 뒤틀다. ¶소놀 브르쥐며 모미 쌀활 두위트러 가돗 호거든:搐搦角弓反張(救簡6:83).

두위티·다 동 번드치다. ☞두우티다. 드위티다 ¶기리 嗟吁호야셔 北寇를 두위텨 브리고져 호고:長吁飜北寇(杜解3:3). 義和의 겨읏 駕馭호미 이돌해 갓가오니 히 톤 술위 두위틸가 저허 시름호노라:義和冬馭近愁畏日車飜(初杜解13:23). 이스레 두위티며 비 튜믈 조쳐 호니:露飜兼雨打(初杜解15:8). 놀개 두위티누니란 프른 매를 降服호노라:捩翅服蒼鷹(初杜解20:22). 누라오르고져 호야도 누라 두위티디 몯호리로다:陵厲不飛飜(初杜解21:10).
※두위티다>두위치다>뒤치다

두위혀·다 동 번드치다. 뒤집다. ☞두위혀다. 드위혀다 ¶손싸당 두위혈 스싀:反掌間(宣賜內訓3:6). 사괴욤 議論호몰 두위혀느주믈 슬노니:論交飜恨晚(初杜解23:38).

두위힐·호·다 동 엎치락뒤치락하다. 되풀이하다. ☞두위힐후다. 드위힐후다 ¶人生애 두위힐호몰 보니 또 더럽도다:人生反覆看亦醜(初杜解25:10).

두위힐후·다 동 ①엎치락뒤치락하다. 되풀이하다. ☞드위힐후다 ¶鄴城의 두위힐후믄 足히 妖怪ㅣ롭디 아니호니:鄴城反覆不足怪(重杜解3:60). 두위힐후미 져근 더데 호니라:反覆乃須臾(杜解6:37).
②뒤집다. ☞드위힐후다 ¶쉬나몬 힛 스싀 숀바당 두위힐후미 곤호니:五十年間似反掌(初杜解16:48).

두위·혀·다 동 번드치다. ☞두위혀다. 드위혀다 ¶이런 드로 特別히 두위혀 詰難호ᅀᆞ오니라:故特反難也(楞解4:33). 能히 이 信

을 發ᄒᆞ면 無明業識을 다 두위혀:能發是信頓飜無明業識(法華2:160).
두으·리 명 둥우리. 둥주리. ☞둥우리. 둥울. 둥주리 ¶두으리:雁翅板(飜老下30). 두으리예ᄂᆞᆫ 금실로 입ᄉᆞᄒᆞᆫ ᄉᆞ견 바갓고:雁翅板上釘着金絲減鐵事件(飜朴上28).
두을재 수 둘째. ☞두울재. 둘재 ¶두을재ᄂᆞᆫ ᄀᆞ론 허므를 서ᄅᆞ 경계호미오:二曰過失相規(呂約1).
두의걷·다 동 뒤집어 걷다. ¶부리 두의걷고:捲尖(飜朴上26).
두의잇다 동 번드치다. ☞두위잇다. 드위잇다 ¶프른 믌겨리 하ᄂᆞᆯ에 두의잇놋다:蒼濤鬱飛飜(重杜解6:49).
두의·저티·다 동 번드치다. 뒤적이다. ¶고기 녀허 두의저티며 소곰 두고 져로 두의저텨 봊가 반만 닉거든:下上肉着些鹽着筯子攪動炒的半熟時(飜老上21).
두의·틀·다 동 뒤틀리다. ¶모미 두의틀오네 활기 몯 ᄡᅳ며:身體角弓反張四肢不收(救簡1:14).
두의티·다 동 번드치다. ☞두위티다. 드위티다 ¶네 두의티기옷 모ᄅᆞ거든:你不會擺時(飜老上32). 베 므레 누워 두의티디 몯ᄒᆞ얫도다:粳稻臥不飜(重杜解16:4).
두의힐·후·다 동 엎치락뒤치락하다. 뒤집다. ☞두위힐후다 ¶사ᄅᆞᄆᆞ로 모ᄆᆞᆯ 두의힐훠 ᄒᆞᆫ녁으로 눕디 아니케 ᄒᆞ라:使人飜轉身勿令一面臥(救簡6:66).
두이라 명 늦벼의 한 품종. ¶牛得山稻:우득산도 一名 두이라(衿陽).
두읍다 동 두옵다. ☞두다. -ᅌᆸ- ¶拜辭호리라 闕下애 가 님금 두ᅌᆸ고 나가믈 젓ᄉᆞ와:拜辭詣闕下怵惕(重杜解1:1).
두쟝 명 된장. ¶醬滓曰 두쟝(東言).
·두·쥭 명 두죽(豆粥). 콩죽과 팥죽. ¶蕪蔞亭ㅅ 豆粥과:蕪蔞亭豆粥(宣賜內訓2下39).
두지 명 뒤주. ¶집 안헤란 두지 노코 두지 안헤 樻를 노코(古時調. 어이 못. 青丘). 두지 기:庋(兒學上9).
두지다 동 뒤지다. ☞두디다. 드위다 ¶ᄂᆞ리 두져 먹고 치 두져 먹는 되강오리(古時調. 언덕 문희여. 青丘).
:두:찬 명 두찬(杜撰). 내용이 충실치 못한 저술(著述). ¶녯 聖人냇 보라ᄆᆞᆯ 보미 맛당컨뎡 모ᄃᆡ 杜撰ᄋᆞᆯ 마롫디니 아란다:杜撰ᄋᆞᆫ 杜家ᄋᆡ 撰集이니 實티 아니ᄒᆞᆫ 글와리라(蒙法20).
두창 명 두창(痘瘡). 천연두. ¶두창과 딘창은 틔독으로 되는 거시니(痘要上3).
두터븨니블 명 희첨(豨薟). 진득찰. ¶두터븨니블:豨薟(四解下85 薟字註).
두터·비 명 두꺼비. ☞두텁. 두텁이. 둣터비 ¶또 두터비 ᄉᆞ론 지ᄅᆞᆯ 粥 므레 머그라:又方蝦蟇灰粥飲服之(救急下67). 두터비ᄂᆞᆫ 半 둘에예셔 뮈놋다:蝦蟆動半輪(重杜解12:2). ᄃᆞ래 두터비 이실시(南明上11). 두터비 ᄉᆞ론 지:蝦蟆灰(救簡6:36). 두터비 섬:蟾. 두터비 여:蜍(訓蒙上24). 두터비 섬:蟾(類合上15). 두터비:蟾蜍(東醫 湯液二 蟲部). 두터비 진:蟾酥(痘要上27). 두터비:蝦蟇(同文解下42). 두터비 ᄑᆞ리를 물고 두험 우희 치ᄃᆞ라 안자(古時調. 青丘).
※두터비<두텁
두터·ᄫᆞ·니 형 두꺼우니. ㉮두텁다 ¶이 소리ᄂᆞᆫ 우리 나랏 소리예셔 두터ᄫᆞ니 혓그티 아랫 닛므유메 다ᄔᆞ니라(訓註15).
두터·이 부 두터이. 두텁게. 진하게. ☞두터히 ¶貫衆을 두터이 글혀 ᄌᆞ블 ᄒᆞᆫ 잔 半ᄋᆞᆯ 세 服애 논화 다 머구ᄃᆡ 닛우 세 劑ᄅᆞᆯ 머그라:貫衆不以多少濃煎汁一盞半分三服并進連服三劑(救急上48). 또 됴ᄒᆞᆫ 墨을 두터이 ᄀᆞ라:又方濃研好墨(救急上64). 비록 ᄉᆞ랑ᄒᆞ샤ᄆᆞᆯ 甚히 두터이 ᄒᆞ시나:雖愛之甚篤(宣賜內訓2下55). 두터이 부티면:厚傅(救簡6:28). 그 아ᄋᆞ와 누의를 에엿비 너교ᄆᆞᆯ 더욱 두터이 ᄒᆞ야:拊其弟妹益篤(宣小6:32).
두터히 부 두터이. 두텁게. ☞두터이 ¶ᄒᆞᆫ갓 졔ᄉᆞ를 두터이 ᄒᆞᆫ들(孝養解1).
두텁 명 두꺼비. ☞두터비 ¶두텁爲蟾蜍(訓解. 用字). ᄒᆞᆫ 세 발 가진 쇠 두텁이 노흔 거시 곳이라:放着一箇三隻脚鐵蝦蟆兒便是(朴解下7). 金 두텁 花郎이(古時調. 靑개고리. 青丘). 두텁도 江南 가고 말 가는 듸 소 가너니(古時調. 一瞬千里. 青丘).
※두텁>두터비>두꺼비
·두·텁·다 형 두껍다. 진하다. ¶두텁디 아니ᄒᆞ며 크디 아니ᄒᆞ며 검디 아니ᄒᆞ야(釋譜19:7). 우리 나랏 소리예셔 두터ᄫᆞ니(訓註15). 닐굽차힌 귀 두텁고 넙고 기르시고(月釋2:56). 밠드ᅌᅵ 두터ᄫᆞ시며(月釋2:57). 群生ᄋᆞᆯ 待接ᄒᆞ샤미 甚히 두터우시며:待群生者甚厚(楞解10:42). 習氣 두터우며(圓覺上二之一3). 君親이 디르시니 두터오미 이에셔 重ᄒᆞ니 업스니라:君親臨之厚莫重焉(宣賜內訓1:45). 앗기며 貪호미 ᄡᅡ해셔 두터워(金三3:44). 두터울 순:醇. 두터울 농:醲(訓蒙下13). 두터울 돈:敦(類合下15. 石千29). 두터울 후:厚(類合下48). 힝실이 두텁고 공경ᄒᆞ면:行篤敬(宣小3:5).
※'두텁다'의 활용 ┌두텁고/두텁게…
└두터ᄫᆞ니/두터ᄫᆞ시며…
두텁이 명 두꺼비. ☞두터비 ¶두텁이 섬:蟾(倭解下27). 두텁이:蝦蟆(漢淸14:43). 두텁이:蟾蜍(柳氏物名二 昆蟲).
두·틔 명 두께. ☞두틔 ¶두틔 다ᄉᆞᆺ 寸:厚五

寸(救急上71). 두틔 반 치만케 ᄒᆞ야(救簡3:47). 굳게 다아 두틔 두서 자만ᄒᆞ고(家禮7:23). 미틔 두틔 ᄀᆞᆺ게 ᄒᆞ라(家禮7:23).

두틔 명 두께. ☞두틔 ¶대강 두틔 七八寸맛감 ᄒᆞ면(家禮7:24). 두틔 ᄒᆞᆫ 치맛감 ᄒᆞ고(家禮7:26).

두·퍼 동 덮어. ㉮둪다 ¶無量業 미요ᄆᆞᆯ 뫼화 佛性을 두퍼:積集無量業結覆盖佛性(金剛上83). 障ᄋᆞᆫ 이 두퍼 막논 ᄠᅳ디라:障者是覆蔽妨礙之義(圓覺上一之一12).

두·퍼시·놀 동 덮었거늘. ㉮둪다 ¶마리ᄅᆞᆯ 퍼 두퍼시ᄂᆞᆯ(月釋1:16).

두·푸시·ᄂᆞᆫ 동 덮으시는. ㉮둪다 ¶法界ᄅᆞᆯ 다 두푸시ᄂᆞᆫ 體니라(楞解1:9).

두·푼 동 덮은. ㉮둪다 ¶露ᄂᆞᆫ 두푼 것 업슬 씨라(楞解1:94).

두피·다 동 덮이다. ¶七寶ㅣ 이러 ᄡᅡ 우희 차 두피고(月釋8:18). 보비옛 고지 ᄡᅡ해 두피고(月釋13:66). 보비옛 帳이 우희 두피고(月釋18:25). 受ᄋᆡ 두퓨미 ᄃᆞ욀씨:爲受所覆(楞解9:66). 一切 衆生ᄋᆡ 뒷ᄂᆞᆫ 佛性이 한 煩惱ᄋᆡ 두펴쇼미(圓覺序43).

두험 명 두엄. ¶두험:糞土(同文解上7). 諸葛亮이 ᄒᆞᆫ번 손 들면 다 두험과 지 되리라(三譯3:15). 두터비 ᄑᆞ리를 물고 두험 우희 치ᄃᆞ라 안자(古時調. 靑丘). 두험:糞土(漢淸10:3). 두험을 죠치 아닌 받히 두면 죠흔 곡식이 나ᄂᆞ니(捷蒙1:12).

두험흙 명 두엄흙. ¶두험흙:糞土(譯解補7).

두호ᄒᆞ다 동 두호(斗護)하다. ¶당우ᄂᆞᆫ 미양 두호ᄒᆞ더(洛城1).

둑 명 둑. 방죽. ¶둑:堰堨(柳氏物名五 水).

둑 부 뚝. ¶어ᄂᆞ 일인 줄은 둑 아디 몬ᄒᆞ더니(閑中錄178).

둑거비 명 두꺼비. ☞두터비. 둗거비 ¶둑거비 셤:蟾(兒學上8).

둑겁다 형 두껍다. ☞둗겁다 ¶굴음이 거든 後에 힛빗치 둑겁거다 天地閉塞ᄒᆞ되 바다흔 依舊ᄒᆞ다(古時調. 尹善道. 海謠).

둑게 명 덮개. ¶둑게 주머니(淸老8:18).

둑덥이나물 명 천명정(天名精). 여우오줌풀. ¶둑덥이나물:天名精(柳氏物名三 草).

·둔·ᄂᆞᆫ 동 둔. ㉮두다 ¶반ᄃᆞ시 德을 둔ᄂᆞᆫ ᄃᆡ 나아갈디니라:必就有德(宣小1:13). 이 네 字ᄂᆞᆫ 道 둔ᄂᆞᆫ의 말이 아니오:此四字非有道者之言也(宣小5:95). 人의 德의 慧와 術의 知ᄅᆞᆯ 둔ᄂᆞᆫ 者ᄂᆞᆫ:人之有德慧術知者(宣孟13:12).

·둔·ᄂᆞᆫ의 구 둔 이의. ¶이 네 字ᄂᆞᆫ 道 둔ᄂᆞᆫ의 말이 아니오:此四字非有道者之言也(宣小5:95).

:둔·박ᄒᆞ·다 형 둔박(鈍朴)하다. 투박하다. ¶이ᄂᆞᆫ ᄯᅩ 굴고 둔박ᄒᆞ다:這的却又麤倴(飜老下32).

둔지 명 둔덕. ¶통 버서 우믈 둔지의 노코(古時調. 내 아니 니르랴 보쟈. 靑丘).

둔테 명 문(門)둔테. ¶伏兎ᄂᆞᆫ 둔테라(家禮7:20). 문이며 지게며 둔테 박고(癸丑207). 둔테 구멍:門斗(物譜 第宅). 둔테 박은 것:伏兎(物譜 舟車).

둔팍ᄒᆞ다 형 투박하다. ¶둔팍ᄒᆞ다:笨. 적이 둔팍ᄒᆞ다:略笨(漢淸6:7).

:둔·히 부 둔(鈍)히. ¶엇데 平生ᄋᆞᆯ 鈍히 ᄇᆞ리디 아니ᄒᆞ료(蒙法54).

:둔ᄒᆞ·다 형 둔(鈍)하다. ¶미혹고 鈍ᄒᆞᆫ 衆生이:鈍ᄋᆞᆫ 무딜 씨라(釋譜11:6). 諸根이 鈍ᄒᆞ야(釋譜13:57). 어드워 鈍혼디라:昏鈍(楞解6:61). 諸根이 어둡고 鈍ᄒᆞ며(法華2:167). 이ᄂᆞᆫ 小乘이 根性이 鈍ᄒᆞ야(南明下58). 根性이 어듭고 鈍ᄒᆞ야(六祖中58). 둔ᄒᆞᆫ 사ᄅᆞᆷ:倴人(譯解上28). 둔ᄒᆞᆯ 둔:鈍(倭解上 24). 그 아ᄒᆡᄂᆞᆫ 얻지 둔ᄒᆞ여 뫼되 실은 부즈런ᄒᆞ니(隣語3:6).

둗거·비 명 두꺼비. ☞두텁 ¶둗거비:蟾蜍(四解上32 蜍字註). 옴둗거비:癩蝦蟆(四解下31 蝦字註).

둗거·ᄫᅥ 형 두꺼워. ㉮둗겁다 ¶ᄒᆞᆫ 婆羅門의 ᄯᆞ리 前生ㅅ 福이 둗거ᄫᅥ 모다 恭敬ᄒᆞ며(月釋21:19). ※둗거ᄫᅥ>두꺼워

둗거운 형 두꺼운. ㉮둗겁다 ¶블근 비치 둗거운 ᄡᅡ해 ᄉᆞᄆᆞ찻ᄂᆞ니:朱光徹厚地(重杜解10:19). 녀ᄂᆞ 뫼ᄒᆞᆫ 다 둗거운 ᄡᅡᄒᆞᆯ 므던히 너겻거ᄂᆞᆯ:他皆任厚地(重杜解13:5).

둗거움 형 두꺼움. ㉮둗겁다 ¶열우며 둗거우믈 조차 ᄒᆞ노라:隨薄厚(重杜解1:39).

둗·거이 부 두껍게. 두텁게. 짙게. ☞두터이 ¶親히 둗거이 ᄒᆞ야:而親厚之(法華2:212). 헌 ᄡᅡ해 둗거이 브티면 즉재 됴ᄂᆞ니라:厚封損處立差(救急下29). 道義를 守ᄒᆞ야 모ᄆᆞᆯ 둗거이 아니 ᄒᆞᄂᆞ니라:守道不封己(初杜解16:67). 둗거이 곳다온 거슬 幸혀 논호ᄆᆞᆯ 뵈도다:濃香幸見分(初杜解22:21). 헌 ᄃᆡ 둗거이 브티면:厚封損處(救簡1:79).

둗:겁·다 형 두껍다. 짙다. ☞두텁다 ¶빗보기 깁고 둗겁고 ᄇᆞ얌 서린 ᄃᆞᆺᄒᆞ야(月釋2:58). 기우디 아니ᄒᆞ며 둗겁디 아니ᄒᆞ며(月釋17:53). ᄒᆞᆫ 婆羅門의 ᄯᆞ리 前生ㅅ 福이 둗거ᄫᅥ 모다 恭敬ᄒᆞ며(月釋21:19). 입시우리 둗거우며(法華6:18). 障이 둗거우며(牧牛訣30). 여희요ᄆᆞᆯ ᄆᆞᅀᆞᆷ이 열우며 둗거우믈 조차 ᄒᆞ노라:取別隨薄厚(重杜解1:39). 豪華ᄒᆞᆫ 지븨 ᄠᅳ디 ᄌᆞ모 둗겁도다:豪家意頗濃(初杜解7:33). 봄비치 날마다 제 둗겁도다:春光日自濃(杜解10:9). 頑皮粗ᄋᆞᆫ 쇠 고갯 ᄀᆞ장 둗거운 가치니(南明下58). 너므 둗겁게 말오(飜朴上16). ᄲᅧ 풍쇽과 교화를

둗겁게 ᄒᆞ고:以厚風教(宣小6:15).
※둗겁다>두껍다
※'둗겁다'의 활용 ┌ 둗겁고/둗겁게/둗겁디… └ 둗거ᄫᅥ/둗거ᄫᅳᆫ/둗거ᄫᅳᆯ…

둗·긔 명 두께. ☞두틔 ¶브ᅀᅥᆺ 지를 ᄡᅡ해 반 잣 둗긔만 ᄭᆞᆯ오:竈中灰布地令厚五寸(救簡1:72). 세 돈 둗긔만ᄒᆞ야(救簡3:46).

·둗·노·라 동 두었노라. ¶근심ᄒᆞᄂᆞᆫ ᄂᆞᆺ빗ᄎᆞᆯ 둗노라:有憂色也(宣小4:18).

·둗·ᄂᆞᆫ 동 둔. ¶孝子의 깁픈 ᄉᆞ랑ᄋᆞᆯ 둗ᄂᆞᆫ 이ᄂᆞᆫ:孝子之有深愛者(宣小2:9).

둗터이 부 두터이. 두텁게. ☞두터이 ¶어미 죽거늘 녜ᄅᆞᆯ ᄀᆞ초와 둗터이 묻고:母歿備禮厚葬(東新續三綱. 孝8:69).

둗텁·다 형 두텁다. 두껍다. ☞두텁다 ¶텬셩이 둗터워:敦厚(飜小7:10). 삼가고 둗터운 性을:謹厚性(宣小5:22). 셜워 ᄉᆞ모ᄒᆞ기ᄂᆞᆯ 더옥 둗텁더라:哀慕益篤(東新續三綱. 孝7:32). 둗터올 후:厚(倭解下31).

:둘 수 둘. ¶둘희 힘이 달오미 업더니(月印上14). 둘흔 有餘國이니(法華1:193). 定과 慧왜 둘히 노ᄀᆞ샤:定慧雙融(永嘉序7). 七淨ᄋᆞᆫ ᄒᆞ나ᄒᆞᆫ 戒淨이오 둘흔 心淨이오 세흔 見淨이오 네흔 疑心 그츤 淨이오(永嘉序9). 세 性이 둘헤 分ᄒᆞ리라:三性兩分(永嘉上65). 둘흐로 例ᄒᆞ야 아롤디니라:以二例知(圓覺下一之一28). 둘콰 둘콰ᄅᆞᆯ 뫼화(圓覺下二之二14). 둘흔 겨지븨 마리오(宣賜內訓1:14). 幽人의 貞正호ᄆᆞᆯ 둘흘 오ᄋᆞᆯ에 호ᄆᆞᆯ 붓그리노라:幽貞愧雙全(初杜解6:37). 큰 것과 져근 것괘 반ᄃᆞ기 둘콤 ᄂᆞ놋다:大小必雙翔(初杜解8:68). 實相이 둘히 잇ᄂᆞ니(南明上7). 지게 밧긔 둘희 신이 잇거든:戶外有二屨(宣小3:10). 마춤 형데 둘히 젓히 잇더니(女四解4:10).
※'둘'의 첨용 ┌ 둘 └ 둘히/둘흔/둘흘/둘흐로/둘콰…

둘 명 섬에 차지 못한 곡식. ¶乭:音둘 李晬光曰我國以穀未滿石者爲乭(行吏).

둘다 동 두르다. ☞두르다 ¶두 시내 둘은 물은 人力으로 깃단 말가(草堂曲). 분벽사창 발근 방에 운무 병풍 둘엇ᄂᆞᆫ 듯(皆岩歌).

둘·다 동 휘두르다. ☞두르다 ¶大士ㅣ 書案ᄋᆞᆯ 둘어 ᄒᆞᆫ 소리 ᄒᆞ고:大士揮案一聲(金三5:40). 大士ㅣ 자ᄒᆞᆯ 둘어 經을 講호미:大士揮尺講經(金三5:40).

둘러안ㅅ다 동 둘러앉다. ¶둘러안ㅅ다:圍坐(同文解上26).

둘보다 동 둘러보다. ¶논에라 ᄒᆞᆫ 글에 닐오되 어딘 군ᄌᆞᄂᆞᆫ 급ᄒᆞᆫ 이ᄅᆞᆯ 둘보고 가옴연 이를 더 주디 아니타 ᄒᆞ도다(正俗47).

둘·어 동 둘러. 에워싸. ㉠둘다 ¶行宮에 도ᄌᆞ기 둘어 님그미 울어시ᄂᆞᆯ:賊圍行宮天子泣涕(龍歌33章). 衛護ᄂᆞᆫ 둘어 더브러셔 護持ᄒᆞᆯ 씨라(釋譜9:40). 隱居ᄒᆞᆫ 사ᄅᆞ미 섭나모 門 안해 바틧 菜蔬ㅣ 지븨 둘엇ᄂᆞᆫ ᄀᆞᅀᆞᆯ 히로다:隱者柴門內畦蔬繞舍秋(初杜解16:72). ※둘어>둘러

둘어보다 동 둘러보다. ☞둘보다 ¶셩시 산림 둘어보니(萬言詞).

둘·어잇·다 동 둘러 있다. ¶그 밧긔 또 鐵圍山이 둘어잇ᄂᆞ니(月釋1:28). 萬物이 샹녜 둘어이쇼미 엇뎨 마ᄀᆞ리오(南明上38).
※둘어잇다>둘러 있다

둘에 명 둘레. ☞에음 ¶둘에 열두 由旬이오(月釋8:13). 하ᄂᆞᆶ 둘에 三百六十五度 ᄒᆞ고(楞解6:16). 그르메 기우니 둘에 便安티 아니ᄒᆞ도다:影斜輪未安(重杜解12:1). 두터비ᄂᆞᆫ 半 둘에예서 뮈놋다:蝦蟆動半輪(重杜解12:2). 明月ㅅ 둘에예 ᄂᆞ려 뻘티더라:下拂明月輪(重杜解24:24). 즈믄 볼 온 둘에 횟도라 서르 호미 업서:千重百匝無廻互(金三5:25). ᄃᆞᆯ 둘에ᄅᆞᆯ 비기나ᄂᆞᆯ:擬月輪(南明上11). ※둘에>둘레

둘엿다 형 둥글다. ☞둘엿ᄒᆞ다 ¶初生에 잇즌 달도 보름에는 둘엿거든(古時調. 金天澤. 海謠).

둘엿이 부 둥글게. ¶술을 醉케 먹고 둘엿이 안잣신이(古時調. 鄭太和. 海謠).

둘엿ᄒᆞ다 형 둥글다. ☞두렫ᄒᆞ다. 두렷ᄒᆞ다 ¶竹이 둘엿ᄒᆞ니 또ᄒᆞᆫ 天을 衆호미오(家禮6:14). 낫갓치 ᄀᆞ으다가 보름이 돌아오면 거울갓치 둘엿ᄒᆞ다(古時調. 金振泰. 初生에 빗친. 靑謠).

둘오·다 동 뚫다. ☞듧다. 듧다 ¶기동 둘온 뎐 버리 ᄢᅮᆯᄅᆞᆯ 흘렛고 棧道ㅣ ᄒᆞ야딘 뎐 져비 지블 더엣도다:柱穿蜂溜蜜棧缺燕添巢(初杜解14:9).

둘오다 동 두르다. ¶우흐로 오새 브터 ᄀᆞᄅᆞ 허리예 둘온 則(家禮6:9).

둘옵 명 두릅. ☞두릅. 둘훕 ¶둘옵:搖頭菜(譯解下11).

둘우 부 두루. ☞두루 ¶보기를 둘우 말며:視瞻毋回(宣小3:11).

:둘·우·다 동 두르다(圍). ☞두르다. 둘오다 ¶우리 사ᄅᆞ미 서르 둘우며 서르 더브사라 ᄃᆞ니면 됴커니ᄯᆞ나:咱們人廝將就廝附帶行時好(飜老下44).

:둘·우·다 동 휘두르다. ☞두르다 ¶돌햇 브리 ᄒᆞᆫ 적 둘우매 하ᄂᆞᆯ 밧긔 니거늘:石火一揮天外去(南明下41). ᄒᆞᆫ 벼를 둘우메 世界便安ᄒᆞ도다:一星揮了世界安(金三5:49). 도적이 칼을 둘워 겁틱ᄒᆞ거ᄂᆞᆯ:賊揮劒劫(東新續三綱. 烈8:77).

둘으다 동 두르다. ☞두르다 ¶둘을 회:回轉也(註千24). 둘을 환:環 回繞(註千41).

:둘·재 [수] 둘째. ☞둘차히 ¶둘잿 줄 열여슷 뎝시옌 개옴 잣:第二遭十六楪榛子松子(飜朴上4). 둘재ᄂᆞᆫ ᄀᆞᆯ온 동ᄉᆡᆼ 권당 친히 아니ᄒᆞᄂᆞᆫ 형벌이오:二曰不睦之刑(宣小1:12). 그 둘재ᄂᆞᆫ 션ᄇᆡ 일ᄋᆞᆯ 아디 몯ᄒᆞ며:其二不知儒術(宣小5:17).

둘재가락 [명] 둘째가락. 둘째손가락. ¶둘재가락:指人指(同文解上16).

둘짜 [수] 둘째. ☞둘차히 ¶둘짯 句ᄂᆞᆫ 알ᄑᆡᆺ 五識이 밧긧 도ᄌᆞᆨ ᄃᆞ외야 門ᄋᆡ 나ᄃᆞᆯ어든(南明下1).

둘차 [수] 둘째. ☞둘차히 ¶둘찻 阿僧祇劫(月釋2:9). 둘찻 닐웨 中엔 ᄒᆞᆫ골ᄋᆞ티 向ᄒᆞ야 ᄆᆞᅀᆞᄆᆞᆯ 올와:第二七中一向專心(楞解7:23). 이 둘찻 ᄆᆞ더니라:是第二箇程節(蒙法42). 둘찻 始敎ᄂᆞᆫ ᄯᅩ 일후미 分敎ㅣ니:二始敎者亦名分敎(圓覺上一之一33). 슬프다 둘찻 놀애 블로매:嗚呼二歌兮(初杜解25:27).

:둘차·히 [수] 둘째. ☞둘재. 둘차. 둘채 ¶둘차힌 뎡바기 더고리 구드시며(月釋2:55). 十住ㅣ 둘차히오:十住爲第二(楞解7:20). 둘차히 種性을(圓覺下一之一40).

:둘·채 [수] 둘째. ☞둘차. 둘차히 ¶둘챗 가ᄌᆞᆯ비샤ᄆᆞᆯ브터 二佛身 이쇼ᄆᆞᆯ 아ᄂᆞ니:依第二譬喩知有二佛身(圓覺上一之二179). 둘채 사ᄅᆞᆷ 度脫호ᄆᆞ로 마초아 혜샤ᄆᆞᆫ:二以度人校量者(圓覺下三之二83).

둘충 [명] 두충. ¶둘충:杜冲(物譜 藥草).

:둘·헤 [수] 둘에. (독)둘 ¶세 性이 둘헤 分ᄒᆞ리라:三性兩分(永嘉上65).

둘흡 [명] 두릅. ☞두릅. 둘옵 ¶둘흡:木頭菜(東醫 湯液二 菜部).

:둘흐·로 [수] 둘로. (독)둘 ¶둘흐로 例ᄒᆞ야 아롤디니라:以二例知(圓覺下一之一28). 몬져 둘흐로 ᄒᆞ여 ᄆᆞᆯ 노흐라 보내고:先着兩箇放馬去(老解上51).

:둘·흔 [수] 둘은. (독)둘 ¶七淨ᄋᆞᆫ ᄒᆞ나ᄒᆞᆫ 戒淨이오 둘흔 心淨이오 세ᄒᆞᆫ 見淨이오 네ᄒᆞᆫ 疑心 그츤 淨이오(永嘉序9).

:둘·흘 [수] 둘을. (독)둘 ¶幽人의 貞正호ᄆᆞᆯ 둘흘 오ᄋᆞᆯ에 호ᄆᆞᆯ 붓그리노라:幽貞愧雙全(初杜解6:37).

:둘히 [수] 둘이. (독)둘 ¶定과 慧왜 둘히 노ᄀᆞ샤:定慧雙融(永嘉序7).

:둝·재 [수] 둘째. ☞둘재. 둘차히 ¶둝재 ᄀᆞᆯ온 여슷 가짓 힝실이니:二曰六行(宣小1:11). 둝재ᄂᆞᆫ 고을 官員의 길며 뎌ᄅᆞ며 올히 ᄒᆞ며 그ᄅᆞ홈을 닐으디 아니홈이오:二不言州縣官員長短得失(宣小5:100).

둛다 [동] 뚫다. ☞둘오다 ¶ᄃᆞᆰ긔 알해 죠고만 구멍을 둛고:雞卵開一竅(痘要上8). 댓 ᄆᆞ디 겻히 심 욺글 둛고(火砲解9).

둠 [명] 약두구리. 약탕관. ¶딜 둠기 ᄯᅩᄒᆞᆫ 됴ᄒᆞ니라:陶盆亦可(煮硝方19).

둠 [명] 뜸. ¶몰래 우희 그믈 널고 둠 미틔 누어 쉬쟈(古時調. 尹善道. 孤遺).

둡겁나물 [명] 천명정(天名精). 여우오줌풀. ¶둡겁나물:天名精(物譜 雜草).

둡게 [명] 덮개. 뚜껑. ☞두에 ¶곧 둡게를 닫ᄌᆞᄫᆞ니라(釋譜23:23). 槨 둡게ᄅᆞᆯ 다대아 이리 몯ᄂᆞᆫ디라:蓋棺事則已(重杜解2:32). 丈夫ᄂᆞᆫ 棺槨ㅅ 둡게ᄅᆞᆯ 다대아 이리 비롯 一定ᄒᆞᄂᆞ니:丈夫蓋棺事始定(初杜解19:46). 시르 둡게예 미친 믈:甑氣水(東醫 湯液一 水部).

둡·다 [동] 덮다. ☞둪다 ¶如來ᄅᆞᆯ 둡ᄉᆞᆸ고(釋譜23:18). 金壜 우희 둡ᄉᆞᄫᆞ미(釋譜23:49). 둡다 니ᄅᆞ고:言覆(法華2:197). 繡ᄒᆞᆫ 거스로 둡다가 ᄒᆞ마 버린 後엔(法華2:212). 오ᄉᆞ로 모ᄆᆞᆯ 둡ᄂᆞ니 쳐 得ᄒᆞ고:衣以蓋形長養而得(永嘉上22). 能所ㅣ 어즈러워 不空ᄋᆞᆯ ᄀᆞ초아 둡논디라:能所紛然隱覆不空(永嘉上79). ※둪다(둡다)>덮다

둡덛·다 [동] 두둔하다. ☞둡덥다. 둡덮다 ¶제 惡을 둡덛디 마라:毋護其惡(宣賜內訓3:7).

둡덥다 [동] 두둔하다. ☞둡덛다. 둡덮다 ¶됴ᄒᆞ며 사오나오미 맛디 아니호ᄃᆡ 기리 서르 둡덥놋다:好惡不合長相蒙(重杜解4:29).

둡덮·다 [동] 두둔하다. ☞둡덛다. 둡덥다 ¶覆ᄂᆞᆫ ᄂᆞᄆᆡ 重罪ᄅᆞᆯ 둡더플 씨오(楞解7:54).

둣거이 [부] 두껍게. ☞둗거이 ¶ᄆᆞᅀᆞᆯ헤 즐거오믈 둣거이 ᄒᆞ여:厚鄰里之歡(警民25). 스ᄉᆞ로 밧들기ᄅᆞᆯ 둣거이 ᄒᆞ고(女四解4:12).

둣겁다 [형] 두껍다. ☞둗겁다 ¶기르마지치 ᄉᆞᆯ혼 둣겁고(馬解上4). 둣거온 덕을 바다 가져셔도(三譯9:10).

둣겁이 [명] 두꺼비. ☞둗거비 ¶둣겁이:蟾蜍(物譜 水族).

둣·다 [동] 두었다. ㉮두다 ¶取ᄒᆞ며 捨호ᄆᆞᆯ ᄆᆞᅀᆞ매 둣거니:取捨居懷(南明下48). 내 ᄒᆞᆫ 말ᄉᆞᆷ 둣노니:吾有一言(龜鑑上5). 힌 출조ᄡᆞᆯ밥 반 되ᄅᆞᆯ 글힌 므레 ᄌᆞ마 둣다가:白粱米飯半升以漿水浸(救簡1:12).

둣덥다 [동] 두둔하다. ☞둡덥다 ¶간사ᄒᆞᆫ 거즛 일은 ᄆᆞᄎᆞᆷ내 ᄀᆞ리오고 둣덥기 어려워:詐僞之事終難掩覆(警民14). 이 후의 만일 당을 둣덥ᄂᆞ니 이시면:護黨(仁祖行狀28). 허믈 잇거든 둣덥디 아니ᄒᆞ야:有過則不掩也(重內訓3:27). 둣덥기 죠하ᄒᆞ다:性好遮護(漢淸6:20).

둣터비 [명] 두꺼비. ☞두터비 ¶둣터비:黑蠊(譯解下36).

둣텁다 [형] 두텁다. ☞두텁다. 둗텁다 ¶미틔 臺ᄅᆞᆯ 넙고 둣텁고 내밀게 ᄒᆞ야(家禮圖18). 孝敬이 더옥 둣터오니(女四解4:43). 둣터을 후:厚(兒學下8).

둥게둥게 부 둥개둥개. ¶마즈막 餞送ᄒᆞ시 둥게둥게 놉히 써셔(古時調. 金壽長. 이 시름 져 시름. 海謠).

둥구레 명 둥굴레. ¶둥구레:黃精(物譜 藥草). 둥구레 삭:黃精苗(物譜 蔬菜). 둥구레:偏精(柳氏物名三 草).

둥구리다 동 둥글리다. ☞둥굴리다 ¶둥구리다:圈了(譯解補11).

둥굴다 동 뒹굴다. ¶둥굴둥굴 둥실 둥굴러(古時調. 청울치. 靑丘).

둥굴다 형 둥글다. ☞두렫다. 둥글다 ¶둥굴게 응ᄒᆞ매 잇ᄂᆞ니라(敬信84). 둥굴 원:圓(註千35. 兒學下8).

둥굴리다 동 둥글리다. ☞둥구리다 ¶둥굴리다:團起來(譯解補45).

둥그다 형 둥글다. ☞둥글다 ¶둥그다:圓(漢淸11:59).

둥그러ᄒᆞ다 형 둥그렇다. ¶얼굴이 둥그러ᄒᆞ니 므긔 一百열세 斤이오(火砲解7).

둥글다 형 둥글다. ☞둥굴다. 둥그다 ¶둥글 원:圓(倭解下32).

둥긔다 동 뚱기다 ¶힘써 둥긔여 내고:力挑出(練兵2).

둥기다 동 쩔쩔매다 ¶열업시 상긴 烏賊魚 둥기는듸(古時調. 金壽長. 바독 걸쇠갓치 얽은 놈아. 海謠).

둥시러케 부 둥그스름하게. ¶가슴에 궁글 둥시러케 뚤고(古時調. 靑丘).

둥우리 명 둥우리. 둥주리. ☞두으리. 둥울 ¶둥우리:雞窠(柳氏物名一 羽蟲).

둥울 명 둥우리. 둥주리. ☞두으리. 둥우리 ¶둥울:鴈翅板(老解下27). 둥울 우희:鴈翅板上(朴解上26). 둥울:鴈翅板(譯解下19).

둥조리 명 둥주리. 둥우리. ☞둥주리 ¶둥조리:草屯(同文解下15).

둥·주·리 명 둥주리. 둥우리. ☞두으리. 둥조리 ¶드는 둥주리:提籃(四解下79 籃字註). 둥주리 루:簍(訓蒙中13). 도최롤 알 안는 ᄃᆞᆰ의 둥주리 아래 ᄃᆞ라 두면:以斧懸抱卵雞窠下則(胎要11).

둥지둥둥 부 둥실둥둥. ¶박구기롤 둥지둥둥 띄여 두고(古時調. ᄃᆞ나 쓰나. 靑丘).

둪·다 동 덮다. ☞둡다 ¶衆人올 다 두프니(月印上58). 마리롤 펴 두퍼시놀(月釋1:16). 보비옛 帳이 큰 宮을 두프며(月釋2:32). 다ᄉᆞᆺ 가짓 두푸믄 貪欲과 嗔心과(月釋7:43). 法界롤 다 두푸시ᄂᆞᆫ 體니라:周覆法界之體(楞解1:9). 露ᄂᆞᆫ 두푼 것 업슬 씨라(楞解1:94). 곧 너비 두푸신 行이시며:卽廣蔭行(法華7:144). 無量業 미요ᄆᆞᆯ 뫼화 佛性을 두퍼:積集無量業結覆盖佛性(金剛上83). 障ᄋᆞᆫ 이 두퍼 막논 ᄠᅳ디라:障者是覆蔽妨礙之義(圓覺上一之一12). 自在ᄒᆞᆫ 智ㅣ 無明의 두푸미 ᄃᆞ외요미라 ᄒᆞ니(圓覺上一之二179). ᄡᅡᄒᆞᆯ 두펫ᄂᆞ니라(牧牛訣2). 두들글 두펏ᄂᆞᆫ 녯 남기 서리엿고:護堤盤古木(重杜解2:30). 니벳ᄂᆞᆫ 옷ᄀᆞ외로 두푸면:着衣裳蓋覆(佛頂中7). 구루미 ᄒᆡ롤 두퍼든(六祖上66). 두플 개:蓋(訓蒙中13. 類合上29. 石千7). 씨 두플 우:耰(訓蒙下5). 두플 복:覆(光千8). ※둪다>덮다

·뒤 명 띠. ¶뒤爲茅(訓解. 用字). 뒤 두플 씨오:茅覆(法華2:104). 뒷 불휫 지 세 兩과:茅根灰三兩(救急下27).

:뒤 명 뒤. ¶아바님 뒤헤 셔샤:立在父後(龍歌28章). 뒤헤는 모딘 도ᄌᆞᆨ:後有猾賊. 뒤헤는 모딘 즁ᄉᆡᆼ:後有猛獸(龍歌30章). 뒤 東山애 드러 노ᄅᆞᆺᄒᆞ시며(釋譜11:31). 앏과 겯과롤 보고 뒤흘 몯 보며(釋譜19:10). 앏 뒤헷 빗근 남기니(月釋序24). 뒤히 알픠 니르디 아니ᄒᆞᆯ씨(楞解2:118). 뒤흘 몯 미츠며:而不及後(法華6:26). 뒤ᄒᆞ로 ᄃᆞᄅᆞ리라(金三2:38). 뒷 내해 ᄆᆞᆯ 싯기라 가져:背後河裏洗馬去來(飜朴上21). 뒤 후:後(訓蒙下34. 類合上2. 石千37. 倭解上11). 뎌 집 뒤히 곳 우믈이라:那房後便是井(老解上28). 니르도록 니르도록 뒤흐로 가ᄂᆞᆫ ᄃᆞᆺᄒᆞᆫ ᄠᅳᆺ 가지미(新語4:23). 뒤:後. 뒤흐로:向後(同文解上9). 뒤흐로:往後(漢淸1:51). 칼흘 가지고 뒤흐로 가 티니(太平1:11).

※'뒤'의 첨용 [뒤 / 뒤히/뒤헤/뒤흘…

:뒤 명 북쪽. ¶뒷심올:北泉洞(龍歌2:32). 뒤 븍:北(訓蒙中4). 白鹽 노ᄑᆞᆫ 묏 뒤콰:白鹽危嶠北(初杜解7:16). 뒤 븍:北(類合上2). 中門 뒤희 가 새바긔 省ᄒᆞ더라:晨省於中門之北(宣小6:95).

뒤간 명 뒷간. ¶뒤간 칙:廁(兒學上9).

뒤걸기 명 뒤굴대. ¶뒤걸기:尾軸(柳氏物名一 獸族).

뒤눕다 동 번복하다. ¶창히 상뎐이 슬ᄏᆞ장 뒤눕ᄃᆞ록(古時調. 鄭澈. 남극노인셩. 松江). ※뒤눕다<드위눕다

뒤ᄂᆞ래 명 뒷날개. ¶壁上의 그린 黃鷄 수ᄃᆞᆰ이 뒤ᄂᆞ래 탁탁 치며 긴 목을 느리워셔(古時調. 노새 노새. 靑丘).

뒤다 동 뒤지다. ¶적기 뒤여 내여 오욕고져 ᄒᆞ거ᄂᆞᆯ:賊搜出欲汚之(東新續三綱. 烈7:30). 집 뒤다:譫房子(譯解上66). 뒤다:搜檢(同文解下30). 개가 즘싱 뒤다:狗嗅尋牲(漢淸10:22).

뒤다 동 뒤다. ¶去字변에 뒨 귀 이 ᄒᆞᆫ 거시 곳 이라:去字傍着反耳的便是(朴解中41).

뒤다 동 두다. ¶石塔 흐튼 바독 商山翁이 뒤다 간가(草堂曲).

뒤다리 명 뒷다리. ☞뒷다리 ¶뒤다리 우희

ᄒᆞᆫ ᄆᆞ더ᄅᆞᆯ 밧좁고(家禮10:38). 뒤다리:臂(物譜 飮食).

뒤다리너분써 명 볼기뼈. ¶뒤다리너분써:臗(物譜 飮食).

뒤덕이 명 두더지. ☞두더쥐. 두디쥐 ¶뒤덕이:鼴鼠(柳氏物名一 獸族).

뒤덥다 동 뒤덮다. ¶부뫼 ᄀᆞᄅᆞ치고 얼운니 뒤덥거든(恩重13).

뒤뎝다 동 뒤집어 접다. ¶벽녕 네 치ᄅᆞᆯ 뒤뎝어 좌우 適글 ᄆᆡᆼ그ᄂᆞᆫ 圖(家禮圖9).

:뒤돌·다 동 뒤로 돌다. ¶뒤도라 날 ᄇᆞ라다가(釋譜11:29). 陰陽ㅅ 氣分이 시혹 ᄒᆡᄅᆞᆯ 뒤도라슈미 지여숌 ᄀᆞᆮᄒᆞ며:陰陽之氣或背日如負(楞解2:87). 菊花의 퍼쇼ᄆᆞᆯ 뒤도라 ᄀᆞᄅᆞ치리로다:背指菊花開(初杜解23:30).

뒤디다 동 뒤지다. ☞뒤지다 ¶ᄯᅡ 뒤디다:拱地(柳氏物名一 獸族). 뒤딜 뎐:殿(註千18).

뒤버므리다 동 법석이다. ¶다만 닉일 出船의 뒤버므릴쟉시면 中官 以下란 올리디 말미 엇더ᄒᆞ올고(新語6:20).

:뒤·보·다 동 뒤보다. 〔'똥누다'를 점잖게 이르는 말.〕¶네 뒤보라 가라:你淨手去. 나ᄂᆞᆫ 뒤보기 마다:我不要淨手. 길ᄶᅢ셔 뒤보기 말라:休在路邊淨手(飜老上37). 뒤본 그릇슬 다 친히 자바 ᄒᆞ니:溷器亦皆親持(東新續三綱. 烈7:66). 뒤보기 됴티 아니ᄒᆞ랴:淨手不好那. 네 뒤보라 가라:你淨手去(老解上33). 뒤보다:出恭(漢淸5:60).

뒤ᄲᅳ기옷 명 뒤트기. 창의(氅衣). ☞뒤ᄐᆞ기 ¶뒤ᄲᅳ기옷:開褉衣裳(譯解上44).

뒤설머지다 동 짊어지다. ¶ᄉᆞ랑을 챤챤 얽동혀 뒤설머지고(古時調. 歌曲).

:뒤셔·다 동 뒤서다. ¶혹 앏셔며 혹 뒤셔 공경ᄒᆞ야:或先或後而敬(宣小2:3).

·뒤쇼·ᄃᆡ 동 두어 있으되. 두었으되. ㉮뒷다 ¶仙人이 ᄉᆞᆯᄫᅩᄃᆡ 내 ᄒᆞᆫ ᄯᆞᄅᆞᆯ 뒤쇼ᄃᆡ 져머 어리오(釋譜11:28).

·뒤실 동 두어 있을. ㉮뒷다 ¶사ᄅᆞᆷ마다 제 無生樂ᄋᆞᆯ 뒤실시니라:人人自有無生樂(金三4:8).

뒤ᄯᅡᆫ 명 뒷간. ☞뒤간 ¶ᄌᆞ식 빈 겨집이 뒤ᄯᅡᆫ니 들 적을 보와:看姙婦上圊時(胎要10).

뒤ᄭᅩᆨ 명 꼭뒤. 뒤통수. ¶허긔져 눈 깁흐니 뒤ᄭᅩᆨ도 거의로다(萬言詞).

뒤ᄹᅥ지다 동 뒤떨어지다. 처지다. ¶뒤ᄹᅥ지다:落後(同文解上26. 漢淸6:44).

뒤ᄲᅡ지다 동 손에서 놓치다. 빠지다. ¶뒤ᄲᅡ지다:失手放(譯解補15).

뒤안 명 뒤곁. 뒤터. 뒷동산. ¶날회야 거러 져근 뒤안ᄒᆞᆯ 보노라:徐步視小園(重杜解6:50). 뒤안 원:園(類合下28).

뒤안ᄒᆞᆯ 명 뒤곁을. 〔ㅎ 첨용어 '뒤안'의 목적격.〕㉲뒤안 ¶날회야 거러 져근 뒤안ᄒᆞᆯ 보노라:徐步視小園(重杜解6:50).

뒤앗다 동 뒤집다. ¶羊龍丹 몸동이에 담 벙거지 뒤앗고셔(古時調. 셋괏고. 靑丘).

뒤용이 명 뒤웅박. ¶담비 ᄡᅵ로 뒤용이 ᄑᆞ다:南靈子鑿壺(東韓).

뒤·우들·다 동 뽐내다. ¶昂昂:뒤우드러 ᄒᆞ건 양ᄒᆞᄂᆞᆫ 톄라(宣小5:23).

뒤이다 동 뒤지다. ☞뒤디다 ¶간검ᄒᆞ야 뎜고ᄒᆞ고 뒤여 ᄎᆞ자:撿點搜尋(女四解2:29).

뒤잇다 동 뒤적이다. 뒤집다. ☞두위잇다 ¶고기 녀허 뒤이즈며 져기 소곰 두고:下上肉着些鹽(老解上19).
※뒤잇다<두위잇다

뒤쟝 명 뒤에 둘러치는 휘장. ¶뒤쟝 쟝:帳(兒學上9).

뒤젓다 동 뒤섞어 젓다. ¶져로 뒤저어 봇가:着筯子攪動炒的(老解上19).

뒤져기다 동 뒤적이다. ¶ᄇᆞᄅᆞ미 흰 믈겨를 뒤져기니:風飜白浪(百聯23). 낫낫치 펴 뒤져겨 보고(癸丑107). 물건 뒤져겨 ᄎᆞᆺ다:飜找物件(漢淸6:43).

:뒤 조 지 명 태(胎). 포의(胞衣). ¶뒤조지 몯 낟ᄂᆞ니:胎衣不下(救簡目錄7).

:뒤좃·다 동 뒤좇다. ¶衆이 뒤좃ᄂᆞ니 엄과 톱과 갈모미 어려워 저푸미 ᄒᆞ마 이도다:衆隨後牙爪難藏威已就(南明下36).

뒤지다 동 뒤지다. ☞뒤디다 ¶싀궁치 뒤져 엇먹ᄂᆞᆫ 올히ᄂᆞᆫ(古時調. 靑天 구룸. 靑丘). 즘싱 뒤지다:搜獸(譯解補17). 돗치 ᄯᅡ 뒤지다:猪拱地(漢淸14:11).

뒤짐 명 뒷짐. ☞뒤짐지다 ¶뒤짐:背叉手(譯解上39).

뒤짐지다 동 뒷짐지다. ¶뒤짐지다:倒背手(漢淸7:28).

뒤집다 동 뒤집다. ¶뒤집어 닙다:反穿(譯解補29). 뒤집다:翻過來(譯解補58).

뒤촉 명 뒤축. ☞뒤축. 뒤측 ¶발뒤촉을 치니(敬信45).

:뒤·축 명 뒤축. ☞뒤촉. 뒤측 ¶밠뒤추기 넙고 기르시고(法華2:12). 뒤축과 서로 마ᄌᆞ샤(法華2:12).

:뒤·측 명 뒤축. ☞뒤축 ¶시우쳥 뒤측:後跟(救簡2:33). 뒤측 근:跟(訓蒙上28). 뒤측 죵:踵(訓蒙上29). 발뒤측:脚跟(同文解上16). 올흔편 발뒤측을 向ᄒᆞ야(武藝圖25).

뒤치다 동 뒤치다. 번드치다. ¶뒤치다:翻過來(漢淸9:79). 고기 뒤쳐 번드기다:魚翻白(漢淸14:48).

:뒤·콰 명 북쪽과. ㉲뒤 ¶白鹽 노ᄑᆞᆫ 묏 뒤콰 赤甲 녯 城ㅅ 東녀긔:白鹽危嶠北赤甲古城東(初杜解7:16).

뒤키다 동 뒤집다. ¶뒤켜 닙다:反穿(同文解上57).

뒤텨지다 동 뒤쳐지다. ☞뒷쳐지다 ¶활 뒤텨지다:弓反身(同文解上47).

뒤튼챵옷 명 뒤튼창옷. ¶뒤튼챵옷:四褑衫(物譜 衣服).

뒤틀다 동 뒤틀다. ¶뒤트ᄂᆞᆫ 증:搐(痘要上63). 晝夜長常 뒤트러져 감겨 잇셔(古時調. 님으람 淮陽金城. 海謠).

뒤틀리다 동 뒤틀리다. ¶경풍으로 뒤틀리ᄂᆞᆫ 증을 고티고:治…驚搐搦(臘藥9).

뒤티다 동 뒤치다. 번드치다. 번복하다. ☞두위티다 ¶뒤틸 번:翻(類合下56). 모믈 뒤텨 ᄯᅡ해 ᄢᅥ러뎌:飜身墜地(東新續三綱. 烈5:50). 뒤텨디고 버려시미라:翻張(無冤錄3:5). 계오 기오리고 다시 바ᄅᆞᄂᆞ니ᄂᆞᆫ 년니 페 비 뒤티미오:纔欹復正荷翻雨(百聯17).

뒤ᄐᆞ기 명 뒤트기. 창의(氅衣). ☞뒤ᄠᆞ기옷 ¶뒤ᄐᆞ기:開岐袍(譯解補28).

:뒤헤 명 뒤에. 독뒤 ¶뒤헤는 모딘 도ᄌᆞᆨ:後有猾賊. 뒤헤는 모딘 즁ᄉᆡᆼ:後有猛獸(龍歌30章).

뒤혀다 동 뒤치다. 뒤집다. ¶뒤혈 반:反(類合下59). 밧 뒤혀다:飜田(譯解補41). 너 안 뒤혀 남 못 뵈고(古時調. 玉에ᄂᆞᆫ. 花源).

:뒤:후·로 명 뒤로. 독뒤 ¶아프로 옷기슬 ᄯᅵ고 뒤후로 옷기솔글 잇그러:前襟後裾(宣小5:70).

뒤흐로 명 뒤로. 독뒤 ¶니르도록 니르도록 뒤흐로 가ᄂᆞᆫ ᄃᆞᆺᄒᆞᆫ ᄠᅳᆺ 가지미(新語4:23). 뒤흐로:向後(同文解上9). 뒤흐로:往後(漢清1:51). 칼흘 가지고 뒤흐로 가 티니(太平1:11).

:뒤·흘 명 뒤를. 독뒤 ¶뒤흘 몯 미츠며:而不及後(法華6:26).

뒤히 명 뒤가. 독뒤 ¶뎌 집 뒤히 곳 우믈이라:那房後便是井(老解上28).

뒨간 명 뒷간. ☞뒷간 ¶싀어미 미양 뒨간의 갈 제 몸소 친히 업더라:姑每如廁身親負之(東新續三綱. 烈1:42).

뒨공ᄉᆞ 명 뒷공론. ¶져 사ᄅᆞᆷ온 놈의 앏희셔ᄂᆞᆫ 겁내여 아모 是非도 몯 ᄒᆞ다가 미양 뒨공ᄉᆞ만 ᄒᆞ니(隣語5:19).

:뒷간 명 뒷간. ¶뒷가ᄂᆡ 난 곳 ᄀᆞᆫᄒᆞ야 고비너기면 당다이 제 모미 더러ᄫᅳ며(月釋7:18). 바미 시혹 뒷가내 오ᄅᆞ거나:暮夜或登廁(救急上15). 이런 어두은 ᄯᅡ해 뒷간의 가미 어렵다:這般黑地裏東廁裏難去(飜老上37). 뒷간 ᄎᆞ:廁 뒷간 혼:圂. 뒷간 청:圊(訓蒙中6). 쏘 가치ᄅᆞᆯ 뒷간 앏퍼 무드라:又方埋鵲於圊前(瘟疫方5). 뒷간 차:廁(類合上23). 뒷간의 ᄒᆞᆰ ᄇᆞᄅᆞ거ᄂᆞᆯ:塗廁(宣小4:31). 뒷간 측:廁(倭解上32). 뒤간:淨房(譯解上19).

·뒷·다 동 두어 있다. 두었다. ☞두다 ¶門ᄃᆞᆯᄒᆞᆯ 다 구디 ᄌᆞᆷ겨 뒷더시니(釋譜6:2). 남ᄀᆡ 모ᄆᆞᆯ ᄢᅦ수ᄫᅡ 뒷더니(月釋1:6). 布施ᄂᆞᆫ 제 뒷논 천량ᄋᆞ로 ᄂᆞᆷ 주며 제 아논 法으로 ᄂᆞᆷ ᄀᆞᄅᆞ칠 씨오(月釋2:25). 衆生마다 뒷논 제 性이니(月釋2:53). ᄠᅳᆮ 뒷ᄂᆞᆫ 사ᄅᆞ믄:有志之士(蒙法68). 그위지븨 ᄀᆞᅀᆞᆷ 반되ᄅᆞᆯ 容納ᄒᆞ야 뒷다:廨宇容秋螢(初杜解6:20). 기피 ᄀᆞ초아 뒷다가 늘그니ᄅᆞᆯ 주ᄂᆞᆫ 거시어ᄂᆞᆯ:深藏供老宿(重杜解9:23). 낫바ᄆᆞᆯ 瑤琴과 ᄧᅡᆨᄒᆞ야 뒷다라:日夜偶瑤琴(初杜解15:3).

뒷다리 명 뒷다리. ¶왼녁 뒷다리:左腿上(老解下14). 뒷다리:後腿(漢清12:29).

뒷드림 명 뒤의 드림. ¶투구 뒷드림:腦包(譯解補15).

뒷뫼 명 뒷산. ¶압뫼해 고지 프니 뒷뫼히 벌거ᄒᆞ도다:前山花發後山紅(南明下19).

뒷밀치 명 뒷밀치. ¶在後曰靽 뒷밀치(雅言二 轡).

뒷솟동 명 뒷걸이. ☞뒷솟등 ¶뒷솟동:坐纓(譯解下20).

뒷솟등 명 뒷걸이. ☞뒷솟동 ¶뒷솟등:坐纓(柳氏物名一 獸族).

:뒷:심:쏠 명 북천동(北泉洞). 〔지명(地名)〕 ¶至北泉洞 뒷심쏠…北泉洞在松京北部五冠坊(龍歌2:32).

뒷쟈락 명 뒷자락. ¶뒷쟈락:後襟(譯解下6).

뒷진엄이 명 뒷지느러미. ¶뒷진엄이:後分水(漢清14:47).

뒷쳐지다 동 뒤쳐지다. ☞뒷텨지다 ¶귀ᄉᆞ던 뒷쳐지다:耳輪反(譯解補21).

뒷치기 명 뒤치기. 뒤집기. ¶네 드레 뒷치기ᄅᆞᆯ 아지 못ᄒᆞ거든 드레 우희 ᄒᆞᆫ 벽을 노흐라(蒙老2:18).

뒷치다 동 뒤치다. ☞뒷티다 ¶黃蓋 뒷쳐 평상에 ᄂᆞ려 절ᄒᆞ고 사례ᄒᆞ다(三譯6:3).

뒷티다 동 뒤치다. 뒤집다. ☞드위티다 ¶네 뒷티기 아디 못ᄒᆞ거든:你不會擺時(老解上29). 술위 뒷티다:飜車(譯解下23).

듀 명 주(株). 그루. ¶뽕나모 八百株와 사오나온 밧 열다ᄉᆞᆺ 이러미 잇ᄂᆞ니(宣賜內訓3:57). 드믓ᄒᆞᆫ 다ᄉᆞᆺ 株ㅅ 양지:虛徐五株態(初杜解15:3). 뎌 ᄡᅡᆺ 菩提樹 ᄒᆞᆫ 株ᄅᆞᆯ 가져(六祖略序5). 成都 ᄯᅡ해 뽕나모 팔빅 듀와…이시니:成都有桑八百株(飜小8:20).

듀긔 명 주기(酒氣). ¶쇼졔 이러 츄파의 잠간 듀긔 이셔(落泉2:4).

듀긔 명 주기(酒旗). ¶듀긔:帘(物譜 酒食).

듀뎜 명 주점(酒店). ¶낙양의 니ᄅᆞ니 듀뎜이 만코(洛城1).

듀락 명 주락(珠絡). ☞쥬락 ¶듀락:緹胸(譯解補46). ※듀락>쥬락

듀령 명 지팡이. ¶老人이 듀령을 집고 玉欄杆에 디혀 서셔(古時調. 歌曲).

듀륙 명 주륙(誅戮). ¶만일 다시 됴적질ᄒᆞ면 반다시 듀륙을 당ᄒᆞ리라(引鳳簫1).

듀문 명 주문(朱門). 지위가 높은 벼슬아치의 집. ¶장안 듀문의 공후 ᄌᆞ제(洛城1).

듀발마얌이 명 주발매미. ¶듀발마얌이:唐蜩 蜋蜩 螗蛦(柳氏物名二 昆蟲).

듀셕 명 ①유석(鍮鉐). 놋쇠. ☞두셕 ¶鍮鉐과 赤白銅과:鍮ᄂᆞᆫ 金 ᄀᆞᄐᆞᆫ 돌히니 鍮鉐은 돌藥으로 구리예 노길 씨라(法華1:219). 眞實ㅅ 듀셕이라도 金을 밧고디 몯ᄒᆞᄂᆞ니라:眞鍮不換金(金三2:91). 듀셕 듀:鍮 듀셕 셕:鉐 鍮鉐卽黃銅(訓蒙中31).
②주석(朱錫). 석(錫). ☞쥬셕 ¶듀셕 셕:錫(類合寧邊府板15).

듀식 명 주식(酒食). ¶빅공이 일일이 듀식으로 위로ᄒᆞ야 보ᄂᆡ고(引鳳簫1).

:듀:야 명 주야(晝夜). ¶晝夜 六時예 曼陁羅花ㅣ 듣거든(月釋7:58). 晝夜애 조차 뫼셔 잇ᄂᆞ니라(楞解7:49). 晝夜 六時에 三寶ᄅᆞᆯ 禮拜ᄒᆞᅀᆞ오며(永嘉上39). 晝夜의 舍티 아니ᄒᆞᄂᆞᆺ다(宣論2:45). 듀야의 ᄲᅦ니:晝夜吮之(東新續三綱. 孝4:29). 듀야를 호통ᄒᆞ기ᄅᆞᆯ:晝夜號慟(東新續三綱. 烈4:74).

듀옥 명 주옥(珠玉). ¶듀옥 금슈ᄅᆞᆯ 놋ᄂᆞᆫ디라(洛城1).

듀쟝 명 주장(朱杖). 곤장(棍杖). ¶듀쟝:棍(物譜 兵仗).

:듀지ᄒᆞ·다 동 주지(住持)하다. ¶圓覺애 住持ᄒᆞ시ᄂᆞ닌 如來ㅣ시니:住持ᄂᆞᆫ 便安히 住ᄒᆞ야 가져 이실 시라(圓覺序5).

듀초 명 주초(柱礎). 주추. ¶머리로 柱礎애 다디르고 고함호ᄃᆡ:以首觸柱礎疾呼曰(三綱. 忠21).

듀화 명 규화(葵花). 해바라기. ¶듀화ᄂᆞᆫ 누니 업거시니 므스글 因ᄒᆞ야 울엣소리 듣고(七大9).

듁님 명 죽림(竹林). 대숲. ☞듁림 ¶江湖에 病이 깁퍼 竹林에 누엇더니(松江. 關東別曲). 과연 듁님이 무슈ᄒᆞ고(引鳳簫1). 듁님의 비회ᄒᆞ며(洛城1).

듁댓 명 죽대. ¶듁댓:黃精(柳氏物名三 草).

듁댓불휘 명 죽대 뿌리. ¶듁댓불휘:黃精(東醫 湯液二 草部).

듁디 명 죽지. 날갯죽지. ¶듁디:翅膀(柳氏物名一 羽蟲).

·듁림 명 죽림(竹林). 대숲. ☞듁님 ¶오직 쇠쇼애 일즉 틴 고디 잇ᄂᆞ니 竹林 東녁 ᄀᆞᅀᅵ오:獨有鐵牛曾搭處竹林東畔(南明上35).

·듁슌 명 죽순(竹筍). ¶어미 늙고 病ᄒᆞ야 이셔 겨스리 다ᄃᆞ라 오거늘 竹筍을 먹고져 커늘(三綱. 孝16). 녯 대에 새 竹筍이 나며 새 고지 녯 가지예 기도다(金三3:23). 듁슌 슌:筍(訓蒙上13. 類合上11. 石千36).

:듐 동 떨어짐. ㉠디다 ¶고지 프며 고지 듀매:花開花落(金三2:6).

듕 명 중. ☞즁 ¶믈 아래 그림재 디니 ᄃᆞ리 우희 듕이 간다(古時調. 鄭澈. 松江). 외나모 ᄃᆞ리에 혼자 가ᄂᆞᆫ 뎌 듕아(古時調. 鄭澈. 잘새ᄂᆞᆫ. 松江).

듕 명 중(中). ¶셜본 잀 中에 離別이 甚ᄒᆞ니(月印上52). 셜본 잀 中에도 離別 ᄀᆞᄐᆞ니 업스니(釋譜6:6). 舍衛國 中에 뭇 벼슬 놉고(釋譜6:15). 路中은 긼 가온ᄃᆡ라(月釋1:4). 그 中에 出家 아니ᄒᆞᇙ 道士ㅣ(月釋2:77). 너븐 드릇 中애 ᄒᆞᆯ골 미화(圓覺下三之一99). 그 듕애 ᄒᆞ나 ᄢᅦ혀:內中撤一箇(飜老上4). 요ᄉᆞ이 보니 親表ᄯᅮᆼ에 벼슬ᄒᆞᆫ 이:比見親表中仕宦者(宣小6:47). 이 닐온 中에 誠ᄒᆞ면 外예 形홈이니(宣大12).

듕·각 명 중각(重閣). ¶重閣ᄋᆞᆫ 층지비라(楞解1:47).

듕간 명 중간(中間). ¶그 나랏 中間 어드ᄫᅳᆫ ᄡᅡᄒᆞᆫ(月釋14:17). 그 나랏 中間 어드운 ᄡᅡ히:其國中間幽冥之處(法華3:103). 엇데 有와 無와 中間애 브트리오(南明上3). 듕간에 반이나 ᄀᆞ려내여:中間尅落了一半兒(飜老下54). 듕간의ᄂᆞᆫ 가슴ᄋᆞᆯ 보고:中視抱(宣小2:14). 만일 듕간ᄒᆞᆫ 사ᄅᆞᆷᄋᆡ 性이:若中人之性(宣小6:36).

듕·국 명 중국(中國). ¶中國ᄋᆞᆫ 皇帝 겨신 나라히니(訓註1). 華夏:듕국을 닐온 말이라(宣小5:46).

듕·궁 명 중궁(中宮). 왕후(王后). ¶듕궁 후:后. 듕궁 비:妃(訓蒙中1). 듕궁 후:后(類合下32).

:듕·긔 명 중기(中氣). 중풍(中風). ¶中氣와 痰厥와 飮厥왓 類ᄅᆞᆯ(救急上2).

:듕·긔·ᄒᆞ·다 동 중기(中氣)하다. 중풍(中風) 들다. ¶듕긔ᄒᆞ야 ᄆᆡᆨ기 사오나와:中氣脉弱(救簡1:39).

듕긷 명 창의 격자 창살. ¶듕긷 령:欞(訓蒙中5). ※듕긷>중깃

듕깃 명 동자(童子)기둥. 동자주(童子柱). ¶듕깃:排山柱(漢清9:69).

듕나모 명 죽나무. 참죽나무. ¶듕나모 츈:椿(訓蒙上10).

듕년 명 중년(中年). ¶듕년에 어미 듕풍ᄒᆞ야 쟝춘 긔졀케 되엿거ᄂᆞᆯ:中年母中風將氣絕(東新續三綱. 孝6:25).

듕노 명 중로(中路). 중도(中途). ¶듕노의셔 젼부ᄒᆞᄂᆞᆫ 환이 진실노 가례ᄋᆸ고(經筵).

듕도의 명 거리에서 물건을 들고 파는 사람. ¶듕도의:中都兒(行吏).

·듕·독 명 중독(中毒). ¶精神이 어즐코 안누눅ᄒᆞ면 곧 이 中毒이니:精神恍惚惡心卽是誤中諸毒(救急下47).

듕동 명 중동(仲冬). 음력 11월. ¶金華山ㅅ 北과 涪水 西ㅅ녀긔 仲冬애 ᄇᆞᄅᆞᆷ과 ᄒᆡ외 비룻 서늘토다:金華山北涪水西仲冬風日始凄凄(重杜解14:31).

듕동 명 소매의 중동〔小袖〕. ¶듕동:小袖(譯解下6).

듕듕 부 중중(重重). 거듭거듭. ¶혹 듕듕 읍주어리니(癸丑38).

듕듕·히 부 중중(重重)히. 겹겹으로. ¶그 中엣 微妙ᄒᆞᆫ 그리메 重重히 서르 드로미 일후미 廻向心이라:其中妙影重重相入名廻向心(楞解8:19). 一切 諸法이 法다이 서르 卽ᄒᆞ며 서르 드러 重重히 노가(圓覺上一之一76). 이레 나ᅀᅡ와셔 重重히 險호ᄆᆞᆯ 壯히 너기노니:卽事壯重險(初杜解6:17).

듕듕·ᄒᆞ·다 동 중중(重重)하다. 겹치고 겹치다. ¶곧 ᄒᆞᆫ 光相이 한 光中애 周徧ᄒᆞ야 一一히 다 그러ᄒᆞ야 重重ᄒᆞ야 다옴 업스시니:卽一光相徧多光中一一皆然重重無盡(圓覺上二之二146).

듕망 명 중망(衆望). ¶듕망이 잇ᄂᆞᆫ디라(閑中錄366).

듕ᄆᆡ 명 ①중매(仲媒). ¶듕ᄆᆡ ᄆᆡ:媒(類合下40). 듕ᄆᆡᄅᆞᆯ 힝ᄒᆞ고 폐ᄇᆡᆨ을 바다시니:然媒妁聘幣(五倫3:60). 셜경쥐 듕ᄆᆡ로 구혼ᄒᆞ니(洛城1). 역시 인연이라 듕ᄆᆡ의 ᄌᆞᆺ가오믈 혐의치 말고 ᄇᆡᆨ년 ᄒᆡ로ᄒᆞ면(落泉1:2). ②중매인(仲媒人). ¶듕ᄆᆡ:媒人(譯解上41. 同文解上14).

듕ᄆᆡᄒᆞ다 동 중매(仲媒)하다. ¶양강왕의 져근 ᄯᆞ리 스스로 듕ᄆᆡᄒᆞ야 달의 안해 되엿더니:陽岡王少女自媒爲達妻(東新續三綱. 忠1:13).

듕박 명 중바가지. ¶세히ᄂᆞᆫ 듕박이 되고(癸丑217).

:듕:병 명 중병(重病). ¶藥의 功能을 셰여 重病을 고틸 씨라(永嘉上96). 쥬상이 듀야의 구완ᄒᆞ시ᄆᆞᆯ 닙어 듕병이 ᄒᆞ리롸 ᄒᆞ시다(仁祖行狀9).

:듕:병ᄒᆞ·다 동 중병(重病)하다. 중병 앓다. ¶여러 가짓 모딘 重病ᄒᆞ리니(法華7:185).

:듕:보 명 중보(重寶). ¶ᄒᆞᆫ 商主ㅣ 여러 商人ᄃᆞ려 重寶 가져 嶮ᄒᆞᆫ 길헤 디날 ᄢᅦ:有一商主將諸商人賫持重寶經過嶮路(法華7:58).

듕ᄇᆡ 명 중배(重杯). 첨배(添杯). 첨잔(添盞). ¶듕ᄇᆡ:串鍾(譯解上59).

듕ㅅ돗 명 중(中)돼지. ¶듕ㅅ돗:半大猪(漢淸14:13).

듕사발 명 중사발. ¶듕사발로 ᄒᆞ나히어든:中盞(簡辟8).

듕삼승 명 중삼승(中三升). 〔석새베의 한 가지.〕 ¶듕삼승:中三梭(譯解下5).

듕상ᄒᆞ다 동 중상(重傷)하다. 몹시 다치다. ¶녈염 가온대 드러 지아븨 신쥬ᄅᆞᆯ 푸머내니 듕상ᄒᆞ여 즉시 주그니:投入烈焰中抱夫神主而出重傷即死(東新續三綱. 烈5:67).

:듕:셔 명 중서(中暑). 더위먹어 생기는 병. ¶中風과 中寒과 中暑와(救急上2).

:듕:셔·ᄒᆞ·다 동 중서(中暑)하다. 더위먹다. ¶中暑ᄒᆞ야 ᄆᆞᅀᆞᆷ 답답ᄒᆞ니 고티ᄂᆞᆫ 方애:治熱暍心悶方(救急上9).

듕슌 명 중순(中旬). ¶다시 中旬에 날로 命ᄒᆞ고 ᄯᅩ 吉티 아니ᄒᆞ거든(家禮9:30).

:듕·습 명 중습(中濕). 습기(濕氣)로 말미암아 생기는 병. ¶中風과 中寒과 中暑와 中濕과 中氣와(救急上2).

듕ᅀᅵᆫ 명 ①중개인(仲介人). ¶셔울 즈름ᄒᆞᄂᆞᆫ 羊市 져제 거릿 북녁의셔 사ᄂᆞᆫ 張三을 의빙ᄒᆞ야 듕ᅀᅵᆫ 사마:憑京城牙家羊市角頭街北住坐張三作中人(飜老下16). ②중매인(仲媒人). ¶媒ᄂᆞᆫ 듕ᅀᅵᆫ이라(宣賜內訓1:79). 듕ᅀᅵᆫ도 유복ᄒᆞ도다:媒人也有福(飜朴上46). 듕ᅀᅵᆫ ᄆᆡ:媒 俗呼男曰媒人. 듕ᅀᅵᆫ 쟉:妁 女曰媒婆總稱中人(訓蒙中3).

:듕·악하·다 동 중악(中惡)하다. 홍분으로 갑자기 까무러치다. ¶믈읫 中惡ᄒᆞ야 믄득 ᄡᅡ해 그우러디거든(救急上15). 듕악ᄒᆞ야 긔절ᄒᆞ거ᄂᆞᆯ:中惡氣絕(東新續三綱. 孝5:81). 듕악ᄒᆞ여:中惡(東新續三綱. 孝8:34). 과ᄀᆞᆯ리 듕악ᄒᆞ여:卒中惡(臘藥14).

듕앙 명 중앙(中央). ¶ᄯᅩ 집 中央앳 즌 ᄒᆞᆯᄀᆞᆯ ᄇᆞᄅᆞ라(救急下63).

듕:야 명 중야(中夜). 한밤중. ¶中夜 어드운 ᄃᆞ래 雲霧ㅣ 어드우면:中夜黑月雲露晦暝(楞解2:28). 中夜ᄂᆞᆫ 日中을 견주시니라(楞解7:17). 믄득 中夜애 遠方앳 져재와 우믈와 街巷과(楞解9:62). 中夜애 ᄀᆞᄅᆞᆷ과 뫼쾌 괴외ᄒᆞ니:中夜江山靜(重杜解11:46).

듕어리다 동 중얼거리다. ¶듕어리다:絮叨(譯解補24).

듕올피 명 피의 한 품종. ¶듕올피:中早稷(衿陽).

듕의 명 중의(中衣). 고의(袴衣). ¶겨집의 월경ᄒᆞ야실 젯 듕의ᄅᆞᆯ ᄉᆞ라 ᄒᆞᆫ 술만 니근 므레 프러 머그라:燒婦人月經衣熟水服方寸匕(救簡1:109). 듕의 곤:裩. 듕의 당:襠(類合上31).

듕의믿 명 중의(中衣)의 밑. 속잠방이. ☞듕의밑. 듕읫밋 ¶겨지븨 듕의믿:婦人裩襠(救簡1:108).

듕의밑 명 중의(中衣)의 밑. 속잠방이. ☞듕의믿. 듕읫밋 ¶남지ᄂᆞᆫ 겨지븨 듕의미ᄐᆞᆯ ᄉᆞ라 더운 므레 프러 먹고 겨지ᄇᆞᆫ 남지ᄂᆡ 듕의미ᄐᆞᆯ ᄉᆞ라 더운 므레 프러 머그라:裩襠(救簡1:109).

듕읫밋 명 중의(中衣)의 밑. 속잠방이. ☞듕

의믿. 듕의믿 ¶듕읫밋:裙襠(譯解下7).

듕인 명 ①중매인(仲媒人). ☞듕신 ¶ㅅ나히와 겨집이 듕인 ᄃᆞ니미 잇디 아니ᄒᆞ얏거든:男女非有行媒(宣小2:45). 듕인ㅅ갑:媒婆錢(譯解上42).
②중개인(仲介人). ☞듕신 ¶京城 즈름ᄒᆞᄂᆞᆫ 양 져제 거리 븍녁킈셔 사ᄂᆞᆫ 張三을 의빙ᄒᆞ여 中人을 삼아:憑京城牙家羊市角頭街北住坐張三作中人(老解下15).

듕인 명 중인(衆人). ¶듕인 왈 잡아 관가 쳐분이 이실 거시니(落泉1:1).

듕인어미 명 중신어미. 매파(媒婆). ¶일향의 박죵슌이란 놈이 오욕ᄒᆞ고져 ᄒᆞ여 듕인어미로 그 ᄠᅳ들 탐디ᄒᆞ거ᄂᆞᆯ:鄕有朴種醇者欲汚之使媒探其意(東新續三綱. 烈7:84).

듕임 명 중임(重任). ¶요힝으로 셩은을 닙ᄉᆞ와 됴졍의 현양ᄒᆞ고 국가 듕임을 유춰의 맛지시니(落泉3:7).

듕잔 명 중잔(中盞). ¶ᄯᅩ 生地黃汁 ᄒᆞᆫ 中盞을 데여 머그라(救急上9).

듕:졍ᄒᆞ·다 형 중정(中正)하다. ¶ᄇᆡᆨ셩이 하ᄂᆞᆯ와 ᄯᅡ희 듕졍ᄒᆞᆫ 거슬 받ᄌᆞ와:民受天地之中(宣小4:50).

:듕:죄 명 중죄(重罪). ¶重罪와 ᄯᅩ 惡道에 ᄃᆞ디 아니케 ᄒᆞ쇼셔(月釋21:57). 못 잡아 드리면 듕죄 쥬리라 ᄒᆞ여시니(落泉1:1).

듕쥬어리다 동 중얼중얼하다. ¶듕쥬어리다:亂說貌(同文解下57).

듕증 명 중증(重症). ¶경ᄒᆞᆫ 증이 듕증 변ᄒᆞ여 되요ᄆᆞᆫ(痘要上50).

듕지 명 중지(中止). ¶中止ᄂᆞᆫ ᄉᆞᅀᅵ에 머믈씨라(法華2:186).

듕·지·ᄒᆞ·다 동 중지(中止)하다. ¶그 아비 몬져 아ᄃᆞᆯ 求ᄒᆞ다가 몯 어더 ᄒᆞᆫ 城에 中止ᄒᆞ얫더니:其父先來求子不得中止一城(法華2:186). 이 ᄡᅥ 싱이 오ᄇᆡᆨ금 빙물을 판출ᄒᆞᆯ 길이 업셔 듕지코져 ᄒᆞ작(落泉1:2).

듕츄 명 중추(仲秋). ¶길 나 다시 하람의 니ᄅᆞ니 시절이 임의 듕츄ᄅᆞᆯ 당ᄒᆞ얏더라(落泉1:3).

듕츄·졀 명 중추절(仲秋節). 추석(秋夕). ¶이 八月 보롬날 仲秋節에:這八月十五日仲秋節(飜朴上24).

듕츈 명 중춘(仲春). ¶ᄀᆞᄅᆞᇝ 두듥게 ᄒᆞ마 仲春이오 곳 아래 ᄯᅩ ᄆᆞᆯᄀᆞᆫ 새배로다:江皐已仲春花下復淸晨(重杜解10:5).

듕층 명 중층(中層). ¶은혜ᄅᆞᆯ 보고 하ᄂᆞᆯ 위엄을 ᄉᆡᆼ각ᄒᆞᄂᆞᆫ 이ᄂᆞᆫ 사ᄅᆞᆷ애 듕층이니라:見懷思威民之中也(宣小3:8).

듕텬 명 중천(中天). ¶中天에 지블 두게 ᄒᆞ니(月印上61).

듕·텹·다 동 중첩(重疊)하다. ☞듕텹ᄒᆞ다 ¶音聲이 서르 니ᅀᅳ며 字句 中間애 ᄯᅩ 重疊디 아니ᄒᆞ야(楞解7:44).

듕·텹·히 부 중첩(重疊)히. 겹겹으로. ¶이 五陰ㅅ 根元이 重疊히 니러나니 生ᄋᆞᆫ 識을 因ᄒᆞ야 잇고(楞解10:87).

듕·텹·ᄒᆞ·다 동 중첩(重疊)하다. ☞듕텹다 ¶各別히 두려운 그리메 이셔 다ᄉᆞᆺ 비치 重疊ᄒᆞᄂᆞ니라(楞解2:80). 츼츼ᄒᆞᆫ 웃드미 프른 비치 重疊ᄒᆞ도다(重杜解6:22).

듕:품 명 중품(中品). ¶반ᄃᆞ기 魔道애 ᄃᆞ리니 上品은 魔王이오 中品은 魔民이오 下品은 魔女ㅣ니(楞解6:86). 上品엣 사ᄅᆞᄆᆞᆫ ᄀᆞᄅᆞ치디 아니ᄒᆞ야도 善ᄒᆞ고 中品엣 사ᄅᆞᄆᆞᆫ ᄀᆞᄅᆞ친 後에 善ᄒᆞ고 下品엣 사ᄅᆞᄆᆞᆫ ᄀᆞᄅᆞ쳐도 善티 몯ᄒᆞᄂᆞ니(宣賜內訓1:23). 이 심은 新羅ㅅ 심이라 듕품이로다:這蔘是新羅蔘也着中(飜老下56). 엇디 듕품오로 보ᄂᆞ다:怎麼做着中的看(飜老下57). 中品엣 사ᄅᆞᄆᆞᆫ:中品之人(宣小5:26). 이 심이 ᄀᆞ장 됴ᄒᆞ니 엇디 듕품으로 보ᄂᆞ다:這蔘絕高怎麼做着中的看(老解下51).

듕풍 명 중풍(中風). ¶우황쳥심원은 듕풍으로 말 못ᄒᆞ며 어즐코 답답ᄒᆞ며(臘藥1). 담증과 듕풍으로(臘藥3).

:듕풍ᄒᆞ·다 동 중풍(中風)하다. 중풍에 걸리다. 바람맞다. ¶믄득 中風ᄒᆞ니 고티ᄂᆞᆫ 法은:治卒中法(救急上1). 듕년에 어미 듕풍ᄒᆞ야 장ᄎᆞᆺ 긔절케 되엿거ᄂᆞᆯ:中年母中風將氣絕(東新續三綱. 孝6:25).

듕하 명 중하(仲夏). ¶仲夏ㅣ ᄀᆞ장 바미 뎌르니:仲夏苦夜短(重杜解10:20).

:듕한 명 중한(中寒). 중한증(中寒症). 추위로 말미암아 생기는 병. ¶中風과 中寒과 中暑와(救急上2).

듕흥 명 중흥(中興). ¶僞氏 黜後에 中興을 爲ᄒᆞ시니(龍歌73章).

듕흥·ᄒᆞ·다 동 중흥하다. ¶漢德이 비록 衰ᄒᆞ나 帝冑ㅣ 中興ᄒᆞ시릴ᄊᆡ(龍歌29章). 엇뎨 陰氏 郭氏 中興ᄒᆞ신 后와 ᄀᆞᆯ오리오(宣賜內訓2上53). 中興ᄒᆞ신 王業을 다시 빗내야(初杜解17:2).

:듕·히 부 중(重)히. ¶威嚴과 德괘 커 天人이 重히 너길ᄊᆡ(釋譜6:12). 群臣 豪族이 다 ᄆᆞᄅᆞ 사마 重히 너기더니(法華2:235). 道ᄅᆞᆯ 重히 ᄒᆞ시고 生ᄋᆞᆯ 經히 ᄒᆞ샷다(永嘉序10). 그 례ᄅᆞᆯ 듕히 아니 ᄒᆞ염 직ᄒᆞ라(飜小7:8). 산과 돗ᄀᆞᆯ 집ᄶᅧ 듕히 녀겨 간슈ᄒᆞᆯ더니:簟席襡器而藏之(宣小2:50). 重히 너기신 바ᄂᆞᆫ 民의 食과 喪과 祭러시다:所重民食喪祭(宣論4:69). 반ᄃᆞ시 어한호ᄆᆞᆯ 듕히 너겨(仁祖行狀32). 일 년 만의 지아비 죽으니 쥬미 듕히 쳐 ᄉᆞ티ᄒᆞ고 죽어가ᄂᆞᆫ지라(落泉1:1).

:듕ᄒᆞ·다 형 중(重)하다. 대단하다. 소중하

다. ¶罪業 重ᄒᆞᆫ 衆生이 恭敬ᄒᆞᅀᆞᄫᆞᆫ ᄆᆞᅀᆞᆷ 아니 내리도 잇ᄂᆞ니(釋譜11:6). 주구미 泰山애셔 重ᄒᆞ니 이시며(三綱. 忠25). 그 罪ㅣ 甚히 重ᄒᆞ니라(法華4:77). 疑心이 重ᄒᆞ면 話頭ᄅᆞᆯ 擧티 아니ᄒᆞ야도 自然히 알ᄑᆡ 나ᄃᆞ리니(蒙法16). ᄀᆞ장 둥ᄒᆞ니ᄂᆞᆫ 두 번 머그라(救簡2:104). 내 迷惑ᄒᆞ야 녯 業障이 重ᄒᆞ야 法 得호매(六祖上17). 큰 형님이 이리 둥ᄒᆞᆫ ᄠᅳ드로:大哥便這般重意(飜老上41). 손애 둥ᄒᆞᆫ 군ᄉᆞᄅᆞᆯ 자바시니:手握重兵(飜小8:19). 침노ᄒᆞ야 긔셰 점점 둥ᄒᆞ고(山城1). 人倫의 둥ᄒᆞᆫ 줄을 아디 못ᄒᆞ거든:不知人倫之重(警民2).

-드- 어미 -더-. ¶효험이 잇드라 ᄒᆞ나(痘瘡方22). 셔울 머글 거시 노든가 흔튼가:京裏喫食貴賤(老解上8). 네 일즙 西湖ㅅ 景에 갓든다:你曾到西湖景來麼(朴解上59). 네 어ᄃᆡ 잇든다:你那裏有來(朴解下30).

드나들다 동 드나들다. ¶八歲어든 門戶애 드나들기과 밋 돗긔 나아가 飮食 머글 제(家禮2:24).

·드나·ᄃᆞ롬 동 드나듦. ㉮드나ᄃᆞᆯ다 ¶드나ᄃᆞ로ᄆᆞᆯ 어려이 아니ᄒᆞ나(圓覺序47).

·드·나ᄃᆞᆯ·다 동 드나들다. ¶드나ᄃᆞ로ᄆᆞᆯ 어려이 아니ᄒᆞ나:出入無難(圓覺序47). 디나갈 나그내ᄂᆞᆫ 곧 모로매 드나ᄃᆞ로ᄆᆞᆯ 시름ᄒᆞ고:過客徑須愁出入(初杜解21:4). ᄆᆡ양 드나ᄃᆞ라 殿門에 ᄂᆞ릴 제:每出入下殿門(飜小9:37).

드노타 동 들어올리다. ¶뜰히 뷘 듸 여ᄉᆞᆺ ᄆᆞ리 드러오니 머리 이어고 旗旌을 드논놋다:庭空六馬入駿驦揚旗旌(重杜解5:48).

드노하 동 높이 들어. 들어올려. ㉮드노타 ¶드노하 소리 ᄉᆞᄆᆞᆺᄂᆞ니:激揚音韻徹(初杜解23:9). 健壯ᄒᆞᆫ 男兒ㅣ 블근 旗ᄅᆞᆯ 드노하 노ᄅᆞᆺᄒᆞᄂᆞ니:健兒簸紅旗(重杜解1:40).

드다 동 들다〔入〕. ☞들다 ¶天下 英雄이 度量애 다 드ᅀᆞᄫᆞᆯ씨:天下英雄盡入度量(龍歌64章). 출히 說法 마오 涅槃애 어셔 드사 ᄒᆞ리로다(釋譜13:58). ᄒᆞᆫ 사ᄅᆞ미 손가라ᄀᆞ로 그 ᄐᆞᆨᄋᆞᆯ ᄃᆡ기야 점점 밀면 다시 드ᄂᆞ니:一人以手指牽其頤以漸推之則復入矣(救急上79).

드다 동 들다〔擧〕. ☞들다 ¶드다:擡起(同文解上30). 드다:擡着(漢淸10:11).

드다 동 들다. ¶드ᄂᆞᆫ 갈콰 긴 戈戟이 森然히 서르 向ᄒᆞ얫ᄂᆞᆫ ᄃᆞᆺ도다:快劒長戟森相向(初杜解16:16). 네 갈히 드ᄂᆞ녀 무듸녀:你的刀子快也鈍(飜朴上44). 드다:快利(同文解上48).

드더지다 동 들어 던지다. ☞드던지다 ¶老處女의 擧動 보소 함박 쪽박 드더지며 逆情ᄂᆡ여 니론 말이(古時調. 달바ᄌᆞᄂᆞᆫ. 青丘). 우리도 遠上 寒山 石逕斜에 六環杖 드더지며(古時調. 아흔아홉. 青丘).

드던지다 동 들어 던지다. ☞드더지다 ¶셰간 그릇 드던지며 역정ᄂᆡ여 ᄒᆞᄂᆞᆫ 말이(萬言詞).

드드여 부 드디어. ☞드듸여 ¶드드여 몸을 ᄲᅱ여 ᄂᆞ려디니:遂挺身投下(東新續三綱. 烈5:27). 드드여 주글 적 말ᄉᆞᆷ을 베픈 대왕이 산연히 눈믈 내고:遂陳臨死之言王潸然出涕(東新續三綱. 忠1:7).

드·듸·다 동 ①앞의 말을 받아 이어 말하다. ¶後後ᄂᆞᆫ 반ᄃᆞ기 前前을 드듸니라:後後必躡前前(圓覺上二之二2). 後ㅣ 반ᄃᆞ기 알ᄑᆞᆯ 드듸ᄂᆞᆫ 젼ᄎᆞ로:後必躡前故(圓覺上二之三2).
②디디다. ☞드ᄃᆡ다 ¶世尊이 드듸샤 四方 向ᄒᆞ샤(月印上8). 발로 고초 드듸여 셔샤(月釋1:52). 고초 드듸여 아ᄅᆞᆷ다오신 應을 기드리ᅀᆞ오니라:翹佇嘉應(法華1:59). 알ᄑᆞᆯ 드듸샤미라(圓覺上二之二39). 다시 댓그테 어윈 거르믈 나ᅀᅩ 드듸여ᅀᅡ:更進竿頭闊步(蒙法21). 고초 드딘 勢ㅣ 잇ᄂᆞ니:有翹足勢(金三2:61). 狼頭ᄂᆞᆫ ᄐᆞᆨ 아래 고기ᄅᆞᆯ 드듸ᄂᆞᆫ ᄃᆞᆺᄒᆞ도다(重杜解2:7). 발로 주근 사ᄅᆞᄆᆡ 두 엇게ᄅᆞᆯ 드듸오(救簡1:60). 방하 드듸연 디 여듧 ᄃᆞ리 나모ᄃᆡ(六祖上23). 고초 드될 기:企(類合下30). 넘드될 녑:躐(類合下37). 거ᄅᆞ실 제 能히 바ᄅᆞ 드듸디 몯ᄒᆞ더시니:行不能正履(宣小4:12).

드듸어 부 드디어. ☞드듸여 ¶主人이 드듸어 揖ᄒᆞ야 行ᄒᆞ거든(家禮3:8).

드·듸·여 부 드디어. ☞드드여. 드ᄃᆡ여 ¶드듸여 念을 니르와ᄃᆞ샤(圓覺上二之一42). 드듸여 예셔 화를 지후리라:就這裏上了這弓着(飜老下32). 이틋날 드듸여 게셔 분토애 제ᄒᆞ시고:明日就那裏上了墳(飜朴上65). 드듸여 ᄉᆞ:肆(類合上13). 드듸여 슈:遂(類合下29). 드듸여 효ᄌᆞㅣ 되고:遂爲孝子(警民23). 이 진실로 可히 ᄡᅥ 아ᄃᆞᆯ 살염즉ᄒᆞ도다 ᄒᆞ고 드듸여 사니라:此眞可以居子矣遂居之(宣小4:4). 드듸여 ᄭᅳ어내여 죽이다:遂引出斬之(宣小6:23). 드듸여 버혀 비ᄅᆞᆯ 헤텨:遂斫而刳腹(東三綱. 孝1). 드듸여 媟만ᄒᆞ고(重內訓2:7). 그 風이 드듸여 好ᄒᆞ니(詩解18:31). 드듸여 바회예 더뎌 죽으니(女四解4:27).

드·듸·여·셔 부 드디어. ¶드듸여셔 ᄒᆞ다:就行(老朴集. 單字解5).

드ᄃᆡ다 동 디디다. ☞드듸다 ¶즌 ᄃᆡᄅᆞᆯ 드ᄃᆡ욜셰라(樂範. 井邑詞). 셔매 ᄒᆞᆫ 발 츼드ᄃᆡ디 아니ᄒᆞ며:立不蹕(蹕ᄋᆞᆫ 當作跛)(宣小1:2). 손이 조차 층을 드ᄃᆡ여 발ᄋᆞᆯ 모도와:客從之拾級聚足(宣小2:69). 다 세 가짓 親

에 믿 드듸연ᄂᆞ니:皆本於三親焉(宣小5:70). 발로 가맛 ᄀᆞ을 드듸고:脚踏鍋邊(朴解下22). 발을 문 밧긔 드듸디 아니ᄒᆞ니(女範3. 뎡녀 동셩기녀).

드듸여 부 드디어. ☞드듸여 ¶드듸여 우리 私애 及ᄒᆞ라:遂及我私(宣孟. 滕文公上). 드듸여 홍ᄒᆞ오셔ᄂᆞᆯ(癸丑11). 드듸여 내 본듸 사 온:遂將自己元買到(老解下14). 어시 드듸여 운을 잡아가니:御史遂將雲去(五倫2:15). 드듸여 독약을 먹고 죽으니라:遂飮毒而死(五倫2:21). 드듸여 ᄲᅡ화 죽으니 적장이 군을 나와:遂力戰而死晃遂進軍(五倫2:27). 드듸여 ᄒᆞᆫ가지로 ᄢᅧᄒᆞ여 군ᄉᆞᄅᆞᆯ 니르혀:遂(五倫2:29). 진실로 가히 ᄲᅥ 아ᄃᆞᆯ 살올 듸라 ᄒᆞ고 드듸여 사다(女範1. 모의 추밍모). 드듸여 황후 위예 오ᄅᆞ시니(女範1. 성후 명덕마후).

드·라 동 떨어져. ㉠듣다〔滴〕¶보ᄇᆡ옛 고지 드라 金翅 ᄃᆞ외야(月印上71).

-드라 어미 -더라. ☞-더라 ¶이러ᄐᆞ시 ᄉᆞ절을 조차 오ᄉᆞᆯ 닙드라:這般按四時穿衣裳(老解下46). 〔飜老下51에는 '이러ᄐᆞ시 ᄉᆞ절 조차 옷ᄃᆞᆯ 닙더라'로 기록되어 있음.〕 오셔각으로 ᄆᆡᆼ근 ᄯᅴ를 ᄯᅴ엿드라:烏犀繫腰(老解下46).

드·라디·다 동 드리워지다. ¶머리ᄅᆞᆯ 드라디게 ᄒᆞ야:令頭垂下(救簡1:65).

·드러가·다 동 들어가다. ¶阿鼻地獄애 드러가니(月印上47). 그 사ᄅᆞᆷᄃᆞᆯ히 城에 드러가(釋譜23:23). 바ᄅᆞᆯ로 드러가리니(釋譜23:36). 잣 안해 드러가져:到了京城(飜老上59). 아ᄎᆞ미어든 드러가 ᄡᅳ설어늘:旦入而灑掃(飜小9:22).

드·러나·다 동 드러나다. ¶萬一에 敗ᄒᆞ여 드러나면:萬一敗露(宣小5:62). 부경ᄒᆞ고 조급ᄒᆞ고 엳가와 드러나니:浮躁淺露(宣小6:110). 니 드러나다:露齒(漢淸6:5). 드러날 로:露(註千2). 드러날 현:見(註千31).

드·러:내·다 동 드러내다. ¶제 허므리 잇거든 겨ᄌᆞᆺ 즁이 드러내에 ᄒᆞᆯ ᄊᆞᆯ 닐온 自恣ㅣ라:自有愆失恣任僧擧曰自恣(楞解1:29). 아히 어룬 업시 일즉 그 니 드러낼 적을 보디 몯ᄒᆞ며:無少長未嘗見其啓齒(宣小6:98). 가난 드러내다:露窮(漢淸6:63).

드러눕다 동 드러눕다. ¶시시예 게 드러누워 쉬오:時就休偃(飜小9:75).

드러안다 동 들어앉다. ¶뎌레 드러안ᅀᅩ 나ᄒᆞ 니디 아니ᄒᆞ야(釋譜11:1).

드러얼이다 동 들어 어우르게 하다. 들어 가지런히 놓다. 〔'얼이다'는 '娶, 嫁, 交合'의 뜻을 가진 말.〕 ☞얼이다 ¶十二月ㅅ 분디 남ᄀᆞ로 갓곤 아으 나ᄉᆞᆯ 盤잇 져 다호라 니믜 알픠 드러얼이노니 소니 가져다 므ᄅᆞᅀᆞᆸ

노이다(樂範. 動動).

·드·러오·다 동 들어오다. ¶天威어시니 드러오리잇가:維其天威彼何敢入(龍歌62章). 驅馬 ᄃᆞᆯ여 門의 드러오도다(南明上30). 드러오다:進來(同文解上27).

드·러·치·다 동 진동하다. ¶ᄯᅡ히 드러치니(月印上24). 大千世界 드러치고 時節 아닌 곳도 프며(釋譜11:2). ᄯᅡ히 다 드러쳐(釋譜11:31). 震動ᄋᆞᆫ 드러칠 씨라(月釋2:14). 뫼히며 宮殿이며 드러치고(月釋2:48). 讚歎ᄒᆞᅀᆞᄫᆞᆷ 소리 天地 드러치며(月釋2:52). 威嚴과 德괘 먼 듸 다 드러치시며(月釋2:56). 大千世界 드러치고(月釋21:6). 다 ᄀᆞ장 드러치고:皆大震動(佛頂上2).

드렁츩 명 드렁칡. ¶萬壽山 드렁츩이 얽어진들 엇더ᄒᆞ리(古時調. 이런들 엇더ᄒᆞ며. 靑丘).

드렁허·리 명 두렁허리. ¶드렁허리 션:鱔(訓蒙上20). 드렁허리:鱔魚名通作䱇(四解下6). 드렁허리:鱔魚(痘要下60). 드렁허리:鱔魚 一名䱇(東醫 湯液二 魚部). 드렁허리:鱔魚(同文解下41). 드렁허리:䱇(柳氏物名二 水族). 드렁허리:鱔魚(方藥50).

드·레 명 두레박. ☞드레박. 줄드레 ¶드레 爲汲器(訓解. 用字). 네 드레와 줄 서러내여 오교려:你收拾洒子井繩出來(飜老上31). 드레 우희 ᄒᆞᆫ 덩이 벽을 ᄆᆡ라:洒子上絟着一箇塼頭(老解上29). 드레:灑子(朴解中11). 드레:水斗(譯解下14. 同文解下14). 물 ᄃᆞᆷ복 ᄲᅥ내ᄂᆞᆫ 드레 곡지 쟝ᄉᆞ(古時調. 밋난편. 靑丘). 드레:桔槔(物譜 農耕). 드레 가르새:桶梁(柳氏物名五 水).

드레다 동 떠들다. ¶쟝괌들이 경원ᄶᅳ디 드러가 드레기ᄅᆞᆯ 긋치디 아니ᄒᆞ니 승지니 힝원이 니ᄅᆞ듸(山城106).

드레박 명 두레박. ☞드레 ¶죠고맛간 드레바가 네 마리라 호리라(樂詞. 雙花店). 드레박:水斗(柳氏物名五 水).

드레우믈 명 두레우물. ¶드레우므레 므를 길라 가고신ᄃᆡᆫ(樂詞. 雙花店).

드·레·줄 명 두레박줄. ☞드렛줄 ¶드레줄 경:綆 俗呼井繩. 드레줄 휼:繘(訓蒙中18). 드레줄 닐굽 치를 병ᄒᆞᆫ 사ᄅᆞᄆᆡ 누은 돗 아래 ᄀᆞ마니 녀허 두라:汲水甁繩長七寸盜着病人臥席下(瘟疫方20).

드·렛·줄 명 두레박줄. ☞드레줄 ¶ᄒᆞᆫ ᄡᅢ 비얌 믈이기 디내면 삼 년이도록 드렛줄도 저프다 ᄒᆞᄂᆞ니라:常言道一年經蛇咬三年怕井繩(飜朴上37).

샹녯 말ᄉᆞ매 닐오듸 ᄒᆞᆫ ᄒᆡ옷

드려가다 동 들여가다. ¶드려가 목浴牀 西녁희 노코(家禮5:13). 돗과 지즑 ᄭᆞᆯ믈 기ᄃᆞ려 ᄒᆞᆷᄭᅴ 옴겨 드려가라:等鋪了席薦時一發搬入去(老解上62).

드려오다 동 들여오다. ¶짐돌 다 옮겨 드려 오고:行李都搬入來着(老解上62).

드·렛·다 동 드리워 있다. ㉠드리우다 ¶하놀히 치운 디 橘柚ㅣ 드렛도다:天寒橘柚垂(初杜解7:18). 이스리 드렛는 양주를 울워러보니:仰看垂露姿(初杜解16:28).

드로라 동 듣노라. ㉠듣다 ☞-로라 ¶가다가 가다가 드로라 에정지 가다가 드로라 사스미 짒대에 올아셔 奚琴을 혀거를 드로라(樂詞. 青山別曲).

·드론 동 든. ㉠들다 ¶定覺支는 드론 定ᄀ티 여러 法돌홀 소뭇 알 씨오(月釋2:37).

드론딘 동 듣건대. 듣건대는. 들으니. ㉠듣다 ¶ᄒ물며 드론딘 안녁 金盤ㅣ 다 衛霍의 지비 갯도다:況聞內金盤盡在衛霍室(重杜解2:35). 니르거늘 드론딘 孽孽ㅣ 能히 사로몰 올왓도다:聞道孽孽能全生(重杜解2:63). ᄒ물며 드론딘 곧마다 아돌와 쏠와롤 ᄑ라:況聞處處鬻男女(重杜解4:28).

·드룷·디·니 동 들지니. 들 것이니. ㉠들다 ¶漸漸 程節에 드룷디니:漸入程節(蒙法38).

·드롬 동 듦. ㉠들다 ¶키 아로모로써 門의 드로몰 사모시고:以大悟爲入門(蒙法37).

드·르 명 들. 벌판. ☞드ᄅ ¶드르헤 龍이 싸호아:龍鬪野中(龍歌69章). 묏고리어나 뷘 드르히어나(釋譜19:43). 너븐 드르콰:曠野(楞解9:22). 먼 드르 險ᄒ며 조본 짜해:曠野嶮隘處(法華6:47). 드릇 ᄆ올히 放蕩히 ᄒ야:放曠郊廛(永嘉下127). 너븐 드릇 中에(圓覺下三之一99). 묏눈과 ᄀ룺 어르메 드르히 서늘ᄒ니:山雪河氷野蕭颸(杜解4:4). 먼 드르홀 咫尺만 ᄒ가 ᄉ랑ᄒ노라:曠野懷咫尺(杜解7:23). 雲霧엔 平ᄒ 드르헷 남기 그숙ᄒ얏고:霧隱平郊樹(初杜解10:3). 드르ᄒ 춤츠는 옷 알피 훤ᄒ도다:野曠舞衣前(初杜解15:29). 드릇 밧긔셔 받즙는 것 업수믈 아쳗디 말오:莫嫌野外無供給(初杜解22:5). 드르 교:郊. 드르 뎐:甸. 드르 평:坪(訓蒙上4). 八十 드르ᄒ로 진동한동 거러 가거놀(古時調. 人生 시른. 青丘). 드르:野甸子(譯解上6. 同文解上7).
※드르>들

※'드르'의 첨용 [드르 / 드르히/드르흘/드르헤

드르 명 도래. 갓양태. ☞갓드르 ¶또 비단으로 드르 두 녀 가르빠 돌마기 ᄃ론 갇애:又有紵絲剛叉帽兒(飜老下52). 드르 두 녀 가르빠 돌마기 돌온 갓에(老解下47). 드르히 적고:簷兒小(朴解中25).

드·르·니이·다 동 떨어진 것입니다. ㉠듣다 ¶하놊 고지 드르니이다(月印上6).

드·르·헤 명 들에. ㉯드르 ¶드르헤 龍이 싸호아 四七將이 일우려니:龍鬪野中四七將濟(龍歌69章).

드·르·흘 명 들을. ㉯드르 ¶먼 드르흘 咫尺만ᄒ가 ᄉ랑ᄒ노라:曠野懷咫尺(杜解7:23).

드르히 명 들이. 〔ㅎ 첨용어 '드르'의 주격(主格).〕 ㉯드르 ¶묏눈과 ᄀ룺 어르메 드르히 서늘ᄒ니:山雪河氷野蕭颸(杜解4:4).

드·른 동 떨어진〔落〕. ㉠듣다 ¶드른 이사골 衆人의게 미추믈 해 ᄒ고:遺穗及衆多(初杜解7:37).

드름 명 두름. ¶드름 급:級(倭解下39).

드름드름ᄒ다 형 주렁주렁하다. ¶드름드름ᄒ다:滴溜搭拉(漢清13:27).

드릇쥐 명 들쥐. ☞묏쥐 ¶드릇쥐 구무 ᄑ며 플 여름 빠 먹고:掘野鼠去草實而食(重三綱. 忠6).

-드리 접미 -들이. ¶서 되드릾 華甁을 노코(月釋10:119). 되드리 쟉:勺(類合下58). 入里 드리 斗升容入也(行吏).

드리긋다 동 들이긋다. ¶드리그어 마시다:抽哈(同文解上62).

드리니ᄅ다 동 들어 말하다. ¶한 귓거싀 저픈 양올 드리니ᄅ샤 三惡道이 양주와 行業을 가줄비시니:擧諸鬼可畏之狀譬三惡道貌狀行業也(法華2:122).

·드·리·다 동 ①드리다〔獻. 呈〕. ☞들이다 ¶우리 父母ㅣ 太子씌 드리ᄉᄫ시니(釋譜6:7). 紂의게 드려놀(宣賜內訓序3). ᄒ당의 드리는 쳔이 언메나 ᄒ뇨:多小學課錢(飜朴上49). 주며 드리기를 술위와 몰에 밋디 아니ᄒᄂ니:饋獻不及車馬(宣小2:11). 丹書:녯 글월이니 太公이 武王씌 드리니라(宣小3:2). 幣帛 드리다:奠幣(譯解上13). 글 드리다:呈遞(漢清4:12).
②아뢰다. ¶유무 드룷 사름도 업거늘(釋譜6:2).

드·리·다 동 드리우다. 드리워지다. ☞드리우다 ¶우희 드린 구스리 이셔 거름 거롤 쩌긔 뮐씨(月釋10:21). 垂는 드릴 씨니 垂瓔은 瓔珞올 드리울 씨라(月釋10:56). 귀예 드리는 거시라(宣賜內訓2下12). 구즈기 드렛는 활 避ᄒ는 놀개로다:矯矯避弓翮(初杜解7:26). 힌 머리 드리여쇼매:垂白(初杜解8:4). 일후미 萬古애 드려 간돌 아노라 므스게 쓰리오:名垂萬古知何用(杜解15:37). 困ᄒ 놀개 드려쇼몰 붓그리디 말라:無慙困翮垂(初杜解20:50). 아래롤 向ᄒ야 드리오:向下垂(金三2:11). 고디 셔도 머리 짜해 드리고:直立頭垂地(金三3:22). 우희 구룸 갓고로 드리옛게 ᄒ와 잇고:上頭縫着倒提雲(飜老下52).

·드·리·다 동 ①들이다. 들게 하다〔納. 入〕. ☞들이다 ¶부텻 知見에 드리고져 ᄒ시논 젼ᄎ론 고디라(釋譜13:55). 如來롤 앗ᄉ바

드리숩고(釋譜23:23). 納운 드릴 씨오(月釋序8). 네 안즉 門 구디 닫고 그 중 드리디 말라 ᄒᆞ고(月釋23:74). 이런 ᄃᆞ로 阿難 모매 다시 드롬 업숨 곧ᄒᆞ니라:故如阿難體更無所容(楞解2:110). 이에 한 相올 뵈시고 아래 서르 드료몰 볼기시니라:此示諸相下明相容(楞解4:40). 싸 變ᄒᆞ샤몬 장ᄎᆞ 分身衆 드류려 ᄒᆞ시니라:變土將容分身之衆也(法華4:120). 돌아 드리샤(法華7:99). 닐오ᄃᆡ 周徧ᄒᆞ며 머구머 드료미라:云周徧含容(圓覺上二之二142). 門 안해 드리디 말오:不入其門(宣賜內訓1:4). 蓮은 서늘호몰 드리ᄂᆞᆫ 빼 조햇도다:荷淨納涼時(初杜解15:30). 萬金을 드료ᄃᆡ:入萬金(金三5:6). 내 샹녜 드리노라 ᄒᆞ시니:我常納(南明下8). 주기린 주기고 드리린 드리고 몰린 모라 에워다가:殺一殺入一入赶一赶扭將去(飜朴上23). 드릴 납:納(訓蒙下21. 類合下14. 倭解下3. 註千20). 그 고ᄋᆞ몰 듣고 드리려 ᄒᆞ니 네 죽기로 밍세ᄒᆞ야 좃디 아니ᄒᆞ다:聞其美內之女誓死不從(東新續三綱. 烈1:1). ᄒᆞᆫ 죽 므롤 이베 드리디 아니터니:勺飮不入口(東新續三綱. 烈1:61). 드릴 효:效(註千8). 드릴 입:入(註千15). 드릴 납:納. 드릴 납:內 仝納(註千20).
②들이다. 배게 하다. 스며들게 하다. ¶ᄒᆞᆫ 화ᄂᆞᆯ 밀 드린 죠ᄒᆡ예 싸 블근 깁 ᄂᆞᄆᆞ치 녀허:一丸蠟紙裹緋絹帒盛(瘟疫方9). 小紅 드려 안킵 삼고(老解上12).

드리다 동 만들다. ¶구들 드리다:打炕. 作炕(譯解上18).

드·리디·다 동 드리워지다. ¶머리롤 져기 드리디게 ᄒᆞ고:頭少垂下(救簡1:72). ᄆᆞ리 사ᄅᆞᄆᆡ 음란을 므러 그 음란이 드리디여 나거든 미러 드리고:馬齧人陰卵脫出推內入(救簡6:72).

드·리디·우·다 동 드리우게 하다. ¶머리털 거두기를 드리디우게 말며:斂髮毋髢(宣小3:10).

·드·리돈·다 동 들이닫다. 달려들다. ¶드리ᄃᆞ라 오더니(月印上59). 그 집 門이 몰라 드리ᄃᆞ라 보니(釋譜24:14). 아히 손ᄌᆞ롤 업고 박연의 드리ᄃᆞ라 주그니라:負兒孫投朴淵而死(東新續三綱. 烈5:86 朴氏投淵). 왕싱이 즉시 드리ᄃᆞᄅᆞ니 뉴싱이 놀라 손의 녜로 관곡히 ᄃᆡ접ᄒᆞ더니(太平1:22). 힝달이 드리ᄃᆞ라 아스니 옥녜 놉픈 바회 굿틔 안자셔 탄식ᄒᆞ고 가거ᄂᆞᆯ(太平1:50). 드리ᄃᆞᄅᆞ며 손 내여 헤저으며(癸丑28). 주글 번 살 번ᄒᆞ다가 와당탕 드리ᄃᆞ라 이리져리 ᄒᆞ니(古時調. 半 여든. 靑丘). 延秋門 드리ᄃᆞ라 慶會南門 ᄇᆞ라보며(松江. 關東別曲). 샐리 환도롤 자바셔 패롤 조차 드리ᄃᆞ롤디니라:急取刀隨牌殺入(武藝諸16).

·드리:불·다 동 들이불다. ¶붇ᄌᆞᄅᆞ대로 고해 드리불면 즉재 됴ᄒᆞ리라:用筆管吹入鼻卽愈(救簡2:3). 드리부러 혀ᄂᆞᆫ 것:倒吸哨子(漢淸10:33).

드리비취다 동 들이비치다. ¶바래 드리비취ᄂᆞ닌 殘月ㅅ 그르매로소니:入簾殘月影(重杜解2:28). 볃 난 나래 창 ᄶᅡ메 히 드리비취어든 간ᄃᆞᆯ완ᄃᆞᆯᄒᆞᄂᆞᆫ 드트리라(七大3).

·드리:쉬·다 동 들이쉬다. ¶숨 드리쉴 흡:吸(訓蒙上28).

·드리·셜·다 동 들이빨다. ¶그 ᄂᆡ롤 드리셔라 목 안흘 뻐야 헐에 ᄒᆞ라:吸入喉咽內熏破(救簡2:71). 드리셜 흡:吸(類合下6).

드·리염 부 축 드리우게. 축 늘어지게. ¶ᄀᆞᄅᆞᆷ ᄀᆞᇫ ᄒᆞᆫ 남기 드리염 프ᄂᆞ니:江邊一樹垂垂發(初杜解18:4).

드·리오·다 동 외상으로 하다. ☞드리우다 ¶내 샹둥엣 됴ᄒᆞᆫ 은을 바도ᄃᆡ 앏픠셔 즉재 은을 받고 드리오디 아니호리라:我只要上等官銀見要銀子不賒(飜老下57). 내 네 것 드리오디 아니코:我不賒伱的(老解下54).

드·리·오·다 동 드리우다. ☞드리우다 ¶오직 주믈 드리오쇼셔:惟垂給與(法華2:138). 우러 눈므를 녯 핏 그제예 드리오노라:啼垂舊血痕(初杜解8:36). 病ᄒᆞᆫ 모몰 扶持ᄒᆞ야셔 印ㅅ긴흘 드리오고:扶病垂朱紱(初杜解10:14). 仙人이 慈롤 드리오시며 忍을 너피샤:仙人垂慈弘忍(金三3:43).

드리오다 동 거르다. ☞들이오다 ¶이 술이 들므쥬군ᄒᆞ니 엇디 먹으료 가져가 다시 드리오라:這酒忤禿怎麼喫將去再吊一吊(朴解中30).

·드리왇·다 동 들이다. 〔'-왇다'는 강세 접미사(强勢接尾辭).〕 ☞-왇다 ¶神妙ᄒᆞᆫ 그 機ㅣ 번겟 光明이라 能히 손 드리와도미 어렵도다:神妙其機電光難能入手(金三2:44).

드·리우·다 동 드리우다. ☞드리다 ¶두 雙이 어우러 가지 드리워(釋譜23:18). 流蘇ᄂᆞᆫ 五色 빗난 거스로 어울워 드리우ᄂᆞᆫ 거시라(月釋10:45). 垂는 드릴 씨니 垂瓔은 瓔珞올 드리울 씨라(月釋10:56). 如意珠 瓔珞올 드리워 九方애 ᄀᆞ독ᄒᆞ며(月釋17:30). 手足올 드리워(楞解9:111). 다 머리롤 드리웟ᄂᆞ니:皆垂頭(初杜解16:63). ᄒᆞ몰며 霈澤 드리우몰 니부니:況蒙霈澤垂(杜解22:4). 열 히롤 오히려 ᄂᆞᆯ개롤 드리웻도소니:十年猶塌翼(初杜解23:35). 눈므를 두 녀그로 드리웻노라:淚雙垂(初杜解24:61). 드리울 슈:垂(類合下26. 石千5. 倭解下37. 兒學下3). 우희 구룸 갓고로 드리웟게 호와 잇고:上頭縫着倒提雲(老解下47). 칼을 드리우고(武藝圖30).

드·리·우·다 동 ①가르침이 되는 말을 하다. ¶ᄀᆞᄅᆞ촘 드리우샤미(楞解10:42). 니ᄅᆞ샤ᄆᆞᆯ 드리우쇼셔(法華1:169). 方便을 드리우논 디니(金三5:40).
②후세(後世)에 전하다. ¶나라ᄒᆞᆯ 갑ᄉᆞ온 그테 일후믈 드리우도다:垂名報國餘(初杜解20:31).

드·리우·다 동 외상으로 하다. ☞드리오다 ¶내 네 것 드리우디 아니코 ᄒᆞᆫ삐 너를 됴ᄒᆞᆫ 은 주리라:我不賒你的一頓兒還你好銀子(飜老下60).

드·리·ᄎᆞ다 동 들이차다. 들이지르다. ¶대ᄅᆞᆯ 두드리거나 드리ᄎᆞ거나 ᄒᆞ면 사ᄅᆞ미 다 두리여 숨ᄂᆞ니라(釋譜11:21. 月釋21:218).

드·리·티·다 동 들이치다. ¶도ᄌᆞ기 드리텨 오거늘(三綱. 忠22).

·드리·티·다 동 던져 넣다. 처넣다. 던지다. ¶그에 드리텨든(月釋1:29). 罪人ᄋᆞᆯ 글는 가마애 드리티ᄂᆞ니라(月釋1:29). 아ᅀᆞᆷ돌히 그 므레 금과 은과 진쥬류엣 거슬 각각 드리티ᄂᆞ니라:親戚們那水裏金銀珠子之類各自丟入去(飜朴上56). 므레 드리텨 주기려 ᄒᆞ거ᄂᆞᆯ:將沈而殺之(二倫1 伋壽同死). 江의 드리티며:投之于江(宣小6:109). 이예 가실이 와셔 ᄯᅥ린 거우로ᄡᅥ 드리티니 드듸여 다ᄅᆞᆫ 날로 언약ᄒᆞ야 녜ᄅᆞᆯ 일우니라:於是嘉實來以破鏡投之遂約異日成禮(東新續三綱. 烈1:2 薛氏貞信).

·드·리:혀·다 동 들이끌다. 들이켜다. 들이마시다. ☞드리ᅘᅧ다 ¶塵을 드리혈씨:吸塵(楞解3:2). 業 ᄒᆞᆫ가지 닐 드리혈시:吸引同業(圓覺下一之一16).

·드·리:ᅘᅧ·다 동 들이끌다. 들이켜다. 들이마시다. ☞드리혀다 ¶塵을 드리ᅘᅧᄆᆞᆯ:入塵(楞解3:1). 안햇 드트를 드리ᅘᅧ 가져:吸攝內塵(楞解3:15). 모다 發生ᄒᆞ며 業 ᄒᆞᆫ가지 닐 드리ᅘᅧᆯ씨:發生吸引同業(楞解4:25). 貪習이 섯거 혜요미 서르 드리ᅘᅧ메 發ᄒᆞᄂᆞ니:貪習交計發於相吸(楞解8:82). 風氣ᄅᆞᆯ 드리ᅘᅧ면(楞解8:82). 드리ᅘᅧᄂᆞᆫ 氣니:吸氣(楞解8:103).

드:림 명 드림. ¶王后ㅣ 親히 검은 관ㅅ드림을 ᄧᆞ시고:王后親織玄紞(宣小4:45). 투구 두 녑 드림:耳鏡. 투구 뒷드림:腦包(譯解補15). 쟝ㅅ드림:流蘇(漢淸12:12).

드립더 부 들입다. 무리하게 마구. ☞들입써 ¶날이 어두오니 힝혀 아닌가 드립더 손을 잡으며(癸丑122). 드립더 ᄇᆞ득 안으니(古時調. 靑丘). 영이 바드려 ᄒᆞᆯ 제 드립더 영의 손을 즙으며(引鳳簫2).

드ᄅᆞ 명 들. ☞드르 ¶드ᄅᆞ 야:野(石千27).

드롬 동 들음. ㉮듣다 ¶내 보미 닉으며 내 드ᄅᆞ미 만호롸:聞(百行源20).

-드면 어미 -더라면. ¶우리 만일 형ᄀᆞ치 伶俐ᄒᆞ드면(捷蒙2:3).

드무리 부 드물게. ☞드므리 ¶더 드무리 ᄒᆞ시고(閑中錄146).

·드므·다 형 드물다. ☞드믈다 ¶學者ㅣ 알리 드므ᄂᆞ니라(圓覺上二之一29). 이런 ᄃᆞ로 노니시ᄂᆞᆫ 이레 조ᄎᆞ샤미 드므더시다(宣賜內訓2上45). ᄒᆡ여곰 드믄 울ᄒᆞᆯ 울후미 도ᄅᆞ혀 甚히 眞實ᄒᆞ니라:使揷疏籬却甚眞(初杜解7:22). ᄆᆞᅀᆞᆷ 아로미 眞實로 ᄲᅡ기 드므도다:會心眞罕儔(初杜解22:1). 和ᄒᆞᆯ 사ᄅᆞ미 드므니(金三3:7). 닐오ᄃᆡ 싄싱애 닐흔 사로미 녜브터 드므다 ᄒᆞᄂᆞ니:說道人生七十古來稀(飜朴上76).

·드므·리 부 드물게. ☞드믈이 ¶希有는 드므리 잇다 혼 ᄠᅳ디라(釋譜13:15). 希有ᄂᆞᆫ 드므리 이실 씨라(法華1:66). 부텨 ᄒᆞ마 드므리 니ᄅᆞ시며:佛旣罕言(圓覺上二之一166). 도라갈 길헤 半거름도 드므리 호라:歸路跬步疎(杜解13:20). 조차 ᄃᆞᆫ뇨매 자최ᄅᆞᆯ 드므리 아니ᄒᆞ다라:追隨迹未疎(杜解24:59). 飮食예 술고기를 드므리 머그며:飮食罕御酒肉(飜小9:34). 녯 버듸 져른 글워리 드므리 오놋다:故舊短書稀(重杜解12:29).

·드믈·다 형 드물다. ☞드므다 ¶希ᄂᆞᆫ 드믈 씨오(釋譜13:15). 希는 드믈 씨라(金剛上7). 戎馬ᄂᆞᆫ 어느 時節에 드믈려뇨 ᄒᆞᄂᆞ다:戎馬何時稀(初杜解15:5). 諫爭ᄒᆞᆯ 글워리 드므로ᄆᆞᆯ 내 아노라:自覺諫書稀(初杜解21:14). 音書ㅣ 일로브터 드믈리로다:音書從此稀(初杜解23:27). 블 알며 쇼 아로미 이리 드믈오 奇特ᄒᆞ니:知火知牛事希奇(金三2:3). 드믈 희:稀. 드믈 한:罕(類合下57). 별이 드믈고(三譯8:18).

·드믈·이 부 드물게. ☞드므리. 드믈다 ¶飮食에 술 고기를 드믈이 먹고:飮食罕御酒肉(宣小6:31).

드믓드믓 동 드문드문. ¶드믓드믓 져머셔브터 ᄌᆞ라매 니ᄅᆞ히 어리기 ᄒᆞᆫ골ᄀᆞᄐᆞ니(家禮3:1).

드믓ᄒᆞ·다 형 경성드뭇하다. ¶드믓ᄒᆞᆫ 다ᄉᆞᆺ 株ㅅ 양지:虛徐五株態(初杜解15:3).

드·뵈 명 뒤웅박. ¶드뵈 爲瓠(訓解. 用字).

·드·사 동 들어야. ㉮들다 ¶惡道애 떠러디리니 촐히 說法 마오 涅槃애 어셔 드사 ᄒᆞ리로다(釋譜13:58).

드스다 형 드스하다. ☞ᄃᆞᄉᆞ다 ¶공심에 아ᄒᆞᆫ 환을 드슨 술의 솜ᄭᅴ고:空心取九十丸溫酒呑下(胎要3).

드스ᄒᆞ다 형 드스하다. ☞ᄃᆞᄉᆞᄒᆞ다 ¶드스ᄒᆞ다:溫些(譯解補31).

드시 부 따뜻이. ¶거지ᄒᆞ고 드시 머기라:去

滓溫服(痘要下65).

드시 부 듯이. ☞디시. ᄃᆞ시 ¶左右ᄅᆞᆯ 擧薦ᄒᆞ샤ᄃᆡ 몬 미츨 드시 ᄒᆞ샤:薦達左右若恐不及(宣賜內訓2上43).

-·드·시 어미 -듯이. ☞-디시. -ᄃᆞ시 ¶이러트시 고텨 ᄃᆞ외샤미(月釋1:21). 새집과 살ᄡᅡ기 門이 별 흗드시 사ᄂᆞ니:草閣柴扉星散居(初杜解25:23).

드아리 명 심부름하는 아이. ¶우리집 쇼먹이는 드아리라(洛城1).

드우티다 동 번드치다〔飜〕. ☞드위티다 ¶震動ᄒᆞᄂᆞᆫ 울에옌 지빗 져비 드우티고:震雷翻幕燕(重杜解12:31).

드위·다 동 번드치다. 뒤집다. ☞드의다 ¶모ᄆᆞᆯ 드위여 하ᄂᆞᆯᄒᆞᆯ 向ᄒᆞ야 울워러 구루메 소니:飜身向天仰射雲(初杜解11:16).

드위다 동 뒤지다. ☞두디다 ¶關侯와 衙前괘 드위여 구슬 열 나ᄎᆞᆯ 繼母ㅅ 거우룻지븨 어더:關侯士吏搜索得珠十枚於繼母鏡奩中(宣賜內訓3:36). 다 힐여 그 지블 드위라코져 ᄒᆞ나 ᄯᅩ 사ᄅᆞᆷ 資產이 업도다:悉令索其家而又無生資(初杜解25:37).

드위부치다 동 번드쳐 부치다. ¶믌겨리 드위부치니 거믄 龍ㅣ 봄놀오:濤翻黑蛟躍(重杜解1:49).

드위잇다 동 번드치다. ¶두위잇다. 드위티다 ¶梅花ㅣ ᄒᆞ마 ᄂᆞ라 드위잇ᄂᆞ다:梅花已飛翻(初杜解8:7). 어른어른ᄒᆞᆫ 믌겴고지 드위잇놋다:閃閃浪花飜(杜解9:37). 降集호맨ᄂᆞᆫ 鳳이 드위잇ᄂᆞᆫ ᄃᆞᆺᄒᆞ고:降集飜翔鳳(初杜解20:33). 空生ᄋᆡ 혓 미티 믌결 드위잇ᄃᆞᆺ ᄒᆞ도다:空生舌本瀾翻(金三2:44).

드위잊다 동 번드치다. ☞드위다. 드위잇다 ¶녜로 오매 이리 드위이저 ᄃᆞᆫᄃᆞᆫ디 아니ᄒᆞᆫ 거시니:古來事反覆(杜解16:18). 모로매 이 버러 우희셔 두위이즈리라:會是飜講上(杜解16:36). 오직 거믄 ᄇᆞᄅᆞᄆᆡ 큰 믌결 드위이주ᄆᆞᆯ 볼 ᄲᅮ니언뎡:秖見黑風翻大浪(金三5:34).

드위·텨 동 뒤쳐. 번드쳐. ㉠드위티다 ¶萬行ᄋᆞᆯ 드위텨 ᄇᆞ려:傾覆萬行(永嘉上45).

드위·티·다 동 뒤치다. 번드치다. ☞두우티다. 드우티다. 드위잇다 ¶셜버 드위텨디게 ᄒᆞ고(月釋1:29). 萬行ᄋᆞᆯ 드위텨 ᄇᆞ려 서르 올타 외다 ᄒᆞᄂᆞ니:傾覆萬行遞相是非(永嘉上45). 숣숣ᄒᆞᆫ ᄂᆞᆯ난 사ᄅᆞ믄 바ᄅᆞ 드위텨:惺惺靈利直下掀飜(蒙法12). 믄드시 믌뉘누릴 드위텨 ᄢᅥᄇᆞ리ᄂᆞ다:欻飜盤渦拆(杜解7:24). 아니 瀟湘이 드위텻ᄂᆞ니아:無乃瀟湘飜(初杜解16:29). 地軸이 爲ᄒᆞ야 드위티고:地軸爲之飜(杜解22:2). 남긔 오ᄅᆞᄂᆞᆫ 늘근 괴 몸 드위티논 ᄠᅳ드로 볼 뎬(南明上1). 남긔 오ᄅᆞᄂᆞᆫ 늘근 괴 몸 드위티ᄂᆞᆫ 마리라(南明上66).

드위·혀·다 동 뒤집다. ☞드위ᅘᅧ다 ¶義 모로매 우흘 드위혀니:義須反上(永嘉上110). 첫 다ᄉᆞᆺ 알ᄑᆞᆯ 드위혀미오:初五翻前(圓覺上一之一23). 우흘 드위혀닌 곧 다 이 그르시라:反上卽皆是器(圓覺上一之一90). 苦브튼 모ᄆᆞᆯ 드위혀면 곧 이 法身이라:翻苦依身卽是法身(圓覺上一之二117). 六蔽ᄅᆞᆯ 드위혀(圓覺上一之二122). ᄆᆞᅀᆞᄆᆞᆯ 어루 드위혀리라:而心可反(圓覺上二之一36). 이제 네 이ᄅᆞᆯ 드위혀ᄂᆞ니:今子反是(宣賜內訓3:27). 이제ᄂᆞᆫ 이에 드위혈ᄊᆡ(金三2:46). 大用애 드위혀 니ᄅᆞ와ᄃᆞᆯ 시라(南明下11).

드위힐우·다 동 되풀이하다. ☞드위힐후다 ¶드위힐워 ᄆᆞᅀᆞᆷ ᄡᅮ믈 묻ᄌᆞ오샤:反覆徵問用心(圓覺上二之一5).

드위힐후·다 동 되풀이하다. ☞드위힐우다 ¶드위힐훠 緣에 어즐ᄒᆞ야:展轉迷緣(楞解2:23). 일후미 드위힐후ᄂᆞᆫ 어즈러운 想:名翻覆亂想(楞解7:82). 드위힐훠 닐어 머군 ᄆᆞᅀᆞᄆᆞᆯ 펴니:反覆言之以攄所懷(法華2:253). 드위힐훠 열둘히니:宛轉十二(法華6:26). 드위힐훠 推尋컨댄 내 업스니:反覆推尋而無其我(永嘉上40). 닐오ᄃᆡ ᄭᅮᄆᆡ 이시며 업수미 드위힐훠 두 마리니:謂夢之有無反覆二說(圓覺下一之二20). 내 드위힐훠 ᄉᆞ랑ᄒᆞ야:吾反覆念之(宣賜內訓2上52).

드위·ᅘᅧ 동 뒤집어. ㉠드위ᅘᅧ다 ¶無明을 드위ᅘᅧ ᄒᆞ야ᄇᆞ려(月釋14:17). 無明을 드위ᅘᅧ ᄇᆞᆯ고ᄆᆞᆯ ᄆᆡᇰᄀᆞ로려 ᄒᆞᄂᆞ니라:欲飜無明爲明(楞解4:48). 이제 迷ᄒᆞᆫ 方ᄋᆞᆯ 드위ᅘᅧ:今反迷方(永嘉上76). 드위ᅘᅧ 得ᄒᆞᆫ 塵念을 아라:反認所得塵念(永嘉上102). 엇데 드위ᅘᅧ 비취유믈 기드린 後에ᅀᅡ:豈待反照然後(永嘉上119).

드위·ᅘᅧ·다 동 뒤집다. ☞드위혀다 ¶곳구무데군케 드위ᅘᅧ고(釋譜3:p. 100). 손바당 드위ᅘᅧ메셔 ᄲᆞᄅᆞ니:速於反掌(楞解1:16). 서르 드위ᅘᅧᄆᆞᆯ 내ᄂᆞ니:出生相反(楞解8:89). 正을 드위ᅘᅧᆫ 젼ᄎᆞ로:反正故(楞解8:91). 六識을 브터 無明을 드위ᅘᅧ ᄒᆞ야ᄇᆞ료ᄆᆞᆯ 表ᄒᆞ니라:表依六識翻破無明(法華1:58). 허므를 드위ᅘᅧ(心經17).

드의다 동 번드치다. 뒤집다. ☞드위다 ¶모ᄆᆞᆯ 드의여 하ᄂᆞᆯᄒᆞᆯ 向ᄒᆞ야 울어러 구루매 소니:翻身向天仰射雲(重杜解11:16).

드틀 명 티끌. ☞듣글 ¶드틀에 소사나시니(月印上39). 드틀을 가ᄌᆞᆯ벼 니ᄅᆞ시니(月印上45). 드트릐 얽ᄆᆡᅇᅲ미 아니 ᄃᆞ욀 ᄊᆡ라(釋譜6:29). 塵ᄋᆞᆫ 드트리라(月釋2:15). 거츤 드트리 믄득 니러(月釋2:21之1). 緣ᄋᆞᆫ 브틀 씨오 塵ᄋᆞᆫ 드트리라(楞解1:3). 우리 드틀 ᄣᅵᄅᆞᆯ 시스쇼셔:洗我塵垢(楞解2:11).

이 드틄 象올 드리혀미:吸此塵象(楞解3:2). ᄡᅳ멧 드틀 곧ᄒᆞ며:猶如隙塵(金剛上11). 이 고대 니르러ᄂᆞᆫ 드트른:到者裏塵(蒙法42). 藥 디턴 드트리 기텃고:餘搗藥塵(杜解9:5). ᄇᆞᄅᆞᆷ과 드트레 머리 돌아보고:回首風塵(杜解21:5). 干戈애 ᄒᆞ물며 ᄯᅩ 드트리 누네 좃ᄂᆞ니:干戈況復塵隨眼(杜解21:33). 드틀 딘:塵(類合上6). 그 드틀이 얼운의게 밋디 아니케 ᄒᆞ고:其塵不及長者(宣小2:59). 가븨야온 드틀이 弱ᄒᆞᆫ 플에 븓터숨 ᄀᆞᄐᆞ니:如輕塵棲弱草耳(宣小6:58). ※드틀>듣글>티끌

드틔다 동 디디다. ☞드듸다 ¶열온 어름에 셔 고기를 디ᄅᆞ더니 발을 그르 드틔여 ᄲᅥ뎌 ᄡᅡ디거ᄂᆞᆯ:叉魚薄氷失足陷沒(東新續三綱. 孝3:56). 드틔여 ᄡᅥ러디거ᄂᆞᆯ:跌墜(十九史略1:15).

드틔·우·다 동 드티게 하다. ¶ᄆᆡ ᄒᆞᆫ 량의 ᄂᆞ줏ᄒᆞᆫ 은을 드틔우면 ᄒᆞᆫ 돈식 나리라:每一兩傾白臉銀子出一錢裏(飜朴上33). 〔朴解에는 '드틔우면'에 해당하는 부분이 '디워 믿들려 ᄒᆞ면'으로 기록되어 있음.〕

득달ᄒᆞ다 동 득달(得達)하다. ¶동쇼졔 계유 득달ᄒᆞ야 지현을 안둔ᄒᆞ고(落泉3:7).

·득:도 명 득도(得道). ¶부텨옷 보ᅀᆞᄫᆞ면 당다이 得道를 ᄲᆞᆯ리 ᄒᆞ리니(釋譜6:40). 得道ᄂᆞᆫ 道理를 得ᄒᆞᆯ 씨라(釋譜13:14).

·득:도·ᄒᆞ·다 동 득도(得道)하다. ¶羅睺羅ㅣ 得道ᄒᆞ야 도라가ᅀᅡ 어미를 濟渡ᄒᆞ야(釋譜6:1). ᄒᆞᆫ 見性 得道ᄒᆞᆫ 고렷 화샹이:一箇見性得道的高麗和尙(飜朴上74).

·득·실 명 득실(得失). ¶有無의 得失올 順ᄒᆞ리라(永嘉上21). 사ᄅᆞ미 迷ᄒᆞ야 失이라 니ᄅᆞ고 사ᄅᆞ미 悟ᄒᆞ야 得이라 니ᄅᆞᄂᆞ니 得失이 사ᄅᆞ매 이실 ᄲᅮ니언뎡 엇데 動靜에 걸리오(永嘉下125). 부친이 이번 젼시의 져 일흠이 방안희 업ᄉᆞ면 득실이 시절의 잇고(落泉2:6).

득의ᄒᆞ다 동 득의(得意)하다. ¶죵시 ᄇᆞ리지 말고 타일 득의ᄒᆞᆫ 후 후문 쇼져를 취ᄒᆞ고(落泉1:2).

득인ᄒᆞ다 동 득인(得人)하다. 사람을 얻다. ¶나라흘 다ᄉᆞ리ᄂᆞᆫ 도리 득인ᄒᆞ기 웃ᄯᅳᆷ이니(仁祖行狀21).

득죄ᄒᆞ다 동 득죄(得罪)하다. ¶금일 이에 니ᄅᆞ기ᄂᆞᆫ 우리 부지 득죄ᄒᆞ미니(山城27). 노부ᄂᆞᆫ 시절의 득죄ᄒᆞᆫ 사ᄅᆞᆷ이니 형의 궁도를 구졔튼 못ᄒᆞ려니와(落泉2:4).

·득·지ᄒᆞ·다 동 득지(得志)하다. ¶내 득지ᄒᆞ여 나도 ᄒᆞ디 아니ᄒᆞᆯ 거시라:我得志不爲(飜小8:18). 타일의 득지ᄒᆞ믈 드ᄅᆞ면 노부의 ᄆᆞ음이 쾌ᄒᆞᆯ가 ᄒᆞ노라(落泉2:4).

·득ᄒᆞ·다 동 득(得)하다. 얻다. ¶다 이저디 디 아니ᄒᆞᆫ 警戒를 得ᄒᆞ며(釋譜9:6). ᄲᆞᆯ리 圓滿올 得ᄒᆞ리니(楞解7:56). 님금ᄭᅴ 得디 몯ᄒᆞ야ᄂᆞᆫ:不得於君則(宣小4:10). 伯高를 효측ᄒᆞ야 得디 몯ᄒᆞ야도:效伯高不得(宣小5:14).

-든 어미 -던. ☞-던 ¶다만 네 잇든 家産을 직희여 살 ᄯᆞ름이오(捷蒙3:7). 그러ᄒᆞ고 兄을 그리든 ᄠᅳᆮ을 ᄯᅩ 시러곰 싀훤케 ᄒᆞ도다(捷蒙4:4). 간밤에 부든 ᄇᆞ람에 눈서리 치단 말가(古時調. 靑丘). 去年에 븕든 ᄭᅩᆺ츨 今年에 다시 보니(古時調. 歌曲).

-든 어미 -거든. -면. ☞-아ᄃᆞᆫ. -어든 ¶그ᄃᆡ ᄒᆞ다가 년화국의 나든 우리 물념ᄒᆞ야(王郞傳4).

-든 어미 -지는. ☞-던 ¶그리 크게 ᄉᆞᆯ지게 붓든 아니호ᄃᆡ:不至肥滿(痘瘡方37). 半나마 늘거시니 다시 졈든 못ᄒᆞ여도(古時調. 靑丘). 어딜믄 어딜거니와 忠셩되든 못ᄒᆞ니이다:賢則賢矣未忠也(重內訓2:18).

-든가 어미 -던가. ☞-던가 ¶功名富貴 ᄂᆡ 아든가 繁華行樂 거즛 거시(古時調. 樂府).

-든고 어미 -던고. ¶하운은 다긔봉에 봉이 놉하 못 오신든고(古時調. 樂府). 누구셔 綠陰芳草를 勝花時라 ᄒᆞ든고(古時調. 버들은. 詩歌).

든든ᄒᆞ다 형 든든하다. ¶더욱 든든ᄒᆞ여(癸丑179).

듣글 명 티끌. ☞드틀 ¶거즛 듣그릐 더러움과:妄塵所染(法華1:180). 거즛 듣그레 屬ᄒᆞ니:屬妄塵(法華6:52). 塵은 世界를 ᄇᆞᆺ아 듣글 ᄆᆡᆼᄀᆞ라 ᄒᆞᆫ 듣글로 ᄒᆞᆫ 德用올 사ᄆᆞᆺ시 하다 니ᄅᆞ고:塵謂抹世界爲塵一塵爲一塵德用故云多也(圓覺上一之二14). ᄯᅩ 듣그렛 經을:且塵經(圓覺上一之二100). 거츤 ᄆᆞᅀᆞ미 本來 뷔며 듣글 境이 本來 괴외ᄒᆞᆫ ᄃᆞᆯ 엇데 아디 몯ᄒᆞ리오:豈不知妄心本空塵境本寂(金三2:5). 거우루 소뱃 듣글 곧ᄒᆞ니라(南明上3). 듣글 딘:塵. 듣글 애:埃. 듣글 분:坌. 듣글 옹:塕(訓蒙下18).

듣글·ᄢᅵ 명 티끌과 때. ☞듣긄ᄢᅵ ¶듣글ᄢᅵ 아솜 곧ᄒᆞ야:如去塵垢(楞解9:85). 듣글ᄢᅵ 시름 버므로ᄆᆞᆯ 벗고져:蘄脫乎塵垢患累故也(法華6:145). 다 듣글ᄢᅵ니:皆爲塵垢(圓覺下三之一36).

듣긄·ᄢᅵ 명 티끌과 때. ☞듣글ᄢᅵ ¶아모 ᄃᆡ도 마곤 ᄃᆡ 업서 듣긄ᄢᅵ 결워디 몯ᄒᆞᆯ 씨라(月釋序8).

:듣놋·다 동 떨어지는구나. ㉠듣다 ☞-놋다 ¶ᄀᆞᄂᆞᆫ 밀흔 가ᄇᆡ야온 고지 듣놋다:細麥落輕花(杜解7:5).

듣·다 동 듣다. ¶쳐ᅀᅥᆷ 나래 讒訴를 드러:始日聽讒(龍歌12章). 어마님 드르신 말 엇더ᄒᆞ시니:維母所聞果如何焉(龍歌90章). 波旬의

말 드러(月印上26). 흔 디가 듣져 ᄒᆞ야ᄃᆞᆫ(釋譜19:6). 귀예 됴ᄒᆞᆫ 소리 듣고져 ᄒᆞ며 고해 됴ᄒᆞᆫ 내 맏고져 ᄒᆞ며(月釋1:32). 衆生이 드러든 뎌 나라해 나고져 發願ᄒᆞ야ᅀᅡ ᄒᆞ리니(月釋7:70). 드로ᄃᆡ 듣디 몯ᄒᆞ며:聽之不聞(蒙法67). ᄒᆞ믈며 드론ᄃᆡᆫ 안녁 金盤ㅣ 다 衛霍의 지비 갯도다:況聞內金盤盡在衛霍室(重杜解2:35). 法要 듣ᄌᆞ와지이다(六祖上2). 드를 텽:聽. 드를 문:聞. 드를 령:聆(訓蒙下28). 드를 오:聕(訓蒙叡山本下12). 드를 문:聞. 드를 텽:聽(類合下1). 드릉 령:聆(光千29). 드늘 문:聞(光千42). 드를 텽:聽(石千10). 父母ㅅ 일홈 드롬 ᄀᆞ티 ᄒᆞ야:如聞父母之名(宣小5:12). 드를 문:聞(倭解下38). 드늘 령:聆(註千29).

:듣·다 동 떨어지다. ¶ᄀᆞᄂᆞᆫ 밀흔 가비야온 고지 듣놋다:細麥落輕花(杜解7:5). 나못니피 누르러 듣고:木葉黃落(重杜解25:29).

듣다 동 듣다. 효험을 나타내다. ¶경ᄒᆞ니ᄂᆞᆫ 세 번의 듣고(痘要上50).

듣·다 동 냄새 맡다. ¶香ᄋᆞᆯ 드러 아디 몯ᄒᆞ니 업스며(月釋17:65).

듣·보·다 동 듣고 보다. ¶善惡ᄋᆞᆯ ᄀᆞᆯ히디 몯ᄒᆞ야 귀예 듣보미 업거든(月釋21:126). 듣보다:打聽一打聽(老朴集. 累字解10). 듣보ᄂᆞᆫ 이레 거릿기여:膠於見聞(飜小8:42).

듣:봄 동 듣고 봄. ¶善惡ᄋᆞᆯ ᄀᆞᆯ히디 몯ᄒᆞ야 귀예 듣보미 업거든(月釋21:126).

듣소라 동 듣노라. ¶金鐘ㅅ 소리ᄅᆞᆯ 듣소라:聆金鐘(杜解4:21).

듣·져·ᄒᆞ·다 동 듣고자 하다. ㉮듣다 ¶阿逸多야 ᄒᆞ다가 ᄯᅩ 사ᄅᆞ미 다ᄅᆞᆫ 사ᄅᆞᆷᄃᆞ려 닐오ᄃᆡ 經이 이쇼ᄃᆡ 일후미 法華ㅣ니 ᄒᆞᆫ디가 듣져ᄒᆞ야ᄃᆞᆫ 그 말 듣고 아니한덛 드로매 니르러도 이 사ᄅᆞᄆᆡ 功德이 轉身에 陁羅尼菩薩와 ᄒᆞᆫ 고대 나리니(月釋17:51).

듣ᄌᆞ·ᄫᅡ·도 동 듣자와도. ㉮듣즙다 ¶비록 如來ㅅ 誠實ᄒᆞᆫ 마ᄅᆞᆯ 듣ᄌᆞᄫᅡ도(月釋21:15).

듣ᄌᆞ·ᄫᆞ·니 명 듣자온 이. 듣자온 사람. ☞듣즙다 ¶淸淨蓮華目 如來ㅅ 마ᄅᆞᆯ 듣ᄌᆞᄫᆞ니(月釋21:58). ※듣ᄌᆞᄫᆞ니>듣자온 이

듣즙·다 동 듣잡다. ☞듣다 ¶法이 精微ᄒᆞ야 져믄 아ᄒᆡ 어느 듣ᄌᆞᄫᆞ리잇고(釋譜6:11). 아래 ᄌᆞ조 듣ᄌᆞᄫᆞᆫ 마ᄅᆞᆫ 즉자히 도로 니저(釋譜6:11). 그ᄃᆡᄂᆞᆫ 아니 듣ᄌᆞᄫᅢ더시닛가(釋譜6:17). 처ᅀᅥᆷ ᄇᆞ라ᅀᆞᄫᅡ 涅槃ᄋᆞᆯ 듣ᄌᆞᄫᅳ시고(月釋21:2). 부텻 말ᄊᆞᆷ 듣즙고 즉재 信受ᄒᆞᅀᆞᄫᅳ려니와(月釋21:15). 비록 如來ㅅ 誠實ᄒᆞᆫ 마ᄅᆞᆯ 듣ᄌᆞᄫᅡ도(月釋21:15). 淸淨蓮華目 如來ㅅ 마ᄅᆞᆯ 듣ᄌᆞᄫᆞ니(月釋21:58). 世尊하 願ᄒᆞᆫᄃᆞᆫ 듣즙고져 ᄒᆞ노이다(月釋21:64). 命을 듣즙디 몯ᄒᆞ리로소이다(宣賜內訓2上29). 나ᄂᆞᆫ 曾子ᄭᅴ 듣즙고:吾聞諸曾子(宣小4:18). 알픠 간가이 나아가 듣ᄌᆞ와 取ᄒᆞ야(女四解2:14).
※듣즙다>듣잡다
※'듣즙다'의 활용 ┌듣즙고/듣즙디/듣즙게…
└듣ᄌᆞᄫᅡ도/듣ᄌᆞᄫᆞ시고…

들 명 들. ☞드르 ¶들히 괴외ᄒᆞ야(牧牛訣36). 들 하라비ᄂᆞᆫ:野叟(百聯4). 들 교:郊. 들 야:野(類合上6. 倭解上8). 들ㄴᆞ믈을 ᄏᆡ라 가되:拔野菜去(朴解中34). 들 건너 벌 건너(古時調. 靑丘). 드릿 ㄴᆞ믈홀(重內訓2:95). 頃公이 들히셔 됴상ᄒᆞ고져 ᄒᆞ거ᄂᆞᆯ(女四解4:47). 들 야:野(註千27). 上下村 너른 들은 壁前에 암암ᄒᆞ니(皆岩歌).

-들 접미 -들(等). ☞-ᄃᆞᆯ ¶내 문들 보숣피고 자리라:我照覷了門戶睡也(飜老上26). 황뎻 압픠 글들히며 그림 보시더라:官裏前面看書畫裏(飜朴上64). 傳과 記:넷 글월들히라(宣小5:1). 오란 겨레들히:舊族(宣小6:75). ᄆᆞᄋᆞᆯ과 권당들로 더블어:與鄕黨宗族(宣小6:83). 비들토 도로시과댜(新語5:17). 오ᄂᆞᆫ 客人들토 날을 精細타 닐ᄋᆞ리라(朴解中45). 아희들:孩子們(同文解上12). 입아 楚ㅅ 사ᄅᆞᆷ들아 네 얼굴이 어듸 가니(古時調. 海謠). 우리들은 무슴 말을 ᄒᆞᆯ가 시보온고(隣語1:26). 東西館 집들이 극히 毁傷ᄒᆞ온 줄은(隣語1:28). 우리드리 意外예 여긔 漂泊ᄒᆞ여(隣語4:2).

-·들 어미 -지를. ☞-ᄃᆞᆯ ¶머믈우들 몯ᄒᆞ시니(月釋10:15). 鸞과 鳳凰괘 서르 기들우들 아니ᄒᆞ니:鸞鳳不相待(初杜解16:70). 飮食도 먹들 몯ᄒᆞ오되(隣語1:5).

들걸 명 등걸. ☞들궐 ¶서근 나모 들걸:閑相董(語錄18). 밤나모 서근 들걸에(古時調. 싀어마님. 靑丘).

들것 명 들것. ¶들것:擡把(譯解下19). 들것:擔輿(物譜 舟車).

들굴 명 떼. 뗏목. ☞들궐 ¶부러 ᄠᅳᆫ 들구를 두어 ᄀᆞ라 ᄇᆡ예 드노라:故著浮槎替入舟(杜解3:31). 들굴 ᄐᆞᆫ 사ᄅᆞ미 消息이 그츠니:乘槎斷消息(重杜解5:13). 노피 바ᄅᆞ 우흿 들구를 좃놋다:高隨海上槎(初杜解15:52). ᄠᅳᆫ 들구레 ᄀᆞᆯ와 안자쇼미 됴ᄒᆞ니:浮査並坐得(初杜解16:45). 들굴 우희 張騫이 ᄀᆞᆮ도다:査上似張騫(初杜解20:12). 들굴 ᄐᆞᆫ 漢臣이 ᄀᆞᆮ도다:乘槎似漢臣(初杜解20:27).

들굴 명 떨기(叢). ¶고ᄌᆞᆫ 니건 ᄒᆡᆺ 들구레 폣도다:花發去年叢(初杜解3:54). 눈 잇ᄂᆞᆫ 두들게ᄂᆞᆫ 들굴 梅花ㅣ 폣고:雪岸叢梅發(初杜解14:14). ᄌᆞ믄 들굴와 一萬 들구리 가지ᄅᆞᆯ 지즐워 ㄴᆞ즉ᄒᆞ얫도다:千朶萬朶壓枝低(初杜解18:7).

들궐 명 떼. 뗏목. ☞들굴 ¶들궐 사:槎 亦作楂(訓蒙下3). 들궐 사:査(類合下37).

들궐 명 등걸. ☞들걸 ¶들궐:榾柮亦曰 骨董(四解上62 榾字註). 불휫들궐 골:榾. 불휫들궐 돌:柮(訓蒙下6).
들·그·믈 명 삼태 그물. ☞들으믈 ¶들그믈 티다:打扮罾(訓蒙中17 罾字註).
들기름 명 들기름. ¶들기름:蘇油(訓蒙中21 油字註. 譯解上52).
들나뷔 명 들나비. ¶들나뷔 호:蝴(兒學上8).
들너다 동 들르다. ☞들러다 ¶들너다:經過(同文解上27). 들너다:順便到去(漢淸7:37). 가다가 酒家에 들너든 쉬여 가려 ᄒᆞ노라(古時調. ᄀᆞᄅᆞ비. 靑丘).
들네다 동 들레다. 야단스레 떠들다. ☞들레다 ¶煩聒은 번거로이 들네미라(重內訓2:101). 사나운 계집의 싸우고 들네기 ᄌᆞ조 홈을 ᄇᆡ우지 말라:鬧(女四解3:18). 국닉 들네되:國內譁諠(三略上32).
들녀나다 동 드러나다. ¶들녀나면 안부키 어려우니(癸丑134).
들니다 동 들리다. ☞들리다 ¶들닐 문:聞(倭解上25).
들ᄂᆞ믈 명 들나물. ¶들ᄂᆞ믈을 ᄏᆡ라 가되:拔野菜去(朴解中34).
·들·다 동 들다〔入〕. ¶後宮에 드르싫 제:後宮是入(龍歌50章). 度量애 다 드ᅀᆞᄫᆞᆯᄊᆡ:盡入度量(龍歌64章). 外道 三億萬이 王ㅅ 알ᄑᆡ 드라 말이 재야 숫두버리더니(月印上58). 이베 가 들어늘(釋譜11:2). 入은 들씨라(月釋序19). 앏 境을 바다 드료미 일후미 受ㅣ오(月釋2:22之1). 定覺支ᄂᆞᆫ 드론 定ᄀᆞ티 여러 法돌ᄒᆞᆯ ᄉᆞᄆᆞᆺ 알 씨오(月釋2:37). 비록 佛道ᄅᆞᆯ 맛나도 正히 드디 몯ᄒᆞ야(月釋13:11). 지븨 듫 제 보ᄆᆞᆯ 움쳐 적게 홇딘댄(楞解2:43). 正位예 들어시니(法華3:55). 그르 들까 저프니라(救急上79). 漸漸 程節에 드룷디니:漸入程節(蒙法38). 키 아로ᄆᆞ로 門에 드로ᄆᆞᆯ 사뭃디니라:以大悟爲入門(蒙法68). 사ᄅᆞᄆᆞ로 들라 ᄒᆞ니(宣賜內訓序4). 幕府에 드니ᄅᆞᆯ 孫楚ㅣᆫ디 알오:入幕知孫楚(初杜解20:45). 아모거시나 잇ᄂᆞᆫ ᄃᆞᆺᄒᆞ야 나도 드도 아니ᄒᆞ야(救簡2:84). 들 입:入(類合下5. 石千15. 倭解上29). 들어ᄂᆞᆫ 효도ᄒᆞ고:入孝(宣小題辭3). 말ᄉᆞᆷ이 들리거든 들고:言聞則入(宣小3:10). ᄆᆞᄋᆞᆯ히 들 제 반ᄃᆞ시 式 홀디니라:入里必式(宣小3:17). 왜적이 믄득 드니:倭寇猝入(東新續三綱. 忠1:27).
들·다 동 들다〔擧〕. ¶白毫ᄅᆞᆯ 드러 견지샤(月印上27). 발ᄋᆞᆯ 드르시니 五色光明이 나샤 고지 프고(月印上70). ᄒᆞᆫ 소ᄂᆞᆯ 드ᅀᆞᆸ거나(釋譜13:53). 白氈으로 소ᄂᆞᆯ ᄲᅡ 如來ᄅᆞᆯ 드ᅀᆞᄫᅡ 金棺애 녀ᅀᆞᆸ고(釋譜23:23). 金棺ᄋᆞᆯ 드ᅀᆞᆸ다가(釋譜23:23). 難陀ㅣ 바리 들오(月釋7:8). 니르 드디 몯ᄒᆞ시릴ᄊᆡ:不可勝擧(法華2:173). 가ᄇᆡ야이 드ᄂᆞ니:輕擧(法華4:19). 烽火ᄅᆞᆯ 드러 信을 사모리니(宣賜內訓序4). 누늘 드러 보건댄(宣賜內訓2上15). 叉ᄅᆞᆯ 들오 드놋다:挺叉入(初杜解16:63). ᄒᆞᆫ 소ᄂᆞ로 들오 ᄒᆞᆫ 소ᄂᆞ로 누르며:一手擡一手搦(金三3:6). 빗 드로미 맛당ᄒᆞ고:宜擧棹(金三3:22). 世尊이 그 고좌 드르샤(南明上1). 엇던 魔外 구틔여 머리 들리 이시리오:有何魔外敢擡頭(南明上26). 들 ᄃᆡ:擡(訓蒙下23. 倭解上30). 들 거:擧(類合下20. 石千36). 들 교:矯(石千36). 들 강:抗 擧也(註千30). 들 교:招 擧也(註千32). 들 샹:驤 擧也 俗音 양(註千38).
·들·다 동 편들다. ¶나랏 臣下ㅣ 太子ㅅ 녀글 들면 須達이 願을 몯 일울까 ᄒᆞ야 ᄒᆞᆫ 사ᄅᆞ미 ᄃᆞ외야(釋譜6:25).
·들·다 동 (병이) 들다. ¶ᄲᅧ만 이셔 病 드러셔니:骨立成疾(續三綱. 孝23). 오래 병드럿거ᄅᆞᆯ:宿疾(東新續三綱. 孝7:19).
들다 동 들다. 잘 베어지다. ¶이 쟉되 드디 아니ᄒᆞ니:這鍘刀不快(老解上17). 네 칼이 드ᄂᆞ냐 무되냐:你的刀子快也鈍(朴解上39). 몬져 드ᄂᆞᆫ 칼흐로ᄡᅥ(馬解下69).
들락나락ᄒᆞ·다 동 들락날락하다. ¶한 므리 서르 들락나락ᄒᆞ놋다:多水遞隱現(初杜解16:53).
들러다 동 들르다. ☞들너다 ¶別大王 들러신 ᄃᆡ(鄕樂. 大國).
들러이다 동 들레다. ☞들네다. 들레다 ¶말로 들러여 ᄃᆞ토기ᄅᆞᆯ 或 업디 못ᄒᆞᆯ찌라도:語言喧競或不能無(警民29).
들레다 동 들레다. 야단스레 떠들다. ☞들네다. 들에다 ¶패려ᄒᆞᆫ 겨집의 ᄲᅡ호고 들레기을 頻頻이 ᄒᆞ믈(女四解2:22).
들리다 동 들리다〔被聽〕. ☞들니다. 들이다 ¶지게 밧긔 둘희 신이 잇거든 말ᄉᆞᆷ이 들리거든 들고 말ᄉᆞᆷ이 들리디 아니커든 드디 아니ᄒᆞ며:戶外有二屨言聞則入言不聞則不入(宣小3:10). 고을히며 나라해 들리ᄂᆞᆫ디라:聞乎郡國(宣小6:78). 그ᄃᆡ 한어버이로브터 튱셩으로ᄡᅥ 시져릐 들리다가:君自祖考以忠誠聞於時(東新續三綱. 忠1:5). ᄇᆡ 우흐로셔 바르 디나시다 ᄒᆞ면 江戶에 들려도 우리 그른ᄃᆡ 되기ᄂᆞᆫ 눈에 알피라 ᄒᆞ여 가지가지 니르오니(新語6:18).
들므쥬군ᄒᆞ다 형 밍밍하다. 싱겁다. ☞들믜쥬근ᄒᆞ다 ¶이 술이 들므쥬군ᄒᆞ니 엇디 먹으료:這酒忤禿怎麼喫(朴解中30).
들믜 명 들메나무. ¶들믜:梜들믜則 椿欓之屬(柳氏物名四 木).
들믜죽근ᄒᆞ다 형 밍밍하다. 싱겁다. ☞들므쥬군ᄒᆞ다. 들믜쥬근ᄒᆞ다 ¶더리 들믜죽근ᄒᆞ

여(諺簡. 仁宣王后諺簡).

들믜쥬근ᄒᆞ다 형 밍밍하다. 싱겁다. ☞들므쥬군ᄒᆞ다. 들믜죽근ᄒᆞ다 ¶들믜쥬근ᄒᆞ다:酒忤禿(譯解上50).

들ᄆᆡ다 동 들메다. ¶귀는 신 측의 돌아 신 들ᄆᆡᄂᆞᆫ 거시라(家禮1:46).

들밥바라지 명 들일에 음식 바라지하는 일. ¶방적을 브즈런이 ᄒᆞ고 들밥바라지를 굿칠 적이 업시 ᄒᆞ니(女範4. 녈녀 뉴의인).

들버슷 명 들버섯. ¶들버슷:叢生蘑(漢淸12:37).

들보 명 들보(樑). ☞들ㅅ보. 듧보 ¶들보:過樑(訓蒙中6 樑字註). 들보 량:梁(類合上23. 兒學上9). 들보:過樑(譯解上17). 들보:梁(物譜 第宅).

들부 명 자지나 항문에 병이 났을 때 차는 헝겊. ¶皆骨山의 니 빠진 늙은 중놈의 들부 뵈나 되얏다가(古時調. 靑丘).

들불 명 들불(野火). ☞들ㅅ불. 들ㅅ블 ¶들불:野燒(柳氏物名五 火).

들ᄢᆡ 명 들깨. ☞들ᄣᅢ. 듧ᄭᆡ ¶들ᄢᆡ:荏子(東醫 湯液二 菜部).

들ᄡᅮᆨ 명 들쑥. ¶들ᄡᅮᆨ:野艾(漢淸13:13).

들ᄣᅢ 명 들깨. ☞듧ᄭᆡ. 듧ᄣᅢ ¶들ᄣᅢ:蘇子(訓蒙上14 蘇字註).

·**들ᄢᅥᆸ·다** 형 경망스럽다. ☞들ᄶᅥᆸ다 ¶네 ᄒᆞᆫ 衆生이 들ᄢᅥ버 淸淨行ᄋᆞᆯ 더러ᄫᅵᆯ씨(月釋10:86).

들ㅅ보 명 들보(樑). ☞들보 ¶들ㅅ보 량:樑(倭解上32). 들ㅅ보:過樑(同文解上34). 들ㅅ보:梳(漢淸9:68).

들ㅅ불 명 들불(野火). ☞들불. 들ㅅ블 ¶들ㅅ불:野火(同文解上63).

들ㅅ블 명 들불(野火). ☞들ㅅ불 ¶들ㅅ블:荒火(漢淸10:50).

들셕ᄒᆞ다 형 들썩하다. ¶들셕ᄒᆞ다:略仰些(漢淸11:61).

들쇠 명 들쇠. ¶들쇠:挺鉤(漢淸9:72).

들쇼 명 들소(野牛). ¶들쇼 ᄀᆞᆮ고 털이 프르고(詩解 物名1).

들시다 동 들치다. ¶니블을 들셔 보니 온 몸이 벌거ᄒᆞ고 줏믈러:試披衾視之則渾體赤爛(痘瘡方44).

들ᄶᆡ 명 들깨. ☞들ᄣᅢ ¶들ᄶᆡ:蘇子(譯解下9. 漢淸12:65). 들ᄶᆡ:蘇麻(柳氏物名三 草).

·**들ᄶᅥᆸ·다** 형 경망스럽다. ☞들ᄢᅥᆸ다. 듧겁다 ¶네 ᄒᆞᆫ 衆生이 들ᄶᅥ버 淨行ᄋᆞᆯ 더러ᄫᅵᆯ씨(月釋10:86).

·**들어·가·다** 동 들어가다. ¶엇던 연고로 다 ᄒᆞᆫ 사ᄅᆞᆷ이 그ᄅᆞ 地獄에 들어가(宣小5:55). 아ᄎᆞᆷ이어든 들어가 ᄡᅳ설거늘:旦人而灑掃(宣小6:19).

들어나다 동 드러나다. ¶됴ᄒᆞᆫ 일란 들어나게 ᄒᆞ라 ᄒᆞ니라:揚善(老解下40).

들어내다 동 드러내다. ¶聲音을 들어내디 말올ᄊᆡ니:莫露聲音(女四解2:38).

·**들어오·다** 동 들어오다. ¶ᄯᅩ ᄒᆞᄆᆞᆯ며 부텨의 법이 中國에 들어오디 아녀신 젼에:又況佛法未入中國之前(宣小5:55).

들:에·다 동 들레다. 떠들다. ☞들네다. 들레다 ¶訟習이 섯거 들에유미:訟習交喧(楞解8:93). 邪ᄒᆞᆫ 무른 들에며 어즈러워:邪徒喧擾(永嘉下109). 山中이 들에ᄂᆞ니라:山中乃喧也(永嘉下114). 엇뎨 人間과 山ᄋᆡ 들에며 괴외호매 걸리오:何關人山之喧寂耶(永嘉下116). 오직 이 心識이 들에며 뮈논 허므를 여희요미라:但是心識離喧動過患(圓覺上一之一99). 구짓ᄂᆞᆫ 소리 ᄌᆞᆺ디옷 고리 더욱 들에ᄂᆞ니:訶聲唯頻谷中轉鬧(圓覺下一之二50). 져제셔 들에니:市喧(初杜解7:16). 들에ᄂᆞᆫ 디란 ᄒᆞ마 사ᄅᆞᄆᆡ 무를 벙으리왇도다:喧已去人群(初杜解7:31). 北녁 이우제셔 사ᄅᆞᄆᆡ 들에ᄂᆞ다:北隣耐人聒(初杜解10:25). 술위와 ᄆᆞᆯ왜 들에유미 업도다:而無車馬喧(初杜解16:4). 가히 독이 ᄉᆞᆷ애 드러 들에요미 가히 소리 ᄀᆞᆮ거든:爲毒入心叫喚似犬聲(救簡6:44). 다ᄅᆞᆫ 말이 들에여 다이즈니라:異言喧豗(宣小題辭4).
※들에다>들레다

들:에·옴 동 들렘. 떠듦. ㉠들에다 ☞들에윰 ¶들에요ᄆᆞᆯ 避코 靜ᄋᆞᆯ 求코져 ᄒᆞ리면:而欲避喧求靜者(永嘉下112). 이 定 닷ᄀᆞᆯ 제 수픐 ᄉᆞᅀᅵ예 가마괴 들에요ᄆᆞᆯ 니브며:修此定時林間被鵶鳥喧噪(圓覺上一之二129). 아히 들에요ᄆᆞᆯ 돌히 너겨 ᄐᆞ노라:甘受雜亂聒(重杜解1:7). 塵世예 사ᄅᆞᄆᆡ 들에요미 업도다:而無人世喧(杜解8:59).

들·에·윰 동 떠듦. ㉠들에다 ☞들에옴 ¶들에유미 아니라:非喧(永嘉下78). 들에윰과 괴외홈과를 ᄒᆞᆫ가지로 觀ᄒᆞ고:則喧寂同觀(永嘉下119). 엇뎨 들에유미 들에며:何喧擾之可喧(永嘉下120). 술위와 ᄆᆞᆯ왜 들에유미 업도다:而無車馬喧(初杜解16:4).

들에ᄒᆞ다 동 들게 하다. ¶반ᄃᆞ기 됴ᄒᆞᆫ 마ᄉᆞ로 ᄒᆡ여 내 이베 들에ᄒᆞ라:當令美味入吾脣(重杜解3:32).

들엣줄 명 두레박줄. ☞드렛줄 ¶들엣줄:井繩(譯解下14).

들·여 동 들려. ㉠들이다 ¶ᄆᆞᅀᆞᆯ히 盛ᄒᆞ야 ᄃᆞᆯᄀᆡ 소리 서르 들여(月釋1:46).

들오다 동 들어오다. ¶셕판에 흐른 물은 들오는 곳 보건만는(皆岩歌).

들오·다 동 뚫다. ☞들우다. 듧다 ¶새려 시름호매 누니 들올 ᄃᆞ시 ᄇᆞ라노라:新愁眼欲穿(初杜解20:18). ᄒᆞᆫ 길히 구룸 들온 ᄃᆡ 사ᄅᆞᄆᆡ 니르디 몯ᄒᆞᄂᆞ니:一徑穿雲人不到

(南明下27). 들올 쳔:穿(類合下46).

들우·다 동 뚫다. ☞들오다. 듧다 ¶鑽온 들울 씨라(法華1:220). 穿鑿은 들울 시니(圓覺上一之二66). 精微호믄 溟涬을 들우리오:精微穿溟涬(杜解16:2). 더위자바 녀매 멋 격지롤 들워 ᄇ리가뇨:扶行幾屐穿(初杜解20:2). 엇뎨 죠히 니브릐 들운 둘 알리오:爭知紙被穿(金三4:4).

들우레다 동 들레다. ☞들에다 ¶북 티고 들우레다:鼓噪(譯解上20).

들·워 동 뚫어. ㉠들우다 ☞듧다 ¶죵둘흔 대수흘 들워 가 말ᄒ거늘:僕夫穿竹語(重杜解2:4). 서근 뼈에 가야미 구무 들워 드렛고:朽骨穴螻蟻(重杜解5:33). 네 長常 虎豹의 무를 들워 ᄃᆫ뇨물 恠異히 너기노라:恠爾常穿虎豹群(初杜解25:16).

들·워디·다 동 뚫어지다. ¶무롭 단ᄂᆞᆫ 고디다 들워디니라:當膝處皆穿(宣小6:121).

들으믈 명 삼태 그물. ☞들그믈 ¶들으믈:扮罾(四解下60 罾字註).

들음 명 계급. 등급(等級). ¶冬音 들음 猶級也(行吏).

들·이·다 동 들리다〔被聽〕. ☞들리다 ¶일후미 너비 들여(釋譜13:4). 多聞은 만히 들일 씨니(月釋1:30). ᄆᆞ솔히 盛ᄒ야 둙기 소리 서르 들여(月釋1:46). 모딘 이리 귀예 들이디 아니케 ᄒ리니(月釋21:88). 名稱이 너비 들이샷다:名稱普聞(永嘉序12). 시혹 일훔 들요몰 즐기며(圓覺序82). 말ᄉ미 들이거든 들오:言聞則入(宣賜內訓1:6). 松聲迴온 솔소리 머리셔 들유미오(重杜解1:5). 들이던 배:所聞(金三4:14).

들·이·다 동 들리다〔使聞〕. 듣게 하다. ¶風流를 들이ᄉᆸ더니(月印上19). ᄒᆫ 偈롤 닐어 들여 제 스승을 곧 닛긔 ᄒ니(月印上41). 일후믈 잠간 들이시면(釋譜9:15). 이 부텻 일후므로 들여 ᄭ도긔 호리이다(釋譜9:21). 져근 敎롤 드러 들이면:小之教擧之聞之(圓覺序64).

들이·다 동 들이다. 들게 하다. ☞드리다 ¶本識에 들이면(月釋23:39). 아ᄎᆷ 비치 듕부우리로 ᄒᆫ 창ᄋᆡ 들여놀:朝光入甕牖(初杜解22:1). 다 李氏의 庫애 들이고:皆入李之庫(宣小6:87). ᄯᅩ 풍뉴ᄒᄂᆞᆫ 사ᄅᆞᆷ은 엇디 샹해 블러 들이디 아니ᄒ신고(新語8:25).

들·이·다 동 들리다. 들게 하다. ¶世尊이 옷 니브시고 바리 가지시고 阿難이 尼師檀 들이시고(月釋7:34).

·들이·다 동 드리다〔獻〕. ¶쟝ᄎᆺ 뻐 다시 들이려 홈이라:將以復進也(宣小4:15). ᄆᆡ양 아ᄎᆷ에 ᄒ여곰 두 줌 ᄡᆞᆯ을 들이게 ᄒ고:每朝令進二溢米(宣小5:47). 옷보흐로 ᄡᅡ 들이더라:衣襆裹而納之(宣小5:48).

들·이·다 동 (귀신) 들리다. ¶ᄌ오롬 신 들여 너무 자다가 긔운을 일허든:魔睡强眠失氣(救簡1:85). 미쳐 나ᄃᆞᆫ고져 호미 샤긔와 빌믜와 들인 ᄃᆺᄒ닐:發狂欲走似著邪祟者(救簡1:110).

들이리 명 일꾼. ¶혐 혜ᄂᆞᆫ 새 들이리 어늬 졔 어더 이셔(許塤. 雇工歌).

들이오다 동 거르다. ☞드리오다 ¶술 들이오다:榨酒(譯解上49).

들입써 부 들입다. ☞드립더 ¶들입써 ᄇ드득 안은이(古時調. 海謠).

들잇다 동 흔들리다. ¶들잇ᄂᆞᆫ 믌겨렌 ᄇ예 혜텟ᄂᆞᆫ 書帙이 妨害코:擺浪散帙妨(重杜解1:51).

들장지 명 들장지. ¶고모장지 세살장지 들장지 열장지(古時調. 窓 내고쟈. 青丘).

들쥐 명 들쥐. ☞드릇쥐 ¶들쥐 냥식 굼촌 구무:野鼠藏食穴(漢淸1:40).

들쥭 명 들쭉. ¶들쥭:杜棣(漢淸13:6).

들즘싱 명 들짐승. ¶들즘싱의 고기:野味(譯解補30).

들창 명 들창. ¶들창:吊窓(朴解下12).

들쳐ᄂᆡ다 동 들추어내다. ¶그 시어미 악홈을 들쳐ᄂᆡ지 아니ᄒ고(女四解4:20).

들추다 동 들추다. ¶놈의 허믈 들추디 말라:別揭短(譯解下49).

들치다 동 떨치다. ¶당의 오름ᄋᆡ 소릐를 반다시 들침은(女四解4:35). 아름다온 명여를 글에 들치고(女四解4:48).

들퀘·다 동 들레다. 떠들다. ¶일즉 밤의 强盜 두어열히 막대 가지고 놀쁘며 들퀘여 담 넘어 드니:嘗夜有强盜數十持杖鼓譟踰垣而入(宣小6:59).

들키다 동 들키다. ¶눈에 들키다:漏在眼裡(譯解補60).

들튱 명 두충(杜冲). ☞둘충 ¶니 ᄀᆞ슴 들튱 腹板 되고(古時調. 歌曲).

들티·다 동 들다. 높이다. ¶기리 혀 나죵 들티ᄂᆞᆫ 소리옛 字ᄂᆞᆫ 上聲이니 點이 둘히오:上聲二點(訓蒙凡例4).

들티다 동 수습(收拾)하다. ¶들틸 두:抖. 들틸 수:擻(類合下9).

들픠디다 동 들피지다. 주려서 쇠약해지다. ¶들픠던 ᄆᆞᆯ:熟瘸馬(譯解下29). 들픠디다:熟瘸(柳氏物名一 獸族).

들혀다 동 높이 들다. ¶들혈 게:揭(類合下39). 그 약이 이 물을 의지ᄒ야 들혀 올라 일만 터럭 굼글 ᄉ훠니 열면:其藥藉此升提開豁萬竅(痘要下45).

-들흔 접미 -들은. ¶사괴ᄂᆞᆫ 사ᄅᆞᆷ들흔 氣槩ㅅ 가온ᄃᆡ 잇도다:交親氣槩中(重杜解5:43).

들히 명 들에. 독들 ☞드르 ¶만일 거츤 벌과

빈 들희:若荒郊曠野(無寃錄3:95).

듥긔동 부 덜거덩. ¶듥긔동 방해나 디허 히얘 게우즌 바비나 지서 히얘아바님 어마님의 받줍고 히야해(鄕樂. 相杵歌).

듥보 명 들보. ☞들보 ¶듥보 우희 듣글:梁上塵(東醫 湯液一 土部).

:듧·다 동 뚫다. ☞들오다. 들우다 ¶싸해 구무 듧고 흙 지여:穴地負土(法華6:154). 시ㄴ 四明ㅅ 누네 듧고:履穿四明雪(杜解24:39). 남글 듧디 아니면 ᄉᆞᄆᆞᆺ디 몯ᄒᆞᄂᆞ니라:木不鑽不透(飜朴上14). 엇디 뻐 내 담을 듧ᄂᆞ고:何以穿我墉(詩解1:18).

※ '듧다'의 활용 [듧고/듧디… / 들우리오/들워…

듧·쁘·다 동 들뜨다. ☞듧ᄯᅳ다 ¶듧쁘디 아니타:不走作(老朴集. 單字解3). 여러 번 비를 마즈면 다 듧쁠 양이로다:着了幾遍雨時都走了樣子(朴解中25). 李大의 갓이 모양이 곱고 듧쁘디 아니케 뮌드랏고:李大的帽兒樣兒可喜不走作(朴解中26).

듧빼 명 들깨. ☞듧깨 ¶듧빼:蘇子(四解上40 蘇字註).

듧·깨 명 들깨. ☞듧빼 ¶듧깨 심:荏(訓蒙上13). 듧깨:蘇子(朴解下37).

·듧·썹·다 형 ①경망스럽다. ¶듧써버 조심 아니 ᄒᆞ다가 귓거시 精氣ᄅᆞᆯ 아ᅀᆞ 橫死ᄒᆞᆯ 씨오(釋譜9:37). 麤率ᄋᆞᆫ 듧써버 쳔쳔티 몯ᄒᆞᆯ 씨라(月釋2:11).
②허황되다. ¶晉ㅅ 阮籍이 지조 믿고 듧써워 거상호미 禮 업거ᄂᆞᆯ:晉阮籍負才放誕居喪無禮(宣賜內訓1:65).

듧쓰다 동 들뜨다. ☞듧쁘다 ¶손상ᄒᆞᆫ 곳은 듧쁜 갓치 만히 희고:損處浮皮多白(無寃錄1:35). 듧쁜 갓치 破損ᄒᆞ얏거든:浮皮破損(無寃錄1:36). 갓치 엷게 듧쁜 거시라:皰胗(無寃錄1:45).

듬보기 명 뜸부기. ☞듬부기 ¶이바 편메곡들아 듬보기 가거ᄂᆞᆯ 본다(古時調. 靑丘).

·듬부·기 명 뜸부기. ☞듬북이. 픗ᄃᆞᆰ ¶듬부기 계:鸂(訓蒙上17). 픗ᄃᆞᆰ 一名 듬부기:鸂鶒(譯解下28). ※듬부기>뜸부기

듬북이 명 뜸부기. ☞듬부기 ¶듬북이:鷉雞(柳氏物名一 羽蟲).

듬북이 명 황각채(黃角菜). ¶듬북이:黃角菜(譯解下12).

듯 명 덧. ¶적은 듯 날 죠흔 제 밧탕에 나가 보쟈(古時調. 尹善道. 엿튼 개. 海謠).

-·듯 어미 -듯. ☞-ᄃᆞᆺ ¶疊은 골포 싸ᄒᆞᆯ 씨니 충이라 ᄒᆞ듯 ᄒᆞᆫ 마리라(釋譜19:11).

듯글 명 티끌. ¶巾은 뻐곰 듯글과 ᄑᆞ리ᄅᆞᆯ 辟ᄒᆞᄂᆞᆫ 거시라(家禮5:14). 가비야온 듯글이 약ᄒᆞᆫ 플의 깃드림 ᄀᆞᆺᄐᆞ니(女範3. 뎡녀조문숙쳐).

듯다 동 듣다〔滴〕. 방울져 떨어지다. ☞듣다 ¶눈물은 드리워 ᄌᆞ로 듯고(女四解4:27). 비 듯다:雨點(同文解上2). 淸江애 비 듯는 소리 긔 무엇이 우읍관ᄃᆡ(古時調. 孝宗. 海謠). 두 줄 눈물은 ᄌᆞ로 듯고(女範4. 녈녀 님히민쳐).

듯다 동 듣다〔聞〕. ☞듣다 ¶ᄀᆞᄅᆞ치고 시기ᄂᆞᆫ 일을 듯디 아니ᄒᆞ며:不聽敎令(警民2). 아기 겨오시다 듯고(癸丑9). 주진ᄒᆞ시믈 듯ᄌᆞᆸ고(新語2:4). 니ᄅᆞᄋᆸ소 듯ᄌᆞᆸ새(新語5:8). 슈귀 그 말을 듯고 슈샹이 너겨(明皇1:31). 듯다:聽見(同文解上28. 漢淸6:41). ᄒᆞᆫ 번 듯고 두 번 듯고 통분키도 ᄒᆞ다마는(萬言詞).

듯덥다 동 덮다. ¶ᄀᆞ리오고 듯덥기 어려워:難掩覆(警民21).

듯드르며 동 떨어지며. ㉠듯듣다☞뜯듣다 ¶대쵸볼 블근 골에 밤은 어이 듯드르며(古時調. 歌曲).

듯듣다 동 떨어지다. ☞듯듯다. 뜯듣다 ¶대쵸볼 블근 골에 밤은 어이 듯드르며(古時調. 歌曲).

듯듯다 동 떨어지다.☞듯듣다. 뜯듣다 ¶東風 細雨에 듯듯ᄂᆞ니 桃花ㅣ로다(古時調. 琵琶ᄅᆞᆯ. 靑丘).

듯듯·다 형 뜨뜻하다. ¶브ᅀᅥᆨ 아래 더운 지ᄅᆞᆯ 체로 처 숫글 업게코 ᄂᆞᆫ화 뵈쟐의 녀허 듯듯게 ᄒᆞ야:竈下熱灰篩去炭分以布囊貯令灼灼(救簡2:29).

듯보다 동 듣보다. ☞듣보다 ¶나도 듯보다:我也打聽得(老解上49). 듯보다:打聽(同文解上28). 긔별을 듯보라 승샹부에 가니(三譯1:5). 듯보다:探聽(漢淸6:41).

듯부다 동 듣보다. ☞듣보다. 듯보다 ¶듯부다:打聽(譯解下48).

듯ᄒᆞ다 조형 듯하다. ¶ᄒᆞᆫ 져므니 잇더니 예 업스니 나간 듯ᄒᆞ다(老解下2). 이 킈 젼 놈이 먹은 듯ᄒᆞ다:敢是這矬漢喫來(朴解中50). 비 올 듯ᄒᆞ다:敢是下雨(譯解下53). 그리 니르실 듯ᄒᆞᆫ 일을 알고(新語6:17).

등 명 등〔背〕. ¶마ᄋᆞᆫ 사ᄉᆞ미 등과 도ᄌᆞᄀᆡ 입과 눈과:麋脊四十與賊口目(龍歌88章). 그럴씨 거즛말로 등 알패라 ᄒᆞ샤ᄃᆡ(釋譜23:44). 등을 알노니…춤기름 어더와 ᄇᆞᄅᆞ라(月釋2:9). 등의 癰氣 내야(三綱. 忠11). 등에 사겨 뒷더니(三綱. 忠22). 등이 누르며(永嘉上34). 곧 그 등을 믄져 닐오ᄃᆡ:則拊其背曰(宣賜內訓3:45). 등의 병ᄒᆞ닐 업고:背負病人(救簡1:65). 등으란 평정히 호리라:背兒平正着(飜朴上16). 등:脊背(四解下52 脊字註). 등 비:背(訓蒙上27). 등 비:背(類合上21). 등:脊背(譯解上35). 우리 등 귀ᄉᆞᄅᆞᆯ 닛디 마ᄅᆞ쇼셔(王郎傳4).

등 뷔:背(倭解上17. 註千18). 등 두드리다:拍背(同文解上53).

:둥 명 등(等). ¶天龍 夜叉人 非人 等 無量大衆이 恭敬ᄒᆞ야(釋譜9:1). 夜叉 羅刹 等을 이바ᄃᆞ며(釋譜9:17). 이 等 몰을 열닷 냥에 풀고 이 等 몰은 열 냥에 풀리라 ᄒᆞᄃᆞ라(蒙老1:12).

둥 명 등(燈). ¶續命幡과 燈과ᄅᆞᆯ 엇데 ᄆᆡᆼᄀᆞ리잇고(釋譜9:32). 바ᄅᆞ ᄒᆞᆫ 燈이 百千燈에 브터(楞解1:5). 別業은 누네 病 뒷ᄂᆞ니 燈읫 두려운 光 봄 ᄀᆞᆮᄒᆞ니라(法華5:134). 世ᄅᆞᆯ 念ᄒᆞ야 어드움 허롤 燈 ᄃᆞ외요ᄆᆞᆯ 期約호라:念世期爲破暗燈(南明下43). 燈光이 ᄀᆞᆮᄒᆞ니 燈 이사면 곧 비취오 燈 업스면 곧 어듭ᄂᆞ니(六祖中7). 둥을 사마(恩重20). 등 등:燈(類合上24).

둥 명 등(籐). ¶듨 둥:籐(訓蒙上11). 등으로 겨른 벼개:凉枕(譯解下15).

등 명 등(藤). ¶등 등:藤(類合上8). 등:藤子(同文解下45). 등:藤(柳氏物名三 草).

등거리 명 등거리. ¶긴 등거리 제법이라 하괴이치 아니ᄒᆞ다(萬言詞).

등걸 명 ①떼. 뗏목. ☞들궐 ¶나모ᄉ 등걸:木根老(譯解下43). 등걸 사:楂(倭解下29). ②등걸. ☞들걸 ¶梅花 녯 등걸에 봄절이 도라오니(古時調. 梅花. 青丘). 구러진 등걸:倒的樹挺(漢清13:30).

등걸나모 명 등걸나무. ¶등걸나모:乾樹挺(漢清13:30).

등걸불 명 등걸불. ☞등걸 ¶등걸불:炭火(柳氏物名五 火).

등걸숫 명 등걸숯. 골동탄(骨董炭). ¶등걸숫:骨董炭(譯解上54).

등겨 명 등겨. ¶등겨:米皮(漢清12:66).

둥·경 명 등경(燈檠). 등잔을 걸어 두는 기구. ¶이ᄂᆞᆫ 燈檠:這箇是燈臺(飜朴上40). 둥겂 경:檠(訓蒙中15). 등경:鐵樹(柳氏物名五 火). 등경 경:檠(兒學上1).

둥곧·다 형 풍병으로 등이 빳빳하다. ¶둥고돌 딜:痓(訓蒙中34).

등골 명 등골. 척수(脊髓). ☞등ᄉ골 ¶등골:脊髓(漢清12:30).

등구러ᄒᆞ다 형 둥글다. ¶등구러ᄒᆞᆫ 눈:眼珠圓大(漢清6:3).

등글기 명 등글개. ☞등긁이 ¶등글기:孝椿子. 快癢子(譯解上48).

등긁이 명 등글개. ☞등글기 ¶등긁이:孝椿子(同文解下13). 등긁이:痒撓(譯解補44). 등긁이:癢癢撓(漢清11:45).

등급 명 등급. ¶등급:等第(漢清2:46).

등뎨 명 등급. ¶등뎨 등:等(類合上17).

등뎨 명 등제(登第). 과거에 급제함. ¶등뎨 과:科(類合下39).

등ᄃᆡᄒᆞ다 동 등대(等待)하다. ¶향쟈의 수ᄎᆞᄅᆞᆯ 등ᄃᆡᄒᆞ란 말이 이시니(經筵).

둥명 명 등명(燈明). ¶法華ㅣ 燈明브터 오ᄆᆞ로 諸佛이 아니 니ᄅᆞ샳 時節 업스시며(楞解1:17).

등믜 명 등메. ☞등미 ¶됫들에 잘잇 등믜 사오 져 쟝ᄉᆞ야(古時調. 海謠).

둥:밀·다 동 등의 때를 씻다. ¶둥민 ᄃᆡ 두 낫 돈이오:撓背兩箇錢(飜朴上52).

둥ᄆᆞᄅᆞ 명 등마루. ☞둥ᄆᆞᆯ. 둥ᄆᆞᆯᄅᆞ ¶그 노다ᄒᆞᆫ 뒷 둥ᄆᆞᄅᆞ큰 뼈 가온ᄃᆡ로셔:背脊(救簡2:61). 둥ᄆᆞᄅᆞ 쳑:脊(訓蒙上27). 등ᄆᆞᄅᆞ 쳑:脊(類合下51. 倭解上17). 등ᄆᆞᄅᆞ 려:呂(註千2). ※둥ᄆᆞᄅᆞ>등마루

등ᄆᆞᄅᆞ뼈 명 등골뼈. ☞둥ᄆᆞᄅᆞ. 둥ᄆᆞᄅᆞᆺ뼈 ¶등ᄆᆞᄅᆞ뼈:脊樑骨(同文解上16). 등ᄆᆞᄅᆞ뼈:脊梁(語錄19).

둥ᄆᆞᄅᆞᆺ뼈 명 등골뼈. ☞등ᄆᆞᄅᆞ뼈 ¶노ᄒᆞᆯ 브터 둥ᄆᆞᄅᆞᆺ뼈를 뼈 가온ᄃᆡ 뷔우고:依繩下夾背脊大骨空中(救急上36).

둥ᄆᆞᆯ 명 등마루. ☞둥ᄆᆞᄅᆞ ¶두 주머귀 쥐며 둥ᄆᆞᆯᄅᆞᆯ 니르와다:捏双拳竪起脊梁(法語13). 등ᄆᆞᆯ 쳑:脊(類合下51).

둥ᄆᆞᆯᄅᆞ 명 등마루. ☞둥ᄆᆞᄅᆞ ¶둥ᄆᆞᆯᄅᆞ로셔 各 ᄒᆞᆫ 寸ᄋᆞᆯ 百壯ᄋᆞᆯ ᄯᅳᄃᆡ:去脊各一寸灸之百壯(救急上36).

등미 명 등메. ☞등믜 ¶등미:登每(行吏). 宅들에 잘리 登每ㅣ 사오 져 장새야(古時調. 青丘).

등벼개 명 등(籐)베개. ¶등벼개:凉枕(漢清11:19).

:둥분·ᄒᆞ·다 동 등분(等分)하다. ¶黃丹ᄋᆞᆯ 봇가 다ᄅᆞ게코 ᄇᆞᄅᆞ매 놀욘 石灰와ᄅᆞᆯ 等分ᄒᆞ야 섯거 골아(救急上8).

등불 명 등불〔燈火〕. ¶등불 그림재 비취ᄂᆞᆫ 법이라(痘要上55).

등ᄉ골 명 등골. 척수(脊髓). ☞등골 ¶등ᄉ골:脊髓(蒙解補6).

등사롬 명 등인(等人). 동배(同輩). ¶네 므슴 등사롬으로(三譯5:15).

등상 명 등상(凳床). 발돋움이나 걸상으로 쓰는 상. ☞등샹 ¶등상:杌子(同文解下13). 금룡 그린 등상:金馬杌(漢清3:16).

등샤걸이 명 등에. ☞둥위. 둥의 ¶등샤걸이:虻(物譜 飛蟲).

등샹 명 등상(凳床). ☞등상 ¶등샹:桄(物譜 几案).

등수 명 등수(等數). ¶親ᄒᆞ며 踈ᄒᆞ니ᄅᆞᆯ 分揀ᄒᆞ야 등수ᄅᆞᆯ 다ᄅᆞ게 ᄒᆞ야(警民7).

둥어·리 명 등. ¶둥어리 뙤요ᄆᆞᆯ 可히 뻐 天子ᄭᅴ 받ᄌᆞ왐직ᄒᆞ니:炙背可以獻天子(初杜解7:13). 이 龍ᄋᆡ 둥어리로다:是龍背(初杜解8:19). 약대 둥어리옌 錦이 얼의옛도다:駝

背錦模糊(初杜解23:22).

등에 명 등에. ☞등샤결이. 둥위. 둥의 ¶등에:虻(柳氏物名二 昆蟲).

등에아비 명 등에. ¶使令 又튼 등에아비 갈짜귀 삼의약이(古時調. 一身이. 海謠).

등에어이 명 등에. ¶使令 갓튼 등에어이 갈짜귀 ᄉᆞ뮈약이(古時調. 一身이. 靑丘).

등용ᄒᆞ다 동 등용(登庸.登用)하다. ¶말로써 죄 어든 쟈들을 다 블러 등용ᄒᆞ여 쓰시니(仁祖行狀7).

등울 명 둥우리. ¶등울:鴈翅板(老解下27). 등울 우희:鴈翅板上(朴解上26). 등울:鞍翅(漢淸5:23).

둥·위 명 등에. ☞등샤결이. 둥의 ¶蝱ᄋᆞᆫ 둥위라(楞解9:68).

둥·의 명 등에. ☞등샤결이. 등에. 둥위 ¶둥의:蝱虻(四解下59 蝱字註). 둥의 ᄆᆡᆼ:蝱(訓蒙上22). 가얌벌게과 모긔 둥의:蝼蟻蚊虻(龜鑑下60). 둥의 ᄆᆡᆼ:蝱(倭解下26). 둥의:夏虻(同文解下43). 둥의:虻(物譜 飛蟲).

둥·잔 명 등잔(燈盞). ¶또 燈盞앳 기르믈 헌 ᄃᆡ ᄇᆞᄉᆞ라(救急下67). 춤기름으로 혀던 등잔을:燈盞(救簡2:100). 등잔 ᄀᆞᆮᄐᆞᆫ 두 눈에:燈盞也似兩隻眼(朴解下31). 등잔을 머므로고 밥을 데여(女四解2:22). 등잔 켜다:點燈(同文解下15). 등잔:燈(漢淸10:47). 등잔 등:燈(兒學上4).

등잔블 명 등잔불. ☞등잔블 ¶主人아 등잔블 켜 오라:主人家點箇燈來(老解上22). 등잔블 혀 가져오라 밥 먹쟈:點將燈來喫飯(朴解下45).

둥·잔·쁠 명 등잔불. ☞등잔블 ¶등잔쁠 가져오게 ᄒᆞ고라:拿箇燈來(飜老上56).

둥잔블 명 등잔불. ☞등잔블. 등잔쁠 ¶니그니란 거피 밧기고 둥잔브레 ᄉᆞ로ᄃᆡ 性이 잇게 ᄒᆞ라:熟者去殼燈上燒存性(救急上41). 둥잔블:燈(柳氏物名五 火).

등재다 형 등이 굽다. ¶세ᄎᆞ고 큰아큰 ᄆᆞᆯ쎄 이내 실음 등재게 실어 酒泉 바다헤 풍 들윗쳐 (古時調. 李廷燮. 海謠).

등정 명 등자(橙子). 등자나무의 열매. ¶등정:橙子(同文解下4).

등지게 명 등거리. ¶등지게:齊肩褂(同文解上55). 등지게:齊肩掛(譯解補28).

등지다 동 등지다. ¶달내를 등져 딘텻써니:背㺚川而陣(東新續三綱. 忠1:42).

:등·ᄌᆞ 명 등자(鐙子). ¶등ᄌᆞ:鞍鐙(四解下58 鐙字註). 둥ᄌᆞᆺ 둥:鐙(訓蒙中27). 등ᄌᆞ:鐙(譯解下20). 등ᄌᆞ:馬鐙(同文解下19. 漢淸5:24). 등ᄌᆞ:鐙(柳氏物名一 獸族).

※등ᄌᆞ>등자

:등차 명 등차(等差). ¶恩惠 펴믄 너비 다 코져 ᄒᆞ나 그러나 等差ㅣ 잇ᄂᆞ니 한 사ᄅᆞᆷ 날로 주미 眞實로 어렵거니와(宣賜內訓2下59).

등창 명 등창. ¶등창:背疽(同文解下7). 등창:發背(譯解補34). 등창:搭背(漢淸8:9). 등창이 새로 나아(五倫2:24).

:등:쳐 명 등처(等處). 등지(等地). ¶뜯 됻디 아니ᄒᆞᆫ 이리 이 집 等處에 갓갑디 아니케 호리니(月釋21:122). 開元과 瀋陽 등쳐로 향히야(飜朴上8).

등촉 명 등촉(燈燭). ¶세ᄌᆞ궁 등촉 비치라(癸丑127).

등츩 명 등(藤)칡. ¶등츩:木黃芪(柳氏物名三 草).

등한이 부 등한(等閑)히. ¶능멸ᄒᆞ면 쾌 적지 아니리니 등한이 보지 말라(落泉3:8).

등한ᄒᆞ다 형 등한(等閑)하다. ¶등한ᄒᆞᆫ 사ᄅᆞᆷ 아니라:非等閑人(漢淸6:36).

·듸 명 데〔處〕. ☞ᄃᆡ ¶년듸 옮디 아니호리니(釋譜11:29). 먼 뒷 胡教ᄅᆞᆯ 求ᄒᆞ시ᄂᆞ니(月釋2:69). 또 어들 듸 업스니라:也沒處尋裏(飜老下2). 그늘 서느러운 듸 미여 두고:絟在陰涼處(飜朴上21). 그 겨신 듸ᄅᆞᆯ 싱각ᄒᆞ며:思其居處(宣小2:26). 社ᄂᆞᆫ 짜신이오 稷은 곡셕신이니 나라히 의탁ᄒᆞᆫ 듸라(宣小2:30). 뉘라셔 내 行色 그려내야 님 겨신 듸 드릴고(古時調. 孝宗. 靑石嶺. 海謠). 白玉 ᄲᅡ힌 듸 돌 ᄒᆞ나 又다마ᄂᆞᆫ(古時調. 朴仁老. 群鳳 모도신 듸. 靑丘).

※듸<ᄃᆡ

듸듸다 동 디디다. ¶셕국을 듸듸 발바 雲窓을 밧비 열고(皆岩歌).

듸듸여 부 드디어. ☞드듸여 ¶듸듸여 큰 션비 일위니라(女四解4:3).

듸리다 동 들이다. ¶죠셔ᄒᆞ야 금중의 듸려 문쟝을 시험ᄒᆞ며(女四解3:2). 씰듸업ᄂᆞᆫ 시비를 너 문의 듸리지 말라(女四解3:26).

-듸·여 어미 -기를 바라노라. ☞-ᄃᆡ여 ¶다ᄅᆞᆫ 뎜에 의론ᄒᆞ야 보라 가듸여:別箇店裏試商量去(飜老上18).

듹이 명 튀기. ☞특이 ¶듹이:駏驉 牛父馬母所生(柳氏物名一 獸族).

·디 명 것. 것이. ¶無明이 實로 體 잇논 디 아니라(月釋2:22之2). 히니 시서 ᄃᆞ외욘 디 아니며 거므니 믈 드려 ᄆᆡᆼᄀᆞ론 디 아니라:白非洗成黑非染造(楞解10:9). 算數ㅣ 能히 아롫 디 아니며:非是算數之所能知(阿彌14). 覺이 거스논 디 아니며:非覺違拒(圓覺序61). 볼 저긔 이 새로 난 디 아니며:見時不是新生(圓覺上一之一100). 足히 議論홀 디 아니니라:不足論(重杜解5:33). 구틔여 입거우지 세욜 디 아니니라:不必須白皙(初杜解8:19). 이 形을 보람ᄒᆞ야 虛事로 디니논 디 아니라:不是標形虛事持(南明

上70). 슬퍼 아니 먹논 디 아니라 먹고져 십브디 아니ᄒᆞ니:非哀而不食自不思食耳(東三綱. 烈6).

디 명 지〔동안〕. ¶妻眷 ᄃᆞ외얀 디 三年이 몯 차 이셔 世間 ᄇᆞ리시고(釋譜6:4). 내 어미 죽건 디 아니 오라니(月釋21:27). 하놀해 니건 디 오ᄂᆞᆯ 사ᄋᆞ리 디나니(月釋21:28). 내 죽건 디 오란 사ᄅᆞ미로ᄃᆡ(三綱. 忠6). 그제로 오신 디 순지 오라디 몯거시든:爾來尙未久(法華5:119). 잡드런디 나ᄃᆞ리 길어다:提携日月長(初杜解15:23). 李生을 보디 못ᄒᆞ얀 디 오라니:不見李生久(杜解21:42). 달라 ᄒᆞ얀 디 반 년이나 호ᄃᆡ:討了半年(飜朴上35). 집 나건 디 오라도(恩重2). 날아 더블어 일을 ᄒᆞᆫ가지로 ᄒᆞ얀 디 오란디라:與我共事久(宣小6:20). 그 겨집이 다ᄅᆞᆫ 사ᄅᆞᆷ의게 혼인ᄒᆞ연 디 세 ᄒᆡ에 ᄌᆞ식 세흘 나핫더라(太平1:13). ᄆᆞᄋᆞ미 어즈럽건 디 ᄒᆞ마 오랄 ᄊᆡ니라:心緖亂已久(重杜解5:27). 軍을 조차 ᄃᆞᆫ니건 디 열 ᄒᆡ 나므니:從軍十年餘(重杜解5:29). 다봇 ᄀᆞᄐᆞᆫ 구밋터리 드므런 디 오라니(重杜解11:8). ᄃᆞᆰ이 울언 디 세 홰니:雞兒叫第三遍了(老解上34). ᄆᆡ양 밥 먹언 디 져근덧 ᄒᆞ야든:每食少頃(重內訓3:37).

-·디 어미 ①-지. ¶이 ᄠᅳ들 닛디 마ᄅᆞ쇼셔:此意願毋忘(龍歌110章). 앉디 몯ᄒᆞ야(月印上9). 거스디 아니ᄒᆞ거든(釋譜6:8). ᄉᆞᄆᆞᆺ디 아니ᄒᆞᆯᄊᆡ(訓註). 됴ᄒᆞᆫ 고ᄌᆞ란 ᄑᆞ디 말오 다 가져오라(月釋1:9). ᄒᆞ리디 아니ᄒᆞ며 ᄉᆡ디 아니ᄒᆞᆯᄊᆡ:不濁不漏故(圓覺序3). 가온ᄃᆡ 괴외ᄒᆞ야 이어디 아니ᄒᆞ며:中寂不搖(蒙法43). 다ᄃᆞᆯ어도 흗디 아니ᄒᆞ며:觸不散(蒙法43). 다ᄒᆞ디 몯호매 잇ᄂᆞ니:未盡矣(宣賜內訓序3). 알외디 몯ᄒᆞ야시니:未報(初杜解7:3). ᄉᆈ비ᄂᆞᆫ ᄆᆞ리 젓디 아니ᄒᆞᄂᆞᆫ 거시니(金三2:2). 유익디 아닌 슬프기ᄅᆞᆯ ᄒᆞᄂᆞᆫ 줄이 아니라(女範1. 셩후 당문덕후).

②-기. ☞-지 ¶ᄆᆞᅀᆞᆷ히 멀면 乞食ᄒᆞ디 어렵고(釋譜6:23). 信티 어려ᄫᅳᆫ 法을 다 듣ᄌᆞᄫᅡ(釋譜13:17). 第一엣 쉽디 몯ᄒᆞᆫ 아디 어려ᄫᅳᆫ 法은 부텨ᅀᅡ 諸法의 實相ᄋᆞᆯ ᄉᆞᄆᆞᆺ 아ᄂᆞ니라(釋譜13:40). 가져가디 어려ᄫᅳᆯ씌(月釋1:13). 降服히디 어렵거늘(月釋21:116). 나가디 슬ᄒᆞ야(三綱. 烈16). 잡디 어려움 ᄀᆞᆮᄒᆞᆯ ᄯᅳ롬 아니며(法華4:142). 뷘 平床애 어드운 ᄃᆡ 가디 어렵도다:空床難暗投(初杜解10:21). 묻디 어렵거니와:難問(初杜解23:9). 드듸디 어렵다(南明上29). 더위잡디 어렵도다(金三2:48). 엇디 이리 잡디 어려우뇨:怎麼這般難拿(飜老上45). 혀디 어렵다:難扯(飜老下31). ᄀᆞ장 보디 됴ᄒᆞ니라:好生好看(飜朴上5). ᄂᆞᆷ 뵈디 붓그러(恩重15). 넙기 됴ᄒᆞ며 먹디 됴ᄒᆞ며 쓰디 됴ᄒᆞᆫ 거시 다 虛空애셔 난 거시라(七大14). 萬事에 보디 슬흔 일이나(新語6:24). 幽蘭이 在谷ᄒᆞ니 自然이 듯디 죠희 白雲이 在山ᄒᆞ니 自然이 보디 죠ᄒᆡ(古時調. 李滉. 靑丘). 믿디 어렵다:難保(老朴集. 單字解2).

디·각ᄒᆞ·다 동 지각(知覺)하다. ¶妄識이 知覺ᄒᆞ면 有情ᄒᆞᆫ 衆生이 이ᄂᆞ니(楞解6:53).

디거고 동 떨어졌구나. ㉮디다 ☞-거다 ¶ᄋᆞ자 내 黃毛試筆 墨을 뭇쳐 窓 밧긔 디거고(古時調. 靑丘).

디·경 명 지경(地境). 경계(境界). ¶吳와 漢괘 地境이 니ᅀᅥ 사홈 아니 ᄒᆞᆫ 날 업더니(宣賜內訓2下38). 디경 강:疆. 디경 역:域(類合下49). 디경 경:境(類合下51). 뎡유에 왜적이 그 고ᄋᆞᆯ 디경을 범ᄒᆞ야:丁酉倭賊犯州境(東新續三綱. 孝8:17). 디경:境界(同文解上40). 디경 경:竟(註千13). 디경 경:境. 디경 계:界(兒學上4).

·디·골피 명 지골피(地骨皮). 구기자나무 뿌리의 껍질. ¶地骨皮ᄅᆞᆯ 하나 져그나 細末ᄒᆞ야 므레 ᄆᆞ라 瘡의 ᄇᆞ티라(救急下18).

디관 명 지관(地官). ¶능챵 대군이 셜이 죽은 줄을 셜이 너기오셔 디관으로 ᄒᆞ여곰 아ᄅᆞᆷ다온 ᄯᅡ흘 굴히여(仁祖行狀15). 디관:地士(同文解上13).

디굼 동 찍음〔啄〕. ㉮딕다 ¶나못 거프를 들우며 서근 될 디구메 부우리 무윌 ᄃᆞᆺᄒᆞ니:穿皮啄朽觜欲禿(杜解17:6).

디기다 동 눌러 짜다. ☞딕이다 ¶내 뎌를 디기디 못ᄒᆞᆯ로다:我不掐他(朴解下6).

:디·나가·다 동 지나가다. ¶겨ᄐᆞ로 디나가니(月釋1:6). 虛空ᄋᆞ로 디나가거늘(月釋2:51). 디나가 맛날 ᄯᅡ흘 삼노니:爲…過逢地(初杜解7:20). 구룸 소개 두 그려긔 디나가ᄆᆞᆯ 듣디 못ᄒᆞ고:雲裏不聞雙鴈過(杜解8:14). 디나갈 나그내ᄂᆞᆫ 곧 모로매 드나ᄃᆞ로ᄆᆞᆯ 시름ᄒᆞ고:過客徑須愁出入(杜解21:4). ᄒᆞ다가 디나가면:若過去了時(飜老上10). 디나가ᄂᆞ니 디나오ᄂᆞ니:過去的過來的(飜朴上41). 디나가디 몯ᄒᆞ리라(老解上31).
※디나가다>지나가다

:디·나거·다 동 지났다. ☞-거다 ¶디나건 일로 혜야(月釋1:21). 디나건 劫 일후미 莊嚴劫이오(月釋1:50). 過去ᄂᆞᆫ 디나건 뉘오(月釋2:21之1).

:디·나건 동 지난. ㉮디나거다 ¶過去ᄂᆞᆫ 디나건 뉘오(月釋2:21之1).

:디나·다 동 지나다. ¶년기 디나리잇가:誰得能度(龍歌48章). 後에 현 劫 디나 아모 世界예 부텨 ᄃᆞ외야(楞解1:17). 性 업논 디 디낢 客이 ᄀᆞᆮ고(楞解2:24). 아니한ᄉᆞᅀᅵ예 디나ᄂᆞ니(宣賜內訓3:41). ᄒᆡ 디나게아

지븨 오니:經年至茅屋(重杜解1:5). 茅堂올 ㄱ료 뫼그틀 디나사 갈가 외오 疑心ᄒ다니:悞疑茅堂過江麓(初杜解15:46). 갤리 ᄃ라 디나아:急走過(金三3:35). 두서 탕 디나거늘:過兩道湯(飜朴上66). 디날 력:歷(類合上4). 디날 과:過(類合下19). 디날 과:過(石千8). 디날 력:歷(石千32). 대궐 문 디나 다시 소릐 잇거늘 듣고:過闕復有聲(宣小4:29). ᄒᆞᆫ 나그내 ᄒᆞᆫ 무리 양을 모라 디나오거놀:一箇客人赶着一群羊過來(老解下19). 巡杯ᄂᆞᆫ 디낫ᄉᆞᆸ거니와(新語2:6). 늘근 겨집이 문의 디나니(女範2. 효녀 당이랑). 니마의 디나게 놉히 들어(武藝圖9). 디날 경:經(註千21). ※디나다>지나다

디나다 형 뛰어나다. ¶ᄌᆞ쉭기 사ᄅᆞᆷ이게 디나고:容姿過人(東新續三綱. 烈3:15).

:디·나·아가·다 동 지나가다. ¶精舍ᄅᆞᆯ 디나아가니(月印上2).

디나오다 동 지나오다. ¶ᄒᆞᆫ 나그내 ᄒᆞᆫ 무리 양을 모라 디나오거놀(老解下19). 디나가며 디나오리 날을 롱호되:過去的過來的弄我的(朴解上37).

디낫타 동 유산(流產)하다. ¶디낫타:小產了(譯解上37).

디:내·다 동 ①지나게 하다. ¶굴허에 ᄆᆞ롤 디내샤:深巷過馬(龍歌48章).
②지내다. 겪다. ¶마순아ᄒᆞ래어나 디내오(釋譜9:31). 罪ᄋᆡ 져그며 쿠므로 劫數를 디내ᄂᆞ니(月釋1:29). 즉자히 極樂世界예 나아 닐웨 디내오(月釋8:69). 百千劫을 디내ᄂᆞ니라:經百千劫(楞解8:75). 半劫을 디내야사 비르서 업스며(楞解9:16). 三年 거상ᄋᆞᆯ 디내여ᄃᆞᆫ(宣賜內訓1:87). 喪亂 디내요ᄆᆞ로브터:自經喪亂(杜解6:43). 늘근 남근 ᄀᆞ장 서리ᄅᆞᆯ 디내엿ᄂᆞ니라:老樹飽經霜(杜解7:10). 劫火ᄅᆞᆯ 몃마 디내야뇨마ᄅᆞᆫ:幾經劫火(南明上31). ᄒᆞᆫ적 귀예 디내면:一歷耳根(佛頂上2). 우리 남지니 ᄆᆞᆯ 업스면 엇디 디낼고:咱男子漢沒馬時怎麼過(飜朴上43). 나즈란 디내와손뎌(樂詞. 青山別曲). 됴히 디내다:過活(譯解下44).

디내히 부 지나게. 지나도록. ¶崆峒 西極으로 崑崙山애 디내히 駱駝와 ᄆᆞᆯ왜 本來로 나랏 門에 ᄡᅳ려 오더니라:崆峒西極過崑崙駝馬由來擁國門(重杜解5:20).

:디너가·다 동 지나가다. ☞디나가다 ¶四時ㅣ 디너가미 내 ᄆᆞᅀᆞ매 버므렷ᄂᆞ니:四序嬰我懷(初杜解14:4).

디·녀 동 지니어. ㉮디니다 ¶부텨 업스신 後에 法 디녀 後世에 퍼디게 호미 이 大迦葉의 히미라(釋譜6:13).

디·넷·게 동 지녀 있게. ㉮디니다 ¶鄴下 ᄡᅡ 풍속은 젼혀 겨지브로 가문을 디넷게 ᄒᆞ야 외며 올호믈 송ᄉᆞᄒᆞ며:鄴下風俗專以婦大持門戶爭訟曲直(飜小7:37).

디·놈 동 지님. ㉮디니다 ¶法과 디놈과로 ᄠᅳᆮᄒᆞ니:軌持爲義(圓覺上一之二14).

디·뉴·ᄃᆡ 동 지니되. ㉮디니다 ¶이 經 디뉴ᄃᆡ:持於此經(金剛150).

디·뇸 동 지님. ㉮디니다☞디놈 ¶ᄒᆞᆫ갓 警戒 디뉴ᄆᆞ로 道理 사마 가질 씨라(月釋7:46).

디·늘·다 동 임(臨)하다. ☞디놀다 ¶디늘 림:臨(光千11). 깁픈 ᄃᆡ 디ᄂᆞ디 아니ᄒᆞ며:不臨深(宣小2:10). 君子ㅣ 祭홈애 반ᄃᆞ시 몸오로 친히 디ᄂᆞ러 ᄒᆞᄂᆞ니:君子之祭也必身親莅之(宣小2:26). 구의를 디늘어 공경티 아니홈이 효도ㅣ 아니며:莅官不敬非孝(宣小2:35). 깁ᄒᆞᆫ 모ᄉᆞᆯ 디늘어심ᄀᆞᆮ티 ᄒᆞ며:如臨深淵(宣小4:24). 빅셩 디늘기를 무른대:問臨民(宣小5:59).

디·니·다 동 지니다. ¶法 디녀 後世에 퍼디게 호미 이 大迦葉의 히미라(釋譜6:13). 몬제 經 디뉴미 다ᄉᆞᆺ 가짓 功이 ᄀᆞ자(釋譜19:36). 持戒ᄂᆞᆫ 警戒ᄅᆞᆯ 디닐 씨오(月釋2:25). 齊ᄅᆞᆯ 디니거나(月釋8:56). 네 가짓 律儀ᄅᆞᆯ 디뇨ᄃᆡ:持四種律儀(楞解7:1). 디니논 行이 더 깁디오:持行益深(法華7:109). 이 經 디뉴ᄃᆡ:持於此經(金剛150). 法과 디놈과로 ᄠᅳᆮᄒᆞ니:軌持爲義(圓覺上一之二14). 平等히 디놀 ᄠᅳ들(牧牛訣28). 쇽졀업슨 비화 아로ᄆᆞᆯ 디녀셔 祖師心ᄋᆞᆯ 무더ᄇᆞ리디 마롤디어다:莫將閑學解埋沒祖師心(蒙法57). 디니며 닐그며 외오ᄃᆡ:受持讀誦(佛頂上3). 것거 ᄇᆞ리신 後에 디니실 ᄒᆞᆫ 부니 업스샷다(樂範. 動動). ※디니다>지니다

디·놀·다 동 임(臨)하다. ☞디늘다 ¶디놀 림:臨(類合上2. 石千11). 님금이며 어버이로 디ᄂᆞᄅᆞ시니:君親臨之(宣小2:32).

·디·다 동 ①거꾸러지다. ¶현버늘 딘ᄃᆞᆯ:雖則屢蹶(龍歌31章). 兄이 디여 뵈니:兄墜而示(龍歌36章). 여슷 놀이 디며:六麞斃兮(龍歌86章). 아바님 보시고 ᄡᅡ해 디여 우르시니(月印上21). 것ᄆᆞᄅᆞ주거 ᄡᅡ히 디옛더라(月釋21:215).
②지다. 떨어지다. ¶雙鵰이 ᄒᆞᆫ 사래 디니:維彼雙鵰墮於一縱(龍歌23章). 눈 ᄀᆞᆮ 디니이다:散落如雪(龍歌50章). 다ᄉᆞᆺ 가마괴 디고:五鴉落兮(龍歌86章). 내 드러 부텨ᄭᅴ 절ᄒᆞᅀᆞᆸ다가 金고지 ᄡᅡ해 디거늘(釋譜24:19). 히 디여 가ᄃᆡ(月釋1:9). 드위텨 디게 ᄒᆞ고(月釋1:29). 곳 디거든 蓮ㅅ밤 나미 ᄀᆞᆮᄒᆞ니라:如花落蓮現(楞解1:19). 三有에 디디 아니호ᄆᆞᆯ:不落三有(楞解5:3). 디디 아니홀씨:不落(蒙法48). 三年을 디ᄂᆞᆫ 히ᄂᆞ 즉ᄒᆞ도다:三年落日低(杜解10:16). 디ᄂᆞᆫ 히에:落日(杜解9:5). ᄆᆞᆯᄀᆞᆫ ᄃᆞ리 디거ᄂᆞᆯ:墮

淸月(初杜解15:51). 셴 머리예 고지 디논 주를 슬코:白髮悲花落(杜解21:14). 南녁 벼리 故園으로 뎌 가놋다:南星落故園(初杜解21:23). 고지 프며 고지 듀매:花開花落(金三2:6). 흘러 디건디:流落(金三5:44). 곳 프며 곳 듀믄 어느 사름 爲ᄒᆞᄂᆞ뇨:花開花落爲誰人(南明上57). 딜 락:落(訓蒙下5. 石千33). ᄒᆡ 디다:日頭落了. ᄃᆞᆯ 디다:月兒落了(同文解上1). 곳츤 므슨 일로 픠여서 수이 디고(古時調. 尹善道. 孤遺). 피여 디ᄂᆞᆫ ᄃᆞᆺ 푸르러 이우ᄂᆞᆫ ᄃᆞᆺ(曺友仁. 梅湖別曲). 殘花ᄂᆞᆫ ᄇᆞᆯ셔 디고 白日이 漸漸 기니(辛啓榮. 月先軒十六景歌).

③뒤지다. ¶ᄂᆞᄆᆡ 딘 곧 웃디 말라:別人落處休笑(飜老下43).

④빠지다. ¶그러나 文이 해 디며 왿씨:脫(金剛後序14).

⑤(말이) 떨어지다. 끝나다. ¶말 디자 鶴을 ᄐᆞ고 九空에 올라가니(松江. 關東別曲). 말을 디지 아니홈으로(三譯2:18).

:디·다 동 떨어뜨리다. ¶어분 아기ᄅᆞᆯ 조쳐 디오(月釋10:24). 방핫고 디여 디ᄒᆞ니 비치 희오:落杵光輝白(初杜解7:18). 家門ㅅ 소리ᄅᆞᆯ ᄡᅡ해 디요ᄆᆞᆯ 즐기리아:家聲肯墜地(初杜解8:57). ᄀᆞᅀᆞᆳ 뜰헤ᄂᆞᆫ ᄇᆞᄅᆞ미 果實을 디오:秋庭風落果(初杜解15:14). 빈 춤비소로 ᄡᅧ ᄀᆞ장 빗겨 비드믈 디요믈 조히 ᄒᆞ라:用那密的篦子好生批着將風屑去的爽利着(飜朴上44). 밧 가라 ᄡᅵ 디ᄆᆞ로브터 입과 모매 니ᄅᆞ리:自從耕種至于口身(野雲49). 빈 ᄌᆞ식을 디오거나:墮胎(警民10). 고졸 들워 므레 디어늘:穿花落水(重杜解17:16). 風雲을 언제 어더 三日雨를 디련ᄂᆞ다(松江. 關東別曲).

:디·다 동 ①쇠를 끓여 녹이다. ¶戈戟을 디여 農器를 ᄆᆡᆼᄀᆞ니:鑄戈戟爲農器(圓覺下二之二24).

②쇠를 부어 만들다. ☞디우다 ¶銅鐵을 모도아 砲 디여(三綱. 忠28). 시혹 金銀이어나 錫鐵로 디ᅀᆞ오매 니를어나:或金銀乃至錫鐵而鑄(法華1:220). 模ᄂᆞᆫ 法이니 쇠그릇 디기옛 소히라(圓覺上一之二181). 凶ᄒᆞᆫ 兵잠개로 農器ᄅᆞᆯ 디오:凶兵鑄農器(杜解3:4). 갌놀과 삷미트로 農器 디유믈 듣고져 願ᄒᆞ노니:願聞鋒鏑鑄(重杜解3:10). 쇠부텨ᄂᆞᆫ ᄒᆞᆫ 번 디여 곧 이ᄂᆞ니:金佛一鑄便成(金三2:30). 사ᄅᆞ미 시혹 像호ᄃᆡ 시혹 쇠로 디며 시혹 남ᄀᆞ로 사기며:人之像之或鑄以金或彫以木(金三2:31). 佛像을 디여 일움 ᄀᆞᆮᄒᆞ니:如鑄成佛像(佛頂中8). 므쇠로 한쇼를 디여다가(樂詞. 鄭石歌).

디다 동 (승부에) 지다. ¶中原調과 되왜 서르 이긔락디락ᄒᆞ니:漢虜互勝負(重杜解5:34).

디다 동 지다〔負〕. ☞지다 ¶가로 디나 셰 디ᄂᆞᆺ 즁의 ᄌᆞᆨ은 後ㅣ면 뉘 알넌가(古時調. 歌曲). 칼을 디고 바로 셔:負劍正立(武藝圖13).

디·다 조동 지다. ¶드트리 ᄃᆞ외이 ᄇᆞᆺ아디거늘(釋譜6:31). 震動ᄒᆞ야 ᄢᅧ여디거늘:震裂(圓覺下二之二35).

디·다 형 싸다. 값싸다. ¶빗 갑슨 써던가 디던가:布價高低麼(飜老上9). ᄀᆞ장 디거든:十分的賤時(飜老上70). 빗 갑시 써던가 디던가:布價高低麼(老解上8).

디달싸다 동 싸매다. 얽어매다. ☞지달싸다 ¶디달싸다:絆了(譯解下34).

디당 명 디당(池塘). 못. ¶池塘도 ᄑᆞ오며 澗水도 혜오려니(曺友仁. 梅湖別曲).

·디도 명 지도(地圖). ¶十五年에 帝ㅣ 地圖ᄅᆞᆯ 보샤 쟝ᄎᆞ 皇子ᄅᆞᆯ 封호려 ᄒᆞ샤ᄃᆡ(宣賜內訓2上46).

디:동ᄒᆞ·다 동 지동(地動)하다. 지진이 일어나다. ¶나모도 것거디며 地動ᄒᆞ며 西方애 힌 므지게 열둘히 南北으로 ᄀᆞᄅᆞᄢᅦ여 잇더니(釋譜23:22).

디:듕ᄒᆞ·다 형 지중(持重)하다. ¶간략ᄒᆞ며 디듕ᄒᆞ며 잡일 아니ᄒᆞ며 잡말 아니ᄒᆞ야:簡重寡默(飜小9:1).

디·드·다 동 찌들다. ☞디들다 ¶입시우리 드리디 아니ᄒᆞ며 웂디 아니ᄒᆞ며 디드디 아니ᄒᆞ며 헐믓디 아니ᄒᆞ며(釋譜19:7). 디드디 아니ᄒᆞ며:不麤澁(法華6:13).

※디드다<디들다

디든 형 짙은. ㉠딛다 ¶다만 디든 야쳥 직금 흉빅ᄒᆞᆫ 비단을 ᄒᆞ고져 ᄒᆞ노니:只要深青織金胸背段子(老解下24).

디·들·다 동 찌들다. ☞지들다 ¶모미 디들오 양ᄌᆞ 덧구즐씨(釋譜24:11). 이 衆生이 다 ᄒᆞ마 衰老ᄒᆞ야 나히 八十이 디나 머리 셰오 ᄂᆞᄎᆡ 디드러 아니 오라 ᄒᆞ마 주그리니(月釋17:47). 입시우리 아래로 드리디 아니ᄒᆞ며 또 우흐로 거두쥐디 아니ᄒᆞ며 디드러 직브드티 아니ᄒᆞ며(月釋17:52).

·디·라 명 것이라. ☞디 ¶ᄒᆞᆫ 큰 잀 因緣으로 世間애 나시논 디라(釋譜13:49). 歌唄讚頌ᄒᆞ야 無量 千萬億劫에 이 供養ᄒᆞᆫ 디라(月釋17:38). 노교ᄆᆞᆯ 得ᄒᆞᆫ 디라(圓覺序38). 어딜며 사오나오매 브튼 디라(宣賜內訓序6). 다 뿔 ᄃᆡ 업슨 디라(南明上2).

-디라 어미 -싶어라. 〔원망(願望)의 뜻을 나타내는 어미.〕☞-지라 ¶혼뎐의 나가디라 ᄒᆞ오시니(癸丑30).

디랄즁 명 지랄병. 간질(癎疾). ¶모든 디랄증이며:諸癎(臘藥4).

디러 동 임(臨)하여. ㉠디르다 ¶ᄒᆞ마 주글 젠 디러:臨欲終時(法華2:222). 기픈 못 디러 보ᄃᆞᆺ ᄒᆞ며:如臨深淵(永嘉下112). 뎌ᄅᆞᆫ 복셩홧 고ᄌᆞᆫ 믓ᄀᆞᆺ 두듥글 디러 잇고:短短桃花臨水岸(重杜解10:46).

디·레·셔 [동] 임(臨)하여서. 〔디러+이셔>디레셔〕 ㉮디르다 ¶耶輸ㅣ 블 퓌운 구들 디레셔 盟誓ᄒᆞ샤ᄃᆡ(釋譜3:p. 144.)

-디록 (어미) -ㄹ수록. ☞-디옷 ¶어와 聖恩이야 가디록 罔極ᄒᆞ다(松江. 關東別曲). 엇디ᄒᆞᆫ 江山을 가디록 나이 녀겨(松江. 星山別曲). 가디록 새비ᄎᆞᆯ 내여 그믈 뉘ᄅᆞᆯ 모ᄅᆞᆫ다(古時調. 鄭澈. 남극 노인셩이. 松江).

디롱이 [명] 지렁이. ☞디룡. 디룡이 ¶또 디롱이ᄅᆞᆯ 소곰 ᄇᆞᆯ라 노가 믈 되어든 ᄒᆞᆰ 업게 ᄒᆞ고 머그라:又方蚯蚓以鹽塗地化成水去泥飮之(瘟疫方24).

디룡 [명] 지렁이. ☞디룡이 ¶디룡 즙은 시병 열이 만ᄒᆞᆫ ᄃᆡᄅᆞᆯ 고티ᄂᆞ니:地龍汁主天行瘟疫熱盛(辟新8). 디룡:曲蟺(漢淸14:53).

디룡이 [명] 지렁이. ☞디룡. 디롱이 ¶디룡이:蚯蚓(譯解下35). 디룡이:地龍(柳氏物名二 昆蟲).

디르·다 [동] 지르다. 치다. ¶難陁ㅣ 怒ᄒᆞ야 머리 갓ᄂᆞᆫ 사ᄅᆞᄆᆞᆯ 주머귀로 디르고 닐오ᄃᆡ(月釋7:8).

디르·다 [동] 찌르다. ☞디ᄅᆞ다 ¶갈ᄒᆞ로 딜어 주겨(三綱. 烈18). 우리 쇠슬히 가지고 딜어오리라(月釋23:82). 갈ᄒᆞ로 디르ᄂᆞᆫ ᄃᆞᆺᄒᆞ야:如人刀刺狀(救急上18). 믄득 須彌山ᄋᆞᆯ 딜어 갓ᄀᆞ로와다ᄉᆞ:驀然撞倒須彌山(南明下15). 디를 ᄌᆞ:刺(類合下47). 한 도적기 이셔 임덕긔 빰을 딜러ᄂᆞᆯ:一賊刺任德頰(東新續三綱. 孝1:50).

디르·다 [동] 임(臨)하다. 다다르다. ¶노ᄑᆞᆫ ᄃᆡ 디러 보미:臨高(楞解10:80). ᄒᆞ마 주글 쩨 디러 아ᄃᆞᄅᆞᆯ 命ᄒᆞ며:臨欲終時而命其子(法華2:222). 기픈 못 디러 보ᄃᆞᆺ ᄒᆞ며:如臨深淵(永嘉下112). 財寶ᄅᆞᆯ 디러셔:臨財(宣賜內訓1:8). 虛ᄒᆞᆫ ᄃᆡᆯ 디러 노ᄑᆞᆫ 石壁 ᄉᆞ이예 이어놋다:臨虛蕩高壁(重杜解1:33). 東녀그로 큰 ᄀᆞᄅᆞᄆᆞᆯ 디러셔 우노라:東臨大江哭(重杜解4:31). ᄀᆞᄅᆞᆷ을 버므렛ᄂᆞᆫ 길히 니그니 프른 ᄆᆡᄒᆞᆯ 디렛도다:緣江路熟俯靑郊(重杜解7:1). 모ᄉᆞᆯ 디러셔 스니 眞實로 다 墨이 ᄃᆞ외도다:臨池眞盡墨(杜解16:21). 君親이 디르시니:君親臨之(重內訓1:4).

디르·다 [동] 지르다. ¶손가락으로 혀 아래 두 녁 ᄀᆞᆺ 가촐 딜어 믜티거나:以指衝決舌下兩邊皮(救簡2:90).

디르덕다 [동] 없어지고 조금 남다. ¶四更에 뫼히 ᄃᆞᄅᆞᆯ 비와ᄐᆞ니 디르더근 바ᄆᆡ 믈비치 樓에 ᄇᆞᆯ갓도다:四更山吐月殘夜水明樓(重杜解12:3).

디ᄅᆞ·다 [동] 찌르다. ☞디르다 ¶빗대 디ᄅᆞᄂᆞᆫ 郢客ᄋᆞᆯ ᄉᆞ랑ᄒᆞ다니:刺船思郢客(初杜解15:10). 針劄ᄋᆞᆫ 바ᄂᆞᆯ로 ᄉᆞᆯᄒᆞᆯ 디ᄅᆞᆯ 시라(金三4:59). 世尊이 因時예 바ᄂᆞᆯ로 니 디ᄅᆞ시며(南明下52). 디ᄅᆞᆯ ᄌᆞ:刺(類合 寧邊板29). 열온 어름에셔 고기ᄅᆞᆯ 디ᄅᆞ더니:叉魚薄冰(東新續三綱. 孝3:56). 디ᄅᆞ다:劄(語錄2). ᄑᆞᆯ을 디ᄅᆞ며 손가락을 버혀(女四解4:15). ᄒᆞᆫ 거ᄅᆞᆷ 낫드러 가ᄉᆞᆷᄢᅦ ᄒᆞᆫ 번 디ᄅᆞ다:進一步當胷一刺(武藝諸25). ᄒᆞᆫ 번 디ᄅᆞ고 또 ᄒᆞᆫ 번 디ᄅᆞ라:一刺又一刺(武藝諸25).

디ᄅᆞ·다 [동] 지르다. 치다〔打〕. ¶네 소ᄂᆞ로 네 몸 디ᄅᆞᄃᆞᆺ ᄒᆞ니:如汝以手自拴其體(楞解1:64). ᄒᆞᆫ 활개 디ᄅᆞᆯ 時節에:拴一支時(楞解1:67).

디ᄅᆞ다 [동] 꽂다. ¶御府엣 부들 와 머리예 디ᄅᆞ고:來簪御府筆(杜解21:13).

디ᄅᆞ다 [동] 가로막다. 제지하다. ¶맛당ᄒᆞᆫ 거ᄉᆞᆯ 디ᄅᆞᆯ 거시니라:制出宜(三略上3).

디ᄅᆞ저·기·다 [동] 찌르듯 하다. ¶또 胃脘애 痰이 담겨(胃脘ᄋᆞᆫ 가ᄉᆞ미라) 冷ᄒᆞᆫ 氣分이 디ᄅᆞ저겨 알ᄑᆞ닐 고티ᄂᆞ니:兼治胃脘停痰冷氣刺痛(救急上6).

디·마니ᄒᆞ·다 [동] 소홀히 하다. ☞디만ᄒᆞ다 ¶너희 디마니혼 이리 잇ᄂᆞ니 ᄲᆞᆯ리 나가라(月釋2:6). 王이 뉘으처 블리신대 디마니 호이다 ᄒᆞ고 아니 오니라(月釋2:7). 四肢 ᄎᆞᄂᆞ니 藥ᄋᆞᆯ 디마니ᄒᆞ면 아니한ᄉᆞᅀᅵ예 救티 몯ᄒᆞᄂᆞ니:四肢逆冷用藥遲緩須臾不救(救急上31).

디·만ᄒᆞ·다 [형] 지망지망하다. 소홀하다. ☞디마니ᄒᆞ다 ¶내 太子ᄅᆞᆯ 셤기ᅀᆞᄫᅩᄃᆡ 하ᄂᆞᆯ 셤기ᅀᆞᆸᄃᆞᆺ ᄒᆞ야 ᄒᆞᆫ 번도 디만ᄒᆞᆫ 일 업수니(釋譜6:4).

·디·며 [명] 것이며. ☞디 ¶說法호ᄆᆞᆯ 보ᄂᆞᆫ 디며(月釋17:35). 衆僧 供養혼 디며 부텻 舍利로 七寶塔 셰요ᄃᆡ(月釋17:37).

·디명 [명] 지명(地名). ¶江東:디명이라(宣小5:68). 河北은 디명이오(宣小6:6).

·디·모 [명] 지모(智謀). ¶디뫼 잇고 담대타 ᄒᆞ야:有才智膽略(續三綱. 忠3).

디밀다 [동] 디밀다. 들이밀다. ¶금문옥계 문을 열어 디미니 쳔ᄒᆞ온 몸이(萬言詞).

디몰기 [명] 전내기. ☞디ᄆᆞᆯ기술. 디ᄆᆞᆯ긴술 ¶디ᄆᆞᆯ기:醅酒(譯解上45).

디몰·기술 [명] 전내기. ☞디ᄆᆞᆯ기. 디ᄆᆞᆯ긴술 ¶디ᄆᆞᆯ기술:醅酒(訓蒙東中本中21).

디몰긴술 [명] 전내기. ☞디ᄆᆞᆯ기. 디ᄆᆞᆯ기술 ¶디ᄆᆞᆯ긴술:醅酒(訓蒙叡山本中10).

디방 [명] 문지방. ¶겨집이 그 허리ᄅᆞᆯ 안고 디방을 의거코 크게 소릐ᄒᆞ니:妻抱其腰據門限大叫(東新續三綱. 烈1:8). 둥문 디방의 드디 아니ᄒᆞ더니:不入中門之閾(東新續三綱. 孝5:83).

-디·빙 어미 -지. -지마는. -ㄹ지라도. ☞-디위 ¶如來 다ᄆᆞᆫ ᄒᆞᆫ 佛乘ᄋᆞ로 衆生 위ᄒᆞ야 說法ᄒᆞ시디ᄫᅵ 녀나ᄆᆞᆫ 乘이 둘히며 세히 업스니라(釋譜13:49). 正法을 ᄇᆡ호디ᄫᅵ 업시우믈 말 씨오(月釋10:20). 大鬼王 모ᄆᆞᆯ 現ᄒᆞ디ᄫᅵ 實엔 鬼 아니라(月釋21:129). 오직 이 몸 나ᄒᆞᆫ 어미ᄅᆞᆯ 救ᄒᆞ디ᄫᅵ 뎌 먼 뉘옛 菩提ᄅᆞᆯ 救호미 아니라(月釋23:93). 오ᄂᆞᆯ 죽디ᄫᅵ 현마 도ᄌᆞ기 겨집 아니 ᄃᆞ외요리라 ᄒᆞ야ᄂᆞᆯ(三綱. 烈13).
※-디ᄫᅵ>-디위(-디외)

디새 명 기와. ☞지새 ¶甓이며 디새며(釋譜13:51). 한 사ᄅᆞ미 막다히며 디새며(月釋17:85). ᄒᆞᆫ 디샛 지벽을 가져:取一瓦礫(楞解5:72). 더러우니란 디새와 돌콰ᄅᆞᆯ 뵈샤:穢者示之以瓦礫(圓覺上一之二61). 門을 對ᄒᆞᆫ 藤蘿ᄂᆞᆫ 디새ᄅᆞᆯ 두펏고:對門藤蓋瓦(杜解13:40). ᄀᆞᄅᆞᆷ 樓에 펏ᄂᆞᆫ 디새 ᄀᆞᄌᆞᆨᄒᆞ도다:江樓翼瓦齊(初杜解17:17). 陶甄ᄋᆞᆫ 陶者ㅣ ᄒᆞᆰ 니겨 디새 ᄆᆡᆼᄀᆞᆯ 시니(初杜解20:11). 殿엣 디새ᄂᆞᆫ:殿瓦(初杜解20:32). 고대 어름 노ᄀᆞ며 디새 ᄇᆞᆺ듯 ᄒᆞ얏다 ᄒᆞ니:當下氷消瓦解(金三2:1). 滅ᄒᆞ야 더로ᄃᆡ 디새 ᄇᆞᆺ아디ᄃᆞᆺ게 몯 호ᄆᆞᆯ 恨ᄒᆞᄂᆞ니:恨不滅除令瓦碎(南明下32). 디새 와:瓦(訓蒙中18. 類合上23).

디새쨩 명 기왓장. ¶아기 ᄀᆞᆫ 나 빗복 줄기 ᄠᅥ러디거든 새 디새쨩 우희 연ᄌᆞ:小兒初生臍帶脫落取置新瓦上(瘟要上4).

디새집 명 기와집〔瓦家〕. ¶디새집 우희셔 흘러ᄂᆞ린 믈:屋霤水(東醫 湯液一 水部). 디새집:瓦房(譯解上16).

디:샹 명 지상(地上). ¶엇데 麒麟ᄋᆞ로 ᄒᆡ여 地上애셔 ᄃᆞᆫ니게 ᄒᆞ리오(杜解17:29).

·디·슈 명 지수(地袖). 사지(四肢) 큰 마디의 우묵한 데와 엄지 손가락 밑의 금. ¶또 네 활기옛 큰 ᄆᆞ딧 우무근 ᄃᆡ와 엄지가락 미틧 그믈 일후믈 地袖ㅣ라 ᄒᆞᄂᆞ니(救急上76). 네 활기 큰 ᄆᆞ딧 오목ᄒᆞᆫ ᄃᆡ와 엄지가락 미틧 금을 일후ᄆᆞᆯ 디쉬라 ᄒᆞᄂᆞ니:四肢大節陷大指本文名曰地袖(救簡1:63).

디·시 부 듯이. ☞드시 ¶주근 벌에 ᄃᆞ외야ᄂᆞᆯ 보시고ᅀᅡ 안 디시 ᄒᆞ시니(月印上16). 僧齋ᄅᆞᆯ ᄒᆞ단 디시 ᄒᆞ니(月釋23:65).

-·디·시 어미 -듯이. ☞-드시 ¶거우루에 ᄂᆞᆺ 보디시 ᄒᆞᆶ디니(月釋8:20).

디·식 명 지식(知識). ¶지질와 디식이 귀명ᄒᆞ고(飜小9:14). 그릇과 디식을 몬져 ᄒᆞ고 글과 ᄌᆡ조ᄅᆞᆯ 후에 ᄒᆞᄂᆞ니:先器識而後文藝(宣小6:110).

디시다 동 지새다. 달이 지며 날이 새다. ¶새벽서리 디신 ᄃᆞᆯ에 외기러기 우러 녜다(古時調. 靑丘). ※디시다>지새다

디애집 명 기와집. 와가(瓦家). ¶경긔로 명ᄒᆞ야 디애집을 짓고 무명 니블과 휜 요흘 ᄒᆞ여 주시더라(仁祖行狀29).

디오다 동 지우다〔消〕. ¶믈에 타 옷에 ᄠᅥ디오ᄂᆞᆫ 돌:鹼洗(譯解上47).

디·옥 명 지옥(地獄). ¶地獄 잠개 뫼화 瞿曇이ᄅᆞᆯ 모ᄃᆡ 자ᄇᆞ라터니(月印上27). 地獄ᄀᆞ티 사ᄅᆞᄆᆞᆯ 달호거늘 두리여 도로 나오려 ᄒᆞ더니(釋譜24:14). 그 地獄門애 나오려 커늘(釋譜24:18). 그 모딘 모ᄆᆞᆯ ᄉᆞ라 주기고 그 地獄ᄋᆞᆯ 허러ᄇᆞ리니라(釋譜24:18). 두 鐵圍山 ᄊᆞᅀᅵ 어드ᄫᅳᆫ ᄯᅡ해 地獄이 버러 잇ᄂᆞ니라(月釋1:28). ᄯᅡ 아랫 獄일씨 地獄이라 ᄒᆞᄂᆞ니라(月釋1:28). 地獄과 天堂과 東西南北을(金三5:44). 惡事ᄅᆞᆯ ᄉᆞ랑ᄒᆞ면 化ᄒᆞ야 地獄이 ᄃᆞ외오(六祖中41). 반ᄃᆞ시 地獄의 들어:必入地獄(宣小5:55). 반ᄃᆞ시 地獄에 들어셔(家禮5:22). 필연히 디옥애 ᄠᅥ러디면(王郞傳2).

-디·옷 어미 -ㄹ수록. -을수록. ☞-디록 ¶하ᄂᆞᆯ 둘히 놉디옷 목수미 오라ᄂᆞ니(月釋1:37). 一百 번 불이디옷 더욱 精ᄒᆞ야:百鍊愈精(楞解7:13). 鑽은 비빌 씨니 顔淵이 孔子ᄅᆞᆯ 기류ᄃᆡ 울워디옷 더 노ᄑᆞ시고 비븨디옷 더 구드시다 ᄒᆞ니라(法華2:173). 더욱 힘 ᄡᅳ디옷 더욱 ᄢᅥ듐 ᄀᆞᆮᄒᆞ니:愈用力而愈陷(金剛後序14). 구짓ᄂᆞᆫ 소리 ᄌᆞᆽ디옷 고리 더욱 들에ᄂᆞ니:訶聲唯頻谷中轉閙(圓覺下一之二50). 읻디옷 더욱 어긔며 ᄃᆞᆮ디옷 더욱 머니(龜鑑上6).

-·디·외 어미 -지. -지마는. ☞-디ᄫᅵ. -디위 ¶ᄒᆞᆫ갓 디나가ᄂᆞᆫ 나그내 ᄂᆞᆫ므를 보디외 主人의 恩惠ᄂᆞᆫ 얻디 몯ᄒᆞ리로다:空看過客淚莫覓主人恩(初杜解7:10). ※디외<디ᄫᅵ

디·욤 동 떨어뜨림. ⑦디다 ¶비드믈 디요믈 조히 ᄒᆞ라:將風屑去的爽利着(飜朴上44).

디·우 부 ①지게. 못하게. ¶앗교ᄆᆞᆯ 錦繡段애 디우 아니 너기노라:重之不減錦繡段(初杜解16:34).
②싸게. ☞디우다 ¶내 네손ᄃᆡ 디우 ᄑᆞ라 주마:我濫賤賣與你(飜老下23).

디우다 동 쇠를 녹여 부어 쇠그릇을 만들다. ☞디다 ¶쇠 디울 주:鑄(類合下7).

디우다 동 싸게 하다. 깎다. ¶내 너손ᄃᆡ 디워 ᄑᆞ라 주마:我濫賤賣與你(老解下21).

-·디·웨 어미 -지. -지마는. ☞-디ᄫᅵ. -디위 ¶신해 각긔 ᄆᆞᅀᆞᆷ ᄶᅡᆼ ᄒᆞ디웨 쓰며 아니믈 의론ᄒᆞ링잇고:人臣各盡其心何論書不(三綱. 忠24 天祥). 文翁ᄋᆡ 能히 時俗 敎化호ᄆᆞᆯ 오직 보디웨:但見文翁能化俗(杜解21:16). 偶然히 그리ᄒᆞ디웨 어느 足히 期約ᄒᆞ리오:偶然豈足期(杜解22:22). ᄒᆞᆫ갓 디나가ᄂᆞᆫ 나그내 ᄂᆞᆫ므ᄅᆞᆯ 보디웨 主人의 恩惠ᄂᆞᆫ 얻디 몯ᄒᆞ리로다:空看過客淚莫覓主人恩(重杜解

7:10). ※디웨<디ㅂ
디·위 명 번. ¶마ᅀᆞᆫ아홉 디위 닑고(釋譜9:32). 설흔여슷 디위를 오ᄅᆞᄂᆞ리시니(月釋1:20). 우믌 므를 ᄒᆞᄅᆞ 五百 디위옴 길이더시니(月釋8:91). 一萬 디위 죽고 一萬 디위 사라(月釋21:44). 곧 됴히 ᄒᆞᆫ 디위 말ᄒᆞ야:便好着一轉語(蒙法32). 工夫ㅣ ᄒᆞ다가 ᄒᆞ워기 ᄒᆞᆫ 디위ᄒᆞ고:工夫若到濃一上(蒙法38). ᄒᆞᆫ 디위 노폰 하ᄂᆞᆯ해 묻고져 너기노라:一擬問高天(初杜解7:32). 漸漸 늘구메 봄 맛나ᄆᆞᆯ 能히 몃 디위리오:漸老逢春能幾回(杜解10:7). 몃 디위ᄅᆞᆯ 글월 보내야 潛隱ᄒᆞᆫ 노ᄆᆞᆯ 기들오거시니오:幾回書札待潛夫(杜解21:3). 즈믄 디위 變ᄒᆞ야도(金三3:5). 블ᄣᅵ더 ᄒᆞᆫ 디위만 ᄒᆞ면 닉ᄂᆞ니라:燒動火一霎兒熟了(老解上20). ᄒᆞᆫ 디위 마즘을 니버도 올흐니라:一頓打也是(朴解上33). ᄒᆞᆫ 디위 놀며 보다:遊賞一遭(譯解下53).
·디·위 명 지위(地位). ¶ᄒᆞᆫ 번 다ᄅᆞᆫ 地位예(釋譜6:36). 聖人ㅅ 地位예 드룸딘댄(月釋2:60). 地位예 난 後ㅣ면(阿彌15). 聖賢ㅅ 地位예 니르디 몯ᄒᆞᆯ갓 分別이 업스리라(宣賜內訓1:35). 셩현 디위예(飜小8:18).
디위 명 경계(境界). ¶디위예 新都 形勝이샷다(樂詞. 新都歌). 어와 뎌 디위ᄅᆞᆯ 어이ᄒᆞ면 알거이고(松江. 關東別曲).
-·디·위 조 -지. -지마는. ¶오직 ᄃᆞ온 緣ᄯᆞᄅᆞ미디위:特愛緣耳(法華6:144). 일후미 幻智디위 智體ᄂᆞᆫ 이 幻 아니라:名幻智智體非是幻(圓覺下二之一31).
-·디·위 어미 -지. -지마는. ☞-디ㅂ. -디외. -디웨 ¶實ᄒᆞᆫ 道ᄅᆞᆯ 니ᄅᆞ시디위 波旬은 이리 업도소이다(法華2:26). 오직 佛教ᄋᆡ 作用ᄋᆞᆯ 나토디위:但顯佛教作用(圓覺上一之一93). 降服ᄒᆡ디위 佛子ㅣ 慈悲 아니 ᄒᆞ니라(南明下5). 法을 爲ᄒᆞ야 오디위 오ᄉᆞᆯ 爲ᄒᆞ야 오디 아니호이다(六祖上36).
디위ᄒᆞ다 동 알리다. ¶이제 구의 ᄀᆞ장 嚴謹ᄒᆞ야 人家애 디위ᄒᆞ야:如今官司好生嚴謹省會人家(老解上44).
디윰 동 쇠를 녹여 부어 쇠그릇을 만듦. ㉠디다 ¶갌ᄂᆞᆯ과 삸미트로 農器 디유믈 듣고져 願ᄒᆞ노니:願聞鋒鏑鑄(杜解3:10).
디의 명 지의(地衣). 헝겊으로 가를 두른 큰 돗자리. ¶디의 연:筵(石千19).
디이 명 지. 짠지. ☞디히 ¶디이:甕菜 醃藏(柳氏物名三 草).
디이다 동 떨어뜨리다. 떨어지게 하다. ¶화ᄅᆞᆯ ᄲᅡ 狖와 鼯와ᄅᆞᆯ 디요라:抨弓落狖鼯(重杜解2:4).
디졍 명 지정(地釘). ☞디뎡 ¶디졍:地脚(同文解上36. 漢清9:73).
디졍다으다 동 지정(地釘)닺다. 지정다지다. ¶디졍다으다:打地脚(同文解上36). 디졍다으다:打地脚(譯解補14).
디죵 명 뒤밟기. 미행(尾行). ¶ᄂᆞᄆᆡ 나라해 姪女 디죵 가시ᄂᆞ니(月釋7:17).
디죵ᄒᆞ·다 동 뒤를 밟다. 자취를 밟다. 미행(尾行)하다. ¶捕盜官이 디죵ᄒᆞ여 가:捕盜官襲將去(老解上27).
디쥬 명 지주(地主). ¶地主와 겨틧 平人을 다가(老解上25).
디즐ᄐᆞ다 동 지질러 타다. 억눌러 타다. ¶靑蛇劍 두러메고 白鹿을 디즐ᄐᆞ고(古時調. 花源).
디즈 명 바닥〔底〕. ¶부리 것고 디즈에 분칠ᄒᆞ고:捲尖粉底(朴解下24).
·디지 명 지지(地支). ¶ᄌᆞ튝인묘진ᄉᆞ오미신유술히ᄂᆞᆫ 디지라:子丑寅卯辰巳午未申酉戌亥是地支(飜老下72). 子丑寅卯辰巳午未申酉戌亥ᄂᆞᆫ 地支라(老解下64).
디진ᄒᆞ다 동 지진(地震)하다. ¶디진ᄒᆞ다:地動(同文解上6).
디·질 명 치질. ¶디질 티:痔(訓蒙中34).
디쳐 명 처치(處置). ¶네 이 人蔘과 뵛 필ᄃᆞᆯᄒᆞᆯ 일즉 디쳐 아니 ᄒᆞ야 잇ᄂᆞ녀:你這人蔘布疋不曾發落(飜老下20). 일즙 디쳐 아니ᄒᆞ야시니:不曾發落(老解下19).
디쳐ᄒᆞ·다 동 처치(處置)하다. ¶ᄀᆞ장 여러 날 머겨 디쳐ᄒᆞ야도:好生喂幾日發落(飜老上70). ᄀᆞ장 여러 날 먹여 디쳐ᄒᆞ야도:好生喂幾日發落(老解上63). 황호 다 디쳐ᄒᆞ여다:貨物都發落了(老解下59).
디쳔ᄒᆞ다 형 지천(至賤)하다. 매우 천하다. ☞지쳔ᄒᆞ다 ¶디쳔ᄒᆞ다:狠賤(同文解下26).
디치다 동 지치다. ☞지치다 ¶근력 과히 써 디치다:肯乏(漢清7:39).
디친 명 지친(知親). 아는 사람이나 친족·친척. ¶ᄒᆞ다가 知親이어나:知ᄂᆞᆫ 알 씨오 親은 아ᅀᆞ미라(月釋21:119).
디·킈·다 동 지키다. ☞딕킈다. 딕희다 ¶供養ᄒᆞ며 디킈리이다(釋譜9:21). 墓ᄅᆞᆯ 디킐씨라(三綱. 孝18). 그믈 디킈에 ᄒᆞ야ᄃᆞᆫ(六祖上40). 眞心을 디킈요미(龜鑑上42). 디킐 슈:守(類合下43). 디킐 슈:守(石千17). 일ᄒᆞᆯ 제 디킈ᄂᆞ니:守之於爲(宣小5:91). 졈은 제브터 벼슬 디킨 고대:自少官守處(宣小6:49). 셩만이ᄂᆞᆫ 아븨 무덤 디킈고:成萬守父墳(東新續三綱. 孝1:53). 분 디킈다:守分(同文解上31). 强弓 勁弩로 要害ᄅᆞᆯ 디킈ᄂᆞᆫ ᄃᆞᆺ(曺友仁. 出塞曲). ※디킈다<딕ᄒᆞ다
디·킈·우·다 동 지키게 하다. ☞딕킈오다 ¶사ᄅᆞᆷ 여러ᄒᆞᆯ 디킈워 뒷거늘 趙氏 버서나디 몯ᄒᆞᆯ ᄃᆞᆯ 알오(三綱. 烈17).
디키다 동 지키다. ☞디킈다 ¶므릇 家長 되여시매 반ᄃᆞ시 禮와 法을 삼가 디키여(家

禮2:1).

디·타 동 찧다. ☞지타 ¶ 훈 우후믈 즈즐 ᄀᆞ게 디코:一握擣如泥(救急下76). 精히 디허 힌 ᄡᆞ래 어울우리라:精鑿傳白粲(杜解7:37). 藥 디턴 드트리 기텃고:餘擣藥塵(杜解9:5). 일쳔이ᄇᆡᆨ 번을 디코:杵一千二百下(救簡1:79). 디홀 도:擣. 디홀 ᄉᆔᆼ:舂(訓蒙下6). 디홀 용:舂. 디홀 도:擣(類合下7). ※디타>찧다

디타 동 (그물 등을) 치다. 드리우다. ¶얼믠 그므를 디허도 새디 아니ᄒᆞ며(月釋13:59). 아비 門 안해 寶帳 디코 혀거늘:父於門內施寶帳而引之(法華2:244).

디턴 동 찧던. ㉠디타 ¶藥 디턴 드트리 기텃고:餘擣藥塵(杜解9:5).

·디·투 부 짙게. ¶계피 디투 글힌 믈 훈 되를 먹고:濃煮桂汁服一升(救簡1:17). 됴훈 초로 딜탕관애 디투 달히고:釅醋瓦礶煎濃汁(救簡6:12). 디투 달힌 ᄡᆞᆨ믈:濃煎艾湯(救簡6:19). 디투 우:優(類合下9).

디평 명 지평(地平). 수평(水平). ¶디평 보는 됴:圭(漢淸10:39).

디·피 명 지피(持彼). 〔격구(擊毬) 용어〕 ¶擊毬之法. 先趨馬而進. 以排至 비지 動毬. 以持彼 디피 回之. 毬若入凹. 則亦用排至. 以杖之內面. 斜引毬使高起. 俗謂之排至. 以杖之外面. 推去毬而擲之. 謂之持彼. 三回畢(龍歌6:39).

디퓌다 동 짚어 보다. ¶속치마 바지 디퓌여 보고(癸丑175).

디하 동 지하(地下). ¶내 당당히 디하의 뫼셔시리라:我當奉侍于泉下(東新續三綱. 孝6:27). 출하리 디하의 가 몸믈 조히 호리라:寧潔身於泉下(東新續三綱. 忠1:22). 내 만당이 그디를 디하애 조출이라:我當從君地下(東新續三綱. 烈2:26). 텬하 죄인으로 디하의 가(洛城1).

디함 명 지함(地陷). 구덩이. ¶正房 뒤헤 훈 크고 기픈 디함을 퍼고:正房背後掘開一箇老大深淺地坑(朴解中27). 무를 디함에 가도고 음식을 긋흐니:幽武大窖中絶不飮食(五倫2:12).

디·허 동 찧어. ㉠디타 ¶藥草ㅣ 色香 美味 다 ᄀᆞᄌᆞᆫ닐 求ᄒᆞ야 디허 처 和合ᄒᆞ야 아ᄃᆞᄅᆞᆯ 주어 먹게 ᄒᆞ야(月釋17:17). ᄀᆞᅀᆞᆳ 菰ㅣ 거믄 ᄡᆞ리 ᄃᆞ외어든 精히 디허 힌 ᄡᆞ래 어울우리라:秋菰成黑米精鑿傳白粲(初杜解7:37).

디혀다 동 의지하다. 기대다. ¶欄干을 디혀 안자(古時調. 張經世. 瑤空애. 沙村集1).

·디:혜 명 지혜(智慧). ¶智慧 볼ᄀᆞ샤 저푸미 업스시며(月印上29). 禪定과 智慧와는 智慧라(釋譜13:51). 一切 種種 智慧ᄅᆞᆯ 일워(月釋1:10). 智慧는 몯 아논 디 업시 ᄉᆞᄆᆞᆺ 비췰 씨라(月釋2:25). 智는 어린 ᄆᆞᅀᆞᆷ 니ᄅᆞ왇디 아니호미오 慧는 方便 이쇼미니 慧는 智의 體오 智는 이 慧의 用이니… 오직 어리여 아디 몯ᄒᆞᆯ닐 爲ᄒᆞ샤 이럴씨 智慧ᄅᆞᆯ 닷ᄀᆞ샤 더르시니라(金剛序8). 弟子ᅵ 제 ᄆᆞᅀᆞ미 샹녜 智慧ᄅᆞᆯ 내야(六祖上8). 디혜는 두려워 거틸 디 업고(飜小8:1). 디혯 디:智(訓蒙下26). 디혜 디:智(類合下1). 그 니교미 디혜로 더브러 길며:其習與智長(宣小書題1). 仁ᄒᆞ고 디혜 잇고 우 셤김을 공경ᄒᆞ니:仁而有智敬於事上(宣小4:30). 봉됴 디혜 엇디 니를 모ᄅᆞ리오(經筵). 디혜 잇는 婦人이 男子의셔 나으니(女四解4:59). 디혜:智(同文解上21).

·디·혜·롭·다 형 지혜롭다. ☞디혜ᄅᆞᆸ다 ¶만이레 총명ᄒᆞ며 저죄 이시며 디혜로와:如有聰明才智(飜小7:36). 디혜로옴과 인ᄌᆞ홈과:知仁(宣小1:11). 저조로오며 디혜로와:才智(宣小5:68).

·디:혜ᄅᆞᆸ·다 형 지혜롭다. ☞디혜롭다 ¶聰明ᄒᆞ며 智慧ᄅᆞᄫᆡ며 勇猛코 게여ᄫᅳ며(釋譜9:20). 네헨 尊코 智慧ᄅᆞᄫᆡ신 소리오(釋譜24:19).

·디황 명 지황(地黃). ¶디황을 므르 시버:嚼爛地黃(救簡6:25).

디·홈 동 찧음. ㉠디타 ¶ᄒᆞ마 당당이 디후믈 細히 ᄒᆞ얫ᄂᆞ니:已應舂得細(初杜解7:39).

디휘 명 지위(知委). ¶너던 디휘로 허ᄒᆞ니라(癸丑30).

디흐다 동 대다. 관계하다. ¶손 디흐니는 絞호되:下手者絞(警民18).

디히 명 짠지. ☞디이 ¶長安앳 겨ᅀᆞᆳ 디히는 싀오 ᄯᅩ ᄑᆞᄅᆞ고:長安冬菹酸且綠(初杜解3:50).

딕누·리 명 징두리. ¶딕누리 헌:軒. 딕누리 함:檻(訓蒙中5). 딕누리 영:楹(光千19).

딕·다 동 ①찍다. 찍어 묻히다. ☞직다 ¶먹 아니 디근 國土 조쳐 ᄇᆞᅀᅡ 듣그를 ᄆᆡᆼᄀᆞ라 훈 듣그레 훈 劫곰 혜다 ᄒᆞ시니라(楞解1:5). 點 딕거나 點 아니커나:若點不點(法華3:86). 쇠예 디그면:點鐵(金三4:56). 神膏를 디거 내야:神膏點出(南明上15). 그 먹즙을 디거 도닷던 듸며 입 안해 다 ᄇᆞᄅᆞ고:蘸墨汁遍口內擦之(胎要69). 장 딕어 먹다:蘸醬喫(譯解上53).
②찍다. 쪼다. ☞딕좃다. 직다 ¶ᄯᅩ 사ᄅᆞᄆᆡ 지블 向ᄒᆞ야 큰 지블 디그니:又向人家啄大屋(杜解8:1). 無明 대가리ᄅᆞᆯ 디거 허니:啄破無明殼(金三2:48). ※딕다>찍다

딕먹·다 동 찍어 먹다. 쪼아 먹다. ☞직먹다 ¶가마괴 와 딕먹더니(釋譜3:p.62). 옷고손 벼는 鸚鵡의 딕먹던 ᄡᆞᆯ나치 나맷고:香稻啄

餘鸚鵡粒(杜解6:10). 金ㅅ비쳇 복셩화를 딕먹놋다:啄金桃(初杜解9:38). 나조히 딕먹ᄂ다:暮啄(初杜解16:70). ᄂ미 기세 브터 삿기를 나콕 제 딕머기디 몯거든:寄巢生子不自啄(初杜解17:4). 마시며 딕머구믈 몃 디위를 흔더셔 ᄒᄂ뇨:飮啄幾回同(初杜解21:32). 마시며 딕머구믈:飮啄(南明上19). 마시며 딕머구미:飮啄(金三3:62). 딕머글 탁:啄(訓蒙下7).

·딕·실 명 일직(日直). 당직(當直). ☞딕일 ¶딕실 션븨 ᄒ야 어피고:教當直的學生背起(飜老上3).

딕이다 동 눌러 짜다. ☞디기다 ¶네 긴 손돕으로 날을 딕여 주고려:你的長指甲饋我掐一掐(朴解下6). 딕이면 ᄃ라 사름을 죽게 ᄒᄂ니라:掐時甜殺人(朴解下6). 네 날을 흔 번 딕여 주고려:你饋我掐一遍兒(朴解下6). 마리 딕이다:掐掐頭(譯解上48).

딕일 명 일직(日直). 당직(當直). ☞딕실 ¶딕일 션븨 ᄒ여 어피고:教當直的學生背起(老解上3).

딕좃·다 동 찍어 쪼다. ☞딕다 ¶뜰흘 딕조사 벌에며 개야미를 주어 머기니:啄啄庭中拾蟲蟻哺之(飜小9:100). 딕조술 탁:啄(類合上13).

딕주리다 동 부리로 쪼다. ☞딕좃다. 딕쥬어리다 ¶우르적시는 黃雀이 딕주리ᄂ니:啾啾黃雀啅(重杜解18:18).

·딕쥬어·리·다 동 부리로 쪼다. ☞딕주리다 ¶뜰 가온대 딕쥬어려 벌에며 개얌이를 주어 머기니:啄啄庭中拾蟲蟻哺之(宣小6:93).

·딕·킈·다 동 지키다. ☞디킈다 ¶구디 딕킈엿다가(續三綱. 忠2). 기동 딕킈여 안잣는 거서:守著停柱坐(飜朴上42). 일훔 딕킈여 아롬 내유미 올티 몯ᄒ리니:不可守名而生解(龜鑑上3). 또 일후미 주검 딕킨 귓거시니라:亦名守屍鬼子(龜鑑上28). 共姜이 절의를 딕킈엿더니:共姜守義(宣小4:35). 後生 졈은 사름이 ᄀ 구의 딕킈는 더 니르러:後生少年乍到官守(宣小5:60). 사름의 能히 딕킈디 몯ᄒ는 바를 딕킈며:守人所不能守(宣小6:68). 분묘를 딕킈기를 삼 년을 ᄒ니라:守墳所三年(東新續三綱. 孝1:87).

딕·킈·오·다 동 지키게 하다. ☞디킈우다. 딕희오다 ¶더욱 사름 ᄒ야 딕킈오더니:益使人守視(三綱. 烈17). 사름으로 ᄒ여곰 딕킈오니:使人守之(東新續三綱. 烈6:41).

딕·희·다 동 지키다. ☞디킈다. 딕킈다. 딕ᄒ다. 직희다 ¶受苦ᄅ비 딕희여 이셔(釋譜9:12. 月釋9:29). 各各 흔쁴 나 딕흰 神靈이 잇ᄂ니라(釋譜9:30). 念은 能히 딕희여 간슈ᄒ시ᄂ니:念能守護(圓覺上二之二106). 구의예 딕흰 것 둔는 이:有官守者(宣小2:44). 두텁고 독실홈은 ᄒ는 일 딕희옴애 인ᄂ니라:篤在守業(宣小4:51). 어믜 분묘를 삼 년을 딕희니라:守母墳三年(東新續三綱. 孝1:19). 딕흰 예놈의 자븐 배 되여:守倭所執(東新續三綱. 孝6:59). 나는 짜 딕흰 신해 되여시니:我爲守土之臣(東新續三綱. 烈2:89). 셩 딕흰 오랑캐(山城9). 기동을 딕희여 안잣는 거시여:守着停柱坐(朴解上38). 그 집을 잘 딕희라(女範1. 모의 노모ᄉ). 공강이 의를 딕희여시니(女範3. 뎡녀위공빅쳐). 딕희미 셩곽으로써 아니ᄒ고(三略上5).

딕:희오·다 동 지키게 하다. ☞딕킈오다. 딕희우다 ¶그 어미 이 ᄯ니믈 東山 딕희오고 스스로 가 밥 어더 스스로 먹고(釋譜11:40). 사름으로 ᄒ여곰 딕희오고(女範2. 변녀 졔샹괴녀).

딕희·우·다 동 지키게 하다. ☞딕희오다 ¶고쟈로 딕희워:閽寺守之(宣小2:50). 오히려 그위를 두워 딕희우며:尚置官居守(重杜解6:3).

딕히 부 곧바로. ¶ᄌ식 빈 겨집이 딕히 티그 뻐디여 누려(胎要20). 몸을 쌔텨 딕히 드러가 어미놀 업고 나오니:挺身直入負母而出(東新續三綱. 孝8:37).

딕히다 동 지키다. ☞딕희다. 직히다 ¶딕힐 슈:守(光千17). 아븨 분묘를 삼 년 딕히니라:守父墳三年(東新續三綱. 孝1:69).

딕히다 동 찍히다. ¶눈의 알 딕히다:蘿蔔眼蘿蔔花(譯解上61).

딕·ᄒ·다 동 지키다. ☞딕희다 ¶房올 딕ᄒ라 ᄒ시니(月印上65. 月釋7:6). 房 딕홇 ᄌ비 ᄒ야(月釋7:9). 모다 딕ᄒ야(月釋18:57). 딕흔 사ᄅ미 느읆흔 ᄉ싀 어다:待守者少懈(三綱. 烈21 貞婦淸風). 샹녜 念ᄒ야 딕ᄒ야 護持ᄒ야:常念而守護(法華6:56). 너를 모다 딕ᄒ야 護持ᄒᄂ니:共守護汝(法華6:176). 門 딕흔 사ᄅ미(圓覺上二之二106). 엇데 能히 舊丘를 딕ᄒ야시리오:焉能守舊丘(重杜解5:30). 빗머리 딕ᄒ욤과:守船頭(南明上36).

·딕ᄒ·다 형 정직(正直)하다. 곧고 바르다. ¶直흔 이를 벋ᄒ며 신실흔 이를 벋ᄒ며 들온 것 한 이를 벋ᄒ면 유익ᄒ고:友直友諒友多聞益矣(宣小2:66).

딘 명 진(陣). 진영(陣營). ¶그 남진의 머리놀 딘 가온대 ᄃ라심을 보고:見其夫頭懸於陣中(東新續三綱. 烈8:12).

딘달늬 명 진달래. ☞진돌뢰. 진돌의 ¶딘달늬:杜鵑(柳氏物名四 木).

딘달ᄒ다 동 진달(進達)하다. ¶이제 딘달흔 배 졍히 내 ᄯ과 암합ᄒ다(經筵).

딘:보 명 진보(珍寶). ¶金銀珎寶ㅣ 倉庫애

ᄀᆞᄃᆞᆨᄒᆞ야(月釋13:10). 잇ᄂᆞᆫ 珍寶ㅣ 다 네게 屬ᄒᆞ니(六祖中70).

딘샤ᄒᆞ다 [동] 진사(陳謝)하다. ¶샹이 ᄇᆡ신 박뎡현 등을 보내여 표ᄅᆞᆯ 밧드러 딘샤ᄒᆞ시다(仁祖行狀7).

딘슈 [명] 진수(珍羞). 맛있는 음식. ¶南北珍羞와 流霞玉食 바ᄃᆞ샤(龍歌113章).

딘시 [부] 진시(趁時). 진작. ¶긔셕이 ᄀᆞ장 거만ᄒᆞ고 딘시 가디 아니ᄒᆞ거ᄂᆞᆯ(太平1:5). 딘시 츌히ᄋᆞᆸ디 못ᄒᆞ니(仁祖行狀3). 딘시 뵈ᄋᆞᆸ디 몯ᄒᆞ오와(新語3:2).

딘:ᄋᆡ [명] 진애(塵埃). ¶본각ᄋᆞ란 ᄇᆞ리고 딘ᄋᆡ 어우러 우티에 ᄣᅥ러디여:背覺合塵墮落愚痴(野雲40).

딘ᄒᆞ다 [형] 진하다. ¶촙ᄡᆞᆯ 달힌 믈의 월경을 딘케 내여:糯米煎水濃洗月經(痘瘡方25). 쳔궁 ᄀᆞᄅᆞ ᄒᆞᆫ 돈을 딘ᄒᆞᆫ ᄡᅮᆨ믈에 플어 머기리:川芎細末一錢濃艾湯調下(胎要10).

딛·다 [동] 때다(焚). 불때다. ☞딧다 ¶기름 ᄇᆞᄉᆞᆫ 가마애 녀코 브를 오래 딛다가 둡게를 여러 보니(釋譜24:16). ᄒᆞᆫ 싸ᄒᆞ라 딛ᄂᆞᆫ 地獄ᄋᆞᆯ 보니(月釋23:78). ᄇᆞᆰ게 수픐 가온ᄃᆡ 서블 딛고:明燃林中薪(初杜解9:14). 섭나모 디더:爇薪(初杜解24:32). 남기 업거늘 부텨 퓌야 디ᄃᆞ니라(金三5:49).

딛다 [형] (병이) 대단하다. ☞딭다 ¶어미 病이 딛거늘 炳이 슬허 하ᄂᆞᆯ씌 비러:母嘗病甚炳哀號籲天(續三綱. 孝2 周炳致瘴). 지아비 병이 딛거ᄂᆞᆯ(東新續三綱. 烈5:8).
※딛다>딭다>짙다

딛·다 [형] 성(盛)하다. ☞딭다 ¶님금씌 괴이여 유셰 딛고 빗나미 보븨두곤 더 요괴로오몰 아디 몯ᄒᆞ두다:不知恩權隆赫之妖甚於物耶(飜小10:18).

·딛·옷 [명] 최마(衰麻). 삼베로 지은 상복. ¶딛옷 닙고 나날 粥 머그며:被衰麻日食飦粥(續三綱. 孝1 王中感天).

딜 [명] 질그릇. ☞딜것. 딜엇 ¶춤기름 半盞ᄋᆞᆯ 녀허 딜湯罐에 봇가 누르거든:香油半盞瓦銚炒黃(救急下21). 딜 구을 도:陶(訓蒙中9). 딜 부:缶(訓蒙中18). 딜 ᄆᆡᆼᄀᆞᆯ 견:甄(類合下16). ※딜>질

딜가마 [명] 질가마. 질흙으로 빚어 구워 만든 가마솥. ¶딜가마 조히 싯고 바회 아래 심물 기러(古時調. 金光煜. 靑丘).

딜것 [명] 질것. 질그릇. ☞딜엇 ¶딜것 도:陶(石千5). 딜것 굽다:陶了(同文解下15).

딜고 [명] 질고(疾苦). ¶인간 딜고ᄅᆞᆯ 알니라 ᄒᆞ샤(經筵).

딜그릇 [명] 질그릇. ☞딜그룻 ¶술 담ᄂᆞᆫ 딜그릇 ᄒᆞᆫ나히:酒壜一箇(救簡1:74).

딜그룻 [명] 질그릇. ☞딜그릇 ¶딜그룻 ᄀᆞᆮᄐᆞᆫ 거스로 김 아니 나게 더퍼:上用瓦盞之類蓋之存性(痘瘡方3).

딜녀 [명] 질녀(姪女). ☞아ᄎᆞᆫ뚤 ¶三寸 족하와 밋 딜녀ᄂᆞᆫ 다 내 同氣의 난 배니:三寸姪及女皆我同氣之所出(警民6).

딜동·희 [명] 질동이. ¶딜동희 분:盆. 딜동희 앙:盎(訓蒙中12). ※딜동희>질동이

딜둠 [명] 질두구리. 질솥. 질단지. ¶딜둠기 ᄯᅩᄒᆞᆫ 됴ᄒᆞ니라:陶盆亦可(煮硝方19).

딜둠기 [명] 질두구리가. 질솥이. 질단지가. (독)딜둠 ¶딜둠기 ᄯᅩᄒᆞᆫ 됴ᄒᆞ니라:陶盆亦可(煮硝方19).

딜드레 [명] 질두레박. ☞딜. 딜것 ¶딜드레:瓦罐(譯解下14).

딜바리 [명] 질로 만든 바리때. ¶내 오ᄂᆞᆯ브터 대간과 딜바리 쟝망ᄒᆞ야:小僧從今日准備箬笠瓦鉢(飜朴上37).

딜병 [명] 질병. 질로 만든 병. ☞질병 ¶딜병을 거후리혀 박구기에 브어다고(古時調. 尹善道. 銀唇玉尺. 孤遺). ※딜병>질병

딜병드리 [명] 질병들이. 질병에 든 것. ☞딜병. 질병드리 ¶ᄃᆞ나 쓰나 니濁酒 됴코 대테 메온 딜병드리 더욱 됴해(古時調. 蔡裕後. 歌曲).

딜소라 [명] 질동이. ☞딜동희 ¶딜소라:瓦盆(譯解下13).

딜시르 [명] 질시루. ☞딜. 딜것. 딜실. 실 ¶딜시르:瓦甑(救簡1:84).

딜실 [명] 질시루. ☞딜시르. 실 ¶ᄯᅩ 딜실을 ᄂᆞ치 업고:又瓦甑覆面(救簡1:98).

딜아비 [명] 질그릇 만드는 사람. 옹기장이. 도공(陶工). ¶딜아비 도:陶(光千5).

딜알 [명] 지랄. 지랄병. 간질(癇疾). ☞질알 ¶다ᄉᆞᆺ 가지 딜알과:五種癲疾(臘藥15). 딜알:癇疾 驚癇(譯解上62).

딜·어 [동] 찔러. ㉮디르다 ¶갈ᄒᆞ로 딜어 주겨(三綱. 烈18).

딜엇 [명] 질것. 질그릇. ☞딜것 ¶陶師ᄂᆞᆫ 딜엇 굽는 사ᄅᆞ미라(月釋2:9). 壜은 술 녀ᄂᆞᆫ 딜어시라(救急上75). 딜어세 달혀 건 汁 ᄆᆡᆼᄀᆞᆯ오:瓦器內熬成濃汁(救急下13).

딜·우·다 [동] 찌르다. ☞디르다 ¶내 네 槍ᄋᆞᆯ 사 도로 네 방패 딜우리라 ᄒᆞᆫ대:我買汝矛還刺汝盾(永嘉下116).

딜위 [명] 찔레. ☞댓딜위 ¶딜위 여름:營實(東醫 湯液二 草部).

딜·이·다 [동] 찔리다. ☞찔이다 ¶ᄆᆞᆯ ᄡᅧ에 딜이며:馬骨所傷刺(救急下15).

딜장고 [명] 질장구. ☞질장군 ¶金約正은 딜長皷 두루혀 메고(古時調. 李座首. 歌曲).

딜주ᄒᆞ다 [동] 연주하다. 합주하다. ¶션애 ᄉᆞ듁을 딜주ᄒᆞ니 난봉이 가무호ᄃᆡ 곡되 서ᄅᆞ 마ᄌᆞ니:有仙娥數輩奏笙簧簫笛旁列鸞鳳之歌舞雅合節奏(太平1:54).

딜·채 명 삭모(槊毛). ¶고돌개 딜채:鞦皮穗兒(飜朴上28). 쥬피 딜채와:鞦皮穗兒(朴解上27). 딜채:鞦皮穗頭(譯解下20).

딜:탕관 명 질탕관. ☞질탕관 ¶초로 딜湯礶에 즙이 두텁게 글히고:釅醋瓦礶煎濃汁(救急上52). 됴호 초로 딜탕관애 디투 달히고(救簡6:12).

딜항 명 질항아리. ¶딜항:瓦缸(物譜 酒食).

:딜홁 명 질흙. ¶딜홁 따홀 프고 믈 브어 홍둥인 믈:地漿(救簡1:34).

딤 명 주조(鑄造). ☞딤질 ¶閣氏네 ᄒᆞ나 水鐵匠의 뚤년이오 져 ᄒᆞ나 딤匠이라(古時調. 歌曲).

:딤·질 명 주조(鑄造)하는 일. ☞딤 ¶딤질홀 주:鑄(訓蒙下16).

딤·치 명 김치. ☞침치. 팀치 ¶딤치 조:葅(訓蒙中22). 딤치 져:葅(類合上30).
※딤치>김치

딤치국 명 김칫국. ¶쉰무우 딤치국을 집안 사ᄅᆞᆷ이 다 머그라:又方溫蕪菁葅汁合家大小並服不限多少(救辟5)

딥 명 짚〔藁〕. ☞딮 ¶禾ᄂᆞᆫ 딥 조ᄎᆞᆫ 穀食이라(法華1:13). 밤마다 먹논 딥과 콩이 대되 언머만 쳔이 드ᄂᆞᆫ고:每夜喫的草料通該多少錢(飜老上11). 딥 고:藁(類合下25. 石千21. 倭解下3). 밤마다 먹ᄂᆞᆫ 딥과 콩이:每夜喫的草料(老解上10). 콩은 거믄 콩이오 딥픈 조딥피라:料是黑豆草是稈草(老解上16). 우리 딥과 콩과 ᄀᆞᄅᆞᆯ:我草料麵(老解上21). 조딥헤 노호되:放稈草(朴解中19).
※딥>짚

딥 명 집. ☞집 ¶홀ᄀᆞ로 무든 디븨 블ᄀᆞᆫ 비치 머므렷고:土室延白光(重杜解9:14).

·딥가·히 명 짚개. 짚으로 만든 개. ¶늘근 놀ᄀᆞᆫ ᄇᆞ리던 사ᄅᆞᄆᆞᆫ 二乘의 ᄒᆞ마 버린 法을 가줄비니 닐온 ᄒᆞ마 버린 딥가히라 호미 ᄀᆞᆮᄒᆞ니라:老弊使人譬二乘已陳之法如所謂已陳芻狗也(法華2:212).

딥거츨다 형 울창(鬱蒼)하다. ☞덥써츨다 ¶딥거츨 울:鬱(註千18).

딥·다 동 짚다. ☞딮다 ¶도ᄐᆞ랏 막대 딥고:杖藜(杜解9:3). 도ᄐᆞ랏 딥고 날호야 거러:杖藜徐步(杜解10:8). 갈 딥고 묻ᄌᆞ와 닐오ᄃᆡ(南明上53). 공경ᄒᆞ야 딥퍼 보며 긁ᄉᆞ오며:敬抑搔之(宣小2:3). 막대 딥프니 나거든:杖者出(宣小2:65). 딥ᄂᆞᆫ 막대:俗稱拄杖(訓蒙下17 拄字註). 막대 딥퍼도 능히 니디 몯ᄒᆞ더라:立杖而不能起(東新續三綱. 孝4:90). ᄲᆞᆯ리 우리 딥퍼 온 막대 가져와:疾快取將咱們的拄杖來(老解上30).
※딥다>짚다

·딥동 명 짚동. ☞딮동 ¶딥동 세 무슬 어더 ᄢᅬ로 어울워 ᄆᆡ야(月釋8:99).

·딥·비 명 짚배. 짚으로 만든 배. ¶도로 ᄀᆞᇝ ᄀᆞᅀᅢ 와 딥비 ᄐᆞ고 往生偈ᄅᆞᆯ 브르니(月釋8:101).

딥쓰리 명 댑싸리. ¶딥ᄊᆞ리:地膚(柳氏物名三 草).

딥지즑 명 짚기직. 짚돗자리. ¶샹네 ᄡᅳᄂᆞᆫ 딥지즑에 ᄆᆞ라:以常用卷之薦席(救簡1:67). 딥지즑:藁薦(訓蒙中11 薦字註). 아므란 딥지즑 잇거든:有甚麼藁薦(老解上23).

딧다 동 때다〔焚〕. 불때다. ☞딛다 ¶블 아니 딧ᄂᆞᆫ 구들을 ᄒᆞ랴 블딧ᄂᆞᆫ 구들을 ᄒᆞ랴:死火炕燒火炕(朴解下5).

딧다 형 짙다〔濃〕. ☞딭다 ¶濃:빗치 딧단 말이라(無寃錄1:33). 딧튼 초록 비단:栢枝綠(譯解下4). 딧다:深(漢淸10:66).

딧븨 명 깃목. ¶딧븨 ᄯᅴ:孝帶(譯解上42).

딧붉다 형 짙붉다. ☞딧다〔濃〕 ¶딧불글 적:赤(兒學下2).

딩 명 징. ¶딩 박근 훠:釘靴(譯解上46). 굽격지 보요 박은 잣딩이 무듸ᄃᆞ록 ᄃᆞᆫ녀 보새(古時調. 鄭澈. 쉰 술 걸러. 松江).
※딩>징

딩검ᄃᆞ리 명 징검다리. ¶딩검ᄃᆞ리:跳過橋(譯解上14).

딩계ᄒᆞ다 동 징계(懲戒)하다. ¶샹이 기피 폐됴적 일을 딩계ᄒᆞ샤(仁祖行狀14).

딩되 명 징조(徵兆)가. ¶어즈러온 딩되 이시니 이ᄂᆞᆫ 다 내의 덕이 업ᄉᆞ미라 ᄒᆞ시더라(仁祖行狀18).

딩청ᄒᆞ·다 형 징청(澄淸)하다. ¶ᄒᆞ다가 곧 ᄆᆞ리 性인댄 澄淸ᄒᆞᆫ 時節엔:澄ᄋᆞᆫ ᄆᆞ리 ᄀᆞ마니 셔 몱ᄋᆞᆯ 씨라(楞解2:118).

딩티ᄒᆞ다 동 징치(懲治)하다. 징계하여 다스리다. ¶ᄒᆞᆫ 사ᄅᆞᆷ을 딩티ᄒᆞ여 빅 사ᄅᆞᆷ을 경계ᄒᆞ기ᄅᆞᆯ:懲一戒百(警民26).

딩험ᄒᆞ다 동 징험(徵驗)하다. ¶아비 병이 극ᄒᆞ거ᄂᆞᆯ 똥 맛보아 뻐 주금 사ᄅᆞ몰 딩험ᄒᆞ더라:父病革嘗糞以驗死生(東新續三綱. 孝2:55).

딛다 형 짙다. ☞딧다 ¶디튼 뉴황빗:鵝黃(老解下22). 디튼 초록빗체 ᄉᆞ계화 문ᄒᆞᆫ 비단:栢枝綠四季花(老解下22). 이 디튼 肉紅빗체 벽드르에 穿花鳳 문ᄒᆞᆫ 비단으란 比甲을 짓고:這深肉紅界地穿花鳳紵絲做比甲(朴解中54). 디ᄐᆞᆫ 남:深藍(同文解下25).
※딛다>짙다

딛다 형 (병이) 대단하다. ☞딛다 ¶후에 원빅이 병 디터셔 닐오ᄃᆡ:後元伯疾篤歎曰(二倫33). 디튼 병 고:痼(類合下18). 병이 디터 긔절ᄒᆞ거늘:疾革氣絕(東續三綱. 孝9).

딛다 형 성(盛)하다. ☞딛다 ¶디틀 륭:隆(類合下9).

·딮 명 짚. ☞딥 ¶반 광조릿 디플 딥 버므리

ᄂᆞᆫ 막대로 콩므를 버므려 주워 머기고:半篚兒草着攪草棍饋他些料水喫(飜朴上22).

딮·다 동 짚다. ☞집다 ¶錫杖 디퍼(月釋8:92). 디픈 막대 어르누도다:拄杖斑(初杜解7:12). 도ᄐᆞ랏 막대 디퍼 와:杖藜來(初杜解7:29). ᄆᆞᆯᄀᆞᆫ ᄇᆞᄅᆞ매 ᄒᆞ오ᅀᅡ 도ᄐᆞ랏 막대ᄅᆞᆯ 디펫노라:淸風獨杖藜(初杜解8:37). 막대 디퍼 도ᄅᆞ오니 ᄯᅩ 나조히로다:杖策廻且暮(杜解9:14). 여희오도록 막대ᄅᆞᆯ 디푸니:奉辭還杖策(杜解9:22). 아ᄒᆡ 扶持ᄒᆞ고 오히려 막대 디푸니:兒扶猶杖策(初杜解23:47). 갈 디픈 文殊ᄃᆞ:仗劍文殊(南明上13). 斧鉞을 디퍼 忠烈ᄒᆞᆫ ᄆᆞᅀᆞᄆᆞᆯ 니ᄅᆞ와ᄃᆞ니라:仗鉞奮忠烈(重杜解1:9). 거믄고 大絃 올나 한 棵 밧글 디퍼시니(古時調. 鄭澈. 松江).

·딮동 명 짚동. ☞딥동 ¶林淨寺ᄅᆞᆯ 向ᄒᆞ더시니 큰믈에 다ᄃᆞ라 딮동ᄋᆞᆯ ᄐᆞ샤 梵摩羅國에 니르르시니(月釋8:85).

·ᄃᆞ 명 데. ☞ᄃᆡ ¶아모ᄃᆞ라셔 온 동 모ᄅᆞ더시니(月釋2:25).

-ᄃᆞ- 어미 -더-. ¶덩치 못ᄒᆞ엿ᄃᆞ니(老解下59). 네 므슴 황호사려 ᄒᆞᄃᆞᆫ다(老解下59). ᄲᆞᄅᆞ다 ᄒᆞᄃᆞ라(老解下60). ᄉᆞ양코져 너겻ᄃᆞ니마ᄂᆞᆫ(新語2:25). 내 닐ᄋᆞ디 아니ᄒᆞᄃᆞ냐:我不說來(朴解中40). 소곰으로 ᄲᆞᆺᄃᆞᆫ가(八歲兒9). 보면 반기실시 나도 조차 ᄃᆞᆫ니ᄃᆞ니(古時調. 일이나. 青丘).

-ᄃᆞ가 어미 -다가. ¶집 ᄒᆞᆫ 단 츄려ᄃᆞ가 신날부터 ᄊᆞᄋᆞ 보니(萬言詞).

ᄃᆞ내다 동 당기다. 잡아당기다. 끌다. ☞ᄃᆞᄅᆡ다 ¶ᄃᆞ낼 졸:率(光千6).

-ᄃᆞ니 어미 -더니. ☞-더니 ¶이러면 내 져년에 셔울 잇ᄃᆞ니 갑시 다 ᄒᆞᆫ가지로다(蒙老1:13). 나도 이리 싱각ᄒᆞ얏ᄃᆞ니 네 니ᄅᆞᄂᆞᆫ 거시 싱각에 맛도다(蒙老1:15).

-ᄃᆞ니 어미 -더냐. ¶비록애 푸새엣 거신들 긔 뉘 ᄯᅡ헤 낫ᄃᆞ니(古時調. 成三問. 首陽山. 青丘).

ᄃᆞ·니·다 동 다니다. ☞ᄃᆞᆫ니다 ¶길 녀 ᄃᆞ뇨맨 모미 엇더ᄒᆞ뇨:跋涉體何如(初杜解20:34). 두루 ᄃᆞ닐 슌:巡(類合下37). 울고 ᄃᆞ니더니(癸丑216).

-ᄃᆞ니라 어미 -더니라. ☞-다니라 ¶모롱이에 비단 사라 갓ᄃᆞ니라:角頭買段子去來(朴解上14).

·ᄃᆞ:님 명 달님〔月〕. ☞ᄃᆞᆯ ¶金色 모야히 ᄃᆞᆳ 光이러시다(月釋2:51). ᄃᆞ님의 구룸 ᄢᅵ돗(月釋14:61).

·ᄃᆞ·다 동 달다〔懸〕. ☞ᄃᆞᆯ다 ¶明月珠도 ᄃᆞᅀᆞᄫᆞ니이다(月印上7). 쇠붑 ᄃᆞᆫ 지비사 一百ᄉᆞ믈 고디러라(釋譜6:38). 그 각시 거우를 가져다가 네 ᄇᆞᄅᆞ매 ᄃᆞᆫ대(釋譜24:20). 王이 손ᅀᅩ 幡을 ᄃᆞ더니(釋譜24:32). 한 보비옛 바올 ᄃᆞ니라(月釋18:39). 敢히 남진의 옷거리와 홰예 ᄃᆞ디 아니ᄒᆞ며:不敢縣於夫之楎椸(宣小2:50). 관혁 가온ᄃᆡ 구무에 북 ᄃᆞᄂᆞᆫ 틀:法子(漢淸5:20).

ᄃᆞ·다 동 (저울에) 달다. ☞ᄃᆞᆯ다 ¶내 지븨셔 ᄃᆞ니 일ᄇᆡᆨ열 근이러니:我家裏稱了一百一十斤(飜老下58). 삼을 ᄃᆞ니:蔘稱了(老解下52). 은 ᄃᆞ다:兌銀子(譯解補38). 근 ᄃᆞ다:秤稱. 分兩 ᄃᆞ다:等稱(同文解下22).

ᄃᆞ·다 동 살이 얼어 터지다. ☞ᄃᆞᆯ다 ¶손 ᄃᆞ다:皸手(譯解上62). ᄲᅡᆷ귀 ᄃᆞ다:耳面俱凍(同文解下56).

ᄃᆞ·다 형 달다〔甘〕. ☞ᄃᆞᆯ다 ¶葡萄ㅣ 나니 마시 ᄯᅩ ᄃᆞ더니(月釋1:43). ᄃᆞ녀 ᄡᅳ녀:爲甜爲苦(楞解3:49). 고ᄉᆞᆫ 수리 ᄭᅮᆯᄀᆞ티 ᄃᆞᆯ딜 노티 아니호리라:不放香醪如蜜甜(杜解10:9). 能히 ᄃᆞᆫ 果子 가져 네의 ᄡᅳᆫ바ᄀᆞᆯ 밧고도다:能將蜜果子換汝苦胡蘆(金三2:50). ᄃᆞᆫ 果ᄂᆞᆫ 고고리예 ᄉᆞᄆᆞᆺ ᄃᆞᆯ오 ᄡᅳᆫ바ᄀᆞᆫ 불휘조차 ᄡᅳ니라:甜果徹蔕甜苦胡連根苦(金三2:50). ᄃᆞ다:甛(譯解上53. 同文解上61. 漢淸12:58).

ᄃᆞᄃᆡ 명 꼭지. ☞다ᄃᆡ ¶과실 웃 ᄃᆞᄃᆡ:果子臍. 과실 아레 ᄃᆞᄃᆡ:果子蒂(漢淸13:7).

-ᄃᆞ라 어미 -더라. ☞-다라 ¶도로혀 님자 어듬이 ᄲᆞ르다 ᄒᆞᄃᆞ라:倒着主兒快(老解下60). 忠節과 慷慨로 난 불이니 ᄉᆞᆯ 藥 업다 ᄒᆞᄃᆞ라(古時調. 朴泰輔. 胸中에. 青丘). 蘆花에 수만흔 ᄀᆞᆯ며기는 제 벗인가 ᄒᆞᄃᆞ라(古時調. 公庭에. 青丘). 대되 혜면 져기 利 잇ᄃᆞ라(蒙老1:20).

ᄃᆞ·라·가·다 동 달려가다. ☞ᄃᆞᆮ다 ¶羅刹ᄃᆞᆯ히 ᄃᆞ라가(釋譜23:26). 서르 ᄃᆞ라가 求ᄒᆞᆯ 거시:相赴救(宣小6:59). 아비와 어미와 妻子ᄃᆞᆯ히 ᄃᆞ라가:爺孃妻子走(重杜解4:1). ᄉᆡ어버의 집의 ᄃᆞ라가 열다ᄉᆞᆺ 히ᄅᆞᆯ 내 나ᄂᆞᆫ 것 아니 먹고:奔舅姑家十五年不茹葷(東新續三綱. 烈1:75). 적진으로 ᄃᆞ라가 ᄊᆞ화 죽으니(五倫2:75).

ᄃᆞ·라·나·다 동 달아나다. ¶王이 드르시고 즈자히 禮服 니브시고 ᄃᆞ라나샤 比丘ㅅ 알ᄑᆡ 나ᅀᅡ가샤(月釋8:90). 일커나 ᄃᆞ라나거나 ᄒᆞ야:恐怕迷失走了(飜老上58). ᄀᆞ장 덥다라 미쳐 ᄃᆞ라나ᄂᆞ닐 고티며(簡辟17). 집사ᄅᆞᆷ이 다 ᄃᆞ라나 숨고:家人悉奔竄(宣小16:59). 미처 어미를 업고 ᄃᆞ라나디 몯ᄒᆞ야:未及負母而逃(東新續三綱. 孝7:14 思仁救母). ᄇᆞ리고 ᄃᆞ라나니(老解上25). 다ᄉᆞᆺ ᄉᆞᆯ엣 아ᄒᆡ 과거리 아직 어ᄃᆡ로 ᄃᆞ라나리오:五歲的小廝急且那裏走(朴解中11). 그 계집이 곳 ᄃᆞ라나:那婦人便走了(朴解中28). ᄃᆞ라나다:敗走(同文解上46). 緡王을

조차 나 ᄃᆞ라낫더니(女四解4:9).

ᄃᆞ·라·들·다 동 달려들다. ¶迦尸王의 ᄃᆞ라 들어늘 한 獼猴ᄃᆞᆯ히 조차가(月釋7:17). 目連이 ᄃᆞ라드니 獄卒이 미러내며 닐오ᄃᆡ(月釋23:84). ᄃᆞ라들 라:走入(金三4:61). 구챠히 祿과 利예 ᄃᆞ라드ᄂᆞᆫ 줄을 병도이 너기더니:患…苟趨祿利(宣小6:8). 광츈이 ᄃᆞ라드러 다 져 나다:光春突入俱負以出(東新續三綱. 孝5:8). ᄃᆞ라들 부:赴. ᄃᆞ라들 추:趨(類合下27). 남이 알고 ᄃᆞ라드러 그 술을 마시려 ᄒᆞᆫ대(五倫4:17).

ᄃᆞ라·미 명 다람쥐. ☞다람이 ¶주우린 ᄃᆞ라민 藤草애 뎌셔 하숫그리놋다:飢鼯訴落藤(初杜解20:24). 野鼠ᄂᆞᆫ ᄃᆞ라밋 類ㅣ라(重杜解1:4). ᄃᆞ라미 오:鼯. ᄃᆞ라미 싱:鼪(訓蒙上19). ᄂᆞᄂᆞᆫᄃᆞ라미:鼺鼠(東醫 湯液一 獸部). ᄃᆞ라미:山鼠 一云 松鼠 又 花鼠(譯解下34). ᄃᆞ라미:松鼠(同文解下39).

ᄃᆞ·라오·다 동 달려오다. ¶큰 毒蛇ㅣ 핏내 맏고 ᄃᆞ라오다가(月釋10:24). 과ᄀᆞᆯ이 ᄃᆞ라오디 말며:毋拔來(宣小3:12). 劉氏ㅣ ᄃᆞ라와 告ᄒᆞ야 ᄀᆞᆯ오ᄃᆡ(女四解4:27).

ᄃᆞ라·치 명 다래끼. 바구니. ☞다치. ᄃᆞ락ᄽᅵ. ᄃᆞ랏기 ¶ᄃᆞ라치 람:籃(訓蒙中13). ᄃᆞ라치에 담아가니:籃子裏盛將去(朴解中56).

ᄃᆞ라치 명 다래끼. 맥립종(麥粒腫). ¶ᄃᆞ라치:生眼丹(譯解上61). ᄃᆞ라치:眼丹(同文解下7). ᄃᆞ라치:針眼(漢淸8:10).

ᄃᆞ락ᄽᅵ 명 다래끼. ☞ᄃᆞ라치 ¶綠楊芳草岸에 쇼 먹이는 아희들아 압내 뒷냇 곡이잡이 내 ᄃᆞ락ᄽᅵ에 녀ᄒᆞ 주어든(古時調. 海謠).

-·ᄃᆞ·란 어미 -지는. ¶救ᄒᆞᄃᆞ란 몯ᄒᆞ고 ᄉᆞ시 어더 도ᄌᆞᆨᄒᆞᄂᆞ니:不能赴難又乘時爲盜(三綱. 烈18).

ᄃᆞ람이 명 다람쥐. ☞ᄃᆞ라미 ¶ᄃᆞ람이 오:鼯(倭解下23). ᄃᆞ람이:松鼠(物譜 毛蟲).

ᄃᆞ랏기 명 다래끼. ☞ᄃᆞ라치. ᄃᆞ락ᄽᅵ ¶ᄃᆞ랏기:提籃(漢淸11:44).

·ᄃᆞ·래 명 다래. ☞다릐. ᄃᆞ릐 ¶ᄃᆞ래ᄅᆞᆯ 너출 조쳐 즛디허 ᄧᅩᆫ 즙을 머그라:猴桃幷藤汁服(救簡3:109). ᄃᆞ래 연:楝(訓蒙上12). ᄃᆞ래:楝棗(四解下12 楝字註. 譯解上55). 멀위랑 ᄃᆞ래랑 먹고 靑山애 살어리랏다(樂詞. 靑山別曲). ᄃᆞ래:軟棗(同文解下5).

ᄃᆞ래 명 말다래. ☞ᄃᆞᆯ애 ¶ᄃᆞ래:韂(漢淸5:24). ᄃᆞ래:障泥(物譜 牛馬).

ᄃᆞ·려 부 더불어. ☞더브러 ¶吾子ㅣ 子路로 ᄃᆞ려 뉘 賢ᄒᆞ뇨:吾子與子路孰賢(宣孟3:2). 뎌 狡ᄒᆞᆫ 童이 날로 ᄃᆞ려 言티 아니ᄒᆞᄂᆞ다(詩解4:25). 縞衣와 茹藘ᄒᆞ니여 可히 ᄃᆞ려 娛ᄒᆞ리로다(詩解4:32).

-ᄃᆞ·려 조 -더러. ¶부텨 目連이ᄃᆞ려 니ᄅᆞ샤ᄃᆡ(釋譜6:1). 比丘ᄃᆞ려 니ᄅᆞ시니(月印上66). 날ᄃᆞ려 니ᄅᆞ샤ᄃᆡ(月釋序11). 地藏菩薩ᄃᆞ려 니ᄅᆞ샤ᄃᆡ(月釋21:139). 菩提ᄃᆞ려 니ᄅᆞ샤ᄃᆡ(金剛序7). 사ᄅᆞᆷᄃᆞ려 닐오ᄃᆡ(宣賜內訓序7). 내 너ᄃᆞ려 ᄀᆞᄅᆞ쵸마:我教與你(飜朴上10). 後主ᄃᆞ려 닐오ᄃᆡ(飜小8:20). 世子ㅣ 然友ᄃᆞ려 닐어 ᄀᆞᆯᄋᆞ샤ᄃᆡ:世子謂然友曰(宣孟5:3). 大人ᄃᆞ려 말ᄉᆞᆷᄒᆞᆯ 제ᄂᆞᆫ:與大人言(宣小3:15). 말ᄉᆞᆷ올 브텨 여러 아기네ᄃᆞ려 니ᄅᆞ노니:寄語謝諸郞(宣小5:26). 樽中이 뷔엿거든 날ᄃᆞ려 알외여라(丁克仁. 賞春曲). ᄭᅮᆷ애 ᄒᆞᆫ 사ᄅᆞᆷ이 날ᄃᆞ려 닐온 말이(松江. 關東別曲). 漢使ᄃᆞ려 닐러 ᄀᆞᆯᄋᆞᄃᆡ(女四解4:33). 아ᄃᆞᆯ과 문인들ᄃᆞ려 닐오ᄃᆡ:兩子門人高暉等言(五倫2:18). 됴영규ᄃᆞ려 닐러 ᄀᆞᆯ오ᄃᆡ:趙英珪曰(五倫2:80). 셩쳔집 나와 안자 녕감ᄃᆞ려 말ᄉᆞᆷᄒᆞ되(빅화당가). 齟齬ᄒᆞᆫ 態度를 눌ᄃᆞ려 쟈랑ᄒᆞᆯ교(曺友仁. 自悼詞).

ᄃᆞ·려·가·다 동 데려가다. ☞ᄃᆞ리다 ¶宗親ᄃᆞᆯᄒᆞᆯ ᄃᆞ려가시니(月印上9). 내 아ᄃᆞᄅᆞᆯ ᄃᆞ려가려 ᄒᆞ시ᄂᆞ니(釋譜6:5). 아바님 깃그시니 宗親ᄃᆞᆯᄒᆞᆯ ᄃᆞ려가시니(月釋2:43). 나ᄅᆞᆯ 閻浮提예 도로 ᄃᆞ려가쇼셔(月釋7:14). 날ᄃᆞ려가:領我去(飜朴上19).

ᄃᆞ·려들·다 동 달려들다. ¶그ᄢᅴ ᄆᆡᆼᄀᆞᆯ오 남진ᄃᆞ려드러 더러본 이ᄅᆞᆯ ᄒᆞ거늘 衆生이 보고 더러볼써(月釋1:44).

ᄃᆞ·려오·다 동 데려오다. ¶三千大千世界 六種震動ᄒᆞ고 欲界諸天이 無數百千眷屬 ᄃᆞ려오며(月釋10:11). 젼 사ᄅᆞᆷ 여러흘 ᄃᆞ려오라:引着幾箇鋪家來(飜老下56).

·ᄃᆞ·로 명 까닭으로. ¶그런 ᄃᆞ로 號ㅣ 普明이 ᄃᆞ외리니:故號爲普明(法華4:32). 엇던 ᄃᆞ로 法이 다 性이 업스뇨:何故法俱無性(永嘉上111). 이런 ᄃᆞ로 一切 法이 이 空 아니니 업스니라:是故一切法無不是空者(永嘉上112). 이런 ᄃᆞ로 우노이다:是以泣(宣賜內訓1:54). 그런 ᄃᆞ로 風俗올 조차:故隨俗(宣賜內訓3:62). 이런 ᄃᆞ로 거므며 ᄒᆡ요ᄆᆞᆯ ᄂᆞᆫ호니라:所以分黑白(初杜解7:27). 이런 ᄃᆞ로 낫나치 머리 하ᄂᆞᆯᄒᆞᆯ ᄀᆞᄅᆞ치고:所以一一頭指天(金三2:11). 이런 ᄃᆞ로 福德이 功德과 다ᄅᆞ니:是以福德與功德別(六祖上102).

-·ᄃᆞ로·개 어미 -도록. ☞-ᄃᆞ록. -ᄃᆞ록에 ¶죽ᄃᆞ로개 조차 ᄃᆞᆫ녀(釋譜19:22). 새ᄃᆞ록 져므ᄃᆞ로개 ᄌᆞ비 業을 짓ᄂᆞ니:竟夜終朝矻矻造業(永嘉上41).

ᄃᆞ로기 명 다로기. 가죽 버선. ☞ᄃᆞᆯ오기 ¶ᄃᆞ로기:兀剌(同文解上58). ᄃᆞ로기:鞦子鞋. ᄃᆞ로기 ᄆᆡᄂᆞᆫ ᄭᅵᆫ:鞦子鞋的帶子(漢淸11:11).

-ᄃᆞ·록 조 -토록. ¶이 아기 엇더니완ᄃᆡ 늘그늬 허튈 안고 이리ᄃᆞ록 우ᄂᆞ다(月釋8:

101). 엇데 이제ᄃᆞ록(月釋21:63).

-ᄃᆞ·록 어미 ①-도록. ☞-ᄃᆞ로개 ¶ ᄒᆞᆫ 劫이 남ᄃᆞ록 닐어도(釋譜9:10). 새ᄃᆞ록:竟夜(永嘉下109). 바미 깁ᄃᆞ록 블 갯도다(初杜解7:6). ᄒᆡ 뭇ᄃᆞ록 沖融호ᄆᆞᆯ 브노라:畢景羨沖融(初杜解9:7). 너희돌히 져므ᄃᆞ록 오직 福田을 求ᄒᆞ고:汝等終日只求福田(六祖上26). 이 ᄆᆞᅀᆞᄆᆞᆫ 졈그ᄃᆞ록 외ᄅᆞ왼 비 ᄅᆞ왼 ᄒᆞ야(南明上9). 千萬年 디나ᄃᆞ록 구필 줄 모ᄅᆞᄂᆞ다(松江. 關東別曲).
②-ㄹ수록. ¶만히 먹ᄃᆞ록 됴ᄒᆞ니라(救簡2:106). 만히 듣ᄃᆞ록 어둑 信티 아니ᄒᆞᄂᆞ니:多聞多不信(南明上36). 졈그ᄃᆞ록 아독ᄒᆞ야(佛頂3). ※-ᄃᆞ록>-도록

-ᄃᆞ록에 어미 -도록. ☞-ᄃᆞ로개. -ᄃᆞ록 ¶ 뎌 우희 심근 느틔 몃 ᄒᆡ나 ᄌᆞ라ᄂᆞᆫ고 씨 디여 난 휘초리 저ᄀᆞ티 늙ᄃᆞ록에(古時調. 鄭澈. 松江).

ᄃᆞ롬 동 달림. 달리는 일. ㉠ᄃᆞᆮ다 ¶나ᄇᆡ 놀내 ᄃᆞ로ᄆᆞᆯ 기우시 놀라고:側驚猿猱捷(重杜解1:58). 니쏏ᄂᆞᆫ 두듥근 ᄆᆞᆯ ᄃᆞ로ᄆᆞᆯ 갊고:纍纍塠阜藏奔突(初杜解17:26).

ᄃᆞ·롬 형 닮(甘). ㉠ᄃᆞᆯ다 ¶뉘 엿귀ᄅᆞᆯ 쓰다 니ᄅᆞᄂᆞ뇨 ᄃᆞ로미 나ᅀᅵ ᄅᆞ도다:誰謂荼苦甘如薺(初杜解8:18).

ᄃᆞ뢰다 동 당기다. ☞ᄃᆞᆯ이다 ¶내 ᄃᆞ뢰여 보와 힘이 잇거든 내 사리라:我試拖氣力有時我買(老解下27).

ᄃᆞ루다 동 다루다. ¶平生의 픔은 智略 ᄃᆞ루어 시험ᄒᆞ야(武豪歌).

ᄃᆞ름질 명 달음질. ☞ᄃᆞ롬질 ¶ᄃᆞ름질 나기 ᄒᆞ다:賭快走(漢淸9:15).

ᄃᆞ릐다 동 당기다. ☞ᄃᆞᆯ이다 ¶활 ᄃᆞ릐다:拉弓. ᄀᆞ득 ᄃᆞ릐다:滿拉(譯解補15).

ᄃᆞ리 명 ①다리. ¶ᄃᆞ리爲橋(訓解. 用字). ᄃᆞ리예 ᄠᅥ딜 ᄆᆞᄅᆞᆯ:橋外隕馬(龍歌87章). 梁ᄋᆞᆫ ᄃᆞ리라(月釋21:77). ᄆᆡ햇 집과 뫼햇 ᄃᆞ리ᄂᆞᆫ:野店山橋(杜解21:4). ᄆᆡ햇 므리 ᄃᆞ리예 平ᄒᆞᆫ 길헤:野水平橋路(杜解21:6). 헤여뎌 내해 ᄃᆞ리 업도다:蕩析川無梁(初杜解25:7). ᄃᆞ리 교:橋(訓蒙中7. 類合上18. 倭解上34). 後에 ᄯᅩ ᄃᆞ리 아래 굿브러셔:後又伏於橋下(宣小4:33). 거챵 노폰 ᄃᆞ리예 니ᄅᆞ러:到居昌高橋(東新續三綱. 烈4:22). ᄒᆞᆰ 텨 ᄆᆡᆼ근 ᄃᆞ리러니:是土搭的橋來(老解上35). ᄃᆞ리 노타:打橋(譯解上14). 무지게 휘온 드시 어후루혀 ᄃᆞ리 노코(古時調. 고래물혀. 靑丘). 그 ᄃᆞ리ᄅᆞᆯ 도라보니 즉시 스러디더라(明皇1:37). ᄯᅳᄂᆞᆫ ᄃᆞ리:吊橋(同文解上40). ᄃᆞ리:橋(同文解上41). ᄃᆞ리 구무:橋洞(漢淸9:23).
②징검다리. ¶ᄃᆞ리 강:矼 點石渡水者. ᄃᆞ리 긔:徛 列石爲渡(訓蒙中7).
③사닥다리. ¶城 높고 ᄃᆞ리 업건마ᄅᆞᆫ:城之高矣雖無梯矣(龍歌34章). ᄃᆞ리와 사오리와:梯蹬(圓覺下三之一118). 블근 ᄃᆞ리ᄅᆞᆯ 거의 可히 陵犯ᄒᆞ리라:丹梯庶可陵(初杜解8:10). ᄃᆞ리 데:梯(訓蒙中7).
④층계(層階). ¶等覺妙覺애 ᄃᆞ리 다ᄅᆞ며:邃階等妙(楞解6:89). 智ᄂᆞᆫ ᄃᆞ릿 差等 ᄅᆞᆫ ᄒᆞ니:智似階差(圓覺序56). 어느 ᄃᆞ리로 네 方便으로:何階子方便(杜解16:1). ᄃᆞ리 계:階(石千20).
⑤등급. 품계. ¶ᄒᆞᆫ 資ㅣ나 半 ᄃᆞ리ᄅᆞᆯ 비록 시혹 得ᄒᆞ야도:一資半級雖或得之(宣賜內訓1:33). ※ᄃᆞ리>다리

ᄃᆞ·리·다 동 더불다. 거느리다. 데리다. ☞더블다 ¶네 사ᄅᆞᆷ ᄃᆞ리샤:遂率四人(龍歌58章). 宗親돌ᄒᆞᆯ ᄃᆞ려가시니(月印上9). 五百比丘ᄅᆞᆯ 迦旃延이 ᄃᆞ리니(月印上68). 天衆 ᄃᆞ리고 다 그 고대 가(釋譜9:21). 풍류ㅣ며 다 ᄀᆞ초 가지고 尊者 ᄃᆞ려 나니라(釋譜24:35). 나ᄅᆞᆯ ᄃᆞ려 耆婆天을 뵈ᅀᆞᆸ 제:携我謁耆婆天(楞解2:8). ᄒᆞᆫ 比丘ᄅᆞᆯ ᄃᆞ료리니:將一比丘(法華5:28). 勸ᄒᆞ야 ᄃᆞ려 혀:勸將引(法華6:18). 겨지블 ᄃᆞ렛거늘 져주니:與婦人俱詰之(宣賜內訓2下37). 삿기ᄅᆞᆯ ᄃᆞ려:挾子(初杜解10:18). 사ᄅᆞᆷ 만히 ᄃᆞ리고 가:多率人(呂約35). ᄃᆞ릴 솔:率(類合下8. 石千6). ᄃᆞ릴 령:領(類合下8). ᄃᆞ릴 솔:帥(類合下13). 그 아ᅌᆞᄅᆞᆯ ᄃᆞ리고 ᄒᆞᆷᄢᅴ 목을 ᄌᆞᆯ라 죽으니라:與其弟並結項而死(東新續三綱. 孝7:52). 어린 ᄌᆞ식을 ᄃᆞ리고 도라갈ᄉᆡ(女四解4:20). 그 후궁을 ᄃᆞ려 드ᄅᆞ시기ᄅᆞᆯ 즐겨 ᄒᆞ시며(明皇1:33).

ᄃᆞ리다 동 달리다(馳). ¶ᄃᆞ려 가ᄂᆞᆫ 두어 公子ㅣ:驅馳數公子(重杜解2:52).

ᄃᆞ리다 동 당기다. ☞ᄃᆞ릐다. ᄃᆞᆯ이다 ¶활 ᄃᆞ리다:拉弓(同文解上47).

ᄃᆞ린사회 명 데릴사위. ¶ᄃᆞ린사회:贅婿(同文解上10. 譯解補33. 漢淸5:41).

ᄃᆞ·림 명 다림. 저울추. ☞ᄃᆞ림쇠 ¶저욼 ᄃᆞ림:秤錘(飜老下69). ᄃᆞ림 튜:錘. ᄃᆞ림 권:權(訓蒙中11). ᄃᆞ림 추:錘(倭解下13).
※ᄃᆞ림>다림

ᄃᆞ림ㅅ줄 명 다림줄. ¶ᄃᆞ림ㅅ줄:準線 準繩(譯解補45).

ᄃᆞ·림·쇠 명 다림추. 저울추. ☞ᄃᆞ림 ¶權은 저욼ᄃᆞ림쇠니 ᄒᆞᆫ 고대 固執디 아니ᄒᆞ야 나소믈림ᄒᆞ야 맛긔ᄒᆞᆯ 씨오(釋譜13:38). ᄃᆞ림쇠 권:權(類合下20). ᄒᆞᆫ ᄃᆞ림쇠 다 壯티 아니ᄒᆞ니:一箇了吊兒都不壯(朴解中2).

ᄃᆞ릿보 명 다리(橋)의 보. ¶이 ᄃᆞ릿보와 기동돌히:這橋梁橋柱(飜老上39).

ᄃᆞᄅᆞ·다 동 달리다. ¶급히 ᄃᆞᄅᆞ면 업드롬이 하ᄂᆞ니라:亟走多顚躓(宣小5:26). 젼년에

뉘 몬져 ᄃᆞᄅᆞᄂᆞ:年時誰先走來(朴解中52). 미쳐 ᄃᆞᄅᆞ며:狂走(臘藥25).

ᄃᆞ롬 명 따름. ☞ᄯᆞ롬 ¶士ᄂᆞᆫ 곳만 辟홀 ᄃᆞ롬이라(家禮圖4). 衣衾을 厚히 ᄒᆞ실 ᄃᆞ롬이어ᄂᆞᆯ(家禮5:18).

ᄃᆞ롬 명 달음질. ☞ᄃᆞ롬질 ¶ᄃᆞ롬으로 가고 ᄌᆞ조 거름만 아니 홀디니라:走而不趨(宣小2:15). 그 ᄃᆞ롬을 보고:見其走(東新續三綱. 孝6:60 天民引賊). 董卓이 ᄯᅩᆯ올 제 呂布ㅣ ᄃᆞ롬이 급ᄒᆞ니(三譯1:21).

ᄃᆞ롬쥐 명 다람쥐. ☞ᄃᆞ라미. ᄃᆞ람이 ¶ᄃᆞ롬쥐:豆鼠(漢清14:9).

ᄃᆞ롬질 명 달음질. ☞ᄃᆞ름질. ᄃᆞ롬 ¶젼년에 牢子들희 ᄃᆞ롬질을 네 본다:年時牢子們走的你見來麼(朴解中52).

ᄃᆞ릐 명 다리. ☞ᄃᆞᆯ외. ᄃᆞᆯᄋᆡ ¶ᄃᆞ릐:假髮(同文解上54. 譯解補29. 漢清11:23).

ᄃᆞ릐 명 다래. ¶ᄃᆞ릐 연:楰(倭解下7).

ᄃᆞ릐다 동 당기다. ☞ᄃᆞᆯᄋᆡ다 ¶날회여 ᄃᆞ릐라:慢慢的扯(老解下28). ᄃᆞ릐기 어렵다:難扯(老解下28). 활 ᄃᆞ릐다:扡弓(譯解上20). ᄆᆞᆯ을 노치 아니코 구레ᄅᆞᆯ ᄃᆞ릐고(三譯2:7). ᄃᆞ릴 인:引(註千41). 등 뒤흐로써 左手ᄅᆞᆯ 걸어 ᄃᆞ릐고:以背後勾左手(武藝圖56).

ᄃᆞ릐다 동 달라고 하다. ¶칼홀 ᄃᆞ릐여 ᄌᆞ결홈만 ᄀᆞᆺ지 못ᄒᆞ니(山城111).

ᄃᆞ몸 동 잠김(沈). ㉮ᄃᆞᄆᆞ다 ¶ᄂᆞᆯ며 ᄃᆞ모ᄆᆞᆯ 좃ᄂᆞ니:逐其飛沈(楞解4:26).

ᄃᆞ무다 동 ①담그다. 잠그다. ☞ᄃᆞᄆᆞ다 ¶ᄃᆞ무다:浸泡(同文解下55).
②담금질하다. ☞ᄃᆞᄆᆞ다 ¶칼 ᄃᆞ무다:焠刀(同文解上48).

ᄃᆞ므다 동 담그다. ☞ᄃᆞᄆᆞ다 ¶ᄒᆞᆫ 병의 ᄃᆞ므되:浸一瓶(臘藥6). ᄂᆡᆼ슈로 손발을 ᄃᆞ므고:冷水浸手足(臘藥12).

ᄃᆞᄆᆞ·다 동 ①담그다. ☞ᄃᆞ므다 ¶디투 글힌 소곰 므레 모ᄆᆞᆯ 두서 번 ᄃᆞᄆᆞ고 다시 소곰 믈 ᄒᆞᆫ 죵을 머고미 됴ᄒᆞ니라:濃煎鹽湯浸身數遍更飮鹽湯一鍾妙(救簡6:69).
②잠기다. ☞ᄃᆞᆷ다 ¶ᄂᆞᆯ며 ᄃᆞ모ᄆᆞᆯ 좃ᄂᆞ니:逐其飛沈(楞解4:26). 엇뎨 ᄃᆞᄆᆞ며 ᄠᅳ며 호ᄆᆞᆯ 혜리오:豈料沈與浮(杜解22:38). 智日이 ᄒᆞ마 ᄃᆞᄆᆞ니(南明上76). 믈 ᄃᆞᄆᆞᆯ 엄:淹(類合下27). ᄃᆞᄆᆞᆯ 팀:沈(石千31).
③담글질하다. ☞ᄃᆞ무다 ¶ᄃᆞᄆᆞᆯ 슈:焠(訓蒙下16). 갈 ᄃᆞᄆᆞᆯ 최:淬(類合下42). ᄃᆞᄆᆞᆫ 칼:蘸刀·焠刀(譯解下17).

-ᄃᆞ·ᄫᅵ 접미 -답게. ☞-다ᄫᅵ ¶그저긔 모ᄃᆞᆫ 사ᄅᆞ미 부텨 向ᄒᆞᅀᆞᄫᅡ 더욱 그울며 우더니 得道ᄒᆞᆫ 사ᄅᆞᄆᆞᆫ 吉慶ᄃᆞᄫᅵ 너겨 ᄒᆞ더라(月釋10:14). 病을 病ᄃᆞᄫᅵ 너기시며 사ᄅᆞᄆᆡ 시르믈 시름ᄒᆞ시ᄂᆞᆫ 調御ㅅ 德을 이에 보ᅀᆞᄫᆞ리로다(月釋17:19).

ᄃᆞᄫᆡ·다 동 되다. ☞ᄃᆞ외다 ¶山ᄋᆡ 草木이 軍馬ㅣ ᄃᆞᄫᆡ니이다:山上草木化爲兵衆(龍歌98章). ※ᄃᆞᄫᆡ다>ᄃᆞ외다>되다

-ᄃᆞᄫᆡ·다 접미 -되다. ☞-ᄃᆞ외다 ¶즐굽ᄃᆞᄫᆡᆫ ᄆᆞᅀᆞ미 다 스러디거늘(釋譜6:9). 艱難코 언극ᄃᆞᄫᆡ야 福과 智慧왜 업서(釋譜13:56). 疑心ᄃᆞᄫᆡᆫ 고디 잇거든:有所疑處(月釋序20). 사ᄅᆞᆷ민가 사ᄅᆞᆷ 아닌가 ᄒᆞ야 疑心ᄃᆞᄫᆡ니(月釋1:15). 妄量ᄃᆞᄫᆡ오 셩시기 麤率ᄒᆞ니(月釋2:11). 忍辱ᄋᆞᆫ 辱ᄃᆞᄫᆡᆫ 일 ᄎᆞᄆᆞᆯ 씨오(月釋2:25).

ᄃᆞ스ᄒᆞ다 형 따스하다. ☞ᄃᆞᄉᆞ다. ᄃᆞᄉᆞᄒᆞ다 ¶ᄃᆞ스ᄒᆞᆫ 믈의 ᄀᆡ야 머기되:溫水送下(痘瘡方2). 그 ᄉᆞ과 등을 달혀 ᄃᆞ스ᄒᆞ게 ᄒᆞ야 아희 온몸과 머리 ᄂᆞᆾ과 아래 우흘 다 졍히 싯껴:將前絲瓜藤煎湯待溫洗兒全身頭面上下(痘瘡方5).

·ᄃᆞ시 부 듯이. ☞ᄃᆞᆺ ¶바혀내는 ᄃᆞ시 너겨 ᄒᆞ며(釋譜9:12). 주긂 ᄃᆞ시 ᄃᆞ외어늘(三綱. 孝7). 듣고도 몯 드른 ᄃᆞ시 ᄒᆞ며(月釋10:20). 몯 미처 홀 ᄃᆞ시 ᄒᆞ더라:如將不及(宣賜內訓2下34). ᄂᆞ라 ᄃᆞᆮᄂᆞᆫ ᄃᆞ시:飛走(初杜解8:57). 주근 ᄃᆞ시 자다가 헌 갓옷 두퍼셔 놀라오라:尸寢驚弊裘(杜解22:1). ᄒᆞᆫ 번 밥 머근 ᄃᆡᄂᆞᆫ 자최 곧 ᄡᅳ론 ᄃᆞ시 업소라:一飯迹便掃(杜解22:3). 내 몸 본 ᄃᆞ시 가지라(南明下56). 이긔디 몯홀 ᄃᆞ시 ᄒᆞ며:如不勝(宣小2:9). ᄆᆡ양 懷홈을 及디 몯홀 ᄃᆞ시 ᄒᆞᄂᆞᆺ다(詩解9:5). ※ᄃᆞ시>듯이

-ᄃᆞ시 어미 -듯이. ☞-ᄃᆞᆺ ¶내 반ᄃᆞ기 守護호ᄃᆡ 眼目 간슈ᄐᆞ시 ᄒᆞ며:我當守護如護眼目(圓覺下三之二88). 중싱 치ᄃᆞ시 ᄒᆞ더라(續三綱. 孝10). 샹녜 먹ᄃᆞ시 ᄒᆞ야 머그라(簡辟21).

ᄃᆞ시ᄒᆞ·다 동 따뜻이 하다. ¶겨스리면 제 모ᄆᆞ로 니브를 ᄃᆞ시ᄒᆞ더니:冬則以身溫被(三綱. 孝9). 골오 프러 ᄃᆞ시ᄒᆞ야 다 머기라:攪匀煖過頓飮之(救急上27). 강아지어나 ᄃᆞᆰ이어나 가ᄉᆞᄆᆡ 다혀 ᄃᆞ시ᄒᆞ라:抱狗子若雞着心上熨之(救簡1:35). ᄃᆞ시ᄒᆞ야 머그라:溫服(救簡6:20). 잠깐 ᄃᆞ시ᄒᆞ야 머그라:稍溫服之(瘟疫方26).

ᄃᆞᄉᆞ·니 명 따스한 것. ¶ᄃᆞᄉᆞ닐 머그라:溫服(救急上6). ᄃᆞᄉᆞ닐 양지ᄒᆞ야 ᄉᆞᆷᄭᅧ라:溫漱嚥下(救簡6:12).

ᄃᆞᄉᆞ·다 형 따스하다. ☞ᄃᆞᄉᆞᄒᆞ다 ¶가ᄉᆞ미 ᄃᆞᄉᆞ닌 ᄒᆞᄅᆞ리라도 ᄯᅩ 어루 살리라:心下溫者一日亦可活(救急上25). 그듸ᄂᆞᆫ ᄃᆞᄉᆞᆫ ᄃᆡᆯ 졷ᄂᆞᆫ 그려기ᄅᆞᆯ 보라:君看隨陽鴈(杜解9:33). ᄃᆞᄉᆞᆫ 두들겐 어루 외ᄅᆞᆯ 시므리로다:陽坡可種瓜(杜解13:40). 므레 주근 사ᄅᆞ미 가ᄉᆞ미 ᄃᆞᄉᆞ거든:溺水心頭尙溫(救簡1:70). ᄃᆞᄉᆞ닐 양지ᄒᆞ야 ᄉᆞᆷᄭᅧ라:溫漱嚥下(救簡6:

12). ᄃᆞᄉᆞᆫ 므레 프러 머그라(簡辟4). ᄃᆞᄉᆞᆯ 온:溫(類合上2. 石千12). ᄃᆞᄉᆞᆯ 후:煦(類合下50). 겨을히어든 ᄃᆞᄉᆞ시게 ᄒᆞ고:冬溫(宣小2:8). ᄃᆞᄉᆞᆫ 氣韻이 업서(七大1). ᄃᆞᄉᆞ게 ᄒᆞ여 머그되:溫服(痘瘡方18). 믈 ᄒᆞᆫ 되의 반 되게 달혀 ᄃᆞᄉᆞ게 ᄒᆞ여 머기라(痘瘡方18). ᄒᆞᆫ 번의 ᄒᆞᆫ 환을 ᄃᆞᄉᆞᆫ 믈의 프러 ᄂᆞ리오라:每取一丸溫水化下(臘藥1).

ᄃᆞᄉᆞ다 동 떠들다. ¶ ᄃᆞᄉᆞᆯ 훤:喧(類合下50).

ᄃᆞᄉᆞ히 부 따스하게. 따뜻하게. ¶ 다시 ᄒᆞᆫ 소솜 달혀 ᄃᆞᄉᆞ히 ᄒᆞ여 먹고:再煮一沸溫服(辟新3).

ᄃᆞᄉᆞᄒᆞ다 형 따스하다. ☞ᄃᆞ스ᄒᆞ다. ᄃᆞᄉᆞ다 ¶ ᄃᆞᄉᆞᄒᆞ다:暖和(同文解上5). ᄃᆞᄉᆞᄒᆞ다:溫和(漢淸12:53). 겨ᄋᆞᆯ이면 몸으로 뻐 니블을 ᄃᆞᄉᆞᄒᆞ게 ᄒᆞ니:冬則以身溫被(五倫1:15). 공슌ᄒᆞ고 ᄃᆞᄉᆞᄒᆞ니(閑中錄501).

ᄃᆞᅀᅡ·홈 동 사랑함. ㉠ᄃᆞᆺ다 ¶그듸를 ᄃᆞᅀᅡ호ᄆᆞᆯ 弟兄ᄀᆞ티 ᄒᆞ노라:憐君如弟兄(初杜解9:11). ※ᄃᆞᅀᅡ홈>ᄃᆞ아홈

ᄃᆞ·ᅀᅩ·ᄃᆡ 동 사랑하되. ㉠ᄃᆞᆺ다 ¶ 저호ᄃᆡ ᄃᆞᅀᆞ며 ᄃᆞᅀᅩᄃᆡ 그 왼 이ᄅᆞᆯ 알며:畏而愛之愛而知其惡(宣賜內訓1:7).

ᄃᆞ·ᅀᅩᆷ 동 사랑함. ㉠ᄃᆞᆺ다 ¶믜윰과 ᄃᆞᅀᅩᆷ과ᄅᆞᆯ 니르와다:起憎愛(圓覺下一之二19). 順ᄋᆞᆯ 對ᄒᆞ야 ᄃᆞᅀᅩᆷ 내요ᄆᆞ로 我ᄅᆞᆯ ᄇᆞᆯ기시니라:對順生愛以明我(圓覺下三之一20). 이제 涅槃 ᄃᆞᅀᅩᆷ도 도로 이 本來ᄉ ᄃᆞᅀᅩ미며:今愛涅槃還是本愛(圓覺下三之一44). 一切 ᄉᆞᄅᆞ미 ᄃᆞᅀᅩᄆᆞᆯ 得ᄒᆞ야:得一切之所愛樂(佛頂上5).

ᄃᆞ·ᅀᆞ·리 명 사랑할 이. ☞ᄃᆞᆺ다 ¶我ᄅᆞᆯ ᄃᆞᅀᆞ리 잇거든:有愛我者(圓覺下三之一20).

ᄃᆞ·ᅀᆞ며 동 사랑하며. ㉠ᄃᆞᆺ다 ¶ 저호ᄃᆡ ᄃᆞᅀᆞ며 ᄃᆞᅀᅩᄃᆡ 그 왼 이ᄅᆞᆯ 알며:畏而愛之愛而知其惡(宣賜內訓1:7).

·ᄃᆞ·ᅀᆞᄫᆞ·니이·다 동 다옵니다〔懸〕. ㉠ᄃᆞᆯ다 ☞-ᅀᆞᄫᆞ-. -니이다 ¶本來 ᄇᆞᆯᄀᆞᆫ 光明에 諸佛도 비취시며 明月珠도 ᄃᆞᅀᆞᄫᆞ니이다(月釋2:30).

:ᄃᆞᅀᆞ·샤 동 사랑하시어. ㉠ᄃᆞᆺ다 ¶어마닚 山陵을 ᄃᆞᅀᆞ샤:戀妣山陵(龍歌93章).

:ᄃᆞ·ᅀᆞ실·씨 동 사랑하실새. 사랑하시므로. ㉠ᄃᆞᆺ다 ¶討賊이 겨를 업스샤ᄃᆡ 션ᄇᆡᄅᆞᆯ ᄃᆞᅀᆞ실씨:不遑討賊且愛儒士(龍歌80章).

ᄃᆞ아홈 동 사랑함. ㉠ᄃᆞᆺ다 ☞ᄃᆞᅀᅡ홈. ᄃᆞᅀᅩᆷ ¶ 그듸ᄅᆞᆯ ᄃᆞ아호ᄆᆞᆯ 弟兄ᄀᆞ티 ᄒᆞ노라:憐君如弟兄(重杜解9:11).

ᄃᆞ오·다 동 되다. ☞ᄃᆞᄫᆡ다. ᄃᆞ외다 ¶ 足히 모맷 ᄡᅧ ᄃᆞ올 만ᄒᆞᄂᆞ니라:適足爲身累(宣賜內訓1:13).

ᄃᆞ외·다 동 되다. ☞ᄃᆞᄫᆡ다 ¶釋迦佛 ᄃᆞ외싫 ᄃᆞᆯ 普光佛이 니ᄅᆞ시니이다(月印上2). 毒氣ᄅᆞᆯ 내니 고지 ᄃᆞ외어늘(月印上37). 샹재 ᄃᆞ외에 ᄒᆞ라(釋譜6:1). 化人ᄋᆞᆫ 世尊ᄉ 神力으로 ᄃᆞ외의 ᄒᆞ샨 사ᄅᆞ미라(釋譜6:7). 爲ᄂᆞᆫ ᄃᆞ욀 씨라(訓註12). 爲ᄂᆞᆫ ᄃᆞ외야 겨실 씨라(月釋序1). 時節이 便安ᄒᆞ고 녀르미 ᄃᆞ외며:時泰而歲有(月釋序25). 사오나ᄫᆞᆫ 몸 ᄃᆞ외요미 業果ㅣ라(月釋1:37). 이 世界 고텨 ᄃᆞ욇 저긔(月釋1:38). 初禪이 조차 고텨 ᄃᆞ욀씨(月釋1:38). ᄇᆞᄅᆞ미 므를 브러 地輪이 ᄃᆞ외니(月釋1:41). 큰 거시 움처 져기 ᄃᆞ외니잇가:縮大爲小(楞解2:40). ᄂᆞ미 겨집 ᄃᆞ외노니 출히 뎌 고마 ᄃᆞ외아지라(法華2:28). 도로 ᄂᆞᆫ 狸의 몸 ᄃᆞ외요ᄆᆞᆯ:還作飛狸之身(圓覺上一之二129). 큰 法器 ᄃᆞ외욣디언뎡:成大法器(蒙法44). 能히 뎌른 것 밧고아 긴 거시 ᄃᆞ외에 ᄒᆞ야:能易短爲長(蒙法48). 모미 分ᄒᆞ야 두 그티 ᄃᆞ외리라:分身作兩段(蒙法55). 죵 ᄃᆞ외어지라 ᄒᆞᄂᆞ다:乞爲奴(初杜解8:1). 郎官 ᄃᆞ외연 디 오라고:爲郎久(初杜解8:64). 늘근 한아비 ᄃᆞ외옛도다:老翁爲(杜解21:31). 곡도ᄀᆞ티 ᄃᆞ왼 뷘 모미:幻化空身(南明上4). 男子ᄋᆡ 몸 ᄃᆞ외오져 ᄒᆞ리와:欲得成男子身者(佛頂上4). 蓮모시 ᄃᆞ외어이다(靈驗8). 뎡이 ᄃᆞ외고(野雲56). 湖南애 나그내 ᄃᆞ외야신다마다 보ᄆᆞᆯ 디내요니:湖南爲客動經春(重杜解17:16).

-ᄃᆞ외·다 접미 -되다. ☞-ᄃᆞᄫᆡ다 ¶ 이ᄂᆞᆫ 서르 섯근 ᄃᆞᆺ 疑心ᄃᆞ외도다:此疑若相雜也(楞解2:98). 사ᄅᆞᆷ 곧호ᄃᆡ ᄲᅳ리 이셔 疑心ᄃᆞ외니라:似人而有角可疑(法華1:49). 辱ᄃᆞ왼 境이 ᄠᅳ데 當ᄒᆞ니 이슈믈 보미 곧 아니오:見有辱境當情卽非(金剛79). 孔子ㅣ 니ᄅᆞ샤ᄃᆡ 말ᄊᆞ미 忠心ᄃᆞ외며 有信히 ᄒᆞ고:孔子曰言忠信(宣賜內訓1:18).

ᄃᆞ외·오·다 동 되게 하다. ¶說法ᄒᆞ야 菩薩ᄋᆞᆯ ᄃᆞ외오며 魔王ᄉ 兵馬ᄅᆞᆯ 헐오(釋譜13:21). 教化ᄂᆞᆫ ᄀᆞᄅᆞ쳐 어딜에 ᄃᆞ외올 씨라(月釋1:19).

-ᄃᆞ·이 접미 -답게. -되게. ☞-ᄃᆞᄫᅵ ¶ 처ᅀᅥᄆᆡ 辱ᄃᆞ이 더러이 아니 너겨:初辱不鄙(法華序21). 그 잘 호ᄆᆞ로 ᄂᆞᄆᆞᆯ 病ᄃᆞ이 너기디 아니ᄒᆞᆯᄉᆡ:不以其所長病人故(圓覺序10). 古今이 疑心ᄃᆞ이 마고미 업스며:古今也無疑碍(金三5:46). ※-ᄃᆞᄫᅵ>-ᄃᆞ이

ᄃᆞ·토·다 동 다투다. ☞ᄃᆞᆮ토다. ᄃᆞᆺ토다 ¶여듧 나랏 王이 난겻기로 ᄃᆞ토거늘(釋譜6:7). ᄃᆞ토ᄃᆞᆯ 아니ᄒᆞ노이다(釋譜11:34). 競은 ᄃᆞ톨 씨오(月釋序2). 서르 ᄃᆞ토아 싸호면(月釋2:6). 想과 相괘 ᄃᆞ토와 나며:想相競生(楞解2:20). 한 가히 ᄃᆞ톼 와:群狗競來(法華2:112). ᄃᆞ토매 이긔요ᄆᆞᆯ 求티 말며:狠毋求勝(宣賜內訓1:8). 져고맛 져제셔 샹녜 ᄡᆞᆯᄅᆞᆯ ᄃᆞ토ᄂᆞ니:小市常爭米(初杜解7:

10). 區區히 ᄃᆞ톼 아ᄉᆞ미 하도다:區區爭奪繁(初杜解16:4). 일훔 ᄃᆞ토믄 녜브터 엇데 그러티 아니ᄒᆞ리오:爭名古豈然(初杜解24:30). 山河ㅣ ᄃᆞ토와 솟나며(南明上6). ᄃᆞ톨 징:爭(類合下19). ᄃᆞ톨 경:競(石千11). ᄃᆞ토다:相爭(譯解補36). 마리를 두ᄃᆞ려 피 흐르도록 ᄃᆞ톤대:叩頭流血爭(五倫2:15). 모든 도적이 ᄃᆞ토아 죽이니라:衆爭殺之(五倫2:38). 내 혼자 님자여니 뉘라셔 ᄃᆞ톨소니(古時調. 金光煜. 江山閑雅. 靑丘). 이제 호걸이 서르 ᄃᆞ토와(女範1. 셩후 황명고후). 냥나라 놉흔 사ᄅᆞᆷ들이 ᄃᆞ토와 취ᄒᆞ고져 ᄒᆞ되(女範3. 뎡녀 냥과고힝).

·돈 명 것은. ¶願ᄒᆞᆫ 돈 佛子ㅣ 내 懺悔ᄅᆞᆯ 바ᄃᆞ샤(釋譜24:18). 서르 보ᄂᆞᆫ 돈 恭敬ᄒᆞ야(宣賜內訓1:77).

-돈 어미 -지는. ¶내 말을 기리시니 깃브옵거니와 고디듣돈 아니ᄒᆞ외(新語1:19).

-돈 어미 -던. ☞-던 ¶내 녜 하쳐ᄒᆞ얏돈 집이러니(蒙老1:21).

-돈가 어미 -던가. -더냐. ☞-던가 ¶소곰 城이라 ᄒᆞ여 이시니 그를 소곰으로 빳돈가(八歲兒8).

돈기다 동 다니다. ☞돈니다. 돈니다 ¶우리 사ᄅᆞᆷ이 서르 두워라 ᄒᆞ여 서르 더브러 돈기면 됴ᄒᆞ니라:咱們人廝將就廝附帶行時好(老解下40). 나드라 ᄒᆞ며 니러 돈기실 제 반ᄃᆞ시 삼가 븓드와 위호ᄒᆞ며:出入起居必謹扶衛之(家禮2:7).

돈너삼 명 단너삼. ¶믈 ᄒᆞᆫ 되에 돈너삷 불휘 ᄀᆞ론 ᄀᆞᄅᆞ 두 돈을 달혀:用水一大盞煎黃耆末二錢煎(救簡1:94).

돈·놋·다 동 닫도다(走). ☞돈다 ¶바ᄅᆞᆯ로 브ᅀᅥ 돈놋다:注海奔(初杜解8:11).

돈뇨라 동 다니노라. ☞돈니다 ¶風水ㅅ 氣運의 어득ᄒᆞᆫ ᄃᆡ ᄌᆞ조 구펴 돈뇨라:屢跼風水昏(重杜解1:27).

돈·뇸 동 다님(行). ⑦돈니다 ¶돈뇸애 지에ᄒᆞ디 아니ᄒᆞ며:行不翔(宣小2:23).

돈·니·다 동 다니다. ☞돈니다 ¶有情을 어버 돈녀(月釋9:61). 여러 軍이 뎌를 미더 돈니더니(三綱. 忠26). 디나 돈녀:偏歷(楞解1:86). 엇데 또 믈와 뭍과 虛空애 돈닗 거시 이시리오:云何復有水陸空行(楞解3:80). 가며 도라오며 노녀 돈녀:往返遊行(法華2:118). 休ㅣ 샹녜 禪師ㅅ 閫域에 돈녀:休常遊禪師之閫域(圓覺序14). 衆生ᄋᆞᆫ 世間애 돈뇨ᄃᆡ:衆生行世間(圓覺下一之一59). 녜ᄂᆞᆫ ᄆᆞᅀᆞᆷ 훤호미 므레 돈니ᄂᆞᆫ 고기 ᄀᆞᆮ다니:昔如縱壑魚(杜解1:39). 이모ᄆᆞᆯ 고ᄃᆞᆯ파 돈니노라:强此身(初杜解7:18). 말와 ᄆᆞᆯ 조차 돈니로라:逐浮萍(初杜解8:13). 손 모ᄀᆞᆯ 자바 날마다 ᄒᆞᆫᄃᆡ 돈니노라:携手日同行(初杜解9:11). 나며 드로매 안직 엇게ᄅᆞᆯ 조차 돈뇨라:出入最隨肩(初杜解20:17). 風水ㅅ 氣運의 어득ᄒᆞᆫ ᄃᆡ ᄌᆞ조 구펴 돈뇨라:屢跼風水昏(重杜解1:27). 山嶺에 돈니거니(金三2:23). 어제 ᄒᆞᆫ 디위 속절업시 돈니시도쇠이다:夜來乾走了一遭(飜朴上58). 돈니다:走行也(老朴集. 單字解7). 두루 돈닐 슌:巡(類合下37). 돈니며 이쇼ᄆᆞᆯ 덛덛ᄒᆞᆫ 고ᄃᆞᆯ 두ᄃᆡ:游居有常(宣小1:13). 돈뇸ᄋᆞᆯ 거만히 말며:遊毋倨(宣小3:9). 돈닐 제ᄂᆞᆫ 肆夏로ᄡᅥ ᄒᆞ며:行以肆夏(宣小3:18). 조차 돈니며 울고:隨而號之(宣小4:27). 왜난 만나 어미ᄂᆞᆯ 업고 돈니더니:遭倭亂負母而行(東新續三綱. 孝7:32). ᄂᆞᄆᆡ 命令에 돈니가뇨(重杜解1:49). 나그내로 돈녀셔 사괴ᄂᆞᆫ 양ᄌᆞᄅᆞᆯ 아노니:羇旅知交態(重杜解2:26). 녜 崆峒애 님그믈 뫼ᅀᆞ와 돈니던 나리여:扈聖崆峒日(重杜解3:1). 돈니며 비러어더먹기ᄂᆞᆫ:行乞得食(警民16). ᄒᆞᆫ두 번 돈녀마ᄂᆞᆫ:走了一兩遭(老解上54). ᄉᆞ랑ᄒᆞ고 화동ᄒᆞ여 돈니면(老解下42). 돈니기 사오납다:歹走(譯解上6). 돈니다:步行(同文解上26). 밤의 당ᄉᆞ비ᄅᆞᆯ 둘러 돈니며(女四解4:23). 아히 업어 돈니다가 그릇 못믈의 ᄂᆞ려 디거ᄂᆞᆯ(明皇1:33). 건네 돈니다:常來往(漢淸7:37). 그 ᄉᆞ이 드러 오시거든 돈녀 가옵쇼셔(隣語1:4). ᄒᆞ마 돈녀오올 꺼시니(隣語1:14). 돈닐 힝:行(註千9).

※돈니다<돈니다

돈ᄂᆞ니 동 달리느니. ☞돈다 ¶비 녀ᄆᆞᆯ 因ᄒᆞ야 돈ᄂᆞ니:因舟行而驚驟(圓覺序56).

돈·ᄂᆞᆫ 동 닫는(走). 달리는. ☞돈다 ¶돈ᄂᆞᆫ 뫼ᄒᆞᆫ:奔峭(初杜解7:11). 잘 돈ᄂᆞᆫ ᄆᆞᄅᆞᆫ ᄒᆞᆫ 채라:快馬一鞭(飜朴上26). 잘 돈ᄂᆞᆫ 놈:快手(朴解. 單字解4).

돈두루·믜나ᅀᅵ 명 두루미냉이의 한 가지. ☞두루믜나ᅀᅵ. 돈두루미나ᅀᅵ ¶돈두루믜나ᅀᅵ:甜葶藶(救簡1:7).

돈두루미나ᅀᅵ 명 두루미냉이의 한 가지. ☞돈두루믜나ᅀᅵ ¶돈두루미나ᅀᅵ 씨:甜葶藶(救簡2:11).

돈ᄃᆞ니 부 단단히. ☞돈돈이 ¶옥홰 온 치마ᄅᆞᆯ 돈ᄃᆞ니 ᄆᆡ믇고:玉花堅束衣裳(東新續三綱. 烈7:16).

돈돈 부 단단히. ☞돈돈이 ¶올ᄒᆞᆫ 손 당가락의 버곰 次ᄌᆞᄅᆞᆯ ᄡᅥ 돈돈 쥐고 가라:以右手中指書次字握固(簡辟3. 救辟).

돈돈이 부 단단히. ☞돈돈 ¶올ᄒᆞᆫ손 당ᄀᆞ락의 次ᄌᆞ를 써 돈돈이 쥐고 가라(辟新17). 노흐로 돈돈이 ᄆᆡ고:用索縛之(痘瘡方31). 돈돈이 닐러 겨시니(新語5:8). 돈돈이:緊扣(同文解下53). 돈돈이 ᄆᆡ다:緊扣(譯解補55). 눈 우히 돈돈이 어다:雪面堅凍(漢淸

1:15). ᄃᆞᆫᄃᆞᆫ이 ᄒᆞ여 계시다가(隣語1:25).

ᄃᆞᆫᄃᆞᆫᄒᆞ다 형 단단하다. ☞ᄃᆞᆮᄃᆞᆮᄒᆞ다 ¶핑핑코 ᄃᆞᆫᄃᆞᆫ호미(家禮5:11). 우리 나라ᄂᆞᆫ 禮ㅣ ᄃᆞᆫᄃᆞᆫᄒᆞ여(新語3:24). ᄃᆞᆫᄃᆞᆫ이 닐러 겨시니 그러ᄒᆞ면 往來 九日 十日이나 되려니와(新語5:9). ᄆᆞᆯ라 ᄃᆞᆫᄃᆞᆫᄒᆞ다:乾硬(譯解補55). 근골이 ᄃᆞᆫᄃᆞᆫᄒᆞ다:筋骨長足(漢淸5:46). 아기시ᄂᆞᆫ ᄃᆞᆫᄃᆞᆫᄒᆞ고(閑中錄62).

ᄃᆞᆫ무우 명 단무.〔무의 한 품종.〕¶ᄃᆞᆫ무우:胡蘿蔔(漢淸12:36).

ᄃᆞᆫᄆᆡ실 명 단매실(梅實). ¶ᄃᆞᆫᄆᆡ실:楊梅(漢淸13:2).

ᄃᆞᆫ·비 명 단비〔甘雨〕. ¶時節로 ᄃᆞᆫ비ᄅᆞᆯ ᄂᆞ리워(月釋10:68). 일즙 한지ᄅᆞᆯ 민망이 너기오샤 뵈의ᄃᆡᄅᆞᆯ 잡습고 안ᄌᆞ오셔…계유 파호매 ᄃᆞᆫ비 만히 오더라(仁祖行狀34).

ᄃᆞᆫ술 명 단술. ¶ᄃᆞᆫ수를 먹더니:醴酒(宣賜內訓1:65). ᄃᆞᆫ술 례:醴(訓蒙中21). 담제ᄒᆞ고 ᄃᆞᆫ술올 먹ᄂᆞ니:禫而飮醴酒(宣小5:44). ᄃᆞᆫ술:酒釀(漢淸12:42). ※ᄃᆞᆫ술>단술

ᄃᆞᆫ이다 동 다니다. ☞ᄃᆞᆫ니다. ᄃᆞᆮ니다 ¶나리 못ᄃᆞ록 두루 ᄃᆞᆫ요ᄆᆞᆯ 시름ᄒᆞ노니:終日憂奔走(重杜解3:28).

ᄃᆞᆫ이ᄉᆞᆯ 명 감로(甘露). ¶ᄃᆞᆫ이ᄉᆞᆯ이 ᄒᆡ마다 무덤 알ᄑᆡ ᄂᆞ리고:甘露歲降兆域(五倫1:52).

ᄃᆞᆫ:쟝 명 진간장. 진장(陳醬). ¶ᄃᆞᆫ쟝:甜醬(訓蒙中21 醬字註).

·ᄃᆞᆮ:건·니·다 동 달려 다니다.〔'ᄃᆞᆮ〈走〉, 건니〈步行〉다'의 복합어.〕¶覽의 겨집도 ᄯᅩ ᄃᆞᆮ건너 ᄒᆞᆫ가지로 ᄒᆞ거늘:覽妻亦趨而共之(飜小9:70). ᄯᅩ ᄃᆞᆮ건너 ᄒᆞᆫ가지로 ᄒᆞ니:亦趨而共之(宣小6:65).

ᄃᆞᆮ·니·다 동 다니다.〔본디 'ᄃᆞᆮ'은 '走', '니다'는 '行'의 뜻.〕☞ᄃᆞ니다. ᄃᆞᆫ니다 ¶攻戰에 ᄃᆞᆮ니샤:攻戰日奔馳(龍歌113章). 손소 ᄃᆞᆮ녀 밍ᄀᆞ노닛가(釋譜6:16). 두루 ᄃᆞᆮ니다가(釋譜9:14). 菩薩이 ᄃᆞᆮ니시며 셔 겨시며 안ᄌᆞ시며 누ᄫᅳ샤매(月釋2:26). 모ᄆᆞᆯ ᄌᆞ개 이대 가져 ᄃᆞᆮ니샤(月釋2:56). 生死애 흘러 ᄃᆞᆮ녀(月釋21:31). 내 두로 ᄃᆞᆮ니다니(三綱. 孝4). 내 十方애 ᄃᆞᆮ뇨ᄃᆡ:我遊十方(楞解5:63). 心外예 부텨ᄅᆞᆯ 얻녀 쇽절업시 ᄃᆞᆮ니다가(牧牛訣12). ᄒᆞ다가 色神이 ᄃᆞᆮ니ᄂᆞ다 닐올딘댄:若言色神運轉(牧牛訣18). ᄒᆞ다가 ᄃᆞᆮ니거나 ᄀᆞ마니 잇거나 호매:若動中靜中(蒙法8). 모로매 너운너운 ᄃᆞᆮ뇨리니:須要活弄(法語5). 비록 蠻貊 나라히라도 ᄃᆞᆮ니리어니와:雖蠻貊之邦行矣(宣賜內訓1:18). 飄零히 ᄃᆞᆮ니ᄂᆞᆫ 길히 지즈로 百里로소니:飄零仍百里(初杜解20:1). 嶺 우희 ᄃᆞᆮ니ᄂᆞ니(金三2:23). 流落ᄋᆞᆫ 어려이 ᄃᆞᆮ닐 시라(金三3:17). ᄒᆞ오ᅀᅡ 안ᄌᆞ며 ᄒᆞ오ᅀᅡ ᄃᆞᆮ뇨매:獨坐獨行(南明上18).

ᄃᆞᆮ·다 동 닫다〔走〕. 달리다 ¶내 ᄉᆞᅀᅵ예 나ᄎᆞ림 몯ᄒᆞ야 간대로 ᄃᆞᆮ다니(月釋10:25). 避ᄒᆞ야 ᄃᆞᄅᆞ싫 저긔(月釋17:85). 엇뎨 因緣이 제 머리ᄅᆞᆯ 저허 ᄃᆞᄅᆞᇙ 주리 이시리오:豈有因緣自怖頭走(楞解4:60). 엇뎨 미쳐 ᄃᆞᄅᆞ뇨:何爲狂走(楞解4:67). 답ᄡᅧ ᄃᆞᆮ더니(法華2:130). 그ᇫ 업시 미쳐 ᄃᆞᄅᆞ니:無狀狂走(圓覺序46). ᄲᆞᆯ리 ᄃᆞᆮ거늘(圓覺序47). 믌결 ᄃᆞᆮᄃᆞᆺ ᄒᆞᄂᆞᆺ다:奔波(初杜解7:28). 나날 庭闈ᄅᆞᆯ 向ᄒᆞ야 ᄃᆞᄅᆞ리로다:日向庭闈趨(初杜解8:23). 날ᄃᆞ리 ᄃᆞᆮᄂᆞᆺ다:日月奔(初杜解8:64). ᄠᅳᆯ헤 ᄃᆞ로리라 ᄒᆞ야 北堂으로 가ᄂᆞᆺ다:趨庭赴北堂(初杜解8:69). 밦中에 北으로 ᄃᆞ람직ᄒᆞ도소니:中宵堪北走(初杜解16:51). 니ᅀᅥᆺᄂᆞᆫ 두들근 ᄆᆞᆯ ᄃᆞ로ᄆᆞᆯ 갊고:纍纍堆阜藏奔突(初杜解17:26). 조차 ᄃᆞᆮ곡:追趨(初杜解21:11). ᄃᆞᄅᆞ락 도로오락홈 ᄀᆞᆮ다라:如走復來(初杜解25:51). 奔騰ᄋᆞᆫ ᄃᆞᆮ닐 시라(南明下30). 잘 ᄃᆞᆮᄂᆞᆫ 놈:快手(朴解. 單字解4). ᄃᆞᄅᆞᆯ 포:跑(訓蒙下27). ᄃᆞᄅᆞᆯ 분:奔. ᄆᆞᆯ ᄃᆞᄅᆞᆯ 티:馳(類合上14). ᄃᆞᄅᆞᆯ 주:走(類合下5). ᄃᆞᄅᆞᆯ 추:趨(類合下27). 百里예 상ᄉᆞ애 ᄃᆞᆮ디 아니ᄒᆞ며:不百里而奔喪(宣小2:54). 말ᄉᆞᆷ호미 淮湖ㅅ ᄆᆞ리 ᄃᆞᆮᄂᆞᆫ ᄃᆞᆺᄒᆞ도다:談論淮湖奔(重杜解8:6). ※ᄃᆞᆮ다>닫다

ᄃᆞᆮ디르·다 동 달려들다. ¶男子 女人 百千萬數ㅣ 바ᄅᆞᆳ 가온ᄃᆡ 나락 ᄌᆞᄆᆞ락 ᄒᆞ거든 모딘 즁ᄉᆡᆼ돌히 ᄃᆞᆮ딜어 자바 머그며(月釋21:23).〔'딜어'는 '디르다〈臨〉'의 뜻임.〕

ᄃᆞᆮᄃᆞᆮ·ᄒᆞ·다 형 단단하다. ☞ᄃᆞᆫᄃᆞᆫᄒᆞ다 ¶가히고기 먹고 삭디 아니ᄒᆞ야 ᄆᆞᅀᆞᆷ 가온ᄃᆡ ᄃᆞᆮᄃᆞᆮᄒᆞ며:食狗肉不消心中堅(救急下61).

ᄃᆞᆮ·토·다 동 다투다. ☞ᄃᆞ토다 ¶드듸여 어긔여 ᄃᆞᆮ톰이 되ᄂᆞ니:遂爲乖爭(宣小6:90).

ᄃᆞᆮᄒᆞ다 조형 듯하다. ¶必然 有益ᄒᆞᆫ 일이 이실 ᄃᆞᆮᄒᆞ니(隣語1:17).

·ᄃᆞᆯ 명 달. ¶ᄃᆞᆯ 爲月(訓解. 用字). ᄒᆡ ᄃᆞᄅᆞᆯ ᄀᆞ리와(月釋2:2). 初生ㅅ ᄃᆞ리 누은 ᄃᆞᆺᄒᆞ니:初生之月偃然(楞解4:111). ᄆᆞ레 ᄉᆞᄆᆞ촌 ᄃᆞᆳ비치 ᄀᆞᆮᄒᆞ야:如透水月華(蒙法43). 活潑潑ᄋᆞᆫ 쉴쉴 흐르는 믌겨레 비췬 ᄃᆞᆳ비출 닐온 마리니(蒙法43). ᄃᆞ리 도ᄃᆞ니 뫼히 가ᄉᆡ여 괴외ᄒᆞ도다:月出山更靜(初杜解9:14). ᄀᆞᅀᆞᆳ ᄃᆞᆯ와 봆고지:秋月春花(金三2:6). ᄃᆞ리 두려우며 ᄃᆞ리 이즈며:月圓月缺(金三2:6). ᄃᆞᆯ하 노피곰 도ᄃᆞ샤 어긔야 머리곰 비취오시라(樂範. 井邑詞). ᄃᆞ리 어두으니:月黑了(飜老上58). ᄃᆞᆯᄀᆞ티 ᄒᆞᆫ 연:月様鶴兒(飜朴上17). ᄃᆞᆯ 월:月(訓蒙上1. 類合上2. 石千1. 倭解上1). ᄃᆞᆯ:月兒(譯解上1). 李謫仙 이러ᄒᆞ야 ᄃᆞᆯ을 보고 밋치ᄃᆞᆺ다(辛啓榮. 月先軒十六景歌). ※ᄃᆞᆯ>달

ᄃᆞᆯ 명 달.〔시간의 단위.〕¶날ᄃᆞᆯ이 ᄎᆞ거늘 어마님이 毘藍園을 보라 가시니(月印上7). ᄒᆞᆫ ᄃᆞᆯ 녁 ᄃᆞᆯ ᄒᆞᆫ 히예(釋譜19:24). 둘찻 ᄃᆞ리:第二月(楞解2:27). ᄃᆞᆯ 몯ᄒᆞ야 내 그 사ᄅᆞ미론 주를 ᄠᅳ데 알며(法華2:28). 建子ㅅ ᄃᆞ래:建子月(初杜解7:6). 烽火ㅣ 석 ᄃᆞᄅᆞᆯ 니어시니:烽火連三月(重杜解10:6). 히 디나며 ᄃᆞᆯ 파:經年累月(佛頂7). 됴ᄒᆞᆫ ᄃᆞᆯ 吉ᄒᆞᆫ 날애 비르소 머리옛 服을 쓰이노니:令月吉日始加元服(宣小3:19). ※ᄃᆞᆯ>달

ᄃᆞᆯ 명 닭. ☞ᄃᆞᆰ ¶이ᄂᆞᆫ 이웃지비 갓가와 ᄃᆞᆯ 가히 서ᄅᆞ 오ᄆᆞᆯ 니ᄅᆞ니라(重杜解11:12).

·**ᄃᆞᆯ** 명 것을. 줄을. ☞ᄃᆞᆯ ¶不解甲이 현나리신 ᄃᆞᆯ 알리:幾日不解甲(龍歌112章). 현맨 ᄃᆞᆯ 알리오(月印上19). 數 업슨 ᄃᆞᆯ 아ᄅᆞᇝ디니라(釋譜19:10). 아ᄃᆞᆨᄒᆞᆫ 後世예 釋迦佛 ᄃᆞ외싫 ᄃᆞᆯ 普光佛이 니ᄅᆞ시니이다(月釋1:3). 一千世尊이 나싫 ᄃᆞᆯ 아니(月釋1:21). 이 ᄀᆞᆮᄒᆞᆫ ᄃᆞᆯ 보고(月釋17:17). 아니 ᄃᆞ욇 ᄃᆞᆯ 아노니(三綱. 忠17). 미리 그러ᄒᆞᇙ ᄃᆞᆯ 아ᄅᆞ샤:懸知其然(楞解1:3). 밧 아닌 ᄃᆞᆯ ᄀᆞᆯᄒᆡ시니라:辯非外也(楞解1:55). 나샨 ᄃᆞᆯ 알리니(金剛序6). 貴티 아니ᄒᆞᇙ ᄃᆞᆯ 엇데 알리오(宣賜內訓1:81). ᄀᆞᄋᆞᆳ 吏ㅣ 날 왯ᄂᆞᆫ ᄃᆞᆯ 아라:縣吏知我至(重杜解4:11). 스싀로 隋ㅅ 구스를 어더 夜明珠ㅣᆫ ᄃᆞᆯ 아노라:自得隋珠覺夜明(初杜解22:17). 곧 잇ᄂᆞᆫ ᄃᆞᆯ 아니(金三2:2). ᄒᆞᆫ 點도 업ᄂᆞᆫ ᄃᆞᆯ(南明上8). 禪인 ᄃᆞᆯ 나토시니(南明上52). 아니시며 거츠르신 ᄃᆞᆯ(樂範. 鄭瓜亭). 네 어듸 나그낸 ᄃᆞᆯ 알리오(飜老上48).

-·**ᄃᆞᆯ** 접미 -들〔等〕. ☞-들 ¶사ᄅᆞᆷᄃᆞᆯ콰 하ᄂᆞᆯᄃᆞᆯ히(釋譜序2). 憍陳如ᄃᆞᆯ 다ᄉᆺ 사ᄅᆞᄆᆞᆯ 濟渡ᄒᆞ시며(釋譜6:18). 이 사ᄅᆞᆷᄃᆞᆯ히 다 神足이 自在ᄒᆞ야(釋譜6:18). 六師ᄋᆡ 弟子ᄃᆞᆯ토 다 舍利弗ᄭᅴ 와 出家ᄒᆞ니라(釋譜6:35). 鬼神ᄃᆞᆯ콰 사ᄅᆞᆷ과(釋譜13:24). 善男子ᄃᆞᆯ하(釋譜13:27). 우리ᄃᆞᆯ토 울워ᅀᆞᆸ논 젼ᄎᆞ로(釋譜23:53). 百姓ᄃᆞᆯ 一千 나ᄆᆞᆫ 사ᄅᆞ미 出家ᄒᆞ고(月釋2:76). 世間 阿羅漢과 阿羅漢 向ᄒᆞᆯ 사ᄅᆞᆷᄃᆞᆯ해(月釋9:35). 어드움ᄃᆞᆯ히ᅀᅡ 種種히 差別ᄒᆞ니(楞解2:30). 우리ᄃᆞᆯ히 엇뎨 奉持ᄒᆞ리잇고:我等云何奉持(金剛上66). 구르미 ᄃᆞᄅᆞ면 ᄃᆞ리 뮈욤ᄃᆞᆯ ᄀᆞᆮᄒᆞ니라:如雲駛月運等(圓覺上一之一10). 너희ᄃᆞᆯ희 어려이 홀 배 아니라(宣賜內訓序7). 아히ᄃᆞᆯ희 무로ᄆᆞᆯ 對答ᄒᆞ노니(初杜解8:39). 이제 너희ᄃᆞᆯᄒᆞ로(六祖中23). 반ᄃᆞ시 효도ᄒᆞ며 손슌ᄒᆞ며 튱셩되며 믿브며 례졀이며 올ᄒᆞᆫ 일이며 쳥렴ᄒᆞ며 붓그리ᄂᆞᆫ 일ᄃᆞᆯ로 ᄡᅧ 몬져 홀디니:必先以孝弟忠信禮義廉恥等事(宣小5:5). 엇디 可히 졈은 아히ᄃᆞᆯ로 ᄒᆡ여곰:豈可使小兒輩(宣小6:6). ※-ᄃᆞᆯ>-들

※'-ᄃᆞᆯ'의 첨용 ┌-ᄃᆞᆯ └-ᄃᆞᆯ히/-ᄃᆞᆯᄒᆞᆫ/-ᄃᆞᆯᄒᆞ로/-ᄃᆞᆯ콰…

-**ᄃᆞᆯ** 어미 ①-기를. ¶그러나 藥ᄋᆞᆯ 주어늘 먹ᄃᆞᆯ 슬히 너기나(月釋17:19). ②-지를. ¶ᄃᆞ토ᄃᆞᆯ 아니ᄒᆞ노이다(釋譜11:34). 恭敬ᄒᆞ야 업시오ᄃᆞᆯ 아니ᄒᆞ노니(釋譜19:29). 法 듣ᄃᆞᆯ 아니ᄒᆞ리라(月釋2:36). ᄆᆞᅀᆞ매 오히려 볼기ᄃᆞᆯ 몯ᄒᆞ야(楞解2:67). 舜을 닛ᄃᆞᆯ 몯ᄒᆞ야(初杜解7:9). 잠간도 무저글 좃ᄃᆞᆯ 아니ᄒᆞ고:不曾逐塊(金三2:21).

ᄃᆞᆯ겨들다 동 달려들다. ¶마병이 ᄃᆞᆯ겨드러 니딘을 티라(練兵29).

ᄃᆞᆯ·고·지 명 달구지. ¶아기ᄅᆞᆯ 다가 ᄃᆞᆯ고지예 엿ᄂᆞ니라:把孩兒上搖車(飜朴上56). ᄃᆞᆯ고지 요:軺(訓蒙中26). ※ ᄃᆞᆯ고지>달구지

ᄃᆞᆯ기다 동 달리다. ☞ᄃᆞᆯ이다 ¶도ᄌᆞ기 갓갑거든 ᄆᆞᆯ ᄐᆞ고 논화 자우 ᄂᆞᆯ개 되야 원앙으로ᄡᅥ ᄃᆞᆯ겨 나가:賊近上馬分爲左右翼以鴛鴦馳出(練兵4).

ᄃᆞᆯᄀᆡ믿가·비 명 달기씨깨비. 달개비. ☞ᄃᆞᆰ의밋갑이 ¶ᄃᆞᆯᄀᆡ믿가비:鷄腸(救簡3:119).

ᄃᆞᆯᄀᆡ십가비 명 달기씨깨비. ☞ᄃᆞᆰ의십가비. ᄃᆞᆰ의십갑이 ¶ᄃᆞᆯᄀᆡ십가비:蘩蔞(東醫 湯液二 菜部).

ᄃᆞᆯ·ᄀᆡ·알 명 달걀. ¶이ᄂᆞᆫ 前生애 ᄃᆞᆯᄀᆡ알 ᄉᆞᆷᄂᆞᆫ 사ᄅᆞ미니(月釋23:80). 啐ᄋᆞᆫ ᄃᆞᆯᄀᆡ알히 이러 ᄀᆞᆺ 나ᇙ 젯 우루미라(蒙法44). ᄃᆞᆯᄀᆡ알만ᄒᆞ닐:如鷄子(救急上25). ᄃᆞᆯᄀᆡ알 소뱃 누른ᄌᆞᅀᆞ만케 ᄒᆞ야:如鷄子黃大(救簡6:5). ᄃᆞᆯᄀᆡ알ᄒᆞᆯ ᄀᆞ만ᄀᆞ마니 두드려:鷄子輕敲(救簡6:69). ᄃᆞᆯᄀᆡ알 누른ᄌᆞᅀᆞ과 블근 수ᄐᆞᆰ:雞子黃丹雄雞(瘟疫方11).

ᄃᆞᆯ녀들다 동 달려들다. ¶밤듕만 ᄃᆞᆯ녀들어 左右로 衝突ᄒᆞ여 새도록 나드다가(古時調. 申獻朝. 셋괏고. 蓬萊樂府).

ᄃᆞᆯ니다 동 달리다. ☞ᄃᆞᆯ이다 ¶ᄃᆞᆯ닐 치:馳(倭解下24). ᄆᆞᆯ을 ᄃᆞᆯ녀 原地로 도라가라(武藝圖10). ᄃᆞᆯ녀 毬 흣튼 곳의 니ᄅᆞ러:馳至散毬處(武藝圖67).

·**ᄃᆞᆯ:님** 명 달님. ¶ᄃᆞᆯ님ᄀᆡ 구룸 몯ᄀᆞ더시니(月印上30).

ᄃᆞᆯ뇌 명 다리〔髢〕. ☞ᄃᆞᆯ외 ¶왼 나라 안흐로 ᄒᆞ여곰 다시 ᄃᆞᆯ뇌를 니지 아니케 ᄒᆞ시면:使一國之內不復戴髢髻則(加髢5).

ᄃᆞᆯ뇌 명 달래. ¶ᄃᆞᆯ뇌:小蒜(柳氏物名三 草).

·**ᄃᆞᆯ·다** 동 달다〔懸〕. ☞ᄃᆞ다 ¶幡을 몬 ᄃᆞ라셔 病ᄒᆞ야 누버셔(釋譜24:32). 남기 ᄃᆞᆯ오 念호ᄃᆡ(月釋7:3). 히디논 야이 ᄃᆞ론 붑 ᄀᆞᆮ거든(月釋8:6). 조ᅀᆞ로왼 길이페 旌旗ᄅᆞᆯ ᄃᆞ랏고:懸旌要路口(初杜解9:7). 보미 ᄆᆞᆯᄀᆞ니 잇비 거우루ᄅᆞᆯ ᄃᆞ랫ᄂᆞᆫ ᄃᆞᆺᄒᆞ니:鑑澈勞懸鏡(初杜解20:34). 門ᄋᆡ 나 ᄃᆞᆯ어든(南明下1). ᄃᆞᆯ 현:懸(類合下46. 石千40. 倭解下

32). 두 녁 가르 빠 돌마기 드론 갓애(飜老下52). 絇:신쑤리예 고 드라 긴 뻐여 미는 거시라(宣小3:22). 새재 던 가온대 드랃더니:懸於鳥嶺陣中(東新續三綱. 孝8:80). 돌마기 돌온 갓애(老解下47). 드라 잇는 양이 분외예 구드니:上的分外的牢壯(老解下48). 城가릐 굼긔 돌온 널:接陽板(譯解上14). 그 머리를 수러 우희 돌고(女四解4:21). 칙례호온 들믜젼동 朱黃絲 끈을 돌아(武豪歌). 돌 현:縣 소懸(註千21).
※돌다>달다

돌·다 동 (저울에) 달다. ☞드다 ¶어루 드라 혜디 몯호리니:不可稱計(法華3:62). 그 功德이 ᄀᆞ싀 업서 돌며 혜디 몯호리라:其功德無有邊際不可稱計(金剛上25). 네 드로니서 근 ᄀᆞᆯ이:你稱了三斤麵(飜老上22). 네 드론 서 근 ᄀᆞᄅᆞᄂᆞᆫ:你稱了三斤麵(老解上20). 돌 칭:稱(註千3). ※돌다>달다

·돌·다 동 살이 얼어 터지다. ☞드다 ¶바리 드라 헤여디닐 고툐ᄃᆡ:治足上凍爛生瘡(救急上7). 돌 군:皸(訓蒙叡山本中16). 돌탁:瘃 皸瘃 凍瘡(訓蒙中34). 뺨이 드라 쁠알히다:腮頰凍的刺刺的疼(朴解中29).

돌·다 형 달다〔甘〕. ☞드다 ¶쌋 마시 뿔ᄀᆞ티 돌오(月釋1:42). 돌며 쁘믈 ᄒᆞᆫᄃᆡ 호시며:同甘苦(宣賜內訓2下39). 旅人 드외야쇼믈 돌히 너기고:甘旅人(初杜解7:27). 드로미 나싀 곧도다:甘如薺(初杜解8:18). 싀오 드로믈:酸甘(初杜解15:21). 漸漸 돌오 믯믯호야 가거늘(三綱. 孝21). 돈 果ᄂᆞᆫ 고고리예 ᄉᆞᄆᆞᆺ 돌오 쁜바ᄀᆞᆫ 불휘조차 쓰니라:甜果徹蔕甜苦胡連根苦(金三2:50). 돌 감:甘. 돌 텸:甜(訓蒙下14). 돌 감:甘(類合上10. 石千14). 내 어버이 돌고 맛난 거시 일즉 ᄎᆞ디 몯호더니:吾親甘旨未嘗充也(宣小5:79). 덕이면 드라:掐時甜(朴解下6). 돌감:甘(倭解上48). 돌게 자다:濃睡(同文解上28). ※돌다>달다

돌대 명 발. ¶돌대:懸筵(物譜 蠶績).

돌랑괴 명 달래. ☞돌랑귀 ¶돌랑괴:野蒜(東醫 湯液二 菜部).

돌랑귀 명 달래. ☞돌랑괴 ¶돌랑귀:小根菜(同文解下3). 돌랑귀:小根菜(譯解補42. 漢淸12:38). 들돌랑귀:野韭菜(漢淸12:38).

돌·뢰 명 달래. ☞돌릐 ¶돌뢰:小蒜(訓蒙上13 蒜字註). 돌뢰:小葱(訓蒙上13 葱字註).
※돌뢰>달래

돌릐 명 달래. ☞돌랑괴. 돌뢰. 돌릐 ¶돌릐:山韭(物譜 蔬菜).

돌리·다 동 달리다〔走〕. ☞돌이다 ¶동녁크로 돌리기를 아ᄋᆞ라이 호야:東馳遙遙(宣小6:91). 돌려 튱쥐 니르러 관군이 다 헤어디니 : 馳到忠州官軍大潰(東新續三綱. 孝8:70). 역마를 돌려 베퍼 닐오려 호야:馳傳宣諭至(東新續三綱. 忠1:20). 몰 돌리기 잘 ᄒᆞᄂᆞ다:能馳馬(東新續三綱. 忠1:51). 몰 돌려 가니라:走馬去(老解上27). 돌릴 도:陶(註千5). 돌릴 치:馳(註千26). 돌릴 샹:驤(註千38).

돌리다 동 달리다. 매이다. ☞돌이다 ¶샤특ᄒᆞ며 졍다온 일을 분별티 못ᄒᆞ면 나라희 위틔ᄒᆞ며 망호미 돌렷ᄂᆞ니(仁祖行狀20). 쏘 겨집의 용ᄒᆞ며 사오나오매 돌련ᄂᆞᆫ디라:亦繫婦人之臧否(重內訓序5).

돌릐 명 다리. ☞드릐. 돌외. 돌익 ¶돌릐 빗기다:梳頭髮(譯解上47).

돌릐 명 달래. ☞돌뢰. 돌릐. 돌외 ¶돌릐:小蒜(譯解上52).

돌마·기 명 단추. ☞돌막이 ¶돌마기:紐子(樂範8:7). 돌마기:紐𥿢(四解下65). 수돌마기 뉴:紐. 암돌마기 구:𥿢(訓蒙中23). 돌마기:紐子(訓蒙中23 紐字註) 쏘 비단으로 드르 두 녁 가르 빠 돌마기 돌온 갓애:又有紵絲剛叉帽兒(老解下47). 돌마기를 너모 크게 말고:紐子不要底似大(朴解中55).

돌막이 명 단추. ☞돌마기 ¶돌막이 뉴:紐(倭解上46).

·돌모·로 명 달무리. ¶돌모로:月暈(訓蒙下1). 돌모로ᄀᆞ티 ᄡᆞ인 외로온 셩의 도적 마글 모칙이 업ᄉᆞ니:月暈孤城禦敵無策(東新續三綱. 忠1:35). 돌모로:月暈(譯解上1).

돌모로ᄒᆞ다 동 달무리 서다. ☞돌모로 ¶돌모로ᄒᆞ다:月暈(同文解上1).

돌빗 명 달빛. ¶돌빗:月華(同文解上1).

돌아들다 동 달려들다. ¶바로 압희 돌아들어 범을 ᄭᅮ지져:直前叱虎(重三綱. 婁伯).

돌·애 명 말다래. ☞드래 ¶돌애:馬韂(四解下84 韂字註). 돌애:韂(飜老下30). 룡단 칠ᄒᆞᆫ 돌애오:羊肝漆韂(飜朴上28). 돌애 쳠:韂(訓蒙中27). 돌애:韂(譯解下19).
※돌애>다래

돌·여 동 달리어. ㉮돌이다〔馳〕¶두 性이 ᄀᆞᆯ와 돌여:兩性並驅(楞解10:30). 花門은 먼 沙漠으로셔 돌여 오고:花門騰絶漠(杜解5:4). 그 도ᄌᆞ기 섯녁으로 몰 돌여 니거늘:那賊往西走馬去了(飜老上30). 몰 돌여 쪼ᄂᆞᆫ 거슨 아디 몯ᄒᆞ고:未知所馳逐(重杜解2:69).

돌연ᄂᆞᆫ 동 달려 있는. 달린. ㉮돌이다〔懸〕¶棧道ㅣ 돌연ᄂᆞᆫ 더란 비스기 돌흘 避ᄒᆞ고:棧懸斜避石(重杜解2:4).

돌·엿ᄂᆞᆫ 동 달려 있는. 달린. ㉮돌이다〔懸〕¶黃鍾律이 싀싀기 노피 돌엿ᄂᆞᆫ ᄃᆞᆺᄒᆞ며:鍾律儼高懸(初杜解24:31).

돌엿다 동 달렸다〔懸〕. ㉮돌이다 ¶하ᄂᆞᆳ 가온ᄃᆡ 볼근 ᄃᆞ리 돌엿ᄂᆞ니:中天懸明月(杜解

5:31).
돌오기 명 다로기. ☞ᄃᆞ로기 ¶ 돌오기:兀剌(譯解上46).
돌오기훠 명 다로기 모양의 신. ¶ 돌오기훠:兀剌靴(譯解上46).
돌·오·다 동 뚫다. ☞돏다 ¶ 귀 돌온 되즁이 그스기 彈指ᄒᆞᄂᆞ다:穿耳胡僧暗彈指(南明下11). 돌올 쳔:穿(訓蒙下19).
돌와이 부 무르익게. ¶ 드듸여 ᄆᆞᆯ게 ᄂᆞ려 도적그로 더브러 돌와이 싸호더니:遂下馬與賊酣戰(東新續三綱. 忠1:63).
돌외 명 다리. ☞ᄃᆞ릐. 돌ᄋᆡ ¶ 돌외 피:髲. 돌외 톄:髢(訓蒙中25).
돌외나모 명 다래나무. ¶ 돌외나모:水苦梨木(譯解下42).
돌욋곶 명 진달래꽃. ¶ 三月 나며 開ᄒᆞᆫ 아으 滿春 돌욋고지여 ᄂᆞᄆᆡ 브롤 즈슬 디녀 나샷다 아으 動動다리(樂範. 動動).
돌의다 동 잡아당기다. ☞돌ᄋᆡ다 ¶ 화ᄅᆞᆯ 돌의여 것고:引折其弓(東新續三綱. 忠1:32). 활을 돌의고 도적의 가온대로 돌입ᄒᆞ야:彎弓突入賊中(東新續三綱. 忠1:74). 돌의여 ᄭᅳᆫ타:扯斷了(譯解補26). 범식이 곽을 자바 돌의니:式因引柩(重二倫33). 돌읠 공:控(倭解上30).
돌·이 부 달게. ☞돌히 ¶ 몱고 조홈을 돌이 너기디 아니ᄒᆞ야:靡甘澹泊(宣小5:16).
돌이니다 동 달려가다. ¶ 恒山앤 오히려 ᄆᆞᆯ 올 돌이니고:恒山猶突騎(杜解3:3). ᄆᆞᆯ 타 돌이니던 ᄠᅳ디 ᄌᆞ모 기도다:躍馬意何長(初杜解14:7). 두루 돌이녀셔 甲兵을 아쳐러 ᄒᆞ노라:驅馳厭甲兵(初杜解8:63).
돌·이·다 동 달리다〔走〕. ☞돌리다 ¶ 엇더콴대 뒤ᄒᆞ로 돌요매 제 일흐며(月釋13:32). 두 性이 ᄀᆞᆯ와 돌여:兩性並驅(楞解10:30). 虛히 돌이디 아니ᄒᆞ며:不虛騁(圓覺序9). 背馳ᄂᆞᆫ 뒤도라 돌일 씨라(法華3:180). 花門은 먼 沙漠으로셔 돌여 오고:花門騰絶漠(杜解5:4). 漁陽앳 돌이ᄂᆞᆫ ᄆᆞᆯ ᄐᆞ니:漁陽突騎(杜解25:45). 騆馬 돌여 門의 드러오도다:駞騆馬入門來(南明上30). 돌일 티:馳(訓蒙下9. 石千26). 돌일 양:驤(石千38). 나라해 들어 돌이디 아니ᄒᆞ며:入國不馳(宣小3:17). ᄆᆞᆯ 돌여 쫏ᄂᆞᆫ 거슨 아디 몯ᄒᆞ고:未知所馳逐(重杜解2:69). ᄆᆞᆯ 돌일 빙:騁(類合下39). ※ 돌이다>달리다
돌·이·다 동 달리다〔懸〕. ¶ 幢幡이 그 우희 돌이고(釋譜11:16). 보비옛 帳이 王宮을 다 두프며 明月神珠ㅣ 殿에 돌이니(月釋2:32). 그 머리 갓ᄀᆞ로 돌요미:倒懸其頭者(楞解8:93). 하ᄂᆞᆳ 가온ᄃᆡ ᄇᆞᆯᄀᆞᆫ ᄃᆞ리 돌엿ᄂᆞ니:中天懸明月(杜解5:31). 黃鍾律이 싁싁기 노피 돌엿ᄂᆞᆫ ᄃᆞᆺᄒᆞ며:鍾律儼高懸(初杜解24:31). ※돌이다>달리다
돌ᄋᆡ 명 다리. ☞ᄃᆞ릐. 돌릐. 돌외 ¶ 돌ᄋᆡ 톄:髢(倭解上44).
돌·ᄋᆡ·다 동 당기다. ☞ᄃᆞ뢰다. ᄃᆞ리다. ᄃᆞ리다. ᄃᆞ릐다. 돌의다 ¶ 돌ᄋᆡ야 ᄲᅡ혀 地獄애 여희에 ᄒᆞᆯ 시라:挽拔汝等離地獄(圓覺下三之一118). 詔書ᄅᆞᆯ 바도니 옷기슭 돌ᄋᆡ요ᄆᆞᆯ 許ᄒᆞ시다:奉詔許牽裾(杜解20:43).
돌·ᄋᆡ·다 동 달다. ¶ 兩斛力은 兩斛ᄋᆞᆯ 활시우레 돌일 시니 이ᄂᆞᆫ ᄇᆞᄅᆞ미 치위 활 히미 셀 시라(杜解25:45). 석 자힌 쁠화리 두 셤만 돌일 히미로다:三尺角弓兩斛力(杜解25:45).
돌작시나 명 달장근이나. 거의 한 달 동안이나. ¶ 동교의 돌작시나 나가 겨시니(閑中錄258).
-·돌·토 접미 -들도. 〔접미사 '-돌'+보조사 '-도'에 ㅎ이 첨용된 형태.〕 ☞-돌 ¶ 六師ᄋᆡ 弟子돌토 다 舍利弗ᄭᅴ 와 出家ᄒᆞ니라(釋譜6:35). 刹帝利灌頂王돌토 長壽ᄒᆞ고(月釋9:55).
·돌·파니 명 달팽이. ☞돌판이 ¶ 돌파니ᄅᆞᆯ 눌러 汁 내야:蝸牛捺取汁(救急下77).
돌판이 명 달팽이. ☞돌파니. 돌팡이 ¶ 돌판이 와:蝸(類合上16).
·돌·팡·이 명 달팽이. ☞돌파니 ¶ 돌팡이:蝸牛(救簡3:9. 6:60). 돌팡이:蝸牛(四解下31 蝸字註). 돌팡이 과:蝸(訓蒙上21). 집 업슨 돌팡이:蛞蝓(東醫 湯液二 蟲部). 집 진 돌팡이:蝸牛(東醫 湯液二 蟲部). 돌팡이:草螺子(譯解下34). 돌팡이 와:蝸(倭解下26). 돌팡이:蝸牛(物譜 介蟲).
※돌팡이>달팽이
돌포 명 달포. 월여(月餘). ¶ 나도 못 뵈완디 돌포 되오니(諺簡49 肅宗諺簡). 여러 돌포:累月(漢淸1:24).
돌핑이 명 달팽이. ☞돌팡이 ¶ 돌핑이 와:蝸(兒學上8).
-·돌·해 접미 -들에. ☞-돌 ¶ 世間阿羅漢과 阿羅漢 向홇 사ᄅᆞᆷ돌해(月釋9:35下).
돌히 부 달게. ¶ 孔聖이 나죄 주구믈 돌히 너기니(月釋18:32). 孔聖이 나죄 주구믈 돌히 너기니:孔聖甘於夕死(法華6:145). 긴 受苦ᄅᆞᆯ 돌히 受ᄒᆞ려:甘受長苦(牧牛訣2). 질삼의 굴그며 ᄀᆞᄂᆞ로ᄆᆞᆯ 돌히 너기고(宣賜內訓序6). 진실로 사오나오며 게으른 氣質에 버므러 이쇼믈 돌히 너기노니:信甘孱懦嬰(杜解1:33). 곳 핀 時節에 핫옷 니부믈 돌히 너기노라:花時甘縕袍(杜解2:62). 特進의 빗나ᄆᆞᆯ 돌히 너기디 아니ᄒᆞ다소라:未甘特進麗(杜解24:30). 돌히 受호미(六祖上71). ※돌히>달게
-돌히 접미 -들이. ☞-돌 ¶ ᄆᆞᆫ오라비 廖돌히

(宣賜內訓2上55). 되ᄃᆞᆯ히 千秋에 오히려 關中에 드니라:胡虜千秋尙入關(杜解5:44).

-·ᄃᆞᆯᄒᆞ·로 접미 -들로. ☞-ᄃᆞᆯ ¶희광이 군ᄉᆞᄃᆞᆯᄒᆞ로 베혀 머그라 ᄒᆞ야ᄂᆞᆯ:懷光使士欝食之(三綱. 演芬). 드르리ᄃᆞᆯᄒᆞ로:令諸聞者(永嘉上46).

-·ᄃᆞᆯ·ᄒᆞᆫ 접미 -들은. ☞-ᄃᆞᆯ ¶오ᄂᆞᆯ브터 아ᄃᆞᆯᄀᆞ티 호리라 닐온ᄃᆞᆯᄒᆞᆫ:言自今如子等者(法華2:214).

-·ᄃᆞᆯ·ᄒᆞᆯ 접미 -들을. ☞-ᄃᆞᆯ ¶떨며 업게 ᄒᆞ샴ᄃᆞᆯᄒᆞᆯ 브틀시:由拂泯等故(圓覺上二之二61).

ᄃᆞᆰ 명 닭. ☞ᄃᆞᆯ ¶ᄃᆞᇒ빼 爲酉時(訓解. 合字). ᄆᆞᅀᆞᆯ히 盛ᄒᆞ야 ᄃᆞᆯᄀᆡ 소리 서르 들여(月釋1:46). ᄃᆞᆰ 가히 주거(楞解8:91). ᄃᆞᆯ기 後ㅅ 우루메:雞後鳴(楞解10:43). 돋 羊 ᄃᆞᆰ 가히 머구며(法華5:14). 강아지와 ᄃᆞᆰ과ᄅᆞᆯ 아나:抱狗子若雞(救急上10). 啐ᄋᆞᆫ ᄃᆞᆯᄀᆡ 알히 이러 ᄀᆞᆺ낤 젯 우루미라(蒙法44). ᄃᆞᆯ기 처ᅀᅥᆷ 울어든:雞初鳴(宣賜內訓1:39). 하ᄂᆞᆳ ᄃᆞᆯ기 춤츠ᄂᆞ다:天雞舞(初杜解7:28). 아ᄎᆞᆷ히 옌 ᄃᆞᆰ과 도티 흐렛도라:旭日散雞豚(杜解7:39). ᄃᆞᆯ기 울오 ᄇᆞᄅᆞᆷ과 비왜 섯그니:鷄鳴風雨交(杜解22:3). 이우제 ᄃᆞᆯᄀᆞᆫ 도로 뎌른 다ᄆᆞᆯ 디나 오ᄂᆞ다:隣鷄還過短墻來(杜解22:8). 아ᄎᆞᆷ마다 ᄃᆞᆯ기 五更을 向ᄒᆞ야 우ᄂᆞ다:朝朝雞五更啼(南明下22). ᄃᆞᆰ 계:鷄(訓蒙上16). ᄃᆞᆰ 계:雞·鷄(類合上12). ᄃᆞᆰ 계:雞(石千27). ᄃᆞᆰ이 처엄 울어든:雞初鳴(宣小2:2). ᄃᆞᆰ이 처엄 울어든 옷 닙ᄋᆞ샤:雞初鳴而衣服(宣小4:11). ᄃᆞᆰ 개도 해티 아니ᄒᆞ니라:不害雞狗(東新續三綱. 孝3:35). ᄃᆞᆰ:家鷄(譯解下24). ᄃᆞᆰ 계:鷄(倭解下21). 서벽 ᄃᆞᆰ 홰홰 우니 반갑다 ᄃᆞᆰ의 소릐(萬言詞). ᄃᆞᆰ 계:雞(兒學上7). 불근 긔 여물고 누른 ᄃᆞᆰ이 ᄉᆞᆯ져시니(辛啓榮. 月先軒十六景歌). 雞曰啄 音達(雞類). 鷄 得二(譯語. 鳥獸門). ※ᄃᆞᆰ>닭

·ᄃᆞᆰ 명 동상(凍傷). ☞ᄃᆞᆯ다 ¶ᄃᆞᆰ 군:皸(訓蒙中34).

ᄃᆞᆰ긔알 명 달걀. ☞ᄃᆞᆯᄀᆡ알 ¶여러 가지 ᄂᆞ믈과 ᄃᆞᆰ긔알과 되과 말과 저울을:諸般菜蔬鷄鴠和升斗等子(朴解中6).

ᄃᆞᆰ:깅 명 닭국. ☞ᄃᆞᆰ탕 ¶오히려 ᄃᆞᆰ깅을 먹거늘:猶食鷄臛(宣小5:48).

ᄃᆞᆰ찜 명 닭찜. ¶ᄃᆞᆰ찜 게찜 오려 點心 날 시기소(古時調. 金光煜. 崔行首. 靑丘).

ᄃᆞᆰ우리 명 닭이 울 즈음. ¶ᄃᆞᆰ우리예 니ᄅᆞ러:至雞鳴(東新續三綱. 烈6:41).

ᄃᆞᆰ의밋갑이 명 달기씨깨비. ☞ᄃᆞᆯᄀᆡ밋가비 ¶ᄃᆞᆰ의밋갑이:鷄腸(物譜 花卉).

ᄃᆞᆰ의십가비 명 달기씨깨비. ☞ᄃᆞᆯᄀᆡ십가비 ¶ᄃᆞᆰ의십가비:蘩蔞(東醫 湯液二 菜部).

ᄃᆞᆰ의십갑이 명 달기씨깨비. ☞ᄃᆞᆯᄀᆡ십가비 ¶ᄃᆞᆰ의십갑이:鴨跖(柳氏物名三 草).

ᄃᆞᆰ의십곳 명 달기씨깨비의 꽃. ¶ᄃᆞᆰ의십곳:綠梅花(譯解下39).

ᄃᆞᆰ의ᄯᅩᆼ 명 닭똥. ¶ᄃᆞᆰ의ᄯᅩᆼ:雞屎(救簡6:50).

ᄃᆞᆰ·의알 명 달걀. ☞ᄃᆞᆯᄀᆡ알 ¶ᄃᆞᆰ의알만 뭉긔니:如雞子大(救簡1:56).

·ᄃᆞᆰ:탕 명 닭국. 계탕(雞湯). ☞ᄃᆞᆰ깅 ¶ᄃᆞᆯ긔 ᄲᅧ에 傷커든 ᄃᆞᆰ湯ㅅ 즈ᅀᅳ로 ᄂᆞ리오고:雞骨所傷以雞羹化下(救急上47). ᄃᆞᆰ탕으로 ᄂᆞ리오고:以鷄羹化下(救簡6:12). ᄃᆞᆰ湯을 먹더니(宣賜內訓1:68). 셋재ᄂᆞᆫ ᄃᆞᆰ탕:第三道雞兒湯(飜老下37). 第三道ᄂᆞᆫ ᄃᆞᆰ탕이오:第三道雞兒湯(老解下34).

ᄃᆞᇒ빼 명 유시(酉時). ¶ᄃᆞᇒ빼 爲酉時(訓解. 合字).

ᄃᆞᆱ다 동 뚫다. 뚫어지다. ☞ᄃᆞᆯ오다 ¶누니 ᄃᆞᆱ게 ᄇᆞ라오믈 디ᄂᆞᆫ 히ᄅᆞᆯ 當호니:眼穿當落日(杜解5:5).

ᄃᆞᆱ다 형 다르다. ¶다 ᄃᆞᆱ습데 한심ᄒᆞ고 ᄋᆡ달올샤(勸禪曲2). 隨緣現色 얼굴 ᄃᆞᆱ고 苦樂榮枯 업다 ᄒᆞ나(叅禪曲3).

ᄃᆞᇏ둘에 명 월륜(月輪). ¶關山앤 ᄃᆞᇏ둘에 비겻도다:關山倚月輪(初杜解16:24). 두려운 부체ᄅᆞᆯ 비록 가져 ᄃᆞᇏ둘에ᄅᆞᆯ 비기나:團扇雖將擬月輪(南明上11).

ᄃᆞᇏ빛 명 달빛. ¶므레 ᄉᆞᄆᆞᄎᆞᆫ ᄃᆞᇏ비치 ᄀᆞᆮᄒᆞ야:如透水月華(蒙法43). ᄃᆞᇏ비치 새ᄅᆞ외도다:月色新(初杜解7:22). ᄃᆞᇏ비체 건너 막다히ᄅᆞᆯ 비겨셔:步蟾倚杖(初杜解11:49).

ᄃᆞᆷ그다 동 담그다. ☞ᄃᆞᆷ다 ¶므레 ᄃᆞᆷ가 븓거든:漬之令濡(救簡6:10). 오조매 ᄃᆞᆷ가시라:小便漬之(救簡6:27). 그릇 안해 ᄃᆞᆷ가 두면:浸盤裏(飜朴上5). 우믈 가온ᄃᆡ 민홍ᄋᆡ 다케 ᄃᆞᆷ갓다가(簡辟9). 민ᄒᆞᆯᄀᆡ 다케 ᄃᆞᆷ가ᄡᅡ가(瘟疫方10). ᄆᆞᄅᆞᆫ ᄯᅩᆼ을 ᄭᅳᆯ흔 믈에 ᄃᆞᆷ가 머그며(辟新7).

ᄃᆞᆷ·기·다 동 잠기다. ☞ᄃᆞᆷ다 ¶ᄠᅳ며 ᄃᆞᆷ기리로소니:滔溺(楞解3:79). 오히려 두 陰에 ᄃᆞᆷ겨:猶沈二陰(楞解10:45). 시름ᄃᆞ왼 苦애 ᄃᆞᆷ겻고(圓覺序13). 어드워 시름ᄃᆞ왼 苦애 ᄃᆞᆷ겻고:沈幽愁之苦(圓覺序56). 沈은 ᄃᆞᆷ길 씨니(圓覺序56). 三界예 ᄃᆞᆷ기게 ᄒᆞᄂᆞᆫ(圓覺上一之二86). ᄃᆞᆷ겨 무텨슈메:沈埋(初杜解8:64). 아ᄎᆞ미 오매 몰앳 그티 다 ᄃᆞᆷ기니:朝來沒沙尾(杜解10:6). 生死ㅅ 바ᄅᆞ래 ᄃᆞᆷ겨(南明上56). 믈 ᄃᆞᆷ길 함:涵(類合下15). ᄃᆞᆷ길 팀:沈(類合下62).

ᄃᆞᆷ·다 동 ①담그다. ☞ᄃᆞᄆᆞ다. ᄃᆞᆷ그다 ¶衆生ᄋᆞᆫ 塵勞애 ᄃᆞᆷ고 二乘은 空寂에 얽ᄆᆡ여 잇다가(月釋13:52). ᄂᆞᆯ 댓거플 ᄌᆞᆫ가 두 량을 초애 ᄃᆞᆷ고:生竹皮二兩苦酒浸之(救簡2:118).
②잠기다. ☞ᄃᆞᄆᆞ다. ᄃᆞᆷ기다 ¶고기 낛ᄂᆞᆫ 비 ᄃᆞᆷᄂᆞ다 듣디 몯호라:未聞沈却釣魚船(南

明上40). 돔다 호문 昏沈이니(南明上52). 平ᄒᆞ야 돔게 ᄒᆞᄂᆞ니:平沈(金三3:48). 불여 苦海예 ᄃᆞᄆᆡᆺ더니:飄沈苦海(金三5:45). 이 드레 믈 돔디 아니ᄒᆞᄂᆞ다:這洒子是不沈水(飜老上35).

돔·다 동 담금질하다. ¶ᄃᆞ몰 슈:焠(訓蒙下16). 갈 ᄃᆞ몰 최:淬(類合下42). ᄃᆞ문 칼:蘸刀(譯解下17).

돔복 부 담뿍. ☞담복 ¶물 돔복 떠내는 드레 곡지 쟝ᄉᆞ(古時調. 밋난편. 靑丘).

-돕·다 접미 -답다. ¶샹녜 겨샤미 아니신가 疑心돕거신마ᄅᆞᆫ:疑非常在(法華5:135). 쥬변돕고 ᄯᅩ 쥬변ᄃᆞ외니:自由更自由(金三5:34). ※-돕다>-답다

·ᄃᆞᆺ 명 듯. ¶中士는 道 듣고 잇는 ᄃᆞᆺ 업슨 ᄃᆞᆺᄒᆞ고(月釋14:44). 늣기는 ᄃᆞᆺ 반기는 ᄃᆞᆺ 님이신가 아니신가(松江. 思美人曲). 플은 어이ᄒᆞ야 프르는 ᄃᆞᆺ 누르ᄂᆞ니(古時調. 尹善道. 고즌. 孤遺). 만슈의 연쇄ᄒᆞ니 닉 근심 먹으문 ᄃᆞᆺ(萬言詞).

·ᄃᆞᆺ 부 듯. 듯이. ¶갈ᄒᆞ로 바히는 ᄃᆞᆺ 알프거시ᄂᆞᆯ(釋譜23:26). 濟度호ᄆᆞᆯ 몯 흟 ᄃᆞᆺ 疑心ᄃᆞ왼 젼ᄎᆞ로(楞解1:26). 과ᄀᆞᄅᆞᆫ 모딘 독마자 ᄇᆡ ᄌᆞᄅᆞ는 ᄃᆞᆺ 알포ᄆᆞᆯ 춤디 몯ᄒᆞ야:絞腸沙痛不可忍(救簡2:45). 셜온 님 보내ᄋᆞᆸ노니 가시는 ᄃᆞᆺ 도셔오쇼셔(樂詞. 가시리).

-·ᄃᆞᆺ 어미 -듯. ☞-덧 ¶큰 구데 ᄢᅥ러디다 호ᄆᆞᆫ 惡道애 ᄢᅥ디다 ᄒᆞᄃᆞᆺ ᄒᆞᆫ 마리라(釋譜13:45). 큰 罪報 어두미 몬져 니르ᄃᆞᆺ ᄒᆞ며 得ᄒᆞᆫ 功德도 앳가 니르ᄃᆞᆺ ᄒᆞ야(釋譜19:26). 百姓이 져재 가ᄃᆞᆺ 모다 가(月釋2:7). 눉므를 비오ᄃᆞᆺ 흘리시고(月釋8:94). 거즛거슬 보ᄃᆡ 豺狼 저ᄐᆞᆺ ᄒᆞᄂᆞ니라:見詐如畏豺狼(楞解8:86). 숤바당앳 果子 보ᄃᆞᆺ ᄒᆞ더시니라(南明上25).

ᄃᆞᆺ거·든 조형 듯하거든. ㉮ᄃᆞᆺᄒᆞ다 ¶왼녁 오목ᄒᆞᆫ ᄃᆡ ᄲᅮ초ᄃᆡ 이비 평ᄒᆞᆫ ᄃᆞᆺ거든 즉재 말라:摩左穴似正卽止(救簡1:20). 쇼ᄅᆞᆯ 잇거ᄐᆞ녀 ᄇᆡ 안햇 므리 나게 ᄒᆞ고 ᄭᅵᆫ ᄃᆞᆺ거든 즉재 소합원류엣 약이어나:牽牛而行以出腹內之水如醒卽以蘇合香圓之類(救簡1:72). 져기 곳굼긔 부러 져기 산 ᄃᆞᆺ거든 ᄆᆞᆯᄀᆞᆫ 쥭므를 이베 브스라:少許搐其鼻如略活用淸粥飮灌之(救簡1:74).

ᄃᆞᆺ그다 동 닦다. ¶臺도 ᄃᆞᆺ그려니 亭子도 지으려니(曺友仁. 梅湖別曲).

ᄃᆞᆺ기ᄒᆞ다 동 달리기하다. ¶ᄃᆞᆺ기ᄒᆞ다:會跑(譯解上40).

ᄃᆞᆺ니다 동 다니다. ☞ᄃᆞᆫ니다 ¶後에 난 사ᄅᆞ미 아디 못ᄒᆞ야 오히려 키 ᄃᆞᆺ니놋다:後生未識猶駿奔(重杜解3:70). 어듸 가 ᄃᆞᆺ니다가 이제야 도라온고(古時調. 當時에. 海謠).

ᄃᆞᆺ·다 동 사랑하다. ¶션비ᄅᆞᆯ ᄃᆞᅀᆞ실ᄊᆡ:且愛儒士(龍歌80章). 아바닚 梓宮을 ᄃᆞᅀᆞ샤:守考梓宮(龍歌93章). 子息ᄋᆞᆯ ᄃᆞᅀᆞ샤 正法 모ᄅᆞ실ᄊᆡ(月印上45). 五塵을 欲ᄒᆞ야 ᄃᆞ쇼매(釋譜13:55). ᄆᆡ디 아니ᄒᆞ고 ᄃᆞᆺ디 아니ᄒᆞ야(月釋9:42). 네 내 ᄆᆞᅀᆞᄆᆞᆯ ᄃᆞᅀᆞ며:汝愛我心(楞解4:31). 이 塵勞ᄅᆞᆯ ᄃᆞᆺ거니:戀此塵勞(楞解9:47). 道理ᄅᆞᆯ ᄃᆞᆺ다 호미니:愛道(法華1:34). 法相ᄋᆞᆯ ᄃᆞᅀᆞ 着ᄒᆞ야:愛着法相(金剛上16). 이제 涅槃 ᄃᆞᅀᆞᆷ도 도로이 本來ㅅ ᄃᆞ쇼미며(圓覺下三之一44). 저호ᄃᆡ ᄃᆞᅀᆞ며 ᄃᆞᅀᆞᄃᆡ 그 왼 이ᄅᆞᆯ 알며:畏而愛之愛而知其惡(宣賜內訓1:7). 아ᅀᆞ라히 ᄃᆞᆺ노라:遙憐(初杜解8:35). 네의 葛强 ᄀᆞᆮ호ᄆᆞᆯ 아ᅀᆞ라히 ᄃᆞᆺ노라:遙憐似葛强(初杜解23:21). 너희 무리 ᄆᆡ며 ᄃᆞᆺ는 ᄆᆞᅀᆞ미 重ᄒᆞ야(南明下5). 一切 사ᄅᆞᄆᆡ ᄃᆞ쇼ᄆᆞᆯ 得ᄒᆞ야(佛頂上5). ᄃᆞᅀᆞᆷ과 다ᄅᆞ리오(六祖上73). ᄃᆞᆺᄋᆞᆯ ᄋᆡ:愛(光千5).

※'ᄃᆞᆺ다'의 활용 ┌ ᄃᆞᆺ고/ᄃᆞᆺ디/ᄃᆞᆺ는/ᄃᆞᆺ노라…
└ ᄃᆞᅀᆞ며/ᄃᆞᅀᆞᄃᆡ/ᄃᆞᅀᆞ샤…

ᄃᆞᆺ다 동 닫다. 달리다. ☞ᄃᆞᆮ다 ¶고솜도티 ᄃᆞᆺ거ᄂᆞᆯ 자바다가 밧ᄌᆞ오니:有蝟前走持之以進(東新續三綱. 孝6:79). ᄃᆞᆺ다:走作(語錄14). ᄃᆞᆺ는 ᄆᆞᆯ 셔셔 늙고 드는 칼 보믜거다(古時調. 柳赫然. 靑丘). 동으로 ᄃᆞᆺ고 셔로 ᄃᆞ라:東走西走(朴解中43). ᄆᆡ이 ᄃᆞᆺ는 ᄆᆞᆯ:響走馬(譯解下29). 살 맛고 ᄃᆞᆺ다:帶箭走(譯解補17).

ᄃᆞᆺ다 동 (흙을) 헤집다. ¶ᄃᆞᆺ다:跑了(同文解上16). ᄃᆞᆺ다:跑(漢淸7:29).

ᄃᆞᆺ·다 형 따스하다. ☞ᄃᆞᆺᄒᆞ다 ¶ᄒᆞ다가 그 ᄆᆞᅀᆞᄆᆞᆯ ᄃᆞᆺ게 아니코:若不先溫其心(救急上8). 블 우희 봇고ᄃᆡ 비치 븕거든 ᄃᆞᆺ게 ᄒᆞ야:火上炒赤色令溫(救急下21). ᄯᅩ 우믌 미틧 ᄒᆞᆯᄀᆞᆯ ᄇᆞᆯ로ᄃᆡ ᄃᆞᆺ거든 ᄀᆞᆯ라:又方以井底泥塗溫則易之(救急下78).

-ᄃᆞᆺ던고 어미 -았던고. -었던고. ☞-돗던고 ¶므스 일 ᄉᆞ나히 되ᄃᆞᆺ던고(癸丑34).

ᄃᆞᆺᄃᆞ시 부 따뜻이. ☞ᄯᆞᄯᆞ시 ¶즈ᅀᅴ 앗고 ᄃᆞᆺᄃᆞ시 ᄒᆞ야 ᄌᆞ조 머그라:去滓溫溫頻服(救簡3:94). 눈비여슬 디허 ᄧᅡ 머글 제마다 서홉곰 ᄃᆞᆺᄃᆞ시 ᄒᆞ야 머그라:益母草擣絞取汁每服三合溫服之(救簡3:94). 즈ᅀᅴ 앗고 ᄇᆡᆨ번 ᄀᆞᄅᆞᆫ ᄀᆞᄅᆞᆯ 녀허 ᄃᆞᆺᄃᆞ시 ᄒᆞ야 ᄃᆞᆷ가시라:去滓下白礬末溫溫浸之(救簡6:54).

ᄃᆞᆺ미온히 부 온랭(溫冷)히. ¶즈ᅀᅴ 앗고 ᄃᆞᆺ미온히 ᄒᆞ야 머그라:去滓溫冷服(救簡1:4).

ᄃᆞᆺ븟ᄒᆞ다 동 가까이하다. ¶불에 ᄃᆞᆺ븟ᄒᆞ면 몬져 ᄐᆞᆫ다:近火先焦(譯解補60).

ᄃᆞᆺ봇ᄒᆞ·다 형 습습(習習)하다. 바람이 산들산들하다. ¶덥듯ᄒᆞᆫ ᄇᆞᄅᆞ미 ᄃᆞᆺ봇ᄒᆞ야 프르며 누르니 ᄡᅡ해 ᄀᆞ독ᄒᆞ도다:熏風習習靑黃滿地(金三4:18).

·듯·시 부 듯이. ☞듯 ¶어딘 이를 보고 내게셔 나는 듯시 ᄒᆞ며:見善如己出(飜小8:17).

:듯·오·다 동 사랑하다. ☞듯다 ¶法을 모롤씨 즐굽드리워 듯온 쁘들 몯 쁘러 ᄇᆞ리ᄂᆞ니(釋譜6:6). 듯온 ᄆᆞᅀᆞ미 믄득 ᄇᆞ료미 어려ᄫᅳᆯ씨니라(月釋14:16). 즉재 듯온 거슬 ᄇᆞ려(月釋21:54). 듯오니 여희ᄂᆞᆫ 苦와 믜우니 맛나ᄂᆞᆫ 苦와(法華2:84). 듯오ᄆᆞᆯ 내면 ᄉᆞᆯ유미 ᄃᆞ외리라:生愛則爲所燒(法華2:89). 듯온 믜운 ᄆᆞᅀᆞ미:愛憎之心(法華3:41). 듯와 가쇼ᄆᆞᆯ 브틀씨:由愛取故(法華3:138). 自와 他와 믜욤과 듯옴과도 ᄯᅩ 이 ᄀᆞᆮᄒᆞ니라:自他憎愛亦復如是(圓覺下三之一125). 凄涼ᄒᆞᆫ 부듸 양ᄌᆞᄅᆞᆯ 듯오고:凄涼憐筆勢(初杜解8:25).

듯오다 형 가련(可憐)하다. ¶可히 듯온 王孫이 깊모해셔 우놋다:可憐王孫泣路隅(杜解8:1). 可히 듯오도다:可怜(初杜解16:61). 온 가짓 곳 픈 노푼 樓ᄂᆞᆫ ᄯᅩ 어루 듯오도다:百花高樓更可憐(初杜解18:7). 치위옛 고지 ᄯᅩ 可히 듯오도다:寒花亦可憐(初杜解20:2).

·듯·온 동 사랑하는. 사랑스러운. ㉮듯오다 ¶즐굽드리워 듯온 쁘들 몯 쁘러 ᄇᆞ리ᄂᆞ니(釋譜6:6). 즉재 듯온 거슬 ᄇᆞ려(月釋21:54). 믜며 듯온 ᄆᆞᅀᆞ미 無明 길우믈 爲ᄒᆞᆯ시:爲憎愛心養無明故(圓覺下三之一21).

:듯·옴 동 사랑함. 사랑. ㉮듯오다 ¶아쳐롬과 듯옴과 恭敬과 믜욤과(圓覺上二之二148). 이ᄀᆞ티 듯옴과 믜욤괘 다 我 자보ᄆᆞᆯ 브틀시:如是愛憎皆由執我故(圓覺下三之一11). 믜욤과 듯오미 나고:生憎愛(圓覺下三之一22).

듯토다 동 다투다. ☞ᄃᆞ토다 ¶뎌 明珠를 듯토와:爭那明珠(朴解下48). 셩내여 듯토다:合了氣(譯解補59). 듯토다:爭競(漢淸3:3). 여러 지어미 다 ᄯᅳ로 나려 ᄒᆞ고 ᄯᅩ ᄌᆞ조 듯토거ᄂᆞᆯ:諸婦遂求分異又數有鬪爭之言(五倫4:12). 穿楊 妙技로 勝負를 듯토거든(靑友仁. 出塞曲).

듯ᄒᆞ·다 형 따스하다. ☞ᄃᆞᄉᆞ다 ¶溫은 듯ᄒᆞᆯ씨라(月釋2:34). 가ᄉᆞ미 져기 듯ᄒᆞ닐 고툐ᄃᆡ:治…心稍暖(救急上26). ᄎᆞ며 듯호미 맛갑게 ᄒᆞ야:適寒溫(救急上66). 듯ᄒᆞᆫ 수레 프러 머그라:溫酒調服之(救急下84). 주근 사ᄅᆞ미 가ᄉᆞ미 듯ᄒᆞ얏ᄂᆞ닌 다 사ᄅᆞᆯ 거시라:凡心頭溫者皆可救治(救簡1:41).

듯ᄒᆞ다 조형 듯하다. ☞ᄯᅳᆺᄒᆞ다 ¶어제 본 듯ᄒᆞ야(釋譜6:9). 中士ᄂᆞᆫ 道 듣고 잇ᄂᆞᆫ 듯 업슨 듯ᄒᆞ고(月釋14:44). 다ᄅᆞᆫ 듯ᄒᆞ나:似異(圓覺上一之二55). ᄒᆞ다가 말ᄒᆞᆯ 뻔 아ᄂᆞᆫ 듯ᄒᆞ고:若說時似悟(蒙法47). 저호미 잇ᄂᆞᆫ 듯ᄒᆞ도다:有似懼(初杜解7:24). ᄆᆞᅀᆞ매 일흔 듯ᄒᆞ더니(初杜解7:29). 주글 듯거든(救簡1:85). 네 밥이 쟈글 듯ᄒᆞ고나:敢少了你飯(飜老上40). 舍人이 됴ᄒᆞᆫ 거슬 모ᄅᆞᄂᆞᆫ 듯ᄒᆞ고나:舍人敢不識好物麼(飜朴上73). 쟝ᄎᆞᆺ 보ᅀᆞ올 듯ᄒᆞᄂᆞ니라:如將見之(宣小2:25). 無罪ᄒᆞᆫ 거시 死地에 就ᄒᆞᄂᆞᆫ 듯홈을:若無罪而就死地(宣孟1:20). ᄇᆞᆯ근 거우뤼 ᄃᆞ랫ᄂᆞᆫ 듯고:懸明鏡(重杜解4:17). 지즈로 左右에 인ᄂᆞᆫ 듯ᄒᆞ도다(重杜解9:6). 얼골이 사랏ᄂᆞᆫ 듯ᄒᆞ고:面如生(五倫2:58).

:ᄃᆞᇰ오·니 명 사랑하는 사람. ☞ᄃᆞᇰ오다 ¶八苦ᄂᆞᆫ 人中이니 生과 老와 病과 死와 ᄃᆞᇰ오니 여희욤과 怨讐 믜우니와:八苦人中也謂生老病死愛別怨憎(圓覺上一之二148).

:ᄃᆞᇰ오·다 동 사랑하다. ¶境界를 브터 ᄆᆞᅀᆞ매 ᄃᆞᇰ오며(楞解4:16). ᄃᆞᇰ온 ᄆᆞᅀᆞᆷ 니ᄅᆞ와다(金剛83). 믜욤과 ᄃᆞᇰ옴과ᄅᆞᆯ ᄆᆞᅀᆞᆷ애 걸이디 아니ᄒᆞ면:憎愛不關心(六祖上81).

:ᄃᆞᇰ온 동 사랑하는. ㉮ᄃᆞᇰ오다 ¶境界를 브터 ᄆᆞᅀᆞ매 ᄃᆞᇰ옴과 아니 ᄃᆞᇰ온 分別을 니ᄅᆞ완ᄂᆞᆫ 젼ᄎᆡ라(圓覺上一之一81).

:ᄃᆞᇰ·옴 동 사랑함. ㉮ᄃᆞᇰ오다 ¶제 身心을 護念ᄒᆞ야 믜며 ᄃᆞᇰ오ᄆᆞᆯ 간대로 니ᄅᆞ와다(金剛9). ᄆᆞᅀᆞ매 ᄃᆞᇰ옴과 아니 ᄃᆞᇰ온 分別을 니ᄅᆞ완ᄂᆞᆫ 젼ᄎᆡ라:心起分別愛與不愛故(圓覺上一之一81).

ᄃᆞᇰ·긔·다 동 당기다. ☞ᄃᆞᇰᄀᆡ다 ¶아프로 옷기슬 ᄃᆞᇰ긔고 뒤후로 옷기ᄉᆞᆯ 잇그러:前襟後裾(宣小5:70). 산부로 ᄒᆞ여곰 더위자바 ᄃᆞᇰ긔고:令產婦攀引(胎要22). 비슥이 ᄃᆞᇰ긔여 덥흐라(女範3. 문녀 노검누쳐).

ᄃᆞᇰ긔다 동 댕기다. ¶블이 ᄃᆞᇰ긔야 오ᄅᆞ돗더라:延而至燒(太平1:43).

ᄃᆞᇰ·기·다 동 당기다. ☞ᄃᆞᇰ긔다 ¶樹神이 가지ᄅᆞᆯ 구핀대 太子ㅣ ᄃᆞᇰ기야 나거시ᄂᆞᆯ(釋譜3:p.160). 左ㅅ녀글 기우루 ᄃᆞᇰ기시고:偏掣其左(楞解5:24). ᄌᆞᄂᆞᄌᆞᄂᆞ기 ᄃᆞᇰ기면:徐徐引之(救急上49). ᄃᆞᇰ길 공:控. ᄃᆞᇰ길 만:挽(類合下25). 掣肘:ᄑᆞᆯ을 ᄃᆞᇰ기미니 븓들리단 말이라(宣小6:123).

ᄃᆞᇰ오다 형 가련(可憐)하다. ☞듯오다 ¶楚ㅅ 겨지븨 허리와 ᄉᆞ지ᄂᆞᆫ ᄯᅩ 可히 ᄃᆞᇰ오도다:楚女腰支亦可憐(重杜解11:13).

ᄃᆡ 명 대〔竹〕. ☞대 ¶ᄃᆡ 쥭:竹(兒學上6).

·ᄃᆡ 명 데. ☞듸. 때 ¶도ᄌᆞ기 겨신 ᄃᆡᆯ 무러:賊問牙帳(龍歌62章). 如來 겨신 ᄃᆡᄅᆞᆯ 모ᄅᆞᅀᆞᄫᆞ이다(釋譜11:10). 王ㅅ ᄆᆞᅀᆞ매 아모ᄃᆡ나 가고져 ᄒᆞ시면(月釋1:26). 法이 심기샨 ᄃᆡ 이쇼ᄆᆞᆯ 證ᄒᆞᆯ ᄯᆞᄅᆞ미라(楞解1:23). 곧 ᄆᆞᅀᆞᆷ 잇논 ᄃᆡ로다(楞解1:64). 큰 ᄃᆞᆷᄂᆞᆫ ᄃᆡᆶ 가ᄌᆞᆯ비시니라:譬巨溺(楞解8:84). ᄆᆞᅀᆞᄆᆞᆯ ᄆᆞᆯᄀᆞᆫ ᄃᆡ 노니며(宣賜內訓序6). 主人이 수플와 못과 幽深ᄒᆞᆫ ᄃᆡ 爲ᄒᆞ야 사ᄅᆞᆯ ᄃᆡᄅᆞᆯ

占卜ᄒᆞᄂᆞ다:主人爲卜林塘幽(杜解7:2). 믌결 어즈러운 딘 힛비치 더듸도다:波亂日華遲(初杜解7:14). 새 ᄒᆞ마 잘 딗 가고:鳥已歸(杜解9:14). 춤츠ᄂᆞᆫ 딗 다시 고지 ᄂᆞᄎᆞ ᄀᆞ독ᄒᆞ야쇼ᄆᆞᆯ 보리니:舞處重看花滿面(杜解10:1). 楊岐ᄂᆞᆫ 뎌리니 方會禪寺 잇던 딗라(金三2:1). 잘 딗 어더지이다:尋箇宿處(飜老上47). 뛰와 ᄀᆞᆯ조차 난 딗:茅蕩蘆蕩(訓蒙上6 蕩字註). 제 王 겨신 딗:王府(訓蒙中7 府字註). 기픈 딗 오:奧(類合下38). 비록 ᄉᆞᄉᆞ로온 딗나 반ᄃᆞ시 뻐 녜모ᄒᆞ시며:雖褻必以貌(宣小3:15). 음식 ᄑᆞᄂᆞᆫ 딧 사ᄅᆞᆷ아(老解上55). 이런 村 딗 이셔 졀믄 계집이 일즉 됴흔 ᄡᆞᆯ을 今明間 드려 주읍소(隣語1:3). 손잡은 딗라(武藝圖58). 부칠 딗 젼혜 업셔 노 ᄡᅩ기예 부치거다(萬言詞). ᄒᆞ물며 찬 딗 누어 어러 죽기 片時로다(萬言詞). ※딗>데

딗 명 대(臺). ¶善慧 다ᄉᆞᆺ 고줄 비ᄒᆞ시니 다 空中에 머므러 곳 臺 ᄃᆞ외어늘(月釋1:13). 金剛으로 터럭 ᄆᆡᆼᄀᆞᆯ오 甄叔迦寶로 臺 ᄆᆡᆼᄀᆞ니잇고(法華7:14). 臺와 亭子왜 ᄃᆞ토와 노팻도다(初杜解6:18). 臺예 當ᄒᆞ야셔 胡ㅣ 오나ᄃᆞᆫ(金三涵序3). ᄇᆞᆯ곤 거우루도 ᄯᅩ 臺 아니니라(六祖上25). 딧 딗:臺(訓蒙中5. 類合上22). 文王이 民力으로뻐 臺ᄅᆞᆯ ᄒᆞ시며 沼ᄅᆞᆯ ᄒᆞ시나(宣孟1:5). 미틔 臺를 넙고 둣텁고 내밀게 ᄒᆞ야(家禮圖18). 딗우희 심근 느틔 몃 히나 ᄌᆞ란ᄂᆞᆫ고(古時調. 鄭澈. 松江). 딗 딗:臺(倭解上33).

·딗 명 세대(世代). ¶딗마다 죄 닙은 사ᄅᆞᆷ이 잇거든:世有刑人(宣小2:54). 아홉 딗ᄅᆞᆯ ᄒᆞᆫ딗 사더니:九世同居(宣小6:89). 딗 엽:葉(註千33).

-·딗 어미 -되. ☞-되 ¶말ᄊᆞᄆᆞᆯ ᄉᆞᆯᄫᆞ리 하딗:獻言雖衆. 놀애ᄅᆞᆯ 브르리 하딗:謳歌雖衆(龍歌13章). 믈읫 法性을 보딗(釋譜13:23). 맛드논 거슬 다 주딗(釋譜19:3). 시믄 두어 힛자히 나딗(月釋1:6). 그 欲을 조차 즐길 거슬 다 주딗(月釋17:46). 이ᄀᆞ티 布施ᄒᆞ야 八十年을 치오고 너교딗(月釋17:47). 道애 나ᅀᅡ가딗(月釋17:56). 여러 ᄒᆡᄅᆞᆯ 구지주딗(月釋17:85). 일훔 지호딗 常不輕이라 ᄒᆞ니라(月釋17:85). 바미어든 大乘經典을 닐구딗(月釋23:76). ᄂᆞᆷ온 하ᄂᆞᆯ해 가딗 罪業이 하 클ᄊᆡ(月釋23:79). 보딗 보디 몯ᄒᆞ며:視之不見(蒙法67). 아비 거상애 소니 오딗(宣賜內訓1:38). 수픐 그테 안자 이트를 자딗:坐林杪信宿(初杜解7:23). 용남이 손으로 그 어미ᄅᆞᆯ 븓들고 닐오딗:勇男手扶其母曰(東新續三綱. 孝7:44). ᄀᆞ마니 사ᄅᆞᆷ을 브려 고ᄒᆞ딗:密遣人告(東新續三綱. 忠1:4). 딗답ᄒᆞ야 ᄀᆞ로딗(正念解1).

딗골 명 대갈. 머리통. ¶뎡바깃 딗고리 구드시며(月釋2:55). 주근 사ᄅᆞᄆᆡ 머릿 딗고ᄅᆞᆯ:以髑髏骨(救簡6:44). 온 즘ᄉᆡᆼ이 듣고 딗고리 다 ᄣᅥ려디ᄂᆞ니:百獸聞之皆腦裂(南明上47). 내 져기 딗고리 알프며:我有些腦痛(飜老下39). 딗골 로:顱(訓蒙上24). 도적이 머리 딗골을 텨(東新續三綱. 烈3:92). 딗골이 알ᄑᆞ고 머리 어즐ᄒᆞ고:腦痛頭眩(老解下36). 딗골:腦帒(譯解上32). 딗골 로:顱(倭解上16).

딗공 명 대공. ¶딗공 절:梲(倭解上32).

딗구 명 대구. 〔바닷물고기〕 ¶목늘ᄒᆞ신 두신은이 딗구 닙이 다 되얏ᄂᆡ(쌍벽가).

딗킥ᄒᆞ다 동 대객(對客)하다. ¶그러므로 내 집의 여러 아희 다 딗킥ᄒᆞ기ᄅᆞᆯ 염히 아니 너기ᄂᆞ니라(落泉1:3).

딗킥ᄒᆞ다 동 대객(待客)하다. ¶빅단곤핍ᄒᆞ야 창녀ᄅᆞᆯ ᄆᆡᆼ그니 딗킥ᄒᆞ얀 지 삼 년의 흔 귀가 공ᄌᆞᄅᆞᆯ 만나니(落泉1:2).

딗다 동 대다. ¶강두의 비를 딗혀 부모 친쳑 니별ᄒᆞᆯ 제(萬言詞).

:딗·답 명 대답(對答). ¶아ᄃᆞᆯ님 對答 ᄃᆞ르샤(月印上41). 딗답 응:應(類合下40). 딗답 딗:對(類合下40. 石千19). 딗답 답:答(類合下40. 石千38. 倭解上25. 兒學下4). 딗답 아니커늘:不應(宣小6:57). 딗답 화:和(註千14). 가삼이 막히거든 딗답이 나올소냐(萬言詞).

:딗·답·ᄒᆞ·다 동 ①대답하다. 응대(應對)하다. ¶對答호딗 잇ᄂᆞ니이다(釋譜6:14). 菩薩이 對答ᄒᆞ샤딗(月釋1:7). 偈ᄅᆞᆯ ᄉᆞᆯ와 부텻긔 對答ᄒᆞ샤딗(楞解6:51). 對答ᄒᆞᅀᆞᆸᄂᆞᆫ 마리오(金剛13). 後ㅅ ᄒᆞᆫ 묻ᄌᆞ옴과 對答ᄒᆞ샤ᄆᆞᆫ(圓覺下三之二2). 브르거니 對答거니 ᄒᆞ야 威와 福과ᄅᆞᆯ 짓ᄂᆞ니:唱和作威福(初杜解6:38). 涓埃마도 聖朝ᄅᆞᆯ 對答호미 잇디 몯호라:未有涓埃答聖朝(初杜解14:32). 門戶애 손 딗답ᄒᆞ야:應當門戶(初杜解25:45). 知音은 버디니 般若無生曲ᄋᆞᆯ 松風 버디 對答ᄒᆞᄂᆞ니라(金三1:19). 對答호딗(六祖中79). 딗답디 아니ᄒᆞᆯ시:不應(飜小9:62). 怒로뻐 내게 더을ᄶᅵ라도 내 모로미 和悅ᄒᆞ기로뻐 딗답ᄒᆞ며(警民9). 니르거니 딗답거니(新語4:23). 딗답ᄒᆞ다:答應(同文解上25). 내 이예 ᄯᅩ 가히 그 뜻을 딗답홈이 업ᄉᆞ라(綸音146). 여러 낭녀ᄅᆞᆯ 두어 긱샹을 딗답ᄒᆞ딗 심졍이 음휼ᄒᆞ야(落泉2:5). ②갚다. 바치다. ¶브즈러니 질삼ᄒᆞ야 구실 딗답ᄒᆞ더니:勤績絍以供租賦(續三綱. 烈1).

딗뎍 명 대적(對敵). ☞딗뎍ᄒᆞ다 ¶딗뎍 뎍:敵(類合下21).

딗뎍ᄒᆞ다 동 대적(對敵)하다. ☞딗적ᄒᆞ다 ¶왜적으로 더브러 서ᄅᆞ 만나니 하며 져그미

ᄃᆡ뎍디 몯ᄒᆞ야:與倭賊相遇衆寡不敵(東新續三綱. 忠1:28).
ᄃᆡ뎝ᄒᆞ다 동 대접(待接)하다. ☞대졉ᄒᆞ다 ¶ 서ᄅᆞ ᄃᆡ뎝기ᄅᆞᆯ 손ᄀᆞᆮ티 ᄒᆞ거늘(女範2. 현녀 진각결쳐).
ᄃᆡ독 명 대독. 다릿골독. ¶昏定晨省은 보리 담은 ᄃᆡ독이요(萬言詞).
ᄃᆡ되 부 모두. 통틀어. ☞대되 ¶十斤 여물에 ᄃᆡ되 두 돈 銀이오:十斤砍草共該二錢銀(華解上17). ᄃᆡ되 혜미 ᄒᆞᆫ 냥 서 돈 銀이오:一共打算一兩三錢銀子(華解上18). 남 ᄃᆡ되 그러ᄒᆞᆫ가 ᄂᆡ 홀로 이러ᄒᆞᆫ가(萬言詞).
ᄃᆡᄃᆡ글 부 대굴대굴. ¶簇子ㅣ라 ᄃᆡᄃᆡ글 ᄆᆞᆫ다(古時調. 한숨아. 青丘).
ᄃᆡᄃᆡ로 부 배배(倍倍)로. ¶ᄃᆡᄃᆡ로:倍倍(同文解下52).
ᄃᆡᄃᆡ로 부 대대(代代)로. ¶章氏 ᄃᆡᄃᆡ로 閔中에 顯ᄒᆞ니라(女四解4:38). 주현이 본ᄃᆡ ᄃᆡᄃᆡ로 독자라(洛城1).
:ᄃᆡ:ᄃᆡ예 부 대대(代代)에. ¶信體ᄅᆞᆯ 사마 代代예 서르 닛고(六祖上31).
ᄃᆡ령ᄒᆞ다 동 대령(待令)하다. ¶의녀ᄃᆡ ᄃᆡ령ᄒᆞ여시니(癸丑99). 쥬야의 ᄃᆡ령ᄒᆞ야(閑中錄204).
ᄃᆡ로 명 대로. ☞대로 ¶사ᄅᆞᄆᆡ 서르 ᄀᆞ람 더운 소ᄂᆞ로 ᄇᆡᄅᆞᆯ 눌러 므리 큰ᄆᆞᆯ 져근ᄆᆞᆯ 보ᄂᆞᆫ ᄃᆡ로 조차 나게 ᄒᆞ라:人更迭以熱手按腹令水從大少便出(救簡1:66).
ᄃᆡ로ᄒᆞ다 동 대로(大怒)하다. ¶녕무경이 ᄃᆡ로ᄒᆞ야 사ᄅᆞᆷ으로 ᄒᆞ여곰 왕싱이 ᄎᆞᆽ지 아닌 연고ᄅᆞᆯ 무로니(落泉2:6).
ᄃᆡ명 명 대명(代命). 대살(代殺). ¶하ᄂᆞᆯ ᄢᅴ 대명 드러지라 빌며:祈天代命(東新續三綱. 孝7:45).
:ᄃᆡ·모 명 대모(玳瑁). ☞ᄃᆡ미 ¶ᄃᆡ못 ᄃᆡ:玳. ᄃᆡ못 모:瑁(訓蒙上24). ※ᄃᆡ모>대모
:ᄃᆡ미 명 대모(玳瑁). ☞ᄃᆡ모 ¶ᄃᆡ미:玳瑁(飜朴上28). ᄃᆡ미:玳瑁(四解上43 玳字註).
ᄃᆡ변ᄒᆞ다 동 대변(代辯)하다. ¶말이 길고 일이 공교ᄒᆞ니 너ᄂᆞᆫ 다만 관졍의 가 ᄃᆡ변ᄒᆞ라(落泉3:8).
ᄃᆡ봉ᄒᆞ다 동 대봉(代捧)하다. ¶ᄯᅩᄒᆞᆫ 샹당곡으로 침쟉ᄒᆞ야 헤아려 ᄃᆡ봉ᄒᆞ기를 허ᄒᆞ노라(綸音90).
ᄃᆡᄡᆞ리 명 댑싸리. ☞ᄃᆡᆸᄡᅳ리 ¶ᄃᆡᄡᆞ리 ᄡᅵ:地膚子(方藥18).
ᄃᆡ슌 명 대순. 죽순(竹筍). ¶ᄃᆡ슌 슌:笋(兒學上6).
ᄃᆡ신 명 대신(代身). ¶ᄃᆡ신 갑 쳐 주다:折兌還償(譯解補60). ᄃᆡ신 시기다:替攛(漢淸9:14). 녀름에 한ᄌᆡ로 ᄒᆞ야 이앙 못ᄒᆞᆫ 논에 모밀로 ᄃᆡ신으로 ᄡᅵᄒᆞ라(綸音89).
:ᄃᆡ신ᄒᆞ·다 동 대신하다. ¶제 몸으로 아비 주구믈 ᄃᆡ신ᄒᆞ야지라 비더라:求以身代(飜小9:31). 쳥ᄒᆞ여 몸으로 ᄃᆡ신ᄒᆞ여지라 ᄒᆞ니:請以身代(東新續三綱. 孝8:23). ᄂᆞᆷ의 걱뎡 ᄃᆡ신ᄒᆞ다:替人耽憂(譯解補60). 관복을 건국으로 ᄃᆡ신ᄒᆞ야 일홈을 숨겨 셰상이 모ᄅᆞ과져 ᄒᆞᄂᆞ니(落泉2:6).
ᄃᆡᄡᅦ 명 대떼. 대뗏목〔筏〕. ¶ᄃᆡᄡᅦ:筏(柳氏物名五 水).
ᄃᆡᄶᅩᆨ 명 대쪽. ¶ᄃᆡᄶᅩᆨ 간:簡(兒學上10).
-ᄃᆡ·여 어미 -기를 바라노라. ¶우리를 ᄒᆞᄅᆞᆺ 밤만 자게 호ᄃᆡ여:着我宿一夜(飜老上49). 슬커든 마로ᄃᆡ여:不肯時罷(飜老下23). 네 손조 ᄆᆞᆯ 제제 ᄀᆞᆯᄒᆡ여 사라 가ᄃᆡ여:你自馬市裏揀着買去(飜朴上63).
ᄃᆡ오 명 대오(隊伍). ¶요령 흔드러ᄃᆞᆫ ᄃᆡ오 ᄂᆞᆯ 거도고(練兵24).
ᄃᆡ용ᄒᆞ다 동 대용(代用)하다. ¶봇ᄀᆞ니로 ᄃᆡ용ᄒᆞ다(痘要下3).
ᄃᆡ우 명 대우(大雨). 큰비. ¶강텬이 아득ᄒᆞ고 ᄇᆡᆨ낭이 흉용ᄒᆞ야 ᄃᆡ우ㅣ 븟ᄃᆞ시 오며(落泉2:4).
ᄃᆡ우 명 갓모자. ¶뎌 ᄃᆡ우를 ᄀᆞ장 ᄢᅵ기를 잇긋ᄒᆞ고:那頭盔好晒到了時(朴解中26).
ᄃᆡ작ᄒᆞ다 동 대작(大作)하다. 크게 일어나다. ¶홀연이 광풍이 ᄃᆡ작ᄒᆞ야 쥬즙이 다 부러지고(落泉2:4).
ᄃᆡ쟉 명 마시다가 남은 술. ¶ᄃᆡ쟉:底酒. 殘酒(譯解上60).
ᄃᆡ적ᄒᆞ다 동 대적(對敵)하다. ☞ᄃᆡ뎍ᄒᆞ다 ¶ᄃᆡ적ᄒᆞ리 업시(捷蒙3:5). ᄃᆡ적ᄒᆞ다:敵他(同文解上46). ᄃᆡ적지 못ᄒᆞ다:敵不住(漢淸4:51).
:ᄃᆡ·졉 명 대접(待接). 응대(應待). ¶지아비 쳡과 얼ᄌᆞ ᄃᆡ졉을 ᄒᆞᆫᄀᆞᆯᄀᆞ티 지아비 싱시ᄀᆞ티 ᄒᆞ더라:待夫妾孼子一如其夫生時(東新續三綱. 烈3:58).
:ᄃᆡ·졉 명 대접(對接). ¶慈母ㅣ 對接을 甚히 各別히 호ᄃᆡ(宣賜內訓3:23).
ᄃᆡ졉하다 동 대접(待接)하다. ¶ᄃᆡ졉할 졉:接(兒學下11).
:ᄃᆡ·졉·ᄒᆞ·다 동 대접(待接)하다. ☞ᄃᆡ뎝ᄒᆞ다 ¶王이 너를 禮數로 待接ᄒᆞᅀᆸᄂᆞᆫ댄(釋譜11:30). 손 오ᄆᆞᆯ 맛나ᄃᆞᆫ 모로매 이대 待接홀디니라(金三1:27). 禮로 待接호미(六祖中49). 그를 ᄃᆡ졉ᄒᆞ야 보내오 ᄯᅩ 오라:打發他去了纔來(飜朴上64). 안 ᄆᆞᅀᆞᆷ오로브터 셔 밧긔 이를 ᄃᆡ졉ᄒᆞᄂᆞ니:由乎中而應乎外(飜小8:8). ᄯᅩ 能히 禮로ᄡᅧ 사ᄅᆞᆷ을 ᄃᆡ졉디 몯ᄒᆞ다 ᄒᆞ니라:又不能以禮處人(宣小5:47). 그 효우호ᄆᆞᆯ 항복ᄒᆞ여 죵으로 ᄃᆡ졉지 아니ᄒᆞ더라:服其孝友不以奴待之(東新續三綱. 孝8:58). 도로 徐孺의 榻을 ᄃᆡ녀 곧마다 노폰 사ᄅᆞᄆᆞᆯ 待接ᄒᆞ리로다:還將徐孺榻處處

待高人(重杜解23:7). 늘그니 디접ᄒᆞᄂᆞᆫ 도리예 븟그러오믈 씨돗디 못ᄒᆞ리로다(仁祖行狀30). 문무를 ᄀᆞᆯ와 쓰미 당구ᄒᆞᆫ 도리니 무ᄉᆞ 디접ᄒᆞ기를 가히 박히 못ᄒᆞᆯ 거시라 ᄒᆞ샤(仁祖行狀31). 집의 이셔 서ᄅᆞ 디접ᄒᆞ되(女四解2:21). 디접ᄒᆞ다:敬人(同文解上31). 부인이 슈렴ᄒᆞ야 디접ᄒᆞ더라(洛城1). 싱이 후마의 은근홈과 일마다 경으로 디접ᄒᆞ믈 감격ᄒᆞ여(落泉1:2).

:디·졉·ᄒᆞ·다 동 대접(對接)하다. ¶臂ᄂᆞᆫ 자바 對接ᄒᆞ시ᄂᆞᆫ 悲를 表ᄒᆞ시고(楞解6:41). 安祿山이 對接ᄒᆞ샤미 父子ᄀᆞ티 ᄒᆞ샤(三綱.忠15). 어버ᅀᅵ 셤기며 祭祀ᄒᆞ며 손 對接호미(三綱.烈19). 더 노피 對接ᄒᆞ더시다(宣賜內訓2上43). 蓋를 기우려 對接ᄒᆞᄂᆞ니 어뒷 늘근 한아비 와셔 그를 짓가니오(初杜解14:17).

디좌ᄒᆞ다 동 대좌(對坐)하다. ¶두옥과 디좌ᄒᆞ야(太平1:23). 술을 먹고 미인을 디좌ᄒᆞ여 깃분 긔운을 감쵸지 못ᄒᆞ니(落泉1:2).

디쥴기 명 대〔竹〕의 줄기. ☞디 ¶디쥴기 간:竿(兒學上6).

디청 명 대청. ¶디청 당:堂(兒學上9).

디총 명 두목. ¶각 그 디총을 모화:聚各其頭目(兵學1:3).

디쵸 명 대추. ☞대초 ¶묏디쵸 씨:酸棗(方藥33). 디쵸 조:棗(兒學上9).

:디티 명 대치(對治). 대하여 고침. ¶이 두 藥ᄋᆞᆯ 뻐 두 病을 對ᄒᆞ야 헐씌 일후미 對治라(永嘉上97).

디틀 명 티끌. ☞드틀 ¶디트리 城에 ᄀᆞ득ᄒᆞ니:塵滿城(重杜解11:16).

·디파 명 대패. ☞디패 ¶디파:推鉋(訓蒙中16鉋字註). 디파:推鉋(譯解下17). 디파:推鉋(同文解下16).

디파밥 명 대팻밥. ☞디패ㅅ밥 ¶디파밥:鉋花(漢淸13:30).

디패 명 대패. ☞디파 ¶디패 산:鏟(類合下42). 디패와 ᄭᅳᆯ과:退鉋鑿子(朴解下12). 디패:椎鉋(物譜 工匠).

디패ㅅ밥 명 대팻밥. ☞디파밥 ¶디패ㅅ밥:鉋花(譯解補45).

디혀두다 동 (물을) 대어 두다. ¶道上無源水을 반만ᄯᅡᆫ 디혀두고(蘆溪. 陋巷詞).

디후ᄒᆞ다 동 대후(待候)하다. ¶ᄒᆞᆫ 동모 ᄒᆞ야 보숣펴 디후ᄒᆞ게 ᄒᆞ라:教一箇火伴伺候着(飜老下46). 창 밧긔 디후ᄒᆞ야 ᄢᅵ기를 기ᄃᆞ리디(洛城2).

디희ᄒᆞ다 동 대희(大喜)하다. ¶묘랑이 디희ᄒᆞ야 싱을 별ᄉᆞ의 보니고(落泉1:3).

디히 명 편. 쪽. 근처. ☞다히 ¶邑內 디히 羊치ᄂᆞᆫ 사ᄅᆞᆷ 인거든 죠곰 어더 주ᄋᆞᆸ소(隣語8:12).

:디ᄒᆞ·다 동 대(對)하다. ¶眞覺ᄋᆞ로 眞法을 對ᄒᆞ면 萬象ᄋᆞᆯ ᄉᆞᄆᆞᆺ 비취며(釋譜19:9). 靑等을 對ᄒᆞᆫ 時節에 곧 그리멧 像이 잇거든(圓覺上一之二140). ᄎᆞ마 能히 ᄂᆞ출 對ᄒᆞ야셔 일벗ᄂᆞ다:忍能對面爲盜賊(初杜解6:42). ᄂᆞ출 對ᄒᆞ야도 千里어니(六祖中48). ᄒᆞᆫ 가애 안자 반상을 對ᄒᆞ여셔 먹디 아니ᄒᆞ거든:爲便坐對案不食(宣小6:77). 내 對ᄒᆞ야 ᄀᆞᆯ오ᄃᆡ 違홈이 업슴이라 호라(宣論1:11). 孟子ㅣ 對ᄒᆞ야 ᄀᆞᆯᄋᆞ샤ᄃᆡ 賢者ㅣᆫ 後에 이를 樂ᄒᆞᄂᆞ니(宣孟1:3). 屯聚ᄒᆞ얏ᄂᆞᆫ 구루미 녯 城을 對ᄒᆞ얏도다(重杜解9:11). 먹을 노코 卓子를 對ᄒᆞ야(家禮8:15). 서ᄅᆞ 디ᄒᆞ여 안쩌나 닐거나 ᄒᆞᆯ 제 등으로 향ᄒᆞ여 안즈라(辟新16). 디ᄒᆞᆯ 디:對(倭解下39. 註千19). 감히 디ᄒᆞ야 말ᄒᆞ디 몯ᄒᆞ고(女四解2:18). 강풍 송월을 디ᄒᆞ야(引鳳簫1). 슈령이 므ᄅᆞᆺ 빅셩을 디홈애 반ᄃᆞ시 ᄆᆞᄋᆞᆷ을 다ᄒᆞ야(綸音23).

:디·ᄒᆞ·다 동 대(代)하다. 대신하다. ¶일을 시기시고 놈으로 代ᄒᆞ거시든 내 비록 그리코져 아니ᄒᆞ나:加之事人代之己雖不欲(宣小2:12). 日月의 代ᄒᆞ야 明홈 ᄀᆞᆮᄐᆞ니라(宣中48). 티안이 디ᄒᆞ야 분묘를 딕킈기를 삼년을 ᄒᆞ니라:致安代守墳所三年(東新續三綱. 孝1:87). 몸으로뻐 디홈을 비러:乞以身代(東新續三綱. 孝6:8).

디힝ᄒᆞ다 동 대행하다. ¶ᄌᆞ식이 반ᄃᆞ시 디힝호리라:子當代行(東新續三綱. 孝8:70).

딕 명 댁(宅). ¶小人이 어제웃 디긔 ᄒᆞᆫ 며함 두ᅀᆞᆸ고 오니:小人昨日貴宅裏留下一箇拜貼來(飜朴上58).

딕들에 명 댁들이여. 통딕 ¶딕들에 동난지이 사오(古時調. 靑丘). 딕들에 나모들 사오(古時調. 靑丘).

딘ᄌᆞ기 부 단단히. ¶소ᄂᆞ로 그 뎡바기옛 머릿터럭을 딘ᄌᆞ기 자바 노티 말오:以手少挽其頂髮常常緊勿放之(救簡1:60).

딥ᄊᆞ리 명 댑싸리. ☞댑싸리. 댓ᄡᅳ리 ¶딥ᄊᆞ리:地膚(柳氏物名三 草).

딩 명 탱화〔幀畫〕. ¶世宗ㅅ 일우샨 佛像 다ᄉᆞᆺ 딩과:世宗所成佛五幀(金剛下 事實3). 딩 그리ᅀᆞ오미 맛당ᄒᆞ이다:可…而畫幀焉(金剛下 事實4).

딩기다 동 다니다. ¶연고 업시셔나 딩기디 말고(家禮6:32). 딩김의 머리를 도릐켜지 말며(女四解3:4). 의샹을 정졔ᄒᆞ야 가젼히 딩기고(女四解3:8).

딩딩이 명 댕댕이. ☞딩딩이너출 ¶딩딩이:常春藤(柳氏物名三 草).

딩딩이너출 명 댕댕이덩굴. ☞딩딩이 ¶딩딩이너출:藤蘿(同文解下44).

ㄸ 병서 쌍디귿. 한글 초성(初聲) 자모(字

母)의 하나. 설음(舌音). 혓소리. ㄷ의 각자병서(各自並書). ¶ ㄷ. 舌音. 如斗字初發聲. 並書. 如覃字初發聲(訓正). ㄱㄷㅂㅈㅅㆆ. 爲全淸. ㅋㅌㅍㅊㅎ. 爲次淸. ㄲㄸㅃㅉㅆㆅ. 爲全濁(訓解. 制字). 全淸並書則爲全濁. 以其全淸之聲凝則爲全濁(訓解. 制字). 四面에 ᄇᆞ리 니러셜씨 갈 ᄯᅡ 업서(釋譜6:33). 須達이 올 ᄯᆞᆯ 아ᄅᆞ시고(釋譜9:20). ㄷ는 혀쏘리니 斗ᄯᅮᇦ字ᄍᆞᆼ 처ᅀᅥᆷ 펴아나ᄂᆞᆫ 소리 ᄀᆞᄐᆞ니 ᄀᆞᆯ바쓰면 覃ᄠᅡᆷㅂ字ᄍᆞᆼ 처ᅀᅥᆷ 펴아나ᄂᆞᆫ 소리 ᄀᆞᄐᆞ니라(訓註5). 이 소리 귓ᄀᆞ새 올ᄯᅥᆫ댄(楞解3:21). 一切法의 相 업서 어루 得디 몯ᄒᆞᆯ ᄯᆞᆯ 아라:知一切法無相不可得(法華2:179). 三界예 願ᄒᆞ야 求ᄒᆞᆯ ᄯᅡ 업서:卽於三界無所願求(法華2:180). 이제 맛듈 ᄯᅡ 잇도다:今有所付(法華2:198). 定뗭(法華2:200). 大땡(法華2:204). 唐땅(法華2:210). 道똫(法華2:212). 著땩(法華2:229). ᄯᅡ 디:地(倭解上7).

ᄯᅡ 명 땅. 곳. ☞ᄯᅡ ¶ ᄯᅡ 디:地(倭解上7). 아비는 하ᄂᆞᆯ이오 어미ᄂᆞᆫ ᄯᅡ히라(女四解4:11).

·**ᄯᅢ** 명 데. ☞ᄃᆡ. ᄯᅴ ¶ 이긔욜 ᄯᅢᆯ 조차:隨其所堪(法華3:19).

ᄯᅢ 명 때. ☞ᄣᅢ. ᄣᅢ ¶ 놈의 危急ᄒᆞᆫ ᄯᅢ예ᄂᆞᆫ 부ᄃᆡ 救ᄒᆞ여야(隣語1:9).

ᄯᅥ나다 동 떠나다. ☞ᄠᅥ나다 ¶ 營을 블셔 ᄯᅥ나 계시되(隣語1:6).

ᄯᅥᆺᄯᅥᆺᄒᆞ다 형 떳떳하다. ☞덛덛ᄒᆞ다 ¶ 自古로 ᄯᅥᆺᄯᅥᆺᄒᆞ온 일이오니(隣語4:26).

·**ᄯᅦᆫ** 명 데는. ¶ 結業을 다ᄉᆞ룰 ᄯᅦᆫ 三十七道品을 닷골 ᄯᅵ니(法華3:133).

ᄯᅩ 부 또. ☞ᄯᅩ ¶ ᄯᅩ 우:又(倭解上27).

ᄯᅩ한 부 또한. ¶ 回還이 ᄯᅩ한 느저지오매(隣語7:2).

ᄯᅩᆼ 명 똥. ☞ᄯᅩᆼ ¶ 羊의 ᄯᅩᆼ을 燒存性ᄒᆞ여(隣語8:12).

ᄯᅬ 명 떼. 잔디. ¶ ᄯᅬ 사:莎(倭解下31).

ᄯᅱ집 명 띳집(茅屋). ¶ 山水間 바회 아래 ᄯᅱ집을 짓노라 ᄒᆞ니(古時調. 尹善道. 孤遺).

ᄯᅳ다 동 뜨다. ☞ᄠᅳ다 ¶ ᄯᅳᆯ 부:浮(倭解上10).

ᄯᅳᆮ 명 뜻. ☞ᄠᅳᆮ ¶ ᄯᅳ들 먹ᄉᆞᆸ고 各 國事中의도 ᄯᅳ들 다ᄒᆞ여 두언ᄉᆞ오매(隣語8:3).

·**ᄯᆞᆯ** 명 것을. 줄을. ☞ᄃᆞᆯ ¶ 須達이 올 ᄯᆞᆯ 아ᄅᆞ시고(釋譜9:20). 주글 ᄯᆞᆯ 모ᄅᆞᄂᆞ니이다(月釋7:18). 어루 妙法에 들 ᄯᆞᆯ 뵈시니라:示…可入妙法(法華1:55). 몯ᄒᆞᆯ ᄯᆞᆯ 반ᄃᆞ기 아롤ᄯᅵ니(永嘉上5). 일울 ᄯᆞᆯ 반ᄃᆞ기 알리로소이다(金剛72).

ᄯᆞᆺᄒᆞ다 조형 듯하다. ☞ᄃᆞᆺᄒᆞ다 ¶ 禮ᄒᆞᆯ ᄲᅡ애이실 ᄯᆞᆺ호ᄃᆡ 荅디 아니ᄒᆞ심은 엇디잇고:若在所禮而不荅何也(宣孟13:36).

·**ᄯᅴ** 명 데. 곳. ☞ᄯᅢ ¶ ᄇᆞ리 니러셜씨 갈 ᄯᅴ 업서(釋譜6:33). 가ᄌᆞᆯ비ᅀᆞᄫᆞᆯ ᄯᅴ 업스실 씨라(釋譜6:41). 수물 ᄯᅴ 업서(月釋7:36). 말ᄊᆞ미 미출 ᄯᅴ 아닐씨:非言所及故(法華1:145).

ㄹ

ㄹ 자모 리을. 한글 초성(初聲) 자모(字母)의 하나. 반설음(半舌音). 반혓소리. ¶ㄹ. 半舌音. 如閭字初發聲(訓正). 牙音ㄱ. 象舌根閉喉之形. …ㅋ比ㄱ. 聲出稍厲. 故加畫. ㄴ而ㄷ…. 其因聲加畫之義皆同. 而唯ㆁ爲異. 半舌音ㄹ. 半齒音ㅿ. 亦象舌齒之形而異其體. 無加畫之義焉(訓解. 制字). ㆁㄴㅁㅇㄹㅿ. 爲不淸不濁(訓解. 制字). 所以ㆁㄴㅁㅇㄹㅿ六字爲平上去聲之終. 而餘皆爲入聲之終也. 然ㄱㆁㄷㄴㅂㅁㅅㄹ八字可足用也(訓解. 終聲). 且半舌之ㄹ. 當用於諺. 而不可用於文. 如入聲之彆字. 終聲當用ㄷ. 而俗習讀爲ㄹ. 蓋ㄷ變而爲輕也. 若用ㄹ爲彆之終. 則其聲舒緩. 不爲入也(訓解. 終聲). ㅇ連書ㄹ下. 爲半舌輕音. 舌乍附上腭(訓解. 合字). ㄹ는 半혀쏘리니 閭령ㆆ字쭝 처ᅀᅥᆷ펴아나는 소리(訓註9). ㄹ梨乙(訓蒙凡例2).

-ㄹ 조 -ㄹ. 〔모음(母音)으로 끝난 체언(體言)에 붙는 목적격조사(目的格助辭).〕☞ -ᄅᆞᆯ ¶ᄇᆞ야미 가칠 므러:大蛇銜鵲(龍歌7章). 獨夫受ㄹ 셤기시니:事獨夫受(龍歌11章). 두 孔雀일:維二孔雀(龍歌46章). 金罍ㄹ 브수려 ᄒᆞ시니:金罍欲酌(龍歌109章). 하나빌 미드니잇가:皇祖其恃(龍歌125章). 님금 位ㄹ ᄇᆞ리샤(月印上1). 눌 더브러 무러ᅀᅡ ᄒᆞ리며(釋譜13:15). 님금 位ㄹ ᄇᆞ리샤(月釋1:2). 세 ᄢᅳᆯ 說法ᄒᆞ더시다(月釋2:27). 그르멜 비취샤(月釋7:27). 往生偈ㄹ 외오시면(月釋8:83). 부텨 조ᄍᆞ와 머릴 갓고이다:從佛剃落(楞解1:42). 衆生의게 一切 智慧ㄹ 여러 뵈샤(法華3:8). 두 가짗 ᄆᆞᆯ와 사기ᄂᆞᆫ가(牧牛訣36). 雙雙히 나그낼 보고 올아가고:雙雙瞻客上(杜解17:19).

-ㄹ 조 -에게. ☞-ᄅᆞᆯ ¶目連일 맛디시고(釋譜6:9). 즉재 인터 날 주더라:就使印信與我來(飜朴上3).

-ㄹ 어미 ①-ㄹ. ¶天下ㅣ 定ᄒᆞᆯ 느지르샷다:迺是天下始定之徵. 寶位 ᄐᆞ실 느지르샷다:迺是寶位將登之祥(龍歌100章).
②-ㄴ. ¶異ᄂᆞᆫ 다ᄅᆞᆯ 씨라(訓註1). 愚는 어릴 씨라(訓註2). 多ᄂᆞᆫ 할 씨라(訓註2). 便은 便安ᄒᆞᆯ 씨라(訓註3). 促急은 ᄲᅡᄅᆞᆯ 씨라(訓註14). 應은 맛당ᄒᆞᆯ 씨니(月釋9:10).
③-는. ¶給은 줄 씨오(釋譜6:13). 訓은 ᄀᆞᄅᆞ칠 씨오(訓註1). 善逝ᄂᆞᆫ 됴히 갈 씨니(月釋9:11).

-ㄹ·가 어미 -ㄹ까. ☞-ㄹ까. -을가 ¶네 信티 아니ᄒᆞᆯ가 저노라:恐汝不信(牧牛訣7). 聖賢ㅅ 地位예 니르디 몯ᄒᆞᆯ갓 分別이 업스리라:不患不到聖賢地位也(宣賜內訓1:35). 오직 저허ᄒᆞᆯ가 말미ᄒᆞ야 ᄀᆞ장 모로매 親히 ᄒᆞ다라:秖緣恐懼轉須親(初杜解7:22). 凡聖ㅅ 길헤 딜가 저헤니라:恐落凡聖路(金三4:57). ᄡᆞᆯ ᄐᆞ실가:關米麼(飜朴上11). 내 穆伯의 니으리 그츨가 저허ᄒᆞ노라:予懼穆伯之絶嗣也(宣小4:46).

-ㄹ·고 어미 -ㄹ꼬. ☞-ㄹ꼬. -을고 ¶蒼生ᄋᆞ로 ᄒᆡ여 環堵ᄅᆞᆯ 두게 ᄒᆞᆯ고(初杜解7:29). 형님 네 언제 길나실고:哥哥你幾時起身(飜朴上8). 돗글 받드러 어드러 향ᄒᆞ실고 請ᄒᆞ며:奉席請何鄕(宣小2:5).

-ㄹ·까 어미 -ㄹ까. ☞-ㄹ가. -ㄹ싸 ¶天縱之才ᄅᆞᆯ 그려ᅀᅡ 아ᅀᆞᄫᆞᆯ까:天縱之才豈待畫識(龍歌43章). ᄫᅵᆯ바 주길까 ᄒᆞ논 ᄠᅳ디라(釋譜11:1). 자바 녀흘까 ᄒᆞ야(月釋7:13). 긴 劫에 몯 볼까 ᄒᆞ다니(月釋23:87). 스러 다ᄋᆞᆯ까 저허(楞解10:62). 놀라 荒唐히 너길까 저흐실씨(法華1:246). 甚ᄒᆞᆯ까 분별ᄒᆞ샤(永嘉上102). 디디 아니ᄒᆞᆯ까 저허(金剛序6). 간대로 아로ᄆᆞᆯ 낼까 저혼 젼ᄎᆞ로(金剛43). 사ᄅᆞ미 ᄉᆞᆫ가ᄅᆞᄅᆞᆯ 그르 믈까 저프니라:恐誤嚙傷人指也(救急上79). 드디 아닐까 의심ᄒᆞ거니(新語9:4).

-ㄹ·꼬 어미 -ㄹ꼬. ☞-ㄹ고. -ㄹ쏘 ¶뉘 能히 이 娑婆國土애 妙法華經을 너비 니ᄅᆞᆯ꼬:誰能於此娑婆國土廣說妙法華經(法華4:134). 조ᅀᆞᄅᆞ왼 길헤 어느 나래ᅀᅡ 긴 戈戟을 말꼬:要路何日罷長戟(初杜解10:27).

-ㄹ난 조 -ㄹ랑. -일랑. ☞-ㄹ란 ¶날난 본톄도 아니시니 나도 누으님이나 될 거ᄉᆞᆯ(癸丑34).

-ㄹ낫다 어미 -렷다. ☞-ㄹ랏다 ¶房錢 드리ᄂᆞᆫ 거슬 쇽졀업시 허비ᄒᆞᆯ낫다:納房錢空費了(朴解上48). 날 ᄀᆞᆺ튼 愚拙은 바라도 못ᄒᆞᆯ낫다(古時調. 白髮이 功名. 靑丘).

-ㄹ냐 어미 -려고. ¶우리도 살냐 ᄒᆞ니 ᄒᆞ고다아다 드러가니(癸丑73).

-ㄹ너고 어미 -ㄹ 것이로다. ¶아노라 ᄒᆞ오시나 아ᄂᆞ니를 못 볼너고(古時調. 人生이. 歌曲).

-ㄹ너라 어미 -ㄹ레라. ☞-ㄹ네라. -ㄹ러라 ¶가솜이 믜어디는 돗 ᄎ마 보ᅀᆸ디 못ᄒᆯ너라(癸丑73).

-ㄹ너이다 어미 -ㄹ 것입니다. ¶아모딕 온동 죵젹을 아디 못ᄒ올너이다(癸丑108).

-ㄹ넌지 어미 -ㄹ는지. ¶두어라 닛고 버히기는 後天에나 헐넌지(古時調. 世上에 藥도 만코. 歌曲).

-ㄹ네라 어미 -ㄹ레라. ☞-ㄹ너라. -ㄹ러라 ¶통령ᄒ실 분 아닐네라(敬信53).

-ㄹ노다 어미 -겠구나. -겠다. ☞-ㄹ로다 ¶ᄀ장 여러 날을 보지 못ᄒᆯ노다:好幾日不見了(朴新解1:37). 보지 못ᄒᆯ노다(敬信27).

-ㄹ다 어미 -ㄹ 것이냐. -겠느냐. ☞-ㄹ따. -ㄹ짜 ¶네 能히 내게 쭐다 몯ᄒᆯ다(圓覺下三之一88). 어느제 太夫人ㅅ 堂 우희 아ᅀᆞᆷ돌ᄒᆯ 뵈ᄒᆯ다(初杜解8:20). 언머의 ᄒᆫ 판식 ᄒᆯ다:多少一板(飜朴上10). 네 즐겨 내 어미를 효양ᄒᆯ다:汝肯養吾母(宣小6:50). 뎌 한글 비화 므슴ᄒᆯ다:學他漢兒文書怎麼(老解上4). 형아 네 언제 起身ᄒᆯ다:哥哥你幾時起身(朴解上9).

-ㄹ다 어미 -겠구나. ¶對馬島主의 힘으로도 도로 보낼 일이 못 될다 니르시면(新語8:8). 江陵 大都護 風俗이 됴흘시고 節孝旌門이 골골이 버러시니 比屋可封이 이제도 잇다 ᄒᆯ다(松江. 關東別曲). 靑門故事ᄅᆞᆯ 이제도 잇다ᄒᆯ다(松江. 星山別曲).

-ㄹ뎐 어미 -ㄹ진대. ☞-ㄹ뎬 ¶作法ᄒᆯ뎐 네 이러 ᄀ자ᅀᅡ(六祖序12).

-ㄹ뎬 어미 -ㄹ진대. ☞-ㄹ뎐. -ㄹ뗀 ¶조ᅀᆞ ᄅᆞ왼 고ᄃᆞᆯ 取ᄒᆯ뎬(牧牛訣29). 바미 날뎬 블 ᄏᆞᆫ 燭ᄋᆞᆯ 자ᄇᆞ라:夜出秉明燭(宣賜內訓1:29). ᄒ다가 衰ᄒᆫ 한아빌 무러와 말ᄒᆯ뎬 모로매 소ᄂᆞ로 히여 迷路호ᄆᆞᆯ 보내리로다(初杜解7:16).

-ㄹ돠 어미 -ㄹ 것이로다. ¶ᄀ장 밥 먹디 못ᄒᆯ돠:好生不喫飯(朴解下44). 보디 못ᄒᆯ돠:欠恭(譯解下43).

-ㄹ되 어미 -ㄹ 것이로다. ¶진실로 이만ᄒ면 ᄒᆯ되 ᄉᆡᇰ각ᄒ는 일 죠곰도 업서(新語9:20).

-ㄹ디 어미 -ㄹ지. ¶또 送使 다히셔는 엇디 너길디 ᄆᆞᄋᆞᆷ의 걸리오니(新語1:5).

-ㄹ·디나 어미 -ㄹ지나. -ㄹ 것이나. ☞-ㄹ띠나 ¶막대 디퍼 時로 能히 나갈디나(初杜解8:13). 말ᄊᆞ미 어루 베푸미 잇다 어루 닐올디나(金三3:9).

-ㄹ디·니 어미 -ㄹ지니. -ㄹ 것이니. ☞-ㄹ띠니 ¶如意ᄅᆞᆯ 求ᄒᆯ디니(圓覺序79). 모로매 나ᄅᆞᆯ 다ᄋᆞᄃᆞ록 머굴디니(初杜解15:6). 向ᄒ야 갈디니(金三2:65). 즐거운 일 잇거든 ᄒᆫ가지로 즐皿디니(飜朴上72).

-ㄹ디니라 어미 -ㄹ지니라. ☞-ㄹ띠니라 ¶반ᄃᆞ기 뵈욜디니라(圓覺上一之二82). ᄠᅳ데 둘디니라(牧牛訣44). 그럴ᄊᆡ 큰 錯인 ᄃᆞᆯ 아롤디니라:故知大錯(六祖中6). 밧글 向ᄒ야 얻디 마롤디니라:莫向外覓(六祖中23).

-ㄹ·디라·도 어미 -ㄹ지라도. ☞-ㄹ띠라도. -ㄹ지라도 ¶비록 ᄆᆞᅀᆞᄆᆞ로 迷케 ᄒᆯ디라도(圓覺上二之三29). 시혹 나톨디라도(牧牛訣10). 몬져 니르실디라도(新語1:30). 뮈다ᄀ 펄디라도 괴다가란 뮈지 마소(古時調. 가다ᄀ. 歌曲).

-ㄹ·디어·놀 어미 -ㄹ 것이거늘. ¶큰 臣下ᄂᆞᆫ 廟 지ᅀᅥ 享食ᄒᆯ디어ᄂᆞᆯ(初杜解22:44).

-ㄹ·디어·다 어미 -ㄹ지어다. ☞-ㅭ디어다. -ㄹ띠어다 ¶至親ᄋᆞᆯ 어긔에 마롤디어다(宣賜內訓3:41). 그쳐 ᄇᆞ리디 마롤디어다:無絕(初杜解24:43). 그르 아로ᄆᆞᆯ ᄀ장 아쳐롤디어다(金三2:49). 一切法에 執着을 두디 마롤디어다:於一切法勿有執着(六祖中4). 玩味ᄒᆯ디어다(龜鑑上13).

-ㄹ·디언·뎡 어미 -ㄹ지언정. ☞-ㄹ띠언뎡. -ㅭ디언뎡 ¶누늘 둘디언뎡(金三3:5). ᄌᆞ세히 볼디언뎡(南明上24). 道ᄂᆞᆫ 모로매 通히 흘룰디언뎡:道須通流(六祖中5). 모로미 산 句ᄅᆞᆯ 參究ᄒᆯ디언뎡(龜鑑上13). ᄎᆞᆯ하리 나ᄅᆞᆯ 주길디언뎡 원컨대 아비란 주기디 말라:寧殺我願勿殺父(東新續三綱. 孝8:1).

-ㄹ 딘·댄 어미 -ㄹ진대. -ㄹ진댄. ☞-ㄹ뗜댄. -ㄹ진댄 ¶이대코져 ᄒᆯ딘댄(圓覺序80). ᄒ다가 일후믈 取ᄒᆯ딘댄:若取名者(圓覺下三之二87). 免코져 ᄒᆯ딘댄(牧牛訣2). ᄒ다가 色身이 ᄃᆞᆫ니ᄂᆞ다 닐올딘댄:若言色身運轉(牧牛訣18). 시혹 그러티 몯ᄒᆯ딘댄(金三2:12). 지블 니ᄅᆞ왇고져 ᄒᆯ딘댄(宣賜內訓2上3). 젼례다이 ᄒᆯ딘댄 아모만 줄 거시어늘 이젠 엇디 져그니오:照依前例該與多少如今怎麼少了(飜朴上4).

-ㄹ딘뎌 어미 -ㄹ진저. ☞-ㄹ띤뎌 ¶뇌 그 망ᄒᆯ딘뎌(女範1. 모의 노희경강).

-ㄹ·따 어미 -ㄹ 것이냐. -겠느냐. ☞-ㄹ다. -ㄹ짜 ¶그듸 沙門弟子ᄃᆞ려 어루 겻굴따 무러 보라(釋譜6:27). 너희 어느 드ᅀᆞᄫᆞᆯ따(釋譜23:23). 네 이제도 ᄂᆞ외야 놈 믜ᄫᆞᆫ ᄠᅳ들 둘따 ᄒ야시ᄂᆞᆯ(月釋2:64). 엇데 겨지븨 모미 ᄲᆞᆯ리 成佛을 得ᄒᆯ따:云何女身速得成佛(法華4:176).

-ㄹ·뗸 어미 -ㄹ진대. ☞-ㄹ뎬 ¶열운 世ᄅᆞᆯ 化ᄒᆯ뗸 모로매 淳風을 브툴띠며 人天眼ᄋᆞᆯ 여롤뗸 實로 ᄠᅳᆮ 아로ᄆᆞᆯ 브툴띠니라(法華4:148). 理ᄅᆞᆯ 닐올뗸 뎌 階差ㅣ 업고 行ᄋᆞᆯ 닐올뗸 功ᄋᆞᆯ 싸하ᅀᅡ ᄉᆞᄆᆞᄎᆞ리니 位次ㅣ 너뭄 업순디라(永嘉上22).

-ㄹ·띠나 어미 -ㄹ지나. -ㄹ 것이나. ☞-ㄹ디

나 ¶父 沒홈애 그 行을 볼띠나(宣論1:6).
※-ㄹ띠나>-ㄹ지나

-ㄹ띠·니 어미 -ㄹ지니. ☞-ㄹ디니 ¶菩薩ᄋᆞᆯ 볼띠니(月釋8:33). 妙行ᄋᆞ로 用 사ᄆᆞᆯ띠니(法華1:4). ᄆᆞᅀᆞᆷ 다ᄋᆞᆯ띠니(法華7:159). 君子ᄂᆞᆫ 本을 힘ᄡᅳᆯ띠니:君子務本(宣論1:2). 너비 衆을 愛호ᄃᆡ 仁을 親히 홀띠니:汎愛衆而親仁(宣論1:3).
※-ㄹ띠니>-ㄹ지니

-ㄹ·띠니·라 어미 -ㄹ지니라. -ㄹ 것이니라. ☞-ㄹ디니라 ¶그 ᄆᆞᅀᆞᄆᆞᆯ 降伏홀띠니라(金剛13). 仔細히 홀띠니라(永嘉序3). 아니홀띠니라(心經65). 受홀띠니라(宣孟13:1). 可히 坐ᄒᆞ야셔 定ᄒᆞᆯ띠니라:可坐而定也(宣孟5:14). 過ㅣ어든 改홈을 憚티 말올띠니라:過則勿憚改(宣論1:4). 南訛를 平秩ᄒᆞ야 敬ᄒᆞ야 致홀띠니라:平秩南訛敬致(書解1:3). 利益게 홀띠니라(勸善文).
※-ㄹ띠니라>-ㄹ지니라

-ㄹ띠·라 어미 -ㄹ지라. ¶또 어루 혜디 몯ᄒᆞᆯ띠라(法華3:62). 我人衆 相이 ᄆᆞᄎᆞ매 어루 허롤띠라(金剛85). 말올띠라:已矣乎(宣論. 公冶長). 可히 ᄡᅧ 내 足을 濯홀띠라:可以濯我足(宣孟7:15). 스스로 可히 瞭然ᄒᆞ올띠라:自可瞭然(常訓13).
※-ㄹ띠라>-ㄹ지라

-ㄹ띠라도 어미 -ㄹ지라도. ☞-ㄹ디라도. -ㄹ지라도 ¶比ᄒᆞ야 禽獸ᄅᆞᆯ 得홈이 비록 丘陵 ᄀᆞᄐᆞᆯ띠라도 ᄒᆞ디 아니ᄒᆞ니:比而得禽獸雖若丘陵弗爲也(宣孟6:4). 비록 正官이 병 드르실띠라도(新語1:29).
※-ㄹ띠라도>-ㄹ지라도

-ㄹ띠로·다 어미 -ㄹ 것이로다. ¶반ᄃᆞ기 아롤띠로다(金剛97). 如來ᄅᆞᆯ 아디 몯홀 ᄯᅩ 아롤띠로다(金剛140).

-ㄹ띠·며 어미 -ㄹ 것이며. ¶다 佛性 잇ᄂᆞᆫ ᄃᆞᆯ 볼띠며(金剛149).

-ㄹ·띠·면 어미 -ㄹ 것 같으면. ☞-ㄹ찌면 ¶쟝ᄎᆞ 비올띠면 번게 빗나고(法華3:35). 眞實로 이슐띠면(金剛144).

-ㄹ·띠어·늘 어미 -ㄹ 것이거늘. ¶고ᄌᆞᆯ 봀時節에 누니 반ᄃᆞ기 ᄀᆞ료미 업슐띠어늘 엇데 晴明ᄒᆞᆫ 虛空ᄋᆞᆯ사 일후믈 淸明ᄒᆞᆫ 누니라 ᄒᆞᄂᆞ뇨(楞解2:111).

-ㄹ띠어다 어미 -ㄹ지어다. ☞-ㄹ디어다. -ㅭ디어다 ¶올ᄒᆞ며 외오ᄆᆞᆯ ᄒᆞᆫ디위 校正홀띠어다(法華1:10). 天이 보야호로 難ᄒᆞ시니 憲憲티 마롤띠어다:天之方難無然憲憲(詩解. 大雅). 네 共工을 ᄒᆞᆯ띠어다:汝共工(書解1:18). 子ㅣ 반ᄃᆞ시 勉홀띠어다:子必勉之(宣孟. 滕文公上). 그 맛당이 힘ᄡᅳᆯ띠어다:其宜勗哉(常訓36).
※-ㄹ띠어다(-ㅭ디어다)>-ㄹ지어다

-ㄹ띠언뎡 어미 -ㄹ지언정. ☞-ㄹ디언뎡. -ㄹ찌언뎡 ¶殺티 아닐띠언뎡(宣孟14:6).

-ㄹ띤·댄 어미 -ㄹ진댄. ☞-ㄹ딘댄. -ㄹ진댄 ¶너펴 닐올띤댄 劫은 ᄲᆞᆯ리 다ᄋᆞ려니와 뎌 부텻 行과 工巧ᄒᆞ신 方便은 다오미 업스리라(釋譜9:29). 너펴 닐올띤댄 法은 ᄲᆞᆯ리 다ᄋᆞ려니와(月釋9:49). ᄒᆞ다가 다 아롤띤댄 덜오미 반ᄃᆞ기 잇ᄂᆞᆫ디 업스려니ᄯᆞᆫ(楞解1:67). 이 길헤 다ᄃᆞ로려 홀띤댄 반ᄃᆞ기 究竟에 니르롤띠니(金剛序9). ᄒᆞ다가 이ᄅᆞᆯ 버려 ᄀᆞ초 펼띤댄…ᄒᆞ다가 그 樞要ᄅᆞᆯ 자볼띤댄(心經8). 반ᄃᆞ시 시러곰 마디 몯ᄒᆞ야 去홀띤댄 이 三者애 어늬를 몬져 ᄒᆞ리잇고:必不得已而去於斯三者何先(宣論. 顔淵). 臣이 되고쟈 홀띤댄 臣의 道를 盡홀띠니:欲爲臣盡臣道(宣孟. 離婁上). 그 이ᄅᆞᆯ 體코져 홀띤댄:其欲體此(常訓31). 만일 可히 贖ᄒᆞᆯ띤댄:如可贖兮(詩解6:23).
※-ㄹ띤댄>-ㄹ진댄

-ㄹ띤뎌 어미 -ㄹ진저. ☞-ㄹ딘뎌 ¶반ᄃᆞ시 名을 正홀띤뎌:必也正名乎(宣論. 子路). ᄡᅧ 네의 隣이며 里며 鄕이며 黨을 줄띤뎌:以與爾隣里鄕黨乎(宣論. 雍也). 歸홀띤뎌 歸홀띤뎌:歸與歸與(宣論. 公冶長). 帝ㅣ ᄀᆞᆯᄋᆞ샤ᄃᆡ 내 그 試홀띤뎌:帝曰我其試哉(書解1:7). 이에 懋ᄒᆞᆯ띤뎌:惟時懋哉(書解1:16).
※-ㄹ띤뎌>-ㄹ진저

-ㄹ라와 조 -보다. ☞-라와 ¶사ᄅᆞ미 일라와 甚호미 잇ᄂᆞ니:人有甚於斯(重杜解2:70). 널라와 시름 한 나도 자고 니러 우니노라(樂詞. 靑山別曲).

-ㄹ·란 조 -ㄹ랑. -일랑. ☞-란 ¶王ㄱ宮中에 八萬四千 夫人이 이쇼ᄃᆡ 글란 ᄉᆞ랑티 아니코(月釋7:17). 글란 네 ᄆᆞ숩 노하시라:那的你放心(飜老上68). 〔'ᄆᆞ숩'은 'ᄆᆞᅀᆞᆷ'의 오기(誤記).〕 일란 네 구틔여 니르디 말라:這的你不須說(飜朴上17). 잉무든 장글란 가지고 믈 아래 가던 새 본다(樂詞. 靑山別曲). 글란 생각 마오 미친 일이 이셔이다(松江. 續美人曲). ᄶᅡᆨ 마ᄌᆞᆫ 늘근 솔란 釣臺예 셰여 두고(松江. 星山別曲). 어버이 사라신 제 셤길 일란 다ᄒᆞ여라(古時調. 鄭澈. 松江).

-ㄹ·란·ᄃᆡ 어미 -ㄹ 것이면. ☞-란ᄃᆡ ¶보비 잇ᄂᆞᆫ ᄃᆡ 니를란ᄃᆡ(牧牛訣45).

-ㄹ란지고 어미 -ㄹ 것이로다. ¶夷齊의 놉흔 줄을 이렁굴어 알란지고(古時調. 尹善道. 還上 타. 海謠).

-ㄹ랏다 어미 -렷다. ☞-ㄹ럿다 ¶네 ᄒᆞ마 날을 소길랏다:你待謾過我(朴解下25). ᄒᆞᆫ ᄢᅢ 셩으로 가비야이 보와 큰 일을 ᄒᆞ마 그릇ᄒᆞᆯ랏다 ᄒᆞ고(三譯3:17). 어즙어 崔瑩곳 잇ᄯᅥᆺ드면 석은 풀 치듯 ᄒᆞᆯ랏다(古時調. 金壽

長. 丙子丁丑. 海謠). 君山을 削平턴들 洞庭湖ㅣ 널을랏다(古時調. 李浣. 青丘). 眞實로 이 滋味 아돗던들 길 적브터 홀랏다(古時調. 半 여든. 青丘). 沛公이 열이셔도 束手無策 홀랏다(古時調. 어우하 楚霸王. 青丘).

-ㄹ러뇨 어미 -려뇨. -려느냐. ¶前後에 얼마나 오래 머믈러뇨:前後住了多少時(老解上13). 셔울 대개 언제 긔동ᄒᆞ실러뇨:京都駕幾時起(朴解上48). 어ᄃᆡ롤 향ᄒᆞ여 갈러뇨:往那裏去(朴解上57).

-ㄹ러라 어미 -ㄹ레라. ☞-ㄹ너라. -ㄹ네라 ¶져제ᄂᆞᆫ 됴흔 ᄆᆞᆯ을 엇디 못홀러라:市裏尋不着好馬(朴解上55). ᄆᆞᆯ 자최 이실러라(十九史略1:21).

-ㄹ럿다 어미 -럿다. ☞-ㄹ랏다 ¶舟師 이 시럼은 젼혀 업게 삼길럿다(蘆溪. 船上嘆).

-ㄹ로·다 어미 -겠구나. ¶이리 ᄆᆡᆼᄀᆞ로ᄆᆞᆯ 곱고 조케 ᄒᆞ면 은 세 돈애 ᄆᆡᆼ골로다:這般打的可喜乾淨時三錢銀子打的(飜朴上16). 내 뎌롤 디기디 못홀로다:我不掐他(朴解下6). 내 아ᄃᆞᆯ 小學은 모ᄅᆡ면 ᄆᆞ츨로다(古時調. 鄭澈. 네 아ᄃᆞᆯ. 松江).

-ㄹ만뎡 어미 -ㄹ망정. ☞-ㄹ만졍 ¶어름 우희 댓닙 자리 보와 님과 나와 어러 주글만뎡 情 둔 오ᄂᆞᆳ 밤 더듸 새오시라(樂詞. 滿殿春別詞).

※-ㄹ만뎡>-ㄹ만졍>-ㄹ망정

-ㄹ만졍 어미 -ㄹ망정. ☞-ㄹ만뎡. -ㄹ망졍 ¶濁酒 山菜ㅣㄹ만졍 업다 말고 내여라(古時調. 집方席. 青丘). ᄇᆞᄅᆞᆷ 비 눈서리롤 맛도록 마즐만졍(古時調. 鄭澈. 길 우희 두 돌부텨. 松江). 비록 이 세간이 판탕홀만졍 고온 님 괴기옷 괴면 그롤 밋고 살리라(古時調. 鄭澈. 기울계. 松江). 草衣롤 무릅고 木實을 먹을만졍(古時調. 一生에. 青丘).

※-ㄹ만졍<-ㄹ만뎡

-ㄹ만치 어미 -ㄹ 만큼. -ㄴ 만큼. ¶조곰 견ᄃᆡ실만치 ᄒᆞ오시면 어이 이 지경의 니르러시리오(閑中錄160).

-ㄹ망졍 어미 -ㄹ망정. ☞-ㄹ만졍 ¶이시면 쥭이요 업ᄉᆞ면 굴물망졍(江村晚釣歌).

-ㄹ쌋 어미 -구나. ☞-ㄹ샤 ¶花果山 水簾洞中에 千年 묵은 진납이 神通이 거록홀쌋(古時調. 海謠).

-ㄹ샤 어미 -도다. -네. -구나. ☞-ㄹ쌰 ¶됴히 네 올샤:好你來到(老解下59). 그 난의 버서나시니 유복ᄒᆞ실샤 ᄒᆞ더라(癸丑54). 어린 아히 에엿블샤:小孩兒可憐見(朴解下43). 앗가올샤 다만 온젼치 못홀싸 ᄒᆞ노라(三譯7:17). 孤臣 去國에 白髮도 하도할샤(松江. 關東別曲). 놉흘시고 望高臺 외로올샤 穴望峯이 하ᄂᆞᆯ의 추미러 므ᄉᆞ 일을 ᄉᆞ로리라(松江. 關東別曲). 鶩衾도 ᄎᆞ도출샤 이 밤은 언제 샐고(松江. 思美人曲). 하ᄂᆞᆯ의 도ᄐᆞᆫ ᄃᆞᆯ이 솔 우희 걸려거ᄃᆞᆫ 잡다가 ᄲᅡ딘 줄이 謫仙이 헌ᄉᆞ홀샤(松江. 星山別曲). 우리 녕감 자랑ᄒᆞ니 션풍도골 긔특홀샤(빅화당가).

-ㄹ·셔 어미 -도다. -네. -구나. ☞-ㄹ쎠 ¶클셔 萬法이 브터 비르수미여:大矣哉萬法資始也(圓覺序31). 荒淫홀셔 隋ㅅ 님그미여:荒哉隋家帝(杜解6:2). 荒淫홀셔 膏粱올 먹ᄂᆞᆫ 客이여:荒哉膏粱客(杜解16:72). 너ᄃᆞ려 샤례ᄒᆞ노라 하나 한 뵈를 가져올셔:謝你將偌多布匹來(飜朴上51). 몸하 ᄒᆞ올로 녈셔. 아으 오실셔 곳고리 새여. 고우닐 ᄉᆞ싀옴 녈셔(樂範. 動動). 四月 아니 니저 아으 오실셔 곳고리 새여(樂範. 動動). 애 앗가올셔:咳可惜了(朴解下1). 賢홀셔 回여:賢哉回也(重內訓3:50).

-ㄹ·션뎡 어미 -ㄹ지언정. ☞-ㄹ션졍. -ㄹ썬졍 ¶오직 芝蘭ᄋᆞ로 히여 됴케홀션뎡 엇데 구틔여 지블 이웃ᄒᆞ야 살라 ᄒᆞ리오(初杜解20:29). 오직 閭閻으로 히여 도로 揖讓홀션뎡(初杜解21:3). 대ᄉᆞ롤 내히 편토록 홀션뎡 이러ᄐᆞ시 ᄒᆞᆫ들 어ᄃᆡ 가 민망ᄒᆞ여라 ᄒᆞ리오(癸丑30). 서르 그리챠 홀션뎡 어느 두 것 비듸 서르 마조ᄆᆞᆯ 議論ᄒᆞ리오:相許寧論兩相直(重杜解12:15).

-ㄹ션졍 어미 -ㄹ지언정. ☞-ㄹ션뎡 ¶眞實로 能히 侵勞ᄒᆞᄂᆞ닐 制馭홀션졍 엇데 해 주규메 이시리오:苟能制侵陵豈在多殺傷(重杜解5:28). 아춤의 비브롤션졍 나죄 비곱흘 줄을 헤아리디 아니ᄒᆞᄂᆞᆫ 고로:朝飽不計夕飢故(警民20). 닉 몸이 일 업슬션졍 살 못찌다 엇지리(古時調. 具志禎. 쥐 츤 소로기. 青丘). 치위를 마글션졍 구틔야 비단옷가(古時調. 青丘).

-ㄹ셰라 어미 -ㄹ세라. ☞-ㄹ쎼라 ¶내 가논 ᄃᆡ 놈 갈셰라(樂詞. 翰林別曲). 잡ᄉᆞ와 두어리 마ᄅᆞᄂᆞᆫ 선ᄒᆞ면 아니 올셰라(樂詞. 가시리). 어긔야 즌 ᄃᆡ롤 드ᄃᆡ욜셰라(樂範. 井邑詞). 楚江에 가쟈 ᄒᆞ여니 魚腹忠魂 낙글셰라(古時調. 尹善道. 물셜이. 海謠). 저 곳아 仙源을 漏洩홀셰라(古時調. 金天澤. 春窓에. 樂府). 즐거온 오ᄂᆞᆯ이 힝혀 아니 져물셰라(古時調. 樂只쟈. 青丘).

-ㄹ셰면 어미 -ㄹ 것이면. ¶丈夫로 숨겨나여 立身揚名 못 홀셰면(古時調. 青丘).

-ㄹ소냐 어미 -ㄹ 것이냐. -ㄹ 것인가. ☞-ㄹ쏘냐 ¶ᄒᆞᆫ ᄇᆞᄅᆞᆷ 구석의 가 골래디 못홀소냐:一壁廂去浪蕩不的(朴解中55). 三公이 貴타 ᄒᆞᆫ들 이 江山과 밧골소냐(古時調. 青丘). 人事ㅣ 變ᄒᆞᆫ들 山川이쭌 가실소냐(古時調. 李賢輔. 聾巖에. 青丘). 제 연장 零星

ᄒᆞ면 숨자리만 자리라 긔 무서시 貴ᄒᆞᆯ소냐(古時調. 石崇의. 靑丘). 그듸 즐겨 내 노모ᄅᆞᆯ 봉양ᄒᆞᆯ소냐(五倫1:7). 비루ᄒᆞᆫ 줄 모ᄅᆞᆯ소냐(빅화당가). 텬지 인사 아올소냐(萬言詞).

-ㄹ소니 어미 -ㄹ 것인가. ¶엇디 先生을 두어 날 보디 못ᄒᆞᆯ소니:如何先生數日不見(朴解下56). 내 혼자 님자여니 뉘라셔 ᄃᆞ톨소니(古時調. 靑丘).

-ㄹ소다 어미 -ㄹ 것입니다. ¶다 니르지 못ᄒᆞᆯ소다(普勸文33).

-ㄹ소록 어미 -ㄹ수록. ☞-ㄹᄉᆞ록 ¶人心은 낫갓ᄒᆞ여 볼소록 달으거늘 世事는 구름이라 머흠도 머흘시고(古時調. 海謠).

-ㄹ소이다 어미 -ㄹ 것입니다. ☞-ㄹ송이다 ¶엇지 겨시라 ᄒᆞ리잇가 다시 의논을 못ᄒᆞᆯ소이다(癸丑28). 목이 메여 능히 소리ᄅᆞᆯ 닐우디 못ᄒᆞᆯ소이다(山城92). 들리디 못ᄒᆞᆯ소이다(十九史略1:38). 신의 안해 유신ᄒᆞ오듸 남녀ᄅᆞᆯ 아디 못ᄒᆞᆯ소이다(女範3. 뎡녀 히뎡냥쳐).

-ㄹ손 어미 -ㄹ 것은. -ㄴ 것은. ☞-ㄹ쏜 ¶白鷗야 헌ᄉᆞᄒᆞ랴 못 미들손 桃花ㅣ로다(古時調. 李滉. 淸涼山. 歌曲). ᄯᅳ기가 어려울손 오장이 불이로다(萬言詞).

-ㄹ손가 어미 -ㄹ 것인가. ☞-ㄹ쏜가 ¶흑바람 발나신들 죠희 맛 아올손가(萬言詞).

-ㄹ손고 어미 -ㄹ 것인가. ☞-ㄹ손가 ¶어듸가 이로 다 사뢸손고(古時調. 歌曲).

-ㄹ손야 어미 -ㄹ 것인가. ☞-ㄹ손가 ¶寸數가 멀어간들 情誼좃차 멀을손야(人日歌).

-ㄹ송이다 어미 -ㄹ 것입니다. ☞-ㄹ소이다 ¶心底대로ᄂᆞᆫ 펴디 못ᄒᆞᆯ송이다(新語8:31).

-ㄹ쇠 어미 -ㄹ세. -ㄹ 것일세. ☞-ㄹ쐬 ¶우리ᄲᅮᆫ 나올쇠(新語1:28). 아므리 ᄒᆞᆫ 줄도 모로올쇠(新語3:28). 그 더듸 엇디ᄒᆞ야 下界예 ᄂᆞ려오니 올 저긔 비슨 머리 헛틀언 디 삼 년일쇠(松江. 思美人曲).

-ㄹ쇠다 어미 -ㄹ 것이외다. ¶그디도 극낙의 갈쇠다 ᄒᆞᆫ대(普勸文16).

-ㄹ솬가 어미 -ㄹ 것인가. -ㄴ 것인가. ☞-ㄹ쏜가 ¶武夷九曲인들 예셔야 더ᄒᆞᆯ솬가(陶山別曲).

-ㄹ슨 어미 ①-은 것은. ¶白鷗ㅣ야 헌ᄉᆞᄒᆞ랴 못 미들슨 桃花ㅣ로다(古時調. 淸涼山 六六峰을. 靑丘). 一生에 얄뮈올슨 거뮈 外에 ᄯᅩ 잇ᄂᆞᆫ가(古時調. 靑丘). 아마도 것 희고 속 검을슨 너뿐인가 ᄒᆞ노라(古時調. 가마귀. 靑丘).

②-ㄹ 것인가. ¶내 아직 너ᄃᆞ려 뭇노니 엇디ᄒᆞᆯ슨 이 一半 갑ᄉᆞᆯ 주고 므르기고:我且問儞怎的是一半兒錢贖(朴解下56).

-ㄹ싀 어미 -ㄹ새. -ㄹ 것이기에. -ㄹ 것이므로. ☞-ㄹ싀 ¶보면 반기실싀 나도 조차 ᄃᆞᆫ니ᄃᆞ니(古時調. 靑丘).

-ㄹ시고 어미 -는구나. ☞-ㄹ씨고 ¶어화 버힐시고 落落長松 버힐시고(古時調. 靑丘).

-ㄹ·ᄉᆞ록 어미 -ㄹ수록. ☞-ㄹ소록 ¶사괴ᄂᆞᆫ ᄠᅳ든 늘글ᄉᆞ록 ᄯᅩ 親ᄒᆞ도다:交情老更親(初杜解21:15).

-ㄹ시 어미 -ㄹ새. -므로. -으므로. -기에. ☞-ㄹ씨 ¶物이 體의 아로미 아닐시 펴니 이러 둘히 셔리어니:物非體知成敵兩立(楞解1:72). 이럴시 小學烈女 女敎明鑑이(宣賜內訓序8). ᄲᅡ히 幽僻ᄒᆞᆯ시 옷가외 니부믈 게을이 ᄒᆞ노라:地僻嬾衣裳(初杜解7:5). 새로 알외욜 주리 업슬시 因緣 업슨 慈ㅣ라 ᄒᆞ니(金三2:2). 늘근 지죄 不足ᄒᆞᆯ시 몸 드위텨 ᄲᅡ해 디ᄂᆞ니(南明上2). ᄢᅵ 디여 올시:落後了來(飜老上1). 文武 命을 受ᄒᆞ실시:文武受命(詩解18:42). 天이 咎를 降ᄒᆞ실시:天降之咎(書解1:34). 제 漢語를 니ᄅᆞ디 못ᄒᆞᆯ시 이런 젼ᄎᆞ로 말 니ᄅᆞ디 못ᄒᆞᄂᆞ니라(老解上46). 왕이 근심ᄒᆞᆯ시:王患之(五倫2:9).

-ㄹ·시니·라 어미 -기 때문이니라. ☞-ㄹ씨니라 ¶根器 다ᄅᆞᆯ시니라(圓覺序12). 비르서 足ᄒᆞᆯ시니라(圓覺上一之一39).

-ㄹ·시·라 어미 -기 때문이라. ☞-ㄹ씨라 ¶因果ᄅᆞᆯ 내며 일울시라(圓覺序70).

-ㄹ시야 어미 -기 때문에야. ¶敎令이 이실시야 이대도록 니ᄅᆞᄂᆞᆫ가 너기닝이다(新語8:11).

-ㄹ·시·오 어미 -기 때문이오. ¶百萬僧祇 功德을 디닐시오(圓覺序70).

-ㄹ까 어미 -ㄹ까. ☞-ㄹ까 ¶더딜까 너기ᄋᆞᆸ니(新語3:22). 몬져 가ᄂᆞᆫ 비에 보내올까 너기ᄂᆞ이다(新語3:25). 天下에 許多 英才를 속여 말ᄉᆞᆷᄒᆞᆯ까(古時調. 淳風이. 海謠). 어듸셔 無端ᄒᆞᆫ 된 ᄇᆞ람이 힝혀 안이 불어올까(古時調. 금을낙씨. 海謠).

-ㄹ꼬 어미 -ㄹ꼬. ☞-ㄹ꼬 ¶노름을 삼ᄉᆞ올꼬(新語9:12). 저러ᄒᆞ여 어이ᄒᆞᆯ꼬(古時調. 靑丘). 一般淸意味ᄅᆞᆯ 어늬 分이 아르실꼬(古時調. 靑荷애. 海謠).

-ㄹ따 어미 -ㄹ 것이냐. -겠느냐. ☞-ㄹ다. -ㄹ따 ¶네 이 뎜에 우리를 ᄇᆞ리올따(老解上60). 네 엇디 몬져 더딜따:你怎麼先擲(朴解中49). 이시렴 브듸 갈따 아니 가든 못ᄒᆞᆯ쏘냐(古時調. 成宗. 海謠).

-ㄹ띠라도 어미 -ㄹ지라도. ☞-ㄹ띠라도 ¶오로 그러ᄒᆞᆯ띠라도(新語4:13).

-ㄹ띤대 어미 -ㄹ진대. ¶男兒ㅣ 되여 ᄃᆞᆫ닐띤대:做男兒行時(老解下43).

※-ㄹ띤대>-ㄹ진대

-ㄹ쓰려 조 -라고 하여. ¶날쓰려 어이 그러

티 아니리오(洛城1).

-ㄹ:쑨·뎡 어미 -ㄹ지언정. -ㄹ뿐일지언정. ☞-ㄹ쑨이언뎡. -을쑨뎡 ¶諸天을 아니 다 니를쑨뎡 實엔 다 왜쩌니라(釋譜13:7). 色 蘊이 업술쑨뎡(月釋1:37). 출히 내 머리 우희 오룰쑨뎡 法師애 어즈리디 말며:寧上 我頭上莫惱於法師(法華7:118). 사ᄅᆞ미 슬 거오니 어리니 이실쑨뎡 도ᄂᆞᆫ 셩쇠 업ᄉᆞ니 라:人有愚智道無盛衰(野雲41).

-ㄹ:쑨·이언·뎡 어미 -ㄹ지언정. -ㄹ뿐일지 언정. ☞-ㄹ쑨뎡 ¶ᄒᆞ디 아닐쑨이언뎡 能티 몯홈이 아니니:不爲也非不能也(宣孟. 梁惠 王上). 敢히 請티 몯홀쑨이언뎡 진실로 願 ᄒᆞᄂᆞᆫ 배니이다:不敢請耳固所願也(宣孟. 公 孫丑下).

-ㄹ쌰 어미 -도다. -네. -구나. ☞-ㄹ샤 ¶胡 風도 ᄎᆞ도찰쌰 구즌비는 므스 일고(古時 調. 海謠). 結繩을 罷ᄒᆞᆫ 後에 世故도 하도 할쌰(古時調. 申欽. 느저 날셔이고. 海謠). 얼일쌰 져 鵬鳥야 웃노라 져 鵬鳥야(古時 調. 申欽. 海謠).

-ㄹ·쎠 어미 -도다. -네. -구나. ☞-ㄹ셔 ¶妻 眷 ᄃᆞ외여 셜ᄫᅮ미 이러ᄒᆞᆯ쎠(月印上52). 셜 ᄫᅳᆫ 일도 이러ᄒᆞᆯ쎠(釋譜6:5). 大王이 콰ᄒᆞ 샤 讚嘆ᄒᆞ샤ᄃᆡ 됴ᄒᆞᆯ쎠 됴ᄒᆞᆯ쎠(釋譜11:27). 더러ᄫᅳᆯ쎠 엇데 이런 더러ᄫᅳᆫ 일 ᄒᆞ거뇨(月 釋1:44). 내 아ᄃᆞ리 어딜쎠 ᄒᆞ시니(月釋2: 7). 두루 안자셔 모다 머그며 맛날쎠 ᄒᆞ던 사ᄅᆞᆷ돌히(月釋23:79). 어딜쎠 觀世音이여: 良哉觀世音(楞解6:65). 우리 이 法王子ㅣ 로ᄃᆡ 이 邪見家애 날쎠(法華7:133).

-ㄹ썬졍 어미 -ㄹ지언정. ☞-ㄹ션뎡 ¶먹고 醉ᄒᆞᆯ썬졍 淸濁이 關係ᄒᆞᆯ야(古時調. 술이 몃 가지오. 海謠).

-ㄹ쎼·라 어미 -ㄹ세라. ☞-ㄹ셰라. -을쎼라 ¶몯ᄒᆞᆫ 삐 가면 ᄒᆞ다가 일울쎼라(三綱. 忠 30). 아희야 뒷내 桶撥에 곡이 흘러 날쎄 라(古時調. 申靖夏. 前山 昨夜雨에. 海謠).

-ㄹ쏘냐 어미 -ㄹ 것이냐. ☞-ㄹ소냐 ¶晝夜 에 흘으니 녯믈이 이실쏘냐(古時調. 山은. 海謠).

-ㄹ쏜 어미 -ㄹ 것은. -ㄴ 것은. ☞-ㄹ손 ¶암 아도 數多ᄒᆞᆫ 風中에 量키 어려올쏜 冬至ᄯᆞᆯ 甲子日에 東南風인가 ᄒᆞ노라(古時調. 金壽 長. 바람이. 海謠).

-ㄹ쏜가 어미 -ㄹ 것인가. -ㄴ 것인가. ☞-ㄹ 손가 ¶져기 아라듯ᄌᆞ올쏜가(新語1:19). 白玉京 琉璃界ㅣᆫ들 이에셔 더ᄒᆞᆯ쏜가(古時 調. 李鼎輔. 千山에. 海謠).

-ㄹ쐬 어미 -ㄹ세. -ㄹ 것일세. -ㅂ니다. ☞ -ㄹ쇠 ¶一身이 사자 ᄒᆞᆫ이 물쎳 계워 못 견딜쐬(古時調. 李鼎輔. 海謠).

-ㄹ씨고 어미 -는구나. -구나. ☞-ㄹ시고 ¶ 어화 베힐씨고 落落長松 베힐씨고(古時調. 鄭澈. 海謠). 天朗氣淸ᄒᆞ온 적의 惠風和暢 죠흘씨고(古時調. 金壽長. 海謠).

-ㄹ·씨언·뎡 어미 -ㄹ망정. -ㄹ지언정. ¶오 직 아바님 病이 됴ᄒᆞ실씨언뎡 모ᄆᆞᆯ 百千 디위 ᄇᆡ료민ᄃᆞᆯ 므스기 어려ᄫᅳ료(釋譜11: 20). 내 病을 됴케 ᄒᆞᆯ씨언뎡 닐웨 王 ᄃᆞ외 요미 므슴ᄒᆞ료 ᄒᆞ야ᄂᆞᆯ(釋譜24:50).

-ㄹ·씨 어미 -ㄹ새. -므로. ☞-ㄹ시 ¶ᄇᆞᄅᆞ매 아니 뮐씨:風亦不扤(龍歌2章). 奉天討罪실 씨:奉天討罪. 唱義班師ㅣ실씨:唱義班師(龍 歌9章). 一夫ㅣ 流毒ᄒᆞᆯ씨:一夫流毒. 狂夫ㅣ 肆虐ᄒᆞᆯ씨:狂夫肆虐(龍歌10章). ᄒᆞᆫ 부니 天 命 이실씨:一人有命(龍歌37章). 兄님ᄋᆞᆯ 모 ᄅᆞᆯ씨 발자쵤 바다 남ᄀᆡ ᄢᅦ여(月印上2). 沙 彌 사모려 ᄒᆞᄂᆞ다 ᄒᆞᆯ씨 耶輸ㅣ 그 긔별 드 르시고(釋譜6:2). ᄂᆞᄆᆡ 것 서르 일버수믈 ᄒᆞᆯ씨(月釋1:45). ᄆᆞᅀᆞᄆᆞᆯ브터 처엄 날씨 이 런 ᄃᆞ로 니ᄅᆞ샤ᄃᆡ(楞解2:49).

-ㄹ·씨·니 어미 -기 때문이니. ¶摩訶般若ㅣ 諸佛ㅅ 母ㅣᆯ씨니(金剛46). 正果ᄅᆞᆯ 일우디 몯호ᄆᆞᆫ 다 두 根源을 아디 몯ᄒᆞ고 錯亂히 닷가 니긴 다실씨니(楞解1:82). 그 性을 알씨니(宣孟13:1).

-ㄹ·씨니·라 어미 -기 때문이니라. ☞-ㄹ시 니라 ¶그럴씨 菩提心을 種子ㅣ라 일훔ᄒᆞ ᄂᆞ니 一切諸佛法을 잘 낼씨니라(月釋9: 20). 뎌 보디 아니ᄒᆞ논 相이 아니라 ᄒᆞ시 니 보디 아니ᄒᆞ논 相ᄋᆞᆫ 보ᄆᆡ 미츯 고디 아 닐씨니라(楞解2:37). 禪定 神通ᄋᆞᆯ 니르디 아니ᄒᆞ시니 이 末邊엣 이릴씨니라:不論禪 定神通此是末邊事(蒙法37).

-ㄹ·씨·라 어미 -기 때문이라. ☞-ㄹ시라 ¶ 微塵國土ㅣ ᄒᆞᆫ ᄢᅴ 여러 나토ᄆᆞᆫ 本來 ᄇᆞᆯ고 미 ᄉᆞᄆᆺ 비취여 妄塵이 ᄀᆞ리디 몯ᄒᆞᆯ씨라 (楞解1:79).

-ㄹ씨라 어미 -ㄹ지라. ¶온갓 거세 형상과 일홈을 알씨라(捷蒙1:2).

-ㄹ씨면 어미 -ㄹ 것 같으면. ☞-ㄹ띠면 ¶周 瑜ᄅᆞᆯ 몬져 파ᄒᆞᆯ씨면 劉備ᄂᆞᆫ 쓸ᄃᆡ업시 되리 라(三譯7:21).

-ㄹ씨언뎡 어미 -ㄹ지언정. ☞-ㄹ디언뎡. -ㄹ띠언뎡 ¶우리ᄃᆞᆯ히 한 틱령을 니블씨언 뎡(桐華寺 王郎傳3).

-ㄹ씬들 어미 -ㄹ지라도. ¶줄여 죽을씬들 採薇도 ᄒᆞ는 것가(古時調. 首陽山. 海謠).

-ㄹ야만 어미 -랴마는. ¶싱명이 아닐야만 (敬信35).

-ㄹ와 어미 -도다. -노라. ¶비 우희 허여 센 沙工이 처음 볼와 ᄒᆞ들아(古時調. 離別ᄒᆞ 든. 海謠). 무러 ᄀᆞᆯ오ᄃᆡ 비ᄒᆞᆫ ᄇᆡ 언머나 ᄒᆞ 뇨 ᄆᆡᆼ지 젼과 ᄀᆞᆺᄐᆞᆯ와 ᄒᆞ시니(女範1. 모의 추ᄆᆡᆼ모). 아이 닐오ᄃᆡ 형이 아니라 내 죽

일와(女範1. 부계모 계의계모). 비골프믈 아디 못홀와(女範2. 현녀 초장번희).

-ㄹ이오 어미 -ㄹ 것이오. ¶엇지 말릴이오: 怎禁他(譯解補56).

-ㄹ작이면 어미 -ㄹ 것 같으면. -ㄹ 터이면. ☞-ㄹ쟈기면. -ㄹ 쟉시면 ¶게우 든 줌을 네 소리예 셸작이면(古時調. 青丘).

-ㄹ쟈기면 어미 -ㄹ 것 같으면. -ㄹ 터이면. ☞-ㄹ쟉시면 ¶내 말 좃디 몯홀쟈기면:依不得我時(飜老下61). 온화케 ᄒᆞ야 플쟈기면(痘要下19).

-ㄹ쟉시면 어미 -ㄹ 것 같으면. -ㄹ 터이면. ☞-ㄹ쟈기면 ¶스스로 새롭기를 허홀쟉시면(山城70). 너를 잡을쟉시면(山城78). 네 이리 漢ㅅ글을 비홀쟉시면:你這般學漢兒文書時(老解上5). 네 이믜 北京을 향ᄒᆞ야 갈쟉시면:你既往北京去時(老解上7). 너희 이믜 姑舅兩姨에 난 弟兄일쟉시면:你既是姑舅兩姨弟兄(老解上15). 우리 벗지어 둔닐쟉시면:咱們結相識行時(老解下41). 立酌을 ᄒᆞ실쟉시면(新語3:8). 官人을 조출쟉시면 게어리 말고:跟官人時休撒懶(朴解下15). 글 업슬쟉시면 비록 영웅이라 닐너도 노하보내지 아니리라(三譯2:26). 醉ᄒᆞᆫ 김의 憤ᄒᆞ여 酒戰을 시쟉홀쟉시면(隣語1:4). 卽今事勢를 議論ᄒᆞ여 볼쟉시면(隣語3:3).

-ㄹ쟉신돌 어미 -ㄴ들. ¶귀 느러여 더 소곰 실라 갈쟉신돌 필연 千里馬를 몰라야 보랴마는(古時調. 鄭澈. 松江).

-ㄹ쟉이면 어미 -ㄹ 것 같으면. -ㄹ 터이면. ☞-ㄹ쟈기면 ¶아는 일이 업술쟉이면 하다므어시 유익ᄒᆞ리오(女範3. 문녀 한반첩여). 祖宗이 보실쟉이면 ᄒᆞᆫ가지 이 子孫이라:祖宗視之則均是子孫(重内訓3:42). 長生홀 藥을 갑 주고 살쟉이면(古時調. 青丘).

-ㄹ쟈 어미 -ㄹ 것이니라. ¶절목대로 시힝ᄒᆞ올져(字恤5).

-ㄹ지라도 어미 -ㄹ지라도. ☞-ㄹ디라도. -ㄹ띠라도 ¶놈이 害홀지라도 나는 아니 겨로리라(古時調. 青丘). 비록 제가 교만ᄒᆞᆫ 말을 홀지라도(隣語1:18).

-ㄹ지어다 어미 -ㄹ지어다. ☞-ㄹ디어다 ¶너의 무리 삼갈지어다(敬信52).

-ㄹ진댄 어미 -ㄹ진댄. ☞-ㄹ딘댄. -ㄹ띤댄 ¶덕을 갑고져 홀진댄(百行源11).

-ㄹ진들 어미 -ㄹ지라도. ¶주려 주글진들 採薇도 ᄒᆞ는 것가(古時調. 首陽山. 青丘).

-ㄹ진정 어미 -ㄹ지언정. ¶차라리 굴물진정 이 노릇슨 못ᄒᆞ리다(萬言詞).

-라 조 ①-라. -이라. -다. -이다. ¶訓民正音은 百姓 ᄀᆞᄅᆞ치시논 正ᄒᆞᆫ 소리라(訓註1). 異는 다를 씨라(訓註1). 愚는 어릴 씨라(訓註2). 此는 이라(訓註2).

②-가. -라서(능히. 감히). -이라서. ¶내라 외방의 나ᄃᆞ리 아니 ᄒᆞᆯ가:我不出外(飜老上41). 金烏와 玉兎들아 뉘라 너를 좃닐관ᄃᆡ(古時調. 歌曲).

③-라고. -이라고. ¶君位를 보비라 홀씨:位曰大寶(龍歌83章). 내 엇디라 物累에 逼迫ᄒᆞ야:奈何迫物累(重杜解1:25). 엇디라 모딘 官吏의 무른:奈何黠吏徒(重杜解2:62). 엇데라 옷과 밥과애 窮困ᄒᆞ야:胡爲困衣食(杜解16:19). 어듸라 더디던 돌코(樂詞. 青山別曲).

④-로. ¶ᄒᆞᆫ가지라 差別이 업고:等無差互(蒙法49).

-·라 어미 ①-러. -려고. ¶毘藍園을 보라 가시니(月印上7). 出家ᄒᆞ라 가ᄂᆞ니(釋譜6:9). 道理 비호라 나아가샤(月釋1:5). 날돌이 ᄎᆞ거늘 어마님이 毗藍園을 보라 가시니(月釋2:27). 밥 머그라 믈러올 제(杜解6:14). 張三이 ᄒᆞ야 양 사라 가게 호ᄃᆡ:着張三買羊去(飜朴上2). 雙花店에 雙花 사라 가고신ᄃᆡᆫ(樂詞. 雙花店).

②-다. -다가. ¶볼 구피라 펼 ᄊᆞ시예 忉利天예 가샤(月釋21:4).

③-라. 〔연결어미〕 ¶四五劫에 善根을 심군디 아니라 ᄒᆞ마 千萬劫에 한 善根을 시므니(金剛35).

④-라. 〔명령형〕 ☞-으라 ¶오라 ᄒᆞᆫ돌 오시리잇가:縱曰來思噬肯來詣(龍歌69章). 녯 쁘들 고티라(月印上11). 샹재 ᄃᆞ외에 ᄒᆞ라(釋譜6:1). 첫소리를 어울워 ᄡᅳ디면 ᄀᆞᆯ바 ᄡᅳ라(訓註12). 올ᄒᆞᆫ녀긔 브텨 ᄡᅳ라(訓註13). 白馬寺애 모ᄃᆞ라 ᄒᆞ시니(月釋2:72). 반ᄃᆞ기 알라(楞解1:43). 사ᄅᆞᄆᆞ로 들라 ᄒᆞ니(宣賜内訓序4). 王孫ᄋᆞᆫ 貴ᄒᆞᆫ 모믈 이대 安保ᄒᆞ라:王孫善保千金軀(初杜解8:2).

라·괴 명 나귀. 당나귀. ☞라귀 ¶라괴에 ᄆᆞᆯ 돌홀:驢馬(老朴集. 單字解6).

라·귀 명 나귀. 당나귀. ☞라괴 ¶쇠어나 ᄆᆞ리어나 약대어나 라귀어나 ᄃᆞ외야(釋譜9:15). 로조를 라귀 모라 미조차 가라ᄒᆞ야ᄃᆞᆫ:命操策驢隨之(三綱. 盧操). 驢는 라귀라(月釋21:75). 약대와 라귀와(月釋23:72). 시혹 라귀 中에 나:或生驢中(法華2:165). 라귀를 갓ᄀᆞ로 ᄐᆞ니라:倒騎驢(南明下11). 라귀 머기며:餧驢(南明下63). 라귀 일훔과 ᄆᆞᆯ 일훔괘:驢名馬字(金三2:39). 거믄 라귀 져즐 밥 우희 데여 서 홉곰 머고ᄃᆡ:黑驢乳食上暖服三大合(救簡1:95).

※라귀>나귀

-라·니 조 -러니. -더니. ☞-러니 ¶내 나그내라니:我是客人(飜老上47).

-라ᄂᆞᆫ 조 -는. -라는 것은. ¶외라ᄂᆞᆫ 水精이 츤 돗ᄒᆞ니를 시부라:瓜嚼水精寒(初杜解

15:54). 녯 뫼흐란 白閣을 迷失ᄒᆞ고 ᄀᆞ숤 믈라ᄂᆞᆫ 皇陂ᄅᆞᆯ 思憶ᄒᆞ노라:故山迷白閣秋水憶皇陂(初杜解16:11).

라다 동 나다(出). ☞나다 ¶그 ᄭᅩᆯᄅᆞᆯ 머거 비 블러놀 라디 못ᄒᆞᆯ가 시브거ᄂᆞᆯ(太平1:11). 시병 열 라 미친 ᄃᆡ 고티ᄂᆞ니(辟新9).

라뎐 명 나전(螺鈿). ¶라뎐: 鈿贏(四解下27贏字註).

-라도 조 ①-라도. -이라도. ☞-이라도 ¶ᄒᆞ다가 이 教ᄅᆞᆯ 맛나ᅀᆞ와 病ㅅ 根源을 알면 비록 末世라도 도로 正法 ᄀᆞᄐᆞ리라:若遇此教了達病源則雖末世還同正法(圓覺下三之一40). 쉰 히라도 믈어디디 아니ᄒᆞ리라:五十年也倒不得(飜朴上10). 비록 ᄀᆞ장 더온 제라도 모로매 져므도록 관ᄃᆡᄒᆞ야:雖大暑必公服終日(飜小9:9).

②-라고도. -이라고도. ¶甘蔗氏라도 ᄒᆞ더니라(月釋1:8).

-라도 어미 -라도. ¶石壁에 수멧던 녜뉫글 아니라도 하ᄂᆞᇙ ᄠᅳ들 뉘 모ᄅᆞᅀᆞᄫᆞ리:巖石所匿古書縱微維天之意孰不之知(龍歌86章).

-라몬 접미 -넘은. -여(餘). ☞-나ᄆᆞᆫ ¶셜흔라ᄆᆞᆫ 사ᄅᆞ미러라(三綱. 忠13).

라발 명 나발. ¶라발 부다:吹喇叭(譯解上20). 라발:囉叭(同文解上53).

-라셔 조 -가. -라서(감히. 능히). ¶뉘라셔 離別을 삼겨 사ᄅᆞᆷ 죽게 ᄒᆞᄂᆞᆫ고(古時調. 申欽. 내 가ᄉᆞᆷ. 青丘). 뉘라셔 가마귀를 검고 흉타 ᄒᆞ돗던고(古時調. 朴孝寬. 歌曲). 뉘라셔 나 자ᄂᆞᆫ 窓 밧긔 碧梧桐을 심으돗던고(古時調. 古歌). 뉘라셔 날 늙다ᄂᆞᆫ고 늘근이도 이러ᄒᆞᆫ가(古時調. 李仲集. 青丘). 내 집이 깁고 깁허 뉘라셔 ᄎᆞ즐손야(古時調. 海謠). 일언닐 절언 뜻즐 뉘라셔 짐작ᄒᆞ리(武豪歌). 齊 襄公 九世讐를 뉘라셔 갑풀소냐(武豪歌).

※-라셔>-라서

-라셔 조 -에서. ¶하ᄂᆞᆯ해셔 飮食이 自然히 오나ᄃᆞᆫ 夫人이 좌시고 아모ᄃᆡ라셔 온 동 모ᄅᆞ더시니(月釋2:25).

-라셔 조 -라서. -이라서. -이기 때문에. ¶싀어믜를 더욱 효도ᄒᆞ더니 제 아비라셔 어엿비 너겨:事姑愈孝父憐其少(續三綱. 烈4).

-라스라 어미 -라. -아라. -어라. -려무나. ¶白鷗야 말 물어 보쟈 놀라지 말라스라(古時調. 海謠).

라온 형 즐거운. ☞나온 ¶一切 라온 거시 그 中에 ᄀᆞ독ᄒᆞ야:一切樂具充滿其中(法華5:202). ᄠᅳ든 어루 ᄀᆞ독호미 몯 ᄒᆞ리며 라온 이ᄅᆞᆫ 어루 ᄀᆞ장호미 몯 ᄒᆞ리라:志不可滿樂不可極(宣賜內訓1:7). 人生애 슬프며 라온 이리 서르 半만 ᄒᆞ니:人生半哀樂(杜解7:25). 葛藟ㅣ 버므럿도다 라온 君子ㅣ여:葛藟縈之樂只君子(詩解1:5).

라올 명 너울. ¶奇虔家在青坡…諸婦女無蓋頭公創新製以進卽俗名曰羅兀也(輯要2).

-라·와 조 -보다. ☞-이라와 ¶븘비ᄎᆞ로 莊嚴호미 日月라와 느러(釋譜9:4). 健壯ᄒᆞᆫ 男兒ㅣ 셔근 션ᄇᆡ라와 느도다:健兒勝腐儒(杜解6:40). 네라와 괴쇼셔(鄕樂. 三城大王). 우러라 새여 널라와 시름 한 나도 자고 니러 우니로라(樂詞. 青山別曲).

라질 명 나병(癩病). ¶또 몸을 옫칠ᄒᆞ야 라질을 ᄆᆡᆼ글며 숫글 먹움어 벙어리 되여 져제 ᄃᆞᆫ니며 비니:又漆身爲癩吞炭爲啞行乞於市(宣小4:31).

-·락 어미 ①-락. ☞-ᄋᆞ락. -으락 ¶그 金像이 象 우희 오ᄅᆞ락 아래 ᄂᆞ리락 ᄒᆞ야(釋譜11:13). 無數劫에 주그락 살락ᄒᆞ야 그지업슨 受苦호미 엇더뇨(釋譜24:29). 사ᄅᆞ미 ᄃᆞ외락 벌에 즁ᄉᆡᆼ이 ᄃᆞ외락 ᄒᆞ야 長常 주그락 살락 ᄒᆞ야 受苦호ᄆᆞᆯ 輪廻라 ᄒᆞᄂᆞ니라(月釋1:12). ᄒᆞᆫ 모미 크락 져그락 ᄒᆞ야(月釋1:14). 펴락 쥐락호ᄆᆞᆯ 네 보ᄂᆞ니:汝見開合(楞解1:108). ᄒᆞᆫ 雙ㅅ 믌돌ᄀᆞᆫ 相對ᄒᆞ야 ᄌᆞᄆᆞ락 ᄠᅳ락 ᄒᆞ놋다(初杜解7:2). 사ᄅᆞ미 오락가락호ᄆᆞᆯ 알리 업스니:無人覺來往(初杜解7:6). 머리 ᄀᆞᆷ며 ᄂᆞᆺ 밧고오ᄆᆞᆫ 쇼 ᄃᆞ외락 ᄆᆞᆯ ᄃᆞ외락 ᄒᆞᆯ 시라(南明上55). 올히 ᄀᆞᄆᆞᆯ락 믈 ᄶᅵ이락 ᄒᆞ야:今年爲旱澇(飜老上54). 네 ᄆᆡㄱ이 부ᄒᆞ락 팀ᄒᆞ락 ᄒᆞᄂᆞ다:你脈息浮沈(飜老下40). 둘잿 형은 오락가락ᄒᆞ고:二哥來來去去(飜朴上39). 빌락 저히락ᄒᆞ면(瘟疫方4). 주그락 ᄭᅵ락 ᄒᆞᄂᆞ니(恩重24). 강의 ᄣᅡ뎌 슌뉴ᄒᆞ야 ᄠᅳ락 ᄌᆞᆷ기락 ᄒᆞ니:投江順流浮沈(東新續三綱. 烈4:81). 헤여디락 모ᄃᆞ락 ᄒᆞᄂᆞᆫ:擺闔(重杜解2:7). 浮ᄒᆞ락 沈ᄒᆞ락 ᄒᆞ니:息浮沈(老解下36). 도로혀 올리락 도로혀 ᄂᆞ리오락 ᄒᆞᆫ다 ᄒᆞ니:反上反下(朴解中60).

②-다가. ¶빗난 구루미 어드우락 도로 히ᄂᆞ니:綵雲陰復白(杜解7:14). 쉼 소리ᄅᆞᆯ 드르락 또 긋ᄂᆞ니:泉聲聞復息(初杜解7:23). 壯士의 ᄇᆞᆯ 구피락 펼 ᄉᆞᅀᅵ ᄀᆞᆮᄒᆞ야:猶如壯士屈伸臂頃(佛頂4). 나리 ᄆᆞᆺᄃᆞ록 주류믈 ᄎᆞ마 西로 가락 또 東ᄋᆞ로 오놋다:終日忍飢西復東(重杜解17:19).

·락·닥·ᄒᆞ·다 동 기뻐하고 즐거워하다. ☞낙닥 ¶鬼神ᄋᆞᆯ 이바ᄃᆞ며 즐겨 락닥ᄒᆞ더라:祭祀鬼神作諸歡樂(月釋23:73).

락시 명 낚시. ☞낙시 ¶락시 구:鉤(類合上15). 고기 락신가 놀라고:魚驚釣(百聯13).

락시질 명 낚시질. ¶고기 잡고 락시질 ᄒᆞ야(十九史略1:18).

란 명 난(蘭). ¶仙間ㅅ 외야지 서린 불휘 크고 됴ᄒᆞᆫ 蘭이 여러 니피 빗나도다:仙李

盤根大猗蘭奕葉光(初杜解6:27).

-·란 조 -ㄹ랑. -일랑. ☞-ㄹ란. -으란 ¶ ㅛ와 ㅠ와란 첫소리 아래 브텨 쓰고(訓註12). 제 뿔란 ᄀᆞ초고 ᄂᆞᄆᆡ 것 서르 일버수믈 홀 씨(月釋1:45). 道理란 ᄇᆞ리시고 먼 뒷 胡敎ᄅᆞᆯ 求ᄒᆞ시ᄂᆞ니(月釋2:69). 됴ᄒᆞᆫ 일란 보내오(金剛21). 더러우니란 디새와 돌콰ᄅᆞᆯ 뵈샤:穢者示之以瓦礫(圓覺上一之二61). ᄆᆞᄅᆞᆫ 고기란 니로 버히디 말며(宣賜內訓1:4). 棧道ㅣ ᄃᆞᆯ연ᄂᆞᆫ ᄃᆡ란 비스기 돌홀 避ᄒᆞ고:棧懸斜避石(重杜解2:4). 블그니란 ᄇᆞᄅᆞᆷ과 서리옛 여르믈 ᄠᅡ고:紅取風霜實(杜解18:3). 아비란 한ᄃᆡ 무더 두고(續三綱. 孝6). 사오나온 일란 고티고(飜小8:15). 貴과 災란 肆ᄒᆞ야 赦ᄒᆞ시고:貴災肆赦(書解1:13). 罪ㅣ 疑ᄒᆞ니란 輕으로 ᄒᆞ시고 功이 疑ᄒᆞ니란 重으로 ᄒᆞ시며:罪疑惟輕功疑惟重(書解1:28). 쳐ᄌᆞ란 ᄇᆞ리고(東新續三綱. 孝3:19). 원컨대 아비란 주기디 말라:願勿殺父(東新續三綱. 孝8:1). ᄀᆞᆺ바홀 제란 믈 머기디 말고:勞困裏休飮水(老解上22). 술란 ᄒᆞ마 마ᄋᆞᆸ소(新語1:19). 적은 술위란 말고:不要小車(朴解上13). 공번ᄒᆞᆫ 義란 背叛ᄒᆞ고:背公義而(重內訓3:49). 이제란 窓 뒤헤 섯다가 날 뒤셰고 ᄃᆞ녀라(古時調. 金光煜. 대막대. 靑丘).

란간 명 난간(欄干). ☞난간 ¶ 못과 심과 欄干 階砌예 七寶로 ᄭᆞ미고(月釋2:27). 欄은 欄干이라(法華1:77). ᄃᆞ리 蘆溝橋ㅅ 란간 앳 ᄉᆞᄌᆞ 머리를 ᄌᆞ마 너머:水渰過蘆溝橋獅子頭(飜朴上9). 란간 란:欄(訓蒙中5). 도로혀 우믌 欄干애 버므러 낫나치 더으고:却繞井欄添箇箇(重杜解17:38). 란간ᄒᆞᆫ 놉흔 臺:平臺(漢淸9:68).

란됴 명 난조(鸞鳥). ☞난됴 ¶ 란됫 란:鸞(訓蒙上15). 란됴 란:鸞(兒學上7).

-·란·ᄃᆡ 어미 -ㄹ 것 같으면. -ㄹ진대. -건대. ☞-ㄹ란ᄃᆡ. -으란ᄃᆡ ¶ 精舍 지ᄉᆞ란ᄃᆡ 일후믈 太子祇陁樹給孤獨園이라 ᄒᆞ라(釋譜6:40). 疑心ᄋᆞᆯ 아니 ᄒᆞᄉᆞᆸ노니 엇뎨어뇨 ᄒᆞ란ᄃᆡ(釋譜9:26). 엇뎨어뇨 ᄒᆞ란ᄃᆡ(月釋2:19). 이런 사ᄅᆞ미 安樂을 보란ᄃᆡ 福 ᄆᆡᆼᄀᆞ라 土地ᄅᆞᆯ 가ᄆᆞᆯ디어늘(月釋21:125). ᄒᆞ마 空ᄋᆞᆯ브터 오란ᄃᆡ 도로 空ᄋᆞᆯ브터 드롬디니:旣從空來還從空入(楞解2:110). 네 香ᄋᆞᆯ 맏ᄂᆞ니라 ᄒᆞ란ᄃᆡ 반ᄃᆞ기 고해 드롬디어늘(楞解3:24). 妙覺이 圓明ᄒᆞ란ᄃᆡ 當識趙州是何面目호리라(蒙法12). 가디 몯ᄒᆞ란ᄃᆡ 만뎡 漢ㅅ 마ᄉᆞ랫 香이 업디 아니ᄒᆞ니라:不去非無漢署香(初杜解14:16). 머리 셰란ᄃᆡ 됴히 도라올디니라:頭白好歸來(初杜解21:42). 엇데 因緣 업거뇨 ᄒᆞ란ᄃᆡ(金三2:2). 懺悔ᄅᆞᆯ ᄆᆞᄎᆞ란ᄃᆡ(六祖中27). 여히므론 질삼뵈 ᄇᆞ리시고 괴시란ᄃᆡ 우러곰 좃니노이다(樂詞. 西京別曲). 以是人生애 相不語ᄒᆞ시란ᄃᆡ(樂詞. 處容歌).

:란리 명 난리(亂離). ☞난리 ¶ 亂離예 내 시르믈 더ᄂᆞ니라:亂離減憂慼(初杜解17:14). 란리 도적을 좃지 아니ᄒᆞ야(女四解4:18). 어려셔 아비ᄅᆞᆯ 일코 란리ᄅᆞᆯ 만나:少失父遭天下亂(五倫1:9).

란:봉 명 난봉(鸞鳳). ¶ 鸞鳳이며 種種 새ᄃᆞᆯ히 모다 넙놀며:鸞ᄋᆞᆫ 鳳 ᄀᆞᄐᆞᆫ 새라(月釋2:27).

:란ᄉᆡᆼ 명 난생(卵生). ¶ 卵生ᄋᆞᆫ 알 ᄢᅡ 날 씨오(釋譜19:2). 이에 世界옛 卵生과 胎生과(楞解7:78).

란·초 명 난초(蘭草). ☞난초 ¶ 蘭草와 ᄡᅮᆨ의 달옴 이쇼ᄆᆞᆫ 엇데오:而有蘭艾之異何則(宣賜內訓序3). 裴와 李와ᄂᆞᆫ 봄 蘭草ㅣ 곳다온 ᄃᆞᆺᄒᆞ도다:裴李春蘭馨(初杜解6:19). 란초 란:蘭(訓蒙上8). 란초 란:蘭(類合上7). ※란초>난초

란총 명 난총(蘭葱). 부추. ☞五辛ᄋᆞᆫ ᄒᆞ나ᄒᆞᆫ 大蒜이오 둘흔 茖葱이오 세흔 慈葱이오 네흔 蘭葱이오(楞解8:4).

:란:타 명 나타(懶惰). ¶ 懶惶ᄂᆞᆫ 게으를 씨라(法華5:39). 懶惶ᄂᆞᆫ 勇猛애 막고 懈怠ᄂᆞᆫ 精進애 막고(法華5:39).

란타ᄒᆞ다 형 나타(懶惰)하다. ¶ 姦猾ᄒᆞ기와 懶惰티 말라:休姦猾懶惰(老解下39).

:란ᄒᆞ·다 형 난(亂)하다. 어지럽다. 문란하다. ¶ 처섬 亂ᄒᆞᆫ 쁴 請ᄒᆞᆫ ᄃᆞ 니ᄅᆞ노니:請陳初亂時(初杜解6:37). 안해 亂티 아니호미 定이니(六祖中14). 勇ᄒᆞ고 禮ㅣ 업스면 亂ᄒᆞ고(宣論2:28). 亂ᄒᆞ면 退ᄒᆞᄂᆞᆫ 이ᄂᆞᆫ 伯夷ㅣ오(宣孟3:20). 그 本이 亂ᄒᆞ고 末이 다ᄉᆞᆯ 者ㅣ 否ᄒᆞ며(宣大3).

·랄 명 날〔日〕. ☞날 ¶ 랄마다 모로매 冠帶ᄒᆞ야 얼우시늘 뵈ᄋᆞ오며:日必冠帶以見長者(飜小9:2). 열다ᄉᆞᆺ 랄로ᄡᅥ(十九史略1:4).

랄ᄃᆞᆯ 명 날달〔日月〕. 일월. 세월. ☞날ᄃᆞᆯ ¶ 여희어 오매 랄ᄃᆞ리 ᄌᆞᆫ더니:別來頻甲子(重杜解10:3).

랄라리 명 날라리. 태평소(太平簫). ¶ 랄라리:瑣哶(漢淸3:54).

랄로 부 날로. ☞날로 ¶ 조쥭을 랄로 네다ᄉᆞᆺ 술식 마시고:日啜粟粥四五匙(東新續三綱. 烈5:29).

랄·호여 부 천천히. ☞날호야. 날호여 ¶ 氣象이란 거슨 말ᄉᆞᆷ과 거동이 가비야오며 므거우며 ᄲᆞᄅᆞ며 랄호여 호매 유예 볼 거시니:氣象者辭令容止輕重疾徐足以見之矣(飜小8:14).

람비ᄒᆞ다 동 남비(濫費)하다. ¶ 람비치 아니타:不濫費(漢淸6:30).

람빗 명 남빛. ¶람빗:月白(漢淸10:65).

람진 명 사내. 남편. ☞남진 ¶람진 겨지비며(七大14).

랍 명 납(鑞). 〔납과 주석의 합금.〕☞납 ¶구리어나 鑞이어나 鐵이어나 남기어나 홀기어나(釋譜13:52). 鑞과 鉛과 錫과:세 거시 ᄀᆞᆮᄒᆞᆫ ᄃᆞᆺ호ᄃᆡ 實엔 다ᄅᆞ니 鑞ᄋᆞᆫ 및 ᄒᆡ오 鉛은 누르고 ᄒᆡ오 錫은 프르고 거므니라(法華1:219). 랍:鑞 今俗呼錫鑞(四解下79). ※랍>납

랍쇠 명 납(鑞). 납(鉛). ¶랍쇠 연:鉛. 랍쇠 랍:鑞(兒學上4).

·랍·월 명 납월(臘月). 음력 섣달. ☞납월 ¶臘月 猪 기름 ᄒᆞᆫ 兩을 모도와(救急下2). 臘月 여ᄃᆞ랫 날 바ᄆᆡ 明星 보시고(金三1:1). 臘月ᄋᆞᆫ 섯ᄃᆞ리오(金三1:1).

랍향 명 납향(臘享). ¶臘享ᄯᆞᆯ 눈므른 모다 ᄒᆞᄂᆞᆫ 덥단 모딘 時氣를 고티ᄂᆞ니(簡辟22).

랍향날 명 납향날(臘享日). ☞납향날 ¶그믐날과 랍향날 노래부르며(敬信6).

랏 명 낟(箇). ☞낟 ¶네 ᄃᆞ론 서 근 ᄀᆞᄅᆞᄂᆞᆫ 每斤에 열 랏 돈식 ᄒᆞ니:俆稱了三斤麵每斤十箇錢(老解上20).

-·랏 조 -라 하는. ¶乃至랏 말:乃至之言(圓覺上二之二136). 외오 ᄃᆞ외리랏 ᄠᅳ드로 혀니ᄅᆞ시니라(南明上17).

-랏다 조 -이로다. ¶별좌라 ᄒᆞ니 오별좌랏다(癸丑77).

랏설 동 낚을. ☞낫글 ¶랏ᄰᅥᆯ 됴:釣(石千39).

-랑 조 -랑. -하고. -과. -와. ¶멀위랑 ᄃᆞ래랑 먹고 靑山애 살어리랏다. ᄂᆞᄆᆞ자기 구조개랑 먹고 바ᄅᆞ래 살어리랏다(樂詞. 靑山別曲).

-랑 조 -ㄹ랑. -일랑. ☞-란 ¶져므니랑 ᄒᆞᆫ 냥ᄒᆞ고:年少者一兩(胎要43). ᄀᆞᆺ난 아기랑 세 환을 저제 ᄀᆞ라 머기고:初生小兒服三丸乳汁化下(痘要上5).

-랑 어미 -락. ☞-락 ¶ᄒᆞᆫ 雙ㅅ 믌돌ᄀᆞᆫ 相對ᄒᆞ여 ᄌᆞᄆᆞ랑 ᄠᅳ랑 ᄒᆞᄂᆞ다:一雙鸂鶒對沈浮(重杜解7:2).

랑군 명 낭군(郞君). 예전에 귀인(貴人)의 아들을 높여 일컫던 말. ¶古人이 稱貴人之子曰郞君이라(杜解7:30). 郞君은 玉樹ㅣ 노ᄑᆞᆫ ᄃᆞᆺᄒᆞ도다:郞君玉樹高(杜解7:30). 가난ᄒᆞᆫ ᄆᆞᆯᄀᆞᆫ 사오나온 郞君이 本來 ᄆᆞᆯ 업스며(金三5:5). 郞君의 六經 브즈러니 닐구믈 勸ᄒᆞ놋다(重杜解19:35). ※랑군>낭군

랑비ᄒᆞ다 동 낭비(浪費)하다. ¶시쥬의 은젼으로 내기ᄒᆞ야 랑비ᄒᆞ고(敬信72).

랑쟈ᄒᆞ다 형 낭자(狼藉)하다. ☞낭쟈ᄒᆞ다 ¶국휼을 당ᄒᆞ야 이ᄀᆞᆺ치 랑쟈호ᄃᆡ 법시 귀먹고 눈머나 다름이 업스니(綸音27).

랑·젹ᄒᆞ·다 형 낭자(狼藉)하다. 흐트러져 어지럽다. ¶혹 궤며 셔안의 狼籍ᄒᆞ며:或有狼籍几案(宣小5:117).

랑패 명 낭패(狼狽). ¶또 긔마편져(챵질 일홈)ㄹ 알하 극히 랑패된지라(敬信58).

랑:하 명 낭하(廊下). ¶秀ㅣ ᄉᆞ랑호ᄃᆡ 廊下ㄹ 向ᄒᆞ야셔(六祖上15).

래년 명 내년(來年). 명년(明年). ¶래년:明年(漢淸1:23).

-랴 어미 -려. ☞-려 ¶草草ᄒᆞᆫ 浮生애 므ᄉᆞ 일을 ᄒᆞ랴 ᄒᆞ야(古時調. 鄭澈. 일뎡 ᄇᆡᆨ년 산들. 松江).

-·랴 어미 -랴. ☞-려 ¶소곰 쟝 잇거든 져기 가져오랴:鹽醬拿些來(飜老上61). 비록 ᄆᆞ올히나 ᄃᆞ니랴:雖州里行乎哉(宣小3:5). ᄒᆞ물며 淸淨菩提果ㄹ 可히 ᄇᆞ라랴:況淸淨菩提果可冀乎(龜鑑上36). 내 블 ᄡᅵᆺ기 못 ᄒᆞ고 ᄇᆞ롬 마시랴:我不打火喝風那(老解上18). 뎌ᄒᆞ여 밉ᄃᆞ디 못ᄒᆞ랴:着他打不得(朴解上15). 감히 명을 좃디 아니랴:敢不承命(譯解下53). 山中을 ᄆᆡ양 보랴(松江. 關東別曲).

-랴나 어미 -려 하나. ¶동졍호 발근 달의 악양누 오르랴나(萬言詞).

-랴ᄂᆞᆫ가 어미 -려 하는가. ¶瀟湘江 구진 비예 弔湘君 ᄒᆞ랴ᄂᆞᆫ가(萬言詞). 오호쥬 흘니져어 明哲保身 ᄒᆞ랴ᄂᆞᆫ가(萬言詞). 긴 고릭 잠감 만나 白日昇天 ᄒᆞ랴ᄂᆞᆫ가(萬言詞).

략간 부 약간(若干). ☞냑간 ¶공과 잇ᄂᆞᆫ 이ㄹ 략간 가초와(敬信13).

·략·히 부 약(略)히. 간략히. ¶알ᄑᆡ 情과 想과ᄋᆡ 感ᄒᆞ야 變호ᄆᆞᆯ 略히 블기시고:前略明情想感變(楞解8:79). 希有ᄂᆞᆫ 略히 거ᄅᆞ건댄 세 ᄠᅳ디니(金剛7). 이제 類ㄹ 조차 뭇거 略히 열 條ㄹ 펴노니:今隨類束略敍十條(圓覺上一之一38).

·략ᄒᆞ·다 형 간략(簡略)하다. ¶妙音이 現形ᄒᆞ샤 說法ᄒᆞ시며 한 難ᄋᆞᆯ 救濟ᄒᆞ샤ᄆᆞᆫ 觀音과 달옴 업스샤ᄃᆡ 오직 略고 넙디 몯ᄒᆞ시며 妙코 圓티 몯커시니와:妙音現形說法救濟衆難與觀音無異但略而未普妙而未圓(法華7:41). 알ᄑᆡ 憍奢警戒ᄒᆞ샤미 略ᄒᆞ야 仔細티 몯ᄒᆞ실씨(永嘉上5).

량 명 ①냥(兩). 〔무게 단위〕☞냥 ¶ᄒᆞᆫ 兩만 글ᄂᆞᆫ 므레 ᄃᆞᆷ가 알ᄑᆞᆫ ᄃᆡ 시수ᄃᆡ:一兩許沸湯浸洗患處(救急上8). ᄉᆡᆼ앙 ᄒᆞᆫ 량 사ᄒᆞ로 니와ㄹ ᄒᆞᆫᄃᆡ 글혀:生薑一兩切同煎(救簡1:4). 츩불휘 ᄆᆞᆯ외야 ᄀᆞ론 ᄀᆞᄅᆞ 넉 량:葛粉四兩(救簡1:12). 香附子 봇가 터럭 업게 넉 량 甘草 구어 ᄒᆞᆫ 량(簡辟6). ᄆᆞᆯ굽 슬ᄒᆞᆫ ᄀᆞᄅᆞ 두 량을 블근 ᄂᆞᄆᆞ치 녀허(瘟疫方5). 넉 량을 서모난 블근 ᄂᆞᄆᆞ치 녀허:四兩以三角絳囊(瘟疫方8).

②냥(兩). 〔돈의 단위〕¶두 량식 주고 사:

二兩家(飜老上13). 대되 일빅 량이오:共該一百兩(飜老下63). 열두 량 은:十二兩銀子(飜朴上14).

량능 명 양능(良能). 타고난 재능. ¶人의 學디 아니ᄒᆞ여도 能ᄒᆞᄂᆞᆫ 바ᄂᆞᆫ 그 良能이오(宣孟13:10).

량·식 명 양식(糧食). ☞양식 ¶길 우희 糧食 니저니:路不齎糧(龍歌53章). 婆羅門이 그 지븨 가 糧食 빈대(釋譜6:14). 粮食 굿건디 사ᄋᆞ리오(月釋21:106). 목숨 도올 粮食 이슈미 곤ᄒᆞ니라(法華2:205). 비록 糧食 업서도 足ᄒᆞ리니(法華7:157). ᄃᆞᆯ마다 粮食 주어 그 지블 유여케 호ᄆᆞᆯ 뎐뎐ᄒᆞᆫ 法을 사ᄆᆞ시다(宣賜內訓2下62). 량식 량:粮(訓蒙中20). 량식 량:糧 粮(類合上26).
※량식>냥식>양식

량심 명 양심(良心). ¶더 中에 邪毒 기프닌 良心을 일코(法華5:154). 그 뻐 그 良心을 放ᄒᆞᄂᆞᆫ 배 또ᄒᆞᆫ 斧斤이 木에 朝朝로 伐홈이 곤거니:其所以放其良心者亦猶斧斤之於木也旦旦而伐之(宣孟11:20).

량신 명 양인(良人). 군자(君子). 남편. ¶그 良人이 出ᄒᆞ면 반ᄃᆞ시 酒와 肉을 饜ᄒᆞᆫ 後에 反ᄒᆞ거ᄂᆞᆯ:其良人出則必饜酒肉而後反(宣孟8:33).

량친 명 양친(兩親). ¶후에 량친이 죽거ᄂᆞᆯ 시묘를 여ᄉᆞᆺ ᄒᆡ를 호ᄃᆡ:後二親歿廬墓前後六年(東續三綱. 孝23).

·량테 명 대 장지. ¶량테 격:篙(訓蒙下18).

-러- 어미 -더-. 〔회상 시제(回想時制) 어미. '-더->-러-'는 유음화(流音化).〕 ¶님금 臣下ㅅ 疑心이러시니(月印上22). 부텻 나히 셜흔세히러시니(釋譜6:11). 舍衛國 사ᄅᆞ미 十八億이러니(釋譜6:28). 그 도ᄌᆞ기 菩薩ㅅ 前世生ㅅ 怨讐ㅣ러라(月釋1:6). 여러 塵累ᄅᆞᆯ 걷내ᄂᆞ니러니:越諸塵累(楞解1:24). 셔울셔 힝힝이 언제 나시리러뇨:京都駕幾時起(飜朴上53).

-러·뇨 조 -더뇨. -더냐. ¶네 여희요ᄆᆞᆫ 이 어듸러뇨 오ᄂᆞᆯ 서르 맛보니 다 늘근 사ᄅᆞ미로다:昔別是何處相逢皆老夫(初杜解21:30). 陰陽ᄒᆞᄂᆞᆫ 사ᄅᆞᆷ은 이 뉘러뇨:陰陽人是誰(朴解下41).

-러는 조 -더러는. ¶날러는 엇디 살라 ᄒᆞ고 ᄇᆞ리고 가시리잇고(樂詞. 가시리).

-러·니 조 -러니. -더니. ¶威惠 너브실ᄊᆡ 被髮이 冠帶러니 오ᄂᆞᆳ나래 至德을 우ᅀᆞᆸᄂᆞ니:威惠普及被髮冠帶于今之日至德感涕(龍歌56章). ᄒᆞᆫ 龍王이 일후미 無邊海雲威德輪盖러니(月釋10:66). 랑군의 고쳐 송씨러니(王郎傳1).

-러·니·라 어미 -더니라. ☞-더니라 ¶그 ᄢᅵ 블근 殿에 오ᄅᆞ리ᄂᆞᆫ ᄒᆞᆫ갓 卿相이 尊ᄒᆞ니 ᄲᅮᆫ 아니러니라:當時上紫殿不獨卿相尊(初杜解16:3).

-러·니잇·고 어미 -었습니까. ☞-더니잇고 ¶菩薩ㅅ 어마니미 姓이 므스기러니잇고(月釋21:27).

-러·라 어미 -더라. ☞-더라 ¶本來 ᄇᆞ라오미 아니러라:非本所望(法華2:77).

러·비 부 널리. 넓게. ☞너비 ¶러비 드로ᄆᆞᆯ 즐기ᄂᆞᆫ 사ᄅᆞᄆᆞᆫ 道 아디 몯ᄒᆞᄂᆞ니라 ᄒᆞ시다:好博聞者不知道(龜鑑下49). 부쳐 렴호모로 도ᄅᆞᆯ 힝ᄒᆞ며 보시ᄅᆞᆯ 러비 힝ᄒᆞ야(勸念解17).

-·러·시·니·이·다 어미 -(이)었습니다. ☞-더시니이다 ¶어마님 일후믄 悅帝利러시니이다(月釋21:28).

-·러시이·다 어미 -시었습니다. ¶어마니미 샹녯 사ᄅᆞ미 아니러시이다(月釋23:74).

러·울 명 너구리. ¶러울爲獺(訓解. 用字).

러·피·다 동 넓히다. ☞너피다 ¶禪觀ᄋᆞᆯ 칙여 너피샤:偏弘禪觀. 眞實로 칙여 러피시다 니ᄅᆞ리로다:誠曰偏弘(永嘉序7).

-런 조 -을랑. -을랑은. ¶글런 ᄆᆞᅀᆞᆷ 슬턴 ᄯᅡ흘 ᄉᆞ랑ᄒᆞ노니:詩憶傷心處(初杜解21:13). 다 여위실 더드런 니믈 뫼셔 술와지(鄕樂. 內堂).

-런가 조 -인가. -던가. ☞-던가 ¶왕우군의 진체런가 됴밍보의 촉체런가(萬言詞). 젼당 잡은 촛더런가(萬言詞). 픗낫치 친구런가(萬言詞). 이도 다 나의 수런가 시브며(閑中錄146).

-런디 조 -던지. ☞-런지 ¶大小衆官이니 모로리로다 언메런디:大小衆官知他是多多少少(朴解下30). 湖南 어늬 고디 鬼蜮의 淵藪런디(曺偉. 萬憤歌).

런ᄃᆡ 명 색대자(色帶子). ¶감차할 런ᄃᆡ 일빅 됴:茶褐欒帶一百條(飜老下69).

-·런마·ᄅᆞᆫ 어미 -련마는. ¶卽時예 正覺ᄋᆞᆯ 일우런마ᄅᆞᆫ(月釋2:36).
※-런마ᄅᆞᆫ>-런마ᄂᆞᆫ>-련마는

렆다 형 넓다. ¶날과 ᄃᆞᆯ이 兩儀의 비춤을 렆게 ᄒᆞ며:日月普兩儀之照(女四解4:2).

럼나다 동 넘나다. 욕정(欲情)이 일어나다. ☞넘나다 ¶네 가시 아즐가 네 가시 럼난디 몰라셔(樂詞. 西京別曲).

럼다 동 넘다〔過〕. ☞넘다 ¶러믈 과:過(類合下43).

-레 어미 -네. ¶갓나희들이 여러 層이 오레(古時調. 金壽長. 海謠).

려 명 여막(廬幕). ¶殯所ㅅ 겨티 廬 짓고 밤낫 우더라(三綱. 孝25).

-·려 어미 -려. -려고. ☞-오려. -우려 ¶님그미 나가려 ᄒᆞ샤 도ᄌᆞ기 셔블 드더니:君王欲去寇賊入京(龍歌49章). 十方世界예 法을

펴려 ᄒᆞ시니(月印上5). 어ᄃᆡ셔 망녕의 ᄶᅥ시 눈 흘긔려 ᄒᆞᄂᆞ뇨(古時調. 鄭澈. ᄒᆞᆫ 몸 둘헤 ᄂᆞᆫ화. 警民編).

-·려 어미 -랴. -ㄹ 것인가. ☞-랴 ¶어루 이긔여 기리ᅀᆞᄫᆞ려(月釋序9). 아모 사ᄅᆞ미나 이 良醫의 虛妄ᄒᆞᆫ 罪ᄅᆞᆯ 能히 니ᄅᆞ려 몯 니ᄅᆞ려 몯 니ᄅᆞ리이다(月釋17:22). 도로 물유미 업스려(楞解6:100). 그 數를 알려 몯ᄒᆞ려:知其數不(法華3:86). 나ᄅᆞᆯ 生ᄋᆞᆯ 命코져 ᄒᆞᆫ돌 得ᄒᆞ려:欲命我以生其可得乎(金剛序10). 이 한 恒河ㅅ 몰애 하려 몯 하려:是諸恒河沙寧爲多아 不아(金剛62). 如來ᄅᆞᆯ 보려 몯 ᄒᆞ려:見如來아 不아(金剛69). 보려 몯 보려(金剛137). 잠간이나 ᄆᆞᅀᆞᆷ 노하펴아려(宣賜內訓2上2). 늙고 病커니 길흘 일티 아니ᄒᆞ려:老病不失路(杜解21:38). 어루 힘ᄋᆞ로 ᄃᆞ토려(南明上50). 住着ᄒᆞᆯ 고ᄃᆡ 이시려(金三2:20). 됴탓 마리ᅀᅡ 니ᄅᆞ려:可知道好(飜朴上3).

-려·녀 어미 -ㄹ 것인가. ¶길헤 ᄡᅳᆯ 거시 그믄 더믄 ᄆᆞᄃᆞ려녀:省多少盤纏(飜朴上54).

-·려뇨 어미 -려는고. -려는가. ☞-으려뇨 ¶어느 누를 더브르시려뇨(月印上19). 부텨ᄅᆞᆯ 가 보ᅀᆞᄫᆞ려뇨 ᄒᆞ더니(釋譜6:19). 어느 나라해 ᄂᆞ리시게 ᄒᆞ려뇨(月釋2:10). 엇데 ᄇᆞᆯ기려뇨(法華1:13). 엇데ᄒᆞ려뇨 호미 업스리로다(圓覺序13). 엇데ᄒᆞ려뇨(牧牛訣44). 災禍 일리라 엇데ᄒᆞ려뇨(宣賜內訓序4). 東녁 ᄆᆡᄒᆞᆫ 어느 저긔 열려뇨:東郊何時開(初杜解7:25). 뫼해 가 사오나온 바ᄐᆞᆯ 사려뇨:歸山買薄田(初杜解15:13). 어듸 가 고기 자ᄇᆞ며 나모 지ᄂᆞ닐 親狎ᄒᆞ려뇨:何處狎漁樵(初杜解15:16).

-려·니 어미 -ㄹ 것이니. -리니. ¶드르헤 龍이 싸호아 四七將이 일우려니 오라 ᄒᆞᆫ돌 오시리잇가 城 밧긔 브리 비취여 十八子ㅣ 救ᄒᆞ시려니 가라 ᄒᆞᆫ돌 가시리잇가:龍鬪野中四七將濟縱曰來思噬肯來詣火照城外十八子救縱命往近噬肯往就(龍歌69章). 比丘ᄃᆞᆯ히 제 와 기르려니 지븨 두고 가리라(月釋7:9). 쥬의 오시 일허도 어루 믈려니 안ᄌᆞ 더디고 가리라 ᄒᆞ야(月釋7:9). 三塗에 ᄲᅥ러디려니 므슴 利益 이시리오(金剛64). 廬山이 여긔도곤 낫단 말 못 ᄒᆞ려니(松江. 關東別曲).

-·려니·오 어미 -ㄹ 것인가. ¶엇던 사ᄅᆞᄆᆞᆯ 보려니오:見何人(初杜解8:62). 비록 말고 젼들 므슴 핑계 ᄒᆞ려니오(古時調. 金天澤. 賀季眞의 鏡湖水ᄂᆞᆫ. 靑丘).

-·려니·와 어미 -려니와. -ㄹ 것이거니와. ¶劫은 ᄲᆞᆯ리 다ᄋᆞ려니와 뎌 부텻 行과 願과 工巧ᄒᆞ신 方便은 다오미 업스리라(釋譜9:29). 부텻 거슨 즁ᄃᆞᆯ히 알려니와(釋譜23:2). 須彌山도 어루 기울의 ᄒᆞ려니와 諸佛ㅅ 마ᄅᆞᆫ 달옮 주리 업스시니이다(月釋9:46). ᄆᆞᆯ들이 分外로 머거 ᄇᆡ브르려니와 ᄒᆞ다가 몬져 콩을 주면:馬們分外喫得飽若是先與料時(老解上22). 젹삼 고의 裹肚 等 속오스란 아직 닐ᄋᆞ디 말려니와:衫兒袴兒裹肚等裏衣且休說(朴解上25).

-려·놀 어미 -ㄹ 것이거늘. ¶이 阿蘭那行ᄋᆞᆯ 즐기ᄂᆞ니라 니ᄅᆞ디 아니ᄒᆞ시려놀 須菩提ㅣ 實로 行ᄒᆞᆫ 곧 업슬ᄊᆡ:是樂阿蘭那行者以須菩提實無所行(金剛56).

-·려·다 어미 -ㄹ 것이다. ☞-으려다 ¶봄고ᄌᆞᆯ 므르듣게 ᄑᆡ디 아니ᄒᆞ려다 시름 아니카니와:春花不愁不爛熳(初杜解10:46). 새 차ᄃᆡ를 엇디 ᄒᆞ려다 의심ᄒᆞ료:新布帒那裏怕漏(飜朴上12).

:려뎡 명 여정(旅亭). ¶客이 旅亭에 가 브터:旅亭ᄋᆞᆫ 손 드ᄂᆞᆫ 지비라(楞解1:105).

-려든 어미 -려 하거든. ¶오히려 그 화ᄅᆞᆯ 구ᄒᆞ여 그 죄ᄅᆞᆯ 덜려든 ᄒᆞ믈며(女範1. 부계모 위망ᄌᆞ모).

-·려·료 어미 -ㄹ 것인가. ☞-려니오 ¶차바ᄂᆞᆫ 엇디 ᄒᆞ려료:茶飯如何(飜老上68). 어느 말ᄆᆡ로 ᄒᆞᆫ 번 시서 ᄇᆞ리려료:何由一洗濯(重杜解10:20).

-려므나 어미 -려무나. ¶너ᄂᆞᆫ 主人 사ᄅᆞᆷ이니 젹이 지촉ᄒᆞ려므나(捷蒙2:20).

려민 명 여민(黎民). 백성(百姓). ¶누비즁 아닌ᄃᆞᆯ 海東 黎民을 니ᄌᆞ시리잇가:匪百衲師海東黎民其肯忘斯(龍歌21章). 黎 黑也. 民首皆黑. 故曰黎民(龍歌4:7). 能히 우리 子孫과 黎民을 保ᄒᆞ리니(宣大24). 黎民이 飢티 아니ᄒᆞ며 寒티 아니ᄒᆞ고(宣孟1:9).

:려샤 명 여사(旅舍). 여관(旅館). ¶旅舍ᄂᆞᆫ 손 드ᄂᆞᆫ 지비라(三綱. 烈16).

:려·역 명 여역(癘疫). 온역(瘟疫). ¶큰 려역이러니:大疫(宣小6:67).

력 명 녘. ☞녁 ¶東력긔 가아 보더니(三綱. 忠5).

·력:ᄃᆡ 명 역대(歷代). ¶歷代 祖師ㅅ 眼目ᄋᆞᆯ ᄒᆞᆫ 버네 드러내야(蒙法52). 三世 諸佛와 歷代 祖師와(牧牛訣15). 祖宗ᄋᆞᆫ 歷代 祖師ᄅᆞᆯ 니ᄅᆞ고(金三1:6).

·력:량 명 역량(力量). ¶光ᄋᆞᆯ ᄀᆞ초며 자최ᄅᆞᆯ ᄀᆞ초아 便安히 養ᄒᆞ야 力量이 오ᄋᆞᆯ며 ᄀᆞ자(蒙法46).

·력·력·이 부 역력(歷歷)히. ☞력력히 ¶닐오ᄃᆡ 歷歷이 ᄀᆞᆯᄒᆡ야 相應을 ᄇᆞᆯ기 아로미 이 識陰이오(永嘉上102). 一念中에 님자 업슨 ᄃᆞᆯ 歷歷이 보미 곧 人空慧오(永嘉上104).

·력·력·히 부 역력(歷歷)히. ☞력력이 ¶歷歷히 다 可히 긔록ᄒᆞᆯ디니라:歷歷皆可記(宣

小5:22).

·력·력ᄒᆞ·다 형 역력(歷歷)하다. ¶ᄆᆞᅀᆞᄆᆞ로 歷歷게 홀 ᄢᅴ니 歷歷 寂寂이 두 일후미로ᄃᆡ ᄒᆞᆫ 體라(永嘉上99). ᄆᆞᆯᄀᆞ며 ᄆᆞᆯᄀᆞᆫ ᄶᅡ히 블가 歷歷ᄒᆞ야 하ᄂᆞᆯ홀 비취며(金三1:19). 兩鈷와 쇠골회 우루미 歷歷ᄒᆞ니 오직 이 圓通ᄋᆞᆯ 指南 사ᄆᆞ니라(南明上70).

·력:세 명 역세(力勢). 세력(勢力). ¶제 아비 師子床ᄋᆡ 걸앉고 … 威德이 特別히 尊터니 窮子ㅣ 아비 큰 力勢 잇거늘 보고(月釋13:12).

·력:ᄉᆞ 명 역사(力士). ¶게여ᄫᅳ미 큰 力士 ᄀᆞᄐᆞ니(釋譜9:20). ᄯᅩ 여듧 力士ㅣ 드러 ᄇᆞ티ᅀᆞᆸ다가 몯 ᄒᆞ야ᄂᆞᆯ(釋譜23:45).

·력연ᄒᆞ·다 형 역연(歷然)하다. ¶ᄯᅩ 人과 境과 업슨 고대 人境이 歷然홀 시라(南明下26).

·력·졀픙:병 명 역절풍병(歷節風病). 뼈마디가 아프거나 붓거나 굴신(屈伸)을 잘 하지 못하는 풍증(風症). ¶력졀픙병 ᄒᆞ야 온ᄆᆞᄃᆡ 알파:歷節風病百骨節疼痛(救簡1:88).

련 명 연(蓮). ☞년 ¶蓮이 프니 님금 臣下ㅣ 疑心 아니 ᄒᆞ시니(月印上22). 이ᄂᆞᆫ 蓮의 實相이오(法華1:3). 蓮의 곳브터 여름 여로미 ᄀᆞᆮᄒᆞ야(法華1:4). 련 련:蓮. 련 하:荷(訓蒙上7. 兒學上5).

련곳 명 연꽃〔蓮花〕. ☞년곳. 련ㅅ곳 ¶련곳 거:蕖(訓蒙上7). 련곳 가온ᄃᆡ 가 부ᄌᆞᄋᆞᆯ 결ᄒᆞ야(勸念解32).

련곶 명 연꽃〔蓮花〕. ☞년곳. 련곳 ¶믈 ᄶᅡ온 ᄃᆞᆺ 련고치로다:水中蓮(百聯上4).

련근 명 연근(蓮根). ☞년ᄭᅳᆫ ¶련근ㅅ ᄀᆞᄅᆞ:藕粉(漢淸12:44).

-련노라 어미 -련다. ¶ᄒᆞᆫ 빵 八珠環과 ᄒᆞᆫ 빵 폴쇠로 다가 ᄒᆞ련노라:把一對八珠環兒一對釧兒(朴解上19).

-련뎌 어미 -려는구나. ¶호온자 ᄂᆞ미 ᄶᅡ해 뼈를 더디련뎌:獨委骨異壤耶(二倫36).

-련마ᄂᆞᆫ 어미 -련마는. ☞-련마른. -련마ᄅᆞᆫ ¶ᄀᆞ장 머검즉이 잘 달호련마ᄂᆞᆫ(新語2:8).

-·련마른 어미 -련마는. ☞-련마ᄅᆞᆫ ¶미 ᄒᆞ나히 닷 돈 은을 바ᄃᆞ련마른:每一箇討五錢銀子(飜朴上32). 社稷ᄋᆞᆯ 돕ᄉᆞ오련마른 얼구리 이제 이 ᄀᆞᆮᄒᆞ니:神社稷形骸今若是(重杜解6:53).

-·련마·ᄅᆞᆫ 어미 -련마는. ☞-련마ᄂᆞᆫ. -련마른 ¶四天下ᄅᆞᆯ ᄀᆞᅀᆞᆷ아ᄅᆞ시련마ᄅᆞᆫ 늘그니 病ᄒᆞ니 주근 사ᄅᆞᆷ 보시고 出家ᄒᆞ샤(釋譜6:17). 正覺ᄋᆞᆯ 일우련마ᄅᆞᆫ(月釋2:36). ᄀᆞᄅᆞ치샤ᄆᆞᆯ 듣ᄌᆞ오면 제 어로 ᄆᆞᅀᆞᄆᆞᆯ 보련마ᄅᆞᆫ(楞解2:23).

련·못 명 연(蓮)못. ¶그 구디 蓮모시 ᄃᆞ외야 蓮ㅅ고지 모ᄆᆞᆯ 바다ᄂᆞᆯ(釋譜3:p.146). 蓮모시 조차 뮌대 蓮못 ᄀᆞᅀᅢ 큰 珊瑚 나모 아래 ᄒᆞᆫ 蓮花ㅣ 소사나아(釋譜11:31). 蓮모시 七寶ㅣ며 樓閣이 七寶ㅣ며(月釋7:57).

련:민 명 연민(憐愍). ¶憐愍은 어엿비 너기실 씨라(月釋10:87).

련ㅅ곳 명 연꽃〔蓮花〕. ☞련곳. 련곶. 련ㅅ곶. 련ᄭᅩᆮ ¶比丘ㅣ 蓮ㅅ곳 우희 안자 잇거늘(釋譜24:16).

련ㅅ곶 명 연꽃〔蓮花〕. ☞련ㅅ곳 ¶한 宗親ㅅ 알ᄑᆡ 蓮ㅅ고지 안자 뵈실씨(月印上50). 이 經이 더러ᄫᅳᆫ 거긔 微妙ᄒᆞᆫ 이ᄅᆞᆯ 나토오미 蓮ㅅ고지 더러ᄫᅳᆫ 므레 이쇼ᄃᆡ 조호미 ᄀᆞᆮ고… 蓮ㅅ고지 고ᄌᆞ로셔 여름 여루미 ᄀᆞᆮ홀씨 妙法蓮華經이라 ᄒᆞ니라(釋譜13:33). 비 저즌 블근 蓮ㅅ고즌 冉冉히 곳답도다:雨裏紅蕖冉冉香(杜解7:2).

련ㅅ불·휘 명 연뿌리. ¶ᄯᅩ 蓮ㅅ불휫 汁 아ᅀᅡ 머구ᄃᆡ:又方藕取汁飮之(救急下3).

련ㅅ송이 명 연(蓮)송이. ☞년송이 ¶련ㅅ송이:蓮蓬(漢淸13:6).

련습ᄒᆞ다 동 연습(練習)하다. ¶ᄆᆞᅀᆞᄆᆞᆯ ᄀᆞᆺ가 征戍호믈 練習ᄒᆞᄂᆞ다 ᄒᆞ라:勞心練征戍(重杜解22:41).

련ᄭᅩᆮ 명 연꽃〔蓮花〕. ☞련ㅅ곳. 련ᄭᅩᆽ ¶련ᄭᅩᆮ 좌을 가지고(王郞傳8).

련ᄭᅩᆽ 명 연꽃〔蓮花〕. ☞련ㅅ곳. 련ᄭᅩᆮ ¶옥 ᄀᆞᄐᆞᆫ ᄂᆞ치 우움믈 여니 믈 ᄶᅡ온 ᄃᆞᆺ 련ᄭᅩ지로다:玉顔開笑水中蓮(百聯上11).

련어 명 연어(鰱魚). ¶련어 련:鰱(訓蒙上20). 련어 셔:鱮(詩解 物名9). 련어:鰟頭(漢淸14:41).

련ᄋᆡᄒᆞ다 동 연애(憐愛)하다. ☞년ᄋᆡᄒᆞ다 ¶경체 련ᄋᆡᄒᆞ심믈 미더(閑中錄302).

련쥬·창 명 연주창. ☞년쥬창 ¶련쥬창 라:瘰. 련쥬창 력:癧(訓蒙中33).

련·ᄌᆞ 명 연자(蓮子). 연밥. ¶乾姜ᄋᆞᆯ 蓮子만케 갓가 곳굼긔 마ᄀᆞ면 곧 긋ᄂᆞ니라:乾姜削如蓮子大塞鼻中卽止(救急上64).

련화 명 연화(蓮花. 蓮華). 연꽃. ¶蓮花ㅅ고지 나거늘 世尊이 드듸샤(月印上8). 無數ᄒᆞᆫ ᄂᆞᆯ히 蓮花ㅣ ᄃᆞ외니(月印上26). 七寶 蓮花ㅣ 일어늘(月印上71). 다ᄉᆞᆺ 줄깃 蓮花ᄅᆞᆯ 사아(釋譜6:8). 엄마다 닐굽 蓮花ㅣ오(釋譜6:31). 七寶 蓮花ㅣ 술위ᄢᅵ ᄀᆞᆮᄒᆞ니(月釋2:36). 蓮花ᄂᆞᆫ 더러ᄫᅳᆫ ᄃᆡ 이셔도 더럽디 아니호미 眞實ㅅ 法界 世間法의 몯 더러유믈 가ᄌᆞᆯ비니라(月釋2:55). ᄯᅩ 세 蓮華ㅣ 잇고 蓮華 우희 各各 ᄒᆞᆫ 부텨 두 菩薩像이 겨샤(月釋8:23). 샹녜 블가 蓮華ㅣ 프며(楞解8:137). 實相 妙法을 蓮華애 工巧히 가ᄌᆞᆯ비시니(法華1:3).

련환 명 연환(連環). 쇠사슬. ¶連環ᄋᆞᆫ 쇠주

리라(圓覺上二之三31).

련후예 부 연후(然後)에. ☞연후에 ¶도를 닥근 련후예(三略下11).

련ᄒᆞ다 동 연(連)하다. ☞년ᄒᆞ다 ¶련ᄒᆞ야 오ᄂᆞᆫ 비:連陰雨(漢淸1:12).

:련ᄒᆞ·다 동 연(煉. 鍊)하다. 달이다. ¶煉ᄒᆞᆫ ᄢᅮ레 丸을 지소ᄃᆡ(救急上44). 鍊ᄒᆞᆫ ᄢᅮᆯ로 丸ᄋᆞᆯ 梧桐子만 ᄆᆡᆼᄀᆞ라(救急上56). 鍊ᄒᆞᆫ ᄢᅮᆯ로 梧桐子만케 丸 ᄆᆡᆼᄀᆞ라(救急上57).

렩근 명 연근(蓮根). ¶렩근 즛두드려 ᄧᅩᆫ 즙:藕汁(救簡2:100).

·렬녀 명 열녀(烈女). ¶烈女ᄂᆞᆫ 두 남진 아니 얻ᄂᆞ니(三綱. 忠4). 烈女는 두 남진 아니 ᄒᆞᄂᆞ다 ᄒᆞᄂᆞ니(三綱. 烈29). 烈女ᄂᆞᆫ 두 남진을 고텨 아니 ᄒᆞᄂᆞ니라:烈女不更二夫(宣小2:44). 렬녀ᄂᆞᆫ 두 가장을 곳치지 아니 ᄒᆞᄂᆞᆫ지라(女四解4:17). 烈女ᄂᆞᆫ 不更二夫ㅣ라 ᄒᆞ되(隣語1:18).

·렬셩 명 열성(列星). 뭇 별. ¶列星은 번 벼리라(法華4:19).

·렬:ᄉᆞ 명 열사(烈士). ¶다 닐오ᄃᆡ 烈士ㅣ 니 훤히 죽게 ᄒᆞ져 ᄒᆞ고(三綱. 忠17).

-렴 어미 -렴. -려무나. ¶金尙書ㅅ게 ᄉᆞ롸 주렴(古時調. 北海上. 靑丘). 이시렴 부듸 갈다 아니 가든 못ᄒᆞᆯ소냐(古時調. 靑丘).

렴교 명 염교. ¶렴교 히:䪥(兒學上5).

:렴:려ᄒᆞ·다 동 염려하다. ☞념녀ᄒᆞ다 ¶내 엇디 늙고 망패ᄒᆞ야 子孫을 렴려티 아니ᄒᆞ리오:吾豈老悖不念子孫哉(宣小6:82).

렴습ᄒᆞ다 동 염습(殮襲)하다. ☞념습ᄒᆞ다 ¶렴습ᄒᆞ다:殯殮(同文解下10). 렴습ᄒᆞ다:裝裹(漢淸3:43).

-렴으나 어미 -려무나. ☞-려므나 ¶ᄂᆞᆺ출 북으로 두루혀셔 항복ᄒᆞ렴으나(三譯5:13).

-렴은 어미 -려무나. ☞-렴으나 ¶장스야 하 거복이 웨지 말고 게젓이라 ᄒᆞ렴은(古時調. ᄃᆡ들에 동난지이. 靑丘).

렴쥬 명 염주(念珠). ☞념쥬 ¶몬져 낛긴헤 ᄢᅦ오 버거 렴쥬 세다ᄉᆞᆺ 나ᄎᆞᆯ ᄢᅦ여:先穿上鉤線次穿數珠三五枚(救簡6:16).

렴통 명 염통. ☞념통 ¶도틔 렴통앳 피:猪心血(救簡1:97). 렴통 심:心(類合下1).

렴:티 명 염치(廉恥). ☞념치 ¶효도ᄒᆞ며 손슌ᄒᆞ며 廉恥와 禮讓이 이시며:孝悌有廉恥禮讓(宣小6:14).

렴ᄒᆞ다 동 염(念)하다. 생각하다. ☞념ᄒᆞ다 ¶낭군ᄂᆞᆫ 이를 렴ᄒᆞ여 ᄲᅥ 사라 잇거ᄂᆞᆯ 도모ᄒᆞ라:郞君念此以圖生存(東新續三綱. 烈4:9).

·렵신 명 엽인(獵人). 사냥꾼. ¶그 ᄢᅴ 獵人과 맛당호ᄆᆞᆯ 조차(六祖上40).

·령 명 영(令). 명령. ☞녕 ¶ᄀᆞᄅᆞ치논 令을 閨門에 내디 아니ᄒᆞ며:敎令不出閨門(宣賜內訓1:85). 령 령:令(類合下9). 염왕이 령을 ᄂᆞ리오샤ᄃᆡ(勸念解4).

령감 명 영감(令監). ¶東萊 令監이 近間의 新舊 交龜ᄒᆞᄋᆞᆸ시다 ᄒᆞ오니(隣語1:7).

령디 명 영지(靈知). 영묘(靈妙)한 지혜. ¶이 空寂과 靈知왜 허도 아니ᄒᆞ며 어즈럽도 아니ᄒᆞ야(蒙法70).

령령ᄒᆞ·다 형 영령(泠泠)하다. 맑다. ¶시냇므리 泠泠ᄒᆞ야 흘루미 ᄀᆞ장 밧ᄇᆞ니(金三5:34).

령롱·히 부 영롱(玲瓏)히. ¶샹둥 됴ᄒᆞᆫ 옥으로 령롱히 설픠에 사긴 주지 브텻ᄂᆞᆫᄃᆡ:綴着上等玲瓏羊脂玉頂兒(飜朴上27).

령:리ᄒᆞ·다 형 영리(靈利)하다. 날래다. ¶靈利ᄒᆞᆫ 사ᄅᆞ미 몬져 公案애 ᄉᆞᆯ펴 正ᄒᆞᆫ 疑心이 잇거든:靈利ᄂᆞᆫ ᄂᆞᆯ날 씨라(蒙法6).

령리ᄒᆞ다 형 영리(伶俐)하다. ¶우리 만일 형ᄀᆞ치 伶俐ᄒᆞ드면(捷蒙2:3).

령명·ᄒᆞ·다 형 영명(靈明)하다. ¶온 體 오로 업스며 제 ᄆᆞᅀᆞ미 靈明ᄒᆞ야:擧體全無自心靈明(圓覺上一之二140).

령:묘 명 영묘(靈妙). 신령스럽고 기묘함. ¶하나한 靈妙ㅣ 다 自然히 具足ᄒᆞ리라:許多靈妙皆自具足(蒙法68).

령산되소리 명 늦벼의 한 품종. ¶령산되소리:靈山狄所里(衿陽).

령지 명 영지(靈芝). ¶賢ᄒᆞᆫ닐 親히 호ᄃᆡ 靈芝 蘭草애 나ᅀᅡ감ᄀᆞ티 ᄒᆞ고:親賢如就芝蘭(宣賜內訓1:24). 어디니를 親히 호ᄃᆡ 령지와 난초애 나아감ᄀᆞ티 ᄒᆞ며:親賢如就芝蘭(宣小5:28). 그 陽녀킈 靈芝ㅣ 냇고:其陽產靈芝(重杜解6:2).

령지·초 명 영지초(靈芝草). ¶령지초로 치질ᄒᆞ얏고:刺靈芝草(飜朴上28).

령혼 명 영혼. ¶령혼 혼:魂(類合下24).

:령ᄒᆞ·다 동 영(領)하다. 거느리다. ¶車匿일 領ᄒᆞ야 보내신댄(釋譜3:p.156). 그 ᄢᅴ 燈照王이 臣下와 百姓과 領코:領은 거느릴 씨라(月釋1:13). 寶藏ᄋᆞᆯ 즐겨 領케 ᄒᆞ니라 … 한 것 金銀珎寶와 여러 庫藏ᄋᆞᆯ 領ᄒᆞ야(法華2:219).

령ᄒᆞ·다 형 영(靈)하다. ¶이 塔이 이셔 靈ᄒᆞᆫ 이리 겨시니라(釋譜24:25). 眞實ᄒᆞ며 조ᄒᆞ며 ᄇᆞᆯᄀᆞ며 微妙ᄒᆞ며 虛ᄒᆞ며 ᄉᆞᄆᆞᄎᆞ며 靈ᄒᆞ며 通ᄒᆞ야(圓覺序2). 령ᄒᆞᆯ 령:靈(類合下47). 령ᄒᆞᆫ 이:有靈的(譯解補19). 복이 오면 ᄆᆞᄋᆞᆷ이 령ᄒᆞ다:福至心靈(譯解補59). 귀 ᄇᆞᆰ고 속 령ᄒᆞᆫ 이:耳聰心靈(漢淸6:23).

:례 명 예(禮). ☞녜 ¶須達이 禮ᄅᆞᆯ 몰라 ᄒᆞᆫ 번도 아니 도라ᄂᆞᆯ(月印上55). 善德王이 눈믈 흘리시고 禮로 葬ᄒᆞ고 만히 주시니라(三綱. 忠31). 禮로 祭奠을 도올디니라:禮相助奠(宣賜內訓3:3). 禮ᄅᆞᆯ ᄀᆞ초ᄒᆞ야 싁스

기 ᄒᆞ고:嚴具禮(初杜解6:26). 몬져 례 받조:受禮(飜老上63). 禮 아닌 소리…禮아닌 마롤(飜小6:30). 례 아니어든 보디 말며(飜小8:7). 子貢이 ᄋᆞ오ᄃᆡ 그 禮ᄅᆞᆯ 보고(宣孟3:22). 초상 적 례라(宣小6:29). 天子ㅅ禮로 ᄡᅥ(宣中20).

:례 명 예(例). ¶밧근 거우루엣 像이 곤ᄒᆞ니 나ᄆᆞᆫ 三大도 例 그러ᄒᆞ니라(永嘉上41). 解惑도 例 그러ᄒᆞ니라(永嘉下48).

:례:도 명 예도(禮度). ☞녜도 ¶皇后ㅅ 禮度의 안녁 政事 ᄀᆞᅀᆞᆷ아랫ᄂᆞᆫ 벼스리라(宣賜內訓2下42). ᄯᅩ 솔오ᄃᆡ 貞后ㅣ 혼 禮度ㅣ나 ᄀᆞᆺ디 아니커든 비록 주그나 좃디 아니ᄒᆞᄂᆞ니이다(宣賜內訓2下70). 유덕ᄒᆞᆫ 일와 례도로 ᄉᆞᆼ샹ᄒᆞ니:事尙德禮(續三綱. 忠8). 례도애 자곡자곡이 마자 조코 조심ᄒᆞ시(飜小9:11). 례도를 아니 ᄒᆞ더니:弗爲禮(飜小9:38). 周禮:周ㄷ 적 례도 긔록ᄒᆞᆫ 글월이라(宣小1:10). 례도 례:禮(兒學下1).

·례·모 명 예모(禮貌). 예절에 맞는 모양. ☞녜모 ¶늘근 션비ᄅᆞᆯ 보시고 禮貌로 ᄭᅮ르시니:接見老儒禮貌以跪(龍歌82章). 져머셔 ᄒᆞ욜 례모ᄅᆞᆯ 비호ᄃᆡ:學幼儀(宣小1:5).

:례·믈 명 예물(禮物). ☞녜믈 ¶이 ᄃᆞᆯ 초열흘날 혼셔 일우고 례믈 보내오:這月初十日立了婚書下了定禮(飜朴上46). 지믈로 ᄡᅥ 례믈ᄒᆞ디 아니ᄒᆞ더니라:不以財爲禮(宣小5:63).

:례·법 명 예법(禮法). ☞녜법 ¶그 ᄢᅴ 나히 열세히러시니 陰皇后ᄅᆞᆯ 셤기시며 同列ᄋᆞᆯ 對接ᄒᆞ샤ᄃᆡ 禮法이 닷ᄀᆞ시며(宣賜內訓2上41). 례법 잇다:有禮法(漢淸2:51).

:례·복 명 예복(禮服). ¶王이 드르시고 즉자히 禮服 니브시고 ᄃᆞ라나샤(月釋8:90).

:례:ᄇᆡ 명 예배(禮拜). ¶禮拜ᄂᆞᆫ 禮數ᄒᆞᅀᆞᄫᅡ 저ᅀᆞᄫᆞᆯ 씨라(月釋10:48). 禮拜 恭敬ᄒᆞ야 一心ᄋᆞ로 供養케 ᄒᆞ며(楞解7:56).

:례:ᄇᆡᄒᆞ다 동 예배(禮拜)하다. ☞네ᄇᆡᄒᆞ다 ¶晝夜 六時예 三寶ᄅᆞᆯ 禮拜ᄒᆞᅀᆞ오며(永嘉上39). 새ᄒᆡ예 禮拜ᄒᆞ라 왓노라(捷蒙4:5).

:례:수 명 예수(禮數). 예절(禮節). 예의(禮儀). ¶부텨 뵈ᅀᆞᆸᄂᆞᆫ 禮數를 몰라(釋譜6:20). 례수 례:禮(訓蒙上34).

:례:수·ᄒᆞ·다 동 예수(禮數)하다. 절하다. ¶부텨ᄭᅴ 가아 禮數ᄒᆞᅀᆞᄫᆞᆫ대(釋譜6:9). 世尊ᄭᅴ 禮數ᄒᆞᄉᆞᆸ고 ᄭᅮ러 安否 묻ᄌᆞᆸ고(釋譜6:21). 다 ᄀᆞ장 歡喜ᄒᆞ야 禮數ᄒᆞᄉᆞᆸ고 가니라(楞解10:93). ᄢᅥ디여 ᄂᆞ려와 례수ᄒᆞᄂᆞᆫ 거셔:弔下來禮拜(飜朴上40).

:례·ᄉᆞ 명 예사(例事). ☞녜ᄉᆞ ¶례ᄉᆞᆺ 례:例(訓蒙上35).

:례:의 명 예의(禮義). ¶禮義를 앗기샤:惜其禮義(龍歌54章). 禮義 허므리 이시면 남지니 ᄆᆡ야히 ᄒᆞ리니(宣賜內訓2上11). ᄆᆞᅀᆞᄆᆞᆯ 올오며 顔色을 正히 ᄒᆞ야 禮義예 다 ᄆᆡ이여(宣賜內訓2上12). 禮義로 서르 몬져 ᄒᆞᆯ ᄡᅡ히어ᄂᆞᆯ(飜小9:16). 禮義의 비르솜은:禮義之始(宣小3:9). 어늬 겨를에 禮義ᄅᆞᆯ 治ᄒᆞ리오:奚暇治禮義哉(宣孟1:34).

·례·의·ᄒᆞ·다 동 예의(禮義)하다. ¶ᄂᆞᆼ히 孝經과 論語ᄅᆞᆯ ᄉᆞ뭇 아라 져기 례의ᄒᆞ욜 이ᄅᆞᆯ 아로ᄆᆞᆯ:禮義(飜小7:10).

·례·절 명 예절(禮節). ☞녜절 ¶나 늘굼과 禮節 ᄀᆞ좀과(楞解6:15). 禮節이 ᄀᆞᄅᆞ치ᄂᆞᆫ(飜小8:27). 飮食ᄒᆞᄂᆞᆫ 례절을 ᄇᆞᆯ키니라:明飮食之節(宣小3:28). ᄂᆞ즌 이며 졈은의 禮節이 或 ᄀᆞᆺ디 안임이 잇거든:卑幼禮節或有不備(宣小6:90).

:례·지 명 여지(荔枝). 여주. 〔풀 이름〕¶례지:荔支(飜老下38). 례지:荔支(飜朴上4).

로 명 사(紗)붙이의 비단. ☞노 ¶금 드려 ᄧᆞᆫ 로 더그레예:織金羅搭護(飜朴上27). 로라:羅(類合上25).

로각 명 녹각(鹿角). ☞노각. 록각 ¶로각으로 ᄒᆞᆫ 먼합ᄌᆞ 일ᄇᆡᆨ 낫:鹿角盒兒一百箇(飜老下68). 〔'먼합ᄌᆞ'는 '면합ᄌᆞ'의 오기(誤記).〕

·로:고 명 노고(魯誥). 유교(儒敎). ¶誥ᄂᆞᆫ 글워리니 魯誥ᄂᆞᆫ 儒敎ㅣ니 孔子ㅣ 魯國 사ᄅᆞ밀시 魯誥ㅣ라 ᄒᆞ니라(圓覺序67).

로고 명 노구. 노구솥. ☞노고 ¶로고:鑼鍋(朴解中11).

-로고 조 -이고. ¶너도 兄弟로고 우리도 兄弟로다(古時調. 海謠).

-로·니 조 -니. ¶내 셩이 댱개로니:我姓張(飜老上44). 내 쇼히로니:我是屬牛兒的(飜老下71). 져기로니 ᄡᅥᆨ이로니(七大13).

-로·니 어미 -니. ☞-이로니 ¶이리 혼 因緣으로 成佛호매 니르로니 이제 이 塔이 ᄯᅡ해셔 소사나ᄆᆞᆫ 곧 이 내 父母 위ᄒᆞᅀᆞᄫᅡ 목숨 ᄇᆞ려늘(釋譜11:23).

-로ᄂᆞᆫ 조 -로는. ¶말로ᄂᆞᆫ 다 ᄒᆞ기 어려온 祝願의 일이ᄋᆞᆸ도쇠(新語8:15).

-로다 어미 -구나. ¶그러면 親호미 쉽디 아니홈 아니로다(南明下14).

-로다 어미 -겠구나. ¶ᄆᆞᄅᆞᆯ 사디 몯ᄒᆞ로다:是買不得馬(飜朴上64).

-로다가 조 -로. -로다가. ¶글게로다가 긁빗기ᄅᆞᆯ 乾淨히 호되:着鉋子刮的乾淨着(朴解上20).

-로도 조 -로도. ¶이 듣글 ᄇᆡ 겨로도 오히려 堯舜을 ᄆᆡᇰᄀᆞᆯ리어니 뉘 物로 일 사ᄆᆞ리오(法華2:28). 相如ㅣ 放逸ᄒᆞᆫ 지조로도 親히 그르슬 싯고:相如逸才親滌器(初杜解15:37). 筆舌로도 다ᄒᆞ기 어려오니라:筆舌難窮(朴解上61).

-로·ᄃᆡ 조 -로되. ☞-이로ᄃᆡ ¶入聲은 點 더우믄 ᄒᆞᆫ가지로ᄃᆡ ᄲᆞᄅᆞ니라:入聲加點同而促急(訓註14). 智 둘 아니로ᄆᆞᆫ ᄒᆞᆫ 智慧로ᄃᆡ(月釋8:31). 내 주근 후 열ᄒᆞᆫ ᄒᆡ로ᄃᆡ(桐華寺 王郎傳1). 心腹 아란 디 여러 ᄒᆡ로ᄃᆡ:知心腹多年了(朴解上63).

-로·ᄃᆡ 어미 -로되. ¶모ᄃᆞᆫ 愛 ᄒᆞ나히 아니로ᄃᆡ 다 能히 므를 感ᄒᆞ며:諸愛不一皆能感水(楞解8:69).

-로·라 조 -로라. -이로라. ☞-이로라 ¶我慢은 내로라 자바 제 노폰 양ᄒᆞᆯ 씨라(法華1:195).

-·로라 어미 -노라. ¶나ᄂᆞᆫ 술 醉ᄒᆞ야 ᄠᅥᆺᄂᆞᆫ 말와ᄆᆞᆯ 조차 ᄃᆞᆫ니로라:自醉逐浮萍(初杜解8:13). 蒼海예 가고져 ᄒᆞ논 ᄠᅳ디 기로라:悠悠蒼海情(初杜解9:11). ᄯᅩ 늘구미 사ᄅᆞᆷ 조차 오ᄆᆞᆯ 아로라:更覺老隨人(初杜解10:2). 너비 욕안의 어린 무롤 졔도코라 쳔만 ᄇᆞ라로라(野雲81). 어화 벗님네야 착ᄒᆞ로라 자랑마소(古時調. 金振泰. 海謠).

로래 명 노래. ☞노ᄅᆡ ¶안존 손이 로래 블롤 者ㅣ 잇거ᄃᆞᆫ 엇디ᄒᆞ리잇고(家禮6:34).

로략질ᄒᆞ다 동 노략(擄掠)질하다. ¶로략질ᄒᆞ다:搶掠(漢淸7:59).

로·략ᄒᆞ·다 동 노략(擄掠)하다. ☞노략ᄒᆞ다 ¶ᄀᆞ장 虜掠ᄒᆞ더니(三綱. 烈18). 데 주기며 虜掠호ᄆᆞᆯ ᄀᆞ장ᄒᆞ야:虜ᄂᆞᆫ 사ᄅᆞ자볼 시오 掠은 티고 아ᅀᆞᆯ 씨라(宣賜內訓2下36).

로로히 부 노로(勞勞)히. ¶네 ᄒᆞ다가 오직 勞勞히 念을 자바(六祖中64).

로·롯바·치 명 재인(才人). 광대〔倡優〕. ☞노롯바치 ¶敎坊읫 여라믄 樂工과 웃듬 뎡지신과 여러 가짓 로롯바치ᄃᆞᆯ 블러오라:叫敎坊司十數箇樂工和做院本諸般雜劇的來(飜朴上5).

로릐 명 노래. ☞로래 ¶沙工은 로릐 짓고 童子는 술을 부어(陶山別曲).

-로븟터 조 -로부터. ☞-로브터 ¶가온대로 븟터 됴곰 믈너(武藝圖22).

-·로브·터 조 -로부터. ☞-으로브터 ¶일로브터 天上애 나리도 이시리니(釋譜9:19). 일로브터 子孫이 니ᅀᅳ시니(月釋1:8). 새로브터 더 알외욜 주리 업슬씨(金三2:2).

-로ᄡᅥ 조 ①-로써. ☞-으로ᄡᅥ ¶七寶로ᄡᅥ 布施ᄒᆞ면(金剛122). 禮로ᄡᅥ 스스로 處斷티 몯ᄒᆞ고(宣賜內訓1:67). 智로ᄡᅥ 얼굴 삼고(金三2:15). 소리로ᄡᅥ 소리ᄅᆞᆯ ᄉᆞᆯ펴:以聲察聲(朴解中22). 듕낭댱 벼슬로ᄡᅥ:以中郎將(五倫2:11). 듕의로ᄡᅥ ᄉᆞ졸을 겨동ᄒᆞ니(五倫2:30). 滴水 指南針勢로ᄡᅥ(武藝圖1).
②때문에. ¶본도군이 다 못디 못ᄒᆞ엿기로ᄡᅥ(山城30). ※-로ᄡᅥ>-로써

-로·ᄫᅵ 접미 -로이. ☞-로이. -ᄅᆞᄫᅵ ¶ᄒᆞ오ᅀᅡ 겨르로ᄫᅵ 이셔(釋譜13:20).

로상 명 노상(老狀). 늙은 모습. ¶그 당신은 나흔 近七十이오되 老狀은 뵈지 아니ᄒᆞ니(隣語1:19).

로·새 명 노새. ☞노새 ¶쇠 로새ᄅᆞᆯ 티오ᄂᆞ니(月釋21:81). 로새 라:騾(類合上13). 로새 라:騾(石千38). ※로새>노새

-로새라 어미 -로구나. ¶東京 ᄇᆞᆯ근 ᄃᆞ래 새도록 노니다가 드러 내 자리ᄅᆞᆯ 보니 가ᄅᆞ리 네히로새라(樂範. 處容歌).

-·로·셔 조 ①-로부터. ☞-으로셔 ¶悉達이라 ᄒᆞ샤리 나실 나래 하ᄂᆞᆯ로셔 셜흔두 가짓 祥瑞 ᄂᆞ리며(釋譜6:17). 如來로셔 世尊애 니르리(釋譜9:3). 座로셔 니러 부텻긔 禮數ᄒᆞᅀᆞᆸ고(釋譜13:46). 하ᄂᆞᆯ로셔 ᄂᆞ라오ᄂᆞ니라(月釋1:26). 그 ᄢᅴ 부톄 神足 가ᄃᆞ시고 堀로셔 나샤(月釋7:54). ᄆᆞ리 ᄃᆞᆯ로셔 ᄂᆞ리디 아니호ᄆᆞᆯ 알리로다:知水非月降(楞解3:79). 忠州로셔 오나ᄂᆞᆯ:自忠州(初杜解7:19). 녜로셔 이제 니르도다:古到今(金三3:31). 두 엇게로셔 ᄉᆞ맷 ᄆᆞᄅᆞ 내 치질ᄒᆞ고(飜朴上26).
②-로서. ¶판셔의 아ᄋᆞ로셔 나라의 득죄ᄒᆞ고(萬言詞).

-로셔브터 조 -로부터. ¶네 어드러로셔브터 온다:你從那裏來(飜老上1).

-로션 조 -로서는. ¶구위로션 ᄒᆞᆫ 마래 돈 三百ᄋᆞᆯ 받거든:自公斗三百(重杜解1:18).

-·로소·니 어미 -니. ☞-이로소니 ¶모ᄆᆞᆫ 내 아니로소니(楞解2:46). 우리 물이 아니로소니 小子아 鼓를 鳴ᄒᆞ야 攻홈이 可ᄒᆞ니라:非吾徒也小子鳴鼓而攻之可也(宣論3:8).

-·로·소이·다 조 -올시다. ☞-로소이다. -이로소이다 ¶내 빗소배셔 난 아기로소이다(月釋23:86).

-로소이다 조 -올시다. ☞-로소이다 ¶그지 업스신 道理로소이다(新語7:7). 샹이 무르시ᄃᆡ 눌을 니ᄅᆞᆫ 말인다 ᄃᆡ하여 ᄀᆞᆯ오ᄃᆡ 쟝우로소이다:上問誰對曰張禹(五倫2:15).

-로쇠 어미 -리로다. ☞-이로쇠 ¶吾東方 文憲이 漢唐宋애 비기로쇠(蘆溪. 獨樂堂).

로심·ᄒᆞ·다 동 노심(勞心)하다. ¶帝ㅣ 后의 勞心ᄒᆞ시며 모ᄆᆞᆯ 구피샤ᄆᆞᆯ 아ᄅᆞ시고(宣賜內訓2下12). 各別히 勞心호ᄆᆞ론 더으니라(金三4:30).

-·로ᅀᅡ 조 -라야. ☞-로아 ¶風騷로ᅀᅡ 서르 밀힐후리로다:風騷共推激(初杜解16:2). 모로매 큰 悲로ᅀᅡ 能히 혀 내욜디니라(金三5:26).

:로신 명 노인(老人). ¶老人ᄋᆞᆫ 甫ㅣ라(初杜解15:52). 네짯 句ᄂᆞᆫ 黃面老人이 구드며 ᄂᆞᆯ카온 두 ᄠᅳ들 取ᄒᆞ야 金剛ᄋᆞ로 가ᄌᆞᆯ비시니라(南明下71).

-로아 [조] -라야. ☞-로ᅀᅡ ¶사괴욤 議論ᄒᆞ믄 엇데 구틔여 몬졋 同調로아 ᄒᆞ리오:論交何必先同調(重杜解1:11). 風騷로아 서르 밀힐후리로다:風騷共推激(重杜解16:2).

-·로·아 [접미] -로워. ¶지주 효도로아(續三綱. 孝14).

로야 [명] 노야(老爺). ¶내 이 일을 반ᄃᆞ시 져 老爺의게 젼ᄒᆞ여 니ᄅᆞ리잇가(捷蒙2:9).

·로양·재 [명] 녹양현(綠楊峴). 〔지명(地名)〕 ¶로양재:綠楊峴(龍歌7:23).

로어 [명] 농어. ☞노어 ¶로어 로:鱸(訓蒙上21. 類合上15). 로어 로:鱸(兒學上8).
※로어>농어

로염 [명] 노염(老炎). ¶이 老炎의 三十里程道를 ᄂᆞ려오시다 ᄒᆞ오매(隣語1:5).

로·옥 [명] 뇌옥(牢獄). ¶二乘은 三界로 牢獄ᄋᆞᆯ 사ᄆᆞᆯ씨:牢ᄂᆞᆫ 重ᄒᆞᆫ 罪囚 미야 뒷ᄂᆞᆫ ᄯᅡ히라(法華2:202).

로올병 [명] 고독(蠱毒)으로 생긴 병. ¶로올병:蠱疾(譯解上62).

-·로외·다 [접미] -롭다. ☞-로ᄋᆡ다. -롭다 ¶올마 사로미 새로외니:遷居新(初杜解7:13). 소아 자본 사ᄉᆞ미 새로외도다:射麋新(初杜解7:18). ᄒᆞᆫ 구스릐 새로외요ᄆᆞᆯ 貪히 보노라:貪見一珠新(初杜解8:14). 여희유미 가시야 苦로윈 ᄃᆞᆯ 아노니(初杜解8:32). 멋마 苦로외며 브즈런커시뇨마ᄅᆞᆫ(南明下31). 요긔로윈 빌믜(瘟疫方17). 디혜로외니ᄂᆞᆫ(野雲46). 香氣로윈 수를 받ᄌᆞᆸ고져:獻香醪(重杜解5:4).

-로윈 [접미] -로운. ㉮-로외다 ☞-로ᄋᆞᆫ ¶妖怪로윈 氣運이 믄듯 아ᅀᆞ라ᄒᆞ도다:妖氣忽杳冥(初杜解24:5). 苦로윈 알포ᄆᆞᆯ 受호ᄃᆡ:受其苦楚(佛頂上3). 香氣로윈 수를 받ᄌᆞᆸ고져 너기놋다:準擬獻香醪(重杜解5:4).
※-로윈>-로운

-로·으·며 [접미] -로우며. ¶죽으며 살며 영화로으며 辱도욤애:死生榮辱(宣小6:44).

-로윌·셔 [접미] -롭구나. ¶새로윌셔:新(老朴集. 單字解8).

-로·이 [접미] -로이. ☞-로ᄫᅵ. -ᄅᆞ이 ¶보ᄫᅵ로이 너교ᄃᆡ(宣賜內訓2上2). 뫼헤 사로메 書籍을 精微로이 ᄒᆞᄂᆞ니:山居精典籍(初杜解7:30). 구틔여 苦로이 브즈러니 아니 ᄒᆞ야(南明上1). 怨讎로이 害호미(南明下31). 父母ㅣ 날 나ᄒᆞ심을 슈고로이 ᄒᆞ샷다:父母生我劬勞(宣小6:24). 심히 효도로이 ᄒᆞ더니:甚孝(東新續三綱. 孝3:59). 妖怪로이 너기놋다(重杜解2:12).

로인 [명] 노인. ¶이 白首老人이 千里 水程을(隣語1:11).

-·로은 [접미] -로운. ☞-로윈 ¶길ᄒᆞ며 흉ᄒᆞ며 영화로ᄋᆞᆫ 이리며 욕도인 이리:吉凶榮辱(飜小8:10). 朝廷의 리ᄒᆞᆫ 일이며 해로ᄋᆞᆫ 일와:朝廷利害(飜小8:21). 요괴로ᄋᆞᆫ 거시라(飜小10:16).

-·로ᄋᆡ·다 [접미] -롭다. ¶요괴로ᄋᆡ며 망녕도ᄋᆡᆫ 말ᄉᆞ미(飜小8:42).

로ᄌᆞ [명] 노자(鸕鷀). 가마우지. ¶鸕鷀ᄂᆞᆫ 가마오디라(救急上47).

-로히 [접미] -로이. -롭게. ☞-로이 ¶사호미 긋지 아니ᄒᆞ니 여희여 사로ᄆᆞᆯ 苦로히 너기노라:干戈未息苦離居(重杜解11:13).

·로·ᄒᆞ·다 [동] 노(怒)하다. ☞노ᄒᆞ다 ¶샹위 로ᄒᆞ샤 ᄂᆞᆺ비ᄎᆞᆯ 달이ᄒᆞ시고 됴회를 파ᄒᆞ시니:上怒變色而罷朝(飜小9:39). 夫人이 寬을 ᄒᆞ여곰 로커든 보리라 ᄒᆞ야:夫人欲試寬令恚(飜小10:2). 로ᄒᆞᆯ 로:怒(類合下3). 로호옴애 환란을 ᄉᆡᆼ각ᄒᆞ며:忿思難(宣小3:5).

-·록 [조] ①-로부터. ☞-ㄱ ¶받 님자히 과ᄒᆞ야 즁싱도 孝道ᄒᆞᆯ써 일록 後에 疑心마오 가져가라 ᄒᆞ니(月釋2:13). ᄋᆡ 迷人아 오ᄂᆞᆯ록 後에 이 길흘 ᄇᆞᆲ디 말라(月釋21:119). 가ᄉᆡ 허리록 우희 잇거든 밥 아니 머거셔 먹고(救簡6:21). 네록브터 오매:由來(重杜解19:5). 일록 後에:今後(老解下66).
②-보다. ¶호ᄆᆡ 메여 아ᄒᆡ록 몬져 가:荷鋤先童稚(初杜解18:9). 文章은 다 날록 몬졔로다:文章竝我先(初杜解20:6).

·록·각 [명] 녹각(鹿角). ☞노각. 로각 ¶鹿角오로 ᄆᆡᆼᄀᆞᆫ 고도리:鹿角樸頭(飜老下32). 록각 부리예:鹿角口子(飜朴上15).

록도 [명] 녹두(綠豆). ☞녹두. 록두 ¶록도 曰 菉荳(訓蒙上13).

록두 [명] 녹두(綠豆). ☞녹두. 록도 ¶또 菉豆와 胡椒와(救急上35). 록두 ᄀᆞᄅᆞ:綠豆粉(救簡6:19). 록두과 블근 ᄑᆞᆺ(痘要下59).

·록:봉 [명] 녹봉(祿俸). ☞녹봉 ¶祿俸은 限이 잇ᄂᆞ니 ᄒᆞ다가 주디 아니ᄒᆞ면 가난이 반ᄃᆞ기 甚ᄒᆞ야(宣賜內訓2下59). 公이 祿俸 토미 적디 아니호ᄃᆡ 스싀 奉養호미 이ᄀᆞᄐᆞ시니(宣賜內訓3:63). 반드시 이 祿俸에 남은 ᄌᆡ믈인댄:必是祿俸餘資(宣小6:47).

·록비 [명] 녹비(←鹿皮). ☞녹피 ¶鹿皮 옷 니브샤 묏골애 苦行ᄒᆞ샤(月印上51). 鹿皮 옷 니브샤 미친 사ᄅᆞᆷᄀᆞ티 묏고래 수머(釋譜6:4). 鹿皮 오ᄉᆞᆯ 바사 ᄯᅡ해 ᄭᆞᄅᆞ시고:鹿皮ᄂᆞᆫ 사ᄉᆞᄆᆡ 가치라(月釋1:16).

-·론 [조] -인. ¶첫 地位론 젼ᄎᆞ로 當時론 如來ㅅ法 流水예 븓디 몯ᄒᆞᆯᄊᆡ(月釋2:60).

-·론 [조] -로는. ¶當時론 如來ㅅ法 流水예 븓디 몯ᄒᆞᆯᄊᆡ(月釋2:60). 셔울셔 힝힝이 언제 나시리러뇨 몯ᄒᆞ야 겨시더라 당시론 일엇다:京都駕幾時起未裏且早裏(飜朴上53). 閣으론 북녁키오 거리론 동녁킈셔 사노라:閣北街東住(老解上43).

-론 조 -보다는. ☞-으론 ¶그 聚斂ᄒᆞᄂᆞᆫ 臣둙으로 더브러론 출하리 盜臣을 둘디라 ᄒᆞ니:與其有聚斂之臣寧有盜臣(宣大28). 그샤치홈으로 더부러론 차라리 검박홀 거시니(女四解2:21).

-론 접미 -로운. ¶ᄌᆞ시긔 슈고론 이ᄅᆞᆯ 뎌신ᄒᆞ여지라 ᄒᆞ고(恩重10).

:론:난ᄒᆞ·다 동 논란(論難)하다. ¶모롬이 이 사ᄅᆞᆷ을 조차 ᄀᆞᄅᆞ쳐든 닑어 의심되야 론난홀 곧ᄋᆞᆯ 믄득 질졍ᄒᆞ야 무러:須是從人授讀疑難處便質問(宣小5:113).

-론·디 조 -로인지. ¶오직 이 ᄒᆞᆫ 實相智론디:但是一實相智(圓覺上一之二18).

론란 명 논란(論難). ¶론란:論(漢清7:10).

론량ᄒᆞ·다 동 논량(論量)하다. ¶엇데 이 양ᄋᆞ로 뎌ᄅᆞᆯ 差等ᄒᆞ야 論量ᄒᆞ며(蒙法62). 현마 船主ㅣ 機宜ᄅᆞᆯ 잘 ᄒᆞ야도 입 여러 論量ᄒᆞ면 一定 서르 惱亂ᄒᆞ리라(南明上33).

론:의 명 논의(論議). ¶論議 第一이오(釋譜13:2).

론·ᄒᆞ·다 동 논(論)하다. ¶聖ᄋᆞᆯ 僭ᄒᆞᆫ 허믈 블로ᄆᆡ 論ᄒᆞ시고(永嘉下23). 禪定과 解脫을 論티 아니ᄒᆞ시더라(六祖上43). 또 녯 사ᄅᆞᆷ을 尙ᄒᆞ야 論ᄒᆞᄂᆞ니:又尙論古之人(宣孟10:33).

롤나다 동 놀라다. ☞놀라다 ¶랑이 롤나 괴이히 너겨 닐오ᄃᆡ(王郎傳1).

·롤·라·다 동 놀라다. ☞놀라다 ¶도ᄌᆞ기 뵈야호로 롤라 ᄒᆞ더니:盜方驚駭(飜小9:66). 롤랄 경:驚(類合下11). 롤란 ᄇᆞᄅᆞ미 鴻鵠ᄋᆞᆯ 부ᄂᆞ니:驚風吹鴻鵠(重杜解22:30).

롤래다 동 놀래다. ☞놀래다 ¶적컨댄 그 俗을 롤랠가 ᄒᆞᆫ 故로(家禮8:2). 모로매 白鷺ᄅᆞᆯ 롤래디 마라 번ᄒᆞ야 靑溪예 잘지로다:莫須驚白鷺爲伴宿青溪(重杜解15:26).

롤애 명 노래. ☞노ᄅᆡ. 로래 ¶롤애 요:謠(類合下23). 긴 롤애예 精神ㅣ 損홀 ᄃᆺᄒᆞ도다:長歌欲損神(重杜解12:37).

-롬 접미 -라는 것. -임. ¶세히 業이 ᄒᆞᆫ가지로ᄆᆡ 因홀씨:三者業同(楞解4:25). 實로 ᄀᆞ리며 비취욤 ᄒᆞᆫ쁴로미 本來ㅅ 道ㅣ론 젼치라:良由遮照同時本之道也(永嘉上9).

-롭·다 접미 -롭다. ☞-로외다. -로ᄋᆡ다. -ᄅᆞᆸ다 ¶ᄒᆞᆫ 디위 새롭도다(南明上32). 블ᄀᆞ며 새롭도다(初杜解7:32). 해로오미 이실시(飜小8:24). ᄀᆞ장 효도롭더니(續三綱. 孝1). 경셩되고 효도로움이 텬셩에셔 난더니:誠孝出天(東新續三綱. 孝3:39). 폐로올 양으로 너기니(新語5:22). 폐롭디 아닌 일을(新語5:22). 이러면 일에 해롭디 아니ᄒᆞ다:這們時不碍事(朴解上13). 人心이 ᄂᆞᆺ ᄀᆞᆺᄐᆞ야 보도록 새롭거ᄂᆞᆯ(松江. 星山別曲).

-·롯 조 -로부터. ☞-으롯 ¶虛無自然ᄒᆞᆫ 큰 道理ᄂᆞᆫ 하ᄂᆞᆯ롯 몬져 나니(月釋2:70). 八地롯 웃 三地中엣 修道智ㅣ 能히 긋ᄂᆞ니라:八地已上三地中修道智能斷(圓覺上一之二181). 또 닐오ᄃᆡ 八地롯 웃 菩薩身中에 자핀 煩惱니:復云八地已上菩薩身中所攝煩惱(圓覺上一之二181).

-롯·다 어미 -는구나. ☞-놋다 ¶歲時ㅣ 三伏과 臘日앤 ᄆᆞᅀᆞᆯ 한아비ᄃᆞᆯ히 ᄃᆞ니롯다:歲時伏臘走村翁(初杜解6:32). 보ᄆᆡ 녀름지을 사ᄅᆞ미 오히려 수으워리롯다:春農尙嗷嗷(重杜解12:10).

-롯더라 조 -더라. -었더라. ¶또 達達 사ᄅᆞᆷ으로셔 도망ᄒᆞ야 나온 이롯더라:却是達達人家走出來的(老解上45).

-롯던가 조 -던가. ¶香爐峰 긔 어ᄃᆡ오 廬山이 예롯던가(蘆溪. 獨樂堂).

롱 명 농(籠). ¶ᄆᆞᅀᆞ미 그 얼굴 여희요미 새 籠ᄋᆡ 나ᄃᆺ ᄒᆞ야(楞解9:84). 롱 롱:籠(訓蒙中7). 롱 롱:籠(類合上28).

:롱·담 명 농담(弄談). ¶롱담 우ᅀᅮᆷ과 迷惑ᄒᆞᆫ 眷屬 여희오:離諸戲笑及癡眷屬(法華1:82). 곧 種種앳 롱담 말ᄉᆞᆷ 相ᄋᆞᆯ 取티 아니ᄒᆞᆫ 젼ᄎᆡ라:卽不取種種戲論相故(圓覺下一之二30). ※롱담>농담

:롱담·ᄒᆞ·다 동 농담(弄談)하다. ¶太子ㅣ 닐오ᄃᆡ 내 롱담ᄒᆞ다라(釋譜6:24). 놀애 브르며 춤츠며 롱담ᄒᆞ야 남진 어르기ᄅᆞᆯ ᄒᆞ며(月釋1:44). 서르 弄談호매 發ᄒᆞᄂᆞ니 ᅘᅧ니르와다(楞解8:86). 王이 니ᄅᆞ샤ᄃᆡ 녜 놀며 즐겨홀 젠 내 弄談ᄒᆞ다니:王曰昔之遊樂吾戲耳(宣賜內訓2上31).

롱소 명 장전(庄田). ☞ᄂᆞᇰ소 ¶롱소:庄地(同文解下1).

롱ᄉᆞ 명 용수. ☞룽ᄉᆞ ¶롱ᄉᆞ 추:篘 俗呼酒篘(訓蒙中12).

롱어 명 농어. ¶롱어:鱸魚(譯解下37. 同文解下41. 漢清14:44).

-롱·이·다 어미 -ㅂ니다. -로소이다. ☞-농이다 ¶敢히 아독ᄒᆞ고 어즐홈이 아니롱이다:不敢迷亂(宣小6:42).

롱ᄒᆞ다 동 ①농(弄)하다. 희롱하다. ☞농ᄒᆞ다 ¶디나가며 디나오리 날을 롱호되:過去的過來的弄我的(朴解上37).
②재주를 부리다. 다루다. ¶왼편으로 弄ᄒᆞ기ᄅᆞᆯ 세 번 ᄒᆞ고(武藝圖4).

롱ᄒᆞ·다 동 농(膿)하다. 곪아 고름이 생기다. ¶독ᄒᆞᆫ 거시 롱ᄒᆞ야 나 즉재 됴ᄒᆞ리라:毒化作膿出卽差(救簡6:68).

뢰 명 뇌(雷). 번개. ¶ᄇᆞᄅᆞ매 불움과 雷ㅣ 놀라옴과(永嘉下140).

-·뢰·나 조 -로나 ☞-으뢰나 ¶호화ᄒᆞᆫ 사ᄅᆞ미 아못 일뢰나(救簡1:38). 모시뢰나 삼으뢰나 열 ᄉᆞᆫ가락 그틀 ᄆᆡ오(救簡2:47).

뢰뎡 명 뇌정(雷霆). 천둥. ¶世를 모로기 니ᄌᆞ니 가온ᄃᆡ 잇ᄂᆞᆫ 雷霆 氣字ㅣ 새롭도다(金三3:48).

뢰동ᄒᆞ·다 동 뇌동(雷同)하다. ¶말ᄉᆞᆷ을 아ᅀᅡᄒᆞ디 말며 雷同티 말오:毋勦說毋雷同(宣小2:60).

-롸 어미 ①-노라. ☞-로라 ¶ᄂᆞᆺ가온 가지로 집 일워 자롸:卑枝成屋椽(杜解1:12). 흰 갈ᄒᆞᆯ 구죵ᄒᆞ야 헤티디 몯호롸:不叱白刃散(杜解2:51). 仲冬애 므지게ᄅᆞᆯ 보롸:仲冬見虹霓(重杜解1:23). 부러 권ᄒᆞ라 오롸(三譯1:3). ᄇᆡ 우희 허여 셴 沙工이 처음 보롸 ᄒᆞᄃᆞ라(古時調. 離別ᄒᆞ던 날에. 青丘). ②-았노라. -었노라. ¶내 高麗 王京으로셔브터 오롸:我從高麗王京來(老解上1). 내 그저 어제 오롸:我只夜來到(老解下5). 그ᄃᆡ 숑뉴츈을 ᄌᆞ조 마시롸:蒙君數飮松醪春(太平1:5). 병들롸 칭ᄒᆞ고(十九史略1:28).

-·료 어미 -리요. ☞-리오. -으료 ¶그에 精舍ㅣ 업거니 어드리 가료(釋譜6:22). 네 아ᄃᆞ리 허믈 업스니 어드리 내티료(月釋2:6). ᄇᆞᆯ기 아ᄂᆞᆫ ᄆᆞᅀᆞ미 根 안해 수머슈미 琉璃로 마촘 ᄀᆞᆮ다 ᄒᆞ료(楞解1:58). 恭敬 아니 ᄒᆞᅀᆞ오료(法華5:50). 엇데 疑心ᄒᆞ료(金剛後序15). 엇뎨 그러호ᄆᆞᆯ 알료(金剛46). 너를 어더 므슴 ᄒᆞ료(宣賜內訓1:47). 潮아 潮아 네게 엇데 ᄒᆞ료:潮乎潮乎奈汝何(初杜解16:16). 金 주료 ᄒᆞ야ᄃᆞᆫ(南明上45). 누를 ᄒᆞ야 가 어드라 ᄒᆞ료:着誰去討(飜朴上3). 우리 오ᄂᆞᆳ 바ᄆᆡ 어ᄃᆡ 가 자고 가료:咱們今夜那裏宿去(飜老上9). 그ᄃᆡ 집 가져셔 엇디 져믄 아ᄒᆡ게 죄ᄅᆞᆯ 밀료:君當門戶豈可委罪小郞(二倫14 棘薩爭死). 주근 ᄃᆞᆯ 무서시 뉘옷ᄡᅳ료:死復何憾(二倫14 棘薩爭死). 두 ᄒᆡ 여희여 멀니셔 닐은 말을 엇디 미드료:二年之別千里結言何相信耶(二倫33 范張死友).

료량ᄒᆞ다 동 요량(料量)하다. ¶료량홈이 업다:沒理會(漢淸8:36).

료미 명 요미(料米). ¶料米ᄂᆞᆫ 먹을 만ᄒᆞ오되(隣語1:3).

:료연히 부 요연(了然)히. ¶了然히 見性ᄒᆞ야 다 저ᄉᆞᆸ고(六祖上99).

:료연ᄒᆞ·다 형 요연(了然)하다. ¶了然ᄒᆞ야 본ᄃᆡ ᄂᆞᄆᆞᆯ 因ᄒᆞ야 아ᄃᆡ 아니ᄒᆞᄂᆞ니(金三4:57).

료원ᄒᆞ다 형 요원(遼遠)하다. ¶ᄉᆞ히의 료원ᄒᆞᆫ디(敬信56).

:료·화 명 요화(蓼花). 여뀌꽃. ☞뇨화 ¶료화 디투 글힌 즙:濃煮蓼取汁(救簡1:34). 료화:水葒草(四解上6 葒字註). 료화 홍:葒俗呼水葒花(訓蒙上9). 료화:水葒花(譯解下39). 료화 료:蓼(兒學上5).

료화대 명 여뀌. ¶료화대:葒草 天蓼 大蓼(柳氏物名三 草).

룡 명 용(龍). ☞뇽 ¶몸 커 그우닐 龍ᄋᆞᆯ 현맛 벌에 비늘을 ᄲᅡ라뇨(月印上11). 龍과 鬼神과 위ᄒᆞ야(釋譜6:1). 龍ᄋᆞᆫ 고기 中에 위두ᄒᆞᆫ 거시니 ᄒᆞᆫ 모미 크락져그락ᄒᆞ야 神奇ᄒᆞᆫ 變化ㅣ 몯내 앓 거시라(月釋1:14). 룡의 뼈를 ᄀᆞ라:龍骨爲末(救簡2:102). 龍이 샹네 그 ᄉᆞᅀᅵ예 나락들락ᄒᆞ야(六祖略序12). 그 殿은 ᄆᆡ오로시 룡 사겨 얽키고 금 올온 木香 기동이오:那殿一剗是纏金龍木香停柱(飜朴上68). 룡 룡:龍(類合上14). 룡:龍(柳氏物名二 水族).

룡갈기 명 용갈기. ¶룡갈기:鬃鬣(柳氏物名一 獸族).

룡궁 명 용궁(龍宮). ¶龍王ᄋᆞᆫ 龍宮의 뫼셔다가(釋譜23:56). 大海娑竭羅 龍宮을 從ᄒᆞ샤 自然히 소사나샤(法華4:166). 오ᄂᆞᆯ 龍宮에 化ᄒᆞ샨 이ᄅᆞᆯ 나토실ᄊᆡ(法華4:166).

룡두마 명 용두마(龍頭馬). ¶룡두마:龍頭馬(柳氏物名一 獸族).

룡드레 명 용두레. ¶룡드레:烏龍(漢淸10:9). 룡드레:桔槹(柳氏物名五 水).

룡디 명 연지(撚紙). 종이로 꼰 노. ¶룡디:撚子 亮子(柳氏物名五 火).

룡디죠희 명 연지(撚紙)를 꼬는 종이. ¶룡디죠희 부뷔다:揉紙(柳氏物名五 火).

룡:마 명 용마(龍馬). ¶陰根이 우믜여드르샤 龍馬 ᄀᆞᆮᄒᆞ시며(月釋2:40).

룡문 명 용문(龍紋). ¶룡문 노흔 寧紬:龍寧紬(漢淸10:56).

룡문단 명 용문(龍紋) 놓은 비단. ¶룡문단:龍緞(漢淸10:53).

룡문사 명 용문(龍紋) 놓은 깁. ¶룡문사:龍紗(漢淸10:57).

룡:병 명 나병(癩病). 문둥병. ¶룡병 뢰:癩(訓蒙中33). 룡병 래:癩(倭解上51).

룡수 명 용수. ☞농소. 룡ᄉᆞ ¶룡ᄉᆞ:篘 漉取酒(四解下67).

룡안 명 용안(龍眼). ¶ᄒᆞᆰᄀᆞ티 니겨 룡안마곰 ᄒᆞ야:爛如泥每用龍眼大(救簡6:11). 밤 룡안 당츄ᄌᆞ:栗子龍眼核桃(飜朴上4).

룡왯물 명 빗물이 괸 것. ¶룡왯물:潢 雨水取積(柳氏物名五 水).

룡의소 명 용소(龍沼). 용담(龍潭). ¶룡의소:龍潭(四解下76 潭字註).

룡지 명 용지. ☞농지 ¶삼ᄣᅢ에 겨와 ᄊᆡᆺ묵 뭇친 룡지:糠燈(漢淸10:49).

룡지거리 명 용지걸이. ¶룡지거리:糠燈架子(漢淸10:49).

룡지판 명 용지판. ¶룡지판:魚腮板(漢淸9:71).

루 명 누(樓). ¶노ᄑᆞᆫ 樓 우희 오ᄅᆞ시고:樓

는 다라기라(釋譜6:2). 來日 樓 우희 머리 좀고(三綱. 烈5). 觀ᄋᆞᆫ 樓ㅣ라(楞解6:64). 두 녀긔 쇠붑 ᄃᆞ론 루와:兩壁鐘樓(飜朴上69). 룻 루:樓(光千19).

루·각 명 누각(樓閣). ☞누각 ¶우희 樓閣이 이쇼ᄃᆡ:閣ᄋᆞᆫ 굴근 지비라(月釋7:64). 樓閣 北녁 길거리(蒙老3:14).

:루·국 명 누각(漏刻). 물시계. ¶다ᄉᆞᆺ 바ᄆᆡᆺ 漏刻 소리ᄂᆞᆫ 새뱃 사ᄅᆞᆯ 뵈아ᄂᆞ니:五夜漏聲催曉箭(初杜解6:4). 루국 루:漏(訓蒙上2). 可히 슬프도다 漏刻이 更點 사ᄅᆞᆯ 좃놋다:可惜刻漏隨更箭(重杜解15:46).

:루로 명 누로(漏蘆). 절국대. ¶루롯 불휘 두 량:漏蘆二兩(救簡1:89).

루르다 동 누르다. ¶루를 거:據(石千18).

루ᄅᆞ다 형 누르다〔黃〕. ¶루른 긔ᄂᆞᆫ 둥에 쇽ᄒᆞ니:黃旗屬中(兵學1:12).

:루·셜·ᄒᆞ·다 동 누설(漏洩)하다. ☞누셜ᄒᆞ다 ¶부텻 密因을 漏洩ᄒᆞ야:洩佛密因(楞解6:111). 空生ᄋᆡ 다시 漏洩호ᄆᆞᆯ 힘니버(金三2:2).

루습히 부 누습(漏濕)하게. ¶루습히 덥다:潮熱(漢清1:28).

루창 명 누창(漏瘡). 감루(疳瘻). ¶루창 루:瘻(訓蒙中34). ※루창>누창

룰리이다 동 눌리다. ☞눌이다 ¶룰리인 것 들라:舒擡起(漢清7:27).

:류 명 유(類). 무리. ¶識 가진 얼굴 잇ᄂᆞᆫ 類예 도ᄅᆞᆯ혀 施ᄒᆞ야:類ᄂᆞᆫ 무리라(月釋10:122). 안ᄌᆞᆨ 大略을 뵈샤 類로 조ᄎᆞ히야(法華2:173). 다 져여곰 류로 흘ᄂᆞ니:皆以類推(救簡6:1). 諸佛와 ᄒᆞᆫ 類ㅣ ᄅᆞᆫᄒᆞ리라(六祖中47). 금과 은과 진쥬 류엣 거슬:金銀珠子之類(飜朴上56). 子ㅣ ᄀᆞᄅᆞ샤ᄃᆡ 教를 두면 類ㅣ 업ᄉᆞ리니라(宣論4:14).

-·류 어미 -리요. ¶너 아녀 뉘류:非汝而誰(楞解2:30).

류거헐 명 배의 털빛만 희고 온몸의 털빛이 검은 말. ☞류거흘 ¶류거헐:騮馬白腹(柳氏物名一 獸族).

류거흘 명 배의 털빛만 희고 온몸의 털빛이 검은 말. ☞류거헐 ¶류거흘:騵駁 馬白腹(才物譜七 毛蟲部).

류:뎐 명 유전(流轉). ¶法身이 五道애 流轉이라 ᄒᆞ시니라(永嘉上87).

류:뎐ᄒᆞ·다 동 유전(流轉)하다. ☞뉴뎐ᄒᆞ다 ¶서르 니ᅀᅥ 流轉ᄒᆞᄂᆞ니 通히 니ᄅᆞ건댄(圓覺下三之一50).

류뎐·ᄒᆞ·다 동 유전(流傳)하다. ¶뫼해 살이 박거늘 天上塔애 ᄀᆞ초아 永世ᄅᆞᆯ 流傳ᄒᆞᅀᆞᄫᆞ니(月印上15). 五祖ㅅ 血脈圖ᄅᆞᆯ 그려 流傳ᄒᆞ야(六祖上14).

류두 명 유두(流頭). ¶六月十五日 俗稱流頭節(京都雜志). 六月十五日 俗謂流頭 按輿地勝覽曰 新羅舊俗以是日浴東流水因爲禊飮謂之流頭宴…(芝峰類說1:16).

류·락ᄒᆞ·다 동 유락(流落)하다. ☞뉴락ᄒᆞ다 ¶하ᄂᆞᆳ ᄀᆞᅀᅢ 流落ᄒᆞ니(金三3:17). 류락ᄒᆞ다:流蕩(漢清7:44).

류련ᄒᆞ다 동 유련(留連)하다. ¶류련ᄒᆞ여 머무다:戀住(漢清7:43).

류리 명 유리(瑠璃. 琉璃). ¶밧긧 그르메 瑠璃 ᄀᆞᆮ더시니(月印上6). 왼녀긘 瑠璃오 올ᄒᆞᆫ녀긘 瑪瑙ㅣ러라(釋譜11:12). 瑠璃ᄂᆞᆫ 프른비쳇 보ᄇᆡ라 ᄒᆞᆫ ᄠᅳ디니 브레 드러도 녹디 아니ᄒᆞᄂᆞ니라(月釋1:22). 조ᄒᆞᆫ 琉璃ㅣ 寶月 머구믐 ᄀᆞᆮᄒᆞ니 體와 用괘 서르 섯거 ᄆᆞᆯ기 ᄇᆞᆰ도다(南明上65). 류릿 류:琉. 류릿 리:璃(訓蒙中32). 류리:玻瓈(譯解補38).

류:변·ᄒᆞ·다 동 유변(流變)하다. ¶열둘히 流變ᄒᆞ야 三疊이면 一千二百이 ᄃᆞ외리라(釋譜19:10).

류부로 명 얼룩말. ☞덕부로. 류부루 ¶류부로 하:騢(詩解 物名21).

류부루 명 얼룩말. ☞류부로 ¶駁 류부루 或曰 월아(柳氏物名一 獸族).

류ᄇᆡ 명 유배(流配). ¶류ᄇᆡ:流(譯解上67).

류:ᄇᆡ·ᄒᆞ·다 동 유배(流配)하다. ¶嶺南의 流配ᄒᆞ야(六祖上3).

류산ᄒᆞ다 동 유산(流散)하다. ¶셰젼에 민경이 류산ᄒᆞ고 도망ᄒᆞ고 넘어지고 ᄶᅥ을니ᄂᆞᆫ 념녀 업슬넌가(綸音107).

:류·셜 명 누설(縲絏). 감옥(監獄). ¶비록 縲絏ㅅ 中에 이시나 그 罪ㅣ 아니라 ᄒᆞ시고(宣論1:39).

류셩 명 유성(流星). ¶돌브른 流星이라(金三4:63). 右手右脚으로 流星으로 나가(武藝圖30).

류소 명 유소(旒蘇. 流蘇). ¶旒蘇ᄂᆞᆫ 五色 빗난 거스로 어울워 드리우ᄂᆞᆫ 거시라(月釋10:45).

류·슈 명 유수(流水). ¶當時론 如來ㅅ法 流水예 븐ᄃᆡ 몯홀씨 ᄆᆞ론 智慧라 ᄒᆞ니라(月釋2:60). 流水의 物 이로옴이 科애 盈티 몯ᄒᆞ면(宣孟13:20).

:류·엽:젼 명 유엽전(柳葉箭). 화살촉이 버들잎과 같이 생긴 화살. ¶류엽젼:柳葉(飜老下32).

류월 명 유월〔六月〕. ☞뉴월 ¶삼월와 류월와 구월와 섯ᄃᆞᆯ와 ᄒᆞ야 이 약 머고미 맛당ᄒᆞ니라:四季宜服此丸(瘟疫方16).

:류·청:비단 명 유청(柳青)빛 비단. ¶이 류청비단이 자히 언머고:這箇柳青紵絲有多少尺頭(飜老下28). 이 류청비단이:這箇柳青紵絲(老解下25).

:류청빗 명 유청(柳青)빛. 유록(柳綠). ☞류

청빗 ¶류청빗체 무룹도리로 문 흔 비단:柳靑膝欄(老解下21).

류청빛 명 유청(柳靑)빛. 유록(柳綠). ☞류청빗 ¶류청비쳇 무릅도리로 문 흔 비단:柳靑膝欄(飜老下24).

류통 명 유통(流通). ¶流通은 흘러 ᄉᆞᄆᆞᆺ출 씨라(訓註1). 이에 流通애 갈아내니 또 보ᄆᆞᆯ 조ᄎᆞ니(法華4:68).

류통·ᄒᆞ·다 동 유통(流通)하다. ¶與文字로 不相 流通홇씨:流通은 흘러 ᄉᆞᄆᆞᆺ출 씨라(訓註1). 天龍이 誓願ᄒᆞ샤 流通ᄒᆞ시논 배시며(月釋序9). 塵量劫에 流通ᄒᆞ야 法 供養 지ᅀᆞᄫᆞᆯ 돕노라(楞解1:5). 더운 氣分을 다 보게 ᄒᆞ샤ᄆᆞᆫ 火大ᄋᆡ ᄀᆞ룸 업시 流通호ᄆᆞᆯ 알에 ᄒᆞ시니라(楞解5:66). 天龍과 八部왜 다 流通ᄒᆞ리라(金三5:41).

류:포ᄒᆞ·다 동 유포(流布)하다. ¶너희 諸菩薩이 이 經을 ᄆᆞᅀᆞ매 가져 너비 펴 流布ᄒᆞ라(月釋21:61). 舍利 너비 流布ᄒᆞ야(法華2:44). 將來예 流布ᄒᆞ야 긋디 아니케 ᄒᆞ라(六祖上30).

류황 명 유황(硫黃). ¶류황:石硫黃(柳氏物名五 石).

류ᄒᆞ·다 동 유(留)하다. ¶그 中에 오직 阿賴耶識이 留ᄒᆞ고(楞解9:26). 오직 이 偈ᄅᆞᆯ 留ᄒᆞ야 사ᄅᆞᆷ으로 외와 다니게 호리니(六祖上18).

류ᄒᆡᆼ 명 유행(流行). ☞류ᄒᆡᆼᄒᆞ다 ¶世尊하 이 經 流行홇 ᄯᅢ해:流는 믈 흐를 씨오 行은 녈 씨니 法이 펴디여 가미 믈 흘러 녀미 ᄀᆞᄐᆞᆯ씨 流行이라 ᄒᆞ니라(釋譜9:21). 流는 믈 흐를 씨오 行은 녈 씨니 法이 펴디여 가미 믈 흘러 녀미 ᄀᆞᄐᆞᆯ씨 流行이라 ᄒᆞ니라(月釋9:40).

류ᄒᆡᆼᄒᆞ·다 동 유행(流行)하다. ¶世尊하 이 經 流行홇 ᄯᅢ해:流는 믈 흐를 씨오 行은 녈 씨니 法이 펴디여 가미 믈 흘러 녀미 ᄀᆞᄐᆞᆯ씨 流行이라 ᄒᆞ니라(月釋9:40). 시혹 法敎ㅣ 流行호ᄆᆞᆯ 보면 念念에 깃거 반ᄃᆞ기 能히 隨順ᄒᆞ리니(圓覺下三之一64).

륜:리 명 윤리(倫理). ¶실로는 倫理 밧긔나며(飜小8:41).

률모 명 율무. ¶薏苡者草珠也 方言云栗母(雅言一 薏苡者).

·률·법 명 율법(律法). 계율(戒律). ¶겨지비 沙門 ᄃᆞ외오져 홇 사ᄅᆞᄆᆞᆫ 八敬法을 너므디 아니ᄒᆞ야 죽ᄃᆞ록 行ᄒᆞ야ᅀᅡ 律法에 어루 들리라(月釋10:20). 律法을 븐디 아니ᄒᆞ야(永嘉上42).

르름 명 대나무에 꿰어 말린 물고기. ¶르름:鮍 以物貫魚風乾也(柳氏物名二 水族).

르릅나모 명 느릅나무. ☞느릅나모 ¶르릅나모:白楡樹(譯解下42).

-·를 조 -를. ☞-ᄅᆞᆯ ¶一夫ㅣ 流毒홀씨 我后를 기드리ᅀᆞᄫᆞ:一夫流毒爰徯我后(龍歌10章). 부텨를 보ᅀᆞᄫᆞ 디니(釋譜23:6). 몸앳 필뫼화 그르세 담아 男女를 내ᅀᆞᄫᆞ니(月釋1:2). 이 ᄀᆞᄐᆞᆫ 法을 내 부텨를 조ᄍᆞ와 듣ᄌᆞ오라 ᄒᆞ니:如是之法我從佛聞(楞解1:23). 너를 빌여 올마 살에코 宴遊ᄒᆞ요ᄆᆞᆯ 停寢ᄒᆞ노라:借汝遷居停宴遊(初杜解7:19). ᄒᆞᆫ 샹화ᄒᆞ논 이바디를 ᄒᆞ야:做一箇賞花筵席(飜朴上1).

르굼 동 늙음. ¶바ᄇᆞᆯ 더 머거 어루 르구믈 扶持ᄒᆞ리로소니:加飧可扶老(重杜解7:19).

름연ᄒᆞ다 동 늠연(凜然)하다. ¶름연홈을 ᄉᆡ 굿디 못호라(綸音20).

릉 명 능(綾). ¶릉:綾子(漢淸10:57).

릉만 명 능멸(凌蔑). ¶릉만릉:陵(類合下28).

릉·히 부 능히. ☞능히 ¶릉히 어딜에 도일 사ᄅᆞᆷ이 젹그니라 ᄒᆞ더시다:而能有成者少矣(飜小9:5). 릉히:能(瘟疫方18). 릉히 그 졍셩과 공경을 다ᄒᆞ니라:克盡誠敬(東新續三綱.烈4:2). 릉히 팔분 지계ᄅᆞᆯ 바다 디녀(勸念解34).

릉ᄒᆞ·다 동 능멸(凌蔑)하다. ¶읏 位예 이셔 아래를 陵티 아니ᄒᆞ며(宣中13).

릉ᄒᆞ다 동 능(能)하다. ☞능ᄒᆞ다 ¶릉홀 릉:能(類合上1).

리 명 이. 사람. ☞이 ¶지빗 사ᄅᆞ미 알 리 업거늘:家人大小無有知者(圓覺序43). 가ᄉᆞᆷ 곳 ᄃᆞᄉᆞ면 아니 살 리 업스리니:但心下溫無不活者(救簡1:61). 수울 ᄑᆞᆯ 리여 돈 혜여 바ᄃᆞ라:賣酒的來會錢(飜老上64). ᄒᆞᄅᆞᆫ 布와 깁 ᄑᆞᆯ 리 디나가거늘:有一日賣布絹的過去(朴解中27). 노새 ᄇᆞ람마ᄌᆞ면 살 리 반ᄃᆞ시 드무니라(馬解下22).

:리 명 이(利). ¶이런 功德 됴ᄒᆞᆫ 利ᄅᆞᆯ 어드리오 ᄒᆞ야(釋譜9:27). 能히 物의 性이 和ᄒᆞ야 各各 그 利 잇게 ᄒᆞ고 또 能히 物로 굳고 正케 ᄒᆞᄂᆞ니라(圓覺序18). ᄯᅡᄒᆡ 利를 因ᄒᆞ야:因地之利(宣小2:31). 또ᄒᆞᆫ 利 이시린뎌(宣大25). 리:利錢(同文解下27).

:리 명 이(理). 이치(理致). ¶나는 唐ㅅ 忠臣이라 降홀 理 업스니라(三綱.忠15). 德武ㅣ 裵氏 더브러 닐오ᄃᆡ 내 도라올 理 업고(三綱.烈14). 그 理는 다ᄅᆞ디 아니ᄒᆞ니(宣賜內訓2下46). 仁義는 다ᄉᆞ료맷 웃드미어늘 닐오ᄃᆡ 그치며 ᄇᆞ리라 ᄒᆞ니 理 아니로다(宣賜內訓2下50). 이 理ᄅᆞᆯ ᄒᆞ다가 즐겨(六祖中68). 쉬운 일브터 ᄇᆡ화셔 우후로 노ᄑᆞᆫ 리예 통달홀 거시니라:下學而上達也(飜小8:5). 내 아ᅀᆞ 일 죽고 다ᄆᆞᆫ ᄒᆞᆫ ᄌᆞ식이 이시니 리예 졀ᄉᆞ케 몯 홀 거시니:吾弟蚤亡唯有一息理不可絶(飜小9:71). 내 이 ᄂᆞ즌 집의 오니 理예 맛당치 아니ᄒᆞ다(捷

蒙2:17). 나는 당나라 틍신이라 항복홀 리 업거니와(五倫3:25).

:리 명 리(里). ¶몃 里롤 녀시누니잇고(釋譜6:23). 여슷 자히 步ㅣ오 三百步ㅣ 里라(月釋1:15). 由旬은 마순 里라(月釋1:39). 平則門이 이 廣豐倉의셔 스이 뿌미 싀십 릿 짜히니:平則門離這廣豐倉二十里地(飜朴上11). 올흔 손으로 돌홀 더디며 쪼차 오 리 남즉 니르니:右手投右追至五里許(東新續三綱. 孝2:70).

-·리 어미 ①-랴. -으랴. -리요. -리까. 〔'-리아, -리오, -리잇가'의 생략체(省略體).〕 ¶賢弟를 매 니즈시리:維此賢弟寧或有忘. 忠臣을 매 모르시리:維此忠臣寧或不知(龍歌74章). 聖人 神力을 어누 다 술ᄫ리:聖人神力奚罄說之(龍歌87章). 不解甲이 현 나리신 둘 알리:幾日不解甲(龍歌112章). 無量無邊 功德을 劫劫에 어느 다 술ᄫ리(月釋1:1). 俱夷 묻즈ᄫ샤딕 므스게 쓰시리(月釋1:10). 내 님 두ᅀᆞᆸ고 년 뫼롤 거로리(樂詞. 履霜曲).

②-리라. ¶英主△ 알퓌 내내 붓그리리:英主之前曷勝其羞. 오눐나래 내내 웃브리:當今之日曷勝其哂(龍歌16章). 聖子ㅣ 나샤 正覺 일우시리(月印上6).

-리- 접미 -리-. ¶뉘으처 블리신대(月釋2:7). 눉믈 흘리고(圓覺序8).

리:간호·다 동 이간(離間)하다. ☞니간호다 ¶姦人이 離間커든:姦人讒間興(龍歌119章). 먼 이 親혼 이를 리간호며:遠間親(宣小4:49). 남의 공명 글읏치며 골육 리간홀 것도 잇고(敬信64).

리놉다 형 이(利)롭다. ¶만물에 리노옴이 잇는 거시면(敬信38).

-리·니 어미 -리니. -ㄹ 것이니. ☞-으리니 ¶世尊ㅅ 일 술보리니 萬里 外ㅅ 일이시나(月印上1). 어미도 아드롤 모르며 아둘도 어미롤 모르리니(釋譜6:3). 년듸 몯 쓰리니(釋譜23:3). 信을 사모리니(宣賜內訓序4). 즈연히 자리니 ᄀ장 됴호니라:自睡矣大妙(救簡1:114).

-·리니·라 어미 -ㄹ 것이다. ¶周室이 다시 興起호요미 맛당호니 孔門을 당다이 ᄇ료미 몯호리니라:周室宜中興孔門未應棄(初杜解6:21).

:리다·히 부 이(理)답게. 이치(理致)대로. ¶理다히 아로미 如理智니(心經59).

:리·득호·다 동 이득(利得)하다. ¶반드기 利得홀 뚤 가졸비니라(法華4:40).

-리·라 어미 -고자. ¶쐬 한 도즈골 모르샤 보리라 기드리시니:靡知黠賊欲見以竢(龍歌19章). 가리라 호리 이시나:欲往者在(龍歌45章). 法音을 펴리라 호샤(月釋7:67). 義相臺예 올라 안자 日出을 보리라 밤듕만 니러호니(松江. 關東別曲).

-·리·라 어미 -리라. ☞-으리라 ¶涅槃 得호몰 나 곧게 호리라(釋譜6:1). 이 피롤 당다이 사롬 드외에 호시리라(月釋1:8). 分明히 너드려 닐오리라(月釋17:49). 네 功德은 千佛이 모다 닐어도 다 몯 호리라(月釋18:56). 衰티 마로리라(宣賜內訓1:55).

리라리 명 미나리(멧미나리). ¶리라리:馬蘄(柳氏物名三 草).

-리라스이·다 어미 -ㄹ 것이더이다. 〔'스이다'는 최상(最上)의 공손법(恭遜法) 어미.〕 ☞-다스이다 ¶法을 니르시리라스이다(月釋13:36). 부텨 날 爲호샤 大乘法을 니르시리라스이다(法華2:231). 아드호야 兩頭에 가리라스이다:茫然趣兩頭(六祖中82).

-·리랏·다 어미 -리로다. -ㄹ 것이로다. ¶내 큰 法을 즐기던댄 오로 맛디샤미 오라시리랏다(法華2:232). 德山ㅅ 喝올 몯 알리랏다 호야놀(蒙法32). 프른 묏부리옛 ᄃ리 萬一 업더든 머리 센 사ᄅ몰 시름케 호리랏다:若無青嶂月愁殺白頭人(重杜解12:2). 그듸옷 나그내를 ᄉ랑티 아니호더든 그몸나래 또 시르믈 더으리랏다:非君愛人客晦日更添愁(初杜解15:31). 데 가 석 드리나 묵노라 호야 집 삭 무러 쇽절업시 허비호리랏다:到那裏住三箇月納房錢空費了(飜朴上54). 살어리 살어리랏다 青山애 살어리랏다(樂詞. 青山別曲).

-·리러·뇨 어미 -겠던가. ¶셔울셔 힝힝이 언제 나시리러뇨:京都駕幾時起(飜朴上53).

-·리러·니 어미 -ㄹ 것이더니. ¶讒口ㅣ 만호야 罪 호마 일리러니 功臣올 살아 救호시니:讒口旣噂沓垂將及罪戮功臣迺救活(龍歌123章). 천량이 몯내 혜리러니(月釋23:63). 果然 惡으로 天下롤 놀래리러니(法華2:28). 녯 해는 갓가와 쉬 알리러니:昔之害近而易知(飜小8:41).

-리·러니·라 어미 -ㄹ 것이더니라. ¶놈드려 니르디 아니호더든 阿耨多羅三藐三菩提롤 셜리 得디 몯호리러니라(釋譜19:34). 迷惑호야 ᄀᄅ쵸몰 받디 아니호리러니라:迷惑不受教(法華1:208). 賢良을 비록 펴디 몯호야도 廊廟앤 偶然히 ᄃ니리러니라(初杜解24:59).

-·리러·라 어미 -ㄹ 것이더라. ☞-으리러라 ¶功德이 이러 당다이 부톄 ᄃ외리러라(釋譜19:34). 이러트시 고텨 ᄃ외샤미 몯 니르 혜리러라(月釋1:21).

-·리·러시·다 어미 -ㄹ 것이었다. ¶오직 父母ㅅ의 順호야사 可히 뻐 근심을 플리러시다:惟順於父母可以解憂(宣小4:9).

-·리·러이·다 어미 -겠습니다. ¶令尹이 그

쟝춧 免티 몯ᄒᆞ리러이다:令尹其將不免(宣小4:52).

-·리런·댄 어미 -ㄹ 것 같으면. ¶ᄒᆞ다가 우리 因흘 꼬돌 니ᄅᆞ샤믈 기드려 阿耨多羅三藐三菩提ᄅᆞᆯ 일우리런댄:若我等待說所因成就阿耨多羅三藐三菩提者(法華2:6).

-·리로·다 어미 -리로다. ☞-으리로다¶어서 드사 ᄒᆞ리로다(釋譜13:58). 이웃 네 아ᄃᆞ리면 아니 오라 地獄ᄋᆞᆯ 여희리로다(月釋23:85). 王粲의 지비 峴山 알퓌 우므를 머믈워슘과 당다이 ᄀᆞᆮᄒᆞ리로다:應同王粲宅留井峴山前(初杜解7:4). 대도히 돈이 삼쳔 나치로소니 유예 ᄡᅳ리로다:共通三千箇銅錢勾使用了(飜朴上1).

-·리로·ᄃᆡ 어미 -ㄹ 것이로되. ¶世間애 드르며 ᄃᆞ니리 혜디 몯ᄒᆞ리로ᄃᆡ 果然 能히 上慧 니ᄅᆞ와ᄃᆞ며(月釋17:34).

-리로소냐 어미 -것이냐. -ㄹ 것이냐. ☞-리로소녀¶알리로소냐 아디 못ᄒᆞ리로소냐:省的那省不的(老解上5). 네 알리로소냐:你猜的麼(朴解上14).

-리·로소·녀 어미 -것이냐. -ㄹ 것이냐. ☞-리로소니여¶네 數ᄅᆞᆯ 알리로소녀(月釋21:14). 알리로소녀 아디 몯ᄒᆞ리로소녀:省的那省不的(飜老上6). 네 바ᄅᆞ 알리로소녀:你猜的麼(飜朴上14).

-·리·로소·니 어미 -ㄹ 것이니. -ㄹ지니. ☞-으리로소니¶世界옌 千佛이 나시리로소니(月釋1:40). 잢간도 몯 보리로소니(月釋13:25). 내 늘거 셸리 몯 가리로소니:我不能去(三綱. 孝20). 반ᄃᆞ기 주기리로소니:必當見殺(法華2:240). 지즈로 縣尹의 ᄆᆞᅀᆞᄆᆞᆯ 보리로소니:因見縣尹心(初杜解6:22). 관신 돌히 ᄒᆞ마 각산ᄒᆞ리로소니:官人們待散也(飜朴上7). 이 며느리 은혜를 갑디 몯ᄒᆞ리로소니(飜小9:30). 이 가매 青州 徐州ᄅᆞᆯ 훤히 열리로소니:此擧開青徐(重杜解1:8). 촌 硤ᄋᆞᆯ 可히 건나디 몯ᄒᆞ리로소니:寒硤不可度(重杜解1:19). 敢히 미더 혜아리디 몯ᄒᆞ리로소니:不敢料(重杜解1:32).

-리·로소·니·여 어미 -ㄹ 것인가. -ㄹ 것이냐. -것이냐. ☞-리로소냐¶네 數를 알리로소니여 모ᄅᆞ리로소니여(釋譜11:4).

-·리로소·이·다 어미 -것이올시다. -ㄹ 것이올시다. ☞-리로쇵다¶輪王이 ᄃᆞ외시리니 出家ᄒᆞ시면 正覺ᄋᆞᆯ 일우시리로소이다(月釋2:23). 그 法이 이에 나오리로소이다(月釋2:49). 즈믄 劫에 혜아려도 몯 알리로소이다(月釋21:14). 내 一定히 반ᄃᆞ기 부톄 ᄃᆞ외리로소이다:我定當作佛(法華1:249).

-·리·로손·여 어미 -것이냐. -ㄹ 것이냐. ☞-리로소녀 ¶靈公이 夫人ᄃᆞ려 무러 ᄀᆞᆯ오ᄃᆡ 알리로손여 이 누고:公問夫人曰知此爲誰(宣小4:29).

-·리로쇵·다 어미 -리로다. ☞-리로소이다¶어제 그딋 마ᄅᆞᆯ 드로니 ᄆᆞᅀᆞ매 來往ᄒᆞ야 닛디 몯ᄒᆞ리로쇵다:昨聞爾言往來方寸間不能忘(宣賜內訓2下37).

리·를·다 동 이르다(到). ¶리를 지:至. 리를 도:到(類合下8). ᄃᆞ리 올마 믄득 년이 리르러 오며:月月移移忽來年至(修行章37).

-리·며 어미 -ㄹ 것이며. ¶舍利 長常이셔 供養ᄒᆞ리며(釋譜23:8). 億千日이 ᄀᆞᆮᄒᆞ야 ᄀᆞ초 보ᄆᆞᆯ 몯ᄒᆞ리며(月釋8:7). 密因곳 아니면 나다나디 아니ᄒᆞ리며:非密因不顯(楞解1:8). 밧ᄀᆞ 威儀 나토리며:外現威儀(永嘉下19). 佛知見ᄋᆞᆯ 열리며:開佛知見(永嘉下20). 諸塵에 三昧ᄅᆞᆯ 닐미며:三昧ᄅᆞᆯ 起ᄒᆞ리며(永嘉下20). 解脫ᄋᆞᆯ 得디 몯ᄒᆞ리며:不得解脫(金剛28). 如來ㅅ 三十二相애 ᄃᆞ사 著호미 몯 ᄒᆞ리며 내 般若波羅蜜法을 아노라 닐오미 몯 ᄒᆞ리며:不得愛著如來三十二相不得言我解般若波羅蜜法(金剛39). ᄉᆞᄆᆞ차ᅀᅡ ᄒᆞ리며(蒙法10). 흘러디리며…몯 ᄒᆞ리며(龜鑑上21).

:리문 명 이문(里門). 여문(閭門). ¶리문 려:閭(類合上18). 里門에 막 ᄆᆡ여셔:乃廬於里門(宣小6:19). 리문:柵欄(同文解上41. 漢淸9:23).

리·별 명 이별(離別). ☞이별¶셜븐 잀 中에 離別이 甚ᄒᆞ니(月印上52). 셜븐 잀 中에도 離別 ᄀᆞᄐᆞ니 업스니(釋譜6:6).

리불 명 이불. ¶침변알 곡쳥 말고 리불 미틔 사담 마소(人日歌).

-·리·샤ᅀᆞ·이·다 어미 -ㄹ 것입니다. ¶十方如來도 後에 반ᄃᆞ기 煩惱ᄒᆞ시리샤ᅀᆞ이다:十方如來後應煩惱(圓覺上一之一10).

:리:셩 명 이성(理性). ¶理性이 眞實ᄒᆞ야 體ㅣ 現티 아니ᄒᆞ니 업슬씨(永嘉下35).

리식 명 이식(利息). 이자(利子). ¶리식:利(漢淸10:17).

-리ᄯᅡ·니잇·가 어미 -ㄹ 것이겠나이까. ☞-ᄯᅡ니잇가¶ᄒᆞᄆᆞᆯ며…말다이 修行ᄒᆞ리ᄯᅡ니잇가:何況…如說修行(法華7:176).

:리:슌ᄒᆞ·다 형 이윤(利潤)하다. ¶ᄆᆞᄅᆞᆫ ᄯᅡ홀 法水 젓디 몯ᄒᆞᆯ 가잘비시니 다 利潤홀씨 너비 흐웍다 니ᄅᆞ시니라:乾地譬未霑法水者悉皆利潤故云普洽(法華3:36).

-리아 어미 -랴. -리요. ☞-리야¶되의 목수믄 그 能히 오라리아:胡命其能久(重杜解1:8). 文章ᄒᆞ노라 ᄒᆞ야 구틔여 내 모ᄆᆞᆯ 소기리아:文章敢自誣(重杜解2:9). 내 주구ᄆᆞᆯ 구틔여 앗기리아:敢愛死(重杜解2:44). 騾驢ᄅᆞᆯ 사ᄅᆞ미 시러곰 두리아:騾驢人得有(杜解8:3).

-·리·야 어미 -랴. -리요. ☞-리아. -으리야 ¶뉘 ᄯᅳ들 ᄀᆞᆯᄒᆡ야ᅀᅡ 며ᄂᆞ리 ᄃᆞ외야 오리야(月印上14).

·리·양 명 이양(利養). ¶利養ᄋᆞᆫ 됴히 칠 씨니 ᄂᆞᄆᆞ란 분별 아니코 제 몸ᄲᅮᆫ 됴히 츄미라 小乘엣 사ᄅᆞ미 제 몸 닷ᄀᆞᆯ ᄲᅮᆫ ᄒᆞ고 ᄂᆞᆷ 濟渡 몯 ᄒᆞᆯ씨 小乘ᄋᆞᆯ 利養ᄒᆞᄂᆞ다 ᄒᆞᄂᆞ니라(釋譜13:36). 律法을 븓디 아니ᄒᆞ야 得혼 利養이 다 일후미 惡求ㅣ라(永嘉上42). 져고맛 利養ᄋᆞᆯ 因ᄒᆞ야 아비 ᄇᆞ리고:因小利養捨父(金三3:17).

:리어 명 잉어. ☞니어 ¶鯉魚 ᄲᅧ 걸우닐 고툐ᄃᆡ(救急上48). 리어 리:鯉(訓蒙上21). 리어 리:鯉(類合上15). 두 리에 ᄠᅱ여 나거늘:雙鯉躍出(宣小6:22). 리어 둘흘 어더 머긴대 병이 됴ᄒᆞ니라:二鯉以進病愈(東續三綱. 孝23). 리어 리:鯉(詩解 物名15). 벌에를 사기ᄃᆞᆺ 흔 그레 그듸 記憶호ᄆᆞᆯ 니부니 鯉魚를 ᄉᆞᆯ모니 내 오란 病을 묻도다(重杜解20:8). 강시의 아ᄂᆡ 지극히 효도홈ᄋᆡ 두 리어 ᄉᆡ암의 소ᄉᆡ니라:姜妻至孝雙鯉湧泉(女四解4:12). ※리어>잉어

-·리어·늘 어미 -ㄹ 것이거늘. ☞-으리어늘 ¶거스디 아니호리어늘 엇데 怨讐를 니ᄌᆞ시ᄂᆞ니(釋譜11:34). 주거 化樂天宮에 나리어늘 天宮에 몯 보니(月釋23:78).

-·리어·니 어미 -ㄹ 것이거니. ☞-으리어니 ¶모맷 고기라도 비ᄂᆞᆫ 사ᄅᆞᄆᆞᆯ 주리어니 ᄒᆞᄆᆞᆯ며 녀나ᄆᆞᆫ 쳔량이ᄯᆞ녀(釋譜9:13). 비ᄂᆞᆫ 사ᄅᆞᄆᆞᆯ 주리어니 ᄒᆞᄆᆞᆯ며 녀나ᄆᆞᆫ 쳔랴이ᄯᆞ녀(月釋9:30). 男子ᄂᆞᆫ ᄆᆞᅀᆞᄆᆞᆯ ᄆᆞᆯᄀᆞᆫ ᄃᆡ 노니며 ᄠᅳ들 여러 微妙ᄒᆞᆫ ᄃᆡ 니겨 제 是非ᄅᆞᆯ ᄀᆞᆯᄒᆡ야 어루 모ᄆᆞᆯ 가지리어니(宣賜內訓序6). 三界예 나리어니 罪福이 엇데 내게 브트리오(南明上63).

-·리어·니·ᄯᆞᆫ 어미 -ㄹ 것이니 말해 무엇하랴. ☞-리어닛ᄃᆞᆫ ¶반ᄃᆞ기 虛空ᄋᆡ 나ᄆᆞᆯ 보리어니ᄯᆞᆫ(楞解2:122).

-·리어·니·와 어미 -ㄹ 것이거니와. ¶ᄒᆞᆫ 劫이 남ᄃᆞ록 닐어도 몯다 니ᄅᆞ리어니와(釋譜9:10). 네 누는 보리어니와 므스그로 ᄆᆞᅀᆞᆷ 사마 내 주머귀 비취요ᄆᆞᆯ 當ᄒᆞᄂᆞᆫ다:汝目可見以何爲心當我拳曜(楞解1:84). 일후미 菩薩이리어니와(金剛116).

-·리어·닛·ᄃᆞᆫ 어미 -ㄹ 것이니 말해 무엇하랴. ☞-리어니ᄯᆞᆫ ¶어우러 ᅀᅩᆺ바당이 아ᄂᆞ다 ᄒᆞᆯ딘댄 여희여 觸이 드로매 ᄇᆞᆯ콰 骨髓ㅣ 반ᄃᆞ기 ᄯᅩ 듧 時節ㅅ 자최ᄅᆞᆯ 알리어닛ᄃᆞᆫ(楞解2:114).

-·리어·ᄂᆞᆯ 어미 -ㄹ 것이거늘. ¶心意識을 여희리어ᄂᆞᆯ:離心意識(楞解10:14).

-·리어·다 어미 -ㄹ 것이다. ¶功德 닷ᄂᆞᆫ 내 몸이 正覺 나래 마조 보리어다(月釋8:87). 고ᄫᆞ니 몯 보아 ᄉᆞᆯᄋᆞᆺ 우니다니 님하 오ᄂᆞᆳ나래 넉시라 마로리어다 ᄒᆞ야ᄂᆞᆯ(月釋8:102). 아니옷 ᄆᆡ시면 나리어다 머즌 말(樂範. 處容歌).

-·리어·며 어미 -ㄹ 것이며. ¶부텨를 念ᄒᆞ야 恭敬ᄒᆞᅀᆞᄫᆞ면 다 버서나리어며(釋譜9:24). 당다이 三惡趣예 나디 아니ᄒᆞ리어며(釋譜9:25). ᄆᆞᅀᆞᆷᄀᆞ장 모다 ᄉᆞ랑ᄒᆞ야도 ᄯᅩ 모ᄅᆞ리어며(釋譜13:42). 淸淨ᄒᆞᆫ 法을 어루 비호리어며(月釋2:12). 그지업슨 ᄠᅳ들 다 알리어며:會盡無量義(金三5:37).

-리언마ᄂᆞᆫ 어미 -련마는. ☞-리언마ᄅᆞᆫ ¶그 ᄉᆞ랑ᄒᆞ며 어엿비 너교미 어루 至極다 니ᄅᆞ리언마ᄂᆞᆫ:其愛慈可謂至矣(宣賜內訓3:32).

-·리언마ᄅᆞᆫ 어미 -련마는. ☞-리언마ᄂᆞᆫ ¶하ᄂᆞᆳ 險은 ᄆᆞᄎᆞ매 難히 셔리언마ᄅᆞᆫ 섭門에 어느 다시 디나가리오:天險終難立柴門豈重過(初杜解7:9).

-리·여 어미 -랴. -리요. -ㄹ 것인가. ☞-니여 ¶三韓ᄋᆞᆯ ᄂᆞᄆᆞᆯ 주리여:維此三韓肯他人任(龍歌20章). 草木 것거다가 ᄂᆞᄎᆞᆯ 거우ᅀᆞᄫᆞ도 ᄆᆞᅀᆞᆷ잇ᄃᆞᆫ 뮈우시리여(月印上23). 子孫ᄋᆞᆯ 議論ᄒᆞ리여(月釋1:7). 山河 보매 當ᄒᆞ야 琉璃ᄅᆞᆯ 보리여(楞解1:58). ᄒᆞᄆᆞᆯ며 生天ᄃᆞᆯᄒᆡᆺ 法을 즐겨 著ᄒᆞ리여:何況生天等法而得樂著(金剛40). ᄒᆞᄆᆞᆯ며 虛妄ᄋᆞᆯ 詰難ᄒᆞ리여:何況詰虛妄(圓覺上二之三47). ᄎᆞ마 도ᄋᆞ리여:忍助之乎(重內訓3:59).

-리·오 어미 -리요. ☞-으리오 ¶죵과 ᄆᆞᆯ와ᄅᆞᆯ 현맨 ᄃᆞᆯ 알리오(月印上19). 어듸셔 三分이 몯 ᄀᆞ자 八百 사오나ᄫᆞᆫ 이리 이시리오(釋譜19:10). 뉘 예셔 더으리오(宣賜內訓序3). 어린 거시 아니라 엇더니리오(宣賜內訓1:24). 내 엇디 너를 머믈워 재리오:我怎麼敢留你宿(飜老上50).

-리오마ᄂᆞᆫ 어미 -리요마는. ¶엇디 아니 조차 겨시리오마ᄂᆞᆫ(閑中錄108). 엇지 안녀ᄒᆞ리오마ᄂᆞᆫ(閑中錄146).

-·리·온 어미 -ㄹ 것이거든. ¶반ᄃᆞ기 菩提 일우리온:而當成菩提(法華4:75). 일훔도 듣디 몯ᄒᆞ리온 ᄒᆞᄆᆞᆯ며 보미ᄯᆞ녀(靈驗5). 몸도 얻디 몯ᄒᆞ리온 ᄒᆞᄆᆞᆯ며(龜鑑上36).

리우 명 ①이우(犛牛). 검정소. 야크. ¶功課ᄅᆞᆯ 사ᄆᆞ면 엇데 犛牛의 ᄭᅩ리 ᄃᆞᅀᆞᆷ과 다ᄅᆞ리오(六祖中64).
②이우(犁牛). 얼룩소. ¶子ㅣ 仲弓을 닐어 ᄀᆞᆯᄋᆞ샤ᄃᆡ 犁牛의 子ㅣ 騂ᄒᆞ고 ᄯᅩ 角ᄒᆞ면:子謂仲弓曰犁牛之子騂且角(宣論2:4).

-·리이·다 어미 -리다. -ㄹ 것입니다. ☞-리이다. -링다. -링이다 ¶敬天勤民ᄒᆞ샤ᅀᅡ 더욱 구드시리이다:敬天勤民迺益永世(龍歌125章). 子孫이 그츠리이다(月印上14). 부텨 ᄀᆞᄐᆞ시긔 ᄒᆞ리이다(釋譜6:4). 千燈을

혀 供養ᄒᆞ샤ᅀᅡ ᄉᆞᆯᄫᆞ리이다(月釋7:54). 比丘 좇ᄌᆞᄫᅡ 가리이다(月釋8:93). 내 부텻긔 ᄉᆞᆯᄫᅡ 보리이다 ᄒᆞ고(月釋10:18). 能히 이 菩薩ㅅ 色相 大小와 威儀 進止ᄅᆞᆯ 보리이다(月釋18:75). 對答ᄒᆞ야 닐오ᄃᆡ 그리호리이다(宣賜內訓1:40).

-리이·다 어미 -리다. -ㄹ 것입니다. ☞-리이다. -링다 ¶이제 王이 百姓으로 더블어 ᄒᆞᆫ가지로 樂ᄒᆞ시면 王ᄒᆞ시리이다:今王與百姓同樂則王矣(宣孟.梁惠王下). 죽ᄉᆞ와도 먹ᄉᆞ오리이다(新語2:7). 니ᄅᆞ시ᄂᆞᆫ 대로 ᄒᆞ리이다:遵命(譯解補51).

:리·익 명 이익(利益). ¶衆生 利益을 어느 다 ᄉᆞᆯᄫᆞ리(月印上63). ᄂᆞᆷ 利호미 넙디 아니코 제 利益이 두렵디 몯ᄒᆞ니(永嘉下46). 누니 ᄀᆞᄌᆞ기 여다 호ᄆᆞᆫ 利益ᄋᆞᆯ 넙디 아니ᄒᆞ니 업슬 시라(南明下5). 信受ᄒᆞ야 奉行ᄒᆞ논 微妙ᄒᆞᆫ 利益이 이에 잇도다(金三5:43). 므슴 利益이 이시리오(六祖上12).

:리·익ᄃᆞᆸ·다 형 이익(利益)되다. ¶一切 有情 위ᄒᆞ야 利益ᄃᆞᄫᆡᆫ 일 ᄒᆞ야(釋譜9:39).

:리·익ᄒᆞ·다 형 이익(利益)하다. ¶사ᄅᆞᄆᆞᆯ 利益긔 ᄒᆞ야(釋譜11:7). 利益게 ᄒᆞ시니(金剛23). 詞賦ㅣ 바지로이 ᄒᆞ야도 利益호미 업스니:詞賦工無益(初杜解15:8).

-·리잇·가 어미 -리까. -ㄹ 것입니까. ☞-리잇가. -링잇가 ¶七代之王ᄋᆞᆯ 뉘 마ᄀᆞ리잇가:七代之王誰能禦止. 九變之局이 사ᄅᆞᆷ ᄠᅳ디리잇가:九變之局豈是人意(龍歌15章). 問罪江都ᄅᆞᆯ ᄂᆞ치리잇가:問罪江都其敢留止(龍歌17章). 이곧 뎌고대 後ㅿ날 다ᄅᆞ리잇가:於此於彼寧殊後日. 가샴 겨샤매 오ᄂᆞᆯ 다ᄅᆞ리잇가:載去載留豈異今時(龍歌26章). 모딘 � ᄭᅬᄅᆞᆯ 일우리잇가:悍謀何濟. 百仞 虛空애 ᄂᆞ리시리잇가:懸崖其跌(龍歌31章).

-리잇가 어미 -리까. -ㄹ 것입니까. ☞-리잇가. -링잇가 ¶이제ᄂᆞᆫ 주근 후의 � 뼈 ᄒᆞᆫ가지어든 엇데 알리잇가:如今死後白骨一般教弟子如何認得(恩重3). 우리 이ᄅᆞᆯ 禮예 삼ᄉᆞ오리잇가(新語3:8).

-·리잇·고 어미 -리까. -ㄹ 것입니까. ☞-리잇고. -링잇고 ¶어듸 머러 威不及ᄒᆞ리잇고:何地之逖而威不及. 어늬 구더 兵 不碎ᄒᆞ리잇고:何敵之堅而兵不碎(龍歌47章). 漢人 ᄆᆞᅀᆞ미 엇더ᄒᆞ리잇고:矧伊漢民. 國人 ᄆᆞᅀᆞ미 엇더ᄒᆞ리잇고:矧伊東國(龍歌72章). 몃 間ㄷ 지븨 사ᄅᆞ시리잇고:幾間以爲屋(龍歌110章). 어듸던 이 ᄀᆞᄐᆞ니 이시리잇고(釋譜6:5). 부텻 法이 精微ᄒᆞ야 져믄 아히 어느 듣ᄌᆞᄫᆞ리잇고(釋譜6:11). 八婇女 노니거시니 므스기 � ᄲᅥᆯᄫᅳ리잇고(月釋8:93). 엇데…ᄆᆞᅀᆞ미 解脫ᄋᆞᆯ 得ᄒᆞ리잇고(金三2:4). 엇데 알리잇고(六祖上67).

-·리잇·고 어미 -리까. -ㄹ 것입니까. ☞-리잇고. -링잇고 ¶또 엇디 알리잇고:却怎麼知道(飜朴上14). 가시리 가시리잇고 나ᄂᆞᆫ ᄇᆞ리고 가시리잇고(樂詞.가시리). 세존하 어믜 은과 덕과ᄅᆞᆯ 엇데 ᄒᆞ야ᅀᅡ 가ᄑᆞ리잇고(恩重3). 德이 엇더ᄒᆞ면 가히 ᄡᅥ 王ᄒᆞ리잇고:德何如則可以王矣(宣孟.梁惠王上).

리질 명 이질(痢疾). ¶고곰과 痢疾로 巴水ᄅᆞᆯ 먹고 헐므은 모ᄆᆞ로 蜀都애셔 늙노라:瘧痢飡巴水瘡痍老蜀都(重杜解24:60).

리:천 명 이전(利錢). 이자(利子). 이윤(利潤). ¶리천 얻고져 ᄒᆞ노라:要覓些利錢(飜老下60). ᄒᆞᆫ의 사 가져가 리천을 엇고져 ᄒᆞ노라:一發買將去要覓些利錢(老解下54).

:리·ᄐᆡᆨ·ᄒᆞ·다 형 이택(利澤)하다. ¶商賈ㅣ 만타 ᄒᆞ니 니러나샤 利澤ᄒᆞ샤ᄆᆞᆯ 가ᄌᆞᆯ비니라:澤은 저즐 씨니 恩惠 흐웍호미 비 이슬 ᄀᆞᆮᄒᆞᆯ 씨라(法華2:187).

:리:해 명 이해(利害). ¶이 利害 두 길헤 身心을 다 ᄇᆞ료미라:此於利害二途身心俱捨也(楞解6:108). 利害 적디 아니ᄒᆞ니 도ᄅᆞ혀 利害ᄅᆞᆯ 아ᄂᆞᆫ다 모ᄅᆞᄂᆞᆫ다(金三1:33).

:리ᄒᆞ·다 형 이(利)하다. 이롭다. ☞니ᄒᆞ다 ¶衆生ᄋᆞᆯ 利케 ᄒᆞᆯ 씨라(釋譜13:38). 仁ᄒᆞᆫ 사ᄅᆞ믄 올ᄒᆞᆫ 이를 졍다이 ᄒᆞ고 리케 ᄒᆞ요ᄆᆞᆯ ᄭᅬᄒᆞ디 아니ᄒᆞ며:仁人者正其誼不謀其利(飜小8:1). 본ᄃᆡ ᄆᆞᅀᆞᄆᆞᆯ 열며 눈을 ᄇᆞᆯ겨 힝ᄒᆞ요매 리코댜 ᄒᆞ예니라:本欲開心明目利於行耳(飜小8:25).

-·린 어미 -ㄹ 것인. ¶ᄆᆞᄎᆞᆷ내 成佛 몯ᄒᆞ린 젼ᄎᆞ로 니르디 몯ᄒᆞ리라:終不成佛故言不可說也(金剛43). ᄀᆞᄅᆞ치디 몯ᄒᆞ린 後에ᅀᅡ 怒ᄒᆞ고:若不可教然後怒之(宣賜內訓3:5).

-린·댄 어미 -ㄹ진댄. ¶王볏 너를 ᄉᆞ랑티 아니ᄒᆞ시린댄(釋譜11:30). 因果ᄅᆞᆯ ᄡᅳ러ᄇᆞ리린댄 至極ᄒᆞᆫ 큰 害니라:撥無因果極爲大害(蒙法47). ᄒᆞ다가 趙州禪을 口皮邊으로 ᄉᆞᆯ펴보리라 니ᄅᆞ린댄:若言趙州禪口皮邊照顧(蒙法51). 혜아려 엇더ᄒᆞᆫ뇨 ᄒᆞ야 무르린댄:擬議問如何(蒙法55). 無間業ᄋᆞᆯ 혀 나소디 아니코져 ᄒᆞ린댄:欲得不招無間業(蒙法58). 證티 몯ᄒᆞ린댄(南明下6). ᄒᆞ다가 色身이라 ᄒᆞ린댄:若色身者(六祖中86).

-·린·뎌 어미 -ㄹ 것인가. -ㄹ 것이로구나. ☞-으린뎌 ¶말ᄊᆞᄆᆞᆯ 安定히 ᄒᆞ면 百姓을 便安케 ᄒᆞ린뎌:安定辭安民哉(宣賜內訓1:7). 嗚呼ㅣ라 그 힘 쓰며 嗚呼ㅣ라 그 힘 쓰면 邦國이 그 거의 ᄒᆞ리며 吾東이 그 거의 ᄒᆞ린뎌:嗚呼其勉旃嗚呼其勉旃邦國其庶幾吾東其庶幾也夫(常訓7).

린쉭ᄒᆞ다 형 인색(吝嗇)하다. ¶린쉭ᄒᆞ고 쳔ᄒᆞᆫ 이:嗇吝下賤(漢淸8:48).

린을 명 미늘. 갑옷 미늘. ¶갑옷린을:甲葉

(漢淸5:3). 갑옷아랫동에 박은 광친 린을:甲裙明葉(漢淸5:3). 린을 ᄒᆞᆫ 층:一排甲葉(漢淸5:3).

린:즁 명 인중(鱗衆). 비늘 가진 물고기의 무리. ¶惡ᄋᆞᆯ ᄇᆞ료ᄃᆡ 鱗衆의 낙솔 놀라 江瀛에 드러 미티 다ᄋᆞᆮ ᄒᆞᄂᆞ니(永嘉下77).

릴굽 수 일곱. ☞닐굽 ¶나히 열릴구베 어미 病ᄒᆞ야 두어 ᄃᆞᆯ 됴티 아니코:年十七母遘疾數月不痊(續三綱. 孝29).

-·릴·시 어미 -ㄹ 것이매. ☞-릴씨 ¶定이 오라면 慧 ᄇᆞᆯᄀᆞ릴시:定久慧明(永嘉上8). 내 갑디 몯ᄒᆞ릴시:無以自効(圓覺序14). ᄌᆞ모하 쉬이 아디 몯ᄒᆞ릴시:頗多未易可曉(宣賜內訓序8). 구틔여 긴 말ᄉᆞᄆᆞ로 交錯ᄒᆞᆫ 길헤 臨ᄒᆞ얏디 몯ᄒᆞ릴시:不敢長語臨交衢(初杜解8:2). 편안히 잇고 ᄀᆞᄅᆞ침이 업스면 곧 즘승에 갓가오릴시:逸居而無敎則近於禽獸(宣小1:9). 黎民이 飢에 阻ᄒᆞ릴시:黎民阻飢(書解1:16). 寇ᄒᆞ며 賊ᄒᆞ며 姦ᄒᆞ며 究ᄒᆞ릴시:寇賊姦究(書解1:17). 五品이 遜티 아니ᄒᆞ릴시:五品不遜(書解1:17).

-·릴·씨 어미 -ㄹ 것이매. ☞-릴시 ¶오샤ᅀᅡ 사ᄅᆞ시릴씨:來則活已(龍歌38章). 天人이 모ᄃᆞ릴씨 諸天이 다 깃ᄉᆞᄫᆞ니(月印上5). 慈悲ㅅ 힘뎌글 ᄒᆞ야ᅀᅡ ᄒᆞ릴씨(釋譜6:2). 難히 맛낧 想과 恭敬 ᄆᆞᅀᆞᄆᆞᆯ 能히 몯 내릴씨(月釋17:14). 微妙ᄒᆞᆫ 道애 나ᅀᅡ가릴씨 이런 ᄃᆞ로 다시 地位ㅅ 마리 업스시고(楞解1:18). 수이 能히 닐위디 몯ᄒᆞ릴씨:未易能致故(法華6:26). 定이 오라면 慧 ᄇᆞᆯᄀᆞ릴씨:定久慧明(永嘉上8). 반ᄃᆞ기 無知ᄒᆞᆫ 上慢애 디릴씨:必墮無知之上慢故(永嘉上10). 곧 上慢과 疎怠와애 디릴씨:卽墮上慢疎怠(永嘉下10).

릴오ᄃᆡ 동 이르되[云]. ☞닐오ᄃᆡ ¶브르며 울고 릴오ᄃᆡ:呼哭曰(東新續三綱. 烈3:19).

릴움 동 이름[云]. ¶무러도 姓과 일홈 릴우믈 즐기지 아니ᄒᆞ고:問之不肯道姓名(重杜解8:1).

릴위다 동 되게 하다. 이루게 하다. ¶란ᄅᆞᆯ 릴위ᄂᆞ니라(三略上22).

림금 명 능금. ☞님금 ¶큰림금 빈:檳. 큰림금 파:椄(訓蒙上12). ※림금>능금

림ᄇᆡ 명 앞. ☞곰ᄇᆡ님ᄇᆡ ¶德으란 곰ᄇᆡ예 받ᄌᆞᆸ고 福으란 림ᄇᆡ예 받ᄌᆞᆸ고 德이여 福이라 호ᄂᆞᆯ 나ᅀᆞ라 오소이다 아으 動動다리(樂範. 動動).

림삭 명 임삭(臨朔). 임월(臨月). ¶림삭:臨月(漢淸6:53).

림즁 명 임종(臨終). ¶臨終時예 몬져 猛火ㅣ 十方界예 ᄀᆞ독호ᄆᆞᆯ 보아(楞解8:96). 觸業이 交ᄒᆞ면 臨終時예 몬져 大山이 四面으로 와 어우러(楞解8:105).

림ᄒᆞ·다 동 임(臨)하다. ¶滅度ᄅᆞᆯ 臨ᄒᆞ샨 몯 後 아니라(楞解1:17). 오직 滅ᄋᆞᆯ 臨ᄒᆞ샤(楞解1:18). 刑罰을 臨ᄒᆞ야 ᄒᆞ마 목숨 ᄆᆞᆾ 쩨(法華7:88). 이 ᄆᆞ리 戰陣을 臨ᄒᆞ야 오래 ᄀᆞᆯ오리 업스니:此馬臨陣久無敵(初杜解17:30). 宣이 夫子의 朝廷에 겨샴을 보니 싁싁히 아래ᄅᆞᆯ 臨ᄒᆞ샤ᄃᆡ ᄒᆞ야ᄇᆞ리디 아니ᄒᆞ실ᄉᆡ:宣見夫子之居朝廷嚴臨下而不毁傷(宣小4:21). 足히 ᄡᅧ 臨홈이 잇ᄂᆞ니(宣中49). 비록 死境의 림ᄒᆞ올지라도(隣語2:7). 쳑강이 우희 겨시고 하ᄂᆞᆯ히 ᄇᆞᆰ이 림ᄒᆞ시니 속이리오(綸音33).

·립신 명 입신(立身). ¶립신 몯ᄒᆞ고 사ᄅᆞᆷ 도의디 몯ᄒᆞ면:不立身成不得人(飜老下42). 立身 못ᄒᆞ고 사ᄅᆞᆷ 되디 못ᄒᆞ면:不立身成不得人(老解下38).

·립츄 명 입추(立秋). ¶立春 立秋 後 다ᄉᆞᆺ찻 戊日이 社ㅣ라(楞解8:121). 이제 이 칠월 립츄오:如今這七月立了秋(飜朴上17).

·립츈 명 입춘(立春). ☞닙츈 ¶立春 立秋 後 다ᄉᆞᆺ찻 戊日이 社ㅣ라(楞解8:121). 립츈 디난 첫 경ᄌᆞ 나래:立春後庚子日(瘟疫方4). 立春에 조샹을 祭ᄒᆞ며:立春祭先祖(宣小5:40).

링금 명 능금. ☞닝금. 림금 ¶굴근 링금:蘋菠果(飜朴上4).

-링다 어미 -리다. -ㄹ 것입니다. ☞-리이다 ¶군을 주어셔 가게 ᄒᆞ시면 반ᄃᆞ시 내 ᄯᅡ흘 다시 가지링다:授兵往必復吾地(東新續三綱. 忠1:13).

:링어 명 잉어. ☞리어 ¶활셕 두 냥과 링어 니 ᄒᆞᆫ 량:滑石二兩鯉魚齒一兩(救簡3:86).

-·링이·다 어미 -리다. -ㄹ 것입니다. ☞-리이다. -링다 ¶그ᄃᆡ 어마님을 뵈ᄋᆞ오링이다(二倫. 范張死友). 그리 호링이다(宣小4:12). 島主ㅣ 아라셔 案內 ᄉᆞᆲ오링이다(新語6:22). 오라디 몯ᄒᆞ링이다(重內訓2:23).

-링잇가 어미 -리까. ☞-리잇가 ¶아니 뵈요링잇가(新語2:6). 엇디 남기링잇가(新語3:5). 엇디 얼현히 ᄒᆞ링잇가(新語5:25). 두번 嫁ᄒᆞ링잇가 말링잇가(英小5:54).

-·링잇·고 어미 -리까. -ㄹ 것입니까. ☞-리잇고 ¶宣이 엇디 敢히 ᄇᆡ호디 아니ᄒᆞ고 夫子ㅅ 門에 이시링잇고:宣安敢不學而居夫子之門乎(宣小4:22). 이시며 업ᄉᆞ미 엇디 齊ᄒᆞ링잇고(家禮7:16).

ᄅᆞ리오다 동 내리다. ☞ᄂᆞ리오다 ¶다 ᄒᆞᆫ 층을 ᄅᆞ리오고 私親의 ᄒᆞ기도 ᄯᅩ 그리ᄒᆞ라(家禮6:31).

-ᄅᆞ·ᄫᅵ 접미 -로이. -롭게. ☞-ᄅᆞ이 ¶受苦ᄅᆞᄫᅵ 딕희여(釋譜9:12). 사ᄅᆞ미 義ᄅᆞᄫᅵ 너겨 ᄒᆞ마 주거 아모ᄃᆡ 무뎃ᄂᆞ니라 니ᄅᆞᆫ대:人義之告已死及葬處(三綱. 烈12 李氏感燕).

-ᄅᆞᄫᆡ·니 (접미) -로우니. ㉠-ᄅᆞᄫᆡ다 ¶三界 다 受苦ᄅᆞᄫᆡ니(月釋2:38).

-ᄅᆞᄫᆡ·다 (접미) -롭다. ☞-ᄅᆞ외다. -ᄅᆞᆸ다 ¶福이 조ᅀᆞᄅᆞᄫᆡ니 아니 심거 몯ᄒᆞᆯ 꺼시라(釋譜6:37). 다 受苦ᄅᆞᄫᆡ야(釋譜11:37). 受苦ᄅᆞᄫᆡ요미 地獄두고 더으니(月釋1:21). 受苦ᄅᆞᄫᆡ며 즐거ᄫᅳ며(月釋1:35). 三界 다 受苦ᄅᆞᄫᆡ니(月釋2:38). 즐거ᄫᅮ미 업슳 저기 셜ᄫᅳᆯ씨 다 受苦ᄅᆞᄫᆡ니라(月釋7:43). 受苦ᄅᆞᄫᆡ요ᄆᆞᆯ 보며(月釋7:43). 智慧ᄅᆞᄫᆞᆫ 사ᄅᆞ미 또 ᄀᆞᄅᆞ쳐 合掌 叉手ᄒᆞ야(月釋8:70). 우리 외ᄅᆞᄫᆡ야(月釋17:21).

-ᄅᆞᄫᆡ·며 (접미) -로우며. ㉠-ᄅᆞᄫᆡ다 ¶聰明ᄒᆞ며 智慧ᄅᆞᄫᆡ며(釋譜9:20). 受蘊은 受苦ᄅᆞᄫᆡ며 즐거ᄫᅳ며 受苦ᄅᆞᆸ도 즐겁도 아니호ᄆᆞᆯ 바ᄃᆞᆯ 씨오(月釋1:35).

-ᄅᆞᄫᆡ·욤 (접미) -로움. ㉠-ᄅᆞᄫᆡ다 ¶福이 다아 衰ᄒᆞ면 受苦ᄅᆞᄫᆡ요미 地獄두고 더으니(月釋1:21). 受苦ᄅᆞᄫᆡ요ᄆᆞᆯ 보며 ᄆᆞᅀᆞ미 無常호ᄆᆞᆯ 보며(月釋7:43).

-ᄅᆞᄫᆞᆫ (접미) -로운. ㉠-ᄅᆞᄫᆡ다 ¶受苦ᄅᆞᄫᆞᆫ 소리 업고(釋譜9:10). 智慧ᄅᆞᄫᆞᆫ 사ᄅᆞ미 또 ᄀᆞᄅᆞ쳐(月釋8:70).

-ᄅᆞ외·다 (접미) -롭다. ☞-ᄅᆞᄫᆡ다. -ᄅᆞᆸ다 ¶道ᄂᆞᆫ ᄀᆞᆯᄒᆡ요미 嫌疑ᄅᆞ외며(楞解2:123). 苦ᄅᆞ왼 밍가닐 더러(法華3:100). 조ᅀᆞᄅᆞ외요ᄆᆞ로 니ᄅᆞ건댄(法華6:34). 病ᄒᆞ야 受苦ᄅᆞ외야도(圓覺下三之一19). 染心이 受苦ᄅᆞ외요미(圓覺下三之一83). 災害ᄅᆞ왼 厄이 이ᄅᆞᆯ브터 비릇ᄂᆞ니:災厄從此始(宣賜內訓1:12). 杜季良ᄋᆞᆫ 榮華ᄅᆞ외오 말 잘ᄒᆞ고 義ᄅᆞᆯ 맛드러:杜季良豪俠好義(宣賜內訓1:38). 고달파 가니 내종내 잇브며 受苦ᄅᆞ외도다:勉强終勞苦(重杜解1:19). 소아 자본 사ᄉᆞ미 새ᄅᆞ외도다(初杜解7:18). 오락가락호매 또 風流ᄅᆞ외리라:來往亦風流(杜解9:16). 畦丁이 ᄀᆞᆺ브며 受苦ᄅᆞ외요ᄆᆞᆯ 닐오ᄃᆡ:畦丁告勞苦(初杜解16:72). 格調ㅣ 녜ᄅᆞ외며 神이 ᄆᆞᆯ가:調古神清(南明上29).

-ᄅᆞ 외·이 (접미) -로이. -롭게. ☞-ᄅᆞ이 ¶네 몸 珍寶ᄅᆞ외이 호ᄆᆞᆯ 니기 ᄒᆞ라:熟自珍(初杜解8:53).

-ᄅᆞ왼 (접미) -로운. ㉠-ᄅᆞ외다 ☞-ᄅᆞᄫᆞᆫ ¶風流ᄅᆞ왼 漢ㅅ 마ᅀᆞ랫 郎官이로다:風流漢署郎(初杜解23:13). 神奇ᄅᆞ왼 가마괴ᄂᆞᆫ 춤츠ᄂᆞ다:舞神鴉(重杜解2:30). ※-ᄅᆞ왼<-ᄅᆞᄫᆞᆫ

-ᄅᆞ·이 (접미) -로이. -롭게. ☞-ᄅᆞᄫᅵ ¶네의 歷劫에 受苦ᄅᆞ이 修證홇 거시 아니니:非汝歷劫辛勤修證(楞解4:71). 受苦ᄅᆞ이 앉고(法華1:32). 受苦ᄅᆞ이 시름ᄒᆞ야(圓覺序77). 샹녜ᄅᆞ이 너기ᄂᆞ니:爲常(宣賜內訓1:68). ᄆᆞᅀᆞᆷ뿐 苦ᄅᆞ이 호ᄆᆞᆯ ᄌᆞ모 비호노라(初杜解16:14).

-·ᄅᆞᆯ (조) -를. ☞-를 ¶天下ᄅᆞᆯ 맛ᄃᆞ시릴씨:將受九圍(龍歌6章). 太子ᄅᆞᆯ 하ᄂᆞᆯ히 ᄀᆞᆯᄒᆡ샤:維周太子維天擇兮. 世子ᄅᆞᆯ 하ᄂᆞᆯ히 ᄀᆞᆯᄒᆡ샤:維我世子維天簡兮(龍歌8章). 첫나래 讒訴ᄅᆞᆯ 드러:始日聽讒(龍歌12章). 놀애ᄅᆞᆯ 브르리 하ᄃᆡ:謳歌雖衆(龍歌13章). 藪中 담뵈ᄅᆞᆯ 스믈 살 마치시니:藪中蜜狗卄發盡獲(龍歌32章). 한비ᄅᆞᆯ 아니 그치샤 날므를 외오시니:不止霖雨迺回潢洋(龍歌68章). 모딘 ᄢᅳ ᄅᆞᆯ 니ᄌᆞ실씨:不念舊惡(龍歌76章). 精舍ᄅᆞᆯ 디나아가니(月印上2). 나ᄅᆞᆯ 겨집 사ᄆᆞ시니(釋譜6:4). 내 이ᄅᆞᆯ 爲ᄒᆞ야(訓註2). 하ᄂᆞᆯ히 당다이 피ᄅᆞᆯ 사ᄅᆞᆷ ᄃᆞ외에 ᄒᆞ시리라(月釋1:8). 香과 곳과ᄅᆞᆯ(月釋1:37). 뎡바기ᄅᆞᆯ 문지샤(楞解1:49). 이ᄅᆞᆯ 證ᄒᆞ시며(圓覺序6). 義ᄅᆞᆯ 븓고 마ᄅᆞᆯ 븓디 아니ᄒᆞ며:依義不依語(圓覺序11). 受苦ᄅᆞᆯ ᄃᆞᆯ히 受ᄒᆞ리라(牧牛訣1). 工夫ᄅᆞᆯ 그춤 업게 호리니(蒙法5). 곧 工夫ᄅᆞᆯ 닐옮디니라(蒙法33). 工夫ᄅᆞᆯ 조차 ᄒᆞ야:趁逐工夫(蒙法40). 寃讎ᄅᆞᆯ 니ᄅᆞ왇ᄂᆞ니(宣賜內訓1:1). 사ᄅᆞᆷ ᄃᆡᄅᆞᆯ 占卜ᄒᆞᄂᆞ다(初杜解7:2). 慈悲ᄅᆞᆯ 가ᄌᆞᆯ비니라(金三2:2). 苦ᄅᆞᆯ 여희여(佛頂1). 셩인이 대효ᄅᆞᆯ 일ᄏᆞᄅᆞ시매(百行源11).

-·ᄅᆞᆯ (조) -로. ☞-을 ¶돗가비ᄅᆞᆯ 제 몸이 ᄃᆞ외니(月印上59).

-·ᄅᆞᆯ (조) -에게. ¶아비ᄅᆞᆯ 주어지이다(三綱.孝30). 나ᄅᆞᆯ 져기 논힐훠다고려:那與我些箇(飜老上53).

-·ᄅᆞᆯ브·터 (조) -로부터. ☞-로브터 ¶衆生ᄋᆡ 世界ᄂᆞᆫ 器世界ᄅᆞᆯ브터 잇ᄂᆞ니(釋譜19:10). 네ᄅᆞᆯ브터 눈섭터리 눉ᄀᆞᅀᆡ 잇도다:依舊眉毛在眼邊(南明上10). 醍醐ᄂᆞᆫ 쇼ᄅᆞᆯ브터 졋 나고 져즐브터 酪 나고(南明下7).

-·ᄅᆞᆯ·사 (조) -를사. ¶漸教ᄅᆞᆯ사 다 아라 듣ᄌᆞᄫᆞ니(月印上36).

-ᄅᆞᆸ·다 (접미) -롭다. ☞-ᄅᆞᄫᆡ다. -ᄅᆞ외다 ¶變怪ᄂᆞᆫ 常例ᄅᆞᆸ디 아니ᄒᆞᆫ 妖怪라(釋譜9:33). ᄆᆞᅀᆞ미 至極 孝道ᄅᆞᆸ더니(三綱.孝16). 受苦ᄅᆞᆸ도 즐겁도 아니호ᄆᆞᆯ 바ᄃᆞᆯ 씨오(月釋1:35). 사ᄅᆞ미 지븻 兄弟ㅣ 義ᄅᆞᆸ디 아니ᄒᆞ니 업건마ᄅᆞᆫ(宣賜內訓3:43).

릐년 (명) 내년(來年). ☞니년 ¶그 은을 릐년 아모 ᄃᆞᆯ 니예 귀ᄒᆞᆫᄒᆞ여 가포ᄆᆞᆯ 수에 족게 호리라:其銀限至下年幾月內歸還數足(飜朴上61). 來年을 기ᄃᆞ린 然後에 마로ᄃᆡ 엇더ᄒᆞ니잇고:以待來年然後已何如(宣孟6:24). 릐년:明年(同文解上4).

릐·력 (명) 내력(來歷). ¶릐려기 ᄀᆞᆺᄀᆞᆺ디 아니ᄒᆞ면 엇디 능히 어긔 오료:來歷不明時怎生能勾到這裏來(飜老上51). ᄒᆞ다가 ᄆᆞ리 來歷이 不明ᄒᆞᆫ 일라ᄂᆞᆫ:如馬來歷不明(飜老下17). 來歷 不明ᄒᆞ면 엇디 능히 유여히 여

긔 오리오(老解上46).

릐:셰 명 내세(來世). ¶來世ᄂᆞᆫ 오ᄂᆞᆫ 뉘라(釋譜9:4).

릐·실 명 내일(來日). ☞니실 ¶對答호ᄃᆡ 來日ᅀᅡ 보내요리라 ᄒᆞ고(月釋7:16). 오ᄂᆞᆯ 順從ᄒᆞ면 來日 富貴ᄒᆞ리라(三綱. 忠18). 네 글월 벗겨든 릐실 우리 햐츄로 보내여라: 你稅了契時到明日我下處送來(飜老下20).

릐:왕 명 내왕(來往). ¶길 녈 싸ᄅᆞ미 來往애 서르 보ᄃᆞᆺ ᄒᆞ니:如行路人來往相見(楞解8:89). 오직 羽毛의 來往ᄋᆞᆯ 보ᄂᆞᆫ ᄃᆞᆯ 아노니(永嘉下109).

릐:왕·ᄒᆞ·다 동 내왕(來往)하다. ¶어제 그 덧 마ᄅᆞᆯ 드로니 ᄆᆞᅀᆞ매 來往ᄒᆞ야 닛디 몯ᄒᆞ리로ᄉᆡ다(宣賜內訓2下37).

릐월 명 내월(來月). ¶릐월:出月(譯解補3).

릐일 명 내일(來日). 명일(明日). ☞니일 ¶릐일:明日(同文解上3. 漢淸1:26). 來日 모ᄅᆡ ᄉᆞ이 져기 閑暇ᄒᆞᆫ ᄣᅢ(隣語1:25).

:링:링ᄒᆞ다 형 냉랭(冷冷)하다. ¶ᄇᆞᄅᆞᄆᆡᆺ 소린 싁싁ᄒᆞ야 冷冷ᄒᆞ도다(初杜解6:17).

:링믈 명 냉물(冷物). 찬 것. 찬 음식. ¶네 링므레 샹ᄒᆞᆫ ᄃᆞᆺᄒᆞ다:你敢傷着冷物來(飜老下40). 네 冷物에 샹ᄒᆞᆫ ᄃᆞᆺᄒᆞ다:你敢傷着冷物來(老解下36).

:링·슈 명 냉수(冷水). 찬물. ¶溫水 冷水로 左右에 ᄂᆞ리와(月印上8). 溫水 冷水로 左右에 ᄂᆞ리와 九龍이 모다 싯기ᅀᆞᄫᆞ니(月釋2:34). 冷水는 能히 답쪄 주그닐 도로 사ᄅᆞᄂᆞ니(法華2:203).

:링히 부 냉(冷)히. 냉정(冷靜)히. ¶盲眼인 光明 잇ᄂᆞᆫ 고ᄃᆞᆯ 아디 몯ᄒᆞ야 머리 수기고 冷히 안자 그ᅀᅳ기 思量ᄒᆞᄂᆞ다:盲者不知光所在低頭冷坐暗思量(南明上27).

:링ᄒᆞ·다 형 냉(冷)하다. ¶冷ᄒᆞᆫ 氣分이 ᄃᆡᄅᆞ저겨 알ᄑᆞ닐 고티ᄂᆞ니(救急上6). ᄫᅴ니브리 여러 ᄒᆡᄅᆞᆯ 冷호미 쇠 ᄀᆞᆮᄒᆞ니:布衾多年冷似鐵(初杜解6:42). 蜀앳 사괴야 노ᄂᆞᆫ 사ᄅᆞᄆᆡ 冷호ᄆᆞᆯ 아쳗고:厭蜀交遊冷(初杜解14:17).

ㄺ 병서 리을기역. ㄹ, ㄱ의 합용병서(合用並書). ¶ᄇᆞ라와도 조널이 긁디 말며:癢不敢搔(宣賜內訓1:50). 노폰 ᄀᆞᅀᆞᆯ히 서늘ᄒᆞᆫ 氣運이 ᄆᆞᆰ더라:高秋爽氣澄(初杜解8:9). 가마 긁싯고:刷了鍋着(飜老上21). 귨 귤:橘(訓蒙東中本上11). 果實ㅅ 가온ᄃᆡ 곱고릐오 얽놋다:曲綴瓜果中(重杜解11:24). ᄒᆞᆫ 디위 조으다가 긁텨 히여ᄇᆞ려ᄂᆞᆯ:一會兒打頓着撓破了(朴解下7). ᄃᆞᆰ이 아니라(女四解2:12). 긁쳐 ᄲᅥ러지다:擦破(漢淸8:14).

-ㄺ가 어미 -ㄹ까. ¶엇데 修行이 이시리오 ᄒᆞᇙ가 저ᄒᆞ샤(圓覺上二之一10).

ㄺㅅ 병서 리을기역시옷. ㄹ, ㄱ, ㅅ의 합용병서(合用並書). ¶ᄃᆞᇌᄣᅢ爲酉時(訓解. 合字).

ㄾ 병서 리을디귿. ㄹ, ㄷ의 합용병서(合用並書). ¶둘재 ᄀᆞᆯ온 여슷 가짓 ᄒᆡᇰ실이니:二曰六行(宣小1:11). ᄫᅴ과 깁과 ᄎᆞᆶ것과 슈건과:布帛佩帨(宣小2:13).

ㄻ 병서 리을미음. ㄹ, ㅁ의 합용병서(合用並書). ¶隨喜ᄒᆞ야 옮겨 ᄀᆞᄅᆞ쳐(月釋17:45). 옮ᄂᆞ니로 滅사ᄆᆞ니라:遷者爲滅(楞解10:19). 옮돋녀 나조히 도라가ᄂᆞᆫ 시르미로다:漂轉暮歸愁(初杜解9:35). 北斗ㅅ 소배 모ᄆᆞᆯ 갊게 ᄒᆞ시니:令北斗裏藏身(金三4:38). ᄫᆡᆨ호픗병이 옮돋녀:白虎風走轉(救簡1:89). 덥단 병을 닮디 아니케 ᄒᆞᄂᆞ니:不染溫病(瘟疫方7).

ㄼ 병서 리을비읍. ㄹ, ㅂ의 합용병서(合用並書). ¶술위 ᄋᆞᆲ히 ᄀᆞ론 남ᄀᆞᆯ(宣小3:16). 긁빗기기 너므면 머리 앏프리라:刮的多頭疼(飜朴上44). 긃ᄭᅴ:大前日(飜朴上51). 우흔 더옥 섧ᄉᆞ오샤(癸丑1:110).

ㄽ 병서 리을시옷. ㄹ, ㅅ의 합용병서(合用並書). ¶셔ᄫᆞᇗ 긔벼를 알ᄊᆡ:諷此京耗(龍歌35章). 그낤 밦中에 괴외ᄒᆞ샤(釋譜23:17). 글욼體:文體(法華1:23). 鍵은 ᄌᆞᄆᆞᇗ쇠라(法華4:13). 귨 거풀:橘皮(救簡6:3). 鷓鴣ᄂᆞᆫ 굽구뤼 믈ᄀᆞᅀᆡ셔 울오:鷓鴣號枉渚(初杜解7:26). 문 다닷ᄂᆞᆫ 드릇 뎌레ᄂᆞᆫ 숤 그늘히 올마가고:閉門野寺松陰轉(百聯10). 고ᇗ官員(宣小5:100).

-ㄽ:분·뎡 어미 -ㄹ망정. -ㄹ지언정. ¶처섬 乃終을 보ᅀᆞᄫᆞᇙ분뎡 法身ᄋᆞᆫ 나며 드르샤미 업스시니라(釋譜23:44).

ㅭ 병서 리을 반잇소리시옷. ㄹ, ㅿ의 합용병서(合用並書). ¶벼스를 도도시니 하ᄂᆞᇗ ᄆᆞᅀᆞᄆᆞᆯ 뉘 고티ᅀᆞᄫᆞ리:聿陞官爵維天之心誰改誰易(龍歌85章).

ㄿ 병서 리을피읖. ㄹ, ㅍ의 합용병서(合用並書). ¶여ᅀᆞ 앒뒤헨 아히 할미러니(月印上25). 墓애 가싫 제 부톄 앒셔시니(月釋10:3). 다만 名日이란 말을 드르면 마리 앒프더라(新語2:9).

ㅀ 병서 리을여린히읗. ㄹ, ㆆ의 합용병서(合用並書). ¶사ᄅᆞᆷ 주긇 官員을 定ᄒᆞ야 두쇼셔(釋譜24:13). 미리 그러ᇙ ᄃᆞᆯ 아ᄅᆞ샤:懸知其然(楞解1:3). 더오ᄆᆞᆫ 밤 구ᇙ 제 더ᄫᅳᆫ 氣韻이 소배 드러(蒙法44).

-ㅀ 조 -ㄹ. -을. ¶能히 기픈 害ᄅᆞᆯ 닐위ᄂᆞᆫ 젼ᄎᆞ로 큰 ᄃᆞᆷᄂᆞᆫ ᄃᆞᇙ 가ᄌᆞᆯ비시니라:能致深害故譬巨溺(楞解8:84).

-ㅀ 어미 -ㄹ. -는. ☞-ㄹ ¶지ᄇᆞ로 도라오싫 제:言歸于家(龍歌18章). 바ᄅᆞᆯ 건너싫 제:爰涉于海(龍歌18章). 구든 城을 모ᄅᆞ샤 갏 길히 입더시니:不識堅城則迷于行(龍歌19章). 부톄 舍衛國ᄋᆞ로 오싫 길헤 머므르

싫 지비라(釋譜6:23). 우리ᄃᆞᆯ히 이 노ᄆᆞᆯ 자ᄫᆞ면 사ᄅᆞᆷ 옷 바비ᅀᅡ 닐굽 ᄢᅱ라도 긋디 아니ᄒᆞ리로소이다(月釋10:28). 돗긔 므릃 衆 이실 ᄯᆞᆯ 미리 아ᄅᆞ시며:預知有退席之衆(法華1:168). 關ᄋᆞᆫ 수비 몯 ᄉᆞᄆᆞ차 갏 ᄊᆞ히니(蒙法10).

-ㅭ·가 어미 -ㄹ까. ¶어엿브신 ᄆᆞᅀᆞᆷ애 나가 싫가 저ᄒᆞ샤(月印上17). 누를 가ᄌᆞᆯ빓가(月印上52). ᄢᅥ러 업다 홇 執을 일읋가 저ᄒᆞ시고(楞解4:38).

-ㅭ·다 어미 -ㄹ 것이냐. -려느냐. ¶한 毒ᄋᆞᆯ 이긣다(月釋21:118). 大臣ᄋᆞᆯ 請홇다 婆羅門居士ᄅᆞᆯ 請홇다(月釋21:195). 네 엇데 보ᄆᆞᆯ 느리혀 힛 ᄀᆞᅀᆡ ᄀᆞᄌᆞ기 홇다:汝豈挽見齊於日面(楞解2:43). 언제ᅀᅡ 平津의 알욇다:早晩報平津(初杜解19:13). 能히 두서 字ᄅᆞᆯ 서 닐웛다:能書數字至(初杜解23:44). 네 님금을 무듦다(三綱. 忠27).

-ㅭ·디·나 어미 -ㄹ지나. -ㄹ 것이나. ¶이 ᄂᆞᆫ 色이 비록 어루 ᄢᅢ혫디나 空이 어루 어울우디 몯홇 ᄃᆞᆯ 標ᄒᆞ샤(楞解3:68).

-ㅭ·디·니 어미 -ㄹ지니. -ㄹ 것이니. ¶香과 기름과 보비옛 고즐 사아 부텻긔 供養홇디니 부텨 供養ᄒᆞ기 外예 년듸 몯 ᄡᅳ리니(釋譜23:3). 모로매 일ᄆᆞᄌᆞ 일우ᅀᆞᄫᆞᄆᆞᆯ 몬져 홇디니(月釋序17). 晴明ᄒᆞ며 ᄆᆞᆯ가ᅀᅡ 眞常이라 닐옳디니:若晴明澄湛乃謂眞常(楞解2:108).

-ㅭ·디니·라 어미 -ㄹ지니라. -ㄹ 것이니라. ¶업슨 ᄃᆞᆯ 아롫디니라(釋譜19:10). 기리비 ᄃᆞ외요리라 홇디니라(月釋9:22). 妄語를 그처 더롫디니(楞解6:111). 아로ᄆᆞᆯ 기들우디 마롫디니라(蒙法5).

-ㅭ·디·라 어미 -ㄹ지라. -는 것이라. ¶내 조차 ᄇᆞ룛디라 ᄒᆞᆫ듸(楞解7:54).

-ㅭ·디라·도 어미 -ㄹ지라도. ¶ᄌᆞ갯 果ㅣ 이디 몯홇디라도 ᄯᅩ 十方애 부텻 授記ᄅᆞᆯ 니브시며:自果未成亦於十方蒙佛授記(楞解7:43).

-ㅭ디·면 어미 -려면. -는 것이면. ¶初聲을 合用홇디면 則 並書ᄒᆞ라(訓註12). 첫소리ᄅᆞᆯ 어울워 ᄡᅮᇙ디면 ᄀᆞᆯ바ᄡᅳ라(訓註12).

-ㅭ·디어·늘 어미 -ㄹ지어늘. -ㄹ 것이어늘. ¶반ᄃᆞ기 고ᄒᆞᆯ브터 낧디어늘:當從鼻出(楞解3:24).

-ㅭ·디어·다 어미 -ㄹ지어다. ☞-ㄹ띠어다 ¶禪悅을 湌采ᄒᆞ린(湌ᄋᆞᆫ 머글 씨오 采ᄂᆞᆫ 取ᄒᆞᆯ 씨라) 이에 ᄆᆞᅀᆞᆷ 다옳디어다(楞解7:18). ᄯᅩ 깃븐 ᄆᆞᅀᆞᆷ 내디 마롫디어다:亦莫生喜心(蒙法18). 모ᄃᆡ 져기 마로ᄆᆞᆯ 마롫디어다:切忌小了(蒙法30).

-ㅭ·디언·뎡 어미 -ㄹ지언정. -ㄹ 것이언정. ¶오직 그르싀 方ᄋᆞᆯ 더롫디언뎡 虛空體ᄂᆞᆫ 方이 업스니:但除器方空體無方(楞解2:43). 모ᄆᆞ로 端正히 홇디언뎡:放敎身體端正(蒙法24).

-ㅭ·딘·댄 어미 -ㄹ진댄. -ㄹ진대. ¶王이 너를 禮로 待接ᄒᆞᅀᆞᇙ딘댄 모로매 願이 이디 말오라 ᄒᆞ더니(釋譜11:30). 道ᄅᆞᆯ 求코져 홇딘댄(月釋序15). ᄒᆞ다가 담과 집과 지ᅀᅥ 能히 보ᄆᆞᆯ ᄢᅧ 그츯딘댄:若築牆宇能夾見斷(楞解2:43). ᄒᆞ다가 가온ᄃᆡ 여희옳딘댄:若中離者(楞解3:38). ᄒᆞ다가 干涉홇딘댄(蒙法33).

ㅸ 반설경음 반설경음(半舌輕音) 리을. 연서(連書) 자음(子音)의 하나. ¶半舌有輕重二音 然韻書字母唯一 且國語雖不分輕重 皆得成音 若欲備用 則依脣輕例 ㅇ連書ㄹ下爲半舌輕音 舌乍附上腭(訓解. 合字).

ㅁ

ㅁ 자모 미음. 한글 초성(初聲) 자모(字母)의 하나. 순음(脣音). 입술소리. ¶ ㅁ. 脣音. 如彌字初發聲(訓正). 脣音ㅁ. 象口形. …ㅋ比ㄱ. 聲出稍厲. 故加畫. ㄴ而ㄷ. ㄷ而ㅌ. ㅁ而ㅂ. …其因聲加畫之義皆同(訓解. 制字). ㆁㄴㅁㅇㄹㅿ. 爲不淸不濁. ㄴㅁㅇ. 其聲最不厲. 故次序雖在於後. 而象形制字則爲之始(訓解. 制字). 所以ㆁㄴㅁㅇㄹㅿ六字爲平上去聲之終. 而餘皆爲入聲之終也. 然ㄱㆁㄷㄴㅂㅁㅅㄹ八字可足用也(訓解. 終聲). 五音之緩急. 亦各自爲對如牙之ㆁ與ㄱ爲對. 而ㆁ促呼則變爲ㄱ而急. ㄱ舒出則變爲ㆁ而緩. 舌之ㄴㄷ. 脣之ㅁㅂ. …其緩急相對. 亦猶是也(訓解. 終聲). ㅁ는 입시울쏘리니 彌밍ㆆ字ᄍᆞᆼ 처ᅀᅥᆷ 펴아나ᄂᆞᆫ 소리 ᄀᆞᄐᆞ니라(訓註6). ㅁ眉音(訓蒙凡例2).

-ㅁ 어미 -ㅁ. 〔용언(用言)의 어간(語幹)에 붙어, 그 말을 명사형으로 만드는 어미.〕 ☞-옴. -움 ¶ 솑가락 자ᄇᆞ며 筌 두미 ᄀᆞ장 슬ᄒᆞ니라:切忌執指而留筌(月釋序22). 네 가짓 分ᄒᆞᆫ 혜메:四種分計(楞解10:19). 그림 그리기예 늘구미 將次 오ᄆᆞᆯ 아디 몯ᄒᆞᄂᆞ니:丹靑不知老將至(初杜解16:25). 길 녀미 어려우믄 어느 이시리오:行路難何有(初杜解20:11). 악도 둥 ᄲᅥ러디ᄆᆞᆯ 보디 몯게라(王郎傳4).

-ㅁ 접미 -ㅁ. 〔용언(用言)의 어근(語根)에 붙어, 그 말을 명사로 만드는 접미사(接尾辭).〕 ☞-음 ¶ ᄭᅮᆷ으로 뵈아시니:昭玆吉夢帝迺趣而(龍歌13章). 그림 그리기예 늘구미 將次 오ᄆᆞᆯ 아디 몯ᄒᆞᄂᆞ니:丹靑不知老將至(初杜解16:25).

-ㅁ도 어미 -기도. 〔명사형 전성어미(轉成語尾) '-ㅁ'에 조사 '-도'가 결합된 말.〕 ¶ 胡風도 ᄎᆞᆷ도 ᄎᆞᆯ샤 구즌 비ᄂᆞᆫ 므스 일고(古時調. 靑石嶺. 靑丘).

-ㅁ새 어미 -ㅁ세. ¶ 셴창 ᄀᆞ의 가 하딕 ᄉᆞᆯ옴새 ᄒᆞ고 보낸대(新語8:29).

-ㅁ셰 어미 -ㅁ세. ☞-ㅁ새 ¶ 萬頃滄波에 가ᄂᆞᆫ 듯 단녀옴셰(古時調. 닷ᄯᅳ쟈. 靑丘).

마 명 마〔薯〕. ¶ 마爲薯䕷(訓解. 用字). ᄇᆡᄅᆞᆯ 充實케 홀 마히 하고:充腸多薯蕷(重杜解1:14). 마:薯蕷 今俗呼山藥(四解上33 薯字註). 마 셔:薯. 마 여:蕷(訓蒙上14. 類合上7). 마:薯蕷(痘瘡方13). 마흘 ᄏᆡ여 ᄡᅧ 먹고:薯蕷取根蒸熟食之(救荒補3). 마:山藥(譯解下12. 同文解下4. 漢淸12:38). 마:山藥(物譜 蔬菜. 柳氏物名三 草).

마 명 장마. ¶ 마히 미양이랴 잠기 연장 다ᄉᆞ려라(古時調. 尹善道. 비 오ᄂᆞᆫ ᄃᆡ. 孤遺).

마 명 마파람. 남풍(南風). ¶ 南風謂之麻卽景風(星湖. 八方風).

:마 명 마(馬). ☞말 ¶ 犬과 馬애 니르러도 다 能히 養홈이 인ᄂᆞ니(宣論1:12). 馬를 走ᄒᆞ샤(宣孟2:21).

마 명 마(魔). 마귀(魔鬼). ¶ 正法을 비우ᅀᅡ 魔ᄋᆡ(釋譜9:14). 魔ᄂᆞᆫ ᄀᆞ릴 씨니 道理 잇ᄂᆞᆫ 사ᄅᆞᄆᆡ그에 마ᄀᆞᆯ 씨라(月釋2:14). 시혹 스승을 因티 아니호ᄃᆡ 魔 브튼 스승을 因티 아니ᄒᆞ야도 親히 魔ㅣ 現호ᄆᆞᆯ 보미라(月釋9:118). 魔 ᄀᆞ히욘 그를 結ᄒᆞ샨 마리라(楞解1:17).

마 명 말〔斗〕. 〔'말'의 'ㄹ' 소리가 'ㄷ' 소리 앞에서 탈락한 형태.〕 ☞말 ¶ ᄡᆞ리남게ᄂᆞᆫ ᄒᆞᆫ 말 치고 검주남게ᄂᆞᆫ 닷 되를 쳐셔 合ᄒᆞ야 혜면 마 닷 되 밧습ᄂᆡ(古時調. 되들에. 靑丘).

-·마 조 -만큼. -만치. ☞-만 ¶ 사ᄅᆞᄆᆡ 무레 사니고도 즁ᄉᆡᆼ마도 몯호이다(釋譜6:5). 터럭마도 글우미 업스리니:毫髮無失(楞解9:104). 芥子마도 ᄡᅡ 아닌 ᄃᆡ 업수ᄃᆡ(法華4:174). 엇데 도ᄌᆞᆨ마도 ᄀᆞᆮ디 몯ᄒᆞ니오:豈不如賊焉(初杜解25:39). ᄂᆞ외야 머리터럭마도 업서도:更無毫髮許(南明下4).

-·마 어미 -마. ¶ 그리호마 ᄒᆞᆫ 이리(宣賜內訓3:21). ᄂᆞᆫ화 주마 호미 일 期約이 잇ᄂᆞ니라:分張素有期(初杜解7:39). 내 술윗방의셔 자마:我只在車房裏宿(飜老上52). 네손ᄃᆡ ᄑᆞ로마:賣與你(飜老下25). 내 너ᄃᆞ려 ᄀᆞᄅᆞ쵸마:我教與你(飜朴上10). 그리 호마 호믈 모로매 ᄃᆡ답을 므거이 ᄒᆞ며:然諾必重應(飜小8:17).

마감ᄒᆞ다 동 마감(磨勘)하다. ¶ 마감ᄒᆞ여 디내다:勘過(語錄15).

마개 명 마개. ¶ 鹿角 마개에:鹿角口子(朴解上15).

마고 부 마구. 되는 대로. 함부로. ☞마구 ¶ ᄌᆞᄂᆞᆫ 것 마고 ᄢᅥ혀 쥐비저 괴아 내니(古時調. 金光煜. 뒷집에. 靑丘). 마고 ᄒᆞ다:沒高低(譯解補56).

ㅁ

마·고 부 마주. 합쳐. ¶됴ᄒᆞᆫ 초애 프른 대롱을 ᄉᆞᆯ마 믈인 ᄃᆡ 마고 다혀 두면:頭醋煮青竹筒合於螫處(救簡6:56). 고기 부레ᄅᆞᆯ 하나 져그나 두 디새 마고 어픈 안해 숫블로 ᄉᆞ라:鰾不以多少於一仰一合瓦內炭火燒(救簡6:79). 두터운 죠ᄒᆡ로 입 마고 ᄇᆞᄅᆞ고 즌ᄒᆞᆰ ᄇᆞᆯ라 블에 ᄉᆞ라:厚紙糊口塩泥固濟火煆(胎要43). 사병의 담고 즌ᄒᆞᆰ으로 마고 ᄇᆞᆯ라 ᄲᅩᆼ나모 장작 블에 검게 ᄉᆞᆯ아:盛砂瓶內固濟桑柴火燒(痘要上9).

마고·리 명 막새. ¶마고리:猫頭 又花頭(訓蒙中18 瓦字註).

마·고믈·다 동 다물다. 악물다. ¶입 마고므러 소리 몯 ᄒᆞ며:口噤失音(救急上6). 입을 마고믈오 말ᄉᆞᆷ 몯 ᄒᆞ거든:口噤語言不出得(救簡1:3). 엇뎨 能히 다 이블 마고므러시리오:那能捻鉗口(初杜解9:21).

-·마·곰 조 -만큼. ☞-맛감 ¶환 ᄆᆡᆼᄀᆞ로ᄃᆡ 머귀여름마곰 ᄒᆞ야:爲丸如桐子(救簡1:9). ᄒᆞᆰᄀᆞ티 니겨 룡안마곰 ᄒᆞ야:爛如泥每用龍眼大(救簡6:11). 룡안마곰 굵고 ᄀᆞ장 ᄆᆞᆰ고 조ᄒᆞ니라:圓眼來大的好明淨(飜朴上20). 환을 녹두마곰 ᄆᆡᆼᄀᆞ라:作丸菉豆大(痘要上5).

:마·구 명 마구(馬廐). ¶ᄆᆞ리 사ᄅᆞᆯ 마자 馬廐에 드러오나ᄂᆞᆯ:我馬帶矢于廐猝來(龍歌109章). 馬廐엣 八萬四千 ᄆᆞ리 삿기ᄅᆞᆯ 나ᄒᆞ니:馬廐는 오히야이라(月釋2:46). 그러나 馬廐에 나ᄂᆞᆫ 됴ᄒᆞᆫ ᄆᆞ른 ᄒᆞ마 챗 그리메 뮈여니와:然出廐良駒已搖鞭影(圓覺序58). 마구 구:廐(類合上23). 마구:馬房(同文解上34). 마구ᄅᆞᆯ 츠라(五倫1:25). 마구:廐(柳氏物名一 獸族). 마구 구:廐(兒學上9).

마구 부 마구. ☞마고 ¶마구 ᄃᆞ리다:亂扯(譯解補54).

마·근·담:ᄭᅩᆯ 명 방장동(防墻洞). 〔지명(地名)〕 ¶臨津其源出咸吉道安邊任內永豐縣防墻洞 마근담ᄭᅩᆯ經伊川(龍歌5:27).

마·긔오·다 동 증거(證據)대다. 증명(證明)하다. ☞마기오다 ¶證은 마긔와 알 씨라(月釋序18). 처ᅀᅥᄆᆡ 時節와 곧과 主와 벋과ᄅᆞᆯ 버려 믿부믈 마긔오고:初陳時處主伴以證信(楞解1:20).

마·기 명 밀마개. 물미. ¶록각 부리예 약대 ᄲᅧ로 마기 ᄒᆞ고:鹿角口子駝骨底子(飜朴上15). 마기 존:鐏 柄底銳金. 마기 답:鍣(訓蒙下16). 마기 답:鍣(倭解上40).

마기 명 막이. ¶防禦ᄂᆞᆫ 軍마기라(三綱. 孝5).

마ᄀᆞ·시·니 동 막으시니. ㉠막다 ¶行幸ᄋᆞ로 마ᄀᆞ시니:游幸厭之(龍歌39章).

마·기·오·다 동 ①증거대다. 증명하다. ☞마긔오다 ¶父子ᄋᆡ 明白호ᄆᆞᆯ 마기오니라(月釋13:31). 밧 아닌 ᄃᆞᆯ 마기오시니라:驗非外也(楞解1:55). 物을 혀 마기오샤:引物以證(楞解1:88). 우흘 마기오니라:證上(永嘉上115). 다른 後ㅅ마ᄅᆞᆯ 혀 마기오리 잇ᄂᆞ니 그르 안 먼 사ᄅᆞ미로다:有引他後語爲證者錯了也瞎漢(蒙法57). ②따지다. ¶疑心ᄃᆞ왼 이ᄅᆞᆯ 마기오ᄃᆡ 마라 올ᄒᆞ야도 두ᄆᆞᆯ 마ᄅᆞᆯ디니라:疑事毋質直而勿有(宣賜內訓1:8). 愚ㅣ 아ᄅᆞᆷ뎌 疑心ᄒᆞ노니 請호ᄃᆡ 몬져 마기오리라:愚竊疑焉請先質之(楞解1:16). ᄆᆞᆯ릿 ᄠᅳ들 마기오며:稽覈宗趣(法華1:10). 의심된 일ᄋᆞᆯ 마기오디 마라:疑事毋質(宣小3:3).

마기요ᄆᆞᆯ 동 증거댐을. ㉠마기오다 ¶엇뎨 眞實 아닌가 疑心ᄒᆞ야 내게 마기요ᄆᆞᆯ 求ᄒᆞᄂᆞᆫ다 ᄒᆞ시니:何疑不眞而求質於我耶(楞解2:39).

:마·나 조동 말거나. ¶제 ᄆᆞᅀᆞᆷ조초 니ᄅᆞ나 마나:由他說(飜老下31). 제대로 니ᄅᆞ나 마나:由他說(老解下28). ᄂᆞᆯ거든 ᄠᅱ디 마나 셧거든 솟디 마나. 峰마다 ᄆᆡᆺ쳐 잇고 긋마다 서린 긔운 ᄆᆞᆰ거든 조티 마나 조커든 ᄆᆞᆰ디 마나(松江. 關東別曲).

:마·내 명 만에. 〔동안을 나타내는 말인 '만'에 조사 '-애'가 결합된 말.〕 ☞만 ¶열 ᄃᆞᆯ 마내 왼녁 피ᄂᆞᆫ 男子ㅣ ᄃᆞ외오(月釋1:8).

-마냥 조 -처럼. ¶심중의 잇ᄂᆞᆫ 소회 셔ᄉᆞ마냥 자시ᄒᆞ니(答思鄕曲).

:마:노 명 마노(瑪瑙). ¶왼녀긘 瑠璃오 올ᄒᆞᆫ녀긘 瑪瑙ㅣ러라(釋譜11:12). 瑪瑙ᄂᆞᆫ ᄆᆞᆯ 頭腦ㅣ니 비치 ᄒᆡ오 블구미 ᄆᆞᆯ 頭腦ㅣ ᄀᆞᄐᆞ니라(月釋1:23). 마노 간긴:瑪瑙珠兒(飜老下67). 마노ᄂᆞᆯ ᄯᅡ해 ᄭᅡ론 ᄃᆞᆺᄒᆞ더라:瑪瑙鋪地(飜朴上68). 마놋 마:瑪. 마놋 노:瑙(訓蒙中32). 마노 갓긴(老解下60).

:마노·라 명 영감님. 마님. 마나님. 〔남녀에게 두루 높이어 일컫던 말.〕 ☞마누라 ¶제 죵이 ᄯᅩ 닐오ᄃᆡ 마노랏 父母ㅣ 늘그시니:其僕亦慰解曰公父母春秋高(三綱. 忠18 若水効死). 抹樓下 마노라 奴婢稱其主曰抹樓下 遂爲卑賤者呼尊貴之稱(吏讀). 마노래 션왕 아ᄃᆞ님이시고(癸丑38). 마노라:太太(譯解補18).

마누라 명 영감님. 마님. 마나님. 〔남녀에게 두루 높이어 일컫던 말.〕 ☞마노라 ¶마누라 말ᄉᆞᆷ을 아니 드러 보ᄂᆞ손다(李元翼. 雇工答主人歌).

마늘 명 마늘. ☞마ᄂᆞᆯ ¶마늘 션:蒜(兒學上5).

마늘코 명 마늘같이 생긴 코. ¶土卵눈 부릅ᄯᅳ고 마늘코 벌ᄶᅩᆨ이고(古時調. 이바 皁蓋 메웃더아. 靑丘).

마니 조동 말 일이지. ¶넙ᄶᅥ든 기노라 프르거든 희지 마니(宋純. 俛仰亭歌).

:마·니 부 많이. ☞만히 ¶내 마니 ᄒᆞ고져 ᄒᆞ노라:我多要些(飜老下26). 마니 드리면

마니 갑고:多儅時多贖(飜朴上20).

-마니 어미 -마 하니. ¶벗 오마니 쎌 동 말 동 ᄒᆞ여라(古時調. 어제도. 青丘).

-마ᄂᆞᆫ 조 -마는. ☞-마ᄂᆞᆫ ¶잡ᄉᆞ와 두어리 마ᄂᆞᆫ(樂詞. 가시리).

마ᄂᆞ·다 동 만다. 마는구나. ☞말다 ¶止ᄂᆞᆫ 마ᄂᆞ다 ᄒᆞ논 ᄠᅳ디라(釋譜序4).

-마·ᄂᆞᆫ 조 -마는. ☞-마른 ¶아니ᄒᆞ리잇고마ᄂᆞᆫ(宣賜內訓2上22). 므어슬 ᄒᆞ고쟈 ᄒᆞ여 일오디 몯ᄒᆞ리오마ᄂᆞᆫ:何欲不遂(宣小5:99). 엇데 平ᄒᆞᆫ 메ᄂᆞᆫ 술위 업스리오마ᄂᆞᆫ:豈無平肩輿(重杜解12:19). 엇디 成都애 수리 업스리오마ᄂᆞᆫ:豈無成都酒(重杜解24:21). 사ᄅᆞᄆᆡ 누늘 놀래언마ᄂᆞᆫ:驚人眼(重杜解25:17). 날과 둘히 ᄀᆞ장 됴컨마ᄂᆞᆫ:和我兩箇至好麼(朴解下40). 님 괴얌 즉ᄒᆞ냐마ᄂᆞᆫ(松江. 續美人曲). ※마ᄂᆞᆫ<마른

마·ᄂᆞᆯ 명 마늘. ¶마ᄂᆞᆶ 氣韻을 쐬니(釋譜24:50). 굴근 마ᄂᆞᆯ와 도야마ᄂᆞᆯ:大蒜小蒜(救急下80). 마ᄂᆞᄅᆞᆯ 고해 녀허 두면 즉재 나리라:蒜內鼻中卽出(救簡6:4). 고기와 마ᄂᆞᆯ파 먹디 아니ᄒᆞ며:不食肉不茹葷(續三綱. 烈9). 마ᄂᆞᆯ:大蒜(四解上41 葫字註). 마ᄂᆞᆯ 숸:蒜(訓蒙上13). 파와 마ᄂᆞᆯ와:葱蒜(瘟疫方4). ᄇᆡ 마ᄂᆞᆯ 과실(恩重5). 마ᄂᆞᆯ 숸:蒜(倭解下5). 마ᄂᆞᆯ:大蒜(柳氏物名三 草).

:마·다 형 마다. 싫다. ¶나ᄂᆞᆫ 뒤보기 마다:我不要淨手(飜老上37). 그ᄅᆞᆯ 마다곳 너기시면(新語4:15).

-:마다 조 -마다. ¶海東 六龍이 ᄂᆞᄅᆞ샤 일마다 天福이시니:海東六龍飛莫非天所扶(龍歌1章). 두 즘겟길마다 亭舍ᄅᆞᆯ 세콤 지스니(月印上56). 世世예 난 ᄢᅢ마다 나라히며 子息이며(釋譜6:8). 사ᄅᆞᆷ마다 ᄒᆡᅇᅧ 수비 니겨(訓註3). 곧곧마다 불비치 나더라(月釋2:52). 저마다 六百萬億 那由他 恒沙等衆生ᄋᆞᆯ 濟度ᄒᆞ야(月釋14:45). 사ᄅᆞᆷ마닷 妙性이니(法華2:162). 在在ᄂᆞᆫ 잇ᄂᆞᆫ 곧마대라 호미라(法華3:191). 날마다 세 번곰 ᄒᆞ더시니(宣賜內訓1:39). 집마다셔 사ᄅᆞᄆᆞᆯ ᄒᆞ놀이놋다:家家惱殺人(初杜解15:6). 이ᄂᆞᆫ 사ᄅᆞᆷ마다 覺性이 本來 제 두려이 이렛거니(南明上4). 밤마다 먹ᄂᆞᆫ 딥과 콩이:每夜喫的草料(飜老上11). 우리 ᄒᆡ마다 ᄃᆞᆯ마다 날마다 즐기고:咱們每年每月每日快活(飜老下41). 그 날마다 貴ᄒᆞᆫ 사ᄅᆞᆷ을 조차 먹으되(女四解4:48). ᄆᆡᆼ모의 삼천지교 일마다 법이로다(萬言詞). 눈물이 가리우니 거름마다 업더진다(萬言詞).

:마·다ᄒᆞ·다 동 마다하다. 마다고 말하다. ¶齋米ᄅᆞᆯ 마다커시ᄂᆞᆯ(月釋8:78). 네 ᄒᆞ마 마다ᄒᆞ면:你既不要時(飜老下19). 尹이 그 아ᄃᆞᄅᆞᆯ 블러ᄂᆞᆯ 마다ᄒᆞ야 닐오ᄃᆡ:尹召其子辭曰(飜小9:82).

-마닥 조 -마다. ¶일문의 각각 은혜 제마닥 바들손가(答思鄕曲).

마당 명 마당. ¶마당:打糧場(同文解下1). 마당:打麥場(譯解補42). 마당:場院(漢淸10:1). 마당의 ᄯᅮ드려셔 방아의 쓰러 너여(萬言詞). 사립문을 드자 ᄒᆞᆯ가 마당의를 셧자 ᄒᆞ랴(萬言詞). 마당 쟝:場(註千6).

-마당 조 -마다. 〔'-ㅇ'은 성조(聲調)를 부드럽게 하기 위하여 붙이는 접미음(接尾音).〕 ¶사ᄅᆞᆷ 사ᄅᆞᆷ마당 君子를 願ᄒᆞᄂᆞ니(竹溪志. 君子歌). 귀귀마당 경담이오 글자마당 격언이니(答思鄕曲).

-·마·도 조 -만도. -만큼도. ☞-마 ¶비록 사ᄅᆞᄆᆡ 무레 사니고도 즁ᄉᆡᆼ마도 몯호이다(釋譜6:5). 다 ᄒᆞᆫ 터럭마도 제 實ᄒᆞᆫ 體性 업스니:都無一毫自實體性(圓覺上一之一57). 엇데 도ᄌᆞᆨ마도 ᄀᆞᄐᆞ디 몯ᄒᆞ니오:豈不如賊焉(初杜解25:39).

마ᄃᆞᆨ사리 감 노래의 장단을 맞추기 위한 사설(辭說). 〔梁柱東說〕 ¶조ᄇᆞᆫ 곱도신 길헤 다롱디우셔 마ᄃᆞᆨ사리 마ᄃᆞᆨ너즈세 너우지 잠ᄯᅡ간 내 니믈(樂詞. 履霜曲).

마등빗 명 매등빛〔鷹背色〕. ☞매둥빗. 매둥빗 ¶마둥빗체 ᄒᆡ매 문ᄒᆞᆫ 비단:鷹背褐海馬(老解下22).

마듸 명 마디. ☞ᄆᆞᄃᆡ ¶마듸 절:節(兒學上6). 마듸 촌:寸(兒學下12).

:마·디 동 말지. ⑦말다 ¶잢간도 마디 아니ᄒᆞ샤ᄆᆞᆫ(月釋14:44).

:마디:몯ᄒᆞ·다 형 마지못하다. 부득이하다. ☞마디못ᄒᆞ다 ¶시러 마디몯ᄒᆞ샤 베프샤미시니:不得已之施設(金三2:39). 매 마조매 니르런 마디몯ᄒᆞ야 집 밧긔 막 ᄆᆡ오 나셔:至被毆杖不得已廬于舍外(飜小9:22). 시러곰 마디몯ᄒᆞ야:不得已(宣小6:19).

마디못ᄒᆞ다 형 마지못하다. 부득이하다. ☞마디몯ᄒᆞ다 ¶원각이 마디못ᄒᆞ야 더디고:覺不能止(重三綱. 孝13). 쟝춧 마디못호미 이실 ᄲᅥ시니:將有不容已者(警民23). 마디못ᄒᆞ다:罷不得(譯解下50).

마딘 명 마진(痲疹). ¶ᄀᆞᆯ오ᄃᆡ 두딘이라도 ᄒᆞ며 마딘이라도 ᄒᆞᄂᆞ니라(痘要下68).

·마ᄃᆡ 명 맨 위. ¶마ᄃᆡ 샹:上(訓蒙下34). 마ᄃᆡ 샹:上(光千14).

마ᄃᆡ 명 마디. ¶마ᄃᆡ마다 쳐랑ᄒᆞ다(萬言詞). 삭다리를 죠기ᄂᆞᆫ 듯 마ᄃᆡ마ᄃᆡ 소릐 ᄂᆞᆫ다(萬言詞).

마·라지·라 형 말고 싶어라. ☞말다 ¶上疏ᄒᆞ야 骸骨을 빈대:몸을 비롬이니 벼슬 마라지란 말이라(宣小6:81).

마람 명 마름. ☞말왐 ¶능감은 마람이라(太平1:1 菱芡註). 눈물이 흰 마람의 ᄢᅥ러디

매 그딕를 보디 몯ᄒᆞ니(太平1:3). 마람닙희 ᄇᆞ람 나니 篷窓이 서ᄂᆞᆯ코야(古時調. 尹善道. 孤遺). 마람:菱角(譯解下39).

마람쇠 명 마름쇠. 능철(菱鐵). ☞마름쇠. 말음쇠 ¶만일 ᄇᆡ 우희 ᄠᅳᆯ 적이어든 마람쇠이시니(火砲解17).

마:련·ᄒᆞ·다 동 마련하다. ¶지술 이ᄅᆞᆯ 磨鍊ᄒᆞ더니(釋譜6:26). 마련ᄒᆞ여(山城). 마련ᄒᆞ다:料估(漢淸12:1). 일은 다ᄒᆞ지 못ᄒᆞᆫ 죠건은 조초 마련ᄒᆞ올져(字恤9).

마령 명 붓꽃. ☞분곳 ¶마령:馬藺(物譜 藥草).

마로 명 마루. ☞마루 ¶하 두려 마로 아러 숨으며(癸丑83). 혹 집의 도라오셔도 마로의셔 안자 새와 사시니(閑中錄224).

마로지이다 동 마르다〔裁〕. ¶마로지일 졔:製. 마로지일 지:裁(兒學下5).

마·룷·디니·라 동 말지니라. ㉮말다 ¶도라보디 마룷디니라:不必顧着(蒙法36). 쑴 니르디 마룷디니라:不得說夢(蒙法55). 모딕 마룷디니라:切忌切忌(蒙法56). 祖師心ᄋᆞᆯ 무더 ᄇᆞ리디 마룷디어다:莫…埋沒祖師心(蒙法57). 如來ㅅ 正法輪ᄋᆞᆯ 誹謗티 마룷디니라:莫謗如來正法輪(蒙法58).

마롬 동 맒〔止〕. ㉮말다 ¶마롬과 足호ᄆᆞᆯ 알오:知止足也(宣賜內訓2上8). 구위실 마로미 ᄯᅩ 사ᄅᆞᄆᆞ로 브테어늘:罷官亦由人(初杜解10:29).

마루 명 마루. ¶마루:地塘板. 地平板(譯解上16). 마루:底塘板(同文解上35). 마루:地平(漢淸9:73).

마르다 동 마르다. ☞ᄆᆞᄅᆞ다 ¶마를 고:枯(兒學下9).

마르되야 동 말려무나. ¶이보오 벗님네야 흔드지나 마르되야(古時調. 靑丘).

-마른 조 -마는. ¶닷곤딕 쇼셩경 고외마른(樂詞. 西京別曲).

마른밥 명 말린 밥. 건반(乾飯). 건량(乾糧). ¶마른밥 구:糗(兒學上6).

마름 명 마름. ☞말왐 ¶마름:菱(物譜 草果). 마름:菱(柳氏物名三 草).

마름쇠 명 마름쇠〔菱鐵〕. ¶마름쇠:鐵蒺藜(同文解上49. 漢淸4:36).

마리 명 ①머리. ☞머리 ¶頭墨二(譯語. 身體門). 믈 이여 오나ᄂᆞᆯ 마리예 븟ᄉᆞᆸ고(月印上13). 太子ㅅ 마리ᄅᆞᆯ 塔애 ᄀᆞ초ᅀᆞᄫᆞ니(月印上20). 마리 두:頭(倭解上16). 마리 우희 가치 삿기 치니(月印上22). 마리예 放光ᄒᆞ샤(月釋7:34). 마리 두:頭. 마리 슈:首(訓蒙上24). 마리 슈:首(光千5). 마리 슈:首(類合上20). 마리 두:頭(倭解上16). 頭字或呼摩里或呼麻叱是與馬字聲近(頤齋25:25). 頭曰麻帝(雞類).

②머리털. ¶옷과 마리ᄅᆞᆯ 路中에 펴아시ᄂᆞᆯ(月印上3). 부텨 마리와 손톱과ᄅᆞᆯ 바혀 주신대(釋譜6:44). 옷과 마리ᄅᆞᆯ 路中에 펴아시ᄂᆞᆯ(月釋1:4). 마리ᄅᆞᆯ 펴 두퍼시ᄂᆞᆯ 부텨 ᄇᆞᆯᄫᅡ 디나시고(月釋1:16). 감ᄑᆞ란 마리 모ᄅᆞ샤딕 鈿螺ㅅ 비치시고(月釋2:51). 손소 마리ᄅᆞᆯ 갓더니:自爲剪髮(宣賜內訓2下7). ᄒᆞ마 마리 셰도다:已白頭(初杜解24:64). 마리 빗ᄌᆞ오시다가도(癸丑46). 마리 환:鬟(倭解上44). 마리 닷다:編髮(同文解上54). 마리 비스며(三譯上5). 네 무슴 藥을 먹고 마리조차 검엇ᄂᆞ냐(古時調. 가마귀 너를. 歌曲). 져근덧 비러다가 마리 우희 ᄲᅳ리과져(古時調. 禹倬. 春山에. 歌曲). 닉일 아춤의 다락 우희 새로 마리 감고 동으로 누엇ᄂᆞᆫ 사ᄅᆞᆷ이 내 지아비니:朝日在樓上新沐東首臥則是矣(五倫3:11).

마리 명 끝. 끝 부분. ¶마리 ᄲᅧ다:頭尖(漢淸5:48).

마리 명 수(首). 〔시가(詩歌)를 세는 단위.〕 ¶샐리 짓ᄂᆞᆫ 그른 즈믄 마리오:敏捷詩千首(初杜解21:42). 아디 몯게라 믈읫 멋 마릿 그를 지ᅀᅳ니오:不知凡幾首(初杜解22:16). 官吏 뵈노라 지ᅀᅮᆫ 두 마리ᄅᆞᆯ 보고:示官吏作二首(初杜解25:32). 두어 마리ᄅᆞᆯ 이프니:吟數首(重杜解19:24).

마·리 명 오리〔縷〕. ¶ᄒᆞᆫ 마리 실:一縷絲(金三3:46).

마리ㅅ골 명 머릿골. ¶마리ㅅ골:頭腦(同文解上14). 마리ㅅ골:腦子(漢淸5:57).

마리사기 명 술. ¶流蘇 俗稱 마리사기(樂範目錄8). 流蘇俗稱首沙只 流蘇以紫綃爲之印金花紋凡八條(樂範9:18 女妓服飾).

마리터럭 명 머리털. ☞마리털 ¶마리터럭:頭髮(譯解上32). 마리터럭 셰도록 貴히 사ᄅᆞ쇼셔(捷蒙5:6).

마리털 명 머리털. ☞마리터럭 ¶마리털:頭髮(同文解上14).

마립간 명 마립간(麻立干). 〔신라 때 임금의 칭호의 하나.〕 ☞말한 ¶訥祇麻立干立 金大問云 麻立者 方言謂橛也 橛謂誠操准位而置則王橛爲主 臣橛列於下因以名之(三史卷三. 羅記三). 新羅稱王…或曰麻立干立一作袖金大問云 麻立者 方言謂橛也 橛標准位而置則王橛爲主 臣橛列於下 因以名之(三遺卷一. 南解王). 〔※'말한. 마리한'으로 해독(解讀)하는 학자가 있음.〕

-마ᄅᆞᆫ 조 -마는. ☞-마른. -마ᄂᆞᆫ ¶호ᄆᆡ도 ᄂᆞᆯ히언마ᄅᆞᄂᆞᆫ(樂詞. 思母曲). 아바님도 어이어신마ᄅᆞᄂᆞᆫ(樂詞. 思母曲). 泰山이 놉다컨마ᄅᆞᄂᆞᆫ 하ᄂᆞᆯ해 몯 밋거니와(樂詞. 感君恩). ※-마ᄅᆞᄂᆞᆫ>-마른>-마ᄂᆞᆫ>-마는

:마ᄅᆞ쇼·셔 동 마소서. ¶안직 가디 마ᄅᆞ쇼

셔:且休去(飜老上31).

-마·론 조 -마는. ☞-마는 ¶비 업건마론:雖無舟矣. ᄃᆞ리 업건마론:雖無梯矣(龍歌34章). 님그미 賢ᄏᆞ신마론:維帝雖賢(龍歌84章). 그듸 내 ᄀᆞᆽ비ᅀᅡ 오도다마론(釋譜23:53). 빗 업스니라 ᄒᆞ건마론(月釋1:37). 또 보ᄆᆡ 비치 아니언마론:又非見色(楞解2:81). 일후믈 ᄆᆞᅀᆞ미라 ᄒᆞ련마론:則名心(楞解3:33). 疎ᄒᆞ니 잇건마론(宣賜內訓3:50). 또 수이 어드리언마론:亦易求(初杜解6:45). 이 兄弟ㅣ 업순 ᄃᆡ 아니언마론:不是無兄弟(初杜解10:10). 天子ㅣ 恩澤이 하거신마론:天子多恩澤(初杜解20:47). 사롤 이리 젹건마론:生事微(初杜解21:5). 고티고져칸마론:欲整(初杜解21:10). 劫火ᄅᆞᆯ 몃마디내야뇨마론 사만 이 곤ᄒᆞ도다:幾經劫火長如此(南明上31). ᄒᆞ고져 ᄒᆞ면 므스 거슬 일우디 몯ᄒᆞ리오마론:何欲不遂(飜小8:20). 八月ㅅ 보로매 아으 嘉俳나리마론(樂範. 動動).

마롤 명 마늘. ¶마ᄅᆞᆯ 파 먹디 아니ᄒᆞ니라:不茹葷(東新續三綱. 孝8:69).

마마 명 마마(媽媽). ¶머리ᄅᆞᆯ 브듸쳐 우ᄅᆞ시며 마마 보새 ᄒᆞ다가(癸丑104). 아희 싱일이 마마 탄일과 동일이라(閑中錄516).

마모로다 동 마무르다. ☞마ᄆᆞᆯ오다 ¶斬은 마모로디 아니미니(家禮6:1). 齊는 마모로미니…아래 기슬글 마모로라(家禮6:15). 즐음갑세 물쎳 마몰라 혜여 덜온 밧긔:除了牙稅繳計外(老解上13). 또 ᄒᆞᆫ 겨집은 手帕ᄅᆞᆯ 마모로되:又一箇女兒繳手帕着(朴解中55). 마모로기ᄅᆞᆯ ᄀᆞᄂᆞᆯ고 고로게 ᄒᆞ라:繳的細勻着(朴解中55).

마ᄆᆞᄅᆞ·다 형 메마르다. ¶마ᄆᆞᄅᆞᆯ 교:磽. 마ᄆᆞᄅᆞᆯ 각:确. 마ᄆᆞᄅᆞᆯ 척:堉(訓蒙下17). 마ᄆᆞ론 ᄯᅡ햇 ᄇᆡᆨ셩이 올ᄒᆞᆫ ᄃᆡ 嚮티 아니리 업슴은 근로홈이니라:瘠土之民莫不嚮義勞也(宣小4:45). 마ᄆᆞ론 ᄯᅡ히 도로혀 조 가로미 됴ᄒᆞ니:瘦地翻宜粟(重杜解13:40).
※마ᄆᆞᄅᆞ다>메마르다

마·ᄆᆞᆯ오·다 동 마무르다. ☞마모로다 ¶즈름갑과 세 무논 겻ᄃᆞᆯ 마ᄆᆞᆯ와 헤니 말오 그 외예:除了牙稅繳計外(飜老上14). 마ᄆᆞᆯ오다:吏語繳報(訓蒙中17 繳字註). 銷繳句銷回繳也鄕言 마ᄆᆞᆯ오다(吏文3:19).

:마·ᄆᆡᆨ 명 마맥(馬麥). 귀리. ¶供養ᄒᆞ논 거시 오직 馬麥이어늘:馬麥은 귀밀이라(月釋21:198).

마샹이 명 마상이. ¶마샹이:槽舡(譯解下20). 젹은 마샹이예 안자셔 홀로 저어 븍녀 ᄀᆞ으로 향ᄒᆞ여 믈 흐름 조차 힝ᄒᆞ다(三譯6:3). 마샹이:全木船(譯解補46). 마샹이:獨木船. 젹은 마샹이:樺皮船(漢清12:20). 剖木爲舟形如梭曰梭船卽ᄀᆡ尙船也(芝峰類說2:31).

마·시·다 동 마시다. ¶믈을 다 마셔 그 모시 스러디니(月印上58). 그 못므를 다 마시니(釋譜6:31). 나뭇닙도 머그며 ᄇᆞᄅᆞᆷ도 마시며(釋譜24:26). 子息ᄃᆞᆯ히 毒藥 마쇼ᄆᆞᆯ(月釋17:16). 술 마숌과:飲酒(楞解7:53). 五穀 먹디 아니코 ᄇᆞᄅᆞᆷ과 이슬와 마시고(法華2:28). 오직 수를 마셔(救急下64). 그지업시 마시디 말며(宣賜內訓1:3). 블근 밥 먹고 믈 마시고(宣賜內訓1:64). 웃고 郞中과 評事ᄅᆞᆯ 對接ᄒᆞ야셔 술 마시노니:笑接郎中評事飲(杜解7:13). 바ᄀᆞ로 마쇼맨 오직 세 길 ᄡᅳ니니:瓢飮唯三遲(初杜解8:10). 마시며 딕머구믈 조차(南明上19). 그 수ᄅᆞᆯ 마쇼미 됴ᄒᆞ니라:飲酒妙(救簡2:34). 됴ᄒᆞᆫ 초 서 되ᄅᆞᆯ 마쇼ᄃᆡ(救簡2:57). 손이 젓국을 마시거든:客歠醢(宣小3:23). 기장 즙 두어 홉식 마시더라:啜黍汁數合(東新續三綱. 烈2:84). 마실 음:飲(倭解上42). 마시다:哈了(同文解上62).

마시이다 동 마시게 하다. ¶스스로 손가락 버혀 약의 프러 마시이니:自斷手指調藥飲之(東新續三綱. 孝3:15).

마ᄵᅡ잇ᄡᅡ 동 맡아 있다. ¶딕월이 마ᄵᅡ잇ᄡᅡ가:直月掌之(呂約2).

마·ᄳᅵ·다 동 맡기다. ☞맛디다 ¶내 弟子ᄅᆞᆯ 너를 마ᄳᅵ노라 ᄒᆞ야시ᄂᆞᆯ(釋譜11:14).

마·ᄉᆞᆫ 수 마흔. ☞마ᅀᆞᆫ ¶ᄒᆞ요니 돈 마ᄉᆞᆫ 나치오:該四十箇錢(飜老上23). 대되 마ᄉᆞᆫ 량이오:通該四十兩(飜老下12).

마·슬 명 마을. 관청(官廳). ☞마ᅀᆞᆯ ¶開封府ㅣ랏 마슬 戶籍의 일훔 올여 동당보고자 ᄒᆞ노이다:貫開封戶籍取應(飜小9:49). 마슬 부:府(訓蒙中7).

마·ᅀᆞ나·ᄆᆞᆫ 수 마흔 남짓. 사십여(四十餘). ☞마ᄋᆞ남ᄋᆞᆫ ¶마ᅀᆞ나ᄆᆞᆫ 히ᄅᆞᆯ 生死長夜애 이ᄅᆞᆯ 守ᄒᆞ샤:四十餘年於生死長夜守此(法華5:65). 나히 마ᅀᆞ나ᄆᆞ니러시다:年四十餘(宣賜內訓2上59).

마ᅀᆞᆫ 수 마흔. ☞마ᄋᆞᆫ. 마ᄉᆞᆫ ¶마ᅀᆞᆫ 사ᄉᆞᄆᆡ 등과 도ᄌᆞᄀᆡ 입과 눈과:麋脊四十與賊口目(龍歌88章). ᄒᆞᆫ 畝ㅣ 二百마ᅀᆞᆫ 步ㅣ라(釋譜6:25). 니 마ᅀᆞ니 ᄀᆞᄌᆞ고(月釋2:41). 셜흔 마ᅀᆞᆫ:三十四十(楞解2:74). 닛相이 마ᅀᆞ니 ᄀᆞᄌᆞ기 平ᄒᆞ시고(法華2:13). 세흔 心의 뒷논 法이 마ᅀᆞᆫ여스시 잇ᄂᆞ니:三心所有法有四十六(圓覺上一之一30). 요조ᅀᆞᆷ 아자비 마ᅀᆞᆫ 사ᄅᆞᄆᆞᆯ 보니:比看伯叔四十人(初杜解8:16). 아힛 ᄢᅵ 쁘 親호미 마ᅀᆞᆫ 히니:童稚情親四十年(初杜解23:23). ᄉᆞᆯ고ᄡᅵ 마ᅀᆞᆫ 낫과(救簡2:12). 四十曰麻忍(雞類).

마·ᅀᆞᆯ 명 관청(官廳). ☞마슬. 마ᄋᆞᆯ ¶宮中

ᄀᆞᄋᆞᆷ안 마ᅀᆞ리라(宣賜內訓2下53). 마ᅀᆞᆶ 이를 正히 ᄒᆞ올로 守ᄒᆞ얫도다:官曹正獨守(初杜解8:3). 글 순 거슨 마ᅀᆞᆯ돌해 ᄂᆞ랫더라:文翰飛省寺(初杜解16:18). 곳다온 힌 칠혼 마ᅀᆞ론 고앳ᄂᆞ니라:馨香粉署姸(初杜解20:10). 노ᄑᆞᆫ 마ᅀᆞ래 다 武臣이러니:高官皆武臣(初杜解23:11). 일즉 마ᅀᆞ래 브텟디 아니ᄒᆞ고(初杜解24:38). 후에 다ᄅᆞᆫ 뒷 마ᅀᆞ리:後頭別處官司(飜老上28). 여러 마ᅀᆞᆶ 관원ᄃᆞᆯ홀 오ᄂᆞᆯ 다 청ᄒᆞ야 잇ᄂᆞ니라:各衙門官人們今日都請下了(飜朴上65). 마ᅀᆞᆯ 셔:署. 마ᅀᆞᆯ 조:曺. 마ᅀᆞᆯ 국:局(訓蒙中7). 마ᅀᆞᆯ 아:衙. 마ᅀᆞᆯ 부:府. 마ᅀᆞᆯ ᄉᆞ:司. 마ᅀᆞᆯ 시:寺(類合上18). 후의 다ᄅᆞᆫ 뒷 마ᅀᆞᆯ이:後頭別處官司(老解上25).

마아만 마아만 ᄒᆞ니여 구 많고도 많은 사람이여. 어마어마하게 많은 사람이여. 〔梁柱東說〕 ¶處容 아비ᄅᆞᆯ 누고 지어 셰니오 마아만 마아만 ᄒᆞ니여(樂範. 處容歌).

마알 명 관청(官廳). ¶마알로 ᄒᆞ여곰 벼스ᄅᆞᆯ 튜증ᄒᆞ시고 본 곧애 ᄉᆞ당 셰시고:攸司追贈官爵且於本處立祠(東三綱. 忠6).

마얌이 명 매미. ☞미야미 ¶마얌이:蟬(柳氏物名二 昆蟲).

마양이 명 말 안장. ¶비 마양이의 다치 아니코:腹不磨鞍(武藝圖69).

마양이가지 명 말 안장. ¶마양이가지ᄅᆞᆯ 안고:據鞍橋(武藝圖69). 마양이가지:鞍橋(柳氏物名一 獸族).

마오려 동 말구려. 말진저. ¶제 남진 제 계집 아니어든 일홈 뭇디 마오려(古時調. 鄭澈. 간나히. 松江).

:마·와·뎌 동 말고자. ☞-와뎌. -과뎌 ¶長史ᄂᆞᆫ 우리와 ᄒᆞᆫ집 ᄀᆞᄐᆞ니 괴이히 너기디 마와뎌 ᄒᆞ노라(飜小7:14).

마요 명 매화틀. ☞마유. 매유통 ¶廁牏:뒤보ᄂᆞᆫ 마요 톄엿 거시라(英小6:89).

마유 명 매화틀. ☞마요. 매유통 ¶마유:廁牏 東圊(物譜 几案).

마유 명 마유(麻油). 삼씨기름. ¶細末ᄒᆞ야 麻油에 녀허(救急上13).

마은 수 마흔. ☞마ᅀᆞᆫ. 마ᅀᆞᆫ. 마ᄋᆞᆫ ¶마은 환 머그면 효험 인ᄂᆞ니:服至四十日卽效(胎要5). 또 마은 자치도 이시며:也有四十尺的(老解下55). 올히 마은이오:今年四十也(老解下64).

마·을 명 마을. 관청(官廳). ☞마ᅀᆞᆯ. 마ᄋᆞᆯ ¶마을 부:府(光千21). 開封:이제 漢城府 ᄀᆞᄐᆞᆫ 마을이라(宣小6:45). 승샹 마을의 경히 뵈려 호되(三譯2:11). 마을 싱:省(註千30). 마을 리:里. 마을 촌:村(兒學上4). 마을 부:府(兒學上9).

마음 명 마음. ☞마ᄋᆞᆷ ¶자리 노을 비화 ᄡᅳ니 천슈 만ᄒᆞᆫ 늬 마음(萬言詞). 물 ᄉᆞᆫ키도 어려우니 마음 ᄉᆞᆫ키 어이 ᄒᆞ리(萬言詞).

마이 부 매우. ¶손바닥의 뼈 골오ᄃᆡ 쇼리ᄅᆞᆯ 마이 말나(落泉2:5).

마·ᄋᆞ남·ᄋᆞᆫ 수 마흔 남짓. 사십여(四十餘). ☞마ᅀᆞ나ᄆᆞᆫ ¶天下ㅣ 듣고 도라올이 마ᄋᆞ남ᄋᆞᆫ 나라히러라:天下聞而歸之者四十餘國(宣小4:39).

마ᄋᆞᆫ 수 마흔. ☞마ᅀᆞᆫ ¶마ᄋᆞᆫ애 惑디 아니ᄒᆞ고:四十而不惑(宣論1:10). 마ᄋᆞᆫ애 비르소 벼슬ᄒᆞ야:四十始仕(宣小1:6). 黃金 마ᄋᆞᆫ 근을 주시고:賜黃金四十斤(宣小6:53). 곧 마ᄋᆞ내 니르러:便至四十(重杜解4:1). 요조옴 아자비 마ᄋᆞᆫ 사ᄅᆞᄆᆞᆯ 보니:比看伯叔四十人(重杜解8:16). ※마ᄋᆞᆫ<마ᅀᆞᆫ

마·ᄋᆞᆯ 명 관청(官廳). ☞마ᅀᆞᆯ ¶마ᄋᆞᆯ 부:府. 마ᄋᆞᆯ 사:司(類合上18). 마ᄋᆞᆯ 부:府(石千21). 일즉 자 안히며 마ᄋᆞᆯ애 들어가디 아니ᄒᆞ고:未嘗入城府(宣小6:84). 믈읫 번딘 마ᄋᆞᄅᆞᆯ 다ᄉᆞᆯ임애:凡理藩府(宣小6:113). 群公이 各各 마ᄋᆞᄅᆞᆯ ᄀᆞᄋᆞ마랏도다:群公各典司(重杜解3:4). 祭ᄒᆞᄂᆞᆫ 마ᄋᆞ리:祠官(重杜解4:21). 마ᄋᆞᆯ:衙門(譯解上9). 마ᄋᆞᆯ 부:府(倭解上33. 註千21). 마ᄋᆞᆯ:府(同文解上40). ※마ᄋᆞᆯ<마ᅀᆞᆯ

마ᄋᆞᆷ 명 마음. ☞ᄆᆞᅀᆞᆷ. ᄆᆞᄋᆞᆷ ¶그러나 暮年적 마ᄋᆞᆷ은 減ᄒᆞᆫ 일이 업세라(古時調. 金三賢. 늙기 설운. 時調類). 마ᄋᆞᆷ아 너ᄂᆞᆫ 어이 미양에 졈엇ᄂᆞ니(古時調. 時調類). 터럭은 희엇서도 마ᄋᆞᆷ은 푸르렷다(古時調. 金壽長. 時調類). 님 그리는 마ᄋᆞᆷ이야 변ᄒᆞᆯ 길이 잇슬소냐(萬言詞).

마ᄋᆞᆸ소 조동 마시오. ¶그리 自作ᄉᆞ러이 니ᄅᆞ지 마ᄋᆞᆸ소(隣語1:1).

마·자 동 맞아. ㉮맞다 ¶잢간도 마자 굷디 마라(宣賜內訓1:57). 오샤 이 사ᄅᆞᄆᆞᆯ 마자:來迎是人(佛頂上4). 男子ㅣ 친히 마자:男子親迎(宣小2:48). 王季 마자 뼈 왕비ᄅᆞᆯ 삼ᄋᆞ시니라:王季娶以爲妃(宣小4:2).

마작 명 근처(近處). ☞마즘. ᄆᆞ즉 ¶長子ㅣ 어든 져기 北녁 마작 西向ᄒᆞ고 衆子ㅣ어든 져기 西녁 마작 南向ᄒᆞ라(家禮3:6). 돈ᄀᆞ티 호ᄃᆡ 져기 南녁 마작 ᄒᆞ라(家禮3:7). 남녁 마작 두 집 즈음ᄒᆞ야:近南隔着兩家兒人家(老解上44).

:마·져 동 ①말자. ㉮말다 ☞-져 ¶우리 ᄆᆞᆫ도의니의 마를 어긔디 마져:咱休別了兄長之言(飜朴上25). 일ᄃᆞᆯ 일뎡ᄒᆞᆫ 후에 고티디 마져:定體已後不得改別(飜朴上25). ②말고자. ¶머리 셰ᄃᆞ록 서르 ᄇᆞ리디 마져 ᄒᆞ더라:白首不相棄(杜解16:18).

마젼 명 마전. ¶마젼 련:練(類合下13).

마젼ᄒᆞ다 동 마전하다. 피륙을 바래다. ¶빅

노를 뉘라 마젼ᄒᆞ야 희다더냐(古時調. 가마귀를. 南薰).

마·조 부 마주. ☞맟 ¶마조 줄을 자바 精舍터흘 되더니(月印上61). 부톄 마조 나아마ᄌᆞ샤(釋譜6:12). 어미 마조 가 손자바(月釋23:66). 聖賢과 마조 앉노라(楞解1:3). 마조:相對(漢淸8:71).

마·조·보·다 동 마주보다. 만나 보다. ☞맛보다 ¶마조보아 무로ᄃᆡ(釋譜23:40). 正覺나래 마조보리어다(月釋8:87). 처엄 마조본 ᄣᅢ해 와(三綱. 孝9). 서르 마조보아 人情의 됴호ᄆᆞᆯ 심히 아노라:相逢若覺人情好(初杜解25:31). 廉溪ᄅᆞᆯ 마조보아 太極을 못 잡ᄂᆞᆫ ᄃᆞᆺ(松江. 星山別曲).

마조셔다 동 마주서다. ¶길 우희 두 돌부텨 벗고 굶고 마조셔셔 ᄇᆞ람 비 눈 서리ᄅᆞᆯ(古時調. 鄭澈. 松江). 두 사ᄅᆞᆷ이 마조셔:兩人對立(武藝圖55).

마·조앉·다 동 마주앉다. ¶솔 아랫 얼운 사ᄅᆞ미 頭巾과 신괘 ᄒᆞᆫ가지니 마조안재시니이 商山앳 늘그니 ᄀᆞᆮ도다:松下丈人巾屨同偶坐似是商山翁(初杜解16:33). 두 사ᄅᆞᆷ으로 마조안자 ᄀᆞ믄ᄀᆞᄆᆞ니 구우료ᄃᆡ:令兩人對面輕輕袞轉(救簡1:87).

마조잡·다 동 마주잡다. ¶둘히 손소 줄 마조자바 터 되더니(釋譜6:35). 두 긋 마조자바 ᄇᆞᄇᆡ여 니으리라(古時調. 모시를 이리져리. 靑丘).

마조치다 동 마주치다. ☞마조티다 ¶마좀 盜賊 잡ᄂᆞᆫ 官員 巡檢ᄒᆞᆯ 제 마조치여(淸老2:17).

마조티다 동 마주치다. ☞마조치다 ¶마조티다:撞着(同文解上29).

마좀 부 마침. ☞마좀. 마촘 ¶턴검이 마좀 취ᄒᆞ야 누엇거ᄂᆞᆯ:天儉適醉臥(東新續三綱. 烈1:6).

마죠 명 마중. ¶부모쳐자 마죠 나와 손을 잡고 반겨 하니(萬言詞答).

마죠 부 마주. ☞마조 ¶손님 보고 마죠 웃늬(萬言詞答).

-마중 조 -마다. ¶벗님 離別할 제마중 한가지를 썽키드니(古時調. 池德鵬. 江ㅆ에. 商山集).

마즈막 명 마지막. ☞ᄆᆞᄌᆞ막 ¶마즈막 餞送ᄒᆞ쟈 둥게둥게 놉히 ᄯᅥ셔(古時調. 이 시름. 歌曲).

마즘 명 근처(近處). ☞마작. 므즉 ¶남편 마즘 두 집 ᄉᆞ이예(淸老3:18). 마즘:遭是(譯解補53).

마즘막 명 마지막. ☞마즈막. ᄆᆞᄌᆞ막 ¶큰 盞에 술을 부어 마즘막 餞送ᄒᆞᄌᆞ(古時調. 이 시름. 海謠).

마·지 명 맞이. ¶우리 잠싼 ᄒᆞᆫ 잔 먹져 마지 아니ᄒᆞᆯ 것가:咱們聊且喫一盃酒不當接風(飜老下6). 우리 잠싼 ᄒᆞᆫ 잔 술 먹여 마지 아니ᄒᆞᆯ 쏏가:接風(老解下6).

마지몯ᄒᆞ다 형 마지못하다. ☞마디몯ᄒᆞ다 ¶그 님자가 갑지 아니ᄒᆞ기의 마지몯ᄒᆞ여 내가 무러 주게 되여시니(隣語4:10).

마지못ᄒᆞ다 형 마지못하다. ☞마디몯ᄒᆞ다. 마지몯ᄒᆞ다 ¶당면ᄒᆞ여 바들 제ᄂᆞᆫ 마지못ᄒᆞᆫ 치사로다(萬言詞).

마·지ᄒᆞ·다 동 맞이하다. ¶錦里예셔 마지ᄒᆞᆯ 主人은 잇도다:錦里逢迎有主人(初杜解21:3). 지븨 가 날회여 네 마지호마:到家慢慢的與你洗塵(飜朴上53). 부텨 마지ᄒᆞ야 복글 닷그라(恩重22).

마·ᄌᆞ·니 동 맞으니. ㉠맞다 ¶ᄒᆞᆫ 사래 마ᄌᆞ니:一箭俱中(龍歌43章).

마ᄌᆞ막 명 마지막. ☞마즈막 ¶마ᄌᆞ막 졍셩으로(閑中錄272).

마존소릐 명 맞소리. 반향(反響). ¶마존소릐 향:響(類合下1).

마·좀 동 (매를) 맞음. ¶져제 가매 마좀ᄀᆞ티 너기고:若撻于市(飜小8:3).

마좀 부 마침. ☞마좀. 마촘 ¶ᄯᅩᄒᆞᆫ 마좀 다롬으로ᄡᅥ니라(詩解11:6). 어시 마좀 무덤아래로 디나 가더니:御史適過墓下(東新續三綱. 孝4:82 武毅豐祭). 건너신 날은 마좀 사오나온 ᄇᆞ람의(新語2:1). 그 약은 마좀 다 ᄡᅳ고(新語3:4). 마좀 죵용ᄒᆞ여 뎌렁 이렁 ᄉᆞᆲᄉᆞ오니(新語3:26). 마좀 네 오나다:遭是你來也(朴解中9). ᄆᆡᆼ그ᄂᆞᆫ 쟝인과 온갓 거슬 마좀 엇지 못ᄒᆞ고(三譯4:20). 둘히 다 다리ᄅᆞᆯ 알하 거ᄅᆞᆷ을 것디 못ᄒᆞ야 ᄒᆞ다가 마좀 날이 져믈거ᄂᆞᆯ(太平1:39). 마좀 뎍:適(倭解上28). 仝이 마좀 손을 잔치ᄒᆞᆯ 시(女四解4:36).

마ᄍᆞᄫᅵ 명 맞이〔높임말〕. ¶마ᄍᆞᄫᅵ예 ᄆᆞᅀᆞᄆᆞᆯ 놀라니:迎見驚服(龍歌95章).

마·초 부 맞추어. 맞게. ¶ᄇᆞᄅᆞᆷ 비 時節에 마초 ᄒᆞ야(釋譜9:34). 七覺支예 마초 ᄒᆞ노라 닐굽 거름 거르시는(月釋2:37). 根源을 마초 아디 몯ᄒᆞ야(圓覺序64). 理예 마초 흐로ᄆᆞᆯ 자바(牧牛訣30). 마초 호려 ᄒᆞ면(宣賜內訓3:33). 너희 性에 마초 노료ᄆᆞᆯ 愧謝ᄒᆞ노라:謝爾性有適(重杜解1:33). 나 마초 ᄯᅳ라:灸…隨年壯(救簡3:74). 믄 ᄃᆡ 마초 다히라:合咬處(救簡6:69). 믈 두기ᄅᆞᆯ 마초 ᄒᆞ고:着水停當着(朴解下44). ᄣᅢ 마초 오ᄂᆞᆫ 비:時雨(譯解補2).

마·초·다 동 맞추다. 견주다. ☞마초오다 ¶손소 對ᄒᆞ야 서르 ᄣᅡᆨ 마촐 씨니(月釋序7). 合掌ᄋᆞᆫ 손바당 마촐 씨라(月釋2:29). 經ᄋᆞ로 마초건댄:以經證之(楞解1:19). 根이 마촐 ᄃᆡ 업서:根無所偶(楞解8:9). 네 句ᄅᆞᆯ

次第다이 마초건댄:四句如次配(法華1:73). 알핑 닷고매 마초게 ᄒᆞ시니라:驗於前修(永嘉上10). 法 마초샤미니(圓覺上二之一38). 벼슬 일훔 마초고:對官號(飜朴上12). 마촐 힉:覈(訓蒙下29). 궁합 마초다:合庚(譯解補26).

마·초·뼈 동 맞추어 알아보아. 상고하여. ㉠마초쁘다 ¶詳考는 子細히 마초뼈 알 씨라(釋譜9:38). 殃孼에 버므러 對ᄒᆞ야 마초뼈 됴ᄒᆞᆫ 짜해 느지 나게 ᄒᆞ리니(月釋21:105). 經을 마초뼈:按經(楞解9:90). 마초뼈 校正ᄒᆞ라 ᄒᆞ야시ᄂᆞᆯ(金剛下跋2). 현인의 글월을 마초뼈:訂賢傳(宣小2:1).

마·초·쁘·다 동 맞추어 알아보다. 상고(詳考)하다. ¶詳考는 子細히 마초뼈 알 씨라(釋譜9:38). 詳考는 마초뼈 알 씨라(月釋9:59). 經을 마초뼈:按經(楞解9:90). 마초뼈 校正ᄒᆞ라 ᄒᆞ야시ᄂᆞᆯ(金剛下跋2). 열 히ᄅᆞᆯ 墳典ᄋᆞᆯ 마초쁘니라:十載考墳典(初杜解24:32). 가ᄇᆡ야오며 므거우믈 마초뼈 혜아려:較量輕重(南明下59). 마초쁠 증:證(訓蒙下29). 현인의 글월을 마초뼈:訂賢傳(宣小2:1).

마·초·아 부 마침. ☞마초와 ¶마초아 홍경바지 舍衛國으로 가리 잇더니(釋譜6:15). 강혁이 져머셔 아비 일코 마초아 텬해 어즈럽거ᄂᆞᆯ:江革臨淄人少失父遭天下亂(三綱. 孝6 江革). 노녀 ᄃᆞᆫ녀 믿나라해 마초아 向ᄒᆞ니:遊行遇向本國(法華2:183). 지븨 마초아 다ᄃᆞ라(圓覺序47). 마초아 訓이 죽거시ᄂᆞᆯ:會訓卒(宣賜內訓2下8). 어린 ᄠᅳ데 마초아 마즌 배 잇ᄂᆞ니:愚意會所適(杜解9:23). 三伏이 마초아 ᄒᆞ마 디나니:三伏適已過(初杜解15:2). 마초아 서르 보아(六祖上98). 마초아 집 앏 내해 믈 디엿더니:適家前川水方漲(東續三綱. 烈10). 淮陽 녜 일홈이 마초아 ᄀᆞᆮᄐᆞᆯ시고 汲長孺 風彩를 고텨 아니 볼 게이고(松江. 關東別曲).

마·초오·다 동 맞추다. 견주다. ☞마초다 ¶비록 物이 마초오미 이셔도:雖有物合(楞解1:57). 이ᄅᆞᆯ 자바 我ᄅᆞᆯ 마초오ᄆᆞᆫ 이리 곧 我所ㅣ니(圓覺下三之一23). 이 둘흘 마초와 혜언댄:此二較量(金三4:30). 이는 마초온 셩녕이오:是主顧生活(飜老下33).

마·초·온 동 맞춘. ㉠마초오다 ¶이는 마초온 셩녕이오:是主顧生活(飜老下33).

마·초옴 동 맞춤. ㉠마초오다 ¶비록 物이 마초오미 이셔도:雖有物合(楞解1:57).

마·초·와 부 마침. ☞마초아 ¶마초와 내 아니 갈셔:遭是我不去(飜朴上53). 마초와:遭是(老朴集. 單字解7). 마초와 長史 劉湛이 드러 니거ᄂᆞᆯ:會長史劉湛入(宣小5:47). 춯히 마초와 오디 아닐 ᄲᅮᆫ이언뎡(詩解9:10). 마초와 공ᄉᆡ 만흔 디라:適會有公事(太平1:6). 마초와 ᄒᆞᆫ 웽이 길 우희 엽더엿거ᄂᆞᆯ:適有一雉伏於路上(東新續三綱. 孝6:22). 밤ᄆᆞ을 녜 일홈이 마초와 ᄀᆞᄐᆞᆯ시고(古時調. 金光煜. 陶淵明 죽은. 青丘).

마초이다 동 맞추게 하다. ¶木匠의 집의 ᄒᆞᆫ 槓ᄅᆞᆯ 마초이되:木匠家裏旋做一箇槓子(朴解中2).

마초이다 동 부딪치다. ¶밧그로셔 ᄒᆞᆫ 사ᄅᆞᆷ이 ᄂᆞᄂᆞᆫ ᄃᆞ시 ᄃᆞ라와 董卓이 가슴에 마초여 董卓이 ᄶᅡ히 ᄡᅥ러지다(三譯1:22).

마초임 명 맞춤. ☞마초이다 ¶마초임 것:主顧的(譯解上46).

마·촘 명 가까운 곳. ¶가마 믿 마촘 아랫누런 ᄒᆞᆰ(救簡1:25). 손 믿 마촘 아랫 ᄒᆞᆰ(救簡2:37). 가마 믿 마촘 아랫 ᄒᆞᆰ:伏龍肝(救簡3:31).

마최옴 동 맞춤. ☞마초이다 ¶이는 마최옴 셩녕이오:是主顧生活(老解下30).

마쵸마 동 맞게 하마. ¶江閣애셔 소ᄂᆞᆯ 마자ᄆᆞᆯ 보내야 마쵸마 許ᄒᆞᆯ시:江閣邀賓許馬迎(初杜解21:22).

마·춈 동 맞힘. ㉠마치다 ¶이 아ᄃᆞ리 어엿브다 毒ᄋᆡ 마쵸미 ᄃᆞ외야 ᄆᆞᅀᆞ미 다 갓ᄀᆞ라(月釋17:20).

마·치 명 마치. 망치. ☞맛티 ¶마치ᄅᆞᆯ 뮈워 ᄒᆞᆫ 번 됴매(圓覺下二之一49). 구무 업슨 쇠마치라:無孔鐵鎚(金三2:12). 마치ᄅᆞᆯ 자ᄇᆞ며 拂子ᄅᆞᆯ 셰야도:拈槌竪拂(金三3:48). 爐는 붊기오 錘는 마치니 善知識을 니ᄅᆞ니라(六祖序6). 마치 퇴:椎(訓蒙中18).

·마·치 부 ①맞추어. ☞마초 ¶어누 藏ㅅ金이ᅀᅡ 마치 셜이려뇨 ᄒᆞ노이다(釋譜6:25). 마치 教化 미츠샤미 녯 緣 아니면:適化所及非昔緣(法華序12). 마치 ᄒᆞᆫ 機예 어우도다:冥然合一機(金三2:53). 네 네 손늘 더두면 마치 됴ᄒᆞ리로다:你饒四着時纔好(飜朴上23).

②마치. ☞맛치 ¶마치 天宮 ᄀᆞᆮ더니(月釋2:26). 마치 열다ᄉᆞ신 져믄 겨지븨 허리 ᄀᆞᆮ도다:恰似十五兒女腰(初杜解10:9).

마치 부 오직. ¶마치 모친ᄲᅮᆫ이라(洛城1).

-·마치 조 -만치. -만큼. ☞-마춤 ¶죠고마치 잇다 ᄒᆞ야시ᄂᆞᆯ(南明上14). ᄉᆞ나히 머리터럭 ᄃᆞᆰ긔알마치ᄅᆞᆯ:男子頭髮雞子大(胎要29). 죠고만 말마치 움을 뭇고(古時調. 金化ㅣ 金城. 青丘).

마치ᄂᆞ손다 동 맞이하는가. ㉠마치다 ☞-ᄂᆞ손다 ¶네 쏠 셔방은 언제나 마치ᄂᆞ손다(古時調. 鄭澈. 네 집 상ᄉᆞ. 松江).

마·치·다 동 맞이하게 하다. 맞게 하다. ¶가 보내여 마치신대:往聘迎之(宣賜內訓2下70). 블려 마치는 恩惠ㅣ ᄌᆞ조 니르니:招

要恩屢至(初杜解8:9). 블려 마쵸미 ᄌᆞ조 期約이 잇도다:招邀屢有期(初杜解15:36). 십 년이 디나거든 셔방을 마치라 ᄒᆞ여시매:十年不來而後嫁(太平1:13). 네 ᄠᅳᆯ 書房은 언제나 마치ᄂᆞ슨다(古時調. 鄭澈. 네 집 喪事. 靑丘).

마·치·다 동 맞히다〔射〕. ☞맛최다 ¶亭上牌額ᄋᆞᆯ 세 사ᄅᆞᆯ 마치시니:亭上牌額三中不錯. 스믈 살 마치시니:卄發盡獲(龍歌32章). 바ᄂᆞᆯ 아니 마치시면:若不中針(龍歌52章). 三百 사ᄅᆞᆯ 쏘ᄃᆡ 몯 마치니 업더니(三綱. 忠28). 두 살 마쳐 주기니라(三綱. 烈32). 이 아ᄃᆞ리 어엿브다 毒ᄋᆡ 마쵸미 ᄃᆞ외야 ᄆᆞᅀᆞ미 다 갓ᄀᆞ라(月釋17:20). 마칠 셕:射(類合下7). 화살 잡오ᄆᆞᆯ ᄌᆞ셔히 ᄒᆞ며 굳이 ᄒᆞᆫ 然後에 可히 ᄡᅥ 마치믈 니를 거시니:持弓矢審固然後可以言中(宣小3:19). ᄒᆞᄅᆞᄂᆞᆫ 살의 마친 배 되야 주그니라:爲流矢所中而死(東新續三綱. 忠1:13).

마치다 동 맞히다〔受〕. 맞게 하다. ¶싱강 넉 냥을 겁질조차 디허 즙 내여 ᄒᆞᄅᆞ 쌈이슬 마쳐 알ᄒᆞᆯ 날 새배:生薑四兩和皮搗取汁露一宿發日早晨(胎要44).

마치다 동 맡기다. ☞맛디다〔‘맛디>맛지>마치’로 구개음화한 것으로 봄. 註千에는 ‘례셔 례, 죵 례, 맛딜 례 屬也’로 기록되어 있음.〕 ¶마치 예:隷(光千21).

마치다 동 마치다. 끝내다. ¶ᄇᆡ라ᄂᆞᆫ ᄃᆡ 끈쳐지고 일신 아죠 마치나니(萬言詞答).

:마치현 명 마치현(馬齒莧). 쇠비름. ¶馬齒莧ᄋᆞᆯ 디허 汁 아ᅀᅡ 머글 제(救急上86).

마ᄎᆞᆷ 명 끝마침. 마지막. ☞ᄆᆞᄎᆞᆷ ¶마ᄎᆞᆷ 죵:終(兒學下10).

마ᄎᆞᆷ 부 마침. ☞마좀. 마좀 ¶辛君望 校理 적의 내 마ᄎᆞᆷ 修撰으로 上下番 ᄀᆞ초와 勤政門 밧기러니(古時調. 鄭澈. 松江). 마ᄎᆞᆷ 兄弟 둘히 겻히 잇더니(女四解4:10). 마ᄎᆞᆷ 만흔 사ᄅᆞᆷ 만나(十九史略1:16). 마ᄎᆞᆷ 셔울셔(隣語3:26). 흉노에 ᄉᆞ신 갓더니 마ᄎᆞᆷ 우샹이 위률을 죽이려 ᄒᆞ다가:使匈奴會虞常謀殺衞律(五倫2:11). 마ᄎᆞᆷ 회:會(註千25). 마ᄎᆞᆷ 셕:適(註千34).

-마ᄎᆞᆷ 조 -만치. -만큼. ¶어느마ᄎᆞᆷ셔 사ᄂᆞᆫ다:那些箇住(老解上43).

마키·다 동 매기다. ☞막키다 ¶三毒과 等分에 마키면(月釋13:18). 十因에 븓들여 마킳디 아니니:不必局配十因(楞解8:114). 네 ᄆᆞ디ᄅᆞᆯ 法에 마키노니:四節以配於法(圓覺上二之一48). 三性으로 마킳딘댄(圓覺上二之二46). 四弘誓中에 둘헤 마키니:配四弘誓中之二也(圓覺下一之一5). 둘흔 精進과 게을옴과 자바 마쿄미니:二約精進懈怠配之(圓覺下三之二11).

마·키·다 동 막히다. ☞막키다. 막히다 ¶第四卷브터 疑心 마쿄ᄆᆞᆯ 決ᄒᆞ야:自第四卷決通疑滯(楞解3:115). 法이 ᄒᆞ마 일어든 ᄆᆞᄎᆞ매 마쿄미 몯 ᄒᆞ리라:法既成不可終滯(楞解7:18). 權으로 ᄆᆡᆼᄀᆞ라 먼 ᄃᆡ 마켜 쉬오져 願ᄒᆞᄂᆞᆫ 사ᄅᆞᄆᆞᆯ:權設以濟阻脩願息之人(法華3:83). 痰이 마켜ᄡᅥ든:痰壅(救急上3). 마킬 ᄃᆡ 업스리라(金三4:32). 마킬 조:阻(類合下11). 마킨 고대(誡初34). 목굼기 마키고:喉閉(臘藥8).

마티다 동 맡게 하다. ¶ᄆᆡ양 초ᄅᆞᆯ 아핑 두고 그 내ᄅᆞᆯ 마티라:常置醋近前使聞其氣(胎要52).

마ᄐᆞ샤 동 맡으시어. ㉮맡다 ¶五香 마ᄐᆞ샤 웅긔어신 고해(樂範. 處容歌).

마파ᄅᆞᆷ 명 마파람. 남풍(南風). ¶늣바ᄅᆞᆷ의 한쇠바ᄅᆞᆷ 마파ᄅᆞᆷ의(萬言詞答).

마판 명 마판(馬板). ¶마판:棧(物譜 牛馬). 마판:棧(柳氏物名一 獸族).

마·함 명 마함(馬銜). 재갈. ¶마함 벗기고:取了嚼子(飜老上39). 마함:閘口(飜老下30). 마함 함:銜. 마함 표:鑣(訓蒙中27). 마함 벗기고:取了嚼子(老解上35). 마함:閘口(老解下27). 마함:銜子(同文解下20). 마함 벗다:退水環(譯解補18). 마함:嚼子(漢淸5:25). 마함 골희에 다림쇠:提嚼(漢淸5:25). 마함:銜(柳氏物名一 獸族).

:마함·쇠 명 마함(馬銜)쇠. 재갈. ¶馬含쇠 ᄒᆞ나ᄒᆞᆯ 믈 세 잔ᄋᆞ로 ᄒᆞᆫ 잔 ᄃᆞ외에 글혀 ᄃᆞ시 ᄒᆞ야 머기라(救急上43). 마함쇠:馬銜鐵(救簡2:74).

마황 명 마황(麻黃). ¶麻黃 ᄆᆞᄃᆡ 아ᅀᅡ ᄒᆞᆫ 兩과 甘草 닐굽 돈 半(救急上88). 마황 ᄆᆞᄃᆡ 아니 아ᅀᆞ니와:麻黃不去節(救簡2:15).

마흐래 명 마래기. ☞마흐릐 ¶마흐래 샹모:帽纓子(同文解上55).

마흐릐 명 마래기. ☞마흐래 ¶귀 덥ᄂᆞᆫ 마흐릐:護耳帽. 시옭 너른 마흐릐:寬沿帽. 량마흐릐:涼帽(漢淸11:1).

마흔 수 마흔〔四十〕. ☞마ᅀᆞᆫ. 마ᄋᆞᆫ ¶마흔:四十(同文解下20). 대되 마흔다ᄉᆞᆺ 學生이(朴新解1:47). 마흔 나라히 다 배호ᄃᆡ(十九史略1:18).

마흘 명 마〔薯〕를. 독마 ¶마흘 ᄏᆡ여 쪄 먹고:薯蕷取根蒸熟食之(救荒補3).

마히 명 마〔薯〕가.〔ㅎ 첨용어 ‘마’의 주격(主格).〕 독마 ¶ᄇᆡᄅᆞᆯ 充實케 ᄒᆞᆯ 마히 하고:充腸多薯蕷(重杜解1:14).

마히 명 장마가.〔ㅎ 첨용어 ‘마’의 주격.〕 독마 ¶마히 ᄆᆡ양이랴 장기 연장 다스려라(古時調. 尹善道. 비 오ᄂᆞᆫ ᄃᆡ. 靑丘).

·막 명 막(幕). 여막(廬幕). ¶집 밧긔 막 ᄆᆡ오 나셔 아ᄎᆞ미어든 드러가 ᄡᅳ설어늘(飜小

9:22). 집 밧긔 막 ᄆᆡ야 아ᄎᆞᆷ이어든 들어가:廬于舍外旦入(宣小6:19). 무덤 겯틔 막 ᄆᆡ야:廬于墓側(宣小6:24).

막 부 막. ¶막 ᄉᆞᆯ홀 저긔(痘瘡方50). 이월의 고지 막 픠여(太平1:21). 찬믈이 이 ᄢᅢ 막 어려운 적이니(諺簡. 仁宣王后諺簡). 막 ᄌᆞ라시ᄂᆞᆫ 아기ᄂᆡ를(閑中錄102).

막나이 명 막내. ¶막나이:晩生子(譯解補32).

막내다 동 다하다. 끝내다. ¶막낼 경:罄(類合下61).

막·다 동 막다. ¶뉘 마ᄀᆞ리잇가:誰能禦止(龍歌15章). 行幸ᄋᆞ로 마ᄀᆞ시니:游幸厭之(龍歌39章). 風流ㅅ 소리로 欲心ᄋᆞᆯ 막ᄉᆞᄫᆞ니(月印上17). 房ᄋᆞᆯ 아니 받ᄌᆞᄫᅡ 法으로 막ᄉᆞᆸ거늘(月印上36). 障ᄋᆞᆫ 마ᄀᆞᆯ 씨니(釋譜9:2). 毗耶城에 이블 마ᄀᆞ니라(月釋8:66). 막다히ᄅᆞᆯ 가져 미리 마고ᄃᆡ:持杖以預防之(救急下66). 뫼햇 ᄢᅯᆼ이 제 ᄧᅡᆨ 어두믈 막도소니:山雉防求敵(初杜解15:17). 곳굼긔 마고ᄃᆡ 두어 번만 ᄒᆞ면 즉재 그츠리라(救簡2:94). 이 道 마ᄀᆞᆯ 因緣이니라(六祖中4). 마글 잡:牐(訓蒙上6). 마글 고:錮(訓蒙下16). 마글 방:防. 마글 어:禦(類合下10). 마글 두:杜(類合下15). 마글 딜:窒(類合下31). 마ᄀᆞᆯ 옹:壅(類合下56). 마글 쇡:塞(類合下62. 石千27). 마글 두:杜(石千21). 막을 쇡:塞(註千27). 막을 강:抗(註千30). 제 성젼 제셩이야 그 뉘가 막을손냐(쌍벽가).

막·다 동 준(準)하다. ¶시가다이 마초아 마가 혜여도 잡말 말며 ᄒᆞ다가 빋낸 사ᄅᆞ미 아모 것도 마가 줄 것 업거든:照依時價准折無詞如借錢人無物准與(飜朴上61).

막다ᄃᆞᆮ다 동 끝에 다다르다. ¶막다ᄃᆞᄅᆞᆯ 궁:窮(類合下37). 막다ᄃᆞᄅᆞᆯ 극:極(類合下62).

막다이 명 막대기. ☞막다히 ¶돌햇 이슨 几와 막다예 문거ᄂᆞᆯ:石苔淩几杖(重杜解2:6).

막다·히 명 막대기. ☞막다이 ¶杵ᄂᆞᆫ 방핫괴니 굴근 막다히 ᄀᆞᄐᆞᆫ 거시라(釋譜6:31). 罪器옛 막다히와(月釋21:45). ᄯᅩ 갈 막다힐 더어도:及加刀杖者(法華4:194). 다ᄅᆞᆫ 나래 쇠막다히ᄅᆞᆯ 마ᄌᆞ리라:他日喫鐵棒(蒙法51). 山僧의 막다히로:山僧柱杖子(蒙法52). 도ᄐᆞ랏 막다히ᄅᆞᆯ 디퍼셔 센 머리ᄅᆞᆯ ᄆᆞ더니 너기노니:杖藜從白首(重杜解3:30). ᄂᆡ일 구루믈 보고 도로 도ᄐᆞ랏 막다히ᄅᆞᆯ 디퍼 이시리로다:明日看雲還杖藜(重杜解3:45). 棒ᄋᆞᆫ 막다히라(金三4:7). 榔櫟ᄋᆞᆫ 밍ᄀᆞ디 아니혼 막다히라(南明上49).

막:대 명 막대기. ☞막다이. 막다히 ¶막대 딥고ᅀᅡ 니더니(三綱. 孝17). 갈 막대 미조차 그티 ᄒᆞ야디여:刀杖尋段段壞(法華7:53). 막대 흐느러 샹녜 놀며:振錫常遊(永嘉下105). 눈서베 디나ᄂᆞᆫ 디픈 막대 어르누도다:過眉拄杖斑(初杜解7:12). 도ᄐᆞ랏 막대 딥고 믈곤 ᄀᆞᅀᆞᆯ히셔 ᄇᆞ라오니:杖藜望淸秋(初杜解9:3). 막대ᄅᆞᆯ 지여 셔 외로왼 돌ᄒᆞᆯ 보고:倚杖看孤石(杜解10:3). 막대에 샹커나 나모 돌해 지즐여(救簡1:81). 대 막대 잡고(南明下21). 콩 버므릴 막대 ᄒᆞ나토 업다:攪料棒也沒一箇(飜老上33). 막대 곤:棍. 막대 방:棒(訓蒙中18). 막대 공:筇(訓蒙中19). 딥ᄂᆞᆫ 막대:拄杖(訓蒙下17 拄字註). 막대 댱:杖(類合上24). 막대 칙:策(石千22. 註千22). 막대 쟝:杖(倭解上54). 막대 상:相(註千21).

막대디 명 막대기. ☞막대 ¶막대디ᄅᆞᆯ 디픈 후의사 니러나다:杖而後起(東新續三綱. 孝2:84).

막디ᄅᆞ다 동 막지르다. ☞막ᄌᆞᄅᆞ다 ¶막디ᄅᆞ다:窒(語錄5).

막디밀 명 밀의 한 품종. ¶막디밀:莫知麥(衿陽).

막딜·이·다 동 막질리다. 막히다. ¶믄득 ᄇᆞᄅᆞᆷ마자 추미 올아 긔운이 막딜이며:卒暴中風涎潮氣閉(救簡1:7). 비예 긔우니 ᄆᆞ려게 자펴 아라 우희 막딜여 긔우니 수이 통티 몯ᄒᆞ거든:蓋腹中元氣爲水所倂上下關格氣不能通(救簡1:65). 더러온 일와 고집ᄒᆞ고 막딜인 이를:陋固滯(飜小8:42). 거슯ᄧᅳ며 막딜이여 이긔디 몯ᄒᆞᆯ 근심이 업과댜 홈이니라:而無扞格不勝之患也(宣小書題2).

막ᄃᆡ 명 막대기. ☞막대 ¶ᄒᆞᆫ 손에 막ᄃᆡ 잡고 ᄯᅩ ᄒᆞᆫ 손에 가싀 쥐고(古時調. 禹倬). 막ᄃᆡ 칙:策(兒學上10).

막막됴 명 급하고 센 곡조. 마지막 끝막는 곡조. ¶거믄고 大絃을 티니 ᄆᆞᄋᆞᆷ이 다 눅더니 ᄌᆞ현의 우됴 올나 막막됴 쇠온 마리 섧기ᄂᆞᆫ 젼혀 아니호ᄃᆡ 離別 엇디 ᄒᆞ리(古時調. 鄭澈. 松江).

막막ᄒᆞ다 형 막막(漠漠)하다. ¶霜과 霰과 해 漠漠ᄒᆞ얏도다:霜霰浩漠漠(重杜解1:21).

막ᄆᆡ다 동 옭매다. ☞살오ᄆᆡ다 ¶막ᄆᆡ다:死絟(譯解下46).

막밧고다 동 맞바꾸다. ☞밧고다 ¶우리 ᄒᆞᆫ 가짓 거시 이시니 막밧곰이 엇더ᄒᆞ뇨:咱有一件東西對換如何(朴解上63). 막밧고다:對換(譯解上68).

막새 명 막새. 막새기와. ¶니여 잇ᄂᆞᆫ 거시 룡봉 도틘 막새 수디새 암디새:蓋的都是龍鳳凹面花頭筒瓦和仰瓦(飜朴上68). 막새:猫頭瓦(譯解上17).

막셩ᄒᆞ다 형 막성(莫盛)하다. ¶뎡인홍이 허명이 막셩ᄒᆞᆯ ᄢᅢ의 공이 인홍의 사오나오믈 아디 못ᄒᆞ고(山城89).

막연이 부 막연(漠然)히. ¶됴뎡이 막연이

몰랏다가(山城17).

막연ᄒᆞ다 형 막연(邈然)하다. ¶그 사ᄅᆞᆷ이 도라간 후 消息이 邈然ᄒᆞ여(隣語2:10).

막우 부 마구. ¶다나 쓰나 막우 걸너(古時調. 歌曲).

막즈르다 동 막지르다. ☞막ᄌᆞᄅᆞ다 ¶그 막즈르믈 닙고:被其欄截(無寃錄1:5).

막ᄌᆞ 명 막자. ¶막ᄌᆞ:擂槌(譯解下17). 槌ᄂᆞᆫ 俗稱 막지니(無寃錄1:20).

막ᄌᆞ르다 동 막지르다. ☞막ᄌᆞᄅᆞ다 ¶막ᄌᆞ르다:拒他(同文解上45).

막ᄌᆞᄅᆞ·다 동 막지르다. ☞막즈르다. 막ᄌᆞ르다 ¶門ᄋᆞᆯ 자펴 막ᄌᆞᄅᆞ시니(月印上16). 안팟긔 막ᄌᆞᄅᆞᆯᄊᆡ 몯 나가노라(釋譜3:p.100). 眞實로 너모 막ᄌᆞᄅᆞ니라:實過防(重杜解1:53). 자디 아니ᄒᆞ야 巴山ㅅ 버믈 막ᄌᆞᄅᆞ고:不寐防巴虎(杜解3:41). 곧 머리셔 오ᄂᆞᆫ 소ᄂᆞᆯ 막ᄌᆞᆯ오미 비록 이리 하나:卽防遠客雖多事(初杜解7:22). 靜一케 호ᄆᆞᆯ 막ᄌᆞᆯ오ᄆᆞᆯ 資賴홀디니라:靜一資隄防(初杜解7:35). 摠戎은 세워ᄃᆞᆫ 彼敵을 막ᄌᆞᄅᆞᄂᆞᆺ다:摠戎備强敵(重杜解12:13). 샤특ᄒᆞᆫ 이를 막ᄌᆞᄅᆞ고:閑邪(飜小8:10). 막ᄌᆞᆯ오ᄆᆞᆯ 져기 게을이 ᄒᆞ여ᄂᆞᆯ:防之少懈(飜小9:62). 이 녠 님금이 ᄡᅧ 술의 禍를 막ᄌᆞᄅᆞ신 배니라:此先王之所以備酒禍也(宣小3:30). 샤특ᄒᆞᆫ 거슬 막ᄌᆞᆯ라 졍셩을 두어:閑邪存誠(宣小5:90). 두옥이 닐오ᄃᆡ 내 집이 아니니 다ᄅᆞᆫ 손을 막ᄌᆞᄅᆞ기 어려온디라(太平1:24). 져근 칼 ᄎᆞ고 ᄡᅧ 스스로 막ᄌᆞᄅᆞ니:佩小刀以自防(東新續三綱. 烈2:30). ᄉᆞ나희와 겨집의 욕심이 바라나기 쉽고 막ᄌᆞᄅᆞ기 어려온 디라:男女情欲易熾而難防(警民15). 막ᄌᆞᄅᆞ다:攔當(譯解下43). 몸소 도적을 막ᄌᆞᄅᆞ더니(女範4. 녈녀 탕휘쳐).

※막ᄌᆞᄅᆞ다>막ᄌᆞ르다>막지르다

막ᄌᆞᆯ·옴 동 막지름. ㉮막ᄌᆞᄅᆞ다 ¶곧 머리셔 오ᄂᆞᆫ 소ᄂᆞᆯ 막ᄌᆞᆯ오미 비록 이리 하나:卽防遠客雖多事(初杜解7:22). 靜一케 호ᄆᆞᆯ 막ᄌᆞᆯ오ᄆᆞᆯ 資賴홀디니라:靜一資隄防(初杜解7:35). 몸 막ᄌᆞᆯ오ᄆᆞᆯ 뮌다마다 法다이 ᄒᆞᄂᆞ니:防身動如律(初杜解11:24). ᄆᆞ로ᄆᆞᆯ 막ᄌᆞᆯ오미 녯 風俗이로다:隄防舊風俗(初杜解25:3).

막·키·다 동 막히다. ☞마키다 ¶일즉 막켜 머믈우디 아니ᄒᆞ며:未嘗壅滯(宣小6:108). 길히 막킨 거시 업고:無所礙(太平1:4).

막키·다 동 매기다. ☞마키다 ¶다시 놉ᄑᆞ며 ᄂᆞᆺ가옴을 고노와 막키디 아니ᄒᆞ며:更不考定高下(宣小6:15). 우리 兩人을 블의예 막켜 건네여 겨시니(新語5:3).

막히다 동 막히다. ☞마키다 ¶막힐 격:隔(倭解下32). 가싀덤불이 네 녁히 막히여(五倫3:50). 막힐 ᄉᆡᆨ:塞(兒學下9).

:만 명 만(동안). ¶열 ᄃᆞᆯ 마내 왼녁 피ᄂᆞᆫ 男子ㅣ ᄃᆞ외오(月釋1:8). 두 ᄒᆡᆺ 마내 ᄉᆡ어미 病ᄒᆞ옛거늘(三綱. 孝31). 人生ᄋᆞᆯ 잇비 ᄃᆞᆫ뇨ᄆᆞᆫ 다ᄆᆞᆺ 언마 만고:勞生共幾何(初杜解22:26). 사ᄋᆞᆯ 마늬(瘟疫方5). 八日粮 진니고 八日 만의 올나가니(八域歌).

:만 수 만(萬). ¶서르 머로미 千과 萬괘라도:相去千萬(宣賜內訓2下71).

-만 조 ①-만〔한정〕. ¶즐거ᄫᅳᆫ 것만 주어도 功德이 그지업스리어늘(月釋17:48). 엇데 절 아니홈만 ᄀᆞᆮᄒᆞ리오(六祖中54). 사ᄅᆞᄆᆞᆫ 일셰만 사라 잇고:人生一世(飜朴上1).
②-만〔비교〕. ¶사ᄅᆞᆷ이라도 즁ᄉᆡᆼ만 몯호이다(月印上52). 양ᄌᆡ 摩耶夫人만 몯ᄒᆞ실ᄊᆡ 버근 夫人이 ᄃᆞ외시니라(釋譜6:1). 虛空애 絲毫맛 念도 막디 아니홀시:虛空不閡絲毫念(金三2:15). 書ㅣ 업슴만 ᄀᆞᆮ디 몯ᄒᆞ니라:不如無書(宣孟14:2). 아달 나음이 ᄯᆞᆯ 남만 갓지 못ᄒᆞ니라(女四解4:12).
③-만큼. ¶세간 드틀을 므슴만 너기시리(月印上45). 밥 머글 ᄉᆞᅀᅵ만 너겨(釋譜13:34). ᄀᆞᄂᆞᆫ 듣글만 點곳 ᄂᆞ리와(楞解1:5). 뎔 뒤헤 五里만 가:至寺後五里許(六祖中108). 어루 노ᄑᆡ 七寸만 ᄒᆞ야:可高七寸(六祖中110). ᄯᅩ ᄒᆞᆫ 드레만 기르라:再打上一洒子着(飜老上35). ᄉᆞᆫᄀᆞ락만 큰 ᄌᆞ타날 뎡ᄌᆞ애:指頭來大紫鴉忽頂兒(飜朴上29). 엄슉홈을 구홈은 ᄐᆡ임만 놉픈이 업고 효도ᄒᆞ고 공경홈은 ᄐᆡᄉᆞ만 슌젼ᄒᆞᆫ 이 업시니(女四解2:33). 高城을랑 뎌만 두고 三日浦ᄅᆞᆯ ᄎᆞ자가니(松江. 關東別曲).

:만·가 형 아닌가. ¶다시 남진어루미 올홀가 만가 니ᄅᆞ샤ᄃᆡ:可再嫁否曰(飜小7:35).

:만긔 명 만기(萬幾. 萬機). ¶萬幾 縱浩ᄒᆞ나:幾ᄂᆞᆫ 조가기니 님금 이리 만ᄒᆞ실ᄊᆡ ᄒᆞᄅᆞᆺ 內예 一萬 조가기시다 ᄒᆞᄂᆞ니라(月釋序16). 萬幾 비록 하나 엇뎨 겨르리 업스리오(月釋序17). 萬幾ㅅ 겨르레 쟝ᄎᆞ 聾과 瞽와로 여러 ᄇᆞᆰ게 호려 ᄒᆞ샤(永嘉跋2).

만·나·다 동 만나다. ☞맛나다. 맛나다 ¶만날 조:遭. 만날 티:値(類合下29). 만날 우:遇(類合下35). 만날 봉:逢(類合下43). ᄌᆞ조 도적을 만나:數遇賊(宣小6:18). 서ᄅᆞ 만날 계귀 업서(太平1:2). 사ᄅᆞᆷ을 셔름 만나게 ᄒᆞᆫ 거시니(三譯2:4). 만날 봉:逢(倭解下41). 만나다:逢着(同文解上29). 만날 뎡:丁(註千24).

만나·다 형 맛나다. ☞맛나다 ¶브세 들어 ᄃᆞᆯ고 만난 거ᄉᆞᆯ ᄀᆞ초고:入廚具甘旨(宣小6:92). 삼시예 ᄃᆞᆯ며 만난 거ᄉᆞᆯ ᄀᆞ초아:三時具甘旨(東新續三綱. 孝1:14). 진실노 됴ᄒᆞᆫ 옷과 만난 반찬으로(警民34).

만날 명 매일. ¶만날 노심ᄒᆞ셔 ᄌᆞ도롤 점점 못 출히시니(閑中錄118).
만달다 동 만들다. ¶ᄭᅡ다론 졍ᄉᆞ롤 만다라(三略上35).
:만:뎡 명 망정. ☞만졍 ¶밥 머긆 덛 만뎡(月釋8:8).
-·만·도 조 -만도. 〔조사 '-만' + '-도'〕 ¶아니홈만도 ᄀᆞᆮ디 몯ᄒᆞ니라(飜小8:30).
만도라미 명 맨드라미. ☞만도람이. 만ᄃᆞ라미 ¶만도라미:雞冠花(同文解下45).
만도람이 명 맨드라미. ☞만도라미. 만ᄃᆞ라미 ¶이 만도람이 빗체 四花 슈ᄒᆞᆫ 거스란 더그레 짓고:這鷄冠紅綉四花做搭護(朴解中54). 만도람이:鷄冠花(漢淸13:42). 만도람이:鷄冠花(物譜 花卉).
만두 명 만두. ¶만두 혼:餛. 만두 돈:飩(訓蒙中20). 만두ᄂᆞᆫ 상화ㅣ오(家禮10:10). 만두 만:饅(倭解上47).
만ᄃᆞ라·미 명 맨드라미. ☞만도라미. 만도람이 ¶힌 만ᄃᆞ라미롤 하나 져그나:青葙草不限多小(救簡2:95). 만ᄃᆞ라미 ᄡᅵ:青葙子. 만ᄃᆞ라밋곳:鷄冠花(東醫 湯液三 草部).
만ᄃᆞ아미 명 맨드라미. ☞만ᄃᆞ라미 ¶만ᄃᆞ아미풀:雞冠草(經驗方).
만뢰 명 만뢰(萬籟). 자연계에서 일어나는 여러 가지 소리. ¶萬籟ᄂᆞᆫ 山谷 ᄉᆞ이옛 ᄇᆞᄅᆞᆷ과 믈와 여러 소리라(重杜解6:1).
만류ᄒᆞ다 동 만류(挽留)하다. ¶暫間이라도 挽留코져 ᄒᆞ니(隣語1:2).
만만ᄒᆞ다 형 대수롭지 않다. ¶관ᄎᆡ다려 못 ᄒᆞᆫ 말을 만만홀손 ᄂᆡ가 듯ᄂᆡ(萬言詞).
만물 명 만물(萬物). ☞만믈 ¶텬디 만물은 지ᄇᆡᄒᆞ고 경복ᄒᆞ믈(經筵).
:만·믈 명 만물(萬物). ¶萬物에 구버 ᄀᆞᆮᄒᆞ샤ᄆᆞᆯ 가ᄌᆞᆯ비시니라(法華3:35). 義 난 後에ᅀᅡ 禮ᄃᆞ외며 禮ᄃᆞ왼 後에ᅀᅡ 萬物이 便安ᄒᆞᄂᆞ니:義生然後禮作禮作然後萬物安(宣賜內訓1:77). 萬物이 제 本來ㅅ 性에 븓ᄂᆞ니(初杜解6:47). 萬有ᄂᆞᆫ 萬物이라(金三1:5). 만믈이 셩ᄒᆞ면(飜小6:27). 만믈 믈:物(類合下63). 孟子ㅣ ᄀᆞᆯᄋᆞ샤ᄃᆡ 萬物이 다 내게 備ᄒᆞ얀ᄂᆞ니(宣孟13:3).
만믈 명 끝물. ¶만믈:末淋酒(同文解上60). 만믈:酒稍子(漢淸12:42).
:만민 명 만민(萬民). ¶ᄒᆞᆫ ᄆᆞᄋᆞ로 萬民의 命을 맛고니(三綱. 忠35).
:만방 명 만방(萬方). ¶朕躬의 罪ㅣ 이심은 萬方으로 ᄡᅥ 아니오:朕躬有罪無以萬方(宣論4:68). ᄯᅩ 닐오ᄃᆡ ᄒᆞᆫ 사ᄅᆞᆷ이 어딜면 만방이 졍ᄒᆞ다 ᄒᆞ니(仁祖行狀18).
:만:셕군 명 만석군(萬石君). ¶萬石君:당신과 아ᄃᆞᆯ 네희 녹이 각각 이쳔 셕식이모로 만셕군이라 ᄒᆞ니라(宣小6:77).
만셕듕이 명 망석중이. ¶남진을 만셕듕이라 안쳐 두고 보랴(古時調. 술이라. 瓶歌).
:만:셰 명 만세(萬世). ¶昏姻ᄒᆞᄂᆞᆫ 禮ᄂᆞᆫ 萬世의 비르소미니:夫昏禮萬世之始也(宣賜內訓1:76). 어루 萬世옛 法이 ᄃᆞ외리로다:爲萬世法也(宣賜內訓2下43). 萬世의 비르솜이라:萬世之始也(宣小2:47).
:만:셰 명 만세(萬歲. 萬世). ¶부텻 德을 아ᅀᆞᄫᅡ 萬歲롤 브르ᅀᆞᄫᆞ니(月印上10). 梵志外道ㅣ 부텻 德을 아ᅀᆞᄫᅡ 萬歲롤 브르ᅀᆞᄫᆞ니(月釋2:44). 楚ㅣ 다 萬世 브르고 城ㅅ 東녀긔 가아 보더니(三綱. 忠5).
:만·ᄉᆞ 명 만사(萬事). ¶만ᄉᆞ앳 일 이루미 다 녯 사ᄅᆞᄆᆡ게 밋디 몯ᄒᆞ리라:萬事之成咸不逮古先矣(飜小8:24).
만ᄉᆡᆼ 명 만생(晩生). 〔선배에게 자기를 겸손하게 이르는 말.〕 ¶만ᄉᆡᆼ 등이 이리 오기ᄂᆞᆫ(引鳳簫3).
-만싼 조 -만큼. ☞-맛감 ¶道上無源水을 반만싼 ᄃᆡ혀 두고(蘆溪. 陋巷詞).
:만·실·에 부 만일(萬一)에. ☞만이레 ¶만실에 능히 論語 孟子ㅅ 가온ᄃᆡ 기피 구ᄒᆞ고 맛드려 쟝ᄎᆞᆺ ᄒᆞ워기 길워 일우면:若能於論孟中深求玩味將來涵養成(飜小8:32).
만·ᄉᆞᆫ 수 마흔. ☞마ᄉᆞᆫ ¶우리 ᄒᆨ댱 위두ᄒᆞ야 만ᄉᆞᆫ다ᄉᆞᆺ 션ᄇᆡ라:咱學長爲頭兒四十五箇學生(飜朴上49).
:만·월 명 만월(滿月). ¶ᄂᆞᄎᆡ 滿月 ᄀᆞᆮᄒᆞ시고 눈섭 相이 조ᄒᆞ샤 天帝ㅅ 활 ᄀᆞᆮᄒᆞ샤미 第三十이시고(法華2:13).
-만은 조 -마는. ¶구홀 배 아니리오만은(字恤1). 邑名이 만컨만은 愁州라 지은 줄이(愁州曲).
만을 형 많을〔多〕. ㉮만ᄒᆞ다 ¶만을 과:夥(倭解下42).
만이 부 많이. ☞만히 ¶그적의 曹操ㅣ 살 만이 아인가 ᄒᆞ여 속으로 심심ᄒᆞ여 이실 제(三譯5:2). 인간 작죄 만이 ᄒᆞ여(萬言詞). 밥 쑨 노릇 하오시니 져녁밥 만이 먹소(萬言詞).
-:만·이나 조 -만큼이나. ¶실과 터럭만이나 다ᄒᆞ디 몯ᄒᆞ야도:絲毫不盡(宣小5:94).
:만·이레 부 만일(萬一)에. ☞만실에 ¶만이레 이리 조심ᄒᆞ야 ᄃᆞᆫ니면:若這般謹愼行時(飜老下46). 이제 비홀 사ᄅᆞ미 만이레 능히 이리 홀 주롤 알면(飜小6:9). 만이레 군둥에 갈딘대ᄂᆞᆫ:若從軍(瘟疫方11).
만인 명 만인(萬人). 모든 사람. ¶만인이 ᄒᆞᆫ ᄆᆞ옴으로 ᄒᆞ야 나으미 잇고 므로미 업ᄉᆞ라(練兵17).
:만·일 부 만일(萬一). ☞ᄒᆞ다가 ¶뷔여 神ᄒᆞ야 萬一 죽디 아니홀 거시면:谷神如不死(初杜解6:28). 만일 吹噓홀다:儻吹噓(初杜

解9:19). 만일 여:如(類合下49). 만일 다 本音을 쓰면:若盡用本音(宣小 凡例3). 이제 만일 멀리 나가면 할미 어ᄃᆡ 의뢰ᄒᆞ리오:今若遠出祖母何賴(東新續三綱. 孝8:70). 만일 약:若(倭解上27). 만일 使令ᄒᆞ시미 읻거든(女四解2:17). 만일 回馬ᄅᆞᆯ ᄒᆞ면(武藝圖44).

:만·일에 부 만일(萬一)에. ☞만실에 ¶萬一에 ᄌᆞ조 보시니어든 더 노피 對接ᄒᆞ더시다:若數寵引輒增隆遇(宣賜內訓2上43). 만일에 과ᄀᆞᆯ이 약 업거든:若(簡辟5). 萬一에 敗ᄒᆞ여 드러나면:萬一敗露(宣小5:62). 만일에 豪傑읫 士ᄂᆞᆫ(宣孟13:7).

만져 부 먼저. ¶秋成이 되온 후ᄌᆡ 王稅을 만져 ᄒᆞ고(愁州曲).

만졍 명 망정. ☞만뎡 ¶모쳐라 밤일싀 만졍 ᄂᆞᆷ 우일 번ᄒᆞ괘라(古時調. 碧紗窓이 어른어른커ᄂᆞᆯ. 靑丘).

:만·죡·ᄒᆞ·다 형 만족(滿足)하다. ¶이 善男子ㅣ 神通이 滿足ᄒᆞ야 부텻 이ᄅᆞᆯ 일워(楞解8:34). 圓은 이 滿足ᄒᆞ야 虧 업스며 缺업수미라(圓覺上一之二16).

만지다 동 만지다. ☞ᄆᆞᆫ지다 ¶만질 문:捫(兒學下3).

만쳥 명 만청(蔓菁). 순무. ☞쉰무우 ¶만쳥이니 쉰무우(詩解 物名4).

:만·찰·ᄒᆞ·다 동 만찰(挽撮)하다. 죄인을 매어 끌다. ¶더디며 자ᄇᆞ며 티며 쏘며 挽撮ᄒᆞᄂᆞᆫ 여러 이리 잇ᄂᆞ니:挽撮ᄋᆞᆫ 罪人ᄋᆞᆯ ᄆᆡ야 그슬 씨라(楞解8:88).

-·만·치 조 -만치. -만큼. ☞-맛감 ¶ᄀᆞᆳ대 네헤 집 보 우흿 듣글 콩만치ᄅᆞᆯ 녀코:用蘆管四筒取梁上塵如豆大入管中(救簡1:60). 밀탄ᄌᆞ만치 ᄒᆞᆫ 나출 수레 녀허:以蠟如彈丸一枚置酒中(救簡2:57). ᄑᆞᆺ만치ᄅᆞᆯ 두 코 안ᄒᆡ 불어:取小豆許吹兩鼻中(辟新11).

-·만·케 접미 -만하게. ¶거싀련 여름만케 비븨여:爲丸如茨實大(救簡2:37).

-·만코 접미 -만하고. ¶혀 우희 검고 두서 굼기 빈혀 구무만코 피 나ᄃᆡ:舌上黑有數孔大如簪出血(救簡2:120).

만하 명 지라. ☞만화. 말하 ¶만하 비:脾(倭解上18).

만호롸 형 많도다. ¶내 보미 닉으며 내 드ᄅᆞ미 만호롸(百行源20).

만홀ᄒᆞ다 형 만홀(漫忽)하다. ¶대됴의 ᄆᆞᄋᆞᆷ을 싱각ᄒᆞ샤 감히 만홀치 마ᄅᆞ셔(經筵).

만화 명 지라. ☞만하. 말하 ¶만화:脾(四解上16). 만화:沙肝(譯解上35). 만화:脾(同文解上17. 漢淸5:57). 만화:沙肝(柳氏物名一獸族).

만환·ᄒᆞ·다 동 만환(灣環)하다. 휘돌다. 빙돌다. ¶八萬劫엣 잇ᄂᆞᆫ 衆生ᄋᆡ 業流ㅣ 灣環ᄒᆞ야:灣은 믈 횟도ᄂᆞᆫ ᄯᅡ히오 環은 횟돌씨라(楞解10:7).

:만·히 부 많이. ☞마니. 만이 ¶글도 만히 알며 가ᅀᆞ며러 布施도 만히 ᄒᆞ더니(釋譜6:12). 사ᄅᆞᄆᆞᆯ 만히 보내야(釋譜23:23). 히 만히 도도ᄆᆞᆯ 니ᄅᆞ니라(月釋1:49). 貴ᄒᆞᆫ 차반 우 업슨 됴ᄒᆞᆫ 마ᄉᆞᆯ 만히 노ᄊᆞᆸ고:廣設珍羞無上妙味(楞解1:31). 栴檀沉水ᄅᆞᆯ 비허 盛히 만히 셧드르니(法華5:184). ᄆᆞᄎᆞ매 노ᄒᆞ샤ᄆᆞᆯ 만히 ᄒᆞ시니라:卒多有所降宥(宣賜內訓2上46). 中下ᄂᆞᆫ 만히 듣ᄃᆞ록 어둑信티 아니ᄒᆞᄂᆞ니:中下多聞多不信(南明上36). 이제 士大夫의 집이 만히 이ᄅᆞᆯ 므던이 너겨:今士大夫家多忽此(宣小5:40). 만히 간활ᄒᆞᆫ 아젼ᄋᆡ게 미ᄭᅵᆫ 배 되여:多爲猾吏所餌(宣小5:60). 구호ᄅᆞᆯ 만히 ᄒᆞ며:救護多方(東新續三綱. 孝8:63). 내 만히 ᄒᆞ고져 ᄒᆞ노라:我多要些(老解下23). 눈 만히 오다:下大雪(譯解下3). 샹ᄉᆞ 만히 ᄒᆞ시고(明皇1:30).

:만·ᄒᆞ·다 형 많다. ¶讒口ㅣ 만ᄒᆞ야:讒口旣噂沓(龍歌123章). 세 하ᄂᆞ론 煩惱ㅣ 만ᄒᆞ고(釋譜6:36). 百姓도 만ᄒᆞ며(月釋2:11). 모딘 뉘예 病이 만ᄒᆞ며(月釋10:84). 그 사ᄅᆞ미 子息이 만ᄒᆞ야(月釋17:16). 주그니 만ᄒᆞ더니(三綱. 忠28). 주어 보내ᄂᆞᆫ 거시 ᄀᆞ장 만ᄒᆞ더니(飜小9:59). 사ᄅᆞ미 만ᄒᆞᆫ 주를 보면:見人多時(飜老上46). 아희 겨집ᄃᆞᆯ 만ᄒᆞ고:老少又多(飜老上52). 활 ᄡᅩ리 만ᄒᆞ니:射弓的多有(飜朴上59). 만ᄒᆞᆯ 은:殷(類合下29. 石千5). 만ᄒᆞᆯ 듀:稠(類合下52). 만ᄒᆞᆯ 화:夥(類合下60). 우리 吳中 권당이 ᄀᆞ장 만ᄒᆞ니:吾吳中宗族甚衆(宣小5:80). 올ᄒᆡ 雨水ㅣ ᄀᆞ장 만ᄒᆞ여:今年雨水十分大(朴解上9). 나히 만ᄒᆞ니 업거ᄂᆞᆯ(女四解4:15). 당손 부인이 나히 만ᄒᆞ야(女範2. 효녀 당시부). 나 만타:年老(同文解上18). 만하도 三日에 지나지 못ᄒᆞ여(朴新解1:16). 이즌 일도 만타마ᄂᆞᆫ 봉공 무가ᄒᆞᆷ이로다(萬言詞). 黃金이 만ᄒᆞ면 買賦나 ᄒᆞ련마ᄂᆞᆫ(曺友仁. 自悼詞). 도로여 生覺ᄒᆞ니 人間淸福 ᄂᆡ야 만타(草堂曲). 만ᄒᆞᆯ 려:黎(註千5). 만ᄒᆞᆯ 진:振(註千22). 만ᄒᆞᆯ 부:阜(註千23). 만ᄒᆞᆯ 다:多(註千24). 만ᄒᆞᆯ 셔:庶(註千29). 만ᄒᆞᆯ 증:蒸(註千37).

만·ᄒᆞ·다 조형 만하다. ¶이 施主ㅣ 衆ᄋᆡ그에 一切 즐거븐 것 布施ᄒᆞᆯ 만ᄒᆞ야도 功德이 그지업스니(釋譜19:4). 길 달오ᄆᆞᆯ 더욱 알 만ᄒᆞ나(永嘉下70). 긔디ᄒᆞ며 외올 만ᄒᆞᆯ 줄이 아니라:不止記誦(宣小5:4). 料米ᄂᆞᆫ 먹을 만ᄒᆞ오되(隣語1:3).

-만·ᄒᆞ·다 접미 -만하다. ¶正法이 世間애 이쇼ᄆᆞᆫ 劫數ㅣ ᄒᆞᆫ 閻浮提微塵만ᄒᆞ고 像法

이 世間애 이쇼ᄆᆞᆫ 劫數ㅣ 四天下微塵만ᄒᆞ더니(釋譜19:28). 半만ᄒᆞᆫ 沼라(圓覺序74). 먼 드르흘 咫尺만ᄒᆞᆫ가 ᄉᆞ랑ᄒᆞ노라:曠野懷咫尺(初杜解7:23). 일ᄇᆡᆨ 보 ᄶᅡ만ᄒᆞᆫ ᄃᆡ:一百步地(飜老上48). 곧 열 분만ᄒᆞᆫ 병이라도 닷분이나 덜리라:便有十分病也減了五分(飜老下47). 곳 열 分만ᄒᆞᆫ 병이 잇다가도(老解下43).

만ᄒᆞᆫ 형 많은. ¶그 다른 만ᄒᆞᆫ 문구와 밧그로 ᄭᅮᆷ인 거ᄉᆞᆫ:其它繁文外飾(警民35).

맏 명 마당. ☞맡 ¶맏 댱:場. 맏 보:圃(訓蒙上7). 맏 댱:場(石千6).

맏 명 맛. ☞맛 ¶맏 미:味(倭解上48).

맏나다 동 만나다. ¶나히 칠십이 너머셔 부모상을 맏나:年踰七十遭父母喪(東新續三綱. 孝4:59).

·맏나다 형 맛나다〔味〕. ☞맛나다 ¶귀ᄒᆞᆫ 맏난 것과 盛ᄒᆞᆫ 차반을 방ᄌᆞ히 먹으며:恣食珍羞盛饌(宣小5:51). 어버이ᄂᆞᆫ 맏난 마ᄉᆞᆯ 極히 ᄒᆞ더라:親極滋味(宣小6:25).

·맏·다 동 맡다〔嗅〕. ☞맛다. 맡다 ¶香ᄋᆞᆫ ᄒᆞᆫ갓 옷곳ᄒᆞᆫ 것분 아니라 고ᄒᆞ로 맏ᄂᆞᆫ 거슬 다 니르니라(釋譜13:39). 고해 됴ᄒᆞᆫ 내 맏고져 ᄒᆞ며(月釋1:32).

맏당이 부 마땅히. ☞맛당이 ¶현감이 맏당이 나가라 쥰이 ᄭᅮ죵ᄒᆞ야 닐오ᄃᆡ:縣監當出趨叱之曰(東新續三綱. 忠1:85). 내 맏당이 그ᄃᆡ를 디하애 조ᄎᆞᆯ이라:我當從君地下(東新續三綱. 烈2:26).

맏당히 부 마땅히. ☞맛당히 ¶맏당히 지아비 인ᄂᆞᆫ 바를 니ᄅᆞ려니와:當告夫所在(東新續三綱. 烈1:27).

맏디다 동 맡기다. ☞맛디다 ¶비록 그릇 신ᄂᆞᆫ 져근 이리라도 죵을 맏디디 아니ᄒᆞ더라:雖滌器之微不委僮僕(東續三綱. 孝29 鄭門世孝). 군부의 맏디신 ᄯᅳ디 아니라:非君父委寄之意也(東新續三綱. 忠1:43). 뎡긔싱이를 맏뎌 ᄒᆞ여곰 늘근 어마님ᄭᅴ 뎐ᄒᆞ야:鄭已生使傳于老母(東新續三綱. 忠1:87).

맏보다 동 맛보다. ☞맛보다 ¶그 어미 병이 두텁거ᄂᆞᆯ ᄯᅩᆼ을 맏보고:其母病篤嘗糞(東新續三綱. 孝6:84). 맏볼 샹:嘗(倭解上48).

맏ᄡᅡᆼ이 부 마땅히. ☞맛당이 ¶아ᄋᆞᆫ 맏ᄡᅡᆼ이 주검 즉디 아니니라 ᄒᆞᆫ대:弟不當死倅(東新續三綱. 孝7:32). 내 맏ᄡᅡᆼ이 주거 ᄒᆞᆫᄃᆡ 도라가리라 ᄒᆞ고:吾當死而同歸(東新續三綱. 烈2:21).

맏좁·다 동 맞자옵다. ☞맏줍다 ¶幷州 ᄶᅩᄋᆞᆯ히 브리신 일 맏조와 가셔 뵈 일쳔 필 반고 그 일이 나거늘:奉使(飜小9:3).

맏지다 동 맡기다. ☞맛디다 ¶맏질 슈:授(倭解下36). 이런 重大ᄒᆞᆫ 일을 맏지ᄋᆞᆸ시면 힝혀 狼狽ᄒᆞ오리(隣語3:18). 人便 이실 젹의 챡실이 맏져 보내올 거시니(隣語5:8).

맏:줍·다 동 ①맞자옵다. ☞만줍다 ¶아래 八婇女 맏ᄌᆞᄫᅡ 梵摩羅國 林淨寺로 가ᅀᆞᄫᆞᆫ 내로니(月釋8:92). 일로 將士를 알외야 乘輿를 맏ᄌᆞᄫᆞ라(三綱. 忠16). 雞園은 無憂王이 지ᅀᅥ 부텨를 맏ᄌᆞ오니라:雞園無憂王造以迎佛也(楞解5:33).
②받잡다. 받자옵다. ¶命 맏ᄌᆞᄫᅡ 나아 어려ᄫᅳᆫ 일 듣고 말면 님금 命에 엇디ᄒᆞ리오:銜命以出聞難而止若君命何(三綱. 忠20). 셩지 맏ᄌᆞ오신가 맏ᄌᆞ오이다:聖旨領了麼 領了(飜朴上8).

맏치다 동 맞히다. ☞마치다 ¶맏칠 즁:中(倭解上40).

:말 명 말〔語〕. ¶貝의 지븨 가샤 避仇ᄒᆞᇙ 소ᄂᆡ 마리:適彼令舍避仇客辭(龍歌28章). 世尊 말 ᄉᆞᆯᄫᆞ리니(月印上1). 아바닚긔 말 ᄉᆞᆯᄫᅡ(月印上16). 그 말 듣ᄌᆞᆸ고(釋譜6:2). 矣ᄂᆞᆫ 말 ᄆᆞᆺᄂᆞᆫ 입겨지라(訓註2). 내 말옷 아니 드르시면(月釋2:5). 한 마ᄅᆞᆫ 낫나치 ᄡᅳ디 몯ᄒᆞ리니:多說不可縷疏(楞解1:17). 輕薄ᄒᆞ야 말 잘ᄒᆞᄂᆞᆫ 손ᄋᆞᆯ 사괴더니:通輕俠客(宣賜內訓1:37). 一乘엣 至極ᄒᆞᆫ 마리샤:一乘極談(法華1:149). 말 구들 건:謇(訓蒙叡山本下12). 샷거시 말과(野雲48). 고ᄃᆞᆫ 말 악:諤. 올ᄒᆞᆫ 말 당:讜(類合下25). 말 리을 이:而(石千14). 져제와 ᄆᆞᅀᆞᆳ 말와:市井里巷之語(宣小6:3). 그 말대로 ᄒᆞ니(太平1:13).

·말 명 말〔斗〕. ☞마 ¶여듧 셤 너 마리러시니(釋譜23:51). 말 듧 金바리예 힌 ᄡᆞᆯ ᄀᆞᄃᆞ기 다마(月釋8:90). 斗는 마리라(月釋9:7). 말 저울로 사ᄅᆞᆷ 소기ᄂᆞ니와(法華7:119). 汝陽王은 서 맔 수를 먹고ᅀᅡ:汝陽三斗(初杜解15:40). 李白은 술 ᄒᆞᆫ 말 먹고 詩를 一百篇 짓ᄂᆞ니:李白一斗詩百篇(初杜解15:41). ᄒᆞᆫ 맔 술와 새 그를 ᄆᆞᄎᆞ매 스스로 踈隔호라:斗酒新詩終自踈(初杜解21:18). 비록 여듧 셤 너 말이 나도(南明上31). 거믄 콩 ᄒᆞᆫ 말와:黑豆一斗(救簡1:10). 밧고뫌 ᄒᆞᆫ 말 ᄡᆞᆯ옴 ᄒᆞ니:糴的一斗米(飜老上54). 더 말 될 사ᄅᆞ미게 돈 일ᄇᆡᆨ 낫만 주고:與他一百箇斗子錢(飜朴上12). 말 두:斗(訓蒙中11). 여슌 말 너 되 죵:鍾(類合下58). 말 두:斗(倭解上55). 그 집 ᄉᆞ람 눈치 알고 보리 ᄒᆞᆫ 말 ᄲᅥ셔 주며(萬言詞). 斗曰抹(雞類).

·말 명 말뚝. ¶橛은 말히라(楞解8:85). 나귀 ᄆᆡᆯ 말히라 ᄒᆞ야 ᄡᅳ디 몯ᄒᆞ리라:不得作繫驢橛用(蒙法14). 나모 버혀 말 박고(初杜解25:2). 말 장:樁. 말 궐:橛. 말 탁:椓. 말 익:杙(訓蒙中18).

말 명 말〔馬〕. ☞ᄆᆞᆯ ¶ᄡᅳ던 말 지계ᄒᆞ니(萬言

詞). 말 탈 긔:騎(兒學下6).
말 명 마름. ¶말:水藻(柳氏物名三 草).
말가다 형 말갛다. ☞말가ᄒᆞ다 ¶黃池로 소슨 물이 洛川이 말가셔라(陶山別曲).
·말가·히 부 말갛게. ¶善心이 오ᄋᆞᆯ면 안존고대셔 말가히 보리니(月釋8:1).
말가ᄒᆞ다 형 말갛다. ☞말가다 ¶至匊忩 至匊忩 於思臥 말가ᄒᆞᆫ 기픈 소희 온간 고기 뛰노ᄂᆞ다(古時調. 尹善道. 우는 거시 벅구기가. 孤遺).
말거동 명 말과 거동(擧動). ¶인ᄉᆞ당 ᄒᆞ시는 말거동이(新語9:14).
말검어리 명 말거머리. ¶바소 갓튼 말검어리와 귀纓子 갓튼 杖鼓아비는(古時調. 金壽長. 바독 걸쇠. 海謠).
말게 명 고개. ¶ᄒᆞᆯ 일 업셔 말게 올라 압길을 바라보니(萬言詞).
말겯 명 말투. 말씨. ¶자네 나토 져므셔 뵈고 말겯도 됴싸오니(新語9:17).
:말겻·고·다 동 말다툼하다. ¶諍온 말겻골 씨오(楞解4:8).
말구·디ᄒᆞ·다 동 말굳다. 말을 더듬다. ☞말굳다 ¶말구디ᄒᆞᆯ 눌:訥(訓蒙下28).
:말굳·다 동 말굳다. 말을 더듬다. ☞말구디ᄒᆞ다 ¶말구들 건:謇. 말구들 ᅀᅵᆫ:訒(訓蒙下28). 말구들 눌:訥(倭解上26. 兒學下12).
말굽쇠 명 말편자. 마제철(馬蹄鐵). ¶말굽쇠:元寶(柳氏物名五 金).
말근대쑥 명 다북쑥. ¶말근대쑥:莘(柳氏物名三 草).
말나 동 말라. ¶江물이 잠간 말나 平安이 건너신 後의(八域歌).
말나니다 동 말라 내다. 마름질하다. ☞말ᄂᆞ니다 ¶가을 하ᄂᆞᆯ 비 ᄀᆡᆫ 빗츨 드는 칼노 말나니여(古時調. 甁歌).
말닛다 동 말을 잇다. ¶말니을 이:而(倭解上26. 註千14).
말ᄂᆞ니다 동 말라 내다. 마름질하다. ☞말나니다¶가을 하늘 비 ᄀᆡᆫ 빗츨 드는 칼노 말ᄂᆞ니여(古時調. 歌曲).
:말·다 동 ①말다. ¶止ᄂᆞᆫ 마ᄂᆞ다 ᄒᆞ논 ᄠᅳ디라(釋譜序3). 말라 말라 다시 니르디 마라ᅀᅡ ᄒᆞ리니(釋譜13:44). 출히 說法 마오 涅槃애 어서 드사 ᄒᆞ리로다(釋譜13:58). 廢ᄂᆞᆫ 말 씨오(月釋序17). 님하 오ᄂᆞᆳ나래 넉시라 마로리어다(月釋8:102). 부텨 니ᄅᆞ샤ᄃᆡ 말라(月釋10:16). ᄆᆞᆶ 저기 업ᄂᆞ니:無有休息(楞解8:125). ᄆᆞᅀᆞᄆᆞᆯ 迷ᄒᆞ야 제 마라:迷心而自休息(楞解10:69). 말ᄊᆞᄆᆞᆯ 通達커든 마롤띠어ᄂᆞᆯ:辭達則已(法華1:9). 浣花옛 늘근 한아비ᄅᆞᆯ 와 볼다 말다:肯訪浣花老翁無(初杜解8:23). 볼 나ᄅᆞᆯ 구틔여 더듸다 ᄒᆞ야 말리아:見日敢辭遲(初杜解8:47). 구위실 마로미 ᄯᅩ 사ᄅᆞᄆᆞ로 브테어ᄂᆞᆯ:罷官亦由人(杜解10:29). 官聯을 어즈러우믈 말리로소니:官聯辭冗長(初杜解20:48). 말 막:莫(石千8). 上疏ᄒᆞ야 骸骨을 빈대:몸을 비롬이니 벼슬 마라 지란 말이라(宣小6:81). ②필요하지 않다. 싫어하다. ¶齋米ᄅᆞᆯ 마다 커시ᄂᆞᆯ(月釋8:78). 그 나ᄆᆞ니ᄂᆞᆫ 다 마다:其餘的都不要(飜老下26). 그 定州셔 난 실란 마다:那定州絲不要(飜老下26). 나ᄂᆞᆫ 뒤보기 마다:我不要淨手(老解上34). 그ᄅᆞᆯ 마다곳 너기시면(新語4:15).
:말·다 조동 말다. ¶이 ᄠᅳ들 닛디 마ᄅᆞ쇼셔:此意願毋忘(龍歌110章). 말라 말라 다시 니르디 마라ᅀᅡ ᄒᆞ리니(釋譜13:44). 게으른 ᄠᅳᆮ 먹디 마아라(釋譜23:13). 邪曲ᄒᆞᆫ 마리 이셔도 받고 갑디 마라(月釋10:20). 願호ᄃᆞᆫ 横邪애 夭閼티 말오져 ᄇᆞ랄 씨라(月釋17:18). 議論ᄒᆞ디 마롫디어다(楞解6:42). 제 ᄢᅥ디디 마와뎌 ᄇᆞ라노라:無自陷溺也(楞解9:113). 横邪애 즐어 디디 마오져 ᄇᆞ라미오(法華5:155). 모ᄃᆡ 아로ᄆᆞᆯ 求티 말옥:不要求解會(蒙法28). 도라보디 마롫디니라:不必顧着(蒙法36). ᄭᅮᆷ 니르디 마롫디니라:不得說夢(蒙法55). 祖師心ᄋᆞᆯ 무더 ᄇᆞ리디 마롫디어다:莫…埋沒祖師心(蒙法57). ᄇᆡ브르디 말며:不飽(宣賜內訓1:3). 可히 나조히 ᄃᆞ외디 마ᄂᆞ니:不可暮(初杜解10:20). 머리 셰ᄃᆞ록 서르 ᄇᆞ리디 마져 ᄒᆞ더라:白首不相棄(杜解16:18). 오직 그 病을 덜오 그 法으란 더디 마롤디니라(南明上7). 원컨대 아비란 주기디 말라:願勿殺父(東新續三綱. 孝8:1). 어진 일은 서로 ᄒᆞ고 글은 닐은 갓치 말시(人日歌).
:말다·빙 부 말대로. 말과 같이. ☞말다히. -다ᄫᅵ ¶能히 一心ᄋᆞ로 드러 닐거 말다ᄫᅵ 修行 몯 ᄒᆞ야도(月釋17:44). ᄂᆞᆷ 爲ᄒᆞ야 ᄀᆞᆯᄒᆡ야 니ᄅᆞ며 말다ᄫᅵ 修行호미ᄯᆞ녀(月釋17:54). 一心ᄋᆞ로 드러 닐거 말다ᄫᅵ 修行티 몯ᄒᆞ면(月釋17:54).
:말다·히 부 말대로. 말과 같이. ☞말다ᄫᅵ ¶그딋 말다히 호리니(月釋1:13).
말대 명 말대. ¶말대:捲筳(柳氏物名三 草).
말독 명 말뚝. ¶ᄆᆞᆯ 말독:馬樁子(譯解下20).
말리 명 머리. ¶감든 말리 다 희거다(古時調. 海謠).
말리다 동 말리다. ¶스스로 목졸라 죽고져 ᄒᆞ거ᄂᆞᆯ 어미 말려 읻더니:欲自經母止之(東新續三綱. 烈2:30). 산 사ᄅᆞᆷ의 뼈 가히 병을 말린다 듣고:聞生人之骨可已疾(東新續三綱. 孝3:23). 제 ᄉᆞ나희ᄅᆞᆯ ᄃᆡᄒᆞ여 닐러 말리되:對他男兒說勸(朴解中28). 말리다:勸解(譯解上65). 말리지 못ᄒᆞ여시니(三譯5:19). 말리다:勸開(同文解上31).

말 리을 구 말 이을. ☞말(語) ¶말 리을 이:而(石千14).

말마얌이 명 말매미. ¶말마얌이:馬蜩(柳氏物名二 昆蟲).

말믜 명 까닭. 사유(事由). 연유(緣由). ☞말미 ¶말믜 연:緣(光千10). 江漢으로 나갈 말믜 업스니:無由出江漢(重杜解3:36). 더우믈 어느 말믜로 열리오:鬱蒸何由開(重杜解10:19). 나 뵈요미 말믜 잇ᄂᆞ니라:出見蓋有由(重杜解13:11).

말믜 명 말미. ☞말메. 말ᄆᆡ ¶말믜:告暇(同文解上38).

말·믜삼·다 동 말미암다. ☞말ᄆᆡ삼다 ¶다시곰 설으 외다 ᄒᆞ야 원망홈을 말믜삼아 드듸여 어긔여 ᄃᆞ톰이 되ᄂᆞ니:更相責望遂爲乖爭(宣小6:90).

말·믜:암·다 동 말미암다. ☞말ᄆᆡ암다 ¶다順코 正홈ᄋᆞᆯ 말믜암아 ᄡᅥ 그 맛당ᄒᆞᆫ 일을 行홀디니라:皆由順正以行其義(宣小3:7). 일로 말믜암아 天下ㅣ 다 그 효셩을 아니라:繇是天下皆知其孝(宣小6:31). 그뒷 말을 말믜암음이라:由爾之言也(重內訓2:79).

말믜ᄒᆞ다 동 말미를 받다. ☞말ᄆᆡᄒᆞ다 ¶말믜ᄒᆞ야 본향 平陵이랏 ᄯᅡ히 가셔:告歸平陵(飜小10:4). 말믜ᄒᆞ야 平陵의 가 구읫 門을 ᄇᆞ라보고:告歸平陵望寺門(宣小6:104).

말·ᄆᆡ 명 까닭. 사유(事由). 연유(緣由). ☞말믜 ¶사호믄 어느 말ᄆᆡ로 定ᄒᆞ리오:戰伐何由定(初杜解7:14). 블근 ᄂᆞᆾ치 대ᄅᆞᆯ 토믄 내 말ᄆᆡ 업도다:紅顏騎竹我無緣(重杜解11:13). 말ᄆᆡ 유:由(類合下11. 倭解下40). 말ᄆᆡ 연:緣(類合下29. 石千10).

말ᄆᆡ 명 말미. ☞말믜 ¶말ᄆᆡ 엳ᄌᆞᆸ고 쳔량 만히 시러(釋譜6:15). 上이 샹해 말ᄆᆡ 주심이 ᄌᆞ조ᄃᆡ:上常賜告者數(宣小6:37). ᄆᆞᆫ 후에 嚴助ㅣ 위ᄒᆞ여 말ᄆᆡ를 請ᄒᆞᆫ대:最後嚴助爲請告(宣小6:37). 말ᄆᆡ 가:假(註千25).
※ 말ᄆᆡ>말미

말·ᄆᆡ:삼·다 동 말미암다. ☞말믜삼다 ¶반ᄃᆞ시 이를 말ᄆᆡ사마 ᄇᆡ호면:必由是而學焉則(飜小8:31).

말ᄆᆡ삼다 동 말미암다. ☞말믜삼다 ¶堯舜으로 말ᄆᆡ사마 湯애 至홈이 五百이오:由堯舜至於湯五百有餘歲(宣孟14:32).

말·ᄆᆡ·암·다 동 말미암다. ☞말믜암다 ¶ᄉᆞ나히ᄂᆞᆫ 올ᄒᆞᆫ녁흐로 말ᄆᆡ암고:男子由右(宣小2:52). ᄃᆞᆫ님애 즐음낄로 말ᄆᆡ암디 아니ᄒᆞ며:行不由徑(宣小4:41). 本을 아디 몯ᄒᆞ모로 말ᄆᆡ암애라(家禮1:13). 일로 말ᄆᆡ암아 威神을 혜아리디 못ᄒᆞ고:由是威神莫測(朴解中23). 太子로브터 말ᄆᆡ암도소이다(重內訓序4). 일로 말ᄆᆡ아마 궁둥의 형벌이 ᄋᆡᄆᆡᄒᆞ미 업더라(女範1. 셩후 당문덕후). 일로 말ᄆᆡ암아 아븨게 ᄉᆞ랑을 일허:由是失愛於父(五倫1:25). 일로 말ᄆᆡ암아 두 아이 다 벼슬을 어드니:由是晏等俱得選擧(五倫4:7). 글로 말ᄆᆡ암아 쟝ᄂᆡ 폐단이 날 ᄃᆞᆺᄒᆞ매(隣語1:17).

말·ᄆᆡᄒᆞ·다 동 말미암다. ¶ᄒᆞᆫ 病은 ᄇᆞᆰ곤 님금을 말ᄆᆡᄒᆞ애니:一病緣明主(初杜解21:21). 性命이 다ᄅᆞᆫ 사ᄅᆞᆷᄋᆞᆯ 말ᄆᆡᄒᆞᄂᆞ니:性命由他人(杜解21:38). 材質은 挑戰호ᄆᆞᆯ 말ᄆᆡᄒᆞ야 須求ᄒᆞ야 ᄡᅳ시놋다:材緣挑戰須(初杜解23:22).

말ᄆᆡᄒᆞ다 동 말미를 받다. ☞말믜. 말믜ᄒᆞ다. 말ᄆᆡ ¶내 오ᄂᆞᆯ 말ᄆᆡᄒᆞ야 오라:我今日告假來(飜朴上49).

:말받·다 동 실토(實吐) 받다. ¶말바ᄃᆞ라 ᄒᆞ야시ᄂᆞᆯ:取疑(三綱. 孝23).

말밤 명 마름. ☞말암. 말왐 ¶芰實鄕名末栗(鄕藥月令 十二月).
※ 말밤>말밤>말왐>말암>마름

말·밤 명 마름쇠. ☞마름쇠 ¶鏃鏫ᄂᆞᆫ 말ᄫᅡ미라(月釋21:80).

말삼 명 말씀. 말. ☞말솜. 말쏨 ¶말삼 언:言. 말삼 어:語(兒學下4).

말삼ᄒᆞ다 동 말씀하다. 말하다. ☞말쏨ᄒᆞ다 ¶머리로 좃차 말삼ᄒᆞ야(女四解3:8).

·말:셰 명 말세(末世). 말법(末法)의 세상. ¶未來 末世ㅅ 時節에(月釋10:84). 末世옛 첫 機 能히 다 알 리 드므도다(楞解1:3). 어류ᄆᆞ로 어디니 ᄢᅴ며 거즛 거스로 眞 비우ᅀᅮ미 正히 末世옛 ᄠᅳ디라(法華4:196). ᄯᅩ 末世 衆生이 오히려 기픈 敎化ᄅᆞᆯ 맛나디 몯ᄒᆞ야:又末世衆生尙未遇玄化(金三2:9). 인군이 능히 몸을 기우려 덕을 닷디 못ᄒᆞ고 지변을 만나ᄃᆞᆫ 다만 빌기만 호믄 말셰의 일이라(仁祖行狀33).

:말·솜 명 말씀. ☞말숨. 말쏨 ¶우리 이 高麗ㅅ 말소믄:我這高麗言語(飜老上5). 샹녯 말소매 닐오ᄃᆡ:常言道(飜朴上14). 엇던 말소미어시뇨:不敢(飜朴上38). 부텨의 말솜 듣ᄌᆞᆸ고 깃거:聞佛所說皆大歡喜(恩重26). 그 말솜이며 거동을 만남애:其言談擧止遇之(宣小6:10).

:말·솜ᄒᆞ·다 동 말씀하다. 말하다. ☞말쏨ᄒᆞ다 ¶그 말솜ᄒᆞ며 거동ᄒᆞ요매 사ᄅᆞᆷ이 맛보면:其言談擧止遇之(飜小9:11).

말슴 명 말씀. 말. ☞말숨. 말쏨 ¶平生애 말슴을 ᄀᆞᆯ히 내면 므숨 是非 이시리(古時調. 듯ᄂᆞᆫ 말. 靑丘). 말슴 담:談. 말슴 셜:說(兒學下4). 말슴 ᄉᆞ:辭(兒學下11).

말싀영 명 감제풀. 호장(虎杖). ¶말싀영:虎杖(柳氏物名三 草).

:말·ᄉᆞᆷ 명 말씀. 말. ☞말쏨 ¶數萬 말ᄉᆞᄆᆞ로(圓覺序11). 말ᄉᆞᆷ 길히 그ᄎᆞ며(圓覺序13).

말ᄉᆞᄆᆞ로 밋디 몯ᄒᆞ리로다:言之不可及(牧牛訣19). 浩蕩ᄒᆞᆫ 말ᄉᆞᄆᆡ 출ᄒᆞᆯ 묻노라:浩蕩問辭源(初杜解8:25). 말ᄉᆞᆷ과 우ᅀᅮᆷ괘 그ᅀᅳᆨᄒᆞ얫ᄂᆞ니:隱語笑(初杜解9:3). 술 醉면 말ᄉᆞᆷ올 잘 ᄒᆞᄂᆞ니라(初杜解15:41). 말ᄉᆞᆷ 몯ᄒᆞ거든 믄득 이 약을 머기면(救簡1:3). 말ᄉᆞ미 굳ᄇᆞᄅᆞ며:語澁(救簡1:6). 말ᄉᆞᆷ을 몯ᄒᆞ며:語聲不出(救簡2:65). 各各 말ᄉᆞᆷ조차(六祖中23). 이 말ᄉᆞ믈 일ᅀᅡ마 혼디라(飜小8:8). 말ᄉᆞᆷ 담:談. 말ᄉᆞᆷ 화:話. 말ᄉᆞᆷ 언:言. 말ᄉᆞᆷ 어:語(訓蒙下28). 말ᄉᆞᆷ ᄉᆞ:詞(訓蒙下32). 말ᄉᆞᆷ 겸:謙. 말ᄉᆞᆷ 근:謹(光千29). 말ᄉᆞᆷ 논:論(光千31). 말ᄉᆞᆷ 어:語. 말ᄉᆞᆷ 언:言. 말ᄉᆞᆷ 담:談(類合下1). 말ᄉᆞᆷ ᄉᆞ:辭(類合下9). 어딘 말ᄉᆞᆷ 모:謨(類合下24). 화ᄒᆞᆫ 말ᄉᆞᆷ 은:誾(類合下29). 말ᄉᆞᆷ 화:話(類合下43). 말ᄉᆞᆷ 담:談(石千8). 말ᄉᆞᆷ 언:言. 말ᄉᆞᆷ ᄉᆞ:辭(石千13). 말ᄉᆞᆷ 어:語(石千42). 말ᄉᆞᆷ을 ᄌᆞ셔히 ᄒᆞ고 ᄂᆞᆺ비ᄎᆞᆯ 졍다이 ᄒᆞ니:詳言正色(宣小6:103). 이 말ᄉᆞᆷ미 이 店 밧긔 나명들명 다로러디러(樂詞. 雙花店). 드ᄃᆡ여 주글 적 말ᄉᆞᆷ을 베픈 대왕이 산연히 눈믈 내고:遂陳臨死之言王潸然出涕(東新續三綱. 忠1:7). 말ᄉᆞᆷ 엿ᄌᆞᆸ다:上覆(譯解上31). 말ᄉᆞᆷ 언:言(倭解上24). 말ᄉᆞᆷ:話(同文解上24). 아희 블너 ᄒᆞᄂᆞᆫ 말ᄉᆞᆷ이(蘆溪. 蘆溪歌). 손 잡고 일은 말ᄉᆞᆷ 죠히 가라 당부하니(萬言詞). 말ᄉᆞᆷ 셜:說(註千24). 말ᄉᆞᆷ 변:辨(註千30).

말써리 명 이야깃거리. ¶말써리:話把(蒙解補14).

말쏙 명 말뚝. ☞말〔橛〕 ¶말쏙:橛子(譯解上17). 말쏙 말:株(倭解下15).

말쏭더휘기 명 말똥가리. ¶말쏭더휘기:茅鴟似鷹而白(柳氏物名一 羽蟲).

:말·ᄊᆞᆷ 명 말씀. 말. ☞말ᄉᆞᆷ ¶말ᄊᆞ몰 ᄉᆞᆯᄫᆞ리 하ᄃᆡ:獻言雖衆(龍歌13章). 님긊 말ᄊᆞ미:維王之言(龍歌39章). 말ᄊᆞᆷ 브터 아ᄆᆞ례 ᄒᆞ고라 請ᄒᆞᆯ 씨라(釋譜6:46). 우흛소리 말ᄊᆞᆷ소리 풍륫소리(釋譜19:14). 나랏 말ᄊᆞ미 中國에 달아(訓註1). 語는 말ᄊᆞ미라(訓註1). 말ᄊᆞᆷ 업슨 ᄡᅡ해 겨샤(月釋9:13). 말ᄊᆞᆷ과 ᄠᅳᆮ괘 번ᄃᆞᆨᄒᆞ시고(法華序16). 말ᄊᆞᆷ 업슨 道로 色ᄋᆞᆯ 體ᄒᆞ야(法華3:44). 엇뎨 말ᄊᆞᄆᆞ로 能히 議論ᄒᆞ며(永嘉下34). 말ᄊᆞ몰 邪正ᄋᆞᆯ 아디 몯ᄒᆞ야:語不知正邪(蒙法47).
※ 말ᄊᆞᆷ(말ᄉᆞᆷ)>말씀

:말ᄊᆞᆷᄒᆞ·다 동 말씀하다. 말하다. ☞말삼ᄒᆞ다. 말ᄉᆞᆷᄒᆞ다 ¶優陁耶ᄃᆞ려 우러 말ᄊᆞᆷᄒᆞ시니(月印上42). 말ᄊᆞᆷᄒᆞ며 혬혜ᄂᆞᆫ 안해 겨사ᄃᆡ(月釋9:13).

말암 명 ①마름〔藻〕. ☞말밤. 말왐 ¶말암 힝:荇(詩解 物名1). ᄠᅳᄂᆞᆫ 말암 조:藻(詩解 物名2). 말암 ᄶᅵ다:剝菱角(譯解上56). ②개구리밥〔浮萍〕. ☞말왐 ¶거부븐 말암 니플 여러 디나놋다:龜開萍葉過(杜解2:64). ᄀᆞ라안ᄂᆞᆫ 말암:蘋(詩解 物名2).

:말오가·다 동 말고 가다. 그만두고 가다. 떠나가다. ☞-오 ¶悠悠히 힛비치 ᄀᆞᄅᆞ매 뮈옛고 아ᄃᆞᆨ아ᄃᆞ기 보미 남ᄀᆞᆯ 말오가놋다:悠悠日動江漢漢春辭木(初杜解6:52). 네 妾이 ᄫᅳᆯ셔 房ᄋᆞᆯ 말오가도다:汝妾已辭房(初杜解8:35). ᄀᆞᅀᆞᆳᄒᆞᆫ 白帝城을 말오가놋다:秋辭白帝城(初杜解15:52).

:말·옥 동 말고서. ㉮말다☞-ㄱ ¶모ᄃᆡ 아로ᄆᆞᆯ 求티 말옥:不要求解會(蒙法28).

말:왐 명 ①마름〔藻〕. ☞말밤. 말옴 ¶藻ᄂᆞᆫ 말와미니(楞解9:56). 프른 말와미 茂盛티 아니호미 아니언마ᄂᆞᆫ:碧藻非不茂(杜解1:46). 치위옛 고기ᄂᆞᆫ 칙칙ᄒᆞᆫ 말와매 브텟고:寒魚依密藻(初杜解7:7). 蓮과 말와ᄆᆞᆫ 고ᄌᆞᆯ 조차 ᄂᆞᄌᆞᆨᄒᆞ얫도다:荷芰逐花低(杜解7:8). 말왐 조:藻(訓蒙上9). 말왐 기:芰 四角爲芰 兩角爲菱. 말왐 릉:菱(訓蒙上12). ②개구리밥〔浮萍〕. ☞말왐 ¶프른 ᄀᆞᄅᆞ미 힌 말와ᄆᆞᆯ 띄찻ᄂᆞ니:青江帶白蘋(杜解21:3). 늘구메 다ᄃᆞ라 ᄒᆞ오ᅀᅡ 말와미 ᄠᅥ 돈니ᄃᆞᆺ 호라:垂老獨漂萍(杜解21:9). ᄒᆞᆫ ᄢᅦᆺᄂᆞᆫ 말왐 ᄀᆞᆮ도다:一浮萍(杜解21:40). 힌 말왌 서리예 隱居ᄒᆞ얏노라:隱白蘋(杜解23:6). 말왐 빈:蘋(訓蒙上9. 類合上8).
※ 말왐>말암>마름

말으다 동 마르다. ☞마르다. ᄆᆞᄅᆞ다 ¶말을 조:燥(兒學下8).

말음쇠 명 마름쇠. ☞마름쇠 ¶말음쇠:鐵蒺藜(譯解補16).

말·이·다 동 말리다. ¶하리로 말이ᅀᆞᄫᆞᆫ돌:沮以讒說. 글발로 말이ᅀᆞᄫᆞᆫ돌:尼以巧詞(龍歌26章). 말이ᅀᆞᆸ거늘 가샤:止之亦進(龍歌58章). ᄀᆞᄅᆞᆷ ᄀᆞᆺ 아니 말이샤:不禁江沙(龍歌68章). 아바님 命엣 절을 天神이 말이ᅀᆞᄫᆞᆯ씨(月印上12). 世尊이 좀좀ᄒᆞ샤 말이디 아니ᄒᆞ시니라(釋譜13:46). 머리조ᅀᅡ 말이ᅀᆞᄫᆞ니라(三綱. 忠7). 그치눌러 降伏히와 이긔여 말요미 너므면:抑按降伏制止超越(楞解9:58). 구지저 말여 닐오ᄃᆡ:卽叱止之曰(宣賜內訓3:33). 封葬ᄒᆞᄂᆞᆫ ᄡᅡ해 나모 뷔요ᄆᆞᆯ 말이고:樵蘇封葬地(初杜解24:47). 사홈 말이라 ᄂᆞ라드니라(南明上69). 이웃짓 늘그니ᄃᆞᆯ히 말여 닐오ᄃᆡ:街坊老的們勸說(飜老下49). ᄂᆞ미 싸호ᄆᆞᆯ 잘 말이며:能解鬪爭(呂約1). 말일 징:爭(類合下19).

말·이ᅀᆞ·ᄫᆞᆫ·돌 동 말리온들. ㉮말이다☞-ᅀᆞᄫᆞᆫ돌 ¶하리로 말이ᅀᆞᄫᆞᆫ돌 이곧 뎌고대 後ㅿ날 다ᄅᆞ리잇가:沮以讒說於此於彼寧殊後日(龍歌26章). 글발로 말이ᅀᆞᄫᆞᆫ돌 가샴 겨샤매 오ᄂᆞᆯ 다ᄅᆞ리잇가:尼以巧詞載去載留豈異今時(龍歌26章).
※ 말이ᅀᆞᄫᆞᆫ돌>말리온들

말옴 명 마름. ☞말밤. 말암. 말왐 ¶ 말옴 릉:菱(倭解下6).

말자 명 말째. 맨 끝. ☞말재. 말좌 ¶ 말자 계:季(類合下16).

말재 명 말째. 맨 끝. ☞말ᄌᆞ. 말좌 ¶ 셋 가는 듸 말잿 중아(古時調. 솔 아레에. 靑丘). 말재:末家(漢淸9:15).

말좌 명 말째. 맨 끝. ☞말재. 말지 ¶ 다 얼굴을 티례ᄒᆞᄂᆞᆫ 말좌 일이니:皆治容之末事(太平1:36).

말ᄌᆞ아ᄃᆞᆯ 명 막내아들. ¶ 말ᄌᆞ아ᄃᆞᆯ 각형이(普勸文58).

말즌이 명 잔말쟁이. ¶ 말즌이:話黏(漢淸7:13).

말지 명 말째. 맨 끝. ☞말재. 말좌 ¶ 買賣ᄒᆞᄂᆞᆫ 사ᄅᆞᆷ 즁의 말지 사ᄅᆞᆷ이라 ᄒᆞ여도(隣語7:12). 녀ᄋᆞᄂᆞᆫ 귀쳬의 말지 쇼임의 두어(落泉2:4).

말코 명 베틀의 말코. ¶ 말코:軸頭(柳氏物名三 草).

·말·하 명 지라〔脾臟〕. ☞만하. 만화 ¶ 말하 비:脾(訓蒙上27). 말하 비:脾(類合上22).

말한 명 말한. 마리한〔麻立干〕. 〔신라 때 임금의 칭호의 한 가지. '말·마리'는 '頭上'의 뜻. '한'은 '大'의 뜻으로서 임금의 칭호로 쓰인 듯.〕 ¶ 訥祗麻立干 金大問云 麻立者 方言謂橛也 橛謂誠操准位而置 則王橛爲主 臣橛列於下 因以名之(三史卷三 羅記三). 新羅稱王…或曰 麻立干 立一作袖 金大問云 麻立者方言謂橛也 橛標准位而置 則王橛爲主 臣橛列於下 因以名之(三遺卷一 南解王).

:말·ᄒᆞ·다 동 말하다. ¶ 오직 노ᄅᆞ샛 말ᄒᆞ요ᄆᆞᆯ 즐기고:唯樂戲談(宣賜內訓1:33). ᄌᆞ조 와 말ᄒᆞᄂᆞᆫ 져비ᄂᆞᆫ 새 기슬 一定ᄒᆞ얫도다:頻來語燕定新巢(初杜解7:1). 이슥고 말ᄒᆞ리라:久當語(救簡1:18). ᄒᆞᆫ 즁이 風穴ᄭᅴ 묻ᄌᆞ오ᄃᆡ 말ᄒᆞ거나 좀좀호매(南明上7). 말ᄒᆞ다:說話(同文解上24).

·말·혹 명 말학(末學). 후학(後學). ¶ 末學이 그르 앓가 저혼 젼ᄎᆞ로 特別히 마키와 묻ᄌᆞ오니라(楞解2:65).

맑다 형 맑다. ¶ 말글 쳥:淸(兒學下8).

:맔겿 명 조사(助辭). 토. ¶ 言은 맔겨체 ᄡᅳᄂᆞ니라(月釋序10).

:맔솜ᄒᆞ·다 동 말씀하다. ☞말ᄊᆞᆷᄒᆞ다 ¶ 眞實로 世예 셔며 사ᄅᆞ미게 맔솜호미 어려우니:固難立之於世語之於人(宣賜內訓序7).

·맛 명 ①맛. ☞맏 ¶ 맛 아롬과 모매 다홈과(釋譜6:28). 마ᄉᆞᆫ ᄠᅳᆮ 마시라:味意味也(楞解6:56). 마시 밀 시붐 ᄀᆞᆮᄒᆞ면:味如嚼蠟(楞解8:138). 맛 가시요매 니르디 말며:不至變味(宣賜內訓1:52). 子貢ᄋᆞᆫ 藜藿ᄋᆡ 마ᄉᆞᆯ 아디 몯ᄒᆞ야(南明上30). 맛 미:味(訓蒙下13. 類合下12). 샤특ᄒᆞᆫ 마ᄉᆞᆯ 먹디 아니ᄒᆞ며:不食邪味(宣小1:2). 그 맛이 江믈도곤 낫고(女四解4:14). 됴흔 음식 맛시 업늬(萬言詞).
②음식. ¶ 처ᅀᅥᆷ의 사ᄅᆞ미 ᄯᅡᇂ 마ᄉᆞᆯ 먹다가(釋譜9:19). 그저긔 ᄯᅡᇂ 마시 ᄢᅮᆯ ᄀᆞ티 ᄃᆞᆯ오 비치 히더니(月釋1:42). 貴ᄒᆞᆫ 차반 우 업슨 됴ᄒᆞᆫ 마ᄉᆞᆯ 만히 노ᄊᆞᆸ고:廣設珍羞無上妙味(楞解1:31). 丸과 糜와ᄂᆞᆫ 마시 類라:丸糜味類也(楞解8:97).

-·맛 조 -만큼. ☞-맛감. -맛ᄱᅡᆷ ¶ 尺寸맛 것도 기르디 아니ᄒᆞ노니(宣賜內訓3:57). 方寸맛 ᄆᆞᅀᆞ매도 위고기ᄒᆞ얌직ᄒᆞ니:寸腸堪繾綣(初杜解8:9). 寸맛 프리 나디 아니ᄒᆞᄂᆞ니:寸草不生(金三4:42).

맛- 접두 맞-. 〔'마주'의 뜻을 나타냄.〕 ¶ 드레를 드러 믈 우희 ᄢᅴ워 베텨 구으리혀 므레 맛바다 드러가면 즉재 믈 먹ᄂᆞ니라:將洒子提起來離水面擺動倒撞入水去便喫水也(飜老上35). 내 네 손 더 두려 우리 맛버리져 두워두워 오나라:我饒四着咱停下罷罷來(飜朴上23).

·맛가·이 부 알맞게. ☞맛갑다 ¶ 이비 기디 아니ᄒᆞ시며 뎌르디 아니ᄒᆞ시며 크디 아니ᄒᆞ시며 젹디 아니ᄒᆞ샤 맛가이 端嚴ᄒᆞ샤미 二十九ㅣ시고(法華2:16).

-·맛·감 조 -만큼. ¶ 계ᄌᆞ ᄣᅡᆨ맛가미라도 다 기픈 ᄆᆞᅀᆞᄆᆞ로 供養 恭敬 尊重 讚歎ᄒᆞᄂᆞ니라(釋譜23:5). 킈 微塵맛감 ᄒᆞ고(月釋14:8). 십 리맛감 길히라 ᄒᆞ더라:說十里來路(飜老上59). 혜어든 이맛감 양의:量這些羊(飜老下22). 탄ᄌᆞ맛감 크게 비치어(瘟疫方9). 대강 두틔 七八寸맛감 ᄒᆞ면 임의 濕氣ᄅᆞᆯ 믈리텨(家禮7:24). 디셕 노픠 ᄒᆞᆫ 자맛감 ᄒᆞ라:趺高尺許(家禮8:18).

·맛갑·다 형 마땅하다. 알맞다. 〔'맛'은 '맞〔適〕', '갑다'는 '달갑다. 차갑다. 살갑다' 등 형용사 어근(語根)에 붙는 접미사(接尾辭).〕 ¶ 하 갓가ᄫᅵ면 조티 몯ᄒᆞ리니 이 東山이 甚히 맛갑다(釋譜6:24). 이비 맛가ᄫᆞ샤 크디 아니ᄒᆞ고 기디 아니ᄒᆞ며(月釋2:56). 입시울 축축호미 맛가ᄫᆞ시며(月釋2:58). ᄂᆞ치 길오 너부미 맛가오시고 조ᄒᆞ시고 빗나샤미 ᄀᆞᇰ 滿月 ᄀᆞᆮᄒᆞ샤미 五十七이시고(法華2:17). ᄎᆞ며 ᄃᆞᆺ호미 맛갑게 ᄒᆞ야 머구어 양지호ᄃᆡ 져므ᄃᆞ록 ᄒᆞ라:適寒溫含漱之竟日爲度(救急上66).
※'맛갑다'의 활용 ┌ 맛갑고/맛갑게/맛갑디…
└ 맛가ᄫᆞ시며/맛가ᄫᆞ샤…

맛갓 명 맛있는 것. 음식. ☞맛 ¶맛가슬 다 몯져 맛보고:味皆先嘗(宣小6:71). 어버이ᄂᆞᆫ 맛난 맛가ᄉᆞᆯ ᄀᆞ장 ᄒᆞ야 이밧더라:親極滋味(重三綱. 孝19).

맛갓나다 형 맛나다. ¶어버이 섬기믈 효도로 ᄒᆞ더니 지비 가난ᄒᆞ야 ᄲᅮ어도 맛갓나게 ᄒᆞ기ᄅᆞᆯ 힘서 ᄒᆞ더라:事親孝家貧稱貸務具甘旨(東新續三綱. 孝4:31 敬孫居廬). 치기ᄅᆞᆯ 반ᄃᆞ시 맛갓나게 ᄒᆞ며:養必甘旨(東新續三綱. 孝5:26).

맛갓다 형 마땅하다. ☞맛것다. 맛깃다 ¶또 치움 더우미 시절에 맛갓디 아니ᄒᆞ야(簡辟8). 맛갓지 아니케 넉이다:不受用(漢淸7:49). 반ᄃᆞ시 兄의 뜻에 맛갓게 ᄒᆞ려니와(捷蒙4:5).

맛것다 형 마땅하다. ☞맛갓다. 맛깃다 ¶믈의 맛것지 못ᄒᆞ여셔 크게 ᄲᅮ무며 토ᄒᆞ여(三譯7:17).

맛것젓다 형 마땅하다. ☞-젓다 ¶맛것젓다: 順適(同文解下58).

맛기 동 맡기. ¶본겨 죵이니 이제 근측ᄒᆞᆫ 쇼임 맛기 가티 아니타(癸丑117).

맛기다 동 맡기다. ☞맛디다. 맛티다 ¶또 分外언마ᄅᆞᆫ 理에 맛기니(重杜解6:48). 造物이 許賜ᄒᆞ야 날을 맛겨 ᄇᆞ리시니(曺友仁. 梅湖別曲). 功名과 富貴으란 世上 사ᄅᆞᆷ 다 맛기고(古時調. 靑丘). 治兵 牧民을 날을 맛겨 보내시니(曺友仁. 出塞曲).

맛:ᄌᆞᆸ·다 동 응(應)하다. 대답하다. ☞맛ᄌᆞᆸ다 ¶應은 맛ᄌᆞᄫᆞᆯ 씨니(月釋9:10). 즈믄 디위 블러도 맛ᄌᆞᄫᆞᆯ 사ᄅᆞ미 업더이다(月釋23:83). 果 맛ᄌᆞᄫᆞ니 報ㅣ오(法華1:148). 맛ᄌᆞᆸ고 브르디 아니ᄒᆞ며(法華2:28). 뫼사리 소리 맛ᄌᆞᆸ듯 ᄒᆞ샤:如響應聲(金剛127). 모로매 맛ᄌᆞᄫᆞᆷ오ᄆᆞᆯ 조심홀디니라:必愼唯諾(宣賜內訓1:6). 唯ᄂᆞᆫ 맛ᄌᆞᄫᆞᆷ오미 ᄲᆞᄅᆞᆯ 시라. 兪ᄂᆞᆫ 맛ᄌᆞᄫᆞᆷ오미 ᄌᆞ녹ᄌᆞ녹홀 시라(宣賜內訓3:2). 맛ᄌᆞᄫᆞᆷ오ᄃᆡ 부드러우므로ᄡᅥ ᄒᆞ야ᅀᅡ:應之以柔(宣賜內訓3:40). 비록 劉先主ㅅ 聘禮ᄅᆞᆯ 맛ᄌᆞᄫᆞ나:雖應劉先主之聘(宣賜內訓3:56). 檢察호미 時節ㅅ 求호ᄆᆞᆯ 맛ᄌᆞᄫᆞᆷ마 나도다:檢察應時須(杜解8:22). 소리 맛ᄌᆞᄫᆞᆷ 즈흔디라:應聲(金三5:4).

맛:ᄌᆞᆸ·다 동 응(應)하다. 대답하다. ☞맛ᄌᆞᆸ다 ¶響ᄋᆞᆫ 맛ᄌᆞᆸᄂᆞᆫ 소리라(楞解4:125).

맛깃다 형 마땅하다. ☞맛갓다 ¶ᄒᆞ나토 ᄡᅳ기에 맛깃지 아니ᄒᆞ다(朴新解1:32). 서ᄅᆞ 맛깃다:相趂(譯解補53). 손에 맛깃지 아니타:不趂手(譯解補58). 뜻에 맛깃다:順適(漢淸6:57).

맛긋다 형 마땅하다. ☞맛갓다. 맛깃다 ¶맛ᄀᆞ즐 칭:稱(註千3).

맛나·다 동 만나다. 상봉(相逢)하다. ☞만나다. 맛나다 ¶부텨를 맛나 잇ᄂᆞ니(釋譜6:11). 醫ᄅᆞᆯ 맛나고도 왼 藥을 머겨 아니 주긇 저긔(釋譜9:36). 敎化ᄅᆞᆯ 맛나니라(釋譜19:35). 順ᄒᆞᆫ 이ᄅᆞᆯ 맛나도 著홈 업스며(月釋9:24). 世尊이 甚히 맛나ᅀᆞᄫᆞ미 어려ᄫᅳ며(月釋10:32). 毒을 맛냇거든(月釋21:117). 맛나도 맛나미 아니며(楞解5:85). 우리 아랫 福으로 오ᄂᆞᆯ 시러 世尊을 맛나ᅀᆞᆸ과이다(法華3:115). 難히 맛나ᅀᆞᆸᄂᆞ다 니ᄅᆞ샤ᄆᆞᆫ(法華5:148). 怨讐를 맛나:遇怨(圓覺上二之一46). 니ᄅᆞ샤ᄃᆡ 맛나디 아니홈ᄃᆞᆯ히라:言莫値等(圓覺下一之一64). ᄒᆞ다가 善友ㅣ ᄀᆞᄅᆞ쳐 여러 알에 호ᄆᆞᆯ 맛나며:若遇善友敎令開悟(圓覺下一之二19). 이ᄅᆞᆯ 맛나 싀훤ᄒᆞ야:遇事坦然(宣賜內訓1:17). ᄆᆞᆫ득 맛날 제도(南明上29).

맛나다 형 맛나다〔味〕. ☞만나다 ¶모로매 맛난 거시 잇게 ᄒᆞ더니:必有甘旨(東續三綱. 孝24). 믈읫 거시 셩코 맛나면 반ᄃᆞ시 쳔신ᄒᆞ고:凡物鮮味雖微必薦(東新續三綱. 烈1:53).

·맛:내 부 맛나게. 맛있게. ☞맛나다 ¶珍羞盛饌ᄋᆞᆯᅀᅡ 맛내 좌시며(月印上43). 머거 보고 맛내 너겨(月釋1:42). ᄆᆞᅀᆞᄆᆞᆯ 뷔워 道理 玄妙호ᄆᆞᆯ 맛내 너기놋다:虛心味道玄(初杜解20:7).

맛내다 동 만나다. ☞맛나다 ¶채석강 뱃머리가 녀흘을 맛내난 듯(扶餘路程記).

맛니·다 동 만나다. ☞맛나다. 맛닐다 ¶ᄒᆞ다가 이든 버디 ᄀᆞᄅᆞ쳐 여러 알에 호ᄆᆞᆯ 맛니며:若遇善友敎令開悟(圓覺序57).

맛니러 동 만나서. ㉠맛닐다 ¶兵亂을 맛니러 蜀江애 니르러:遭亂到蜀江(杜解6:36). ᄂᆞ려 먹다가 ᄒᆞᆯ글 맛니러 가ᄂᆞ니:下食遭泥去(重杜解12:35).

맛니·롬 동 만남. ㉠맛닐다 ¶禰衡이 眞實로 江夏 맛니로ᄆᆞᆯ 저ᄒᆞ니:禰衡實恐遭江夏(杜解21:41). 긴 길헤 나ᅀᅡ가니 맛니로미 귿 업서:就長途往邂逅無端(初杜解23:39).

맛닐다 동 만나다. ☞맛나다 ¶巴山애 中使ᄅᆞᆯ 맛니니:巴山遇中使(杜解5:1). 時節이 됴ᄒᆞᆫ 運을 다시 맛니렛도다:時和運更遭(杜解5:3). 兵亂을 맛니러 蜀江애 니르러:遭亂到蜀江(杜解6:36). 몃 ᄒᆡᄅᆞᆯ 鵬鳥ᄅᆞᆯ 맛니렛ᄂᆞ니오:幾年遭鵬鳥(初杜解16:6). 사괴ᄂᆞᆫ 양ᄌᆞᄅᆞᆯ 輕薄호ᄆᆞᆯ 맛니렛다니:交態遭輕薄(初杜解20:54). ᄒᆞ올로 堯典ㅅ 나ᄅᆞᆯ 맛니러셔:獨逢堯典日(杜解22:17). ᄒᆞ마 긴 길헤 나ᅀᅡ가니 맛니로미 귿업서 나가 餞送호ᄆᆞᆯ 더듸 호라:已就長途往邂逅無端出餞遲(初杜解23:39). ᄂᆞ려 먹다가 ᄒᆞᆯ글 맛니러 가ᄂᆞ니:下食遭泥去(重杜解12:35).

맛님 명 상전(上典). ¶上大舍典 上典 方言

맛님(行吏).

맛·다 동 맞다〔迎〕. 맞이하다. ☞맞다 ¶ 훈 ᄉᆞ랑ᄒᆞᄂᆞᆫ 아기 아ᄃᆞ리 양지며 지죄 훈 그티니 그딋 ᄯᆞ를 맛고져 ᄒᆞ더이다(釋譜6:15). 셔방 맛치고져 훈대(女四解4:24). 셔방 맛디 아니ᄒᆞ니(女四解4:47). 맛다:迎接(同文解上52).

맛·다 동 맞다〔被打〕. ☞맞다 ¶ 약대어나 라귀어나 ᄃᆞ외야 長常 채 맛고(月釋19:33). 喫 正音키 俗音치… 喫打 맛다 字雖入聲而俗讀去聲如上聲(老朴集. 單字解1). 맛다:喫打(譯解上32).

맛·다 동 맞다. ¶ 맛다:着了(老朴集. 單字解3). 서리 맛다:着霜(譯解上2).

맛·다 동 맞다. 적중하다. ☞맞다 ¶ 城 아래 닐흔 살 ᄲᅩ샤 닐흐늬 모미 맛거늘:維城之下矢七十發中七十人(龍歌40章). 활을 맛고 놀넌 시가 살바지의 안ᄶᅩᄒᆞ랴(萬言詞).

맛·다 동 맞다〔適〕. 알맞다. ☞맞다 ¶ 이 각시사 내 언니논 ᄆᆞᅀᆞ매 맛도다 ᄒᆞ야(釋譜6:14). ᄠᅳ데 이대 맛다 ᄒᆞ논 마리라(釋譜19:16). ᄃᆞ소ᄆᆞᆫ 妙理예 그ᅀᅳ기 맛고져 호미라(楞解9:93). 理예 맛게 ᄒᆞ샤(宣賜內訓2上47). 人情에 맛디 아니타 ᄒᆞ시고:不合人情(宣賜內訓2下19). 자바 버효ᄆᆞᆫ 해 소내 맛놋다:操割紛應手(初杜解8:4). ᄎᆞ며 더우미 맛거든:令相得適寒溫(救簡1:107). 두루 돌오매 規에 맛게 ᄒᆞ고:周還中規(宣小3:18).

맛·다 동 맡다. ☞맛ᄃᆞ다. 맛ᄯᆞ다 ¶ 如來ㅅ 正法을 네 맛ᄌᆞᄫᆞ란ᄃᆡ(釋譜23:36). 遺囑ᄋᆞᆯ 이대 맛담직다 호ᄆᆞᆫ(楞解1:26). 맛다 가져 일티 아니ᄒᆞ야:保持不失(楞解8:18). 부텻 이ᄅᆞᆯ 맛ᄂᆞ니:任佛事(楞解8:28). 高祖 期約ᄋᆞᆯ 맛도니:受高帝約(宣賜內訓2上53). 三年을 맛다셔:管的三年(飜朴上10). ᄂᆞᆷ대되 근심을 제 혼자 맛다 이셔(古時調. 鄭澈. 長沙王. 松江).

맛다 동 맡다〔嗅〕. ☞만다. 맡다 ¶ ᄇᆞᆯ과 ᄉᆞᆯ 내ᄅᆞᆯ 맛고 몬져 그 ᄀᆞᆯᄅᆞᆯ 머거:聞餈香氣先噉食之(太平1:11). 내 맛ᄂᆞᆫ 개:香狗(譯解下32).

맛·다 동 맡아. ㉮맛ᄃᆞ다 ¶ ᄆᆞᅀᆞᆷ 나ᅀᅡ가미 便安ᄒᆞ야 맛다 가져 일티 아니ᄒᆞ야:心進安然保持不失(楞解8:18). ᄂᆞᆷ대되 근심을 제 혼자 맛다 이셔(古時調. 鄭澈. 長沙王. 松江). 江山 閑雅ᄒᆞᆫ 風景 다 주어 맛다 이셔(古時調. 金光煜. 靑丘).

맛다히다 동 맞대다. ¶ 맛다히고 혼 것:絖縫(物譜 衣服).

맛·단ᄂᆞᆫ 동 맞닿는. ¶ 閫外:쟝슈 맛단ᄂᆞᆫ 더를 닐옴이라(宣小6:107).

맛닫다 동 맞닥뜨리다. ¶ 눈 앏히 두 군시 맛다라셔(三譯4:7).

·맛당 명 마땅함. ¶ ᄉᆞ랑ᄒᆞ샤ᄆᆞᆯ 맛당ᄋᆞᆯ 得ᄒᆞ샤:思得其宜(法華1:239). 그러나 우리 方便으로 맛당을 조ᄎᆞ샤 니ᄅᆞ샤ᄆᆞᆯ 아디 몯ᄒᆞᅀᆞ와:然我等不解方便隨宜所說(法華2:6). 맛당 당:當(類合下9). 맛당 윤:允(類合下23). 맛당 의:宜(類合下57. 光千13). 道理 맛당은 ᄒᆞᄋᆞᆸ거니와(新語6:17). 맛당 당:當(註千11). 맛당 합:合(註千23).

·맛당·이 부 마땅히. ☞맛당히 ¶ 悅可ᄂᆞᆫ 깃거 맛당이 너기실 씨라(月釋10:61). 맛당이 가ᄉᆞ매 담아 일티 마롤디니라:宜服膺而勿失也(飜小8:8). ᄯᅩ 맛당이 처엄의 도로 흘디니라:亦當復初(宣小5:51). 맛당이 몬져 갓가이 뫼ᄋᆞ왓ᄂᆞᆫ 어딘 션비과(宣小6:11). 만일 하ᄂᆞᆯ히 돕디 아니면 내 맛당이 스스로 주그리라:如或不天吾當自盡(東新續三綱. 孝2:1). 맛당이 오ᄂᆞᆯ 뵐 디라:以今日謁(太平1:7). 맛당이 못 너기오시더라(癸丑23). 대감이 맛당이 적진의 감죡ᄒᆞ도다(山城). 맛당이 너기셔 됴히 ᄆᆞᆺᄌᆞ오니(新語4:4). 맛당이:該當(譯解補53).

·맛당·히 부 마땅히. ☞맛당이 ¶ 바ᄅᆞ 아라 맛당히 니ᄅᆞ면:直下悟徹道得諦當(蒙法21). 아ᄃᆞᆯ이 그 안해ᄅᆞᆯ 심히 맛당히 너겨도:子甚宜其妻(宣小2:17). 맛당히 ᄒᆞᆫ가지로 주글 ᄯᆞ롬이로송이다:當同死而已(東新續三綱. 孝6:8). 맛당히 믈근 쥭으로 몬져 됴보ᄒᆞ여 점점 ᄆᆞ른 밥을 적적 머그면(辟新17). 왕랑ᄃᆞ려 맛당히 믈워(王郎傳5).

·맛당ᄒᆞ·다 형 마땅하다. 알맞다. ¶ 맛당ᄒᆞᆫ 고ᄃᆞᆯ 조차 니르논 마리 ᄠᅳᆮ 아로미 어려ᄫᅳ니라(釋譜13:37). 宜ᄂᆞᆫ 맛당ᄒᆞᆯ 씨라(月釋序10). 엇데 任호미 맛당ᄒᆞ리오:豈合任之(圓覺下三之一104). 義ᄂᆞᆫ 맛당ᄒᆞᆯ 시라(宣賜內訓1:12). 衣鉢ᄋᆞᆯ 得호미 맛당티 아니ᄒᆞᆫ ᄃᆞᆺᄒᆞᆯ 시라(南明下29). 소합향원 머고미 맛당커니와:宜服和劑方蘇合香圓(救簡1:67). 어듬을 보매 맛당홈을 ᄉᆡᇰ각ᄒᆞᆯ디니라:見得思義(宣小3:5). 그 맛당ᄒᆞᆫ 일을 ᄒᆡᇰᄒᆞᆯ디니라:行其義(宣小3:7). 수이 나ᄅᆞᆯ 주기미 맛당타 ᄒᆞ고:宜速殺我(東新續三綱. 烈8:5). 던관 맛당ᄒᆞᄋᆞᆸ거니와 덕을 닙어 문을 수이 열고(癸丑126). 맛당티 아닌 ᄃᆞᆺᄒᆞ다:敢不中(老解上30).

맛·뎌 동 맡기어. 맡겨. ㉮맛디다 ¶ 運을 맛뎌 괴외히 아로미라:任運寂知(圓覺上一之一115). 運을 맛뎌 이 ᄀᆞᆮ호미니:任運如此(圓覺上一之二142). 그 기리 자보ᄆᆞᆯ 맛뎌 구틔여 化ᄒᆞᆯ디 아니어니와:任其長執不必化之(圓覺上一之二148). 宮正司애 자바 맛뎌:付之宮正司(宣賜內訓2下53). 샹의원의게 맛뎌 둠ᄋᆞᆯ:委之庸醫(宣小5:39). 人間萬

事를 ᄒᆞᆫ 일도 아니 맛뎌(古時調. 尹善道. 내 셩이. 孤遺). ※맏뎌>맛져>맡겨

맛·뎌·든 동 맡기거든. 맡기니. ㉠맛디다 ¶제 지ᅀᅮᆫ 罪며 福ᄋᆞᆯ 다 써 琰魔法王ᄋᆞᆯ 맛뎌든(釋譜9:30).

맛·뎜 동 맡김. ㉠맛디다 ¶부텻 이ᄅᆞᆯ 맛뎜 직ᄒᆞ미(月釋2:64).

맛·됴리·라 동 맡기리라. ㉠맛디다 ¶仁政을 맛됴리라:仁政將託(龍歌83章). 쟝ᄎᆞ 世子ᄭᅴ 맛됴리라 ᄒᆞ야(月釋2:64).

맛·듀리·라 동 맡기리라. 맡기려고. ㉠맛디다. ☞맛됴리라 ¶네게 衣法을 맛듀리라:付汝衣法(六祖上20).

맛·듐 동 맡김. ㉠맛디다☞맛뎜 ¶소임 맛듀믈 젼일히 ᄒᆞ며:以專委任(飜小9:17).

맛드다 동 맡다. ☞맛ᄃᆞ다. 맛ᄯᆞ다 ¶맛들 임:任(石千39). 맛든 ᄡᅡ홀 안힝ᄒᆞ여:按所部(警民序2). 아자비 맛당이 맛드리이다:叔宜主之(五倫4:57). 맛들 직:職(註千14).

·맛·드·리·다 동 맛들이다. ¶믈읫 論語와 孟子 보매 안직 모로매 니기 닑고 맛드려:凡看語孟且須熟讀玩味(飜小8:31).

·맛·들·다 동 맛들이다. 달게 여기다. ¶ᄒᆞ다가 내 일후믈 드러 닛디 아니ᄒᆞ야 디니면 제 맛드논 야ᇰᄋᆞ로 種種앳 됴ᄒᆞᆫ 오ᄉᆞᆯ 어드며(釋譜9:9). 婬亂ᄋᆞᆯ 맛들어나 수으를 즐기거나 듧ᄡᅥ버 조심 아니 ᄒᆞ다가 귓거시 精氣ᄅᆞᆯ 아ᅀᅡ 橫死ᄒᆞᆯ 씨오(釋譜9:37). 이러ᄒᆞᆫ 衆生ᄃᆞᆯᄒᆞᆯ 사ᄅᆞ미 福 求ᄒᆞ노라 ᄒᆞ야 제 맛드논 거슬 다 주ᄃᆡ(釋譜19:3). 내 ᄒᆞ마 衆生ᄋᆡ그에 즐거ᄫᅳᆫ 거슬 布施호ᄃᆡ 제 ᄠᅳ데 맛드논 야ᇰᄋᆞᆯ 조차 호니(釋譜19:3). 王이 맛들어 갓가ᄫᅵ ᄒᆞ거시ᄂᆞᆯ(月釋2:5). 王位ᄅᆞᆯ 맛드디 아니ᄒᆞ샤(月釋8:90). ᄒᆞ마 涅槃ᄋᆞᆯ 得ᄒᆞ야 맛들이리 업소라(月釋13:7). 사오나ᄫᅵ ᄃᆞ외요ᄆᆞᆯ 맛드러 어려ᄫᅵ 너교ᄆᆞᆯ 내야 이제 닷디 아니ᄒᆞ면:甘爲下劣生艱阻之想今不修之(牧牛訣45). 맛드논 사ᄅᆞᄆᆞᆫ 貴히 ᄒᆞ고(宣賜內訓序3). ᄌᆞ데ᄋᆡ 믈읫 온가짓 맛드러 ᄒᆞ논 이리(飜小6:6).

맛·디·다 동 맡기다. ☞맛기다. 맛티다 ¶仁政을 맛됴리라:仁政將託(龍歌83章). 제 지ᅀᅮᆫ 罪며 福ᄋᆞᆯ 다 써 琰魔法王ᄋᆞᆯ 맛뎌든(釋譜9:30). 나라ᄒᆞᆯ 아ᅀᆞ 맛디시고(月釋1:5). 나라 이를 쟝ᄎᆞ 世子ᄭᅴ 맛됴리라 ᄒᆞ야(月釋2:64). 이제 맛듐 ᄃᆡ 잇거다(月釋13:15). 쟝ᄎᆞ 國位 맛듏 제:將付國位(楞解8:28). 六通ᄋᆞᆯ 無爲예 ᄀᆞ장 맛뎌(楞解9:63). 父子ᄅᆞᆯ 一定ᄒᆞ야 家業을 오로 맛뎌(法華2:244). 太子ᄭᅴ 政事 맛디고:委政太子(法華4:154). 천량과 보비ᄅᆞᆯ 맛디다 ᄒᆞ니라:付與財寶云(圓覺序47). 運을 맛딘 心行애:任運心行(圓覺下二之一48). 天命이 ᄲᆞᆯ리 맛디샤미 겨샤:天命早有所付(宣賜內訓2下36). 鈇鉞을 맛뎌 親賢이 가고:受鉞親賢往(杜解5:15). 北關엔 뭀 모딘 사ᄅᆞᄆᆞᆯ 맛뎻도다:北關任群兇(初杜解10:9). ᄂᆞᆷ호아 맛됴ᄆᆞᆯ ᄆᆞᄎᆞ시고:分付了(金三3:6). 맛딜 임:任(類合下9). 맛딜 위:委(類合下21). 맛딜 비:畀(類合下22). 이런 쇼신들은 다만 쇼방의 맛뎌 다ᄉᆞ리미 더옥 큰 덕이라(山城87). 關東 八百里에 方面을 맛디시니(松江. 關東別曲). 重兵으로ᄡᅥ 너ᄅᆞᆯ 맛뎟거ᄂᆞᆯ(女四解4:37). 졍ᄉᆞᄅᆞᆯ 우승샹의 맛디시고(明皇1:34). 百僚ㅣ 비록 職을 率ᄒᆞ나 股肱이 先이 되니 녯 사ᄅᆞᆷ이 ᄯᅩ 닐오ᄃᆡ 의심ᄒᆞ야란 맛디디 말고 맛져란 의심ᄒᆞ디 말라 ᄒᆞ니:百僚雖率職股肱爲先古人且云疑之勿任任之勿疑(常訓35). 님군이 졍ᄉᆞᄅᆞᆯ 맛뎌 나라 졍승을 사므려 ᄒᆞ시거ᄂᆞᆯ(女範3. 문녀노검누쳐). 맛딜 례:隷(註千21).
※맛디다>맡기다

맛ᄃᆞ·다 동 맡다. ☞맛ᄯᆞ다 ¶天下ᄅᆞᆯ 맛ᄃᆞ시릴ᄊᆡ:將受九圍. 나라ᄒᆞᆯ 맛ᄃᆞ시릴ᄊᆡ:將受大東(龍歌6章). 佛事ᄅᆞᆯ 이긔여 맛듏 젼ᄎᆞ로:堪任佛事故(楞解8:28). 大根의 大乘 맛도ᄆᆞᆯ 正히 가ᄌᆞᆯ비시고:正譬大根以任大乘(法華2:68). 맛돈 이리 쉬ᄫᅵ 아니ᄒᆞ니:負荷不易(宣賜內訓3:6). ᄑᆞ는 님재 혼은자 맛ᄃᆞ리니:賣主一面承當(飜老下17). 탕ᄌᆞ 맛ᄃᆞᆫ 사ᄅᆞᆷ(飜朴上52). 일을 뉘 그 허믈을 맛ᄃᆞ료(宣小6:23). 혼자 맛ᄃᆞ리라:一面承當(老解下15). 안 법도를 맛뎌 더욱 삼가ᄒᆞ야:職(女四解2:41).

맛ᄃᆞ란ᄂᆞᆫᄃᆡ 동 맛닥뜨리거든. ㉠맛ᄃᆞᆮ다 ¶이제 두 군시 맛ᄃᆞ란ᄂᆞᆫᄃᆡ 네 先鋒이 되여셔(三譯5:14).

·맛ᄃᆞ·롬 동 맛닥뜨림. ㉠맛ᄃᆞᆮ다 ¶ᄒᆞ다가 ᄯᅩ 이 ᄉᆞᅀᅵ 맛ᄃᆞ로ᄆᆞᆯ 因ᄒᆞ야:若復因此際會(楞解5:29). 믄득 맛ᄃᆞ로매:忽然築着磕着(蒙法44). 바ᄅᆞᆯ 미틔 닉 나 믄득 맛ᄃᆞ로매:海底生烟驀然嗑著(法語23).

맛ᄃᆞ·시릴·ᄊᆡ 동 맡으실 것이매. ㉠맛ᄃᆞ다 ☞-시릴ᄊᆡ ¶商德이 衰ᄒᆞ거든 天下ᄅᆞᆯ 맛ᄃᆞ시릴ᄊᆡ:商德將受九圍. 나라ᄒᆞᆯ 맛ᄃᆞ시릴ᄊᆡ:之衰將受大東(龍歌6章).

맛ᄃᆞᆮ·다 동 맛닥뜨리다. 맛닥치다. ☞맛ᄃᆞᆺ다 ¶ᄒᆞ다가 ᄯᅩ 이 ᄉᆞᅀᅵ 맛ᄃᆞ로ᄆᆞᆯ 因ᄒᆞ야(楞解5:29). 機와 敎와 서르 맛ᄃᆞ로ᄆᆞᆫ 다 智勝의 나ᄆᆞᆫ 드트리 아니며(法華序17). 믄득 맛ᄃᆞ로매 ᄆᆞᅀᆞᄆᆡᆺ 길히 ᄒᆞᆫ 디위 그츠면:忽然築着磕着心路一斷(蒙法9). 築着磕着ᄋᆞᆫ 맛ᄃᆞᆮ다 ᄒᆞ논 마리니 工夫ㅣ 니거 ᄢᅵᄃᆞᇙ 時節이니(蒙法9). 살와 살와 놀히 맛ᄃᆞᄅᆞ면:箭箭柱鋒(蒙法19). 맛ᄃᆞ라 화 ᄒᆞ논 소리예:築着磕着囮地一聲(蒙法29). 삸그티

서르 맛돋돗 흔 마롤 닐어:箭鋒相柱語(蒙法30). 바롤 미티 니 나 믄득 맛ᄃ로매:海底生烟驀然嗑著(法語23). 노폰 ᄇ르매 맛ᄃ랫도다:會高風(初杜解10:32). 時로 다뭇 맛ᄃᄅ니:與時際會(初杜解18:12). ᄌ븘길흐로 玉冊올 傳호ᄆ 맛ᄃ라:際會…間道傳玉冊(初杜解24:13). 이제 두 군시 맛ᄃ란 ᄂᆞᆫ디 네 先鋒이 되여셔(三譯5:14).

맛돗다 동 맛닥뜨리다. 맛닥치다. ☞맛돋다 ¶맛돗다:嗑着(語錄11).

맛받·다 동 맛받다. ¶므레 맛바다 드러가면:撞入水去(飜老上35). 믈에 맛바다 드러가면:撞入水去(老解上31).

·맛보·다 동 만나다. ¶뎌와 겻구아 맛보게 ᄒᆞ쇼셔(月釋2:70). 잢간 맛보ᄆ 得ᄒᆞ도다:得暫逢(南明下63). 맛볼 사ᄅᆞᄆᆞᆫ 묻노라 몃 어디니오:逢人問幾賢(杜解7:32). ᄌ라거ᄂᆞᆯ 忽然 ᄂᆞ출 맛보니:長成忽會面(初杜解8:6). 사ᄅᆞᄆ 맛보아ᄃᆞᆫ 孔融을 묻ᄂᆞ다:逢人問孔融(杜解21:1). ᄂᆞ출 맛보고져 ᄉᆞ랑ᄒᆞ노니:思會面(杜解21:7). 서르 맛본 히 ᄌᆞ모 하니:相逢年頗多(初杜解21:11). 졍히 제 남지를 맛보와:正撞見他的漢子(飜朴上35). 제 ᄆᆞ올 사ᄅᆞ미 길헤 맛보아 어로려커늘:路遇里人欲汚之(東續三綱. 烈17). 아ᄎᆞ미 가ᄋᆞ면 짓 送葬올 맛보니:朝逢富家葬(重杜解2:70). 湯休上人을 처엄 맛보과라:初逢休上人(重杜解9:26).

※맛보다(마조보다)>만나보다

·맛·보·다 동 맛보다(嘗). ¶ᄒᆞ다가 空애 낪딘댄 虛空이 제 맛보논디라:若於空出虛空自味(楞解3:10). 모로매 맛봃 時節에ᅀᅡ 잇ᄂᆞ니:要以味時有(楞解6:55). 몬져 맛보시며:先嘗之(宣賜內訓1:10). 새 ᄡᅳ롤 맛보아셔 나그내 ᄂᆞ출 허리노라:嘗新破旅顔(初杜解7:38). 새롤 맛보고:嘗新(初杜解15:23). 맛볼 샹:嘗(訓蒙下13). 믄득 가져다가 맛보니:輒取嘗之(宣小6:28). 맛볼 샹:嘗(類合下11). 맛보다:嘗味(譯解上53). 맛볼 샹:嘗(註千37).

맛·비 명 장맛비. ☞마 ¶맛비 곳 그처:霖雨乍歇(救簡1:102).

-맛쌈 조 -만큼. ☞-맛감 ¶朱唇雪齒로 半맛쌈 운ᄂᆞᆫ 양ᄋᆞᆫ(楊士彥. 美人別曲).

맛쌍 명 마땅함. ☞맛당 ¶맛쌍 당:當(石千11). 맛쌍 의:宜(石千13).

맛쌍이 부 마땅히. ¶맛쌍이 쑴 낼 거시니라:宜汗之(辟新2).

맛쌍ᄒᆞ다 형 마땅하다. 알맞다. ☞맛당ᄒᆞ다 ¶도적의게 더러이미 맛쌍티 아니ᄒᆞ니:不宜汚賊(東新續三綱. 烈2:89).

맛싸·다 동 맡다(任). ☞맛ᄃᆞ다. 맛잘 ¶맛잘 심:任(訓蒙下31).

맛잘 동 맡을(任). ㉮맛ᄯᆞ다 ¶맛잘 심:任(訓蒙下31).

맛쏘다 동 맛보다(嘗). ☞맛보다 ¶새도록 자디 아니코 대변을 맛쏘며:達曙不寐取糞嘗之(東續三綱. 孝26).

맛져 동 맡기어. ㉮맛지다 ¶吏人等의게 구울녀 맛져:轉委吏人等(無冤錄1:3). 가ᄉᆞ롤 논화 맛져 므릇 농ᄉᆞ와:分任家事凡田疇(五倫4:52). 늘근 어미로써 날을 맛져놀(女範2. 효녀 딘시되양).

맛접다 동 마주 접다. ¶맛접다:雙疊起來(譯解補61).

맛조이 명 마중. 영접(迎接). ¶對馬島主 맛조이로 왓숩니(新語5:18).

맛조이다 동 마중하다. 영접(迎接)하다. ¶그러면 이런 줄은 모로고 맛조이면 너모 일 오신가 너겻더니(新語5:5).

맛지다 동 맡기다. ☞맛디다. 맛티다 ¶襄陽을 夏侯惇으로 직희라 ᄒᆞ여 맛져 잇고(三譯9:18). 맛지다:委任(同文解下55). 그 님금의 맛지시믈 싱각ᄒᆞ면(百行源17). 번 맛지다:交班(漢淸3:2). 님자 잇ᄂᆞᆫ 자란 두루ᄎᆞ차 맛질 도리와(字恤31). 吏人等의게 구울녀 맛져:轉委吏人等(無冤錄1:3). 가ᄉᆞ롤 논화 맛져:分任家事(五倫4:52). 군국 둥ᄉᆞ롤 다 맛지오시니(閑中錄50). 곳 압히 섯ᄂᆞᆫ 態度 님의 情을 맛져셰라(古時調. 歌曲). 맛질 위:委(註千33). 맛지고 少年 좃녀 가거니(古時調. 어우와 날. 時調類).

맛초다 동 맞추다. ☞마초다 ¶錦繡山 니블 안해 麝香 각시 아나 누어 藥 든 가ᄉᆞᆷ을 맛초ᄋᆸ사이다 맛초ᄋᆸ사이다(樂詞. 滿殿春別詞).

맛최다 동 맞히다. 쏘이다. ¶히ㅅ빗 맛최다:回光返照(譯解補1).

맛츠다 동 마치다. ☞ᄆᆞᄎᆞ다 ¶한훤을 맛츤 후에 헌함에 비겨 안ᄌᆞ(皆岩歌).

맛치 부 마침. ☞마치 ¶呂滎公이 그저긔 맛치 열라믄 서를 머겻더니(飜小9:5). 맛치 됴히 도적 잡ᄂᆞᆫ 官員이 와:恰好有捕盜的官來(老解上26).

맛치다 동 맡기다. ¶살을 다 둥군 쟝막 겻히 맛쳐 주다(三譯4:22).

맛티 명 망치. ¶맛티:鎚(柳氏物名五 金).

맛티다 동 맡기다. ¶맛틴 사ᄅᆞ믜게 쳥ᄒᆞ야 ᄡᅳ더라:須悉就典者請焉(二倫13). 집읫 이롤 다 맛티니:委以家事(二倫18).

맛ᄐᆞ다 동 맡다(任). ¶ᄆᆞᄎᆞᆷ내 맛ᄐᆞᆫ 짜히 ᄠᅥ나디 아니ᄒᆞ고:終始不離任所(東新續三綱. 忠1:48).

맛ᄐᆞ다 동 (냄새를) 맡다. ¶내 노린내롤 맛ᄐᆞ니:我聞了臊氣(朴解下2).

맛하다 동 맡다. ¶세 부듸이 맛하시니 관치

다려 못훈 말을(萬言詞). 훈 방셕 맛하시니 웅쥐거묵 어딕 가랴(빅화당가).

·맛·ᄒᆞ·다 동 맡다. ¶阿那律이 舍利를 여듧 金壜애 녀ᄊᆞᄫᆞ니 맛ᄒᆞ더시니(釋譜23:51).

·망 명 망(網). ¶훈 구슬로 망 ᄆᆡ자 ᄢᅵᆫ 간다개 드리웟고:一箇珠兒網蓋兒罕荅哈(飜朴上29). 훈 구슬로 망 ᄆᆡ자 ᄢᅵᆫ 罕荅哈를 드리웟더라:一箇珠兒網蓋兒罕荅哈(朴解上27).

망건 명 망건(網巾). ¶망건:網兒(譯解上43). 망건:網子(同文解上55). 탈 망건 갓 숙이고 ᄒᆞᆺ중치마 ᄯᅴ 그르고(萬言詞).

망구 명 옹구. ¶발치 망구 장만ᄒᆞ쇼(農月. 八月令).

망국ᄒᆞ다 동 망국(亡國)하다. ¶샹이 ᄲᅧ 붕당의 홰 반ᄃᆞ시 망국호매 니ᄅᆞ리라 ᄒᆞ샤(仁祖行狀28).

망극ᄒᆞ다 형 망극(罔極)하다. 그지없다. ¶ᄯᅩ 망극훈 화를 만나니:又遭罔極之禍(東新續三綱. 孝6:73). 罔極훈 은덕 갑기를 맛당이 이러ᄐᆞ시 ᄒᆞ랴:罔極之報當如是乎(警民22). 罔極훈 聖恩을 갑플 일이 어려웨라(靑友仁. 出塞曲). 공지 망극ᄒᆞ믈 이긔지 못ᄒᆞ여(落泉1:1).

망근골 명 망건(網巾)골. ¶망근골:網子盔(譯解下18).

망긴 명 망건(網巾). ¶망긴:網兒(譯解上43). 망긴 쓰쇼셔:籠網兒 載網子(譯解上48). 망긴 쓰라:包網兒(譯解上48).

:망:념 명 망념(妄念). ¶凡夫ㅣ ᄆᆞᅀᆞᆷ 根源을 모ᄅᆞᆯᄊᆡ 妄念을 조ᄎᆞ니 能히 妄念에 性븬ᄃᆞᆯ ᄉᆞᄆᆞᆺ 비취면 大道를 아다 ᄒᆞ리라(月釋9:23). 本性은 主人이오 妄念은 이 客이라(圓覺下二之一19). 妄念이 문득 니러 블근 거슬 어듭게 홀시(金三2:34). 妄念을 브튼 젼ᄎᆞ로 眞如를 두프니:由妄念故盖覆眞如(六祖中17).

망녕 명 망령. ¶망녕 망:妄(類合下26). ¶어와 망녕이야 놈이 일졍 우을노다(古時調. 七十의. 古歌). 어딕셔 망녕의 써시 눈흘긔려 ᄒᆞᄂᆞ뇨(古時調. 鄭澈. 훈 몸 둘헤 논화. 松江).

:망·녕도외·다 형 망령되다. ☞망녕도ᄋᆡ다 ¶요괴롭고 망녕도왼 이를 ᄒᆞ디 말라:勿爲妖妄(飜小7:23).

:망·녕도·이 부 망령되이. ☞망녕되이 ¶망녕도이 졍시며 법녕을 올ᄒᆞ니 외니 홈이:妄是非政法(宣小5:12). 송ᄉᆞᄒᆞ야 ᄃᆞ토기를 망녕도이 니ᄅᆞ혀면 훈 사ᄅᆞᆷ을 딩티ᄒᆞ여(警民26).

:망·녕도ᄋᆡ·다 형 망령되다. ☞망녕도외다. 망녕되다 ¶발호매 ᄲᆞᄅᆞ며 망녕도ᄋᆡ유믈 금지ᄒᆞ면:發禁躁妄(飜小8:10). 요괴로ᄋᆡ며 망녕도ᄋᆡᆫ 말ᄉᆞ미 ᄃᆞ토와 니러나:妖妄之說競起(飜小8:42).

:망·녕되·다 형 망령되다. ☞망녕도ᄋᆡ다 ¶發홈애 조급ᄒᆞ며 망녕되욤을 금지ᄒᆞ여사:發禁躁妄(宣小5:90). 망녕될 망:妄(倭解下34. 兒學下12).

:망·녕되·이 부 망령되이. 망령되게. ☞망녕도이 ¶敢히 거즛되며 망녕되이 몯 ᄒᆞ영이다:不敢虛妄(宣小6:42). 다만 從容히 말ᄒᆞ고 망녕되이 밧비 말라(捷蒙1:6).

망녕저이 부 망령스럽게. ¶샤열이 망녕저이 힝홈을 인연홈이니라:邪熱妄行也(馬解下86). 상좀애 긔운이 흘근다히면 망녕저이 저즈디 말라:類腫氣抽休妄作(馬解下121).

망녕젓다 형 망령스럽다. ☞-젓다 ¶망녕젓다:老悖回(同文解上19).

망뇽 명 망룡(蟒龍) 비단. ¶열 근 금과 스므 필 망뇽을 샹ᄒᆞ여 주니(三譯1:12).

망단ᄒᆞ다 동 망단(望斷)하다. ¶문뎡이 깁기 바다 갓고 닉외 격절ᄒᆞ니 심시 망단ᄒᆞ야ᄒᆞ더라(引鳳簫2).

:망량ᄃᆞᆸ·다 형 주책없다. ¶擧動이 妄量ᄃᆞᄫᆡ오(月釋2:11).

:망령ᄃᆞ외·다 형 망령되다. ☞망녕도외다 ¶험ᄒᆞ고 망령ᄃᆞ외면 텬셩을 다ᄉᆞ리디 몯ᄒᆞ리니:險躁則不能理性(飜小6:16).

:망:망·ᄒᆞ·다 동 망망(望望)하다. ¶顔丁이 거상을 이대ᄒᆞ더니 처엄 주고매 皇皇ᄒᆞ야 어두딕 몯 얻ᄂᆞᆫ ᄃᆞᆺᄒᆞ며 ᄒᆞ마 殯ᄒᆞ야ᄂᆞᆫ 望望ᄒᆞ야:望望은 가딕 도라보디 아니ᄒᆞᄂᆞᆫ 양지라(宣賜內訓1:71).

망망ᄒᆞ·다 형 망망(茫茫)하다. ¶衆生이 數업서 業이 茫茫ᄒᆞ며:茫茫ᄋᆞᆫ 넙고 큰 양지라(法華7:43). 만경챵파 쳔셕과 ᄀᆞᄌᆞᆨᄒᆞ니 ᄉᆞ히 망망ᄒᆞ야 갈 곳을 모ᄅᆞᄂᆞᆫ지라(落泉2:5).

망망ᄒᆞ다 형 망망(莽莽)하다. ¶莽莽훈 하ᄂᆞᆯ ᄀᆞᇫ 비여 ᄀᆞᄅᆞᆷᄀᆞᄋᆡ ᄒᆞ오아 셧논 ᄢᅵ로다:莽莽天涯雨江邊獨立時(重杜解12:33).

망·멸ᄒᆞ·다 동 망멸(亡滅)하다. ¶져그면 모ᄆᆞᆯ 배아 목수ᄆᆞᆯ 망멸ᄒᆞ고:小則隕身滅性(飜小6:31). 적으면 몸을 업시 ᄒᆞ며 性을 망멸ᄒᆞ고:小則隕身滅性(宣小5:29).

망명ᄒᆞ다 동 망명하다. ¶망명ᄒᆞ야 나디 아니터니:亡命不出(東新續三綱. 烈1:27).

망보다 동 망보다. ¶놉흔 딕 망보며(癸丑201). 망보다:瞭望(漢淸4:52).

망사 명 망사(硇砂). ¶망사 반 돈을 이베 시버 솝ᄶᅵ면:硇砂半錢口中咀嚼嚥之(救簡6:7). 망사:硇砂(柳氏物名五 石).

망:샹 명 망상(妄想). ¶眞實ㅅ ᄆᆞᅀᆞᄆᆡ 性이 조훈 블근 웃드믈 아디 몯고 妄想ᄋᆞᆯ ᄡᅳ논 다실ᄊᆡ니(楞解1:43). 妄想ᄋᆞᆯ ᄒᆞ마 덜면 말

써매 成佛ᄒᆞ릴씨(金剛71). 妄想이라 닐오ᄆᆞᆫ 定 업슨 慧오(圓覺上一之一118).

망셕즁이 명 망석중이. ¶男便을 망셕즁이라 안쳐 두고 보랴(古時調. 술이라. 靑丘).

:망심 명 망심(妄心). ¶妄心ᄋᆞᆫ 妄量앳 ᄆᆞᅀᆞ미라(月釋序2). 妄心 다ᄋᆞᆫ ᄲᅡ히 곧 菩提니라(金三2:13).

망션ᄒᆞ·다 형 망연(茫然)하다. ☞망연ᄒᆞ다 ¶수를 자바셔 ᄠᅳ디 茫然ᄒᆞ애라:把酒意茫然(初杜解15:13).

망아디 명 망아지. ☞ᄆᆞ야지. ᄆᆡ아지 ¶망아디 구:駒(兒學上7).

망아지 명 망아지. ☞ᄆᆞ야지. ᄆᆡ아지 ¶이 망아지 ᄆᆞᆯ 불친 ᄆᆞᆯ 절ᄯᅡᄆᆞᆯ(蒙老5:11).

망양그믈 명 망녕그물. ¶제 비알 푸러너여 망양그믈 너러 두고(古時調. 靑丘).

망어 명 병어. ¶망어:拔魚(譯解下37). 망어:鯧魚(漢淸14:45).

:망:어 명 망어(妄語). 거짓말. ¶邪淫 妄語 ᄒᆞᄂᆞ니와:妄語는 거즛마리라(月釋21:60). 엇데 이 사ᄅᆞ미 衆生ᄋᆞᆯ 惑ᄒᆞ야 어즈려 큰 妄語ᄅᆞᆯ 일우거뇨(楞解6:111). 四ᄂᆞᆫ 妄語ㅣ라(六祖上44).

:망언 명 망언(妄言). ¶妄言ᄒᆞ욘 젼ᄎᆞ로 사라셔 無間애 ᄲᅡ디니:妄言…故生陷無間(楞解8:67). 口四ᄂᆞᆫ 妄言과 綺語와 兩舌와 惡口왜오(六祖上61).

망연ᄒᆞ다 형 망연(茫然)하다. ☞망션ᄒᆞ다 ¶이 노로ᄆᆞᆯ 일우디 몯홀가 저후니 수를 자바셔 ᄠᅳ디 茫然ᄒᆞ예라:斯遊恐不遂把酒意茫然(重杜解15:13).

·망조ᄒᆞ·다 동 망조(罔措)하다. ¶方辯이 罔措ᄒᆞ야 두어 나래 眞相을 塑 ᄆᆡᆼᄀᆞ로ᄃᆡ 어루 노ᄑᆡ 七寸만ᄒᆞ야(六祖中110). 놀라 망조ᄒᆞ다:嚇的發怔(漢淸7:8).

·망초 명 망초(莽草). ¶망초 ᄀᆞᄅᆞᆫ ᄀᆞᄅᆞᆯ ᄆᆞ라 ᄇᆞ티라:調莽草末傅(救簡6:75). 망초:秦艽(柳氏物名三 草).

망측ᄒᆞ다 형 망측(罔測)하다. ¶교티ᄅᆞᆯ 가ᄅᆞ쳐 츄악 망측ᄒᆞᆫ 말을 다 ᄒᆞ니(落泉1:2).

망태 명 망태. 망태기. ¶아희야 구럭 망태 어두 西山에 날 늣거다(古時調. 靑丘). 망태:網袋(物譜 工匠).

:망:패·ᄒᆞ·다 형 망패(妄悖)하다. ¶내 엇디 늙고 망패ᄒᆞ야 子孫을 렴려티 아니ᄒᆞ리오:吾豈老悖不念子孫哉(宣小6:82).

망ᄒᆞ·다 동 망(亡)하다. ¶魯ㅣ 그 亡ᄒᆞ린뎌:魯其亡乎(宣小4:44). 내 널로 밋 홈ᄭᅴ 亡호리라 ᄒᆞ니:予及女偕亡(宣孟1:5). 小人의 道ᄂᆞᆫ 的然호ᄃᆡ 날로 亡ᄒᆞᄂᆞ니(宣中52). 망홀 망:亡(倭解上39). 망ᄒᆞ다:亡(同文解上46). ᄒᆞᆫ 사ᄅᆞᆷ을 말믜암아 망ᄒᆞ리잇가(綸音22).

맞·나·다 동 만나다. ☞맛나다 ¶世尊ᄋᆞᆯ 맞나ᅀᆞᄫᆞ며 즘게남기 들여늘(月印上65). 아바님 맞나시니 두 허튀ᄅᆞᆯ 안아 우르시니(月釋8:85). 常不輕 ᄯᅩ 맞나ᅀᆞᄫᅡ 敎化ᄅᆞᆯ 닙ᅀᆞᄫᅡ(月釋17:77).

맞·다 동 맞다〔迎〕. ☞맛다 ¶一切 大衆이 寶階 미틔 모다 가 부텨를 마ᄌᆞᆸ더니(釋譜11:13). 부텨 마ᄍᆞ오ᄆᆞᆫ 恭敬의 至極호미라(楞解1:31). 네 가 妻子ᄅᆞᆯ 마자 오거늘:汝去迎妻子(初杜解8:40). 마ᄌᆞᆯ 영:迎(類合下43). 마ᄌᆞᆯ 아:迓. 마ᄌᆞᆯ 요:邀(類合下36). 비ᄅᆞᆯ 보내야 위시ᄅᆞᆯ 마ᄌᆞ니(太平1:4). 마즐 영:迎(倭解上42). 마즐 영:迎(兒學下11). 마ᄌᆞᆯ 빈:賓(註千6). 마즐 아:御 仝迓迎也(註千35).

맞·다 동 맞다〔被打〕. ☞맛다 ¶나랏 法에 자피여 미여 매마자 獄애 가도아(釋譜9:8). 다ᄅᆞᆫ 나래 쇠막다히ᄅᆞᆯ 마ᄌᆞ리라:他日喫鐵棒(蒙法51). 매마좀애 니르러ᄂᆞᆫ:至被毆杖(宣小6:19). 세 번 마즈믈 면ᄒᆞ라 ᄒᆞ여:免打三下(老解上4).

맞·다 동 맞다〔適〕. ☞맛다 ¶正等 境界예 마ᄌᆞᆫ 後에ᅀᅡ 精ᄒᆞ며 너부미 ᄃᆞ외리니(釋譜19:37). 理예 마조ᄆᆞᆫ 眞諦俗諦예 맛고(月釋8:24). 내 ᄠᅳ데 몯 마재이다(月釋8:97). 八正道애 마ᄌᆞ니라(月釋17:39). 空如來藏과 大圓鏡智예 마ᄌᆞᆸ디니(楞解3:116). 始와 終괘 마ᄌᆞ시니(圓覺上二之三45). 行과 解왜 서르 마자ᅀᅡ:行解相應(蒙法49). ᄠᅳ데 맞게 ᄒᆞ더니(宣賜內訓序4). 어린 ᄠᅳ데 마초아 마ᄌᆞᆫ 배 잇ᄂᆞ니:愚意會所適(杜解9:23). 마ᄌᆞᆯ 의:義(訓蒙下25). 마ᄌᆞᆯ 뎍:適(類合下23. 石千34). 마ᄌᆞᆯ 갑:合(註千23).

맞·다 동 맞다. 적중하다. ☞맛다 ¶玄武門 두 도티 ᄒᆞᆫ 사래 마ᄌᆞ니:玄武兩豝一箭俱中(龍歌43章). ᄆᆞ리 사ᄅᆞᆯ 마자 馬廐에 드러 오나ᄂᆞᆯ:我馬帶矢于廐猝來(龍歌109章).

맞·다 동 맞다. ¶모ᄃᆞᆫ 고지 비 마자 펫도다:群花冒雨開(南明下51).

맞·다 동 당하다. ¶님금 곳 辱 마ᄌᆞ시면 臣下 죽ᄂᆞᆫ 거시니(三綱. 忠19). 마ᄌᆞᆯ 당:當(註千11).

맡 명 마당. ☞맏 ¶마ᄐᆞᆯ 다ᄋᆞ고 穀食收斂ᄒᆞ야 委積 보아호ᄆᆞᆯ:築場看斂積(杜解7:18). 마ᄐᆞᆯ 다오매 굼긔 개야밀 어엿비 너기고:築場憐穴蟻(初杜解7:18).

맡다 동 맡다. ¶뎡위(법 마튼 마을이라):廷尉(五倫1:39).

맡·다 동 맡다〔嗅〕. ☞맏다 ¶고해 내 마톰과 이베 맛 머굼과(釋譜13:13). 고해 無色界옛 香ᄋᆞᆯ 마ᄐᆞ시다 ᄒᆞᆫ 말도 이시며(月釋1:36). 네 고홀 마ᄐᆞ려니ᄯᅡᆫ 엇데 ᄇᆞ트리오(楞解3:8). 五香 마ᄐᆞ샤 웅긔어신 고해(樂

範. 處容歌). 내 마톨 후:嗅(類合下12).

매 명 곰팡이. ¶매톨 미:黴 物中久雨而靑黑(訓蒙下12).

·매 명 매〔鞭〕. ¶매마자 獄애 가도아(釋譜9:8). 매로 티ᅀᆞᄫᅡ도 머리 ᄃᆞ라가샤(月釋17:76). 저품과 갈 매 더움돌히 업스며:無怖畏加刀杖等(法華5:41). 매마좀애 니르러ᄂᆞᆫ:至被歐杖(宣小6:19). 다ᄆᆞᆫ 내 항거시 죄 업시 매 마자 귀향가믈 셜워ᄒᆞ노라:只傷吾主無罪杖配耳(東續三綱. 忠2). 매ㅅ 자곡:鞭根痕(同文解下8. 譯解補35).

·매 명 맷돌. ¶매와 가롬과 ᄀᆞ로미 잇ᄂᆞ니:有…碾磑耕磨(楞解8:92). 이ᄂᆞᆫ 매:這箇是碾子(飜朴上41). 매 마:磨. 매 의:磑(訓蒙中11. 倭解下3). 칠월의ᄂᆞᆫ 방하과 매예 잇고:七月在碓磨(胎要66). 매:磨兒 碾子(譯解下15). 매 마:磨(註千16).

:매 명 매〔鷹〕. ☞미 ¶奮은 매 ᄂᆞ애 티ᄃᆞ시 가비얍고 쌜롤 씨니(月釋10:78). 매 새 쪼더시(三綱. 忠12). 代北에 큰 매 잇ᄂᆞ니:代北有豪鷹(初杜解8:18). ᄂᆞ난 매ᄂᆞᆫ ᄌᆞᆺ 드로매 하ᄂᆞᆯ홀 ᄀᆞ리텨 ᄂᆞᄂᆞ니라:俊鷹才擧搏天飛(南明下16). 매 골:鶻. 매 응:鷹. 매 쥰:隼(訓蒙上15). 매 응:鷹(類合上12. 倭解下20). 매:鷹(柳氏物名一 羽蟲).

:매 부 왜. 어찌. ¶賢弟를 매 니ᄌᆞ시리:維此賢弟寧或有忘. 忠臣을 매 모ᄅᆞ시리:維此忠臣寧或不知(龍歌74章). 주거가ᄂᆞᆫ 거싀 일올 몯 보신 돌 매 모ᄅᆞ시리(月印上16). 발올 바사 매 아니 알ᄑᆞ시리(月印上43). 大德아 如來 니ᄅᆞ시논 아홉 橫死ᄅᆞᆯ 매 몯 듣ᄌᆞᄫᅡ쉾다(月釋9:56).

-·매 조 -만큼. -만치. ☞-마. -맛 ¶ᄒᆞ다가 ᄒᆞᆫ 터럭근매나 이시면:若有一毫末(蒙法12). 실올매나 터럭근매나 다으디 몯호미 이시면:絲毫不盡則(飜小8:14).

-·매 어미 -매. ¶患難하매 便安히 사디 몯ᄒᆞ소라:多難不安居(初杜解8:43). 예셔 하뎜에 가매:這裏到夏店(飜老上59). 머리셔 ᄇᆞ라매 노피 하ᄂᆞᆯ해 다핫고:遠望高接靑霄(飜朴上68). 복이 진호매 오히려 됴셕제를 힝ᄒᆞ더라:服闋猶行朝夕奠(東新續三綱. 孝7:58). 세 사ᄅᆞᆷ이 ᄒᆞᆷᄭᅴ 녀매:三人同行(老解上31). 먹을 것 보내매 먹고(三譯2:23). 하ᄂᆞᆯ히 만민을 내시매(十九史略1:1).

매도래 명 사냥매의 쓰개. ☞매도리 ¶매도래:鷹戴帽(譯解下26).

매도릐 명 사냥매의 쓰개. ☞매도래 ¶매도릐예 털ㅅ:轉軸上的銅絲(漢淸4:57).

매돌 명 맷돌. ☞매 ¶매돌:磑子(物譜 筐筥).

:매등빗 명 매등빛〔鷹背色〕. ☞매등빗 ¶매등빗쳇 비단:鷹背褐(譯解下4).

:매둥빛 명 매등빛〔鷹背色〕. ☞매등빗 ¶매둥비쳇 차할 히마문 비단:鷹背褐海馬(飜老下25).

매몰ᄒᆞ다 동 매몰(埋沒)하다. 보잘것없이 되다. ¶貧寒코 風度ㅣ 埋沒ᄒᆞᆯ지라도(古時調. 靑丘).

매부리코 명 매부리코. ¶매부리코:鷹嘴鼻(譯解補20).

매ㅅ즁쇠 명 맷중쇠. 맷돌중쇠. ¶매ㅅ중쇠:磨臍(譯解補43).

매똥 명 매〔鷹〕의 똥. ¶매똥:鷹條(柳氏物名一 羽蟲).

매암이 명 매미. ¶굼벙이 매암이 되야 ᄂᆞ래 도쳐 ᄂᆞ라올라(古時調. 靑丘).

매양 부 매양. 늘. ¶每樣 놀녀 ᄒᆞ노라(古時調. 金汶根. 歌曲).

매·유·통 명 매화틀. 변기(便器). ☞마요. 마유 ¶매유통 투:廁 俗呼後桶(訓蒙中6).

매질ᄒᆞ다 동 매질하다. ¶니디 안이ᄒᆞᆫ대 도적이 매질ᄒᆞ야 니ᄅᆞ티니:不起賊杖而起之(東新續三綱. 烈5:27).

매ᄎᆞ다 동 긁히다. 할퀴다. ¶매ᄎᆞ다:抓物(柳氏物名一 羽蟲).

매·ᄐᆞ·다 동 곰팡이 끼다. ¶매톨 미:黴 物中久雨而靑黑(訓蒙下12).

매판 명 매판. 맷방석. ¶매판:磨盤(譯解補43). 매판:曹碾臺(漢淸10:8).

매화 명 매화(梅花). ☞미화 ¶매화:梅(柳氏物名四 木).

맥 명 맥(脈). ☞믹 ¶脈 잡혀 보아지라:診候脈息(老解下36).

-먀 어미 -며. ☞-며 ¶멀먀 갓가온디 유무 글월을 손조 더답디 아니티 아니호더:遠近書疏莫不手答(宣小6:108).

먀옥ᄒᆞ다 형 매욱하다. 미련하다 ¶먀옥ᄒᆞᆫ 이:乜斜的(譯解上28).

머·겟·다 동 머금어 있다. 머금다. ㉮먹다 ¶ᄆᆞᆯᄀᆞᆫ 氣運이 그윗 소티 머겟ᄂᆞᆫ ᄃᆞᆺᄒᆞ도다:淑氣含公鼎(初杜解24:42).

머고·리 명 개구리. ☞머구리 ¶우믌 미틧 머고리ᄂᆞᆫ 鼓角ᄋᆞᆯ 불어ᄂᆞᆯ:井底蝦蟇吹鼓角(南明下27).

머고리 동 먹으리. ㉮먹다 ¶남거시든 내 머고리(鄕樂. 相杵歌).

머·곰 명 모금. ¶ᄉᆡᆼ앙 즛디허 뽄 즙 ᄒᆞᆫ 머곰만 ᄒᆞ야:生薑自然汁一呷(救簡1:8). 몬져 ᄎᆞᆫ믈 세 머곰 머근 후의:先喫凉水三口(臘藥19).

머곰다 동 머금다. ☞머굼다 ¶더운 쇠 무저글 머곰고 모미 타 디여 빅천 겁 디나도:呑熱鐵丸經百千劫遍身燋爛(恩重21). 아난ᄂᆞᆫ 아히 져줄 머곰고 ᄒᆞᆷᄭᅴ 주것더라:抱兒含乳而俱死(東新續三綱. 烈7:54)

머괴 명 머귀나무. ☞머귀 ¶머괴 동:桐(詩解

物名5). 머괴 입 지ᄂᆞᆫ 소릐 먹은 귀를 놀리ᄂᆞ다(蘆溪. 莎堤曲).

머괴나모 명 머귀나무. ☞머귀 ¶머괴나모:梧桐樹(譯解下42).

머구·릐밥 명 개구리밥. ¶머구릐밥과 부듨 방취오:是浮萍蒲棒(飜朴上70). 머구릐밥 표:薸. 머구릐밥 평:萍. 머구릐밥 빈:蘋(訓蒙上9). 머구릐밥:浮萍(痘要上49).

머구·리 명 개구리. ☞머고리 ¶우믌 머구리 ᄃᆞ려 바ᄅᆞᆯ 니ᄅᆞ디 몯호ᄆᆞᆫ(法華3:156). 우므렛 머구리(牧牛訣45). 天地예 사ᄅᆞ미 나날 머구리 수스듯 ᄒᆞ더라:天地日蛙黽(初杜解24:41). 머구리 경:鼃. 머구리 명:黽. 머구리 와:蛙. 머구리 국:蟈(訓蒙上22). 머구리 하:蝦. 머구리 막:蟆(訓蒙上24). 머구리 마:蟆. 머구리 하:蝦(類合上15). 머구리:鼃(東醫 湯液二 蟲部). 머구리 울어:水蛙叫的(朴解中55). 머구리:田鷄(譯解下36. 同文解下42). 머구리:鼃 在田野草間(柳氏物名二 昆蟲).

머·구·리 명 먹을 것. ☞먹다 ¶게으른 ᄒᆞᆫ ᄂᆞ미 서르 ᄀᆞᄅᆞ쳐 사ᄂᆞᆯ 머구릴 ᄇᆡ여 오니(月釋1:45).

머구리밥 명 개구리밥. ☞머구릐밥 ¶머구리밥:浮萍(東醫 湯液三 草部).

머구머셔 동 머금어서. ㉠머굼다 ¶ᄆᆞᄅᆞᆫ 프른 프를 머구머셔 우놋다:馬銜青草嘶(重杜解2:4).

머·굴위·다 동 유체(濡滯)하다. 걸리다. ¶져근 이레 머굴워디 아니호미 들며 나ᄆᆞᆯ 어려ᄫᅵ 아니 호미라(月釋13:26). 權에 머굴우옛던 이ᄅᆞᆯ 펴 니ᄅᆞ니라(月釋13:24). 사ᄅᆞ미게론 더러ᄫᅳᆫ 서근 내ᄅᆞᆯ ᄀᆞ리ᄫᅧ며 가야미 머구믈 免ᄒᆞ야 魄이 머굴워디 아니ᄒᆞ고(月釋18:39). 鼷ᄂᆞᆫ 甘口鼠ㅣ니 物이 머구믈 맛나도 알포ᄆᆞᆯ 모ᄅᆞ고 鼠ᄂᆞᆫ 奸曲 만코 잘 숨ᄂᆞ니 迷惑ᄒᆞᆫ 사ᄅᆞ미 그스기 어두워 머굴워여 수머셔 傷히며 奸曲히 굿브논 그 양이 이 ᄀᆞᆮᄒᆞ니라:鼷甘口鼠物遇食而不知痛傷鼠多奸而善藏癡者陰昧濡滯潛傷奸伏其狀如此(法華2:109).

머굼 명 모금. ☞머곰 ¶그 아비 죽거늘 믓 머굼도 아니 먹고 하 우러 ᄒᆞ마 죽게 ᄃᆞ외야:及父亡絕漿哀號幾至滅性(三綱. 孝14). 잇다감 ᄒᆞᆫ두 머굼곰 숨쎠라:時時呷一兩口(救簡1:97).

머·굼 동 먹음. ㉠먹다 ¶바볼 머굶 대로 혜여 머굼과(月釋7:31).

머·굼·다 동 머금다. ☞머곰다 ¶含은 머구믈 씨라(月釋序8). 性이 一萬德을 머굼고(月釋9:21). 十方ᄋᆞᆯ 머구므며 비와토ᄆᆞ로 ᄠᅳᆮ 사ᄆᆞ니:含吐十方爲義(楞解3:63). 十方ᄋᆞᆯ 머구머 ᄢᅩ렛ᄂᆞᆫ ᄃᆞᆯ ᄉᆞᄆᆞᆺ 알며:了知…含裹十方(楞解3:63). 寂에셔 照호미 虛空ᄋᆞᆯ 머구멧ᄂᆞ니:寂照含虛空(楞解6:73). 十方ᄋᆞᆯ 머구므며 비와토ᄃᆡ:含吐十方(法華6:59). 머구므며 비와ᄐᆞ시며(金剛7). 다ᄉᆞᆺ 덛덛ᄒᆞᆫ 德을 머구머(宣賜內訓序2). 잔ᄋᆞᆯ 머구머셔 ᄆᆞᆯᄀᆞᆫ 수를 즐기고:銜盃樂聖(初杜解15:40). 뫼히 白雲ᄋᆞᆯ 머구모미 서르 맛당ᄒᆞ도다:山含白雲也相宜(金三3:3). 含靈ᄋᆞᆫ 靈을 머구믈 시니(南明上9). ᄲᅡᆯ글힌 믈 닷 되예 글혀 서 되 ᄃᆞ외어든 머구모ᄃᆡ 나지 다엿 번 바미 세 번 ᄒᆞ라(救簡2:119). 머구믈 ᄐᆞᆫ:呑. 머구믈 함:含(訓蒙下14). 머구믈 함:含(類合下47). 비혼 것 니길 제 머굼어:習學含之(宣小6:99). ᄆᆞᄅᆞᆫ 프른 프를 머구머셔 우놋다:馬銜青草嘶(重杜解2:4).

머·귀 명 머귀나무. ☞머괴 ¶梧桐ᄋᆞᆫ 머귀니(月釋7:54). 프른 머귀ᄂᆞᆫ 낫과 바ᄆᆡ ᄠᅥ러디놋다:青梧日夜凋(重杜解5:15). 머귀 ᄒᆞᆫ 니페 天下ㅣ ᄀᆞᅀᆞᆯ힌 ᄃᆞᆯ 어루 아롤디니라:梧桐一葉可知天下秋(金三3:11). 머귀 오:梧. 머귀 동:桐(訓蒙上10. 石千33). 머귀 오:梧. 머귀 동:桐(類合上9). 머귀닙 디거야 알와다 ᄀᆞᄋᆞᆯ힌 줄을(古時調. 鄭澈. 松江). 머귀 성긘 비에 남은 肝腸 다 셕노라(古時調. 金天澤. 가을 밤 치. 瓶歌).

머귀나모 명 머귀나무. ☞머괴나모 ¶西掖앳 머귀남기여:西掖梧桐樹(重杜解23:8). 公山 머귀나모 수헤 가 싸화 니티 몯히여:戰於公山桐藪不利(東新續三綱. 忠1:15). 머귀나모:梧桐樹(漢淸13:19).

머귀나무 명 머귀나무. ☞머귀나모 ¶머귀나무 동:桐(兒學上5).

머·귀여·름 명 오동나무 열매. 오자(梧子). ¶머귀여름마곰 환 ᄆᆡᆼᄀᆞ라:爲圓如梧桐子大(救簡1:96). 머귀여름마곰 환 ᄆᆡᆼᄀᆞ라:丸如桐子大(救簡1:97). 머귀여름마곰 환 ᄆᆡᆼᄀᆞ라:爲丸梧子大(救簡2:18). 머귀여름은 桐實桐實ᄒᆞ고(古時調. 海謠).

머기 명 먹기. ¶늘거셔 좀과 밥 머기와 져구니 ᄆᆞᆰ고 훤ᄒᆞᆫ 荊扉ᄅᆞᆯ 즐기노라:遲暮少寢食淸曠喜荊扉(初杜解15:4).

머·기·다 동 ①먹이다. ☞먹이다 ¶粳米ᄅᆞᆯ 가져오샤 迦葉일 머기시니(月印上38). 왼 藥ᄋᆞᆯ 머겨 아니 주긇 저긔 橫死ᄒᆞ며(釋譜9:36). 그 겨지비 밥 가져다가 머기고(月釋1:44). 맛더 머기게 ᄒᆞ니(圓覺上二之二24). 對答ᄒᆞᅀᆞ오ᄃᆡ 쇼 머기노이다 祖ㅣ 니ᄅᆞ샤ᄃᆡ 엇데 머기ᄂᆞᆫ다(南明上58). ᄌᆞ최욤 호ᄆᆞᆯ 기드려 우흿 약을 머교ᄃᆡ(救簡1:2). 머규믈 ᄀᆞ장 몯 ᄒᆞ야 이시니:喂不到(飜老上69). 머규믈 됴히 ᄒᆞ라:喂的好着(飜朴上43). 머길 포:哺(訓蒙下7). 머길 ᄉᆞ:飼. 머길 위:餵(訓蒙下8). 머길 보:哺(類合下9).

반ᄃᆞ시 몬져 ᄢᅧ 어버이ᄅᆞᆯ 머기ᄂᆞ니:必先以食父母(宣小5:74). 나랏 ᄆᆞᆯ 머규매 粟豆ᄅᆞᆯ 다ᄒᆞ며:國馬竭粟豆(重杜解2:42). ᄆᆞᆯ 머규믈 구틔여 臨洮를 侵逼디 몯ᄒᆞᄂᆞ다:牧馬不敢侵臨洮(重杜解4:25).

②(풀 따위를) 먹이다. ¶ᄯᅩ 푼ᄌᆞ 머겻고 굳디 아니ᄒᆞ니라:又有粉飾不牢壯(飜老下25).

머다 형 멀다. ☞멀다 ¶머다:遠(同文解上41). 손과 다리 머다 ᄒᆞᆫ들 그 ᄉᆞ이 얼마치리(萬言詞).

머듸 명 즈음. 때. ¶中分未百年을 勸ᄒᆞᆯ 머듸 잡으시요(古時調. 藥山 東臺. 大東).

머롬 형 멂. ㉠멀다 ¶진실로 서로 머로미 열콰 一百괘라:固相去十百也(宣賜內訓2下71). 洛城을 ᄒᆞᆫ 번 여희요니 머로미 四千里로소니:洛城一別四千里(重杜解2:1).

머루 명 머루. ☞머르. 멀위 ¶머루:山葡萄(柳氏物名三 草).

머르 명 머루. ☞머루. 멀위 ¶머르:山蒲桃(物譜 草果).

머르지르다 동 눈멀게 찌르다. ¶쑥 질너 머르지를 눈아(古時調. 눈아. 靑丘).

머·리 명 ①머리. ☞마리 ¶머리ᄅᆞᆯ 조ᅀᆞᄫᆞ니:敬禮(龍歌95章). 현맛 衆生이 머리 조ᅀᆞᄫᅡ뇨(月印上11). 열 머리 龍ᄋᆞᆯ 내니(月印上59). 龍ᄋᆞᆯ 지ᅀᅳ니 머리 열히러니(釋譜6:32). 頭는 머리라(訓註14). 머리 本來 自然인댄:頭本自然(楞解4:66). 세 번 거러가 머리 도ᄅᆞ혀 ᄇᆞᄅᆞ고 다ᄉᆞᆺ 번 거러가 안조라:三步回頭五步坐(初杜解9:5). 이런 ᄃᆞ로 낫나치 머리 하ᄂᆞᆯᄒᆞᆯ ᄀᆞᄅᆞ치고:所以一一頭指天(金三2:11). 머리 두:頭(類合上20). 머리 원:元(類合下23). 머리 슈:首(石千5). 적이 머리와 허리ᄅᆞᆯ 버히고 가다:賊斫頭腰而去(東新續三綱. 烈7:39).

②머리〔髮〕. 머리털. ¶阿難일 시기샤 羅睺羅ᄋᆡ 머리 갓기시니(釋譜6:10). 出家ᄂᆞᆫ … 집 ᄇᆞ리고 머리 갓ᄀᆞᆯ 씨라(月釋1:17). 제 머리 버흠 ᄀᆞᆮᄒᆞ야(圓覺序57). 冠ᄒᆞ니 머리 빗디 아니ᄒᆞ며:冠者不櫛(宣賜內訓1:52). 니마히 半만ᄒᆞᆫ 빗ᄂᆞᆫ 머리 셰니:半頂梳頭白(初杜解7:12). 즌 길헤 머리 ᄭᆞᄅᆞ샤ᄆᆞᆯ ᄠᅳ들 옮기디 아니ᄒᆞ시다:布髮泥塗志不移(南明上54). 머리 ᄯᅡ해 드리고(金三3:22). 머리 환:鬟(訓蒙中25). 머리ᄀᆞᆷ올 목:沐(訓蒙下11. 類合下8). 머리 빗고 緌ᄒᆞ고:櫛緌(宣小2:2).

머·리 부 멀리. ☞멀리 ¶恩愛ᄅᆞᆯ 머리 여희여 어즐코 아독ᄒᆞ야(釋譜6:3). 無色이 머리 좃다 ᄒᆞᆫ 말도 이시며(月釋1:37). 즁이 머리 나가ᄃᆡ:僧遠出(楞解1:33). ᄋᆞᄃᆞᆯ 모미 여위오 시들며 ᄯᅩᆼ 홀기 듣글 무더 더러워 조티 몯ᄒᆞᆫ ᄃᆞᆯ 머리셔 보고:遙見子身羸瘦憔悴糞土塵坌(法華2:209). 諸惡을 머리 여희시니:遠離諸惡(永嘉下40). 衆生ᄋᆡ 갓ᄀᆞᆫ 知見을 머리 여희여:遠離衆生顚倒知見(金剛102). 머리 ᄒᆞ오ᅀᅡ 셜시:迥然獨立(圓覺下一之一65). 비록 나그내로브터 머리 와슈미 셜우나:雖傷旅寓遠(重杜解1:14). 勾漏令을 머리 븟그리노니:遠慚勾漏令(初杜解7:5). 머리 노닐 아ᄃᆞ리:遠遊子(南明上10). 寒山ᄋᆞᆫ 머리 노뇨ᄆᆞᆯ 즐겨 이제 온 길ᄒᆞᆯ 니제라:寒山愛遠遊如今忘却來時路(南明上28). 中間과 두 ᄀᆞᆺ과애 머리 나니라(金三2:43). 머리 볼 됴:眺(類合下32). ᄃᆞᆯ하 노피곰 도ᄃᆞ샤 어긔야 머리곰 비취오시라(樂範. 井邑詞). ※ 머리>멀리

-머리 접미 -머리〔'가장자리'의 뜻〕. ¶南녁 져젯 ᄂᆞᄅᆞᆺ머리예셔 ᄇᆡ 폴리 잇건마ᄅᆞᆫ:南市津頭有船賣(重杜解10:4). 녯날 강머리 능감 ᄑᆞ던 사ᄅᆞᆷ이:昔日江頭菱芡人(太平1:5).

머리골 명 머릿골. 뇌(腦). ¶머리골 노:腦(兒學上2).

머리곰 부 멀리. 〔'-곰'은 성조(聲調)를 부드럽게 하고, 뜻을 얼마간 강조(强調)하는 접미사.〕 ☞머리. -곰 ¶ᄃᆞᆯ하 노피곰 도ᄃᆞ샤 어긔야 머리곰 비취오시라 어긔야 어강됴리(樂範. 井邑詞).

머·리·ᄀᆞᆷ·다 동 머리를 감다. ☞머리 ¶머리ᄀᆞᆷ올 목:沐(訓蒙下11. 類合下8).
※머리ᄀᆞᆷ다>머리감다

머리ᄃᆡ골 명 머리통. ¶도적이 왼ᄑᆞᆯ홀 베디ᄅᆞ고 머리ᄃᆡ골을 텨 ᄣᆞ리되 ᄯᅩᄒᆞᆫ 굴티 아니ᄒᆞ고:賊割左臂擊碎頭顱亦不屈(東新續三綱. 忠1:65).

머·리맡 명 머리맡. ☞맡 ¶부텨와 難陀와ᄂᆞᆫ 머리마틔 셔시고(月釋10:10).

머·리믠·놈 명 대머리. ¶머리믠놈:禿厮(訓蒙上29 禿字註).

머·리비·시 명 머리빗기. ¶머리비시와 옷 ᄀᆞ라닙디 아니터라:櫛髮(續三綱. 孝. 王中感天).

머리새 명 강아지풀. ¶머리새:狗尾根草(柳氏物名三 草).

머·리셔 부 멀리서. ☞머리 ¶金剛力士ᄅᆞᆯ 지ᅀᅥ내야 金剛杵로 머리셔 견지니(釋譜6:31). 男女 身香을 다 머리셔 드르며(月釋17:65). 親族 眷屬을 머리셔 보며:遙見…親族眷屬(楞解9:62). 그 지비 ᄀᆞ장 가ᅀᆞ멸어늘 窮子ㅣ 머리셔 보고:其家大富窮子遙見(法華1:14). 머리셔 보고:遙見(法華2:209). 長者ㅣ 머리셔 알오 ᄆᆞᅀᆞ매 깃거:長者遙識心喜(圓覺序47).

머리:ᄲᅧ 명 머리뼈. ¶머리ᄲᅧ ᄒᆞ야디니와:腦骨破(救簡1:79).

머·리알·핏:병 명 두통(頭痛). ¶대도호 머리알핏병에 약 머거 됴티 아니커든:一切頭疼服藥不效者(救簡2:6).

머리언다 동 머리얹다. ¶나히 열닐곱의 머리언디 몬히엇더니:年十七未笄(東新續三綱. 烈7:13).

머리·옛·니 명 머릿니. ¶닛믜욤 글근 거슬 머리옛니를 섯거 ᄀᆞᄅᆞ 브티라:齒迊和黑蝨研傅(救簡6:23).

머리와딘믈 명 모래집물. 양수(羊水). ¶머리와딘믈은 안ᄭᅢ 안해 아기 치던 믈이니:夫胞漿者胞內養兒之水也(胎要26).

머리지어 부 선두(先頭)로. ¶이 적의 머리지어 잡아내니(癸丑66). 내 집 머리지어 화를 닙으니(閑中錄450).

머리ᄏᆞ락 명 머리카락. ¶머리ᄏᆞ락이며 밋 버혓던 바 손돕 발돕을(家禮5:34).

머·리터럭 명 머리털. ☞머리터리. 머릿터럭 ¶톱 길며 머리터럭 나며:甲長髮生(楞解10:82). 머리터럭과 고솜도틔 가출:頭髮猬皮(救急下66). 머리터럭 ᄒᆞᆫ 져봄 붇ᄌᆞᄅᆞ만 ᄒᆞ닐:頭髮一撮如筆管大(救簡1:62).

머·리터·리 명 머리털. ☞머리터럭. 머릿터리 ¶머리터리를 ᄆᆡ자 남진 겨지비 ᄃᆞ외요니:結髮爲夫妻(初杜解8:67). 뎡바기옛 머리터리:頂心髮(救簡1:30). 허튼 머리터리:亂髮(救簡1:81).

머·리털 명 머리털. ☞머리터리 ¶머리털 발:髮(類合上21). 머리털 거두기를 드리디우게 말며:斂髮毋髢(宣小3:10).

머·리·톄 명 머리채. ¶믈러날 제 머리톄를 져기 기우시 호니:退頭容少偏(飜小10:27).

머리ᄒᆞ·다 동 멀리하다. ¶다른 姓에 取ᄒᆞ요ᄆᆞᆫ ᄡᅥ 머리호ᄆᆞᆯ 븓게 ᄒᆞ며:取於異姓所似附遠(宣賜內訓1:76).

머·릿·뎡·바기 명 정수리. ¶머릿뎡바기예 술히 내와다(月釋2:41). 머릿뎡바기옛 터럭(救簡2:71).

머·릿ᄃᆡ골 명 해골. 대가리. 대갈통. ¶사ᄅᆞᄆᆡ 머릿ᄃᆡ골:髑髏骨(救簡6:44). 머릿ᄃᆡ골 독:髑. 머릿ᄃᆡ골 루:髏(訓蒙上28).

머·릿바·기 명 머리빡. ¶머릿바기며 눈ᄌᆞᅀᆡ며 骨髓며 가시며 子息이며 도라 ᄒᆞ야도(月釋1:13).

머·릿·ᄢᅵ 명 머리의 때. ¶머릿ᄢᅵ:頭垢(救簡2:83).

머·릿조조리 명 머릿조자리. 족두리. ¶머릿뎡바기예 술히 내와다 머릿조조리 ᄀᆞᄐᆞ샤 놉고 우히 平ᄒᆞ실 씨라(月釋2:41).

머·릿터럭 명 머리털. ☞머리터럭 ¶ᄒᆞᆫ낱 머릿터러글 모든 하ᄂᆞᆯ히 얻ᄌᆞᄫᅡ(月印上33).

머·릿터리 명 머리털. ☞머리터리 ¶두어 줄깃 센 머릿터리를 어느 ᄇᆞ리리오:數莖白髮那抛得(初杜解15:2). 머릿터리 쥐오 아ᄒᆡ를 블러 혀 이페 드료니:握髮呼兒延入戶(初杜解16:32).

머·릿·톄 명 머리채. ¶머릿톄ᄂᆞᆫ 곧게 가질거시라 ᄒᆞ야시ᄂᆞᆯ:頭容直也(飜小10:27). ᄒᆞᆫ갓 머릿톄를 곧게 ᄒᆞᆯ ᄲᅮᆫ니 아니라:不獨頭容直(飜小10:27).

머무다 동 머물다. ☞머믈다 ¶히포 他鄕의 머무ᄋᆞ기의(隣語1:15). 부절업시 머무오니(隣語1:27). 머무지 몯ᄒᆞ게 되엳ᄉᆞᆸ기의(隣語1:28). 만경이 닐오ᄃᆡ 머무런 ᄃᆡ 두 ᄃᆞᆯ이로ᄃᆡ(五倫5:18). 머물 ᄎᆞ:次(註千16). 머물 비:徘(註千42).

머무로다 동 머무르다. ☞머믈오다. 머믈우다 ¶머무로다:留着(同文解上30). 머무로게 ᄒᆞ다:留住(漢淸7:43).

머뭇거리다 동 머뭇거리다. ☞머믓거리다 ¶머뭇거리다:躕躇(同文解上26). 머뭇거려(山城).

머·므·러 동 머물러. ㉮머믈다 ¶住ᄂᆞᆫ 머므러 이실 씨라(月釋序1). 아직 군ᄉᆞ를 머므러 기ᄃᆞ리라:宜且按甲以待(五倫2:26).

머므렛다 동 머물러 있다. ☞머믈다 ¶ᄆᆡᆺ햇고존 보ᄇᆡᄅᆞ왼 ᄂᆞ치 머므렛ᄂᆞᆫ ᄃᆞᆺᄒᆞ고:野花留寶靨(重杜解3:73).

머므로다 동 머무르게 하다. ☞머믈우다 ¶등잔을 머므로고:停燈(女四解2:22). ᄆᆡᆼ지샤ᄒᆞ고 그 안해를 머므로니라(女範1. 모의추ᄆᆡᆼ모).

머·믈·다 동 ①머물다. 머무르다. ¶다ᄉᆞᆺ 곳두 고지 空中에 머믈어늘(月印上3). 七寶塔이 ᄡᅡ해셔 솟나아 虛空애 머므니(釋譜11:16). 아니한ᄉᆞᅀᅵ도 머므러 잇디 몯ᄒᆞ야(釋譜19:11). 住ᄂᆞᆫ 머므러 이실 씨라(月釋序1). 停은 머믈 씨라(月釋序4). 留ᄂᆞᆫ 머믈씨오(月釋序22). 머므디 아니ᄒᆞᄂᆞ닌 일후미 客이오 머므ᄂᆞ닌 일후미 主人이니:不住名客住名主人(楞解1:105). 草菴애 머믈오ᄃᆡ 드디 아니호ᄆᆞᆫ:止草菴而不入(法華2:244). 머므러슈믄 벼 시므ᄂᆞᆫ 이러믈 爲ᄒᆞ얘니라:淹留爲稻畦(初杜解7:16). 두 지븐 어루 머므럼 직ᄒᆞ도다:二宅可淹留(初杜解22:1). 머믈 류:留(類合下19. 倭解上29). 머믈 비:徘. 머믈 회:徊(石千42). 아직 군ᄉᆞ를 머므러 기ᄃᆞ리라(五倫2:26). 민퉁ᄉᆞ란 절에 머므더니:遷憫忠寺(五倫2:61). 머믈 계:稽(註千37).
②체하다. ¶음식 머믄 것 고틸 거슬 머검즉ᄒᆞ니:堪服治飲食停滯(飜老下40).

머·믈오·다 동 머무르게 하다. ☞머믈우다 ¶知見이 每常 世間애 머믈오져 ᄒᆞ며:知見每欲留於世間(楞解4:86). 醉ᄒᆞ야 서르 머믈오ᄆᆞᆯ 許ᄒᆞᄃᆡ 아니ᄒᆞᄂᆞ다:未許醉相留(初

杜解8:13). 王宰ㅣ 비르서 眞實ㅅ 자최를 머믈오도다:王宰始肯留眞迹(初杜解16:31). 可히 뻬여 보며 머믈오디 아닐 거시며:不可開拆沈滯(宣小5:101).

머·믈우·다 동 머무르게 하다. ☞머믈오다 ¶목수믈 머믈우들 몯ᄒᆞ시니(月釋10:15). 뉘 能히 너를 머믈워 解脫 몯게 ᄒᆞ료:誰能留汝使不解脫哉(楞解6:74). 藥餌로 一期ㅅ 목수믈 머믈우고:以藥餌駐一期之壽(楞解8:130). 姦邪ᄒᆞᆫ 소리와 어즈러운 비츨 귀 누네 머믈우디 아니ᄒᆞ며:姦聲亂色不留聰明(宣賜內訓1:11). ᄆᆞᄅᆞᆯ 머믈워셔 다시 머리 도ᄅᆞ혀 ᄇᆞ라노라:駐馬更回首(杜解6:3). 사ᄅᆞᄆᆞᆯ 마자 드려 나죗 興으로 머믈우ᄂᆞ다:邀人晩興留(杜解9:12). 藥餌로 긴 술위 가ᄆᆞᆯ 머믈우노라:藥餌駐脩軫(初杜解19:42). 鄭驛에 正히 소ᄂᆞᆯ 머믈우놋다:鄭驛正留賓(初杜解20:29). 엇디 머믈워 브리워 두료:便怎麼敢容留安下(飜老上48). 총명에 머믈우디 아니ᄒᆞ며:不留聰明(宣小3:7). 뎌 믈을 머믈워:養住那水(朴解中40). 날을 머믈워 아ᄃᆞᆯ의 뒤예 양친을 ᄒᆞ게 ᄒᆞ면(女範3. 뎡녀 늉양ᄉᆞ녀).

머·믈·츠·다 동 머무적거리다. 지체하다. ¶彷徨ᄋᆞᆫ 머믈츨 시라(宣賜內訓2上46). 火急히 섈리 가 머믈츠디 말라:火急速去不得遲滯(六祖上10).

머뭇거리다 동 머뭇거리다. ☞머뭇거리다 ¶머뭇거리다:躊躇(譯解下43). 彷徨ᄋᆞᆫ 머뭇거리ᄂᆞᆫ ᄠᅳ디라(重內訓2:39).

머뭇머뭇 부 머뭇머뭇. ¶눅눌이 섯거 부니 치운이 머뭇머뭇(쌍벽가).

머뭇ᄒᆞ·다 동 머뭇거리다. ¶逡巡ᄋᆞᆫ 머뭇홀 ᄉᆞᅀᅵ오 頃刻ᄋᆞᆫ 아니한ᄉᆞᅀᅵ오(金三4:10).

머섬 명 머슴. 사내. ¶겨집 子息ᄋᆞᆫ 제 ᄆᆞᅀᆞᄆᆞ로 ᄃᆞᆫ니다가 이붓짓 머섬과 사괴야 남진도 여러 家門도 더러이며(七大21).

머엇 대 무엇. ☞무엇 ¶머어시 가ᄇᆡ야온 ᄇᆡ를 디ᄅᆞ매 ᄆᆞᄋᆞᆷ의 스스로 아니:物觸輕舟心自知(太平1:1).

머·에 명 멍에. ☞멍에 ¶董卓이 그 각시 머리를 술윗 머에예 ᄆᆡ오(三綱. 烈9). 머에 아랫 ᄆᆞ야지를 티디 말라:莫鞭轅下駒(初杜解23:36).

머여기 명 메기. ☞머유기. 메유기 ¶머여기:鮎魚(東醫 湯液二 魚部). 머여기 뎜:鮎(兒學上8).

머·옛·다 동 메어 있다. 메었다. ㉮머이다 ¶金剛杵를 머옛더니(月釋7:36).

머오다 동 메우다. ¶나귀 노새돌 머오ᄂᆞᆫ 큰 술위:驢騾大車(老解下32).

머욕 명 미역. ☞머육. 메육 ¶머욕:海菜(譯解上54).

머·욤 동 멤. ㉮머이다 ¶호미 머요매 功夫를 수이 그치리로다:荷鋤功易止(初杜解16:66).

머우 명 머위. ☞머회. 머휘 ¶白菜曰 머우(東言).

머유기 명 메기. ☞메유기 ¶머유기 :鮎子(四解下82 鮎字註). 머유기 연:鮎魚鶴兒(朴解上17). 머유기:鮎魚(譯解下37). 머유기:鮎(柳氏物名二 水族).

머·육 명 미역. ☞메육 ¶잇다감 머육과 ᄡᆞᆯ와 香과 가져다가 주더라:以海菜米香遺之(續三綱. 孝. 得仁感倭). 머육:海菜(東醫 湯液二 菜部). 잇다감 머육과 ᄡᆞᆯ과 향과 가져다가 주더라:以海菜米香遺之(東續三綱. 孝21). 머육:海菜(同文解下3. 方藥26). 머육:海菜(柳氏物名三 草).

머·윰 동 메움. ㉮머이다 ¶菩提를 머유미니(金剛94). 飛兎ㅣ 멍에 머유메 갓갑디 아니ᄒᆞ며:飛兎不近駕(初杜解24:12). 菩提를 머유미 반ᄃᆞ기 疑心 업스리라:荷擔菩提必無疑矣(金三3:47).

머·이·다 동 메우다. ¶龍 머인 술위 층층인 虛空애 ᄀᆞ초ᄒᆞ얏도다:龍駕具層空(初杜解11:23). 오ᄉᆞᆯ 갓ᄀᆞ로 니버 도로 술위 머여 타 와:倒衣還命駕(初杜解15:11). 사슬 머이다:銷了(譯解上66).

머이·다 동 메다. ¶執金剛神이 金剛杵를 머옛더니(月釋7:36).

머저 동 멎어. 그치어. ㉮멎다 ¶구즌 비 머저 가고 시낸믈이 ᄆᆞᆰ아 온다(古時調. 尹善道. 孤遺).

머즉다 형 머츰하다. ☞머즉ᄒᆞ다 ¶병 머즉다:好些兒(譯解上63).

머즉ᄒᆞ·다 형 머츰하다. ☞머즉다 ¶잢간 머즉ᄒᆞ니란 쇼싀호탕으로 고툐미 맛당ᄒᆞ니라:暫止者宜以小柴胡湯治之(救簡2:9). 비 머즉ᄒᆞ다:雨住了(譯解上2). 눈 머즉ᄒᆞ다:雪住了(譯解上3). ᄇᆞ람 머즉ᄒᆞ다:風住(同文解上2).

머·즌:일 명 궂은일. 흉한 일. 재화(災禍). ¶一切 머즌이리 다 업고(釋譜9:34). 災禍ᄂᆞᆫ 머즌일 지순 因緣으로 後生애 머즌 몸 ᄃᆞ외야(月釋2:16). 여러 가지 머즌이를 受호미 ᄡᅳ녀(月釋21:89).

머·초·다 동 멈추다. ☞머추다 ¶글혀 오ᄅᆞ거든 드러내야 머초오ᄆᆞᆯ 세 번만 ᄒᆞ야:煮沸三上三下(救簡2:104).

머·추·다 동 멈추다. ☞머초다 ¶兵馬를 머추어시니:載弛兵威(龍歌54章). 안직 머추워 두어든:且停些時(飜老上70). 머추디 아니ᄒᆞ고(癸丑11).

머·키·다 동 먹이다. 먹게 하다. ☞먹키다 ¶世間애 나 해 머킬 類 ᄃᆞ외ᄂᆞ니라:生於世

間多爲食類(楞解8:120). 머키ᄂᆞᆫ 무른 주으리며 머규매 난 젼ᄎᆞ로:食倫出於餓噉故(楞解8:128). 머킬 임:飮(類合下6). ᄂᆞ려와 머키ᄂᆞ니:下而飮(宣論1:21). 믈의 달혀 머키고:水煎服之(痘瘡方24).

머·튼ᄂᆞᄅᆞ 명 마둔진(麻屯津). 〔지명(地名)〕 ¶至平壤城東爲大同江又析而西流行九里爲麻屯津 머튼ᄂᆞᄅᆞ 過江西縣(龍歌1:39).

머틀머틀ᄒᆞ다 형 우툴두툴하다. ¶즘싱으로 ᄒᆞ여곰 온몸이 머틀머틀ᄒᆞ며:令獸渾身疙瘩(馬解上85).

머회 명 머위. ☞머우. 머휘 ¶머회:白菜(物譜 蔬菜).

머휘 명 머위. ☞머우. 머회 ¶머휘:白菜(東醫 湯液二 菜部).

머·흐·다 형 험하다. 궂다. ☞머흘다 ¶賢才의 길히 머흐디 아니ᄒᆞ더라:賢路不崎嶇(初杜解6:24). 앏픠 길히 머흐다 ᄒᆞ더라:前頭路澁(老解上24). 天氣도 머흐디 아냐(新語5:19). 世事ᄂᆞᆫ 구롬이라 머흐도 머흘시고(松江. 星山別曲).

머흐러 형 험하여. ㉠머흘다 ¶믈ᄀᆞᆫ ᄆᆞ렌 돌히 머흐러 뵈오:水淸石礧磈(重杜解1:28). ᄑᆞᆯ 고ᄫᆞᆫ ᄃᆡᄀᆞ티 머흐러 내와ᄃᆞ니ᄂᆞᆫ 겨집이라:如肘頸參差起者女也(胎要10).

머흐럽다 형 험상궂다. ☞머흘다 ¶엄의 빗복 줄기 우희 머흐러운 거슬 아긔 입에 머구먼ᄂᆞᆫ 거시니:母之臍帶上疙瘩乃兒口中含者(胎要47).

머흔 형 험한. 궂은. ㉠머흘다 ¶너추를 자바 머흔 ᄃᆡ 몬져 오ᄅᆞ고:捫蘿澁先登(杜解9:13). 머흔 일 구즌일 널로 ᄒᆞ야 다 닛거든(古時調. 鄭澈. 내 말 고ᄃᆡ. 松江).

머·흘·다 형 험하다. 궂다. ☞머흐다 ¶象 술위ᄂᆞᆫ 머흘면 몯 가ᄂᆞ니(月印上43). 머흘며 ᄆᆡᆺᄆᆡᆺᄒᆞ며 ᄎᆞ며 더운(楞解2:13). 믈ᄀᆞᆫ ᄆᆞ렌 돌히 머흐러 뵈오:水淸石礧磈(重杜解1:28). 너추를 자바 머흔 ᄃᆡ 몬져 오ᄅᆞ고:捫蘿澁先登(杜解9:13). 머흘 험:險(類合下11). 白雪이 ᄌᆞ자진 골에 구루미 머흐레라(古時調. 李穡. 靑丘). 구롬 머흘거든 처엄의 날 줄 엇디(古時調. 鄭澈. 풍파의. 松江). 머흔 일 구즌일 널로 ᄒᆞ야 다 닛거든(古時調. 鄭澈. 내 말 고ᄃᆡ. 松江).

머흠 명 머슴. ¶네 혹 어쎤 머흠을 사괴여 잡아 주더냐(浮談).

머흣머흐시 부 줄줄이. 연이어. 잇달아. ¶머흣머흐시 무더미 서르 當ᄒᆞ얏도다:纍纍塚相當(杜解25:7).

머흣머흣ᄒᆞ·다 형 험상궂고 울퉁불퉁하다. ☞머흘다 ¶거플와 머흣머흣ᄒᆞᆫ 것 앗고 디허 ᄇᆞᆺ오니와:去皮臍擣令碎(救簡2:1).

머히다 동 메다. ¶쉬ᄂᆞᆫ 고기 회를 친들 목이 머혀 드러가랴(萬言詞).

·먹 명 먹. ¶먹이 다ᄋᆞ거든(楞解1:5). 아마커나 사ᄅᆞ미 ᄀᆞ라 먹 ᄆᆡᆼᄀᆞ라:假使有人磨以爲墨(法華3:86). 죠히와 먹ᄲᅮᆫ 바틸 ᄯᆞᄅᆞ미러라:供紙墨而已(宣賜內訓2下16). 엇데 ᄒᆞᆫ갓 粉과 먹 비치 새ᄅᆞ윌 ᄲᅮ니리오:豈唯粉墨新(初杜解16:34). 니슨 오목ᄒᆞᆫ ᄃᆡ 제여곰 머글 다ᄋᆞᄂᆞ니:聯坳各盡墨(初杜解16:54). 됴ᄒᆞᆫ 먹:好墨(救簡3:29). 먹 믁:墨(訓蒙上34. 類合上25. 石千9). 먹 묵:墨(倭解上29). 네 字ᄅᆞᆯ 믄ᄃᆞᆯ고 먹으로 메우니라(女四解4:21). 먹:墨(同文解上43).

·먹·갈 명 먹칼. 댓개비의 한 끝을 얇게 깎아서 먹통의 먹을 찍어 돌이나 재목 위에 표를 할 때 쓰는 물건. ☞먹칼 ¶먹갈 침:篗(訓蒙中16). 먹갈과 갓괴와:墨篗和鎊(朴解下12). 먹갈:墨篗(譯解下17).

먹감나모 명 먹감나무. 오시목(烏柿木). ¶먹감나모:墨柿木(柳氏物名四 木).

먹고조 명 먹통. ☞먹고ᄌᆞ ¶네 그저 먹고조와 먹갈과 갓괴와:你只取將墨斗墨篗和鎊(朴解下12).

먹고ᄌᆞ 명 먹통. ☞먹고조 ¶먹고ᄌᆞ:墨斗(譯解下17).

먹국질 명 먹국. 먹국놀이. ¶먹국질:猜枚(物譜 博戲).

먹귀 명 머귀나무. ☞머귀 ¶먹귀 선긘 비에 남은 肝腸 다 석놈이(古時調. 金天澤. 가을 밤. 海謠).

먹금다 동 머금다. ☞머굼다 ¶불근 날이 뫼히 먹금어:紅日含山(女四解2:32).

먹·다 동 먹다. ¶衆生 救호리라 밥 비러 먹노이다(月印上44). 그 龍ᄋᆞᆯ 자바 ᄧᅥᄌᆞ 머거늘(釋譜6:32). 외ᄅᆞᆯ 머거지라 ᄒᆞ거늘(三綱. 孝30). 바ᄇᆞᆯ 머굶 대로 혜여 머굼과(月釋7:31). 쉬ᄂᆞᆫ 나래 時節ᄋᆞᆯ 조차 술 먹노소니:假日從時飮(初杜解8:49). 일즉 ᄒᆞᆫ 낫 집 바틧 ᄡᆞᄅᆞᆯ 머구니(南明上19). 반 돈곰 머고ᄃᆡ(救簡1:7). 댓무수 미틀 머구미 ᄯᅩ 됴ᄒᆞ니라(救簡2:88). ᄃᆡ머글 탁:啄(訓蒙下7). 벌에 머글 식:蝕(訓蒙下10). 머글 긱:喫. 머글 담:啗 亦作啖(訓蒙下14). 남거시든 내 머고리(鄕樂. 相杵歌). 머글 식:食(類合上11. 石千6). 머글 긱:喫(類合下6). 그 쇠 鐵草를 머거아 有德ᄒᆞ신 님 여ᄒᆡᄋᆞ와지이다(樂詞. 鄭石歌). ᄃᆞᄉᆞ게 ᄒᆞ여 머그되:溫服(痘瘡方18). 술도 머그며 고기도 머그되(家禮6:32). 밥도 먹어다:飯也喫了(老解上56). 본ᄃᆡ 못 먹ᄉᆞᆸ건마ᄂᆞᆫ(新語2:6). 밥 먹ᄂᆞᆫ 집:齋堂(譯解上25). ᄇᆞᆰ음애 님ᄒᆞ여 온반을 먹드라:臨明喫和和飯(朴解下42). 먹을 식:食(倭解上48). 먹기의 탐심나셔 형극의 걸니거다(萬言詞). 먹을 찬:

飡. 먹을 반:飯(註千34).

먹·다 동 품다. 머금다. ¶쉽고 애완븐 ᄠᅳ들 머거 갓가ᄉᆞ로 사니노니(釋譜6:5). 이 일 ᄇᆞᆶ 저긔 ᄆᆞᅀᆞᆷ 머구ᄃᆡ(月釋8:41). 곧 ᄆᆞᅀᆞ미 두려이 ᄇᆞᆯ가 너비 國土ᄅᆞᆯ 머것다 ᄒᆞ시니:卽心圓明徧含國土(楞解2:63). 疑心 머구믈 免티 몯ᄒᆞ며:未免懷疑(圓覺下二之一49). 님그미 우수믈 머그샤 金을 주라 ᄇᆡ아시니:尊含笑催賜金(初杜解16:27). 슬픈 ᄆᆞᅀᆞᄆᆞᆯ 머거셔 슈고로이 ᄃᆞᆫ뇨ᄆᆞᆯ 니ᄅᆞ노라:含悽話苦辛(杜解20:27). 늙ᄉᆞᆸ신 본겻티 눈을 믯고 사라 겨시리잇가 아ᄃᆞ님 위ᄒᆞ야 고히 죽고져 ᄒᆞ오시나…손조 죽고져 ᄒᆞᄋᆞ시믈 프러 먹ᄉᆞ오샤(癸丑105).

먹·다 동 (나이를) 먹다. ¶郭巨의 어미 샹녜 바ᄇᆞᆯ 더러 세 설 머근 孫子ᄅᆞᆯ 머기더니:郭巨家貧養母有子三歲母常減食與之(三綱. 孝12). 세 ᄉᆞᆯ은 머근 아ᄒᆡᄅᆞᆯ 븟들고(太平1:15). 열두 ᄉᆞᆯ 먹은 거ᄉᆞᆯ 압사ᄒᆞᄃᆡ 몰래라(癸丑77).

먹·다 동 먹다. 막히다. ¶눈 머니와 귀 머그니와:盲聾(楞解7:43). 고 머근 놈:齆鼻子(四解上5 齆字註). 고머글 옹:齆(訓蒙上30).

먹·다 동 (병에) 걸리다. ¶도랑 머근 가히와 ᄒᆞᆰ 무든 도톤 도ᄅᆞ혀 다 알어늘:疥狗泥豬却共知(南明上4).

·먹뎡 명 먹장. ¶ᄒᆞᆫ 먹뎡ᄀᆞ티 거믄 가라간져ᄉᆞ죡빅앳ᄆᆞᆯ 탓고:騎着一箇墨丁也似黑五明馬(飜朴上27).

먹뎡·이 명 귀머거리. ¶이러호ᄆᆞ로 먹뎡이 ᄃᆞ외며 버워리 ᄃᆞ외야 답다비 모ᄅᆞᆯ씨(月釋13:18).

먹·돌 동 먹기를. ㉮먹다 ☞-돌 ¶그러나 藥ᄋᆞᆯ 주어늘 먹돌 슬히 너기니(月釋17:20). 이 ᄀᆞᆮᄒᆞᆫ 됴ᄒᆞᆫ 藥ᄋᆞᆯ 먹돌 슬히 너기ᄂᆞ니(月釋17:20).

먹먹ᄒᆞ다 형 먹먹하다. ¶귀 막질려 먹먹ᄒᆞ다:耳震聾(漢淸6:41).

먹빗 명 먹빛. ☞먹빛 ¶아니한더데 ᄇᆞᄅᆞ미 긋고 구루미 먹빗 ᄀᆞᆮᄒᆞ니:俄頃風定雲黑色(初杜解6:42).

먹빛 명 먹빛. ☞먹빗 ¶이 ᄠᅳᆮ과 氣運의 머로ᄆᆞᆯ 아ᄅᆞᆷ다이 너기노니 엇뎨 ᄒᆞᆫ갓 粉과 먹비치 새ᄅᆞ윌 ᄲᅮᆫ니리오:佳此志氣遠豈唯粉墨新(初杜解16:34).

먹외 명 머귀. ☞머괴 ¶먹외:桐(物譜 雜木).

먹·움·다 동 머금다. ☞머굼다 ¶숫글 먹움어 벙어리 되여:呑炭爲啞(宣小4:31).

먹음 명 모금. ☞머곰. 머굼 ¶ᄒᆞᆫ 먹음:一口(同文解上62). 두어 먹음 닝슈ᄅᆞᆯ 뿜고(煮硝方12).

먹음다 동 머금다. ☞머굼다 ¶먹음다:含着(譯解上54). 먹음을 함:含(倭解上49).

먹이 명 먹기. ☞머기 ¶남잡히 허비ᄒᆞ야 못ᄀᆞ지 ᄒᆞ야 술 먹이 홈이 ᄯᅩᄒᆞᆫ 罪 잇ᄂᆞ니라:濫費會飮亦有罪焉(警民13).

먹·이·다 동 먹이다. ☞머기다 ¶너를 먹이고져 ᄒᆞᄂᆞ니라:欲啖汝(宣小4:4). ᄯᅩ 새 두어열히 ᄂᆞ라 그 집의 들거ᄂᆞᆯ ᄯᅩ ᄲᅧ 어미ᄅᆞᆯ 먹이니:復有雀數十飛入其幕復以供母(宣小6:22). 뎌 말 못ᄒᆞᄂᆞᆫ 즘승들흘 먹이기ᄅᆞᆯ 이긋 못 ᄒᆞ니:那不會說話的頭口們喂不到(朴解上21). 먹일 향:餉(倭解上48). 먹일 궤:歸. 먹일 ᄉᆞ:食(註千6).

먹잡다 동 잡다. ¶먹자ᄇᆞᆯ 구:拘(類合下27).

먹줄 명 먹줄(墨線). ¶먹줄 치다:彈墨線(譯解補45).

먹칼 명 먹칼(篗). ☞먹갈 ¶먹칼:墨篗(物譜 工匠).

·먹·키·다 동 먹이다. ☞머키다 ¶만일 음식 먹키거시든:若飮食之(宣小2:12). 醮:친영홀 제 술 먹켜 보내ᄂᆞᆫ 례되라(宣小2:46). 먹키기를 ᄀᆞ장 못 ᄒᆞ야시니:喂不到(老解上63). 누에 먹켜 보쟈ᄉᆞ라(古時調. 鄭澈. 오ᄂᆞᆯ도. 松江).

먹통 명 먹통. ¶먹통:墨斗(同文解下17). 먹통:墨斗(漢淸10:35. 物譜 工匠).

·먹·티·다 동 먹줄 치다. ¶繩은 먹티ᄂᆞᆫ 노히라(楞解1:18).

먹ᄑᆞᆺ 명 먹팥. (팥의 한 품종.) ¶먹ᄑᆞᆺ:墨小豆(衿陽).

먹ᄒᆞᆰ 명 흑토(黑土). ¶먹ᄒᆞᆰ:黑土(柳氏物名五 土).

먹히다 동 먹이다. ☞먹키다 ¶그저 젹이 됴흔 醬瓜로 밥ᄒᆞ여 먹히라:只着些好醬瓜兒就飯喫(朴解上50).

먼겨릐 명 먼 친척. 원족(遠族). 원척(遠戚). ¶먼겨릐:遠族(同文解上11).

먼길 명 먼길. 원로(遠路). 원정(遠程). ¶먼길 가다:遠行(同文解上26).

먼니 부 멀리. ☞멀리 ¶먼니 가 스승을 ᄎᆞ자(女範4. 녈녀 악양ᄌᆞ쳐). 위덕이 먼니 더으고(山城69). 당신 아오님을 먼니 ᄉᆞ랑ᄒᆞ오시ᄂᆞᆫ 뜻이오(閑中錄6).

먼덕 명 멍덕. ¶헌 먼덕 수기 스고 측 업슨 집신에(蘆溪. 陋巷詞).

먼동 명 먼동. ¶먼동 트다:晨光現(同文解上3). 먼동 트다:晨光現(譯解補3).

먼믈 명 넓고 가없는 물. ¶먼믈 호:灝(類合下49).

먼정이 명 만장이. 큰 나무배. ¶시님 놈의 먼정이와 龍山 삼개 당도리며(古時調. 各道 各船이. 靑丘).

먼져 부 먼저. ¶ᄃᆡ범 녀ᄌᆞ 되미 먼져 몸 세움을 ᄇᆡ울지니(女四解3:4).

먼졍이 명 만장이. ¶독대션의 왕대션의 먼졍이의 대중선의(萬言詞答).

먿 명 능금. ☞멋. 멎 ¶먿 내:柰(類合上9). 블근 먿이 이셔 여름 미잣거늘:有丹柰結實(宣小6:22). 먿:柰子(東醫 湯液二 果部). 먼 내:柰(倭解下7).

멀거니 부 멀거니. 멍청하게. ¶멀거니 보다:瞪視(同文解上28). 눈 멀거니 쓰다:大瞪着眼(漢淸6:4).

멀거ᄒᆞ다 형 말갛다. ¶멀거ᄒᆞ다:光彩(漢淸6:9).

멀니 부 멀리. ☞멀리 ¶膝下에 멀니 놀아 寒溫도 못 살피고(人日歌). 멀니 져믄 구룸을 ᄇᆞ라오니(百行源20).

:멀·다 형 멀다. ¶어듸 머러 威不及ᄒᆞ리잇고:何地之逖而威不及(龍歌47章). 威靈이 머르실씨 女直이 來庭ᄒᆞ야:威靈遠振女直來庭(龍歌75章). 創業 規模ㅣ 머르시니이다:創業規模是用遠大(龍歌81章). 먼 혜미 업스실씨(月印上51). 太子ㅅ 모미 傷ᄒᆞ야 命이 머디 아니ᄒᆞ시이다(釋譜11:21). 逈은 멀 씨라(月釋序18). 聖人 버으로미 더욱 머런 사ᄅᆞ미:去聖逾遠人(法華2:41). 스승 버으로미 漸漸 멀어늘:去師漸遠(法華6:5). 仁이 머녀:人遠乎哉(宣賜內訓1:15). 洛城을 ᄒᆞᆫ번 여희요니 머로미 四千里로소니:洛城一別四千里(重杜解2:1). 나라ᄒᆞᆯ 버으리와다쇼미 머도다:去國賖(初杜解7:5). 먼 수프레 더윗 氣運이 열우니:遠林暑氣薄(杜解22:4). 언메나 갓가온가 먼가:多少近遠(飜老上48). 멀 하:遐. 멀 원:遠(訓蒙下34). 멀 하:遐(類合下14). 멀 막:邈(類合下16). 멀 뎍:逖(類合下20). 멀 요:遙(類合下28). 멀 료:遼. 멀 형:迥(類合下54). 멀 원:遠(類合下57. 石千27. 倭解下32). 멀 길:吉(光千41). 멀 하:遐(石千6). 멀 료:遼(石千39). 시져리 머러마ᄂᆞᆫ(野雲46). 반ᄃᆞ시 먼 뒷 귀ᄒᆞ고 괴이ᄒᆞᆫ 거ᄉᆞᆯ ᄉᆡᇰ각ᄒᆞ야 ᄡᅳ려 ᄒᆞ리니:必思遠方珍恠之物而御之矣(宣小4:24). 갓가온 ᄃᆡ란 ᄇᆞ리고 먼 ᄃᆡ ᄃᆞᄅᆞ며:捨近而趨遠(宣小6:17). 먼 ᄃᆡ 出送ᄒᆞ여(隣語1:33). 머지 아닌 쥬인집을 쳔신만고 계유 오니(萬言詞). 멀 면:緜(註千28). 멀 요:遙(註千32).

:멀·다 동 (눈이) 멀다. ¶비록 머러도 도로 녜 ᄀᆞᆮᄂᆞ니라:雖眇還如舊(救急下42). 어미 죽거늘 우러 ᄒᆞ마 눈이 멀리러라:母卒涕泣幾喪明(飜小9:36). 두 눈이 다 머다:兩眼俱喪(東新續三綱. 烈2:21).

멀더·건 명 멀떠구니. ☞멀더구니 ¶멀더건:鳥臟(四解上68 肫字註). 멀더건 둔:肫. 멀더건 비:膍(訓蒙下6).

멀더구니 명 멀떠구니. ☞멀더건 ¶멀더구니:肶胵(柳氏物名一 羽蟲).

멀·리 부 멀리. ☞머리 ¶父母ㅣ 겨시거든 멀리 노디 아니ᄒᆞ며:父母在不遠遊(宣小2:11). 멀리 구향가니:遠謫(東續三綱. 忠2). 멀리 왯ᄂᆞᆫ 나그내:遠客(重杜解11:2). 우리 멀리 솔 티고 ᄡᅩ아:咱們遠垜子放着射(老解下33). 멀리 ᄇᆞ라매:遠望(朴解上62). 멀리 쏘다:遠射(同文解上48).

멀리ᄒᆞ다 동 멀리하다. ☞멀이ᄒᆞ다 ¶멀리ᄒᆞᆯ 원:遠(註千27).

멀믜ᄒᆞ다 동 멀미하다. ¶正官은 ㅂ멀믜ᄒᆞ여 인ᄉᆞ 몰라 아러 누어ᄉᆞᆸ닉(新語1:15). 빗멀믜ᄒᆞ다:暈舡(譯解下22).

멀쑥ᄒᆞ다 형 멀겋다. 묽다. ¶멀쑥ᄒᆞ다:精稀(漢淸12:54).

멀오다 동 (눈을) 멀게 하다. ☞멀우다. 멀이다 ¶ᄒᆞᆫ 눈을 멀오거나:眇一目(警民10).

멀·우·다 동 (눈을) 멀게 하다. ☞멀오다. 멀이다 ¶智慧ㅅ 누늘 긴 劫에 멀워:瞽智眼於永劫(月釋序4). 엇뎨 五色이 能히 눈 멀우리오:奚五色之能盲(圓覺序27).

멀위 명 머루. ☞머루. 머르 ¶멀위 욱:薁(詩解 物名13). 멀위 포:葡. 멀위 도:萄(訓蒙上12). 멀위랑 ᄃᆞ래랑 먹고(樂詞. 青山別曲). 멀위:山葡萄(譯解上55). ※멀위>머루

멀·이·다 동 (눈을) 멀게 하다. ☞멀오다. 멀우다 ¶迷惑 즐교미 눈 멀유메 着ᄒᆞ얫ᄂᆞ니:著樂癡所盲(法華1:233).

멀·이ᄒᆞ·다 동 멀리하다. ¶이예 아니완ᄎᆞᆯᄒᆞ며 헤펄러 홈ᄋᆞᆯ 멀이ᄒᆞ며:斯遠暴慢矣(宣小3:6). 이예 야쇽ᄒᆞ며 거ᇰ즘을 멀이ᄒᆞᆯ디니라:斯遠鄙倍矣(宣小3:6).

멀즈시 부 멀찍이. 멀리. ☞멀ᄶᅳ기 ¶ᄢᅴ우믈 멀즈시 ᄆᆡ라:離的遠些兒絟(飜老上38). ᄢᅴ워 멀즈시 ᄆᆡ라:離的遠些兒絟(老解上34).

멀ᄶᅳ·기 부 멀찍이. ☞멀즈시 ¶쵸애 블 혀 멀ᄶᅳ기셔 ᄧᅬ라:燃燭遙灸之(救簡6:80).

멀터비 부 거칠게. ☞멀터이 ¶곧 알퓟 六識이 멀터비 境을 알씨니라(月釋11:48).

멀터오니라 형 거치니라. ㉮멀텁다 ¶크면 보기 멀터오니라:大時看的蠢坌了(朴解中55).

·멀터·운 형 거친. ㉮멀텁다 ¶幾ᄂᆞᆫ 져글 씨니 멀터운 데어치 아니라(法華序21). 五趣衆生ᄋᆡ 生滅 멀터운 相ᄋᆞᆯ ᄀᆞᆯᄒᆡ실씨:分別五趣衆生生滅麤相(法華2:48). 멀터운 말ᄉᆞᆷ과 微細ᄒᆞᆫ 말ᄉᆞᆷ미:麤言細言(龜鑑上4).

·멀터·움 형 거칢. ㉮멀텁다 ¶몸과 입과ᄋᆡ 멀터우믈 더르실씨 가비야오시고 놀나시고 便安ᄒᆞ시니라(法華2:91). 姓字ᄅᆞᆯ 니ᄅᆞ디 아니ᄒᆞ야 멀터우미 甚ᄒᆞ니:不通姓字麁豪甚(重杜解25:18).

·멀터·이 부 거칠게. 대강. ☞멀터비 ¶또 열

ᄒᆡ롤 그슴ᄒᆞᆫ 너른 혜ᄆᆞ로 멀터이 보미라:且限十年以寬數粗觀也(楞解2:6). 네 ᄆᆞᅀᆞ미 멀터이 데뻐:汝心麤浮(楞解3:106).

·멀텁·다 형 거칠다. ¶嚴飾엣 거슬 바사 ᄇᆞ리고 멀터ᄫᅳᆫ 헌 뻐 무든 옷 닙고(月釋13:21). 欲氣ᄂᆞᆫ 멀텁고 흐리여:欲氣麤濁(楞解1:42). 分別ᄋᆡ 멀터우믈 가ᄌᆞᆯ비고:喩分別之麁(楞解1:107). 幾ᄂᆞᆫ 져글 씨니 멀터운 데어치 아니라(法華序21). 몸과 입과ᄋᆡ 멀터우믈 더르실씨 가ᄇᆡ야ᄋᆞ시고 ᄂᆞᆯ나시고 便安ᄒᆞ시니라(法華2:91). 멀텁고 헌 뻐 무든 옷 ᄀᆞ라 니버:更著麤弊垢膩之衣(法華2:209). 三毒現 行ᄒᆞᄂᆞᆫ 양ᄌᆡ 멀텁고 골업서 사ᄅᆞ미 아쳐러 볼시 ᄯᅩ ᄆᆞᆫᄒᆞ니라(圓覺上一之二178). 氣運이 ᄌᆞ모 멀터우니:氣頗麤(初杜解8:22). 姓字롤 니ᄅᆞ디 아니ᄒᆞ야 멀터우미 甚ᄒᆞ니:不通姓字麁豪甚(初杜解25:18). 멀터운 말ᄉᆞᆷ과 微細ᄒᆞᆫ 말ᄉᆞᆷ이:麤言細言(龜鑑上4). 크면 보기 멀터오니라:大時看的蠢坌了(朴解中55).

멀톄 명 대략(大略). ¶이 큰 멀톄 ᄯᆞᄅᆞ미어니와:此其大略耳(楞解1:22).

·멀·톄 부 대충. 대략(大略). ¶無間地獄ᄋᆞᆯ 멀톄 니ᄅᆞ건댄(月釋21:47). 비록 멀톄 샹이 이시나:雖粗有相(楞解5:8).

·멀·톄·로 부 대충. 대체로. ☞멀톄 ¶子細히 니ᄅᆞ건댄 十二 因緣法이오 멀톄로 니ᄅᆞ건댄(月釋2:22之2止). 내 멀톄로 닐오리이다(月釋21:38).

멀험 명 마구(馬廐). ¶ᄆᆞ리 우러셔 녯 멀허믈 ᄉᆞ랑ᄒᆞ고:馬嘶思故櫪(初杜解9:17). 簪纓ᄒᆞᆫ 사ᄅᆞ미 모ᄃᆞ니 멀허멧 ᄆᆞ리 우르고:盍簪喧櫪馬(初杜解11:37). 雄壯ᄒᆞᆫ 양ᄌᆞᄂᆞᆫ 멀허메 굽스러셔 恩惠롤 ᄐᆞ디 아니ᄒᆞ리로소니:雄姿未受伏櫪恩(初杜解17:30). 멀험 한:閑(訓蒙下8). 쇠멀험:牛欄(牛疫方9).

멈초다 동 멈추다. ☞머추다. 멈치다 ¶멈초다:歇止(漢淸7:35).

멈치다 동 멈추다. ☞머추다. 멈초다 ¶도라가고져 너기ᄋᆞᆸ더니마ᄂᆞᆫ 하 극진ᄒᆞ시매 멈쳐(新語6:8).

멋 명 능금. ☞멎. 멎 ¶오란 어드우믄 힌 멋남기 하고:宿陰繁素楱(杜解20:51). 멋 내:楱(訓蒙上11). 멋 내:柰(類合 安心寺板5). 멋 내:柰(石千3). 멋:柰子(譯解上55). 멋:柰(漢淸13:1).

멋 명 벚나무. ¶方言 柰曰沙果 山櫻曰 벗又訛爲 멋(雅言三 媤者).

멋곳 명 메꽃. ☞메욧. 멧욧 ¶건 밧틔 멋곳ᄀᆞ튼 며느리를 어듸를 낫바 ᄒᆞ시ᄂᆞᆫ고(古時調. ᄉᆡ어마님. 靑丘).

멋남기 명 능금나무가. ¶오란 어드우믄 힌 멋남기 하고:宿陰繁素楱(杜解20:51).

멋대로 부 멋대로. ¶우리 멋대로 ᄉᆞ괴여(華方下17).

멋·디·다 동 멎어지다. ¶소곰 넉 량을 믈 ᄒᆞᆫ 마래 열 소솜 글혀 멋디거든:鹽四兩水一斗煮十沸沸定(救簡6:50).

멍귀다 동 걸리다. ☞머굴위다 ¶멍괼 톄:滯(類合下60).

멍ᄂᆞ니 동 먹으니. ¶아홉 ᄃᆞ리면 회틔 아기비 안히셔 음식 멍ᄂᆞ니:阿孃九箇月懷胎孩兒在孃腹中喫食(恩重5).

멍더리ᄯᅡᆯ기 명 멍석딸기. ☞멍덕ᄲᆞᆯ기. 멍덕ᄠᆞᆯ기 ¶멍더리ᄯᅡᆯ기:蓬藟(柳氏物名三 草).

멍·덕·ᄲᆞᆯ기 명 멍석딸기. ☞멍덕ᄠᆞᆯ기. 멍덕ᄯᆞᆯ기 ¶멍덕ᄲᆞᆯ깃 불휘롤 조히 시서:覆盆子根取淨洗(救簡6:12).

멍덕ᄠᆞᆯ기 명 멍석딸기. ☞멍덕ᄲᆞᆯ기. 멍덕ᄯᆞᆯ기 ¶멍덕ᄠᆞᆯ기:蓬藟(方藥41).

멍덕ᄯᅡᆯ기 명 멍석딸기. ☞멍덕ᄲᆞᆯ기. 멍덕ᄯᆞᆯ기 ¶검은 멍덕ᄯᅡᆯ기:覆盆子. 멍덕ᄯᅡᆯ기:藨田藨(物譜 草果).

멍덕ᄯᆞᆯ기 명 멍석딸기. ☞멍덕ᄲᆞᆯ기. 멍덕ᄯᅡᆯ기 ¶멍덕ᄯᆞᆯ기:蓬藟(東醫 湯液二 果部).

멍셕 명 멍석. ¶드러가면 집 직히기 보리 멍셕 시 날리기(萬言詞).

멍·에 명 멍에. ☞머에 ¶飛兎ㅣ 멍에 머유메 갓갑디 아니ᄒᆞ며:飛兎不近駕(初杜解24:12). 멍에 가:駕(訓蒙下9. 石千22). 멍에 가:駕(倭解下19).

멍우리 명 수달(水獺). ¶멍우릐 간:獺肝(東醫 湯液一 獸部).

멎 명 능금. ☞멋. 멋 ¶머지 여렷거ᄂᆞᆯ 어미 디킈라 ᄒᆞᆫ대:柰結實母命守之(三綱. 孝17 王祥). 가ᄇᆡ야온 籠애 니근 머지 곳답도다:輕籠熟楱香(初杜解15:23). 머자 외야자 綠李야(樂範. 處容歌).

멎다 동 멈추다. ¶구즌 비 머저 가고 시냇믈이 ᄆᆞᆰ아 온다(古時調. 尹善道. 孤遺).

멎·다 형 궂다. 흉하다. ¶種種 머즌 보매 뻐디옛거든 다 引導ᄒᆞ야(釋譜9:8). 災禍ᄂᆞᆫ 머즐 씨라(月釋1:49). 머즌 일 지ᅀᅮᆫ 因緣으로 後生애 머즌 몸 ᄃᆞ외야(月釋2:16). 머즌 그르슬:凶器(三綱. 孝12). 아니옷 미시면 나리어다 머즌 말(樂範. 處容歌).

메 명 메. 〔다년생 만초(蔓草).〕 ☞메욧. 멧욧 ¶메:燕伏苗(漢淸12:40).

메 명 메. ¶쇠 메:鐵鎚(漢淸10:39).

메ᄂᆞ리 명 메나리. 〔농부가(農夫歌)의 한 가지.〕 ¶메ᄂᆞ리:秧歌(漢淸6:61).

:메·다 동 메다. ¶보ᄇᆡ ᄆᆞ뮨 술위예 象이 메더니(月印上43). 내 한아바닚 棺ᄋᆞᆯ 메ᅀᆞᄫᅡ지이다(月釋10:10). 如來ㅅ 엇게예 메샴 ᄃᆞ외요ᄆᆞᆫ:則爲如來肩所荷擔者(法華4:79). 삼 메오 金 ᄇᆞ리ᄂᆞ니:擔麻棄金(圓覺上一之

一90). 弘의 술위 메는 쇼를 소아 주기다:射殺弘駕車牛(宣賜內訓3:49). ᄀᆞᄂᆞᆫ 비예 호미를 메오 셔니:細雨荷鋤立(杜解7:15). 멘 것 므거우미 뫼 ᄀᆞᆮ도다:擔重如山(金三3:53). 멜 강:扛. 멜 향:擶(訓蒙下23). 멜 담:擔(訓蒙下23. 類合下32. 倭解上30). 엇게예 메라(瘟疫方11). 멜 하:荷(類合上8. 註千32). 술위 메옴을 기들이디 아니코 가더시다:不俟駕行矣(宣小2:41). 녈 메온 하인이 업더(癸丑50). 오ᄂᆞᆯ도 다 새거다 호믜 메오 가쟈ᄉᆞ라(古時調. 鄭澈. 松江). 새원 원쥐 되여 되롱 삿갓 메오 이고(古時調. 鄭澈. 松江). 도치 멘 져 초부야 힝여나 찍으리라(萬言詞).

:메·다 동 메다. 막히다. ☞며다. 메다 ¶이제 니르리 비치 메디 아니ᄒᆞ엿도다:到今色未塡(初杜解16:28).

메덧이 명 노래의 한 종류. ¶金風憲의 메덧이에 朴勸農이 되롱춤이로다(古時調. 李鼎輔. 가을 打作. 海謠).

:메밧ᄉᆞ·시·고 동 한쪽 어깨를 벗으시고〔袒〕. ㉮메밧다 ¶올ᄒᆞᆫ 엇게 메밧ᄉᆞ시고 合掌ᄒᆞ야 부텨 向ᄒᆞᅀᆞᄫᅡ(月釋17:31).

:메밧·다 동 한쪽 어깨를 벗다. ☞메왓다 ¶올ᄒᆞᆫ 엇게 메밧고 올ᄒᆞᆫ 무룹 ᄭᅮ러 몸 구펴 合掌ᄒᆞ야 부텨의 ᄉᆞᆯᄫᆞ샤ᄃᆡ(釋譜9:29). 올ᄒᆞᆫ녁 메밧고 올ᄒᆞᆫ 무룹 ᄭᅮ러(月釋10:44. 月釋10:67). 올ᄒᆞᆫ 엇게 메밧ᄉᆞ시고 合掌ᄒᆞ야 부텨 向ᄒᆞᅀᆞᄫᅡ(月釋17:31).
※메밧다>메왓다

메ᄯᅩᆺ 명 메꽃. ☞머곳. 멧ᄯᅩᆺ ¶메ᄯᅩᆺ:旋花(柳氏物名三 草).

메아듬 동 한쪽 어깨를 벗음. ㉮메앋다 ☞메아돔 ¶더위를 當ᄒᆞ야 메아듬을 보시고(女四解4:46).

메아돔 동 한쪽 어깨를 벗음. ㉮메앋다 ¶袒은 엇게 메아돔이오(重內訓1:59).

메앋다 동 한쪽 어깨를 벗다. ☞메밧다. 메왓다 ¶袒은 엇게 메아돔이오(重內訓1:59). 더위를 當ᄒᆞ야 메아듬을 보시고(女四解4:46).

메·여·티·다 동 메어치다. ¶環刀를 메여텷 時節에(月釋8:102).

메오 동 메고. ㉮메다 ☞-오 ¶제 ᄌᆞ식과 믿 그 아ᄋᆡ 아ᄃᆞᆯ 綏를 메오 가더니:擔其兒及其弟子綏(宣小6:66). 오ᄂᆞᆯ도 다 새거다 호믜 메오 가쟈ᄉᆞ라(古時調. 鄭澈. 松江).

메오다 동 메우다〔駕〕. ☞메우다. 메이다 ¶멍에 메오다:套鞅子(譯解下7). 쇼 메오다:套牛(譯解下31). 멍에 메오다:駕轅子(譯解下31). 술위 메오다:駕車(同文解下19). 메오다:輓(漢淸12:8).

메오다 동 메우다〔塡〕. ☞메오다 ¶梔子ㅅ 당아리 半 나채 술윗 기르믈 메오ᄃᆡ:梔子殼半介塡車脂(救急下5).

:메왓·다 동 한쪽 어깨를 벗다. ☞메밧다 ¶올ᄒᆞᆫ 엇게 메왓고:偏袒右肩(楞解1:76). 기우루 올ᄒᆞᆫ녁 ᄉᆞᆯ 메와소ᄆᆞᆫ:偏右肉袒(法華2:178). 즉재 座로셔 니르샤 올ᄒᆞᆫ 엇게 메와ᄉᆞ시고:卽從座起偏袒右肩(法華7:43). 즉재 座로셔 니러 올ᄒᆞᆫ 엇게 메왓고:卽從座起偏袒右肩(楞解4:2. 金剛6). 올ᄒᆞᆫ 엇게를 메왓고:偏袒右肩(初杜解16:34). 메와 ᄉᆞᆯ 탄:袒 露一肩(訓蒙下19). ᄀᆞ바도 메왓디 말며:勞毋袒(宣小3:11). 兄 建이 ᄉᆞᆯ 라게 메와ᄉᆞᆫ대:兄建肉袒(宣小6:80). 왼녁 ᄑᆞᆯ 메와사(家禮5:16). 밍지 임의 쟝가드러 쟝ᄎᆞᆺ ᄉᆞ실의 드러갈ᄉᆡ 그 쳬 메왓고 안ᄒᆡ 잇거늘(女範1. 모의 추밍모).
※메왓다<메밧다

메왯·다 동 한쪽 어깨를 벗다. ☞메왓다 ¶고마온 이리 잇디 아니커든 조널이 메왯디 말며:不有敬事不敢袒裼(宣賜內訓1:50).

메·우·다 동 메우다〔駕〕. ☞메오다 ¶寶車 메우고 한 傧從ᄃᆞᆯ히 侍衛ᄒᆞ야:以駕寶車多諸傧從而侍衛之(法華2:140). 나귀 노새 메우ᄂᆞᆫ 큰 술위:驢騾大車(飜老下36). 좌우의 암ᄆᆞᆯ을 메워(女範2. 변녀 됴진녀연).

메·우·다 동 메우다. ¶보셔에 금 젼 메워 바근 곳갈와:金廂寶石頭面(飜朴上45). 젼 메울 구:釦. 테메울 고:箍(訓蒙下16). 붑 메울 만:鞔(訓蒙下20).

메욱 명 미역. ☞머육 ¶메욱 실은 濟州 ᄇᆡ와 소곰 실은 瓮津 ᄇᆡ드리(古時調. 各道 各船이. 青丘).

메유·기 명 메기. ☞머유기 ¶메유기ᄀᆞ티 ᄒᆞᆫ 연:鮎魚鶴兒(飜朴上17). 메유기 뎜:鮎. 메유기 언:鰋(訓蒙上21). 메유기:鮎魚(同文解下41).

메육 명 미역. ☞머육. 메욱 ¶海菜卽本國鄕名메육(吏文2:3).

메육이 명 메기. ☞머유기. 메유기 ¶혈이 긴 갈치 두룻쳐 메육이 츤츤 감을치(古時調. 바독걸쇠. 海謠).

메·이·다 동 메우다. ☞메우다. 메ᅇᅵ다 ¶校ᄂᆞᆫ 갈 메일 씨라(楞解8:86). 曹植 劉楨의게 ᄀᆞᆯ와 메이면 너믈 ᄯᅳ롬 아니니라:方駕曹劉不啻過(初杜解21:11). 驅馬ᄂᆞᆫ 네 ᄆᆞᆯ 메윤 술위라(南明上30).

메이다 동 메다. 막히다. ¶메일 인:堙(兒學下10).

메·ᅇᅵ·다 동 메우다. ☞메이다 ¶五通 메윤 술위ᄂᆞᆫ 마ᄀᆞᆫ 길 업스니(月印上43). 네 ᄆᆞᆯ 메윤 寶車와(釋譜13:19).

:메·지·다 동 메고 지다. ¶ᄆᆞ론 플 메지여 가온ᄃᆡ 드려 ᄉᆞᆯ이디 아니홈도 ᄯᅩ 어렵디

아니커니와:擔負乾草入中不燒亦未爲難(法華4:143).

메ᄌᆞ 명 메주(豉). ☞며조. 며주 ¶호쵸와 메ᄌᆞ를:椒豉(女四解3:22).

메토리 명 미투리. ☞메트리 ¶메토리:蔴鞋(同文解上58). 청울치 뉵놀 메토리 신고 휘대 長衫 두루혀 메고(古時調. 靑丘).

·메·트리 명 미투리. ☞메토리 ¶메트릿바당을 브레 ᄢᅬ여 ᄲᅡᄎᆞ면 즉재 됴ᄒᆞ리라:麻鞋履底炙以揩之卽差(救簡6:61). 삼으로 겨른 메트리 챵:故麻鞋底(東醫 湯液一 土部).

멕이다 동 먹이다. ¶그 돗고기를 사셔 멕이니라(女四解4:8).

멜쯘 명 매는 끈. ☞멜ᄭᅵᆫ ¶行子치마 멜쯘이 졔격이로다(古時調. 平壤. 靑丘).

멜ᄭᅵᆫ 명 매는 끈. ☞멜쯘 ¶行子침아 멜ᄭᅵᆫ도 제 色씨로다(古時調. 平壤. 海謠).

멧곳 명 메꽃. ☞멋곳. 메곳 ¶멧곳:旋花(東醫 湯液二 草部).

-·며 조 -며. ¶모ᄀᆡ 벌에며 더뷔 치뷔로 셜버 ᄒᆞ다가(釋譜9:9). 아비며 아ᄃᆞ리며 형이며 아ᅀᆞ이며(宣小4:54).

-·며 어미 -며. ¶地獄도 뷔며 沸星 별도 ᄂᆞ리니이다(月印上7). 어미도 아ᄃᆞᄅᆞᆯ 모ᄅᆞ며 아ᄃᆞᆯ도 어미를 모ᄅᆞ리니(釋譜6:3). 보며 ᄯᅩ 보ᄃᆡ 그 中엣 나ᄂᆞᆫ ᄧᅡ홀 다 보며 다 알리라(月釋17:58).

며개 명 멱. ☞멱 ¶如意ᄂᆞᆫ 며개예 如意珠 이실 씨라(釋譜13:11).

며느라기 명 며느리. ☞며늘아기 ¶싀어마님 며느라기 낫바 벽바흘 구루지 마오(古時調. 靑丘).

며·느·리 명 며느리. ☞며늘. 며늘이. 며ᄂᆞ리 ¶夫人이 며느리 어드샤ᄆᆞᆫ 溫和히 사라 千萬 뉘예 子孫이 니ᅀᅥ 가ᄆᆞᆯ 위ᄒᆞ시니 太子ㅣ ᄒᆞ마 나가시고(釋譜6:7). 能히 玉 ᄀᆞᄐᆞᆫ ᄆᆞᅀᆞᄆᆡᆺ 며느리를 보아리여:能見玉心之婦耶(宣賜內訓序8). 며느리 부:婦(訓蒙上31). 며느리 빙:嬪(訓蒙中1).

며늘 명 며느리. ☞며느리. 며늘이 ¶싀어버싀를 셤규ᄃᆡ ᄀᆞ장 며느릐 도ᄅᆞᆯ 올히 ᄒᆞ더니:事舅姑甚得婦道(飜小9:64).

며늘아기 명 며느리. ☞며느라기 ¶며늘아기 뵈 ᄶᆞ는 듸(古時調. 歌曲).

며·늘이 명 며느리. ☞며느리. 며늘. 며ᄂᆞ리 ¶초ᄒᆞᄅᆞ 보롬애 ᄌᆞ데와 며늘이들히:旦望弟婦等(宣小5:73).

며ᄂᆞ리 명 며느리. ☞며느리 ¶며ᄂᆞ리 부:婦(類合上20. 石千15. 倭解上13). 며ᄂᆞ리 싀아비 싀어미를 셤교ᄃᆡ 父母 셤김ᄀᆞ티 ᄒᆞ야:婦事舅姑如事父母(宣小3:2). 그 며ᄂᆞ리 안시 ᄯᅩᄒᆞᆫ 그 아희로 더브러:其婦安氏與其兒(東新續三綱. 烈3:63). 며ᄂᆞ리:媳婦兒(譯解上57). 모든 며ᄂᆞ리를 블러 닐오ᄃᆡ(女範1. 모의 노모ᄉᆞ). 며ᄂᆞ리:媳婦(同文解上10). 며ᄂᆞ리 도리를 극진히 ᄒᆞ여:婦道甚恭(五倫3:60). 며ᄂᆞ리 식:媳(兒學上1).

며ᄂᆞ리톱 명 며느리발톱. ☞며ᄂᆞᆯ톱 ¶며ᄂᆞ리톱 거:距(倭解下22). 며ᄂᆞ리톱:距(同文解下36. 譯解補47. 漢淸13:62). 며ᄂᆞ리톱:雞距(柳氏物名一 羽蟲).

-며ᄂᆞᆫ 어미 -면은. -면. ☞-면 ¶예셔 ᄂᆞᆯ애를 드러 두세 번만 부ᄎᆞ며ᄂᆞᆫ(古時調. 靑丘).

며ᄂᆞᆯ 명 며느리. ☞며늘. 며ᄂᆞ리 ¶지아비과 홈ᄭᅴ 가셔 ᄒᆞᆫ 번 졔ᄒᆞ면 며ᄂᆞᆯ의 녜 되리라(三譯10:20).

며ᄂᆞᆯ아기 명 며느리. ☞며느라기 ¶재 넘어 물 길나간 며ᄂᆞᆯ아기 네나 갈가 ᄒᆞ노라(古時調. 가마귀 싹싹. 靑丘).

며ᄂᆞᆯ이 명 며느리. ☞며ᄂᆞ리 ¶아바님 니ᄅᆞ샤ᄃᆡ 뉘 ᄯᆞᄅᆞᆯ ᄀᆞᆯᄒᆡ야ᅀᅡ 며ᄂᆞᆯ이 ᄃᆞ외야 오리야(月印上14).

며·ᄂᆞᆯ·톱 명 며느리발톱. ☞며ᄂᆞ리톱 ¶도틔 며ᄂᆞᆯ톱:猪懸蹄(救簡3:33).

며·다 동 메다. ☞메다 ¶바비 이베 몯 드러셔 火炭이 ᄃᆞ외야 목 며거늘(月釋23:92).

며래 명 담쟁이. ¶며래 덩울이 이셔 죽디 아니ᄆᆞᆯ 어ᄃᆞ니라:有蘿蔓得不死(東新續三綱. 烈1:11).

-·며·셔 어미 -면서. ¶수머 살며셔 어버ᅀᅵ를 효양ᄒᆞ더니:陰居養親(飜小8:2). 昭長老ㅣ 뵈오며셔(新語7:9). 놀이ᄒᆞ며셔 거즛 여러 소리로 브르되:捉弄着假意兒叫幾聲(老解下49). 康衢烟月에 일 업시 노닐며셔(古時調. 人間 번우한. 靑丘). 엇던 디날 손이 星山의 머믈며셔(松江. 星山別曲).

-며셔 어미 -자마자. ¶고즌 므스 일로 퓌며셔 쉬이 디고 플은 어이 ᄒᆞ야 프르ᄂᆞᆫ 듯 누르ᄂᆞ니(古時調. 尹善道. 孤遺).

며엣도다 동 메었도다. ㉮며이다 ¶소니 村墟에 며엣도다:賓客隘村墟(杜解6:40).

며이다 동 메다. 메이다. ☞메다 ¶旌旗ㅣ 치운 虛空애 며엣ᄂᆞ니:蚩尤塞寒空(重杜解2:34). 소니 村墟에 며엣도다:賓客隘村墟(杜解6:40). 勇猛ᄒᆞᆫ 將軍이 어즈러이 며엣ᄂᆞ니:猛將紛塡委(杜解7:25).

며조 명 메주. ☞메ᄌᆞ. 며주. 메조 ¶며조:豉. 며조 ᄢᅴ우다:罨(柳氏物名三 草). 며조 시:豉(兒學上13).

며·주 명 메주. ☞며조. 메조 ¶며주:醬麴(訓蒙中21 麴字註). ※며주>메주

며·츨 명 며칠. ☞멷츨 ¶며츠를 셜웝ᄒᆞ리러뇨:說幾箇日頭(飜朴上75). 며츨 만의나 返事ㅣ 올고(新語5:8).

며·ᄎᆞᆺ·날 명 며칟날. ☞멋츤날 ¶내 요ᅀᆞᅀᅵ 도로 가고쟈 ᄒᆞ니 며ᄎᆞᆺ나리 됴ᄒᆞᆫ고:我待近

日廻程幾日好(飜老下71).

며함 명 명함. ¶小人이 어제 웃뎌긔 흔 며함 두숩고 오니 보신가:小人昨日貴宅裏留下一箇拜貼來見來麼(飜朴上58).

멱 명 멱. ☞며개 ¶臨濟ㅣ 禪床읫 ᄂᆞ려 멱 잡고 니ᄅᆞ샤ᄃᆡ(南明下16). 입이 멱 아래 잇고(詩解 物名6). 믄득 도적의 멱 잡고:遂扼賊吭(東新續三綱. 孝1:57 辛氏扼賊). 멱 잡어오다:搯領來(譯解上66). 스스로 멱 질러 죽으니(女範4. 녈녀 화운쳐). 칼을 드러 멱 딜러 죽으니:刀刎頸而死(五倫3:16).

멱고다 동 메우다. ☞멋구다 ¶喪ᄉᆞ애 허費예 멱고와 흔갓 功올 無用흔 ᄃᆡ 더으며(家禮5:18).

멱마기 명 명매기. 칼새. ☞명막. 명막이 ¶멱마기:胡鸞(訓蒙上17 鸞字註).

멱막이 명 명매기. ☞멱마기. 명막. 명막이 ¶멱막이:胡燕(柳氏物名一 羽蟲).

멱부리ᄃᆞᆰ 명 멱부리. ☞멱불이 ¶멱부리ᄃᆞᆰ:鬚鷄(譯解補42).

멱불이 명 멱부리. ☞멱부리ᄃᆞᆰ ¶멱불이:鬍雞(柳氏物名一 羽蟲).

:면 명 면(面). ¶各各 부텻 바래 禮數ᄒᆞᅀᆞᆸ고 믈러 흔 面에 안ᄌᆞ니라:各禮佛足退坐一面(法華1:52). 머리 ᄂᆞᄎᆞ로 禮敬ᄒᆞᅀᆞᆸ고 믈러 흔 面에 住ᄒᆞ야:頭面禮敬却住一面(法華4:174). 네 면을 두드려 보ᄃᆞ랍게 ᄒᆞ고:用物搥四面令軟(救簡6:16). ᄯᅩ 小身 나토아 못 面에 ᄢᅦ여나거늘(六祖略序14). 사ᄅᆞ모로 ᄒᆞ야 面에 올인 ᄲᅳᆯ와 등 우희 ᄶᅥ론 힘 뵈오:教人看了面子上的角背子上鋪的觔(飜老下31). 앒 면 흔 주렌 게유 구으니와:前面一遭燒鵝(飜朴上4). 슈파 그린 면엣 기ᄅᆞ맛가지예:畫水波面兒的鞍橋子(飜朴上28). 悻悻히 그 面에 見ᄒᆞ야:悻悻然見於其面(宣孟4:33). 面이며 뎡바기를 다 虛케 ᄒᆞ라(家禮圖18). 面에 올닌 ᄲᅳᆯ과:面子上的角(老解下28).

면 명 면(麵). 밀가루. ¶면 ᄶᅧᆼ이:麵觔(漢淸12:37).

-·면 어미 -면. ☞-며는 ¶바늘 아니 마치시면 어비 아ᄃᆞ리 사ᄅᆞ시리잇가:若不中針父子其生(龍歌52章). 征斂이 無藝ᄒᆞ면:征斂若無節(龍歌120章). 불휘를 바히면 여름을 다 ᄲᅡ먹ᄂᆞ니(月印上36). 모딘 길헤 ᄠᅥ러디면(釋譜6:3). 내 願을 아니 從ᄒᆞ면 고졸 몯 어드리라(月釋1:12). 君ㄷ字 처엄 펴아 나는 소리 ᄀᆞᄐᆞ니 ᄀᆞᆯ바쓰면(訓註4). 則은 아ᄆᆞ리 ᄒᆞ면 ᄒᆞ는 겨체 ᄡᅳ는 字ㅣ라(訓註12). ㅇ를 입시울쏘리 아래 니ᅀᅥ 쓰면(訓註12). 왼녀긔 흔 點을 더으면 뭇노폰소리오(訓註13). ᄇᆞᄅᆞ미 티면 더푸미 나ᄂᆞ니:風擊則泡(楞解2:108). 法 잇다 니ᄅᆞ면(牧牛訣2). 疑心이 긋디 아니ᄒᆞ면:有疑不斷(蒙法1). 도ᄌᆞ기 오면 烽火를 드러 信을 사모리니(宣賜內訓序4).

:면·강·ᄒᆞ·다 동 면강(勉强)하다. 애쓰다. ¶或 勉强ᄒᆞ야 行ᄒᆞᄂᆞ니(宣中26). 반ᄃᆞ시 면강ᄒᆞ야 힝ᄒᆞ더라:必勉强行(東新續三綱. 孝6:42). 싱이 면강ᄒᆞ야 ᄃᆡ답ᄒᆞ되 이는 남ᄋᆞ의 됴흔 긔회라(落泉2:5).

면경 명 면경. ¶西壁이 面鏡이 되야 눈에 暗暗ᄒᆞ여라(古時調. 니저ᄇᆞ이쟈. 海謠).

면녀ᄒᆞ다 동 면려(勉勵)하다. ¶몰 졍ᄉᆞ를 신칙ᄒᆞ고 면녀호려 호미며(綸音80).

면ᄂᆡ다 동 면내다. ☞멋내다 ¶쥐 면낸 흙:鼠壤(柳氏物名五 土).

:면·당ᄒᆞ·다 동 면당(面當)하다. 면대(面對)하다. ¶阮籍이를 面當ᄒᆞ야 구지저 닐오ᄃᆡ(宣賜內訓1:66). 면당ᄒᆞ야 셔 잇는 수를 볼 거시ᄃᆡ위:當面看了見數(飜老下64). 도적의게 면당흔들 그 가히 살 것가:面賊其可生(東新續三綱. 烈5:46). 면당ᄒᆞ다:當面(漢淸2:61).

면듀 명 명주(明紬). ¶초록 면듀 한옷과:綠紬襖子(飜老下50). 면듀 듀:紬(類合上25). 새 ᄃᆡ새를 ᄀᆞ라 세말ᄒᆞ야 깁에 처 면듀 젼대예 녀허:新瓦研爲細末羅過絹帒包裹(痘要下14). 혹 비단과 면듀를 주시며(仁祖行狀31). 농문셕 넷 치 화셕 ᄉᆞ십 닙 ᄇᆡᆨ뎌포 일ᄇᆡᆨ 필 각ᄉᆡᆨ 면듀 이쳔 필 마포 ᄉᆞᄇᆡᆨ 필(山城121).

:면·려·ᄒᆞ·다 동 면려(勉勵)하다. ¶그 ᄠᅳ들 면려ᄒᆞ야 힘을 브즈런이 홈이 다 이 類ㅣ러라:其勵志勤力皆此類也(宣小6:107).

면면히 부 면면(綿綿)히. ¶가히 면면히 먼 길흘 싱각흔다 니ᄅᆞ리로다(太平1:27).

면면ᄒᆞ·다 형 면면(綿綿)하다. ¶識性 幽幽綿綿ᄒᆞᄃᆡ:綿綿은 긋디 아니흘 씨라(楞解9:28). 鳥獸ㅣ 時예 놀어늘 새ᄃᆞ록 緜緜ᄒᆞ며:緜緜ᄋᆞᆫ 긋디 아니흘 씨라(永嘉下109).

:면·목 명 면목(面目). ¶반ᄃᆞ기 趙州ㅣ 엇던 面目인ᄃᆞᆯ 아로리라:當識趙州是何面目(蒙法13). 고히 놉고 길오 고ᄃᆞ며 니마히 넙고 平正ᄒᆞ며 面目이 다 端嚴ᄒᆞ야(法華6:18). 그 ᄢᅴ 어늬 이 明上座의 本來ㅅ 面目고(六祖上37).

면분 명 면분(面分). ¶쇼관이 졍신이 ᄇᆞᆰ디 못ᄒᆞ고 일죽 면분이 업ᄉᆞ니(洛城2).

-면셔 어미 -면서. ☞-며셔 ¶죽을 줄 알면셔 놀 줄란 모르더라(古時調. 靑丘).

면역ᄒᆞ다 동 면역(免役)하다. 부역을 면제하다. ¶고려 셩종됴애 졍문 면역ᄒᆞ시니라:高麗成宗朝旌門免役(東新續三綱. 孝1:7).

-면은 어미 -면은. -면. ☞-며는 ¶올치옷 못ᄒᆞ면은(古時調. 마을 사람들아. 靑丘).

·**면젼** 명 면전(面前). ¶네 面前에 둔 돌 곧 아디 몯도다(蒙法52).

면죵 명 면종(面腫). 얼굴에 나는 종기나 부스럼. ¶어미 면죵 어더 긔절ᄒᆞ거ᄂᆞᆯ:母得面腫氣絶(東新續三綱. 孝5:55).

면쥬 명 면주(綿紬). 명주(明紬). ☞면듀 ¶면쥬:綿紬(同文解下24).

면질ᄒᆞ다 동 면질(面質)하다. 대질(對質)하다. ¶면질ᄒᆞ다:對質(同文解下29). 면질ᄒᆞ다:對面(譯解補37).

면칙 명 면책(面責). ¶크게 면칙을 보ᄋᆞᆸ고(癸丑10).

면텹 명 면첩(免帖). 면벌증(免罰證). ¶스승님 앏픠셔 사솔 ᄲᅢ혀 글 외오기 ᄒᆞ야 외오니란 스승님이 免帖 ᄒᆞ나ᄒᆞᆯ 주시고:師傅前撤簽背念書背過的師傅與免帖一箇(飜老上3). 엇디ᄒᆞᆯ시 免帖인고:怎的是免帖(飜老上3). 믄득 그 사ᄅᆞᆷᄒᆞ야 글 외오요ᄃᆡ 외와든 스승이 免帖 ᄒᆞ나흘 주ᄂᆞ니 그 免帖 우희 세 번 마조ᄆᆞᆯ 면ᄒᆞ라 ᄒᆞ야 쓰고 스승이 우희 쳐 두ᄂᆞ니라(飜老上4). 스승이 免帖 ᄒᆞ나흘 주고:師傅與免帖一箇(老解上3).

:면·합·ᄌᆞ 명 합(盒). 〔'합ᄌᆞ'는 '盒子'.〕 ¶쇠쁠로 ᄒᆞᆫ 면합ᄌᆞ 일ᄇᆡᆨ 낫:牛角盒兒一百箇. 로각으로 ᄒᆞᆫ 먼합ᄌᆞ 일ᄇᆡᆨ 낫:鹿角盒兒一百箇(飜老下68). 〔'먼합ᄌᆞ'는 '면합ᄌᆞ'의 오기(誤記)〕. 노각으로 ᄒᆞᆫ 면합ᄌᆞ:鹿角盒兒(老解下61).

면화 명 면화(棉花). ¶혈 면홧 고토리:綿繐兒(四解上52 繐字註). 면화:棉花(柳氏物名三 草).

면화고티 명 면화(棉花)고치. ¶면화고티:綿筩(柳氏物名三 草).

면화활 명 솜타는 활. ¶면화활:花弓(譯解補44). 면화활:花弓(柳氏物名三 草).

면회 명 담에 바르는 회. ¶면회:鏝墻的灰(漢淸12:10).

:면ᄒᆞ·다 동 면(免)하다. ¶네 졈던 사ᄅᆞᆷ도 오라면 늙ᄂᆞ니 人生애 免ᄒᆞ리 업스니이다(釋譜3:p.66). 당다이 疑惑ᄒᆞ리니 비록 頂受ᄒᆞᅀᆞᄫᅡ도 비우수믈 免티 몯ᄒᆞ리니(月釋21:15). 免ᄒᆞ야 버슬 쭐 업수믈 가졸비시니라:譬…莫由免脫也(法華2:126). 머리 셰여 져머셔 주구믈 免호라:頭白免短促(初杜解6:51). 내죵애 輪廻를 免티 몯ᄒᆞᄂᆞᆫ 젼ᄎᆞ로 사오납고(金三宗序4). 세 번 마조ᄆᆞᆯ 면ᄒᆞ라 ᄒᆞ야 쓰고:寫着免打三下(飜老上4). 죄ᄅᆞᆯ 안즉 면호믄 내 ᄒᆞ고져 호미 아니이다(飜小9:48). 면ᄒᆞᆯ 면:免(類合下19). 번거코 용잡ᄒᆞᆫ 곧이 이심을 免티 몯ᄒᆞ니:未免有繁冗處(宣小凡例1). 民이 免ᄒᆞᆯ 만ᄒᆞ고 恥홈은 업ᄂᆞ니라:民免而無恥(宣論1:9). 네 아디 몯ᄒᆞ노라 니ᄅᆞ면 가히 면ᄒᆞ리라:汝若云不知可免(東續三綱. 忠2). 幸혀 이 亂ᄋᆞᆯ 버서 免호니:幸脫免(重杜解1:54). 녹산이 죽으매 면티 못ᄒᆞ리이다 ᄒᆞ거ᄂᆞᆯ(明皇1:31). ᄇᆡᆨ셩이 죄에 면호ᄃᆡ 붓그려홈은 업다 ᄒᆞ시니(論音27). ᄒᆞᆫ번 농 쇽의 드러 날ᄭᅵ 업ᄉᆞ니 엇지 ᄲᅧ 면ᄒᆞ리오(落泉1:3).

면ᄒᆞ다 동 면(面)하다. 뵈다. ¶사라신 제ᄂᆞᆫ 나갈 제 告ᄒᆞ며 도라와 面ᄒᆞ고(家禮2:11).

면ᄒᆞᆰ 명 새벽. ¶면ᄒᆞᆰ 쓰다:墁墻(同文解上36). 면ᄒᆞᆰ ᄲᅳᆺ다:墁墻(譯解補14). 면ᄒᆞᆰ ᄲᅳᆺ다:抹墻(漢淸12:10).

멷고다 동 메우다. ☞멋고다. 멋구다. 멋그다 ¶炭末로ᄡᅥ 멷고되 대강 두틔 七八寸맛감ᄒᆞ면(家禮7:24).

멷츨 명 며칠. ☞며츨 ¶멷츨 만의 返事ㅣ 올고(重新語5:9).

:멸 명 멸. 삼백초(三白草). ¶멸:蕺(四解下73). 멸 즙:蕺(訓蒙上13). 멸:蕺菜(東醫 湯液二 菜部). 멸앳 불휘:蕺蘚(東醫 湯液三 草部). 멸:筆管菜(譯解下12. 漢淸12:40). 山中의 안주ᄂᆞᆫ 업ᄉᆞ나 멸 고ᄉᆞ리 足ᄒᆞ여라(古時調. 곳츤 밤의. 古歌). 멸:蕺(物譜 蔬菜). 멸:筆管菜(柳氏物名三 草).

멸시ᄒᆞ다 동 멸시(蔑視)하다. ¶멸시ᄒᆞ다:輕視(同文解上32).

멸티 명 멸치. ¶鰯魚…鰯乾 乾者盖如今 멸티(柳氏物名二 水族).

멸하다 동 멸(滅)하다. ☞멸ᄒᆞ다 ¶멸할 멸:滅(兒學下10).

·**멸ᄒᆞ·다** 동 멸(滅)하다. ¶언제 滅ᄒᆞ리라 ᄒᆞ더시뇨(釋譜23:31). 自然心이 나고 生滅心이 滅호ᄆᆞᆯ 볼기논 디니:則明自然心生生滅心滅(楞解4:69). ᄒᆞ다가 菩提心이 나고 生滅心이 滅타 닐옳딘댄 이ᄂᆞᆫ 오직 生滅이라:若謂菩提心生生滅心滅此但生滅(楞解4:70). 사라셔 비록 여러 삿기ᄅᆞᆯ 滅ᄒᆞ나:生雖滅衆雛(初杜解17:8). 三世옛 罪ᄅᆞᆯ 滅ᄒᆞ고(六祖中23). 臣이 罪ㅣ 맛당히 겨에를 滅ᄒᆞᆯ디라:臣罪當滅族(宣小6:42). 滅ᄒᆞᆫ 國을 興ᄒᆞ며 絶ᄒᆞᆫ 世를 繼ᄒᆞ며(宣論4:69). 國을 滅ᄒᆞᆫ 者ㅣ 五十이오(宣孟6:28). 불법을 멸ᄒᆞ고(太平1:35). 멸ᄒᆞᆯ 멸:滅(倭解上39). 멸ᄒᆞ다:滅(同文解上46). 능히 졸연히 멸치 못하고(經筵). 각노 문희 자긱을 보내여 하시를 멸ᄒᆞ라 ᄒᆞ니(落泉2:5).

·**멋** 수 몇. ☞몃 ¶멋고:幾數問多少之辭幾箇(老朴集. 單字解6).

·**멋** 관 몇. ¶멋 間ㄷ 지븨 사ᄅᆞ시리잇고:幾間以爲屋(龍歌110章). 男子ㅣ 애구드니 멋 사ᄅᆞ미:男子剛腸者幾人(宣賜內訓3:44). 能히 멋 디위리오:能幾回(杜解10:7). 멋 디위ᄅᆞᆯ 글월 보내야 潛隱ᄒᆞᆫ 노ᄆᆞᆯ 기들오거시니오:幾回書札待潛夫(杜解21:3). 멋 디위

를 江風이 여러 날 닐어뇨:幾度江風連日起(南明上40). 몃 사르미 아느뇨:幾人知(南明上67). 미봉가절 몃 본인고(萬言詞). 청산은 몃 겹이며 녹슈는 몃 구뷘고(萬言詞). 몃 긔:幾(註千29).

몃·고·다 동 메우다. ☞몃구다 ¶持地 平히 몃고샴도:持地平塡(楞解6:62). 四弘올 몃고며:塡其四弘(永嘉下41). 술위통앳 기름을 몃고디:塡車脂(救簡6:26). 그 모솔 몃고니(六祖序23).

몃·구·다 동 ①메우다. ☞몃고다. 몃그다 ¶ ᄀ드기 몃구고:塡滿(救急下73). 몃굴 뎐:塡(類合下56).
②채우다. ¶스싀로 닐오디 머리 미존 거슬 버혀 져제 가 푸라 杯酒를 몃구라:自陳剪髻鬟鬻市充杯酒(初杜解8:55).

몃·귀·다 동 메워지다. ¶굴헝에 몃귀여 주구리라 호매 오직 疏放홀 ᄯᄅ미로소니:欲塡溝壑唯疏放(初杜解7:3). 므스므라 주려 주거 굴허에 몃귀욜 이를 알리오:焉知餓死塡溝壑(初杜解15:37).

몃·그·다 동 메우다. ☞몃구다 ¶헌 굼긔 디흔 쑥을 몃그고 쓰면:所傷之孔以熟艾塡灸(救簡6:32).

·몃:내·다 동 면내다. ☞면닉다 ¶쥐 새로 몃낸 흙:鼠新坌土(救簡3:14). 명마기 집과 쥐 몃낸 흙과를 곧게 논화 ᄀ라:胡燕窠鼠坌土各等分爲末(救簡3:25).

몃던 부 얼마 하여. 얼마 동안에. ☞몃츳 ¶來日이 또 없스랴 봄 밤이 몃던 새리(古時調. 尹善道. 孤遺).

·몃·마 부 얼마. 몇 번. ☞몃맛 ¶劫火를 몃마 디내야뇨마ᄅᆞᆫ:幾經劫火(南明上31). 몃마 吹毛 자바 不平올 굿거뇨:幾握吹毛斷不平(南明下70). 몃마 衡岳올 돌며:幾廻衡岳(金三3:17). 몃마 긔:幾(光千29).

·몃·맛 부 얼마. 몇 번. ☞몃마 ¶어즈러운 고즌 能히 몃맛 ᄢᅵ니오:繁花能幾時(杜解7:14). 몃맛 겨틔셔 보ᄂ니:多少傍觀(金三2:10).

몃츨 명 며칠. ☞며츨. 몃출 ¶오ᄂᆞᆯ이 몃츨고:今日幾(朴新解2:58).

몃츳 부 얼마 하여. 얼마 동안에. 〔'츳'은 '사이, 동안'을 뜻하는 'ᄉᆞᆺ'과 상통함.〕 ☞몃던 ¶來日 또 업쓸야 봄 밤이 몃츳 새리(古時調. 尹善道. 海謠). 가을 히 긔똥 몃츳 가리 나귀 등에 鞍粧 ᄎᆞ루지 마라(古時調. 靑丘).

몃츤날 명 며칟날. 며칠. ☞며츳날 ¶몃츤날이 됴흔고:幾日好(老解下64).

몃출 명 며칠. ☞며츨. 몃츨 ¶몃출을 머므로뇨:留幾日來(朴解下41). 몃출 동안의 엇지 능히 니르럿ᄂ냐:幾天的工夫何能到得麼(華解上1). 몃출 동안이 못 되여:用不上幾天的(華解上15).

:명 명 ①명(命). 목숨. ¶臣下ㅣ 닐오디 됴흔 藥올 몯 어들씨 命이 아니 오라시리이다(釋譜11:18). 太子ㅅ 모미 傷ᄒᆞ야 命이 머디 아니ᄒᆞ시이다(釋譜11:21). 識陰이 ᄒᆞ다가 다ᄋᆞ면 내 命도 ᄯᅩ 다ᄋᆞ리니:識陰若盡我命亦盡(楞解10:63). 身과 命과 財예(永嘉上39). 원컨대 몸으로ᄡᅥ 아븨 명을 디ᄒᆞ여지라 ᄒᆞ고:願以身代父命(東新續三綱. 孝7:43).
②운명(運命). 천명(天命). ¶逃亡애 命을 미드며 놀애예 일훔 미드니:恃命於逃信名於謳(龍歌16章). 君位를 보비라 홀씨 큰 命을 알외요리라:位曰大寶大命將告(龍歌83章). ᄒᆞ다가 저를 ᄀᄅ쳐도 립신 몯 ᄒᆞ고 사름 도의디 몯ᄒᆞ면 그도 제 명이어니ᄯ나:若教道他不立身成不得人也是他的命也(飜老下42). 君子ᄂᆞᆫ 易예 居ᄒᆞ야 ᄡᅥ 命을 기ᄃᆞ리오고(宣中14).
③명령(命令). ¶내 命을 거스ᅀᆞᄫᅡᄂᆞᆯ:以拒我命(龍歌105章). 진실로 명을 밧디 못ᄒᆞ노이다(太平1:7). 제쟝의 명을 쓰디 아니ᄒᆞᄂ니를 참ᄒᆞ라 ᄒᆞ시고(仁祖行狀31).

명 명 명(名). 〔사람의 수를 나타내는 단위(單位).〕 ¶화병 ᄒᆞᆫ 명은 거마작을 들고(練兵2).

-명 어미 -며. 〔'ㅇ'은 성조(聲調)를 부드럽게 하는 접미음(接尾音).〕 ¶더으명 더러:加減(救急上70). ᄌᆞ조 오명가명 호미(野雲80). 이 말ᄉᆞ미 이 店 밧긔 나명들명 다로러 거디러(樂詞. 雙花店). ᄢᅦ 만흔 ᄀᆞᆯ며기는 오명가명 ᄒᆞ거든(古時調. 李滉. 山前에. 靑丘). 草堂에 淸風明月이 나명들명 기ᄃᆞ린다(古時調. 李賢輔. 歸去來. 靑丘). 紅蓼花 白蘋洲渚의 오명가명 ᄒᆞ노라(古時調. 鄭澈. 새원 원쥐. 松江).

명개 명 명개. ¶명개 믈나 적니다:地起皮(漢淸1:36).

명결ᄒᆞ다 동 명결(明決)하다. ¶일이 이에 니ᄅ러시니 공쳥의 가 명결ᄒᆞ려니와 샤졔는 병들고(落泉2:5).

명년 명 명년(明年). ¶올 ᄀᆞ올히 거둔 거스로 明年 봄과 녀름 머글 거슬 혜아려 구디 간슈ᄒᆞ고(警民13). 明年 三月 다시 뛰네(古時調. 羅志成. 靑丘).

명디 명 명주(明紬). ☞면듀 ¶명디 듀:紬(訓蒙中31). 명디 깁 ᄧᆞ며 다회 ᄧᅡ:織紝組紃(宣小1:7). ᄀᆞ는 명디 셜흔 필로 ᄡᅥ 사 내니:細紬三十匹購出(東新續三綱. 烈6:71). 피 나거든 보ᄃᆞ라온 명디로 스서 업시 ᄒᆞ고:出血以帛拭去(胎要68).

명랑ᄒᆞ다 형 명랑(明朗)하다. 밝다. ¶ᄃᆞᆯ이

明朗ᄒᆞᆫ 양을 보면 凄凉ᄒᆞ여 客懷가 더ᄒᆞ외(隣語2:2).

명령 명 명령(命令). ¶이젠 내 엇더라 ᄂᆞᄆᆡ 命令에 ᄃᆞᆫ니가뇨:今則奚奔命(重杜解1:49). 나라 命令 重ᄒᆞ기ᄂᆞᆫ 彼此一般이오니(隣語1:1). 나라 命令이오라 거ᄉᆞ리든 몯ᄒᆞ여(隣語1:11).

명·록·빛 명 명록(明綠)빛. 밝은 초록빛. ¶명록비쳇 비단애 니근 실로 흉븨 도텨 뽄 비갸오새:明綠抹絨胸背的比甲(飜朴上27). ᄒᆞᆫ 쌍 명록비쳇 비단으로 ᄉᆞ계곳 슈질ᄒᆞᆫ 후시를 ᄆᆡ엿고:絟着一對明綠綉四季花護膝(飜朴上29).

명:리 명 명리(名利). ¶法施ᄂᆞᆫ 淸淨ᄒᆞᆫ ᄆᆞᅀᆞᄆᆞᆯ 뮈워 名利 ᄇᆞ라ᄂᆞᆫ ᄠᅳ디 업시 ᄒᆞ야(圓覺序77). 名利 그우실에 時急히 ᄒᆞ야:急於名宦(宣賜內訓1:33). 명리 구시레 시급히 ᄒᆞ야:急於名宦(飜小6:19). 머리 움치고 명리며 유셔ᄅᆞᆯ 피ᄒᆞ라:縮首避名勢(飜小6:27). 名利예 ᄯᅳ지 업서(古時調. 朴仁老. 蘆溪集). 世間 名利란 뜬구룸 본 덧ᄒᆞ고(蘆溪. 蘆溪歌).

명마기 명 명매기. ☞명막 ¶명마기:巧燕(同文解下35).

명·막 명 명매기. ☞명마기. 명막이 ¶ᄯᅩ 명마긔 ᄯᅩᇰ올 ᄲᅮ레 ᄆᆞ라 밋굼긔 녀흐면:又方胡鷰屎蜜和納大孔中(救急上70). 명마긔 집과:胡燕窠(救簡3:25). 명마긔 ᄯᅩᇰ:燕屎(東醫 湯液一 禽部).

명막이 명 명매기. ☞명막 ¶명막이:胡鷰(譯解 下27). 명 막 이:越 燕(漢 淸13:57). 명 막 이:胡燕(物譜 羽蟲).

명:망 명 명망(名望). ¶엇디 머리를 헌글우고 명망을 길워 스스로 어그롭고 통달호라 니롬이 이시리오:何有亂頭養望自謂弘達耶(宣小6:109).

명명·ᄒᆞ·다 형 명명(明明)하다. ¶엇데 能히 了了히 샹녜 아라 明明ᄒᆞ야 어듭디 아니ᄒᆞ야(牧牛訣19).

명·믈 명 명물(名物). ¶ᄒᆞᆫ 福德과 ᄒᆞᆫ 名物왜 各各 두려이 周徧ᄒᆞ야 ᄂᆞ외야 달옴 업수믈 알리로다(楞解6:36).

명박ᄒᆞ다 형 명박(命薄)하다. ¶ᄉᆞ랑이 슬믜던가 命薄ᄒᆞᆫ 타시런가(靑友仁. 自悼詞).

명분 명 명분(名分). ¶名分의 디킐 것과 愛敬ᄒᆞᄂᆞᆫ 實은(家禮1:2). 나라히 뻐 얽ᄆᆡ여 이쇼믄 명분이 듕ᄒᆞ다(仁祖行狀24).

명·빅·이 부 명백(明白)히. ☞명빅히 ¶글워릐 명빅이 써ᄂᆞ니:契上明白寫着(飜老下19). 명빅이 혜져:筭計明白(飜老下72).

명빅키 부 명백(明白)히. ☞명빅히 ¶져 漢 벗들의게 보고 以前 쓴 數ᄅᆞᆯ 다 명빅키 ᄒᆞ고 가쟈(淸老8:21).

명·빅·히 부 명백(明白)히. ☞명빅이. 명빅키 ¶ᄒᆞᆫ 相好ᄅᆞᆯ 明白히 몰랫다가 세닐웨 後에ᅀᅡ 다 보ᅀᆞᄫᆞ며(月釋8:54). 나ᄅᆞᆯ 나라ᄒᆞᆯ 背反타 ᄒᆞ릴씨 오ᄂᆞᆯ 明白히 주그면 天下애셔 날 알 리 이시리라 ᄒᆞ더니(三綱. 忠26). 명길이 임의 뎐하로 ᄒᆞ여곰 항복ᄒᆞ게 ᄒᆞ니 군신분의 임의 명빅히 뎡ᄒᆞ얏ᄂᆞᆫ디라(山城123). 명빅히 아다:明白知道(同文解上20). 내 듯기 미형ᄒᆞ여 명빅히 하모ᄅᆞᆯ 못 ᄒᆞ니(經筵).

명·빅ᄒᆞ·다 형 명백(明白)하다. ¶이ᄂᆞᆫ 因緣이 ᄇᆞᆯ기 明白ᄒᆞ니 엇데 如來ㅣ 因緣올 다 ᄇᆞ리시ᄂᆞ니잇고(楞解4:63). 信ᄒᆞ야 아로미 明白게 ᄒᆞᆯ 씨오(永嘉上47). 三身ᄋᆞᆫ 다 向下애 屬ᄒᆞ야 이 權이라 實 아니로미 明白ᄒᆞ도다(金三2:27). 공당 노야긔 알외여 명빅ᄒᆞ믈 표ᄒᆞᄂᆞ이다(落泉1:2).

-명셔 어미 -면서. ☞-며셔. -면셔 ¶번과 향을 잡고 나무아미타불 ᄒᆞ명셔 닐오ᄃᆡ:執幡脚香爐一心稱念阿彌陀佛(普勸文18).

명셕 명 멍석. ¶명셕의 벼ᄅᆞᆯ 넌들 됴흔 히 구름 ᄭᅵ여(許墺. 雇工歌).

명셩 명 명성(明星). ¶明星 비취어늘 十八法을 得ᄒᆞ시며(月印上29). 臘月 여ᄃᆞ랫 낤바ᄆᆡ 明星 보시고 道ᄅᆞᆯ 아ᄅᆞ샤(金三1:1). 明星ᄋᆞᆫ 새벼리라(金三1:1).

명셩 명 명성(名聲). ¶내 조샹 명셩을 ᄒᆞ야ᄇᆞ리디 말오:自己祖上的名聲休壞了(飜老下48). 내 조샹 명셩을 ᄒᆞ여ᄇᆞ리디 말고(老解下43).

-명셩 어미 -면서. ☞-명셔 ¶千巖萬壑을 제 집으로 사마 두고 나명셩 들명셩 일히도 구ᄂᆞᆫ지고(宋純. 俛仰亭歌).

명심ᄒᆞ다 동 명심하다. ¶제승이 다라 듯지 못ᄒᆞ되 싱이 홀노 명심ᄒᆞ야(落泉1:1).

명·ᄉᆡᆨ 명 명색(名色). ¶卉木叢林과 藥草ᄃᆞᆯ히 種種 여러 가지며 名色이 各各 다ᄅᆞ니(月釋13:44).

명·실 명 명일(名日). ¶술 시므고 名日이어든 사ᄒᆞᄅᆞᆯ 밥 아니 먹더라(三綱. 孝24).

명·실 명 명일(明日). ¶五祖ㅣ 明日에 偈 보시고 깃거ᄒᆞ시면(六祖上16). 明日에 드듸여 行ᄒᆞ시다:明日遂行(宣論4:1). 明日애 東郭氏의게 出ᄒᆞ야 弔ᄒᆞ더시니:明日出弔於東郭氏(宣孟4:4).

명아지 명 명아주. ☞명화지 ¶명아지:灰藋(柳氏物名三 草).

명예 명 명예(名譽). ¶명예 예:睿. 명예 텰:哲(類合下12).

명·월 명 명월(明月). ¶靑松과 碧沼애 明月이 제 나며(永嘉下106). 淸風은 體오 明月은 用이니 體用이 닫 나디 아니ᄒᆞᆯ 시오(金三1:23). 紫塞옛 ᄂᆞᆯ개 두위텨 明月ㅅ 둘에

예 누려 뻘티더라:翻然紫塞翮下拂明月輪(重杜解24:24).

명일 명 명일(名日). ☞명실 ¶ᄌᆞ라ᄂᆞᆫ 명일이 어든 의식 ᄆᆞᄎᆞᆯ 얼운ᄃᆞᆯ 쳥ᄒᆞ야다가 어버싀게 獻壽ᄒᆞ더라:及壯節日必上壽邀鄕黨父老以助歡(續三綱. 孝27). ᄆᆡ양 명일 되어든:每歲時(二倫31). 다만 名日이란 말을 드르면 마리 앏프더라(新語2:9). ᄒᆞᆫ 번 탄식ᄒᆞ야 심ᄉᆞ를 졍치 못ᄒᆞ더니 우 명일의 ᄇᆞ득이 닐어나 손을 난홀시(落泉3:7).

:명·쟈 명 명자(榠樝). 명자나무. ¶명쟈:榠樝(四解下29 樝字註). 명쟛 명:榠. 명쟛쟈:樝(訓蒙上11). 명쟈:榠樝(東醫 湯液二果部. 物譜 木果).

명절ᄒᆞ다 동 명절(命絶)하다. ¶이날 쳥음이 ᄉᆞᄉᆞ로 목ᄆᆡ여 ᄂᆞᆺ치 산 빗치 업서 거위 명절케 되니(山城111).

명정ᄒᆞ다 동 명정(酩酊)하다. ¶즐겁다 모다 酩酊ᄒᆞ쟈(古時調. 擊鼉鼓. 花源).

:명죵 명 명종(命終). 목숨을 마침. ¶어엿브신 命終에 甘蔗氏 니ᅀᆞ샤ᄆᆞᆯ(月印上2). 命終은 목숨 ᄆᆞᄎᆞᆯ 씨라(釋譜6:3).

:명죵ᄒᆞ·다 동 명종(命終)하다. ¶ᄒᆞᄅᆞᆺ 아ᄎᆞ미 命終ᄒᆞ야(釋譜6:3). ᄒᆞᆫ날 命終ᄒᆞ야(釋譜6:42). ᄆᆞᆯ가 ᄇᆞᆯ고미 나면 命終ᄒᆞᆫ 後에 日月에 갓갑ᄂᆞ니(楞解8:134).

명쥬 명 명주(明紬). ☞면듀. 명디 ¶옥과 명쥬:玉帛(十九史略1:9).

명지 명 명주(明紬). ☞면듀. 명디 ¶명지 올리ᄂᆞᆫ 틀:絡車(物譜 蠶績).

명찰ᄒᆞ다 동 명찰(明察)하다. ¶원졍을 명찰ᄒᆞ야 일흠이 일경의 가득ᄒᆞ고(落泉2:6).

명 치 명 명치. ¶명치:心窩(譯解上35). 명치:心窩(同文解上16. 漢淸5:53).

명치쎠 명 명치뼈. ☞명치 ¶명치쎠:胸岔骨(譯解補22).

명칭 명 명칭(名稱). ¶名稱은 일훔 일ᄏᆞᆯ유미라(月釋10:64). 德이 너버 化ᄒᆞ샤 名稱이 너비 들이샷다(永嘉序12).

명·텰 명 명철(明徹). ¶明徹은 ᄇᆞᆯ기 ᄉᆞᄆᆞᄎᆞᆯ 씨라(月釋10:50).

명·텰ᄒᆞ·다 형 명철(明哲)하다. ¶명텰ᄒᆞᆫ 사ᄅᆞᆷ은 조각을 아라 ᄉᆞ려에 셩실케 ᄒᆞ고:哲人知幾誠之於思(宣小5:91).

명함 명 명함(名銜). ¶명함을 ᄀᆞ초아 일흠을 通ᄒᆞ라(家禮7:6). 명함 필갑:拜帖匣兒(譯解下15). 명함:名貼(同文解上42).

명화 명 명아주. ☞명회 ¶명화과 콩닙흐로:藜藿(十九史略1:15).

명화지 명 명아주. ☞명아지 ¶명화지:灰菜(譯解下41). 명화지:灰條菜(同文解下4. 漢淸12:39). 명화지 려:藜(兒學上5).

명회 명 명아주. ☞명화 ¶명회 려:藜(類合上8). 명회:灰藋(物譜 蔬菜).

:명ᄒᆞ·다 동 명(命)하다. 명령하다. ¶하ᄂᆞᆯ히 命ᄒᆞ실씨:天之命矣(龍歌34章). 부톄 命ᄒᆞ샤(釋譜6:10). 아비 命ᄒᆞ야 아ᄃᆞᆯ 조초ᄆᆞᆫ 實로 親히 코저커늘(法華2:201). 그 님금 命ᄒᆞ샨 이레 주거 삼가 머리 누라가디 말라 勸ᄒᆞ노라:勸其死王命愼勿遠奮飛(初杜解15:5). 椿이 안좀을 命티 아니커든:椿不命坐(宣小6:70). 君이 命ᄒᆞ야 召ᄒᆞ거시든 駕를 俟티 아니ᄒᆞ시고(宣論2:60). 하ᄂᆞᆯ히 命ᄒᆞ샨 거ᄉᆞᆯ(宣中1). 명ᄒᆞ야 금ᄒᆞ라 ᄒᆞᆫ 후로부터(綸音26). 명ᄒᆞᆯ 명:命(註千11).

명ᄒᆞᆫ 명 명한(命限). ¶명ᄒᆞᆫ이 임의 다ᄒᆞᆫ 고로(王郎傳7).

·몃 수 몇. ☞멋 ¶네 나히 며친 ᄢᅴ:汝年幾時(楞解2:8). 네 며츨 호려 ᄒᆞᄂᆞ다:你要幾箇(飜朴上31). 우리 며치 가료:咱們幾箇去(飜朴上54).

몌·다 동 메다. ☞며이다 ¶모ᄀᆞᆯ 몌여 셜버 주그니도 잇더라(釋譜24:51). 목몌여 우르샤(月釋8:84). 모ᄀᆞᆯ 몌여 닐오ᄃᆡ(月釋8:98). 모ᄀᆞᆯ 몌여ᄒᆞ더라(三綱. 孝27). 주거믄 太行ㅅ 길헤 몌옛고:屍塡太行道(初杜解20:33). 遼海옌 오히려 즌ᄒᆞᆯ기 몌옛도다:遼海尙塡淤(初杜解20:35). 목몔 열:咽(類合上20). 烈志ㅣ 兩儀예 몌이여(女四解4:30). 목이 몌여 ᄒᆞ거ᄂᆞᆯ(女範2. 효녀 고덕겸쳐). 슬허 목이 몌여 죽기를 구ᄒᆞ거ᄂᆞᆯ(女範4. 녈녀 화운쳐).

몌여ᄒᆞ니 동 메니. 멘즉. ☞몌다. -ᄒᆞ니 ¶情을 못다 ᄒᆞ야 목이조차 몌여ᄒᆞ니(松江. 續美人曲).

몌·오·다 동 메우다. ☞메오다. 메우다 ¶내 다 平히 몌오ᄃᆡ 시혹 ᄃᆞ리를 ᄆᆡᆼᄀᆞᆯ며:我皆平塡或作橋梁(楞解5:68). 모ᄉᆞᆯ 몌오시며(宣賜內訓2下73). 사ᄅᆞᄆᆡ ᄆᆞᄅᆞᆫ 쏭을 ᄀᆞᄃᆞᆨ기 몌오고:野人乾塡滿(救簡6:40). 누른 ᄒᆞᆰ을 ᄡᅥ 石灰에 섯거 槨 밧긔 몌오니 엇더ᄒᆞ니잇고(家禮7:25). 쥭 쑤어 간대로 골픈ᄃᆡ 몌오라:煮粥胡亂充飢(老解上49). 굴헝 몌오다:塡坑(譯解上8). 몌올 뎐:塡(倭解上8). 모ᄉᆞᆯ 몌오시며(女範2. 현녀 졔숙뉴녀). 몌올 실:實(註千22). 몌올 쉭:塞(註千27).

몌·우·다 동 메우다. ☞몌오다. 메오다 ¶마새 몌우ᄂᆞ니라:以充味(楞解8:105). 몌우미 足디 몯호이다 ᄒᆞ시다(宣賜內訓2下16). 속절업시 새 바룻믈 몌우믈 ᄒᆞᄂᆞᆺ다:浪作禽塡海(初杜解20:15). 엇뎨 이 뫼ᄒᆞᆯ 平케 ᄒᆞ야 모ᄉᆞᆯ 몌우며:豈是夷岳實淵(金三4:45). 골폰 비를 나모 여름과 ᄂᆞ믈 불휘로 몌우고:菜根木菓慰飢腸(野雲51). 中心不改 네 字를 ᄆᆞᆫ돌고 먹으로 몌우니(女四解4:21).

몌조 명 메주. ☞며조 ¶몌조 너허 ᄃᆞᄆᆞ면 쟝이 ᄀᆞ쟝 됴코 메죄 업서도 므던ᄒᆞ니(救荒沉醬法). 메조ᄅᆞᆯ 올히 어들 ᄃᆡ 업더니:醬麴今年沒處尋(朴解中17). 혼ᄢᅴ 적이 메조를 브텨 가져오니 ᄀᆞ장 됴타:一發稍將些醬麴來最好(朴解中17). 메조:醬麴(譯解上52). 기름과 소곰과 호쵸와 메조ᄅᆞᆯ:油塩椒豉(女四解2:30).

메죄 명 메주가. (통)메조 ¶메조 너허 ᄃᆞᄆᆞ면 쟝이 ᄀᆞ쟝 됴코 메죄 업서도 므던ᄒᆞ니(救荒沉醬法).

메ᄎᆞ다 동 이루다. ¶메ᄎᆞ다:已成(同文解上54). 메ᄎᆞ다:成就(漢淸6:53).

멧 관 몇. ☞몃 ¶大明의 正統 님군 百 멧 年을 업단 말고(武豪歌).

멧귀다 동 메워지다. ☞몃귀다 ¶굴헝에 멧귀여 주구리라 호매 오직 疎放홀 ᄯᆞᄅᆞ미로소니:欲塡溝壑唯疎放(重杜解7:3). ᄆᆞᄉᆞᄆᆞ라 주려 주거 굴헝에 멧귀욜 이ᄅᆞᆯ 아리오:焉知餓死塡溝壑(重杜解15:37).

모 명 뫼. 산(山). ☞뫼 ¶먼 모히 ᄃᆞ토와 도왓고:遠岫爭輔佐(重杜解1:27). 구룸 ᄭᅵᆫ 모히 안잣ᄂᆞᆫ 모해셔 소사 나ᄂᆞ다:雲山湧坐隅(重杜解2:23). 秦ㅅ 모히 警蹕ᄒᆞᄂᆞᆫ ᄃᆡ 當ᄒᆞ얫고:秦山當警蹕(重杜解5:2).

※'모'의 첨용 [모 / 모히/모해셔…

·모 명 모. 모퉁이. ¶그 四方애 네 모히 조출씨(釋譜19:13). 네 모콰 아라 우히 다 큰 ᄇᆞ리어든(月釋1:29). 네 모해 侍衛ᄒᆞᅀᆞᆸ더라(月釋2:43). 隅ᄂᆞᆫ 모히라(法華3:162). 오ᄉᆞᆯ 들오 모ᄒᆞ로 ᄃᆞ라가(宣賜內訓1:6). 담 모히 ᄯᅩ 깁스위도다:墻隅亦深邃(杜解6:22). 긼 모해셔 우놋다:泣路隅(初杜解8:1). 南녀그론 枹罕ㅅ 모ᄒᆞᆯ 鎭ᄒᆞ얫ᄂᆞ니라:南鎭枹罕陬(初杜解22:37). 西海ㅅ 모ᄒᆞ로 ᄂᆞ라가놋다:歸飛西海隅(初杜解23:22). 모 것거 돌며:折旋(金三2:11). 여듧 모:八角(飜朴上17). 모 우:隅(類合上2). 모 방:方(石千7). 모 방:方(倭解上11). 옷ᄉᆞᆯ 거두잡아 모ᄒᆞ로 낫ᄃᆞ라:摳衣趨隅(宣小3:11). 모 것거 돌오매 矩에 맛게 ᄒᆞ며:折還中矩(宣小3:18). 흐르ᄂᆞᆫ 셜운 ᄆᆞᅀᆞ미 묏 모해 ᄀᆞᄃᆞᆨᄒᆞ도다:流恨滿山隅(重杜解6:25). 하ᄂᆞᆯ 모해 사ᄅᆞ미 도라가디 못ᄒᆞ얏도다:天隅人未歸(重杜解12:28). 창 틈으로 여어보니 상 우희 뵈니블 ᄒᆞ나흘 노핫고 ᄒᆞᆫ 모히 ᄒᆞ야딘 섥을 두고(太平1:23). 뎌 西南 모해:那西南角上(老解下1). 모 릉:稜(倭解下39). 모:稜兒(譯解補55). 만일 모ᄒᆞ로부터 버려(兵學1:121).

※'모'의 첨용 [모 / 모히/모해/모ᄒᆞᆯ/모콰…

:모 명 모(耄). 아흔 살. ¶늘구믄 ᄒᆞ마 耄애 디나:耄ᄂᆞᆫ 아ᄒᆞ니라(法華5:116).

모 명 모〔苗〕. ¶揷秧ᄋᆞᆫ 모심기라(初杜解7:36). 모 옮기다:揷秧(譯解下8).

모감쥬 명 모감주. 모감주나무. ☞모관쥬 ¶모감쥬:桓(物譜 雜木).

모개 명 목. 길목. ¶모개 관:關. 모개 애:隘(訓蒙上6). 모개 관:關(倭解上34).

모골 명 뱀딸기풀. ¶모골:藨草 水中草(柳氏物名三 草).

:모·과 명 모과. ¶모과 달힌 믈:煎木瓜湯(救簡2:56). 모괏 무:楙(訓蒙上11). 모과:木瓜(詩解 物名7). 모과:木瓜(東醫 湯液二 果部). 모과:楙(柳氏物名四 木).

·모관쥬 명 모감주. ☞모괌쥬 ¶모관쥬 환:槵(訓蒙上10).

모관쥬나모 명 모감주나무. ¶모관쥬나모:無患子(東醫 湯液三 木部).

모괌쥬 명 모감주. ☞모관쥬 ¶모괌쥬:槵(柳氏物名四 木).

모괴 명 모기. ☞모긔 ¶모괴 므러 당티 못ᄒᆞ니:蚊子咬的當不的(朴解中58). 모괴 엇디 드러오리오:蚊子怎麼得入來(朴解中58).

모괴당 명 모기장. ¶아ᄒᆡ아 네 날을 얼믠 뵈로 ᄒᆞᆫ 모괴당을 사다가 주고려:孩兒你饋我買將草布蚊帳來(朴解中58).

·모·긔 명 모기. ☞모기 ¶모긔 문:蚊(訓蒙上22. 類合上16. 倭解下26). 모긔와 ᄑᆞ리ᄅᆞᆯ 놀리고:驅蚊蠅(五倫1:58). 모긔:蚊(柳氏物名二 昆蟲). 모긔 문:蚊(兒學上8).

·모·기 명 모기. ☞모괴. 모긔 ¶모기 소리 듣ᄃᆞᆺ ᄒᆞ야:聆於蚊蚋(楞解4:3). ᄒᆞᆫ 그릇 안해 一百 모기 다마:如一器中貯百蚊蚋(楞解5:76). 모기 ᄀᆞᆮᄒᆞᆫ 거시 제 어느 能히 當ᄒᆞ리오:蚊蚋焉能當(重杜解1:56).

·모·기벌·에 명 모기. ☞모괴. 모긔. 모기 ¶모기벌에며 더뷔 치뷔로 셜버ᄒᆞ다가(釋譜9:9. 月釋9:26).

·모나·다 형 모나다. ¶方正은 모나미 반ᄃᆞ기 홀 씨오(月釋2:41). 器ᄂᆞᆫ 모나며 두려우미 잇거니와:器有方圓(楞解2:42). 힌 곳가리 모나게 가혓도다:白帽稜(初杜解20:24). 힝뎍은 모나 프러디디 말오져 식븐 거시라:行欲方(飜小8:1). 모날 방:方(類合下48. 兒學下8). 모날 릉:稜(類合下51). 모날 구:矩(石千41). 모날 렴:廉(註千16).

모·다 동 모이어. ㉠몯다 ¶溫水 冷水로 左右에 ᄂᆞ리와 九龍이 모다 싯기ᅀᆞᄫᆞ니(月印上8. 月釋2:34). 殿庭에 모다 밥 먹거ᄂᆞᆯ(宣賜內訓2下60). 十二諸國이 모다 지어 세온(樂範. 處容歌). 다 집 가온ᄃᆡ 모다 술머기ᄒᆞ여 ᄲᅧ 즐겁게 ᄒᆞ고:咸集堂中設酌以娛之(東新續三綱. 孝8:65).

모·다 부 모두. ¶나랏 사ᄅᆞ미 모다 王과 六

師와 위ᄒᆞ야 노ᄑᆞᆫ 座 ᄆᆡᆼᄀᆞ로오(釋譜6:28). ᄆᆞᅀᆞᆷ ᄀᆞ장 모다 ᄉᆞ랑ᄒᆞ여도(釋譜13:41). 남진 겨지비 두루 안자셔 모다 머그며 맛날 써 ᄒᆞ던 사ᄅᆞᆷ돌히니(月釋23:79). 곧 모다 니러 펴 흐르ᄂᆞᆫ ᄯᅡ해:卽於都起所宣流地(楞解10:52). 모다 飮啖ᄒᆞᆯ 제 ᄇᆡ브르디 말며:共食不飽(宣賜內訓1:3). 우리 모다 ᄒᆞᆷᄢᅴ 가새이다:咱會同着一時行(飜朴上9). 모다 우ᅀᅳ며:共嗤(飜小8:29). 모다 怒ᄒᆞ고 물져 ᄢᅴ여:衆怒群猜(宣小5:18). 盜賊이 모다 니러나거늘:盜賊並起(宣小6:18). 션인 두어 ᄇᆡ이 모다 흰 옷 닙고(明皇1:37). 모다 ᄃᆞ라가 구ᄒᆞ니(女範4. 녈녀 황시절). 이 술이 天香酒ㅣ라 모다 대되 슬타 마소(古時調. 青丘).

모다시니 동 모이었으니. ㉮몯다 ¶오ᄂᆞᆯ 회ᄅᆞᆯ 먹으려 ᄒᆞ고 여러히 모다시니 좌듕의 이 회ᄅᆞᆯ 먹디 못ᄒᆞᆯ 사ᄅᆞᆷ이 이실가 ᄒᆞᆫ대:且看今日鱠坐中有人不得喫者否(太平1:5).

모다ᄒᆞ다 동 유행(流行)하다. ¶모다ᄒᆞᄂᆞᆫ 덥단 病과(簡辟21). 모다ᄒᆞᄂᆞᆫ 덥단 모딘 時氣(簡辟22).

모단 명 모양. ¶그 모단은 너모 ᄀᆞᆮ디 아닌 일이오니(新語5:29).

모닷도다 동 모였도다. ㉮몯다 ¶촌 대 거프른 모닷도다:寒籜聚(重杜解1:20).

모·댓·다 동 모이어 있다. 모였다. ㉮몯다 ¶大衆이 모댓거늘 舍利弗이 듣ᄌᆞᄫᆞ니(月釋7:56). 소래 ᄇᆞᄅᆞᆷ과 시내옛 믈 소리 모댓ᄂᆞᆫ ᄢᅢ:松風磵水聲合時(杜解9:6).

모·도 부 모두. ☞모다 ¶攝은 모도 디닐 씨라(月釋序8). 總觀想ᄋᆞᆫ 모도 보ᄂᆞᆫ 想이라(月釋8:15). 空과 物와ᄂᆞᆫ 色과 空과 諸法을 모도 드러 니ᄅᆞ샤:若空若物摠擧色空諸法(楞解2:49). 해 듣고 能히 모도 디니며:多聞能摠持(法華5:194). 中에 모도 자ᄇᆞ니 이실씨:中有所摠持者(金剛上序9). 炙을 ᄒᆞᆫ ᄢᅴ 모도 먹디 마롤디니라:毋嘬炙(宣賜內訓1:4). 법에 지믈을 거탈ᄒᆞ야 가지거나 모도 가지거나 ᄒᆞ면:據執合執則(警民5). 젹을 모도 ᄡᅢ여 먹디 말올디니라:毋嘬炙(宣小3:24). 田園에 나믄 興을 젼 나귀예 모도 싯고(古時調. 青丘).

모도 동 모이어. 모여. ㉮몯다 ☞모다 ¶므른 數百 츨해셔 모도 흐르놋다:水合數百源(初杜解6:49).

모·도·다 동 모으다. ☞모토다. ᄢᅬ호다. 몯다 ¶나랏 어비 몬내ᄅᆞᆯ 모도아 니ᄅᆞ샤ᄃᆡ(釋譜6:9). 그 나랏 法에 ᄇᆞᆸ 텨 사ᄅᆞᄆᆞᆯ 모도오디(釋譜6:28). 부텻 律藏ᄋᆞᆯ 모도고 阿難이ᄅᆞᆯ ᄒᆞ야 부텻 經藏ᄋᆞᆯ 모도더니(釋譜24:3). 蘊은 모돌 씨오(月釋1:35). 王ᄋᆞᆯ 다 모도시니(月釋10:34). 아ᅀᆞᄆᆞᆯ 모돓다(月釋21:195). ᄆᆞ리 ᄆᆞᆯ리 이셔 가ᄅᆞᆯ 모도ᄃᆞᆺ ᄒᆞᄂᆞ니라(楞解1:16). 모돓 사ᄅᆞ미 부텨를 븓ᄌᆞ와 마ᄅᆞᆯ 세니:集者依佛立言(楞解1:23). 모도와ᅀᅡ 올토다:應當集(法華4:117). 經文을 結ᄒᆞ야 모도시니라:結會經文(永嘉上54). 始와 終과ᄅᆞᆯ 通히 모도아ᅀᅡ 비르서 그 根源을 다ᄋᆞ리라(圓覺上二之一31). 온가짓 所任에 모도미니(宣賜內訓2下43). 샹녜 두어 나ᄅᆞᆯ 일워 모도온 後에ᅀᅡ 글워ᄅᆞᆯ 내ᄂᆞ니:常數日營聚然後敢發書(宣賜內訓3:61). 三ᄋᆞᆯ 모도오ᄆᆞᆯ 엇데 靈山會ᄅᆞᆯ 기드리리오:會三何待靈山會(金三3:10). 모도고 여디 아니ᄒᆞ면:合而不開(金三5:33). 모도아 ᄒᆞᆫ 져보미니:都一撮(南明上64). 金田ᄋᆞᆫ 僧伽藍ᄋᆞᆯ 모도아 닐오미니(南明下59). 모도와 언머만 갑새 ᄑᆞᆯ오져 ᄒᆞᄂᆞᆫ다:共通要多少價錢(飜老下22). ᄒᆞᆫᄃᆡ 모도고져 ᄒᆞᄂᆞ니:待要一處(飜朴上39). 이제 ᄌᆞ못 어더 모도와:今頗蒐輯(宣小書題2). 이예 녜 드론 거슬 모도와:爰輯舊聞(宣小題辭4). 블러 모도니(太平1:12). 모도니 쉰 낫 돈이로다:通是吾十箇錢(老解上56). 모돌 도:都(倭解上28. 註千18). 불경ᄒᆞᆫ 거슬 모도와 계ᄒᆞ야 경결ᄒᆞ고(女四解3:22). 모도다:轃轃(同文解上30). 모돌 합:合(註千23). 모돌 회:會(註千25). 모돌 규:九(註千26).

모·도디니·다 동 모아 지니다. ¶攝은 모도디닐 씨라(月釋序8).

모도이다 동 모이다. ☞모두이다 ¶대신이 님금을 의심ᄒᆞ면 모단 간인이 모도이고:大臣疑主衆姦集聚(三略下16).

모·도잡·다 동 모아 가지다. 거느리다. ¶攝은 모도자ᄇᆞᆯ 씨라(月釋10:106). 이제 세 ᄠᅳ들 모도자바 ᄉᆞ뭇 ᄀᆞᆯ히야 니ᄅᆞ노니(月釋13:40). 學衆 모도잡ᄃᆞᆺ ᄒᆞ니:而摠學衆(法華4:3). 中에 모도자ᄇᆞ니 이실씨:中有所摠持者(金剛上序9). 一切 므렛 ᄃᆞᄅᆞᆯ ᄒᆞᆫ ᄃᆞ리 모도자뱃ᄂᆞ니라:一切水月一月攝(金三2:24). 대개를 모도자바셔 곧틸만ᄒᆞ여니와:總裁而已(飜小9:46). 모도자ᄇᆞᆯ 섭:攝(類合下24). ᄢᅬ셔 활 ᄡᅩᆯ 적이어든 살ᄋᆞᆯ 모도잡고:侍射則約矢(宣小2:64).

모도쥐다 동 모아쥐다. ¶結手ᄅᆞᆯ 호ᄃᆡ 두 소ᄂᆞᆯ 모도쥐여 잇ᄂᆞ니(七大11).

모도혀다 동 끌어모으다. 총괄(總括)하다. ¶모도혈 괄 : 括(類合下57).

모도히다 동 모이다. ¶풍운이 흣터져도 모도힐 ᄢᅴ 이셔스니(萬言詞).

모돔잇ᄀᆞ롬 명 총칭(總稱). ¶齊衰애ᄂᆞᆫ 輕히 疏ㅣ라 닐러 草의 모돔잇ᄀᆞ롬을 擧ᄒᆞ니라:齊衰輕而言疏擧草之總稱也(家禮6:17).

모두 부 모두. ☞모도 ¶삼ᄇᆡᆨ 년 뉴리 고풍 모두 셔셔 웃ᄂᆞᆫ 거동(쌍벽가).

모두이다 동 모이다. ☞모도이다 ¶모두일 회:會(兒學下5).

모·든 관 모든. ☞모ᄃᆞᆫ ¶모든 선븨 일후믈:衆學生的姓名(飜老上4). 모든 벋ᄃᆞᆯ히 일후믈 다 써 쳥ᄒᆞ라 가라:衆朋友們的名字都寫着請去(飜朴上24). 믈읫 ᄌᆞ식 나호매 모든 어미와 다ᄆᆞᆺ 可ᄒᆞᆫ 이예 ᄀᆞᆯᄒᆡ오ᄃᆡ:凡生子擇於諸母與可者(宣小1:3). 모든 손의게 ᄀᆡ별호ᄃᆡ:報諸客(太平1:6). 모든 병긔:諸器(武藝圖18).

모듬 명 모음. ¶공경은 덕의 모듬이라 각결이 능히 공경ᄒᆞ니 반ᄃᆞ시 덕이 잇ᄂᆞᆫ디라(女範2. 현녀 진각결쳐).

·모디·긔·다 동 못 이기다. 〔'몯 이긔다'의 연철(連綴).〕 ¶東關 ᄡᅡ회 사홈 모디긔여셔:東關之敗(飜小9:26).

모디다 형 모질다. ☞모딜다 ¶모디다:利害(譯解下47). 모디다:剽悍(同文解上23).

:모디·리 부 모질게. 사납게. ☞모딜오. 모딜이 ¶모디리 구지즈며 텨도:惡罵搖打(法華1:82). 그 어미 모디리 보채유믈 져기 그치더라:其母少止凶虐(飜小9:73). 모디리 덥다:酷熱(同文解上5).

:모딘 형 모진. 사나운. 나쁜. ㉮모딜다 ¶뒤헤는 모딘 즁ᄉᆡᆼ:後有猛獸(龍歌30章). 邪曲ᄒᆞ야 모딘 일 지ᅀᅮᆫ 다ᄉᆞ로(月釋1:46). 모딘 벌에ᄂᆞᆫ 다 숨고(月釋2:33). 모딘 마ᄅᆞᆯ 니ᄅᆞ디 아니ᄒᆞ며:不道惡語(宣賜內訓1:14).

:모딜·다 형 모질다. 사납다. 나쁘다. ☞모디다. 모질다 ¶뒤헤는 모딘 즁ᄉᆡᆼ:後有猛獸(龍歌30章). 앗이 모딜오도:弟雖傲矣(龍歌103章). 鬼兵 모딘 잠개 나ᅀᅡ 드디 몯게 ᄃᆞ외니(月印上25). 本來 性이 모디라(月印上46). 婆羅門이 모디러(釋譜6:22). 邪曲ᄒᆞ야 모딘 일 지ᅀᅮᆫ 다ᄉᆞ로(月釋1:46). 모딘 벌에ᄂᆞᆫ 다 숨고(月釋2:33). 모딘 즁ᄉᆡᆼ이 ᄒᆞᆫᄢᅴ 慈心을 가지며(月釋2:33). 惡口ᄂᆞᆫ 모딘 이비라(月釋21:60). ᄒᆞ다가 모딘 사ᄅᆞᆷ과 모딘 神과 모딘 鬼왜(月釋21:89). 모디니란 마가(圓覺上二之二106). 子孫의 모딜며(宣賜內訓1:34). 모딘 범이 내 알ᄑᆡ 셔 이시니:猛虎立我前(重杜解1:3). 有時예 모딘 버믈 ᄐᆞ고:有時騎猛虎(杜解9:7). 하ᄂᆞᆳ 내샨 거슬 모딜오 그쳐 ᄇᆞ료미:暴殄天物(初杜解16:63). 모딘 일 지ᅀᅳ면 모딘 ᄃᆡ 가ᄂᆞ니라(南明上9). 모딜 포:暴(訓蒙下26). 모딜 악:惡(訓蒙下31. 石千10). 모딜 학:虐(類合下3). 모딜 혹:酷(類合下55). 剛호ᄃᆡ 모디디 말게 ᄒᆞ며:剛而無虐(宣小1:10). 본ᄃᆡ 모딜고 강한ᄒᆞᆫ 이ᄂᆞᆫ:素暴悍者(宣小5:106). 원시 모딘 블곧 가온ᄃᆡ 다와다드러:元氏冒入烈焰中(東新續三綱. 烈1:56). ※모딜다>모질다

:모딜·오 형 모질게. ㉮모딜다 ¶긴 ᄒᆡ 可히 나조히 ᄃᆞ외디 마ᄂᆞ니 더위 내 애ᄅᆞᆯ 모딜오 ᄒᆞᄂᆞ다:永日不可暮炎蒸毒我腸(初杜解10:20).

모딜이 부 모질게. 사납게. ☞모디리. 모딜오 ¶니시 ᄭᅮ짓기ᄅᆞᆯ 더옥 모딜이 ᄒᆞ고:李氏罵益厲(東新續三綱. 烈4:1 李氏刳腹).

모·ᄃᆞ·나 동 모이나. ㉮몯다☞-ᄋᆞ나 ¶虞芮質成ᄒᆞᄂᆞ로 方國이 해 모ᄃᆞ나 至德이실ᄊᆡ 獨夫受ㄹ 셤기시니:虞芮質成方國多臻維其至德事獨夫辛(龍歌11章).

모·ᄃᆞ·니 동 모이니. ㉮몯다 ¶西夷 ᄯᅩ 모ᄃᆞ니:西夷亦集. 北狄이 ᄯᅩ 모ᄃᆞ니:北狄亦至(龍歌9章).

모·ᄃᆞᆫ 명 모든 이. ¶ᄯᅩ 가ᅀᆞ멸옴은 모ᄃᆞᆫ의 원망이니:且夫富者衆之怨也(宣小6:83).

모·ᄃᆞᆫ 관 모든. ☞모든 ¶모ᄃᆞᆫ 하ᄂᆞᆯ히 엳ᄌᆞᄫᅡ(月印上33). 모ᄃᆞᆫ 사ᄅᆞᆷ과 六師왜 보고 ᄀᆞ마니 몯 이셔(釋譜9:30). 그ᄢᅴ 모ᄃᆞᆫ 中에 ᄒᆞᆫ 菩薩摩訶薩 일후미 救脫이라 ᄒᆞ샤리 座애셔 니르샤(釋譜9:29). 모ᄃᆞᆫ 弟子와 ᄒᆞᆫᄢᅴ(釋譜23:42). 모ᄃᆞᆫ 疑心ᄋᆞᆯ 決斷ᄒᆞ샤(月釋2:54). 모ᄃᆞᆫ 行ᄒᆞᇙ 사ᄅᆞ미:諸行人(楞解1:22). 모ᄃᆞᆫ 부텨와 祖師:諸佛祖(蒙法59). 모ᄃᆞᆫ ᄃᆡ 이셔도 ᄃᆞ로디 마롤디니(宣賜內訓1:46). 바횟 ᄀᆞᅀᅢᆺ 모ᄃᆞᆫ 고지:巖畔群花(南明上3). 모ᄃᆞᆫ 사ᄅᆞ미(南明下10). 우리 모ᄃᆞᆫ 사ᄅᆞ미 에워 막쟈:咱們衆人攔當着(飜老上46). 모ᄃᆞᆫ 형뎨ᄃᆞᆯ히:衆弟兄們(飜朴上1). 모ᄃᆞᆫ 졔:諸(類合上16). 모ᄃᆞᆫ 사ᄅᆞᆷ은 蚩蚩ᄒᆞ야:衆人蚩蚩(宣小題辭2). 모ᄃᆞᆫ 이ᄃᆞ려 말ᄉᆞᆷᄒᆞᆯ 제ᄂᆞᆫ:與衆言(宣小3:15). 모ᄃᆞᆫ 績이 그 凝ᄒᆞ리이다:庶績其凝(書解1:39). 모ᄃᆞᆫ 오라비 이시니:諸娚在(東新續三綱. 烈6:36). 모ᄃᆞᆫ 독과:諸毒(臘藥4).

모ᄃᆞᆫ아ᄃᆞᆯ 명 서자(庶子). ¶뎍댱아ᄃᆞᆯ과 모ᄃᆞᆫ 아ᄃᆞᆯ이 대종아ᄃᆞᆯ과 대종며느리ᄅᆞᆯ 공경ᄒᆞ야 셤겨:適子庶子祗事宗子宗婦(宣小2:20).

:모·ᄃᆡ 부 반드시. ¶굿븐 ᄭᅯᆼ을 모ᄃᆡ 놀이시니:維伏之雉必令驚飛(龍歌88章). 瞿曇이ᄅᆞᆯ 모ᄃᆡ 자ᄇᆞ라 터니(月印上27). 모ᄃᆡ 서르 업디 몯ᄒᆞ야(釋譜9:18). 모ᄃᆡ 세 가지로 닐어ᅀᅡ ᄀᆞᄌᆞ리라(月釋2:14). 살면 모ᄃᆡ 죽고 어울면 모ᄃᆡ 버으는 거시니(月釋2:15). 버들 모ᄃᆡ 세 사ᄅᆞᄆᆞᆯ ᄒᆞᄂᆞ니:侶須三人(楞解1:33). 모ᄃᆡ ᄆᆞᅀᆞ매 경을 자바:要心扶正(永嘉上52). 모ᄃᆡ 내 몸을 알며 모ᄃᆡ 趙州ᄅᆞᆯ 알며:要識得自己要識得趙州(法語5). 모ᄃᆡ 求티 마롤디니라:切莫求(牧牛訣3). 다시 모ᄃᆡ 안조ᄃᆡ 端正히 호리라:更要坐得端正(蒙法2). 모ᄃᆡ 諸緣ᄋᆞᆯ 다 ᄇᆞ리고:仍要盡捨諸緣(蒙法34). 모ᄃᆡ ᄇᆞ료미 몯ᄒᆞ리라:切不可放捨(蒙法38). ᄯᅩ 모ᄃᆡ 므르거러:又要

退步(蒙法45). 모뎌 마롫디니라:切忌切忌(蒙法56). 各各 모뎌:各須(六祖上29). 모뎌 마롤디어다:切莫(野雲48).

모·뜬 관 모든. ☞모든 ¶모뜬 四衆도 또 다 좀좀ᄒᆞ얫더니:諸四衆亦皆默然(法華5:87).

모라다 동 모르다. ☞모ᄅᆞ다 ¶현덕부인 우리 자모 아라시나 모라시나(思鄕曲).

모란 명 모란(牡丹). ¶계피 두 량과 모랎불휘 ᄒᆞᆫ 량(救簡2:44). 모란:牡丹(譯解下39). 牧모丹란ᄋᆞᆯ 킈여 ᄉᆞ랑ᄒᆞ샤(眞言14). 모란:牡丹(物譜 花卉). 모란:牡丹(柳氏物名四 木).

모래 명 모래(砂). ☞모ᄅᆡ. 몰애 ¶모래와 흙 섯근 거슬(家禮7:24). 조ᄒᆞᆫ 모래로 더퍼 우믈 믈을 브어 ᄆᆞᆰ게 ᄒᆞ여(辟新7). 모래 석끼디 아니ᄒᆞ니:不雜砂石(痘瘡方50). 모래 사:沙(倭解上8). 모래:沙(同文解上7). 모래:沙(漢淸1:34).

모래뭇이 명 모래무지. ☞모래므디 ¶모래뭇이:舶矸魚(物譜 蟲魚).

모래므디 명 모래무지. ☞모래뭇이 ¶모래므디:沙骨落(譯解下38).

모·략 명 모략(謀略). ¶큰 직조와 謀略ᄋᆞᆫ 바ᄅᆞ리사 조ᄇᆞ리로다:滔滔才略滄溟窄(初杜解17:33).

:모:려 명 모려(牡蠣). 굴조개. ¶白膠香과 牡蠣粉을 各 等分ᄒᆞ야(救急上67).

모·로 명 무리. ¶모로 운:暈. 힛모로:日暈. ᄃᆞᆯ모로:月暈(訓蒙下1). 히ㅅ모로:暈(譯解上1). 히ㅅ모로ᄒᆞ다:日暈(同文解上1).

모·로 명 메. 산(山). ☞뫼 ¶其山鎭曰椴山피모로(龍歌4:21).

모로 명 모루. ¶마치 집게 모로:鐵鎚鉗子鐵枕(朴解下29). 모로:鍖(柳氏物名五 金).

-·모로 어미 -므로. ¶요ᄉᆞ이 됴호모로:這幾日好(飜老上9). 字 뜯 밧긔 註엣 말을 아오로 드려 사겨시모로:字義之外幷入註語爲解故(宣小凡例1). 인ᄂᆞᆫ 디도 념녀ᄒᆞ시모로(新語5:20).

모로기 부 문득. ☞믄득 ¶거즛 님자ᄒᆞᆯ 모로기 덜면:頓除妄宰(永嘉上104). 虛空ᄋᆞᆯ 모로기 ᄌᆞ갯 모ᄆᆞᆯ 사ᄆᆞ시며:混虛空爲自身(金三2:3). ᄆᆞᅀᆞᆷ고지 모로기 發ᄒᆞ야:心花頓發(金三2:64). 모로기 알오 곧 筌ᄋᆞᆯ 니조리니:頓覺了卽忘筌(南明上10). 모로기 든:頓入(南明下2). 모로기 아라(六祖上85). 悟人은 모로기 닷ᄂᆞ니:悟人頓修(六祖中7).

모로·다 동 모르다. ☞모ᄅᆞ다 ¶그 집 門의 몰라 드리ᄃᆞ라 보니(釋譜24:14). 모로리로다:知他(飜老上2). 다 고기 봇기 모로노라:都不會炒肉(飜老上21). 진짓치 거즛치 내 모로노니:眞假我不識(飜老下14). 에엿븐 뎌 말 모로ᄂᆞᆫ 즘싱ᄃᆞᆯ히 치기를 ᄀᆞ장 몯ᄒᆞᄂᆞ니:可憐見那不會說話的頭口們喂不到(飜朴上21). 모든 어딘 남진과 어딘 겨지비 수 모로게 큰 ᄌᆞ비심 내여:一切善男善女不知其數發大慈心(飜朴上75). 아희ᄂᆞᆫ 世事ᄅᆞᆯ 모로고(古時調. 니영이. 靑丘). 아비 ᄌᆞ식의 허믈 모로기ᄂᆞᆫ(女四解4:11). 모로다:不知道(同文解上20). 엇디 후세에 알여 모로기를 의논ᄒᆞ리오(五倫2:57). 이젼 일은 모로시고(隣語1:23).

모·로·매 부 모름지기. 반드시. ☞모로미. 모롬애. 모ᄅᆞ매 ¶모로매 모딘 ᄠᅳ들 그치고(釋譜6:2). 必ᄋᆞᆫ 모로매 ᄒᆞᄂᆞᆫ ᄠᅳ디라(訓註). 모로매 몬져 圓妙ᄒᆞᆫ 道理ᄅᆞᆯ ᄉᆞᆯ펴(月釋2:60). 이ᄂᆞᆫ 모로매 悲願으로 일워 世俗애 이셔(月釋2:61). 모로매 큰 寂滅 바ᄅᆞ래 므를 거스려 나샤(月釋2:62). 또 모로매 이 念을 護持ᄒᆞ야:却要護持(蒙法9). 바ᄅᆞ 모로매 本分ᄋᆞᆯ 브터 法다ᄫᅵ ᄒᆞ야:直須依本分如法(蒙法33). 모로매 至極 올ᄒᆞᆫ 고ᄃᆞᆯ 通達ᄒᆞ야:須達乎至善(蒙法63). 모로매 히믈 ᄀᆞ장ᄒᆞ야:須盡力(蒙法69). 모로매 몬져 道得고져 ᄒᆞ니라(法華1:240). 모로매 分明ᄒᆞ야ᅀᅡ 아로ᄆᆞᆯ 得ᄒᆞᄂᆞ니(金剛139). 모로매 ᄂᆞᆫ홀디니라:須分析也(圓覺上一之一26). 堂의 오ᄅᆞᆯ 제 소릐ᄅᆞᆯ 모로매 펴며:將上堂聲必揚(宣賜內訓1:5). 모로매 山陰을 向ᄒᆞ야 져근 ᄇᆡ예 올오리라:須向山陰上小舟(杜解7:2). 모로매 ᄲᆞᆯ리 가라:須急去(南明上5). 모로매 안히 이실 거시니라(飜小8:5). 六經을 모로매 골회 도ᄂᆞᆫ ᄃᆞ시 다시곰 궁구ᄒᆞ며:須(飜小8:33). 모로매 미리 약도 머그며 방법ᄒᆞ야 마ᄀᆞ라:須預服藥及爲法術以防之(瘟疫方1). 모로매 맛난 거시 잇게 ᄒᆞ더니:必有甘旨(東續三綱. 孝24).

모로미 부 모름지기. ☞모로매 ¶花門을 ᄒᆞ마 모로미 머믈우시니:花門旣須留(重杜解4:14). ᄇᆡ홀 사ᄅᆞ미 모로미 몬져 이러ᄐᆞᆺᄒᆞᆫ 이ᄅᆞᆯ 업시 ᄒᆞ야:學者須先除去此等(飜小8:18). 모로미 나믄 앙얼이 잇ᄂᆞ니라 ᄒᆞ두다:必有餘殃伊羅爲豆多(正俗30). 모로미 산 句ᄅᆞᆯ 參究ᄒᆞᆯ디언뎡:須參活句(龜鑑上13). 모로미 슈:須(類合下30). 이제 모로미 본족으로 다시 도라올디라:今須却復本族(太平1:30). 모로미 시시로 건니고:須時時行步(胎要15). 모로미 ᄒᆞ여곰 他日의 道路ㅣ 되디 아닐디며(家禮7:18). 네 모로미 나를 ᄃᆞ려:你好歹拖帶我(老解上7). 모로미 슈:須(倭解上26). 모로미 크고 므겁게 ᄒᆞᆯ디니:要粗重(武藝諸21).

모·롬·애 부 모름지기. ☞모로매 ¶몬져 모롬애 인품의 놉ᄂᆞᆺ가이ᄅᆞᆯ ᄀᆞᆯ희욜 디니:先要分別人品之上下(宣小5:8).

모롬이 부 모름지기. ☞모로미 ¶몬져 모롬

이 안졍ᄒᆞ고 샹심ᄒᆞ며 공슌ᄒᆞ고 조심케 ᄒᆞᆯ 디니:先要安詳恭敬(宣小5:2). 모롬이 ᄲᆞᆯ리 나ᄅᆞᆯ 주기라 ᄒᆞ고:須速殺我(東新續三綱. 烈8:65). 모롬이 어론을 ᄉᆞ랑ᄒᆞ야 공경ᄒᆞ며:須愛敬尊長(警民6). 모롬이 膏藥을 브티디 말라:不須貼膏藥(朴解上13). 그 모롬이 고요히 들을지어다(百行源12).

모롬즉 부 모름지기. ☞모로매 ¶모롬즉 셜워 말고 곳ᄲᅡ온 ᄣᅢᄅᆞᆯ 원ᄒᆞ노라:不須惆悵怨芳時(太平1:14).

모롱이 명 모롱이. ¶모롱이를 향ᄒᆞ야(老解下1). 小人이 뎌 동녁 모롱이 堂子ㅅ ᄇᆞᄅᆞᆷ을 ᄉᆞ이ᄒᆞ여:小人在那東角頭堂子間壁(朴解上52). 거릿 모롱이:角頭(譯解上68). 모롱이 우:隅(倭解上11). 길 모롱이:路隅(同文解上41). 길 모롱이:轉彎處(漢淸9:23).

·모·뢰 명 모레〔明後日〕. ☞모릐. 모릐 ¶모뢰는 天赦日이니:後日是天赦日(飜朴上9). 다하 ᄂᆡ일 모뢰 가포마 니ᄅᆞ니:只說明日後日還我(飜朴上35). 오ᄂᆞᆯ브터 모뢰ᄭᆞ장 ᄒᆞ고 파ᄒᆞ리라:從今日起後日罷散(飜朴上75). ᄂᆡ일이나 모뢰나 연고 업ᄉᆞ신 날의(新語2:14). 그러면 모뢰 早天브터 시작ᄒᆞᆯ ᄊᆞ시니(新語3:29). 모뢰쯔음 드리려니와(新語4:7). 모뢰는 이 天赦日이니:後日是天赦日(朴解上10). 그저 닐오ᄃᆡ ᄂᆡ일 모뢰 내게 갑흐마 ᄒᆞ니:只說明日後日還我(朴解上32). 오ᄂᆞᆯ브터 시작ᄒᆞ여 모뢰면 罷散ᄒᆞᆯ러라:從今日起後日罷散(朴解上66). 來日 모뢰 ᄉᆞ이 져기 閑暇ᄒᆞᆫ ᄣᅢ(隣語1:25).

모름이 부 모름지기. ☞모로미. 모롬이 ¶모름이 三千六百 낙ᄭᅴ는 손곱을 ᄶᅦ 어잇턴고(古時調. 尹善道. 滄洲에. 海謠).

모릐 명 모레. ☞모뢰. 모릐 ¶來日은 山行가시 곳다림 모릐 ᄒᆞ고(古時調. 金裕器. 오ᄂᆞᆯ은 川獵ᄒᆞ고. 靑丘). 두어라 來日도 일이 ᄒᆞ고 모릐도 일이 ᄒᆞ리라(古時調. 옷 우희. 海謠). ᄂᆡ일은 모릐 미뤄니:明日推後日(朴新解1:35).

모·ᄅᆞ·다 동 모르다. ☞모로다 ¶天命을 모ᄅᆞ실ᄊᆡ:天命靡知(龍歌13章). 구든 城을 모ᄅᆞ샤:不識堅城(龍歌19章). 忠臣을 매 모ᄅᆞ시리:維此忠臣寧或不知(龍歌74章). 金人이 모ᄅᆞ니:金人莫料(龍歌94章). 聖은 通達ᄒᆞ야 몰롤 이리 업슬 씨라(月釋1:19). 聲聞緣覺ᄋᆡ 몰롤 이리라(月釋1:37). 한 相好ᄅᆞᆯ 明白히 몰랫다가(月釋8:54). 眞과 眞 아니와ᄅᆞᆯ 모ᄅᆞᇙ가 저허:眞非眞恐迷(楞解5:12). 그 道ㅣ 眞正ᄒᆞ샤 모ᄅᆞ샬 法 업스샤미 正遍知라(法華1:37). 能히 아란다 몰란다:能悟徹也(蒙法21). ᄯᅩ 幻身이 人間애 잇ᄂᆞᆫ 돌 모ᄅᆞ고:亦不知有幻身(蒙法41). ᄯᅩ 妙喜ᄅᆞᆯ 아ᄂᆞᆫ다 모ᄅᆞᄂᆞᆫ다:還識妙喜麼(蒙法56). 物의 몰로ᄆᆞᆯ 어엿비 너기샤:愍物迷之(圓覺序41). 이젯 사ᄅᆞ미 몰로미 오라:今之人迷來久矣(牧牛訣2). 거우룻지븨 녀허ᄂᆞᆯ 다 몰랫더니(宣賜內訓3:36). 朝廷이 모ᄅᆞ디 아니컨마ᄅᆞᆫ:朝廷非不知(杜解7:27). 녜 祿山ᄋᆡ 亂ᄒᆞᆯ 고ᄃᆞᆯ 몰라니(初杜解15:47). 千萬劫 디나ᄃᆞ록 구필 줄 모ᄅᆞᄂᆞᆫ다(松江. 關東別曲). 비루ᄒᆞᆫ 줄 모ᄅᆞᆯ소냐(빅화당가). 得喪도 모ᄅᆞ거든(曺友仁. 梅湖別曲).
※모ᄅᆞ다>모르다

모ᄅᆞ매 부 모름지기. 반드시. ☞모로매 ¶거프른 모ᄅᆞ매 어르누근 이슬 갓가ᄇᆞ룔디로다:皮須截錦苔(重杜解2:24).

모ᄅᆞ미 부 모름지기. ☞모로미 ¶ᄯᆞᆯ ᄌᆞ식 살올 일을 판시 모ᄅᆞ미 십분 쥬션ᄒᆞ라(山城133). 모ᄅᆞ미 냥ᄌᆞᄅᆞᆯ 교훈ᄒᆞ야 경의 후ᄅᆞᆯ 닛게 ᄒᆞ라(洛城1).

모릐 명 모래〔砂〕. ☞모래. 몰애 ¶碧海 渴流後에 모릐 뫼여 셤이 되여(古時調. 靑丘). 모릐 모혀 셤이 되니(萬言詞). 모릐 사:沙(兒學上4).

모릐 명 모레. ☞모뢰. 모릐 ¶모릐:後日(譯解上3). 모릐:後日(同文解上3). 모릐:後日(漢淸1:26). 明日曰 母魯(雞類).

모릐모지 명 모래무지. ☞모릐무디 ¶鯊者吹沙之魚也 俗稱 모릐모지(雅言三).

모릐무디 명 모래무지. ☞모릐모지 ¶모릐무디:鯊魚(柳氏物名二 水族).

모릐좀 명 모래좀. ¶모릐좀:蝨(柳氏物名二 昆蟲).

모릐톱 명 모래톱. 모래 사장. ¶모릐톱 져:渚(兒學上4).

모모이 부 모퉁이마다. ¶깃 됴흔 서너 낫슬 모모이 노은 후의(武豪歌).

모몰념치ᄒᆞ다 동 모몰염치(冒沒廉恥)하다. ¶모몰념치ᄒᆞ다:捨臉(漢淸6:52).

모몰ᄒᆞ다 동 모몰(冒沒)하다. ¶모몰ᄒᆞ다:皮着臉(譯解補57).

모밀 명 메밀. ¶모밀:蕎麥(四解下13). 모밀 교:蕎(訓蒙上12. 倭解下4). 이듬히예 모밀히 몯 니거 민가니 가난ᄒᆞᆫ 적괴 댱니 주고 ᄒᆞᆫ 말도 더 받디 아니ᄒᆞ니(正俗28). 모밀:蕎麥(東醫 湯液一 穀部). 모밀:蕎麥(同文解下2. 漢淸12:64). 모밀:蕎麥(柳氏物名三 草). 蕎麥者烏麥也 一名荍麥 一名花蕎 一名甜蕎…吾東乃以此物名之曰 木麥 方言云 毛密(雅言一). 모밀 교:蕎(兒學上6).

모밀잔ᄌᆞ리 명 메밀잠자리. ¶모밀잔ᄌᆞ리:赤卒(柳氏物名二 昆蟲).

모:반ᄒᆞ·다 동 모반(謀叛)하다. ¶楚王 瑛이 謀叛커ᄂᆞᆯ 져주더니라(宣賜內訓2上46).

모·발 명 모발(毛髮). ¶毛髮 等을 니ᄅᆞ시니라(永嘉上41).

모:범 명 모범(模範). ¶스승은 사ᄅᆞ미 模範이라:模ᄂᆞᆫ 法이라(楞解7:6). 模範은 法이니 남그로 본 ᄆᆡᇰᄀᆞᆯ 씨 模ㅣ오 대로 ᄆᆡᇰᄀᆞᆯ 씨 範이라(法華1:93).

모범ᄒᆞ다 동 모범(冒犯)하다. 무릅쓰다. ¶칼놀ᄒᆞᆯ 모범ᄒᆞ여 믄득 내ᄃᆞ라:冒刃突出(東新續三綱. 烈5:1). 도적을 모범ᄒᆞ여 궁극히 ᄎᆞᆺ다가 도적 만나:冒賊窮尋遇賊(東新續三綱. 烈6:21).

모벼개 명 모베개. 모난 베개. ¶모벼개:角枕(漢淸11:19).

모ᄡᅥ 부 못 쓰게. ¶社稷을 ᄒᆞ마 모ᄡᅥ ᄆᆡᇰᄀᆞᄅᆞ시릴ᄊᆡ:將危社稷(三綱. 忠22).

모ᄢᅥ 부 못 쓰게. ¶그 夫人이 怨望ᄒᆞ고 제 이리 現露ᄒᆞᆯ가 ᄒᆞ야 아ᄆᆞ례나 뎌 太子ᄅᆞᆯ 모ᄢᅥ ᄆᆡᇰᄀᆞ로리라 ᄒᆞ야(釋譜24:49).

모션 명 모선(毛扇). 〔방한구(防寒具)의 한 가지.〕¶모션:暖箑(物譜 服飾).

모슈 명 모시〔苧〕. ¶삼을 삼고 모슈를 이으되(女四解3:5).

모:슌 명 모순(矛盾). ¶專門ᄒᆞᄂᆞᆫ 녯 學ᄋᆞᆫ 矛盾ᄋᆞᆯ 免티 몯ᄒᆞ려니와:矛ᄂᆞᆫ 槍이오 盾ᄋᆞᆫ 방패라(楞解1:22). 矛ᄂᆞᆫ 고ᄇᆞᆫ 兵잠개오 盾은 防牌니 矛로 사ᄅᆞᄆᆞᆯ 傷히오려커든 防牌로 마ᄀᆞᆯ 시니 서르 어긔요ᄆᆞᆯ 니르니라(宣賜內訓1:16). 스스로 掣肘ᄒᆞ며 矛盾홈이 하더니:自相掣肘矛盾者多矣(宣小6:123).

모시 명 모시〔苧〕. ¶삼과 모시ᄅᆞᆯ 자ᄇᆡ며:執麻枲(宣賜內訓3:3). 모시뵈나 삼으뵈나 열 숁가락 그틀 ᄯᅵ오 침으로 ᄢᅵᆯ어:苧麻扎十指尖針(救簡2:47). 모싯 불휘와 삸 불휘:紵麻根(救簡3:54). 모싯 불휘ᄅᆞᆯ 조히 시서:野紵根洗淨(救簡6:11). 모시 뎌:苧(訓蒙上9. 倭解上26). 모시 져:苧(倭解下30). 모시 벗기는 칼:苧刮刀(物譜 蠶績).

모시누의니 명 눈모시. 백저(白紵). ¶모시누의니:白紵(柳氏物名三 草).

:모시·다 동 모시다. ☞뫼시다 ¶지븨 모셔다가 죵 사마 ᄑᆞ라시ᄂᆞᆯ(月釋8:100). ᄉᆡ어미 病ᄒᆞ얏거늘 모셔 이셔 藥 더이ᄆᆞᆯ 게을이 아니ᄒᆞ니:姑疾侍湯藥不懈(續三綱. 烈8). 아랫사ᄅᆞᆷ의 官長 모시ᄂᆞᆫ 道理어니ᄯᆞ녀:扶侍官長之道理(老解下41). 깃티니 업시 모시게 ᄒᆞ라(新語7:19). 호ᄋᆞᆫ자 지븨와 아비 뵈오 모셔 셧거ᄂᆞᆯ:單騎到家拜起侍立(二倫42).

모시·뵈 명 모시베. ☞모시외 ¶이 ᄆᆞᆯ 우희 시론 아니한 모시뵈도:這馬上駝着的些少毛施布(飜老上8). ᄇᆡᆨ모시뵈:白毛施布(飜朴上51). 모시뵈 시:絁(訓蒙中30). ᄯᅩ 이 ᄆᆞᆯ과 모시뵈를 사오노라:又買了這些馬并毛施布來了(老解上14). 苧布曰 毛施背(雞類).

모시솜이 명 모시실. ¶모시솜이:纑 紵可爲布(柳氏物名三 草).

모시·외 명 모시베. ☞모시뵈 ¶누른 모시외 다ᄉᆞᆺ과:五箇黃毛施布(飜朴上51).

모시죠개 명 모시조개. ¶모시죠개:蜆(物譜 介蟲). 모시죠개:玄蛤(柳氏物名二 水族).

모심기 명 모심기. ¶秧은 禾莖이니 插秧은 모심기라(重杜解7:36).

모ᄉᆞ 명 모사(謀士). ¶우리 집 모ᄉᆞㅣ 되라 ᄒᆞ고 깃브믈 이긔지 못ᄒᆞ더라(落泉2:5).

모·ᄉᆡ·다 동 기르다. ¶모실 목:牧(訓蒙中2).

모야해 명 모양에. ¶紅桃花ᄀᆞ티 븕거신 모야해(樂範. 處容歌).

모·야·히 명 모양이. ¶金色 모야히 ᄃᆞ외 光이러시다(月釋2:51).

모:양 명 모양. ¶모양애 엄공홈을 ᄉᆡᇰ각ᄒᆞ며:貌思恭(宣小3:5). 君子의 모양은 ᄌᆞᄂᆞᆨᄌᆞᄂᆞᆨᄒᆞ니:君子之容舒遲(宣小3:11). 모양 양:樣(倭解上19). 模樣은 비슷ᄒᆞ여 뵈되(隣語1:7). 가즌 성냥 다 비호자 눈 어두운 모양일다(萬言詞).

모·옥 명 모옥(茅屋). 띳집. ¶一間 茅屋도 업사 움 무더 사ᄅᆞ시니이다(龍歌111章). 茅屋ᄋᆞᆫ 鄜州ㅅ 本家ᄅᆞᆯ 니ᄅᆞ니라(重杜解1:5). 石田 茅屋애 終老호랴 期約터니(辛啓榮. 月先軒十六景歌). 댱녀지긔예 병드러 히변 산샹의 두 간 모옥을 어더(落泉2:4).

·모·욕 명 목욕. ☞목욕 ¶모욕 욕:浴(訓蒙下11. 光千38). ᄆᆡ양 닷쇄 만의 모욕 말미 ᄒᆞᆯ 제:每五日洗沐(宣小6:79). 더운 믈로 싯겨 모욕 오래 ᄒᆞ고(痘要下44).

모욕ᄀᆞᆷ다 동 목욕하다. ☞목욕ᄀᆞᆷ다 ¶므레 글혀 모욕ᄀᆞᄆᆞ라:煮湯浴之(救簡1:104). 모욕ᄀᆞᆯ 법이라:浴湯方(瘟疫方20). 모욕ᄀᆞᆷ고 옷 ᄀᆞ라닙고 목ᄆᆡ야ᄃᆞ라 주그니라:沐浴更衣自縊而死(東續三綱. 烈18).

·모·욕·탕·ᄌᆞ 명 목욕탕. ¶모욕탕ᄌᆞ애 모욕ᄒᆞ라 가져:混堂裏洗澡去來(飜朴上52).

·모·욕ᄒᆞ·다 동 목욕하다. ¶복셩홧 가지ᄅᆞᆯ ᄀᆞᄂᆞ리 싸ᄒᆞ라 달혀 모욕ᄒᆞ면 됴ᄒᆞ니라(瘟疫方21). ᄭᅳᆯᄂᆞᆫ 기ᄅᆞᆷ에 모욕ᄒᆞ고:滾油洗澡(朴解下20). 모욕ᄒᆞᄂᆞᆫ 소라:澡盆(譯解補42). 셩셔의 강에 가 모욕ᄒᆞ다가 금은 ᄒᆞᆫ 쟈로ᄅᆞᆯ 언덕의셔 어더(敬信16).

모이 명 모이. ☞뫙이 ¶모이 먹다:嗛食(漢淸13:62).

모쟝 명 모장(毛帳). ¶모쟝 친 교자:煖轎(漢淸12:24).

모조리 부 모조리. ¶모조리 혜다:赶帳算(譯解補36).

모지다 형 모지다. 모가 나다. ¶모지다:方(漢淸11:59). 모질 구:矩(兒學下13).

:모·지마·라 부 마지못하여. ¶쳔랴ᇰᄋᆞᆯ 만히 뫼호아 두고 受苦ᄅᆞᄫᅵ 딕희여 이셔 빌리

잇거든 ᄎᆞ기 너겨 모지마라 즑디라도(釋譜9:12). ᄎᆞ기 너겨 모지마라 즑디라도(月釋9:29). 모지마라 門 밧긔 가개 짓고 이셔:不得已廬于外(三綱. 孝7). ᄯᅩ ᄒᆞ다가 모지마라 俚人의 食을 머그린:又方若不獲已食俚人食者(救急下51).

모질다 [형] 모질다. 악하다. ☞모딜다 ¶모질 악:惡(倭解上23). 이제 지극히 모진 귀쳐를 브렷더니(王郞傳5). 모진 아업이 얼미힌 타시니(正念解1). 모질고 단단ᄒᆞ니 날 밧긔 또 잇ᄂᆞᆫ가(萬言詞).

:모·질·ᄒᆞ·다 [동] 모질(媢疾)하다. 시새우다. ¶사ᄅᆞᆷ의 저조 둠을 媢疾ᄒᆞ야 뻐 아쳐ᄒᆞ며(宣大25).

모ᄌᆞ [명] 모자(帽子). ¶齊衰 以下ᄂᆞᆫ 帽ᄌᆞ를 업시 ᄒᆞ고(家禮5:29).

:모·ᄌᆞ [명] 모자(母子). ¶내 부텨와 ᄒᆞ야 母子 ᄃᆞ왼 後로(釋譜11:2). 모지 서르 보고:母子相見(東新續三綱. 孝1:30).

:모·ᄌᆞ라·다 [형] 모자라다. ☞몯ᄌᆞ라다 ¶기론 찻 ᄆᆞ리 모ᄌᆞ랄씨(月釋8:92). 두려우미 큰 虛空 ᄀᆞᆮᄒᆞ야 모ᄌᆞ란 ᄃᆡ 업스며 나ᄆᆞᆫ ᄃᆡ 업도다:圓同大虛無欠無餘(金三2:33). 잢간도 모ᄌᆞ라며 나모미 업스리라:初無欠剩(金三2:34). 쉰예순 발 굴근 삼실로도 노호매 모ᄌᆞ라 ᄒᆞᄂᆞ니라:五六十托麁麻線也放不勾(飜朴上18). 모ᄌᆞ랄 흠:欠(類合下18). 모ᄌᆞ랄 핍:乏(類合下58). 모ᄌᆞ랄 혐:歉(類合下60). 흥졍에 모ᄌᆞ란 것 치오다:補定(譯解下48). 모ᄌᆞ라다:短少(漢淸11:49).
※모ᄌᆞ라다>모자라다

모쳐 [부] 마침. ¶ᄒᆞᆫ 손이 모쳐 니ᄅᆞ니:一客偶至(太平1:5).

모쳐라 [감] 아차. ¶모쳐라 ᄂᆞᆯ낸 낼싀만졍 에헐질 번ᄒᆞ괘라(古時調. ᄒᆞᆫ눈. 靑丘). 모쳐라 밤일싀만졍(古時調. 님이. 靑丘).

모쳠 [명] 모첨(茅簷). 초가 지붕의 처마. ¶茅簷 비췬 ᄒᆡᄅᆞᆯ 玉樓의 올리고져(松江. 思美人曲). 茅簷 ᄎᆞᆫ 자리의 밤듕만 도라오니(松江. 續美人曲).

모촘 [명] 미만(未滿). ¶믈 ᄒᆞᆫ 되예 달혀 반 모초미 잇거든 ᄌᆞ싀 앗고:以水一盞煎至三分去滓(救簡3:97).

모촘ᄒᆞ다 [형] 모춤하다. ¶周尺이 省尺을 當홈애 七寸五分이 모촘ᄒᆞ거ᄂᆞᆯ 程集과 書儀애 그릇 五寸五分이 모촘타 註 나여시니(家禮7:34). 正히 이 닐곱 치 닷 분이 모촘ᄒᆞᆫ디라(家禮圖18).

:모츈 [명] 모춘(暮春). 늦봄. ¶杜鵑이 暮春에 니르러 슬피 그 ᄉᆞ싀예셔 우더라(初杜解17:3). ᄀᆞᆯ오ᄃᆡ 暮春에 봄오시 이믜 일거든(宣論3:16).

모친 [명] 모친(母親). ¶모친을 셤기기ᄅᆞᆯ 경셩을 다ᄒᆞ고:事母盡誠(東新續三綱. 孝3:75). 우리 父親母親(老解下3). 내 모친이 세워 누의를 劉備의게 주니(三譯10:3).

모침ᄒᆞ다 [형] 모침(貌寢)하다. ¶모침ᄒᆞ다:貌陋(漢淸6:3).

모·ᄎᆞ라·기 [명] 메추라기. ☞뫼초라기. 뫼ᄎᆞ라기 ¶오시 ᄂᆞᆯᄀᆞ니 모ᄎᆞ라기 ᄃᆞ론 ᄃᆞᆺ호미 잇도다:衣故有懸鶉(初杜解20:26). 모ᄎᆞ라기로 노롯ᄒᆞ기 ᄒᆞ며:要鵪鶉(飜朴上18). 모ᄎᆞ라기 암:鵪. 모ᄎᆞ라기 슌:鶉(訓蒙上17). 모ᄎᆞ라기슌:鶉(詩解 物名5).

모칙 [명] 모책(謀策). 책략(策略). ¶모칙:策(類合下25). 經濟란 긴 謀策을 븟그리고 ᄂᆞ라가 깃기우므란 ᄒᆞᆫ 가지ᄅᆞᆯ 비렛노라:經濟慙長策飛棲假一枝(重杜解16:9). 도적 마글 모칙이 업ᄉᆞ니:禦敵無策(東新續三綱. 忠1:35). 님히 브터 업시홀 모칙을 너여(癸丑22). 모칙:計策(同文解上45). 통의지ᄉᆞ로 ᄒᆞ여곰 각각 모칙을 내고(山城39). 형용 의복을 관부의 입지 너여 두면 ᄌᆞ연 됴흔 모칙이 이시리라(落泉2:4).

·모·콰 [명] 모와. 〔ㅎ 첨용어 '모'의 부사격(副詞格).〕 (독)모 ¶네 모콰 아라 우히 다 큰 ᄇᆞ리어든(月釋1:29).

모·토·다 [동] 모으다. ☞모도다. 몯토다 ¶모토고 아ᄑᆞᆯ브터 ᄯᅩ 노토다:捏聚依前又放開(金三5:2). 太學이 모토아 ᄀᆞᄅᆞ쳐:太學聚而敎之(宣小6:13). 샹녜 여러 날 경영ᄒᆞ야 모톤 후에아:常數日營聚然後(宣小6:131).

모·토·오·다 [동] 모으다. ☞뫼호다 ¶디난 힝실을 모토와 前일 말ᄉᆞᆷ을 實히와:摭往行實前言(宣小4:1).

모토져기다 [동] 모으다. ¶모토져기다:湊湊(同文解上30). 모토져기다:湊(漢淸10:11).

모함ᄒᆞ다 [동] 모함(謀陷)하다. ¶항거ᄉᆞᆯ 모함ᄒᆞ고 ᄉᆞᄉᆞ로 사라나ᄆᆞᆯ ᄎᆞ마 몯홀 배라:陷主自活吾所不忍(東續三綱. 忠2).

·모해 [명] 모에. 모퉁이에. 〔ㅎ 첨용어 '모'의 부사격(副詞格).〕 (독)모 ¶흐르ᄂᆞᆫ 셜운 ᄆᆞᅀᆞ미 묏모해 ᄀᆞᄃᆞᆨᄒᆞ도다:流恨滿山隅(初杜解6:25). 하ᄂᆞᆯ 모해 사ᄅᆞ미 도라가디 몯ᄒᆞ얏도다:天隅人未歸(重杜解12:28). 이ᄅᆞᆯ 써 안ᄂᆞᆫ 모해 當ᄒᆞ야:書此當坐隅(宣小5:97).

모해ᄒᆞ다 [동] 모해(謀害)하다. ¶명쥬ᄅᆞᆯ 아비ᄀᆞ티 셤기노라 하여 날을 모해ᄒᆞ니 이거시 큰 죄라(山城43).

모호다 [동] 모으다. ☞뫼호다 ¶여러 관원들을 챠일 아리 모호고(三譯4:5). 벗 모화 草堂에 드러가니(古時調. 대쵸볼 블글. 靑丘). ᄀᆞᄋᆞᆯ 打作 다ᄒᆞᆫ 後에 洞內 모화 講信홀 쎄(古時調. 李鼎輔. 海謠). 문무 졔신을 모화(山城). 각 그 ᄃᆡ총을 모화:聚各其頭目(兵學1:3). 뮈 종족을 모호고 울며 ᄀᆞᆯ오

ᄃᆡ(五倫4:7).
모화 동 모아. ㉠모호다 ¶네 진실로 군ᄉᆞᄅᆞᆯ 모화 이후의 다시 닉이미 맛당ᄒᆞ도다(山城63).
모화헤다 동 합산(合算)하다. 합계하다. ¶모화헤니:通滾算着(老解上13).
모환ᄌᆞ 명 모감주. ¶槵曰 모환ᄌᆞ(東言).
·모·흐·로 명 모퉁이로. 〔ㅎ 첨용어 '모'의 부사격(副詞格).〕 (독)모 ¶옷ᄉᆞᆯ 거두잡아 모흐로 낫ᄃᆞ라:摳衣趨隅(宣小3:11).
·모히 명 모가. 모퉁이가. 〔ㅎ첨용어 '모'의 주격(主格).〕 (독)모 ¶담 모히 ᄯᅩ 깁스위도다:墻隅亦深邃(初杜解6:22).
모히 명 메가. 산(山)이. 〔ㅎ첨용어 '모'의 주격(主格).〕 (독)모 ¶모히 ᄢᅳ린 ᄃᆡ 가ᄉᆡ야 노ᄑᆞᆫ ᄃᆡ 올오라:山擁更登危(杜解11:28). 먼 모히 ᄃᆞ토와 도왓고:遠岫爭輔佐(重杜解1:27). 구름 ᄢᅵᆫ 모히 안잣ᄂᆞᆫ 모해셔 소사나ᄂᆞ다:雲山湧坐隅(重杜解2:23). 모히 프르며(百聯5).
모히다 동 모이다. ¶형뎨 대청에 모히여 종일토록 샹ᄃᆡᄒᆞ야(五倫4:27). 만도공경 다 모히니 우합홈도 우합ᄒᆞ다(ᄇᆡᆨ화당가).
모힘 명 모임. ¶상하도 귀쳔노소 모힘도 모혀셔라(쌍벽가).
모ᄒᆞ다 동 모(模)하다. ¶모ᄒᆞ려 ᄒᆞ여도 모티 못ᄒᆞᆯ 거시니:描也描不出(朴解上62).
·모ᄒᆞᆯ 명 모를. 모퉁이를. 〔ㅎ 첨용어 '모'의 목적격.〕 (독)모 ¶南녀그론 枹罕ㅅ 모ᄒᆞᆯ 鎭ᄒᆞ얫ᄂᆞ니라:南鎭枹罕陬(初杜解22:37).
모ᄒᆡ 명 모에. 모퉁이에. 〔ㅎ 첨용어 '모'의 부사격(副詞格).〕 (독)모 ☞모해 ¶창 틈으로 여어보니 상 우ᄒᆡ 뵈니블 ᄒᆞ나흘 노핫고 ᄒᆞᆫ 모ᄒᆡ ᄒᆞ야딘 섥을 두고(太平1:23).
목 명 목〔項. 喉〕. ¶모ᄀᆞᆯ 구디 ᄆᆡ니(月印上28). 모ᄀᆞᆯ 메여 셜버 주그니도 잇더라(釋譜24:51). 喉는 모기라(訓註8). ㆆ는 목소리니 挹ᅙᅳᆸ字ᄍᆞᆼ 처ᅀᅥᆷ 펴아나ᄂᆞᆫ 소리 ᄀᆞᄐᆞ니라(訓註8). 갈ᄒᆞ로 제 모ᄀᆞᆯ 디ᄅᆞᆫ대(三綱. 忠6). 목 ᄢᅵ오 혀 버혀 주기니라(三綱. 忠18). 모ᄀᆡ 如意珠 잇고(月釋1:14). 허튀로 모ᄀᆡ 연조ᄆᆞᆯ 가ᄌᆞᆯ비시니라:譬以脚加頸也(法華2:119). 모ᄀᆡ ᄂᆞ리오디 몯ᄒᆞ야:不能下咽(宣賜內訓1:70). 목 움츤 編魚ᄅᆞᆯ:縮項編(初杜解16:14). 모ᄀᆡ셔 고롬피 나면 즉재 됴ᄒᆞ리라:喉中膿血出立效(救簡2:69). ᄲᅧ 목의 거니:骨鯁(救簡6:1). 목 볼:頏. 목 두:脰. 목 항:項. 목 경:頸(訓蒙上25). 목 령:領(訓蒙中24). 목 령:領(光千41). 목 항:項(類合上21. 倭解上17). 빈혀ᄅᆞᆯ ᄀᆞ라 목을 딜러 죽으니(女四解4:25).
목 명 몫. ¶ᄡᅡᄒᆞᆫ 그듸 모ᄀᆡ 두고 남ᄀᆞ란 내 모ᄀᆡ 두어 둘희 어우러 精舍 밍ᄀᆞ라(釋譜6:26). 사ᄒᆞ라 ᄒᆞᆫ 목애 세 돈곰 ᄒᆞ야(救簡1:6). 이 심을 다ᄉᆞᆺ 모긔 논호와:這蔘做了五分兒分了(飜老下58). 슉함이 다 사오나온 밧과 늘근 종을 제 모긔 내오:叔咸皆占嶢薄老衰者(續三綱. 孝19).
목 명 꿰미. ¶구운 구슬 갇긴 오ᄇᆡᆨ 목:燒珠兒五百串. 호박 갇긴 일ᄇᆡᆨ 목:琥珀珠兒一百串(飜老下67). 구은 구슬 갓긴 五百 목:燒珠兒五百串. 마노 갓긴 一百 목:瑪瑙珠兒一百串. 호박 갓긴 일ᄇᆡᆨ 목:琥珀珠兒一百串(老解下60).
목과 명 목과(木瓜). 모과. ¶ᄯᅩ 목과 ᄉᆡᆼ강 달힌 믈을 입에 흘려 드리면 됸ᄂᆞ니라:又木瓜生薑煎湯灌入兒口中(胎要70).
목구멍 명 목구멍. ☞목구무 ¶목구멍과 목을 딜너(武藝圖20).
목구무 명 목구멍. ☞목ᄭᅮ무 ¶목 아래 목구무 마즌 ᄃᆡ:喉下當咽管口(救簡2:72). 목구무:咽喉(譯解上34. 同文解上15. 漢淸5:51).
목굼기 명 목구멍이. ☞목구무 ¶목굼기 브어 알ᄑᆞ며:咽喉腫痛(臘藥7).
목궁 명 목구멍. ☞목구무 ¶手足이 답답ᄒᆞ며 목궁이 타올 적에(古時調. 靑丘).
목:내·야:울·다 동 목놓아 울다. 대성통곡하다. ☞목노하울다 ¶龍神 億百千衆 ᄃᆞ려와 다 목내야우더라(月釋10:11).
목노타 동 목놓다. ¶八部大衆이 목노하 우더라(釋譜23:30). 어미 보고 문득 목노하 ᄀᆞ장 우러:母旣見之不覺放聲大哭(佛頂11).
목노·하:울·다 동 목놓아 울다. 대성통곡하다. ☞목내야울다 ¶다시 저ᅀᆞᆸ고 몯내 슬허 목노하우더니(釋譜23:43).
목당ᄲᅧ 명 목뼈. ☞목ᄲᅧ ¶목당ᄲᅧ:頸項骨(老解下35).
목덤쥬뼈 명 목정골. ¶목덤쥬뼈:喋子骨(譯解上34).
목덧 명 ①목병. 목에 난 병. ¶纏喉風은 과ᄀᆞ론 목더시라(救急上44).
②목구멍. ¶목덧 브ᅀᅳᆫ 병:咽喉腫(救簡目錄2).
목뎐 명 목전(目前). 눈앞. ☞목젼 ¶ᄯᅩᄒᆞᆫ 목뎐의 시급ᄒᆞᆫ 근심이 아니라(經筵).
목도ᄒᆞ다 동 목도(目睹)하다. ¶오늘날 긔특이 만나믄 다 이곳의셔 목도ᄒᆞ니 세상 만시 엇지 사ᄅᆞᆷ의 헤아릴 ᄇᆡ리오(落泉2:4).
목되·오·다 동 목청을 올리다. ¶제 허므를 ᄉᆞᆯ펴보고 목되와 말ᄒᆞ며 貪欲ᄋᆞᆯ 나토디 아니ᄒᆞᆯ 씨오(月釋10:20).
목ᄃᆡ 명 목〔項〕. ¶목ᄃᆡ 무르다:項軟(漢淸14:27).
목말으다 형 목마르다. ☞목ᄆᆞᄅᆞ다 ¶쟝ᄎᆞ 목말음을 니ᄅᆞ디 아니ᄒᆞ며:將不言渴(三略上17).

목며다 동 목메다. ☞목며이다. 목몌다 ¶바비 이베 몯 드러셔 火炭이 ᄃᆞ외야 목며거늘(月釋23:92).

목며이·다 동 목메다. ☞목며다. 목몌다 ¶목며유미라:噎塞(救簡2:80). 다ᄉᆞᆺ 가지로 목며여:五噎(救簡2:81).

목면 명 목면(木綿). ¶굴근 목면 일ᄇᆡᆨ 필과:木綿(老解下62). 내 목면 이삭덕녕을 가져오라:將我木綿衣撒來(朴解中51).

목:몌·다 동 목메다. ☞목며다. 목며이다 ¶어마님이 드르샤 목몌여 우르샤(月釋8:84). 과ᄀᆞᆯ이 밥 먹다가 목몌어든 귨 거플 ᄒᆞᆫ 량을 더운 므레 ᄃᆞᆷ가:卒食噎陳橘皮一兩湯浸(救簡2:82). 죽ᄃᆞ록 목몌디 아니ᄒᆞ리니:終身不噎矣(救簡2:85). 늘근 사ᄅᆞᆷ 목몐 병이 가ᄉᆞ미 답답ᄒᆞ고:老人噎病心痛悶膈(救簡2:85). 목몔 열:咽(類合上20). 믄득 목몌여 공경호믈 겨신 적ᄀᆞ티 ᄒᆞ더라:輒哽咽敬之如在(東續三綱. 孝3). 목몌다:噎了(譯解上28). 목몌다:饐了(同文解上63).

목ᄆᆞᄅᆞ다 형 목마르다. ☞목ᄆᆞᆯ으다 ¶長常 채 맛고 주으륨과 목ᄆᆞᆯ로ᄆᆞ로 受苦ᄒᆞ며(釋譜9:15). ᄇᆡ골폼과 목ᄆᆞᆯ롬과 一切옛 시르미 다 업스며(月釋2:42). 渴ᄋᆞᆫ 목ᄆᆞᄅᆞᆯ 씨라(月釋9:18). 주으륨과 목ᄆᆞᆯ로ᄆᆞ로(月釋9:33). 주리며 목ᄆᆞᄅᆞᆫ ᄃᆞᆺ 호니:飢渴(初杜解23:25). 목ᄆᆞᄅᆞ거든 마시며:渴飮(金三3:53). 목ᄆᆞᄅᆞ거든 곧 채로다:渴卽茶(南明上59). ᄇᆡ골프고 목ᄆᆞᆯ라 이신 저긔:飢渴時(飜老上43). 兇ᄒᆞ며 險ᄒᆞ며 주으리고 목ᄆᆞᆯ로미:兇險飢渴(法華2:122). 목ᄆᆞᄅᆞᆯ 갈:渴(訓蒙下13. 類合下13). 답답고 목ᄆᆞᄅᆞ고 열이 나ᄂᆞ니:煩渴發熱(臘藥9).

목ᄆᆡ·다 동 목매다. ¶그날 바ᄆᆡ 치맛 긴ᄒᆞ로 목ᄆᆡ야 주그니라:是夕解裙帶自經獄中死(三綱. 烈19). ᄉᆞᄉᆞ로 목ᄆᆡ야 죽엇더니(女四解4:5). 목ᄆᆡᆯ 경:經 自縊(註千21).

목ᄆᆡ야ᄃᆞᆯ다 동 목매달다. ¶절로 목ᄆᆡ야ᄃᆞ라 주그니:自縊死(救簡目錄1). 목ᄆᆡ야ᄃᆞ라 주그니라:縊而死(續三綱. 烈13).

목부출 명 목덜미. 덜미. ¶목부출:脖頸(漢淸5:52).

목소·리 명 ①목구멍소리. 후음(喉音). ¶ㅎ는 목소리니 虛헝ㆆ字쭝 처ᅀᅥᆷ 펴아나는 소리 ᄀᆞᄐᆞ니(訓註8).
②목소리. 성음(聲音). ¶獅子 목소리로 니ᄅᆞ샤ᄃᆡ(月釋2:38). 淸淨ᄒᆞᆫ 목소리로 뎌 사ᄅᆞᆷ 慰勞ᄒᆞ고(月釋8:73).

목솜 명 목숨. ☞목숨 ¶손을 비븨여 어믜 목솜을 비더니 다 해ᄅᆞᆯ 니브니라:祝手乞母之命被害(東新續三綱. 孝8:14).

목:숨 명 목숨. ☞목솜 ¶목숨 기트리잇가:性命奚遺(龍歌51章). 목숨을 ᄇᆞ료려 ᄒᆞ샤(月印上34). 목숨 므거ᄫᅥ(月印上52). 命終은 목숨 ᄆᆞ출 씨라(釋譜6:3). 목숨을 미더(釋譜6:11). 져근 목수미ᅀᅡ 一百스믈다ᄉᆞᆺ 大劫이오(月釋1:38). 목숨이 ᄀᆞᅀᅵ 업스니(月釋7:57). 부텻 목수믄 二十四小劫이오(法華3:78). 無量壽는 그지업슨 목수미라(阿彌5). 몸 일흐며 목숨 일허(南明下3). 하ᄂᆞᆯ 브르고 목숨을 빈대:號天乞命(續三綱. 孝12). 목숨 명:命(訓蒙上35. 石千11). 목숨 명:命(類合下2. 倭解上20). 목숨 슈:壽(訓蒙下26. 類合下2).

목ᅀᅮᆷ 명 목숨. ☞목솜. 목숨 ¶天恩 입어 나문 목ᅀᅮᆷ 마치 盡케 되거고나(萬言詞).

목·ᅀᅮ무 명 목구멍. ☞목구무 ¶목ᅀᅮ무 후:喉. 목ᅀᅮ무 롱:嚨. 목ᅀᅮ무 연:咽(訓蒙上26).

목ᄲᅧ 명 목뼈. ☞목당ᄲᅧ ¶목ᄲᅧ:額項骨(飜老下38).

목어 명 딱딱이. ¶목어:梆(物譜 兵仗).

·목·욕 명 목욕(沐浴). ☞모욕 ¶목욕 욕:浴(石千38). ᄒᆞᆫ 적도 머리 비ᄉᆞ며 목욕 아니ᄒᆞ고:一不梳沐(東新續三綱. 烈2:40).

목욕ᄀᆞᆷ다 동 미역감다. 목욕하다. ☞모욕ᄀᆞᆷ다 ¶沐浴ᄀᆞᆷ아나니(月印上57). 복셩화 가지ᄅᆞᆯ ᄀᆞᄂᆞᆯ에 사ᄒᆞ라 달힌 믈로 목욕ᄀᆞᄆᆞ라(簡辟15). 湢:목욕ᄀᆞᆷᄂᆞᆫ 집이라(宣小2:50). 내 지아비 ᄆᆡ양 머리ᄅᆞᆯ 목욕ᄀᆞᆷ으면(女四解4:17). 새도록 목욕ᄀᆞᆷ고 동으로 머리 두어 누으니(女範4. 녈녀 경ᄉᆞ절녀).

·목·욕ᄒᆞ·다 동 목욕하다. ¶尼連水예 沐浴ᄒᆞ샤 나리라 너기시니(月印上23). 香湯애 沐浴ᄒᆞ고 새옷 ᄀᆞ라닙고(釋譜6:27). 沐浴ᄒᆞ야 옷 ᄀᆞ라닙고(三綱. 忠19). 쉬며 沐浴ᄒᆞᄂᆞᆫ 싸해 다시 오니:重來休沐地(初杜解15:11). 孔子ㅣ 沐浴ᄒᆞ시고 朝ᄒᆞ샤 哀公ᄭᅴ 告ᄒᆞ야 ᄀᆞᆯᄋᆞ샤ᄃᆡ(宣論3:61). 침실에 이시며 목욕ᄒᆞ고(宣小2:36). 목욕ᄒᆞᆫ 후의(太平1:25). 지아비 묻ᄂᆞᆫ 날 머리 빗고 목욕ᄒᆞ고 옷 ᄀᆞ라닙고:葬夫日梳沐更衣(東新續三綱. 烈2:58). ᄒᆡ야로비 沐浴ᄒᆞᄂᆞ니(重杜解3:34). 그 沐浴ᄒᆞᆫ 나믄 믈을(家禮5:13). 일일ᄋᆞᆫ 지계 목욕ᄒᆞ고(敬信46).

목의 명 모기. ☞모긔 ¶목의:蚊(物譜 飛蟲).

목쟝이 명 목정강이. ¶목쟝이:頸子(老解下37). 목쟝이 ᄉᆞᆯ:槽頭肉(漢淸12:28).

목젼 명 목전(目前). ☞눈앞. 목뎐 ¶뎡묘년 욕을 씻고져 ᄒᆞ다가 목젼의 즐겁기로 허러ᄇᆞ리고(山城42). 엇지 목젼의 쟈근 리ᄅᆞᆯ 거릿겨 스스로 샤치 못ᄒᆞᆯ 즁법의 ᄲᅡ디리오(綸音29).

목젓 명 목젖. ☞목졋 ¶져기 무텨 목젓 우희 ᄇᆞᄅᆞ라:點少許在懸壅上(救急上42). 목졋:重舌(同文解上15. 漢淸5:51). 목졋 지다:咽喉弔了(同文解下6).

목·젖 명 목젖. ☞목졋 ¶목져지 과글이 브ᅀ 닐 고툐ᄃᆡ:治懸壅暴腫(救急上42). 목져지 드리디여 목 안히 막고 답답ᄒᆞ거든:懸癰垂長咽中妨悶(救簡2:63). 목졋 디다:喉閉(譯解上57).

목줄ᄃᆡ 명 목줄띠. ☞목쥴뒤 ¶목줄ᄃᆡ:羊䏿(柳氏物名一 獸族).

목쥴·뒤 명 목줄띠. ☞목줄ᄃᆡ. 목쥴ᄯᅵ ¶목쥴뒤:嗉子(四解上40). 목쥴뒤:嗓子(四解下38 嗓字註). 목쥴뒤 상:嗓(訓蒙上26).

목쥴ㅅ대 명 목줄띠. ☞목쥴뒤. 목쥴ᄯᅵ ¶목쥴ㅅ대:食嗓(漢淸5:52).

목쥴ᄯᅵ 명 목줄띠. ☞목쥴뒤. 목쥴ㅅ대 ¶목쥴ᄯᅵ:嗓子(譯解上34).

목집게 명 가슴걸이. ¶목집게:拘索(朴解中11. 譯解下22).

목ᄌᆞᄅᆞ다 동 목을 조르다. ¶絞ᄂᆞᆫ 목ᄌᆞᄅᆞᆯ 씨오(楞解8:86). 스스로 목ᄌᆞᆯ라 주그니라:自縊而死(東新續三綱. 烈1:51).

·목최 명 목책(木柵). ¶可히 노폰 木柵을 셰리로다(初杜解17:13). 목최 채:寨(訓蒙中8). 경계 뎡ᄒᆞᆫ 목최:界閑(同文解上40). 목최:木柵子(漢淸9:75).

·목·탁 명 목탁(木鐸). ¶하ᄂᆞᆯ히 쟝ᄎᆞᆺ 夫子로ᄡᅥ 木鐸을 삼으시리라:天將以夫子爲木鐸(宣論1:29).

·목통 명 목통(木通). 으름덩굴. ¶木通과 滑石 各 半兩과(救急上69).

목하 명 목하(目下). 지금. ¶목하에 호셔일이 졍히 이 ᄀᆞᆺᄒᆞᆫ지라(綸音96).

목화 명 목화(木靴). 화자(靴子). ¶목화 화:靴(兒學上12).

몬 명 물건. ¶몬:物(東言解).

몬ᄂᆞ·니·라 동 모이느니라. ㉮몬다 ¶財ㅣ 흐트면 民이 몬ᄂᆞ니라(宣大22).

몬ᄂᆞ·다 동 모이다. ¶興이 精靈과 다ᄆᆞᆺ 몬ᄂᆞ다:興與精靈聚(初杜解16:32).

몬다외 명 몬다위. ☞몬다회 ¶몬다외:迎鞍頭. 몬다외:駝峯(柳氏物名一 獸族).

몬다회 명 몬다위. ☞몬다외 ¶두 엇기과 밋 몬다회 머리와:兩前膊及梁頭(馬解下102). 두 몬다회과 밋 온몸 터럭이(馬解下103). 몬다회:迎鞍(同文解下37. 漢淸14:23). 몬다회:迎鞍頭(譯解補48).

몬저 부 먼저. ☞몬져 ¶이 ᄯᅩ 몬저 알오 後에 닷ᄂᆞᆫ 根機니:是亦先悟後修之機也(牧牛訣10). 몬저 ᄒᆞᆫ 사발만 ᄃᆞ순 믈 가져오라:先將一椀溫水來(飜老上61).

몬·제 부 먼저. ☞몬져. 몬졔 ¶네 몬제 나ᄅᆞᆯ 對答호ᄃᆡ:汝先答我(楞解1:98).

몬져 명 먼저. ¶嘉祥이 몬졔시니:爰先嘉祥(龍歌7章). 先은 몬졔오(月釋序15). 몬져ᄂᆞᆫ 揔이오(心經14). ᄒᆞᆫ 法이 몬졔니 업고(圓覺上一之二14). 몬졋 사ᄅᆞᄆᆡ 正ᄒᆞ며 邪호미 큰 양지 잇ᄂᆞ니라:先輩正之與邪大有樣子(蒙法48). 어느 뉘읏부믜 몬져ᄅᆞᆯ 알리오:豈識悔吝先(初杜解6:37).

몬져 부 먼저. ☞몬저 ¶筋骨올 몬져 ᄀᆞ고샤:迺先勞筋骨(龍歌114章). ᄯᅩ 몬져 니ᄅᆞ시니(月印上34). 몬져 됴ᄒᆞᆫ 차바ᄂᆞ로 비브르긔 ᄒᆞ고ᅀᅡ(釋譜9:9). 大梵天이 ᄯᅩ 몬져 일오(月釋1:38). 몬져 아ᄃᆞᆯ 求ᄒᆞ다가(圓覺序46). 몬져 公案애 슬펴:先於公案撿點(蒙法6). 아ᄅᆞᆷ뎌 뫼셔 밥 머글 저기어든 몬져 먹고(宣賜內訓1:8). 새것 머구메 戰士ᄅᆞᆯ 몬져 ᄒᆞ고(初杜解15:18). ᄒᆞ다가 몬져 콩을 주면:若是先與料時(飜老上24). 몬져 션:先(類合下17). 이 三者에 어늬를 몬져 ᄒᆞ리잇고:於斯三者何先(宣論3:22). 몬져 션:先(倭解下40). 몬져 ᄎᆞᆫ믈 세 머곰 머근 후의:先喫涼水三口(臘藥19). 몬져 군녕을 범ᄒᆞ니(女範2. 변녀 계샹괴녀). 그 中의 英雄豪傑으란 부듸 몬져 늙게 ᄒᆞ니(古時調. 天君衙門. 青丘). 그ᄃᆡᄂᆞᆫ 몬져 ᄃᆞ라나라:汝先出走(五倫3:40). 붓그렴이 몬져 나니 동녕말이 나오더냐(萬言詞). 오륜 가온대 회 몬져 되ᄂᆞᆫ디라(百行源11). 무어ᄉᆞᆯ 몬져 ᄒᆞ리오(百行源12). 소식을 누통ᄒᆞᆯ 거시니 몬져 이 놈을(引鳳簫1). 甲이 몬져 ᄆᆞᆯ을 노하(武藝圖9). 몬져 ᄒᆞᆯ 챵:唱(註千15).
※몬져>먼저

몬:졔 명 먼저이-. 〔'몬져'+서술격조사 어간 '-이-'〕 ㉣몬져 ¶嘉祥이 몬졔시니:爰先嘉祥(龍歌7章). 先은 몬졔오(月釋序15). ᄒᆞᆫ 法이 몬졔니 업고 오직 이 諸法에 몬졀씨(圓覺上一之二14). 이제 복셩화ᄂᆞᆫ 몬졔오 솔고ᄂᆞᆫ 後ㅣ라 니ᄅᆞ샤ᄆᆞᆫ(南明上60).

몬:졔 부 먼저. ☞몬제 ¶몬졔 經 디뉴미 다ᄉᆞᆺ 가지 功이 ᄀᆞ자(釋譜19:36).

몬·졧 관 먼저. ¶大愛道ㅣ 몬졧 양ᄌᆞ로 出家ᄅᆞᆯ 請ᄒᆞᅀᆞᄫᅡ(月釋10:17).

몬지 명 먼지. ☞몬지 ¶지와 몬지를 물ᄲᅮ려 쓰러(女四解3:22).

몬ᄌᆡ 명 먼지. ☞몬지 ¶몬ᄌᆡ 무티시고(釋譜11:21). ᄯᅩᆼ 몬ᄌᆡ 무더 더럽거ᄂᆞᆯ(月釋13:21). ᄡᅡ해 디여 목노하우르샤 모매 몬ᄌᆡ 무티시고 니ᄅᆞ샤ᄃᆡ(月釋21:219). 몬ᄌᆡ ᄋᆡ:埃(倭解上8). 몬ᄌᆡ:灰塵(同文解上63). 몬ᄌᆡ:灰塵. 몬ᄌᆡ 니다:浮灰. 몬ᄌᆡ 안ᄍᆞ:塌灰(譯解補7). 몬ᄌᆡ ᄡᅥᄂᆞᆫ 것:撣箒(譯解補43).

·몯 명 못. ☞못 ¶몯爲釘(訓解. 合字). 바갯던 모ᄃᆡ ᄡᅡ해 디고(月釋23:86). 긴 모ᄃᆞ로 모매 박고(月釋23:87). 몯 뎡:釘(訓蒙下16). 몯 뎡:釘(倭解下16). ※몯>못

몯 명 못〔池〕. ☞못 ¶몯 틱:澤. 몯 지:池. 몯 연:淵(倭解上9).

:몯 부 못. ☞못 ¶先考ㆆ 뜯 몯 일우시니:莫遂考心. 平生ㄱ 뜯 몯 일우시니:莫遂素志(龍歌12章). 東征에 功이 몯 이나:東征無功(龍歌41章). 오늘 몯 숣뇌(月印上10). 三年이 몯 차 이셔(釋譜6:4). 년 듸 몯 쓰리니(釋譜23:3). 乙 업스실씨 오늘 몯 숣뇌(月釋2:45). 능흔 일 사모미 몯 ᄒᆞ리라:不可以爲能事(蒙法37). 잠간도 圓覺 몯 ᄒᆞᄂᆞ닌:未嘗圓覺者(圓覺序5). 보논다 몯 보논다(南明上2). ᄇᆞᄅᆞᆷ마자 말ᄉᆞ미 저줍고 손발 몯 쓰며:中風言語蹇澁手足不隨(救簡1:11). ᄇᆞᄅᆞᆷ마자 손발 몯 쓰고:中風手足不隨(救簡1:12). 공흔 천 몯 어드면:不得橫財(飜朴上22). 몯 훌 부:否(訓蒙下31). 몯 쁠 뫼 로:駑(類合下5). 아비는 완악ᄒᆞ고 어미는 몯 쁠 말ᄒᆞ야:爲父頑母嚚(宣小5:36). ※몯>못

:몯거·늘 조동 못하거늘. ㉠몯다 ¶주그며 사로ᄆᆞᆯ 아디 몯거늘사:不知死與生(初杜解8:29).

몯·거시·늘 동 모이시거늘. ㉠몯다☞-거시늘 ¶諸佛菩薩天龍이 몯거시늘(月釋21:2).

·몯게라 조동 못하겠노라. ☞몯다 ¶나는 아디 몯게라 能히 至ᄒᆞ신가 좀ᄒᆞ신가 ᄒᆞ고:我不識能至否乎(宣孟4:5). 仁을 蹈ᄒᆞ야 死ᄒᆞᄂᆞᆫ 者를 보디 몯게라:未見蹈仁而死者也(宣論4:14).

·몯게이다 조동 못하겠나이다. ☞몯다 ¶아디 못게이다 잇ᄂᆞ니잇가:不識有諸(宣孟1:19). 써 王을 敬ᄒᆞᄂᆞᆫ 바를 見티 몯게이다:未見所以敬王也(宣孟4:6).

·몯ᄀᆞ·지 명 모꼬지. 잔치. ☞못ᄀᆞ지 ¶두어 ᄃᆞᆯ 마니 ᄯᆞ리 婚姻ᄒᆞᆫ 몯ᄀᆞ지예 녀러와셔:數月女自婚姻會歸(飜小10:17). 몯ᄀᆞ지는 ᄌᆞ조ᄃᆡ 례도는 브즈런ᄒᆞ고:會數而禮勤(飜小10:32). 두어ᄃᆞᆯ 만에 ᄯᆞᆯ이 婚姻 몯ᄀᆞ지로브터 도라와:數月女自婚姻會歸(宣小6:130). 이바디 몯ᄀᆞ지예 가디 아니터라:不赴宴會(東新續三綱. 孝5:80). 몯ᄀᆞ지는 ᄌᆞ조ᄃᆡ 례도는 브즈런ᄒᆞ며:會數而禮勤(英小6:146). 향도 무어니 신 이받노라 속절업시 몯ᄀᆞ지 홀시(正俗20).

:몯:내 부 못내. 끝없이. ☞몯내 ¶無量은 몯내 혤 씨라(釋譜序1). 몯내 혜ᅀᆞᄫᆞᆯ 功과 德괘:無量功德(釋譜序1). 須達이 ᄇᆞ라ᅀᆞᆸ고 몯내 과ᄒᆞᅀᆞᄫᅡ 호ᄃᆡ(釋譜6:20). 또 그지업슨 여러 橫死ㅣ 몯내 니르리라(釋譜9:37). 無量世界예 몯내 니를 一切諸佛와(釋譜11:3). 一千劫에 혜여도 몯내 알리로소이다(釋譜11:5). 神奇ᄒᆞᆫ 變化ㅣ 몯내 알거시라(月釋1:14). 다ᄉᆞᆺ차힌 됴ᄒᆞ신 양ᄌᆞᄅᆞᆯ 몯내 보ᅀᆞᄫᆞ며(月釋2:59). 그 數ㅣ 筭ᄋᆞ로 몯내 알리오(月釋7:70). 곡식애 몯내 염근 거슬 머거 모기 부르터 나거든:咽喉生穀賊(救簡2:76).

몯는마·ᄉᆞᆯ 명 모시는 마을. 시위(侍衛)하는 관청. ¶ᄡᅵ릴 위 又俗稱 軍衛 謂指揮 몯는 마ᄉᆞᆯ(訓蒙中8 衛字註).

몯·다 동 모이다. ☞모도다. 못다 ¶四方 諸侯ㅣ 몯더니:諸侯四合. 西夷 ᄯᅩ 모ᄃᆞ니:西夷亦集(龍歌9章). 輿望이 다 몯ᄌᆞᄫᆞ나:輿望咸聚(龍歌11章). ᄠᅳᆮ 몰라 모ᄃᆞ니:莫測相聚(龍歌60章). 人心이 몯ᄌᆞᆸ더니:人心斯聚(龍歌66章). 天人이 모ᄃᆞ릴씨(月印上5). ᄃᆞᆯ 님의 구룸 몯ᄃᆞᆺ더시니(月印上30). 萬福이 몯ᄂᆞ니(月印上48) 나랏사ᄅᆞᆷ 十八億이 다 모ᄃᆞ니(釋譜6:27). 會는 모ᄃᆞᆯ 씨니 브터의 모도ᄆᆞᆯ 法會라 ᄒᆞᄂᆞ니라(月釋2:16). 溫水 冷水로 左右에 ᄂᆞ리와 九龍이 모다 싯기ᅀᆞᄫᆞ니(月釋2:34). 大衆이 모댓거늘 舍利弗이 듣ᄌᆞᄫᆞ니(月釋7:56). 모로매 ᄒᆞᆫᄃᆡ 모도ᄆᆞᆯ 가졸비시니라(楞解1:82). 다른 거슬 몯게 ᄒᆞ며(宣賜內訓1:1). 춘 대 거프른 모닷도다:寒籜聚(重杜解1:20). 소래 ᄇᆞᄅᆞᆷ과 시내옛 믌 소리 모댓는 ᄢᅴ:松風磵水聲合時(杜解9:6). 녜로 모ᄃᆞ며 흐트며 ᄒᆞ던 ᄯᅡ해:古來聚散地(杜解9:17). 모들 도:都(訓蒙中7). 十二諸國이 모다 지어 셰온(樂範. 處容歌). 모ᄃᆞᆯ 졔:諸(類合上16. 石千15). 모ᄃᆞᆯ 도:都(類合上19. 光千18). 모ᄃᆞᆯ 집:集(訓蒙中8. 類合上19. 石千20). 모ᄃᆞᆯ 회:會(類合下35. 石千25). 모ᄃᆞᆯ 취:聚(類合下43. 石千21). 모ᄃᆞᆯ 합:合(類合下48. 石千23). 모ᄃᆞᆯ 췌:萃(類合下56). 모ᄃᆞᆯ 종:鍾(類合下58. 註千21). 공경홈은 德의 몯는 거시니:敬德之聚也(宣小4:34). 다른 姓이 서르 모다셔:異姓相聚(宣小5:73). 몯디 아니ᄒᆞ여셔는 먹디 아니ᄒᆞ더라:不集不食(宣小6:69). 원가의 가문ᄂᆡ 모단는 주를:萃於元門(東新續三綱. 烈3:53). 친구를 청ᄒᆞ여 모다 잔치ᄒᆞ야:邀親舊會飮(東新續三綱. 孝5:5). 여러히 모다시니 좌둥의 이 회를 먹디 못홀 사ᄅᆞᆷ이 이실가 ᄒᆞᆫ대(太平1:5). 모들 졔:諸(倭解上28). 모들 회:會(倭解下35). 세 죽엄이 서로 모ᄃᆞ니(女四解4:34). 이보오 벗님ᄂᆡ냐 草堂으로 모ᄃᆞ소셔(古時調. 곳츤 밤의. 古歌). 모ᄃᆞᆯ 단:敦(註千29). 모들 츄:聚. 모들 합:合(兒學下9).

몯·다 형 좋지 않다. ¶모든 ᄃᆡ 이셔도 ᄃᆞ토디 마롤디니:在醜不爭(宣賜內訓1:46).

몯·다 조동 못하다. ¶法流水에 븓디 몯고(月釋2:62). 分ᄒᆞ산 모미 손ᄌᆡ 다ᄋᆞ디 몯더시니(法華4:121). 太虛ㅅ 머루미 현 千萬里ㄴ ᄃᆞᆯ 아디 몯건마ᄅᆞᆫ:太虛之遠不知其幾千萬里(法華6:31). 주그며 사로ᄆᆞᆯ 아디 몯거늘사:不知死與生(初杜解8:29).

몯·다 조형 못하다. ¶ 쁟 알 리 쉽디 몯거니와(釋譜13:62). 비록 得ᄒᆞ야도 足디 몯거니와(月釋9:11). 이제 블흘 ᄉᆞᄅᆞ샤 모미 ᄌᆞ디 몯거시다 ᄒᆞ더니(月釋18:42). ᄆᆞᅀᆞ미 ᄒᆞ다가 淸淨티 몯고:若不淸淨(金剛上64). ᄒᆞ다가 그러티 몯거든:其或未然(蒙法33). 皇帝ㅅ 子息이 넙디 몯다 ᄒᆞ샤ᄆᆞ로:皇嗣未廣(宣賜內訓2上43).

:몯:다 부 못다. ¶ 아니한ᄃᆡ 몯다 ᄢᅳ랫거늘(釋譜6:25). 光明이 하 盛ᄒᆞ야 몯다 보ᅀᆞᄫᆞ리러니(月釋8:17).

·몯:됴·타 형 좋지 못하다. ¶ 나랏 有情이 몯됴ᄒᆞᆫ 일홈이시면 正覺 일우디 아니호리이다(月釋8:61).

몯ᄃᆞ·라오다 동 모여 달려오다. ¶ 이 몯ᄃᆞ라오니가:是相合來的(飜老上15).

몯ᄌᆞ라·다 형 모자라다. ☞모ᄌᆞ라다 ¶ 虛空은 몯ᄌᆞ란 ᄯᅡ 업스며(七大15). 도ᄂᆞᆯ 만히 달라 ᄒᆞ니 내 지블 ᄑᆞ라도 몯ᄌᆞ라로다:錢百千賣吾廬而不可售(二倫43).

몯ᄎᆞᄅᆞ기 명 메추리. ☞모ᄎᆞ라기. 뫼초라기 ¶ 몯ᄎᆞᄅᆞ기 슌:鶉(倭解下21).

몯·토·다 동 모으다. ☞모도다. 모토다 ¶ 대학관이 몯토아셔 ᄀᆞᄅᆞ쳐:大學聚而敎之(飜小9:15).

몯·호이·다 조동 못하오이다. 못하옵니다. 못합니다. ¶ 아디 못호이다(重內訓2:20).

몯·호이·다 형 못하오이다. 못합니다. ¶ 비록 사ᄅᆞ미 무레 사니고도 즁ᄉᆡᆼ마도 몯호이다(釋譜6:5).

:몯ᄒᆞ다 조동 못하다. ☞못ᄒᆞ다 ¶ 제 ᄠᅳ들 시러 펴디 몯ᄒᆞᇙ 노미 하니라:不得伸其情者多矣(訓註). 아디 몯ᄒᆞᅀᆞ와(圓覺上一之一27). 이제 보디 못ᄒᆞ야이다(牧牛訣6). 工夫ㅣ 히믈 얻디 몯ᄒᆞ리라:工夫不得力在(蒙法8). 안 後에 ᄒᆞ다가 사ᄅᆞᄆᆞᆯ 보디 몯ᄒᆞ면:悟後若不見人(蒙法45). 後ㅅ일 아디 몯ᄒᆞᄆᆞᆯ 免티 몯ᄒᆞ리니:未免不了後事(蒙法45). 보ᄃᆡ 보디 몯ᄒᆞ며:視之不見(蒙法67). ᄆᆞᄅᆞᆯ 사디 몯ᄒᆞ로다:是買不得馬(飜朴上64). 그리ᄒᆞ라 ᄒᆞ심을 얻디 몯ᄒᆞ야든:不得命(宣小2:13). 내 情에 일을 펴디 몯ᄒᆞ여시니:我情事未申(宣小6:30).

:몯ᄒᆞ·다 형 못하다. ¶ 양지 夫人만 몯ᄒᆞ실ᄊᆡ(釋譜6:1). 비록 사ᄅᆞ미 무레 사니고도 즁ᄉᆡᆼ마도 몯호이다(釋譜6:5). 히미 雪山앳 ᄒᆞᆫ 白象만 몯ᄒᆞ고(月釋2:38).

:몯ᄒᆞ·다 조형 못하다. ☞못ᄒᆞ다 ¶ ᄆᆞᅀᆞᆷ조기 뮈여 血氣 調和티 몯ᄒᆞᆫ 等엣 病이 나리니:動肉團心血氣不調等病生(蒙法7). 本來ㅅ 아로미 ᄇᆞᆰ디 몯ᄒᆞ거든:本覺未明(蒙法14). 일즉 죵만도 ᄀᆞᆮ디 몯ᄒᆞ니:曾奴隷之不若(東新續三綱. 忠1:17).

몯ᄒᆞ·리·러니·라 조동 못할 것이더니라. ¶ 내 아랫 뉘예 이 經을 바다 디녀 닐그며 외오며 ᄂᆞᆷᄃᆞ려 니르디 아니ᄒᆞ더든 阿耨多羅三藐三菩提ᄅᆞᆯ ᄲᆞᆯ리 得디 몯ᄒᆞ리러니라(釋譜19:34).

몰골 명 몰골. ¶ 몰골:形樣(同文解上17).

:몰·다 동 몰다〔驅〕. ¶ 그ᅀᅳ기 모라 채티리 잇ᄂᆞᆫ ᄃᆞᆺᄒᆞ야:隱然若有驅筴(楞解7:4). 굿 모라 짓게 ᄒᆞ리로다:强驅使作(法華2:239). 시혹 모라 내오:或驅出(圓覺下三之一53). 몬져 모로려 願ᄒᆞ노이다(宣賜內訓2上31). ᄀᆞᆯ와 모니 뮈유믈 當ᄒᆞ리 업도다:並驅動莫當(初杜解7:35). 더운 病을 몰오:驅瘴癘(初杜解20:3). 이제와 녜와ᄅᆞᆯ 모ᄂᆞ니:驅今古(初杜解21:16). ᄒᆞᆫ 나귀를 모라:赶着一頭驢(飜老上28). 몰 구:驅(石千22. 倭解下24). 예 도적이 ᄆᆞᄋᆞᆯ흘 모라 노략ᄒᆞ거ᄂᆞᆯ:倭寇驅掠里閭(東新續三綱. 孝1:51). 왜적이 모라 가니 하ᄂᆞᆯ흘 ᄀᆞᄅᆞ쳐 주그ᄆᆞᆯ ᄆᆡᆼ셰ᄒᆞ고 ᄭᅮ짇기ᄅᆞᆯ 이비 그치디 아니ᄒᆞ여:倭賊驅去指天誓死罵不絶口(東新續三綱. 烈3:68). ᄆᆞᆯ 모ᄂᆞᆫ 사ᄅᆞᆷ:馬夫(譯解上23).

:몰·라 부 몰래. ¶ 그 집 門ᄋᆡ 몰라 드리ᄃᆞ라 보니(釋譜24:14).

:몰·라듣·다 동 듣고도 모르다. ¶ 大法을 몰라드를ᄊᆡ(月印上31). 몰라드르면 여러 劫을 디내오:迷聞經累劫(六祖上82).

:몰·라·보·다 동 몰라보다. ¶ 讖文을 몰라보거늘:未曉讖文(龍歌85章). 나라해 빌머그라 오시니 다 몰라보ᅀᆞᄫᅳ더니(月釋1:5). 믈무ᄃᆞᆫ 흔적은 젼혀 몰라보리로다(古時調. 쇠나기. 鄭澈).

:몰란·다 동 몰랐는가. ㉮모ᄅᆞ다☞-ㄴ다 ¶ 能히 아란다 몰란다:能悟徹也未(蒙法21).

몰래 명 모래. ☞몰애 ¶ 石灰ᄂᆞᆫ 몰래를 어더서 굳고(家禮7:23). 바ᄆᆡ 몰래 저지ᄂᆞᆫ 비 하고:夜足霑沙雨(重杜解3:54). ᄃᆞ리 평ᄒᆞᆫ 몰래예 비취여시니:月照平沙(百聯25).

:몰·롤 동 모를. ㉮모ᄅᆞ다 ¶ 聖은 通達ᄒᆞ야 몰롤 이리 업슬 씨라(月釋1:19).

:몰·롬 동 모름. ㉮모ᄅᆞ다 ¶ 우리 부톄 이ᄅᆞᆯ 證ᄒᆞ샤 物의 몰로ᄆᆞᆯ 어엿비 너기샤:我佛證此愍物迷之(圓覺序41). 이젯 사ᄅᆞ미 몰로미 오라:今之人迷來久矣(牧牛訣2).

몰리이다 동 몰리다. ☞몰이다 ¶ 활 몰리이다:弓半欺(譯解補15).

몰불열미 명 산앵두. ¶ 몰불열ᄆᆡ:山櫻桃(柳氏物名四 木).

몰속 부 몰수이. 몽땅. ☞몰쇽 ¶ 柯枝란 다 몰속 무쳣슬지라도 자로 드릴 구멍이나 남기옵소(古時調. 닉 소시랑을. 時調類). 閻羅使者와 十王差使를 다 몰속 겻거 보와시나(古時調. 天地間 萬物. 靑丘).

몰쇽 부 몰수이. 몽땅. ☞몰속 ¶몰쇽:盡數(同文解下49). 압냇고기와 뒷냇고기를 다 몰쇽 자바 내(古時調. 綠楊芳草岸에. 青丘). 몰쇽:普遍(漢淸8:55).

몰수 부 몰수(沒數). 몰수이. 몽땅. ☞몰쇽 ¶내게 ᄂᆞ려온 거술 沒數 入送ᄒᆞ올 거시니(隣語2:3).

몰·애 명 모래. ☞모래 ¶沙峴 몰애오개(龍歌9:49). 더본 몰애 모매 븓ᄂᆞᆫ 苦왜라(釋譜13:8). 그믈 미틔 金몰애 잇ᄂᆞ니(月釋1:24). 몰애마다 ᄒᆞᆫ 界오(月釋21:16). ᄒᆞᆰ과 직와 몰애ᄋᆡ 무른:土灰沙之倫(楞解4:82). ᄒᆞᆫ 몰애로:一沙(金剛下120). 몰애 뫼홈과 ᄡᅡ 그룜과:聚沙畫地(圓覺上一之二159). 대 서늘ᄒᆞ고 몰애 프른:竹寒沙碧(杜解21:4). 몰애 믈어뎌:沙崩(杜解21:5). 봆 몰애 대예 비췬 ᄆᆞᅀᆞᆯ히로다:春沙映竹村(杜解21:6). 몰애 사:沙(訓蒙上4. 類合上6. 石千26). 삭삭기 셰몰애 별헤 나는 구은 밤 닷 되를 심고이다(樂詞. 鄭石歌).
※몰애>모래

몰애부리 명 모래무지. ¶몰애부리 사:鯊(詩解 物名15).

몰·애오·개 명 사현(沙峴). 〔지명(地名)〕 ¶沙峴 몰애오개(龍歌9:49).

·몰·약 명 몰약(沒藥). ¶草菓와 玄胡索과 乳香과 沒藥(救急上27).

몰옴즉이 부 모름지기. ¶몰옴즉이 길흘 긔록ᄒᆞ야:須記途程(女四解2:22).

몰의록두 명 녹두의 한 품종. ¶沒衣菉豆:몰의록두(衿陽).

몰·이·다 동 몰리다. ☞몰리이다 ¶그 어미 몰여 드러가며 블러 닐오ᄃᆡ(月釋23:87). 殘害와 몰여 내조촘과ᄅᆞᆯ:殘害驅擯(圓覺下一之一31). 몰여 ᄃᆞ요ᄆᆞᆯ(六祖上71).

·몸 명 몸〔身〕. ¶닐흐늬 모미 맛거늘:中七十人(龍歌40章). 모맷 病 업스샤ᄃᆡ:身無恙矣(龍歌102章). 내 모ᄆᆞᆯ 救ᄒᆞᅀᆞᄫᆞ놀:以救我身(龍歌105章). 몸애 ᄆᆡᅀᆞᄫᆞ나(月印上2). 제 몸이 고텨 ᄃᆞ외니(月印上11). 모ᄆᆞᆫ 서르 어울면 알오(釋譜19:10). 몸ᄋᆞᆯ ᄑᆞ라 지이다(月釋8:80). 몸ᄋᆡ 尊勝 求ᄒᆞ논 이ᄅᆞᆯ 牒ᄒᆞ샤(楞解6:113). 내 몸으로 三十二應을 일워(法華7:71). 몸 닷골 道ᄅᆞᆯ 다ᄒᆞ며(宣賜內訓序3). 내 모ᄆᆞ란 雙峯ㅅ 뎌레 許ᄒᆞ고:身許雙峯寺(杜解20:12). 곡도ᄀᆞ티 ᄃᆞ왼 뷘 모미:幻化空身(南明上4). 몸하 ᄒᆞ올로 녈셔(樂範. 動動). 몸 신:身. 몸 톄:體. 몸 구:軀(訓蒙上27). 몸 궁:躬(訓蒙上29. 石千8). 몸 신:身(類合上22. 石千7. 倭解上16). 몸 긔:己(類合下4. 石千8). 몸 구:軀(類合下38). 몸 톄:體(石千6). 몸:身子(同文解上14). 비곱하 허긔증 몸 치워 넝증이요(萬言詞). 몸 궁:躬(註千30).

몸거울 명 몸거울. 체경(體鏡). ¶몸거울:穿衣鏡(漢淸11:24).

몸닷금 명 몸닦음. 수신(修身). ¶고로 몸닷금은 제가ᄒᆞᄂᆞᆫ 종요롬이오(女四解4:2).

·몸닷·기 명 몸닦기. 수신(修身). ¶가야미 사릴 뵈오 몸닷길 勸ᄒᆞ야ᄂᆞᆯ(月印上62).

몸동이 명 몸뚱이. ¶半龍丹 몸동이에 담 벙거지 뒤앗고셔(古時調. 셋괏고. 青丘).

몸ᄢᅵ 명 몸매. ¶몸ᄢᅵ:身分(譯解補22). 몸ᄢᅵ 죠타:好身量(譯解補22). 몸ᄢᅵ 호ᄆᆡᄒᆞ다:藐窕(漢淸6:2).

몸셰움 명 몸세움. 입신(立身). ¶ᄃᆡ범 녀ᄌᆞ 되미 먼져 몸셰움을 비울지니(女四解3:4).

·몸소 부 몸소. ☞몸ᅀᅩ ¶君子를 몸소 行홈은:躬行君子(宣論2:26). 말ᄉᆞᆷ을 몸소 질졍티 말올디니라:毋身質言語(宣小3:13). 집이 가난ᄒᆞ야 몸소 받 갈아:家貧躬耕(宣小6:25). 몸소 받 가라 ᄡᅥ 치더니:躬耕以養(東新續三綱. 孝1:90). 몸소 친히 업더라:身親負之(東新續三綱. 烈1:42). 몸소 받 가다가 니러나ᄆᆞᆯ 더듸 아니ᄒᆞ도다:躬耕起未遲(重杜解6:34). 제 몸소 ᄃᆞ리고(三譯4:17). 이 다 몸소 勤勞ᄅᆞᆯ 잡으며 몸소 節儉을 行ᄒᆞ야:是皆身執勤勞躬行節儉(女四解4:66).

몸쇼 부 몸소. ☞몸소 ¶어이 동긔의 졍이리오 ᄒᆞ셔 몸쇼 구호ᄒᆞ시고(閑中錄12).

몸쏭 명 몸뚱이. 몸. ¶이 니블 거족 다홍 몸쏭과 明綠 빗쳿 깃을:這被面大紅身兒明綠當頭(朴解中3). 몸쏭만 ᄣᅡ히 셔고:腔子立地(朴解下24).

·몸ᅀᅩ 부 몸소. ☞몸소 ¶몸ᅀᅩ 받 가다가 니러나ᄆᆞᆯ 더듸 아니 ᄒᆞ도다:躬耕起未遲(初杜解6:34). 몸ᅀᅩ 南陽 ᄯᅡ해셔 받 가라:躬耕南陽(飜小8:19). 네 아촘 나죄 머굴 이레 몸ᅀᅩ ᄃᆞ뉴미 어려올ᄉᆡ:汝旦夕之費自給爲難(飜小9:92). 녜 님구미 몸ᅀᅩ 어딘 일을 ᄒᆞ시고:先王躬行仁義(正俗11).

·몸:알리 명 지기(知己). ¶훤히 몸알리ᄅᆞᆯ 맛나니:洗然遇知己(初杜解8:6). 丈夫ᄂᆞᆫ 몸알리ᄅᆞᆯ 貴히 너기ᄂᆞ니:丈夫貴知己(初杜解22:55).

몸얼굴 명 몸 모양. 몸맵시. 외모(外貌). ☞몺골 ¶너희 ᄒᆞᆫ 가짓 몸얼구레ᄂᆞᆫ 옷 지ᅀᅳ면:你一般身材做襖子時(飜老下28). ᄆᆞᅀᆞ믄 모로매 몸얼굴 안히 이실 거시니라:心要在腔子裏(飜小8:5). 너희 ᄒᆞᆫ가짓 몸얼구레ᄂᆞᆫ:你一般身材(老解下26).

몸져눕다 동 몸져눕다. ¶몸져눕다:病落炕(同文解下9. 譯解補34). 몸져눕다:落炕(漢淸8:7).

몸조 부 몸소. ☞몸소. 몸ᅀᅩ ¶힝실이 두터우며 몸조 받 가라 양친ᄒᆞ니:篤行躬耕養親(東新續三綱. 忠1:36).

·몸·채 명 몸채. 원채. 정방(正房). ¶이ᄂᆞᆫ 몸채라 이ᄂᆞᆫ 翼廊이라 이ᄂᆞᆫ 庫房이라 ᄒᆞ고(釋譜24:7). 몸채 침:寢(訓蒙中5). 몸채:正房(譯解上16. 同文解上34).

몸픠 명 몸피. ¶몸픠 ᄒᆞᆫ 아름이나 ᄒᆞᆫ더라:圍一丈(太平1:10).

·몺골 명 몸 모양. 몸맵시. 외모(外貌). ☞몸얼굴 ¶몺골 아라 우히 ᄲᅥ디 아니ᄒᆞ샤 ᄒᆞᆫ 가지로 充實ᄒᆞ시며(月釋2:41).

·몺기·리 명 몸의 길이. 신장(身長). ¶羅睺阿脩羅王ᄋᆞᆫ 本來ㅅ 몺기리 七百由旬이오(釋譜13:9).

몹슬 관 몹쓸. ¶몹슬 악:惡(兒學下1).

몹시 부 못 쓰게. ¶님금이 왼 사ᄅᆞᆷ ᄡᅳ샤 샤직을 ᄒᆞ마 몹시 ᄆᆡᆼᄀᆞᄅᆞ실시:見上委政非人將危社稷(三綱. 忠32). 몹시 삼긴 것:賤貨(漢淸8:34).

·못 명 못〔池〕. ☞몯 ¶알ᄑᆡᄂᆞᆫ 기픈 모새:前有深淵(龍歌30章). 못爲池(訓解. 用字). 모새 드르시니(月印上39). 네 업던 모ᄉᆞᆯ 帝釋이 일워내니(月印上38). 呪ᄒᆞ야 ᄒᆞᆫ 모ᄉᆞᆯ 지ᅀᅳ니(釋譜6:31). 그 못 므를 다 마시니(釋譜6:31). 優鉢羅ᄂᆞᆫ 이 龍이 靑蓮 모새 이실ᄊᆡ(釋譜13:8). 淸涼ᄒᆞᆫ 모ᄉᆡ:淸涼池(法華6:170). 雲夢ᄋᆞᆫ 못 일후미라(宣賜內訓2上27). 무러 모ᄉᆞᆯ ᄆᆡᆼᄀᆞ라:積以爲池(六祖中109). 못 연:淵(訓蒙上4. 石千12). 못 쇼:沼. 못 당:塘. 못 ᄐᆡᆨ:澤(訓蒙上5). 못 디:池(訓蒙中8. 石千27). 깁흔 모ᄉᆞᆯ 디ᄂᆞᆯ어심 ᄀᆞᆫ티 ᄒᆞ며:如臨深淵(宣小4:24). 집의 못 파ᄂᆞᆯ 뎡시 그 ᄀᆞ의 집짓고:瀦宅鄭氏結廬其側(東新續三綱. 烈2:17). 못:池塘(譯解上7). 못:池塘(同文解上7).

못 명 못〔釘〕. ☞몯 ¶텬蓋ᄅᆞᆯ 덥고 못 박고(家禮5:34). 못으로 세네 곳을 박고:着釘子釘在三四處(朴解中36). 도적이 관을 ᄶᅵ쳐 모슬 ᄲᆡ히려 ᄒᆞ거ᄂᆞᆯ(五倫5:25). 못 뎡:釘(兒學上9).

못 부 못. ☞몯 ¶便安히 못 자셔 仲宣이 슬흐니라(重杜解3:9). 太古ㅅ 적을 못 보완쟈(古時調. 靑丘). 宮女 晏娥ㅣ 그 님군의 暴露ᄒᆞᆷ을 춤아 못 보아(女四解4:35).

못거지 명 모꼬지. 잔치. ☞몯ᄀᆞ지. 못ᄀᆞ지 ¶邯鄲娼과 杜陵豪로 큰 못거지 ᄒᆞ리라(古時調. 東山 昨日. 靑丘).

못ᄀᆞ지 명 모꼬지. 잔치. ☞몯ᄀᆞ지. 못거지 ¶남잡히 허비ᄒᆞ야 못ᄀᆞ지ᄒᆞ야 술머기홈이 ᄯᅩᄒᆞᆫ 죄 잇ᄂᆞ니라:濫費會飮亦有罪焉(警民20). 靑樓에 杜陵豪 邯鄲娼과 큰 못ᄀᆞ지 ᄒᆞ리라(古時調. 東山 昨日. 靑丘). ᄆᆡ양 잔치 못ᄀᆞ지예:每有讌會(重內訓2:57). 못ᄀᆞ지의 참예치 아니ᄒᆞ더라(女範3. 뎡녀 위부지쳐).

못내 부 못내. 끝내. ☞몯내 ¶못내 엿ᄌᆞ오니(癸丑136). 못내 즐겨 ᄒᆞᄂᆞ다(古時調. 靑丘). 天根을 못내 보와(松江. 關東別曲).

못ᄂᆞᆫ이 명 못난이. ¶인결은 지령이라 못ᄂᆞᆫ이ᄂᆞᆫ 바이업닉(쌍벽가).

못닉 부 못내. 끝내. ¶다만지 주야의 함긔 날믈 못닉 부러허노라(古時調. 기러기 저 기러기. 靑丘).

못다 동 모이다. ☞몯다 ¶ᄒᆞᆫ 됴ᄒᆞᆫ 음식이 잇거든 못지 아니면 먹디 아니터라:有一美味不集不食(二倫15 楊氏義讓). 굿보ᄂᆞᆫ 사ᄅᆞᆷ이 구롬 못ᄃᆞᆺ ᄒᆞ엿더라(太平1:13). 和ᄒᆞᆫ 긔운이 家庭의 못고:和氣萃於家庭(女四解4:45). 못다:會了(同文解上27). 강원감사 됴뎡희 본도군이 다 못지 못ᄒᆞ엿기로(山城30). 셔로 흣터져 못지 못ᄒᆞ여(落泉2:4). 비와 수레의 도모지 못ᄂᆞᆫ 곳이라(綸音85).

못들다 동 모여 들다. ☞못다 ¶洛陽 才子 못드신 곳에 鄕村武士 들어간이(古時調. 李澤. 海謠).

못ᄃᆞ라오다 동 모이어 오다. 모이어 달려오다. ☞몯ᄃᆞ라오다 ¶서ᄅᆞ 못ᄃᆞ라오니가:相合來的(老解上14). 어ᄃᆡ셔브터 못ᄃᆞ라오뇨:從那裏合將來(老解上16). 이 벗은 누고고 遼東 이 녁킈 와 못ᄃᆞ라왓노라:這火伴是誰到遼東這邊合將他來(老解下5).

못쓸 관 몹쓸. ☞몹슬 ¶못쓸 놈:派癩的(譯解上28).

못쳘오 부 모처럼. ¶못쳘오 ᄂᆞᆯ낸 젤씌망경(古時調. ᄒᆞᆫ 눈 멀고. 海謠).

못ᄒᆞ다 조동 못하다. ☞몯ᄒᆞ다 ¶구틔여 玄圃애 뫼ᄋᆞᆸ디 못ᄒᆞ다:不必陪玄圃(重杜解3:4). 됴히 주구믈 得디 못ᄒᆞ고:不得死(重杜解3:57). 아디 못ᄒᆞ거든 (警民2). 心底대로ᄂᆞᆫ 펴디 못ᄒᆞᆯ송이다(新語8:32). ᄒᆞᆫ ᄇᆞᄅᆞᆷ 구석의 가 ᄒᆞᆯ래디 못ᄒᆞᆯ소냐:一壁廂去浪蕩不的(朴解中55). 이긔디 못ᄒᆞᄂᆞᆫ 이(武藝圖10).

못ᄒᆞ다 조형 못하다. ☞몯ᄒᆞ다 ¶虞丘子ㅣ 어딜믄 어딜거니와 忠셩되든 못ᄒᆞ니이다:虞丘子賢則賢矣未忠也(重內訓2:18).

몽·ᄀᆡ·다 동 뭉개다. ¶모매 터리 나샤ᄃᆡ 다 몽ᄀᆡ시며(月釋2:40). ᄆᆞᆯᄯᅩᆼ그우레 ᄯᅩᆼᄋᆞᆯ 몽ᄀᆡ야(七大8).

몽동이 명 몽둥이. ¶몽동이:木棒(同文解上49). 몽동이로 치다:用棒打(漢淸4:37). 독셔치ᄂᆞᆫ 철 몽동이 단단ᄒᆞ기 날 가트랴(萬言詞). 몽동이 호:棍(兒學上12).

몽됴 명 몽조(夢兆). ¶엇지 구구ᄒᆞᆫ 옥작으로 몽됴 샹셔ᄅᆞᆯ 삼앗ᄂᆞᆫ고(落泉3:7).

몽ᄆᆞᄅᆞ다 동 목마르다. 갈증나다. ¶ᄇᆡ골코 몽ᄆᆞᆯ라도 모ᄅᆞ고:飢渴曾不聞知(恩重16).

:몽:ᄆᆡ 명 몽매(夢寐). ¶이런 惡道 眷屬이 經 쓰리 數에 ᄆᆞᄎᆞ면 반ᄃᆞ기 버서나 夢寐中에 기리 다시 뵈디 아니ᄒᆞ리라:寐ᄂᆞᆫ 잘 씨라(月釋21:96). 몽ᄆᆡ 밧긔 고인을 만나니 죽엇던 사ᄅᆞᆷ이 다시 사랏고(落泉2:4).

:몽:샹 명 몽상(夢想). ¶비록 夢想애 이셔도 ᄉᆞ랑티 아니호ᄆᆞᆯ 爲ᄒᆞ야 업디 아닌ᄂᆞ니(楞解6:69).

몽이 명 모이. ☞모이 ¶몽이 먹다:啄喫(同文解下35). 몽이:禽鳥食(漢淸14:39).

몽치 명 뭉치. ¶아오로 ᄒᆞᆫ 몽치가 되야(閑中錄560).

뫼 명 메. 진지. 밥. ¶산것 주겨 眷屬 뫼 홀 씨(月釋21:125). 文王이 ᄒᆞᆫ 번 뫼 자셔든 또 ᄒᆞᆫ 번 뫼 자시며:文王一飯亦一飯(明小4:12). 姑의 뒤희 뫼ᅌᆞ와 셔셔 뻐곰 다 자시ᄆᆞᆯ 기ᄃᆞ려 뫼ᄅᆞᆯ 설고(家禮4:24). 粥早飯 朝夕 뫼 녜와 ᄀᆞᆺ티 셰시ᄂᆞᆫ가(松江. 續美人曲). 뫼 들이다:供飯(譯解補10). 山飯同訓皆云 뫼(雅言一 薑讓同訓).

:뫼 명 메. 산(山). ☞모 ¶뫼 爲山(訓解. 用字). 손뫼:鼎山(龍歌7:9). 뫼해 살이 박거늘(月印上15). 世間 ᄇᆞ리고 뫼해 드러(釋譜6:12). 深山ᄋᆞᆫ 기픈 뫼히라(月釋1:5). 나모와 뫼콰 내콰:樹木山川(楞解2:34). 노포미 뫼해셔 더으니 업스며:高莫逾於山(法華4:51). 뉘 人間과 뫼해 들에며 괴외호ᄆᆞᆯ 니ᄅᆞ리오(永嘉下121). 뫼콰 ᄀᆞᄅᆞᄆᆞ로 처엄과 ᄆᆞᄎᆞᄆᆞᆯ 盟誓ᄒᆞ시ᄂᆞ다:山河誓始終(杜解5:42). 별와 銀河ᄂᆞᆫ 새뱃 뫼ᄒᆞ로 디ᄂᆞ다:星河落曉山(杜解11:50). 뭀 뫼히 져고ᄆᆞᆯ ᄒᆞᆫ 번 보리라:一覽衆山小(杜解13:1). ᄆᆡ햇 집과 뫼햇 ᄃᆞ리ᄂᆞᆫ:野店山橋(杜解21:4). 뫼 어둠 말라:莫尋山(金三2:23). 뫼토 서르 맛볼 나리 잇ᄂᆞ니:山也有相逢的日頭(飜老下73). 뎌 조ᄒᆞᆫ 묏 암ᄌᆞ ᄀᆞᆯ히여 가:揀那淸淨山庵裏(飜朴上36). 묏 산:山. 뫼 쟝:嶂. 묏부리 악:嶽(訓蒙上3). 내 님 두ᅀᆞᆸ고 년뫼ᄅᆞᆯ 거로리(樂詞. 履霜曲). 뫼 산:山(類合上5). 뫼 노ᄑᆞᆯ 졸:崒(類合下38). 뫼 노ᄑᆞᆯ 징:崢. 뫼 노ᄑᆞᆯ 영:嶸(類合下51). 노ᄑᆞᆫ 뫼와 기픈 고리셔:高峰幽谷(野雲51). 뫼 야:野(光千27). 뫼 곤:崑(石千3). 뫼 ᄃᆡ:岱(石千26). 블근 날이 뫼히 먹금어:紅日含山(女四解2:32). 계룡산 놉흔 뫼을 눈결을 지나거다(萬言詞). 뫼 산:山(兒學上3). 뫼 망:邙(註千18). 山曰每(雞類).
※뫼>메
※'뫼'의 ┌뫼
첨용 └뫼해/뫼히라/뫼히/뫼콰…

뫼 명 들〔野〕. ¶뫼 야:野(光千27).

뫼가디 명 멧가지.〔가지의 한 품종.〕☞뫼가지 ¶뫼가디:旱茄子(柳氏物名三 草).

뫼가지 명 멧가지. ☞뫼가디 ¶뫼가지:旱茄子(譯解下11).

뫼골 명 산골. ☞뫼ㅅ골. 뫼쏠. 묏골 ¶무슐히에 뫼골의 가 왜란을 피히엿더니:戊戌避倭亂于山谷(東新續三綱. 烈6:44).

뫼기장 명 메기장〔山稷〕. ¶뫼기장:稷 俗謂피誤(柳氏物名三 草).

뫼등 명 산등성이. ☞뫼ㅅ등 ¶뫼등 강:岡(兒學上3).

뫼ᄆᆞᄅᆞ 명 산마루. ☞뫼ㅅᄆᆞᄅᆞ ¶뫼ᄆᆞᄅᆞ 진ᄒᆞᆫ 곳:山梁盡頭處(漢淸1:38).

뫼ᄆᆞᄅᆞ다 형 메마르다. ¶뫼ᄆᆞᄅᆞᆫ 싸흘 ᄀᆞᆯ히여 주어(女範1. 모의 노희경강).

뫼발 명 산기슭. ¶뫼발 록:麓(兒學上3).

뫼밤 명 산밤. ¶뫼밤:錐栗(物譜 木果).

뫼벼 명 메벼. ¶뫼벼:粳(柳氏物名三 草). 뫼벼 깅:秔(兒學上7).

뫼부리 명 멧부리. ☞뫼ㅅ부리. 묏부리 ¶뫼부리 봉:峯. 뫼부리 만:巒(兒學上3).

·뫼·ᄡᆞᆯ 명 멥쌀. ¶뫼ᄡᆞᆯ 경:粳. 뫼ᄡᆞᆯ 션:秈(訓蒙上12). ※뫼ᄡᆞᆯ>멥쌀

뫼ㅅ골 명 산골. ☞뫼쏠. 묏골 ¶뫼ㅅ골 깁고 좁은 곳:山谷深窄處(漢淸1:38).

뫼ㅅ등 명 산등성이. ☞뫼등 ¶뫼ㅅ등:山脊(譯解補4).

뫼ㅅ밋 명 산밑. ¶뫼ㅅ밋:山底(譯解上6).

뫼ㅅᄆᆞᄅᆞ 명 산마루. ☞뫼ᄆᆞᄅᆞ ¶뫼ㅅᄆᆞᄅᆞ:山梁(漢淸1:37).

뫼ㅅ봉 명 산봉우리. ☞묏봉 ¶뫼ㅅ봉:山峯(同文解上6). 뫼ㅅ봉 적이 두절ᄒᆞᆫ 곳:山峯微懸處(漢淸1:38).

뫼ㅅ봉오리 명 산봉우리. ☞묏봉으리 ¶뫼ㅅ봉오리 봉:峯(倭解上7).

뫼ㅅ부리 명 멧부리. ☞뫼부리. 묏부리 ¶뫼ㅅ부리:山崗(同文解上6). 묏ㅅ부리:山嘴(漢淸1:38).

뫼ㅅ비탈 명 산비탈. ¶뫼ㅅ비탈:山坡(漢淸1:37).

뫼ㅅ허리 명 산허리. ¶뫼ㅅ허리:山腰(譯解上6).

:뫼시·다 동 모시다. ☞뫼ᅀᆞᆸ다. 뫼ᅌᆞᆸ다 ¶聖宗ᄋᆞᆯ 뫼셔:陪聖宗(龍歌109章). 大神ᄃᆞᆯ히 뫼시ᅀᆞᄫᆞ니(月印上9. 月釋2:43). 브즈러니 供給ᄒᆞ야 뫼셔:精勤給侍(法華4:155). 君子ᄭᅴ 아ᄅᆞᆷ뎌 뫼셔 밥 머글 저기어든:侍燕於君子則(宣賜內訓1:8). 뫼셧ᄂᆞᆫ 겨집죵ᄋᆞᆫ:侍婢(杜解22:43). 八月ㅅ 보로ᄆᆞᆫ 아으 嘉俳나리마ᄅᆞᆫ 니믈 뫼셔 녀곤(樂範. 動動). 뫼셧ᄂᆞᆫ 겨집죵으로 ᄒᆡ여:使侍婢(飜小10:2). 뫼실 비:陪(類合下14). 뫼실 시:侍(類合下14. 石千35. 倭解下33). 뫼실 비:陪(石千22). 뫼실 어:御(石千35). 계집들의 환도 그르고 뫼신 ᄃᆡ 부리게 ᄒᆞ고(三譯10:2).

妾의 뫼심이:妾御(宣小2:51). 그날 밤을 뫼셔 자더니(明皇1:33). 뫼시다:侍(同文解上51). 듀야로 겻ᄐᆡ 뫼셔 하ᄂᆞᆯ긔 부르지디며:日夜侍側無懈號泣于天(五倫1:64). 님군을 뫼셧더니:奉惠帝(五倫2:22).

:뫼·시·ᅀᆞᆸ·다 동 모시옵다. ㉮뫼시다 ¶大神ᄃᆞᆯ히 뫼시ᅀᆞᄫᆞ니(月印上9).

뫼ᄭᆞᆯ 명 산골. ☞뫼ㅅ골. 묏골 ¶그 도적을 다가 ᄒᆞᆫ 뫼ᄭᆞᆯ의 에워:把那賊圍在一箇山峪裏(老解上27).

뫼ᄯᅩ기 명 메뚜기. ☞뫼ᄯᅩᆨ이 ¶죵ᄉᆞᄂᆞᆫ 뫼ᄯᅩ기니:螽斯(女四解4:31). 뫼ᄯᅩ기 죵:螽(兒學上8).

뫼ᄯᅩᆨ이 명 메뚜기. ☞뫼ᄯᅩ기 ¶뫼ᄯᅩᆨ이:蝗(物譜 飛蟲).

뫼ᄲᅩᆼ 명 꾸지뽕나무. ☞묏ᄲᅩᆼ ¶뫼ᄲᅩᆼ 쟈:柘(類合上9). 뫼ᄲᅩᆼ 엄:檿(詩解 物名20). 뫼ᄲᅩᆼ 쟈:柘(兒學上6).

:뫼·ᅀᆞ리 명 ①메아리. ☞뫼아리 ¶듣논 소리 뫼ᅀᆞ리 ᄀᆞᆮᄒᆞ야(月釋2:53). 고랫 뫼ᅀᆞ리라:谷響(楞解8:55). 뫼ᅀᆞ리와 ᄀᆞᆮᄒᆞᆫ 젼ᄎᆞ로:爲與響等故(法華6:38). 標와 ᅀᅮᆫ가라ᄀᆞᆫ 그리메와 뫼ᅀᆞ리왓 ᄠᅳ디니:標指者影響之義(金剛上48). 고랫 뫼ᅀᆞ리 ᄀᆞᆮᄒᆞ샤(圓覺上二之三13). 며느리 그리메와 뫼ᅀᆞ리 ᄀᆞᆮᄒᆞ면 엇뎨 아ᄅᆞᆷ답디 아니ᄒᆞ리오:婦如影響焉不可賞(宣賜內訓2上14).
②산의 정령(精靈). ☞뫼아리 ¶뫼ᅀᆞ리ᄂᆞᆫ 나지 갈ᄆᆡᆺ도다:山精白日藏(初杜解15:9).

뫼ᅀᆞ릐 명 메아리의. 통뫼ᅀᆞ리 ¶뫼ᅀᆞ릐 소리 맛곰ᄃᆞᆺ ᄒᆞ샤(金剛127).

:뫼ᅀᆞᆸ·다 동 모시옵다. ☞뫼ᅀᆞᆸ다 ¶날로 ᄒᆞ여곰 뫼ᅀᆞ와셔 슈건이며 빗슬 맛다시라 ᄒᆞ시니(飜小9:59).

:뫼·ᅀᆞᄫᆞ·니 명 모시온 사람. 모신 이. ☞뫼ᅀᆞᆸ다 ¶各各 뫼ᅀᆞᄫᆞ니 보내샤(月釋21:9).

:뫼·ᅀᆞᄫᆞᆫ 동 모시온. 모신. ㉮뫼ᅀᆞᆸ다 ¶뫼ᅀᆞᄫᆞᆫ 사ᄅᆞ미 阿難陁ㅣ러니(月釋2:9).

:뫼ᅀᆞ·와 동 모시와. ㉮뫼ᅀᆞᆸ다 ¶네 崆峒애 님그믈 뫼ᅀᆞ와 ᄃᆞ니던 나리여:扈聖崆峒日(初杜解3:1).

:뫼·ᅀᆞᆸ·다 동 모시다. ☞뫼ᄋᆞᆸ다 ¶四天王이 뫼ᅀᆞᆸ고(月印上20). 各各 뫼ᅀᆞᄫᆞ니 ᄇᆞ리샤(釋譜11:4). 뫼ᅀᆞᄫᆞᆫ 사ᄅᆞ미 阿難陁ㅣ러니(月釋2:9). 各各 뫼ᅀᆞᄫᆞ니 보내샤(月釋21:9). 黃卷聖賢ᄋᆞᆯ 뫼ᅀᆞ와(楞解1:3). 大菩薩ᄃᆞ리샤 뫼ᅀᆞ오니 사ᄆᆞ샤:將大菩薩以爲侍者(法華4:121). 네 崆峒애 님그믈 뫼ᅀᆞ와 ᄃᆞ니던 나리여:扈聖崆峒日(初杜解3:1). 뫼ᅀᆞ오미 ᄆᆞᆺ 오라:執侍最久(六祖序5).
※뫼ᅀᆞᆸ다>뫼ᄋᆞᆸ다
※'뫼ᅀᆞᆸ다'의 활용 [뫼ᅀᆞᆸ고/뫼ᅀᆞᆸ디…
뫼ᅀᆞᄫᆞ니/뫼ᅀᆞᄫᆞᆫ…]

뫼아리 명 ①메아리. ☞뫼ᅀᆞ리. 뫼왈 ¶뫼아리:響應聲(譯解補5).
②산의 정령(精靈). ☞뫼ᅀᆞ리 ¶뫼아리ᄂᆞᆫ 나죄 갈ᄆᆡᆺ도다:山精白日藏(重杜解15:9).

뫼아리ᄒᆞ다 동 메아리치다. ¶뫼아리ᄒᆞ다:響應(同文解上7).

뫼오다 동 모시다. ☞뫼ᅀᆞᆸ다. ¶아비 병들거ᄂᆞᆯ 벼슬 ᄇᆞ리고 도라가 뫼와셔:父病棄官歸侍(東新續三綱. 孝1:68). 션왕 마노라 뫼와겨오시던(癸丑51). 우리도 孔夫子 뫼옵고 學海中에 놀이라(古時調. 孝悌로. 海謠). 아직 옴겨 뫼옴도 됴토다(落泉1:2).

뫼올이 명 들오리. ☞뫼올히. 묏올히 ¶뫼올이:野鴨子(蒙解下28).

뫼올히 명 들오리. ☞뫼올이 ¶뫼올히:野鴨肉(東醫 湯液一 禽部).

뫼왈 명 메아리. ☞뫼ᅀᆞ리. 뫼아리 ¶며느리 그림재와 뫼왈 ᄀᆞᆺᄒᆞ면 엇디 아ᄅᆞᆷ답디 아니ᄒᆞ리오:婦如影響焉不可賞(重內訓2:12).

뫼욕ᄀᆞᆷ다 동 미역감다. ¶빌건댄 조히 뫼욕ᄀᆞ믄 후의 드로리라:乞澡沐然後聽之(東新續三綱. 烈3:40).

뫼욕ᄒᆞ다 동 목욕하다. ☞모욕ᄒᆞ다 ¶즉시 뫼욕ᄒᆞ기ᄅᆞᆯ 다ᄒᆞ고:卽沐浴訖(東新續三綱. 烈6:71).

뫼우다 동 모으다. ¶죵시 짓슬 뫼움은 ᄐᆡᄉᆞ의 어짐을 말ᄒᆞ고:緝(女四解4:31).

뫼이다 동 모이다. ¶화긔 가뎡의 뫼이고:萃(女四解4:33).

뫼ᄋᆞ와 동 모시와. ㉮뫼ᄋᆞᆸ다 ¶文物이 巡守ᄅᆞᆯ 뫼ᄋᆞ와 가니:文物陪巡狩(重杜解20:32).

뫼ᄋᆞᆸ다 동 모시옵다. ☞뫼ᅀᆞᆸ다. 뫼오다 ¶臣이 뫼ᄋᆞ와 글 엳ᄌᆞ옴이 날이 오란디라:臣侍講日久(宣小6:42). 구틔여 玄圃애 뫼ᄋᆞᆸ디 몯ᄒᆞ다:不必陪玄圃(重杜解3:4). 님금 겨틔 뫼ᄋᆞᆸ더니라:侍君側(重杜解11:16). 文物이 巡守를 뫼ᄋᆞ와 가니:文物陪巡狩(重杜解20:32).

뫼조 명 메조. ¶뫼조:粟(柳氏物名三 草).

뫼초라기 명 메추라기. ☞뫼ᄎᆞ라기 ¶뫼초라기 노롯ᄒᆞ고:耍鵪鶉(朴解上17). 뫼초라기:鵪鶉(同文解下35). 뫼초라기 ᄡᅡ홈 부치고(朴新解1:21). 뫼초라기 슌:鶉(兒學上7).

뫼초락이 명 메추라기. ☞뫼초라기. 뫼ᄎᆞ라기 ¶뫼초락이:鶉(物譜 羽蟲).

뫼초리 명 메추리. ☞뫼초라기. 뫼ᄎᆞ라기 ¶뫼초리:鵪鶉(漢淸13:56).

뫼촐이 명 메추라기. ☞뫼초라기. 뫼초리 ¶뫼촐이:鶉(柳氏物名一 羽蟲).

뫼ᄎᆞ라기 명 메추리. ☞모ᄎᆞ라기. 뫼초라기 ¶뫼ᄎᆞ라기:鶉肉(東醫 湯液一 禽部). 뫼ᄎᆞ라기:鵪鶉(譯解下27).

:뫼·콰 명 메와. 산(山)과. 〔ㅎ 첨용어 '뫼'의

부사격(副詞格).〕㊢뫼 ¶뫼콰 ᄀᆞᄅᆞᄆᆞ로 처엄과 ᄆᆞᄎᆞ믈 盟誓ᄒᆞ시놋다:山河誓始終(杜解5:42). 뫼콰 ᄀᆞᄅᆞ매:山河(初杜解8:47). 나라히 破亡ᄒᆞ니 뫼콰 ᄀᆞᄅᆞᆷ뿐 잇고:國破山河在(杜解10:6).

뫼해 명 메에. 산(山)에.〔ㅎ 첨용어 '뫼'의 부사격(副詞格).〕㊢뫼 ¶뉘 人間과 뫼해 들에며 괴외호ᄆᆞᆯ 니ᄅᆞ리오:誰云人山而喧靜耶(永嘉下121).

뫼허리 명 산(山)허리. 산요(山腰). ¶뫼허리:山腰(漢淸1:38).

뫼·호·다 동 모으다. ☞모호다 ¶몸앳 필 뫼화(月印上2). 부플 텨 뫼호니(月印上57). 쳔랴ᇰ올 만히 뫼호아 두고(釋譜9:12). 又나라해 보내샤 人心ᄋᆞᆯ 뫼호게 ᄒᆞ쇼셔(釋譜24:49). 하ᄂᆞᆯ히며 사ᄅᆞᆷ 사ᄂᆞᆫ ᄯᅡ홀 다 뫼호아 世界라 ᄒᆞᄂᆞ니라(月釋1:8). 두루 뫼화 열여들비니(月釋2:14). 三聚戒ᄂᆞᆫ 세헤 뫼호온 戒니(月釋9:16). 비록 各各 ᄒᆞᆫ 그티나 두려이 뫼호건댄:雖各一端圓而會之(楞解6:41). 므를 뫼호ᄂᆞᆫ 젼ᄎᆞ로:積水故(楞解8:118). 爲ᄒᆞ야 法 드롫 衆을 뫼호게 ᄒᆞ며:爲其集聽法衆(法華4:100). 쳔량ᄋᆞ로 匠人 뫼화ᄂᆞᆯ(金剛後序15). 다 뫼화:盡攝(蒙法28). 뫼화 니ᄅᆞ건댄:合而言之(蒙法66). 般若ᄅᆞᆯ 뫼호며:採集般若(圓覺序78). 三觀ᄋᆞᆯ 뫼화 ᄇᆞᆯ기시나:統明三觀(圓覺上一之二72). 銳卒ᄋᆞᆯ 뫼화:蓄銳(杜解1:8). 소ᄂᆞᆯ 뫼햇ᄂᆞ니:會賓客(杜解5:48). 아ᅀᆞᆷ돌ᄒᆞᆯ 뫼홀다:會親戚(初杜解8:20). 보비ᄅᆞᆯ 뫼호ᄃᆡ(金三5:47). 뫼홀 총:總(類合上24). 뫼홀 부:裒. 뫼홀 즙:輯. 실 뫼홀 찬:纂(類合下24). 烽火ᄅᆞᆯ 드러 兵馬 뫼혼대(重內訓序5). 가ᄋᆞᆷ여롬으로ᄡᅥ 가난ᄒᆞᆫ 이ᄅᆞᆯ 뫼호디 말며:無以富呑貧(警民20). 廣濶ᄒᆞ온 白沙場의 벗 뫼화 도ᄅᆞ가셔(武豪歌).

뫼·화·ᄂᆞᆯ 동 모으거늘. ㉮뫼호다☞-아ᄂᆞᆯ ¶쳔량ᄋᆞ로 匠人 뫼화ᄂᆞᆯ(金剛後序15).

뫼흘 명 메를.〔ㅎ 첨용어 '뫼'의 목적격(目的格).〕㊢뫼 ¶갈 젠 뫼흘 헤텨 기우러 가ᄂᆞᆫ ᄃᆞᆺᄒᆞ도다:去擘山嶽傾(重杜解5:48).

뫼히 명 메가.〔ㅎ 첨용어 '뫼' 의 주격(主格).〕㊢뫼 ¶블와 치운 뫼히 뷔여슈믈 스쳐 보ᄂᆞᆫ ᄃᆞᆺ도다:髣髴蹴踏寒山空(重杜解5:49). 뫼히 서늘ᄒᆞ니 프른 ᄆᆡ햇 쇠 울오:山寒青兕叫(重杜解12:29).

뫼ᄒᆞ로 명 메로. ㊢뫼 ¶별와 銀河ᄂᆞᆫ 새뱃 뫼ᄒᆞ로 디놋다:星河落曉山(重杜解11:50).

:뫼ᄒᆞᆫ 명 메는. ㊢뫼 ¶노ᄑᆞᆫ 뫼ᄒᆞᆫ 알퍼 嵂崒ᄒᆞ고:高嶽前嵂崒(杜解6:18). ᄃᆞᄂᆞᆫ 뫼ᄒᆞᆫ 赤甲ᄋᆞᆯ 지옛고:奔峭背赤甲(杜解7:11). 구룸 뫼ᄒᆞᆫ 紫邏ㅣ 깁도다:雲山紫邏深(初杜解23:8).

뫼홀 명 메를. ㊢뫼 ¶나조ᄒᆡ 노ᄑᆞᆫ 樓ᄅᆞᆯ 비겨 눈 인ᄂᆞᆫ 뫼홀 相對호니:暮倚高樓對雪峯(重杜解9:38).

묀멀위 명 머루. ¶묀멀위:蘡薁(東醫 湯液二 果部).

묃도기 명 메뚜기. ☞묏도기 ¶묃도기 작:蚱(倭解下26).

묃미나리 명 멧미나리. ☞묏미나리 ¶묃미나리:柴胡(東醫 湯液二 菜部).

묍독 명 메뚜기. ☞묃도기. 묏도기 ¶青묍독 겨대ᄂᆞᆫ 杖鼓 던더러쿵 ᄒᆞᄂᆞᆫᄃᆡ(古時調. 靑개고리. 靑丘).

묏:골 명 산골. ☞뫼ㅅ골. 뫼쏠 ¶鹿皮옷 니브샤 묏골애 苦行ᄒᆞ샤(月印上51). 미친 사ᄅᆞᆷᄀᆞ티 묏고래 수머 겨샤(釋譜6:4). 殿堂이어나 묏고리어나(釋譜19:43). 기픈 묏고ᄅᆞᆯ 디러(三綱. 烈21). 谿ᄂᆞᆫ 믈 잇ᄂᆞᆫ 묏고리오(月釋13:45). 묏고랫 양지 여러 가지로다:山谷勢多端(杜解1:18). 묏고래 디ᄂᆞᆫ 니피 블겟도다:山谷落葉赤(杜解7:26). 묏고래 올마 가ᄆᆞᆫ ᄌᆞ모 열흐를 ᄆᆞᆺᄃᆞ록 ᄒᆞ리로다:谷轉頗彌旬(初杜解8:54). 묏골 동:峒(訓蒙上3).

:묏곶 명 산에 피는 꽃. ¶묏새와 묏고ᄌᆞᆫ 내 兄弟 ᄅᆞ도다:山鳥山花吾友于(初杜解9:31).

:묏:괴 명 살쾡이. ¶貍ᄂᆞᆫ 묏괴라(圓覺上一之二129).

묏긑 명 ①산꼭대기. ¶그 아비 노ᄑᆞᆫ 묏그테 올아 울며(釋譜11:29). ᄀᆡᆫ 비츤 太白ㅅ 묏그테 우렷도다:晴曛太白巓(初杜解20:16). ②산기슭. ¶茅堂ᄋᆞᆯ ᄀᆞᄅᆞᆷ 묏그틀 디나ᅀᅡ 갈가 외오 疑心ᄒᆞ다니:悞疑茅堂過江麓(初杜解15:46). 낫만 묏그트로 ᄂᆞ려오도다:亭午下山麓(初杜解25:2).

묏기·슭 명 산기슭. ¶蒼崖ᄂᆞᆫ 프른 묏기슬기오(杜解1:3). 묏기슬겟 녯 뎌릐 됴호ᄆᆞᆯ 보고 시름 프노라:愁破崖寺古(杜解1:19). 묏기슭 록:麓(訓蒙上3).

묏길 명 산길. 산경(山徑). ¶시냇믈 뷘 묏길콰 섭나모 門 늘근 나모 셧ᄂᆞᆫ ᄆᆞᅀᆞᆯ해:澗水空山道柴門老樹村(初杜解8:47).

묏ᄂᆞ믈 명 멧나물. 산나물. ☞묏ᄂᆞᄆᆞᆯ ¶뫼흐로 치ᄃᆞ라 ᄉᆡ엄취라 삽쥬 고살이 그런 묏ᄂᆞ믈과(古時調. 중놈이. 海謠).

묏ᄂᆞᄆᆞᆯ 명 멧나물. 산나물. ☞묏나믈 ¶반ᄃᆞ기 보리밥과 묏ᄂᆞᄆᆞᆯ홀 조쳐 ᄒᆞ라 ᄒᆞ더시니:必間設麥飯野蔬(宣賜內訓2下58).

묏대쵸 명 멧대추. ¶酸棗 묏대쵸(濟衆).

묏·도·기 명 메뚜기. ☞뫼ᄯᅩ기. 뫼ᄯᅩᆨ이. 묏독이 ¶묏도기 마:螞. 묏도기 자:蚱. 묏도기 황:蝗. 묏도기 죵:螽(訓蒙上23). 묏도기:阜螽(詩解 物名2). 묏도기:斯螽(詩解 物名13). 묏도기 명:螟(詩解 物名18). 묏도기:

蝎蚱(譯解下36. 同文解下42). 묏도기:斯螽(柳氏物名二 昆蟲).
※묏도기>메뚜기

묏도족 명 산적(山賊). ¶니건 겨스레 묏도조기 와 주기며 아사 거싀 기튼 거시 업도다:去冬山賊來殺奪幾無遺(初杜解25:37).

묏독이 명 메뚜기. ☞묏도기 ¶묏독이:螞蚱(漢淸14:50).

묏독이 명 낚시찌. ¶낙시ㅅ줄 묏독이:釣瓢子(譯解補17).

묏둘흡 명 멧두릅. ¶묏둘흡:獨活(方藥7).

묏머루 명 산머루. 까마귀머루. ☞묏멀외 ¶묏머루:蘡薁(濟衆).

묏멀외 명 산머루. ☞묏머루 ¶묏멀외 류:藟(詩解 物名1).

묏미나리 명 멧미나리. ☞묏미ᄂᆞ리 ¶묏미나리:柴胡(濟衆. 經驗). 묏미나리 불휘롤 움업게 ᄒᆞ고:柴胡去苗(瘟疫方25).

묏미ᄂᆞ리 명 멧미나리. ☞묏미나리. 묏미나리 ¶묏미ᄂᆞ리:柴胡(柳氏物名三 草).

묏ᄆᆞᄅᆞ 명 산마루. ¶묏ᄆᆞᄅᆞ 강:岡(註千3).

묏밭 명 산에 있는 밭. 산전(山田). ¶어미조차 묏바티 가 기음ᄆᆡ다가:從母往鋤山田(續三綱. 孝15).

:묏보오·리 명 산봉우리. 산봉(山峰). ☞뫼ㅅ봉오리. 묏봉으리 ¶묏보오리 쇠머리 ᄀᆞᆮᄐᆞᆯ씨(月釋1:27).

묏봉 명 산봉우리. ☞뫼ㅅ봉 ¶묏봉 봉:峯. 묏봉 만:巒(類合上5).

묏봉으·리 명 산봉우리. ☞뫼ㅅ봉오리. 묏보오리 ¶묏봉으리 봉:峯(訓蒙上3).

묏:부리 명 멧부리. ☞뫼ㅅ부리 ¶노폰 묏부리 서르 枕帶ᄒᆞ엣ᄂᆞ니:崇岡相枕帶(初杜解7:23). 城郭애 나 ᄀᆞᄂᆞᆫ 묏부리롤 보고:出郭眄細岑(杜解9:13). 노폰 묏부리예ᄂᆞᆫ 디ᄂᆞᆫ 힛비치 나맷고:層巓餘落日(杜解9:14). 如來 말솜 업슨 말ᄉᆞᄆᆞᆫ 묏부리예 나ᄂᆞᆫ 구루미 ᄆᆞᅀᆞᆷ 업소미오:如來無說說山岫雲無心(金三4:40). 묏부리 악:嶽. 묏부리 슈:岫. 묏부리 강:崗. 묏부리 뎐:巓(訓蒙上3). 묏부리 강:岡(石千3). 묏부리 악:嶽(石千26). 그 지비 층층인 묏부리예 브텃도다:其室附層巓(重杜解22:53). 묏부리 슈:岫(註千28).

묏부·우리 명 멧부리. ☞묏부리. 묏브리 ¶구루미 묏부우리예 나 東西예 ᄆᆞᅀᆞᆷ 업스며(南明上3).

묏불 명 산불. ¶묏불:山燒(柳氏物名五 火).

묏브리 명 멧부리. ☞묏부리 ¶묏브리 곤:崐. 묏브리 강:岡(光千3).

묏비돌기 명 산비둘기. ☞묏비두리 ¶묏비돌기:班鳩(譯解下25).

묏비두리 명 산비둘기. ☞묏비둘기. 묏비들기 ¶묏비두리:鳻鳩(四解上77 鳻字註).

묏비둘기 명 산비둘기. ☞묏비돌기. 묏비두리 ¶묏비둘기:斑鵖(東醫 湯液一 禽部).

묏비들기 명 산비둘기. ☞묏비두리 ¶아롱 묏비들기:斑鷦(柳氏物名一 羽蟲).

묏빈 명 돌배. ¶묏빈 슈:檖(詩解 物名11).

:묏:새 명 멧새. ¶묏새와 묏고존 내 兄弟 ᄃᆞ외도다:山鳥山花吾友于(初杜解9:31).

:묏·쇼 명 들소. ¶프른 묏쇼와 누른 곰괘 나롤 向ᄒᆞ야 우ᄂᆞ다:青兕黃熊啼向我(杜解9:6). 되 아히ᄂᆞᆫ 프른 묏쇠 갓오시로다:羌兒青兕裘(杜解22:38).

묏쏠 명 산골. ☞묏골 ¶지되 아비롤 업고 묏쏠의 피ᄒᆞ야:載道負父避匿山谷(東新續三綱. 孝1:49).

:묏·ᄲᅩᆼ 명 꾸지뽕나무. ☞뫼ᄲᅩᆼ ¶묏ᄲᅩᆼ 염:檿. 묏ᄲᅩᆼ 쟈:柘(訓蒙上10).

묏ᄲᅮ리 명 멧부리. ☞묏부리 ¶묏ᄲᅮ리 슈:岫(石千28).

:묏언 명 산언덕. ☞묏언덕 ¶묏언헤 ᄠᅥ디여 橫死ᄒᆞᆯ 씨오(釋譜9:37).

묏언덕 명 산언덕. ☞묏언 ¶묏언덕 애:崖(訓蒙上3).

묏올히 명 들오리. ☞뫼올이. 뫼올히 ¶묏올히:野鴨子(譯解下27).

묏이ᄉᆞ랏나모 명 산앵도(山櫻桃)나무. ¶묏이ᄉᆞ랏나모:椰(四解上10). 묏이ᄉᆞ랏나모:郁李樹(譯解下42).

:묏·쥐 명 들쥐. ☞드릇쥐 ¶묏쥐 ᄑᆞ며 플 여름 ᄲᅡ먹고:掘野鼠去草實而食(三綱. 忠6).

묏지지 명 산치자(山梔子). ¶묏지지 씨:山梔子(救簡2:24).

:묘 명 묘(墓). ¶墓애 가싫 제 부톄 앏셔시니(月釋10:3). 뎡유왜난의 식으로 더브러 조샹 묘측의 숨 멌 수먼더니:.丁酉倭亂與軾偕隱于先塋之側(東新續三綱. 烈8:76). 새 조ᄒᆞᆫ 돗그로ᄡᅥ 墓前의 셜고(家禮10:45).

:묘:리 명 묘리(妙理). ¶ᄒᆞᆫ 번 묻ᄌᆞ오며 ᄒᆞᆫ 번 對答ᄒᆞ샤매 妙理 이에 잇ᄂᆞ니(金三2:10). 묘리 술:術(類合下8). ᄒᆞ염즉ᄒᆞᆫ 묘리도 업고(新語4:18). 妙理 아ᄂᆞᆫ 사ᄅᆞᆷ의게(隣語1:7).

:묘:소 명 묘소(墓所). ¶앏셔 길 자바 墓所로 가시노라:墓所ᄂᆞᆫ 묻ᄌᆞᄫᆞᆯ ᄯᅡ히라(月釋10:13). 墓소 百步맛감 ᄢᅥ나셔 卑幼도 ᄯᅩᄒᆞᆫ 車馬롤 ᄐᆞ라(家禮8:18).

묘연ᄒᆞ다 형 묘연(渺然)하다. ¶뫼히 더욱 깁허 인적이 묘연ᄒᆞ고 슈목이 참천ᄒᆞ야 길히 업ᄉᆞ니(落泉2:5).

묘예 명 묘예(苗裔). ¶쇼제 슬피 비러 왈 첩은 ᄉᆞ족 묘예로 그룻 이곳의 ᄲᅥ져시니(落泉2:2).

묘음 명 모음. 모임. ¶西鳩도 이 ᄠᅳᆺ 알아 이

묘음 設施ᄒᆞ니(人日歌).

묘직이 명 묘지기. 묘직(墓直). ¶묘직이:看墳的(譯解補19).

묘히 부 묘(妙)히. 묘(妙)하게. ¶묘히 너길 호:好(註千18).

:묘ᄒᆞ·다 형 묘(妙)하다. ¶오직 畧고 넙디 몯ᄒᆞ시며 妙코 圓티 몯커시니와:但略而未普妙而未圓(法華7:41). ᄀᆞ장 微ᄒᆞ며 ᄀᆞ장 妙ᄒᆞ야(永嘉下55). 묘홀 묘:妙(石千40. 倭解上19). 묘ᄒᆞ다:妙(同文解上18). 곡됴의 묘ᄒᆞᆫ 곳을 가ᄅᆞ치니(落泉1:1).

무강 명 무강(無疆). 무궁(無窮). ¶悠久ᄂᆞᆫ 無疆이니라(宣中38).

무강ᄒᆞ·다 형 무강(無疆)하다. ¶聖壽ㅣ 無疆ᄒᆞ시며(永嘉跋3).

무겁 명 살받이. ¶무겁 붕:堋(訓蒙中28). 人形ᄒᆞᆫ 무겁:墩子(譯解上20). 살 무겁 무온 더:箭垜子(譯解上22).

무겁다 형 무겁다. ¶무거올 중:重(倭解下31. 註千3). 權衡은 可히 뻐 가븨야오며 무거옴을 비기며:權衡可以擬輕重(女四解3:48). 무거울 균:鈞(註千39). 무거울 중:重(兒學下8).

무:고 명 무고(巫蠱). ¶十四年 녀르메 陰后ㅣ 巫蠱ㅅ 일로 廢ᄒᆞ야시ᄂᆞᆯ:巫蠱ᄂᆞᆫ 무당ᄋᆞᆯ 브려 鬼神 이바다 사ᄅᆞᄆᆞᆯ 害호ᄆᆞᆯ 빌 시라(宣賜內訓2下15).

무고히 부 무고(無辜)히. ¶긔미년의 네 무고히 날을 침노ᄒᆞ매 딤이 니ᄅᆞ디(山城62). 내 무고히 당힉의 올무미 무숨 연괸 쥴 아지 못ᄒᆞ거니와(落泉3:7).

:무공 명 무공(武功). ¶武功ᄲᅮᆫ 아니 爲ᄒᆞ샤:匪直爲武(龍歌80章).

무구 명 무구(無垢). ¶無垢는 ᄠᅴ 업슬 씨라(月釋9:23).

무궁화 명 무궁화(無窮花). ¶무궁화:木槿花(四解上55 槿字註). 무궁화 근:槿. 무궁화 순:蕣(訓蒙上7). 무궁화:木槿(東醫 湯液三木部). 무궁화:木槿花(譯解下39). 무궁화:木槿(物譜 花卉).

무궁·ᄒᆞ·다 형 무궁(無窮)하다. ¶變化ㅣ 無窮ᄒᆞ실ᄊᆡ(龍歌60章). 그 고대 無窮ᄒᆞᆫ 悲ᄅᆞᆯ 發ᄒᆞ야(楞解9:68). 無窮호ᄆᆞᆯ 나토려(金剛47). 犯호미 無窮홀까 분별이시니(永嘉下26). 그러나 葬ᄒᆞ요믄 맛당히 無窮ᄒᆞᆫ 規ᄅᆞᆯ 홀 거시니(家禮8:18). 손을 디혀 傷커나 죽거나 ᄒᆞ면 ᄆᆞᄎᆞᆷ내 無窮ᄒᆞᆫ 뉘오ᄎᆞᆷ이 되ᄂᆞ니라(警民9). 부뫼 즈애ᄒᆞ야 그 ᄆᆞᄋᆞᆷ이 무궁ᄒᆞ야(經筵). 괴롭기도 무궁ᄒᆞ고(隣語2:2). 心亂ᄒᆞᆫ 일이 만케 되엳ᄉᆞ오매 념녀 무궁ᄒᆞ올 ᄲᅮᆫ 아니오라(隣語7:7). 세변이 무궁ᄒᆞ고 인서 가작기 어려우니(落泉1:1).

무·근:쟝 명 묵은 장. 진간장. 진장(陳醬). ¶무근쟝:陳醬(救簡1:18).

무근히 명 묵은해. ¶무근히 보내올 제 시름 ᄒᆞᆫ듸 餞送ᄒᆞ쇠(古時調. 海謠).

무·기·다 동 묵이다. ☞묵이다 ¶집의 무기디 아니흘디니라:不宿於家(宣小2:37). 그리호려 ᄒᆞᆫ 말ᄋᆞᆯ 무금이 업더라:無宿諾(宣小4:43).

무너지다 동 무너지다. ¶무너질 괴:壞(兒學下10).

무눅다 형 무르고 눅다. ¶술 무눅다:酒龍多(同文解上60).

무눕쓰다 동 무릅쓰다. ¶ᄂᆞᆯ흘 무눕ᄡᅥ 도적을 항거ᄒᆞ다가 윤흠신 등으로 더브러 다 주기믈 닙다:冒刃抗賊與尹欽信等俱被害(東新續三綱. 忠1:61).

무느·다 동 늘이다. 늦추다. 연장하다. ☞므느다 ¶출하리 두서 히ᄅᆞᆯ 므늘 ᄲᅮᆫ니언뎡 가디 몯홀 거시라:寧遲緩數年不可行也(飜小9:50). ᄃᆞᆯ이 무너 나니ᄂᆞᆫ 부귀ᄒᆞ고:其有延月而生者富貴(胎要8).

무·늬 부 잇달아. 계속하여. ¶그노미 다 조차 무늬 오나ᄂᆞᆯ(續三綱. 烈25).

무단이 부 무단(無端)히. ¶네 나라히 무단이 밍세ᄅᆞᆯ 비반ᄒᆞ야(山城19).

무단·히 부 무단(無端)히. ¶無端히 知見을 니ᄅᆞ와다:無端起知見(六祖中81).

:무당 명 무당. ¶무당과 醫員을 信티 아니ᄒᆞ샤:不信巫祝小醫(宣賜內訓2上58). 무당 무:巫(訓蒙中3). 무당 무:巫(類合上17. 倭解上15). 녕ᄒᆞᆫ 무당 어더(癸丑79). ᄯᅩ 샹녜 어셔 죽거지라 ᄒᆞ고 무당 신ᄉᆞᄒᆞ기ᄅᆞᆯ 아니ᄒᆞ더라:且冀速死不事巫祀(東續三綱. 烈8). 기싱이 다 방기되고 셔울은 의녀와 무당이 드러와 잠간 뜻의 맛디 아니면(山城140). 무당:師婆子(譯解上27). 무당 불러 당즑글기 ᄒᆞᆫ들(古時調. 님 그려. 靑丘). 무당을 어더(十九史略1:22).

무덕이 명 무더기. ☞무저비. 무적 ¶무덕이 지다:堆簇(漢淸11:49).

무던이 부 무던히. ☞무던히 ¶前後에 나도 무던이 격거시되(古時調. 李鼎輔. 간밤의 자고. 甁歌).

무던히 부 무던히. ☞무던이 ¶무던히 너기다:從他(譯解下46).

무던ᄒᆞ다 형 가(可)하다. 괜찮다. ☞므던ᄒᆞ다 ¶쓰디 못ᄒᆞ여도 무던ᄒᆞ다:便使不得也罷(老解上59).

무·덤 명 무덤. ¶무더멧 神靈을 請ᄒᆞ고(釋譜9:17). 무덦 서리예 굿어다가 두리라(月釋9:35下). 무더믈 일우니라:塚壙(宣賜內訓1:73). 내 외로왼 무더믈 가 울오져 ᄉᆞ랑칸마ᄅᆞᆫ:吾思哭孤冢(初杜解24:17). 무덤을 뫼이니 뷘 棺애 ᄒᆞᆫ ᄶᅡᆨ 갓신이 잇더라

(南明上52). 무덤 분:墳. 무덤 셕:穸. 무덤 둔:窀. 무덤 통:塚. 무덤 묘:墓(訓蒙中35). 무덤 분:墳(石千20). 무덤 겯틔 막 미야:廬于墓側(宣小6:24). 무덤 묘:墓(倭解上52). 寃死ᄒᆞᆫ 줄 알고 이에 ᄉᆞᄉᆞ로 그 무덤의 祭ᄒᆞ니(女四解4:14).

무·덥·기·다 동 무더위에 볶이다. ☞닶기다 ¶무덥겨디 믈 업서 우므를 네 길 나마 포ᄃᆡ 므리 업거늘(續三綱. 孝. 王中感天).

:무덥·다 형 무덥다. ¶ᄯᅡ 긔우니 무더워 사ᄅᆞ미 믄득 병호ᄃᆡ:地氣蒸欝令人驟病(救簡1:102). 무덥다:熅熱(譯解上5. 同文解上5). 무덥다:悶熱(漢清1:28).

무·뎍·ᄒᆞ·다 형 무적(無敵)하다. 적이 없다. ¶四征無敵ᄒᆞ샤 오샤ᅀᅡ 사ᄅᆞ시릴ᄊᆡ:四征無敵來則活已(龍歌38章).

무:도히 부 무도(無道)히. 무도하게. ¶朱氏祥을 ᄃᆡ졉호ᄃᆡ 무도히 ᄒᆞ더니:朱氏遇祥無道(飜小9:70).

무:도ᄒᆞ·다 형 무도(無道)하다. ¶崔立이 無道ᄒᆞ야 ᄂᆞ미 겨지블 ᄀᆞᆺ 얻ᄂᆞ니(三綱. 烈23). 歌利王ᄋᆞᆫ 이 梵語ㅣ니 예셔 닐오맨 無道ᄒᆞᆫ ᄀᆞ장 모딘 님그미라(金剛80).

무되다 형 무디다. ☞무뒤다. 무듸다 ¶네 칼이 드ᄂᆞ냐 무되냐:你的刀子快也鈍(朴解上39). 굽격지 보요 박ᄋᆞᆫ 잣딩이 무되ᄃᆞ록 ᄃᆞ녀 보새(古時調. 鄭澈. 쉰 술. 松江). 무되다:鈍(同文解上48). 눈 무되다:眼拙(漢清8:30).

무되질ᄒᆞ다 동 무두질하다. ¶무되질ᄒᆞ다:鞼皮(漢清11:16).

무둑 명 무더기. ☞무적 ¶ᄒᆞᆫ 무둑 지를 노흐면:放一堆灰(朴解下48).

무둑무둑 부 무더기무더기. ¶네다ᄉᆞᆺ 빵식 무둑무둑 나아 드러:四五對家族族攢攢的(朴解下30).

무둠 동 묻음(埋). ㉮묻다 ¶져머셔 주그니 무두므란 潘岳ᄋᆡ 이ᄅᆞᆯ 조차ᄒᆞ고:瘞夭追潘岳(杜解3:17).

무뒤·다 형 무디다. ☞무되다. 무듸다 ¶네 갈히 드ᄂᆞ녀 무뒤녀:你的刀子快也鈍(飜朴上44). 므스 일 ᄀᆞᅀᆞ마라셔 갈히 무뒤료:管甚麼來刀子鈍(飜朴上44). 무뒬 둔:鈍(類合下4). 무뒬 둔:頓(註千36).

무드다 동 물들다. ¶무드다:習染(漢清8:31). 우리 무리의 드러ᄂᆞᆫ ᄌᆞ연이 무드러 음난치 아니리 업ᄉᆞ니(落泉1:2).

무들·기 명 무더기. ☞무적 ¶즈믄 ᄠᅳᆫ 거시 ᄒᆞᆫ 무들기만 ᄀᆞᆮ디 몯ᄒᆞ니:千零不如一頓(飜老下8). 무들기 딜:垤(訓蒙上4). 무들기 과:科(訓蒙上34). 일쳔 거시 ᄒᆞᆫ 무들기만 ᄀᆞᆮ디 못ᄒᆞ니:千零不如一頓(老解下7).

무들긔 명 무더기. ☞무들기. 무적 ¶무들긔 과:科(訓蒙叡山本上18).

무듸 명 무둣대. ¶무듸:皮鍬子(譯解補45).

무듸다 동 미다. 빠지다(禿). ☞믜다 ¶ᄠᅳᄂᆞᆫ 몰애ᄂᆞᆫ 두들기 ᄢᅥ뎌 가ᄂᆞ니 묏고ᄅᆞᆯ 시스니 솔와 잣괘 무듸도다:漂沙拆去岸漱壑松栢禿(杜解13:8).

무·듸·다 형 무디다. ☞무되다. 무뒤다 ¶鈍ᄋᆞᆫ 무듸ᇙ 씨라(釋譜11:6). 機 ᄂᆞᆯ카ᄫᆞ니 무듸니 이실ᄊᆡ(月釋13:38). 무듼 부들 노ᄅᆺ도이 자바:戲拈禿筆(初杜解16:41). 무듼 살ᄇᆞ로 ᄒᆞᆫ 번 눌로미 ᄀᆞᆮ디 몯ᄒᆞ니라:不如鈍鏨一捺(金三4:49). 칼 무듸다:刀鈍(譯解補16). 무듸 둔:鈍(倭解上40. 兒學下8).

무·디 명 무더기. ☞무들기 ¶ᄯᅩᇰ 무딧 우희 겨를 구버 할커늘(月釋9:35上). ᄆᆡ온 ᄇᆞᄅᆞ미 몰앳 무디 부러 흐룸 ᄀᆞᆮᄒᆞ야:猶如猛風吹散沙聚(楞解7:54). 苦聚ᄂᆞᆫ 受苦ㅅ 무디라(法華2:55). 네 漢ㅅ 使者ᄅᆞᆯ 조차 즈믄 무딧 珍寶ᄅᆞᆯ 가져오나든:舊隨漢使千堆寶(杜解5:21). ᄒᆞᆰ 무디 돈:墩(訓蒙中9). ᄆᆡ온 ᄇᆞᄅᆞ미 몰앳 무디 부러 흘룸 ᄀᆞᆮᄒᆞ야(靈驗13). 무디 퇴:堆(類合下58). 고롬과 피의 무디라:膿血之聚(龜鑑下55).

무디 명 무지(無知). ¶이 사ᄅᆞ믄 無知ᄅᆞᆯ 知삼ᄂᆞᆫ 執에 ᄢᅥ러디여(楞解10:55).

무디ㄱㅣ 명 무지개. ☞므지게 ¶무디ㄱㅣ 홍:虹(兒學上3).

무디히 부 무지하게. 미련하게. 무례(無禮)하게. ¶무디히 오직 옷과 밥의 ᄃᆞ라드러:貿貿焉惟衣食之趣(警民序2). 무디히 너기디 마ᄅᆞ쇼셔(新語6:9).

무디ᄒᆞ·다 형 무지(無知)하다. ¶이제 다 도라와 各各 無知ᄒᆞᆫ ᄃᆞᆯ 붓그려(金三5:44). 天道ㅣ 무디ᄒᆞ야:天道無知(飜小9:72). 蚩蚩:무디ᄒᆞᆫ 양이라(宣小 題辭2). 무디ᄒᆞ고 어린 ᄇᆡᆨ셩:蠢愚之民(警民序2). 無知ᄒᆞᆫ 사ᄅᆞᆷ이 죠고만 利며 害를 ᄃᆞ토와:無知之人爭小利害(警民4). 무디ᄒᆞᆫ 이:村俗人(同文解上13). 언서 무디ᄒᆞ니(引鳳簫1).

무·러오·다 동 찾아오다. ¶ᄒᆞ다가 衰ᄒᆞᆫ 한아빌 무러 와 말홀 뎬 모로매 소ᄂᆞ로 ᄒᆡ여 迷路호ᄆᆞᆯ 보내리로다:若訪衰翁語須令騰客迷(初杜解7:16).

무럼 명 무럼생선. 해파리. ☞믈엄 ¶무럼:魚芙(柳氏物名二 水族).

무·례·히 부 무례(無禮)히. ¶敢히 버근며느리게 무례히 몯 홀 거시니라:不友無禮於介婦(宣小2:19). 내게 와 무례히 ᄒᆞᆯ다(太平1:29). 무례히 구다:不留體面(同文解上32).

무:례ᄒᆞ·다 형 무례(無禮)하다. ¶嫡子ㅅ 긔 無禮ᄒᆞᇙᄊᆡ 셔ᄫᅳᆯ 뷘 길헤 軍馬ㅣ 뵈니이다(龍歌98章). 님긊긔 無禮ᄒᆞᆫ 사ᄅᆞᄆᆞᆯ 보아ᄃᆞᆫ(三綱. 忠12). 거상애 無禮ᄒᆞ거늘:居喪無禮

(宣小5:45).

무로녹다 동 무르녹다. ☞물오녹다. 므르녹다 ¶무로녹을 란:爛(倭解上48).

무롭 명 무릎. ☞무룦. 무룹. 무뤂 ¶그 평상 우희 무롭 단ᄂᆞᆫ 고디 다 들워디니라:其榻上當膝處皆穿(宣小6:121). 무롭:曲膝(譯解上35. 同文解上16).

무롭다 동 ①무릅쓰다. ¶바ᄆᆞᆯ 무롭고 ᄎᆞ자가니 과연 주걷더라:冒夜尋之果死矣(東新續三綱. 烈3:21 玉之抱屍).

②뒤집어쓰다. 입다. ☞무롭ᄡᅳ다. 무루ᄡᅳ다. 무릅다 ¶니블 무롭고 누어셔:蒙被而臥(宣小6:57). 草衣를 무롭고 木實을 먹을 망정(古時調. 崔冲. 一生에. 青丘).

무롭도리 명 무릎도리. ☞무룹도리 ¶ᄒᆞᆫ ᄀᆞᄅᆞ티 즌흙이 무롭도리로 깁더라:一剗浠泥曲膝盖深(朴解中51).

무롭ᄡᅳ다 동 뒤집어쓰다. ☞무롭다. 무루ᄡᅳ다 ¶니블 무롭ᄡᅥ 누엇ᄲᅥ놀:蒙被而臥(重三綱. 烈11).

무뤂 명 무릎. ☞무롭. 무룹. 무룦 ¶무로피어나 소니어나 오ᄉᆞ로 두터이 ᄡᅡ:用膝頭或手厚裹衣(救簡1:59).

무뢰비 명 무뢰배(無賴輩). ☞무류비 ¶무뢰비:光棍(漢淸8:42).

무료ᄒᆞ다 형 무안하다. 부끄럽다. ¶무료ᄒᆞ다:赧然(同文解上20). 무료ᄒᆞ여 소릐 업다:默然沒趣(漢淸8:33).

무루녹다 동 무르녹다. ¶무루녹을 농:濃(兒學下8).

무·루ᄡᅳ·다 동 ①뒤집어쓰다. ☞무룹스다 ¶갈ᄒᆞ로 고ᄒᆞᆯ 버히고 니블 무루ᄡᅥ 누벗거늘:以刀斷鼻蒙被而臥(三綱. 烈11).

②무릅쓰다. ¶믄득 칼ᄒᆞᆯ 무루ᄡᅥ 도적을 ᄭᅮ짇고 주그니라(東新續三綱. 烈8:29).

무루입다 동 입다. ¶草衣를 무루입고 木食을 ᄒᆞ올만정(古時調. 一生의. 青丘).

무룹 명 무릎. ☞무롭. 무룦 ¶올ᄒᆞᆫ 무룹 ᄭᅮ러 몸 구펴 合掌ᄒᆞ야(釋譜9:29). 올ᄒᆞᆫ 무룹 ᄡᅡ해 다혀:右膝著地(楞解4:2). 무룹:脥股脛間 今俗呼曲膝(四解下69). 무룹 국:膕(訓蒙上28). 무룹 슬:膝(類合上21. 倭解上18). 안자 겨시거든 무룹플 볼디니라:坐則視膝(宣小2:15).

무룹·ᄀᆞ뭇 명 무릎자리〔膝痕〕. ☞무룹 ¶돌해 師ㅅ 趺坐ᄒᆞ신 무룹ᄀᆞ뭇과 또 뵈옷 그미 잇더니:石於是有師趺坐膝痕及衣布之紋(六祖中51).

무룹도리 명 무릎도리. ☞무롭도리 ¶무룹도리로 치질ᄒᆞᆫ 로텰릭에:膝攔羅帖裹上(飜朴上26). 류청빗체 무룹도리로 문ᄒᆞᆫ 비단:柳青膝欄(老解下21).

무룹ᄡᅳ다 동 무릅쓰다. ☞무루ᄡᅳ다. 무룹스다 ¶흰 칼을 무룹ᄡᅥ ᄆᆞ리와:冒白刃翼蔽(東新續三綱. 孝4:87).

무룹스·다 동 ①뒤집어쓰다. ¶또 고기 잡ᄂᆞᆫ 그므ᄅᆞᆯ 가져다가 머리예 무룹스면 즉재 ᄂᆞ리리라:又取魚網覆頭立下(救簡6:4).

②무릅쓰다. ¶브ᄅᆞᆯ 무룹스고 드러 어미ᄅᆞᆯ 업어 계유 면ᄒᆞ고:冒火而入負母僅免(東新續三綱. 孝3:7).

무룦 명 무릎. ☞무롭. 무뤂. 무룹 ¶무루피며 바리며(月釋9:36上). 왼녁 밠둥을 올ᄒᆞᆫ녁 무루페 엿고(法華1:55). 아야로시 무루페 디날 만ᄒᆞ도다:纔過膝(重杜解1:5).

·무뤼 명 누리. 우박. ☞무릐. 물의 ¶무뤼爲雹(訓解. 用字). 몸애 블 나고 무뤼ᄅᆞᆯ 비ᄒᆞ니(月印上6). 무뤼 오게 ᄒᆞ며(月釋7:27). 能히 번게 ᄃᆞ외며 무뤼 ᄃᆞ외야:能爲電爲雹(楞解8:99). 무뤼 ᄂᆞ리오며(法華7:91). 슬프다 눉므를 무뤼 ᄡᅳ리ᄃᆞᆺ ᄒᆞ노라:嗚呼涕如霰(重杜解4:35). 무뤼 박:雹(訓蒙上2. 類合上4). 무뤼 오다:下雹子(同文解上2). 무뤼 오다:下雹(漢淸1:13).

·무·뤼 명 곱고 가는 깁. ¶무뤼 추:縐. 무뤼 곡:縠(訓蒙中31).

무류비 명 무뢰배(無賴輩). ☞무뢰비 ¶무류비:光棍(同文解下33).

무류ᄒᆞ다 형 무료(無聊)하다. ¶군ᄌᆞ의 무류ᄒᆞ시믈 위로ᄒᆞ미 ᄒᆞ놀이 도으시미라 ᄒᆞ고(落泉1:2).

무류ᄒᆞ다 형 무류(無類)하다. ¶녀ᄌᆞ의 무류ᄒᆞ고 가이 호ᄉᆞ의 긔회어놀(落泉2:6).

무륜ᄒᆞ다 형 무륜(無倫)하다. ¶쇼졔 슉부의 언시 무륜ᄒᆞ믈 보고 오장이 분붕ᄒᆞ여 ᄋᆡ루ᄅᆞᆯ 먹음고(落泉1:2).

무르다 동 물러나다. 뒷걸음질치다. ☞므르다 ¶무를 퇴:退(倭解上29). 나모며 무르ᄂᆞᆫ 구석과(三譯7:14). 걸음을 물너 섬 알픠셔 그 浣洗ᄒᆞ시기ᄅᆞᆯ 기ᄃᆞ려(女四解2:18). 무르다:退(同文解上51).

무르다 형 무르다〔軟〕. ☞므르다 ¶활 무르다:弓軟(同文解上47). 무르다:軟(同文解上62). 흙 무르다:地酥(柳氏物名五 土).

무르락나오락 부 물러가락 내달으락. ☞무으락나으락 ¶두 발을 벗딋고 코쌀을 찡그리며 무르락나오락 캉캉 짓ᄂᆞᆫ 요 노랑 암캐(古時調. 바둑이. 時調類).

무른밥 명 진밥. ¶무른밥:爛飯(譯解上49).

무릇 부 무릇. ☞무릇. 믈읫 ¶무릇 범:凡(倭解上26).

무릅셔 동 무릅써. ¶로시ᄂᆞᆫ 칼날을 무릅셔 늘근 시모를 구원ᄒᆞ니라(女四解4:12).

무릅 명 무릎. ☞무롭. 무룦 ¶안짐ᄋᆡ 무릅을 움지기지 말며(女四解3:4). 무릅 슬:膝(兒學上2).

무릅다 동 뒤집어쓰다. 입다. ☞무롭다 ¶무릅다:冒衣(同文解上57). 草衣를 무릅고 木實을 머글만졍(古時調. 一生에 願. 青丘).

무릅도리 명 무릎도리. ☞무룹도리. 무룹도리 ¶류쳥비쳇 무릅도리로 문 훈 비단:柳青膝襴(飜老下24).

무릅쓰다 동 ①뒤집어쓰다. ☞무롭다. 무룹스다 ¶니블을 무릅ᄊ고(五倫3:21). ②무릅쓰다. ¶무셔오셔도 무릅ᄊ고(閑中錄166).

무릅ᄊ이다 동 뒤집어씌우다. ¶일을 어더 무릅ᄊ이려 권ᄒ는가(癸丑136).

무릅쓰다 동 무릅쓰다. ☞무룹쓰다 ¶무릅쓰다:冒矢石之冒(同文解下61).

무릅씨다 동 받다. 입다. ¶춍ᄋ ᄒ심을 무릅씨고:蒙寵(女四解1:2).

무릇 명 무릇. ☞물곳. 물웃 ¶무릇:野茨菰(柳氏物名三 草).

무릇 부 무릇. ☞무른. 믈읫 ¶무릇 셜흔네 ᄃ러라(十九史略1:34).

무릉 명 들메나무. ¶무릉:曲理木 或稱 들믜(譯解下42).

무릐 명 누리. 우박. ☞무뤼. 무리 ¶무릐 박:雹(倭解上2).

무리 명 무리풀. ☞ᄇᆞᆯ플 ¶옷에 무리 먹이다:糨衣裳(譯解上47).

무리 명 무리. ☞물 ¶外道梵志 제 무리 甚히 盛ᄒ더니(釋譜24:21). 괴외히 照ᄒᄂ 邪흔 무리라(南明上27). 그ᄉ기 思量ᄒᄂ 무리라(南明下16). 아로미 녀트 무리ᄂ:淺識之流(龜鑑上24). 무리ᄅ 발ᄒ야:發徒(十九史略1:36). 도적의 무리 서ᄅ 도라보며 그치니:賊徒相顧止之(東新續三綱. 孝6:9). 도로혀 무리 일흔 학이 흔을 머곰고(太平1:37). 흔 무리 가마괴 울고(三譯8:14). 이 무리ᄅ 맛당이 용샤훌디라(山城87). 무리 등:等(倭解下38. 註千42). 무리 항:行(註千9). 무리 군:羣. 무리 륜:倫(註千39). 무리 군:羣. 무리 즁:衆(兒學下11). ᄀ만이 마시기도 맛당히 감히 못 ᄒ려든 ᄒ믈며 무리로 모화 방ᄌ히 마시랴(綸音27).

무리 명 누리. 우박. ☞무뤼. 무릐 ¶무리 박:雹(類合上4). 무리:雹(柳氏物名五 水). 무리 박:雹(兒學上3).

무리고치 명 무리고치. ¶ᄇᆞᆯ고치 무리고치 누른고치 흰고치을(農月 五月令).

무리ᄭ리 명 무리꾸럭. ¶피좁ᄡᆞᆯ 못 먹인 히에 무리ᄭ리도 ᄒ도 훌샤(古時調. 青丘).

무르다 동 무르다. ¶빗쥰 금은이나 바드면 젼장을 더러 무르면(落泉1:2).

무롭 명 무릎. ☞무롭. 무룹 ¶녜 무롭 아래셔 오술 잇그러(女範4. 녈녀 은병녈녀). 올혼편 무롭흘 티고(武藝圖21).

무룹쓰다 동 무릅쓰다. ☞무룹ᄡ다. 무릅쓰다 ¶지믈 ᄃ토니ᄂ 혹 무롭쓰ᄂ또다:爭財或冒(警民序3).

무뤼 명 누리. 우박. ¶무릐:雹(東韓).

:무·면 명 무명(木綿). ¶또 굴근 무면 일빅 필와:麤木綿一百疋(飜老下69).

무명 명 무명(木綿). ¶의장과 무명을 홈씌 가져가디 아니리 몬홀 거시라(東新續三綱. 烈6:83). 무명 오술 프러 ᄡ더라(癸丑216). 청딘믈 들인 무명 대엿 자홀 여러 볼 더버(辟新9). 무명 니블과 흰 요흘 ᄒ여 주시더라(仁祖行狀29). 면쥬와 무명을 노코(閑中錄94).

무명지 명 무명지(無名指). 약손가락. ¶今에 無名指ㅣ 屈ᄒ야(宣孟11:28). 올흔손 무명지ᄅ 버혀:斷右手無名指(東新續三綱. 孝1:47).

무미ᄒ다 형 무미(無味)하다. ¶홀연 식음이 무미ᄒ고 긔운이 곤뇌ᄒ여 괴로이 아프뎌(落泉3:7).

무산 관 무슨. ¶동셔남북 부ᄂ 바람 무산 바람 부을넌고(萬言詞答).

무살미 명 무삶이. 무삶이한 곳. ¶집 압 논 무살미예 고기 엿ᄂ 白鷺ㅣ로다(古時調. 목불근. 青丘).

무상ᄒ다 형 무상(無狀)하다. ¶아돌의 무상ᄒ믈 모ᄅᄂ 거시(山城17). 네 나라히 이러ᄐ시 무상ᄒ니 이제 장ᄎ 나가 칠 거시니(山城61). 無狀흔 우리 물도 臣子되야 이셔더가(蘆溪. 太平詞). 근시의 무상ᄒ니ᄅ 내티고(女範1. 셩후 션인고후).

무서리 명 무서리. ☞무셔리 ¶무서리 술이 되어 滿山을 다 勸ᄒ니(古時調. 歌曲).

무섯 대 무엇. ¶주근돌 무서시 뉘웃ᄡ료:死復何憾(二倫14 棘薩爭死). 긔 무서시 貴훌소냐(古時調. 石崇의. 青丘). 긔 무서시라 웨ᄂ다(古時調. 딕들에. 青丘). 시방 즉시 收拾ᄒ면 무서시 저프리오:眼前就收拾怕甚麼呢(朴新解1:10). 글닑기 ᄆᄎᆫ 후에 또 무서슬 工夫ᄒᄂ다(蒙老1:4).
※무섯<므섯

무셔리 명 무서리. ☞므서리 ¶무셔리:甜霜露如霜者(柳氏物名五 水).

무셔워ᄒ다 동 무서워하다. ☞므싀여ᄒ다 ¶다 무셔워ᄒ더라(十九史略1:9). 드러가디 못ᄒ야 무셔워흔다 ᄒ뎌(癸丑125).

무셔ᄒ다 동 무서워하다. ¶그 시모ㅣ 놀날가 무셔ᄒ야(女四解4:13).

무셥다 형 무섭다. ☞므싀엽다 ¶무셔워 아니타:不怯氣(譯解下49). 오히려 盜賊에 무셥거니와(捷蒙1:13). 놈을 呾呪ᄒᄂ 일이 이시니 아니 무셥ᄉ온가(隣語2:2). 좌우로 둘러시니 무셥고 증그럽다(萬言詞). 무셔

울 포:怖(兒學下11).

무셩하·다 형 무성(茂盛)하다. ¶무셩할 외:薈. 무셩할 울:蔚(兒學下10).

:무:셩ᄒᆞ·다 형 무성(茂盛)하다. ¶山林이 기어 茂盛ᄒᆞ며(六祖中108). 枝葉이 茂셩호미 ᄀᆞᄐᆞ니 理예 진실로 그러코(家禮7:17). ᄒᆞᆰ 비치 빗나고 潤澤홈과 草木의 茂盛호미(家禮7:17).

무쇠 명 무쇠. ☞므쇠 ¶무쇠:生鐵(訓蒙中31 鐵字註). 무쇳 므리 죄 지슨 사ᄅᆞᄆᆡ게 흐ᄅᆞ며:銅鐵汁流灌罪人(恩重23). 무쇠:生鐵. 무쇠 ᄃᆞᆷ가 우린 믈:鐵漿(東醫 湯液三 金部). 무쇠로 城을 ᄡᆞ고(古時調. 어이 못. 青丘). 무쇠:生鐵(柳氏物名五 金).

무쇼 명 무소. ☞므쇼 ¶무쇼 셔:犀(倭解下23). 무쇼 갓옷 닙고 여러 날 녀여 쟝강셩에 다ᄃᆞ라(八歲兒2).

무수리 명 무수리. 궁비(宮婢). ¶무수리:水賜伊 官房使喚之女人也(吏文).

무:수·히 부 무수(無數)히. ¶子孫ᄋᆞᆫ 아ᄃᆞ리며 孫子ㅣ며 後ㅅ孫子ᄅᆞᆯ 無數히 ᄂᆞ리 닐온 마리라(月釋1:7). 쟈근 고기 무수히 나와(太平1:33). 도적을 주기기ᄅᆞᆯ 무수히 ᄒᆞ니:殺賊無數(東新續三綱. 忠1:41).

무:수·ᄒᆞ·다 형 무수(無數)하다. ¶無數ᄒᆞᆫ 軍이 淨瓶을 몯 무우니(月印上26). 나옷 無數ᄒᆞᆫ 劫에(釋譜6:29).

무쉬 명 무쉬. ¶무쉬:小汛 每月上下弦 潮極縮細(柳氏物名五 水).

무스 관 무슨. ☞므스 ¶무스 일 비얏바셔 酒色에 못 슬믠 이 몸을 수이 늙게 ᄒᆞᄂᆞᆫ고(古時調. 나의 未平ᄒᆞᆫ. 青丘).

무스게 대 무엇에. ⑤무슥 ¶무스게 ᄡᅳᆯ다 무룬대(重三綱. 孝22 叔謙訪藥).

무스그로 대 무엇으로. ⑤무슥 ¶무스그로 셔서 이에 닐위료:何以致斯(重內訓2:30).

무슥 대 무엇. ☞무슴. 무ᄉᆞᆷ. 므슥. 므슴 ¶무스게 ᄡᅳᆯ다 무룬대(重三綱. 孝22 叔謙訪藥). 무스그로 셔서 이에 닐위료:何以致斯(重內訓2:30). ※무슥<므슥

무슴 대 무엇. ☞무슥. 무ᄉᆞᆷ. 므슴 ¶ᄒᆞ믈며 泉石膏肓을 고쳐 무슴 ᄒᆞ료(古時調. 李滉. 이런들. 青丘). 허믈며 肉食者도 모로거든 무러 무슴 ᄒᆞ리오(古時調. 山上에 밧가는. 青丘). 이 後ㅣ야 닙 너른 남기야 심어 무슴 ᄒᆞ리오(古時調. 梧桐에. 青丘). 구트나 울고 가고 그리ᄂᆞᆫ 대ᄅᆞᆯ 심어 무슴 ᄒᆞ리오(古時調. 百草ᄅᆞᆯ. 青丘).

무·식·ᄒᆞ·다 형 무식(無識)하다. ¶어리닌 無識ᄒᆞ야 憍慢이 곧 나ᄂᆞ니:愚者無識憍慢便生(圓覺下三之一119). 동젼치 탐니 무식다 ᄒᆞ더니(落泉1:2).

무ᄉᆞ 관 무슨. ☞므ᄉᆞ ¶일운 일이 무ᄉᆞ 일고(古時調. 鄭澈. 우정워정ᄒᆞ며. 松江). ※무ᄉᆞ<므ᄉᆞ

무ᄉᆞ마귀 명 무사마귀. ¶무ᄉᆞ마귀 구:疣(兒學下5).

무ᄉᆞ이 부 무사(無事)히. ¶德分의 無事이 되엳ᄉᆞ오니(隣語1:8). 언지 無事이 도라가온지(隣語2:10).

무ᄉᆞ히 부 무사(無事)히. ¶몰을 틔와 무ᄉᆞ히 도라오니(太平1:18).

무·ᄉᆞ·ᄒᆞ·다 형 무사(無事)하다. ¶또 무ᄉᆞᄒᆞ애라:却無事了(飜朴上38).

무ᄉᆞᆷ 대 무엇. ☞무슥. 무슴. 므슴 ¶落花ㅣᆫ들 꼿이 아니랴 쓰러 무ᄉᆞᆷ ᄒᆞ리요(古時調. 鄭敏僑. 간밤에. 歌曲). ᄒᆞ믈며 여나문 丈夫야 닐러 무ᄉᆞᆷ ᄒᆞ리오(古時調. 奇大升. 豪華코 富貴키야. 青丘). 無心ᄒᆞᆫ 져 고기를 여어 무ᄉᆞᆷ ᄒᆞ려ᄂᆞᆫ다(古時調. 申欽. 냇ᄀᆞ에. 青丘). 뉘우친들 무ᄉᆞᆷ ᄒᆞ리(萬言詞).

무ᄉᆞᆷ 관 무슨. ☞므ᄉᆞᆷ. 므슴 ¶무ᄉᆞᆷ 유익ᄒᆞᆯ 배 이시리오:有何所益(警民16). 무ᄉᆞᆷ 말고 홍이 ᄀᆞᆯ오ᄃᆡ:云何興曰(五倫2:35). 두 님군을 세오니 무ᄉᆞᆷ 일을 ᄒᆞ엿ᄂᆞᆫ다:立二王做得甚事(五倫2:58). 무ᄉᆞᆷ 緣故로 그대지 失約을 ᄒᆞ시옵던고(隣語1:22). 比干이 마음을 뵈엿시니 무ᄉᆞᆷ 恨이 이시랴(古時調. 朱義植. 忠臣 속마음. 青丘). 胡風도 ᄎᆞᆷ도출샤 구즌비ᄂᆞᆫ 무ᄉᆞᆷ 일고(古時調. 孝宗. 青石嶺. 槿樂). 외로운 天柱ᄂᆞᆫ 무ᄉᆞᆷ 긔운 타나이셔(曺友仁. 梅湖別曲). 슬푸다 져 시 소릐 불녀귀ᄂᆞᆫ 무ᄉᆞᆷ 일고(萬言詞).

무ᅀᅮ 명 무. ☞무오. 무우 ¶겨ᅀᅳᆺ 무ᅀᅮ는 밥과 半이니:冬菁飯之半(初杜解16:70). 나죄 ᄡᅡ비ᄂᆞᆫ 무ᅀᅮ와 박만 ᄒᆞ야 먹더라:夕食齕蔔匏而已(飜小10:28). ※무ᅀᅮ>무우

무·ᅀᅳ·다 동 뭇다. 쌓다. ☞무오다. 무우다. 므ᅀᅳ다 ¶이 다 젼ᄉᆡᆼ애 됴ᄒᆞᆫ 일 닷고 복을 무ᅀᅥ 나오니:這的都是前世裏修善積福來(飜朴上31). 주역에 닐어쇼ᄃᆡ 됴ᄒᆞᆫ 일 만히 무ᅀᅥ 난 지븐:易經云積善之家(飜朴上31). 귀여ᅀᅮ 무ᅀᅳ며 진쥬 ᄃᆞᆯ 굴근 흰 뵈윤 실와:砌山子弔珠兒的龜白線(飜朴上47). 무ᅀᅳᆯ 츄:甃. 무ᅀᅳᆯ 졔:砌. 무ᅀᅳᆯ 류:壘(訓蒙下17). ※무ᅀᅳ다>무으다

무·ᅀᅳᆯ 동 무을. 쌓을. ㉮무ᅀᅳ다 ¶무ᅀᅳᆯ 츄:甃. 무ᅀᅳᆯ 졔:砌. 무ᅀᅳᆯ 류:壘(訓蒙下17).

무안ᄒᆞ다 형 무안(無顔)하다. ¶ᄌᆞ갸도 홍언을 ᄒᆞᆫ 줄 무안ᄒᆞ고(閑中錄416).

무양ᄒᆞ다 형 무양(無恙)하다. 탈없이 무사하다. ¶ᄃᆡ왈 무양ᄒᆞᆫ닝이다:對曰無恙也(太平1:45). 가둥이 비록 무양ᄒᆞ나 형의 부인이 병이 위둥ᄒᆞ야(洛城2).

무양ᄒᆞ다 동 무양(撫養)하다. ¶부모 쳐ᄌᆞᄅᆞᆯ 무양ᄒᆞ샤(仁祖行狀30).

무어 대 무엇. ☞무슴. 므슴 ¶임즈 안여 즛는 키를 쑤즈져 무어 ᄒᆞ리(萬言詞).
무어 동 무어. ㉮무으다 ¶지혜로 비를 무어 삼계 바다 건네리라(普勸文 海印板29). 寒松亭 자 긴 솔 버혀 죠고만 비 무어 ᄐᆞ고(古時調. 靑丘). 長松으로 비을 무어 大同江에 흘니 씌워(古時調. 靑丘).
무어닉다 동 무어 내다. 만들어 내다. ¶九仞山 긴 솔 베혀 濟世舟를 무어닉야(古時調. 朴仁老. 蘆溪集). 재죠 농ᄒᆞᆫ 內弓匠人 무어닉니 활이로다(武豪歌).
무엄ᄒᆞ다 형 무엄(無嚴)하다. ¶열나믄 사ᄅᆞᆷ의 모화 마심은 ᄒᆞᆫ갓 방ᄌᆞᄒᆞ고 무엄ᄒᆞᆯ ᄲᅮᆫ 아니라(綸音26).
무엇 대 무엇. ☞무슴. 무숨. 므슴 ¶무엇 주더라 ᄒᆞ니(癸丑9). 功名이 긔 무엇고(古時調. 靑丘). 돈글 죽여 무엇 ᄒᆞ려 ᄒᆞᄂᆞ니잇고(女四解4:8). 무어신고(新語7:8).
무엣도다 동 움직여 있도다. ㉮무이다☞뮈다 ¶붑 자새 빗비체 져기 치우미 무엣도다:春城雨色動微寒(重杜解3:47).
무·여 동 움직여. ㉮무이다 ¶兵戈ᄂᆞᆫ 무여 니엇도다:兵戈動接聯(初杜解20:20). 골회 무여 소리 發호미(南明上70).
무역하다 동 무역(貿易)하다. ¶무역할 무:貿(兒學下5).
:무·역ᄒᆞ·다 동 무역(貿易)하다. ¶求ᄒᆞᄂᆞᆫ 것 貿易호ᄆᆞᆫ 性에 나사가 펴면(法華4:40). 貿易호ᄆᆞᆫ…時節ㅅ 거스로 천량 옮길씨 닐온 貿ㅣ오 잇ᄂᆞᆫ 거스로 업슨 것 밧골씨 易이라(法華4:40).
무연·히 부 무연(無然)히. 무단(無端)히. 까닭 없이. ¶무연히 모키 소리 아니 나믈 실음이라 ᄒᆞᄂᆞ니:無故喉咽聲音不出者名爲失音(救簡2:86).
무오 명 무. ☞무수. 무우 ¶장에 ᄃᆞᆷ은 무오:醬蘿蔔(譯解上52).
무오다 동 뭇다. 쌓다. ☞무스다. 무우다. 무으다 ¶한 이삼밧 남녁히 구층단을 무오고 단 우희 당막을 두르고(山城126). 여러 가지 보ᄃᆞ라온 실과 귀여ᅀᅳ 무오고:諸般絨線砌山子(朴解上43). 살무겁 무온 ᄃᆡ:箭垜子(譯解上22).
무우 명 무. ☞무수 ¶나죄 ᄲᅡ비ᄂᆞᆫ 무우와 박만 씨블 ᄯᆞᄅᆞᆷ이러라:夕食齕蔔匏而已(宣小6:126). 무우 킈다:起蘿蔔(譯解下12). 무우 봉:葑(兒學上5).
무우다 동 뭇다. 쌓다. ☞무스다. 무오다. 무으다 ¶前面에 ᄒᆞᆫ 花臺를 무우고:前面壘一箇花臺兒(朴解下13).
무·우·다 동 흔들다. ☞무으다 ¶元良ᄋᆞᆯ 무우리라:欲搖元良(龍歌71章). 淨瓶을 무우려 ᄒᆞ니(月印上25). ᄒᆞᆫ 터럭 몯 무ᅀᅮᇝ 돌(月印上57). 이 둘흘 ᄒᆞᆫᄢᅴ 무워ᅀᅡ:此二雙運(圓覺上一之一110).
무·윰 동 움직임. 흔들림. ㉮무이다 ¶어즈러이 무유미 勞ㅣ오:擾動爲勞(楞解4:16). 義놀 브터 무유미:據義而動(宣賜內訓3:69).
무으다 동 뭇다. 쌓다. ☞무스다 ¶이 우믈은 벽으로 무은 우믈이라:這井是塼砌的井(老解上32). 다 돌로 무은 거시라:都是石頭疊的(老解上32). 新羅 八百年의 놉ᄃᆞ록 무은 塔을(古時調. 鄭澈. 松江). 지혜로 비를 무어 삼계 바다 건네리라(普勸文 海印板29). 長松으로 비을 무어 大同江에 흘니 씌워(古時調. 靑丘).
무으·다 동 흔들다. ☞무우다 ¶六師ᄋᆡ 무리 閻浮提예 ᄀᆞᄃᆞᆨᄒᆞ야도 내 바랫 ᄒᆞᆫ 터리를 몯 무으리니(釋譜6:27).
무으락나으락 부 물러가락 내달으락. ☞무르락나오락 ¶寂寂重門 왓ᄂᆞᆫ 님을 무으락 나으락 ᄬᅡᆼᄬᅡᆼ 즈져 도라가게 ᄒᆞ니(古時調. 飛禽走獸. 靑丘).
무음 관 무슨. ☞무슴 ¶키올에 버들은 무음 일 죠ᄎᆞ셔 흔들흔들ᄒᆞ노 님 그려 우ᄂᆞᆫ 눈물은 올커니와 입ᄒᆞ고 코ᄂᆞᆫ 어이 무음 일 죠ᄎᆞ셔 후루룩 빗쪽 ᄒᆞᄂᆞ니(古時調. 지 우희. 靑丘). 삼밧트로 드러가셔 무음 일 ᄒᆞ던지(古時調. 일으랴 보ᄌᆞ. 靑丘). 무음 일 ᄒᆞ엿던지 五腸이 煩熱ᄒᆞ고(古時調. 閣氏네 더위. 靑丘).
무의다 동 피우다. ¶가ᄉᆞᆷ에 무읜 불 니러나량이면(古時調. 살뜬 怨讎. 靑丘).
무이 부 밉게. ¶님 오신 날이면 하ᄂᆞᆯ조차 무이 너겨 자ᄂᆞᆫ ᄃᆞᆰ 일 ᄭᆡ와 울려 님 가시게 ᄒᆞᄂᆞᆫ고(古時調. 冬至ㅅ돌. 靑丘).
무이·다 동 흔들리다. 움직이다. ☞뮈다 ¶어즈러이 무유미 勞ㅣ오:擾動爲勞(楞解4:16). 兵戈ᄂᆞᆫ 무여 니엇도다:兵戈動接聯(初杜解20:20). 一二句ᄂᆞᆫ 골회 무여 소리 發호미(南明上70).
무이다 동 미워하다. ☞믜다 ¶내 몸에 害업고 ᄂᆞᆷ 아니 무이ᄂᆞ니(古時調. 靑丘). 뉘게 무이여 觸犯ᄒᆞ야 이 일을 만낫ᄂᆞᆫ다(落泉3:7).
무·익ᄒᆞ·다 형 무익(無益)하다. ¶多聞第一이 일후메 有益호ᄃᆡ 實에 無益ᄒᆞᆯ씨(楞解4:73). 木梆이며 瀝靑이 ᄯᅩ 無益ᄒᆞᆫ ᄃᆞᆺᄒᆞᆫ디라(家禮7:26). ᄆᆞᄎᆞᆷ내 無益ᄒᆞᆫ ᄃᆡ 도라가거니와:終歸無益(警民5). 이 ᄡᅥᄂᆞᆫ 비록 말을 ᄒᆞ나 결단코 무익ᄒᆞ고(落泉1:1).
무임ᄃᆞᆯ릐 명 씀바귀. ¶무임ᄃᆞᆯ릐:苦蕒(物譜 蔬菜).
무자의 명 무자위. ¶무자의:水車(柳氏物名五 水).
무자이 명 무자리. 수척(水尺). ¶水尺:무자

이 外邑汲水漢也(行吏).
무작 명 무더기. 덩이. ☞무적 ¶무작 환:丸(類合下48).
무장 명 무장. 담수장(淡水醬). ¶덜 쓰른 보리밥의 무장 쪙이 흔 종주라(萬言詞).
·무·저·비 명 무더기. ☞무적 ¶일쳔 뿐 거시 흔 무저비만 ᄀᆞᄐᆞ니 업스니라:千零不如一頓(飜朴上13).
무적 명 무더기. 덩이. ☞무덕이. 무작. 무저비 ¶누니 핏무적 ᄀᆞᆮ고 톱과 엄괘 놀캅고(釋譜6:33). 丸ᄋᆞᆫ 무저기라(釋譜19:17). 모ᄆᆞᆯ 즈믄 무저긔 싸ᄒᆞ라 피와 고기왜 너르듣더니(月釋23:78). 홁무저글 브터 子息을 사ᄆᆞ며:附塊爲兒(楞解7:92). 홁무적과 有毒흔 여르믈 因ᄒᆞ야:因土塊毒果(楞解7:92). 홁무적에 즛구리 걸안자(法華2:118). 고깃 무저게 日光 비취욤 ᄀᆞᆮᄒᆞ야(圓覺上二之二27). 도틔 쑹 흔 무저기(救急上37). 團은 무저기라(蒙法6). 漸漸 흔 무저기 ᄃᆞ외야:漸漸成片(蒙法27). 홁무적 베며:枕塊(宣賜內訓1:54). 홁무적ᄀᆞ티 ᄒᆞ올로 다봇 서리예 ᄇᆞ리여슈라:塊獨委蓬蒿(初杜解8:56). 가히ᄂᆞᆫ 사ᄅᆞ미 홁 무저그로 텨든 홁 무저글 므너흘오(金三2:21). 오직 흔 무적 虛空이:只有一段空(金三2:6). ᄆᆞ른 쑹 무적 자바(南明下14). 싱앙 큰 흔 무적을:生薑一大塊(救簡1:35).
무좌슈 명 무자치.〔뱀의 한 가지.〕¶무좌슈:水蛇(柳氏物名二 水族).
무죄ᄒᆞ다 형 무죄(無罪)하다. ¶셩쥐 우희 계시고 츙신이 무죄ᄒᆞ니 죽든 아니ᄒᆞ리라(落泉1:1).
무죠춍 명 물딱총. 물총. ¶무죠춍:水銃(物譜 博戲).
무줄이다 동 무지르다. 자르다. ¶기던 머리 무줄이고(勸禪曲4).
무즑ᄒᆞ다 형 무직하다. 무지근하다. ¶風渡ㅣ 埋沒ᄒᆞᆯ지라도 제거시 무즑ᄒᆞ여(古時調. 石崇의. 靑丘).
무지 명 무리〔輩〕. ¶여ᄋᆞ 벗 지으며 가히와 무지 지어:狐朋狗黨(老解下44).
무지게 명 무지개. ☞므지게 ¶동대문 길히 박히고 무지게 히ᄅᆞᆯ 께엇더라(山城12). 곱션 무지게:虹橋(齊諧物名 天文類). 무지게 홍:虹(倭解上2). 여상은 무지게ᄀᆞ치 뮌ᄃᆞ치매오(明皇1:37). 무지게:天杠(同文解上2). ※무지게<므지게
무·지·다 동 자르다. 깎다. ☞무듸다 ¶雪山苦行林애 마리ᄅᆞᆯ 무지시며 煩惱 ᄡᅳ러 ᄇᆞ료려 ᄒᆞ시니(月印上20). 이제 마리ᄅᆞᆯ 무져 衆生ᄃᆞᆯ콰로 煩惱ᄅᆞᆯ ᄡᅳ러 ᄇᆞ료리라 ᄒᆞ시고 손소 무져 虛空애 더더시ᄂᆞᆯ(釋譜3:p.122). 父母ㅣ 굿 얼우려거늘 머리 무지고:父母欲嫁强之不從遂剪髮(三綱. 烈12 李氏感燕). 머리 무지고 밥 아니 먹거늘:斷髮不食(三綱. 烈14 淑英斷髮). 머리ᄅᆞᆯ 무지고 귀ᄅᆞᆯ 베혀(女範3. 뎡녀 조문슉쳐).
무:진ᄒᆞ·다 형 무진(無盡)하다. ¶無盡흔 시르믈 내요ᄃᆡ(楞解9:74).
:무·ᄌᆞ 명 담. 털로 짠 직물(織物). ¶무ᄌᆞ 모:毪. 무ᄌᆞ 갈:毼(訓蒙中30). 무ᄌᆞ오ᄉᆞᆯ 니브며:拂毳衣(眞言 供養文21).
무ᄌᆞ믜악ᄒᆞ다 동 무자맥질하다. ☞무ᄌᆞ미ᄒᆞ다 ¶무ᄌᆞ믜악ᄒᆞ다:氽水(同文解上8).
무ᄌᆞ미 명 무자맥질. ☞므ᄌᆞ미 ¶무ᄌᆞ미 미:溕(倭解下19).
무ᄌᆞ미ᄒᆞ다 동 무자맥질하다. ☞무ᄌᆞ믜악ᄒᆞ다 ¶무ᄌᆞ미ᄒᆞ다:氽水(譯解下22).
무·ᄌᆞ옷 명 담으로 만든 옷. 모직옷. ¶무ᄌᆞ오ᄉᆞᆯ 니브며:拂毳衣(眞言 供養文21).
무ᄌᆞ의 명 무자위. ☞믈자ᄉᆡ ¶무ᄌᆞ의:水車(才物譜 地譜).
:무·ᄍᆞᆸ·다 동 묻잡다. ☞묻ᄌᆞᆸ다 ¶阿難이 무ᄍᆞᄫᆞᆫ대 對答호ᄃᆡ(月釋10:18).
무치 명 되고 남은 곡식. ¶俗稱量餘者爲 무치 是也(行吏).
무·티·다 동 묻히다. ☞묻티다. 므티다 ¶모매 몬지 무티시고(釋譜11:21). 眞實ㅅ 智慧ᄅᆞᆯ 드틀 무틸씨 드트리라 ᄒᆞ니라(釋譜13:38). ᄂᆞ치 뻐 무티고(月釋10:17). 香ᄋᆞᆯ 무티면 香이 비오:染香則襲香(楞解5:88). 비스기 부들 무텨:斜點筆(初杜解15:12). 부들 무튜니 즐거운 ᄆᆞᅀᆞ미 업도다:染翰欲無聊(初杜解24:56). 머리예 지 무티시며(南明上42). ᄂᆞ치 홁 무텨(金三2:49). 셰신ᄀᆞᄅᆞᆯ 무텨:點…細辛末(救簡1:3). 붓에 먹 무티다:舐筆(同文解上43).
무·티·다 동 묻히다〔埋〕. ¶ᄡᅡ해 무텻던 보비 절로 나며(月釋2:45). 듣그레 무텻ᄂᆞᆫ 큰 보비ᄂᆞᆫ(圓覺序58). ᄌᆞᆷ겨 무텨슈메 날ᄃᆞ리 ᄃᆞᆮ놋다:沈埋日月奔(初杜解8:64). 흔갓 ᄒᆞᆰ긔 무텨슈믈 슬노라:空惜埋泥滓(初杜解16:66). 네 어디로ᄆᆞᆫ 비치 무티건 디 오라니:爾賢埋照久(初杜解23:39). 나도 그 겨틔 무티려 ᄒᆞ다니:我便托骨其側耳(東新續三綱. 烈6:83).
무푸레 명 물푸레나무. ☞무프레 ¶무푸레:梣(柳氏物名四 木).
무프레 명 물푸레나무. ☞무푸레. 므프레 ¶무프렛겁질:秦皮(東醫 湯液三 水部). 무프레:苦理木(譯解下42).
무함ᄒᆞ다 동 무함(誣陷)하다. ¶무함ᄒᆞ다:誣害(譯解補37). 됴 여우ᄅᆞᆯ 무함ᄒᆞ야(經筵).
무회 명 무회목(無灰木). ¶무회:無灰木(柳氏物名三 草).
무회다 동 (불을) 피우다. 때다. ☞무휘다.

무휘우다. 무희다 ¶더온 캉에 블 무회고 젹이 ᄯᆞᆷ내라:熱炕上熰着出些汗(朴解中16).

무효 명 무효(無效). ¶百藥이 無效ㅣ로다(古時調. 槿樂).

무휘다 동 (불을) 피우다. 때다. ☞무회다. 무희다 ¶불 무휘다:熰火(譯解上54).

무휘우다 동 (불을) 피우다. 때다. ☞무회다. 무휘다. 무희다 ¶블 무휘워:烀着些火(老解下32).

무희·다 동 (연기를) 피우다. ☞무회다. 무휘다 ¶더러운 내 나ᄂᆞᆫ ᄂᆡ 무희여 四面에 ᄀᆞ득ᄒᆞ며:臭烟蓬烀四面充塞(法華2:127). 내 나ᄂᆞᆫ ᄂᆡ 무희여 ᄀᆞ독호ᄆᆞᆫ:臭烟烀塞者(法華2:128). 무희ᄂᆞᆫ 김:熰火(柳氏物名五 火). 무희ᄂᆞᆫ ᄂᆡ:熰(柳氏物名五 火).

묵 명 실토막. ¶뵈 ᄧᆞᆯ 사ᄅᆞ미 시ᄅᆞᆯ 다ᄉᆞ릴 제 ᄇᆞ리ᄂᆞᆫ 무기 잇거든 ᄯᅩ 니ᇫ여 ᄧᅵ이샤 諸王妃와 公主와ᄅᆞᆯ 주시고 니ᄅᆞ샤ᄃᆡ:織工治絲有荒纇棄遺者亦俾緝而織之以賜諸王妃公主謂曰(宣賜內訓2下51). 이 비록 무기 ᄇᆞ릴 거시나 民間애 이션 오히려 어두미 어려우니 그럴ᄊᆡ ᄧᅵ여 너ᄅᆞᆯ 뵈노니:此雖荒纇棄遺在民間猶爲難得故織而示汝(宣賜內訓2下51). 뵈 ᄧᆞᆯ 사ᄅᆞᆷ이 실을 다ᄉᆞ릴 제 ᄇᆞ리ᄂᆞᆫ 묵이 잇거든(重內訓2:90).

묵 명 묵. ¶묵:菉豆腐(譯解補30). 묵:菉豆腐(柳氏物名三 草).

묵금 명 묶음. ¶東脩ᄂᆞᆫ ᄒᆞᆫ 묵금 포육이니(女四解2:24).

묵·다 동 묵다. ¶녯 業과 무근 비디 와 서르 侵勞ᄒᆞ야:舊業陳債來相惱(楞解7:60). 이ᄅᆞᆯ ᄇᆞᆯ기디 몯ᄒᆞ면 누네 ᄀᆞ독ᄒᆞ니 무근 마리어니와:不明此事則滿目陳言(法華序22). ᄂᆞᄆᆞᆺ 소갯 藥은 묵디 아니ᄒᆞ도다:囊中藥未陳(初杜解16:24). 여러 ᄒᆡ 무근 파:隔年葱(救簡3:12). ᄒᆡ 무근 고고리도 더 됴ᄒᆞ니라:隔年者尤佳(救簡3:115). 무근 귨 거플:陳橘皮(救簡6:9). 무글 고:故. 무글 구:舊(類合下17). 무글 딘:陳(石千33). 비록 조각만ᄒᆞᆫ ᄯᅡ히 무거셔도:雖片地陳荒(警民11). 밧 묵다:荒蕪(譯解補42).

묵·다 동 묵다〔宿〕. ¶석 ᄃᆞ리나 묵노라 ᄒᆞ야:住三箇月(飜朴上54). 十日 二十日 무거 도라가셔도(新語3:24). 오래 묵기도 엇더ᄒᆞ니(新語6:3). 겨요 수일을 묵으시고 올나가오시니(閑中錄248).

묵다 동 묶다. ☞뭇다 ¶됴ᄒᆞᆫ 굴레로 ᄡᅧ ᄆᆞᆯ 머리ᄂᆞᆯ 묵ᄭᅧ 뎡ᄒᆞ고:用好籠頭束定馬頭(馬解上47). 손 묵고 ᄆᆡ일랏다(三譯9:7). 묵글 속:束(倭解下3. 註千41). 묵다:綑了(同文解下54).

묵쇼ᄒᆞ다 동 묵소(默笑)하다. 속으로 웃다. ¶샤뎨ᄅᆞᆯ 오활타 ᄒᆞ야 사ᄅᆞᆷ마다 묵쇼ᄒᆞ거늘(落泉5:12).

묵우ᄒᆞ다 동 묵우(默祐)하다. 말없이 돕다. ¶오직 하ᄂᆞᆯ과 오직 조종이 묵우ᄒᆞ시고 음즐ᄒᆞ샤(綸音144).

묵·이·다 동 묵이다. ¶원망홈ᄋᆞᆯ 묵이디 아니ᄒᆞ고:不宿怨焉(宣小4:37).

문 명 문(門). ☞믄 ¶門ᄃᆞᆯ홀 다 구ᄃᆡ ᄌᆞᆷ겨 뒷더시니(釋譜6:2). 밧긧 말ᄉᆞ미 門 안해 드리디 말오(宣賜內訓1:4). 能히 돈ᄋᆞᆯ 得ᄒᆞ야 門 밧긔 나(六祖上3). 병ᄒᆞᆫ 사ᄅᆞᄆᆞᆯ 문 바ᄅᆞ 안쵸ᄃᆡ:令病人當戶以坐(救簡2:29). 내 문들 보ᄉᆞᆲ피고 자리라:我照覷了門戶睡也(飜老上26). 문잇 지도리와:樞機(飜小8:10). 瘟疫ᄒᆞᆫ 지븨 드러가ᄃᆡ 몬져 문ᄋᆞᆯ 열오(簡辟4). ᄯᅩ 수릿날 ᄡᅮᆨ으로 사ᄅᆞᆷ ᄆᆡᆼᄀᆞ라 문 우희 두면(瘟疫方6). 문 위:闈. 문 달:闥(訓蒙中5). 문 문:門(訓蒙中7. 類合上23. 倭解下32. 註千27). 네 ᄌᆞ를 블근 거스로 크게 써 문 두 편의 브티라(辟新12). 문 두 ᄧᅡᆨ ᄉᆞ이에 션 둥방(物譜 第宅).

문 명 문(紋). 무ᄂᆡ. ¶류청비쳇 무룹도리로 문 ᄒᆞᆫ 비단:柳青膝欄(飜老下24). 야투루 비쳇 벽드르헤 운문 ᄒᆞ욘 비단:鴨綠界地雲(飜老下24). 연초록 비체 보샹화문 ᄒᆞ욘 비단:鸚哥綠寶相花(飜老下24). 구룸문을 직금ᄒᆞᆫ 노 비게예:雲織金羅比甲(飜朴上29). 류청빗체 무룹도리로 문 ᄒᆞᆫ 비단:柳青膝欄(老解下21). 膝欄문:紋(譯解下4).

문겻셜둥방 명 문설주. ¶문겻셜둥방:棖(物譜 第宅).

문골 명 문골. 문얼굴. ☞문얼굴 ¶문골 비:楣(兒學上9).

문골히 명 문고리. ¶ᄌᆞ문 문골히ᄅᆞᆯ ᄲᆞᆸ고 바리ᄅᆞᆯ 내여다가(癸丑118).

문구 명 문구(文具). ¶이 ᄎᆡᆨ을 가져 文具에 도라 보내며 迂遠ᄒᆞᆫ ᄃᆡ 브티고:將是編歸之文具付之迂遠(警民序3).

문그으다 동 머뭇거리다. 뭉그적거리다. 뭉긋거리다. ¶우리 문그으디 말고:咱們休磨拖(老解上54).

문긔 명 문기(文記). 문서. ¶부러 이 문긔 ᄆᆡᆼᄀᆞ라 ᄡᅳ져:故立此文契爲用者(飜老下17). 文記僞造ᄒᆞ면 杖一百 도년 귀향가고:文記僞造則杖一百徒役(警民14).

:문노·라 동 묻노라. ☞묻다 ¶函關ㅅ 이ᄅᆞᆯ 문노라:問函關(初杜解7:12).

:문ᄂᆞ·다 동 묻는다. ☞묻다 ¶升을 머글다 斗ᄅᆞᆯ 머글다 문ᄂᆞ다:問升斗(初杜解15:43).

:문·답 명 문답(問答). ¶一期ㅅ 問答을 그스기 보건댄(法華序22). 여러 가짓 善法니겨 問答을 工巧히 ᄒᆞ야(法華5:117).

:문·답ᄒᆞ·다 동 문답하다. ¶다시곰 問答ᄒᆞ니(楞解7:88).

문:댱 명 문장(門帳). ☞믄댱 ¶ 문댱 만:幔(訓蒙 東中本中13).

문둥문둥 부 문덕문덕. ¶ 술이 다 문둥문둥 처지고(三譯5:18).

문득 부 문득. ☞믄득 ¶ 姑ㅣ 안자 계시거든 셛다가 使令ᄒᆞ시거든 문득 가며:姑坐則立使令便去(女四解2:18). 女子ㅣ 才 업ᄉᆞ면 문득 이 德이라 ᄒᆞ니:女子無才便是德(女四解4:70). 문득 윤회예 ᄲᅥ러질 ᄭᅥ시(正念解1). 문득 홀:忽(倭解上28). 문득 엄:奄(註千23). 문득 돈:頓(註千36).

문련ᄌᆞ 명 문발. ☞문댱 ¶ 문련ᄌᆞ:門簾子(漢淸12:11).

문:리 명 문리(文理). ¶ 文理 볼가 强히 穿鑿ᄒᆞ욤 아니니라:文理昭然非强穿鑿(圓覺上一之二66).

문ᄅᆡ 명 물레. ☞믈레 ¶ 문ᄅᆡ:緯車(柳氏物名三 草).

문ᄅᆡ가락 명 물렛가락. ¶ 문ᄅᆡ가락:釘竿子(柳氏物名三 草).

문ᄅᆡ줄 명 물렛줄. ¶ 문ᄅᆡ줄:緯弦(柳氏物名三 草).

문물 명 문물(文物). ¶ 녯 文物이 森然히 오히려 잇ᄂᆞ니 모딘 무른 모딘 ᄆᆞᄋᆞᄆᆞᆯ 고티디 아니ᄒᆞᄂᆞ다:舊物森猶在凶徒惡未悛(重杜解20:4).

문병ᄒᆞ다 동 문병(問病)하다. ¶ 날마다 문병ᄒᆞ라 ᄃᆞᆫ니니(太平1:47). 지현 부체 나와 문병ᄒᆞ더니 싱이 왕쇼져ᄅᆞᆯ 보며 웃고 닐오ᄃᆡ(落泉2:6).

문복ᄒᆞ다 동 문복(問卜)하다. 점을 치다. ¶ 오윤남이 네게 가 문복ᄒᆞ더냐(癸丑76). 일년이 지나ᄆᆡ ᄎᆞᆺ다가 못ᄒᆞ야 두로 문복ᄒᆞ니(引鳳簫3).

문비단 명 무늬를 넣어 짠 비단. ¶ 문비단 금:錦. 문비단 문:紋(兒學上12).

문비얏 명 제비쑥〔蔚〕. ¶ 문비얏 위:蔚(詩解物名17).

문빗쟝 명 문빗장. ¶ 문빗쟝:門檟(同文解上35). 문빗쟝 질으다:檟門(譯解補13). 문빗쟝:門閂(漢淸9:71).

문ᄇᆡ 명 문배. ¶ 문ᄇᆡ:抄梨(譯解上55).

문ᄢᅳᆷ 명 문틈. ¶ ᄒᆞ마 無學ᄋᆞᆯ 得호라 ᄒᆞ거든 門ᄢᅳᄆᆞ로 들라 ᄒᆞ야ᄂᆞᆯ(釋譜24:3).

문ᄧᅡᆨ 명 문짝. ☞문ᄶᅡᆨ. 문ᄶᅡᆨ ¶ 문ᄧᅡᆨ 비:扉 俗呼門扇(訓蒙中7). 문ᄧᅡᆨ 비:扉(類合上23). 문ᄧᅡᆨ을 다ᄃᆞ니(癸丑103). 문ᄧᅡᆨ으로 몸을 ᄀᆞ리오고:門扉(五倫2:68).

문ᄶᅡᆨ 명 문짝. ☞문ᄧᅡᆨ. 문ᄶᅡᆨ ¶ 문ᄶᅡᆨ 비:扉(兒學上9).

문ㅅ간방 명 문간방(門間房). ¶ 문ㅅ간방:門間房(譯解補2).

문ㅅ부체 명 문짝. ¶ ᄆᆡ햇 門ㅅ부체ᄅᆞᆯ 치워 여디 몯호라:郊扉冷未開(初杜解11:41). 서늘ᄒᆞᆫ ᄀᆞᄅᆞᄆᆞᆫ 밤 門ㅅ부체예 뮈놋다:寒江動夜扉(重杜解12:4). ᄆᆡ햇 門ㅅ부체여 내 아ᄅᆞᆷ바티 미츠니:郊扉及我私(重杜解12:18). ᄇᆞᄅᆞᇝ맷 門ㅅ부체ᄂᆞᆫ 다다도 安定티 아니ᄒᆞᄂᆞ니:風扉掩不定(重杜解12:26).

문ㅅ쇠 명 자물쇠. ¶ 鍵은 門ㅅ쇠니 다자바 뭇ᄂᆞᆫ ᄠᅳ디라(楞解10:70).

문ㅅ쟝 명 문장(門帳). ☞문댱. 믄댱 ¶ 문ㅅ쟝:門簾子(譯解補13).

문ㅅ:젼 명 문지방. ☞문젼 ¶ 閫ᄋᆞᆫ 門ㅅ젼이오(圓覺序14).

문셔 명 문서(文書). ¶ ᄒᆞᆫ 쟈근 문셔 녀흘 그ᄅᆞ슬 내여다가(太平1:12). 法에 구윗 文書 간사히 거즛 것 ᄒᆞᆫ 者ㅣ 重ᄒᆞ면:法詐僞官文書者重(警民14). 문셔:文契(譯解補38). 彼此 文書ᄅᆞᆯ 相准ᄒᆞ여(隣語1:23). 文書 磨勘을 몯 ᄒᆞ여 부셜업시 머무오니(隣語1:27). 말ᄒᆞᆯ ᄉᆞ이의 ᄯᅩ 됴졍의셔 독촉ᄒᆞᄂᆞᆫ 문셔ㅣ 급히 ᄂᆞ려(落泉3:7).

문션 명 문지방. 문얼굴. ☞문젼 ¶ 문션 광:閫(訓蒙東中本中7).

:문:신·ᄒᆞ·다 동 문신(問訊)하다. ¶ 合掌ᄒᆞ야 問訊ᄒᆞ시고 아ᄆᆞ란 偈ᄅᆞᆯ 니ᄅᆞ시니라 ᄒᆞ라(釋譜23:30).

문ᄽᅡᆫ집 명 문간방. ☞문ㅅ간방 ¶ 문ᄽᅡᆫ집:門面房(漢淸9:68).

문쎄 명 문빗장. 문에 가로 댄 나무. ¶ 지게예 들 제 문쎄ᄅᆞᆯ 밧드ᄃᆞ시 ᄒᆞ며:入戶奉扃(重內訓1:5).

문싹 명 문짝. ☞문ᄧᅡᆨ. 문ᄶᅡᆨ ¶ 문싹:門扉(同文解上35).

문안 명 문안(問安). ¶ 져머서브터 문안을 폐티 아니코:自少不廢定省(東新續三綱. 孝2:51).

:문안ᄒᆞ·다 동 문안하다. ¶ 어버ᅀᅴ게 문안홈을 마디 아니ᄒᆞ더니(飜小9:22). 아ᄎᆞᆷ 나죄로 뵈ᄋᆞ와 문안ᄒᆞ거든:旦暮參問(宣小6:70). 문안ᄒᆞ기ᄅᆞᆯ 결리의 친ᄒᆞᆫ 졍 ᄀᆞᆺ더니(太平1:18). 반ᄃᆞ시 아비게 문안ᄒᆞ기를:必定省於父(東續三綱. 孝3 德崇至孝). 다ᄉᆞᆺ ᄀᆞ옰 防禦使ᄅᆞᆯ 올마 ᄒᆞ고 八座ㅅ 太夫人ᄭᅴ 問安ᄒᆞᄂᆞ다:遷轉五州防禦使起居八座太夫人(重杜解23:20). 特別이 兄의 問安ᄒᆞ여(捷蒙4:15). 대신이 문안홈으로ᄡᅥ 대궐에 드러오고(綸音157).

문어 명 문어. ¶ 문어:八梢魚(同文解下41). 문어:望潮(物譜 水族). 문어:鰻鮒魚(漢淸14:46). 문어:八梢魚(柳氏物名二 水族).

문어디다 동 무너지다. ☞문어지다. 문허디다 ¶ 城이 홀연이 문어디고(女四解4:25).

문어지다 동 무너지다. ☞문어디다. 문허지다 ¶ 셩이 장ᄎᆞ 문어짐이(女四解4:27).

문얼굴 명 문얼굴. ☞문골 ¶門얼굴:門框(譯解上18). 문얼굴:門框(同文解上35). 문얼굴:窓檻框(漢清9:70).

문오·래 명 문(門). ☞오래 ¶문오래며 과실남ᄀᆞᆯ:門巷果木(飜小9:96).

문장부 명 문(門)장부. 장부. ¶문쟝부:轉軸(漢清9:71).

문·젼 명 문지방. 문얼굴. ☞문션 ¶문젼 광:閫(訓蒙叡山本中4). 문젼 곤:閫. 문젼 역:閾(訓蒙東中本中7). 문젼 ᄒᆞᆫ:限(類合下58). ᄃᆞᆫ닐 제 문젼을 ᄇᆞᆲ디 아니 ᄒᆞ더시다:行不履閾(宣小2:39). 문젼:門匡(物譜 第宅).

:문:죄ᄒᆞ·다 동 문죄(問罪)하다. ¶羣雄이 獨夫ᄅᆞᆯ 問罪ᄒᆞ니라(初杜解6:23).

문지르다 동 문지르다. ¶문지르다:按摩(漢清9:12).

문지방 명 문지방. ¶문지방:門限(同文解上35. 譯解補13). 문지방:門檻(漢清9:70). 문지방:閾(兒學上9).

문·ᄌᆞ 명 문자(文字). ¶나랏 말ᄊᆞ미 中國에 달아 文字와로 서르 ᄉᆞᄆᆞᆺ디 아니ᄒᆞᆯᄊᆡ(訓註1). 文字애 잇디 아니ᄒᆞᆫ ᄃᆞᆯ(金剛序6). 眞에 나ᅀᅡ간 젼ᄎᆞ로 文字ㅣ 곧 解脫이니(金三2:37). 諸佛 妙理ᄂᆞᆫ 文字애 븓디 아니ᄒᆞ니라(六祖中50). 擧哀티 몯ᄒᆞ게 ᄒᆞᆫ 문ᄌᆡ 이시니(家禮7:13).

문ᄎᆡ 명 ①문채(紋彩). ¶자최 업스나 紋彩 오ᄋᆞ로 나탯ᄂᆞ니 보ᄂᆞᆫ다 몯 보ᄂᆞᆫ다(金三3:8). 오ᄉᆡᆨ 문ᄎᆡ를 니버시니:衣五色文彩(太平1:54).

②예의(禮儀). 위의(威儀). ¶ 닐무음애 문ᄎᆡ 이시며:動作有文(宣小4:55).

문치 명 문채(文采). ¶붓ᄉᆞᆯ 썰치미 금슈ᄅᆞᆯ 펼치니 문치 찰난ᄒᆞ고 필법이 경묘ᄒᆞ야(落泉3:7).

문턱 명 문턱. ¶문턱은 아방문 한경이라(女四解2:8).

문틈 명 문틈. ¶문틈의 셔셔 여어보니(太平1:22).

문풍지 명 문풍지. ¶ᄉᆞ풍세우 문풍진가 칠보광의 금나뷘가(萬言詞).

문허디다 동 무너지다. ☞문어디다. 문허지다 ¶邪僻ᄒᆞ면 佚ᄒᆞ야 節義 문허디ᄂᆞ니(女四解3:41). 나아가기ᄅᆞᆯ 문허디ᄂᆞᆫ 뫼ᄀᆞ치 ᄒᆞ야(武藝圖17).

문허지다 동 무너지다. ☞문어지다. 문허디다 ¶문허질 퇴:頹(倭解下36). 놉흔 담이 홀연 문허져 침실을 덥쳐(敬信45). 여죽도의 남산쟝슈 문허지지 아니리라(쌍벽가).

문:호 명 문호(門戶). ¶ᄒᆞ믈며 門戶애 드로미 ᄯᅩ니잇가(月釋21:123). 門戶ᄅᆞᆯ ᄉᆞᄅᆞ미 持守ᄒᆞ리 업도다(初杜解6:43). 能히 門戶애 出티 몯ᄒᆞ거든(宣孟12:35). 八歲어든 出入 門戶와 及卽席 飮食에(家禮2:24). 내 門戶를 보ᅀᆞᆸ피고:我照覷了門戶(老解上23). 이ᄡᅧᄂᆞᆫ 비록 말을 ᄒᆞ나 결단코 무익ᄒᆞ고 ᄒᆞᆫ갓 문호의 화ᄅᆞᆯ 부ᄅᆞᆯ지니(落泉1:1).

문후ᄒᆞ다 동 문후(問候)하다. ¶쇼낭군이 체휘 미령ᄒᆞ시다 ᄒᆞ미 당돌히 문후ᄒᆞᄂᆞ이다(落泉2:5).

문희다 동 무너뜨리다. ¶언덕 문희여 조븐길 메오거라 말고 두던이나 문희여 너른 구멍 조피 되야(古時調. 靑丘).

문희치다 동 무너뜨리다. ¶뎌 城門을 다가 다질러 문희치고:把那城門都衝坍了(朴新解1:9). 셩을 문희치미 엇디 족히 긔특ᄒᆞ리오:頹城何足奇(五倫3:24).

문·혹 명 문학(文學). 〔학문(學問). 학예(學藝).〕¶政事애ᄂᆞᆫ 冉有와 季路ㅣ오 文學애ᄂᆞᆫ 子游와 子夏ㅣ니라:政事冉有季路文學子游子夏(宣論3:2). 文學이 날와 다ᄆᆞᆺ 노ᄂᆞ니 蕭踈ᄒᆞ야 聲譽와 名利ᄅᆞᆯ 밧삼더니라:文學與我遊蕭踈外聲利(重杜解16:17).

뭀:댱 명 문장(門帳). ☞문댱 ¶뭀댱 만:幔(訓蒙叡山本中7).

뭀:돌 명 문지방. ¶뭀돌 얼:闑(訓蒙中7).

뭍 명 뭍. 육지(陸地). ☞뭍 ¶믈와 뭍과 空애 行ᄒᆞ니:水陸空行(永嘉上29). 믈와 뭍과 앳 微細ᄒᆞᆫ 구믈어리ᄂᆞᆫ 거시:若水若陸微細蠢動(圓覺下一之一23).

뭍 관 뭇. ¶ᄆᆞᄎᆞᆷ애 뭍 칼해 버혀 주기미 되다:竟爲亂劒斫死(東新續三綱. 忠1:59). 뭍군:群(倭解下42).

뭍갊·다 동 파묻다. 매장(埋葬)하다. ¶여듧 ᄒᆡᄅᆞᆯ 시러곰 뭍갊디 몯ᄒᆞ야:八年不得營葬(宣賜內訓1:72).

뭍고·기 명 뭍짐승의 고기. ¶믌고기며 뭍고기며 貴ᄒᆞᆫ 차바ᄂᆞᆯ 사아:買魚肉珍羞(宣賜內訓1:66). 믈고기 므르니와 뭍고기 서근이ᄅᆞᆯ 먹디 아니ᄒᆞ시며:魚餒而肉敗不食(宣小3:25). 믈고기 뭍고기 귀ᄒᆞᆫ 차반ᄃᆞᆯᄒᆞᆯ 사다가:買魚肉珍羞(宣小5:46).

:뭍·그리ᄒᆞ·다 동 무꾸리하다. ¶ᄆᆞᅀᆞ미 正티 몯ᄒᆞ야 됴쿠주믈 뭍그리ᄒᆞ야 種種 즁ᄉᆡᆼ 주겨(釋譜9:36). ᄆᆞᅀᆞ미 正티 몯ᄒᆞ야 됴쿠주믈 뭍그리ᄒᆞ야(月釋9:57).

:뭍·다 동 묻다〔問〕. ☞뭇다 ¶도ᄌᆞᄀᆡ 겨신 ᄃᆡᆯ 무러:賊問牙帳(龍歌62章). 淨飯王이 무러시ᄂᆞᆯ 占者ㅣ 判ᄒᆞᅀᆞ보ᄃᆡ(月印上6). 安否 묻ᄌᆞᆸ고 飯 좌쇼셔 請커늘(月印上36). 눌더브러 무러ᅀᅡ ᄒᆞ리며(釋譜13:15). 묻ᄌᆞᄫᅡ 듣ᄌᆞᄫᅳ면 다 바다 디니ᄂᆞᆫ 양도 보며(釋譜13:21). 經과 律와ᄅᆞᆯ 묻디ᄫᅵ(月釋10:20). 正히 묻ᄌᆞ오샤미오(圓覺下一之二3). 嫂와 叔괘 무루믈 서르 말며(宣賜內訓1:4). 내

쟝ᄎᆞᆺ 北으로 갈 제 아ᅀᆞ라히 지블 무로라:杜子將北征蒼茫問家室(初杜解1:1). 다시 묻노라 네 어드러 가ᄂᆞ니오:重問子何之(初杜解8:6). ᄒᆞ다가 부톄 相ᄋᆞᆯ 묻더시든:若使佛問相(金三3:12). 엇데 아니 무른다(南明上31). 늘그며 져모ᄆᆞᆯ 묻디 말오:無問老少(救簡1:90). 或이 第五倫ᄃᆞ려 무루ᄃᆡ 公도 아ᄅᆞᆷ뎟 ᄆᆞᅀᆞ미 잇ᄂᆞᆫ가:或問第五倫曰公有私乎(飜小10:1). 무를 문:問. 무를 신:訊(訓蒙下32). 무를 문:問(類合下18. 光千5. 倭解上25). 무를 슌:詢(類合下20). 무를 신:訊(類合下28). 무ᄅᆞᆯ 문:問(石千5). 뎡의 올라 안부를 묻ᄌᆞ오니:上堂問起居(宣小6:92). 일즉 두 번 블 만나 지산으란 묻디 아니코:嘗再遇火不問財產(東新續三綱. 烈1:53). 내 장ᄎᆞᆺ 北으로 갈 제 아ᄋᆞ라히 지블 무로라(重杜解1:1). 아믜나 ᄒᆞᆫ 말을 무러든:有人問着一句話(老解上5). 셩을 무ᄅᆞ니(太平1:38). 무ᄅᆞᆯ 존:存(註千14). 무를 하:何(註千25).

묻·다 동 묻다〔染〕. ¶白氎 ᄲᅧ 무드리라(月印上17). 피 무든 ᄒᆞᆯᄀᆞᆯ 파 가져(月釋1:7). 더러ᄫᅳᆫ 것 묻디 아니ᄒᆞ시며(月釋2:59). ᄲᅧ 무더 검디 아니ᄒᆞ며(月釋17:52). 곳갈와 ᄯᅴ왜 ᄲᅧ 묻거든:冠帶垢(宣賜內訓1:50). ᄒᆞᆰ 무든 도ᄐᆡ:泥豬(南明上4). 무더 더럽다:霑汚了(同文解上56).

묻·다 동 묻다〔埋〕. ¶돌ᄒᆞᆯ 무드시니(月印上10). 나모 아래 무두이다(釋譜11:32). 무듦 거시 업서(三綱. 孝9). ᄲᅧ를 주ᅀᅥ 묻ᄌᆞᄫᅡ려 ᄒᆞ노라(三綱. 忠27). 墓所ᄂᆞᆫ 묻ᄌᆞᄫᆞᆯ ᄯᅡ히라(月釋10:13). 그 사ᄅᆞᆷ 주겨 날 조쳐 사ᄅᆞ 무더늘(月釋10:25). ᄒᆞᆯᄀᆡ 무두ᄆᆞ로(月釋18:40). 汶陽앳 무덧ᄂᆞᆫ ᄃᆡ로다:汶陽瘞(初杜解24:31). ᄆᆞ레 ᄲᅡ딘 사ᄅᆞᄆᆞᆯ 더운 지예 무두ᄃᆡ:埋溺人暖灰中(救簡1:70). ᄉᆞ므나ᄆᆞᆫ 키로 모ᄆᆞᆯ 다 무도ᄃᆡ:數十籮通體埋(救簡1:71). 네 블 무드쇼셔:你種着火(飜老上25). 무들 쟝:葬(訓蒙中35). 무들 ᄆᆡ:埋(類合下60). 봄노소ᄉᆞ며 달고 다아 묻ᄂᆞᆫ 양ᄒᆞ시거늘:踊躍築埋(宣小4:4). 어믜 무덤 ᄒᆞᆫ ᄃᆡ 묻고:同葬母塋(東新續三綱. 孝3:10). 귀 버혀 관의 녀허 무드니라:割耳納棺以葬(東新續三綱. 孝7:57). 主人아 네 블 무드라:主人家你種着火(老解上23). 무들 ᄆᆡ:埋. 무들 장:葬(倭解上52). 평안히 묻줍고 祭ᄅᆞᆯ 베프고:埋(女四解2:15).

묻·다 동 방문(訪問)하다. ¶ᄒᆞ다가 衰ᄒᆞᆫ 하나빌 무러와 말ᄒᆞᆯ뎬:若訪衰翁語(初杜解7:16). 蒼梧앳 님금 묻ᄌᆞᆸ왯ᄂᆞᆫ ᄯᅡ히 아ᅀᆞ라ᄒᆞ니:縹緲蒼梧帝(初杜解8:62).

묻·다 동 뭇다〔構〕. 쌓다〔積〕. ¶움 무더 사ᄅᆞ시니이다:陶穴經艱難(龍歌111章). ᄒᆞᆯᄀᆞ로 무든 디븨 블ᄀᆞᆫ 비치 머므럿고:土室延白光(重杜解9:14).

묻딜이다 동 파묻히다. ¶묻딜일 몰:沒(類合下60).

:묻져·주·다 동 신문(訊問)하다. ¶디나갈 제 묻져주믈 依憑ᄒᆞ야:所過憑問訊(初杜解8:60). ᄌᆞ세히 묻져주고ᅀᅡ:仔細的盤問了(飜老上51).

묻지르다 동 묻다. ☞묻다 ¶묻지를 깅:坑(倭解上39).

:묻·ᄌᆞᄫᆞ·ᄃᆡ 동 묻자오되. ㉠묻줍다 ¶부텨ᄭᅴ 묻ᄌᆞᄫᆞᄃᆡ 엇던 行願을 지ᅀᆞ시관ᄃᆡ(月釋21:18).

※묻ᄌᆞᄫᆞᄃᆡ>묻ᄌᆞ오ᄃᆡ>묻자오되

:묻·ᄌᆞᄫᆞᆷ 동 묻자옴. ㉠묻줍다 ¶宿王이 難行苦行 묻ᄌᆞᄫᆞ미 긔라(月釋18:21).

:묻·ᄌᆞᄫᆞ·면 동 묻자오면. ㉠묻줍다 ¶부텨ᄭᅴ 와 묻ᄌᆞᄫᆞ면(月釋21:21).

:묻·ᄌᆞᄫᆞ·시더·니 동 묻자오시더니. 여쭈옵더니. ㉠묻줍다 ¶世尊ᄭᅴ 安否 묻ᄌᆞᄫᆞ시더니(月釋21:9).

:묻·ᄌᆞ옴 동 묻자옴. ㉠묻줍다 ¶첫 두 묻ᄌᆞ옴과:初二問(圓覺下二之一3).

:묻·줍·다 동 묻잡다. 여쭈어 보다. ¶부텨 뵈ᅀᆞᆸᄂᆞᆫ 禮數를 몰라 바ᄅᆞ 드러 묻ᄌᆞᄫᆞᄃᆡ(釋譜6:20). 幢英이 菩薩ᄭᅴ 묻ᄌᆞᄫᆞᄃᆡ 어누 나라해 가샤 나시리잇고(月釋2:11). 世尊ᄭᅴ 安否 묻ᄌᆞᄫᆞ시더니(月釋21:9). 뎌 부텨ᄭᅴ 묻ᄌᆞᄫᆞᄃᆡ 엇던 行願을 지ᅀᆞ시관ᄃᆡ(月釋21:18). 부텨ᄭᅴ 와 묻ᄌᆞᄫᆞ면(月釋21:21). 첫 두 묻ᄌᆞ옴과 對答ᄒᆞ샴과ᄂᆞᆫ:初二問答(圓覺下二之一3). 行ᄒᆞᆯ 이ᄅᆞᆯ 묻ᄌᆞ온대(宣賜內訓1:16).

※'묻줍다'의 활용 ┌ 묻줍고/묻줍게… └ 묻ᄌᆞᄫᆞ시더니/묻ᄌᆞᄫᆞ면…

묻티·다 동 묻히다. ☞무티다 ¶셕웅황을 ᄀᆞ라 므레 프러 부도로 만히 묻텨 곳굼긔 ᄇᆞᄅᆞ면:雄黃研細水調以筆濃醮塗鼻竅中(瘟疫方18).

·물 명 무리〔群〕. ☞무리 ¶비록 사ᄅᆞ매 무레 사니고도 즁ᄉᆡᆼ마도 몯호이다(釋譜6:5). 三兄弟의 물 一千 사ᄅᆞᄆᆞᆯ 濟度ᄒᆞ시며(釋譜6:18). 群臣ᄋᆞᆫ 물 臣下ㅣ라(月釋2:49). 朱泚ㅣ 물ᄃᆞ려 닐오ᄃᆡ:謂泚黨曰(三綱. 忠16 秀實條). 梟ㅣ 무른 가포ᄆᆞᆯ 足히 ᄒᆞ고:梟倫者酬足(楞解8:126). 무렛 衆을 구지드며:罵詈徒衆(楞解9:103). ᄲᅧ와 물ᄃᆞᆯ히 다 머므디 몯호미(法華2:12). ᄒᆞᆫ 무렛 사ᄅᆞ미:有一等人(蒙法54). 시혹 後에 온 무를 爲ᄒᆞ시며:或爲後來之徒(圓覺上一之二190). 우리 물와:我輩(圓覺上二之二7). ᄎᆞ마 너희 물로 富貴樂을 누리게 ᄒᆞ료:忍令若曹享富貴之樂也(宣賜內訓3:50). 이 무른 져거

도 貴ᄒᆞ니:此輩少爲貴(重杜解1:7). 뮈여 무리 이렛도다:動成羣(重杜解4:26). 믌 모딘 사ᄅᆞᄆᆡ 嗜慾이 솔지도다:群兇嗜慾肥(初杜解24:49). 西風 ᄒᆞᆫ 무리 ᄡᅳ러 자최 업스니(南明上6). 물 도:徒 衆也(訓蒙上34). 물 조:曹 輩也(訓蒙中7). 물 휘:彙(訓蒙下2). 물 ᄇᆡ:輩. 물 ᄆᆡ:每 輩也(訓蒙下24). 물 중:衆(類合上5). 물 군:羣(類合上14. 石千21). 물 륜:倫(類合上16. 石千39). 물 도:徒(類合下38). 물 셔:庶(石千29). 돋과 ᄃᆞᆰ과 게유와 올히 隊 일고 무리 일면:雞猪鵝鴨成隊成羣(女四解2:30). 우리 물 념ᄒᆞ야:輩(王郎傳4). 물이 뉴ᄅᆞᆯ 보면 감동ᄒᆞ기 샹졍이라(落泉1:1).

물 명 물[水]. ☞믈 ¶물 강:江(倭解上9). 물 슈:水(倭解上10). 壺와 瓶을 물에 나드려 씨스며(女四解2:32). 물 슈:水(兒學上3). 녀수가 이 물인가(쌍벽가). 물 패:沛(註千17).

물가 명 물가. ☞믌ᄀᆞᆺ. 물ᄀᆞᆺ ¶물가 ᄋᆡ:涯(兒學上4).

물가릐 명 물갈래[派]. ¶물가릐 파:派(倭解上9).

물거동 명 물이 흐르는 모양. ¶물거동 담:淡(註千3).

물거품 명 물거품. ¶물거품 포:泡. 물거품 구:漚(兒學上4).

물결 명 물결. ¶ᄇᆞ람이 자고 물결이 긋치거ᄂᆞᆯ(女四解4:17). 물결 샹:湯(註千5). 물결 랑:浪(兒學上4).

물고기 명 물고기. ¶물고기 잡기를(十九史略1:1). 물고기 어:魚(兒學上8).

물곳 명 무릇. ☞무릇. 물읏 ¶물곳者 沒菰也(東言).

물구뷔 명 물굽이. ¶물구뷔 만:灣(倭解上9).

물그름 부 물끄러미. ¶물그름 보다:定睛看釘看(譯解補24).

물긔 명 물기(氣). ¶물긔 업다:蔫軟(漢淸10:61).

물ᄀᆞ 명 물가. ☞물가. 물ᄀᆞᆺ. 믌ᄀᆞᆺ ¶물ᄀᆞ뎡:汀. 물ᄀᆞ 져:渚. 물ᄀᆞ 쥬:洲. 물ᄀᆞ 빈:濱(倭解上9).

물ᄀᆞᆺ 명 물가. ☞물ᄀᆞ. 믌ᄀᆞᆺ ¶물ᄀᆞᆺ 쥬:州 소洲(註千26).

물너가다 동 물러가다. ☞물러가다 ¶물너갈 퇴:退(兒學下4).

물네 명 물레. ¶물네 왕:軖(兒學上11).

물니다 동 물리다. 싫증나다. ¶자시고 물녀 근신 당보ᄒᆞ되(癸丑35). ᄒᆞᆫ 술의 요긔ᄒᆞ고 두 술의 물니더니(萬言詞).

물니다 동 물리다. ¶범 물닐 쥴 아라시면 깁흔 뫼의 드러가며(萬言詞).

물늬 명 물레. ☞물네 ¶슈리ᄂᆞᆫ 물늬와 실자ᄉᆡ와 씨야시와 돌것이라(女四解3:5).

:물·다 동 (값을) 물다. 갚다. ¶쥬의 오시 일허도 어루 물려니 안ᄌᆞᆨ 더디고 가리라 ᄒᆞ야(月釋7:9). 내 ᄒᆞᆫ 지블 삭 물오 사노라 ᄒᆞ니:我典一箇房子裏(飜朴上20). 지블 ᄃᆞᆯ마다 銀 현랑곰 삭 물오 드러이셔 살 시라:賃(老朴集. 單字解6).

물다 동 물다. ☞믈다 ¶물ㅅ 셔:噬(倭解下24). 낙시 드리치니 고기 아니 무노ᄆᆡ라(古時調. 秋江에. 靑丘). 돌담ᄇᆡ되 닙난초를 쉬ᄯᅩᆼ불의 부쳐 물고(萬言詞).

:물·다 동 쌓다. ¶香木ᄋᆞᆯ 츼츼기 무러 樓를 ᄆᆡᆼᄀᆞ오(釋譜23:38). 靑을 물며 綠을 ᄯᅳᆺ고:堆靑抹綠(金三4:58). 師ㅣ 막대ᄅᆞᆯ 흐느러 ᄯᅡ해 고ᄌᆞ시니 ᄉᆡ미 소ᄂᆞᆯ 應ᄒᆞ야 나거ᄂᆞᆯ 무러 모ᄉᆞᆯ ᄆᆡᆼᄀᆞ라 무루플 ᄭᅮ러 돌 우희 오ᄉᆞᆯ 싯더시니:師振錫卓地泉應手而出積以爲池乃跪膝浣衣石上(六祖中109). 물 젹:積(光千10).

물달팡 명 달팽이의 한 가지. ¶물달팡:蝸蠃(柳氏物名二 水族).

물드리다 동 물들이다. ☞믈드리다 ¶물드릴 염:染(倭解下11).

물들다 동 물들다. ☞믈들다 ¶물들 염:染(註千9. 兒學下5).

물듸다 동 물 대다. 관개(灌漑)하다. ¶물듸 관:灌(兒學下10).

물러걷다 동 뒷걸음질하여 걷다. ☞므르걷다 ¶從容이 물러걸을ᄶᅵ니라(女四解2:26).

물레 명 물레. ☞물네. 물늬. 믈레 ¶뷩뷩 도라 물레 쟝ᄉᆞ(古時調. 밋난편. 靑丘). 물레:紡車(漢淸10:69).

물룩 부 문득. ☞믄득. 믄듯 ¶물룩 엄:奄(類合下27).

물리 명 물이. 독물 ¶물리 잇거ᄂᆞᆯ:有水(十九史略1:6).

물리·다 동 물리다. 물게 하다. 갚게 하다. ☞물이다 ¶오직 아젼이 날로 와 곡식을 물리며 ᄯᅩ 돈을 내라 ᄒᆞᄂᆞᆺ다:惟有吏日來徵租更索錢(宣小6:91).

물리다 동 (기한을) 물리다. ¶ᄒᆞᆫ 물리다:寬限(同文解下30).

물리치다 동 물리치다. ☞물리티다 ¶우리쳐 물리치다:喝退(譯解補20). 물리칠 외:外(註千15). 물리칠 퇴:退(註千16).

물리티다 동 물리치다. ☞물리치다 ¶闔閭의 犯ᄒᆞᆷ을 물리티며(女四解4:29).

물매 명 물매. ¶물매:木棒(譯解補16).

물머리 명 물멀미. ¶고기 낙기 ᄒᆞ자 ᄒᆞ니 물머리를 엇지ᄒᆞ고(萬言詞).

물무당 명 물무당. 물매미. ¶물무당:豉蟲(柳氏物名二 昆蟲).

물방하 명 물방아. ☞믌방하 ¶물방하:水碓(物譜 筐筥).

물부리 명 (담뱃대의)물부리. ¶물부리:烟觜(柳氏物名三 草)

:물·쁘·다 동 물고 뜨다. 썩다. ¶밤 디난 거슨 물쁘ᄂᆞ니:經宿者鬱(救急下61).

물뿍 명 물쑥. ☞믈뿍 ¶물뿍:蔞蒿(物譜 蔬菜). 물뿍 호:蒿(兒學上5).

물ㅅ결 명 물결. ☞믌결 ¶물ㅅ결 파:波(倭解上10).

물속거름 명 무자맥질. ¶물속거름:泳潛行水下(柳氏物名五 水).

물쇼 명 무소. ¶물쇼 셔:犀(兒學上7).

물송티 명 잠자리의 애벌레. ¶물송티:水蠆在水中將化蜻蛉者(柳氏物名二 昆蟲).

물수릐 명 물수리. 징경이. ¶물수릐:水鶚(物譜 羽蟲).

물쎳 명 갚을 것. ¶즐음 갑세 물쎳 마몰라 혜여:牙稅繳計(老解上13).

물쎳 명 물것. ¶一身이 사쟈 흔이 물쎳 계워 못 견딜쐬(古時調. 海謠).

물씨·다 동 무리를 짓다. ☞물ᄒᆞ다 ¶물쪄 ᄃᆞ니며 바미 우ᄂᆞ니:群行夜鳴(法華2:111).

물쑥 명 물쑥. ☞물뿍. 믈뿍 ¶물쑥:蔞蒿(柳氏物名三 草).

물아치 명 복어. 복. ☞믈아치 ¶물아치:江魨(譯解下38).

물언덕 명 기슭. ☞믈언덕 ¶물언덕 안:岸(倭解上7).

물에구룸 명 뭉게구름. ¶팔보 삐 ᄒᆞ고 물에구룸 문을 직금ᄒᆞᆫ 노 비게예:嵌八寶骨朶雲織金羅比甲(飜朴上29).

물여물들다 동 물알이 들다. ¶물여물들다:穗合漿(柳氏物名三 草).

물·여시·ᄂᆞᆯ 동 묻게 하시거늘. ㉮물이다☞-어시ᄂᆞᆯ ¶調達이 安否를 世尊이 물여시ᄂᆞᆯ(月印上48).

물엿귀 명 말여뀌. ☞ᄆᆞᆯ엿귀 ¶물엿귀:馬蓼(柳氏物名三 草).

물오녹다 동 무르녹다. ☞무로녹다. 므르녹다 ¶물오녹다:軟爛(譯解補55).

물오리 명 물오리. ¶물오리:鳧(柳氏物名一 羽蟲).

물외 명 물외. ¶물외:胡瓜(柳氏物名三 草).

물읏 명 무릇. ☞무릇. 물곳 ¶물읏:野茨菰(東醫 湯液三 草部).

물·위·다 동 뭉치다. ☞물의다 ¶더위 며여 죽ᄂᆞ닐 길헷 더운 몬지 홁을 가슴애 물위여 노하 식거든 ᄀᆞ라곰ᄒᆞ야 긔운이 통커든 말라:中熱暍死取路上熱塵土以壅其心冷復易候氣通乃止(救簡1:36). 더운 짜해 젓바뉘이고 죠히를 물위여 곳굼글 막고:仰臥煖處用紙堆塞鼻孔(救簡1:65).

물읍쓰다 동 무릅쓰다. ¶白刃을 물읍쓰고 몸으로뻐 싀어미를 ᄀᆞ리와(女四解4:15).

물의 명 누리. 우박(雨雹). ☞누뤼. 무뤼 ¶이희 여롬에 바람 블고 물의 오니 디나는 곳의 즘싱이 죽고:是年夏風雹所經處禽獸暴死(五倫1:44).

물·의·다 동 뭉치다. ☞물위다. 뭉긔다 ¶모다 밥 머글 제 손 뿌ᄊᆡ 말며 밥 물의디 말며:共飯不澤手毋摶飯(宣賜內訓1:3).

물이 명 무리. 앙금. ¶물이:粉子(譯解補29).

·물·이 명 무리(衆). ☞무리 ¶너희 물이 효측홈을 願ᄒᆞ노라:願汝曹效之(宣小5:13). 너희 물이의 보논 배니:汝曹所見(宣小5:56). 춤아 너희 물이로 히여곰 富貴의 즐거옴을 누리게 ᄒᆞ랴:忍令若曹享富貴之樂也(宣小5:79). 너의 물이 다 아당ᄒᆞ야 셤기니:汝輩皆諂事之(東新續三綱. 忠1:17). 도적이 크게 오니 그 물이 흐터 ᄃᆞ라나거늘:賊兵大至其徒散走(東新續三綱. 忠1:59).

물·이·다 동 물리다. 갚게 하다. ☞물리다. 믈리다. 믈이다 ¶ᄒᆞ믈며 도적ᄒᆞ야 가죠미 도로 믈유미 업스려:況乃盜取得無反徵(楞解6:100). 그 나ᄆᆞ닐 물이ᄂᆞ니:反徵其剩(楞解8:124). 물이다:陪(四解上50). 물일 딩:徵(訓蒙下21). 물일 쇽:贖. 물일 빈:陪(訓蒙下22).

물이·다 동 묻게 하다. ¶調達이 安否를 世尊이 물여시ᄂᆞᆯ(月印上48).

물이쌀이 명 무리꾸럭. ¶皮租쌀 못 먹인 히예 물이쌀이도 하도하다(古時調. 海謠).

물ᄌᆞ무약질 명 무자맥질. ☞물좀의약질. 므ᄌᆞ미 ¶물ᄌᆞ무약질:泅水(物譜 舟車).

물ᄌᆞ애 명 무자위. ☞믈자새 ¶물ᄌᆞ애:龣車(物譜 耕農).

물좀의약질 명 무자맥질. ☞물ᄌᆞ무약질. 므ᄌᆞ미 ¶물좀의약질 영:泳(兒學下10).

물크러지다 동 물크러지다. ¶물크러져 믄믄ᄒᆞᆫ 밥:糷(物譜 飮食).

물통 명 물통. ¶물통:水桶(譯解下14).

물푸레 명 물푸레. 물푸레나무. ¶물푸레:梣(物譜 雜木).

물화 명 물화(物貨). ¶다시 므슴 物貨를 사 朝鮮 짜히 도라가 ᄑᆞ는다(蒙老1:17). 이런 物貨 꺼시라도(隣語2:1). 이제 처단 물화를 사 와 미미ᄒᆞ려 ᄒᆞᄂᆞ니(落泉1:2).

·물ᄒᆞ·다 동 무리를 짓다. 동무하다. ☞물씨다 ¶당당이 너와 다뭇ᄒᆞ야 물ᄒᆞ야 이시리로다:應共爾爲羣(重杜解11:51). 飄然히 ᄠᅳ디 물ᄒᆞ리 업도다:飄然思不群(杜解21:42).

묽다 형 묽다. ☞믉다 ¶물글 담:淡(倭解下12). 묽다:稀(同文解上59). 구롬 묽다:雲淡(譯解補2).

뭀 관 뭇. ☞뭇 ¶ᄆᆞᆯᄀᆞᆫ 히쎼첸 뭀 골며기 도라오노소니:淸輝回群鷗(重杜解1:33). 뭀되 도라와 사랫 피를 싯고:群胡歸來血洗箭

(重杜解4:4). 지죄 뭀 사ᄅᆞ미게 絶等ᄒᆞ도다:藝絶倫(初杜解16:22).

·뭇 명 뭇〔束〕. 묶음. ¶딥동 세 무슬 어더(月釋8:99). 이 여슷 ᄆᆞ리 ᄆᆡ ᄒᆞᆫ나히 콩 닷 되 딥 ᄒᆞᆫ 뭇곰 ᄒᆞ야:這六箇馬每一箇五升料一束草(飜老上12). 뭇 속:束(類合下7. 光千41). 딥픈 언머의 ᄒᆞᆫ 뭇고:草多少一束(老解上16). 딥픈 열 낫 돈애 ᄒᆞᆫ 무시라:草一十箇錢一束(老解上16).

뭇 명 뭍. 육지(陸地). ☞뭍 ¶물고기 뭇틔 나니ᄀᆞᆺ티(癸丑83). 뭇틔 ᄃᆞ니실 제(十九史略1:8). 뭇 륙:陸(兒學上3).

뭇 관 뭇〔群〕. ☞뭀 ¶뭇 셔:庶(類合上16). 잇틋날 뭇 가마귀 ᄒᆞᆫ듸 나려(古時調. 가마귀. 瓶歌). 뭇 수프레:群林(百聯11). 뭇 지위 고ᄌᆞ 자 들고 헤ᄠᅳ다가 말려니(古時調. 鄭澈. 어와 동냥지ᄅᆞᆯ. 松江). 뭇 ᄇᆡᆨ셩을 셔게 호미(十九史略1:5).

뭇·구니 명 묶은 것. 뭇〔束〕. ☞뭇. 뭇다 ¶뭇구닌 프른 삸 빗 ᄀᆞᆮ고:束比青蒭色(初杜解16:73).

뭇·기·다 동 묶이다. ¶고ᄇᆞᆫ 사ᄅᆞᆷᄃᆞ려 道 니ᄅᆞ디 몯호ᄆᆞᆫ ᄀᆞᄅᆞ쵸매 뭇겨 이실씨니라(法華3:156).

뭇길 명 뭍길. 육로(陸路). ¶네 빗길로 온다 뭇길로 온다:你船路裏來那旱路裏來(朴解中12). 뭇길:旱路(譯解補5).

뭇·다 동 묶다. ☞믁다. 뭇다 ¶뭇군 ᄀᆞᄅᆞ 서르 브터 비기ᄃᆞᆺ ᄒᆞ야:束蘆互相依倚(楞解5:8). 聖位 뫼화 뭇건댄:聖位摠束(楞解8:49). 鍵은 門ㅅ쇠니 다 자바 뭇논 ᄠᅳ디라(楞解10:70). 類ᄅᆞᆯ 조차 뭇거(圓覺上一之一38). 뭇구닌 프른 삸 빗 ᄀᆞᆮ고:束比青蒭色(初杜解16:73). 뭇ᅀᅳᆯ 속:束(石千41). 반ᄃᆞ시 ᄆᆞ라 뭇거 整齊홈을 기들온 후에:必待卷束整齊然後(宣小5:117). 바ᄂᆞᆯ을 뭇거 거우르ᄅᆞᆯ 보와(女範3. 뎡녀 뉼양ᄉᆞ녀).

뭇다 동 묻다〔問〕. ☞묻다 ¶뎡의 셩명을 뭇거ᄂᆞᆯ:問禎之姓氏(太平1:35). 웃 문안을 뭇ᄌᆞ오시고(癸丑46). 제 남진 제 겨집 아니 어든 일홈 뭇디 마오려(古時調. 鄭澈. 간나히. 警民編). 日月께 뭇잡ᄂᆞ니(古時調. 青丘). 孟子ㅣ 어려서 母의게 뭇ᄌᆞ오ᄃᆡ(女四解4:8). 뭇다:問(同文解上25). 한가이 뷔ᄂᆞᆫ 농부 뭇노라 져 농부야(萬言詞).

뭇다 동 뭇다〔構〕. ☞묻다 ¶金化ㅣ 金城 슈슛대 半 단만 어더 죠고만 말마치 움을 뭇고(古時調. 青丘).

뭇다 동 묻다〔埋〕. ☞묻다 ¶뭇어 굽다:炮(柳氏物名五 火).

뭇딘 명 뭍 진(陣). 육진(陸陣). ¶또 뭇딘의 張遼 徐晃을 삼쳔식 궁노 잡은 사ᄅᆞᆷ을 ᄃᆞ리고(三譯4:16).

뭇매 명 뭇매. 몰매. ¶뭇매로 티다:亂棍打(譯解上67).

뭇삿다 동 무어 쌓다. ¶헌 누비와 취밥은 시경ᄒᆞ야 음공을 뭇삿ᄂᆞ니:破衲蔬食必施輕而積陰(野雲50).

뭇지르다 동 무찌르다. ¶항졸을 죽기지 말며 뭇지름을 힘치 말며(敬信63).

뭀 명 무. ☞무수. 무우 ¶蘿蔔ᄋᆞᆫ 뭀이라(金三2:51).

뭉·긔·다 동 뭉치다. ☞뭉킈다. 뭉키다 ¶올ᄒᆞᆫ 소ᄂᆞ로 바ᄅᆞᆯ 뭉긔여 먹더니(月釋23:92). 現히 四大ᄅᆞᆯ 뭉긔여:現摶四大(楞解4:85). 大地ᄅᆞᆯ 뭉긔여:丸大地(永嘉上35). 디ᄒᆞᆫ 빡 ᄃᆞᆰ의 알만 뭉긔니:艾如雞子大(救簡1:56). 허튼 머리터리 ᄒᆞᆫ 뭉긔요니 ᄉᆞ론 지ᄅᆞᆯ ᄀᆞ라:亂髮一團燒灰研(救簡6:13).

뭉·긔·다 동 뭉개다. ☞믕긔다 ¶여러 머리 뭉긘 못 가져다가:將幾箇磨果釘子來(朴解中44).

뭉긔요니 명 뭉친 것. ☞뭉긔다 ¶허튼 머리터리 ᄒᆞᆫ 뭉긔요니 ᄉᆞ론 지ᄅᆞᆯ ᄀᆞ라:亂髮一團燒灰研(救簡6:13).

뭉슈루디 부 뭉뚝하게. ¶븓대ᄅᆞᆯ 뭉슈루디 갓가 기름 ᄇᆞᆯ라 항문의 고자 녀코:以小竹箇挿入肛門內(痘要下21).

뭉애슈슈 명 수수의 한 품종. ¶뭉애슈슈:無應厓唐黍(衿陽).

뭉으리돌 명 뭉우리돌. ☞뭉으리돌 ¶뭉으리돌 륵:磔(倭解上8).

뭉을뭉을 부 뭉게뭉게. ¶뭉을뭉을 저녁 년긔 동졍호에 피여나고(皆岩歌).

뭉치 명 뭉치. 덩어리. ¶ᄒᆞᆫ 뭉치가 되야(閑中錄394).

뭉킈·다 동 뭉치다. ☞뭉긔다. 뭉키다 ¶밥을 뭉킈디 말며:毋摶飯(宣小3:23).

뭉키다 동 뭉치다. ☞뭉긔다. 뭉킈다 ¶밥 뭉키디 말며:毋摶飯(重內訓1:2).

뭍 명 뭍〔陸〕. ☞묻. 뭇 ¶가지ᄅᆞᆯ 자ᄇᆞ샤 무틔 나거시ᄂᆞᆯ(月印上23). 무틧 사ᄅᆞ미 어드리 가 供養ᄒᆞᅀᆞᄫᆞ료(釋譜23:47). 무틔 술윗바회만 青蓮花ㅣ 나며 이운 남ᄀᆡ 고지 프며(月釋2:31). 中間 平ᄒᆞᆫ 무틔 三千洲 잇ᄂᆞ니:中間平陸有三千洲(楞解2:84). 무트로 올아가매 프렛 이스리 저젯고:登陸草露滋(初杜解22:23). 무틔ᄂᆞᆫ ᄃᆞ니디 몯ᄒᆞ야:旱地裏行不得(飜老下44).

뮈 명 해삼(海蔘). ☞믜 ¶뮈:海蔘 海男子(物譜 水族). 뮈:海蔘 海男子 黑蟲(柳氏物名二 水族).

:뮈·다 동 움직이다. 흔들리다. ☞뮈우다 ¶ᄇᆞᄅᆞ매 아니 뮐씨:風亦不扤(龍歌2章). 모미 뮈ᄂᆞᆫ ᄃᆞᆯ 몰라(釋譜11:15). 動은 뮐 씨라(月釋序2). ᄡᅡ히 열여듧 相ᄋᆞ로 뮈며:ᄡᅡ

히 ᄀᆞ장 뮈면(月釋2:13). 行ᄋᆞᆫ 뮐 씨라(月釋2:20). 夫人이 몯 뮈더시니(月釋8:80). ᄆᆞᅀᆞ미 샹네 뮈여:心常散動(楞解5:56). 뮈윰 업고:無動(楞解8:20). 구루미 ᄃᆞᄅᆞ면 ᄃᆞ리 뮈윰 ᄃᆞᆯ ᄒᆞ니라(圓覺上一之一10). 魔用이 ᄢᅥ러 뮈요미오(圓覺下三之二32). ᄒᆞ다가 ᄆᆞᅀᆞᆷ ᄡᅮ미 가ᄀᆞᆨᄒᆞ면 ᄆᆞᅀᆞᆷ 조기 뮈여:若用心急則動肉團心(蒙法7). 힘ᄡᅮ미 져거 뮈여 ᄒᆞ니논 ᄌᆞᆼ에:省力於動中(蒙法39). 뮈며 괴외ᄒᆞᆫ 境界:動靜境界(蒙法40). 밧도이어도 뮈디 아니ᄒᆞ리니:外撼不動矣(蒙法43). 깃부미 都城에 뮈유믈 알리로소니:喜覺都城動(重杜解5:4). 져믄 저긔 지죄 뮈엣ᄂᆞ니: 靑春動才調(初杜解8:70). 늘근 ᄂᆞ치 뮌다마다 도토랏 平床을 어더 앉고:衰顏動覓藜床坐(初杜解15:15). ᄆᆞᆯᄀᆞᆫ 비치 잔 가온딧 수레 뮈오:淸動盃中物(初杜解15:52). 브른 덥고 ᄇᆞᄅᆞ문 뮈오(金三4:39). 뮐 동:動(訓蒙下3). 뮐 동:動(類合下47). 뮐 동:動(石千17). 禮 아니어든 뮈디 말올디니라:非禮勿動(宣小3:4). 輪이 傾ᄒᆞ고 帷ㅣ 뮈여디니(女四解4:46).

뮈다 동 미워하다. ☞믜다 ¶뮈다가 괼지라도 괴다가 뮈지 마소(古時調. 가다가. 瓶歌). 前前에 뮈시던 거시면 이ᄃᆡ도록 셜우랴(古時調. 님이 혜오시매. 歌曲).

뮈다 동 미다. 털이 빠지다. ☞믜다 ¶압 뮈다:脫頂(漢淸5:48).

뮈무여하다 동 미워하다. ¶가마귀 속 흰 쥴 모르고 것치 검다 뮈무여하며 갈먹이 것 희다 ᄉᆞ랑허고(古時調. 安玟英. 金玉).

뮈·오·다 동 움직이게 하다. ☞뮈우다 ¶掣肘는 볼ᄒᆞᆯ 뮈오고져 호ᄃᆡ 사ᄅᆞ미 ᄡᅳᄉᆞ면 能히 뮈우디 몯ᄒᆞᆯ 시오(宣賜內訓1:16). 들구를 타 조ᅀᆞᄅᆞ왼 ᄂᆞᄅᆞᆯ 뮈오도다:乘槎動要津(初杜解20:39). 荊榛을 뮈오놋다:動荊榛(初杜解22:55). 니건 ᄢᅴ 빗나미 님그믈 뮈오ᅀᆞᆸ다니:往時文彩動人主(初杜解25:52).

뮈·욤 동 움직임. ㉮뮈다 ☞뮈윰 ¶구둠과 저 줌과 더움과 뮈욤 等 ᄀᆞᆮ고:如堅濕煖動等(圓覺上二之二99). 뮈욤과 ᄀᆞ마니 이쇼매 法 이쇼미:動靜有法(宣賜內訓1:14).

뮈·우·다 동 움직이게 하다. ☞뮈오다 ¶하ᄂᆞᆯ히 ᄆᆞᅀᆞᄆᆞᆯ 뮈우시니:維皇上帝動我心曲(龍歌102章). 運은 뮈울 씨라(月釋序5). 感은 ᄆᆞᅀᆞᆷ 뮈울 씨라(月釋序14). 뮈움과 조춤괘 眞實을 어즈리디 몯ᄒᆞ니(月釋8:16). 六震을 뮈워(月釋18:10). 뎌 그ᅀᅳᆨᄒᆞᆫ ᄆᆞᆯᄀᆞᆫ 두려이 어즈려 뮈우ᄂᆞᆫ 根元을 보고:觀彼幽淸圓擾動元(楞解10:5). 圓覺ᄋᆡ 性은 寂과 照와 둘흘 뮈우거ᄂᆞᆯ(楞解10:66). 智와 悲와ᄅᆞᆯ 둘을 뮈운 後에ᅀᅡ 萬德이 ᄀᆞᄌᆞ며:智悲雙運然後萬德具足(法華4:189). 色心ᄋᆞᆯ 뮈워 病이 나리라:則動色心生病(蒙法23). 靑雲ㅣ 내의 노폰 興을 뮈우ᄂᆞ니:靑雲動高興(重杜解1:3). ᄇᆞᄅᆞ문 將軍의 幕을 뮈우고:風動將軍幕(重杜解5:10). ᄒᆞᆫ 소릿 울에 三千界ᄅᆞᆯ 뮈우도다:一聲雷震三千界(金三2:2). 뮈울 감:撼. 뮈울 잠:揝(訓蒙下17). 뮈울 감:撼(類合下56).

뮈움들에 명 민들레. ☞므음드레 ¶뮈움들에:黃花地丁… 蒲公英(柳氏物名三 草).

뮈워ᄒᆞ다 동 미워하다. ¶뮈워ᄒᆞ다:惡他(譯解補20).

뮈·윰 동 움직임. ㉮뮈다 ☞뮈욤 ¶無明躰예 ᄒᆞᆫ 念 처ᅀᅥᆷ 뮈유미 일후미 行이니(月釋2:21之1). 뮈윰 업고:無動(楞解8:20). 구루미 ᄃᆞᄅᆞ면 ᄃᆞ리 뮈윰 ᄃᆞᆯ ᄒᆞ니라:如雲駛月運等(圓覺上一之一10). 구둠과 저줌과 더움과 뮈윰과ᄂᆞᆫ:堅濕煖動(圓覺上二之一26). 깃부미 都城에 뮈유믈 알리로소니:喜覺都城動(重杜解5:4).

·뮈·ᅇᅮ·다 동 움직이게 하다. ☞뮈오다. 뮈우다 ¶ᄒᆞᆫ 일훔 智積은 智 싸홈 이슈믈 브틀씨 얽ᄆᆡᅇᅧ매 잇ᄂᆞᆫ 識이 ᄃᆞ외니 뮈ᅇᅯ 내야 싸호미 업스면 大通勝智 ᄃᆞ와리라(月釋14:14).

뮌마리 명 대머리. ☞뮌머리 ¶뮌마리:禿子(同文解下8).

뮌틋ᄒᆞ다 형 민틋하다. ¶가지 뮌틋ᄒᆞᆫ 기르마:方腦鞍(漢淸5:22).

:뮐·씨 동 움직일새. 움직이므로. ㉮뮈다 ¶불휘 기픈 남ᄀᆞᆫ ᄇᆞᄅᆞ매 아니 뮐씨:根深之木風亦不扤(龍歌2章).

뮙다 형 밉다. ☞믭다. 밉다 ¶뮈올 치:媸(倭解上19). 뮈올 증:憎(倭解上23). 뮈온 님 오며ᄂᆞᆫ ᄭᅩ리ᄅᆞᆯ 해해 치며(古時調. 개를 여라믄. 靑丘). 뮈운 것:厭物(譯解補20). 너모 즐거워도 뮙ᄉᆞᆸ거니와(隣語2:6). 뮈올 오:惡(註千10). 뮈울 오:惡(兒學下1). 뮈울 치:媸(兒學下8).

·므·거·ᄫᅳᆫ 형 무거운. ㉮므겁다 ¶목수미 므거ᄫᅳᆫ 거실씨(釋譜6:5). 즌ᄒᆞᆰ 불ᄫᅵ며 므거ᄫᅳᆫ 돌 지ᄃᆞᆺ ᄒᆞ야(月釋21:102). 又 눈두베 므거ᄫᅳᆫ ᄃᆞᆯ 아라ᄃᆞᆫ:纔覺眼皮重(蒙法2).
※므거ᄫᅳᆫ>므거운>무거운

·므거·이 부 무겁게. ¶그라오녀 호ᄆᆞᆯ 모로매 므거이 맛ᄃᆞᆯᄆᆞ며:然諾必重應(宣賜內訓1:27). 丘山ᄀᆞ티 므거이 너기리로다:丘山重(初杜解18:13). 그리호마 호믈 모로매 ᄃᆡ답을 므거이 ᄒᆞ며(飜小8:17).

므·겁·다 형 무겁다. ¶목숨 므거버 손소 몯 죽노이다(月印上52). 목수미 므거ᄫᅳᆫ 거실씨(釋譜6:5). 즌ᄒᆞᆰ 불ᄫᅵ며 므거ᄫᅳᆫ 돌 지ᄃᆞᆺ ᄒᆞ야(月釋21:102). 漸漸 므거ᄫᅳᆫ 돌 지ᄃᆞᆺᄒᆞ야(月釋21:102). ᄯᅩ 惑業이 어듭고 므거우

미 이셔:又有惑業昏重(楞解7:86). 又 눉두베 므거ᄫᆞᆫ ᄃᆞᆯ 아라ᄃᆞᆫ:纔覺眼皮重(蒙法2). 德이 적고 ᄢᅥ 므거우며(金剛103). 能히 므거운 지믈 더러:能除重擔(圓覺上一之二85). ᄒᆞᆫ 므거우미 기리 ᄇᆞ리샤미라:麤重長祛(圓覺下二之一19). 障이 므겁고 ᄆᆞᅀᆞ미 ᄠᅳᆯ시:而障重心浮(圓覺下三之二2). 嘉州ᄂᆞᆫ 수으리 므겁고:嘉州酒重(初杜解8:27). 므거울 듕:重(類合下48). 므거울 듕:重(石千3). 므거울 균:鈞(石千39). 발의 양은 므거우며:足容重(宣小3:11). 아비 왜적의 자ᄇᆡᆫ 배 되여 므거온 짐으로ᄡᅥ 지이거ᄂᆞᆯ:父爲倭賊所執負以重(東新續三綱. 孝7:84). 나ᄂᆞᆫ 져멋ᄭᅥ니 돌히라 므거올가(古時調. 鄭澈. 이고 진. 警民編). 밋 뒤다히ᄅᆞᆯ 모로미 크고 므겁게 홀디니:根後要粗重(武藝諸21). ※므겁다>무겁다

※'무겁다'의 활용 [므겁게/므겁고… / 므거ᄫᆞᆫ/므거ᄫᅥ…

므·겨 동 무거워하여. ㉿므기다 ¶사ᄅᆞ미 먼 ᄡᅡᄒᆞ로셔 와 粮食 ᄀᆞᆺ건 디 사ᄋᆞ리오 지운 거시 百斤두고 더으거든 믄득 이웃 사ᄅᆞ미 ᄯᅩ 죠고맛 거슬 더 브티면 이 다ᄉᆞ로 더욱 므겨 困ᄐᆞᆺ ᄒᆞ니이다(月釋21:106).

므그니 부 묵직이. ¶ᄇᆡᆨ번 두 돈을 므그니 ᄃᆞ라 ᄀᆞ라:用白礬二錢重生研末(救簡1:10).

므그여디다 동 물크러지다. ¶므그여딜 미:糜(類合下59).

므근ᄒᆞ·다 형 묵직하다. ¶벌에 먹디 아니ᄒᆞᆫ 조협 ᄀᆞᄅᆞᆫ ᄀᆞᄅᆞ 므근ᄒᆞᆫ ᄒᆞᆫ 돈과 밄ᄀᆞᄅᆞ 므근ᄒᆞᆫ ᄒᆞᆫ 돈과:不蟲皁莢末一大錢白麵一大錢(救簡3:82).

므긔 명 무게. ¶附子 므긔 닐굽 돈 남ᄌᆞᆺᄒᆞ닐:附子重七錢許(救急上38). 부ᄌᆞ 므긔 닐굽 돈만 ᄒᆞ닐:附子重七錢許(救簡1:53). ᄒᆞᆫ 복 므긔 큰 두 돈만 ᄒᆞ야:每服二大錢(救簡1:101). 네 이 蔘이 몃 근 므긔고:你這蔘多少斤重(老解下51). 므긔 서 근 여ᄃᆞᆲ 냥이오:重三斤八兩(武藝諸1).

·므기·다 동 무거워하다. ¶믄득 이웃 사ᄅᆞ미 ᄯᅩ 죠고맛 거슬 더 브티면 이 다ᄉᆞ로 더욱 므겨 困ᄐᆞᆺ ᄒᆞ니이다(月釋21:106).

므·너 동 늘이어. 연장하여. ㉿므느다 ¶므너 아ᄒᆞ내 니르로ᄆᆞᆯ 어드니:得延至九十(佛頂下10). 도로 나와 명을 므너 다시 진을 닷글로다:還生延命更修眞(王郞傳8).

므너·흘·다 동 물어뜯다. ¶能히 사ᄅᆞᄆᆞᆯ 므너흐놋다:能咬人(金三2:21). ᄒᆞᆰ무저글 므너흘오(金三2:21). 가ᄉᆞᆷ을 므너흘고 가ᄉᆞᆷ을 우희며:交臆跑胸(馬解下88).

므·놈 동 늘임〔延〕. 늦춤. 연장함. ㉿므느다 ¶玄覺이 時節 므노ᄆᆞᆯ 잢간 得ᄒᆞ야:玄覺粗得延時(永嘉下108).

므느·다 동 늘이다. 늦추다. 연장하다. ☞무느다 ¶玄覺이 時節 므노ᄆᆞᆯ 잢간 得ᄒᆞ야:玄覺粗得延時(永嘉下108). 므너 아ᄒᆞ내 니르로ᄆᆞᆯ 어드니:得延至九十(佛頂下10). 출하리 두어 ᄒᆡᄅᆞᆯ 므늘 ᄲᅮᆫ니언뎡 가디 몯ᄒᆞᆯ 거시라:寧遲緩數年不可行也(飜小9:50). ᄃᆞᆯ이 므너 나니ᄂᆞᆫ 부귀ᄒᆞ고 당슈ᄒᆞ고:其有延月而生者富貴而壽(胎要8). 도로 나와 명을 므너 다시 진을 닷글로다:還生延命更修眞(王郞傳8). 목숨 일ᄇᆡᆨ마은닐굽 ᄒᆡ을 므는 후애 ᄒᆞᆫᄃᆡ 극락국의 나다:延壽一百四十七歲後同生極樂也(王郞傳9).

므느다 동 물러나다. 무르다. ☞므르다 ¶므늘 퇴:退(光千16). 니기도록 뒤흐로 므느ᄂᆞᆫ ᄃᆞᆺᄒᆞ여(新語9:18).

므늣 부 무릇. ¶므늣 좌로 가며 우로 가며:凡左右(練兵18).

므니 부 계속하여. 잇달아. ☞므느다 ¶斜陽 峴山의 躑躅을 므니 ᄇᆞᆯ와 羽蓋芝輪이 鏡浦로 ᄂᆞ려가니(松江. 關東別曲).

므다 동 뭇다. 만들다. ¶뎌 ᄇᆡᆨᄌᆞ 나모로 므온 ᄇᆡ 믈 가온대 잇도다(女範3. 뎡녀 위공ᄇᆡᆨ쳐).

므다 동 물다. ☞믈다 ¶므다:咬(譯解上54).

므더·니 부 소홀히. 대수롭지 않게. ☞므던이. 므던히 ¶慢ᄋᆞᆫ 놈 므더니 너길 씨니(釋譜9:13. 月釋9:13). 難頭禾龍王이 阿闍世王ᄋᆞᆯ 므더니 너겨(釋譜24:36). 衆生이 져근 惡ᄋᆞᆯ 므더니 너겨(月釋21:78). 陵은 놈 므더니 너길 씨오(楞解9:70). 다ᄉᆞᆺ 낫 복숑 남ᄀᆡ ᄯᅩ ᄀᆞ리오ᄆᆞᆯ 므더니 너기노라:五株桃樹亦從遮(初杜解15:22). 져븨 말ᄉᆞᄆᆞᆯ 므더니 너기놋다:一任燕語(金三3:30). 므더니 너골 ᄆᆞᅀᆞᆷ 니르와ᄃᆞ며:起憍慢心(佛頂上3). 얼우늘 므더니 너기며:凌忽長者(飜小8:30). 므더니 녀겨 가져가면:不爭將去時(老解下17).

므던·이 부 소홀히. 대수롭지 않게. ☞므더니. 므던히 ¶져믄이 얼운을 므던이 너기며:少陵長(宣小4:49). 이제 士大夫의 집이 만히 이ᄅᆞᆯ 므던이 너겨:今士大夫家多忽此(宣小5:40). 얼운을 므던이 너기며:凌忽長者(宣小5:108).

므던·히 부 소홀히. 대수롭지 않게. ☞므더니. 므던이 ¶蔑은 므던히 너길 씨라:蔑忽也(法華5:48). 므던히 너길 ᄆᆞᅀᆞᆷ 업슬씨:無輕慢心(金剛上9). 므던히 너기며 아쳐로ᄆᆞᆯ 내디 아니ᄒᆞ며:不生輕厭(金剛上35). 므던히 너곰과(圓覺上二之二104). 慢ᄋᆞᆫ 므던히 너길 시라(宣賜內訓1:6). 그 남진ᄋᆞᆯ 므던히 너기며:輕其夫(宣賜內訓1:81). 대최 닉거든 사ᄅᆞᄆᆡ 텨 머구믈 므던히 너기고:棗熟從人打(杜解10:31). 峽中엣 남진ᄃᆞᆯ히

ᄀ장 주구믈 므던히 너겨:峽中丈夫絕輕死(杜解25:47). 誹謗과 외다 호ᄆᆞᆯ 므던히 너기ᄂᆞᆫ 사ᄅᆞᄆᆞᆫ(南明上38). ᄂᆞᆷ도 ᄯᅩ 므던히 너겨 괴이히 너기디 아니ᄒᆞᄂᆞ니:人亦恬不爲恠(宣小5:49).

므던ᄒᆞ·다 형 무던하다. 괜찮다. 좋다. ¶그리ᄒᆞ야도 므던ᄒᆞ니(釋譜11:28). 주거도 므던커니와(三綱. 孝10). 다시 닐오미 므던ᄒᆞ니(牧牛訣24). 뎌ᄅᆞ며 기로ᄆᆞᆯ 므던히 너괄디니:任短長(南明上22). 비록 毒ᄒᆞᆫ 藥이라도 므던ᄒᆞ니:假饒毒藥也閑閑(南明上54). 므던ᄒᆞ니:碍甚麼事(飜老上33). 머거도 므던ᄒᆞ니라:喫的不妨事(飜朴上56). 므던타:遮莫(四解下33 遮字註). 시쇽을 조차 저ᄅᆞᆯ ᄒᆞᆫ 번 ᄒᆞ야두 므던ᄒᆞ니라:今從俗一拜似可(呂約21). 메조 너허 ᄃᆞᄆᆞ면 쟝이 ᄀ쟝 됴코 메죄 업서도 므던ᄒᆞ니(救荒 沈醬法).

므덤 명 무덤. ¶그 아ᄃᆞᆯ과 ᄀᆞᆮ티 지아븨 무덤 겻틔 장ᄒᆞ고(女範4. 녈녀 뎡녈왕시).

므되다 형 무디다. ☞무되다 ¶굿 므된 사엇대를 긋긋치 두러메여(古時調. 靑丘).

·므·ᄃᆞ·다 동 물들다. ¶오쇡 므든 실로 麒麟 슈질ᄒᆞ고:五綵繡麒麟(飜朴上26). 漢閣애 제 열우며 므드니라:漢閣自磷緇(重杜解3:2). 므드다:習染(同文解上32).

·므·드리·다 동 물들이다. ¶므드릴 셤:染(訓蒙中2).

므듸므듸 부 이따금. 가끔. ☞므ᄃᆡ므ᄃᆡ ¶므듸므듸예 鮑照謝眺ᄅᆞᆯ 凌犯ᄒᆞ더니라:往往凌鮑謝(重杜解3:59). 므듸므듸예 법 저티 아니코:往往不顧禁律(正俗20).
※므듸므듸<므ᄃᆡ므ᄃᆡ

·므디·다 동 무너지다. ¶夫人이 므디ᄃᆞᆺ 울며 모ᄆᆞᆯ 메여 닐오ᄃᆡ(月釋8:98).

므ᄃᆡ므ᄃᆡ 부 이따금. 가끔. ☞므듸므듸 ¶서늘ᄒᆞᆫ 氣運 凌犯호ᄆᆞᆯ 므ᄃᆡ므ᄃᆡ예 求ᄒᆞ더니:凌寒往往須(重杜解2:23). 므ᄃᆡ므ᄃᆡ예 ᄲᆞᆯ리 ᄆᆡ요ᄆᆞᆯ 맛나ᄂᆞ니라:往往遭急縛(重杜解2:70). 므ᄃᆡ므ᄃᆡ예 長吏ᄅᆞᆯ 주기ᄂᆞ니라:往往殺長吏(重杜解16:19). 往往은 므ᄃᆡ므ᄃᆡ라 홈이라(家禮1:12).
※므ᄃᆡ므ᄃᆡ>므듸므듸

므레너굴 명 수달(水獺). ¶ᄯᅩ 므레너구릐 고기ᄂᆞᆫ 모딘 병긔과 덥듯ᄒᆞᆫ 병을 업게 ᄒᆞᄂᆞ니:又方水獺肉去疫氣溫病(瘟疫方24).

므롭다 동 입다. ☞무롭다 ¶옷슬 바다셔 몸에 므롭고(三譯2:14).

므롯 부 무릇. ☞무른. 므ᄅᆞᆺ ¶므롯 人子 되엿ᄂᆞ니:凡爲人子(警民28).

므르:걷·다 동 물러나 걸어가다. 뒷걸음치다. ¶ᄯᅩ 모ᄃᆡ 므르거러:又要退步(蒙法45). 므르거를 쥰:逡. 므르거를 슌:巡(類合下37). 卽時 므르걸어 茶盤을 整辦ᄒᆞ며:卽時退步整辦茶盤(女四解2:18).

므르고오다 동 무르게 고다. 푹 고다. ☞므르고으다 ¶第一道ᄂᆞᆫ 므르고온 羊과 蒸捲ᄯᅧᆨ이오:第一道燒羊蒸捲(朴解上6).

므르고으·다 동 무르게 고다. 푹 고다. ☞므르고오다 ¶발 므르고으니와:燒爛蹄蹄(飜朴上5). 첫 미수에 양 므르고으니와 蒸捲ᄯᅧᆨ과:第一道燒羊蒸捲(飜朴上6).

므르글히·다 동 푹 무르게 끓이다. ¶거믄 콩을 므르글혀:煮黑豆令爛(救簡1:19).

므르·ᄀᆞᆯ·다 동 곱게 갈다. ¶芭蕉ㅅ 불휘와 生薑ᄋᆞᆯ ᄀᆞ티 ᄂᆞᆫ화 므르ᄀᆞ라 춤기름 半盞ᄋᆞᆯ 녀허:芭蕉根生姜等分擂爛入香油半盞(救急下21). 므르ᄀᆞ라 ᄎᆞᆫ므레 프러:爛研冷水和(救簡1:33). 거믄 콩을 므르ᄀᆞ라:黑豆研爛(救簡6:26). 므르ᄀᆞ라 믈인 ᄃᆡ 브툐미 됴ᄒᆞ니라:爛研傅被咬處良(救簡6:38).

므르녹·다 동 무르녹다. ☞무로녹다 ¶主人이 ᄠᅳ디 므르노ᄀᆞ니:主人情爛漫(杜解15:54). ᄒᆞᆫ 므르노가 ᄲᅧ만 잇ᄂᆞᆫ 先生을 건뎌내니:搭出箇爛骨頭的先生(朴解下23).

므르닉·다 동 무르익다. ¶블근 果實은 가지예 므르니거 하도다:朱果爛枝繁(初杜解15:13). 콩이 므르닉거든 콩으란 앗고:豆爛熟去豆(救簡1:10). 므르닉게 醉호미 이 生涯니라:爛醉是生涯(重杜解11:37).

므르·다 동 물러나다. ☞므느다 ¶브즈러니 닷가 므르디 아니ᄒᆞᆯ 씨오(月釋2:37). 生死ㅣ 므르며 나니 업스며(月釋17:11). 브즈런ᄒᆞᆫ ᄆᆞᅀᆞᄆᆞᆯ 므르디 말면(月釋21:94). 善根을 永히 믈룸디라도:永退善根(楞解1:86). 오직 낫고 믈룸 업수미:唯進無退(楞解8:18). 게으른 믈롤 ᄠᅳᆮ 낼까 저호샤:恐…遂生懈退(法華3:83). 決定히 브즈러니 求ᄒᆞ야 므르디 아니ᄒᆞ야:決定勤求不退(永嘉下134). 므를 퇴:退(訓蒙下26. 類合下5. 石千16). 應ᄒᆞ며 對ᄒᆞ며 나ᅀᆞ며 므르ᄂᆞᆫ 졀ᄎᆞ와:應對進退之節(宣小書題1).

므르·다 동 뒤지다. 뒤떨어지다. ¶菩薩 摩訶薩 八萬 사ᄅᆞ미 다 阿耨多羅三藐三菩提예 므르디 아니ᄒᆞ샤 다 陀羅尼와 樂說辯才ᄅᆞᆯ 得ᄒᆞ샤 므르디 아니ᄒᆞᇙ 法輪을 그우리샤(釋譜13:4).

므르·다 동 물려받다. ¶菩薩이 부텻 法 므르ᅀᆞᄫᅩ미 아ᄃᆞ리 아비 쳔량 믈려 가쥬미 ᄀᆞᄐᆞᆯ씨(釋譜13:18).

므르·다 동 무르다. ☞므ᄅᆞ다 ¶흥졍 ᄆᆞᄎᆞᆫ 후에 각각 므르기를 돈디 마져:成交已後各不許番悔(飜老下17). ᄒᆞ다가 몬져 므르ᄂᆞᆫ 이란:如先悔的(老解下15). 흥졍 므르다:打倒 一云 悔交(譯解上69).

므르·다 동 물다. 상하다. ¶믈고기 므르니와 믄고기 서근이ᄅᆞᆯ 먹디 아니ᄒᆞ시며:魚餒

而肉敗不食(宣小3:25).

므르·다 형 무르다〔爛〕. ☞무르다 ¶ 뻐디며 믈우ᄆᆞᆫ:綻拆爛壞(楞解8:102). 骨髓ᄅᆞᆯ 데워 므르게 ᄒᆞᆯ 씨라:燋爛骨髓(楞解8:103). ᄆᆞᆯ 물오좀 디혀 반만 므르거든 ᄉᆞᆷᄭᅵ면:慈菰擣爛呑之(救簡6:19).

므르·다 형 무르다〔弱〕. ¶히미 세며 믈우ᄆᆞᆯ 조차:隨力强弱(楞解4:29).

므르다 형 무르다〔軟〕. ☞무르다. 므ᄅᆞ다 ¶ 이 화리 쥘동이 므르니 혀디 어렵다:這弓弝裏軟難扯(飜老下31).

므르듣게 동 무르녹게. 난만(爛熳)히. ¶ 봆고ᄌᆞᆯ 므르듣게 프디 아니ᄒᆞ려다 시름 아니카니와:春花不愁不爛漫(初杜解10:46).

므르:듣·다 동 ①늙다. ¶져믄 나히 ᄒᆞ마 므르듣도다:青歲已摧頹(初杜解21:37). ②무너져 떨어지다. 무르게 되어 떨어지다. ¶諸山이 一時예 드러쳐 뻐디고 다 므르드르며(釋譜23:19). 봆고ᄌᆞᆯ 므르듣게 프디 아니ᄒᆞ려다 시름 아니카니와:春花不愁不爛熳(初杜解10:46). 언 ᄯᅡ히 므르드르니:崩凍(初杜解25:12). 므르듣다: 坍塌(四解下76 坍字註).

므르디·타 동 흠씬 찧다. ¶하나 져그나 므르디허 ᄒᆞᆰᄀᆞ티 니겨:不以多少擣爛如泥(救簡6:11). 어우렁 ᄉᆞᆯ고씨ᄅᆞᆯ 므르디허:雙杏仁擣爛(救簡6:21).

므르ᄃᆞᆮ·다 동 물러나 달리다. 달아나다. ¶悔ᄂᆞᆫ 뉘으츨 씨니 疑悔ᄂᆞᆫ 疑惑ᄒᆞ야 므르ᄃᆞ라 뉘으츨 씨라(楞解4:4). 샷기 범과 미햇 羊이 다 므르ᄃᆞᆮᄂᆞᆺ다:孩虎野羊俱辟易(初杜解17:10). 辟易은 므르ᄃᆞᄅᆞᆯ 시라(初杜解17:10). 眞實ㅅ 범을 맛나면 놀라 저허 므르ᄃᆞᄅᆞᆯ 시니(南明下37). 므르ᄃᆞᄅᆞᆯ 각:刦(類合下37).

므르십·다 동 잘 씹다. ¶힌 함박곳 불휘ᄅᆞᆯ ᄀᆞᄂᆞ리 사ᄒᆞ라 므르시버 ᄉᆞᆷᄭᅵ면 즉재 노가디리라:白芍藥細切爛嚼嚥之立消(救簡6:7). 밤을 므르시버 브티면 절로 나리라:爛嚼栗子黃傅之自出(救簡6:25).

므르좇다 동 물러나 좇다. 물러나 뒤따르다. 〔'므르다, 좇다'의 복합동사.〕¶몸을 므르조차 서ᄅᆞ ᄉᆞ양ᄒᆞ야 긔운을 ᄎᆞᆷ므며:退身相讓忍氣(女四解2:22).

므른 부 무릇. ☞므릇 ¶므른 사ᄅᆞᆷ의 나미 하ᄂᆞᆯ과 ᄯᅡ의 靈ᄒᆞᆫ 거슬 ᄐᆞ며:凡人之生稟天地之靈(重內訓序2).

므릅쓰다 동 물러나다. 뒷걸음치다. ☞무ᄅᆞᆸ쓰다 ¶므릅쓰다:倒退(同文解上30. 漢淸14:28).

므릇 부 무릇. ☞므른. 므릣 ¶므릇 禮ㅣ 本이 이시며 文이 이시니:凡禮有本有文(家禮1:2). 므릇 일을 즐겨(癸丑120). 므릇 쟝슈 되ᄂᆞᆫ 사ᄅᆞᆷ이(三譯4:20). 므릇 일 니ᄅᆞᆯ 사ᄅᆞᆷ이:凡言事者(重內訓2:40). 므릇 사ᄅᆞᆷ이 ᄯᅡ히 ᄡᅥ러진 후에(百行源12). 가ᄉᆞᄅᆞᆯ ᄂᆞᆫ화 맛져 므릇 농ᄉᆞ와 지믈 츌납:分任家事凡田疇租稅出納(五倫4:52). ※므릇>무릇

므릣 부 무릇. ☞므릇 ¶므릣 이제 사ᄅᆞᆷ은 兄弟만 ᄀᆞᆮᄐᆞᆫ이 업ᄉᆞ니라(詩解9:6). 므릣 각 쟝관과 군ᄉᆡ 귀로ᄂᆞᆫ 다ᄆᆞᆫ 증 북 소릐만 듯고:凡各官兵耳只聽金鼓之聲(兵學1:1).

·므리 명 무리. ☞무리. 믈 ¶特은 ᄂᆞᄆᆡ 므리예 ᄧᅡ로 다ᄅᆞᆯ 씨라(釋譜6:7). 므리 두루 펴딘 양지니(宣賜內訓2上15). 가얌의 므리 ᄀᆞᆮᄒᆞ니(三譯3:15).

므리므리·예 부 때때로. 이따금. ¶므리므리예 ᄫᆞᆯ기 夢寐예 得ᄒᆞᄂᆞ니:往往煥然得於夢寐(楞解9:56). 므리므리예 ᄆᆞᅀᆞ매 다딜어 닶가와 사ᄅᆞᆷᄅᆞᆯ 모ᄅᆞ거든: 時時衝心悶絶不識人(救急下91). 비 하 오나ᄃᆞᆫ 므리므리예 구스를 엇ᄂᆞ니:雨多往往得瑟瑟(杜解3:70). 醉中에도 므리므리예 逃去ᄒᆞ야 坐禪호ᄆᆞᆯ ᄉᆞ랑ᄒᆞᄂᆞᆺ다:醉中往往愛逃禪(初杜解15:41). 므리므리예 이리 丁寧히 付囑호ᄆᆞᆯ 因ᄒᆞ야 나ᄂᆞ니라:往往事因叮囑生(金三2:7). 므리므리예 斷滅空으로 禪 사ᄆᆞ며:往往斷滅空以爲禪(龜鑑下59). 뒷굽 므리므리예 ᄀᆞ리ᄂᆞᆫ ᄆᆞᆯ(朴解上56).

므ᄅᆞ·다 동 물러나다. ☞므르다 ¶眞智ᄅᆞᆯ ᄡᅥ 愚ᄅᆞᆯ 비취요미 ᄲᆞᆯ리 흘러 ᄆᆞᆫ득 므ᄅᆞᄃᆞᆺ ᄒᆞ니:用眞智以照愚如急流而勇退(金三2:72).

므ᄅᆞ다 동 (샀던 것을) 무르다. ☞므르다 ¶ 이러면 네 므ᄅᆞ고져 ᄒᆞᄂᆞᆫ다:這們的你要番悔(老解下17). 半張에 써시면 一半 갑ᄉᆞᆯ 주고 므ᄅᆞ미니라:半張裏寫時與一半錢贖(朴解下56).

므ᄅᆞ다 동 무르다. ☞므르다 ¶허리 므ᄅᆞ니 뎌ᄅᆞᆯ 농티 말라:腰兒軟休弄他(朴解中48).

므ᄅᆞᆷ 동 무름. ㉮므ᄅᆞ다 ¶半張에 써시면 一半 갑ᄉᆞᆯ 주고 므ᄅᆞ미니라:半張裏寫時與一半錢贖(朴解下56).

므ᄅᆞᆸ쓰다 동 물러나다. 뒷걸음치다. ☞무릅쓰다 ¶左足을 냅드며 왼편으로 칼을 드리우고 左足을 므ᄅᆞᆸ쓰며 올흔 편으로 칼을 드리우고(武藝圖31).

므ᄅᆞᆺ 부 무릇. ☞므릇 ¶므ᄅᆞᆺ 시병ᄒᆞᄂᆞᆫ 집의 드러갈 제 몬져 문과 지게를 훤히 열게 ᄒᆞ고(辟新15). ᄒᆞᆫ 방문의ᄂᆞᆫ 므ᄅᆞᆺ 사ᄅᆞᆷ이:一方凡人(臘藥3). 므ᄅᆞᆺ 주ᄒᆞᄂᆞᆫ 약 ᄡᅳ기를 과도히 ᄒᆞ여:凡用注藥或致過度(臘藥26).

므럿 부 무릇. ☞므릇 ¶므럿 절일의 졔ᄉᆞ놀 만나:凡遇節祀(東新續三綱. 烈8:75).

므샤마괴 명 무사마귀. ¶므샤마괴:黃子(譯解上36).

므서리 명 무서리. ☞므셔리 ¶므서리:甜霜

(譯解上2). ※므서리>무서리

므섯 대 무엇. ☞므스것. 므엇 ¶므서ᄉᆞ로 이 모ᄅᆞᆯ 시스려뇨:何以洗此汚(重三綱. 烈20. 雍氏同死). ᄀᆞᄅᆞ치디 아니ᄒᆞ야셔 어디롬이 聖人 아니오 므서시며:不敎而善非聖而何(宣小5:27). 므서시 사ᄅᆞᆷ ᄀᆞᄐᆞᆷ이 이시리오:何若人有(宣孟13:4). 그 肺肝을 보ᄃᆞ시 ᄒᆞ니 곧 므서시 益ᄒᆞ리오(宣大12). 나그내 너ᄂᆞᆫ 姓이 므섯고:客人你却姓甚麼(老解上40). 므서ᄉᆞᆯ ᄉᆡᆼ각ᄒᆞᄂᆞᆫ다:要想甚麼(老解下11). 므서ᄉᆞ로 가 뎐당ᄒᆞ려 ᄒᆞᄂᆞᆫ다(朴解上19). ᄯᅩ 므서ᄉᆞᆯ 기ᄃᆞ리리오:更待怎的(朴解中10). 구으니 아니오 므섯고(朴解下25). 바다 밧근 하ᄂᆞᆯ히니 하ᄂᆞᆯ 밧근 므서신고(松江. 關東別曲). 어즈버 명당이 기울거든 므서ᄉᆞ로 바티려뇨(古時調. 鄭澈. 어와 버힐시고. 松江). 므서시 이시며 므서시 업ᄉᆞ리오:何有何亡(詩解2:16). ※므섯>무섯

므셥다 형 무섭다. ¶므셔워 ᄃᆞ라나다(十九史略1:10).

므쇠 명 무쇠. ☞무쇠 ¶므쇠로 텰릭을 ᄆᆞᆯ아(樂詞. 鄭石歌).

·므·쇼 명 ①무소. ☞무쇼 ¶므쇼 셔:犀(訓蒙上18. 類合上13). ※므쇼>무소
②물소. ☞믈쇼 ¶므쇠 서ᄅᆞ 뎐염병 ᄒᆞ거든:水牛(牛疫方12). ※므쇼>믈쇼

·므·수리 명 물수리. 징경이. ☞믈수리 ¶므수리 독:鵚. 므수리 츄:鷲(訓蒙上15).

므·스 대 무엇. ☞므섯. 므슥 ¶그 닐온 거슨 므스고:其所詮者何也(圓覺序2). 더위 가고 치위 오매 잇논 배 므스고:暑往寒來何所有(南明上59). 位 업슨 眞人이 이 므스고(南明下16). ᄆᆞᄎᆞ매 이 므스고:畢竟是甚麼(金三2:41). 네 일후믄 므스고:什麼(六祖中56). 므스ᄒᆞ라 너를 기돌오료:要甚麼等你(老解下18).

므·스 관 무슨. ☞므슴. 므슷 ¶므스 이ᄅᆞᆯ 잘 ᄒᆞᄂᆞ뇨:何能(三綱. 孝11 董永貸錢). 네게 므스 일이 브트뇨:干你甚麼事(飜老下49). 므스 일 ᄒᆞ리오:做甚麼(飜朴上7). ᄇᆡ호ᄂᆞᆫ 거시 므스 이린고 ᄒᆞ여:爲學者何事(飜小8:33). 평일에 ᄇᆡ호던 배 므스 일고:平日所學何事(東新續三綱. 忠1:46). 城郭ㅅ 안해ᄂᆞᆫ ᄆᆞᄎᆞ매 므스 이리 이시리오:城郭終何事(重杜解15:6). 명관이 날 잡기ᄂᆞᆫ 므스 일고(王郎傳2). 삼밧트로 드러가셔 므스 일 ᄒᆞ던지 즌 삼은 �러지고(古時調. 니르랴. 青丘). 므스 일 이루리라 十年지이 너를 조차(古時調. 鄭澈. 青丘).

므·스것 대 무엇. ☞므섯. 므슥 ¶므스거시 不足ᄒᆞ료(釋譜6:24). 얻논 藥이 므스것고(釋譜11:19). 므스거스로 조ᅀᆞᄅᆞᄫᆡ 거슬 사ᄆᆞ료(月釋2:22之2止). 므스거스로 道ᄅᆞᆯ 사ᄆᆞ료(月釋9:22). 얻논 藥이 므스것고(月釋21:215). 내 모미 本來 업거니 므스거슬 가져 주료(南明上61). 므스거슬 자실고 묻ᄌᆞ와:問何食飮矣(宣小2:4). 곧 졍ᄉᆞᄒᆞ욤애 므스거시 어려우료:則於爲政也何有(宣小6:49). 姓이 므스것고:姓甚麼(老解上14). 므스거ᄉᆞ로 딥 가져 가료:着甚麼將的草去(老解上29). 두 손으로 붓잡고 부드드 �논이 내 므스거시나 힝금코라쟈(古時調. 언덕 문희여. 青丘). 이제는 다 늙거다 므스거슬 닉 아든야(古時調. 金壽長. 海謠).

므·스게 대 무엇에. 독므슥 ¶므스게 ᄡᅳ시리(月釋1:10). ᄯᅩ 므스게 ᄡᅳ시리잇고:又安用之(宣賜內訓2下70).

므·스그·라 부 무슨 까닭으로. 무엇 때문에. ☞므스므라. 므스므려. 므ᄉᆞ므라 ¶묻노라 비 ᄠᅴ워 가ᄂᆞᆫ 사ᄅᆞᄆᆞᆫ 므스그라 烟霧로 드러가ᄂᆞ뇨:借問泛舟人胡爲入烟霧(初杜解22:39). 므스그라 그듸 머리 녀가ᄂᆞ뇨:胡爲君遠行(初杜解23:51).

므·스·글 대 무엇을. 독므슥 ¶爲頭 도ᄌᆞ기 무로ᄃᆡ 너희돌히 므스글 보ᄂᆞ손다(月釋10:28). 네 므스글 보ᄂᆞᆫ다:汝何所見(楞解1:83). 趙州ᄂᆞᆫ 므스글 因ᄒᆞ야 업다 닐어뇨:趙州因甚道無(蒙法51). 므스글 미드리오:何物敢恃(宣賜內訓2上2). 다시 므스글 求ᄒᆞ리오:更何求(杜解7:4).

므·스기 대 무엇이. 독므슥 ¶므스기 일후미 小法 즐기ᄂᆞ니오:何名樂小法者(金剛下97). 므스기 깃부미리오:何喜(永嘉下17). 죵과 므스기 다ᄅᆞ리오:廝養何殊(宣賜內訓1:33).

므스리 명 무수리. ☞무수리 ¶하인 셋 므스리 둘(癸丑94).

므·스므·라 부 무슨 까닭으로. 무엇 때문에. ☞므스므려. 므ᄉᆞ므라 ¶世尊ㅅ 安否 묻ᄌᆞᆸ고 니ᄅᆞ샤ᄃᆡ 므스므라 오시니잇고(釋譜6:3). 바미 가다가 귓것과 모딘 즁ᄉᆡᆼ이 므싀엽도소니 므스므라 바ᄆᆡ 나오나뇨 ᄒᆞ야(釋譜6:19). 므스므라 드로시리잇고(三綱. 忠7). 므스므라 주려 주거 굴허에 몃귀욜 이ᄅᆞᆯ 알리오:焉知餓死塡溝壑(初杜解15:37). 므스므라 입힐후리오:要甚麼合口(飜老上65). 므스므라 말 한 양ᄒᆞᄂᆞ뇨:要甚麼多說(飜老下28). 人間이 죠ᄐᆞ냐 므스므라 ᄂᆞ려온다(古時調. 青天 구룸 밧긔. 青丘).

므·스므·려 부 무슨 까닭으로. 무엇 때문에. ☞므스므라 ¶므스므려 일 녀리오:要甚麼早行(飜老上30). 므스므려 말 한 양ᄒᆞ리오:要甚麼多話(飜朴上74).

므·슥 대 무엇. ☞므스. 므스것. 므슴 ¶아홉 橫死ᄂᆞᆫ 므스기잇고(釋譜9:35). 므스기 어려ᄫᅳ료(釋譜11:19). 므스게 ᄡᅳ시리(月釋1:10). 무로ᄃᆡ 므스글 얻ᄂᆞᆫ다(月釋1:36). 爲

頭 도즈기 무로ᄃᆡ 너희돌히 므스글 보ᄂᆞ손다(月釋10:28). 머즌 그르슬 므스게 ᄡᅳᆯ다(三綱. 孝13). 네 므스글 보ᄂᆞᆫ다:汝何所見(楞解1:83). 므스그로 ᄆᆞᅀᆞᆷ 사마:以何爲心(楞解1:84). 一大事ᄂᆞᆫ 내죵애 므스기라 닐어 뵈시며(法華1:133). 므스글 짓유려 ᄒᆞᄂᆞᆫ다:欲何所作(法華2:206). 므스기 일후미 小法 즐기ᄂᆞ니오:何名樂小法者(金剛下97). 므스기 깃부미리오:何喜(永嘉下17). 趙州ᄂᆞᆫ 므스글 因ᄒᆞ야 업다 닐어뇨:趙州因甚道無(蒙法51). 그 닐온 거슨 므스고:其所詮者何也(圓覺序22). 므스그로ᄡᅥ 이에 니ᄅᆞ리오:何以致斯(宣賜內訓2上3). 죠고맛 ᄆᆞᄋᆞ몬 ᄯᅩ 므스기 이시리오:寸心亦何有(重杜解2:31). 므스글 求ᄒᆞ리오:何求(杜解7:4). 傳ᄒᆞ샤미 므스기며:傳介什麼(金三2:68). 理예 므스기 더으리오 ᄒᆞ시니라(南明上18). 이 은을 므스글 쎌이ᄂᆞᆫ다:這銀子嫌甚麼(飜老上65). 므스글 ᄒᆞ고져 ᄒᆞ야 몬 일우리오 마ᄅᆞᆫ:何欲不遂(重內訓3:52).

므슨 관 무슨. ☞무슴 ¶므슨 종요로은 일고(王郞傳1).

므슴 명 모숨. ¶벼 므슴 병:秉(註千29).

므·슴 대 무엇. ☞무슴. 므스. 므슥 ¶世間ㅅ 드틀을 므슴만 너기시리(月印上45). 므슴 호려 ᄒᆞ시ᄂᆞ니(月釋1:10). 너를 어더 므슴ᄒᆞ료:娶汝何爲(宣賜內訓1:47). 定慧ᄂᆞᆫ 므슴과 ᄀᆞᄐᆞ뇨:何(六祖中6). 혼자 사라셔 므슴 ᄒᆞ료:獨生何爲(續三綱. 烈8). 우리 져그나 므슴 도라가 ᄡᆞᆯ 황호ᄅᆞᆯ 사 가ᅀᅡ 됴홀고:咱們買些甚麼廻貨去時好(飜老下65). 東녁 집의셔 돋톨 죽이믄 므슴 홀여 ᄒᆞᄂᆞᆫ고:東家殺猪何爲(宣小4:4). 네 뎌를 ᄎᆞ자 므슴 홀ᄿᅡ:你尋他怎麼(老解下1). 집 배야 므슴ᄒᆞ며(古時調. 鄭澈. 샹늒 쟝긔. 松江).

므·슴 관 무슨. ☞므스 ¶므슴 믈로 ᄲᅥ 시스시ᄂᆞᆫ가(月印上45). 므슴 慈悲 겨시거뇨(釋譜6:6). 므슴 病으로 命終ᄒᆞᆫ다(月釋9:36上). 내 ᄯᅩ 므슴 시름 ᄒᆞ리오(月釋21:49). 므슴 利益 이시리오:有何利益(金剛上64). 므슴 奇特이 잇ᄂᆞ뇨:有甚奇特(蒙法61). 므슴 方便을 지ᅀᅥ:作何方便(圓覺上二之一11). 므슴 方便을 지ᅀᅳᆯ다(牧牛訣13). 客은 므슴 經을 외오ᄂᆞ뇨:客誦何經(六祖上20). 므슴 이리 잇ᄂᆞᆫ고:有甚麼事(飜老上52). 내 산돌 므슴 빗나미 이시리오:我生有何榮(東新續三綱. 烈3:19). 이 큰형아 므슴 말고:這大哥甚麼言語(老解上16). 每日에 오ᄂᆞᆯ 곳트면 므슴 시름 이시리(古時調. 金玄成. 樂只자. 靑丘). ᄯᅩ 므슴 말로 ᄡᅥ오라 왓ᄂᆞᆫ다(三譯7:6).

므·슴 부 어찌. ¶나ᄆᆞᆯ 다시 므슴 펴리오:餘更何申(永嘉下128). 므슴 어즈러이 偈ᄅᆞᆯ 지스리오:何煩作偈(六祖上12).

므슴다 부 무슨 까닭인가. 무슨 일인고. ¶므슴다 錄事니ᄆᆞᆫ 녯 나ᄅᆞᆯ 닛고신뎌 아으 動動다리(樂範. 動動).

므슴아라 부 무슨 까닭으로. 무엇 때문에. ☞므스므라 ¶므슴아라 일 녜리오:要甚麼早行(老解上27). 므슴아라 다ᄅᆞᆫ 사ᄅᆞᆷ ᄒᆞ여 뵈라 가리오:要甚麼教別人看去(老解上58). 므슴아라 입힐훔ᄒᆞ리오:要甚麼合口(老解上59). 므슴아라 예 와 혜아리리오:做甚麼來這裏商量(老解下11). 므슴아라 갑슬 ᄢᅦ오리오:要甚麼討價錢(老解下26).

므슴ᄒᆞ라 부 무슨 까닭으로. 무엇 때문에. ☞므스므라 ¶므슴ᄒᆞ라 말 한 양ᄒᆞᄂᆞ뇨:要甚麼多說(老解下25). 誠心으로 힘써 날마다 비화 말ᄒᆞ면 아지 못홀ᄭᅡ ᄒᆞ여 므슴ᄒᆞ라 근심ᄒᆞ리오(捷蒙1:4).

므·슷 관 무슨. ☞므스. 므슴 ¶므슷 이ᄅᆞᆯ 겻고오려 ᄒᆞᄂᆞᆫ고(釋譜6:27). 涅槃ᄒᆞ실 ᄶᅥ긔 므슷 마ᄅᆞᆯ ᄒᆞ시더뇨 ᄒᆞ리니(釋譜23:30). 그ᄃᆡ 子息 업더니 므슷 罪오(月釋1:7). 네게 므슷 이ᄅᆞᆯ ᄎᆞ기 ᄒᆞ란ᄃᆡ 反ᄒᆞᄂᆞᆫ다(三綱. 忠13). 行호ᄃᆡ 므슷 거슬 몬져 ᄒᆞ리잇고:行之何先(宣賜內訓1:16). 녀거나 말어나 호매 ᄯᅩ 므슷 이리 이시리오:行止復何有(重杜解1:39). 늘구메 내 모미 므슷 이ᄅᆞᆯ 補助ᄒᆞ리오:衰謝身何補(重杜解5:16). 時時예 사호ᄆᆞᆫ 므슷 이ᄅᆞᆯ 엇고져 ᄒᆞᄂᆞ뇨:時時戰鬪欲何須(重杜解5:22). 城郭ㅅ 안해ᄂᆞᆫ ᄆᆞᄎᆞ매 므슷 이리 이시리오:城郭終何事(初杜解15:6). 그나래 므슷 이ᄅᆞᆯ 일우뇨:當日成何事(南明上21). 므슷 이리 잇ᄂᆞ뇨(金三3:21). ※므슷>므슷>므읏

므싀여ᄒᆞ다 동 무서워하다. ☞무셔워ᄒᆞ다 ¶어미 울에ᄅᆞᆯ 므싀여ᄒᆞ더니:母性畏雷(重三綱. 孝15 王裒).

므ᄉᆞ 관 무슨. 어떤. ☞무ᄉᆞ. 므스 ¶하ᄂᆞᆯ의 추미러 므ᄉᆞ 일을 ᄉᆞ로리라. 五月長天의 白雪은 므ᄉᆞ 일고(松江. 關東別曲). 므ᄉᆞ 일 일우리라 십년지이 너ᄅᆞᆯ 조차(古時調. 鄭澈. 松江). 초초ᄒᆞᆫ 부ᄉᆡᆼ이 므ᄉᆞ 일을 ᄒᆞ랴 ᄒᆞ야(古時調. 鄭澈. 일뎡 빅년. 松江). 곳촌 므ᄉᆞ 일로 사ᄅᆞᆷ의 ᄆᆞ옴을 요란킈 ᄒᆞᄂᆞᆫ고(女範2. 변녀 니시옥영). ※므ᄉᆞ>무ᄉᆞ

므ᄉᆞ것 대 무엇. ☞므스것 ¶吉한 ᄭᅮᆷ이 므ᄉᆞ것고:吉夢維何(詩解11:8).

므ᄉᆞ므라 부 무슨 까닭으로. 무엇 때문에. ☞므스므라. 므슴아라 ¶인간이 됴터냐 므ᄉᆞ므라 ᄂᆞ려온다(古時調. 鄭澈. 청텬 구름. 松江).

므솜 대 무엇. ☞므슴 ¶두어라 高士狂生을 므러 므솜 ᄒᆞ리(古時調. 鄭澈. 劉伶은 언제 사ᄅᆞᆷ고. 松江). ᄒᆞ다가 못ᄒᆞᄂᆞᆫ 일을 닐러

므솜 ᄒᆞ리(古時調. 鄭澈. 예셔 놀애. 松江). 무숨 심:甚(註千13).

무숨 관 무슨. ☞므슴 ¶므슴 징그라온 화ᄒᆞᆫ 말이 이시리오(癸丑27). 므솜 뜻을 두어 겨ᄋᆞ시리(癸丑103). 네 高麗 ᄯᅡ히셔 므솜 貨物 가져온다:你高麗地面裏將甚麼貨物來(老解下2). 므솜 슈고로 이 하놀을 블워ᄒᆞ리오(明皇1:38).

므솜아라 부 무슨 까닭으로. 무엇 때문에. ☞므스므라 ¶므솜아라 ᄡᆞᆯ 밧고려 ᄒᆞᄂᆞ뇨:要甚麼糴米(老解上36).

므솟 대 무엇. ☞므스. 므ᄉᆞ것 ¶길믈 ᄃᆞ토며 뎔오믈 ᄃᆞ토아 므ᄉᆞ슬 ᄒᆞ고져 ᄒᆞ료:爭長競短欲如之何(重內訓3:34).

므·슷 관 무슨. ☞므슷 ¶고지 ᄂᆞ로ᄆᆞᆫ 므슷 일로 ᄲᆞᄅᆞ니오:花飛有底急(初杜解10:16). ※므슷>므읏

므·싀·다 동 무서워하다. ¶夫人ᄋᆞᆯ 므싀여 내야 닐오ᄆᆞᆯ 몯ᄒᆞ야(釋譜24:52). 어미 울에를 므싀더니(三綱. 孝15). ᄇᆞᄅᆞᄆᆞᆯ 므싀디 아니ᄒᆞ며 븟디 아니ᄒᆞ며:不畏風不腫(救急下65). 門庭에 소ᄂᆡ ᄌᆞ조 오ᄆᆞᆯ 므싀노라:門庭畏客頻(初杜解7:18). 사ᄅᆞᄆᆞᆯ 므싀여 죠고맛 지블 일웻노니:畏人成小築(初杜解10:16). 범 므싀여 시러 말 몯 ᄒᆞ요라:畏虎不得語(初杜解21:39).

므·싀여·ᄫᅳ·며 형 무서우며. ㉠므싀엽다 ¶가ᅀᆞ멸며 싁싁ᄒᆞ야 므싀여ᄫᅳ며(月釋2:23).

므·싀여·ᄫᅳᆫ 형 무서운. ㉠므싀엽다 ¶므싀여ᄫᅳᆫ 이리 이셔도 고ᄌᆞᆨᄒᆞᆫ ᄆᆞᅀᆞᄆᆞ로 뎌 부텨를 念ᄒᆞ야(釋譜9:24). 엇데 므싀여ᄫᅳᆫ 양ᄌᆞᄅᆞᆯ 지ᅀᅳ시ᄂᆞ니잇고(月釋7:48).

므·싀여·운 형 무서운. ㉠므싀엽다 ¶므싀여운 화ᄅᆞᆯ 能히 시울 였디 몯ᄒᆞ니:威弧不能弦(初杜解22:32). ※므싀여ᄫᅳᆫ>므싀여운

므·싀여·이 부 무섭게. ¶萬里예 므싀여이 罪 니벳ᄂᆞᆫ 나래 ᄆᆞᅀᆞᄆᆞᆯ 슬코:萬里傷心嚴譴日(初杜解23:39).

므·싀엽·다 형 무섭다. ☞므의엽다. ᄆᆞ싀엽다 ¶엄이 길오 피 흐른 눈이 므싀엽고도(月印上60). 바ᄆᆡ 가다가 귓것과 모딘 즁ᄉᆡᆼ이 므싀엽도소니(釋譜6:19). 므싀여ᄫᅳᆫ 이리 이셔도 고ᄌᆞᆨᄒᆞᆫ ᄆᆞᅀᆞᄆᆞ로 뎌 부텨를 念ᄒᆞ야(釋譜9:24). 가ᅀᆞ멸며 싁싁ᄒᆞ야 므싀여ᄫᅳ며(月釋2:23). 므싀여ᄫᅳᆫ 양ᄌᆞᄅᆞᆯ 지ᅀᅳ시ᄂᆞ니잇고(月釋7:48). 더운 ᄯᅡ히 므싀여워 블 ᄇᆞᆫᄂᆞᆫ ᄃᆞᆺ도다:炎方慘如燬(初杜解16:65). 므싀여운 화ᄅᆞᆯ 能히 시울 였디 몯ᄒᆞ니:威弧不能弦(初杜解22:32).
※므싀엽다>므의엽다
※'므싀엽다'의 활용 ┌ 므싀엽도소니/므싀엽게… └ 므싀여ᄫᅳ며/므싀여ᄫᅳᆫ…

므·싀욤 명 무서움. ¶므싀욤 ᄐᆞᄂᆞᆫ 사ᄅᆞᄆᆞᆫ 보ᅀᆞᄫᆞ면 ᄆᆞᅀᆞ미 便安ᄒᆞ며(月釋2:59).

므·엇 대 무엇. ☞므ᄉᆞᆺ ¶또 므어슬 求ᄒᆞ여 얻디 몯ᄒᆞ며:亦何求不得(宣小5:99). 父母ㅣ 므어슬 食ᄒᆞᆯ고:父母何食(詩解6:10). 이ᄅᆞᆯ 바다 므어시 ᄡᅳ리오:受此何用(東新續三綱. 忠1:75). 냥식이 업ᄉᆞ니 므어ᄉᆞᆯ 먹고 디내ᄂᆞ뇨:無粮糧何以爲食(太平1:1). 朝廷이 므어시 유益ᄒᆞᆯ ᄡᅡ고(家禮1:13). 우리ᄅᆞᆯ ᄒᆞ여 므엇 ᄒᆞ리오:待要我甚麼(老解上24). 므어ᄉᆞᆯ 노름을 삼ᄉᆞ올ᄭᅩ(新語9:12). 군둥 소기ᄂᆞᆫ ᄃᆡ 므어시 이시리(三譯5:9). 므엇 ᄒᆞ렷ᄂᆞ니(三譯7:16). 아조 니ᄅᆞᆯ 말이 업ᄉᆞᄃᆡ 므어슬 말ᄒᆞ리오(捷蒙1:4). 므어ᄉᆞᆯ 흔ᄒᆞ리오:何恨乎(五倫2:25). 부인의 응당ᄒᆞᆫ 일이니 므어시 이샹ᄒᆞᆫ 일이랴:婦人之常何異(五倫3:28).

므여ᄒᆞ다 동 미워하다. ☞믜여ᄒᆞ다 ¶每常扶持ᄒᆞ거든 반ᄃᆞ기 므여ᄒᆞᄂᆞᆺ다:每扶必怒嗔(重杜解19:31).

므음드레 명 민들레. ¶므음드레:蒲公草(東醫 湯液三 草部).

므읏 관 무슨. ☞므슷 ¶느지 니로니 지븨 므읏 이ᄅᆞᆯ ᄒᆞ리오:晚起家何事(重杜解3:30). 고지 ᄂᆞ로ᄆᆞᆫ 므읏 일로 ᄲᆞᄅᆞ니오:花飛有底急(重杜解10:16).

므의다 동 무서워하다. ☞므싀다. 므의엽다 ¶門庭에 소ᄂᆡ ᄌᆞ조 오ᄆᆞᆯ 므의노라:門庭畏客頻(重杜解7:18). 사ᄅᆞᄆᆞᆯ 므의여 죠고맛 지블 일웻노라:畏人成小築(重杜解10:16). 범 므의여 시러 말 몯 ᄒᆞ요라:畏虎不得語(重杜解21:39). ※므싀다>므의다

므의여운 형 무서운. ㉠므의엽다 ¶지비 다 므의여운 길ᄀᆞᅀᅵ ᄃᆞᆫ니노라:盡室畏途邊(重杜解2:3). 므의여운 소리옌 큰 거부비 므레 ᄃᆞᆷᄂᆞᆺ다:威聲沒巨鼇(重杜解5:3).

므의엽다 형 무섭다. ☞므싀엽다 ¶믌겨른 ᄌᆞ못 므의엽디 아니ᄒᆞ니:波濤未足畏(重杜解1:40). 지비 다 므의여운 길ᄀᆞᅀᅵ ᄃᆞᆫ니노라:盡室畏途邊(重杜解2:3). 므의여운 소리옌 큰 거부비 므레 ᄃᆞᆷᄂᆞᆺ다:威聲沒巨鼇(重杜解5:3).

므저울 명 수준기(水準器). ¶므저울 쥰:準(類合上28).

므즉 명 근처(近處). ☞마작. 마즘 ¶남녀 므즉 두 집 즈음ᄒᆞ야:近南隔着兩家兒人家(飜老上48).

므즑ᄒᆞ다 형 무지근하다. ¶ᄂᆡ 급ᄒᆞ고 뒤히 므즑ᄒᆞ며:裏急後重(臘藥10).

므즤·다 동 구름이 뭉게뭉게 모이다. 구름이 성(盛)히 모이다. ¶ᄒᆡᆺ 光이 ᄀᆞ려 ᄯᅡ 우히 서늘ᄒᆞ며 므즤여 드려 펴디여:日光揜蔽地上清涼靉靆(法華3:34). 구룸 흐리요미 므즤여 아래 미처:雲陰靉然下逮(法華3:35).

·므지·게 명 무지개. ☞무지게 ¶힌 므지게 히예 뻬니이다:維時白虹橫貫于日(龍歌50章). 힌 므지게 열둘히(釋譜23:22). 仲冬애 므지게롤 보과:仲冬見虹霓(杜解1:23). 내햇 므지게는 믌비츨 마시놋다:川蜺飮練光(初杜解16:42). 므지게 홍:虹. 므지게 예:霓. 므지게 톄:蝃. 므지게 동:蝀(訓蒙上3). 므지게 홍:虹. 므지게 예:霓(類合上4). 쟈션 므지게:虹橋. 므지게:天虹. 虹霓(譯解上1). 虹曰陸橋(雞類).

·므·즈·미 명 무자맥질. ☞무즈미 ¶므즈밋 미:湜. 므즈미 영:泳(訓蒙中2).

므즈미ᄒᆞ다 동 무자맥질하다. ☞므즈므다 ¶므즈미ᄒᆞ다:氽水. 므즈미ᄒᆞᄂᆞᆫ 사ᄅᆞᆷ:扎艋子(譯解下22).

므좀다 동 무자맥질하다. ☞므즈미ᄒᆞ다 ¶므즈몰 영:泳(類合下15).

므티다 동 묻히다. 묻게 하다. ☞무티다 ¶춤깨 므틴 쇼병과:芝麻燒餠(朴解下33). 향 므틴 놀애로 님의 오시 올므리라(松江. 思美人曲).

므프·레 명 물푸레나무. ☞무프레 ¶므프레 진:梣(訓蒙上11). ※므프레>무푸레

므프레조 명 조의 한 품종. ¶므프레조:茂件羅粟(衿陽).

므흐다 형 험(險)하다. ☞머흐다 ¶그녀들은 므흔 말을 쾌히 ᄒᆞᄃᆡ(癸丑96).

·믁 명 묵(墨). 먹. ¶아모 사ᄅᆞ미나 ᄀᆞ라 墨 밍ᄀᆞ라 東方千國土 디나 ᄒᆞᆫ 點을 ᄂᆞ리오ᄃᆡ(月釋14:8). 또 됴ᄒᆞᆫ 墨을 두터이 ᄀᆞ라:又方濃研好墨(救急上64). 믁 믁:墨(光千9). 拙ᄒᆞᆫ 工을 爲ᄒᆞ야 繩과 墨을 改ᄒᆞ며 廢티 아니ᄒᆞ며:不爲拙工改廢繩墨(宣孟13:34).

믁다 동 묶다. ☞묵다 ¶노흐로써 머리털을 믁고(女四解4:22).

믄 명 문. ☞문 ¶문:門 俗音 믄(四解上64).

믄긋다 동 끌다. 미루다. ¶每兩에 月利 현 푼식ᄒᆞ야 ᄃᆞᆯ을 조차 送納호되 믄그어 ᄣᅥᄅᆞ팀애 니ᄅᆞ게 말고:每兩月利幾分按月送納不致拖欠(朴解上54). ᄲᅧ르치며 믄그으매:短小拖欠(朴新解1:58).

믄다히다 동 문대다. ¶ᄆᆞᆯ ᄀᆞ려온ᄃᆡ 믄다히다:劊癢(漢淸14:29).

믄드기 부 문득. 갑자기. ☞믄득 ¶믄드기 數百 무리로다:倏忽數百群(重杜解5:27). 나ᄅᆞᆯ 棄絶호ᄆᆞᆯ 믄드기 더디ᄃᆞᆺ ᄒᆞ놋다:棄我忽若遺(重杜解9:3). ※믄득(믄드기)>문득

믄드시 부 문득. 갑자기. ☞믄듯 ¶너븐 믌겨리 믄드시 길을 ᄃᆞ토더니:洪波忽爭道(重杜解2:19). 믄드시 濩落호미 ᄃᆞ외야:居然成濩落(重杜解2:32). 시르믜 오ᄆᆞᆯ 믄드시 이긔디 몯ᄒᆞ리로다:愁來遽不禁(重杜解3:14). 믄드시 赤縣을 建立ᄒᆞ니:居然赤縣立(杜解6:18). 梁父 입던 이ᄅᆞᆯ 믄드시 思憶ᄒᆞ니:欻憶吟梁父(杜解6:34). 믄드시 믌뉘누릴 드위텨 뼈 ᄇᆞ리ᄂᆞ다:欻飜盤渦拆(杜解7:24). 믄드시 兵事ᄅᆞᆯ 議論ᄒᆞ디 말라:取次莫論兵(杜解23:49). ※믄듯(믄드시)>문듯

믄·득 부 문득. ☞믄듯 ¶믄득 숣디 말오(三綱. 忠18). 오직 妄量앳 ᄆᆞᅀᆞ미 믄득 니러나ᄆᆞᆯ 브트면:只緣妄心瞥起(月釋序3). 하ᄂᆞᇙ 光明이 믄득 번ᄒᆞ거늘(月釋2:51). 믄득 먹디 몯ᄃᆞᆺ ᄒᆞ니(法華3:64). 믄득 가디 몯게 ᄒᆞ실씨(金剛5). 믄득 너교ᄃᆡ:便謂(金剛下141). 믄득 ᄌᆞᄆᆞ지 ᄒᆞ야:便著精彩(蒙法2). 믄득 ᄲᅡ해 ᄂᆞ려 두ᅀᅥ열 거르믈 거러:便下地行數十步(蒙法3). 믄득 맛ᄃᆞ로매:忽然築着磕着(蒙法9). 믄득 다시 ᄶᅵ야:忽然再甦(蒙法59). 믄득 須彌山ᄋᆞᆯ 딜어 갓ᄀᆞ로와다사:驀然撞倒須彌山(南明下15). 믄득 쟉거든:便少時(飜老上40). 믄득 홀:忽(類合下3). 믄득 내ᄃᆞᄅᆞᆯ 돌:突(類合下50). 믄득 슉:倏(類合下53). 믄득 엄:奄(石千23). 술을 샹해 가지고 ᄃᆞᆫ니더니 강하의 디나갈 적이면 믄득 그 노옹을 머기니(太平1:1). 샹이 믄득 ᄉᆞ랑ᄒᆞ온 뜻을 두샤(明皇1:35). 믄득 오거시 뜰 가온ᄃᆡ 와 셔셔(王郞傳2). 이 약은 급ᄒᆞᆫ 병을 구ᄒᆞ려코 믄득 ᄡᅳᆯ 때예:此藥救急遽用時(臘藥5). 믄득 滴水勢指南針勢ᄅᆞᆯ ᄒᆞ고(武藝圖1). 슉겸이 믄득 절ᄒᆞ고 업ᄃᆡ여 눈물을 흘리며(五倫1:37). 戒懼臺 올라오니 믄득 절로 戰兢ᄒᆞ다(古時調. 朴仁老. 蘆溪集). ※믄득>문득

믄·듯 부 문득. 갑자기. ☞믄드기. 믄드시. 믄득 ¶두 막대ᄅᆞᆯ 믄듯 일흐면 내 將次ㅅ 누를 조ᄎᆞ리오:忽失雙杖兮吾將曷從(初杜解16:57). 妖怪로왼 氣運이 믄듯 아ᅀᆞ라ᄒᆞ도다:妖氣忽杳冥(初杜解24:5). ᄌᆞᄆᆞᆯ쇠ᄅᆞᆯ ᄲᆞᆯ리 믄듯 닫디 몯ᄒᆞ도다:鍵捷欻不閉(初杜解24:30). 프른 돌히 믄듯 둘흘 表ᄒᆞ니:翠石俄雙表(初杜解24:56).

믄디르다 동 문지르다. 문대다. ☞몬디ᄅᆞ다 ¶믄디를 잔:劗(類合下35). 싱으로 미이 믄딜러 더온 긔운이 ᄏᆞᆼ 소긔 ᄉᆞ뭇게 ᄒᆞ여(救荒補5).

믄디ᄅᆞ다 동 문지르다. 문대다. ☞믄디르다 ¶등 믄디ᄅᆞ기ᄂᆞᆫ 두 낫 돈이오:撓背兩箇錢(朴解上47).

믄허디다 동 무너지다. ☞믄허지다 ¶뎌 人家 墻壁을 보니 다 믄허뎌시니:看那人家墻壁都倒了(朴解上10). 우리 집 담도 여러 도림이 믄허뎌시니:我家墻也倒了幾堵(朴解上10). 가ᄉᆞ 明年에 믄허디면:假如明年倒了時(朴解上11). 믄허디다:塌了(譯解上14). 겨집이 지아비ᄅᆞᆯ 셤기디 몯ᄒᆞ면 義理 믄허디리니:婦不事夫則義理墮闕(重內訓2:

5). ᄒᆞ라 아ᄎᆞᆷ의 믄허뎌(重內訓3:3). 義理 믄허뎌 업ᄉᆞ리니:義理墮闕(女四解1:6). 놉흔 깃이 믄허뎌시니(女範2. 변녀 니시옥영). 곡셩이 ᄊᆞ히 진동ᄒᆞ니 셩이 믄허디더라(女範4. 녈녀 진ᄀᆡ량쳐).
※믄허디다>믄허지다>문허지다

믄허지다 동 무너지다. ☞문어디다. 문어지다. 믄허디다 ¶과뷔 셩 미틔 가 우니 셩이 믄허지고(女範2. 변녀 졔위우희). 우리 집 담도 여러 돌림이 믄허져시니:我家的墻也倒了幾堵(朴新解1:10).

믄흐다 동 무느다. 무너뜨리다. ☞문희다 ¶그 분묘를 믄허 ᄇᆞ리니:遂易其墓(太平1:29). 일홈을 믄허 ᄇᆞ리며 몸을 災해 ᄒᆞ며:壞名災己(重內訓1:26).

믄희다 동 무느다. ☞문희다 ¶언덕 믄희여 좁은 길 메오지 말며(古時調. 瓶歌).

믇다 동 묻다. ☞믓다 ¶피 흘너 몸의 오로 므드니:血流遍身(東新續三綱. 烈4:8).

·**믈** 명 물(水). ¶믈爲水(訓解. 用字). ᄉᆡ미 기픈 므른:源遠之水(龍歌2章). 믈 깊고 ᄇᆡ 업건마ᄅᆞᆫ:江之深矣雖無舟矣(龍歌34章). 四海ㅅ 믈이여 오나ᄂᆞᆯ(月印上13). 믈와 남기 이시며(月印上58). 더러ᄫᅳᆫ 므레 이쇼ᄃᆡ(釋譜13:33). 므렛 거시며 무틧 거시며(月釋1:11). 세 가짓 즁ᄉᆡᆼ이 므를 건나ᄃᆡ(月釋2:19). ᄀᆞᄅᆞᆷ과 우믈 므리 다 넚디고(月釋2:48). 뫼햇 神靈이며 므렛 神靈이며(月釋2:51). 그리메ᄂᆞᆫ 므렛 ᄃᆞ롤 니ᄅᆞ시니라:影謂水月(楞解2:84). 기름과 믈왜(圓覺上二之二27). 믈와 뭍과애 다 나ᅀᅡ가리라:水陸並進也(蒙法38). ᄆᆞᆯᄀᆞᆫ ᄀᆞᅀᆞᆳ ᄆᆡ햇 므리 ᄀᆞᆮᄒᆞ며:如澄秋野水(蒙法41). 므레 ᄉᆞᄆᆞ촌 ᄃᆞᆯ비치 ᄀᆞᆮᄒᆞ야:如透水月華(蒙法43). 澹泊ᄋᆞᆫ 기픈 소햇 믈 ᄆᆞᆯᄀᆞᆫ 양지니(宣賜內訓1:32). 믌 가온딋 ᄀᆞᆯ며기로다:水中鷗(初杜解7:4). ᄇᆡ옛 긔우니 므릐게 자펴 아라우히 막딜여:腹中元氣爲水所併上下關格(救簡1:65). 믈 슈:水(訓蒙下35. 類合上6. 石千2). 안졍ᄒᆞᆫ 믈 담:湛(類合下33). 믈ᄆᆞᆯ밥:水飯(譯解上49). 못 믈의 ᄂᆞ려디거ᄂᆞᆯ(明皇1:33). 목욕ᄒᆞ고 믈의 날 제 몸이 약ᄒᆞ고(明皇1:35). ᄒᆞᆫ 환을 ᄃᆞᄉᆞᆫ 믈의 프러 ᄂᆞ리오라:一丸溫水化下(臘藥1). 狐頭浦엔 구븨예 아젹 믈이 미러 오니(辛啓榮. 月先軒十六景歌). 범의 고기를 항에 녀허 믈 가온대 뭇고:虎肉於甕埋川中(五倫1:61). 水曰沒 熟水曰泥根沒 冷水曰時根沒(雞類).
※믈>물

믈가래 명 물갈래. ☞믈가릐. 믌가ᄅᆞ ¶믈가래 패:派(類合下59).

믈가릐 명 물갈래. ☞믈가래. 믌가ᄅᆞ ¶믈가릐:水派(同文解上8).

믈가지 명 물가지. ¶믈가지:水茄子(譯解下11).

믈가치 명 복. 복어. ☞믈아치 ¶믈가치:海犺(東醫 湯液二 魚部).

믈갑 명 물들이는 값. 염색(染色)하는 값. ☞믓갑 ¶깁 ᄆᆡ ᄒᆞᆫ 필에ᄂᆞᆫ 믈갑시 두 돈이오:絹子每匹染錢二錢(老解上12). 능 ᄆᆡ ᄒᆞᆫ 필에 믈갑ᄉᆞᆫ:綾子每匹染錢(老解上12).

믈거품 명 물거품. ☞믌거품 ¶믈거품 ᄀᆞᄐᆞ면:如水泡(痘要上33). 믈거품:水沫子(同文解上8).

믈건 명 물건(物件). ¶믈건 뒤져겨 ᄎᆞᆺ다:翻找物件(漢淸6:43).

믈견훔 동 물 깊이를 헤아림. 물 깊이를 측량함. ¶믈견훔 측:測(類合下12).

믈결 명 물결. ☞믈셜 ¶믈결 랑:浪. 믈결 파:波. 믈결 도:濤(類合上6). ᄇᆞᄅᆞᆷ이 편안ᄒᆞ고 믈결이 괴요ᄒᆞᆫᄃᆡ ᄃᆞᆯ빗치 미ᄒᆞ도다:風恬浪靜月光微(太平1:2). 믈결 치ᄂᆞᆫ ᄃᆞᆺᄒᆞᆫ 노리개(明皇1:38).

·**믈고·기** 명 물고기. ☞믌고기 ¶믈고기 므르니와 묻고기 서근 이를 먹디 아니ᄒᆞ시며:魚餒而肉敗不食(宣小3:25). 믈고기 젓:魚鮓. 믈고기 회:魚膾(東醫 湯液二 魚部).

믈고란이 명 물고라니. ¶믈고란이:海麃(漢淸14:45).

믈고으다 동 물이 괴다. ¶믈고을 뎌:瀦(類合下50).

믈구븨 명 물굽이. ¶믈구븨 예:汭(訓蒙洛汭本下35). 믈구븨:河灣(譯解補5).

믈그름 부 물끄러미. ¶믈그름 보다(同文解上28). 믈그름 보다:直瞪着眼(漢淸6:4).

믈그여디·다 동 물크러지다. ¶믈그여딜 미:糜(類合下59).

믈근ᄆᆞᆯ 명 백리(白痢). 흰 곱똥. ¶믈근ᄆᆞᆯ:水痢(譯解上61).

믈긔 명 물기. ¶믈긔 쟉거든(痘要上40). 믈긔 안즌 술:醨酒(譯解上50).

·**믈기·리** 명 물긷기. ¶네 믈기리 니근 ᄃᆞᆺᄒᆞ고나:你敢慣打水(飜老上34).

믈ᄀᆞ 명 물가. ☞믈ᄀᆞᆺ. 믌ᄀᆞ ¶믈ᄀᆞ:河沿(譯解上7).

믈ᄀᆞᆺ 명 물가. ☞믈ᄀᆞ. 믌ᄀᆞ. 믌ᄀᆞᆺ ¶믈ᄀᆞᆺ 뎡:汀(類合上6).

믈너가다 동 물러가다. ¶ᄒᆞᆫ 거름 믈너가고(武藝圖1).

믈너걷다 동 뒷걸음질하여 걷다. ¶앏흘 向ᄒᆞ고 믈너걸어:向前退步(武藝圖17).

믈너나다 동 물러나다. ☞믈러나다 ¶延秋門 드리ᄃᆞ라 慶會 南門 ᄇᆞ라보며 下直고 믈너나니(松江. 關東別曲). 婦人이 믈너나 댱안희 들거든(家禮5:34).

믈너비가다 동 물이 넓게 흘러가다. 큰물지

다. ¶믈너비갈 방:滂(類合下53).

믈너오다 동 물러오다. ¶槍을 ᄡᅳ으러 믈너와(武藝圖4).

믈넘씨다 동 물 넘치다. ¶믈넘씰 턍:漲(類合下51).

믈논ᄒᆞ다 동 물론하다. ¶가ᄋᆞᆷ열며 가난ᄒᆞᆫ이 믈논ᄒᆞ고(八歲兒1).

믈·니·다 동 물리다. 미루다. ¶슉셜ᄒᆞ온 후 여러 날 믈니며(癸丑30).

믈니치다 동 물리치다. ☞믈리티다 ¶ᄡᅡ흘 두ᄃᆞ리며 힘ᄡᅥ 믈니치고 도로 가 무덤알ᄑᆡ 사흘을 업되여 니디 아니ᄒᆞ니:擗地力排還歸伏冢三日不起(五倫1:62).

믈·다 동 물다. ¶블근 새 그를 므러:赤爵銜書. ᄇᆞ야미 가칠 므러:大蛇銜鵲(龍歌7章). ᄒᆞᆯ골 므라다가(月釋23:76). 사ᄅᆞᆷ 므ᄂᆞᆫ ᄂᆞᆫ 벌에라(圓覺下三之二79). 수우를 맛드러 盞 므로ᄆᆞ로 노ᄑᆞᆫ 이ᄅᆞᆯ 삼고:耽嗜麴蘗以銜杯爲高致(宣賜內訓1:33). 行列 次序에 ᄀᆞᆯ 므러슈믈 密近호리라:行序密銜蘆(初杜解8:44). ᄆᆞᆯ톨ᄀᆞᆫ 고기ᄅᆞᆯ 므러:水鷄含魚(杜解13:32). 믈 잡:咂. 믈 교:咬(訓蒙叡山本下4). 믈 잡:咂. 믈 혈:囓. 믈 셔:噬(訓蒙東中本下8). 믈 혈:齧(類合下25). 믈 셔:噬(類合下33). 도적의 손을 므러 ᄢᅢ틴대:嚙破賊手(東新續三綱. 烈3:7). 짐즛 독ᄒᆞᆫ 버러지와 비얌으로ᄡᅥ 사ᄅᆞᆷ을 믈려 죽게 ᄒᆞᄂᆞ니:故用毒蟲蛇咬人致死者(警民18). ※믈다>물다

믈뎜 명 물방울. ¶믈뎜 뎍:滴(類合下50).

믈되야지 명 돌고래. ¶믈되야지:江猪(漢淸14:44).

믈드레 명 두레박. ¶믈드레 잇ᄂᆞ냐 업ᄂᆞ냐(淸老2:20).

·믈·드리·다 동 물들이다. ☞므드리다. 믈들이다 ¶거므니 믈드려 ᄆᆡᆼᄀᆞ론디:黑染造(楞解10:9). 믈드료ᄆᆞᆫ 頓修 ᄀᆞᆮᄒᆞ니(圓覺上一之一113). 微妙ᄒᆞᆫ 覺性ᄋᆞᆯ 믈드릴ᄉᆡ(南明上37). 곧 ᄒᆞᆫ 마리 실 믈드륨 ᄀᆞᆮᄒᆞ야:則如染一縷絲(金三3:46). ᄆᆞᆯ집의 잡은 것 믈드리라 가자:染房裏染東西去來(朴解中3).

·믈·들·다 동 물들다. ¶自然히 히야 믈드디 아니ᄒᆞ리며(釋譜23:35). 믈드러 시술 거시 업더라:點染無滌盪(初杜解24:38). 智 업서 여러 境에 믈드러 著디 마롤디니라:不應無智染著諸境(金三2:62). ᄒᆞᆫ 번 믈드류매 一切 믈드ᄂᆞ니라:一染一切染(金三3:46). 應用애 믈드룸 업소미(六祖上87). 여러 境上애 ᄆᆞᅀᆞ미 믈드디 아니호ᄃᆡ:於諸境上心不染(六祖中10). 믈들 염:染(類合下48. 石千9). 곡도송 믈든 비단:茜紅(譯解下3).

·믈·들·이·다 동 물들이다. ☞믈드리다 ¶히여곰 華夏ᄅᆞᆯ 더러여 믈들이디 말에 홀디라 ᄒᆞ니라:無令汚染華夏(宣小5:46).

·믈디·다 동 큰물지다. ¶믈디며 ᄀᆞᄆᆞᆯ이 잇거든 반ᄃᆞ시 져ᄀᆞᆷᄒᆞ야 ᄭᅮ이며 군ᄉᆞ 머글거슬 창의 녀호ᄃᆡ:有水旱必先期假貸廩軍食(宣小6:113). 강이 믈뎌 시러곰 건너디 몯ᄒᆞ니:江漲不得渡(東新續三綱. 孝1:56).

믈딘 명 강에 친 진영(陣營). 수진(水陣). ¶孔明의 ᄇᆡ 曹操의 믈딘 겻ᄒᆡ 니르러셔(三譯4:14). 강남녁 군ᄉᆡ 믈딘을 아사들ᄭᅡ ᄒᆞ여 저허(三譯4:17). 믈딘 갓가이 셔셔 쏘ᄂᆞᆫ 살을 바다 가지니(三譯4:18).

믈딭다 형 물이 짙다. ¶믈디틀 롱:濃(類合下52).

믈ᄃᆞᆷ기·다 동 물에 잠기다. ☞믈ᄃᆞᆷ다 ¶믈ᄃᆞᆷ길 함:涵(類合下15).

믈ᄃᆞᆷ·다 동 물에 잠기다. ¶믈ᄃᆞᄆᆞᆯ 엄:淹(類合下27). 믈ᄃᆞᄆᆞᆯ 침:浸(類合下54).

믈·러가·다 동 물러가다. ☞믈러니다 ¶아ᅀᆞᆸ고 믈러가니:識斯退歸(龍歌51章). 믈러가도 됴ᄒᆞ니라(釋譜13:47). 믈러가 네 사던 딜 일허:退失故居(楞解9:72). 늘근 할미ᄃᆞ외얫거늘 붓그려 믈러가니라(南明上47). 쳔 가져다가 글월 쓴 갑 드리고 믈러가라:將錢來贖將契去(飜朴上62). 믈러갈 제ᄂᆞᆫ 드ᄂᆞ니:退則揚之(宣小3:18). 도적이 감동히여 믈러가니:賊感而退(東新續三綱. 孝3:39). ※믈러가다>물러가다

믈·러가·죰 동 물려 가짐. ㉮므르다 ¶菩薩이 부텻 法 므르ᅀᆞᄫᅩ미 아ᄃᆞ리 아비 쳔량 믈러가쥬미 ᄀᆞᆮᄒᆞᆯᄊᆡ 菩薩을 부텻 아ᄃᆞ리라 ᄒᆞᄂᆞ니라(釋譜13:18).

믈·러굽·다 동 물려서 싫증이 나다. ☞믈리굽다 ¶그 身心을 보차 믈러구부믈 내에 말라:無令…惱其身心令生退屈(圓覺下三之二86). 믈러굽디 아니ᄒᆞ리라:不退屈也(圓覺下三之二89). 아ᄎᆞᆷ 나죄 侍衛ᄒᆞ야 믈러굽디 아니케 ᄒᆞ며:朝夕侍衛令不退屈(圓覺下三之二92).

믈·러나·다 동 물러나다. ☞믈너나다 ¶禮數ᄒᆞᅀᆞᆸ고 믈러나니(釋譜13:46). 子貢이 말 몯ᄒᆞ야 믈러나니라(南明上30). 그리 호리이다 ᄒᆞᆫ 후에ᅀᅡ 믈러나더시다:應曰諾然後退(宣小4:12). 朝會 믈러나다:退朝(譯解上9). 宋兵이 져기 믈러나거ᄂᆞᆯ(女四解4:34).

믈·러·니·다 동 물러가다. ☞믈러가다 ¶ᄌᆞ오로미 믈러니거든:睡魔退(蒙法3). 魔ㅣ 믈러니거늘 그 낤 바ᄆᆡ 正覺ᄋᆞᆯ 일우시니라(圓覺序43). 손이 믈러니거든 반ᄃᆞ시 命을 도로 엳ᄌᆞ와:賓退必復命(宣小2:38).

믈·러·디·다 동 물러나 뒤떨어지다. ㉮므르다 ¶뎌 時節에 根性이 一定티 몯ᄒᆞ야 後에 도로 믈러디여 五道애 흐르닐ᄊᆡ(月釋13:31). 後에 도로 믈러듀믈 가ᄌᆞᆯ비니라:

譬…後還退墮也(法華2:187). 노푼 果ㅣ 갓가이 잇논 둘 뵈샤 믈러듀미 업서:勝果在近使無退墮(法華3:83).

믈러셔다 동 물러서다. ¶使者 믈러셔 命을 기드워지라 請ᄒᆞ고(家禮4:5).

믈러앉·다 동 물러앉다. ¶各各 부텻 바래 禮數ᄒᆞᅀᆞᆸ고 ᄒᆞᆫ녁 面에 믈러안ᄌᆞ니라(釋譜13:11).

믈·러오·다 동 물러오다. ¶朝會ᄒᆞ고 믈러와:朝退(初杜解8:8). 만일 이믜 자셔 겨시거든 믈러오고:若已食則退(宣小2:4). 공한 ᄒᆞᆫ 반톨 삼고 믈러오니:爲閑田而退(宣小4:39).

믈레 명 물레. ☞문릐 ¶믈레:紡車(譯解下18. 同文解下17). 乙이 믈레 도ᄃᆞᆺ ᄒᆞ야:乙作紡車旋(武藝圖56).

믈·룸 동 물러남. ㉠므르다 ¶오직 낫고 믈룸 업수미 일후미 不退心이라:唯進無退名不退心(楞解8:18). 믈루믄 佛이 凡과 ᄀᆞᆮ호미니:退者佛同凡(圓覺上三之三5).

믈릇 부 무릇. ☞믈읫 ¶믈릇 ᄉᆞ빅 히러라(十九史略1:11).

·믈:리 명 물리(物理). ¶一切ㅅ 物理 五行ᄋᆞᆯ 因ᄒᆞ며(楞解8:100).

믈·리 부 물러가서. 돌이켜. ¶過去에 輪廻ᄒᆞ던 業을 믈리 ᄉᆞ랑컨댄:追念過去輪廻之業(牧牛訣43).

믈·리:걷·다 동 물러나 걷다. 되돌아서 걷다. ¶險道ᄅᆞᆯ 아라 즉재 믈리거러 이 길헤 나고져커늘(月釋21:118).

믈·리굽·다 동 물려서 싫증이 나다. ☞믈러굽다 ¶두 이리 다 첫 ᄆᆞᅀᆞᆷ앳 行人으로 믈리굽게 ᄒᆞᄂᆞ니:二事皆令初心行人退屈(圓覺下三之二87).

믈·리그우·다 동 물러나다. 퇴전(退轉)하다. 〔'ㄷ' 앞에서 '울'의 'ㄹ'이 탈락한 형태.〕 ¶無上覺애 믈리그우디 아니호매 셔니라:於無上覺立不退轉(楞解1:4). 믈리그우디 아니ᄒᆞᇙ 法輪을 옮기시며:轉不退轉法輪(法華1:37). 精進은 念을 믈리그우디 아니ᄒᆞ시고:精進念不退轉(法華1:43).

믈·리그우·룸 동 물러남. 퇴전(退轉)함. ㉠믈리그우다 ¶ᄆᆞᅀᆞ미 저허 믈리그우룸 업스니:心無畏怖退轉(金剛78).

믈·리·다 동 물리다〔退〕. ¶모딘 도ᄌᆞᄀᆞᆯ 믈리시니이다:維彼勍敵遂能退之(龍歌35章). 이 두 일로 나소 믈려 마초아 ᄇᆞᆯ교리라:以此二事進退合明(楞解2:87). 不肖ᄒᆞᆫ닐 믈리다:退不肖(宣賜內訓2上23).

믈리다 동 물리다. 미루다. ¶七年을 믈리져 ᄒᆞ야 出家ᄅᆞᆯ 일우니(月印上64). 날ᄋᆞᆯ 몯 믈려 淨居에 가시니(月釋10:2). 어미 죽거늘 三年 侍墓ᄒᆞ고 脫喪ᄒᆞ고 ᄯᅩ 아비 위ᄒᆞ야 믈려 三年을 니브니라:及母歿廬墓三年又爲父追服三年(續三綱. 孝36).

믈리다 동 물리다〔被咬〕. ☞믈이다 ¶미친 개에게 믈린 배 되여 죽거ᄂᆞᆯ:爲風狗所咬死(東新續三綱. 烈1:57). ᄒᆞᆫ 히ᄅᆞᆯ 비얌 믈려 디내면 三年을 드렛줄도 접퍼ᄒᆞᆫ다 ᄒᆞ니라:一年經蛇咬三年怕井繩(朴解上34).

믈리다 동 물리다. 갚게 하다. ☞믈이다. 믈이다 ¶믈리다:追陪(譯解上66).

믈리다 동 물리다. 싫증나다. ¶믈리다:膩住. 믈리지 아니타:不厭膩(漢淸12:51).

믈·리돋·다 동 물러나 달아나다. 퇴각하다. ¶潼關앳 軍卒이 처엄 헤여딜 저긔 萬乘이 오히려 믈리ᄃᆞᄅᆞ니라:潼關初潰散萬乘猶辟易:辟易은 退却奔走貌ㅣ라(初杜解24:12).

믈·리받·다 동 물리치다. ☞믈리왇다. -받다 ¶올ᄒᆞᆫ 소ᄂᆞ로 버믈 믈리바ᄃᆞ며:右手拒虎(續三綱. 烈19 權氏負土).

믈·리왇·다 동 물리치다. ☞믈리받다. -왇다 ¶巾과 几왜 오히려 믈리왇디 아니ᄒᆞ얏도다:巾几猶未却(初杜解9:1). 엇데 이우젯 한아비ᄅᆞᆯ 믈리와ᄃᆞ리오:如何拒隣叟(初杜解15:43). 鯨魚ᄅᆞᆯ 믈리와ᄃᆞ니라:却鯨魚(初杜解20:32). 供給엣 虛費ᄅᆞᆯ 믈리와도미 어려우니:難拒供給費(初杜解22:23).

믈·리조·치·다 동 물러나게 쫓기다. 쫓기어 물러나다. ¶ᄉᆞᄀᆞᆶ 軍馬ᄅᆞᆯ 이길씨 ᄒᆞᄫᆞᅀᅡ 믈리조치샤 모딘 도ᄌᆞᄀᆞᆯ 자ᄇᆞ시니이다:克彼鄕兵挺身陽北維此兇賊遂能獲之(龍歌35章).

믈·리좇·다 동 물리쳐 쫓다. ¶氣運ㅣ 西戎을 믈리조ᄎᆞ며 北狄을 횟도라 가게 ᄒᆞ놋다:氣却西戎廻北狄(初杜解17:33).

믈리티다 동 물리치다. ☞믈니치다 ¶東走西散ᄒᆞ니 이리 ᄡᅩ차 믈리티고:東走西散這般赶退了(朴解下48). 소합원 아홉 환을 ᄒᆞᆫ 병 술에 ᄃᆞᆷ가 ᄢᅢᄢᅢ로 머그면 ᄀᆞ장 시긔를 믈리티ᄂᆞ니라:蘇合元每取九丸浸一瓶酒時時飮之最辟鬼疫之氣(辟新13). ᄐᆞᆼ간을 밧고 춤특을 믈리티시고(女範1. 셩후 당문덕후). 악양지 길히셔 드론 금을 어드니 그 안해 믈리텻더니(女範4. 녈녀 악양ᄌᆞ쳐).

믈매 명 물매. 무릿매. ¶믈매 더지다:繫石撇(漢淸7:48).

믈머곰 명 물을 마시는 일. ¶아이 믈머곰도 아니 머고ᄆᆞᆯ 닷쇄 ᄒᆞ고:僬勺水不入口者五日(二倫12 王密易弟).

믈미다 동 물밀다. ☞믈혀다 ¶믈미다:潮上(同文解上8). 믈미다:潮上了(譯解上7). ※믈미다>물밀다

믈밋 명 물밑. ¶믈밋:水底(同文解上8).

·믈믄·밥 명 물만밥. 물말이. 수반(水飯). 수화반(水和飯). ¶믈믄밥 손:飧 水和飯

(訓蒙中20). 믈므밥:水飯(譯解上49).

믈방올 명 물방울. ☞믌방올 ¶믈방올:水泡(同文解上8). 헌ᄉᆞᄒᆞᆫ 믈방올론 어위 계워ᄒᆞᄂᆞ다(古時調. 鄭澈. 明珠. 松江).

믈불휘 명 물의 근원(根源). ☞불휘 ¶믈불휘 원:源(類合下50).

믈쑥 명 물쑥. ☞믈ㅅ숙 ¶믈쑥 루:蔞(四解上35. 訓蒙上15). 믈쑥:蔞蒿(四解下67). 믈쑥:蔞蒿(東醫 湯液二 菜部). 믈쑥 려:蔞(詩解 物名2). 믈쑥:茼蒿(朴解中33). 믈쑥:蔞蒿(譯解下12). ※믈쑥>물쑥

믈ㅅ결 명 물결. ☞믈결. 믈썰 ¶믈ㅅ결:水波浪(同文解上8).

믈ㅅᄀᆞ래 명 물갈래. ☞믌가ᄅᆞ ¶믈ㅅᄀᆞ래:河汊(漢淸1:44).

믈ㅅ셕 명 섞. ¶믈ㅅ셕:河港(漢淸1:44).

믈ㅅ숙 명 물쑥. ☞물쑥. 믈쑥 ¶믈ㅅ숙:茼蒿菜(漢淸12:36).

믈솟다 동 물이 솟다. ¶믈소솔 용:湧(類合下51).

믈쇼 명 물소〔水牛〕. ☞므쇼 ¶믈쇼:水牛(譯解補48).

믈수리 명 물수리. ☞므수리 ¶믈수리 츄:鶖 俗名 검새(詩解 物名19).

·믈·썰 명 물결. ☞믈결. 믌결 ¶고기 잡ᄂᆞᆫ 믌겨를 타(南明上41). 감차할 믈썰 바탕애:茶褐水波浪地兒(飜老下50). ᄇᆞᄅᆞᆷ의 믈썰이 즉시예 니러나ᄂᆞ다라:風波當時起(宣小5:23). 감찰비치 믈썰 바탕에:茶褐水波浪地兒(老解下45). 믈썰:波浪(譯解上7).

·믈ᄭᅩ·기 명 물고기. ☞믈고기 ¶슈달:졍월이면 믈ᄭᅩ기 잡아 하ᄂᆞᆯᄭᅴ 졔ᄒᆞᄂᆞᆫ 즘승이라(宣小5:40).

믈쏠 명 물곬. ¶믈쏠:河身(漢淸1:44).

믈ᄭᅵ이·다 동 물이 끼다. 큰물지다. ¶믈ᄭᅵ일 로:澇(訓蒙上3).

믈ᄢᅵ다 동 물이 끼다. 큰물지다. ¶ᄀᆞ올히 믈ᄢᅵ여:秋裏水澇了(老解上48). 田禾에 믈ᄢᅵ여 ᄒᆞᆫ 불회도 업고:澇了田禾沒一根兒(朴解上10). 우리 만일 믈ᄢᅧ 가면(清老3:15).

믈ᄢᅵ이다 동 물이 끼다. 큰물지다. ☞믈ᄢᅵ다 ¶믈ᄢᅵ이다:水澇(譯解補6).

믈쓰다 동 물을 뜨다. ¶믈쓸 읍:挹(類合下41). 믈쓰다:舀水(同文解上8).

믈쓰리다 동 물을 뿌리다. ¶믈쓰릴 쇄:灑(類合下8). ※믈쓰리다>물 뿌리다

믈아·치 명 복. 하돈(河豚). ☞믈가치 ¶믈아치:江鮀(四解上63 鮀字註). 믈아치:江豚(訓蒙上21 鮀字註).

믈·어 형 물러〔軟〕. ㉮므르다 ¶그 보비 믈어 보ᄃᆞ라바(月釋8:13).

믈·어:듐 동 무너짐. ㉮믈어디다 ¶道理의 닐며 믈어듀미 오ᄂᆞᆳ나래 잇ᄂᆞ니이다 ᄒᆞ고(月釋2:74). 나모 것굼과 바회 믈어듐과:樹折巖頹(永嘉下140). 집 믈어듐과 ᄆᆞᄅᆞ 서굼과:堂崩棟朽(永嘉下140).

믈·어디·다 동 무너지다. ☞믈허디다 ¶金剛杵를 자바 머리 견지니 고대 믈어디니(月印上59). 그 뫼히 ᄒᆞᆫ 것도 업시 믈어디거늘(釋譜6:31). 우리 道理의 닐며 믈어듀미(月釋2:74). 수이 스러 믈어듀믈 붉기시니라:以明易以銷殞也(楞解9:44). 나모 것굼과 바회 믈어듐과:樹折巖頹(永嘉下140). 집 믈어듐과 ᄆᆞᄅᆞ 서굼과:堂崩棟朽(永嘉下140). 義理 믈어디리니:義理隳闕(宣賜內訓2上6). 蘭ᄋᆞᆫ 힌 이슬 아래 믈어디고:蘭摧白露下(重杜解2:69). 덼ᄆᆞᄅᆞ와 보히 믈어데쇼ᄆᆞᆯ 니ᄅᆞᄂᆞ라:告訴棟梁摧(重杜解9:28). 罘罳ㅣ 아ᄎᆞᄆᆡ 다뭇 믈어디고:罘罳朝共落(杜解23:3). 믈어딜 붕:崩(訓蒙中35). 믈어딜 퇴:頹. 믈어딜 븨:圮. 믈어딜 단:坍. 믈어딜 탑:塌(訓蒙下17). 淸涼애ᅀᅡ 두스리 믈어디새라(鄕樂. 內堂). ※믈어디다>믈허디다>므허디다>무너지다

믈어츨다 형 걸다. 걸차다. 기름지다. ¶믈어츨 옥:沃(類合下8).

·믈언덕 명 물가. 강기슭. ¶믈언덕 안:岸(訓蒙上3. 類合上5).

믈에군ᄉᆞ 명 수군(水軍). ¶ᄆᆞᆯ 톤이와 믈에군ᄉᆡ 대되 빅만이 남은지라(三譯3:6).

·믈여·위·다 동 물이 마르다 ¶心中에 忽然히 큰 枯渴ᄋᆞᆯ 내야:枯ᄂᆞᆫ 이울 씨오 渴ᄋᆞᆫ 믈여윌 씨라(楞解9:71). 믈여윌 확:涸(類合下50).

믈·옥 명 파려(玻瓈). 수정(水晶). ¶玻瓈ᄂᆞᆫ 믈玉이라 혼 마리니 水精이라(月釋1:22).

믈올히 명 물오리. ☞믓올히 ¶믈올히 부:鳧(詩解 物名8).

믈왕하 명 물에 나는 차조기. 용뇌박하. ☞믌방하 ¶믈왕하:水蘇(四解上40 蘇字註). 믈왕하:水蘇(訓蒙上14 蘇字註).

믈·움 형 무름. 약함. ㉮므르다 ¶히미 세며 믈우ᄆᆞᆯ 조차:隨力强弱(楞解4:29).

믈위 명 누리. 우박. ☞무뤼 ¶믈위 오다:下雹子(譯解上3). 믈위:氷雹(譯解上31).

믈으·다 동 물러나다〔退〕. ☞므르다 ¶활ᄡᅩ기ᄂᆞᆫ 나ᅀᅡ며 믈으며 두루 돌오ᄆᆞᆯ 반ᄃᆞ시 禮예 맛게 홀 디니:射者進退周還必中禮(宣小3:19). 揖ᄒᆞ야 ᄉᆞ양ᄒᆞ며 나으며 믈으거시늘:揖讓進退(宣小4:4).

믈으다 동 무르다. ☞므르다 ¶ᄒᆞ다가 ᄆᆞᆯ의 됴홈 구즘으란 살 님재 제 보고 몬져 믈으쟈 ᄒᆞᄂᆞ니란 은 닷 냥 벌ᄒᆞ쟈 ᄒᆞ얏ᄂᆞ니:如馬好歹買主自見先悔的罰銀五兩(老解下17).

믈읏 부 무릇. ☞믈읫 ¶믈읏 비얌 믈여든:凡中蛇(救急下73). 믈읏 學ᄒᆞ기ᄂᆞᆫ:凡學者(英

小6:6).

믈·의 부 무릇. ☞믈읫 ¶믈의 도 마글 연을 말로 다ᄋᆞ디 몯ᄒᆞ리로다:凡有障道之緣言之不盡(野雲46).

믈읜 부 무릇. ☞믈읫 ¶믈읜 영장과 졔ᄅᆞᆯ ᄒᆞᆫ골ᄋᆞ티 가녜대로 ᄒᆞ고:凡葬祭依家禮(東新續三綱. 孝1:18).

믈읫 부 무릇. ☞므릇 ¶믈읫 이리라(釋譜序5). 믈읫 字ㅣ 모로매 어우러ᅀᅡ 소리 이ᄂᆞ니:凡字必合而成音(訓註13). 믈읫 보논 얼구리 ᄭᅮ멧 얼굴 ᄀᆞᆮᄒᆞ며(月釋2:53). 믈읫 어루 도라 보냃 거슨:諸可還者(楞解2:30). 믈읫 부텻 知見 여러(法華6:31). 믈읫 이 아쳗부매:凡是可惡(永嘉下135). 믈읫 아름 잇ᄂᆞᆫ 거시:凡有知者(圓覺序2). 믈읫 보ᄆᆞᆯ ᄂᆞ치 오ᄅᆞ면 傲慢ᄒᆞ고(宣賜內訓1:6). 믈읫 우리 짐ᄃᆞᆯ ᄒᆞᆯ:但是咱們的行李(飜老上58). 믈읫 시긔병 ᄒᆞᆫ 사ᄅᆞ미(瘟疫方17). 믈읫 범:凡(類合上29). 믈읫 사ᄅᆞᆷ의 ᄲᅧ 사ᄅᆞᆷ되연ᄂᆞᆫ 바ᄂᆞᆫ:凡人之所以爲人者(宣小3:8). 믈읫 봄이 ᄂᆞᆾ치 올이면 오만이오:凡視上於面則敖(宣小3:13). 믈읫 상장을 일져리 문공 가례ᄅᆞᆯ 좃고:凡喪葬一從文公家禮(東新續三綱. 烈1:21). 믈읫 君子ᄂᆞᆫ 德行을 아디 몯ᄒᆞ랴:百爾君子不知德行(詩解2:13). 믈읫 民이 喪 이쇼매:凡民有喪(詩解2:16). 믈읫 우리 ᄇᆡᆨ셩 다ᄉᆞ리ᄂᆞᆫ 사ᄅᆞᆷ은:凡我牧民者(警民序3). 믈읫 遼東으로셔 가ᄂᆞᆫ 나그내들히:但是遼東去的客人們(老解上10). 믈읫 거동이며 녜예 일을 황후 거동으로 ᄒᆞ더라(明皇1:36). 믈읫 ᄇᆡᆨ셩이 슈고로오면(女範1. 모의 노희경강).
※믈읫>므릇>무릇

믈이·다 동 물리다(被咬). ☞믈리다 ¶여ᄉᆞᆺ차힌 모딘 즁ᄉᆡᆼ 믈여 橫死ᄒᆞᆯ 씨오(釋譜9:37). 사ᄅᆞ미 ᄆᆞᆯ게 믈이며:凡人被馬咬(救急下15). 쉬운 히미면 엇데 기피 믈이리오:易力何深嚌(初杜解24:30). 미친 가히 믈이니:風犬傷(救簡6:33). 구렁이 믈여든:虺中人(救簡6:54). ᄒᆞᆫ 히옷 ᄇᆡ얌 믈이기 디내면 삼 년이도록 드렛줄도 저프다 ᄒᆞᄂᆞ니라:一年經蛇咬三年怕井繩(飜朴上37).

믈이다 동 물리다. 갚게 하다. ☞물이다. 믈리다 ¶믈이다:追陪(四解上52 追字註).

믈자·새 명 무자위. ☞무자의. 믈ᄌᆞᅀᅵ ¶믈자새 길:桔. 믈자새 고:槹. 믈자새 록:轆. 믈자새 로:轤(訓蒙中15).

믈조초가다 동 물을 좇아가다. 물을 따라가다. ¶믈조초갈 연:沿(類合下38).

·믈집 명 염색 집(가게). ☞믌집 ¶믈집:染家(訓蒙中2 染字註).

믈ᄌᆞᄆᆡ악ᄒᆞ다 동 무자맥질하다. ☞므ᄌᆞ미ᄒᆞ다 ¶믈ᄌᆞᄆᆡ악ᄒᆞ다:扎猛子(漢淸1:49).

믈ᄌᆞᅀᅵ 명 무자위. ☞무자의. 믈ᄌᆞ새 ¶큰 믈ᄌᆞᅀᅵ:大水車. 져근 믈ᄌᆞᅀᅵ:水車(漢淸10:9).

믈좀·다 동 물에 잠그다. ¶믈좀다:水淹了(四解下84 淹字註).

믈창 명 선창(船窓). ¶ᄀᆞᄂᆞᆫ 손으로 낙시ᄅᆞᆯ 드리오고 믈창을 ᄃᆡᄒᆞ야시니:纖手垂鉤對水窓(太平1:2).

믈·허디·다 동 무너지다. ☞믈어디다 ¶믈허딜 붕:崩(訓蒙叡山本中17). 믈허딜 퇴:頹(類合下42). 믈허딜 븅:崩. 믈허딜 븨:圮(類合下59). 녜도엣 풍쇽의 믈허딤을 니거ᄲᅧ 샹ᄉᆞᄅᆞᆯ 삼ᄋᆞ니 슬프다:禮俗之壞習以爲常悲夫(宣小5:49). 사오나온 일 조촘은 믈허딤 ᄀᆞᆮ다 ᄒᆞ니라:從惡如崩(宣小5:82). 風俗의 믈허뎌 ᄒᆞ야딤이 이 ᄀᆞᆮᄒᆞ니:風俗頹弊如是(宣小6:131). ᄉᆞ이예 ᄒᆞᆫ 집이 믈허뎟거ᄂᆞᆯ:中間爲廳廊崩摧(太平1:26). 宗子法이 믈허디면 사ᄅᆞᆷ이 來處ᄅᆞᆯ 아디 몯ᄒᆞ야 ᄲᅧ곰(家禮1:12). ᄒᆞᆫ 곳 ᄃᆞ리 믈허뎌 잇더니:有一坐橋塌了當(老解上23).
※믈허디다<믈어디다

믈허·러ᄇᆞ·리·다 동 무너버리다. ☞믈허ᄇᆞ리다 ¶그 읏듬을 믈허러ᄇᆞ려 이 해ᄒᆞ며 ᄇᆞ리기ᄅᆞᆯ 편안히 너기ᄂᆞ니라:乃頹其綱安此暴棄(宣小題辭2).

믈허리티다 동 무너뜨리다. ¶처어믜 드로니 龍ᄋᆡ ᄡᅳ미 健壯ᄒᆞ야 돌ᄒᆞᆯ ᄲᅢ티며 林丘를 믈허리티고:初聞龍用壯擘石摧林丘(重杜解13:10).

믈허ᄇᆞ리다 동 무너버리다. ☞믈허러ᄇᆞ리다 ¶그 綱을 믈허ᄇᆞ려 이 해ᄒᆞ며 ᄇᆞ리기ᄅᆞᆯ 편안히 녀기ᄂᆞ니라:乃頹其綱安此暴棄(英小題辭2).

믈허지다 동 무너지다. ☞믄허지다. 믈어디다. 믈허디다 ¶ᄒᆞᆫ 번 울매 냥산이 믈허지니(女範3. 뎡녀 댱쳐견시).

믈:헐·다 동 허물다. 무너뜨리다. ¶그 고ᄃᆞᆯ 것거 믈헐에 ᄒᆞ료:摧裂其處(楞解9:47). 瀼水ㅅ 두들겐 비 몰애ᄅᆞᆯ 믈허놋다:瀼岸雨頹沙(初杜解15:14).

믈헤여디다 동 무너지다. ¶믈헤여딜 궤:潰(類合下52).

믈혀다 동 물써다. ¶믈혀다:潮退(譯解上7. 同文解上8).

믈·혹 명 혹. ¶믈혹 영:癭. 믈혹 류:瘤 俗稱癭瘤(訓蒙中33).

믉고기 명 물고기. ☞믌고기 ¶믉고기:魚(譯解上50).

믉·다 형 묽다. ☞믉다 ¶ᄀᆞᄅᆞ ᄆᆡᄃᆞ라 믈근 미음의 타 머기면:爲末白湯調下(痘瘡方24). 맛당히 믈근 쥭으로 몬져 됴보ᄒᆞ여:宜以稀粥調養胃氣(辟新20). 믈근 쥭도 ᄡᅮ

엇다:稀粥也熬着裏(朴解中30). 먹 믉게 ᄀᆞ다:捱墨稀(譯解下49).

·믌 관 뭇. ☞뭇. 믌 ¶ᄂᆞᆫ 새 ᄣᅥ러디며 믌 즁ᄉᆡ이 다 기피 들 씨라(月釋2:38).

믌가·ᄅᆞ 명 물갈래. ☞믈ㅅᄀᆞ래 ¶믌가ᄅᆞ 패:派 水支流(訓蒙上5).

믌거품 명 물거품. ☞믈거품. 믌더품 ¶믌거품:水沫子(譯解上2).

·믌·결 명 물결. ☞믈결. 믈껼 ¶믌결이 갈아디거늘(月印上39). 바ᄅᆞᆳ 믌겴 소리라(釋譜13:9). 生死 믌겴 가온ᄃᆡ 기리 비 ᄃᆞ외요리라(月釋9:22). 浪ᄋᆞᆫ 믌겨리라(楞解1:64). 믌겨리 서르 니ᅀᅥ:波浪相續(楞解2:102). 바ᄅᆞᆳ 믌겴 소리니:海水波音(法華1:51). 한 事識의 믌겨를 니르왇ᄂᆞ니라:起諸事識之浪(圓覺上二之一28). 뷘 비 믌결 메어(牧牛訣30). 活潑潑ᄋᆞᆫ 얼얼 흐르는 믌겨레 비췬 ᄃᆞᆯ비츨 닐온 마리니(蒙法43). 너븐 믌겨레 말ᄊᆞᆷ과 우ᅀᅮᆷ 그ᅀᅳᆨᄒᆞ얫ᄂᆞ니:洪濤隱語笑(初杜解9:3). ᄇᆞᄅᆞᄆᆞᆫ 너븐 두들겟 믌겨를 머겟도다:風含廣岸波(杜解10:3). 즈믄 믌결와 萬 믌겨리 다 朝宗ᄒᆞᄂᆞ니라:千波萬浪盡朝宗(南明上6). ※믌결>물결

·믌고·기 명 물고기. ☞믈고기 ¶여러 가짓 믌고기 먹고:食諸魚(救急下57). 믌고기며 묻고기며 貴ᄒᆞᆫ 차바ᄂᆞᆯ 사아:買魚肉珍羞(宣賜內訓1:66). 믌고기 가시 걷ᄃᆡ를 고티고:治魚鯁(救簡6:1).

믌그제 명 물 흔적. 물결 지나간 자국. ¶이시 믌그제를 다 머겟도다:苔蘚食盡波濤痕(重杜解3:70).

·믌긔 명 물기. ☞믈긔 ¶믌긔 업슨 그르세 다마 두고:用不津器收(救簡6:88).

믌ᄀᆞ 명 물가. ☞믌ᄀᆞᆺ ¶나ᄂᆞᆫ 녀 볼셔 믌ᄀᆞ애 왯거ᄂᆞᆯ:我行已水濱(重杜解1:4).

·믌:ᄀᆞᆺ 명 물가. ☞믈ᄀᆞ. 믈ᄀᆞᆺ. 믌ᄀᆞ ¶믌ᄀᆞ새 平ᄒᆞᆫ 돌히 잇더라(釋譜11:25). 두ᅀᅥ 나ᄅᆞᆯ ᄒᆞ오ᅀᅡ 믌ᄀᆞ새 잇다니(月釋10:24). 沙苑은 횟돈 믌ᄀᆞᅀᅵ 섯것도다:沙苑交回汀(初杜解6:18). 힌 몰애와 프른 대 잇ᄂᆞᆫ 믌ᄀᆞᆺ ᄆᆞᅀᆞᆶ 나조히:白沙翠竹江村暮(初杜解7:22). 버드나모 션 믌ᄀᆞᅀᆞ로 디나 定昆池로 ᄆᆞᆯ ᄃᆞᆯ여 오던 이ᄅᆞᆯ ᄉᆞ랑ᄒᆞ노라:憶過楊柳渚走馬定昆池(初杜解15:10). 霏霏히 블근 거슨 믌ᄀᆞᆺ 고지 어즈럽고:霏紅洲蘂亂(初杜解16:42).

·믌:뉘누·리 명 소용돌이. ☞뉘누리 ¶열丈 만ᄒᆞᆫ 龍이 믄드시 믌뉘누릴 드위텨 ᄣᅥᄇᆞ리ᄂᆞ다:十丈蛟欻翻盤渦拆(初杜解7:24). 혜여디락 모ᄃᆞ락ᄒᆞᄂᆞᆫ 믌뉘누리ᄂᆞᆫ 붑괴오 기옷ᄒᆞᆫ ᄂᆞ솟ᄂᆞᆫ 믌겨른 소다디여 흘러가놋다:擺闔盤渦沸欹斜激浪輸(重杜解2:7). 믌뉘누리예 하야로비 沐浴ᄒᆞᄂᆞ니 엇던 ᄆᆞᅀᆞ미고:盤渦鷺浴底心性(重杜解3:34).

·믌더·품 명 물거품. ☞믈거품. 믌거품 ¶水母類ᄂᆞᆫ 믌더푸므로 體ᄅᆞᆯ 삼고:水母之類以水沫爲體(楞解7:89). 沫泡ᄂᆞᆫ 믌더푸미오(法華6:17). ᄭᅮᆷ 곡도 믌더품 그리메 ᄀᆞᆮᄒᆞ며:如夢幻泡影(金剛下151). ※믌더품>물거품

·믌·ᄃᆞᆰ 명 물닭. ☞믓ᄃᆞᆰ ¶ᄒᆞᆫ 雙ㅅ 믌ᄃᆞᆯᄀᆞᆫ 相對ᄒᆞ야 ᄌᆞᄆᆞ락 ᄠᅳ락 ᄒᆞᄂᆞ다:一雙鸂鶒對沈浮(初杜解7:2). 가마오디와 믌ᄃᆞᆯ기 속절업시 ᄒᆞ오ᅀᅡ 깃디 말라:鸕鷀鸂鶒莫漫喜(初杜解10:4).

·믌방·올 명 물방울. ☞믈방올 ¶이슬 ᄠᅥ디며 믌방올 ᄌᆞᄆᆞ로미 눈곰ᄌᆞᆨᄒᆞᆯ ᄉᆞᅀᅵ니:露滴漚沈瞬息間(南明上60). 믌방올:水泡(譯解上2).

·믌방하 명 차조기. 용뇌박하. ☞믈왕하 ¶믌방하:鷄蘇(救簡3:115).

믌어디다 동 무너지다. ☞믈어디다 ¶ᄀᆞᄅᆞᆷ맨 믌어딜 ᄃᆞᆺ 아니 믈어딜 ᄃᆞᆺᄒᆞᆫ 돌히 뮈놋다:江動將崩未崩石(重杜解13:31).

믌집 명 염색 집(가게). ☞믈집 ¶믌집의 잡은 것 믈드리라 가쟈:染房裏染東西去來(朴解中3).

믌출 명 물의 근원(根源). ¶믌츠히 豕韋氏예셔 ᄂᆞᆫ호여 흐르니:分源豕韋派(初杜解23:34). 믌츠히 ᄆᆞᆯᄀᆞ니 짓나븨 소리 섯겟고:泉源冷冷雜猿狖(重杜解5:36).

믉벌·에 명 무는 벌레. 물것. ¶일히와 곰과 모딘 ᄇᆞ얌과 믉벌에 트렛 므싀여븐 이리 이셔도(釋譜9:24).

믓 관 뭇. ☞뭇. 믌 ¶이튼날 믓 가마귀 나리니(古時調. 가마귀 가마귀ᄅᆞᆯ. 時歌). 믓 즘싱 ᄡᅩᄂᆞᆫ 즌 철환:鐵沙子(漢淸5:12).

믓 명 뭍〔陸〕. ☞뭇. 뭍 ¶믓히 진을 보라 가셔(三譯7:13).

·믓·갑 명 물들이는 값. 염색하는 값. ☞믈갑 ¶믓갑시 두 돈이오:染錢二錢. 고로 ᄆᆡᄒᆞᆫ 피레 믓갑슨:綾子每匹染錢(飜老上14).

·믓·결 명 물결. ☞믌결 ¶ᄇᆞᄅᆞ미 그처도 믓겨리 오히려 ᄂᆞ솟고:風停波尙湧(牧牛訣24). 믓겨를 뻘일에 ᄒᆞ라:拂波濤(初杜解18:11). 믓결 도:濤. 믓결 랑:浪. 믓결 란:瀾. 믓결 파:波(訓蒙上4).

·믓고·기 명 물고기. ☞믌고기 ¶믓고기 먹고 毒ᄋᆞᆯ 마자:食魚中毒(救急下57). 아비 病 어더셔 믓고기 먹고져 ᄒᆞ니:父嘗得疾欲食魚(續三綱. 孝. 徐萬得魚). 이 안쥬ᄂᆞᆫ 믓고기 젼ᄒᆞ니:這按酒煎魚(飜老下38).

믓길 명 뭍길. 육로(陸路). ¶믓길로 온다:旱路裏來(朴解中12).

·믓:ᄀᆞᆺ 명 물가. ☞믈ᄀᆞ. 믈ᄀᆞᆺ. 믌ᄀᆞᆺ ¶믓ᄀᆞ새 두 주검이 ᄒᆞᆫᄃᆡ 잇거늘 어드니:於河邊得二屍同處(續三綱. 烈8 袁氏尋屍). 믓ᄀᆞ애 고

기 엿ᄂᆞ니ᄂᆞᆫ 수업슨 가마오디오:河邊兒窺魚的是無數目的水老鴉(飜朴上70). 믓ㄱᆞᆺ 뎡:汀. 믓ㄱᆞᆺ 쥬:洲. 믓ㄱᆞᆺ 져:渚. 믓ㄱᆞᆺ 지:沚(訓蒙上4). 믓ㄱᆞᆺ 분:濆. 믓ㄱᆞᆺ 애:涯(訓蒙上5). 믓ㄱᆞᆺ 미:湄(訓蒙上6). 믓ㄱᆞᆺ 애:涯(類合下49). 믓ㄱᆞᆺ 낙:洛. 믓ㄱᆞᆺ 위:渭. 믓ㄱᆞᆺ 경:涇(光千18).

믓·다 동 무너지다. 부서지다. ¶고대 어름 노ᄀᆞ며 디새 믓ᄃᆞᆺ ᄒᆞ샷다 ᄒᆞ니:當下氷消瓦解(金三2:1). 디새 믓ᄃᆞᆺ 다ᄒᆞᆫ 고ᄃᆞᆯ:瓦解處(金三2:1).

믓다 동 묶다. ☞묵다. 믁다 ¶白玉을 믓것ᄂᆞᆫ ᄃᆞᆺ 東溟을 박ᄎᆞᄂᆞᆫ ᄃᆞᆺ(松江. 關東別曲). 遠近 峯巒은 白玉을 믓거 잇고(辛啓榮. 月先軒十六景歌).

믓다 동 묻다. ☞묻다 ¶블근 년곳출 건뎌 어드매 향내 오시 믓ᄂᆞᆫ도다:拾得紅蕖香惹衣(太平1:2). 기름 믓다:油蹭了(譯解下51).

믓다 동 묻다[埋]. ☞뭇다 ¶블 믓다:種火(譯解上54).

·믓ᄃᆞᆰ 명 물닭. ☞믌ᄃᆞᆰ ¶믓ᄃᆞᆰ 계:鸂. 믓ᄃᆞᆰ 틱:鶒(訓蒙上17). 믓ᄃᆞᆰ 곤:鵾(光千33).

·믓·올·히 명 물오리. ☞믈올히 ¶믓올히 셔:鷁. 믓올히 부:鳧(訓蒙上16).

믕긔다 동 뭉개다. ☞뭉긔다 ¶힝여기 믕긔여디고 고롬 업고:痘爛無膿(痘要上31).

믕으리돌 명 뭉우리돌. ☞뭉으리돌 ¶뭉으리돌 강:礓. 뭉으리돌 륵:礫(訓蒙上4).

믜 명 해삼(海蔘). ☞뮈 ¶믜:海蔘(濟衆).

믜근ᄒᆞ다 형 밍근하다. 미지근하다. ☞미곤ᄒᆞ다 ¶일ᄇᆡᆨ 번 글흔 믈 붓고 두에 다다 ᄃᆞᆺ다가 믜근ᄒᆞ거든:百沸湯泡之以盖合定後溫(痘要上66).

믜·기 동 미워하기. ¶어딘 사ᄅᆞᆷ 믜기를 원슈ᄀᆞ티 ᄒᆞ며:疾良善如讎隙(宣小5:28).

믜·다 동 미워하다. ☞무이다. 뮈다 ¶놈 믜며 새오ᄆᆞ로(釋譜13:56). 閔損이 다ᄉᆞᆷ어미 損이ᄅᆞᆯ 믜여(三綱. 孝1 閔損單衣). 衆生ᄋᆞᆯ 念호ᄃᆡ 믜디 아니ᄒᆞ며 ᄃᆞᆺ디 아니ᄒᆞ야(月釋9:42). 구지람과 믜유믈 避티 아니ᄒᆞ리라(楞解9:109). ᄃᆞᅀᆞ며 믜샤미(法華2:19). 믜며 ᄃᆞ오ᄆᆞᆯ 간대로 니ᄅᆞ와다:妄起憎愛(金剛上9). 사ᄅᆞᄆᆡ게 믜온 고ᄃᆞᆯ 올ᄀᆡ 자보리니:捉敗得人憎處(法語5). 禁허닐 믜디 아니ᄒᆞ며:不憎毁禁(圓覺上一之一101). 믜요ᄃᆡ 그 어딘 이ᄅᆞᆯ 알며:憎而知其善(宣賜內訓1:7). 孝道 아니커든 과ᄀᆞᆯ이 믜여 말오:未孝不可遽有憎疾(宣賜內訓3:4). ᄀᆞ장 믜노니:赤憎(初杜解18:3). ᄀᆞ장 믜노라:生憎(初杜解23:23). 너희 무리 믜며 ᄃᆞᆺ논 ᄆᆞᅀᆞ미 重ᄒᆞ야(南明下5). 믜리도 괴리도 업시(樂詞. 靑山別曲). 믤 혐:嫌(類合下31). 믜여ᄒᆞᄂᆞᆫ ᄃᆡ 그 어디롬을 알며:憎而知其善(宣小3:3).

믜·다 동 미다. 빠지다. ☞뮈다 ¶믤 독:禿(訓蒙上29). 或 머리 믠 居士ㅣ라 ᄒᆞ며:或禿居士(龜鑑下52). 믤 올:兀(類合下56). 이 머리 믠 놈이 ᄀᆞ장 道理 업다 ᄒᆞ고:這禿廝好沒道理(朴解下19).

·믜·다 동 찢다. ☞믜여ᄇᆞ리다. 믜히다 ¶그 듕의 복을 믜여 스스로 목ᄆᆡ야ᄃᆞ라 주그니라:裂其裙幅自縊而死(東新續三綱. 烈5:46). 적이 그 오ᄉᆞᆯ 믜고 상의 ᄆᆡ거늘(女範4. 녈녀 됴원희쳐).

믜리 명 미워할 이. 미워할 사람. ☞믜다 ¶믜리도 괴리도 업시 마자셔 우니노라(樂詞. 靑山別曲).

믜명 명 무명. ¶싱 믜명 감찰 즁즁 즁에(古時調. 平壤 女妓. 靑丘).

믜뭉슈로ᄒᆞ다 형 뭉글뭉글하다. ¶放氣 뀐 殊常ᄒᆞᆫ 옹도라지 길쭉 넙쭉 어틀머틀 믜뭉슈로ᄒᆞ거라 말고(古時調. 白華山. 靑丘).

믜본 형 미운. ㉠믭다 ¶네 이제도 ᄂᆞ외야 놈 믜본 ᄠᅳ들 둘따 ᄒᆞ야시ᄂᆞᆯ(月釋2:64).

믜셔오다 동 모셔 오다. ¶우긔 주륜의 셩졔ᄅᆞᆯ 믜셔오니(쌍벽가).

믜ᄭᅮ리 명 미꾸라지. ☞믯구리 ¶믜ᄭᅮ리:鰍魚(東醫 湯液二 魚部).

믜어디다 동 미어지다. 찢어지다. ☞믜여디다 ¶가슴이 믜어디ᄂᆞᆫ ᄃᆞᆺ ᄎᆞ마 보ᄋᆞᆸ디 못ᄒᆞᆯ너라(癸丑73).

·믜여·디·다 동 미어지다. 찢어지다. ☞믜어디다 ¶시러곰 아니 玄圃山이 믜여뎌 왓ᄂᆞ니아:得非玄圃裂(初杜解16:29). 믜여딜 녈:裂(類合下59). 옷과 치매 ᄲᅡ디며 믜여디거든:衣裳綻裂(宣小2:8). 오시며 치매다 믜여디되 구디 버으리와ᄃᆞ니:衣裳盡裂堅拒之(東新續三綱. 烈7:24). 턴디 믜여딜 ᄃᆞᆺ(癸丑64). 쳡의 ᄆᆞᄋᆞᆷ은 만균셕이니 큰 믈결의 믜여디디 아니ᄒᆞᄂᆞᆫ도다(女範3. 뎡녀 댱쳐견시). 아희 죽으니 심간이 믜여디ᄂᆞᆫ ᄃᆞᆺᄒᆞᆫ디라(女範4. 녈녀 오일계쳐).

믜여ᄇᆞ리다 동 찢어 버리다. ¶일의노ᄂᆞᆫ 아히 아니환히 누워 안ᄒᆞᆯ ᄇᆞᆯ와 믜여ᄇᆞ리ᄂᆞ다:嬌兒惡臥踏裏裂(杜解6:42). 글월 믜여ᄇᆞ리라:扯了文契着(老解下18).

믜·여·ᄒᆞ·다 동 미워하다. ☞므여ᄒᆞ다. 믜워ᄒᆞ다 ¶여슷 大臣이 힝뎌기 왼 ᄃᆞᆯ 제 아라 太子ᄅᆞᆯ 새와 믜여ᄒᆞ더라(月釋21:214). 官吏의 怒ᄒᆞ야 믜여호믈 잇비 아니호리라:不勞吏怒嗔(重杜解5:27). 사ᄅᆞᄆᆡ 어디롬으란 듣고 믜여ᄒᆞ며:聞人之善嫉之(宣小5:17).

믜·욤 동 미워함. ㉠믜다 ☞믜움 ¶믜요미 일오:成憎(楞解4:7). 믜요ᄆᆞᆯ 내야:而生憎嫉(圓覺下一之一27). 믜요ᄆᆞᆯ 盜賊 寃讎ᄀᆞ티 ᄒᆞᄂᆞ니:患若賊讎(宣賜內訓3:44).

믜우·다 동 미워하다. ☞믜다 ¶믜우며 ᄃᆞ오

며 어ᄃᆡ브터 나리오:憎愛何由生(圓覺下一之一19).

믜움 명 미움. ¶ ᄃᆞ오며 믜우미 서르 닐어니:愛憎交起(圓覺上一之一105). 믜움과 愛와 貪과 嗔과 癡와ᄅᆞᆯ 그츠면:斷憎愛及與貪嗔癡(圓覺下一之一67).

믜워ᄒᆞ다 동 미워하다. ☞믜여ᄒᆞ다 ¶ 믜워ᄒᆞ기ᄂᆞᆫ 본ᄃᆡ 아ᄂᆞᆫ 배라(西宮日記上1). 서ᄅᆞ 믜워ᄒᆞ며 원티 말올ᄶᅵ니:無相疾怨(警民4). 더브러 믜워ᄒᆞ믈 알니러라(癸丑9). 임ᄌᆞ년 괘방일노 대군 믜워ᄒᆞ미 더옥 심ᄒᆞ더라(癸丑124). 도적이 쥬인을 믜워ᄒᆞ고(女範2. 현녀 진ᄇᆡᆨ죵쳐). 쥬우ᄅᆞᆯ 믜워ᄒᆞᆯ시 아ᄃᆞᆯ이 참예ᄒᆞ니:惡州吁而厚與焉(五倫2:6).
※믜워ᄒᆞ다<믜여ᄒᆞ다<믜다

믜·윰 동 미워함. ㉮믜다 ☞믜옴 ¶ 또 믜윰과 愛ᄅᆞᆯ 더러:及除憎愛(圓覺下一之一38). 自와 他왓 믜윰과 ᄃᆞ오ᄆᆞᆫ:自他憎愛(圓覺下三之一123).

믜·이·다 동 미움을 받다. ☞믜ᅇᅵ다 ¶ 부텨와 祖師왜 사ᄅᆞᄆᆡ게 믜이샨 고ᄃᆞᆯ ᄉᆞᆯ기자ᄫᆞᆫ:捉敗佛祖得人憎處(蒙法44). 부텨와 祖師왜 사ᄅᆞᄆᆡ게 믜이샨 고ᄃᆞᆯ ᄀᆞᆺ 알면:勘破佛祖得人憎處(蒙法61). 엄적의 믜이어 북변으로 옴기니(落泉1:1).

:믜:왼 동 미움을 받는. ㉮믜ᅇᅵ다 ¶ 사ᄅᆞᄆᆡ게 믜왼 고ᄃᆞᆯ 올ᄭᅵ자보리니:捉敗得人憎處(法語5).

믜·ᅇᅵ·다 동 미움을 받다. ☞믜이다 ¶ 사ᄅᆞᄆᆡ게 믜왼 고ᄃᆞᆯ 올ᄭᅵ자보리니:捉敗得人憎處(法語5). 趙州의 사ᄅᆞᄆᆡ게 믜ᅇᅵᆫ 고ᄃᆞᆯ ᄀᆞᆺ 아라:勘破趙州得人憎處(蒙法19).

믜치다 동 미치다. ¶ 門庭은 못 믜쳐도 江山은 咫尺이라(陶山別曲).

·믜·티·다 동 찢다. ☞믜히다 ¶ 한 도ᄌᆞ기 오ᄉᆞᆯ 믜티고:群賊毁裂其衣(三綱. 烈. 崔氏見射). 이 창ᄯᅮᆷ게 죵희를 다가 다 믜티고:把這窓孔的紙都扯了(朴解中58).

·믜·혀ᄇᆞ·리·다 동 찢어 버리다. ¶ 두르힐훠 地軸을 믜혀ᄇᆞ리놋다:回幹裂地軸(杜解13:8). 글월 믜혀ᄇᆞ리라:扯了文契着(飜老下20).

믜히다 동 미어뜨리다. 찢다. ☞믜티다 ¶ 구버 드런 두터운 ᄯᅡ홀 믜혓도다:俯入裂厚坤(重杜解1:27).

믠- 접두 민-. ¶ 우희ᄂᆞᆫ 제 실로 슈질 노ᄒᆞᆫ 힌 믠紗 더그레:上頭繡銀條紗搭胡(飜老下50). ᄌᆞ디비쳇 구의나깃 믠비단:紫官素段子(飜朴上47).

믠머리 명 민머리. 대머리. ¶ 믠머리:禿子光頭(譯解上29).

믠뫼 명 민둥산. 독산(禿山). ☞믠산 ¶ 믠뫼:禿山(譯解補5).

믠믯ᄒᆞ·다 형 미끈미끈하다. ☞믯믯ᄒᆞ다 ¶ 마시 ᄃᆞᆯ오 믠믯ᄒᆞᆯ시:味轉甜滑(飜小9:31).

믠:비·단 명 무늬 없는 비단. ¶ 믠비단 ᄒᆞᆫ 자콰:素段子一尺(飜朴上47). 믠비단 일ᄇᆡᆨ 필:素段子一百匹(老解下62). 믠비단 ᄒᆞᆫ 자과:素段子一尺(朴解上43). 믠비단:光素(譯解下4).

믠산 명 민둥산. 독산(禿山). ☞믠뫼 ¶ 믠산:荒山(漢淸1:39).

믠소 명 고기붙이가 들어 있지 않은 소. ¶ 믠소:素餡(譯解上51).

믭·다 형 밉다. ☞뮙다. 밉다 ¶ 믜ᄫᅳᆫ 사ᄅᆞᄆᆡ 일훔 쓰며(釋譜9:17). ᄂᆞᆷ 믜ᄫᅳᆫ ᄠᅳ들 둘ᄯᅡ ᄒᆞ야시ᄂᆞᆯ(月釋2:64). 믜우니 맛나ᄂᆞᆫ 苦와:寃憎會苦(法華2:84). ᄃᆞ온 믜운 ᄆᆞᅀᆞ미 업스며(法華3:41). 여러 가짓 믜우미 업스며(法華6:13). 믜올 증:憎(類合下3). 믭기 내 올흔 곳이 업세라:恨的我沒足處(朴解中56). 달은 사ᄅᆞᄆᆡ 跳梁ᄒᆞ미 可히 믜워:莫學他人跳梁可惡(女四解2:19).

믯구·리 명 미꾸라지. ☞믜ᄭᅮ리. 믯그리. 믹굴이 ¶ 믯구리:泥鰍(四解下69 鰍字註). 믯구리 츄:鰍(訓蒙上20).

믯그·럽·다 형 미끄럽다. ☞믯글업다 ¶ 믯그러운 돌히 기우럿ᄂᆞ니 뉘 ᄑᆞ돗던고:滑石欹誰鑿(重杜解1:32). 곧 ᄆᆞᆯ 토매 믯그러우믈 시름ᄒᆞ야:直愁騎馬滑(初杜解15:28). 믯그러운 雕胡飯ᄋᆞᆯ ᄉᆞ랑ᄒᆞ고:滑憶雕胡飯(初杜解16:72). ᄒᆞᆰ기 믯그러워:泥滑(初杜解25:41). ᄆᆞᅀᆞᆯ 길히 뫼해 둘어시니 솘니피 믯그럽고:村逕遶山松葉滑(百聯20). 믯그러울 활:滑(類合下53).

믯그리 명 미꾸라지. ☞믯구리 ¶ 믯그리:泥鰍魚(譯解下37).

믯글업다 형 미끄럽다. ☞믯그럽다 ¶ 길 믯글업다:路滑(譯解補5).

믯믯·ᄒᆞ·다 형 미끈미끈하다. ☞믠믯ᄒᆞ다 ¶ 얼의여 믯믯호미니:凝滑(楞解4:28). 羯邏藍ᄋᆞᆫ 닐오매 얼의여 믯믯ᄒᆞᆯ 씨니(楞解7:80). 名色은 識이 처ᅀᅥᆷ 胎예 브터 얼윈 믯믯ᄒᆞᆫ 相이라:名色者識初托胎凝滑之相也(法華3:138). 서리 하니 나모 돌히 믯믯ᄒᆞ고:霜濃木石滑(重杜解1:29). 고ᄃᆞᆯ파 밥 머거 蓴ᄋᆞᆯ 믯믯ᄒᆞ닐 더으고:強飯蓴添滑(重杜解2:13). 이제 니르러 힌 ᄇᆞᄅᆞ미 믯믯ᄒᆞᆫᄃᆡ:到今素壁滑(杜解3:65). 뉘 닐오ᄃᆡ 믯믯ᄒᆞ야 수이 ᄇᆡ브르ᄂᆞ다 ᄒᆞᄂᆞ뇨:誰云滑易飽(杜解7:38).

믯믯·다 형 미끈미끈하다. ☞믯믯ᄒᆞ다 ¶ 어픈 손과 믯믜즌 마치로:伏手滑槌(金三3:14). 더운 므레 시서 믯믜즌 것 업게 ᄒᆞ요니와:湯洗去滑(救簡1:7).

믱근ᄒᆞ다 형 밍근하다. 맹근하다. ¶ 믱근ᄒᆞ

다:溫些(同文解上61). 밍근ᄒᆞ다:不冷不熱的(漢淸12:53).

미 명 흙손. ¶흙 닉이다 泥 或作 미:和泥(譯解上18). 〔오늘날에도 흙손질을 직업으로 하는 사람을 '미장이'라고 함.〕

미간 명 미간(眉間). ¶부톄 眉間 白毫相앳 光明을 펴샤(釋譜13:13). 眉間애 샹녜 白毫光ᄋᆞᆯ 펴시거늘(金三2:50).

미거히 부 미거(未擧)히. ¶미거히 구다:孩氣(漢淸5:46).

미거ᄒᆞ다 형 미거(未擧)하다. ¶미거ᄒᆞ다:孩子氣(譯解補57). 제의 문지 오히려 미거ᄒᆞ야(洛城2).

미구 명 미구(微軀). ¶약관의 못 미쳐셔 적류의 홰 미구의게 미ᄎᆞ니(落泉3:7).

미구의 부 미구(未久)에. ¶홍닙의 죄ᄅᆞᆯ 의논티 못ᄒᆞ더니 미구의 홍닙의 일문이 의논ᄒᆞ야(山城7).

:미긔·치 명 오징어의 뼈. ¶미긔치와 부들마치 우흿 누른 ᄀᆞᄅᆞ와ᄅᆞᆯ:烏賊魚骨蒲黃(救簡2:89). 믜긔치ᄅᆞᆯ 디허 ᄀᆞᄂᆞᆯ에 처:烏賊魚骨擣羅爲散(救簡3:113).

미나다 동 밀어 나오다. 내밀다. ¶人讃福盛ᄒᆞ샤 미나거신 톡애(樂範. 處容歌).

미나·리 명 미나리. ☞미ᄂᆞ리 ¶프른 시내햇 거스로 ᄆᆡᆼᄀᆞ론 羹ᄋᆞᆫ 곳다온 미나리로다:香芹碧澗羹(初杜解15:7). 미나리 근:芹(訓蒙上13. 類合上11. 倭解下6). 미나리:芹(物譜 蔬菜). 미나리 솔진 마슬 님의게 드리고져(古時調. 겨울날. 古歌). 미나리 근:芹(兒學上5).

미녀 명 미녀(美女). ¶美女:俊窠兒(譯解下50). 미녀의 허신ᄒᆞ믈 듯고 가만이 싱을 노하 편히 잇게 ᄒᆞ니(落泉1:1).

미누비 명 중누비. ¶세누비 미누비 저른 솔긴 옷을 일우미(閨中七友爭論記).

미·늘 명 미늘. ☞미ᄂᆞᆯ ¶아래로 낙줄와 낛 미느를 ᄲᅳ러 나 긑 헌 ᄃᆡ 업더라:向下裹定鉤線鬚而出並無所損(救急上48). 미늘 업쓴 낙씨 ᄆᆡ야(古時調. 趙存性. 아희야. 海謠). 낙시 미늘:鐖(物譜 佃魚). 낙시 미늘:逆鋩(柳氏物名二 水族).

미ᄂᆞ리 명 미나리. ☞미나리 ¶미ᄂᆞ리:芹(柳氏物名三 草).

미ᄂᆞᆯ 명 미늘. ☞미늘 ¶낙시 미ᄂᆞᆯ:鉤子倒鬚(譯解上22). 다 갓곤 미ᄂᆞᄅᆞᆯ 뻐 그 그틔 스이라:俱用倒鉤冠其杪(武藝諸21). 기나긴 낙대에 미ᄂᆞᆯ 업슨 낙시 ᄆᆡ야(古時調. 趙存性. 아ᄒᆡ야. 靑丘).

미다 동 미루다. ¶ᄂᆞᆷ의게 미다:推他(同文解上32).

미댱부 명 미장부(美丈夫). ¶쳥아 쥰슉ᄒᆞ고 긔질이 슉셩ᄒᆞ야 언연ᄒᆞᆫ 미댱부ㅣ 되엿ᄂᆞᆫ지라(落泉3:7).

미덥다 형 미덥다. ☞믿다 ¶미더울 신:信(類合下3).

미라 명 밀랍. ¶미라:蜜蠟(同文解下23).

미란 명 미란(迷亂). ¶밤으로 뻐 나죨 니어 미란이 ᄢᅵ치지 못ᄒᆞ더라(落泉1:1).

미:란·ᄒᆞ·다 형 미란(迷亂)하다. ¶殺生과 偸盜와 婬穢예 迷亂ᄒᆞ샤(永嘉上41). 뫼햇 귓거슨 봄대 서리예 迷亂ᄒᆞ얫거늘:山鬼迷春竹(初杜解6:29). 미란홈애 밋디 아니ᄒᆞ시며:不及亂(宣小3:25).

미·러:내·다 동 밀어내다. ¶目連이 ᄃᆞ라드니 獄卒이 미러내며 닐오ᄃᆡ(月釋23:84).

미려 명 미려(美麗). ¶형은 호발도 밧지 아니코 미려로뻐 쥬니 무ᄉᆞ 거ᄉᆞ로 갑흐리오(落泉2:4).

미려ᄒᆞ다 형 미려(美麗)하다. ¶하션이 의장 슈식이 극히 화려ᄒᆞ고 화안 옥면이 십분 미려ᄒᆞ더라(落泉1:3).

미련ᄒᆞ다 형 미련하다. ¶미련호미 눈멀고 귀머그니 ᄀᆞᄐᆞ니(警民5). 이런 미련ᄒᆞᆫ 거슨 업ᄉᆞ오리(隣語10:6).

미렷다 동 밀렸다. 밀물졌다. ㉠미리다 ¶바ᄅᆞ리 미렷ᄂᆞᆫ ᄃᆡ 고래 잇ᄂᆞᆫ 믌겨리 움즈겻고:溟漲鯨波動(重杜解2:16).

미뢰다 동 미루어 헤아리다. ☞미뤼다 ¶반ᄃᆞ시 근본을 미뢰며 도리를 들어 니롬은:必推本而擧理者(警民序3). 소경의 말로뻐 미뢰면:推之(百行源16). 일로뻐 미뢰여 보니 ᄒᆞ나토 곳 내 허믈이오(綸音28).

미뢰다 동 미루다. ☞미뤼다 ¶ᄂᆡ일이 되면 모릐로 미뢰니(捷蒙2:14).

미뤼다 동 미루어 헤아리다. ☞미뢰다 ¶교홰 ᄯᅩᄒᆞᆫ ᄒᆞᆫ 어질 인 ᄌᆞ를 미뤼여 널니기에 지나지 아닐 ᄯᆞᄅᆞᆷ이라(字恤3).

미뤼다 동 미루다. ☞미뢰다 ¶오ᄂᆞᆯ은 ᄂᆡ일 미뤼고 ᄂᆡ일은 모릐 미뤼니:今日推明日明日推後日(朴新解1:35).

미·르 명 용(龍). ☞미리. 미ᄅᆞ ¶미르 진:辰(訓蒙上1. 光千1). 미르 룡:龍(訓蒙上20. 石千4).

미리 명 용(龍). ☞미르 ¶龍爲豫 미리 龍(雅言一 以辛爲苦).

미·리 부 미리. ¶千世 우희 미리 定ᄒᆞ샨 漢水北에:千世默定漢水陽(龍歌125章). 大臣ᄋᆞᆯ 미리 긔걸ᄒᆞ요ᄃᆡ(釋譜24:27). 授記ᄂᆞᆫ 네 아모 저긔 부톄 ᄃᆞ외리라 미리 니ᄅᆞ실 씨라(月釋1:16). 懸記ᄂᆞᆫ 미리 授記ᄒᆞᆯ 시라(圓覺序8). 미리 예:豫(光千37. 類合下27. 倭解下40. 註千37). 미리 齊戒ᄒᆞ야:宿齊戒(宣小2:36). 미리 禁티 몯ᄒᆞ면 習性이 임의 일어(女四解2:25). 원대ᄒᆞᆫ ᄭᅨᄂᆞᆫ 미리 싱각ᄒᆞ야 可히 헤아리고(女四解4:59). 미

리:預先(譯解補54).

미리다 동 밀리다. 밀물지다. ☞밀이다 ¶바ᄅᆞ리 미렷ᄂᆞᆫ 뒨 고래 잇ᄂᆞᆫ 믌겨리 움즈겻고:溟漲鯨波動(重杜解2:16).

미·리왇·다 동 밀치다. ☞-왇다 ¶두 쬡이 서르 미리왇ᄂᆞᆫ 젼ᄎᆞ로:二習相排故(楞解8:92). 推ᄂᆞᆫ 미리와ᄃᆞᆯ 씨오(法華2:6). ᄂᆞᄆᆡ 미리와다 뻐듀미 ᄃᆞ외야도:爲人所推墮(法華7:88).

미리잇다 동 밀치다. ☞미리왇다 ¶闞澤을 죽이라 미리이저 ᄃᆞ려갈 제(三譯6:11).

미ᄅᆞ 명 용. ☞미르 ¶미ᄅᆞ 룡:龍(光千4).

:미릐 명 미래(未來). ¶未來옛 衆生ᄃᆞᆯ홀 精進ᄋᆞᆯ 뵈시릴씨(月印上19). 未來ᄂᆞᆫ 아니 왯ᄂᆞᆫ 劫이오(釋譜13:50). 未來ᄂᆞᆫ 아니 왯ᄂᆞᆫ 뉘라(月釋2:21). 然은 날 씨니 未然은 未來라(楞解9:104). 또 過去 現在 未來예 ᄀᆞ초 ᄉᆞᄆᆞᄎᆞ니(金三2:27). 前際ᄂᆞᆫ 過去ㅣ오 後際ᄂᆞᆫ 未來라(南明序2).

미망 명 미망(迷妄). ¶本來 迷妄 업수믈 니ᄅᆞ시니(楞解4:59). 空生이 ᄀᆞᆯ포 迷妄ᄋᆞᆯ 推尋커늘(金三5:42). 眞正 法 드르면 迷妄을 제 더러(六祖中39).

미모 명 미모(美貌). ¶탄ᄒᆞ여 니ᄅᆞᄃᆡ 하ᄂᆞᆯ이 져런 미모ᄅᆞᆯ 내ᄆᆡ 엇지 운영이 되지 아니ᄒᆞ고(落泉2:6).

미:묘 명 미묘(微妙). ¶안해 한 微妙ᄅᆞᆯ 머겟고(金三涵序2). 미뭇 묘:妙(光千40).

미:묘·히 부 미묘(微妙)히. ¶四謗ᄅᆞᆯ 子細히 보시니 根源이 ᄆᆞᄉᆞ매 잇ᄂᆞ니 性智 本來 ᄇᆞᆯ가 微妙히 ᄆᆞᆯ가 精커늘(月釋14:35). 우업슨 그테 微妙히 다ᄃᆞᆫ게 ᄒᆞ시며(楞解1:8). 업숨 업숨도 本이 업슬씨 微妙히 그츠니:無無無本故妙絶(永嘉下58).

미:묘ᄒᆞ·다 형 미묘(微妙)하다. ¶百千 바오리 절로 울어늘 ᄀᆞᄆᆞᆫᄒᆞᆫᄇᆞᄅᆞ미 부니 微妙ᄒᆞᆫ 소리 나더니(釋譜11:16). 微妙ᄒᆞᆫ 有로(金剛序5). ᄠᅳ들 여러 微妙ᄒᆞᆫ ᄃᆡ 니겨(宣賜內訓序6). 微妙ᄒᆞᆫ 추믈 휫두루 처:妙舞逶迤(初杜解15:44). 微妙ᄒᆞᆫ 소리 ᄡᅡ홀 뮈우며(金三涵序5). 微妙ᄒᆞᆫ 道ᄂᆞᆫ 虛코 기퍼(六祖序3). ᄀᆞ장 미묘호라 호ᄃᆡ:極微(飜小8:42). 미묘ᄒᆞᆫ ᄃᆡ를 극진호라 호ᄃᆡ:極微(宣小5:119). 온 글워릿 말ᄉᆞᆷ이 ᄀᆞ장 微妙ᄒᆞ니:來書語絶妙(重杜解1:24).

미물 명 미물(微物). ¶두어라 제 비록 微物이나(古時調. 귓도리. 靑丘).

미미히 부 미미(微微)히. ¶宮殿엣 프른 微微히 서리뎻ᄂᆞᆫ 佩玉ᄋᆞᆯ 바댓거ᄂᆞᆯ:宮草微微承委珮(初杜解6:6). 슬프다 기픈 ᄠᅳ들 微微히 베프시니(金三宗序4).

미미ᄒᆞ·다 형 미미(微微)하다. ¶비ᄅᆞᆯ 씌차 수프를 바라 微微ᄒᆞ도다:帶雨傍林微(初杜解17:38). 한 볈비치 微微ᄒᆞ도다:衆星嘒(重杜解1:45). 微微ᄒᆞᆫ ᄃᆞᆯ비치 흰 鶴의개 비취엿더라:微月映皓鶴(重杜解9:2).

미복 명 미복(微服). ¶왕세정이 젹쇼의셔 ᄂᆞ출 더신ᄒᆞ고 미복으로 다라나다 ᄒᆞ고(落泉1:3).

미봉·ᄒᆞ·다 동 미봉(彌縫)하다. ¶믄득 彌縫ᄒᆞ샤:彌縫ᄋᆞᆫ 깁 보탈 시라(宣賜內訓2下40).

:미샹 명 미상(未詳). ¶첫 ᄒᆞᆫ 도ᄂᆞᆫ 團撺湯:頭一道團撺湯. 製法 未詳(飜老下37).

미:세ᄒᆞ·다 형 미세(微細)하다. ¶微細ᄒᆞᆫ 魔ᄉᆞ 이ᄅᆞᆯ ᄇᆞᆯ기샤(楞解1:21). 罪 微細ᄒᆞ야 디뉴미 ᄀᆞ장 어려울씨(永嘉下50). 넉시 杜鵑을 ᄃᆞ외니 ᄌᆞ모 微細ᄒᆞ도다:魂作杜鵑何微細(初杜解17:5). 微細ᄒᆞᆫ 일에 닐으히 ᄆᆞᄅᆞ춤을 반ᄃᆞ시 法度ㅣ 잇더니:至微細事教之必有法度(宣小6:5).

미쇼ᄒᆞ다 동 미소(微笑)하다. ¶부인이 미쇼ᄒᆞ고 닐오ᄃᆡ:夫人哂之曰(太平1:54).

:미·수 명 요리. ¶첫 미수에 양 므르 고으니와 蒸捲ᄯᅥᆨ과:第一道燒羊蒸捲(飜朴上6). 닐굽잿 미수엔 ᄉᆞ면과 상화:第七道粉湯饅頭(飜朴上6).

미슈 명 미수(眉壽). ¶ᄃᆞ토아 미슈를 드리며 ᄌᆞ뎨를 계칙ᄒᆞ여(綸音75).

미·시 명 미숫가루. ¶미시:糗(四解下16). 미시 쵸:麨(訓蒙中20). 미시 구:糗. 미시 후:糇(訓蒙中21). 가 다시 ᄡᆞᆯ미시 어더 오라:可歸更持米糒來(重二倫6). 콩미시로 ᄒᆞᆫ 번식 잡숩더니(癸丑111). 미시:麨麵(譯解上51). ᄡᆞᆯ미시ᄅᆞᆯ 가지고 오라 ᄒᆞ거ᄂᆞᆯ:糒(五倫4:10). 糗也卽本國 미시(吏文4:29).

미시ᄯᅥᆨ 명 미숫가루떡. ¶미시ᄯᅥᆨ:乾餻(譯解上51).

미식 명 미식(米食). ¶珍異ᄒᆞᆫ 맛과 麵食과 米食의 類ㅣ 대되(家禮10:11).

미실ᄒᆞ다 동 미실(迷失)하다. 길을 잃다. ¶ᄃᆞᆯ이 어두오니 迷失ᄒᆞ야 ᄃᆞ라나:迷失走了(老解上52).〔飜老上58에는 'ᄃᆞ리 어두으니 일커나 ᄃᆞ라나거나 ᄒᆞ야:迷失走了'로 기록되어 있음.〕

미솜 명 미삼(尾蔘). 인삼의 잔뿌리. ¶미솜:蔘鬚(同文解下45).

미쇡 명 미색(美色). ¶ᄒᆞ믈며 미쇡을 ᄉᆞ랑ᄒᆞ미 남ᄌᆞ의 상졍이어ᄂᆞᆯ(落泉1:2).

미ᄭᅳ러지다 동 미끄러지다. ¶미ᄭᅳ러질 겁:跲(兒學下4).

미ᄭᅵ 명 미끼. ¶미ᄭᅵ 이:餌(兒學上11).

미·ᄭᅵ·다 동 미끼가 되다. ¶만히 간활ᄒᆞᆫ 아젼이게 미ᄭᅵᆫ 배 되여:多爲猾吏所餌(宣小5:60).

미ᄭᅵ럽다 형 미끄럽다. ¶미ᄭᅵ러울 활:滑(兒學下8).

미씨리 명 미꾸라지. ☞밋구리. 밋그리. 밋그라지 ¶미씨리:鰌(方藥50).

미·약ᄒᆞ·다 형 미약(微弱)하다. ¶勤이 너머 흐터 亂ᄒᆞ면 智火ㅣ 微弱홀시 모로매 定으로 고텨사 곧 所欲이 自在ᄒᆞ리라(圓覺上二之二115).

:미션 명 미연(未然). ¶口中에 未然엣 禍福올 즐겨 닐오ᄃᆡ:然은 날 씨니 未然은 未來라(楞解9:104).

미양 명 미양(微恙). ¶왕어시 응윤ᄒᆞ여 ᄯᅩ ᄒᆞᆫ 니별ᄒᆞ고 ᄯᅩᄒᆞᆫ 미양이 이셔 슈일을 지류ᄒᆞ고 도라가니(落泉3:7).

미여기 명 메기. ☞머여기. 머유기. 메유기 ¶미여기 언:鰋(詩解 物名15).

미여ᄒᆞ다 동 미워하다. ☞믜여ᄒᆞ다 ¶미여ᄒᆞ고 투긔ᄒᆞ며(女四解2:28). 사ᄅᆞᆷ의 미여ᄒᆞᄂᆞᆫ 바를 불너:惡(女四解3:8). 엄연년이 사ᄅᆞᆷ 죽임이 만커늘 어미 미여ᄒᆞ더니:惡(女四解4:9). 내 몸의 병의 업셔 날 안이 미여ᄒᆞ리(人日歌).

미옥다 형 미욱하다. 매욱하다 ¶어리고 미옥다:㱡㱡(語錄12).

미우 명 새의 꽁지 깃. ¶미우:尾把(柳氏物名一 獸族).

:미음 명 미음(美音). ¶美音은 풍륫소릿 中에 뭇 됴홀 씨라(釋譜13:9). 美音은 소릿 中에 노ᄑᆞ니라(法華1:49).

미음 명 미음. ¶미음이나 더운 믈에나 시버 공심에 숨씨라:米飮或白湯嚼下空心(胎要16). 미음 미:糜(兒學上13).

미인 명 미인(美人). ¶ᄒᆞᆫ 미인이 닐오ᄃᆡ(太平1:31).

미인계 명 미인계(美人計). ¶근본을 모로며 신고히 길너내믄 형이 녜ᄉᆞ 사ᄅᆞᆷ만 너겨 미인계ᄅᆞᆯ 힝ᄒᆞ랴 깃거ᄒᆞ다가(落泉2:4).

미쟝이 명 미장이. ☞니쟝이 ¶미쟝이:泥水匠(同文解上13).

미져기다 동 밀어내다. ¶사ᄅᆞᆷ 미져기다:擠人(譯解下47).

미적미적ᄒᆞ다 동 미적미적하다. ¶니블 아례 든 님을 발로 툭 박ᄎᆞ 미적미적ᄒᆞ며셔(古時調. 콩밧티 드러. 靑丘).

미졍ᄒᆞ다 동 미정(未定)하다. ¶쳡이 싱각건ᄃᆡ 져 슈지 혈긔 미졍ᄒᆞ야(落泉1:2).

미조솜 명 자자형(刺字刑). ¶미조솜과 고버힘과(三綱. 忠30).

미조:잡거·니 동 뒤미처 좇잡거니. ☞미좇다 ¶다 모다 길 잡습거니 미조잡거니 ᄒᆞ야(月釋21:203).

미조초 부 뒤미처. 곧 이어. ☞미좇다 ¶미조초 삼 년을 거상 닙다:追喪三年(東新續三綱. 孝8:32).

미좇·다 동 뒤미처 좇다. ¶로조ᄅᆞᆯ 라귀 모라 미조차 가라 ᄒᆞ야ᄃᆞᆫ:命操策驢隨之(三綱. 孝27 盧操). 비록 이 願不思議ᄅᆞᆯ 셰여도 닐그며 미조차 니저(月釋21:174). 미조차 더와 ᄯᅩᆼ ᄎᆞ거늘:尋與除糞(法華2:209). 妄心이 믄득 볼써 디나 미조차 推尋ᄒᆞ야도(金剛121). 미조차 ᄉᆞ랑ᄒᆞ야:尋思(圓覺下三之二97). 扈ᄂᆞᆫ 大駕ᄅᆞᆯ 미조차 侍從홀 시라(杜解3:1). 버믈 저티고 미조차 ᄢᅳ이여 二三百步ㅣ 나가:劫虎追曳數百步許(續三綱. 孝9). 화살 ᄎᆞ고 미조치 가:帶着弓箭跟着行(飜老上29). 미조차 드러오니(太平1:8). 화살 ᄎᆞ고 미조차 가:帶着弓箭跟着行(老解上26). 내 미조차 너ᄅᆞᆯ 藿香正氣散을 지어 줄 거시니:我旋合與你藿香正氣散(朴解中16). 미조차 노펴:追尊(十九史略1:19). 미조차 쥬상이 ᄯᅩ 셩두를 ᄒᆞ시니(閑中錄78).

미쥭 명 미음과 죽. ¶다ᄆᆞᆫ 원미쥭만 마시고:只啜糜粥(東新續三綱. 孝5:7). 親戚이며 隣里돌히 糜粥을(家禮5:5).

:미증:유 명 미증유(未曾有). ¶우리돌히 이ᄅᆞᆯ 보ᅀᆞᆸ고 未曾有를 得ᄒᆞ노이다:我等見此得未曾有(法華1:88).

:미·지·다 동 밀치다. ☞미리완다. 미리잇다 ¶미질 애:挨(訓蒙下24).

미ᄍᆞ·와 동 믿자와. ㉮미쫍다 ¶부텻 威神올 미ᄍᆞ와:恃佛威神(楞解1:92).

미쫍·다 동 믿잡다. ¶부텻 威神올 미ᄍᆞ와:恃佛威神(楞解1:92).

미처 부 뒤미처. ¶太子ᄂᆞᆫ 象올 드러 城 나ᄆᆞ 티시고 미처 ᄃᆞ라가 바라 알피 아니 디게 ᄒᆞ시니라(釋譜3:p.48).

미천 동 미쳐서는〔及〕. 이르러서는. ㉮미츠다 ¶도라오매 미천 머리 다 세도다:及歸盡華髮(重杜解1:5). 袞冕은 位예 올오매 미천:及夫登袞冕(杜解3:65).

미:쳔ᄒᆞ·다 형 미천(微賤)하다. ¶微賤ᄒᆞ니ᄅᆞᆯ 골히디 아니ᄒᆞ야(楞解1:32). 主上이 녯 가난ᄒᆞ고 微賤ᄒᆞᆫ 저글 니ᄌᆞ신가 ᄒᆞ야시ᄃᆞᆫ(宣賜內訓2下41). 내 진실로 가난코 미쳔ᄒᆞᆫ디라:吾實貧賤(宣小6:54). 내 微賤ᄒᆞᆫ 모ᄆᆞ로(重杜解1:1). 微賤ᄒᆞᆫ ᄃᆡ 쥬徧히 미쳐 가게 ᄒᆞ야(家禮10:29). 쇼ᄌᆞᄂᆞᆫ 초야의 미쳔ᄒᆞᆫ 자최로 풍파의 뉴락ᄒᆞ야(落泉2:6).

미·추이·다 동 미칩니다〔及〕. ㉮미츠다 ¶三千部에 미추이다(六祖中55).

미·춤 동 미침(及). ㉮미츠다 ¶不共은 二乘이 몯 미추미오(月釋18:69).

미츔 동 미침〔狂〕. ㉮미치다 ¶ᄠᅴᄅᆞᆯ ᄠᅴ요니 미츄미 나 ᄀᆞ장 우르고져 식브니:東帶發狂欲大叫(初杜解10:28).

미츠·다 동 미치다〔及〕. ☞밋다 ¶주근 後에ᅀᅡ 뉘으츤돌 미츠리여(釋譜24:28). 우리

미처 가 보ᅀᆞᄫᅡ(月釋10:6). 愚의 미처 보닌:愚及見者(楞解1:16). 艱虞ᄅᆞᆯ 마고매 예셔 어늬 미츠리오:防虞此何及(重杜解1:22). 三千部에 미추이다(六祖上64). 미츠면 현신이 되오:及則賢(飜小8:3). 미츨 딘:趁. 미츨 급:及(類合下42). 미츨 톄:逮(類合下43). 어이 미츠리오:何及(警民23). 그날의 미처 과연 탄강ᄒᆞ오시니(仁祖行狀1).

미·치·다 동 미치다. ¶미친 사ᄅᆞᆷᄀᆞ티 뮛고래 수머 겨샤(釋譜6:4). 狂ᄋᆞᆫ 미칠 씨오(楞解1:62). 自然ᄒᆞᆫ 머리 因緣ㅅ 젼ᄎᆞ로 미ᄎᆞᆫ딘댄:自然頭因緣故狂(楞解4:67). ᄠᅳ들 일흐면 미치게 아라:失趣狂解(楞解10:6). 姑射 말 듣고 미치다 ᄒᆞ야 信티 아니ᄒᆞ며:聞姑射之說以爲狂而不信(法華2:27). 顚은 오직 어즐ᄒᆞ야 미츄미니(圓覺上一之二135). 미친 가히 사ᄅᆞᆷ 므러든:猘犬咬人(救急下67). 짐즛 미친 양ᄒᆞ고(宣賜內訓3:68). ᄯᅩ 미츄믈 내 웃노라:自笑…更狂(初杜解7:3). 오히려 술 먹고 미ᄎᆞ요ᄆᆞᆯ 思憶ᄒᆞ시ᄂᆞ다:猶憶酒顚狂(杜解8:13). 오직 어린 나빗 미친 아ᄅᆞᆷ 업스면:但得癡猿狂解息(南明上27). ᄀᆞ장 덥다라 미쳐 ᄃᆞ라나ᄂᆞ닐 고티며(簡辟17). 미칠 광:狂. 미칠 뎐:癲(訓蒙中34). 미칠 광:狂(類合下17. 倭解上50). 미친 개게 믈린 배 되여:爲風狗所咬(東新續三綱. 烈1:57). 미친 개:狂犬(柳氏物名一獸族). 미치다:瘋了(譯解補33).

미·치·오 부 미치게〔狂〕. ¶내 미치오 너겨 信티 아니ᄒᆞ노라(法華2:28).

미친놈 명 미친놈. 미치광이. ¶미친놈:風漢子(譯解上29).

미ᄎᆞ·다 동 미치다〔及〕. ☞밋다 ¶ᄯᅩ 大衆의게 미초ᄆᆞᆫ:又及大衆者(法華1:56). 아로미 미ᄎᆞ면:及(金三3:21). 미출 급:及(石千7). 미ᄎᆞ리 업더라(太平1:22). 군신이 미ᄎᆞ리 업거ᄂᆞᆯ:羣臣莫及(五倫2:35). 미출 피:被 及也(註千6). 미출 비:比 及也(註千15).

미편ᄒᆞ다 동 미편(未便)하다. ¶미특ᄒᆞᆫ 신의 ᄠᅳᆺ의도 미편ᄒᆞ야(明皇1:30). 失約이 未便ᄒᆞ니 사셜이 어려왜라(蘆溪. 陋巷詞).

미풍 명 미풍(微風). ¶微風이 디나니 羅網行樹에 微妙聲이 뮈여 나ᄂᆞ니(月釋7:59). 옥면의 쥬긔 올나 지약 화지 미풍을 맛난 ᄃᆞᆺᄒᆞ야(落泉2:6).

미·혹 명 미혹(迷惑). ¶부텻긔 나ᅀᅡ 드니 현날인ᄃᆞᆯ 迷惑 어느 플리(月印上27). 이ᄀᆞ티 迷惑의 因이 迷惑ᄋᆞᆯ 因ᄒᆞ야 제 이시니 迷惑ᄋᆡ 因 업수믈 알면 妄이 브틇 ᄃᆡ 업스니(楞解4:59). ᄌᆞ셔히 信ᄒᆞ고 永히 迷惑 업술디언뎡(六祖中73).

미·혹·ᄒᆞ·다 동 미혹(迷惑)하다. ¶惑心ᄋᆞᆫ 迷惑ᄒᆞᆫ ᄆᆞᅀᆞ미라(月釋7:15). ᄒᆞ다가 내 衆生 맛나 佛道ᄅᆞᆯ 다 ᄀᆞᄅᆞ치던댄 智慧 업슨 사ᄅᆞ미 섯거 어즐ᄒᆞ야 迷惑ᄒᆞ야 ᄀᆞᄅᆞ쵸ᄆᆞᆯ 받디 아니ᄒᆞ리러니라(法華1:208). 大衆은 迷惑ᄒᆞ야 定과 慧왜 다ᄅᆞ다 니ᄅᆞ디 말라(六祖中1).

미·혹·ᄒᆞ·다 형 미욱하다. ¶어리여 미혹ᄒᆞ야(釋譜9:36). 미혹고 鈍ᄒᆞᆫ 衆生이(釋譜11:6). 미혹ᄒᆞᆫ 사ᄅᆞᄆᆞᆯ ᄂᆞ외야 외다 마ᄅᆞ쇼셔(釋譜24:18). 나ᄂᆞᆫ 어리고 미혹ᄒᆞᆫ 사ᄅᆞ미라:我是愚魯之人(飜朴上9). 미혹ᄒᆞᆯ 미:迷. 미혹ᄒᆞᆯ 렬:劣(訓蒙下30). 이 어리고 미혹ᄒᆞᆫ 즘싱 ᄀᆞᆺᄌᆞ온 소견의도 이러ᄒᆞ오니(癸丑106). 미혹ᄒᆞᆫ ᄇᆡᆨ셩으로 ᄒᆞ여곰 귀와 눈에 니기디 아니미 업게 ᄒᆞ여(警民序2). 미혹ᄒᆞᆫ 사ᄅᆞᆷ:蠢人(譯解上27). 미혹ᄒᆞᆫ 신의 ᄠᅳᆺ의도 미련ᄒᆞ야(明皇1:30).

·미·화 명 미화(謎話). 미어(謎語). 수수께끼. ¶내 여러 미화를 닐오리니 네 바ᄅᆞ니ᄅᆞ라:我說幾箇謎你猜(飜朴上39).

미홰 명 너새. ¶미홰 부:鴇(兒學上7).

미희 명 미희(美姬). ¶젼브터 미희ᄅᆞᆯ 두어 손ᄌᆞᄅᆞᆯ 구ᄒᆞ얀 지 오러ᄃᆡ(落泉1:3).

미힝ᄒᆞ다 동 미행(微行)하다. ¶인ᄒᆞ야 미힝ᄒᆞ야 이 뎔의 와 ᄇᆡ불ᄒᆞ다가:微行佛廟禮陁伽竟(太平1:36).

믹굴이 명 미꾸라지. ☞믯구리. 믯그리 ¶믹굴이:泥鰍(物譜 蟲魚).

민간 명 민간(民間). ¶後에 나니ᄅᆞᆯ 곧 ᄀᆞᆷ초아 民間애 기르더니(宣賜內訓2下16). 民間애 이셔 오히려 어두미 어려우니(宣賜內訓2下51). 이제로브터 民間의 孝行이 ᄀᆞ장 지극ᄒᆞ며(警民22).

:민·갑 명 선금(先金). ¶민갑 드릴 렴:賺(訓蒙下21).

민ᄂᆞᆫ 동 믿는〔信〕. ¶ᄒᆞᆫ골ᄋᆞ티 스스로 민ᄂᆞᆫ 거스로 ᄢᅧ ᄒᆞ야:一以自信(宣小6:119).

민망이 부 민망(憫惘)히. ☞민망히 ¶유싱이 민망이 너기더니(太平1:38). 내 爲ᄒᆞ야 민망이 너겨 그 ᄀᆞ장 사ᄅᆞᆷ의 도리에 관계ᄒᆞ고(警民序2). 일즙 한지ᄅᆞᆯ 민망이 너기오샤 뵈의ᄃᆡᄅᆞᆯ 잡숩고(仁祖行狀33).

·민망·히 부 민망히. ☞민망이 ¶너희 물이 맛당히 날을 민망히 너겨:爾曹當憫我(宣小5:25). 종새 업더딜 일을 민망히 너기오셔(仁祖行狀4).

민망·ᄒᆞ·다 형 민망하다. ¶남진 위ᄒᆞ야 민망ᄒᆞᆫ 이를 발괄ᄒᆞᄂᆞ니:爲夫訴屈(飜小7:37). 남진을 위ᄒᆞ야 민망홈을 하ᄂᆞ니:爲夫訴屈(宣小5:69). 보ᄂᆞ니 민망ᄒᆞ더라(癸丑37). ᄂᆞᆫ호디 못ᄒᆞ여 민망ᄒᆞ외(新語2:13). 민망호믈 뉘게 니르올고(新語4:29). 縮이 만히 되게 ᄒᆞ여시니 아니 민망ᄒᆞ온가(隣語1:21). 부절업시 머무오니 이런 민망ᄒᆞᆫ 일은 업ᄉᆞ외(隣語1:27). 어와 민망ᄒᆞ다 쥬이 박ᄃᆡ 민망ᄒᆞ다(萬言詞). 공ᄌᆞ의 얼골이 너모 고으믈 민망ᄒᆞ여(落泉1:1).

민며느리 명 민며느리. ☞민며ᄂᆞ리 ¶민며느리:豚養媳婦(譯解上41).

민며ᄂᆞ리 명 민며느리. ☞민며느리 ¶민며ᄂᆞ리:童養媳婦(漢淸5:38).

민박ᄒᆞ다 형 민박(憫迫)하다. ¶신이 민박ᄒᆞᆫ ᄉᆞ경이 이셔(山城82). 힝보ᄅᆞᆯ 못 ᄒᆞ니 ᄇᆡ야흐로 민박ᄒᆞ더니(落泉1:1).

민빋 명 외상. 빚. ¶민빋 샤:賒(類合下44). 져 사ᄅᆞᆷ의게 민빋으로 주는 거시 아니라(隣語5:4).

민사회 명 데릴사위. ¶민사회:養老女婿(譯解上41).

민셔 명 민서(民庶). 서민(庶民). ¶대쇼 민셔로 ᄒᆞ여금 고로로 ᄒᆞᆫ결ᄀᆞᆺ치 보는 은턱을 닙게 ᄒᆞ고(綸音89).

민싱 명 민생(民生). ¶긔강이 날로 쳐지며 민싱이 날로 궁ᄒᆞ니(綸音24).

민어 명 민어(民魚). ¶민어:鮸魚(柳氏物名二 水族).

민울ᄒᆞ다 형 민울(悶鬱)하다. ¶싱이 ᄯᅩᄒᆞᆫ 오리 ᄡᅥ나시니 심ᄉᆡ 민울ᄒᆞ야 겨유 틈을 어더 나와(落泉2:6).

민원 명 민원(民怨). ¶우흐로 나의 허믈을 칙ᄒᆞ고 아래로 민원을 플게 ᄒᆞ라 ᄒᆞ시더라(仁祖行狀33).

민인 명 민인(民人). 인민(人民). ¶子路ㅣ ᄀᆞᆯ오ᄃᆡ 民人이 이시며 社稷이 이시니:子路曰有民人焉有社稷焉(宣論3:13). 五穀이 熟ᄒᆞ야 民人이 育ᄒᆞ니:五穀熟而民人育(宣孟5:24). 졔쥬 대뎡졍의 등 고을 부로와 민인 등의게 하유ᄒᆞ시는 글이라(綸音71).

민졍 명 민정(民情). ¶요ᄉᆞ이 드르니 본도 민졍이 ᄒᆞᆯ리 급ᄒᆞ야 들 ᄉᆞ이예는(綸音99).

민쳡 명 민첩(敏捷). ☞민쳡ᄒᆞ다 ¶민쳡 민:敏(倭解上23).

민쳡하다 형 민첩하다. ☞민쳡ᄒᆞ다 ¶민쳡할 민:敏(兒學下12).

·민·쳡·ᄒᆞ·다 형 민첩하다. ¶ᄇᆞᆰᄋᆞ며 민쳡ᄒᆞ며 강과ᄒᆞ며 결단홈ᄋᆞ로 ᄡᅥ:以明敏果斷(宣小5:32). 춍명ᄒᆞ고 민쳡ᄒᆞ야:聰敏(宣小6:107). 민쳡ᄒᆞᆯ 급:給(註千22). ᄇᆡᆨ싱의 시지 민쳡ᄒᆞ다 드럿노라(引鳳簫2). 내 심히 아프고 잠을 자지 못ᄒᆞ니 구호ᄒᆞ기ᄅᆞᆯ 졍으로 민쳡ᄒᆞ니(落泉2:5).

민호 명 민호(民戶). 민가(民家). ¶민호 호:戶(註千21).

믿 명 ①밑. 아래. ☞밋 ¶하ᄂᆞᆯ로 ᄆᆞᄅᆞ 삼고 德으로 믿 삼고(法華1:14). 믿 뎌:底(類合下53). 우믈 가온ᄃᆡ 믿 ᄒᆞᆰᄭᅵ 다케 ᄃᆞᆷ가ᄡᅡ가:懸沈井中令至泥(瘟疫方10).

②근본(根本). ☞밋. 밑 ¶믿 본:本(類合下63. 石千28).

③밑천. 본전(本錢). ¶믿과 길헤 여듧 량 은에:本利八兩銀子(飜朴上34).

④볼기. ¶믿 둔:臀(訓蒙上27).

⑤똥구멍. ¶믿 항:肛(訓蒙上27).

믿 동 미쳐. 이르러. ☞밋 ¶믿 어미 주그매 시묘 삼 년ᄒᆞ야 마ᄎᆞ매:及母歿居廬三年畢(東新續三綱. 孝1:21). 여ᄃᆞᆲ 설인 제 아비 어미 거상 니번거ᄅᆞᆯ 상해 거적 ᄀᆞᆺ의 뫼셔 삼 년을 비리고 내 나는 거ᄉᆞᆯ 먹디 아니ᄒᆞ더니 믿 ᄌᆞ라매 아비 병 드럳거ᄅᆞᆯ 뫼셔 약ᄒᆞ기ᄅᆞᆯ 게을리 아니ᄒᆞ고:八歲父居母喪常陪苫側三年不食羶葷及長父病侍藥不怠(東新續三綱. 孝4:86). 믿 주그매 거상을 어딜이 ᄒᆞ고:及歿善居喪(東新續三綱. 孝8:51)

믿 부 및. ☞밋 ¶허믈이 이시며 믿 약속을 어그릇는 이ᄅᆞᆯ:有過若違約者(英小6:13).

믿가지 명 본가지(本枝). ¶자던 새도 믿가질 ᄉᆞ랑ᄒᆞᄂᆞ니:宿鳥戀本枝(重杜解4:11).

믿:겨집 명 본처(本妻). ☞밋겨집 ¶鮑蘇ㅣ 그위실 가아 다른 겨집 어러늘 믿겨집 女宗이 싀어미ᄅᆞᆯ 더욱 恭敬ᄒᆞ야 孝道ᄒᆞ며:蘇仕衛三年而娶外妻女宗養姑愈敬(三綱. 烈2 女宗知禮).

믿곧 명 본고장. ¶손ᄌᆡ 믿고대 잇더니(月釋13:26). 손ᄌᆡ 믿고대 잇더니:猶在本處(法華2:215). 손ᄌᆡ 믿고대 이쇼ᄆᆞᆫ:猶在本處(法華2:216). 그저 믿고대 이시며:故在本處(法華2:219).

믿그럽다 형 미끄럽다. ☞믿그럽다 ¶믿그러올 활:滑(倭解上11).

믿근원 명 근원(根源). ¶다 믿근원을 갑폴 이를 알어ᄂᆞᆯ:皆知報本(飜小7:6). 禮節이 ᄀᆞᄅᆞ치는 믿근원이며:禮爲教本(飜小8:27).

믿글월 명 원본(原本). ¶믿글월:底簿(老朴集. 單字解).

믿나·라 명 본국(本國). ¶빌머거 사니다가 마초아 믿나라해 도라오니(釋譜24:52). 믿나라ᄒᆞᆯ 마초아 向ᄒᆞ니(月釋13:7). 믿나라해 도라와 제 지블 즐게 남ᄌᆞ기 두고(月釋23:73). 믿나라해 마초아 向ᄒᆞ니:遇向本國(法華2:183). 믿나라해 도라와:還到本國(阿彌9). 漸漸 ᄃᆞᆫ녀 믿나라해 오니:漸漸遊行遇向本國(圓覺序46).

믿·다 동 믿다. ¶놀애예 일훔 미드니:信名於謳(龍歌16章). 하나빌 미드니잇가:皇祖其恃(龍歌125章). 지조ᄅᆞᆯ 몯 미다(月印上14). 舍利弗을 몯 미다(月印上57). 모ᄆᆞᆯ 몯 미듦 거시니 목수믈 미더(釋譜6:11). 댱샹 眞性ᄋᆞᆯ 믿놋다:長任眞(初杜解8:28). 어느 고ᄃᆞᆯ 미드리오:恃何所(南明下1). 미들 신:信(訓蒙下25. 類合下3. 光千8. 倭解上22).

미들 시:恃(類合下29. 光千8). 도적이 미더 그르니:賊信而解(東新續三綱. 烈2:86). 도적이 미더 허히여늘:賊信而許(東新續三綱. 烈7:64). 미돌 시:恃. 미돌 신:信(註千8). 미들 앙:仰(註千41).

믿·다 동 미치다〔及〕. ☞밋다 ¶믿츠면 현인이오 믿디 몯ᄒᆞ야도 곧 ᄯᅩ 어딘 일홈을 일티 아니ᄒᆞ리라:及則賢不及則亦不失於令名(宣小5:84). 형데 븓드러 ᄃᆞᄅᆞ니 도적기 ᄯᆞ와 믿다:兄弟扶擁而走賊追及之(東新續三綱. 孝1:50). 도로혀 인역이 害 믿기 쉽ᄉᆞ오리(隣語6:3).

믿드·딕·다 동 근본으로 삼다. 근거하다. ¶ᄒᆞᆫ 집안해 친ᄒᆞᆫ 거슨 이 세 ᄯᆞᄅᆞ미니 일로브터 九族애 니르히 다 이 세 가짓 친ᄒᆞᆫ ᄃᆡ 믿드딕엿ᄂᆞ니(飜小7:38). 一家의 親ᄒᆞᆫ 이ᄂᆞᆫ 이 세 ᄯᆞ롬이니 일로븓터 ᄡᅥ 가모로 九族애 니르히 다 세 가짓 親에 믿드딕연ᄂᆞ니:一家之親此三者而已矣自玆以往至于九族皆本於三親焉(宣小5:70).

믿드리 부 본디. ¶三四句ᄂᆞᆫ 믿드리 조ᄒᆞ야 凡情과 聖解왜 다 업서 죠고맛 것도 다 바사 ᄇᆞ릴 시라(南明上31).

믿·디·다 동 밑지다. ☞밋디다. 밋지다 ¶돈 밧고와도 믿디디 아니면 ᄒᆞᆯ 거시니:換錢不折本(飜老上65).

믿마·기 명 밑치. ☞밀치. 밀티. 밋마기 ¶믿마기:包糞(飜老下30).

믿불·휘 명 밑뿌리. 근본. ¶그 道ᄂᆞᆫ 반드시 人倫에 믿불휘ᄒᆞ예셔:其道必本於人倫(飜小9:13).

믿브·다 형 미쁘다〔信〕. ☞밋부다. 밋브다 ¶믿부모 마기오고:以證信(楞解1:20). 이 사ᄅᆞᄆᆡ 뒷논 마리 眞實ᄒᆞ야 믿브리라:此人所有言說眞實可信(金剛35). 天道ㅣ 어루 믿블 딘댄:天道可信(宣賜內訓2下10). 믿블 량:亮(類合下25). 벋이 믿븜이 이슈미니라:朋友有信(宣小1:9). 말솜이 튱후코 믿브디 아니ᄒᆞ며:言不忠信(宣小3:5). 이ᄂᆞᆫ 믿브디 아니홈으로 ᄀᆞᄅᆞ침이라 ᄒᆞ고:是教之不信(宣小4:5). 님금이 지극ᄒᆞᆫ 믿븐 덕이 이시면 나ᄂᆞ니라(詩解 物名3).

믿·비 부 미쁘게. ¶이 이롤 믿비 맛노니:保任此事(法華2:90). 엇뎨 사ᄅᆞᄆᆡ 付屬을 니저 그리 호려 호몰 믿비 아니ᄒᆞ리잇고:豈可忘人之託而不信其諸邪(宣賜內訓3:21). 블근 新鮮ᄒᆞᆫ 고기롤 雲霞 흗ᄃᆞᆺ 호몰 믿비 호리라:紅鮮任霞散(杜解7:37). 말ᄉᆞᆷ은 모로매 튱후코 믿비 ᄒᆞ며:語必忠信(飜小8:16). 공순ᄒᆞ며 삼가고 믿비 ᄒᆞ며:弟謹而信(英小1:16). 벋의게 믿비 아니홈이 효도ㅣ 아니며:朋友不信非孝也(英小2:39).

믿얼굴 명 본바탕. 본질(本質). ¶質은 ᄡᅮ몸 업슨 믿얼구리라(金三2:61).

믿집 명 본집. ¶사ᄅᆞ미 믿지블 몰라 일코(月釋21:117).

믿:쳔 명 밑천. 본전(本錢). ☞밋쳔 ¶다믄 내 믿쳔만 갑고:只還我本錢(飜朴上34).

믿ᄎᆞ다 동 미치다〔及〕. ☞미ᄎᆞ다. 밋다 ¶辱이 尊親에 믿ᄎᆞ며:辱及尊親(女四解2:26).

·밀 명 밀〔小麥〕. ¶ᄒᆞᄅᆞ ᄒᆞᆫ 열콰 ᄒᆞᆫ 밀ᄒᆞᆯ 머거도:日餐一麻一麥(楞解9:106). ᄀᆞᄂᆞᆫ 밀흔 가비야온 고지 듣놋다:細麥落輕花(初杜解7:5). 崆峒애 밀히 니겟ᄂᆞ니:崆峒小麥熟(初杜解22:28). 쇠 鏘과 ᄆᆞ런 밀ᄒᆞᆯ ᄯᅩ 엇데 疑心ᄒᆞ리오:金鏘馬麥更何疑(南明下52). 밀흐로 밥지ᅀᅥ 머그라:用小麥作飯食之(救簡1:113). 밀 ᄆᆡ:麥(訓蒙上12. 類合上10). 밀 ᄆᆡ:麥(倭解下4).

※'밀'의 첨용[밀 / 밀ᄒᆞᆯ/밀흔/밀히…

:밀 명 밀. 밀랍(蜜蠟). ¶밀 爲 蠟(訓解. 用字). 미를 노겨 므레 프러 브티라:消蠟和水傳之(救急上79). 밀로 이플 막고:以蠟閉口(宣賜內訓1:67). ᄀᆞᄅᆞ 밍ᄀᆞ라 초애 ᄆᆞ라 밀 드린 죠히 우희 ᄇᆞᆯ라:爲末醋調塗於蠟紙上(救簡2:45). 미ᄅᆞᆯ 노겨 믈인 굼긔 브ᅀᅳ라:火炙蠟以灌瘡中(救簡6:43). 밀든 죠히예 ᄒᆞᆫ 환ᄋᆞᆯ 탄ᄌᆞ만케 ᄒᆞ야 싸(簡辟4). 밀랍:蠟(訓蒙中12). 밀로ᄡᅥ 입을 막고:以蠟閉口(宣小5:48). 밀:蠟(柳氏物名二 昆蟲).

밀가로 명 밀가루. ☞밄ᄀᆞᄅᆞ ¶밀가로 면:麵(兒學上13).

밀기올 명 밀기울. ☞밀기울 ¶밀기올:麩皮(譯解下9).

밀기울 명 밀기울. ☞밀기올. 밄기울 ¶밀기울:麩(東醫 湯液一 土部). 밀기울:麧(物譜 飮食). 밀기울:麥麩(柳氏物名三 草).

밀니다 동 밀리다. ¶됴셕슈가 밀니ᄂᆞᆫ ᄃᆞᆺ 인셩이 별이 되야(쌍벽가).

:밀·다 동 ①밀다. ¶恒沙如來ㅣ 會中에 미러 큰 法王子ㅣ ᄃᆞ외시며:恒沙如來會中推爲大法王子(楞解7:43). 점점 밀면:漸推之則(救簡3:10). 내의 둥 미로몰 ᄇᆞ라노니:爲我揩背(法語6). 둥 민ᄃᆡ 두 낫 돈이오:撓背兩箇錢(飜朴上52). 혀고시라 밀오시라 鄭少年하(樂詞. 翰林別曲). 밀 퇴:推(類合下38). 밀 츄:推(石千4. 倭解上30).

②미루다. ☞미다. 미뤼다 ¶討賊之功ᄋᆞᆯ 눌 미르시리:討賊之功伊誰云推(龍歌99章). 미러 보건댄:推之(楞解7:60). 내 모맷 거슬 미러 놈 주미 施라 ᄒᆞ니라(南明上61). 내게 罪를 밀고쟈 ᄒᆞᄂᆞ냐:欲委罪於孤邪(宣小6:23). 상ᄉᆞ와 영장 온갓 이롤 모든 형의게 미디 아니코 ᄉᆞᄉᆞ로 쟝만ᄒᆞ야:喪葬諸事不煩諸兄自辦(東新續三綱. 孝3:33).

밀다 [동] 바르다. ¶연지도 ᄇᆞ려 잇고 분ᄭᅴ도 아니 미ᄂᆡ(古時調. 鄭澈. 내 양ᄌᆞ. 松江). 속적우리 고은ᄯᅵ 치마 밋머리에 粉ᄯᅵ 민 閣氏(古時調. 金壽長. 海謠).

:밀:돌 [명] 맷돌. ¶밀돌 아:砑. 밀돌 년:碾(訓蒙中11).

밀만지다 [동] 밀어 만지다. ☞밀ᄆᆞᆫ지다 ¶밀만져 눌러 봄이라:揣捏(無寃錄1:55).

:밀·믈 [명] 밀물. ☞혈믈 ¶밀므리 사ᄋᆞ리로ᄃᆡ:不潮三日(龍歌67章). 밀므를 마ᄀᆞ시니:迺防潮濤(龍歌68章). 일즉 ᄀᆞᄅᆞᆷ 우희 밀믈 弄ᄒᆞᆯ 사ᄅᆞᄆᆞᆯ 보니:曾看江上弄潮人(南明上72). 밀믈 됴:潮. 밀믈 셕:汐(訓蒙上5). 밀믈 됴:潮(類合上6). 밀믈:潮水(同文解上8). 밀믈에 東湖 가고 혈믈에 西湖 가쟈(古時調. 白雲이. 海謠). 돈 ᄃᆞ라라 돈 ᄃᆞ라라 밀믈의 西湖ㅣ오 혈믈의 東湖 가쟈(古時調. 尹善道. 白雲이. 孤遺).

·밀·밀·히 [부] 밀밀(密密)히. ¶天下 善知識의 密密히 서르 傳ᄒᆞ샨 法印(牧牛訣15).

밀ᄆᆞᆫ지다 [동] 밀어 만지다. ☞밀만지다 ¶손으로ᄡᅥ 小腹 아래ᄅᆞᆯ 밀ᄆᆞᆫ져 눌으면:以手揉按小腹下(無寃錄1:35).

밀ᄆᆡ [명] 꼬리. 아랫부분. ¶두 손으로 槍 밀ᄆᆡᄅᆞᆯ 잡아:兩手執槍尾(武藝圖4).

:밀술·위 [명] 미는 수레. ¶밀술위 강:轎(訓蒙中26).

밀ᄶᅡ리 [명] 늦벼의 한 품종. ¶밀ᄶᅡ리 대추벼와(農月 九月令).

밀연ᄂᆞᆫ [동] 밀려 있는. 밀린. ⓖ기밀이다 ¶하ᄂᆞᆯ과 ᄯᅡ과ᄂᆞᆫ 믈 밀연ᄂᆞᆫ 바ᄅᆞ래 어득ᄒᆞ얏고:乾坤霾漲海(重杜解2:8).

:밀왇·다 [동] 밀치다. ☞미리왇다 ¶밀와들 졔:擠(訓蒙下24).

·밀운 [명] 밀운(密雲). ¶密雲은 특특ᄒᆞᆫ 구루미라(月釋10:76). 密雲은 특특ᄒᆞᆫ 만ᄒᆞᆫ 구루미라(月釋13:45).

밀위다 [동] 미루어 헤아리다. ☞미뤼다 ¶경등이 다 노친이 이셔 영화로이 치ᄆᆞᆯ 극진이 ᄒᆞ니 내 ᄆᆞᄋᆞᆷ의 늣거워ᄒᆞ노라 ᄒᆞ시니 그 어딘 ᄆᆞᄋᆞᆷ을 밀위시미 이 ᄀᆞᆺᄌᆞ오시더라(仁祖行狀30).

밀이·다 [동] 밀리다. ☞미리다 ¶ᄲᅮᆷ겨 바회 幽深ᄒᆞᆫ ᄃᆡ 밀옛도다:噴薄漲巖幽(初杜解13:9). 바ᄅᆞᆯ 밀엿ᄂᆞᆫ ᄆᆞ리ᅀᅡ 근과 민괘 녀트리로다:溟漲本末淺(初杜解24:34). 밀므리 밀여 오나도 주거미 흘러가디 아니ᄒᆞ더라:潮漲屍不流(續三綱. 烈4). 하ᄂᆞᆯ과 ᄯᅡ과ᄂᆞᆫ 믈 밀연ᄂᆞᆫ 바ᄅᆞ래 어득ᄒᆞ얏고:乾坤霾漲海(重杜解2:8). ᄆᆞ레 밀엿ᄂᆞᆫ 몰애ᄂᆞᆫ 草樹ᄅᆞᆯ 묻고:漲沙霾草樹(重杜解2:18).

밀이·다 [동] 밀게 하다. ¶本來ㅅ 스스이 沐浴ᄒᆞ며 ᄢᅥ 밀이더니(法語6).

밀집 [명] 밀짚. ¶밀집:刈稭(漢淸12:10).

밀창 [명] 밀창. ¶밀창:推窓(漢淸9:71).

밀쵸 [명] 밀초. ¶밀쵸:蠟燭(柳氏物名五 火).

밀치 [명] 밀치. ☞믿마기. 밀티. 밋마기 ¶밀치:包糞(譯解下19).

밀치다 [동] 밀치다. ☞밀티다 ¶밀치다:推了(同文解上29. 譯解補26). ᄉᆞ재인을 가져 승믜 몸의 더ᄒᆞ니 승이 밀치고 밧디 아니ᄒᆞ거늘:推(五倫2:18). 올흔편을 밀치고(武藝圖26). 밀칠 퇴:推(註千4).

밀티 [명] 밀치. ☞믿마기. 밀치 ¶밀티:包糞(柳氏物名一 獸族).

밀티다 [동] 밀치다. ☞밀치다 ¶위시ᄅᆞᆯ 게다가 밀티니(太平1:4). 뒨문으로 밀텨 내야 보내니(太平1:18). 右手右脚으로 올흔편을 ᄒᆞᆫ 번 밀티고 右手左脚으로 올ᄒᆞᆫ편의 ᄀᆞᆷ초고(武藝圖25). 올흔편을 ᄒᆞᆫ 번 밀티고(武藝圖28).

·밀·플 [명] 밀풀. ¶밀프레 록두마곰 환 ᄆᆡᆼᄀᆞ라:糊丸菉豆大(救簡6:38). 밀플 호:糊(訓蒙中12). 밀플:糊(物譜 飮食).

밀화 [명] 밀〔蠟〕. 밀랍(蜜蠟). ¶밀화:蜜蠟(柳氏物名四 木).

·밀흔 [명] 밀은. ⓖ독밀 ¶ᄀᆞᄂᆞᆫ 밀흔 가ᄇᆡ야온 고지 듣놋다:細麥落輕花(初杜解7:5).

·밀히 [명] 밀히.〔ㅎ 첨용어 '밀'의 주격(主格).〕 ⓖ독밀 ¶崆峒애 밀히 니겟ᄂᆞ니:崆峒小麥熟(初杜解22:28).

:밀힐후·다 [동] 서로 밀치며 다투다. ☞힐후다 ¶陶潛과 謝眺도 枝梧티 몯ᄒᆞ리로소니 風騷로ᅀᅡ 서르 밀힐후리로다:陶謝不枝梧風騷共推激(初杜解16:2).

·밀흘 [명] 밀을.〔ㅎ 첨용어 '밀'의 목적격(目的格).〕 ⓖ독밀 ¶ᄒᆞᄅᆞ ᄒᆞᆫ 열콰 ᄒᆞᆫ 밀흘 머거도:日餐一麻一麥(楞解9:106).

·밀:ᄒᆡᆼ [명] 밀행(密行). ¶羅睺羅ᄂᆞᆫ 密行第一이니:密行ᄋᆞᆫ 祕密ᄒᆞᆫ ᄒᆡᆼ뎌기라(釋譜13:3).

:밀혀·기 [명] 밀고 당기기〔推引〕. ¶바ᄅᆞᆳ믈 밀혀기ᄂᆞᆫ 오히려 盈縮이 이시려니와(月釋10:122).

·밄기·울 [명] 밀기울. ☞밀기울 ¶밄기우레 봇그니와ᄅᆞᆯ ᄌᆞᆫ게 ᄂᆞᆫ화:麵麩炒各等分(救簡3:74). 밄기울 조쳐 져기 누르게 봇그니와:麩炒微黃(救簡6:86).

·밄ᄀᆞᄅᆞ [명] 밀가루. ☞밄ᄀᆞᆯ ¶밄ᄀᆞᄅᆞ ᄒᆞᆫ 량을 ᄃᆞᄉᆞᆫ 믈 반 되예 프러 저ᅀᅥ 머그라:麪一兩以溫水一中盞攪和服之(救簡1:34). 밄ᄀᆞᄅᆞ 반 량과:麵半兩(救簡6:77).

밄ᄀᆞᆯ [명] 밀가루. ☞밄ᄀᆞᄅᆞ ¶밄ᄀᆞᆯᄋᆞ로 ᄒᆞ욘 증편애 ᄡᅡ:以蒸餠裹劑(救簡1:97).

밉다 [형] 밉다〔憎〕. ¶미울 징:憎(兒學下11).

밉살슬업다 [형] 밉살스럽다. ¶다른 사ᄅᆞᆷ의 방ᄌᆞᄒᆞ야 밉살슬어우며 존쟝의게 포악ᄒᆞ

야:可惡(女四解3:15).

밋 명 미끼. ☞밋기 ¶고기 밋글 貪ᄒᆞ면 제 몸 주글 ᄯᅳᆯ 모ᄅᆞᄂᆞ니이다(月釋7:18).

밋 명 키.〔배의 방향을 돌리는 기구.〕☞치 ¶밋 타:舵(訓蒙中25).

밋 명 ①밑. ☞믿 ¶불휘 브ᄐᆞᆫ 파 밋흔 시병 머리 알프며(辟新3). 나모 수플 밋티 새로 ᄒᆞᆫ 뎜이 잇거ᄂᆞᆯ(太平1:40). 턱 밋히 ᄒᆞᄂᆞᆫ 경티 옥당명ᄉᆞ 가셕ᄒᆞ다(ᄇᆡᆨ화당가). 밋당:當 底也(註千11).

②근본(根本). ☞믿 ¶밋 본:本(註千28. 兒學下13).

밋 동 미쳐. 이르러. ☞믿 ¶밋 우를 맛냐샤:及遭憂(仁祖行狀7). 밋 지아븨 집이 다 滅ᄒᆞ매(女四解4:20). 그 고조 의등이 효힝으로 일홈 잇더니 밋 죽으매 향니 사ᄅᆞᆷ이 효ᄌᆞᄉᆞ를 세워 졔ᄒᆞ더라(五倫4:41).

·밋 부 및. ☞믿 ¶道國 王과 밋 舒國 王은 實로 親ᄒᆞᆫ 兄弟니라(初杜解8:5). 술와 밋져와:銅匙和快子(老朴集. 單字解1). 오직 어딘 德을 行ᄒᆞ더시니 밋 그 文王을 ᄇᆡ샤:惟德之行及其娠文王(宣小4:2). 아모 姓 현잿 아자비며 밋 兄이라:某姓第幾叔若兄(宣小6:74). 밋 급:及(光千7). 윤문지와 밋 오달제(山城). 지은 배 古今女鑑과 밋 女範捷錄이(女四解4:1). 右手와 밋 左膝을 들어(武藝圖46).

밋갓 명 갓무. ¶밋갓:菘芥(物譜 蔬菜). 밋갓:花芥(柳氏物名三 草).

밋겨집 명 본처(本妻). ☞믿겨집 ¶포쇠 구실가 다ᄅᆞᆫ 겨집 어러ᄂᆞᆯ 밋겨집 녀종이 싀어마님을 더옥 공경ᄒᆞ야:蘇仕衛三年而娶外妻女宗養姑愈敬(重三綱. 烈2).

밋구모 명 밑구멍. ☞밋구무 ¶밋구모 갓가온 ᄃᆡ ᄒᆞᆫ ᄆᆞᄃᆡ를 ᄇᆞ려 쓰디 말디니(家禮10:32).

밋구무 명 밑구멍. ☞밋구모 ¶밋구무와 곳굼긔:下部中及鼻中(救急上26). ᄯᅩ 陰囊 아래 밋굼그로셔 ᄒᆞᆫ 寸을:又陰囊下去下部一寸(救急上40). 밋굼긔 녀흐면 이윽고 므리 나ᄂᆞ니라:下部中須臾水出(救急上72). 밋구무:屁眼(四解上16 屁字註). 밋구무 피:屁(訓蒙上30). 밋구무:屁眼(譯解上35).

밋궁 명 밑구멍. ☞밋구모. 밋구무 ¶尻曰 밋궁(東言).

밋궁글 명 밑구멍을. ¶밋궁글 ᄢᅵ고 집의 안자시라:挾着屁眼裡坐着(朴新解3:3).

밋그라지 명 미꾸라지. ☞믯구리 ¶밋그라지:鰌(柳氏物名二 水族).

밋글 명 미끼를. 㖈밋 ¶고기 밋글 貪ᄒᆞ면 제 몸 주글 ᄯᅳᆯ 모ᄅᆞᄂᆞ니이다(月釋7:18).

밋기 명 미끼. ☞밋 ¶게 잡ᄂᆞᆫ 슈슈 이삭 밋기:捕蟹誘子(漢淸10:28).

밋남진 명 본남편. ¶밋남진 廣州ㅣ ᄡᅥ리뷔 쟝ᄉᆞ 소ᄃᆡ남진 그놈 朔寧의 잇뷔 쟝ᄉᆞ(古時調. 靑丘).

밋·다 동 미치다〔及〕. ☞미ᄎᆞ다. 미ᄎᆞ다. 밋ᄎᆞ다 ¶世尊ᄋᆞᆯ 몯 밋ᄂᆞ니(月釋8:36). 貴코 노포미 須彌ᄅᆞᆯ 몯 밋ᄂᆞ니라(月釋18:47). 보며 드로미 머리 밋거니와:見聞遠及(楞解9:63). 블근 녀르메 촌 므레 밋게 ᄒᆞ라:朱夏及寒泉(重杜解2:14). 아ᅀᆞ ᄲᅮ미 내 모매 밋도다:取用及吾身(初杜解9:23). 말와 思慮왜 밋디 몯ᄒᆞᆯ시(南明上2). 泰山이 놉다 컨마ᄅᆞᄂᆞᆫ 하ᄂᆞᆯ해 몯 밋거니와(樂詞. 感君恩). 술위와 ᄆᆞᆯ에 밋디 아니ᄒᆞᄂᆞ니:不及車馬(宣小2:11). 望望히 조차감이 이쇼ᄃᆡ 밋디 몯ᄒᆞᄂᆞᆫ ᄃᆞᆺᄒᆞ며:望望焉如有從而弗及(宣小4:23). 사ᄅᆞᆷ을 아로ᄃᆡ 밋기ᄅᆞᆯ 두터이 아니 ᄒᆞ고(仁祖行狀21). ᄂᆔ우쳐 싱각ᄒᆞ여도 밋지 못ᄒᆞᆯ 거시니(捷蒙1:16). 쇄 문호의 밋기 쉬울지라(落泉1:1).

밋다 동 믿다〔信〕. ☞믿다 ¶오ᄋᆞ심을 밋ᄌᆞᆸᄂᆡ이다(新語6:15). 밋기 어렵다:難保(譯解下48). 相公을 뵈온 後에 事事를 밋ᄌᆞ오매(古時調. 靑丘). 國門을 밋디 못ᄒᆞ야셔(女四解4:23). 은혜 밋ᄌᆞᆸ지 아닌 ᄃᆡ 업고(字恤4). 증모의 특져홈은 날 밋고 아니시리(萬言詞).

밋동 명 밑동. ¶右편의 밋동이 우희 잇ᄂᆞᆫ 쟈ᄂᆞᆫ(家禮圖11). ᄉᆞ매 밋동:袖根(譯解補41). ᄲᅳᆯ 밋동의 두룬결:角浪匝(柳氏物名一 獸族). 갓 밋동:芥菜格搭(漢淸12:36).

밋디다 동 밑지다. ☞믿디다 ¶돈 밧고와 밋디디 아니면 ᄒᆞᆯ ᄡᅥ시니:換錢不折本(老解上59). 밋디다:折本(譯解上69).

밋마기 명 밀치. ☞믿마기. 밀치. 밀티 ¶밋마기:包糞(老解下27).

밋머리 명 민머리. 쪽찌지 아니한 머리. ¶속적우리 고운ᄲᅧ 치마 밋머리예 粉ᄲᅧ 민閣氏(古時調. 海謠).

밋부다 형 미쁘다. ☞믿브다 ¶賢明ᄒᆞᆫ 后ㅣ 이심이 ᄯᅩᄒᆞᆫ 밋부디 아니ᄒᆞ냐:有賢明之后不亦信哉(女四解4:7). 밋분 힝실 업다:沒信行(譯解補37). 밋불 손 텬지 마ᄋᆞᆷ 봄을 절로 알게 ᄒᆞ니(萬言詞). 밋불 약:約(註千25). 밋불 신:信(兒學下1).

:밋·뷔 명 잇비. ¶이믜셔 밋뷔 조쳐 가져다가 ᄡᅡ ᄡᅳᆯ라:就拿苕箒來掃地(飜老上69). 밋뷔:苕箒(訓蒙中18 箒字註).

밋브다 형 미쁘다. ☞믿브다 ¶밋브게 ᄒᆞᄂᆞᆫ 글 쓰이고(三譯4:8). 족히 밋브디 아니ᄒᆞ니라:不足信也(太平1:31). 그 허락을 밋브게 아니 ᄒᆞ리요(女範1. 부계모 졔의계모). ᄂᆞᆷ의게 허락ᄒᆞ고 능히 밋브게 못 ᄒᆞ면:信(五倫1:7). 밋블 신:信(註千8).

밋비 부 미쁘게. ¶그리 호마 홈을 밋비 아니 ᄒᆞ리잇고:而不信其諸邪(重內訓3:17). 맛당히 힘을 다ᄒᆞ며 能을 다ᄒᆞ야 忠셩저으며 밋비 ᄒᆞ야 소기옵디 아니ᄒᆞ며:當以盡力竭能忠信不欺(重內訓3:22). 다ᄉᆞᆺ재ᄂᆞᆫ 골온 벗의게 밋비 아니ᄒᆞᄂᆞᆫ 형벌이오:五曰不任之刑(英小1:13). 내 능히 법을 하민의게 밋비 못 ᄒᆞ얏ᄂᆞᆫ지라(綸音26).

밋쉉 명 미끼인 꿩. ¶밋쉉:誘子(譯解上22. 柳氏物名一 羽蟲).

밋ᄯᅡ 명 원산지(原産地). ¶밋ᄯᅡ해셔 언멋 갑소로 사:就地頭多少價錢買來(飜老上13). 밋ᄯᅡ해셔 난 됴ᄒᆞᆫ 훙븨라:道地的好胸背(飜朴上73). 밋ᄯᅡ히셔 언멋 갑스로 사:就地頭多少價錢買來(老解上12). 이 비단이 밋ᄯᅡ치가 어딋 치고:這段子地頭是那裏的(老解下26). 이 뵈ᄂᆞᆫ 다 밋ᄯᅡ히셔 ᄶᅡ 오고:這布都是地頭織(老解下55). 밋ᄯᅡ 썻:地頭的(譯解上99).

밋쏭 명 밑동. ☞밋동 ¶밋쏭으로 ᄇᆞ람 녀허 마초여 노히ᄂᆞᆫ 총:風鎗(漢淸5:11).

밋자리 명 밑자리. ¶밋자리 ᄒᆞ다:打底兒(譯解補59).

밋졍 명 육정(肉情). ¶얼골 조코 ᄠᅳᆺ 다라온 년아 밋졍 조차 不貞ᄒᆞᆫ 년아 엇더ᄒᆞᆫ 어린 놈을 黃昏에 期約ᄒᆞ고(古時調. 靑丘).

밋지다 동 밑지다. ☞밋디다 ¶밋지다:虧本(譯解補38).

밋처 부 미처. ¶좌의 올라 흰 오ᄉᆞᆯ 밋처 벗디 못ᄒᆞ야셔:旣出未及易服(太平1:7). 垂揚手ᄅᆞᆯ 밋처 못ᄒᆞ야(武藝圖68).

밋쳔 명 밑천. 본전(本錢). ☞믿쳔 ¶밋쳔:本錢(譯解補38).

밋·츠·다 동 미치다〔及〕. ☞미츠다. 밋다 ¶궁ᄒᆞᆫ 집의셔 슬탈ᄒᆞᆫᄃᆞᆯ 쟝ᄎᆞᆺ ᄯᅩ 엇디 밋츠리오:悲歎窮廬將復何及也(宣小5:16). 베히미 妻子의 밋츨가 두려ᄒᆞ노라(女四解4:32). 밋처 오다:到來(同文解上27).

밑 명 ①밑. 아래. ☞믿 ¶山 미틔 軍馬 두시고:山下設伏(龍歌58章). 菩提ㅅ 미틀 밍ᄀᆞ라 ᄒᆞ시고(月釋10:97). 밥 머글 제ᄂᆞᆫ 靑泥坊 미틧 미나리ᄅᆞᆯ 글히놋다:飯煮靑泥坊底芹(杜解7:33). ᄒᆞ다가 이 實相ᄋᆞᆫ 뷔면 미티 ᄉᆞᄆᆞᆺ 뷔오(南明上7). 침변 말 곡청 말고 리불 미티 사담 마소(人日歌).
②근본. ☞믿 ¶本은 미티라(月釋序14). 미틀 세시니:以立本(楞解1:18). 미튼 오라건 成佛이시니라:本久成佛(法華5:139).
③밑구멍. ¶骨髓옌 효ᄀᆞᆫ 벌에 미틔ᄂᆞᆫ 얼읜 벌에러니(月印上25).
④원산지(原産地). ¶이 비단이 미틔 치가 어듸 치고:這段子地頭是那裏的(飜老下29).

ᄆᆞ너흐리옷ᄆᆡ돕 명 마디풀. ¶ᄆᆞ너흐리옷ᄆᆡ돕:萹蓄(物譜 雜草).

ᄆᆞ·니·다 동 만지다. ☞ᄆᆞᆫ지다 ¶머리ᄅᆞᆯ ᄆᆞ니시며 니ᄅᆞ샤ᄃᆡ(釋譜11:5). 부톄 손 드르샤 아바님 머리 ᄆᆞ니샤(月釋10:2). 如來 손ᄋᆞᆯ 내샤 菩薩ᄃᆞᆯ ᄆᆞ니시고(月釋18:14). 올ᄒᆞᆫ 소ᄂᆞ로 無量菩薩摩訶薩ㅅ 頂을 ᄆᆞ니시며(月釋18:15). 世尊이 머리 ᄆᆞ니시니(月釋21:3). 머리 ᄆᆞ녀 授記ᄒᆞ시리이다(月釋21:133). 菩薩이 머리 ᄆᆞ녀 授記호ᄆᆞᆯ 得ᄒᆞ리라(月釋21:165). 뎡바기ᄅᆞᆯ ᄆᆞ니시며 니ᄅᆞ샤ᄃᆡ(月釋21:178). 주검을 ᄆᆞ니며(三綱. 忠11). 뎡바길 ᄆᆞ니시고(六祖上111).

ᄆᆞ다 동 말다. ¶ᄆᆞ다:攪和(同文解上60).

ᄆᆞ디·다 형 마디다. ☞ᄆᆞᄃᆞ다 ¶ᄆᆞ딜 뎌:儲(訓蒙中1).

ᄆᆞ·ᄃᆞ·다 형 마디다. ☞ᄆᆞ디다 ¶길헤 ᄡᅳᆯ 거시 그믄뎌믄 ᄆᆞᄃᆞ려녀:省多少盤纏(飜朴上54). 그리ᄒᆞ면 힘 ᄆᆞᄃᆞ리라:那般時省氣力(飜朴上66).

ᄆᆞ돕 명 쥐부스럼. ☞ᄆᆞ딥 ¶헌 허믈 ᄆᆞ돕:疙疸(四解上76 疸字註).

ᄆᆞ듸 명 마디. 경우. 고비. ¶獄애 가도아 罪니블 ᄆᆞ듸며(釋譜9:8). 머구려 ᄒᆞ시ᄂᆞᆫ ᄆᆞ듸예(釋譜11:41). 日食ᄒᆞᆯ ᄆᆞ듸예 이 아ᄃᆞ리 나니라 ᄒᆞ야(月釋2:2). 罪 니블 ᄆᆞ듸어나 녀나ᄆᆞᆫ 그지업슨 어려ᄇᆞᆫ 이리(月釋9:25). ᄆᆞ딋 ᄢᅴ 現티 아니ᄒᆞ샤미 第二시고(法華2:14). 무룹 恭敬ᄒᆞ야 ᄭᅮ루믄 ᄆᆞ듸ᄅᆞᆯ 구펴 恭敬 닐위유믈 뵈ᅀᆞ오미라(法華2:178). 녜 ᄆᆞ듸ᄆᆞ듸 활기 ᄠᅳ즐 ᄢᅦ:往昔節節支解時(金剛79). 뮈며 괴외ᄒᆞᆫ 境界 ᄀᆞᅀᆞᆳ 하ᄂᆞ리 ᄀᆞᆮᄒᆞᆫ ᄢᅵ 이 第一 ᄆᆞ듸니:動靜境界如秋天相似時是第一箇程節(蒙法40). 모로매 삼가 ᄆᆞ듸ᄅᆞᆯ 두어 ᄒᆞ며(宣賜內訓1:26). 흰 ᄆᆞ듸 서르 비취엿도다:素節相照燭(初杜解25:2). ᄆᆞ듸 절:節(訓蒙上1. 類合上3. 石千16). ᄆᆞ듸 촌:寸(訓蒙下34. 類合下48. 石千11). ᄆᆞ듸를 지제ᄒᆞ며 법도ᄅᆞᆯ 삼가면:制節謹度(宣小2:30). 손가락 두 ᄆᆞ듸를 버혀 약의 ᄲᅡ셔 밧ᄌᆞᆸ고:斷指二節和藥以進(東新續三綱. 孝6:76). 방경지ᄉᆞ로 소게ᄒᆞᆯ ᄆᆞ듸예(癸丑58). 님금 셤기옵ᄂᆞᆫ ᄒᆞᆫ 큰 ᄆᆞ듸니(百行源17). 마듸 절:節(倭解下39).

ᄆᆞ:듸 명 ①마디가. ¶모ᄆᆡᆺ ᄆᆞ듸 굳고 칙칙ᄒᆞ시며(月釋2:56).
②마디이-. ¶이 第一 ᄆᆞ듸니:是第一箇程節(蒙法40). 光明ᄋᆞᆫ 將次 發ᄒᆞ리니 이 둘찻 ᄆᆞ듸니라:光將發是第二箇程節(蒙法42). 親과 疎왓 큰 ᄆᆞ듸니:親疎之大節也(宣賜內訓1:1).

ᄆᆞ듸다 동 마디게 하다. ¶공히 뎌 개암을 어더 먹으니 도로혀 돈을 ᄆᆞ듸어다:乾得那些榛子喫倒省錢(朴解下28).

ᄆᆞᄃᆡᄆᆞᄃᆡ 부 마디마디. ¶녜 ᄆᆞᄃᆡᄆᆞᄃᆡ 활기 ᄡᅳ즐 쩨:往昔節節支解時(金剛79). 우흿 ᄆᆞᄃᆡᄆᆞᄃᆡᆺ 幻이:節節之幻(圓覺上二之一47).

ᄆᆞᄃᆡᆸ 명 쥐부스럼. ☞ᄆᆞᄃᆞᆸ. ᄆᆡᄃᆞᆸ ¶헌 허므렛 ᄆᆞᄃᆡᆸ:疙疸(四解上61 疙字註). ᄆᆞᄃᆡᆸ:疣疸(訓蒙中33 疸字註).

ᄆᆞᄃᆡᆸ 명 매듭. 마디. ☞ᄆᆡᄃᆞᆸ ¶실 ᄆᆞᄃᆡᆸ:紇縖(四解上61 紇字註).

ᄆᆞ르 명 마루. ☞ᄆᆞᄅᆞ ¶ᄆᆞ르 업시 편히 ᄒᆞᆫ 집:平房子(譯解上17).

ᄆᆞ르 명 마루턱. ¶ᄆᆞ르 너머 재 너머 들 건너(古時調. 청울치. 靑丘).

ᄆᆞ르다 동 마르다. ☞ᄆᆞᄅᆞ다 ¶ᄆᆞ를 고:枯(倭解下30). ᄆᆞ를 간:乾(倭解下41). 효숙이 친히 ᄆᆞ른 ᄃᆡ와 저즌 ᄃᆡᄅᆞᆯ 밧고와 누이며:孝肅親易燥濕(五倫1:45). 즌 듸 ᄆᆞ른 듸 ᄀᆞᆯ희지 말고(古時調. 님이 오마. 靑丘).

ᄆᆞ르다 동 마르다〔裁〕. ☞ᄆᆞᄅᆞ다 ¶죠히 ᄆᆞ르다:裁紙(譯解補11).

ᄆᆞ르싱 명 마룻대. ¶ᄆᆞ르싱:梠(物譜 第宅).

ᄆᆞ름 명 마름. 〔지주(地主)의 위임(委任)을 받아서 소작지를 관리하는 사람.〕 ☞ᄆᆞᄅᆞᆷ ¶ᄆᆞ름:莊頭(漢淸5:31).

ᄆᆞ름 명 장부(丈夫). ¶以丈夫爲宗 ᄆᆞ름 又 ᄆᆞ승(華方).

ᄆᆞ리 명 머리. ¶네 무슴 약을 먹고 ᄆᆞ리좃차 검엇ᄂᆞ냐(古時調. 歌曲).

ᄆᆞ리 명 마리. ¶기르ᄂᆞᆫ 개 ᄇᆡ여 ᄆᆞ리 이셔(五倫4:49).

ᄆᆞ리다 동 만지다. ☞ᄆᆞ니다. ᄆᆞᆫ지다 ¶ᄆᆞ릴 마:摩(光千33).

ᄆᆞᄅᆞ 명 ①마룻대. ☞ᄆᆞ르. ᄆᆞᆯ ¶ᄃᆞᆰ ᄆᆞᄅᆞ와 보히 믈어뎌쇼ᄆᆞᆯ 니ᄅᆞᄂᆞ다:告訴棟梁摧(杜解9:28). 雲臺예 ᄆᆞᄅᆞᆺ남ᄀᆞᆯ 혀 가ᄂᆞᆫ ᄃᆞᆺ도다:雲臺引棟梁(杜解24:10). ᄆᆞᄅᆞ 동:棟(訓蒙中6). ᄆᆞᄅᆞ 언ᄉᆞ다:上樑(同文解上34).
②마루. 등성이. ¶ᄋᆞᆲ뒤 훙븨와 두 엇게로셔 ᄉᆞ맷 ᄆᆞᄅᆞ 내 치질ᄒᆞ고 무룹도리로 치질ᄒᆞᆫ 로 털릭에:刺通袖膝欄羅帖裏上(飜朴上26). 가족 ᄆᆞᄅᆞ:皮脊子(漢淸11:14). ᄒᆞᆫ 녁 킈ᄂᆞᆫ ᄆᆞᄅᆞ 셔게 ᄒᆞ고:一面起脊(武藝諸1).
③으뜸. 으뜸가는 것. ¶엇데 ᄆᆞᄅᆞ 사모미 몯ᄒᆞ리오:何爲而不應宗之耶(法華1:15). ᄆᆞᄅᆞ 종:宗(訓蒙上32. 石千36). ᄆᆞᄅᆞ 종:宗(類合下55). ※ᄆᆞᄅᆞ>마루
④의(義)로운 일. 종요로운 것. ¶ᄆᆞᄅᆞ 의:義. ᄆᆞᄅᆞ 지:旨(類合下55).

ᄆᆞᄅᆞ 명 벌. 개(箇). ¶큰 져울 셜흔 ᄆᆞᄅᆞ:秤三十連. 햐근 져울 열 ᄆᆞᄅᆞ:等子十連(飜老下69). 큰 저울 셜흔 ᄆᆞᄅᆞ:秤三十連. 효근 저울 열 ᄆᆞᄅᆞ:等子十連(老解下62).

ᄆᆞᄅᆞ니 명 마른 것. ☞ᄆᆞᄅᆞ다 ¶우리 그저 ᄆᆞᄅᆞ니 먹음이 엇더ᄒᆞ뇨:咱們只喫乾的如何(老解上54).

ᄆᆞᄅᆞ·다 동 마르다〔乾. 渴〕. ☞ᄆᆞ르다 ¶欲愛 ᄆᆞᆯ라 업고 ᄆᆞᅀᆞ미 ᄆᆞᆯ가(月釋2:60). 내 니마해 ᄇᆞᄅᆞᆫ 香이 몯 ᄆᆞᆯ랫거든 도로 오나라(月釋7:7). ᄆᆞᆯ라 이우르시고:乾枯(楞解6:30). 그 慧ᄅᆞᆯ ᄆᆞᄅᆞ게 두미:乾有其慧(楞解8:12). 業火ㅣ ᄉᆞ라 ᄆᆞᄅᆞ거늘:業火燒乾(楞解8:118). 欲愛 ᄆᆞᆯ라 이울오:欲愛乾枯(法華7:60). ᄀᆞᅀᆞᆯ히 洞庭엣 돌히 ᄆᆞᄅᆞ고:秋枯洞庭石(初杜解8:5). 蜀ㅅ 비ᄂᆞᆫ 어느 ᄣᅢ ᄆᆞᄅᆞᆯ고:蜀雨幾時乾(杜解21:26). ᄆᆞᄅᆞᆯ 간:漧(訓蒙下12). ᄆᆞᄅᆞᆯ 조:燥(類合下48). 우리 그저 ᄆᆞᄅᆞ니 먹음이 엇더ᄒᆞ뇨:咱們只喫乾的如何(老解上54). 이슬 ᄆᆞᄅᆞ다:露乾了(譯解上2). 그 남기 인ᄒᆞ여 ᄆᆞᄅᆞ더라:樹乃枯(五倫3:71).

ᄆᆞᄅᆞ·다 동 마르다〔裁〕. ☞ᄆᆞ르다 ¶샹녜 옷과 치마 ᄆᆞᄅᆞ시고(宣賜內訓2下51). ᄆᆞᄅᆞᆯ ᄌᆡ:裁(訓蒙下19. 倭解上45). 므쇠로 텰릭을 ᄆᆞᆯ아 나ᄂᆞᆫ(樂詞. 鄭石歌). 칼로 ᄆᆞᆯ아 낸가 붓으로 그려 낸가(丁克仁. 賞春曲). 옷 ᄆᆞᄅᆞᆯ ᄌᆡ:裁(類合下7). ᄆᆞᄅᆞᆯ 젼:剪(類合下41). ᄆᆞᄅᆞᆯ 졔:制(光千4). 죠히 ᄆᆞᆯ아 旗 ᄆᆡᆼᄀᆞ라 내 넉슬 브르ᄂᆞ다:剪紙招我魂(重杜解1:13). 曲裾 ᄆᆞᄅᆞᄂᆞᆫ 制(家禮圖3). 옷 ᄆᆞᄅᆞ기 됴흐니:好裁衣(朴解中54). 뎌 비단 가져다가 ᄆᆞᄅᆞ라:將出那段子來裁(朴解中54). 옷 ᄆᆞᄅᆞ다:裁衣裳(譯解下6). ᄆᆞᄅᆞ다:裁了(同文解上56). ※ᄆᆞᄅᆞ다>마르다

ᄆᆞᄅᆞ다 동 모르다. ☞모ᄅᆞ다 ¶山林에 뭇쳐 이셔 至樂을 ᄆᆞᄅᆞᆯ 것가(丁克仁. 賞春曲).

ᄆᆞᄅᆞ서·흘·다 동 말라 썰다. 재량하다. ☞ᄆᆞᄅᆞ써흘다 ¶ᄆᆞᄅᆞ서흘 ᄌᆡ:宰(類合下10). ᄌᆡ믈 쓰ᄂᆞᆫ ᄆᆞᄃᆡ를 ᄆᆞᄅᆞ서흐러:制財用之節(宣小5:81). 山河를 ᄆᆞᄅᆞ서흐러 베혀:宰割山河(宣小5:99).

ᄆᆞᄅᆞ쇠 명 마루쇠. ☞ᄆᆞᄅᆞᆺ쇠 ¶ᄆᆞᄅᆞ쇠와 뭇금쇠ᄅᆞᆯ ᄆᆡᆫ들기ᄅᆞᆯ 輕妙히 ᄒᆞ고:梁兒束兒打的輕妙着(朴解上15).

ᄆᆞᄅᆞ실 명 벼리. 벼릿줄. ¶ᄆᆞᄅᆞ실 긔:紀(類合下9).

ᄆᆞᄅᆞ·써·흘·다 동 말라 썰다. 재량하다. ☞ᄆᆞᄅᆞ서흘다 ¶厚ᄒᆞᆫ 은의ᄅᆞᆯ ᄆᆞᄅᆞ써흐러 혜아리게 ᄒᆞ면:節量親厚之恩(宣小5:71).

ᄆᆞᄅᆞᆫ 동 마른〔燥〕. ㉮ᄆᆞᄅᆞ다 ¶ᄆᆞᄅᆞᆫ 고기란 니로 버히디 말며:乾肉不齒決(宣賜內訓1:4). 性 ᄆᆞᄅᆞᆫ 사ᄅᆞ미:性燥漢(蒙法 52).

ᄆᆞᄅᆞᆫ:감 명 마른 감. 건시(乾柿). 곶감. ¶ᄆᆞᄅᆞᆫ감:乾柿(救簡3:116). ᄆᆞᄅᆞᆫ감:乾柿(飜老下38. 老解下34).

ᄆᆞᄅᆞᆫ국슈 명 마른국수. ¶제믈엣 칼국슈와 ᄆᆞᄅᆞᆫ국슈와:水滑經帶麵掛麵(朴解下32).

ᄆᆞᄅᆞᆫ보도 명 마른 포도. 건포도. ¶ᄆᆞᄅᆞᆫ보

도:乾葡萄(飜老下38. 飜朴上4. 老解下34).
ᄆᆞ른안·쥬 명 마른안주. ¶다ᄉᆞᆺ재ᄂᆞᆫ ᄆᆞ른안쥬:第五道乾按酒(飜老下37). ᄆᆞ른안쥬 가져오라:將些乾按酒來(飜朴上6).
ᄆᆞ른쟝 명 마른장. 건장(乾醬). ¶ᄆᆞ른쟝:乾醬(譯解上52).
ᄆᆞ른조·긔 명 마른 조기. 건조기. 굴비. ¶ᄆᆞ른조긔 샹:鯗(訓蒙中21).
ᄆᆞ·롬 명 ①별저(別邸). ¶衣服 寶貝 莊園 舍宅을:莊ᄋᆞᆫ ᄆᆞᄅᆞ미라(月釋21:92).
②마름. 지주(地主)의 위임(委任)을 받아서 소작지를 관리하는 사람. ☞ᄆᆞ름. ᄆᆞᆯ음 ¶ᄆᆞ롬:庄頭(同文解上14).
ᄆᆞ·ᄅᆞᇙ:골 명 사음동(舍音洞). 〔지명(地名)〕 ¶答相洞 답샹골 今咸興府東北十六里許東北距舍音洞 ᄆᆞᄅᆞᇙ골 九里餘(龍歌5:34).
ᄆᆞᄅᆞᆺ나모 명 마룻대 나무. ☞ᄆᆞᄅᆞ ¶雲臺예 ᄆᆞᄅᆞᆺ남글 혀가ᄂᆞᆫ ᄃᆞᆺ도다:雲臺引棟梁(杜解24:10).
ᄆᆞᄅᆞᆺ·쇠 명 마루쇠. ☞ᄆᆞᄅᆞ쇠 ¶ᄆᆞᄅᆞᆺ쇠:梁兒(飜朴上15).
ᄆᆞᄅᆞᆺ·뼈 명 등마룻뼈. 척추골(脊椎骨). ¶梠ᄂᆞᆫ 몸ᄅᆞᆯ 從ᄒᆞ니 ᄆᆞᄅᆞᆺ뼤 ᄀᆞᄐᆞᆯ 씨라:梠從呂如脊骨也(法華2:106).
ᄆᆞ·ᄫᅵ 부 매우. 크게. ☞ᄆᆞ이 ¶하ᄂᆞᆯ 울워러 ᄆᆞᄫᅵ 닐오ᄃᆡ:仰天大呼曰(三綱. 忠19).
ᄆᆞ상이 명 망아지. ☞ᄆᆞ야지 ¶새 ᄆᆞ상이 젓머근 ᄯᅩᆼ 즐히ᄂᆞᆫ 쟈ᄂᆞᆫ:新駒妳瀉者(馬解下3). 어린 ᄆᆞ상이 주리믈 ᄐᆞ:幼駒乘飢(馬解下3).
ᄆᆞ·쇼 명 마소. 말과 소. ☞ᄆᆞᆯ쇼 ¶ᄒᆞ다가 어즈러이 ᄒᆞ면 ᄆᆞ쇼만도 ᄀᆞᆮ디 몯ᄒᆞ니라:若是紛紜馬牛不如(宣賜內訓2上3). ᄆᆞ쇼 머기ᄂᆞᆫ 아히 이 누네 잇ᄂᆞ니:牧童斯在眼(初杜解7:18). ᄆᆞ쇼 ᄯᅩᆼ을 ᄣᅡ 즙 내야 머그라:牛馬屎絞取汁飲之(救簡1:43). 우리 ᄆᆞ쇼 쉬워:咱們歇息頭口(飜老上10. 老解上9). 데 ᄆᆞ쇼 고티기 잘 ᄒᆞᄂᆞ니라:他快醫頭口(飜朴上42). 네 이 여러 ᄆᆞ쇼ᄃᆞᆯ히:你這幾箇頭口(老解上10). 사ᄅᆞᆷ ᄆᆞ쇼 가지 금은 긔명을:人口頭匹家財金銀器皿(老解下49). ᄆᆞ쇼ᄅᆞᆯ 갓 곳갈 싀워 밥 머기나 다ᄅᆞ랴(古時調. 鄭澈. ᄆᆞᄋᆞᆯ 사ᄅᆞᆷ. 松江).
※ᄆᆞ쇼>마소
ᄆᆞ슬 명 마을. ☞ᄆᆞᄋᆞᆯ ¶ᄆᆞ슬 길히 뫼해 둘어시니:村逕遶山(百聯20).
ᄆᆞ슴 명 머슴. ¶以丈夫爲宗 ᄆᆞ름 又 ᄆᆞ슴(華方).
ᄆᆞᅀᆞᆷ 명 마음. ☞ᄆᆞᅀᆞᆷ ¶ᄆᆞᅀᆞᄆᆡ 空寂을 아라 六塵의 더러요ᄆᆞᆯ 닙디 아니ᄒᆞ야(金剛2). ᄀᆞᅀᆞᆳ ᄃᆞ론 내 ᄆᆞᅀᆞᆷ 슬케 호ᄆᆞᆯ 아라 ᄒᆞᄂᆞ다:秋月解傷神(初杜解20:27). 내 그저 예셔 기들오리라 네 ᄆᆞᅀᆞ모로 기들워라:我只這裏等隨你等着(飜老下1). 모로미 ᄌᆞ빗 ᄆᆞᅀᆞᄆᆞ로 간ᄉᆞᄒᆞ야 딕희며:須慈心守護(誡初4). 그러ᄒᆞ야 산의 가 ᄆᆞᅀᆞᆷ 닷디 몯ᄒᆞ나:然而不歸山藪修心(修行章15). ᄆᆞᅀᆞ매 ᄋᆡ심 여희니 이 일후미 사문이오:離心中愛是名沙門(修行章17). ᄆᆞᅀᆞ매 일승을 져ᄇᆞ린 젼ᄎᆞ로:心背一乘故(野雲40). 특달ᄒᆞᆫ ᄆᆞᅀᆞᄆᆞᆯ 여러:開特達之懷(野雲45). 주글 ᄣᅢ예 ᄆᆞᅀᆞ미 살난ᄒᆞ미(普勸文 海印板37). 샹녜 ᄆᆞᅀᆞᆷ애 싱각ᄒᆞ야(普勸文 海印板38).
ᄆᆞᅀᆞ다 동 바수다. ☞ᄆᆞᄋᆞ다 ¶ᄆᆞᄋᆞᆯ 쇄:碎(百聯15).
ᄆᆞᅀᆞ·ᄆᆞ·로 부 마음대로. ¶ᄆᆞᅀᆞᄆᆞ로 몯 ᄒᆞ시리니(釋譜23:47).
ᄆᆞᅀᆞᆯ 명 마을. ☞ᄆᆞᄋᆞᆯ. ᄆᆞᄋᆞᆯ ¶ᄆᆞᅀᆞᆯ히 멀면 乞食ᄒᆞ디 어렵고(釋譜6:23). ᄆᆞᅀᆞᆯ히 盛ᄒᆞ야 ᄃᆞᆰ기 소리 서르 들여(月釋1:46). 野干이 ᄃᆞ외면 ᄆᆞᅀᆞᆯ히 와 드러 모미 疥癩ᄒᆞ며(法華2:165). 城邑 ᄆᆞᅀᆞᆯᄒᆞᆯ 브터:依城邑聚落(圓覺上二之二16). ᄆᆞᆯᄀᆞᆫ ᄀᆞᄅᆞᆷ ᄒᆞᆫ 고ᄇᆡ ᄆᆞᅀᆞᆯᄒᆞᆯ 아나 흐르ᄂᆞ니:清江一曲抱村流(初杜解7:3). 앏 ᄆᆞᅀᆞᆯ히 묏길히 險컨마ᄂᆞᆫ:前村山路險(初杜解9:13). ᄇᆞᆷ 몰애 대예 비취ᄂᆞᆫ ᄆᆞᅀᆞᆯ히로다:春沙映竹村(初杜解21:6). 仁厚ᄒᆞᆫ ᄆᆞᅀᆞᆯ헷 즐거움 交結호ᄆᆞᆯ 깃노니:喜結仁里懽(初杜解22:1). ᄆᆞᅀᆞᆯ 집 문마다(飜老上47). ᄆᆞᅀᆞᆯ 려:閭. ᄆᆞᅀᆞᆯ 염:閻. ᄆᆞᅀᆞᆯ 린:鄰. ᄆᆞᅀᆞᆯ 리:里. ᄆᆞᅀᆞᆯ 촌:村(訓蒙中8). 술와 음식을 ᄆᆡᆼᄀᆞ라 ᄡᅧ ᄆᆞᅀᆞᆯ과 동관과 번을 블으ᄂᆞ니:爲酒食以召鄉黨僚友(宣小2:45). 비록 ᄀᆞ올 ᄆᆞᅀᆞᆯ힌ᄃᆞᆯ ᄃᆞᆫ니리여:雖州里行乎哉(宣賜內訓1:18)
※ᄆᆞᅀᆞᆯ>ᄆᆞᄋᆞᆯ>ᄆᆞ을>마을
※'ᄆᆞᅀᆞᆯ'의 첨용 ┌ ᄆᆞᅀᆞᆯ └ ᄆᆞᅀᆞᆯ히/ᄆᆞᅀᆞᆯᄒᆞᆯ/ᄆᆞᅀᆞᆯ히…
ᄆᆞᅀᆞᆯ·해 명 마을에. 〔ㅎ 첨용어 'ᄆᆞᅀᆞᆯ'의 부사격(副詞格).〕 독ᄆᆞᅀᆞᆯ ¶艱難ᄒᆞᆫ ᄆᆞᅀᆞᆯ해가:往至貧里(法華2:204).
ᄆᆞᅀᆞᆯ·히 명 마을이. 〔ㅎ 첨용어 'ᄆᆞᅀᆞᆯ'의 주격(主格).〕 독ᄆᆞᅀᆞᆯ ¶ᄆᆞᅀᆞᆯ히 盛ᄒᆞ야 ᄃᆞᆰ기 소리 서르 들여(月釋1:46).
ᄆᆞᅀᆞᆯ·ᄒᆞ로 명 마을로. 〔ㅎ 첨용어 'ᄆᆞᅀᆞᆯ'의 부사격(副詞格).〕 독ᄆᆞᅀᆞᆯ ¶나모 지ᄂᆞᆫ 놀애ᄂᆞᆫ 져기 ᄆᆞᅀᆞᆯᄒᆞ로 나오놋다:樵歌稍出村(初杜解7:39).
ᄆᆞᅀᆞᆯ·ᄒᆞᆫ 명 마을은. 〔'ᄆᆞᅀᆞᆯ'+보조사 'ᄋᆞᆫ'에 ㅎ이 첨용된 형태.〕 독ᄆᆞᅀᆞᆯ ¶마ᅀᆞᆯᄒᆞᆫ 거츨오 녀트니:聚落荒淺(法華2:188).
ᄆᆞᅀᆞᆯ·ᄒᆞᆯ 명 마을을. 〔ㅎ 첨용어 'ᄆᆞᅀᆞᆯ'의 목적격(目的格).〕 독ᄆᆞᅀᆞᆯ ¶굴혀 北녀긔 버럿ᄂᆞᆫ 椒木ᄋᆞᆫ 도로 ᄆᆞᅀᆞᆯᄒᆞᆯ 졋도다:塹北行椒却背村(初杜解25:19).
ᄆᆞᅀᆞᆯ·히 명 마을에. 〔ㅎ 첨용어 'ᄆᆞᅀᆞᆯ'의 부

사격.〕㊂ᄆᆞᅀᆞᆯ ¶ᄀᆞᄅᆞᆷ ᄆᆞᅀᆞᆯ히 ᄒᆞ오ᅀᅡ 도라 가ᄂᆞᆫ ᄣᅢ해:江村獨歸處(初杜解23:6).

ᄆᆞᅀᆞᇝ:골 [명] 마을 고을. 마을 동리. ¶臣下ᄃᆞᆯ홀 ᄀᆡ결ᄒᆞ샤 ᄆᆞᅀᆞᇝ고리며 東山이며 조히 ᄭᅮ며(釋譜3:p.64).

ᄆᆞᅀᆞᆷ [명] ①마음. ☞ᄆᆞᅀᆞᆷ. ᄆᆞᅌᆞᆷ ¶열희 ᄆᆞᅀᆞᄆᆞᆯ 하ᄂᆞᆯ히 달애시니:維十人心天實誘他(龍歌18章). 하ᄂᆞᇗ ᄆᆞᅀᆞᄆᆞᆯ 뉘 고티ᅀᆞᄫᆞ리:維天之心誰改誰易(龍歌85章). 시름 ᄆᆞᅀᆞᆷ 업스샤ᄃᆡ 이 지븨 자려 ᄒᆞ시니:心無憂矣將宿是屋(龍歌102章). 病ᄒᆞ니ᄅᆞᆯ 보시고 ᄆᆞᅀᆞᄆᆞᆯ 내시니(月印上16). 孝道ᄒᆞ실 ᄆᆞᅀᆞᄆᆡ 後ㅅ날ᄋᆞᆯ 分別ᄒᆞ샤(月印上17). 그듸 ᄒᆞᆫ조초 ᄒᆞ야 뉘읏븐 ᄆᆞᅀᆞᄆᆞᆯ 아니호리라(釋譜6:8). 感ᄋᆞᆫ ᄆᆞᅀᆞᆷ 뮈울 씨라(月釋序14). ᄌᆞ걋 ᄆᆞᅀᆞ미 다 닉디 몯ᄒᆞ샤(月釋1:51). 弟子ᄃᆞᆯ히 ᄆᆞᅀᆞᄆᆞᆫ 다 닉고(月釋2:51). ᄆᆞᅀᆞᄆᆡ ᄒᆞ고져 호ᄆᆞᆯ 보아(月釋13:56). ᄆᆞᅀᆞᆷ ᄇᆞᆰ긼 사라미:明心之士(楞解1:2). 몸과 ᄆᆞᅀᆞᆷ괘:身心(楞解2:1). ᄆᆞᅀᆞᆷ 어두어:心昏(楞解7:46). 能히 모매 卽ᄒᆞ야 곧 ᄆᆞᅀᆞ미에 몯홀씨(楞解10:18). ᄒᆞᆫ ᄆᆞᅀᆞᄆᆞ로 合掌ᄒᆞ야 尊顔을 울워러 보ᅀᆞ와(法華3:63). 凡夫의 不善ᄒᆞᆫ ᄆᆞᅀᆞᆷ 더루믈(金剛序6). 다 ᄒᆞᆫ ᄆᆞᅀᆞ미라:皆一心也(圓覺序4). 몸과 ᄆᆞᅀᆞᆷ:身心(蒙法35). 輕淸ᄋᆞᆫ 몸 가ᄇᆡ얍고 ᄆᆞᅀᆞᆷ 몱ᄀᆞᆯ 씨라(蒙法39). 家風ᄋᆞᆫ ᄆᆞᅀᆞᄆᆞᆯ 니ᄅᆞ니라(蒙法40). ᄆᆞᅀᆞᄆᆡᆺ 길히 녀디 아니홀 ᄢᅵ:心路不行時(蒙法41). 이 고대 ᄒᆞ다가 아논 ᄆᆞᅀᆞᆷ 곳 내면:於斯若生知覺心(蒙法42). ᄆᆞᅀᆞ미 聲色애 번득호ᄆᆞᆯ 가ᄌᆞᆯ비니라(蒙法43). 부텻 ᄆᆞᅀᆞᄆᆞᆯ 아로ᄃᆡ:悟佛心宗(蒙法49). 方寸맛 ᄆᆞᅀᆞ매도 위고기ᄒᆞ얌 직ᄒᆞ니:寸腸堪繾綣(初杜解8:9). ᄆᆞᅀᆞ매 서늘히 너기디 아니ᄒᆞᇙ 아니 ᄒᆞ노라(宣賜內訓序6). ᄆᆞᅀᆞᆷ이 곧 뼈라(南明上15). ᄆᆞᅀᆞ믄 惡ᄒᆞ야(六祖上72). 念念에 그 ᄆᆞᅀᆞᆷ을 제 조히와(六祖中19). 모로매 ᄆᆞᅀᆞᆷ을 ᄡᅥ 正히 드르라(六祖中27). 댱샹 도적 ᄆᆞᅀᆞᄆᆞᆯ 막고(飜老上34). 제 ᄆᆞᅀᆞ모로셔 즐기ᄂᆞᆫ 거슨(飜朴上70). ᄆᆞᅀᆞ믄 젹고져 ᄒᆞ며(飜小8:1). ᄆᆞᅀᆞ믈 졈가디여 힘서 힝ᄒᆞ야 벼슬 아니 ᄒᆞ고:潛心力行不復仕進(飜小10:27). 셜운 ᄆᆞᅀᆞ믈 머굼고(恩重7). 혐의론 ᄆᆞᅀᆞ미 업스니 손바리 니섯도다:不嫌手足攣(恩重9). ᄆᆞᅀᆞᆷ 심:心(訓蒙上27. 光千17). 뎐도ᄒᆞᆫ ᄆᆞᅀᆞᄆᆞᆯ 다 ᄇᆞ리고:除去顚倒(野雲45). 뷘 ᄇᆡ예 ᄆᆞᅀᆞᆷ 노ᄑᆞ면 주린 버미 ᄀᆞᆮ고:空腹高心如餓虎(野雲47). 셜이 ᄀᆞᆯ오ᄃᆡ 쳡이 이믜 ᄆᆞᅀᆞᄆᆞ로 ᄡᅥ 허ᄒᆞ여시니:薛曰妾旣以心許(東新續三綱. 烈1:2 薛氏貞信). 이제나 도라오나니 년듸 ᄆᆞᅀᆞᆷ 마로리(李滉. 陶山十二曲).
②심장. 염통. ¶비ᄅᆞᆯ ᄠᅳ고 ᄆᆞᅀᆞᄆᆞᆯ ᄣᅢ혀내야 鬼神ᄋᆞᆯ 이바ᄃᆞ며(月釋23:73). ᄒᆞ다가 그 ᄆᆞᅀᆞᄆᆞᆯ ᄃᆞᆺ게 아니코 곧 블로 그 모ᄆᆞᆯ ᄯᅳ면:若不先溫其心便將火灸其身(救急上8). ᄒᆞᆫ 환ᄋᆞᆯ 탄ᄌᆞ만케 ᄒᆞ야 ᄡᅡ 블근 깁 주머니예 녀허 ᄆᆞᅀᆞᆷ 마초매 메면(簡辟4).
③속. ¶미친 가히 믈인 도기 ᄆᆞᅀᆞ매 드러:狂犬咬毒入心(救簡6:39).
※ᄆᆞᅀᆞᆷ>ᄆᆞᅌᆞᆷ>ᄆᆞ음>마음

ᄆᆞᅀᆞᆷ노·타 [동] 마음놓다. 안심하다. ¶우리 닉실 ᄆᆞᅀᆞᆷ노하 가져:我明日早只放心的去也(飜老上26). 글란 네 ᄆᆞᅀᆞᆸ('ᅀᆞᆷ'의 誤記.) 노하시라:那的伱放心(飜老上68).

ᄆᆞᅀᆞᆷᄡᅳ·다 [동] 마음 쓰다. ¶ᄒᆞ다가 ᄆᆞᅀᆞᆷᄡᅮ미 가ᄀᆞᆨᄒᆞ면 ᄆᆞᅀᆞᇝ조기 뮈여:若用心急則動肉團心(蒙法7).

ᄆᆞᅀᆞᆷᄲᅩᆨ [명] 심장(心臟). ☞ᄆᆞᅀᆞᇝ족. ᄆᆞᅌᆞᆷᄲᅩᆨ ¶이 사ᄅᆞᄆᆡ ᄆᆞᅀᆞᆷᄲᅩᄀᆡ 노코:置於此人心頭上(佛頂中7). 주근 사ᄅᆞᄆᆡ ᄆᆞᅀᆞᆷᄲᅩᆨ 아래 맛게 ᄒᆞ야:當死人心下(救簡1:73). ᄆᆞᅀᆞᆷᄲᅩᄀᆞᆯ 울ᄒᆞ야:熨心上(救簡1:76). ᄇᆡ얌 믈인 ᄢᅴ ᄆᆞᅀᆞᆷᄲᅩ기 덥달오 누니 가마 어듭거든:如蛇螫着之時心頭熱躁眼前暗黑(救簡6:48).

ᄆᆞᅀᆞᆷᄶᆞ·장 [부] 마음껏. ☞ᄆᆞᅀᆞᇝᄀᆞ장 ¶져믄 저그란 안직 ᄆᆞᅀᆞᆷᄶᆞ장 노다가 ᄌᆞ라면 어루 法을 ᄇᆡ호ᅀᆞᄫᆞ리이다(釋譜6:11). 제 ᄆᆞᅀᆞᆷᄶᆞ장 먹게 ᄒᆞ져:儘着他喫着(飜老上38). ᄆᆞᅀᆞᆷᄶᆞ장 무러 츄심ᄒᆞ며(飜小9:12).

ᄆᆞᅀᆞᆷ져·버보·다 [동] 접어 주다. 용서하다. ¶ᄆᆞᅀᆞᆷ져버볼 셔:恕(訓蒙下25).

ᄆᆞᅀᆞᆷ졉·다 [동] 용서하다. ¶브즈런ᄒᆞ며 검박ᄒᆞ며 온공ᄒᆞ며 내 ᄆᆞᅀᆞᆷ져버 ᄂᆞᄆᆡ ᄆᆞᅀᆞᆷ 혜아림으로 ᄒᆞ더라:勤儉恭恕(飜小9:95).

ᄆᆞᅀᆞᆷ조·초 [부] 마음대로. ☞ᄆᆞᅌᆞᆷ조초. -조초 ¶어드본 뒷 衆生도 다 ᄇᆞᆯ고ᄆᆞᆯ 어더 ᄆᆞᅀᆞᆷ조초 이ᄅᆞᆯ ᄒᆞ긔 호리라(釋譜9:5). 花香伎樂ᄋᆞᆯ ᄆᆞᅀᆞᆷ조초 ᄀᆞ초 얻긔 호리라 ᄒᆞ더시니(釋譜9:10). 十方애 ᄆᆞᅀᆞᆷ조초 變化ᄅᆞᆯ 뵈야(月釋8:20). 평상 우희 젓바뉘이고 ᄆᆞᅀᆞᆷ조초 머기라:床上仰臥隨意服(救簡1:16).

ᄆᆞᅀᆞᆷ·ᄒᆞ·다 [동] 마음먹다. 마음 두다. ¶그 道ᄅᆞᆯ ᄆᆞᅀᆞᆷᄒᆞ린 날로 ᄡᅮᄃᆡ ᄉᆞᄆᆞᆺ 알오:心其道者日用而了知(永嘉下16). 勇猛ᄋᆞ로 ᄆᆞᅀᆞᆷᄒᆞ요ᄆᆞᆯ ᄀᆞ장ᄒᆞ노니 ᄆᆞᆯ기 시드러운 모ᄆᆡ 殘弱호ᄆᆞᆯ 므던히 너기노라:勇猛爲心極淸羸任體孱(初杜解20:13).

ᄆᆞᅀᆞᇝ·경 [명] 마음의 상태. 심경(心境). ¶므슴 ᄆᆞᅀᆞᇝ경으로 貪欲ᄋᆞᆯ 펴리잇고(釋譜24:29).

ᄆᆞᅀᆞᇝᄀᆞ·장 [부] 마음껏. ☞ᄆᆞᅀᆞᆷᄶᆞ장 ¶ᄆᆞᅀᆞᇝᄀᆞ장 모다 ᄉᆞ랑ᄒᆞ야도(釋譜13:41). ᄎᆞᄡᆞᆯᄅᆞᆯ ᄀᆞ라 흰 즙을 ᄆᆞᅀᆞᇝᄀᆞ장 머그라:研糯米取白汁恣意飮之(救簡2:58).

ᄆᆞᅀᆞᇝ족 [명] 심장(心臟). ☞ᄆᆞᅀᆞᆷᄲᅩᆨ ¶ᄒᆞ다가

ᄆᆞᅀᆞᆷ ᄲᅮ미 가ᄀᆞᆨᄒᆞ면 ᄆᆞᅀᆞᆷ조기 뮈여:若用心急則動肉團心(蒙法7).

ᄆᆞᅀᆞᆺᄂᆡ 명 마을의 연기(煙氣). 〔'ᄆᆞᅀᆞᆯ'+'ᄂᆡ'에서 'ㄹ' 소리가 촉음화(促音化)한 형태.〕 ¶亭子ㅅ 景은 뫼콰 ᄆᆞᄅᆞᆯ 臨ᄒᆞ얫고 ᄆᆞᅀᆞᆺᄂᆡᄂᆞᆫ 개옛 몰애ᄅᆞᆯ 對ᄒᆞ얏도다:亭景臨山水村煙對浦沙(初杜解15:50).

ᄆᆞ·ᅀᅵ엽·다 형 매섭다. ☞므ᅀᅴ엽다 ¶ᄆᆞᅀᅵ엽다:利害(老朴集. 累字解8).

ᄆᆞ야·지 명 망아지. ☞ᄆᆡ야지 ¶머에 아랫 ᄆᆞ야지ᄅᆞᆯ 티디 말라:莫鞭轅下駒(初杜解23:36). ᄆᆞ야지 구:駒(訓蒙上18).

ᄆᆞ얌이 명 매미. ☞ᄆᆡ야미 ¶ᄆᆞ얌이:秋凉兒 秋蟬兒(譯解下34).

ᄆᆞ양 부 매양. ☞ᄆᆡ샹. ᄆᆡ양 ¶됴뎡이 ᄆᆞ양 보채여 업시ᄒᆞ여디라(癸丑89). 녜브터 텬하 국개 ᄆᆞ양 망티 아닐 재 이시리오(山城94). 젓줄 곤고노라 ᄆᆞ양 우ᄂᆞᆫ 아희 ᄀᆞᆯ와 이 누고 뎌 누고 ᄒᆞ면 얼운답디 아녜라(古時調. 鄭澈. 돈좀 ᄡᅵ디. 松江).

ᄆᆞ옴 명 마음. ☞ᄆᆞᅀᆞᆷ. ᄆᆞᄋᆞᆷ ¶ᄆᆞ오미 뷔여 坐禪호ᄆᆞᆯ 버으리왇디 아니ᄒᆞᄂᆞ다:虛空不離禪(重杜解9:24).

ᄆᆞ욘 동 매인. ¶내 죵을 구숑ᄒᆞ야 ᄆᆞ욘 거슬 글우라:吾叱奴人解其縛(重杜解17:15).

ᄆᆞ을 명 마을. ☞ᄆᆞᅀᆞᆯ. ᄆᆞᄋᆞᆯ ¶君子ㅣ 그 ᄆᆞ을희 들어가디 아니ᄒᆞ니:君子不入其鄕(宣小5:63). 內史ᄂᆞᆫ 貴ᄒᆞᆫ 사ᄅᆞᆷ이라 ᄆᆞ을희 들거든:內史貴人入閭里(宣小6:80). 일향과 ᄆᆞ을 사ᄅᆞᆷ이 효ᄅᆞᆯ 잇ᄀᆞᆮ더니:鄕里稱孝(東新續三綱. 孝8:18 應會同死). ᄆᆞ을희 녜법이 이시며:鄕閭有禮(警民26). ᄆᆞ을헤 즐거오믈 둣터이 ᄒᆞ여:厚鄰里之歡(警民33). ᄆᆞ을 계집이 ᄃᆞ라나거ᄂᆞᆯ(女四解4:59). 烏山西 외로온 ᄆᆞ을이 내의 菟裘로다(辛啓榮. 月先軒十六景歌). ᄆᆞ을 츄:聚(註千21). ᄆᆞ을 락:落(註千33).

ᄆᆞ음 명 마음. ☞ᄆᆞᅀᆞᆷ. ᄆᆞᄋᆞᆷ ¶반ᄃᆞ시 주글 ᄆᆞ음을 둣ᄲᅧ니:有必死之心(東新續三綱. 烈3:51). ᄶᅢ텨 그 ᄆᆞ음을 보다(十九史略1:15). 인졍을 베히고 ᄉᆞ랑ᄒᆞᄂᆞᆫ ᄆᆞ음을 ᄭᅳᆫ허:割情斷愛(字恤1). 그 ᄆᆞ음이 休休호미:其心休休焉(宣大栗26). 약불위지 형이러면 아의 ᄆᆞ음 질거우며(쌍벽가).

ᄆᆞ음ᄀᆞᆺ 부 마음껏. ¶一萬二千峯의 ᄆᆞ음ᄀᆞᆺ 소사 올나(曺偉. 萬憤歌).

ᄆᆞ이 명 묶음. ¶이 人蔘을 다ᄉᆞᆺ ᄆᆞ이 ᄆᆡᆫ드라(淸老8:5).

ᄆᆞ이 부 매. 매우. 크게. ☞ᄆᆡ이 ¶류합이 하ᄂᆞᆯ 울워러 ᄆᆞ이 닐오ᄃᆡ:翰仰天大呼曰(三綱. 劉翰). 믄득 소리를 ᄆᆞ이 ᄒᆞ야 니ᄅᆞ샤ᄃᆡ:忽厲聲云(飜小10:27). 곡뒤 우묵ᄒᆞᆫ ᄃᆡᄅᆞᆯ ᄆᆞ이 두드리며:緊叩腦後風府穴(瘟疫方22). ᄆᆞ이 ᄆᆞᆯ 긴:緊(類合下43). 두역이 빗치 ᄆᆞ이 딧ᄭᅦ 블그면:出痘紅紫者(痘瘡方19). 올ᄒᆞᆫ 손으로 ᄎᆞᆫ 칼흘 인ᄒᆞ야 ᄆᆞ이 두로고:右手引佩刀奮揮(東新續三綱. 烈3:51). 하시 ᄆᆞ이 ᄭᅮ짓고 굴티 아녀 주그니라:河氏奮罵不屈而死(東新續三綱. 烈4:9). ᄆᆞ이 ᄃᆞᆺᄂᆞᆫ ᄆᆞᆯ:響走馬(譯解下29). ᄶᅡ히 듯텹다고 ᄆᆞ이 ᄇᆞᆲ지 마올 ᄶᅥ시(古時調. 朱義植. 하늘이. 海謠). 보ᄂᆞᆫ ᄃᆡ ᄆᆞ이 보채면 인졍이나 바드리라(落泉1:2).

ᄆᆞ이·다 동 매다. ☞ᄆᆡ다 ¶댱샹 악취에 ᄲᅡ디여 슈고예 모ᄆᆞᆯ ᄆᆞ이리로다:長淪惡趣苦纏身(野雲48). ᄆᆞᄋᆞᆷ의 의심ᄒᆞ여 마샹이ᄅᆞᆯ 두던의 ᄆᆞ이고(三譯7:4).

ᄆᆞ이·다 동 매이다. ☞ᄆᆡ이다 ¶내 죵을 구숑ᄒᆞ야 ᄆᆞ욘 거슬 글우라:吾叱奴人解其縛(初杜解17:15).

ᄆᆞᄋᆞ다 동 바수다. ☞ᄆᆞᅀᆞ다 ¶말간 ᄌᆞ긔ᄅᆞᆯ 어더 ᄆᆞ아 그ᄐᆡ ᄲᅧ롯고 ᄂᆞᆯ라니를 ᄀᆞᆯ희야:用明磁器碎之取尖鋒者(胎要75). ᄆᆞᄋᆞᄂᆞᆫ 그릇:擂鉢(漢淸10:39).

ᄆᆞ·ᄋᆞᆫ 수 마흔. ☞마ᅀᆞᆫ. 마은. 마ᄋᆞᆫ ¶마ᄋᆞᆫ애 비르소 벼슬ᄒᆞ야:四十始仕(宣小1:6).

ᄆᆞᄋᆞᆯ 명 마을. ☞ᄆᆞᅀᆞᆯ ¶ᄆᆞᄋᆞᆯ 리:里(類合上18). ᄆᆞᄋᆞᆯ 향:鄕. ᄆᆞᄋᆞᆯ 당:黨(類合下23). ᄉᆞᆯ진 ᄆᆞᆯ ᄐᆞ고 가ᄇᆡ야온 갓옷 닙어 ᄒᆞ건양ᄒᆞ야 ᄆᆞᄋᆞᆯ히 디나ᄃᆞᆫ니ᄂᆞ니:肥馬衣輕裘揚揚過閭里(宣小5:24). 그 ᄆᆞᄋᆞᆯ흘 텨 후린대:剽掠其村落(宣小6:60). 우리 ᄆᆞᄋᆞᆯ히 온 지비 남더니:我里百餘家(重杜解4:11). 녯 ᄆᆞᄋᆞᆯ히 오직 뷘 村이 ᄃᆞ외얫도다:故里但空村(重杜解5:33). 나모 디ᄂᆞᆫ 놀애ᄂᆞᆫ 져기 ᄆᆞᄋᆞᆯᄒᆞ로 나오놋다:樵歌稍出村(重杜解7:39). ᄆᆞᄋᆞᆯ 리:里. ᄆᆞᄋᆞᆯ 촌:村(倭解上34). 그 ᄆᆞᄋᆞᆯ 일홈을 고쳐 슌효촌이라 ᄒᆞ고(五倫1:33). ᄆᆞᄋᆞᆯ에 구ᄒᆞ되 얻디 못ᄒᆞ고:求於鄕不得(五倫1:56). ※ᄆᆞᅀᆞᆯ>ᄆᆞᄋᆞᆯ>ᄆᆞ을>마을

※'ᄆᆞᄋᆞᆯ'의 첨용 ┌ ᄆᆞᄋᆞᆯ
└ ᄆᆞᄋᆞᆯ흘/ᄆᆞᄋᆞᆯ히/ᄆᆞᄋᆞᆯ히…

ᄆᆞᄋᆞᆯ약속 명 향약(鄕約). ¶藍田ㅅ呂氏 ᄆᆞᄋᆞᆯ 약속애 ᄀᆞᆯ오ᄃᆡ:藍田呂氏鄕約曰(宣小6:16).

ᄆᆞᄋᆞᆯ·헤 명 마을에. 〔ㅎ 첨용어 'ᄆᆞᄋᆞᆯ'의 부사격(副詞格).〕 독ᄆᆞᄋᆞᆯ ¶ᄆᆞᄋᆞᆯ헤 됴ᄒᆞᆫ 풍쇽이 업스며:鄕無善俗(宣小題辭4).

ᄆᆞᄋᆞᆯ·히 명 마을에. 〔ㅎ 첨용어 'ᄆᆞᄋᆞᆯ'의 부사격(副詞格).〕 독ᄆᆞᄋᆞᆯ ¶ᄆᆞᄋᆞᆯ히 들 제 반ᄃᆞ시 式홀디니라:入里必式(宣小3:17). 우리 ᄆᆞᄋᆞᆯ히 온 지비 남더니:我里百餘家(重杜解4:11). ※ᄆᆞᄋᆞᆯ히<ᄆᆞᅀᆞᆯ히

ᄆᆞᄋᆞᆷ 명 마음. ☞ᄆᆞᅀᆞᆷ ¶ᄂᆞᄆᆡ 거시 므슴 ᄆᆞᄋᆞ미 이시리오:他物有何心(野雲52). 믈읫 ᄆᆞᄋᆞᆷ ᄂᆞ초ᄂᆞᆫ 사ᄅᆞᆷ은:凡有下心者(野雲64). ᄆᆞᄋᆞᆷ곳 조ᄒᆞ면:心淨則(野雲67). ᄆᆞᄋᆞᆷ 심:心

(類合下1. 石千17). ᄇᆡᆨ셩 ᄉᆞ랑ᄒᆞ시ᄂᆞᆫ 어딘 ᄆᆞᅀᆞᆷ:愛民之仁(警民序1). 닐ᄋᆞ건댄 ᄆᆞᅀᆞᆷ이 알ᄑᆞ니 너희 맛당히 ᄲᅧ의 사길디니라:言之痛心爾宜刻骨(宣小5:19). 주부의 ᄆᆞᅀᆞᆷ을 경히 ᄒᆞ고(山城). 늘근 노미 ᄆᆞᅀᆞ미 측ᄒᆞ야:老夫情懷惡(重杜解1:6). ᄆᆞᅀᆞ믄 닐굽 校尉ㅅ 알ᄑᆡ ᄢᅵ요라:心蘇七校前(重杜解5:6). 거믄고 대현을 티니 ᄆᆞᅀᆞᆷ이 다 눅더니(古時調. 鄭澈. 松江). 공경ᄒᆞᆫ ᄆᆞᅀᆞᆷ:敬心(譯解上31). ᄆᆞᅀᆞᆷ이 어린 後ㅣ니 ᄒᆞᄂᆞᆫ 일이 다 어리다(古時調. 徐敬德. 瓶歌). 그ᄃᆡ ᄆᆞᅀᆞᄅᆞᆯ 고쳐(王郞傳5). 섭섭ᄒᆞᆫ ᄆᆞᅀᆞᆷ이 ᄀᆞ이 업서(隣語1:2). ᄠᅳᆮ과 ᄆᆞᅀᆞᆷ에 곳 일흔 거ᄉᆞᆯ 어든 ᄃᆞ시 싀훤ᄒᆞ여(捷蒙1:3). ᄆᆞᅀᆞᆷ에 ᄢᅵᄃᆞ라 연을 ᄉᆞ랑호믈(五倫1:30).
※ᄆᆞᅀᆞᆷ<ᄆᆞᅀᆞᆷ

ᄆᆞ옴대로 부 마음대로. ¶길지 가기ᄅᆞᆯ 구ᄒᆞ거든 제 ᄆᆞ옴대로 ᄒᆞ게 ᄒᆞ쇼셔(五倫2:82).

ᄆᆞ옴덜리 부 마음 짧게. 성급하게. ¶그대도록 ᄆᆞ옴덜리 싱각디 마소(新語9:21).

ᄆᆞ옴뽁 명 심장(心臟). ☞ᄆᆞᅀᆞᆷᄲᅩᆨ ¶셜오미 ᄆᆞ옴뽁의 ᄆᆡ옛도다:痛纏心腑(野雲80).

ᄆᆞ옴조초 부 마음대로. ☞ᄆᆞᅀᆞᆷ조초 ¶ᄆᆞ옴조초 葛巾애 빈혀 고자 스고:隨意簪葛巾(重杜解1:50). 朱門ㅣ 놈 기우리혀 아오ᄆᆞᆯ ᄆᆞ옴조초 ᄒᆞ야:朱門任傾奪(重杜解2:42). 아ᄋᆞ라ᄒᆞᆫ ᄃᆡ셔 갈바ᄅᆞᆯ ᄆᆞ옴조초 ᄒᆞᄂᆞ니:冥冥任所往(重杜解16:35).

ᄆᆞ자 부 마저. ☞ᄆᆞᄌᆞ ¶남은 반을 ᄆᆞ자 담아 젼처로 다은 후의:盛一半亦依前打築而後(煮硝方5). 글 ᄆᆞ자 비호더니(重二倫46). 오라디 아녀 ᄒᆞᆫ 아ᄃᆞᆯ이 ᄆᆞ자 죽으니(女範4. 녈녀 경녈왕시).

-ᄆᆞ자 조 -마저. ¶내ᄆᆞ자 니즈니 놈이 아니니즈랴(古時調. 功名도. 青丘).

ᄆᆞ즈막 부 마지막. ☞ᄆᆞᄌᆞ막 ¶ᄆᆞ즈막:末尾(漢淸12:17).

ᄆᆞᄌᆞ 부 마저. ☞ᄆᆞ자 ¶ᄯᅩ ᄒᆞᆫ 누늘 ᄆᆞᄌᆞ ᄲᅡ혀(釋譜24:51). 일 ᄆᆞᄌᆞ 일우ᅀᆞᄫᅩᄃᆞᆯ 몬져 흟디니(月釋序17). 안 ᄠᅳ들 ᄆᆞᄌᆞ 일우시니(月釋13:17). 다 아랫 비들 ᄆᆞᄌᆞ 가포ᄆᆞ로:皆以宿債畢酬(楞解8:128). 아랫 習이 ᄆᆞᄌᆞ 업서:了罔陳習(楞解10:1). 述은 ᄂᆞᄆᆡ 이ᄅᆞᆯ ᄆᆞᄌᆞ 일울 씨라(法華1:21). 그 이ᄅᆞᆯ ᄆᆞᄌᆞ 일우니라(金剛後序15). ᄒᆞᆫ 번 ᄆᆞᄌᆞ 니ᄅᆞ샤ᄆᆞᆫ(圓覺下三之二101). 울흘 즈음처 블러 나맛ᄂᆞᆫ 잔ᄋᆞᆯ ᄆᆞᄌᆞ 머구리라:隔籬呼取盡餘盃(初杜解22:6). ᄂᆡ인을 ᄆᆞᄌᆞ 업시 ᄒᆞ고(癸丑128). 王稅을 만져 ᄒᆞ고 各 倉穀 ᄆᆞᄌᆞ ᄒᆞ니(愁州曲).

ᄆᆞᄌᆞ막 부 마지막. ☞ᄆᆞ즈막 ¶이제 世尊ᄋᆞᆯ ᄆᆞᄌᆞ막 보ᅀᆞᄫᅩ니 측ᄒᆞᆫ ᄆᆞᅀᆞ미 업거이다(月釋10:8). ᄆᆞᄌᆞ막 獻쟉ᄒᆞ라:終獻(家禮9:5). ᄆᆞᄌᆞ막 죽을 ᄡᅡ히 감히 아ᄋᆞᆸ고 나 니거디이다(癸丑145). 이 ᄃᆞᆯ도 ᄆᆞᄌᆞ막 되도록 오지 아니타만 ᄒᆞ시니(隣語1:26).

ᄆᆞ참 부 마침. ☞ᄆᆞ쳐 ¶ᄆᆞ참 삼관이 슌찰ᄒᆞ믈 만나(敬信15).

ᄆᆞ쳐 부 마침. ☞ᄆᆞ참 ¶ᄆᆞ쳐 ᄒᆞᆫ 퍼기 낫거늘(癸丑217).

ᄆᆞ·초·다 동 마치다. ☞ᄆᆞᄎᆞ다 ¶닐흔아홉 히예 ᄒᆞ욜 이ᄅᆞᆯ ᄒᆞ마 ᄆᆞ초니(釋譜23:13).

ᄆᆞ츠다 동 마치다. ☞ᄆᆞᄎᆞ다 ¶太公釣魚勢ᄅᆞᆯ ᄒᆞ고 ᄆᆞ츠라(武藝圖2).

ᄆᆞ츰내 부 마침내. ☞ᄆᆞᄎᆞᆷ내 ¶周粟을 아니 먹고 ᄆᆞ츰내 餓死키ᄂᆞᆫ 千秋에 賊子의 ᄆᆞᄋᆞᆷ을 것거 보려 홈이라(古時調. 南坡. 叩馬諫. 青丘).

ᄆᆞ·ᄎᆞ·다 동 마치다. ☞ᄆᆞᆾ다 ¶목숨 ᄆᆞᄎᆞ리잇가:性命奚戕(龍歌51章). 終은 ᄆᆞᄎᆞ미라(訓註2). 述은 니ᅀᅳᆯ 씨오 事ᄂᆞᆫ 이리니 父母ㅅ 이ᄅᆞᆯ 니ᅀᅥ ᄆᆞᄎᆞ실 씨라(月釋序16). 발자최 바다 남ᄀᆡ ᄢᅦ여 性命을 ᄆᆞᄎᆞ시니(月釋1:2). 목숨 ᄆᆞᄎᆞᆫ 仙이:壽終仙(楞解9:110). 일 ᄆᆞᄎᆞᆫ 사ᄅᆞᄆᆞᆫ:了事者(蒙法48). 沈滯ᄒᆞ야 결여셔 모ᄃᆞᆯ ᄆᆞᄎᆞ니(宣賜內訓1:61). 百年에 歡娛 ᄆᆞᄎᆞᄆᆞᆯ 보디 몯ᄒᆞᆯ ᄃᆞᆺ도다:百年未見歡娛畢(杜解25:30). 命 ᄆᆞᄎᆞᆯ 시절도:命盡時(佛頂上3). 舅姑의게 졀ᄒᆞ기ᄅᆞᆯ ᄆᆞᄎᆞ매(女四解4:64). 삼 년을 ᄆᆞᄎᆞ니:終三年(五倫1:66). 일 ᄆᆞᄎᆞᆯ 쥰:竣. ᄆᆞᄎᆞᆯ 료:了. ᄆᆞᄎᆞᆯ 흘:訖(類合下43). ᄆᆞᄎᆞᆯ 필:畢(類合下61). 勸客盡食曰打馬此(雞類).

ᄆᆞ·ᄎᆞ·매 부 마침내. 마지막에. ☞ᄆᆞᄎᆞᆷ내. ᄆᆞᄎᆞᆷ애 ¶ᄆᆞᄎᆞ매 許ᄒᆞ시니(月釋10:16). 無明生死로 ᄆᆞᄎᆞ매 滅ᄒᆞ야 다으게 호ᄃᆡ(楞解1:4). ᄆᆞᄎᆞ매 다 一切種智ᄅᆞᆯ 得ᄒᆞ리라(法華1:184). ᄆᆞᄎᆞ매 어루 허롤ᄯᅵ라:畢竟可破壞(金剛上35). ᄆᆞᄎᆞ매 이 無ㆆ字ㅣ 어느 고대 잇ᄂᆞ뇨:必竟者箇無字落在甚處(蒙法13). ᄆᆞᄎᆞ매 趙州ᄂᆞᆫ 이 엇던 面目고:必竟趙州是何面目(蒙法55). 니ᄅᆞ샤ᄃᆡ ᄆᆞᄎᆞ매 ᄃᆞᆯ 아니라:云畢竟非月(圓覺下一之二34). ᄆᆞᄎᆞ매 能히 고티샤:終而能改(宣賜內訓2上28). 姦邪ᄒᆞᆫ 臣下ᄅᆞᆯ ᄆᆞᄎᆞ매 주겨 菹醢ᄒᆞ니:姦臣竟菹醢(杜解1:9). ᄆᆞᄎᆞ매 難히 셔리언마ᄅᆞᆫ:終難立(初杜解7:9). 잠간 여희오 ᄆᆞᄎᆞ매 머리ᄅᆞᆯ 도로혀 ᄇᆞ라노라:暫別終回首(重杜解9:22). ᄆᆞᄎᆞ매 뷔도다:畢竟空(南明上25). ᄆᆞᄎᆞ매 뷘 相이니(南明上43). ᄒᆞ마 이 곧ᄒᆞ니 ᄆᆞᄎᆞ매 엇데오(金三2:12). ᄒᆞᆫ 가지 이즈러디면 ᄆᆞᄎᆞᆷ내 온젼ᄒᆞᆫ 德을 더러이리라(女四解3:22).

ᄆᆞ·ᄎᆞ·맨 부 마침내는. 드디어는. ☞ᄆᆞᄎᆞ매 ¶根源性이 ᄆᆞᄎᆞ맨 뷔여(釋譜23:15). ᄆᆞᄎᆞ맨 市井의 들에요ᄆᆞᆯ 마ᄀᆞ리로다:終防市井

喧(杜解15:14).

ᄆᆞ·ᄎᆞᆷ 명 마지막. 마침. ☞ᄆᆞᄎᆞ다 ¶처엄 ᄆᆞᄎᆞᄆᆞᆯ 알리노니(釋譜序2). 終은 ᄆᆞᄎᆞ미라(訓註2). 萬物의 처엄 일며 ᄆᆞᄎᆞᆷ 이ᄂᆞᆫ ᄡᅡ히라(法華3:161). 未來 ᄆᆞᄎᆞᆷ 업서:未來無終(圓覺上一之二14). 百年에 歡娛 ᄆᆞᄎᆞᄆᆞᆯ 보디 몯ᄒᆞᆯ ᄃᆞᆺ도다:百年未見歡娛畢(杜解25:30). ᄆᆞᄎᆞᆷ 죵:終(訓蒙下35). ᄆᆞᄎᆞᆷ 경:竟(類合下29). ᄆᆞᄎᆞᆷ 죵:終(類合下63). ᄆᆞᄎᆞᆷ 죵:終. ᄆᆞᄎᆞᆷ 경:竟(光千13). ᄆᆞᄎᆞᆷ 죵:終. ᄆᆞᄎᆞᆷ 경(石千13). ᄆᆞᄎᆞᆷ 죵:終(倭解下34). 효의 ᄆᆞᄎᆞᆷ이라 ᄒᆞ시니(百行源16).

ᄆᆞᄎᆞᆷᄀᆞ올 명 늦가을. 계추(季秋). ¶立春에 조샹을 祭ᄒᆞ며 ᄆᆞᄎᆞᆷᄀᆞ올히 아비게 祭ᄒᆞ며:立春祭先祖季秋祭禰(宣小5:40).

ᄆᆞ·ᄎᆞᆷ:내 부 마침내. ☞ᄆᆞᄎᆞᆷ애 ¶ᄆᆞᄎᆞᆷ내 제 ᄠᅳ들 시러 펴디 몯ᄒᆞᇙ 노미 하니라:而終不得伸其情者多矣(訓註). ᄆᆞᄎᆞᆷ내 魔ㅣ 著ᄒᆞᆫ ᄃᆞᆯ 아디 몯ᄒᆞ야:終不覺知魔著(楞解9:111). ᄆᆞᄎᆞᆷ내 得디 몯ᄒᆞ릴씨(金剛19). ᄆᆞᄎᆞᆷ내 조호ᄆᆞᆯ 得디 몯ᄒᆞ리니(圓覺序59). ᄆᆞᄎᆞᆷ내 고티디 아니호려니와:終不改(初杜解23:54). ᄆᆞᄎᆞᆷ내 眞實ᄒᆞ닌 明月珠 ᄀᆞᆮᄒᆞ야(南明上54). ᄆᆞᄎᆞᆷ내 地獄애 ᄢᅥ러디여:終墮於地獄中(佛頂上3). ᄆᆞᄎᆞᆷ내 경:竟(倭解上27). ᄆᆞᄎᆞᆷ내 賢臣이 되니라(女四解4:9). ᄆᆞᄎᆞᆷ내:畢境(同文解下49). ᄆᆞᄎᆞᆷ내:畢竟(漢淸8:56). 하ᄂᆞᆯ이 ᄆᆞᄎᆞᆷ내 말을 아니 ᄒᆞ시ᄂᆞᆫ또다:天卒不言(五倫2:43). ᄆᆞᄎᆞᆷ내 죽으나 ᄒᆞᆫ 몸으로ᄡᅥ 만민의 명을 밧고니:竟以不振以一身之死易萬民之命(五倫2:83).
※ᄆᆞᄎᆞᆷ내>마침내

ᄆᆞ·ᄎᆞᆷ·애 부 마침내. 마지막에. ☞ᄆᆞᄎᆞ매. ᄆᆞᄎᆞᆷ내 ¶처엄의ᄂᆞᆫ ᄂᆞᆺ촐 보고 둥간의ᄂᆞᆫ 가ᄉᆞᄆᆞᆯ 보고 ᄆᆞᄎᆞᆷ애 ᄂᆞᆺ촐 보며:始視面中視抱卒視面(宣小2:14). ᄆᆞᄎᆞᆷ애 善ᄒᆞᆫ 士ㅣ 되야:卒爲善士(宣孟14:14). ᄆᆞᄎᆞᆷ애 문 칼해 버혀 주기미 되다:竟爲亂劒斫死(東新續三綱. 忠1:59).

ᄆᆞ·ᄎᆞᆷ·ᄃᆞᆯ 명 음력 구월. 계추(季秋). ¶ᄆᆞᄎᆞᆷᄃᆞ래 반ᄃᆞ기 菊花ᄅᆞᆯ ᄠᅴ워:季月當泛菊〔季月ᄋᆞᆫ 謂九月也ㅣ라〕(初杜解25:4).

ᄆᆞᆫ·ᄃᆞ·리 명 맨드리. ☞ᄆᆡᆼᄀᆞ리 ¶그 각시 더른 ᄆᆞᆫᄃᆞ리 ᄒᆞ고:妻乃輕服(三綱. 烈9).

ᄆᆞᆫ·ᄃᆞᆯ·다 동 만들다. ☞ᄆᆡᆫᄃᆞᆯ다 ¶아ᄅᆞᆷ뎟 飮食을 ᄆᆞᆫᄃᆞ라 먹게 ᄒᆞ야:私作飮食(飜小9:7). 어딜에 ᄆᆞᆫᄃᆞ로매 인ᄂᆞ니(飜小9:14). ᄃᆞᆯᄀᆞᆯ 자바 차반ᄂᆞᆯ ᄆᆞᆫᄃᆞᆯ어ᄂᆞᆯ:殺雞爲饌(飜小10:6). ᄉᆞᄉᆞ로이 飮食을 ᄆᆞᆫᄃᆞ라:私作飮食(宣小6:6). 喪葬祭禮ᄅᆞᆯ ᄆᆞᆫᄃᆞᄅᆞ시고(家禮1:4). 우ᄅᆞᆯ ᄀᆞᄅᆞ ᄆᆞᆫᄃᆞ라:右爲末(馬解下6). 저ᄀᆡ운 호터내야 人傑을 ᄆᆞᆫᄃᆞᆯ고쟈(松江. 關東別曲). 겨집 ᄆᆞᆫᄃᆞᆫ 거시 이시되(太平1:41). 銀鹿을 ᄆᆞᆫᄃᆞ라 ᄆᆡ오고 희롱ᄒᆞ더라(女四解4:41). 글을 ᄆᆞᆫᄃᆞ라(十九史略1:1). ᄀᆞᄂᆞᆯ게 ᄀᆞᄅᆞ ᄆᆞᆫᄃᆞ라:細末(痘瘡方48). ᄀᆞᄂᆞᆫ ᄀᆞᄅᆞᆯ ᄆᆞᆫᄃᆞ라:作細末(痘瘡方60). 셰도ᄅᆞᆯ 개연ᄒᆞ야 ᄒᆞᆫ 편을 ᄆᆞᆫᄃᆞ라 일홈을 명ᄒᆞ야 ᄇᆡᆨ힝원이라 ᄒᆞ야(百行源20).

ᄆᆞᆫᄆᆞᆫᄒᆞ다 형 만만하다. ¶ᄇᆡᆨ샹환은 대극 블근 엄 나니ᄅᆞᆯ 조쥭 운믈에 달혀 ᄆᆞᆫᄆᆞᆫᄒᆞ거든 고ᄀᆡ양 업시 ᄒᆞ고:百祥丸大戟紅芽者漿水煮軟去骨(痘要下27).

ᄆᆞᆫ·졈 부 먼저. ¶ᄆᆞᆫ졈 머근 ᄆᆞᅀᆞᆷ온 ᄒᆞᆫ 福도 업ᄂᆞ니(月印上48).

ᄆᆞᆫ·지·다 동 만지다. ☞ᄆᆞᆫ치다 ¶定에 드렛다가 나ᅀᅡ 虛空ᄋᆞᆯ ᄆᆞᆫ지거늘(月釋1:36). 阿難ᄋᆡ 뎡바길 ᄆᆞᆫ지시니:摩阿難頂(楞解5:4). 四海 밧글 다시 ᄆᆞᆫ지ᄂᆞ니:再撫四海之外(法華6:31). 세 번 ᄆᆞᆫ지시고:三摩(法華6:120). 두ᅀᅥ 번 뎡바기 ᄆᆞᆫ지샤ᄆᆞᆫ:再三摩頂(法華6:121). 여러 大菩薩이 金色 소ᄂᆞᆯ 펴 뎡바기ᄅᆞᆯ ᄆᆞᆫ져 授記ᄒᆞ시고:諸大菩薩舒金色手摩頂受記(佛頂4). 하ᄂᆞᆯᄒᆞᆯ ᄆᆞᆫ지시니(宣賜內訓2下8). 자최ᄅᆞᆯ ᄆᆞᆫ져셔:撫遺跡(重杜解9:6). ᄆᆞᆫ질 무:撫(訓蒙下32). ᄆᆞᆫ질 마:摩(類合下9. 石千33). ᄆᆞᆫ질 문:捫(類合下46). 공쥬란 나아오라 ᄒᆞ여 ᄆᆞᆫ져 보고(癸丑34). ᄆᆞᆫ지다:摩摩(譯解下46). 형아 아ᄋᆡ야 네 ᄉᆞᆯᄒᆞᆯ ᄆᆞᆫ져 보와(古時調. 鄭澈. 松江).
※ᄆᆞᆫ지다>만지다

ᄆᆞᆫ치다 동 만지다. ☞ᄆᆞᆫ지다 ¶이믜 영장호매 무덤을 ᄆᆞᆫ치며 우니:旣葬撫塚哀號(東新續三綱. 烈2:18 慶氏撫塚).

ᄆᆞᆮ 명 맏이. ☞몯 ¶내 아ᄃᆞ리 비록 ᄆᆞ디라도 사오나ᄫᆞᆯ씨(月釋2:5). ᄆᆞᆮ 分 일훔이 智積이러시니(月釋14:4). ᄆᆞ디 病 되얫거늘(三綱. 烈7). 우리 ᄆᆞᆮ 도의니의 마를 어긔디 마져:咱休別了兄長之言(飜朴上25). ᄆᆞᆮ 형:兄. ᄆᆞᆮ 곤:昆. ᄆᆞᆮ 가:哥(訓蒙上32). ᄆᆞᆮ 형:兄(類合上19). ᄆᆞᆮ ᄇᆡᆨ:伯. ᄆᆞᆮ 형:兄(石千15). ᄆᆞᆮ 윤:尹(石千23). ᄆᆞᆮ 곤:昆(石千27). ᄆᆞᆮ ᄆᆡᆼ:孟(石千29). ᄆᆞᄃᆞᆫ 나히 열아홉이오:長者年十九(宣小6:60). ᄆᆞᆮ 형:兄(倭解上12). ※ᄆᆞᆮ>맏

ᄆᆞᆮ·내 명 맏이 되는 사람들. 연장자(年長者)들. 우두머리들. ¶즉자히 나랏 어비 ᄆᆞᆮ내ᄅᆞᆯ 모도아 니ᄅᆞ샤ᄃᆡ(釋譜6:9).

ᄆᆞᆮ누의 명 맏누이. 큰누이. ☞몯누의 ¶姊ᄂᆞᆫ ᄆᆞᆮ누의오 妹ᄂᆞᆫ 아ᅀᆞ누의라(月釋21:162). 아ᄌᆞ미와 ᄆᆞᆮ누의와 아ᅀᆞ누의와 ᄯᆞᆯ왜 ᄒᆞ마 婚姻ᄒᆞ야 도라왯거든(宣賜內訓1:5). ᄆᆞᆮ누의 져:姐. ᄆᆞᆮ누의 ᄌᆞ:姊(訓蒙上32). ᄆᆞᆮ누의 ᄌᆞ:姊(類合上19). 과모 ᄆᆞᆮ누의 셤기믈 어버이 셤김ᄀᆞ티 ᄒᆞ니:事寡姊如事其親(東新續三綱. 孝5:17). ᄆᆞᆮ누의 ᄌᆞ:姊(倭解上12).

몬누의:姐姐(同文解上10).

몬누의남진 명 큰매부. ¶몬누의남진:姐夫(飜老下34).

몬·다 동 마치다. 그치다. ☞뭋다 ¶三寶의 歸依ᄒᆞᅀᆞ오ᄆᆞᆯ 몬ᄌᆞ오니:歸依三寶竟(眞言58). 몸 셰옴애 몬ᄂᆞ니라:終於立身(宣小2:29). 거상 몬고 두로 거러 ᄎᆞ마 가디 몯ᄒᆞ야:喪畢徘徊不忍去(東新續三綱. 孝1:32). 무덤 겨틔 사라 뼈 그 몸을 몬다:居墓側以終其身(東新續三綱. 孝5:48). 삼 년을 몬고 오히려 상복글 닙거ᄂᆞᆯ:三年畢猶著喪服(東新續三綱. 烈1:88). 모미 몬도록 게을리 아니 ᄒᆞ더라:終身不怠爲(東續三綱. 孝29).

몬ᄃᆞᆰᄒᆞ다 형 마뜩하다. ☞뭇ᄃᆞᆰᄒᆞ다 ¶잔취가 몬ᄃᆞᆰᄒᆞ여 日暮西山ᄒᆞ여도 樂而忘返이오매(隣語1:30).

몬둥·기·다 동 더위잡다. ¶緣ᄋᆞᆯ 몬ᄃᆞᆼ기야 가져 著ᄒᆞ야:攀緣取著(月釋序3).

몬며·느리 명 맏며느리. ☞뭇며ᄂᆞ리 ¶몬며느리 祭祀와 손 待接 ᄐᆞ렛 일ᄃᆞᆯᄒᆞᆯ(宣賜內訓1:56). 姒ᄂᆞᆫ 몬며느리오(宣賜內訓3:40). 집 일을 몬며느리게 뎐ᄒᆞ단 말이라(宣小2:19).

몬ᄆᆡ부 명 큰매부. ☞뭇ᄆᆡ부 ¶몬ᄆᆡ부:姐夫(同文解上10).

몬ᄠᅳᆮ 명 첫뜻. 뜻. 초지(初志). ¶몬ᄠᅳᆮ 지:志(類合下1).

몬싀누의 명 맏시누이. ☞뭇싀누이 ¶몬싀누의:大姑(同文解上11).

몬싀아ᄌᆞ비 명 맏시아주버니. ☞뭇싀아ᄌᆞ비 ¶몬싀아ᄌᆞ비:大伯(同文解上11).

몬·아기 명 맏아이. 첫 아기. ¶도라 몬아기ᄅᆞᆯ 보니 버미 ᄠᅩ차 오거늘 브르노라 ᄒᆞ다가(月釋10:24).

몬아·ᄃᆞ:님 명 맏아드님. ¶淨飯王ㅅ 몬아ᄃᆞ니믄 釋迦如來시고(月釋2:1).

몬아·ᄃᆞᆯ 명 맏아들. ☞뭇아ᄃᆞᆯ ¶몬아ᄃᆞ리 즐어 업스니:長嗣夭亡(月釋序14). 몬아ᄃᆞᆯ ᄃᆞᆯᄒᆞᆯ ᄀᆞᄅᆞ쵸ᄃᆡ:教胄子(宣小1:10).

몬아자·비 명 큰아버지. 백부(伯父). ☞뭇아자비 ¶몬아자비 백:伯(訓蒙上31).

몬아자·빅:겨·집 명 큰어머니. 백모(伯母). ☞몬아자비. 뭇아자븨겨집 ¶몬아자비겨집:伯娘(飜老下3).

몬아ᄌᆞ·바·님 명 큰아버님. 백부(伯父)님. ¶몬아ᄌᆞ바님:伯父(飜老下3).

몬아ᄌᆞ븨겨집 명 큰어머니. 백모(伯母). ¶몬아ᄌᆞ븨겨집:姆(四解上38).

몬아ᄌᆞ븨쳐 명 큰어머니. 백모(伯母). ☞몬아ᄌᆞ븨겨집. 뭇아ᄌᆞ븨쳐 ¶몬아ᄌᆞ븨쳐:伯母(同文解上10).

몬아ᄌᆞ비 명 큰아버지. 백부(伯父). ☞뭇아ᄌᆞ비 ¶몬아ᄌᆞ비:伯父(同文解上10).

몬아줌 명 맏아주미. ☞뭇아줌 ¶몬아ᄌᆞ마 지즑과 돗 가져다가 나그내네 주워 셜에 ᄒᆞ라:丈嫂將藁薦席子來與客人們鋪(飜老上25). ※몬아줌＜뭇아줌

몬·오라·비 명 맏오라비. ¶져머셔 아바님 일흐시고 몬오라비 客卿이 양노ᄒᆞ더니 일 죽거늘:少喪父母兄客卿敏慧早夭(宣賜內訓2上40). 姨兄:엄의 겨집동싱에 난 몬오라비라(宣小6:46).

몬·ᄌᆞ·식 명 맏자식. 장자(長子). ¶아비 죽은 몬ᄌᆞ식을 取티 아니홀디니라:喪父長子不取(宣小2:54).

몬쳐남 명 맏처남. ☞뭇쳐남 ¶몬쳐남:大舅子(同文解上11).

몬ᄎᆞ·다 동 마치다. 끝내다. ☞뭇다 ¶先生이 믇거시든 몬ᄎᆞ셔든 ᄃᆡ답ᄒᆞ며:先生問焉終則對(宣小2:60). 나조히 몬초ᄃᆡ:竟夕(宣小6:4). 몽상 니버 복제ᄂᆞᆯ 몬찬더니:服衰終制(東新續三綱. 孝1:13). 이튼날 다시 사라셔 삼년상 몬ᄎᆞ되:翌日乃甦三年喪畢(東新續三綱. 烈1:68).

몬ᄎᆞ매 부 마침내. ☞몬춤애 ¶ᄭᅮ짓기ᄂᆞᆯ 입의 그치디 아니ᄒᆞ니 몬ᄎᆞ매 주기니라:罵不絕口竟殺之(東新續三綱. 烈6:4).

몬·춤·애 부 마침내. ☞ᄆᆞᄎᆞ매 ¶몬춤애 어듬이 업는 바ᄅᆞᆯ 病도이 너기시니라(宣小6:17). 몬춤애 해홈을 니브니라:竟被害(東新續三綱. 孝6:30). 몬춤애 그 지아비ᄅᆞᆯ 아ᄋᆞ니 지아비 시러곰 사니라:竟奪之夫得活(東新續三綱. 烈3:95).

몬형 명 맏형. 큰형. ¶몬兄 눈섭 희니ᄅᆞᆯ ᄯᅩ 하ᄂᆞᆯ히 여러 내시도다:長兄白眉復天啓(初杜解8:17). 아ᄇᆡ동싱몬형:伯伯(飜老下34). 몬형은 뫼 우희셔 붑 티고:大哥山上擂鼓(飜朴上39). 몬 형:兄(訓蒙上32). 몬형 ᄇᆡᆨ:伯(類合下16). ※몬형＞맏형

ᄆᆞᆯ 명 말〔馬〕. ¶전 ᄆᆞ리 현 버늘 딘ᄃᆞᆯ:爰有蹇馬雖則屢蹶(龍歌31章). ᄆᆞᆯ 톤 자히 건너시니이다:乘馬截流. ᄆᆞᆯ 톤 자히 ᄂᆞ리시니이다:躍馬下馳(龍歌34章). ᄆᆞᆯ 우흿 대버믈 ᄒᆞᆫ 소ᄂᆞ로 티시며:馬上大虎一手格之(龍歌87章). ᄆᆞ리 病이 기퍼:我馬孔瘏(龍歌109章). 죻과 ᄆᆞᆯ와ᄅᆞᆯ 현맨 ᄃᆞᆯ 알리오(月印上9). 人間애 나고도 쇠어나 ᄆᆞ리어나 약대어나 라귀어나 ᄃᆞ외야(釋譜9:15). 술위와 ᄆᆞᆯ와ᄅᆞᆯ ᄒᆞ야ᄇᆞ리거든:妨損車馬(楞解5:68). 네흔 ᄆᆞ리니:四馬者(圓覺上一之一26). 님금이 술위와 ᄆᆞᆯ와 주어시든:君賜車馬(宣賜內訓1:11). 飮馬窟ᄋᆞᆫ 賊兵의 ᄆᆞᆯ 머기던 므리라(杜解1:3). 가히와 ᄆᆞᆯ왜 진실로 思戀ᄒᆞᄂᆞ니:犬馬誠爲戀(杜解8:12). ᄆᆞᆯ게 두 ᄲᅳᆯ 나고 독의 불휘 나도:馬生雙角瓮生根(南明上67). 쇠 ᄆᆞᆯ게 쇠 채 아니 티면:鐵馬不着

鐵鞭(飜朴上40). ᄆᆞᆯ 마:馬(訓蒙上19. 類合上13. 倭解下22). 쇠 사ᄅᆞᆷ 쇠 ᄆᆞᆯ띄 쇠 채 아니면 ᄆᆞᆯ띄 ᄂᆞ리디 아니ᄒᆞᄂᆞᆫ 거시여:鐵人鐵馬不着鐵鞭不下馬(朴解上36). ᄆᆞᆯ께 ᄇᆞᆯ피다:馬蹶了(譯解下23). ᄆᆞᆯ게 ᄂᆞ리와 손으로 베혀(女四解4:16). ᄆᆞᆯ 코 부다:馬噴鼻(漢淸14:29). ᄆᆞᆯ을 잡으며 ᄆᆞᆯ이 진ᄒᆞ매:遂食馬馬盡(五倫2:30). ᄆᆞᆯ 마:馬(兒學上7). 馬曰末(雞類). ※ᄆᆞᆯ>말

·ᄆᆞᆯ 명 마름〔藻〕. ¶ᄆᆞᆯ 조:藻 海藻 又水草 文宗 御釋 말왐 조 藻 初學字會同(訓蒙上9). ᄆᆞᆯ:海藻(方藥26). ᄆᆞᆯ:藻(詩解 物名2). ᄆᆞᆯ:海藻(東醫 湯液二 菜部). 海藻 海薀 ᄆᆞᆯ之類(物譜 蔬菜). ᄆᆞᆯ:藻(物譜 雜草).

ᄆᆞᆯ 명 말. 〔장기나 윷 따위에 쓰는 패.〕 ¶네 주글 ᄆᆞ리 하다:你的殺子多(飜朴上24).

ᄆᆞᆯ 명 똥. 똥과 오줌. ¶차바ᄂᆞᆯ 머거도 自然히 스러 ᄆᆞᆯ보기ᄅᆞᆯ 아니 ᄒᆞ며(月釋1:26). ᄆᆞᆯ보며 오좀 눌 ᄢᅴ:屙屎送尿時(牧牛訣29).

ᄆᆞᆯ 명 ①마룻대. ☞ᄆᆞᄅᆞ ¶긴 불휘 서거 ᄒᆞ야디며 보 ᄆᆞᆯ리 기울어늘:主根腐敗梁棟傾危(法華2:56). 노ᄑᆞᆫ ᄆᆞᆯᄅᆞᆯ 아ᅀᆞᆫ ᄃᆞᆺᄒᆞ며:去高棟(初杜解24:17).
②마루〔宗〕. 으뜸가는 것. ☞ᄆᆞᄅᆞ ¶므리 ᄆᆞᆯ리 이셔 가ᄅᆞᆯ 모도ᄃᆞᆺ ᄒᆞ니라(楞解1:16). 므리 ᄆᆞᆯ리 이셔 가ᄅᆞᆯ 모도ᄃᆞᆺ ᄒᆞ니:如水有宗以會其支派(法華1:13).

ᄆᆞᆯ가리 명 향근(香芹). 미나리. ¶ᄆᆞᆯ가리:香芹(譯解補50).

ᄆᆞᆯ가얌이 명 말개미. ☞가얌이 ¶ᄆᆞᆯ가얌이:馬蟻(柳氏物名二 昆蟲).

ᄆᆞᆰ갅·다 동 맑게 가라앉다. 〔'ᄆᆞᆰ+앉다'의 복합(複合).〕 ¶엄지가락톱ᄋᆞᆯ 져기 ᄀᆞᆯ가 더운 므레 ᄒᆞᆫᄃᆡ 너허 ᄆᆞᆰ갅거든:用大母指爪甲刮少許同泡湯候淸(救急下41).

ᄆᆞᆯ거머리 명 말거머리. ☞거머리 ¶ᄆᆞᆯ거머리:馬蝗(物譜 水族). ᄆᆞᆯ거머리:馬蜞(柳氏物名二 昆蟲).

ᄆᆞᆯ거믜 명 말거미. ☞거믜 ¶ᄆᆞᆯ거믜:蠨蛸(詩解 物名14).

ᄆᆞᆯ곳비 명 말고삐. ¶ᄆᆞᆯ곳비:轡(物譜 牛馬).

ᄆᆞᆯ구·슈 명 말구유. ☞ᄆᆞᆯ구ᅀᅵ ¶ᄆᆞᆯ구슈:馬槽(訓蒙光文會板中12 槽字註).
※ᄆᆞᆯ구슈>말구유

ᄆᆞᆯ구·ᅀᅵ 명 말구유. ☞ᄆᆞᆯ구슈 ¶ᄆᆞᆯ구ᅀᅵ:馬槽(訓蒙中12 槽字註).

ᄆᆞᆯ구유 명 말구유. ☞ᄆᆞᆯ구슈. ᄆᆞᆯ구ᅀᅵ ¶말구유:馬槽(譯解上19).

ᄆᆞᆯ구죵 명 말구종. 견마부(牽馬夫). ¶皁隷ᄂᆞᆫ ᄆᆞᆯ구죵이라(家禮10:49). ᄆᆞᆯ구죵:跟馬的(譯解上27). ᄆᆞᆯ구죵:牽馬人(漢淸5:34).

ᄆᆞᆯ굴레 명 말굴레. ☞ᄆᆞᆯ굴에 ¶ᄆᆞᆯ굴레 ᄡᅧ 여긔 가져다가 기ᄅᆞ마짓고:馬套上轡頭這裏將來鞴鞍子(朴解中51).

ᄆᆞᆯ굴에 명 말굴레. ☞ᄆᆞᆯ굴레 ¶ᄆᆞᆯ굴에:韉頭(四解上11 韉字註). ※ᄆᆞᆯ굴에>말굴레

ᄆᆞᆯ굽 명 말굽. ¶ᄆᆞᆯ굽 슬흐니(簡辟21). ᄆᆞᆯ굽:馬蹄(瘟疫方8). 고줄 ᄇᆞᆯ와 도라가니 ᄆᆞᆯ구비 곳답도다:踏花歸去馬蹄香(百聯15).

ᄆᆞᆯ굽쇠 명 말굽쇠. ¶ᄆᆞᆯ굽쇠:元寶(譯解下1). ᄆᆞᆯ굽쇠:元寶(同文解下22).

ᄆᆞᆯ귀유 명 말구유. ☞ᄆᆞᆯ구슈. ᄆᆞᆯ구ᅀᅵ. ᄆᆞᆯ구유 ¶삿광조리 ᄆᆞᆯ귀유ㅣ 다 壯ᄒᆞ냐:蓆筐馬槽都壯麽(朴解中12).

ᄆᆞᆯ·기 부 맑게. ¶性 하ᄂᆞ리 ᄆᆞᆯ기 개며:性天澄霽(楞解1:107). 깁고 머르샤미 象王ㅅ 소리 ᄀᆞᆮᄒᆞ샤 ᄇᆞᆯ기 ᄆᆞᆯ기 ᄉᆞᄆᆞᄎᆞ샤미 三十一이시고(法華2:16). 녯 뎌레 ᄇᆞᄅᆞ미 ᄆᆞᆯ기 부놋다:古寺風泠泠(杜解7:29). 이제 당당이 ᄆᆞᆯ기 손 시소ᄆᆞᆯ ᄆᆞᆺ고:時應淸盥罷(杜解9:37). ᄆᆞᆯ기 시드러운 모ᄆᆡ 殘弱호ᄆᆞᆯ 므던히 너기노라:淸羸任體孱(杜解20:13). 나뵈 눈섭 ᄀᆞᄐᆞᆫ 눈서블 ᄆᆞᆯ기 ᄡᅳᆯ오 至尊ᄭᅴ 朝謁ᄒᆞ놋다:淡掃蛾眉朝至尊(初杜解24:10). 엇데 져기 ᄆᆞᆯ기 가난호미 ᄀᆞᆮᄒᆞ리오:爭似少淸貧(金三4:31). 體와 用괘 서르 섯거 ᄆᆞᆯ기 ᄇᆞᆰ도다(南明上65).

ᄆᆞᆯ·기·다 동 맑히다. ☞ᄆᆞᆯ키다 ¶ᄆᆞᅀᆞᄆᆞᆯ ᄆᆞᆯ기샤 ᄒᆞᆫ 것도 업시 뷔샤 사디 아니ᄒᆞ시며(月釋1:18). 흐린 므를 ᄆᆞᆯ교ᄃᆡ ᄀᆞᄆᆞᄂᆞ니 잇ᄂᆞᆫ 그르세 담ᄃᆞᆺ ᄒᆞ니:如澄濁水貯於靜器(楞解4:89). 그 보ᄆᆞᆯ 괴외히 ᄆᆞᆯ겨 보미 어드우매 ᄉᆞᄆᆞ초미니(楞解9:59). 오ᄉᆞᆯ 조히 ᄒᆞ며 ᄆᆞᅀᆞᄆᆞᆯ ᄆᆞᆯ골ᄯᅵ니:淨衣淸心(法華7:173). 닐오ᄃᆡ ᄆᆞᅀᆞᄆᆞᆯ ᄆᆞᆯ겨 괴외ᄒᆞ야:謂澄心寂怕(永嘉上75). 神ᄋᆞᆯ ᄆᆞᅀᆞ매 ᄆᆞᆯ기다 닐올ᄯᅵ니라:可謂澄神方寸歟(永嘉下111). 法을 ᄆᆞᆯ기게 ᄒᆞᄂᆞᆫ(圓覺下二之一25). ᄆᆞᅀᆞᄆᆞᆯ ᄆᆞᆯ겨셔:心淸(初杜解9:20). ᄠᅳ데 ᄒᆞ마 風塵ᄋᆞᆯ ᄆᆞᆯ기고져 ᄒᆞ니라:志已淸風塵(杜解22:26). ᄆᆞᆯ길 등:澄. ᄆᆞᆯ길 려:瀘(訓蒙下11).
※ᄆᆞᆯ기다>맑히다

ᄆᆞᆯᄀᆞᆫ 형 맑은. ㉠ᄆᆞᆰ다 ¶ᄆᆞᆯᄀᆞᆫ 거우루 ᄀᆞᆮᄒᆞ야 여러 가짓 양ᄌᆞᄅᆞᆯ 잘 나톨 씨라(月釋1:34). ᄆᆞᆯᄀᆞᆫ ᄀᆞᅀᆞᆳ 미햇 므리 ᄀᆞᆮᄒᆞ며:如澄秋野水(蒙法41). ᄆᆞᅀᆞᄆᆞᆯ ᄆᆞᆯᄀᆞᆫ ᄃᆡ 노니며(宣賜內訓序6).

ᄆᆞᆯᄌᆞᆺᄆᆞᆯᄀᆞ시 부 맑게. 환하게. ☞ᄆᆞᆯᄌᆞᆺᄆᆞᆯᄌᆞᆺ ¶이 想 일써긔 낫나치 보ᄆᆞᆯ ᄀᆞ장 ᄆᆞᆯᄌᆞᆺᄆᆞᆯᄀᆞ시 ᄒᆞ야(月釋8:8). 뎌 나랏 ᄯᅡ홀 ᄆᆞᆯᄌᆞᆺᄆᆞᆯᄀᆞ시 分明히 보아(月釋8:8). ᄆᆞᆯᄌᆞᆺᄆᆞᆯᄀᆞ시 보ᄆᆞᆯ 다시 엇데 니ᄅᆞ리오:了了見更何言(南明下67). ᄆᆞᆯᄌᆞᆺᄆᆞᆯᄀᆞ시 永嘉ㅅ ᄆᆞᅀᆞᄆᆞᆯ 數百年 머리 그츤 後에 펴시니:昭昭然發永嘉之心於數百年曠絶之後(南明下77). ᄆᆞᆯᄌᆞᆺᄆᆞᆯᄀᆞ시 두려이 이러 가졸볼 格이 업도다:了了圓成

無比格(金三5:29).

ᄆᆞᆰᄆᆞᆰ 부 맑게. 환하게. ☞ᄆᆞᆰᄆᆞᄀᆞ시 ¶佛陀ᄂᆞᆫ 예셔 닐오맨 아ᄂᆞ니라 호미니 過去와 未來와 現在옛 衆生과 衆生 아닌 數와 常과 無常等 一切ㅅ 한 法을 菩提樹下애 겨샤 ᄆᆞᆰᄆᆞᆰ 아ᄅᆞ실ᄊᆡ 일후믈 佛陀ㅣ시다 ᄒᆞᄉᆞᆸᄂᆞ니라(眞言. 供養文16).

ᄆᆞᆰᄆᆞᆰᄒᆞ·다 형 환하다. 뇌락(磊落)하다. ¶ᄆᆞᆰᄆᆞᆰᄒᆞᆫ 별와 ᄃᆞᆯ와ᄂᆞᆫ 노피 도댓고:磊落星月高(杜解1:15). ᄒᆞᆫ갓 잇비 ᄆᆞᅀᆞ미 ᄆᆞᆰᄆᆞᆰᄒᆞ니라:徒勞心耿耿(南明下71).

ᄆᆞᆯ뇌다 동 말리다〔乾〕. ☞ᄆᆞᆯ외다 ¶셤을 푸러 ᄒᆞᆫ 이틀 ᄆᆞᆯ뇌여야 쓰지(隣語1:21). 불의 ᄆᆞᆯ뇌다:焙 火乾物(柳氏物名五 火).

ᄆᆞᆯ늬오다 동 말리다〔乾〕. ¶옷 불에 ᄆᆞᆯ늬오다:烘衣裳(譯解補29).

ᄆᆞᆯ니 명 마룻대가. ☞ᄆᆞᆯ ¶집 ᄆᆞᆯ니 썻거디고(癸丑218).

ᄆᆞᆯ·다 동 말다〔卷〕. ¶卷은 글월 ᄆᆞ로니라(月釋序19). 소리ᄅᆞᆯ ᄆᆞ라 根이 이니:卷聲成根(楞解4:110). 새 ᄆᆞ론 닙 ᄀᆞᆮᄒᆞ니라:如新卷葉(楞解4:110). 딥지즑에 ᄆᆞ라:薦席卷之(救簡1:67). 되오 ᄆᆞ라 노 ᄡᅩ아:急卷爲繩(救簡6:30). 일 닐어 門 열고 발 ᄆᆞᆯ고(家禮1:24). 屛風이라 덜걱 져븐 簇子ㅣ라 ᄃᆡᄃᆡ글 ᄆᆞᆫ다(古時調. 한숨아. 靑丘). ᄆᆞ라 ᄡᅡ다:纏包(同文解上58). ᄆᆞ라 ᄡᅡ다:裹起(漢淸11:30).

ᄆᆞᆯ·다 동 말다. ¶추메 ᄆᆞ라 ᄇᆞᄅᆞ라:唾和塗之(救急上7). 밥 우희 ᄲᅧ ᄆᆞ라 ᄇᆞᄅᆞ라:調塗(救急下13). 콩ᄀᆞᄅᆞᆯ 므레 ᄆᆞ라 ᄇᆞᄅᆞ라:大豆黃末水調塗之(救急下19). 거믄 콩을 므르ᄀᆞ라 므레 ᄆᆞ라 ᄇᆞᆯ로미 됴ᄒᆞ니라:黑豆研爛水調塗之妙(救簡6:26). ᄀᆞ라 ᄃᆞᆰᄀᆡ알 소뱃 누른 므레 ᄆᆞᆯ오 몬져 새 뵈로 허므ᄅᆞᆯ ᄡᅳ처:爲末以鷄子黃和先以新布拭瘢處(救簡6:92). 믈 ᄆᆞᆫ 밥 손:飧(訓蒙中20). ᄡᆞᆯ와 밀와 ᄆᆞ라(瘟疫方12). 믈 ᄆᆞᆫ 밥:水飯(譯解上49). ᄆᆞᆯ온 밥:湯飯(譯解上49).

ᄆᆞᆯ다 형 맑다. ☞ᄆᆞᆰ다 ¶ᄃᆞᆯ그르메 ᄆᆞᆯ도다:月影淸(重杜解12:1). 楚ㅅ 므를 새려 엿와 ᄆᆞᆯ도다:新窺楚水淸(重杜解12:2).

ᄆᆞᆯ대 명 말대. ¶말대:捲筵(物譜 蠶績).

ᄆᆞᆯ·롬 동 마름. 목이 마름. ㉮ᄆᆞᄅᆞ다 ¶비골폼과 목 ᄆᆞᆯ롬과 一切옛 시르미 다 업스며(月釋2:42).

ᄆᆞᆯ뢰다 동 말리다〔乾〕. ☞ᄆᆞᆯ오다. ᄆᆞᆯ외다 ¶블에 ᄆᆞᆯ뢰여(胎要5). ᄒᆞᆫᄃᆡ 버므려 ᄆᆞᆯ뢰디 못ᄒᆞᆯ소냐:一打裡和着乾不的(朴解下44).

ᄆᆞᆯ뢰오다 동 말리다〔乾〕. ☞ᄆᆞᆯ릐오다 ¶볏틔 ᄆᆞᆯ뢰오다:晒乾(譯解下47). ᄧᅬ야 ᄆᆞᆯ뢰오다:烤烘(同文解上60).

ᄆᆞᆯ릐오다 명 말리다〔乾〕. ☞ᄆᆞᆯ뢰오다 ¶불 ᄧᅬ여 ᄆᆞᆯ릐오다:烤曬(譯解補55).

ᄆᆞᆯ·리 명 ①마룻대〔棟〕가. (독)ᄆᆞᆯ ¶ᄆᆞᄅᆞ미 어위니 노ᄑᆞᆫ 집 ᄆᆞᆯ리 ᄠᅥᆺ고:江闊浮高棟(杜解2:27). 노ᄑᆞᆫ ᄆᆞᆯ리 훤ᄒᆞᆫ 길헤 비취엿도다:高棟照通衢(杜解2:45).
②마루〔宗〕가. 으뜸가는 것이. (독)ᄆᆞᆯ ¶므리 ᄆᆞᆯ리 이셔 가ᄅᆞᆯ 모도ᄃᆞᆺ ᄒᆞ니라(楞解1:16). 므리 ᄆᆞᆯ리 이셔 가ᄅᆞᆯ 모도ᄃᆞᆺ ᄒᆞ니:如水有宗以會其支派(法華1:13).

ᄆᆞᆯ·ᄅᆞᆫ 명 요지(要旨)는. (독)ᄆᆞᆯ ¶그 ᄆᆞᆯᄅᆞᆫ 어딘 이를 ᄀᆞᆯᄒᆡ며 몸ᄋᆞᆯ 닷가:其要在於擇善脩身(飜小9:14).

ᄆᆞᆯ·ᄅᆞᆯ 명 ①마룻대〔棟〕를. (독)ᄆᆞᆯ ¶큰 지븨 노ᄑᆞᆫ ᄆᆞᆯᄅᆞᆯ 아ᅀᆞᆫ ᄃᆞᆺᄒᆞ며:大屋去高棟(初杜解24:17).
②마루를. 근본을. 종요로운 것을. (독)ᄆᆞᆯ ¶그러나 이 ᄆᆞᅀᆞᆷ 發ᄒᆞᆯ 사ᄅᆞᄆᆞᆫ 慈悲心 뮈우므로 ᄆᆞᆯᄅᆞᆯ 사ᄆᆞᆺ디니(月釋9:22). 苦로 苦ᄇᆞ료ᄆᆞᆫ날 ᄆᆞᆯᄅᆞᆯ 아디 몯호ᄆᆞᆯ 니ᄅᆞ시니:以苦捨苦言不知出要(法華2:232). ᄒᆞᆫ 번 그 ᄆᆞᆯᄅᆞᆯ 得ᄒᆞ면:一得其宗(金三2:17).

ᄆᆞᆯ릐 명 ①마룻대에. 마룻대의. (독)ᄆᆞᆯ ¶긴 놀애 집ᄆᆞᆯ릐 激發ᄒᆞᄂᆞ니:長歌激屋梁(杜解7:25). 보 ᄆᆞᆯ릐 기우룸 ᄀᆞᆮᄒᆞ니:類梁棟之傾斜(法華2:105).
②마루의. 근본의. (독)ᄆᆞᆯ ¶諸經을 마초ᄢᅧ ᄆᆞᆯ릿 ᄠᅳ들 마ᄀᆡ오며:稽覈宗趣(法華1:10). 五教애 ᄆᆞᆯ릐 ᄠᅳ들(眞言19).

ᄆᆞᆯ마구 명 마구(馬廐). 마구간(馬廐間). ¶ᄆᆞᆯ마구:廐(物譜 牛馬).

ᄆᆞᆯ·말 명 말 말뚝. ☞ᄆᆞᆯ말독 ¶ᄆᆞᆯ말 앙:柳(訓蒙中19).

ᄆᆞᆯ말독 명 말 말뚝. ☞ᄆᆞᆯ말 ¶ᄆᆞᆯ말독:馬椿子(譯解下20). ᄆᆞᆯ말독:柳(物譜 牛馬).

ᄆᆞᆯ·메 명 말 구유. ¶ᄆᆞᆯ메 도:皁(訓蒙中19).

ᄆᆞᆯ뫼 명 말메.〔지명(地名)〕¶ᄆᆞᆯ뫼:馬山(龍歌5:42).

ᄆᆞᆯ무릇 명 말무릇.〔무릇의 한 가지.〕☞ᄆᆞᆯ물옷 ¶ᄆᆞᆯ무릇:馬鬚(柳氏物名三 草).

ᄆᆞᆯ물옷 명 말무릇.〔무릇의 한 가지.〕☞ᄆᆞᆯ무릇 ¶ᄆᆞᆯ물오즐 디허:慈菰擣(救簡6:19).

ᄆᆞᆯ·발 명 말발〔馬脚〕. ¶四天王이 뫼ᄉᆞᆸ고 ᄆᆞᆯ발ᄋᆞᆯ 諸天이 바다(月印上20). 君王의 ᄆᆞᆯ바ᄅᆞᆯ 섬긴 젼ᄎᆞ로:事君王之馬足故(宣賜內訓2上27). 도라오매 ᄆᆞᆯ바ᄅᆞᆯ 흗노라:歸來散馬蹄(初杜解7:8).

ᄆᆞᆯ벌 명 말벌. ¶ᄆᆞᆯ버릐 집:露蜂房(救簡3:3). ᄆᆞᆯ버릐 집 ᄒᆞᆫ 량 반과:露蜂房兩半(救簡3:39). ᄆᆞᆯ벌의 집:蜂房(濟衆). ᄆᆞᆯ벌:馬蜂(同文解下42. 譯解補49). ᄆᆞᆯ벌:大螞蜂(漢淸14:51). ᄆᆞᆯ벌:土蜂(柳氏物名二 昆蟲).

ᄆᆞᆯ보·기 명 ①대소변을 보는 일. 용변(用便). ¶차바ᄂᆞᆯ 머거도 自然히 스러 ᄆᆞᆯ보기

롤 아니ᄒᆞ며(月釋1:26). ᄆᆞᆯ보기롤 ᄒᆞ니 남진 겨지비 나니라(月釋1:43).
②이질(痢疾). ¶내 요ᄉᆞ이 ᄆᆞᆯ보기 어더셔:我這幾日害痢疾(飜朴上37).

ᄆᆞᆯ보·다 동 대소변을 보다. ¶옷 니브며 밥 머글 ᄢᅦ 오직 이리코 ᄆᆞᆯ보며 오좀 눌 ᄢᅦ 오직 이리코:著衣喫飯時但伊麼屙屎送尿時但伊麼(牧牛訣27). 〔여기서는 '대변보다'의 뜻으로 쓰였음.〕

ᄆᆞᆯ불버섯 명 말불버섯. ☞ᄆᆞᆯ불버슷 ¶ᄆᆞᆯ불버섯:馬勃(柳氏物名三 草).

ᄆᆞᆯ불버슷 명 말불버섯. ☞ᄆᆞᆯ불버섯 ¶ᄆᆞᆯ불버슷:馬勃(東醫 湯液三 草部).

ᄆᆞᆯ비 부 애달프게. 애처롭게. ¶王이 ᄆᆞᆯ비 너기샤 니ᄅᆞ샤ᄃᆡ(月釋11:10).

ᄆᆞᆯᄇᆞᆫ 형 애달픈. 애처로운. ¶ᄆᆞᆯᄇᆞᆫ 父母ㅣ 나롤 잇비 나ᄒᆞ시니라:哀哀父母生我劬勞(三綱. 孝15).

ᄆᆞᆯㅅ독 명 말뚝. ¶ᄆᆞᆯㅅ독:椿橛(漢淸10:38).

ᄆᆞᆯ삿·기 명 망아지. ☞ᄆᆡ야지. ᄆᆡ아지 ¶ᄒᆞᆫ ᄆᆞᆯ삿기 나(六祖上97).

ᄆᆞᆯ셕 명 말혁. ☞ᄆᆞᆯ셗 ¶우리 무리 ᄆᆞᆯ셕 잡고 새뱃 ᄃᆞᆰ소리롤 드러:我曹韝馬聽晨雞(杜解8:27). 또 ᄆᆞᆯ셕 굴에예 ᄒᆞ야딘 ᄃᆡ:幷馬韁靽勒所傷(救急下16). ᄆᆞᆯ셕:馬紲(四解下40 韁字註).

ᄆᆞᆯ셗 명 말혁. ☞ᄆᆞᆯ셕 ¶ᄆᆞᆯ셕슬 노하ᄇᆞ린대(三綱. 孝1). ᄆᆞᆯ셕슬 ᄀᆞᄌᆞ기ᄒᆞ며 燭ㅅ블 자보ᄆᆞᆯ 조쳐 ᄒᆞ고:齊轡兼秉燭(杜解20:17). 사리 ᄂᆞᄂᆞᆫ ᄆᆞᆯ셗 안해셔 나거든:箭出飛鞚內(杜解24:24).

ᄆᆞᆯ속 명 도투마리. ☞ᄆᆞᆯ숩 ¶ᄆᆞᆯ속:柚頭(四解上9 柚字註). ᄆᆞᆯ속:柚頭(譯解下3).

ᄆᆞᆯ솓동 명 말의 가슴걸이〔馬鞅〕. ☞ᄆᆞᆯ솟동 ¶ᄆᆞᆯ솓동:馬纓(老解下63).

ᄆᆞᆯ솟동 명 말의 가슴걸이〔馬鞅〕. ☞ᄆᆞᆯ솓동 ¶ᄆᆞᆯ솟동 일빅 낫과 쇠예 입ᄉᆞᄒᆞᆫ 토환 일빅 나촐 사고(飜老下69).

ᄆᆞᆯ·쇼 명 마소. 우마(牛馬). ☞ᄆᆡ쇼 ¶ᄆᆞᆯ쇼 주겨 군ᄉᆞ롤 이바ᄃᆞ며:殺牛馬以食戰士(三綱. 忠28 蝦蟆自焚).

·ᄆᆞᆯ·숩 명 도투마리. ☞ᄆᆞᆯ속 ¶ᄆᆞᆯ숩 튝:柚(訓蒙中18).

ᄆᆞᆯ십죠개 명 말씹조개. ¶ᄆᆞᆯ십죠개:馬刀(東醫 湯液二 蟲部. 柳氏物名二 水族).

ᄆᆞᆯ똥 명 말똥. ¶ᄆᆞᆯ똥:馬屎(救簡1:43). ᄆᆞᆯ똥을 ᄀᆞ라 ᄢᅮᆯ와 ᄒᆞᆫᄃᆡ 저ᅀᅥ:馬糞研同蜜(救簡2:46). 주ᅀᅥ 온 ᄆᆞᆯ똥 가져다가:拾來的糞將來(飜老下35). 주어 온 ᄆᆞᆯ똥 가져다가:拾來的糞將來(老解下32).
※ᄆᆞᆯ똥>말똥

ᄆᆞᆯ똥구우·리 명 말똥구리. ☞ᄆᆞᆯ똥구으리 ¶ᄆᆞᆯ똥구우리 여러 가짓 벌에 그 우희 모ᄃᆞ며:蜣蜋諸蟲而集其上(法華2:110). ᄆᆞᆯ똥구우리:蜣蜋(物譜 飛蟲).

ᄆᆞᆯ똥구으·리 명 말똥구리. ☞ᄆᆞᆯ똥구우리 ¶ᄆᆞᆯ똥구으릿 ᄇᆡ 아랠 ᄢᅦ혀:蜣蜋心破其腹下(救簡3:21). ᄆᆞᆯ똥구으리:蟷蜋(四解下35 蟷字註). ᄆᆞᆯ똥구으리 강:蜣. ᄆᆞᆯ똥구으리 량:蜋(訓蒙上22). 蟷螂一名螗螂 或作蜣螂 我東方言馬糞滾 訓作馬通九乙伊(五洲三 氣候). ᄆᆞᆯ똥구으리:蟷螂(同文解下42).

ᄆᆞᆯ똥구을이 명 말똥구리. ☞ᄆᆞᆯ똥구으리 ¶ᄆᆞᆯ똥구을이:蜣蜋(漢淸14:51).

ᄆᆞᆯ똥굴이 명 말똥구리. ☞ᄆᆞᆯ똥구으리 ¶ᄆᆞᆯ똥굴이:蜣蜋(柳氏物名二 昆蟲).

ᄆᆞᆯ똥그울 명 말똥구리. ☞ᄆᆞᆯ똥구으리 ¶ᄆᆞᆯ똥그우레 똥올 뭉ᄀᆡ야 ᄡᅡ해 묻고 ᄒᆞᆫ 그테 알 홀 ᄉᆞ러ᄃᆞᆫ(七大8).

ᄆᆞᆯ똥버슷 명 말똥버섯. ¶ᄆᆞᆯ똥버슷:馬糞泡(漢淸13:16).

ᄆᆞᆯ아 동 말라. 마름질하여. ㉮ᄆᆞᄅᆞ다 ¶칼로 ᄆᆞᆯ아 낸가 붓으로 그려 낸가(丁克仁. 賞春曲). 죠희 ᄆᆞᆯ아 旗 ᄆᆡᆼᄀᆞ라 내 넉슬 브르ᄂᆞ다:剪紙招我魂(重杜解1:13).

ᄆᆞᆯ어·치 명 말언치. ¶사ᄅᆞᄆᆞᆫ 와 ᄆᆞᆯ어치예 았놋다:人來坐馬韉(初杜解20:9).

ᄆᆞᆯ역괴 명 말여뀌. ☞ᄆᆞᆯ엿귀 ¶ᄆᆞᆯ역괴:白米花(譯解下39).

ᄆᆞᆯ엿귀 명 말여뀌. ☞ᄆᆞᆯ역괴 ¶ᄆᆞᆯ엿귀 룡:龍(詩解 物名8). ᄆᆞᆯ엿귀:水蓼(東醫 湯液三 草部).

ᄆᆞᆯ·오·다 동 말리다〔乾〕. ☞ᄆᆞᆯ외다 ¶蓮닙과 뽕니플 ᄀᆞᄐᆡ ᄂᆞᆫ화 ᄀᆞ놀해 ᄆᆞᆯ와:芙蓉葉桑葉等分陰乾(救急下12). 믯믜즌 것 업게 ᄒᆞ야 브레 ᄆᆞᆯ오고:去滑焙乾(救急下85). 烏麻롤 ᄲᅧ 니ᅀᅥ ᄆᆞᆯ오고:烏麻蒸續曬(初杜解20:38). 藥올 ᄆᆞᆯ오리ᄂᆞᆫ 能히 겨지비 업스리아:曬藥能無婦(重杜解13:43).

ᄆᆞᆯ오향 명 말 외양간〔廐〕. ☞ᄆᆞᆯ마구 ¶ᄆᆞᆯ오향:馬房(譯解上19).

ᄆᆞᆯ·외·다 동 말리다〔乾〕. ☞ᄆᆞᆯ오다 ¶白殭蠶올 焙籠애 ᄆᆞᆯ외야 노라커든:用白殭蠶焙黃(救急上3). ᄂᆞᆯ개 ᄆᆞᆯ외노라 고기 잡ᄂᆞᆫ 돌해 ᄀᆞᄃᆞᆨᄒᆞ얏도다:曬翅滿漁梁(杜解7:5). 츩불휘 ᄆᆞᆯ외야 ᄀᆞ론 ᄀᆞᄅᆞ:葛粉(救簡1:12). ᄆᆞᆯ외욘 ᄆᆡ홧 여르믈 ᄂᆞ로니 시버 브툐미 됴ᄒᆞ니라:白梅細嚼傅之妙(救簡6:25). 또 側栢 東녁 向ᄒᆞᆫ 니플 ᄆᆞᆯ외여(簡辟8).

ᄆᆞᆯ으다 동 마르다. ☞ᄆᆞᄅᆞ다 ¶속ᄶᅵ지 ᄆᆞᆯ으다:乾透心(譯解補58).

ᄆᆞᆯ음 명 마름. 사음(舍音). ☞ᄆᆞᄅᆞᆷ. ᄆᆞ롬 ¶ᄆᆞᆯ음:庄頭(譯解補19).

ᄆᆞᆯ의다 동 말리다〔乾〕. ☞ᄆᆞᄅᆞ다 ¶벼티 ᄆᆞᆯ의여 둣다가:日中晒乾(牛疫方4).

ᄆᆞᆯ·이 부 애걸(哀乞)해서. 〔'ᄆᆞᆲ다'의 전성 부

사(轉成副詞).〕¶내 ᄆᆞᆯ이 닐어 비러 오니:我哀告借將來(飜老上19).

ᄆᆞᆯᄋᆞᆽ다 [명] 말라 끊다. 재단(裁斷)하다. ☞ᄆᆞᄅᆞ다〔'ᄆᆞᆯ'은 'ᄆᆞᄅᆞ다〈裁〉', 'ᄀᆞᆽ다'는 '끊다〈剪〉'의 뜻. 'ᄋᆞᆽ다'는 'ᄀᆞᆽ다'의 ㄱ이 ㄹ 뒤에서 탈락한 형태.〕¶翠駮을 뉘 ᄆᆞᆯᄋᆞ사 ᄆᆡᆼᄀᆞᆯ리오:翠駮誰剪剔(初杜解16:2). 雲霧를 ᄆᆞᆯᄋᆞ사화 님금 오ᄉᆞᆯ ᄆᆡᆼᄀᆞ라:裁縫雲霧成御衣(初杜解25:48). ᄆᆞᆯᄋᆞ사화 바ᄂᆞᆯ 실 자최 업게 ᄒᆞᄂᆞᆺ다:裁縫滅盡針線迹(初杜解25:50).

ᄆᆞᆯ자반 [명] 바닷말. ¶비치와 ᄆᆞᆯ자반과 싱파와:菘菜海藻生葱(臘藥1). 비치와 ᄆᆞᆯ자반과 마ᄂᆞᆯ과:菘菜海藻大蒜(臘藥6).

ᄆᆞᆯ져지 [명] 말저자. 마시장(馬市場). ¶져긔셔 ᄆᆞᆯ져지도 갓가오니라(蒙老1:14).

ᄆᆞᆯ젓 [명] 말젖. ☞ᄆᆞᆯ졋 ¶ᄆᆞᆯ젓 고운 것:酥. ᄆᆞᆯ젓 ᄧᆞ다:擠馬妳子(譯解上52).

ᄆᆞᆯ졋 [명] 말젖. ☞ᄆᆞᆯ젓 ¶蒙古 將軍이 올히 너겨 ᄆᆞᆯ져즐 ᄡᅳ리며:蒙古將義之酹以馬湩(三綱. 忠26).

ᄆᆞᆯ쥭 [명] 말죽. ¶ᄆᆞᆯ쥭:馬糊塗(譯解補18). ᄆᆞᆯ쥭:馬糊塗(柳氏物名一 獸族).

ᄆᆞᆯ즈름 [명] 말 주릅. ☞주름. ᄌᆞ름 ¶ᄆᆞᆯ즈름:駔(物譜 商賈).

ᄆᆞᆯ·채 [명] 말채찍. ¶百步앳 ᄆᆞᆯ채 쏘샤:射鞭百步(龍歌63章). 策ᄋᆞᆫ ᄆᆞᆯ채오(楞解1:37). ᄆᆞᆯ 믄 ᄃᆡᆯ 고튜ᄃᆡ ᄆᆞᆯ채ᄅᆞᆯ ᄌᆡ ᄉᆞ라 ᄇᆞ티라:治馬咬用馬鞭燒灰貼之(救急下15). ᄆᆞᆯ채 칙:策(類合下25). 오좀이 뫼흘 ᄯᅮ러 깁희 ᄆᆞᆯ채가 드러가니(山城5).

ᄆᆞᆯ총 [명] 말총. ¶ᄆᆞᆯ총 체:馬尾羅兒(朴解中12. 譯解下13). ᄆᆞᆯ총:馬尾子(同文解下37). ᄆᆞᆯ총:鬃尾硬毛(漢淸14:25).

ᄆᆞᆯ키·다 [동] 맑히다. ☞ᄆᆞᆯ기다 ¶ᄆᆞᆯ켜 머그면(救荒7). ᄆᆞᆯ킬 딩:澄(類合下9).

ᄆᆞᆯ혁 [명] 말혁. ☞ᄆᆞᆯ셕 ¶겨울에 그 아비 손으로 ᄒᆞ여곰 술위ᄅᆞᆯ 몰시 치워 ᄆᆞᆯ혁을 노하ᄇᆞ린ᄃᆡ:父冬月令損御車體寒失靷(五倫1:2).

ᄆᆞᆰ·다 [형] 맑다. ☞ᄆᆞᆯ다 ¶ᄆᆞ미 瑠璃 ᄀᆞᆮᄒᆞ야 안팟기 ᄉᆞᄆᆞᆺ ᄆᆞᆯ가 허므리 업고(釋譜9:4). 湛ᄋᆞᆫ ᄆᆞᆯᄀᆞᆯ 씨오(月釋序1). ᄆᆞᆯᄀᆞᆫ 거우루 ᄀᆞᆮᄒᆞ야 여러 가짓 양ᄌᆞᄅᆞᆯ 잘 나토ᇙ 씨라(月釋1:34). 色蘊은 뷔여 ᄆᆞᆰ디 몯ᄒᆞ야 빗 이쇼미오(月釋1:35). 淸淨은 ᄆᆞᆰ고 조ᄒᆞᆯ 씨라(月釋2:12). 性이 本來 못ᄀᆞ티 ᄆᆞᆰ거늘:性本淵澄(法華1:189). 輕淸ᄋᆞᆫ 몸 가ᄫᅵ얍고 ᄆᆞᅀᆞᆷ ᄆᆞᆯᄀᆞᆯ 씨라(蒙法39). 氣韻이 肅靜ᄒᆞ며 家風이 ᄆᆞᆯ가:氣肅風淸(蒙法40). ᄆᆞᆯᄀᆞᆫ ᄀᆞᅀᆞᆳ 미햇 므리 ᄀᆞᆮᄒᆞ며:如澄秋野水(蒙法41). ᄇᆞᆯᄀᆞᆫ 거우뤼 ᄆᆞᆯᄀᆞ며 ᄆᆞᆯᄀᆞ니:明鑑昭昭(宣賜內訓序8). 봄 ᄇᆞᄅᆞ매 江漢이 ᄆᆞᆰ도다:春風江漢淸(初杜解8:16). 큰 아ᄃᆞᄅᆞᆫ 아홉 서레 비치 ᄆᆞᆯᄀᆞ니:大兒九齡色淸徹(杜解8:24). ᄀᆞᄅᆞᆷ 흘루믄 소리 업고 ᄆᆞᆰ도다:江流泯泯淸(杜解10:4). ᄀᆞᄅᆞᆷ ᄆᆞᆯᄀᆞᆫ 놀애 브르ᄂᆞᆫ 부쳇 미틔 ᄆᆞᆯ갯고:江淸歌扇底(初杜解15:29). ᄀᆞᄅᆞ미 ᄆᆞᆯ가니 ᄆᆞᅀᆞ미 어루 ᄆᆞᆯᄀᆞ리오:江淸心可瑩(初杜解20:51). 天下앳 ᄒᆞᆫ 輪ᄋᆞᆫ 샹녜 ᄆᆞᆯ가시며(金三2:25). ᄆᆞᆯ고미 갠 虛空애 ᄒᆞᆫ 點ㅅ 霞도 업소미 ᄀᆞᆮ도다:瑩若晴空絶點霞(南明上5). ᄆᆞᆯᄀᆞᆯ 쳥:淸(訓蒙下1). ᄆᆞᆯ글 담:淡(訓蒙下14). ᄆᆞᆯᄀᆞᆯ 딩:澄(類合下9). ᄆᆞᆯᄀᆞᆯ 형:瑩. ᄆᆞᆯᄀᆞᆯ 담:澹. ᄆᆞᆯᄀᆞᆯ 박:泊(類合下31). ᄆᆞᆯᄀᆞᆯ 텰:澈(類合下37). ᄆᆞᆯᄀᆞᆯ 쳥:淸(類合下48). ᄆᆞᆯᄀᆞᆯ 담:淡(類合下52). ᄆᆞᆯᄀᆞᆯ 담:淡(石千3). ᄆᆞᆯᄀᆞᆯ 딩:澄(石千12). ᄆᆞᆯᄀᆞᆯ 아:雅(石千17). ᄆᆞᆯ글 슉:淑(石千40). ᄆᆞᆯᄀᆞᆯ 랑:朗(石千40). ᄆᆞᆰ으며 흐린 ᄃᆡ:淸濁(宣小5:13). 하ᄂᆞᆯ 삼긴 지질이 ᄆᆞᆰ고 아ᄅᆞᆷ다와:天資淑美(東新續三綱. 烈2:36). ᄆᆞᆰ은 銀으로 주거니 받거니(隣語5:3). ᄆᆞᆰ다:淸(同文解上8). 원지산 ᄆᆞᆯ근 경이(쌍벽가). ᄆᆞᆯ근 술 ᄒᆞᆫ 병의 ᄃᆞᆷ가:浸一甁淸酒中(臘藥3). 磬子 ᄆᆞᆯ근 소리 ᄇᆞ람 섯거 다니가니(辛啓榮. 月先軒十六景歌).

ᄆᆞᆰ안·초·다 [동] 맑게 가라앉히다. ¶ᄎᆞᆫ므레 프러 ᄆᆞᆰ안초아 머그면 됴ᄒᆞ니라:冷水調澄淸服之妙(救急上10). 기장ᄡᆞᆯ 닷 되ᄅᆞᆯ 믈 ᄒᆞᆫ 마래 글혀 서 되ᄅᆞᆯ 取ᄒᆞ야 ᄆᆞᆰ안초아 젹젹 먹고:卽黍米五升水一斗煮之令得三升澄淸稍稍飮之(救急上34). ᄎᆞᆫ므레 ᄆᆞᆰ안초아 머기면 됴ᄒᆞ리라:冷水調澄淸服之妙(救簡1:36).

ᄆᆞᆰ·옴 [형] 맑음. ¶汪汪ᄒᆞ야 ᄆᆞᆰ옴이 믈 ᄀᆞᆮᄐᆞᆫ 배니라:汪汪淡如水(宣小5:23).

ᄆᆞᆰ은쇠 [명] 가늠쇠. ¶총부리에 ᄆᆞᆰ은쇠:鎗星(漢淸5:12).

ᄆᆞᆲ·다 [형] 슬프다. 애달프다. ¶도ᄐᆞᆯ 동여 두고 매로 티니 ᄆᆞᆯᄫᆞᆫ 소리 긋디 아니ᄒᆞ얫거든:縛猪棒打哀聲未絶(月釋23:73). 글ᄂᆞᆫ 가마에 오로 녀허 데티니 ᄆᆞᆯᄫᆞᆫ 소리 긋디 아니ᄒᆞ얫거든:熱湯煺身哀聲未絶(月釋23:75). ᄀᆞ장 ᄆᆞᆯ아 너비 濟度ᄒᆞ시리 아니시면(法華序16). ᄆᆞᆯᄫᆞᆫ 父母ㅣ 나ᄅᆞᆯ 잇비 나ᄒᆞ시니라:哀哀父母生我劬勞(三綱. 孝15).

ᄆᆞᆺ [명] 맏이〔伯〕. ☞ᄆᆞᆮ ¶ᄆᆞᆺ 빅:伯. ᄆᆞᆺ 형:兄(註千15). ᄆᆞᆺ 곤:昆(註千27). ᄆᆞᆺ ᄆᆡᆼ:孟(註千29). ᄆᆞᆺ 빅:伯(兒學上1).

ᄆᆞᆺ [관] 맨. ☞ᄆᆡᆫ ¶鹿野苑에 ᄆᆞᆺ 몬져 니ᄅᆞ시니(月印上34). 最後身ᄋᆞᆫ ᄆᆞᆺ 後ㅅ 모미니(月釋1:31). ᄆᆞᆺ 처ᅀᅥᄆᆡ 形體 업스며 일후미 업스며(月釋2:69). ᄆᆞᆺ 처ᅀᅥᆷ 敷座ᄒᆞ샤ᄆᆞᆫ:最初敷座(金三5:32).

·ᄆᆞᆺ [부] 가장. ☞ᄆᆡᆫ ¶世尊ᄋᆞᆫ 世界예 ᄆᆞᆺ 尊ᄒᆞ시닷 ᄠᅳ디라(釋譜序5). ᄆᆞᆺ 벼슬 놉고(釋譜6:15). 왼녀긔 ᄒᆞᆫ 點을 더으면 ᄆᆞᆺ노ᄑᆞᆫ소리

오(訓註13). 平聲은 ᄆᆞᆺ ᄂᆞᆺ가ᄫᆞᆫ소리라(訓註14). ᄆᆞᆺ 貴ᄒᆞᆫ 氣韻 버근 氣韻(月釋1:41). 香象ᄋᆞᆫ ᄆᆞᆺ 힘센 象이니(月釋2:38). 힘 어두미 ᄆᆞᆺ 하니:得力最多(蒙法35). ᄆᆞᆺ 勝ᄒᆞᆫ 光曜애 住ᄒᆞ샤:住最勝光曜(圓覺上一之二45). 그 허므리 ᄆᆞᆺ 크니 다ᄉᆞ시니:其失尤大者五(宣賜內訓1:32). ᄆᆞᆺ 즐기노라:最好(南明上7).

ᄆᆞᆺ 부 못. ¶녯 ᄉᆞᄅᆞᆷ 風流를 미ᄎᆞᆯ가 ᄆᆞᆺ 미ᄎᆞᆯ가(丁克仁. 賞春曲).

-ᄆᆞᆺ 조 -곧. -만. ☞-곳. -ᄇᆞᆺ ¶太子ㅣ 니ᄅᆞ샤ᄃᆡ 몸ᄆᆞᆺ 이시면 受苦ᄅᆞᄫᆡᆫ 이리 잇ᄂᆞ니(釋譜3:p.68). 쑴ᄆᆞᆺ 아니면 어느 길헤 다시 보ᅀᆞᄫᆞ리(月釋8:32).

ᄆᆞᆺ- 접두 맏〔伯〕-. ☞ᄆᆞᆮ ¶ᄆᆞᆺ동셔로 더브러 辛苦를 고로게 ᄒᆞ니(女四解4:42).

ᄆᆞᆺ내 부 못내. ¶수풀에 우ᄂᆞᆫ 새ᄂᆞᆫ 春氣를 ᄆᆞᆺ내 계워(丁克仁. 賞春曲).

·ᄆᆞᆺ노·ᄑᆞᆫ소·리 명 가장 높은 소리. 거성(去聲). ☞ᄆᆞᆺᄂᆞᆺ가ᄫᆞᆫ소리 ¶去聲은 ᄆᆞᆺ노ᄑᆞᆫ소리라(訓註13).

ᄆᆞᆺ누의 명 맏누이. ☞ᄆᆞᆮ누의 ¶ᄆᆞᆺ누의:姐姐(老解下30). ᄆᆞᆺ누의:姐姐(譯解上57). 양ᄌᆞ의 ᄆᆞᆺ누의오 ᄃᆡ왕의 부인이라(女範4. 녈녀 ᄃᆡ됴부인). ᄆᆞᆺ누의:姐姐(漢淸5:40).

·ᄆᆞᆺᄂᆞᆺ가·ᄫᆞᆫ소·리 명 가장 낮은 소리. 평성(平聲). ☞ᄆᆞᆺ노ᄑᆞᆫ소리 ¶平聲은 ᄆᆞᆺᄂᆞᆺ가ᄫᆞᆫ소리라(訓註14).

ᄆᆞᆺ·다 동 마치다. ☞ᄆᆞᆮ다 ¶地獄애 ᄀᆞ장 受苦ᄒᆞ다가 이 罪 ᄆᆞᆺ고(釋譜19:34). 矣ᄂᆞᆫ 말 ᄆᆞᆺᄂᆞᆫ 입겨지라(訓註). 네 供養 ᄆᆞᆺ고 어셔 지븨 도라가(月釋21:22). 어셔 ᄆᆞᆺ게 호리니(月釋21:130). 卷ㅅ軸을 ᄆᆞᆺ디 몯ᄒᆞ야셔:卷未終軸(圓覺序8). ᄆᆞᆺ고 다시 비르서시ᄂᆞᆯ:終而復始(圓覺上二之一13). 모미 ᄆᆞᆺᄃᆞ록 行홀 이ᄅᆞᆯ 묻ᄌᆞ온대(宣賜內訓1:16). 槨 둡게를 다대아 이리 ᄆᆞᆺ논디라:蓋棺事則已(重杜解2:32). ᄒᆡ ᄆᆞᆺᄃᆞ록 邊疆ᄋᆞᆯ 防守ᄒᆞ야:窮年守邊疆(杜解10:20). 날 ᄆᆞᆺᄃᆞ록:終日(杜解21:7). 알면 곧 ᄆᆞᆺᄂᆞ니:覺卽了(南明上59). 모미 ᄆᆞᆺᄃᆞ록 므르디 아니ᄒᆞᄂᆞ니ᅀᅡ:終身而不退者(六祖上89). 갓기 ᄆᆞᆺ과라:剃了(飜朴上44). 큰 효도ᄂᆞᆫ 몸이 ᄆᆞᆺ도록 父母를 ᄉᆞ모ᄒᆞᄂᆞ니:大孝終身慕父母(宣小4:10). 모미 ᄆᆞᆺ도록 분묘 디킈니라:終身守墳(東新續三綱. 孝2:9). 흥졍을 ᄆᆞᆺ고(老解下55). 됴히 ᄆᆞᆺᄌᆞ오니 아ᄅᆞᆷ다와 ᄒᆞᄂᆞ이다(新語4:4). 몸이 ᄆᆞᆺ도록 后를 세우디 아니ᄒᆞ다(女四解4:5). 술위예 싯고 ᄆᆞᆯ로 되야도 ᄆᆞᆺ지 못ᄒᆞ니라(三譯3:8). 그 죄를 무러 ᄆᆞᆺ디 아니ᄒᆞ고(王郎傳1). 영장을 ᄆᆞᆺ고 유인ᄃᆞ려 고ᄒᆞ여 ᄀᆞᆯ오ᄃᆡ(女範4. 녈녀 샤시졀).

ᄆᆞᆺ도록 동 마치도록. ¶몸이 ᄆᆞᆺ도록 인수에 참예티 못ᄒᆞ리니:終身不齒(警民23).

ᄆᆞᆺ동싱 명 맏동생. ¶내 다만 ᄆᆞᆺ동싱 오기를 기ᄃᆞ려 ᄒᆞᆫ 말을 의탁ᄒᆞ고(女範4. 녈녀 ᄃᆡ실 녈녀방시).

ᄆᆞᆺ돍다 형 마뜩하다. 맞갖다. ☞ᄆᆞᆺ돍ᄒᆞ다 ¶ᄆᆞᆺ돍 협:愜(類合下15).

ᄆᆞᆺ돍ᄒᆞ·다 형 마뜩하다. 맞갖다. ☞ᄆᆞᆮ돍ᄒᆞ다. ᄆᆞᆺ돍다 ¶아기 아ᄃᆞ리 양지 곱거늘 各別히 ᄉᆞ랑ᄒᆞ야 아ᄆᆞ례나 ᄆᆞᆺ돍ᄒᆞᆫ 며느리를 어두리라 ᄒᆞ야(釋譜6:13).

ᄆᆞᆺ며ᄂᆞ리 명 맏며느리. ☞ᄆᆞᆮ며느리 ¶ᄆᆞᆺ며ᄂᆞ리:大媳婦(譯解上57).

ᄆᆞᆺ믈 명 맏물. ☞만믈 ¶ᄆᆞᆺ믈 쇼쥬:沫子燒酒(漢淸12:42).

ᄆᆞᆺᄆᆡ부 명 맏매부(妹夫). ☞ᄆᆞᆮᄆᆡ부 ¶ᄆᆞᆺᄆᆡ부:姐夫(漢淸5:40). ᄆᆞᆺ妹夫와 아ᄋᆞ妹夫와(蒙老6:15).

ᄆᆞᆺ봄 명 초봄. 맹춘(孟春). ¶ᄆᆞᆺ봄으로ᄡᅥ 읏듬을 삼다:以孟春爲元(十九史略1:4).

ᄆᆞᆺ싀누이 명 맏시누이. ☞ᄆᆞᆮ싀누의 ¶ᄆᆞᆺ싀누이:大姑(譯解補32. 漢淸5:41).

ᄆᆞᆺ싀아자비 명 맏시아주버니. ☞ᄆᆞᆺ싀아ᄌᆞ비 ¶ᄆᆞᆺ싀아자비:大伯(譯解補32).

ᄆᆞᆺ싀아ᄌᆞ비 명 맏시아주버니. ☞ᄆᆞᆮ싀아ᄌᆞ비. ᄆᆞᆺ싀아자비 ¶ᄆᆞᆺ싀아ᄌᆞ비:大伯(漢淸5:38).

ᄆᆞᆺᄯᆞᆯ 명 맏딸. ¶ᄆᆞᆺᄯᆞᆯ:長女(漢淸5:41).

ᄆᆞᆺ아ᄃᆞᆯ 명 맏아들. ☞ᄆᆞᆮ아ᄃᆞᆯ ¶ᄆᆞᆺ아ᄃᆞᆯ:長子(漢淸5:39). 젼쳐의 ᄆᆞᆺ아ᄃᆞᆯ 흥이 병드럿거ᄂᆞᆯ:興疾(五倫3:13).

ᄆᆞᆺ아자븨겨집 명 큰어머니. 백모(伯母). ☞ᄆᆞᆮ아자븨겨집. ᄆᆞᆺ아ᄌᆞ븨쳐 ¶ᄆᆞᆺ아자븨겨집:伯娘(老解下3).

ᄆᆞᆺ아자비 명 큰아버지. 백부(伯父). ☞ᄆᆞᆮ아자비 ¶ᄆᆞᆺ아자비:伯父(老解下3).

ᄆᆞᆺ아ᄌᆞ븨쳐 명 큰어머니. 백모(伯母). ¶ᄆᆞᆺ아ᄌᆞ븨쳐:伯娘. 伯母(譯解上56).

ᄆᆞᆺ아ᄌᆞ비 명 큰아버지. 백부(伯父). ☞ᄆᆞᆮ아자비. ᄆᆞᆺ아자비 ¶ᄆᆞᆺ아ᄌᆞ비:伯伯. 伯父(譯解上56). 우리 ᄆᆞᆺ아ᄌᆞ비와 져근아ᄌᆞ비와:我那大爺叔叔叔(華解上4).

ᄆᆞᆺ아좀 명 맏아주미. 큰형수. ☞ᄆᆞᆮ아좀 ¶ᄆᆞᆺ아좀아 딥 지즑과 삿글 가져다가:大嫂將藁薦席子來(老解上23).

ᄆᆞᆺ오라바님 명 맏오라버님. ¶ᄆᆞᆺ오라바님은 호분 둥낭쟝 벼ᄉᆞᆯ을 ᄒᆞ고(女範1. 셩후 명덕마후).

ᄆᆞᆺ차다 동 마치다. ☞ᄆᆞᆺᄎᆞ다 ¶우리 밥 먹기 ᄆᆞᆺ차든:咱們喫了飯時(老解上51).

·ᄆᆞᆺ·처ᅀᅥᆷ 명 맨 처음. 최초(最初). ¶ᄆᆞᆺ처ᅀᅥ믄 乾慧地오(月釋2:59). ᄆᆞᆺ처ᅀᅥ믜 形體 업스며(月釋2:69).

ᄆᆞᆺ처남 명 맏처남(妻男). ☞ᄆᆞᆮ처남 ¶ᄆᆞᆺ처

남:妻兄. ᄆᆞᆺ쳐남의 쳐:妻嫂(漢淸5:41).

ᄆᆞᆺ츠다 동 마치다. ¶나도 ᄆᆞᆺ츠리라:我也了了(老解上20).

ᄆᆞᆺᄎᆞ다 동 마치다. ☞ᄆᆞᄎᆞ다 ¶말을 ᄆᆞᆺᄎᆞ며 쟝ᄎᆞᆺ 니러 갈시:言訖將去(太平1:8). 그 집의 드러가 쥬인과 안자 한훤을 ᄆᆞᆺᄎᆞᆫ 후의(太平1:39). 흥졍 ᄆᆞᆺᄎᆞᆷ이 무던ᄒᆞ다:成交了罷(老解下54). 大仙을 보고 뭇기ᄅᆞᆯ ᄆᆞᆺᄎᆞ매 先生도 稽首ᄒᆞ고 廻禮ᄒᆞ더라:見大仙打罷問訊先生也稽首廻禮(朴解下19).

ᄆᆞᆺᄎᆞᆷ내 부 마침내. ☞ᄆᆞᄎᆞᆷ내 ¶ᄆᆞᆺᄎᆞᆷ내 ᄭᆡᄃᆞᆺ디 못ᄒᆞ야:終不省悟(太平1:4). ᄆᆞᆺᄎᆞᆷ내 해호믈 니브니라:竟被害(東新續三綱. 孝8:2). 곡진이 ᄀᆞᄅᆞ치샤 ᄆᆞᆺᄎᆞᆷ내 쥬덕을 일오시니(女範1. 셩후 셩모태ᄉᆞ).

·**ᄆᆞᆺ하·다** 형 가장 많다. ¶坐中에 힘 어두미 ᄆᆞᆺ하니:若於坐中得力最多(蒙法35).

ᄆᆞᆺ형 명 맏형. 큰형. ☞ᄆᆞᆮ형 ¶아븨 ᄆᆞᆺ형:伯伯(老解下30).

ᄆᆞᆼ아지 명 망아지. ☞ᄆᆞ야지 ¶ᄆᆞᆼ아지 구:駒(詩解 物名2). 그 ᄆᆞᆼ아지ᄅᆞᆯ 먹요리라:言秣其駒(詩解1:10).

ᄆᆞᆼ올 명 망울. ☞ᄆᆞᆼᄋᆞᆯ ¶ᄃᆞᆫᄃᆞᆫᄒᆞᆫ ᄆᆞᆼ올리 목굼긔 막히며:硬核塡喉(馬解下63).

ᄆᆞᆼᄋᆞᆯ 명 망울. ☞ᄆᆞᆼ올 ¶겨집이 ᄌᆞ식 ᄇᆡ여셔 왼 져제 ᄆᆞᆼᄋᆞᆯ이 이시면 ᄉᆞ나ᄒᆡ오 올ᄒᆞᆫ 져제 ᄆᆞᆼᄋᆞᆯ이 이시면 간나ᄒᆡ라:婦人有孕左乳房有核是男右乳房有核是女(胎要11). ᄆᆞᆼᄋᆞᆯ히나 보도롯:結核瘡癤(痘要下61).

·**ᄆᆡ** 명 들. ¶얼읜 고로ᄆᆞᆯ 거츤 ᄆᆡ해 뉘이며:以臥淤膿於荒郊(法華6:154). ᄆᆞᆯᄀᆞᆫ ᄀᆞᅀᆞᆳ ᄆᆡ햇 므리 ᄀᆞᆮᄒᆞ며:如澄秋野水(蒙法41). ᄆᆡ햇 쥐ᄂᆞᆫ 어즈러운 굼긔셔 拱手ᄒᆞ얫도다:野鼠拱亂穴(重杜解1:4). 沃饒ᄒᆞᆫ ᄆᆡ해 하ᄂᆞᆳ 뜰흘 여렛도다:沃野開天庭(杜解6:17). 프른 ᄆᆡᄒᆞᆯ 디렛도다:俯靑郊(杜解7:1). ᄆᆡ햇 뎌리 노ᄑᆞᆫ 나모 서리예 그ᅀᅳᆨᄒᆞ야 잇ᄂᆞ니:野寺隱喬木(初杜解9:17). ᄆᆡ햇 ᄒᆡᆺ비ᄎᆞᆫ 거츤 ᄃᆡ 볼갯고:野日荒荒白(初杜解10:4). ᄆᆡ해 구루믄 ᄂᆞᄌᆞ기 믈로 건나가고:野雲低度水(杜解14:12). ᄆᆡ햇 가마괴ᄂᆞᆫ ᄠᅳ디 업스니:野鴉無意緖(杜解17:21). ᄆᆡ햇 집과 뫼햇 ᄃᆞ리ᄂᆞᆫ ᄆᆞᆯ 바ᄅᆞᆯ 보내ᄂᆞ니라:野店山橋送馬蹄(杜解21:4). 病ᄒᆞ야 누엣ᄂᆞᆫ 거츤 ᄆᆡ히 머니:臥病荒郊遠(杜解22:8). 西風이 수플 ᄆᆡᄒᆞᆯ 뮈워(金三2:65). 山이여 ᄆᆡ히여(樂範. 處容歌). ᄆᆡ 야:野(訓蒙上4).

※'ᄆᆡ'의 첨용 [ᄆᆡ / ᄆᆡ히/ᄆᆡᄒᆞᆫ/ᄆᆡᄒᆞᆯ/ᄆᆡ해…

ᄆᆡ 명 매(鷹). ☞매 ¶ᄆᆡ 응:鷹(兒學上7).

ᄆᆡ 명 매(鞭). ☞매 ¶ᄆᆡᆺ 자곡:鞭棍傷痕(漢淸8:14).

ᄆᆡ 명 모양. ¶ᄆᆡ온 ᄆᆡᄅᆞᆯ 아니코 됴흔 톄ᄒᆞ더니(癸丑189).

ᄆᆡ 명 매탄(煤炭). 석탄(石炭). ¶ᄆᆞ른 ᄆᆡᆺ덩이 잇ᄂᆞ냐:乾的煤簡兒有麽(朴解下44).

:**ᄆᆡ** 관 매(每). 각각(各各)의. ¶ᄆᆡ ᄒᆞᆫ 대쪽애:每一箇竹簽上(飜老上4). 또 소옴 ᄆᆡ ᄒᆞᆫ 근에 갑ᄉᆞᆫ 엿 돈 은이니:又緜子每一斤價錢六錢銀子(飜老上14). ᄆᆡ ᄒᆞ나히:每一箇(飜朴上32). 밧치 ᄆᆡ 이랑에(敬信32). ᄆᆡ 낫:每箇(漢淸8:72).

ᄆᆡ개나리 명 들개나리. ¶ᄆᆡ개나리:卷丹(物譜 花卉).

ᄆᆡ거ᄒᆞ다 동 매거(枚擧)하다. ¶긴치 아닌 일ᄭᆞ지 枚擧ᄒᆞ려 ᄒᆞ다가ᄂᆞᆫ(隣語1:13).

ᄆᆡ곤ᄒᆞ·다 형 미지근하다. ☞믜근ᄒᆞ다 ¶ᄆᆡ곤케 ᄒᆞ야 머그라:小溫服之(瘟疫方24).

ᄆᆡ·기 동 매기(結). ¶머리 ᄆᆡ기ᄅᆞᆯ 쁠 나게 ᄒᆞ며:總角(宣小2:4).

ᄆᆡ·다 동 매다. 동여매다. 묶다. ☞ᄆᆡ이다 ¶末利花鬘ᄋᆞᆯ 몸애 ᄆᆡᅀᆞᄫᆞ나(月印上18). 神通力으로 모ᄀᆞᆯ 구디 ᄆᆡ니(月印上28). 목 ᄆᆡ여 죽거시ᄂᆞᆯ(三綱. 忠27). 사ᄅᆞᆷ 보니마다 ᄆᆡ야 티고(釋譜24:13). 繫ᄂᆞᆫ ᄆᆡᆯ 씨라(月釋序3). 結은 ᄆᆡᆯ 씨오(月釋序24). 鉗은 쇠로 ᄆᆡᆯ 씨라(楞解8:106). 無量業 ᄆᆡ요ᄆᆞᆯ 뫼화(金剛83). 無ㆆ字ᄂᆞᆫ 이 나귀 ᄆᆡ욘 말히라:無字是繫驢橛(蒙法57). ᄡᅵ ᄆᆡ오 手巾 ᄆᆡ오(宣賜內訓1:84). 江頭에 또 ᄇᆡᄅᆞᆯ ᄆᆡ야셔:江頭且繫船(杜解7:32). 그려긔 바래 ᄆᆡ욘 거슬 難히 期約ᄒᆞ리로다:鴈足繫難期(杜解8:47). 楚宮ㅅ 두듥게 ᄇᆡᄅᆞᆯ ᄆᆡ여셔:泊舟楚宮岸(杜解8:53). 열 솑가락 그틀 ᄆᆡ오 침으로 ᄣᅵ어(救簡2:47). 이 ᄆᆞᆯ돌 다 ᄆᆡ야 두라:這馬們都絟住着(飜老上58). 紅실로 紅글위 ᄆᆡ요이다(樂詞. 翰林別曲). 실로 구디 ᄆᆡ고:以線縛之(胎要75). ᄆᆡᆯ 톄:締(類合下26). ᄆᆡᆯ 계:繫(類合下46). ᄆᆡᆯ 결:結(類合下40. 石千2. 倭解下36). 힝뎐 ᄆᆡ오 신 신고 신ᄭᆞᆫ을 ᄆᆡ욜디니라:偪屨著綦(宣小2:2). 머리 ᄆᆡ기ᄅᆞᆯ 쁠 나게 ᄒᆞ며:總角(宣小2:4). 블근 실로 ᄆᆡᆫ 붓(明皇1:38). 잡히임을 닙어 或 ᄆᆡ며(武藝圖10). ᄆᆡ다:絟着(譯解補54). 청올치 ᄭᅩ은 쥴의 낙시 ᄆᆡ여 두러메고(萬言詞). ᄆᆡᆯ 계:繫(兒學下10).

※ᄆᆡ다>매다

ᄆᆡ·다 동 만들다. ¶如來 ᄉᆞᄂᆞ로 ᄆᆡ샨 巾을 자ᄇᆞ샤:如來以手將所結巾(楞解5:24). 壇 ᄆᆡ욜 法 請ᄒᆞ야 묻ᄌᆞ오ᄆᆞᆯ 子細히 ᄒᆞ니라:請問結壇軌則之詳也(楞解7:8). 里門에 막 ᄆᆡ여셔:廬於里門(宣小6:19). 집 밧긔 막 ᄆᆡ야:廬于舍外(宣小6:19).

·**ᄆᆡ·다** 동 매다. 김매다(除草). ¶거두며 주ᄂᆞᆫ ᄉᆞᅀᅵ예 또 ᄆᆡ욜디 아니며:則不應穫拾之中又耘耨也(楞解1:19). 프를 ᄆᆡ야 두듥 ᄀᆞ

싀 두놋다:除草置岸傍(初杜解7:34). 호미 가져셔 미던 이를 ᄉᆞ랑ᄒᆞ노라:念携鋤(初杜解15:16). 묏 지븨셔 藥올 正히 미더니라:山家藥正鋤(杜解20:44). 아오로 힘뻐 미던 밧긔 ᄡᆞᆯ 지고:負米力葵外(杜解21:33). 밧 미다:鋤田(譯解下8). 미거니 도도거니 빗김의 달화내니(松江. 星山別曲).
※미다>매다

미담 명 매듭. ¶所謂每緝即 미즙也 今則轉呼 미담(華方).

미돌 명 맷돌. 마석(磨石). ☞매돌. 밋돌 ¶미돌 마:磨(兒學上11).

미듭 명 매듭. ☞미담. 미돕 ¶미듭:扢搭(同文解上57).

미돕 명 매듭. 마디. ☞미듭 ¶罪人ᄋᆡ 머리를 가ᄆᆞ며 온 미돕 안해다 긴 모돌 바ᄀᆞ며(月釋21:44). 後에 미돕마다 猛火ㅣ ᄉᆞ라:後於節節猛火燒然(楞解8:66). 실 미돕:紇縒(四解下76 縒字註). 헌 허믈렛 미돕:疙疸(譯解上62).

미매ᄒᆞ다 동 매매(買賣)하다. 매매(賣買)하다. ¶오직 買賣ᄒᆞ기 맛당ᄒᆞ고:只宜做買賣(老解下64).

미몰ᄒᆞ다 형 매몰하다. 아주 쌀쌀하고 독하다. ¶남ᄌᆞᄂᆞᆫ 녀ᄌᆞ의 미몰ᄒᆞᆷ을 셔어히 넉이ᄂᆞ니(落泉1:2).

미못다 동 매무시하다. ☞미뭇다. 미믇다. 미뭇다 ¶모든 앗보치들히 미못ᅀᅩ 줄혀 좐녁 등집의 셧ᄶᅡ가:群從子皆盛衣服鴈行立左序下(重二倫31).

미무·서자·다 동 가침(假寢)하다. 가매(假寐)하다. ☞미뭇다 ¶지게 알퓌셔 미무서자며셔 안부를 솔피더라:假寢閤前承候安否(宣小6:69).

미뭇·다 동 매무시하다. ☞미못다. 미뭇다 ¶미무슨 사ᄅᆞ미 紅粉이 하니 歡娛호매 센 머리를 슬노라:結束多紅粉歡娛恨白頭(初杜解15:31). 큰아히ᄂᆞᆫ 미무어 흥졍홀 나그내를 조차 ᄃᆞ니놋다:大兒結束隨商旅(初杜解25:47). 假寢:미뭇은 재 잠이라(英小6:78). 裝嚴:미뭇단 말이라(英小6:115).

미믇다 동 매무시하다. ☞미못다. 미뭇다. 미뭇다. 믿뭇다 ¶옥홰 온 치마를 ᄃᆞᆫᄃᆞ니 미믇고 구디 버으리와다 좃디 아니ᄒᆞ니:玉花堅東衣裳牢拒不從(東新續三綱. 烈7:16 玉花死賊).

미뭇다 동 매무시하다. ☞미뭇다 ¶女ㅣ 盛히 미뭇고 젓어미 도와 室 밧긔 셔셔 南向ᄒᆞ엿거든(家禮4:15).

미문지다 동 매흙질하다. 맥질하다. ¶미문지다:抹鏝(同文解上36). 미문지다:抹泥(漢淸12:10).

:미:미·예 부 일마다에. ¶每每예 念호미 이에 밋고(宣賜內訓2下52).

미미ᄒᆞ다 동 매매(賣買)하다. ¶치례를 다 쇼져를 쥬어 보내ᄂᆞᆫ 고로 이제 치단 물화를 사 와 미미ᄒᆞ려 ᄒᆞᄂᆞ니(落泉1:2).

미:빙ᄒᆞ·다 동 매빙(媒聘)하다. ¶일 婚姻ᄒᆞ며 져머셔 媒聘호믄 사ᄅᆞ믈 ᄀᆞᄅᆞ쵸ᄃᆡ 輕薄ᄒᆞᆫ 이를 뻐 ᄒᆞ논디오(宣賜內訓1:79).

미·비 부 매. 매우. 강력하게. ☞미이 ¶諸天돌히 미비 닐오ᄃᆡ 沸星이 ᄒᆞ마 어우니 이제 時節이니 섈리 나쇼셔(釋譜3:p.114). 엇데 미비 아니 티ᄂᆞ다:何不重乎(三綱. 烈9 禮宗罵卓).

미볼 형 매운. 사나운. 맹렬한. ㉮밉다 ¶旋嵐風은 ᄀᆞ장 미볼 ᄇᆞᄅᆞ미라(釋譜6:30).
※미볼>미온>매운

:미샹 부 매상(每常). 매양. 항상. ¶브즈러니 每常 아ᄃᆞᆯ 싱각ᄒᆞ야(月釋13:10). 每常 밥ᄢᅵ어나 ᄒᆞ다가 中夜애 잇거나(楞解7:16). 내 每常 셜이 너겨(楞解9:113). 堦砌ㅅ 알퓌셔 每常 날회야 ᄃᆞᆫ니ᄂᆞ다(初杜解17:23). 녀름짓ᄂᆞᆫ 사름도 미샹ᄋᆡ 비골ᄑᆞ고 치온 슈괴 잇고:農夫每有飢寒之苦(野雲50). 그ᄃᆡ와 나와로 미샹애 비방ᄒᆞ더니:君與我每常誹謗(勸念解3). 미샹애 비방ᄒᆞ더니(王郎傳2).

미·실 명 매실(梅實). ¶소고매 ᄆᆞ외욘 梅實을 ᄉᆞ라:乾塩梅燒作灰(救急上84). 뇌예 그스린 미실와 감초와(救簡2:24). 미실 ᄀᆞ로니:梅子末(救簡6:36). 미실 셤:枏即梅子(訓蒙上12). 미실 미:梅(類合上9). 南京ㅅ 犀浦ㅅ 길헤 四月에 누른 梅實이 니겟ᄂᆞ다:南京犀浦道四月熟黃梅(重杜解12:25). 미실:梅子(同文解下5. 譯解補31).

:미:ᄉᆞ 명 매사(每事). ¶每事를 반ᄃᆞ시 싀엄이ᄭᅴ 請ᄒᆞ고:每事必請於姑(宣小2:19). 公을 ᄀᆞᄅᆞ츄ᄃᆡ 미사를 規矩를 조차 볿드듸게 ᄒᆞ더라:教公事事循蹈規矩(宣小6:1). 후마의게 미ᄉᆞ를 미더 고지듯고 싱각ᄒᆞᄃᆡ(落泉1:2).

미·ᄉᆞ·미·다 동 매만져 꾸미다. 단장(丹粧)하다. ☞밋ᄉᆞᆷ이다 ¶대엿 돈 은곳 업스면 미ᄉᆞ며 내디 몯ᄒᆞ리라:沒有五六錢銀子結裹不出來(飜朴上48).

:미상 부 매양. ☞미양 ¶아비 미샹 아ᄃᆞᆯ 念호ᄃᆡ(月釋13:9). 미샹 보ᄃᆡ 잘 호미 어려우믄 經이 어려운 ᄃᆡ 아니라:每見其難能者非經之難(法華1:8). 아비 미샹 아ᄃᆞᆯ 念호ᄃᆡ:父每念子(法華2:189). 솏가락 우희 미샹 두리니:大長在指上(救急下6). 미샹 봄뇌야 우로매:每哭踊(宣賜內訓1:72). 미샹 주렛ᄂᆞᆫ 져믄 아ᄃᆞ론 ᄂᆞᆺ비치 서의ᄒᆞ도다:恒飢稚子色淒涼(初杜解7:2). 미샹 디나가 수를 기우려 머구믈 어두니:每過得酒傾(初杜

解22:1). 미샹 荊州예 가고져 ᄒᆞ노라:每欲往荊州(初杜解23:37). 미샹 밥 머글 ᄢᅴ 니르런(六祖上40).
※미샹>미양(믜양)>매양

:믜·실 명 매일(每日). 날마다. ☞미일 ¶每日 淸旦애 曼陁羅花ᄅᆞᆯ 담아(月釋7:58). 每日 피싸홈ᄒᆞ니 軍士ㅣ 주그니 만ᄒᆞ더니(三綱. 忠28). 미실 바믹 누을 제:每夜臥時(救簡6:89). 네 미실 므슴 이력 ᄒᆞᄂᆞ다:你每日做甚麼工課(飜老上2). 미실 싯기며 빗겨:每日洗刷(飜朴上21). 미실 이러ᄐᆞ시 브즈러니 머기면:每日這般勤勤的喂時(飜朴上22). 侍墓ᄒᆞ며 미실 아ᄎᆞᆷ 나죄 祭ᄒᆞᆫ 후에:廬於墓側每朝夕奠罷(續三綱. 孝21). 미실에 모로매 ᄒᆞᆫ가짓 經書ᄅᆞᆯ 닑고:每日須讀一般經書(飜小8:34).

·믜아·미 명 매미. ☞미야미 ¶미아미 맙다 ᄒᆞ고 쓰르람미 쓰다 ᄒᆞ네(古時調. 靑丘).

믜아지 명 망아지. ☞ᄆᆞ야지. 미야지 ¶ᄒᆞᆰ무적 디나 ᄃᆞᄅᆞ린 술위 멘 미아지 아니니라:歷塊匪轅駒(重杜解2:11). ᄒᆞᆫ 솔 미아지ᄂᆞᆫ 니 둘히오:一歲駒齒二(馬解上12). 두 솔 미아지ᄂᆞᆫ 니 네히오:二歲駒齒四(馬解上12). 엇던 ᄆᆞᆯ게 미아지 업고(小兒6). 미아지:馬駒(漢淸14:19).

믜암이 명 매미. ☞미얌이 ¶미암이:蜩(物譜 飛蟲). 미암이 될 것:蠐(物譜 飛蟲).

믜야 명 매야(每夜). 매일 밤. 밤마다. ¶每夜의 먹ᄂᆞᆫ 딥과 콩이:每夜喫的草料(老解上11). 〔飜老上12에는 '밤마다 먹논 딥과 콩이'로 기록되어 있음.〕

믜·야·돌·다 동 매달다. ¶羊ᄋᆞᆯ 미야돌오 모ᄅᆞᆯ 쨀어 더본 피 바ᄃᆞ며(月釋23:73). 절로 목 미야ᄃᆞ라 주그니:自縊死(救簡目錄1).

믜·야돌·이·다 동 매달리다. ¶盂蘭盆은 갓ᄀᆞ로 미야ᄃᆞᆯ요ᄆᆞᆯ 救ᄒᆞᄂᆞ다 ᄒᆞᆫ ᄠᅳ디라(月釋23:96).

믜야·미 명 매미. ☞ᄆᆞ얌이 ¶미야미 비:蟬肚(救急上41). 미야미 소리ᄂᆞᆫ 녯 뎌레 모ᄃᆞᆺ고:蟬聲集古寺(初杜解9:34). 설픤 남ᄀᆡ 우ᄂᆞᆫ 미야미 어즈럽도다:森木亂鳴蟬(杜解15:27). 나죗 미야미 소리ᄅᆞᆯ 듣노라:聽晩蟬(初杜解20:8). 엇뎨 츤 미야미 주근 가지 ᄉᆞ랑호ᄆᆞᆯ 비호리오:肯學寒蟬戀死枝(南明下40). 미야미 형울을 하나 져그나 ᄀᆞᆯᄋᆞᆯ 밍ᄀᆞ라:蟬蛻不以多少爲末(救簡6:78). 미야미 됴:蜩. 미야미 션:蟬. 미야미 진:蠓. 미야미 당:螗(訓蒙上22). 미야미 션:蟬(類合上15). ※미야미>매미

믜야믜 명 매미의. 동미야미 ¶미야믜 소리ᄂᆞᆫ 녯 뎌레 모ᄃᆞᆺ고:蟬聲集古寺(初杜解9:34). 엇뎨 츤 미야믜 주근 가지 ᄉᆞ랑호ᄆᆞᆯ 비호리오(南明下40).

믜야지 명 망아지. ☞ᄆᆞ야지. 미아지 ¶몸과 世間ㅅ 이ᄅᆞᆫ 흰 미야지 셜리 가ᄂᆞᆫ ᄃᆞᆺ도다:身世白駒催(重杜解3:8). 미야지 구:駒(類合上13. 石千6. 倭解下22). 미야지:馬駒子(譯解下29). 鑽穴ᄒᆞᆫ 미야지 쳔니의 ᄠᅳᆺ이 잇ᄂᆞᆫ지라(落泉3:7).

믜야커뇨 형 매정하냐. 매몰하냐. ㉮미야ᄒᆞ다 ¶사ᄉᆞᄆᆞᆫ 엇뎨 미야커뇨 ᄒᆞᆫ대:鹿獨不念我乎(三綱. 孝18 許孜 埋獸條).

믜야·히 부 매정하게. 매몰하게. ¶다 委曲히 ᄒᆞ시고 미야히 아니 ᄒᆞ시며(月釋2:56). 남지니 미야히 ᄒᆞ리니:夫則薄之(宣賜內訓2上11). 싀어미 셩이 모디러 미야히 디접ᄒᆞ거든:姑性嚴待之寡恩(重三綱. 童氏).

믜야ᄒᆞ·다 형 매정하다. 매몰하다. 박정하다. ¶사ᄉᆞᄆᆞᆫ 엇뎨 미야커뇨 ᄒᆞᆫ대:鹿獨不念我乎(三綱. 孝18 許孜 埋獸條). ᄀᆞ장 미야ᄒᆞ여(新語2:12).

믜얌이 명 매미. ☞미야미 ¶미얌이 곤토되 져그니라:蠓(詩解 物名6). 미얌이 됴:蜩(詩解 物名13). 미얌이 션:蟬(倭解下26). 미얌이:蛣蟟(漢淸14:51).

:믜·양 부 매양. ☞ᄆᆡ양. 미샹 ¶미양 ᄀᆞᅀᆞᆯ 외ᄅᆞᆯ 보고 녜 사던 ᄶᅡ홀 ᄉᆞ랑ᄒᆞ노라:每見秋瓜憶故丘(初杜解15:20). 미양 말ᄉᆞᆷ호매:每語(初杜解25:31). 미양 어르러지예 ᄲᅮᆺ초ᄃᆡ:每取膏摩於所患處(救簡6:88). 미양 셩인 글워를 닐글 제:每讀聖人書(飜小8:39). 미양 三公이 사ᄅᆞᆷ 거천ᄒᆞ야 ᄡᅳᆯ 저기어든:每三公有所選擧(飜小10:1). 미양 나들 저긔:每出入(飜小10:12). ᄯᅩ 미양 칠월 초닐웻날:又方常以七月七日(瘟疫方8). 미양 미:每(石千40). 미양 ᄒᆡ여곰 쇠똥을 ᄡᅳ설이거든:每使掃除牛下(宣小6:22). 미양 良朋이 이시나 기리 歎홀 만ᄒᆞ니라:每有良朋況也永歎(詩解9:7). 사ᄅᆞᆷ이 미양 살냐(癸丑37). 미양 주렛ᄂᆞᆫ 저믄 아ᄃᆞᄅᆞᆫ ᄂᆞᆺ비치 서의ᄒᆞ도다:恒飢稚子色凄凉(重杜解7:2). 미양 디나가 수를 기우리어 머구믈 어두니:每過得酒傾(重杜解22:1). 미양 죄인 결단ᄒᆞ기예 當ᄒᆞ야 일즉 이예 기피 애ᄃᆞ라 아닐 적이 업ᄂᆞ니:每當斷獄未嘗不深嗗於斯(警民序2). 인군이 미양 여러 신하로 더부러 이어 화답ᄒᆞ니(女四解3:2). 미양 경신일이면 텬조의 올나가 사ᄅᆞᆷ의 허물을 알외며(敬信1). 고황뎨 미양 분향ᄒᆞ고(女範1. 셩후 황명고후). 마히 미양이라 잠기 연장 다ᄉᆞ려라(古時調. 尹善道. 비 오ᄂᆞᆫ ᄃᆡ. 孤遺). 미양 셜텬을 만나면 반ᄃᆞ시 츌류ᄒᆞᆯ시(引鳳簫1). 동녕도 ᄒᆞᆫ 번이지 빌기를 미양ᄒᆞ랴(萬言詞). 미양 쟝:長(註千8).

믜얼·키·다 동 얽매이다. ¶一切 미얼쿄ᄆᆞᆯ 그츠며:能斷一切繫縛(佛頂1).

ᄆᆡ얽·다 동 매고 얽다. ☞ᄆᆡ다 ¶ᄆᆡ얼거 지순 ᄃᆡ 안자쇼매 重疊ᄒᆞ도다:結構坐來重(初杜解23:26).

ᄆᆡ오 부 매우. ☞ᄆᆡ이 ¶위광이 블가 ᄆᆡ오 비최샤(地藏解上2). 읻다감 ᄆᆡ오 알솝니(隣語2:10).

ᄆᆡ오로시 부 한결같이. ¶그 殿은 ᄆᆡ오로시 룡 사겨 얽키고 금 올욘 木香 기동이오:那殿一剗是纏金龍木香停柱(飜朴上68). 〔朴解上60에는 '뎌 殿에 ᄒᆞᆫ골ᄀᆞᆮ티 金龍이 얼거딘 木香 기동이오'로 기록되어 있음.〕

·ᄆᆡ온 형 매운. 사나운. 맹렬한. ㉮ᄆᆡᆸ다 ¶ᄆᆡ온 火聚 ᄃᆞ외ᄂᆞ니라 ᄒᆞ샤:成猛火聚(楞解5:65). ᄆᆡ온 ᄇᆞᄅᆞ미 몰앳무디 부러 흐룸 ᄀᆞᆮᄒᆞ야:猶如猛風吹散沙聚(楞解7:54).

ᄆᆡ올 형 매울. 사나울. 맹렬할. ㉮ᄆᆡᆸ다 ¶ᄆᆡ올 엄:釅(訓蒙下13). ᄆᆡ올 신:辛(訓蒙下14. 類合下11). ᄆᆡ올 랄:辣(訓蒙下14). ᄆᆡ올 렬:烈(訓蒙下25). ᄆᆡ올 ᄆᆡᆼ:猛. ᄆᆡ올 무:武(訓蒙下26). ᄆᆡ올 렬:烈(石千7). ᄆᆡ올 무:武. ᄆᆡ올 쥰:俊(石千24).

ᄆᆡ월 명 매월(每月). ¶每月 초ᄒᆞᄅᆞ 位ᄅᆞᆯ ᄒᆞ야 모다셔 哭ᄒᆞ고(家禮7:14). ᄆᆡ월 보로매(王郎傳2).

ᄆᆡ·이 부 매. 몹시. 매우. ☞ᄆᆡ비. ᄆᆡ오 ¶귀ᄅᆞᆯ ᄆᆡ이 마ᄀᆞ면:急塞其耳(楞解3:4). 고ᄒᆞᆯ ᄆᆡ이 畜ᄒᆞ야:急畜其鼻(楞解3:7). ᄆᆡ이 뮈에 ᄒᆞ고:令猛熾(楞解7:16). 소리 ᄆᆡ이 ᄒᆞ야 섈리 구지즌 後에(法華2:253). ᄆᆡ이 자바 ᄃᆞᆯ이요ᄃᆡ(救簡1:30). 모로매 ᄆᆡ이 ᄀᆞᆺᄀᆞ지 ᄒᆞ야:須是猛著精彩(法語11). ᄆᆡ이 므로맨 ᄂᆞ소솔 거시 일ᄂᆞ니라:猛噬失蹻騰(杜解24:62). 힘 ᄆᆡ이 ᄲᅥ(瘟疫方17). ᄀᆞᄂᆞᆯ게 싸흐라 ᄆᆡ이 복가 ᄶᅥ허:細剉炒過擣(救荒2). ᄉᆡᆼ으로 ᄆᆡ이 믄딜러:生者熟挼之(救荒5). ᄯᅩ 니ᄡᆞᆯ 서 홉을 ᄆᆡ이 복가:又大米三合炒過(救荒6). 눈살 ᄆᆡ이 지픠오다:緊皺眉(譯解上38). ᄭᅮ지저 ᄆᆡ이 치라 ᄒᆞ여(三譯5:17). ᄆᆡ이 얽다:面麻稠(譯解補22). ᄃᆡᆨ희기ᄅᆞᆯ ᄆᆡ이 ᄒᆞ야 죽기ᄅᆞᆯ 못 ᄒᆞ야(女範3. 뎡녀 노진ᄉᆞ쳐).

ᄆᆡ·이·다 동 매이다. ☞ᄆᆡᅇᅵ다 ¶有情이 나랏 法에 자피여 ᄆᆡ여 매마자(釋譜9:8). 煩惱受苦애 ᄆᆡ일 씨라(月釋7:45). 妄히 ᄆᆡ욘 젼ᄎᆞ로:妄系故(楞解9:72). 諸法에 ᄆᆡ이디 아니ᄒᆞᆯᄊᆡ:不縛於諸法(法華2:141). ᄆᆡ욘 구스를 뵌 대:示以所繫珠(法華4:44). 닷가니길 무른 得 이슈메 ᄆᆡ이ᄂᆞ냐(圓覺上一之一8). 업소ᄆᆡ ᄆᆡ옛ᄂᆞᆫ 배며(金三2:17). 아래브터 제 ᄆᆡ옛던ᄃᆞᆯ 처엄 信호라:始信從前自拘縛(南明上12). 도적의 ᄆᆡ인 배 되여:爲賊所縛(東新續三綱. 烈2:86). 어려셔ᄂᆞᆫ 부모의게 ᄆᆡ이엿고 ᄌᆞ라ᄂᆞᆫ 지아븨게 ᄆᆡ엿고(女範1. 모의 노모ᄉᆞ).

ᄆᆡ이다 동 매게 하다. 김매게 하다. ¶픐서리예 길히 업슬ᄉᆡ 히여곰 ᄆᆡ이고져 ᄒᆞ노라:草茅無徑欲敎鉏(初杜解22:14).

:ᄆᆡ·일 명 매일(每日). 날마다. ☞ᄆᆡ실 ¶ᄆᆡ일 아ᄎᆞᆷ 나죄(續三綱. 孝6). 每日에 모롬이 ᄒᆞᆫ 가짓 經書와 ᄒᆞᆫ 가짓 子書ᄅᆞᆯ 닑오ᄃᆡ:每日須讀一般經書一般子書(宣小5:113). ᄆᆡ일 아ᄎᆞᆷᄋᆡ 머리 비서:每旦櫛(宣小6:26). 每日에 ᄀᆞᄅᆞᆷ 그테셔 ᄀᆞ장 술 醉코 도라오노라:每日江頭盡醉歸(重杜解11:19). 네 每日 므슴 공부 ᄒᆞᄂᆞ다:你每日做甚麼工課(老解上2). ᄆᆡ일 이른 새배 셔를 향ᄒᆞ야(桐華寺王郎傳2).

ᄆᆡ·ᅇᅭᆫ 동 매인. ㉮ᄆᆡᅇᅵ다 ¶간대로 愛想애 ᄆᆡᅇᅭᆫ 다시니:妄纏愛想(楞解1:43). 生死애 ᄆᆡᅇᅭᆫ 根源을 알오져 홇딘댄:欲識…生死結根(楞解5:5).

ᄆᆡ·ᅇᅭᆷ 동 매임. ㉮ᄆᆡᅇᅵ다 ¶이제 二障애 ᄆᆡᅇᅭᄆᆞᆫ 괴외ᄒᆞ며 덛덛ᄒᆞᆫ 心性 아디 몯호ᄆᆞᆯ 브테니:今者二障所纏良由不知寂常心性(楞解1:94). 妄ᄋᆡ ᄆᆡᅇᅭ미 절로 그르리라:妄纏自釋矣(楞解1:95).

ᄆᆡ·ᅇᅵ·다 동 매이다. ☞ᄆᆡ이다 ¶싸호ᄆᆞᆯ 즐겨 제 軍 알ᄑᆡ 가다가 帝釋손ᄃᆡ ᄆᆡᅇᅵᄂᆞ니라(釋譜13:9). 長常 業報애 ᄆᆡᅇᅧ:恒繫業報(月釋序3). 生死ㅅ ᄆᆡᅇᅭᄆᆞᆯ 그르게 ᄒᆞᄂᆞ니라(月釋18:52). 아니 니거늘 ᄆᆡᅇᅧ 가 닐오ᄃᆡ(三綱. 忠29). 간대로 愛想애 ᄆᆡᅇᅭᆫ 다시니:妄纏愛想(楞解1:43). 이제 二障애 ᄆᆡᅇᅭᄆᆞᆫ 괴외ᄒᆞ며 덛덛ᄒᆞᆫ 心性 아디 몯호ᄆᆞᆯ 브테니:今者二障所纏良由不知寂常心性(楞解1:94). 妄ᄋᆡ ᄆᆡᅇᅭ미 절로 그르리라:妄纏自釋矣(楞解1:95). 能히 衆生ᄋᆞ로 가돔과 ᄆᆡᅇᅭᆷ과 갈와 鎖왜 能히 著디 몯게 ᄒᆞ며:能令衆生禁繫枷鎖所不能者(楞解6:28).

ᄆᆡ·자기 명 매자기. ¶ᄆᆡ자깃 불휘 사ᄒᆞ라 초애 ᄃᆞ마:三稜剉醋浸(救簡2:5). ᄆᆡ자깃 불휘:三稜(東醫 湯液三 草部).

ᄆᆡ·잗다 동 맺었다. ㉮ᄆᆡᆽ다 ¶金蘭 ᄀᆞᄐᆞᆫ 契ᄅᆞᆯ ᄆᆡ잗노라 ᄒᆞᄂᆞ니:擬結金蘭契(宣小5:23).

ᄆᆡ잣도다 동 맺었도다〔結實〕. ㉮ᄆᆡᆽ다 ¶ᄃᆞ거셔 ᄡᅳᆫ 거셔 다 ᄒᆞᆫ가지로 여르미 ᄆᆡ잣도다:甘苦齊結實(重杜解1:4).

ᄆᆡ:장 명 매장(埋葬). ¶시러곰 ᄆᆡ장을 경영티 몯ᄒᆞ야:不得營葬(宣小6:29).

ᄆᆡ장군 명 매장(埋葬)꾼. ¶ᄆᆡ장군:仵作(譯解補27).

ᄆᆡ좃다 동 입이 다물어지다. ☞ᄆᆡ좇다 ¶이비 ᄆᆡ좃고 精神이 아ᄃᆞᆨᄒᆞ고 氣分이 ᄎᆞᄂᆞ니:口噤神昏氣冷(救急下94).

ᄆᆡ좇다 동 입이 다물어지다. ☞ᄆᆡ좃다 ¶거믄 나비 이비 ᄆᆡ조자 能히 뒷ᄑᆞ람 몯 ᄒᆞ

고:玄猿口噤不能嘯(杜解10:41).

ᄆᆡ즙 명 매듭. ☞ᄆᆡ좁 ¶結子 俗稱每緝(樂範8:3). ᄆᆡ즙:流蘇(譯解上45). ᄆᆡ즙 ᄆᆡᆺ다:打結子(同文解上57. 譯解補28).

ᄆᆡ졸리다 동 매여 졸리다. ¶ᄆᆡ졸리기 범ᄒᆞ면 조리혀ᄂᆞ니:繫縛者相拘攣(胎要14).

ᄆᆡ좁 명 매듭. ☞ᄆᆡ즙 ¶ᄆᆡ좁:流蘇 同心結也(四解上40 蘇字註). ᄆᆡ좁:方勝兒 即流蘇結也(四解下54 勝字註). 流蘇 ᄆᆡ좁을 드리올ᄯᆞᄅᆞ미라(家禮7:31).

ᄆᆡ치·다 동 맺히다. ☞ᄆᆡ티다 ¶넉슨 蜃氣ㅣ ᄆᆡ쳿ᄂᆞᆫ 樓에 나봇기놋다:魂飄結蜃樓(初杜解8:45). 罪 ᄆᆡ치면 法王 볼 젼ᄎᆡ 업스니라:結罪無因見法王(金三4:63). 긔운이 ᄆᆡ쳐 머군 거시 ᄂᆞ리디 아니커든:氣結飲食不下(救簡2:85). 목하의 핍상착 오ᄆᆡ의 ᄆᆡ쳐시니(答思鄕曲).

ᄆᆡ탄 명 매탄(煤炭). 석탄(石炭). ¶네 그저 날을 ᄆᆡ탄 뛰오ᄂᆞᆫ 구들을 ᄆᆡᆼᄃᆞ라 주되:你只做饋我煤火炕着(朴解下5). 뎌 ᄠᅳᆫ ᄆᆡ탄을 ᄀᆞᆯ히여 ᄒᆞᆫ디 버므려 ᄆᆞᆯ뢰디 못ᄒᆞᆯ소냐:揀着那乏煤一打裡和着乾不的(朴解下44).

ᄆᆡ티다 동 맺히다(結). ☞ᄆᆡ치다 ¶눈ᄶᆞᆸ ᄆᆡ티다:眵結(同文解上15).

ᄆᆡ파 명 매파(媒婆). ¶ᄆᆡ파ᄅᆞᆯ 보내여 구혼ᄒᆞ니(洛城1). 지아비 죽고 가계 탕픽ᄒᆞ야 ᄆᆡ파 갑술 바다 ᄌᆞ싱ᄒᆞ고(落泉1:1).

ᄆᆡ·해 명 들에. 〔ᄒᆞ 첨용어 'ᄆᆡ'의 부사격(副詞格).〕 독ᄆᆡ ¶얼윈 고로ᄆᆞᆯ 거츤 ᄆᆡ해 뉘이며:以臥淤膿於荒郊(法華6:154).

ᄆᆡ햇쇼 명 들소. ¶뫼히 서늘ᄒᆞ니 프른 ᄆᆡ햇쇠 울오:山寒青兕叫(重杜解12:29).

ᄆᆡ햇쥐 명 들쥐. ¶ᄆᆡ햇쥐ᄂᆞᆫ 어즈러운 굼긔셔 拱手ᄒᆞ얫도다:野鼠拱亂穴(重杜解1:4).

ᄆᆡ화 명 매화(梅花). ¶梅花ㅅ 삐 ᄀᆞᆯᄋᆞᆯ 수레 머그라:梅子末酒服之(救急下67). 니건ᄒᆡ 梅花와 버듨 ᄠᅳ디 도로혀 ᄀᆞᇫ 왓ᄂᆞᆫ ᄆᆞᅀᆞᄆᆞᆯ 이어고져 ᄒᆞᄂᆞ다:去年梅柳意還欲攪邊心(初杜解14:8). 梅花ㅅ 가지 져기 하야호매 天下ㅣ 보민 ᄃᆞᆯ 足히 알며:梅枝片白足知天下春(金三3:11). ᄆᆡ홧 ᄆᆡ:梅(訓蒙上7). ᄆᆡ화 ᄆᆡ:梅(類合上9. 兒學上6). 江縣엣 블근 梅花ᄂᆞᆫ ᄇᆞᆯ셔 보ᄆᆡ 퓟도다:江縣紅梅已放春(重杜解9:26). ※ᄆᆡ화>매화

ᄆᆡ홧여·름 명 매실(梅實). ¶ᄆᆡ홧여름 검게 그스려 ᄆᆞᄅᆞ니:烏梅肉(救簡1:2). ᄆᆞᆯ외욘 ᄆᆡ홧여름:白梅(救簡6:25).

ᄆᆡ회다 동 모이다. ¶울이 ᄆᆡ회로서 인일에 ᄆᆡ회로서(人日歌).

ᄆᆡ히 명 들이. 〔ᄒᆞ 첨용어 'ᄆᆡ'의 주격(主格).〕 독ᄆᆡ ¶病ᄒᆞ야 누엣ᄂᆞᆫ 거츤 ᄆᆡ히 머니:臥病荒郊遠(杜解22:8).

ᄆᆡᄒᆞᆯ 명 들을. 〔ᄒᆞ 첨용어 'ᄆᆡ'의 목적격(目的格).〕 독ᄆᆡ ¶프른 ᄆᆡᄒᆞᆯ 디렛도다:俯青郊(重杜解7:1). 모ᄆᆞᆯ 도ᄅᆞ혀 프른 ᄆᆡᄒᆞᆯ 보니 슬퍼 거츤 못 ᄀᆞᆮ도다:廻身視綠野慘澹如荒澤(重杜解8:21).

·ᄆᆡᆨ 명 맥(脈). ¶脈ᄋᆞᆫ 주리라(月釋8:18). 힘과 脈괘 서르 얼거 구드샤 기피 수므샤 낟디 아니ᄒᆞ샤미(法華2:14). 듕긔ᄒᆞ야 ᄆᆡᆨ기 사오나와 ᄀᆞ장 허약ᄒᆞᆫ 증ᄃᆞᆯ해:中氣脈弱大段虛怯等證(救簡1:39). 네 ᄆᆡᆨ이 부ᄒᆞ락 팀ᄒᆞ락 ᄒᆞᄂᆞ다:你脈息浮沈(飜老下40). ᄆᆡᆨ자바 보면(簡辟4). ᄆᆡᆨ ᄆᆡᆨ:脈(訓蒙上28). 의원이 드러가 ᄆᆡᆨ자바 보아도:醫者却入診視(瘟疫方18). 脈잡혀 보아지라:診候脈息(老解下36). ᄆᆡᆨ 보다:看脈(譯解上63). ᄆᆡᆨ ᄆᆡᆨ:脈(倭解上19). ※ᄆᆡᆨ>맥

·ᄆᆡᆨ문동 명 맥문동(麥門冬). ¶麥門冬 두 兩 솝 앗고(救急下53). ᄆᆡᆨ문돖 불휘 글힌 므레:麥門冬熟水(救簡2:109).

ᄆᆡᆨ반 명 맥반(麥飯). 보리밥. ¶녀ᄅᆞᆷ이면 ᄆᆡᆨ반이오 겨울이면 잡곡밥을 먹으니(洛城2).

ᄆᆡᆨ받다 동 살피다. 헤아리다. ¶子龍이 玄德의 거동을 ᄆᆡᆨ바다(三譯10:13). 月影이 上欄干 킈야 ᄆᆡᆨ바드라 왓ᄂᆞ니(古時調. 金爐에 香盡ᄒᆞ고. 青丘).

ᄆᆡᆨ잡다 동 맥(脈)을 짚어 보다. 진맥(診脈)하다. ¶ᄆᆡᆨ자바 보면(簡辟4). 의원이 드러가 ᄆᆡᆨ자바 보아도:醫者却入診視(瘟疫方18). ᄆᆡᆨ자블 딘:診(類合下18). 脈잡혀 보아지라:診候脈息(老解下36). ᄆᆡᆨ잡다:把脈(譯解上63).

ᄆᆡᆨ질ᄒᆞ다 동 맥질하다. 매흙질하다. ¶ ᄇᆞ람벽 ᄆᆡᆨ질ᄒᆞ기(農月 十月令).

ᄆᆡᆨ츄 명 맥추(麥秋). ¶특별이 ᄆᆡᆨ츄ᄅᆞᆯ 기ᄃᆞ려 도로 보리 환샹을 ᄆᆡᆼ들라 ᄒᆞ신고로(綸音106).

ᄆᆡᆨ키다 동 막히다. ¶싀 보리밥 다마 노코 가삼 ᄆᆡᆨ켜 못 먹으니(萬言詞).

ᄆᆡᆫ 관 맨. 가장. ☞ᄆᆞᆺ ¶塔 ᄆᆡᆫ 그테 올아:登浮屠絶頂(續三綱. 烈5). ᄆᆡᆫ 얼운 ᄒᆞᆫ나히 지아비 되여셔:一人最長者爲家長(二倫30 陸氏義居). ᄆᆡᆫ 후에 嚴助ㅣ 위ᄒᆞ여 말ᄆᆡᄅᆞᆯ 請ᄒᆞᆫ대:最後嚴助爲請告(宣小6:37). ᄆᆡᆫ 처엄 셔쎤 ᄯᅡ히:原地(練兵10). 金剛臺 ᄆᆡᆫ 우層의 仙鶴이 삿기 치니(松江. 關東別曲). ᄆᆡᆫ ᄀᆞᆺ:邊沿(漢淸8:70).

ᄆᆡᆫ- 접두 맨(純)-. ¶이런 ᄆᆡᆫ흙구드레 엇디 자료:這般精土炕上怎的睡(飜老上25). 샹인이 늘금애 ᄆᆡᆫ밥 먹디 아니ᄒᆞᄂᆞ니라:庶人耆老不徒食(宣小2:65). ᄆᆡᆫ믈에 ᄉᆞᆯ마(痘要下40). ᄆᆡᆫ손으로 도ᄌᆞᆨ을 두드리니:徒手搏賊(東新續三綱. 烈6:13). 이런 ᄆᆡᆫ흙구들에 엇디 자리오:這般精土炕土怎的睡(老解上23). ᄆᆡᆫ밥을 간대로 먹으라:淡飯胡亂喫些箇(老

解上36). 민믈에 양의 즌등과 가슴을 술마 먹고:白煮着羊腰質子喫了時(老解下48). 민기름에 지진 ᄃᆞᆰ과:白煠鷄(朴解上5). 민기름 고기:肥的(譯解上53). 민믈에 ᄉᆞᆱ다:白煮(譯解下46). 민등에 ᄆᆞᆯ ᄐᆞ고 ᄃᆞ라나ᄂᆞᆫ 거시 태반이라(三譯9:2). 민술 먹기 어렵다:寡酒難喫(譯解補60). ※민->맨-

민글다 동 만들다. ☞밍글다. 밍ᄀᆞᆯ다 ¶넉 량 은을 드려 민그랏고:結裹四兩銀子(老解下47). 혹 ᄉᆞ지 ᄐᆞᆫ 신션 양으로 민근 沙糖을 노코:或是獅仙糖(朴解上4). 명길이 희 둘흘 민글고져 ᄒᆞ고(山城95).

민달다 동 만들다. ☞민ᄃᆞᆯ다 ¶피치 아니ᄒᆞ게 민다니(閑中錄558).

민도람이 명 맨드라미. ☞만도람이 ¶민도람이:雞冠花(柳氏物名三 草).

민·들·다 동 만들다. ☞민글다. 민ᄃᆞᆯ다. 밍ᄀᆞᆯ다 ¶規:두렷ᄒᆞᆫ 것 민드ᄂᆞᆫ 그릇시라(宣小3:18). 白駝氈 큰 갓 ᄒᆞ나흘 민드되:白駝氈大帽兒一箇(朴解中26). 네 그저 남향ᄒᆞ여 문을 민들고:你只朝南做門兒(朴解下5). 쳔만인 왕릭ᄒᆞᄂᆞᆫ ᄃᆞ리ᄅᆞᆯ 민드며(敬信10). 거울을 민드러 아롬답고 극히 조코 ᄇᆞᆰ으되(捷蒙1:8).

민ᄃᆞ·다 동 만들다. ☞민ᄃᆞᆯ다. 밍ᄀᆞᆯ다 ¶그 법이 大抵혼ᄃᆡ 翰林學士 宗諤의 민ᄃᆞᆫ 바에 난이라:其規模大抵出於翰林學士宗諤所制也(宣小6:100). 큰 갓도 민ᄃᆞ니:大帽也做裏(朴解中26). 내 袈裟ᄅᆞᆯ 민ᄃᆞ노라:我做袈裟裏(朴解中49). 냥국의 큰 계교ᄅᆞᆯ 그ᄅᆞᆺ 민ᄃᆞ니(山城101).

민ᄃᆞ리 명 맨드리. ¶내 비ᄌᆞ의 민ᄃᆞ리 ᄒᆞ고 나가셔(癸丑148).

민ᄃᆞᄅᆞ미 명 맨드라미. ☞민도람이 ¶민ᄃᆞᄅᆞ미 ᄲᅵ:青箱子(方藥14).

민ᄃᆞᄅᆞ시다 동 만드시다. ㉮민ᄃᆞᆯ다 ¶녀측이란 칙 삼십 권을 민ᄃᆞᄅᆞ시니(女範1. 셩후 당문덕후).

민·ᄃᆞᆯ·다 동 만들다. ☞민들다. 밍ᄀᆞᆯ다. 밍ᄃᆞᆯ다 ¶무덤을 민ᄃᆞ라 주니라:爲營塚壙(飜小9:33). 포육 민ᄃᆞᆯ라 ᄒᆞ고 안쩌ᄂᆞᆯ:作脯坐定(飜小9:78). 翰林學士 벼슬ᄒᆞ엿던 宗諤의 민ᄃᆞ론 ᄃᆡ셔 나니라:出於翰林學士宗諤所制也(飜小9:108). ᄀᆞᄂᆞᆫ ᄀᆞᆯᄅᆞᆯ 민ᄃᆞ라:爲極細末(痘瘡方3). 내 ᄒᆞᆫ ᄇᆞᆯ 칼을 민ᄃᆞᆯ려 ᄒᆞ노라:我打一副刀子(朴解上15). 네 민ᄃᆞᆯ면 엇디 민ᄃᆞᆯ려 ᄒᆞᄂᆞᆫ다:你打時怎麼打(朴解上15). 네 그저 날을 미탄 쮜오ᄂᆞᆫ 구들을 민ᄃᆞ라 주되:你只做饋我煤火炕着(朴解下5). 여샹우의 곡을 민ᄃᆞ라 상해 귀비와 잔치ᄒᆞᆯ 제(明皇1:37). 皇帝 글 민ᄃᆞ라 니ᄅᆞ샤ᄃᆡ(八歲兒1). 미리 ᄡᆞᆯ을 ᄶᅵ허 ᄀᆞᆯᄅᆞᆯ 민ᄃᆞ라 ᄮᅮᆯ을 버므려 두어 섬을 ᄒᆞ야 비얌의 구무 어귀예 ᄡᅩ다 두엇더니(太平1:11). 당 현종이 녀산을 민ᄃᆞᆯ고(太平1:35). 銀鹿을 민ᄃᆞ라 ᄆᆡ오고 희롱ᄒᆞ더라(女四解4:41). 쥬공이 민ᄃᆞ라 후셰의 법이 되게 ᄒᆞ시니(女範3. 문녀 위모숑시). ※밍ᄀᆞᆯ다>민ᄃᆞᆯ다

민뭇·다 동 매무시하다. ☞미뭇다 ¶朝會ᄒᆞᆯ 저글 기들워 관ᄃᆡ 민무수믈 다ᄒᆞ여 잇거늘:伺當朝會裝嚴已訖(飜小10:2). 민무ᄉᆞᆷ을 이믜 다 ᄒᆞ엿거늘:裝嚴已訖(宣小6:102).

·민·믈 명 맹물. ¶민므레 글혀 머거도 ᄯᅩ 됴ᄒᆞ니라:白煮亦佳(救簡3:105). 민므레 炒ᄒᆞᆫ 猪肉(老朴集上2). 혹 민믈에 양의 즌등과 가슴을 술마 먹고:或白煮着羊腰節質子喫了時(老解下48). 민믈에 술마:淡煮(痘要下40). 민믈에 ᄉᆞᆱ다:白煮(譯解下46).

민발 명 맨발. ¶민발로 가다:光脚走(譯解下50). 굽 ᄶᅥ러진 편격지 민발에 신고(古時調. 소경이. 歌曲).

민·밥 명 ①공밥. ¶君子ㅣ 늘금애 거러ᄃᆞᆫ니디 아니ᄒᆞ고 샹인이 늘금애 민밥 먹디 아니ᄒᆞᄂᆞ니라:君子耆老不徒行庶人耆老不徒食(宣小2:65).
②맨밥. ☞뷘밥 ¶민밥을 간대로 먹으라:淡飯胡亂喫些箇(老解上36). 민밥:空飯(譯解補30).

민손 명 맨손. ¶ᄉᆞ신이 창황ᄒᆞ여 거조ᄅᆞᆯ 일허 민손으로 도ᄌᆞᆨ을 두드리니:思愼蒼黃失措徒手搏賊(東新續三綱. 烈6:13).

민술 명 강술. ¶민술 먹기 어렵다:寡酒難喫(譯解補60).

민지다 동 만지다. ☞ᄆᆞᆫ지다 ¶소노로 민지니 누ᄂᆞᆯ ᄀᆞᄆᆞ니라:拊之乃瞑(重二倫43).

민청으로 부 맹탕으로. 건으로. ¶죄명 일ᄏᆞᄅᆞᆯ 것 업서 그져 민청으로 죽이쟈 ᄒᆞ니(閑中錄494).

밀쇠 명 자물쇠. ¶밀쇠 금:鈐(類合下25).

밉·다 형 맵다. 사납다. 맹렬하다. ¶旋嵐風ᄋᆞᆫ ᄀᆞ장 ᄆᆡᄫᆞᆫ ᄇᆞᄅᆞ미라(釋譜6:30). ᄆᆡᄫᆞᆫ 智慧ㅅ 블로 불이실씨(月釋7:49). 奮迅ᄋᆞᆫ 니ᄅᆞ와다 ᄆᆡᄫᆞᆯ 씨라(月釋10:78). 시혹 地獄이 이쇼ᄃᆡ ᄆᆡᄫᆞᆫ 브를 놀여 罪人의게 가게 ᄒᆞ며(月釋21:80). 婬이 한 사ᄅᆞᄆᆞᆫ ᄆᆡ온 火聚 ᄃᆞ외ᄂᆞ니라 ᄒᆞ샤:多婬人成猛火聚(楞解5:65). 上根ᄋᆞᆫ 밉고 ᄂᆞᆯ캅다 ᄒᆞ샤:爲上根猛利(法華1:130). 根性이 ᄆᆡ와 ᄂᆞᆯ카올씨:根性猛利故(法華2:95). 술 밉다:釅釅(四解下81). ᄆᆡ올 엄:釅(訓蒙下13). ᄆᆡ올 신:辛(訓蒙下14). ᄆᆡ올 신:辛(類合下11). ᄆᆡ올 랄:辣(訓蒙下14). ᄆᆡ올 렬:烈(訓蒙下25). ᄆᆡ올 ᄆᆡᆼ:猛. ᄆᆡ올 무:武(訓蒙下26). ᄆᆡ올 무:武(類合下3). ᄆᆡ올 ᄆᆡᆼ:猛. ᄆᆡ올 한:悍(類合下30). ᄆᆡ올 려:厲(類合下31). ᄆᆡ올 ᄆᆡᆼ:孟(光千29). ᄆᆡ올 렬:烈(石千7). ᄆᆡ올

무:武. ᄆᆡ올 쥰:俊(石千24). ᄆᆡᆸ다:辣(譯解上53). ᄆᆡ올 신:辛(倭解上48). ᄆᆡᆸ다:辣(同文解上61).
※ᄆᆡᆸ다>맵다
※'ᄆᆡᆸ다'의 활용 [ᄆᆡᆸ고/ᄆᆡᆸ게/ᄆᆡᆸ디… / ᄆᆡᄫᆞᆫ/ᄆᆡᄫᆞᆯ…

ᄆᆡᆺ·다 동 맺다. ☞ᄆᆡᆽ다 ¶罪根이 기피 ᄆᆡᆺ다 ᄒᆞ시니라(月釋23:93). 和親ᄒᆞ야 懽樂ᄋᆞᆯ ᄆᆡᆺ고져 願ᄒᆞᄂᆞᆺ다:和親願結懽(杜解23:29). ᄇᆞᄅᆞᆷ 조겨든 여름 ᄆᆡᆺᄂᆞᆫ 거셔:刮風結子(飜朴上40). 縷ᄂᆞᆫ ᄭᅳᆯ을 辟ᄒᆞ야 ᄲᅧ 노ᄒᆞᆯ ᄆᆡᆺ고(女四解4:64). ᄆᆡᆺ다:挽結(同文解上57).

ᄆᆡᆺ답답다 형 번열이 나고 답답하다. ¶ᄆᆡᆺ답답고:煩燥(痘要下9).

ᄆᆡᆺ덩이 명 석탄 덩어리. ¶ᄆᆞ른 ᄆᆡᆺ덩이 잇ᄂᆞ냐:乾的煤簡兒有麼(朴解下44).

ᄆᆡᆺ돌 명 맷돌. ☞매돌 ¶ᄆᆡᆺ돌:磑 磨石 碣 礱 소(柳氏物名三 草).

ᄆᆡᆺ돌즁쇠 명 맷돌중쇠. ☞매ㅅ중쇠 ¶ᄆᆡᆺ돌즁쇠:信子 磨臍 소(柳氏物名三 草).

ᄆᆡᆺᄆᆡᆺ·다 형 매끈매끈하다. ☞ᄆᆡᆺᄆᆡᆺᄒᆞ다 ¶구든 거슬 ᄀᆞ라 ᄆᆡᆺᄆᆡᆺ게 ᄒᆞ야 구무 들워 ᄡᅳ라:諸堅實物磨令滑作孔用之(救急上50). 아모 거시나 구든 거슬 ᄀᆞ라 ᄆᆡᆺᄆᆡᆺ게 ᄒᆞ야:諸堅實物磨令滑(救簡6:15).

ᄆᆡᆺᄆᆡᆺ·ᄒᆞ·다 형 매끈매끈하다. ☞믯믯ᄒᆞ다. ᄆᆡᆺᄆᆡᆺ다 ¶갓과 ᄉᆞᆯ쾌 보ᄃᆞ랍고 ᄆᆡᆺᄆᆡᆺᄒᆞ샤 ᄠᅥ 아니 무드시며(月釋2:40). 머흘며 ᄆᆡᆺᄆᆡᆺᄒᆞ며 ᄎᆞ며 더운 여러 相이 간대로 나리니:妄生澀滑冷熱諸相(楞解2:98). 축축ᄒᆞ시고 ᄆᆡᆺᄆᆡᆺᄒᆞ샤(法華2:12).

ᄆᆡᆺ숢이다 동 맺아 꾸미다. ☞ᄆᆡᄉᆞ미다 ¶다엿 돈 은이 업ᄉᆞ면 ᄆᆡᆺ숢여 내디 못ᄒᆞ리라:沒有五六錢銀子結裹不出來(朴解上43).

ᄆᆡᆺ자곡 명 맷자국. 매맞은 자국. ¶ᄆᆡᆺ자곡:鞭棍傷痕(漢淸8:14).

ᄆᆡᆼ·가·니 명 청맹과니. 청맹(靑盲). ☞ᄆᆡᆼ과니. ᄆᆡᆼ관이 ¶쟝ᄎᆞ 苦ᄅᆞ윈 ᄆᆡᆼ가닐 더러:將除苦盲(法華3:100).

ᄆᆡᆼ과니 명 청맹과니. 청맹(靑盲). ☞ᄆᆡᆼ가니. ᄆᆡᆼ관이 ¶ᄆᆡᆼ과니 몽:矇(兒學下3).

ᄆᆡᆼ관이 명 청맹과니. 청맹(靑盲). ☞ᄆᆡᆼ가니. ᄆᆡᆼ과니 ¶소경이 ᄆᆡᆼ관이를 두루쳐 메고(古時調. 靑丘).

ᄆᆡᆼ·글·다 동 만들다. ☞ᄆᆡᆼᄀᆞᆯ다 ¶글왈 ᄆᆡᆼ그라(三綱. 忠22). 勝ㅅ 소갯 金으로 ᄆᆡᆼ그론 고즌 工巧히 치위ᄅᆞᆯ 견듸ᄂᆞᆺ다:勝裏金花巧耐寒(重杜解11:8). 갈 잘 ᄆᆡᆼ글 쟝신이:快打刀子的匠人(飜朴上15). 지실 안해 각별이 차반 달홀 더를 ᄆᆡᆼ그랏더니:於齋內別立廚帳(宣小5:47). ᄆᆡᆼ그롬이 崔浩로 말미암으니:制由崔浩(宣小6:41). 緇布冠을 烏紗의 漆ᄒᆞᆫ 거슬 ᄆᆡᆼ그로미 죠희의 더옥 굿셀만 ᄀᆞᆺ디 몯ᄒᆞ니라(家禮圖4). 이 술 가져다가 四海예 고로 논화 億萬蒼生을 다 醉케 ᄆᆡᆼ근 後의 그제야 고텨 만나 또 ᄒᆞᆫ 잔 ᄒᆞ잣고야(松江. 關東別曲). 내 ᄆᆞᄋᆞᆷ 버혀 내여 뎌 ᄃᆞᆯ을 ᄆᆡᆼ글고져(古時調. 鄭澈. 松江). 남글 삭여 샹을 ᄆᆡᆼ그라 제ᄒᆞ더니(女範4. 녈녀 뎐우빵절). 白骨이 塵土ㅣ 도여 酒樽이나 ᄆᆡᆼ글고쟈(古時調. 어우하. 靑丘).

ᄆᆡᆼ마리 명 맨드리. ☞ᄆᆞᆫᄃᆞ리. ᄆᆡᆫᄃᆞ리 ¶그 각시 뎌른 ᄆᆡᆼᄆᆞ리 ᄒᆞ고 동탁이 집 문의 가 ᄭᅮ러 마ᄅᆞᆯ ᄒᆞ니:妻乃輕服詣卓門跪自陳請(重三綱. 烈8).

ᄆᆡᆼ·ᄀᆞᅀᆞ·ᄫᅡ 동 만드와. 만들어. ㉠ᄆᆡᆼᄀᆞᆯ다 ☞-ᅀᆞᄫᅡ ¶그 사ᄅᆞᆷᄃᆞᆯ히 城에 드러가 七寶金棺 ᄆᆡᆼᄀᆞᅀᆞᄫᅡ(釋譜23:23).

ᄆᆡᆼ·ᄀᆞᆯ·다 동 만들다. ☞ᄆᆡᆼ글다 ¶京觀ᄋᆞᆯ ᄆᆡᆼᄀᆞᄅᆞ시니:京觀以築(龍歌40章). 金像ᄋᆞᆯ ᄆᆡᆼᄀᆞᄅᆞ샤(月印上14). 爲ᄂᆞᆫ ᄆᆡᆼᄀᆞᆯ ᄊᆡ라(釋譜序4). 制ᄂᆞᆫ ᄆᆡᆼᄀᆞᄅᆞ실 ᄊᆡ라(訓註). 새로 스믈여듧 字ᄅᆞᆯ ᄆᆡᆼᄀᆞ노니:新制二十八字(訓註). 序ᄂᆞᆫ 글 ᄆᆡᆼᄀᆞ론 ᄠᅳ들 子細히 ᄡᅥ 後ㅅ 사ᄅᆞᄆᆞᆯ 알의 ᄒᆞᄂᆞᆫ 거시라(釋譜序1). 編은 글월 ᄆᆡᆼᄀᆞᆯ ᄊᆡ라(月釋序11). 各各 譜 ᄆᆡᆼᄀᆞ로니 잇거늘:各有編譜(月釋序12). 塑ᄂᆞᆫ ᄒᆞᆯᄀᆞ로 ᄆᆡᆼᄀᆞᆯ ᄊᆡ라(月釋21:17). 表ᄒᆞ야 中 ᄆᆡᆼᄀᆞᇙ 時節에:表爲中時(楞解1:70). 諸天이 座 ᄆᆡᆼᄀᆞᅀᆞ와:諸天設座(法華3:93). 千疑萬疑ᄅᆞᆯ 다 ᄒᆞᆫ 疑心ᄋᆞᆯ ᄆᆡᆼᄀᆞ라:千疑萬疑倂作一疑(蒙法34). 疏解ᄅᆞᆯ ᄆᆡᆼᄀᆞ니:乃爲之疏解(圓覺序9). 환 ᄆᆡᆼᄀᆞ로ᄃᆡ 머귀여름마곰 ᄒᆞ야:爲丸如桐子大(救簡1:9). 션신이 ᄉᆞ지 탓게 ᄆᆡᆼᄀᆞᆫ 사탕을 노코:或是獅仙糖(飜朴上4). 이 ᄒᆞᆫ 가디 넉 량 은 드려사 ᄆᆡᆼᄀᆞ라 내엿고:這一箇帽子結裹四兩銀子(飜老下52). ᄆᆡᆼᄀᆞᆯ 영:營(類合下10). ᄆᆡᆼᄀᆞᆯ 조:造(類合下12). 죠히 ᄆᆞᆯ아 旗 ᄆᆡᆼᄀᆞ라 내 넉슬 브르ᄂᆞ다:剪紙招我魂(重杜解1:13). 世數ᄅᆞᆯ 조차 龕실을 ᄆᆡᆼᄀᆞ랏다가(家禮1:12).
※ᄆᆡᆼᄀᆞᆯ다>ᄆᆡᆫᄃᆞᆯ다>만들다

ᄆᆡᆼ·ᄀᆞᆯ·오 동 만들고. ㉠ᄆᆡᆼᄀᆞᆯ다 ☞-오 ¶그에 ᄆᆡᆼᄀᆞᆯ오 남진 ᄃᆞ려 드러(月釋1:44). 거상홀 짜홀 ᄆᆡᆼᄀᆞᆯ오(宣賜內訓1:60).

ᄆᆡᆼ·ᄀᆞᆯ·이·다 동 만들게 하다. ¶뎌ᄒᆞ야 ᄆᆡᆼᄀᆞᆯ이디 몯ᄒᆞᆯ가:着他打不得. 네 ᄆᆡᆼᄀᆞᆯ이면 엇디 ᄆᆡᆼᄀᆞᆯ일다:你打時怎麼打(飜朴上15). 빙텰로 ᄆᆡᆼᄀᆞᆯ요ᄃᆡ:着鑌鐵打(飜朴上16). 네 몃 히멧 화를 ᄆᆡᆼᄀᆞᆯ이고져 ᄒᆞ시ᄂᆞᆫ고:你要打幾箇氣力的弓(飜朴上59).

ᄆᆡᆼ녈ᄒᆞ다 형 맹렬(猛烈)하다. ¶드러다가 ᄆᆡᆼ녈ᄒᆞᆫ 블 가온대 더디니라:擧而投諸烈火中(東新續三綱. 烈3:92).

ᄆᆡᆼ동 명 맹동(孟冬). ¶孟冬애 뵈야ᄒᆞ로 길ᄒᆞᆯ 아아 고ᄃᆞᆯ파 밥 먹고 비례와 石壁 서리

로 取ᄒᆞ야 가리라:孟冬方首路强飯取崖壁(重杜解19:29).

ᄆᆡᆼ:됴 명 맹조(萌兆). 조짐(兆朕). 징조(徵兆). ¶그 理ㅣ 萌兆 아니ᄒᆞᆫ 고ᄃᆞᆯ 니ᄅᆞ니라(金三1:9). 일 주그며 오래 사롤 ᄆᆡᆼ되니:天壽之萌也(飜小7:30). ᄆᆡᆼ됴 됴:兆(類合下58). 단명ᄒᆞ며 댱슈ᄒᆞᄂᆞᆫ ᄆᆡᆼ되니:天壽之萌也(宣小5:62). 상망홀 ᄆᆡᆼ되로소이다(癸丑67).

ᄆᆡᆼ·ᄃᆞᆯ·다 동 만들다. ☞ᄆᆡᆫᄃᆞᆯ다 ¶般若 正ᄒᆞᆫ 因을 기피 ᄆᆡᆼᄃᆞᆫ ᄆᆞᆺ 上根性이니:深結般若正因最上根性也(牧牛訣45). ᄀᆞᄅᆞᆯ ᄆᆡᆼᄃᆞ라:爲末(馬解下5). 우를 ᄀᆞᄅᆞ ᄆᆡᆼᄃᆞ라:右爲末(馬解下6). 보육 ᄆᆡᆼᄃᆞᆯ라:作脯(宣小6:72).

ᄆᆡᆼ렬 명 맹렬. ☞ᄆᆡᆼ녈 ¶ᄆᆡᆼ렬 렬:烈(註千7).

ᄆᆡᆼ:셔 명 맹서(盟誓). 맹세. ☞ᄆᆡᆼ셰 ¶誓ᄂᆞᆫ 盟誓라(月釋1:4). ᄆᆡᆼ셧 ᄆᆡᆼ:盟(訓蒙叡山本下14). ᄆᆡᆼ셔 ᄆᆡᆼ:盟. ᄆᆡᆼ셔 셔:誓(類合下14). ᄆᆡᆼ셔 ᄆᆡᆼ:盟(石千25). ᄆᆡᆼ셔 시:矢 誓也(註千40). ᄆᆡᆼ셔 명:盟(兒學下5).

ᄆᆡᆼ:셔·ᄒᆞ·다 동 맹서(盟誓)하다. 맹세하다. ☞ᄆᆡᆼ셰ᄒᆞ다 ¶아니 오리라 盟誓ᄒᆞ시니이다(月印上19). 돌아보내샤 盟誓ᄒᆞ샤ᄃᆡ(釋譜6:4). 내 또 盟誓ᄒᆞ야 願ᄒᆞᅀᆞ오ᄃᆡ(楞解7:62). 盟誓ᄒᆞ노니 將次 夫子와로:誓將與夫子(重杜解1:13). 盟誓호리니 지비 다 逃走티 아니호리라:誓不擧家走(重杜解15:42). 그 귀를 베혀 ᄆᆡᆼ셔ᄒᆞ엿더니(女四解4:20). ᄇᆡᆨ쥬시를 지어 죽기로ᄡᅥ 스스로 ᄆᆡᆼ셔ᄒᆞ니(女範3. 뎡녀 위공ᄇᆡᆨ쳐).

ᄆᆡᆼ셩ᄒᆞ다 동 맹성(猛省)하다. ¶맛당이 ᄆᆡᆼ셩ᄒᆞ야 복응ᄒᆞ리라(經筵).

ᄆᆡᆼ·셰 명 맹세. ☞ᄆᆡᆼ셔 ¶우리 그 나래 각각 큰 ᄆᆡᆼ셰 닐어:咱就那一日各自說箇重誓(飜朴上24). ᄆᆡᆼ셧 셰:誓(訓蒙叡山本下14). ᄆᆡᆼ셧 ᄆᆡᆼ:盟. ᄆᆡᆼ셧 셰:誓(訓蒙東中本下32). ᄆᆡᆼ셧 ᄆᆡᆼ:盟(光千25). ᄆᆡᆼ셰 ᄆᆡᆼ:盟(倭解上25).

ᄆᆡᆼ셰코 부 맹세코. ¶ᄆᆡᆼ셰코 이 도적으로 더브러 ᄒᆞᆫ가지로 사디 아니호리라:誓不與此賊俱生(東新續三綱. 孝8:70).

·ᄆᆡᆼ:셰ᄒᆞ·다 동 맹세하다. ☞ᄆᆡᆼ셔ᄒᆞ다 ¶밦듕에 힌 ᄆᆞᄅᆞᆯ 주겨 피 마셔 盟誓ᄒᆞ니 氣運이 ᄒᆞ마 멀터우니라:中宵斬白馬盟歃氣已麁(初杜解6:38). 죽음오로 ᄡᅥ 스스로 ᄆᆡᆼ셰ᄒᆞ니라:以死自誓(宣小4:36). 주고모로 ᄆᆡᆼ셰ᄒᆞ고 좃디 아니ᄒᆞ더니:死不從(東續三綱. 烈1). 터럭을 베히며 ᄯᅳ졀 ᄆᆡᆼ셰ᄒᆞ야(女四解4:19). 드ᄃᆡ여 공강이ᄀᆞᆮ티 ᄆᆡᆼ셰ᄒᆞ고 효도를 극진이 ᄒᆞ야(女範3. 뎡녀 동셩기녀).

:ᄆᆡᆼ슈 명 맹수(猛獸). ¶猛獸와 毒蟲과 뫼해 둡과 므레 ᄡᅡ둡과(永嘉下139). 周公이 夷狄을 兼ᄒᆞ며 猛獸를 驅ᄒᆞ심애(宣孟6:32). 믄드시 猛獸 텨 자보ᄆᆞᆯ ᄉᆞ랑ᄒᆞ샤:忽思格猛獸(重杜解24:23).

ᄆᆡᆼ신 명 맹인(盲人). ☞ᄆᆡᆼ인 ¶뎌 모ᄃᆞᆫ 盲人이 반ᄃᆞ기 와(楞解1:100).

ᄆᆡᆼ아 명 맹아(萌芽). 싹. ¶夫婦ᄂᆞᆫ 人倫의 큰 綱領이니 短命ᄒᆞ며 長壽홀 萌芽ㅣ라(宣賜內訓1:78).

ᄆᆡᆼ:안 명 맹안(盲眼). ¶盲眼이 보디 몯홈ᄃᆞᆯ ᄀᆞᆮᄒᆞ니라(圓覺上二之二73). 盲眼이 시러 보게 ᄒᆞ시며(金三4:38).

ᄆᆡᆼ양 부 매양. ☞ᄆᆞ양. ᄆᆡ샹. ᄆᆡ양 ¶ᄯᅩ ᄆᆡᆼ양 칠월 초닐웻날:又方常以七月七日(瘟疫方8). ᄆᆡᆼ양 ᄇᆞᄅᆞᆷ 비예 祥이 믄득 남글 안고 우니(英小6:18).

ᄆᆡᆼ인 명 맹인(盲人). ☞ᄆᆡᆼ신 ¶그 ᄆᆡᆼ인이 ᄒᆞᄃᆡ(癸丑54).

ᄆᆡᆽ·다 동 맺다. ☞ᄆᆡᆺ다 ¶네 어미 罪根이 기피 ᄆᆡ자(月釋23:92). ᄆᆡ존 ᄆᆞᅀᆞᄆᆞᆯ 글어:佘解結心(楞解1:21). 思애 ᄆᆡᄌᆞ면 罪 니붏 方所ㅣ ᄃᆞ외ᄂᆞ니:結思則爲受罪方(楞解8:109). 가줄뵴 中엣 다ᄉᆞᆺ ᄒᆞᆫ 巾을 ᄆᆡ자 ᄒᆞᆫ ᄆᆞᄅᆞᆯ 幻히 짓ᄃᆞᆺ ᄒᆞ니:喻中五者如結一巾幻作一馬(圓覺上二之一8). ᄃᆞᆫ 거셔 ᄡᅳᆫ 거셔 다 ᄒᆞᆫ가지로 여르미 ᄆᆡ잣도다:甘苦齊結實(重杜解1:4). 당다이 罪 ᄆᆡᄌᆞ리니:應結罪(金三4:63). 金蘭 ᄀᆞᄐᆞᆫ 契를 ᄆᆡ잘노라 ᄒᆞᄂᆞ니:擬結金蘭契(宣小5:23). ᄆᆡ졸 결:結(註千2). ᄆᆡ질 결:結(兒學下10).

ᄜ 병서 미음비읍. ㅁ, ㅂ의 합용병서(合用並書). ¶九變之局이 사ᄅᆞᆷ ᄠᅳ디리잇가:九變之局豈是人意(龍歌15章).

ᇝ 병서 미음시옷. ㅁ, ㅅ의 합용병서(合用並書). ¶ᄀᆞᄅᆞᇝ ᄀᆞᇫ애 자거늘:宿于江沙(龍歌67章). 어마닚 양지 엇더 그리ᄃᆞ록 여위시니잇고(月釋23:87). 그낤 밦 ᄭᅮ메 와 닐오ᄃᆡ(三綱. 孝29). 녀트며 기픈 ᄆᆞᅀᆞᇝ:淺深心(永嘉序11). 長者ㅣ 제 ᄀᆞᇝ뎡을 펴니:長者自布金(初杜解9:18). ᄀᆞᅀᆞᇝᄃᆞᆯ와 봆 고지:秋月春花(金三2:6). 봆ᄇᆞᄅᆞᆷ 和ᄒᆞᆫ 긔운(南明上22). 닶 담:毯(訓蒙中30).

ᄝᅀ 병서 미음반잇소리시옷. ㅁ, ㅿ의 합용병서(合用並書). ¶님긊 말 아니 듣ᄌᆞᄫᅡ:弗順君命(龍歌98章).

ᄝ 순경음 순경음(脣輕音) 미음. 연서(連書) 자음(子音)의 하나. ¶ㅇ連書脣音之下則爲脣輕音(訓正). ㅇ連書脣音之下則爲脣輕音者以輕音脣乍合而喉聲多也(訓解. 制字). 虯끃. 斗둫. 漂푷ᄫ字쭝(訓註). ㅇ를 입시울 쏘리 아래 니ᅀᅥ 쓰면 입시울가ᄇᆡ야ᄫᆞᆫ소리 ᄃᆞ외ᄂᆞ니라(訓註). 非ᄫ奉ᄬ微ᄝ三母 合脣作聲 爲ㅂ 而曰脣重音 爲ㅂ之時 將合勿合 吹氣出聲 爲ᄫ而曰 脣輕音 制字加空圈於ㅂ下者 卽虛脣出聲之義也 ᄬᄝ二母亦同(四解附載. 飜譯老朴凡例).

ㅂ

ㅂ 자모 비읍. 한글 초성(初聲) 자모(字母)의 하나. 순음(脣音). 입술소리. ¶ ㅂ. 脣音. 如彆字初發聲. 並書. 如步字初發聲(訓正). 牙音ㄱ. 象舌根閉喉之形. …脣音ㅁ. 象口形. …ㅋ比ㄱ. 聲出稍厲. 故加畫. …ㅁ而ㅂ. ㅂ而ㅍ. … 其因聲加畫之義皆同(訓解. 制字). ㄱㄷㅂㅈㅅㆆ. 爲全淸. ㅋㅌㅍㅊㅎ. 爲次淸. ㄲㄸㅃㅉㅆㆅ. 爲全濁(訓解. 制字). 所以ㆁㄴㅁㅇㄹㅿ六字爲平上去聲之終. 而餘皆爲入聲之終也. 然ㄱㆁㄷㄴㅂㅁㅅㄹ八字可足用也(訓解. 終聲). 五音之緩急. 亦各自爲對如牙之ㆁ與ㄱ爲對. 而ㆁ促呼則變爲ㄱ而急. ㄱ舒出則變爲ㆁ而緩. …脣之ㅁㅂ. …其緩急相對. 亦猶是也(訓解. 終聲). ㅂ는 입시울쏘리니 彆볋字쫑 처엄 펴아나는 소리 ᄀᆞᄐᆞ니 ᄀᆞᆯᄫᅡ쓰면 步뽕ㆆ字쫑 처엄 펴아나는 소리 ᄀᆞᄐᆞ니라(訓註6). ㅂ非邑(訓蒙凡例2).

-ㅂ 조 -의. 〔사잇소리〕 ¶ 九變之局이 사ᄅᆞᆷ ᄠᅳ디리잇가:九變之局豈是人意(龍歌15章). ㅊ는 니쏘리니 侵침ㅂ字쫑 처엄 펴아나는 소리 ᄀᆞᄐᆞ니라(訓註7). ㅏ는 覃땀ㅂ字쫑 가온ᄃᆡᆺ소리 ᄀᆞᄐᆞ니라(訓註10). 人間ᄋᆞ 사ᄅᆞᆷ서리라(月釋1:19).

·바 명 바〔索〕. ¶ 바ᄃᆞᆯ 다 됴ᄒᆞ야 잇다:繩索都好(飜老下36). 바ᄃᆞᆯ 다 됴타:繩索都好(老解下32).

바 명 바〔所〕. ¶ ᄆᆡᇰᄀᆞ론 바ᄅᆞᆯ브터(釋譜序5). 어린 百姓이 니르고져 홇 배 이셔도:愚民有所欲言(訓註2). 사라셔 여희요ᄆᆞᆫ 네브터 슬논 밸시:生別古所嗟(初杜解8:7). 부텨 니ᄅᆞ샨 밧 法은 이 法이라 닐어도 ᄯᅩ 올티 몯ᄒᆞ며:佛所說法謂是法亦不是(金三2:40). 부텻 許ᄒᆞ샨 배시니:佛所印(南明上22). 바소:所(訓蒙中8. 石千13. 倭解上27). 바 유:攸(石千34). 東宮의 닐으는 바 ᄅᆞᆫᄐᆞ냐:如東宮所言乎(宣小6:42).

바고·니 명 바구니. ☞바곤이 ¶ ᄒᆞᆫ 바고닛 밥과 ᄒᆞᆫ 박 冷水로:一簞食一瓢飮(宣賜內訓3:54). 바고니ᄅᆞᆯ 소ᄃᆞ니:放筐(初杜解16:71). 바고니 단:簞(訓蒙中11). 바고니 광:筐(類合上28).

바곤·이 명 바구니. ☞바고니 ¶ ᄒᆞᆫ 바곤잇 밥과 ᄒᆞᆫ 박 믈로:一簞食一瓢飮(宣小4:47).

바곰이 명 바구미. ¶ 바곰이 멸:蠛(兒學上8).

바·곳 명 바곳. 오두(烏頭). 초오(草烏). 초오두(草烏頭). ¶ 바곳 ᄌᆞ맛던 수레:浸烏頭酒(救簡1:9). 바곳 불휘 ᄂᆞᄅᆞᆯ ᄀᆞᆯ오 ᄆᆡᇰᄀᆞ라:草烏頭生爲末(救簡6:78). 바곳:草烏(東醫 湯液三 草部).

바곳비 명 (말) 고삐. ☞곳비 ¶ 바곳비:轡繩(譯解下20).

바구레 명 굴레. ☞바굴레. 바굴에 ¶ 바구레:籠頭(老解下27). 바구레:籠頭(同文解下19. 漢淸14:38. 柳氏物名一 獸族).

바굴레 명 굴레. ☞바구레. 바굴에 ¶ 바굴레:籠頭(朴解中11). 바굴레:轆頭(譯解下20).

·바굴·에 명 굴레. ☞바구레. 바굴레 ¶ 바굴에:籠頭(飜老下30). 바굴에:草轆頭(訓蒙中27 轆字註).

바금이 명 바구미. ☞바곰이 ¶ 바금이 거절이 부리 쌰족ᄒᆞᆫ 모기(古時調. 李鼎輔. 一身이. 海謠).

바·기·다 동 박이다. 인쇄하다. ¶ 바겨 流通ᄒᆞ샤:模印流通(金剛跋2).

바기무우 명 씨앗 무. ¶ 양지에 가가 짓고 집희 싸 깁히 뭇고 바기무우 알밤 말도 얼잔케 간슈ᄒᆞ쇼(農月 十月令).

바늘 명 바늘. ☞바ᄂᆞᆯ ¶ 바늘도 실도 어ᄲᅵ(樂範. 處容歌). 이는 物에 비ᄒᆞ면 바늘 굿티오(新語6:3).

:바·니·다 동 바장이다. ¶ 나랏 ᄉᆞᅀᅵ예 큰 ᄆᆞᄅᆞ미 이쇼ᄃᆡ 비 업거늘 ᄀᆞᇫ올 조차 바니다가(月釋8:99). 오ᄅᆞ며 ᄂᆞ리며 헤ᄯᅳ며 바니니(松江. 續美人曲).

바ᄂᆞ질 명 바느질. ¶ 바ᄂᆞ질자ᄒᆞ로는 스믈대자히니:裁衣尺裏二丈五(老解下26). ᄒᆞᆫ 바ᄂᆞ질 아디 못ᄒᆞ는 女兒란:一箇不會針線的女兒(朴解中54). 바ᄂᆞ질:裁縫(同文解上56). ※바ᄂᆞ질>바느질

바·ᄂᆞ·질·자 명 바느질자. ¶ 바ᄂᆞ질자ᄒᆞ로는 스므대 자히니:裁衣尺裏二丈五(飜老下28).

바ᄂᆞ질ᄒᆞ다 동 바느질하다. ¶ 세답ᄒᆞ며 바ᄂᆞ질호ᄃᆡ:洗濯紉縫(家禮2:28). 바ᄂᆞ질ᄒᆞ는 이:裁縫的(譯解補41).

바·ᄂᆞᆯ 명 바늘. ☞바늘. 바ᄅᆞᆯ ¶ 바ᄂᆞᆯ 아니 마치시면:若不中針(龍歌52章). ᄯᅩ한 귓거시 그 모기 바ᄂᆞᆯ ᄅᆞᆫᄒᆞ며(法華2:120). 바ᄂᆞᆯ와 芥子ᄅᆞᆯ 마초ᄃᆡ 몯ᄒᆞ샤:針芥未投(圓覺上一

之二96). ᄀᆞᄂᆞᆫ 芥子ㅣ 바ᄂᆞ래 마조미라:纖芥子針(牧牛訣43). 바ᄂᆞᆯ애 실 소아:紉箴(宣賜內訓1:50). 져믄 아ᄃᆞ론 바ᄂᆞᆯ 두드려 고기 낫ᄀᆞᆯ 낙ᄉᆞᆯ ᄆᆡᆼᄀᆞᄂᆞ다:稚子敲針作釣鉤(初杜解7:4). 바ᄂᆞᆯ 침:鍼 俗作針(訓蒙中7). 바ᄂᆞᆯ 침:針(類合上28). 바ᄂᆞᆯ애 실 ᄢᅦ아 기우며 블텨 징이다 請홀디니라:紉箴請補綴(宣小2:8). 굴근 바ᄂᆞᆯ:大針(譯解下6). 바ᄂᆞᆯ 침:針(倭解下16). 바ᄂᆞᆯ을 뭇거 거우르ᄅᆞᆯ 보와(女範3. 뎡녀 뉼양ᄉᆞ녀). 바ᄂᆞᆯ 침:箴(註千16). 針曰板捺(雞類).
※바ᄂᆞᆯ>바늘

바ᄂᆞᆯ겨레 명 바늘겨레. ☞바ᄂᆞᆯ결이 ¶바ᄂᆞᆯ겨레:針扎(漢淸11:10).

바ᄂᆞᆯ결이 명 바늘겨레. ☞바ᄂᆞᆯ겨레 ¶바ᄂᆞᆯ결이:針扎子(譯解補41).

바ᄂᆞᆯ귀 명 바늘귀. ¶바ᄂᆞᆯ귀:紉針(同文解上56). 바ᄂᆞᆯ귀 ᄢᅦ다:紉針(譯解補41).

바·ᄂᆞᆯ:실 명 바늘실. ¶바ᄂᆞᆯ실 자최 업게 ᄒᆞ놋다:滅盡針線跡(初杜解25:50).

바ᄂᆞᆯ통 명 침통(針筒). ¶셔피로 ᄒᆞᆫ 바ᄂᆞᆯ통:斜皮針筒兒(老解下61).

바ᄂᆞᆳᄂᆞᆯ 명 바늘날. ¶ᄒᆞᆫ 바ᄂᆞᆳᄂᆞᆯᄒᆞᆯ 셰여 芥子ㅣ 바ᄂᆞᆳᄂᆞᆯᄒᆡ 맛게 호미:豎一針鋒使芥子投於針鋒(圓覺序69).

바·다 명 바다. ☞바ᄅᆞᆯ ¶닐굽 山 ᄊᆞᅀᅵᆫ 香水 바다히니(月釋1:23). 鹹水 바다히 잇거든(月釋1:23). 그 鹹水 바다해 네 셔미 잇ᄂᆞ니(月釋1:24). 受苦ㅅ 바다해 ᄌᆞ마 잇ᄂᆞ니(月釋9:22). 바다 ᄒᆡ:海(訓蒙上4. 石千3). 바다 양:洋(訓蒙上5). 바다 ᄒᆡ:海(類合上6). 바다 ᄒᆡ:海(倭解上9. 註千3). 바다 명:溟(類合下32). 鳴沙길 니근 ᄆᆞᆯ이 醉仙을 빗기 시러 바다ᄒᆞᆯ 겻틔 두고 海棠花로 드러가니(松江. 關東別曲). 바다히 ᄯᅥ날 제ᄂᆞᆫ 萬國이 일위더니(松江. 關東別曲). 다시 블근 구롬이 바다흐로셔 소사나(太平1:53). 바다히 고기:海魚(漢淸14:44). 바다의 비가 오니 샤문 가즌 관션인가(萬言詞). 바다 명:溟(註千28).
※'바다'의 첨용 ┌바다 └바다히/바다ᄒᆞᆯ/바다해…

바·다·가·다 동 밟아가다. ¶도ᄌᆞ기 자최 바다가아(月釋1:6).

바·다·드·리·다 동 받아들이다. ¶알ᄑᆡ 境을 바다드료미 일후미 受ㅣ오(月釋2:22之1). 受ᄂᆞᆫ 알ᄑᆡᆺ 境을 바다드료ᄆᆞ로:受以領納前境(楞解9:66).

바·다디·니·다 동 받들어 가지다. ¶이 바다디니논 相이라:是奉持之相也(圓覺下三之二79).

바·다·해 명 바다에. 〔ㅎ첨용어 '바다'의 부사격(副詞格).〕 독바다 ¶그 鹹水 바다해 네 셔미 잇ᄂᆞ니(月釋1:24). 受苦ㅅ 바다해 ᄌᆞ마 잇ᄂᆞ니(月釋9:22).

바다흐로셔 명 바다로부터. 독바다 ¶다시 블근 구롬이 바다흐로셔 소사나 수ᄇᆡᆨ 보ᄅᆞᆯ 어리며(太平1:53).

바·다·히 명 바다가. 〔ㅎ첨용어 '바다'의 주격(主格).〕 독바다 ¶鹹水 바다히 잇거든(月釋1:23).

바·다히·니 명 바다이니. 바다니. 독바다 ¶닐굽 山 ᄊᆞᅀᅵᆫ 香水 바다히니(月釋1:23).

바다ᄒᆞᆯ 명 바다를. 〔ㅎ첨용어 '바다'의 목적격.〕 독바다 ¶鳴沙길 니근 ᄆᆞᆯ이 醉仙을 빗기 시러 바다ᄒᆞᆯ 겻틔 두고 海棠花로 드러가니(松江. 關東別曲).

바다ᄒᆡ 명 바다에. 〔ㅎ첨용어 '바다'의 부사격.〕 독바다 ¶바다ᄒᆡ 구슬과 옥과 긔이ᄒᆞᆫ 보ᄇᆡ 하 만히 이시니(明皇1:30). 바다ᄒᆡ ᄯᅥ날 제ᄂᆞᆫ 萬國이 일위더니 天中의 티ᄯᅳ니 毫髮을 혜리로다(松江. 關東別曲).

바닥 명 바닥. ☞바당 ¶귀안ㅅ 바닥:耳底(漢淸5:50).

바달이 명 나나니벌. ☞바ᄃᆞ리 ¶바달이:木蜂(柳氏物名二 昆蟲).

바닷믈 명 바닷물〔海水〕. ¶바닷믈:海水(譯解上7).

바·당 명 바닥. ¶큰 빗바다ᄋᆞ로 긔여ᄒᆞ니ᄂᆞ다(月釋1:15). 合掌ᄋᆞᆫ 손바당 마촐 ᄊᆞ라(月釋2:29). 손바당 가온ᄃᆡᆺ:掌中(楞解2:32). 아기 발바당 가온ᄃᆡ:小兒脚心(救急下82). 손바당 ᄀᆞᄅᆞ치ᄃᆞᆺ:指掌(重杜解1:8). 또 손바당이 ᄃᆞ외도다:復成掌(金三2:34). 메트릿 바당을 브레 ᄶᅬ여:麻鞋履底炙(救簡6:61). 밧바당:脚板(訓蒙上29 脚字註).

바·당 명 마당. 터. ¶모미 ᄆᆞᆺᄃᆞ록 是非ㅅ 바당과 喜惡ㅅ 境에 이셔:終身處乎是非之場喜惡之境(法華1:222).

바·독 명 바둑. ¶奕은 바독이오(宣賜內訓1:28). 賽ᄂᆞᆫ 마ᄅᆞᆯ 시니 가졸비건댄 바도기 여러 소니어든 ᄒᆞᆫ 소내 막다 ᄒᆞᄃᆞᆺ ᄒᆞ니라(金三3:13). 바독 두미 됴토다:好下碁(飜朴上22). 바독 쟝긔:博奕(飜小10:23). 바독 긔:棊(訓蒙中19. 類合上24). 바독 혁:奕(類合下55). 샹뉵 바독ᄒᆞ고 술먹기를 됴히 너겨:博奕好飮酒(宣小2:34). 바독 긔:碁(倭解下19). 바독:碁(同文解下32). 바독 구무:碁眼(譯解補47). 바독:大碁(漢淸9:15).
※바독>바둑

바독개 명 바둑 무늬의 개. ¶바독개:花狗(同文解下40. 柳氏物名一 獸族).

바독범 명 표범. ¶바독범:豹(詩解 物名8).

바독쇠 명 부스러기 은돈. ¶俗稱 丁銀大片曰 키혀쇠 其小稱 바독쇠(東韓). 바독쇠:碎銀(柳氏物名五 金).

ㅂ

바독이 명 바둑이. ¶바독이 검동이 靑揷沙里 中에 죠 노랑 암캐갓치 얄믜오랴(古時調. 金壽長. 海謠).

바독판 명 바둑판. 기평(棋枰). ¶바독판 평:枰(兒學上10).

바드랍다 형 위태롭다. ☞바ᄃᆞ랍다 ¶바드라올 틔:殆(石千30). ※바드랍다<바ᄃᆞ랍다

바드리다 동 바를 꼬다. ¶고은 삼 길삼ᄒᆞ고 굴근 삼 바드리쇼(農月 六月令).

바듸 명 바디. ☞바듸. ᄇᆞ듸 ¶바듸:筬(柳氏物名三 草). 바듸 셩:筬(兒學上11).

바디 명 바지. ¶바디 고:袴(類合上31). 袴ᄂᆞᆫ 바디오(家禮5:1). 아롱 바디예 거믄 훠 신은 勇士:穿着花袴皁靴的勇士(朴解下30).

바디로이 부 공교로이. 공교히. ☞바지로이 ¶덕옥 먼 양ᄌᆞᄅᆞᆯ 바디로이 ᄒᆞ야 녯 사ᄅᆞᆷ도 가ᄌᆞᆯ비디 몯ᄒᆞ리로소니:尤工遠勢古莫比(重杜解16:31).

바·ᄃᆞ라·ᄫᆞ·니 형 위태로우니. ㉠바ᄃᆞ랍다 ¶이제 社稷이 바ᄃᆞ라ᄫᆞ니 便安히 이숌 줄 업스니라:今社稷危逼義無晏安(三綱. 忠12 桓彝致死). ※바ᄃᆞ라ᄫᆞ니>바ᄃᆞ라오니

바·ᄃᆞ라·온 형 위태로운. ㉠바ᄃᆞ랍다 ¶바ᄃᆞ라오닐 救ᄒᆞ야:危者救之(宣賜內訓2下36). 時節이 바ᄃᆞ라온 제 사ᄅᆞᄆᆡ 이리 急促ᄒᆞ니:時危人事急(杜解7:15).

바ᄃᆞ라옴 형 위태로움. ㉠바ᄃᆞ랍다 ¶便安ᄒᆞ며 바ᄃᆞ라오ᄆᆞᆫ:安危(宣賜內訓2下62). 쟝ᄎᆞᆺ 늘구매 艱難ᄒᆞ야 바ᄃᆞ라오ᄆᆞᆯ 맛나노라:將老逢艱危(重杜解2:54). 바ᄃᆞ라오믈 臨ᄒᆞ야 오래 사호믈 디내니:臨危經久戰(重杜解5:53). 筋力이 바ᄃᆞ라오ᄆᆞᆯ 시름 아니 ᄒᆞ노니:未憂筋力弱(杜解9:3).

바ᄃᆞ라와 형 위태로워. ㉠바ᄃᆞ랍다 ¶몸이 바ᄃᆞ라와 다ᄅᆞᆫ ᄀᆞ올ᄒᆞ로 가노니:身危適他州(重杜解1:19).

바·ᄃᆞ랍·다 형 위태롭다. ☞바드랍다 ¶便安ᄒᆞ야 바ᄃᆞ랍디 아니ᄒᆞ시며(月釋2:56). 世間 實로 바ᄃᆞ라오며 보ᄃᆞ라와:世實危脆(楞解2:3). 몸이 바ᄃᆞ라와 다ᄅᆞᆫ ᄀᆞ올ᄒᆞ로 가노니:身危適他州(重杜解1:19). 時節이 바ᄃᆞ라온 제 사ᄅᆞᄆᆡ 이리 急促ᄒᆞ니:時危人事急(杜解7:15). 萬事 바ᄃᆞ랍도다:萬事危(杜解10:10). 모미 늙고 時節이 바ᄃᆞ라온 저긔:身老時危(杜解21:7). 바ᄃᆞ라오ᄆᆞᆯ 더위자바:扶危(金三5:49). 여슷 도ᄌᆞ기 사ᄅᆞᄆᆞᆯ 바ᄃᆞ랍게 ᄒᆞᄂᆞ니:六賊危人(南明下33). 욕시믈 조ᄎᆞ면 바ᄃᆞ랍ᄂᆞ니:從欲惟危(飜小8:11). 바ᄃᆞ라올 약:弱(光千24). 바ᄃᆞ라올 틔:殆(光千30). 帝 아ᄅᆞᆷ 病ᄒᆞ샤 甚히 바ᄃᆞ랍더시니:帝嘗寢病危甚(重內訓2:66).

※'바ᄃᆞ랍다'의 활용 ┌바ᄃᆞ랍디/바ᄃᆞ랍더시니… └바ᄃᆞ라ᄫᆞ니…

·바·ᄃᆞ·리 명 나나니벌. ☞바달이 ¶바ᄃᆞ리벌:蠮螉細腰蜂(四解上5 螉字註). 바ᄃᆞ리 예:蠮. 바ᄃᆞ리 옹:螉(訓蒙上24). 바ᄃᆞ리벌:細腰蜂(譯解下35).

바ᄃᆞ이다 동 받았습니다. ¶아래사ᄅᆞᆷ의게 바ᄃᆞ이다(女範1. 모의 졔뎐직모).

바듸 명 바디. ☞바듸. ᄇᆞ듸 ¶실 바듸:絲團子(譯解補39).

바라 명 바라. ☞ᄇᆞ라 ¶銅鑼ᄋᆞ 바래라(釋譜13:53). 바라:鈸(四解上74). 바라:銅鑼鈸也(四解下27 鑼字註). 바라 발:鈸(訓蒙中16). 고라 불고 바라 티고:吹螺打鈸(朴解下42). 바라 티다:打銅鈸(譯解上26). 바라:鐃鈸(譯解補18. 同文解上53).

바·라 명 바다. ☞바ᄅᆞᆯ ¶내 모매 죄쟝이 산과 바라 ᄀᆞᄐᆞᆫ 주ᄅᆞᆯ 아라:須知自身罪障猶如山海(誡初9). 부텨와 祖師과의 世間에 나샤미 ᄇᆞᄅᆞᆷ 업슨 바라헤 믌결 릴우미로다:佛祖出世無風起浪(龜鑑上2). 바라 ᄒᆡ:海(石千3). 돌 바회 바라히 ᄉᆞᄆᆞ차쇼ᄃᆡ:月輪穿海(百聯25).

바라 명 곳〔處〕. ¶바라 쳐:處(光千31).

바·라 동 의지하여. 곁따라. ㉠바라다 ¶ᄃᆞᆯ비츤 九霄애 바라 하도다:月傍九霄多(初杜解6:14). 鬼物은 어스르메 바라 ᄃᆞᆫ니ᄂᆞ다:鬼物傍黃昏(初杜解8:12). 내 平床ᄋᆞᆯ 바라 ᄃᆞᆫ니ᄂᆞ다:傍我床(杜解8:35).

바라기 명 바라기. ¶바라기 역고를 골골마다 둘너내쟈(三足堂歌帖).

바라나다 동 곁따라 나다. 덧좇아 나다. ¶ᄉᆞ나희와 겨집의 욕심이 바라나기 쉽고 막ᄌᆞᄅᆞ기 어려온디라:男女情欲易熾而難防(警民15). ᄆᆞᄋᆞᆷ의 머근 말솜 슬ᄏᆞ장 솗쟈 ᄒᆞ니 눈물이 바라나니 말인들 어이ᄒᆞ며(松江. 續美人曲).

:바·라·다 동 의지(依支)하다. 곁따르다. ¶실에ᄅᆞᆯ 바라 書帙을 ᄀᆞᄌᆞ기 ᄒᆞ고:傍架齊書帙(初杜解7:6). ᄒᆡᆺ비츤 阡陌애 바랫도다:日色傍阡陌(初杜解7:26). 朝會호ᄆᆞᆯ 紫微ㅅ垣을 바라 가 ᄒᆞ리로다:朝傍紫微垣(杜解8:11). 鬼物은 어스르메 바라 ᄃᆞᆫ니ᄂᆞ다:鬼物傍黃昏(初杜解8:12). 몰애 우흿 올히 삿기ᄂᆞᆫ 어미ᄅᆞᆯ 바라셔 ᄌᆞ오ᄂᆞ다:沙上鳧雛傍母眠(杜解10:8). 엇뎨 靑門을 바라 가 외 심구믈 ᄇᆡ호리오:豈傍靑門學種瓜(杜解11:22).

바·라·다 동 배우다. 익히다. ¶또 그러ᄒᆞ야 바라면 能히 시러 ᄃᆞ마 ᄲᅡ듀ᄆᆞᆯ 免ᄒᆞᄂᆞ니라:亦如然習來能得免沈淪(金三3:50). 이제 仁智와 둘흘 바라디 아니ᄒᆞᆯ시:如今仁智兩不習(金三3:50).

바라다 동 바라다〔望〕. ☞ᄇᆞ라다. ᄇᆞᄅᆞ다 ¶황혼이 되도록 오지 아니ᄒᆞ거시든 바라며

싱각ᄒᆞ야:瞻望(女四解3:17). 바랄 망:望(兒學下2).

바라보다 동 바라보다〔眺〕. ¶바라볼 조:眺(兒學下2).

·바·라·헤 명 바다에. ⓧ바라 ¶부텨와 祖師과의 世間에 나샤미 ᄇᆞᄅᆞᆷ 업슨 바라헤 믌결 릴우미로다:佛祖出世無風起浪(龜鑑上2).

바람 명 바람〔風〕. ☞ᄇᆞ람 ¶바람이 발ᄒᆞ듯ᄒᆞ며:如風發(三略上20). 이히 여ᄅᆞᆷ에 바람 블고:風(五倫1:44). 바람 풍:風(兒學上3).

바람 명 바람벽. 벽(壁). ☞ᄇᆞᄅᆞᆷ ¶風壁同訓 바람(雅言一 薑讓).

바·람 명 바람. 발. 〔양팔을 벌린 길이.〕☞바ᄅᆞᆷ ¶이 멋 바람고 닐굽 바리 ᄎᆞ니라:這的幾托滿七托(飜朴上14).

바람벽 명 바람벽. ☞ᄇᆞ람ㅅ벽 ¶셔화도벽 엇지ᄒᆞ고 흙 바람벽 되여시며(萬言詞). 바람벽 벽:壁(兒學上9).

바랑솩 명 바랑. 걸낭. ¶고돌ᄡᅡᆨ이 두로 키야 바랑솩게 녀허 가지(古時調. 李鼎輔. 중놈이. 海謠).

바랑이 명 바랭이. ¶바랑이:八根草(譯解下40). 바랑이:狼尾草(物譜 雜草). 바랑이:八根草(柳氏物名三 草).

바·랫·다 동 의지(依支)하여 있다. 의지(依支)하였다. ㉠바라다 ¶片雲은 므슴 ᄠᅳ드로 琴臺ᄅᆞᆯ 바랫ᄂᆞ니오:片雲何意傍琴臺(初杜解7:3). 힛비츤 阡陌애 바랫도다:日色傍阡陌(初杜解7:26).

바·려ᄒᆞ·다 동 모자라다. ¶頓乏은 ᄀᆞ장 바려ᄒᆞᆯ 씨라(法華3:193).

바로 부 바로. ☞바ᄅᆞ ¶바로 반이라:中半(老解上6). 바로 당신 뎐으로 가니라(癸丑50). 바로 뎌 굼긔 노코:正着那窟籠裏放了(朴解上50). 바로 좀가 넘어:直滲過(朴新解1:9). 宴享을 바로 乾物로 받기ᄂᆞᆫ 事體 얻더ᄒᆞ오매(隣語1:3). 바로 오실 길히 업셔(閑中錄202).

바로다 형 바르다. ☞바ᄅᆞ다 ¶바론 길:直路(譯解上6). 바롤 졍:正(倭解下40. 註千10). 바로다:直(同文解上21. 漢淸11:60). 바롤 단:端(註千10). 바롤 아:雅(註千17). 바롤 광:匡(註千23). 바롤 뎡:亭(註千27).

바룘믈 명 바닷물. ☞바ᄅᆞᇝ믈 ¶봄 城은 바룘믌 ᄀᆞ이로다:春城海水邊(重杜解21:27).

:바·루 명 바라〔罷漏〕. ¶ᄆᆡ실 바루 텨든 니러 ᄂᆞᆺ 시븟고 ᄒᆞᆨ당의 가:每日打罷明鍾起來洗臉到學裏(飜朴上49).

바루다 동 바루다. 바르게 하다. 바로잡다. ☞바르다. 바ᄅᆞ다 ¶어듸로 조ᄎᆞ 션을 가리며 몸을 진실히 ᄒᆞ야 그 그름을 바루랴(女四解4:2).

바르 부 바로. ☞바ᄅᆞ ¶비 우흐로셔 바르 디나시다 ᄒᆞ면(新語6:18). 이 압희 바르 디나 셤즉ᄒᆞᆫ 곳으란(新語6:22).

바르다 동 바르다. ☞ᄇᆞ르다 ¶바를 도:塗(倭解上44).

바르다 동 바루다. 바르게 하다. ☞바루다. 바ᄅᆞ다 ¶왕이 거병ᄒᆞ야 초국을 바르려 ᄒᆞᆷ이:匡正(女四解4:19). 엇디ᄒᆞ여 능히 그 집을 바르디 못ᄒᆞᄂᆞ뇨:正(五倫4:12).

바르다 형 바르다〔正〕. ¶내 다ᄆᆞᆫ 바른 대로 니ᄅᆞ리라:我只依直說(老解下10).

바·리 명 바리때. ¶바리ᄅᆞᆯ 더뎌시ᄂᆞᆯ(月印上23). 바리와 錫杖과ᄅᆞᆯ(釋譜23:12). 金바리예 힌 ᄡᆞᆯ ᄀᆞᄃᆞ기 다마(月釋8:90). 바리ᄅᆞᆯ 닐온 應器라:鉢曰應器(楞解1:33). 풍류 받ᄌᆞ오며 바리 받ᄌᆞ오샤:獻樂奉鉢(法華7:2). 옷 니브시고 바리 가지샤:著衣持鉢(金剛上3). ᄒᆞᆫ 바릿 바ᄇᆞᆯ 가져다가(南明上34). 바리 가지며:將着鉢盂(飜朴上36). 바리 발:鉢(訓蒙中19. 類合上27. 倭解下14). 바리로ᄡᅥ 도적을 티니 ᄂᆞ치 히여뎌 피 흐ᄅᆞ니:以鉢擊賊面破流血(東新續三綱. 烈6:64). ᄌᆞ문 문골희ᄅᆞᆯ ᄲᆞᆸ고 바리ᄅᆞᆯ 내여다가(癸丑18).

바리다 동 버리다. ☞ᄇᆞ리다 ¶강개ᄒᆞ야 살기 바림을 렬이라 이르니라:慷慨捐生謂之烈(女四解4:17). 셩곽을 바리고:去(三略下18). 부모쳐자 다 바리고(萬言詞). 천ᄉᆞ만샹 다 바리고(萬言詞).

바·ᄅᆞ 명 바다. ☞바ᄅᆞᆯ ¶노피 바ᄅᆞ 우흿 들구를 좃놋다:高隨海上槎(初杜解15:52). 淮水와 바ᄅᆞ왓 揚州에 ᄒᆞᆫ 俊傑ᄒᆞᆫ 사ᄅᆞ미로소니:淮海惟揚一俊人(初杜解21:12).

바ᄅᆞ 부 바로. 곧게. ☞바로. 바르 ¶부텨 뵈ᅀᆞᆸᄂᆞᆫ 禮數를 몰라 바ᄅᆞ 드러 묻ᄌᆞᄫᆞᄃᆡ(釋譜6:20). 바ᄅᆞ 自性을 ᄉᆞᄆᆞᆺ 아ᄅᆞ샤:直了自性(月釋序18). 바ᄅᆞ 늘근 쥐 골 너흐로ᄆᆞᆯ ᄀᆞ티 ᄒᆞ야:直如老鼠咬棺材(蒙法16). 바ᄅᆞ 모로매 本分ᄋᆞᆯ 부터:直須依本分(蒙法33). 바ᄅᆞ 信位를 브터:直從信位(圓覺下二之一8). ᄒᆞ다가 제 바ᄅᆞ ᄒᆞᆫ 門을 즐기거든:若自的樂一門(圓覺下二之二41). ᄆᆞᄎᆞ매 모로매 使君灘애 바ᄅᆞ 가리라:終須直到使君灘(杜解22:13). 바ᄅᆞ 묻ᄌᆞ와 닐오ᄃᆡ:直問云(金三2:4). 이 ᄆᆞᆺ 처엄 緊히 오ᄋᆞ로 자바 바ᄅᆞ ᄀᆞᄅᆞ치신 고디니(南明上2). 거르실 제 能히 바ᄅᆞ 드듸디 몯ᄒᆞ더시니:行不能正履(宣小4:12). 막실이 막대ᄅᆞᆯ 가지고 바ᄅᆞ 나아가:莫失持杖直前(東新續三綱. 孝5:85).

바ᄅᆞ다 동 바루다. 바르게 하다. ☞바루다 ¶계오 기오리셔 다시 바ᄅᆞᄂᆞ니ᄂᆞᆫ 년닙페 비 뒤티미오:纔欹復正荷飜雨(百聯25).

바ᄅᆞ·다 형 바르다. 곧다. ☞바로다 ¶直ᄋᆞᆫ 바ᄅᆞᆯ 씨라(月釋序18). 바ᄅᆞ디 아니ᄒᆞ며 빗디 아니ᄒᆞ며:不縱不橫(圓覺上一之二117). ᄆᆞᅀᆞ미 바ᄅᆞ면 ᄆᆞᅀᆞᆷ 禪올 닷ᄀᆞ료 ᄒᆞ시니(南明上18). 목을 쥐믈어 목 ᄆᆞ딋 뼈를 뿌처 바ᄅᆞ게 ᄒᆞ고:揉其項撚正喉嚨(救簡1:60). 돗기 바ᄅᆞ디 아니커든 안ᄶᅵ 아니ᄒᆞ더시다:席不正不坐(宣小3:15).

바·ᄅᆞᆯ 명 바다. ☞바ᄅᆞ ¶바ᄅᆞ래 가ᄂᆞ니:于海必達(龍歌2章). 바ᄅᆞᆯ 건너싫 제:爰涉于海(龍歌18章). 바ᄅᆞ래 ᄇᆡ 업거늘:海無舟矣(龍歌20章). 바ᄅᆞᆳ 우희 金塔이 소ᄉᆞ니:肆維海上迺湧金塔(龍歌83章). 毗摩質多ᄂᆞᆫ 바ᄅᆞᆳ 믌결 소리라 혼 마리니(釋譜13:9). 바ᄅᆞᆯ로 드러가리니(釋譜23:36). 海ᄂᆞᆫ 바ᄅᆞ리라(月釋序8. 月釋2:45). 큰 바ᄅᆞᆯ ᄇᆞᆲ듯 ᄒᆞᄂᆞ니라:履於巨海(楞解8:93). 댱ᄉᆞᄒᆞ리 바ᄅᆞᆯ 어둠 ᄀᆞᆮᄒᆞ며:如賈客得海(法華6:170). 道ㅣ 큰 바ᄅᆞ리 ᄀᆞᆮᄒᆞ야:道如大海(蒙法49). 믈 ᄀᆞᆮ고 ᄀᆞᆺ 업스며 밑 업슬ᄊᆡ 바ᄅᆞᆯ ᄀᆞᆮᄒᆞ니라:如流無邊無底故如海(圓覺序29). 洶湧호미 바ᄅᆞ리 어윈 ᄃᆞᆺᄒᆞ도다:洶若溟渤寬(重杜解1:29). 銀으로 혼 바ᄅᆞ래 그려긔 ᄂᆞ로미 깁도다:銀海雁飛深(重杜解5:18). ᄑᆞ른 하ᄂᆞᆯ핸 ᄀᆞᄅᆞᆷ과 바ᄅᆞᆯ왜 흐르놋다:靑天江海流(杜解9:24). ᄀᆞᄅᆞᆷ과 바ᄅᆞᆯ와ᄂᆞᆫ 녜로브터 오매 相合ᄒᆞ고:河海由來合(杜解20:53). 千波萬浪이 바ᄅᆞ래 朝宗ᄒᆞ야(南明上6). 네 바ᄅᆞ래 ᄇᆞᄅᆞ미 자고:四溟風息(金三2:9). 살어리 살어리랏다 바ᄅᆞ래 살어리랏다(樂詞. 靑山別曲). 海 把剌(譯語 地理門).

바롤 명 바늘. ☞바ᄂᆞᆯ ¶몬져 실 ᄢᅦᆫ 바롤로 뻐:先用線針(馬解上94).

바·ᄅᆞᇌ:ᄀᆞᆺ 명 바닷가. ¶天下ᄅᆞᆯ 바ᄅᆞᇌᄀᆞᅀᅢ 니르리(釋譜24:12). 너희 ᄲᆞᆯ리 바ᄅᆞᇌᄀᆞᅀᅢ 가아(月釋10:13). 제 모미 ᄒᆞᆫ 바ᄅᆞᇌᄀᆞᅀᅢ 다ᄃᆞᄅᆞ니(月釋21:23).

바·ᄅᆞᇌ·믈 명 바닷물. ☞바ᄅᆞᆺ믈 ¶바ᄅᆞᇌ믈로 머리예 브ᅀᅮᆷ ᄀᆞᄐᆞ미 灌頂住ㅣ라. 바ᄅᆞᇌ믈 브ᅀᅮ믄 한 智慧ᄅᆞᆯ 쓰리라 혼 ᄠᅳ디라(月釋2:64). 봆 城은 바ᄅᆞᇌ믌 ᄀᆞᅀᅵ도다:春城海水邊(初杜解21:27).

바·ᄅᆞᇌ:셤 명 바닷섬. ¶四天下ㅣ 다 바ᄅᆞᇌ셔ᄆᆡᆯᄊᆡ(月釋1:47).

바·ᄅᆞᆷ 명 바람. 발. 양팔을 벌린 길이. ¶바ᄅᆞᆷ 탁:托 伸臂量物(訓蒙下34).

바ᄅᆞᆷ 명 바람〔風〕. ☞바람 ¶바ᄅᆞᆷ도 쉬여 가고 구ᄅᆞᆷ도 멈쳐 가ᄂᆡ(萬言詞). 찬 바ᄅᆞᆷ 지나칠 제 볏찰 가져 아쳐롭다(萬言詞).

바ᄅᆞᆷ갑이 명 바람개비. ☞ᄇᆞ람가비. ᄇᆞᄅᆞᆷ가비 ¶바ᄅᆞᆷ갑이:蛟母鳥(柳氏物名一 羽蟲).

바·ᄅᆞᆺ 명 바다의. 독바ᄅᆞᆯ ¶여러 바ᄅᆞᆺ 가온ᄃᆡ 이쇼라:在諸海中(楞解2:84). 이 世界ㅅ 사ᄅᆞ미 바ᄅᆞᆺ 고기 ᄀᆞᆮᄒᆞ야:此界人同於海魚(楞解3:28). 바ᄅᆞᆺ 보ᄇᆡ:海寶(法華1:79). 서르 傳호ᄃᆡ 이 바ᄅᆞᆺ 누니라 ᄒᆞᄂᆞ니:相傳是海眼(杜解3:70). 黃河ㅅ 北녁 두듥과 바ᄅᆞᆺ 西ㅅ녁 軍의:黃河北岸海西軍(重杜解4:26). 블그니란 바ᄅᆞᆺ 東녀긧 구루믈 보노라:紅見海東雲(重杜解12:35).

바·ᄅᆞᆺ:ᄀᆞᆺ 명 바닷가. ☞바ᄅᆞᇌᄀᆞᆺ ¶여러 아ᄌᆞ미 이제 바ᄅᆞᆺᄀᆞᅀᅵ 갯고:諸姑今海畔(初杜解8:38).

바·ᄅᆞᆺ·믈 명 바닷물. ☞바ᄅᆞᇌ믈 ¶邊庭에 흐르ᄂᆞᆫ 피 바ᄅᆞᆺ믈ᄀᆞ티 ᄃᆞ외요ᄃᆡ:邊庭流血成海水(重杜解4:2). 엇데 시러곰 八方ㅅ 바ᄅᆞᆺ므를 업더:安得覆八溟(初杜解6:50). 고래 히미 바ᄅᆞᆺ므를 헤티ᄂᆞᆫ ᄃᆞᆺᄒᆞ도다:鯨力破滄溟(杜解21:8).

바ᄅᆡ 명 바다. ☞바ᄅᆞ. 바ᄅᆞᆯ ¶바ᄅᆡᆯ 그륜 거시 믌겨리 ᄲᅥ데시며:海圖拆波濤(重杜解1:5). ᄀᆞᄅᆞᆷ과 바ᄅᆡ왜 흐르놋다:江海流(重杜解9:24). 바ᄅᆡᄅᆞᆯ 건너 北極으로브터 온가 疑心ᄒᆞ노라:度海疑從北極來(重杜解17:12).

바믜다 동 부시게 하다. ☞ᄇᆞᅀᆞ와ᄆᆡ다 ¶농ᄒᆞ기ᄅᆞᆯ 그저 눈이 바믜엿게 ᄒᆞ고:弄的只是眼花了(朴解中1).

바·사 동 벗어. ㉮밧다 ¶ᄂᆞᄆᆡ 밧ᄂᆞᆫ 오ᄉᆞᆯ 아니 바사:人脫之衣我獨不脫(龍歌92章). 비치 ᄀᆞᆮᄒᆞ니 잇거든 즉재 바사 ᄀᆞᄅᆞ시며:同色者卽時解易(宣賜內訓2下12).

바삭이 명 팔삭(八朔)이. 어리석은 놈. ¶요놈이 일되고 바삭이가 아니니(閑中錄416).

바소 명 바소. 파침(破鍼). ¶바소 갓튼 말겸어리와 귀 纓子 갓튼 杖鼓아비는(古時調. 金壽長. 바독걸쇠갓치. 海謠).

바손 동 벗은. ㉮밧다 ¶흐린 술와 다ᄆᆞᆺ 거플 바손 조히:濁醪與脫粟(杜解6:47).

바·ᄭᅴ 명 밖에. 독밧 ¶닐굽 山 바ᄭᅴ사(月釋1:23). 外門 바ᄭᅴ 둥덩(鄕樂. 雜處容). 바ᄭᅴ 가 얻디 아니ᄒᆞ리니(龜鑑上6).

바아지다 동 부서지다. ¶긔명이 다 바아지고(敬信45).

바야으로 부 바야흐로. ☞바야흐로 ¶ᄯᆞᆯ이 바야으로 사ᄅᆞᆷ에 가기 당ᄒᆞ니(女四解1:3). 몸 세움을 단졍이 ᄒᆞ여샤 바야으로 가히 사ᄅᆞᆷ이 되리라:方(女四解3:4). 진시 바야으로 시집가ᄆᆡ:陳氏方于歸而(女四解4:13).

바야흐로 부 바야흐로. ☞바야으로 ¶바야흐로 방:方(倭解上27). 바야흐로 사ᄅᆞᆷ의 몸을(敬信19).

바얌 명 뱀. ☞ᄇᆞ얌 ¶바얌:蛇 毒蟲(柳氏物名二 水族).

바얌도랏 명 뱀도랏. 사상자(蛇床子). ¶바얌도랏:蛇牀(柳氏物名三 草).

바얌의혀 명 뱀혀. 사함초(蛇含草). ¶바얌의혀:蛇含(柳氏物名三 草).

바오·달 명 군영(軍營). 군막(軍幕). ¶營은

바오달이라(三綱. 忠18). 바오달 영:營(訓蒙中8).

바오·달·티·다 동 군막(軍幕)을 치다. ¶바오달티다:下營(訓蒙中8 營字註).

바·올 명 방울. ☞방올 ¶노ᄅᆞ샛 바오리실씨:嬉戲之毬. 君命엣 바오리어늘:君命之毬(龍歌44章). 보ᄇᆡ옛 바오리 溫和히 울며(釋譜13:24). 바올 ᄒᆞᄂᆞᆯ오대 가져 보람ᄒᆞᄂᆞ니(月釋21:218). 보ᄇᆡ 바올 萬億이 그 우희 ᄃᆞᆯ이고:寶鈴萬億而懸其上(法華4:109).

바위옷 명 바위옷. 바윗돌에 낀 이끼. ¶바위옷:石韋(柳氏物名三 草).

바으다 동 바수다. ¶명을 밧드러 조혜 시슈ᄅᆞᆯ 큰 길거리에 바으고(敬信21).

바자니다 동 바장이다. ☞바잔이다 ¶엇디 홀로 이 ᄧᅡ히 와 바자니더뇨:何忽獨步悽惶如此(太平1:17). 오ᄅᆞ며 ᄂᆞ리며 헤ᄯᅳ며 바자니니(松江. 續美人曲). 님 그려 바자니다가 窓을 베고 좀을 드니(古時調. 古歌). 어와 져 白鷗ㅣ야 므슴 슈고 ᄒᆞᄂᆞᆫ슨다 ᄀᆞᆯ숩프로 바자니며 고기 엿기 ᄒᆞᄂᆞᆫ슨다(古時調. 金光煜. 青丘). 門外예 바자니며 흘니ᄂᆞ니 눈믈이다(新編普勸17).

바작 명 발채. ¶바작:籧篨(物譜 舟車).

바잔이다 동 바장이다. ☞바자니다 ¶이 몸이 精衛鳥 갓타여 바잔일만 ᄒᆞ노라(古時調. 徐益. 이 뫼흘. 青丘). 十二欄干 바잔이며 님 계신 ᄃᆡ ᄇᆞᆯ아보니(古時調. 朴文郁. 갈 제는. 青丘).

바장 명 발기. 건기(件記). ☞ᄇᆞᆯ긔 ¶把掌:바장 凡捧上知委件記謂之 바장(行吏).

바젓 부 전혀. 전연(全然). ¶내 길너 ᄀᆡᄌᆞᄅᆞᆯ 삼앗더니 졍이 바젓 업ᄉᆞ랴마는 이 사ᄅᆞᆷ의 희며 졍셩이 젹은 사ᄅᆞᆷ이니 가히 알리로다(癸丑153).

·바·조 명 바자. 파자(笆子). ☞바ᄌᆞ ¶바조 파:笆. 바조 리:籬(訓蒙中6). 바조 쥰:稕(訓蒙下18). 텅 셧녁희 바조로 ᄉᆞ이ᄅᆞᆯ 막고(太平1:26). 바조:笆子(譯解上19).

바조 명 구유(槽). ¶나모 바조 테엿 거싀:木槽(救荒5).

바조울 명 바자울. 바자 울타리. ¶바조울:笆籬(物譜 第宅).

바지 명 바지(袴). ¶바지 과:袴(倭解上45). 바지:綿褲(同文解上56). 바지 고:袴(兒學上12).

바지 명 바치. 공장(工匠). 장인(匠人). ☞바치 ¶匠ᄋᆞᆫ 바지라(法華序21). 바지 공:工(光千40). 工匠曰 把指(雞類).

-바지 접미 -바치. ☞-바치 ¶셩냥바지와 홍졍바지왜라(楞解3:88). 論語에 닐오ᄃᆡ 工匠바지 그 이ᄅᆞᆯ 이대 코져 홀딘댄:論語云工欲善其事(圓覺序80).

바지랑이 명 바지랑대. ¶兀丫:바지랑이(才物譜6. 物譜1).

바·지로·이 부 공교로이. 공교히. ☞바디로이 ¶詞賦ㅣ 바지로이 ᄒᆞ야도:詞賦工(杜解15:8). 제 ᄒᆞ논 이리 기픈 나못 소배 수머 굽스러슈믈 바지로이 ᄒᆞᄂᆞ니:業工竄伏深樹裏(杜解17:5). 새뱃 곳고리ᄂᆞᆫ 내 눉믈 흐르게 호ᄆᆞᆯ 바지로이 ᄒᆞ고:曉鶯工迸淚(初杜解20:27). 古體옛 그를 조쳐 바지로이 ᄒᆞ놋다:兼工古體詩(杜解23:39).

바지밋 명 속잠방이. ¶바지밋:襠(物譜 衣服).

바지춤 명 바지춤. ¶바지춤 ᄡᅢ히다:開袴子(譯解補28).

바ᄌᆞ 명 바자. ☞바조 ¶바ᄌᆞ:籬笆(同文解上35). 바ᄌᆞ:荊笆墻(漢淸9:75).

·바·ᄌᆞ문 명 바잣문. ¶바ᄌᆞ문 남녁:芭籬門南邊(飜老下1. 老解下1). 바ᄌᆞ門:芭籬門(譯解上18).

바:ᄍᆞᆸ·다 동 받잡다. ☞받다 ¶蓮花ㅣ 바ᄅᆞᆯ 바ᄍᆞᄫᆞ니(釋譜11:42). 부텻 神通力을 바ᄍᆞ와:蹈承佛神力(楞解2:40).

바·차 동 바빠하여. ㉮바ᄎᆞ다 ¶알ᄑᆡ 디나갈 제 길 녀ᄆᆞᆯ 바차 이 뫼해 올아보디 몯호니 오ᄂᆞᆯ야 이 뫼헤 와 쉬노라 니ᄅᆞ니라(杜解13:2). 바차 말오:不要忙(飜朴上10). 바차 므슴 ᄒᆞᆯ다:忙怎麼(飜朴上39).

바·치 명 바치. 공장(工匠). 장인(匠人). ☞바지 ¶바치 공:工(類合下60. 石千40). 白玉樓 重修ᄒᆞᆯ 제 엇던 바치 일워낸고(古時調. 尹善道. 하ᄂᆞᆯ히. 孤遺).

-바·치 접미 -바치. ☞-바지 ¶여러 가짓 로ᄅᆞᆺ바치ᄃᆞᆯ:諸般雜劇的(飜朴上5). 玉바치 ᄒᆞᆫ 빈혀ᄅᆞᆯ ᄑᆞ니:玉工貨一釵(宣小6:114).

바치다 동 바치다. ☞바티다. 받치다 ¶바칠 공:貢(註千28).

바ᄎᆞ다 동 바빠하다. ¶比丘僧을 보시고 더욱 바ᄎᆞ시니(月印上16). 바차 말오:不要忙(飜朴上10). 바차 므슴 ᄒᆞᆯ다:忙怎麼(飜朴上39).

·바·ᄎᆡ 명 발치에. ¶부텨와 難陁와ᄂᆞᆫ 머리마티 셔시고 阿難과 羅雲은 바ᄎᆡ 셧ᄉᆞᆸ더니(月釋10:10).

바퀴 명 바퀴. ☞바회 ¶술러예 ᄒᆞᆫ 바퀴 업ᄉᆞ이 갈 길 몰나 ᄒᆞ노라(古時調. 張經世. 江西의. 沙村集).

바·키·다 동 박게 하다. ¶仕官ᄒᆞ야 보아 바키라 ᄒᆞ시다(楞解跋4).

바·키·다 동 박히다. ☞박히다 ¶발바닶 그미 ᄧᅡ해 반ᄃᆞ기 바키시며(月釋2:57). ᄲᅧ 히메 바켜 즉재 나리라:鯁着筋卽出(救急上49). 더데 구더 바키면 반ᄃᆞ시 허믈이 되ᄂᆞ니라:瘡痂硬必隱成瘢痕(痘要下36).

바·탕 명 ①밑바탕. 본질(本質). ¶바탕 질:質(兒學下13).
②바탕. ¶감차할 믈결 바탕애:茶褐水波浪地兒(飜老下50). 믈결 바탕에:水波浪地兒(老解下45).
③마당. 자리. ¶본듸 이 노니논 바탕이니라:元是遊戲之場(金三2:19). 바탕 댱:場(類合下39).
④본바닥. 일터. ¶져근덧 날 됴흔 제 바탕의 나가보쟈(古時調. 尹善道. 여튼 갠 고기들히. 孤遺).

바·탕 명 가죽띠. ¶바탕이 너므 기니:鞓帶忒長了(飜朴上18). 바탕 뎡:鞓(訓蒙中23).

바톱 명 발톱. ☞발돕. 발쏩 ¶金 ᄀᆞᆮᄒᆞᆫ 눈과 玉 ᄀᆞᆮᄒᆞᆫ 바토비 샹녜ᄅᆞ왼 材質이 아니로다:金眸玉爪不凡材(初杜解17:12). 부으리와 바톱괘 도로 돗글 더레이리라:觜距還汚席(杜解17:13). ᄒᆞ다가 바톱과 니왜 ᄂᆞᆯ카오ᄆᆞᆯ 미드면:若恃爪牙之利(初杜解25:2).

바·퇴·다 동 버티다. ☞바퇴오다 ¶枝ᄂᆞᆫ 小柱ㅣ오 梧ᄂᆞᆫ 斜柱ㅣ니 서르 바퇴엿ᄂᆞᆫ 거시니(初杜解16:2). 바퇼 듀:拄(訓蒙下17). 日出을 보리라 밤듕만 니러ᄒᆞ니 祥雲이 집픠ᄂᆞᆫ 동 六龍이 바퇴ᄂᆞᆫ 동(松江. 關東別曲).

바·퇴오·다 동 버티다. ☞바퇴다 ¶이저딘 울흘 가싀롤 가져다가 바퇴오고:缺籬將棘拒(初杜解20:10).

바·티·다 동 바치다. 드리다. ☞받티다 ¶보비 어더 와 바티ᅀᆞᄫᆞ며(月釋2:45). 주구믈 바티ᅀᆞᆸ노니(三綱. 忠18). 疑心을 바티게 ᄒᆞ샤:呈疑(楞解4:1). 그 精誠을 바티니:以藉其誠(法華2:46). 두 좀 ᄡᆞᄅᆞᆯ 바티게 ᄒᆞ고:令進二溢米(宣賜內訓1:67). 노포라 바티ᄂᆞᆫ ᄆᆞᅀᆞᆷ과(六祖上41). 小人는 바티ᅀᆞ오미ᅀᅡ 올ᄒᆞ니:小人奉承的便是(飜朴上60). 바틸 뎡:呈(訓蒙上35). 바틸 공:貢(訓蒙下21. 石千28). 바틸 공:貢(類合上19). 년히여 시예 바틸 제 장원히여 군 봉홈애 니르니라:連魁試藝至封君(東新續三綱. 孝6:40).

바·티·다 동 (일산 따위를) 받치다. ¶繖盖 바틸 王이 ᄃᆞ외야(釋譜24:8).

바·티·다 동 받치다. ¶비마ᄌᆞᄡᅵᄅᆞᆯ 거플 앗고 ᄇᆞᅀᆞ ᄀᆞ라 숤바당애 ᄇᆞᄅᆞ고 위ᄌᆞᄅᆞᆯ 비마ᄌᆞᆺ 우희 바티고:用萆麻子去殼研碎塗在手心以一盂子置在手心萆麻子上(救簡1:20).

바ᄐᆞ다 동 뱉다. ☞받다 ¶조널이 춤 바ᄐᆞ며 고 프디 말며:不敢唾洟(宣賜內訓1:50). 네 모매ᄂᆞᆫ ᄒᆞ마 바ᄐᆞᆫ 추미 구슬 ᄃᆞ외요ᄆᆞᆯ 보앳거니와:汝身已見唾成珠(初杜解8:31). 그 ᄂᆞ치 춤을 만히 바ᄐᆞ면 즉재 살리라:多唾其面卽活(救簡1:82). 춤 바ᄐᆞᆯ 타:唾(類合下30).

바ᄐᆞ다 동 밭다〔濾〕. ¶ᄯᅩ 믈 바ᄐᆞᆫ 지ᄅᆞᆯ ᄆᆞ래 ᄆᆞ라:又方淋過灰滓水調(救急下24). 소오매 바타 즈싀 앗고:餘濾去滓(救簡3:98). 바ᄐᆞᆯ ᄌᆞ:泲. 바ᄐᆞᆯ 록:漉(訓蒙下14).

바·회 명 바위. ¶바횟방:巖房(龍歌1:46). 구무바회:孔巖(龍歌3:13). 巖ᄋᆞᆫ 바회라(釋譜6:44). 바횟 ᄢᅵ메:岩石間(三綱. 孝30). 바회예 ᄆᆞ리 흔ᄒᆞᆯᄊᆡ ᄯᅩ 수이 求ᄒᆞ리로다:崖蜜亦易求(重杜解1:14). 즈믄 바회 스싀로 업드러 ᄃᆞ라오놋다:千巖自崩奔(重杜解1:27). 흰 ᄆᆞᆯ 타 도로 ᄃᆞᆯ여와 모미 바회 아래셔 사놋다:白馬却走身巖居(杜解7:31). 바횟 ᄀᆞᅀᅢ 모ᄃᆞᆫ 고지 제 프락디락ᄒᆞ놋다:巖畔群花自開落(南明上3). 바회 암:巖(訓蒙上3. 類合上5. 石千28. 倭解上7). 형이 몬져 깁흔 바회 아릐 더디거ᄂᆞᆯ(女四解4:22). 바회:巖頭(同文解上7). 사람도 이 바회 ᄀᆞᆺᄒᆞ면 大丈夫ㅣㄴ가 ᄒᆞ노라(古時調. 朴仁老. 江頭에. 蘆溪集). 아마도 변티 아닐손 바회ᄲᅮᆫ인가 ᄒᆞ노라(古時調. 尹善道. 곳츤 므슨 일로. 孤遺). 덜가마 조히 싯고 바회 아래 심물 기러(古時調. 金光煜. 靑丘). 홀연 바회 ᄉᆞ이ᄅᆞᆯ 보니:忽見巖石間(五倫1:56).
※바회>바위

바·회 명 바퀴〔輪〕. ☞바퀴. 박회 ¶輪은 바회라(月釋2:38). 바회 륜:輪. 바회 망:輞. 바회 거:轐(訓蒙中26).

바회 명 바퀴. ☞박회 ¶심의산 세네 바회 감도라 휘도라드러(古時調. 鄭澈. 松江).

바회직이 명 석송(石松). ¶바회직이:石松塔(漢淸13:16).

바·횟:벌 명 바위 틈에 집을 짓고 사는 벌. ¶둘흔 바횟버릐 淳ᄒᆞᆫ ᄢᅮᆯ이오:二巖蠭淳蜜(圓覺上一之二177).

바희다 동 빛나다. ¶벌인 홰불이 하ᄂᆞᆯ의 바희고(敬信49).

바히 부 바이. 전혀. 아주. ☞배 ¶죠곰도 바히 내지 아니ᄒᆞ고(三譯4:19). 말슴을 ᄭᅮᆷ희여 내면 결올 일이 바히 업고(古時調. 朗原君. 靑丘). 大丈夫ㅣ 天地間에 ᄒᆡ올 일이 바히 업다(古時調. 靑丘). 부모 효심 바히 업고 무상 복덕 ᄇᆞ라 보며(普勸文海印板43). 父母 孝心 바히 업고 念佛 ᄒᆞᆫ 번 아니ᄒᆞ며(新編普勸18). ※바히>바이

바·히·다 동 베다〔斬〕. ☞배히다. 버히다 ¶손발ᄋᆞᆯ 바히ᅀᆞᄫᆞ나(月印上34). 불휘ᄅᆞᆯ 바히면(月印上36). 제 모맷 고기ᄅᆞᆯ 바혀내는 ᄃᆞᆺ시 너겨 ᄒᆞ며(釋譜9:12). 더본 돗귀와 톱과로 바히ᄂᆞ니라(月釋1:29). 불휘ᄅᆞᆯ 바혀ᅀᅡ:截斷根(金三5:49).

바히야 부 전혀. 아주야. 〔'-야'는 강세조사(强勢助辭)〕 ¶늘근이 ᄒᆞᄂᆞᆫ 일이 바히야 업다 ᄒᆞ랴(農月 六月令).

·박 명 박. 바가지. ¶ᄒᆞᆫ 바고닛 밥과 ᄒᆞᆫ 박

冷水로:一簞食一瓢飮(宣賜內訓3:54). 바ᄀᆞ로 마쇼맨 오직 세 길 ᄲᅮ니니:瓢飮唯三逕(杜解8:10). 나모 바ᄀᆞᆫ 眞率호ᄆᆞᆯ 뵈ᄂᆞ니라:木瓢示眞率(杜解15:1). 도로 ᄠᅥᆺᄂᆞᆫ 바개 브ᅀᅥ 먹노라:還斟泛泛瓢(初杜解20:47). 각각 믈 기를 박 가지고:各自將着箇打水的瓢兒(飜老上36). 박:瓠子(訓蒙上8 瓠字註). 박 포:匏(訓蒙上13). 박 표:瓢. 박 려:蠡(訓蒙中19). 박 표:瓢(類合上27. 倭解下14). ᄒᆞᆫ 바ᄀᆞᆺ 밥과 ᄒᆞᆫ 박 믈로:一簞食一瓢飮(宣小4:47). 박:葫蘆(老解下34). 박:瓠(物譜 草果). 박 호:瓠(兒學上5).

박 명 박. ☞밧 ¶ᄉᆞᆺ기 박그로 向ᄒᆞ고(家禮6:14). ᄆᆞᄋᆞᆷ 박긔 부테를 ᄎᆞᄌᆞ며(普勸文9).

박고디 명 박고지. ☞박고지 ¶박고디:壺盧絲(柳氏物名三 草).

박고지 명 박고지. ☞박고디 ¶박고지:葫蘆絲. 一云 葫蘆條(譯解下11).

·박공 명 박공(牔栱). ☞박궁 ¶박공 박:牔(訓蒙中6). 박공:牔風(譯解上17).

박공널 명 박공(牔栱)널. ¶박공널:博縫板(漢淸9:29).

박구기 명 박구기〔표주박으로 만든 구기〕. ¶어론쟈 박구기를 둥지둥둥 띄여 두고(古時調. 蔡裕後. ᄃᆞ나 ᄡᅳ나. 靑丘).

박구르다 동 박차다. ¶도적이 혹 쥐다디며 혹 박구로되 내죵내 굴티 아닌대:賊或敺或蹵終不屈(東新續三綱. 烈6:4).

박궁 명 박공(牔栱). ☞박공 ¶박궁:風面(譯解補13). 박궁:牔風(物譜 第宅).

박급ᄒᆞ다 형 박급(迫急)하다. ¶비록 ᄉᆞ셰 박급ᄒᆞ여 권도로 셩친ᄒᆞ나(落泉1:2).

박나뷔 명 박나비. ¶박나뷔:龍腦蛾(柳氏物名二 昆蟲).

·박·닢 명 박잎. ¶박니피 ᄀᆞ장 서의ᄒᆞ도다:瓠葉轉蕭踈(初杜解16:73). 박니프로 ᄡᅡ ᄆᆡ라:瓢葉裹之(救簡6:22).

박·다 동 ①박다. ¶금실로 입ᄉᆞᄒᆞᆫ ᄉᆞ견 바갓고:釘着金絲減鐵事件(飜朴上28).
②박다. 인쇄(印刷)하다. ¶山林과 白衣ᄅᆞᆯ 바가 주라 命ᄒᆞ노니:命印布山林白衣(楞解跋4). 鑄字로 四百 ᄇᆞᆯ 바ᄀᆞ라 ᄒᆞ시고(楞解跋4). 언문으로 번역ᄒᆞ야 바가 中外예 頒포ᄒᆞ샤(簡辟序2). 또 오륜가ᄅᆞᆯ 번역ᄒᆞ여 박아 둥외예 반포ᄒᆞ시고(仁祖行狀24).
③박히다. ☞바키다 ¶뫼해 살이 박거늘 天上塔애 ᄀᆞ초아 永世ᄅᆞᆯ 流傳ᄒᆞᅀᆞᄫᆞ니(月印上15).

박·다 동 박다. 바느질하다. ¶鐵絲로 주롬 바고이다(樂詞. 鄭石歌). 박다:實衲(漢淸11:28).

박달 명 박달나무. ¶박달 단:檀(類合上9. 倭解下28). 박달:檀(柳氏物名四 木).

박달나모 명 박달나무. ☞박달 ¶박달나모:牛筋木(譯解下42. 同文解下44). 박달나모:檀木(漢淸13:24).

박ᄃᆡ 명 박대(薄待). 푸대접. ¶박ᄃᆡ 심ᄒᆞ고(癸丑45).

박ᄃᆡᄒᆞ다 동 박대(薄待)하다. ¶밍셰ᄅᆞᆯ 비반ᄒᆞ고 ᄉᆞ신을 박ᄃᆡᄒᆞ며(山城43).

박명 명 박명(薄命). ¶낭ᄌᆞ의 홍안 박명을 슬허ᄒᆞᄂᆞ니(落泉1:3).

박명ᄒᆞ다 형 박명(薄命)하다. ☞박명 ¶암아도 薄命ᄒᆞᆫ 人生은 ᄂᆡ ᄒᆞᆫ진가 ᄒᆞ노라(古時調. 金天澤. 가을밤. 海謠). 이곳의셔 쳥츈을 허과ᄒᆞ야 월하 등젼의 박명ᄒᆞ믈 ᄒᆞᆫᄒᆞ더니(落泉2:5).

박박 부 박박. ☞얽다 ¶박박 얽다:面麻稠(同文解上18).

박병 명 박병(薄餠). 밀가루 전병. ¶연육 소ᄒᆞᆫ 박병과:軟肉薄餠(朴解下32).

박ᄡᅵ 명 박씨. ☞박시. 박씨 ¶박ᄡᅵ:瓠犀(詩解 物名6).

:박:새 명 박새. ☞박시 ¶박새:藜蘆(四解上28 藜字註).

·박·샹 명 박상(薄相). 박복(薄福)한 상(相). ¶난 닐웨예 어미 命終ᄒᆞ니 薄相앳 사ᄅᆞ미며:薄ᄋᆞᆫ 엷블 씨라(月釋21:198).

박셕 명 박석〔磚〕. ¶ᄯᅳᆯ히 박셕돌히 마리ᄅᆞᆯ 브ᄃᆞ잇ᄌᆞ오시고(癸丑79). 박셕:金磚(漢淸12:9).

박속 명 박속. ¶박속:瓣(柳氏物名三 草).

·박쇼 명 박초(朴硝). ¶박쇼 넉 량 닷 ᄀᆞ로니와:朴硝四兩別研(救簡2:74). 박쇼ᄅᆞᆯ 머구머셔 노기라:朴硝噙化(救簡6:12).

박시 명 박씨. ☞박ᄡᅵ ¶닛바대ᄂᆞᆫ 박시 ᄶᅥ 세온 듯(古時調. 金壽長. 눈섭은. 靑丘).

·박:ᄉᆞ 명 박사(博士). ¶네 겨지븨 이ᄅᆞᆯ 니겨 衣服을 ᄒᆞ디 아니코 다시곰 學을 힘ᄡᅥ ᄒᆞ니 반ᄃᆞ기 博士ㅣ ᄃᆞ욀다:博士ᄂᆞᆫ 션비 벼스리라(宣賜內訓2下8).

박ᄉᆞ 명 박수. ¶박ᄉᆞ:端公(譯解上27).

박시 명 박새. ☞박새 ¶박시:藜蘆(方藥20).

박씨 명 박씨. ☞박ᄡᅵ. 박시 ¶박씨:犀(柳氏物名三 草).

박아지 명 바가지. ¶ᄒᆞᆫ 박으로ᄡᅥ 分ᄒᆞ야 두 박아지ᄅᆞᆯ ᄆᆡᆼ그믈(家禮4:20).

박옥 명 박옥(璞玉). ¶박옥 박:璞(類合下32). 이제 璞玉이 이예 이시면(宣孟2:28).

박외 명 조롱박. ¶박외:瓠子(漢淸12:35).

박우거리 명 박오가리. ¶박우거리:葫蘆條(同文解下4).

박음질 명 박음질. 실을 곱걸어 꿰메는 바느질. ¶박음질:倒扣針(譯解補41).

박이다 동 배기다. 견디다. ¶ᄇᆡ예 타 박이지 못ᄒᆞ여셔(三譯7:18).

박장긔 명 박장기. 바둑과 장기. ¶여나무 亭子 아래 박쟝긔 버려 두고(古時調. 띄업슨. 靑丘). 아마도 박쟝긔 보리술이 틈업슨가 ᄒᆞ노라(古時調. 헌 삿갓. 海謠).

박정ᄒᆞ다 형 박정(薄情)하다. ¶니고의 다졍홈과 낭ᄌᆞ의 박졍ᄒᆞ미 엇지 쇼양 갓ᄒᆞ뇨(落泉2:6).

박젼 명 박전(薄田). ¶ᄂᆞ의 박젼이 다 그곳의 잇시니(引鳳簫1).

박주 명 박주(薄酒). ☞박쥬 ¶薄酒를 쓰다ᄂᆞᆫ가(古時調. 李廷藎. 花源).

박쥬 명 박주(薄酒). ☞박주 ¶薄酒ᄅᆞᆯ 장만ᄒᆞ여셔(捷蒙4:4). 一杯 薄酒ᄅᆞᆯ 勸ᄒᆞᄋᆞᆸ더니(隣語1:9). 엇지 일비 박쥬ᄅᆞᆯ 이러틋 고ᄉᆞᄒᆞ시ᄂᆞ뇨(落泉1:3).

박차다 동 박차다. ¶누은 쇼 발로 박차 언치 노하 지즐ᄐᆞ고(古時調. 鄭澈. 재너머. 松江). 힘을 다ᄒᆞ야 ᄒᆞᆫ 번 박차니 공등의 갓바지거늘(落泉4:10).

박츌ᄒᆞ다 동 박출(迫出)하다. ¶반야 ᄉᆞ이예 셩문 밧긔 박츌ᄒᆞ니(經筵).

박ᄎᆞ다 동 박차다. ¶져비ᄂᆞᆫ ᄂᆞᄂᆞᆫ 고ᄌᆞᆯ 박차 춤츠ᄂᆞᆫ 돗긔 디놋다:燕蹴飛花落舞筵(初杜解15:33). 어믜 간ᄂᆞᆯ 자브며 어믜 ᄲᅧ도 박ᄎᆞ니(恩重6). 광즈리도 만흔쟈 박ᄎᆞᄃᆞᆺ더라(癸丑41). 믄득 도적의 멱 잡고 박차 구리틴대:遂扼賊吭蹴而倒之(東新續三綱. 孝1:57). 東溟을 박ᄎᆞᄂᆞᆫ ᄃᆞᆺ(松江. 關東別曲).

·박핑·이 명 조롱박에 구멍을 뚫고 노끈을 매어 휘둘러 소리내는 장난감. ☞박핑이 ¶거리예 박핑이 틸 아히돌히 ᄀᆞ장 흔ᄒᆞ다:街上放空中的小厮們好生廣(飜朴上17).

·박피 명 박피(剝皮). ¶剝皮ᄂᆞᆫ 갓 밧길 씨라(月釋21:77).

박핑이 명 조롱박에 구멍을 뚫고 노끈을 매어 휘둘러 소리내는 장난감. ¶거리예 박핑이 틸 아히들 ᄀᆞ장 흔터라:街上放空中的小厮們好生廣(朴解上16). 졍히 박핑이 틸 빼로다:正是放空中的時節(朴解上16). 박핑이 티다:放空中碾葫蘆(譯解下23).

·박하 명 박하(薄荷). ¶川芎과 桔梗과 薄荷ㅅ 닙과(救急上44). 박핫 파:菠. 박핫 하:蔺(訓蒙上15). 감초 박하 달힌 믈레 풀어 머기라(痘要下3). 몬져 채나 박하 달힌 믈로 양지ᄒᆞ고:先以溫茶或薄荷湯漱口(胎要5). 박하:薄荷(物譜 藥草).

박협ᄒᆞ다 동 박협(迫脅)하다. 협박(脅迫)하다. ¶도적기 자바 박협ᄒᆞ야 ᄆᆞᆯ을 틔와 압셰워 가더니:賊獲之迫脅騎馬前行(東新續三綱. 烈3:13).

·박·혁 명 박혁(博奕). ¶博奕 奇玩애 니르리:博은 쌍륙이오 奕은 바독이오 奇玩은 그림트렛 지죄라(宣賜內訓1:28). 博奕ᄒᆞ리 잇디 아니ᄒᆞ냐(宣論4:43).

박회 명 바퀴〔輪〕. ☞바회 ¶박회 륜:輪(倭解下19). 박회:輪(物譜 舟車). 車只有輪方言曰 朴回(雅言2).

박회 명 바퀴. ☞바회 ¶아래 니어 ᄒᆞᆫ 박회로 靡然ᄒᆞ니(女四解3:29). ᄃᆞᆫ녀 둘러 ᄉᆞᆯ피기ᄅᆞᆯ 세 박회ᄅᆞᆯ ᄒᆞ고(家禮10:45).

박회 명 바퀴벌레. ☞박휘 ¶박회:蜣蜋 金包虫(譯解下35). 박회:金包虫(同文解下43). 센 박회 눌은 박회 박음이(古時調. 一身이. 海謠). 박회:蟑螂(漢淸14:49).

박회살 명 바퀴살. ☞박회 ¶박회살 복:輻(兒學上10).

박휘 명 바퀴벌레. ☞박회 ¶박휘:蜣蜋(柳氏物名二 昆蟲).

·박·히 부 박(薄)히. 박하게. ¶ᄌᆞ걧 奉養ᄋᆞᆫ 薄히 코져 ᄒᆞ시고(宣賜內訓2下60). 조샹졔ᄉᆞᄒᆞ요맨 박히 ᄒᆞᄂᆞ니:薄於先祖(飜小7:6). 奉養ᄒᆞ기ᄂᆞᆫ 두터이 호ᄃᆡ 조샹의ᄂᆞᆫ 薄히 ᄒᆞ니:厚於奉養而薄於先祖(宣小5:40). 薄히 斂홈은 ᄡᅥ 百姓을 勸ᄒᆞᄂᆞᆫ 배오(宣中30). 人에 責홈을 薄히 ᄒᆞ면 곧 怨을 遠ᄒᆞᄂᆞ니라(宣論4:7). 노ᄉᆞ ᄃᆡ졉ᄒᆞ기ᄅᆞᆯ 박히 ᄒᆞ고(山城9). 무ᄉᆞ ᄃᆡ졉ᄒᆞ기ᄅᆞᆯ 가히 박히 못ᄒᆞᆯ 거시라 ᄒᆞ샤(仁祖行狀31). 샹공의 쇼실도 샹공이 박히 ᄒᆞᆯ가 두려ᄒᆞ게 ᄒᆞ리라(落泉1:2).

박·히·다 동 박히다. ☞바키다 ¶솔해 박히니:入肉中(救簡6:23). 박히ᄂᆞᆫ 블:坐火. 아니 박히ᄂᆞᆫ 블:飛火(譯解下18). 오내에 맷친 한이 골슈에 박혓스니(扶餘路程).

·박ᄒᆞ·다 형 박(薄)하다. ¶物이 薄호ᄃᆡ 情이 두텁더니:物薄而情厚(宣賜內訓3:61). 그 厚ᄒᆞᆯ 바애 薄ᄒᆞ고 그 薄ᄒᆞᆯ 바애 厚ᄒᆞ리 잇디 아니ᄒᆞ니라(宣大3). ᄉᆞᄉᆞ로 박ᄒᆞ고 늘근이ᄅᆞᆯ ᄀᆞᆯ히더라:自擇其薄且老者(東新續三綱. 孝5:9). 사ᄅᆞᆷ이 반ᄃᆞ시 感動ᄒᆞ야 薄ᄒᆞᆷ을 ᄇᆞ리고 厚ᄒᆞᆷ을 조ᄎᆞ며:人必感動去薄從厚(警民30). 쳔쳡이 명이 박ᄒᆞ미라 엇지 ᄒᆞ리잇고(落泉2:5).

:반 명 반(半). ¶半 길 노픈돌 년기 디나리잇가:雖半身高誰得能度(龍歌48章). 朝廷에 늘근 션비 半만 ᄒᆞ도다(初杜解6:24). ᄂᆞᆯ 반 니기니 반을 디허 ᄀᆞᄅᆞᆯ 밍ᄀᆞ라:半生半熟擣爲散(救簡3:71). 바ᄂᆞᆫ 대되 뵈로 ᄡᅳ니오 바ᄂᆞᆫ 플 드리고 칠ᄒᆞᆫ 거시라:一半兒是通布裹的一半兒是膠漆的(飜老下33). 大水杏이 반만 닉고 반만 서니 잇다:大水杏半黃半生的有(飜朴上5). 반 반:半(類合下47. 倭解下31). 반ᄃᆞ시 寢衣를 두시니 기릐 一身이오 ᄯᅩ 半이러라(宣論2:54). 단 너븨ᄂᆞᆫ ᄒᆞᆫ 치 반(家禮圖2). 됴ᄒᆞᆫ 초 반 사발 더 녀허 다시 ᄒᆞᆫ 소솜 달혀(辟新3). 내 비환

지 반 히 남으롸(蒙老1:8).

반 명 반(飯). 밥. ☞밥 ¶安否를 묻줍고 飯 좌쇼셔 請커늘(月印上36). 本處에 도로 가샤 반 좌샤뫁 ᄆᆞᄎᆞ시고:還至本處飯食訖(金剛4). 文王이 ᄒᆞᆫ 번 반 좌ᄒᆞ야시든:文王一飯(宣賜內訓1:41). 羹이며 飯이 各 ᄒᆞᆫ 椀 지오(家禮10:10). 볽음애 님ᄒᆞ여 온반을 먹드라:臨明喫和和飯(朴解下42).

반 명 반(盤). 〔소반·예반·쟁반 등을 이름.〕 ¶이 반:這盤子. 이 큰 반:是大盤子. 져근 반:小盤子(飜老下33). 반 쌘:盤(訓蒙中10). 반 반:盤(類合上27. 倭解下13). ᄒᆞᆫ 큰 盤을 卓ᄌᆞ 우희 設ᄒᆞ고(家禮1:24). 이 반:這盤子(老解下30). 반:盤子(譯解下13).

:반가·비 부 반가이. ¶아ᄃᆞᆯ님 반가비 보샤 恩愛 겨실쎄(月印上46).

반간 명 반간(半間). ¶반간 간:間(註千31).

반갑다 형 반갑다. ¶위 囀黃鶯 반갑두세라(樂詞. 翰林別曲). 심히 반갑다(太平1:58). 반갑고도 반가왜라(古時調. 徐甄. 巖畔. 青丘). 반갑다 남문 길이 장안도 의연ᄒᆞ다(萬言詞).

반공 명 반공(半空). ¶半空의 소소 쓰니(松江. 關東別曲). 가관 쇼릐ᄂᆞᆫ 반공의 어릐고 춤추ᄂᆞᆫ ᄉᆞᄆᆡᄂᆞᆫ 츈풍의 번득이니(落泉3:8).

반기 부 반겨. ¶덧소릐 반기 듯고 竹窓을 열고 보니(古時調. 歌曲).

반기다 동 반기다. ¶ᄀᆞ장 반겨 ᄒᆞ거ᄂᆞᆯ(太平1:99). 西湖 녯 主人을 반겨셔 넘노ᄂᆞᆫ ᄃᆞᆺ(松江. 關東別曲). 보면 반기실싀(古時調. 鄭澈. 일이나. 青丘). 반겨 잔뜩 안다:緊抱(漢淸7:46). 반갑다 花香이여 너도 또ᄒᆞᆫ 반기ᄂᆞ냐(古時調. 去年의 보던. 歌曲).

반키ᄒᆞ다 동 반개(半開)하다. ¶두 짝 반듁문이 반키ᄒᆞ고(引鳳簫1).

:반·날 명 반날. 반일(半日). ¶반날만 너교미:謂如半日(法華1:107). 五十小劫을 부텻 神力 젼ᄎᆞ로 모ᄃᆞᆫ 大衆이 반날만 너기게 ᄒᆞ시니라(法華5:87).

반:내·다 동 받아내다. ¶손소 분지 반내뫁네 히도록 그치디 아니ᄒᆞ야:手奉溷器四年不輟(續三綱. 孝2).

반녈 명 반열(班列). ¶叔妹 반녈은 내 몸과 ᄀᆞᆺᄒᆞ되(女四解1:21).

반느질 명 바느질. ☞바ᄂᆞ질 ¶반느질을 능치 못ᄒᆞ야(女四解3:20).

·반·니쏘·리 명 반잇소리. 반치음(半齒音). 〔훈민정음의 초성(初聲) ㅿ의 이름.〕 ¶ㅿᄂᆞᆫ 半齒音이니 如穰ᄉᆢᇰㄱ字쭝 初發聲ᄒᆞ니라:ㅿᄂᆞᆫ 半니쏘리니 穰ᄉᆢᇰㄱ字쭝 처엄 펴아 나ᄂᆞᆫ 소리 ᄀᆞᄐᆞ니라(訓註9).

반다시 부 반드시. ☞반ᄃᆞ시 ¶나믜 반다시 낫슬 가뤼며(女四解3:4). 온갓 곳에 다ᄃᆞᄅᆞ면 반다시 뭇치 나ᄂᆞ니(捷蒙1:14).

반닷ᄒᆞ다 형 필연(必然)하다. ¶그 이긔미 반닷ᄒᆞ니라:其克必矣(三略下14).

반당 명 하인(下人). ☞번당 ¶아랫 반당은 독별이 먹디 아니랴:下頭伴當們偏不喫(老解下35). 반당 ᄃᆞ리고:引着伴儅(老解下48).

반당이 명 밴댕이. ¶반당이:蘇魚(譯解下37). 반당이:蘇魚(柳氏物名二 水族).

반당침 명 반땀침. 반박음질. ¶반당침 되올 쓰기(古時調. 世上 衣服. 青丘).

반대블 명 반딧불〔螢火〕. ¶腐草所化爲螢 俗訓狗屎蟲…我東訓 螢爲盤大弗 卽毛詩豳風東山章熠熠宵行也(五洲三 氣候).

반:대·좀 명 반대좀. ¶冊앳 반대조뫁 젓汁 조쳐 ᄀᆞ라:用書中白魚以乳汁和研(救急下38). 옷 ᄉᆞ이예 잇ᄂᆞᆫ 반대좀:衣中白魚(救簡1:19). 반대좀 담:蟫(訓蒙上23). 반대좀:壁魚(譯解下35. 物譜 蟲豸).

반도 명 반두. ¶반도:擡網(譯解上23). 반도:撈網(譯解補17). 반도:綽網(物譜 佃漁). 반도:撈網(柳氏物名二 水族).

·반·도 명 반디. 개똥벌레. ☞반되 ¶반도 형:螢(訓蒙上21). 반도 형:螢(類合安心寺板8. 倭解下26). 반도:螢火蟲(同文解下42. 漢淸10:24).

반도블 명 반딧불. ☞반대블. 반되불. 반되블 ¶반도블에 닉 업고 나모 뫁게 미아지 업고(小兒7).

·반되 명 반디. 개똥벌레. ☞반도 ¶반되爲螢(訓解. 用字). 반되 須彌ᄅᆞᆯ ᄉᆞ롬 ᄀᆞᆮᄒᆞ니:如螢燒須彌(圓覺下二之一52). ᄀᆞᅀᆞᆯ 반되ᄅᆞᆯ 容納ᄒᆞ야 뒷다:容秋螢(初杜解6:20). ᄒᆞᆫ번 여희요매 다ᄉᆞᆺ 번 ᄀᆞᅀᆞᆯ 반되로다:一別五秋螢(初杜解8:12). 반되 ᄒᆞ마 어즈러우니:螢已亂(杜解8:40). 힛 나조히 흘러ᄃᆞᆫ니ᄂᆞᆫ 반되ᄅᆞᆯ 주놋다:日暮拾流螢(杜解19:35). ᄒᆞᆫ갓 반되 뫼화셔 우룸곳 나맛도다:空餘泣聚螢(杜解21:9). 朝會ㅣ 도라와 반되 뫼화 글 닐던 이ᄅᆞᆯ 슬노라:朝回嘆聚螢(杜解24:7). 반되 光明ᄋᆞ로 罪ᄅᆞᆯ 더 ᄆᆡ요ᄃᆡ:螢光增罪結(南明下59). 반되 형:螢(類合上15). 반되:螢火(東醫 湯液二 蟲部). 반되:螢火蟲(譯解下34. 漢淸14:52).

반되불 명 반딧불. ☞반도블. 반되블 ¶반되불이 되다 반되지 웨 불일소냐(古時調. 申欽. 青丘).

·반되·블 명 반딧불. ☞반대블. 반도블. 반되불 ¶반되브를 가져 須彌山 ᄉᆞ로려 ᄒᆞ야도:如取螢火燒須彌山(圓覺上二之三40). 반되브른 울 아래 프를 ᄉᆞ디 몯ᄒᆞ고:螢火不燒籬下草(百聯5).

반드시 부 반드시. ☞반ᄃᆞ시 ¶다시 홍화 달

힌 믈에 플어 머기면 반드시 알리라:再煎紅花湯調下必神効(胎要9). 반ᄃᆞ시 손ᄭᅳ락을 버히며:必割指(警民35).

반득 부 반드시. ☞반듣. 반ᄃᆞ기. 반ᄃᆞ시 ¶반득 필:必(石千8).

반듣 부 반드시. ☞반득. 반ᄃᆞ기. 반ᄃᆞ시 ¶반듣 필:必(倭解上28).

반듯 부 반드시. ☞반득. 반듣. 반ᄃᆞ기. 반ᄃᆞ시 ¶반듯 필:必(註千8).

반듯기 부 기필(期必)키. ¶허물며 百年이 반듯기 어려오니(古時調. 百年을. 時調類). 하물며 빅 년이 반듯기 어려우니(萬言詞).

반등 명 등상(凳牀). ¶반등:板凳(同文解下13. 漢淸11:34).

반듸 명 개똥벌레. ¶반듸:螢(物譜 飛蟲). 반듸:螢(柳氏物名二 昆蟲).

반·ᄃᆞ개 부 반드시. ☞반ᄃᆞ기. 반ᄃᆞ시 ¶반ᄃᆞ개 福 ᄃᆞ외디 아니홀 줄 아니니라:未必不爲福(初杜解19:48). 속 뷘 대로 반ᄃᆞ개 지여 ᄆᆡ요리라:當仗苦虛竹(初杜解25:2). 반ᄃᆞ개 이저 ᄇᆞ리디 아니호리라:當不虧(初杜解25:38).

반·ᄃᆞ기 부 반드시. ☞반ᄃᆞ개. 반ᄃᆞ시 ¶이 四生애 반ᄃᆞ기 三菩提를 得ᄒᆞ며(月釋17:26). 반ᄃᆞ기 알라:當知(楞解1:43). 네 반ᄃᆞ기 奉持ᄒᆞ라:汝當奉持(金剛序7). 반ᄃᆞ기 너 爲ᄒᆞ야 닐오리라:當爲汝說(金剛上11). 반ᄃᆞ기 부톄 ᄃᆞ외야:汝於來世當得作佛(金剛下108). 반ᄃᆞ기 늘근 쥐 곽 글굼ᄀᆞ티 ᄒᆞᆯ디언뎡:當如老鼠咬棺材相似(法語2). 반ᄃᆞ기 키 아로미 이시리니:必有大悟(蒙法33). 반ᄃᆞ기 字細히 ᄆᆞᅀᆞᄆᆞᆯ 쓿디니라:却當字細用心(蒙法39). 피와 氣分엣 類 반ᄃᆞ기 아로미 잇고:夫血氣之屬必有知(圓覺序2). 반ᄃᆞ기 알라:當知(圓覺上一之二134). 반ᄃᆞ기 긔약호ᄃᆡ 邊塞에 비 개오:當期塞雨乾(杜解9:16). 반ᄃᆞ기 너를 爲ᄒᆞ야 닐오리라:當爲汝說(金三2:7). 本來 두려이 이로ᄆᆞᆯ 반ᄃᆞ기 보리라:方見本圓成(南明上65). 반ᄃᆞ기 ᄢᅥ러디여(佛頂3). 쇠 할ᄒᆞ면 반ᄃᆞ기 됸ᄂᆞ니라:牛舐必瘥(救簡1:43). 반ᄃᆞ기 은이 듕ᄒᆞᆫ디라:當恩重(野雲50).

반ᄃᆞ시 부 반드시. ☞반ᄃᆞ기 ¶미샹 밥 머글 제 ᄂᆞ치 반ᄃᆞ시 눉므를 흘리더라:每食臉必泣(初杜解24:32). 반ᄃᆞ시 기틴 경시 잇ᄂᆞ니라:必有餘慶(飜朴上31). 반ᄃᆞ시 스싀로 모믈 닷가:必自修(飜小10:3). 어딘 이를 보고 반ᄃᆞ시 힝ᄒᆞ며:見善必行(呂約3). 반ᄃᆞ시 호디ᄒᆞ고:必護(野雲67). 후일의 나라 ᄉᆞ변이 이시면 반ᄃᆞ시 이 사ᄅᆞᆷ이 당ᄒᆞ리라(女範1. 셩후 션인고후). 반ᄃᆞ시:必定(漢淸8:56). ᄉᆞ쟈를 조차 가다가 반ᄃᆞ시 길히셔 죽으리라:隨使上道必死道路(五倫2:18). 도적이 반ᄃᆞ시 이긔믈 인ᄒᆞ여:賊必乘勝(五倫2:30). 병권을 일허 반ᄃᆞ시 됴뎡을 원망ᄒᆞ리라:失兵必恨憤(五倫2:37).

※반ᄃᆞ시>반드시

반독 부 반드시. ☞반득. 반ᄃᆞ개. 반ᄃᆞ기 ¶반독 당:當(光千11).

반·독·다 형 완연하다. 뚜렷하다. ☞반독ᄒᆞ다 ¶이 ᄠᅳ디 ᄀᆞ졸덴 무음과 이숌괘 반독거니 엇뎨 이 세 句ㅣ 아니리오(南明上7). ᄠᅳᆮ 업시 求ᄒᆞᆯ 제사 도ᄅᆞ혀 반독다 ᄒᆞ논 ᄠᅳ디라(南明上65).

반독반독·이 부 반듯반듯이. ¶글ᄌᆞ 긋그ᅀᅴ를 모로매 반독반독이 졍히 ᄒᆞ며:字畫必楷正(飜小8:16).

반독반독ᄒᆞ·다 동 반짝반짝하다. ¶諸法이 반독반독ᄒᆞᆯ씨(月釋8:29). 반독반독ᄒᆞ도다:灼然灼然(金三2:28). 三四句ᄂᆞᆫ 믈가 寥寥ᄒᆞ며 하야 반독반독ᄒᆞ야 조ᄒᆞᆫ ᄠᅳ디니 구슬 어든 고ᄃᆞᆯ 니ᄅᆞ시니라(南明上23).

·반독ᄒᆞ·다 형 반듯하다. ☞번득ᄒᆞ다 ¶方正은 모나미 반독ᄒᆞᆯ 씨오(月釋2:41). 相取ᄒᆞ야 ᄆᆞᅀᆞᆷ 닷ᄀᆞ면 能所ㅣ 반독ᄒᆞ야(南明下74). 글ᄌᆞᆺ 그슬 반ᄃᆞ시 반독ᄒᆞ고 바ᄅᆞ게 ᄒᆞ며:字畫必楷正(宣小5:96).

반·독ᄒᆞ·다 형 완연하다. 뚜렷하다. ☞반독다. 번득ᄒᆞ다 ¶能과 所왜 반독ᄒᆞ니와:能所歷然(金三2:13). 相마다 샹녜 반독ᄒᆞ고:相相常宛然(金三3:19). 各各 반독ᄒᆞ거늘:各宛然(金三4:8). ᄠᅳᆮ 업시 求ᄒᆞᆯ ᄢᅢ사 도ᄅᆞ혀 반독ᄒᆞ리라(南明上59).

:반·ᄃᆞᆯ 명 반(半)달. ¶둘흔 比丘ㅣ 큰 戒를 디뉴미 半ᄃᆞᆯ만 ᄒᆞ야도 比丘尼 절ᄒᆞ야 셤기디비 새 비호ᄂᆞᆫ ᄠᅳ들 어즈리디 말 씨오(月釋10:20). 이제 반ᄃᆞ리로ᄃᆡ:到今半箇月(飜老上1).

반ᄃᆞᆯ원ᄃᆞᆯᄒᆞ다 동 번쩍번쩍하다. ☞번들원들ᄒᆞ다 ¶솔 션 門엔 드믄 그르메 반ᄃᆞᆯ원ᄃᆞᆯᄒᆞ도다:松門耿疎影(杜解9:14).

반ᄃᆞᆺ 부 반드시. ☞반ᄃᆞ개. 반ᄃᆞ기. 반ᄃᆞ시 ¶반ᄃᆞᆺ 필:必(類合下9).

반ᄃᆡ 명 반디. ¶반ᄃᆡ:宵行(詩解 物名14).

반ᄃᆡ블 명 반딧불. ☞반되블 ¶반ᄃᆡ블 형:螢(兒學上86).

반렬 명 반열(班列). ¶반렬 반:班. 반렬 렬:列(兒學下7).

:반만 부 반쯤. ¶玉女ᄃᆞᆯ히 虛空애 반만 몸 내야 이시며(月釋2:31). 머리 반만 셰니:髮半華(初杜解25:45).

반만싼 부 반만큼. 반쯤. ¶道上 無源水을 반만싼 ᄃᆡ혀 두고(蘆溪. 陋巷詞).

반묘 명 반묘(斑猫). 〔'가뢰'를 동양 의학에서 이르는 이름.〕 ¶또 셸리 斑猫 닐굽 나출(救急下72).

반문ᄒᆞ다 [동] 반문(盤問)하다. 신문(訊問)하다. ¶우리 예과 비컨대 ᄒᆞᆫ가지로 엄ᄒᆞ여 글월 보고 ᄌᆞ셰히 盤問ᄒᆞ고야 ᄀᆞᆺ 노하 보내ᄂᆞ니(老解上46). 〔飜老上51에는 '우리 예 ᄒᆞᆫ가지로 엄졍ᄒᆞ야 글월 보고 ᄌᆞ셰히 묻져 주고ᅀᅡ ᄀᆞᆺ 노하 보내ᄂᆞ니'로 기록(記錄)되어 있음.〕

반물 [명] 반물. 감색(紺色). ☞반믈 ¶쵸록 쟝옷 반물 치마 쟝쇽ᄒᆞ고 다시 보니(農月. 八月令).

반믈 [명] 반물. 감색(紺色). ☞반물 ¶반믈 드리다:染藍(漢淸12:15).

반박지다 [형] 얼룩얼룩하다. 가지각색이다. ¶반박지다:花花搭搭(漢淸6:51).

반박ᄒᆞ다 [형] 반박(斑駁)하다. 뒤섞여 서로 같지 않다. ¶公ᄉᆡ 말ᄉᆞᆷ과 그 사ᄅᆞᆷᄉᆡ 말과ᄂᆞᆫ 일이 斑駁ᄒᆞ매(隣語1:20).

반반ᄒᆞ다 [형] 반반하다. ¶반반ᄒᆞᆫ 치련:淨面股子皮(漢淸11:15).

반벙얼이 [명] 반벙어리. ¶반벙얼이:嘴儓子(譯解補20).

반복ᄒᆞ다 [동] 반복(反復)하다. ¶이제 니르러 이리 反復ᄒᆞ니 늘근 사ᄅᆞ미 눉므를 萬行ᄋᆞ로 흘리놋다:到今事反復故老淚萬行(重杜解25:6).

반뵈 [명] 반베. 반포(斑布). ¶반뵈 슈건:花布手巾(漢淸11:9).

반ᄇᆞᆯ [명] 반 발. ¶반ᄇᆞᆯ:半庹(漢淸11:51).

반ᄇᆡᆨ [명] 반백(斑白). 반백(班白). ¶반ᄇᆡᆨ:斑白(漢淸5:44).

반ㅅ명 [명] 반명(盤銘). 기물(器物)에 새긴 글. ¶湯의 盤ㅅ銘애 ᄀᆞᆯ오ᄃᆡ:湯之盤銘曰(宣大4).

반상 [명] 반상(飯床). ¶반상을 바다도 먹디 아니ᄒᆞ더니:對案不食(飜小9:83).

반셜음 [명] 반설음(半舌音). 반혀소리. 〔훈민정음의 초성(初聲) ㄹ의 이름.〕☞ㄹ. 반혀쏘리 ¶ㄹ. 半舌音. 如閭字初發聲(訓正). 半舌音ㄹ. 半齒音ㅿ. 亦象舌齒之形而異其體. 無加畫之義焉(訓解. 制字). 半舌有輕重二音. 然韻書字母唯一. 且國語雖不分輕重. 皆得成音. 若欲備用. 則依脣輕例. ㅇ連書ㄹ下. 爲半舌輕音. 舌乍附上腭(訓解. 合字).

반시 [명] 반시(盤柿). 납작감. ¶반시:盤柿(柳氏物名四 木).

:반신 [명] 반신(半身). ¶半身ᄋᆞᆫ 半모미라(月釋10:54).

반신반의ᄒᆞ다 [동] 반신반의(半信半疑)하다. ¶송강지경의 가 ᄂᆞ리다 ᄒᆞ오니 반신반의ᄒᆞ여 ᄯᅩ 무ᄅᆞ며 가옵더니(落泉3:7).

반심 [명] 반심(叛心). ¶ᄒᆞᆫ낫 밥짓ᄂᆞᆫ 죵이 반심을 두어시니(落泉1:2).

반심내다 [동] 반심(叛心)을 품다. ¶반심내다:起叛心(漢淸7:57).

반ᄉᆞ [명] 반사(頒賜). 임금이 물건을 나누어 주는 일. ¶반ᄉᆞ 반:頒(類合下20).

반야 [명] 반야(半夜). ¶낫과 새배와ᄂᆞᆫ 안 ᄢᅵ오 三更과 半夜와ᄂᆞᆫ 모ᄅᆞᆫ ᄢᅵ라(南明上60).

:반·역 [명] 반역(反逆). ¶ᄒᆞ다가 ᄂᆞᄆᆡ 反逆과:逆은 거슬ᄧᅳᆯ 씨라(法華2:167).

반전 [명] 반전(盤纏). 여비(旅費). ¶반전:盤費(同文解下27). 어션을 ᄆᆞ라 반전을 ᄀᆞᆺ초와 ᄇᆡᆨ공을 ᄌᆞᆺᄎᆞ(引鳳簫2). 힝혀 반전의 남은 돈이 ᄇᆡᆨ 량이 이시니(落泉1:2).

반정 [명] 반정(反正). ¶반정(어즈러온 거ᄉᆞᆯ 다ᄉᆞ리고 정ᄒᆞᆫ ᄃᆡ 도라가닷 말이라)으로(仁祖行狀4). 반정 후의ᄂᆞᆫ 사ᄅᆞᆷ이 감히 븡당을 방ᄌᆞ히 못 ᄒᆞ더라(仁祖行狀29).

반죽ᄒᆞ다 [동] 반죽하다. ¶반죽ᄒᆞ다:和麪(同文解上60. 譯解補30. 漢淸10:14).

반ᄌᆞ [명] 반자. ¶널로 ᄡᆞᆫ 반ᄌᆞ:仰板(譯解上19). ᄭᅩᆺ 그린 반ᄌᆞ:天花板(漢淸9:28). 반ᄌᆞ:頂隔(漢淸9:69).

반·찬 [명] 반찬. ☞차반 ¶반찬 찬:饌. 반찬 션:饍(訓蒙中20). 반찬 찬:饌(類合上30. 倭解上46). 반찬 찬:飡(光千34). 만난 반찬으로ᄡᅥ 받ᄌᆞᆸ더라:供以甘旨(東新續三綱. 孝5:5). 반찬 사라 가마:買下飯去(老解上18). 반찬 ᄆᆡᆫᄃᆞ다:做下飯(譯解上49). 반찬:飯菜(同文解上60). 반찬:殽饌(漢淸12:35). 나도 飯饌 사라가자(蒙老2:1).

:반쳔 [명] 반천(半千). ¶스믈 ᄒᆞᆫ ᄒᆡᄅᆞᆯ 디내샤 半千 나ᄆᆞᆫ 部ᄅᆞᆯ 니ᄅᆞ시니라(金三1:2). 半千 五百이라(金三1:2).

반쵸 [명] 파초(芭蕉). ¶반쵸 즛디허 ᄧᆞᆫ 즙:芭蕉自然汁(救簡1:97). 반춋 불휘:芭蕉根(救簡3:53). 반쵸 파:芭. 반쵸 쵸:蕉(訓蒙上8). 芭蕉:盤蕉 반쵸(牛疫方8). 반쵸ᄅᆞᆯ 디허 ᄌᆞ연니 난 즙 서 되와(牛疫方9).

반취ᄒᆞ다 [동] 반취(半醉)하다. ¶셔로 지긔ᄅᆞᆯ 허ᄒᆞ야 간담을 헷치고 술이 반취ᄒᆞ미 니ᄅᆞ니(落泉3:7).

반치음 [명] 반치음(半齒音). 반잇소리. 〔훈민정음의 초성(初聲) ㅿ의 이름.〕☞ㅿ. 반니쏘리 ¶ㅿ. 半齒音. 如穰字初發聲(訓正). 半舌音ㄹ. 半齒音ㅿ. 亦象舌齒之形而異其體. 無加畫之義焉(訓解. 制字).

반편 [명] 반편(半偏). 한 개를 절반으로 나눈 한 편짝. ¶반편이 ᄢᅥ러디고:塌了半邊(朴解下30).

반편 [명] 반편이의 준말. 덜된 사람. ¶쳔하 반편 나분인 듯 ᄇᆡᆨ사의 미거하고(思鄕曲). 양반인가 상인인가 병인인가 반편인가(萬言詞).

반포 [명] 반포(頒布). ☞반포ᄒᆞ다 ¶반포 반:頒(倭解下39).

반포ᄒᆞ다 동 반포(頒布)하다. ¶언문으로 번역ᄒᆞ야 바가 中外예 頒포ᄒᆞ샤(簡辟序2). 냥계예 반포ᄒᆞ야 보내시고(仁祖行狀24). 반포ᄒᆞ다:布告(同文解上50). 頒布ᄒᆞ믈 보와 ᄂᆞᆫ 듯시 ᄡᅵ여오고(捷蒙3:9). 일노ᄡᅥ 일쳬 반포ᄒᆞ고 효유ᄒᆞ야 ᄒᆞ여곰 안도홈을 엇게 ᄒᆞ라(綸音151).

·반·혀쏘리 명 반혓소리. 반설음(半舌音). 〔훈민정음의 초성(初聲) ㄹ의 이름.〕 ¶ㄹᄂᆞᆫ 半혀쏘리니 閭령ㆆ字찌 처ᅀᅥᆷ 펴아나ᄂᆞᆫ 소리 ᄀᆞᄐᆞ니라:ㄹᄂᆞᆫ 半舌音이니 如閭령ㆆ字찌 初發聲ᄒᆞ니라(訓註8).

:반·ᄒᆞ·다 동 반(叛)하다. 배반하다. ¶叛ᄒᆞᄂᆞᆫ 노ᄅᆞᆯ 부러 노ᄒᆞ시니:謀亂之徒迺故放之(龍歌64章). 길쥐를 의거ᄒᆞ야 반ᄒᆞ야ᄂᆞᆯ:據吉州叛(續三綱. 忠1). 엇디 반ᄒᆞ뇨(太平1:4). 반홀 반:叛(倭解上39).

:반ᄒᆞ·다 동 ①반(反)하다. ¶네게 ᄆᆞᅀᆞᆺ 이ᄅᆞᆯ ᄎᆞ기 ᄒᆞ란ᄃᆡ 反ᄒᆞᄂᆞ다(三綱. 忠13). 그 命ᄒᆞᄂᆞᆫ 배 그 됴히 너기ᄂᆞᆫ 바애셔 反ᄒᆞ맨 民이 좃디 아니ᄒᆞᄂᆞ니(宣大17).
②돌아가다. ¶이젯 世예 나셔 녯 道ᄅᆞᆯ 反호려 ᄒᆞ면(宣中43).

반ᄒᆞ다 동 반하다. ¶그 아ᄒᆡ가 반ᄒᆞ야 별감ᄂᆞᆯ ᄃᆞ리고 외입이 무수ᄒᆞ고(閑中錄396).

반ᄒᆡᆼ 명 반행(半行). ¶쓸 제 正書 파임과 半行 파임과 草書 파임이란 세 가지 이시니(捷蒙1:1).

밧 명 ①밖. 외(外). ☞밧 ¶반 침실애 이시며:居外寢(英小2:40). 그 받을 願티 아니ᄒᆞᄂᆞ니라:不願乎其外(宣中13). ᄉᆞ홍이ᄅᆞᆯ 받긔 귀향보내시다:竄士洪於外(續三綱. 忠3). 지아비 만일 받긔 나가거든:夫若出外(女四解2:22). 大修理ᄅᆞᆯ 시작ᄒᆞ옵실 반근 업ᄉᆞ오리(隣語1:11).
②겉. ¶반 표:表(石千10. 倭解上11).

받 명 밭. ☞밧. 밭 ¶받도 제여곰 논호며(月釋1:45). ᄒᆞᆫ 받 님자히 ᄡᅵ 비홇 저긔 願호ᄃᆡ(月釋2:12). 南陽애 손소 받 가라(宣賜內訓3:56). 받 이러미 東西ㅣ 업게 가랫도다:隴畝無東西(杜解4:2). 나모 버히고 받ᄆᆡᆼᄀᆞ더니:伐木爲田(續三綱. 孝9). 사오나온 받티:薄田(飜小8:20). 받ᄐᆞᆯ 다ᄉᆞ리며:治田(呂約4). 받 뎐:田 水田 논 旱田 받(訓蒙上7). 받 뎐:田(類合上6. 石千27. 倭解下2). 舜이 받ᄐᆡ 가샤 하ᄂᆞᆯᄭᅴ 블으지져 우르시니:舜往于田號泣于旱天(宣小4:7). 몸이 ᄆᆞᆺ도록 받ᄀᆞ올 ᄉᆞ양ᄒᆞ야도:終身讓畔(宣小5:83). 郭 밧 뉘 지븨 城郭ᄋᆞᆯ 졋ᄂᆞᆫ 받고:郭外誰家負郭田(重杜解23:25). 받츨 갈고 ᄡᅵᄅᆞᆯ ᄂᆞ리와:耕田下種(女四解2:29). 히마다 ᄀᆞᄂᆞᆫ 받:熟田. 묵인 받:廢田(漢淸10:2). ※받>밭

받가·리 명 밭갈이. ¶받가리를 그치고 두던 우희 잇거를:釋耕於壟上(飜小9:91).

받:갈·다 동 밭갈다. ¶받가ᄂᆞᆫ 아비 眞實로 이우지 ᄃᆞ외옛도다:田父實爲隣(初杜解7:18). 받갈 경:耕(倭解下2).

받·개 명 흙받기. ¶받개:泥托(訓蒙中16 鏝字註).

받거리 명 밭두둑. ☞받두듥 ¶받거리 뎡:町(倭解上2).

받고다 동 바꾸다. ¶받골 역:易(倭解上55).

받골항 명 밭고랑. ¶받골항:溝(漢淸10:1).

받:내·다 동 받아내다. ¶손소 분지 받내ᄆᆞᆯ 네 히도록 그치디 아니ᄒᆞ야:手奉溷器四年不輟(續三綱. 孝. 姜廉鑿氷).

받·다 동 ①받다〔受〕. ¶南北珍羞와 流霞玉食 바ᄃᆞ샤 이 ᄠᅳ들 닛디 마ᄅᆞ쇼셔:南北珍羞列流霞對玉食此意願毋忘(龍歌113章). 法바담직홀ᄊᆡ 法師ㅣ라 ᄒᆞ야(釋譜19:25). 그제ᅀᅡ 낛 바도ᄆᆞᆯ ᄒᆞ니 그럴ᄊᆡ 일후믈 刹利라 ᄒᆞ니라(月釋1:46). ᄒᆞ나ᄒᆞᆫ 法 바ᄃᆞᇙ 스스이니:一軌範師(楞解1:33). 慈者ᄅᆞᆯ 받ᄌᆞᆸ더라:受慈者(楞解1:50). ᄀᆞᄅᆞ치샤ᄆᆞᆯ 받ᄌᆞ오니라:受敎(楞解7:69). 아니 바ᄃᆞᆯᄭᅡ 저흐니(法華2:28). 부텻긔 받ᄌᆞ온대 부톄 즉재 바다시ᄂᆞᆯ:上佛佛卽受之(法華4:178). 色性이 一切ㅅ 지손 業을 바돔 업슬ᄉᆡ(圓覺上一之一32). ᄇᆞᄅᆞᄆᆞᆯ 바다 빗기 ᄂᆞᆺ놋다:受風斜(杜解10:3). 아러브터 바다 ᄡᅳᄂᆞᆫ 家風이여:依前受用家風(金三2:19). 닐굽 량 은을 바도려마ᄅᆞᆫ:要七兩銀(飜朴上73). 내 비록 받디 아니ᄒᆞ야도:吾雖不受(飜小10:1). 삭 바ᄃᆞᆯ 용:傭. 삭 바ᄃᆞᆯ 고:雇(訓蒙中2). 바ᄃᆞᆯ 슈:受(訓蒙下2. 石千15). 눈썹이 길에 당슈홈을 萬年을 ᄒᆞ야 먼 福을 기리 바ᄃᆞ리라:眉壽萬年永受胡福(宣小3:20). 바들 슈:受(倭解下36. 註千15).
②받들다. 받들어 올리다. ¶ᄆᆞᆯ발ᄋᆞᆯ 諸天이 바다(月印上20). 蓮花ㅣ 바ᄅᆞᆯ 받긔 ᄒᆞ쇼셔(釋譜11:41). 奉은 바ᄃᆞᆯ 씨라(月釋序13). 帝釋은 盖 받고 梵王ᄋᆞᆫ 白佛 자바 두 녀긔 셔ᅀᆞᄫᆞ며(月釋2:39). 金剛密迹이 뫼홀 바ᄃᆞ며:金剛密迹擎山(楞解7:28). 내 그 ᄢᅴ ᄒᆞᆫ 소ᄂᆞ로 받고 ᄒᆞᆫ 소ᄂᆞ로 눌로라 ᄒᆞ니:我當時一手擡一手搦(蒙法32). 大明宮으로셔 바다 나오다라:擎出大明宮(初杜解15:23). 바ᄃᆞᆯ 경:擎(類合下46).

받·다 동 받다〔衝〕. ¶ᄒᆞ오ᅀᅡ 象ᄋᆞᆯ 나ᄆᆞ티며 바ᄃᆞ시고(月印上15). 鉆ᄂᆞᆫ 막댓 그테 도최 바닷ᄂᆞᆫ 두 그티라(南明上70).

받·다 동 뱉다. ☞밧다. 비받다 ¶오직 ᄂᆞ치 춤 받고:但唾其面(救簡1:83). 겨틧 사ᄅᆞᆷ이 춤 받고 ᄭᅮ지즈리라:傍人要唾罵(飜老下47). 敢히 춤 받ᄐᆞ며 코 프디 아니홀디니

라:不敢唾洟(宣小2:7).

받·다 동 (발자취를) 밟다. 좇다. ¶兄님을 모롤씨 발자최 바다 남기 뼤여 性命을 므추시니(月印上2). 버믜 자괴 바다 가니(三綱. 孝32).

받두·듥 명 밭두둑. ☞밧두듥 ¶받두듥 롱:壟. 받두듥 판:畈. 받두듥 딘:畛(訓蒙上7). 받두듥:壟(漢淸10:1).

받들·다 동 받들다. ☞받돌다 ¶두 소놀 받드러 노티 말면 이슥고 즉재 살리라:捧兩手莫放須臾卽活(救簡1:46). 받들 봉:捧(訓蒙下22). 받들 봉:奉(石千15). 지게예 들제 扃을 받드드시 ᄒᆞ며:入戶奉扃(宣小3:10). 일욀 받드러 홈애 祭ᄒᆞᄂᆞᆫ ᄃᆞ시 홈은:承事如祭(宣小4:34). 슌이 약글 받드러 몬져 맏보고:珣奉藥先嘗(東新續三綱. 孝2:34). 받들 봉:奉(倭解下33).

받돌다 동 받들다. ☞받들다 ¶큰 祭를 받돏 ᄃᆞ티 ᄒᆞ고:如承大祭(英小3:3).

받브다 형 바쁘다. ☞밧ᄇᆞ다 ¶받블 망:忙(倭解下40).

받비 부 바삐. 바쁘게. ☞밧비 ¶받비 드려 보내시고(隣語7:7).

받셩 명 바깥 성. 외성(外城). ¶받셩 곽:郭(倭解上33).

받이·럼 명 밭이랑. ☞받이렁. 밧이럼 ¶舜을 받이럼 가온대 가 섬기게 ᄒᆞ시니:事舜於畎畝之中(宣小4:8). 받이러미 東西ㅣ 업게 가랫도다:隴畝無東西(重杜解4:2).

받이·렁 명 밭이랑. ☞받이럼 ¶先生이 슈고로이 받이렁의셔 살오:先生苦居畎畝(宣小6:84).

받좁다 동 드리다. 바치다. ☞받즙다 ¶ᄂᆞᄆᆞ채 ᄒᆞᆫ 것도 尊親의 받조올 거시 업도다:囊無一物獻尊親(初杜解23:50).

받ᄌᆞᄫᅡ 동 받자와. 받드와. 바치와. ㉮받즙다 ¶부텨 威神올 받ᄌᆞᄫᅡ 이 經을 너비 불어(月釋21:61). ※받ᄌᆞᄫᅡ>받ᄌᆞ와>받자와

받ᄌᆞ·ᄫᆞᆯ 동 받들어 바치올. 바칠. ㉮받즙다 ¶大闕에 보내ᅀᆞᄫᅡ 부텻긔 받ᄌᆞᄫᆞᆯ 고지라 몯 ᄒᆞ리라(月釋1:10).

받ᄌᆞ·ᄫᆞ니·라 동 받들어 바치오니라. 바치니라. ㉮받즙다 ¶銀돈 ᄒᆞᆫ 낟곰 받ᄌᆞᄫᆞ니라(月釋1:9). 菩薩올 받ᄌᆞᄫᆞ니라(月釋2:36).

받ᄌᆞ오며 동 받들어 바치오며. 바치며. ㉮받즙다 ¶풍류 받ᄌᆞ오며 바리 받ᄌᆞ오샤:獻樂奉鉢(法華7:2). ※받ᄌᆞ오며<받ᄌᆞᄫᆞ며

받ᄌᆞ·오샤·몰 동 받자오심을. 받으심을. ¶風流 받ᄌᆞᄫᆞ며 바리 받ᄌᆞ오샤몰 보ᅀᆞᆸ건댄(月釋18:62).

받ᄌᆞ·올 동 받들어 바치올. 바칠. ㉮받즙다 ¶받ᄌᆞ올 헌:獻(訓蒙下15). 받ᄌᆞ올 봉:捧(類合下36).

받즙·다 동 ①받들어 바치다. ☞받다 ¶慶爵올 받ᄌᆞᄫᆞ니이다:共獻慶爵(龍歌63章). 銀돈 ᄒᆞᆫ 낟곰 받ᄌᆞᄫᆞ니라(月釋1:9). 菩薩올 받ᄌᆞᄫᆞ니라(月釋2:36). 佛菩薩ㅅ긔 받ᄌᆞ오라:享佛菩薩(楞解7:16). 풍류 받ᄌᆞ오며 바리 받ᄌᆞ오샤:獻樂奉鉢(法華7:2). 可히 써 天子씌 받ᄌᆞ왐직ᄒᆞ니:可以獻天子(初杜解7:13). 德으란 곰비예 받즙고 福으란 림비예 받즙고(樂範. 動動). 즈믄 힐 長存ᄒᆞ샬 藥이라 받즙노이다(樂範. 動動). 받ᄌᆞ올 헌:獻(訓蒙下15. 類合下14). 받ᄌᆞ올 봉:捧(類合下36).
②받잡다. 받들다. ☞받다 ¶부터 威神올 받ᄌᆞᄫᅡ 이 經을 너비 불어(月釋21:61).
※'받즙다'의 활용 [받즙고/받즙노이다… 받ᄌᆞᄫᅡ/받ᄌᆞᄫᆞ며…

받치다 동 바치다. ☞바치다. 반티다 ¶받칠 공:貢(倭解下4).

받·티·다 동 바치다. ☞바티다 ¶지샹 ᄃᆞ외여셔 자내 몸 받티유믈:爲宰相自奉(飜小10:30).

·발 명 발〔足〕. ¶발올 바사 매 아니 알ᄑᆞ시리(月印上43). 各各 부텻 바래 禮數ᄒᆞᅀᆞᆸ고(釋譜13:11). 또 菩薩의 몸과 솔콰 손과 발와(釋譜13:19). 錠은 발 잇ᄂᆞᆫ 燈이라(月釋1:8). 목과 손과 발왜 두루 염그러 됴ᄒᆞ시며(月釋2:41). 바ᄅᆞᆫ 반ᄃᆞ기 아로미 업스리어늘:足應無知(楞解1:68). ᄆᆞᆯ 바ᄅᆞᆯ 흗노라:散馬蹄(初杜解7:8). 太白山ㅅ 바래셔:太白脚(初杜解22:38). 닐굽 손 여듧 바리오:七手八脚(金三2:7). 발 지:趾. 발 족:足. 발 각:脚(訓蒙上29). 발 족:足(類合上21. 石千36. 倭解上18). 堂의 ᄂᆞ리다가 그 발을 傷히오고:下堂而傷其足(宣小4:17). 발:脚子(譯解上36). 발:脚(同文解上16). 즉시 발을 년ᄒᆞ야 ᄒᆞᆫ 거롬 나아가(武藝圖1). 죠그마ᄒᆞᆫ 실기천의 발의 ᄲᅡ진 소경놈도(萬言詞). 足曰潑(雞類).

:발 명 발〔簾〕. ¶새ᄂᆞᆫ 새 거든 바ᄅᆞᆯ 엿보ᄂᆞ다:鳥窺新卷簾(杜解7:11). 宮엣 바ᄅᆞᆫ 翡翠ㅣ 뷔엿도다:宮簾翡翠虛(初杜解20:32). 어젯 나랜 바ᄅᆞᆯ 여로니:昨日開簾(南明下17). 발 렴:簾. 발 박:箔(訓蒙中14). 발 렴:簾(類合上24. 倭解上33). 발:簾子(同文解上36). 발 박:薄 簾也(註千11).

:발 명 발〔양팔을 벌린 길이〕. ☞볼 ¶닐굽 바리 ᄎᆞ니라:滿七托(飜朴上14). 쉰예슌 발 굴근 삼실로도 노호매 모ᄌᆞ라 ᄒᆞᄂᆞ니라:五六十托麁麻線也放不勾(飜朴上18). ᄀᆞᄃᆞᆨᄒᆞᆫ 닐곱 발 남즉ᄒᆞ니:滿七托有餘(老解下25). ᄎᆞᆫ 닐곱 발이라:滿七托(朴解上14). 다만 ᄒᆞᆫ 발 다 못 ᄡᅩ아 손바닥이 부르트니(萬言詞). 발 가옷 낙시디라(萬言詞).

발 명 오구.〔물고기를 잡는 기구.〕¶발로 흘림딜:汕(物譜 佃漁).

-·발 접미 -발. ¶빗바리 삼 낫 ᄀᆞᆫᄒᆞ야 긋디 아니ᄒᆞᄂᆞ다:雨脚如麻未斷絶(初杜解6:42). 白玉琉璃ᄀᆞ티 ᄒᆡ여신 닛바래(樂範. 處容歌). 눈ㅅ발:雪花(同文解上2).

발가락 명 발가락. ☞또 두 발가락을 베혀도 굴티 아니ᄒᆞᆫ대:又斷兩足指亦不屈(東新續三綱. 烈3:16). 발가락:脚指頭(譯解上36).

발강이 명 발강이.〔잉어 새끼〕¶발강이:鱒(柳氏物名二 水族).

발고 명 발구.〔썰매의 한 가지.〕☞발외 ¶小車名曰跋高無輪揉兩木如弓後有橫輗以受物輕疾勝車(耳溪12:5).
※발고>발구

발괄ᄒᆞ다 동 발괄하다. 진정(陳情)하다. ¶어비ᄆᆞᆫᄭᅴ 발괄ᄒᆞ거든 본 사ᄅᆞ미 다 눉믈디더니:祈請公卿見者隕涕(三綱. 孝23). 저샹ᄭᅴ 발괄ᄒᆞ거든 본 사ᄅᆞ미 다 눈믈디더니:祈請公卿見者隕涕(三綱. 吉翂). 곧 발괄ᄒᆞᆫ대 魏ㅅ 安釐王이 드르시고:遂訟之魏安釐王聞之(宣賜內訓3:25). 발괄ᄒᆞ다:打告(譯解上65). 玉皇게 울며 발괄ᄒᆞ되 벼락 상재 ᄂᆞ리오셔 霹靂이 震動ᄒᆞ며 ᄱᅵ티고져 離別 두 字(古時調. 青丘). 北斗七星 ᄒᆞ나 둘 셋 넷 다셔 여셔 닐곱 분긔 민망ᄒᆞᆫ 발괄 所志 ᄒᆞᆫ 張 알뢰너이다(古時調. 青丘). ᄯᅩ ᄀᆞᆫ절이 발괄ᄒᆞ되(女範2. 변녀 니시옥영).

발군 명 발군(撥軍). 파발(擺撥)꾼. ¶그 일은 안가 撥軍을 ᄑᆞᆯ 줄나 보내엳ᄉᆞ오매(隣語1:14).

·발·긔 명 발기(發起). ¶發起ᄂᆞᆫ 發明ᄒᆞ야 니르와ᄃᆞᆯ 시라(圓覺上一之二23).

발기다 동 발기다. ¶凌遲處死:발겨 ᄉᆞ지 ᄀᆞ라미라(警民1). 샹이 어엳비 너기샤 명ᄒᆞ야 윤셩의 죵을 발기라 ᄒᆞ시고:上憫之命轘允成奴(東新續三綱. 烈1:32).

발기름 명 짐승 뱃가죽의 안쪽 살. ¶발기름:网脂(柳氏物名一 獸族).

발나 동 발라. 발라서. ¶올밤 닉어 벙그러진 柯枝를 휘두드려 발나 쥬어 담고(古時調. 大棗 볼. 歌曲).

발·다 동 의지하다. ¶불인 고지 이츠며 게을어 비ᄅᆞᆯ 바ᄂᆞ니:吹花困懶旁舟楫(初杜解18:3).

발다 동 밟다. ☞발마보다 ¶思郎이 엇더터니 둥구더냐 모나더냐 기더냐 잘으더냐 발믈 너냐 ᄌᆞ힐너냐(古時調. 青丘).

발도돔 명 발돋움. ¶발도돔:梯櫈(譯解補44). 발도돔:棓(物譜 第宅).

발돕 명 발톱. ☞밠톱. 밧돕¶발돕 다ᄃᆞᆷ기ᄂᆞᆫ 다ᄉᆞᆺ 낫 돈이니:修脚五個錢(朴解上47). 머리 ᄀᆞᆷ빗고 발돕 다ᄃᆞᆷ고 몸이 涼定ᄒᆞ거든:梳刮頭修了脚涼定了身己時(朴解上47).

발뒤측 명 발뒤축. ☞발뒷측 ¶발뒤측 근:跟(倭解上18). 발뒤측:脚跟(同文解上16). 발뒤측 지:跓(兒學上2).

발뒷측 명 발뒤축. ☞발뒤측 ¶발뒷측:脚後跟(譯解上36).

발등거리 명 발등걸이.〔씨름 재주의 한 가지.〕¶발등거리:倒掛(物譜 博戲).

발리 명 바리. 바리때. ☞바리 ¶발리 발:鉢(兒學上10).

발리 부 바로. 바르게. ¶가쟝을 권ᄒᆞ야 써 그 과실을 발리 ᄒᆞ고:匡(女四解4:37).

발마보다 동 밟아 보다. ¶내 발마보다:我托看(老解下26). 내 발마보쟈(清老6:16).

발명 명 발명(發明). 변명(辨明). ¶두 ᄠᅳ들 나토아 내샤ᄆᆞᆯ 願ᄒᆞᅀᆞ와 發明을 ᄇᆞ라ᅀᆞ오니라(楞解2:2). 그르믄 발명 못 ᄒᆞᆯ 거시니(新語1:29).

·발명·ᄒᆞ·다 동 발명(發明)하다. 변명(辨明)하다. ¶두 가짓 發明ᄒᆞ샨 性을 듣ᄌᆞᆸ고져 願ᄒᆞ더니(楞解2:1). 이런 ᄃᆞ로 心見을 發明ᄒᆞ샤 如來藏ᄋᆞᆯ 나토신 後에(楞解4:1). 모ᄃᆞᆫ 渴望ᄒᆞ야 울워로ᄆᆞᆯ 因ᄒᆞ야 虛ㅅ想이 發明ᄒᆞᄂᆞ니(楞解8:70). 曲ᄒᆞ닌 發明티 아니호ᄆᆞᆯ 몯 ᄒᆞᄂᆞ니 發明홈과 ᄃᆞ토ᄆᆞᆯ ᄒᆞ마 펴면 忿怒ᄒᆞᄂᆞᆫ 이리 잇ᄂᆞ니(宣賜內訓2上9). ᄆᆞᅀᆞᆷ 고지 發明ᄒᆞ야 五蘊ᄋᆡ 잇디 아니호ᄆᆞᆯ 비취도다(金三1:14). 心地ᄅᆞᆯ 發明ᄒᆞ얫더니(六祖中98). 내 가면 발명ᄒᆞ려니와 네 가면 주그리라(二倫22). 家禮엣 ᄠᅳ들 發明ᄒᆞᆫ 者ㅣ 이시니(家禮1:5).

발목 명 발목. ¶닝ᄒᆞ고 허ᄒᆞᆫ 증은 발목이 ᄎᆞ고(痘要上57). 발목:脚腕子(譯解上36).

발바당 명 발바닥. ☞밠바당 ¶발바당:脚掌(同文解上16. 譯解補22). 발바당 가족을 벗기고:脚下(五倫2:73).

발발이 명 발바리. ¶발발이:金師狗(柳氏物名一 獸族).

발밧ᄉᆞ머리 명 발회목 바깥쪽 복사뼈. ¶발밧ᄉᆞ머리:外踝(譯解上36).

·발:뵈·다 동 ①발뵈다. 발보이다. ¶또 喪亂ᄋᆞᆯ 맛니러 샤옹 어루믈 발뵈디 몯ᄒᆞ니:更遭喪亂嫁不售(初杜解25:45). 감히 스스로 발뵈고져 호미 아니라 그러나 밤이 ᄇᆞᆰ고 ᄃᆞᆯ이 ᄇᆞᆯ근 ᄃᆡ 냥인 보기ᄅᆞᆯ 깃거ᄒᆞ노니 샹둥의 긔롱은 능히 븟그리디 몯ᄒᆞ노이다:非敢自獻然宵清月朗喜覩良人桑中之譏亦不能恥(太平1:36). 감히 부부 졍의ᄅᆞᆯ 발뵈지 못하고(落泉2:4). 망타할 흉한 계교 발뵈디 못하더니(宋疇錫. 北關曲).
②팔다〔賣〕. ¶발뵐 수:售 賣物去乎(訓蒙下21). 발뵐 수:售(類合下17).

발분ᄒᆞ다 동 발분(發憤)하다. ¶김시 발분ᄒᆞ

야 ᄭᅮ짓고:金氏奮罵(東新續三綱. 烈3:1).

발ᄡᅡ개 명 발싸개. ☞발ᄊᆞ개 ¶발ᄡᅡ개:裹脚(譯解上47).

·발ᄫᅡᆮ·다 동 찾아가다. 추구(追求)하다. ¶阿難아 아ᄆᆞ란 사ᄅᆞ미나 옷과 飮食과 臥具와 醫藥ᄋᆞᆯ 죽ᄃᆞ록 발ᄫᅡ다도 내 恩德만 몯 ᄒᆞ니라(月釋10:20).

발ㅅ등 명 발등. ☞밠둥 ¶발ㅅ등:脚背(譯解上36. 同文解上16).

발ㅅ바당 명 발바닥. ¶발ㅅ바당:脚心 脚掌(譯解上36).

발상 명 발상(發喪). 〔상제가 머리를 풀고 울어서 초상난 것을 알리는 일.〕 ¶좌우ᄃᆞ려 닐러 ᄀᆞᆯ오ᄃᆡ 삼가 발상티 마오:謂左右曰愼勿發喪(東新續三綱. 忠1:90).

발셥ᄒᆞ다 동 발섭(跋涉)하다. ¶녕능으로 가고져 ᄒᆞ나 여러 쳔니의 발셥기 어려오니(落泉1:1).

발셔 부 벌써. ¶어와 이 ᄉᆞ이의 발셔 ᄒᆡ 져 물엇다(萬言詞). 암중의 잇실 졔 발셔 병ᄉᆞᄒᆞ니라(引鳳簫2).

·발셔다 동 종기가 나다. ¶가ᄅᆞᆺ톳 발션 ᄃᆡ 브티면 즉재 됴ᄒᆞ리라:䐆作處卽效(救簡3:55). 발셜 흔:脪(訓蒙中35).

발션ᄒᆞ다 동 발선(發船)하다. 배를 띄우다. ¶가권을 다리고 일시의 발션ᄒᆞ야 힝ᄒᆞᆯ시(引鳳簫3).

발셥 명 발섭(跋涉). ¶跋涉 崎嶇ᄒᆞ야 木郞城의 드러오니(曺友仁. 出塞曲).

발셥ᄒᆞ다 동 발섭(跋涉)하다. ¶너 특별이 여러 ᄂᆞᆯ을 발셥ᄒᆞ야 형을 ᄎᆞᆺ더니라(引鳳簫2). 쳔리 발셥ᄒᆞ야 셩혼ᄒᆞ기 ᄀᆞ장 어려오니(引鳳簫3).

·발심 명 발심(發心). ¶長者ㅣ 發心 너버 어느 劫에 功德이 져ᄀᆞᇙ가(月印上62). 新發意ᄂᆞᆫ 새 發心이라(釋譜13:42).

·발심·ᄒᆞ·다 동 발심(發心)하다. ¶無上道理예 發心ᄒᆞ시니(月印上47). 가ᅀᆞ멸오 發心ᄒᆞ더니(釋譜6:14). 내 ᄒᆞ마 發心호니 엇뎨 住ᄒᆞ며 降ᄒᆞ리잇고 ᄒᆞ야 니ᄅᆞ디 아니ᄒᆞ고(金三2:4).

·발ᄉᆡᆼ·ᄒᆞ·다 동 발생(發生)하다. ¶妄이 섯거 發生ᄒᆞ야 서르 ᄡᅵ ᄃᆞ외ᄂᆞ니(楞解4:19). 妄이 모다 發生ᄒᆞ야(楞解7:92).

발ᄭᅮ머리 명 발꿈치. ☞밠귀머리 ¶살이 그 몸애 모ᄃᆞ니 피 흘러 발ᄭᅮ머리예 닐느러 죽그니라:矢集其身血流至踵乃死(東新續三綱. 忠1:4).

발ᄯᅥᆨ휘 명 발떠퀴. ¶발ᄯᅥᆨ휘 ᄌᆞᆺ타:脚硬(譯解補51).

발ᄯᅩᆸ 명 발톱. ☞발돕. 밠톱 ¶발ᄯᅩᆸ 다ᄃᆞᆷ다:修脚(譯解上48).

발ᄊᆞ개 명 발싸개. ☞발ᄡᅡ개 ¶발ᄊᆞ개:男裹脚(漢淸11:11).

발·아디·다 동 바라지다. ¶두 녀긔 자블 귀 잇ᄂᆞᆫ 발아딘 가마:兩耳鍋(飜老下33).

발안ᄭᅮ머리 명 발회목 안쪽 복사뼈. ¶발안ᄭᅮ머리:內踝(譯解上36).

발암 명 바람〔風〕. ¶風壁同訓皆云 발암(雅言一 薑讓).

발열ᄒᆞ·다 동 발열(發熱)하다. ☞번열ᄒᆞ다 ¶感冒로 發熱ᄒᆞ니ᄅᆞᆯ 고티ᄂᆞ니라(簡辟7). 발열ᄒᆞ야 사ᄒᆞᆯ 디나되(痘要上15).

발오 부 바로. ☞바로 ¶발오 경셩으로 와 직ᄉᆞ를 다ᄉᆞ리라(引鳳簫1).

발·옴 형 세로로 바름. 곧음. ㉠발ᄋᆞ다 ¶발오ᄆᆞᆯ 닐온 縱이오:直曰縱(法華1:86). 발오ᄆᆞᆫ 過去 처섬 업스며 未來 ᄆᆞᄎᆞᆷ 업서:豎者過去無始未來無終(圓覺上一之二14). 빗굼과 발오ᄆᆞᆯ 다 ᄢᅳ류미라:橫豎揔該(圓覺上二之二131).

발·외 명 발구. 〔썰매의 한 가지.〕 ☞발고 ¶발외:把犂(訓蒙中17 犂字註). 발외:把犂(譯解下23). 曲車 곱장술릐 或童車杠 발외오 䡟 설메(經國 平壤本).

발우다 동 바르게 하다. 바로잡다. ☞바르다. 바ᄅᆞ다 ¶글로 간ᄒᆞ야 써 인군을 발우어:匡(女四解4:52).

발운갑이 명 바람개비. ☞바ᄅᆞᆷ갑이 ¶발운갑이라 하ᄂᆞᆯ노 날며 두지쥐라 ᄯᅡ홀 퍼고들냐(古時調. 靑丘).

·발:원 명 발원(發願). ¶三界 便安케 호리라 發願이 기프실ᄊᆡ(月印上8). 그저긔 闍耶ㅣ 發願을 ᄒᆞ야 ᄉᆞᆯᄫᅩᄃᆡ(釋譜24:8).

·발:원·ᄒᆞ·다 동 발원(發願)하다. ¶디나건 녜닛 時節에 盟誓 發願혼 이ᄅᆞᆯ 혜ᄂᆞᆫ다 모ᄅᆞᄂᆞᆫ다(釋譜6:8). 發願ᄒᆞᇙ디니(佛頂32). 發願ᄒᆞ야 受持호ᄃᆡ 부텨 셤굠ᄀᆞ티 ᄒᆞ논 젼ᄎᆞ로(六祖上76).

발월ᄒᆞ다 형 발월(發越)하다. 뛰어나다. ¶손 쓰는 법이 발월ᄒᆞ야 다만 판 우희 청풍이 슬슬ᄒᆞ니(洛城2).

·발·육·ᄒᆞ·다 동 발육(發育)하다. ¶洋洋히 萬物을 發育ᄒᆞ야 峻홈이 天에 極ᄒᆞ얏도다(宣中41).

발으다 형 바르다. ☞바르다 ¶발을 졍:正(兒學下8).

발인ᄒᆞ다 동 발인(發靷)하다. ¶발인ᄒᆞ다:送殯(同文解下10). 발인ᄒᆞ다:出殯(譯解補27).

발ᄋᆞ·다 형 바르다〔直〕. ☞바ᄅᆞ다 ¶발오ᄆᆞᆯ 닐온 縱이오:直曰縱(法華1:86). ᄆᆞᅀᆞᆷ도 ᄯᅩ 발ᄋᆞ고져 ᄒᆞᆯ 거시라:心亦要直也(宣小6:125).

발자곡 명 발자국. ¶발자곡:脚印 脚蹤(譯解補22).

·발자·최 명 발자취. 발자국. ¶도ᄌᆞᄀᆡ 발자

쵤 바다 남기 뻬여(月印上2). 발자최 문밧긔 나디 아니ᄒᆞ더라:迹不出門外(東新續三綱. 孝5:24).

발제 명 발제(髮際). 발찌. ☞발졔 ¶목과 머리터럭이 닛다흔 곳:髮발際제(無冤錄1:65).

·발졔 명 발제(髮際). 발찌. ☞발제 ¶또 목뒷 髮際ㅅ 두 힘 ᄉᆞ싯 우묵ᄒᆞᆫ 딜 쁘라(救急上61). 목뒷 발젯 두 힘 ᄉᆞ싯 오목ᄒᆞᆫ 딜 쁘라:灸項後髮際兩筋間宛宛中(救簡2:102). 빗기 髮발際제ㅅ지 드러:斜入髮際(無冤錄2:12).

발쪽이다 동 발쪽이다. 발쪽거리다. ¶土卵눈 부릅ᄯᅳ고 마늘코 발쪽이고(古時調. 이바 卑藿 메욱더라. 靑丘).

·발·측 명 발뒤축. ☞발뒤측. 발뒷측. 밠측 ¶발측爲跟(訓解. 用字). 발측기 두려ᄫᅳ시며(月釋2:40). 오직 ᄉᆞ외 발측과 밠엄지가락톱 ᄀᆞ올 믹이 믈오:但痛咬其足跟及足拇指甲邊(救簡1:82).

발ᄎᆞ 명 발치. ¶主人이 尸신 東녁희 나아가 발ᄎᆞ로 도라 西녁희 가(家禮5:16).

발치 명 발채. ¶안팟 마당 닥가 노코 발치 망구 장만ᄒᆞ소(農月 八月令).

발탁ᄒᆞ다 동 발탁(拔擢)하다. ¶옥관니 웅을 발탁ᄒᆞ야 급히 벼ᄉᆞᆯ ᄒᆞ이고(落泉3:8).

발톱 명 발톱. ☞발돕. 밠톱 ¶머리털과 손톱 발톱블(胎要12). 손톱 발톱:人爪甲(東醫湯液一 人部). 발톱:爪指(漢淸14:10).

발하다 동 발(發)하다. ☞발ᄒᆞ다¶발할 발:發(兒學下13).

발헤염 명 발헤엄. ☞헤염¶발헤염:汓(柳氏物名五 水).

·발:현ᄒᆞ·다 동 발현(發現)하다. ¶안ᄢᅵ 곧 發現타 니ᄅᆞ논 디 아니라(牧牛訣10).

·발휘·ᄒᆞ·다 동 발휘하다. ¶엇데 發揮ᄒᆞ시면:發揮ᄂᆞᆫ 내야 펼 씨라(楞解2:3). 이 如來ㅅ 無見頂相無爲心佛이 뎡바기ᄅᆞᆯ브터 發揮ᄒᆞ야 寶蓮花애 안자 닐온 心呪ㅣ라(楞解7:2).

·발·ᄒᆞ·다 동 ①발(發)하다. ¶衆生이 엽거ᅀᅡ 菩提心ᄋᆞᆯ 發호리라 ᄒᆞ더라(釋譜6:46). 道理 行ᄒᆞᇶ 時節에 發ᄒᆞ샨 큰 願과(釋譜9:10). 阿耨多羅三藐三菩提心ᄋᆞᆯ 發ᄒᆞ리니(釋譜23:33). ᄆᆞᅀᆞᄆᆞᆯ 發티 아니ᄒᆞ며(金剛序6). 그 병이 내죵내 발티 아니ᄒᆞ리라:其疾永不發動(救簡1:94). 경갋병이 발코지 홀 제:風癎欲發(救簡1:94). 열이 반ᄃᆞ시 다시 발ᄒᆞ여 만히 사디 못ᄒᆞᄂᆞ니(辟新17). 仁ᄒᆞᆫ 者ᄂᆞᆫ 財로ᄡᅥ 몸을 發ᄒᆞ고 不仁ᄒᆞᆫ 者ᄂᆞᆫ 몸으로ᄡᅥ 財를 發ᄒᆞᄂᆞ니라(宣大27). 발홀 발:發(倭解下42).

②쏘다. ¶도적기 살을 발ᄒᆞ야 언게를 마치고:賊發矢中肩(東三綱. 烈3).

발힝ᄒᆞ다 동 발행(發行)하다. ¶면강ᄒᆞ야 발힝ᄒᆞ니 졔인이 각각 진둥ᄒᆞ믈 니ᄅᆞ더라(落泉2:6).

밝다 형 밝다. ☞ᄇᆞᆰ다 ¶동졍호 발근 달의 악양누 오르랴나(萬言詞). 발근 님금은(三略下11). 발글 쳘:哲(兒學下1). 발글 명:明(兒學下9).

밟다 동 밟다. ¶발불 도:蹈(兒學下2).

·밠가락 명 발가락. ☞밧가락 ¶고개예 다ᄃᆞ라 밠가락ᄋᆞᆯ ᄎᆞ고 頌云ᄒᆞ샤ᄃᆡ(南明上50).

·밠:귀머·리 명 발꿈치. ☞발ᄯᅮ머리. 밧귀머리 ¶밠귀머리ᄂᆞᆫ 본ᄃᆡ 淸淨ᄒᆞ야:脚跟元來淸淨(金三2:8). 바로 저조ᄃᆡ 밠귀머리 좀게 ᄒᆞ라:以漬脚令沒踝(救簡1:44).

·밠·귿 명 발끝. ¶밠귿 다ᄃᆞᄅᆞᆫ ᄢᅡ해:脚頭到處(金三2:15).

밠드·이 명 발등이. 〔'밠둥'+주격조사 '-이'〕 ㊅밠둥 ¶셜흔둘차힌 밠드이 두터ᄫᅳ시며(月釋2:57).

·밠둥 명 발등. ☞발ㅅ등 ¶밠드이 노ᄑᆞ시며(月釋2:40). 셜흔둘차힌 밠드이 두터ᄫᅳ시며(月釋2:57). 趺ᄂᆞᆫ 밠둥이오 坐ᄂᆞᆫ 안졸씨니(法華1:55). 밠드이 길오(法華2:12).

·밠바·당 명 발바닥. ☞밧바당 ¶밠바닸 千輻輪相ㅅ 그미 ᄢᅡ해 分明호미 세히라(月釋2:38). 노ᄑᆞᆫ 빙애 ᄇᆞᆯ오ᄆᆞᆯ ᄉᆞ랑ᄒᆞ면 밠바다이 싀자리ᄂᆞ니:思蹋懸崖足心酸澀(楞解2:115). 굴근 마ᄂᆞᆯ 밠바다애 ᄡᅦ븨여:大蒜磨脚心(救急上32). 밠바당 가온ᄃᆡ:脚心(救急下82). 千輻輪은 부텻 밠바당애 겨시니 즈믄 가짓 두려운 그미라(南明上55).

·밠·측 명 발뒤축. ☞발측 ¶어러 밠츠기 ᄠᅥ디여 피 나고 알히ᄂᆞ닐 고툐ᄃᆡ:治寒凍足跟開裂血出疼痛(救急上7).

·밠·톱 명 발톱. ☞발돕. 밧돕¶밠톱도 ᄯᅩ ᄒᆞ리라:爪亦得(救急上49).

:밤 명 밤〔栗〕. ¶밤 구ᄫᆞᆫ 제 더ᄫᅳᆫ 氣韻이 소배 드러(蒙法44). 비와 밤과 大棗와 감만 ᄒᆞ고(宣賜內訓3:61). 뫼지븨 떤 바미 덥고:山家蒸栗暖(杜解7:18). 위 안해 토란과 바ᄆᆞᆯ 거두워 드릴시:園收芋栗(初杜解7:21). 밤을 므르시버 브티면 절로 나리라:爛嚼栗子傅之自出(救簡6:25). 밤:栗子(飜朴上4). 밤 률:栗(訓蒙上11. 倭解下7). 밤 뉼:栗(類合上9). 밤:栗(物譜 木果). 밤갓톨:板栗(柳氏物名四 木).

·밤 명 밤〔夜〕. ¶赤祲이 바ᄆᆡ 비취니:明明赤祲方夜炳如(龍歌101章). 바ᄆᆡ 가다가 귓것과 모든 즁싱이 므싀엽도소니(釋譜6:19). 長夜ᄂᆞᆫ 긴 바미라(月釋序17). 바미도 세 ᄢᅴ 說法ᄒᆞ더시니(月釋2:27). 겨지비 바ᄆᆡ 나디 아니ᄒᆞᄂᆞ니:女子不夜出(宣賜內訓

1:29). 내 이제 나져 바며 시름ᄒᆞ노니:我今日夜憂(初杜解8:29). 子規새 바미 우니 묏대 ᄣᅳ려디고:子規夜啼山竹裂(杜解9:8). 星橋ㅅ 바미셔 ᄒᆞᆫ번 여희유니:一別星橋夜(初杜解20:26). ᄒᆞᄅᆞᆺ 바미 曹溪ㅅ 므리 거스리 흐른대:一夜曹溪水逆流(南明上16). 나졸브터 바매 니르리(六祖中70). 우리를 ᄒᆞᄅᆞᆺ밤만 자게 ᄒᆞ딕여:着我宿一夜(飜老上49). 나쟈 바먀 셔ᄀᆡ 나ᄂᆞ니:白日黑夜瑞雲生(飜朴上68). 나져 바며 혜아려 ᄉᆞᆯ펴:日夜且自點檢(飜小8:15). 밤 야:夜(訓蒙上1. 石千3. 倭解上5). 밤 쇼:宵(訓蒙上2. 類合上3). ᄃᆞᆯ이 紗窓에 ᄇᆞᆰ고 ᄀᆞᅀᆞᆯ 쌤이 반만ᄒᆞᆫ 제:月明紗窓秋夜半(朴解中44). 밤:黑夜(同文解上5).

밤낟 명 밤낮. ☞밤낫. 밤낮 ¶지아비 죽거늘 밤낟 울고 믈도 이븨 녀티 아녀:夫死晝夜號哭勺水不入口(東新續三綱. 烈4:10).

밤낫 명 밤낮. ☞밤낮 ¶밤낫 닐웨ᄅᆞᆯ 八分齋戒ᄅᆞᆯ 디녀(月釋9:41). 픠 밤낫으로 브르지져 울며 가디 아니ᄒᆞ더니:包日夜號泣不去(五倫1:11).

·밤·낮 명 밤낮. ☞밤낫 ¶밤나잘 分別ᄒᆞ더시니(月印上13). 밤나지 날로 히여 ᄀᆞ초더니:日夜令我藏(初杜解8:67).

·밤·눈 명 밤눈. ¶精誠이 고ᄌᆞᆨᄒᆞ니 밤누니 번ᄒᆞ거늘(釋譜6:19).

밤눈 명 밤눈. 현제(懸蹄). ¶밤눈:夜眼 馬懸蹄(柳氏物名一 獸族).

밤다 동 밟다. ☞발마보다 ¶기더랴 져르더랴 밤고 나마 ᄌᆞ일너라(古時調. ᄉᆞ랑이. 青丘). 밤다:臂量(同文解下22).

밤듕 명 밤중. ☞밤ㅅ듕 ¶밤듕 삼경 ᄣᅢ에(王郎傳1). 밤듕:半夜(譯解上5).

밤듕만 부 한밤중에. 밤중쯤. ☞밤ᄯᅮᆼ만 ¶日出을 보리라 밤듕만 니러ᄒᆞ니(松江. 關東別曲). 밤듕만 굴근 비 소릐 애긋ᄂᆞᆫ 듯ᄒᆞ여라(古時調. 뉘라셔. 古歌). 밤듕만 三台星 差使 노하 셋별 업게 ᄒᆞ소셔(古時調. 北斗七星. 瓶歌). 밤듕만 一片明月이 긔 벗인가 ᄒᆞ노라(古時調. 申欽. 山村에. 瓶歌). 밤中만 ᄉᆞᆯ혀져 우러 님의 귀에 들니리라(古時調. 이 몸 싀여져셔. 瓶歌). 밤中만 외기러기 소릐에 좀 못 일워 ᄒᆞ노라(古時調. 李鼎輔. ᄭᅮᆷ에 님을. 瓶歌). 밤듕만 ᄌᆞ경ᄒᆞ여 죽으니(女範4. 녈녀 디실녈녀방시).

밤ᄆᆞ을 명 밤마을. 율촌(栗村). ¶밤ᄆᆞ을 녯 일흠이 맛초와 ᄀᆞᆺ틀씨고(古時調. 金光煜. 陶淵明. 海謠).

밤볼기 명 밤볼. 볼록이 살진 볼. ¶양ᄌᆞ 밤볼기 ᄒᆞ고 눔과 말도 아니 ᄒᆞᄂᆞᆫ 사ᄅᆞᆷ이(癸丑119).

밤븨다 동 침침하다. 아물아물하다. ☞밤의다 ¶데 곳 눈이 밤븨여:他便眼花(朴新解2:52).

밤ㅅ듕 명 밤중. ☞밤듕. 밦듕 ¶밤ㅅ듕:夜半(同文解上5).

밤새다 동 밤새다. ☞밤새이다 ¶밤새도록 거륵이 부소ᄅᆞᆯ 희이치더라(新語9:10). 밤새도록:竟夜 通宵(譯解補4).

·밤·새이·다 동 밤새다. ☞밤새다 ¶날 니ᅀᅩᆫ 밤새일 씨라(月釋序17).

:밤소이 명 밤송이. ☞밤송이 ¶밤소이 누네 디여:栗殼落眼(救急下42).

:밤송·이 명 밤송이. ☞밤소이 ¶밤송이 닷량을 ᄉᆞ라:栗殼五兩燒(救簡2:96). 밤송이:栗毛殼(救簡3:30).

·밤·ᄯᅮᆼ·만 부 한밤중에. 밤중쯤. ☞밤듕만 ¶밤ᄯᅮᆼ만 다든거든:到半夜前後(飜老上57). 밤ᄯᅮᆼ만 ᄯᅩ 콩을 버므려 주워 머기라:半夜裏却拌饋他料喫(飜朴上22). 보롬날 밤ᄯᅮᆼ만:望夜半(簡辟12). 보름날 밤ᄯᅮᆼ만:望夜半(瘟疫方12). 어미 밤ᄯᅮᆼ만 니르러 주그니라:其母至半夜而死(東新續三綱. 孝2:70). 밤ᄯᅮᆼ만 다ᄃᆞᆺ거든:到半夜前後(老解上51).

밤쑥 명 밤쑥. ¶밤쑥:牡蒿(柳氏物名三 草).

밤의다 동 침침하다. 아물아물하다. ☞밤븨다 ¶코헤 ᄲᅮᆷ기고 눈에 밤읜 거슨 이 紅白荷花러라:噴鼻眼花的是紅白荷花(朴解上62). 눈이 밤의여 동셔ᄅᆞᆯ 분변티 못ᄒᆞ고:眼花的不辨東西(朴解中47). 눈 밤의다:眼花了(譯解上61). 주먹이 하면 눈이 밤의다:拳多眼花(譯解補61).

밤중만 부 한밤중에. 밤중쯤. ☞밤즁만. 밤ᄯᅮᆼ만. 밦듕만 ¶밤中만 ᄉᆞᆯ아져 울러 님의 귀의 들니리라(古時調. 그려 사지. 青丘). 밤中만 외길억의 소릐예 좀 못 일워 ᄒᆞ노라(古時調. 李鼎輔. ᄭᅮᆷ에 님을. 海謠). 밤中만 지국총 소릐에 ᄋᆡ긋ᄂᆞᆫ 듯ᄒᆞ여라(古時調. ᄃᆞᆯ 쓰쟈 ᄇᆡ 써나니. 瓶歌).

밤즁만 부 한밤중에. 밤중쯤. ☞밤듕만. 밤ᄯᅮᆼ만 ¶밤즁만 一片明月이 긔 벗인가 ᄒᆞ노라(古時調. 申欽. 山村에. 青丘). 밤즁만 네우름소릐 가슴 답답ᄒᆞ여라(古時調. 그리든 님. 青丘). 밤즁만 滿庭明月이 故鄕 본 듯ᄒᆞ여라(古時調. 趙明履. 기러기. 瓶歌).

·밦듕 명 밤중. ☞밤ㅅ듕 ¶阿難이 ᄉᆞᆯ보ᄃᆡ 밦中에 比丘ᄃᆞ려(釋譜23:31). 如來ㅣ 오ᄂᆞᆳ 밦中에 반ᄃᆞ기 나ᄆᆞᆫ 것 업슨 涅槃애 드로리라:如來於今日中夜當入無餘涅槃(法華1:107). 밦듕이ᄃᆞ록 자디 아니ᄒᆞ시며:夜分不寐(宣賜內訓2下38).

밦듕만 부 한밤중에. 밤중쯤. ☞밤ᄯᅮᆼ만 ¶밦듕만커든:夜到三更(救簡2:88).

·밥 명 밥〔飯〕. ☞반 ¶밥爲飯(訓解. 用字). 밥 먹디 마롬과(釋譜6:10). 法食ᄋᆞᆯ 머그리

라:食은 바비라(月釋2:17). 바볼 머곪 대로 혜여 머굼과(月釋7:31). 倉애 法喜엣 바비 ᄀᆞ독ᄒᆞ고(月釋13:8). 衆生의 血肉을 取ᄒᆞ야 바볼 메오리오:取諸衆生血肉充食(楞解6:96). 모다 밥 머글 제 손 ᄡᅳᆺ디 말며:共飯不澤手(宣賜內訓1:3). 諸天이 밥 보내며(南明上3). 손조 밥 지서 먹고 가져:自做飯喫去來(飜老上39). 밥 반:飯. 밥 식:食. 밥 옹:饔(訓蒙中20). 밥 ᄉᆞ:食(類合上11). 밥 반:飯(類合上29). 밥 식:食(光千6). 밥 반:飯(倭解上46). 밥 쏜 노릇 ᄒᆞ오시니 져녁 밥 만이 먹소(萬言詞). 밥 반:飯. 밥 손:飡(註千34).

밥·고리 명 밥을 담는 그릇. 고리. ¶밥고리:食籮(訓蒙中10 籮字註). 밥고리:食籮(物譜 筐筥).

밥구멍 명 목구멍. 인후(咽喉). ¶밥구멍 인:咽(兒學上2).

밥그릇 명 밥그릇. ¶밥그릇 궤:簋(兒學上10).

밥뎜 명 음식점(飮食店). ¶밥뎜에 밥 먹으라 가쟈:食店裏喫些飯去來(朴解下31).

·밥머·기 명 밥먹기. 밥 먹는 일. ¶늘거셔 좀과 밥머기와 져구니:遲暮少寢食(初杜解15:4). 지븨 와 밥머기 뭇고:到家裏喫飯罷(飜老上3).

밥부대 명 밥자루. ¶밥부대:攢食包(漢淸12:51).

밥ᄡᆞᆯ 명 밥쌀. 반미(飯米). ¶ᄒᆞᆫ 끼 밥ᄡᆞᆯ과:一頓飯的米(老解上47).

밥·ᄢᅵ 명 끼니 때. ¶每常 밥ᄢᅵ어나 ᄒᆞ다가 中夜애 잇거나(楞解7:16).

밥상 명 밥상. ¶밥상에 놈의 집 고기(五倫3:15).

밥서다 동 밥 설다. ¶밥 서다:飯半生(同文解上58). 밥서다:飯來生(漢淸12:53).

밥시 명 뱁새. ☞볍새 ¶밥시:鷦鷯(柳氏物名一 羽蟲).

밥쒸다 동 바삐 뛰다. ☞밥쒸다 ¶밥쒸여 간다 ᄀᆞᄅᆞ 쒸여 가는고 애고애고 내 書房(古時調. 젓건너. 靑丘).

밥알 명 밥알. ¶밥알이 것만 닉다:飯有米心(漢淸12:53).

밥죽 명 밥주걱. ¶밥죽 쵸:𣏌(訓蒙中19). 시칼이며 밥죽을 잡디 아니ᄒᆞ나(家禮2:6).

·밥지·슬 동 밥지을. ⑦밥짓다 ¶밥지슬 취:炊(訓蒙叡山本下6). 밥지슬 츄:炊(訓蒙下12).

밥지이 명 밥짓기. ¶오히려 시러곰 새뱃 밥지일 ᄀᆞ초호리라:猶得備晨炊(重杜解4:8).

·밥:짓·다 동 밥짓다. ¶밥지슬 취:炊(訓蒙叡山本下6). 밥지슬 츄:炊(訓蒙下12). 밥지을 츄:炊(類合上30). 밥지을 찬:爨(類合下41). 밥지을 취:炊(倭解上49).

밥풀 명 밥풀. ¶밥풀:飯粒兒(譯解上49).

밧 명 ①밖. ¶城 밧긔 브리 비취여:火照城外(龍歌69章). 밧긔 나아 걷니더시니(釋譜6:20). 萬里 밧기라:萬里外(月釋1:1). 世界 밧긔도 오히려 法性色이 잇거니(月釋1:37). 南郊ᄂᆞᆫ 南녁 城門 밧기니(月釋2:49). 色神이 밧그로 뫼히며 므리며(月釋9:21). 밧 아닌ᄃᆞᆯ 마기오시니라:驗非外也(楞解1:55). 밧긔 버므루미 업스실씨:外無所累(楞解6:28). 밧 物에 제 迷커뇨:自迷於外物(法華2:226). 다 能히 얼구를 밧 사ᄆᆞ며:皆能外形骸(法華6:144). 城 밧ᄀᆞ로브터 드르실 씨라(金剛4). 밧도 이어도 뮈디 아니ᄒᆞ리니:外撼不動矣(蒙法43). 밧고로도 노하 드리디 아니ᄒᆞ며:外不放入(蒙法64). 크ᄆᆞ론 밧 업시 ᄣᅳ리고:大包無外(蒙法67). 錦里ᄂᆞᆫ 닋와 드틄 밧기니:錦里烟塵外(杜解7:5). ᄆᆡ 밧긔 지비 댓수흘 브텟고:野外堂依竹(杜解10:2). 城郭 밧 뉘 지븨:郭外誰家(初杜解23:25). 뭇 밧 ᄒᆞᆫ 줄란:外手一遭兒(飜朴上4). 밧 외:外(訓蒙下34. 石千15). 몸 밧ᄀᆞᆯ 向ᄒᆞ야 求티 마롤디어다:莫向身外求(龜鑑上43). 밧:外頭(同文解上9). 남문 밧 나가오면 광한누 오작교 영주각 좃삽고(春香傳17). 밧 사랑에 친히 나가 자는 종놈 깨여 니여(빅화당가). 밧그로부터 안흐로 ᄒᆞᆫ 번 磨ᄒᆞ고(武藝圖5).
②겉. ¶밧 표:表(訓蒙上35. 類合下60. 光千10). 반ᄃᆞ시 禮예 맛게 홀디니 안ᄠᅳ이 正ᄒᆞ고 밧 얼굴이 고ᄃᆞᆫ 然後에:必中禮內志正外體直然後(宣小3:19). ※밧>밖

밧 명 밭. ☞받. 밭 ¶밧 가라 씨 디ᄆᆞ로브터(野雲49). 밧 달호기ᄅᆞᆯ 브즈런이 아니ᄒᆞ면:不勤服田(警民11). 종뀌 밧뀌ᄂᆞᆫ 엇기예 쉽거니와(古時調. 鄭澈. 강원도. 松江). ᄂᆞ믈 밧:菜田(譯解補41). 녁산의 밧 가ᄅᆞ시고(洛城1). 밧 뎐:田(兒學上4).

밧가락 명 발가락. ☞밠가락 ¶밧가라ᄀᆞ로 ᄯᅡ홀 누르시니(釋譜6:39). 밧가락ᄋᆞ로 大千界ᄅᆞᆯ 뮈워:足指動大千界(法華4:141). 밧가라ᄀᆞ로 ᄯᅡ홀 누르시니:以足指按地(圓覺上二之二131). 손가락 밧가락 ᄢᅡ메 피 나거든:四肢指歧間出血(救簡2:114).

밧겻 명 바깥. ¶밧겻티라:外間 外物也(語錄17). 밧겻 일 내 모ᄅᆞ고 ᄒᆞᄂᆞᆫ 일 무ᄉᆞ 일고(存齋文集).

밧고 명 바깥 창고(外庫). ¶고향에 도라가 밧고에 남은 깁 삼천 필을 다 내여:外庫(五倫4:50).

밧·고·다 동 바꾸다. ☞밧고다 ¶머리와 ᄭᅩ리와ᄅᆞᆯ 서르 밧고니:首尾相換(楞解2:13). 骨ᄋᆞᆯ 化ᄒᆞ며 形을 밧고며:化骨易形(楞解

8:131). 이 보ᄇᆡ로 ᄡᆞᆯ 것 밧고면:此寶貿易(圓覺序77). 고ᄃᆞᆯ 밧고ᄃᆞᆺ ᄒᆞ야(圓覺上一之二135). 밧고ᄆᆞᆯ 다 몯 ᄒᆞ면:換未盡(蒙法46). 能히 麤ᄒᆞᆫ 거슬 밧고아 ᄀᆞᄂᆞᆫ 거슬 사ᄆᆞ며:能易麤爲細(蒙法48). 時節이 밧고와 가ᄆᆞᆯ 놀라노니:驚節換(初杜解8:46). ᄲᅧ를 可히 밧고리어든:骨可換(杜解9:7). 밧고와 니ᄅᆞ샤ᄆᆞᆫ(南明上36). 내 앗가 ᄌᆞᆺ ᄡᆞᆯ 밧고라 갓다니(飜老上45). 우리 ᄆᆞᄉᆞ 거슬 밧고료:咱對換甚麼東西(飜朴上72). 밧골 박:博. 밧골 환:換(訓蒙下20). 밧골 역:易(類合上4. 石千34). 밧골 무:貿(類合下29). 밧골 환:換(類合下45). 나가매 방소ᄅᆞᆯ 밧고디 아니ᄒᆞ며:出不易方(宣小2:16). 그 ᄐᆞᆫ ᄆᆞᆯ로ᄡᅥ 밧고아 ᄐᆞ이고 ᄃᆡ ᄒᆞ야 주그니라:以其所乘馬換騎而代死(東新續三綱. 忠1:27). ᄇᆞᄃᆡ 밧과다 니르시거니와(新語8:8). 우리 그져 뎌 人家의 드러가 ᄡᆞᆯ 밧고와:咱們只投那人家糴些米(老解上35). 막 밧고다:對換(譯解上68). ᄆᆞᄋᆞᆷ을 밧고디 아닌ᄂᆞ다 ᄒᆞ고(女四解4:20). 馬匹ᄅᆞᆯ 밧고아 孝公을 좃디 아니ᄒᆞ며(女四解4:50). 밧고다:兌換(同文解下27. 漢淸10:17). 아비 죽기ᄅᆞᆯ 밧고고져 ᄒᆞᄂᆞ이다(女範2. 변녀 됴진녀연). 左右手ᄅᆞᆯ 밧고아 잡아(武藝圖5). 칼을 밧고아 잡고(武藝圖22). ※밧고다>바꾸다

밧고랑 명 밭고랑. ¶안팟 즁원 어ᄃᆡ 가고 밧고랑의 뷘 터이며(萬言詞).

밧·괴·다 동 바꾸게 하다. ☞밧고다 ¶아ᄆᆞ려나 져기 ᄡᆞᄅᆞᆯ 밧괴여 주어든 밥지ᅀᅥ 머거지라:怎生糴與些米做飯喫(飜老上40).

밧:귀머·리 명 발뒤꿈치. ☞밠귀머리 ¶두 밧귀머리 다 수므샤 낟디 아니ᄒᆞ샤미(法華2:14). 밧귀머리:踝(四解下32).

밧·그·로 명 밖으로. 독밧 ¶色神이 밧그로 뫼히며 ᄆᆞ리며(月釋9:21).

밧·긔 명 밖에. 독밧 ¶城 밧긔 ᄇᆞ리 비취여 十八子ㅣ 救ᄒᆞ시려니:火照城外十八子救(龍歌69章). 教 밧긔 各別히 傳ᄒᆞ샨 ᄒᆞᆫ 가짓 佛法이라(南明上1). 强奸ᄒᆞ니 밧긔 그 남은 음간ᄒᆞᆫ 일은:强奸外其餘奸事(警民15). 字 ᄠᅳᆮ 밧긔 註엣 말을 아오로 드려:字義之外幷入註語(宣小凡例1). 지게 밧긔 둘희 신이 잇거든:戶外有二屨(宣小3:10). 밧긔 나갓다가 變을 듯고 스ᄉᆞ로 江에 더뎌 죽으니(女四解4:33).

-밧긔 조 -밖에. ¶힝세의 웃듬 일이 글밧긔 ᄯᅩ 잇ᄂᆞᆫ가(萬言詞).

밧기·다 동 벗기다. ☞벗기다 ¶투구 아니 밧기시면:若不脫胄(龍歌52章). 기ᄅᆞ말 밧기시니:解鞍而息(龍歌58章). 剝皮ᄂᆞᆫ 갓 밧길 시라(月釋21:76). 반ᄃᆞ기 黃金 굴에ᄅᆞᆯ 밧기더니라:必脫黃金轡(初杜解16:18). ᄆᆡ해 수플 아래 馬鞍ᄋᆞᆯ 밧기다소라:野稅林下鞍(初杜解24:39). ᄯᅳ므레 ᄌᆞ마 것 밧기고 팟믿 힌 ᄃᆡ 세 근을 ᄀᆞᄂᆞ리 사ᄒᆞ라:泔浸去皮葱白三斤細切(救簡1:10). 비마ᄌᆞᄡᅵ 반 량 거플 밧기니와 대초 열다ᄉᆞᆺ 낫 ᄡᅵ 아ᅀᆞ니와ᄅᆞᆯ 뫼화:去皮(救簡2:7).
※밧기다>벗기다

밧ᄀᆞ락 명 발가락. ☞밠가락 ¶이 다홍비체 다ᄉᆞᆺ 밧ᄀᆞ락 가진 ᄲᅳᆯ 업슨 룡을 슈질ᄒᆞ니ᄂᆞᆫ:這的大紅綉五爪蟒龍(飜朴上14).

밧나라 명 외국(外國). ¶이제 曹操ㅣ 밧나라흘 업시코져 ᄒᆞ여(三譯3:10).

밧니기 명 발걸이. 〔씨름 기술의 한 가지.〕 ¶밧니기:外勾子(漢淸4:48).

밧다 동 뱉다. ☞받다 ¶겨틔 사ᄅᆞᆷ이 춤 밧고 ᄭᅮ지즈리라:傍人要唾罵(老解下42). ᄂᆞᆷ이 춤 밧고 ᄭᅮ지즈리라:別人唾罵也(老解下43). 담 밧다:喀痰(同文解上15). 춤 밧다:吐沫(同文解上15).

밧·다 동 벗다. ☞벗다 ¶ᄂᆞᄆᆞᆫ 밧ᄂᆞᆫ 오ᄉᆞᆯ 아니 바사:人脫之衣我獨不脫(龍歌92章). 寶冠ᄋᆞᆯ 바사(月印上27). 調達인 곳갈ᄋᆞᆯ 밧고(月印上47). 梵志ᄃᆞᆯ히 仙人ㅅ 道理 닷노라 ᄒᆞ야 옷 바사도 이시며(釋譜24:26). ᄌᆞ갸 오ᄉᆞᆯ 밧고(月釋1:5). 옷 밧디 아니ᄒᆞ더니(三綱. 孝35). ᄲᅢ혀ᄆᆞᆯ 應ᄒᆞ야 두려이 바ᄉᆞ리라:應拔圓脫(楞解4:114). 그 모미 길오 크며 밧고 검고 여윈 거시:其身長大裸形黑瘦(法華2:120). 곳갈 ᄡᅳ믈 밧디 아니ᄒᆞ샤(宣賜內訓1:41). 거플 바ᄉᆞᆫ 조히 누네 이실시:脫粟在眼(初杜解6:47). 蜀ㅅ 님그미 猜嫌을 바ᄉᆞ니라:蜀主脫嫌猜(初杜解21:37). ᄠᅴ 무든 오ᄉᆞᆯ 바소리니:解垢衣(南明上37). 발 바ᄉᆞ시고 즌홁개 그ᄉᆞ며 므를 ᄡᅥ샤:跣足拖泥帶水(金三4:37). 모ᄃᆡ 존댱이 바ᄉᆞ라 커든 즉재 바ᄉᆞ라(呂約19). 바ᄉᆞᆯ 라:裸. 바ᄉᆞᆯ 뎡:裎. 바ᄉᆞᆯ 텩:裼(訓蒙下19). 곳갈을 밧디 말며:冠毋免(宣小3:10). 거상 바ᄉᆞ시고 ᄎᆞ디 아니실 배 업더시다:去喪無所不佩(宣小3:21). 武王이 冠帶ᄅᆞᆯ 밧디 아니ᄒᆞ야 봉양ᄒᆞ더시니:武王不說冠帶而養(宣小4:12). 즉재 바사 ᄀᆞᄅᆞ시며:卽時解易(重內訓2:65).

밧다 동 ①받다. ☞받다 ¶슴ᄒᆞ야 혜면 마 닷되 밧습ᄂᆡ(古時調. 되들에 나모. 靑丘). 항복 밧다:受降(同文解上46). 속 밧다:收贖(同文解下30). 밧으라:使接受(漢淸6:45). 손으로ᄡᅥ 밧아 이ᄀᆞ치 ᄒᆞ기ᄅᆞᆯ 세 번 ᄒᆞᄂᆞ니라(武藝圖22).
②받들다. 받쳐들다. ☞받다 ¶ᄭᅮᆷ의나 님을 보려 틱 밧고 비겨시니 鴦衾도 ᄎᆞ도찰샤 이 밤은 언제 샐고(松江. 思美人曲). 매를 밧고 夕陽 山路로 개 ᄃᆞ리고 드러가니(古

時調. 靑丘).

밧다 동 밭다. ¶ㅈ 괴여 닉은 술을 葛巾으로 밧타 노코(丁克仁. 賞春曲).

밧도리 명 바깥 둘레. ☞밧돌이 ¶술윗박회 밧도리 해야디거다:折了車輞子(老解下32).

밧돌·이 명 바깥 둘레. ☞밧도리 ¶술윗바킈 밧돌이 히여디도다:折了車網子(飜老下36).

밧돕 명 발톱. ☞발돕. 밠톱 ¶ᄒᆞ다가 大地로 밧돕 우희 연저:若以大地置足甲上(法華4:143). 밧돕 다ᄃᆞᄆᆞᆫ ᄃᆡ 다ᄉᆞᆺ 낫 돈이니:修脚五錢箇(飜朴上52).

밧두듥 명 밭두둑. ☞받두듥. 밧드렁 ¶밧두듥:田壠(譯解下8).

밧드렁 명 밭두둑. ☞밧두듥 ¶밧드렁 규:畦(兒學上4).

밧들다 동 받들다. ☞받들다 ¶酒盞을 밧들어 主人의 右에 셔거든(家禮10:21). 王命을 밧들어셔 노돌 習陣 ᄒᆞ올 적의(武豪歌). 밧들 봉:奉(註千15).

밧둥 명 발등. ☞발ㅅ등. 밠둥 ¶밧둥 부:跗(訓蒙上29).

밧·맛·감 부 바깥만큼. 바깥쯤. ☞밧. -맛감 ¶가온ᄃᆡ ᄒᆞᆫ 노폰 座ᄅᆞᆯ ᄆᆡᆼᄀᆞᆯ오 座 우희 새 프른 褥ᄋᆞᆯ 셜오 새 프른 帳 두르고 노폰 座ㅅ 東녀긔 세 肘 밧맛감 牛糞汁으로 龍王ᄋᆞᆯ ᄒᆞᆫ 모미오 세 머리에 그리고 龍王ㅅ 左右에 種種앳 龍ᄃᆞᆯᄒᆞᆯ 圍繞케 그리고 노폰 座ㅅ 南녀긔 다ᄉᆞᆺ 肘 밧맛감 龍王ᄋᆞᆯ ᄒᆞᆫ 모미오 다ᄉᆞᆺ 머리에 그리고 또 龍ᄃᆞᆯ히 左右에 圍繞케 그리고 西ㅅ녀긔 닐굽 肘 밧맛감 龍王ᄋᆞᆯ ᄒᆞᆫ 모미오 닐굽 머리에 그리고 또 龍ᄃᆞᆯ히 左右에 圍繞케 그리고 北녀긔 아홉 肘 밧맛감 龍王ᄋᆞᆯ ᄒᆞᆫ 모미오 아홉 머리에 그리고(月釋10:118).

밧목 명 발목. ¶밧목 것그며 모미 다 알프거든:踠折徧身疼痛(救急下26).

밧문 명 바깥문. ¶밧문늬 드러:入外門(飜小9:86). 內史慶이 醉ᄒᆞ야 도라와 밧門의 들어 술위ᄅᆞᆯ ᄇᆞ리디 아니ᄒᆞᆫ대:內史慶醉歸入外門不下車(宣小6:80). 공여ᄂᆞᆫ 고지듯고 밧문가지 쫄와 나와(引鳳簫2).

밧바·당 명 발바닥. ☞밠바당 ¶밧바다애 시요미 니ᄂᆞ니:足心酸起(楞解10:79). 술윗통앳 기름을 밧바당애 ᄇᆞᄅᆞ면 됴ᄒᆞ리라:車轂中脂塗足心不瘥(救簡2:50). 두 밧바당애 ᄇᆞᄅᆞ고:塗兩脚心(救簡3:2). 밧바당:脚板 又脚心(訓蒙上29 脚字註).

밧벼슬 명 외직(外職). ¶노모ᄅᆞᆯ 위ᄒᆞ여 밧벼슬을 구ᄒᆞ거ᄂᆞᆯ(仁祖行狀27).

밧부·다 형 바쁘다. ☞밧브다. 밧ᄇᆞ다 ¶비록 밧분 저기라도:雖居倉卒(飜小10:2). 밧부고 급ᄒᆞᆫ 연괴 잇거든 알외마(三譯8:6). 밧부다:忙(漢淸7:42). 네 밧부나 언마 더ᄃᆡ리(蒙老4:16).

밧브·다 형 바쁘다. ☞밧부다. 밧ᄇᆞ다 ¶밧븐 제 가져오라 ᄒᆞ야 보시거든:倉卒取視(宣賜內訓2下35). ᄒᆞ다가 밧바 小便 업거든:如卒無小便(救急上85). 내 밧바:我忙(飜老上67). 비록 밧븐 제 이셔도:雖居倉卒(宣小6:102). 오ᄂᆞᆯ은 밧브니:今日忙(老解下6). 밧븐ᄃᆡ 므슴 힘힘ᄒᆞᆫ 말 닐ᄋᆞ리오:擺忙裏說甚麼閑話來(朴解中50). 얼골빗시 급박ᄒᆞ고 슈죡이 밧버:慌忙(女四解3:10). 밧브다:忙(同文解下52).

밧븜 형 바쁨. ㉠밧브다 ¶비록 급ᄒᆞ고 밧븜이 이셔도:雖有急速(宣小5:117).

밧·비 부 바삐. 바쁘게. ☞뵈왓비 ¶밧비 거러 닐웨어ᅀᅡ(釋譜23:40). 아ᅀᆞ라히 對屬ᄋᆞᆯ 밧비 호ᄆᆞᆯ 아노라:遙知對屬忙(初杜解20:38). 병즁에 마즌 약이라 ᄒᆞ야ᄂᆞᆯ 밧비 엇더니:爲對證藥蒼黃求(東新續三綱. 孝6:79). ᄇᆞ롬을 타 돗글 ᄃᆞᆯ고 밧비 나가거ᄂᆞᆯ(太平1:3). 落葉을 밧비 쓸며(曺友仁. 梅湖別曲). 淸樽을 밧비 열고 큰 잔의 ᄀᆞᄃᆨ 부어(辛啓榮. 月先軒十六景歌). 셕국을 듸듸 발바 운창을 밧비 열고(皆岩歌). 밧비ᄒᆞ다:上緊些(譯解補58). 밧비 문을 닷고 스ᄉᆞ로 들밧히 나가 기ᄃᆞ리더니(五倫1:54).

밧ᄇᆞ·다 형 바쁘다. ☞밧부다. 밧브다 ¶여스슨 比丘의 經과 律와ᄅᆞᆯ 묻디ᄫᅵ 世間앳 밧ᄇᆞ디 아니ᄒᆞᆫ 이ᄅᆞᆯ ᄒᆞᆫᄃᆡ 니르디 아니ᄒᆞᆯ 씨오(月釋10:21). 겨르ᄅᆞ외며 밧보미 다 ᄒᆞᆫ ᄢᅵ로다:閑忙共一時(金三5:34). 우리 아ᄆᆞ란 밧ᄇᆞᆫ 일 업거니:咱們又沒甚麼忙句當(飜老上30). 밧ᄇᆞᆯ 망:忙(類合下7). 밧ᄇᆞᆯ 총:悤(類合下27). 밧ᄇᆞᆫ 적이라도 반ᄃᆞ시 이예 ᄒᆞ라:造次必於是(宣小5:20).

밧뺭죠알이 명 밭장다리. ☞밧쟝죠아리 ¶밧뺭죠알이:鱉脚(譯解補20).

밧:사·롬 명 바깥 사람. 외인(外人). ¶친한 밧사롬이 或 규풍ᄒᆞ야 ᄀᆞᆯ오ᄃᆡ:所親或規之曰(宣小6:128).

밧삭 부 바싹. 바투. ¶달바조 밋트로 아장밧삭 건니다가(古時調. 이제ᄂᆞᆫ. 靑丘).

밧:삼·다 동 셈 밖으로 치다. 무시하다. ¶萬物을 밧사모ᄆᆞᆯ 張良과 邴曼容을 思慕ᄒᆞ노라:外物慕張邴(杜解13:14). 聲譽와 名利ᄅᆞᆯ 밧삼더니라:外聲利(初杜解16:18).

밧스승 명 바깥 스승. ¶열 히어든 밧스승의게 나아가 밧긔셔 이시며 자며 글쓰기며 산계ᄅᆞᆯ 비호며:十年出就外傅居宿於外學書計(宣小1:4).

밧·쇼·다 동 바꾸다. ☞밧고다. 밧괴다 ¶밧쏠 역:易(訓蒙上34). 밧쏠 셕:易(光千34).

밧쌘다 형 바쁘다. ☞밧ᄇᆞ다 ¶밧쌘 제 이약 업거든:倉卒無此藥(痘要下32).

밧이랑 명 밭이랑. ☞받이령 ¶ 횡죵ᄒᆞᆫ 밧이랑이 돌이 흙을 녀 노프며 ᄂᆞ즌 ᄃᆡ 분별이 업고(綸音76).

밧이럼 명 밭이랑. ☞받이럼 ¶ 밧이러미 安靜ᄒᆞ니:靜壠畝(重杜解12:11).

밧일 명 바깥일. ¶ 男편은 밧일을 다ᄉᆞ리고(家禮2:16).

밧·잣 명 바깥 성(城). 외성(外城). ¶ 밧잣 부:郛. 밧잣 곽:郭(訓蒙中8).

밧쟝죠아리 명 발장다리. ☞밧ᄶᅣᆼ죠알이. 안ㅅ쟝죠아리 ¶ 밧쟝죠아리:撇脚(漢淸8:16).

밧:좁·다 동 바치다〔獻〕. ¶ 바ᄃᆞ라온 주를 보고 내 목수믈 ᄇᆞ려 밧조오며:見危授命(飜小8:26).

밧집 명 곽(槨). 외관(外棺). ¶ 밧집 곽:槨(訓蒙中35).

밧좁다 동 받들어 바치다. ☞받좁다 ¶ 손가락을 버혀 약애 ᄲᅡ셔 밧ᄌᆞ오니 어믜 병이 즉시 됴ᄒᆞ니라:斷指和藥以進母病卽愈(東新續三綱. 孝7:42). 祭物 밧좁다:進饌(譯解上13). 보리밥을 밧ᄌᆞ오니라(重內訓2:80).

밧치 명 장인(匠人). ☞바지. 바치 ¶ 白玉樓 重修ᄒᆞᆯ 쎄 엇의 밧치 일워낸고(古時調. 하늘이. 海謠).

밧치다 동 받치다. 고이다. ¶ 톡 밧치다:托腮(譯解補24). 괴와 밧치다:擎着(漢淸9:78). 셤셤슈로 턱을 밧쳐 잉순을 반개ᄒᆞ고(ᄇᆡᆨ화당가).

밧침 명 받침. 밑에 받치는 것. ¶ 인도 밧침 젼반:烙板(譯解補41).

밧탕 명 본바닥. 일터. ¶ 젹은듯 날 죠흔 제 밧탕에 나가 보쟈(古時調. 尹善道. 엿튼 개. 海謠).

밧탕이 명 바탱이.〔항아리의 한 가지.〕¶ 밧탕이 잉:甖(兒學上10).

방 명 방(方). 의술(醫術). ¶ 어러 주그닐 고티ᄂᆞᆫ 方애 큰 그르세 ᄌᆡ를 만히 봇가 덥게 ᄒᆞ야 주머니에 녀혀:治凍死方以大器中多熬灰使煖囊盛(救急上8).

방 명 방(房). ¶ 房ᄋᆞᆯ 아니 받ᄌᆞᄫᅡ 法으로 막ᄉᆞᆸ거늘(月印上37). 뷘 房ᄋᆞᆯ 딕ᄒᆞ라 ᄒᆞ시니(月釋7:6). 光明이 ᄒᆞᆫ 방ᄋᆡ 비취요매 그 光明이 周徧히 ᄀᆞ독ᄒᆞ야:光照一室其光徧滿(圓覺上二之二144). 시혹 뷘 ᄎᆞᆫ 房의 놀어나:或遊空冷屋室(救急上15). ᄂᆞ외 방ᄋᆡ 나디 아니ᄒᆞ더니:不復出房閣(宣賜內訓1:29). 방 안해 周旋ᄒᆞ야:房室周旋(宣賜內訓2上9). 곧 房의 도라가니 사ᄅᆞ미 다 아디 몯더니(六祖上16). 한 간 방의 다ᄉᆞᆺ 사ᄅᆞ미 계우 안잣ᄂᆞᆫ 거셔:一間房子裏五箇人剛坐的(飜朴上41). 믈읫 시긔병ᄒᆞᆫ 사ᄅᆞᄆᆡ 방의 드러갈 저긔(瘟疫方17). 방 방:房(類合上22). 방 방:房(石千35). 방 마로 ᄡᅳᄂᆞᆫ 뷔:條帚(物譜 筐筥).

:방 명 방(榜). ¶ 밠 방:榜(訓蒙上35). 방:榜. 방:告示(同文解上42). 거리에 븟치ᄂᆞᆫ 방:招子(譯解補56). 부친이 이번 젼시의 져 일홈이 방 안희 업ᄉᆞ면 듕실이 시절의 잇고(落泉2:6).

방고물레 명 방구물레〔작은 물레〕. ¶ 방고물레:少紡車(物譜 蠶績).

방곡 명 방곡(坊曲). 마을. ¶ 인ᄒᆞ야 별관으로써 도ᄇᆡᆨ의 곳의 엄칙ᄒᆞ야 방곡의 효유ᄒᆞ야(綸音155).

방광 명 방광(膀胱). ¶ 膀胱과 大腸과 小腸과(永嘉上36). 뻐곰 방광 막힘애 닐오믈 인연홈이라(馬解下76).

:방광·ᄒᆞ·다 동 방광(放光)하다. ¶ 出家호려 ᄒᆞ시니 하ᄂᆞᆯ해 放光ᄒᆞ샤(月印上18). 兜率天子ㅣ 모매 放光ᄒᆞ야 祇樹給孤獨園을 다 비취오(釋譜6:45). 露柱와 燈籠괘 다 放光ᄒᆞ리라(金三4:32).

방궤 명 방게. 방해(螃蟹). ¶ 방궤:蟛蜞(柳氏物名二 水族).

:방·귀 명 방귀. ☞방긔 ¶ 방귀 비:䊧 俗稱放䊧(訓蒙上30).

방귀아디 명 상추. ¶ 방귀아디:白苣(柳氏物名三 草).

방·긔 명 방기(方器). ¶ 方器ᄂᆞᆫ 너모난 그르시라(楞解2:42).

방긔 명 방귀. ☞방귀 ¶ 방긔 비:䊧(倭解上19). 방긔:屁(同文解上20). 방긔:放屁(物譜 氣血).

:방:긔ᄒᆞ·다 동 방귀 뀌다. ¶ 방긔ᄒᆞ다:放屁(四解上16 屁字註). 방긔ᄒᆞ다:放竄(譯解上39). 방긔ᄒᆞ다:放屁(同文解上20).

방년 명 방년(芳年). ¶ 경쥬 소제 방년이(洛城1). 싱ᄃᆞ려 니ᄅᆞᄃᆡ 녀의 방년이 십삼이라(落泉2:4).

방달ᄒᆞ다 형 방달(放達)하다. ¶ 셩품이 방달ᄒᆞ야(太平1:50).

·방류ᄒᆞ·다 동 방류(放流)하다. 유배(流配)하다. ¶ 오직 仁ᄒᆞᆫ 사ᄅᆞᆷ이ᅀᅡ 放流ᄒᆞ야:唯仁人放流之(宣大25).

방마·치 명 방망이. ☞방망치 ¶ 방마치:棒椎(訓蒙中18 椎字註). 방마치:棒槌(同文解下15). 방마치:枯杵(物譜 蠶績).

방망이 명 방망이. ☞방마치 ¶ 방망이 추:椎(兒學上11).

방망치 명 방망이. ☞방마치 ¶ 눈경에 거론 님은 ᄯᅮᆨ딱 ᄯᅮ두려 방망치 쟝ᄉᆞ(古時調. 밋난편. 青丘).

방문 명 방문(方文). ¶ ᄒᆞ다가 醫道ᄅᆞᆯ 닷가 方文을 조차 病 고텨도(法華2:167). ᄒᆞᆫ 方文엔 수를 ᄲᅡ ᄇᆞᅀᆞ라 ᄒᆞ니라:一方和酒灌(救急下30). 이ᄂᆞᆫ 비밀ᄒᆞᆫ 방문이라 ᄂᆞᄆᆞᆯ

알외디 몯ᄒᆞ리니:此祕方不傳(救簡1:27).

방문 명 방문(房門). ¶방문 안히 朝廷 ᄀᆞᆮ더라:閨門之內若朝廷焉(宣小6:88).

방문 명 방문(訪問). ☞방문ᄒᆞ다 ¶방문 방:訪(類合下35).

방문ᄒᆞ다 동 방문(訪問)하다. ¶거츤 ᄆᆞ리 아ᄋᆞ라ᄒᆞᆫ듸 訪問호ᄆᆞᆯ 뵈ᄂᆞ다:見訪荒江渺(重杜解1:57). 흐린 술란 陶令ᄋᆞᆯ ᄎᆞᆺ고 丹砂란 葛洪ᄋᆞᆯ 訪問ᄒᆞ노라:濁酒尋陶令丹砂訪葛洪(重杜解21:1). 듕효ᄅᆞᆯ 포장ᄒᆞ샤 방문ᄒᆞ여 졍표ᄒᆞ시고(仁祖行狀30).

방믈 명 방물(方物). ¶ᄉᆞ월 십구일의 ᄉᆞ신으로 표ᄅᆞᆯ 밧드러 한의게 샤은ᄒᆞ고 방믈을 밧칠ᄉᆡ(山城137).

방박ᄒᆞ다 형 돈실(敦實)하다. ¶방박ᄒᆞ다:敦實(漢淸6:6).

방법 명 방법(方法). ¶ᄌᆞ식 구ᄒᆞ야 나홀 방법(胎要1). 허믈 업게 ᄒᆞᄂᆞᆫ 방법이라(痘要下35). 봄 병의 고틸 방법이 업ᄉᆞ니라(馬解上30).

방·법ᄒᆞ·다 동 도액(度厄)하다. 액막이하다. ☞방졍ᄒᆞ다 ¶미리 약도 머그며 방법ᄒᆞ야 마ᄀᆞ라:預服藥及爲法術以防之(簡辟1. 瘟疫方1). 방법홀 염:禳(訓蒙下32).

방변 명 방편(方便). ¶目連이 種種 方便으로 다시곰 ᄉᆞᆯᄫᅡ도(釋譜6:6). 그지업슨 菩薩行과 그지업슨 工巧ᄒᆞ신 方便과 그지업슨 큰 願을(釋譜9:28). 方便 이쇼미니(金剛序8). 모로매 方便을 두어 털로 疑心 두게 아니 ᄒᆞ면(六祖上82).

방불ᄒᆞ다 형 방불(彷彿)하다. ☞방블ᄒᆞ다 ¶녀ᄋᆞ와 방불ᄒᆞᆫ 가셔ᄅᆞᆯ 일방의 광문ᄒᆞ듸(洛城1). 동싱이 그 형과 일호도 방불치 아니ᄒᆞ니 쇽이미 잇ᄂᆞ냐(落泉1:2).

방블ᄒᆞ다 형 방불하다. ☞방불ᄒᆞ다 ¶텬디의 큰 덕과 일월의 ᄇᆞᆯ근 거ᄉᆞᆯ 그림으로 그리매 족히 방블치 못홀 거시로듸(山城147).

방비 명 방비(防備). 외적에 대한 대비. ¶방비 방:防(倭解上39).

방ㅅ쟝 명 방장(房帳). ¶방ㅅ쟝:弓棚子(同文解上49).

방사오·리 명 안석(案席). ¶방사오리 올:兀(訓蒙中11). 방사오리:兀子(譯解下18).

방:샤 명 방사(房舍). ¶衣服과 房舍와 飮食과 醫藥을 닐오듸 四事ㅣ니 ᄯᅩ 일후미 四依라(永嘉上42). 譬컨댄 房舍ㅅ 가온대 안자 四面이 다 담이며 ᄇᆞᄅᆞᆷ이 ᄀᆞᆮᄐᆞ니:譬如坐於房舍之中四面皆墻壁也(宣小5:11). 방샤 뒤헤 손가마:舍後鍋釜(宣小6:6). 방샤 파락ᄒᆞ야 누추ᄒᆞ니(新語1:24). 방샤ᄅᆞᆯ 부러 출혀(新語6:15).

방셕 명 방석. ¶世尊이 방셕 주어 안치시니라(釋譜6:20). 두 방셕을 주어 안칫더니:設二榻而坐(太平1:54). 츔아 방셕의 서로 용납지 못ᄒᆞᄂᆞ니(山城95). 방셕:坐褥(同文解上58. 譯解補44). 교의 방셕:椅搭(漢淸11:20). ᄒᆞᆫ 방셕 맛하시니 웅긔거묵 어듸가랴(빅화당가). 도러 방셕 트러시니 돈오 푼이 갑시로다(萬言詞).

방:소 명 방소(方所). ¶他方 國土ᄂᆞᆫ 녀느 方所앳 나라히라(月釋21:11). 여스시어든 혬과 方所ㅅ 일후믈 ᄀᆞᄅᆞ칠디니라:六年敎之數與方名(宣賜內訓3:2). 그 ᄒᆡᆺ 방소앳 새로 도ᄃᆞᆫ 회화나못 가지:當太歲上新生槐枝(救簡2:34). 여숫 ᄒᆡ어든 혬과 다ᄆᆞᆺ 방소 일후믈 ᄀᆞᄅᆞ칠디니라:六年敎之數與方名(宣小1:4). 방소 방:方(註千7).

방술 명 방술(方術). 신기한 술법. ¶약과 방술로 두루혀 ᄉᆞ나ᄒᆡ 되게 ᄒᆞᄂᆞ니라:服藥方術轉令生男(胎要11).

:방심·ᄒᆞ·다 동 방심(放心)하다. ¶네 방심ᄒᆞ야시라:你放心(飜朴上48). 범샹ᄒᆞᆫ 사ᄅᆞᆷ이 더욱 가히 방심치 못홀 거시오(綸音21). 혜랑 왈 우리 무리 변통홀 일이 잇ᄂᆞ니 쇼져ᄂᆞᆫ 방심ᄒᆞ쇼셔(落泉1:2).

방:ᄉᆞ 명 방사(房事). ¶房事 잇부믈 조심ᄒᆞ고(救急下73). 아비 어미 방ᄉᆞᄅᆞᆯ ᄒᆞ거나(痘要上50). 방ᄉᆞ애 범ᄒᆞ야 피 나ᄂᆞ니ᄂᆞᆫ:犯房下血者(胎要17).

방ᄉᆞ쥬 명 방사주(紡絲紬). ¶방ᄉᆞ쥬:紡紬(同文解下24). 방ᄉᆞ쥬:紡絲(漢淸10:56). 문 잇ᄂᆞᆫ 방ᄉᆞ쥬:花紡絲(漢淸10:57).

:방:ᄉᆞᄒᆞ·다 형 방사(放肆)하다. ¶내 방ᄉᆞᄒᆞ면 ᄂᆞᆷ이 거슬ᄡᅳ고:己肆物忤(宣小5:91).

방쇡ᄒᆞ다 동 방색(防塞)하다. 막다. ¶ᄒᆞᆫ간 前例가 分明치 아니타 ᄒᆞ시고 防塞ᄒᆞ시ᄂᆞᆫ 거ᄉᆞᆫ(隣語1:24).

:방싱 명 방생(放生). ¶燃燈 放生ᄒᆞ고도 罪業이 하 클씨 畜生애 올마갯더니:放生ᄋᆞᆫ 산 것 노홀 씨라(月釋23:71). 放生ᄒᆞ며 布施ᄒᆞ며(永嘉上38).

:방·ᄶᆡ·ᄒᆞ·다 형 방자(放恣)하다. ☞방일ᄒᆞ다. 방ᄌᆞᄒᆞ다. 밠대ᄒᆞ다 ¶말ᄉᆞ미 ᄒᆞ마 너므면 방ᄶᆡ호미 반ᄃᆞ기 니ᄅᆞ와ᄃᆞ며 방ᄶᆡ호미 ᄒᆞ마 니ᄅᆞ와ᄃᆞ면 남진 므던히 너굘 ᄆᆞᅀᆞ미 나ᄂᆞ니:語言旣過縱恣必作縱恣旣作則侮夫之心生矣(宣賜內訓2上9).

방아 명 방아. ¶마당의 ᄯᅮ드려셔 방아의 ᄡᅳ러 늬여(萬言詞).

방아확 명 방아확. ☞방아 ¶방아확 되:碓(兒學上11).

방·애ᄒᆞ·다 동 방해하다. ¶므슴 이리 방애ᄒᆞ료:碍甚事(老朴集. 累字解10).

방약 명 방약(方藥). ¶방약이 효험 업더니:方藥無效(東新續三綱. 孝3:29). ᄒᆞ나흔 네 ᄉᆞᄉᆞ로 먹으면 쥬쇡의 상치 아니ᄒᆞᄂᆞ니 이 닐온 미혼ᄒᆞᄂᆞᆫ 방약이라(落泉1:3).

방:어 명 방어(防禦). ¶그 남지니 防禦 갊저긔 닐오ᄃᆡ:防禦는 軍마기라(三綱. 忠5).

방어 명 방어(魴魚). ¶방어 방:魴(訓蒙上20). 방어 방:魴(詩解 物名2). 방어:魴魚(譯解下36). 방어:杖魚(柳氏物名二 水族).

방어ᄒᆞ다 동 방어(防禦)하다. ¶진쥐셩에 드러 도적글 방어ᄒᆞ더니:入晋州城禦賊(東新續三綱. 孝6:45). ᄇᆞᄅᆞᆷ 블기ᄂᆞᆯ 방어ᄒᆞ라(馬解下44). 關을 防禦ᄒᆞᄂᆞᆫ 將帥 더브러 請ᄒᆞ야 니ᄅᆞ노니:請囑防關將(重杜解4:7).

방언 명 방언(方言). 우리 나라 말. ¶方言은 우리 東方ㅅ 마리라(月釋序23). 뎌 方言을 得ᄒᆞ야 地等을 니ᄅᆞ샤미오(圓覺上二之二99). 新羅自始祖至智證王凡二十五世但稱方言未定尊號群臣定議始上號稱國王(大東韻府4:40). 新羅薛聰以方言解九經又以俚語製吏札行於官府公簿(增文獻243).

방·올 명 ①방울. ☞바올 ¶鍾ᄋᆞᆫ 쇠부피오 鈴은 방오리라(月釋17:60). 보ᄇᆡ 방오리 和히 울어든(法華1:85). 방올 령:鈴(訓蒙中16). 방올 놀리다:弄鈴(譯解下24). 방올 령:鈴(倭解下16).
②(물)방울. ¶안ᄒᆞᆫ ᄠᅳᆫ 방올 ᄀᆞᆮ고:內若浮泡(永嘉上41). 비 와 방올지다:下雨起泡(譯解補2).

방울ᄉᆡ 명 방울새. ¶방울ᄉᆡ 삭기치고(古時調. 李禪이. 海謠).

방·위 명 방위(方位). ¶分段이 잇ᄂᆞᆫ 젼ᄎᆞ로 方位 잇ᄂᆞ니(楞解7:76). 拘忌ᄒᆞᄂᆞᆫ 者ㅣ ᄡᅡ희 方位ᄅᆞᆯ 擇ᄒᆞ며(家禮7:17).

:방·일 명 방일(放逸). ¶放逸 衆生이:放ᄋᆞᆫ 노ᄒᆞᆯ 씨오 逸ᄋᆞᆫ 便安ᄒᆞᆯ 씨니 便安ᄒᆞᆯ 야ᄋᆞ로 ᄆᆞᅀᆞᆷᄀᆞ장 펴 노하 조심 아니 ᄒᆞᆯ 씨라(月釋21:208). 貪 업숨과 瞋 업숨과 害 아니 홈과 輕安과 放逸 아니 홈괘라(圓覺上一之一30).

:방·일ᄒᆞ·다 형 방일(放逸)하다. ☞방ᄶᅢᄒᆞ다. 방ᄌᆞᄒᆞ다 ¶모ᄃᆞᆫ 道 닷ᄀᆞᆯ 사ᄅᆞ미 放逸ᄒᆞᆫ ᄆᆞᅀᆞᄆᆞᆯ 내디 말며(牧牛訣43).

방:졍 명 방정(方正). ¶方正은 모나미 반ᄃᆞᆨᄒᆞᆯ 씨오(月釋2:41).

방졍숧 명 귀신의 힘을 빌려 미워하는 사람에게 재앙(災殃)을 내리게 하는 짓. ¶아희 어룬 극형ᄒᆞ야 무복 밧기만 힘ᄡᅥ ᄒᆞ야 큰 옥ᄉᆞᄅᆞᆯ 일워시니 ᄂᆡ인 죽일 일을 어려이 너겨 방졍숧을 내고져 ᄒᆞᄃᆡ(癸丑62).

방·졍·히 부 방정(方正)히. ¶문오래며 과실남ᄀᆞᆯ 반ᄃᆞ시 방졍히 줄 혀게 ᄒᆞ고(飜小9:96). 문오래며 과실 남글 반ᄃᆞ시 방졍히 버렷게 ᄒᆞ야:門巷果木必方列(宣小6:89).

방:졍·ᄒᆞ·다 형 방정(方正)하다. ¶입고리 方正ᄒᆞ시고 안히 기프시며 보리 方正ᄒᆞ샤 獅子ㅣ 양 ᄀᆞᄐᆞ시며(月釋2:40). 이비 方正ᄒᆞ시고 마리 됴ᄒᆞ시고:方口美髮(宣賜內訓2上44). ᄉᆡᆨᄉᆡᆨ고 긔여우며 方正ᄒᆞ거ᄂᆞᆯ:嚴毅方正(飜小9:4).

방졍ᄒᆞ·다 동 도액(度厄)하다. 액막이하다. ☞방법ᄒᆞ다 ¶無量扶蓋 네 ᄌᆞᄂᆞᆫ 요긔로왼 빌믜 븓들인 병 방졍ᄒᆞᄂᆞ니(瘟疫方17). 방졍ᄒᆞ야 사ᄅᆞᆷ 주기니ᄂᆞᆫ 斬호ᄃᆡ:咀呪殺人者斬(警民18).

방조각 명 기운 조각. ¶방조각:補齕(譯解下6. 同文解下25). 방조각:補丁(漢淸10:61).

:방:죵히 부 방종(放縱)히. ¶ᄆᆞ리ᄆᆞ리예 두두록ᄒᆞᆫ ᄃᆡ 건네ᄠᅱ유믈 放縱히 ᄒᆞᄂᆞ다:往往坡陁縱超越(初杜解17:26). 귀와 눈의 욕심을 방죵히 ᄒᆞ야:從耳目之欲(宣小2:34).

:방:죵ᄒᆞ·다 형 방종(放縱)하다. ¶이제 富貴예 니르니 驕慢ᄒᆞ며 放縱호미 奢侈예 나며(宣賜內訓2下46).

방쥭 명 방죽. ¶방쥭 피:陂(兒學上3).

:방·ᄌᆞ히 부 방자(放恣)히. ¶머리 와 노로ᄆᆞᆯ 放恣히 ᄒᆞᄂᆞᆺ다:恣遠遊(初杜解17:11). 可히 귀ᄒᆞᆫ 만난 것과 盛ᄒᆞᆫ 차반을 방ᄌᆞ히 먹으며:可恣食珍羞盛饌(宣小5:51). 반졍 후의ᄂᆞᆫ 사ᄅᆞᆷ이 감히 붕당을 방ᄌᆞ히 못 ᄒᆞ더라(仁祖行狀29). ᄠᅳᆮ을 방ᄌᆞ히 ᄒᆞ야 邪僻ᄒᆞᆫ 일을 行ᄒᆞ리니(女四解2:25). ᄉᆡᆼ이 회합ᄒᆞ믈 깃거ᄒᆞ나 ᄯᅩᄒᆞᆫ 근심ᄒᆞ야 ᄉᆞ졍을 방ᄌᆞ히 펴지 못ᄒᆞ더니(落泉2:6).

방ᄌᆞᄒᆞ·다 형 방자(放恣)하다. ☞방ᄶᅢᄒᆞ다. 방일ᄒᆞ다 ¶제 放恣ᄒᆞ야 내죵애 聖人ᄭᅴ 罪ᄅᆞᆯ 得ᄒᆞ다 ᄒᆞ니(金三2:64). 聖王이 作디 아니ᄒᆞ야 諸侯ㅣ 放恣ᄒᆞ며(宣孟6:30). 방ᄌᆞᄒᆞ다:放肆(同文解上32). 방ᄌᆞᄒᆞ다:作怪(漢淸8:17). ᄒᆞᆫ갓 방ᄌᆞᄒᆞ고 무엄ᄒᆞᆯ ᄲᅮᆫ 아니라(綸音26).

방챠 명 방차(防遮). 방해(妨害). ¶방챠 잘ᄒᆞ다:慣隄防(漢淸8:39).

방촌 명 방촌(方寸). ¶方寸만 수를 머구ᄃᆡ:服方寸匕(救急下64). 天地神明은 方寸의 비최시며(靑友仁. 梅湖別曲).

방·츄 명 방망이. ¶머구릐밥과 부듨방취오:是浮萍蒲棒(飜朴上70). 큰형은 이 방취오:大哥是棒鎚(朴解上36).

방츄ㅅ돌 명 다듬잇돌. ☞방춧돌 ¶방츄ㅅ돌:槌板石(同文解下15).

방춧돌 명 다듬잇돌. ☞방츄ㅅ돌 ¶방춧돌:砑石(譯解下15).

방측돌 명 다듬잇돌. ☞방춧돌 ¶솟가마 방측돌 디이 서러저다가(癸丑207).

방칙 명 방책(方策). ¶ᄇᆡᆨ셩을 보젼ᄒᆞ고 ᄇᆡᆨ셩을 건지ᄂᆞᆫ 방칙으로ᄡᅥ 뵈아(綸音145).

:방:탕·히 부 방탕(放蕩)히. ¶드릇 ᄆᆞᄋᆞᆯ히 放蕩히 ᄒᆞ야:放曠郊鄽(永嘉下127). 샹녜

제 精進ᄒᆞ야 一心으로 간슈ᄒᆞ야 放蕩히 노호ᄆᆞᆯ 업게 홀띠니(金剛83). 술을 경계치 못홈은 ᄆᆞᄋᆞᆷ을 방탕히 홈애 말믜암음이 아니라(綸音26).

:방:탕·ᄒᆞ·다 형 방탕(放蕩)하다. ¶그 ᄆᆞᅀᆞᄆᆞᆯ 뮈워 放蕩ᄒᆞ야(楞解9:88). ᄆᆞᅀᆞ매 노녀 放蕩호ᄆᆞᆯ ᄃᆞ사 그 精ᄒᆞᆫ ᄉᆞ랑ᄋᆞᆯ 놀여 디나ᄃᆞᆫ뇨ᄆᆞᆯ 貪ᄒᆞ야(楞解9:91). 너희 방탕티 마로ᄆᆞᆯ 警戒ᄒᆞ노니:戒爾勿放曠(飜小6:23). 紂ㅣ 음란ᄒᆞ며 방탕ᄒᆞ거ᄂᆞᆯ 箕子ㅣ 諫ᄒᆞ신대:紂爲淫泆箕子諫(宣小4:25).

:방:탕:히·다 동 방탕(放蕩)케 하다. ¶珠玉이 ᄆᆞᅀᆞᄆᆞᆯ 放蕩히ᄂᆞᆫ 酖毒이라 ᄒᆞ니(宣賜內訓2下46).

방툭 명 방축(防築). 〔'방죽'의 본디말.〕 ¶집압 방툭 므레 가 드러 주그려 커늘:抵家前豬水自溺(續三綱. 烈20). 방툭 뎨:堤(百聯2). 방툭:匽豬(柳氏物名五 水).

방:패 명 방패. ¶盾은 방패라(楞解1:22). 盾은 방패니(永嘉下116). 盾은 防牌니(宣賜內訓1:16). 방패 간:干. 방패 로:櫓. 방패 슌:盾. 방패 벌:瞂(訓蒙中27). 방패 슌:盾(類合上29). 방패 간:干(類合下34. 倭解上40). 방패:挨牌(譯解上22). 방패:遮箭牌(同文解上49).

방포 명 방포(放砲). 군호(軍號)로 놓는 포(砲). ¶방포:號砲(譯解補16).

방포ᄒᆞ다 동 방포(放砲)하다. ¶남셩을 범ᄒᆞ고 죵일도록 힝궁을 향ᄒᆞ야 방포ᄒᆞ니(山城104). 방포ᄒᆞ다:放礮(漢淸4:36).

방풍 명 방풍나물. ☞평풍ᄂᆞᄆᆞᆯ ¶댓진 서 되와 방풍과:竹瀝三升防風(救簡1:26). 방풍:防風(物譜 藥草).

방픐불·휘 명 방풍뿌리. ¶방픐불휘:防風(救簡6:42).

방ᄑᆡ 명 방패(防牌). ☞방패 ¶방ᄑᆡ 간:干(兒學上11).

방·하 명 ①방아. ¶방하애 디어 주기더니(釋譜24:15). 방핫 소리ᄅᆞᆯ:舂音(楞解4:130). 방하 오ᄅᆞᄂᆞ롬 ᄀᆞᆮ호미라:如碓上下(圓覺下三之二21). 오란 病에 믈 기르며 방하 디호ᄆᆞᆯ ᄀᆞ노니:沈綿疲井臼(初杜解20:45). 방하:碓(四解上49). 방하 ᄃᆡ:碓(訓蒙中11). 듥기동 방해나 디히 히얘(鄕樂. 相杵歌). 어미ᄅᆞᆯ 조차 방하 디터니:隨母擣砧(東新續三綱. 孝2:70). 방하 찟다:擣碓(譯解下8). 방하:碓子(同文解下2. 漢淸10:8). 방하:碓(柳氏物名三 草).

②다듬잇돌. ¶세 번 서리예 楚ㅅ 사ᄅᆞᄆᆡ 집 방핫 소릴 드로라:三霜楚戶砧(重杜解3:16). 치위엿 방하ᄂᆞᆫ 어젯 바밋 소리로다:寒砧昨夜聲(重杜解3:36).

방하고 명 방앗공이. ☞방핫고 ¶방하고:碓觜(柳氏物名三 草).

방하봇 명 대상(碓床). ☞방핫봇 ¶방하봇:碓牀(柳氏物名三 草).

방하아비 명 방아벌레. ¶방하아비:阜螽(柳氏物名二 昆蟲).

방하아잡이 명 벼메뚜기. ¶방하아잡이:蚱蜢(物譜 飛蟲).

방하치 명 방아채. ¶방하치:碓身(柳氏物名三 草).

방하허리 명 방아허리. ☞방하 ¶방하허리:碓腰子(譯解下16). 방하허리:碓腰幹(柳氏物名三 草).

방하확 명 방아확. ☞방핫확 ¶방하확:碓窩(譯解補43). 방하확:碓窩(柳氏物名三 草).

방·핫·고 명 방앗공이. ☞방하고 ¶杵ᄂᆞᆫ 방핫괴니 굴근 막다히 ᄀᆞᄐᆞᆫ 거시라(釋譜6:26). 能히 방핫곳 소리ᄅᆞᆯ 듣ᄂᆞ니:能聞杵音(楞解6:69). 방핫고 디여 디ᄒᆞ니 비치 히오:落杵光輝白(初杜解7:18). 치운 방핫곳 소리 고ᄅᆞ니:調寒杵(初杜解21:28). 방핫고:碓觜(訓蒙中11 杵字註). 방핫고 져:杵(類合上24). 방핫고:碓觜(譯解下16).

방핫돌 명 다듬잇돌. ☞방춧돌 ¶방핫돌 팀:砧(類合上24).

방핫봇 명 대상(碓床). ☞방하봇 ¶방핫봇:碓床(譯解下16).

방핫확 명 방아확. ☞방하확 ¶방핫확:碓臼(譯解下16).

방해나 명 방아나. 〔'방하'+선택보조사 '-이나'〕 ⑤방하 ¶듥긔동 방해나 디히 히얘(鄕樂. 相杵歌).

방해ᄒᆞ다 동 방해(妨害)하다. ¶드러가 朝謁코져 ᄒᆞ나 病이 妨害호ᄆᆞᆯ 뵈ᄂᆞ다:入朝病見妨(重杜解1:54).

방햇고 명 방앗공이. ☞방하고. 방핫고 ¶방햇고 디여 지ᄒᆞ니 비치 히오:落杵光輝白(重杜解7:18).

방혁 명 북채. ¶방혁:鼓子(漢淸5:19).

방황ᄒᆞ·다 동 방황(彷徨)하다. ¶帝ㅣ 感動ᄒᆞ샤 바미 니러 彷徨ᄒᆞ샤:彷徨ᄋᆞᆫ 머믈출시라(宣賜內訓2上46).

방ᄒᆞ다 동 방(牓)하다. ¶그 ᄆᆞᄋᆞᆯ흘 방ᄒᆞ야 ᄀᆞᆯ오ᄃᆡ 효양이라 ᄒᆞ시니라:牓其里曰孝養(東新續三綱. 孝1:4).

:밠·대 명 방자(放恣). ¶곧 업시우며 밠대ᄅᆞᆯ 니ᄅᆞ와ᄃᆞ며:便起憍恣(法華5:147). 업시우며 밠대ᄅᆞᆯ 降伏히샤미오:所以伏憍恣也(法華5:161).

:밠·대ᄒᆞ·다 형 방자(放恣)하다. ☞방ᄶᅢᄒᆞ다 ¶ᄒᆞ다가 如來 샹녜 이셔 滅티 아니커든 보면 곧 憍慢ᄒᆞ며 밠대ᄒᆞᆫ ᄆᆞᅀᆞᄆᆞᆯ 니ᄅᆞ와다 아쳐러 게으른 ᄠᅳ들 머거(月釋17:14).

밭 명 밭. ☞받. 밧 ¶나디 바티셔 남과 ᄀᆞᄐᆞᆯ

씨 福 바티라 ᄒᆞ니라(釋譜6:19). 일즉 ᄒᆞᆫ 낫 집 바팃 ᄡᆞᄅᆞᆯ 머구니:曾餐一粒家田米(南明上19).

·배 명 바가. 〔'바(所)'+주격조사 '-ㅣ'〕 ⓒ바 ¶어린 百姓이 니르고져 홇 배 이셔도:愚民有所欲言(訓註2).

·배 부 아주. ☞바히 ¶波羅羅ᄂᆞᆫ 배 됴ᄒᆞᆫ 고지라 ᄒᆞ논 마리라(釋譜19:17).

:배·다 동 ①망하다. ¶나라히 배디 아니터든:國不亡(重杜解6:2).
②망치다. 결딴내다. 없애다. ¶네 내 利益을 앗ᄂᆞ니 내 네 나라ᄒᆞᆯ 배요리라(月釋7:46). 災禍ᄂᆞᆫ 되 밸 히예 올맷고:禍轉亡胡歲(重杜解1:8). 威嚴을 자바셔 蜂蠆ᄅᆞᆯ 배오:秉威滅蜂蠆(初杜解20:4). 勇猛ᄒᆞᆫ 士卒ᄋᆞᆫ 되 배요ᄆᆞᆯ ᄉᆞ랑ᄒᆞ고:猛士思滅胡(初杜解21:36). 샹뉵 쟝긔 ᄒᆞ디 마라 송ᄉᆞ 글월 ᄒᆞ디 마라 집 배야 므슴ᄒᆞ며 ᄂᆞᄆᆡ 원슈 될 줄 엇디(古時調. 鄭澈. 松江). 크닌 나라를 배며 지블 亡ᄒᆞ고:大者則覆國亡家(重內訓1:1). 모ᄆᆞᆯ 배리니:亡己(重內訓2:4).
③뒤집다. 뒤집어엎다. ¶두 버디 비 배얀마ᄅᆞᆫ:兩朋舟覆(龍歌90章).

배디다 동 넘어지다. ¶겨ᄋᆞᆯ ᄃᆞᆯ애 열온 어름에셔 고기ᄅᆞᆯ 디ᄅᆞ더니 발을 그르 드틔여 배뎌 ᄡᅡ디거ᄂᆞᆯ:冬月叉魚薄氷失足陷沒(東新續三綱. 孝3:56).

배·아·다 동 망치다. 결딴내다. 없애다. ☞배다 ¶지블 배아미 그 허므리 ᄆᆞᆺ 크니:喪家其失尤大者(飜小6:17). ᄌᆞ조 셰간을 배아ᄂᆞᆯ:數破其產(飜小9:23). 션셰ᄅᆞᆯ 슈욕ᄒᆞ며 집을 배암이:辱先喪家(宣小5:16). 그 셰간을 배아거ᄂᆞᆯ:破其產(宣小6:21).

배:암 동 망침. ㉦배아다 ¶션셰ᄅᆞᆯ 슈욕ᄒᆞ며 집을 배암이:辱先喪家(宣小5:16).

배·얀마·ᄅᆞᆫ 동 뒤집건마는. ㉦배다 ☞-얀마ᄅᆞᆫ ¶두 버디 비 배얀마ᄅᆞᆫ:兩朋舟覆(龍歌90章).

배·여디·다 동 깨어지다. ¶어르미 절로 배여디여(三綱. 孝17).

배·요리·라 동 망치리라. 결딴내리라. ㉦배다 ¶네 나라ᄒᆞᆯ 배요리라(月釋7:46).

배·욤 동 ①망침〔滅〕. ㉦배다 ¶勇猛ᄒᆞᆫ 士卒ᄋᆞᆫ 되 배요ᄆᆞᆯ ᄉᆞ랑ᄒᆞ고:猛士思滅胡(初杜解21:36).
②망함. 멸망함. ¶ᄠᅳ데 犬戎이 배요ᄆᆞᆯ 기들워:意待犬戎滅(初杜解24:22).

배틀죠개 명 다슬기. ¶배틀죠개:蝸蠃(柳氏物名二 水族).

배티다 동 흔들다. 휘젓다. ¶믈 우희 ᄠᅴ워 배텨 구르텨:離水面擺動倒(老解上32).

배회 명 바위. ☞바회 ¶배회 ᄯᅳᆷ긔 가 수멋더니:避匿巖穴(東新續三綱. 烈8:29).

배히·다 동 베다. ☞바히다 ¶門ᄋᆞᆯ ᄂᆞᆫ호며 이플 배혀:分門割戶(宣賜內訓3:44).

뱌뷔다 동 뱌비다. ☞뱌비다 ¶뱌뷜 녈:捏(倭解上30).

뱌븨다 동 뱌비다. ☞뱌비다 ¶뱌븨다:撚指(譯解上39). 마조 자바 뱌븨여 니으리라(古時調. 모시를. 靑丘).

뱌·비·다 동 바비다. ☞뱌뷔다. 뱌븨다 ¶뱌비다:撚(四解下3). 뱌빌 념:捻. 뱌빌 녈:捏. 뱌빌 년:撚. 뱌빌 멸:搣(訓蒙下23).

뱌오 부 잘. 좋이. 좋게. ¶뱌오 다듬ᄂᆞᆫ 이:好修容止(漢淸8:22).

뱌챡뱌챡ᄒᆞ다 동 배착배착하다. ¶뱌챡뱌챡ᄒᆞ고 가다:歪拉着走(漢淸7:33).

뱔의 명 산비둘기의 한 가지. ¶뱔의:鶻鳩(柳氏物名一 羽蟲).

뱜 명 뺨. ¶피 두 뱜의 흘럿더라(女範3. 뎡녀 히뎡냥쳐).

뱝새 명 뱁새. ☞볍새 ¶얼일쌰 져 鵬鳥야 웃노라 져 鵬鳥야 九萬里 長天에 무슴 일 올라간다 굴헝에 뱝새 촘새는 못내 즑여ᄒᆞ드라(古時調. 申欽. 海謠). 뱝새:鷦鷯(同文解下35). 뱝새:水喳子(漢淸13:58). 뱝새:鷦鷯 桃蟲(物譜 羽蟲). 뱝새:巧婦鳥(柳氏物名一 羽蟲).

뱝ᄯᅱ다 동 바삐 뛰다. ☞밥ᄯᅱ다 ¶ᄀᆞ로 ᄯᅱ여 온다 뱝ᄯᅱ여 온다(古時調. 뎌 건너. 歌曲).

버개 명 베개. ☞벼개 ¶일홈을 아긔 버개라 ᄒᆞᄂᆞ니:爲兒枕子(胎要49).

버거 명 다음. ☞버금 ¶버거는 菩薩ᄋᆞᆯ 볼띠니(月釋8:33). 그 버건 彌勒이 묻ᄌᆞ오ᄆᆞᆯ 뵈시며:其次彌勒示問(法華1:16). ᄯᅩ 버게라 니ᄅᆞ샤ᄆᆞᆫ:言復次者(金剛上24). 처ᅀᅥᆷ 일후미 더러운 位오 버건 일후미 더러우며 조ᄒᆞᆫ 位오:初名染位次名染淨位(心經41). 그 버거ᄂᆞᆫ 닙지를 篤實히 ᄒᆞ며:其次有篤志(飜小9:12). 빗체 나타내디 아니홈이 버게오:不見於色其次也(宣小4:20).

버·거 부 다음으로. 버금으로. ¶버거 舍利弗 目揵連의 물 五百ᄋᆞᆯ 濟渡ᄒᆞ시니(釋譜6:18). 버거 녀느 梵輔天과 梵衆天과(月釋1:39). 버거 너추렛 여르믜 나니(月釋1:43). 버거 두 가지옴 가진 葡萄ㅣ 나니(月釋1:43). 버거 ᄆᆞᆯ숪 句 펴샤미 둘히니:次陳辭句二(圓覺下二之一3). 大平에 버거 오시니라(宣賜內訓2下38). 버거 안직 少年ᄒᆞ닐 무르니:次問最少年(杜解8:55). 버거 사ᄅᆞᆷ과 法과ᄋᆡ(金三3:2). 몬져 인을 해ᄒᆞ고 버거 그 아븨게 미츠니:先害忍次及其父(東新續三綱. 孝6:5). 몬져 그 어미ᄅᆞᆯ 잡고 버거 조이게 미츤대:先執其母次及召史(東新續三綱. 烈7:40). 몬져 미타팅을 녜ᄒᆞ고 버거 왕랑을 절ᄒᆞ야ᄂᆞᆯ(桐華寺 王郞傳3). 그 후

궁을 다 겨집 삼고 버거 빅영의 다ᄃᆞᄅᆞ니(女範3. 뎡녀 초평빅영). 버거 右手롤 드러(武藝圖21). 중공을 몬져 죽이고 버거 틱호ᄉᆞ 하언을 셧녁 져재의 버히니(落泉1:1). 버거 유모의게 친히 잔을 브으며 슬피 통곡ᄒᆞ니(洛城2).

버곡댱 명 뻐꾸기. ☞버국새 ¶버곡댱이ᅀᅡ난 됴해(鄕樂. 維鳩曲).

버·곰 명 버금. 다음. ☞버금 ¶그 버곰은 曲으로 致ᄒᆞᄂᆞ니:其次致曲(宣中35).

버곳 명 보굿. ☞버굿 ¶실과 나모 버곳 �고 가지 ᄉᆞ이 돌ᄢᅧ우기(農月 正月令).

·버·국:새 명 뻐꾸기. ☞버곡댱. 벅국새 ¶버국새ᄂᆞᆫ 곧마다셔 봆 곡식 심고믈 뵈아ᄂᆞ다:布穀處處催春種(重杜解4:19). 버국새 시:鳲. 버국새 궤:鳺. 버국새 알:鴶 一名布穀. 버국새 국:鵴(訓蒙上17).

버국이 명 뻐꾸기. ☞버국새. 벅구기. 벅국이 ¶우ᄂᆞᆫ 거슨 버국이가 프른 거슨 버둘숩가(古時調. 靑丘).

버·굼 명 버금. 다음. ☞버곰. 버금 ¶버구매 各別히 펴샤:其次別申(永嘉上117). 알핏 法 爲ᄒᆞ야 瞋ᄒᆞ며 喜ᄒᆞᆫ 버구믈 드듸샤:躡前爲法瞋喜之次(圓覺下三之一56).

버굿 명 보굿. ☞버곳 ¶그믈버굿:網瓢兒(譯解上22). 그물버굿:網瓢兒(柳氏物名二 水族).

버·그·다 동 버금가다. 다음가다. ¶이 버근 童子ᄂᆞᆫ 그 나랏 大臣이 ᄃᆞ외야(釋譜24:9). 버근 氣韻은 닐굽 山이 ᄃᆞ외오(月釋1:41). 法 아로미 버그니:了法次之(楞解4:1). 이 三聖이시니 그럴ᄊᆡ 文殊ᄭᅴ 버그시니라:是爲三聖故次文殊(圓覺上一之二69). 賢은 聖에 버그샤미오:賢則亞聖(圓覺上一之二75). 衞律이 닐오ᄃᆡ 버그늬 罪ᄅᆞ쎄(三綱. 忠6). 게셔 버그니란 天下앳 고ᄋᆞᆯ 향교애 ᄂᆞᆫ호아 ᄀᆞᄅᆞ치게 홀 거시니라:次以分教天下之學(飜小9:14). 버글 부:副(訓蒙中1. 類合下61). 버글 ᅀᅵ:貳(訓蒙下33).

버·근며·느리 명 둘째 며느리. ☞버그다 ¶버근며느리ᄂᆞᆫ ᄆᆞᆮ며느리게 請홀디니라:介婦請於冢婦(宣小2:19). 敢히 버근며느리게 무례히 몯 홀 거시니라:不友無禮於介婦(宣小2:19).

버·근부인 명 둘째 부인. ☞버그다 ¶양지摩耶夫人만 몯ᄒᆞ실ᄊᆡ 버근夫人이 ᄃᆞ외시니라(釋譜6:1).

버·근ᄯᆞᆯ 명 둘째 딸. ¶摯ㅅ 님금 任氏의 버근ᄯᆞᆯ이러시니:摯任氏之中女也(宣小4:2). 도적이 몬져 버근ᄯᆞᆯ을 자바 더러이고져 ᄒᆞ야:賊先獲次女欲汚(東新續三綱. 烈6:5).

버근아ᄃᆞᆯ 명 둘째 아들. ¶니시ᄂᆞᆫ 함일의 버근아들 희득의 안해오:李氏咸一次子喜得之妻(東新續三綱. 烈8:61).

버금 명 버금. 다음. 둘째. ☞버곰. 버굼 ¶버금 부:副(倭解下40). 버금 ᄎᆞ:次(倭解下42). 버금:副(同文解上38). 버금 슉:叔 少也(註千15). 버금 ᄎᆞ:次 亞也(註千16). 버금 즁:仲(兒學上1).

버금아ᄃᆞᆯ 명 둘째 아들. ¶버금아ᄃᆞᆯ:次子(漢淸5:39).

버긔다 동 버그러지다. 어긋나다. ¶버긔여뎌 和티 못ᄒᆞ면:乖戾不和(警民3).

버긔여뎌 동 버그러져. ㉮버긔다 ¶버긔여뎌 和티 못하면(警民3).

버긔오다 동 버그러지게 하다. 어긋나게 하다. ☞버긔다 ¶이리져리 버긔오다:支支吾吾(譯解補59).

버기다 형 버겁다. 궁핍(窮逼)하다. ¶버길 핍:逼(光千31).

버다 동 벌다. ☞벌다 ¶곳봉오리 버다:花綻(譯解補50).

버·뎡 명 뜰층계. ☞버텽 ¶버뎡에 다ᄃᆞ라:及階(三綱. 忠21).

버동버동 부 버둥버둥. ¶고온 님 오며ᄂᆞᆫ 뒷발을 버동버동 므르락나으락(古時調. 개를. 靑丘).

버·드나모 명 버드나무. ☞버들나모 ¶잣 西ㅅ녁 버드나모 미틔 쉬더니(月釋23:73). 버드나모 션 믌ᄀᆞᅀᆞ로 디나:過楊柳渚(初杜解15:10).

버·들 명 버들〔柳〕. ¶버들爲柳(訓解. 用字). ᄇᆞᄅᆞᄆᆞᆫ 長沙ㅅ 버드레 부놋다:風颯長沙柳(初杜解8:5). ᄆᆞᅀᆞᆯ마다 절로 곳과 버들왜 펫도다:村村自花柳(初杜解15:42). 버들 파라ᄒᆞ며(南明上7). 父母ㅣ 곧 버듨 누른 니프로 닐오ᄃᆡ(南明上44). 버들 양:楊. 버들 류:柳(訓蒙上10). 버들 양:楊. 버들 류:柳(類合上9). 버들 류:柳(倭解下28). 버들과 느름남기:柳(五倫4:43). 銀鱗玉尺을 버들 몸의 ᄢᅦ여 들고(江村晩釣歌).

버들가야지 명 버들개지. ☞버듨가야지 ¶가비야온 버들가야지ᄂᆞᆫ 사ᄅᆞᄆᆡ 오새 버렛놋다:輕輕柳絮點人衣(重杜解10:46).

버들개아지 명 버들개지. ☞버들개야지 ¶버들개아지:柳絮(漢淸13:28).

버들개야지 명 버들개지. ☞버들개아지 ¶버들개야지:柳絮(同文解下44. 譯解補50).

버들나모 명 버드나무. ☞버드나모 ¶버들나모:楊樹(同文解下43). 버들나모:柳(漢淸13:22).

버들늣 명 버드나무에 드는 좀. ¶버들늣:柳黃(柳氏物名四 木).

버들닙 명 버들잎. ☞버듨닙 ¶버들닙 ᄀᆞᆺᄒᆞᆫ 치:柳葉菜(漢淸12:39).

버·듨가야·지 명 버들개지. ☞버들가야지.

버듨개야지 ¶肅肅혼 곳과 버듨가야짓 나조히:肅肅花絮晚(初杜解10:5). 엽드러 미친 버듨가야지ᄂᆞᆫ ᄇᆞᄅᆞᆷ 조차 가고:顚狂柳絮隨風去(初杜解10:8).

버듨가지 명 버들가지. ¶버듨가지 새배 소내 잇더니 豆子ㅣ 비에 ᄒᆞ마 닉도다:楊枝晨在手豆子雨已熟(重杜解9:17).

버듨개야·지 명 버들개지. ☞버듨가야지 ¶버듨개야지 소오미라와 히요ᄆᆞᆯ ᄀᆞ장 믜노라:生憎柳絮白於緜(初杜解23:23).

버·듨곶 명 버들꽃. ☞버듯곶 ¶ᄀᆞ룺 그텟 누른 버듨고ᄌᆞᆯ 새 딕먹ᄂᆞ니:雀啄江頭黃柳花(初杜解11:21).

버·듨·닙 명 버들잎. ☞버들닙. 버듯닢 ¶버듨닙과 잣가지ᄅᆞᆯ 사(月釋23:91). 녜 버듨닙 들오소ᄆᆞᆫ 진실로 스싀로 아ᄂᆞ니:舊穿楊葉眞自知(杜解8:31).

버·듯가지 명 버들가지. ☞버듨가지 ¶봆비ᄎᆞᆯ 싀여딜 거슨 버듯가지 잇도다:漏洩春光有柳條(初杜解11:36).

버·듯곶 명 버들꽃. ☞버듨곶 ¶버듯고지 눈 디ᄃᆞᆺ ᄒᆞ야 힌 말와매 두펫ᄂᆞ니:楊花雪落覆白蘋(初杜解11:18).

버·듯닢 명 버들잎. ☞버들닙. 버듨닙 ¶依依ᄂᆞᆫ 버듯니피 드리여 늘읫늘읫 혼 양지라(金三4:42).

버러 명 버렁. 가죽 토시. ☞버렁 ¶모로매 이 버러 우희셔 드위이즈리라:會是翻韝上(杜解16:36). 버러에 ᄂᆞ려 안조ᄆᆞᆯ 붓그리놋다:恥下韝(杜解17:11). 버러 우흿 매 ᄒᆞᆫ 번 ᄇᆡ브르면:韝上鷹一飽則(杜解25:55). 매버러:五指兒 或云套手(譯解下26).

버러·지 명 벌레. ¶ᄇᆞᄅᆞᆷ과 비와 버러지와 쥐의:風雨蟲鼠(宣小5:117). 짐즛 毒ᄒᆞᆫ 버러지와 ᄇᆡ얌으로ᄡᅥ 사ᄅᆞᆷ을 믈려 죽게 ᄒᆞ니ᄂᆞᆫ:故用毒蟲蛇咬人致死者(警民18).

버렁 명 버렁. 가죽 토시. ☞버러 ¶버렁:韝(柳氏物名一 羽蟲).

버레 명 벌레. ☞버러지 ¶버레 충:蟲(倭解下26). 니가 성긔고 버레 먹단 말이라(女四解2:17). 버레:蟲子(同文解下42). 곡식 ᄆᆞ디 먹ᄂᆞᆫ 버레:螿(漢淸14:51). 벽마다 틈이 버러 틈마다 버레로다(萬言詞). 버레 충:蟲(兒學上8).

버렴 명 가래〔鍬〕. ¶鍬曰 버렴(東言).

버르키다 동 벌리다. ¶눈을 버르키고:睜開馬眼(馬解. 上疾病).

버른 명 버릇. ¶버른 뉴:狃(倭解下24).

버·릇 명 버릇. ☞버른 ¶無故히 울며 셩내ᄂᆞᆫ 버르시 일고(女四解2:25).

버릇삼다 동 익히다. 익숙하게 하다. ¶버릇사ᄆᆞᆯ 류:狃(類合下29).

버·릇:업·다 형 버릇없다. ¶世尊ㅅ긔 버릇업습던 일ᄋᆞᆯ(月印上27). 須達이 버릇업순 주를 보고(釋譜6:21). 버릇업슨 말 ᄒᆞ거늘:嫚言無禮(三綱. 忠25).

버·릇:업·순 형 버릇없는. ㉮버릇업다 ¶須達이 버릇업순 주를 보고(釋譜6:21).

버릇져기다 동 버르적거리다. ☞버릇젹이다 ¶버릇져기다:掙扎(譯解補54).

버릇젹이다 동 버르적거리다. ☞버릇져기다 ¶버릇젹이다:掙跳(漢淸14:28).

:버·릐집 명 벌집. ¶버릐집 ᄉᆞ론 ᄀᆞᄅᆞᆯ 도틱 기르메 ᄆᆞ라 ᄇᆞᄅᆞ라:燒蜂房爲末猪膏和塗之(救簡6:64).

버릐치다 동 벌어지게 치다. ¶놉히 들고 샷흘 발로 버릐치다:豁襠(漢淸4:50).

버리 명 벌. ☞벌 ¶버리도 ᄆᆞᄎᆞ매 모디로ᄆᆞᆯ 머겟ᄂᆞ니:蜂蠆終懷毒(重杜解5:9). 正月에 버리ᄅᆞᆯ 서르 보노니:正月蜂相見(重杜解13:49). 飛飛ᄒᆞᄂᆞᆫ 버리와 나뵈왜 하도다:飛飛蜂蝶多(重杜解25:18).

버리 명 파리(玻璃). 파려(玻瓈). ¶버리:玻瓈(同文解下23).

:버리·다 동 벌이다〔設〕. ☞버리ᄡᅳ다 ¶차반 ᄆᆡᇰᄀᆞ라 버려(月釋2:73). 每日 히 도ᇗ ᄢᅴ 供養앳 거슬 버리고(月釋10:120). 보비엣 것 느러니 버리고 내며 드리며 가지며 주어(月釋13:12). 버료미 비록 十方이나:設雖十方(楞解4:94). 各各 열여스슬 섯거 버류ᄆᆞᆫ:各十六而間設者(楞解7:14). ᄀᆞᄎᆞ 버리고:具設(法華4:43). 버류닌 오직 이 地上이라:列者唯是地上(圓覺上一之二64). 가시야 엇디 술 버리고 音樂ᄒᆞ야:更安忍置酒張樂(宣賜內訓1:58). 버릴 ᄇᆡ:排(訓蒙下24. 類合上30. 倭解下42). 버릴 뎐:奠(類合下28). 그 놀옴놀이예 爼과 豆ᄅᆞᆯ 버려:其嬉戲乃設爼豆(宣小4:4). ᄉᆞ당을 짓고 삼시ᄅᆞᆯ 졔ᄅᆞᆯ 버리고:作祠宇三時設奠(東新續三綱. 烈2:7). 一邊으로 상 버리라:一邊擺卓兒(朴解上4). 엇디 버리료:怎麼擺(朴解上4). 버리다:排了(同文解下60). 버리다:排開(漢淸4:33).

:버·리·다 동 벌리다〔開〕. ¶수프리 더우니 새 이블 버리고:林熱鳥開口(杜解23:16). 밥 오나ᄃᆞᆫ 입 버리고:以至飯來開口(金三5:25). 이비 블라 입시우리 져거 버리디 몯ᄒᆞ야:口緊脣小不能開合(救簡3:5). 범이 이블 버리고 믈고져 ᄒᆞ거ᄂᆞᆯ:虎張口欲噬(東新續三綱. 孝5:37). 입 버리다:張口(同文解上28). 左右手ᄅᆞᆯ 여러 버리고:左右手開張(武藝圖55).

버리다 동 베다. ¶고든 ᄃᆡ 버려 닉여 가지쳐 다듬오니(萬言詞).

버리·ᄡᅳ·다 동 벌이다. 벌여 놓다. ☞버리다. 버립스다 ¶또 尋常애 혜아려 버리ᄡᅳᄂᆞᆫ

거시 이 識情ㅣ며:又尋常計較安排底是識情(龜鑑上16).

버리켜다 동 벌리다. ☞버리혀다 ¶ 왼손으로 ᄆᆞᆯ눈 버리켜고 올ᄒᆞᆫ손으로 침을 잡어:左手睁開馬眼右手持針(馬解上91).

:버·리혀·다 동 벌리다. ☞버리켜다 ¶ 입 버리혀고 브ᅀ면:開口灌下(救急上4). 이블 버리혀고 브ᅀ라:拗開口灌之(救簡1:16). 몬져 갈ᄒᆞ로 므레 주근 사ᄅᆞᄆᆡ 이블 버리혀고:先刀開溺者口(救簡1:68). ᄀᆞ애ᄅᆞᆯ 버리혀(癸丑216).

버립즈다 동 벌이다. 벌여 놓다. ☞버리다. 버리쁘다 ¶ 사ᄅᆞᆷ이 힘드려 구틔여 버립즈다:安排(語錄9).

버릇 명 버릇. ☞버른 ¶ 몬져 쉬품ᄒᆞᄂᆞᆫ 버ᄅᆞ시 낫더라(癸丑42).

버무레 명 새 그물의 한 가지. ☞버므레 ¶ 버무레:咳網(同文解下12. 漢淸10:28).

버무리다 동 버무리다. ☞버므리다 ¶ 콩 버무리다:拌料(譯解下34). 버무리다:攪混(同文解上60).

버므러 동 둘러. ㉠버믈다 ¶ 바ᄃᆞ라온 길히 이뫼 ᄉᆞ이예 버므러 서렷ᄂᆞ니:危途中縈盤(重杜解1:32). 나조ᄒᆡ 御香을 버므러 도라가노라:暮惹御香歸(重杜解21:14).

버므레 명 새 그물의 한 가지. ☞버무레 ¶ 버므레:咳網(譯解補17).

버므레 명 버무리떡. ¶ 곡셕 불희ᄅᆞᆯ 파 ᄀᆞᄅᆞ 뮝그라 버므레를 ᄒᆞ여도:穀根細末作糝(救荒9).

버·므롬 동 얽매임. ㉠버믈다 ¶ 듣글 ᄠᅥ 시름 버므로ᄆᆞᆯ 벗고져 求ᄒᆞᄂᆞᆫ 젼ᄎᆡ라:蘄脫乎塵垢患累故也(法華6:145).

버·므·리·다 동 버무리다. ☞버무리다 ¶ 콩므를 다가 버므려 주고:料水拌與他(飜老上24). ᄒᆞᆫ 번 버므린 딥 머거든 기들워 믈 머기라:等喫一和草時飮(飜老上24). 콩믈을 다가 버므려 주고:料水拌與他(老解上22). ᄒᆞᆫ 번 버므린 딥 머거든 기ᄃᆞ려 믈 머기라:等喫一和草時飮(老解上22).

버·므리·다 동 ①얽매다. ¶ 識ᄋᆡ 노녀 버므리논 ᄯᅡ힐씨 일후믈 入이라 ᄒᆞ니라(月釋2:22之1). 三昧功이 이르샤 모ᄆᆡ 버므류미 ᄃᆞ외디 아니ᄒᆞ샤(月釋18:33). 이러ᄐᆞᆺ 人家를 버므리니:似這般帶累人家(老解上45). ②말려들다. 연루(連累)하다. ¶ 온집 사ᄅᆞᆷ이 버므리여 다 죽을 ᄲᅥ시니:帶累一家人都死也(朴解中28). ᄂᆞᆷ의 일에 버므리다:罣誤(漢淸3:6).

버·믈·다 동 ①얽매이다. 걸리다. ¶ 얼구릐 버므로매 건내ᄢᅧ여(楞解1:102). 듣글 ᄠᅥ 시름 버므로ᄆᆞᆯ 벗고져 求ᄒᆞ논 젼ᄎᆡ라:蘄脫乎塵垢患累故也(法華6:145). 緣ᄋᆞᆫ 六塵에 버믈 시니(金三2:34). 버믈 리:罹(類合下10). 버믄 사ᄅᆞᆷ:連累人(譯解上65). ②간섭하다. 관여하다. ¶ 더러운 이레 버므디 아니ᄒᆞ며:不涉穢濁(宣賜內訓1:2).

버·믈·다 동 두르다. ¶ 繞ᄂᆞᆫ 버믈 씨라(月釋2:32). ᄀᆞᄅᆞᆷ 버므렛ᄂᆞᆫ 길히 니그니 프른 ᄆᆡᇂ 디렛도다:緣江路熟俯青郊(初杜解7:1). 몰앳 두들근 아ᅀᆞ라히 버므렛도다:沙岸繞微茫(初杜解16:44). 澤國에 횟도라 버므러 ᄃᆞ니노라:澤國遶回旋(杜解20:12). 버믈 요:繞(類合下54).

버믜다 동 다물리다. ¶ ᄂᆞᆯ개 드리고 이비 버믜오 ᄆᆞᅀᆞᄆᆞᆯ 甚히 ᄀᆞᆺ바ᄒᆞᄂᆞᆺ다:翅垂口噤心甚勞(重杜解17:2).

버·서나·다 동 벗어나다. ¶ 解脫ᄋᆞᆫ 버서날 씨니(釋譜6:29). 一切 受苦ᄅᆞᆯ 다 버서나긔 호리라(釋譜9:9). 病이며 厄이 이셔 버서나고져 ᄒᆞᇙ 사ᄅᆞ믄 이 經을 닐거 외오며(釋譜9:40). 一切 外道ᄋᆡ 얽ᄆᆡ요ᄆᆞᆯ 버서나게 호리니(月釋9:19). 衆生ᄃᆞᆯ히 罪報 버서낫다가 아니 오란 ᄉᆞᅀᅵ예 ᄯᅩ 惡道애 ᄠᅥ러디ᄂᆞ니(月釋21:116).

버·서·디·다 동 벗어지다. ☞버서지다 ¶ 關鍵이 버서디여:關鍵脫然(法華4:131). 술 먹노라 울워니 頭巾이 버서딜 시라(初杜解15:10). 곳갈 버서디요ᄆᆞᆯ 온 버ᄂᆞᆯ 디내노라:百過落烏紗(初杜解15:53).

버서지다 동 벗어지다. ☞버서디다 ¶ 술 버서지다:碾傷(同文解下8). 귀 가여 버서지다:碾傷(漢淸8:14).

버석버석ᄒᆞ다 형 버석버석하다. ¶ 버석버석ᄒᆞᆫ ᄒᆞᆰ:酥土(漢淸1:34).

버섯 명 버섯. ☞버슷 ¶ 버섯:木耳(物譜 蔬菜). 버섯 심:蕈(兒學上5).

버셕이다 동 버석거리다. ¶ 눈물 흘려 벼ᄀᆡ 져져 어름 쬬각 버셕인가(萬言詞).

버·스·다 동 벅신거리다. ¶ 向來江上手紛紛:手紛紛ᄋᆞᆫ ᄃᆞ리 뮝ᄀᆞ노라 모다 버스는 양지라(初杜解15:36).

버슨금차할 명 엷은 다갈색. ¶ 버슨금차할 비단:鵝黃(譯解下3).

버슴 명 버섯. ☞버슷 ¶ 문득 버슴 두어빅 민티 울 미티 나:忽菌數百本生于籬側(東新續三綱. 孝7:4). 버슴 균:菌(倭解下5).

버슴ᄒᆞ다 형 느슨하다. ¶ 버슴ᄒᆞ다:鬆寬(譯解補54). 버슴ᄒᆞ다:鬆懈(漢淸14:31).

버·슷 명 버섯. ☞버섯. 버슴 ¶ 남긧 버슷:木耳(救簡6:4). 버슷 연:蓃 在地者. 버슷 ᅀᅵ:栮 在木者 俗呼 木耳. 버슷 심:蕈 在地者. 버슷 균:菌 在木者(訓蒙上13). 버슷 균:菌(類合上11). 남게 버슷:木耳(譯解下12). 버슷:磨菇(同文解下4). 독ᄒᆞᆫ 버스시며:惡菌(臘藥24). ※버슷>버섯

버·워·리 명 벙어리. ☞벙어리 ¶根源이 놉카바 智慧ᄒᆞ야 百千萬世예 버워리 아니 ᄃᆞ외며(釋譜19:6). 이러호ᄆᆞ로 먹뎡이 ᄃᆞᆫᄒᆞ며 버워리 ᄃᆞᆫᄒᆞ야 답다비 모ᄅᆞᆯ씨(月釋13:18). 根이 놉카바 智慧ᄒᆞ야 百千萬世예 乃終내 버워리 아니 ᄃᆞ외며(月釋17:52). 버워리 암:瘖. 버워리 아:瘂(訓蒙中34). 귀머그니와 버워리와 원슈 믜우니(靈驗11).

버·으는 동 떠나는. 헤어지는. ㉮버을다 ¶살면 모ᄃᆡ 죽고 어울면 모ᄃᆡ 버으는 거시니:生者必滅會者定離(月釋2:15).

버으다 동 (돈을) 벌다. ¶힘ᄡᅥ 버으로 싀어미 공양ᄒᆞ기ᄅᆞᆯ(女四解4:16). 돈 버으다:掙錢(譯解補38). 몸소 버으러 ᄒᆞᆫ 히 남으며(五倫4:9).

버·으롬 동 서로 사이가 뜸. 떠남. ㉮버을다 ¶河 버으로미 먼 ᄯᅡ해:去河遙處(楞解3:87). 스승 버으로미 漸漸 멀어늘:則去師漸遠(法華6:5). 그 남기 臺예 버으로미:其樹去臺(法華6:135). 眞에 버으로미:離眞(金剛下138).

버·으리왇·다 동 버그러뜨리다. 버그러져 떠나다. ☞버을다 ¶녀름지ᅀᅵ슈메 나라ᄒᆞᆯ 버으리와다쇼미 머도다:爲農去國賖(初杜解7:5). ᄆᆞᅀᆞ미 뷔여 坐禪호ᄆᆞᆯ 버으리왇디 아니ᄒᆞ놋다:虛空不離禪(初杜解9:24).

버으리왇다 동 거부하다. ☞버으리왇다. 벙으리왇다 ¶최시 남글 안고 버으리왇고 분로ᄒᆞ며 ᄭᅮ지저 ᄀᆞ로ᄃᆡ:崔抱樹而拒奮罵曰(東三綱. 烈2 崔氏奮罵).

버·을·다 동 ①벌다. 버그러지다. 벌어지다. ☞벙을다 ¶엇뎨 見愛 오히려 이셔 二乘에 버으로ᄆᆞᆯ 甚히 머로ᄆᆞᆯ 알리오:寧知見愛尙存去二乘而甚遠(永嘉下71). 서르 버으러 서르 여희어든:相去相離(圓覺下三之一120). 城郭애 버은 ᄯᅡ해 軒楹이 훤ᄒᆞ니:去郭軒楹敞(初杜解7:7).
②떠나다. 헤어지다. ☞벙을다 ¶살면 모ᄃᆡ 죽고 어울면 모ᄃᆡ 버으는 거시니:生者必滅會者定離(月釋2:15).

버좀 명 버짐. ☞버줌. 버즘 ¶버좀:生癬(譯解上62).

버줌 명 버짐. ☞버즘 ¶옴과 버줌이 되고:爲疥癬(痘要下51).

버즘 명 버짐. ☞버좀. 버줌 ¶모매 두루 흰 어르러지 점점 퍼디여 버즘 ᄀᆞᆮ거든:凡身諸處白駁漸漸長似癬(救簡6:86). 버즘 션:癬(訓蒙中33. 倭解上51. 兒學下5). 버즘:生癬(同文解下7). 버즘:癬(漢淸8:10). 옴이며 버즘이며 큰 죵긔며 보돌옷이며:疥癬癰瘡(無寃錄1:25). 버즘:牛皮癬(物譜 氣血).

버·텅 명 ①뜰 층계. ¶陛下ᄂᆞᆫ 버텅 아래니 皇帝ᄅᆞᆯ 바ᄅᆞ 몯 ᄉᆞᆯᄫᅡ 버텅 아래ᄅᆞᆯ ᄉᆞᆲᄂᆞ니라(月釋2:65). 나ᄆᆞᆫ 緣으로 버텅 사ᄆᆞ니:餘緣爲陛(法華2:105). 버텅에 서리딘 버드른 ᄇᆞᄅᆞ매 부치놋다:飄颻委墀柳(初杜解9:21). 버텅 아래 決明이 양ᄌᆡ 鮮明ᄒᆞ도다:階下決明顔色鮮(重杜解12:14). 버텅을 ᄡᅳ러도:掃階(金三4:16). 버텅 폐:陛(訓蒙中6). 버텅 계:階. 버텅 폐:陛(光千20).
②다듬잇돌. ¶버텅 팀:砧(訓蒙中11).
③모탕. ¶버텅 심:椹. 버텅 질:櫍(訓蒙中15).

버·텅·길 명 섬돌 길. 층계 길. ¶階道ᄂᆞᆫ 버텅길히라(月釋7:57). 네 ᄀᆞᆺ 버텅길ᄒᆞᆯ:四邊階道(阿彌7).

버튀오다 동 버티다. ☞버튀우다. 버틔오다 ¶버튀오다:批者(譯解下45). 버튀오ᄂᆞᆫ 나무:支桿(同文解上50).

버튀우·다 동 버티다. ☞버튀오다. 버틔오다 ¶줄 평평이 버튀우다:絣開(四解下59 絣字註). 줄 평평이 버튀우다:絣開(譯解下47).

버틔오다 동 버티다. ☞버튀오다. 버튀우다 ¶창 버틔오다:支窓(同文解上35). 고동 버틔오다:支打牲器(漢淸10:22).

버흐·다 동 베다. 자르다. ☞버히다 ¶머리 ᄒᆞ마 버흘ᄉᆡ:首已斷故(圓覺下一之二30). 버흐며 ᄢᅦ여:割刺(救急下27). 세 발 가진 가마괴ᄅᆞᆯ 바리 어러 버흘가 젇노니:三足之烏足恐斷(初杜解10:41). 대초 허리 버흐니 마곰 머구머 노겨 ᄉᆞᆷᄭᅵ라:每取半棗大含化嚥津(救簡2:81).

버·히·다 동 빼앗다. ¶쳔만 버히며 ᄡᅩ디 마오 ᄌᆞ녹ᄌᆞᄂᆞ기 자ᄇᆞ라(月釋10:28).

버·히·다 동 베다. 자르다. ☞배히다. 버흐다. 버ᄒᆞ다 ¶버혀든 ᄫᅵᆯ ᄀᆞᆮᄐᆞᆫ 지니 흐르더라(月釋1:43). 아니옷 머그면 네 머리ᄅᆞᆯ 버효리라(月釋10:25). ᄆᆞᅀᆞᆷ과 肝괘 버혀 갈아날 씨라:心肝屠裂(楞解8:105). 비록 그 고기ᄅᆞᆯ 버혀도:縱割其肉(楞解9:60). 제 머리 버흄 ᄀᆞᆮᄒᆞ야:如自斷頭(圓覺上一之一57). 저즌 고기란 니로 버히고:濡肉齒決(宣賜內訓1:4). 아비ᄅᆞᆯ 버히거늘(三綱. 孝20). 브ᅀᅳᆷ 버흄 ᄀᆞᆮᄒᆞ니(金三5:31). 春風 버흄 ᄀᆞᆮ다(南明上55). 가온ᄃᆡ 둘헤 나게 버히고 그 버횬 거슬 실로 ᄆᆡ야:當中腰截斷以線繫(救簡2:66). 버힐 할:割(訓蒙下5). 버힐 벌:伐(光千5). 버힐 벌:伐(類合下15). 버힐 지:宰(石千34). 버힐 듀:誅. 버힐 참:斬(石千38). 나모 버히ᄂᆞᆫ 소리 丁丁ᄒᆞ고:伐木丁丁(重杜解9:12). 당당이 모로매 一萬 나출 버힐디로다:應須斬萬竿(重杜解21:5). 冬至ㅅᄃᆞᆯ 기나긴 밤을 한 허리를 버혀 내여(古時調. 黃眞伊. 靑丘). 寒松亭 자긴 솔 버혀 죠고만 ᄇᆡ 무어 ᄐᆞ고(古時調. 靑丘). ᄑᆞᆯ을 디ᄅᆞ며 손가락을 버혀(女

四解4:15). 버히다:砍了(同文解上46). 내 간을 가히 버히리라(女範2. 효녀 당이랑). 귀 버히다:刵(漢清15:12). 늙은 사ᄅᆞᆷ이 남글 버히거ᄂᆞᆯ(五倫1:37). 신하의 마리ᄅᆞᆯ 버혀:劍斷臣頭(五倫2:15). 너ᄅᆞᆯ 버히디 못ᄒᆞᆫ 줄을 ᄒᆞᆫᄒᆞ노니:恨不斬汝(五倫2:30). 청산리 벽계슈를 힘ᄶᅵ지 버히혀도(萬言詞). 앏흘 向ᄒᆞ야 버혀 티고(武藝圖16). 버힐 절:切(註千16). ※버히다>베다

버ᄒᆞ·다 동 베다. 자르다. ☞버흐다. 버히다 ¶발 버흔 소ᄐᆞᆯ:截脚鐺兒(南明上64). 가온ᄃᆡ 둘헤 나게 버히고 그 버흔 거슬 실로 ᄆᆡ야:當中腰截斷以線繫(救簡2:66).

버·히·다 동 베다〔割〕. ☞버히다 ¶제 다리ᄅᆞᆯ 버히돗더라(龜鑑上18).

벅·게 동 버금가게. 다음가게. ☞버그다 ¶聖果애 벅게 코져 ᄒᆞ샬딘댄:亞次聖果者(圓覺上一之二75).

벅구기 명 뻐꾸기. ☞버국이 ¶벅구기:可鴶(同文解下35).

벅국새 명 뻐꾸기. ☞버국새 ¶벅국새:布穀(東醫 湯液一 禽部). 벅국새 시:鳲(倭解下21). 벅국새:布穀(譯解補47).

벅국이 명 뻐꾸기. ☞버국이 ¶벅국이ᄂᆞᆫ 우ᄂᆞᆫ 소릐 크뇨(小兒11). 벅국이:布穀鳥(漢清13:55). 벅국이:鳴鳩(物譜 羽蟲). 벅국이:鳲鳩(柳氏物名一 羽蟲).

벅기다 동 베끼다〔寫〕. ☞벗기다 ¶글 벅겨 오다:抄書來(譯解下50).

벅기다 동 벗기다〔脫〕. ☞벗기다 ¶겁질 벅기고 ᄀᆞᄅᆞ ᄆᆡᆼ그라(救荒補8). ᄫᅩᆯ가 벅긴 주추리 삼대 ᄉᆞᆯ드리도 날 소겨다(古時調. 님이 오마. 靑丘).

벅디검 명 절차(節次). ¶節次連次也猶鄕言벅디검(吏文2:7).

벅딕다 동 갈마들다. ¶벅디글 딜:迭(類合上3).

벅버기 부 벅벅이. 반드시. ☞벅벅이 ¶벅버기:一定(同文解下47).

벅벅 부 벅벅이. 반드시. ☞벅벅이 ¶벅벅응:應(倭解上28).

벅벅이 부 벅벅이. 반드시. ☞벅버기. 벅벅 ¶벅벅이 검은 뎌론 됴개(兵學1:14). 벅벅이 아다:應應知道(譯解下53). 벅벅이:一定(譯解補52). 벅벅이:儘着(漢清8:56). 萬一 말ᄒᆞ게 되면 벅벅이 더두어리ᄂᆞᆫ지라(捷蒙2:4). 벅벅이 니태ᄇᆡᆨ이 뎍강ᄒᆞ엿도다(洛城2).

벅조·차 부 잇따라. ¶두 번에 ᄂᆞᆫ화 ᄃᆞ시 ᄒᆞ야 ᄒᆞᆫ 번 먹고 벅조차 다 머그라:分溫二服相次頓服(救簡3:83).

번 명 번. ¶전ᄆᆞ리 현 버늘 딘ᄃᆞᆯ:爰有蹇馬雖則屢蹶(龍歌31章). 현 번 ᄢᅳ운ᄃᆞᆯ ᄂᆞ미 오ᄅᆞ리잇가:雖百騰奮誰得能陟(龍歌48章). 神力이 이러 세실ᄊᆡ ᄒᆞᆫ 번 ᄡᅩ신 살이 네닐굽 부피 ᄢᅦ여디니(月印上15). ᄒᆞᆫ 번도 아니 도라ᄂᆞᆯ(月印上55). 世尊이 이 양ᄋᆞ로 세 번 니ᄅᆞ샤(釋譜23:10). 이러곰 火災호ᄆᆞᆯ 여ᄃᆞᆲ 번 ᄒᆞ면(月釋1:46). ᄒᆞᆫ 번 ᄡᅵᇰ긇 밥도 가ᅀᆞᆷ 쁟 업고(月釋13:28). ᄒᆞᆫ 번 가며 오미로ᄃᆡ(金剛51). ᄒᆞᆫ 번 그 道ᄅᆞᆯ 일흐면:一失其道(宣賜內訓序8). ᄒᆡᆫ 비 ᄒᆞᆫ 번 시스니:白雨一洗(初杜解7:28). 내 다엿 버늘 受호니(南明上42). ᄒᆞᆫ 번 漏洩이어늘(金三2:2). ᄒᆞᆫ 번애 다 머교ᄃᆡ:一服盡(救簡1:81). ᄒᆞᆫ 되 반이어든 두 번에 ᄂᆞᆫ화 머그라:一升半分爲再服(救簡2:17). ᄒᆞᆫ 번:一遍(老朴集. 單字解3). 더우니ᄅᆞᆯ 머고ᄃᆡ ᄢᅢ혜디 말오 ᄒᆞᄅᆞ 세 번식 머그라(簡辟6). 세 버네 ᄂᆞᆫ화 머고ᄃᆡ ᄒᆞᄅᆞ 아ᄎᆞᄆᆡ ᄒᆞᆫ 번식 머그라(瘟疫方20). ᄒᆞᆫ 번의 다ᄉᆞᆺ 돈식 ᄆᆡ이 달혀 덥게 ᄒᆞ여 머그라(辟新4). 공듕을 향ᄒᆞ야 ᄒᆞᆫ 번 더디니(明皇1:37).

·번 명 기(旗). ¶번 당:幢. 번 번:旛(訓蒙中14). 아미타불이 여러 대ᄉᆞ와로 번와 곳ᄎᆞ로 ᄂᆞ려 마자(勸念解27).

번·갈·ᄒᆞ·다 형 번갈(煩渴)하다. 가슴이 답답하고 목이 마르다. ¶中暑ᄒᆞ며 霍亂ᄒᆞ야 ᄆᆞᅀᆞ미 煩渴ᄒᆞ야 人事 ᄎᆞ리디 몯ᄒᆞᄂᆞ닐 고티고:中暑霍亂心煩渴不省人事兼治(救急上36). 잠을 일우지 못ᄒᆞ고 구듕의 번갈ᄒᆞ니(落泉1:2).

번개 명 번개. ☞번게 ¶번개 뎐:電(倭解上2). 움즉인즉 左右旋風ᄒᆞ야 번개 티ᄃᆞᆺ 殺ᄒᆞᄂᆞ니라(武藝圖18).

번거하다 형 번거롭다. ☞번거ᄒᆞ다 ¶번거할 번:煩(兒學下9).

번거히 부 번거롭게. ¶내 비록 용티 못ᄒᆞ나 결연히 조촐리 업ᄉᆞ니 모로미 다시 번거히 말라(仁祖行狀9). 젼례 업슴으로 번거히 감히 들니지 못ᄒᆞ야 그러ᄒᆞ던가(綸音101).

번거ᄒᆞ·다 형 번거롭다. ¶번거코 용잡ᄒᆞᆫ 곧이 이심을 免티 몯ᄒᆞ니:未免有繁冗處(宣小凡例1). 번거홈애 傷ᄒᆞ면 지리ᄒᆞ며:傷煩則支(宣小5:91). 그도 번거ᄒᆞ여 썰치고 거러 올나(靑友仁. 梅湖別曲).

·번·게 명 번개. ☞번개. 번긔 ¶업던 번게를 하ᄂᆞᆯ히 ᄇᆞᆯ기시니:有爆之電天爲之明(龍歌30章). 天動 번게를 사ᄅᆞᆷ이 놀라더니(月印上59). 울에 번게 ᄒᆞ니 사ᄅᆞ미 다 놀라더니(釋譜6:32). 누니 번게 ᄀᆞᆮ고(月釋21:48). 이슬 ᄀᆞᆮᄒᆞ며 ᄯᅩ 번게 ᄀᆞᆮᄒᆞ니:如露亦如電(金剛下15). 이 모미 번게 ᄀᆞᆮᄒᆞ야:是身如電(圓覺下一之二19). 시러곰 번게 ᄡᅳ러 ᄇᆞ리ᄃᆞᆺ 호ᄆᆞᆯ 마디 몯ᄒᆞ리라:不得無電掃(杜解22:31). 번게 ᄶᅩᅀᆞᄃᆞᆺ ᄒᆞ샷다:電掣(金三2:

44). 번게 뎐:電(訓蒙上2). 번게:閃電(譯解上2). 번게:電(同文解上2). 우레와 번게 크게 ᄒᆞ다가(女範2. 효녀 고덕겸쳐).

·번겟·빗 명 번갯빛. ¶번겟빗 ᄀᆞᆮᄒᆞ니:似電光(圓覺上二之一12).

번ᄀᆞ다 동 번갈다. ☞번ᄀᆞᆯ다 ¶번ᄀᆞ다:遞番(同文解上51).

번ᄀᆞᆯ다 동 번갈다. ¶총통들을 정제ᄒᆞ야 번ᄀᆞ라 노흘 양으로 ᄒᆞ고:整器更番(練兵30).

번긔 명 번개. ☞번게 ¶번긔:閃電(齊諧物名 天文類). 번긔 뎐:電(兒學上3).

번나다 동 번나다. ¶번나다:下番(同文解上51). 번나다:下班(漢淸3:3).

번:노 명 번뇌(煩惱). ¶煩惱 ᄡᅳ러ᄇᆞ료려 ᄒᆞ시니(月印上20). 아랫 세 하ᄂᆞᆯᄒᆞᆫ 煩惱ㅣ 만ᄒᆞ고(釋譜6:35). 世間앳 煩惱 만호미 바ᄅᆞᆯ ᄀᆞᄐᆞ니 부텨 法 ᄀᆞᄅᆞ치샤 煩惱 바ᄅᆞ래 건내야 내실 ᄡᆞᆯ 濟渡ㅣ라 ᄒᆞᄂᆞ니라(月釋1:11). 煩惱濁…煩은 만ᄒᆞᆯ 씨오 惱ᄂᆞᆫ 어즈릴 씨라(月釋1:16). 더ᄫᅳᆫ 煩惱ᄅᆞᆯ 여희의 ᄒᆞᆯ 느지니:더ᄫᅳᆫ 煩惱ᄂᆞᆫ 煩惱ㅣ 블ᄀᆞ티 다라나ᄂᆞᆫ 거실씨 덥다 ᄒᆞᄂᆞ니라(月釋1:18). 生死ᄂᆞᆫ 이녁 ᄀᆞᅀᆡ오 煩惱ᄂᆞᆫ ᄆᆞ리오 涅槃ᄋᆞᆫ 뎌녁 ᄀᆞᅀᆡ라(月釋2:25). 수미 ᄇᆞᄅᆞᆷ과 블와 브터 나 煩惱濁ᄋᆞᆯ 부츨씨(楞解5:57). 凡夫ᄂᆞᆫ 煩惱ᄅᆞᆯ 븓ᄃᆞᆫ길시 ᄆᆞᅀᆞ미 解脫ᄋᆞᆯ 몯 ᄒᆞᄂᆞ니(金三1:3). 곧 自心中엣 邪見과 煩惱와(六祖中29).

번님 명 벗님. ¶이 몸이 번님 곳 아니면 사ᄅᆞᆷ되미 쉬올가(古時調. 鄭澈. ᄂᆞᄆᆞ로. 警民編). 고반의 옛 번님아 괴셕이라 우롱 마소(쌍벽가).

번다ᄒᆞ다 형 번다(煩多)하다. ¶번다ᄒᆞ야 일이 누셜키 쉬오니(落泉2:6).

·번·당 명 반당(伴當). 하인(下人). ☞반당 ¶아랫 번당은 독벼리 아니 머그려:下頭伴當們偏不喫(飜老下39).

·번뎝ᄒᆞ·다 동 베끼다. ☞벗기다 ¶글월 번뎝ᄒᆞ다:謄也倒關字(老朴集. 單字解3). 글월 번뎝ᄒᆞ다:謄也倒關字(朴解. 單字解2). 번뎝ᄒᆞ다:倒關子(譯解上12).

·번·드·기 부 뚜렷이. 환하게. ☞번드시. 번ᄃᆞ시 ¶번드기 수ᄫᅵ 앓 時節은 正法이라 하고(釋譜9:2). 顯은 번드기 나다날 씨라(月釋10:12). 如來ㅅ 講堂애 번드기 안자:現坐如來講堂(楞解1:48). 부톄 번드기 니ᄅᆞ디 아니ᄒᆞ시고:佛不顯說(楞解5:31). 번드기 서르 마ᄌᆞ니:宛然相契(法華1:115). 번드기 제 보리니:曉然自見(金剛序13). 번드기 艱難ᄒᆞᆫ 苦ᄅᆞᆯ 受커든:宛受貧苦(圓覺上一之二101). 인틴 글워를 번드기 가져 잇노라:現將印信文引(飜老上48). 번드기 셤:閃(類合下53).

번드기다 동 번득이다. ¶번드길 번:翻(倭解下37). 번드기다:幌一幌(同文解下60). 고기 뒤쳐 번드기다:魚翻白(漢淸14:48).

번·드·시 부 뚜렷이. ☞번드기. 번ᄃᆞ시 ¶번드시 아디 몯ᄒᆞ놋다:宛不知(楞解3:86). 인틴 글월을 번드시 가졋노라:現將印信文引(老解上43). ᄒᆞᆫ 일을 번드시 ᄒᆞ야셔(癸丑84). 님 겨신 窓 안히 번드시 비최리라(松江. 續美人曲). 구만 리 댱텬의 번드시 걸려 이셔(古時調. 내 ᄆᆞᄋᆞᆷ. 靑丘).

·번득 부 뚜렷이. ☞번드기 ¶번득 나ᄐᆞ리라(六祖上90).

번득번득이 부 뚜렷이. 역력히. ☞번드기 ¶번득번득이 開元ㅅ 時節ㅅ 이리 눈알ᄑᆡ 分明히 잇도다:歷歷開元事分明在眼前(重杜解5:17).

번득이다 동 번득이다. 번쩍이다. ¶번게 번득이다:電光閃爍(譯解補2).

·번·득히 부 뚜렷이. ☞번드기. 번득 ¶세 서린 時節 ᄀᆞᆮᄒᆞ야 번득히 달옴 업스며:如三歲時宛然無異(楞解2:8). 번득히 怨恨ᄋᆞᆯ 놀앳 가온ᄃᆡ 議論ᄒᆞ도다:分明怨恨曲中論(初杜解3:68).

·번·득·ᄒᆞ·다 형 ①뚜렷하다. ☞반ᄃᆞᆨᄒᆞ다 ¶눈간 ᄃᆡ 번득ᄒᆞ리라(月釋17:35). 이제 宗師ㅣ 두드료미 바ᄅᆞ 번득거늘:今夫宗師扣擊直下歷然(楞解4:55). 눈 觸ᄒᆞᆫ ᄃᆡ 번득ᄒᆞ리라:觸目宛然(法華5:197). 境과 智왜 번득ᄒᆞ며:境智歷然(圓覺序38). 번득ᄒᆞᆫ 얼구리라:宛然形質(圓覺下二之一42). 사교미 번득거늘(牧牛訣36). ᄆᆞᅀᆞ미 聲色애 번득호ᄆᆞᆯ 가ᄌᆞᆯ비니라(蒙法43). 내 모미 번득디 아니커니:妾身未分明(初杜解8:67). 像이 비록 번득ᄒᆞ나:像雖宛然(金三2:66). ②번듯하다. ¶너모 번득ᄒᆞᆫ 연:四方鶴兒(飜朴上17).

번듣시 부 뚜렷이. ☞번드시 ¶이 뵈 이제 번듣시 時價ㅣ 이시니:這布如今見有時價(老解下54).

번들원들ᄒᆞ·다 동 번들번들하다. 번쩍번쩍하다. ☞반ᄃᆞᆯ원ᄃᆞᆯᄒᆞ다 ¶熠熠은 번들원들ᄒᆞᆫ 양지라(楞解10:2). ᄯᅩ 눈이 번들원들호미 업도다:無復睛閃爍(重杜解2:70).

번듯번듯 부 번쩍번쩍. ¶광치 번듯번듯:光輝閃閃(漢淸10:67).

번·디 명 번지. ¶번디 륙:磟. 번디 독:碡(訓蒙中17). 板撈 鄕名 翻地(農事直說3).

번ᄃᆞ시 부 뚜렷이. ☞번드기. 번드시 ¶이제 그 도적이 官司 옥에 번ᄃᆞ시 이셔 가텻ᄂᆞ니라:如今那賊現在官司牢裏禁着(老解上27). 구만 리 댱텬의 번ᄃᆞ시 걸려 이셔(古時調. 鄭澈. 내 ᄆᆞᄋᆞᆷ. 松江).

번ᄃᆡ티다 동 번드치다. ¶가온대ᄂᆞᆫ 니ᄅᆞ러 몸을 번드텨 믈의 ᄢᅡ뎌 죽다:至中流飜身溺水而死(東新續三綱. 烈7:59 召史溺水).

번:만ᄒᆞ·다 형 번만(煩懣)하다. 가슴이 답답하다. 팽만(膨滿)하다. ¶과골이 가슴 비煩滿ᄒᆞ여 알파 죽ᄂᆞ닐 고툐ᄃᆡ(救急上29). 번만ᄒᆞ다:膨悶(漢淸8:3).

번민ᄒᆞ다 동 번민(煩悶)하다. ¶후ᄆᆡ 심듕의 번민ᄒᆞ나 싱이 의심ᄒᆞᆯ가 그치ᄃᆡ(落泉1:2).

번번이 부 번번히. 반반히. ¶쇠손 가져다가 다시 스서 번번이 ᄒᆞ라:將泥鏝來再抹的光着(朴解下6).

번번이 부 번번이. 매번. ¶번번이 엿ᄌᆞ오시ᄂᆞᆫ(閑中錄242).

번셩 명 번성(繁盛). ☞번셩ᄒᆞ다¶번셩 번:繁(類合下52).

번:셩ᄒᆞ·다 동 번성(繁盛)하다. ☞번셩¶최시 가문은 엇디 번셩ᄒᆞ야 크기 도ᄋᆡ디 아니ᄒᆞ리오:崔之門安得不昌大乎(飜小9:30). 번셩ᄒᆞᆯ 번:蕃(倭解下31). 빗나미 靈ᄒᆞᆫ 芝草ㅣ 繁盛ᄒᆞᆫ ᄃᆞᆺ ᄒᆞ도다:煥若靈芝繁(重杜解1:27). 子孫들이 繁盛ᄒᆞ여 百歲를 어드쇼셔(捷蒙4:6).

번·식ᄒᆞ·다 동 번식(繁殖)하다. ¶草木이 暢茂ᄒᆞ며 禽獸ㅣ 繁殖ᄒᆞᆫ디라(宣孟5:23).

번ᄉᆡᆼᄒᆞ다 동 번생(飜生)하다. ¶ᄃᆞᆰ이 ᄢᅯᆼ 번ᄉᆡᆼᄒᆞᆫ다 ᄒᆞᆷ을 아ᄂᆞᆫ다(小兒8).

번ᄠᅳᆺ 부 번뜻. 언뜻. ¶번ᄠᅳᆺ 보다:一晃看見(漢淸6:40).

번ᄶᅧᆨ 부 번쩍. ¶번ᄀᆡ것치 번ᄶᅧᆨ 만나(古時調. 歌曲).

번·슉 명 번육(膰肉). 제사에 쓴 고기. ¶祭ᄒᆞ고 膰肉을 보내야ᄂᆞᆯ(宣賜內訓序5).

·번신 명 반인(伴人). 수행원(隨行員). ¶관원ᄃᆞᆯ히 번신ᄉᆞᆫᄃᆡ ᄆᆞᆯ 머깂 ᄡᆞᆯ와 콩 ᄊᆞᆸ새 돈을 흐러 주라:官人們伴當處散饋喂馬的草料錢(飜朴上66).

번·역 명 번역(飜譯). ¶譯은 飜譯이니 ᄂᆞᄆᆡ 나랏 그를 제 나랏 글로 고텨 쓸 씨라(釋譜序6). 般若ᄂᆞᆫ 이엣 翻譯에 智慧라(金三1:2).

번·역ᄒᆞ·다 동 번역(飜譯)하다. ¶一闡提ᄂᆞᆫ ᄠᅳ든 飜譯호매 善根을 그츨 씨라(楞解1:78). 언문으로 번역ᄒᆞ야 바가 中外예 頒포ᄒᆞ샤(簡辟序2).

번연이 부 번연(飜然)히. ¶녯날 미인이 번연이 당뷔 되엿ᄂᆞᆫ지라(落泉2:4).

번연히 부 번연히. ¶힝병이 ᄎᆞ복ᄒᆞ야도 번연히 집으로 도라가면(引鳳簫2).

번열ᄒᆞ다 동 번열(煩熱)하다. 발열(發熱)하다. ☞발열ᄒᆞ다¶五腸이 煩熱ᄒᆞ고 구슬ᄯᆞᆷ흘니면서(古時調. 靑丘). 번열ᄒᆞ다:發熱(同文解下7). 좀 못 자 번열ᄒᆞ며:不得眠煩燥(臘藥4). 번열ᄒᆞ다:躁熱(漢淸8:6).

번영 명 가슴걸이. ¶大紅 斜皮로 ᄒᆞᆫ 雙條 구레에 번영을 ᄃᆞ랏고:大紅斜皮雙條轡頭帶纓筒(朴解上26).

번옥 명 번옥(燔玉). ¶번옥:硝子石(漢淸10:43).

번우ᄒᆞ다 형 번우(煩憂)하다. ¶世上이 煩憂ᄒᆞ니(古時調. 金天澤. 海謠).

번위 명 번위(反胃). ¶번위ᄂᆞᆫ 비위를 반호미니 뇨초를 게옴이니라(馬解上101).

번잡ᄒᆞ다 형 번잡(煩雜)하다. ¶煩雜ᄒᆞ여 猝然히 ᄎᆞᄌᆞ내기 어렵ᄉᆞ오매(隣語1:24).

번즈를ᄒᆞ다 형 번지르르하다. ¶번즈를ᄒᆞᆫ 것:光滑(漢淸1:31).

번지 명 번지. ¶번지:平板(物譜 耕農).

번홍 명 반홍(礬紅). ¶번홍 비단:礬紅(譯解下3).

번화ᄒᆞ다 형 번화(繁華)하다. ¶다ᄃᆞ론 ᄯᅡ햇 繁華호ᄆᆞᆯ 오ᄂᆞᆳ나ᄅᆞᆯ 矜誇ᄒᆞ노니:著處繁華矜是日(重杜解11:12). 농어츄지의 응ᄒᆞᆫ 비세상이 번화ᄒᆞᆫ 거술 업치고(落泉1:1).

번히 부 번히. 훤하게. ¶뫼히 ᄎᆞ고 비 번히 여디 아니ᄒᆞᄂᆞᆺ다:山寒雨不開(初杜解15:28). 번히 뵈디 못ᄒᆞ게(癸丑40).

번·ᄒᆞ·다 형 번하다. 훤하다. ¶精誠이 고ᄌᆞᆨᄒᆞ니 밤누니 번ᄒᆞ거늘(釋譜6:19). 하ᄂᆞᆳ 光明이 믄득 번ᄒᆞ거늘 보니(月釋2:51). 새밧비치 져기 번ᄒᆞ거든 가ᄉᆡ야 西南ㅅ 묏 그틀 너머가리라:晨光稍朦朧更越西南頂(初杜解9:15). 나도 네 믈와 다ᄆᆞᆺᄒᆞ야 다 누니 번호라:吾與汝曹俱眼明(初杜解10:4). 눈이 번ᄒᆞ다:眼亮了(漢淸6:56).

번ᄒᆞ다 조동 뻔하다. ¶서너 번을 업틸 번ᄒᆞ야(太平1:53). 모쳐라 ᄂᆞᆯ낸 낼싀만졍 에헐질 번ᄒᆞ괘라(古時調. 두터비. 靑丘).

:벋 명 벗. ☞벗¶두 버디 비 배얀마ᄅᆞᆫ:兩朋舟覆(龍歌90章). 버디 다시 알외니(月印上55). 아래 제 버디 주거 하ᄂᆞᆯ해 갯다가(釋譜6:19). 友ᄂᆞᆫ 버디라(月釋8:75). 벋ᄃᆞ외야:成其伴侶(楞解10:51). 이든 버듸:善友(圓覺上一之二14). 버디 信이 이쇼미라(宣賜內訓序3). 붐 뫼해 벋 업시 ᄒᆞ오ᅀᅡ 서르 求ᄒᆞ야 오니:春山無伴獨相求(初杜解9:12). 親ᄒᆞᆫ 버디 말ᄉᆞᆷ과 戲謔호ᄆᆞᆯ ᄀᆞ장 ᄒᆞ야셔:親朋縱談謔(杜解22:3). 侶ᄂᆞᆫ 버디라(眞言). 벋 반:伴. 벋 려:侶. 벋 우:友. 벋 붕:朋(訓蒙中3). 벋 졔:儕(訓蒙下24). 벋 븡:朋(類合上17). 벋 듀:儔. 벋 녀:侶(類合下36). 벋 우:友(石千16). 녯 벋의 녜일을 닐ᄋᆞ디 아니ᄒᆞ며:不道舊故(宣小3:12). 벋 고져 ᄒᆞ리로다:欲伴(重杜解17:34). 벋:朋友(同文解上12). 親ᄒᆞᆫ 벋이라도(隣語1:2). ※벋>벗

벋 명 벗. ☞벗¶벋:黑櫻桃(柳氏物名四 木).

벋기다 동 벗기다. ¶적이 옷과 치마놀 벋기고 제혀 겁틱호딕:賊脫衣裳恐劫之(東新續三綱. 烈7:40).

벋기다 동 베끼다. ☞벗기다 ¶벋길 등:謄(倭解上37). 본칙을 어더 벋기옵시미 죤ᄉ외(隣語1:16).

벋·ᄂᆞᆫ 동 베는. ☞버흐다 ¶터리롤 부러도 벋ᄂᆞᆫ 갈홀 吹毛라 ᄒᆞᄂᆞ니라(金三3:54).

벋·다 동 벋다. ¶너출 버두미 그럴시 기디 몯ᄒᆞᄂᆞ니라:引蔓故不長(初杜解8:67). 복셩화 동남녁으로 버든 가짓 힌 거플:桃東南枝白皮(救簡6:36).

벋다 동 벗다. ☞벗다 ¶부모 상ᄉ예 딜딕롤 벋디 아니ᄒᆞ고:父母喪不脫絰帶(東新續三綱. 孝3:37).

벋다 형 벋다. ¶니버들 포:齙(訓蒙上30). 니버든 놈:齙牙子(譯解上29).

벋드·듸·다 동 벋디디다. ¶큰 버미 ᄡᅡ홀 벋드듸고:大虎據地(續三綱. 孝11 梁郁感虎).

벋디ᄅᆞ다 동 벋지르다. 거부하다. 막다. ¶벋디롤 거:拒. 벋디롤 한:捍(類合下25).

벋받다 동 버티다. 거부하다. ¶또 길홀 ᄀᆞᄅᆞ치라 ᄒᆞ거놀 아디 몯ᄒᆞ노라 벋받고:且使指路拒以不知(東新續三綱. 忠1:51).

벋벋ᄒᆞ다 동 뻣뻣해지다. ¶음신이 브어 크며 밋 신이 벋벋ᄒᆞᄂᆞᆫ 병을 고티ᄂᆞ니:治陰腎腫大及木腎病(馬解下71).

:벋뷔 명 벗. 벗의 무리. 벗들. ☞벋븨. 벋뷔 ¶벋뷔 글워를 해 오게 호니:多枉友朋書(初杜解19:20).

·벋·븨 명 벗. 벗의 무리. 벗들. ☞벋뷔. 벋비 ¶벋븨의 ᄂᆞᆺ갓 븟그리게 말라:朋友的面皮休敎羞了(飜老下46). 이제 벋븨 그 아당 잘 ᄒᆞᄂᆞᆫ 이로 ᄀᆞᆯ히여 ᄡᅥ 서르 여허ᄒᆞ야:今之朋友擇其善柔以相與. 벋븨 ᄉᆞ이예ᄂᆞᆫ:朋友之際(宣小5:77). 벋븨 ᄉᆞ이예:於朋友之間(宣小5:77).

벋비 명 벗. 벗의 무리. 벗들. ☞벋뷔. 벋븨. -비 ¶이 글 ᄒᆞ기로 ᄡᅥ 벋비 하니:以玆朋故多(重杜解1:49). 오래 나그내 ᄃᆞ외요매 벋비 글워를 해 오게 호니:久客多枉友朋書(重杜解19:20).

:벋:삼·다 동 벗삼다. ☞벋ᄒᆞ다 ¶動커나 靜커나 호매 萬法을 벋삼디 아니ᄒᆞ야(南明上18). 벋이란 거슨 그 德을 벋삼ᄂᆞᆫ디라:友也者友其德也(宣小2:67).

벋ᄶᅵ다 동 벗기다(脫). ☞벗기다 ¶고시 손으로 범을 즈ᄅᆞ눌러 지아비롤 벋ᄶᅧ 와셔 인히야 병드러 주ᄀᆞ니라:高氏赤手扼虎脫夫而還仍爲病死(東新續三綱. 烈5:71).

:벋·짓·다 동 벗삼다. ☞벗짓다 ¶우리 벋지서 가미 마치 됴토다:咱們恰好做火伴去(飜老上8).

:벋·ᄒᆞ·다 동 벗하다. ☞벋삼다 ¶모로매 白鷺롤 놀래디 마라 벋ᄒᆞ야 靑溪예 잘디로다:莫須驚白鷺爲伴宿靑溪(初杜解15:26). 直ᄒᆞᆫ 이롤 벋ᄒᆞ며 신실ᄒᆞᆫ 이롤 벋ᄒᆞ며:友直友諒(宣小2:66).

:벌 명 벌(蜂). ☞버리 ¶벌爲蜂(訓解. 用字). 버릐 想 이ᄃᆞᆺ ᄒᆞ니라:成蜂想(楞解7:91). 버리 ᄢᅮᆯ를 간슈홀시:蜂護蜜(圓覺上一之二178). 벌 ᄡᅦ인 독애:蜂螫毒(救簡6:63). 벌 봉:蜂(訓蒙上24). 벌 봉:蜂(類合上15). 벌 ᄡᅩᆯ 셕:螫(訓蒙下10). 벌:蜂子(譯解下35). 벌 봉:蜂(倭解下26). 蜂羅同訓 皆云 벌(雅言一 薑讓). 벌 만:萬(註千7).

·벌 명 벌(罰). ¶이ᄂᆞᆫ 賞가 罰아(蒙法53). 罰이 輕코 주규미 져그면(宣賜內訓序4). 구의나깃은 닷 량을 벌로 내여:罰官銀五兩(飜老下17). 네 은 닷 량을 벌로 내여:你罰下銀五兩(飜老下19). 后ㅣ 來ᄒᆞ시면 그 罰이 업ᄉᆞ랴 ᄒᆞ니라(宣孟6:17). 부즈런ᄒᆞ며 게어름을 샹고ᄒᆞ고 ᄒᆡᆨ실ᄒᆞ여 샹과 벌을 힝ᄒᆞ리니(綸音93).

벌 명 벌. 들(野). ¶들 건너 벌 건너(古時調. 靑丘).

벌 명 벌. 가지. ¶벌 건:件(倭解下39). 닐곱 벌:七件(譯解補36).

벌거벗다 동 벌거벗다. ¶벌거벗다:裸體(同文解上57). 벌거벗다:光着身(漢淸11:18).

벌거ᄒᆞ다 형 벌겋다. ¶고존 츤 곳부리 벌거호미 이긔엿도다:花禁冷蘂紅(杜解10:38). 妙有實相ᄋᆞᆫ 버들 파라ᄒᆞ며 곳 벌거ᄒᆞᆫ ᄠᅳ디라(南明上7). 앏 뫼해 고지 프니 뒷 뫼히 벌거ᄒᆞ도다:前山花發後山紅(南明下19).

벌게 명 벌레. ☞벌에 ¶아릐 양으로 다시 가얌벌게과 모기 등의 되요매 니르리라:乃至依前再爲螻蟻蚊虻(龜鑑下60).

벌기다 동 벌리다(開). ¶연이 몸므로ᄡᅥ 벌겨 ᄀᆞ리오고 슬픈 말로 비니:燕伊以身翼蔽哀辭乞之(東新續三綱. 烈8:1).

:벌·다 동 벌이다. 늘어서다. ¶그 八萬四千塔이 다 알ᄑᆡ 와 벌오 ᄒᆞ나콤 王씌 와 구펴든(釋譜24:32). 地獄이 버러 잇ᄂᆞ니라(月釋1:28). 五百 獅子ㅣ 門의 와 벌며 白象이 ᄠᅳᆯ헤 와 벌며(月釋2:31). 列ᄋᆞᆫ ᄒᆞᆫ딕 벌 씨라(法華1:31). 둘흔 觀ᄉ 그므리 서르 버루미니(圓覺下二之二6). 밥 알ᄑᆡ 열 잣 너븨 버룜과:食前方丈(宣賜內訓3:56). 빗주롤 ᄆᆡ요니 고기 잡ᄂᆞᆫ 그므리 버럿고:結纜排魚網(重杜解2:25). 사괴ᄂᆞᆫ ᄠᅳ든 友于에 벌리로다:交情列友于(初杜解24:60). 벌 렬:列(石千1. 倭解下37). 벌 삼:森. 벌 녈:列(類合上2). 벌 라:羅(類合上25. 石千21). 문오래며 과실 남글 반ᄃᆞ시 방졍히 버럿게 ᄒᆞ야:門巷果木必方列(宣小6:88).

형데 네 사ᄅᆞᆷ이 어믜 겨틔 버러 안자셔 손을 비븨여 어믜 목숨을 비더니다:兄弟四人列坐母側祝手乞母之命(東新續三綱. 孝8:14). 時로 能히 나그내 오새 버라 앉놋다:時能點客衣(重杜解17:38). 어딜고 능ᄒᆞᆫ 사ᄅᆞᆷ이 위예 버러 이시나(仁祖行狀22). ᄌᆞ손이 압히 버러 나ᄅᆞᆯ 밧드러 ᄲᅧ 즐기게 ᄒᆞᆯ제:列(百行源19). 朱雀旗 玄武旗ᄂᆞᆫ 前後의 벌어 잇다(武豪歌). 의연이 우리 사친 젼후좌우 버러 잇셔(思鄕曲).

벌다 동 벌다. ¶碧桃 紅花ᄂᆞᆫ 面面이 버럿스니(陶山別曲).

벌다 동 벌어지다. ¶벽마다 틈이 버러 틈마다 버레로다(萬言詞).

벌레 명 벌레. ☞벌에 ¶관즁산은 벌레ᄅᆞᆯ 주기ᄂᆞ니라(馬解下99).

벌리 명 벌레. ☞벌에 ¶서거 벌리 나며 개야미 모ᄃᆞᆯ 거시니(家禮7:30).

벌망ᄒᆞ다 동 벌여 놓다. ¶벌망ᄒᆞ다:開列(漢淸2:47).

벌수 명 가짓수. ¶벌수:樣數(漢淸8:57).

벌ᄯᅥᆨ 부 벌떡. ¶벌ᄯᅥᆨ 니다:�起來(譯解補25).

벌ᄯᅥᆨ이다 동 벌떡거리다. 두근두근하다. ¶놀나 가슴 벌ᄯᅥᆨ이다:心裡亂跳(譯解補60).

벌ᄶᅮᆨᄒᆞ다 형 벌쭉하다. ¶그릇부리 벌ᄶᅮᆨᄒᆞ다:喇叭嘴(漢淸11:61).

벌어지 명 벌레. ☞벌에 ¶또 ᄂᆞᄂᆞᆫ 벌어질 잡노라 사ᄅᆞᄆᆞᆯ ᄀᆞ리티ᄂᆞ다:更接飛蟲打著人(杜解10:7). ᄀᆞᅀᆞᆳ 벌어즤 소리 나가디 아니ᄒᆞᄂᆞ니:秋蟲聲不去(初杜解16:74). ᄇᆞᄅᆞᆷ 비며 벌어지며:風雨蟲(飜小8:39).

벌·에 명 벌레. ☞벌리. 벌어지 ¶현맛 벌에 비늘을 ᄲᅡ라뇨(月印上11). 모ᄀᆡ 벌에며(釋譜9:9). 벌에 나비 ᄃᆞ외면:如蟲爲蝶(楞解7:83). 여러 가짓 모딘 벌에 무리 섯ᄃᆞᄅᆞ며:諸惡蟲輩交橫馳走(法華2:107). 혀근 ᄂᆞᄂᆞᆫ 벌에:小飛蟲(宣賜內訓2上43). 나그내 櫬梆앳 그믈 ᄆᆡᆺᄂᆞᆫ 벌에 ᄃᆞᆯ옛도다:旅櫬網蟲懸(杜解24:47). 벌에 절로 나리니 아모 거시나 잇ᄂᆞᆫ ᄃᆞᆺ호ᄆᆞᆫ 벌에의 다시라:蟲自出如有物者蟲之所作也(救簡2:84). 벌에 곤:蜫. 벌에 튱:蟲(訓蒙下3). 벌에 머글 식:蝕(訓蒙下10). 벌에 튱:蟲. 벌에 티:豸(類合上16). 벌에 긜 기:蚑(類合上16). ᄀᆞᆺ난 벌에ᄅᆞᆯ 죽이디 아니ᄒᆞ며:啓蟄不殺(宣小4:42).
※벌에>벌레

벌·에즁싱 명 벌레. 〔'즁싱'은 '짐승'의 뜻.〕 ¶사ᄅᆞ미 ᄃᆞ외락 벌에즁싱이 ᄃᆞ외락 ᄒᆞ야(月釋1:12).

벌옴ᄒᆞ다 형 버름하다. ¶벌옴ᄒᆞ다:裂成口(漢淸11:58).

벌의딥 명 벌집. ☞벌의집 ¶벌의딥:蜂房(柳氏物名二 昆蟲).

벌의집 명 벌집. ☞벌의딥 ¶벌의집:蜂窠(柳氏物名一 獸族). 벌의집:小圓肚(漢淸12:31).

벌통 명 벌통. ¶벌통:蜜脾(漢淸14:51). 벌통:蜂窶(柳氏物名二 昆蟲).

벌하다 동 벌(罰)하다. ☞벌ᄒᆞ다 ¶벌할 벌:罰(兒學下7).

벌히다 동 벌이다. ☞벌다 ¶八陣圖 六花陣은 눈 ᄋᆞᆸ픠 벌혀 두고(武豪歌).

·벌·ᄒᆞ·다 동 벌(罰)하다. ¶이제 너를 罰ᄒᆞ야(釋譜24:45). ᄒᆡᆼ뎌기 神明ᄭᅴ 어긔면 하ᄂᆞᆯ히 罰ᄒᆞ시고:行違神祇天則罰之(宣賜內訓2上11). 그르 ᄒᆞ욘 이리 세 번이어든 벌ᄒᆞ요ᄃᆡ:三犯而行罰(飜小9:18). 온 번 罰ᄒᆞᄂᆞᆫ 기픈 잔을 ᄯᅩ 마다 아니ᄒᆞ노라:百罰深盃亦不辭(重杜解15:2).

·벌ᄒᆞ·다 동 벌(伐)하다. 치다. ¶武王이 紂ᄅᆞᆯ 伐ᄒᆞᆫ 後에(圓覺下二之二24).

:범 명 범. ¶범爲虎(訓解. 用字). 獅子와 범과 일히와(釋譜9:24). 주으린 버뫼게 몸 ᄇᆞ리신 ᄯᅡ콰(月釋7:54之1). 범을 그리다가 일우디 몯ᄒᆞ면 도ᄅᆞ혀 가히 ᄀᆞᆮ다 호미라:畫虎不成反類狗者也(宣賜內訓1:38). 모딘 버믄 누어 두들게 잇고:猛虎臥在岸(初杜解8:7). 범 말인 막대ᄂᆞᆫ:解虎錫(南明上69). 범 호:虎(類合上13. 倭解下22). 닐온바 범을 그려 이디 몯ᄒᆞ면:所謂畫虎不成(宣小5:14). 범:老虎(譯解下33). 범을 만나 물려ᄒᆞ거ᄂᆞᆯ(女四解4:14). 범 물닐 쥴 아라시면 깁흔 뫼의 드러가며(萬言詞).

범갈키 명 갈퀴. ¶범갈키:梔杷(物譜 耕農).

범·그룸 동 둘림. 얽힘. ㉮범글다 ¶雜거시 범그룸과 ᄠᅳ데 法 이숌괘라(釋譜13:38).

범그리다 동 둘리다. 얽히다. ☞범글다 ¶德澤 私恩에 범그러슈믈 븟그려ᄒᆞ노라:慚紆德澤私(重杜解3:2). 벗님의 뎐ᄎᆞ로셔 雪綿子ㅅ 가싀로온 듯이 범그려 노읍셔(古時調. ᄒᆞ리누거. 靑丘).

범·글·다 동 둘리다. 얽히다. 걸리다. ☞버믈다 ¶모매 雜거시 범그룸과(釋譜13:38). 두루 둘어 범그러 이실ᄊᆡ 일후믈 極樂이라 ᄒᆞᄂᆞ니라(月釋7:64). 欝埻ᄒᆞᆫ 象ᄋᆞᆫ 어득ᄒᆞᆫ 드트리 범글오:欝埻之象則紆昏塵(楞解2:29). 纏繞ᄂᆞᆫ 범글 씨니 疑惑ᄋᆞᆯ 니ᄅᆞ니라(楞解3:65). 오히려 疑悔예 범그로이다:尙紆疑悔(楞解4:4). 오히려 疑悔예 범글면:尙縈疑悔(楞解4:4).

범나뵈 명 범나비. ¶출하리 싀어디여 범나뵈 되오리라(松江. 思美人曲). 범나뵈:大蝴蝶(同文解下42). 범나뵈:蝴蝶(漢淸14:52).

:범:람ᄒᆞ·다 동 범람(氾濫)하다. ¶講ᄋᆞᆫ 비록 泰예 汎濫ᄒᆞ나(圓覺序74). 洪水ㅣ 橫히

流ᄒᆞ야 天下애 汎濫ᄒᆞ야(宣孟5:23).

범민 명 범민(凡民). 서민. ¶文王을 待ᄒᆞᆫ 後에 興ᄒᆞᄂᆞᆫ 者ᄂᆞᆫ 凡民이니(宣孟13:7).

범방 명 범방(犯房). ¶ㅈ ᄒᆞ린 후 ᄇᆡ 날 안히 범방곳 ᄒᆞ면 반ᄃᆞ시 혀를 두어 치나 ᄲᅡ디오고(辟新17).

범법ᄒᆞ다 동 범법(犯法)하다. ¶그러나 혹 범법ᄒᆞ면 훈귀로ᄡᅥ 죠곰도 요ᄃᆡ티 아니ᄒᆞ시더라(仁祖行狀28).

범부 명 범부(凡夫). ¶凡夫ㅣ 妄量ᄋᆞ로 자바 實ᄒᆞᆫ 것만 너겨 種種 모딘 罪業이 일로브터 날씨 불휘라 ᄒᆞ니라(釋譜13:38). 凡夫 녇가온 識이 五欲애 기피 著ᄒᆞᆯ씨:凡夫淺識深著五欲(法華2:161). 凡夫ᄂᆞᆫ 煩惱ᄅᆞᆯ 븓ᄃᆞᆫ길시 ᄆᆞᅀᆞ미 解脫ᄋᆞᆯ 몯 ᄒᆞᄂᆞ니(金三1:3). 도ᄅᆞ혀 凡夫의 ᄆᆞᅀᆞᆷ과 ᄒᆞᆫ가지라(六祖上13). 이제 凡夫로 오직 自心을 알면(六祖中67).

범부체 명 범부채. ☞범부치 ¶범부체:射干(東醫 湯液三 草部).

범부치 명 범부채. ☞범부체 ¶범부치:射干(柳氏物名三 草).

범브다 동 거치적거리다. ☞범븨다 ¶ᄉᆞ지 가ᄇᆡ압고 건장ᄒᆞ여 것기ᄂᆞᆯ 범브미 업고:四肢輕健行無澁(馬解上33).

범·븨·다 동 거치적거리다. 마비되다. ☞범브다. 범비다 ¶ᄉᆞ지와 몸과 범븨여:肢體痲痹(救簡1:10). ᄇᆞᄅᆞᆷ마자 힘과 �와 슬혀 범븨오:中風筋骨風冷頑痹(救簡1:12). 목안히 범븨며:喉痹(辟新1).

범븨다 형 떫다. ¶범빌 습:澁(類合下53).

범비치 명 마디풀〔扁竹蘭〕. ¶범비치:扁竹蘭(物譜 花卉).

범ᄫᅵ다 동 거치적거리다. ☞범븨다 ¶삼관이 활ᄒᆞ고 삼부 부ᄒᆞ면 힘줄이 패ᄒᆞ야 앏도 범ᄫᅵ며 뒤도 범ᄫᅵ고:三關滑而三部浮筋敗而把前後(馬解上23).

범샹ᄒᆞ다 형 범상(凡常)하다. ¶子의 벗이 범샹티 아니홈을 알며(女四解4:60).

범ᄉᆞ 명 범사(凡事). 모든 일. ¶凡事ᄅᆞᆯ 너모 극진히 ᄒᆞ려 ᄒᆞ다가ᄂᆞᆫ(隣語1:30).

:범션·히 부 범연(汎然)히. ☞범연히 ¶사ᄅᆞ미 汎然히 聲을 發ᄒᆞ야 시혹 입거나 시혹 우르고(圓覺上一之一94).

범신 명 범인(凡人). ¶마치 凡人이 제 國王이로라 ᄒᆞ다가(六祖上 55).

범아귀 명 범아귀. ☞손범아귀 ¶범아귀:手虎口(同文解上16).

범연히 부 범연(泛然)히. ☞범션히 ¶米食을 드리라 그린 後에 泛연히 酒례ᄅᆞᆯ 行ᄒᆞ고(家禮10:29).

범우 명 범우(凡愚). 범인(凡人). ¶여러 凡愚를 여희오 ᄒᆞ오ᅀᅡ 山澤애 이시면:離諸凡愚獨處山澤(法華2:172). 凡愚ᄂᆞᆫ 죽다 니ᄅᆞ고 外道ᄂᆞᆫ 자바 그춤 삼고(六祖中91).

:범:우 명 범우(梵宇). 절. ¶녯터헤 梵宇를 다시 세여(六祖中51).

:범·위 명 범위(範圍). ¶世上 豪傑이 範圍예 몯 나ᅀᆞᄫᆞᆯ씨(龍歌64章).

범을다 동 두르다. ☞버믈다 ¶驪龍ᄋᆞᆫ 錦을 시서 범으럿도다:驪龍濯錦紆(重杜解2:8).

범의� 명 들깨의 한 가지. ¶범의ᄁᆡ:野胡麻(柳氏物名三 草).

범졉ᄒᆞ다 동 범접(犯接)하다. ¶쟝ᄎᆞᆺ 범졉ᄒᆞ려 ᄒᆞ거ᄂᆞᆯ:將犯之(東新續三綱. 烈3:40). 져믄 사ᄅᆞᆷ이 범졉ᄒᆞ여(隣語5:9).

:범·쵹·ᄒᆞ·다 동 범촉(犯屬. 犯觸)하다. 범하다. ¶도ᄌᆞ기 行在所ᄅᆞᆯ 犯屬ᄒᆞ거늘 救ᄒᆞᄃᆞ란 몯ᄒᆞ고(三綱. 烈18). 잠간도 對答ᄒᆞ논 마ᄅᆞᆯ 犯觸ᄒᆞ며 아당ᄃᆞ윈 말 내디 아니ᄒᆞ며(宣賜內訓1:2).

:범·티 동 범(犯)하지. ㉮범ᄒᆞ다 ¶도적이 일로ᄡᅥ ᄎᆞᆷ아 犯티 몯ᄒᆞ며:賊以是不忍犯之(宣小6:18).

:범:패 명 범패(梵唄). ¶梵唄ᄂᆞᆫ 예셔 닐오매 조ᄒᆞᆫ 讚歎이니 梵天ㅅ 소리로 三寶ᄅᆞᆯ 讚歎ᄒᆞᆯ 씨라(楞解6:47).

범홀ᄒᆞ다 형 범홀(泛忽)하다. ¶내 너희들의게 그 멀기로ᄡᅥ 혹 범홀ᄒᆞ다 ᄒᆞᄂᆞ냐(綸音72).

:범ᄒᆞ·다 동 ①범(犯)하다. ¶내 犯ᄒᆞᆫ 일 업거ᄂᆞᆯ 엇데 잡ᄂᆞᆫ다(月釋13:15). 波離ᄂᆞᆫ 戒ᄅᆞᆯ 디녀 犯호미 업게 ᄒᆞ야(楞解6:60). 내 서르 犯티 아니커ᄂᆞᆯ 엇데 자보ᄆᆞᆯ 보ᄂᆞᆫ고 커ᄂᆞᆯ(法華2:200). 범ᄒᆞᆯ 범:犯(類合下34. 倭解上53). 그 법에 범ᄒᆞᄂᆞᆫ 줄을:其觸犯科條(警民2). 몬져 범ᄒᆞᆫ 무간죄뵈(桐華寺 王郞傳6). 왜적이 위엄을 두려 감히 지경을 범치 못ᄒᆞ더라(落泉1:1).
②극간(極諫)하다. ¶禮記예 닐오ᄃᆡ 어버ᅀᅵᄅᆞᆯ 셤교ᄃᆡ 隱호미 잇고 犯호미 업스며:隱은 그ᅀᅳ기 諫ᄒᆞᆯ 시오 犯은 ᄀᆞ장 諫ᄒᆞᆯ 시라(宣賜內訓1:59). 스승을 셤교ᄃᆡ 犯도 업스며 隱도 업스며(宣賜內訓1:59).

·법 명 법(法). ¶十方 世界예 법을 펴려 ᄒᆞ시니(月印上5). 轉法ᄒᆞ야 涅槃ᄋᆞᆯ 니ᄅᆞ시니 法이라 ᄒᆞᆫ 일후미 잇고(釋譜13:59). 法 ᄀᆞᄅᆞ치ᄂᆞ닌 스승이오 ᄇᆡ호ᄂᆞ닌 弟子ㅣ라(月釋1:9). 術ᄋᆞᆫ 法이라(楞解1:2). 보ᅀᆞᆲ 버비이시리이다(三綱. 忠18). 直指方 믄득 中風ᄒᆞ니 고티ᄂᆞᆫ 法은:直指方治卒中法(救急上1). 이 사ᄅᆞ미 오히려 법 ᄃᆞ외리로다:斯人尙典刑(初杜解24:4). ᄒᆞᆫ 법엔 쥬사 ᄀᆞ로니 져고맛 술로 ᄒᆞᆫ나ᄒᆞᆯ 더 녀흐라:一法加展砂末少匕(救簡1:4). 내 偈 呈ᄒᆞ논 ᄠᅳ든 法 求호ᄆᆞᆫ 곧 善코(六祖上13). 법을 아니 ᄒᆞ

실 일 업시 ᄒᆞ시고(簡辟序2). 뜰 버베 쇼와 ᄆᆞ러 뎐염병 처엄 시작ᄒᆞᆯ 제(牛疫方8). 법 법:法(訓蒙上35. 石千25. 倭解上53). 법헌:憲(類合下20). 법 뎐:典(類合下42). 법뎐:典(石千20). 法으로 語ᄒᆞᄂᆞᆫ 말ᄋᆞᆫ 能히 從홈이 업ᄉᆞ랴(宣論2:47). 믈로 적시ᄂᆞᆫ 법은 시병의 열ᄒᆞ여 미친 ᄃᆡ를 고티ᄂᆞ니(辟新9). 法이 能히 솟드ᄂᆞᆫ 格으로(武藝圖16). 법 장:章(註千5). 법 즉:則(註千11). 법 형:刑(註千25).

·법·고 명 법고(法鼓). ¶魔王ㅅ 兵馬ᄅᆞᆯ 헐오 法鼓ᄅᆞᆯ 티논 양도 보며:鼓ᄂᆞᆫ 부피라(釋譜13:21). 法鼓ᄅᆞᆯ 티시니 西天과 此土앳 親ᄒᆞᆫ 規矩ㅣ시니라(南明下5).

법고치 명 절국대의 뿌리. ¶법고치:漏蘆(柳氏物名三 草).

법국새 명 뻐꾹새. 뻐꾸기. ☞벅국새 ¶법국새:鳲鳩(詩解 物名13).

법녕 명 법령(法令). ¶이젯 法令애 비록 분明ᄒᆞᆫ 글월이 업ᄉᆞ나(家禮6:23).

법녜 명 법례(法禮). 예법(禮法). ¶법녜ᄅᆞᆯ 잇지 ᄇᆡ호며(小兒4).

·법다·비 부 법대로. ☞법다ᄫᅵ. 법다이. 법다히 ¶本分ᄋᆞᆯ브터 法다비 ᄒᆞ야사(松廣寺蒙法15). 바ᄅᆞ 모로매 本分ᄋᆞᆯ브터 法다비 ᄒᆞ야사 비르소 올ᄒᆞ리라(松廣寺蒙法25).

·법다·ᄫᅵ 부 법대로. ☞법다비. 법다이 ¶眞實 工夫ᄅᆞᆯ ᄒᆞ야 法다ᄫᅵ 叅究ᄒᆞ야(蒙法21). 本分ᄋᆞᆯ브터 法다ᄫᅵ ᄒᆞ야사(蒙法33).

·법다·이 부 법대로. ☞법다비. 법다ᄫᅵ ¶法다이 持戒ᄒᆞ면:如法持戒(楞解7:52). 法다이 持戒호ᄃᆡ:如法持戒(楞解7:60). 법다이 ᄆᆡᆼᄀᆞ로믈 됴히 ᄒᆞ엿ᄂᆞ니라:如法做的好(飜老上26). 법다이 ᄆᆡᆼ글기ᄅᆞᆯ 됴히 ᄒᆞ엿ᄂᆞ니라:如法做的好(老解上24).

·법다·히 부 법대로. ☞법다비. 법다ᄫᅵ. 법다이 ¶王이 이제 부텻 마ᄅᆞᆯ ᄉᆞ랑ᄒᆞ샤 一切衆生ᄋᆞᆯ 어엿비 너기샤 法다히 修行ᄒᆞ쇼셔(釋譜24:17).

·법답·다 형 법답다. 법에 맞다. ¶나날 법다오매 나사가ᄂᆞ니라:日就規矩(飜小8:6). 법답디 아니ᄒᆞᆫ 마ᄅᆞᆯ 니ᄅᆞ디 마라:非法不道(飜小8:11). 先王의 법다온 오시 아니어든 敢히 닙디 아니ᄒᆞ며:非先王之法服不敢服(宣小2:30).

법뎐 명 법전(法典). ¶법뎐 법:法(類合下19). 벼슬 주ᄂᆞᆫ 법뎐을 힝호미 맛당ᄒᆞ니(仁祖行狀30).

·법:도 명 법도(法度). ¶法度ㅣ 저려 무루ᄃᆡ 아ᄇᆡ 갑새 주기라 ᄒᆞ시니(三綱. 孝23). 中國夫人이 性이 싁싁ᄒᆞ야 法度ㅣ 이셔 비록 甚히 公을 ᄉᆞ랑ᄒᆞ나(宣賜內訓3:16). 법돗 도:度(訓蒙下26). 權量을 謹ᄒᆞ며 法度ᄅᆞᆯ 審ᄒᆞ며(宣論4:68). 님금 法度ᄅᆞᆯ 守ᄒᆞ얏ᄂᆞ니:守王度(重杜解1:49). 다만 法度ㅣ 업슬 ᄲᅮᆫ이언뎡(家禮1:14). 법도 잇ᄂᆞᆫ 사ᄅᆞᆷ:有道人(同文解上12).

·법됴 명 법조(法條). ¶법됴와 약속을 嚴히 ᄒᆞ야:嚴條約(宣小6:8).

·법·력 명 법력(法力). ¶스승님 法力이 져그시니(月釋23:83). 和尙 法力이 넙고 크샤ᄆᆞᆯ 아ᅀᆞᆸ과이다(六祖略序9).

·법·령 명 법령(法令). ¶家庭앳 법령과 명셩이 됴ᄒᆞ며:家法名聲好來(飜老下48). 나라해 法令이 잇ᄂᆞ니 이 ᄯᅩ 足히 놀라오니라:國家法令在此又足驚吁(初杜解6:39). 心印ㅅ 光明이 ᄉᆞᄆᆞ차 法令이 行ᄒᆞᄂᆞ니(金三5:3). 나라해 法令이 잇ᄂᆞ니:國家法令在(重杜解6:39). 어즈러운 法令을 더러ᄇᆞ리시도다:煩苛法令蠲(重杜解20:5). 법령 령:令(註千13).

·법·률 명 법률(法律). ¶부텻 法律을 受ᄒᆞᅀᆞᄫᅡ(月釋10:16). 公이 이제ᄅᆞᆯ 當ᄒᆞ야 이셔 이런 法律 이쇼미 맛당티 몯ᄒᆞ이다(宣賜內訓1:67). 말ᄉᆞᆷ 펴호ᄆᆞᆫ 반ᄃᆞ기 法律에 맛고:遣辭必中律(初杜解6:19). 법률 률:律(類合下20). ᄠᅳ든 구룸 밧긔 飄逸ᄒᆞ고 法律에 마ᄌᆞ니 鬼神이 놀라놋다:思飄雲物外律中鬼神驚(重杜解19:16).

·법받·다 동 본받다. ☞법밧다 ¶오직 願ᄒᆞᆫᄃᆞᆫ 陛下ㅣ 堯舜ᄋᆞᆯ 法바ᄃᆞ시과뎌 ᄒᆞᆯ ᄯᆞᄅᆞ미로이다:但願陛下以堯舜爲法耳(宣賜內訓2下41). ᄇᆡᆨ셩의 법받디 몯ᄒᆞᄂᆞᆫ 배오:民所不則(宣小4:52). 唐 적 杜佑의 制度ᄅᆞᆯ 법바다(家禮1:9). 오직 황례 이를 법바ᄃᆞ니(山城147). 이 글이 족히 ᄇᆡᆨ셰의 법바담즉다 ᄒᆞ시더라(女範1. 셩후 당문덕후).

법밧다 동 본받다. ☞법받다 ¶폐해 요순으로 ᄡᅥ 법밧기ᄅᆞᆯ 원ᄒᆞᄂᆞ이다(女範1. 셩후 황명고후).

·법·셕 명 법석(法席). ¶법셕 시작ᄒᆞ야 셜웝ᄒᆞ리러라:開場說法裏(飜朴上75). 曹溪ㅅ 法席이 盛히 化호ᄆᆞᆯ 듣고(六祖中94).

법식 명 법식(法式). ¶법식 규:規(石千16).

·법의 명 법의(法衣). ¶法衣ᄂᆞᆫ 法엣 오시니 袈裟ᄅᆞᆯ 니르니라(月釋10:16). 法衣 法鉢를 뎐슈ᄒᆞ야:得傳衣鉢(飜朴上75).

법저이 부 법대로. ☞법다이 ¶시름ᄒᆞ기ᄅᆞᆯ 법저이 잡더라:捽倒拿法(朴解下30).

법제 명 법제(法制). ¶법제 제:制(類合下19. 兒學下7). 엇디 법제의 ᄌᆞ셔ᄒᆞ믈 알리오:焉知制法之詳(警民2).

법즉 명 법칙. ☞법측 ¶법즉 즉:則(光千11).

법측 명 법칙(法則). ☞법즉 ¶법측 측:則(類合下23. 石千11). 법측 녀:呂. 법측 뉼:律(石千2).

법ᄒᆞ·다 동 법(法)하다. 본받다. ¶법홀 법: 法(光千25). 足히 法ᄒᆞᆫ 후에 民이 法ᄒᆞᄂᆞ니라(宣大19). 令尹이 威儀 업스니 ᄇᆡᆨ셩이 법홀 거시 업슨더라:令尹無威儀民無則焉(宣小4:52).

벗 명 벗. ☞벋 ¶벗 친ᄒᆞ야(野雲64). 벗ᄀᆞ치 有信ᄒᆞ랴(古時調. 靑丘). 스싱을 노피며 벗을 取ᄒᆞ야:尊師取友(女四解4:3). 벗:朋友(漢淸5:42). 소인묵객 버시 되어(萬言詞). 벗 우:友(註千16).

벗 명 벚. ☞벋 ¶벗:山桃(譯解上55). 벗:野櫻(物譜 木果). 벗:山桃(柳氏物名四 木).

벗·겨:내·다 동 ①벗어나게 하다. ¶그 ᄉᆞᄉᆡ 옛 衆生ᄋᆞᆯ 다 벗겨내야 受苦ᄅᆞᆯ 여희에 ᄒᆞ라(釋譜11:8). ᄇᆡᄅᆞᆯ ᄆᆡᆼᄀᆞ라 벗겨내시ᄂᆞ니(月釋10:5).
②벗기다. ¶벗겨내다:殼脫(同文解下30). 벗겨내다:開脫(漢淸3:11).

벗기·다 동 ①벗기다. ☞벅기다. 벗씨다 ¶그 거프를 벗규미 甚ᄒᆞ니:其皮割剝甚(初杜解18:17). 오랑 느추고 마함 벗기고:鬆了肚帶取了嚼子(飜老上39). 여윈 ᄆᆞᆯ란 기ᄅᆞ마 벗기고:瘦馬鞍子摘了(老解下40).
②벗어나게 하다. 구출하다. ¶生老病死ᄅᆞᆯ 벗기샤(釋譜13:28). 가온ᄃᆡ로 아ᄉᆞᄆᆡ 災禍ᄅᆞᆯ 벗기며:中以解宗族之禍(宣賜內訓2下14). 내 그ᄃᆡᄅᆞᆯ 위ᄒᆞ여 주글 죄를 벗규려 ᄒᆞ거늘:吾欲爲卿脫死(飜小9:48).

벗기다 동 베끼다. ☞벋기다 ¶히오니 즈름 깝 글월 벗기ᄂᆞᆫ 갑시 얼머나 ᄒᆞ뇨:該多少牙稅錢(老解下16). 우리 즈름깝 글월 벗길 깝 혜아리쟈:咱們算了牙稅錢着(老解下16). 文書 벗기다:謄文書(譯解上10). 글월 벗긴 갑:稅錢(譯解上24). 글 벗기다:抄寫(同文解上43). 글 벗기다:謄寫(漢淸4:11). 屍帳을 벗겨다가:抄錄屍帳(無寃錄1:3).

벗·기왇·다 동 벗기다. [‘-왇다’는 강세접미사(强勢接尾辭).] ☞-받다. -왇다 ¶힌 곳가ᄅᆞᆯ ᄀᆞᄅᆞᆷ 두들게 벗기와댓도다:白幘岸江皐(初杜解7:21).

벗기지르다 동 벗겨 버리다. ¶옷 벗기지르다:剝衣服(漢淸11:18). 벗기지르다:褪脫(漢淸12:16).

벗·다 동 벗다. ☞벋다 ¶罪ᄅᆞᆯ 버서 地獄ᄋᆞᆯ ᄀᆞ아나니(月印上28). 이 方便力으로 벗게 ᄒᆞ야(月釋21:120). 輪廻ᄅᆞᆯ 버숨 要ㅣ라(楞解5:3). ᄆᆡ며 버수미 둘히 업스며:縛脫無二(楞解5:7). 버서나 ᄃᆞ니거니 뉘 能히 질드리려뇨:脫略誰能馴(初杜解16:35). 버서 여희요미 어려우니:難脫離(南明下32). 다 苦ᄅᆞᆯ 여희여 버스리이다:悉能離苦解脫(佛頂1). 버슬 탈:脫(類合下46. 倭解上46). 가난ᄒᆞ고 궁박ᄒᆞ여 옷 벗고 발 버서:貧窮裸跣(宣小6:18). 거상을 버선 디 ᄇᆞᆯ셔 아홉 히라(太平1:57). 반ᄃᆞ시 벗ᄌᆞ오실 거시오(癸丑105). 발 벗고 ᄃᆞ니다가(癸丑213). 옷 벗다:脫衣裳(同文解上57). 버슬 탈:稅 수 脫(註千28).

벗듯다 동 벗겨져 떨어지다. [‘벗〈脫〉’+‘듯다〈滴〉’의 복합동사(複合動詞).] ¶모로미 긴홀 ᄃᆞ라야 뵈야흐로 벗듯디 아니ᄒᆞ리라(家禮圖11).

벗씨다 동 벗기다[脫]. ☞벗기다 ¶그 옷과 치마놀 벗쎠 뜰 아래 ᄂᆞ리텨:剝其衣裳投諸庭下(東新續三綱. 孝4:87).

벗짓다 동 벗삼다. ☞벋짓다 ¶우리 벗지어 가미 마치 됴토다:咱們恰好做火伴去(老解上7). 벗진ᄂᆞᆫ ᄆᆞᆯ:念群馬(譯解下29).

벗치다 동 버티다. ¶빗 벗치ᄂᆞᆫ 놈:賴債的(譯解補59).

벗치다 동 뻗치다. ☞뻐치다 ¶긔운 벗쳐 알타:岔氣疼(漢淸8:5). 벗쳐 기다:挺長(漢淸11:59).

벗텅 명 받침. ¶쟉도 벗텅:鍘床(譯解下17).

벗틔오다 동 버티게 하다. ¶이 창을 다가 다 벗틔오라:把這窓兒都支起着(朴解中55).

벙거지 명 벙거지. ¶그놈은 삿 벙거지 쁜 놈(古時調. 밋남진 그놈. 靑丘).

벙거지나물 명 삼백초. ¶벙거지나물:三白草(柳氏物名三 草).

벙·글·다 동 벌다. ☞벙을다 ¶벙글 돈:褪(訓蒙下20). 벙그러진 柯枝 휘두드려 발나 주어 담고(古時調. 大棗 볼. 靑丘).

벙·어·리 명 벙어리. ☞버워리 ¶숫글 먹움어 벙어리 되여 져제 ᄃᆞᆫ니며 비니:呑炭爲啞行乞於市(宣小4:31). 소리가 벙어리 ᄀᆞᄐᆞᆫ 쟈ᄂᆞᆫ:聲啞者(痘瘡方53). 벙어리:啞子(譯解上29). 벙어리 아:啞(倭解上51. 兒學下3). 벙어리:啞吧(漢淸8:15). 츈필곡 반필면은 돈 모으ᄂᆞᆫ 벙어리라(萬言詞).

벙얼 명 벙어리. ☞벙어리 ¶벙얼 언쳥 되거구나(因果曲8).

벙·으·리·다 동 ①벌어지다. ¶세신 ᄀᆞᆯᄋᆞᆯ 무텨 그스려 ᄆᆞᆯ외욘 ᄆᆡ홧 여름 ᄉᆞᆯ 조쳐 ᄌᆞ조니예 쓰츠면 절로 벙으리리라:細辛末幷烏梅肉頻擦自開(救簡1:3). [‘쓰츠면’은 ‘ᄲᅮ츠면’의 오기(誤記).]
②벌리다. ¶이블 벙으려 소리 나가게 ᄒᆞᄂᆞ니(七大12).

벙으·리왇·다 동 ①벌리다. [‘벙으리다’의 힘줌말.] ☞벙으리다. -왇다 ¶썰리 입을 벙으리왇고 더운 오좀을 브스라:急擘開口熱小便灌之(救簡1:78).
②떠나게 하다. ¶ᄒᆞᆫ번 紫臺ᄅᆞᆯ 벙으리왇고 朔漠애 니어가니:一去紫臺連朔漠(初杜解3:68). 들에ᄂᆞᆫ ᄃᆡ란 ᄒᆞ마 사ᄅᆞᄆᆡ 무를 벙

으리왇도다:喧已去人群(初杜解7:31). 그 샤옹올 벙으리와ᄃᆞ니:去其夫(初杜解25:9). ③거부하다. 막다. ☞벙으리왓다 ¶ 裵氏ㅅ 아비 엳ᄌᆞ바 婚姻올 벙으리왇더니(三綱. 烈14). 이제 東녀크로 바ᄅᆞ래 드러가 곧 將次ㅅ 西ㅅ녀크로 秦을 벙으리왇고져 컨 마ᄅᆞᆫ:今欲東入海卽將西去秦(初杜解19:3). 죽기로 벙으리와다 ᄉᆞᄉᆞ로 군ᄌᆞ를 마ᄌᆞ 섬기믈 원ᄒᆞ더라(落泉1:2).

벙으리왓다 동 거부하다. ☞벙으리왇다 ¶ 힘서 벙으리왓고 주그니:迫力拒而死(東新續三綱. 烈4:34). 지신과 밋 삼시 샹션을 잡ᄉᆞ와지이다 청ᄒᆞᆫ대 샹이 벙으리왓기를 젼ᄌᆞᆯ티 ᄒᆞ오시고(仁祖行狀10).

벙·을·다 동 ①벌다. 벌어지다. ☞벙글다 ¶ 옷 벙으다:衣褪了(訓蒙下20 褪字註). ②떠나다. 떨어지다. ☞버을다 ¶ 부텨 벙으로미 머디 아니ᄒᆞ야:去佛不遠(楞解5:86). 서르 벙으로ᄆᆞᆫ 언머고:相去多少(金三3:32). 예서 잣 벙으로미 오릿 길히 잇다:這裏離城有的五里路(飜老上66). 오직 이 말셰예 셩인 벙은 시져리 머러:惟斯末運去聖時遙(野雲46). ③막히다. 가로막다. ¶ 南녀긔셔 도라갈 舟楫이 벙으레라:南紀阻歸楫(初杜解24:17). 干戈애 길히 벙으러 그츨시 ㄱ롮 ㄱ이 와 늙노라:兵戈阻絶老江邊(重杜解2:1).

벙읏거리다 동 벙긋거리다. ¶ 입 벙읏거리다:口吧吧(譯解上39).

벚 명 벗. ☞벋. 벗 ¶ 버지 와 무로매 내 ᄂᆞ치 붓그러우니:朋知來問腆我顔(重杜解3:53). 내 生涯 淡泊ᄒᆞ니 어늬 버지 ᄎᆞ즈니(江村晩釣歌).

베 명 베. ☞뵈 ¶ 아니 베 ᄧᆞ다가 칼로 그 베를 끈으니(女四解4:44).

베거리 명 비경이. ¶ 베거리:三脚(譯解下3). 베거리:三脚(柳氏物名三 草).

베다 동 베다. ¶ 금의를 몸을 감고 옥식을 베고 잇셔(萬言詞).

베·다 동 베다. ☞바히다 ¶ 어르미 절로 베어디여 두 鯉魚ㅣ 소사 나거늘:氷忽自解雙鯉躍出(三綱. 孝17).

베레 명 벌레. ☞버레. 벌에 ¶ 베레 충:蟲(倭解下26).

:베믈·다 동 베물다. ¶ 저즌 고기란 니로 베믈고:濡肉齒決(宣小3:24). ᄆᆞ른 고기란 니로 베므디 아니ᄒᆞ며:乾肉不齒決(宣小3:24). 손가락을 베므러 피로 글을 지어(女範4. 녈녀 님히민쳐).

베뻐흘다 동 베어 썰다. ☞베서흘다 ¶ 뫼히며 믈을 베뻐흐러 天下를 세헤 논호아:宰割山河三分天下(重內訓3:47).

베서흘다 동 베어 썰다. ☞베뻐흘다 ¶ 베서흘 젼:剸(類合下20).

베왇·다 동 밀치다. 물리치다. ☞-왇다 ¶ 베와돌 비:排(訓蒙下24).

베이다 동 베이다. ¶ 령녀는 귀를 베이고 코를 베여:令女截耳劓鼻(女四解4:20).

:베·티·다 동 베어 버리다. ☞-티다 ¶ 環刀 ᄲᅢ혀 손바ᄅᆞᆯ 베티고(月釋10:25). 그제 化人이 偈로 對答ᄒᆞ샤ᄃᆡ 베텨도 모디로미 업고(月釋10:30). 郜成義ᄅᆞᆯ 朔方애 베티라 ᄒᆞ시니라:斬成義於朔方(三綱. 忠17 演芬快死). 갈 ᄲᅢ혀 ᄯᅡ홀 베티고:拔劒斫地(初杜解25:53). 믈 우희 ᄠᅴ워 베텨 구으리혀:離水面擺動倒(飜老上35). 네 능히 셩찰ᄒᆞ야 ᄋᆡ심올 베티고:女能反省割愛(野雲41). 도적이 대로ᄒᆞ야 그 져즐 베텨놀:賊大怒斫其乳(東新續三綱. 烈4:1 李氏刳腹).

베퍼 동 베풀어. 펴. 떨치어. ㉠베프다 ¶ 사ᄅᆞᄆᆡ 惡올 듣고 베퍼 기우러:聞人之惡揚之(宣賜內訓1:33). 일에 마초와 계교를 내며 ᄉᆞ려를 베퍼:方物出謀發慮(宣小1:6). 일홈을 後世예 베퍼 ᄡᅥ 父母ᄅᆞᆯ 현뎌케 홈이 효도ᄋᆡ ᄆᆞᄎᆞᆷ이니라:揚名於後世以顯父母孝之終也(宣小2:29).

베퍼나다 동 ①피어나다. ¶ 보ᄆᆞᆯ 當ᄒᆞ여 베퍼나게 ᄒᆞ놋다:當春乃發生(重杜解12:24). ②떨치다. ¶ 말ᄉᆞᄆᆞᆯ 인ᄒᆞ야셔 베퍼나ᄂᆞ니:因言以宣(飜小8:10).

:베·퍼내·다 동 떨치다. ¶ 후셰예 일홈 베퍼내여:揚名於後世(飜朴上50). 사ᄅᆞᄆᆡ 사오나옴으란 듣고 베퍼내여:聞人之惡揚之(宣小5:17).

베포다 동 베풀다. ☞베프다 ¶ 사오나오ᄆᆞᆯ 베포면(三略下9).

:베풀·다 동 베풀다. ¶ 因ᄒᆞ야 丹霞ᄋᆡ 손 베픈 고ᄃᆞᆯ 싱각ᄒᆞ니:因憶丹霞施手處(金三5:49). 베풀 장:張(兒學下9).

:베·프·다 동 베풀다. 떨치다. ☞베포다. 베풀다. 베플다 ¶ 時世 거리칠 ᄭᅬᄅᆞᆯ 베프고져 ᄒᆞ나:欲陳濟世策(初杜解7:15). 兵馬ㅅ 氣運이 베프디 몯홀가 전노라:兵氣恐不揚(初杜解8:68). 타라기 기리 性을 베프ᄂᆞ니:醍醐長發性(杜解9:22). 사ᄅᆞᄆᆞ로 ᄒᆡ여 기픈 ᄉᆞᆯ표ᄆᆞᆯ 베프게 ᄒᆞᄂᆞ다:令人發深省(初杜解9:27). 일홈을 後世예 베퍼 ᄡᅥ 父母ᄅᆞᆯ 현뎌케 홈이 효도ᄋᆡ ᄆᆞᄎᆞᆷ이니라:揚名於後世以顯父母孝之終也(宣小2:29).
※베프다>베플다>베풀다

베플다 동 베풀다. ☞베프다 ¶ 베플 션:宣(類合上3. 石千26). 베플 ᄉᆞ:肆(類合上13. 石千19). 베플 댱:張(類合上16). 베플 댱:張(石千1). 베플 셜:設(類合上30. 石千19). 베플 시:施(類合下20. 石千40). 베플 부:敷. 베플 딘:陳(類合下22). 베플 발:發(類

合下55. 石千5). 위염 베프러 싸호ᄂᆞᆫ 뉴들이 이쳔이 남은이라(三譯3:7). 베플 셜:設(倭解下41). 형벌 긔구ᄅᆞᆯ 셩히 베플고(五倫1:39). 베플 쟝:張(註千1). 베플 발:發(註千5). 베플 ᄉᆞ:肆. 베플 셜:設(註千19). 베플 션:宣(註千26). 베플 소:疏(註千31). 베플 진:陳(註千33). 베플 시:施. 베플 시:矢(註千40).

베·히·다 동 베다. ☞버히다 ¶또 ᄃᆞᆯᄀᆡ 벼ᄉᆞᆯ 베혀:又方割雞冠(救急下17). 뫼히며 ᄀᆞᄅᆞᆷ ᄀᆞᅀᆞ마라 베혀:宰割山河(宣賜內訓3:56). 처엄 솔와 잣과 베효ᄆᆞᆯ 듣다니:初聞伐松栢(初杜解22:41). ᄒᆞᆫ 줌 기릐예 견주워 베혀:比着只一把長短鉸了(飜朴上38). 뫼콰 믈을 베혀:割山河(飜小8:19). 베힐 벌:伐(石千5). 손ᄶᅡ락 베혀 약의 ᄡᅡ 드리니:斷指和藥以進(東新續三綱. 孝5:54). 青雲엣 ᄃᆞ리ᄅᆞᆯ 베히게 ᄒᆞ지 말라:莫令斬斷青雲梯(重杜解8:34). 숨쏠 베히다:剪臍帶兒(譯解上37). 베힐 참:斬(倭解上54). 肝을 베혀 ᄉᆞᆯ마 ᄲᅧ 나오니(女四解4:17). 머리ᄅᆞᆯ 무지고 귀ᄅᆞᆯ 베혀 신을 삼더니(女範3. 뎡녀 조문슉쳐). 도든 扶桑 큰 도최로 베혀 내여(武豪歌).

·벼 명 벼. ¶벼爲稻(訓解. 用字). 벼 시므ᄂᆞᆫ 이러믈 爲ᄒᆞ애니라:爲稻畦(初杜解7:16). 베 므레 누워 두의티디 몯ᄒᆞ얫도다:粳稻臥不飜(杜解16:4). 벼 도:稻(訓蒙上12. 類合上10). 벼 깅:秔(類合下28). 벼 도:稻. 벼화:禾(倭解下4). 벼와 삼과 콩과 보리 棧이 일고 囷이 일며:禾麻菽麥成棧成囷(女四解2:30). 벼:稻(同文解下2. 物譜 禾穀). 벼가:稼(註千28). 벼 이삭 ᄀᆞᆺ흔 기음:穀莠(漢淸13:10).

-·벼 접미 '따위'와 같은 뜻의 접미사(接尾辭). ☞-쎠 ¶또 사발와 그릇벼ᄃᆞᆯ 사져:再買些椀子什物(飜老下32). 사발와 그릇벼ᄅᆞᆯ 간슈ᄒᆞ고:椀子家具收拾了(飜老下45). 또 사발과 그ᄅᆞᆺ벼들 사쟈(老解下29). 이 칠ᄒᆞᆫ 그릇벼ㅣ:這漆器家火(老解下30). 이바 이 집 사ᄅᆞᆷ아 이 셰간 엇디 살리 솟벼 다 ᄯᅳ리고(古時調. 鄭澈. 松江).

벼가 명 베개. ☞벼개 ¶벼가예 굽스려셔 여희요ᄆᆞᆯ 드로니:伏枕聞別離(重杜解22:40).

·벼개 명 베개. ☞벼가. 벼ᄀᆡ ¶벼개 돗ᄀᆞᆯ(三綱. 孝19). 平牀 벼개예 니기 자거든:眠熟牀枕(楞解4:130). 블근 벼개 노코 힌쇼 메우니:安置丹枕駕以白牛(法華2:73). 벼개ᄅᆞᆯ 노피 벼여시니:高枕(重杜解2:28). 오시 ᄆᆞᄅᆞ니 벼개와 돗괘 ᄆᆞᆰ도다:衣乾枕席淸(杜解7:7). 벼개와 산 가지고 수플 幽僻ᄒᆞᆫ ᄃᆡ 들고:枕簟入林僻(杜解9:25). 프른 싣나모 서리예 벼개예 굽스려셔 玉除ᄅᆞᆯ 限隔호라:伏枕青楓限玉除(杜解21:18). 벼개 침:枕(訓蒙中11. 類合上25. 倭解上46). 黃香의 벼개 부츔과:黃香扇枕(宣小5:5). 벼개 가온대 녀코:藏于枕中(東新續三綱. 烈2:81). 벼개:枕頭(譯解下15). 황향의 벼개 부츰과:枕(百行源11).

벼개ㅅ돌 명 문지방돌. ¶門 벼개ㅅ돌:門枕石(譯解上18).

벼·기·다 동 우기다. 고집하다. ¶盟誓ᄅᆞᆯ 벼기니이다(月釋23:66). 벼기더시니 뉘러시니잇가(樂範. 鄭瓜亭).

벼ᄀᆡ 명 베개. ☞벼개 ¶눈물 흘려 벼ᄀᆡ 져져 어름 ᄶᅩ각 버셔인가(萬言詞). 벼ᄀᆡ 침:枕(兒學上12).

벼다 동 베다〔枕〕. ☞베다 ¶벼개ᄅᆞᆯ 노피 벼여시니:高枕(重杜解2:28). 南山에 자리 보아 玉山을 벼어 누어(樂詞. 滿殿春別詞).

:벼·ᄃᆞᆯ 명 별과 달. ¶벼ᄃᆞ리 虛空애 ᄃᆞᆯ인 ᄃᆞᆺᄒᆞ야(月釋8:7). 벼ᄃᆞ리 허공애 ᄃᆞᆯ인 ᄃᆞᆺᄒᆞ야:似星月懸處虛空(觀經8).

·벼·락 명 벼락. ☞별악 ¶큰 둘에를 벼라기 ᄢᅢ티니:巨圍雷霆柝(初杜解18:19). 벼락 벽:霹. 벼락 력:靂(類合上4).

벼락치다 동 벼락치다. ☞별악티다 ¶벼락침 ᄀᆞᆺ치 듯고(三譯1:18).

벼·로 명 벼루. ☞벼루. 별로 ¶벼로爲硯(訓解. 用字). 벼로앤 쇠우므렛 므리 ᄎᆞ고:硯寒金井水(杜解8:9). 벼로 연:硯(訓蒙上34. 倭解上38. 兒學上10). 벼로:硯(同文解上44. 漢淸4:20). ※벼로>벼루

벼로 명 벼랑. ¶벼로:地灘(譯解上7). 벼로:峭崖(漢淸1:39).

벼로길 명 벼룻길. ☞벼로 ¶벼로길:遷(柳氏物名五 水).

벼로다 동 벼르다. ☞벼르다. 별오다 ¶셩내여 크게 벼로고(三譯1:10). 벼로다:記恨(同文解下33). 벼로다:懷恨(漢淸7:1).

벼로다 동 벼르다. 여러 몫으로 나누다. ¶눈화 벼로다:按人派分(同文解下27).

벼·록 명 벼룩. ☞벼룩 ¶벼록 걸:虼. 벼록 조:蚤(訓蒙上23). 벼록 조:蚤(類合上16. 倭解下27. 兒學上8). 벼록:虼蚤(同文解下43). 벼록:肐蚤(譯解補49). 벼록:蚤(柳氏物名二 蟲). ※벼록>벼룩

벼룻집 명 벼룻집. ☞벼로. 벼루 ¶벼룻집:硯匣兒(譯解下19).

벼·루 명 벼루. ☞벼로 ¶죠히 먹 붇 벼루 가져오라:拿紙墨筆硯來(飜朴上60).

벼룩 명 벼룩. ¶벼룩:虼蚤(物譜 蟲豸).

벼르다 동 벼르다. ☞벼로다 ¶타일의 보쟈 벼르더라(癸丑50). 션왕이 믜워ᄒᆞ시고 벼르시기를 니를 거시 업ᄉᆞ며(閑中錄346).

·벼·리 명 벼리. ¶그므를 베퍼 그믌 벼리ᄅᆞᆯ

자ᄫᆞ니 萬魚ㅣ 窘急ᄒᆞ도다:設網提綱萬魚急(初杜解16:63). 벼리 괭:紘. 벼리 강:綱(訓蒙中14). 벼리 강:綱(類合下9. 倭解下15). 님금은 신하의 벼리 되엿ᄂᆞ니(仁祖行狀20). 綱은 그믈애 벼리라(女四解4:1). 그믈벼리:網邊繩(漢清10:25). 벼리 건 줄이라:紀(柳氏物名二 水族).

벼리 명 머리〔頭〕. ☞머리 ¶벼리 두:頭(訓蒙上24).

벼리다 동 버리다. ¶도의 벼려 두러 메고(古時調. 青丘).

벼ᄅᆞ·다 동 겉을 꾸미다. 가장하다. 거짓 꾸미다. ¶無爲 비록 眞ᄒᆞ나 벼ᄅᆞ면 聖果ᄅᆞᆯ 證호미 어려우니:無爲雖眞擬之則聖果難證(金三4:31). 벼ᄅᆞ디 아니ᄒᆞ며 ᄇᆞ리디 아니ᄒᆞᆯ 쩨:不擬不棄時(金三4:31).

벼맛 명 베갯머리. 머리맡. ☞벼맡 ¶님의 얼골을 그려 벼맛희 브쳐 두고 안ᄌᆞ며 닐며 ᄆᆞᆫ지며 니른 말이(古時調. 古歌).

벼맡 명 베갯머리. 머리맡. ¶黃昏의 ᄃᆞᆯ이 조차 벼마틔 빗최니(松江. 關東別曲).

벼·슬 명 벼슬〔官職〕. ☞벼ᅀᆞᆯ ¶벼스를 도도시니:聿陞官爵(龍歌85章). 또 벼슬 놉고 가ᅀᆞ며루미(釋譜6:15). 벼스를 求ᄒᆞ면(釋譜9:23). 屯田郎中은 벼슰 일후미라(宣賜內訓3:29). 벼스리 ᄒᆞ오ᅀᅡ 冷ᄒᆞ도다:官獨冷(初杜解15:36). 벼슬 경:卿(訓蒙中1. 石千21). 벼슬 위:位(訓蒙下1. 類合上1. 石千4). 벼슬 직:職(訓蒙下31. 光千14). 벼슬 환:宦(類合上17). 벼슬 함:銜(類合下2). 벼슬 작:爵(類合下22). 대쟝군 벼슬 주고 녜로ᄡᅥ 영장ᄒᆞ시니라:授職大將軍以禮葬之(東新續三綱. 忠1:3).

벼ᅀᆞ 명 벼슬〔官職〕. 〔'벼ᅀᆞᆯ'의 'ㄹ'이 'ㅈ' 소리 앞에서 탈락(脫落)한 형태.〕☞벼ᅀᆞᆯ ¶벼ᅀᆞ 쟉:爵(光千18).

벼ᅀᆞᆯ 명 벼슬〔官職〕. ☞벼슬 ¶벼ᅀᆞᆯ 사:仕(光千13. 倭解上36). 벼ᅀᆞᆯ 직:職(石千14. 倭解上36). 벼ᅀᆞᆯ ᄇᆞ리고 집의 도라오니:棄官歸家(宣小6:27). 벼ᅀᆞᆯ 위:位(倭解上36). 네 벼ᅀᆞᆯ로ᄡᅥ 養홈을 원티 아니ᄒᆞ노라(女四解4:11). 벼ᅀᆞᆯ 봉ᄒᆞ다:封爵(同文解上38). 벼ᅀᆞᆯ을 아ᅀᆞ시니라(明皇1:30). 벼ᅀᆞᆯ:爵(漢清2:45). 즉일에 벼ᅀᆞᆯ을 ᄇᆞ리고(五倫1:35). 화쥬 방어 츄관 벼ᅀᆞᆯ로 올므니라:轉和州防禦推官(五倫1:52). 벼ᅀᆞᆯ 작:爵(石千18. 註千18). 벼ᅀᆞᆯ ᄉᆞ:師(註千4). 벼ᅀᆞᆯ 일홈 경:卿(註千21). 벼ᅀᆞᆯ 일홈 공:公(註千23). 벼ᅀᆞᆯ 공:工 官也(註千40).

벼ᅀᆞᆯᄒᆞ·다 동 벼슬하다. ¶벼ᅀᆞᆯᄒᆞᆯ 셩슈ᄂᆞᆫ 업다:官星沒有(飜老下71). 벼ᅀᆞᆯᄒᆞ다:做官(譯解上13). 벼ᅀᆞᆯᄒᆞ매ᄂᆞᆫ 튱셩을 다ᄒᆞ야:官(百行源13). 효힝을 쳔거ᄒᆞ여 벼ᅀᆞᆯᄒᆞ이니라(五倫1:40).

벼·이다 동 베다. ☞벼다. 베다 ¶벼여 누뻣ᄂᆞ니(三綱. 烈5). 먼 ᄶᅡ해 와 오직 벼개ᄅᆞᆯ 노피 벼엿고:絶域惟高枕(初杜解8:37). 벼개 노피 벼여 누우니 내 집 ᄀᆞ토다:高枕乃吾廬(初杜解15:11). 玉山을 벼여 누어(樂詞. 滿殿春別詞).

벼·틔 명 볕에. 목볕 ☞볏 ¶둥어리ᄅᆞᆯ 벼틔 뙤요니 竹書ㅣ 빗나도다:曝背竹書光(初杜解10:31).

벼프다 동 베풀다. ¶아마도 못다ᄒᆞᆯ 誠孝를 일즉 벼퍼 보렷로라(古時調. 朴仁老. 人生百歲. 蘆溪集).

벼히다 동 베다〔裁斷〕. ¶鴛鴦錦 벼혀 노코(松江. 思美人曲).

·벽 명 벽(壁). ¶壁은 ᄇᆞᄅᆞ미라(楞解7:18). 또 벽으로ᄡᅥ 四면의 두르고(家禮8:14). 네 飯饌 사라 가거든 이 벽 ᄉᆞ잇집의 猪肉을 사라 가라(蒙老2:1).

·벽 명 벽돌. ¶甓이며 디새며 ᄒᆞᆯᄀᆞ로 塔ᄋᆞᆯ 이르ᅀᆞᆸ거나(釋譜13:51). 드레 우희 ᄒᆞᆫ 무싀 벽을 ᄆᆡ라:洒子上絟着一塊塼頭着(飜老上32). 믄득 아ᄎᆞᄆᆡ 벽 일ᄇᆡᆨ을 손소 드러 집 밧긔 옴기고:輒朝運百甓於齋外(飜小10:7). 벽 젼:甎. 벽 령:瓴. 벽 벽:甓(訓蒙中18). 드레 우희 ᄒᆞᆫ 덩이 벽을 ᄆᆡ라:洒子上絟着一塊塼頭着(老解上29). 존 벽 덩이 가져다가 괴와 편히 ᄒᆞ고:將碎塼塊來墊的穩着(朴解中58). 벽 ᄶᆞ다:鋪磚(譯解上19). 벽 굽ᄂᆞᆫ 굴:瓦窯(同文解上35).

·벽 명 벽(癖). 버릇. 나쁜 버릇. ¶괴이ᄒᆞᆫ 벽:毛病(譯解補52).

벽공 명 벽공(碧空). 푸른 하늘. ¶碧空에 걸려시니(古時調. 李德馨. ᄃᆞᆯ이. 青丘).

벽녁ᄒᆞ다 동 벽력(霹靂)하다. 벼락치다. ¶벽녁ᄒᆞ다:雷打了(同文解上2). 벽녁ᄒᆞ다:雷擊(漢清1:10).

·벽:돌 명 벽돌. ☞벽드르 ¶벽돌도 더이며 울호ᄃᆡ:磚石蒸熨(救簡2:38). 벽돌:磚石(柳氏物名五 石). 벽돌 벽:甓(兒學上9).

벽드르 명 벽돌. ☞벽돌 ¶야투루 비쳇 벽드르헤 운문ᄒᆞ욘 비단:鴨綠界地雲(飜老下24). 벽드르헤 운문ᄒᆞᆫ 비단:鴨綠界地雲(老解下21). 벽드르 운문:界地雲(譯解下4).

·벽·드·르문 명 벽돌무늬. ☞벽드르¶뿍비체 벽드르문 비단:艾褐玉塼堦(飜老下24). 뿍빗체 벽드르문 ᄒᆞᆫ 비단:艾褐玉塼堦(老解下22). 벽드로문엣 비단옷과:界地紵絲襖子(老解下45).

·벽·력 명 벽력(霹靂). 벼락. ¶큰 구룸과 霹靂 니르와다 우르고 무뤼 비코(月釋7:35). 霹靂과 나모 것굼과(永嘉下140). 霹靂이 ᄯᅩ 轟호매 비 기우린 ᄃᆞᆺᄒᆞᄂᆞ니 그지업

ᄉᆞᆫ 人天이 ᄯᅮ미 ᄢᅵ도다(南明下38).
·벽·ᄉᆡᆨ 명 벽색(碧色). ¶碧色ᄋᆞᆫ 能히 여러 가짓 毒ᄋᆞᆯ 슬우ᄂᆞᆫ 젼ᄎᆞ라(金三宗序3).
벽오동 명 벽오동(碧梧桐). ¶벽오동:梧(物譜 雜木). 벽오동 오:梧(兒學上5).
벽쟝 명 벽돌의 낱장. ¶벽쟝:磚頭又 박셕(同文解上36).
벽항 명 벽항(僻巷). ¶비록 窮村 僻巷이라도 다 방문을 의거ᄒᆞ야(簡辟序3).
:변 명 변(變). ¶兄弟 變이 이시나 因心則友ㅣ실ᄊᆡ:兄弟縱相瘉因心則友于(龍歌119章). 變은 고텨 ᄃᆞ욀 씨니 얼굴 잇ᄂᆞᆫ 거슨 長常 ᄒᆞᆫ가지라 잇디 몯ᄒᆞ야 고텨 ᄃᆞ외ᄂᆞ니 流는 世예 브튼 마리오 變은 界예 브튼 마리라(釋譜19:11). 變은 常例예셔 다ᄅᆞᆯ 씨오(月釋1:15).
변 명 한자(漢字)의 변(邊). ¶去字 변에 뒨 귀 이 ᄒᆞᆫ 거시 곳 이라:去字傍着反耳的便是(朴解中41).
변:경 명 변경(邊境). ¶ᄒᆞ다가 陰陽이 調和ᄒᆞ며 邊境이 ᄌᆞᄂᆞᆨᄌᆞᄂᆞᆨᄒᆞᆫ 後에ᅀᅡ:若陰陽調和邊境淸靜然後(宣賜內訓2上54).
:변:괴 명 변괴(變怪). ¶變怪ᄂᆞᆫ 常例ㄹ디 아니ᄒᆞᆫ 妖怪라(釋譜9:33). 모딘 벼릐 變怪ᄅᆞᆯ 能히 ᄲᆞᆯ리 횟도로 ᅘᅧ라(月釋10:102).
변ᄀᆡᄒᆞ다 동 변개(變改)하다. ¶변ᄀᆡᄒᆞ기 잘ᄒᆞᄂᆞᆫ 이:肯變卦的(漢淸8:43).
변대 명 멜대. ¶변대:扁担(同文解下15). 변대 메다:挑着(漢淸10:11). 변대:扁擔(漢淸11:42).
변덕 명 변덕(變德). ¶그 사ᄅᆞᆷ의 변덕이 무샹ᄒᆞ니(閑中錄406).
변·두 명 변두(藊豆). ☞변두콩 ¶변두 변:䕲(訓蒙上13).
변두콩 명 변두콩. 변두(藊豆). ☞변두 ¶변두콩:藊豆(東醫 湯液一 土部).
:변:론·ᄒᆞ·다 동 변론(辯論)하다. ¶시혹 諸司애 이셔 業果ᄅᆞᆯ 辯論ᄒᆞ야 一定ᄒᆞᆫ 後에(月釋21:109).
변:리 명 변리(便利). 오줌똥. ¶더러븐 瓦礫이며 荊棘이며 便利며:便利ᄂᆞᆫ 오좀ᄯᅩᆼ이라(月釋13:61).
변리 명 변리(邊利). ¶변리 변:邊(倭解上56). 변리:月利錢(同文解下27). 변리:利息(漢淸6:64).
:변:만ᄒᆞ·다 형 편만(徧滿)하다. ¶ᄯᅩ 恒沙諸佛 如來ㅣ 空界예 徧滿커시든(楞解9:62). 事事ㅣ 徧滿ᄒᆞ야 ᄀᆞ룜 업슨 젼ᄎᆞᄅᆞᆯ 사ᄆᆞ시니라(圓覺上二之二143).
변미ᄒᆞ다 동 변미(變味)하다. ¶변미ᄒᆞ다:味變(漢淸12:59).
변방 명 변방(邊方). ¶변방의셔 알외ᄂᆞᆫ 긔별와:邊報(飜小8:21). 朝廷의 利ᄒᆞ며 害로옴과 변방 긔별와 관원 브리며 벼슬ᄒᆞ임을 닐으디 아니홈이오:不言朝廷利害邊報差除(宣小5:100). 텬긔 치오면 미양 변방의 장ᄉᆞᄅᆞᆯ 싱각ᄒᆞ샤(仁祖行狀31). 지아비 변방의 슈자리 갈ᄉᆡ(女四解4:16). 변방 ᄉᆡ:塞(註千27).
변변이 부 변변히. 변변하게. ¶토반 발명도 변변이 못ᄒᆞ고(閑中錄560).
변시 명 편수. ¶변시:餛飩(訓蒙中20 飩字註). 변시:匾食(譯解上51). 변시:扁食(漢淸12:45).
:변:ᄉᆞ 명 변사(辯士). ¶訥祇王이 셔아 辯士 보내야:辯士ᄂᆞᆫ 말 잘ᄒᆞᄂᆞᆫ 사ᄅᆞ미라(三綱. 忠30).
변ᄉᆞᄒᆞ다 동 번사(變辭)하다. 앞서 한 말을 고치다. ¶변ᄉᆞᄒᆞ다:改嘴(同文解上33. 譯解補24. 漢淸8:39).
:변·ᄉᆡᆨᄒᆞ·다 동 변색(變色)하다. ¶반ᄃᆞ시 변ᄉᆡᆨᄒᆞ시며:必變(宣小3:15).
변싄 명 변인(邊人). 변방(邊方) 사람. ¶雙鵰ㅣ ᄒᆞᆫ 사래 ᄢᅦ니 絶世英才ᄅᆞᆯ 邊人이 拜伏ᄒᆞᅀᆞᄫᅵ니:維彼雙鵰貫於一發絶世英才邊人拜伏(龍歌23章).
변·ᄉᆞ 명 변자(邊子). 〔'변ᄉᆞ'는 '邊兒'. '兒'는 중국어의 명사에 붙는 접미사(接尾辭)〕. ☞변ᄋᆞ ¶청셔피로 ᄀᆞᄂᆞᆫ 변ᄉᆞ ᄒᆞ고:藍斜皮細邊兒(飜朴上28).
변안히 부 편안(便安)히. ☞편안히 ¶ᄯᅩ 모로매 定力을 便변安안히 護持호리니(松廣寺 蒙法14).
변·역 명 변역(變易). ¶變易ᄋᆞᆫ 고텨 ᄃᆞ욀 씨니 因이 올ᄆᆞ며 果ㅣ 밧골 씨라(月釋7:70). 世界옛 變易으로 輪廻ᄒᆞᄂᆞᆫ 假顚倒ᄅᆞᆯ(楞解7:82).
:변:이 명 변이(變異). ¶口中에 災祥 變異ᄅᆞᆯ 즐겨 닐어(楞解9:89).
변ᄋᆞ 명 변자(邊子). 〔'변ᄋᆞ'는 '변ᄉᆞ'의 변음(變音).〕☞변ᄉᆞ ¶변ᄋᆞ에 玳瑁ᄅᆞᆯ ᄭᅵ랏고:邊兒幔玳瑁(朴解上26).
변장 명 변장(變裝). ¶음슈와 변쟝의 잘ᄒᆞ고 못ᄒᆞ믈 내치고(綸音81).
변정ᄒᆞ다 동 변정(辨正)하다. ¶더브러 결워 ᄃᆞ토디 말고 반ᄃᆞ시 구의예 告ᄒᆞ야 辨正ᄒᆞ라(警民9).
변·ᄌᆞ 명 변자(邊子). ☞변ᄉᆞ. 변ᄋᆞ ¶치마애 변ᄌᆞᄅᆞᆯ 도ᄅᆞ디 아니ᄒᆞ더시니:裙不加緣(宣賜內訓2上44).
:변지 명 변재(辯才). ¶辯才ᄂᆞᆫ 말 잘ᄒᆞᄂᆞᆫ 지죄라(楞解1:4). 辯才 ᄀᆞ룜 업셔:辯才無礙(楞解5:59).
:변·징·ᄒᆞ·다 동 변쟁(辯爭)하다. 쟁변(爭辯)하다. ¶誾誾:화열호ᄃᆡ 변징홈이라(宣小3:14).

변탕 명 변탕(邊鐋). ¶변탕:鐋(物譜 工匠).

변통 명 변통(變通). ¶본디 변통이 업서(癸丑30). 주변이 읏듬이라 변통을 아니ᄒᆞ랴(萬言詞).

변통ᄒᆞ다 동 변통(變通)하다. ¶不可不 變通ᄒᆞ시올딕 하 固執히 구ᄋᆞ시니(隣語3:3). 혜랑 왈 우리 무리 변통ᄒᆞᆯ 일이 잇ᄂᆞ니(落泉1:2).

:변·화 명 변화(變化). ¶變化ㅣ 無窮ᄒᆞ실씨(龍歌60章). 變化ᄅᆞᆯ ᄆᆞᅀᆞᆷ조초 ᄒᆞ야(釋譜6:29). 일후미 變化ㅣ니(六祖中41).

:변:화ᄒᆞ·다 동 변화(變化)하다. ¶곡도 變化ᄒᆞᄂᆞᆫ 속절업슨 모미 곧 法身이니라(金三2:53). 반ᄃᆞ기 能히 變化ᄒᆞ야 小로 大ᄅᆞᆯ 現ᄒᆞ며(六祖 略序13).

:변·ᄒᆞ·다 동 변(變)하다. ¶一方이 變ᄒᆞ야 十方 ᄃᆞ외논 고ᄃᆞᆫ 四方이 절로 四方이 ᄃᆞ외디 몯ᄒᆞ야(釋譜19:13). 虛空애 ᄀᆞᄃᆞ기 비ᄒᆞ니 變ᄒᆞ야 七寶臺 ᄃᆞ외며(釋譜23:20). 거츠디 아니ᄒᆞ며 變티 아니ᄒᆞᆯ시(圓覺序3). ᄇᆞᄅᆞᆷ과 구룸괏 變ᄒᆞᄂᆞᆫ 양ᄌᆞᄅᆞᆯ 몃 번 보아뇨(金三 涵序2). ᄂᆞᆺ빗츨 변ᄐᆞ시 ᄒᆞ시며:色勃如也(宣小2:38). 齊ㅣ ᄒᆞᆫ 번 變ᄒᆞ면 魯애 니르고(宣論2:11). 죵시에 변티 아니ᄒᆞ야:終始不變(東新續三綱. 孝6:8). 변ᄒᆞᆯ 변:變(倭解下36). 긔쇡 변ᄒᆞ다:氣色變了(漢清6:8). 건충이 북방의 변ᄒᆞ미 놉흔 거시 것구러지리라 ᄒᆞ고(落泉1:1).

볃 명 볏. ¶볃:鏵子(四解下32 鏵字註). 볃 화:鏵(訓蒙中9). ※볃>볏

볃 명 볕. ☞별 ¶빗 소갯 글월란 幽深ᄒᆞᆫ ᄢᅴ 볃 ᄢᅬ오:腹中書籍幽時曬(初杜解22:13). 볃 경:景(訓蒙下1. 石千9). 볃 양:陽(訓蒙上1. 石千2). 볃 양:陽(類合上4. 倭解上6). 볃 ᄧᅬᆯ 포:曝(類合下7). 볃 경:景(類合下51). ᄇᆞᄅᆞᆷ과 볃틀 ᄀᆞ리우디 몯ᄒᆞ거늘:不蔽風日(宣小6:30). 볃:太陽(同文解上3).

별 명 벼랑. ¶六月ㅅ 보로매 아으 별해 ᄇᆞ룐 빗 다호라(樂範. 動動). 삭삭기 셰몰애 별헤 나ᄂᆞᆫ 구은 밤 닷 되를 심고이다(樂詞. 鄭石歌).

:별 명 별〔星〕. ¶별爲星(訓解. 用字). 하ᄂᆞᆳ 벼리 눈 ᄀᆞᆮ 디니이다:維時天星散落如雪(龍歌50章). 星宿는 벼리라(釋譜9:33). 어린 사ᄅᆞᄆᆞᆫ 오히려 ᄃᆞᆳ ᄀᆞᅀᆡᆺ 벼ᄅᆞᆯ ᄇᆞ라ᄂᆞ다:癡人猶望月邊星(南明下41). 별 셩:星. 별 신:辰(訓蒙上1). 별 셩:星(類合上2. 倭解上1). 별 슈:宿(類合下23). 별 신:辰(石千1). 별 셩:星(石千20). 별:星(同文解上1). 별 슈:宿(註千1).

별로 명 벼루. ☞벼로 ¶별로 믈집:硯水城(譯解補12).

별로 부 별(別)로. 따로. ¶니블로ᄡᅥ ᄡᅡ고 別로 ᄯᅩ 니블로ᄡᅥ 덥퍼(家禮圖8). 봉녹 밧긔도 별로 먹을 거술 주시며(仁祖行狀25). 別로 술와 주실가 ᄒᆞ여(新語1:25).

별루다 동 벼르다. ☞벼로다 ¶孫權이 크게 셩내여 玄德을 별뤄(三譯10:22).

별명 명 별명(別名). ☞별호 ¶별명 호:號(類合上7).

별미 명 별미(別味). ¶그런 別味 업ᄉᆞ외(隣語2:2). 錦鱗魚膾 別味로다(古時調. 金壽長. 海謠).

별별 관 별별(別別). ¶별별 음식이 내게 어이 이시며(閑中錄392).

·별·실 명 별실(別室). ¶別室이ᅀᅡ 一千二百이오(釋譜3:38). 婦人은 中門 앒 別室에 잇고(宣賜內訓1:61). 겨지븐 듕문 안 별시레 이셔:婦人次於中門之內別室(飜小7:19). 듕문 동녀긔 져근 별실이 이시니:中門東有小齋(飜小9:102). 婦人은 中門 안 別室에 이셔:婦人次於中門之內別室(宣小5:52). 별실 지어 준대:構別室與之(東續三綱. 烈2 宋氏誓死). 존ᄒᆞᆫ 네ᄅᆞᆯ ᄒᆞ지 말나 ᄒᆞ고 별실을 셔러져 들게 ᄒᆞ니(落泉1:2).

별똥 명 별똥. ¶별ᄯᅩᆼ:雷墨(柳氏物名五 火).

별악 명 벼락. ☞벼락. 별학 ¶별악:霹靂火閃(譯解上2).

별악티다 동 벼락치다. ☞벼락티다 ¶별악티다:雷打了(譯解上2).

별오다 동 벼르다. ☞벼로다 ¶별오다:記恨(譯解補20).

별우다 동 벼르다. ☞벼로다. 별오다 ¶네 군ᄉᆞ 별워 딘 친 거시 올타 (三譯7:17).

별자리 명 별자리〔星座〕. ¶별자리 신:辰(類合上2).

별학 명 벼락. ☞별악 ¶별학:霹火閃(齊諧物名 天文類).

별해 명 벼랑에. 〔ㅎ첨용어 '별'의 부사격(副詞格).〕 ㉲별 ¶六月ㅅ 보로매 아으 별해 ᄇᆞ룐 빗 다호라(樂範. 動動).

별헤 명 벼랑에. 〔ㅎ첨용어 '별'의 부사격(副詞格).〕 ㉲별 ¶삭삭기 셰몰애 별헤 나ᄂᆞᆫ 구은 밤 닷 되를 심고이다(樂詞. 鄭石歌).

별호 명 별호(別號). ☞별명 ¶별호:號(漢清6:34). 별호 호:號(兒學下7).

별히 부 별(別)히. 특별히. ¶별히 쟝망ᄒᆞᆫ 것 업서:別無調度(宣賜內訓3:57). 별히 내라 외방의 나가면:偏我出外時(飜老上44).

:볍:새 명 뱁새. ☞볍새 ¶物을 體ᄒᆞ야셔 볍새의 안자쇼ᄆᆞᆯ 幸히 너기노라:體物幸鷦鷯(杜解20:47). 볍새 쵸:鷦. 볍새 료:鷯(訓蒙上16. 類合上12). 볍새 벗 사마(野雲59). 볍새:巧婦鳥(東醫 湯液一 禽部). 볍새:桃蟲(詩解 物名21). 볍새 ᄒᆞᆫ 가지예 안잣노라:鷦鷯在一枝(重杜解13:43). 볍새:鷦鷯

(譯解下28). 굴형에 볍새 춤새는 못내 즐겨ᄒᆞᄂᆞ다(古時調. 申欽. 얼일샤 져. 青丘).

·볏 명 볏〔鷄冠〕. ☞빗 ¶ 또 ᄃᆞᆯᄀᆡ 벼ᄉᆞᆯ 베혀 피ᄅᆞᆯ 세다ᄉᆞᆺ 버늘 헌ᄃᆡ 처 디요ᄃᆡ:又方割雞冠血瀝着瘡中三五滴(救急下17). 또 ᄃᆞᆯᄀᆡ 벼셋 피ᄅᆞᆯ:又方以雞冠血(救急下43). 수ᄃᆞᆯᄀᆡ 벼셋 피ᄅᆞᆯ:雄雞冠血(救簡6:60). 볏:雞冠(柳氏物名一 羽蟲).

볏 명 볕. 볕. ☞볃 ¶ 볏틔 ᄆᆞᆯ뢰오다:晒乾(譯解下47). 비온 날 니믜 춘 누역이 볏귀 본 ᄃᆞᆯ 엇더리(古時調. 鄭澈. 인ᄂᆞ니. 松江). 볏나고 비 오다:帶日下雨(漢淸1:11). 사랑홉다 이 볏치야 어렷던 몸 녹는고야(萬言詞). 볏 양:陽(註千2). 볏 경:景(註千9). 볏 양:陽(兒學上3).

볏 명 벗. ¶ 볏:鏵子(譯解下7). 아ᄭᅩ온 져 소뷔는 볏 보님도 됴흘시고(蘆溪. 陋巷詞).

볏기다 동 베끼다. ☞벗기다 ¶ 글 볏기다:抄寫(同文解上43).

볏뉘 명 볕뉘. ☞-뉘 ¶ 北風이 ᄉᆞᆯ아져 블 제 볏뉘 몰라 ᄒᆞ노라(古時調. 구룸아 너는. 青丘). 구름 ᄭᅵᆫ 볏뉘도 ᄶᅬᆫ 적이 업건ᄆᆞᄂᆞᆫ(古時調. 曺植. 三冬에 뵈옷. 青丘). 後에 또 다시 만나면 九年之水에 볏뉘 본 듯ᄒᆞ여라(古時調. 어와 보완제고. 青丘).

·볏:딥 명 볏짚. ☞볏딮 ¶ ᄒᆞ다가 볏딥 피면:若是稻草時(飜老上18). 五百 뭇 볏딥헤 노흐라:五百來束稻草裏放(朴解中20).

볏딮 명 볏짚. ☞볏딥 ¶ 또 볏디프로 지 ᄉᆞ라:又方用稻稈燒灰(救急下34).

:병 명 병(病). ¶ 하ᄂᆞᆯ히 病을 ᄂᆞ리오시니:維皇上帝降我身疾(龍歌102章). 내 일후믈 귀예 ᄒᆞᆫ 번 드러도 病이 업고(釋譜9:7). 別業은 누네 病 뒷ᄂᆞ니 燈읫 두려운 光 봄 ᄀᆞᆮᄒᆞ니라(法華5:134). 衰老ᄒᆞᆫ 病은 보야ᄒᆞ로 져기 우연ᄒᆞ리로다:衰疾方少寬(初杜解6:46). 사ᄅᆞᆷ과 늘곰과 病과 주굼과(金三1:1). 和尙은 病 져그시며(六祖上35). ᄅᆡ실 병이 다 됴커든:明日病痊痾了時(飜老下41). 다ᄆᆞᆫ 그 병도 져기 이시며:只有那些證候(飜朴上63). 그 병이 시긔와 덥듯 ᄒᆞᆫ 병과로 ᄒᆞᆫ가지니(瘟疫方1). 뵹 병:病(訓蒙中32). 병 질:疾. 병 병:病(類合下11). 병고틸 료:療(類合下18). 병 ᄌᆞ:疵(類合下60). 오히려 病도이 너기시니라(宣論2:13). 버므럿는 늘구메 病ㅣ 더으고:牽纏加老病(重杜解2:56). 역녀의 병은 다 ᄒᆞᆫ 히 안히 시절 긔운이 사오나와(辟新1). 병 병:病(倭解上50).

병 명 병(瓶). ¶ 八萬四千瓶을 ᄆᆡᇰᄀᆞ라 그 舍利ㅅ 筒ᄋᆞᆯ 담ᄋᆞᆸ고(釋譜24:23). 出令을 저ᄊᆞᄫᅡ 瓶ᄀ 소배 ᄀᆞ초아 뒷더시니(月釋1:10). 그른 瓶ᄋᆞᆯ 텨 ᄣᆞ리고 도라오니 퍼런 뫼콰 흐르는 므리 도로 녜 ᄀᆞᆮ도다(南明下56). 부리 어윈 병의 녀코:置於大口瓶中(救簡6:24). 여라믄 병:十來瓶(飜朴上2). 뱡 병:瓶(訓蒙中12). 병 병:瓶(倭解下13). 병 호:壺. 병 병:瓶(類合上27). 병에 술 녓는 것:漏斗(物譜 酒食).

:병 명 병(餠). 떡. ¶ 煎ᄒᆞᆫ 餠을 ᄆᆡᇰᄀᆞ라:爲煎餠(楞解7:15).

병·갑 명 병갑(兵甲). ¶ 그 나라ᄒᆞᆯ 티라 ᄒᆞ야 보내요ᄃᆡ 兵甲ᄋᆞᆯ 져기 주어늘(釋譜24:11). 兵甲이 多티 아니홈이(宣孟7:5).

:병고 명 병고(病苦). ¶ ᄒᆞ다가 氣力ᄋᆞᆯ 힘ᄡᅥ ᄒᆞ면 곧 病苦ᄅᆞᆯ 어드리라(蒙法35). 내 이젯 病苦는 다 過去를 븓고(永嘉上114).

병과 명 병과(兵戈). ¶ 그 兵戈로 믈 버히ᄃᆞᆺ ᄒᆞ며 또 光明 부ᄃᆞᆺ ᄒᆞ야(楞解6:27). 兵戈ㅣ 오히려 蜀애 ᄢᅧ렷ᄂᆞ니:兵戈猶擁蜀(初杜解14:6).

병극ᄒᆞ다 형 병극(病革)하다. 위독하다. ¶ 태비 병극ᄒᆞ시거ᄂᆞᆯ 샹이 위ᄒᆞ여 산쳔의 비ᄅᆞ시고(仁祖行狀9).

:병·긔 명 병기(病氣). ¶ 병긔 서르 뎐염ᄒᆞ야:病氣轉相染(瘟疫方1). 병긔 뵈야호로 셩ᄒᆞ거늘:癘氣方熾(宣小6:67).

병긔 명 병기(兵器). ¶ 병긔 쎄혀 드다:擧刀棍(漢淸4:36). 모든 병긔 티고 디ᄅᆞ거든(武藝圖18).

병:난 명 병난(兵難). ¶ 병난으로 ᄡᅥ 니우니:繼以師旅(宣小6:29).

병냥 명 병량(兵糧). 군량(軍糧). ¶ 의병이 닐어난단 말 듣고 친히 병냥을 뫼호더니:聞義兵起親募兵糧(東新續三綱. 忠1:70).

병댱 명 병장(兵仗). 병기(兵器). ☞병잠개. 잠개 ¶ 兵仗ᄋᆞ로 도ᄫᆞ시니이다:載備兵伏于以遲之(龍歌108章).

:병도·이 부 병되게. ¶ 내죵애 어든 거슨 업슨 주를 병도이 너기시더라(飜小9:19).

병됴타 동 병이 낫다. ¶ 병됴ᄒᆞᆯ 젼:痊. 병됴ᄒᆞᆯ 유:瘉(類合下11).

:병듕 명 병중(病中). ¶ 아ᄃᆞᆯ와 孫子 그리샤 病中에 보고져 ᄒᆞ시니(月釋10:1).

병들다 동 병들다. ¶ 병든 사ᄅᆞᆷ이 각각 ᄒᆞᆫ 그릇식 머근 후에(辟新15). 명뎨 병들샤 황문 시랑방을 블러 의약의 참예ᄒᆞ야(女範1. 셩후 명덕마후).

병:마 명 병마(兵馬). ¶ 禮義를 앗기샤 兵馬ᄅᆞᆯ 머추어시니:惜其禮義戢弛兵威(龍歌54章). ᄀᆞ장 嗔心 닐어 兵馬 니르와다 가 싸홈ᄒᆞᆯ ᄶᅧ긔(釋譜13:10). 엇뎨 兵馬 니르바다 서르 싸홈호려 ᄒᆞ시ᄂᆞᆫ고(釋譜23:54). 兵馬ᄅᆞᆯ 얻고져 ᄒᆞ샤(月釋1:27). 兵馬ㅣ 印ᄋᆞᆯ 조차 올모미로다(金三5:19). 병마 병:兵(石千22).

병부 명 병부(兵符). ¶병부 부:符(兒學上10)
:병:세 명 병세(病勢). ¶여라므 열흐레 病勢 ᄒᆞ마 歇커ᄂᆞᆯ(宣賜內訓3:47). 診脉ᄒᆞ시고 病勢를 아라 주ᄋᆞᆸ쇼셔(隣語1:8).
병신 명 병신(病身). ¶病身엔 사ᄅᆞᆷ이 계오 支撑ᄒᆞ여(隣語1:33). 國恩을 첩첩히 닙어 병신의 重任을 당ᄒᆞ오니(隣語4:24).
:병ᄲᅮᆯ·휘 명 병(病)의 뿌리. 병근(病根). 병원(病源). ¶病ᄲᅮᆯ휘 샹해 이셔:病根常在(宣小5:3). 오직 病ᄲᅮᆯ휘 업디 아니ᄒᆞ야:只爲病根不去(宣小5:4).
:병신 명 병인(病人). ☞병인 ¶病人ᄋᆞᆯ 옮겨 나못 ᄀᆞᄂᆞᆯ해 두고:移病人安於樹陰之下(救急上11). ᄲᆞᆯ리 ᄇᆞᄅᆞᆷ 업슨 ᄃᆡ 가 병신의 두 허튀를 구펴:急於避風處屈病人兩脚(救簡1:65). 곳굼긔 ᄇᆞᄅᆞ면 病人과 ᄒᆞᆫᄃᆡ 안자도(簡辟5).
병아리 명 병아리. ☞병알 ¶병아리 싼 속겁질:鳳皇蛻(柳氏物名一 羽蟲).
병알 명 병아리. ☞병아리 ¶병알의 소릐 나거ᄂᆞᆯ(癸丑86).
병어 명 병어. ¶병어:鯿(柳氏物名二 水族).
병인 명 병인(病人). ☞병신 ¶병인과 ᄒᆞᆫᄃᆡ 안자도 뎐염티 아니ᄒᆞᄂᆞ니:與病人同床亦不相染(瘟疫方18). 새로 기른 믈에 적셔 병인의 가슴 우희 브ᄃᆡ티면(辟新9). 양반인가 상인인가 병인인가 반편인가(萬言詞).
병ᄋᆡ 명 벼랑. ☞별 ¶힝혀 병ᄋᆡ예 ᄢᅥ러질가 두려(落泉2:5).
병작ᄒᆞ다 동 병작(竝作)하다. ¶병작ᄒᆞ다:收半(譯解補42).
병잠·개 명 병기(兵器). ☞병잠기. 잠개 ¶矛ᄂᆞᆫ 고ᄇᆞᆫ 兵잠개오 盾은 防牌니(宣賜內訓1:16). 병잠개:兵杖(救簡1:81). 동뉴에 이셔 ᄃᆞ토면 병잠개예 해히이ᄂᆞ니:在醜而爭則兵(宣小2:33). 뎌른 병잠개로 텨 주긴대:以短兵格殺(東新續三綱. 忠1:40).
병잠기 명 병기. ☞병잠개. 잠개 ¶동뉴에 이셔 ᄃᆞ토면 병잠기에 해ᄒᆞ이ᄂᆞ니:在醜而爭則兵(重內訓1:37). 公子 州吁ᄂᆞᆫ 嬖人의 아ᄃᆞᆯ이라 고임이 잇고 병잠기를 됴히 너기거ᄂᆞᆯ:公子州吁嬖人之子也有寵而好兵(英小4:54). 오직 시셔를 일삼고 병잠기를 익이지 아냐시니(山城53). 병잠기 융:戎(註千6). 병잠기 병:兵(註千22).
병쟉이 명 병쟁이. 병추기. 병에 잘 걸리는 사람. ¶병쟉이:慣病(譯解補33). 병쟉이:肯病(漢淸8:1).
:병:즁 명 병증(病證). 병상(病狀). ¶그 病證은 아기 빈 겨지비 나호려 ᄒᆞᆯ 저긔 비알파 펴디 몯ᄒᆞ며 ᄃᆞᆫ닐 제 댱샹 허릴 고피며(救急下81). 사ᄅᆞ미 그 병즁의 경ᄒᆞ며 듕ᄒᆞ며 ᄅᆡᆼᄒᆞ며 열ᄒᆞ몰 짐쟉ᄒᆞ야 ᄡᅳ라:在人斟酌輕重冷熱而投之(救簡1:68). 병즁 무르라:問候着(飜老下47).
:병:탈·ᄒᆞ·다 동 병탈(病頉)하다. ¶샹녜 뵈ᅀᆞ올 제 當ᄒᆞ샤 곧 病탈ᄒᆞ샤 마더시다:每當御見輒辭以疾(宣賜內訓2下13).
병통 명 허물. 결점. ¶병통:疵病(漢淸8:32).
병폐ᄒᆞ다 동 병폐(病廢)하다. ¶몸이 病廢ᄒᆞᆫ 緣故로 學士에 ᄀᆞ랏ᄂᆞ니라(捷蒙3:5).
병풍 명 병풍(屛風). ¶衆生이 分寸애 넘디 몯호ᄆᆞᆫ 屛風과 帳괘 ᄀᆞ리여도(楞解2:33). 숤 가온ᄃᆡᆺ 됴ᄒᆞᆫ 비츤 그린 屛風이 버므렛ᄂᆞᆫ ᄃᆞᆺᄒᆞ도다:籬中秀色畫屛紆(初杜解15:14). 병풍 병:屛(類合上24). 屛風엔 金孔雀이 여렛고:屛開金孔雀(重杜解7:33). 巫峽을 일즉 珍寶ᄅᆞ왼 屛風에 보몰 디내요니:巫峽曾經寶屛見(重杜解13:46). 屛風을 그 뒤헤 티고 食牀을 그 앏피 設ᄒᆞ라(家禮10:31). 병풍의 써 좌우의 두시니(仁祖行狀22). 병풍:圍屛(同文解下13. 譯解補43).
병혁 명 병혁(兵革). 무기(武器). 전쟁(戰爭). ¶반ᄃᆞ시 병혁의 일이 이실 거시니:必有兵革之事(東新續三綱. 忠1:11). 於萬斯年에 兵革을 그치소셔(蘆溪. 太平詞).
병화 명 병화(兵禍). ¶병화와 슈환의 지해나(仁祖行狀28). 칠팔년 ᄉᆞ이예 병화와 긔근이 업ᄉᆞᆫ 히 업ᄉᆞᆫ디라(仁祖行狀30).
병환 명 병환(病患). ¶오라디 아녀 병환이 듕ᄒᆞ오시니(仁祖行狀3). 만년의 미ᄎᆞ샤ᄂᆞᆫ 병환이 겨오샤(仁祖行狀33). 죠고만 病患의 托辭ᄒᆞ여(隣語1:6). 병환이 몃층 더ᄒᆞ야(閑中錄146).
:병ᄒᆞ·니 명 병자(病者). 앓는 이. ¶東南門 노니샤매 늘그니 病ᄒᆞ니를 보시고 ᄆᆞᅀᆞᄆᆞᆯ 내시니(月印上16). 늘그니 病ᄒᆞ니 주근 사ᄅᆞᆷ 보시고(釋譜6:17). 病ᄒᆞ니 막대를 因ᄒᆞ야 ᄃᆞᆫ뇨ᄃᆡ:病者因杖而行(永嘉上98). 힘센 사ᄅᆞᄆᆞ로 ᄀᆞ라곰 둥의 병ᄒᆞ닐 업고:更迭命有力之人背負病人(救簡1:65).
:병ᄒᆞ·닋 명 병자(病者)의. 앓는 이의. 㐫병ᄒᆞ니 ¶시혹 病ᄒᆞ닋 넉시 이 고ᄃᆡ 도라와(釋譜9:30). 病ᄒᆞ닋 넉시 도로 ᄉᆞᆶ 저긔(釋譜9:31).
:병ᄒᆞ·다 동 앓다. ¶王凝이 病ᄒᆞ야 죽거늘(三綱. 烈16). 王이 病ᄒᆞ야 軍中에 겨시거ᄂᆞᆯ:王病在軍中(宣賜內訓2上29). 가난코 病ᄒᆞ야 ᄀᆞ장 ᄠᅥ러뎌셔 ᄃᆞᆫ니노니:貧病轉零落(重杜解1:16). 내 늙고 病ᄒᆞ야 머므렛노니:吾人淹老病(初杜解7:12). 병호미 점점 ᄌᆞ자:發作漸頻(救簡1:96). 문득 병호ᄃᆡ 머리 알ᄑᆞ고:驟病頭痛(救簡1:102). 병ᄒᆞ다:害病(老朴集. 單字解7). 내 형의 아ᄃᆞ리 병ᄒᆞ엿거ᄂᆞᆯ:吾兄子嘗病(飜小10:1). 병ᄒᆞᆯ 질:疾(訓蒙中32). 병ᄒᆞᆫ 사ᄅᆞᆷ이 各各 ᄒᆞᆫ 잔곰

머근 후에(簡辟4). 도티 병ᄒᆞ얏거든 고툐디(牛疫方15). ᄯᅩ 병ᄒᆞᆫ 지븨 들 제 ᄆᆞᅀᆞ매 세 번 念호미 더욱 됴ᄒᆞ니라(瘟疫方3). 병홀 양:恙(類合下28). 사ᄅᆞᆷ이 이 병ᄒᆞ리 만하:民多疾疫病(辟新1).

병:부리 명 병(甁) 주둥이. ¶병부리예 다혀 ᄡᅬ요ᄃᆡ:就缾口熏之(救簡6:24).

:병불·휘 명 병의 뿌리. 병근(病根). ¶그 병불휘 ᄆᆡ양 이셔:病根常在(飜小6:3).

·볏 명 (닭의) 볏. ☞볏 ¶수ᄐᆞᆰ의 벼ᄎᆡ 피 내여(瘟疫方11).

별 명 별. ☞벋 ¶수물 ᄭᅮᆷ기 업서 더븐 벼티우희 ᄢᅬ니 ᄉᆞᆯ히 덥고(月釋2:51). 벼틀 當ᄒᆞ야 빗보미 ᄀᆞᆮᄒᆞ니:如…當陽見色(金三3:41). ᄇᆡᆨ번 ᄒᆞᆫ 무저글 일부터 벼틔 ᄢᅬ요ᄃᆡ:取白礬一塊自早日晒(救簡6:58). 벼티 ᄆᆞᆯ외여 둣다가:晒乾(牛疫方4).

·베 명 벼가. 〔'벼' + 주격조사 '-ㅣ'〕 ⓓ벼 ¶베 므레 누워 두의티디 몯ᄒᆞ얫도다:粳稻臥不飜(初杜解16:4).

:베다 동 비트적거리다. ¶베ᄂᆞᆫ ᄆᆞᆯ:撒蹶的馬(飜老下9). 베ᄂᆞᆫ ᄆᆞᆯ:掠蹶馬 掠一作丟(譯解下29).

:베·다 동 베다〔枕〕. ☞벼다. 벼이다 ¶寶床애 北녀 베샤(釋譜23:17). 둘흔 須彌山ᄋᆞᆯ 베며(月釋1:17). 須彌山 베윤 이론 죽사리ᄅᆞᆯ 버서날 느지오(月釋1:17). 홄시우를 베오:枕絃(救急上61). ᄒᆞᆰ무적 베며:枕塊(宣賜內訓1:61). 兵戈 베요ᄆᆞᆯ 勾踐ᄋᆞᆯ ᄉᆞ랑ᄒᆞ고:枕戈憶勾踐(重杜解2:39). 노피 벼개 베여 나죄 虛히 조오노니:高枕虛眠晝(杜解3:7). 벼개ᄅᆞᆯ 노피 베여 누우니 몸과 ᄆᆞᅀᆞᆷ괘 ᄆᆞᆰ도다:高枕形神清(初杜解22:19). 삼년을 거적글 베고 최복글 번디 아니ᄒᆞ더라:三年枕苫不脫衰服(東新續三綱. 孝7:49). 松根을 베여 누어 픗ᄌᆞᆷ을 얼픗 드니(松江. 關東別曲). 베다:枕着(同文解上58). 筒盖 베고 누어시니(古時調. 활지어. 靑丘). 중의 송낙 나 베웁고(古時調. 중놈도. 靑丘). 베다:枕(漢淸11:18). ᄆᆞᆯᄉᆞ리ᄅᆞᆯ 베고 ᄆᆞᄎᆞ라(武藝圖69).
※베다>베다

베오 동 베고〔枕〕. ㉠베다 ¶病ᄒᆞᆫ 사ᄅᆞᄆᆡ 젓바디여 누워 홄시우를 베오:病人仰卧枕絃(救急上61).

:베·티·다 동 베다. 찍다. ¶즉재 돗긔로 ᄑᆞᆯ홀 베티니 길녈 사ᄅᆞ미 보고:卽引斧自斷其臂路人見者(三綱. 烈16 李氏).

보 명 보(袱). ¶옷보ᄒᆞ로 ᄡᅡ리여 드리더라:衣褓裹而納之(宣賜內訓1:67). 보호로 ᄡᅡ 드리더라(飜小7:14). 각각 ᄒᆞᆫ 盤으로ᄡᅥ 담아 보흐로 ᄡᅥ 더퍼(家禮3:6). 보 ᄲᅮᆫ 소코리 ᄃᆡ글데글ᄒᆞ여시니(癸丑41). 내 衣裳과 니블 ᄲᅮᆫ 보흘 다 터시니:我的衣裳被兒包袱也都皺了(朴解中56). 보 복:袱(倭解下15). 보:包袱(譯解下15). 보:袍袱(同文解上58). 뵈 보희 담아:布袱盛(無寃錄3:53). 前대로 보희 ᄡᅡ:依前袱起(無寃錄3:53). 두터운 핫보호로ᄡᅥ:以厚襦褓(煮硝方12).

※'보'의 첨용 ⌈ 보 ⌊ 보희/보흘…

·보 명 쟁기. ¶보:犁兒(四解上28 犁字註). 보 려:犁(訓蒙中17). 보:犁兒(譯解下7).

보 명 들보. ¶王ㄱ ᄭᅮ메 집 보히 것거늘(釋譜24:6). 보 ᄆᆞᆯ리 기울어늘:梁棟傾危(法華2:56). 뎌ᄆᆞᄅᆞ와 보히 믈어데쇼ᄆᆞᆯ 니ᄅᆞᄂᆞ다:告訴棟梁摧(杜解9:28). 보히 ᄀᆞ독ᄒᆞ며:充樑(金三4:35). 집 보 우흿 듣글을 곳굼긔 불오:以屋梁上塵吹入鼻中(救簡1:85). 이 ᄃᆞ릿보와 기동ᄃᆞ히:這橋梁橋柱(飜老上39). 보 량:樑(訓蒙中6). 지븨 도라와 붑을 보희 ᄃᆞᆯ고 티니:還家懸鍾於樑撞之(東新續三綱. 孝1:1). 집 ᄆᆞᄅᆞ와 보콰로 ᄒᆡ여곰 것게 ᄒᆞ디 말오라:莫使棟樑摧(重杜解3:10). 보:樑(譯解上17).

:보 명 보(報). ¶果애 마초 ᄃᆞ왼 거시 報ㅣ오(釋譜13:41). 報ᄂᆞᆫ 가ᄑᆞᆯ 씨라 …後生애 ᄃᆞ외요미 前生 因緣을 가포밀씨 報ㅣ라 ᄒᆞᄂᆞ니라(月釋1:12).

:보 명 보(寶). 보배. ¶여러 가짓 善法 니겨 問答을 工巧히 ᄒᆞ야 人中엣 寶ㅣ라(法華5:117). 오직 어디니를 寶 삼ᄂᆞ다 ᄒᆞ니라(宣大22).

보 명 ①보(步). 주척(周尺)으로 여섯 자. ¶ᄒᆞᆫ 畝ㅣ 二百마ᅀᆞᆫ 步ㅣ라(釋譜6:25). 여슷 자히 步ㅣ오 三百步ㅣ 里라(月釋1:15). 일ᄇᆡᆨ 보 ᄯᅡ만ᄒᆞᆫᄃᆡ:有一百步地(飜老上48). 일ᄇᆡᆨ 보:一百步(老解上43).
②보(步). 걸음. ¶蓮花ㅅ 고지 나거늘 世尊이 드듸샤 四方 向ᄒᆞ샤 周行 七步ᄒᆞ시니:步ᄂᆞᆫ 거르미라(月釋2:34).

·보 명 베〔布〕. 〔'布'의 중세음은 '보'〕 ¶이 보 이제 번드기 시개 잇ᄂᆞ니:這布如今見有時價(飜老下59).

보 명 보(洑). ¶보:堋(柳氏物名五 水).

보경이 명 월경(月經). ¶보경이ᄒᆞ고 병ᄒᆞ니 잇거든(癸丑180).

보곰자리 명 보금자리. ¶ᄃᆞᆰ 보곰자리 티다:土浴(譯解下24). ᄭᅯᆼ과 ᄃᆞᆰ 보곰자리 치다:雉奮土(漢淸13:63).

보·과라 동 보노라. ¶俊哲ᄒᆞᆫ 사ᄅᆞᄆᆡ ᄠᅳ들 믄득 보과라:欻見俊哲情(杜解25:33).

보궐ᄒᆞ다 동 보궐(補闕)하다. ¶보궐ᄒᆞ다:頂缺(漢淸2:47).

:보·긔ᄒᆞ·다 동 보기(補氣)하다. ¶몬져 ᄆᆞᆯ근 죽 머거 보긔ᄒᆞᆫ 후에 음식 머그라:先喫

些薄粥補一補然後喫茶飯(飜老下41).

보·내·다 동 보내다. ¶使者를 보내신돌:遣使(龍歌15章). 셴 할미를 하늘히 보내시니:皤皤老嫗天之使兮(龍歌19章). 東都애 보내어시늘:遣彼東都(龍歌26章). 梟騎 보내야:遠致梟騎(龍歌55章). 目連일 보내샤(月印上50). 化人올 보내샤(釋譜6:7). 도로 보내여든 祭ᄒᆞ고 도로 보내요리라(月釋7:15). 소래 뜨들 보내오(圓覺上一之一113). 膰肉을 보내야늘(宣賜內訓序5). 시르믈 보내에 호몰 비루수 알와라:始知…遣愁寂(初杜解7:23). 諸天이 밥 보내며(南明上3). 보낼 견:遣(類合下19. 光千32). 보낼 송:送(類合下43. 倭解上43). 地예 보내고(龜鑑上21). 권ᄒᆞ야 보내게 ᄒᆞ야:敦遣(宣小6:11). 보낼 장:將(註千21). 보낼 견:遣(註千32).

보노로 명 고라니. ¶보노로:麃(柳氏物名一 獸族).

보·니·다 동 보다. 자세히 보다. ☞-니다 ¶두 늘그늬 骨髓를 ᄉᆞ뭇 보닌댄:見徹二老骨髓(蒙法32). 들을 제는 우레러니 보니ᄂᆞᆫ 눈이로다(松江. 關東別曲).

·보·ᄂᆞ·손·다 동 보는가. ☞-ᄂᆞ손다 ¶爲頭 도ᄌᆞ기 무로ᄃᆡ 너희돌히 므스글 보ᄂᆞ손다(月釋10:28).

보닉 명 보늬. ☞보믜. 보미 ¶보닉 하니 바미 주머귀라와 넘도다:穰多栗過拳(重杜解20:9). 〔초간본(初刊本)에는 '보미'로 기록되어 있음.〕

보닉다 동 보내다. ☞보내다 ¶편지 쓰고 견갈ᄒᆞ여 예 보닉고 졔 보닉니(빅화당가).

·보·다 동 보다. 만나보다. ¶보리라 기드리시니:欲見以族(龍歌19章). 도ᄌᆞ골 나ᅀᅡ가 보샤:馳詣虜陳(龍歌62章). 눈에 보논가(月印上1). 迦茶龍이 보ᅀᆞᄫᅡ(月印上24). 내 보아져 ᄒᆞᄂᆞ다(釋譜6:14). 艱難ᄒᆞᆫ 사ᄅᆞᆷ 보아든 다 布施ᄒᆞ더라(釋譜6:15). 無量壽佛을 ᄉᆞ외 보ᅀᆞᄫᆞᆸ디니(月釋8:32). 諸佛을 보ᅀᆞ본 젼ᄎᆞ로 諸佛이 알ᅋᅵ 現ᄒᆞ샤(月釋8:33). 처ᅀᅥᆷ에 成佛ᄒᆞ샤몰 보ᅀᆞ오니(楞解5:34). 滅度 봄 ᄌᆞᆫ노라(法華3:89). ᄒᆞ마 보ᅀᆞᆸ과라 니ᄅᆞ시니(法華4:169). 그뒷 어마니믈 보시니(宣賜內訓序5). 저 類 아닌 거슬 보곡:見非類(初杜解7:34). 青眼ᄋᆞ로 보간마ᄅᆞᆫ 오직 길히 窮迫ᄒᆞ애라:青眼只途窮(初杜解8:61). 本來ㅅ 사ᄅᆞ믈 보리라:方見本來人(南明上3). 小人이 보이다:小人見來(飜朴上58). 볼 간:看. 볼 견:見. 볼 시:視. 볼 쳠:瞻. 볼 뎍:覿(訓蒙下27). 볼 도:覩. 볼 구:覯. 볼 람:覽. 볼 관:觀. 볼 감:瞰. 볼 됴:眺(訓蒙下28). 볼 견:見. 볼 시:視(類合下1). 볼 관:觀(類合下12. 石千19). 볼 쳠:瞻. 볼 도:覩(類合下23). 볼 뎍:覿. 볼 구:覯(類合下29). 볼 람:覽(類合下37). 볼 간:看. 볼 감:監(類合下43). 볼 관:觀(光千19). 볼 도:眺(光千42). 볼 견:見(石千31. 倭解上30). 볼 쳠:瞻. 볼 됴:眺(石千42). 書契를 내셔든 보ᄋᆞᆸ새(新語1:16). 처음으로 보ᄋᆞᆸ고(新語2:6). 人心이 ᄂᆞᆺ ᄀᆞᄐᆞ야 보도록 새롭거늘(松江. 星山別曲). 보다:看見(同文解上28). 보도록 ᄀᆞ다:越看越像(譯解補60). 볼 샹:相(註千21).

보다 동 (자리를) 보다. ¶어름 우희 댓닙자리 보와(樂詞. 滿殿春別詞).

보·다 동 (대소변을) 보다. ☞져근몰. 큰몰 ¶큰몰 져근몰 다 몯 보거든:大小便不通(救簡3:61). 항문에 녀흐면 즉재 보리라:納下部立通(救簡3:70).

-보다가 조 -보다도. ¶내여 ᄇᆞ리ᄂᆞᆫ 거시 병든 것보다가 더욱 긴급ᄒᆞ니(字恤2). 범인보다가 더 쉬오니라(敬信84). 유보다가 가율 ᄒᆞ오셔:比鍮加律(閑中錄576).

보단 명 포단(蒲團). ¶ᄀᆞᆺ 보단애 올아 곧 ᄌᆞ오다가:才上蒲團便打瞌睡(法語5).

-보단 조 -보다는. ¶가라치신 말삼이 녜보단 탁월ᄒᆞ샤(女四解序4).

보도 명 포도(葡萄). ¶버거 두 가지옴 가진 蒲萄ㅣ 나니 마시 ᄯᅩ ᄃᆞ더니 그 머근 後에 우숨우ᅀᅵ 나니라(月釋1:43). 蒲萄朶 ᄌᆞᆫᄒᆞ니라:蒲萄ᄂᆞᆫ 눈ᄶᆞᅀᅵ 두렵고 거머 蒲萄 ᄌᆞᆫ홀 씨라 朶ᄂᆞᆫ 드린 양지라(楞解4:108). ᄆᆞ른 보도:乾葡萄(飜老下38. 飜朴上4. 老解下34). 혹 ᄌᆞ디빗 보도 ᄀᆞᄐᆞ면 됴ᄒᆞ니라:或似紫紅葡萄色者佳(痘要上34). 보도:葡萄(東醫 湯液二 果部).

보도랍다 형 보드랍다. ☞보ᄃᆞ랍다 ¶입이 보도라와 거즛말 마라스라(古時調. 니르랴. 青丘).

보도록 부 볼수록. ¶人心이 ᄂᆞᆺ ᄀᆞᄐᆞ야 보도록 새롭거늘(松江. 星山別曲). 보도록 ᄀᆞ다:越看越像(譯解補60).

보도롣 명 뾰루지. ☞보도롯 ¶져머실 시져릐 어미 보도롣슬 알커늘:少時母患疽(東新續三綱. 孝2:49 成幹吮疽).

보·도·롯 명 뾰루지. ☞보도롣. 보돌옷. 보돌옷 ¶보도롯 헤티ᄃᆞᆺ ᄒᆞᄂᆞ니:如決疣(法華6:145). ᄒᆞᆰ ᄇᆞ리며 보도롯 헤틂과로:與遺土決疣(法華6:145).

보돌옷 명 뾰루지. ☞보도롯 ¶옴이며 버즘이며 큰 죵긔며 보돌옷이며 창질을:疥癬癰瘸瘡(無冤錄1:25).

보돌옺 명 뾰루지. ☞보도롯 ¶아비 극의 보돌오즐 근심ᄒᆞ거ᄅᆞᆯ:父克義患疽(東新續三綱. 孝2:87 自廉吮疽).

보됴개 명 보조개. 볼우물. ☞보죠개 ¶인흘의 붉은 빗치 보됴개의 올나(落泉4:10).

보두다 동 보(保)서다. 보증(保證)을 서다. ¶보둘 보:保(倭解上56). 보두다:做保人(同文解下27). 보두다:保(漢淸6:64). 이 일을 일오며 일오지 못ᄒᆞ믈 나도 能히 保두지 못ᄒᆞ리로다(捷蒙2:10).

보듕ᄒᆞ다 동 보중(保重)하다. ¶당당이 오샹의 죽으믈 효측ᄒᆞ리니 냥형은 보듕ᄒᆞ라(落泉1:1).

보·ᄃᆞ라·빙 부 보드라이. 보드랍게. ☞보ᄃᆞ라이 ¶아뫼나 ᄆᆞᅀᆞᄆᆞᆯ 보ᄃᆞ라빙 가지던 사ᄅᆞᆷᄃᆞᆯ토 다 ᄒᆞ마 佛道ᄅᆞᆯ 일우며(釋譜13:51).

보·ᄃᆞ라·ᄫᅳ·며 형 보드라우며. ㉮보ᄃᆞ랍다 ¶八功德水ᄂᆞᆫ 여듧 가짓 功德이 ᄀᆞ존 므리니 ᄆᆞᆯᄀᆞ며 ᄎᆞ며 ᄃᆞᆯ며 보ᄃᆞ라ᄫᅳ며 흐웍ᄒᆞ며(月釋2:42).

보·ᄃᆞ라·ᄫᆞᆫ 형 보드라운. ㉮보ᄃᆞ랍다 ¶보ᄃᆞ라ᄫᆞᆫ 이든 말도 ᄒᆞ시며(月釋9:11). 보ᄃᆞ라ᄫᆞᆫ 말로 慰勞ᄒᆞ야(月釋21:140).
※보ᄃᆞ라ᄫᆞᆫ>보ᄃᆞ라온>보드라운

보·ᄃᆞ라·온 형 보드라운. ㉮보ᄃᆞ랍다 ¶ᄒᆞ다가 사ᄅᆞ미 이든 보ᄃᆞ라온 ᄆᆞᅀᆞᆷ 가지닌:若人善軟心(法華1:216). 보ᄃᆞ라온 말ᄉᆞᄆᆞᆯ:軟語(初杜解16:4). ※보ᄃᆞ라ᄫᆞᆫ>보ᄃᆞ라온

보·ᄃᆞ라·와 형 보드라와. ㉮보ᄃᆞ랍다 ¶이플 즈슴ᄒᆞ얏ᄂᆞᆫ 버드리 보ᄃᆞ라와 노혼노혼ᄒᆞ니:隔戶楊柳弱嫋嫋(初杜解10:9).

보·ᄃᆞ라·이 부 보드라이. ☞보ᄃᆞ라빙 ¶곳다온 바ᄇᆞᆯ 보ᄃᆞ라이 지소ᄆᆞᆫ:軟炊香飯(初杜解16:62). 기름 져기 드려 보ᄃᆞ라이 ᄒᆞ야:入小油令軟(救簡3:5).

보·ᄃᆞ랍·다 형 보드랍다. ☞보도랍다 ¶보ᄃᆞ랍긔 ᄒᆞ더시니(釋譜11:30). 曼殊沙ᄂᆞᆫ 보ᄃᆞ랍다 혼 마리니(釋譜13:12). 말ᄊᆞ미 보ᄃᆞ라바 모ᄃᆞᆫ ᄆᆞᅀᆞᄆᆞᆯ 즐기긔 ᄒᆞᄂᆞ니(釋譜13:40). 그 보ᄇᆡ 믈어 보ᄃᆞ라ᄫᅡ(月釋8:13). 셴 거슬 것거 보ᄃᆞ랍게 호미오(月釋17:19). 世間ᄋᆞᆫ 實로 바ᄃᆞ라오며 보ᄃᆞ라와:世實危脆(楞解2:4). ᄒᆞ다가 사ᄅᆞ미 이든 보ᄃᆞ라온 ᄆᆞᅀᆞᆷ 가지닌:若人善軟心(法華1:216). 王室ᄋᆞᆫ 갓겨 보ᄃᆞ랍디 아니ᄒᆞ니라:王室無削弱(重杜解3:66). 欅柳ᄂᆞᆫ 가지마다 보ᄃᆞ랍고:欅柳枝枝弱(杜解7:5). ᄀᆞᄂᆞᆯ오 보ᄃᆞ라온 프른 실로 ᄆᆡᆼᄀᆞ론 신과:細軟青絲履(初杜解9:23). 블근 비촌 복셩홧고지 드러 보ᄃᆞ랍고:紅入桃花嫩(初杜解10:2). 집 西ㅅ녀긧 보ᄃᆞ라온 ᄲᅩᆼ 니픈 어루 자바 ᄠᅳ리오:舍西柔桑葉可拈(初杜解10:8). 이플 즈슴ᄒᆞ얏ᄂᆞᆫ 버드리 보ᄃᆞ라와 노혼노혼ᄒᆞ니:隔戶楊柳弱嫋嫋(初杜解10:9). 바미 다ᄋᆞᄃᆞ록 보ᄃᆞ라온 말ᄉᆞᄆᆞᆯ 相接호니:夜闌接軟語(初杜解16:4). 그 보ᄇᆡ 믈어 보ᄃᆞ라바(佛頂13). 보ᄃᆞ라올 논:嫩(類合上11).
※보ᄃᆞ랍다>보드랍다(부드럽다)
※'보ᄃᆞ랍다'의 활용 ┌ 보ᄃᆞ랍고/보ᄃᆞ랍게… └ 보ᄃᆞ라ᄫᆞᆫ/보ᄃᆞ라ᄫᅳ며…

보·라:매 명 보라매. ☞보라ᄆᆡ ¶보라매:秋鷹(訓蒙上15 隼字註). 보라매:秋鷹(譯解下25). 보라매:秋鷹(同文解下34). 자남은 보라매를 엇ᄭᅦ 손ᄌᆞᆺ써혀(古時調. 金昌業. 海謠). 보라매:秋黃(漢淸13:50).

보라ᄆᆡ 명 보라매. ☞보라매 ¶山眞이 水眞이 海東青 보라ᄆᆡ도 다 쉬여 넘ᄂᆞᆫ 高峯 長城嶺 고ᄀᆡ(古時調. ᄇᆞ름도. 瓶歌). 산진ᄆᆡ 슈진ᄆᆡ 히동창 보라ᄆᆡ가(萬言詞).

·보·람 명 ①보람. 표지(標識). ¶幟ᄂᆞᆫ 보라미니(月釋21:217). 제 보람타:自幟(法華5:14). 標ᄂᆞᆫ 보라미라(金剛48). 各各 보라ᄆᆞᆯ 두고:各安標記(圓覺下二之二41). 녯 聖人 녯 보라ᄆᆞᆯ 보미 맛당컨뎡:宜觀先聖標格(蒙法20). 字音ㅅ 겨틔 點이 이시며 업스며 하며 져금으로 보라믈 사믈 거시니:以字傍點之有無多少爲準(訓蒙 凡例). 보람 부:符(訓蒙下35). 왼녁 뒷다리 우희 인 마즌 보람 잇ᄂᆞ니ᄅᆞᆯ:左腿上有印記(老解下14). 므슴 보람이 잇ᄂᆞ뇨:有甚麼慌字(朴解下7). 죠고만 보람 지어(三譯8:6).
②보람. 징조(徵兆). ¶흉한 이릐 몬졋 보라미니:凶事前驗(楞解8:119).

보람두다 동 표 두다. 표지(標識)를 삼다. 서명(署名)하다. ☞보람ᄒᆞ다 ¶네 보람두라:你記認着(老解下13). 두 머리에 보람두엇ᄂᆞ니라:兩頭放着印記裏(老解下55). 보람두다:記認(譯解下44). 창과 ᄇᆞᄅᆞ매 다 써 보람두니라:遍題窓壁以識其處(重三綱. 忠19 劉韜).

보람칙 명 기장(記帳). ¶보람칙:檔子(譯解補12).

·보람·ᄒᆞ·다 동 표(標)하다. ☞보람두다 ¶旃陁羅ᄂᆞᆫ 東土ㅅ마래 嚴幟니 모딘 일로 제 보람ᄒᆞ야 ᄒᆞᄂᆞᄂᆞ다 혼 마리라(釋譜11:21). 表ᄂᆞᆫ 物을 보람ᄒᆞ야 나톨 씨라:表標物以表顯也(楞解1:70). 昏姻 보람ᄒᆞᆯ 시라(宣賜內訓1:74). ᄀᆞ마니 보람ᄒᆞ여셔 보니:竊識視之(飜小9:37). ᄉᆞᄉᆞ로 보람ᄒᆞ야 ᄀᆞᆯᄋᆞ딕(女四解4:22). 져비 발에 ᄆᆡ여 보람ᄒᆞ엿더니:誌(五倫3:24).

보로 명 치마. ¶裳 俗稱 보로(樂範 目錄8). 裳俗稱甫老(樂範9:19).

보로·기 명 포대기. 기저귀. ☞본로기. 부로기 ¶보로기로 동이고:着繃子絟了(飜朴上56). 보로기:繃子(四解下59 繃字註). 보로기 강:襁. 보로기 붕:繃(訓蒙中24). ᄇᆡ 보로기 ᄆᆡ고:着繃子絟了(朴解上50).

보·롬 명 보름. ☞보ᄅᆞᆷ ¶四月ㅅ 보롬애 天上애 오ᄅᆞ시니(月印上12). 望ᄋᆞᆫ 보로미라(三

綱. 孝26). 초ᄒᆞᄅᆞ 보로매 앉이며 며느리들히:旦望弟婦等(宣賜內訓3:43). 二月ㅅ 보로매 아으 노피 현 燈ㅅ블 다호라(樂範. 動動). 보롬ᄢᅴ 더브러 와:半頭取將來(飜朴上46). 보롬 망:望(訓蒙上2). 보롬:月半(譯解上3). 正月 보롬:元宵. 시월 보롬:下元(譯解上4). 보롬 망:望(倭解上4). ᄆᆡ월 보로매(桐華寺 王郞傳2). 十五日全白潮漲時曰甫兒吾音(頤齋25:28). ※보롬>보름

보·롬·날 명 보름날. ☞보름날 ¶二月ㅅ 보롬나래 모딘 ᄇᆞᄅᆞ미 니러(釋譜23:22). 七月ㅅ 보롬나래 盂蘭盆齋ᄅᆞᆯ ᄒᆞ면(月釋23:91). 시긧병이어든 ᄃᆞᆰ 보롬날 동녁으로 버든 복셩홧 가지ᄅᆞᆯ ᄀᆞᄂᆞ리 사ᄒᆞ라:望日(救簡1:104). 또 그믐날와 보롬날 밤ᄯᅢ만:望(簡辟12). 보롬날:十五站(同文解上3). 보롬날:十五(漢淸1:26).

보·룸·돌 명 보름달. ¶ᄂᆞ치 보룸돌 ᄀᆞᄐᆞ시고(月釋2:41).

보류슈 명 보리수. ☞보리슈 ¶님 업슨 보류슈 남게 안져(古時調. 달 밝고. 靑丘).

보름 명 보름. ☞보롬 ¶보름 디나거든 내여 쓰면(救荒補13). 보름의 취ᄒᆞ여 ᄃᆞ려와 이바디ᄒᆞ고:半頭娶將來做筵席(朴解上41).

보·름날 명 보름날. ☞보롬날 ¶이 八月 보름날 仲秋節에 돈 거두워:這八月十五日仲秋節斂些錢(飜朴上24). 그몸날와 보름날 밤ᄯᅢ:晦望夜半(瘟疫方12).

보리 명 보리. ¶ᄀᆞᄅᆞᆷ 우흿 ᄀᆞᄂᆞᆫ 보리ᄂᆞᆫ 또 ᄀᆞᄂᆞ도다:江上細麥復纖纖(初杜解10:8). 그려긴 보리 심곤 城ㅅ 서리로 디나놋다:雁度麥城霜(初杜解23:21). 보리 릭:麳. 보리 모:麰(訓蒙上12). 보리 모:麰(類合上10. 倭解下4). 보리:大麥(朴解下37). 벼와 삼과 콩과 보리 棧이 일고 囷이 일며:麥(女四解2:30). 보리ㅅ집:麥稈(譯解補42). ᄀᆞ을 농시가 보리 농ᄉᆞ에셔 나을ᄶᅡ ᄒᆞ엿더니(綸音105). 어와 보리 가을 되엿ᄂᆞᆫ가(萬言詞). 보리:大麥(柳氏物名三 草). 보리 릭:來(註千1).

보리가리 명 보리 덕. ¶보리가리:麥芫(柳氏物名三 草).

보리길움 명 엿기름. 맥아(麥芽). ☞보릿기룸 ¶보리길움 얼:糵(類合上26).

보리·밥 명 보리밥. ¶滹沱河ㅅ 보리밥ᄋᆞᆯ:滹沱河麥飯(宣賜內訓2下39). 光武ㅣ 王郞과 사홈ᄒᆞ실 저긔 馮異ㅣ 豆粥과 보리바ᄇᆞᆯ 받ᄌᆞ오니라(宣賜內訓2下39). 장덩이과 보리밥을(癸丑81).

보리ᄡᆞᆯ 명 보리쌀. ¶보리ᄡᆞᆯ:大麥(東醫 湯液一 土部).

보리산도 명 늦벼의 한 품종. ¶보리산도:麰山稻(衿陽).

보리슈 명 보리수. ☞보류슈 ¶보리슈:拘奈子(物譜 木果). 봄 보리슈:羊桃(柳氏物名四 木).

보릿기룸 명 엿기름. ☞보리길움 ¶보릿기룸:大麥糵(東醫 湯液一 土部).

보릿ᄀᆞᄅᆞ 명 보릿가루. ¶보릿ᄀᆞᄅᆞᆯ 드려 ᄆᆞ라:入大麥麪調(救簡1:22).

보룸돌 명 보름달. ☞보룸돌 ¶밤中에 보룸ᄃᆞᆯ 對ᄒᆞ야ᄃᆞᆫ(七大4).

:보:모 명 보모(保姆). ¶保母ᄂᆞᆫ 오고 傅母ᄂᆞᆫ 아니 왯거늘(三綱. 烈1). 주거도 녀나ᄆᆞᆫ ᄠᅳᆮ 업스리라 ᄒᆞ고 귀ᄅᆞᆯ 베혀 盟誓호려 커늘 保姆ㅣ 말이니라(三綱. 烈14).

보뫼다 동 녹슬다. ☞보믜다. 보ᄆᆡ다 ¶ᄃᆞᆺᄂᆞᆫ ᄆᆞᆯ 셔셔 늙고 드ᄂᆞᆫ 칼 보뫼거다(古時調. 柳赫然. 靑丘). 朝天路 보뫼닷 말가 玉何舘이 뷔닷 말가(古時調. 靑丘).

:보·믈 명 보물(寶物). ¶한 일훔 난 곳 비ᄒᆞ며 寶物 버리고 내며 드리며 가지며 주어(法華2:194). 쇼ᄅᆞᆯ 잡고 보믈이 뫼ᄀᆞᆮ티 ᄡᅡ혀시니(山城29).

보믜 명 보늬. 속껍질. ☞보ᄆᆡ ¶보믜:殼裏皮(同文解下5).

보믜 명 녹. ☞보ᄆᆡ. 본의 ¶壁上에 걸린 칼이 보믜가 낫다 말가 功 업시 늙어 가니(古時調. 金振泰. 靑謠).

보믜다 동 녹슬다. ☞보뫼다. 보ᄆᆡ다 ¶朝天路 보믜닷 말가 玉河關이 뷔닷 말가(古時調. 海謠).

보·ᄆᆞᆯ·다 동 둘리다. ☞버믈다 ¶도ᄅᆞ혀 우믌 欄干애 보ᄆᆞ라 낫나치 더으고:却繞井欄添箇箇(初杜解17:38).

보ᄆᆡ 명 녹. ☞보믜 ¶ᄃᆞᆺᄂᆞᆫ ᄆᆞᆯ 셔셔 늙고 드ᄂᆞᆫ 칼 보ᄆᆡ 솃다(古時調. 柳赫然. 靑詠).

보·ᄆᆡ 명 보늬. ☞보믜. 본의 ¶보ᄆᆡ 하니 바미 주머귀라와 넘도다:穰多栗過拳(初杜解20:9). 당츄ᄌᆞ ᄒᆞᆫ 낫 당아리 앗고 보ᄆᆡ 밧기디 아니ᄒᆞ니와ᄅᆞᆯ 달혀 머그라:胡桃肉一介去殼不剝皮煎湯服(救簡2:15).

보·ᄆᆡ·다 동 녹슬다. ☞보믜다 ¶風水ㅅ 氣運에 힌 ᄂᆞᆯ히 보ᄆᆡ엿도다:風水白刃澁(重杜解1:22). 雲霧ㅅ 비예ᄂᆞᆫ 銀印이 보ᄆᆡ니:霧雨銀章澁(初杜解20:10). 보ᄆᆡ다:鐵上生衣 今俗語 上鏥(四解下69 鏥字註). 쇠 보ᄆᆡᆯ 싱:鉎. 쇠 보ᄆᆡᆯ 슈:銹(訓蒙下15).

보방ᄒᆞ다 동 보증(保證)하다. ¶보방ᄒᆞ다:保官(譯解上65).

:보병 명 보병(步兵). ¶四兵ᄋᆞᆫ 象兵과 馬兵과 車兵과 步兵괘니(月釋2:28). 보병 문응남은 옥귀현 사ᄅᆞᆷ이라:步兵文應男沃溝縣人(東新續三綱. 孝8:35).

보복ᄒᆞ다 동 보복하다. ¶서ᄅᆞ ᄀᆞ라 報復ᄒᆞ야 그칠 긔약이 업슬 거시니(警民29).

보뵈 명 보배. ☞보뵈 ¶學文을 보뵈로 아라야(古時調. 朗原君. 德으로. 靑丘). 보뵈예 환도를(十九史略1:27).

:보·븨 명 보배. ☞보븨 ¶ᄆᆞ리 데일 보븨니:馬是第一寶貝(飜朴上43).

:보·븨 명 보배. ☞보뵈. 보븨 ¶君位를 보븨라 ᄒᆞᆯ씨:位曰大寶(龍歌83章). 보븨 옷 니브샤(月印上35). 金銀 보븨 잡디 마롬괘라(釋譜6:10). 衆寶ᄂᆞᆫ 한 보븨라(月釋8:10). 됴ᄒᆞᆫ 차반 옷 보븨ᄋᆡ 外財를 ᄀᆞ장ᄒᆞ야:極美饍衣寶之外財(法華2:257). 모ᄆᆞᆯ 보븨로이 녀교ᄃᆡ:寶其身體(宣賜內訓2上2). 지빗 보븨를 아ᅀᆞᆯ 시라(南明下1). 보븨 三千과 大千에 ᄀᆞᄃᆞᆨᄒᆞ야도:寶滿三千及大千(金三2:47). 하ᄂᆞᆯ히 보빗 고ᄌᆞᆯ 비허:天雨寶華(佛頂上2). 보빗 보:寶(訓蒙中31). 보븨 딘:珍. 보븨 보:寶(類合上26). 보븨 딘:珍(石千3). 보븨 보:寶(石千10. 倭解下7). 王이 귀코 보암즉ᄒᆞᆫ 긔특ᄒᆞᆫ 보븨로써 物의 요괴를 삼으니:王以珍玩奇貨爲物之妖(宣小6:117). 도적을 소겨 닐오ᄃᆡ 내게 보븨엣 거슬 만히 아모 ᄯᅡ히 곰초앗다:紿賊曰我有寶物多藏某地(東新續三綱. 孝8:57).

:보·븨ᄅᆞ외·다 형 보배롭다. ¶즁이 보븨ᄅᆞ외니 사ᄅᆞᆷ마다 바ᄅᆞᆳ 구슬 ᄀᆞᆮ도다:僧寶人人滄海珠(初杜解9:30).

보븨호다 동 보고 배우다. ¶어딘 벋은 보븨화 달마 어딘 일을 ᄒᆞ고:君子之友則薰陶漸染以成其善(正俗14).

보샤ᄒᆞ다 동 보사(步射)하다. ¶보샤ᄒᆞ다:射箭(漢淸4:40). 步射ᄒᆞ기ᄂᆞᆫ 알고 ᄀᆡ추 쏘기ᄂᆞᆫ 아지 못ᄒᆞ노라(捷蒙3:3).

:보·셕 명 보석(寶石). ¶겨스리어든 금으로 각식 보셕에 젼메워 워즈런즈러니 ᄭᅮ민 ᄢᅵ를 ᄢᅵ며:冬裏繫金廂寶石鬧裝(飜老下51). 보셕에 금 젼메워 바근 곳갈와:金廂寶石頭面(飜朴上45). 금으로 보셕에 젼메워:金廂寶石(老解下46). 보셕 ᄭᅮ민 것:墜角寶盖(漢淸11:3).

보션 명 버선. ¶頭巾과 보션과 힝뎐을 밧디 아니ᄒᆞ야:不得去巾襪縛袴(宣賜內訓3:17). ᄣᅵ 지고 바래 보셔니 업도다:垢膩脚不襪(重杜解1:5). 보션 업스며 頭巾 업시:不襪不巾(初杜解8:27). 프른 신과 뵈보셔ᄂᆞ로 일로브터 비릇 가리라:靑鞋布襪從此始(杜解16:31). 보션 말:韈(訓蒙中23. 類合上31. 倭解上46. 兒學上12). 시러곰 곳갈와 보션과 힝뎐ᄋᆞᆯ 밧디 아니ᄒᆞ야:不得去巾襪縛袴(宣小6:2). 보션 신고 웃옷 닙고 날 조차 나가ᄋᆞᆸ사이다(癸丑99). 신과 보션을 補聯ᄒᆞ며:補聯鞋韈(女四解2:14). 보션:襪子(同文解上56). 보션 버서 품에 품고 신 버서 손에 쥐고(古時調. 님이 오마. 靑丘). 보션:襪(漢淸11:11). 보션 신발 다 업스니 발이 슬여 어이ᄒᆞ리(萬言詞). 襪曰背戍(雞類). ※보션>버선

보쇠다 동 부시다. ☞부쇠다 ¶보쇨 탕:蕩(類合下23). 보쇨 갈:竭(類合下58).

보슈ᄒᆞ다 동 보수(報讐)하다. ¶타일 보슈ᄒᆞ기를 싱각고 구ᄎᆞ히 사랏더니(落泉2:5).

보습 명 보습〔犂〕. ☞보십 ¶보습 려:犂(兒學上11).

보·시 명 보시(布施). ¶布施ᄂᆞᆫ 쳔랴ᅌᆞᆯ 펴아 내야 ᄂᆞᆷ 줄 씨라(月釋1:12). 네 ᄂᆞᄆᆡ 짓이받논 쳔을 보시 바다셔:你布施人家齋飯錢(飜朴上36).

보시 명 볼모. ¶보시 드다 俗稱 保施 볼모 잡히다(平壤本 經國大典).

보시다야 부 보시다시피. ¶너 ᄉᆞ리 담박ᄒᆞᆫ 쥴 보시다야 아니 알가(萬言詞).

:보시ᄒᆞ·다 동 보시(布施)하다. ¶오직 貪ᄒᆞ며 앗가ᄫᆞᆫ ᄆᆞᅀᆞᄆᆞᆯ 머거 布施ᄒᆞ며(釋譜9:11). 檀越은 布施ᄒᆞ야 貧窮 바ᄅᆞᄅᆞᆯ 건낼 씨니(釋譜24:2). 布施ᄒᆞ논 ᄆᆞᅀᆞᄆᆞᆯ 허디 말라(月釋1:13). 布施ᄒᆞ며 供養ᄒᆞ야(六祖中46). 보시ᄒᆞ다:布施(同文解下11). 보시ᄒᆞ다:捨(漢淸9:3).

·보십 명 보습. ☞보습 ¶보십:犂頭(四解上28 犂字註). 보십:犂頭(訓蒙中17 犂字註). 보십 ᄉᆞ:耜(類合上28). 보십 ᄂᆞᆯ히 박ᄂᆞᆫ 나모:犂頭犂底兒(譯解下7). 보십 리:犂(倭解下2). 보십:犂兒(同文解下2). 보십:犂杖(漢淸10:6). 보십에 볏 ᄲᅧ히고 가는 것:耩(物譜 耕農).

보·십고·지 명 모롱이. 삼각지(三角地). ¶모뢰ᄂᆞᆫ 天赦日이니 보십고지예 가 여러 담ᄉᆞ리와 손 도으리 블러다가 담ᄊᆞ라:後日是天赦日去角頭叫幾箇打墻的和坌工來築墻(飜朴上10).

보십ᄂᆞ롯 명 보습채. ☞보십 ¶보십ᄂᆞ롯 나모:犂轅(譯解下7).

보십ᄂᆞᆯ 명 보습날. ☞보십 ¶보십ᄂᆞᆯ:犂鏵兒(譯解下7). 보십ᄂᆞᆯ:犂鏵(漢淸10:6).

보십셥 명 보습섭. ☞보십 ¶보십셥:犂薦(漢淸10:6).

·보ᄉᆞᆯ·피·다 동 보살피다. ☞보ᅀᆞᆲ피다. 보ᅀᆞᆲ히다 ¶얼운ᄋᆞᆯ 도와 쟝만홈ᄋᆞᆯ 보ᄉᆞᆯ필디니라:佐長者視具(宣小2:4). 됴셕의 분묘를 보ᄉᆞᆯ피되 죵시에 폐티 아니ᄒᆞ더라:朝夕省墓終始不廢(東新續三綱. 孝3:73). 보ᄉᆞᆯ피기 쉽게 ᄒᆞ라:容易照管(老解上52). 이러ᄐᆞ시 서ᄅᆞ 보ᄉᆞᆯ피면:若這般相看時(老解下42). 네 더ᄂᆞᆯ 보ᄉᆞᆯ피디 아니ᄒᆞ면:你不照覷他(老解下43). 보ᄉᆞᆯ피다:看顧(同文解上34). 음식을 보ᄉᆞᆯ펴(五倫3:13).

·보ᅀᆞᆲ피·다 동 보살피다. ☞보ᄉᆞᆯ피다 ¶내

문들 보숣피고 자리라:我照覷了門戶睡也(飜老上26). 흔 동모ᄒᆞ야 보숣펴더 후ᄒᆞ게 ᄒᆞ라:教一箇火伴伺候着(飜老下46). ᄀᆞ장 나ᄅᆞᆯ 보숣피쇼셔:好生照覷我(飜朴上9). 보숣피다:看成(老朴集. 累字解9). 내 門戶를 보숣피고 자리라:我照覷了門戶睡也(老解上23). ᄀᆞ장 날을 보숣피라:好生照覷我(朴解上9). 보숣피다:照覷 一云 照管(譯解下44). 아희 보숣피다:保赤子(同文解上53).

보숣히다 동 보살피다. ☞보숣피다 ¶거두어 보숣히다:收攬(漢清6:46).

보·슉 명 포육(脯肉). ☞보육 ¶술진 고기와 보슉과 젓과ᄅᆞᆯ 가져다가:取肥肉脯鮓(宣賜內訓1:67). ※보슉>보육

보·ᄉᆞ 명 보시기. ☞보ᄋᆞ ¶봇ᄀᆞᆫ 소곰 두 보ᄉᆞᄅᆞᆯ 죠히예 ᄡᅡ고:用炒鹽二梡紙包(救急上34). ᄆᆞᆯᄀᆞᆫ 기름 흔 보ᄉᆞᄅᆞᆯ 먹고:服清油一碗(救簡6:32). 보ᄉᆞ 구:甌(訓蒙中12). 흔 보ᄉᆞ곰 머근 후(瘟疫方18). ※보ᄉᆞ>보ᄋᆞ

·보·ᄉᆞᄫᆞ·니 동 뵈오니. ㉮보ᅀᆞᆸ다 ¶後人이 보ᄉᆞᄫᆞ니:後人相之(龍歌27章).

·보·ᄉᆞᄫᆞ·라 동 뵈오려고. ㉮보ᅀᆞᆸ다 ¶大王ᄋᆞᆯ 보ᄉᆞᄫᆞ라 오이다(月釋8:90).
※보ᄉᆞᄫᆞ라>보ᄋᆞ오라>보오라

·보·ᅀᆞᆸ·다 동 뵈옵다. ¶至今에 보ᅀᆞᆸᄂᆞ니:今人猶視(龍歌5章). 後人이 보ᄉᆞᄫᆞ니:後人相之(龍歌27章). 藥 키라 가 보ᄉᆞᄫᆞ시고(月釋1:52). 諸天이 뎌 두 相ᄋᆞᆯ 보ᅀᆞᆸ고(月釋2:15). 모딘 사ᄅᆞᄆᆞᆫ 보ᄉᆞᄫᆞ면 降服ᄒᆞ야(月釋2:59). 됴ᄒᆞ신 양ᄌᆞᄅᆞᆯ 몯내 보ᄉᆞᄫᆞ며(月釋2:59). 大王ᄋᆞᆯ 보ᄉᆞᄫᆞ라 오이다(月釋8:90). 부텻 ᄂᆞᄎᆞᆺ 金이 허렛거늘 보ᅀᆞᆸ고 金 내야 ᄇᆞᄅᆞᄉᆞ오니(南明上1).
※'보ᅀᆞᆸ다'의 활용 ┌보ᅀᆞᆸᄂᆞ니/보ᅀᆞᆸ고/보ᅀᆞᆸ디…
└보ᄉᆞᄫᆞ며/보ᄉᆞᄫᆞ면…

보암즉ᄒᆞ다 형 봄 직하다. 볼 만하다. ☞보왐직ᄒᆞ다 ¶만당이 보암즉ᄒᆞ니는 보고 아니 보리어든 피ᄒᆞ되:當見則見不見則避(女四解2:33).

보야·호·로 부 바야흐로. ☞보야흐로. 보야ᄒᆞ로 ¶그 제 보야호로 칩더니:時方寒沍(續三綱. 孝5). 사ᄅᆞ미 모로매 이 흔 ᄀᆞᆯᄋᆞ티 셰ᄉᆞ애 마술 담박호미 보야호로 됴ᄒᆞ니:人須是一切世味淡薄方好(飜小8:18). 내 보야호로 中原 ᄊᆞ홀 히믈 드려 도로 앗고져 ᄒᆞ노니:吾方致力中原(飜小10:7). 先生이 보야호로 말숨이며 ᄂᆞᆺ빗촐 잠ᄭᆞᆫ ᄂᆞᄌᆞ기 ᄒᆞ더라:先生方略降辭色(宣小6:4). 보야호로 펴디여 어버이며 아ᄋᆞ돌히 다 피졉 나거ᄂᆞᆯ:方熾父母諸弟皆出次于外(二倫11).

보야·흐·로 부 바야흐로. ☞보야호로. 보야ᄒᆞ로 ¶보야흐로 기ᄂᆞᆫ 거슬 것디 아니ᄒᆞ더니:方長不折(宣小4:42). 보야흐로 ᄀᆞ죽ᄒᆞᄂᆞ니:方齊(痘要上15). 簡ᄒᆞ며 簡히 보야흐로 쟝춧 萬으로 舞호라 日이 보야흐로 中ᄒᆞ얏거ᄂᆞᆯ:簡兮簡兮方將萬舞日之方中(詩解2:20). 士와 다ᄆᆞᆺ 女ㅣ 보야흐로 蕳을 秉ᄒᆞ얏또다:士與女方秉蕳兮(詩解4:33). 皐陶ㅣ 보야흐로 그 敍를 祗ᄒᆞ야 보야흐로 象刑을 施호더:皐陶方祗厥敍方施象刑(書解1:49). 보야흐로 두 손으로(太平1:7). 일즙 샤직의 가 긔우ᄒᆞ실시 보야흐로 졔호매 비오니(仁祖行狀33). 보야흐로 긔치과(兵學1:1). ᄌᆞ식을 길러야 보야흐로 父母 은혜ᄅᆞᆯ 안다 ᄒᆞ니라:養子方知父母恩(朴解上51). 보야흐로 告ᄒᆞ며:方告(無冤錄1:8). ᄀᆞ을절은 보야흐로 깁허 가니 져 경작이 건긔치 아니ᄒᆞ고(綸音86).

보야·ᄒᆞ·로 부 바야흐로. ☞보야호로. 보야흐로. 뵈아ᄒᆞ로 ¶브리 보야ᄒᆞ로 븓거ᄂᆞᆯ(三綱. 忠27). 般若 後에 慧學이 보야ᄒᆞ로 盛ᄒᆞ고:盖般若之後慧學方盛(楞解1:20). 十如三觀ᄋᆞᆫ 보야ᄒᆞ로 大乘ㅅ 두려이 노기ᄂᆞᆫ 法이라:十如三觀方是大乘圓融之法(法華1:149). 公이 보야ᄒᆞ로 孝道로 天下ᄅᆞᆯ 다ᄉᆞ리샤더:公方以孝治天下(宣賜內訓1:66). 보야ᄒᆞ로 보미 ᄒᆞ오아 호미 메오:方春獨荷鋤(重杜解4:11). 衰老흔 病은 보야ᄒᆞ로 져기 우연ᄒᆞ리로다:衰疾方少寬(初杜解6:46). 보야ᄒᆞ로 무르플 폇다가:方舒膝(初杜解8:27). 보야ᄒᆞ로 겨스레 ᄒᆞ논 이리 改變ᄒᆞᄂᆞ다:方冬變所爲(初杜解10:43). 이제 보야ᄒᆞ로 알옴이 잇거ᄂᆞᆯ:今適有知(宣小4:5).

보오 명 보시기. ☞보ᄋᆞ. 보ᄉᆞ ¶믈 두 보오 브어 달혀:水二盞同煎(痘要下27). ᄡᅥ허 즙 내여 흔 보오에 울 흔 홉을 브어 ᄲᅡ 머그라(辟新9).

보오·리 명 봉우리. ☞봉오리 ¶그 묏 보오리 쇠머리 ᄀᆞᄐᆞᆯᄊᆡ(月釋1:27).
※보오리>봉우리

·보·왐·직ᄒᆞ·다 형 봄 직하다. 볼 만하다. ☞보암즉ᄒᆞ다 ¶덕과 업이 가히 보왐직ᄒᆞ니:德業可觀者(呂約2).

:보요 명 보요(步搖). 떨잠〔簪〕. ¶ᄂᆞ미 ᄯᅩ 됴흔 곳과 香과 貴흔 보ᄇᆡ로 步搖 ᄆᆡᆼᄀᆞ라 주면:步ᄂᆞᆫ 거를 씨오 搖ᄂᆞᆫ 뮐 씨니 步搖ᄂᆞᆫ 머리옛 ᄉᆞ뮤미니 우희 드린 구스리 이셔 거름 거를 ᄧᅢ긔 뮐ᄊᆡ 步搖ㅣ라 ᄒᆞ니라(月釋10:21). 步搖와 環珮 업다 ᄒᆞ샤 各 흔 ᄇᆞᆯ옴 더 주시다:步搖ᄂᆞᆫ 皇后ㅅ 首飾이오(宣賜內訓2下18).

보요 부 배게. 촘촘하게. ¶굽격지 보요 박ᄋᆞᆫ 잣딩이 무되ᄃᆞ록 ᄃᆞᆫ녀 보새(古時調. 鄭澈. 싄술 걸러 내여. 松江).

보우ᄒᆞ다 동 (保佑)하다. ¶형의 개제 덕힝으로 쳔더 보우ᄒᆞ리니(落泉1:1).

:보위 명 보위(寶位). 임금의 자리. ¶寶位 투실 느지르샷다:迺是寶位將登之祥(龍歌100章).

보·육 명 포육(脯肉). ☞보슉 ¶보육 포:脯. 보육 셕:腊(訓蒙中21). 술진 고기와 보육과 식혜를 가져다가:取肥肉脯鮓(宣小5:47). 담은 디답호야 골오디 보육 밍돌라:直答曰作脯(宣小6:72).

보·인 명 보인(保人). 보증인(保證人). ¶보인 김막실은 츈쳔부 사름이라:保人金莫失春川府人(東新續三綱. 孝5:85). 보인:中保(漢淸6:64).

보·인호·다 동 보인(保人)하다. 보증(保證)하다. ¶보인혼 사르미:代保人(飜朴上61).

보ᄋ 명 보시기. ☞보ᅀ. 보오. ᄇᆞᄋ ¶병혼 사름이 각 혼 보ᄋ식 머근 후에 의원이 드러 보면 뎐염티 아니호ᄂ니라:凡病者各飮一甌浚醫者却入診視不致相染(辟新2). 보ᄋ:甌子(譯解下13. 同文解下13). 차 혼 보ᄋ 먹은 후에 다시 가려므나(捷蒙4:12).
※보ᅀ>보ᄋ

보옴즉다 형 봄직하다. 볼만하다. ☞보왐직호다 ¶너 얼골 너 못 보니 보옴즉다 홀가 ᄆᆞᄂᆞᆫ(靑友仁. 自悼詞).

:보젼호·다 동 보전(保全)하다. ¶夫婦ㅣ 서르 保全호믄 쉽고(宣賜內訓2下41). 제 힘이 둘흘 다 보젼티 몯홀 주를 혜여 보고:度不能兩全(飜小9:71). 能히 다 보젼티 몯홀 줄을 혜여 보고(宣小6:66). 기리 그 집을 보젼호고:永保厥家(警民3). 과궁을(과인이랏 말과 ᄀᆞᆮ호니라) 보젼코져 홀딘대(仁祖行狀8). 기리 친후호기롤 보젼호라 호시더라(仁祖行狀28). 보젼호다:護庇(同文解下56). 빅셩을 보젼호고 빅셩을 건지는 방칙으로ᄡᅥ 뵈아(綸音145). 반ᄃᆞ시 ᄡᅥ 롤 슬펴 아릐로 가히 신명을 보젼호고(落泉1:1).

보존호다 동 보존(保存)하다. ¶출하리 비러머거 목숨을 보존홀ᄯᅵ언뎡 도적질호며 우김질로 앗기롤 말라:寧丐乞存命勿爲偸竊強奪(警民16). 죠토록 의논호ᄋᆸ셔 保存호게 호여 주ᄋᆸ쇼셔(隣語1:32).

보조·개 명 보조개. 볼. ☞보죠개 ¶보죠개 협:頰. 酺生處(訓蒙上25). 보죠개 협:頰(倭解上16). ᄂᆞᆺ치 누로고 보죠개 븕고:面黃頰赤(臘藥29).

보조개우물 명 보조개. 볼우물. ☞보죠개 ¶보죠개우물:笑印(譯解補21).

보죠개 명 보조개. 볼우물. ☞보죠개 ¶보죠개:笑印(同文解上15).

보죠기 명 보조개. ☞보죠개 ¶웃 갓튼 寶죠기에 웃는 듯 씽긔는 듯(古時調. 海謠).

보지 죠희 구 보기 좋구나. ¶白雲이 在山호니 自然이 보지 죠희(古時調. 李滉. 幽蘭이. 海謠).

보·차·다 동 보채다. ☞보채다 ¶다른 나라히 와 보차거나(釋譜9:24). 衆生 보차디 아니호리라(月釋7:48). 사르몰 보차 어즈리다가:惱亂是人(楞解9:89). 蜎蠕도 보차디 아니호ᄂ니:無惱蜎蠕(永嘉下76). 보차아솜과 綺語와 妄言과:侵奪綺妄(圓覺下一之一28). 그 身心을 보차:惱其身心(圓覺下三之二86). 鬼神이 그 境界를 보차리 잇거든:有鬼神侵其境界(圓覺下三之二92). ᄇᆞᄅᆞ미 비예 드러 五臟울 보차:風入腹攻五臟(救急上56). ᄆᆞᅀᆞ몰 보차:攻心(救急下18). 아모 사름이나 보차거든(呂約35).
※보차다>보채다

보·차욤 동 보채임. ㉮보차이다 ¶또 瞋恚愚癡의 보차요미 아니 ᄃᆞ외며 또 憍慢嫉妬 여러 가짓 ᄢᅴ의 보차요미 아니 ᄃᆞ외야(月釋18:54).

보·차이·다 동 보채이다. ☞보채다 ¶ᄂᆞ외야 貪欲ᄋᆡ 보차요미 아니 ᄃᆞ외며 또 瞋恚愚癡의 보차요미 아니 ᄃᆞ외며(月釋18:54).

보·참 동 보챔. ㉮보차다 ¶煩惱ᄋᆡ 보차미 ᄃᆞ외요ᄆᆞᆯ 가졸비니라(月釋13:23). ᄂᆞ외야 貪欲의 보차미 아니 ᄃᆞ외며:不復爲貪欲所惱(法華6:175). ᄢᅴ 보차미 업스리라:無垢惱也(法華6:176). 주귬과 다와다 보참과:殺害逼害(圓覺下一之一28). ※보참>보챔

보·채·다 동 보채다. ☞보차다. ᄫᅩᆺ채다 ¶설으 보채며:相虐(宣小6:93). 이리 핍박히 보채ᄂᆞ뇨(癸丑72). 글월 보내여 저히오며 홀혀 보채디(癸丑83). 도로혀 업슈이 너기고 보채기롤 심히 호여(仁祖行狀18). 마디못호여 보채엿습더니(新語4:4). 엇디 이리 날을 보채ᄂᆞ뇨:怎麽這般定害我(朴解中55). 三寶롤 보채더라:如此定害三寶(朴解下18). 보채다:勒揹(同文解上32. 漢淸7:54). 보채다:勒齱(譯解補52) 아랜 목 ᄡᅧ는 子息 비고프다 보채ᄋᆸ니(愁州曲).

보·채·다 동 보채이다. ☞보차이다 ¶像法轉홇 時節에 믈읫 衆生이 種種 분별릐 보채요미 ᄃᆞ외야 長常 病호야 시드러 음담 몯 호고(釋譜9:29). 분벼릐 보채요미 ᄃᆞ외야(月釋9:49).

보·타·다 동 보태다. ☞보태다 ¶補ᄂᆞᆫ 보탈 씨오(月釋2:8). 서르 보타실씨(月釋14:51). 福올 보타 救호야 ᄡᅡ혀디(月釋21:53). 補ᄂᆞᆫ 보탈 씨오(法華1:67). 몸 보타려 施롤 受코져 커니:資身(永嘉上24). 補ᄂᆞᆫ 보탈 씨오 處ᄂᆞᆫ 고디니 부텻 고대와 보탈 씨라(阿彌15). 이 헌디롤 이 보타고:是缺是補(初杜解25:1). ※보타다>보태다

보타이다 동 보태다. ☞보타다 ¶됴혼 술을

여러 瓶 어더다가 보타여 먹음이 엇더ᄒᆞ뇨:好酒討幾瓶來添着吃如何(朴新解1:2).

보·태·다 동 보태다. 보태게 되다. ☞보타다 ¶니ᄅᆞᆫ돌 므스기 보태리오:告亦何補(宣賜內訓2上3). 보탤 비:裨(類合下24). ᄒᆞ나히나 보태욤이 이시리니라(宣小書題3). 열독을 보탤시라(痘要下40). 니시 ᄀᆞᆯ오되 내 이제 주글 거시니 고기 므어슬 보태리오:李氏曰我今死矣肉何補(東新續三綱. 烈4:3). 보탤 텸:添(倭解下32).

:보·티ᄒᆞ·다 동 관리하다. ¶내 모미 밧긔 이셔 각별히 보티홈도 업스며:臣身在外別無調度(飜小8:20).

보ᄐᆡ다 동 보태다. ¶쥬인 양식 보ᄐᆡᄂᆞᆫ ᄃᆡ ᄒᆞᆫ곤ᄃᆡᄂᆞᆫ 무숨 일고(萬言詞). 황황ᄒᆞᆫ 소문이 보ᄐᆡ연들 아니 나리오(閑中錄252).

보패 명 보패(寶貝). 보배. ☞보ᄇᆡ ¶보패 보:寶(兒學上4).

보피랍다 형 방탕스럽다. ☞보피롭다 ¶이 보피라온 즘싱 殺娘ᄒᆞᄂᆞᆫ 도적아:這潑禽獸殺娘賊(朴解中57).

보피롭다 형 방탕스럽다. ☞보피랍다. 보피ᄒᆞ다 ¶노롯ᄒᆞ며 홍쏭여 놀며 보피로온 男女로 ᄒᆞ여:教些幇閑的潑男女(老解下44). 거리예 가 보피로온 톄 말고:街上休撒潑皮(朴解中25).

보피·ᄒᆞ·다 동 방탕하게 굴다. 못되게 굴다. ☞보피롭다 ¶노롯ᄒᆞ며 홍쑹여 놀며 보피ᄒᆞᄂᆞᆫ 남진 겨집ᄃᆞᆯ ᄒᆞ야:教些幇閑的潑男女(飜老下48).

:보향텬·ᄌᆞ 명 보향천자(普香天子). 별. ¶普香天子ᄂᆞᆫ 벼리라(釋譜13:6).

보혈 명 보혈(補血). ¶補血ᄒᆞᆯ 藥을 쓰면 됴ᄉᆞ오리(隣語2:5).

:보:호ᄒᆞ·다 동 보호(保護)하다. ¶衆生 保護호ᄆᆞᆯ 즐기거든 내 뎌 알ᄑᆡ 四天王 모ᄆᆞᆯ 現ᄒᆞ야 爲ᄒᆞ야 說法ᄒᆞ야 일우게 ᄒᆞ며(楞解6:14). 모ᄃᆞᆫ 修行ᄒᆞ리ᄅᆞᆯ 保護ᄒᆞ야(楞解7:60). 金과 구슬을 앗기ᄃᆺ ᄒᆞ시며 내 목숨을 보호ᄒᆞᄃᆺ ᄒᆞ시니:如惜金珠如護性命(警民28). 싱이 혜량다려 칭샤ᄒᆞᄃᆡ 네 만일 진심 보호ᄒᆞ여(落泉1:2).

보흘 명 보(袱)를. 독보 ¶내 衣裳과 니블 ᄡᆞᆫ 보흘 다 터시니:我的衣裳被兒包袱也都皺了(朴解中56).

보히 명 들보(樑)가. 〔ㅎ 첨용어 '보'의 주격(主格).〕 독보 ¶닶ᄆᆞᄅᆞ와 보히 믈어뎨쇼ᄆᆞᆯ 니ᄅᆞᄂᆞ다:告訴棟梁摧(杜解9:28).

보히다 동 보이다. 보게 하다. ¶多士를 흠ᄭᅴ 모화 別科를 보히시니(陶山別曲).

보ᄒᆞ다 동 보(保)하다. 보전(保全)하다. 보증하다. ¶天魔로 方便을 得디 몯게 ᄒᆞ야 保ᄒᆞ야 가지며 두펴 간슈ᄒᆞ야(楞解9:83). 보ᄒᆞ여 쳔거ᄒᆞ다:保擧(漢淸2:47).

보ᄒᆞ다 동 보(補)하다. ¶믈근 쥭 먹어 보ᄒᆞ고:喫…薄粥補一補(老解下37).

보히 명 보(袱)에. 독보 ¶뵈 보히 담아:布袱盛(無冤錄3:53). 前대로 보히 ᄡᅡ:依前袱起(無冤錄3:53).

보히다 형 보얗다. ¶눈망올리 보히며 골히 눈이오:沙睛環眼(馬解上8).

·복 명 복(福). ¶ᄆᆞᆫ졈 머근 ᄆᆞᅀᆞᄆᆞᆫ ᄒᆞᆫ 福도 업ᄂᆞ니 耆婆鳥ᄋᆡ 모딘 일 ᄉᆞᆯᄫᆞ리(月印上48). 아마도 福이 조ᅀᆞᄅᆞᄫᅵ니(釋譜6:37). 布施와 持戒와 忍辱과 精進과ᄂᆞᆫ 福이오(釋譜13:51). 어루 님금과 나랏 큰 福ᄋᆞᆯ 길에 ᄒᆞ리로다(金三涵序11). 제 性을 ᄒᆞ다가 모ᄅᆞ면 福이 엇데 어루 救ᄒᆞ리오(六祖上10). 너브신 복이 하ᄂᆞᆯ와 ᄀᆞᄐᆞ샤:洪福齊天(飜朴上1). 복 복:福. 복 우:祐. 복 조:祚(訓蒙下10). 복 복:福(類合下2. 石千10. 倭解下33). 복 지:祉(類合下12). 복 희:禧. 복 조:祚(類合下26). 能ᄒᆞᆫ 이ᄂᆞᆫ 福으로ᄡᅥ 치고:能者養之以福(宣小4:51).

·복 명 복(服). 복제(服制). ¶齊衰:기슭 혼 최복이니 한 어버이과 동싱 삼촌의 복이라(宣小5:43).

·복 명 복(服). 한 번에 먹는 약의 양(量). 복용(服用). ¶큰 ᄒᆞᆫ 盞ᄋᆞᆯ 두 服애 ᄂᆞᆫ화 머그면 됻ᄂᆞ니라:一大盞分二服飮之愈(救急上9). 두 복애 ᄂᆞᆫ화 ᄆᆡᆼᄀᆞ라:分作二服(救簡1:2). 세 복애 ᄂᆞᆫ화 ᄒᆞᆫ 복곰 됴ᄒᆞᆫ 무근 술 ᄒᆞᆫ 되예 글혀:分作三服每服用好舊酒一大盞煎(救簡1:53). 오직 檳榔丸 ᄒᆞᆫ 복만 머글 거시니:只喫一服. ᄆᆡ ᄒᆞᆫ 복애 셜흔 환식 ᄒᆞ야:每服三十丸(飜老下40). ᄒᆞᆫ 복애 서 돈식 ᄒᆞ야:每服三錢(瘟疫方22). ᄒᆞᆫ 복의 ᄒᆞᆫ 량식(瘟疫方25). 이 약을 ᄡᅥ흐라 ᄒᆞᆫ 복을 ᄆᆡᆼ그라(辟新2). ᄆᆡ ᄒᆞᆫ 복애 셜흔 환식 ᄒᆞ여:每服三十丸(老解下36).

·복 명 폭(幅). ☞폭 ¶ᄒᆞᆫ 복 복:幅(訓蒙中17). 그 둥의 복을 ᄆᆡ여:裂其裙幅(東新續三綱. 烈5:46). ᄒᆞᆫ 복:一幅(同文解下25). 복 복:幅(兒學上12).

복 명 복어. ¶복:河魨(四解上63). 복 하:鰕. 복 돈:魨(訓蒙上21). 복:河豘(東醫 湯液二魚部). 복:魨魚(譯解下37). 복:河魨(同文解下41). 복:河豚魚(物譜 蟲魚). 복:河豚(漢淸14:45). 복:河豘(柳氏物名二 水族).

·복고·기 명 복어 고기. ¶복고기 머그닐 고툐ᄃᆡ:方食鯸鮧(救急下57).

복날 명 복(伏)날. ¶복날:伏天(譯解補3).

복녕 명 복령(茯苓). ☞복령 ¶松脂 ᄡᅡ히 들면 千年에 茯苓이 되고(家禮5:7). 복녕:茯苓(物譜 藥草).

복닙다 동 복(服)입다. ☞복(服) ¶복닙다:

掛孝(譯解上42).

복다 동 볶다. ☞봇다 ¶ 흔딕 닉게 복가 부은 고딕 븟티라:同熬熟敷腫處(馬解下111). 문무화애 복가:文武火熬(馬解下112). 고로 섯거 복그되:攪勻令熬(馬解下113). 누로게 복가(辟新4). 져기 고기 복가:炒些肉(老解上55). 고기 복다:炒肉(譯解上50). 복글 쵸:炒(倭解上48). 곡식 복다:炒穀(同文解上59). 복근 쎡:焦餅(漢淸12:44). 복다:熩烙(漢淸12:56). 녑팔찌 고기 사 굵즉이 뻐흐러 복가 가져오라(蒙老2:2). 나는 朝鮮사름이라 고기 복기 아지 못흐노라(蒙老2:2). 복다:炒(柳氏物名五 火).

복닥이 명 벙거지. ¶丙子 丁丑 亂離時예 訓鍊院坐 건너 붉은 복닥이 쓴 놈 간다(古時調. 金壽長. 海謠).

복더위 명 삼복(三伏) 더위. ¶五六月 伏더위예 쉬푸린가 흐노라(古時調. 李鼎輔. 一身이. 海謠).

·복·덕 명 복덕(福德). ¶두 사르미 福德 어두미 흔가지니 엇데어뇨(釋譜23:4).

·복뎐 명 복전(福田). ¶福田은 福바티니 衆生이 福이 쥬의그에셔 남과 나디 바티셔 남과 ᄀ톨씨 福바티라 흐니라(釋譜6:19). 一切 福田ㅅ 中에 부텻 福田이 ᄆ 爲頭흐며(釋譜23:29).

복도 명 복두(幞頭). ¶복도 복:幞 俗呼幞頭. 복도 변:弁(訓蒙中22).

복두관:듸 명 관복(官服). ¶公服:복두관듸라(宣小5:42).

·복령 명 복령(茯苓). ☞복녕. 북령 ¶琥珀은 솔지니 짜해 드러 一千年이면 茯苓이 드외오 또 一千年이면 琥珀이 드외느니라(月釋8:10). 불휘 아랫 茯苓이 神흐야 妙애 드니 가며 오는 樵子는 몃 사르미 아느뇨(南明上67). 茯苓 석 량을 소옴ᄀ톤 씨인 것 업게 흐고 브레 몰외라(瘟疫方13).

·복:리·흐·다 동 복리(福利)하다. ¶群生올 福利호몰 爲흐고(楞解6:103). 群生올 福利케 호미라(楞解6:103).

복샹화나모 명 복숭아나무. ☞복셩화나모 ¶복샹화나모와 버드나못 가지롤:桃柳枝(救急上21). 또 복샹화나못 힌 거출 글혀 汁을 空心에 머그라:又方桃白皮煮汁宜寧腹服之(救急上28).

복셩 명 복숭아. ¶복셩을 심구니 블구미 爛熳흐도다:栽桃爛熳紅(重杜解10:14).

복셩나모 명 복숭아나무. ☞복셩화나모 ¶다숫 낫 복셩남기:五株桃樹(初杜解15:22).

복셩화 명 복숭아. ☞복쇼아 ¶鸚鵡는 金ㅅ비쳇 복셩화롤 딕먹놋다:鸚鵡啄金桃(杜解9:38). 블근 비츤 복셩홧고지 드러 보드랍고:紅入桃花嫩(杜解10:2). 복셩화 션 길콰:桃蹊(初杜解15:15). 복셩화 곤호딕(南明上26). 복셩화 동남녁으로 버든 가짓 힌 거플:桃東南枝白皮(救簡6:36). 복셩화 도:桃(訓蒙上11). 복셩화 도:桃(類合上9. 倭解下6). 복셩화 술흘 다가 다 먹고:把桃肉都喫了(朴解下21).

복셩화나모 명 복숭아나무. ☞복샹화나모 ¶또 복셩화나모 東南녁 가지 힌 깃:又方桃東南枝白皮(救急下67).

복셨곶 명 복숭아꽃. ¶가비얍고 열운 복셨고존 므를 조차 흐르느다:輕薄桃花逐水流(初杜解10:8). 복셨고지 블고미 錦이라와 더오몰 내 分엣 것 삼디 몯흐고:不分桃花紅勝錦(初杜解23:23).

복쇼아 명 복숭아. ☞복셩화. 복쇼와 ¶복쇼아:桃(物譜 木果). 복쇼아:桃(漢淸13:1).

복쇼아뼈 명 복사뼈. ☞복쇼아쎠 ¶복쇼아뼈:顆子骨(譯解上36).

복쇼아쎠 명 복사뼈. ☞복쇼아뼈 ¶복쇼아쎠:踝子骨(同文解上16). 복쇼아쎠:核椏骨(漢淸5:56). 복쇼아쎠:內外踝(物譜 形體).

복쇼와 명 복숭아. ☞복셩화. 복쇼아 ¶복쇼와:桃子(譯解上55).

복숑아 명 복숭아. 복숭아나무. ☞복셩화. 복숑와 ¶복숑아 도:桃(詩解 物名1). 복숑아 가지롤(辟新5). 국슈와 복숑아와 외얏과:麵桃李(臘藥1).

복숑와 명 복숭아. ☞복셩화. 복숑아 ¶복숑와 비 마놀 과실 먹디 말고:不滄桃梨蒜菓(恩重5). 복숑와 곤거든(痘要下53) 복숑와 곳닙 ᄀᄐ니:如桃花瓣子(胎要8).

복슈화 명 복숭아. ☞복셩화 ¶복슈화 도:桃(兒學上6).

·복·식 명 복식(服飾). ¶妻 조촌 사롬과 服飾을 다 보내오(宣賜內訓2下76).

·복심 명 복심(腹心). 심복(心腹). ¶그듸 날로 腹心 사마 뒷느니:腹은 비오 心은 ᄆᅀ미라(三綱. 忠17). 臣이 君 봄을 腹心ᄀ티 흐고(宣孟8:3).

·복:ᄉ·흐·다 동 복사(服事)하다. 복종하여 섬기다. ¶潛龍 未飛예 北人이 服事흐ᅀᄫᅡ(龍歌55章). 天下를 三分홈애 그 둘흘 두샤 뻐 殷을 服事흐시니(宣論2:37). 금일 됴뎡이 다 그저긔 복ᄉ흐던 사롬이니(仁祖行狀13).

복싁 명 복색(服色). ¶담제 후의 잡ᄉ오실 복싁을 대신의 의논흔 대로 힝흐여지이다(仁祖行狀9).

복싱션 명 복어〔鯢魚〕. ☞복 ¶복싱션 도:魨(兒學上8).

복약 명 복약(服藥). ¶氣運이 거복흐매 服藥을 흐오되(隣語1:8).

복자 명 복자(卜者). 점쟁이. ¶복자 일홈난

이ᄂᆞᆫ 다 물어(癸丑54).

복쟈이 명 사슴 새끼. ¶복쟈이:麑(物譜 獸族).

·복:죄·ᄒᆞ·다 동 복죄(伏罪)하다. 복죄(服罪)하다. ¶모ᄃᆞᆫ 션ᄇᆡ 저허 복죄ᄒᆞ여ᅀᅡ:諸生恐懼畏伏(宣小6:4).

복질 명 배앓이. 설사병. ¶아비 ᄯᅩ 복질ᄒᆞ엿써늘:父又患痢(東續三綱. 孝26 應貞禱天).

복ᄌᆞ 명 복자. 기름복자. ¶복ᄌᆞ:明流子(漢淸11:39).

복포 명 폭포(瀑布). ☞폭포 ¶瀑ᄋᆞᆫ 노피셔 ᄡᅡ디ᄂᆞᆫ 복푀니 복폿 므레 겨리 만히 나ᄂᆞ니(月釋1:53).

복:호·ᄒᆞ·다 동 복호(復戶)하다. 충신·효자·절부(節婦)가 난 집에 호역(戶役)을 면제해 주다. ¶엿ᄌᆞ와ᄂᆞᆯ 홍문 셰고 복호ᄒᆞ시니라:事聞旌閭復戶(三綱. 龜孫). 황금 마ᄉᆞᆫ 근을 주시고 복호ᄒᆞ야:賜黃金四十斤復之(飜小9:57). 복호ᄒᆞ야 몸이 ᄆᆞᆺ도록 참예ᄒᆞᆯ 배 업게 ᄒᆞ니:復之終身無所與(宣小6:53). 항 오의 젼망ᄒᆞ니어든 벼슬을 주시고 군시어든 복호ᄒᆞ시더라(仁祖行狀31). 그 아ᄃᆞᆯ을 赦ᄒᆞ시고 그 집을 復호ᄒᆞ시니:乃赦其子復其家(重內訓3:21).

·복·힝·ᄒᆞ·다 동 복행(服行)하다. 복종하여 실행하다. ¶슈고로온 일을 복힝ᄒᆞ야 죽음애 닐으며:服勤至死(宣小2:73).

본 명 ①본(本). 모범(模範). ☞모범 ¶模ᄂᆞᆫ 法이니 남ᄀᆞ로 본 ᄆᆡᆼᄀᆞᆯ 씨라(月釋17:54). 模範은 法이니 남그로 본 ᄆᆡᆼᄀᆞᆯ 씨 模ㅣ오 대로 ᄆᆡᆼᄀᆞᆯ 씨 範이라(法華1:93). 본:樣範(譯解補55).

②본(本). 근본(根本). ¶娑婆 學者ㅣ 해 ᄒᆞᆫ갓 强記호ᄆᆞᆯ 일ᄉᆞ마 邪애 디며 妄애 ᄲᅡ디여 本애 도라가ᄆᆞᆯ 아디 몯ᄒᆞᆯ씨:娑婆學者多徒事强記落邪淪妄不知反本(楞解6:70). 念을 여흰 靜ᄒᆞᆫ ᄆᆞᅀᆞ미 道ᄋᆡ 本일시(圓覺下二之二23). 그 本이 亂ᄒᆞ고 末이 다ᄉᆞᆯ 者ㅣ(宣大3). 德은 本이오 財ᄂᆞᆫ 末이니(宣大22). 가히 닐오ᄃᆡ 본을 ᄇᆞ리고 말을 취호미로다(仁祖行狀33).

③본(本). 원적(原籍). 본적(本籍). ¶본:原籍(同文解上40).

본 명 번. ¶미봉가절 몃 본인고(萬言詞).

본가 명 본가(本家). ¶본가애 오니:本家(王郎傳8). 본가에 가다:歸寧(譯解補27).

본갑 명 본값. 원가(原價). ¶자ᄂᆡ쳐로 본갑시 갑절이나 바ᄃᆞ려 ᄒᆞ니(隣語4:5).

본겻 명 왕후(王后)의 친정. 〔궁중말〕 ¶본겻티 지금 사라 겨오시믄(癸丑98).

본곧 명 본곳. 본고장. 본처(本處). ☞본곳 ¶본곧애 ᄉᆞ당 셰시고:本處立祠(東續三綱. 忠6).

본곳 명 본곳. 본고장. ☞본곧 ¶네 져 綾과 깁과 綿子ᄅᆞᆯ 本곳에셔 언마 갑ᄉᆞ로 사 언마 갑시 ᄑᆞᄂᆞᆫ다(蒙老1:18).

·본·관 명 본관(本貫). ¶能의 아비 本貫은 范陽이러니(六祖上3).

본ᄂᆡ 부 본래(本來). ¶그 本來 叅究에 일우믈 取호리라(松廣寺蒙法26).

본도·기 명 번데기. ☞본독이 ¶누에 본도기:蛹(救急下72). 가히 고기와 누에 본도기와ᄅᆞᆯ 먹디 말라:禁食犬肉蠶蛹(救簡6:34). 본도기 용:蛹(訓蒙上22). 본도기:蠶蛹子(東醫 湯液二 蟲部). 본도기:蠶蛹子(譯解下2). ※본도기>본독이

본독이 명 번데기. ☞본도기 ¶본독이:蛹(物譜 走蟲).

본돈 명 본전(本錢). 본금(本金). ¶본돈:母錢(漢淸12:41).

본·ᄃᆡ 부 본디. ¶본ᄃᆡ 슈을 조초미 올코:固宜從令(宣賜內訓2上14). ᄂᆞᄂᆞᆫ 비치 본ᄃᆡ 고고리 업도다:飛櫓本無蔕(杜解2:63). 귀미틧 터리ᄂᆞᆫ 본ᄃᆡ 절로 셰오:鬢毛元自白(杜解10:10). 본ᄃᆡ 제 드렛고:元自落(杜解15:15). 본ᄃᆡᆺ 數ㅣ 날로 闕ᄒᆞ니:本數日闕(杜解16:68). 본ᄃᆡ 淸淨ᄒᆞ야(金三2:8). 본ᄃᆡ 着디 아니ᄒᆞ니:元不着(南明下27). 본ᄃᆡ 이러ᄒᆞ니라:元來這般的(飜老上45). 내 본ᄃᆡ 見코쟈 願ᄒᆞ다니:吾固願見(宣孟5:32). 더브러 미워ᄒᆞ기ᄂᆞᆫ 본ᄃᆡ 아ᄂᆞᆫ 배라(西宮日記上1). 본ᄃᆡ 병든 사ᄅᆞᆷ이ᄋᆞᆸ더니(新語1:27). 본ᄃᆡ 이러ᄒᆞ니라:元來這般的(老解上41). 내 본ᄃᆡ ᄒᆞ마 너ᄅᆞᆯ 쳥ᄒᆞ라 가고져 ᄒᆞ더니:我本待要請你去來(朴解中9). 본ᄃᆡ 술 못 먹다:天戒酒(譯解上59). 본ᄃᆡ 됴흔 ᄡᅵ이셔(三譯3:17). 녹산은 본ᄃᆡ 영쥐 잡오랑캐니(明皇1:32). 본ᄃᆡ:元來(同文解下46). 본ᄃᆡ:起根(漢淸1:20). 네 본ᄃᆡ 영쥬에 양먹이ᄂᆞᆫ 오랑캐로(五倫2:29). 본ᄃᆡ 슉:宿(註千1). 본ᄃᆡ 소:素(註千29).

본ᄃᆡ로 부 본디. ☞본ᄃᆡ ¶내 얼구른 본ᄃᆡ로 ᄒᆞᆰ과 나모 ᄀᆞᆮ토니:形骸尤土木(杜解2:15). 邵平ᄋᆞᆫ 본ᄃᆡ로 漢 ᄯᅡ해 드럿고:邵平元入漢(杜解2:20). 본ᄃᆡ로 즐기논 거시언마ᄅᆞᆫ:素所好(初杜解15:15). 본ᄃᆡ로 ᄯᅩ 서르 사괴디 몯ᄒᆞ딘 거시니:自來又不曾相識(飜老上48). 〔'몯ᄒᆞ딘'의 '딘'은 '던'의 오기(誤記)임.〕 본ᄃᆡ로 ᄯᅩ 일즙 서ᄅᆞ 아디 몯ᄒᆞ노니:自來又不曾相識(老解上43).

본ᄃᆡ록 부 본디부터. ☞-ㄱ. 본ᄃᆡ. 본ᄃᆡ로 ¶西江은 본ᄃᆡ록 蜀으로 나려가ᄂᆞ니:西江元下蜀(杜解11:1). 繇谷ᄋᆞᆫ 본ᄃᆡ록 漢애 ᄉᆞᄆᆞᆺ고:繇谷元通漢(杜解23:50). ᄂᆡ수거 본ᄃᆡ록 무를 좃고:慣習元從衆(重杜解17:36).

·본ᄅᆡ 명 본래(本來). 본디. ¶本來ㅅ 性이

모디라(月印上46). 부텻 일훔과 本來ㅅ 큰 願과(釋譜9:1). ᄒᆞ다가 藥叉ㅣ 本來ㅅ 類ᄅᆞᆯ 걷너믈 즐기거든(楞解6:21). 本來ㅅ 아로미 ᄇᆞᆰ디 몯ᄒᆞ거든(蒙法14). 제 本來ㅅ 性에 븓ᄂᆞ니:附本性(初杜解6:47).

:본릐 부 본래(本來). 본디. ☞본ᄃᆡ. 볼러 ¶ 本來 하신 吉慶에 地獄도 뷔며(月印上7). 正證엣 사ᄅᆞ미 本來 몸 업건마ᄅᆞᆫ(月釋13:59). 비록 本來 淸通ᄒᆞ야도(宣賜內訓序6). 사ᄅᆞᆷ마다 本來 잇ᄂᆞᆫ 一著子ㅣ니 能히 萬像ᄋᆡ 主ㅣ ᄃᆞ욀시(金三1:11). 菩提 自性이 本來 淸淨ᄒᆞ니(六祖上3).

본릐·로 부 본래(本來)로. 본래부터. ¶ 탯논 性은 本來로 幽獨호ᄆᆞᆯ 즐기노라:受性本幽獨(初杜解6:52).

본·말 명 본말(本末). ¶ 本末ᄋᆞᆫ 믿과 귿괘니 처엄과 乃終괘 本末이오 ᄀᆞ장 다ᄋᆞᆯ씨 究竟이라(釋譜13:41). 本末ᄋᆞᆯ 分揀 몯ᄒᆞ린 이 일후미 邪見이오(牧牛訣10). 殷 적 禮 이믜 업서시니 그 本末을 可히 샹考티 몯ᄒᆞᆯ 거시오(家禮9:11).

본문셔 명 본문서(本文書). 원문서(原文書). ¶ 본문셔:契根(漢清10:16).

본받·다 동 본받다. ☞본밧다 ¶ 百姓이 다 본받ᄌᆞᄫᆞ미 ᄀᆞᄐᆞᆯ씨(月釋2:72). 法은 法이 본바담 직ᄒᆞ며(月釋8:24). 道理 百王의 본바도미 常이오(月釋8:25). 너희 무릐 본바도ᄆᆞᆯ 願ᄒᆞ노라:願汝曹效也(宣賜內訓1:38). 힘ᄡᅥ 鷹鸇을 본받놋다:力效鷹鸇(初杜解20:4). 敎ㅣ 어루 본바도미 잇고:有敎可遵(金三3:35). ᄢᅵ의욤 본바도매 골업솜 取호미라:效顰取醜(南明下74). 거동이 이셔 可히 본바담 즉홈ᄋᆞᆯ 닐온 儀니:有儀而可象謂之儀(宣小4:53). 본바들 효:效(倭解下35). 본바들 법:法(註千25).

본밧다 동 본받다. ☞본받다 ¶ 본밧다:效法(同文解上42. 漢清4:15).

본보기 명 본보기. 견본(見本). ☞본 ¶ 본보기:樣子(漢清2:51).

본보·다 동 ①본받다. ☞본받다 ¶ 본볼 효:效(石千8. 類合下60).
②본보기로 삼다. ¶ 이 심이 됴ᄒᆞ냐 본볼 심 가져오라 내 보와지리:這蔘是好麼將些樣蔘來我看(飜老下56).

·본:분 명 본분(本分). ¶ 바ᄅᆞ 모로매 本分ᄋᆞᆯ 브터 法다ᄫᅵ ᄒᆞ야ᅀᅡ(蒙法33). 너와 나와 그듸와 나와 호ᄆᆞᆫ 本分엣 사ᄅᆞ미 이 時節ㅅ 사ᄅᆞᄆᆞᆯ 向ᄒᆞ야 니ᄅᆞ니(金三2:6).

본:셩 명 본성(本性). ¶ 녜 本性을 브트샤 化 블기실씨(法華2:225). 客은 本性 아니오 塵은 自體ᄅᆞᆯ 더러유미라(圓覺下二之一19). 天眞ᄋᆞᆫ 本性을 니ᄅᆞ고(金三1:24). 네 이 偈ᄅᆞᆯ 지ᅀᅳ니 本性을 보디 몯ᄒᆞ얫도다(六祖上19). ᄇᆡ호미 본셩ᄀᆞ티 ᄃᆞ외면:習與性成(飜小8:11). 본셩 곳치지 아니타:舊性不改(譯解補59).

·본심 명 본심(本心). ¶ 다 本心에 맛게 ᄒᆞ며(楞解1:9). 그 사ᄅᆞ미 본 젼ᄎᆞ로 本心을 시서 邪ᄒᆞᆫ 아로매 수이 들리니(楞解9:95). 두 보미 다 부텻 本心 아니니(金三2:42). 本心을 제 알며 本性을 제 보면(六祖中7). 이ᄅᆞᆯ 닐온 그 本心을 失홈이니라:此之謂失其本心(宣孟11:27).

본ᄉᆡᆨ 명 본색(本色). ¶ 본ᄉᆡᆨ 드러나다:露出馬脚(譯解補60).

본ᄯᅡ 명 본향(本鄕). 본국(本國). ¶ 본ᄯᅡ 됴ᄒᆞᆫ 胸背라:道地的好胸背(朴解上64). 주검을 본ᄯᅡ희 가져가(三譯8:22).

본옷 명 혼례(婚禮) 옷. ¶ 본옷 보내다:下財禮(譯解上41).

본의 명 녹. ☞보믜 ¶ 본의:鏽 鐵生衣(柳氏物名五 金).

본의 명 보늬. ☞보니 ¶ 본의:殼裏皮(柳氏物名四 木).

본젼 명 본전(本錢). ¶ 절강 사ᄅᆞᆷ으로 홍판ᄒᆞ다가 본젼을 일코(落泉1:1).

본졍 명 본정(本情). 본심(本心). ¶ 쇼져의 의심ᄒᆞ미 올흐나 다만 샹공의 본졍을 아랏고(落泉1:2).

본증 명 증명(證明). 증거. ¶ 부텻 본증을 彈王이 묻ᄌᆞᄫᆞᄂᆞᆯ(月印上30). 나옷 외면 아기와 나와 ᄒᆞᆫᄢᅴ 죽고 올ᄒᆞ면 하ᄂᆞᆯ히 본즈ᄋᆞᆯ ᄒᆞ시리라 ᄒᆞ시고(釋譜3:146). 能히 비취요미 ᄃᆞ외며 본증이 ᄃᆞ외오:能爲鑑爲證(楞解8:109). 말ᄉᆞᆷ과 본증이 明白ᄒᆞ더니:辭證明白(宣賜內訓2下19). 모ᄃᆞᆫ 본증엣 사ᄅᆞᆷ ᄃᆞᆯ히:諸證人(宣小6:64). 본증:證見人(譯解上65).

본증ᄒᆞ·다 동 증거(證據) 대다. 증거 잡다. ¶ 어루 본증ᄒᆞᆫ 後에ᅀᅡ 니ᄅᆞ며:可驗而後言(宣賜內訓1:86).

본직 명 본직(本職). ¶ 본직:原職(譯解補9).

본집 명 본집. 본가(本家). ¶ 본집 사ᄅᆞᆷ이 자더니:本家人口睡臥(朴解下52).

본토 명 본토(本土). ¶ 쟝찻 본토로 도라갈 쇠:將還本土(東新續三綱. 烈3:48).

·본향 명 본향(本鄕). ¶ 後에 本鄕애 도라와(三綱. 孝6). 法을 좃디 아니ᄒᆞᄂᆞ니란 곧 屬簿에 그쳐 本鄕애 보내더시다(宣賜內訓2下56). 本鄕애 갈 ᄇᆞ라오미 기더니 늘근 ᄂᆞ치 시름ᄃᆞ왼 ᄠᅳ디 더레라(初杜解6:23). 나라마다 드글마다 이 녯 本鄕이로다(南明上43). 외ᄅᆞ왼 소니 本鄕애 도라가며(金三5:44). 본향의 가 싀엄이 뵈ᄂᆞᆫ 녜도ᄅᆞᆯ ᄆᆞᆺ고:歸鄕里拜姑禮畢(飜小9:59). 譙郡:ᄯᅡ 일훔이니 文寧의 본향이라(宣小6:55). 靑春

을 벗사마 됴히 本鄕애 도라가리라:青春作伴好還鄕(重杜解3:24). 가묘룰 상즈의 너허 근실혼 가졍으로 ᄒᆞ야곰 본향의 보뉘야(落泉1:1).

봇 명 봇나무. 자작나무. ☞봇. 봇나모 ¶ 봇화:樺(倭解下28).

·볼 명 볼. ¶ 안히 기프시며 보리 方正ᄒᆞ샤(月釋2:40). 볼이 브으며(辟新1). 대쵸 볼 불근 골에(古時調. 靑丘).

볼골 명 모습. ☞볼꼴 ¶ 사ᄅᆞᆷ의 볼골도 져티 고(新語5:25).

볼기 명 볼기. ¶ 볼기 둔:臀(倭解上17). 볼기:臀子(譯解上35). 볼기 티다:打臀(譯解上67). 볼기:臀子(同文解上16). 볼기:臀(漢淸5:54).

볼기빡 명 볼기짝. ☞볼기짝 ¶ 볼기빡:股鴟(譯解補22).

볼기짝 명 볼기짝. ☞볼기빡 ¶ 볼기짝:臀肉(漢淸5:54).

볼다기 명 볼때기. 볼따구니. ¶ 볼다기ᄂᆞᆫ 러 ᄅᆞ고:食槽欲寬. 볼다기ᄡᅧᄂᆞᆫ 두렷ᄒᆞ고:頰骨欲圓(馬解上9).

볼릐 명 본래(本來). ☞본ᄃᆡ. 본릐 ¶ 볼릐 고:固(類合下59).

볼모 명 볼모. 전당. ¶ 볼모 두어라(三譯2:26). 볼모 지:質(倭解上56). 술셤의 볼모 ᄒᆞ고(古時調. 金天澤. 옷 버서. 海謠). ᄒᆞᆫ나 흔 왜국에 볼모잡히이고(五倫2:72).

볼모·드·리·다 동 ①볼모잡히다. ¶ 실셩왕이 내믈왕 아ᄃᆞᆯ 말ᄉᆞ흔을 보내야 예나라히 볼모드리고 또 ᄉᆞ흔의 형 복호ᄅᆞᆯ 보내야 고구려 나라히 볼모드렷더니:實聖王遣奈勿王子末斯欣質倭又遣斯欣兄卜好質高句麗(重三綱. 忠30 堤上).
②전당(典當)잡히다. ☞볼모 ¶ 朝會ᄒᆞ고 도라와 나날 보ᄆᆡᆺ 오ᄉᆞᆯ 볼모드리고:朝回日日典春衣(杜解11:19). 뎐디며 집ᄃᆞᆯ 볼모드리니:田產房舍也典儅了(飜老下55). 볼모드리고 쳔내라 가노라:儅錢去(飜朴上19). 뎐디며 집을 볼모드리니:田產房舍也典儅了(老解下50).

볼미 명 볼모. ☞볼모 ¶ 奈勿王 아ᄃᆞᆯ 末斯欣 ᄋᆞᆯ 보내야 倭國에 質ᄒᆞ시고:質ᄂᆞᆫ 볼미라(三綱. 忠30).

볼쏠 명 볼꼴. ☞볼골 ¶ 그 볼쏠 사오나오니(新語5:23).

볼ᄶᅵ 명 볼끼. 방한구(防寒具)의 한 가지. ¶ 볼ᄶᅵ:遮臉皮(同文解上55. 譯解補28). 게집의 볼ᄶᅵ:女腦包(漢淸11:2).

볼음 명 보름. ☞보롬. 보름 ¶ 볼음 망:望(兒學下1).

·봄 명 봄. ¶ 보ᄆᆞᆫ 버드를 뵈아 여희요ᄆᆞᆯ 알오:春知催柳別(杜解7:11). 오히려 시러곰 기튼 보ᄆᆞᆯ 보리로다:猶得見殘春(杜解21:3). 보ᄆᆡ 나며 녀르메 길며 ᄀᆞᅀᆞᆯ히 가ᄃᆞ며 겨스레 갈ᄆᆞ며:春生夏長秋收冬藏(金三2:6). 보미 깁거늘:春深(南明上3). 올ᄒᆡ 보믜 새로 션ᄒᆞᆫ ᄀᆞ장 장실ᄒᆞᆫ ᄆᆞ리라:今春新騸了的十分壯的馬(飜老下8). 또 이 봄 二三月 됴ᄒᆞᆫ 시졀를 맛나니:又逢着這春二三月好時節(飜朴上1). 봄 츈:春(訓蒙上1. 類合上2. 倭解上2). 봄:春(同文解上3. 漢淸1:23).

:봄 명 뼘. ¶ ᄒᆞᆫ 봄 턱:拆(訓蒙下34).

:봄 동 보는 일. ㉠보다 ¶ 種種 머즌 보매 뻐디옛거든…正ᄒᆞᆫ 보매 두어(釋譜9:8). 正ᄒᆞᆫ 보ᄆᆞᆯ 헐며 正ᄒᆞᆫ 보ᄆᆞᆯ 아니 허러도(釋譜9:13). 이제 네 ᄂᆞᆾ 봄도 또 이 네 모미라:今見汝面亦是汝身(楞解1:61). 봄도 몯ᄒᆞ리어니:不能視之(法華7:55). 보ᄆᆞᆯ 모로매 ᄂᆞᄌᆞ기ᄒᆞ며:視必下(宣賜內訓1:6). 봄애 ᄇᆞᆰ음을 ᄉᆡᆼ각ᄒᆞ며:視思明(宣小3:5).

봄가리ᄑᆞᆺ 명 봄갈이팥. ¶ 봄가리ᄑᆞᆺ:春小豆(衿陽).

봄노솟·다 동 뛰놀다. ☞봄놀다 ¶ 봄노소ᄉᆞ며 달고다아 묻ᄂᆞᆫ 양 ᄒᆞ시거늘:踊躍築埋(宣小4:4).

봄:놀·다 동 뛰놀다. ☞봅놀다. 봅놋다 ¶ 믌겨리 드위부치니 거믄 龍ㅣ 봄놀오 ᄒᆡ 도ᄃᆞ니 누른 雲霞ㅣ 비취엿도다:濤翻黑蛟躍日出黃霞映(杜解1:49). 봄노라 깃거:踊躍(六祖上79). 봄놀 고:翺. 봄놀 샹:翔(訓蒙下6). 봄놀 ᄃᆞᆼ:騰. 봄놀 양:驤(訓蒙下10). 봄놀 용:踴. 봄놀 약:躍(訓蒙下27).

봄놀·욤 동 뛰놀게 함. ㉠봄놀이다 ¶ 나ᄇᆡ ᄆᆞᅀᆞᄆᆞᆯ 봄놀요ᄆᆞᆫ:騰於猿心者(圓覺序65).

봄놀·이·다 동 뛰놀게 하다. ☞봄놀다 ¶ 似量이 나ᄇᆡ ᄆᆞᅀᆞᄆᆞᆯ 봄놀이고:似量騰於猿心(圓覺序64). 나ᄇᆡ ᄆᆞᅀᆞᄆᆞᆯ 봄놀요ᄆᆞᆫ:騰於猿心者(圓覺序65). 名相ᄋᆡ 봄놀요ᄆᆞᆯ 너무미 나ᄇᆡ ᄆᆞᅀᆞᆷ ᄀᆞᆮᄒᆞ니라:名相騰擲如猿猴之心也(圓覺序65).

봄:뇌·다 동 뛰놀다. ☞봅놋다 ¶ 踊ᄋᆞᆫ 봄뇔 씨오(月釋2:14). 湧ᄋᆞᆫ 봄뇔 씨오(楞解5:4). 봄뇌며 ᄃᆞᆮᄂᆞᆫ:騰逸奔(楞解8:84). 녀ᄃᆡ 봄뇌디 아니ᄒᆞ며:行不翔(宣賜內訓1:52). 뉘 이 봄뇌ᄂᆞᆫ 鸞이라 너기리오:誰謂是翔鸞(金三4:40). 봄뇌ᄂᆞᆫ 납 ᄀᆞᆮ도다:若踔猿(南明下30). 깃거 봄뇌요미 그지업서:踊躍無量(佛頂下10). 봄뇌야 달고질ᄒᆞ야 묻논 양 ᄒᆞ신대:踊躍築埋(重內訓3:12).

봄무우 명 봄무. ¶ 봄무우:夏生 夏食蘿蔔(柳氏物名三 草).

봄ㅅᄇᆞᄅᆞᆷ 명 봄바람. ☞봆ᄇᆞᄅᆞᆷ ¶ 봄ㅅᄇᆞᄅᆞᆷ:和風(漢淸1:16).

봄의 명 보늬. ☞보믜. 본의 ¶ 봄의:殼裡皮(譯解補31).

봄졀 명 봄철. ¶梅花 녯 등걸에 봄졀이 도라오니(古時調. 靑丘).

·봆·빛 명 봄빛. ¶天地 드러치며 하ᄂᆞᆳ 香이 섯버므러 곧곧마다 봆비치 나더라(月釋2:52). ᄇᆞᄅᆞᇝ 봆비치 다ᄆᆞᆺ 흘러 올마가ᄆᆞᆯ 傳語ᄒᆞ야:傳語風光共流轉(初杜解11:20).

봆ᄇᆞᄅᆞᆷ 명 봄바람. ☞봄ㅅᄇᆞᄅᆞᆷ ¶봆ᄇᆞᄅᆞ매 仲宣의 樓에셔 머리 도ᄅᆞ혀 ᄇᆞ라노라:春風回首仲宣樓(初杜解21:16).

봅:놀·다 동 뛰놀다. ☞봄놀다 ¶ᄒᆞᆫ나ᄒᆞᆫ 봅노는 거셔:一箇跳(飜朴上42).

봅놋·다 동 뛰놀다. ☞봄놀다. 봄뇌다 ¶봅노ᄉᆞᆯ 용:踊. 봅노ᄉᆞᆯ 약:躍(類合下16).

·봇 명 봇나무. 자작나무. ☞븐 ¶봇 거플로 곳갈 ᄒᆞ고(南明下8). 이 ᄒᆞᆫ 댱 화를 엇디 봇 아니 니펏ᄂᆞ뇨:這一張弓爲甚麼不樺了(飜老下31). 날 뵌 후에 봇 니피라:着我看了之後樺一樺(飜朴上60). 봇:樺(四解下32). 봇 화:樺(訓蒙上10). 네 이 ᄒᆞᆫ 댱 누론 봇 닙힌 활 가져다가 시울 언즈라:你將這一張黃樺弓上弦着(老解下27). 이 ᄒᆞᆫ 댱 활은 엇디 봇 아니 닙펏ᄂᆞ뇨:這一張弓爲甚麼不樺了(老解下28). 날을 뵌 후에 봇 닙히라:着我看了之後樺一樺(朴解上53). 봇 닙히다:上樺(同文解上47). 봇 올리다:上樺(譯解補15). 봇:樺皮(漢淸13:30).

-·봇 조 -곧. -만. ☞-곳. -ᄫᅩᆺ ¶ᄒᆞ다가 ᄆᆞᅀᆞᄆᆡᆺ 벋봇 아니면:若非志朋(永嘉下128).

봇가 동 볶아. ㉮봇다 ¶봇가 가져오라:炒將來着(老解上19).

·봇곳·갈 명 봇고깔. ¶봇곳갈 스고 헌옷 닙고 나거늘(南明上30).

봇기 동 볶기. ㉮봇다 ¶다 고기 봇기 아디 몯ᄒᆞ노라:都不會炒肉(老解上19).

봇기·다 동 볶이다. 시달리다. ¶여듧 受苦에 봇겨:焦煎八苦(月釋序4).

봇나모 명 봇나무. 자작나무. ¶봇나모:樺皮木(譯解下42). 봇나모:樺皮樹(同文解下44. 漢淸13:24). 봇나모:樺木(柳氏物名四 木).

봇·다 동 볶다. ☞복다 ¶焦煎은 봇ᄀᆞᆯ 씨라(月釋序4). 섯모다 어즈러이 봇가:交會煩煎(法華2:126). ᄌᆞᅀᆞ 아ᅀᅡ 봇고:去核炒(救急上57). 져기 봇ᄀᆞ니와:微炒(救急下19). 니싀곳 석 량과 숫 ᄉᆞ론 지 닷 되와ᄅᆞᆯ 섯거 저ᅀᅥ 봇고ᄃᆡ ᄀᆞ장 덥거든:紅藍花三兩炭灰五升攪和熬令極熱(救簡1:90). 호로파 봇고니와 ᄆᆡ자깃 불휘 사ᄒᆞ라:葫蘆巴炒三稜剉(救簡2:5). ᄉᆞᆯ고ᄡᅵ 솝 ᄉᆡᆨ 낫 봇그니와:杏仁二百枚熬(救簡2:19). 새용 안해 봇가 거머커든:銚內炒令焦黑(救簡6:12). 돈 셜흔 나챗 양의 고기 봇고:炒着三十箇錢羊肉(飜老上61). 봇글 람:熖. 봇글 오:熬. 봇글 쵸:炒. 봇글 박:煿(訓蒙下13). 봇가 가져 오라:炒將來着(老解上19). ᄒᆞᆫ나ᄒᆞ로 ᄒᆞ여 손조 고기 봇게 ᄒᆞ쟈:教一箇自炒肉(老解上19).

봇달·타 동 볶고 달이다. 번민하게 하다. ¶ᄆᆞᅀᆞᆷ 바ᄅᆞᆯ 어즈러이 봇달터니:煩煎心海(金三5:45). 三途諸子ㅣ 날로 봇달커늘:三途諸子日焚燒(南明下47).

봇달히이·다 동 볶기고 달이어지다. ¶泥犁과 鑊湯 가온ᄃᆡ 봇달히이다가:泥犁鑊湯中煮煠(龜鑑下60).

봇닷다 동 볶고 달이다. ¶봇닷근 기름니며:煎炒油烟(痘要下42).

봇·싸 동 볶아. ¶큰 그르세 지ᄅᆞᆯ 봇까 가ᄉᆞᄆᆞᆯ 熨ᄒᆞ고:用大器炒灰熨心上(救急上74).

봇채다 동 보채다. ☞보채다 ¶샹업시 봇채다:歪厮纏. 봇채여 못 견ᄃᆡ다:纏不過(譯解補56).

봇통 명 봇나무 껍질로 만든 통. ¶봇통:樺皮桶(漢淸11:42).

:봉 명 봉(鳳). ¶箜篌는 모기 구브ᄒᆞ고 鳳ᄋᆡ 머리 ᄆᆡᇰᄀᆞᆯ오 시울 한 거시라(釋譜13:53). 못 우희 이제 鳳의 터리 잇도다:池上于今有鳳毛(初杜解6:4). 진쥬로 봉 ᄆᆡᇰᄀᆞ라 바근 冠과:珠鳳冠(飜朴上45). 봉황이 ᄂᆞ니:鳳凰于飛(東新續三綱. 烈1:92). 봉이 곳치 나드는 문:穿花鳳(譯解下4).

봉 명 봉(峰). 봉우리. ¶뾰롯ᄒᆞᆫ 봉:尖峰(譯解上6).

봉노 명 ①화로. ¶셧녁 힝낭 섬 아래 ᄒᆞᆫ 돌 봉뇌 이시되 그 속의 숫블이 ᄀᆞ득ᄒᆞ얏고:於廡下坎中得一石火通中有火甚多(太平1:43).
②봉노. 구들방. ¶봉노:光炕(漢淸9:73).

봉노을다 동 뛰놀다.☞봄놀다 ¶봉노을 약:躍(光千38).

봉녹 명 봉록(俸祿). ¶봉녹 밧ᄌᆞ와도 별로 먹을 거술 주시며(仁祖行狀25).

봉당 명 봉당(封堂). ¶十一月ㅅ 봉당 자리예 아으 汗衫 두퍼 누워(樂範. 動動).

:봉·됴 명 봉조(鳳鳥). 봉황(鳳凰). ¶子ㅣ ᄀᆞᆯᄋᆞ샤ᄃᆡ 鳳鳥ㅣ 니르디 아니ᄒᆞ며(宣論2:41). 봉됴 봉:鳳(兒學上7).

봉만 명 봉만(峯巒). ¶峯巒이 奇特이 티와댓거ᄂᆞᆯ(六祖略序11). 峰巒은 秀麗ᄒᆞ야(蘆溪. 獨樂堂). 東翠屛 西翠屛은 峰巒도 奇秀ᄒᆞ고(陶山別曲). 遠近 峯巒은 白玉을 뭇거 잇고(辛啓榮. 月先軒十六景歌).

봉션 명 임금의 공덕을 새겨 명산에 감추는 일. ¶당나라 고종 황데 태산에 봉션(님군의 공덕을 사겨 명산에 감초는 일이라)ᄒᆞ시고(五倫4:47).

봉션튱 명 봉선화 가지의 검은 반점. ¶봉션튱:金鳳蠋(柳氏物名二 昆蟲).

봉션화 명 봉선화. ☞봉슈화 ¶봉션화:金鳳花 鳳仙花(譯解下39). 봉션화:鳳仙花(物譜花卉).

봉셩이 명 복숭아. ☞복셩화 ¶봉셩이:桃(柳氏物名四 木).

봉쇄ᄒᆞ다 동 봉쇄(封鎖)하다. ¶빅공이 봉쇄ᄒᆞ야시며(引鳳簫1).

봉쇠 명 강철. ¶봉쇠:跳鐵(柳氏物名五 金).

봉슈화 명 봉선화. ☞봉션화 ¶봉슈화:鳳仙花 金鳳花(柳氏物名三 草).

봉슈ᄒᆞ다 동 봉수(捧受)하다. 거두어 받다. ¶져 사ᄅᆞᆷ의게 민 빈으로 주ᄂᆞᆫ 거시 아니라 자닉가 봉슈ᄒᆞ여시매 갑ᄉᆞᆯ ᄂᆞᆫ 자닉게 ᄎᆞᆫ게 ᄒᆞ여시니(隣語5:4).

봉안ᄒᆞ다 동 봉안(奉安)하다. ¶챠셜 왕어시 쳔지ᄅᆞᆯ 바다 가묘ᄅᆞᆯ 신틱의 봉안ᄒᆞᆯ시 단청ᄒᆞᆫ ᄉᆞ당은 오치ᄅᆞᆯ 머금어(落泉3:8).

:봉:양 명 봉양(奉養). ¶그럴시 ᄌᆞ갯 奉養ᄋᆞᆫ 薄히 코져 ᄒᆞ시고(宣賜內訓2下60).

:봉:양ᄒᆞ·다 동 봉양(奉養)하다. ¶張文節公이 宰相이 ᄃᆞ외야 스싀 奉養호미 河陽ㅅ 掌書記ㅅ 시절ᄀᆞ티 ᄒᆞ더니(宣賜內訓3:63). 奉養ᄒᆞ기ᄂᆞᆫ 두터이 호ᄃᆡ:厚於奉養(宣小5:40). 아비 겨틔 ᄠᅥ나디 아니ᄒᆞ고 봉양호ᄆᆞᆯ 더옥 두터이 ᄒᆞ더니:不離父側奉養彌篤(東續三綱 孝3). 아ᄎᆞᆷ나죄로 빗뎝이며 셰숫믈이며 奉養ᄒᆞᄂᆞᆫ 거ᄉᆞᆯ 設ᄒᆞ야(家禮5:20). ᄀᆞᄅᆞ치고 시기ᄂᆞᆫ 일을 듯디 아니ᄒᆞ며 奉養ᄒᆞ기ᄅᆞᆯ 삼가 아니 ᄒᆞ면(警民2). 비록 거쳐ᄅᆞᆯ 검약히 ᄒᆞ나 감지로 봉양ᄒᆞᄆᆞᆯ 극히 풍비히 ᄒᆞ니(落泉3:8).

봉영ᄒᆞ다 동 봉영(逢迎)하다. ¶빅관이 다 그 뜻을 봉영ᄒᆞᄃᆡ(引鳳簫1).

봉오리 명 꽃봉오리. ☞곳봉오리 ¶봉오리:花亂頭(柳氏物名四 木).

봉오송이 명 다북쑥의 한 가지. ☞봉오조ᅀᅵ ¶봉오송이:艾毬 艾花絨(譯解下40).

봉오조·ᅀᅵ 명 다북쑥의 한 가지. ☞봉오송이. 봉호조ᅀᅵ ¶봉오조ᅀᅵ:艾毬(訓蒙叡山本上5 艾字註).

봉죡 명 봉죽. 봉죽드는 사람. ¶봉죡:餘丁軍士(譯解上27).

봉쵸 명 봉초(捧招). 자백(自白). ¶봉쵸:口供(同文解下29. 譯解補36).

봉호 명 봉화(烽火). ☞봉화 ¶봉호 봉:烽. 봉호 수:燧(訓蒙中9).

봉호조·ᅀᅵ 명 다북쑥의 한 가지. ☞봉오조ᅀᅵ ¶봉호조ᅀᅵ:艾毬(訓蒙東中本上9 艾字註).

봉:화 명 봉화(烽火). ☞봉호 ¶烽火ᄅᆞᆯ 드러 信을 사모리니(宣賜內訓序4). 봉화:烽火(同文解上40). 봉화:烟墩烽火(漢淸10:50). 봉화 봉:烽(兒學上5).

:봉황 명 봉황(鳳凰). ¶봉황 봉:鳳. 봉황 황:凰(訓蒙上15). 봉황 봉:鳳(石千6). 봉황 봉:鳳(倭解下20). 봉황이 ᄂᆞ니 화히 우러 즐겨ᄒᆞ놋ᄯᅡ:鳳凰于飛和鳴樂只(東新續三綱. 烈1:92).

봉ᄒᆞ·다 동 ①봉(封)하다. 벼슬을 주다. ¶帝ㅣ 地圖ᄅᆞᆯ 보샤 쟝ᄎᆞ 皇子ᄅᆞᆯ 封호려 ᄒᆞ샤ᄃᆡ(宣賜內訓2上46). 外戚을 封티 아니ᄒᆞᆫ 젼ᄎᆞ라 ᄒᆞ더니(宣賜內訓2上49).
②봉하다. 붙이다 ¶物ᄋᆞᆯ 畜ᄒᆞ야 封ᄒᆞ야 낟디 아니ᄒᆞᆫ 거슬 닐오ᄃᆡ 藏이니(金三宗序2). 봉ᄒᆞᆯ 함:緘. 봉ᄒᆞᆯ 봉:封(類合下40). 봉ᄒᆞᆯ 봉:封(石千21). 글월을 봉ᄒᆞ야:封書(東新續三綱. 烈4:24). 봉ᄒᆞᆯ 봉:封(倭解下32). 母ㅣ 도로 봉ᄒᆞ야 보내여 ᄀᆞᆯᄋᆞᄃᆡ(女四解4:8). 봉ᄒᆞ다:封了(同文解上35). 봉ᄒᆞ다:封條(漢淸2:57).

봊 명 봇나무. 자작나무. ☞본. 봇. 봇나모 ¶보ᄎᆞᆯ 싸ᄒᆞ라 딘게 달혀 머기라:樺皮剉濃煮汁飮之(痘要上22).

·뵈 명 베. ☞베 ¶옷과 뵈와로(釋譜13:52). 疊은 뵛 일후미라(楞解5:18). 齊衰ᄂᆞᆫ ᄀᆞ장 사오나온 뵈로 ᄒᆞᄂᆞ니(宣賜內訓1:64). 쇽졀업시 뵛 터럭 자바 부니라:空把布毛吹(南明上13). 뵈예 소곰 탄ᄌᆞ만ᄒᆞ닐 ᄡᅡ:布裹塩如彈丸(救簡1:49). 초애 청믈든 뵈ᄅᆞᆯ 글혀:酢煮青布(救簡2:55). 빅모시뵈:白毛施布(飜朴上51). 뵈 포:布. ᄀᆞᄂᆞᆫ 뵈 티:絺. 굴근 뵈 격:綌(訓蒙中30). 뵈 포:布(類合上26. 石千39. 倭解下10). 뵈 너븨 복:幅(類合上31). 뵈 긴:巾(光千35). 뵈 일쳔 疋을 바닷더니:受布千疋(宣小6:39). 뵈 시른 큰 비ᄅᆞᆯ:載布子的大船(朴解中13). 뵈 ᄂᆞ다:撒布(譯解下5). 긴 숩풀 챤 이슬에 뵈잠방이 다 젓는다(古時調. 李在. 쉽별 디쟈. 歌曲). 밍뫼 칼로ᄡᅥ 그 뵈 ᄧᆞ던 거ᄉᆞᆯ 긋ᄎᆞ려 ᄒᆞ니(女範1. 모의 추밍모). 이닉 몸 니븐 거슨 헌 뵈 中衣ᄲᅮᆫ이로다(愁州曲).
※뵈>베

뵈날다 동 베를 날다. ☞뵈ᄂᆞᆯ다 ¶뵈날다:牽經(柳氏物名三 草).

:뵈·ᄂᆞᆯ·다 동 베를 날다. ☞뵈날다 ¶뵈ᄂᆞᆯ 싐:紝(訓蒙下19).

:뵈·다 동 보이다. 보게 하다. ¶兄이 디여 뵈니:兄墜而示. ᄆᆞᄅᆞᆯ 채텨 뵈시니:策馬以示(龍歌36章). 聖武를 뵈요리라:欲彰聖武(龍歌46章). 名賢劫이 열 제 後ㅅ일ᄋᆞᆯ 뵈요리라(月印上4). 가야ᄆᆡ 사릴 뵈오 몸닷길 勸ᄒᆞ야ᄂᆞᆯ(月印上62). 이런 變化ᄅᆞᆯ 뵈오ᅀᅡ 神足을 가다(釋譜6:34). 이 法이 뵈도 몯ᄒᆞ며 니르도 몯ᄒᆞ리니(釋譜13:41). 神力을 뵈야시ᄂᆞᆫ(月釋8:43). 妙圓行ᄋᆞᆯ 펴 뵈ᅀᆞᆸ던댄(月釋18:65). ᄇᆞ즈러니 뵈야시ᄂᆞᆯ:以示勸(法華6:125). 더러온 옷과 니블와ᄅᆞᆯ 안

훌 뵈디 말며:褻衣衾不見裏(宣賜內訓1:50). 世尊이 그 고졸 드르샤 大衆올 뵈신대(南明上1). 師ㅣ 衆을 뵈야 니ᄅᆞ샤ᄃᆡ:師示衆云(六祖中1). 므슴호려 다ᄅᆞ니 ᄒᆞ야 뵈라 가리오:要甚麼教別人看去(飜老上65). 뵐 시:示(類合下39. 倭解下37). 샹녜 소기디 말오모로 뵈며:常視毋誑(宣小1:8). 일즉 니롤 뵈디 아니ᄒᆞ니:未嘗見齒(宣小4:23). 도당문 밧긔 뵈여 모든 지샹이 나오믈 기ᄃᆞ려:詣都堂門外候諸相出(東新續三綱. 孝1:62). 范太醫롤 請ᄒᆞ여 와 뵈라:請將范太醫來看(朴解中14). 과거 뵈다:科試(同文解上44). 뵐 관:觀(註千19). 뵐 현:見(註千31).

:뵈·다 동 보이다. ¶샹녜 供養ᄒᆞᅀᆞᆸᄂᆞᆫ 야이다 뵈ᄂᆞ다(釋譜13:24). 여긔 事情이 극히 어려워 뵈오니(隣語1:11). 부운폐일 아니뵌다(萬言詞).

:뵈·다 동 뵈다. 배알(拜謁)하다. ☞뵈ᅀᆞᆸ다 ¶기픈 므른 夷陵으로 뵈라 가ᄂᆞᆫ ᄃᆞᆺ도다:深水謁夷陵(初杜解20:20). 두 奇異ᄒᆞᆫ 쥬이 나ᅀᅡ 뵈오:有二異僧造謁(六祖序10). 뵐 알:謁(類合下42. 兒學下4).

:뵈·다 형 배다. 꽉 차서 빈틈이 없다. ☞붑다. ㅂ]다 ¶셔ᄫᅳᆯ 뷘 길헤 軍馬ㅣ 뵈니이다:城中街陌若塡騎士(龍歌98章). 四方잇 션비돌히 모다 가니 館지비 뵈여 드디 몯ᄒᆞ더라:四方歸之庠舍不能容(飜小9:10).

·뵈:당 명 포장(布帳). ¶뵈댱을 ᄲᆞᆯ리 티고:布帳子疾忙打起着(飜老下45).

뵈미다 동 베를 매다. ¶뵈미다:刷布(柳氏物名三 草).

뵈북 명 베틀에 딸린 북. ☞뵛북 ¶뵈북 사:梭(兒學上11).

뵈빵이 명 베짱이. ☞뵈싸이. 뵈쌍이. 뵙장이 ¶뵈빵이 甚히 죠고마ᄒᆞᆫ 거시로ᄃᆡ:促織甚微細(初杜解17:37). 뵈빵이:螽斯(詩解 物名1). 뵈빵이 싸홈 브티고(朴解上17).

·뵈빵·이 명 질경이. ☞뵈빵이 ¶뵈빵이 씨 ᄀᆞ론 ᄀᆞᄅᆞ:車前子末(救簡2:97). 뵈빵이 씨:車前子(救簡3:79). 길경이 씨 一名 뵈빵이 씨:車前子(東醫 湯液二 草部).

·뵈짱·이 명 질경이. ☞뵈빵이 ¶뵈짱이 부:芣. 뵈짱이 이:苢(訓蒙上15).

뵈ᄧᆞ기 명 베짜기. ¶ᄌᆞ의 혹을 폐ᄒᆞ기 내의 뵈ᄧᆞ기 ᄀᆞᄐᆞ니라(女範1. 모의 추밍모).

뵈ᄧᆞ다 동 베짜다. ¶뵈ᄧᆞᆯ 직:織. 뵈ᄧᆞᆯ 임:紝(類合下7).

뵈싸이 명 베짱이. ☞뵈빵이 ¶뵈싸이:莎(物譜 飛蟲).

뵈쌍이 명 베짱이. ☞뵈빵이 ¶뵈쌍이 공:蛩(倭解下26). 뵈쌍이:促織(柳氏物名二 昆蟲).

:뵈ᅀᆞᆸ·다 동 ①보이옵다. ☞뵈다 ¶聖子革命에 帝祜롤 뵈ᅀᆞᄫᆞ니:聖子革命爰示帝祜(龍歌7章). 소사 뵈ᅀᆞᄫᆞ니(月印上11). 엇데 뵈ᅀᆞᄫᆞ리잇고(三綱. 忠3).
②웃어른을 뵈옵다. ☞뵈다. 뵈옵다. 뵈ᅀᆞᆸ다 ¶아바님 뵈ᅀᆞᄫᆞᇙ 제:來見父王(龍歌91章). 부텨 뵈ᅀᆞᆸᄂᆞᆫ 禮數를 몰라(釋譜6:20). 世尊 오샤ᄆᆞᆯ 아ᅀᆞᆸ고 소사 뵈ᅀᆞᄫᆞ니(月釋2:48). 朝集은 님금 뵈ᅀᆞᄫᆞ려 모ᄃᆞᆯ 씨라(月釋2:69). 蕭關城에 가 님그믈 뵈ᅀᆞ오니라:謁帝蕭關城(初杜解24:19). 즉재 바사 ᄀᆞᄅᆞ시며 ᄒᆞᆫᄢᅴ 뵈ᅀᆞ올 저기어시든:卽時解易若並時進見(重內訓2:65).

뵈·아·다 동 재촉하다. ☞뵈야다 ¶ᄭᅮ므로 뵈아시니:昭兹吉夢帝迺趣而(龍歌13章). 肇基朔方ᄋᆞᆯ 뵈아시니이다:肇基朔方實維趣只(龍歌17章). 歲月ㅣ 더옥 뵈아ᄂᆞᆺ다:尤相催(杜解1:44). 잇ᄂᆞᆫ 거우뤼 工巧히 늙ᄂᆞᆫ ᄂᆞᆺ촐 뵈아ᄂᆞ다:有鏡巧催顏(杜解3:44). 버국새ᄂᆞᆫ 곧마다셔 봆곡식 심고믈 뵈아ᄂᆞ다:布穀處處催春種(杜解4:19). 보ᄆᆞᆫ 버드를 뵈아 여희요ᄆᆞᆯ 알오:春知催柳別(杜解7:11). 가ᄂᆞᆫ 비롤 뵈아고져 ᄒᆞ노라:欲…去鷁催(杜解21:7). 노ᄅᆞᄉᆞ로 霜威롤 비러 山簡ᄋᆞᆯ 뵈아노니:戲假霜威促山簡(杜解22:8). 새벼롤 뵈아ᄂᆞ니:催明星(杜解22:25). 비 녀ᄂᆞᆫ 소ᄂᆡ 길흘 뵈아거ᄂᆞᆯ:雨催行客路(金三3:23). 뵈알 최:催(石千40). 凄凉玉輦이 蜀中으로 뵈아 드니(蘆溪. 太平詞).

뵈아ᄒᆞ로 부 바야흐로. ☞보야ᄒᆞ로. 뵈야ᄒᆞ로 ¶恭愍王이 뵈아ᄒᆞ로 辛旽이롤 어엿비 너기거시ᄂᆞᆯ:恭愍王方寵辛旽(三綱. 忠32). 강므리 뵈아ᄒᆞ로 만ᄒᆞ여:江水方張(東新續三綱. 烈4:10).

:뵈·앗ᄇᆞ·다 형 바쁘다. ☞뵈왓ㅂ다 ¶뵈앗ᄇᆞᆫ 거르미 업스며 게으른 양지 업스며:無窘步無惰容(飜小10:23).

뵈야다 동 재촉하다. ☞뵈아다 ¶늘근 나해 기장ᄋᆞ로 술 비주믈 뵈야고:衰年催釀黍(重杜解3:25). 지븨 비취엿ᄂᆞᆫ 블근 火爐ᄂᆞᆫ 새배 비출 뵈야고:照室紅爐促曙光(重杜解15:45).

뵈야신다 동 죄어 신다. ¶芒鞋롤 뵈야신고 竹杖을 흣더디니(松江. 星山別曲).

뵈야·호·로 부 바야흐로. ☞뵈야ᄒᆞ로 ¶도ᄌᆞ기 뵈야호로 놀라 ᄒᆞ더니:盜方驚駭(飜小9:66). 쥬인이 게으른 비출 두거나 혹 뵈야호로 이를 ᄒᆞ고져 ᄒᆞ야:主人有倦色或方幹事而(呂約7:21).

뵈야·흐·로 부 바야흐로. ☞뵈야ᄒᆞ로 ¶上이 뵈야흐로 글ᄒᆞᄂᆞᆫ 션비를 블으더시니:上方招文學儒者(宣小6:35).

뵈야·ᄒᆞ·로 부 바야흐로. ☞보야ᄒᆞ로. 뵈야호로. 뵈야ᄒᆞ로 ¶뵈야ᄒᆞ로 甘露를 펴시며(釋譜23:44). 般若 後에 慧學이 뵈야ᄒᆞ로 盛ᄒᆞ야:蓋般若之後慧學方盛(楞解1:37). 뵈야ᄒᆞ로 教化 볼기샤ᄆᆞᆯ ᄉᆞ랑커시ᄂᆞᆯ:方思闡化(法華1:235). 修羅ᄂᆞᆫ 뵈야ᄒᆞ로 瞋心ᄒᆞ고:修羅方瞋(圓覺序13). 이제 뵈야ᄒᆞ로 아로미 잇거늘:今適有知(宣賜內訓3:14). 뵈야ᄒᆞ로 녀ᄂᆞᆫ디라:方行(重杜解1:58). ᄒᆞ마 衰老ᄒᆞ야 모매 病이 뵈야ᄒᆞ로 드니:已衰病方入(重杜解2:65). 天步의 艱難호미 뵈야ᄒᆞ로 다ᄋᆞᄂᆞ니:天步艱方盡(重杜解5:3). 모ᄆᆞᆯ 갈모매 뵈야ᄒᆞ로 잇부믈 告ᄒᆞ도다:藏身方告勞(杜解7:21). 뵈야ᄒᆞ로 辛吨을 어엿비 너기거시늘:方寵辛吨(重三綱. 忠32).

뵈오 부 배게. ☞뵈요 ¶ᄒᆞ다가 가ᄉᆞᆷ애 뵈오 ᄃᆞᆫ거든 ᄲᅡᆯ리 쇼독음에 산사 술 무틴 황금 ᄌᆞ초 삭술 가ᄒᆞ야 머기라:如胸前稠密急服消毒飮加山査子酒黃芩紫草茸(痘要上41).

뵈오다 동 뵈다. ¶昭長老ㅣ 뵈오며셔(新語7:9).

뵈옵다 동 뵈옵다. ☞뵈ᅀᆞᆸ다. 뵈ᄋᆞᆸ다 ¶님금ᄭᅴ 뵈옵다:面聖(譯解補7).

뵈옷 명 베옷. ¶뵈오시 다 ᄠᅥ러디고(南明下8). 안직 뵈옷 쟈락으로 딥 가져가라:且着布衫襟兒抱些草去(飜老上32). 三冬에 뵈옷 닙고 岩穴의 눈비 마자(古時調. 曺植. 海謠). 뵈옷과 집신으로 날마다 동냥ᄒᆞ여 통곡ᄒᆞ니:麻衣(五倫2:60).

뵈·왓바도 형 바빠도. ㉮뵈왓ᄫᆞ다 ¶나리 ᄆᆞᆺᄃᆞ록 뵈왓바도:終日忙忙(金三2:37).

뵈왓·봄 형 바쁨. ㉮뵈왓ᄫᆞ다 ¶나날 죽사리 뵈왓보ᄆᆞᆯ 아노라:日覺死生忙(重杜解2:42). 아ᄎᆞ미 ᄆᆞᆺ도록 므슷 이리 뵈왓보미 잇ᄂᆞ니오:終朝有底忙(初杜解21:27).

:뵈왓·브·다 형 바쁘다. ☞뵈왓ᄫᆞ다. 비앗브다 ¶倉卒ᄋᆞᆫ 뵈왓블 시라(宣賜內訓1:17). 蘇耽의 우므레 셜운 ᄆᆞᅀᆞ미 뵈왓브더라:痛迫蘇耽井(初杜解24:41).

:뵈왓·비 부 바삐. ☞뵈왜비 ¶뵈왓비 亂ᄒᆞᆫ 兵馬ᄅᆞᆯ 避ᄒᆞ야 가셔:蒼惶避亂兵(初杜解6:44). 이 亂世예 뵈왓비 ᄃᆞᆫ니ᄂᆞ닐 感傷호라:感此亂世忙(初杜解7:36). 집짓ᄂᆞᆫ 져비ᄂᆞᆫ ᄒᆞᆯᄀᆞᆯ 어두믈 뵈왓비 ᄒᆞᄂᆞᆺ다:巢燕得泥忙(初杜解8:44). 여희욤 닐오ᄆᆞᆯ 뵈왓비 말라:告別莫忽忽(初杜解21:30). 뵈왓비 ᄒᆞ마 긴 길헤 나ᅀᅡ가니:蒼惶已就長途往(初杜解23:39).

:뵈·왓ᄫᆞ·다 형 바쁘다. ☞뵈앗ᄫᆞ다. 뵈왓브다 ¶忽忽ᄋᆞᆫ 뵈왓ᄫᆞᆯ 씨라(楞解跋2). 形勢ㅣ 도로혀 뵈왓ᄫᆞ도다:形勢反蒼黃(初杜解8:68). 事勢ㅣ ᄀᆞ장 뵈왓ᄫᆞ더라:勢敦迫(初杜解24:13). 나리 ᄆᆞᆺᄃᆞ록 뵈왓바도:終日忙忙(金三2:37).

뵈왜비 부 바삐. ☞뵈왓비 ¶이 亂世예 뵈왜비 ᄃᆞᆫ니ᄂᆞ닐 感傷ᄒᆞ노라:感此亂世忙(重杜解7:36).

뵈요 부 배게. 빽빽이. ☞뵈오 ¶등ᄒᆞ니ᄂᆞᆫ 뵈요 돋고:重者稠密(痘要上51).

:뵈·요리·라 동 보여주리라. ¶닐오ᄃᆡ 우ᄂᆞᆫ 聖女ㅣ여 슬허 말라 내 이제 네 어믜 간 ᄯᅡᄒᆞᆯ 뵈요리라(月釋21:21).

·뵈우·틔 명 베치마. ¶다ᄅᆞᆫ 뵈우틔를 ᄀᆞ라 닙고:更著短布裳(飜小9:59).

뵈의ᄃᆡ 명 베의대(衣襨). 베옷. ¶일즙 한지ᄅᆞᆯ 민망이 너기오샤 뵈의ᄃᆡᄅᆞᆯ 잡ᅀᆞᆸ고(仁祖行狀33).

:뵈·ᅀᆞᆸ·다 동 뵈옵다. 배알(拜謁)하다. ☞뵈ᄋᆞᆸ다. 뵈옵다 ¶부희여ᄇᆞᆯ기예 뵈ᄋᆞ와:昧爽而朝(宣小2:4). ᄡᅥ 얼우신ᄭᅴ 뵈ᄋᆞ오며:以見長者(宣小6:2). 뵈ᄋᆞ옴을 請ᄒᆞ야 ᄀᆞᆯᄋᆞᄃᆡ:請見曰(宣論1:29). ᄀᆞᆯ와 다ᄅᆞᆫ ᄠᅳᆯᄒᆞᆯ 向ᄒᆞ야 가 뵈ᄋᆞᆸ고:並向殊庭謁(重杜解22:17). 盛服ᄒᆞ고 뵈ᄋᆞᆸ기ᄅᆞᆯ 기ᄃᆞ리거든(家禮4:21).

·뵈쟈ᄅᆞ 명 베자루. ¶ᄒᆞᆫ 뵈쟈ᄅᆞ 가져다가:將一布袋(佛頂下12). 뵈쟐의 녀허 듯듯게 ᄒᆞ야:布囊貯令灼灼(救簡2:29).

뵈적삼 명 베적삼. ¶어믜 나혼 뵈젹삼이라(南明下46). 靑州ㅅ 뵈젹삼이로다:靑州布衫(金三2:61).

·뵈·틀 명 베틀. ¶우ᄂᆞᆫ 뵈트레:鳴機(初杜解25:50). 뵈틀 긔:機(類合上27). 뵈틀 ᄉᆞ이예셔 히믈 다ᄒᆞ놋다:竭力機杼中(重杜解11:24). 뵈틀:機身(譯解下3). 뵈틀에 안즌 아기 ᄯᆞᆯ이 가랴(古時調. 가마귀 짝짝. 靑丘). 칼홀 가디고 뵈틀의 가 닐러 ᄀᆞᆯ오ᄃᆡ(女範4. 녈녀 악양ᄌᆞ처).

뵈틀치 명 베틀채. ¶뵈틀치:機身(柳氏物名三 草).

뵙장이 명 베짱이. ☞뵈ᄧᅡᆼ이. 뵛장이 ¶뵙장이:促織蟲(譯解下34).

뵛북 명 베틀에 딸린 북. 방추(紡錘). ☞뵈북 ¶日月이 뵛북 더짐 ᄀᆞᆺᄒᆞ여(捷蒙2:8).

뵛오·리 명 베올. ¶뵛오리 루:縷. 뵛오리로: 繿(訓蒙中24).

뵛장이 명 베짱이. ☞뵈ᄧᅡᆼ이. 뵙장이 ¶ᄀᆞᄋᆞᆯ에 우ᄂᆞᆫ 뵛장이:金鍾兒(漢淸14:51).

뵛필 명 포목(布木). ¶네 이 人蔘과 뵛필ᄃᆞᆯᄒᆞᆯ:你這人蔘布疋(飜老下20).

·부 명 벌. ¶갈 ᄒᆞᆫ 부를:一副刀子(飜朴上15). 투구와 갑옷 ᄒᆞᆫ 부와:盔甲一副(朴解中24).

부 명 ①부(婦). 아내. ¶六親은 父와 母와 男과 女와 夫와 婦왜라(圓覺下一之一17). ②부(婦). 며느리. ¶弟며 嫂ㅣ며 妻ㅣ며 婦ㅣ어든(家禮1:21).

부 명 부(夫). 남편. ¶夫는 샤오이오 妻는

가시라(月釋1:12). 夫ㅣ 사오나온 後에아 陰陽이 和ᄒᆞ야 子息을 난ᄂᆞ니(楞解4:23).

부 부 무릇. 대저(大抵). ¶夫 眞源이 廓寥ᄒᆞ고 性智湛寂ᄒᆞ며:夫ᄂᆞᆫ 말ᄊᆞᆷ 始作ᄒᆞᄂᆞᆫ 겨체 쓰ᄂᆞᆫ 字ㅣ라(月釋序1).

부거미 명 검불. 부검지. ¶기장 부거미 달린 믈이나:煮黍穰汁(痘要上29). 조 부거미:穀穰(譯解下10).

부계 명 비계. ¶부계:脚手(漢淸10:38).

:부:귀 명 부귀(富貴). ☞부긔 ¶梁公ᄋᆞᆫ 富貴ᄅᆞᆯ 모매 踈遠히 ᄒᆞᄂᆞ니(初杜解17:32). 호올로 富貴ㅅ 中에 ᄉᆞᆺ 龍斷을 듯다 ᄒᆞ니라(宣孟4:27). 富貴예 行ᄒᆞ며(宣中13).

:부:귀ᄒᆞ·다 형 부귀(富貴)하다. ¶ᄒᆞᆫ가지로 富貴호ᄃᆡ 엇더뇨(三綱. 忠15). 다ᄅᆞᆫ 시절에 富貴티 아니홇 ᄃᆞᆯ 엇데 알리오(宣賜內訓1:81). 부귀ᄒᆞᆫ 샹 두믈 요구티 아니홀 거시라:不要有富貴相(飜小8:18). 終始히 富貴코져 ᄒᆞᆫ ᄃᆞᆯ:欲終始富貴(宣小6:117). 人이 또ᄒᆞᆫ 뉘 富貴코져 아니 ᄒᆞ리오마ᄂᆞᆫ(宣孟4:27). 加ᄂᆞᆫ 넘온 富貴호ᄆᆞᆯ 미더 卑幼의 禮ᄅᆞᆯ 좃디 아니호미라(家禮2:10).

부긔 명 부귀(富貴). ☞부귀 ¶그 ᄣᅢ 환난을 한가디로 격던 사ᄅᆞᆷ이 다 니러나 부긔ᄅᆞᆯ 네ᄌᆞᆺ티 ᄒᆞ여(經筵).

부나븨 명 부나방. ☞부납이 ¶부나븨:撲燈蛾(同文解下42). 뭇노라 부나븨야 네 뜻을 내 몰래라(古時調. 李鼎輔. 海謠).

부납이 명 부나방. ☞부나븨 ¶부납이:撲燈蛾(譯解補49).

부낭ᄒᆞ다 동 부랑(浮浪)하다. 떠돌아다니다. ¶손을 놀와 浮浪ᄒᆞ면 오라매 반ᄃᆞ시 困窮ᄒᆞ고(警民30).

부넘기 명 부넘기. ¶부넘기:竈嗓(漢淸9:74).

:부:녀 명 부녀(婦女). ¶시혹 帝釋 ᄃᆞ외며 시혹 婦女 ᄃᆞ외며(楞解9:88). 시혹 長者居士 婦女身을 現ᄒᆞ며 시혹 宰官 婦女身을 現ᄒᆞ며(法華7:28). 이웃 부네 감화ᄒᆞ더라:隣婦化之(東新續三綱. 烈2:75). 左편의란 婦女ㅣ로ᄃᆡ 坐란 안다히로ᄡᅥ(家禮1:21). 그 중 낭반 부녀들의 궁박ᄒᆞ고 홀노 된 재임의브르지져 발궐ᄒᆞ기 어렵고(綸音212).

부녜 명 부녀가. 독부녀 ¶이웃 부녜 감화ᄒᆞ더라:隣婦化之(東新續三綱. 烈2:75).

부ᄂᆞ다 동 불어나다. ¶부놀 ᄌᆞ:資(光千11).

부다 동 불다〔吹〕. ¶고동 부다:吹螺(同文解上49). 싱 부다:吹笙(漢淸3:49).

부담기 명 불가래. ¶부담기:椀楂子(才物譜一 地譜).

부대 명 부대(負袋). 포대(包袋). ☞부ᄃᆡ ¶부대 ᄃᆡ:帒(倭解下15). 부대:大口帒(同文解下15). 가족 부대:皮包(漢淸11:43). 또ᄒᆞᆫ ᄒᆞᆫ 밥 넛ᄂᆞᆫ 부대오(捷蒙1:12).

·부·덕 명 부덕(婦德). ¶太子ㅣ 妃子ㅅ 金像ᄋᆞᆯ ᄆᆡᇰᄀᆞᄅᆞ샤 婦德을 쓰시니이다(月印上14). 동쇼제 탄왈 아름답다 낭ᄌᆞ의 부덕이여(落泉2:6).

부뎐 명 부전. 계집아이의 노리개. ¶부뎐:鈿子(譯解上44).

·부:도 명 부도(婦道). ¶急遽ᄒᆞ고 어려운 시절에 婦道ᄅᆞᆯ 조심ᄒᆞ야 조차 ᄒᆞ더시니(宣賜內訓2下35). 아ᄎᆞᆷ나조히 勤勞ᄒᆞ샤 ᄡᅥ 婦道애 나ᅀᆞ시니라(宣賜內訓3:12). 네 몸이 임의 존숙의 명으로 군ᄌᆞᄭᅴ 도라가니 미ᄉᆞ의 명ᄃᆡ로 ᄒᆞ미 부도ㅣ라(落泉2:5).

부도 명 부도(浮屠. 浮圖). ¶浮圖ᄂᆞᆫ 塔이라(月釋23:76). 부도:浮屠(東新續三綱. 孝2:76). 부도:浮屠(東新續三綱. 烈1:21). 七月十五日의 浮屠ᄅᆞᆯ ᄡᅥ 素饌으로 祭ᄅᆞᆯ 비設ᄒᆞ기ᄂᆞᆫ(家禮1:30).

부드드 부 부르르. ¶두 손으로 붓잡고 부드드 ᄡᅧᄂᆞᆫ(古時調. 靑丘).

부·드러·이 부 부드러이. ¶부드러이 和코 고디시그닌:柔和質直者(法華5:166). 내 부드러이 忍辱을 行ᄒᆞ야 歡喜ᄒᆞ야 마자:自行和柔忍辱歡喜逢迎(金剛35).

부·드럽·다 형 부드럽다. ☞부들업다 ¶能히 부드러ᄫᅳ며 能히 剛ᄒᆞ샤(月釋14:54). 慈悲ᄒᆞ야 부드러우메 일흔 젼ᄎᆞ로:失於慈柔故(楞解9:69). ᄒᆞᆫ 氣分에 專一히 ᄒᆞ야 부드러우믈 닐위오:專一氣而致柔(圓覺序24). 溫和ᄒᆞ며 부드러운 顔色:和柔之色(宣賜內訓1:30). ᄇᆞᆷ 氣運이 漸漸 溫和코 부드럽도다:春氣漸和柔(杜解22:1). 부드러온 혀ᄂᆞᆫ 이시며(飜小8:28). 부드러울 유:柔(類合上11. 兒學下8). 부드러울 연:軟(類合下53). 부드러온 소ᄅᆡ로 ᄌᆞᆫ절이 간ᄒᆞ샤(仁祖行狀13). 부드러올 유:柔(倭解上23). 부드럽다:軟柔(同文解上21).

부드잇다 동 부딪치다. ☞부ᄃᆡ잇다. 브ᄃᆡ잇다 ¶놉흔 ᄃᆡ 올ᄂᆞᆺ다가 부드이저 ᄂᆞ려뎌 죽은 것도:乘高撲下致死(無寃錄3:9).

부득이 부 부득이(不得已). ¶공이 지삼 ᄉᆞ양ᄒᆞ되 샹이 허치 아니시니 부득이 응명ᄒᆞ야(落泉1:2).

부득이ᄒᆞ다 형 부득이하다. ¶不得已ᄒᆞ여 모로미 몬져 發케 니르거든(家禮9:43).

부·들 명 부들. ¶헌 부들 지즑 ᄒᆞᆫ 우후믈 ᄀᆞᄂᆞ리 사ᄒᆞ라:敗蒲席一握細剉(救急上34). 부들 손:蓀(訓蒙上8). 부들:菖蒲(訓蒙上8 菖字註). 부들 포:蒲(類合上7). 부들:蒲草(譯解下40). 부들 인:茵(倭解下30). 부들:蒲草(同文解下46). 부들:蒲草(漢淸13:13). 부들:香蒲(柳氏物名三 草). 부들:芐(物譜雜草). 부들 포:蒲(兒學上5).

부·들마·치 명 부들의 꽃. ☞부들방망이. 부듨방츄 ¶부들마치 우흿 누른 ᄀᆞᄅᆞ:蒲黃(救簡2:89).

부들방망이 명 부들의 꽃. ☞부들마치. 부듨방츄 ¶부들방망이:蒲槌(柳氏物名三 草).

부들부체 명 부들부채. ¶부들부체 ᄀᆞᄅᆞ 쥐고(古時調. 尹善道. 蝸室을. 孤遺).

부들소옴 명 부들의 꽃. ¶부들소옴:蒲蒻(柳氏物名三 草).

부들업다 형 부드럽다. ☞부드럽다 ¶가족 부들업게 빠흐다:鞼皮(譯解補49).

부들쾅지 명 부들 꾸러미. ¶부들쾅지:蒲包(譯解補45).

부·듨방츄 명 부들의 꽃. ¶머구릐밥과 부듨방취오:浮萍蒲棒(飜朴上70).

부듯치다 동 부딪치다. ☞부듸치다 ¶梅影이 부듯친 窓에 玉人 金釵 비겨슨져(古時調. 安玟英. 歌曲).

부듸 부 부디. ☞부디. 부ᄃᆡ ¶좌내 집의 술 닉거든 부듸 날 부르시소(古時調. 靑丘).

부듸잇다 동 부딪치다. ☞부드잇다. 부듸잊다 ¶마리 부듸잇다:撞頭(同文解下28). 부듸잇다:捽(漢淸7:47).

부듸잊다 동 부딪치다. ☞부드잇다. 부듸잇다 ¶부듸이저 샹ᄒᆞᆫ 痕瘢과:撲損痕瘢(無冤錄3:9).

부듸치다 동 부딪치다. ☞부듯치다. 부딋치다 ¶부듸칠 박:撲(倭解下38).

부딋치다 동 부딪치다. ☞부듸치다 ¶부딋치기:慣貼的(譯解補19).

부디 부 부디. ☞부ᄃᆡ ¶부디 ᄒᆞᆫ 말만 傳ᄒᆞ여 주렴(古時調. 기러기. 靑丘).

부디ᄒᆞ·다 동 부지(扶持)하다. ¶늘구메 病ᄒᆞᆫ 모ᄆᆞᆯ 扶持호ᄆᆞᆯ 해 ᄒᆞ노니:衰謝多扶病(初杜解15:36). 반ᄃᆞ시 술고기ᄅᆞᆯ ᄌᆞ뢰ᄒᆞ야 부디ᄒᆞ야 칠 이ᄂᆞᆫ:必資酒肉扶養者(宣小5:51). 疾病애 서ᄅᆞ 扶持ᄒᆞ면 곧 百姓이 親睦ᄒᆞ리라(宣孟5:15). 나라로 부디티 몯ᄒᆞᆯ 일을(新語4:25). 엇디 부디ᄒᆞᆯ가 너기시ᄂᆞᆫ고(新語4:26). 집을 보젼ᄒᆞ고 業을 부디ᄒᆞ며:保家持業(女四解2:38).

부ᄃᆡ 명 부대(負袋). ☞부대 ¶革囊曰 부ᄃᆡ(東言).

부ᄃᆡ 부 부디. ☞부디. 브ᄃᆡ ¶내 부ᄃᆡ 대군을 업시 ᄒᆞ고(癸丑35). 부ᄃᆡ 병개 아라 ᄒᆞᆯ 써시니라(痘瘡方10). 그리든 님 맛난 날 밤은 져 닭아 부ᄃᆡ 우지 마라(古時調. 靑丘). 남의게 파지 말고 너게 부ᄃᆡ 파로시쇼(古時調. 閣氏네. 靑丘). 부ᄃᆡ 내 ᄆᆞᄋᆞᆷ이 부톄 줄 알고(普勸文20). 그리 醉ᄒᆞᆫ 사ᄅᆞᆷ ᄃᆞ려 우겨으로 부ᄃᆡ 권ᄒᆞ려 ᄒᆞ다가ᄂᆞᆫ(隣語1:4). ᄋᆡ연니 녀이소셔 부ᄃᆡ부ᄃᆡ 다려가오(思鄕曲).

부래 명 부레. ☞부레 ¶긁어 쓰ᄂᆞᆫ 부래:鰾(漢淸12:8).

부략금 명 물새의 한 가지. ¶萬頃滄波之水에 둥둥 ᄯᅥᆺᄂᆞᆫ 부략금이 게오리들아(古時調. 靑丘).

부·러 부 부러. 일부러. ¶부러 노ᄒᆞ시니:酒故放之(龍歌64章). 하ᄂᆞᆯ히 부러 ᄂᆞᄆᆞᆯ 뵈시니:彼蒼者天示人孔昭(龍歌68章). 부러 저히샤 살아 자ᄫᆞ시니:故脇以生執(龍歌115章). 부러 아니 ᄑᆞ니(月印上56). ᄯᅩ 부러가 절ᄒᆞ고(釋譜19:30). ᄯᅩ 부러 가 절ᄒᆞ야(月釋17:84). 부러 ᄢᅢ혀디 아니ᄒᆞ야:不故拔(楞解6:96). ᄒᆞ다가 부러 僧坊애 가:若故詣僧坊(法華6:19). 네 부러 서르 携持홈기들우믈 아ᄂᆞ니라:須汝故相携(初杜解8:51). 우리 부러 오소니:我特的來(飜老上40). 부러 듣디 아닌ᄂᆞ니(野雲48). 우리 부러 와시니:我特的來(老解上36). 부러 권ᄒᆞ라 오롸(三譯1:3). 酒饌을 부러 쟝만ᄒᆞ여(隣語1:22).

부·러 동 불어[吹]. ㉮불다 ¶그 後에 ᄇᆞᄅᆞ미 므를 부러 地輪이 ᄃᆞ외니 뭇 貴ᄒᆞᆫ 氣韻이 須彌山이 ᄃᆞ외오(月釋1:41).

부러나·다 동 불어나다. ☞불어나다 ¶혜 과글이 부러나 입 밧긔 나거든:舌忽脹出口外(救急上46). 부러날 연:衍(類合下30). 부러날 식:息(類合下50).

부러디다 동 부러지다. ☞부러지다 ¶아은 ᄯᆞᆯ이 부러디니(女四解4:22).

부러지다 동 부러지다. ☞부러디다 ¶부러진 활 것거진 통 ᄯᅢᆫ 銅爐口 메고(古時調. 靑丘). 칼날 부러지다:刀刄捲(同文解上48).

부러하다 동 부러워하다. ☞부러ᄒᆞ다 ¶부러할 션:羨(兒學下11).

부러ᄒᆞ다 동 부러워하다. ☞부러하다 ¶부러ᄒᆞᆯ 션:羨(倭解下35). ᄀᆞ장 부러ᄒᆞ다:狠愛(漢淸6:57). 오색의 영아희ᄂᆞᆫ 노래자를 부럴소냐(皆岩歌).

부럼벌에 명 부스럼벌레. ¶류시ᄂᆞᆫ 시모의 부럼벌에를 쓥고:蛆(女四解4:12).

부럽다 형 부럽다[羨]. ¶부럽다:歆羨(同文解上33).

부레 명 부레. ☞부래 ¶고기 부레:鰾(救簡6:79). 부레 표:鰾(訓蒙下9). 부레:魚鰾(訓蒙中12). 부레:鰾(倭解下25). 부레 소로다:先上鰾(同文解上47). 부레ㅅ 도관:鰾罐子(譯解補44).

부레풀 명 부레풀. ¶因緣진 부레풀로 時運지게 붓쳣신이(古時調. 내가슴 들충 腹板되고. 海謠).

부로 명 총이말. ¶부로:驄馬(吏文3:21).

부로 명 상추. ☞부루 ¶부로:萵苣(朴解中33). 부로:萵苣菜(譯解下10. 漢淸12:40).

부로:萵苣(柳氏物名三 草).
부로 명 부로(父老). ¶져재 거리 부로돌히(仁祖行狀7). 션유흠은 다만 부로의 밋고(綸音21).
부로기 명 포대기. ☞보로기 ¶비 부로기:圍肚(譯解補22).
부로다 동 부르다〔唱〕. ☞부르다 ¶노래 부로고 춤추기 니겨:謳歌習舞(女四解2:26).
부로쁘다 동 부릅뜨다. ☞부롭뜨다 ¶눈 부로쁘다:鰾眼(譯解上39).
부롭뜨다 동 부릅뜨다. ☞부로쁘다 ¶눈 부롭뗘 놉흔 소릐로 블러 니로듸(三譯6:11).
부롯다 동 부르트다. ☞부루트다 ¶부롯다:起泡(譯解上62).
부루 명 상추. ☞부로 ¶부루:萵苣(四解下28 萵字註). 부루 와:萵. 부루 거:苣(訓蒙上14). 부루 와:萵(倭解下5). 부루:萵苣(物譜蔬菜).
부루몰 명 부루말. ¶부루몰:紅紗馬(譯解下28. 同文解下37. 漢淸14:22).
부루박다 동 부룩(을) 박다. ¶부루박다:隔壠種(漢淸10:3).
부루·톰 동 부르틈. ㉮부루트다 ¶엇데 靑鞋 신고 발 부루토몰 말리오:豈辭靑鞋胝(初杜解9:2).
부·루·트·다 동 부르트다. ☞부롯다. 부릇다 ¶엇데 靑鞋 신고 발 부루토몰 말리오:豈辭靑鞋胝(初杜解9:2). 여러 볼 발 부루투믈 돌히 너기다니:甘累跰(初杜解20:30). 부루틀 견:跰(訓蒙中34). 遷延히 ᄃᆞᆫ뇨매 손바리 부루터 허도다:遷延胝跰瘡(重杜解1:54).
부룩 명 부룩. ¶수수 동부 녹두 춤쌔 부룩을 적게 ᄒᆞ소(農月 四月令).
부룻대 명 부룻동. 상추의 줄기. ¶부룻대:萵子(譯解下10).
·부룻불·휘 명 상추뿌리. ¶부룻불휘:萵苣根(救簡6:48).
부르·다 동 불리다. 불어나게 하다. ¶業을 發ᄒᆞ며 生올 부르ᄂᆞ니:發業潤生(楞解4:91). 愛取ㅣ 生올 부르며:愛取潤生(楞解4:92). 내며 드리며 부르며 利호미:出入息利(法華2:186).
부르·다 동 펴다. ¶演은 부를 씨라(月釋序7). 깁고 머르신 소릴 부르쇼셔:演深遠音(法華3:121).
부르다 동 ①부르다〔呼〕. ☞부ᄅᆞ다 ¶부를 호:呼(倭解上20).
②부르다〔唱〕. ☞부ᄅᆞ다 ¶부를 챵:唱(倭解上42. 兒學下1).
부르지지다 동 부르짖다. ¶형셰 궁박ᄒᆞ야 두 번 부르지지기롤 면티 못ᄒᆞ니(山城51). 그 바다흘 ᄇᆞ라며 부르지지ᄂᆞᆫ 쳐ᄌᆞ식은 므슴 죄 이시리오(綸音28).
부르치다 동 부러뜨리다. ¶쇼대남진의 밥을 담다가 놋쥬걱 줄를 부르쳐시니 이를 어이ᄒᆞ려뇨(古時調. 어이려뇨. 靑丘). 네 操心ᄒᆞ야 쓰고 놀 부르치지 말라(蒙老1:24).
부르트·다 동 부르트다. ☞부루트다 ¶足繭온 바리 부르터 고티 ᄀᆞᆮᄒᆞᆯ 시라(初杜解16:50). 곡식에 몬내 염근 거슬 머거 모기 부르터 나거든 쌜리 고티디 아니ᄒᆞ면:咽喉生穀賊若不急治(救簡2:76). 다만 ᄒᆞᆫ 발 다 못 ᄡᅩ아 손바닥이 부르트다(萬言詞).
부·른·다 동 부르트다. ☞부루트다. 부르트다 ¶거츤 뫼헤 바리 부른고 ᄀᆞ장 시름ᄒᆞ야 病ᄒᆞ얏노라:足繭荒山轉愁疾(初杜解16:49). 父母ㅅ 顔色올 바다 손바롤 부른게 ᄃᆞᆫ니고:承顔胝手足(初杜解21:33).
부름 명 부스럼. ¶부름 삭ᄂᆞᆫ 싱눌이라(農月 正月令).
부릅드다 동 부릅뜨다. ☞부롭쓰다. 부릅쓰다 ¶土卵 눈 부릅드고 쌔자반 나롯 거스리고(古時調. 이바 편메곡. 靑丘).
부릅쓰다 동 부릅뜨다. ☞부롭쓰다. 부릅드다 ¶눈 부릅쓰다:睜眼(同文解上28).
부릇다 동 부르트다. ☞부롯다. 부른다 ¶발 부릇다:脚繭(譯解補22).
부리 명 멀떠구니. ¶그 부릴 어더 머그면 됴 됴ᄒᆞ니라:得呑其嗉最效(救急上53).
:부·리 명 ①부리. 주둥이. ☞부으리 ¶블구미 그 부리 ᄀᆞᆮᄒᆞᆯ씨니라(月釋18:73). 智慧 부리로 無明 대가리롤 디거 허니:以智慧觜啄破無明殼(金三2:48). 부리 췌:嘴. 부리 훼:喙(訓蒙下6). 부리 췌:觜(類合上13). 부리 기온 놈:歪嘴子(譯解上29). 부리 사오납다:嘴利害(同文解下33). 부리 내미다:橛嘴(譯解補20).
②(병 따위의) 아가리. ☞부우리 ¶이비 독 부리에 다케 ᄒᆞ고:口臨瓮口(救簡1:73). 부리 어윈 병의 녀코:置於大口缾中(救簡6:24). ᄒᆞᆫ 긴 독애 조븐 부리예:一箇長甕兒窄窄口(飜朴上41). 부리 너른 독:撇口缸(漢淸11:40).
③끄트머리. 가장자리. ¶헐므슨 부리 우희:瘡口上(飜朴上13). 술윗통엣 구무 부리 도리로 박은 쇠:車釧(老解下32). 부리 것고:捲尖(朴解上24). 부리 짓다:瘡出頭(同文解下7).
부리다 동 불리다. 날리다. ☞불리다 ¶길 녀ᄂᆞᆫ 사ᄅᆞᄆᆡ 오시 ᄇᆞᄅᆞ매 부리놋다:征衣颯飄飄(重杜解1:34).
부리다 동 부리다〔使〕. ☞브리다 ¶예ᄉᆞ지 부리실 쑨이 아니라(新語7:3). 부리ᄂᆞᆫ 계집의게(三譯1:5). 긔운을 부려 昂昂ᄒᆞ며:使氣昂昂(女四解2:15). 간계 부리다:行詐

(同文解上23). 부리다:使之(同文解上50). 강악 부리다:使强(漢淸8:25). 간계 닉게 부리는 이:慣使奸計(漢淸8:39). 쥬시 여러 번 못 홀 일로 샹을 부리니:使(五倫4:17).

부리오다 동 (짐을) 부리다. ☞부리우다 ¶ 됴흔 店 어더 부리오고:尋箇好店安下着(老解上59). 짐 부리오다:卸下來(譯解下22). 부리오다:卸了(同文解下19). 부리오다:下着(漢淸7:44).

부리우다 동 (짐을) 부리다. ☞부리오다 ¶ 順城門官店 거릿 븍녁 흔 술윗방의 부리워 잇노라:在順城門官店街北一箇車房裏下着(老解下5). 부리울 이:弛(兒學下9).

부르·다 동 퍼뜨리다. ☞부르다 ¶ 見思ㅅ 氣分을 더워자바 부르실써 分段形이 나시니라(月釋14:67). 如來ㅅ 第一義諦를 펴 부르시ᄂ이다:敷演如來第一義諦(楞解4:2).

부르다 동 ①부르다〔呼〕. ☞부르다 ¶ 公事로 부르다:句喚(譯解上10). 흔 번 부르고:呼(武藝圖21). 부를 요:要(註千37).
②부르다〔唱〕. ☞부르다 ¶ 노래 부르다:歌唱(譯解上60). 惜을 블러 노래 부르라 ᄒ니(女四解4:37). 太平歌를 부르새다(普勸文附篇19). 부를 챵:唱(註千15).

부릅쓰다 동 부릅뜨다. ☞부릅쓰다 ¶ 셔기 눈을 부릅쓰고 ᄭ지져 ᄀ로ᄃ:徐瞋目大罵曰(五倫3:36).

:부·마 명 부마(駙馬). ¶ 하늘히 駙馬 달애샤:天誘駙馬(龍歌46章). 내 ᄒ마 親王과 駙馬와 大學生과로 다 講論ᄒ며(宣賜內訓2下50). 부맛 부:駙(訓蒙中1). 뎡툭 난후의 부마와 밋 종실 ᄎ네 피로 ᄒ니 잇거늘(仁祖行狀15).

·부:모 명 부모(父母). ¶ 우리 父母ㅣ 듣디 아니ᄒ샨고ᄃ 釋迦太子ㅣ 지ᄌ 奇特ᄒ실ᄊ 우리 父母ㅣ 太子ᄭ 드리ᄉᄫ시니(釋譜6:7). 無數흔 劫에 父母 孝道ᄒ고(釋譜6:29). 父母ㅣ 나를 北方 ᄊ르ᄆ 얼이시니(月釋10:23). 六親ᄋ 父母와 妻子와 兄弟왜라(金三4:9). 恩ᄒ면 父母를 親히 養ᄒ고(六祖上101). 부못 명셩을:父母的名聲(飜老下48). 부못ᄋ 효도ᄒᄉ오며:孝順父母. 부모를 나토와 내요미:以顯父母(飜朴上35). 며ᄂ리 싀아비 싀어미를 섬교ᄃ 父母 셤김ᄀ티 ᄒ야:婦事舅姑如事父母(宣小2:3). 父母를 셤교ᄃ 能히 그 힘을 竭ᄒ며(宣論1:4). 民의 父母ㅣ 되연ᄂ디라 政을 行호ᄃ(宣孟1:12). 父母ㅅ 顔色ᄋ 바다 손바를 부른게 ᄃ니고:承顔胝手足(杜解21:33). 부모 셤기다:事親(漢淸6:17).

·부·방 명 부방(赴防). ¶ 그 남진이 부방 가게 ᄒ여:其夫當行戍(飜小9:55). 그 남진이 부방 가게 當ᄒ야:其夫當行戍(宣小6:50). 아비 나히 늘거 부방의 당ᄒ얏거늘:父年老當防(東新續三綱. 烈1:2). 지아비 죵셩의 부방 가 병ᄒ여 죽거늘:夫赴戍于鍾城病死(東新續三綱. 烈5:42).

부·부 명 부부(夫婦). ¶ 夫婦의 됴히 너교미 모미 ᄆᄃ록 여희디 아니ᄒ야(宣賜內訓2:9). 君臣이 義ㅣ 이시미며 夫婦ㅣ 別이 이시미며(宣孟5:25). 엇디 부뷔 되며(太平1:65). 이제 오로 世嫡宗子의 夫婦로ᄡ(家禮1:27). 夫婦ㅣ 和ᄒ여야 家道ㅣ 이ᄂ니(女四解序4). 夫婦의 道ᄂ(女四解1:5). 부뷔 ᄒ가지로 죽어(五倫3:41). 부뷔 다 도적의게 잡히여(五倫3:45).

부뷔다 동 비비다. ☞부븨다 ¶ 부뷔기를 ᄀ놀게 ᄒ야:揉的細着(朴解上35). 룡디 죠희 부뷔다:揉紙(柳氏物名五 火).

부븨다 동 비비다. ☞부뷔다 ¶ 小薊 니플 니기 부븨여 브티라:用小薊葉挼爛封之(救急上87). 藥ᄋ 부븨유니 ᄂ라가ᄂ 곳고리 우ᄂ다:丸藥流鶯囀(杜解14:3). 힌 ᄡᆨ 두 량 니기 부븨요니를 믈 큰 두 되예 달혀:白艾二兩熟者少水二大盞煎(救簡2:27). 족닙 부븨니어나 줄기어나 ᄲ어나 디허 ᄇ르라:挼藍靑葉及擣莖實塗之(救簡6:65). ᄡᆨ을 가져다가 부븨요ᄆ ᄀᄂ리 ᄒ야:把那艾來揉的細着(飜朴上38). 부븨다:揉摩(同文解上29). 부븨다:揉搓(漢淸11:16).

·부·븨·이·다 동 비비게 하다. ¶ 病이 잇거늘 겨집종을 ᄒ야 藥을 부븨이더니:有疾使婢丸藥(宣賜內訓1:61).

부세 명 부세(賦稅). ☞부셰 ¶ 부세 세:稅(兒學下6).

부세지다 형 부서지다. ¶ 부세질 쇄:碎(兒學下10).

부셕흙 명 푸석흙. 푸석푸석한 흙. ¶ 부셕흙:壤(柳氏物名五 土).

부셩ᄒ다 형 부성(富盛)하다. ¶ 不肖ᄒ면 이제 비록 富盛ᄒ나(家禮4:2). 부셩ᄒ다:富裕(漢淸6:16). 극히 호화ᄒ며 부셩ᄒ다 ᄒ야(引鳳簫1).

부셰 명 부세. ¶ 蹌水 春來 小者一種之稱如今俗呼亦有 조긔 수조긔 부셰 等別耳(柳氏物名二 水族).

부셰 명 부세(賦稅). ☞부세 ¶ 부셰 밧다:抽稅(同文解上51). 부셰 밧다:賦斂(漢淸3:1). 부셰를 경히 ᄒ며(引鳳簫1). 부셰 부:賦(兒學下6).

부소 명 희롱. ¶ 더 若衆들의게 밤새도록 거륵이 부소를 희이치더라(新語9:10).

부소ᄒ다 동 희롱하다. ☞부ᄉᄒ다 ¶ 或이 부소ᄒ야 ᄀ로ᄃ:或戲之曰(宣小6:118).

부쇠 명 부시. ¶ 부쇠:火鎌(譯解下18). 安岩山 ᄎ돌 老姑山 수리치 一番 부쇠 나젼대

궤지숌이(古時調. 寒松亭. 青丘). 부쇠:火鎌(同文解上49. 漢清10:50). 부쇠:火刀(物譜 鼎鐺). 부쇠:火刀(柳氏物名五 火).

부쇠깃 명 부싯깃. ☞부쇠ㅅ깃. 부쇳깃 ¶ 부쇠깃:灰淋紙(柳氏物名五 火).

부쇠다 동 부시다. 씻다. ☞부싀다 ¶ 네 더 鏾瓶을 다가 부쇠기를 乾淨히 ᄒᆞ야:你把那鏾壺瓶汕的乾淨着(朴解中30).

부쇠돌 명 부싯돌. ☞부쇠ㅅ돌. 부쇳돌 ¶ 부쇠돌:礠磕石(物譜 鼎鐺).

부쇠ㅅ깃 명 부싯깃. ☞부쇠깃. 부쇳깃 ¶ 부쇠ㅅ깃:火絨(同文解上49). 부쇠ㅅ깃:火茸(漢清10:50).

부쇠ㅅ돌 명 부싯돌. ☞부쇠돌. 부쇳돌 ¶ 부쇠ㅅ돌:火石(同文解上49. 漢清1:42).

부쇠치다 동 부시치다. ¶ 부쇠치다:打火(漢清10:50).

부쇳깃 명 부싯깃. ☞부쇠깃. 부쇠ㅅ깃 ¶ 부쇳깃:火絨(譯解下18).

부쇳돌 명 부싯돌. ☞부쇠돌. 부쇠ㅅ돌 ¶ 부쇳돌:火石(譯解下18).

:부숫·그리·다 동 추켜세우다. 선전하다. ¶ 楊雄이 또 河東賦를 지어 뒷노니 오직 부숫그려 하ᄂᆞᆯ로 올여 보내요ᄆᆞᆯ 기들오노라:楊雄更有河東賦唯待吹噓送上天(初杜解21:11).

부스럭이 명 부스러기. ¶ 고기 부스럭이:零碎塊(漢清12:34).

부슬부슬 부 부슬부슬. ☞부술부술 ¶ 부슬부슬 오다:雨霖霖(蒙解上2).

부싀다 동 부시다. 씻다. ☞보쇠다. 부쇠다 ¶ 그릇 부싀다:滌器(同文解下16). 부싄 ᄃᆞ시 먹다:喫的淨光(譯解補60). 부싀다:洗漱(漢清8:52). 가마 부싀ᄂᆞᆫ 구기:鐵鏟子(漢清11:40).

부시이다 동 부시게 하다. ¶ 싀옴을 ᄎᆞᄌᆞ가셔 點心 도슭 부시이고(古時調. 논밧 가라. 青丘).

부ᄉᆞ·ᄒᆞ·다 동 희롱하다. ☞부소ᄒᆞ다 ¶ 모ᄃᆞᆫ 아랫 관원이 부ᄉᆞᄒᆞ야 놀오 일 아니 ᄒᆞ거든:諸參佐或以談戲廢事者(飜小10:9). 或이 부ᄉᆞᄒᆞ야 닐오ᄃᆡ:或戲之曰(飜小10:19).

부술부술 부 부슬부슬. ☞부슬부슬 ¶ 비 부술부술 오다:雨霏霏(同文解上2).

부·ᄭᅳ리·다 동 부끄러워하다. ☞붓그리다 ¶ 한 生앳 善知識을 부ᄭᅳ리노라:慚愧多生善知識(圓覺下三之二97).

·부신 명 부인(夫人). ☞부인 ¶ 王ㅅ 宮中에 五百 夫人이 잇ᄂᆞ니 이 夫人ᄃᆞᆯ히 내 아ᄃᆞᆯ 나ᄒᆞᆫ 이를 새와ᄒᆞᄂᆞ니(釋譜11:33). 王이 大闕 안해 出令호ᄃᆡ 이 새 울의 ᄒᆞ니사 夫人ᄋᆞᆯ 사모리라 ᄒᆞ야ᄂᆞᆯ(釋譜24:20). 鼓摩王ㄱ 위두ᄒᆞᆫ 夫人ㅅ 아ᄃᆞᆯ 長生이 사오납고 (月釋2:4). 王도 어디르시며 夫人도 어디르시고(月釋2:12).

·부신 명 부인(婦人). ☞부인 ¶ 父王이 爲ᄒᆞ야 瞿夷를 드려ᄂᆞᆯ 乃終내 婦人禮를 行티 아니ᄒᆞ야:婦人ᄋᆞᆫ 겨지비라(月釋21:198). 婦人 良方앤 다엿 丸ᄋᆞᆯ 숣기라(救急下88). 婦人이 비록 조차 죽논 義 업스나(宣賜內訓3:14). 부신 곳 프른 거슬 닙ᄂᆞ니라:婦人則有青碧(飜小10:28).

:부심 명 부임(赴任). ¶ 네 蜃江애 赴任ᄒᆞ야셔(永嘉序13)

부어 명 부어(鮒魚). 붕어. ☞붕어 ¶ 부어:鮒(四解上39). 부어 부:鮒. 부어 즉:鯽(訓蒙上20). 부어:鯽魚(同文解下41). 부어:鯽魚(漢清14:42). 부어:鯽(物譜 蟲魚). 부어 부:鮒(兒學上8).

부어오르다 동 부어오르다. ¶ 부어오르다:腫脹(漢清8:13).

부억 명 부엌. ☞브섭 ¶ 부억 쥬:廚(倭解上31). 부억:廚房(同文解上34). 부억 조:竈(兒學上9).

부억간 명 부엌간. ☞부억 ¶ 부억간:廚(柳氏物名五 火).

부억니마 명 아궁이의 이맛돌. ¶ 부억니마:竈觚(柳氏物名五 火).

부억아궁이 명 부엌의 아궁이. ¶ 부억아궁이:竈(柳氏物名五 火).

부억아귀 명 부엌의 아궁이. ¶ 부억아귀:竈火門(譯解上18).

부억지 명 아궁이의 재. ¶ 부억지:伏龍屎(柳氏物名五 土).

부업 명 부엌. ☞브섭 ¶ 竈曰 부업(東言).

부엉이 명 부엉이. ☞부헝 ¶ 부엉이 휴:鵂(兒學上7).

부연 명 부연(附椽). ¶ 부연:簷椽(漢清9:69).

부요ᄒᆞ다 형 부요(富饒)하다. ¶ 가문이 놉고 가업이 부요ᄒᆞ고(落泉1:2).

부·욤 형 빔〔空〕. ☞뷔다 ¶ 蘊이 부요ᄆᆞᆯ ᄒᆞ마 證ᄒᆞ야:蘊空已證(南明上53).

부용 명 부용(芙蓉). 연꽃. ¶ 보비옛 므리 흘러나며 모새셔 芙蓉이 나며:芙蓉은 蓮ㅅ고지라(月釋2:29). 芙蓉을 거더 노코 孔雀을 둘러 두니(松江. 思美人曲). 芙蓉 塘畔에 水晶簾 거더 두고(古時調. 申欽. 어젯밤. 青丘).

부·우·리 명 부리. 병 따위의 아가리. ☞부리 ¶ 아ᄎᆞᆷ 비치 둣 부우리로 흔 창ᄋᆡ 들여ᄂᆞᆯ:朝光入甕牖(初杜解22:1). 남진이 그른 瓶에 쏭ᄋᆞᆯ ᄀᆞᄃᆞ기 다마 부우릴 구디 막고(南明下56).

·부유·듸 동 베되〔제〕. ㉮부이다 ¶ 아혹ᄋᆞᆯ 부유듸 소ᄂᆞᆯ 노티 말라:刈葵莫放手(初杜解8:32).

부·윰 형 빔〔空〕. ☞뷔다 ¶헐며 부유미 잇고(南明上20).

부으름 명 부스럼. ☞브스름 ¶부으름:癤子(同文解下7). 부으름 터지다:瘡破. 부으름 ᄶᅩ다:擠腫(譯解補34).

부으리 명 부리〔嘴〕. 주둥이. ☞부리 ¶부으리 무듸 ᄃᆞᆺᄒᆞ니:觜欲禿(杜解17:6). 부으리와 바톱괘 도로 돗글 더레이리라:觜距還汚席(杜解17:13).

부음 명 부음(訃音). ¶유시 부음 듣고:兪氏聞訃(東新續三綱. 烈2:45). 됴시 부음을 듣고:趙氏聞訃(東新續三綱. 烈5:42). 친척의 부음을 듣ᄌᆞ오시면 비록 우예(병환이라) ᄒᆞᆫ 가온대 겨오시나(仁祖行狀15). 부음 젼ᄒᆞ다:報喪(譯解補27). 울고 닐오ᄃᆡ 부친의 부음이 왓시니(引鳳簫2). 싱이 답 왈 고향 사ᄅᆞᆷ을 만나 삼촌의 부음을 드럿노라 ᄒᆞ더라(落泉1:3).

·부이·다 동 베다. ☞뷔다 ¶아혹욀 부유ᄃᆡ 소놀 노티 말라:刈葵莫放手(初杜解8:32).

부인 명 부인(夫人). ¶妣ᄂᆞᆫ ᄀᆞᆯ오ᄃᆡ 某氏 夫人이라 ᄒᆞ라(家禮1:34). 府君과 夫人을 ᄒᆞᆫ 가지로 ᄒᆞᆫ 匣을 ᄒᆞ라(家禮圖18).

부인 명 부인(婦人). ¶婦人의 지아비게 뜻 어드믄 舅姑ㅣ 몸 ᄉᆞ랑홈애(女四解1:21). 그 德을 恒샹이 ᄒᆞ면 貞ᄒᆞ미니 婦人은 吉타 ᄒᆞ니 이롤 니롬이니라(女四解3:23). 빅데 왕이 듯고 도미ᄃᆞ려 닐러 ᄀᆞᆯ오ᄃᆡ 부인이 비록 뎡절이 이시나(五倫3:62).

부인복 명 부인복(婦人服). ¶婦人服은 斬衰과 ᄀᆞᄐᆞ되 다만 뵈롤 次等을 ᄡᅳ미 다ᄅᆞ니(家禮6:15).

부자 명 부자(富者). ☞부쟈 ¶부자 부:富(兒學下7).

:부·작 명 부적(符籍). ¶우리 지븨 스승이며 화랑이며 부작ᄒᆞ기를(飜小7:23). 우리 집이 무당이며 화랑이며 부작과 주쟝 ᄒᆞ기를:吾家巫覡符章(宣小5:56). 블근 부들 내야 부작을 써 믈의 드리티니:取丹筆篆字(太平1:32). 부작:符(漢淸9:6).

부쟈 명 부자(富者). ☞부자 ¶부쟈ᄂᆞᆫ 지물 내며 귀쟈ᄂᆞᆫ 말을 내며 빈쟈ᄂᆞᆫ 힘을 내미라(敬信81).

부·절 명 부절(符節). ¶志롤 得ᄒᆞ야 中國에 行ᄒᆞ산 符節올 合ᄒᆞ욤 ᄀᆞᄐᆞ니라(宣孟8:1).

부절다 명 부절따말. ¶부절다:驊騮(柳氏物名一 獸族).

부졀:업·다 형 부질없다. ☞부질업다 ¶부졀업다:等閑(訓蒙下8 閑字註). 부졀업슨 허비를 짐쟉ᄒᆞ야:裁省宂費(英小5:65). 부졀업ᄉᆞᆫ 是과 부졀업ᄉᆞᆫ 非ᄂᆞᆫ:閒是閒非(女四解2:36). 그런 부졀업ᄉᆞᆫ 일은 不須多言ᄒᆞ고(隣語3:11).

부졀업시 부 부질없이. ☞부질업시 ¶부졀업시 ᄃᆞᆫ니다:白走(同文解上26). 부졀업시:沒來由(譯解補59). 부졀업시 ᄃᆞᆫ니ᄂᆞᆫ 사ᄅᆞᆷ:好閒走人(漢淸7:37). 文書 磨勘을 몬ᄒᆞ여 부졀업시 머무오니(隣語1:27). 부졀업시 ᄒᆞᆫ 날을 기ᄃᆞ렷다(捷蒙1:17).

부조ᄒᆞ다 동 부조(扶助)하다. ¶닙을 부조ᄒᆞ라 ᄒᆞ더니(太平1:44). 길가ᄂᆞᆫ ᄃᆡ 부조ᄒᆞ다:程儀(譯解下43).

부족ᄒᆞ다 형 부족(不足)하다. ☞부죡ᄒᆞ다 ¶모든 고을에 고로로 분비ᄒᆞ여 뼈 그 부족ᄒᆞᆫ 디를 돕게 ᄒᆞ라(綸音215).

부죡ᄒᆞ다 형 부족(不足)하다. ☞부족ᄒᆞ다. 브죡ᄒᆞ다 ¶닑ᄂᆞᆫ 것 쓰ᄂᆞᆫ 거시 다 부죡홈으로 일홈 엇지 못ᄒᆞ엿다(捷蒙3:8). 공지 힝쟝의 부죡ᄒᆞᆫ 거ᄉᆞᆯ 돕더라(落泉1:3).

부즈런 명 부지런. ☞부지런 ¶져근 가음은 부즈런으로 말믜암ᄂᆞ니:勤(女四解2:30).

부즈런이 부 부지런히. ☞브즈런이 ¶부즈런이 ᄒᆞ다:勤謹(同文解上43). 부즈런이 ᄒᆞ다:勤(漢淸4:15).

부즈런ᄒᆞ다 형 부지런하다. ☞부ᄌᆞ런ᄒᆞ다 ¶부즈런ᄒᆞᆯ 근:勤(倭解上24). 둔ᄒᆞ여 뵈되 실은 부즈런ᄒᆞ니(隣語3:6).

부지대 명 부지깽이. ☞부지ㅅ대. 부지ᄣᅢ ¶부지대:竈杖(才物譜一 地譜).

부지런 명 부지런. ☞부즈런 ¶일싱 계칙은 부지런의 잇고(女四解3:22).

부지ㅅ대 명 부지깽이. ☞부지대. 부지ᄣᅢ ¶부지ㅅ대:撥火棍(同文解下16. 漢淸11:43).

부지ᄣᅢ 명 부지깽이. ☞부지대. 부지ㅅ대 ¶부지ᄣᅢ:栝(物譜 鼎鐺).

부질업다 형 부질없다. ☞부졀업다 ¶부질업슬 한:閑(類合下7).

부질:업·시 부 부질없이. ☞부졀업시 ¶부질업시:等閑(老朴集. 單字解7). 부질업시:無賴字謂(四解上46 賴字註).

부짓대 명 부지깽이. ☞부지대. 부지ᄣᅢ ¶부짓대:撥火棍(譯解補43). 부짓대:竈杖(柳氏物名五 火).

·부·ᄌᆞ 명 부자(父子). ¶父子롤 처섬 一定ᄒᆞ야 家業을 오로 맛디니라(月釋13:29). 父子ㅅ ᄠᅳ들 和同ᄒᆞ야(法華2:219).

부ᄌᆞ 명 부자(附子). ¶附子 므긔 닐굽 돈 남즉ᄒᆞ닐 炮ᄒᆞ야 니겨(救急上38). 부ᄌᆞ ᄒᆞᆫ 량:附子一兩(救簡1:6). 부ᄌᆞ 므긔 닐굽 돈:附子重七錢(救簡1:53). 白朮 附子 구어 겁질 벗겨 各 두 량(簡辟12). 白朮 附子 구어 겁질 벗겨 각 두 량(瘟疫方12).

부ᄌᆞ런ᄒᆞ다 형 부지런하다. ☞부즈런ᄒᆞ다. 브ᄌᆞ런ᄒᆞ다 ¶王事에 부ᄌᆞ런케 ᄒᆞ고:力勤王事(女四解4:39).

부·채 명 부채〔扇〕. ☞부체 ¶ᄃᆞ른 나 처섬

부채ᄅᆞᆯ ᄇᆡ호고:月生初學扇(初杜解25:24). 부채 션:扇(註千35).

:부·채 [명] 부채(負債). ¶負債ᄂᆞᆫ 殺盜ᄒᆞᇙ 젼ᄎᆡ오 愛憐ᄋᆞᆫ 欲貪ᄒᆞᇙ 젼ᄎᆡ라(楞解4:31).

부·체 [명] 부채〔扇〕. ☞부채. 부치 ¶녀르미면 벼개와 돗과ᄅᆞᆯ 부체 붓고:夏則扇枕席(三綱. 孝9). 노ᄑᆞᆫ ᄀᆞᅀᆞᆯ히 그륜 부체ᄅᆞᆯ ᄀᆞ초고:高秋收畫扇(初杜解10:36). 가ᄇᆡ야온 부체를 어즈러이 서르 向ᄒᆞ노니:輕箑煩相向(重杜解12:23). 부체 나ᄅᆞᆯ 爲ᄒᆞ야 허ᄂᆞ니:白團爲我破(杜解22:25). 平生애 힌 짓 부체 기텻고:平生白羽扇(初杜解24:17). 부체 션:扇. 부체 삽:箑(訓蒙中15). 부체 션:扇(類合上25. 石千35). 부체 션:扇(倭解下13). 손조 두어 ᄌᆞᄅᆞᆯ 쥐엿던 부체예 써:手書數字於所把扇(東新續三綱. 忠1:35). 부체:扇子(同文解下13).

부·체 [명] 문짝. ☞문ᄉ부체 ¶ᄒᆞᆫ 부체ᄅᆞᆯ 다ᄃᆞ니 ᄒᆞᆫ 부체 열이곰 ᄒᆞᇙ씨(月釋7:9). 八字ᄂᆞᆫ 門ᄉ 두 부체ᄅᆞᆯ 다 열 시니 모로기 내야 뵈논 양지라(南明下5).

부체살 [명] 부챗살. ☞부쳇살 ¶부체살:扇骨(漢淸11:34).

부·체·질 [명] 부채질. ¶부체질 아니 ᄒᆞ며:不翣也(宣小2:64). 부체질ᄒᆞ엿노라:打扇子(朴解中15).

부체ᄒᆞ다 [동] 부채질하다. ¶西風塵 몬 미ᄎᆞ니 부체ᄒᆞ야 머엇ᄒᆞ리(古時調. 尹善道. 乾坤이. 孤遺).

부쳇살 [명] 부챗살. ☞부체살 ¶부쳇살:扇骨子(譯解下19).

부쳐 [명] 부처(夫妻). ¶夫妻ᄒᆞ야 사로ᄆᆞᆫ 힝뎌기 조티 몯ᄒᆞ야 輪廻ᄅᆞᆯ 벗디 몯ᄒᆞᄂᆞᆫ 根源일ᄊᆡ 죽사릿 因緣이라 ᄒᆞ니라 夫는 샤오이오 妻는 가시라(月釋1:12). 그 後로 夫妻라 혼 일후미 나니 그ᅌᅦ ᄆᆡᇰᄀᆞ노라 집지ᅀᅵᄅᆞᆯ 처ᅀᅥᆷ ᄒᆞ니 그제ᅀᅡ 아기나히ᄅᆞᆯ 始作ᄒᆞ니라(月釋1:44). 夫妻 처ᅀᅥᆷᄀᆞ티 사니라(三綱. 烈14). 夫妻ᄅᆞᆯ ᄧᅡᆨ 마초고(楞解8:133). 夫妻 서르 므던히 너겨 恩이 밧고며 情이 淡薄ᄒᆞ리라:室家相輕恩易情薄(宣賜內訓1:30). ᄒᆞᄅᆞᆺ밤 부쳐 일ᄇᆡᆨ 밤 은혜라 ᄒᆞᄂᆞ니라:一夜夫妻百夜恩(飜朴上47). 夫妻ㅣ 설으 공경홈을 손ᄂᆞᆫ티 ᄒᆞ더니:夫妻相敬如賓(宣小6:84). 章子ᄂᆞᆫ 엇디 夫妻ㅣ며(宣孟8:29). 부쳐ᄂᆞᆫ 연분을 ᄆᆡ자 百年을 ᄒᆞᆫᄃᆡ 사ᄂᆞ니(警民2). 부쳬 서로 공경ᄒᆞ기ᄅᆞᆯ 손ᄀᆞ티 ᄒᆞ고:夫婦相敬如賓(東新續三綱. 烈2:45). 夫妻ᄅᆞᆯ 合葬ᄒᆞᇙ 位ᄅᆞᆯ 믓ᄌᆞ온대 朱子ㅣ ᄀᆞᆯᄋᆞ샤ᄃᆡ(家禮7:20). 夫妻ㅣ 머리ᄅᆞᆯ ᄆᆡ자 義 千金의셔 重ᄒᆞᆯ시(女四解2:38). 부쳐 옥에 갓텨(五倫3:19). 청쥐 머무러 노챵 지가ᄒᆞ니로 부쳐 되니(落泉1:1).

부쳐 [명] 부처. ☞부텨 ¶부쳐 불:佛(倭解上53). 부쳐 외오고 法ᄒᆞ사믈 디내여실시(女四解. 女誡序4). 부쳐을 렴케 호리니(桐華寺 王郎傳6). 부쳐:佛. 부쳐 뒤히 셰온 것:佛背光(漢淸9:1).

부쳐손 [명] 부처손. ☞부텨손 ¶부쳐손:石花卷柏(物譜 藥草).

부쳬 [명] 부처(夫妻)가. (독)부쳐 ¶부쳬 서로 공경ᄒᆞ기ᄅᆞᆯ 손ᄀᆞ티 ᄒᆞ고:夫婦相敬如賓(東新續三綱. 烈2:45).

부초 [명] 부추. ¶부초 구:韭(兒學上5).

:부·쵹 [명] 부촉(咐囑. 付囑). ¶부텻 付囑ᄋᆞᆯ 드러(釋譜6:46). 付囑을 ᄉᆡᆼ각ᄒᆞ시고(六祖中52).

부쵹이다 [동] 부추기다. ☞부츄기다 ¶부쵹이다:擸掇(譯解補52. 漢淸8:40).

:부·쵹ᄒᆞ·다 [동] 부촉(咐囑. 付屬. 付囑)하다. ¶百千萬億 阿僧祇劫에 付屬ᄒᆞ노라 ᄒᆞ야(釋譜19:42). 付囑ᄒᆞ시니(金剛18). 제 아비 病ᄒᆞ야 주글 제 내게 付屬ᄒᆞ야 닐오ᄃᆡ(宣賜內訓3:20). 方辯을 付囑ᄒᆞ샤ᄃᆡ ᄲᆞᆯ리 唐土애 가라(六祖中109). 근본과 실정을 보랴 ᄒᆞ야 슉부ᄅᆞᆯ 부쵹ᄒᆞ엿더니(落泉1:2).

부·춤 [동] 부침. ㉮부츠다 ¶黃香의 어버ᅀᅴ 벼개 부춤과 陸績의 橘 푸몸과:黃香扇枕陸績懷橘(飜小6:5). 黃香의 벼개 부춤과:黃香扇枕(宣小5:5).

부츄기다 [동] 부추기다. ☞부쵹이다 ¶남의 송ᄉᆞᄅᆞᆯ 부츄기지 말며(敬信9).

부·츠·다 [동] 부치다. ☞붓다. 붓츠다 ¶ᄇᆞᄅᆞ미 어느 方ᄋᆞ로브터 부처 뮈여 이에 오뇨:風自誰方鼓動來此(楞解3:85). 煩惱濁ᄋᆞᆯ 부츨씨:鼓煩惱濁(楞解5:57). 中間이 부처 뮈여:中間扇動(圓覺下二之一48). 사ᄅᆞ미 ᄆᆞᅀᆞᄆᆞᆯ 부처 뮈울시 일후미 風이라(牧牛訣36). ᄇᆞᄅᆞ미 부처 뫼히 서르 티ᄂᆞ니:風鼓山相擊(金三5:4). 부체로 부츠라:用扇搧(救簡1:37). 黃香의 벼개 부춤과:黃香扇枕(宣小5:5).

부츠다 [동] 부치다. ¶기름 업거든 밀로 부처도 됴흐니라:如無油用蠟灼之亦得(救荒6).

부츨나모 [명] 부출나무. ¶봇 부츨나모:犂欒(四解上28 犂字註). 보ᄉ 부츨나모:犂欒(譯解下7).

부츰 [동] 부침. ㉮부츠다 ¶황향의 벼개 부츰과:黃香扇枕(百行源11).

부치 [부] 나부끼게. ¶松間細路에 杜鵑花ᄅᆞᆯ 부치 들고 峯頭에 급피 올나 구름 소긔 안자 보니 千村萬落이 곳곳이 버러 잇ᄂᆡ(不憂軒. 賞春曲).

부·치·다 [동] 나부끼다. ¶흐러 ᄡᅳ리며 盛히 부치ᄂᆞ니라:迸灑煽鼓(楞解8:97). 다봇 부쳐 ᄃᆞᆫ니ᄃᆺ 호ᄆᆞᆯ 慰勞ᄒᆞ노라:慰飄蓬(初杜解

7:19). 버텅에 서리딘 버드른 ᄇᆞᄅᆞ매 부치놋다:飄颻委墀柳(杜解9:21). 沙塞엣 旌旗ㅣ 부치더라:飄颻沙塞旌(初杜解24:19). 부칠 표:飄. 부칠 요:颻(石千33).

부치다 동 ①붙이다. ☞부티다. 브티다 ¶부칠 접:接(倭解下40). 고재 부치다:安弓弰. 쏠 부치다:釘弓面(漢淸5:14). 부칠 접:接(兒學下11).
②맡기다. 부치다. ¶조티고라 부쳐 일칼음과 가틈이라:託(女四解3:3). 또 극의게 말을 부쳐 ᄀᆞᆯ오ᄃᆡ:寄(五倫4:25).
③(불을) 붙이다. ¶돌담비ᄃᆡ 닙난초를 쉬똥불의 부쳐 물고(萬言詞).

부치이다 동 붙이어지다. ¶부치이다:去親近(漢淸6:45).

부치 명 부추. ¶부치:薤(四解上47 薤字註). 부칫믿 흰 ᄃᆡ를 달혀:煮薤白(救簡6:11). 부치 혜:薤(訓蒙上13). 부치 ᄒᆡ:薤(類合上10. 倭解下5). 부치:薤(老解下34. 朴解中33). 부치:韭菜(漢淸12:36). 부치:韭(柳氏物名三 草).

부치 명 부채(扇). ☞부체 ¶부치:屈戌扇(物譜 服飾). 韭扇同訓皆云 부치(雅言一). 부치 션:扇(兒學上11). 扇曰 孛采(雞類).

:부·탁 명 부탁. ¶如來ㅅ 付托 삼게 ᄒᆞ시니(法華4:77). 付托ᄒᆞ여 가시게 ᄒᆞ여 주ᅌᆸ쇼셔(隣語1:7).

-부터 조 -부터. ☞-브터. -븟터 ¶볼셔부터 기ᄃᆞ리오되(隣語1:4). 今番부터 여러 번 ᄉᆞᆯ와(隣語1:7). 집 ᄒᆞᆫ 단 츄려다가 신날부터 ᄊᆞᄋᆞ 보니(萬言詞).

-부텀 조 -부터. ☞-부터 ¶져 軍奴놈부텀 잡으리라(古時調. 셋괏고 사오나올손. 靑丘).

부텨 명 부처. ☞부쳐 ¶부텨 나샤믈 나토아(月印上10). 八萬 부톄 안자(月印上23). 佛은 부톄시니라(釋譜序5). 부톄 目連이ᄃᆞ려 니ᄅᆞ샤ᄃᆡ(釋譜6:1). 부텨 ᄀᆞᄐᆞ시긔 ᄒᆞ리이다(釋譜6:4). 엇데 부톄라 ᄒᆞᄂᆞ닛가(釋譜6:16). 여러 부텨씌 한 德ㅅ 根源을 시므샤(釋譜13:4). 부텨를 佛이시다 ᄒᆞᄂᆞ니라(月釋序8). 부텨는 煩惱를 ᄲᅥ러 ᄇᆞ리실ᄉᆡ(月釋序12). 우리 스스이 네찻 부톄시니라(月釋1:51). 부텨하 우리를 아못 이리나 시기쇼셔(月釋10:13). 제 닐오ᄃᆡ 이 부톄로라 ᄒᆞ고:自言是佛(楞解9:108). 내 이 根元 부톄로니:我是元佛(楞解9:117). 부텨와 祖師왜:佛祖(蒙法44). 부텻 ᄆᆞᅀᆞᄆᆞᆯ 아로ᄃᆡ:悟佛心宗(蒙法49). 부텨씌 더으며 祖師애 너믄:超佛越祖(蒙法49). 모ᄃᆞᆫ 부텨와 祖師왓 大機大用이언:諸佛祖大機用(蒙法59). 부텨 블:佛(訓蒙中2. 類合下24). 佛曰 孛(雞類). ※부텨>부쳐>부처

부텨손 명 부처손. ☞부쳐손 ¶부텨손:卷栢(東醫 湯液二 果部).

부텻·긔 명 부처에게. 〔'부텨'+부사격조사 '-ㅅ긔'〕 ㊕부텨 ¶須達이 이 말 듣고 부텻긔 發心올 니ᄅᆞ와다 언제 새어든 부텨를 가 보ᅀᆞᄫᆞ려뇨 ᄒᆞ더니(釋譜6:19).

부:톄 명 ①부처가. 〔'부텨'+주격조사 '-ㅣ'〕 ㊕부텨 ¶네 오ᄂᆞᆫ 뉘에 반ᄃᆞ기 부톄 ᄃᆞ외야:汝於來世當得作佛(月釋1:51). 부톄 彌勒菩薩摩訶薩ᄃᆞ려 니ᄅᆞ샤ᄃᆡ(月釋17:31).
②부처이-. 〔'부텨'+서술격조사(敍述格助辭) 어간 '-ㅣ-'〕 ㊕부텨 ¶佛은 부톄시니라(釋譜序1). 우리 스스이 네찻 부톄시니라(月釋1:51).

부티다 동 붙이다. ☞브티다 ¶榜 부티다:告示(譯解上10). 부틸 쇽:屬(倭解下43). 부티다:留住(同文解上30). 부티다:貼上(同文解下53). 부틸 우:寓. 부틸 쇽:屬(註千34). 부틸 접:接(註千36).

부풀다 동 부풀다. ☞부플다. 브플다 ¶불의 데여 부푸러진 ᄃᆡᄂᆞᆫ 춤기름을 ᄇᆞᄅᆞ면 죠ᄉᆞ오니(隣語2:4).

부·플·다 동 부풀다. ☞부풀다. 브플다 ¶비올 저기면 부프러 나아 처엄 슨 적 ᄀᆞᆮ더니(三綱. 烈21). 公이 ᄡᅡ해 노ᄒᆞ니 ᄡᅡ히 부프러 오ᄅᆞ고 가히를 주니 가히 죽고(宣賜內訓序5). 부픈 거시 셕뉴ᄡᅵ ᄀᆞᄐᆞ니 잇거든:有泡如石榴子(胎要68). 데여 부프다:燎炮(譯解補35).

부하 명 부아. 허파. ☞부화 ¶부하:肺子(譯解上35).

부허ᄒᆞ·다 형 부허(浮虛)하다. 허황하다. ☞부협ᄒᆞ다 ¶老莊의 부허코 빗난 거슨:老莊浮華(宣小6:109). 부허ᄒᆞ다:泡(漢淸11:60). 형이 엇디 부허ᄒᆞᆫ 말로ᄡᅥ 쇼데를 죠롱ᄒᆞᄂᆞ뇨(洛城2).

부협ᄒᆞ다 형 부허(浮虛)하다. 허황하다. ☞부허ᄒᆞ다 ¶부협코 섬ᄭᅧ올손 아마도 西楚霸王 긔똥 天下야(古時調. 靑丘).

·부헝 명 부엉이. ☞부헝이 ¶부헝爲鵂鶹(訓解. 用字). 부헝 放氣 뀐 殊常ᄒᆞᆫ 옹도라지(古時調. 白華山. 靑丘).

부헝부헝 부 부엉부엉. ¶뉘 집을 向ᄒᆞ여 부헝부헝 우노(古時調. 歌曲).

부헝이 명 부엉이. ☞부헝. 부훵이 ¶부헝이:鵂鶹(譯解下27. 同文解下34. 物譜 羽蟲). 석은 등걸에 부헝이도 갓데(古時調. 갓나희들이. 海謠). 부헝이:痴鳥(柳氏物名一 羽蟲).

·부형 명 부형(父兄). ¶王이 내 父兄을 주길씨 逃亡ᄒᆞ야 오이다(三綱. 忠30). 鄕黨은 父兄 宗族 사ᄂᆞᆫ ᄃᆡ라(宣賜內訓1:19). 부형의 권셔를 의거ᄒᆞ야:席父兄之勢(飜小8:12). 점은이ᄃᆞ려 말ᄉᆞᆷᄒᆞᆯ 제ᄂᆞᆫ 父兄의 孝弟

홈올 닐ᄋᆞ며:與幼者言言孝弟于父兄(宣小3:15). 나는 公卿을 섬기고 드러는 父兄을 섬기며(宣論2:45). 入ᄒᆞ야 뻐 그 父兄을 事ᄒᆞ며(宣孟1:14). 부형이 위로ᄒᆞ여 니ᄅᆞ고:父兄慰諭(東新續三綱. 烈4:74). 이제는 父兄이 子弟ᄅᆞᆯ 從ᄒᆞ니(家禮1:13). ᄒᆞᆼ인의 비컨대 ᄌᆞ데와 동복이 ᄇᆡᆨ발읫 부형이어나(綸音32).

·부·화 명 부아. 허파. ☞부하 ¶부화:肺(四解上17). 부화 폐:肺(訓蒙上27. 類合下22. 倭解上18. 兒學上2). 부화:肺子(同文解上17). 부화:肺(漢淸5:57).

부황 명 부황(浮黃). ¶구ᄒᆞ믈 본 쟈는 혹 부황ᄒᆞᆫ 빗츨 면ᄒᆞ려니와(綸音210).

·부훵바·회 명 봉황암(鳳凰岩). 〔바위 이름〕 ¶至交河縣西爲洛河渡過鳳凰巖 부훵바회 至烏島城與漢水會(龍歌5:27).

·부훵·이 명 부엉이. ☞부헝이 ¶부훵이:鵂鶹(四解下70 鵂字註). 부훵이 휴:鵂. 부훵이 류:鶹. 부훵이 효:鴞. 부훵이 복:鵩(訓蒙上15). 부훵이 효:鴞(類合上12). 부훵이:鴟鴞(詩解 物名14).

부·희·다 형 부옇다. ☞부희여ᄒᆞ다 ¶흰 믌겨리 부흰 ᄇᆞᄅᆞ매 불이고:白波吹粉壁(初杜解16:42). 묏비둘기 부희니:斑鳩(東醫 湯液一 禽部). 靑山의 부흰 빗발 긔 엇디 날 소기는(古時調. 鄭澈. 松江).

부희여볼기 명 부옇게 밝을 무렵. 어둑새벽. 이른 새벽. ¶부희여볼기예 뵈ᄋᆞ와 므스거슬 자실고 묻ᄌᆞ와:昧爽而朝問何食飮矣(宣小2:4).

부희여ᄒᆞ·다 형 부옇다. ☞부희다 ¶부희여ᄒᆞᆫ 비쳇 비단 너븐 주룸 텬릭과:銀褐紵絲板摺兒(飜老下51).

:부ᄒᆞ·다 형 부(富)하다. ¶내 드로니 녯 后妃 다 富ᄒᆞ고 能히 儉朴ᄒᆞ며:吾聞古之后妃皆以富而能儉(宣賜內訓2下52). 富ᄒᆞ야도 驕홈이 업소ᄃᆡ 엇더ᄒᆞ닝잇고(宣論1:8). 만일에 날로 ᄒᆞ여곰 富코져 홀띤댄(宣孟4:27). 子孫의 貧ᄒᆞ며 富ᄒᆞ며 貴ᄒᆞ며 賤ᄒᆞ며(家禮7:15).

부ᄒᆞ·다 동 부(浮)하다. (맥이) 뛰다. ¶네 ᄆᆡᆨ이 부ᄒᆞ락 팀ᄒᆞ락 ᄒᆞᄂᆞ다:你脉息浮沈(飜老下40).

:부·ᄒᆞ·다 동 부(覆)하다. 덮다. ☞부희다 ¶仁이 天下애 覆ᄒᆞ시니라(宣孟7:3). 高明ᄋᆞᆫ 뻐 物을 覆ᄒᆞ는 배오(宣中38).

:부희·다 동 덮여 있다. 〔'부(覆)ᄒᆞ다'의 피동형〕 ☞부ᄒᆞ다 ¶萬物이 覆희연ᄂᆞ니라(宣中40).

북 명 북. ¶북 부:筟. 북 사:梭. 북 뎌:杼(訓蒙中18). 북 사:梭(類合上27. 倭解下10). 이 무른 북과 도토마리 새 지븨 뷔앳도다:此輩杼軸茅茨空(重杜解4:28). 북:梭(譯解下3. 物譜 蠶績. 柳氏物名三 草).

북 명 북〔鼓〕. ☞븍 ¶북 ᄒᆞᆫ 바탕을 티고(練兵11). 북 티다:打鼓(譯解上20). 북 ᄒᆞᆫ 번 쳐(三譯3:23). 북 고:鼓(倭解上43). 덩덕궁 북 쳐라(古時調. 靑丘). 梁夫人은 金山애 올라 북을 텨:梁夫人登金山而擊鼓(女四解4:39). 북:鼓(同文解上53).

북결ᄒᆞ다 동 뒷결박하다. ¶북결ᄒᆞ여 오라:背綁來(譯解上66).

북구럽다 형 부끄럽다. ☞붓ᄭᅳ럽다 ¶북구러울 참:慚(兒學下11).

북그럽다 형 부끄럽다. ☞붓ᄭᅳ럽다 ¶북그러울 치:恥(兒學下11).

북나모 명 붉나무. ☞북남우 ¶북나모:梼(柳氏物名四 木).

북남우 명 붉나무. ☞북나모 ¶북남우:千金木(物譜 雜草).

북녁 명 북녘. ☞븍녁 ¶북녁 북:北(倭解上11). 북녁 몽고ᄅᆞᆯ 거두고(三譯3:6). 우리집 북녁 이웃(桐華寺 王郎傳2).

북두셩 명 북두성(北斗星). ¶북두셩:七星(同文解上1).

북령 명 복령(茯苓). ☞복령 ¶북령 닐굽 돈 반과ᄅᆞᆯ 사ᄒᆞ라(救簡1:115). 힌 북령:白茯苓(救簡6:6).

북소릐 명 북소리. ¶먼 북소릐 들리ᄂᆞ니(古時調. 松江). 북소릐 긋지 아니타:鼓聲不斷(漢淸7:20).

북채 명 북채. ¶북채:鼓槌(同文解上53). 북채:鼓槌(譯解補16).

북킈다 동 북돋우다. ¶흙 북킈다:墳(柳氏物名五 土).

북테 명 북의 테. ¶북테:鼓腔(漢淸3:57).

북편 명 북편(北便). ¶북편 언덕 우희:北岸上(朴解上61).

:분 명 ①분(分). 몫. ¶저곳 복과 분곳 이시면 관원도 도외리라:他有福分時官人也做了(飜老下42).
②분(分). 분수(分數). ¶오직 님금을 셤기ᅀᆞᄫᅡᅀᅡ 도ᄌᆨ 아니 ᄃᆞ욇돌 아노니 주구미 本來 내 分이라(三綱. 忠17). 그 구룸 내욘 ᄒᆞᆫ 마샛 므레 草木叢林이 分을 조차 저쥬믈 바다:其雲所出一味之水草木叢林隨分受潤(法華3:37). 分이 定ᄒᆞᆫ 故ㅣ니라(宣孟13:15). 션비 세 가지 힝실의 스승 뎨ᄌᆞ의 분이 듕ᄒᆞ고(仁祖行狀23). 분 디킈다:守分(同文解上31).

분 명 푼(←分). ¶ᄑᆞ른 대로 ᄆᆡᆼᄀᆞ론 산 마ᄉᆞᆫ아홉 낫 기리 네 치 너븨 ᄒᆞᆫ 분과ᄅᆞᆯ:一分(救簡2:87). 닷 분에 ᄒᆞᆫ 말 조ᄡᆞᆯ리오:五分一斗小米(飜老上9). 몃 분 몃 량이 드렷ᄂᆞ뇨:多少分兩(飜朴上18). 믈 ᄒᆞᆫ 사발 브

쎠 달히니 닐굽 분이어든(簡辟6). 감초 오분 이를 싸흐라 흔 복을 밍그라 믈 흔 되 다솝 브어(辟新6).

:분 명 분. ¶흔 부니 天命이실씨:一人有命(龍歌37章). 濟渡호시논 분 내러시니(釋譜13:4). 天尊은 하놀햇 尊호신 부니라(月釋2:50). 히 디거늘 세 분이 프어리예셔 자시고(月釋8:93). 계지 청삼은 어느 분이 형이신고(쌍벽가).

·분 명 분(粉). ¶粉燕脂와 고즈로 비슨 각시(月印上18). 흔 각시 아추미 粉 브르노라 호야(釋譜24:20). 雄黃 흔 兩을 フ누리 粉フ티 フ라:雄黃一兩細研如粉(救急上17). 석우황 흔 량을 フ누리 분フ티 フ라:雄黃一兩細研如粉(救簡1:57). 됴흔 분을:膩粉(救簡6:58). 븘 분:粉(訓蒙中29). 분 분:粉(類合上23. 倭解下11). 분 브르고(恩重2). 粉으로 그 앏퓌 브르고(家禮圖17).

:분 명 뿐. 만. ☞쑨 ¶비록 等호샤도 잘 드르싫 부니오 妙애 다돋디 몯호시니(月釋2:62).

분 명 분(憤). 분기(憤氣). ¶분 푸다:解憤(同文解上23).

-:분 조 -뿐. -만. ☞-쑨 ¶香은 흔갓 옷곳흔 것분 아니라(釋譜13:39). 부톄 니르샤디 녀느 거스란 마오 그릇분 쟝망호라(月釋7:42). 퍼런 하놀흔 ᄀᆞ숤 바미 구룸 업슬시 오직 프른 빗분 보미 第一義天에 한 惑業ㅅ 구룸 업스미 곧홀시:碧天者晴秋之夜無雲霧故唯見碧色其猶第一義天無諸惑業雲霧故(圓覺序29). 천하반편 나분인 듯 빅ᄉᆞ의 미거호고(思鄕曲).

분:간 명 분간(分揀). ¶邪正 分揀 아니 호미 몯호리니(牧牛訣9).

분·간·호·다 동 분간하다. ¶누려와 分揀호야(釋譜6:25). 너희 둘히 굿 구틔여 됴흠 구좀 분간호거라 말라:你兩家不須折辨高低(飜老下57). 親호며 踈호니롤 分揀호야 등수롤 다르게 호야(警民7).

분격호다 동 분격(奮擊)하다. ¶드듸여 분격호여 도적의게 돌딘호니:遂奮擊突賊(東新續三綱. 忠1:10)

분급호다 동 분급(分給)하다. ¶모든 넌니를 분급호야 구호흔 덕을(引鳳簫1).

분네 명 분들. ¶엇더타 이제분네는 술진 줄만 아누니(古時調. 鄭澈. 귀느러여. 松江).

분·녀 명 분녀(奔女). 음분녀(淫奔女). ¶妾으로 父母의 教授롤 듣디 아니호고 大王올 존즈오면 이는 奔女ㅣ니:奔女는 中媒 업시 제 갈 시라(宣賜內訓2下70).

분녀 명 분려(奮勵). ¶분녀:奮勵(東新續三綱. 忠1:12).

분녈호다 동 분열(分裂)하다. 찢어지다. ¶피육이 분녈호딕 공이 셩석을 요동치 아니호야(落泉1:1).

:분:노호·다 동 분노(忿怒. 憤怒)하다. ¶忿怒흔 ᄆᆞᅀᆞ미 닐오딕 嗔이오(永嘉下137). 忿怒호야 氣分이 盛호딕(救急上12). 뎟소리 憤怒호야 믌가온더셔 슬프니:笛聲憤怒哀中流(杜解15:44).

분:뇨 명 분뇨(糞尿). ¶糞尿는 똥오조미라(月釋21:77).

분닉다 동 분내다. ¶분닐 분:忿(兒學下12).

분답호다 형 분답(紛沓)하다. ¶군둥이 분답호야 ᄉᆞ정을 펴디 못호엿더니(洛城2).

분당지 명 방지(榜紙). ¶분당지:榜紙(漢淸4:17).

분등호다 동 분등(分等)하다. ¶분등흔 계문을 기드려 내 장찻 키츈호거든(綸音91).

분디 명 분디. 산초(山椒). ¶분디:山椒(訓蒙上12 椒字註).

분디나모 명 분디나무. ¶十二月ㅅ 분디남ᄀᆞ로 갓곤 아으 나솔 盤잇 져 다호라(樂範. 動動).

분디나무 명 분디나무. ¶분디나무:山椒樹(譯解下42).

분딕 명 분대(粉黛). ☞분써 ¶三千 粉黛는 朝暮애 뫼셔시며(曺友仁. 自悼詞). 내 여러 히롤 창가의 이셔 홍군 분딕 좌우의 나련호딕(落泉1:2).

분력호다 동 분력(奮力)하다. ¶분력호다:發奮(漢淸6:33).

:분:로호·다 동 분노(忿怒. 憤怒)하다. ¶분로호며 원망호미(飜小6:24). 분로 분:憤(類合下35). 분로호며 원망홈이 수이 나:忿怨容易生(宣小5:23).

분명·이 부 분명(分明)히. ☞분명히 ¶ᄀᆞ논 시리 분명이 다 잇누니:分明(飜老上65). 사롬이 니이첨의 당의 들기롤 분명이 후환이 이실 줄을 아되(仁祖行狀19).

분명·히 부 분명(分明)히. ☞분명이 ¶내 이제 分明히 너드려 닐오리라(釋譜19:4). 호마 그리호마 흔 이리 分明히 아니 호면 엇데 世間애 이시리잇고:已諾不分何以居於世哉(宣賜內訓3:21). 오ᄂᆞᆳ나래 分明히 모로매 빠 굘히요리니:今日分明須剖析(南明上15). 은덕이며 원슈를 분명히 호라:恩讎分明(飜小8:15). 은혜며 원슈를 分明히 홀 거시라 호논:恩讎分明(宣小5:95). 細絲ㅣ 分明히 다 이시니(老解上58).

분명호·다 형 분명(分明)하다. ¶話頭ㅣ 分明호면 아니흔더데 境界 自然히 몰ᄀᆞ리라(蒙法26). 거므며 희요미 너무 分明호도다:黑白大分明(初杜解17:23). 能히 이ᄀᆞ티 알면 題目에 甚히 分明호리라(金三1:6). 經文이 分明호니라(六祖中35). 네 어딘

사ᄅᆞ미 혜요미 分明ᄒᆞ도다:分明曩賢計(重杜解2:64). 비록 분明ᄒᆞᆫ 글월이 업ᄉᆞ나(家禮6:23). 분명치 아니케:不明不白(漢淸7:51). ᄒᆞᆫ간 前例가 分明치 아니타 ᄒᆞ시고(隣語1:24).

분:묘 명 분묘(墳墓). ¶처ᅀᅥᄆᆡ 大夫人 送葬애 墳墓 ᄆᆡᆼᄀᆞ로미 져기 놉거ᄂᆞᆯ:初大夫人葬起墳微高(宣賜內訓2上55). 오직 내 高祖ㅅ 墳墓ㅣ 다 이 ᄯᅡ해 잇ᄂᆞ니(六祖略序9). 아비를 어믜 분묫 겨틔 천장ᄒᆞ고:遷其父墓于母塋(東續三綱. 孝21 得仁感倭). 분묘 분:墳. 분묘 묘:墓(類合下24). 改葬은 닐온 墳墓ㅣ 다ᄅᆞᆫ 연故로ᄡᅥ(家禮6:29). 조샹의 분묘(三譯10:19).

분반ᄒᆞ다 동 분반(分半)하다. ¶분반ᄒᆞ다:對半分開(譯解補37).

분·발ᄒᆞ·다 동 분발(奮發)하다. ¶믄득 분발ᄒᆞ며 닐와다:勃然奮厲(飜小8:29). 주먹을 분발ᄒᆞ여 버으리와다 싸호매:奮拳拒戰(東新續三綱. 忠1:4).

분발히다 동 분발(奮發)하다. ¶소래 칼ᄂᆞᆯ흘 분발히여 크기 블너 ᄀᆞᆯ오ᄃᆡ(東新續三綱. 忠1:10).

분·변·ᄒᆞ·다 동 분변(分辨)하다. ¶안팟ᄀᆞᆯ 분변ᄒᆞ야:辨內外(宣小2:50). 오ᄂᆞᆯ날애 ᄒᆞᆫ 도리를 분변ᄒᆞ고:今日辨一理(宣小5:114). ᄇᆞᆰ이 분변ᄒᆞ며 도타이 行ᄒᆞᆯ띠니라(宣中32). 强盜ᄂᆞᆫ 슈창이며 조ᄎᆞ니ᄅᆞᆯ 분변티 아니코 다 목 버히ᄂᆞ니라(警民16). ᄒᆞ믈며 禮애 昭穆을 분辨ᄒᆞ니(家禮9:28). 졍히 곡직을 분변ᄒᆞ려 ᄒᆞ미라(山城65). ᄌᆞ셰이 뭇고 블기 분변ᄒᆞ시며(仁祖行狀22). 분변ᄒᆞ여 아다:認得(漢淸6:39).

분·별 명 ①걱정. 근심. ¶舍利弗이 닐오ᄃᆡ 분별 말라(釋譜6:27). 種種 분벼릐 보채요미 ᄃᆞ외야(釋譜9:29). ᄂᆞᄆᆞ란 분별 아니코 제 몸ᄲᅮᆫ 됴히 츄미라(釋譜13:36). 世尊하 願ᄒᆞᆫᄃᆞᆫ 分別 마ᄅᆞ쇼셔(月釋21:62). 疑心 분별은 爲ᄒᆞᆫᄃᆡ 이셔 ᄒᆞ도다:疑慮有所爲而設矣(法華2:29). 한 잇븐 분벼리 그쳐:絕諸勞慮(圓覺下一之二22). 思量 업스며 분별 업서 時流에 섯도다:無思無慮混時流(南明上19). 분별 아니 ᄒᆞᆯ 거시라:不患(飜小8:13). 분별 려:慮(類合下26).
②분별(分別). 가림. ¶分別ᄋᆞᆫ ᄀᆞᆯᄒᆡᆯ 씨니(楞解1:4). 妃 親愛홈이 분별이 업서(女四解4:41). 횡좋ᄒᆞᆫ 밧이랑이 돌이 흙을 녀노프며 ᄂᆞ즌 ᄃᆡ 분별이 업고(綸音76).

분·별ᄒᆞ·다 동 ①걱정하다. 근심하다. 생각하다. ¶相師도 ᄉᆞᆯᄫᆞ며 仙人도 니ᄅᆞᆯ씨 밤나잘 分別ᄒᆞ더시니(月印上13). ᄒᆞ녀ᄀᆞ론 분별ᄒᆞ시고 ᄒᆞ녀ᄀᆞ론 깃거(釋譜6:3). 六道輪廻ᄅᆞᆯ 분별ᄒᆞ며:患六道之輪廻(永嘉下40). 곧 이 生 이 性이 제 잇비 분별ᄒᆞ던 ᄃᆞᆯ 알리라:卽知此生性自勞慮(圓覺序57). 慈母ㅣ 分別ᄒᆞ야 슬허 씌 ᄒᆞᆫ 자히 주러:慈母憂戚悲哀帶圍減尺(宣賜內訓3:23).
②분별(分別)하다. ¶동봉의 ᄒᆡ빗치 오ᄅᆞ니 계유 동셔ᄅᆞᆯ 분별ᄒᆞᆯ네라(落泉2:4).

분복 명 분복(分福). ¶분복:福分(同文解下28). 분복:福祉(漢淸6:14).

분부 명 분부(分付). ¶貴國 分付가 重ᄒᆞ면(隣語1:1).

분:부ᄒᆞ다 동 분부(分付)하다. ¶좀좀ᄒᆞ야 옮겨 分付호ᄃᆡ 그 正法을 숨기디 몯ᄒᆞᄂᆞ니 ᄒᆞ다가(六祖上76). 분부ᄒᆞ여 알외고(三譯3:22). 내 ᄯᅳᆺ을 거ᄉᆞ리니 모로미 네 분부ᄒᆞ여 슌죵ᄒᆞ게 ᄒᆞ라 ᄒᆞ고(落泉1:2).

분분이 부 분분(紛紛)히. 뒤숭숭하고 시끄럽게. ☞분분히 ¶홀연 지져괴ᄂᆞᆫ 쇼릐 나며 분분이 닐오ᄃᆡ(落泉1:1).

분분·히 부 분분(紛紛)히. 뒤숭숭하고 시끄럽다. ☞분분이 ¶엇디 紛紛히 百工으로 더브러 交易ᄒᆞᄂᆞᆫ고(宣孟5:20).

분분ᄒᆞ다 형 분분(紛紛)하다. 뒤숭숭하고 시끄럽다. ¶ᄉᆞᄅᆞᆷ이 노샹의 분분ᄒᆞ나 아모도 알 니 업더라(落泉1:1).

분ᄇᆡᄒᆞ다 동 분배(分配)하다. ¶모든 고을에 고로로 분ᄇᆡᄒᆞ여 ᄡᅥ 그 부족ᄒᆞᆫ ᄃᆡ를 돕게 ᄒᆞ라(綸音215).

분ᄯᅢ 명 분대(粉黛). ☞분ᄃᆡ. 분ᄯᅢ ¶雙臉 啼痕을 분ᄯᅢ도 아니 미러(曺友仁. 自悼詞).

분사 명 붕사(硼砂). ¶분사:蓬砂(柳氏物名五 石).

분산ᄒᆞ다 동 분산(分散)하다. ¶머므러 셰여 분산케 아니 ᄒᆞ야(馬解下79).

분상ᄒᆞ다 동 분상(奔喪)하다. ¶옥시 븍도 사ᄅᆞᆷ으로 시러곰 분상티 못ᄒᆞ고(東新續三綱. 烈7:32).

분성적 명 분성적(粉成赤). 성적(成赤). ¶분성적을 어롱어롱ᄒᆞ게 칠ᄒᆞ야 절을 시기니(浮談).

분·셕ᄒᆞ·다 동 분석(分析)하다. ¶言宗文이 宜領吾ᄋᆡ 處分ᄒᆞ야 割斷 分析ᄒᆞ야 以成其柵이니라(初杜解17:14).

분수 명 분수(分數). ¶분수에 맛다:輪着(漢淸6:49). 분수 분:分(註千16).

분ᄶᅢ 명 분대(粉黛). ☞분ᄃᆡ. 분ᄯᅢ ¶연지도 ᄇᆞ려 잇고 분ᄶᅢ도 아니 미니(古時調. 내양ᄌᆞ. 松江).

분ᄶᅢ밀다 동 얼굴에 분을 바르다. ¶속적우리 고운 ᄶᅢ치마 밋머리에 粉ᄶᅢ민 閣氏(古時調. 海謠).

:분연ᄒᆞ·다 형 분연(奮然)하다. ¶오직 識性이 거리쓔미 ᄃᆞ외니 ᄒᆞ다가 奮然ᄒᆞ야:奮ᄋᆞᆫ 새 ᄂᆞᆯ개 티고 ᄲᅧᆯ리 ᄂᆞᆯ 씨라(楞解9:30).

분완ᄒᆞ다 동 분완(憤惋)하다. ¶분완ᄒᆞ오시믈 춤디 몯ᄒᆞ오샤(癸丑11). 분완ᄒᆞ여 샹소ᄒᆞ니(山城91). 문득 시ᄉᆞᄅᆞᆯ 분완ᄒᆞ고 신셰ᄅᆞᆯ 싱각ᄒᆞ야(落泉2:4).

분:외 명 분외(分外). ¶고온 거슬 賞玩호미 ᄯᅩ 分外언마ᄅᆞᆫ 理예 맛거니 엇데 쟈랑ᄒᆞ리오:賞妍又分外理愜夫何誇(初杜解6:48). ᄆᆞᆯ들히 분외로 머구믈 ᄇᆡ브르려니와:馬們分外喫得飽(飜老上24). ᄆᆞᆯ들히 分外로 머거 ᄇᆡ브르려니와:馬們分外喫得飽(老解上22).

분요ᄒᆞ다 형 분요(紛擾)하다. ¶빈ᄀᆡᆨ이 분요ᄒᆞ믈 인ᄒᆞ야 칭병ᄒᆞ고(落泉3:7).

분운ᄒᆞ다 형 분운(紛紜)하다. ¶ᄃᆞ토와 의論호미 紛紜ᄒᆞ여 가히 決ᄒᆞᆯ 빼 업서(家禮7:15). 싱이 하ᄀᆡᆨ의 분운ᄒᆞ믈 염ᄒᆞ여 진현긔 간청ᄒᆞ여(落泉2:6).

분주 명 분주(奔奏). ¶분주 주:奏(註千32).

분쥬ᄒᆞ다 동 분주(奔奏)하다. ¶ᄆᆞᆯ의 ᄆᆞ리ᄯᅳᆯ이 온즉 너희들의 분쥬ᄒᆞ여 기르고 먹이믈 싱각ᄒᆞᄂᆞᆫ디라(綸音73). 첩은 이곳의셔 군ᄌᆞ의 ᄎᆞᄌᆞ시믈 기ᄃᆞ리ᄂᆞᆫ 거시 올흐니 ᄯᅩ 엇지 동셔로 분쥬ᄒᆞ리오(落泉2:4).

분·지 명 분지(糞池). 변기(便器). ¶분짓미틧 누른 것:人中黃(救簡1:112). 侍病ᄒᆞ야 손ᄉᆞ 분지 받내ᄆᆞᆯ 네 ᄒᆡ도록 그치디 아니ᄒᆞ야:侍疾手奉溷器四年不輟(續三綱. 孝5). 오좀 바ᄃᆞᆯ 박을 그 굼긔 바ᄅᆞ 노코 분지를 다가 미틔 노코:把溺胡蘆正着那窟籠裏放了把尿盆放在底下(飜朴上56). 분지:尿盆(朴解上50).

-분지 접미 -분지(分之). -분의. ¶삼분지 일만 동히예 븟고(痘要下44).

분징ᄒᆞ다 동 분재(分財)하다. ¶분징ᄒᆞᆯ 제 아ᄋᆞ누의 간나히 죵이 쉬 적거ᄂᆞᆯ:分財季妹婢僕數少(東新續三綱. 孝3:76).

분찬ᄒᆞ다 동 분찬(奔竄)하다. 급히 숨다. ¶우리 우흐로 부모 업시 녕뎡이 분찬ᄒᆞ니(東新續三綱. 烈3:72).

분첩 명 분첩(粉貼). 분을 찍어 쓰는 기구. ¶분첩:粉撲(漢淸11:23).

분촌 명 분촌(分寸). ¶분촌 분:分(註千16).

분칠ᄒᆞ다 동 분칠하다. ¶구의예셔 집 문마다 ᄇᆞᄅᆞᆷ애 분칠ᄒᆞ고 써쇼ᄃᆡ(老解上43).

분탕ᄒᆞ다 동 분탕(焚蕩)하다. ¶블강되 지블 분탕ᄒᆞ거ᄂᆞᆯ:火賊焚刦其家(東新續三綱. 孝7:53). 그몸날과 ᄒᆞᄅᆞ날의 경성을 분탕ᄒᆞ고 인민을 노략ᄒᆞ며(山城44).

:분·토 명 분토(墳土). ¶오ᄂᆞᆯ 분토애 졔ᄒᆞ라 가시리라:今日上墳去(飜朴上64).

·분·토 명 분토(糞土). ¶糞土ㅅ 牆은 可히 杇티 몯ᄒᆞᆯ 꺼시니 予에 엇디 誅ᄒᆞ리오:糞土之牆不可杇也於予與何誅(宣論1:43). 禽獸 草木 糞土만 ᄀᆞᆺ지 몯ᄒᆞ다 ᄒᆞ여시니(捷蒙1:11).

분통ᄒᆞ다 형 분통(憤痛)하다. 몹시 분하다. ¶노라치 원슈환의게 패ᄒᆞ야 분통ᄒᆞ야 등창나 죽으니(山城4).

분향 명 분향(焚香). 향을 피움. ¶즁인이 감덕ᄒᆞ야 분향 호숑ᄒᆞ노라 져리 분듀ᄒᆞᄂᆞ이다(引鳳簫7).

분향ᄒᆞ다 동 분향(焚香)하다. 향을 피우다. ¶어믜 병의 분향ᄒᆞ야 하ᄂᆞᆯ씌 빌고:母病焚香禱天(東新續三綱. 孝5:34). 深衣 닙고 焚香ᄒᆞ고 再拜ᄒᆞ라(家禮1:23). 단을 무어 焚香ᄒᆞ여(教坊諸譜).

·분홍 명 분홍(粉紅). ¶이스리 蓮ㅅ고지 서늘ᄒᆞ니 粉紅이 듣놋다:露冷蓮房墜粉紅(初杜解6:10). 분홍과 ᄌᆞ디로 ᄡᅥ 샹녯 옷도 ᄆᆡᆼᄀᆞ디 아니ᄒᆞ더시다:紅紫不以爲褻服(宣小3:21). 분홍 비단:粉紅(譯解下3). 분홍 홍:紅(兒學下2).

분ᄒᆞ·다 동 분(分)하다. 나누다. 가르다. ¶낫바ᄆᆞᆯ 分ᄒᆞᆫ 젼ᄎᆞ로 일후미 時分이라:分晝夜故名時分(楞解8:137). 藥王아 이 經은 이 諸佛ㅅ 祕要ᄒᆞᆫ 藏이라 分ᄒᆞ야 펴 간대로 사ᄅᆞᆷ 심규미 몯ᄒᆞ리니:藥王此經是諸佛祕要之藏不可分布妄授與人(法華4:86). 死生이 分ᄒᆞ도다(永嘉序14). 佛은 覺이니 分ᄒᆞ야 네 門에 ᄆᆡᆼᄀᆞ노니(六祖中60). ᄒᆞᆫ 녀긔 다ᄉᆞᆺ식 분ᄒᆞ여셔 ᄡᅩ져:一邊五箇家分着射(飜朴上54). ᄯᅩ 醫官을 藥 가지여 分ᄒᆞ야 보내샤(簡辟序2). 四體ᄅᆞᆯ 勤티 아니ᄒᆞ며 五穀을 分티 몯ᄒᆞᄂᆞ니(宣論4:50). 오직 男女左右大小로ᄡᅥ 分ᄒᆞ야(家禮1:21).

분ᄒᆞ다 형 분(忿. 憤)하다. ¶분ᄒᆞᆯ 분:忿(倭解上21). 분ᄒᆞ다:憤(同文解上23). 그 사ᄅᆞᆷ이 醉ᄒᆞᆫ 김의 憤ᄒᆞ여 酒戰을 시작ᄒᆞᆯ쟉시면(隣語1:4). 념네 쳔ᄇᆡᆨ 가지나 엇지ᄒᆞᆯ 계교 업셔 분ᄒᆞ믈 ᄎᆞᆷ고(落泉1:3).

:분:ᄒᆞᆫ 명 분한(分限). ¶分段生死ᄂᆞᆫ 목수미 分限이 이시며(月釋14:37). 오히려 이 分限이어니(圓覺上一之二14). 이 다옴 업슨 用이 낫나치 覺性에 ᄌᆞᆫᄒᆞ야 ᄀᆞᆺ 업스며 分限 업슬씨(圓覺上一之二15). 분ᄒᆞᆫ 잇다:有節(漢淸6:30).

분히다 동 분(奮. 忿)하다. ¶뎡유왜난의 도적긔 후리이믈 니버 분히여 구짇고 버으리와ᄃᆞ니(東新續三綱. 烈8:80).

·붇 명 붓. ☞붓 ¶붇爲筆(訓解. 合字). 草木이어나 부디어나 손토보뢰어나(釋譜13:52). 주신 두 부들 논호미 맛당커ᄂᆞᆯ:合分雙賜筆(初杜解3:55). 부들 ᄂᆞᆯ이니 鸞이 구ᄌᆞ기 솃ᄂᆞᆫ ᄃᆞᆺ고:筆飛鸞聳立(杜解8:8). 御府엣 부들 와 머리에 ᄃᆡᄅᆞ고:來簪御府筆(杜解21:13). ᄒᆞᆫ 부드로 에워 ᄇᆞ룰디며:一筆句下(金三5:38). 붇 가져다가 에우라:將

筆來抹了着(飜朴上25). 붇 필:筆(訓蒙上34. 類合上25. 石千39. 倭解上38). 죠히와 붇을 請ᄒᆞ야:請紙筆(宣小6:90).

·붇곳 명 ①붓꽃. ☞붓곶 ¶붇곳 불휘를 ᄒᆞᆫ디 ᄀᆞᄂᆞ리 ᄀᆞ라 두고:同馬藺根硏細(救簡6:61). 연류황비체 붇곳 문ᄒᆞᆫ 비단:閃黃筆管花(飜老下24).
②목련. ☞붓곳. 붓곶 ¶붇곳:辛夷(東醫 湯液三 木部).

붇그럽다 형 부끄럽다. ☞붓그럽다. 붓ᄭᅳ럽다. 붓그럽다¶이런 붇그러온 일이 업ᄉᆞ외(隣語2:7).

·붇·귿 명 붓끝. ☞붓긋 ¶붇귿:筆毛(救簡1:83). 네 붇귿 휫두루이주믈 ᄉᆞ랑호니:念昔揮毫端(初杜解16:21). 붇귿티 흐르ᄂᆞᆫ ᄃᆞᆺᄒᆞ야:筆翰如流(宣小6:108).

붇·다 동 ①붇다. 불어나다. ☞붓다 ¶어르미 노ᄀᆞ면 므리 흘러 부러:氷消則水流閏(牧牛訣10). 龍象ᄋᆞᆫ ᄇᆞᆯ오매 불우미 ᄀᆞᆺ 업스니:龍象蹴踏潤無邊(南明下6). 부를 슌:閏(訓蒙上2). 부를 ᄌᆞ:滋. 부를 식:殖(訓蒙下2. 類合下60). 부를 윤:潤(類合下50). 부를 윤:閏(光千2). 부를 윤:閏(石千2). 부를 ᄌᆞ:滋(倭解上10). 부를 황:兄(註千15).
②(물에 젖어) 붇다. ¶므레 ᄃᆞᆷ가 붇거든 뫼화 ᄡᅩ오ᄃᆡ:漬之令濡合而索之(救簡6:10).

:붇·다 동 붓다〔脹〕. ¶목 가온ᄃᆡ 아모 거시나 잇ᄂᆞᆫ ᄃᆞᆺᄒᆞ야 나도 드도 아니 ᄒᆞ야 비 붇고 여위어든:喉中如有物不出入腹脹羸瘦(救簡2:84). 혜 과ᄀᆞᆯ이 부러 입 밧긔 나거든:舌忽脹出口外(救簡2:91).

붇돋다 동 북돋우다. 북돋다. ¶붇도들 비:培(倭解下3).

붇들다 동 붙들다. ¶붇들 부:扶(倭解上30).

·붇·ᄌᆞᄅᆞ 명 붓자루. ☞붇줄 ¶머리터럭 ᄒᆞᆫ 져부미 붇ᄌᆞᄅᆞ만 ᄒᆞ닐 자바ᄃᆞ기면 즉자히 사ᄂᆞ니라:捉頭髮一撮如筆管大掣之立活(救急上76). 머리터럭 ᄒᆞᆫ 져봄 붇ᄌᆞᄅᆞ만 ᄒᆞ닐 자바ᄃᆞ기면 즉재 살리라:捉頭髮一撮如筆管大掣之立活(救簡1:62).

·붇ᄌᆞᄅᆞᆺ·대 명 붓대. 붓자루. ¶두 사ᄅᆞ미 붇ᄌᆞᄅᆞᆺ대로 므레 주근 사ᄅᆞᄆᆡ 귓굼긔 다히고 불라:令兩人以筆管吹其耳中(救簡1:76).

·붇줄 명 붓자루. ☞붇ᄌᆞᄅᆞ ¶龍骨ᄋᆞᆯ 細末ᄒᆞ야 붇줄오로 半 돈ᄋᆞᆯ 곳굼긔 불라:用龍骨爲末以筆管吹半錢鼻中(救急上61). 붇줄을 믈인 ᄃᆡ 셰오:將筆管坐所咬處(救簡6:61).

불 명 불. ☞블 ¶불 화:火(倭解上49). 칩거든 불을 쐬고(女四解2:14). 불:火(同文解上63). 불의 데여 부푸러진 ᄃᆡᄂᆞᆫ(隣語2:4). 이리져리 싱각ᄒᆞ니 가삼 속의 불 이ᄂᆞᆫ다(萬言詞). 불 화:火(註千4. 兒學上3).

불 명 불. 불알. ☞블 ¶돋ᄐᆡ 불:豚卵(東醫 湯液一 獸部). 불:卵子(譯解上35). 불:卵胞(同文解上17). 불 석이다:宮(漢淸15:12).

불가불 부 불가불(不可不). ¶卽今 事勢를 議論ᄒᆞ여 볼쟉시면 不可不 變通ᄒᆞ시올ᄃᆡ(隣語3:3).

불가얌이 명 불개미. ☞불개야미 ¶불가얌이:蠪(柳氏物名二 昆蟲).

불감당ᄒᆞ다 형 불감당(不堪當)하다. ¶믄득 불감당ᄒᆞ올 은권을 닙ᄉᆞᆸᄂᆞᆫ 고로(經筵).

불개 명 불개. ¶불개:狄(物譜 毛蟲).

불개야미 명 불개미. ☞불가얌이 ¶개야미 불개야미 준등 부러진 불개야미(古時調. 靑丘).

·불거디 명 버들치. ¶불거디:石鮅(柳氏物名二 水族).

불거지다 동 붉어지다. ¶동ᄇᆡᆨ화 퓌온 ᄭᅩᆺ촌 눈 속의 불거지니(萬言詞).

불겅불겅ᄒᆞ다 형 불경불경하다. ¶불경불경ᄒᆞ다:嚼不動的硬(漢淸12:60).

·불경 명 불경(佛經). ¶제 迷惑ᄒᆞ야 보디 몯ᄒᆞ야셔 ᄯᅩ 佛經을 誹謗ᄒᆞ릴ᄉᆡ(六祖中10).

불곳 명 불꽃. ☞불ᄭᅩᆺ. 븘곳 ¶불곳 염:炎(類合下54).

불공ᄒᆞ다 형 불공(不恭)하다. ¶불공ᄒᆞ미 심터라(癸丑45).

불관ᄒᆞ다 동 불관(不關)하다. ¶ᄯᅩ 이 거ᄉᆞᆫ 불관ᄒᆞᆫ 거시언마ᄂᆞᆫ(新語7:6).

·불:교 명 불교(佛敎). ¶本國에 漸漸 向호ᄆᆞᆫ 佛敎 맛나ᅀᆞ오ᄆᆞᆯ 因ᄒᆞ야 能히 두르ᅘᅧ 술표ᄆᆞᆯ 가졸비니(法華2:184).

불그물 명 그물의 한 가지. 촉고. ¶불그물:罭(柳氏物名二 水族).

불근명회 명 명아주의 한 가지. ¶불근명회:藜(物譜 蔬菜).

불나다 동 불나다. ¶불날 슈:燧(兒學上5).

불넘기 명 (아궁이 속의) 부넘기. ¶불넘기:竈嗓(譯解補14).

불이다 동 (바람에) 불리다. ☞불리다 ¶뎌 불니ᄂᆞᆫ 나모:停棍(譯解下32).

:불·다 동 ①불다〔吹〕. ¶춘 ᄇᆞ름 불어늘 모딘 龍이 怒를 그치니(月印上37). 그우리 부러 가지 것비쳐 드트리 ᄃᆞ외ᄂᆡ(釋譜6:30). ᄀᆞᄆᆞᆫᄒᆞᆫ ᄇᆞᄅᆞ미 부니(釋譜11:16). ᄇᆞᄅᆞ미 ᄃᆞ외야 하ᄂᆞᆳ 고ᄌᆞᆯ 부러든 곳 우희 化佛이 다 겨샤(月釋8:73). ᄇᆞᄅᆞ미 슬피 불오 ᄠᅳᆫ 구루미 가ᄂᆞ니:風悲浮雲去(杜解5:33). ᄀᆞᅀᆞᆳ ᄇᆞᄅᆞ미 嫋嫋히 江漢ᄋᆞᆯ 부ᄂᆞ니:秋風嫋嫋吹江漢(初杜解8:14). ᄆᆡ햇 ᄇᆞᄅᆞ미 길 녀ᄂᆞᆫ 오ᄉᆞᆯ 부ᄂᆞ니:野風吹征衣(杜解9:17). ᄇᆞᄅᆞᄆᆞᆫ 봆 우므렛 미나릴 부ᄂᆞ다:風吹春井芹(初杜解9:23). 불 츄:吹(訓蒙下15. 石千20). 불 취:吹(類合下6).
②불다〔吹奏〕. ¶큰 法螺를 부르시며:吹大

法螺(釋譜13:26). 簫는 효곤 대롤 엿거 부는 거시라(釋譜13:53). 法螺 불며(月釋18:60). 빗기 자븐 뎌홀 부루믈 마디 아니ᄒᆞᄂᆞ다:橫笛未休吹(初杜解15:52). 대롱을 이베 녀허 두 사ᄅᆞ미 ᄆᆡ이 부로ᄃᆡ:竹筒納口中使兩人痛吹之(救簡1:61).

불다 동 부러워하다. ☞블다 ¶善惡을 分別ᄒᆞ면 孔孟인들 부를소냐(古時調. 사ᄅᆞᆷ이. 靑丘). 三公을 불을쏜야 萬事를 닛저 잇노라(古時調. 尹善道. 夕陽이. 海謠).

불·다 동 불리다. ☞부르다 ¶杏仁 스므 나출 더운 므레 불어 거피 앗고:杏仁二十枚湯浸去皮(救急下59).

·불:도 명 불도(佛道). ¶佛道ᄅᆞᆯ 向ᄒᆞ야 三界 第一엣 諸佛 讚嘆ᄒᆞ시논 乘올 得고져(釋譜13:19). 婬欲은 더럽고 佛道ᄂᆞᆫ 조커시니(月釋9:24). 제 行ᄒᆞ면 제 佛道ᄅᆞᆯ 일우리라(六祖中16).

불두화 명 불두화(佛頭花). ¶불두화:繡毬花(物譜 花卉).

·불둥 명 불등(佛燈). ¶ᄒᆞᆫ 軸內예 佛燈과 祖焰괘 비치 섯그며 서르 비취여(金三涵序12).

불로초 명 불로초. ¶幸兮 山菜에 不老草 섯겨던지(古時調. 나니 아희 저긔. 樂府).

불로ᄒᆞ다 동 휘두르다. ¶웅익기 ᄑᆞᆯ홀 불로ᄒᆞ야 바ᄅᆞ 아피 가 모ᄆᆞ로 ᄲᅧ ᄀᆞ리오니:應翼奮臂直前以身翼蔽(東新續三綱. 孝7:3).

불로ᄒᆞ다 동 분노(憤怒)하다. ¶또 모ᄆᆞᆯ 불로ᄒᆞ야 드러가 할미ᄅᆞᆯ 안고 ᄲᅧ 나다(東新續三綱. 孝5:11)

불리다 동 불리다. 나부끼다. ☞불니다 ¶불릴 표:飄(倭解下37).

불모딜 명 풀무질. ¶화속과 불모딜로 업을 ᄒᆞᄂᆞᆫᄃᆡ(經筵).

불무 명 풀무. ☞풀무 ¶微妙ᄒᆞᆫ 불무로 한 像올 노기며:以玄爐陶於群像(圓覺上一之二17). 비록 붊긔 ᄉᆞ라 노교ᄆᆞᆯ 브트니:雖假爐冶銷鎔(圓覺上二之三33). 큰 붊글 여희니라:辭大鑪(杜解2:47). 큰 불무를 撫定ᄒᆞ시니라:撫洪鑪(杜解6:24). 造化ㅅ 붊긔 功名을 호리라 ᄒᆞ더니라:功名造化爐(杜解24:59). 爐ᄂᆞᆫ 붊기라(金三2:28). 불무 야:冶(訓蒙下16. 類合下41). 고븐 불무애 블 븟ᄂᆞᆫ 거시라:爐鞴(語錄25).
※불무>풀무
※'불무'의 첨용 ┌ 불무/불무로/불무와/불무도 └ 붊글/붊기/붊기라/붊긔…

·불무·디 명 불덩이. ¶ᄆᆡ온 블무디:猛火聚(金三5:29).

불무·질ᄒᆞ다 동 풀무질하다. ¶中散이 山陽애셔 불무질ᄒᆞ고:中散山陽鍛(初杜解8:65). 일훔난 어디니도 불무질ᄒᆞ기에 수멋도다:名賢隱鍛鑪(重杜解2:20).

불뭇개 명 깜부기숯. ¶불뭇개:榾柮骨董炭(物譜 鼎鐺).

불뭇:골 명 골풀무. 발풀무. ¶불뭇골 패:鞴(訓蒙下16).

불민ᄒᆞ다 형 불민(不敏)하다. ¶불민ᄒᆞ여 셩의예 어긔온 일이 이셔도(癸丑22). 다만 그 불민ᄒᆞᆫ 죄칙을 면티 못ᄒᆞᆫ디라(經筵).

불버ᄒᆞ다 동 부러워하다. ¶遊說六國 蘇季子의 腰佩黃金 불버ᄒᆞ랴(李緖. 樂志歌).

불븓다 동 불붙다. 타기 시작하다. ¶불븓틀 분:焚(倭解上49).

불ᄣᅵᆺ기 명 불때기. ¶나그내들네 불ᄣᅵᆺ기 아ᄂᆞᆫ다 아지 못ᄒᆞᄂᆞᆫ다(蒙老2:1).

불ㅅ거웃 명 불거웃. ¶불ㅅ거웃:卵毛(譯解上35).

불ㅅ곳 명 불꽃. ☞불곳 ¶불ㅅ곳:火焰(同文解上63).

불ㅅ도 명 불도(佛道). ¶불ㅅ도 닥다:坐禪(同文解下11).

불ㅅ줄기 명 불줄기. 불줄. ¶불ㅅ줄기:卵根子(譯解上35).

불살오개 명 불쏘시개. ¶불살오개:火絨草(譯解補32. 柳氏物名五 火).

불상하다 형 불쌍하다. ☞불상ᄒᆞ다. 불샹하다 ¶불상할 연:憐(兒學下11).

불상ᄒᆞ다 형 불쌍하다. ☞불상ᄒᆞ다. 불샹ᄒᆞ다 ¶불상ᄒᆞ다:可矜(同文解下31). 져 나그니 헤어 보소 쥬인 아니 불상ᄒᆞᆫ가(萬言詞). 눈물이 ᄢᅥ러지실 듯 불상불상ᄒᆞ야 ᄒᆞ시니(閑中錄414).

·불샹 명 불상(佛像). ¶갓블와 옷과 뵈와로 佛像올 ᄉᆞ미ᅀᆞᄫᅡ도(釋譜13:52).

불샹ᄒᆞ다 형 불쌍하다. ☞불상하다. 불상ᄒᆞ다 ¶보매 불샹터라(癸丑34).

불슌ᄒᆞ다 형 불순(不順)하다. ¶츌가ᄒᆞᆫ 후 지아비게 불슌ᄒᆞ미 엇지 부녀의 힝실이리오(落泉2:4).

불ᄭᅩᆺ 명 불꽃. ☞불곳. 븘곳 ¶불ᄭᅩᆺ:燈焰(柳氏物名五 火). 불ᄭᅩᆺ 염:燄(兒學上5).

불ᄶᅳ틀 명 깜부기불. ¶불ᄶᅳ틀:燼(柳氏物名五 火).

불ᄭᅵᆯ 명 불길. 타오르는 불꽃. ¶ᄆᆡ온 불ᄭᅵᆯ 치셩ᄒᆞ니(因果曲1).

불ᄭᅵᆷ 명 불김. ¶간난ᄒᆞᆫ 손의 방의 불ᄭᅵᆷ이 쉬울소냐(萬言詞).

불ᄡᅡ히다 동 불때다. ☞블다히다 ¶불ᄡᅡ히다:燒火(同文解上63).

불ᄯᅩᆼ 명 불똥. ☞블ᄯᅩᆼ ¶불ᄯᅩᆼ:燈灺(柳氏物名五 火).

불ᄯᅮᆼ 부 불쑥. ¶말 불ᄯᅮᆼ ᄒᆞ다:說話冒撞(漢淸8:25).

불아온ᄃᆞᆰ 명 불깐 수탉. 거세(去勢)한 수탉.

¶불아온 ᄃᆞᆰ:騸鷄(譯解下24).
불안ᄒᆞ다 형 불안하다. ¶감격은 ᄒᆞ오나 도로혀 不安ᄒᆞ외(隣語2:6).
불알 명 불알. ¶ᄆᆞ리 사ᄅᆞ미 불알ᄒᆞᆯ ᄆᆞ러:馬咬人陰卵(救急下16). 불알:卵子(同文解上17). 불알:外腎(柳氏物名一 獸族).
불앗다 동 불까다. ☞불티다 ¶불아ᄉᆞᆯ 션:騸. 불아ᄉᆞᆯ 돈:𧷤(訓蒙下7). 불아온 ᄃᆞᆰ:騸鷄(譯解下24).
불어 동 불리어. 늘리어. ☞불다 ¶金地國에 가 돈ᄋᆞ로 ᄑᆞ라 불어 三千貫ᄋᆞᆯ 가져 오더니(月釋23:64).
불·어니ᄅᆞ·다 동 늘여 말하다. 부연(敷衍)하여 말하다. ¶불어니ᄅᆞ샨 經典이 마리비록 다ᄅᆞ며 ᄀᆞᆮᄒᆞ나 理ᄂᆞᆫ 實티 아니ᄒᆞ니 업스니라(月釋17:11). 城邑과 巷陌과 聚落과 田里예 드룬다ᄫᅵ 父母 宗親 善友 知識 爲ᄒᆞ야 히믈 조차 불어닐어든 이 사ᄅᆞᆷ 도히 듣고 隨喜ᄒᆞ야(月釋17:45). 반ᄃᆞ기 불어닐오미 이신가 疑心호대:疑必有所演說(金剛序14).
불·어닐·어든 동 늘여 말하면. 부연(敷衍)하여 말하면. ㉮불어니ᄅᆞ다 ¶城邑과 巷陌과 聚落과 田里예 드룬다ᄫᅵ 父母 宗親 善友 知識 爲ᄒᆞ야 히믈 조차 불어닐어든 이 사ᄅᆞᆷ도히 듣고 隨喜ᄒᆞ야(月釋17:45).
불·어닐·옴 동 늘여 말함. 부연(敷衍)하여 말함. ㉮불어니ᄅᆞ다 ¶반ᄃᆞ기 불어닐오미 이신가 疑心호대:疑必有所演說(金剛序14).
불어닋다 동 불러내다. ¶슈쳥노자 불어닋여 빅화당의 포진ᄒᆞ고(빅화당가). 쥬인 녕감 불어닋여 시원소원 부탁ᄒᆞ네(빅화당가).
불여ᄋᆞ 명 불여우. ☞블여ᄋᆞ ¶불여ᄋᆞ:沙狐狸(柳氏物名一 獸族).
불오 동 (바람이) 불고. ㉮불다☞-오 ¶ᄇᆞᄅᆞ미 슬피 불오 ᄠᅳᆫ 구루미 가ᄂᆞ니:風悲浮雲去(杜解5:33).
불·욤 동 불림. ㉮불이다〔冶〕 ¶불요ᄆᆞᆯ 求ᄒᆞ야:求煆煉(蒙法44).
불우 명 상추. 와거(萵苣). ☞부루 ¶불우와:萵(兒學上5).
불·우·다 동 불리다. ¶杏仁을 ᄆᆞᄅᆞ ᄀᆞ라 사ᄅᆞᄆᆡ 젓 汁에 불워 ᄌᆞ조 디그라:以杏仁爛研以人乳汁浸頻點(救急下40). 더운 므레 불워 거플 앗고:湯浸去皮(救簡3:65). ᄉᆞᆯ고ᄡᅵ 솝 반 량 더운 므레 블워:杏仁半兩湯浸(救簡6:43). 혓 긋ᄒᆞ로 불워 창굼글 ᄯᅮᇼ고:舌尖兒潤開了窓孔(朴解中35).
불·우·다 동 펴 이르다. ¶이베 불우미:口演(法華4:171). 教化 불우ᄆᆞᆯ 約ᄒᆞ야:約化演(金三5:35).
불우다 동 부르다. ☞부ᄅᆞ다 ¶노릐를 불우게 말라:歌(女四解3:20).
불워 부 부러. 거짓으로. ¶바독 못 두다 불워 디ᄂᆞᆫ 거슬:拙行(語錄28).
불워ᄒᆞ다 동 부러워하다. ☞부러ᄒᆞ다. 블워ᄒᆞ다 ¶人間에 離別을 모ᄅᆞ니 그ᄅᆞᆯ 불워ᄒᆞ노라(古時調. 鄭澈. 길우헤. 松江). 칠십 노부 어ᄃᆡ 두고 타인 노자 불워ᄒᆞ랴(萬言詞). 칠십 노부 어ᄃᆡ 두고 타인 노자 불워ᄒᆞ노(빅화당가).
·불웝 명 불법(佛法). 〔'불법'의 'ㄹ' 아래서 'ㅂ' 탈락.〕 ¶불웝 니ᄅᆞᄂᆞᆫ 양 드르라 가져:聽說佛法去來(飜朴上74).
불위 명 뿌리. ☞불회. 불휘. 블희 ¶돌 우희 긴 불위 버덧도다:石上走長根(重杜解1:27). ※불위<불휘
불읏다 동 부르트다. ☞부륻다 ¶입시울 불읏다:繭唇(譯解補34).
불이 명 입부리. ☞부리 ¶불이 ᄲᅧ쭉ᄒᆞᆫ 목의 달리 기다ᄒᆞᆫ 목의(古時調. 海謠).
불·이·다 동 ①불리다〔被吹〕. ☞부리다 ¶神識이 불요ᄆᆞᆯ 니버:神識被吹(楞解8:108). ᄇᆞᄅᆞ미 비ᄅᆞᆯ 부러 羅刹鬼國에 불여 가(法華7:50). 머리옛 ᄇᆞᄅᆞᆷ은 디나ᄂᆞᆫ 비 불이ᄂᆞᆫ ᄃᆞᆺ도다:頭風吹過雨(杜解1:32). 힌 믌겨리 부흰 ᄇᆞᄅᆞ매 불이고:白波吹粉壁(初杜解16:42). 불여 苦海예 ᄃᆞ맷더니:飄沈苦海(金三5:45). 불여 가며 ᄃᆞ마 오미 므렛 萍 ᄀᆞᆮ도다:飄去沈來似水萍(南明上56).
②불게 하다. ¶붑 티며 쥬라 불이고 가더니(釋譜23:57).
불·이·다 동 불리다〔冶〕. ☞블리다 ¶金銀은 一百 번 불이디옷 더욱 精ᄒᆞ야:金銀百鍊愈精(楞解7:13). 鑛ᄋᆞᆫ 쇠 불이ᄂᆞᆫ 돌히라(金剛序6). 鑛ᄋᆞᆫ 쇠 아니 불엿ᄂᆞᆫ 돌히라(圓覺序56). 불요ᄆᆞᆯ 求ᄒᆞ야:求煆煉(蒙法44). 金을 불이ᄂᆞᆫ 歐冶子ㅣ오:練金歐冶子(杜解8:26). 구도미 온 적 불욘 金 ᄀᆞᆮᄒᆞ니:堅密長如百鍊金(南明上21). ※불이다>불리다
불이야 감 불이야. ¶불난 집의 불이야:火家呼火(東韓).
불죡ᄒᆞ다 형 부족(不足)하다. ☞부죡ᄒᆞ다 ¶근간으로써 검소에 불죡홈을 도을지니:不足(女四解4:47).
불짇다 동 불을 지피다. ☞블딛다 ¶불지들 찬:爨(倭解上49).
불질으다 동 불지르다. ¶불질을 분:焚(兒學下10).
불지 명 불에 타서 된 재. ¶불지 ᄇᆞ린 싸해 갓가이 말라(馬解下27).
불쳥긱 명 불청객(不請客). ¶不請客이 自來ᄒᆞ엳숩더니(隣語2:6).
불쵸ᄒᆞ다 형 불초(不肖)하다. ¶그 말숨의 릴오ᄃᆡ 내 본ᄃᆡ 불쵸ᄒᆞ여 힝혀 그ᄃᆡ로 비필 되여(東新續三綱. 烈2:20).

불치다 동 불까다. ☞션ᄒᆞ다. 불티다 ¶불친 수돗:猗兒(漢淸14:13). 불치다:去勢(柳氏物名一 獸族).

불통 명 입으로 불어서 살을 쏘게 만든 기구. ¶불통:吹筒或曰吹箭(物譜 博戲).

불티다 동 불까다. ☞불앗다. 불치다 ¶올썀의 새로 불틴 ᄆᆞᆯ장 져믄 ᄆᆞᆯ이라:今春新騸了的十分壯的馬(老解下7).

불허ᄒᆞ다 동 부러워하다. ¶人心이 淳厚ᄒᆞ던 줄을 못닉 불허ᄒᆞ노라(古時調. 歌曲).

불·회 명 뿌리. ☞불휘 ¶ᄒᆞᆫ 불회도 업다:無一根兒(飜朴上9). 이런 아ᄅᆞᆷ 불회 업슨 남기며:如此之民如無根之木(正俗21). 田禾에 믈ᄢᅵ여 ᄒᆞᆫ 불회도 업고:滂了田禾沒一根兒(朴解上10). 나ᄂᆞᆫ 그저 불회로 解酒ᄒᆞ고 초 빗ᄂᆞᆫ 줄만 알고:我只會根兒解酒和做醋(朴解中58).

불·휘 명 뿌리. ☞불위. 불회. 블희. 블히 ¶불휘 기픈 남ᄀᆞᆫ:根深之木(龍歌2章). 根은 불휘라(月釋序21. 月釋2:15). 輪廻ᄂᆞᆫ 愛 불휘ᄃᆞ외니:輪廻愛爲根本(法華2:131). 그 불휘 반ᄃᆞ기 傷홈 ᄀᆞᆮᄒᆞ며:根(宣賜內訓2上53). 곳불휘 것거뎃도다:折花當(杜解1:51). 히 오라거늘 ᄒᆞᆫ갓 불휘 기펫도다:歲久空深根(杜解16:4). 靈ᄒᆞᆫ 불휘:靈根(金三2:21). 불휘 근:根. 불휘 ᄒᆡ:荄(訓蒙下3. 類合上8). 불휘 뎌:柢(類合下50). 불휘 근:根(石千33). ᄡᅧ 그 불휘ᄅᆞᆯ 붓도도며:以培其根(宣小 題辭2). 九泉의 불휘 고ᄃᆞᆫ 줄을 글로ᄒᆞ야 아노라(古時調. 尹善道. 더우면. 孤遺). ※불휘>불위>뿌리

불·휘ᄒᆞ다 동 뿌리 박다. ¶本來 샹녯 ᄠᅳ듸 疑心ᄒᆞ야 섯구미 ᄆᆞᅀᆞ매 불휘ᄒᆞ야:固常情疑混根於心(楞解2:22). 노푼 堦砌이 靑冥에 불휘ᄒᆞ야 잇ᄂᆞ니:危堦根靑冥(初杜解7:23). 뫼햇 뎌리 石壁에 불휘ᄒᆞ얫ᄂᆞ니:山寺根石壁(杜解9:27).

불·횟들궐 명 뿌리등걸. ¶불횟들궐 골:榾. 불횟들궐 돌:柮 榾柮木頭(訓蒙下6).

불희 명 뿌리. ☞불휘 ¶불희 근:根(光千33. 倭解下28). 남ᄀᆡ 比컨대 불희 ᄒᆞᆫ가지오 가지 다ᄅᆞᆷ이며(警民6). 불희:木根兒(同文解下44). ᄒᆞᆫ쥬 남기 불희 년ᄒᆞ고 가지 아올랏도다:一株柏根連復竝枝(五倫3:24). 불희도 柯枝도 닙도 업시 그린 ᄯᅳ즌(古時調. 閣氏님 草. 槿樂).

불히 명 뿌리. ☞불휘 ¶삽됴 불히를 ᄉᆞᆯ오면 시긔를 믈리티ᄂᆞ니(辟新14). 불히 근:根(註千33).

불힝ᄒᆞ다 형 불행하다. ¶쇼졔 만일 불힝ᄒᆞ실진ᄃᆡ 쳔쳡이 ᄯᅩᄒᆞᆫ 죽을지라(落泉1:2).

붉근질 명 붉은 질흙. ¶붉근질:赤埴(柳氏物名五 土).

붉다 형 붉다. ☞븕다 ¶불근 허믈이 十字 乂더라(女四解4:17). 붉다:紅(同文解下25). ᄂᆞᆾ 붉다:臉紅了(漢淸6:9). 붉은 오디:紅磁器(柳氏物名五 石). 불글 단:丹(註千26). 불글 ᄌᆞ:紫. 불글 젹:赤(註千27). 불글 강:絳(註千33). 불글 쥬:朱(兒學下2).

붉으스러ᄒᆞ다 형 불그스레하다. ¶붉으스러ᄒᆞ다:淡紅(同文解下25).

붊글 명 풀무를. (독)불무 ¶큰 붊글 여희니라:辭大鑪(杜解2:47).

붊·긔 명 풀무에. (독)불무 ☞붊글. 붊기라 ¶비록 붊긔 ᄉᆞ라 노교ᄆᆞᆯ 브트니:雖假爐冶銷鎔(圓覺上二之三33).

붊기라 명 풀무이라. (독)불무 ¶爐ᄂᆞᆫ 붊기라(金三2:28).

붑 명 ①북(鼓). ☞붚 ¶풍류히오 붑 티며(釋譜23:57). 붑 텨 니로모로브터:自轉鼓起來(法語8). ᄀᆞ료ᄆᆞᆫ 이 붑 體와 樓오:礙是鍾體及樓(圓覺下二之三10). 蜀ㅅ 將軍이 旗와 붑과ᄅᆞᆯ ᄂᆞᆫ호고:蜀將分旗鼓(杜解5:10). 峽ㅅ 가온ᄃᆡ셔 숫워려 붑 치놋다:峽中喧擊鼓(杜解12:41). 붑과 吹角ㅅ 소리ᄂᆞᆫ 하ᄂᆞᇗ 소리ᄅᆞᆯ 凌犯ᄒᆞ고:鼓角凌天籟(杜解16:24). 붑 티ᄂᆞ니와 琵琶 노ᄂᆞ니왜 서르 맛나(金三4:5). 붑 티다:擂鼓(訓蒙下12 擂字註). 붑 메울 만:鞔(訓蒙下20). 붑 고:鼓. 붑 비:鼙(訓蒙中28). 붑 고:鼓(光千20). 큰형은 山에셔 붑 티고:大哥山上擂鼓(朴解上36). 붑 ᄢᅵ오기ᄅᆞᆯ ᄆᆞᄎᆞ매:鼓(兵學1:4).
②종(鐘). ☞붚 ¶有時예 붑과 磬子ㅅ 소리 절로 나ᄂᆞ니:有時自發鍾磬響(杜解7:32). 붑 죵:鍾(光千21). ※붑>북

붑괴다 동 끓어 뒤섞이다. ¶涇水ᄂᆞᆫ 두 ᄀᆞ옰 ᄉᆞ이에 붑괴놋다:涇水中蕩潏(重杜解1:3). 헤여디락 모ᄃᆞ락 ᄒᆞᄂᆞᆫ 믌뉘누리ᄂᆞᆫ 붑괴오:擺闔盤渦沸(重杜解2:7). 하ᄂᆞᆯ콰 ᄯᅡ ᄉᆞ이예 사ᄅᆞ미 붑괴야 우르니라:乾坤沸嗷嗷(重杜解8:56). 소티셔 붑괴ᄃᆞᆺ ᄒᆞ니:乃沸鼎(重杜解12:10). 豺狼이 붑괴여 서르 너흐놋다:豺狼沸相噬(重杜解22:32).

붑다 형 배다. 촘촘하다. ☞뵈다. 비다 ¶털 붑다:毛厚(同文解下40. 漢淸11:15).

붑마·치 명 북채. ¶붑마치 부:桴(訓蒙東中本中12).

붑바티다 동 북받치다. ¶두 시극만ᄒᆞ야 긔우니 붑바티면 즉재 살리라:兩時氣急卽活(救簡1:62).

·붑소리 명 북소리. ☞붑소릐 ¶그 붑소리예셔(釋譜24:1). 사호맷 붑소리 슬푸믈 아쳐러 듣노니:惡聞戰鼓悲(初杜解15:39).

붑소릐 명 종소리. ☞붑소리 ¶ᄇᆞᄅᆞ믄 붑소릐ᄅᆞᆯ 혀 먼 골로셔 오고:風引鍾聲來遠洞(百聯17).

붓 명 씨. ¶釋ᄋᆞᆫ 어딜 씨니 釋種ᄋᆞᆫ 어딘 붓기라 ᄒᆞᄂᆞᆫ 마리라(月釋2:7).

붓 명 뜸〔灸〕. ¶ᄡᅮᆨ 붓글 노하:艾炷安在(救簡6:57). ᄡᅮᆨ 붓글:艾炷(牛疫方8).

붓 명 장(壯). 방. 〔뜸질의 횟수를 세는 말.〕☞븟 ¶一百 붓글:百壯(救急上19). 음낭 아랫 금을 두닐굽 붓 ᄠᅳ라:灸囊下縫二七壯(救簡1:99). 세 붓곰 ᄒᆞᆫ 마ᄂᆞᆯ 편곰 ᄀᆞ로ᄃᆡ:三壯卽換一蒜(救簡3:46). 발 앖귀머리예 세 붓 ᄡᅮ글 ᄠᅳ니:脚內踝上灸了三壯艾來(飜朴上38). 네 모해 각 ᄒᆞᆫ 붓식 ᄠᅳ되:四角各一壯(瘟疫方19). 비보글 셜흔 붓글 ᄠᅳ라:臍中三十壯乙灸之爲乎矣(牛疫方8).

붓 명 붓〔筆〕. ☞분 ¶붓:筆(同文解上63). 부슬 드러 죽을 ᄉᆞᄌᆞᄅᆞᆯ ᄡᅳ니(五倫2:59). 틱학의 부슬 ᄲᅢᄌᆞ 쇼과연벽 더 이샹 히(쌍벽가). 붓 필:筆(註千39).

붓곳 명 목련. ☞붇곳. 붓옷 ¶붓곳:辛夷(物譜 花卉).

붓·그러·ᄫᅮᆷ 명 부끄러움. ☞붓그러옴. 붓그러움 ¶붓그러ᄫᅮᆷ 시수믈 제 所任 사마 ᄒᆞᆯ 씨(三綱. 忠22). 오ᄂᆞᆯ 後에ᅀᅡ 붓그러ᄫᅮ미 업과라(三綱. 忠24).

붓그러옴 명 부끄러움. ☞붓그러ᄫᅮᆷ. 붓그러움 ¶녯사람의게 붓그러옴이 업더라:無愧古人(東新續三綱. 孝7:1).

붓그러움 명 부끄러움. ☞붓그러ᄫᅮᆷ. 붓그러옴 ¶花門이 ᄂᆞᄎᆞᆯ 사겨셔 붓그러우믈 시서지이다 請ᄒᆞᄂᆞ니:花門剺面請雪恥(初杜解8:3). 어루 分別ᄒᆞ야 붓그러움 시소미 어려울 시라(南明上44).

붓·그러·음 명 부끄러움. ☞붓그러움 ¶붓그러음과 할아ᄆᆞᆯ 브를가 저호미니:恐招恥謗(宣賜內訓1:2).

붓그러ᄒᆞ다 동 부끄러워하다. ¶오왕이 붓그러ᄒᆞ야 근치니라:慚(女四解4:19).

붓그럼 명 부끄러움. ☞붓그러움 ¶가쟝은 붓그럼을 밧고:慚惶(女四解3:24).

붓·그럽·다 형 부끄럽다. ☞붓ᄭᅳ럽다. 븟그럽다 ¶붓그러우며 辱ᄃᆞ왼 일:羞辱(宣賜內訓1:58). 안ᄒᆞ로 ᄆᆞᅀᆞ매 붓그럽디 아니ᄒᆞ니여 ᄒᆞ니:不內愧於心(宣賜內訓3:30). 내 ᄆᆞᅀᆞ미 붓그럽거니:慊於心矣(飜小8:15). 향즁의 붓그럽게 홈을 비우지 말라:恥(女四解3:6). 보기 붓그럽다:愧見(漢淸8:32). ᄂᆞᆷ 붓그러온 일:瞞人醜事(漢淸8:49). 츈풍의 도리화 도로혀 붓그럽다(萬言詞).

붓그레 부 부끄러이. 부끄럽게. ¶머글 것 ᄲᅡ다가 어버시 머기ᄆᆞᆯ 붓그레 너기니:應賚饌物供養尊親每詐羞慙(恩重16).

붓그렴 명 부끄러움. ¶붓그렴이 몬져 나니 동녕 말이 나오더냐(萬言詞).

붓그렵다 형 부끄럽다. ☞붓그럽다 ¶오히려 붓그려온 줄을 모ᄅᆞ고(山城63).

붓·그륨 동 부끄러워함. ㉮붓그리다 ¶過惡 짓고 제 붓그류미 慚이오 ᄂᆞᆷ 붓그류미 일후미 愧라(圓覺上一之一30).

붓·그리·다 동 부끄러워하다. ☞븟그리다 ¶英主ᅀ 알ᄑᆡ 내내 붓그리리:英主之前曷勝其羞(龍歌16章). 사오나ᄫᆞᆯ 붓그려(釋譜11:43). 小ᄅᆞᆯ 붓그리고 大ᄅᆞᆯ ᄉᆞ랑ᄒᆞ니라(月釋14:63). 조호ᄆᆞᆯ 붓그리로다:慙潔(永嘉序11). 제 붓그류미 慚이오(圓覺上一之一30). 가난ᄋᆞᆯ 붓그려 너비 求ᄒᆞᄂᆞ니:恥貧而廣求(宣賜內訓1:30). 시러곰 붓그려리아:得愧(初杜解18:14). 萬人과 다ᄆᆞᆺ ᄒᆞᆫ호ᄆᆞᆯ 붓그리놋다:恥與萬人同(杜解21:26). 禮數ㅣ 둗거우니 지조 업수믈 붓그리노라:禮厚媿無才(杜解22:9). 붓그릴 참:慙. 붓그릴 괴:愧. 붓그릴 티:恥(類合下15). 붓그릴 티:恥(石千30). 그 어버이ᄅᆞᆯ 붓그리디 아니케 ᄒᆞ면:不羞其親(宣小4:19). 붓그려 좀좀ᄒᆞ엿더라(癸丑38). 님금 恩私 닙ᄉᆞ오ᄆᆞᆯ 도로혀 붓그리ᅀᆞᆸ노니:顧慙恩私被(重杜解1:1). 시절 슬후믈 孔父ᄅᆞᆯ 붓그리ᅀᆞᆸ고:傷時愧孔父(重杜解1:43). 붓그리다:害羞(同文解上20). 붓그리다:羞(漢淸8:32). 옥니와 ᄃᆡ변ᄒᆞ믈 붓그려 ᄒᆞ여 스ᄉᆞ로 죄ᄅᆞᆯ 당ᄒᆞ야(五倫1:39). ※붓그리다<붓그리다

:붓·그림 명 부끄럼. ¶넙써이 붓그림 업거든:靦然無愧(宣賜內訓1:68). 편편히 붓그림이 업거든:靦然無愧(宣小5:49). 붓그림:羞恥(漢淸8:32).

붓그림ᄐᆞ다 동 부끄럼타다. ¶붓그림ᄐᆞᄂᆞᆫ 사ᄅᆞᆷ:肯羞人(同文解上13). 붓그림ᄐᆞ지 아니타:不怕羞(譯解補58).

붓그업다 형 부끄럽다. ☞붓그럽다 ¶붓그업게 말라:休教羞了(老解下42).

붓글 명 뜸을. 장(壯)을. 〔'붓'+목적격조사의 'ㄱ 첨용' 형태.〕 ㉣붓 ¶ᄡᅮᆨ 붓글:艾炷(牛疫方8). 비보글 셜흔 붓글 ᄠᅳ라:臍中三十壯乙灸之爲乎矣(牛疫方8).

붓긋 명 붓끝. 필단(筆端). ☞붇긋 ¶붓긋:筆尖(漢淸4:20).

붓기 명 부기(浮氣). ¶황으로 붓기 나고:生黃腫(馬解. 指脈主病).

붓깃 명 불깃. ¶붓깃:熑爐 燒山作界也(柳氏物名五 火).

붓니다 동 붙다. 들러붙다. ¶잇다감 ᄯᅩᆷ 나 붓닐 제 써힐 뉘를 모르리라(古時調. 각시닉 玉. 靑丘). 붓니다:粘(漢淸12:8).

붓다 동 부치다. ☞부츠다 ¶녀르미면 벼개와 돗과ᄅᆞᆯ 부체 붓고:夏則扇枕席(三綱. 孝9). 벼개 돗ᄀᆞᆯ 붓고(三綱. 孝19). 慈風을 剎土에 붓ᄂᆞᆫ또다:扇慈風於刹土(朴解中21). ᄂᆞᆯ래 붓다:搧翅(漢淸13:63).

붓다 동 붓다〔注〕. ☞븟다 ¶北斗星 기우려 滄海水 부어 내여(松江. 關東別曲). 술 붓다:饋酒(譯解 上59). 부을 주:注(倭解 上10). 비 붓ᄃᆞ시 오다:傾盆雨(同文解上2). 믈 붓다:注水(同文解上8). 붓드시 오ᄂᆞᆫ 비:傾盆雨(譯解補2). 골흔 잔에 술 치와 붓다:描斟酒(漢淸3:33). 瓦樽의 濁醪을 朴盞의 ᄀᆞ득 부어(江村晩釣歌).

붓다 동 붓다〔腫〕. ☞븟다 ¶부을 죵:腫(倭解上50). 붓다:腫了(同文解下7).

붓다 동 알(卵) 따위를 슬다. ¶알 붓다:攤蛋(譯解補30).

붓다 동 붇나〔潤〕. ☞붇다 ¶붓다:滋了(同文解下55).

붓대 명 붓대. ¶붓대:筆管(同文解上43. 譯解補11. 漢淸4:20).

붓도·도·다 동 북돋우다. ☞븟도도다 ¶붓도돌 ᄌᆞ:耔. 붓도돌 ᄇᆡ:培. 붓도돌 옹:壅(訓蒙下5). 붓도돌 ᄇᆡ:培. 붓도돌 ᄌᆞ:耔(類合下41). 그 불휘ᄅᆞᆯ 붓도도며:培其根(宣小題辭2). ᄆᆡ거니 붓도도와 빗김에 달화내니(古時調. 울밋 陽地. 靑丘). 붓도도다:培本(同文解下1. 譯解補42). 붓도도다:培苗(漢淸10:4). ᄃᆡ한즁의 물주기와 셰우즁의 붓도도며(답사향곡).

붓도딜ᄒᆞ다 동 부뚜질하다. 풍구질하다. ☞붓도질ᄒᆞ다. 붓돗질ᄒᆞ다 ¶붓도딜ᄒᆞ다:颺颺(同文解下2).

붓도질ᄒᆞ다 동 부뚜질하다. 풍구질하다. ☞붓도딜ᄒᆞ다. 붓돗질ᄒᆞ다 ¶붓도질ᄒᆞᄂᆞᆫ 것:扇車(物譜 耕農).

붓돗질ᄒᆞ다 동 부뚜질하다. 풍구질하다. ☞붓도질ᄒᆞ다 ¶붓돗질ᄒᆞ다:颺颺(譯解補42). 붓돗질ᄒᆞ다:颺塲(漢淸10:6).

붓돗티다 동 부뚜질하다. ¶붓돗티다:揚穀子(譯解下8).

붓동히다 동 붙동이다. 붙들어 동여매다. ¶시름을 ᄡᅳ드러 ᄂᆡ여 얽어ᄆᆡ야 붓동혀셔(古時調. 金壽長. 海謠).

붓두겁 명 붓두껍. ¶붓두겁:筆帽(譯解下19. 漢淸4:20). 붓두겁 ᄢᅵ오다:戴筆帽(同文解上43).

붓두막 명 부뚜막. ¶붓두막:竈臺(譯解補14). 붓두막:鍋臺(漢淸9:74).

붓드다 동 붙들다. ☞붓들다 ¶붓드다:扶持(同文解下55). 붓드다:扶助(漢淸6:46).

붓들다 동 붙들다. ☞붓드다 ¶붓들 부:扶(註千24. 兒學下3).

붓바기 명 붙박이. ☞붓박이 ¶붓바기 窓:硬窓(譯解上17).

붓박이 명 붙박이. ☞붓바기 ¶붓박이 창:不開的窓(漢淸9:72).

붓옷 명 ①붓꽃. ☞붇곳 ¶붓옷:馬藺(柳氏物名三 草).
②목련. ☞붇곳. 붓곳 ¶붓옷:辛夷(柳氏物名四 木).

붓·ᄭᅳ럽다 형 부끄럽다. ☞븟그럽다 ¶용모ᄅᆞᆯ 붓ᄭᅳ럽게 말며:容毋怍(宣小2:59). 뵈기ᄅᆞᆯ 붓ᄭᅳ럽다 ᄒᆞ고(三譯6:21).

붓좃다 동 붙좇다. ☞붓좇다. 븓좇다. 븟좇다 ¶도라가 붓좃출 ᄆᆞᄋᆞᆷ이 더옥 ᄀᆞᆫ절ᄒᆞᄃᆡ(山城109). 붓좃다:附他(同文解上46). 붓좃게 ᄒᆞ다:招撫(同文解上46). 붓좃다:依附(漢淸6:45).

붓좇다 동 붙좇다. ☞붓좃다. 븓좇다 ¶다ᄉᆞᆺ 아ᄃᆞᆯ이 慈母ᄅᆞᆯ 親히 붓조차 화동홈이 ᄒᆞᆫ골ᄀᆞᆮ거늘:五子親附慈母雍雍若一(重內訓3:21). 사오나온 류의게 붓조차 가면 오런 후에 사오나온 ᄃᆡ 잇ᄭᅳᆯ린다 ᄒᆞᄂᆞᆫ 거시 定論이라(捷蒙4:15). 그 시여홈을 만히 ᄒᆞ야 아래 붓조츨가 위홈이라 ᄒᆞ니라(三略中4).

붓츠다 동 부치다. 바람을 일으키다. ☞부츠다 ¶예셔 놀애ᄅᆞᆯ 드러 두세 번만 붓츠면은(古時調. 鄭澈. 松江).

붓치다 동 ①붙이다. ☞브티다 ¶금 붓치다:貼金(譯解補45). 궁둥이에 붓쳐 더지다:使絆子(漢淸4:49). 궁둥이에 붓치다:老牛背(漢淸4:49).
②(글을) 부치다. ☞붓티다. 브티다 ¶글 붓치다:寄字(漢淸4:12).

붓티다 동 부치다. 보내다. ☞붓치다. 브티다 ¶淸光을 픠여내여 鳳凰樓의 붓티고져 樓 우희 거러 두고 八荒의 다 비최여(松江. 思美人曲).

:붕어 명 붕어. ☞부어 ¶붕어:鰿 鮒也 今俗呼鰿魚(四解下52 鰿字註). 또 붕어를 ᄀᆞ마니 누은 아래 두ᄃᆡ 알외디 말라:又方鯽魚密置臥下勿令知之(瘟疫方19). 붕어:鯽魚(胎要10). 붕어:鯽魚(東醫 湯液二 魚部).

붗다 동 겉으로 드러나다. ¶열쇄예 니ᄅᆞ면 밧ᄭᅴ다 부처 나(痘要上38).

붙다 동 붙다. ¶부틀 ᄌᆞ:自(倭解上28). 부틀 부:傅(註千15).

붙다 동 묵다. 숙박(宿泊)하다. ¶부틀 박:泊(倭解下18).

·붑 명 ①북〔鼓〕. ☞봅 ¶세 낱 붑쏜 ᄢᅦ여디니(月印上16). 부플 텨 닐오니(月印上57). 金부플 티니 나랏 사ᄅᆞᆷ 十八億이 다 모ᄃᆞ니(釋譜6:28). 鼓ᄂᆞᆫ 부피라(釋譜13:21). 하ᄂᆞᇙ 부피 절로 울며(月釋7:37). 하ᄂᆞᇙ 부피 自然히 울며(法華1:117). 防戍ᄒᆞᄂᆞᆫ 부픈 오히려 기리 티ᄂᆞ니:戍鼓猶長擊(杜解10:3). 漏刻 부프란 도로 나지 ᄉᆞ랑ᄒᆞᄂᆞ니:漏鼓還思晝(初杜解23:5). 毒 ᄇᆞ른 ᄒᆞᆫ 소릿 부페 누워셔:塗毒一聲鼓臥(南明下54).
②종(鐘). ¶모ᄃᆞᆯ 虛케 ᄒᆞ샤 物應ᄒᆞ샤미

부픠 틈 기드리ᄃᆞᆺ ᄒᆞ실 씨라:虛己應物如鍾待扣也(法華5:38).

·뷔 명 비〔箒〕. ¶ 彗ᄉᆞ비치 ᄒᆞ녀그로 ᄀᆞᄅᆞ칠씨 닐오ᄃᆡ 彗니 뷔 ᄀᆞᆮᄒᆞ니라:星芒偏指曰彗如彗箒也(楞解2:87). 쇠뷔라 ᄒᆞ야 ᄡᅳ디 몯ᄒᆞ리며:不得作鐵掃箒用(蒙法14). 無ㆆ字ㅣ이 쇠뷔라 ᄒᆞᄂᆞ니:無字是鐵掃箒(蒙法57). 쓰ᅀᅥ리호미 뷔 업슨 ᄃᆞᆺᄒᆞ도다:掃除似無箒(初杜解9:21). 뷔 슈:箒. 뷔 츄:箒(訓蒙中18). 뷔롤 키 우희 연ᄌᆞ며:加帚於箕上(宣小2:59). 뷔 츄:箒(倭解下15). 키롤 받들며 뷔롤 ᄡᅧ:帚(女四解2:29). 天下匕首劍을 ᄒᆞᆫᄃᆡ 모하 뷔를 ᄆᆡ야(古時調. 靑丘). 아ᄒᆡ는 뷔를 들고 ᄡᅳ로려 ᄒᆞ는괴야(古時調. 鄭敏僑. 간밤의 부던 ᄇᆞ람. 靑丘). 風伯이 뷔되야 다 쓸어 버리고녀(古時調. 落葉이. 海謠). 뷔 츄:帚(兒學上11). ※뷔>비

뷔걷다 동 비틀거리며 걷다. ☞뷔것다 ¶ 醉ᄒᆞ여 뷔거르며(古時調. 李座首는. 靑丘). 술 먹고 뷔거를 저긔 먹지 마쟈 盟誓ㅣ러니(古時調. 靑丘). 술 먹고 뷧둑뷔척 뷔거러 가며(古時調. 靑丘).

뷔것다 동 비틀거리며 걷다. ☞뷔걷다 ¶ 취ᄒᆞ여 뷔것다:醉跟蹌(同文解上26).

:뷔·다 동 비비다. 꼬다. ☞븨다 ¶ 뷜 차:搓. 뷜 나:挪(訓蒙下23). 실 뷜 륜:綸(類合下16). 실 뷔다:撚線(同文解下25). 常絲라 白常絲를 넌즈시 뷔여 엇고(武豪歌). 뷔다:撚線(柳氏物名三 草).

·뷔·다 동 ①베다〔斬〕. ☞븨다 ¶ 그 짓 ᄡᆞᆯ ᄢᅵᆯ 죠ᄋᆞᆯ 맛나니(月釋8:98). 조 뷔다가 버미 아비를 무러늘(三綱. 孝3). 오히려 벼 뷔는 功夫ㅣ 기텟도다:猶殘穫稻功(杜解7:18). 고기 자ᄇᆞ며 나모 뷔여 오는 사ᄅᆞᄆᆞᆯ ᄯᅩ 보리로다:更見漁樵人(初杜解7:32). 나모 뷔는 놀앳 소리는 낫나치 ᄀᆞᆮ도다:樵聲個個同(杜解10:32). 고기 자ᄇᆞ며 나모 뷔요ᄆᆞᆯ 向ᄒᆞ리아:向漁樵(杜解21:24). 프롤 다 뷔여(金三4:31). 가히 터리롤 뷔여 브티라:翦狗毛傅之(救簡6:46). 뷜 애:刈. 뷜 확:穫(訓蒙下5). 바툇곡식 뷔다:割田(訓蒙下5 割字註). 벼 뷜 석:穡(光千28). 고기 낙기 나모 뷔기(古時調. 男兒의. 靑丘). 밧히셔 곡식을 뷔다가 아비 범에게 물니이니(五倫1:31). 章章히 뷔아 니야 字字히 외온 후ᄋᆡ(陶山別曲). 여기 ᄉᆞ롬 일을 ᄇᆡ화 고기 낙기 나무 뷔기(萬言詞).
②쪼개다. ¶ 正性을 뷔우려 홇덴:欲剸…正性(楞解8:7).

:뷔·다 형 비다〔虛〕. ☞븨다 ¶ 뷔어ᅀᅡ ᄌᆞᄆᆞ니이다:迨其空矣島嶼迺沒(龍歌67章). 셔ᄫᅳᆯ 뷘 길헤:城中街陌(龍歌98章). 世子ᅀᅀᅵ位 뷔어시늘:儲位則虛(龍歌101章). 地獄도 뷔며(月印上7). 뷘 房ᄋᆞᆯ 딕ᄒᆞ라 ᄒᆞ시니(月印上65). 뷔여 괴외ᄒᆞ고:廓寥(月釋序1). 色蘊은 뷔여 ᄇᆞᆰ디 몯ᄒᆞ야 빗 이쇼미오(月釋1:35). 智 조ᄒᆡ오미 업서 뷔오 괴외코(月釋9:21). 法이 다 뷔면 根과 塵괘 本來 뷔니:法皆空則根塵本空(楞解5:10). 一切 다 뷔유ᄃᆡ:一切皆空(楞解5:59). 뷘 거슬 자보ᄃᆡ ᄀᆞᄃᆞᆨᄒᆞᆫ 것 자봄ᄀᆞᆮ히 ᄒᆞ며:執虛如執盈(宣賜內訓1:9). 뷘 지븨셔 仙童ᄋᆞᆯ ᄇᆞ리놋다:虛室使仙童(杜解9:7). ᄂᆞᄆᆞ치 뷔어놀:囊空(初杜解20:9). 道術이 뷔도다:道術空(杜解21:2). 뷘 묏고래 이 사ᄅᆞ미 머므렛도다:空谷滯斯人(杜解21:34). ᄒᆞ마 酒樽이 뷜가 저허 시름ᄒᆞ놋다:已畏空樽愁(杜解22:2). 뷔여 노가:虛融(金三2:5). ᄀᆞᄃᆞᆨᄒᆞ며 뷔욤 잇는 거시:有盈虛者(金三2:6). 다 뷔니라:皆空(金三3:9). 뎌 동녁 겨틔 ᄒᆞᆫ 간 뷘 방 잇ᄂᆞ니:那東邊有一間空房子(飜老上67). 뷜 공:空(類合下49). 뷜 공:空(石千10). 뷜 허:虛(類合下49. 石千10). 뷘 것 잡오ᄃᆡ ᄀᆞᄃᆞᆨᄒᆞᆫ 것 잡음ᄀᆞᆮ티 ᄒᆞ며:執虛如執盈(宣小3:17). 뎌 동녁 겻틔 ᄒᆞᆫ 간 뷘 방이 이시니(老解上16). 뷜 허:虛(倭解下32). 뷔다:空(同文解下54. 漢淸11:47). 樽中이 뷔엿거든 날ᄃᆞ려 알외여라(丁克仁. 賞春曲). 남초 업는 뷘 담ᄇᆡ써 소일죠로 가지고셔(萬言詞). 뷜 궐:闕(註千3). 뷜 동:洞. 뷜 광:曠(註千27). 뷜 허:虛(兒學下8). ※뷔다>비다

:뷔:든·녀 동 비척거려. ㉮뷔듣니다 ¶ 뷔든녀 辛苦ㅣ 쉬나몬 ᄒᆡ러니:竛竮辛苦五十餘年(法華2:222).

:뷔:든·니·다 동 비척거리다. 비틀거리다. 〔'뷔'는 '뷔다〈搓〉' 어간, '듣'은 '듣다〈落〉'의 어간, '니'는 '行'의 훈(訓).〕☞뷔듣다 ¶ 城中에 날 ᄇᆞ리고 逃亡ᄒᆞ야 가 뷔든녀 辛苦호미 쉬나몬 ᄒᆡ러니(月釋13:29). 五道애 흐르닐씨 뷔든녀 辛苦컨디(月釋13:31). 乃終내 四生五道애 뷔든녀 窮困ᄒᆞ리니(月釋13:32). 뷔든녀 辛苦ㅣ 쉬나몬 ᄒᆡ러니:竛竮辛苦五十餘年(法華2:222).

:뷔듣·다 동 비척거리다. ☞뷔듣니다 ¶ 窮子ㅣ 뷔드러 외로이 나가 ᄃᆞ녀 나리 ᄒᆞ마 오라더니:窮子竛竮孤露爲日已久(金三3:25).

뷔들다 동 비틀다. ¶ 뷔드러 ᄃᆞᆫ기는 거동:竛竮(語錄13).

뷔오다 동 비우다. ☞뷔우다 ¶ 글ᄌᆞ 아릐 뷔온 곳:留空處(漢淸4:14). 뷔오다:空過(漢淸6:51).

뷔·우·다 동 비우다. ☞뷔오다 ¶ 能히 五蘊을 뷔워 苦厄ᄋᆞᆯ 버서(月釋18:59). 孫宰ㅣ 안잣던 堂ᄋᆞᆯ 뷔워:遂空所坐堂(杜解1:13). 주머귀롤 뷔우디 아니 ᄒᆞᄂᆞ니라:不空拳(初杜解20:19).

뷔·윰 형 빔〔空〕. 공(空). ㉮뷔다 ¶色과 뷔윰과 슬히 너겨 識올 브터 잇ᄂᆞ니라(月釋1:35).

뷔·이·다 동 펴다. ¶ᄂᆞᆯ갯 지츨 뷔이여 다시 두위이저 가도다:鎩翮再聯翮(初杜解20:18).

뷔트·다 동 비틀다. ☞뷔틀다 ¶뷔트다:扭(四解下68). 뷔트다:交搼(同文解下25. 柳氏物名三 草).

:뷔·트리·혀·다 동 비틀리다. ¶믄득 ᄇᆞᄅᆞᆷ 마자…누ᄂᆞᆯ 티ᄠᅳ고 헌ᄃᆡ로 ᄇᆞᄅᆞᆷ드러 거두혀며 뷔트리혀미 이시락업스락ᄒᆞ거든:卒暴中風…眼目上視破損傷風搐搦潮作(救簡1:7). 창지 뷔트리혀 거두쥐ᄂᆞᆫ ᄃᆞᆺᄒᆞ야:腸絞縮(救簡2:46).

:뷔·틀·다 동 비틀다. ☞븨틀다 ¶그 腸이 비예 뷔트러 움주쥐여 잇ᄂᆞ니:其腸絞縮在腹(救急上32). 뷔틀 뉴:扭(訓蒙下23).

:뷔·틀·다 형 비뚤다. ¶고히 ᄑᆞ코 엷디 아니ᄒᆞ며 뷔트디 아니ᄒᆞ며(釋譜19:7). 고히 ᄑᆞ코 엷디 아니ᄒᆞ며 ᄯᅩ 고ᄫᆞ며 뷔트디 아니ᄒᆞ며(月釋17:53).

뷔혀잡다 동 부여잡다. 붙들어 잡다. ¶옷자락 뷔혀잡고 가지 마소 ᄒᆞᄂᆞᆫᄃᆡ 無端이 떨치고(古時調. 梨花에 露濕도록. 青丘).

뷔희덕이 명 산뽕나무. ¶뷔희덕이:檿桑(柳氏物名四 木).

:뷘·밥 명 맨밥. ☞민밥 ¶혜어든 이맛감 뷘바비 므스 거시 긴ᄒᆞᆯ고:量這些淡飯打甚麼緊(飜老上41).

:뷘비·좀 명 건구역. 헛구역 ¶과ᄀᆞᆯ이 답답ᄒᆞ야 뷘비좀 ᄒᆞ거든:卒煩滿嘔逆(救簡2:41). 머근다마다 믄득 뷘비좀 ᄒᆞ거든:飮輒乾嘔(救簡2:54).

뷘입십·다 동 잠꼬대하다. 헛소리하다. ¶고고ᄋᆞ고 니ᄀᆞᆯ오 뷘입십고 방긔 니르리 ᄒᆞ며(釋譜3:100). 니기 자며 뷘입십ᄂᆞᆫ 마ᄅᆞᆯ 가줄비시니라:譬熟寐寢言也(楞解9:85). 뷘입십고 미치거든:譫狂(痘要上16). 자리ᄅᆞᆯ 어르더듬고 뷘입십고:摸床譫語(痘要下70). 뷘입십기를 귓것 본 ᄃᆞ시 ᄒᆞ며:譫語如見鬼(胎要57).

뷘틈 명 빈틈. ¶조ᄡᆞᆯ ᄀᆞᄐᆞᆫ 거시 뷘틈에 도다 도렫고 ᄆᆞᆯ그니ᄂᆞᆫ 길ᄒᆞ니라:出如粟米於痘空隙處圓淨者吉(痘要上24).

뷧독 부 비뚝. ¶이리로 뷧독 져리로 뷧쳑(古時調. 아흔아홉 곱. 青丘).

뷧독이다 동 비틀거리다. 비뚝거리다. ¶뷧독이다:走踉蹌(譯解補25).

뷧쳑 부 비척. ¶이리로 뷧독 져리로 뷧쳑(古時調. 아흔아홉 곱. 青丘).

뷩뷩 부 빙빙. ¶뷩뷩 도라 물레 쟝ᄉᆞ(古時調. 밋남편. 青丘).

브노라 동 부러워하노라. ㉮블다 ¶히 못도록 沖融호ᄆᆞᆯ 브노라:畢景羨沖融(杜解9:7). 도ᄅᆞ혀 梁王ᄋᆡ 眞實ㅅ 慷慨ᄅᆞᆯ 브노라:却羨梁王眞慷慨(南明下24).

브느지지다 동 부르짖다. ☞브르지지다 ¶ᄒᆞᄅᆞ 날에 큰 ᄇᆞᄅᆞᆷ의 블을 내여 쟝촌 졔텽의 연급ᄒᆞ거ᄂᆞᆯ 브느지져 울고:一日風失火將延祭廳號哭(東新續三綱. 孝4:29). 오새 ᄯᅴᄂᆞᆯ 그르디 아니코 브느지져 울고:衣不解帶號泣(東新續三綱. 孝7:6). 낟밤으로 브느지져 울어:日夜號哭(東新續三綱. 烈2:69).

브니다 동 줄곧 불다. 〔'블다'+'니다'의 복합동사.〕¶漁笛도 흥을 계워 ᄃᆞᆯᄅᆞᆯ ᄯᆞ라 브니ᄂᆞᆫ다(宋純. 俛仰亭歌).

브ᄃᆞᄃᆞ 부 부르르. ¶브ᄃᆞᄃᆞ ᄯᅥᆯ고(癸丑122).

브드럽다 형 부드럽다. ¶陰은 브드럽기로ᄡᅥ ᄡᅳ믈 삼으며:陰以柔爲用(女四解1:8).

브드잇다 동 부딪치다. ☞부드잇다 ¶머리로 ᄡᅥ 돌ᄒᆡ 브드잇고:頭觸石(東新續三綱. 烈8:60). 마리ᄅᆞᆯ 브드잇ᄌᆞ오시고(癸丑79).

브드치다 동 부딪치다. ☞부듸치다. 브드티다 ¶눈물이 남긔 브드치니 남이 ᄆᆞ르더라:涕淚著樹樹爲之枯(五倫1:21).

브드티·다 동 부딪치다. ☞브드치다. 브듸치다. 브듸티다 ¶길헤 브드텻ᄂᆞᆫ 버듨고잔 흰 시우기 폣ᄂᆞᆫ ᄃᆞᆺᄒᆞ고:糝徑楊花鋪白氈(初杜解10:8). ᄡᅧ에 브드텨 잇거ᄂᆞᆯ(靈驗9). 젼병 브디틴 ᄃᆞᆺᄒᆞ야:如餠搭(痘要上36).

브득이 부 부득이(不得已). ¶안셕이 브득이 김혁을(引鳳簫1).

·브·득:이·ᄒᆞ·다 형 부득이하다. ¶聖人이 처ᅀᅥᆷ 時節을 ᄐᆞ샤 거리쳐 引導ᄒᆞ샤 不得已ᄒᆞ샤 세흘 니ᄅᆞ시나(法華1:188). 이런ᄃᆞ로 不得已ᄒᆞ샤 苦 다ᅌᅩᆯ 道ᄅᆞᆯ 니ᄅᆞ샤:是故不得已而說盡苦道(法華1:211).

브듸 부 부디. ☞부ᄃᆡ. 브ᄃᆡ ¶잔에 집의 술 닉거든 브듸 날 불으시소(古時調. 海謠).

브듸치다 동 부딪치다. ☞브드티다 ¶머리ᄅᆞᆯ 브듸쳐(癸丑103).

브듸티다 동 부딪치다. ☞브드티다 ¶병인의 가슴 우희 브듸티면 이윽고 ᄠᅥᄃᆞ시 덥ᄂᆞ니:搭病人心胸上須臾蒸熱(辟新10).

브디 동 부러워하지. ㉮블다 ¶楊雄이 오래 사로ᄆᆞᆯ 브디 아니ᄒᆞ며 孔聖이 나죄 주구믈 ᄃᆞᆯ히 너기니(月釋18:32).

브딜ᄒᆞ다 동 부실하다. ¶연장도 브딜ᄒᆞ여 ᄡᅥ뎟ᄉᆞ오니(新語1:13).

브ᄃᆡ 부 부디. ☞브듸 ¶브ᄃᆡ:要(語錄1). 剛을 브ᄃᆡ ᄒᆞ고져 ᄒᆞ다:要得剛(語錄34). 브ᄃᆡ 사오시고(癸丑71). 아므의 히도 됴티 아니ᄒᆞ오니 브ᄃᆡ 내ᄋᆞᆸ소(新語1:17). 브ᄃᆡ 우리 민망ᄒᆞ야 ᄒᆞᄂᆞᆫ 졍을 싱각ᄒᆞᄋᆞᆸ셔(諺簡43 肅宗諺簡). 眞實로 이즈음 生覺ᄒᆞ여 브

디 操心ᄒᆞ시소(古時調. 金天澤. 孔孟과. 海謠). 브디 사ᄅᆞᆷ의 간을 어더야 ᄒᆞ리라(女範2. 효녀 당이랑). 쇼제 의심ᄒᆞ야 브디 죽으라 ᄒᆞᄂᆞᆫ 말을 자셰히 니ᄅᆞ니(落泉1:2).

브러나다 동 불거지다. ¶가온대 두두룩이 밧글 향ᄒᆞ야 브러나게 ᄒᆞ고:中心突向外(武藝諸16).

브러디다 동 부러지다. ☞브러지다 ¶ᄑᆞᆯ리 브러디니:傷折其臂(東新續三綱. 烈5:60). ※브러디다>브러지다

브러지다 동 부러지다. ☞브러디다 ¶브러지다:折. 브러져 둘희 나다:齊杈折(漢淸11:55). ※브러지다<브러디다

브·러ᄒᆞ·다 동 부러워하다. ☞블다. 블워ᄒᆞ다 ¶가비야온 옷과 ᄉᆞᆯ진 ᄆᆞᆯ 브러호ᄆᆞ란 즐기디 아니ᄒᆞ노라:未肯羨輕肥(初杜解15:4). 브러ᄒᆞ며 할아미 올티 아니ᄒᆞ니라:不可歎羨詆毁(飜小8:23).

·브·려시·니 동 부리어 있으니. 부렸으니. 〔'브리다'와 '시다'의 복합 형태.〕 ㉮브리다 ¶罪ᄅᆞᆯ 니저 다시 브려시니:忘咎復任使(龍歌121章).

브로니 동 부르니〔唱〕. ㉮브르다 ¶훤히 노래 브로니 ᄌᆞ모 시름ᄃᆞ외도다:放歌頗愁絶(重杜解2:34).

브로다 형 부르다〔飽〕. ☞브르다 ¶플 머겨 비 브로거든(馬解上97).

브롬 동 부름. ㉮브르다 ¶놀애 브로미 隱淪도 아니로다:行謌非隱淪(重杜解19:2).

브롭ᄠᅳ다 동 부릅뜨다. ☞브르ᄠᅳ다 ¶눈 브롭ᄠᅳ다:睜眼(譯解上39).

·브룐 동 부린〔使〕. ㉮브리다 ¶ᄂᆞᄆᆡ 브룐 일 ᄃᆞᆫ녀 샹녜 自得디 몯ᄒᆞ리니(釋譜9:16).

브륨 동 부림〔使〕. ㉮브리다 ¶煩惱ᄋᆡ 브류미 ᄃᆞ욀 씨라(釋譜11:3).

·브·르·다 동 ①부르다〔呼〕. ☞브ᄅᆞ다 ¶各各 ᄆᆞᆫ디 아니ᄒᆞ야셔 제여곰 소리로 브르ᅀᆞᄫᅡ도(月釋8:16). 아기ᄅᆞᆯ 보니 버미 ᄡᅩ차오거늘 브르노라 ᄒᆞ다가 치마옛 아기ᄅᆞᆯ ᄢᅡ디오(月釋10:24). 하ᄂᆞᆯ홀 브르며 ᄯᅡ 굴러(三綱. 孝33). 禽獸ㅣ 우러 서르 브르거든:禽獸鳴相呼(法華6:37). 十里예 도로와 브르니라:十里却呼號(初杜解8:57). 죠희 ᄆᆞᆯ아 旗 밍ᄀᆞ라 내 넉슬 브르ᄂᆞ다:剪紙招我魂(重杜解1:13). 쇼라 블러도:呼牛(金三2:55). 브를 호:呼. 브를 쇼:召(類合下6). 브를 툐:招(石千32). 업의 어달믈 듯고 블러:素聞業賢徵之(五倫2:20). 고셩ᄒᆞ여 브르다:高聲叫喚(漢淸7:18).
②(노래) 부르다〔唱〕. ☞브ᄅᆞ다 ¶놀애ᄅᆞᆯ 브르리 하ᄃᆡ:謳歌雖衆(龍歌13章). 놀애ᄅᆞᆯ 블러(月印上9). 부텻 德을 놀애 지ᅀᅥ 브르ᅀᆞᄫᅡ 비록 ᄒᆞᆫ 죠고맛 소리라도(釋譜13:53). 놀애 브르며 춤츠며(月釋1:44). 제 놀애 브르고 제 춤츠며:自歌自舞(楞解9:75). 노래 브르ᄂᆞ다:謳歌(初杜解7:9). 紫芝曲을 블로니(初杜解16:33). 놀애 브르리란 블러 앏픠 나ᅀᅡ오라 ᄒᆞ야:叫將唱的根前來(飜朴上6). 브를 챵:唱(訓蒙下15. 石千15). 브를 챵:唱(類合下6). 으프며 놀애 블으며 춤츠며 발 굴러:詠歌舞蹈(宣小題辭3).
※브르다>부르다

브르·다 형 부르다〔飽〕. ☞브로다 ¶골폰 비도 브르며 헌옷도 새 곧ᄒᆞ리니(月釋8:100). 엇데 ᄒᆞᆫ 사ᄅᆞ미 能히 모ᄃᆞ니로 브르게 ᄒᆞ리잇고:云何一人能令衆飽(楞解1:54). 블울 理 업스니라:無有飽理(永嘉下72). 브르게 머근 애ᄂᆞᆫ:飽腸(杜解17:7). ᄒᆞᆫ적 블오미 永히 블어 다시 골ᄑᆞ디 아니ᄒᆞ며(南明上19). ※브르다>부르다

브르돋·다 동 부르돋다. 돋아나다. ☞브르왇다 ¶양지 여위여 시들오 ᄡᅧ 브르도다 사ᄅᆞ미 도라보디 아니ᄒᆞᄂᆞ니:貌領骨剛人不顧(南明上30). 거플와 브르도ᄃᆞᆫ 것 아ᅀᆞ니:去皮臍(救簡1:40).

브르ᄠᅳ·다 동 부릅뜨다. ☞브ᄅᆞᆸᄠᅳ다 ¶눈 브르ᄠᅧ(三綱. 烈18). 눈섭 삥의며 눈 브르ᄠᅳ며:以瞠眉努目(龜鑑下59). 나귀 눈 브르ᄠᅳᄃᆞᆺ ᄒᆞ고:睜着驢眼(朴解中43). 눈을 브르ᄠᅳ고:睜着眼(朴解下48).

브르왇다 동 부르돋다. ☞브르돋다. -왇다 ¶싱강 엄 브르와다 남 ᄀᆞᆺᄐᆞᆫ디라:有似薑芽萌生而發也(馬解下9).

브르:쥐·다 동 부르쥐다. ¶소ᄂᆞᆯ 브르쥐며 모미 ᄡᅳᆯ활 두위트러 가ᄃᆞᆺ ᄒᆞ거든:搐搦角弓反張(救簡6:83).

브르지르다 동 부러뜨리다. ☞브르지ᄅᆞ다 ¶브르지르다:撅折(漢淸11:55).

브르지ᄅᆞ다 동 부러뜨리다. ☞브르지르다 ¶브르지ᄅᆞ다:截折(同文解下53).

브르지·지·다 동 부르짖다. ☞브느지지다. 브ᄅᆞ지지다 ¶즐거우믈 取ᄒᆞ야 브르지져셔 ᄇᆡ 므거우믈 아놋다:取樂喧呼覺船重(初杜解15:44). 거즛 여러 적 브르지조ᄃᆡ:假意兒叫幾聲(飜老下54). 브르지져 달라 ᄒᆞ야도:叫喚着討時(飜朴上34). ᄒᆞᆫ 소ᄂᆞ로 호미 자바 버믈 티며 ᄀᆞ장 브르지지고:一手執鋤撲虎大呼(續三綱. 孝15 今之撲虎). 영이 크게 브르지져 어미ᄅᆞᆯ 안으니:瑛大呼抱母(東新續三綱. 孝8:15). 지아비 죽거ᄂᆞᆯ 브르지져 울며 슬피 셜워ᄒᆞ며:夫死號哭哀毁(東新續三綱. 烈1:77). 울고 브르지져(字恤1). 슬피 브르지져 눈믈이 남긔 브드치니:悲號涕淚著樹(五倫1:21).

브·트·다 동 붙다. ¶울월 버른 디ᄂᆞᆫ 柳絮에 브텃고:仰蜂粘落絮(初杜解15:56). 읍

식엣 머리터리 ᄂᆞ리디 아니ᄒᆞ야 모ᄀᆡ 브르텟거든:食中髮鯁不下遶喉(救簡6:13).

브르티다 동 부러뜨리다. ¶브르텨 샹ᄒᆞ면 죄ᄅᆞᆯ 더 주고:折傷則加等(警民3).

브릅드다 동 부릅뜨다. ☞브ᄅᆞᆸ뜨다 ¶눈을 브릅더 ᄭᅮ지저 ᄀᆞᆯ오ᄃᆡ:張目叱之曰(東新續三綱. 烈7:61).

브·릇·그·다 동 달라붙다. ¶優婆吉ᄋᆞᆫ 舍利 되ᅀᆞᆸ던 독 안해 ᄀᆞ마니 ᄢᅮᆯ를 ᄇᆞᄅᆞ니 그에 브릇근 舍利ᄅᆞᆯ 뫼셔다가(釋譜23:56).

브릇쎳 명 부러울 것. ☞블다 ¶兄友弟恭은 브릇ᄶᅥ시 업거니와(古時調. 너도 兄弟로고. 海謠).

·브·리·다 동 부리다〔使〕. ☞부리다. 블이다 ¶하ᄂᆞᆯ히 브리시니:天之命兮(龍歌19章). 罪ᄅᆞᆯ 니저 다시 브려시니:忘咎復任使(龍歌121章). 아바님 그리샤 梵志優陁耶ᄅᆞᆯ 술ᄫᆞ라 브리시니(月印上41). 靑衣ᄅᆞᆯ 브려(釋譜6:2). ᄂᆞᄆᆡ 브륜 일 ᄃᆞᆫ녀 샹네 自得디 몯ᄒᆞ리니(釋譜9:16). 煩惱ㅣ 브류미 ᄃᆞ욀 씨라(釋譜11:3). 王ㅅ 病이 되샤 사ᄅᆞᆷ 브려도 몯 미츠리니(月釋10:5). 御는 브릴 씨라(月釋18:37). 서르 브료ᄆᆞᆫ 想ᄋᆞᆯ브터 노고미라:相使者由想而融也(楞解10:81). 다와다 브릴가 저허:恐逼驅使(圓覺序47). 시혹 브료미 잇거든:或有指使(宣賜內訓1:48). 브료ᇙ 거슬 뫼햇도다:集所使(初杜解16:65). ᄒᆞᄅᆞᆺ 나래 두 번 죵 브리고:一日兩遣僕(初杜解22:53). 나라ᄒᆡ 군ᄉᆞ 청ᄒᆞ라 브려ᄂᆞᆯ:使乞師於朝(續三綱. 忠3). 브릴 역:役(訓蒙中2). 브릴 싀:厮(訓蒙下24). 브릴 ᄉᆞ:使(類合上17. 石千8). 님금 더블어 말ᄉᆞᆷᄒᆞᆯ 제ᄂᆞᆫ 신하 브림을 닐ᄋᆞ며:與君言言使臣(宣小3:15). 사ᄅᆞᆷ 브려 닐너 ᄀᆞᆯ오ᄃᆡ:使人謂曰(東新續三綱. 烈2:89). 뎨갑이 그 브린 사ᄅᆞᆷ을 베 디ᄅᆞ다:涕甲斬其使者(東新續三綱. 忠1:39). ※브리다>부리다

브·리·다 동 ①부리다. 짐 부리다. 내리다. ☞브리오다. 브리우다 ¶王이 술위 브리여(釋譜24:21). 제 탯ᄂᆞᆫ ᄆᆞᄅᆞᆯ 브려:自下所騎馬(初杜解8:57). 조흔 뎜 ᄎᆞ자 브려셔:尋箇好乾淨店裏下去來(飜老上17). 우리 그저 여긔 브리져:咱們只這裏下去來(飜老上17). 어듸 브리여 잇ᄂᆞᆫ고:在那裏下(飜老下5). 구윗문의 디나갈 제 브리며:下公門(飜小10:4). 굿드리 ᄆᆞᆯ 브리디 아니ᄒᆞ야두 므던ᄒᆞ니라:不必下馬可也(呂約23). 禮예 대궐門을 브리며:禮下公門(宣小4:29).
②부리다. 놓다(방념하다. 염려치 아니하다). ¶도로혀 념녀 브리ᄋᆞᆸ디 못ᄒᆞ와 ᄒᆞᄋᆞᆸᄂᆞ이다(諺簡51 肅宗諺簡).

브·리오·다 동 부리다. 짐 부리다. ☞브리다. 브리우다 ¶짐 브리왓다가 두어 잔 술 먹고 믄득 디나가져:卸下行李來喫幾盞酒便過去(飜老上62). 官店을 향ᄒᆞ야 브리오라 가쟈:官店裏下去來. 다ᄅᆞᆫ ᄃᆡ 브리오디 아니ᄒᆞ고:別處不下. 다 뎌긔 브리오ᄂᆞ니:都在那裏安下(老解上10). 술위 짐 브리오다:卸車(譯解下23).

브·리·우·다 동 ①부리다. 짐 부리다. ☞브리다. 브리오다 ¶네 이 지븨 우리를 브리우거니와:你這房兒也下的我(飜老上68). 브리울 샤:卸(訓蒙下20). 어듸 브리워야 됴ᄒᆞᆯ고:那裏安下好(老解上10). 나도 져년에 뎌긔 브리웟더니:我年時也在那裏下來. ᄀᆞ장 乾淨ᄒᆞᆫ 店을 어더 브리우라 가:尋箇好乾淨店裏下去來(老解上15).
②부리다. 활 부리다. ¶활 브리울 됴:弨 활 브리울 이:弛(訓蒙下10). 브리울 이:弛(類合下18).

·브·리·이·다 동 부리이다. ¶ᄇᆞᆯ히 소ᄂᆡ게 님그미라 能히 한 쇼가라ᄅᆞᆯ 브리고 나ᄂᆞᆫ 브리욣 배 업스니(月釋18:43). ᄂᆞᆺ가ᄇᆡ 브리욇 報를 니ᄅᆞ고(月釋21:67). 靈ᄒᆞᆫ 廟ᄅᆞᆯ 브터 브리이ᄂᆞᆫ 거시라:卽依靈廟爲驅使者(楞解8:117). 나ᄂᆞᆫ 브리이ᄂᆞᆫ ᄃᆡ 업스니:我無所役(法華6:158). 奉命ᄒᆞ야 브리여 갓ᄂᆞ니란:奉使(初杜解20:15). 내 브리여 나갈 일 이셔:我有箇差使(飜朴上8).

브리·이·다 동 부리게 하다. ☞브리우다 ¶어듸 브리여 겨신고:那裏下着裏(飜朴上58). 小人이 뎌 동녁 져제 모욕탕ᄌᆞ 잇ᄂᆞᆫ 집 ᄇᆞᄅᆞᆷ ᄉᆞ신 지븨 와 브리여 잇노이다:小人在那東角頭堂子間壁下着裏(飜朴上58).

브ᄅᆞ다 동 ①부르다〔呼〕. ☞브르다 ¶곤ᄒᆞ여 조ᄋᆞ다가 ᄭᆡ여 브ᄅᆞ니:困睡覺而呼(東新續三綱. 烈6:41). 이제 親生ᄒᆞᆫ 아ᄒᆡ 小名을 神奴ㅣ라 브ᄅᆞ고:今將親生孩兒小名喚神奴(朴解中9). 뫼ᄒᆡ 올라 ᄃᆡ왕을 다래여 브ᄅᆞ고(女範4. 녈녀 ᄃᆡ됴부인). ᄒᆞᄂᆞᆯ을 우러러 크게 브ᄅᆞ고:仰天大呼(五倫2:45). 브ᄅᆞᆯ 호:號(註千3).
②(노래) 부르다〔唱〕. ☞브르다 ¶춤 추거ᄂᆞᆯ 보고 브ᄅᆞᆫ 노래라(明皇1:37). 노래 브ᄅᆞ거ᄂᆞᆯ(女範3. 뎡녀 노진ᄉᆞ쳐).

브ᄅᆞ지지다 동 부르짖다. 울부짖다. ☞브르지지다 ¶주그매 미처 브ᄅᆞ지져 울고:及歿號(東三綱. 孝4 殷保感烏). 하ᄂᆞᆯᄒᆞᆯ 브ᄅᆞ지져 우더니:呼天慟哭(東三綱. 烈1 彌妻啖草). 지져괴며 브ᄅᆞ지지기ᄅᆞᆯ(家禮2:7). ᄒᆞᆫ시만 업서도 섭섭ᄒᆞ야 브ᄅᆞ지지다가(諺簡61 仁宣王后諺簡). 지아비 블셔 죽은 줄 알고 이에 하ᄂᆞᆯ을 브ᄅᆞ지지고(女範4. 녈녀 진긔량쳐).

브ᄅᆞᆸᄠᅳ다 동 부릅뜨다. ☞브르ᄠᅳ다. 브ᄅᆞᆸᄯᅳ다 ¶大仙이 두 눈을 브ᄅᆞᆸᄠᅳ고 닐오ᄃᆡ:大

仙睜開雙眼道(朴解下19).

브룹쓰다 동 부릅뜨다. ☞브르쁘다. 브룹쁘다 ¶존의 눈을 브룹쓰고 둔을 쑤지즈니:存吾目眈叱之(五倫2:77).

브뷔다 동 비비다. ¶피를 석거 뻐 藥을 브뷔고:和血以丸藥(女四解4:18).

브산딕 명 화산대. 불놀이. ☞산더 ¶브산딕:魁山(譯解下24).

브석 명 부엌. ☞브셕. 브섭. 브섭 ¶집 안애 각벼리 브석 밍ㄱ라 두고 먹더니:於齋內別立廚帳(飜小7:13).

브섭 명 부엌. ☞브업 ¶브섭 닉예 庖廚의 머로믈 알리로다:廚烟覺遠庖(重杜解14:19).

브스름 명 부스럼. ☞브스름 ¶百千 브스름에 一片 열운 가치로다:百千瘡疽一片薄皮(龜鑑下55).

브스스호다 형 부스스하다. ¶부스스훈 흙:鬆土(漢淸1:34).

브:삽·고 동 붓삽고. ㉮붓다☞-삽- ¶香油를 ㄱ드기 브쏩고(釋譜23:23).

브·서 동 부어. ㉮붓다 ¶朝廷이 偏히 쁘들 네게 브서:朝廷偏注意(初杜解23:13).

브석 명 부엌. ☞브섭. 브업 ¶안호로 븟그료더 브석 굼기 검디 몯훈 나를:內愧突不黔(初杜解22:50). 브어귓 더운 지를:竈中熱灰(救簡6:42). 브석 구듨골샛 거믜영:竈突內煤(救簡6:76). 브석 포:庖. 브석 듀:廚. 브석 조:竈(訓蒙中9). ※브석<브섭

브섭 명 부엌. ☞부억. 브석 ¶브섭爲竈(訓解. 用字). 촌 브섭 앉 가온딧 홀골:冷竈內中心土(救急下12). 燕糵이 브서븨셔 가니:燕糵歸廚(初杜解8:22). 곳다온 브섭과 소나못 길혼 서늘호미 훈가지로다:香廚松道淸冷俱(初杜解9:30). 브서븻 사르믈 맛됴라:付中廚(初杜解16:64). 브서븨 고깃 내어놀:廚肉臭(初杜解16:72). 藥올 스는 브서비오:燒藥竈(初杜解20:38). 브서베 모다 오게 호라:與廚會(初杜解25:7).
※브섭>브업(브석)>부억>부엌

브·솜 동 부음〔酌〕. ㉮붓다 ¶수를 자바셔 기피 브소미 맛당호고:把酒宜深酌(初杜解21:6).

브·수·려 동 부으려. ㉮붓다 ¶金罍르 브수려 호시니:金罍欲酌(龍歌109章).

브·숨 동 부음〔注〕. ㉮붓다 ¶혼 노긋 더운 므레 혼 쟛 촌믈 굿 브숨 곧호니라:如一鍋湯才下一杓冷水相似(法語13). 흘러 브수미 寂滅호야:流注寂滅(圓覺下三之二34).
※브숨>부음

브스·골·다 동 부서지게 갈다. ☞브ᅀᆞ골다 ¶거플 벗긴 닥나모 새 됴호니를 브스ᄀ라 소오매 빠 머구므라:楮骨新好者研碎縣裹含(救簡6:4).

브스디·타 동 찧어 바수다. ☞브ᅀᆞ써타 ¶브스디혀 브티면 즉재 됴흐리라:搗碎傅之卽愈(救簡6:62).

브스럼 명 부스럼. ☞브스름 ¶아비 또 브스럼 내엿거늘:父又患癰(續三綱. 孝5).

브스름 명 부스럼. ☞브스럼. 브으름 ¶쑤메 모맷 브스르믈 보아:夢見身瘡(圓覺上二之一51). 고깃 우희 브스름 버흄 곧호니:似肉上剜瘡(金三5:31). 어미 위호야 브스름 샐며:爲母吮疽(續三綱. 孝10). 브스름:瘡癤(四解下4). 브스름 절:癤(訓蒙中33). 브스름 져:疽. 브스름 옹:癰(訓蒙中34).
※브스름>브으름

브스·며 동 부으며. ㉮붓다 ¶구리 노겨 이베 브스며(月釋21:44).

브스와·미·다 형 부시다. ☞브ᅀᆞ와미다 ¶고해 품기며 누네 브스와미ㄴ니는:噴鼻眼花的(飜朴上70).

브스와욤 형 어지러움. ㉮브스왜다 ¶브스와요매 호올로 길헤 나사가노라:喪亂獨前途(初杜解24:58).

브스왜·다 동 ①시들다. 풀이 죽다. 생기를 잃다. ☞브으왜다 ¶츠마 驊騮로 히여 氣運을 브스왜에 호리아:忍使驊騮氣凋喪(初杜解16:27). 볼 사르미 뫼ᄀ티 이셔 ᄂᆞᆺ비치 브스왜니:觀者如山色沮喪(初杜解16:47). 브스왜야 나몬 숨쉬요믈 ᄆᆞ츠니라:凋喪盡餘喘(初杜解24:35).
②패망하다. ¶關中이 녜 브스왠 제 오라비 殺戮을 맛나니라:關中昔喪敗兄弟遭殺戮(初杜解8:65). 브스왜요미 赤壁 곧디 아니코 ᄠᅩᆯ쳐 ᄃᆞᆫ뇨몬 黃巾을 爲호애니라:敗亡非赤壁奔走爲黃巾(初杜解20:26).
③잃다. 상실하다. ¶平日에 사던 디를 브스왠 後에:平居喪亂後(初杜解7:19).
※브스왜다>브으왜다

브스왜·다 형 어지럽다. ¶브스왠 저긔 블근 ᄆᆞᅀᆞ미 허니:喪亂丹心破(初杜解7:15).
※브스왜다>브으왜다

브스티·다 동 부서뜨리다. ☞브ᅀᆞ티다 ¶브룸앳 흙 훈 쿪을 브스텨 싸해 설오:打壁一堵置地上(救簡1:69). 머리를 브스텨 잇더라:頭顱椎碎(續三綱. 忠4). 제 뼈를 브스텨 골슈 내며:打骨出髓(恩重21).

브야호로 부 바야흐로. ☞브야호로 ¶길희 어려오미 브야호로 예 브테로다:險艱方自玆(重杜解1:16).

브어 동 부어. ㉮붓다 ¶鸚鵡盞 琥珀盃에 ᄀ득 브어(樂詞. 翰林別曲).

브어 동 부어〔腫〕. ㉮붓다 ¶목굼기 브어 알프며:咽喉腫痛(臘藥7).

브어디다 동 부서지다〔碎〕. ☞붕어디다 ¶時節ㅅ 菊花ㅣ 나모 들굴 서리예 브어뎟도

다:時菊碎榛叢(重杜解12:17). 虛空애 ᄀᆞ득ᄒᆞ얏ᄂᆞᆫ 星河ㅅ 비치 브어디옛거ᄂᆞᆯ:滿空星河光破碎(重杜解15:44).

브억 명 부엌. ☞브ᅀᅥᆨ. 브업 ¶브억 조:竈(類合上23). 산부의 상해 닙ᄂᆞᆫ 오ᄉᆞᆯ 벗겨 브억 머리과 어괴예 ᄶᅧ 두면(胎要31). 졔ᄒᆞᄂᆞᆫ 브억을 두어 됴셕의 친히 졔ᄒᆞ고:置祭廚朝夕親奠(東新續三綱. 孝2:31). 믄득 두어 줄기 브억 아래 나다:忽有數莖生于廚下(東新續三綱. 烈2:11). 不黔突ᄋᆞᆫ 브억 굼기 검디 몯ᄒᆞᆯ 시니(重杜解1:25).
※브억<브ᅀᅥᆨ<브업

브업 명 부엌. ☞브ᅀᅥᆸ ¶브어븨 사ᄅᆞᄆᆞᆫ 바미 다ᄋᆞ도록 말ᄒᆞᄂᆞ다:廚人語夜闌(重杜解2:12). 우믈와 브어븨 ᄃᆞ트를 ᄆᆞ던히 너기고:井竈任塵埃(重杜解2:56). 곳다온 브업과 소나못 길흔 서늘호미 ᄒᆞᆫ가지로다:香廚松道淸涼俱(重杜解9:30). 대숩 소개 녀왓ᄂᆞᆫ 브어븨셔 玉盤ᄋᆞᆯ 싯ᄂᆞ니:竹裏行廚洗玉盤(重杜解22:7). ※브업<브ᅀᅥᆸ

브으니 동 부으니. ㉮븟다 ¶내 부러 술을 다가 뎌의게 브으니 爛醉ᄒᆞ여:我特故裏把酒灌的他爛醉了(朴解中47).

브으롬 명 부스럼. ☞브으름. 브ᅀᅳ름 ¶초애 ᄆᆞ라 브으롬 우희 ᄇᆞᄅᆞ면 즉제 됸ᄂᆞ니라(馬解下106).

브으름 명 부스럼. ☞브으롬. 브ᅀᅳ름 ¶아비 또 브으름 내엿ᄯᅥᄂᆞᆯ:父又患癰(東續三綱. 孝2). 브으름 나다:出瘡. 브으름:癤子(譯解上61). 곤이 등의 브으름이 ᄀᆞᆺ 됴호ᄃᆡ 헌ᄃᆡᄂᆞᆫ 암그디 몯ᄒᆞ얏더니:壼癰新愈瘡猶未合(重三綱. 卞門). 브으름:癤子(漢淸8:9).
※브으름<브ᅀᅳ름

브으와다 동 시들다. ☞브ᅀᅳ왜다 ¶늘근 브으완 히믈 스스로 놀라노니:自驚衰謝力(重杜解2:24).

브으왜다 동 황폐하다. 생기를 잃다. ☞브ᅀᅳ왜다 ¶流落ᄒᆞ야 브으왠 ᄣᅡ홀 조차 ᄃᆞ니ᄂᆞ니라:流落隨丘墟(重杜解1:31). 녜 사던 ᄣᅡ히 플 기어 브으왜엿도소니:故園莽丘墟(重杜解2:65). 氣運을 브으왜게 ᄒᆞ리아:氣凋喪(重杜解16:27). ※브으왜다<브ᅀᅳ왜다

브으왜다 형 어지럽다. ☞브ᅀᅳ왜다 ¶時節ㅅ 危亂애 브으왜요ᄆᆞᆯ 아노니:時危覺凋喪(重杜解12:29). ※브으왜다<브ᅀᅳ왜다

브졀업다 형 부질없다. ☞부졀업다 ¶만히 주시ᄂᆞᆫ 거ᄉᆞᆯ 남기기 브졀업도다(洛城1).

브졀업시 부 부질없이. ☞부졀업시 ¶브졀업시:無賴(語錄27). 브졀업시 쓰다:閑寫(語錄29).

·브:졍ᄒᆞ·다 형 부정(不淨)하다. ¶처ᅀᅥ메 不淨ᄒᆞᆫ 想ᄋᆞᆯ 짓고(楞解5:34).

·브:졍ᄒᆞ·다 형 부정(不正)하다. ¶偏ᄋᆞᆫ 기울 시오 頗ᄂᆞᆫ 不正ᄒᆞᆯ 시라(宣賜內訓2上15). 브졍ᄒᆞ고 샤특ᄒᆞᆫ ᄃᆡ 졈졈 믈 젓ᄃᆞᆺ ᄒᆞ야:浸漬頗僻(飜小6:19). 十神湯은 時令이 不正ᄒᆞ야 덥단병이 간대로 行ᄒᆞ며(簡辟). 브졍ᄒᆞ고 샤특ᄒᆞᆫ ᄃᆡ 졈기여 젓ᄃᆞᆺ ᄒᆞ야:浸漬頗僻(宣小5:17).

브죡 명 부족(不足). ¶春애 耕을 省ᄒᆞ야 不足을 補ᄒᆞ며:春省耕而補不足(宣孟2:15).

·브·죡·히 부 부족(不足)히. ¶吉ᄒᆞᆫ 사ᄅᆞᄆᆞᆫ 善을 호ᄃᆡ 날ᄋᆞᆯ 不足히 너겨 ᄒᆞ거든 凶ᄒᆞᆫ 사ᄅᆞᄆᆞᆫ 不善을 호ᄃᆡ ᄯᅩ 날ᄋᆞᆯ 不足히 너겨 ᄒᆞᄂᆞ다 ᄒᆞ니(宣賜內訓1:25). ᄯᅩ 나ᄅᆞᆯ 不足히 너겨 ᄒᆞᄂᆞ다 ᄒᆞ니:亦惟日不足(飜小6:31). ᄯᅩ 오직 날을 不足히 너겨 ᄒᆞᄂᆞ다 ᄒᆞ니:亦惟日不足(宣小5:29).

·브·죡ᄒᆞ·다 형 부족(不足)하다. ☞부죡ᄒᆞ다 ¶내 ᄆᆞᅀᆞ거시 不足ᄒᆞ료(釋譜6:24). 우흰 不足ᄒᆞ야 둘히 그 類이니라(永嘉下46). 말로 되면 브죡ᄒᆞ리라:斗量時不勾(飜朴上12). 스므 량도 브죡ᄒᆞ애라:二十兩也不勾(飜朴上20). 不足ᄒᆞᆫ 배 잇거든(宣中12). 위두ᄒᆞᆫ 지븐 어즈러이 粱肉을 아쳐러커ᄂᆞᆯ 廣文先生은 밥도 不足ᄒᆞ도다:甲第紛紛厭粱肉廣文先生飯不足(重杜解15:37). 酒饌이 不足ᄒᆞ거든 다ᄅᆞᆫ 술이며 다ᄅᆞᆫ 饌믈로ᄡᅥ 더으라(家禮10:29). 심긔 브죡ᄒᆞ여:心氣不足(臘藥1).

브즈러니 부 부지런히. ☞브즈런니. 브즈런이. 브즈런히 ¶브즈러니 求ᄒᆞ논 양도 보며(釋譜13:21). 精進覺支ᄂᆞᆫ 브즈러니 닷가 므르디 아니ᄒᆞᆯ 씨오(月釋2:37). 우 업슨 菩提를 브즈러니 求ᄒᆞᆯ씨(楞解3:65). 큰 精進을 브즈러니 行ᄒᆞ야(法華6:147). 아바니미 브즈러니 ᄀᆞᄅᆞ치시논 알ᄑᆡ도:父孜訓之前(宣賜內訓序8). 辛苦로이 브즈러니 쳐 有益이 업슬가 ᄒᆞ노라:辛勤養無益(杜解8:19). 엇데 브즈러니 世情ᄋᆞᆯ 조ᄎᆞ리오:爭肯區區徇世情(南明上15). 브즈러니 ᄆᆞᆯ 머기져:勤喂馬(飜老上32). 君子ᄂᆞᆫ 禮ᄅᆞᆯ 브즈러니 ᄒᆞ고:君子勤禮(宣小4:51). 모로미 브즈러니:須勤(警民11). 능히 브즈러니 효도를 힝ᄒᆞ면:若能勤行孝道(警民36). 돌려 니러 브즈러니 ᄆᆞᆯ 머기쟈:輪着起來勤喂馬(老解上22). 졍ᄉᆞ의 브즈러니 ᄒᆞ야(女範1. 셩후 쥬션강후). 밍지 두려 브즈러니 비화(女範1. 모의 추밍모).

브즈런 명 부지런. ¶부톄 세 번 付囑ᄒᆞ샤 브즈러늘 뵈야시ᄂᆞᆯ:佛三囑以示勤(法華6:125). 브즈런 근:勤(類合下9).

브즈런니 부 부지런히. ☞브즈러니. 브즈런이. 브즈런히 ¶단졍히 안자 브즈런니 미타을 념ᄒᆞ니(勸念解4).

브즈런이 부 부지런히. ☞브즈러니. 브즈런

니. 브즈런히 ¶싀어미 셤기믈 더옥 브즈런이 ᄒᆞ고:姑益勤(東新續三綱. 烈1:42). 브즈런이 닷가 졍진ᄒᆞ야(桐華寺 王郎傳6). 싀어미 밧들기ᄅᆞᆯ 브즈런이 ᄒᆞ야(女範3. 뎡녀당쳐견시).

브즈런히 부 부지런히. ☞브즈러니. 브즈런니. 브즈런이 ¶싀어미ᄅᆞᆯ 치되 브즈런히 ᄒᆞ야:養姑惟勤(東新續三綱. 烈1:17).

브즈런ᄒᆞ·다 형 부지런하다. ☞브ᄌᆞ런ᄒᆞ다 ¶두ᅀᅥ 번 頂 ᄆᆞ니샤ᄆᆞᆫ 브즈런호ᄆᆞᆯ 뵈시니라(月釋18:16). 孝道ᄒᆞ며 브즈런ᄒᆞ며:孝勤(宣賜內訓1:34). 가ᄉᆞ멸며 貴호ᄆᆞᆫ 반ᄃᆞ기 브즈런ᄒᆞ며 辛苦호ᄆᆞᆯ브터 얻ᄂᆞ니:富貴必從勤苦得(初杜解7:31). 몃마 苦로외며 브즈런커시뇨마ᄅᆞᆫ:幾辛勤(南明下31). 힘ᄡᅥ 브즈런호미 다 이ᄅᆞᆫ더라:勤力皆此類也(飜小10:7). 브즈런ᄒᆞᆫ 계:誡(光千30). 일즉 새배 브즈런ᄒᆞ기ᄅᆞᆯ 게얼리 ᄒᆞ샤(明皇1:34). 셩품이 유슌ᄒᆞ며 브즈런ᄒᆞ고(女範4. 녈녀 텬우빵절). 브즈런ᄒᆞᆯ 로:勞(註千29).

브즐우즐 부 정처 없이. 망연(茫然)히. ¶萍ᄋᆞᆫ 믈 우흿 불휘 업슨 프리니 버듨고지 므레 드러 ᄒᆞᄅᆞᆺ밤 자면 萍 ᄃᆞ외ᄂᆞ니 生死ㅅ 바ᄅᆞ래 ᄃᆞᆷ겨 그우러 브즐우즐 ᄃᆞᆫ닐 시라(南明上56).

브즐우즐·ᄒᆞ·다 형 ①자질구레하다. ¶規規ᄂᆞᆫ 브즐우즐ᄒᆞᆫ 양이니 ᄇᆞᄉᆞᄎᆞ며 브즐우즐ᄒᆞ야 名相애 ᄃᆞᆫ니며(南明上19).
②간절하다. ¶브즐우즐ᄒᆞ신 慈悲 니르디 아니ᄒᆞᆫ ᄃᆡ 업거시ᄂᆞᆯ:諄諄之慈靡所不至(金三3:38).

브ᄌᆞ런ᄒᆞ다 형 부지런하다. ☞브지런ᄒᆞ다 ¶브ᄌᆞ런ᄒᆞ며 오래 이셔 허믈이 져그니ᄅᆞᆯ 資ᄒᆞ야(家禮2:29).

브치 명 부채. ☞부치 ¶브치 보낸 뜻을 나도 暫間 싱각ᄒᆞ니(古時調).

브·터 동 붙어. 의지하여. ㉮븥다 ¶어버ᅀᅵ 여희오 ᄂᆞ미그에 브터 사로ᄃᆡ(釋譜6:5). 브터 ᄒᆞᆫᄢᅴ 늘골디라 ᄒᆞᄅᆞᆺ 젼ᄎᆞ 아니니라:籍以偕老匪一日故(宣賜內訓2上3).

-브터 조 -부터. ☞-부터. -븟터 ¶아래브터 ᄆᆞᅀᆞ매 아ᅀᆞᄫᆞᄃᆡ(月印上39). 일로브터 子孫이 니ᅀᅳ시니(月釋1:8). 우브터 녯 양ᄌᆞ로 다 일어늘(月釋1:41). 처엄브터 다시 始作ᄒᆞᆯ씨(月釋2:62). 녜브터 다 위와ᄃᆞ며(月釋2:70). 죠고맛 ᄉᆞ싀ᄅᆞᆯ브터 그지 업수메(月釋21:103). 녀름브터 겨ᅀᅳ레 가니:自夏徂冬(楞解1:17). 本ᄋᆞ로브텃 밧ᄀᆞᆫ 다 客塵이 ᄃᆞ외얫논ᄃᆡ(楞解1:113). ᄆᆞᅀᆞᄆᆞᆯ브터:由心(楞解4:27). 이브터 後ㅅ 經文이:自後經文(法華1:65). 道브터 비르슬씨:自道始故(法華4:187). 西로 오샴브터(金剛序5). 太子로브터 나노소이다(宣賜內訓序5). 일로브터 妻孥ᄅᆞᆯ 내니:從此出妻孥(重杜解1:13). 누느 ᄯᅩ 어느 ᄢᅴ 어드울고 귀ᄂᆞᆫ 니건 ᄃᆞᆯ브터 머구라:眼復幾時暗耳從前月聾(杜解3:54). 楚로브터 滕에가:自楚之滕(宣孟.5:17). 우리 民ᄋᆞ로브터 聽ᄒᆞ며:自我民聽明(書解1:41). 어려셔브터 ᄌᆞ라기의 니ᄅᆞ히:自(百行源13). 내 어려서브터 자라나(五倫4:51). ※-브터>-부터

-브·터·ᄂᆞᆫ 조 -부터는. ¶詞伯 일후므로브터ᄂᆞᆫ:自從失詞伯(初杜解21:41).

브터ᄃᆞᆫ니다 동 붙어 다니다. 의지하여 다니다. ㉮븥다 ¶브터ᄃᆞᆫ뇨미 秦ㅅ 사ᄅᆞᄆᆡ 사회 ᄀᆞᆮᄒᆞ며:倚著如秦贅(重杜解3:12).

-브·터·며 조 -부터며. ¶아ᄃᆞᄅᆞᆫ ᄒᆞᆫ 사ᄅᆞᄆᆞᆯ ᄉᆞ랑커든 衣服 飮食브터며:子愛一人焉由衣服飮食(宣賜內訓1:55).

-브·터·셔 조 -부터. ☞-브트셔 ¶舍利 供養브터셔 잇ᄀᆞ자ᄋᆞᆫ 人天行ᄋᆞᆯ 니르시니라(釋譜13:54). 어듸브터셔 모다 오뇨:從那裏合將來(飜老上17).

-브·테니 조 -부터이니. ¶보와 아로ᄆᆞᆫ 진실로 아힛 적브테니:見知眞自幼(初杜解8:64).

브·텟·다 동 붙어 있다. 의지하여 있다. ㉮븥다 ¶ᄆᆡ 밧긔 지비 댓수흘 브텟고:野外堂依竹(初杜解10:2).

브·텨·쓰·다 동 붙여 쓰다. ☞브티다 ¶·와 ㅡ와 ㅗ와 ㅜ와 ㅛ와 ㅠ와란 첫소리 아래 브텨쓰고 ㅣ와 ㅏ와 ㅓ와 ㅑ와 ㅕ와란 올ᄒᆞᆫ녀긔 브텨쓰라(訓註12).

브텨리라 동 붙이리라. ㉮브티다 ¶더른 셔ᄅᆞᆯ 브텨리라:寄短椽(重杜解2:14).

브·툼 동 붙음. 의지함. ㉮븥다 ¶이에 얼구ᄅᆞᆯ 逃亡ᄒᆞ야 뎌에 生ᄋᆞᆯ 브투믈 가ᄌᆞᆯ비시니:喻…逃形於此托生於彼(楞解2:121).

-브트셔 조 -부터. ☞-브터셔 ¶아므날브트셔(新語5:11).

-브티 접미 -붙이. ☞-븟티 ¶論語와 孝經과 女戒브티 글을 講解ᄒᆞ야:講解論語孝經及女戒之類(宣賜內訓3:3). 변쟝은 군무브티 일을 진심ᄒᆞ여(仁祖行狀39). 황뎨 일즉 의복브티로 인ᄒᆞ여 노ᄒᆞ기를 잠싼 과히 ᄒᆞ시거늘(女範1. 셩후 황명고후).

브·티·다 동 ①붙이다. ☞부티다 ¶付囑ᄋᆞᆫ 말ᄊᆞᆷ 브텨 아ᄆᆞ례 ᄒᆞ고라 請ᄒᆞᆯ 씨라(釋譜6:46). ·와 ㅡ와 ㅗ와 ㅜ와 ㅛ와 ㅠ와란 첫소리 아래 브텨쓰고(訓註12). 이 世界 이로매 아니 브텨 니ᄅᆞ니라(月釋1:39). 頭面ᄋᆞ로 바래 브텨 절ᄒᆞ야:頭面接足禮(法華5:212). ᄆᆞᅀᆞ매 브티디 아니ᄒᆞ며:不接心術(宣賜內訓1:12). 더른 머리ᄅᆞᆯ 簪纓에 브툐라:短髮寄簪纓(初杜解23:4). ᄂᆞᆫ호아 브티거시ᄂᆞᆯ:分付了也(金三2:2). 머리예 브티고

뵈로 빠 믹요딕:傳頭以布裹之(救簡1:15). 뫼은 잇고 긔운 업스니와 귓거싀게 티이니와 브텟ᄂᆞ니라:附(救簡1:42). 알폰 딕 브툐딕 ᄆᆞᄅᆞ거든 ᄀᆞ라 브티라:貼痛處乾又換(救簡2:6). ᄂᆞᆺ선 아니완ᄒᆞᆫ 사ᄅᆞᆷ올 브티디 몯ᄒᆞ게 ᄒᆞᄂᆞᆫ다:不得安下面生歹人(飜老上49). 구틔여 골 브티기 말라:不須貼膏藥(飜朴上13). 브틸 텁:帖(訓蒙上15). 브틸 부:付. 브틸 긔:寄(類合下40). 브틸 우:寓. 브틸 쇽:屬(石千34). 심슐에 브티디 아니ᄒᆞ며:不接心術(宣小3:7). 새지브란 뎌른 셔ᄅᆞᆯ 브툐리라:茅茨寄短椽(重杜解2:14). ᄂᆞᆺ선 아니완ᄒᆞᆫ 사ᄅᆞᆷ을 브티디 못ᄒᆞ게 ᄒᆞᄂᆞ니:不得安下面生歹人(老解上45). 혼을 어ᄂᆡ 고대 브틸고:屬(桐華寺 王郞傳).
※브티다>붙이다
②(글이나 물건을) 부치다. ¶길헤 서르 아ᄂᆞᆫ 사ᄅᆞᆷ올 맛보아 글워를 브텨 六親을 주노라:路逢相識人附書與六親(重杜解5:27). 草堂 고틸 貲財ᄅᆞᆯ 브텨 보내디 아니호ᄆᆞᆯ:不寄草堂貲(初杜解7:20). 오ᄂᆞᆯ 오ᄆᆞᆫ 집 글워ᄅᆞᆯ 브튜믈 爲ᄒᆞ얘로다:來爲附家書(初杜解8:47). 그딋 안해 브틴 ᄇᆡᆨ모시뵈 열 필와:貴眷稍的十箇白毛施布(飜朴上51).
※브티다>부치다
③(불을) 붙이다. ☞부치다 ¶各各 七寶香 쵸 자바 香樓에 두루 브티ᅀᆞᄫᆞ며(釋譜23:38). 브를 브티니 道士ᄋᆡ 經은 다 ᄉᆞ라 지ᄃᆞ외오(月釋2:74). 廬ᄅᆞᆯ 블 브티고 구틔여 굼어오거늘(三綱. 孝33). ᄒᆞᆫ 燈이 百千燈에 브텨:一燈然百千燈(楞解1:5). 그 나모 브튜려ᄐᆞᆺ 호미:欲然其木(楞解8:41). 宮殿을 브티니 브리 새ᄃᆞ록 ᄉᆞᄆᆞᆺ도다:焚宮火徹明(初杜解23:2). ᄒᆞᆫ 燈이 能히 百千燈ᄋᆞᆯ 브티ᄂᆞ니(金三5:3). 손가락의 블을 브티고 밤나잘 하ᄂᆞᆯᄭᅴ 비니:燃手指晝夜祈天(東新續三綱. 孝8:77). ※브티다>붙이다

브티들다 동 붙들다. 붙잡다. ☞븓들다 ¶옷 브티들며 발 구르고 길헤 ᄀᆞᄅᆞ셔셔 우ᄂᆞ니:牽衣頓足欄道哭(重杜解4:1).

브·티들이·다 동 붙들리다. 붙들게 하다. ☞븓들이다 ¶브티들여셔 고돌파 보노라:牽率强爲看(初杜解8:50). 긴 길 녀갈 그지이쇼매 브티들여 노폰 뫼해 막대 디퍼 올아볼 餘暇ㅣ 업다니:牽迫限脩途未暇杖崇岡(杜解13:2). 사ᄅᆞᆷ 브티들이여쇼ᄆᆞᆯ 늘근 노미 붓그리노라:提攜愧老夫(初杜解23:35). 아히ᄅᆞᆯ 브티들여 고기 낫ᄂᆞᆫ 돌해 셔쇼라:兒扶立釣磯(初杜解24:50). 病ᄒᆞ야 브티들여셔:扶病(重杜解17:33).

브·티ᄃᆞᆼ기·다 동 붙당기다. [‘브티’는 ‘브티다’의 어간, ‘ᄃᆞᆼ기다’는 ‘당기다’의 뜻.] ☞븓ᄃᆞᆼ기다 ¶着ᄋᆞᆫ 브티ᄃᆞᆼ길 씨라(釋譜13:23). 諸着ᄋᆞᆫ 여러 가짓 브티ᄃᆞᆼ긴 거시니(釋譜13:38).

브·티:안·다 동 붙안다. ☞븓안다. 븟안다 ¶믄득 울오 브티 안더니:輒涕泣抱持(飜小9:70).

브팀ᄒᆞ기 명 씨뿌리기. ¶브팀ᄒᆞ기ᄅᆞᆯ 모롬이 일즉이 ᄒᆞᆯ찌니:耕種須早(警民11).

브·플·다 동 부풀다. ☞부플다 ¶비 올 저기면 브프러 나니(三綱. 烈21). ᄶᅡ해 노ᄒᆞ니 ᄶᅡ히 브프러 오ᄅᆞ고(宣賜內訓序5). 브프러 버서지다:起燎漿泡(漢淸8:13).
※브플다>부플다

브회 명 불효(不孝). ☞브효. 블효 ¶어버이게 큰 브회 되엿시니(癸丑87).

·브:효 명 불효(不孝). ☞브회. 블효 ¶감히 ᄒᆞᆫ 마ᄅᆞᆯ 내여 브효앳 이를 아니ᄒᆞ니:不敢出一語爲不孝事(飜小7:42).

브효ᄒᆞ·다 동 불효(不孝)하다. ¶그 어미를 브효ᄒᆞᄂᆞᆫ 디오:不孝其母也(正俗11). 은놀 ᄇᆞ리며 더글 더디고 브효ᄒᆞᄂᆞ니라:棄恩背德無有仁慈不孝不義(恩重11). 그 브효ᄒᆞ미(癸丑29).

브흰 형 뽀얀. ¶흰 구름 브흰 煙霞 프로니ᄂᆞᆫ 山嵐이라(宋純. 俛仰亭歌).

브ᄒᆞ다 형 부(富)하다. ☞부ᄒᆞ다 ¶집이 브ᄒᆞ기 비ᄒᆞ니(女範2. 현녀 도답ᄌᆞ쳐).

븍 명 북(鼓). ☞북 ¶븍 티고 들우레다:鼓噪(譯解上20). 븍을 텨 뻐 將士ᄅᆞᆯ ᄀᆞ다듬아(女四解4:34).

·븍 명 북(北). ¶千世 우희 미리 定ᄒᆞ샨 漢水 北에:千世默定漢水陽(龍歌125章). 北이ᄃᆞ외야(楞解1:38). 뒤 븍:北(訓蒙中4). 北으로브테 思ᄒᆞ야 服디 아니리 업다 ᄒᆞ니:自北無思不服(宣孟3:24). 압프로뻐 南을 삼고 뒤호로 北을 삼고(家禮1:11). 내 쟝ᄎᆞᆺ 北으로 갈 제:杜子將北征(重杜解1:1).
※븍>북

븍결ᄒᆞ다 동 묶다. 오라지게 묶다. ¶븍결ᄒᆞ여 오라:背綁來(譯解上66).

·븍·극 명 북극(北極). ¶北極을 配對ᄒᆞᆫ 玄都ㅣ(初杜解6:26). 부톄 道場애 안ᄌᆞ시니 北極 벼리 그 고대 잇고(金三5:44).

븍녁 명 북녘. ☞북녁 ¶北녀긔셔 수므면(釋譜6:33). 北녁 바ᄅᆞᆯ 건너ᄆᆞᆫ 어려우니(宣賜內訓序7). 바ᄅᆞ 北녁 關山앤 錚과 붑소리 振動ᄒᆞ얫고(初杜解6:8). 거릿 븍녀긔 잇ᄂᆞᆫ 뎜은 이 내 녯 쥬인 지비니:街北這箇店子是我舊主人家(飜老上17). 븍녁 븍:北(類合上2). 동방으로 ᄃᆞ라나니 븍녁히 모든 오랑캐ᄅᆞᆯ(山城1). 거릿 븍녁킈 이 店은:街北這箇店子(老解上15). ※븍녁>북녘

븍도 명 북도(北道). ¶옥시 븍도 사ᄅᆞᆷ으로 시러곰 분상티 못ᄒᆞ고:玉時以北人不得奔喪

(東新續三綱. 烈7:68).

·븍·두 명 북두(北斗). ¶北斗ㅅ 우희셔 외ᄅᆞ왼 그르메ᄅᆞᆯ 드위텨:斗上捩孤影(初杜解17:7). 端的ᄒᆞᆫ ᄠᅳ들 알오져 홀딘댄 北斗ᄅᆞᆯ 南녁 도라보라(金三2:15). 븍두의 비러 모므로ᄡᅥ ᄃᆡ호믈 구ᄒᆞ고:禱於北辰求以身代(東新續三綱. 孝2:34).

·븍:면·ᄒᆞ·다 동 북면(北面)하다. 임금을 섬기다. ¶大丈夫ㅣ 이런 凶逆을 아ᅀᆞᄫᆞ리디 몯ᄒᆞ고 北面ᄒᆞ야 臣下ㅣ ᄃᆞ외ᄂᆞ니(三綱. 忠15). 堯ㅣ 諸侯ᄅᆞᆯ 帥ᄒᆞ야 北面ᄒᆞ야 朝ᄒᆞ시고(宣孟9:14).

·븍방 명 북방(北方). ¶北方앤 多聞天王이니(月釋1:30). 北方읫 學ᄒᆞᄂᆞᆫ 者ㅣ 能히 或 先티 몯ᄒᆞ니(宣孟5:27). 南方의 强가 北方의 强가(宣中6).

·븍신 명 북신(北辰). 북극성(北極星). ¶나죄마다 北辰ᄭᅴ 머리 조ᅀᅡ 갑새 죽가지이다 비더니:北辰은 벼리라(三綱. 孝21). ᄆᆡ양 北辰ᄭᅴ 머리를 조아:每稽顙北辰(宣小6:28). 譬컨댄 北辰이 그 所애 居ᄒᆞ얏거든 모ᄃᆞᆫ 별이 共홈 ᄀᆞᄐᆞ니라:譬如北辰居其所而衆星共之(宣論1:9). 븍신:北辰(東新續三綱. 孝5:61).

-븐 조 -뿐. -만. ☞-분. -ᄲᅮᆫ ¶平生에 곳쳐 못홀 일이 잇븐인가 ᄒᆞ노라(古時調. 鄭澈. 海謠).

븓·긧·고 부 붙도록. 의지하게 되도록. ☞븓다 ¶사ᄅᆞᆷ마다 수ᄫᅵ 아라 三寶애 나ᅀᅡ가 븓긧고 ᄇᆞ라노라:庶幾人人易曉而歸依三寶焉(釋譜序6).

븓·다 동 ①붙다. ☞븥다 ¶모매 븓ᄂᆞᆫ 苦왜라(釋譜13:8). 衆이 親히 븓게 ᄒᆞ시니라:使衆親附也(法華3:151). 가ᄇᆡ야온 드틀이 弱ᄒᆞᆫ 플에 븓터슘 ᄀᆞᄐᆞ니:如輕塵棲弱草耳(宣小6:58).

②붙다. 의지하다. 근거로 하다. ☞븥다 ¶法을 븓고 사ᄅᆞᄆᆞᆯ 븓디 아니ᄒᆞ며:依法不依人(圓覺序11). 사롤 일란 오직 黃閣老ᄅᆞᆯ 븓고:生理秪憑黃閣老(杜解21:5). ᄠᅳ든 節制의 尊을 븓노라:情依節制尊(杜解21:6). 鶴이 하ᄂᆞᆯ해 ᄠᅧ 아라 우희 븓디 아니ᄒᆞᄂᆞ니(南明上3). 길히 窮迫ᄒᆞ야 버들 븓노라:途窮仗友生(重杜解2:28).

③(불이) 붙다. ☞븥다 ¶브를 아니 븓게 ᄒᆞ시ᄂᆞ니라(釋譜23:39).

븓·다 동 붓다〔注〕. ☞붓다 ¶如來ㅅ 法流水예 븓디 몯홀씨(月釋2:60). 다리 ᄉᆞᆯ홀 베혀 피ᄂᆞᆯ 입의 븓고:割股肉注血于口(東新續三綱. 孝5:34 順影割股).

븓들·다 동 붙들다. 붙잡다. 도와주다. ☞브티들다 ¶또 서르 븓드러 도ᄫᅡ 바ᄅᆞᆯ 구디 ᄡᅳ게 ᄒᆞ야 平地예 나거든(月釋21:102). 븓드러 안치고:扶令坐(救急下82). 븓들 부:扶(類合下11). 즉ᄇᆡᆨ을 븓들고 슬피 우러:攀柏悲號(宣小6:24). 믄득 울고 안아 븓드더니:輒涕泣抱持(宣小6:64). 나드라 ᄒᆞ며 니러 ᄃᆞᆫ기실 제 반ᄃᆞ시 삼가 븓드와:出入起居必扶(家禮2:7).

븓들리다 동 붙들리다. ☞븓들이다 ¶일이 行ᄒᆞᄂᆞᆫ 者ᄂᆞᆫ 븓들려 닐고(家禮9:38).

븓들·이·다 동 붙들리다. ☞브티들이다. 븓들리다 ¶다 經文에 븓들인 病이라(月釋序23). 敎ᄅᆞᆯ 判호ᄆᆞᆯ 다 持地와 耶輪돌ᄒᆡ 이레 븓들여 決斷ᄒᆞ야:其判教皆局持地耶輪等事而斷(楞解1:16). 이 覺이 凡 여희오 聖에 븓들이디 아니ᄒᆞ며:此覺非離凡局聖(圓覺上一之二15). 또 頓中에 理예 븓들이니와 漸中엣 事애 븓들이닐 ᄀᆞᆯᄒᆡ니:復揀頓中局理者漸中局事者(圓覺下二之一14). ᄒᆞ다가 善과 惡과ᄋᆡ 븓들이디 아니ᄒᆞ야도:設令善惡不拘(圓覺下三之一103).

븓ᄃᆞᆮ·다 동 ①붙다. 교접(交接)하다. ¶산 긔운을 구러 더운 긔우니 ᄇᆡ예 드러 병ᄒᆞᆫ 사ᄅᆞᄆᆡ 긔운과 서르 븓ᄃᆞᆮ게 ᄒᆞ요ᄆᆞᆯ 반날만 ᄒᆞ야:呵吐生氣令煖氣入腹中與病人元氣交接半日(救簡1:66).

②달려가다〔赴〕. ¶ᄂᆞᆷ 위ᄒᆞ야 시급히 어려운 이레 븓ᄃᆞ라:爲人赴急難(飜小6:25).

븓ᄃᆞᆼ·ᄀᆡ·다 동 붙당기다. 이끌다. ☞브티ᄃᆞᆼᄀᆡ다 ¶조차 應ᄒᆞ면 ᄆᆞᅀᆞᆷ 자최예 븓ᄃᆞᆼᄀᆡ디 아니ᄒᆞ리니 거디ᄒᆞ며 븓디 아니호미(月釋18:63). 아ᄎᆞᆷ 나조ᄒᆡ 분묘애 가 잣남ᄀᆞᆯ 븓ᄃᆞᆼᄀᆡ야셔 우니 눈므리 저저 그 남기 이우니라:旦夕常至墓所拜跽攀栢悲號涕淚著樹樹爲之枯(三綱. 孝15 王裒).

븓ᄃᆞᆼ·ᄀᆡ이·다 동 어디에 매어달리다. 이끌리다. ¶世間ㅅ 法에 븓ᄃᆞᆼᄀᆡ이디 아니ᄒᆞ야(月釋2:37).

븓안·다 동 붙안다. ☞브티안다 ¶풍류갓ᄃᆞᆯ 븓안고 ᄶᅡ라디엣거늘(釋譜3:p.102). 문득 울우 가 븓안더라:輒涕泣抱持(二倫10). 박시 아비ᄅᆞᆯ 븓안고:朴氏抱父(東新續三綱. 孝7:56 朴氏救父).

븓잡·다 동 붙잡다. ¶븓자ᄫᆞᆫ ᄆᆞᅀᆞᄆᆞᆯ 니ᄅᆞ와ᄃᆞ면(月釋13:41). 부텨를 븓자ᄫᅡᅀᅡ 보ᅀᆞᆸ고져 ᄒᆞ시니(月釋18:80). 울워ᅀᆞ와 븓ᄌᆞᆸ고져:仰而依之(法華7:94). 津이 븓잡아 방의 도라와:津扶持還室(宣小6:69). 둘히 서ᄅᆞ 븓잡고 브ᄅᆞ며 우러:二人相持號泣(東新續三綱. 孝6:8). 오좀 똥 눌 제 반ᄃᆞ시 븓자바:旋便必奉持之(東新續三綱. 孝7:19).

븓좇·다 동 따르다. 좇다. 〔'븓〈附〉+좇다〈從〉'의 복합 형태.〕 ☞븟좇다. 븟좇다 ¶ᄂᆞᆷ의 말을 븓조차 ᄒᆞᆫ가지로 홈을 닐옴이라(宣小2:60). 엇디 ᄒᆡ여곰 븓조차 아당ᄒᆞ며

뜯을 바다:寧命從諛承意(宣小6:36).

븓질긔·다 형 인색(吝嗇)하다. 검질기다. ¶븓질긜 근:靳. 븓질긜 석:嗇(訓蒙下30).

븓츠다 동 부치다. ¶열커든 서늘을 븓츠며:熱則扇涼(女四解2:14).

븓컨댄 동 의거(依據)하건대. ¶ᄒᆞ다가 智論을 븓컨댄:若據智論(圓覺上一之二102).

븓·티·다 동 ①부치다. ☞브티다 ¶ᄆᆞᅀᆞᄆᆞᆯ 거싀 可히 븓티고져 ᄒᆞ노라:襟懷庶可憑(初杜解20:22).

②붙이다. ☞브티다 ¶바ᄂᆞᆯ애 실 ᄢᅦ아 기우며 븓텨 징이다 請홀디니라:紉箴請補綴(宣小2:8).

·블 명 불. ☞불 ¶城 밧긔 브리 비취여:火照城外(龍歌69章). 굳 포고 블 퓌우니(月印上22). 블을 吐ᄒᆞ야(月印上37). 블이 도라디고(月印上37). 네차힌 브레 ᄉᆞ라 横死홀 씨오(釋譜9:37). 블옷 언고져 ᄒᆞ거든(釋譜11:26). 煩惱ㅣ 블ᄀᆞ티 다라나ᄂᆞᆫ 거실씨(月釋1:18). 炎火ᄂᆞᆫ 더본 브리라(月釋1:29). 火災ᄂᆞᆫ 븘 災禍ㅣ니 히 만히 도도ᄆᆞᆯ 니ᄅᆞ니라(月釋1:49). 터럭마다 블와 ᄂᆡ왜 퓌며(月釋7:35). 블에 ᄉᆞᅀᆞᆸ고(月釋10:3). 블의 다와도미 ᄃᆞ외야(法華2:127). 브를 몯 보아도(圓覺序64). 新平公主ㅅ 집사ᄅᆞ미 브를 내야:新平主家御者失火(宣賜內訓2上55). 블 혀 여러 門 열오:張燈啓重門(重杜解1:13). 階砌엔 지예 丹砂 ᄉᆞ던 브리 주겟도다:階除灰死燒丹火(杜解9:5). 블 화:火(訓蒙下35. 類合上6. 石千4). 블 셩홀 혁:赫(類合下55). 블 셩홀 치:熾(類合下62). 블 ᄡᅥ딜 멸:滅(類合下62). 業 블레 섭더 노호미로다(龜鑑上50). 돌햇 블과 번갯 빗치(龜鑑下63). 블 부다:吹火. 블 급히 븟다:火忽着(漢淸10:51). ᄇᆞ람을 인ᄒᆞ여 블을 노화:因風縱火(五倫2:24). 집의 블을 노터니 원나라 군시 돌입ᄒᆞ거ᄂᆞᆯ:焚幽蘭軒火方熾子城破大兵突入(五倫 2:65).

※블>불

블 명 불[腎]. ☞불 ¶혹 블이 부어 크ᄂᆞᆫ 증이 이시되:或有陰囊浮大之證(痘瘡方64). 블리 젹고:外腎小(馬解上4). 음유혈은 블 뒤 가온ᄃᆡ 솔 우희 이시니:陰腧穴在外腎後中心縫上(馬解上71).

·블:가ᄉᆞ:의 명 ①[수량을 나타내는] 불가사의(不可思議). ¶그ᄢᅴ 百千萬億 不可思議無量阿僧祇 世界예 잇ᄂᆞᆫ 地獄(釋譜11:4). 不可思議ᄂᆞᆫ 어루 ᄉᆞ랑ᄒᆞ야 議論 몯홀 씨니 ᄀᆞ장 하ᄆᆞᆯ 니ᄅᆞ니라(月釋7:72).

②불가사의(不可思議). ¶三昧예 드르시니이 不可思議옛 希有ᄒᆞᆫ 이ᄅᆞᆯ 뵈시ᄂᆞ니(釋譜13:15). 不可思議ᄂᆞᆫ 어루 ᄉᆞ랑ᄒᆞ며 議論 몯 홀 씨라(月釋10:27). 不可思議케 ᄒᆞ노니(金剛序6).

블가ᄒᆞ다 형 불가(不可)하다. ¶명국의 드렴 즉ᄒᆞ고 쳥국의 드리미 블가타 ᄒᆞ실 거시오 제 만일 텬됴 칠 군ᄉᆞᄅᆞᆯ 쳥ᄒᆞ면(山城124). 디ᄂᆞᆫ 히예 처ᅀᅥᆷ 雲霞ㅣ 비취옛ᄂᆞᆫᄃᆡ 어른어른ᄒᆞᄂᆞ니 東西에 ᄲᆞᆯ리 ᄃᆞᆮ뇨매 不可호미 업도다(重杜解9:5).

블강도 명 화적(火賊). ¶블강되 지블 분탕ᄒᆞ거ᄂᆞᆯ:火賊焚劫其家(東新續三綱. 孝7:53). 블강되 이셔 그 집의 돌입히여:有火賊突入其家(東新續三綱. 烈4:61).

블·거·타 형 벌겋다. ¶감초 두 돈 반 잠간 블거케 구워 사ᄒᆞ로니와ᄅᆞᆯ:甘草一分炙微赤剉(救簡3:79). 오도 블거ᄒᆞ니ᄅᆞᆯ 하나 져그나 ᄂᆞ로니 시버:榿子將紅者不拘多少細嚼(救簡6:8).

블곧 명 불꽃. ☞블곳. 븘곳 ¶바로 모딘 블곧 가온대 드러가:直入烈焰中(東新續三綱. 孝4:88 崔氏入火).

블곳 명 불꽃. ☞블곧. 븘곳 ¶블곳 염:焰(類合下54). ※블곳>불꽃

블·굼 형 붉음. ㉮븕다 ¶비치 히오 블구미 됴ᄒᆞᆫ 頭腦ㅣ ᄀᆞᄐᆞ니라(月釋1:23).

블그트렁이 명 깜부기불. ¶블그트렁이 외:煨. 블그트렁이 신:燼(類合下52).

블·근 형 붉은. ㉮븕다 ¶君子ᄂᆞᆫ 紺과 블근 거스로 ᄡᅥ 옷깃 도로디 아니ᄒᆞ시며:君子不以紺緅飾(宣小3:21).

블근개나리 명 산개나리. ¶블근개나리:山丹(物譜 花卉).

블근당비름 명 붉은 당비름. ¶블근당비름:雁來紅(物譜 花卉).

블·근·못 명 적지(赤池). [못의 이름] ¶慶興府南十二里許赤池 블근못 平中有丹峯(龍歌7:25).

블근ᄆᆞᆯ 명 적리(赤痢). 이질(痢疾). ☞ᄆᆞᆯ ¶블근ᄆᆞᆯ:血痢(譯解上61).

블·근:셤 명 적도(赤島). [섬 이름] ¶赤島 블근셤…在慶興府東六十餘里(龍歌1:8).

블근ᄑᆞᆺ 명 붉은팥. ☞블근ᄑᆞᆺ ¶블근ᄑᆞᆺ ᄒᆞᆫ 되ᄅᆞᆯ 봇가:用赤小豆一斤炒(救急下88). 또 블근ᄑᆞᆺ기 업거든:又無赤小豆(救急下88).

블근ᄑᆞᇨ 명 붉은팥. ☞블근ᄑᆞᆺ ¶블근ᄑᆞ출 초애 ᄆᆞ라:赤小豆和醋(救簡6:22).

·블·급ᄒᆞ·다 동 불급(不及)하다. 미치지 못하다. ¶어듸 머러 威不及ᄒᆞ리잇고:何地之逖而威不及(龍歌47章).

블기·다 동 붉히다. ¶ᄂᆞᆺ 블기디 아니ᄒᆞ고:不曾面赤(飜老下73). ᄂᆞᆺ 블겨 뉘읏고 븟그려:赧然悔恥(飜小8:27).

블나·다 동 불나다. ¶毒龍이 모딘 性을 펴아 몸애 블나고 무뤼ᄅᆞᆯ 비ᄒᆞ니(月印上69). 城 안해셔 블나 제 지비 니ᅀᅥ 븓거늘:城中

失火延及其家(續三綱. 孝18).

블나모 명 땔나무. ¶柴曰 孛南木(雞類).

블내다 동 불내다. ¶블내다:烟洞倒風(漢淸10:51).

블노타 동 불놓다. 방포(放砲)하다. ¶블노타:放砲(譯解上20).

·블능 명 불능(不能). ¶不能은 몯 ᄒᆞᄂᆞ다 ᄒᆞ논 ᄠᅳ디라(釋譜序1).

·블님글 명 깜부기불. ☞불그트렁이 ¶블님글 신:燼(訓蒙下35).

블뉘다 동 부르게 하다. ¶블뉘며 ᄐᆞ이며 혀이며 이아며(宋純. 俛仰亭歌).

블다 동 ①불다(吹). ☞불다 ¶ᄀᆞᄋᆞᆯ에 브ᄂᆞᆫ ᄇᆞ람:閶闔風(漢淸15:1).
②불다(吹奏). ☞불다 ¶대롱으로 브러 목 안해 들에 호미 됴ᄒᆞ니라:用竹管子吹入喉中爲佳(救簡2:74). 블 취:吹(註千20).

블·다 동 부러워하다. ☞브러ᄒᆞ다 ¶楊雄이 오래 사로ᄆᆞᆯ 브디 아니ᄒᆞ며 孔聖이 나죄 주구믈 돌히 너기니(月釋18:32). 지븨 ᄀᆞᄃᆞ기 안잿ᄂᆞᆫ 손ᄃᆞᆯ히 다 머리ᄅᆞᆯ 도ᄅᆞ혀 브ᄂᆞ다:滿堂賓客皆廻頭(初杜解8:24). ᄒᆡ ᄆᆞᆺ도록 沖融호ᄆᆞᆯ 브노라:畢景羨沖融(杜解9:7). 秀發호ᄆᆞᆫ 내의 브논 배라:秀發吾所羨(初杜解16:53). 프른 구루메 새 ᄂᆞ뇨ᄆᆞᆯ 브노라:靑雲羨鳥飛(杜解21:14). ᄂᆞᄆᆡ 브롤 즈슬 디녀 나샷다(樂範. 動動). 江湖에 노는 곡이 즑인다 블어 말아(古時調. 李鼎輔. 海謠). 아무려 風乎舞雩詠而歸 ᄂᆞᆫ들 블을 일이 이시랴(古時調. 朴仁老. 浴鶴潭. 蘆溪).

블다히·다 동 불때다. ☞불짜히다. 블디르다. 블디ᄅᆞ다 ¶즉재 아ᅀᆞᆷ과 한 사ᄅᆞᄆᆞ로 圍遶ᄒᆞ야 붑 두드리며 블다히게 ᄒᆞ며:卽令親戚衆人圍遶打鼓燒火(救急上15). 쏘 아기 밧 ᄡᆡᆼ이 자ᄃᆞ니 블다혀 주라 ᄒᆞ니(諺簡3).

블덕 명 부덕(不德). ¶과인의 블덕이 실로 스ᄉᆞ로 허물이 나니(女範1. 셩후 쥬션강후).

블덥다 형 몹시 덥다. ¶블더울 염:炎(類合下51).

·블디·디 명 불때기. ☞블짓기 ¶네 블디디 ᄒᆞᄂᆞᆫ다 블디디 몯 ᄒᆞᄂᆞᆫ다:你打火那不打火(飜老上20). 내 블디디 몯 ᄒᆞ고 ᄇᆞᄅᆞᆷ 마시려:我不打火喝風那(飜老上20).

·블디르·다 동 불지르다. 불을 때다. ☞블다히다. 블디ᄅᆞ다. 블딜으다 ¶幽蘭軒애 블디르라 ᄒᆞ야ᄂᆞᆯ:使焚幽蘭軒(三綱. 忠27). 乾坤애 블디르고 田獵ᄒᆞᄃᆺ ᄒᆞ니라:火焚乾坤獵(初杜解24:16).

블디ᄅᆞ다 동 불지르다. 불을 때다. ☞블다히다. 블디르다 ¶블디ᄅᆞᆯ 분:焚(類合下41).

·블딛·다 동 불때다. ☞블딧다. 블찓다 ¶손ᄉᆞ 블디더 祭 ᄆᆡᆼᄀᆞ더라:躬爨供奠(三綱. 孝35). ᄀᆞᆯ 닐굽 나ᄎᆞ로 독 안해 블디더:燃蘆火七枚於瓮中(救簡1:73). 네 가마의 블디더 ᄀᆞ장 글커든:你燒的鍋滾時(飜老上19). 친히 블디더 쥭을 글히더니:親爲然火煮粥(飜小9:79). 블딛ᄂᆞᆫ 구들:火炕(訓蒙中9 炕字註). 블디들 찬:爨(訓蒙下12). 네 어미 몸소 블딛기ᄅᆞᆯ 잡드러:汝母躬執爨(宣小5:79). 친히 위ᄒᆞ야 블디더 粥을 글히더니:親爲然火煮粥(宣小6:73). 무덤 겨틔 살며 몸소 블디더 제ᄅᆞᆯ 공급ᄒᆞ더니:居墓傍躬爨供奠(東新續三綱. 孝3:40).

·블딜으·다 동 불지르다. ☞블디르다 ¶月窟은 可히 블딜울 디로다:月窟可焚燒(初杜解20:52). ᄇᆞᄅᆞᆷ 부로ᄆᆞᆯ 因ᄒᆞ야 블딜어ᄂᆞᆯ:因風縱火(三綱. 忠11).

블딧다 동 불때다. ☞블딛다 ¶블 아니 딧ᄂᆞᆫ 구들을 ᄒᆞ랴 블딧ᄂᆞᆫ 구들을 ᄒᆞ랴:死火炕燒火炕(朴解下5).

블·러 동 불러. ㉮브르다 ¶王이 大王道ᄅᆞᆯ 블러 니ᄅᆞ샤ᄃᆡ(釋譜6:6). 나지며 바미며 블러 우로ᄃᆡ:晝夜號哭(宣賜內訓1:72).

블롬 동 부름(招). ㉮브르다 ¶昭州ㅅ 글워릐 내 넉 블로ᄆᆞᆯ 與許ᄒᆞ라:昭州詞翰與招魂(重杜解11:7). 비록 劉先主의 블롬을 應ᄒᆞ나:雖應劉先主之聘(宣小5:99).

블·룜 동 불림. ㉮브르다 ¶님그미 뎌주숨ᄢᅴ 블료ᄆᆞᆯ 뵈실시:主上頃見徵(初杜解19:2).

블리 명 불(腎)이. ㉢블 ¶블리 젹고:外腎小(馬解上4).

블·리·다 동 부르게 하다. ¶나라해 어즈러비 젓어미 블리디 마ᄅᆞ쇼셔(釋譜11:33). 王이 뉘으처 블리신대 디마니호이다 ᄒᆞ고 아니 오니라(月釋2:7). ᄒᆞᆫᄢᅴ 블료ᄆᆞᆯ 보라:同見招(初杜解15:7). 驛馬로 블려 보시고:驛招引見(續三綱. 孝26). 공ᄉᆞ로 블리다:勾攝公事(老朴集. 單字解4).

블리다 동 불리다(冶). ☞불이다 ¶쇠 블리ᄂᆞᆫ 플무:放砂爐(譯解上19). 블린 금:精金(漢淸10:40).

·블명ᄒᆞ·다 형 불명(不明)하다. ¶ᄒᆞ다가 ᄆᆞᆯ 來歷이 不明ᄒᆞᆫ 일라ᄂᆞᆫ:如馬來歷不明(飜老下17).

·블묻·다 동 불씨를 묻다. ¶블무듧 ᄌᆞ비ᄅᆞᆯ 시기ᄉᆞᆸ뱃더니(釋譜11:26). 네 블무드라:你種着火(老解上23).

블밉다 형 불길이 세다. ¶블ᄆᆡ올 녈:烈(類合下55).

블박히다 동 불붙다. ☞블븓다. 블븥다 ¶블박히다:火着(漢淸10:50).

·블·법 명 불법(不法). ¶엇데 ᄒᆞᆫ 法 中에 法이 이시며 不法이 이시리오 ᄒᆞ니라(金三2:35).

블부다 동 불을 불어서 피우다. ¶블부다:吹火(漢淸10:51).

·블븓ᄂᆞᆫ 동 불붙는. ㉠블븓다 ¶ 블븓ᄂᆞᆫ 집 ᄀᆞᆮᄒᆞ니:如火宅(牧牛訣2). 더운 ᄯᅡ히 므싀여워 블븓ᄂᆞᆫ ᄃᆞᆺ도다:炎方慘如燬(初杜解16:65).

·블븓·다 동 불붙다. ☞블븥다. 블박히다 ¶ 머리 우희 블븓고 누니 핏무적 ᄀᆞᆮ고(釋譜6:33). 블븓ᄂᆞᆫ 집 ᄀᆞᆮ호ᄆᆞᆯ 아쳐러 緣을 그쳐(圓覺下三之一12).

·블·븥·다 동 불붙다. ☞블븓다. ¶ 샹녜 블브터 ᄉᆞ로ᄆᆞᆯ 니브며:常被焚燒(楞解8:75). 블브툼 救홀 術을 좀좀히 ᄉᆞ랑홀 씨라:沈思救焚之方也(法華2:62). 블브트며 ᄇᆞᄅᆞᆷ 이어:火蕩風搖(南明下70). 블브틀 훼:燬. 블브틀 셜:爇. 블브틀 료:燎. 블브틀 션:燹(訓蒙下35). 블브틀 연:然(類合下52). ※블븥다>불붙다

블빗 명 불빛. ☞븘빗 ¶ 블빗 황:煌(類合下54).

·블ᄢᅳ·다 동 불끄다. ¶ 져즈로 블ᄢᅳᅀᆞᆸ고 ᄲᅧ를 金函애 담ᅀᆞᄫᅡ(月釋10:14). 블ᄢᅳᆫ 後에 舍利 모도아(月釋18:38).

·블:ᄢᅬ·다 동 불쬐다. ¶ 블ᄢᅬᆯ 고:熇. 블ᄢᅬᆯ 핍:煏. 블ᄢᅬᆯ 비:焙. 블ᄢᅬᆯ 홍:烘(訓蒙下13). 블ᄢᅬᆯ 쟈:炙(類合下31).

·블샹 명 불상(不祥). 상서롭지 못함. ¶ 荀子ㅣ ᄀᆞᆯ오ᄃᆡ 사ᄅᆞᆷ이 세 不祥이 이시니 졈고 얼운 셤굠ᄋᆞᆯ 즐겨 아니ᄒᆞ며 賤ᄒᆞ고 貴ᄒᆞᆫ 이 셤굠ᄋᆞᆯ 즐겨 아니ᄒᆞ며 不肖ᄒᆞ고 어딘 이 셤굠ᄋᆞᆯ 즐겨 아니홈이 이 사ᄅᆞᆷ의 세 不祥이니라(宣小2:77).

블샹이 부 불쌍히. ☞블샹히 ¶ 어버이 녕녀ᄅᆞᆯ 블샹이 너겨:文寧憐(五倫3:21). 부뫼 블샹이 너겨 부쳐ᄅᆞᆯ 합장ᄒᆞ니라:父母憐之同穴而窆(五倫3:72).

블샹히 부 불쌍히. ☞블샹이 ¶ 그 겨ᄐᆡ 안자 죽으니 사ᄅᆞᆷ이 블샹히 너겨(女四解4:25).

블샹ᄒᆞ다 형 불쌍하다. ¶ 대군이 ᄋᆡ연이 블샹ᄒᆞ고 어엿브리오마ᄂᆞᆫ(癸丑24). 이제 급히 큰 일홈을 어드미 블샹ᄒᆞ니(女範1. 모의 단영모).

블셩이 부 불성(不成)히. 불완전하게. 좋지 않게. ¶ ᄆᆡᆫ들기ᄅᆞᆯ 블셩이 ᄒᆞ면:做的不成時(朴解下6).

·블:신 명 불신(不信). ¶ 無慚과 無愧와 不信과(楞解8:95). 不信이 만ᄒᆞᆫ 젼ᄎᆞ라(法華1:196).

·블:신ᄒᆞ·다 동 불신(不信)하다. ¶ 聖人ᄭᅴ 벙으로미 더욱 멀면 시혹 不信ᄒᆞ리 이실 젼ᄎᆞ로 묻ᄌᆞ오니라(金三2:26).

블ᄭᅩᆺ 명 불꽃. ☞블ᄭᅩᆽ. 븘곶 ¶ 블ᄭᅩᆺ 니다:火焰忽起(漢淸10:51).

블ᄭᅩᆽ 명 불꽃. ☞블ᄭᅩᆺ. 븘곶 ¶ 쇠 ᄇᆞ얌과 쇠 가히 댱셩 블ᄭᅩᄌᆞᆯ 토ᄒᆞ야 죄이니 모미 타디니:鐵蛇銅狗恒吐煙炎燠燒煮炙脂膏燋然(恩重23).

블ᄯᅩᇰ 명 ①(심지의) 불똥. ☞불ᄯᅩᇰ ¶ 블ᄯᅩᇰ 집다:剪燈. 블ᄯᅩᇰ 티다:剔燈(譯解下16). ②불똥. 불티. ¶ 블ᄯᅩᇰ:火星兒(漢淸10:52).

블ᄶᅵ더 동 불때어. ㉠블ᄶᅵᆮ다 ¶ 네 블ᄶᅵ더 가매 ᄭᅳᆯ커든:你燒的鍋滾時(老解上18).

블ᄶᅵᆮ다 동 불때다. ☞블딛다. 블딧다. 블ᄶᅵᆺ다 ¶ 네 블ᄶᅵ더 가매 ᄭᅳᆯ커든:你燒的鍋滾時(老解上18). 블ᄶᅵ더 가매 덥거든:燒的鍋熱時(老解上19).

블ᄶᅵᆺ기 명 불때기. ☞블디디 ¶ 네 블ᄶᅵᆺ기 ᄒᆞᄂᆞᆫ다 블ᄶᅵᆺ기 못 ᄒᆞᄂᆞᆫ다:你打火那不打火(老解上18). 내 블ᄶᅵᆺ기 못 ᄒᆞ고 ᄇᆞᄅᆞᆷ 마시라:我不打火喝風那(老解上18).

블ᄶᅵᆺ다 동 불때다. ☞블딧다. 블ᄶᅵᆮ다 ¶ 블ᄶᅵᆺ디 말고:休燒火(老解上18).

블ᄊᆞ개 명 불쏘시개. ¶ 블ᄊᆞ개:引火草(漢淸13:16).

블어 동 불러. ㉠브르다 ¶ 世尊하 내 이제 未來 衆生 爲ᄒᆞ야 利益홀 이ᄅᆞᆯ 블어 生死中에 큰 利益을 得게 호리니(月釋21:130).

블·어·나·다 형 불쑥하다. ¶ 左ᄂᆞᆫ 오목ᄒᆞ고 右ᄂᆞᆫ 블어나ᄆᆞᆯ 뉘 서르 알리오:左凹右凸誰相委(南明下22).

블에 명 부레. ☞부래. 부레 ¶ 블에:魚鰾(譯解下38).

블여ᄋᆞ 명 불여우. ☞불여ᄋᆞ. 여ᄋᆞ ¶ 블여ᄋᆞ:火狐狸(譯解下33). 블여ᄋᆞ:沙狐狸(同文解下39). 블여ᄋᆞ의 비ㅅ가족:沙狐臁(漢淸11:14). ※블여ᄋᆞ>불여ᄋᆞ

블우다 동 부러워하다. ☞브러ᄒᆞ다. 블다. 블워ᄒᆞ다 ¶ 블울 션:羨(類合下26).

블우리 명 불어리. ¶ 블우리:頂火(漢淸11:41).

블·움 형 부름(飽). ㉠브르다 ¶ 이 아로ᄆᆞᆫ 골폼 알며 블움 알며 치움 알며 더움 아ᄂᆞᆫ 아로미니(南明下2).

블·워ᄒᆞ·다 동 부러워하다. ☞브러ᄒᆞ다. 블다. 블우다 ¶ 可히 차탄ᄒᆞ여 블워ᄒᆞ며 ᄉᆞ죵ᄒᆞ여 헐ᄲᅳ리디 아닐 거시니:不可歎羨詆毁(宣小5:102). 이 하ᄂᆞᆯ을 블워ᄒᆞ리오 ᄒᆞ더라(明皇1:38).

블으지·지·다 동 부르짖다. ☞브르지지다 ¶ 블으지져 울며 조ᄎᆞᆯ디니라:號泣而隨之(宣小2:22). 城 우희셔 블으지지디 아니ᄒᆞ며:城上不呼(宣小3:10). 낫밤을 블으지져 울오 ᄎᆞᆷ아 가디 몯ᄒᆞ더니:日夜號泣不能去(宣小6:19).

블의 명 불의(不意). ¶ 도적이 블의예 닐으러 뉵시ᄅᆞᆯ 주기고쟈 ᄒᆞ거ᄂᆞᆯ:賊猝至欲殺陸氏(東新續三綱. 忠1:82). 블의에:猛可裡(譯解下52).

블이다 동 (바람에) 불리다. ☞불이다 ¶ 블여 드노매 도르혀 栢葉酒를 먹노니:飄零還栢酒(重杜解11:3).

블이·다 동 부리다(使). ☞브리다 ¶ 빅셩을 블요되 큰 祭를 호욤 ᄀᆞᆮ티 ᄒᆞ고:使民如承大祭(宣小3:4). 臼季 블이여 冀로 디나갈시:臼季使過冀(宣小4:34). 使者를 블여 黃金 마온 근을 주시고:使使者賜黃金四十斤(宣小6:53).

블이야 감 불이야. ¶ 블이야 블이야 웨거놀(癸丑129).

·블·족히 부 부족(不足)히. ¶ 길흔 사ᄅᆞᆷ 어딘 이룰 호되 나룰 不블足족히 너겨 ᄒᆞ거든:吉人爲善惟日不足(飜小6:31). 吉흔 사룸은 어딘 일올 호되 오직 날을 不블足족히 너겨:吉人爲善惟日不足(宣小5:29).

블지르다 동 불지르다. ☞블디르다. 블지ᄅᆞ다 ¶큰 강에 흔 비룰 블지르면 다른 남은 비 아므드러나 흣터지리라(三譯7:3). 그녀막을 블지르니 ᄌᆞ강이 넛빗출 바라보고:仍焚其廬自强顧瞻烟光(五倫1:62).

블지ᄅᆞ다 동 불지르다. ☞블디ᄅᆞ다. 블지르다 ¶엇지ᄒᆞ여 어더셔 뭇춤내 블지룰쇼(三譯7:3).

블찰ᄒᆞ다 동 불찰(不察)하다. ¶ 제신의게 속아 흔미 블찰ᄒᆞ야 이에 니ᄅᆞ니 ᄌᆞ취홀 ᄯᆞ롬이라(山城52).

·블:쵸 명 불초(不肖). ¶ 님그미 내의 不肖룰 아디 몯ᄒᆞ샤 날로 淮南올 다ᄉᆞ리게 호려 ᄒᆞ샤(宣賜內訓3:68). 곧 賢과 不肖의 서르 去홈이(宣孟8:7). 夫婦의 不肖로도 可히 써 能히 行호되(宣中9).

·블·쵸ᄒᆞ·다 형 불초(不肖)하다. 못나다. ¶ 長生인 不肖홀씨(月印上4). 長生인 不肖홀씨 놈이 나아간돌 百姓돌히 놈올 다 조ᄎᆞ니(月釋1:41). 眞實로 不肖ᄒᆞ면 이제 비록 富貴흔돌 다른 시절에 貧賤티 아니홇돌 엇데 알리오(宣賜內訓1:81). 不肖ᄒᆞ고 어딘 이 셤굠올 즐겨 아니홈이:不肖而不肯事賢(宣小2:77). 足히 써 쁜먹옴의 不肖홈을 볼 거시니:足以見用意之不肖(宣小5:102). 前日에 虞의 不肖홈을 아디 몯ᄒᆞ샤(宣孟4:18). 不肖흔 者는 及티 몯ᄒᆞᄂᆞ니라(宣中4). 실로 不肖ᄒᆞ면 이제 비록 富盛ᄒᆞ나(家禮4:2).

블측ᄒᆞ다 형 불측(不測)하다. ¶ 주그매 서ᄅᆞ 돌보디 아니ᄒᆞ야 서ᄅᆞ 원슈혐극이 되야 ᄆᆞ춤내 不測흔 일에 닐위ᄂᆞ니라(警民8).

블치다 동 불까다. ☞불티다 ¶ 블치다:騸(漢淸14:35).

블침ᄒᆞ다 동 불침을 놓다. ¶ 니신을 알커든 요샹 닐 곱 구무룰 블침ᄒᆞᄂᆞ니라(馬解下46).

블콩 명 불콩. ¶ 火太:블콩(衿陽).

블키다 동 붉히다. ¶ ᄂᆞᆾ 블키디 아니ᄒᆞ엿더니:不曾面赤(老解下65).

·블통·ᄒᆞ·다 동 불통(不通)하다. ¶ 小便 不通ᄒᆞ야 빗기슭 알파(救急上69).

·블:퇴:뎐 명 불퇴전(不退轉). ¶ 衆生이 無上道心 發ᄒᆞ야 無生忍得ᄒᆞ야 不退轉에 니를리라(法華4:161).

블틔 명 불티. ¶ 블틔:焰頭飛煤(漢淸10:52).

블ᄐᆞ다 동 불타다. ¶ 焦는 블톨 시라(圓覺上一之二181).

블평ᄒᆞ다 형 불평(不平)하다. ¶ 옥톄 블평ᄒᆞ시니 도로 셩의 드ᄅᆞ시다(山城20).

블한당 명 불한당(不汗黨). ¶ 블한당이 돌입ᄒᆞ여 그 아비놀 해ᄒᆞ거놀:火賊突入害其父(東新續三綱. 孝4:87).

·블·혀·다 동 불켜다. ¶ 七層燈의 블혀고(釋譜9:30). 블현 알픽셔 춤츠던 이룰 내 웃노니:自笑燈前舞(初杜解15:11). 블혀 오나든 子弟 흔 사룸을 命ᄒᆞ야:燭至則命一人子弟(宣小6:95). 블혀다:點火(漢淸10:51).

블혀이다 동 불을 켜게 하다. ¶ 小先生이 앏픠 와 블혀이거놀:小先生到前教點燈(朴解下19).

·블화ᄒᆞ·다 형 불화(不和)하다. 사이가 좋지 않다. ¶ 不和흔 이룰 보고 ᄂᆞᄌᆞ기 ᄒᆞ야 諫ᄒᆞ며(永嘉上48). 싸홈ᄒᆞ며 블화ᄒᆞ야:鬪爭不和(警民4). 杇 둘로 肉湆의 不和흔 者룰 담고(家禮10:34).

블회 명 뿌리. ☞블희 ¶ 츩블회를 찌허 즙내여 마시고:葛根擣取汁飲之(臘藥12).

블회·목 명 불회목(不灰木). ¶ 不灰木올 쇠똥ᄋᆞ로 ᄉᆞ라 븕게 ᄒᆞ니와:不灰木以牛糞燒令赤(救急下1).

·블:효 명 불효(不孝). ☞브효 ¶ 有情돌히 不孝룰 ᄒᆞ거나:不孝는 孝道 아니홀 씨라(釋譜9:38). 흔 말도 不孝앳 이룰 내디 아니ᄒᆞ니(宣賜內訓3:44). 오히려 不孝ㅣ 되ᄂᆞ니라:猶爲不孝也(宣小2:33). 不孝ㅣ 三이 이시니 後 업슴이 큰이라:不孝有三無後爲大(宣孟7:34).

블:효·ᄒᆞ·다 동 불효(不孝)하다. ☞브효ᄒᆞ다 ¶ 如來 後世옛 不孝ᄒᆞ는 衆生돌 위ᄒᆞ야 金棺 여르시고 니르샤(釋譜23:30). 父母 不孝ᄒᆞ며 沙門 恭敬 아니ᄒᆞ며:不孝父母不敬沙門(法華7:20). 은혜 갑플 줄을 아ᄂᆞ니 사룸이오 不孝ᄒᆞ면 가마괴만 ᄀᆞᆮ디 못ᄒᆞᆫ디라(警民28). 不孝ᄒᆞ면 不義호미 뉘 이에셔 甚ᄒᆞ리오(家禮2:4).

블희 명 뿌리. ☞불휘. 블회. 블히 ¶ 남긔 比컨대 블희 흔가지오 가지 다롬이며:比如木同根而異枝(警民6). 곡식 블희 먹는 버레:蟊(漢淸14:50).

블휘 명 뿌리. ☞불휘. 블회. 블희 ¶블휘 믌 미틔 싯기여 그처디니:根斷泉源(重杜解6:41). 블휘:根(漢清13:28).

블힝 명 불행(不幸). ¶남진의 不幸호미 내의 不幸이니(三綱. 烈6).

·블:힝ᄒᆞ·다 형 불행(不幸)하다. ¶ᄆᆞᄎᆞ매 不幸ᄒᆞ야 아홉 힛 믈와 닐굽 힛 ᄀᆞᄆᆞ리 이시면(宣賜內訓2下59). 남진의 블힝홈이 쳡의 블힝홈이니:夫之不幸乃妾之不幸也(宣小4:36). 벗이 만일 不幸ᄒᆞ야:朋友若不幸(老解下42).

븕나모 명 붉나무. ¶븕나모:千金木 火乙叱羅毛(牛疫方3). 이 ᄡᅡ히셔 나ᄂᆞ니ᄂᆞᆫ 븕나모진이라(牛疫方10). 븕나모 겁질을 달혀:千金木皮…煮(救荒2). 븕나모 여름:五倍子(東醫 湯液三 木部).

븕·다 형 붉다. ☞ᄇᆞᆰ다 ¶블근 새 그를 므러:赤爵銜書(龍歌7章). 비치 희오 블구미 됴 頭腦ㅣ ᄀᆞᄐᆞ니라(月釋1:23). 손과 발왜 븕고 희샤미 蓮고지 ᄀᆞᄐᆞ시며(月釋2:57). 甄叔迦ᄂᆞᆫ 녯말로 鸚鵡寶ㅣ니 블구미 그 부리 ᄀᆞᄐᆞᆯᄊᆡ니라(月釋18:73). 뫼 나조히 半만 하ᄂᆞᆯ히 븕도다:山晩半天赤(重杜解1:33). 복셩홧고지 븕거든:桃紅(初杜解7:13). 묏고래 디ᄂᆞᆫ 니피 블겟도다:山谷落葉赤(初杜解7:26). 터리 다 븕ᄂᆞ니라:毛盡赤(初杜解8:19). 블근 ᄉᆞ매 거믄고애 다티더니라:朱袖拂雲和(杜解10:4). 燭ㅅ브릐 블고ᄆᆞᆯ ᄉᆞ랑ᄒᆞ노라:愛燭紅(初杜解21:30). 紅桃花ᄀᆞ티 븕거신 모야해(樂範. 處容歌). 블글 단:丹(訓蒙中30. 類合上7. 石千26). 블글 확:雘. 블글 동:彤. 블글 쟈:赭. 블글 뎡:赬(訓蒙中30). 블글 젹:赤(訓蒙中30. 類合上5. 石千27). 블글 쥬:朱(訓蒙中30. 類合上5). 블글 비:緋. 블글 홍:紅 블글 강:絳(訓蒙中30). 블글 감:紺. 블글 츄:緅. 블글 훈:纁(訓蒙下9). 블글 홍:紅(類合上5. 倭解下11). 블글 ᄌᆞ:紫(石千27). 블글 강:絳(石千33). 블근 날이 뫼히 먹금어:紅日含山(女四解2:32). ※븕다>붉다

븕키다 동 붉히다. ☞븕히다 ¶ᄂᆞᆺ 븕키다:面發紅(同文解上22).

븕히다 동 붉히다. ☞븕키다 ¶ᄂᆞᆺ 븕히다:臉微紅(漢清8:33).

븗다 형 부럽다. ☞블우다. 블워ᄒᆞ다 ¶목젼 유복은 ᄂᆞᆷ 븗디 아니ᄒᆞ되(閑中錄372).

븘곶 명 불꽃(焰). ☞블곳. 블쏫. 블쏫 ¶누넨 블근 븘고지 잇고:眼有紫焰(杜解16:40). 바미 오라니 븘고지 기우도다:夜久燭花偏(杜解23:54). 됴ᄒᆞᆫ 무근 술 ᄒᆞᆫ 되예 글혀 븘고지 니러나거든:好舊酒一大盞煎覺焰起(救簡1:53).

·븘나·올 명 불꽃. ☞븟나올 ¶般若 ᄂᆞᆯ히오 金剛 븘나오리니:般若鋒兮金剛燄(南明下3). 븘나오리 빗나:焰烜赫(金三3:29).

븘내다 동 (실수로) 불이 나게 하다. ¶븘내다:失了火(譯解下51).

·븘벼·록 명 불꽃. 불똥. ☞븟벼록 ¶뫼햇 돌히 티면 븘벼로기 일오:山石擊則成燄(楞解4:18). 븘벼록과 노금과ᄂᆞᆫ:焰融(楞解4:23). 븘벼록:火星子(譯解下51).

·븘·빛 명 불빛. 불꽃. ☞블빗 ¶븘비ᄎᆞ로 莊嚴호미 日月라와 느러 어드븐 딧 衆生도 다 보고ᄆᆞᆯ 어더(月釋9:15). 焰은 븘비치라(月釋10:49). 머리예 븘비치 잇ᄂᆞᆫ 젼ᄎᆡ라:頭有火焰故(圓覺下三之二87).

븜·다 동 상관(相關)하다. ¶스승닚 어미 業力이 넙고 커 스승님의 븜디 아니ᄒᆞ니(月釋23:88).

븟 명 뜸(肉灸). ☞붓 ¶ᄒᆞᆫ 븟글:一壯. 세 븟글:三壯(救急上18). 세 븟기어나 다ᄉᆞᆺ 븟기어나 ᄯᅳ면 즉재 살리라:各灸三五壯卽活(救簡1:42).

븟 명 부엌. ☞브섭 ¶브세 드러 차반을 맛나게 ᄆᆞᆫᄃᆞᆯ오:入廚具甘旨(飜小9:99). 브세 들어 ᄃᆞᆯ고 만날 거슬 ᄀᆞ초고:入廚具甘旨(宣小6:92).

븟·곳 명 불꽃. ☞블곳. 븘곳 ¶븟곳 염:燄(訓蒙下35). ※븟곳>불꽃

븟그럽다 형 부끄럽다. ☞븟그럽다 ¶싀어미 밧들기를 브즈런이 ᄒᆞ야 죵신ᄒᆞ니 그 노래에 븟그럽디 아니ᄒᆞ더라(女範3. 뎡녀 당쳐견시). 벗의 ᄂᆞᆺ갓촐 븟그럽게 말라:朋友的面皮休教羞了(老解下41). 이젠 후의야 거의 븟그러오미 업도다 ᄒᆞ엿더라:今而後庶幾無愧(五倫2:58).

븟그려 형 부끄리어. 부끄러워하여. ㉮븟그리다 ¶직지 븟그려 나가 그 금을 도로 보내고(女範1. 모의 계뎐직모).

븟·그리·다 동 부끄리다. 부끄러워하다. ☞붓그리다 ¶ᄒᆞᆫ 디위 븟그료ᄆᆞᆯ 免티 몯ᄒᆞᆯ시라(南明下37). 븟그리게 말라:休教羞了(飜老下46). 븟그려 가니라:愧而去(飜小10:5). 븟그릴 참:慙. 븟그릴 괴:愧. 븟그릴 티:恥(類合下15). 븟그릴 슈:羞(類合下32). 븟그릴 티:恥(光千30). 査ㅣ 븟그려 이에 그 지아비를 ᄎᆞ자 도라보내다(女四解4:25). 모든 부인이 ᄀᆞ장 븟그리니(女範2. 현녀 계숙슈녀).
※븟그리다>붓그리다>부끄리다

븟그리봄 명 부끄럼. ☞븟그림 ¶엇뎨 븟그리보믈 ᄎᆞ마 거슬쁜 臣下와 相通ᄒᆞ리오:焉能忍恥與逆臣通(三綱. 忠. 桓彝致死). 거싀 븟그리보미 업과라:庶幾無愧(三綱. 忠. 天祥不屈).

븟그림 명 부끄럼. ☞븟그리봄 ¶븟그림을

모로는 거시 되얏ᄉᆞ오니(新語9:13).

·븟나·올 명 심지. 불꽃. ☞브ᇫ나올 ¶ 븟나올 주:炷(訓蒙下35).

븟·다 동 붓다(注). ☞붓다. 브ᇫ다 ¶ 金罍ㄹ 브수려 ᄒᆞ시니:金罍欲酌(龍歌109章). 四海ㅅ믈 이여 오나ᄂᆞᆯ 마리예 븟ᄉᆞᆸ고(月印上13). 香油를 ᄀᆞᄃᆞ기 브ᅀᆞᆸ고(釋譜23:23). 바ᄅᆞᆳ믈 브수믄 한 智慧ᄅᆞᆯ ᄡᅳ리라 혼 ᄠᅳ디라(月釋2:64). 一切 大水 븟ᄂᆞ니와 大雲 ᄐᆞ니ᄅᆞᆯ(月釋10:96). 一時예 ᄒᆞᆫ가지로 브ᅀᅥ(月釋13:45). 골오 븟다 몯ᄒᆞ며(月釋13:45). 香기름 브ᅀᅳ샤 神力으로 몸 ᄉᆞᄅᆞ샤(月釋18:31). 구리 노겨 이베 브ᅀᅳ며(月釋21:44). 如來ㅅ 뎡바기예 다 브ᅀᅳ시고:徧灌…如來頂(楞解1:95). 흘러 브ᅀᅥ:流注(楞解10:84). 여러 가짓 香油 브ᅀᅳ시고:灌諸香油(法華6:42). 諸香油를 븟고:灌諸香油(法華6:141). 朝廷이 偏히 ᄠᅳ들 네게 브ᅀᅥ:朝廷偏注意(初杜解23:13). 염교 디허 뽄 즙을 곳굼긔 브소ᄃᆡ:灌(救簡1:85). 친히 수울 자바 븟고:親執酒酌之(呂約25). 아래 사ᄅᆞᆷ이어든 잔만 븟고 절ᄒᆞ디 말라:以下則奠而不拜(呂約27). 브슬 주:注(訓蒙下11). 브슬 채:釃. 브슬 침:斟. 브슬 쟉:酌(訓蒙下14). 鸚鵡盞 琥珀盃예 ᄀᆞ득 브어(樂詞. 翰林別曲). 곳 압픠셔 수를 브스니:花前酌酒(百聯4). 敎海ㅣ란 阿難의 이베 브스시다 ᄒᆞ시니라(龜鑑上4). 브슬 주:注(類合下41). 내 아직 뎌 金罍옛 것ᄉᆞᆯ 브어 ᄡᅧ 기리 ᄉᆡᆼ각디 아니호리라:我姑酌彼金罍維以不永懷(詩解1:4). 내 부러 술을 다가 뎌의게 브으니:我特故裏把酒灌的他(朴解中47). 박으로 븟ᄃᆞᆺ 오ᄂᆞᆫ 비:瓢倒雨(譯解上2). ※븟다>붓다

븟·다 동 붓다(腫). ☞붓다 ¶ 허퉈 동긘ᄀᆞ티 븟고(月釋8:94). 水腫은 브슬 씨오(法華2:169). 모기 막고 ᄀᆞ장 브ᅀᅥ:喉閉深腫(救急上43). ᄂᆞ치 븟고 어즐ᄒᆞ니:面腫煩亂(救急下57). 과ᄀᆞ리 ᄇᆞᄅᆞᆷ마자 머리와 ᄂᆞᆺ과 븟거든:卒中風頭面腫(救簡1:30). 모ᄀᆡ 블로ᄃᆡ 브수미 심커든:擦喉如腫甚(救簡2:74). 가시 든 독으로 브ᅀᅥ 알파:刺毒腫痛(救簡6:29). 브슬 종:腫(訓蒙中25).

븟도도다 동 북돋우다. ☞붓도도다 ¶ 말 븟도도와 드려 니로되(三譯6:22). ᄲᅧ 그 불휘를 븟도도며:以培其根(英小題辭3).

븟도드다 동 북돋우다. ☞븟도도다 ¶ 귿 ᄭᅳ러미 쇼반의 오로면 너희들의 슈고ᄒᆞ야 시무며 븟도드믈 ᄉᆡᆼ각ᄒᆞ고(綸音73).

븟들다 동 붙들다. 돕다. ¶ 븟들며 ᄭᅳ으며 ᄆᆞᆯ게 올리니:扶曳上馬(東新續三綱. 烈5:49). 그 어미ᄂᆞᆯ 더브러 서ᄅᆞ븟드러 도적을 피ᄒᆞ엿ᄯᅥ니:與其母相携避賊(東新續三綱. 孝8:12). 질병에 서ᄅᆞ 븟드ᄂᆞ니:疾病相扶(警民25). 公子ᄅᆞᆯ 븟들어 수뤼에 올려가니(女四解4:52). 업더디ᄂᆞ니ᄅᆞᆯ 븟들고 위티ᄒᆞ니ᄅᆞᆯ 구ᄒᆞ야(女範1. 셩후 황명고후). 거리의 나와 서ᄅᆞ 븟들고(女範3. 부무녀 목난녀).

븟디킈다 동 붙어 지키다. ¶ 이 말을 븟디킈고:膠守此說(痘瘡方55).

븟ᄃᆞᆺ다 동 걸리다. 구애(拘礙)되다. ¶ 너일은 天氣예ᄂᆞᆫ 븟ᄃᆞᆺ디 아냐(新語5:13).

븟벼·록 명 불똥. ☞브ᇫ벼록 ¶ 븟벼록 자:炸(訓蒙下35).

븟:ᄉᆞᆸ·고 동 붓삽고. ㉮븟다☞-ᄉᆞᆸ- ¶ 四海ㅅ믈 이여 오나ᄂᆞᆯ 마리예 븟ᄉᆞᆸ고(月印上13).

븟ᄭᅳ럽다 형 부끄럽다. ☞붓그럽다 ¶ 알고도 無道이 된 仕合 븟ᄭᅳ러오미 海山ᄀᆞ티 너기 농이다(新語9:13). 江東 사ᄅᆞᆷ의게 뵈기ᄅᆞᆯ 븟ᄭᅳ럽다 ᄒᆞ고(三譯6:21).

븟ᄭᅳ리다 동 부끄러워하다. ☞붓그리다. 붓그리다 ¶ 周瑜의게 븟ᄭᅳ려셔 안흐로 도으려 ᄒᆞ고(三譯7:1).

븟안다 동 붙안다. 부둥켜안다. ☞브티안다. 븓안다 ¶ 문득 울고 가 븟안더니:抱持(二倫10 王覽爭酖). 서ᄅᆞ 븟안아 눕고 니디 아니ᄒᆞ니 도적이 다 주기다:相抱臥不起賊幷殺之(東新續三綱. 烈8:78).

븟·어디·다 동 부서지다. ☞브ᇫ어디다 ¶ 사리 ᄡᅧ에 마자 ᄲᅨ ᄒᆞ야디닌 모로매 살 미틀 내오 ᄯᅩ 븟어딘 ᄲᅧᄅᆞᆯ 아ᅀᅩᄃᆡ:夫箭中於骨骨破者須出箭鏃仍應除碎骨(救急下1).

븟좃다 동 붙좇다. 따르다. ☞븟좇다 ¶ 제게만 븟좃고 다른 이는 다 업스라 ᄒᆞ는 법이니(閑中錄384).

븟좇다 동 붙좇다. 따르다. ☞븟좇다. 븓좇다 ¶ 慈母ᄅᆞᆯ 親히 븟조차 화동홈이 ᄒᆞᆫ골ᄀᆞᆮ거ᄂᆞᆯ:親附慈母雍雍若一(重內訓3:21). 일로브터 ᄌᆞ모ᄅᆞᆯ 친히 븟좃차(女範1. 부계모 위망ᄌᆞ모). 녕남 졔군이 다 부인의게 븟조ᄎᆞ니(女範3. 부무녀 셰부인).

-븟터 조 -부터. ☞-부터. -브터 ¶ ᄉᆞ오촌으로븟터:自四五寸(警民6). 젼년븟터 하ᄂᆞᆯ히 ᄀᆞᄆᆞ라:從年時天旱(老解上24).

-븟티 접미 -붙이. ☞-브티 ¶ ᄇᆡᆨ셩의 일과 군병븟티ᄅᆞᆯ 념녀ᄒᆞ오샤(仁祖行狀55).

브ᇫ·다 동 붓다(注). ☞븟다 ¶ 江河 샹녜 브ᇫᄂᆞ니:江河常注(楞解4:18).

브ᇫ·어·디·다 동 부서지다. ☞븟어디다. 붕어디다 ¶ ᄡᅧ 브ᇫ어디며(救急下27). 星河ㅅ비치 브ᇫ어디옛거ᄂᆞᆯ:星河光破碎(初杜解15:44). 갯므렛 ᄀᆞᆯ며기 머리 브ᇫ어듀믈 막건마ᄅᆞᆫ:浦鷗防碎首(初杜解20:19). 뫼해 돌히 브ᇫ어디도다:山石碎(初杜解25:7).

브ᇫ·이·다 동 부어지다. ¶ ᄆᆞ리 어느 方ᄋᆞᆯ브

터 이에 흘러 븡이뇨:水從何方流注於此(楞解3:80).

븡당 명 붕당(朋黨). ¶븡당의 홰 반드시 망국호매 니르리라 ᄒᆞ샤(仁祖行狀28).

븡어 명 붕어. ☞부어 ¶또 븡어를 킹ᄒᆞ야 머기라:又鯽魚羹食之(胎要62).

븡어디다 동 부서지다. ☞븟어디다. 븡어디다 ¶머리 븡어듀믈 막건마ᄅᆞᆫ:防碎首(重杜解20:19).

븡·우 명 붕우(朋友). ¶이제 븡위 그 아당 잘 ᄒᆞᄂᆞ니로 ᄀᆞᆯ히여:今之朋友擇其善柔(飜小7:45). 五品:父子와 君臣과 夫婦와 長幼와 朋友 다ᄉᆞᆺ 가지라(宣小1:9). 朋友로 더브러 交홈애 信티 몯ᄒᆞᆫ가(宣論1:2). 君臣과 父子와 夫婦와 昆弟와 朋友(宣中25). 朋友에 믿븜이 道ㅣ 이시니(宣中31). 다만 朋友의 賢ᄒᆞ고 禮 잇ᄂᆞᆫ 쟈 ᄒᆞᆫ 사ᄅᆞᆷ을 ᄀᆞᆯ히미(家禮3:3).

븥·다 동 ①붙다. ☞븓다 ¶일훔 브튼 글와ᄅᆞᆯ(釋譜9:37). 附는 브틀 씨라(訓註12). 着ᄋᆞᆫ 브틀 씨라(月釋序3). 如意珠王ᄋᆞᆯ 브터셔 갈아나ᄃᆡ(月釋8:13). 나ᄆᆞᆫ 다ᄉᆞᆺ 브토미 ᄲᅡ혀ᄆᆞᆯ 應ᄒᆞ야:餘五黏應拔(楞解4:114). ᄒᆞᆰ무적 브투ᄆᆞ로(楞解8:127). ᄯᅡ해 브터셔:地着(初杜解7:36). 브틀 접:接(類合上6. 石千36). 브틀 탹:著(類合上10). 브틀 우:寓(類合下19. 光千34). 브틀 부:附(類合下36). 가ᄇᆡ야온 드틀이 弱ᄒᆞᆫ 플에 븓터슘 ᄀᆞᄐᆞ니:如輕塵棲弱草耳(宣小6:58). 브틀 리:麗(註千2). 브틀 리:離(註千16).
②의지하다. 근거로 하다. ☞븓다 ¶狂生이 듣ᄌᆞᄫᅡ 同里ᄅᆞᆯ 브터 오니:狂生亦聞依人以謁(龍歌97章). 據는 브틀 씨라(釋譜序5). 依ᄂᆞᆫ 브틀 씨라(釋譜序6). 어버ᅀᅵ 여희오 ᄂᆞ미그에 브터 사로ᄃᆡ(釋譜6:5). 狂蕩ᄒᆞ야 브틇 ᄃᆡ 일ᄂᆞ니:狂蕩失據(楞解1:62). 브틇 ᄃᆡ 업서:無所據依(楞解1:91). 이에 얼구ᄅᆞᆯ 逃亡ᄒᆞ야 뎌에 生ᄋᆞᆯ 브투믈 가졸비시니:喩…逃形於此托生於彼(楞解2:121). 올마 브토ᄆᆞᆫ 生死ᄅᆞᆯ 올마 涅槃에 브틀 씨라:轉依者轉生死依涅槃也(楞解10:29). 올마 브틇 고디라 ᄒᆞ며:轉依處(楞解10:39). 다 이 經을 브트샤:皆依此經(金剛上46). 머므러 브터슈메:淹泊(初杜解7:10). 所親이 머므러 브터쇼ᄆᆞᆯ 묻ᄂᆞ니:所親問俺泊(初杜解8:4). 머므러 브터쇼미 다 비레 이피언마ᄅᆞᆫ:淹薄俱崖口(初杜解8:12). 草木 서리예 브텃노라:依草木(初杜解8:65). ᄆᆡ 밧긧 지비 댓수흘 브텟고:野外堂依竹(初杜解10:2).
③속(屬)하다. 딸리다. ¶各各 前塵에 브트니:各屬前塵(楞解1:41). 네게 므스 이리 브트뇨:干你甚麼事(飜老下49). 브틀 쇽:屬(類合上20. 光千34). 네게 므슴 일이 브트뇨:干你甚麼事(老解下44).
④(불이) 붙다. ☞븓다 ¶ᄇᆞ리 香樓에 다ᄃᆞ라 ᄣᅥ고 아니 브틀씨(釋譜23:38). 브틀 아니 븓게 ᄒᆞ시ᄂᆞ니라(釋譜23:39). 거우루에 셔 나 ᄲᅮ게 브투ᄃᆡ:鏡出然于艾(楞解3:75). 브틀 분:焚(訓蒙下35). ※븥다>붙다

븨 명 베. 삼베. ¶ᄀᆞᄂᆞᆫ 上等엣 됴흔 븨ᄂᆞᆫ ᄒᆞᆫ 냥 두 돈 밧고(老解下53).

-·븨 접미 -들. 무리. 따위. ☞-뷔. -ㅂᅵ. -벼 ¶이제 번븨 그 아당 잘 ᄒᆞᄂᆞᆫ 이로 ᄀᆞᆯ히여:今之朋友擇其善柔(宣小5:77). 번븨 ᄉᆞ이예ᄂᆞᆫ 그 서르 디몰 게을이 아니코쟈 ᄒᆞᄂᆞᆫ디라:朋友之際欲其相下不倦(宣小5:77).

븨다 동 베다. ☞뷔다 ¶거두어 븨면 八月 初生에 ᄀᆡ동ᄒᆞᆯ러라:收割了時八月初頭走(朴解上48). 곡식 븨다:割穀子(譯解下8).

븨다 동 비비다. 꼬다. ☞뷔다. 븨이다 ¶삼을 븨고 모시ᄅᆞᆯ 삼으며:紉麻緝苧(女四解2:26). 실 븨다:捻線(譯解補39).

븨다 형 비다. ☞뷔다 ¶빈 곳에 大吉利라 쓰거나:空處寫大吉利(朴解上55). 繡幕이 븨여 잇다(松江. 思美人曲). 鶴은 어ᄃᆡ 가고 亭子ᄂᆞᆫ 븨엿ᄂᆞ니(古時調. 鄭澈. 松江). 집의 니ᄅᆞ니 집이 븨엿더라(女範3. 뎡녀 노진ᄉᆞ쳐). 穀食庫 븨엿거든 庫直인들 어이ᄒᆞ며(李元翼. 雇工答主人歌). 빈 마쇼 잇그다:溜牲口(漢清14:30). 빌 공:空(註千10). 빌 소:素(註千29). 빌 료:寥(註千31).

븨이다 동 비비다. 꼬다. ☞뷔다. 븨다 ¶各色 실을 븨이고:搓各色線(朴解中54).

븨ᄌᆞᄅᆞ 명 빗자루. ¶븨ᄌᆞᄅᆞ:耒(物譜 耕農).

븨트다 동 비틀다. ☞뷔틀다. 븨틀다 ¶븨트다:交摔(譯解補39).

븨틀다 동 비틀다. ☞뷔틀다 ¶븨틀어 ᄧᅩ다:摔水(漢清8:52).

빅빅 부 빽빽이. ☞빅빅이 ¶두 ᄀᆞ의 빅빅 세오고(三譯4:11). 빅빅:稠密貌(同文解下57). 빅빅:叢茂(漢清13:26).

빅빅이 부 빽빽이. ☞빅빅 ¶조츤 계집이 환도와 창을 ᄎᆞ고 두 편의 빅빅이 버러 셔시니(三譯10:1).

빅빅ᄒᆞ다 형 빽빽하다. ¶빅빅ᄒᆞᆯ 밀:密(石千24). 빅빅ᄒᆞᆯ 숨:森(倭解下37).

빈죽어리 명 쭉정이. ¶빈죽어리:空殼子(譯解補31).

·비 명 비. ¶虛空애셔 비 오ᄃᆡ(釋譜6:32). 비 오게 ᄒᆞ야(釋譜6:43). 비ᄂᆞᆫ ᄒᆞᆫ 마ᄉᆞ로 ᄀᆞᆯ오 젓고(釋譜13:26). 비 온 應을 듣디 몯ᄒᆞ며:雨(宣賜內訓2上49). 구루믄 灌壇앳 비ᄅᆞᆯ 흗고:雲散灌壇雨(初杜解7:32). 時節ㅅ 비와 時節ㅅ ᄇᆞᄅᆞ매:時雨時風(南明下7). 비ᄅᆞᆯ 避ᄒᆞ야:避雨(飜小10:6). 비 우:雨(訓蒙上2. 類合上4. 石千2. 倭解上2). 비:雨

(同文解上2). 비 오다:下雨(漢淸1:11). 비 올 패:沛(註千17). 雨曰霏微(雞類).

비 명 비(脾). 비장(脾臟). ¶비록 心과 肝과 脾와 胃와를(楞解1:51). 魂은 肝에 主코 魄은 肺예 主코 意는 脾예 主코 志는 腎에 主코 精神은 心에 主ᄒᆞ니라(楞解9:56). 肺와 脾와 腎과 胃와(永嘉上35). 비와 폐와 긔운이 마가:脾肺壅(救簡2:67).

비 명 큰곰. ¶비 비:羆(類合上13). 비:羆(同文解下39). 羆 熊之黃白色者頭長脚高髮垂而人立(漢淸14:3).

:비 명 비(篚). 대광주리. ¶겨집이 篚로뻐 받고:女受以篚(宣小2:51).

:비 명 비(婢). 계집종. ¶侍婢로 고깃羹을 바다 朝服애 드위텨 더러이고 婢 時急히 거도더니:使侍婢奉肉羹飜汚朝服婢遽收之(宣賜內訓1:18).

:비 명 비(碑). ¶외ᄅᆞ왼 묏부리옌 秦ㅅ 碑 잇고:孤嶂秦碑在(初杜解14:5). 碑 세여 忠節을 쓰라 ᄒᆞ시니라(三綱. 忠26). 碑롤 세여 닐오ᄃᆡ(六祖略序5). 비 세욘 집과 여러 가짓 집돌흘:碑殿諸般殿舍(飜朴上69). 빗비:碑(訓蒙中35. 石千23). 墳이며 碑며 石獸의 크며 효그며 하며 져그미(家禮8:18). 비 셴 집:碑殿(譯解上25).

비감ᄒᆞ다 형 비감(悲感)하다. ¶예 일을 싱각ᄒᆞ니 엇지 비감ᄒᆞ믈 이긔리오(落泉3:7).

비·갸옷 명 더그레. ☞비게. 비게옷 ¶명록비쳇 비단애 니근 실로 흉븨 도텨 뽄 비갸오새:明綠抹絨胸背的比甲(飜朴上27).

비·게 명 더그레. ☞비갸옷 ¶뎌른 한져구리와 희무로 비단 비게와 ᄒᆞ야:短襖子黑綠紵絲比甲(飜老下51). 비단 비게를 ᄒᆞ여:紵絲比甲(老解下46).

비게옷 명 더그레. ☞비갸옷 ¶비게옷:比甲(譯解上44).

비겨 부 비스듬히. ¶그제야 곳쵸 안져 瑤琴을 비겨 안고(陶山別曲).

비교 명 비교(比較). 서로 견주어 봄. ¶비교:爭長(同文解下32).

:비구 명 비구(比丘). ¶一千 比丘ㅣ 울워ᅀᆞ뱃더니(月印上40). 一千一百 히 後에ᄂᆞᆫ 比丘돌히 댱가드리를 ᄒᆞ며(釋譜23:34). 比丘ᄂᆞᆫ 쥬이라(月釋1:18). 큰 比丘즁 千二百쉰 사ᄅᆞᆷ과 ᄒᆞᆫᄃᆡ 잇더시니(阿彌2).

:비구니 명 비구니(比丘尼). ¶남진죵ᄋᆞᆫ 沙門이 ᄃᆞ외오 겨집죵ᄋᆞᆫ 比丘尼 ᄃᆞ외오(釋譜23:34). 比丘와 比丘尼와 士女왜 티고 구지저 닐오ᄃᆡ(圓覺上一之一43).

:비구승 명 비구승(比丘僧). ¶比丘僧을 보시고 더욱 바ᄎᆞ시니(月印上16).

비·기·다 동 ①기대다. 의지하다. ¶다시 와 비기샤:再來凭倚(楞解9:41). 几案ᄋᆞᆫ 비겨 안ᄂᆞᆫ 거시니(法華2:61). 한 혜아료ᄆᆞ로 簷楹을 비겨 셔슈라:萬慮倚簷楹(杜解14:24). 軒檻을 비겨셔:憑軒(初杜解16:54). 藤輪을 비규라:凭藤輪(初杜解20:30). 집 기슬게 비긴 묏 비ᄎᆞᆫ:倚簷山色(南明上20). ᄆᆞᅀᆞ미 비균 배 업서:心無所倚(金三2:64). 비길 쟈:藉(類合下40). 비길 의:倚. 비길 빙:憑(類合下44). 낫밤을 주검을 비기고 울며 셜워ᄒᆞ고:日夜憑屍號慟(東新續三綱. 烈1:61). 틱 밧고 비겨시니 鸞衾도 ᄎᆞ도찰샤(松江. 思美人曲). 비길 은:隱(註千16). ②견주다. ¶즈스로 그 아비게 비기디 마롤디니라:不敢自擬於其父(家禮2:10). 權衡은 可히 뻐 가뵈야오며 무거옴을 비기며:權衡可以擬輕重(女四解3:48). 西湖 梅鶴은 비기지 못ᄒᆞ여도(江村晩釣歌). 비길 쥰:準(兒學下13).

비기다 동 비끼다. ☞빗기다 ¶비길 횡:橫(光千25).

비김 명 안감. 안찝. ¶비김:撑布(譯解上46).

비녀자약 명 적작약(赤芍藥). ¶비녀자약:赤芍藥(柳氏物名三 草).

비노 명 비누. ¶비노 잇ᄂᆞ냐 날을 주어 머리 ᄀᆞᆷ게 ᄒᆞ라:有肥棗麼與我洗頭(朴解下23). 비노:皁角(譯解上48). 비노:膩子(同文解上54).

비노통 명 비누통. 비눗갑. ¶비노통:胰壺(譯解補29).

비뉘·ᄒᆞ·다 형 비리다. 비리고 누리다. 〔'비리다'와 '누리다'의 복합어(複合語).〕 ¶주거미 답사효매 플와 나모왜 비뉘ᄒᆞ고:積屍草木腥(重杜解4:10). ᄒᆞ마 이 비뉘ᄒᆞᆫ 거슬 시서 ᄇᆞ리놋다:已是沃腥臊(重杜解5:4). 어제 바ᄆᆡ 東녁 ᄇᆞᄅᆞ미 피를 부러 비뉘ᄒᆞ니:昨夜東風吹血腥(杜解8:2). 곧 이제 龍廐엣 ᄆᆞ리 犬戎의 비뉘호ᄆᆞᆯ ᄯᅴᄎᆞ디 아니ᄒᆞ얫ᄂᆞ녀:卽今龍廐水莫帶犬戎羶(初杜解20:4). 宇宙ㅣ ᄒᆞᆫ 디위 비뉘ᄒᆞ도다:宇宙一羶腥(杜解24:6).

비·늘 명 비늘. ☞비놀 ¶현맛 벌에 비늘을 ᄲᅡ라뇨(月印上11). 비느레 혀근 벌에 잇ᄂᆞᆫ 苦와(釋譜13:8). 비늘와 터럭마다 블와 니왜 퓌며(月釋7:35). 龍ᄋᆡ 비느리 저즌 ᄃᆞᆺ 호ᄆᆞᆯ 안직 알리로다:最覺潤龍鱗(杜解9:23). 고기 龍 ᄃᆞ외야 그 비느롤 고티디 아니ᄒᆞ며(南明上64). 고깃 비늘:魚鱗(救簡6:2). 비늘 린:鱗(訓蒙下3. 類合上15. 兒學上8). 비늘 긁다:打鱗(譯解上51). 비늘:鱗(柳氏物名二 水族).

비·놀 명 비늘. ☞비늘 ¶비놀 히야ᄇᆞ리디 말라:無損鱗(初杜解25:14). 비놀 린:鱗(石千4. 倭解下25). 비놀:魚鱗(同文解下41). 비놀 긁다:刮去魚鱗(漢淸12:58). 비놀을 거

슬여 디르는 거시라(武藝圖20).

비다 동 빌다〔禱〕. ☞빌다 ¶비다:祈禱(同文解上52).

비다 형 비다〔虛〕. ☞뷔다. 븨다 ¶빌 허:虛(註千10).

비단 명 비단. ¶各色 金線 비단과 풍류와롤 식싀기 ᄭᅮ며(釋譜23:50). 錦과 비단과 노와 깁과(月釋23:72). 비단 文 곤ᄒᆞ샤미(法華2:12). 비단 주고(三綱. 孝3). 져제 비단 사라 녀러 오노이다:角頭買段子去來(飜朴上14). 명록비쳇 비단애(飜朴上27). 비단 단:段. 비단 빅:帛(訓蒙中30). 비단 치:綵(類合下41. 註千19). 비단 금:錦. 비단 단:緞(倭解下9). 大緞 長옷 緋緞 치마(古時調. 나는 마다. 槿樂). 빙페 삼빅 금과 초봉 비단이 무어시 앗가우리오(落泉1:2). 비단:綺(物譜 蠶績).

비단고티 명 멧누에고치. ¶비단고티:野蠶(柳氏物名二 昆蟲).

비대ᄒᆞ다 형 비대(肥大)하다. 뚱뚱하고 크다. ¶그 사ᄅᆞᆷ이 肥大ᄒᆞ면 뵈 幅을 조차 너르게 ᄒᆞ고(家禮1:43).

비도리 명 비둘기. ☞비두리 ¶빙소 겨틔 막 짓고 밤나잘 우니 비도리 모다 오더라:廬於殯所晝夜哭泣鳩鴿羣至(三綱. 王崇).

비돌 명 빗돌. 비석(碑石). ¶비돌 비:碑(兒學上10).

비돌기 명 비둘기. ☞비둘기 ¶비돌긔 집:鴿子窩兒(譯解上19). 비돌기:鴿子(譯解下25). 비돌기:飛奴(物譜 羽蟲).

비두로기 명 비둘기. ☞비두리 ¶비두로기 새ᄂᆞᆫ 비두로기 새ᄂᆞᆫ 우루믈 우르되(鄕樂. 維鳩曲).

비두·리 명 비둘기. ☞비돌기 ¶새 비두리 鴛鴦 報롤 니르고(月釋21:65). 殯所ㅅ 겨틔 廬 짓고 밤낫 우더라 비두리 모다 오거든(三綱. 孝25). 우ᄂᆞᆫ 비두리와 삿기 치ᄂᆞᆫ 제비예:鳴鳩乳燕(杜解6:13). 비두리ᄂᆞᆫ 罘罳예셔 ᄂᆞ리놋다:紫鴿下罘罳(杜解9:23). 비두리를 구워 사ᄒᆞ니와:爊鴿子彈(飜朴上5). 비두리 구:鳩(訓蒙上16).

비둘기 명 비둘기. ☞비돌기. 비두리 ¶비둘기 구:鳩(類合上11). 비둘기 구:鳩(詩解物名2).

비들기 명 비둘기. ☞비돌기. 비두리 ¶비들기 구:鳩(倭解下21. 兒學上7). 비들기:鴿子(同文解下34. 漢淸13:54).

비·듬 명 비듬. ¶비드믈 디요믈 조히 ᄒᆞ라:將風屑去的爽利着(飜朴上44). 비듬:浮皮(譯解上32). 비듬:麩皮(漢淸5:60).

비·디 명 빗〔債〕. ☞빋 ¶녯 業과 무근 비디와:舊業陳債(楞解7:60).

비돌기 명 비둘기. ☞비돌기. 비두리 ¶비돌기알 솔믄 이와:爊鴿子彈(朴解上5).

비라 명 비루. ☞비로. 비ᄅᆞ ¶비라 오른 ᄆᆞᆯ:癩馬(譯解下29).

비러 명 벼랑. ☞비레. 비례 ¶비러옛 ᄲᅮ른 소나못 고지 닉고 뫼햇 盞잔은 댓닙 보미로다:崖蜜松花熟山杯竹葉春(重杜解21:34).

비·러먹·다 동 빌어먹다. ¶밥 비러먹노이다(月印上44). 他方애 窮露ᄒᆞ야 비러머거 ᄃᆞᆫ뇸 ᄀᆞᆮᄒᆞ니:窮露他方乞食馳走(楞解4:62). 계숴 ᄃᆞᆫ니며 비러먹더니:桂樹行乞而食(東新續三綱. 烈1:71). 길흐로 나 비러먹ᄂᆞᆫ 거ᄉᆞᆯ(女範2. 변녀 니시옥영). 비러먹다:乞食(漢淸6:65).

비럭질ᄒᆞ다 동 비럭질하다. ☞비로리ᄒᆞ다 ¶비럭질ᄒᆞ다:討化(同文解下60).

비렁방이 명 비렁뱅이. ☞비렁이 ¶ᄒᆞᆫ 비렁방이 늘근 겨집이(女範2. 효녀 당이랑).

비렁이 명 비렁뱅이. ☞비렁방이 ¶가지 파산ᄒᆞ여 ᄌᆞ손이 비렁이 되니라(敬信17). 비렁이 ᄀᆞᆯ오ᄃᆡ(女範2. 효녀 당이랑).

비레 명 벼랑. ☞비러. 비례 ¶두 비레 시스니 가시야 프르도다:雙崖洗更靑(杜解3:41). 비레예 ᄃᆞ라 집 지ᅀᅥ쇼미 굳도다:懸崖置室牢(初杜解9:38). 두 비렛 이 門이 健壯ᄒᆞ도다:雙崖壯此門(杜解13:22). 즈믄 비레 조ᄇᆞ니:千崖窄(杜解21:19).

비례 명 벼랑. ☞비러. 비레 ¶ᄇᆡ ᄠᅴ워 瀼西에 올아 머리 도ᄅᆞ혀 두 비례롤 ᄇᆞ라노라:泛舟登瀼西回首望兩崖(杜解6:46).

비:례 명 비례(非禮). 예의가 아님. ¶네 君夫人ᄭᅴ 非禮옛일 호려 ᄒᆞᄂᆞ다(三綱. 烈9). 吉이라 혼 거슨 누네 非禮옛 비출 보디 아니ᄒᆞ며(宣賜內訓1:24). 비례옛 말을 ᄒᆞ니(仁祖行狀10).

비로 명 비루. ☞비라. 비루. 비ᄅᆞ ¶ᄒᆞ나ᄒᆞᆫ 비로 오른 ᄆᆞᆯ:一箇疥(飜老下10). 져기 비로 잇고:有些槽疥(飜朴上63).

비로리ᄒᆞ다 동 비럭질하다. ☞비럭질ᄒᆞ다 ¶비로리ᄒᆞ다:討化(漢淸6:52). 곳 내게 와셔 비로리ᄒᆞ니(捷蒙2:12).

비로먹다 동 비루먹다. ☞비ᄅᆞ먹다 ¶비로먹다:生癩(漢淸14:34). 비로먹은 ᄆᆞᆯ:癩馬(柳氏物名一 獸族).

비·로·소 부 비로소. ☞비르서. 비르소 ¶비로소 ᄉᆞ양ᄒᆞ기롤 ᄀᆞᄅᆞ칠디니라:始敎之讓(宣小1:4). 긔년의야 비로소 사오나온 밥을 먹더라:期年始疏食(東新續三綱. 孝3:86). 비로소:始(同文解下46). 이 ᄯᅢ에 아븨 병드런 디 비로소 이틀이라:時易疾始二日(五倫1:35).

비로소시다 동 비롯하다. ☞비롯다 ¶이에 비로소시다:始此(十九史略1:25).

비로솜 동 비롯함. ㉮비롯다 ¶婚姻의 비로

숌을 重케 ᄒᆞ신 배니라:重婚姻之始也(英小2:61).

비·록 부 비록. ☞비륵 ¶漢德이 비록 衰ᄒᆞ나:漢德雖衰(龍歌29章). 비록 사ᄅᆞᄆᆡ 무레 사니고도(釋譜6:5). 如來 비록 常寂光土애 사ᄅᆞ시나(月釋序5). 비록 부텻 音聲이 우리 부텨 ᄃᆞ외리라 니ᄅᆞ샤ᄆᆞᆯ 듣ᄌᆞ오나(法華3:65). 비록 ᄌᆞᆫ디 아니ᄒᆞ나(金剛序5). 비록 남지늬 어딜며 사오나오매 關係ᄒᆞ나:雖關夫主之明闇(宣賜內訓序6). 비록 비 해 오나:雖多雨(初杜解7:8). 비록 ᄯᅩ 本來 金이라도:雖復本來金(金三2:4). 두려운 부체ᄅᆞᆯ 비록 가져:團扇雖將(南明上11). 비록 이러ᄒᆞ나:雖然這般時(飜老上49). 비록 졸아오나 반ᄃᆞ시 변쇠ᄒᆞ시며:雖狎必變(宣小3:15). 비록 눈비ᄅᆞᆯ 당ᄒᆞ야도:雖當雨雪(東新續三綱. 烈1:24). 비록 슈:雖(倭解上28).

비록에 부 비록. ¶비록에 죽기는 죽어시나 長醉不醒ᄒᆞ리라(古時調. 이 몸 죽거드란. 青丘).

비·롬 동 빎. ㉠빌다 ¶비롬 ᄆᆞᄎᆞ샤ᄆᆞᆫ:乞已者(金剛上5). ᄒᆞ마 精誠엣 비로ᄆᆞᆯ 나토니라:已彰懇禱(圓覺下二之二40).

비롯·다 동 비롯하다. ☞비릇다 ¶거즛말 아니 호ᄆᆞ로브터 비로솔디니라:自不妄語始(宣賜內訓1:16). 賀昇平ᄋᆞᆫ 비롯는 大平이니(南明上4). 효도는 어버이 셤김애 비롯고:夫孝始於事親(宣小2:31). 비로솔 시:始(倭解下34. 註千4). 어린이를 길으는 절ᄎᆞ는 가라침이 음식의 비롯ᄂᆞ니:始(女四解4:2). ᄌᆞ식 비롯다:轉胎(同文解上53). 비로슬 시:始(兒學下10).

비루 명 비루. ☞비라. 비로. 비ᄅᆞ ¶비뤼 ᄆᆞ슴 어려운 고디 이시리오:槽疥有甚難處(飜朴上63).

비·루·소 부 비로소. ☞비루수. 비르서. 비르소 ¶ᄆᆞᅀᆞ미 비루소 거츠러:心始荒(飜小8:24). 도라와 비루소 내 슬허ᄒᆞ노라:歸來始自憐(重杜解5:6).

비·루수 부 비로소. ☞비루수. 비르서. 비르소 ¶賢ᄒᆞᆫ 主人이 이ᄅᆞᆯ 주어 시르믈 보내에 호ᄆᆞᆯ 비루수 알와라:始知賢主人贈此遣愁寂(初杜解7:23). 비르수 이 乾坤애 王室이 正ᄒᆞ도소니:始是乾坤王室正(重杜解5:22). 거믄 매 치위예 비루수 ᄲᆞᆯ리 ᄂᆞ는 ᄃᆞ ᄒᆞ며:皁鵰寒始急(杜解21:14). 姓이 龐인 사ᄅᆞᄆᆞᆯ 비루수 어더 보라:試覓姓龐人(杜解23:50).

비루이 부 비루(鄙陋)히. ¶비루이 너기다:厭人鄙吝(漢清7:49).

비루ᄒᆞ다 형 비루(鄙陋)하다. ¶鄙陋ᄒᆞ다(同文解上22). 요힝 비루타 아니시면 당하의 쓰레질ᄒᆞ는 사ᄅᆞᆷ이 되고(落泉1:3).

비·르·서 부 비로소. ☞비로소. 비르소. 비르수 ¶비르서 뎌레 드러(釋譜11:1). 三十二相ᄋᆞᆫ 발 아래 平ᄒᆞ샤ᄆᆞᆯ 비르서 頂相 놉고 두려우샤매 ᄆᆞᄎᆞ시니라(楞解1:43). 譬喩로ᅀᅡ 비르서 아니라:以譬喩始解(法華1:131). 비르서 어루 무ᄅᆞᆯ 여희오 호러 사라:始可離群索居(永嘉下112). 비르서 이제 마ᄌᆞ리라:方契此矣(金剛上18). 비르서 究竟이 ᄃᆞ외리라:方爲究竟也(心經36). 비르서 疎解ᄅᆞᆯ ᄆᆡᇰᄀᆞ로니:方爲疎解(圓覺序80). 비르서 사ᄅᆞᆷ ᄃᆞ외ᄃᆞᆺ ᄒᆞ니라(牧牛訣13). 비르서 辭讓을 ᄀᆞᄅᆞ칠디니라:始教之讓(宣賜內訓3:2). 시르메 머리 비르서 셰ᄂᆞ다:愁絕始星星(初杜解8:40). 비르서 이에 니르니:方至此(南明上33). 녜브터 오매 져곰 업소ᄆᆞᆯ 비르서 信호라:始信從來無欠少(南明上60). 비치 비르서 낟ᄂᆞ니:光始現(南明下29). 道 ᄅᆞᆫᄒᆞ니ᅀᅡ 비르서 아ᄂᆞ니라:同道方知(金三2:3). 비르서 ᄒᆞᆯ 거시라(飜小10:25). 잇논 고ᄃᆞᆯ 비르서 알와라(重杜解1:27). 여러 벼릐 ᄆᆞᆯ로ᄆᆞᆯ 비르서 알와라:始知衆星乾(重杜解1:29). 디나온 ᄣᅡ히 노포ᄆᆞᆯ 비르서 아로라:始覺所歷高(重杜解1:30). 바로 나지야 저즌 氣運ㅣ 비르서 훗놋다:亭午氣始散(重杜解1:42). 비르서 ᄢᅬ 잘 호믈 알리로다:始知籌策良(重杜解4:18).

비르·서시·늘 동 비롯하시거늘. ㉠비릇다 ☞비르서시ᄂᆞᆯ ¶ᄆᆞᆺ고 다시 비르서시늘:終而復始(圓覺下三之二5).

비·르·서시·ᄂᆞᆯ 동 비롯하시거늘. ㉠비릇다 ☞비르서시늘 ¶이ᄀᆞ티 세 번 請ᄒᆞ샤 ᄆᆞᆺ고 다시 비르서시ᄂᆞᆯ:如是三請終而復始(圓覺下三之一78. 圓覺下三之二70).

비·르·소 부 비로소. ☞비로소. 비르서. 비르수 ¶바ᄅᆞ 모로매 本分ᄋᆞᆯ 브터 法다ᄫᅵ ᄒᆞ야ᅀᅡ 비르소 올ᄒᆞ리라:直須依本分如法始得(蒙法33). 世예 업슨 ᄌᆡ조ᄅᆞᆯ 비르소 알리로소니:始識不世才(杜解8:18). 됴ᄒᆞᆫ ᄃᆞᆯ 吉ᄒᆞᆫ 날애 비르소 머리엣 服을 쓰이노니:令月吉日始加元服(宣小3:19). 紂ㅣ 비르소 샹아져ᄅᆞᆯ ᄆᆡᇰ글거늘:紂始爲象箸(宣小4:24). 다ᄅᆞᆫ 나조ᄒᆡ아 비르소 서르 鮮明ᄒᆞ리로다:他夕始相鮮(重杜解12:8). 이에 비르소 行을 啓ᄒᆞ시니라:爰方啓行(詩解17:15).

비·르·솜 동 비롯함. ㉠비릇다 ☞비르숨. 비르숌 ¶修行ᄋᆡ 비르소ᄆᆞᆯ 니ᄅᆞ시고:言修行之始(楞解7:50). 비르솜 업슨 廣大ᄒᆞᆫ 劫으로 오매:無始廣大劫來(牧牛訣24). 禮義의 비르소ᄆᆞᆫ 모ᄆᆞᆯ 正히 ᄒᆞ며:禮義之始在於正容體(宣賜內訓1:20). 敢히 헐워 샹히오디 아니홈이 효도의 비르소미오:不敢毁傷孝之始也(宣小2:29). 禮義의 비르솜은:禮義之始(英小3:10).

비·르수 부 비로소. ☞비르소 ¶旄頭ㅣ 처엄 비르수 어즈러우니:旄頭初俶擾(重杜解2:11). 녜브터 비르수 天命올 便安히 녀겨:宿昔始安命(重杜解2:13). 비르수 섭나모 무늘 두드리거늘 드로라:始聞扣柴荊(重杜解2:67). 비르수 白頭吟을 외오도다:試誦白頭吟(杜解21:21). 滄海옛 비촐 비르수 도릭고:試回滄海棹(杜解22:18).

비·르숨 동 비롯함. ㉮비릇다 ☞비르솜. 비르솜 ¶클셔 萬法이 브터 비르수미여:大矣哉萬法資始也(圓覺序31). 잢간도 ᄆᆞ촘과 비르숨 업스니:未曾有終始(圓覺上二之三46). 네 비르숨 업손 적브터 오ᄆᆞ로:汝自無始已來(野雲40).

비르솜 동 비롯함. ㉮비릇다 ☞비르솜. 비르숨 ¶敢히 헐워 샹히오디 아니홈이 효도의 비르솜이오:不敢毁傷孝之始也(英小2:31). 효도ㅣ ᄆᆞ촘이며 비르솜이 업고:孝無終始(英小2:34). 혼인ᄒᆞᄂᆞᆫ 禮ᄂᆞᆫ 萬世의 비르솜이라:夫昏禮萬世之始也(英小2:52).

비륵 부 비록. ☞비록 ¶비륵 병든 사ᄅᆞᆷ과 ᄒᆞᆫ 디 안자도(辟新16).

비릇다 동 비롯하다. ☞비롯다. 비릇다 ¶君子의 道ᄂᆞᆫ ᄉᆞᆺ치 夫와 婦에 비릇ᄂᆞ니라 ᄒᆞ시니:君子之道造端乎夫婦(英小序3). 禮ᄂᆞᆫ 夫婦ᄅᆞᆯ 삼가매 비릇ᄂᆞ니:禮始於謹夫婦(英小2:55).

비·름 명 비름. ☞비ᄅᆞᆷ ¶미햇 비르믄 네 온 디ᄅᆞᆯ 모로리로소니:野莧迷汝來(初杜解16:66). 비름 현:莧(訓蒙上13. 類合上8. 倭解下5. 兒學上5). 비름:莧菜(譯解下11. 同文解下4. 物譜 蔬菜. 柳氏物名三 草).

비·릇 명 시초(始初). 시작. ¶그 오미 비릇 업슨 젼ᄎᆞ로:其來無始故(金三3:59). 녯 양ᄌᆞᄂᆞᆫ 비릇 업시 오ᄆᆞ로(南明上75).

비·릇 부 비로소. ☞비르소 ¶이제사 비릇 도라오니:今始歸(初杜解18:14). 여희엿던 ᄂᆞ촐 비릇 ᄒᆞᆫ번 펴니라:別顔始一伸(杜解22:27). 오ᄂᆞᆯ아 비릇 구루미 업도다:今日始無雲(杜解23:7). 곧 緜州예 가 비릇 여희리로소니:直到緜州始分手(杜解23:26). 江漢ᄋᆞᆫ 비릇 더운 믈 ᄀᆞᆮ도다:江漢始如湯(杜解25:7). 비릇 成佛ᄒᆞ리라 ᄒᆞᄂᆞ니ᄂᆞᆫ:方得成佛者(龜鑑上10).

비·릇·다 동 비롯하다. ☞비롯다. 비ᄅᆞᆺ다 ¶처엄 비릇ᄂᆞᆫ 거시 因이오(釋譜13:41). 徵心辯見에 비르스샤(楞解1:9). 次第로 올마 흘러 ᄆᆞᆺ고 ᄯᅩ 비릇ᄂᆞ니잇고:次第遷流終而復始(楞解4:5). 이런 ᄃᆞ로 世界 니르와다 비르소ᄃᆡ:故世界起始(楞解4:21). 一劫ᄋᆞᆫ 修行이 비르소ᄆᆞᆯ 니ᄅᆞ시고:一劫言修行之始(楞解7:50). ᄆᆞᄎᆞᄆᆞᆫ 반ᄃᆞ기 비르소ᄆᆞᆯ 對홀씨(法華1:5). 모르면 生死ㅣ 비릇고:迷之則生死始(圓覺序4). 元은 비르슬 시오:元始也(圓覺序18). 클셔 萬法이 브터 비르수미여:大矣哉萬法資始也(圓覺序31). ᄆᆞᆺ고 다시 비르서시늘:終而復始(圓覺下三之二5). 이ᄀᆞ티 세 번 請ᄒᆞ샤 ᄆᆞᆺ고 다시 비르서시ᄂᆞᆯ:如是三請終而復始(圓覺下三之一78. 圓覺下三之二70). 비르솜 업슨 廣大ᄒᆞᆫ 劫으로 오매:無始廣大劫來(牧牛訣24). 災害ᄅᆞ윈 厄이 이ᄅᆞᆯ브터 비릇ᄂᆞ니:災厄從此始(宣賜內訓1:12). 처엄 비르슨 나래 고티ᄂᆞᆫ 법은:始得一日方(救簡1:107). 비르슬 됴:肇. 비르슬 방:昉(類合下57). 비르슬 시:始(類合下63. 石千4). 네 비르숨 업손 적브터 오ᄆᆞ로:汝自無始已來(野雲40). 비르술 숙:俶(光千28). 효도ㅣ ᄆᆞ춤이며 비르솜이 업고:孝無終始(宣小2:32).

비리 명 비리(非理). ¶朱ㅣ ᄌᆞ조 非理로써 祥을 브이거든:朱屢以非理使祥(宣小6:64).

비·리누리·다 형 비리고 누리다. ¶欲氣ᄂᆞᆫ 멀텁고 흐리여 비리누류미 섯모ᄃᆞ며:欲氣麤濁腥臊交遘(楞解1:42). 비리누류미 섯모다:腥臊交遘(法華4:18).

비·리·다 형 비리다. ¶비린 피ᄅᆞᆯ 먹고져 컨마ᄅᆞᆫ(月釋21:124). 비리고 누린 더러운 ᄠᅥ다 업고:腥膻垢穢盡蠲除(眞言). 비린 것 누린 것 돌:醒葷等(飜朴上55). 비릴 셩:鯹(訓蒙下13). 비릴 셩:腥(類合上15. 倭解上48). 삼 년을 비리고 내 나ᄂᆞᆫ 거슬 먹디 아니ᄒᆞ더니:三年不食羶葷(東新續三綱. 孝4:86). 비리다:腥(譯解上53. 同文解上62).

비·리우·다 동 비리게 하다. ¶되ᄃᆞᆯ히 四海ᄅᆞᆯ 비리우니:羯胡腥四海(初杜解23:55).

비리ᄒᆞ다 형 비리(鄙俚)하다. ¶사ᄅᆞᆷ의 얼굴 ᄀᆞᆺ게 ᄒᆞ니 이ᄂᆞᆫ 더옥 鄙俚ᄒᆞ니(家禮5:21).

비린 명 비린(鄙吝). ¶鄙吝텃 胸襟이 새로온 ᄃᆞᆺᄒᆞ다마ᄂᆞᆫ(蘆溪. 獨樂堂).

비·린·내 명 비린내. ¶비린내 니르러 오니 긴 비야미 블븓고:腥至燋長蛇(初杜解25:12). 고기 비린내:魚肉腥(漢淸12:58).

비ᄅᆞ 명 비루. ☞비로. 비루 ¶져기 비ᄅᆞ 잇고 ᄯᅩ 져기 굽ᄀᆞ리미 잇더라:有些槽疥也有些撒蹄(朴解上56).

비ᄅᆞ먹·다 동 비루먹다. 비루 생기다. ☞비로먹다 ¶외히려 비ᄅᆞ머근 여시 몸도 얻디 몯ᄒᆞ리온:尙不得疥癩野干之身(龜鑑下36). ᄒᆞ나흔 비ᄅᆞ먹고:一箇疥(老解下9).

비ᄅᆞᆷ 명 비름. ☞비름 ¶비ᄅᆞᆷ을 다가 ᄉᆞᆯ마 먹쟈:把芒荇來煮喫(朴解中34). 조ᄡᆞᆯ과 비ᄅᆞᆷ과 ᄌᆞᆯ순국과:粟米莧菜蘆笋羹(臘藥23).

비ᄅᆞᆺ·다 동 비롯하다. ☞비릇다 ¶이 虛妄올 因ᄒᆞ야 ᄆᆞᆺ고 ᄯᅩ 비ᄅᆞᆺᄂᆞ니라:因此虛妄終而復始(楞解4:32). 이ᄅᆞᆯ브터 비ᄅᆞᆺᄂᆞ니라:從茲始(金三3:9). 다ᄋᆞᆷ 업슨 法門이 일로브

터 비릇ᄂᆞ니:無盡法門從玆始(金三5:26). 비르ᅀᅳᆯ 숙:俶(石千28). 비르ᅀᅳᆯ 작:作(註千9). 비르ᅀᅳᆯ 지:載(註千28). 비르ᅀᅳᆯ 락:落(註千33). 비르ᅀᅳᆯ 지:哉(註千42).

비마·ᄌᆞ 명 피마자. 아주까리. ☞피마ᄌᆞ ¶비마ᄌᆞ 씨ᄅᆞᆯ 거플 앗고 ᄇᆞᅀᆞ ᄀᆞ라 손바당애 ᄇᆞ르고:用萆麻子去殼研碎塗在手心(救簡1:20). 비마ᄌᆞ:篦麻子(方藥20).

비명 명 비명(非命). ¶아비 비명에 죽으믈(五倫1:21).

비물 명 빗물. ¶길엣 비물:行潦 路上潦水(柳氏物名五 水).

비·므·슬 명 빗물. ¶올히 비므슬히 ᄀᆞ장 하니:今年雨水十分大(飜朴上9).

비·밀 명 비밀(祕密). ¶녯 부텨 이젯 부텻 眞實ㅅ 祕密이니라:古佛今佛眞祕密(南明下19). 비밀 비:祕(類合下17).

비밀이 부 비밀(祕密)히. ☞비밀히 ¶제 ᄆᆞᄋᆞᆷ으로 비밀이 쓰고(三譯4:25).

:비·밀·히 부 비밀(祕密)히. ☞비밀이 ¶이는 ᄒᆞᆫ 소리로 祕密히 불기시며(月釋13:42). 祕密히 님금 ᄠᅳ들 받ᄌᆞ와:密奉聖旨(重杜解8:23). 柴門을 祕密히 다도니:柴門密掩(重杜解25:23).

:비·밀ᄒᆞ·다 형 비밀(祕密)하다. ¶密行ᄋᆞᆫ 祕密ᄒᆞᆫ ᄒᆡᆼ뎌기라(釋譜13:3). 如來ㅅ 一切 祕密ᄒᆞ고 ᄌᆞᅀᆞᄅᆞᄫᆞᆫ 藏과(釋譜19:42). 祕密ᄒᆞᆫ 經典(楞解序5). 祕密ᄒᆞᆫ 經典ᄋᆞᆯ 크게 펴샤(楞解1:3). 이ᄀᆞ티 恒沙如來ㅅ 祕密ᄒᆞᆫ 法門ᄋᆞᆯ 내 衆中에 微妙히 여러 뵈야(楞解5:58). 祕密ᄒᆞ신 말 神智妙用이라(金三1:10). 이ᄂᆞᆫ 비밀ᄒᆞᆫ 방문이라 ᄂᆞᄆᆞᆯ 알외디 몯ᄒᆞ리니:此祕方不傳(救簡1:27). 祕密ᄒᆞᆫ 말ᄉᆞᆷ과 그윽은 글워를:祕訣隱文(重杜解9:6). 비밀ᄒᆞᆫ 일:密事(同文解上50). 긔특ᄒᆞᆫ 꾀와 비밀ᄒᆞᆫ 계교ᄅᆞᆯ(女範1. 셩후 당문덕후). 비밀ᄒᆞᆫ 일:機密事(漢淸2:52). 비밀ᄒᆞᆯ 밀:密(註千24).

비바 명 비파(琵琶). ☞비파. 비화 ¶簫篌와 琵琶와(釋譜13:52). 붑 티ᄂᆞ니와 琵琶 노ᄂᆞ니왜 서르 맛나(金三4:5).

비·방 명 비방(誹謗). ¶부톄 誹謗 마고ᄆᆞᆯ 爲ᄒᆞ샤(楞解5:47). 아래론 賤ᄒᆞᆫ 날로 足ᄋᆞᆯ 아디 몯ᄒᆞᄂᆞᆫ 誹謗ᄋᆞᆯ 어더:下使賤妾獲不知足之謗(宣賜內訓2下11). ᄂᆞᄆᆡ 誹謗 조ᄎᆞ면 ᄠᅳ디 便安ᄒᆞ니 一切 말ᄉᆞᄆᆡ 오직 ᄇᆞᄅᆞᆷ 소리니라(南明上38). 두려운 마리 自在ᄒᆞ야ᅀᅡ 誹謗 어도ᄆᆞᆯ 免ᄒᆞ리라(金三1:10). 誹謗을 免티 몯ᄒᆞ리로소이다(六祖中67).

비방ᄒᆞ·다 동 비방(誹謗)하다. ☞비왕ᄒᆞ다 ¶誹謗ᄒᆞ고 阿鼻獄애 ᄢᅥ러디ᄃᆞᆺ ᄒᆞ니(楞解9:41). 如來ㅅ 正法輪ᄋᆞᆯ 誹謗티 마롫디니라(蒙法58). 제 迷惑ᄒᆞ야 보디 몯ᄒᆞ야셔 ᄯᅩ 佛經을 誹謗ᄒᆞ릴시(六祖中10). 그듸와 나와로 ᄆᆡ상애 비방ᄒᆞ더니(桐華寺 王郎傳2). 모든 창뉘 닝쇼ᄒᆞ며 비방ᄒᆞ여 져희ᄂᆞᆫ 졍녀 녈녀 다시 ᄒᆞ고(落泉1:1).

비범ᄒᆞ다 형 비범(非凡)하다. ¶텬ᄌᆞ와 의푀 비범ᄒᆞ오시고(仁祖行狀1). 반ᄃᆞ시 비범ᄒᆞᆫ 사ᄅᆞᆷ이라(三譯7:8).

비복 명 비복(婢僕). ¶다만 婢僕의게 맛뎌두미 可티 아니ᄒᆞ니(家禮2:5). 모든 비복이 다 와 ᄎᆞ례로 문안ᄒᆞ고(洛城2).

비봉 명 피봉(皮封). 겉봉. ¶비봉:卷面(漢淸4:10).

비분 명 비분(非分). 분수에 지나침. ¶비분도:叨(類合下37).

비뷔 명 비비송곳. ☞비븨 ¶비뷔:鑽(漢淸10:35).

비뷔활 명 비비송곳 따위를 돌리는 데 쓰는 활. ☞비븨활 ¶비뷔활:鑽弓(漢淸10:35).

비븨 명 비비송곳. ☞비뷔 ¶비븨 찬:鑽(訓蒙中14. 類合下46. 倭解下16). 비븨:鐵鑽(譯解下17). 비븨:鑽子(同文解下17).

비·븨·다 동 비비다. ☞비빅다. ᄡᅵ븨다 ¶비븨디옷 더 구드시다 ᄒᆞ니라(法華2:173). 누늘 비븨여 ᄃᆞᄅᆞᆯ ᄇᆞ라면:捏目望月(圓覺上一之二144). 欒巴ᅌᅵ 술 뿜던 브를 아홉 번 비븨여 내오:九鑽巴噀火(杜解3:8). 거부블 비븨며 디새ᄅᆞᆯ 티ᄂᆞ다:鑽龜打瓦(金三2:3). 냇ᄀᆞᇫ 野老ᄂᆞᆫ 눈섭 비븨디 마롤디어다:溪邊野老勿攢眉(南明下57). 녹둣낫만케 비븨여(救簡2:28). 비야미 혀울을 하나 져그나 비븨여 ᄇᆞᅀᅡ:揉(救簡2:71). 손 비븨여 샹덕축슈ᄒᆞ며 닐오ᄃᆡ(癸丑42). 안히 비븨여 드러:鑽入裏面(朴解中35). 비븨여 티ᄂᆞ니라(武藝圖17).

비븨·이·다 동 비비게 하다. ¶겨집죵으로 ᄒᆡ여곰 藥 비븨이더니(宣小5:53).

비븨질 명 비비송곳 등으로 구멍을 뚫는 일. ¶비븨질 찬:鑽(類合下46).

비븨활 명 비비송곳 따위를 돌리는 데 쓰는 활. ☞비뷔활 ¶비븨활:鑽弓(譯解補45).

비비새 명 오디새. ¶비비새:鶡鴠(漢淸15:36).

비비취 명 비비추. ¶비비취:紅蒡(柳氏物名三 草).

비·빅·다 동 비비다. ☞비븨다 ¶콩만케 비비야 곳굼긔 부러 들에 ᄒᆞ라:爲末丸如豆大吹入鼻中(救簡1:41). 헌 ᄃᆡ 젓거든 ᄆᆞᄅᆞᆫ닐 비비면 사ᄋᆞᆯ만 ᄒᆞ야 됴ᄒᆞ리라:塗濕乾搽三日全愈(救簡3:51). ᄢᅮᆯ 서 홉을 도틔 ᄡᅳᆯ게 두 낫 뽄 즙에 녀허 엿ᄀᆞ티 달혀 ᄎᆞᆫ므레 녀허 얼의어든 비비요ᄃᆡ:蜜三合入猪膽汁兩枚在內煎如飴以井水出冷候凝撚(救簡3:70). 힌 ᄆᆞ레 됴ᄒᆞᆫ 朱砂ㅅ ᄀᆞᄅᆞᆯ ᄒᆞᆫ 량을 ᄆᆞ라

열씨마곰 비뷔여(簡辟18). 이 약돌홀 ᄀ라 조린 ᄭ래 ᄆ라 탄ᄌ만 비뷔여 朱砂로 의니펴:右件爲末煉蜜和丸彈子大以朱砂爲衣(瘟疫方13). 손 비비다:搓手(譯解上39).

:비밭·다 동 뱉다. ☞비왇다. 비왓다. 비왙다 ¶곧 혀를 비바ᄐ니:便吐舌(蒙法31).
※비밭다>비왙다>뱉다

비ㅅ물 명 빗물. ☞빗믈 ¶비ㅅ물 료:潦(倭解上10).

비ㅅ발 명 빗발. ¶비ㅅ발:雨點(漢淸1:11).

비상ᄒ다 형 비상(非常)하다. ¶아희 ᄀ나며 긔뷔 빅셜 ᄀ고 명뫼 낭셩 ᄀᄒ야 긔골이 비상ᄒ니(落泉1:1).

:비·상 명 비상(砒霜). ¶비샹과 동록과를 각 ᄒ 량올:信砒銅綠各一兩(救簡3:50). 비샹:砒石(柳氏物名五 石).

비샹ᄒ다 형 비상(非常)하다. 비범(非凡)하다. ¶왕이 총명인효ᄒ샤 비샹ᄒ 의퓌 겨시니(仁祖行狀5). 닐온 朝夕의 ᄒᄂ 일이며 밋 非常ᄒ 일이라(家禮2:2).

비셕 명 비석(碑石). ¶비셕 비:碑(倭解上52. 註千23). 비셕 갈:碣(註千27).

비세원 명 비손. ¶진실로 니예 올히 ᄒ면 비세원 아니 ᄒ여도 귀시니 복글 주리라:誠能順理脩爲不事祈諂神必降福(正俗20).

비세원ᄒ다 동 비손하다. ¶세쇼개 스숭이 간대로 비세원ᄒ미:世俗巫禱(正俗20).

비쇄ᄒ다 형 옹졸하다. ¶비쇄ᄒ다:猥瑣(漢淸8:48).

:비·수 명 비수(匕首). ¶匕首를 ᄢ고:挾匕首(宣小4:31).

비스·기 부 비슥이. 비스듬하게. ¶비스기 부들 무텨:斜點筆(初杜解15:12). 비스기 볼 면:眄(類合上25).

비슥비슥 부 비슬비슬. ¶비슥비슥 것는 거름 거름마다 눈물 난다(萬言詞).

비슥ᄒ다 형 비슥하다. ¶燭 브리 비슥ᄒ니 처엄 보미 갓갑고:燭斜初近見(重杜解12:39). 模樣은 비슥ᄒ여 뵈되(隣語1:7).

:비·식 명 비식(鼻息). 콧숨. ¶鼻息은 나며 드로매 通호ᄃ(楞解6:57).

비슥이 부 비슥이. ☞비스기 ¶비슥이 ᄃ긔여 덥흐라(女範3. 문녀 노검누쳐).

비슥ᄒ다 형 비슥하다. ☞비슥ᄒ다 ¶사라셔 비슥이 아니ᄒ니 죽어 비슥ᄒ 거시 션싱의 뜻이 아니라(女範3. 문녀 노검누쳐).

비쓸비쓸 부 비틀비틀. ¶겨유 기여 들어오는데 오히려 비쓸비쓸ᄒ는지라(浮談).

비ᄊ·ᄫ·며 동 뿌리오며. ㉠비타 ¶虛空中에 曼陁羅華摩訶曼陁羅華를 비허 無量百千萬億寶樹 아래 師子座 우흿 諸佛ᄭ 비ᄊᄫ며(月釋17:29). 久滅度多寶如來ᄭ 조쳐 비ᄊᄫ며 ᄯ 一切 諸大菩薩와 四部衆의게 비흐며(月釋17:29).

비·ᄲ 동 꾸미어. 단장하여. ㉠비스다 ¶夫人이 새와 네 아ᄃᄅ 업게 호리라 ᄀ장 비ᄲ 됴ᄒ 양ᄒ고 조심ᄒ야 ᄃ녀(月釋2:5).

비스·다 동 꾸미다. 단장하다. ☞비우다. 비으다. 비ᄋ다. 빗다 ¶粉과 燕脂와 고ᄌ로 비슨 각시(月印上18). ᄀ장 비ᄲ 됴ᄒ 양ᄒ고 조심ᄒ야 ᄃ녀(月釋2:5). 名利를 ᄉ랑ᄒ야 모ᄆ 비스고:愛名利以榮身(永嘉上26). 비스다:扮 打扮(四解上77). 비슬 반:扮 俗稱打扮(訓蒙叡山本下9).

비앗다 동 뱉다. ☞비왇다. 비왓다. 비왙다 ¶비앗다:吐(漢淸12:49).

비앗타 동 뱉다. ☞비왇다. 비왓다. 비왙다 ¶머금은 거슬 비앗타(十九史略1:31).

비얏다 동 뱉다. ☞비왇다. 비왓다. 비왙다 ¶비얏다:吐哺(同文解上63).

:비·오 부 비뚜로. ¶누니 비오 흘긔며:眼目角睞(法華7:184).

비오다 동 꾸미다. 빛내다. ☞비스다. 비우다. 비으다. 빗다 ¶두 舍人의 비온 거시 風風流流ᄒ고:兩箇舍人打扮的風風流流(朴解上28). 비오ᄂ 사ᄅ:打扮人(同文解上13). 진실로 비온 거시 風流로와 보기 됴터라:眞是打扮的風流好看(朴新解1:31).

비오리 명 비오리. ☞비올히 ¶비오리 계:鸂(倭解下21). 百花園裡에 두루미도 갓고 綠水波瀾에 비오리도 갓고(古時調. 閣氏네드리. 海謠). 비오리:鸂鶒(柳氏物名一 羽蟲).

비올 명 비오리. ☞비올히. 빗올히 ¶올하 올하 아련 비올하(樂詞. 滿殿春別詞).

비올히 명 비오리. ☞비오리. 빗올히 ¶비올히:鸂鶒(東醫 湯液一 禽部). 비올히:梳鴨子(譯解下27).

·비와·톰 동 뱉음. ㉠비왙다 ¶머구므며 비와토ᄆ로:含吐(楞解3:63).

비와ᄐ니 동 뱉으니. ㉠비왙다 ¶四更에 뫼히 ᄃᄅ올 비와ᄐ니:四更山吐月(杜解12:3).

:비왇·다 동 뱉다. ☞비왓다. 비왙다 ¶林木이 流를 비왇디 아니홇딘댄:林木不吐流(楞解3:79). 밤마다 비ᄎ 비왇ᄂ뇨:每夜吐光芒(杜解16:60). 藥 먹다가 비왇고:吐藥(杜解19:32). 萬物ㅣ 氣運을 비왇타:萬物吐氣(重杜解25:32). 밥이 입에 잇거든 비왇고:食在口則吐之(宣小2:15).
※비왇다<비왙다<비밭다

비왓다 동 뱉다. ☞비왇다. 비왙다 ¶銅盤애 미레 블브티니 비치 ᄒ를 비왓ᄂ ᄃᄒ니:銅盤燒蠟光吐日(重杜解25:30). 감히 실정을 비왓타 공경ᄒ여 은혜를 기ᄃ리노라(山城72). 밥이 입에 잇거시든 비왓고 ᄃᄅ으로 가고 ᄌ조 거를만 아니홀떠니라:食在口則吐之走而不趨(英小2:17).

비·왕·ᄒᆞ·다 동 비방(誹謗)하다. ☞비방ᄒᆞ다 ¶ᄯᅩ 비왕ᄒᆞ야 도ᄅᆞ혀 無間獄ᄋᆞᆯ 혀리 ᄌᆞ조 이시리니:亦乃謗讟返招無間者比比有之(牧牛訣42).

:비·왇·다 동 뱉다. ☞비밭다. 비완다. 비왓다 ¶머구므며 비와토ᄆᆞ로:含吐(楞解3:63). 十虛ᄅᆞᆯ 머구므며 비와톨씨:含吐十虛(楞解3:110). 十方ᄋᆞᆯ 머구므며 비와토ᄃᆡ:含吐十方(法華6:59). 十方ᄋᆞᆯ 머구므며 비와ᄐᆞ샤ᄆᆞᆯ:含吐十方(法華6:60). 能히 八萬四千法을 머구므며 비와ᄐᆞ시며(金剛上8). ᄎᆞ거든 비와ᄐᆞ라:冷吐(救急上65). 四更에 뫼히 ᄃᆞᆯᄋᆞᆯ 비와ᄐᆞ니:四更山吐月(重杜解12:3). 머구므며 비와타 오고 머구므며 비와타 가며(金三3:52). 머구므락 비와ᄐᆞ락 호ᄃᆡ(七大17). 비와틀 토:吐(類合下6). 옥이 향긔ᄅᆞᆯ ᄯᅴ여시며 ᄭᅩᆺ치 말솜을 비와트니(落泉2:5).
※비밭다>비왇다>비완다>뱉다

비우다 동 꾸미다. 단장하다. ☞비스다. 비으다 ¶모양 비우다:喬摸喬樣(譯解補61).

비우다 형 기울다. ¶비우다:斜(漢淸11:60).

:비우·숨 동 비웃음. ㉮비웃다☞비우움 ¶비우수믈 免티 몯ᄒᆞ리니(月釋21:15). 사ᄅᆞᄆᆡ 비우수믈 두거늘 보노니:貽人訕誚(宣賜內訓3:6).

비우움 동 비웃음. ☞비우숨 ¶뎡슈ᄒᆞᄉᆞ와도 비우움을 면티 몯ᄒᆞ리니(地藏解上6).

비·옷 명 비웃. 청어(靑魚). ¶비운 청:鯖. 俗呼鯖魚(訓蒙上20).

:비:웃·다 동 비웃다. ¶正法을 비우ᅀᅥ 魔ᄋᆡ 혼 黨이 ᄃᆞ외리니(釋譜9:14. 月釋9:31). 도ᄅᆞᅘᅧ 비웃논 ᄆᆞᅀᆞᄆᆞᆯ 내야(釋譜9:27). 正法을 비웃디 아니ᄒᆞ야(月釋9:32). 비우수믈 免티 몯ᄒᆞ리니(月釋21:15). 大乘 허러 비웃ᄂᆞ니와(月釋21:60). 허러 비우ᅀᅳ릴 맛나돈(月釋21:65). 三寶 허러 비우ᅀᅳ릴 맛나돈(月釋21:66). 비우ᅀᅳ며 믜며 ᄢᅴ요미 나리니:誹憎嫉生焉(法華4:87). 구지저 비우ᅀᅳ면:罵詈誹謗(法華6:72). 天魔와 外道왜 할아며 비우ᅀᅮᆯ 門이 업스니:天魔外道毁謗無門(金三3:57). 비우슬 긔:譏(訓蒙下29). 비우슬 치:嗤(類合下30). 비우슬 긔:譏(倭解上26). 사ᄅᆞᆷ의 비우ᅀᅳᆷ을(重內訓3:5). 비웃다:笑話(同文解上25. 譯解補52). 져 쥬인 거동 보소 코우숨 비우스며(萬言詞). 비우슬 조:嘲(兒學下4).
※'비웃다'의 활용 ┌비웃고/비웃디/비웃ᄂᆞ니…
└비우ᅀᅳ면/비우ᅀᅮ믈…

비:원 명 비원(悲願). ¶이에 모로매 悲願으로 일워 俗애 處ᄒᆞ야(楞解8:33).

비위 명 비위(脾胃). ¶츤 긔운이 비위에 들면:脾胃(痘瘡方55).

:비:유 명 비유(譬喩). ¶種種 譬喩로 말ᄊᆞᄆᆞᆯ 너비 물어:譬ᄂᆞᆫ 가ᄌᆞᆯ벼 니를 씨오 喩는 알욀 씨라(釋譜13:38). 因緣과 譬喩엣 말ᄊᆞᄆᆞ로(釋譜13:54). 비록 여러 가짓 譬喩ᄅᆞᆯ 닐어도(六祖中59).

·비육 명 병아리. ¶비육爲鷄雛(訓解. 用字).

비으다 동 꾸미다. 단장하다. ☞비스다. 비우다. 비ᄋᆞ다 ¶어ᄃᆡ 가 뎌리 됴흔 옷과 됴흔 鞍馬ᄅᆞᆯ 가져와 얼굴을 비언ᄂᆞᆫ고:那裏將那般好衣服好鞍馬來撇樣子(朴解中30).

비·을·다 동 성기다. 사이가 틀어져 벌다. ☞버을다 ¶親ᄒᆞ며 비을며 멀며 갓가온 ᄆᆞᄃᆡᄅᆞᆯ 짓디 아니ᄒᆞᄂᆞ니:不故作親疎遠近節級(圓覺上一之一113). ['비을며'는 '버을며'의 오기(誤記).]

·비이·슬 명 비와 이슬. 우로(雨露). ¶澤은 저즐 씨니 恩惠 흐웍호미 비이슬 ᄀᆞᆮᄒᆞᆯ 씨라(法華2:187).

비이다 동 꾸미다. 단장하다. ☞비스다. 비으다. 비ᄋᆞ다 ¶비이다:打扮(譯解上46).

비ᄋᆞ·다 동 꾸미다. 단장하다. ☞비스다. 비우다. 비으다. 비이다 ¶다 비옴에 향내ᄅᆞᆯ ᄎᆞ고:皆佩容臭(宣小2:4). ᄒᆞᆫ 舍人 비ᄋᆞ기ᄂᆞᆫ:一箇舍人打扮(朴解上24).

비옴 동 꾸밈. 단장함. ㉮비ᄋᆞ다 ¶다 비옴에 향내ᄅᆞᆯ ᄎᆞ고:皆佩容臭(宣小2:4).

비ᄋᆡᄒᆞ다 동 비애(悲哀)하다. ¶나히 열아홉의 지아비ᄅᆞᆯ 일코 비ᄋᆡ호믈:年十九喪夫悲哀(東新續三綱. 烈4:77). 負ᄂᆞᆫ 그 悲哀호믈 져시미오(家禮6:21).

비자 명 비자(榧子). ☞비ᄌᆞ ¶비자:榧(柳氏物名四 木).

비접나다 동 비접나가다. 피병(避病)하다. ¶아비와 형과 아ᄋᆞ돌흔 다 비접나고:父兄諸弟皆避(東續三綱. 孝19).

비쥭ᄒᆞ다 동 비쭉하다. ☞빗쭉ᄒᆞ다 ¶입ᄒᆞ고 코ᄂᆞᆫ 어이 므스 일 조차셔 후루록 비쥭ᄒᆞᄂᆞ니(古時調. 재 우희. 靑丘).

비·지 명 비지. ¶비지:豆渣(四解下29 渣字註). 비지 자:䜺(訓蒙中22). 비지:豆腐炸(譯解上51).

:비·ᄌᆞ 명 비자(榧子). ☞비자 ¶비ᄌᆞ:榧(四解上17). 비ᄌᆞᆺ 비:榧(訓蒙上10). 비ᄌᆞ 비:榧(類合上9). 비ᄌᆞ 비:榧(兒學上6).
※비ᄌᆞ>비자

:비·ᄌᆞ 명 비자(婢子). 계집 종. ¶婢子ᄃᆞ려 닐오ᄃᆡ(月釋21:56). 婢子의 모ᄆᆞ로 苞苴玩好ᄅᆞᆯ 사마시ᄂᆞᆯ 妃嬪에 가ᄌᆞᆯ비시니(宣賜內訓2上27).

비:쳔ᄒᆞ·다 형 비천(卑賤)하다. ¶香ᄋᆞᆯ 머굼ᄂᆞᆫ 벼스리 卑賤ᄒᆞ다 니ᄅᆞ디 몯ᄒᆞ련마ᄅᆞᆫ:不道含香賤(初杜解14:20).

비최다 동 비치다. ☞비취다 ¶明月이 千山萬

落의 아니 비친 ᄃᆡ 업다(松江. 關東別曲). ᄒᆡᆺ 비최다:日頭發紅(譯解上1). 비췰 죠:照(倭解上6. 註千41). 날과 ᄃᆞᆯ이 兩儀의 비촴을 ᄂᆞᆲ게 ᄒᆞ며:日月普兩儀之照(女四解4:2). 天地神明은 方寸의 비최시며(曺友仁. 梅湖別曲). 비췰 영:暎(註千12). 비췰 감:鑑(註千30). 비췰 쵹:燭(註千36). 비췰 요:曜(註千40).

비쵸다 동 비추다. ☞비취다 ¶오동추야 달이 되여 비쵸이나 보고지고(萬言詞).

비·취·다 동 비치다. ☞비최다 ¶구루미 비취여늘 日官올 從ᄒᆞ시니:赤氣照營日官之占于以聽之(龍歌42章). 城 밧긔 브리 비취여:火照城外(龍歌69章). 바ᄆᆡ 비취니:方夜炳如(龍歌101章). 照ᄂᆞᆫ 비췰 씨라(月釋序22). 活潑潑ᄒᆞᆫ 설설 ᄒᆞ르는 믌겨레 버취ᄂᆞᆫ 비츨 닐온 마리니(蒙法43). 天心에 비취도다(金三4:12). 霞ᄂᆞᆫ ᄒᆡ 비취여 블근 구룸이라(南明上5). 비췰 휘:暉(訓蒙下1). 비췰 영:暎(石千12). 비췰 죠:照(石千41).

비·취·다 동 비추다. ¶祇樹給孤獨園을 다 비취오(釋譜6:45). 光明을 내야 비취신대(釋譜11:12). 世界ᄅᆞᆯ ᄀᆞ초 비취리니(釋譜19:10). 盧舍那ᄂᆞᆫ 光明이 차 비취다 ᄒᆞᆫ 마리니(月釋2:53). 나라ᄒᆞᆯ 다 비취유미(月釋8:64). 네 心目올 비취ᄂᆞ다 ᄒᆞᄂᆞ다:曜汝心目(楞解1:84). ᄆᆞᅀᆞᄆᆞᆯ 비취ᄂᆞ니와(圓覺上一之一90). 하ᄂᆞᆯᄒᆞᆯ 비취며:照天(金三2:45). 머리곰 비취오시라(樂範. 井邑詞).

·비취·오·다 동 비치게 하다. ☞비취우다 ¶바ᄆᆡ 글字ᄅᆞᆯ 섭나모 디더 비취오ᄂᆞ니:夜字照蘇薪(初杜解24:32). 智慧 바ᄅᆞᆳ 明珠ᄅᆞᆯ 비취오도다:耀智海之明珠(金三4:51).

비·취욤 동 비침. ㉮비취다 ¶ᄃᆞ리 즈믄 ᄀᆞᄅᆞ매 비취요미 ᄀᆞᆮᄒᆞ니라(月釋1:1). 諸相이 虛空 ᄀᆞᆮ호ᄃᆡ 비취요매:照了諸相猶如虛空(圓覺序57). 現量ᄋᆞᆫ 分別 업슨 비취요미라:現量者無分別之照也(圓覺下二之一51).

비·취·우·다 동 비치게 하다. ☞비취오다 ¶우믈 파 虛空 내며 燧 비취워 블내요미 이라:如鑿井出空照燧生火是也(楞解4:42). 주글 젯 눈므를 ᄆᆞᄎᆞ매 눈서베 비취우도다:死淚終映睫(初杜解24:17).

:비·취 명 비취. 물총새. ¶翡翠ᄂᆞᆫ 옷 거론 남ᄀᆡ셔 울오:翡翠鳴衣桁(初杜解15:12). 여듧 뽀긔 비취 짓 셜오 진언 ᄌᆞ를 금으로 ᄉᆞ민 간 우희:八瓣兒鋪翠眞言字粧金大帽上(飜朴上29).

비취 명 비취(翡翠). ¶비취 취:翠(註千32).

비치다 동 삐치다. ☞비티다 ¶글ᄌᆞ 비친 획:字撇(漢淸4:13).

비치다 동 비치다. ☞비취다 ¶비췰 죠:照(兒學下10).

비침 명 삐침. ¶비침과 덤과 동고림을 잘 긔록ᄒᆞ여 쓰고(捷蒙1:1).

비컨대 부 비(比)컨대. ☞비컨댄 ¶남긔 比컨대 불희 ᄒᆞᆫ가지오 가지 다ᄅᆞᆷ이며 믈의 比컨대 근원이 ᄒᆞᆫ가지오(警民6).

비컨댄 부 비(比)컨댄. ☞비컨대 ¶그 品物을 朝夕奠의 比컨댄(家禮7:3).

비·코 동 뿌리고. ㉮비타 ¶그 우희 供養ᄒᆞ야 비코 비코 이 念을 ᄒᆞ야 닐오ᄃᆡ:供散其上散已作是念言(法華6:182).

비·타 동 뿌리다. ☞쎄타 ¶이제 世尊이 큰 法을 니ᄅᆞ시며 큰 法雨를 비ᄒᆞ시며(釋譜13:26). 부텨를 맛ᄌᆞᄫᅡ 저ᅀᆞᆸ고 일훔난 고ᄌᆞᆯ 비터라(月釋1:13). 그 저긔 ᄒᆞᆫ 반 남자히 ᄢᅵ 비흟 저긔(月釋2:12). 諸天이 虛空애 ᄀᆞᄃᆞ기 ᄢᅧ 좃ᄌᆞᄫᅡ 오며 풍류ᄒᆞ고 곳 비터니(月釋2:18). 여러 가짓 香 비ᄒᆞ며(月釋2:39). 몸애 블나고 무뤼ᄅᆞᆯ 비ᄒᆞ니(月釋7:22). 머리셔 비ᄒᆞ니 비혼 것ᄃᆞᆯ히 十方ᄋᆞ로셔 오니 구룸 지픠ᄃᆞᆺ ᄒᆞ야(月釋18:9). 하ᄂᆞᆯ해셔 寶華ᄅᆞᆯ 비터니(月釋18:44). 하ᄂᆞᆯ히 百寶蓮華ᄅᆞᆯ 비호니:天雨百寶蓮華(楞解6:47). ᄀᆞᄂᆞ리 ᄇᆞᅀᆞᆫ 굳고 거믄 栴檀올 비허:雨…細抹堅黑栴檀(法華6:138). 그 우희 供養ᄒᆞ야 비코:供散其上(法華6:182). 帝釋이 곳 비허 讚嘆ᄒᆞᆫ대 須菩提 니ᄅᆞ샤ᄃᆡ 곳 빋ᄂᆞ닌 누고(南明下14).

※'비타'의 활용 ┌ 비코/비터니/비터라…
└ 비흐니/비허/비흐며…

비탈 명 비탈. ¶뫼ㅅ비탈:山坡(同文解上6). 고개 아러 비탈:山嶺下坡處(漢淸1:38). 비탈 애:崖(兒學上3).

비·탕 명 변탕. ¶비탕 탕:鐋(訓蒙中16).

비·터·니 동 뿌리더니. ㉮비타 ¶하ᄂᆞᆯ해셔 寶華ᄅᆞᆯ 비터니 一切人天이 녜 업던 이ᄅᆞᆯ 得과라 ᄒᆞ더라(月釋18:44).

비터라 동 뿌리더라. ㉮비타 ¶부텨를 맛ᄌᆞᄫᅡ 저ᅀᆞᆸ고 일훔난 고ᄌᆞᆯ 비터라(月釋1:13).

비통ᄒᆞ다 형 비통(悲痛)하다. ¶안ᄆᆞ옴 悲痛호미 父과 同호믈 取호미라(家禮6:16).

비티다 동 삐치다. ☞비치다 ¶ᄒᆞᆫ 긋 밧그로 비티고 ᄒᆞᆫ 긋 안흐로 비틴 거시 곳 이라:一丿一乀便是(朴解中42).

비파 명 비파(琵琶). ☞비바. 비화 ¶비파 비:琵. 비파 파:琶(類合上24). 비파:琵琶(同文解上52).

비파 명 비파(枇杷). ¶비파 비:枇. 비파 파:杷(註千32).

:비편 명 적(敵)의 편. 상대(相對)편. ☞피편 ¶되ᄂᆞᆫ 엇데 센 비편이리오:胡羯豈强敵(杜解7:25). 죠고맛 비편ᄋᆞᆫ 眞實로 전논 배로다:小敵信所怯(杜解24:16).

비편ᄒᆞ다 동 비편(非便)하다. 편하지 않다.

¶더욱 非便ᄒᆞ니 비록 쓰디 아니ᄒᆞ야도 可ᄒᆞ니라(家禮7:30).

비혀다 동 비집다. ¶손ᄀᆞ락으로 눈두웨ᄅᆞᆯ 잠짠 비혀 여러:略用指攀開皮(痘要下34).

·비·화 명 비파(琵琶). ☞비바. 비파 ¶담 우희 ᄒᆞᆫ 비화를 아모도 잡디 몯ᄒᆞᄂᆞᆫ 거셔:墻上一箇琵琶任誰不敢拿他(飜朴上41). 비황 비:琵. 비황 파:琶. 비화 슬:瑟(訓蒙中32). 비화 슬:瑟(石千20). 거믄고와 비화ᄅᆞᆯ 잡디 아니ᄒᆞ며:琴瑟不御(重內訓1:42).

비흐·니 동 뿌리니. ㉠비타 ¶娑婆世界예 머리셔 비흐니:遙散娑婆世界(法華6:105).

비흐·시·니 동 뿌리시니. ㉠비타 ¶善慧 다ᄉᆞᆺ 고ᄌᆞᆯ 비흐시니(月釋1:13).

:비·히 부 비(菲)히. 엷게〔薄〕. ¶飮食을 菲히 ᄒᆞ시고 孝를 鬼神애 닐위시며:菲飮食而致孝乎鬼神(宣論2:37).

비히다 동 베다〔斬〕. ¶다리쎄ᄅᆞᆯ 비혀 술에 ᄲᅡ 써 나오니:割股肉和酒以進(東新續三綱. 孝4:8). 나무 비혀 불쎠여서(萬言詞答).

비ᄒᆞ·니 동 뿌리니. ㉠비타 ¶몸애 블나고 무뤼ᄅᆞᆯ 비ᄒᆞ니(月釋7:22). 여러 가짓 모매 莊嚴ᄒᆞᇙ 것 珍寶妙物로 다 娑婆世界예 머리셔 비ᄒᆞ니(月釋18:9).

:비ᄒᆞ·다 동 비(比)하다. 견주다. ¶可히 써 先王의 觀애 比ᄒᆞᆯ꼬(宣孟2:14). 슈고와 폐ᄂᆞᆫ 비ᄒᆞ기 어려오니(新語6:3). 梁은 고기 잡ᄂᆞᆫ 돌이니 큰 고기 梁을 쒸어나매 放恣ᄒᆞᆫ 婦人의게 비ᄒᆞ다(女四解2:17). 제 왕지라도 더브러 비ᄒᆞ리 업고(仁祖行狀2). 前ᄶᅥ세 比ᄒᆞ면 ᄀᆞ장 됴타(蒙老3:1).

비ᄒᆞ·며 동 뿌리며. ㉠비타 ¶여러 가짓 香 비ᄒᆞ며(月釋2:39).

빈곤ᄒᆞ다 형 빈곤(貧困)하다. ¶안직 貧困ᄒᆞ니ᄂᆞᆫ:最困者(重杜解1:11).

빈궁ᄒᆞ·다 형 빈궁(貧窮)하다. ¶그제 貧窮ᄒᆞᆫ 아ᄃᆞ리 ᄆᆞᅀᆞᆯ돌해 노녀(月釋13:8). 六道衆生이 貧窮ᄒᆞ야:貧窮은 쳔량 업슬 씨라(法華1:231). 貧窮ᄒᆞ고 늙고 여위여 지븨셔 시눌 ᄲᅩᆯ어든(初杜解25:10). 城에 드르샤 바리 디니샤ᄆᆞᆫ 眞實로 貧窮ᄒᆞ니ᄅᆞᆯ 어엿비 너기시논 젼치시고(金三1:34). 져 집이 빈궁ᄒᆞ나 쳬례ᄅᆞᆯ 다 쇼져ᄅᆞᆯ 쥬어 보내ᄂᆞᆫ 고로(落泉1:2).

빈·긱 명 빈객(賓客). ¶賓客으로 더브러 言ᄒᆞ얌 즉ᄒᆞ거니와 그 仁은 아디 몯게라(宣論1:42). 賓客으로 더브러 禮ᄅᆞᆯ ᄒᆞ매ᄂᆞᆫ(家禮5:3). 堂西ᄂᆞᆫ 賓客의 位치니(家禮圖6).

빈나다 동 빛나다. ☞빗나다 ¶빈날 화:華(光千18).

빈대 명 빈대. ☞빈ᄃᆡ ¶빈대:臭蟲(譯解下35. 同文解下43. 漢淸14:54). 빈대:䗪蝨(物譜蟲豸).

빈당 명 빈장(賓長). 윗손님. ¶賓長이 尸동의게 三獻ᄒᆞ여ᄃᆞᆫ 尸동이 술을 祭ᄒᆞᆫ 後애(家禮10:23).

빈ᄃᆡ 명 빈대. ¶빈ᄃᆡ 홀:蠍(兒學上8).

빈뵈다 동 발뵈다. 자긍(自矜)하다. ¶빈뵐 현:衒(類合下39).

빈부 명 빈부(貧富). ¶幣ᄅᆞᆯ 色 비단을 ᄡᅥ호ᄃᆡ 貧富ᄅᆞᆯ 隨宜ᄒᆞ야(家禮4:6).

빈사과 명 빈사과. 빙사과(氷砂菓). ¶빈사과:蘋婆(物譜 飮食).

·빈:소 명 빈소(殯所). ¶殯所ㅅ 겨틔 廬 짓고 밤낫 우더라(三綱. 孝25). 跗ᄅᆞᆯ 設ᄒᆞ야 殯소 東의 세우라(家禮5:22).

빈소ᄒᆞ다 동 빈소(殯所)를 마련하다. ¶아비 죽거ᄂᆞᆯ 침실의 빈소ᄒᆞ고:父死殯于寢室(東新續三綱. 孝1:7).

빈ᄉᆡᆨᄒᆞ다 형 빈삭(頻數)하다. 빈번하다. 잦다. ¶왕ᄂᆡ 더욱 빈ᄉᆡᆨᄒᆞ며(引鳳簫1).

빈여 명 비녀. ☞빈혀 ¶머리 빈여를 갈어 목을 질너 죽으니:笄(女四解4:20).

빈:쳔 명 빈천(貧賤). ☞빙쳔 ¶陛下ㅣ ᄒᆞ마 妾을 貧賤에 닛디 아니ᄒᆞ시니(宣賜內訓2下41). 貧賤이 能히 移티 몯ᄒᆞ며(宣孟6:6). 貧賤에 素ᄒᆞ얀 貧賤에 行ᄒᆞ며(宣中13).

빈:쳔ᄒᆞ·다 형 빈천(貧賤)하다. ☞빙쳔ᄒᆞ다 ¶이제 비록 富貴ᄒᆞᆫ돌 다ᄅᆞᆫ 시절에 貧賤티 아니ᄒᆞᇙ돌 엇데 알리오(宣賜內訓1:81). 前의ᄂᆞᆫ 貧賤ᄒᆞ고 後에ᄂᆞᆫ 富貴ᄒᆞ거든 내티디 아닐디니라:前貧賤後富貴不去(宣小2:55). 貧賤ᄒᆞ야 사ᄅᆞᄆᆡ 이ᄅᆞᆯ 져기코 디나가ᄆᆞᆯ 오란비 妨害ᄒᆞᄂᆞ다(重杜解24:9). 진실로 어딜면 이제 비록 貧賤ᄒᆞ나(家禮4:2).

빈·츅ᄒᆞ·다 동 얼굴을 찡그리다. ¶己 頻顣ᄒᆞ야 ᄀᆞᆯ오ᄃᆡ(宣孟6:36).

빈툐 명 옷고름. 옷끈. ¶빈툐:褸 衣襻(四解下16 褸字註).

빈파:과 명 빈파과(頻婆果). 사과(沙果). ¶입시울 비치 빗나시고 축축ᄒᆞ시고 블근 비치 頻婆果 ᄀᆞᆮᄒᆞ시고:頻婆果ᄂᆞᆫ ᄀᆞ장 블근 果實이라(法華2:16).

빈한 명 빈한(貧寒). ¶貧寒을 ᄂᆞᆷ이 웃고(古時調. 朱義植. 말하면. 靑丘).

빈혀 명 비녀. ☞빈여 ¶혀 우희 검고 두어 굼기 빈혓 구무만코:舌上黑有數孔大如簪(救急上66). 열다ᄉᆞ시어든 빈혀 고ᄌᆞ며:十有五年而笄(宣賜內訓3:3). 금빈혀로 눈ᄌᆞᅀᆞ애 ᄀᆞ리씐 거슬 거더ᄇᆞ리면:金篦刮眼膜(初杜解9:19). 다 빈혀ᄅᆞᆯ 이긔디 몯ᄒᆞᆯ ᄃᆞᆺᄒᆞ도다:渾欲不勝簪(杜解10:7). 머리 우흿 빈혀ᄅᆞᆯ 바사 ᄇᆞ료리라:脫我頭上簪(杜解15:4). 칠보 금빈혀 ᄒᆞ나콰:一箇七寶金簪兒(飜朴上20). ᄒᆞᆫ 빈혀ᄅᆞᆯ ᄑᆞᄂᆞ니:貨一金叉(飜小10:15). 빈혀 줌:簪. 빈혀 계:笄(訓蒙

中24). 빈혀 즘:簪(類合上31. 倭解上44). 빈혀 좀:箴(光千16). 열히오 또 다ᄉᆺ 히어든 빈혀 곳고:十有五年而笄(宣小1:7). 머리 빗고 縱ᄒᆞ고 빈혀 곳고 總ᄒᆞ며:櫛縱笄總(宣小2:2). 玉빈혀:玉釵子(譯解上44). 姜后 빈혀ᄅᆞᆯ 빠히고(女四解4:4). 金금 빈혀ᄅᆞᆯ 가지고(明皇1:38). 빈혀:簪子(同文解上54. 漢淸11:23). 강휘 빈혀ᄅᆞᆯ 빠히고(女範1. 셩후 쥬션강후). 싀어미 쓰던 빈혀와(女範4. 녈녀 황시절). 빈혀 채:釵(兒學上12). 篦曰 頻希(雞類).

※빈혀>비녀

빋 명 ①빚. ☞빗 ¶빋 갑게 ᄒᆞ시니(三綱. 孝9). 내 네 비들 가파:我還汝債(楞解4:31). 빋 逃亡홀 고디 업슬 시니 엇데 避홀 고디 업서 빋 가ᄑᆞ리오(南明下53). 빋 채:債(訓蒙下22). 빋 쵀:債(類合下45).

②값. ¶비들 만히 니르면 몯 삸가 ᄒᆞ야 닐오ᄃᆡ(釋譜6:24). 일훔 난 됴ᄒᆞᆫ 오시 비디 千萬이 ᄊᆞ며(釋譜13:22). 겨집죵ᄋᆡ 비디 언메잇가(月釋8:81). 夫人이 니ᄅᆞ샤ᄃᆡ 내 몸앳 비디 二千斤ㅅ 金이니이다(月釋8:81). 風流ㅣ 다 비디 됴토소니:風流俱善價(杜解20:6). 玄成의 됴ᄒᆞᆫ 비디 잇ᄂᆞᆫ ᄃᆞ고:玄成美價存(杜解22:53).

빋 명 ①빛. ☞빗 ¶빋 광:光(倭解下12).

②빛깔(色). 색깔. ☞빗. 빛 ¶빋 식:色(倭解下11).

빋 명 빗. ☞빗 ¶빋 소:梳(倭解上44).

빋기다 동 비끼다(橫). ☞빗기다 ¶창을 빋기고 돌던ᄒᆞ야:橫槊突陣(東三綱. 忠2). 빋길 횡:橫. 빋길 샤:斜(倭解下37).

빋나다 동 빛나다. ☞빗나다 ¶빋날 화:華(石千8). 棗子ᄅᆞᆯ 쓰서 빋나게 ᄒᆞ야:抹光棗子(女四解2:32).

빋:내·다 동 빚내다. ¶빋낸 사ᄅᆞᆷ 아모 ᄒᆞᆷᄭᅴ와:借錢人某同(飜朴上61).

빋ᄂᆞ·니 동 뿌리느니. ☞비타 ¶曼陀羅華 비허 부텨와 大衆의게 빋ᄂᆞ니:雨曼陀羅華散佛及大衆(法華5:164).

빋ᄂᆞ·닌 구 뿌리는 이는. ☞비타 ¶須菩提 니ᄅᆞ샤ᄃᆡ 곳 빋ᄂᆞ닌 누고(南明下14).

빋다 동 빗다(梳). ☞빗다 ¶머리 빋기 ᄂᆞᆺ 싣기ᄅᆞᆯ 아니 ᄒᆞ고:不梳洗(東新續三綱. 孝7:55). ᄂᆞᆺ 싣고 머리 빋기ᄅᆞᆯ 아니 ᄒᆞ고:不梳洗(東新續三綱. 烈1:54).

빋도망 명 빚지고 달아나는 일. ¶빋도망 보:逋(類合下18).

빋디·다 동 값이 떨어지다. ¶됴ᄒᆞᆫ 거시 빋디디 아니코:好物不賤(飜朴上15). 올힌 져기 빋디다:今年較賤些箇(飜朴上51). 너므 빋디워 네손ᄃᆡ ᄑᆞ로마:濫賤的賣與你(飜朴上74).

빋믈 명 빗물. ¶미실 누를 제 온 빋믈:梅雨水(東醫 湯液一 水部).

빋·솜 형 비쌈. ㉮빋ᄉᆞ다 ¶편안호미ᅀᅡ 빋소미 하니라:安樂直錢多(飜老下4).

빋·ᄉᆞ·다 형 비싸다. 값지다. ☞빋ᄊᆞ다 ¶빋ᄉᆞ다:直錢(老朴集. 單字解2). 빋ᄉᆞ다:直錢通作値(朴解. 單字解2).

빋·ᄊᆞ·다 형 비싸다. 값지다. ☞빗ᄊᆞ다 ¶빋낸 사ᄅᆞ미 지븨 믈읫 잇ᄂᆞᆫ 빋ᄊᆞᆫ 거싀라도:將借錢人在家應有直錢物件(飜朴上61).

빋:업·다 형 매우 비싸다. ¶빋업슨 오ᄉᆞ로(하 貴ᄒᆞ야 비디 업스니라) 부텨와 즁괏그에 布施ᄒᆞ며(釋譜13:22).

빋쟝 명 빗장. 문빗장. ☞빗댱 ¶빋쟝 솬:楦(倭解上32).

빋·지·다 동 빚지다. ¶빋지여시면 거즈말 잘ᄒᆞᄂᆞ니라:少債快說謊(飜朴上35).

빌 명 필(匹). ☞필 ¶거믄 털릭 뵈 닷 비를:五箇黑帖裏布(飜朴上51).

:빌·다 동 빌다(乞). ¶비론 바ᄇᆞᆯ 엇데 좌시ᄂᆞᆫ가(月印上44). 가시며 子息이며 죠ᄋᆡᆫ돌 주며 비ᄂᆞᆫ 사ᄅᆞᄆᆞᆯ 주리여(釋譜9:12). 빌리 잇거든 츠기 너겨 모지마라 ᄒᆞᆶ디라도(釋譜9:12). 本來 업슨 거긔 法 이슈미 비룸 ᄀᆞᆮᄒᆞ니(月釋7:70). ᄃᆞ니ᄂᆞᆫ 자새 次第로 조차 비로ᄃᆡ:於所遊城次第循乞(楞解1:32). 그 城中에 밥 비르샤:乞食於其城中(金剛3). 샹녜 밥 비루믈 行호미오:常行乞食(圓覺上二之二117). ᄒᆞ마 나그내 네 다하 빌시(飜老上54). 艱難ᄒᆞᆫ 사ᄅᆞ미 와 빌거든:貧人來乞(龜鑑上39). 빌 걸:乞(訓蒙下22). 빌 개:丐(類合下45). 숫글 먹움어 벙어리 되여 져제 ᄃᆞ니며 비니:呑炭爲啞行乞於市(宣小4:31). 어미ᄅᆞᆯ 치ᄃᆡ ᄂᆞᄆᆡ 일ᄒᆞ고 비러다가 ᄡᅥ 머기더니:養母傭作行乞以飼之(東新續三綱. 孝1:4). 동녕도 ᄒᆞᆫ 번이지 빌긴들 미양 ᄒᆞ랴(萬言詞).

:빌·다 동 빌다(祈. 祝). ¶홍졍바지ᄃᆞᆯ히 길ᄒᆞᆯ 녀아 天神ᄭᅴ 비더니이다(月印上31). 메윤 돗귀ᄅᆞᆯ 비ᅀᆞᄫᅡᅀᅡ ᄠᅳ들 일우니(月印上38). 福ᄋᆞᆯ 비러 목숨 길오져 ᄒᆞ다가(釋譜9:36). 神靈ᄭᅴ 비다가 몯ᄒᆞ야 呪師 블러 呪ᄒᆞ라 ᄒᆞ니(月釋7:28). ᄀᆞᄆᆞᆫ 時節에 비빌오져 홇 사ᄅᆞᄆᆞᆫ(月釋10:117). ᄆᆞᅀᆞ매 비로ᄆᆞ로:心祈(楞解10:42). 셜이 비ᅀᆞ와 辭讓ᄒᆞ신 젼ᄎᆞ로:哀請謙讓故(宣賜內訓2下16). ᄃᆞᆯ히 優波離尊者ᄭᅴ 가 懺悔ᄅᆞᆯ비ᅀᆞᆸ거늘(南明下60). 願을 비ᅀᆞᆸ노이다(樂範. 動動). 빌 도:禱. 빌 긔:祈(訓蒙下32). 그 고을 원으로 빌라:俾使君祝之(瘟疫方3). 빌 긔:祈. 빌 츅:祝. 빌 도:禱(類合下14). 士ㅣ 冠ᄒᆞᄂᆞᆫ 禮예 처엄 스일시 비러 ᄀᆞᆯ오ᄃᆡ:士冠禮始加祝曰(宣小3:19). 祝:귓것싀

게 빌기 ᄒᆞᄂᆞᆫ 사ᄅᆞᆷ이라(宣小5:60). 브르지져 울고 슬피 비러 ᄀᆞ로ᄃᆡ:號泣哀乞曰(東新續三綱. 孝3:42). 좀좀코 비니 심이 즉시 소사나고:默禱泉卽湧(東新續三綱. 孝3:77). 빌 긔:祈(倭解上53).

:빌·다 동 빌리다〔借〕. ☞빌이다 ¶그 ᄯᅳᆯ 비로ᄃᆡ(釋譜11:30). 舍利를 비ᅀᆞᄫᅡ다가 塔 일어(釋譜23:52). 假ᄂᆞᆫ 빌 씨니(月釋7:69). 五淨 비룬 일후믈 자바:執五淨假名(楞解6:100). 不思議力을 비ᅀᆞ와:假其不思議力(楞解7:24). 비른 일후므로 衆生ᄋᆞᆯ 引導ᄒᆞᄂᆞ니:以假名字引導於衆生(法華1:203). 賢智를 비디 아니라:非假賢智(法華6:31). 내의 비룬 거시라(金剛後序6). 어루 고줄 빌리라:可假花(杜解8:42). 寇恂을 비로미 오히려 맛당ᄒᆞ도다:猶宜借寇恂(杜解21:13). 알핏 籌를 제 해 빌어든:前籌多自假(杜解24:56). 내 비롤 이리 이셔:我有些央及的勾當(飜朴上59). 빌 가:假. 빌 챠:借(訓蒙下22). 빌 가:假(類合下38. 石千25). 빌 챠:借(類合下38. 倭解上56). 비러 므러도 방해롭디 아니ᄒᆞ리라:借(女四解2:14).

빌리 명 비루. ☞비로. 비ᄅᆞ ¶빌리 이 므슴 어려온 곳이 이시리오:糟疥有甚難處(朴解上56).

:빌머·굼 동 빌어먹음. ㉮빌먹다 ¶샹녜 빌머굼과 누비옷 니붐과 ᄒᆞᄅᆞ ᄒᆞᆫ 번 밥 머굼과(月釋7:31). 빌머굼과 세 가짓 옷뿐 가져 ᄒᆞᄂᆞᆷ괘라(月釋7:31).

:빌먹·다 동 빌어먹다. ¶婆羅門이 그 말 듣고 고ᄫᆞᆫ ᄯᆞᆯ 얻니노라 ᄒᆞ야 빌머거(釋譜6:14). 나라해 빌머그라 오시니(月釋1:5).

빌·믜 명 빌미. ¶지븨 빌믯 것 만호ᄆᆞᆯ 니ᄅᆞ시니라:言宅多祟物也(法華2:114). 샤긔와 빌믜와:邪祟者(救簡1:110). 요괴로윈 빌믜 븓들인 병 방졍ᄒᆞᄂᆞ니:治禳妖邪祟(瘟疫方17). 귀신의 빌믜:鬼祟(漢淸9:7). 빌믜 짓다:作祟(漢淸9:8).

빌·믜ᄒᆞ·다 동 빌미 짓다. ¶蛟와 鼉와ᄂᆞᆫ 빌믜호ᄆᆞᆯ 즐겨ᄒᆞᄂᆞ니라:蛟鼉好爲祟(初杜解16:19).

빌ᄭᅮ·다 동 빌어 꾸다. ¶威儀를 빌ᄭᅮ워 나토니:假現威儀(金三4:18). 이 일후미 빌ᄭᅮᆫ 일후미며:是名爲假名(金三5:37).

빌·여·늘 동 빌리거늘. 빌려 주거늘. ㉮빌이다 ¶그듸 가 들 ᄧᅵ비 볼쎠 이도다 ᄒᆞ고 道眼ᄋᆞᆯ 빌여늘 須達이 보니 여슷 하ᄂᆞ래 宮殿이 ᄉᆡᆨᄉᆡᆨᄒᆞ더라(釋譜6:35).

빌·이·다 동 빌리다〔借〕. ☞빌다 ¶자리를 빌이라 ᄒᆞ시니(月印上36). 龍堂ᄋᆞᆯ 빌이라 ᄒᆞ시니(月印上37). 道眼ᄋᆞᆯ 빌여늘 須達이 보니 여슷 하ᄂᆞ래 宮殿이 ᄉᆡᆨᄉᆡᆨᄒᆞ더라(釋譜6:35). 빌이쇼셔 ᄒᆞ야시ᄂᆞᆯ(釋譜11:26). 溫和ᄒᆞᆫ 말ᄉᆞᄆᆞ로 빌이샤:假借溫言(宣賜內訓2上55). 너를 빌여:借汝(杜解7:20). 빌요믈 니부니:蒙借貸(杜解15:15). 날 빌이건마ᄅᆞᆫ:許借我(杜解25:41). 사ᄅᆞ미 빌이기를 아쳐러 아니ᄒᆞ더라(飜小8:39). 敢히 ᄉᆞᄉᆞ로이 빌이디 몯ᄒᆞ며:不敢私假(宣小2:13). 일혼 넉슬 너희 무를 빌여 두겨시니라:遊魂貸爾曹(重杜解5:2).

빕뜨다 동 뛰어오르다. ¶놀라 빕ᄯᅳ다:忽驚閃(漢淸14:29).

·빗 명 ①빛〔光〕. ☞빋. 빛 ¶虛空 빗 그르메를 터ᄒᆞ야 ᄇᆞ려 그처ᅀᅡ:打破虛空光影斷(南明上3). 빗 광:光(訓蒙下1. 石千3). 빗 광(類合上32). ※빗>빛

②빛깔〔色〕. ☞빋. 빛 ¶나타난 두려운 光ᄋᆞᆫ 이 燈ㅅ 빗가:所現圓光爲是燈色(楞解2:80). 누른 빗과 흰 빗괘 아니어든(宣賜內訓3:67). 뎌 터럭과 빗괘 서르 ᄀᆞᆮ디 아니ᄒᆞᆯ시니라:爲他毛色不相同(南明下35). 빗 ᄉᆡᆨ:色(類合上5. 石千30). 빗치 사오납거든 먹디 아니ᄒᆞ시며:色惡不食(宣小3:25). 빗치 금 ᄀᆞᆺ더니(明皇1). ※빗>빛

빗 명 빗. ☞빋 ¶手巾과 빗과를 ᄒᆞᆫᄃᆡ 말며:不同巾櫛(宣賜內訓1:4). 비세 하야히 비취옛더라:白映梳(杜解20:45). 샹아 비시어나 호리어나 ᄀᆞ론 므를 ᄉᆞᆷ씨라:象牙梳或牙笏等磨水嚥下(救簡6:7). 빗 소:梳(類合上25). 슈건과 비슬 잡게 ᄒᆞ시니:使…執巾櫛(宣小6:54).

빗 명 빚. ☞빋 ¶빗:債(同文解下27). 빗 주다:放債(漢淸6:64). 죵 ᄎᆞᄌᆞ려 양반인가 빗 바드련 쳬쥬런가(萬言詞).

빗 부 비뚜로. 가로. ☞빗기 ¶구루믈 보고 눉므를 가ᄉᆞ매 빗 흘리노라:看雲淚橫臆(重杜解4:32). ᄀᆞᄆᆞ니 부ᄂᆞᆫ ᄇᆞᄅᆞᄆᆡ 져비 빗ᄂᆞ놋다:微風燕子斜(杜解7:7). 堂앤 單父의 거믄괴 빗 노햇도다:堂橫單父琴(杜解21:35). 寶劒ᄋᆞᆯ 빗 자바:橫按寶劒(金三5:47).

빗거·스·리·다 동 빗다〔刷〕. ¶빗내 羽儀를 빗거스리놋다:光芒刷羽儀(杜解8:26). 아ᄒᆡ 시절브터 센 ᄂᆞᆯ개를 빗거스리니라:童稚刷勁翮(初杜解24:11).

빗굴다 형 비뚤다. ☞빗그다 ¶或 빗굴고 或 ᄀᆞᄅᆞ디고:或斜或橫(無寃錄3:16). 빗굴며 길며 모디며 둥굼을 ᄌᆞ세히 알올디니:細認斜長方圓(無寃錄3:18).

빗·굼 형 비뚦. 비낌. ㉮빗그다 ¶빗구믄 十方에 다아도 ᄀᆞᆺ 업스니:橫者十方窮之無有涯畔(圓覺上一之二14). 빗굼과 발오ᄆᆞᆯ 다 ᄢᅳ류미라:橫竪揔該(圓覺上二之二131). 雜虜의 干戈ㅣ 빗구미 ᄌᆞᄌᆞ니:雜虜橫戈數(重杜解5:8).

빗·그·다 형 비뚤다. ☞빗다 ¶빗근 남ᄀᆞᆯ ᄂᆞ

라 나마시니:于彼横木又飛越兮(龍歌86章). 邪曲은 빗그며 고바 正티 몯홀 씨라(月釋1:25). 縱橫은 고ᄃᆞ며 빗글 씨라(蒙法66). 石門ㅅ 빗근 히예 수픐 두들게 니르러 오라:石門斜日到林丘(杜解9:12). 빗근 힛비츤 軒蓋ᄅᆞᆯ 當ᄒᆞ고:斜日當軒蓋(杜解23:1). 빗글 횡:橫. 빗글 샤:斜(訓蒙下17). 一枝紅의 빗근 笛吹 一枝紅의 빗근 笛吹(樂詞. 翰林別曲). 빗근 길:斜路(譯解上6).

빗·기 부 ①가로. ¶빗기 건너미니:橫衝而度(楞解8:93). 빗기 자본 뎌홀 부루믈 마디 아니ᄒᆞᄂᆞ다:橫笛未休吹(杜解15:52). 모ᄆᆞᆯ 빗기 드르샤:橫身而入(金三4:38). ②비스듬히. ¶踈홀씨 빗기 屬ᄒᆞ니(月釋2:22之1). 偏은 빗기 十方애 ᄢᅴ리유미니:偏則橫該十方(圓覺上一之二14). 달오ᄆᆞᆫ 빗기 닐오미 나사가니:異就橫說(圓覺上一之二111). 지혀며 빗기 보ᄆᆞᆯ:倚睇視(宣賜內訓1:50). 가ᄇᆡ야온 져비ᄂᆞᆫ ᄇᆞᄅᆞᄆᆞᆯ 바다 빗기 ᄂᆞ놋다:輕燕受風斜(初杜解10:3). 杜陵ㅅ 빗기 비췬 힛 나조히:杜陵斜照晩(杜解20:45). 빗기 서리여 ᄒᆞ마 자최 낟도다:斜蟠已露痕(南明下28). 羊鬚筆 鼠鬚筆 빗기 드러(樂詞. 翰林別曲). 敢히 지혀며 빗기 보디 아니ᄒᆞ며:不敢倚睇視(宣小2:7). 삿갓 빗기 쓰고 누역으로 오슬 삼아(古時調. 孟思誠. 江湖에 겨월. 青丘). 青牛를 빗기 ᄐᆞ고 綠水를 흘니 건너(古時調. 歌曲). 빗기 딜너 가온대로 殺ᄒᆞ야(武藝圖19).

빗기·다 동 비끼다(橫). ☞빋기다 ¶ᄂᆞ룻 흐르ᄂᆞᆫ 므른 脈脈히 빗겟도다:津流脈脈斜(杜解3:26). 고ᄃᆞᆫ 氣運이 乾坤애 빗겟더라:直氣橫乾坤(初杜解8:6). 빗길 샤:斜(類合下62). ᄀᆞᆯ와 안즘애 ᄑᆞᆯ을 빗기디 아니ᄒᆞ며:並坐不橫肱(宣小3:17). 칼홀 빗기고 활을 ᄃᆞᆯ의고 도적의 가온대로 돌입ᄒᆞ야:橫劒彎弓突入賊中(東新續三綱. 忠1:74). 만막골 긴긴 골의 將廳이 빗겨세라(萬言詞). 빗길 횡:橫(兒學下9).

빗기·다 동 빗기다. ¶솔로 빗기면 ᄂᆞᆯ곤 구스리 ᄢᅥ러디고(月釋1:27). ᄆᆡ실 싯기며 빗겨 글게질ᄒᆞ야 조히 ᄒᆞ야:每日洗刷抱的乾乾淨淨地(飜朴上21). 몬져 얼믠 춤비소로 빗기고:先將那稀筬子撓了(飜朴上44). ᄆᆞᆯ 빗기다:刷馬(譯解下30).

·빗·나·다 동 빛나다. ☞빋나다 ¶빗난 蓋와 軒飾ᄋᆞ로 布施ᄒᆞ리도 이시며(釋譜13:19). 耀ᄂᆞᆫ 빗날 씨라(月釋序1). 藻ᄂᆞᆫ 말와미니 文字 빗나미 ᄀᆞᄐᆞ니라(楞解9:56). 번게 빗나고(法華5:35). 오ᄂᆞᆯ 다ᄃᆞᄅᆞ샤 더욱 빗나샷다(法華6:87). 그를 빗나게 홀 시라(圓覺上一之二21). 世間앳 利와 어즈러운 빗난 것:華(宣賜內訓1:27). 구름 ᄭᅵᆫ 돌히 빗나니:雲石熒熒(初杜解7:20). 저픈 비치 빗나아(金三3:54). 엇뎨 그 ᄢᅵ ᄒᆞᆫ 句 닐어 알ᄑᆡ 빗나며(南明上31). 빗날 화:華(訓蒙下4. 類合上32. 註千18). 빗날 치:綵(訓蒙下20. 光千19). 빗날 요:曜(光千40). 빗날 휘:輝(類合上5). 빗날 녑:燁. 빗날 위:煒(類合下24). 빗날 려:麗(類合下35. 石千2). 빗날 ᄎᆡ:彩(類合下42). 빗날 란:爛(類合下52). 빗날 병:炳. 빗날 환:煥(類合下53). 빗날 울:蔚. 빗날 요:耀(類合下54). 빗날 위:煒. 빗날 황:煌(石千36). 몸 봉양홈을 빗나며 샤치홈ᄋᆞᆯ 됴히 너기ᄂᆞᆫ디라:奉身好華侈(宣小5:24). 빗난 옷 아니 니브니 일향이 탄복ᄒᆞ더라:不着彩服一鄕嘆服(東新續三綱. 烈1:53). 내 산ᄃᆞᆯ 므슴 빗나미 이시리오:我生有何榮乎(東新續三綱. 烈3:19). 빗나게 ᄭᅮ미다:文飾(同文解上55). 빗날 영:榮(註千13). 빗날 비:匪(註千17). 빗날 력:歷(註千32). 빗날 요:耀(兒學下10).

·빗내 부 빛나게. ¶빗내 흐러:煥散(楞解9:59). 빗내 文彩 이시며(法華1:9). 如來ㅣ 큰 道ᄅᆞᆯ 빗내 펴샤:如來光揚大道(永嘉序5). 光明이 섯그샤 비취여 빗내 나ᄐᆞ샤미라(圓覺上一之二53). 지블 度量ᄒᆞ야 지우미 빗내 됴히 아니ᄒᆞ노니:度堂非華麗(杜解6:46). 빗내 羽儀ᄅᆞᆯ 빗거스리놋다:光芒刷羽儀(杜解8:26). 글 빗내 ᄒᆞᄂᆞᆫ 湯休上人을 처엄 맛보과라:麗藻初逢休上人(初杜解9:26). 빗내 벼리 樓에 갓갑도다:輝輝星近樓(杜解11:47). 번드기 ᄌᆞ조 ᄂᆞ출 빗내 ᄭᅮ미노라:有靦屢鮮粧(杜解20:37). 큰 大道ㅣ 빗내 分明ᄒᆞ야:堂堂大道赫赫分明(金三2:11). 말솜을 빗내 아니며:言不文(孝輕25).

빗:내·다 동 빛내다. ¶두르혀며 빗내요ᄆᆞᆯ 져기 사오나이 호ᄆᆞᆯ:廻潤稍拙(圓覺下二之一47). 가문을 빗내요미 엇더홀고:光顯門閭時如何(飜朴上50).

빗·다 동 꾸미다. 단장하다. ☞비ᄉᆞ다. 비우다. 비ᄋᆞ다. 빗다 ¶沐浴ᄒᆞ고 香 ᄇᆞᄅᆞ고 ᄀᆞ장 빗어(月釋7:3). 沐浴ᄒᆞ고 香 ᄇᆞᄅᆞ고 빗어(月釋10:21).

빗·다 동 빗다(梳). ☞빋다 ¶니마히 半만 ᄒᆞᆫ 빗ᄂᆞᆫ 머리 셰니:半頂梳頭白(杜解7:12). 老夫ㅣ ᄆᆞᆯᄀᆞᆫ 새배 센 머리ᄅᆞᆯ 빗다니:老夫淸晨梳白頭(杜解16:32). 머리ᄅᆞᆯ 비섬 직ᄒᆞ도다:髮堪梳(杜解20:51). 머리 빗디 몯ᄒᆞ니:久廢梳櫛(續三綱. 孝8). 머리 헤혀 얼에비소로 비서라:撒開頭髮梳(飜朴上44). 머리도 빗디 아니ᄒᆞ며 소곰쟝도 먹디 아니ᄒᆞ더라:不梳髮不食鹽醬(東新續三綱. 烈1:66). 머리 비ᄉᆞ며 곰기ᄅᆞᆯ 아니 ᄒᆞ고:不施櫛沐(東新續三綱. 孝4:90). 마리 빗ᄌᆞ오시다가도(癸丑46). 마리 빗다:梳頭髮(同文解上

54). 아니 비슨 헛튼 머리 두 귀 미찰 덥퍼 잇닉(萬言詞).

빗·다 동 (술을) 빚다. ☞빗다 ¶수울 빗논 法:漬酒法(三綱. 孝22). 술 빗고 썩 민ᄃᆞ라:釀酒作餠(警民12). 술 빗다:釀酒(譯解上49).

빗·다 형 비뚤다. 가로 되다. ☞빗그다 ¶바ᄅᆞ디 아니ᄒᆞ며 빗디 아니ᄒᆞ며:不縱不橫(圓覺上一之二117). 고히 곧고 누니 빗도다:鼻直眼橫(金三2:11). 各各 누니 빗고 ᄯᅩ 고히 고ᄃᆞ샷다:各各眼橫兼鼻直(金三2:32). 구브며 빗디 아니ᄒᆞ니:不迂斜(南明上47).

빗·다 형 번영(繁榮)하다. 무성하다. ¶비슬 영:榮 茂盛也 木曰華 草曰榮(訓蒙下4).

빗댱 명 빗장. ☞빈쟝 ¶빗댱 곳기롤 구디 ᄒᆞ라:腰絟揷的牢(朴解中36). 門 빗댱:腰栓子(譯解上18).

빗뎝 명 빗접. ¶빗뎝이며 세숫믈이며 奉養ᄒᆞᄂᆞᆫ 거슬 設ᄒᆞ야(家禮5:29).

빗둑이다 동 비쭉이다. ¶므음 일 조차셔 후루룩 빗둑이는고(古時調. 지 우희. 歌曲).

·빗·믈 명 빗물. ☞비ㅅ물. 빋믈 ¶빗믈 료:潦(訓蒙上6).

·빗·믈받ᄂᆞᆫ·홈 명 빗물 받는 홈. ¶빗믈받ᄂᆞᆫ 홈:溜槽(訓蒙中12 槽字註).

·빗·발 명 빗발. ¶臥床마다 지비 시여 ᄆᆞ른 ᄯᅡ히 업스니 빗바리 삼낫 ᄀᆞᆮᄒᆞ야 긋디 아니ᄒᆞᄂᆞ다:床床屋漏無乾處雨脚如麻未斷絶(初杜解6:42).

빗살 명 빗살. ¶빗살:梳齒子(譯解下19).

빗솔 명 빗솔. ¶빗솔:篦刷子(譯解下19). 빗솔:梳帚(物譜 服飾).

빗ᄉᆞ다 형 비싸다. 값지다. ☞빋ᄊᆞ다. 빗ᄊᆞ다 ¶騰踊:ᄃᆞ닉 갑 빗ᄉᆞ다 말이라(加髢7).

빗ᄉᆞ·오·니 동 뿌리오니. ☞비타 ¶부텻 우희 빗ᄉᆞ오니:而散佛上(法華3:108).

빗ᄭᅮ러기 명 빚꾸러기. 빚을 많이 진 사람. ☞빗ᄭᅮ럭이 ¶빗ᄭᅮ러기:債累(漢淸6:64).

빗ᄭᅮ럭이 명 빚꾸러기. 빚을 많이 진 사람. ☞빗ᄭᅮ러기 ¶빗ᄭᅮ럭이:債椿(譯解補38).

빗ᄭᅵ다 형 비끼다(橫). ☞빗기다 ¶빗ᄭᅵᆯ 횡:橫(石千25).

빗쏙 부 비뚝. 비뚝비뚝. ¶이리로 빗쏙 더리로 빗쏙(古時調. 아흔아홉 곱. 時調類).

빗ᄊᆞ다 형 비싸다. 값이 나가다. ☞빋ᄊᆞ다 ¶편안홈이아 빗ᄊᆞ미 하니라:安樂直錢多(老解下4).

빗쑥ᄒᆞ다 동 비쭉하다. ☞비쥭ᄒᆞ다 ¶입ᄒᆞ고 코ᄂᆞᆫ 어이 무음 일 죠ᄎᆞ셔 후루룩 빗쑥ᄒᆞᄂᆞ니(古時調. 지 우희. 靑丘).

·빗·올히 명 비오리. ☞비올히 ¶빗올히 ᄒᆞᆰ 무든 ᄃᆡ 업스니:花鴨無泥滓(杜解17:23). 빗올히:有梳鴨子(訓蒙上16 鴨字註). 빗올히 계:鸂. 빗올히 틱:鶒(類合上11).

빗·이·다 동 빛나게 하다. ¶瓔珞 빗이기 마롬과(釋譜6:10). 위두ᄒᆞᆫ 옷ᄉᆞ로 빗이시고(釋譜11:28).

빗쟝 명 빗장. ☞빗댱 ¶문빗쟝:門櫺(同文解上35). 빗쟝:門關(物譜 第宅).

빗주다 동 빚주다. ¶빗주다:放債(漢淸6:64).

빗최다 동 비치다. ☞비최다 ¶ᄋᆡ미ᄒᆞ미 빅일의 빗칄 거시어늘(女範2. 변녀 졔위우희).

빗취다 동 비치다. ☞비취다 ¶빗취다:照了(同文解上3).

빗츠개 명 빗치개. ¶빗츠개:篦(物譜 服飾).

빗·다 동 꾸미다. 단장(丹粧)하다. ☞빗다 ¶ᄆᆞᅀᆞᆷ으란 아니 닷고 오ᄉᆞ로 빗오ᄆᆞᆯ 이ᄅᆞᆯᄉᆞ 븟그리다니(月印上44).

빗·이·다 동 꾸미다. 단장하다. ¶각시 ᄢᅬ노라 ᄭᅩᆺ 고비 빗여 드라(月印上18). 金剛座 빗이고(月印上24). 지블 빗이샤ᄃᆡ 七寶로 ᄭᅮ미시며(月印上42).

빙거ᄒᆞ다 동 빙거(憑據)하다. 증명할 만한 근거를 대다. ¶빙거ᄒᆞ여 말ᄒᆞ다:討憑據(漢淸7:12).

빙긋빙긋 부 빙긋빙긋. ¶빙긋빙긋:要笑鼻翅動(漢淸8:75).

빙긱 명 빈객(賓客). ¶빙긱의게ᄂᆞᆫ 아니ᄒᆞ시되 경세 빙긱으로ᄡᅥ 졸ᄒᆞ니(仁祖行狀22).

빙녀 명 빙례(聘禮). 혼례(婚禮). ☞빙례 ¶니 이졔 빙녀로 청ᄒᆞ야 셔방을 솜고ᄌᆞ ᄒᆞ니(引鳳簫2).

빙랑 명 빈랑(檳榔). ¶빙랑 글힌 믈 ᄒᆞᆫ 잔:檳榔湯一盞(救簡2:22).

빙:례 명 빙례(聘禮). 혼례(婚禮). ☞빙녀 ¶비록 劉先主ㅅ 聘禮ᄅᆞᆯ 맛갈ᄆᆞ나:聘禮ᄂᆞᆫ 幣帛 보내야 禮로 무러 브를 시라(宣賜內訓3:56).

:빙소 명 빈소(殯所). ¶빙솟 빈:殯(訓蒙中35). 빙소 겨틔 ᄠᅥ나디 아니ᄒᆞ고:不離喪側(東三綱. 孝4).

빙애 명 벼랑. ☞빙에. 빙ᄋᆡ ¶노폰 빙애 볼오ᄆᆞᆯ ᄉᆞ랑ᄒᆞ면:思蹋懸崖(楞解2:115). 노폰 빙앳 想ᄋᆞᆯ 지ᅀᅥ:作懸崖之想(牧牛訣11). 그츤 빙애ᄂᆞᆫ 白鹽을 當ᄒᆞ얫도다:斷崖當白鹽(杜解7:11). 노폰 빙애예 소ᄂᆞᆯ 펴 ᄇᆞ려ᅀᅡ:懸崖撒手(金三2:36). 빙애 아래 ᄠᅥ디여 죽거ᄂᆞᆯ:投崖下而死(飜小9:66). 빙애 아래 ᄠᅥ러뎌:投崖下(宣小6:61). 노폰 빙애예 ᄂᆞ려뎌 주그니라:墜絶崖而死(東新續三綱. 烈3:6). 빙애 或云 벼로:地灘(譯解上7).

빙에 명 벼랑. ☞빙애. 빙ᄋᆡ ¶忽然히 어드운 빙에 업더디ᄂᆞᆫ가 너교라:忽謂陰崖踣(重杜解13:7).

빙ᄋᆡ 명 벼랑. ☞빙애 ¶빙ᄋᆡ에 ᄯᅥ러져 죽으

니:崖(女四解4:21).

빙쟈 명 빈대떡. ¶빙쟈:餠餡(譯解上51).

빙쳔 명 빈천(貧賤). ☞빈쳔 ¶녯날 빙쳔을 니저 계시니잇가(女範1. 셩후 황명고후).

빙쳔ᄒᆞ다 형 빈천(貧賤)하다. ☞빈쳔ᄒᆞ다 ¶둘이 몬 차 나니ᄂᆞᆫ 빙쳔ᄒᆞ고 일 죽ᄂᆞ니라(胎要8). 문회 넝낙ᄒᆞ야 상문황각의 우러지 못홀 ᄲᅮᆫ 아냐 졔 빙쳔ᄒᆞ야셔 조강의 쳬이시니(落泉3:7).

·**빙·텰** 명 빈철(鑌鐵). 강철. ¶빙텰로 ᄆᆡᆼᄀᆞᆯ요ᄃᆡ:着鑌鐵打(飜朴上16).

빙ᄒᆞ·다 동 빈(殯)하다. 빈소(殯所)하다. ¶내 父母ㅅ 거상앤 ᄒᆞ마 殯ᄒᆞ고 粥 머그며(宣賜內訓1:64).

빚·다 동 빚다〔釀〕. ☞빗다 ¶丁公藤ᄋᆞ로 수을 비저 머그면 됴ᄒᆞ리라 ᄒᆞ야ᄂᆞᆯ(三綱. 孝22). 法다히 수을 비저 머기니(三綱. 孝22). 술 비즈며 곳 퓌우미:造酒開花(金三4:10). 비즐 온:醞. 비즐 양:釀(訓蒙下14). 강수를 비조라(樂詞. 靑山別曲). 비즐 양:釀(類合上30. 倭解上47). 술 비질 양:釀(兒學下6).

빛 명 ①빛〔光〕. ☞빋. 빗 ¶비록 種種앳 비치라도:雖種種光(楞解2:34). ᄒᆞᆫ낫 두려운 비치:一顆光(南明上25).
②빛깔〔色〕. ☞빋. 빗 ¶여러 가짓 비쳇 고지(釋譜19:18). 重疊ᄒᆞᆫ 비ᄎᆞᆯ 보고:見重疊之色(楞解2:80). 어즈러운 비ᄎᆞᆯ:亂色(宣賜內訓1:11). 묏 비ᄎᆞ란 새의 즐기논 ᄠᅳ들 보노라:山光見鳥情(初杜解7:11). ᄀᆞᄅᆞᆷ 우희 ᄯᅩ ᄀᆞᅀᆞᆳ 비치로ᄃᆡ:江上亦秋色(初杜解25:26). 봆 비촌 노ᄑᆞᆫ ᄃᆡ ᄂᆞᆽ가온 ᄃᆡ 업거ᄂᆞᆯ:春色無高下(金三2:12). 門 알ᄑᆡ 묏 비치 티와ᄃᆞ니(南明上1).

·**빛·나·다** 동 빛나다. ¶太平之業이 빛나시니이다:太平之業肆其光煒(龍歌80章).

ᄇᆞ득 부 바짝. ¶드립더 ᄇᆞ득 안으니(古時調. 靑丘).

ᄇᆞ듸 명 바디. ☞ᄇᆞ디 ¶ᄇᆞ듸:筬(物譜 蠶績).

ᄇᆞᄃᆞ시 부 바듯이. 빠듯이. ☞ᄇᆞᄃᆞᆺᄒᆞ다 ¶각각 브리예 ᄇᆞᄃᆞ시 들 鉛子 ᄒᆞᆫ 낫ᄎᆞᆯ ᄡᅳᄂᆞ니라(火砲解10).

ᄇᆞᄃᆞ·티·다 동 치다〔撲〕. 부딪치다. ¶阿難이 이 말 듣고 것ᄆᆞᄅᆞ주거 ᄯᅡ해 ᄇᆞᄃᆞ텨 수미 업거늘(釋譜23:21). 모ᄆᆞᆯ ᄯᅡ해 ᄇᆞᄃᆞ텨디니(月釋23:75). 가히 두 바ᄅᆞᆯ 자바 ᄇᆞᄃᆞ텨 소릴 일케 ᄒᆞ고:捉狗兩足撲令失聲(法華2:118). 두 발 자바 ᄇᆞᄃᆞ티ᄃᆞᆺ ᄒᆞ니라:如捉其兩足而撲之也(法華2:119).

ᄇᆞᄃᆞᆺᄒᆞ다 형 바듯하다. 빠듯하다. ¶檄木으란 二年木으로 ᄡᅥ되 통궁긔 ᄇᆞᄃᆞᆺ게 ᄒᆞ고:檄木則二年木務合筒穴(火砲解2).

ᄇᆞ디 명 바디. ☞바듸. ᄇᆞ듸 ¶ᄇᆞ디:篾(四解下65). ᄇᆞ디 구:篾. ᄇᆞ디 셩:筬(訓蒙中18). ᄇᆞ디 셩:筬(譯解下3. 倭解下10). ᄇᆞ디:篾子(同文解下17). ᄇᆞ디:竹篾(漢淸10:69).

ᄇᆞ디집 명 바디집. ¶ᄇᆞ디집:筬筐(四解下54. 訓蒙中18 筬字註). ᄇᆞ디집:筬筐(譯解下3). ᄇᆞ디집:篾匣(漢淸10:69).
※ᄇᆞ디집>바디집

ᄇᆞ디회 명 화살나무. ¶ᄇᆞ디회:衛矛(東醫 湯液三 木部).

ᄇᆞ라 명 바라. ☞바라 ¶ᄇᆞ라 부ᄂᆞᆫ 호령을 블키미라:明哱囉號(兵學1:4).

·**ᄇᆞ·라·다** 동 바라보다. ☞ᄇᆞ라보다 ¶길헤 ᄇᆞ라ᅀᆞᄫᆞ니:于路望來(龍歌10章). 東鄙 ᄇᆞ라ᅀᆞᄫᆞ니:東鄙佇望(龍歌38章). 須達이 ᄇᆞ라ᅀᆞᆸ고(釋譜6:20). 셔아 이셔 ᄇᆞ라더니(釋譜11:29). 世界ᄅᆞᆯ ᄇᆞ라ᅀᆞᆸ노이다(月釋8:4). 울워러 ᄇᆞ라:仰睎(楞解1:4). 이ᄀᆞ티 밧ᄀᆞᆯ ᄇᆞ라사 林園을 보노이다(楞解1:48). 西ㅅ녀크로 瑤池ᄅᆞᆯ ᄇᆞ라니:西望瑤池(杜解6:8). ᄆᆞᆯᄀᆞᆫ ᄀᆞᅀᆞᆯ히셔 ᄇᆞ라오니:望淸秋(初杜解9:3). 이펴 ᄇᆞ라 라귀ᄅᆞᆯ 갓ᄀᆞ로 ᄐᆞ니라:吟望倒騎驢(南明下11). 그 가ᄆᆞᆯ ᄇᆞ라:望其行(呂約22). 니문을 지혀셔 ᄇᆞ라다니:倚閭而望(宣小4:33). ᄇᆞ라다:指望(同文解上33). 늣게야 오면 내 문을 의지ᄒᆞ여 ᄇᆞ라고(女範1. 모의 왕손가모). 왜국을 ᄇᆞ라며 울고 죽으니라:望倭國哭死(五倫2:73). 반겨셔 ᄇᆞ라니 황어 파ᄂᆞᆫ 쟝ᄉᆞ로다(萬言詞). ᄇᆞ랄 힝:幸(註千31). ᄇᆞ랄 됴:眺(註千42).
※ᄇᆞ라다>바라다

·**ᄇᆞ·라·다** 동 바라다. ☞바라다 ¶모ᄃᆞᆫ ᄇᆞ람도 ᄯᅩ 足ᄒᆞ리이다:衆望亦足(法華4:48). 菩薩ㅅ 布施 行호ᄆᆞᆫ ᄆᆞᅀᆞ미 ᄇᆞ라옴 업슬ᄊᆡ(金剛24). 달이 너기디 아니캣고 ᄇᆞ라노라:望不爲異(宣賜內訓1:67). ᄇᆞ랄 망:望(類合上3). ᄇᆞ랄 희:希(類合下30). ᄇᆞ랄 긔:冀(類合下30). ᄇᆞ랄 긔:覬(類合下42). 쳔만 ᄇᆞ라로라(野雲81). 도라가시게 ᄇᆞ라ᄂᆡᆼ이다(新語6:5). 셩인이 되며 현인이 되기로 ᄡᅥ ᄇᆞ라시며:望(百行源13).
※ᄇᆞ라다>바라다

ᄇᆞ라보다 동 바라보다. ☞ᄇᆞ라다 ¶멀리 家鄕을 ᄇᆞ라보니(女四解4:27). ᄇᆞ라보다:瞭望(同文解上28). 놉흔 지 반겨 올나 고향을 ᄇᆞ라보니(萬言詞).

ᄇᆞ라온던 동 바라본즉슨. 바라보니까. ㉮ᄇᆞ라다 ¶슬허 ᄇᆞ라온던 오직 烽火ㅅ ᄯᅳᄅᆞ미로소니:悵望但烽火(杜解6:53).

ᄇᆞ라와·도 형 가려워도. ㉮ᄇᆞ랍다 ¶ᄇᆞ라와도 조널이 긁디 말며:癢不敢搔(宣賜內訓1:50).

ᄇᆞ라ᄋᆞ옴 동 바라옴. ☞ᄇᆞ라다 ¶驪山에 行幸 ᄇᆞ라ᄋᆞ오미 긋고:驪山絶望幸(重杜解5:18).

ᄇᆞ라티·다 동 바라보다. ☞-티다 ¶님금 ᄊᆞ히 조보ᄆᆞᆯ 슬허 ᄇᆞ라티니라:悵望王土窄(初杜解24:14).

ᄇᆞ람 명 바람〔風〕. ☞바람. ᄇᆞᄅᆞᆷ ¶ᄇᆞ람믈 저허ᄒᆞᄂᆞ도다:刼風災(恩重6). 건너신 날은 마좀 사오나온 ᄇᆞ람의(新語2:1). ᄇᆞ람 블면 여름 여ᄂᆞᆫ 거시여:刮風結子(朴解上36). ᄇᆞ람 잇다:有風(譯解上1). 有信ᄒᆞᆫ 江波ᄂᆞᆫ 보내ᄂᆞ니 ᄇᆞ람이다(古時調. 孟思誠. 江湖에 녀름. 靑丘). ᄇᆡ대ᄅᆞᆯ 티고 노래ᄒᆞ니 ᄇᆞ람이 자고 물결이 긋치거ᄂᆞᆯ(女四解4:17). ᄇᆞ람:風. ᄇᆞ람 니다:起風. ᄇᆞ람 부다:刮風. ᄇᆞ람 머즉ᄒᆞ다:風住. ᄇᆞ람 자다:風息(同文解上2). ᄀᆞ올에 브ᄂᆞᆫ ᄇᆞ람:閶闔風(漢淸15:1). 내 불ᄡᅦ기 아지 못ᄒᆞ고 간대로 ᄇᆞ람을 마시랴(蒙老2:1). 磬子 ᄆᆞᆯ근 소릐 ᄇᆞ람 섯거 디나가니(辛啓榮. 月先軒十六景歌). 므릇 남기 고요ᄒᆞ고져 ᄒᆞ여도 ᄇᆞ람이 그치디 아니ᄒᆞ고:風(五倫1:5).

ᄇᆞ람 명 바람벽. ☞바람. ᄇᆞᄅᆞᆷ ¶ᄇᆞ람 벽:壁(類合上23. 石千21). ᄇᆞ람 ᄯᅮ석의 ᄃᆞ랏다가:吊在壁廂(朴解中34).

ᄇᆞ·람 동 바람〔希望〕. ㉮ᄇᆞ라다 ¶모ᄃᆞᆫ ᄇᆞ람도 ᄯᅩ 足ᄒᆞ리이다:衆望亦足(法華4:48).

ᄇᆞ람가비 명 바람개비. ☞ᄇᆞ람갑이. ᄇᆞᄅᆞᆷ가비 ¶ᄇᆞ람가비:蛟母鳥(同文解下34).

ᄇᆞ람갑이 명 바람개비. ☞ᄇᆞ람가비 ¶ᄇᆞ람갑이:蛟母鳥(譯解補47). ᄇᆞ람갑이:貼樹皮(漢淸13:55).

ᄇᆞ람드다 동 감기들다. ☞ᄇᆞᄅᆞᆷ들다 ¶ᄇᆞ람드다:感冒(譯解上61).

ᄇᆞ람벽 명 바람벽. ☞ᄇᆞ람ㅅ벽. ᄇᆞᄅᆞᆷ ¶혜 ᄇᆞ람벽의 글을 ᄡᅥ 닐오ᄃᆡ(女範3. 뎡녀 노진ᄉᆞ쳐). ᄇᆞ람벽 ᄉᆞ이에 조아비라 ᄒᆞᄂᆞᆫ 글을 보고:見壁間曹娥碑(五倫2:61).

ᄇᆞ람ㅅ벽 명 바람벽. ☞ᄇᆞ람벽. ᄇᆞᄅᆞᆷ ¶ᄇᆞ람ㅅ벽:壁(同文解上35).

ᄇᆞ람ᄭᅬ 명 바람기. ¶ᄒᆞᄅᆞ밤 비 ᄭᅴ운의 紅白蓮이 섯거 픠니 ᄇᆞ람ᄭᅬ 업시셔 萬山이 향긔로다(松江. 星山別曲).

ᄇᆞ·랍·다 형 가렵다. ☞ᄀᆞ랍다. ᄀᆞ렵다. ᄇᆞ렵다 ¶瘡이 져기 ᄇᆞ랍거든 ᄎᆞᆷ고:瘡微痒且忍(救急下3). ᄇᆞ라와도 조널이 긁디 말며:癢不敢搔(宣賜內訓1:50). 력절풍병이 두로 ᄃᆞᆫ녀 ᄇᆞ랍고 알ᄑᆞ거든:歷節白虎風走注癢痛(救簡1:92). ᄇᆞ라와 견듸디 몯ᄒᆞ얘라:痒的當不得(飜朴上13).

ᄇᆞ래다 동 바라다. ☞ᄇᆞ라다 ¶굿브터 ᄇᆞ래ᄅᆞ니 다시 도라갈 법을 뵈히샤:望(正念解1).

ᄇᆞ·려 동 버리어. ㉮ᄇᆞ리다 ¶ᄯᅡ해 ᄇᆞ려:投地(楞解5:3).

ᄇᆞ·려·니 동 버리거니. ㉮ᄇᆞ리다 ¶하나한 외다 ᄒᆞ논 病을 다 거더 ᄇᆞ려니:許多弊病都拈去也(蒙法58).

ᄇᆞ·렵·다 형 가렵다. ☞ᄇᆞ랍다 ¶어미 오래 病ᄒᆞ야 머리 빗디 몯ᄒᆞ니 니 하 므러 ᄇᆞ려워 셜워커늘:母病沈綿久廢梳櫛苦蝨繁癢悶(續三綱. 孝8 得仁感倭).

ᄇᆞ로다 동 바르다〔塗〕. ☞바르다. ᄇᆞᄅᆞ다. ᄇᆞ르다. ᄇᆞᆯ으다 ¶기ᄅᆞᆷ을 내야 병 든 우마의 ᄇᆞ로ᄃᆡ(馬解118).

ᄇᆞ룐 동 버린. ㉮ᄇᆞ리다 ¶六月ㅅ 보로매 아으 별해 ᄇᆞ룐 빗 다호라(樂範. 動動).

ᄇᆞ·룜 동 버림. ㉮ᄇᆞ리다 ¶모ᄃᆡ ᄇᆞ료미 몯ᄒᆞ리라:切不可放捨(蒙法38).

ᄇᆞ르다 형 바르다〔正〕. ☞바ᄅᆞ다 ¶鄕黨은 禮 ᄇᆞ르니 어ᄂᆡ 사ᄅᆞᆷ 無禮ᄒᆞ리(古時調. 朗原君. 靑丘).

ᄇᆞ르다 동 바르다〔塗〕. ☞바르다. ᄇᆞ로다. ᄇᆞᄅᆞ다. ᄇᆞᆯ으다 ¶ᄇᆞ르다:塗褙(同文解上36). ᄇᆞ르다:裱糊(漢淸12:8). 플에 ᄇᆞ르고(五倫3:33).

ᄇᆞ른갑이 명 바람개비. ☞ᄇᆞᄅᆞᆷ가비 ¶ᄇᆞ른갑이라 ᄒᆞᄂᆞᆯ로 ᄂᆞᆯ며(古時調. 靑丘).

ᄇᆞ·리·다 동 버리다. ☞ᄇᆞᆯ이다 ¶金刀을 ᄇᆞ려시니:載捨金刀(龍歌54章). 날 ᄇᆞ리곡 머리 가디 말라(釋譜11:37). ᄇᆞ룛 것 업슨 ᄯᅡ히(月釋7:54). ᄯᅡ해 ᄇᆞ려:投地(楞解5:3). ᄇᆞ리ᅀᆞᆸ디 아니ᄒᆞᅀᆞ와(法華4:4). 엇데 平生ᄋᆞᆯ 鈍히 ᄇᆞ리디 아니ᄒᆞ료:豈不鈍置平生(蒙法54). 목수믈 ᄇᆞ리고:棄命(蒙法59). 圓覺 ᄇᆞ리면 三乘 업고:捨圓覺無三乘(圓覺序5). 다보ᄌᆞ로 니운 지븨 사던 ᄃᆡᄅᆞᆯ ᄇᆞ리고:棄絶蓬室居(重杜解4:10). 根源ᄋᆞᆯ ᄇᆞ리고 ᄇᆞᄅᆞᆷ 믌겨를 조ᄎᆞ면:棄本逐風波(金三2:71). 이 ᄒᆞᆫ 몸 ᄇᆞ리면:捨此一報身(佛頂上3). 小人을 ᄇᆞ리디 아니커시든:不棄嫌小人時(飜老上44). ᄇᆞ릴 포:抛. ᄇᆞ릴 기:棄(類合下47. 倭解下35). ᄇᆞ릴 위:委(石千33). 可히 ᄇᆞ리디 아닐디니라:不可棄也(宣小3:4). 쳐ᄌᆞ란 ᄇᆞ리고 어미ᄅᆞᆯ 업고 ᄃᆞᄅᆞ니:舍妻子負母而走(東新續三綱. 孝3:19). 江湖에 ᄇᆞ린 몸이 白鷗와 벗이 되야(古時調. 靑丘). 션왕이 그 죄ᄅᆞᆯ ᄇᆞ리고 그 어미ᄅᆞᆯ 상주니라(女範1. 모의 제뎐직모). ᄇᆞ릴 리:離(註千16). ᄇᆞ릴 샤:舍(註千19).
※ ᄇᆞ리다>버리다

ᄇᆞ·리·다 동 벌이다〔排〕. ¶排ᄂᆞᆫ ᄇᆞ릴 씨라(永嘉下73).

ᄇᆞ리·다 동 바르다〔剝〕. 베다〔割〕. ¶다릿고기ᄅᆞᆯ ᄇᆞ려(三綱. 孝31). 膾ᄂᆞᆫ ᄇᆞ릴 씨라(楞解1:33). ᄇᆞᄅᆞ며 ᄇᆞ리ᄂᆞᆫ 두 이레:塗割二事(永嘉下18). 돈ᄆᆞ티 ᄇᆞ리고:剪如錢(救急上48). 치위 ᄉᆞᆯᄒᆞᆯ ᄇᆞ리ᄂᆞᆫ ᄃᆞᆺᄒᆞᆫ 北녁 ᄇᆞᄅᆞ미 ᄂᆞᆯ캅도다:寒刮肌膚北風利(杜解10:40). 돈만케 ᄇᆞ려:剪如錢(救簡6:16). ᄭᅩ리 ᄯᅳ틀

ᄇᆞ려:割去(牛疫方15). ᄇᆞ릴 젼:剪(光千25). 밋구모 갓가온 ᄃᆡ ᄒᆞᆫ ᄆᆞᄃᆡᄅᆞᆯ ᄇᆞ려 ᄡᅳ디 말디니(家禮10:32).

ᄇᆞ리·다 조동 버리다. ¶즉재 믈로 시서 ᄇᆞ료미 ᄀᆞ장 됴ᄒᆞ니라:卽須以水洗下大妙(救簡1:23). 되야마ᄂᆞᆯ ᄒᆞᆫ 나ᄎᆞᆯ 두 녁 그틀 갓가 ᄇᆞ료ᄃᆡ:獨顆蒜一枚削去兩頭(救簡2:69).

ᄇᆞ·리·이·다 동 버려지다. 버림을 받다. ¶波羅夷ᄂᆞᆫ 예셔 닐오매 ᄇᆞ료미니 이 네 罪ᄅᆞᆯ 犯ᄒᆞ면 즁의게 ᄇᆞ리일씨니라(楞解6:85). ᄯᅩ 츤 이스를 니버 ᄇᆞ리이리라:亦蒙寒露委(初杜解16:66). 내 몸에 病이 만하 世上에 ᄇᆞ리이여(古時調. 金裕器. 靑丘).

ᄇᆞ리티다 동 베어 버리다. ¶아래로 쎌어가 坤軸ᄋᆞᆯ ᄇᆞ리티ᄂᆞ니:下衝割坤軸(杜解6:47).

ᄇᆞᄅᆞ 부 급히. ¶이ᄀᆞ티 ᄇᆞᄅᆞ 조ᄎᆞ면:如此馳逐(圓覺上二之二23).

ᄇᆞᄅᆞ·다 동 바르다[塗]. ☞바르다. ᄇᆞ로다. ᄇᆞ르다. ᄇᆞᆯ으다 ¶ᄌᆞᆯ으로 ᄇᆞᄅᆞ고(釋譜6:38). 가져가아 ᄇᆞᄅᆞᅀᆞᄫᆞ니(月釋2:9). 부텻 形像애 ᄇᆞᄅᆞᅀᆞ오니:塗佛形像(楞解5:41). 香油로 모매 ᄇᆞᄅᆞ고:香油塗身(法華6:141). 半 돈ᄋᆞᆯ ᄆᆞᄅᆞᆫ 닐 모ᄀᆡ ᄇᆞᆯ로ᄃᆡ:用半錢乾擦喉(救急上42). 다시 구리기들 ᄆᆡᆼᄀᆞ라 곱으로 ᄇᆞᆯ라(宣賜內訓序4). 時ㅣ 옮ᄃᆞ록 블근 것과 粉과ᄅᆞᆯ ᄇᆞᄅᆞ니:移時施朱鉛(重杜解1:6). ᄇᆞᄅᆞᆯ 차:搽 俗稱 搽粉 분 ᄇᆞᄅᆞ다(訓蒙下20). ᄒᆞᆰ ᄇᆞᄅᆞᆯ 도:塗(類合下14). 襄子ㅅ 宮 가온ᄃᆡ 들어 뒷간의 ᄒᆞᆰ ᄇᆞᄅᆞ거ᄂᆞᆯ:入襄子宮中塗廁(宣小4:31). 송연으로ᄡᅥ 그 양ᄌᆞ예 ᄇᆞᄅᆞ더니:松烟塗其面(東新續三綱. 烈3:17). 시위인의 분 ᄇᆞᄅᆞᆫ 양ᄌᆡ(明皇1:34).
※ᄇᆞᄅᆞ다>바르다

ᄇᆞᄅᆞ다 동 바라다. 희망하다. ☞ᄇᆞ라다 ¶ ᄇᆞᄅᆞᆯ 망:望(倭解上29).

ᄇᆞᄅᆞ·다 형 굳다. ¶ᄇᆞᆯ라 움즈기디 몯고:拘急不得轉側(救急上56). 人間앳 ᄇᆞᄅᆞ며 賤ᄒᆞᆫ 苦 보ᄆᆞᆯ 免ᄒᆞᄂᆞ니:免見人間貧賤苦(金三3:50). 입시울 ᄇᆞᄅᆞᆫ 병:脣口緊(救簡3:4). 이비 ᄇᆞᆯ라 입시우리 져거 버리디 몯ᄒᆞ야:口緊脣小不能開合(救簡3:5). 어귀와 입괘 ᄇᆞᄅᆞ며 네 활기 세오 곧거든:牙關口緊四肢强直(救簡6:81).

ᄇᆞᄅᆞ시 부 빠듯이. 겨우. ¶穢氣ᄅᆞᆯ ᄇᆞᄅᆞ시 ᄡᅳ 일만 ᄒᆞᆷ애:纔觸穢氣(無冤錄1:20).

ᄇᆞᄅᆞᆺ 부 별러. 분배하여. ☞ᄇᆞᆺ ¶華嚴에 三十九品이 이쇼ᄃᆡ 닷가 나ᅀᅡ가ᄆᆞᆯ 버리샤 等覺位終에 니르러 如來出現品이 ᄇᆞᄅᆞᆺ 三十七에 곧 囑累流通ᄒᆞ시고(月釋18:13). ᄇᆞᄅᆞᆺ 正覺과 通ᄒᆞ야 어울오 나ᅀᅡ가디 아니호ᄆᆞᆯ 니ᄅᆞ시니라:謂僅與正覺通滔而不前進也(楞解10:67). ᄇᆞᄅᆞᆺ 두ᅀᅥ 縣만 머구미:裁食數縣(宣賜內訓2上46).

ᄇᆞᄅᆞᆷ 명 바람. ☞ᄇᆞ람 ¶ᄇᆞᄅᆞ매 아니 뮐씨:風亦不扤(龍歌2章). 블이 도라디고 츤 ᄇᆞᄅᆞᆷ 블어늘(月印上37). 거믄 ᄇᆞᄅᆞ미 부러(釋譜23:20). 風은 ᄇᆞᄅᆞ미라(月釋1:38). ᄇᆞᄅᆞ미 므를 부러 地輪이 ᄃᆞ외니(月釋1:41). ᄇᆞᄅᆞᆷ라와 섈리 古仙山애 가니라(月釋7:32). ᄇᆞᄅᆞ미 뮈면:風動(楞解1:64). 風師ᄂᆞᆫ ᄇᆞᄅᆞᄆᆞᆯ 行ᄒᆞ고:風師行風(楞解7:64). ᄇᆞᄅᆞᆷ과 무뤼와(三綱. 孝25). 無明ㅅ ᄇᆞᄅᆞᆷ 히믈(圓覺上二之一27). ᄇᆞᄅᆞᆷ과 ᄒᆡᄅᆞᆯ ᄀᆞ리오디 몯ᄒᆞ거ᄂᆞᆯ(宣賜內訓1:73). ᄇᆞᄅᆞᆷ 머근 프른 대ᄂᆞᆫ:風含翠篠(杜解7:2). ᄇᆞᄅᆞᆷ 부ᄂᆞᆫ 빗 돗기 프른 蓋예 디혓ᄂᆞ니:風帆倚翠蓋(杜解9:4). ᄇᆞᄅᆞᆷ 부ᄂᆞᆫ 므를 디여 흘료라:落風湍(杜解21:5). ᄇᆞᄅᆞᆷ과 드트레 머리 돌아보고:回首風塵(杜解21:5). ᄃᆞᆯ기 울오 ᄇᆞᄅᆞᆷ과 비왜 섯그니:鷄鳴風雨交(杜解22:3). 解脫 ᄒᆞᆷ ᄋᆞᆯ ᄇᆞᄅᆞᆷ으로 가ᄌᆞᆯ비시니라(南明下63). 朔風은 北녁 ᄇᆞᄅᆞᆷ이라(金三4:18). ᄇᆞᄅᆞᆷ 풍:風(訓蒙上2). ᄇᆞᄅᆞᆷ 풍:風(類合上4). 風日波嵐古云勃嵐此則西域所呼迅猛風爲毗嵐亦爲毗藍之轉音也(頤齋25:30).
※ᄇᆞᄅᆞᆷ>ᄇᆞ람>바람

ᄇᆞᄅᆞᆷ 명 바람벽. ☞바람. ᄇᆞ람 ¶石은 돌히오 壁은 ᄇᆞᄅᆞ미니 ᄇᆞᄅᆞᆷᄀᆞ티 션 바회ᄅᆞᆯ 石壁이라 ᄒᆞᄂᆞ니라(釋譜9:24). 창과 ᄇᆞᄅᆞ매 다 써 보람 두니라:遍題窓壁以識其處(三綱. 劉韐損生條). 壁은 ᄇᆞᄅᆞ미라(楞解7:18). 西ㅅ녁 ᄇᆞᄅᆞ매 가라 ᄒᆞ야ᄃᆞᆫ:詣至西壁(楞解9:116). ᄇᆞᄅᆞ매 ᄀᆞᄃᆞ기 믌ᄀᆞᅀᆞᆯ 그리니오:滿壁畫滄洲(初杜解9:24). ᄇᆞᄅᆞ매 분칠ᄒᆞ고:粉壁(飜老上47). ᄇᆞᄅᆞᆷ ᄉᆞ싄 지븨 와(飜朴上58). ᄉᆞ면이 다 담이며 ᄇᆞᄅᆞᆷ이 ᄀᆞᄐᆞ니:四面皆墻壁也(飜小6:12). ᄇᆞᄅᆞᆷ 벽:壁(訓蒙中5. 石千21. 倭解上32). 다 담이며 ᄇᆞᄅᆞᆷ이 ᄀᆞᄐᆞ니:皆墻壁也(宣小5:11). ᄇᆞᄅᆞᆷ애 걸라:壁子上掛着(老解上22). 풍뉴ᄅᆞᆯ ᄇᆞᄅᆞᆷ 틈으로 듯고(新語8:24). ᄒᆞᆫ ᄇᆞᄅᆞᆷ 구석의셔 젹이 細茶ᄅᆞᆯ 달히라:一壁廂熬些細茶(朴解中6). ᄇᆞᄅᆞᆷ ᄇᆞᄅᆞ다:糊墻(譯解上18).

ᄇᆞᄅᆞᆷ가·비 명 바람개비. ☞ᄇᆞ람가비. ᄇᆞ람갑이 ¶ᄇᆞᄅᆞᆷ가비 익:鷁(訓蒙上17. 類合上12. 倭解下21).

ᄇᆞᄅᆞᆷ구레 명 봉창(篷窓). 배의 창문. ¶ᄇᆞᄅᆞᆷ구레 봉:篷(類合上8).

ᄇᆞᄅᆞᆷ놀 명 날카로운 칼날. ¶ᄇᆞᄅᆞᆷ놀ᄋᆞ티 쾌ᄒᆞ니:風刃也似快(飜老上19). ᄇᆞᄅᆞᆷ놀ᄀᆞ티 쾌ᄒᆞ니 네 조심ᄒᆞ여 ᄡᅳ고:風刃也似快徐小心些使(老解上17).

ᄇᆞᄅᆞᆷ들·다 동 바람들다. 감기들다. ☞ᄇᆞ람드다 ¶오직 나ᄒᆞᆫ 후에 ᄇᆞᄅᆞᆷ들가 전노라:只怕産後風感冒(飜朴上55).

ᄇᆞᄅᆞᆷ마·글술 명 폐풍주(閉風酒). ¶ᄇᆞᄅᆞᆷ마글

술 머그면:喫閉風酒(飜朴上53).

ᄇᆞᄅᆞᆷ마존:병 명 중풍(中風). ¶과ᄀᆞ리 ᄇᆞᄅᆞᆷ마존병:中風(救簡目錄1).

ᄇᆞᄅᆞᆷ맛·다 동 바람맞다. 중풍에 걸리다. ☞ᄇᆞᄅᆞᆷ맞다 ¶믄득 ᄇᆞᄅᆞᆷ맛거든(救簡1:2).

ᄇᆞᄅᆞᆷ맞·다 동 바람맞다. 중풍에 걸리다. ☞ᄇᆞᄅᆞᆷ맛다 ¶과ᄀᆞ리 ᄇᆞᄅᆞᆷ마존병:中風(救簡目錄1). ᄇᆞᄅᆞᆷ마자 신ᄋᆡ 몯 ᄎᆞ리고:中風不省人事(救簡1:3). ᄇᆞᄅᆞᆷ마자 믄득 어즐ᄒᆞ야 ᄎᆔᄒᆞᆫ ᄃᆞᆺᄒᆞ며:中風忽然昏若醉(救簡1:5).

ᄇᆞᄅᆞᆷ병ᄒᆞ다 동 풍병(風病)을 앓다. ¶지아비 여러 ᄒᆡ ᄇᆞᄅᆞᆷ병ᄒᆞ거ᄂᆞᆯ:夫風疾累年(東新續三綱. 烈1:46).

ᄇᆞᄅᆞᆷ·비 명 바람비. 비바람. ¶ᄇᆞᄅᆞᆷ비 時節에 마초ᄒᆞ야 녀르미 ᄃᆞ외야(釋譜9:34). 時節 그른 ᄇᆞᄅᆞᆷ비 難이어나 ᄀᆞᄆᆞᆳ 難이어나 ᄒᆞ거든(月釋9:54). ᄇᆞᄅᆞᆷ비예도 ᄯᅩ 올디로다:風雨亦來過(杜解15:11). ᄇᆞᄅᆞᆷ비며 벌어지며:風雨蟲(飜小8:39).

ᄇᆞᄅᆞᆷ:ᄡᅬ·이·다 동 바람 쐬다. ¶네 므슴 말 니ᄅᆞᄂᆞᆫ다 사디 아니ᄒᆞ면 ᄇᆞᄅᆞᆷᄡᅬ이라오려:你說甚麼話不買時害風那(飜老下12). 네 므슴 말을 니ᄅᆞᄂᆞᆫ다 사디 아니ᄒᆞ면 ᄇᆞᄅᆞᆷᄡᅬ이랴:你說甚麼話不買時害風那(老解下11).

ᄇᆞᄅᆞᆷ·습긔 명 풍습(風濕). ¶봄과 녀름괏 ᄉᆞᅀᅵ나 녀름과 ᄀᆞᅀᆞᆳ ᄉᆞᅀᅵ예 맛비 ᄀᆞᆺ 그쳐 ᄯᅡᆺ긔우니 무더워 사ᄅᆞ미 믄득 병호ᄃᆡ 머리 알ᄑᆞ고 ᄀᆞ장 더워 거스려 토ᄒᆞ며 집 오로 병ᄒᆞ거든 닐오ᄃᆡ ᄇᆞᄅᆞᆷ습긔라 ᄒᆞ야:風濕(救簡1:102).

ᄇᆞᄅᆞᆷ·앳:병 명 풍병(風病). 풍질(風疾). ☞ᄇᆞᄅᆞᆷ병ᄒᆞ다 ¶대도ᄒᆞᆫ ᄇᆞᄅᆞᆷ앳병을 다 고티ᄂᆞ니라:一切風疾悉皆治愈(救簡1:6).

ᄇᆞᄅᆞᇝ빗 명 풍경(風景). ¶蕭蕭ᄒᆞᆫ ᄇᆞᄅᆞᇝ빗 나조ᄒᆡ ᄀᆞᄅᆞᇝ 그테 사ᄅᆞ미 녀디 아니ᄒᆞᄂᆞ다:蕭蕭風色暮江頭人不行(初杜解7:6).

ᄇᆞᄅᆞᆺ 명 보리수. 보리수나무 열매. ¶十月애 아으 져미연 ᄇᆞᄅᆞᆺ 다호라(樂範. 動動).

ᄇᆞᄅᆞᆺ 부 별러. 분배하여. ☞ᄇᆞᄅᆞᆫ ¶后ㅣ 보ᅀᆞᆸ고 숣와 ᄀᆞᆯᄋᆞ샤ᄃᆡ 모ᄃᆞᆫ 아ᄃᆞᆯ이 ᄇᆞᄅᆞᆺ 두어 縣만 먹음이 법에 아니 너무 젹으니잇가:后見而言曰諸子裁食數縣於制不已儉乎(重內訓2:38). 楚와 淮陽 나라해 ᄇᆞᄅᆞᆺ 半만ᄒᆞ게 ᄒᆞ샤:裁令半楚淮陽諸國(重內訓2:41).

ᄇᆞ릐보다 동 바라보다. ¶ᄯᅩ ᄒᆞᆫ 곳 ᄇᆞ릐보ᄆᆡ 모래 속의 나난 海蔘(八域歌).

ᄇᆞ사디·다 동 부서지다. 바서지다. ☞ᄇᆞᅀᅡ디다 ¶이제ᅀᅡ 아ᅀᆞ오니 가ᅀᆞ미 ᄇᆞ사디ᄂᆞᆫ ᄃᆞᆺᄒᆞ여이다:今悟知悲膽俱碎(恩重17).

ᄇᆞ스ᄉᆞᄒᆞ다 형 바스스하다. ☞ᄇᆞᄉᆞ스ᄒᆞ다 ¶ᄆᆞᆯ이 비위 허ᄒᆞ며 ᄎᆞ며 터럭이 ᄇᆞ스ᄉᆞᄒᆞᆫ ᄃᆡ 고티ᄂᆞ니라:毛焦(馬解下8). 터러기 ᄇᆞ스ᄉᆞᄒᆞ고:毛焦(馬解下39).

ᄇᆞᄉᆞ·다 동 바수다. 부수다. ☞ᄇᆞᅀᆞ다. ᄇᆞᄋᆞ다 ¶ᄯᅩ ᄀᆞᄂᆞ리 ᄇᆞᆺ온 旃檀沈水香ᄃᆞᆯ ᄒᆞᆯ 비흐며(月釋17:29). 허리 ᄇᆞᆺ오ᄆᆞᆯ 조차:從其毁碎(楞解9:77). 몸 ᄇᆞᄉᆞ며 ᄲᅧ 두드리ᅀᆞ와도 佛祖大恩을 小分도 갑ᄉᆞᆸ디 몯ᄒᆞᅀᆞ오리로다(龜鑑上3). ᄇᆞ술 쇄:碎(類合下59).

ᄇᆞᄉᆞ라·기 명 바스라기. 부스러기. ¶쇠 ᄇᆞᄉᆞ라기:鐵屑(救急下89).

ᄇᆞᄉᆞ스ᄒᆞ다 동 바스스하다. ☞ᄇᆞ스ᄉᆞᄒᆞ다 ¶녑ᄢᅮ리 거두혀고 터럭이 ᄇᆞᄉᆞ스ᄒᆞᄂᆞ니:膁吊毛焦(馬解下1).

ᄇᆞᄉᆡ다 동 (눈이) 부시다. 비치다(照). ☞ᄇᆞᅀᆡ다 ¶光風霽月이 부ᄂᆞᆫ ᄃᆞᆺ ᄇᆞᄉᆡᄂᆞᆫ ᄃᆞᆺ(蘆溪. 獨樂堂).

ᄇᆞᅀᅡ 동 부수어. ㉠ᄇᆞᅀᆞ다 ¶丁香이 結實ᄒᆞ거든 ᄇᆞᅀᅡ(初杜解18:2).

ᄇᆞ·ᅀᅡ디·다 동 부서지다. ☞ᄇᆞ사디다 ¶모미 ᄇᆞᅀᅡ듈 혜아료ᄆᆞᆯ 먹디 말라:休懷粉身念(初杜解18:2).

ᄇᆞᅀᆞᄀᆞᆯ·다 동 부서지게 갈다. ☞ᄇᆞ스ᄀᆞᆯ다 ¶비마ᄌᆞ ᄡᅵᄅᆞᆯ 거플 앗고 ᄇᆞᅀᆞᄀᆞ라 손바당애 ᄇᆞᄅᆞ고:用萆麻子去殼研碎塗在手心(救簡1:20). ᄇᆞᅀᆞᄀᆞ라 골 ᄆᆡᆼᄀᆞ라 브티라:碎研成膏傳之(救簡6:41).

ᄇᆞᅀᆞ·다 동 바수다. 부수다. ☞ᄇᆞᄉᆞ다. ᄇᆞᄋᆞ다. ᄇᆞᇫ다 ¶내 모ᄆᆞᆯ 엇뎨 드틀ᄀᆞ티 ᄇᆞᅀᆞ디 몯관ᄃᆡ 내 아ᄃᆞ리 목수믈 일케 ᄒᆞ야뇨(月釋21:219). 金이 비록 구드나 羚羊角이 能히 ᄇᆞᅀᆞ며:金雖堅剛羚羊角能碎(金剛序7). 丁香이 結實ᄒᆞ거든 ᄇᆞᅀᅡ(初杜解18:2). 骨ᄋᆞᆯ ᄇᆞᅀᆞ며 모ᄆᆞᆯ ᄇᆞᇫ아도 足히 갑디 몯ᄒᆞ리니:粉骨碎身未足酬(南明下64). 三千ᄋᆞᆯ ᄇᆞᅀᆞ니:碎抹三千(金三5:16). ᄇᆞᅀᅡ ᄲᅦ븨요미:碎擦(救簡6:63).

ᄇᆞᅀᆞᄣᅵ·타 동 찧어 바수다. ☞ᄇᆞ스디타 ¶독활 불휘 ᄒᆞᆫ 량 ᄇᆞᅀᆞᄣᅵ흐니와:獨活一兩搗碎(救簡1:16).

ᄇᆞᅀᆞ와·ᄆᆡ·다 형 (눈이) 부시다. ☞ᄇᆞ스와ᄆᆡ다 ¶ᄇᆞᅀᆞ와ᄆᆡ에 ᄭᅮ미고(月釋8:10). 威光이 ᄇᆞᅀᆞ와ᄆᆡ에 비취샤(月釋21:5). 五色光明을 ᄇᆞᅀᆞ와ᄆᆡ에 펴신대(月釋21:201). 몺가치 다 眞金色이샤 빗나시고 조ᄒᆞ샤 ᄇᆞᅀᆞ와ᄆᆡ샤미 微妙ᄒᆞᆫ 金臺예 한 보ᄇᆡ로 莊嚴ᄒᆞᆫ ᄃᆞᆺ ᄒᆞ샤미 第十四ㅣ시고(法華2:12).

ᄇᆞᅀᆞ와·ᄆᆡ·에 형 눈부시게. ㉠ᄇᆞᅀᆞ와ᄆᆡ다☞-에 ¶ᄇᆞᅀᆞ와ᄆᆡ에 ᄭᅮ미고(月釋8:10).

ᄇᆞᅀᆞ·ᄎᆞ·다 동 바스러지다. ☞ᄇᆞᄋᆞᄎᆞ다 ¶ᄇᆞᅀᆞᄎᆞᆫ 누니 ᄂᆞᄂᆞᆫ ᄃᆞᆺᄒᆞ도소니:飛碎雪(初杜解16:61).

ᄇᆞᅀᆞ·ᄎᆞ·다 형 자질구레하다. 보잘것없다. ☞ᄇᆞᄋᆞᄎᆞ다 ¶ᄒᆞᄆᆞᆯ며 凡常ᄋᆡ ᄇᆞᅀᆞᄎᆞᆫ닐 엇뎨 足히 ᄲᅧ 니ᄅᆞ리오:況凡常之瑣瑣 何足以之云云(永嘉下70). 우리 무른 ᄇᆞᅀᆞ차 밥

비브로 먹고셔 ᄃᆞ니노니:吾輩碌碌飽飯行(初杜解25:11). 翦翦은 ᄇᆞᄉᆞᆫ 양이오 規規ᄂᆞᆫ 브즐우즐ᄒᆞᆫ 양이니(南明上19).

ᄇᆞᄉᆞ·티·다 동 바스러뜨리다. ☞브ᄉᆞ티다 ¶내 寶杵로 그 머리ᄅᆞᆯ ᄇᆞᄉᆞ툐ᄃᆡ:我以寶杵殞碎其首(楞解7:65). 이 모ᄆᆞᆯ ᄇᆞᄉᆞ텨 듣글만 너겨:寧碎此身猶如微塵(恩重26).

ᄇᆞ·ᄉᆡ·다 형 (눈이) 부시다. 비치다. ☞ᄇᆞ시다 ¶서르 應ᄒᆞ야 ᄇᆞᄉᆡ야 ᄂᆞ려오니(南明下75). ᄇᆞᄉᆡᆯ 죠:照(訓蒙下1. 類合上2). ᄇᆞᄉᆡᆯ 요:曜. ᄇᆞᄉᆡᆯ 영:暎(訓蒙下1).

ᄇᆞ아다 동 부수다. ☞ᄇᆞᆺᄋᆞ다 ¶몸을 덤이고 뼈ᄅᆞᆯ ᄇᆞ아도 ᄆᆡᆼ셰ᄒᆞ여 몸을 오욕디 아니호리라:身虀骨碎誓不汚身(東新續三綱. 烈6:78. 訥藏寸斫).

ᄇᆞ아디다 동 부서지다. ☞ᄇᆞᅀᅡ디다. ᄇᆞ아지다. ᄫᅡ디다 ¶니ᄅᆞᆯ ᄀᆞ라 다 ᄇᆞ아디더라:嚼齒皆碎(五倫2:30).

ᄇᆞ아지다 동 부서지다. ☞ᄇᆞ아디다 ¶ᄇᆞ아질 쇄:碎(倭解下41). 呂布ㅣ 알고 안이 ᄇᆞ아지ᄂᆞᆫ ᄃᆞᆺᄒᆞ여(三譯1:9). 옥돌 벼로ᄅᆞᆯ 가져 ᄡᅡ히 더지니 ᄇᆞ아져 흣허지다(三譯10:22).

·ᄇᆞ·암 명 뱀. ☞ᄇᆡ얌 ¶蟒은 큰 ᄇᆞ아미니:蟒大蛇(法華2:166).

ᄇᆞ야다 동 재촉ᄒᆞ다. ☞뵈아다. 뵈야다 ¶텬됴의 주쳥ᄒᆞᆯ 일 ᄇᆞ야니(西宮日記上1). 주쳥을 ᄇᆞ야니(癸丑10). ᄇᆞ야더니 우히 ᄂᆡ관ᄃᆞ려 니ᄅᆞ오시ᄃᆡ(癸丑102). 엇지 가기ᄅᆞᆯ ᄇᆞ야ᄂᆞ뇨(落泉4:10).

ᄇᆞ야호로 부 바야흐로. ☞브야ᄒᆞ로. ᄇᆞ야흐로. ᄇᆞ야ᄒᆞ로 ¶후개 ᄇᆞ야호로 치온 제:方天寒(二倫43 候可求醫). 이지 ᄇᆞ야ᄒᆞ로 스스로 도로혀 기피 슬허ᄒᆞ며(警民序1).

ᄇᆞ야흐로 부 바야흐로. ☞ᄇᆞ야호로. ᄇᆞ야ᄒᆞ로 ¶妻ㅣ ᄇᆞ야흐로 뵈 ᄶᆞ더니(女四解4:57). ᄇᆞ야흐로 可히 다ᄉᆞ림을 ᄒᆞ고:方可爲治(常訓35). ᄇᆞ야흐로:方可(同文解下47). 뫼 ᄇᆞ야흐로 질삼ᄒᆞ거ᄂᆞᆯ(女範1. 모의 노희경강). ᄇᆞ야흐로 방:方(註千7).

ᄇᆞ야ᄒᆞ로 부 바야흐로. ☞ᄇᆞ야호로. ᄇᆞ야흐로 ¶공민왕이 ᄇᆞ야ᄒᆞ로 신둔이ᄅᆞᆯ 어엳비 너기셔ᄅᆞᆯ:恭愍王方寵辛旽(東三綱. 忠3). 윤이 죽거ᄂᆞᆯ 나ㅣ ᄇᆞ야ᄒᆞ로 나히 졈더니:閏卒羅方年少(東新續三綱. 烈1:21). 그 ᄢᅢ예 바다 도적이 ᄇᆞ야ᄒᆞ로 치셩ᄒᆞ거ᄂᆞᆯ:時海寇方熾(東新續三綱. 孝1:34).

·ᄇᆞ얌 명 뱀. ☞ᄇᆞ암. 비얌 ¶ᄇᆞ야미 가칠 므러:大蛇銜鵲(龍歌7章). ᄇᆞ얌爲蛇(訓解. 用字). 엇게옌 ᄇᆞ얌 여ᅀᅮ 앒뒤헨 아히 할미러니(月印上25). ᄫᅵᆺ보기 깁고 둗겁고 ᄇᆞ얌 서린 ᄃᆞᆺᄒᆞ야(月釋2:58). 虺ᄂᆞᆫ ᄇᆞ얌 ᄀᆞ토ᄃᆡ 져그니라(楞解8:87). ᄇᆞ얌:長蟲(同文解下42). ᄇᆞ얌 구무에 드러 過冬ᄒᆞ다:蛇入蟄(漢淸14:40).

·ᄇᆞ얌·개 명 사포(蛇浦). 〔지명(地名)〕 ¶爲蛇浦 ᄇᆞ얌개(龍歌3:13).

ᄇᆞ염 명 뱀. ☞ᄇᆞ얌 ¶ᄇᆞ염이 ᄆᆞᆯ 바ᄅᆞᆯ 감아ᄅᆞᆯ:有蛇纏馬足(東新續三綱. 忠1:63).

ᄇᆞ의다 형 눈부시다. ☞ᄇᆞᄉᆞ다. ᄇᆞᄉᆡ다. ᄇᆞ이다 ¶히 눈에 ᄇᆞ의다:日晃眼(同文解上28). 히ㅅ빗 눈에 ᄇᆞ의다:日晃眼(譯解補1).

ᄇᆞ이다 형 눈부시다. ☞ᄇᆞᄉᆞ다. ᄇᆞ의다 ¶ᄇᆞ일 죠:照(光千41).

ᄇᆞᄋᆞ 명 보시기. ☞보ᄉᆞ. 보ᄋᆞ ¶ᄇᆞᄋᆞ:甌兒(物譜 酒食).

ᄇᆞᄋᆞ다 동 부수다. 바수다. ☞ᄇᆞᄉᆞ다. ᄇᆞᄉᆞ다 ¶송엽을 ᄶᅵ허 ᄇᆞ아(救荒4). ᄇᆞᄋᆞ다:粉粹貌(同文解下57). ᄇᆞᄋᆞ다:粉碎(漢淸11:54).

ᄇᆞᄋᆞ디다 동 부서지다. ☞ᄇᆞᄋᆞ지다. ᄫᅡ디다 ¶모미 ᄇᆞᄋᆞ듈 혜아료ᄆᆞᆯ 먹디 말라:休懷粉身念(重杜解18:2). ᄇᆞᄋᆞ던 셕고 ᄀᆞᆮᄒᆞ야:如碎石膏(煮硝方6).

ᄇᆞᄋᆞ지다 동 부서지다. ☞ᄇᆞ아디다. ᄫᅡ디다 ¶ᄇᆞᄋᆞ지다:碎(漢淸11:54).

ᄇᆞᄋᆞ쳐ᄃᆞᆫ니다 동 번거로이 왔다갔다하다. ¶ᄇᆞᄋᆞ쳐ᄃᆞᆫ닐시 베플 배 업도다:棲屑無所施(重杜解2:55).

ᄇᆞᄋᆞ촘 동 부서짐〔碎〕. ㉮ᄇᆞᄋᆞᄎᆞ다 ¶ᄆᆞᆯᄀᆞᆫ 더란 비치 ᄇᆞᄋᆞ초ᄆᆞᆯ 보노라:淸見光烱碎(重杜解13:17).

ᄇᆞᄋᆞᄎᆞ다 동 부서지다. ☞ᄇᆞᄉᆞᄎᆞ다 ¶ᄆᆞᆯᄀᆞᆫ 더란 비치 ᄇᆞᄋᆞ초ᄆᆞᆯ 보노라:淸見光烱碎(重杜解13:17).

ᄇᆞᄋᆞᄎᆞ다 형 자질구레하다. 보잘것없다. ☞ᄇᆞᄉᆞᄎᆞ다 ¶ᄇᆞᄋᆞᄎᆞᆫ 時俗앳 이리 조보왜도다:瑣細隘俗務(重杜解2:56).

ᄇᆞᅁᅵ다 형 눈부시다. ☞ᄇᆞᄉᆡ다. ᄇᆞ시다 ¶ᄇᆞᅁᅵᆯ 영:暎(類合上5. 光千12. 倭解上6). ᄇᆞᅁᅵ다:耀目(同文解下26). 광취 눈에 ᄇᆞᅁᅵ다:耀眼(漢淸6:40). 夕陽이 ᄇᆞᅁᅵ니 千山이 錦繡ㅣ로다(古時調. 尹善道. 기러기 떳ᄂᆞᆫ. 孤遺). 영농ᄒᆞᆫ 옥계ᄂᆞᆫ 송빅의 ᄇᆞᅁᅵ여 청ᄒᆞ의 쇼ᄉᆞ시니(落泉3:8).

ᄇᆞ지락죠개 명 바지락조개. ¶ᄇᆞ지락죠개:文蛤(物譜 介蟲).

ᄇᆞ질ᄒᆞ다 형 인색하다. ¶ᄇᆞ질ᄒᆞ다:吝(漢淸6:30). 너모 ᄇᆞ질ᄒᆞ면 유익ᄒᆞᆫ 일은 업ᄉᆞᆸᄂᆞ니(隣語5:22).

ᄇᆞ트다 형 밭다. 잦다. ☞ᄇᆞᄐᆞ다 ¶ᄇᆞ튼기춤ᄒᆞ다:乾嗽(漢淸8:4).

ᄇᆞ튼기춤 명 밭은기침. ☞ᄇᆞᄐᆞᆫ기춤 ¶ᄇᆞ튼기춤:乾嗽(譯解補34). ᄇᆞ튼기춤 ᄒᆞ다:乾嗽(漢淸8:4).

ᄇᆞᄐᆞ다 형 ①밭다. 잦다. ☞ᄇᆞ트다 ¶ᄇᆞᄐᆞᆫ기춤 ᄒᆞ다:乾嗽(同文解上19).
②밭다. 짧다. ☞ᄫᅡᆺ다 ¶털 ᄇᆞᄐᆞᆫ 가족:秋板

(同文解下40).

ᄇᆞᄐᆞᆫ기춤 명 발은기침. ☞ᄇᆞᄐᆞᆫ기춤 ¶ ᄇᆞᄐᆞᆫ기춤 ᄒᆞ다:乾嗽(同文解上19).

ᄇᆞᆫ·다 동 굽다. 비틀리다. ¶더르고 더럽고 손 ᄇᆞᆫ고 발 절며 눈 멀오 귀 먹고 등 구버:矬陋攣躄盲聾背傴(法華2:167). 더ᄅᆞ고 더럽고 소니 ᄇᆞᆫ고 바리 저니라:矬短醜陋手拘攣足跛躄也(法華2:168).

ᄇᆞᆫᄃᆞᄅᆞ다 형 친근(親近)하다. ¶ᄇᆞᆫᄃᆞᄅᆞᆯ 닐:昵(類合下27).

:ᄇᆞᆫ돌이·다 동 매달리다. ¶싄란심ᄆᆞ로 연의 ᄇᆞᆫ돌요ᄆᆞᆯ 삼갈디니라:攀(誡初14).

ᄇᆞᆫ둥·긔·다 동 매달리다. ☞ᄇᆞᆫ둥기다 ¶ᄇᆞᆫ둥긔여 헤디 말롤디니라(誡初14).

ᄇᆞᆫ둥·기·다 동 매달리다. ☞븓둥기다. ᄇᆞᆫ둥긔다 ¶欄干ᄋᆞᆯ ᄇᆞᆫ둥기니(三綱. 忠7). 正히 ᄇᆞᆫ둥기논 妄情이라:正攀緣妄情也(楞解1:73). 네 이제 모ᄃᆞᆫ 衆生과 ᄇᆞᆫ둥기논 ᄆᆞᅀᆞᄆᆞᆯ ᄡᅥ:則汝今者與諸衆生用攀緣心(楞解1:81). ᄇᆞᆫ둥기논 緣을 자바 降伏히에 ᄒᆞ시니:攝伏攀緣(楞解3:115).

ᄇᆞᆫ둥·기이·다 동 매달리다. ☞ᄇᆞᆫ둥긔다. ᄇᆞᆫ둥기다. 븓둥기이다 ¶ᄇᆞᆫ둥기요ᄆᆞᆯ브터 닌 ᄃᆞᆯ:由攀緣起(楞解1:46).

ᄇᆞᆫᄆᆞᄅᆞ다 동 바싹 마르다. ☞ᄇᆞᆺᄆᆞᄅᆞ다 ¶흑함ᄒᆞ고 ᄇᆞᆫᄆᆞᄅᆞ고 열ᄒᆞᆫ 독긔 안해:黑陷焦枯熱毒內(痘要下31).

ᄇᆞᆫ중ᄒᆞ·다 동 징험(徵驗)하다. 어떤 징조를 겪어 보다. ¶어루 ᄇᆞᆫ중ᄒᆞᆫ 後에ᅀᅡ 니ᄅᆞ며:可驗而後言(宣賜內訓1:86).

ᄇᆞᆯ 명 팔. ☞ᄑᆞᆯ ¶ᄇᆞᆯ爲臂(訓解. 用字). ᄇᆞᆯᄒᆞᆯ 드르시니(月印上71). 펴엣던 ᄇᆞᆯᄒᆞᆯ 구필 ᄊᆞ시예(釋譜6:2). 肱ᄋᆞᆫ ᄇᆞᆯ히라(三綱. 忠17). ᄇᆞᆯᄒᆞᆯ 드르샤 숀가락 구피샤:擧臂屈指(楞解1:83). 臂ᄂᆞᆫ ᄇᆞᆯ히라(楞解6:37). 두 ᄇᆞᆯ히 길오 고ᄃᆞ시고(法華2:12). 몸 ᄉᆞᆯ며 ᄇᆞᆯ ᄉᆞᄅᆞ시니:燒身然臂(法華4:70). ᄇᆞᆯ ᄉᆞᆯ며:煉臂(牧牛訣2). 掣肘는 ᄇᆞᆯᄒᆞᆯ 뮈오고져 호ᄃᆡ(宣賜內訓1:16). ᄇᆞᆯᄒᆞᆯ 자바슈미 나리 하니:把臂有多日(杜解9:22). 올ᄒᆞᆫᄇᆞᆯ히 偏히 이울오 왼녁 귀 머구라:右臂偏枯左耳聾(初杜解11:14). ᄇᆞᆷ비ᄎᆞᆫ ᄇᆞᆯ 자뱃ᄂᆞᆫ 알ᄑᆡ 기폣더니라:春深把臂前(初杜解21:13). ᄇᆞᆯ 구피락 펼 ᄉᆞᅀᅵ ᄀᆞᆮᄒᆞ야:臂(佛頂上4). 허튀와 ᄇᆞᆯ콰 ᄀᆞᆮᄒᆞ니:猶股肱也(重內訓2:28).
※ᄇᆞᆯ>ᄑᆞᆯ>팔

※'ᄇᆞᆯ'의 첨용 ⎡ᄇᆞᆯ
⎣ᄇᆞᆯᄒᆞᆯ/ᄇᆞᆯ히/ᄇᆞᆯ히라…

·ᄇᆞᆯ 명 ①벌. 겹〔重〕. ¶또 이 ᄒᆞᆫ ᄇᆞᆯ 迷惑ᄒᆞᆫ ᄆᆞᅀᆞ미라:又是一重迷心(金剛下38). ᄂᆡ와 雲霞 ᄭᅵᆫ 묏부리ᄂᆞᆫ 몃 ᄇᆞᆯ오:煙霞嶂幾重(杜解9:25). ᄂᆡ ᄭᅵᆫ 고ᄌᆞᆫ 一萬 ᄇᆞ리로다:煙花一萬重(初杜解10:9). ᄒᆞᆫ ᄇᆞᆳ 關이:一重關(金三2:18). 노ᄅᆞᆫ 뵈로 두어 ᄇᆞᆯ ᄡᅡ 알ᄑᆞᆫ ᄃᆡ 울호ᄃᆡ:以故布數重裹之以熨病上(救簡1:80). 여러 ᄇᆞᆯ 등:重(類合下48).
②번. ¶淨居天이 禮ᄅᆞᆯ 아라 세 ᄇᆞᆯᄋᆞᆯ 값도라놀(月印上55). 올ᄒᆞᆫ녀그로 세 ᄇᆞᆯ 값도ᅀᆞᆸ고 ᄒᆞᆫ녀긔 앉거늘(釋譜6:21). 두 숀가라ᄀᆞᆯ 드니 두 ᄇᆞᄅᆞᆯ 곱게 供養코져 ᄒᆞ논 ᄠᅳ디러니(釋譜24:47). ※ᄇᆞᆯ>벌

·ᄇᆞᆯ 명 발〔丈〕. ☞발 ¶地藏菩薩이 十地果位 證컨디 웃 譬喩에셔 즈믄 ᄇᆞ리 倍히 하니(月釋21:16). 반 ᄇᆞᆯ:半庹(漢淸11:51).
※ᄇᆞᆯ>발

·ᄇᆞᆯ 명 벌. 벌판. 골. ¶比丘ㅣ 닐오ᄃᆡ 오직 이 ᄇᆞ래 子賢長者ㅣ 지비 잇다 듣노이다(月釋8:94).

ᄇᆞᆯ 명 벌. ¶옷 ᄒᆞᆫ ᄇᆞᆯ와 鈔 스믈 錠과:衣一襲鈔二十錠(三綱. 孝31). 四百 ᄇᆞᄅᆞᆯ 바ᄆᆞ라 ᄒᆞ시고(楞解跋4). 네 몃 ᄇᆞᄅᆞᆯ ᄆᆡᆼᄀᆞᆯ일다:你打幾件兒(飜朴上16). 能히 잇가지 일 두어 ᄇᆞᆯ을 두어 ᄒᆞ면:能存得此等事數件(宣小5:41). 날마다 ᄒᆞᆫ ᄇᆞᆯ 벗고 ᄒᆞᆫ ᄇᆞᆯ ᄀᆞ라닙ᄂᆞ니:每日脫套換套(老解下45). 연장 다ᄉᆞᆺ 드려 ᄆᆡᆼ근 칼 열 ᄇᆞᆯ:五事兒十副(老解下62). 또 칙 ᄒᆞᆫ ᄇᆞᆯ을 사되:更買些文書一部(老解下63). 다ᄉᆞᆺ ᄇᆞᆯ 칼을:五件兒刀子(朴解上15). 各 ᄒᆞᆫ ᄇᆞᆯ옴 더 주시다:加賜各一具(重內訓2:70). ※ᄇᆞᆯ>벌

ᄇᆞᆯ 명 배(倍). 곱. ¶열 ᄇᆞᆯ이나 됴리호미 맛당ᄒᆞ니라:宜十倍調治(胎要31). 내 가져간 셰간 불운 거시 녜로셔 세 ᄇᆞ리나 더으니라 ᄒᆞ고:理産所增三倍於前(重二倫4).

ᄇᆞᆯ가ᄑᆞ라ᄒᆞ·다 형 발갛고 파랗다. ¶馬寶ᄂᆞᆫ ᄆᆞ리니 비치 ᄇᆞᆯ가ᄑᆞ라코(月釋1:27). 紺ᄋᆞᆫ ᄇᆞᆯ가ᄑᆞ라ᄒᆞᆯ 씨라(法華2:12).

ᄇᆞᆯ·곰 형 밝음. ㉠ᄇᆞᆰ다 ¶ᄇᆞᆯ고ᄆᆞᆯ 發ᄒᆞ야 ᄇᆞᆯ곰 더우미오:發瑩增明(永嘉上75). 반다기 ᄇᆞᆯ고ᄆᆞᆯ 보ᄃᆡ 몯ᄒᆞ리로다:應不見明(楞解2:100) 거우룻 두려이 ᄇᆞᆯ곰 ᄀᆞᆮᄒᆞ니:如鏡之圓明(圓覺上一之一47).

ᄇᆞᆯ·곰 동 밝힘. ㉠ᄇᆞᆯ기다 ¶ᄇᆞᆯ교ᄆᆞᆯ 因ᄒᆞ야 所ㅣ 셔미라:因明立所(楞解6:52).

ᄇᆞᆯ·굠 동 밝힘. ㉠ᄇᆞᆯ기다 ¶이 우ᄒᆞᆫ 일륜 ᄇᆞᆯ규믈 너비 니ᄅᆞ니라:右廣明倫(飜小7:50).

ᄇᆞᆯ긔 명 발기. 건기(件記). ☞바장 ¶ᄇᆞᆯ긔도 왓ᄉᆞ오니(新語5:10). ᄇᆞᆯ긔예도 이시려니와(新語5:11). ᄇᆞᆯ긔 ᄒᆞ여 가다(癸丑208).

ᄇᆞᆯ·기 부 밝히. 밝게. ☞ᄇᆞᆰ히 ¶明徹은 ᄇᆞᆯ기 ᄉᆞᄆᆞᆺ출 씨라(月釋10:50). ᄇᆞᆯ기 보아 글우미 업건마ᄅᆞᆫ(月釋17:11). 方藥ᄋᆞᆯ ᄇᆞᆯ기 아라 한 病을 이대 고티더니(月釋17:16). ᄇᆞᆯ기 ᄆᆞᆯ기 ᄉᆞᄆᆞᄎᆞ샤미 三十一이시고(法華2:16). 能히 ᄇᆞᆯ기 기피 照ᄒᆞ샤:能朗然玄照(永嘉下36). 다 ᄇᆞᆯ기 알리니:一一明了(蒙

法19). 畢竟에 잢간도 제 得디 몯호ᄆᆞᆯ 볼기 알면:明知…畢竟未曾自得(圓覺上二之二29). 놈 외다 호ᄆᆞ란 볼기 ᄒᆞ고:責人則明(宣賜內訓1:35). 威儀ᄅᆞᆯ 도로 볼기 시스니라:威儀重昭洗(杜解8:17). 놈 외다 호ᄆᆞᆫ 볼기 ᄒᆞ고:責人則明(飜小8:13). ᄌᆞ셔이 뭇고 볼기 분변ᄒᆞ시며(仁祖行狀22). 볼기 徵驗컨댄 하ᄂᆞᆯ도 아ᄋᆞ라ᄒᆞ도다:明徵天莽茫(重杜解1:53). 챡션도 볼기 ᄒᆞ고 연락을 즁이 ᄒᆞ며(人日歌).

볼·기·다 동 밝히다. ☞불키다. ᄇᆞᆰ히다 ¶ 하ᄂᆞᆯ히 볼기시니:天爲之明(龍歌30章). 大義를 볼기실씨:大義克明(龍歌66章). 大千世界 볼교미(月印上18). 權 잘ᄒᆞ샤미 다 이 ᄅᆞᆫᄒᆞ샨ᄃᆞᆯ 볼기시니라(月釋17:15). ᄆᆞᅀᆞᆷ 볼ᄀᆞᆫ 사ᄅᆞ미:明心之士(楞解1:2). 디니논 行이 더 깁디옷 功 어두미 더 勝ᄒᆞᆫ ᄃᆞᆯ 볼기시니라:明持行益深獲功益勝(法華7:109). 이에 姓과 나샨 ᄃᆡᆯ 볼기고:此明姓產(永嘉序6). 내 모ᄆᆞᆯ 훤히 볼겨:洞明自已(蒙法44). 自已ᄅᆞᆯ 훤히 볼겨:洞明自已(蒙法61). 말와ᄆᆞᆯ 薦ᄒᆞ요ᄆᆞᆫ 져근 情誠을 볼규미니라:薦藻明區區(初杜解16:64). 正ᄒᆞᆫ 學業을 講論ᄒᆞ야 볼굘디니라(飜小9:13).

볼기름술 명 발기름살. ¶ 볼기름술:羅截肉(漢淸12:29).

볼:덩 명 팔짱. ¶ 九重에 볼덩 고잿거든:端拱九重(金三3:4). 졍다이 안자 볼덩 곳고:端座拱手(飜小10:13).

볼독 명 팔뚝. ☞볼톡 ¶ 肘는 볼독이니(宣賜內訓1:16). 옷 ᄉᆞ매예 두 볼도기 낫도다:衣袖露兩肘(重杜解2:30). 노ᄒᆞ로 두 볼독 ᄆᆞ딋 그틀 ᄀᆞᄅᆞ 견조고:以繩度兩頭肘尖頭(救簡2:61). 볼독 뒤헷 符呪이 당당이 效驗 잇ᄂᆞ니:肘後符應驗(重杜解16:24).

볼리 부 굳게. ¶ 두 눈을 볼리 ᄀᆞᆷ고 동녁 셔녁ᄒᆞ로 어즈러이 다잇는 이는:雙睛緊閉東西亂撞者(馬解上71).

볼볼 부 거듭. ¶ 볼볼 사ᄅᆞᆷ 부리더라(癸丑100).

·볼·ᄡᅡ 동 밟다. ☞ᄇᆞᆲ다 ¶ ᄂᆞᄆᆡ 시ᄂᆞᆯ 볼ᄡᅵ 말며:毋踐履(宣賜內訓1:6).

:볼ᄡᅳ·듸·다 동 밟아 디디다. ☞ᄇᆞᆲ드듸다 ¶ 거름 거르며 볼ᄡᅳ듸요ᄆᆞᆯ 모로매 ᄌᆞᄂᆞᄌᆞᄂᆞ기 ᄒᆞ며:步履必安詳(宣賜內訓1:26).

볼·바 동 밟아. ㉮ᄇᆞᆲ다 ¶ 부텨 볼바 디나시고(月釋1:16). 오직 알ᄑᆞᆯ 볼바 行德을 일우시고(月釋18:13).

볼·보·ᄃᆡ 동 밟되. ㉮ᄇᆞᆲ다 ¶ ᄯᅡ호ᄅᆞᆯ 볼보ᄃᆡ 믈 ᄇᆞᆲ듯 ᄒᆞ고 므를 볼보ᄃᆡ ᄯᅡ ᄇᆞᆲ듯 ᄒᆞ더니(釋譜6:34).

볼·ᄫᅵ·며 동 밟으며. ㉮ᄇᆞᆲ다 ¶ 즌ᄒᆞᆰ 볼ᄫᅵ며 므거븐 돌 지ᄃᆞᆺ ᄒᆞ야(月釋21:102).

볼·셔 부 벌써. ☞볼쎠 ¶ 볼셔 죽거늘(三綱. 忠25). 功夫 힝뎌기 볼셔 부텨의 ᄀᆞᆲ건마ᄅᆞᆫ:功行固已侔佛(楞解1:37). 公이 닐오ᄃᆡ 볼셔 주그시니라:公曰已死矣(圓覺序68). 네 어미도 ᄯᅩ 볼셔 업스니:汝母亦已早世(宣賜內訓3:50). ᄀᆞᅀᆞᆳ 몰애예 볼셔 ᄒᆞᆯ기 젹도다:秋沙先少泥(初杜解7:8). 江縣엣 블근 梅花ᄂᆞᆫ 볼셔 보미 펫도다:江縣紅梅已放春(杜解9:26). 볼셔 이 ᄀᆞᆮ호ᄆᆞᆯ 알씨:早知如是(金三2:2). 볼셔 어긔여 디나릴시(南明上6). 볼셔 拳杏 ᄑᆞᆯ리 잇거니와:早有賣的拳杏麼(飜朴上5). 도로혀 제 몸과 ᄆᆞᅀᆞ미 볼셔 스스로 몬져 사오나왯ᄂᆞᆫ 주를 아디 몯ᄒᆞᄂᆞ니라:却不知道自家身與心已自先不好了也(飜小8:7). 볼셔 입시ᄒᆞ여 겨시고(癸丑38). 볼셔:早已(同文解下47. 漢淸1:20). 볼셔 떠나 계시되(隣語1:6). 엇디 볼셔 죽디 아니ᄒᆞ엿ᄂᆞᆫ다:何不死(五倫2:60). 볼셔 술위 속에 목ᄆᆡ여 죽엇ᄂᆞᆫ디라:已自縊輿中死矣(五倫3:35). ※볼셔>벌써

볼·쇠 명 팔찌. ☞ᄇᆞᆰ쇠. ᄑᆞᆯ쇠 ¶ 집마다 빈혀와 볼쇠와ᄅᆞᆯ ᄑᆞ라:家家賣釵釧(重杜解5:4). ᄂᆞᄆᆞ치 뷔어ᄂᆞᆯ 빈혀와 볼쇠ᄅᆞᆯ 자바 ᄑᆞᆯ오:囊空把釵釧(初杜解20:9).

볼·써 부 벌써. ☞볼셔 ¶ 그듸 가 들 찌비 볼써 이도다(釋譜6:35). 城 안햇 사ᄅᆞ미 볼써 匠人 브려(釋譜23:49). 볼써 命終ᄒᆞ니라(月釋9:36上). 엇뎨 볼써 맏ᄂᆞ뇨:云何已聞(楞解3:25). 몬져 볼써 ᄆᆞᆯ라 주거:先已乾死(楞解9:117). 구디 볼써 줌줌히 아니라:固已默知(法華4:63). 볼써 디나 미조차(金剛121). 사ᄅᆞ미 볼써 發願커나(佛頂26). 알앗노라 알앗노라 나는 볼써 알앗노라(古時調. 海謠).

볼아내다 동 발라 내다. ¶ 갈로 눈ᄌᆞᅀᆞᄅᆞᆯ 볼아내여 부텨의 받ᄌᆞᆸ고(恩重19).

볼·오·다 동 밟다. ☞ᄇᆞᆲ다 ¶ 그 位ᄅᆞᆯ 볼오며:踐其位(宣賜內訓1:42). 볼올 쳔:踐. 볼올 답:踏(訓蒙下27). 볼올 쳔:踐. 볼올 답:踏 蹋(類合下5). 볼올 쳔:踐(石千25). 東西南北 百里 ᄉᆞ이예 볼와 치운 뫼히 뷔여슈믈 스쳐보ᄂᆞᆫ ᄃᆞᆺ도다:東西南北百里間髣髴蹴踏寒山空(重杜解5:49). 몬져 香爐峯을 볼와 더를 지으리니:先踏爐峯置蘭若(重杜解9:26). 掾吏ᄅᆞᆯ ᄯᅩ ᄀᆞᆯ포 볼오니라:掾吏亦累踐(重杜解24:33). 越姬 ᄆᆞᄋᆞᆷ의 許ᄒᆞᆫ 말을 볼오며:越姬踐心許之言(女四解4:6). 斜陽峴山의 躑躅을 므니 볼와(松江. 關東別曲). 芳草를 볼와 보며 蘭芷도 ᄯᅳ더 보쟈(古時調. 尹善道. 孤遺).

볼·옴 동 밟음. ㉮볼오다 ¶ 노ᄑᆞᆫ 빙애 볼오ᄆᆞᆯ ᄉᆞ랑ᄒᆞ면:思蹈懸崖(楞解2:115). 발 볼오미 漸漸 노ᄑᆞ면 보ᄂᆞᆫ 고디 漸漸 머니라:足履

漸高所鑑漸遠(圓覺上一之一113). 몸 닷ᄀᆞ며 말 ᄇᆞᆯ옴을:修身踐言(宣小3:6).

ᄇᆞᆯ와 동 밟아. ㉠ᄇᆞᆯ오다 ¶ᄇᆞᆯ와 치운 뫼히 뷔여슈믈 스쳐보ᄂᆞᆫ ᄃᆞᆺ도다:髣髴蹴踏寒山空(重杜解5:49). 몬져 香爐峯을 ᄇᆞᆯ와 더를 지으리니:先踏爐峯置蘭若(重杜解9:26).

ᄇᆞᆯ으다 동 바르다〔塗〕. ☞ᄇᆞ르다 ¶ᄇᆞᆯ으다:塗褙(譯解補14).

ᄇᆞᆯ·이·다 동 밟히다. ☞ᄇᆞᆯ피다 ¶사ᄅᆞ미 ᄆᆞᆯ게 믈이며 ᄇᆞᆯ이며:人被馬咬踏(救急下15). 崐崙과 虞泉괘 ᄆᆞᆯ바래 드리 ᄇᆞᆯ이니라:崐崙虞泉入馬蹄(初杜解17:10). ᄆᆞᆯ게 ᄇᆞᆯ이며 쇠게 뻴여 가ᄉᆞᆷ ᄇᆡ ᄒᆞ야디며:馬踏牛觸胸腹破陷(救簡1:79). ᄆᆞᆯ 믈인 사ᄅᆞ미어나 ᄇᆞᆯ인 사ᄅᆞ미:馬嚙人及踏人(救簡6:70).

ᄇᆞᆯ·이·다 동 버리다. ☞ᄇᆞ리다 ¶이제ᄂᆞᆫ 지만ᄒᆞᆫ 말을 업시 ᄒᆞ야 ᄇᆞᆯ이고:今則刪去枝辭(宣小凡例1). 엇디 ᄎᆞᆷ아 싀어미ᄅᆞᆯ ᄇᆞᆯ이리오:何忍棄姑(東新續三綱. 孝6:19). 엄이 과히 ᄉᆞ랑ᄒᆞ야 노하 ᄇᆞᆯ인 타시라(女四解2:25). 仁을 그츠며 義ᄅᆞᆯ ᄇᆞᆯ여:絶仁棄義(重內訓2:88).

ᄇᆞᆯ콰 명 팔과. 〔ㅎ 첨용어 'ᄇᆞᆯ'의 부사격(副詞格).〕 (독)ᄇᆞᆯ ¶허튀와 ᄇᆞᆯ콰 ᄀᆞᆮᄒᆞ니:猶股肱也(重內訓2:28).

ᄇᆞᆯ키·다 동 밝히다. ☞ᄇᆞᆯ기다. ᄇᆞᆰ히다 ¶ᄇᆞᆯ킬 쳔:闡(類合下42). 다 ᄡᅥ 人倫을 ᄇᆞᆯ키ᄂᆞᆫ 배라 ᄒᆞ시니:皆所以明人倫也(宣小2:1). 이우흔 威儀의 법측을 ᄇᆞᆯ키니라:右明威儀之則(宣小3:19). ᄂᆞᆼ히 德을 ᄇᆞᆯ키다 ᄒᆞ며(宣大4). 아직 小宗앳 法으로ᄡᅥ ᄇᆞᆯ키노니(家禮1:18). 天性을 ᄇᆞᆯ켜 내니(愁州曲).

ᄇᆞᆯ·톡 명 팔뚝. ☞ᄇᆞᆯ독. ᄑᆞᆯ독 ¶두 무룹과 두 ᄇᆞᆯ톡과 뎡바기(月釋21:7). 노ᄒᆞ로 두 ᄇᆞᆯ톡 그틀 견주고:以繩度兩肘尖頭(救急上36). 時로 ᄇᆞᆯ토ᄀᆞ로 ᄡᅳ리툐ᄆᆞᆯ 니부라:時被肘(初杜解15:43). ᄇᆞᆯ톡 뒤헷 符呪이 당당이 效驗 잇ᄂᆞ니:肘後符應驗(初杜解16:24). ᄇᆞᆯ톡 뒤헷 醫方으란 寂靜ᄒᆞᆫ ᄃᆡ셔 보놋다:肘後醫方靜處看(初杜解22:13).

ᄇᆞᆯ피다 동 밟히다. ☞ᄇᆞᆯ이다. ᄇᆞᆲ피다 ¶티리 티고 ᄇᆞᆯ피리 ᄇᆞᆯ피니:打的打躧的躧(朴解中49). 아디 못게라 어ᄃᆡ ᄒᆞᆫ 지차리 ᄇᆞᆯ펴 죽엇ᄂᆞ뇨:不知道那裏躧死了一箇蛐蜒(朴解下2). ᄆᆞᆯ쎄 ᄇᆞᆯ피다:馬躧了(譯解下23).

ᄇᆞᆯ히 명 팔이. 〔ㅎ 첨용어 'ᄇᆞᆯ'의 주격(主格).〕 (독)ᄇᆞᆯ ¶올ᄒᆞᆫ ᄇᆞᆯ히 偏히 이올오 왼녁 귀 머구라:右臂偏枯左耳聾(重杜解11:14).

ᄇᆞᆯ·ᄒᆞᆯ 명 팔을. 〔ㅎ 첨용어 'ᄇᆞᆯ'의 목적격(目的格).〕 (독)ᄇᆞᆯ ¶즉자히 入定ᄒᆞ야 펴엣던 ᄇᆞᆯᄒᆞᆯ 구필 ᄊᆞᅀᅵ예(釋譜6:3). ᄇᆞᆯᄒᆞᆯ 자바슈미 나리 하니:把臂有多日(杜解9:22).

ᄇᆞᆯ·ᄒᆡ 명 팔에. 〔ㅎ 첨용어 'ᄇᆞᆯ'의 부사격(副詞格).〕 (독)ᄇᆞᆯ ¶釧은 ᄇᆞᆯᄒᆡᆺ 골회라(永嘉下45).

ᄇᆞᆰ가벗다 동 발가벗다. ¶ᄇᆞᆰ가버슨 兒孩ㅣ들리 거뮈줄 테를 들고(古時調. 靑丘).

ᄇᆞᆰ가숭 명 발가숭이. 잠자리. ¶ᄀᆡ川으로 往來ᄒᆞ며 ᄇᆞᆰ가숭아 ᄇᆞᆰ가숭아 져리 가면 죽ᄂᆞ니라 이리 오면 ᄉᆞᄂᆞ니라 부로나니 ᄇᆞᆰ가숭이로다(古時調. ᄇᆞᆰ가버슨. 靑丘).

ᄇᆞᆰ·기·다 동 밝히다. ☞ᄇᆞᆯ키다. ᄇᆞᆰ히다 ¶이우ᄒᆞᆫ 인륜 ᄇᆞᆰ규믈 너피니라:明(宣小5:82).

ᄇᆞᆰ·다 형 ①밝다. ¶庸君이신ᄃᆞᆯ 天性은 ᄇᆞᆯᄀᆞ시니:雖是庸君天性則明(龍歌71章). 聖性에 ᄇᆞᆯᄀᆞ실ᄊᆡ:聖性自昭晰(龍歌124章). 닛위여 ᄇᆞᆰ게 ᄒᆞ며(釋譜9:35). ᄒᆡ와 ᄃᆞᆯ와 별왜 다 ᄇᆞᆰ디 아니ᄒᆞ며(月釋2:15). 珠는 ᄇᆞᆯᄀᆞᆫ ᄃᆞᆯᄀᆞᄐᆞᆫ 神奇ᄒᆞᆫ 구스리라(月釋2:33). 觸ᄒᆞᆫ 고대 ᄇᆞᆰ도다:觸處昭然矣(法華6:62). ᄇᆞᆯ고ᄆᆞᆯ 發ᄒᆞ야 ᄇᆞᆯ곰 더우미오:明(永嘉上75). 큰 摩尼寶ㅣ 體性이 ᄇᆞᆰ고 조호ᄃᆡ:大摩尼寶體性明淨(圓覺序58). 圓滿히 ᄇᆞᆯᄀᆞ란ᄃᆡ(蒙法13). ᄃᆞᆯ ᄇᆞᆰ거ᄂᆞᆯ 내 괴외ᄒᆞ야:月明遊子靜(初杜解21:39). ᄇᆞᆯ곰 업슨 實ᄒᆞᆫ 性이 곧 佛性이니(南明上4). ᄇᆞᆯᄀᆞᆫ ᄃᆡ셔 ᄀᆞ오눌여든:明中着魘(救簡1:81). 누니 ᄇᆞᆰ디 아니ᄒᆞ며:眼目不明(救簡1:94). 하ᄂᆞᆯ도 ᄒᆞ마 ᄇᆞᆯ가가ᄂᆞ다:天道待明也(飜老上58). ᄇᆞᆯᄀᆞᆯ 명:明(訓蒙下1. 石千20). ᄇᆞᆯ글 단:丹(光千26). ᄇᆞᆯᄀᆞᆯ 랑:朗. ᄇᆞᆯᄀᆞᆯ 상:爽(類合下9). ᄇᆞᆯᄀᆞᆯ 량:亮(類合下25). ᄇᆞᆯᄀᆞᆯ 쟉:灼(類合下33). ᄇᆞᆯᄀᆞᆯ 경:耿(類合下44). ᄇᆞᆯᄀᆞᆯ 쇼:昭. ᄇᆞᆯᄀᆞᆯ 찬:粲(類合下52). ᄇᆞᆯ글 형:炯(類合下54). 구루미 흐투매 ᄃᆞᆯ이 ᄇᆞᆰᄂᆞ니:雲散月明(龜鑑上39). 하ᄂᆞᆳ ᄇᆞᆯ근 거슬 법 바ᄃᆞ며:則天明(宣小1:1). 봄애 ᄇᆞᆰ음을 ᄉᆡᆼ각ᄒᆞ며:視思明(宣小3:5). 새배 졍히 ᄃᆞᆯ히 ᄇᆞᆯ글이라:五更頭正有月明(老解上22). ᄃᆞᆯ ᄇᆞᆰ다:明(譯解上1). ᄇᆞᆯ글 랑:朗(倭解上6. 註千40). ᄇᆞᆯ글 명:明(倭解上6). ᄃᆞᆯ ᄇᆞᆰ다:月亮(同文解上1). 太姒의 ᄇᆞᆯᄀᆞ샤매:太姒之明(重內訓序3). 팔월의 ᄃᆞᆯ이 ᄀᆞ장 ᄇᆞᆰ거ᄂᆞᆯ(明皇1:36). 가을 밤 ᄇᆞᆰ은 달에 반만 픠온 蓮곳인 듯(古時調. 海謠). ᄇᆞᆯ글 쟝:章(註千5). ᄇᆞᆯ글 뎍:的(註千32). ※ᄇᆞᆰ다>밝다

②붉다. ☞븕다 ¶브ᅀᅳ왠 저긔 ᄇᆞᆯᄀᆞᆫ ᄆᆞᅀᆞ미 허니:喪亂丹心破(初杜解7:15). ᄇᆞᆯ글 단:丹(光千26). ※ᄇᆞᆰ다>붉다

ᄇᆞᆰ·음 형 밝음. ㉠ᄇᆞᆰ다 ¶봄애 ᄇᆞᆰ음을 ᄉᆡᆼ각ᄒᆞ며:視思明(宣小3:5).

ᄇᆞᆰ이 명 밝을녘. ¶부희여 ᄇᆞᆰ이예 뵈ᅌᆞ와:昧爽而朝(英小2:3).

:ᄇᆞᆰ·쥐 명 박쥐. ¶ᄇᆞᆰ쥐 ᄯᅩᆼ을 ᄂᆞᆯ 기르메 ᄀᆞ라 ᄇᆞᄅᆞ라:蝙蝠糞生油硏塗之(救簡6:68). ᄇᆞᆰ쥐:蝙蝠(四解上4 蝠字註. 四解下3 蝙字

註). ᄇᆞᆰ쥐 편:蝙. ᄇᆞᆰ쥐 복:蝠(訓蒙上22). ᄇᆞᆰ쥐 복:蝠(類合上12). 의원이 닐오ᄃᆡ ᄇᆞᆰ쥐 가히 고티리라 ᄒᆞ여ᄂᆞᆯ:醫云蝙蝠可治(東新續三綱. 孝2:46). ᄇᆞᆰ 쥐:蝙蝠(同文解下35). ᄇᆞᆰ쥐:䲁鼠(譯解補47). ᄇᆞᆰ쥐:蝙蝠(物譜 飛蟲. 柳氏物名一 獸族). ※ᄇᆞᆰ쥐>박쥐

ᄇᆞᆰ·키·다 동 밝히다. ☞ᄇᆞᆯ키다. ᄇᆞᆰ히다 ¶物理ᄅᆞᆯ ᄇᆞᆰ키고:明乎物理(飜小9:13). ᄆᆞᄋᆞᆷ을 열며 눈을 ᄇᆞᆰ켜:開心明目(宣小5:104). 서르 더블어 正ᄒᆞᆫ 學을 강론ᄒᆞ야 ᄇᆞᆰ키게 ᄒᆞᆯ디니라:相與講明正學(宣小6:11).

ᄇᆞᆰ히 부 밝히. 밝게. 분명히. ☞ᄇᆞᆯ기 ¶ᄇᆞᆰ히 니ᄅᆞ지 아니터라(三譯5:2).

ᄇᆞᆰ히다 동 밝히다. ☞ᄇᆞᆯ기다. ᄇᆞᆯ키다. ᄇᆞᆰ키다 ¶텬쉬 블을 ᄇᆞᆰ히고 새도록 그 겨ᄐᆡ ᄠᅥ나디 아니터니:天守明燈達曙不離其側(東新續三綱. 孝8:50). ᄇᆞᆰ히다:達朝(漢淸1:27).

:ᄇᆞᆲ·다 동 밟다. ☞ᄇᆞᆯ오다 ¶ᄧᅡ홀 ᄇᆞᆯᄫᅩᄃᆡ 믈 ᄇᆞᆲ돗 ᄒᆞ고 므를 ᄇᆞᆯᄫᅩᄃᆡ ᄯᅡ ᄇᆞᆲ돗 ᄒᆞ더니(釋譜6:34). ᄇᆞᆯᄫᅡ 주길까 ᄒᆞᄂᆞᆫ ᄠᅳ디라(釋譜11:1). 그 ᄆᆞᆯ ᄇᆞᆯᄫᆞᆫ ᄯᅡᄒᆞᆫ 몰애 金이 ᄃᆞ외ᄂᆞ니라(月釋1:28). 부톄 ᄇᆞᆯᄫᅡ 디나시고(月釋1:16). 시혹 므를 ᄇᆞᆯᄫᅡ도 아니 ᄲᅥ디며(月釋2:71). 즌ᄒᆞᆰ ᄇᆞᆯᄫᆞ며 므거ᄫᅳᆫ 돌 지돗 ᄒᆞ야(月釋21:102). 이 길ᄒᆞᆯ ᄇᆞᆲ디 말라(月釋21:119). ᄒᆞ다가 다시 ᄇᆞᆯᄫᅡ 손지 迷惑ᄒᆞ야(月釋21:120). 서리 ᄇᆞᆲᄂᆞᆫ 발 가진 千里 가ᄂᆞᆫ 駿馬ㅣ:霜蹄千里駿(初杜解8:8). 오ᄉᆞᆯ 거두드러 ᄎᆞᆫ비ᄅᆞᆯ ᄇᆞᆲᄂᆞ다:褰裳踏寒雨(杜解9:9). 신을 ᄇᆞᆲ디 말며:毋踐屨(宣小3:11). ᄇᆞᆲ다:跐者(譯解下47). ᄇᆞᆲ을 도:蹈(倭解上31). 富貴ᄅᆞᆯ 貪치 마라 危機를 ᄇᆞᆲᄂᆞ니라(古時調. 功名을 즐겨 마라. 靑丘). ᄇᆞᆲ다:躧着(同文解上26). ᄇᆞᆲ다:跴(漢淸7:29). 사ᄅᆞᆷ도 ᄇᆞᆲ으며:人踏(煮硝方2).

※'ᄇᆞᆲ다'의 활용 ┌ ᄇᆞᆲ돗/ᄇᆞᆲ디/ᄇᆞᆲᄂᆞᆫ…
└ ᄇᆞᆯᄫᅩᄃᆡ/ᄇᆞᆯᄫᆞ며/ᄇᆞᆯᄫᅡ…

:ᄇᆞᆲ드·듸·다 동 밟아 디디다. ¶거름거리며 ᄇᆞᆲ드듸기를 모로매 안셔히 샹심ᄒᆞ야 ᄒᆞ며:步履必安詳(飜小8:16). 公을 ᄀᆞᄅᆞ츄ᄃᆡ ᄆᆡᅀᆞᄅᆞᆯ 規矩ᄅᆞᆯ 조차 ᄇᆞᆲ드듸게 ᄒᆞ더라:教公事事循蹈規矩(宣小6:1).

ᄇᆞᆲ피다 동 밟히다. ☞ᄇᆞᆯ이다. ᄇᆞᆯ피다. ᄇᆞᆯ히이다 ¶ᄇᆞᆲ피다:被躧(同文解上26).

ᄇᆞᆲ히이다 동 밟히다. ☞ᄇᆞᆯ피다. ᄇᆞᆲ피다 ¶ᄇᆞᆲ히이다:被跐(譯解補26).

ᄇᆞᆳᄆᆞ듸 명 팔마디. ¶肘는 ᄇᆞᆳᄆᆞ듸니 사ᄅᆞ미 周尺으로 ᄒᆞᆫ 자 여듧 치오(月釋10:118).

ᄇᆞᆳ쇠 명 팔찌. ☞ᄇᆞᆯ쇠. ᄑᆞᆯ쇠 ¶곳과 ᄇᆞᆳ쇠로 ᄭᅮ몟거든(釋譜3:p.102).

ᄇᆞᆷ다 동 밟다. ¶ᄇᆞᆷ다:度量(漢淸11:51).

-·ᄇᆞᆺ 조 -곧. -만. ☞-곳. -봇 ¶王ᄇᆞᆺ 너를 ᄉᆞ랑티 아니ᄒᆞ시린댄커니와(釋譜11:30). 오ᄂᆞᆯ 여희ᅀᆞᄫᆞᆫ 後에 ᄭᅮᆷᄇᆞᆺ 아니면(月釋8:95). ᄒᆞ마 내 눈ᄇᆞᆺ 업스면 내 보미 이디 몯ᄒᆞ리니:既無我眼不成我見(楞解1:99). 한 劫ㅅ 녯 因ᄇᆞᆺ 아니면 엇데 能히:非多劫之原因安能(勸善文). 그ᄋᆡᆺ 請ᄇᆞᆺ 아니어든:非公界請(法語19). 山ㅅ 곳ᄇᆞᆺ 겻더신ᄃᆞᆫ 鬼衣도 金線이리라(鄕樂. 儺禮歌).

ᄇᆞᆺ그럽다 형 부끄럽다. ☞붓그럽다 ¶ᄇᆞᆺ그럽다:可醜(同文解上20).

ᄇᆞᆺ다 형 밭다. 짧다. ¶털 ᄇᆞᆺ다:毛短(同文解下40). 털 ᄇᆞᆺ튼 가족:秋板(譯解補49).

ᄇᆞᆺᄆᆞᄅᆞ다 동 바싹 마르다. ☞ᄇᆞᆫᄆᆞᄅᆞ다 ¶털이 ᄇᆞᆺᄆᆞᄅᆞ며 ᄉᆞᆯ히 여위고(馬解上38).

ᄇᆞᆺ·아 동 부수어. ㉮ᄇᆞᄉᆞ다 ¶ᄇᆞᆺ아 듣글 ᄆᆡᆼᄀᆞ라:盡抹爲塵(法華3:86). 쥐ᄯᅩᇰᄋᆞᆯ ᄇᆞᆺ아 기장ᄡᆞᆯ만 머구ᄃᆡ:方鼠屎末服如黍米(救急上19).

ᄇᆞᆺ·아·디·다 동 부서지다. ☞ᄇᆞᅀᅡ디다. ᄇᆞ아디다 ¶드트리 ᄃᆞ외의 ᄇᆞᆺ아디거늘(釋譜6:31). 즉재 ᄯᅡᆷ 흘리고 ᄀᆞ장 소리 ᄒᆞ고 ᄲᅥᆯ오 ᄇᆞᆺ아디니라(楞解7:88). 秦ㅅ뫼히 忽然히 ᄇᆞᆺ아뎌 뵈ᄂᆞ니:秦山忽破碎(初杜解9:32). ᄇᆞᆺ아디게 ᄒᆞ면:令粉碎(金三3:45).

ᄇᆞᆺ·아ᄇᆞ·리·다 동 부수어 버리다. ¶이 사ᄅᆞᄆᆡ게 無邊身ᄋᆞᆯ 뵈야 地獄ᄋᆞᆯ ᄇᆞᆺ아ᄇᆞ려 하ᄂᆞᆯ해 나(月釋21:181). 心魄ᄋᆞᆯ ᄇᆞᆺ아ᄇᆞ리ᄂᆞ니라:摧碎心魄(楞解8:99). 모ᄆᆞᆯ 텨 ᄇᆞᆺ아ᄇᆞ리ᄂᆞ니라:擊碎身體(楞解8:101).

ᄇᆞᆺ·온 동 부순(碎). ㉮ᄇᆞᄉᆞ다 ¶또 ᄀᆞᄂᆞ리 ᄇᆞᆺ온 旃檀沉水香ᄃᆞᆯᄒᆞᆯ 비흐며(月釋17:29).

ᄇᆞᆺ·옴 동 부숨(碎). ㉮ᄇᆞᄉᆞ다 ¶허러 ᄇᆞᆺ오ᄆᆞᆯ 조차 地中에 무더 ᄇᆞ려:從其毁碎埋棄地中(楞解9:77).

ᄇᆞᇫ·다 동 바수다. 부수다. ☞ᄇᆞᄉᆞ다. ᄇᆞᅀᆞ다. ᄇᆞᄋᆞ다 ¶먹 아니 디근 國土조쳐 ᄇᆞᅀᅡ 듣그를 ᄆᆡᆼᄀᆞ라 ᄒᆞᆫ 듣그레 ᄒᆞᆫ 劫곰 혜다 ᄒᆞ시니라(楞解1:5). ᄀᆞᄂᆞ리 ᄇᆞᅀᆞᆫ 굳고 거믄 梅檀ᄋᆞᆯ:細末堅黑梅檀(法華6:138). 法利ㅅ 功이 기퍼 모ᄆᆞᆯ ᄇᆞᅀᅡ 가포ᄆᆞᆯ ᄉᆞ랑ᄒᆞᆯᄯᅵ니:法利功深粉身思報(永嘉上20). 世界ᄅᆞᆯ ᄇᆞᅀᅡ 듣글 ᄆᆡᆼᄀᆞ라(圓覺上一之二14).

·ᄇᆡ 명 배(舟). ¶ᄀᆞᄅᆞ매 ᄇᆡ 업거늘:河無舟矣(龍歌20章). 믈 깊고 ᄇᆡ 업건마ᄅᆞᆫ:江之深矣雖無舟矣(龍歌34章). 두 버디 ᄇᆡ 배얀마ᄅᆞᆫ:兩朋舟覆(龍歌90章). 舟는 ᄇᆡ오 桁ᄋᆞᆫ ᄌᆞᆷ대라(釋譜24:34). 기리 ᄇᆡ ᄃᆞ외요리라(月釋9:22). ᄇᆡ ᄇᆡᆺ 업수미 ᄀᆞᆮ거니:如舟無楫(法華5:206). ᄇᆡ ᄆᆡᆼᄀᆞ라 ᄃᆞ리ᄅᆞᆯ ᄆᆡᆼᄀᆞᄅᆞ시니라:造舟爲梁(宣賜內訓3:11). ᄇᆡ예 드러 ᄒᆞ마 즈믄 시름ㅣ러니:入舟已千憂(重杜解1:29). 南녁 져젯 ᄂᆞ룻머리예셔 ᄇᆡ ᄑᆞᆯ리 잇건마ᄅᆞᆫ:南市津頭有船賣(初杜解10:4). ᄇᆡ 쥬:舟. ᄇᆡ 션:船. ᄇᆡ 뎡:艇. ᄇᆡ 수:艘(訓蒙中25). ᄇᆡ 함:艦. ᄇᆡ 빅:舶. ᄇᆡ 조:艚 ᄇᆡ

편:編(訓蒙中26). ᄇᆡ 쥬:舟. ᄇᆡ 션:舩(類合上19). ᄇᆡ로 ᄒᆞ고 헤윰ᄒᆞ디 아니ᄒᆞ야:舟而不游(宣小4:18). ᄇᆡ 우희 안자시니:坐於船上(東新續三綱. 忠1:1). ᄇᆡ 션:船(倭解下17). 강두의 ᄇᆡ를 ᄃᆡ혀 부모 친척 니별ᄒᆞᆯ 제(萬言詞). ᄇᆡ 쥬:舟(兒學上10). 船曰擺(雞類). ※ ᄇᆡ>배

ᄇᆡ 명 배〔梨〕. ¶ᄇᆡᆺ곶爲梨花(訓解. 終聲). 果實란 ᄇᆡ와 밤과 大棗와 감만 ᄒᆞ고:果止梨栗棗柿(宣賜內訓3:61). 張公ᄋᆡ ᄇᆡᄂᆞᆫ 밧긔 가 求ᄒᆞ디 아니ᄒᆞ리로다:張梨不外求(杜解9:13). ᄇᆡ와 대초와ᄅᆞᆯ ᄀᆞ초 이반ᄂᆞ다:具梨棗(杜解22:3). ᄇᆡ 리:梨(訓蒙上11). ᄇᆡ:梨(痘瘡方13). ᄇᆡ:梨兒(老解下35. 譯解上55. 同文解下5). ᄇᆡ:梨(漢淸13:1). ᄇᆡ:梨(物譜 木果). ᄇᆡ:梨(柳氏物名四 木). ᄇᆡ 리:梨(兒學上6). 梨曰敗(雞類). ※ᄇᆡ>배

·ᄇᆡ 명 배〔腹〕. ¶俱夷 ᄇᆡᄅᆞᆯ ᄆᆞᄅᆞ치시니(月印上17). ᄇᆡ 골하 ᄒᆞ거든(釋譜11:41). ᄇᆡ예 드러 겨싫 제(月釋2:24). 腹ᄋᆞᆫ ᄇᆡ라(楞解9:64). 조개 ᄇᆡ예:蚌腹(金三2:56). ᄇᆡ옛 긔우니 ᄆᆞ리게 자펴:腹中元氣爲水所併(救簡1:64). 더운 긔우니 ᄇᆡ예 드러:煖氣入腹中(救簡1:65). ᄇᆡ ᄀᆞ장 곪프다:肚裏好生飢了(飜老上39). ᄇᆡ 두:肚. ᄇᆡ 복:腹(訓蒙上28). ᄇᆡ:肚子(譯解上35. 同文解上16). ᄇᆡ:肚(漢淸5:53). ᄇᆡ를 헤치고 디룸이라(武藝圖17). 여름날 긴긴 날의 ᄇᆡ곱파 어려웨라(萬言詞). 腹曰擺(雞類). ※ᄇᆡ>배

-ᄇᆡ 접미 -들. ☞-버 ¶이 글 ᄒᆞ기로 ᄡᅥ 번ᄇᆡ 하니:以玆朋故多(重杜解1:49). 오래 나그내 ᄃᆞ외요매 번ᄇᆡ 글워를 해 오게 호니:久客多枉友朋書(重杜解19:20).

ᄇᆡ간틀 명 배롱(焙籠). ☞ᄇᆡ롱 ¶ᄇᆡ간틀:燻籠(漢淸11:41).

:ᄇᆡ간ᄒᆞ·다 동 배건(焙乾)하다. ¶芍藥과 當歸ᄅᆞᆯ 사ᄒᆞ라 焙乾ᄒᆞ고(救急上68).

ᄇᆡ고프다 형 배고프다. ☞ᄇᆡ골ᄑᆞ다 ¶老人이 긴 날의 ᄇᆡ고파 ᄒᆞ야도(女四解2:17).

ᄇᆡ골·폼 형 배고픔. ㉮ᄇᆡ골ᄑᆞ다 ¶ᄇᆡ골폼과 목ᄆᆞᆯ롬과(月釋2:42). ᄇᆡ골폼도 업더시니이다(月釋8:82). 일즉 ᄌᆞ개 ᄇᆡ골포ᄆᆞᆯ ᄎᆞᄆᆞ시고:嘗自忍飢(宣賜內訓2下35).

ᄇᆡ골푸다 형 배고프다. ☞ᄇᆡ골프다. ᄇᆡ골ᄑᆞ다 ¶ᄇᆡ골푸다:肚裏餓了(蒙解下22). 내 ᄀᆞ장 ᄇᆡ골푸고 여러 ᄆᆞᆯ도 이시니(蒙老3:20).

ᄇᆡ골프다 형 배고프다. ☞ᄇᆡ골푸다. ᄇᆡ골ᄑᆞ다 ¶아니 ᄇᆡ골프며 ᄌᆞᆺ브니잇가(女範2. 현녀 초장번희).

·ᄇᆡ골ᄑᆞ·다 형 배고프다. ☞ᄇᆡ고프다. ᄇᆡ골프다 ¶ᄇᆡ골폰 ᄆᆞᅀᆞ미 업고(釋譜23:37). ᄇᆡ골폼과 목ᄆᆞᆯ롬과 一切옛 시르미 다 업스며(月釋2:42). ᄇᆡ골ᄑᆞ며 ᄌᆞᆺ본 주를 아디 몯ᄒᆞ이다(宣賜內訓2上21). ᄇᆡ골ᄑᆞ거든 밥 먹고:飢來喫食(南明上10). 아니 ᄇᆡ골폰가 ᄒᆞ며:無饑乎(宣小6:74).

ᄇᆡ곱 명 배꼽. ☞ᄇᆡㅅ곱. 빗복 ¶ᄇᆡ곱 제:臍(兒學上2).

ᄇᆡ곱프다 형 배고프다. ☞ᄇᆡ골프다. ᄇᆡ골ᄑᆞ다 ¶ᄇᆡ곱프다:餓了(同文解下28). ᄇᆡ곱프실가 저허ᄒᆞ고(重內訓1:39).

ᄇᆡ곱흐다 형 배고프다. ☞ᄇᆡ골프다. ᄇᆡ골ᄑᆞ다 ¶나죄 ᄇᆡ곱흘 줄을(警民13).

ᄇᆡ나모 명 배나무. ¶ᄇᆡ나못닙 글힌 즙을 머그라(救簡2:55).

ᄇᆡᄂᆞᄅᆞ 명 이진(梨津). 〔지명(地名)〕 ¶至積城縣北爲梨津 ᄇᆡᄂᆞᄅᆞ(龍歌5:27).

ᄇᆡ·다 동 배다〔孕〕. ¶阿修羅ᄂᆞᆫ ᄇᆡ야 나ᄂᆞ니라(釋譜13:10). 悉達太子ᄅᆞᆯ ᄇᆡ여 나하(釋譜23:27). ᄇᆡ욘 아기 ᄇᆡ디 ᄯᅩ 二千斤ㅅ 金이니이다(月釋8:81). ᄇᆡ오져 求ᄒᆞ리 ᄒᆞ다가:欲求孕者(楞解7:55). 아기 ᄇᆡᆫ 사ᄅᆞ미(法華6:47). 그 ᄇᆡ샤매 미츠샨 누네 구즌 비츨 보디 아니ᄒᆞ시며:及其有娠目不視惡色(宣賜內訓3:9). 겨집ᄃᆞᆯ히 시혹 모매 아기 ᄇᆡ야:諸女人或身懷(佛頂中7). 子息 ᄇᆡᆫ 겨집은:懷姙婦人(佛頂中7). ᄇᆡᆯ 잉:孕. ᄇᆡᆯ 심:姙. ᄇᆡᆯ 신:娠(訓蒙上33). 아기 ᄇᆡᆯ ᄇᆡ:胚(類合下16). 녜 겨지ᄇᆡ ᄌᆞ식 ᄇᆡ여실 제:古者婦人姙子(宣小1:2). 오직 어딘 德을 行ᄒᆞ더시니 밋 그 文王을 ᄇᆡ샤:惟德之行及其娠文王(宣小4:2). 김이 ᄇᆡ야흐로 ᄌᆞ식 ᄇᆡ엿더니:金方孕(東新續三綱. 烈1:72). ᄇᆡᆫ ᄌᆞ식을 디오거나:墮胎(警民10). 아기 ᄇᆡ다:懷身(譯解上36). 이삭 ᄇᆡ다:包(譯解下8). 녀인이 ᄌᆞ식 ᄇᆡ미 잇심ᄋᆡ:娠(女四解4:8). 有緡이 小康을 ᄇᆡ고(女四解4:60). ※ᄇᆡ다>배다

ᄇᆡ·다 동 배다. 스미다. ¶香ᄋᆞᆯ 무티면 香이 ᄇᆡ오:染香則襲香(楞解5:88). ᄯᆞᆷ 오손 모매 오래 니버 오래 ᄯᆞᆷ ᄇᆡ니 됴코:汗衣者着在身上多時久遭汗者佳(救急上16). 뎌 디새 믈 ᄇᆡ야:那瓦水潤了(朴解中40). ᄇᆡ야 젓다:潤(漢淸8:53). 지조 ᄇᆡ화 몸에 ᄇᆡ면(捷蒙1:13).

ᄇᆡ·다 형 배다. 촘촘하다. ☞뵈다. 붑다 ¶ᄇᆡᆫ 춤비소로ᄡᅥ ᄀᆞ장 빗겨:用那密的篦子好生撓着(飜朴上44). ᄇᆡᆫ 춤빗:密篦子(老解下61). ᄇᆡ게 자다:擠者睡(譯解上40). 松栢은 속이 ᄇᆡ모로 겨ᄋᆞᆯ 녀름 업시 프르지면(小兒11). ᄇᆡ다:稠密(同文解下58). 별 ᄇᆡ다:星稠(譯解補1). 별 ᄇᆡ다:星密(漢淸1:8. 譯解補1).

ᄇᆡ대 명 배의 노. ¶ᄉᆞ매ᄅᆞᆯ 거더 ᄇᆡ대ᄅᆞᆯ 잡아(女範2. 변녀 됴진녀연).

ᄇᆡ대 명 뱃대끈. ☞ᄇᆡᆺ대 ¶ᄇᆡ대:肚帶(柳氏物名一 獸族).

ᄇᆡ뎝 [형] 배접(褙接). 여러 겹 포개어 붙임. ¶ᄇᆡ뎝:褾褙(譯解上46).

ᄇᆡ뎝골 [명] 지명(地名). ¶오ᄂᆞᆯ 아ᄎᆞᆷ에 ᄇᆡ뎝골에 ᄒᆞᆫ 곳 집을 셰내엿노라:今日早起表褙衚衕裏賃一所房子(朴解中38).

ᄇᆡ돗 [명] 돛. ☞ᄇᆡᆺ돗 ¶ᄇᆡ돗 범:帆(類合上19).

ᄇᆡᄃᆞ리 [명] 배다리. ☞ᄇᆡᆺᄃᆞ리 ¶ᄇᆡᄃᆞ리 방:舫. ᄇᆡᄃᆞ리 항:航(訓蒙中25).

:ᄇᆡ례ᄒᆞ·다 [동] 배례(拜禮)하다. ¶ᄇᆡ례ᄒᆞ고 공양ᄒᆞ야:禮拜供養(飜朴上75). 평명의 츌궁ᄒᆞ샤 ᄒᆡᆼ졔ᄒᆞ실셔 ᄇᆡᆨ관이 ᄇᆡ례ᄒᆞ더라(山城49). ᄋᆞᄌᆞ로 절ᄒᆞ야 양부ᄅᆞᆯ 삼으라 ᄒᆞᆫᄃᆡ 공지 함누 ᄇᆡ례ᄒᆞ니(落泉1:1).

ᄇᆡ롱 [명] 배롱(焙籠). ☞ᄇᆡ간틀 ¶곱도숑 불휘ᄅᆞᆯ ᄇᆡ롱애 ᄆᆞᆯ외야 ᄀᆞ라:茜草焙乾爲末(救簡3:28). ᄇᆡ롱:烘籠(漢淸11:41). ᄇᆡ롱:熏籠(物譜 几案).

ᄇᆡ목 [명] 배목. ¶ᄇᆡ목:鋦鉞 銷紐也(四解上67 鋦字註). ᄇᆡ목 굴:鋦(訓蒙下15). ᄇᆡ목 슐:鉞(倭解上32). ᄇᆡ목:鋦鉞(譯解上18). ᄇᆡ목 걸새 크나큰 쟝도리로(古時調. 窓 내고쟈. 青丘). 雙ᄇᆡ목의 걸새에 龍거북 ᄌᆞ믈쇠로 수기수기 ᄌᆞᆷ갓더냐(古時調. 어이 못 오던다. 青丘). ᄇᆡ목:門鸛嘴(同文解上35). ᄇᆡ목:鐵老鸛嘴(漢淸9:72).

ᄇᆡ반 [명] 행재소(行在所). ¶그 족속이 ᄇᆡ반의 미처 오니ᄅᆞᆯ 뭇ᄌᆞ오셔(仁祖行狀26)

:ᄇᆡ:반 [명] 배반(背叛). ¶桓侯 아니 背叛호미 桓侯ᄋᆡ 나라 背叛 아니호미 ᄀᆞᆮᄒᆞ니라(三綱. 忠12). ᄇᆡ반 반:叛(石千39).

:ᄇᆡ:반ᄒᆞ·다 [동] 배반(背叛)하다. ¶輕士 善罵ᄒᆞ샤 侯國이 背叛ᄒᆞ니:輕士善罵侯國斯離(龍歌66章). 이웃 나라히 背叛ᄒᆞ거든(釋譜11:36). 나ᄅᆞᆯ 나라ᄒᆞᆯ 背反타 ᄒᆞ릴ᄊᆡ(三綱. 忠26). 現業을 背叛호미라:違其現業(楞解8:3). 샹녯 사ᄅᆞ미 覺性ᄋᆞᆯ 背叛ᄒᆞ고 六塵에 緣ᄒᆞᄂᆞᆫ 그르메ᄅᆞᆯ ᄆᆞᅀᆞᆷ삼다가(南明上28). 몰라 아로ᄆᆞᆯ 背叛ᄒᆞ고 듣그레 어우로미 일후미 이ᄀᆞᅀᅢ 이쇼미오(金三1:4). 道와 어긔여 背叛ᄒᆞᄂᆞ니라(六祖中18). ᄇᆡ반ᄒᆞᆯ 반:叛(類合下15). 지아비ᄅᆞᆯ ᄇᆡ반ᄒᆞ면 댱 일ᄇᆡᆨᄒᆞ고:背夫則杖一百(警民3). 엇디 지아븨 의탁을 바다 ᄇᆡ반ᄒᆞ리오(女四解4:16). 무단이 ᄆᆡᆼ셰ᄅᆞᆯ ᄇᆡ반ᄒᆞ야지매 화친ᄒᆞ라 왓노라(山城19).

ᄇᆡ별ᄒᆞ다 [동] 배별(拜別)하다. ¶쇼졔 ᄇᆡ별ᄒᆞ고 뎐샹의 ᄂᆞ리고져 ᄒᆞ나(洛城2). 심ᄉᆞᄅᆞᆯ 어즈러일가 ᄒᆞ여 흔연이 ᄇᆡ별ᄒᆞ엿더니 환됴ᄒᆞᆫ 후의 즉시 샹쇼ᄒᆞ여(落泉1:2).

ᄇᆡ보로기 [명] 배두렁이. ☞ᄇᆡ부로기. ᄇᆡ브륵이 ¶ᄇᆡ보로기 ᄆᆡ고:着綳子絟了(朴解上50).

ᄇᆡ복 [명] 배꼽. ☞ᄇᆡᆺ복 ¶ᄇᆡ보글 셜흔 붓글 ᄯᅳ라(牛疫方8).

ᄇᆡ부로기 [명] 배두렁이. ☞ᄇᆡ보로기. ᄇᆡ브륵이 ¶ᄇᆡ부로기:綳子(譯解上37). ᄇᆡ부로기:圍肚(譯解補22).

ᄇᆡ부로다 [형] 배부르다. ☞ᄇᆡ부르다 ¶쥐ᄎᆞᆫ 소로기들아 ᄇᆡ부로다 ᄌᆞ랑 마라(古時調. 具志禎. 青丘). 이러면 ᄆᆞᆯ이 限ᄒᆞᆫ ᄃᆡ셔 만히 먹어 ᄇᆡ부로리라(蒙老2:7).

ᄇᆡ부루다 [형] 배부르다. ☞ᄇᆡ부르다 ¶ᄇᆡ부루다:飽了(同文解上63).

·ᄇᆡ부·르·다 [형] 배부르다. ☞ᄇᆡ부로다. ᄇᆡ부루다. ᄇᆡ브르다 ¶이 사ᄅᆞ미 後ㅅ 닐웨예 ᄇᆡ부러 命終ᄒᆞ야(月釋9:35下). 무로ᄃᆡ 므슴 病으로 命終ᄒᆞ뇨 對答호ᄃᆡ ᄇᆡ부르니라(月釋9:36上). 究竟은 ᄇᆡ부러 서거딜시라:究竟者膖脹爛壞(圓覺上二之二114). ᄇᆡ부를 포:飽(兒學下3).

ᄇᆡ불으다 [형] 배부르다. ☞ᄇᆡ부르다 ¶ᄇᆡ불을 포:飽(註千34). ᄇᆡ불을 염:厭(註千35).

ᄇᆡ브로 [부] 배부르게. ☞ᄇᆡ브르 ¶瞿塘 디나ᄃᆞᆫ뇨ᄆᆞᆯ ᄇᆡ브로 드르며:飽聞經瞿塘(重杜解1:32). 날회여 ᄇᆡ브로 머그라:慢慢喫的飽着(老解上38).

·ᄇᆡ브르 [부] 배부르게. ☞ᄇᆡ브로. ᄇᆡ브리 ¶ᄇᆡ브르 먹고(三綱. 孝32). 鳳翔앳 千官ㅣ 밥ᄋᆞᆫ 아야라 ᄇᆡ브르 먹거니와:鳳翔千官且飽飯(重杜解1:10). 주린 매 고기ᄅᆞᆯ ᄇᆡ브르 먹디 몯ᄒᆞ얀:飢鷹未飽肉(初杜解22:29). 날회여 ᄇᆡ브르 머그라:慢慢喫的飽着(飜老上42). 저희를 밥 주어 ᄇᆡ브르 머기고:饋他飽飯喫(飜朴上10). ᄇᆡ브르 먹고 날 졈글워ᄒᆞᄂᆞᆫ 이리 업스리니:飽食終日無所猷爲(飜小8:12).

·ᄇᆡ브르·다 [형] 배부르다. ☞ᄇᆡ부르다. ᄇᆡ브ᄅᆞ다 ¶ᄇᆡ브르긔 ᄒᆞ고ᅀᅡ(釋譜9:9). 먹고 ᄒᆞ마 ᄇᆡ블언 모딘 ᄆᆞᅀᆞ미 더 盛호ᄆᆞᆫ:食之旣飽惡心轉熾(法華2:117). 굴므며 ᄇᆡ블오믈 엇디 可히 逃亡ᄒᆞ리오:飢飽豈可逃(重杜解1:30). ᄇᆡ블오ᄆᆞᆯ 求호맨 時或 세 鱣魚ㅣ로다:求飽或三鱣(杜解20:9). 주으리며 ᄇᆡ블오ᄆᆞᆯ 제 아ᄂᆞ니:飢飽自知(金三3:62). ᄇᆡ브르다:飽了(飜朴上7). ᄇᆡ브른 거슬 皆曰鼓兒(訓蒙中28 鼓字註). ᄇᆡ브를 포:飽. ᄇᆡ브를 어:飫(訓蒙下19). ᄇᆡ브를 포:飽(類合下7. 倭解上49). ᄇᆡ브를 어:飫(類合下17). 菽粒을 ᄇᆡ블으디 몯ᄒᆞ니(女四解4:9).

ᄇᆡ브륵이 [명] 배두렁이. ☞ᄇᆡ보로기. ᄇᆡ부로기 ¶ᄇᆡ브륵이:兜兜(漢淸11:5).

ᄇᆡ브리 [부] 배불리. ☞ᄇᆡ브르. ᄇᆡ브ᄅᆞ. ᄇᆡ블리 ¶ᄒᆞᄅᆞ 세 ᄢᅵ식 뎌ᄅᆞᆯ 주어 밥을 ᄇᆡ브리 먹이고:一日三頓家饋他飽飯喫(朴解上10).

ᄇᆡ브ᄅᆞ [부] 배불리. ☞ᄇᆡ브리 ¶먹기를 ᄇᆡ브ᄅᆞ ᄒᆞ며 오ᄉᆞᆯ 덥게 ᄒᆞ야:飽食暖衣(宣小1:8).

ᄇᆡ브ᄅᆞ·다 [형] 배부르다. ☞ᄇᆡ브르다 ¶ᄇᆡ브

롤 포:飽(石千34). 나는 빅브르고 덥고 편안ᄒᆞ야:我則飽煖安逸(警民11).

빅브티다 동 배 대다. 배 매다〔碇泊〕. ¶松間石室의 가 曉月을 보쟈ᄒᆞ니 빅브텨라 빅브텨라 空山落葉의 길흘 얻디 아라볼고(古時調. 尹善道. 孤遺). 來日이 또 업스랴 봄밤이 몃덛 새리 빅브텨라 빅브텨라(古時調. 尹善道. 孤遺).

빅블리 부 배불리. ☞빅브리 ¶우리 각각 잇긋 빅블리 먹쟈:咱各自儘飽喫(朴解下33).

·빅블·옴 형 배부름. ㉠빅브르다 ¶빅블옴도 ᄒᆞᆫ가지러니(月印上49). 醉ᄒᆞ야 빅블오믈 날 넘우ᄒᆞ며:醉飽連日(宣賜內訓1:69). 더이 닙고 빅블오매 잇디 아니ᄒᆞ니라:不在溫飽(飜小10:20). 君子ㅣ 먹음애 빅블옴올 求티 아니ᄒᆞ며:君子食無求飽(宣小3:7). 醉ᄒᆞ며 빅블옴을 날포ᄒᆞ고 무들 제 믿처:醉飽連日及葬(宣小5:50).

·빅블·움 형 배부름. ㉠빅브르다 ¶빅블우미 마디 아니ᄒᆞ애라:飽未休(南明上19).

:빅:빅·히 부 몇 배(倍)로. 몇 곱절로. ¶香湯ᄋᆞ로 菩提樹를 싯기니 그 남기 倍倍히 식식ᄒᆞ고 길어늘(釋譜24:48). 힛光이 倍倍히 더ᄫᅳ:倍는 고볼 씨라(月釋1:48). 七寶로 功ᄋᆞᆯ 혜아리건댄 四句도 倍倍히 더으도다(金三宗序2).

빅ㅅ고믈 명 배의 고물. ☞빗고믈 ¶빅ㅅ고믈:船艄(同文解下18. 漢淸12:21).

빅ㅅ곱 명 배꼽. ☞빅곱. 빗복 ¶빅ㅅ곱:肚臍子(同文解上16). 배ㅅ곱:臍(漢淸5:53).

빅ㅅ구레 명 뱃구레. ¶빅ㅅ구레:肚囊(漢淸5:53).

빅ㅅ니믈 명 배의 이물. ☞빗니믈 ¶빅ㅅ니믈:船頭(同文解下18. 漢淸12:21).

빅ㅅ대 명 뱃대끈. ☞빅ᄯᅢ. 빗대 ¶빅ㅅ대:肚帶(漢淸5:23).

빅ㅅ돗 명 돛. ☞빗돗 ¶빅ㅅ돗 우히 거는 布單:頭巾(漢淸12:20).

빅ㅅᄃᆞ리 명 배다리. ☞빅ᄃᆞ리 ¶빅ㅅᄃᆞ리:跳板(漢淸12:23).

빅ㅅ밋 명 배의 밑바닥. ¶빅ㅅ밋:船底(漢淸12:21).

빅ㅅ보록 명 배꼽. ☞빗보록. 빗복 ¶빅ㅅ보록:肚臍兒(譯解上35).

빅ㅅ밤 명 배쌈. ¶빅ㅅ밤:船肋(漢淸12:21).

빅ㅅ세장 명 배에 가로 버틴 나무. ¶빅ㅅ세장:橫樑木(漢淸12:22).

빅ㅅ전 명 뱃전. ☞빗전 ¶빅ㅅ전:船舷(漢淸12:21).

빅사ᄅᆞᆷ 명 뱃사람. ☞빗사ᄅᆞᆷ ¶간ᄌᆞㅣ 하슈를 건너ᄆᆡ 빅사ᄅᆞᆷ이 취ᄒᆞ야 이러나지 아니ᄒᆞ니:舟人(女四解4:13).

빅상 명 배상(排床). 상에 차림. ¶宴享을 바로 乾物로 받기는 事體 언더ᄒᆞ오매 排床으로 入送ᄒᆞ게 ᄒᆞ라 ᄒᆞ시니(隣語1:3).

:빅:샤·ᄒᆞ·다 동 배사(拜謝)하다. ¶后ㅣ 즉재 拜謝ᄒᆞ샤 ᄉᆞᆯ오샤ᄃᆡ(宣賜內訓2下46). 가묘의 빅샤ᄒᆞ고 드러가 쳐ᄌᆞ롤 블너 가ᄉᆞ롤 분부ᄒᆞ고(落泉3:7).

빅셜ᄒᆞ다 동 배설(排設)하다. ¶거상 버슨 후에 신위롤 빅셜ᄒᆞ고 됴셕에 친히 졔ᄒᆞ더라:服闋之後設神位朝夕躬奠(東新續三綱. 孝7:45). 柩 東애 빅設 아니홈은 東녁키 神位 아니미니라(家禮8:5). 남향ᄒᆞ야 쥬찬을 빅셜ᄒᆞ고 군악을 움즉이더니라(山城128). 션조 허위롤 빅셜ᄒᆞ엿거시ᄂᆞᆯ(仁祖行狀5). 텬지 금난뎐의 잔치롤 빅셜ᄒᆞ야 됴신으로 더브러 즐기실시(洛城2). 어시 향안을 빅셜ᄒᆞ야 됴지롤 받고(落泉3:7).

빅속 명 뱃속. ☞빅숩. 빗속 ¶空腹의 술을 먹숩기 빅속이 조여 ᄆᆡ오(隣語1:10).

·빅:숩 명 뱃속. ☞빅속. 빅쏩. 빗숩 ¶摩耶ㅅ 빅숩 藏애 ᄃᆞ라 들라:走入摩耶腹內藏(金三4:61).

빅쏩 명 배꼽. ☞빅복. 빗복 ¶빅쏩 제:臍(倭解上17).

빅ᄯᅢ 명 뱃대끈. ☞빅ㅅ대. 빗대 ¶빅ᄯᅢ:鞅(物譜 牛馬).

·빅:쏩 명 뱃속. ☞빅속. 빅숩. 빗속 ¶蠱道는 빅쏘배 벌에 잇게 홀 씨라(月釋9:35).

빅ᄉᆞᆯ 명 배알. 내장(內臟). 〔'빅'는 '빅〈腹〉', 'ᄉᆞᆯ'은 'ᄉᆞᆯ〈肉〉'의 모음(母音) 사이에서 약화(弱化)된 소리.〕 ☞빅알 ¶또 구리 토빈 거시 빅ᄉᆞᆯ홀 ᄡᅡ혀며(月釋21:43). 긴 모ᄃᆞ로 모매 박고 빅ᄉᆞᆯ홀 지지더라(月釋23:87). 關膈府藏은 빅ᄉᆞᆯ돌홀 니ᄅᆞ니라(法華2:105).

빅아다 동 재촉하다. ☞뵈아다 ¶多情歌管이 빅앗ᄂᆞ니 客愁ㅣ로다(古時調. 麟平大君. 主人이. 靑丘). 갓득에 못 슬믠 白髮은 좃ᄎᆞ어이 빅안다(古時調. 金天澤. 綠耳霜蹄 櫪上에셔. 海謠). 빅알 최:催(註千40).

빅아리 명 배앓이. ☞빅알히 ¶고림症 빅아리와 잇다감 제 症 밧긔 녀나믄 雜病은 어려셔브터 업ᄂᆞ니(古時調. 재 너머. 靑丘).

빅아지 명 배〔腹〕. ¶腹轉呼毗 東俗呼 빅아지(華方).

빅아흐로 부 바야흐로. ☞빅아호로. 빅야ᄒᆞ로. 빅야ᄒᆞ로. ¶빅아흐로 침을 줄 거시니(馬解上54).

빅아ᄒᆞ로 부 바야흐로. ☞빅아흐로. 빅야흐로. 빅야ᄒᆞ로 ¶낸므릐 어르미 빅아ᄒᆞ로 지픠엿더니:川氷方合(東新續三綱. 孝3:43).

빅알 명 배알. 내장(內臟). ☞빅ᄉᆞᆯ ¶졔 빅알 푸러니여 망양 그믈 너러 두고(古時調. 一生에. 靑丘).

ᄇᆡ알기 명 배앓이. ☞ᄇᆡ알히 ¶ᄇᆡ알기 혹 알ᄒᆞ며 혹 그치며 혹 심히 알ᄑᆞ디 아니면:腹痛或作或止或痛不甚(胎要21).

ᄇᆡ알·히 명 배앓이. ☞ᄇᆡ아리. ᄇᆡ알기 ¶ᄯᅩ ᄇᆡ알힐 고툐ᄃᆡ:又方治腹痛(救急上28).

:ᄇᆡ·알·ᄒᆞ·다 동 배알(拜謁)하다. ¶奉先殿에 拜謁ᄒᆞ시며(宣賜內訓2下55). 荊州ㅅ 茂才 王密이 昌邑員이 ᄃᆞ외야 拜謁ᄒᆞ야 뵐 제(宣賜內訓3:58). 녀막의 살며 됴셕의 분묘의 ᄇᆡ알ᄒᆞ다:居廬朝夕謁墓(東新續三綱. 孝3:61). 댱 밧긔 가 ᄇᆡ알ᄒᆞᄂᆞᆫ 녜ᄅᆞᆯ 힝ᄒᆞ니:至帳前行拜謁之禮(太平1:54). 왕어시 경ᄉᆞᄅᆞᆯ 지날ᄉᆡ 가묘의 ᄇᆡ알ᄒᆞ고(落泉1:1).

ᄇᆡ암 명 뱀. ☞ᄇᆡ얌 ¶ᄯᅩ ᄇᆡ암이며 개게 믈려 샹ᄒᆞ니와:又蛇犬所傷(臘藥24). 발남은 구렁ᄇᆡ암 쌤남은 청진의라(萬言詞).

ᄇᆡ암날 명 뱀날〔巳日〕. ¶구월은 ᄇᆡ암날이오(馬解上48).

ᄇᆡ암빨기 명 뱀딸기. ☞ᄇᆡ얌빨기 ¶ᄇᆡ암빨기 너출은 시병의 열이 만하(辟新9).

ᄇᆡ암장어 명 뱀장어. ☞ᄇᆡ얌댱어 ¶ᄇᆡ암장어:白鱓(物譜 蟲魚).

ᄇᆡ앗바셔 형 바빠서. ㉮ᄇᆡ앗브다 ¶九萬里長天에 무슴 일 ᄇᆡ앗바셔(古時調. 나의 未平ᄒᆞᆫ. 青丘).

ᄇᆡ앗브다 형 바쁘다. ☞뵈왓브다. ᄇᆡ얏브다 ¶九萬里 長天에 무슴 일 ᄇᆡ앗바셔(古時調. 나의 未平ᄒᆞᆫ. 青丘).

ᄇᆡ·애 명 이포(梨浦). 〔지명(地名)〕 ¶川寧縣爲梨浦 ᄇᆡ애(龍歌3:13).

ᄇᆡ야다 동 재촉하다. ☞뵈아다 ¶白髮이 公道ㅣ 쟉도다 날을 몬져 ᄇᆡ얀다(古時調. 희여 검을. 青丘).

ᄇᆡ야신다 동 죄어 신다. ☞뵈아다. 〔'뵈아다'는 '재촉'의 뜻. 여기서는 공간적인 '催'의 뜻으로 봄이 타당할 듯함.〕 ¶芒鞋ᄅᆞᆯ ᄇᆡ야 신고 竹杖을 흣더디니(松江. 星山別曲).

ᄇᆡ야흐로 부 바야흐로. ☞ᄇᆡ아흐로. ᄇᆡ아ᄒᆞ로. ¶ᄇᆡ야흐로 似下 士大夫로 ᄒᆞ여곰 行케 ᄒᆞ리라 ᄒᆞ시나(家禮1:19). 역질이 ᄇᆡ야흐로 비턍ᄒᆞ야:痘方始肥脹(痘瘡方61). ᄇᆡ야흐로 ᄌᆞ식 ᄇᆡ야(十九史略1:10).

ᄇᆡ야ᄒᆞ로 부 바야흐로. ☞ᄇᆡ아흐로. ᄇᆡ아ᄒᆞ로. ᄇᆡ야흐로 ¶ᄃᆡ 아래 니르러 ᄇᆡ야ᄒᆞ로 셰고:到臺下方竪(練兵16).

ᄇᆡ약ᄒᆞ다 동 배약(背約)하다. ¶자네게 난게 ᄒᆞ여 줄 거시니 부ᄃᆡ 背約지 마ᄋᆞᆸ소(隣語1:19). 비록 死境의 림ᄒᆞ올지라도 背約ᄒᆞ올가(隣語2:7).

·ᄇᆡ·얌 명 뱀. ☞ᄇᆡ암 ¶蛇ᄂᆞᆫ ᄇᆡ야미오 狗ᄂᆞᆫ 가히라(月釋21:42). ᄇᆡ얌과 일히와 가히와(月釋21:45). 고기와 새와 거붑과 ᄇᆡ얌괘:魚鳥龜蛇(楞解7:79). ᄇᆡ야ᄆᆡ 모미 ᄃᆞ외야(法華2:165). 모디닐 避호ᄃᆡ ᄇᆡ얌 쇠야기 저홈ᄀᆞ티 ᄒᆞᄂᆞ니:避惡如畏蛇蠍(宣賜內訓1:24). 알핀 모딘 ᄇᆡ야미 잇고:前有毒蛇(重杜解1:43). 龍과 ᄇᆡ얌괘 뮈오:龍蛇動(杜解6:4). 모딘 ᄇᆡ야ᄆᆞᆫ 기릐 나모 ᄀᆞᆮᄒᆞ니:蝮蛇長如樹(初杜解21:38). ᄇᆡ얌 믈여든 ᄇᆡ야미라 니ᄅᆞ디 말오:中蛇不應言蛇(救簡6:47). ᄇᆡ얌 샤:蛇(訓蒙上22. 類合上15). ᄇᆡ얌 샤:蛇(詩解 物名16). ᄇᆡ얌을 머그라:服蛇(東新續三綱. 孝3:75). ᄇᆡ얌 믈려 디내면:經蛇咬(朴解上34). 짐즛 毒ᄒᆞᆫ 버러지와 ᄇᆡ얌으로ᄡᅥ 사ᄅᆞᆷ을 죽게 ᄒᆞ니ᄂᆞᆫ(警民18).

·ᄇᆡ얌:골 명 사동(蛇洞). 〔지명(地名)〕 ¶德岩덕바회 在松京東部蛇洞 ᄇᆡ얌골之東嶺(龍歌6:43).

ᄇᆡ얌당어 명 뱀장어. ☞ᄇᆡ암댱어 ¶ᄇᆡ얌당어 만:鰻. ᄇᆡ얌당어 리:鱺(訓蒙上20).

ᄇᆡ얌댱어 명 뱀장어. ☞ᄇᆡ암장어. ᄇᆡ얌당어 ¶鱔魚ᄂᆞᆫ ᄇᆡ얌댱에라(佛頂中7). 〔'댱에라'는 '댱어이라'의 준말.〕 ᄇᆡ얌댱어 기름을 ᄇᆞᆯ로ᄃᆡ:鰻鱺魚脂塗之(救簡6:86). ᄇᆡ얌댱어:黃鱔(譯解下37. 同文解下41).
※ᄇᆡ얌댱어>뱀장어

ᄇᆡ얌도·랏·ᄡᅵ 명 뱀도랏 씨. 사상자(蛇床子). ¶오수유 ᄒᆞᆫ 량과 ᄇᆡ얌도랏ᄡᅵ ᄒᆞᆫ 량:吳茱萸一兩蛇床子一兩(救簡2:43).

·ᄇᆡ얌·빨기 명 뱀딸기. ☞ᄇᆡ암빨기. ᄇᆡ얌ᄣᆞᆯ기 ¶ᄇᆡ얌빨기:蛇苺(救簡1:108).

ᄇᆡ얌ᄣᆞᆯ기 명 뱀딸기. ☞ᄇᆡ암빨기 ¶ᄇᆡ얌ᄣᆞᆯ기:蛇苺(柳氏物名三 草).

ᄇᆡ얌쟝어 명 뱀장어. ☞ᄇᆡ암당어. ᄇᆡ얌댱어 ¶ᄇᆡ얌쟝어:鰻(柳氏物名二 水族).

ᄇᆡ얏바셔 형 바빠서. ㉮ᄇᆡ얏브다 ¶九萬里長天에 무스 일 ᄇᆡ얏바셔(古時調. 나의 未平ᄒᆞᆫ. 青丘).

ᄇᆡ얏브다 형 바쁘다. ☞뵈왓브다. ᄇᆡ앗브다 ¶九萬里長天에 무스 일 ᄇᆡ얏바셔(古時調. 나의 未平ᄒᆞᆫ. 青丘).

ᄇᆡ양 명 뺑대쑥. ☞ᄇᆡ영 ¶ᄇᆡ양:青蒿(四解上56 蔚字註). ᄇᆡ양:青蒿(訓蒙上9 蒿字註).

ᄇᆡ양쑥 명 뺑대쑥. ☞ᄇᆡ양. ᄇᆡ영 ¶ᄇᆡ양쑥 쇼:蕭(詩解 物名7).

:ᄇᆡ어 명 뱅어. ☞빙어 ¶ᄇᆡ어 됴:鰷 俗呼麵條魚(訓蒙上20). ᄇᆡ어:麵條魚(譯解下37. 同文解下41). ᄇᆡ어:鮊鰷魚(物譜 鱗蟲).
※ᄇᆡ어>뱅어

ᄇᆡ영 명 뺑대쑥. ☞ᄇᆡ양. ᄇᆡ양쑥 ¶ᄇᆡ영:青蒿(譯解下40).

ᄇᆡ오다 동 배우다. ☞ᄇᆡ호다 ¶ᄇᆡ올 혹:學(兒學上1).

ᄇᆡ우다 동 배우다. ☞ᄇᆡ호다 ¶붓그럼 품음을 ᄇᆡ우지 말라(女四解3:24). ᄇᆡ울 학:學(兒學下6).

빈읍 명 배읍(拜揖). 읍(揖). ¶ 拜揖ᄒᆞ노라 主人 兄아:拜揖主人家哥(老解上15).

빈일홍 명 백일홍. ☞빅일홍 ¶ 비일홍:百日紅(物譜 花卉).

빈옵다 형 촉박(促迫)하다. ¶ 비옵다:窘迫(漢淸8:33).

빈젼 명 뱃전. ¶ 비젼 현:舷(兒學上10).

빈졉ᄒᆞ다 동 배접하다. ¶ 비졉ᄒᆞ다:表褙(同文解上36). 비졉ᄒᆞ다:打合褙(譯解補14).

빈줄 명 뱃줄. ☞빗줄 ¶ 비쌔를 잡고 빈줄을 잡도다(女範2. 변녀 됴진녀연). 비줄:纜(物譜 舟車).

빈·지 명 배지(排至). 〔격구 용어(擊毬用語)〕 ¶ 擊毬之法先趨馬而進以排至비지動毬以持彼디피回之(龍歌6:39). 杖 안편으로써 빗기 毬를 ᄃᆞ릐여 ᄒᆞ여곰 놉히 니릐혐을 니ᄅᆞ디 排至라 ᄒᆞ고(武藝圖67).

빈ᄌᆞ 명 윗사람의 글. ¶ 牌子:비ᄌᆞ 尊者作書于卑者曰牌子(行吏). 셔간이 미얏거ᄂᆞᆯ 글너 보니 녕가의 비ᄌᆞ라(落泉2:5).

빈ᄌᆞ 명 배자. ¶ 비ᄌᆞ:背心(譯解補28).

빈지 명 배추. ☞비차. 비ᄎᆡ. 비치 ¶ 비지:白菜(譯解下10).

빈차 명 배추. ☞비지. 비ᄎᆡ. 비치 ¶ 비차:菘(柳氏物名三 草). 비차 숑:菘(兒學上5).

빈참ᄒᆞ다 동 배행(陪行)하다. ¶ 구레 노코 비참ᄒᆞ여 지촉ᄒᆞ여(三譯10:24). 비참ᄒᆞ여 가다:兼程(同文解上26). 비참ᄒᆞ다:併程(漢淸7:31).

빈·쳑·ᄒᆞ·다 동 배척(排斥)하다. ¶ 異端ᄋᆞᆯ 排斥ᄒᆞ시니:異端獨能斥(龍歌124章). 兄弟와 姊妹 서ᄅᆞ 잔해ᄒᆞ야 和티 몯ᄒᆞ면 ᄆᆞᄋᆞᆯ히 다 비쳑ᄒᆞ며(警民5). 됴뎡이 ᄇᆡ야흐로 화친을 비쳑ᄒᆞ매(山城9).

빈ᄎᆡ 명 배추. ☞비지. 비차. 비치 ¶ 비ᄎᆡ:白菘(物譜 蔬菜).

빈ᄎᆞ다 형 배부르다. ¶ 비출 포:飽(光千34).

빈출 명 상앗대를. 노(櫓)를. 〔'빗'+목적격조사 '-ᄋᆞᆯ'〕 ㉖빗 ¶ 샤공이 어드운 디셔 비출 달화:篙師暗理楫(重杜解1:29). 비출 솔피ᄂᆞ니:省柁(杜解8:54). 蓬萊ㅅ 므레 비출 혀 ᄃᆞ니놋다:鼓枻蓬萊池(杜解9:3).

:빈·치 명 배추. ☞비지. 비ᄎᆡ ¶ 비치 숑:菘俗呼白菜(訓蒙上14). 비치를 ᄀᆞᄂᆞ리 좁ᄡᆞᆯ ᄀᆞ티 싸ᄒᆞ라:菘菜細切如粟米(瘟疫方9). 비치:菘菜(東醫 湯液二 菜部). 비치 숑:菘(倭解下5). 비치:白菜(同文解下3. 漢淸12:36). 비치와 ᄆᆞᆯ자반과 싱파와:菘菜海藻生葱(臘藥1). 더온 국슈와 비치와:熱麪菘菜(臘藥6).

빈치 명 상앗대에. 노(櫓)에. 〔'빗'+부사격조사 '-ᄋᆡ'〕 ㉖빗 ¶ ᄂᆞᄂᆞᆫ 비치 본디 고고리 업도다:飛櫓本無蔕(重杜解2:63).

:빈·필 명 배필(配匹). ¶ 또 聖女 姒氏를 어드샤 配匹ᄋᆞᆯ 사ᄆᆞ시ᄂᆞᆯ(宣賜內訓2上5). 그 디로 비필 되여 젼싱의 죄ᄂᆞᆯ 어더:君匹前生得罪(東新續三綱. 烈2:20). 비필을 ᄀᆞᆯ히오시니(仁祖行狀3). 녕ᄋᆞ 쇼져로ᄡᅧ 비필의 일흠을 ᄆᆡᄌᆞ(落泉2:4).

빈·호·다 동 배우다. ☞비오다. 비우다 ¶ 두 글을 비화사 알씨. 여쉰네 글을 아니 비화 아ᄅᆞ실씨(月印上13). 學ᄋᆞᆫ 비홀 씨라(釋譜序2). 샹네 갓가비 이셔 經 비호아 외올 씨니(釋譜6:10). 法 비호ᅀᆞᄫᆞ리라 ᄒᆞ고(月釋2:24). 梵天法을 비홀씨(月釋2:46). 비홇 사ᄅᆞ미 筌 자바 고기 사모ᄆᆞᆯ 삼가만(楞解1:10). 三卷을 일워 세우 비홀 게 傳ᄒᆞ노니:勒成三卷以傳强學(圓覺序81). 쇽절업슨 비화 아로ᄆᆞᆯ 디녀셔:將閑學解(蒙法57). 져믄 나해 글스기와 갈ᄡᅳ기와 비호니:壯年學書劒(杜解7:15). 녯 ᄒᆡ예 비혼 배:昔年所學(金三2:32). 글 비호라:令學(飜小10:6). 비홀 학:學(訓蒙下31). 비홀 습:習(訓蒙下32). ᄀᆞᆯᄋᆞ샤디 詩를 비환ᄂᆞᆫ다 디답ᄒᆞ야 ᄀᆞᆯ오디 아니 ᄒᆞ얀노이다:曰學詩乎對曰未也(宣小4:5). 오직 經을 비화 글 외옴으로ᄡᅥ ᄀᆞᆯᄋᆞ치고:只教以經學念書(宣小5:6). 내 漢ㅅ 사ᄅᆞᆷ의손디 글 비호니:我漢兒人上學文書(老解上2). 글 비호ᄂᆞᆫ 디:學堂(譯解上15). 비호다:學了(同文解上42).

빈호다 동 패망시키다. ☞배다 ¶ 平生에 萬人敵 비화 니여 남 우임만 ᄒᆞ도다(古時調. 烏江에. 歌曲).

빈호리 명 배우는 사람. 학자(學者). ¶ 비호리 窮究ᄒᆞ야 ᄀᆞᆯ히면 두 그틀 안자셔 보리라(永嘉上76).

빈·홋 명 버릇. ☞비홋 ¶ 비호시 수이 거츠러:習之易荒(飜小6:19).

빈회ᄒᆞ다 동 배회(徘徊)하다. ¶ 싱이 야심ᄒᆞᆫ 후 ᄢᅵ야 월하의 비회ᄒᆞ야(落泉1:3).

:빈·히 부 배(倍)가 되게. 갑절로. ¶ 네 갑슬 倍히 주리라 ᄒᆞ라(月釋13:20). 옷바ᄇᆞᆯ 제 아ᄃᆞᆯ 두고 倍히 ᄒᆞ더니(三綱. 烈7).

빙ᄒᆞ·다 동 익히다〔習〕. ¶ 갓가이 비홀 씨 近이니:狎習之謂近(法華5:6). 져근 제브터 비혼 性이 게을오니:小來習性嬾(初杜解8:20).

빙·ᄒᆞ·다 동 베풀다. ¶ 天地位를 비ᄒᆞ야 道ㅣ 그 中에 녀거든(月釋14:50). 天地位를 비ᄒᆞ야 道ㅣ 그 中에 녀거든:天地設位道運乎其中(法華3:155). 아으 百種 排ᄒᆞ야 두고(樂範. 動動).

:빙ᄒᆞ·다 동 배(倍)하다. 갑절이 되다. ¶ 샹네 블고매셔 倍터니(月釋14:19).

빙ᄒᆞ·다 동 배(培)하다. 북돋우다. ¶ 故로 栽ᄒᆞᆫ 者를 培ᄒᆞ고(宣中18).

비·ᄒᆞᆺ 명 버릇. ☞비홋 ¶正ᄒᆞᆫ 디 가ᄀᆞ호니 열헷 ᄒᆞ나 둘흔 오히려 모딘 비ᄒᆞ시 이실씨(釋譜11:6). 俗은 비ᄒᆞ시라(月釋2:72). 아릿 비ᄒᆞᄉᆞᆯ 因ᄒᆞ야(月釋8:52). ᄉᆞᆫ지 모딘 비ᄒᆞ시 이실씨(月釋21:32). 性 비ᄒᆞ시 어듭고 녇가와:性習昏淺(法華2:190). 念이 正티 몯ᄒᆞ면 邪ᄒᆞᆫ 비ᄒᆞ시 흐리워 어즈러:念不正則邪習汨擾(法華7:175). 비ᄒᆞ시 수비 거츠러:習之易荒(宣賜內訓1:33).

비힝ᄒᆞ다 동 배행(陪行)하다. ¶대군부인은 고을사ᄅᆞᆷ으로 ᄒᆞ여곰 비힝ᄒᆞ여 모려면 이에 니ᄅᆞᆯ 거시오(山城108).

·ᄇᆡᆨ 명 박(拍). 박자(拍子). ¶ᄇᆡᆨ ᄇᆡᆨ:拍(訓蒙中32. 倭解上43). ᄇᆡᆨ 티며 놀애 블룸과:唱拍(龜鑑下61).

ᄇᆡᆨ 수 백(百). ¶ᄇᆡᆨ 가지 플 손 ᄌᆡ:百草灰(東醫 湯液一 土部). ᄒᆞᆫ 령이 거슬어딘즉 ᄇᆡᆨ 가지 령이 일코:一令逆則百令失(三略下9). 셜음 모혀 병이 되니 ᄇᆡᆨ 가지 병이로다(萬言詞).

·ᄇᆡᆨ강좀 명 백강잠(白殭蠶). ¶白殭蚕ᄋᆞᆯ 焙籠애 ᄆᆞᆯ외야(救急上3).

ᄇᆡᆨ겨ᄌᆞ 명 백겨자. ¶ᄇᆡᆨ겨ᄌᆞ:白芥(柳氏物名三 草).

·ᄇᆡᆨ관 명 백관(百官). ¶王이 百官 뫼호시고:百官ᄋᆞᆫ 온 그위니 한 臣下ᄅᆞᆯ 니ᄅᆞ니라(釋譜3:p. 26). 百官이며 百姓이 病을 ᄒᆞ거나 어려ᄫᅳᆫ 厄이 이어든(釋譜9:34). 百官ᄋᆞᆫ 한 朝士ㅣ오(月釋序24).

·ᄇᆡᆨ금 명 백금(白金). ¶白金 一百兩ᄋᆞ로 ᄡᅥ 내그에 맛딘 사ᄅᆞ미 죽거늘:以白金百兩寄我者死矣(宣賜內訓3:65). 김응하의 집의 ᄇᆡᆨ금 삼ᄇᆡᆨ 냥을 주시고(仁祖行狀30).

ᄇᆡᆨ:깁 명 백견(白絹). ¶ᄇᆡᆨ깁 한삼과:白絹汗衫(飜老下51).

ᄇᆡᆨ낙 명 백납. 백전풍(白癜風). ☞ᄇᆡᆨ락 ¶ᄇᆡᆨ낙:白癜(譯解補22).

ᄇᆡᆨ납 명 백랍벌레. ¶ᄇᆡᆨ납:蠟蟲(物譜 蟲豸).

·ᄇᆡᆨ년 명 백년(百年). ¶나 滅度ᄒᆞᆫ 百年 後에(釋譜24:17). 百年이 아니한ᄉᆞᅀᅵ예 디나ᄂᆞ니(宣賜內訓3:41).

ᄇᆡᆨ년화 명 백련화(白蓮花). 흰 연꽃. ¶白蓮花 ᄒᆞᆫ 가지ᄅᆞᆯ 뉘라셔 보내신고(松江. 關東別曲).

ᄇᆡᆨ노 명 백로(白鷺). 해오라기. ¶ᄇᆡᆨ노:鷺鷥(同文解下34).

ᄇᆡᆨ당 명 백정(白丁). ☞ᄇᆡᆨ뎡 ¶ᄇᆡᆨ당:屠牛的(譯解上30). ᄇᆡᆨ당:屠戶(同文解上14).

ᄇᆡᆨ뎡 명 백정(白丁). ☞ᄇᆡᆨ당 ¶我國有別種人以射獵造柳器爲業 異於編氓 名曰白丁 卽前朝之揚水尺(中宗實錄12:1 庚午八月). ᄇᆡᆨ뎡 됴밉산은:白丁(東新續三綱. 孝6:16).

ᄇᆡᆨ동 명 백통〔白銅〕. ☞ᄇᆡᆨ퉁 ¶ᄇᆡᆨ동:白銅(柳氏物名五 金).

ᄇᆡᆨ두 명 백두(白頭). ¶이제 쇼져ᄅᆞᆯ 사도 오ᄅᆡ ᄒᆡ로ᄒᆞ여 ᄇᆡᆨ두의 탄을 ᄭᅵ치지 아닐 줄 어이 알며(落泉1:2).

·ᄇᆡᆨ:듀 명 백주(白晝). ¶白晝에 달이 아니ᄒᆞ며 어드운 지븻 物이 ᄯᅩ 더러 滅티 아니ᄒᆞ리니(楞解9:59).

ᄇᆡᆨ락 명 백납. 백전풍(白癜風). ☞ᄇᆡᆨ낙 ¶ᄇᆡᆨ락 먹다:白癜風(漢淸6:2).

·ᄇᆡᆨ:렴 명 백렴(白蘞). ¶白歛 두 分과 牡丹皮 세 分ᄋᆞᆯ 細末ᄒᆞ야(救急下5).

ᄇᆡᆨ로 명 백로(白鷺). ¶모로매 白鷺ᄅᆞᆯ 놀래디 마라 번ᄒᆞ야 靑溪예 잘지로다:莫須驚白鷺爲伴宿靑溪(重杜解15:26).

ᄇᆡᆨ마 명 백마(白馬). ¶靑袍와 白馬ᄂᆞᆫ 므슷 ᄠᅳ디 잇ᄂᆞ뇨(重杜解10:44).

ᄇᆡᆨ모 명 백모(白茅). ¶ᄯᅩ 白茅ㅅ 불휘ᄅᆞᆯ 므르디허:一方爛搗白茅根(救急下6).

ᄇᆡᆨ모 명 백모(伯母). 큰어머니. ¶伯父 伯母와 叔父 叔母와(蒙老5:5).

·ᄇᆡᆨ미 명 백미(白薇). 백미꽃뿌리. ¶ᄯᅩ 白薇ㅅ ᄀᆞᄅᆞᆯ ᄇᆞ티면 즉재 긋ᄂᆞ니라:又方用白薇末貼之立止(救急上87).

ᄇᆡᆨ반 명 백반(白礬). ☞ᄇᆡᆨ번 ¶ᄇᆡᆨ반:礬(漢淸10:46).

·ᄇᆡᆨ·발 명 백발(白髮). ¶好禁春ᄋᆞᆫ 白髮이 븘景에 맛디 아니ᄒᆞ야 遊賞 몯 ᄒᆞᆯ ᄃᆞᆺ호ᄃᆡ 甫ㅣ 붓그리디 아니ᄒᆞ야 즐겨 노니 이 이 긔 시라(初杜解15:6). 낭군이 만일 블힝ᄒᆞ면 ᄇᆡᆨ발 편친이 다시 의뢰ᄒᆞᆯ ᄃᆡ 업ᄉᆞ니:郎君若不幸白髮偏親更無依賴(東新續三綱. 烈4:9). ᄒᆡᆼ인의 비컨대 ᄌᆞ데와 동복이 ᄇᆡᆨ발 읫 부형이어나(綸音32).

ᄇᆡᆨ방사주 명 백방사주(白紡絲紬). 흰 누에고치실로 짠 명주. ¶ᄇᆡᆨ방사주 진초ᄆᆡ를 되는 ᄃᆡ로 파라다가(春香傳192).

ᄇᆡᆨ·번 명 백반(白礬). ☞ᄇᆡᆨ반 ¶ᄯᅩ 믄득 中風ᄒᆞ야 人事 모ᄅᆞ고 痰이 마켜ᄡᅥ든 生白礬 두 돈ᄋᆞᆯ ᄀᆞᄅᆞ ᄆᆡᇰᄀᆞ라 生薑 自然汁에 프러(救急上3). ᄇᆡᆨ번 반 근을 믈 ᄒᆞᆫ 말 반애 글혀:礬石半斤以水一斗半煮(救簡1:44). ᄇᆡᆨ번 번:礬(訓蒙中14). ᄇᆡᆨ번:白礬(牛疫方12). ᄇᆡᆨ번:白礬(柳氏物名五 石).

·ᄇᆡᆨ변두 명 백변두(白扁豆). ¶도와리예 ᄇᆡᆨ변두와:霍亂藊頭(救簡2:60).

·ᄇᆡᆨ복령 명 백복령(白茯苓). ¶몬져 白茯苓 ᄒᆞᆫ 돈ᄋᆞᆯ 십고 버거 白礬湯ᄋᆞ로 ᄂᆞ리오라(救急上47). 白茯苓 赤芍藥 大麻仁 봇가 ᄀᆞᆯ라(瘟疫方16).

ᄇᆡᆨ부 명 백부(伯父). 큰아버지. ¶伯父 伯母와 叔父 叔母와(蒙老5:5).

ᄇᆡᆨ부·ᄌᆞ 명 백부자(白附子). ¶ᄇᆡᆨ부ᄌᆞ와 셔류황과ᄅᆞᆯ ᄀᆞᄂᆞ리 ᄀᆞ라 ᄉᆡᆼ앙즙에 ᄆᆞ라:白

附子硫黃細末薑汁調勻(救簡6:90).
빅분 명 백분(百分). ¶百分에 ᄒᆞ나히어나(釋譜23:5).
빅빅이 부 빽빽이. ¶소음과 돗츠로 빅빅이 덥고:絮薦密盖(無冤錄1:48). 죠히로 ᄡᅧ 빅빅이 封ᄒᆞ얏다가:以紙密封(無冤錄3:51).
빅빅ᄒᆞ다 형 빽빽하다(密). ¶또 빅빅ᄒᆞ야:且密(痘要上16). 빅빅ᄒᆞᆫ 대수헤 ᄯᅩ 겨으레 筍ㅣ 나며:密竹復冬筍(重杜解1:14). 빅빅ᄒᆞᆯ 밀:密(倭解下32. 註千24). 빅빅ᄒᆞ다:稠密(漢清11:49).
·**빅·셜** 명 백설(白雪). ¶白羽의 白ᄒᆞᆫ 거시 白雪의 白ᄒᆞᆫ 것 ᄀᆞᄐᆞ며(宣孟11:4). 빅셜과 천봉향긔를 ᄒᆞᆫ 번 귀경ᄒᆞ야(洛城2).
빅셜아ᄆᆞᆯ 명 흰 말. 백마(白馬). ¶빅셜아ᄆᆞᆯ:白馬(譯解下28).
빅셜총이 명 백설총이. ¶빅셜총이:駩或曰白馬黑脣(柳氏物名一 獸族).
·**빅:셩** 명 백성(百姓). ¶죽다가 살언 百姓이 아ᄃᆞᆯ님긔 袞服 니피ᅀᆞᄫᆞ니:其蘇黎庶迺於厥嗣袞服以御(龍歌25章). 百姓을 앗기거시든 沙門ᄋᆞᆯ 자바 주쇼셔 沙門ᄋᆞᆫ ᄂᆞ미 지순 녀르믈 먹ᄂᆞ니이다(釋譜24:22). 百姓과 하ᄂᆞᆯ쾌 돕디 아니ᄒᆞ시ᄂᆞ니(三綱. 忠1). 이런 젼ᄎᆞ로 어린 百姓이 니르고져 홇 배 이셔도(訓註2). 百姓ᄋᆞᆫ 逆節의거긔 困ᄒᆞ고:黎民困逆節(杜解14:4). 新州ㅅ 百姓이 ᄃᆞ외니(六祖上3). 나라히 대평ᄒᆞ고 빅셩이 편안ᄒᆞᆫ 저긔:國泰民安(飜朴上1). 하품엣 빅셩으로 ᄒᆞᆫ가지라:與下民一致(飜小8:12). 빅셩 민:民(訓蒙中1. 石千5). 빅셩 ᄆᆡᆼ:氓(訓蒙中1). 빅셩 민:民(類合上17. 倭解上14. 兒學上1). 빅셩 ᄆᆡᆼ:氓(類合下20). 百姓이 足ᄒᆞ면 君이 눌로 더브러 足디 몯ᄒᆞ시며(宣論3:24). 德으로 ᄀᆞᄅᆞ침이 百姓의게 더어:而德教加於百姓(宣小2:29). 빅셩을 블요ᄃᆡ 큰 祭를 ᄒᆞ욤ᄀᆞᆮ티 ᄒᆞ고:使民如承大祭(宣小3:4). 히 ᄆᆞᆺ도록 百姓을 시름ᄒᆞ야:窮年憂黎元(重杜解2:32). 녯 님금의 빅셩 ᄉᆞ랑ᄒᆞ시ᄂᆞᆫ:先王愛民(警民1). 臨海 빅셩의 妻(女四解4:26). 빅셩:民家(同文解上13). 빅셩:民家(譯解補19). 금일 니 빅셩과 증ᄆᆡᆼᄒᆞ야(引鳳簫3). 쥬의 텬하를 거ᄂᆞ리매 빅셩이 다 좃ᄂᆞᆫ다 ᄒᆞ니(綸音24). 빅셩이 울얼기를 부모갓치 ᄒᆞ고(落泉1:1).
·**빅:셰** 명 백세(百歲). ¶나히 스믈다ᄉᆞ시라셔 百歲옛 사ᄅᆞᄆᆞᆯ ᄀᆞᄅᆞ쳐 닐오ᄃᆡ(法華5:115). 이 글이 족히 빅셰의 법 바담 즉다 ᄒᆞ시더라(女範1. 셩후 당문덕후).
·**빅:셰** 명 백세(百世). ¶百世ㅅ 後로 말미암아(宣孟3:22). 百世예 ᄡᅧ 聖人을 俟ᄒᆞ야도(宣中46). 百世라도 遷티 아니ᄒᆞᄂᆞᆫ 宗도 잇고(家禮1:14). 녯 사ᄅᆞᆷ이 족친 ᄉᆞ이 은졍에 百世라도 긋디 아니ᄒᆞ니(警民24).
빅슈 명 백수(白首). ¶이 白首 老人이 千里 氷程을 겨요겨요 ᄂᆞ려왇ᄉᆞ오나(隣語1:11). 秦臺 白首의 歲月이 쉬이 가니(曺友仁. 出塞曲). 빅슈 망칠ᄒᆞᆫ 님금으로 ᄒᆞ야곰 이ᄀᆞᆺ치 ᄆᆞᄋᆞᆷ을 허비케 ᄒᆞ니(綸音29). 기리 동낙ᄒᆞ야 빅슈 히로를 긔약ᄒᆞ라(落泉1:2).
·**빅·ᄉᆡᆨ** 명 백색(白色). ¶白色ᄋᆞᆫ 能히 흐른 므를 ᄆᆞᆯ기논 젼ᄎᆡ라(金三宗序3). 毒色 毒光이며 白色 白光이며(佛頂8).
빅약 명 백약(百藥). 여러 가지 약. ¶아비 오래 병드러 빅약기 효험 업더니(東新續三綱. 孝2:46).
빅양나모 명 백양나무. ¶빅양나모:小葉楊(漢清13:23).
·**빅·엽** 명 백엽(栢葉). ¶桃枝葉 열 량 白芷 석 량 栢葉 닷 량(瘟疫方20).
·**빅·옥** 명 백옥(白玉). ¶雪山ᄋᆞᆯ 짓고 白玉ᄋᆞ로 堀 ᄆᆡᆼᄀᆞᆯ오(月釋7:32). 白雪의 白ᄒᆞᆫ 거시 白玉의 白ᄒᆞᆫ 것 ᄀᆞᄐᆞ냐:白雪之白猶白玉之白與(宣孟11:4).
·**빅운** 명 백운(白雲). ¶妙峯 뎡바깃 우희 믄득 맛날 제도 白雲ᄋᆞ로 벋삼디 아니ᄒᆞ니라(南明上29).
·**빅·월** 명 백월(白越). 풀로 짠 흰 베. ¶白越은 플로 나ᄒᆞᆫ 힌 뵈라(宣賜內訓2上48).
·**빅의** 명 백의(白衣). 속인(俗人). ¶ᄒᆞ다가 衆生이 거즛 일로 沙門이 ᄃᆞ외야 ᄆᆞᅀᆞ미 沙門 아니라 常住를 허러 ᄡᅳ며 白衣를 소기며:白衣ᄂᆞᆫ 쇼히라(月釋21:40). 山林과 白衣를 바가 주라(楞解跋4).
빅일 명 백일(百日). ¶다 빅일을 넘고 벋거ᄂᆞᆯ(東新續三綱. 孝1:58).
빅일홍 명 백일홍. ☞비일홍 ¶빅일홍:紫薇(柳氏物名四 木).
빅쟈약 명 백작약(白芍藥). ☞빅쟉약 ¶승마 빅쟈약 감초 각 ᄒᆞᆫ 돈 건갈 두 돈(辟新2).
빅쟉약 명 백작약(白芍藥). ☞빅쟈약 ¶升麻 白芍藥 甘草 각 ᄒᆞᆫ 량(簡辟8).
빅쟝 명 백정(白丁). ☞빅뎡 ¶빅쟝:屠戶(蒙解上11).
빅죵 명 백종(百種). 백중(百中). 〔불교에서 명일의 하나로 치는 음력 칠월 보름날.〕 ¶七月ㅅ 보로매 아으 百種 排ᄒᆞ야 두고(樂範. 動動). 빅죵:中元(譯解上4).
빅쥬 명 백주(白晝). ¶빅쥬에 앗다:抄搶(漢清7:59).
·**빅지** 명 백지(白芷). ¶欝金과 白芷와 細辛ᄋᆞᆯ 等分ᄒᆞ야(救急上65). 白芷 陳皮 香附子 봇가 터럭 업게 ᄒᆞ고(簡辟7).
빅징ᄒᆞ다 동 백징(白徵)하다. 까닭 없는 세(稅)를 물리다. ¶능히 빅징ᄒᆞᄂᆞᆫ 원통홈이 업스며(綸音106).

ᄇᆡᆨ쳘 명 주석(朱錫). ¶ᄇᆡᆨ쳘:錫(漢淸10:44).

·ᄇᆡᆨ·초상 명 백초상(百草霜). 앉은검정. ¶또 혜 忽然히 브어 세왇고 답답ᄒᆞ거든 百草霜과 소곰과ᄅᆞᆯ 等分ᄒᆞ야(救急上44).

ᄇᆡᆨ탕 명 백탕(白湯). 백비탕(白沸湯). 맹물을 끓인 물. ¶미 복의 두 냥을 ᄇᆡᆨ탕의 프러 흘리되(馬解上88).

ᄇᆡᆨ토 명 백토(白土). ¶ᄇᆡᆨ토:白堊(柳氏物名五 土).

ᄇᆡᆨ통 명 백통〔白銅〕. ☞ᄇᆡᆨ동 ¶ᄇᆡᆨ통:白銅(同文解下23).

ᄇᆡᆨ튝 명 백축(白丑). 〔흰 나팔꽃의 씨.〕 ¶ᄇᆡᆨ튝:白丑(柳氏物名三 草).

ᄇᆡᆨ튤 명 백출(白朮). ¶ᄇᆡᆨ튤 젹복녕 각 두 돈(胎要40).

ᄇᆡᆨ편두 명 변두. ¶ᄇᆡᆨ편두:扁豆(漢淸12:37).

·ᄇᆡᆨ·학 명 백학(白鶴). ¶그 나못비치 즉자히 白鶴ᄀᆞ티 ᄃᆞ외오(釋譜23:18). 白鶴ᄋᆞᆫ 흰 두루미라(月釋7:66). 하ᄂᆞᆯ히 서늘커ᄂᆞᆯ 白鶴이 華表애 도라오노소니:天寒白鶴歸華表(初杜解15:35).

·ᄇᆡᆨ·합 명 백합(白合). ¶白芍藥과 白合 므레 저지니와(救急下22).

·ᄇᆡᆨ호 명 백호(白毫). 부처의 눈썹 사이의 터럭. ¶白毫로 견지시니(月印上25). 부톄 眉間 白毫相앳 光明을 펴샤(釋譜13:13).

ᄇᆡᆨ호 명 백호(白戶). 조선 시대의 무관 벼슬. ¶홋 열네 힛 만애 ᄇᆡᆨ호 습셩이 원으로브터 오리 이셔(東新續三綱. 孝1:13).

·ᄇᆡᆨ호·혈 명 백회혈(百會穴). ¶머릿 ᄇᆡᆨ호혈ᄋᆞᆯ:頭上百會穴(救簡1:53).

·ᄇᆡᆨ:회 명 백회(百會). ¶또 百會ᄅᆞᆯ 七壯ᄋᆞᆯ ᄯᅳ라(救急上3). 신회와 협거와 디창과 ᄇᆡᆨ회와:顖會頰車地倉百會(救簡1:31). ᄇᆡᆨ회:頭頂心(譯解上32).

ᄇᆡᆫ병 명 뱃병. ¶어미 하시 ᄇᆡᆫ병을 어더더니:母河氏得腹瘕(東新續三綱. 孝2:19).

ᄇᆡᆫ복 명 배꼽. ☞ᄇᆡᆺ복 ¶김시 칼로 ᄲᅧ 스스로 ᄇᆡᆫ복 아래ᄅᆞᆯ 딜러 피ᄅᆞᆯ 아아 ᄲᅧ 머기니:金氏以刀自刺臍下取血以服之(東新續三綱. 烈4:49 金氏刺臍).

ᄇᆡᆸ 명 상앗대. 노(櫓). ☞ᄇᆡᆺ. ᄇᆡᆽ ¶ᄇᆡᆸ:槳(物譜 舟車).

ᄇᆡᆺ 명 상앗대. 노(櫓). ☞ᄇᆡᆸ. ᄇᆡᆽ ¶ᄇᆡ ᄇᆡᆺ 업ᄃᆞᆺ ᄒᆞ니(月釋17:42). ᄇᆡ ᄇᆡᆺ 업수미 ᄌᆞᆫ거니:如舟無楫(法華5:206). ᄇᆡ와 ᄇᆡᆺ과 ᄇᆞ리고:捨舟楫(永嘉下22). 다 ᄇᆡᆺ 자ᄇᆞᆫ 사ᄅᆞ미게 잇ᄂᆞ니:盡在把梢人(金三3:20). ᄇᆡᆺ:橈(四解下18). ᄇᆡᆺ 쇼:橈 短曰橈. ᄇᆡᆺ 즙:楫 長曰楫. ᄇᆡᆺ 도:棹. ᄇᆡᆺ 쟝:槳(訓蒙中25). ᄇᆡᆺ 즙:楫(類合上19). ᄇᆡᆺ 도:棹(類合上29).

ᄇᆡᆺ가족 명 뱃가죽. ¶ᄆᆞᆯ ᄇᆡᆺ가족에 틧글이 셕 자히나 무텻고(朴解中43).

·ᄇᆡᆺ고·ᄆᆞᆯ 명 배의 고물. ☞ᄇᆡㅅ고믈. ᄇᆡᆺ니믈 ¶ᄇᆡᆺ고ᄆᆞᆯ 쵸:艄. ᄇᆡᆺ고ᄆᆞᆯ 튝:舳 船後持柁處(訓蒙中26).

ᄇᆡᆺ곱 명 배꼽. ☞ᄇᆡᆫ복. ᄇᆡᆺ보록. ᄇᆡᆺ복. ᄇᆡᆺ봉 ¶ᄇᆡᆺ곱:臍(無寃錄1:26).

ᄇᆡᆺ곶 명 배꽃. ¶ᄇᆡᆺ곶爲梨花(訓解. 終聲).

ᄇᆡᆺ기·ᄉᆞᆰ 명 뱃가죽. ¶ᄇᆡᆺ기ᄉᆞᆰ 알파:小腹痛(救急上69). ᄇᆡᆺ기ᄉᆞᆰ 우희 ᄒᆞᆫ 침 주고:小肚皮上使一針(飜朴上38).

ᄇᆡᆺ길 명 뱃길. ¶네 ᄇᆡᆺ길로 온다 뭇길로 온다:你船路裏來那旱路裏來(朴解中12).

ᄇᆡᆺ니믈 명 배의 이물. ☞ᄇᆡㅅ니믈. ᄇᆡᆺ고ᄆᆞᆯ. ᄇᆡᆺ니ᄆᆞᆯ ¶ᄇᆡᆺ니믈:舡頭(譯解下21). ᄇᆡᆺ니믈에 후릿그믈 치ᄂᆞᆫ 나모:脚船(漢淸10:25).

·ᄇᆡᆺ니·ᄆᆞᆯ 명 배의 이물. ☞ᄇᆡᆺ니믈 ¶ᄇᆡᆺ니ᄆᆞᆯ 로:艫 船頭刺櫂處(訓蒙中26).

ᄇᆡᆺ·대 명 돛대. ¶ᄇᆡᆺ대옛 져비ᄂᆞᆫ:檣燕(重杜解2:24). ᄇᆡᆺ대 도라가매 저픈 나리 기우럿도다:回檣畏日斜(重杜解2:30). ᄇᆡᆺ대 위:桅. ᄇᆡᆺ대 쟝:檣(訓蒙中25). ᄇᆡᆺ대:桅竿(四解上49 桅字註). ᄇᆡᆺ대:棹(四解下22). ᄇᆡᆺ대ᄅᆞᆯ 두드리고 水調歌ᄅᆞᆯ 블러보쟈(古時調. 尹善道. 긴 날이. 孤遺).

ᄇᆡᆺ대 명 뱃대끈. ☞ᄇᆡㅅ대. 오랑 ¶미틔 드리온 거슨 두 머리예 프른 구슬로 ᄆᆡ자 ᄢᅦ온 약대 털로 ᄒᆞᆫ ᄇᆡᆺ대오:底下垂下着兩頭青珠兒結串的駝毛肚帶(朴解上28). ᄇᆡᆺ대:肚帶(譯解下20).

·ᄇᆡᆺ돗 명 돛. ☞ᄇᆡㅅ돗 ¶ᄇᆡᆺ돗ᄀᆞᆯ 여러 큰 믌겨레 메여 가롸:開帆駕洪濤(重杜解2:61). ᄇᆞᄅᆞᆷ 부ᄂᆞᆫ ᄇᆡᆺ돗기 프른 蓋예 디혓ᄂᆞ니:風帆倚翠蓋(杜解9:4). ᄇᆡᆺ돗긘 一片ㅅ 구루미 머므렛도다:帆留一片雲(杜解10:32). 믌겨를 거스려 ᄇᆡᆺ돗 여러 가미 어렵도다:逆浪開帆難(杜解22:56). ᄇᆡᆺ돗:桅篷(四解上3 篷字註). ᄇᆡᆺ돗 범:帆. ᄇᆡᆺ돗 봉:蓬(訓蒙中25). ᄇᆡᆺ돗:桅篷(譯解補5).

※'ᄇᆡᆺ돗'의 ┌ ᄇᆡᆺ돗…
첨용 └ ᄇᆡᆺ돗ᄀᆞᆯ/ᄇᆡᆺ돗기/ᄇᆡᆺ돗긔…

ᄇᆡᆺ멀믜 명 뱃멀미. ☞멀믜 ¶ᄇᆡᆺ멀믜ᄒᆞ다:暈舡(譯解下22).

ᄇᆡᆺ바·당 명 뱃바닥. ¶摩睺羅伽ᄂᆞᆫ 큰 ᄇᆡᆺ바다ᄋᆞ로 긔여 ᄒᆞ니ᄂᆞ다 ᄒᆞᆫ ᄠᅳ디니 큰 ᄇᆡ얈 神靈이라(月釋1:15).

ᄇᆡᆺ밥 명 뱃밥. ¶주대도 다슬이고 ᄇᆡᆺ밥을 박앗는야(古時調. 尹善道. 海謠).

ᄇᆡᆺ병 명 버릇. 고질(痼疾). ¶ᄇᆡᆺ병 벽:癖(類合下18).

ᄇᆡᆺ보록 명 배꼽. ☞ᄇᆡᆫ복. ᄇᆡᆺ복. ᄇᆡᆺ봉 ¶ᄇᆡᆺ보록:肚臍兒(譯解上35).

·ᄇᆡᆺ·복 명 배꼽. ☞ᄇᆡᆫ복. ᄇᆡᆺ보록. ᄇᆡᆺ봉 ¶ᄇᆡᆺ보ᄀᆞ로 放光ᄒᆞ샤(月釋2:29). ᄇᆡᆺ보기 깁고 둗겁고(月釋2:57). 臍ᄂᆞᆫ ᄇᆡᆺ보기라(楞解8:

132). 빗복과 소리와애:臍響(永嘉上50). 빗보개 블 브텨:燃臍(初杜解15:47). 뿌그로 빗복을 일뵉 붓만 쓰라:以艾灸臍中百壯(救簡1:50). 싸해 딘 빗복애 브텻던 똥:墮地臍屎(救簡2:113). 빗복:臍(四解上27). 빗복 졔:臍. 빗복 비:毗. 빗복 앙:胦. 빗복 볼:脖(訓蒙上27). 빗복 졔:臍(類合上21). 빗복 가온듸:臍中(牛疫方8). 又난아히 빗복 써러딘 거슬:小兒初生臍帶脫落後(痘瘡方3).

·빗·복줄 명 탯줄. ¶빗복주레 아긔 엇게 걸여:臍帶攀掛兒肩(胎要24).

빗봉 명 배꼽. ☞빗복 ¶빗봉애 블 브텨 郿塢이 敗ᄒᆞ니:燃臍郿塢敗(重杜解15:47).

빗사룸 명 뱃사람. ☞비사룸 ¶빗사룸이 손으로써 건디고져 ᄒᆞ대:舟人欲以手援(東新續三綱. 烈2:88).

·빗:소배 명 뱃속에. 〔'빗솝'+부사격조사 '-애'〕 ⓧ빗솝 ¶글워리 빗소배 ᄀᆞ독ᄒᆞ얏도다:經書滿腹中(初杜解8:52).

빗속 명 뱃속. ☞비솝. 빗솝 ¶두어 빼 ᄉᆞ이예 빗소기 ᄌᆞ로 움즈기면 티긔 인는 자기오:數時頃覺臍腹頻動即有胎也(胎要9).

·빗:솝 명 뱃속. ☞비솝. 빗속 ¶글워리 빗소배 ᄀᆞ독ᄒᆞ얏도다:經書滿腹中(初杜解8:52).

·빗시·울 명 뱃전. ☞빗젼 ¶빗시울 현:舷(訓蒙中26).

빗젼 명 뱃전. ☞비ㅅ젼. 빗시울 ¶그믈 낙시 니저 두고 빗젼을 두드린다(古時調. 尹善道. 孤遺).

·빗·줄 명 뱃줄. ☞비줄 ¶빗줄 글우믈 히ᄅᆞᆯ 아디 몯ᄒᆞ리로다:解纜不知年(初杜解7:16). 빗주를 두들겟 버드를 侵犯ᄒᆞ야 미요니:纜侵堤柳繫(初杜解15:30).

빙어 명 뱅어. ☞비어 ¶빙어:膾殘魚(柳氏物名二 水族).

빛 명 상앗대. 노(櫓). ☞빕. 빗 ¶사공이 어드운 듸셔 비출 달화:篙師暗理楫(重杜解1:29). 桂로 밍ᄀᆞ론 비출 혀ᄂᆞ니:引桂楫(重杜解1:46). 비 달홀 사ᄅᆞ미 ᄒᆞ마 비촐 슬피ᄂᆞ니:長年已省柁(杜解8:54). 미햇 비촌 프른 말와매 뻐뎟도다:野棹沒青蘋(杜解20:28). 샐리 너븐 바다해 디헷 비치 도외야:速爲洪濤之智楫(野雲81).

ㅽ 병서 비읍기역. ㅂ, ㄱ의 합용병서(合用並書). 〔ㅴ의 후기(後期) 표기(表記).〕 ¶더쁴 敗散ᄒᆞ몰 엇데 샐리 ᄒᆞ뇨:往者散何卒(重杜解1:4). 茶禮ᄂᆞᆫ 어ᄂᆡ 쁴 ᄒᆞ올고(新語1:26). ᄒᆞᄅᆞ 세 쁴 밥 먹고:一日喫三頓家飯(朴解中19). 털을 쎠올려(朴解中26).

빼 명 깨. ☞빼 ¶흰 춤빼:白油麻(東醫 湯液一 土部).

빼다 동 깨다. 깨뜨리다. ☞빼다 ¶빼여:拚(語錄2).

빼므다 동 깨물다. ¶어름 빼므다:嚼氷(譯解下49).

빼티다 동 깨뜨리다. ☞빼티다 ¶손 열 가락을 빼텨:碎十指(東新續三綱. 烈2:26).

뺀묵 명 깻묵. ¶뺀묵:油粺(譯解上52).

뻐디다 동 꺼지다. ☞뻐디다. 써디다 ¶홰ᄅᆞᆯ 자바 오륙 니나 ᄒᆞᆫ듸 블이 뻐디거ᄂᆞᆯ:執炬五六里許火滅(東新續三綱. 孝2:69). ᄇᆞᄅᆞᆷ이 두ᄅᆞ혀 브리 뻐디다:反風火滅(東新續三綱. 孝5:15 克忠孝感). ᄇᆞᄅᆞᆷ이 두르혀니 블이 뻐디니라:風反火滅(東新續三綱. 孝5:50 恩孫滅火).

뻐지다 동 꺼지다. ☞뻐디다. 써지다 ¶구돌 뻐지다:坑塌(譯解補14).

-뻬 접미 -께. 어떤 곳을 중심 잡아 그 가까운 범위. ☞-쁴 ¶ᄒᆞᆫ 거롬 낫드러 가숨뻬 ᄒᆞᆫ 번 디ᄅᆞ라:進一步當胸一刺(武藝諸1).

뻬다 동 꿰다. ☞뻬다. 쎄다 ¶맛당이 고롬 소사 뻴 제:當貫膿之時(痘要上32). 남그로 뼈 목글 뻬고 도최로써 모글 버히니라:以木貫喉以斧斬頸(東新續三綱. 烈3:26). 솔닙피 바ᄂᆞᆯ 존토듸 실 뻬디 몯ᄒᆞᄂᆞ다:松葉如針未貫絲(百聯9).

뼈올려 동 끼어올려. 껴올려. ㉠삐다 ¶털을 뼈올려:套上氈兒(朴解中26).

뿌짖다 동 꾸짖다. ¶아들을 티며 ᄯᆞᆯ을 뿌지즈며:打男罵女(女四解2:33).

뿔 명 꿀. ☞뿔. 울 ¶기동 들온 뒨 버리 뿌ᄅᆞᆯ 흘렛고:柱穿蜂溜蜜(重杜解14:9).

쀄정쀄정ᄒᆞ다 형 꾸정꾸정하다. 정정하다. ¶쀄정쀄정ᄒᆞ다:硬朗(譯解補51).

ᄢᅳ리다 동 꾸리다. 싸다. 에우다. 호위(護衛)하다. ☞ᄢᅳᆯ이다. ᄢᅳ리다. ᄯᅳ리다 ¶어미ᄅᆞᆯ ᄢᅳ릴 거시니 슬허 마ᄅᆞ쇼셔:必護母勿悲(東續三綱. 忠2). 몸으로써 부모ᄅᆞᆯ ᄢᅳ려 뻐나디 아니ᄒᆞ야:以身衛父母不去(東新續三綱. 孝6:44). 어린아히ᄅᆞᆯ 기식 ᄢᅳ려 나모 그ᄅᆞᆯ히 두고:裹幼兒襁褓置諸樹陰(東新續三綱. 烈1:11). 도적기 어즈러이 티되 피티 아니코 뻐 신쥬ᄅᆞᆯ ᄢᅳ리더라:賊亂擊不避以護神主(東新續三綱. 烈2:79). 비치 空中ㅅ樓의 ᄢᅳ리옛도다:光抱空中樓(重杜解13:9).

ᄢᅳᆯ이다 동 감싸다. 안다. ☞ᄢᅳ리다 ¶심암이 군ᄉᆞᄅᆞᆯ ᄢᅳᆯ이고 구티 아니ᄒᆞ니:沈巖擁兵不救(東新續三綱. 忠1:34). ᄢᅳᆯ임을 밋다:仗庇. ᄢᅳᆯ이다:護庇(譯解補51).

쁫 명 끝. ☞귿. 긑 ¶채 쁫:鞭稍(譯解補46). 반다시 쁫치 나ᄂᆞ니(捷蒙1:14). 굴근 삼대 쁫만 나마 우즑우즑ᄒᆞ더라 ᄒᆞ고 내 아니 니르랴(古時調. 니르랴. 青丘).

쁴 명 때에. ☞ᄣᅴ ¶더쁴 敗散ᄒᆞ몰 엇데 샐리 ᄒᆞ뇨:往者散何卒(重杜解1:4). 茶禮ᄂᆞᆫ 어ᄂᆡ 쁴 ᄒᆞ올고(新語1:26). ※쁴<ᄣᅴ

-ᄢᅴ ㉶접미 -께. ☞-ᄢᅦ ¶ 섯ᄃᆞᆯ 납향ᄢᅴ 온 눈 녹은 물:臘雪水(東醫 湯液一 水部).

-ᄢᅴ 접미 -기(氣). ¶ 플ᄢᅴ 업다:不骨立(譯解補58).

ᄢᅴ리다 동 꾸리다. 싸다. 둘러싸다. 에우다. ☞ᄢᅳ리다. ᄧᅳ리다. ᄣᅴ리다 ¶ 玉階엣 儀仗은 千官을 ᄢᅴ렛도다:玉階仙仗擁千官(重杜解6:5). 노ᄑᆞᆫ 뫼히 象設을 ᄢᅴ렛ᄂᆞ니:崇岡擁象設(重杜解6:17).

ᄢᅵ 명 끼. 때. ☞ᄣᅵ ¶ ᄒᆞᄅᆞ 세 ᄢᅵ 밥 먹고:一日三頓家飯(朴解中19). 男兒의 功名 일우미 ᄯᅩ 늘근 ᄢᅵ도 잇ᄂᆞ니라:男兒功名遂亦在老大時(重杜解22:30).

ᄢᅵ다 동 끼다. ☞ᄣᅵ다. ᄭᅵ다 ¶ 더ᄃᆞ려 닐러 털을 ᄢᅧ올려 날로 ᄒᆞ여 뵌 후에:說與他套上氈兒着我看了的之後(朴解中26). 블근 구롬이 ᄒᆡᄅᆞᆯ ᄢᅧ ᄂᆞᄂᆞᆫ 새 ᄀᆞᆮ거늘:有赤雲夾日如飛鳥(重內訓2:24).

ᄢᆞ다 동 까다〔卵孵化〕. ☞ᄧᆞ다 ¶ 알 ᄢᆞ다:開鷇. 알 ᄢᆞ다: 啄鷇(譯解下24).

ᄢᅵ치다 동 깨치다. ¶ ᄌᆞ조 ᄢᅵ쳐(普勸文17).

ᄠ 병서 비읍디귿. ㅂ, ㄷ의 합용병서(合用並書). ¶ 平生ㄱ ᄠᅳᆮ 몯 이루시니:莫遂素志(龍歌12章). ᄃᆞ리예 ᄠᅥ딜 ᄆᆞᄅᆞᆯ:橋外隕馬(龍歌47章). ᄒᆞ나히 ᄠᆞ로 달아(月釋2:46). ᄠᅳᆯ 뎡:庭(訓蒙中6).

·ᄠᅡ 동 따〔摘〕. 따서. ㉠ᄠᆞ다 ¶ 果實 ᄠᅡ 머기더니(月釋2:12). 멀위랑 ᄃᆞ래랑 ᄠᅡ 먹고(鄕樂. 靑山別曲). 올길ᄒᆡ ᄲᅩᆼ ᄠᅡ다가 누에 먹켜 보쟈ᄉᆞ라(古時調. 鄭澈. 오ᄂᆞᆯ도 다 새거다. 松江).

·ᄠᆞᆯ기 명 딸기. ☞ᄯᆞᆯ기 ¶ 멍덕ᄠᆞᆯ깃불휘ᄅᆞᆯ 조히 시서:覆盆子根取淨洗(救簡6:12). ᄠᆞᆯ기 ᄆᆡ:莓(訓蒙上12).

ᄠᆞᆸ갑다 형 답답하고 갑갑하다. ☞답ᄭᆞᆸ다 ¶ 녜 수프레 도라가ᄆᆞᆯ 得디 몯호니 ᄠᆞᆸ가온 ᄆᆞᄋᆞᄆᆞᆯ 미러 ᄇᆞ리노라 고ᄃᆞᆯ파 그를 짓노라:故林歸未得排悶强裁詩(重杜解14:38).

ᄠᆡ 명 때〔時〕. ☞ᄣᆡ. ᄣᅥ ¶ ᄠᆡᄅᆞᆯ 혜디 말고 년ᄒᆞ여 머기라:不拘時連服之(痘要上9). 그 ᄠᆡ예 바다 도적이 ᄇᆞ야ᄒᆞ로 치셩ᄒᆞ거ᄂᆞᆯ:時海寇方熾(東新續三綱. 孝1:34). 그 ᄠᆡ예 단상ᄒᆞᄂᆞᆫ 법이 엄호ᄃᆡ:時短喪法嚴(東新續三綱. 孝2:80 崇孝執喪). 강학의 ᄃᆞᆫ녀 도라올 ᄠᆡ예(太平1:1). 將次 밥 ᄠᆡ어든(家禮2:6). 이날 밥 ᄠᆡ예· 婦家의셔 盛饌이며 酒壺ᄅᆞᆯ ᄀᆞ초와(家禮4:23). 비 갈 ᄠᆡ예(新語4:9). 더 셔울셔 起身ᄒᆞᆯ ᄠᆡ예 臨ᄒᆞ여:他京裏臨起身時節(朴解上31). 우리 이제 몸이 安樂ᄒᆞᆫ ᄠᆡ예:咱如今身已安樂時節(朴解中24). 八月 됴흔 ᄠᆡ니:八月好時節(朴解中32). 네 갈 ᄠᆡ예 다ᄃᆞ라:伱臨去時節(朴解下1). 병이 급ᄒᆞ거든 ᄠᆡᄅᆞᆯ 거리ᄭᅵ디 말고 먹고:病急則不拘時服(臘藥3).

ᄠᆡ다 동 때우다. 땜질하다. ☞ᄯᆡ다 ¶ 부리와 줄ᄅᆞᆯ 아직 믿ᄃᆞ라 내 보와든 ᄠᆡ라:觜兒把兒且打下我看着銲(朴解下29).

ᄠᆡ로 부 때로. ¶ 더우락치우락ᄒᆞ며 혹 ᄠᆡ로 열ᄒᆞᄂᆞᆫ 증을 고티ᄂᆞ니라(辟新5).

ᄠᆡᄠᆡ로 부 때때로. ☞ᄯᆡᄯᆡ로 ¶ 소합원 아홉 환을 ᄒᆞᆫ 병 술에 ᄃᆞᆷ가 ᄠᆡᄠᆡ로 머그면:蘇合元每取九丸浸一甁酒時時飮之(辟新15). 겨을은 열흘 만의 ᄠᆡᄠᆡ로 마시라:冬十日時時飮之(臘藥6).

·ᄠᅥ 동 (눈을) 떠. 떠서. ㉠ᄠᅳ다 ¶ 목수믈 ᄇᆞ리고 擧티 아니ᄒᆞᆫ 前으로 向ᄒᆞ야 누늘 ᄠᅥ 믄득 다시 ᄡᅵ야:棄命向未擧已前着眼忽然再甦(蒙法59).

ᄠᅥ·가·다 동 (눈을) 떠 가다. ¶ ᄒᆞᆫ나ᄒᆞᆫ 므레 ᄠᅥ가며 블븓티미오(呂約34). ᄠᅥ갈 표:漂(類合下54). 쳐ᄌᆞᄂᆞᆫ 다 ᄠᅥ가니라:妻子皆漂沒(東新續三綱. 孝3:19).

·ᄠᅥ나·다 동 ①떠나다. ☞ᄯᅥ나다 ¶ 그 겨틔 ᄠᅥ나디 아니ᄒᆞ리라:不離其側(佛頂4). 오래 ᄠᅥ나디 아니ᄒᆞ야:久不去(宣小6 : 93). 벼슬에 이시며 벼슬에 ᄠᅥ나며:居位去位(宣小6:129). 네 언제 王京의셔 ᄠᅥ난다:你幾時離了王京(老解上1). 내 이ᄃᆞᆯ 초ᄒᆞᄅᆞᆫ날 王京셔 ᄠᅥ난노라:我這月初一日離了王京(老解上1). 이믜 이ᄃᆞᆯ 초ᄒᆞᄅᆞᆫ날 王京의셔 ᄠᅥ나시면:既是這月初一日離了王京(老解上1). 네 언제 王京의셔 ᄠᅥ난다:你從幾時離了王京(老解下3).
②떠내려가다. ¶ ᄠᅥ나다:盪流去 漂流去(譯解上7).

·ᄠᅥ:나·라 동 떠났노라. ㉠ᄠᅥ나다 ☞-아라 ¶ 내 이ᄃᆞᆳ 초ᄒᆞᄅᆺ날 王京의셔 ᄠᅥ나라:我這月初一日離了王京(飜老上1).

·ᄠᅥ:내·다 동 떠나게 하다. ¶ 禮와 樂ᄋᆞᆫ 可히 져근덛도 몸애 ᄠᅥ내디 몯ᄒᆞᆯ 거시니라:禮樂不可斯須去身(宣小1:15).

ᄠᅥ니 동 떠니. ㉠ᄠᅥᆯ다 ¶ 거믄 紗帽ᄅᆞᆯ 드틀 ᄠᅥ니 프른 螺앳 소흠 ᄀᆞᆮ도소니:烏帽拂塵靑螺粟(重杜解25:30).

ᄠᅥ뎌오다 동 뒤떨어져 오다. ☞ᄠᅥ디다 ¶ 내 ᄒᆞᆫ 벗이 이셔 ᄠᅥ뎌오매:我有一箇火伴落後了來(老解上1).

ᄠᅥ뎃다 동 터져 있다. 터졌다. ㉠ᄠᅥ디다 ¶ 바ᄅᆞᆯ 그륜 거시 믌겨리 ᄠᅥ뎨시며:海圖拆波濤(重杜解1:5).

ᄠᅥ:듀·라 동 뒤떨어지노라. ㉠ᄠᅥ디다 ¶ 隱遁ᄒᆞ욜 됴ᄒᆞᆫ 期約애 ᄠᅥ듀라:隱遁佳期後(初杜解9:21).

·ᄠᅥ:듐 동 떨어짐. ㉠ᄠᅥ디다 ¶ 시혹 須彌峯애 이셔 ᄂᆞᄆᆡ 미리와다 ᄠᅥ듀미 ᄃᆞ외야도:或在須彌峯爲人所推墮(法華7:88). 諸趣에 ᄠᅥ듀

메 니르ᄂᆞ니:至墮諸趣(金剛上序11).

뻐드다 동 떠들다. 조금 쳐들거나 잣히다. ¶술위 걸닌 ᄃᆡ 뻐드다:點車(譯解下23).

·뻐디·다 동 ①떨어지다. ¶ᄃᆞ리예 뻐딜 ᄆᆞᄅᆞᆯ:橋外隕馬(龍歌87章). 머즌 보매 뻐디옛거든(釋譜9:8). 닐굽차힌 뫼언헤 뻐디여 橫死ᄒᆞᆯ 씨오(釋譜9:37). ᄒᆞᆫ 蓮花ㅣ 소사나아 므레 뻐디니(釋譜11:31). ᄂᆞᄆᆡ 미리와다 뻐듀미 ᄃᆞ외야도:爲人所推墮(法華7:88). 諸趣에 뻐듀메 니르ᄂᆞ니:至墮諸趣(金剛上序11). 疑心ㅅ 그므레 뻐디디 아니ᄒᆞ야:不墮疑網(金剛下跋2). 誹謗이 비록 惡애 뻐디나:謗雖墮惡(圓覺上一之一92). 뻐딜 믈도 업소ᄃᆡ 돌해 디여 潺潺ᄒᆞ고 ᄀᆞᄂᆞᆫ 터럭마도 업소ᄃᆡ(南明上57). 반ᄃᆞ기 뻐듀미 업서:應無墜(金三4:12).
②뒤떨어지다. ☞써지다 ¶甚히 네 이우제 뻐디디 아니ᄒᆞ노라:未甚後四隣(杜解16:70). 功名을 ᄂᆞᄆᆡ게 뻐듀믈 짓디 말라:莫作後功名(杜解23:5). 時節에 뻐딜가 저프니:恐後時(重杜解4:26). 隱遁ᄒᆞ욜 됴ᄒᆞᆫ 期約애 뻐듀라:隱遁佳期後(重杜解9:21). 내 ᄒᆞᆫ 벗이 이셔 뻐뎌오매:我有一箇火伴落後了來(老解上1). ᄂᆞᆷ의게 뻐디디 말 쩌시라:不曾落後(老解下38). 비 ᄒᆞᆫ 칙이 뻐뎟ᄉᆞ오니(新語1:11).

·뻐디·다 동 터지다. ¶ᄲᆞ론 ᄇᆞᄅᆞ매 노ᄑᆞᆫ 뫼히 뻐디놋다:疾風高岡裂(重杜解2:34). 뻐딜 분:㡧 盛穀囊滿而裂(訓蒙下16). 뻐딜 탁:坼(類合下56).

·뻐·디·우·다 동 떨어뜨리다. ¶뎨 내 은 닷 량을 뻐디워 두세라:他少我五兩銀子裏(飜朴上34). ᄂᆞᄆᆡ 비들 뻐디워 잇다:少債(老朴集. 單字解6). 뻐디우다:落下(老朴集. 單字解8)

뻐·러·디·다 동 떨어지다. ☞뻐러지다. 써러지다 ¶아니 뻐러디게 호리라(釋譜9:6). 어려본 구데 뻐러디긔 ᄒᆞᄂᆞ니(釋譜9:14). 三惡趣예 뻐러디여(釋譜9:15). 惡趣예 뻐러듀ᇝ 주리 업스니라(釋譜9:27). 모딘 길헤 뻐러디여(月釋9:47). 命終ᄒᆞ야 넉시 無間地獄애 뻐러디옛거늘(月釋21:20). 외오 ᄒᆞ야 뻐러딣가 저ᄒᆞ실씨:失錯墮落(楞解1:22). 婬室에 외오 뻐러듀ᇝ 젼ᄎᆞᄅᆞᆯ 펴니라:敍其誤墮婬室之由也(楞解1:33). ᄢᅥ디여 뻐러듀믈 도라보디 아니호미:不顧陷墜(楞解6:87). 外道애 뻐러디여:墮落外道(楞解10:19). 다 疑惑에 뻐러디거이다:皆墮疑惑(法華2:50). 뻐러뎌 草木 서리예 브텃노라:零落依草木(杜解8:65). 故園엣 버드리 이제 이어 뻐러디거시니:故園楊柳今搖落(杜解16:51). 匣이 뻐러뎟도다(初杜解24:17). ᄑᆞ른 머귀ᄂᆞᆫ 낫과 바믜 뻐러디놋다:青梧日夜凋(重杜解5:15). ᄒᆞᆫ 사래 雙雙히 ᄂᆞᄂᆞᆫ 놀개 正히 뻐러디더라:一箭正墜雙飛翼(杜解11:16). 녜ᄀᆞ티 ᄡᅡ해 뻐러디릴ᄉᆡ(南明上3). 나못가지 것거디여 우므레 뻐러디니라(南明上27). 阿鼻無間地獄애 뻐러디여:墮落阿鼻無間地獄中(佛頂上3). 뻐러딜 됴:凋. 뻐러딜 락:落(類合下55). 뻐러딜 운:隕. 뻐러딜 튜:墜(類合下56). 뻐러딜 됴:彫(石千33). 하ᄂᆞᆯ히 ᄆᆞᆺ도록 뻐러디미 업슨디라:極天罔墜(宣小題辭4). 날로 ᄒᆞ여곰 ᄒᆡ 치워도 아니 뻐러디고:使我歲寒不彫(東新續三綱. 忠1:9).

뻐러디우다 동 떨어지게 하다. ¶ᄂᆞᄂᆞᆫ 새 싱황어ᄅᆞᆯ 머굼어 뻐러디운대 회ᄅᆞᆯ ᄆᆡᆼᄀᆞ라 써 나오다:飛鳥含落生黃魚作膾以進(東新續三綱. 孝7:15).

뻐·러ᄇᆞ·리·다 동 떨어버리다. ¶혀근 結을 다 뻐러ᄇᆞ려(釋譜24:2). 頭陁ᄂᆞᆫ 뻐러ᄇᆞ리다 혼 ᄠᅳ디니(月釋7:31). 그ᄉᆞ근 ᄢᅳ멧 드트른 뻐러ᄇᆞ료미 어려우니:幽隙之塵拂之且難(楞解1:107). 시혹 生滅을 뻐러ᄇᆞ려 常이라 혜며:或撥生滅而計常(楞解10:12). ᄃᆞ뇨매 저푸믈 뻐러ᄇᆞ려리아:擺落跋涉懼(重杜解2:57). 나히 늘구믈 뻐러ᄇᆞ리노라:撥年衰(杜解3:2). 文字ᄅᆞᆯ 뻐러ᄇᆞ리고:拂去文字(金三5:15). 煩惱ᄅᆞᆯ 뻐러ᄇᆞ릴 시라(南明上1).

뻐러지다 동 떨어지다. ☞뻐러디다 ¶뻐러질 됴:凋(石千33).

뻐ᄅᆞ티다 동 떨어뜨리다. ☞써르티다 ¶가져가 쓰고 뻐ᄅᆞ티디 말라:將去使休吊了(朴解下28).

·뻐보·다 동 뜯어 보다. ¶사ᄅᆞᄆᆡ 유무ᄅᆞᆯ 맛뎌 보내여든 브틴 거슬 뻐보며 머믈워 두디 마롤디니라:人附書信不可開拆沈滯(飜小8:22).

뻐오다 동 옮겨 오다. ¶두로 뻐오다:擺着擁來(譯解下52).

·뻐오ᄅᆞ·다 동 떠오르다. 뜨다. ¶뻐오ᄅᆞ며 뻐ᄂᆞ리ᄂᆞᆫ:浮上浮下的(飜朴上70). 뻐오ᄅᆞᆯ 등:騰(類合下5).

뻐이·다 동 떼다. ☞뻐히다. 써이다 ¶글워레 ᄌᆞᄅᆞᆯ 브티며 뻐이며:塗擦文字(飜小7:29). 그 어미ᄅᆞᆯ 爲ᄒᆞ야 總호ᄃᆡ 또ᄒᆞᆫ 벼슬을 뻐이고 心喪 三年을 申ᄒᆞ라 ᄒᆞ니라(家禮6:34). 그 父母ᄅᆞᆯ 爲ᄒᆞ야 杖티 아니코 期년을 ᄒᆞ나 또ᄒᆞᆫ 벼슬을 뻐이고 心喪 三年을 申홀디니라(家禮7:35).

뻐져기다 동 떠죽거리다. ☞써쥬어리다 ¶뻐져기다:料料(譯解下46).

·뻐히·다 동 떼다. ☞뻐이다. 써이다 ¶네짯 句ᄂᆞᆫ 브튼 딜 뻐히며 ᄆᆡ인 딜 그르며(南明上72). 글월을 뻐혀 보고(癸丑139). 혹 비

ᄠᅥ혀 이 荷國花城에 드러가:或撑開入這荷國花城(朴解下51).

ᄠᅥᆨ 명 떡. ☞ᄯᅥᆨ ¶쥐집어 ᄠᅥᆨ을 ᄆᆡᆫᄃᆞ라:捻作餅子(無寃錄1:48).

·ᄠᅥᆯ·기 명 떨기. ☞ᄯᅥᆯ기 ¶ᄠᅥᆯ기 총:叢. ᄠᅥᆯ기 포:苞(訓蒙下4). ᄠᅥᆯ기 총:叢(類合上19). 아비ᄂᆞᆯ 뫼셔 ᄠᅥᆯ기 숩헤 수머 업더렫더니:侍父隱伏叢林(東新續三綱. 孝6:60). 곳 ᄠᅥᆯ기ᄅᆞᆯ 나아오디 아니호ᄆᆞᆯ 웃노라:花叢笑不來(重杜解13:31).

ᄠᅥᆯ기나모 명 떨기나무. ☞ᄠᅥᆯ기나무 ¶ᄠᅥᆯ기나모(詩解 物名2).

ᄠᅥᆯ기나무 명 떨기나무. ☞ᄠᅥᆯ기나모 ¶ᄠᅥᆯ기나무 복:樸(詩解 物名20).

:ᄠᅥᆯ·다 동 ①떨다〔拂〕. ☞ᄠᅥᆯ티다 ¶ᄀᆞᆯ포 ᄠᅥ르샤:疊拂(楞解2:60). 엇뎨 두르혀 ᄠᅥᄂᆞ뇨:云何倒拂(楞解3:84). 因果를 ᄠᅥ러 업다 ᄒᆞ야:撥無因果(楞解9:80). 오직 ᄠᅥ롤 거슬 여흴 ᄲᅮ니언뎡:但離所拂(圓覺上二之三36). 설글 ᄠᅥ러내야:拂篋笥(杜解16:21). ᄠᅥ롬 ᄀᆞᆮ도다:如拂(金三5:27). 髭ᄅᆞᆯ ᄠᅥᆯ며:拂髭(宣小2:2).
②떨다. ¶ᄀᆞ장 소리ᄒᆞ고 ᄠᅥᆯ오 ᄇᆞᆺ아디니라(楞解7:88).
③떨치다〔振〕. ☞ᄠᅥᆯ티다 ¶摝ᄋᆞᆫ ᄠᅥᆯ 씨라(月釋序9). 振ᄋᆞᆫ ᄠᅥᆯ 씨오(月釋2:14). 震은 ᄠᅥᆯ 씨오(楞解5:4). 威ᄅᆞᆯ ᄠᅥ로ᄃᆡ:振威(法華5:60). 精神ᄋᆞᆯ ᄠᅥ러 펴:抖擻精神(蒙法24). 예서 닐오맨 ᄠᅥᆯ 시니(南明上1). ᄠᅥᆯ 두:抖. ᄠᅥᆯ 수:擻(訓蒙下23). ᄠᅥᆯ 진:振(石千22).
※ᄠᅥᆯ다>떨다

ᄠᅥᆯ리다 동 떨리다. ¶몸이 ᄠᅥᆯ려 당티 못ᄒᆞ니:身顫的當不的(朴解中14).

:ᄠᅥᆯᄫᅳᆯ 형 떫을. ㉮ᄠᅥᆲ다 ¶苦ᄂᆞᆫ ᄡᅳᆯ 씨오 澁은 ᄠᅥᆯᄫᅳᆯ 씨라(月釋17:67).

:ᄠᅥᆯ잇·다 동 떨다. 떨치다. ☞ᄠᅥᆯ잊다 ¶ᄠᅥᆯ잇ᄂᆞᆫ 거믄 거슨 돌햇 薜蘿ㅣ 기도다:拂黛石蘿長(杜解16:42). 힝혀 프른 거슬 ᄂᆞᆫ화 보내야 믓겨를 ᄠᅥᆯ잇게 ᄒᆞ라:幸分蒼翠拂波濤(初杜解18:11).

:ᄠᅥᆯ잊·다 동 떨다. 떨치다. ☞ᄠᅥᆯ잇다 ¶모로매 구루믈 ᄠᅥᆯ이저 기로ᄆᆞᆯ 볼디로다:會見拂雲長(初杜解18:11).

ᄠᅥᆯ치다 동 떨치다. ☞ᄠᅥᆯ티다 ¶ᄠᅥᆯ칠 불:拂(倭解上30).

ᄠᅥᆯ티·다 동 떨치다. ☞ᄠᅥᆯ치다 ¶굿 ᄠᅥᆯ텨 도라가아:力排還歸(三綱. 孝33). 도라올 ᄇᆡᆺ돗ᄀᆞᆯ 天姥山ᄋᆞᆯ ᄠᅥᆯ텨:歸帆拂天姥(重杜解2:40). 므를 ᄠᅥᆯ텨 ᄂᆞᄌᆞ기 횟도ᄂᆞᆫ 춤츠ᄂᆞᆫ ᄉᆞ매 두위잇고:拂水低回舞袖飜(初杜解15:2). 階砌ㅅ 알ᄑᆡᆺ 남ᄀᆞᆫ 구루믈 ᄠᅥᆯ티놋다:階前樹拂雲(杜解15:10). ᄇᆡ치 蓮니펫 구스를 ᄠᅥᆯ티니:棹拂荷珠(杜解23:54). 明月ㅅ 둘에예 ᄂᆞ려 ᄠᅥᆯ티더라:下拂明月輪(杜解24:24). ᄠᅥᆯ틸 블:拂(類合下8). ᄠᅥᆯ틸 두:抖. ᄠᅥᆯ틸 수:擻(類合下9). 지ᄃᆡ 살미를 ᄲᅢ이고 칼을 ᄠᅥᆯ텨 도적을 버히니:載道拔鏃奮劒斬賊(東新續三綱. 孝1:49). 모ᄆᆞᆯ ᄠᅥᆯ텨 ᄂᆞ려디니:奮身而墜(東新續三綱. 烈1:11). 울며 잡은 ᄉᆞ매 ᄠᅥᆯ티고 가디 마쇼(古時調. 李明漢. 歌譜).
※ᄠᅥᆯ티다>ᄯᅥᆯ치다>떨치다

:ᄠᅥᆲ·다 형 떫다. ☞ᄯᅥᆲ다 ¶여러 가짓 ᄡᅳ며 ᄠᅥᆯᄫᅳᆫ 거시 舌根애 이셔(釋譜19:20). 苦ᄂᆞᆫ ᄡᅳᆯ 씨오 澁은 ᄠᅥᆯᄫᅳᆯ 씨라(月釋17:67). ᄡᅳ며 ᄠᅥᆯ운 거시:苦澁(法華6:51). ᄉᆡ오 ᄠᅥᆯ워 棠梨ㅅ 맛 ᄀᆞᆮ도다:酸澁如棠梨(杜解18:16). 마시 ᄠᅥᆲ고 ᄎᆞᆫ 믈:冷泉(東醫 湯液一 水部). ᄠᅥᆲ다:澁(譯解上53. 華類31).
※'ᄠᅥᆲ다'의 활용 ⎡ ᄠᅥᆲ고/ᄠᅥᆲ디… ⎣ ᄠᅥᆯᄫᅳᆫ/ᄠᅥᆯᄫᅳᆯ/ᄠᅥᆯ워…

·ᄠᅦ 명 떼. 뗏목. ☞ᄯᅦ ¶筏ᄋᆞᆫ ᄠᅦ니(楞解1:3). 筏은 ᄠᅦ라(金剛上39). 敎ㅣ ᄠᅦ 가ᄌᆞᆯ봄 ᄀᆞᆮᄒᆞ야(圓覺上一之一66). 東녁크로 가 ᄠᅦ ᄐᆞ몰 스치노라:東逝想乘桴(重杜解2:16). 數 업슨 涪江앳 ᄠᅦ여:無數涪江筏(杜解8:60). ᄯᅩ ᄠᅦ 보미니라:且猶筏見(金三2:38). ᄠᅦ 패:簰. ᄠᅦ 벌:筏(訓蒙中25). ᄠᅦ:筏子(譯解下20). 아비 ᄠᅦ ᄐᆞ고 건너고져 ᄒᆞ거늘(女範4. 녈녀 한조아). ※ᄠᅦ>떼

ᄠᅦ 명 떼. 무리〔群〕. ☞ᄯᅦ ¶옥쉭 빗체 굴근 ᄠᅦ구룸 문 ᄒᆞᆫ 비단:葱白骨朶雲(老解下22). ᄠᅦ 만흔 ᄀᆞᆯ며기ᄂᆞᆫ 오명가명ᄒᆞ거든(古時調. 李滉. 山前에. 青丘). ※ᄠᅦ>떼

ᄠᅦ구롬 명 떼구름. ☞ᄠᅦ구룸 ¶ᄠᅦ구롬 문:骨朶雲(譯解下4).

ᄠᅦ구룸 명 떼구름. ☞ᄠᅦ구롬 ¶옥쉭 비체 굴근 ᄠᅦ구룸 문 ᄒᆞᆫ 비단:葱白骨朶雲(飜老下24).

ᄠᅦ·다 동 떼다. 뜯다. ☞ᄠᅦ혀다 ¶可히 ᄠᅦ여 보며 머믈오디 아닐 거시며:不可開拆沈滯(宣小5:101).

ᄠᅦ티다 동 떼치다. ¶일인지하의 이시니 벼슬이 ᄇᆡᆨ뇨의셔 ᄠᅦ틴디라:絕(仁祖行狀26).

·ᄠᅦ·혀·다 동 떼다. ☞ᄠᅦ다. ᄯᅧ혀다 ¶말ᄋᆞᆯ 올히 너기샤 터리 ᄠᅦ혀 주시고 손토볼 ᄯᅩ 주시니(月印上33).

ᄠᅦᆺ·다 동 떠 있다. ㉮ᄠᅳ다 ¶두려운 蓮은 효근 니피 ᄠᅦᆺ고:圓荷浮小葉(初杜解7:5). 그듸ᄅᆞᆯ 對ᄒᆞ야셔 이 뷘 ᄇᆡ ᄠᅦᆺᄂᆞᆫ가 疑心ᄒᆞ노라:對君疑是泛虛舟(杜解9:12). 내조친 나그내ᄂᆞᆫ ᄒᆞᆫ ᄠᅦᆺᄂᆞᆫ 말왐 ᄀᆞᆮ도다:逐客一浮萍(初杜解21:40).

ᄠᅩ 부 또. ☞ᄯᅩ ¶ᄠᅩ 消愁解悶홀만 ᄀᆞᆺ지 못ᄒᆞ니(朴新解1:2).

·ᄠᅩ·로 부 따로. ☞ᄯᅩ로 ¶卓ᄋᆞᆫ ᄠᅩ로 난 양이라(圓覺序2). 번드기 ᄠᅩ로 ᄇᆞᆯᄀᆞᆫ 얼굴(牧

牛訣5). ᄯᅩ로 ᄧᅡᆨ 업스니:絶無倫(金三3:44). 네 ᄯᅩ로 ᄒᆞᆫ 사발 밥을 담고:你另盛一椀飯(老解上38). ᄯᅩ로 ᄢᅥ디미 업게 ᄒᆞ리라:外沒欠少(老解下15).
※ᄠᅩ로(ᄯᅩ로)>따로

ᄯᅩ야기 명 뙈기. ☞ᄯᅬ야기 ¶몸이 ᄆᆞᆺ도록 받ᄀᆞ올 ᄉᆞ양ᄒᆞ야도 ᄒᆞᆫ ᄯᅩ야기ᄅᆞᆯ 일티 아니ᄒᆞᄂᆞ니라:終身讓畔不失一段(宣小5:83).

ᄯᅩᄒᆞᆫ 부 또한. ¶부모의 욕되오미 ᄯᅩᄒᆞᆫ 극ᄒᆞᆫ 디라(百行源18).

ᄠᆞᆷ 동 땀〔摘〕. ㉠ᄠᆞ다 ¶소ᄂᆞ로 菊花ᄅᆞᆯ 깃ᄀᆞ새 ᄠᆞ몰 兼ᄒᆞ노라:手兼菊花路傍摘(初杜解17:33).

ᄯᅬ 명 잔디. ☞ᄯᅱ. ᄲᅬ ¶계절의 ᄯᅬ 위ᄒᆞ야 나디 아니ᄒᆞ고:階莎爲之不生(東新續三綱. 孝1:66).

ᄯᅬ·오·다 동 튀기다. ☞ᄲᅬ오다 ¶죠고매 부픈 거시 조ᄡᆞᆯ 낫 ᄀᆞᄐᆞ니 인ᄂᆞ니 즉제 침그트로 ᄯᅬ와 업시 ᄒᆞ야:有小泡子如粟米狀便以鍼挑(胎要69).

ᄯᅱᆺ덩이 명 뗏덩이. 뗏장. ¶ᄯᅱᆺ덩이:草坯子(譯解補6).

ᄠᅮ러지다 동 뚫어지다. ☞ᄯᅮ러지다 ¶달하ᄠᅮ러지다:磨透(譯解補56).

·ᄠᅮ리·니 동 뜨리니. ㉠ᄠᅳ다 ¶누늘 ᄠᅮ리니:開眼(蒙法24).

ᄠᅮ여나다 형 뛰어나다. ☞ᄠᅱ여나다 ¶ᄠᅮ여날 됴:超(類合下5).

ᄠᅮ여들다 동 뛰어들다. ☞ᄠᅱ여들다 ¶승간이 블 가온대 ᄠᅮ여드러:承幹投入烈焰中(東新續三綱. 孝5:11).

ᄠᅮᆨ삼 명 ①어저귀. ¶ᄠᅮᆨ삼:檾麻(四解下63 檾字註).
②수삼〔枲〕. 삼의 수포기. ☞ᄯᅮᆨ삼 ¶삼과 ᄠᅮᆨ삼을 잡들며 실과 고티를 다ᄉᆞ리며:執麻枲治絲繭(宣小1:7).

ᄠᅮᆯ다 동 뚫다. ☞ᄠᅮᇙ다 ¶굼글 ᄠᅮᆯ고(煮硝方5). 이 노픈 곳의 흙을 ᄠᅮᆯ고:這高處鑽些土(朴解下5). 가슴에 궁글 둥시러케 ᄠᅮᆯ고 왼숫기를 눈 길게 ᄭᅩ와(古時調. 靑丘).

ᄠᅮᇙ다 동 뚫다. ☞ᄠᅮᆯ다. ᄠᅮᇙ다 ¶ᄠᅮᇙ다:鑽開(譯解補45).

·ᄠᅳᆷ 동 (눈을) 뜸. ㉠ᄠᅳ다 ¶눈 ᄀᆞᄆᆞ며 ᄠᅳ메 다 ᄇᆞᆰ게 호미(月釋8:6). 正ᄒᆞᆫ 눈 ᄠᅳ미 갓가ᄫᆞ리라:正眼開近矣(蒙法43).

·ᄠᅳᆷ 동 (사이가) 뜸. ㉠ᄠᅳ다 ¶平則門이 이 廣豐倉의셔 ᄉᆞ이 ᄠᅳ미:平則門離這廣豐倉(飜朴上11).

ᄠᅳᇰ긔다 동 뚱기다. ¶만일의 굴헝의 ᄲᅡ딤을 만나든 힘ᄡᅥ ᄠᅳᇰ긔여 내고(練兵2).

·ᄠᅴ 명 띠. ☞ᄯᅴ. ᄲᅴ ¶지블 ᄠᅴ로 니시고(宣賜內訓2下72). 힌 ᄠᅴ로 니유니:蔭白茅(杜解7:1). ᄠᅴ 뷔오 집 지ᅀᅥ 사ᄂᆞᆫ 늘근 한아비ᄅᆞᆯ 와 묻ᄂᆞ다:誅茅問老翁(初杜解8:61). ᄠᅴᄅᆞᆯ 어루 뷔욜디로다:茅可誅(杜解9:30). ᄠᅴᆺ 불휘:白茅根(救簡6:25). ᄠᅴ와 ᄀᆞᆯ조차 난 ᄃᆡ:茅蕩蘆蕩(訓蒙上6 蕩字註). ᄠᅴ 모:茅(訓蒙上9. 類合上23). ᄠᅴ 지비:茅(野雲57). ᄠᅴᆺ 불휘:白茅根(東醫 湯液三 草部). 山水間 바회 아래 ᄠᅴ집을 짓노라ᄒᆞ니(古時調. 尹善道. 孤山歌帖). ※ᄠᅴ>띠

ᄠᅴᆺ곳 명 띠꽃. ¶흰 ᄠᅴᆺ곳:茅香花(東醫 湯液三 草部).

ᄠᅱ:놀·다 동 뛰놀다. ☞ᄯᅱ놀다 ¶믈 보곡 ᄠᅱ노라:見水踴躍(初杜解16:57). 힌 엿ᄋᆞᆫ ᄠᅱ놀오 누른 엿ᄋᆞᆫ 셧도다:白狐跳梁黃狐立(初杜解25:28). ᄠᅱ놀 됴:跳. ᄠᅱ놀 텩:趯(訓蒙下27). 두루 건니며 ᄠᅱ놀아:彷徨躑躅(宣小6:93). ᄒᆞ나흔 ᄠᅱ노ᄂᆞᆫ 거시여:一箇跳(朴解上38). ※ᄠᅱ놀다>뛰놀다

ᄠᅱ·다 동 뛰다. ☞ᄯᅱ다 ¶世尊ᄋᆞᆫ 智慧 三界ᄅᆞᆯ ᄠᅱ여 디나샤:世尊者智慧超過三界(金剛上8). 萬이 어름 두드리고 하ᄂᆞᆯᄭᅴ 비니 고기 네히 ᄠᅱ여 나거늘 가져와 머기니:萬叩氷祝天有四魚躍出持還以進(續三綱. 孝28). 爆은 브렛 밤 ᄠᅱᆯ 소리니(龜鑑上15). 믈 ᄠᅱᆯ 격:激(類合下60). ᄠᅱᆯ 약:躍. ᄠᅱᆯ 툐:超(光千38). 내 몬져 ᄠᅱᆯ 거시니 네 보라:我先跳你看(朴解中56).

ᄠᅱ어나다 형 뛰어나다. ☞ᄠᅱ여나다 ¶ᄠᅱ어날 됴:超(類合下5).

ᄠᅱ어들다 동 뛰어들다. ☞ᄠᅱ여들다 ¶믈에 ᄠᅱ어드러 쟛바 즘기디 마쟈:跳的河裡仰不搽(朴解中56).

ᄠᅱ·여가·다 동 뛰어가다. ¶紫鸞이 절로 ᄠᅱ여가ᄂᆞ니:紫鸞自超詣(初杜解16:2).

ᄠᅱ·여·나·다 동 뛰어나다. ☞ᄠᅱ어나다 ¶化와 無化왓 境을 ᄠᅱ여나ᄂᆞ니:出超化無化境(楞解8:139). ᄒᆞ오ᅀᅡ ᄠᅱ여나:獨跳(永嘉下41). ※ᄠᅱ어나다(ᄠᅱ여나다)>뛰어나다

ᄠᅱ·여들·다 동 뛰어들다. ☞ᄠᅮ여들다. ᄠᅱ어들다 ¶照鄰ᄋᆞᆫ 潁水에 ᄠᅱ여드러 죽고:照鄰投潁水(飜小10:11) 믄득 ᄠᅱ여들어늘 제 오라비 거녀 내니라:遽投入其兄援出(續三綱. 烈18). 곧 알피 이 믈이며 블일디라도 ᄯᅩᄒᆞᆫ 모로미 ᄠᅱ여들고:便前面是水火也須跳入(兵學1:1).

ᄠᅱ·여오ᄅᆞ·다 동 뛰어오르다. ☞ᄯᅱ여오ᄅᆞ다 ¶欲愛 ᄇᆞ리고 乾慧예 ᄠᅱ여올아도:捨欲愛超乾慧(楞解8:15).

ᄠᅱ옴 동 뜀. ☞ᄯᅱ옴 ¶동과 ᄠᅱ옴 ᄒᆞ랴 슈박 ᄠᅱ옴 ᄒᆞ랴:跳冬瓜跳西瓜(朴解中56).

ᄠᅱ우다 동 뛰게 하다. ¶함이 ᄆᆞᆯ ᄠᅱ워 크게 브ᄅᆞ고:涵躍馬大呼(東新續三綱. 孝7:29).

ᄠᅱ이삭 명 씀바귀. ¶ᄠᅱ이삭 도:荼(詩解 物名8).

ᄠᅳ기·다 동 (그네를) 뛰다. ¶萬里옛 글위 ᄠᅳ긴 習俗이 ᄒᆞᆫ가지로다:萬里鞦韆習俗同(初杜解11:15).

·**ᄠᅳ·다** 동 뜨다. 썩다. ¶물 ᄠᅳᄂᆞ니:鬱(救急下61). 곰 ᄠᅳᆫ 고기와 저즌 脯肉:鬱肉濕脯(救急下61). ᄠᅳᆯ 부:烰(訓蒙下12). ※ᄠᅳ다>뜨다

·**ᄠᅳ·다** 동 (사이가) 뜨다. ¶平則門이 이 廣豐倉의셔 ᄉᆞ이 ᄠᅳ미 ᅀᅵ십 릿 ᄯᅡ히니:平則門離這廣豐倉二十里地(飜朴上11). 두 손ᄋᆞ로 옷ᄉᆞᆯ 잡아 옷기슭기 ᄒᆞᆫ 자만 ᄠᅳ게 ᄒᆞ며:兩手摳衣去齊尺(宣小2:59). 閣애셔 ᄠᅳᆷ이 언메나 머뇨:離閣有多少近遠(老解上43). 예셔 잣 ᄠᅳᆷ이 五里ㅅ길히 이시니:這裏離城有的五里路(老解上59). 서ᄅᆞ ᄠᅳ기ᄅᆞᆯ 수십 보 맛갑 ᄒᆞ라:相去數十步(練兵22).

·**ᄠᅳ·다** 동 (눈을) 뜨다. ¶盲龍이 눈 ᄠᅳ고(月印上24). 눈 ᄠᅥ 合掌ᄒᆞ야(月釋7:58). 눈 ᄀᆞᄆᆞ며 ᄠᅳ메(月釋8:6). 누늘 ᄠᅳ거나 ᄀᆞᆷ거나 ᄒᆞ야(月釋8:8). 눈 ᄠᅥ 볼 ᄃᆡ 보ᄆᆡ:開眼見明(楞解1:59). 누늘 ᄠᅳ리니:開眼(蒙法24). 點眼ᄋᆞᆫ 스스이 弟子ᄋᆡ 누늘 ᄠᅳ긔 ᄒᆞᆯ 시라(金三2:59). 百草ㅅ 머리 우희 누늘 ᄠᅳᆯ디어다(金三4:10). 즈믄 누늘 모로기 ᄠᅥ도:千眼頓開(南明上59). ※ᄠᅳ다>뜨다

·**ᄠᅳ·다** 동 뜨다〔浮〕. ¶眼根ᄋᆞᆫ 밧긔 ᄠᅥ:眼根外浮(楞解1:47). ᄠᅳᆫ ᄆᆞᅀᆞ미:浮心(楞解1:62). ᄠᅳ며 ᄲᅥ듀믈:漂溺(楞解2:31). ᄠᅳ며 ᄃᆞᆷ기리로소니:滔溺(楞解3:79). 수이 ᄃᆞᆷ고 ᄠᅳ미 어려우니:易沈難浮(法華2:163). 如來ㅅ 大圓覺海예 ᄠᅳ려 ᄒᆞᆯ딘댄:欲汎如來大圓覺海(圓覺下一之一52). 相對ᄒᆞ야 ᄌᆞᄆᆞ락 ᄠᅳ락 ᄒᆞᄂᆞ다:對沈浮(初杜解7:2). 효근 니피 ᄠᅥᆺ고:浮小葉(杜解7:5). 이 모미 ᄠᅳᆫ 구룸 ᄀᆞᆮ거니:是身如浮雲(杜解9:17). 돐 수픐 서리예 氣運이 노ᄑᆡ ᄠᅥᆺ도다:石林氣高浮(杜解17:1). ᄠᅳᆯ 범:泛(類合下50). ᄠᅥ갈 표:漂(類合下54). ᄠᅳᆯ 부:浮(類合下62. 石千18). 相對ᄒᆞ여 ᄌᆞᄆᆞ랑 ᄠᅳ랑 ᄒᆞᄂᆞ다(重杜解7:2). ※ᄠᅳ다>뜨다

ᄠᅳ다 동 뜨다. 전체에서 일부를 떼어내다. ¶진이 어롬을 ᄠᅳ고 믈의 드러:辰剖氷入水(東新續三綱. 孝1:90).

ᄠᅳ다 동 뜸을 뜨다. ☞ᄯᅳ다 ¶ᄠᅳᆷ ᄠᅳ다:灸了(譯解上63).

ᄠᅳ다 형 뜨다. 느리다. ☞ᄯᅳ다 ¶ᄠᅳᆫ 나괴:懶驢(譯解下31). 말 ᄠᅳ다:嘴遲鈍(譯解補25).

ᄠᅳ다 형 다르다. ☞ᄯᅳ다 ¶네 몸 큰 사ᄅᆞᆷ은 ᄒᆞᆫ 발도 ᄂᆞᆷ과 견조면 만히 ᄠᅳ리라:你身材大的人一托比別人爭多(老解下26). 우리 이제로브터 已後ㅣ야 므슴 一母所生親弟兄에셔 ᄠᅳ리오:咱從今已後爭甚麼一母所生親弟兄(朴解上63).

ᄠᅳ듣다 동 듣다〔滴〕. 떨어지다. ☞ᄠᅳᆮ듣다 ¶籠竹이 니ᄅᆞᆯ 섯거시니 이스리 ᄠᅳ듣ᄂᆞᆫ 가지로다:籠竹和烟滴露梢(重杜解7:1).

ᄠᅳ로ᄃᆡ 동 뚫되. ㉮ᄠᅳᆯ다 ☞듧다. ᄠᅳᆲ다 ¶도적기 칼로ᄡᅥ 그 두 눈을 ᄠᅳ로ᄃᆡ 오히려 도적을 ᄭᅮ짓고 굴티 아니ᄒᆞᆫ대:賊以刃穿其兩眼猶罵賊不屈(東新續三綱. 烈3:64).

ᄠᅳ리 명 수두(水痘). ☞ᄣᅳ리 ¶ᄀᆞ장 녜ᄂᆞᆫ 힝역 ᄠᅳ리 업더니:太古無痘疹(痘要上1). 샤긔 서르 모다 힝역과 ᄠᅳ리 되ᄂᆞ니라:邪氣相薄而成痘疹也(痘要上2). 허믈 ᄠᅳ리:水痘(譯解補34).

ᄠᅳ믈 명 뜨물. ☞ᄯᅳ믈 ¶ᄊᆞᆯ 두 냥과 ᄠᅳ물 ᄒᆞᆫ 되애(馬解下19). ᄠᅳ믈:泔水(譯解補31).

·**ᄠᅳᆮ** 명 뜻. 생각. 의사(意思). ☞ᄠᅳᆺ. ᄯᅳᆮ ¶하ᄂᆞᆳ ᄠᅳ디시니:實維天心(龍歌4章). 兄ㄱ ᄠᅳ디 일어시ᄂᆞᆯ:兄讓旣遂(龍歌8章). 先考ㆆ ᄠᅳᆮ 몯 일우시니:莫遂考心. 平生ㄱ ᄠᅳᆮ 몯 일우시니:莫遂素志(龍歌12章). ᄂᆞᄆᆡ ᄠᅳᆮ 다ᄅᆞ거늘:他則意異. 앗ᄋᆞᆫ ᄠᅳᆮ 다ᄅᆞ거늘:弟則意異(龍歌24章). 하ᄂᆞᆳ ᄠᅳ들 뉘 모ᄅᆞᅀᆞᄫᆞ리:維天之意孰不之知(龍歌86章). 善慧ㅅ ᄠᅳᆮ 아ᅀᆞᄫᅡ(月印上3). 序ᄂᆞᆫ 글 ᄆᆡᆼᄀᆞ론 ᄠᅳ들 子細히 ᄡᅥ 後ㅅ사ᄅᆞᄆᆞᆯ 알의 ᄒᆞᄂᆞᆫ 거시라(釋譜序1). 世間앳 ᄠᅳ들 그치고(釋譜6:2). 儭ᄋᆞᆫ ᄎᆞᄆᆞᆯ 씨니 내 罪ᄅᆞᆯ ᄎᆞ마 ᄇᆞ리쇼셔 ᄒᆞ논 ᄠᅳ디오(釋譜6:9). 太子ㅅ ᄠᅳᆮ다히 호리니이다(釋譜11:20). 네 ᄠᅳ덴 엇데 너기ᄂᆞᆫ다(釋譜19:34). 情은 ᄠᅳ디라(訓註2). 正覺ᄋᆞᆯ 일우시다 ᄒᆞ논 ᄠᅳ디라(月釋1:51). 녯 ᄠᅳ들 고티라 ᄒᆞ시니(月釋2:48). ᄠᅳᆮ다ᄫᅵ 일우고(月釋1:150). 샹녜 어루 ᄠᅳᆮ다이 ᄒᆞ야:常可如意(法華4:39). 靈利ᄒᆞᆫ 사ᄅᆞᄆᆞᆫ ᄯᅩ 니ᄅᆞ라 趙州ㅅ ᄠᅳ든 엇더ᄒᆞ뇨:靈利漢且道趙州意作麼生(蒙法56). 趙州ㅅ ᄠᅳ든 果然 그러ᄒᆞ도소니야:趙州意果如是(蒙法57). ᄠᅳᆮ 뒷ᄂᆞᆫ 사ᄅᆞᄆᆞᆫ:有志之士(蒙法68). ᄠᅳᆮ곳 속절업시 잇도다:意空存(初杜解8:65). 使君의 ᄠᅳᆮ과 氣運괘 하ᄂᆞᆯᄒᆞᆯ 凌犯ᄒᆞ리로소니:使君意氣凌青霄(杜解10:1). 對ᄒᆞ야 나토미 分明ᄒᆞᆫ ᄠᅳ드로 볼뎬(南明上1). ᄠᅳᆮ 졍:情. ᄠᅳᆮ 지:志. ᄠᅳᆮ 의:意(訓蒙上29). ᄠᅳᆮ 지:旨(訓蒙上35). ᄠᅳᆮ 의:意. ᄠᅳᆮ 졍:情(類合下1). ᄠᅳᆮ ᄉᆞ:思(類合下11). ᄠᅳᆮ 졍:情. ᄠᅳᆮ 지:志(石千17). 詩ᄂᆞᆫ ᄠᅳᆮ을 닐은 거시오:詩言志(宣小1:10). ᄠᅳᆮ을 셩실히 홈으로:誠意(宣小6:17). 아바님이 만일 ᄠᅳ들 아ᅀᆞ시면:父若奪志(東新續三綱. 烈1:42). ᄠᅳᆮ:意思(同文解上21). 아ᄋᆡ온 ᄠᅳᆮ에 혼잔 말숨 ᄒᆡ온 마리(曺友仁. 自悼詞). 江干애 누어셔 江水 보ᄂᆞᆫ ᄠᅳ든(權好文. 松岩遺稿). ※ᄠᅳᆮ>뜻

ᄠᅳᆮᄀᆞ장 부 마음껏. 멋대로. ☞ᄠᅳᆮ. -ᄀᆞ장 ¶ᄠᅳᆮᄀᆞ장 ᄀᆞᄅᆞᆷ 하ᄂᆞᆯᄒᆞᆯ 向ᄒᆞ노라:恣意向江天(杜

解10:13).

·ᄠᅳᆮ·다 동 뜯다. ¶履謙이 조쳐 ᄆᆡ야 두고 ᄠᅳ드니:並履謙縛剮之(三綱. 忠13 顔袁). 됴ᄒᆞᆫ 菜蔬ᄅᆞᆯ ᄠᅳ더:摘嘉蔬(杜解20:51). ᄠᅳ들 섬:撊 俗稱撊毛 털 ᄠᅳᆮ다 又 귀모 ᄠᅳᆮ다(訓蒙下12). ᄉᆞᆯ ᄠᅳ더 죽이다:剮了(譯解上67). 콩밧틔 드러 콩닙 ᄠᅳ더 먹ᄂᆞᆫ 감은 암쇼(古時調. 青丘).

·ᄠᅳᆮ드·러 동 떨어져. ㉠ᄠᅳᆮ듣다 ¶玉 ᄀᆞᄐᆞᆫ 이스레 싣나못 수프리 ᄠᅳᆮ드러 ᄒᆡ야디니:玉露凋傷楓樹林(初杜解10:33).

·ᄠᅳᆮ듣ᄂᆞᆫ 동 듣는〔滴〕. ㉠ᄠᅳᆮ듣다 ¶籠竹이 ᄂᆡ를 섯거시니 이스리 ᄠᅳᆮ듣ᄂᆞᆫ 가지로다:籠竹和烟滴露梢(初杜解7:1). ※ᄠᅳᆮ듣ᄂᆞᆫ<ᄠᅳᆮ듣ᄂᆞᆫ

·ᄠᅳᆮ:듣·다 동 듣다〔滴〕. 떨어지다. ☞ᄠᅳ듣다. ᄠᅳᆺ듣다. ᄯᅳᆺᄯᅳᆺ다 ¶ᄒᆞᆰ ᄇᆞᆯ론 거시 허러 ᄠᅳᆮ드르며:泥塗阤落(法華2:104). 눈이 어즐ᄒᆞ니 雜花ㅣ ᄠᅳᆮ듣고:目眩隕雜花(重杜解1:32). 이스리 모매 ᄠᅳᆮ듣ᄂᆞᆺ다:露滴身(杜解3:43). 이스리 ᄠᅳᆮ듣ᄂᆞᆫ 가지로다:滴露梢(初杜解7:1). 玉 ᄀᆞᄐᆞᆫ 이스레 싣나못 수프리 ᄠᅳᆮ드러 ᄒᆡ야디니:玉露凋傷楓樹林(初杜解10:33). 블근 ᄯᆞ미 ᄠᅳᆮ듣고:朱汗落(杜解13:36). 하ᄂᆞᆯ히 더우니 ᄠᅳᆮ듣ᄂᆞᆫ 쇠로기ᄅᆞᆯ 전노라:天炎畏跕鳶(初杜解23:14). ᄠᅳᆮ드를 령:零(訓蒙下5). ᄠᅳᆮ드를 됴:彫(光千33).
※'ᄠᅳᆮ듣다'의 활용 ⌈ᄠᅳᆮ듣고/ᄠᅳᆮ듣ᄂᆞᆫ… ⌊ᄠᅳᆮ드러/ᄠᅳᆮ들이다…

·ᄠᅳᆮ들·이·다 동 ①떨어뜨리다. ¶눈므를 ᄠᅳᆮ들이노라:涕泣零(初杜解8:32). 암도틔 ᄭᅩ릿 그틀 버혀 피 내야 이베 ᄠᅳᆮ들이면 즉재 나리라:割母猪尾頭瀝血着口中卽出(救簡6:49). 눈믈을 ᄀᆞᄋᆞᆯ ᄇᆞᄅᆞ매 ᄠᅳᆮ들이노라:涕淚落秋風(重杜解11:9).
②빠뜨리다. 거르다. ¶워리를 현 분식ᄒᆞ야 ᄃᆞᆯ조초 보내요ᄃᆡ ᄠᅳᆮ들이디 아니ᄒᆞ고:月利幾分按月送納不致拖欠(飜朴上61).

·ᄠᅳᆮᄒᆞ·다 동 뜻하다. ¶涉入호ᄆᆞ로 ᄠᅳᆮᄒᆞ니(月釋2:21之2). 陰ᄋᆞᆫ ᄀᆞ리두푸ᄆᆞ로 ᄠᅳᆮᄒᆞ니:陰以蔽覆爲義(楞解9:51). 伊尹의 ᄠᅳᆮᄒᆞ던 바를 ᄠᅳᆮᄒᆞ며:志伊尹之所志(宣小5:84).

·ᄠᅳᆯ 명 뜰. ☞뜰 ¶白象이 ᄠᅳᆯ헤 와 벌며(月釋2:31). 王宮의 와 ᄠᅳᆯ헤 드러(月釋8:90). 宮掖ᄋᆞᆫ 王ㅅ 안ᄠᅳᆯ히라:宮掖王之內庭也(楞解1:31). 漢ㅅ ᄠᅳᆯ호로셔 온 거시라:漢庭來(初杜解7:34). ᄠᅳᆯ 알ᄑᆡ 모딘 버미 누엣거ᄂᆞᆯ:庭前猛虎臥(初杜解9:18). 門과 ᄠᅳᆯ왜 ᄒᆞ야디놋다:戶庭毁(初杜解16:66). 거츤 ᄠᅳᆯ헷 봆플 비치:荒庭春草色(初杜解21:4). 다ᄅᆞᆫ ᄠᅳᆯ흘 向ᄒᆞ야 가 뵈ᅀᆞᆸ고:向殊庭謁(初杜解22:17). ᄉᆡ미 ᄠᅳᆯ와 門戶애 잇고:泉源在庭戶(初杜解25:39). 오래 ᄠᅳᆯ ᄡᅳ서르믈 게을이 호미오(呂約9). ᄠᅳᆯ 디:墀(訓蒙中6). ᄠᅳᆯ 뎡:庭(訓蒙中6. 石千27). ᄠᅳᆯ 뎡:庭(類合上23). ᄠᅳᆯ 가온대 닥쥬어려:啄啄庭中(宣小6:93). ᄠᅳᆯ히 뷘 ᄃᆡ 여슷 ᄆᆞ리 드러오니:庭空六馬入(重杜解5:48). 버려 너븐 ᄠᅳᆯ헤 비취엿도다:羅列照廣庭(重杜解5:48). 거츤 ᄠᅳᆯ헤 橘柚ㅣ 드리엣고:荒庭垂橘柚(重杜解6:26). ᄠᅳᆯ:院落(譯解上18). ᄠᅳᆯ ᄀᆞ의 ᄆᆡ화ᄂᆞᆫ 몃 붕이 퓌연ᄂᆞᆫ고(曺友仁. 自悼詞).
※ᄠᅳᆯ>뜰
※'ᄠᅳᆯ'의 첨용 ⌈ᄠᅳᆯ ⌊ᄠᅳᆯ헤/ᄠᅳᆯ히라/ᄠᅳᆯ호로셔…

ᄠᅮᆯ다 동 뚫다. ☞ᄠᅮᆲ다 ¶도적기 칼로ᄡᅥ 그 두 눈을 ᄠᅮ로ᄃᆡ:賊以刃穿其兩眼(東新續三綱. 烈3:64).

ᄠᅳᆯ헤 명 뜰에. 〔ㅎ첨용어 'ᄠᅳᆯ'의 부사격(副詞格).〕 독ᄠᅳᆯ ¶버려 너븐 ᄠᅳᆯ헤 비취엿도다:羅列照廣庭(重杜解5:48). 거츤 ᄠᅳᆯ헤 橘柚ㅣ 드리엣고:荒庭垂橘柚(重杜解6:26).

ᄠᅳᆯ히 명 뜰이. 〔ㅎ 첨용어 'ᄠᅳᆯ'의 주격(主格).〕 독ᄠᅳᆯ ¶ᄠᅳᆯ히 뷘 ᄃᆡ 여슷 ᄆᆞ리 드러오니:庭空六馬入(重杜解5:48).

·ᄠᅳᆯ흘 명 뜰을. 〔ㅎ 첨용어 'ᄠᅳᆯ'의 목적격(目的格)〕. 독ᄠᅳᆯ ¶ᄀᆞᆯ와 다ᄅᆞᆫ ᄠᅳᆯ흘 向ᄒᆞ야 가 뵈ᅀᆞᆸ고:並向殊庭謁(初杜解22:17).

:ᄠᅮᆲ·다 동 뚫다. ☞ᄢᅮᆯ다. ᄯᅮᆲ다. ᄠᅮᆯ다 ¶ᄇᆡ ᄒᆞᆫ 나ᄎᆞᆯ 쉰 굼글 ᄠᅮᆲ고 구무마다 고쵸 ᄒᆞᆫ 낫곰 녀코:梨一顆刺作五十孔每孔內椒一粒(救簡2:12).

ᄠᅳᆷ 명 뜸〔灸〕. ☞ᄯᅳᆷ ¶약도 먹고 ᄠᅳᆷ도 ᄒᆞ여 이제ᄂᆞᆫ 됴화ᄉᆞᆸᄂᆡ이다(新語2:18).

ᄠᅳᆺ 명 뜻. 의사(意思). 생각. ☞ᄠᅳᆮ. ᄯᅳᆺ ¶열다ᄉᆞ새 男兒ᄋᆡ ᄠᅳᆺ과:十五男兒志(重杜解8:50). 큰형이 곳 이런 듕ᄒᆞᆫ ᄠᅳᆺ으로:大哥便這般重意(老解上37). ᄯᅩ 弟兄의 ᄠᅳᆺ이 이시려니ᄯᆞ녀:却有弟兄之意(朴解上24). 정신과 ᄠᅳᆺ을 뎡티 못ᄒᆞ며:神志不定(臘藥1).

ᄠᅳᆺ드ᄂᆞ니 동 떨어지느니. ㉠ᄠᅳᆺ듣다 ¶東風細雨의 ᄠᅳᆺ드ᄂᆞ니 桃花ㅣ로다(古時調. 琵琶를. 珍本青丘).

ᄠᅳᆺ드롬 동 떨어짐. ㉠ᄠᅳᆺ듣다 ¶重重인 이스른 젹젹 ᄠᅳᆺ드로미 이렛고:重露成涓滴(重杜解11:48).

ᄠᅳᆺ드르며 동 떨어지며. ㉠ᄠᅳᆺ듣다 ¶대쵸 볼 블근 골에 밤은 어이 ᄠᅳᆺ드르며(古時調. 青丘).

ᄠᅳᆺ듣다 동 떨어지다. ☞ᄠᅳᆮ듣다 ¶重重인 이스른 젹젹 ᄠᅳᆺ드로미 이렛고:重露成涓滴(重杜解11:48). 대쵸 볼 블근 골에 밤은 어이 ᄠᅳᆺ드르며(古時調. 青丘).

ᄠᅴ놀리다 동 뛰놀게 하다. ☞ᄠᅱ놀다. ᄯᅱ놀다 ¶나 ᄃᆞ린 져믄 것ᄃᆞᆯ흘 ᄠᅴ놀려 뵈ᅌᆸ고져 ᄒᆞᄂᆡᆼ이다(新語6:6).

ᄠᅴ·다 동 띄우다. ☞ᄯᅴ다 ¶큰 므레 ᄠᅴ요ᄆᆞᆫ:

大水所漂(楞解6:26). ᄒᆞ다가 큰 므릐 띄유미 ᄃᆞ외야도:若爲大水所漂(法華7:50). 그믈 시러 흘리띄여 더더 두고(古時調. 江湖에. 靑丘).

띄여들다 동 뛰어들다. ☞뛰여들다 ¶블에 띄여드러 죽으니라:投火而死(東新續三綱. 忠1:16).

띄·오·다 동 띄우다. ☞띄우다 ¶므레 띄오고 그 우희 올아 안자(月釋8:99). 涪江애 술 醉코 ᄇᆡ를 띄오놋다:涪江醉泛船(杜解8:60). 곧 仙槎를 띄오고져 ᄒᆞ노라:直欲泛仙槎(重杜解2:30).

띄·우·다 동 띄우다. 물에나 공중에 뜨게 하다. ☞띄오다. 쁴우다 ¶므릐 能히 띄우디 몯ᄒᆞ야(月釋18:56). 能히 ᄉᆞᆯ며 띄우디 몯ᄒᆞ리니:不能焚漂(法華6:177). ᄆᆞᆯᄀᆞᆫ 모새 可히 ᄇᆡ를 띄워 놀리로다:淸池可方舟(重杜解1:14). 바ᄅᆞ래 띄울 ᄇᆡ를 ᄒᆞ마 ᄆᆡᆼᄀᆞ로롸:已具浮海航(重杜解2:38). 蹉跎히 長常 ᄇᆡ를 띄우고:蹉跎長汎鷁(杜解3:20). 滄浪애 ᄇᆡ 띄우믈 兼ᄒᆞ야:兼泛滄浪(杜解16:13). 드레를 드러 믈 우희 띄워:將洒子提起來離水面(飜老上35). ᄇᆡ예 두어 믈의 띄우고:置舡泛河(東三綱. 烈1). 믈 우희 띄워 배텨 구르텨:離水面擺動倒(老解上32).
※띄우다>띄우다

띄우·다 동 띄우다. ¶ᄀᆞᄉᆞ로 ᄒᆞᆫ 염굣닙 너비만 띄워:離甲一韭葉許(救簡1:77).

띄·우·다 동 띄우다. 물건에 훈김이 생겨서 뜨게 하다. 뜸들이다. ¶띄울 류:餾(訓蒙下12). ※띄우다>띄우다

띄워ᄒᆞ다 동 떠나게 하다. ¶네 길흘 띄워ᄒᆞ고:你離路兒着(老解上34).

·삐 명 바퀴. 수레바퀴. ☞ᄡᅵ ¶輪은 술위삐니(月釋序4). 輪廻ᄂᆞᆫ 술윗삐 횟돌 씨니(月釋1:12). 술윗삐 구우룸 ᄀᆞᆮ호ᄆᆞᆯ(圓覺上二之三20). 술위 두 삐 ᄀᆞᆺ고(修行章20).

·삐·다 동 찌다. ☞찌다. ᄶᅵ다 ¶몰애 삐ᄂᆞᆫ 迷惑ᄒᆞᆫ 소니며:蒸砂迷客(楞解1:3). 우흐로 삘씨:上蒸(楞解4:18). 몰애를 삐 밥 ᄆᆡᆼᄀᆞᆯ오져 ᄃᆞᆺᄒᆞ니:如蒸沙石欲其成飯(楞解6:89). 몰애 삐 밥 지솜 ᄀᆞᆮᄒᆞ야(牧牛訣3). 거상ᄒᆞ야셔 삔 도틀 먹더니:居喪食蒸豚(宣賜內訓1:68). ᄯᅡ히 삐ᄂᆞᆫ ᄃᆞᆺᄒᆞ니:地蒸(重杜解1:48). ᄯᅡ히 삐ᄂᆞᆫ ᄃᆞᆺᄒᆞ니 헌 부체 나맛고:地蒸餘破扇(杜解3:6). 묏 지븨 삔바미 덥고:山家蒸栗暖(杜解7:18). ᄒᆡ ᄆᆞᆺᄃᆞ록 더위 삐ᄂᆞᆫ ᄃᆞᆺ호미 업도다:畢景遺炎蒸(杜解22:26). 惑 日이 어즈러이 삐:惑日煩蒸(金三5:45). 몰애 삐 밥 삼고져 ᄇᆞ라오미:蒸沙望充食(南明下20). 아홉 번 삐(救簡6:86). ᄉᆡᆼ션 삐니와:蒸鮮魚(飜朴上5). 삘 증:蒸(訓蒙下8. 石千37). 아ᄉᆡ 삘 분:饙(訓蒙下12). 삘 증:蒸(類合上30). 阮籍이 居喪애 삔 돋틀 먹더니:阮籍居喪食蒸豚(宣小5:48). 처엄 병ᄒᆞᆫ 사ᄅᆞᄆᆡ 오ᄉᆞᆯ 조히 ᄲᆡ라 실릐 삐면 뎐염티 아니ᄒᆞᄂᆞ니라:即初病人衣服浣洗令淨飯甑中蒸之卽無傳染之患(簡辟3).
※삐다>찌다>찌다

삐르다 동 찌르다. ☞삐ᄅᆞ다. ᄶᅵ르다 ¶손가락글 삘러 피 내여 약긔 ᄲᅡ 써 나오다:刺指出血和藥以進(東新續三綱. 孝6:26). ᄭᅳ어 내여 삘러 주기니라:曳出刺殺(東新續三綱. 忠1:75).

삐ᄅᆞ다 동 찌르다. ☞삐르다. ᄶᅵ르다 ¶도적을 만나 그 어미를 삐ᄅᆞ거ᄂᆞᆯ:遇賊刺其母(東新續三綱. 孝8:7).

삐통 명 비녀장. ¶삐통 할:轄(類合下25).

삑다 동 찍다. ☞딕다. ᄧᅵᆨ다 ¶영의 군ᄉᆡ 술위 가온대셔 쇼를 잡아 내여 삑으니:帝兵人引紹於轅中斫之(五倫2:23).

·삔:밤 명 찐밤. ¶묏 지븨 삔바미 덥고:山家蒸栗暖(初杜解7:18).

삘러 동 찔러. ㉠삐르다 ¶ᄭᅳ어내여 삘러 주기니라:曳出刺殺(東新續三綱. 忠1:75).

삘리다 동 찔리다. ☞찔리다 ¶버으리왓고 좃디 아니호매 창의 삘리여 주그니라:拒而不從觸刀鎗而死(東新續三綱. 烈5:37).

ᄠᅡ노다 동 따르다. ☞ᄯᆞ로다 ¶도적이 나ᄂᆞᆯ 보고 반ᄃᆞ시 ᄯᅡ놀디니:賊見子必追之(東新續三綱. 孝6:60).

ᄠᆞ·다 동 따다〔摘〕. ☞ᄯᆞ다 ¶여르믈 다 ᄲᅡ 먹나니(月印上36). 果實 ᄲᅡ 머겨(釋譜11:26). ᄲᅩᆼ ᄠᆞᄂᆞᆫ 겨지비니(宣賜內訓2下68). 집 西ㅅ녀긧 보ᄃᆞᄅᆞ온 ᄲᅩᆼ 니픈 어루 자바 ᄠᆞ리오:舍西柔桑葉可拈(杜解10:8). 瀘戎을 디나가 荔枝 ᄠᆞ던 이ᄅᆞᆯ ᄉᆞ랑호니:憶過瀘戎摘荔枝(初杜解15:21). 블그니란 ᄇᆞᄅᆞᆷ과 서리예 여르믈 ᄠᆞ고:紅取風霜實(杜解18:3). ᄠᆞᆯ 뎍:摘(類合下46). 외ᄅᆞᆯ ᄲᅡ 지아븨 무덤에 가 울며 노코:摘苽哭奠于夫墳(東新續三綱. 烈2:13). 예 ᄠᆞ던 사ᄅᆞ미 ᄌᆞ조 다ᄅᆞᄂᆞ니:舊摘人頻異(重杜解11:28). 고티 ᄠᆞ다:摘繭(譯解下2). 宿瘤ㅣ ᄲᅩᆼ ᄠᆞᆯ ᄂᆡᄀᆞ티 ᄒᆞ거ᄂᆞᆯ:宿瘤採桑如故(重內訓2:104).

ᄠᅡ다 동 따다. 가르다. ¶도적이 발 버히고 ᄇᆡ ᄠᆞ고 가니라:賊斷足刳腹而去(東新續三綱. 烈4:1). 머리를 버히고 ᄇᆡ를 ᄠᆞ고:斷頭刳腹(東新續三綱. 烈4:60).

ᄠᆞ·다 동 타다〔彈〕. ¶가락 ᄠᆞ며 눈섭 펴ᄆᆞᆯ:彈指揚眉(金三2:11).

ᄠᆞᄃᆞ론 관 외떨어진. ¶도ᄌᆞ기 ᄠᆞᄃᆞ론 ᄆᆞᆯ 톤 군ᄉᆞ로 ᄲᅧ 나를 와 시험ᄒᆞ거든 나ᄂᆞᆫ 고요히 디킈엿고 응티 말라:賊以零騎試我我靜守不應(練兵23).

-ᄠᆞ라 조 -따라. ¶고요ᄒᆞᆫ 밤의ᄠᆞ라 ᄉᆡᆼ각ᄒᆞ

오니(百行源20).

ᄣᅧ디다 동 깨어지다. ☞ᄣᅧ디다 ¶그ᄅᆞ시 낫낫치 ᄣᅧ디고 회흙의 섯기여 먹디 못ᄒᆞ게 되니(太平1:6).

·ᄣᅡ·로 부 따로. 유다르게. ☞ᄯᅡ로 ¶特은 ᄂᆞᄆᆡ 므리예 ᄣᅡ로 다ᄅᆞᆯ 씨라(釋譜6:7). ᄒᆞ나히 ᄣᅡ로 달아(月釋2:46). ᄣᅡ로 다ᄅᆞ샤:殊絕(楞解1:42). 功德 ᄣᅡ로:功德殊(法華6:29). ᄣᅡ로 達ᄒᆞ면 本來 眞空애 마ᄌᆞ리라:特達卽合本來眞空(永嘉上64). 中間이 제 ᄣᅡ로 나니:中間自孤(永嘉上70). 이제 어버이 겨실 제 가구를 ᄣᅡ로 ᄒᆞ야 지믈을 달리ᄒᆞ며:今乃有親在而別籍異財(警民22).
※ᄣᅡ로(ᄯᅩ로)>따로

ᄣᅡ로다 동 따르다. ☞ᄣᅡ르다. ᄯᆞᆯ오다. ᄯᅡ로다 ¶ᄣᅡ로다:趲(語錄4). 초록 빗체 버리 ᄆᆡ화 ᄣᅡ로ᄂᆞᆫ 문엣 비단:草綠蜂赶梅(老解下22). 先生이 변ᄒᆞ여 老虎ㅣ 되여 ᄣᅡ로거ᄂᆞᆯ:先生變做老虎赶(朴解下24). 그제 나히 열여ᄃᆞᆲ이러니 호믜ᄅᆞᆯ 가지고 범을 ᄣᅡ로더니:時年十八持鋤逐虎(東新續三綱. 孝5:33).

ᄣᅡ르다 동 따르다. 따라가다. ☞ᄣᅡ로다. ᄯᅡ르다 ¶나아가 ᄣᅡ라 계요 二十里 ᄶᅳᆷ히 다ᄃᆞ라:往前赶到約二十里地(老解上27).

ᄣᅡ리다 동 깨뜨리다. 쪼개다. ☞ᄣᅡ리다 ¶ ᄉᆞ랑혼ᄃᆡ 녜 范增이 玉마를 ᄣᅡ려ᄇᆞ리니:憶昔范增碎玉斗(重杜解5:37). ᄣᅡ릴 셕:析(類合下59). 이예 가실이 와셔 ᄣᅡ린 거우로ᄡᅥ 드리티니 드듸여 다른 날로 언약ᄒᆞ야 녜ᄅᆞᆯ 일우니라:於是嘉實來以破鏡投之遂約異日成禮(東新續三綱. 烈1:2 薛氏貞信). 돌ᄒᆞ로 왼녁 손 세 가락글 ᄣᅡ려 피ᄅᆞᆯ 지아븨 이븨 브어:石碎左手三指注血夫口(東新續三綱. 烈5:80). 디새ᄅᆞᆯ 다가다 볼와 ᄣᅡ려시니:把瓦來都躧破了(朴解中40). 뉘 소라ᄅᆞᆯ ᄣᅡ리ᄃᆞᆫ뇨:誰碎盆來(朴解下43). 曹大ㅣ 문 앏퓌셔 소라ᄅᆞᆯ ᄣᅡ리더라:曹大就門前碎盆(朴解下43). 나모 ᄣᅡ리다:劈柴(譯解上54).
※ᄣᅡ리다<ᄣᅡ리다

·ᄣᅡᆫ 명 우수리. 끝수. 부스러기. ¶ᄯᅩ 이 ᄒᆞᆫ 가짓 뵈 ᄣᅡᆫ니 얻노라 ᄒᆞ면:又要這一等的布零截(飜老下63). 대되 一百 량이오 ᄣᅡᆫ니 닷 냥이니:共一百零五兩(老解下12). 우리 이 一百이오 ᄣᅡᆫ이 닷 냥애:我這一百零五兩(老解下16).

·ᄣᅡᆫ 관 부스러기의. ¶즈믄 ᄣᅡᆫ 거시 ᄒᆞᆫ 무들기만 ᄀᆞᆮ디 몯ᄒᆞ니:千零不如一頓(飜老下8). 일쳔 ᄣᅡᆫ 거시 ᄒᆞᆫ 무저비만 ᄀᆞᄐᆞ니 업스니라:千零不如一頓(飜朴上13).

·ᄣᅡᆫ 관 딴. 다른. ☞ᄯᅡᆫ ¶사ᄅᆞᆷ이 ᄣᅡᆫ 財物을 엇디 못ᄒᆞ면 가ᅀᆞ여디 못ᄒᆞᆫ다 ᄒᆞᄂᆞ니:人不得橫財不富(老解上29). ᄯᅩ ᄣᅡᆫ 사ᄅᆞᆷ이 아니어니ᄯᆞ녀:又不是別人(老解下6). ᄣᅡᆫ 것:另的(朴解. 單字解2).

ᄣᅡᆫ돈 명 잔돈. 우수리. ¶내게 ᄣᅡᆫ돈이 이시니:我有零錢(朴解中2).

ᄣᅡᆫ천 명 횡재(橫財). ¶사ᄅᆞ미 ᄣᅡᆫ천곳 몯 어드면 가ᅀᆞ며디 몯ᄒᆞᄂᆞ니라:人不得橫財不富(飜老上32).

ᄣᅳᆫ 부 뜯는 듯이. ☞ᄣᅳᆺ ¶ᄃᆡ고리 ᄣᅳᆫ 알프다:奪腦疼的(朴解中15).

ᄣᆞᆯ 명 딸. ☞ᄯᆞᆯ ¶云山이와 ᄣᆞᆯ와(續三綱. 孝19). 네 ᄣᆞᆯ 書房은 언제나 마치ᄂᆞᆫ다(古時調. 鄭澈. 네 집 상ᄉᆞ들흔. 青丘).

ᄣᆞᆯ기 명 딸기. ☞나모ᄣᆞᆯ기. 빨기 ¶나모ᄣᆞᆯ기:覆盆子(方藥41).

ᄣᆞᆯ오·다 동 따르다. ☞ᄣᅡ로다 ¶云山이와 ᄣᆞᆯ와 셜ᄒᆞ나ᄆᆞᆫ 거름이나 가며:與云山追至三十餘步(續三綱. 孝16). ᄣᆞᆯ올 튜:追(類合羅孫本下5). 돌ᄒᆞᆯ 더디고 블러 ᄣᆞᆯ오니 범이 드듸여 ᄇᆞ리고 가니라:投石叫逐虎遂棄去(東新續三綱. 烈2:9). 귀쳔이 낟ᄃᆞᆯ 두ᄅᆞ며 ᄣᆞᆯ오니:貴千揮鎌逐(東新續三綱. 孝6:2). 잔 잡은 이 ᄣᆞᆯ와:把盞的跟着(朴解下47). 賊人을 ᄣᆞᆯ와:追赶賊人(朴解下52). 張千이 나아와 ᄣᆞᆯ와:張千前來赶上(朴解下54). 내 안우ᄅᆞᆯ ᄣᆞᆯ와 쥬인의 가니(太平1:8). 산영ᄒᆞ기ᄅᆞᆯ 됴히 너겨 즘싱을 ᄣᆞᆯ와 우리 담안흘 범호매(太平1:29). ᄌᆞ손ᄃᆞᆯ히 창황히 집을 올마 놈의게 ᄣᆞᆯ오미 되니(太平1:31).

ᄣᅳᆺ 부 뜯는 듯이. ☞ᄣᅳᆫ ¶골치 ᄣᅳᆺ 앏포고:奪腦疼的(朴解中15).

·ᄣᅵ 명 때〔垢〕. ☞ᄣᅵ ¶ᄣᅵ 무드리라(月印上15). ᄣᅵ 무든 옷 닙고(釋譜6:27). 듣긄 ᄣᅵ 걸위디 몯ᄒᆞᆯ 씨라(月釋序8). 더러ᄫᅳᆫ ᄣᅵ 묻디 아니ᄒᆞᄂᆞ니(月釋8:11). 妄ᄒᆞᆫ ᄣᅵ:妄垢(楞解1:77). 우리 드틀 ᄣᅵ를 시스쇼셔:洗我塵垢(楞解4:76). 垢ᄂᆞᆫ ᄣᅵ라(楞解4:76). 듣글 ᄣᅵ 아ᅀᆞᆷ ᄀᆞᆮᄒᆞ야:如去塵垢(楞解9:85). 니 ᄣᅵ무더 검디 아니ᄒᆞ며(法華6:16). 罪와 ᄣᅵ왜 다 덜리라:罪垢悉除矣(金剛上5). ᄒᆞᆫ ᄣᅵ 더러움 업수미오:無諸垢染(金剛上13). ᄣᅵ 므거우며:垢重(金剛103). ᄣᅵ 지고 바래 보셔니 업도다:垢膩脚不韈(杜解1:5). ᄆᆞᅀᆞᆷ ᄣᅵ 緣이 ᄃᆞ외야:心垢爲緣(南明上15). ᄣᅵ 구:垢. ᄣᅵ 갈:圿(訓蒙下18). ᄣᅵ 류:累(光千32). ᄣᅵ 구:垢(石千38). ᄒᆞᆫ적곳 ᄣᅵ 시른 휘면 고텨 씻기 어려우리(古時調. 鄭澈. 비록. 松江). 足히 모맷 ᄣᅵ ᄃᆞ올만 ᄒᆞᄂᆞ니라:適足爲身累(重內訓1:11). 곳갈와 ᄯᅴ왜 ᄣᅵ 묻거든:冠帶垢(宣賜內訓1:50).
※ᄣᅵ>때

ᄣᅵ 명 때〔時〕. ☞ᄢᅢ ᄢᅵ. ¶도적ᄒᆞ여 갈 ᄣᅵ예:偸將去的時節(朴解上32)

ᄣᅵ·이·다 동 따게 하다. ¶아ᄒᆡ로 時節에 ᄣᅵ이노라:童兒且時摘(初杜解16:71).

뻐지·다 동 때가 끼다. 때가 묻다. ¶뻐지고 바래 보셔니 업도다:垢膩脚不襪(杜解1:5). 冠과 띄 뻐지거든 짓믈 빠 시서징이다 請ᄒᆞ며:冠帶垢和灰請漱(宣小2:7). 뻐쥬미 더으ᄂᆞ니:滋垢膩(重杜解2:13).

ㅃ 병서 쌍비읍. 한글 초성(初聲) 자모(字母)의 하나. 순음(脣音). 입술소리. ㅂ의 각자병서(各自並書). ¶ ㅂ. 脣音. 如彆字初發聲. 並書. 如步字初發聲(訓正). ㄱㄷㅂㅈㅅㆆ. 爲全淸. ㅋㅌㅍㅊㅎ. 爲次淸. ㄲㄸㅃㅉㅆㆅ. 爲全濁(訓解. 制字). 全淸並書則爲全濁. 以其全淸之聲凝則爲全濁(訓解. 制字). ㅂ는 입시울쏘리니 彆뱷字ᄍᆞᆼ 처엄 펴아나ᄂᆞᆫ 소리 ᄀᆞᄐᆞ니 ᄀᆞᆯᄫᅡ쓰면 步뽕ㆆ字ᄍᆞᆼ 처섬 펴아나ᄂᆞᆫ 소리 ᄀᆞᄐᆞ니라(訓註6). 皮삥(蒙法2). 便뼌(蒙法7). 佛뿛(蒙法11). 敗뺑(蒙法12). 煩뻔(蒙法15). 別뼗(蒙法19). 分뿐(蒙法20). 病뼝(蒙法22).

빠 명 바. 〔ㄹ 소리 뒤에서만 쓰였음.〕☞바 ¶그 ᄒᆞ디 아니홀 빠를 ᄒᆞ디 말며:無爲其所不爲(宣孟13:12). 厚홀 빠 者에 薄ᄒᆞ면:於所厚者薄(宣孟13:36).

빠내다 동 뽑아내다. 초(抄)해 내다. ¶文書 빠내다:抄文書(譯解上10).

빠이다 동 빼다. ☞빠히다 ¶몸을 빠여 어미놀 구ᄒᆞ다가 해홈을 닙고:挺身救母被害(東新續三綱. 孝8:5).

빠히다 동 빼다. ☞빠이다 ¶점복 사슬 빠히다:抽簽(譯解上64). 姜后ㅣ 빈혀롤 빠히고(女四解4:4).

빰 명 뺨. ☞쌈 ¶대개 빰 티디 말고:大家休打臉(朴解中50).

·빼 명 ①바〔所〕가. 〔'빠'+주격조사 '-ㅣ'〕 독빠 ¶行티 몯홀 빼 이시니:有所不行(宣論1:6). 恥를 쁠 빼 업스니라:無所用恥焉(宣孟13:4). 人君의 공경홀 빼 오직 하놀과 밋 祖宗 이실 ᄯᆞ름이라:人君所敬惟天暨祖宗而已(常訓10).
②바〔所〕이-. 〔'빠'+서술격조사(敍述格助辭) 어간 '-ㅣ-'〕 독빠 ¶能히 轉티 몯홀 빼니(法華3:131).

뼈 명 뼈. ¶殽ᄂᆞᆫ 골 뒤니 뼈 ᄇᆞ른 고기라(家禮10:11).

뽀롯ᄒᆞ다 형 뾰족하다. ☞쏘론ᄒᆞ다 ¶뽀롯ᄒᆞᆫ 봉:尖峰(譯解上6).

뼘 명 뼘. ¶ᄒᆞᆫ 뼘:一拃(譯解上64).

뽑다 동 뽑다. ¶鬚髥 뽑다:鑷髭子(譯解上48).

쁘리다 동 뿌리다. ☞쓰리다 ¶시ᄉᆞᆫ 믈로뻐가 廟ㅅ담의 쁘리라(家禮圖17). 비 쁘리고(新語1:12).

쁠 명 뿔. ☞쓸 ¶쇠로 뻐 쁠을 ᄆᆡᆼᄀᆞ라(家禮5:11).

삐다 동 베다. 물이 빠지다. ☞씌다 ¶縮은 술을 茅사의 브으면 삐여 신이 자신 ᄃᆞᆺ호미라(家禮10:26).

ᄈᆞ다 동 빨다. ¶옷 ᄈᆞ다:洗衣裳(譯解上47).

ᄈᆞᆯ다 동 빨다〔吸〕. ☞ᄉᆞᆯ다 ¶ᄈᆞ라 먹다:吮喫(譯解上54).

ᄈᆞᆯ리 부 빨리. ☞ᄉᆞᆯ리 ¶ᄈᆞᆯ리 모라 가 蘆子를 마그려뇨:疾驅塞蘆子(重杜解4:15).

ㅄ 병서 비읍시옷. ㅂ, ㅅ의 합용병서(合用並書). ¶ᄡᆞᆯ 가져 나오나ᄂᆞᆯ(釋譜6:14). 種ᄋᆞᆫ 씨라 혼 마리니(月釋2:2). 가ᄉᆞᆷ 닶겨 ᄣᅡ해 그우더니(月釋17:16). 迷惑ᄒᆞ고 닶가와:迷悶(楞解4:44). 뉘 엿귀롤 ᄡᅳ다 니ᄅᆞᄂᆞ뇨:誰謂荼苦(杜解8:18). 雲霞 ᄀᆞᆮᄒᆞᆫ 기ᄇᆞ로 ᄡᅥ ᄡᅳ면:藉以如霞綺(初杜解16:67). 한어버ᅀᅵ도 더싱애셔 필연 니마 삥긔오:祖宗冥冥之中亦必蹙額(正俗10).

·ᄡᅡ 동 싸〔包〕. 싸서. ㉠ᄡᆞ다 ¶白氎으로 소놀 ᄡᅡ(釋譜23:23). 잠간 粮食 ᄡᅡ 가 글 議論호리라:論文暫裹粮(杜解20:39). 죠히예 ᄡᅡ 믈저저 브레 구어:炮熟(救簡1:53).

ᄡᅡ 동 쌓아. ㉠ᄡᆞ다 ¶祿山이 北녁 雄武城을 ᄡᅡ:祿山北築雄武城(杜解4:26). 다시 內城을 ᄡᅡ(女四解4:34).

·ᄡᅡ놀 동 쌓거늘. ㉠ᄡᆞ다 ¶曹溪 四境을 다 ᄡᅡ놀:盡罩曹溪四境(六祖序16).

ᄡᅡ다 동 쌓다〔築〕. ☞ᄡᅡ타. ᄡᆞ다 ¶네 나라히 산셩을 만히 ᄡᅡ거니와(山城13).

ᄡᅡ라기눈 명 싸라기눈. ¶ᄡᅡ라기눈 션:霰(兒學上3).

·ᄡᅡ미·다 동 싸매다. ¶브어븻 더운 지롤 헌 디 ᄢᅵ코 기브로 ᄡᅡ미라:方取竈中熱灰以粉瘡中帛裹繫之(救急下68). 블근 ᄑᆞᆺ출 초애 ᄆᆞ라 ᄇᆞ른 후에 박 니프로 ᄡᅡ미라:赤小豆和醋塗後以瓢葉裹之(救簡6:22). 두로 ᄡᅡ미여 비변ᄉᆞ의 구류ᄒᆞ여 둣다가(癸丑27).

·ᄡᅡ·아 동 싸아〔包〕. ☞ᄡᆞ다 ¶糧食과 쳔량올 ᄡᅡ아 주고(三綱. 烈10). 니브레 ᄡᅡ아(三綱. 忠27).

ᄡᅡ음 명 싸움. ¶ᄡᅡ음 젼:戰. ᄡᅡ음 투:鬪(兒學下12).

ᄡᅡ타 동 쌓다. ☞ᄡᅡ다. ᄡᆞ다. 사타. 싸타 ¶길게 ᄡᅡ흔 것:長垛(漢淸10:15). 만죵 곡식을 ᄡᅡ흐며:積粟萬鍾(五倫1:4). ᄡᅡ을 적:積. ᄡᅡ을 누:纍(兒學下13).

ᄡᅡ호다 동 싸우다. ☞사호다 ¶한과 최 서르 ᄡᅡ홀 제(馬解上45). 가마귀 ᄡᅡ호ᄂᆞᆫ 골에 白鷺ㅣ야 가지 마라(古時調. 靑丘). 패려ᄒᆞᆫ 계집의 ᄡᅡ호고 들레기을 頻頻이 ᄒᆞ믈 비호디 말올ᄶᅵ니라:莫學潑婦鬪鬧頻頻(女四解2:22). 용밍을 죠히 너겨 ᄡᅡ홈 ᄡᅡ호며:鬪狠(百行源18). ᄡᅡ화 이긔다(十九史略1:3). ᄃᆞᆰ ᄡᅡ호다:雞鬪(譯解補47). 고황뎨 오과한

으로 더브러 싸호실시(女範1. 셩후 황명고후). 싸호다:鬪毆(漢淸3:3). 영이 댱슈를 보내여 마자 싸홀시:穎遣石超帥衆五萬拒戰(五倫2:22). 듀야로 힘써 싸화:晝夜苦戰(五倫2:30). 써 싸혼즉:以戰(三略上19).

빠홀다 동 썰다. ☞써흐다 ¶죠희를 줄게 싸호라(癸丑38).

빠홈 명 싸움. ☞사홈 ¶싸호믈 출히과댜(兵學1:4). 용밍을 죠히 너겨 싸홈 싸호며:鬪狠(百行源18). 싸홈과 숑스ᄒᆞ며 망녕도이 붕당을 ᄯᅳ로며(敬信4). 싸홈ᄒᆞ려 ᄒᆞ는 톄ᄒᆞ니(五倫2:10). 동관 싸홈에 패ᄒᆞ매:東關之敗(五倫2:21).

빠히다 동 쌓이다. ☞사히다 ¶ᄆᆞᄋᆞᄆᆡ 미친 실음 疊疊이 싸혀 이셔(松江. 思美人曲). 보물이 뫼ᄀᆞ티 싸혀시니(山城29).

빠히다 동 에워싸이다. ☞사히다 ¶도적의게 싸힌 ㅂ 되니(山城3).

빧다 동 쌓다. ☞싸타 ¶셩을 싿기를 두어 볼을 ᄒᆞ야:圍城數重(東新續三綱. 忠1:19).

빨빨이 부 쌀쌀히. ¶빨빨이 그리다가 어즐病 어더서 갓고(古時調. 이제ᄂᆞᆫ. 青丘).

빳타 동 쌓다☞ᄡᅡ다. 빳타 ¶빳타:堆. 층층이 빳타:硌(漢淸10:14). 냥식 빳타:堆粮(漢淸10:15).

빵 명 쌍(雙). ☞솽 ¶데일 빵이 되고:第一雙(練兵2). ᄒᆞᆫ 빵을 비ᄂᆞᆫ도다(太平1:2). ᄒᆞᆫ 빵 훠에:一對靴上(老解下48). ᄒᆞᆫ 빵 八珠環과(朴解上19). ᄒᆞᆫ 빵 풀쇠로 다가 ᄒᆞ련노라:一對釧兒(朴解上19). ᄒᆞᆫ 빵 귀옛골회과:一對耳墜兒(朴解上20). 빵 빵:雙(兒學下12). 공이 ᄀᆞᄐᆞᆫ 빵을 구ᄒᆞᆯ시(洛城1).

빵빵이 부 쌍쌍이. ¶네 손지 빵빵이 버러이셔(閑中錄352). 잇ᄂᆞᆫ 곳 창 우희 져비 깃드러 ᄆᆡ양 빵빵이 왕ᄂᆡᄒᆞ다가:所住戶有鸞巢常雙飛來去(五倫3:24).

빵싱 명 쌍생(雙生). 쌍생아(雙生兒). ¶빵싱:雙生子(譯解補32).

빼디다 동 꺼지다. 빠지다. 둘러싸이다. ☞ᄡᅢ디다 ¶섭으로 ᄒᆞᆫ 門ㅣ 비록 ᄑᆞ리 거츠러빼뎌시나:柴扉雖蕪沒(重杜解1:49). 빼뎌슈믈 洪鑪를 듣노라:汨沒聽洪鑪(重杜解2:9). 西京ㅣ ᄯᅩ 盜賊의게 빼디니:西京復陷沒(重杜解2:54). 세 ᄀᆞ올히 犬戎의게 빼뎌시니:三州陷犬戎(重杜解5:48). ᄠᅳᆫ 구루미 陣에 니어 빼뎟고:浮雲連陣沒(重杜解17:34). 어린 사ᄅᆞᄆᆞᆫ 오직 수머 빼뎻노라:愚蒙但隱淪(重杜解19:5).

빼지다 동 빠지다. 골몰하다. ☞빼디다 ¶蕭條히 믈와 믇과를 向ᄒᆞ야 ᄃᆞ니고 빼져 고기 자바 ᄑᆞ라 먹ᄂᆞᆫ 사ᄅᆞᄆᆞᆯ 조차 ᄃᆞ니노라:蕭條向水陸汨沒隨漁商(重杜解1:54).

·뻐 부 써. 〔'그것을 가지고', '그런 까닭으로', '그것으로 말미암아'의 뜻.〕 ¶써 호미 이러ᄒᆞ니(釋譜11:22). 以ᄂᆞᆫ 써 ᄒᆞᄂᆞᆫ ᄠᅳ디라(月釋序5). 다ᄆᆞᆫ 바ᄅᆞ ᄀᆞᄅᆞ쵸ᄆᆞᆯ 자바 키아로ᄆᆞ로 써 門의 드로ᄆᆞᆯ 사ᄆᆞ시고:單提直指以大悟爲入門(蒙法37). 다 順ᄒᆞ며 正호ᄆᆞᆯ브터 써 그 義를 行ᄒᆞᆯ디니라:皆由順正以行其義(宣賜內訓1:12). 可히 써 天子ᄭᅴ 받ᄌᆞ왐직ᄒᆞ니:可以獻天子(初杜解7:13). 써 보ᄆᆡ 나며:以春生(金三2:6). 다 겨틧 點으로 써 법을 삼을디니:皆以傍點爲準(宣小凡例2). 엇데 써 내 모미 ᄒᆞ오아 오오라 이시리오:焉用身獨完(重杜解4:9). 忠信이 써 德을 進ᄒᆞᄂᆞᆫ 배오:忠信所以進德也(周解. 乾卦). 사ᄅᆞᆷ이 다 가히 써 효지 될 거시로ᄃᆡ(百行源12).

뻐곰 부 써. 〔'뻐'의 힘줌말.〕. ☞-곰 ¶엇뎨 뻐곰 王城을 가 守禦ᄒᆞ리오:何以守王城(杜解4:5). 그윗 지븨셔 須求호믈 뻐곰 기들우다니:以俟公家須(杜解4:35). 엇뎨 뻐곰 싀어미 싀아비를 拜謁ᄒᆞ리오:何以拜姑嫜(初杜解8:67). 뎌 뻐곰 글지ᅀᅵ ᄯᆞᄅᆞᆷ ᄒᆞᄂᆞ니ᄂᆞᆫ 더러오니라:彼以文辭而已者陋矣(飜小8:4). 뻐곰 ᄆᆞᄋᆞᄆᆞᆯ 훤히 시슬 주리 업도소니:無以洗心胷(重杜解1:34). 뻐곰 正ᄒᆞᆫ 仲夏ㅣ면:以正仲夏(書解1:3).

뻐근 동 썩은. ㉮뻑다 ¶摩訶衍 妙吉祥 雁門재 너머디여 외나모 뻐근 ᄃᆞ리 佛頂臺 올라 ᄒᆞ니(松江. 關東別曲).

뻐을에 명 써레. ☞뻐흐레 ¶뻐을에 파:杷(兒學上11).

뻐흐다 동 썰다. ☞서흐다 ¶ᄆᆞᄋᆞᆷ이 뻐흐ᄂᆞᆫ ᄃᆞᆺᄒᆞ야(洛城1). 가슴을 뻐흐ᄂᆞᆫ ᄃᆞᆺᄒᆞ니 어이 춤으리오(洛城2).

뻐흐레 명 써레. ☞뻐을에. 서흐레 ¶뻐흐레:耖(物譜 耕農). 뻐흐레:耙(漢淸10:7).

뻑 부 썩. ¶무어시라 알외고 뻑 나가디 아니ᄒᆞ니(閑中錄154).

뻑다 동 썩다. ☞석다 ¶외나모 뻐근 ᄃᆞ리 佛頂臺 올라 ᄒᆞ니(松江. 關東別曲).

뻑이다 동 썩이다. ☞석이다 ¶쥬인의 의복을 곰탕 슬녀 뻑이고(敬信73).

뻠즉ᄒᆞ다 형 씀직하다. 쓸 만하다. ¶엇디ᄒᆞ나토 뻠즉ᄒᆞ니 업ᄂᆞᆫ뇨:怎麼沒一箇中使的(朴解上29).

뼉다 동 썩다. ☞석다. 셕다 ¶뼉을 후:朽. 뼉을 부:腐(兒學下10).

뽀가리 명 쏘가리. ¶뽀가리 궐:鱖(兒學上8).

·뽀·다 동 쏘다〔射〕. ☞소다 ¶莫徭ㅣ 그려기 뽀노라:莫徭射鴈(杜解4:28). ᄒᆞᆫ 사를 뽀니:射了一箭(飜老上29). 내 호은자 뽀아도 이긔요리라:我獨自箇射時也贏的(飜朴上55). 뽈 샤:射(訓蒙下9. 石千39). 활 뽈 샤:射(類合下7). 사ᄅᆞᆷ 그려 뽀ᄂᆞᆫ 양ᄒᆞ여

(癸丑57). 그 아비를 쏘아 마쳐놀:射中其父(東新續三綱. 孝1:49). 살로 쏘아 몰게 누려디니:放箭射下馬來(老解上27). 도ᄉᆞ혼 긔운이 사름의게 쏘여(明皇1). 우러러 쏘고(十九史略1:14). 그 말대로 쏘와(女範2. 변녀 진중공쳐). 나는 거슬 쏘고(敬信3). 살 수삼빅을 쏘아:發二三百矢(五倫2:68).

·쏘·다 동 쏘다〔螫〕. 찌르다. ☞쏘다 ¶그 모디로믄 쏘는 버리라와 甚ᄒᆞ고:其毒甚蜂蠆(初杜解18:8). 목 쏠 험:蘞. 벌 쏠 셕:螫(訓蒙下10). 쏘다:螫了(譯解補49).

·쏘·다 동 꿰다. ¶바놀애 실 쏘아 기우며 븐텨징이다 請흘디니라:紉箴請補綴(宣小2:8).

쏘아가는별 명 별똥별. 유성(流星). ¶쏘아가는별:流星(譯解上1).

쏘아보다 동 쏘아보다. ¶눈 쏘아보다:注目看(漢清6:38).

쏘야기 명 쐐기. ☞쇠야기 ¶쏘야기 끼우고 나모ᄲᅩ리다:加楔劈木(漢清12:5).

쏘야기 명 쐐기. ☞쇠야기 ¶쏘야기:蚝(物譜 蟲豸). 쏘야기:省甕(物譜 蟲豸).

:쏘이·다 동 쏘이다. 쐬다. ☞쐬다. 쐬이다. 쇠다 ¶薰은 쏘일 시라(南明上33). 너를 쏘이면 져근덛ᄒᆞ야 됴ᄒᆞ리라:熏登時愈(救簡6:58). 향내 사름의게 쏘이고(太平1:23). 너를 고해 쏘이면 씨고:烟熏鼻卽醒(胎要53). 겨ᄋᆞ른 풍한이나 쏘일가 두려오니:冬月則恐觸風寒(痘瘡方30). ᄇᆞ람 쏘이다:害風(譯解上5).

쏘지지다 동 쏘다. ¶핏 마시 ᄧᆞ모로 술해 쏘지져 ᄀᆞ랍기 되ᄂᆞ니:血味本鹹醃螫皮肉所以作痒(痘要下11).

·쏜 동 싼〔包〕. ㉮ᄡᆞ다 ¶書册앳 사술와 藥 쏜 딘 거믜줄이 얼것고:書籤藥裹封蛛網(杜解21:4).

·쏟·다 동 쏟다. ☞솓다 ¶그 남은 것슨 다 쏘ᄃᆞ디니라:其餘皆寫(宣小2:40). 그 믈을 두 잔만 쏘다셔:泄出兩洒盞許(痘瘡方51).

쐉불:쥐·다 동 먹국하다. ☞솽불쥐다 ¶쐉불 쥘 구:鬮(訓蒙下22).

:쐬·다 동 쐬다. ☞쏘이다. 쇠다 ¶목 안홀 쐬야 헐에 ᄒᆞ라:喉咽內熏破(救簡2:71). ᄒᆞᆫ 두 시극만 쐬면 쎼 절로 누리리라:熏一二時久骨自下(救簡6:12). 프른 뵈를 블 브텨 헌디 쐬면 독이 즉재 나리라:燒靑布以燻瘡口毒卽出(救簡6:33). 모딘 병이 니러나믄 쉬궁을 쳐 흘리디 아니ᄒᆞ야 그 더러운 모딘 거시 쐬어 도외며:疫之所興或溝渠不泄其穢惡薰蒸而成者(簡辟2).

:쐬·다 동 비치다. ¶니건 쎄 되 별비치 쐬시니 조심ᄒᆞ야 ᄉᆞ랑호니 漢ㅅ 그므리 성긔더라:往者胡星孛恭惟漢網疎(初杜解20:32).

:쐬·다 동 쏘이다. ☞쐬이다 ¶벌 쐬니:蜂蠆毒(救簡6:63).

:쐬이·다 동 쐬다. ☞쏘이다. 쐬다. 쇠다 ¶가시 든 딜 별부리에 다혀 쐬요디:刺處就缾口熏(救簡6:24). 그 늬 쐬요미 됴ᄒᆞ니라:熏之妙(救簡6:30). 사디 아니ᄒᆞ면 ᄇᆞ름 쐬이라 오려:不買時害風那(飜老下12). 사디 아니ᄒᆞ면 ᄇᆞ름 쐬이랴:不買時害風那(老解下11).

쐬이·다 동 쏘이다. ☞쐬다 ¶벌 쐬인 독애 디새로 그 쐬인 우흘 쁫고:蜂螫毒取瓦子磨其上(救簡6:63).

쑤다 동 쑤다. ☞수다 ¶적이 물근 쥭을 쑤고:熬些稀粥(朴解中6). 딜 가마 조히 싯고 바회 아래 심물 기러 풋쥭 둘게 쑤고(古時調. 靑丘). 이에 밥짓고 이에 쥭 쑤어 써 내 입 머기노라:饘於是粥於是以餬予口(十九史略1:34).

쑤시다 동 쑤시다. ☞쒸시다 ¶너인 측간의 구무 쑳고 남그로 쑤시며(癸丑9).

쑤·처 동 어루만져. ㉮쑤츠다 ¶婬亂혼 모ᄆᆞ로 쑤처:婬躬撫摩(楞解1:35).

쑤·츠·다 동 비비다. 어루만지다. 스치다. ☞뿟다. 슷다 ¶婬亂혼 모ᄆᆞ로 쑤처 戒體를 장ᄎᆞ 허로려 ᄒᆞ더니:婬躬撫摩將毁戒體(楞解1:35). 두 솑바당ᄋᆞ로 虛空애 서르 쑤츠면:以二手掌於空相摩(楞解2:113). 風과 金괘 서르 쑤츨씨:風金相摩(楞解4:18). 이비 왼녁으로 기울어든 올혼녁 오목혼 디 뿟고 올혼 녁으로 기울어든 왼녁 오목혼 디 쑤초디:口向左摩右穴向右摩左穴(救簡1:20). 또 풀와 구브를 쑤츠며 굽힐훠 보라:仍摩將臂腿屈伸之(救簡1:60).

쑤·츠·면 동 스치면. ㉮쑤츠다 ¶두 솑바다ᄋᆞ로 虛空애 서르 쑤츠면:以二手掌於空相摩(楞解2:113).

·쑥 명 쑥. ☞쑥 ¶쑤게 브투디:然于艾(楞解3:75). 理ㅣ 玉과 돌콰이 달오미 업수디 蘭草와 쑥의 달옴 이쇼믄 엇데오:理無玉石之殊而有蘭艾之異何則(宣賜內訓序3). 늘근 아비는 나둔니디 아니ᄒᆞ야셔 다봇과 쑥괘 기렛거늘:老夫不出長蓬蒿(杜解12:15). 위얁 가온디 쑥 서리예 쎄뎃ᄂᆞ니:中園陷蕭艾(初杜解16:67). 쑤그로 빗복을 일빅 븟만 쓰라:艾灸臍中百壯(救簡1:50). 쑥으로 음낭 아래 항믄마좀 가온디를 제 나 마초 쓰라:艾於陰囊下穀道正門當中間隨年歲灸之(救簡1:98). 쑥을 밀낫만 ᄒᆞ야(救簡2:72). 쑥 불음 곤ᄒᆞ야니오:若飄蓬(南明下63). 쑥 번:蘩. 쑥 애:艾(訓蒙上9). 쑤그로 ᄀᆞ마니 병ᄒᆞ니 누은 평상 네 모홀 각 혼 븟식 쓰되:密以艾灸病人床四角各一壯(瘟疫方19). 쑥 ᄀᆞ툰 머리:蓬頭(東新續三綱. 孝3:

82). 뿍 애:艾(詩解 物名7). 뿍빗체 벽드르문 훈 비단:艾褐玉塼堦(老解下22). 뿍찜ᄒᆞ다:艾焙(譯解補35). 뿍 ᄋᆡ:艾. 뿍 봉:蓬(兒學上5). ※뿍>쑥

뿍갓 명 쑥갓. ☞쑥갓 ¶뿍갓:茼蒿(物譜 蔬菜).

뿍닙 명 쑥잎. ¶ᄯᅩ 뿍닙으로뻐 그 뷘 곳의 메워(火砲解17).

뿍달힘 명 화전(花煎)놀이. 꽃전놀이. ¶崔行首 뿍달힘ᄒᆞ새 趙同甲 곳달힘ᄒᆞ새(古時調. 金光煜. 靑丘).

뿍봉오종이 명 다북쑥 종류의 한 가지. ☞봉오조ᄉᆡ. 봉호조ᄉᆡ ¶뿍봉오종이:艾毬(物譜 菜蔬).

뿍븟 명 뜸 또는 쑥 심지. ¶뿍븟글:艾炷(牛疫方1).

·ᄡᅳᆶ·디니·라 동 쓸 것이니라. ㉮쓰다 ¶ᄯᅩ 반ᄃᆞ기 字細히 ᄆᆞᅀᆞᄆᆞᆯ ᄡᅳᆶ디니라:却當字細用心(蒙法39).

·ᄡᅮᆷ 동 씀. ㉮쓰다 ¶힘 ᄡᅮ미 져거 뮈여ᄒᆞ니논 中에:省力於動中(蒙法39). 이 두 이ᄅᆞᆯ 가줄비건댄 그 ᄡᅮ미 ᄒᆞᆫ 가지라:方斯二者其用一也(宣賜內訓2上6). 아ᅀᅡ ᄡᅮ미 내 모미 밋도다:取用及吾身(初杜解9:23).

ᄡᅮᆷ·기·다 동 숨기다. ☞숨기다 ¶ᄂᆞ미 더러온 이ᄅᆞᆯ 머구머시며 ᄂᆞ미 사오나온 이ᄅᆞᆯ ᄡᅮᆷ기며 어딘 사ᄅᆞᄆᆞᆯ 위ᄒᆞ며 모ᄃᆞᆫ 사ᄅᆞᄆᆞᆯ 용납ᄒᆞᄂᆞᆫ 주ᄅᆞᆯ 보고:其觀…含垢藏疾尊賢容衆(飜小8:28).

ᄡᅮᆺ·다 동 비비다. 어루만지다. ☞ᄡᅮ츠다 ¶손바당ᄋᆞ로 虛空ᄋᆞᆯ 자바 ᄡᅮᆺ돗 ᄒᆞ야:如以手掌撮摩虛空(楞解2:70). 細末ᄒᆞ야 니예 ᄡᅮ서:爲末擦牙(救急上65). 모다 밥 머글 제 손 ᄡᅮᄲᅵ 말며:共飯不澤手(宣賜內訓1:3). 이비 왼녀그로 기울어든 올ᄒᆞᆫ녁 오목ᄒᆞᆫ ᄃᆡ ᄡᅮᆺ고:口向左摩右穴(救簡1:20).

·ᄡᅮᆺ:돌 명 숫돌. ¶ᄂᆞᆯ 피좃고 ᄡᅮᆺ돐므를 ᄇᆞᄅᆞ니라(月釋8:98). 礪ᄂᆞᆫ ᄡᅮᆺ돌히니(楞解1:37). 갈ᄒᆞᆯ 자바셔 ᄡᅮᆺ돌해 ᄀᆞ라 내요ᄆᆞᆯ 보노라:提刀見發硎(初杜解24:7). ᄡᅮᆺ돌 平홈 ᄀᆞᆮᄒᆞ니라:若砥平(南明下18). ᄡᅮᆺ돌ᄒᆞᆯ 븕게 ᄉᆞ라:礪石燒赤(救簡3:110). ᄡᅮᆺ돌 단:碫. ᄡᅮᆺ돌 려:礪. ᄡᅮᆺ돌 지:砥. ᄡᅮᆺ돌 형:硎(訓蒙中19). ᄡᅮᆺ돌 려:礪(類合下42).

ᄡᅮ시·다 동 쑤시다. ☞쑤시다 ¶닛삿 ᄡᅮ시디 말며 젓국 마시디 말올디니:毋刺齒毋歠醢(宣小3:23). 혹 ᄀᆞᄂᆞᆫ 대져로 ᄡᅮ셔 미러 황문의 드리면 즉제 통ᄒᆞᄂᆞ니라:或以物推入肛內卽通(痘要下21). 니 ᄡᅮ시다:扣扣牙(譯解上47). 니ᄅᆞᆯ ᄡᅮ시디 말며(重內訓1:3).

ᄡᅮ어리다 동 수군거리다. ☞수ᄉᆞ워리다 ¶니인이 ᄡᅮ어리고(癸丑194).

·ᄡᅳ·다 동 쓰다(用). ¶다시 ᄡᅳ샤 富庶를 보시니:迺復用之富庶斯見(龍歌77章). 有情의 ᄡᅳᇙ 거시 낟ᄇᆞᆫ 줄 업긔 호리라(釋譜9:5). 제 ᄡᅮᆷ도 오히려 아니ᄒᆞ거든(釋譜9:12). 用ᄋᆞᆫ ᄡᅳᆯ 씨라(訓註3). 날로 ᄡᅮ메 便安킈 ᄒᆞ고져 ᄒᆞᇙ ᄯᆞᄅᆞ미니라(訓註3). 어울워 ᄡᅳᇙ디면 ᄀᆞᆯᄫᅡᄡᅳ라(訓註12). 與는 이와 뎌와 ᄒᆞ논 겨체 ᄡᅳ는 字ㅣ라(訓註1). ᄒᆞᆫ두 句ᄅᆞᆯ 더러 ᄇᆞ리며 ᄡᅮᄃᆡ(月釋序20). 머즌 그르슬 므스게 ᄡᅳᇙ다(三綱. 孝13). 내ᄋᆡ ᄆᆞᅀᆞᆷ과 누늘 ᄡᅮ니이다:用我心目(楞解1:45). ᄇᆞᆯ ᄃᆞᆼ기ᄂᆞᆫ ᄆᆞᅀᆞᄆᆞᆯ ᄡᅥ 제 性 삼논 거시오:用攀緣心爲自性者(楞解1:81). 엇데 옷바ᄇᆞᆯ ᄡᅥ 날로 이에 니를어뇨:何用衣食使我至此(法華2:240). 네 法을 ᄡᅳ샤ᅀᅡ(圓覺上二之二106). 이 三昧ᄅᆞᆯ ᄡᅳ논 젼ᄎᆞ로:以此三昧故(蒙法49). 이 양ᄋᆞ로 工夫ᄅᆞᆯ ᄡᅳ면:如是用功(蒙法70). 날로 三牲奉養ᄋᆞᆯ ᄡᅥ도:日用三牲之養(宣賜內訓1:46). 힘 ᄡᅳᄂᆞᆫ 바ᄂᆞᆫ 穀食ᄋᆞᆯ 읏듬 삼ᄂᆞ니:所務穀爲本(杜解3:56). 다시 文章을 ᄡᅥ ᄒᆞᄂᆞ니:更用文章爲(杜解8:17). 직조 어디닐 ᄡᅳ놋다:任才賢(杜解21:10). 굼기 업스면 ᄡᅳᆯ ᄃᆡ 업스니(金三2:12). 세간에 ᄡᅳ노니 漢人의 마리니:世間用着的是漢兒言語(飜老上5). 몯 ᄡᅳᆯ ᄆᆞᆯ 로:駑(類合下5). 만일 다 本音을 ᄡᅳ면:若盡用本音(宣小凡例3). 님금이 請컨댄 ᄡᅳ쇼셔:君請用之(宣小4:34). 웃던이 못 ᄡᅳ오시게 그리ᄒᆞᆫ다(癸丑42). 다시 아니 ᄡᅳᆯ 뜻을 ᄒᆞ시더니(明皇1:30). 군등의 법을 ᄡᅳᆯ 작이면(明皇1:31). 그 ᄇᆡᆨ셩을 슈고롭긔 ᄒᆞ야 ᄡᅳᆫ 고로(女範1. 모의 노희경강). 문득 ᄡᅳᆯ ᄣᅢ예:遽用時(臘藥5). 먹고 ᄡᅳ기ᄅᆞᆯ(敬信83). 掃苦寫 用其訓同ᄡᅳᆯ(雅言一). ᄡᅳᆯ 용:用(兒學下9).

ᄡᅳ다 동 쓰다(書). ☞쓰다 ¶쇼명 ᄡᅥ 내다(癸丑71). 부들 잡아 다딤 ᄡᅳ되 ᄒᆞᆫ 字도 일우디 몯ᄒᆞ며:執筆書劾不能就一字(重內訓3:32). 崖上애 詩ᄅᆞᆯ ᄡᅧᆺ더니:崖上題詩(女四解4:30). 글 ᄡᅳ다:寫字(漢淸4:11). 글 ᄡᅳᆫ 죠희ᄅᆞᆯ ᄇᆞ리지 말며(敬信9). ᄡᅳᆯ 셔:書(註千21). 편지 ᄡᅳ고 傳喝ᄒᆞ여(ᄇᆡᆨ화당가).

·ᄡᅳ·다 동 쓰다(冠). ☞스다 ¶服ᄋᆞᆫ ᄡᅳᆯ 씨라(楞解8:121). 머리예 ᄡᅳᆫ 거ᄉᆞᆫ:頭上戴(老解下46). 삿갓 빗기 ᄡᅳ고 누역으로 오슬 삼아(古時調. 孟思誠. 江湖에. 靑丘).

·ᄡᅳ·다 형 쓰다(苦). ☞쓰다 ¶차바ᄂᆞᆫ ᄡᅥ 몯 좌시며(月釋2:25). 입시우리 ᄡᅳ며 ᄃᆞᆫ거시 아니어늘:吻非苦甜(楞解3:9). ᄃᆞᆯ며 ᄡᅮᄆᆞ로셔:甜苦(楞解3:10). ᄃᆞᆯ며 ᄡᅮᄆᆞᆯ ᄒᆞᆫᄃᆡ 하시며:同甘苦(宣賜內訓2下39). ᄃᆞᆫ거셔 ᄡᅳᆫ거셔 다 ᄒᆞᆫ가지로 여르미 미잣도다:甘苦齊結實(杜解1:4). 뉘 엿귀ᄅᆞᆯ ᄡᅳ다 니ᄅᆞᄂᆞ뇨 ᄃᆞ로미 나ᅀᅵ ᄀᆞᆮ도다:誰謂荼苦甘如薺(初杜解8:18). ᄡᅳᆫ 바ᄀᆞᆫ 불휘조차 ᄡᅳ니라:苦胡連根苦

(金三2:50). 쁠 고:苦(訓蒙下14. 類合下11. 兒學下2). 똥의 돌며 쁘믈 맏보아 길흉을 시험ᄒᆞ더라:嘗糞甜苦以驗吉凶(東新續三綱. 孝4:62). 쁜 ᄂᆞ물 데워 내여 ᄃᆞ도록 십어 보새(古時調. 鄭澈. 쉰술 걸러내여. 松江). ᄃᆞ나 쓰나 니 濁酒 죠코(古時調. 蔡裕後. 靑丘). 掃苦寫用其訓同쁠(雅言一).
※ 쓰다>쓰다

쓰다돔다 동 쓰다듬다. ¶后ㅣ 이에 ᄆᆞᄋᆞᆷ을 다ᄒᆞ야 쓰다ᄃᆞ마 기르샤:后於是盡心撫育(重內訓2:35).

쓰러디다 동 쓰러지다. ¶쓰러딜 미:靡(類合下54). 칼을 뻘텨 도적을 버히니 도적의 무리 쓰러디거ᄂᆞᆯ:奮劒斬賊賊徒披靡(東新續三綱. 孝1:49).

·쓰·러ᄇᆞ리·다 동 쓸어버리다. ¶煩惱 쓰러ᄇᆞ료려 ᄒᆞ시니(月印上20). 즐굽드리워 ᄃᆞ온 쁘들 몬 쓰러ᄇᆞ리ᄂᆞ니(釋譜6:6). 衆生ᄋᆞᆫ 煩惱ᄅᆞᆯ 몬 쓰러ᄇᆞ려 이리 이실씨(月釋2:16). 七支를 身口에 쓰러ᄇᆞ리ᄂᆞ니:掃七支於身口(永嘉下76). 因果ᄅᆞᆯ 쓰러ᄇᆞ리린댄 至極ᄒᆞᆫ 큰 害니라:撥無因果極爲大害(蒙法47). 掃蕩ᄋᆞᆫ 쓰러ᄇᆞ릴 시오(南明上6).

쓰레딜ᄒᆞ다 동 쓰레질하다. ☞쓰레질ᄒᆞ다. 쁠에질ᄒᆞ다 ¶일즉이 드러와 쓰레딜ᄒᆞᆫ대:早入洒掃(五倫1:11).

쓰레밧기 명 쓰레받기. ¶쓰레밧기:承塵(物譜 筐筥).

쓰레시 부 쓰레하게. ¶ᄀᆞ리 쓰레시 가ᄂᆞ니 하ᄂᆞᆯ콰 믈왜 서르 다ᄆᆞᆺ 기도다:蒹葭離披去天水相與永(重杜解13:13).

쓰레주롬 명 쓰레주름. 〔주름의 한 가지.〕 ¶쓰레주롬:順風褶兒(譯解下6).

쓰레질ᄒᆞ다 동 쓰레질하다. ☞쓰레딜ᄒᆞ다. 쁠에질ᄒᆞ다 ¶무덤의 뵈여 쓰레질ᄒᆞ며:詣墓省掃(東續三綱. 孝29 鄭門世孝). 초ᄒᆞᄅᆞ 보롬의 반ᄃᆞ시 무덤의 가 뵈ᄋᆞᆸ고 쓰레질ᄒᆞ더라:朔望必省掃于墓(東新續三綱. 烈2:66 金氏節行). 庭堂을 물 ᄲᅮ려 쓰레질ᄒᆞ며:灑掃庭(女四解2:18).

쓰렛·ᄒᆞ·다 형 쓰레하다. ¶머리터리 다 우흐로 쓰렛ᄒᆞ샤ᄃᆡ 올ᄒᆞᆫ녀그로 몽기시며(月釋2:40). 모맷 터리 올ᄒᆞᆫ녀그로 쓰렛ᄒᆞ시며(月釋2:58). 님금 德은 ᄇᆞᄅᆞᆷ ᄀᆞᆮ고 효ᄀᆞᆫ 百姓은 플 ᄀᆞᆮᄒᆞ니 ᄇᆞᄅᆞ미 플 우희 불면 다 ᄒᆞᆫᄢᅴ 쓰렛호미 님금 ᄒᆞ시논 이ᄅᆞᆯ 百姓이 다 본받ᄌᆞᄫᆞ미 ᄀᆞᄐᆞᆯ씨(月釋2:72). 머리터럭 그티 다 우흐로 쓰렛ᄒᆞ샤(法華2:12). 빗소리예 몬져 ᄇᆞᄅᆞ미 마니 흐른 빗바리 다 西ㅅ녀그로 쓰렛ᄒᆞ얏도다:雨聲先已風散足盡西靡(初杜解16:66).

쓰렝둥당지동 부 물건이 가볍게 떠 있는 모양. ¶어룬ᄌᆞ 박국기ᄅᆞᆯ 쓰렝둥당지동 ᄢᅴ워 두고 아희야 져리김칠망졍 업다 말고 내여라(古時調. 다나 쓰나. 靑丘).

쓰르치다 동 쓸어 치우다. 쓸어버리다. ☞쓰리치다. 쓰리티다 ¶솔 柯枝 것거ᄂᆡ여 柳絮ᄅᆞᆯ 쓰르치고(古時調. 곳 지쟈. 靑丘). ᄒᆞᆺ터진 바독 쓰르치고 고기ᄅᆞᆯ 낙가 움버들에 ᄢᅦ여 물에 ᄎᆔ와 두고(古時調. 압논에. 靑丘). 쓰르치다:打掃(漢淸3:45).

쓰리치다 동 쓸어 치우다. 쓸어버리다. ☞쓰리티다 ¶솔 柯枝 것거 내여 柳絮를 쓰리치고(古時調. 곳지고. 靑丘).

·쓰리티·다 동 쓸어 치우다. 쓸어버리다. ☞쓰르치다. 쓰리치다 ¶노ᄑᆞᆫ 소리로 果栗을 어더 오라 ᄒᆞᄂᆞ니 니로리라 ᄒᆞ다가 時로 ᄇᆞᆯ토ᄀᆞ로 쓰리툐ᄆᆞᆯ 니부라:高聲索果栗欲起時被肘(杜解15:43).

·쓰서름 동 쓸어 치움. 쓰레질함. ㉮쓰설다 ¶오래 ᄯᅳᆯ 쓰서르믈 게을이 호미오:不掃除門庭(呂約9).

쓰서리ᄒᆞ다 동 쓰레질하다. ☞쓰ᅀᅥ리ᄒᆞ다. 쓰어리ᄒᆞ다 ¶ᄆᆡ일 아ᄎᆞᄆᆡ ᄉᆞ당의 가 절ᄒᆞ고 쓰서리ᄒᆞ더라:每朝拜掃家廟(東新續三綱. 孝3:45).

·쓰설·다 동 쓰레질하다. ☞쓰ᅀᅥᆯ다 ¶아ᄎᆞ미 어든 드러가 쓰설어늘 아비 로ᄒᆞ여 ᄯᅩ 내조차ᄂᆞᆯ:旦入而灑掃父怒又逐之(飜小9:22). 오래 ᄯᅳᆯ 쓰서르믈 게을이 호미오:不掃除門庭(呂約9). 아ᄎᆞᆷ이어든 들어가 쓰설거늘 아비 怒ᄒᆞ야 ᄯᅩ 내ᄧᅩᄎᆞᆫ대:旦入而灑掃父怒又逐之(宣小6:19). ᄀᆡ일날이면 젼긔 열흘의 집블 쓰서럿고:忌日則前期十日洒掃房室(東新續三綱. 烈7:14).

쓰설이·다 동 쓸어 치우게 하다. 쓰레질하게 하다. ¶ᄆᆡ양 ᄒᆡ여곰 ᄉᆈ똥을 쓰설이거든 祥이 더옥 공슌ᄒᆞ고 삼가며:每使掃除牛下祥愈恭謹(宣小6:22).

쓰스렁기 명 쓸어치우기. ¶그 플이며 가싀 잇거든 즉제 칼히며 도ᄎᆡ로 버 미며 버히며 뷔고 쓰스렁기ᄅᆞᆯ ᄆᆞᆺ고 位예 도로 와 再拜ᄒᆞ라(家禮10:45).

·쓰ᅀᅥ·리 명 쓰레질. ☞쓰어리 ¶지비 가난ᄒᆞ야 이바돌 거시 업스니 손 안잿ᄂᆞᆫ 位예 오직 쓰ᅀᅥ리뿐 ᄒᆞ더라:家貧無供給客位但箕箒(初杜解8:55).
※ 쓰ᅀᅥ리>쓰어리

쓰ᅀᅥ·리ᄒᆞ다 동 쓰레질하다. ☞쓰서리ᄒᆞ다. 쓰어리ᄒᆞ다 ¶믈 ᄲᅳ료미 ᄢᅡᆨ히 젓디 아니ᄒᆞ니 쓰ᅀᅥ리호미 뷔 업슨 ᄃᆞᆺᄒᆞ도다:沾洒不濡地掃除似無箒(初杜解9:21). 소ᄂᆞᆯ 引接ᄒᆞ야셔 쓰ᅀᅥ리호ᄆᆞᆯ 보고:引客看掃除(初杜解22:2). 일 文侯의 뷔ᄅᆞᆯ ᄢᅧ셔 쓰ᅀᅥ리ᄒᆞ니라:夙擁文侯篲(初杜解24:29).
※ 쓰ᅀᅥ리ᄒᆞ다>쓰어리ᄒᆞ다

·쓰설·다 동 쓰레질하다. ☞쓰설다 ¶五色 ᄂᆞᄆᆞ채 녀허 조ᄒᆞᆫ ᄯᅡ홀 쓰설오 노ᄑᆞᆫ 座 ᄆᆡᆼ ᄀᆞ오(釋譜9:21).

쓰어리 명 쓰레질. ☞쓰어리 ¶손 안잿ᄂᆞᆫ 位예 오직 쓰어리ᄲᅮᆫ ᄒᆞ더라:客位但箕箒(重杜解8:55).

쓰어리ᄒᆞ다 동 쓰레질하다. ☞쓰서리ᄒᆞ다. 쓰어리ᄒᆞ다 ¶쓰어리호미 뷔 업슨 ᄃᆞᆺᄒᆞ도다:掃除似無箒(重杜解9:21). 門庭을 닶겨셔 쓰어리ᄒᆞ노라:門庭悶掃除(重杜解10:39). 소ᄂᆞᆯ 引接ᄒᆞ야셔 쓰어리호ᄆᆞᆯ 보고:引客看掃除(重杜解22:2).
※쓰어리ᄒᆞ다<쓰어리ᄒᆞ다

쓰이·다 동 쓰이다(用). ☞씌다 ¶미러 내여 擧薦ᄒᆞ야 쓰이논디라 사ᄅᆞᆷ 업슨 저글 니수미 아니로소니:推薦非承乏(初杜解23:38).

쓱쓱 부 쓱쓱. ¶쓱쓱 여러들 셔기ᄋᆞᆸ고(癸丑43).

·쓴:너·삼 명 쓴너삼. ☞쓴너솜 ¶쓴너삼 불휘:苦參(簡辟16). 쓴너삼 ᄲᅮᆯ휘(瘟疫方22). 쓴너삼 불휘:苦參(東醫 湯液三 草部). 쓴너삼 블희 두 냥을 ᄀᆞᄅᆞ ᄆᆡᆼ그라:苦參二兩擣篩(救辟. 辟瘟6). 쓴너삼:苦參(物譜 藥草). 苦參 鄕名 板麻(鄕藥月令 三月).

쓴너솜 명 쓴너삼. ☞쓴너삼. 쓴너삼 ¶쓴너솜 불휘:苦參(方藥7).

·쓴:너·삼 명 쓴너삼. ☞쓴너삼. 쓴너솜 ¶쓴너삾 불휘 닷 되ᄅᆞᆯ ᄀᆞᄂᆞ리 사ᄒᆞ라:苦參五升細切(救簡1:98).

·쓴·박 명 고호로(苦瓠蘆. 苦壺蘆). 호리병박. ¶네의 쓴바ᄀᆞᆯ 밧고도다:換汝苦胡蘆. 非佛法이 뎌 쓴박 ᄀᆞᆮᄒᆞ니:非佛法也如彼苦胡蘆. 쓴바ᄀᆞᆫ 불휘조차 쓰니라:苦胡連根苦(金三2:50). 쓴박을 이플 내오 손아히 오좀 녀허 두어 소솜 글혀:苦瓠開口內小兒尿煮兩三沸(救簡6:29).

쓸개 명 쓸개. ☞쓸게. 쓸긔 ¶돗틔 쓸개 반 잔애 ᄒᆞᆫᄃᆡ 골라 흘리라:猪膽汁半盞同調灌之(馬解下66). 쓸개:肚子膽(譯解上35).

·쓸게 명 쓸개. ☞쓸개. 쓸긔 ¶膽ᄋᆞᆫ 쓸게라(金三2:60). 쓸게 담:膽(訓蒙上27. 類合上22). 묏도틔 쓸게예 뭉긘 것:野猪黃(東醫 湯液一 獸部).

쓸긔 명 쓸개. ☞쓸개. 쓸게 ¶쓸긔 담:膽(兒學上2).

쓸다 동 (벌레 따위가 알을) 슬다. ¶회 쓰ᄂᆞᆫ ᄃᆞᆺᄒᆞ고(癸丑210).

·쓸·다 동 쓸다(掃). ¶煩惱 쓰러ᄇᆞ료려 ᄒᆞ시니(月印上20). ᄃᆞ온 ᄠᅳ들 몯 쓰러ᄇᆞ리ᄂᆞ니(釋譜6:6). 조ᄒᆞᆫ ᄯᅡ홀 믈 ᄲᅳ려 쓸오(月釋9:39). 믈 ᄲᅳ려 쓸며(月釋21:194). 各別히 ᄆᆞᆯᄀᆞᆫ 시냇 고비ᄅᆞᆯ 쓸로라:別掃清溪曲(杜解3:53). 나뵈 눈섭 ᄀᆞᄐᆞᆫ 눈서블 ᄆᆞᆯ기 쓸오:淡掃蛾眉(初杜解24:10). ᄒᆞᆫ 번 쓰로매:一掃(金三2:54). 西風 ᄒᆞᆫ 무리 쓰러 자최 업스니:西風一陣掃無蹤(南明上6). ᄂᆡ와 듣그를 다 쓸오 도라오니:烟塵掃盡却歸來(南明上41). 이믜셔 밋뷔조쳐 가저다가 ᄯᅡ 쓸라:就拿苕箒來掃地(飜老上69). 쓸 블:拂. 쓸 식:拭(訓蒙下23). 쓸 소:掃(類合下8). 사ᄅᆞᆷ올 ᄀᆞᄅᆞ츄ᄃᆡ 믈 ᄲᅳ리고 쓸며:教人以灑掃(宣小 書題1). 무덤의 올라 슬펴 쓸고:上墓省掃(東新續三綱. 孝6:16). 아희ᄂᆞᆫ 뷔를 들고 쓰로려 ᄒᆞᄂᆞᆫ괴야(古時調. 鄭敏僑. 간밤의 부던. 青丘). ᄯᅡ흘 쓸고 香을 ᄉᆞᆯ오며:掃地燒香(女四解2:26). 쓸기 졍히 ᄒᆞ다:除淨(漢淸3:45). 長風이 헌ᄉᆞᄒᆞ야 玉宇ᄅᆞᆯ 조히 쓰니(辛啓榮. 月先軒十六景歌).

쓸믜다 동 싫어 미워하다. ¶말이 ᄀᆞ장 히악ᄒᆞ니 처음의 쓸믜더라(癸丑179).

쓸알히다 형 쓰라리다. ¶글그면 쓸알히고 딕이면 ᄃᆞ라 사ᄅᆞᆷ을 죽게 ᄒᆞᄂᆞ니라:撓時廝剌疼搯時甜殺人(朴解下6). 쓸알히다:剌剌疼(譯解上62). 쓸알히게 칩다:天氣剌叉(譯解補4). 쓸알히다:疼(漢淸8:5).

쓸에질ᄒᆞ·다 동 쓰레질하다. ☞쓰레질ᄒᆞ다 ¶아ᄎᆞ미어든 드러 쓸에질ᄒᆞ거늘 아비 怒ᄒᆞ야 ᄯᅩ 내조ᄎᆞᆫ대:早入灑掃父怒又逐之(三綱. 孝7). 친근히 뫼셔 쓸에질ᄒᆞ고(女範2. 변녀 졔위우희).

쓸타 동 쓸다. ☞슬타 ¶쓸타:磋(漢淸12:5).

·씀 형 씀(苦). ㉠쓰다 ¶ᄃᆞᆯ며 씀과:甜苦(楞解3:10). ᄯᅩᆼ의 ᄃᆞᆯ며 ᄡᅳ믈 맏보아 길흉을 시험ᄒᆞ더라:嘗糞甜苦以驗吉凶(東新續三綱. 孝4:62).

씀바귀 명 씀바귀. ☞씀바괴 ¶씀바귀 도:茶(兒學上5).

씃다 동 바르다. ☞슷다 ¶흙 씃다:抹墁. 면 흙 씃다:墁墻(譯解補14). 씃다:擦抹(漢淸3:45).

씃다 동 씻다. 닦다. ¶눈믈을 씃ᄉᆞ며(癸丑103). 棗子ᄅᆞᆯ 씃서 빋나게 ᄒᆞ야:抹光棗子(女四解2:32). 피 ᄡᅧ의 드러 가히 씃디 못ᄒᆞᄂᆞᆫ디라(女範4. 녈녀 진긔량쳐).

씌·다 동 쓰이다. ☞쓰이다 ¶ᄂᆞᄆᆡ 씌유미 ᄃᆞ욀 씨 傭이오(月釋13:11). 올마 ᄀᆞᆯ히여 씌여 朝廷을 빗내놋다:遷擢潤朝廷(初杜解24:5). 그ᄃᆡᄂᆞᆫ 지조홀 사ᄅᆞᄆᆡ 씌유미 어려우믈 보디 아니ᄒᆞᄂᆞᆫ다:君不見才士汲引難(杜解25:51).

씌오다 동 쓰게 하다. 쓰이다. ¶진실로 날을 애 씌오ᄂᆞ니라:眞箇氣殺我(朴解上32).

씌오다 동 씌우다(覆). ☞씌우다. ᄭᅴ이다 ¶씌오ᄂᆞᆫ 집:套子. 씌오ᄂᆞᆫ 젹은 집:套兒(漢淸11:43).

씌우다 동 씌우다(覆). ☞씌오다. ᄭᅴ이다 ¶

광대 삐워 ᄂᆞ개 춤 ᄎᆞ이고:帶着鬼臉兒趐兒舞(朴解中1). 사ᄅᆞᆷ이 되여 나셔 올치옷 못ᄒᆞ면 ᄆᆞ쇼ᄅᆞᆯ 갓곳갈 삐워 밥 먹이나 다ᄅᆞ랴(古時調. 鄭澈. ᄆᆞᄋᆞᆯ 사ᄅᆞᆷ들아. 松江).

삐·이·다 동 쓰이다〔用〕. ☞쓰이다 ¶서르 삐이디 아니ᄒᆞ야 和ㅣ 아니며:不相爲用非和非合(楞解3:89).

:삐ᄒᆞ·다 동 으르다. ¶淘河ㅣ ᄂᆞᆫ 져비ᄅᆞᆯ 삐ᄒᆞᆫ대:淘河嚇飛燕(杜解25:54).

·삐 명 씨. ☞씨 ¶됴ᄒᆞᆫ 삐 심거든 됴ᄒᆞᆫ 여름 여루미(月釋1:12). 種ᄋᆞᆫ 삐라 ᄒᆞᆫ 마리니(月釋2:2). 그저긔 ᄒᆞᆫ 받 님자히 삐 비흟 저긔 願호ᄃᆡ(月釋2:12). 業識이 삐 ᄃᆞ외야(法華1:190). 삐ᄂᆞᆫ 幸혀 房州ㅅ 거시 니그니:種幸房州熟(杜解7:38). ᄇᆞᄅᆞ미 디어든 솘삐ᄅᆞᆯ 收拾ᄒᆞ고:風落收松子(杜解10:32). 삐 두플 우:耰. 삐 종:種. 삐 뻬타:撒種. 삐 당:瓤. 삐 ᄒᆡᆨ:核(訓蒙叡山本下3). 님금 알ᄑᆡ셔 실과ᄅᆞᆯ 주어시든 그 삐 잇ᄂᆞᆫ 이란 그 삐ᄅᆞᆯ 품을디니라:賜果於君前其有核者懷其核(宣小2:40). 삐 디여 난 휘초리 저 ᄀᆞ티 늙ᄃᆞ록애(古時調. 鄭澈. ᄃᆡ 우희. 松江). 가릐 들고 삐 지여 볼가 ᄒᆞ노라(古時調. 閣氏네 되오려 논의. 海謠). 반출 갈고 삐ᄅᆞᆯ ᄂᆞ리와:耕田下種(女四解2:29). 탁을 ᄭᅮ지저 ᄀᆞᆯ오ᄃᆡ 너ᄂᆞᆫ 오랑캐 삐라:罵卓曰君羌胡之種(五倫3:18). 삐 ᄇᆞ르다:去核(漢淸13:8).

삐 명 씨〔緯絲〕. ☞씨. ᄂᆞᆯ ¶杭州 치ᄂᆞᆫ 삐 ᄂᆞᆯ히 ᄀᆞᆺ고:杭州的經緯相等(老解下23). 삐 ᄂᆞᆯ을 合線ᄒᆞ여 ᄧᆞ시니 上用홀 비단이라:經緯合線結織上用段子(朴解上14). 삐 위:緯(倭解下10). 삐 낫타:打經(譯解補39).

삐동아 명 씨동아. ¶九十月 삐동아것치 속 성긘 말 마르시오(古時調. 靑丘).

삐름 명 씨름. ☞시름. 실홈 ¶삐름:角抵(物譜 博戱).

삐야 명 씨아. ☞삐양이 ¶삐야:取子車(物譜 蠶績).

삐양이 명 씨아. ☞삐야 ¶삐양이:壓車. 삐양이엣 드릐ᄂᆞᆫ 것:踹脚子(譯解下18).

삑삑하다 형 씩씩하다. ¶삑삑할 장:莊(兒學下12).

삡다 동 씹다. ☞십다. 씹다 ¶삐블 담:啗(兒學下2).

삡히다 동 씹히다. ¶풀 삡히고 ᄒᆞᆫ 번으로 직희오고(蒙老3:3).

삣다 동 씻다. ☞싯다. 씻다 ¶이런 욕은 장ᄎᆞᆺ 어이 삐ᄉᆞ리오(山城42). ᄒᆞᆫ적곳 ᄲᅧ 시른 휘면 고텨 삣기 어려우리(古時調. 鄭澈. 비록 못 니버도. 松江). 滄波에 骨肉을 삐셔 魚腹裏에 葬ᄒᆞ니라(古時調. 成忠. 뭇노라. 靑丘). 향탕의 삐서(敬信24). 몸 삐슬 욕:浴(兒學下5).

삥그다 동 찡그리다. ☞삥긔다. 삥의다 ¶센 머리 삥건 양ᄌᆞ 보니 다 주거만 ᄒᆞ야라(古時調. 사ᄅᆞᆷ이 늘근 후의. 仙石遺稿).

삥·긔·다 동 찡그리다. ☞삥그다. 삥의다 ¶繡혼 노옷 고외 暮春에 비취옛ᄂᆞ니 金孔雀과 銀麒麟괘 삥긔옛도다:繡羅衣裳照暮春蹙金孔雀銀麒麟(初杜解11:17). 프른 눈서블 삥긔여슈믈 스치노라:想像嚬靑蛾(杜解12:5). 燭ㅅ브리 ᄢᅥ거ᄂᆞᆯ 프른 눈서블 삥긔엿거니라:燭滅翠眉嚬(杜解12:7). ᄒᆞᆫ 거르믈 므르면 師子ᄋᆡ 삥긔윰 ᄀᆞᆮᄒᆞ니:退一步若師子嚬呻(金三5:32). 野老ㅣ 삥긔며 ᄒᆞᆫ 듣글도 세디 아니ᄒᆞ면(南明下57). 삥긘 시우게 삥긘 니브레:皺皺毦皺皺被(飜朴上40). 삥길 추:皺(訓蒙下33).

삥·의·다 동 찡그리다. ☞삥그다. 삥긔다 ¶제 몸 알효ᄆᆞᆯ 사ᄆᆞᆯ씨 삥의오:以爲厲己故顰蹙也(法華2:162). 삥의여 ᄎᆞ기 너겨:顰蹙而嫌(法華4:200). 삥의욤 비호다 호ᄆᆞᆫ 莊子애 닐오ᄃᆡ 西施ㅣ ᄆᆞᅀᆞ매 病ᄒᆞ야 삥읜대 그 ᄆᆞᅀᆞᆶ 더러운 겨지븨 보고 아ᄅᆞᆷ다이 너겨(南明下74). 눈섭 삥의며 눈 부르ᄯᅳ며:以瞠眉努目(龜鑑下59).

ᄡᆞ놋다 동 쌓도다. ㉠ᄡᆞ다 ¶潼關ㅅ 길헤 城을 ᄡᆞ놋다:築城潼關途(杜解4:6).

ᄡᆞ:눈 명 싸라기눈. ☞ᄡᆞᆯ눈 ¶ᄡᆞ눈 션:霰(訓蒙上2). ᄡᆞ눈:米粒子雪(譯解上3).

·ᄡᆞ·다 동 싸다〔包〕. 둘러싸다. ¶白氎으로 소ᄂᆞᆯ ᄡᆞ 如來ᄅᆞᆯ 드ᅀᆞᄫᅡ(釋譜23:23). 白氎으로 ᄡᆞᅀᆞᄫᅡ(釋譜23:37). 소오ᄆᆞ로 ᄡᆞᄃᆡ:緜子裹(救急上84). 粉과 黛와 ᄡᆞᆫ 거슬 ᄯᅩ 그르며:粉黛亦解苞(杜解1:6). 갈 時節에 里正이 머리 ᄡᆞᆯ 거슬 주더니:去時里正與裹頭(杜解4:2). 藥 ᄡᆞᆫ 거시 ᄆᆞᅀᆞ매 연쳐시니 그를 다 廢ᄒᆞ다니:藥裹關心詩摠廢(初杜解22:16). 병ᄒᆞᆫ 사ᄅᆞ미 머리로셔 가ᄉᆞᆷ 비와 밠ᄀᆞ장 ᄡᆞᄃᆡ ᄎᆞ거든 ᄀᆞ라곰ᄒᆞ야:包裹病人從頭至胸服及足冷則易之(救簡1:66). 됴ᄒᆞᆫ 젼국 ᄒᆞᆫ 되 소옴애 ᄡᆞ니와:好豉一升緜裹(救簡1:105). 四境을 다 ᄡᆞᄂᆞᆯ(六祖序16). 더미 ᄡᆞ고:輓玳瑁(飜朴上28). ᄡᆞᆯ 습:襲(類合下25). ᄡᆞᆯ 과:裹(類合下40). ᄡᆞᆯ 포:包(類合下57). ᄠᅴ로 기르마와 셕슬 ᄡᆞᆯ디니라:布裹鞍轡(宣小5:54). 머리 ᄡᆞ 용심ᄒᆞ며 덕ᄌᆞㅣ 나시니(癸丑9). 형뎨 ᄡᆞ셔 슬피 빈대:兄弟擁衛哀乞(東新續三綱. 孝6:70). 새 ᄡᆞᆫ게 버므럿고:縈新裹(重杜解20:25). 〔初刊本에는 'ᄲᆞᆫ게'로 기록되어 있음.〕내 衣裳과 니블 ᄡᆞᆫ 보홀 다 텨시니:我的衣裳被兒包袱也都敲了(朴解中56).

ᄡᆞ다 동 쌓다〔積. 築〕. ☞ᄡᆞ타. ᄡᆞ타. 싸타. 싸다 ¶潼關ㅅ 길헤 城을 ᄡᆞ놋다:築城潼關

途(杜解4:6). 돌홀 져셔 담을 무덤의 ᄡᅳ더라:負石築墻于墓(東新續三綱. 孝2:26). 이즉시 강ᄀᆞ의 치각을 짓고 여러 층셕을 ᄡᅡ고 놉흔 비를 세우고(山城141). 모롱이에가 여러 담 ᄡᅡᄂᆞᆫ 이와 조역을 블러다가 담ᄡᅡ이리라:去角頭叫幾箇打墻的和坌工來築墻(朴解上10). 담 ᄡᅡᄂᆞᆫ 널로:着墻板(朴解上10). 城 ᄡᅡ다:砌城(譯解上14). ᄡᆞᆯ 축:築(倭解上33). 무쇠로 城을 ᄡᅡ고(古時調. 靑丘). 三日에 長城 ᄡᅡᆺᄂᆞᆫ 역ᄉᆞ의 갓더니(女四解4:25). 이십 니ᄂᆞᆫ 가셔 셩 ᄡᅡᆫ 큰 집의 다ᄃᆞ라(明皇1:37). 다시 ᄡᅡ미:新打築(朴新解1:12). 아홉 모ᄉᆞᆯ ᄡᅡ고(十九史略1:8).

ᄡᅡ·다 동 싸다. 누다. ¶오좀 ᄢᅵ니 니르리 ᄡᅡ며(釋譜3:p.100). 내 쇼변을 ᄡᅡ거든:失便者(救簡1:43).

ᄡᅡ다 형 싸다. (그만한) 값이 있다. ☞ᄊᆞ다 ¶ᄒᆞᆫ 괴예 엇디 일ᄇᆡᆨ 낫 돈이 ᄡᅡ리오:一箇猫兒怎麼直的一百箇錢(朴解中57). 갑 ᄡᅡ다:價直(蒙解下21).

ᄡᅡ다 동 맞이하다. ¶공쥐 늙다 그저 늙게 ᄒᆞ디 부마 ᄡᅡ랴(癸丑195).

ᄡᅡ라기 명 싸라기. ☞ᄉᆞ라기 ¶ᄡᅡ라기 바ᄇᆞ로 아히를 對ᄒᆞ얫노라:糠籺對童孺(杜解12:19).

ᄡᅡ·리 명 싸리. ☞ᄡᆞᆯ리. ᄊᆞ리 ¶ᄡᅡ리:荊條(四解下47 荊字註). ᄡᅡ리남게ᄂᆞᆫ ᄒᆞᆫ 말 치고 검부남게ᄂᆞᆫ 닷 되를 쳐셔 슴ᄒᆞ야 혜면(古時調. ᄃᆡ들에. 靑丘).

ᄡᅡ리뷔 명 싸리비. ☞ᄡᅡ리븨 ¶밋난편 廣州ㅣ ᄡᅡ리뷔 쟝ᄉᆞ 쇼대 난편 朔寧 닛뷔 쟝ᄉᆞ(古時調. 靑丘).

ᄡᅡ리븨 명 싸리비. ☞ᄡᅡ리뷔 ¶ᄡᅡ리븨:掃帚(譯解下14).

ᄡᅡ·이·다 동 싸이다[包]. ¶無明ㅅ 대가리예 ᄡᅡ일씨(月釋14:7). ᄌᆞ식이 기시 ᄡᅡ여시니(女範3. 뎡녀 위부지쳐).

ᄡᅡᆨ 명 싹. ☞삭 ¶ᄡᅡᆨ 묘:苗(兒學上6).

·ᄡᆞᆯ 명 쌀. ☞ᄊᆞᆯ ¶ᄒᆞᆫ 낟 ᄡᆞᆯ올 좌샤(月印上23). 그 짓 ᄯᆞ리 ᄡᆞᆯ 가져 나오나ᄂᆞᆯ(釋譜6:14). 제 ᄡᆞᆯ란 ᄀᆞ초고 ᄂᆞᄆᆡ 것 서르 일 버수믈 홀씨(月釋1:45). 金 바리예 힌 ᄡᆞᆯ ᄀᆞᄃᆞ기 다마(月釋8:90). ᄡᆞᆯ 디흐면:舂米(楞解4:130). 貴ᄒᆞᆫ ᄡᆞᄅᆞᆯ 두플시(圓覺上一之二178). 貝와 ᄡᆞᆯ와(圓覺下三之一17). 져재 가 옷고ᄉᆞᆫ ᄡᆞᄅᆞᆯ 사고:向市賖香粳(杜解3:50). 精히 디허 힌 ᄡᆞ래 어울우리라:精鑿傳白粲(初杜解7:37). 거믄 ᄡᆞ리 ᄃᆞ외어든:成黑米(初杜解7:37). ᄡᆞᆯ 밧고와:糴些米(飜老上39). ᄡᆞᆯ와 뵈라두 므던ᄒᆞ니라:米布(呂約27). 뫼ᄡᆞᆯ 경:粳. ᄎᆞᄡᆞᆯ 나:糯(訓蒙上12). ᄡᆞᆯ 미:米. ᄡᆞᆯ 립:粒(訓蒙中20). ᄡᆞᆯ 살 뎍:糴. ᄡᆞᆯ 폴 도:糶(訓蒙下20). ᄡᆞᆯ 미:米(類合上26. 倭解下4. 兒學上6). 子路의 ᄡᆞᆯ 짐 ᄌᆞᆫ 類를:子路負米之類(宣小5:5). ᄒᆡ여곰 두 줌 ᄡᆞᆯ을 들이게 ᄒᆞ고:令進二溢米(宣小5:47). ᄡᆞᆯ을 잘ᄂᆡ 녀허 메오고(癸丑78). 우리 그져 뎌 人家의 드러가 ᄡᆞᆯ 밧고와:咱們只投那人家糴些米(老解上35). 블근 ᄡᆞᆯ:桃花米(譯解下9). 지아비 돈과 ᄡᆞᆯ을 두엇거든:夫有錢米(女四解2:29). 듕유의 ᄡᆞᆯ을 지믄:米(百行源11). ᄡᆞᆯ 니다:淅米(柳氏物名三 草). 뒷집의 술ᄡᆞᆯ을 ᄭᅮ니(古時調. 金光煜. 靑丘). 白米曰漢菩薩(雞類). 米色二(譯語 花木門). ※ᄡᆞᆯ>쌀

ᄡᆞᆯ겨 명 쌀겨. ¶ᄡᆞᆯ겨를 싸흐며 밥ᄅᆞᆯ 모도와:積糠聚屑(女四解2:29).

ᄡᆞᆯ고 명 쌀광. ¶ᄡᆞᆯ고 름:廩(類合上18).

ᄡᆞᆯ고앙 명 쌀광. ☞ᄡᆞᆯ고 ¶ᄡᆞᆯ고앙 름:廩(兒學上9).

·ᄡᆞᆯᄀᆞᄅᆞ 명 쌀가루. ¶ᄡᆞᆯᄀᆞᄅᆞ이 녀허(瘟疫方16).

·ᄡᆞᆯ:낯 명 쌀알. ¶玉 ᄀᆞᆮᄒᆞᆫ ᄡᆞᆯ나ᄎᆞᆫ 내의 앗기논 것이 아니라:玉粒未吾慳(杜解7:38).

ᄡᆞᆯ눈 명 싸락눈. 싸라기눈. ☞ᄡᅡ눈 ¶ᄡᆞᆯ눈 션:霰(類合上4).

ᄡᆞᆯ리 명 싸리. 싸리나무. ☞ᄡᅡ리 ¶ᄡᆞᆯ리:荊條(譯解下42).

ᄡᆞᆯ미시 명 쌀미숫가루. ¶ᄡᆞᆯ미시를 가지고(五倫4:10).

ᄡᆞᆯ바굼이 명 쌀바구미. ¶ᄡᆞᆯ바굼이:强蛘(柳氏物名二 昆蟲).

·ᄡᆞᆯ밥 명 쌀밥. ¶구즌 ᄡᆞᆯ바배 곳다온 마시 더으니:飯糲添香味(初杜解22:20).

ᄡᆞᆯ보리 명 쌀보리. ¶ᄡᆞᆯ보리 모:牟(詩解 物名21). ᄡᆞᆯ보리:粿麥(柳氏物名三 草).

ᄡᆞᆯ슈슈 명 쌀수수. ¶ᄡᆞᆯ슈슈:米唐黍(衿陽).

ᄡᆞᆯ아기 명 싸라기. ☞ᄉᆞ라기 ¶ᄡᆞᆯ아기:粞(物譜 飮食). ᄡᆞᆯ아기:粞 碎米. 보리 ᄡᆞᆯ아기:麧碎麥(柳氏物名三 草).

ᄡᆞᆯ알 명 쌀알. ¶ᄡᆞᆯ알 립:粒(兒學上6).

:ᄡᆞᆯ초 명 쌀초. ¶ᄡᆞᆯ초 ᄒᆞᆫ 홉애 저젹 ᄀᆞ오(救簡3:55).

·ᄡᆞᆯ·플 명 쌀풀. ¶ᄡᆞᆯ플:漿糨(四解下41 糨字註). ᄡᆞᆯ플 강:糨(訓蒙中12).

·ᄡᆞᆷ 명 쌈[包]. ¶세 ᄡᅡ매 ᄂᆞᆫ화:分作三裹(救簡1:90). 이 일ᄇᆡᆨ 량으란 ᄒᆞᆫ ᄡᅡ매 ᄆᆡᆼᄀᆞ라:這一百兩做一包(飜老下65). 이 일ᄇᆡᆨ 냥으란 ᄒᆞᆫ ᄡᆞᆷ에 ᄆᆡᆼ글라:這一百兩做一包(老解下58). 큰 바ᄂᆞᆯ 일ᄇᆡᆨ ᄡᆞᆷ:大針一百帖(老解下61). 슈 ᄯᅳᄂᆞᆫ 바ᄂᆞᆯ 일ᄇᆡᆨ ᄡᆞᆷ:繡針一百帖(老解下61). 실감기 ᄡᆞᆷ 가져다가:將腰線包兒來(朴解中55).

ᄡᆞᇂ타 동 쌓다. ☞ᄡᅡ다. 싸타 ¶능히 공을 ᄡᆞᇂ코 힝실을 더ᄒᆞ야 ᄡᅥ 복을 터ᄒᆞ지 못ᄒᆞ고(敬信28).

ᄡᅴ·다 동 싸이다[包]. ☞ᄡᅡ이다 ¶封部ᄂᆞᆫ 몯

내와다 ᄢᅵ엿ᄂᆞᆫ 프리라(金三2:13). ᄌᆞ연히 큰ᄆᆞᆯ 볼 제 ᄢᅵ여 나리라:自然裹於大便中出(救簡6:14). 梨花 픤 柯枝 속닙헤 ᄢᅵ엿다가(古時調. 이 몸이 ᄉᆡ여져서. 青丘).

ᄢᅵ오다 동 (북을) 두드리다. ¶붑을 ᄢᅵ오믄 이ᄂᆞᆫ 날롤 서괴라 호미니:擂鼓是交鋒(兵學明鼓號). 즉제 붑 ᄢᅵ오고 라 울리고:擂鼓鳴鑼(兵學1:2).

ᄣ 병서 비읍시옷기역. ㅂ, ㅅ, ㄱ의 합용병서(合用並書). ¶ᄒᆞᆫ ᄣᅦ 낫다가 절로 ᄒᆞᆫ ᄣᅦ 업ᄂᆞ니라(月釋1:50). 세 ᄣᅢ 說法ᄒᆞ더시다(月釋2:27). 여슷 ᄣᅵ니ᄂᆞᆫ 낫 세 밤 세히라(月釋7:65). 科ᄂᆞᆫ 구디오 判은 ᄣᅢ야 ᄂᆞᆫ홀 씨오(楞解1:16). 두 ᄣᅳᆫ 大食 小食 ᄣᅵ라(楞解3:26). 년ᄣᅮᆯ 즙과 싱디황 즙:生藕汁生地黃汁(胎要58).

·**ᄣᅡ** 동 까아. 까서. ㉠ᄣᅡ다 ¶ 이 阿脩羅ᄂᆞᆫ 알 ᄣᅡ 나ᄂᆞ니라(釋譜13:10).

ᄣᅢ 명 깨. ☞ᄢᅢ. ᄤᅢ ¶ 춤ᄣᅢ:苣藤胡麻(四解上30 苣字註). 춤ᄣᅢ 닙:眞荏子(牛疫方5). 듧ᄣᅢ:蘇子(四解上40 蘇字註). 들ᄣᅢ:蘇子(訓蒙上14 蘇字註).

ᄣᅢ·다 동 깨다. 쪼개다. ☞ᄣᅢ티다. ᄣᅢ혀다 ¶ 判은 ᄣᅢ야 ᄂᆞᆫ홀 씨오(楞解1:16). 네 微細히 萬象애 헤혀 ᄣᅢ야:汝可微細披剝萬象(楞解2:48). 그 ᄠᅳᆮ 사교미 端正호미 나모 ᄣᅢᆺ ᄒᆞ며(法華序22). 判ᄋᆞᆫ ᄣᅢ야 ᄂᆞᆫ홀 씨라(法華1:13). 邦邑을 ᄣᅢ야 決斷ᄒᆞ고:剖斷邦邑(法華7:77). 能히 ᄣᅢ디 몯ᄒᆞ며:不能劈(金三3:5). 가ᄇᆡ야이 ᄣᅢ니:輕輕劈破(金三5:22).

ᄣᅢ·티·다 동 깨뜨리다. ☞ᄣᅢ티다 ¶큰 둘에롤 벼라기 ᄣᅢ티니:巨圍雷霆析(杜解18:19). 돌홀 ᄣᅢ티며:擘石(重杜解13:10).

ᄣᅢ:혀·다 동 깨뜨리다. ☞ᄣᅢ티다. ᄣᅢ혀다 ¶ 다시 鄰虛롤 ᄣᅢ혀면:更析鄰虛(楞解3:68). ᄀᆞᆯ히야 ᄣᅢ혀ᄆᆞᆯ 貪ᄒᆞ야 求ᄒᆞ면:貪求辯析(楞解9:96). 내 아자비 符節ᄋᆞᆯ ᄣᅢ혀 가져 갯ᄂᆞᆫ ᄶᅡ히 갓가오니:諸舅剖符近(重杜解1:56). 符節을 ᄣᅢ혀 가져 蜀道애 왯더니:剖符來蜀道(杜解8:11). 柑子롤 ᄣᅢ혀니 서리 ᄀᆞᄐᆞᆫ 거시 손토배 디고:破柑霜落爪(杜解10:43). 眞實로 文翁이 다시 符節을 ᄣᅢ혀 가져오ᄆᆞᆯ 爲ᄒᆞ애니라:眞爲文翁再剖符(杜解21:2). ᄣᅢ혈 부:剖(類合下42). ᄣᅢ혈 판:判(類合下59).

ᄣᅢ혀·다 동 깨뜨리다. ☞ᄣᅢ혀다 ¶邦邑에 ᄣᅢ혀 決斷호ᄆᆞᆯ:剖斷邦邑(楞解6:16). 剖ᄂᆞᆫ ᄣᅢ혈 씨라(楞解6:16). 이롤 ᄣᅢ혀 둘헤 ᄆᆡᇰᄀᆞ라:裂此爲二(法華4:46).

·**ᄣᅧ** 동 껴. ㉠ᄣᅳ다 ¶뉘 텨 ᄣᅧ ᄇᆞ리리오:誰撲滅(初杜解25:13).

ᄣᅧ:듐 동 꺼짐. 빠짐. ㉠ᄣᅧ디다 ¶샹녜 ᄠᅳ며 ᄣᅧ듀믈 닙논 ᄃᆞᆯ 아ᄅᆞᆷ디니:知…常被漂溺(楞解2:31). 반ᄃᆞ기 ᄣᅧ듀믈 브트리라:當從淪墜(楞解9:69). ᄣᅧ듀미 하ᄂᆞ니:多淪墜(金剛上16). 次第로 ᄣᅧ듀믈 가ᄌᆞᆯ비니라:譬次第而淪也(法華2:183). 二乘 아ᄃᆞ리 五道애 오래 ᄣᅧ듀믈 念ᄒᆞ샤ᄃᆡ:念二乘之子久淪五道(法華2:190).

·**ᄣᅧ·디·다** 동 빠지다. ☞ᄢᅥ지다 ¶衆生인 菩薩이 七趣예 ᄣᅧ디여 잇ᄂᆞ니:衆生菩薩淪於七趣(楞解1:8). 오히려 ᄣᅧ디디 아니타 ᄒᆞ시니:尙未淪溺(楞解1:35). 本來ㅅ覺ᄋᆞᆯ ᄣᅧ디게 홀씨:淪本覺(楞解2:95). ᄣᅧ디닐 어엿비 너기쇼셔:哀愍淪溺(楞解5:3). 걸이며 ᄣᅧ딘:滯溺(法華序16). 지즐우며 ᄣᅧ디여:壓溺(圓覺上一之二86). ᄣᅧ뎌슈미 이럿고:成蕪沒(杜解20:7). 世上앳 션븨ᄂᆞᆫ 해 ᄣᅧ뎟ᄂᆞ니:世儒多汨沒(初杜解21:13). 能히 ᄃᆞ마 ᄣᅧ듀ᄆᆞᆯ 免ᄒᆞᄂᆞ니라:能得免沈淪(金三3:50). 블의예 ᄣᅧ디디 아니케 ᄒᆞ라(呂約35). ᄣᅧ딜 함:陷(訓蒙下17. 類合下59). ᄣᅧ뎌 天下읫 輕薄子ㅣ 되리니:陷爲天下輕薄子(宣小5:14). 어름이 ᄣᅧ뎌 ᄲᅡ져 죽게 ᄒᆞ고:氷陷溺死(東新續三綱. 孝3:43).

·**ᄣᅧ·디·다** 동 꺼지다〔滅〕. ☞ᄢᅥ디다 ¶브리 ᄣᅧ디거늘(釋譜23:47). ᄣᅧ딜 멸:滅(訓蒙下35). 블 ᄣᅧ딜 식:熄(類合下51). 블 ᄣᅧ딜 멸:滅(類合下62).

ᄣᅧ여 동 꿰어. ¶힌 머리로 즌ᄒᆞᆰ ᄣᅧ여 오ᄆᆞᆯ:皓首銜泥(杜解21:22). 絇:신ᄲᅮ리예 고 ᄃᆞ라 긴 ᄣᅧ여 ᄆᆡᄂᆞᆫ 거시라(宣小3:22).

ᄣᅦ 동 꿰어. 꿰뚫어. ㉠ᄣᅦ다 ¶모도 디니면 ᄣᅦ ᄉᆞᄆᆞᆺ고:總持則貫通(法華5:194). ᄣᅦ 아라 기튼 恨이 업스니:貫穿無遺恨(初杜解24:37).

ᄣᅦ나ᄃᆞᆯ다 동 줄곧 나들다. ☞ᄢᅦ나들다 ¶미실 차 프ᄂᆞᆫ 지븨 ᄣᅦ나ᄃᆞᆯ며:每日穿茶房(飜老下48).

ᄣᅦ·다 동 꿰다. 꿰뚫다. ☞ᄢᅦ다. ᄤᅦ다. ᄦᅦ다 ¶ᄒᆞᆫ 사래 ᄣᅦ니:貫於一發(龍歌23章). 쥴애 山 두 놀이 ᄒᆞᆫ 사래 ᄣᅦ니:照浦二麞一箭俱徹(龍歌43章). 힌 므지게 ᄒᆡ예 ᄣᅦ니이다:維時白虹橫貫于日(龍歌50章). 沸星 도ᄃᆞᆯ 제 白象ᄋᆞᆯ ᄐᆞ시니 ᄒᆡㅅ 光明을 ᄣᅦ시니이다(月印上5). 남ᄀᆡ 모ᄆᆞᆯ ᄣᅦᅀᆞᄫᅡ 뒷더니(月釋1:6). 五色光이 太微宮의 ᄣᅦ오(月釋2:48). 너비 ᄇᆡ화 ᄣᅦ며:又博學以貫之(楞解1:28). ᄣᅦ ᄉᆞᄆᆞᆺ고:貫通(法華5:194). 詮에 ᄣᅦ요ᄆᆞᆯ(圓覺上一之一76). 뷘 기르마애 두 사리 ᄣᅦ옛도다:空鞍雙貫箭(重杜解4:35). 그른 天人ㅅ ᄀᆞᅀᆞᆯ ᄣᅦ아놋다:學貫天人際(初杜解24:26). 니ᅀᅵ ᄣᅦ 닐거도:連通讀(飜小8:35). ᄣᅦᆯ 관:貫(類合下46). 鹵莽호미 ᄒᆞᆫ ᄣᅦ유메 ᄀᆞᆮ도다:鹵莽同一貫(重杜解2:53).

ᄢᅦ들우·다 [동] 꿰뚫다. ¶百萬衆ᄉ 서리예 ᄢᅦ들워:貫穿百萬衆(初杜解24:11).

ᄢᅦ·오 [동] 꿰고. ㉠ᄢᅦ다☞-오 ¶象寶ᄂᆞᆫ 고키리니 비치 ᄒᆡ오 ᄭᅩ리예 구스리 ᄢᅦ오 히미 常例ᄉ 一百象두고 더 세며(月釋1:28). 五色光이 太微宮의 ᄢᅦ오(月釋2:48).

ᄢᅦ윰 [동] 꿤. ㉠ᄢᅦ다 ¶鹵莽호미 ᄒᆞᆫ ᄢᅦ유메 ᄀᆞᆮ도다:鹵莽同一貫(重杜解2:53).

ᄢᅦ티다 [동] 충돌하다. ¶도적 딘의 ᄢᅦ텨 ᄃᆞᆯ려드러 쉰나믄 도적을 ᄡᅩ와 주기고:衝突賊陣射殺五十餘賊(東新續三綱. 忠1:58).

·ᄢᅧ [동] 끼어〔挾〕. ㉠ᄢᅵ다 ¶諸天이 虛空애 ᄀᆞᄃᆞ기 ᄢᅧ 졷ᄌᆞᄫᅡ(月釋2:18). 모난 누니 빗나 거우루를 ᄢᅧ ᄃᆞ랏ᄂᆞᆫ ᄃᆞᆺᄒᆞ고:隅目青熒夾鏡懸(杜解17:28).

ᄢᅧ들다 [동] 껴들다. 부축하다. ☞ᄢᅵ들다 ¶미양 ᄢᅧ들며 음식을 반ᄃᆞ시 친히 이반더니:常扶持飮食必親奉(東續三綱. 孝28).

·ᄢᅮ·다 [동] 꾸다〔借〕. ☞ᄡᅮ다 ¶董永이 아비 죽거늘 무듦 거시 업서 ᄂᆞᄆᆡ그에 도ᄂᆞᆯ ᄢᅮ어 묻고 죵 ᄃᆞ외요리라 ᄒᆞ야:董永千乘人父亡無以葬乃從人貸錢一萬曰後若無錢還當以身作奴葬畢將往爲奴(三綱. 孝11). 곧 泗洲普光寺애 잇ᄂᆞᆫ 돈 一百貫을 ᄢᅮ어 上官호매 ᄢᅮ려 ᄒᆞ더니:遂於泗洲普光寺內借取常住家錢一百貫文用充上官(佛頂12).

ᄢᅮ·이·다 [동] 꾸이다〔貸〕. ☞ᄢᅱ이다. ᄡᅮ이다. ¶監河애 ᄢᅮ이ᄂᆞᆫ 조ᄒᆞᆯ ᄐᆞ노니:監河受貸粟(初杜解20:41).

·ᄢᅮᆯ [명] 꿀. ☞ᄢᅮᆯ. ᄭᅮᆯ ¶ᄀᆞ마니 ᄢᅮ를 ᄇᆞᄅᆞ니(釋譜23:56). 그 저긔 ᄯᅡ 마시 ᄢᅮᆯᄀᆞ티 ᄃᆞᆯ오 비치 ᄒᆡ더니(月釋1:42). ᄢᅮᆯ 半 되ᄅᆞᆯ 取ᄒᆞ야:取蜜半升(楞解7:16). 毒ᄒᆞᆫ ᄢᅮ를 더러ᄇᆞ리고:除去毒蜜(楞解8:1). 고ᄉᆞᆫ 수리 ᄢᅮᆯᄀᆞ티 ᄃᆞᆯ 노티 아니호리라:不放香醪如蜜甜(杜解10:9). 하ᄂᆞᆯ히 서늘커늘 ᄢᅮᆯ 지엣ᄂᆞᆫ 버릐 지블 버히노라:天寒割蜜房(初杜解10:32). 고지 더우니 ᄢᅮᆯ 짓ᄂᆞᆫ 버리 수ᅀᅳ놋다:花暖蜜蜂喧(初杜解21:6). 도틔 기름과 ᄢᅮᆯ 각 닷 홉 밀 두 량과ᄅᆞᆯ 섯거(救簡6:63). ᄢᅮᆯ 밀:蜜(類合上26).

ᄢᅮᆺ:벌 [명] 꿀벌. ¶ᄢᅮᆺ벌와 胡蝶은 즐거운 ᄠᅳ들 내어ᄂᆞᆯ:蜜蜂胡蝶生情性(初杜解18:4).

:ᄢᅱ·이·다 [동] ①꾸이다. ☞ᄢᅮ이다. ᄡᅮ이다 ¶혹 ᄢᅱ여 사ᄅᆞᆯ 이ᄅᆞᆯ ᄒᆞ고:假貸置產(呂約35). ᄢᅱ일 ᄃᆡ:貸(訓蒙下22).
②꾸다. ¶그 ᄢᅴ 뎘 님자히 ᄢᅱ이고:其時寺主接借(佛頂下12).

·ᄢᅴ [명] 때〔時〕. ☞ᄢᅳᆫ. ᄢᅳᆯ. ᄢᅵ ¶밤낫 여슷 ᄢᅴ로 뎌 藥師瑠璃光如來ᄅᆞᆯ 저ᅀᆞᄫᅡ 供養ᄒᆞᅀᆞᆸ고(釋譜9:32. 月釋7:65). 그 ᄢᅴᆺ 이 菩薩 므더니 너기던 四衆(釋譜19:35). 세 ᄢᅳᆯ 說法ᄒᆞ더시다(月釋2:27). 즉자히 밥 머긇 ᄢᅴ로 ᄆᆞᆫ나라해 도라와(月釋7:65). 밤낫 여슷 ᄢᅳᆯ 더 如來ᄅᆞᆯ 저ᅀᆞᄫᅡ(月釋9:52). 그 ᄢᅳᆯ 當ᄒᆞ야 三千大千世界 六種 震動ᄒᆞ고(月釋18:43). 두 ᄢᅳᆫ 大食 小食 ᄢᅵ라(楞解3:26). 밤낫 여슷 ᄢᅴ로:晝夜六時(阿彌9). 이 여러 새ᄃᆞᆯ히 밤낫 여슷 ᄢᅴ로:是諸衆鳥晝夜六時(阿彌10). 그처딘 ᄢᅵ 업슨 ᄢᅵᆫ:無有間斷時(蒙法27). 어느 ᄢᅴᅀᅡ 노ᄑᆞᆫ 議論이 金門을 미러 드러:幾時高議排金門(初杜解7:29). 나ᄇᆡ 남긔 ᄃᆞ라슈믈 ᄢᅴ로 서르 ᄇᆡ호ᄂᆞ니:猿掛時相學(杜解14:29). 그 ᄢᅴᆺ 四十萬匹ᄉ ᄆᆞᄅᆞᆯ:當時四十萬匹馬(杜解16:41). 이 ᄢᅳᆯ 됴히 向ᄒᆞ야:好向此時(南明下31). 두어 ᄢᅳᆯ 디내요ᄃᆡ(佛頂11). 殿 알ᄑᆡ 兵馬ㅣ 너를 破滅ᄒᆞᆯ ᄢᅳᆫ:殿前兵馬破汝時(重杜解4:24). 어느 ᄢᅴ아 功勳을 세려뇨:幾時樹功勳(重杜解5:28).

·ᄢᅳ·다 [동] ①끄다. 꺼지다. ☞ᄭᅳ다 ¶欲花ᄅᆞᆯ ᄒᆞ마 ᄢᅳ샤 害ᄒᆞᅀᆞᄫᆞ리 업슬씨(月印上37). 혀ᄂᆞᆫ 블 ᄢᅳᄂᆞᆫ 블(月印上38). 브리 즉자히 ᄢᅳ거늘(釋譜6:33). 브를 ᄢᅳ긔 ᄒᆞ야시ᄂᆞᆯ(釋譜11:26). 브리 香樓에 다ᄃᆞ라 ᄢᅳ고 아니 브틀씨(釋譜23:38). 져즈로 블 ᄢᅳᅀᆞᆸ고(月釋10:14). 블 ᄢᅳᆫ 後에 舍利 모도아(月釋18:38). 煩惱 브를 ᄢᅳ샤미라:滅除煩惱焰也(法華3:35). 블 ᄢᅳᆫ 後에:火滅已後(法華6:153). 브리 제 ᄢᅳᄃᆞᆺ ᄒᆞ니:火則自滅(永嘉上63). 뫼햇 귓거슨 브를 부러 ᄢᅳ거ᄂᆞᆯ:山鬼吹燈滅(重杜解2:12). 燭ᄉ브리 ᄢᅳ거ᄂᆞᆯ 프른 눈서블 씽긔엿거니라:燭滅翠眉嚬(重杜解12:7). 아니환ᄒᆞᆫ 氣運은 ᄆᆞᄎᆞ매 ᄢᅳ디 아니ᄒᆞᄂᆞ다:沴氣終不滅(重杜解12:10). 뉘 텨 ᄢᅧ ᄇᆞ리리오:誰撲滅(初杜解25:13). 이 燈ᄋᆞᆯ 부러 ᄢᅮᄃᆡ:吹滅此燈(金三5:3). ᄢᅳᆯ 멸:滅(石千25).
②끄다〔剖〕. ¶쟝촛 어름을 ᄢᅳ고 어드랴 ᄒᆞ더니:將剖冰求之(宣小6:22).

ᄢᅳ듣다 [동] 꺼지다. ¶ᄢᅳ듣고 잇다감 뒤트ᄂᆞ니ᄂᆞᆫ:陷時作搐搦(痘要上64). 비치 검고 주리혀 ᄢᅳ듣ᄂᆞᆫ 증이라(痘要下24). ᄢᅳ드를 근심이 업ᄉᆞ리라:無陷伏之憂矣(痘要下41).

ᄢᅳ려 [명] 꾸러미. ¶기ᄇᆞ로 ᄢᅳ료ᄃᆡ 두 ᄢᅳ례예 ᄂᆞᆫ화:以帛子裹分作二苞(救急上68).

ᄢᅳ·리·다 [동] 꾸리다. 메우다. 싸다. 안다. ☞ᄭᅳ리다 ¶兜羅綿에 ᄢᅳ리ᅀᆞᄫᅡ(釋譜23:37). ᄢᅳ리여 棺애 녀ᅀᆞᆸ고(月釋1:7). 天衣로 ᄢᅳ리ᅀᆞᄫᆞ니라(月釋2:39). 하ᄂᆞᆳ 기ᄇᆞ로 太子ᄅᆞᆯ ᄢᅳ려 안ᅀᆞᄫᅡ(月釋2:43). ᄂᆞᄎᆞ란 ᄢᅳ리고 逃亡ᄒᆞ야(月釋8:98). 萬象ᄋᆞᆯ ᄢᅳ려 머구멧ᄂᆞᆫ ᄃᆞᆯ:包呑萬象(楞解2:18). 世間엣 믈읫 잇ᄂᆞᆫ 物이 다 곧 微妙ᄒᆞᆫ ᄆᆞᅀᆞ미라 十方ᄋᆞᆯ 머구머 ᄢᅳ렛ᄂᆞᆫ ᄃᆞᆯ ᄉᆞᄆᆞᆺ알며:了知世間諸所有物皆卽妙心含裹十方(楞解3:63). 含ᄋᆞᆫ ᄢᅳ려

자ᄫᆞᆯ 씨오(楞解4:76). 擁ᄋᆞᆫ ᄢᅳ릴 씨라(楞解5:55). 能히 ᄢᅳ류미 ᄃᆞ외며:則能爲括(楞解8:106). 虛空ᄋᆡ 빗 ᄢᅳ룜 ᄀᆞᆮᄒᆞ시며:如空包色(法華1:143). 偏은 빗기 十方애 ᄢᅳ리유미니:偏則橫該十方(圓覺上一之二14). 通히 ᄢᅳ료ᄆᆞᆫ 自와 他왜 둘 아니니:通該則自他不二(圓覺上一之二57). 빗굼과 발오ᄆᆞᆯ 다 ᄢᅳ류미라:橫竪摠該(圓覺上二之二131). 옷보ᄒᆞ로 ᄢᅳ리여 드리더라:衣袱裹而納之(宣賜內訓1:67). 星辰이 ᄌᆞᄌᆞ 모다 ᄢᅳ리놋다:星辰屢合圍(杜解10:10). 數百 고기ᄅᆞᆯ ᄒᆞᆫ버네 ᄢᅳ려 내놋다:一擁數百鱗(初杜解16:62). 서리와 이슬왜 ᄢᅳ렛ᄂᆞ니:擁霜露(初杜解16:73). 羅籠ᄋᆞᆫ ᄢᅳ려실 씨라(金三2:39). 산 사ᄅᆞᄆᆡ 니버ᇰᆫ 더운 오ᄉᆞᆯ 밧겨 ᄢᅳ리고 니ᄡᆞᄅᆞᆯ 봇가:活人熱衣包之用大米炒(救簡1:86). ᄢᅳ릴 위:衛(訓蒙中8). 병을 ᄢᅳ리고 의원을 ᄭᅴ여:護疾而忌醫(宣小5:85). 핑노로 더브러 ᄒᆞᆫ가지로 ᄢᅳ려 가더니:與彭老共衛而行(東新續三綱. 忠1:46). 왜적이 장ᄎᆞᆺ 급의 어미ᄅᆞᆯ 주기려 ᄒᆞ거ᄂᆞᆯ 난죵이 덥퍼 ᄢᅳ린대 도적이 주기고:倭賊將殺汲母難終覆翼之賊殺之(東新續三綱. 忠1:83).

·ᄣᅳᆫ 명 때는. ㉭ᄣᅳ ¶두 ᄣᅳᆫ 大食 小食 ᄣᅵ라(楞解3:26). 殿 알ᄑᆡ 兵馬ㅣ 너를 破滅ᄒᆞᆯ ᄣᅳᆫ:殿前兵馬破汝時(重杜解4:24).

·ᄣᅳᆯ 명 때를. 〔'ᄣᅳ'+목적격조사 '-ㄹ'〕 ㉭ᄣᅳ ¶세 ᄣᅳᆯ 說法ᄒᆞ더시다(月釋2:27). 그 ᄣᅳᆯ 當ᄒᆞ야 三千大千世界 六種 震動ᄒᆞ고(月釋18:43). ᄠᅳ든 利益을 ᄒᆞᆫ ᄣᅳᆯ 니필 ᄲᅮᆫ 아니라:意非利被一時(楞解1:26). ᄒᆞᆫ ᄣᅳᆯ 닐오미 아니라:非謂同時(圓覺下二之二19). 처ᅀᅥᆷ 亂ᄒᆞᆫ ᄣᅳᆯ:初亂時(初杜解6:37). 녜 처ᅀᅥᆷ 보던 ᄣᅳᆯ ᄉᆞ랑호니:憶昔初見時(初杜解8:6). 時世 거리치던 이ᄅᆞᆯ 뎌 ᄣᅳᆯ 혜요니:濟世數嚮時(杜解14:4). 오래 안자셔 곳다온 ᄣᅳᆯ 앗ᄭᅵ노라:久坐惜芳辰(初杜解23:32).

·ᄢᅳᆯ 명 끝. ☞ᄭᅳᆯ ¶시혹 ᄢᅳᆯ로 조사 낸 後에 소곰므를 ᄡᅳ거나:或用鏨鑿開取出後用鹽湯(救急下32). ᄢᅳᆯ 착:鑿(訓蒙中16).

·ᄢᅳᆷ 명 틈. ☞ᄡᅳᆷ. ᄭᅳᆷ ¶ᄢᅳᆷ爲隙(訓解. 合字). 金으로 ᄍᆞ해 ᄶᅩ로ᄆᆞᆯ ᄢᅳᆷ 업게 ᄒᆞ면(釋譜6:24). 비치 ᄢᅳᆷ 안해 드러:光入隙中(楞解1:105). 입과 窓과 ᄢᅳ메:戶牖之隙(楞解2:28). ᄢᅳ믈 엿와:伺隙(法華2:123). ᄢᅳ멧 드틀 ᄀᆞᆮᄒᆞ며:猶如隙塵(金剛上11). 알ᄑᆡ 事理ᄅᆞᆯ 노겨 ᄢᅳᆷ 업수믄:融前事理而無間然(永嘉下82). ᄒᆞᆫ갓 ᄢᅳᆷ ᄍᆞ해 潛伏ᄒᆞ며:徒然潛隙地(杜解20:37). 다시 ᄇᆞ즈러니 호온 ᄢᅳ믈 ᄎᆞᆺ디 마롤디어다(南明上36).

·ᄣᅴ 명 ①때. ☞ᄣᅳ ¶아히 ᄣᅴ브터 深山애 이셔(釋譜11:28). 날마다 세 ᄣᅴ로 十方諸佛이 드러와 安否ᄒᆞ시고(月釋2:26). 곧 그 ᄣᅴ 乘ᄒᆞ야셔 나소 거ᄅᆞᆷ디니라:便宜乘時進步(蒙法41). 之子ᄅᆞᆯ ᄣᅴ로 서르 보니:之子時相見(杜解9:12).

②때에. ㉭ᄣᅳ ☞ᄣᅵ ¶그 ᄣᅴ 四衆이 圍繞ᄒᆞᅀᆞᄫᅡᆺ더니(月釋21:5). 내 그 ᄣᅴ 我相 업스며:於我爾時無我相(金剛上79). 自然히 나든 ᄣᅴ:自然現前時(蒙法4). 滋味 ᄀᆞ장 업슨 ᄣᅴ:百無滋味時(蒙法15). 헤텨도 일티 아니ᄒᆞᆫ ᄣᅴ 가온ᄃᆡ 괴외ᄒᆞ야:蕩不失時中寂(蒙法43). 后ㅣ 그 ᄣᅴ 나히 열히러시니:后時年十歲(宣賜內訓2上40). 녜 洛陽애 이실 ᄣᅴ:昔在洛陽時(杜解2:67). 나못가지예 잇ᄂᆞᆫ 새 어즈러이 우ᄂᆞᆫ ᄣᅴ:樹枝有鳥亂鳴時(杜解4:33). 어느 ᄣᅴ아 功勳을 세려뇨:幾時樹功勳(杜解5:28). 내 그 ᄣᅴ 일홈난 뫼해 가노녀:余時游名山(杜解9:1). 내 親히 證ᄒᆞᆫ ᄣᅴ 人과 法괘 다 업서(南明上8). 그 ᄣᅴ 뎘 님자히 ᄣᅵ이고:其時寺主接借(佛頂下12).

-ᄣᅴ 조 -께. ☞-ㅅ긔. -ᄭᅴ. ¶봄과 ᄀᆞᅀᆞᆯ와 두 ᄣᅴ 님금ᄭᅴ 가놋다:春秋二時歸至尊(初杜解17:25).

-ᄣᅴ 접미 -께. ¶보롬ᄣᅴ 더브러 와:半頭取將來(飜朴上46).

ᄣᅴ니 명 때. ☞ᄣᅵ니 ¶더운 구루미 ᄣᅴ니 업시 나고:火雲無時出(杜解13:6). 版築호ᄆᆞᆯ ᄣᅴ니 아닌 저긔 자뱃도다:版築不時操(杜解13:28). ᄀᆞᄅᆞᇝ 버드니피 ᄣᅴ니 아닌 저긔 펫고:江柳非時發(重杜解14:24).

ᄢᅴ리다 동 꾸리다. 싸다. 에우다. ☞ᄢᅵ리다. ᄢᅳ리다 ¶李相將軍이 薊門을 ᄢᅴ려 가젯ᄂᆞ니:李相將軍擁薊門(重杜解5:25).

·ᄣᅵᆫ 명 때에는. ㉭ᄣᅳ ¶ᄒᆞ다가 히믈 ᄡᅥ 話頭를 擧호매 干涉ᄒᆞᆫ ᄣᅵᆫ:若涉用力擧話頭時(蒙法8). 그처딘 ᄣᅵ 업슨 ᄣᅵᆫ:無有間斷時(蒙法27). ᄯᅩ ᄒᆞ다가 말ᄒᆞᆯ ᄣᅵᆫ 아ᄂᆞᆫ ᄃᆞᆺᄒᆞ고:更若說時似悟(蒙法47).

ᄢᅵᆷ 명 틈. ☞ᄢᅵᆷ. ᄢᅳᆷ ¶새지블 小城ㅅ ᄢᅴ메 브텨 뒷노라:茅齋寄在小城隈(重杜解10:39).

·ᄣᅵ 명 ①끼. 때. ☞ᄢᅵ. ᄣᅳ. ᄣᅴ. ᄭᅵ ¶不進饍이 현 ᄣᅵ신ᄃᆞᆯ 알리:絶饍知幾時(龍歌113章). 이 ᄣᅵ 부텻 나히 닐흔ᄒᆞ나히러시니(釋譜13:1). 두 ᄣᅳᆫ 大食 小食 ᄣᅵ라(楞解3:26). 每常 밥ᄣᅵ이나:每常食時(楞解7:16). 神力 나토샬 ᄣᅵ 百千歲 ᄎᆞᆫ 後에ᅀᅡ 도로 舌相을 가ᄃᆞ샤:現神力時滿百千歲然後還攝舌相(法華6:102). 이 ᄣᅵ ᄀᆞᅀᆞᆯ와 겨슬왓 ᄉᆞᅀᅵ로소니:是時秋冬交(初杜解8:59). 오ᄉᆞᆫ ᄇᆞᆷ비예 젓ᄂᆞᆫ ᄣᅵ로다:衣露春雨時(杜解9:22). 樓蘭을 조ᅀᆞ로이 버힐 ᄣᅵ로다:樓蘭要斬時(初杜解23:40). 좀좀ᄒᆞᆫ ᄣᅵ 닐오ᄆᆞᆫ:默時說(南明下18).

②때가. ¶잠간도 ᄇᆞ릴 ᄣᅵ 업스니라 ᄒᆞ니라:無時暫捨(金剛上83). ᄀᆞᅀᆞᆯ 하ᄂᆞ리 ᄀᆞᆮᄒᆞᆫ

쁴 이 第一 ᄆᆞᄃᆡ니:如秋天相似時是第一箇程節(蒙法40). ᄠᅳᆯ 알ᄑᆡ 甘菊이 옮겨 심글 쁴 느즐ᄉᆡ:庭前甘菊移時晚(初杜解18:1). 孫吳로 ᄯᅩ 쁴 다ᄅᆞᆯ 쓔니로다:孫吳亦異時(杜解23:9). 그 쁴 龍朔元年辛酉歲러라:時龍朔元年辛酉歲也(六祖序11).

ᄢᅴ·니 명 때. 끼니. ¶밤낫 여슷 ᄣᅳ로:여슷 ᄢᅴ니ᄂᆞᆫ 낫 세 밤 세히라(月釋7:65). 여슷 ᄢᅴ니ᄂᆞᆫ(阿彌9). 어즈러운 고즌 能히 몃맛 ᄢᅴ니오:繁花能幾時(初杜解7:14). 고니 잡ᄂᆞᆫ 사ᄅᆞ미 믌 神靈 祭ᄒᆞᄂᆞᆫ ᄢᅴ니(南明上24). ᄢᅴ니며 고디며:時處(金三3:19). 이 涅槃 得ᄒᆞᆫ ᄢᅴ니라:是得涅槃時(金三5:27). ᄢᅴ니 혜디 말오 더운 수레 ᄒᆞᆫ 돈곰 프러 머그라:每服不計時候以煖酒調下一錢(救簡6:73). ᄢᅴ니 시:時(訓蒙上2).

·ᄢᅵ·다 동 ①끼다〔挾〕. ☞ᄢᅵ다. ᄭᅵ다 ¶諸天이 虛空애 ᄀᆞᄃᆞ기 ᄢᅧ 좃ᄌᆞᄫᅡ(月釋2:18). 將ᄋᆞᆫ 디니며 ᄢᅵᆯ 씨라(月釋13:56). 여러 가짓 凶ᄒᆞᆫ 노ᄅᆞ샛 서르 ᄢᅵ며 서르 밀며:諸有凶戲相扠相撲(法華5:13). 無明을 ᄢᅧ(圓覺下三之一54). 몬져 ᄲᅧᄅᆞᆯ 고텨 ᄢᅧ 단기고 술 머겨 醉케 ᄒᆞ라:先整骨了夾定飮之令醉(救急上88). 큰 뫼흘 ᄢᅧ:挾太山(宣賜內訓序7). 사ᄅᆞᆯ ᄢᅧ셔 漢ㅅ ᄃᆞ래셔 소ᄂᆞ다:挾矢射漢月(重杜解4:12). 되ᄆᆞᆯ ᄐᆞ고 그륜 활 ᄢᅵ고 시울 울여 虛히 쏘디 아니ᄒᆞ다라:胡馬挾雕弓鳴弦不虛發(杜解10:26). 豫章 남기 ᄒᆡᄃᆞᆯ ᄢᅧᆺ더니:豫章夾日月(杜解16:4). 부ᄂᆞᆫ 피리ᄅᆞᆯ ᄢᅧᆺ도다:夾吹籥(初杜解24:55). 대 ᄢᅧ 桃花ㅣ오(金三4:46). ᄢᅵᆯ 협:挾(類合下47). ᄢᅵᆯ 협:夾(類合下54). 兄弟ᄅᆞᆯ ᄢᅧ 번ᄒᆞ디 아닐디니(宣小2:67). 匕首ᄅᆞᆯ ᄢᅵ고:挾匕首(宣小4:31). 사긔 ᄢᅵ여 실로 구디 ᄆᆡ고:挾定以線縛之(胎要75).
②끼우다. 끼워 넣다. ¶거믄 기ᄌᆞ피예 금션람 비단 갸품 ᄢᅵ고:皁麂皮嵌金線藍條子(飜朴上26).

·ᄢᅵ들·다 동 껴들다. 부축하다. ☞ᄢᅧ들다 ¶그 ᄯᅩ리 듣고 ᄡᅡ해 모미 다 헐에 디여 ᄂᆞ미 ᄢᅵ드러 오라거ᅀᅡ ᄭᆡ야(月釋21:22). 피 흘려 ᄂᆞᆺ치 ᄀᆞ리ᅘᅧ늘 모다 ᄢᅵ드러 내니라:流血被面左右掖以出(三綱.忠21). ᄢᅵ드러 닐며 누이며 ᄒᆞ고:扶持起臥(續三綱.孝27 趙錦獲鹿). ᄢᅵ들 익:掖(類合下11). 그 ᄡᅥ 달애며 ᄢᅵ들며 ᄌᆞ아내며 힘ᄡᅳ게 ᄒᆞ며:其所以誘掖激勵(宣小6:12).

ᄢᅵ·우·다 동 끼우다〔嵌〕. ☞ᄭᅵ우다 ¶ᄢᅵ울 감:嵌(訓蒙下20).

ᄢᅵ이다 동 끼이다. ¶ᄢᅵ일 칙:廁(類合上23).

·ᄢᅵᄒᆞ·다 동 끼우다〔嵌〕. ¶연야투루 비체 텬화의 팔보 ᄢᅵᄒᆞᆫ 문앳 비단:黑綠天花嵌八寶(飜老下24).

·ᄢᅵᆷ 명 틈. ☞ᄢᅳᆷ. ᄭᅵᆷ ¶門 ᄢᅵᄆᆞ로 들라 ᄒᆞ야ᄂᆞᆯ 阿難이 즉자히 ᄢᅵᄆᆞ로 드러(釋譜24:3). 믄득 보니 바횟 ᄢᅵ메 프른 너추레 두 외 여럿거늘:忽見巖石間青蔓離披有二瓜焉(三綱.孝30). 蕭然히 暴露ᄒᆞ야 묏ᄢᅵ메 브터 이쇼ᄆᆞᆯ 슬노라:歎…蕭然暴露依山阿(初杜解7:28). 書冊 사ᄉᆞ랜 ᄢᅵ멧 ᄒᆡᆺ비치 비취옛도다:書籤映隙曛(杜解7:31). 새지블 少城ㅅ ᄢᅵ메 브텨 뒷노라:茅齋寄在少城隈(初杜解10:39). 그듸ᄅᆞᆯ 묏ᄢᅵ메셔 보내노라:送子山之阿(杜解22:47). 可히 ᄡᅥ ᄢᅵᆷ을 두디 몯ᄒᆞᆯ 거시니라:不可以有挾也(宣小2:67).

·ᄣᅡ·다 동 ①까다〔剝〕. ¶나모 ᄣᅡᆺ ᄒᆞ며:如析薪(圓覺序9). 盤앤 白雅谷ㅅ 이펫 바ᄆᆞᆯ ᄣᅡ고:盤剝白雅谷口栗(杜解 7:32).
②까다〔孵〕. ☞ᄡᅡ다. ᄽᅡ다 ¶이 阿脩羅ᄂᆞᆫ 알 ᄣᅡ 나ᄂᆞ니라(釋譜13:10). 알 ᄣᅡ며 졋 머겨 나하:孚乳產生(法華2:116). 알 ᄣᅡ며 졋 머겨 나호ᄆᆞᆫ:孚乳產生(法華2:117).

ᄣ 병서 비읍시옷디귿. ㅂ, ㅅ, ㄷ의 합용병서(合用並書). ¶ᄒᆞᆫ ᄣᅢ 계도록 긷다가(月釋7:9). 조티 아닌 거시 흘러 넘ᄣᅧ여:不淨流溢(永嘉上35).

ᄣᅡ 동 따. 따서. ㉮ᄠᅡ다 ¶손가락을 ᄣᅡ 피ᄅᆞᆯ 나야 흘려셔 이베 드리되:刺指出血流入於口(東新續三綱.孝5:52 金謙孝感).

·ᄣᅡ·디·다 동 터지다. ☞ᄠᅡ디다 ¶옷과 치매 ᄣᅡ디며 믜여디거든:衣裳綻裂(宣小2:8).

·ᄣᅢ 명 때〔時〕. ☞ᄣᅢ. ᄦᅢ ¶ᄃᆞᇌ ᄣᅢ爲酉時(訓解.合字). 出家ᄒᆞᇙ ᄣᅢ실씨 城 안ᄒᆞᆯ 재요리라(月印上18). ᄒᆞᆫ ᄣᅢ 계도록 긷다가(月釋7:9). 合昏나모도 오히려 ᄣᅢᄅᆞᆯ 알오:合昏尙知時(杜解8:66). 이 ᄣᅢ 어두은 ᄃᆡ:這早晚黑地裏(飜老上55). 네 난 ᄒᆡ ᄃᆞᆯ 날 ᄣᅢ 니ᄅᆞ라:你說將年月日生時來(飜老下71). 더우니ᄅᆞᆯ ᄣᅢ 헤디 말오 머그라(簡辟7). 도라옴애 ᄣᅢᄅᆞᆯ 넘우디 아니ᄒᆞ며(宣小2:16). 吉ᄒᆞᆫ ᄃᆞᆯ 됴ᄒᆞᆫ ᄣᅢ예 네 服을 다시 ᄒᆞ노니:吉月令辰乃申爾服(宣小3:20). 氣象이 됴ᄒᆞᆫ ᄣᅢ옌:氣象好時(宣小5:94).

ᄣᅥ이다 동 떼다. ☞ᄢᅥ이다. ᄢᅥ히다. ᄣᅥ히다 ¶노흘 제 죠히ᄅᆞᆯ ᄣᅥ이고 심에 블을 브티라(火砲解1).

ᄣᅱ·오·다 동 튀기다. ¶樞는 지두리오 機ᄂᆞᆫ 弓弩ㅅ ᄣᅱ오ᄂᆞᆫ 거시라(楞解6:19).

ᄣᅳ·리 명 수두(水痘). 작은마마. ☞ᄠᅳ리. ᄯᅳ리 ¶ᄣᅳ리 포:疱(訓蒙中33).

ᄣᅴ·다 동 넘치다. ¶瓶읫 믈이 ᄣᅴ며 다돈 이피 열어늘(月印上65). ᄒᆞᆫ 瓶의 ᄀᆞ독겨든 ᄒᆞᆫ 瓶이 ᄣᅴ곰ᄒᆞ야(月釋7:9). 기름 ᄀᆞᄃᆞ기 다ᄆᆞᆫ 소라ᄅᆞᆯ ᄀᆞᄅᆞ쳐 닐오ᄃᆡ…기름 소라ᄅᆞᆯ 드러 이 기름 ᄣᅴ디 아니케 가져 오면 너를 주기디 아니호리라(七大22). 그 기름 소라

룰 삐디 아니ᄒᆞ야 노하놀(七大22).

·삐르·다 동 찌르다. ¶羊ᄋᆞᆯ ᄆᆡ야ᄃᆞᆯ오 모ᄀᆞᆯ 삘어 더븐 피 바ᄃᆞ며(月釋23:73). 올ᄒᆞᆫ 소ᄂᆞ로 갈 자바 왼녁 볼ᄒᆞᆯ 삘어 피 내오(圓覺下三之一88). 아래로 삘어 가 坤軸ᄋᆞᆯ ᄇᆞ려 티ᄂᆞ니:下衝割坤軸(杜解6:47). ᄠᅳᆯ 가온ᄃᆡ 藤이 집 기슬글 삘엇도다:庭中藤刺簷(初杜解25:19). 침으로 머리롤 삘어:以針刺頭(救簡1:21). ᄯᅩ 고 아래 입시울 우희 오목ᄒᆞᆫ ᄃᆡ 솑톱으로 오래 삘어시며:又云爪刺人中良久(救簡1:55). 두 곳굼글 삘오ᄃᆡ:刺兩鼻中(救簡1:83). 삐를 데:觝. 삐를 촉:觸(訓蒙下8).

삐우다 동 붓다〔注〕. ¶제쥬 삐울 뢰:酹(類合下24).

삘·어 동 찔러. ㉮삐르다 ¶羊ᄋᆞᆯ ᄆᆡ야ᄃᆞᆯ오 모ᄀᆞᆯ 삘어 더븐 피 바ᄃᆞ며(月釋23:73). 올ᄒᆞᆫ 소ᄂᆞ로 갈 자바 왼녁 볼ᄒᆞᆯ 삘어 피 내오(圓覺下三之一88). 아래로 삘어 가 坤軸ᄋᆞᆯ ᄇᆞ려 티ᄂᆞ니:下衝割坤軸(杜解6:47). ᄠᅳᆯ 가온ᄃᆡ 藤이 집 기슬글 삘엇도다:庭中藤刺簷(初杜解25:19). 침으로 머리롤 삘어:以針刺頭(救簡1:21).

삘·여 동 찔려. ㉮삘이다 ¶가싀예 삘여 모ᄆᆞᆯ ᄇᆞ리며:觸刺而遺身(楞解6:78).

삘·이·다 동 찔리다. ☞삐르다 ¶가싀예 삘여 모ᄆᆞᆯ ᄇᆞ리며:觸刺而遺身(楞解6:78). ᄆᆞᆯ게 볼이며 쇠게 삘여:馬踏牛觸(救急下29). 가싀 남기 삘여도 ᄎᆞ마 ᄃᆞᆫ뇨니:隱忍枳棘刺(杜解1:54). 삘여 ᄉᆞᆯ해 든 거시 바ᄂᆞ리어나 가싀어나:被刺入肉或是針棘(救簡6:23).

ᄢᅡ다 동 따다. ¶손가락을 ᄢᅡ 피를 나야 흘려셔 이베 드리되:刲指出血流入於口(東新續三綱. 孝5:52 金謙孝感).

ᄢᅧ디·다 동 깨지다. 찢기다. ¶蒼崖 우름제 ᄢᅧ디놋다:蒼崖吼時裂(重杜解1:3). 子規새 바ᄆᆡ 우니 묏대 ᄢᅧ디고:子規夜啼山竹裂(杜解9:8). 온 즘ᄉᆡᆼ이 듣고ᄃᆡ 고리 다 ᄢᅧ디ᄂᆞ니:百獸聞之皆腦裂(南明上47).

ᄢᅵ·리·다 동 때리다. 때려 깨뜨리다. ☞ᄢᅧ디다 ¶바리 ᄢᅵ리는 쇠 거츨언마ᄅᆞᆫ(月印上28). 雪山애 몸 ᄇᆞ리샴과 香城에 ᄲᅧ ᄢᅵ리샨 類 ᄀᆞᄐᆞ니라:如雪山捨身香城破骨之類(圓覺下三之一87). 너의 어셔 漆桶ᄋᆞᆯ ᄢᅵ리고:汝早早打破漆桶(法語16). 醋 ᄒᆞᆫ 홉과 ᄃᆞᆯᄀᆡ알 ᄒᆞᆫ 나ᄎᆞᆯ ᄢᅵ려:醋一合雞子一枚打破(救急上27). 놀애 기니 樽ᄋᆞᆯ 텨 ᄢᅵ료롸:歌長擊樽破(重杜解2:64). 子規새 바ᄆᆡ 우니 묏대 ᄢᅧ디고:子規夜啼山竹裂(杜解9:8). ᄒᆞᆰ 무저글 ᄢᅵ리니:破塊(杜解16:66). ᄢᅵ리는 대ᄀᆞᄐᆞᆫ 勢는:破竹勢(初杜解20:16). 그륜 瓶ᄋᆞᆯ 텨 ᄢᅵ리고 도라오니:畫瓶打破却歸來(南明下56). 온 조가개 ᄢᅵ리도다:百雜碎(金三2:72). 머리 ᄃᆡ골을 텨 ᄢᅵ리되 ᄯᅩᄒᆞᆫ 굴티 아니ᄒᆞᆫ대:擊碎頭顱亦不屈(東新續三綱. 忠1:65).

ᄢᅨ 명 뼈. ☞ᄲᅧ ¶얼믠 뵈 이운 ᄢᅨ에 가맛ᄂᆞ니:疎布纏枯骨(重杜解2:65).

ㅄ 병서 비읍지읒. ㅂ, ㅈ의 합용병서(合用並書). ¶그 龍ᄋᆞᆯ ᄧᅧ 머거늘(釋譜6:32). 鹹ᄋᆞᆫ ᄧᆞᆯ 씨라(月釋1:23). 버미 ᄧᅩ차 오거늘(月釋10:24).

·ᄧᅡ 동 짜〔織〕. ㉮ᄧᆞ다 ¶다ᄉᆞᆺ ᄀᆞᆯ비 보논 覺ᄋᆡ 妄ᄋᆞᆯ ᄧᅡ:五疊織見覺之妄(楞解4:82). 가져다가 니기이샤 ᄧᅡ 니블 ᄆᆡᆼᄀᆞᄅᆞ샤:取綀之織爲衾裯(宣賜內訓2下51). 貝錦 ᄧᅡ 내요ᄆᆞᆯ 머믈우디 아니ᄒᆞᄂᆞ니:貝錦無停織(杜解20:19). 이 뵈는 다 밋ᄧᅡ히셔 ᄧᅡ 오고:這布都是地頭織來的(老解下55).

·ᄧᅡ 동 짜〔搾〕. ㉮ᄧᆞ다 ¶ᄆᆞ쇼 ᄯᅩᆼ을 ᄧᅡ 즙내야 머그라:牛馬屎絞取汁飮之(救簡1:43).

ᄧᅡ개 명 ①짜개. ¶콩 ᄧᅡ개롤 논호아 먹고:分半菽(初杜解24:5).
②짜갠 것. ¶簡은 대 ᄧᅡ개니 네는 죠히 업셔 대롤 엿거 그를 쓰더니라(月釋8:96).

ᄧᅡ다 동 짜다〔織〕. ☞ᄧᆞ다 ¶씨놀을 合線ᄒᆞ여 ᄧᅡ시니:經緯合線結織(朴解上14).

ᄧᅡ·다 동 짜다〔作〕. ☞ᄧᆞ다 ¶甃는 우믈 ᄧᆞᆺ는 甓이니(杜解15:21).

ᄧᅡ다 형 짜다〔鹹〕. ☞ᄧᆞ다. ᄧᆞᆯ다 ¶ᄧᆞᆯ 감:鹹(兒學下2).

·ᄧᅡ·도 동 짜도〔搾〕. ☞ᄧᆞ다 ¶쇠져즐 앗더니 그 져지 ᄧᅡ도 ᄒᆞᆫ가지로 날씨(釋譜3:p.130).

ᄧᅡᆨ 명 짝. ☞ᄶᅡᆨ ¶ᄧᅡᆨ 爲隻(訓解. 合字). 合은 對ᄒᆞ야 서르 ᄧᅡᆨ 마ᄎᆞᆯ 씨니(月釋序7). 根과 境괘 ᄧᅡᆨ기 아니실ᄊᆡ:根境不偶(楞解6:29). 夫妻롤 ᄧᅡᆨ 마초고:匹配夫妻(楞解8:133). 世雄이 ᄀᆞᄐᆞᆫ ᄧᅡᆨ기 업스샤:世雄無等倫(法華3:101). 톳기와 ᄧᅡᆨ기 ᄃᆞ욀씨:與兎爲儔(永嘉下62). 술윗 두 ᄧᅡᆨ ᄀᆞᆮᄒᆞ야(牧牛訣25). ᄧᅡᆨ글 一定ᄒᆞ야 서르 어즈러이 아니ᄒᆞ면(宣賜內訓2上5). ᄧᅡᆨᄀᆞᆯ 삼게 ᄒᆞ가뇨:爲匹敵(杜解16:1). ᄆᆞᅀᆞᆷ 아로미 眞實로 ᄧᅡᆨ기 드므도다:會心眞罕儔(初杜解22:1). 入寂ᄒᆞ신 後에 신 ᄒᆞᆫ ᄧᅡᆨ 가지시고 西로 가시니(南明上42). ᄀᆞᄐᆞᆫ ᄧᅡᆨ ᄃᆞ외리:爲等倫(金三2:3). ᄒᆞᆫ ᄧᅡᆨ애 ᄆᆞ라 져란 앗고:一隻卷之去筋(救簡2:7). ᄒᆞᆫ ᄧᅡᆨ으란 저즌 죠히예 ᄡᅡ 구어 닉게 ᄒᆞ고:一邊用濕紙裹煨令熟却用(救簡2:102). 두 ᄧᅡᆨ 어울운 굴에예:雙條轡頭(飜朴上28). ᄧᅡᆨ 비:配. ᄧᅡᆨ 우:偶(類合下23). 敢히 몯며느리게 마초와 ᄧᅡᆨ 호려 말올디니:毋敢敵耦於冢婦(宣小2:19). 믈읫 겨집 어둠은 ᄡᅧ 몸ᄋᆞᆯ ᄧᅡᆨ 홈이니:凡取以配身也(宣小5:67). 夕陽에 ᄧᅡᆨ 일흔 ᄀᆞᆯ며기는 오락가

락ᄒᆞ노매(古時調.趙憲.池塘에.青丘). 슈쳥방의 접좌ᄒᆞ여 희찰비로 ᄧᅡᆨ을 삼아(ᄇᆡᆨ화당가). ※ᄧᅡᆨ>짝

ᄧᅡᆨ [명] 쪽. ☞ᄧᅩᆨ ¶萬分에 ᄒᆞ나히어나 恒河沙分에 ᄒᆞ나히어나 계ᄌᆞ ᄧᅡᆨ맛가미라도 다 기픈 ᄆᆞᅀᆞᄆᆞ로(釋譜23:5).

ᄧᅡᆨ·눈 [명] 짝눈. ¶ᄯᅩ 오직 이 ᄒᆞᆫ ᄧᅡᆨ누니며:亦只是一隻眼(金三2:13).

·ᄧᅡᆨ머·리 [명] 한쪽 머리. ¶ᄧᅡᆨ머리 알ᄑᆞ며 대도히 알ᄑᆞ거든 곡졍초 ᄒᆞᆫ 량을:偏正頭痛穀精草一兩(救簡2:6). ᄧᅡᆨ머리 알포미 ᄎᆞᆷ디 몯거든:頭偏痛不可忍(救簡2:7).

ᄧᅡᆨ문 [명] 짝문. 지게문. 외짝문. ¶ᄧᅡᆨ문 호:戶(類合上23).

ᄧᅡᆨᄇᆡ [명] 짝배. 편주(扁舟.片舟). ¶ᄒᆞᆫ ᄧᅡᆨᄇᆡ ᄒᆞ마 洞庭湖애 디나도다:扁舟已過洞庭湖(金三2:8).

ᄧᅡᆨᄧᅡᆨ이 [명] 짝짝이. ☞짝짝이 ¶ᄧᅡᆨᄧᅡᆨ이:隻隻(蒙解下17).

ᄧᅡᆨᄉᆞ랑 [명] 짝사랑. ☞짝ᄉᆞ랑 ¶ᄧᅡᆨᄉᆞ랑 외즐김 ᄒᆞᄂᆞᆫ 뜻을 하ᄂᆞᆯ이 아르셔 둘려 ᄒᆞ게 ᄒᆞ쇼셔(古時調.나ᄂᆞᆫ 님 혜기를.青丘).

-ᄣᅢ [접미] -째. ☞-ᄶᅢ ¶天地 몃 번ᄣᅢ며 英雄은 누고누고(古時調.青丘).

ᄧᅥᆨ [명] 적. 때. 시대. ¶秦 ᄧᅥᆨ의 일홈 업고 漢 ᄧᅥᆨ의 아니 나니(古時調.兩生이 ᄀᆡ.青丘).

ᄧᅩ각 [명] 조각. 쪼가리. ☞조각 ¶이 ᄒᆞᆫ 드트를 둘헤 ᄧᅳ려 ᄒᆞᆫ ᄧᅩ가ᄀᆞᆯ 닐구베 ᄢᅢ혀 ᄯᅩ ᄒᆞᆫ ᄧᅩ가ᄀᆞᆯ 둘헤 ᄧᅳ리면(七大3). ᄧᅩ각 단:段(類合下48).

ᄧᅩᄀᆡ다 [동] 쪼개다. ☞ᄶᅩᄀᆡ다 ¶ᄧᅩᄀᆡ다:掐開(譯解補54).

ᄧᅩ이다 [동] 쪼이다. 쬐다. ¶블에 ᄧᅩ여 눈거든 ᄀᆞ장 ᄀᆞᄂᆞᆯ게 ᄀᆞ라(胎要72).

ᄧᅩ·차·오·다 [동] 쫓아오다. ☞조차오다 ¶ᄒᆞᆫ 버는 쳔량 님자히며 王이며 ᄆᆞᅀᆞᆷ 사ᄅᆞ미 모다 ᄧᅩ차오거늘(月釋10:25).

ᄧᅩ춈 [동] 쫓김. ㉮ᄧᅩ치다 ¶衣冠ᄒᆞᆫ 사ᄅᆞᆷㅣ ᄧᅩ쵸ᄆᆞᆯ 다시 볼가 ᄒᆞ노라:重見衣冠走(重杜解1:40). 뎌 軍이 우리게 ᄧᅩ쵸미 ᄃᆞ외도다:彼軍爲我奔(重杜解5:29).

ᄧᅩ·치·다 [동] 쫓기다. ☞ᄧᅩ치이다. 조치다 ¶ᄒᆞ다가 ᄧᅩ쳐 오거든(月釋10:25). 아비 더블오 도ᄌᆞᆨ ᄧᅩ쳐 가더니:與父驟共走避賊(三綱.孝20). 衣冠ᄒᆞᆫ 사ᄅᆞᆷㅣ ᄧᅩ쵸ᄆᆞᆯ 다시 볼가 ᄒᆞ노라:重見衣冠走(重杜解1:40). 녜 막던 ᄯᅡ히 敗ᄒᆞ야 ᄧᅩ치거든:舊防敗走(重杜解4:26). ᄧᅩ쳐 ᄃᆞᆫ뇨ᄆᆞᆫ:奔走(初杜解20:26). 내ᄧᅩ친 나그내:逐客(初杜解21:33). 뎌 軍이 우리게 ᄧᅩ쵸미 ᄃᆞ외도다:彼軍爲我奔(重杜解5:29). 나모도 바히 돌도 업슨 뫼헤 매게 ᄧᅩ친 가토릐 안과(古時調.青丘).

ᄧᅩ치이다 [동] 쫓기다. ☞ᄧᅩ치다. 조치이다 ¶왜적의 ᄧᅩ치인 배 되여 ᄯᅴ를 글러 스스로 목 ᄌᆞᄅᆞ니:爲倭賊所追解帶自經(東新續三綱.烈3:20).

ᄧᅩᆨ [명] 쪽. 조각〔片〕. ☞ᄧᅡᆨ. ᄶᅩᆨ ¶대 ᄧᅩᄀᆞ로 써 뵈타 ᄒᆞ니(永嘉上17). ᄧᅩᆨ 린:膦. ᄧᅩᆨ 판:瓣(訓蒙下5). 여듧 ᄧᅩᄀᆡ 비취짓 ᄭᆞᆯ오:八瓣兒鋪翠(飜朴上29). 셜오미 ᄆᆞ옴 ᄧᅩᆨ의 ᄆᆡ옛도다:痛纏心腑(野雲80). 여ᄃᆞᆲ ᄧᅩᆨ:八瓣兒(朴解上27). 손가락 ᄶᅧᄆᆡ고 티ᄂᆞᆫ 널 ᄧᅩᆨ:索板(譯解上66).

ᄧᅩᆨ시 [명] 쪽의 씨. ¶즘싱의 ᄯᅩᆼ의 ᄧᅩᆨ시가 드러시미 ᄆᆞ쳐 ᄒᆞᆫ 퍼기 낫거ᄂᆞᆯ(癸丑217).

ᄧᅳᆫ [동] 짠〔搾〕. ㉮ᄧᅳ다 ¶젓거든 ᄧᅳᆫ 기르미 일후미 薰油ㅣ라(法華5:210).

·ᄧᅳᆫ머리 [명] 상투. ☞ᄧᅳ다 ¶髻ᄂᆞᆫ ᄧᅳᆫ머리니 부텻 뎡바깃 ᄲᅧ 노ᄑᆞ샤 ᄧᅳᆫ머리 ᄀᆞᄐᆞ실ᄊᆡ 肉髻시다 ᄒᆞᄂᆞ니(月釋8:34).

·ᄧᆞᆷ [형] 짬〔鹹〕. ㉮ᄧᆞ다 ¶ᄒᆞ마 샹녜 ᄧᆞᄆᆞᆯ 受ᄒᆞ릴ᄊᆡ:既常受鹹(楞解3:28). ᄯᅩ ᄧᆞᄆᆞᆯ 아디 몯ᄒᆞ야:亦不覺鹹(楞解3:28). 이런ᄃᆞ로 ᄧᆞᄆᆞᆯ 브터 ᄀᆞᆯ히시니라:故托鹹以辯(楞解3:28). ᄧᆞᆷ과 淡과 ᄃᆞ롬과 ᄆᆡ오미:鹹淡甘辛(楞解3:51).

ᄧᅩᆺ·니·다 [동] 쫓아 다니다. ☞-니다. 졷니다 ¶東西로 ᄧᅩᆺ니거든(月釋21:23). 金烏玉兎들아 뉘 너를 ᄧᅩᆺ니관ᄃᆡ(古時調.青丘).

ᄧᅩᆺ·다 [동] 쫓다〔逐〕. ☞ᄧᅩᆾ다. 좇다 ¶매 새 ᄧᅩᆺ더시 ᄒᆞᇙ디니:若鷹鸇之逐鳥雀(三綱.忠12). 士大夫의 ᄧᅩᆺᄂᆞ닐 보시고:觀士大夫逐者(宣賜內訓2上27). ᄆᆞᆯ ᄃᆞᆯ여 ᄧᅩᆺᄂᆞᆫ 거슨 아디 몯ᄒᆞ고:未知所馳逐(重杜解2:69). 그 ᄒᆡᆺ ᄧᅩᆺ던 사ᄅᆞᄆᆞᆯ:當年奔逐者(南明上50). 뎌ᄂᆞᆫ 어루 도ᄌᆞᄀᆡ ᄆᆞᄅᆞᆯ 타 도ᄌᆞᄀᆞᆯ ᄧᅩᆺ다 닐올디오:彼可謂騎賊馬趕賊(金三3:12). ᄧᅩᆺ다:趕(語錄2). ᄑᆞ리채 가져다가 다 ᄧᅩᆺ고:將蠅拂子來都赴了(朴解中55). 매가 새ᄅᆞᆯ ᄧᅩᆺ듯 ᄒᆞᄂᆞ니:若鷹鸇之逐鳥雀(五倫2:27).

ᄧᅩᆾ·다 [동] 쫓다〔逐〕. ☞ᄧᅩᆺ다. ᄶᅩᆾ다. 좇다 ¶버미 ᄧᅩ차 오거늘(月釋10:24). 시혹 모딘 사ᄅᆞ미 ᄧᅩ초ᄆᆞᆯ 니버:或被惡人逐(法華7:88). ᄧᅩ차도 能히 가시게 몯ᄒᆞ야(金剛後序67). 王이 親히 駟馬ᄅᆞᆯ 타 ᄃᆞᆯ여 ᄧᅩᄎᆞ시고:王親乘駟以馳逐(宣賜內訓2上26). 雲雪岡애셔 즘싱을 ᄧᅩ초롸:逐獸雲雪岡(重杜解2:40). 廉頗ㅣ 지즈루 彼敵을 ᄧᅩᄎᆞᆫ ᄃᆞᆺᄒᆞ며:廉頗仍走敵(重杜解5:41). ᄎᆞᆫ ᄀᆞᄅᆞᄆᆞᆯ 디내 ᄧᅩ차 도라가ᄆᆞᆯ 容納디 아니ᄒᆞ니라:寒江趁過不容歸(南明下24). ᄯᅩ 모딘 무릐 ᄎᆞ자 ᄧᅩ초미 ᄃᆞ외야:逐(六祖中51). ᄧᅩᄎᆞᆯ 간:趕(訓蒙下30). 형 티공의 겨집 듕비로 더브러 크게 소릐ᄒᆞ고 ᄧᅩᄎᆞ니:與兄致恭之妻仲飛大吽逐(東新續三綱.孝2:45).

:ᄧᅬ·다 [동] 쬐다〔曝.焙〕. ☞ᄶᅬ다 ¶더본 氣韻

이 初禪天에 쁴야(月釋1:48). 더븐 벼티 우희 쁴니(月釋2:51). 히 甘蔗를 쁴야(楞解3:76). 熏은 쬘 씨니(楞解4:72). 熏은 쬘 씨니 體를 쁴야 더러우며 조흔 일돌홀 일울 씨라(法華3:12). 둥어리 쁴요믈 可히 뻐 天子끠 받ᄌᆞ왐 직ᄒᆞ니:炙背可以獻天子(初杜解7:13). 둥어리 쁴오:炙背(初杜解8:47). 둥어리를 벼틔 쁴요니 竹書ㅣ 빗나도다:曝背竹書光(初杜解10:31). 쁴ᄂᆞᆫ 히 싸해 션 錦을 펴 내오:煦日發生鋪地錦(金三3:59). 브은 ᄃᆡ를 쁴오(救簡6:44). 브레 쁴야(救簡6:51). 法界를 쁴놋다:熏法界(眞言.供養文9). 블 쬘 고:熇. 블 쬘 핍:煏. 블 쬘 비:焙. 블 쬘 홍:烘(訓蒙下13). 볕 쬘 포:曝(類合下7). 每日에 볏티 쁴되:每日箇日頭裡晒(朴解下1). 나죄 볏 쁴고 밤의 긔운이 소사 빗치 검고 맛이 미온 흙이 ᄀᆡ장 아름답고:晝曝陽夜潮氣色黑味醨者最佳(煮硝方1). ※쁴다>쬐다

쁴·다 동 쪼개다. 가르다. ¶그 쁟 사교미 고다 나모 쁴ᄃᆞᆺ ᄒᆞ며:其釋義也端如析薪(圓覺序9).

쁘이다 동 째다. ¶믈읫 코흘 쁘이려 흘딘대:凡欲劃鼻(馬解上47). 아릭로브터 우흐로 쁘이되:自下而上劃之(馬解上47).

쁜덥다 형 찐덥다. ☞쓴덥다 ¶너 이십 젼나히로ᄃᆡ 쁜덥고 깃븐 것시 인정의 당연지ᄉᆞ여니와(閑中錄52).

·쁜·디·다 동 돌보다. 근념(勤念)하다. ¶旻天之心애 그 아니 쁜디시리:旻天寧不眷(龍歌116章).

쁟다 동 찢다. ☞쯪다 ¶그 ᄉᆞ테를 쁟고 가다:裂其四體而去(東新續三綱.烈4:23).

쁨 명 즈음. 틈. 사이. ¶두 수릐 쁨의 이셔:在兩車之間(練兵2). 棺의 어우른 쁘매 松脂로뻐 ᄇᆞᄅᆞ면 쁨이 굿고(家禮5:7). 繐은 신 혼 쁨의 베온 실이오(家禮圖5).

·쯪·다 동 찢다. ☞쁟다 ¶그 龍을 쁘저 머거늘(釋譜6:32). 녜 ᄆᆞᄃᆡᄆᆞᄃᆡ 활기 쁘즐 제:往昔節節支解時(金剛上79). 쁘즐 ᄉᆞ:撕(訓蒙下12). 그 칼홀 아사 ᄉᆞᄉᆞ로 멱 디ᄅᆞ니 도적이 골나 쁘즈니라:奪其刀自刎賊節解臠之(東新續三綱.烈5:85 朴氏自刎). ᄉᆞ지를 쁘저 뭇고(女範2.변녀 니시옥영).

쁴다 동 찢다. ☞씌다 ¶비를 쁴고 가다:裂腹而去(東新續三綱.烈6:70).

쁴여디다 동 찢어지다. ☞쁴여지다. 씌여디다 ¶엇데 봄 홀골 어더 싸 쁴여딘 ᄃᆡ를 기우려뇨:安得春泥補地裂(重杜解10:41). 눉시우를 쁴여디게 뻐 가는 새게 드리ᄇᆞ라노라:決眥入歸鳥(重杜解13:1). 발이 쁴여뎌 급흔 소리로 우니(癸丑216).

쁴여지다 동 찢어지다. ☞쁴여디다. 씌여지다 ¶의관이 쁴여지ᄃᆡ(山城9).

쁴지·다 동 찢다. ¶곳갈 쁴져 ᄇᆞ리고 어서 죽가지라 커늘(三綱.忠21).

쁴허드리다 동 찢어뜨리다. ¶돌흔 둗거운 싸홀 쁴허드렷도다:石與厚地裂(重杜解1:17).

삐다 동 찌다. ☞삐다. 씨다 ¶삔 고기예 匕首劒 이쇼믈 드르며:蒸魚聞匕首(重杜解2:39). 삔 밥:蒸飯(譯解補30). 쩍 삐ᄂᆞᆫ 테:蒸籠(譯解補43).

삐르다 동 찌르다. ¶삐를 자:刺(兒學下6).

삐·지·다 동 째다. 찢다. ¶人彘ᄂᆞᆫ 前漢ㅅ 皇后 呂氏ㅣ 戚夫人을 새와 손발 버히고 눈을 앗고 귀 삐지고 말 몯홀 藥 머기고 뒷간의 드리텨 두고 일후믈 사ᄅᆞᆷ도티라 ᄒᆞ니라(宣賜內訓2下14).

삠ᄒᆞ다 동 찜질하다. ¶뿍삠 ᄒᆞ다:艾焙(譯解補35).

삣다 동 (불을) 때다. ☞딛다 ¶블 삣기를 긋치고 김 내지 말라(蒙老1:25).

삣타 동 찧다. ☞씻타. 찌타 ¶삣타:舂擣(譯解補42).

찡긔다 동 주름지다. 주름잡히다. ☞찡긔다 ¶찡긘 담에 찡긘 니블에:皺皺毡皺皺被(朴解上36). 찡긘 겨집이 안히셔 자ᄂᆞᆫ 거시여:皺皺娘娘裏頭睡(朴解上36).

찢다 동 찢다. ¶삐즐 렬:裂(兒學下10).

ᄧᆞ 명 자(字). ☞ᄌᆞ. ᄶᆞ ¶어딜 인 ᄧᆞ를 미뤼어(字恤3).

·ᄧᆞ·다 동 짜다〔織〕. ☞짜다. ᄶᆞ다 ¶서르 ᄧᆞ미라:相織(楞解4:85). 四大 ᄧᆞ디 몯ᄒᆞ야:四大不織(楞解9:53). 疊花로 ᄧᆞᆫ 뵈라(法華2:140). ᄒᆞᆫ 둀 內예 다 ᄧᆞ고(三綱.孝9). 깁 三百匹을 ᄧᆞ사 노호리라(三綱.孝9). 뵈 ᄧᆞᆯ 사ᄅᆞ미 시를 다ᄉᆞ릴 제:織工治絲(宣賜內訓2下51). 뵈 ᄧᆞᄂᆞᆫ 功을 구틔여 아ᄃᆞ기 ᄒᆞ리아:敢昧織作功(杜解11:24). ᄧᆞᆷ도 또 얼믜오:織的又鬆(飜老下62). ᄧᆞᆯ 직:織(訓蒙下19). 명디깁 ᄧᆞ며 다회 ᄧᆞ:織紝組紃(宣小1:7). 王后ㅣ 親히 검은 관ㅅ드림을 ᄧᆞ시고:王后親織玄紞(宣小4:45). 다홍빗체금드려 ᄧᆞᆫ 비단:大紅織金(老解下22). 금으로 ᄧᆞᆫ 膝欄흔 핫옷과:織金膝欄襖子(老解下45). 곡도송 믈드린 블근빗체 털조차 ᄧᆞᆫ 비단과 남능 고의에:茜紅氈段藍綾子袴兒(老解下46). 비단 ᄧᆞᄂᆞᆫ 잉아:掙線(譯解下3). 털로 ᄧᆞᆫ 담:罽子(譯解補43).
※ᄧᆞ다>짜다

ᄧᆞ·다 동 짜다〔作〕. ☞짜다 ¶車檻ᄋᆞᆫ 술위 우희 檻 ᄧᆞᆯ 씨라(楞解8:88). 玉ᄋᆞ로 ᄧᆞᆫ 우므레 ᄃᆞ맷고:沉玉甃(初杜解15:21). 번 ᄧᆞ다:作班(譯解補9).

·ᄧᆞ·다 동 짜다〔搾〕. ☞짜다. ᄶᆞ다 ¶기름 ᄧᆞ

ᄂᆞᆫ 殃과 말저울로 사ᄅᆞᆷ 소기ᄂᆞ니와:壓油殃斗秤欺誑人(法華7:119). 기름 ᄧᅡ면 벌에 목수믈 해 주기고:壓油多殺蟲命(法華7:120). 쥐여미ᄅᆞᆯ ᄧᅡ:籍糟(杜解22:20). 소옴으로 됴ᄒᆞᆫ 수를 져져 소ᄂᆞ로 즙을 ᄧᅡ:以緜漬好酒手挼汁(救簡1:45). ᄉᆡᆼ앙 즛디혀 ᄧᅩᆫ 즙 ᄒᆞᆫ 홉:生薑汁一合(救簡3:97). 외ᄂᆞ믌 불휫 즙을 ᄧᅡ 먹거나:地楡生絞汁飮(救簡6:52).

ᄧᅩ·다 동 (머리를) 틀다. 쫒다. ☞ᄶᅩ다 ¶髻ᄂᆞᆫ ᄧᅩᆫ 머리니 부텻 뎡바깃 ᄲᅧ 노ᄑᆞ샤 ᄧᅩᆫ 머리 ᄀᆞᄐᆞ실ᄊᆡ 肉髻시다 ᄒᆞᄂᆞ니(月釋8:34). 鬟髻ᄂᆞᆫ 머리 ᄧᅩᆯ 씨라(楞解7:21). 마리 ᄧᅩ다:綰頭髮(譯解上47).

·ᄧᆞ·다 형 짜다〔鹹〕. ☞ᄧᅡ다. ᄶᆞ다 ¶鹹ᄋᆞᆫ ᄧᆞᆯ 씨라(月釋1:23). 婆竭羅ᄂᆞᆫ ᄧᆞᆫ 바다히라 ᄒᆞᆫ ᄠᅳ디니(月釋1:23). 또 네 ᄂᆞᄎᆞᆯ ᄧᆞ게 ᄒᆞᄂᆞ니:亦鹹汝面(楞解3:28). ᄒᆞ다가 ᄧᆞᆫ 마시 ᄃᆞ외욣딘댄:若作鹹味(楞解3:28). ᄧᆞᆫ 것과 ᄉᆞᆫ 것ᄃᆞᆯᄒᆡ(救急上32). ᄧᆞᆫ디 草木ㅣ ᄒᆡ니:鹵中草木白(重杜解1:18). ᄧᆞᆯ 함:鹹(訓蒙下14. 類合上30. 石千3). ᄧᆞᆯ 셕:潟(訓蒙下17). ᄧᆞ다:醎(譯解上53). ※ᄧᆞ다>짜다

·ᄧᆞᆫ·믈 명 짠물. ¶渴ᄒᆞᆫ 제 ᄧᆞᆫ믈 먹덧 ᄒᆞ야(月釋7:18).

ᄧᆞᆫ히 부 간절히. ¶손지 ᄧᆞᆫ히 뵈시니라(月釋17:85). 어리 迷惑ᄒᆞ야 또 일흘까 저흘ᄊᆡ ᄧᆞᆫ히 救ᄒᆞ니라:恐癡迷復失故切救之(法華2:138). ᄀᆞ장 ᄧᆞᆫ히 責ᄒᆞ고:苦切責之已(法華4:44). 避ᄒᆞ야 ᄃᆞᄅᆞ실 제도 손지 ᄧᆞᆫ히 뵈샤다:避走之際猶切示之(法華6:81).

ᄧᆞᆫᄒᆞ·다 형 간절하다. ¶法 爲호미 ᄧᆞᆫᄒᆞᆫ디라:爲法之切(法華1:170). ᄧᆞᆫᄒᆞᆫ ᄆᆞᅀᆞ므로 工夫 일우몰:切心做工夫(龜鑑上13).

·ᄣᅵ·다 동 째다. 찢다. ¶그제 ᄎᆞᆺ브리 ᄣᅵ둧 ᄇᆞᆯ가 잇더니(釋譜3:p.102). 제 손토비 쇠 ᄃᆞ외야 제 모ᄆᆞᆯ ᄣᅵ야 ᄇᆞ려 죽고져(月釋1:29). 갈ᄒᆞ로 목 ᄣᅵ오 혀 버혀 주기니라:以刃裂頸斷舌而死(三綱. 忠18). 虛空이 네의 허러 ᄣᅵ욤 니보몰 듣디 몯ᄒᆞ리로다:不聞虛空被汝隳裂(楞解4:92). 깁 ᄣᅵᄂᆞᆫ 소리ᄅᆞᆯ 즐겨 듣더니(宣賜內訓序4). ᄣᅵ여:析(語錄2). 코 ᄣᅵᆫ ᄆᆞᆯ:豁鼻馬(老解下8). 목을 ᄣᅵ고:裂頸(五倫2:43). ※ᄣᅵ다>째다

·ᄣᅵ야·디·다 동 째어지다. 찢어지다. ¶心肝이 ᄣᅵ야디여 더본 피ᄅᆞᆯ 吐ᄒᆞ며 ᄀᆞ장 울오(月釋10:24). 道術이 ᄒᆞ마 ᄣᅵ야디여:道術既裂(楞解1:2). 身肉이 어러 ᄣᅵ야딜 씨오:凍裂身肉(楞解8:103). 震動ᄒᆞ야 ᄣᅵ야디여:震裂(法華2:124). ᄯᅡ히 다 震動ᄒᆞ야 ᄣᅵ야디거늘:地皆震裂(法華5:81). ᄉᆞᆯ히 그처디며 ᄣᅵ야디거든:肌肉斷裂(救急上82).

ᄧᅵ·이·다 동 짜게 하다. ¶ᄇᆞ리ᄂᆞᆫ 무기 잇거든 또 닚여 ᄧᅵ이샤:有荒類棄遺者亦俾緝而織之(宣賜內訓2下51). 그럴ᄉᆡ ᄧᅵ여 너를 뵈노니:故織以示汝(宣賜內訓2下52).

·ᄣᅵ·티·다 동 째다〔裂〕. 〔'ᄣᅵ'는 '裂', '-티다'는 강세접미사.〕☞ᄣᅵ혀다. -티다 ¶그 ᄣᅵ 降히요리라 ᄒᆞ야 다리ᄅᆞᆯ 것티고 입 모ᄉᆞᆯ 귀예 다ᄃᆞᆮ게 ᄣᅵ티니:時欲其降斫足脛折之劃口吻至耳(三綱. 忠26).

ᄣᅵ혀·다 동 째다〔裂〕. ☞ᄣᅵ티다 ¶交河애 몃 버늘 層層인 어르믈 ᄇᆞᆯ와 ᄣᅵ혀 ᄇᆞ리니오:交河幾蹴層氷裂(重杜解17:30).

ᄤᆡᆼᄒᆞ다 동 쨍하다. ☞ᄥᆡᆼᄒᆞ다 ¶귀예 ᄤᆡᆼᄒᆞ다:耳眩(譯解補24).

ㅂㅌ 병서 비읍티읃. ㅂ, ㅌ의 합용병서(合用並書). ¶ᄇᆡ를 ᄩᅡ 보니(釋譜24:50). 모로매 ᄩᅡ 골히요리니:須剖析(南明上15). 이옥고 흰 ᄩᅥᆯ이 몸애 오로 나고:俄而白毛遍體(東新續三綱. 烈2:11).

·ᄩᅡ 동 타. 쪼개서. ㉮ᄩᅳ다 ¶모로매 ᄩᅡ 골히요리니:須剖析(南明上15). 내 能히 심통과 피ᄅᆞᆯ ᄩᅡ 내야 마시며 딕먹게 ᄒᆞ야 외로온 시르믈 慰勞호리라:我能剖心血飮啄慰孤愁(杜解17:1).

ᄩᅡ 동 타. 타서. ㉮ᄩᅳ다 ¶ᄉᆞ과ᄅᆞᆯ 달혀셔 사당 ᄩᅡ 머기라(諺簡13 宣祖諺簡). 장믈의 파와 교토를 ᄩᅡ 노하 섯고:調上些醬水生蔥料物拌了(老解上19).

ᄩᅡ 동 쏘아〔射〕. ㉮ᄩᅳ다 ¶화ᄅᆞᆯ ᄩᅡ 狖와 鼯와ᄅᆞᆯ 디요라:抨弓落狖鼯(重杜解2:4).

·ᄩᅥ디·다 동 터지다. ¶거프리 ᄩᅥ디며(釋譜23:18). 獅子ㅣ ᄒᆞᆫ 번 소리호매 온가짓 즁ᄉᆡᆼ이 머리옛 骨髓 ᄩᅥ디며(月釋2:38). ᄩᅥ디며 믈우믄:綻拆爛壞(楞解8:102). 더오믄 밤 구룸 제 더본 氣韻이 소배 드러 ᄀᆞᆺ 심통애 들면 ᄩᅮᆨ ᄩᅥ딜 씨니(蒙法44). 바ᄅᆞᆯ 그륜 거시 믌겨리 ᄩᅥ뎨시며:海圖拆波濤(重杜解1:5). 헌ᄇᆡᄂᆞᆫ 온 너리 ᄩᅥ뎻고:壞舟百板拆(初杜解15:2). ᄩᅥ딜 분:㡧(訓蒙下16). ᄩᅥ딜 탁:坼(類合下56). 마리 몯디 아녀셔 어름이 ᄩᅥ뎌 고기 믄득 ᄠᅱ여나니:言未已冰裂魚忽躍出(東新續三綱. 孝3:43).

ᄩᅥᆨ 부 턱. 탁. ¶모로미 이 一念을 ᄩᅥᆨ ᄒᆞᆫ 번 헤텨ᅀᅡ:須得這一念爆地一破(龜鑑上15).

ᄩᅥᆯ 명 털. ☞털 ¶이옥고 흰 ᄩᅥᆯ이 몸애 오로 나고:俄而白毛遍體(東新續三綱. 烈2:11).

:ᄩᅥᆯ·다 동 털다〔拂〕. ¶偏計ᄅᆞᆯ 골포 ᄩᅥ르샤:疊拂偏計(楞解2:69).

:ᄩᅥᆯ·다 형 떫다. ¶여러 가짓 ᄡᅳ며 ᄩᅥᆯ븐 거시 舌根애 이셔(釋譜19:20).

·ᄩᅳᆷ 동 탐. ㉮ᄩᅳ다 ¶거믄고 ᄩᅳ몰 뭇도다:罷彈琴(杜解3:13). 銀으로 ᄆᆡᆼᄀᆞ론 爪甲은 箏 ᄩᅳ매 ᄡᅳᄂᆞ니:銀甲彈箏用(初杜解15:9).

:ᄩᅮᆨ 부 툭. ¶더본 氣運이 소배 드러 ᄀᆞᆺ 심

통에 들면 ᄩᅮᆨ ᄠᅥ딜 씨니(蒙法44).

ᄩᅮᆨᄩᅮ기 [부] 툭툭하게. ¶ᄩᅮᆨᄩᅮ기 소리 나:爆聲(法華2:124).

ᄩᅱ놀·다 [동] 뛰놀다. ☞ᄠᅱ놀다 ¶엇뎨 나비 여ᄉᆺ 窓의 ᄩᅱ노로미 이시리오:那有獼猴跳六窓(金三5:11).

ᄩᅱ·다 [동] 튀다. ¶말와매 두위이져 힌 고기 ᄩᅱ놋다:翻藻白魚跳(杜解25:19). 고래 믌겨레 ᄩᅱ니 바ᄅᆞᆳ므리 여ᄂᆞᆫ ᄃᆞᆺᄒᆞ도다:鯨魚跋浪滄溟開(初杜解25:53). ᄩᅱ여 바릿 안해 드니라(眞言21).

ᄩᅱ여나·다 [동] 튀어나다. ¶시러곰 ᄩᅱ여나디 몯게 ᄒᆞ라:不得擲(初杜解17:13).

ᄩᅱ·여·들·다 [동] 뛰어들다. ¶아기 안고 ᄩᅱ여드르시니 그 구디 蓮모시 ᄃᆞ외야(釋譜3:p.146).

ᄩᅱ여디다 [동] 튀어 떨어지다. ¶이ᄂᆞᆫ 져믄 젯 ᄆᆞᆯ ᄐᆞ요ᄆᆞᆯ ᄉᆞ랑ᄒᆞ야 오ᄂᆞᆯ ᄯᅩ ᄃᆞᆯ여 瞿塘ㅅ 돌ᄒᆞ로 ᄆᆞᆯ바래 다텨 ᄩᅱ여디게 ᄒᆞᆯ 시라(重杜解3:52).

ᄩᅱ·우·다 [동] 튀게 하다. 뛰어오르게 하다. ¶현번 ᄩᅱ운ᄃᆞᆯ ᄂᆞ미 오ᄅᆞ리잇가:雖百騰奮誰得能陟(龍歌48章).

·ᄩᅳ·다 [동] 트다. ☞트다 ¶바래 ᄇᆞᄅᆞᆯ ᄭᅵ르믄 傭人이 ᄡᅥ 바리 ᄩᅳ디 아니케 ᄒᆞᄂᆞ니:塗足油傭人用之使足不龜(法華2:243). 青門에 외 시므던 ᄣᅡ히 새려 어러 ᄩᅥᆺ도다:青門瓜地新凍裂(杜解19:40). 손바리 어러 ᄩᅳ고 갓과 ᄉᆞᆯ쾌 주게라:手脚凍皴皮肉死(杜解25:26). ※ᄩᅳ다>트다

ᄩᅳ다 [동] 트다(開通). ☞트다 ¶믈 ᄩᅳ다:放水(譯解上7).

ᄩᅳ돌다 [동] 틀어 돌다. ¶쌍용이 ᄩᅳ도러 여의주ᄅᆞᆯ 다토다가(李俔. 百祥樓別曲).

·ᄩᅳᆮ·다 [동] 뜯다. ¶가ᄉᆞᆷ 두드리며 ᄀᆞ장 우러 손소 머리 ᄩᅳᆮ고 다시곰 것ᄆᆞᄅᆞ주거 ᄒᆞ오ᅀᅡ 믌ᄀᆞ새 잇다니(月釋10:24).

ᄩᅳᆺ다 [동] 뜯다. 타다. ☞ᄩᆞ다 ¶뎌 줄풍뉴 ᄩᅳᆺ고 거즛말ᄒᆞᄂᆞᆫ 놈들로 ᄒᆞ여:教那彈絃子的謊厮們(老解下49).

ᄩᅳᆷ [명] 틈. ☞ᄠᅳᆷ. ᄣᅳᆷ. ᄯᅳᆷ ¶蕭然히 暴露ᄒᆞ야 묏 ᄩᅳ메 브터 이쇼ᄆᆞᆯ 슬노라:蕭然暴露依山阿(重杜解7:28).

·ᄩᆞ·다 [동] 타다. 쪼개다. 가르다(剖). ¶ᄇᆡᄅᆞᆯ ᄩᅡ 보니 그 소배 거믄 벌에 기리 두서 ᄌᆞᆫ ᄒᆞ니 잇고(釋譜24:50). ᄇᆡᄅᆞᆯ ᄩᆞ고 ᄆᆞᅀᆞᄆᆞᆯ ᄲᅡ혀내야(月釋23:73). ᄇᆡ야ᄆᆡ ᄭᅩ리ᄅᆞᆯ ᄩᆞ고:破蛇尾(救急下79). 내 能히 심통과 피ᄅᆞᆯ ᄩᅡ 내야 마시며 딕먹게 ᄒᆞ야 외로온 시르믈 慰勞호리라:我能剖心血飮啄慰孤愁(杜解17:1). 모로매 ᄩᅡ ᄀᆞᆯ히요리니:須剖析(南明上15). 도적이 건져내여 ᄇᆡᄅᆞᆯ ᄩᆞ니라:賊拯出刳腹(東新續三綱. 烈4:12).

·ᄩᆞ·다 [동] ①타다(彈). ☞ᄐᆞ다 ¶彈指ᄂᆞᆫ ᄉᆞᆫ가락 ᄩᆞᆯ 씨니 아니한ᄉᆞᅀᅵ라(月釋8:49). 거믄고 ᄩᅳᄆᆞᆯ 몯도다:罷彈琴(杜解3:13). 銀으로 ᄆᆡᇰᄀᆞ론 爪甲은 箏 ᄩᅳ매 ᄡᅳᄂᆞ니:銀甲彈箏用(初杜解15:9). 거믄고 ᄩᆞ고 하ᄂᆞᆯ콰 ᄯᅡ ᄒᆞᆯ 보더라:彈琴視天壤(杜解24:38). 가락 ᄩᆞ며 눈섭 펴며:彈指揚眉(金三2:11). ᄩᆞᆯ 탄:彈(訓蒙中17). 一曲流水 高山을 ᄩᆞ며:彈一曲流水高山(朴解下50). 怨曲을 슬피 ᄩᆞ니(曺友仁. 自悼詞). ※ᄩᆞ다>타다

②쏘다(射). ¶화ᄅᆞᆯ ᄩᅡ 狖와 鼯와ᄅᆞᆯ 디요라:抨弓落狖鼯(重杜解2:4).

ᄩᆞ·다 [동] 타다. ☞ᄐᆞ다 ¶ᄂᆞᆯ ᄎᆞᆯᄡᆞᄅᆞᆯ ᄀᆞ라 ᄢᅮᆯ레 ᄩᅡ 마시라:生研糯米入蜜飮之(救簡2:27). 쟝믈와 파와 약돌 ᄩᅡ 노하 젓고:調上些醬水生蔥料物拌了(飜老上22). 옷과 치매 ᄣᅵ지거든 ᄌᆡᆺ믈 ᄩᅡ ᄲᆞᆯ아징이다 請ᄒᆞ며:衣裳垢和灰請澣(宣小2:7). 향부ᄌᆞ ᄆᆡᇰᄀᆞ니 ᄒᆞᆫ 근을 초애 믈 ᄩᅡ ᄃᆞᆫ가:香附米一斤水醋浸(胎要5). ᄉᆞ과ᄅᆞᆯ 달혀셔 사당 ᄩᅡ 머기라(諺簡13 宣祖諺簡). ᄭᅳᆯ흔 믈과 ᄎᆞᆫ믈 ᄩᆞ니:生熟湯(東醫 湯液一 水部). 약의 ᄩᅡ ᄡᅳ면 가히 됴ᄒᆞ리라:和藥以用可瘳(東新續三綱. 孝5:52). ᄭᅮᆯ ᄒᆞᆫ 홉을 브어 ᄩᅡ 머그라:入蜜一合調和飮之(辟新10). 감초 ᄀᆞᄅᆞ ᄒᆞᆫ 돈을 니ᄡᆞᆯ 달힌 믈의 ᄩᆞ거나 혹 ᄭᅮᆯ믈에 ᄩᅡ 머그되:甘草末一錢米飮或蜜水調服(辟新10). 쟝믈의 파와 교토를 ᄩᅡ 노하 섯고:調上些醬水生蔥料物拌了(老解上19). 혹 ᄌᆞ초 달힌 믈의 ᄩᅡ셔 머그되:或用紫草煎水(痘瘡方32). 정화슈의 ᄩᅡ셔:和於井和水(痘瘡方60). 믈에 ᄩᅡ 옷에 ᄣᅵ 디오ᄂᆞᆫ 돌:鹻洗(譯解上47).

ᄩᆞ다 [동] 타다(乘). ☞ᄐᆞ다 ¶ᄩᅡ ᄃᆞ리기ᄅᆞᆯ 넘우넘게 ᄒᆞ야(馬解下77).

·ᄩᆞ·다 [동] 치다. ¶이 말ᄉᆞᄆᆞᆯ 듣고 손ᄠᅩᇰ ᄩᆞ고 차탄ᄒᆞ야 기리더라:聞之擊節嘆賞(飜小10:35).

ᄫ [순경음] 순경음(脣輕音) 비읍. 연서(連書) 자음(子音)의 하나. ¶○連書脣音之下則爲脣輕音(訓正). ○連書脣音之下則爲脣輕音者以輕音脣乍合而喉聲多也(訓解. 制字). ○ᄅᆞᆯ 입시울쏘리 아래 니ᅀᅥ쓰면 입시울가ᄇᆡ야ᄫᆞᆫ소리 ᄃᆞ외ᄂᆞ니라(訓註12). 我后ᄅᆞᆯ 기드리ᅀᆞᄫᅡ 玄黃筐篚로 길헤 ᄇᆞ라ᅀᆞᄫᆞ니:爰徯我后玄黃筐篚于路迎候(龍歌10章). 오ᄂᆞᆳ나래 내내 웃ᄫᅳ리:當今之日曷勝其哂(龍歌16章). 셔ᄫᆞᆳ 使者ᄅᆞᆯ 저리샤:憚京使者(龍歌18章). 알ᄑᆡᄂᆞᆫ 어드ᄫᆞᆫ 길헤:前有暗程(龍歌30章). 열ᄫᅳᆫ 어르믈:有薄之氷(龍歌30章). ᄉᆞᄀᆞᄫᆞᆳ 軍馬ᄅᆞᆯ 이길ᄊᆡ ᄒᆞᄫᆞᅀᅡ 믈리조치샤:克彼鄕兵挺身陽北(龍歌35章). 누ᄫᅳᆫ 남기 니러셔니이다:時維僵柳忽焉自起(龍歌84

章). 이ᄫᅳᆫ 남ᄀᆡ 새닢 나니이다:時維枯樹茷焉復盛(龍歌84章). 또 묻ᄌᆞᄫᆞ샤ᄃᆡ 부텻긔 받ᄌᆞᄫᅡ(月釋1:10). 王이 맛드러 갓가ᄫᅵ ᄒᆞ거시ᄂᆞᆯ(月釋2:5). 올ᄒᆞᆫ 엇게 메ᄫᆞᆺ고(月釋9:49). 非ㅸ奉ㅹ微ㅱ三母 合脣作聲 爲ㅂ 而曰脣重音 爲ㅂ之時 將合勿合 吹氣出聲 爲ㅸ而曰 脣輕音 制字加空圈於ㅂ下者 卽虛脣出聲之義也ㅹㅱ二母亦同(四解附載. 飜譯老乞大朴通事凡例).

-ㅸ 조 -의. 사잇소리. ¶ㄱ는 엄쏘리니 君ㄷ字 처ᅀᅥᆷ 펴아나ᄂᆞᆫ 소리 ᄀᆞᄐᆞ니 ᄀᆞᆯᄫᅡ쓰면 虯끃ㅸ字ᄍᆞᆼ 처ᅀᅥᆷ 펴아나ᄂᆞᆫ 소리 ᄀᆞᄐᆞ니라(訓註4). ㅍ는 입시울쏘리니 漂푷ㅸ字ᄍᆞᆼ 처ᅀᅥᆷ 펴아나ᄂᆞᆫ 소리 ᄀᆞᄐᆞ니라(訓註6).

-ᄫᆞᆮ·다 접미 힘줌을 나타내는 동사(動詞)의 접미사(接尾辭). ☞-왇다 ¶그저긔 世尊이 金棺ᄋᆞ로셔 金色 ᄇᆞᆯᄒᆞᆯ 내ᄫᅡᄃᆞ샤(釋譜23:39). 罪業을 니르ᄫᅡ돌 씨라(月釋1:16). 올ᄒᆞᆫ 소ᄂᆞ로 버믈 믈리ᄫᅡᄃᆞ며:右手拒虎(續三綱. 烈19 權氏負土).

-ᄫᆞᆺ·다 접미 '밧다〔脫〕'가 모음 뒤에서 순경음화 한 형태. ¶올ᄒᆞᆫ 엇게 메ᄫᆞᆺ고 올ᄒᆞᆫ 무룹 ᄭᅮ러(釋譜9:29).

ㅹ 순경음 순경음(脣輕音) 쌍비읍. 연서(連書) 자음(子音)의 하나. ¶ ○連書脣音之下則爲脣輕音(訓正). ○連書脣音之下則爲脣輕音者以輕音脣乍合而喉聲多也(訓解. 制字). 非ㅸ奉ㅹ微ㅱ三母合脣作聲 爲ㅂ 而曰脣重音 爲ㅂ之時 將合勿合 吹氣出聲 爲ㅸ而曰 脣輕音 制字加空圈於ㅂ下者 卽虛脣出聲之義也ㅹㅱ二母亦同(四解附載. 飜譯老乞大朴通事凡例). ○ㄹ를 입시울쏘리 아래 니ᅀᅥ쓰면 입시울가ᄇᆡ야ᄫᆞᆫ소리 ᄃᆞ외ᄂᆞ니라(訓註12).

ㅅ ㅿ

ㅅ [자모] 시옷. 한글 초성(初聲) 자모(字母)의 하나. 치음(齒音). 잇소리. ¶ㅅ. 齒音. 如戌字初發聲. 並書. 如邪字初發聲(訓正). 齒音ㅅ. 象齒形. …ㅋ比ㄱ. 聲出稍厲. 故加畫. ㄴ而ㄷ…ㅅ而ㅈ. ㅈ而ㅊ. …其因聲加畫之義皆同(訓解. 制字). ㄱㄷㅂㅈㅅㆆ. 爲全清. ㅋㅌㅍㅊㅎ. 爲次清. ㄲㄸㅃㅉㅆㆅ. 爲全濁. …ㅅㅈ雖皆爲全清. 而ㅅ比ㅈ. 聲不厲. 故亦爲制字之始(訓解. 制字). 所以ㆁㄴㅁㅇㄹㅿ 六字爲平上去聲之終. 而餘皆爲入聲之終也. 然ㄱㆁㄷㄴㅂㅁㅅㄹ八字可足用也. 如빗곶爲梨花. 엿의갗爲狐皮. 而ㅅ字可以通用. 故只用ㅅ字(訓解. 終聲). 五音之緩急. 亦各自爲對如牙之ㆁ與ㄱ爲對. 而ㆁ促呼則變爲ㄱ而急. ㄱ舒出則變爲ㆁ而緩. 舌之ㄴㄷ. …齒之ㅿㅅ. …其緩急相對. 亦猶是也(訓解. 終聲). ㅅ는 니쏘리니 戌슗字ᄍᆞᆼ 처ᅀᅥᆷ 펴아나ᄂᆞᆫ 소리 ᄀᆞᄐᆞ니 ᄀᆞᆯᄫᅡ쓰면 邪썅ㆆ字ᄍᆞᆼ 처ᅀᅥᆷ 펴아나ᄂᆞᆫ 소리 ᄀᆞᄐᆞ니라(訓註7). ㅅ時(衣)(訓蒙凡例).

-ㅅ [조] ①-부터. ¶二禪으롯 우흔 말ᄊᆞ미 업슬ᄊᆡ(釋譜13:6). 道理ᄂᆞᆫ 하ᄂᆞᆯ롯 몬져 나니(月釋2:70). 像季롯 오매 道術이 ᄒᆞ마 ᄣᅥ야디여:像季已道術既裂(楞解1:2). 白佛롯 아랜 小乘을 일 즐기다가:白佛已下…其早躭小乘(法華2:178).
②-의. ¶鴨江앳 將軍氣를 아모 爲ᄒᆞ다 ᄒᆞ시니:鴨江將氣曰爲某焉(龍歌39章). 노ᄅᆞ샛 바오리실ᄊᆡ:嬉戲之毬(龍歌44章). 몯 일우옰갓 疑心이 업스시나(月印上19). 諸着ᄋᆞᆫ 여러 가짓 브티ᄃᆞᆫ긘 거시니(釋譜13:38). 廣熾ᄂᆞᆫ 너비 光明이 비취닷 ᄠᅳ디오(月釋2:9). 어버ᅀᅵᆺ 돈 차바ᄂᆞᆯ 아릐 充足게 몯 ᄒᆞ더니:親甘旨未嘗充也(宣賜內訓3:50). ᄒᆞ마 城郭ㅅ 밧긔 나 드트렛 이리 져고ᄆᆞᆯ 아노니:已知出郭少塵事(杜解7:2).

-ㅅ [조] -의. 〔사잇소리〕 ¶如孔子ㅣ 魯ㅅ 사ᄅᆞᆷ之類(訓解. 合字). 빗곶爲梨花(訓解. 終聲). 狄人ㅅ 서리예 가샤:狄人與處(龍歌4章). 東海ㅅ ᄀᆞᅀᅵ:東海之濱(龍歌6章). 아바닚 뒤헤 셔샤:立在父後(龍歌28章). 하ᄂᆞᇗ 벼리 눈 ᄀᆞᆮ 디니이다:維時天星散落如雪(龍歌50章). 慈悲ㅅ 힝뎌글 ᄒᆞ다 ᄒᆞᄂᆞᆫ ᄠᅳ디니(釋譜6:2). 蓮花ㅅ 고지 나거늘(月印上8). 世尊ㅅ 일 ᄉᆞᆲ보리니(月釋1:1). 나랏말ᄊᆞ미(訓註1). 픐닙과 실 미조매 니르러도(楞解1:87). 뎌ᄂᆞᆫ 絶待ㅅ 念이 이시며 또 寂滅ㅅ 文이 이실ᄊᆡ:彼有絶待之念又有寂滅之文(圓覺下三之二53). 周文王ㅅ 教化ㅣ(宣賜內訓序3). 眞實ㅅ疑心:眞意. 眞實ㅅᄆᆞᅀᆞ매:眞心(蒙法1). 高麗ㅅ 사ᄅᆞᆷ이어니:是高麗人(老解上2). ᄒᆡㅅ모로:日暈(譯解上1). 하ᄂᆞᆯㅅᄀᆞ:天涯(同文解上1). ᄀᆞᆯㅅ곳:蘆花(漢淸13:12).

-ㅅ [조] -이. -가. ¶나ᄂᆞᆫ 부텻 ᄉᆞ랑ᄒᆞ시논 앗이라:我佛寵弟(楞解1:86).

-ㅅ거·긔 [조] -께. -에게. ☞-거긔 ¶如來ㅅ 거긔 머리 갓가(月釋9:35中). 如來ㅅ거긔 이러ᄐᆞᆺ ᄒᆞᆫ 이ᄅᆞᆯ 能히 묻ᄂᆞ니(月釋10:69). 그딋거긔 ᄇᆞᆯᄀᆞᆫ 義ᄅᆞᆯ 져ᄇᆞ료니:於公負明義(初杜解7:28).

-ㅅ게 [조] -께. -에게. ☞-ㅅ거긔. -ㅅ그에 ¶그 ᄢᅴ 雲雷音王佛ㅅ게 妙音菩薩이 伎樂ᄋᆞ로 供養ᄒᆞ며(月釋18:83). 諸王이 부텻게 나ᅀᅡ가 無上道 묻ᄌᆞᆸ고(法華1:77). 내 말ᄉᆞᆷ 드러다가 金尙書ㅅ게 ᄉᆞᆯ와 주렴(古時調. 北海上. 靑丘).

-ㅅ그에 [조] -에게. ☞-ㅣ그에. -의그에 ¶부텨와 즁괏그에 布施ᄒᆞ며(釋譜13:22). 龍ᄋᆡ 그엔 이쇼리라 王ㅅ그엔 가리라 이 두 고대 어듸 겨시려뇨(月釋7:26).

-ㅅ·긔 [조] -에게. -께. ☞-ㅅ씌 ¶ᄌᆞ걋긔 黃袍 니피ᅀᆞᄫᆞ니:迺於厥躬黃袍用被. 아ᄃᆞ닚긔 袞服 니피ᅀᆞᄫᆞ니:迺於厥嗣袞服以御(龍歌25章). 嫡子ㅅ긔 無禮홀ᄊᆡ:無禮嫡子(龍歌98章). 어마닚긔 오ᅀᆞᆸ더니(月印上9). 아바닚긔와 아ᄌᆞ마닚긔와(釋譜6:1). 모로매 싀어밋긔 請ᄒᆞ고:必請於姑(宣賜內訓1:57). 父母ㅅ긔 順티 몯홈ᄋᆞᆯ 위ᄒᆞ신디라:爲不順於父母(宣小4:8).

-ㅅ·긔·로 [조] -에게로. ¶부텻긔로 가ᄂᆞᆫ 저긔(釋譜6:19).

-ㅅ·긔·셔 [조] -에게서. -로부터. ¶부텻긔셔 經이 나고(月釋14:65).

-ㅅᄀᆞ·장 [조] -까지. ☞-ᄀᆞ장. -ㅼ장 ¶오ᄂᆞᇗᄀᆞ장 헤면(釋譜6:37). 如意珠寶ᄂᆞᆫ ᄃᆞᆯ 업슨 바미 虛空애 ᄃᆞ면 그 나랏ᄀᆞ자ᅌᆞᆫ 낫ᄀᆞ티 ᄇᆞᆰᄂᆞ니라(月釋1:26). 이 여슷 하ᄂᆞᇗᄀᆞ자이 欲心을 몯 여흰 ᄒᆞᆫ ᄀᆞᆯᄇᆡ니(月釋1:32). 無煩天브터 잇ᄀᆞ장ᄋᆞᆯ(月釋1:34). 罽那尸棄佛

ㅅᄀᆞ장 七萬五千佛을 맛나ᅀᆞᄫᆞ시니(月釋2:9). 처ᅀᅥᆷ브터 잇ᄀᆞ자이 因이오(月釋2:62). 前三月은 어젯 五月 十六日로셔 八月 十五日ㅅᄀᆞ장이오(月釋23:72). 잇ᄀᆞ장 ᄒᆞ시고(楞解41:75). 병ᄒᆞᆫ 사ᄅᆞ미 머리로셔 가ᄉᆞᆷ 비와 밠ᄀᆞ장 ᄡᅳᄃᆡ:包裹病人從頭至胸腹及足(救簡1:66).

-ㅅᄀᆞ·장·ᄋᆞᆫ 조 -까지는. ☞-ㅅᄀᆞ장 ¶無明緣行ᄋᆞ로 老死憂悲苦惱ㅅᄀᆞ장ᄋᆞᆫ 苦集諦오 無明滅로셔 苦惱滅ㅅᄀᆞ장ᄋᆞᆫ 滅道諦라(月釋2:22之2止).

-ㅅᄂᆞ냐 어미 -하느냐. ☞-ᄂᆞ냐 ¶어버의 ᄆᆞ옴으로ᄡᅥ 내 ᄆᆞ옴을 삼ᄂᆞ냐 아닛ᄂᆞ냐(百行源14).

-ㅅ다·가 어미 -ᄊ(-았·-었)다가. ☞-다가 ¶ᄀᆞ새 셋다가 吏 무러늘:立其傍吏問之(宣賜內訓3:20). 글힌 므레 자마 둣다가:以漿水浸(救簡1:12). 됴ᄒᆞᆫ 수레 나잘만 ᄃᆞ마 둣다가:以好酒漬之半日(救簡2:18). 네 안직 나갓다가:你且出去(飜老下1).

-ㅅ·씌 조 -에게. ☞-ㅅ긔 ¶父母ㅅ씌 順ᄒᆞ야ᅀᅡ 可히 ᄡᅥ 근심을 플리러시다:順於父母可以解憂(宣小4:9).

사 명 것. 이. 바. ☞ᄉᆞ ¶착ᄒᆞᆯ 사 우리 主子 일마다 긔특ᄒᆞ다(扶餘路程).

사 명 사(紗). 깁. ¶죠ᄒᆡ예 ᄡᆞ고 사로 ᄡᅳ려:紙包紗護(救簡2:62). 샷 사:紗(訓蒙中30). 사 사:紗(類合上25). 管寧의 紗곳가리 조코 江令의 錦오시 빗나도다:管寧紗帽淨江令錦袍鮮(重杜解20:7). 丈夫ᄂᆞᆫ 쌀이 드리딘 거믄 紗로 ᄒᆞᆫ 幞頭ㅣ며 거믄 뵈옷시며(家禮9:23). 깁과 사과 로들헷 ᄢᅥ슬:絹紗羅等項(老解下24).

-사 조 -야. -어야. -라야. ☞-ᅀᅡ ¶涅槃애 어셔 드사 ᄒᆞ리로다(釋譜13:58). 후에사 가니라(三綱. 烈3). 드르면 남지니 주그리니 내 죽사 ᄒᆞ리로다 ᄒᆞ야(三綱. 烈5). 사내:乃(石千4. 類合安心寺板7). 게을리 마라사(警民18). 三百 有六旬 有六日이니 以閏月이라사(書解1:4). 臣이 능히 그 臣을 艱ᄒᆞ야사:克艱厥臣(書解1:22). 帝ㅣ ᄀᆞᆯᄋᆞ샤ᄃᆡ 毋ᄒᆞ라 네사 諧ᄒᆞ리라:帝曰毋唯汝諧(書解1:33). 作ᄒᆞᆫ 十이오 ᄯᅩ 三載라사:作十有三載(書解1:54). 做箇樣子ᄅᆞᆯ ᄒᆞ여사 비야흐로 可히 以下앳 士大夫로 ᄒᆡ여곰 行케 ᄒᆞ리라(家禮1:18). 山林에 구전 솔이야 곳이 잇사 져 보랴(古時調. 仁風이. 青丘). 本이 固ᄒᆞ야사 邦이 寧ᄒᆞ리라 ᄒᆞ니:本固邦寧(常訓18). 그ᄃᆡᄅᆞᆯ 기드려사 결단ᄒᆞ리라(桐華寺 王郎傳1).

사가 명 사가(私家). 사삿집. ¶이제 私家의 醴 업ᄉᆞ니 酒로ᄡᅥ 代ᄒᆞ라(家禮3:13). 엇디 私家의 이실 배리오(家禮10:12).

사·겨시·다 동 새겨 있다.〔'사기다'+'시다'의 복합형(複合形).〕 ㉠사기다 ¶註엣 말을 아오로 드려 사겨시모로:幷入註語爲解故(宣小凡例1).

사공 명 사공(沙工). 뱃사공. ¶사공:水手(同文解上13. 漢淸5:31). 쥐 佮息인지 국국기 뒤지듯시 沙工의 成佮인지(古時調. 李鼎輔. 海謠). 사공:舵工(譯解補46). 물 우흿 沙工과 물아랫 沙工(古時調. 花源).

사과 명 사과(沙果). ¶사과:蘋果(漢淸13:1). 사과:柰(物譜 木果).

사·괴·다 동 사귀다. ¶서르 사괴야 感ᄒᆞᄂᆞ니(楞解6:26). 善이 아니어든 사괴디 아니ᄒᆞ고:非善不交(宣賜內訓1:24). 사괴ᄂᆞᆫ 양ᄌᆞᄅᆞᆯ 浮俗이 이ᄅᆞᆯ 아노니:交態知浮俗(初杜解8:25). 房杜와 다 사괴더니라:房杜俱交友(初杜解8:54). 사괴ᄂᆞᆫ ᄠᅳ든 늘글ᄉᆞ록 ᄯᅩ 親ᄒᆞ도다:交情老更親(初杜解21:15) 사괴연디 셜흔 ᄒᆡ러니:結交三十載(初杜解24:35). 黨ᄋᆞᆫ 서르 사괴ᄂᆞᆫ 무리라(金三4:33). ᄯᅩ 서르 사괴디 몯ᄒᆞ던 거시니:又不曾相識(飜老上48). 사괼 교:交(訓蒙下15. 類合上3. 光千16. 石千16. 註千16. 倭解下39). 사괴디 아니ᄒᆞ며 親히 아니 홀디니라:不交不親(宣小2:45). 어딘 사ᄅᆞᆷ을 사괴여(癸丑9). 네 사괴미 형졔라(三譯7:5). 사괴ᄂᆞᆫ 배 다 當世에 傑이라(女四解4:53). 벋 사괴다:交友(同文解上12). 사람을 어더 사괴얏더니(女範2. 현녀 진ᄇᆡᆨ죵쳐).

사·괴·윰 동 사귐. ㉠사괴다 ¶벋 사괴유믈 듕히 ᄒᆞ야:重交游(飜小6:24).

사·곰 동 새김〔刻〕. ㉠사기다 ¶鍾鼎에 사교ᄆᆞᆯ ᄌᆞ조 보ᄂᆞ니:數見銘鍾鼎(初杜解3:10).

사·곰 동 새김〔釋〕. ㉠사기다 ☞사김 ¶그 ᄠᅳᆮ 사교미:其釋義也(圓覺序9). 題中에 사곰 ᄀᆞᆮᄒᆞ니라:如題中釋(圓覺上二之一38). 그르 ᄒᆞᆫ가 저허 세 사곰 ᄒᆞ노니:恐錯遂爲三釋(圓覺下二之一47). 이제 두 사곰 ᄒᆞ노니:今爲二釋(圓覺下二之二45).

사그·릇 명 사기그릇. ¶사그르세 다마 두고:盛於瓷器(救簡1:19). 사그르세 ᄀᆞ라 ᄡᆞᆯ로 비즌 됴ᄒᆞᆫ 초ᄅᆞᆯ 져기 섯거:沙盆內磨碎以釀米醋少許和成(救簡3:63).

사·긔 명 사기(沙器). ¶그르스란 沙器와 漆ᄒᆞᆫ 거슬 ᄡᅳ더시니:器用瓷漆(宣賜內訓3:61). 사긔:磁(漢淸10:43). 사긔:白磁器(柳氏物名五 石).

사긔금 명 사기그릇의 금. ¶사긔금 조이다:磁物驚紋(漢淸11:58).

:사·기 부 교대(交代)로. 번갈아. ¶매로 사기 티거늘:鞭撲交下(三綱. 烈9).

사·기 부 사그라지게.〔'삭다〈消〉'의 전성부사(轉成副詞).〕 ¶그딋 나라ᄒᆞᆯ 드러 八萬

里 밧긔다가 더뎌 사기 ᄫᆞ아디게 ᄒᆞ리라(釋譜23:57).

사·기·다 동 새기다〔刻〕. ¶刻ᄋᆞᆫ 사길 씨라(月釋2:49). 이 사곤 거시어시니(蒙法60). 無ㆆ字도 사기도소니야(蒙法60). ᄆᆞᅀᆞ매 사기며:銘神(宣賜內訓序8). 鍾鼎에 사교ᄆᆞᆯ ᄌᆞ조 보ᄂᆞ니:數見銘鍾鼎(杜解3:10). 花門이 ᄂᆞᆺ촐 사겨셔:花門剺面(杜解8:3). ᄲᅧ에 사겨 슬푸믈 아낫노라:鏤骨抱酸辛(初杜解20:40). 骨애 사긴ᄃᆞᆯ 엇뎨 이 恩ᄋᆞᆯ 갑ᄉᆞ오리오:銘骨如何報此恩(南明上41). 다 설픠에 곳 사곤 거시러라:都是玲瓏花樣的(飜老下51). 사길 됴:鐫. 사길 루:鏤(訓蒙下16). 사길 ᄀᆞᆨ:刻(光千23). 닐온 바 곤이ᄅᆞᆯ 사겨이디 몯ᄒᆞ야도:所謂刻鵠不成(宣小5:14). 너희 맛당히 ᄲᅧ의 사길디니라:爾宜刻骨(宣小5:19). 다 남그로 사긴 셩덕 그ᄅᆞ슬 ᄡᅳ며:皆用刻木粧奩(宣小6:96). 돌ᄒᆞᆯ 세워 사겨 닐오ᄃᆡ:立石刻曰(東新續三綱. 孝1:13). 무덤의 돌ᄒᆞᆯ 셰여 그 긔일을 사기고:墓立石誌其忌日(東新續三綱. 孝1:64). 여긔 븟텨 사기고 일홈을 ᄇᆡᆨ셩 ᄀᆞᄅᆞ치ᄂᆞᆫ 노래라 ᄒᆞ노라:附刻於此而名曰訓民歌云(警民42). 곳 사긴 거시러라:花樣的(老解下46).
※사기다>새기다

사·기·다 동 새기다〔釋〕. ¶法華經을 바다 디녀 닑거나 외오거나 사겨 니르거나(釋譜19:9). 飜譯ᄒᆞ야 사기노니:譯解(月釋序6). 그 德이 서르 보타실ᄊᆡ 비록 두 일후미라도 어울워 사기리라(月釋14:5). 註 사규미 이에 미추믈 因ᄒᆞ야:因箋釋及此(楞解9:113). 이 章ᄋᆞᆯ 사겨ᄂᆞᆯ 或이 외다 ᄒᆞ니:用釋此章或者非之(法華3:156). ᄠᅳ들 사기거든(法華6:38). 그 ᄠᅳᆮ 사교미:其釋義也(圓覺序9). 智論애 사겨 닐오ᄃᆡ:智論釋云(圓覺上一之二96). 사길 강:講(類合下8).
※사기다>새기다

사기다 동 삭이다. 소화시키다. ¶비 ᄀᆞ디 몯ᄒᆞᆯ 졔 플을 사기디 못ᄒᆞᆫ고(馬解上36).

사·김 동 새김〔釋〕. ㉮사기다 ☞사곰 ¶諺文으로 사김ᄒᆞᆫᄃᆡ:諺解(訓蒙凡例).

사ᄌᆞᆺ 명 삿갓. ¶역산 구진 비예 누역 사ᄌᆞᆺ 바슬 갈 제(人日歌).

사나·ᄋᆞᆯ 명 사나흘. ¶그 後 사나ᄋᆞᆯ 마내 王이 臣下ᄃᆞᆯ ᄃᆞ리시고(釋譜11:31). 사나ᄋᆞᆯ 머구릴 뷔여 오니(月釋1:45). 李陵이 사나ᄋᆞᆯ 더브러 수을 먹고(三綱. 忠6).

사나흘 명 사나흘. ☞사나ᄋᆞᆯ ¶사나흘 디나거든(救荒4). 사나흘 너예 녜ᄅᆞᆯ 일워야 일이 되리라:君可三兩日內就禮事(太平1:20).

사나ᄒᆞᆯ 명 사나흘〔三四日〕. ☞사나ᄋᆞᆯ ¶사나ᄒᆞᄅᆞᆫ ᄒᆞ야 남지니 죽거늘:數日士玄卒(重三綱. 烈26).

사납다 형 사납다. ¶사나운 계집의 싸우고 들네기 ᄌᆞ조 홈을(女四解3:18).

사녕ᄒᆞ다 동 사냥하다. ¶사녕ᄒᆞ다가 비ᄅᆞᆯ 만나(女四解4:54).

사노리 명 늦벼의 한 품종. ¶사노리:沙老里(衿陽).

:사·니·다 동 살아가다. ☞-니다 ¶갓가ᄉᆞ로 사니노니 비록 사ᄅᆞ미 무레 사니고도 즁ᄉᆡᆼ마도 몯호이다(釋譜6:5). 시르므로 사니거늘ᅀᅡ 오ᄂᆞᆯ 네 어미 너를 여희여 ᄂᆞᆫ믈로 사니ᄂᆞ니라(月釋8:86). 네 어마니미 날 여희오 시르므로 사니다가(月釋8:102).

·사ᄂᆞᆯ케 형 사늘하게. ㉮사ᄂᆞᆯᄒᆞ다 ¶ᄀᆞᅀᆞᆳ 뫼해 누니 사ᄂᆞᆯ케 ᄇᆞ라도 넉시 도라오디 아니ᄒᆞ니:秋山眼冷魂未歸(初杜解9:5).

·사ᄂᆞᆯᄒᆞ·다 형 사늘하다. ☞서ᄂᆞᆯᄒᆞ다 ¶ᄀᆞᅀᆞᆳ 뫼해 누니 사ᄂᆞᆯ케 ᄇᆞ라도 넉시 도라오디 아니ᄒᆞ니:秋山眼冷魂不歸(初杜解9:5). 丹砂ᄂᆞᆫ 녯 저우레 사ᄂᆞᆯᄒᆞ도다:丹砂冷舊秤(重杜解20:25).

사·다 동 사다〔買〕. ☞ᄉᆞ다 ¶네손ᄃᆡ 五百銀돈ᄋᆞ로 다ᄉᆞᆺ 줄깃 蓮花ᄅᆞᆯ 사아 錠光佛ᄭᅴ 받ᄌᆞᄫᆞᆯ 쩌긔(釋譜6:8). 香과 기름과 고ᄌᆞᆯ 사아(釋譜23:3). 五百 銀 도ᄂᆞ로 다ᄉᆞᆺ 줄기ᄅᆞᆯ 사아지라(月釋1:10). 어미 모디러 즁ᄉᆡᆼᄋᆞᆯ 사아 주갸 鬼神ᄋᆞᆯ 이받더니(月釋13:64). 貴ᄒᆞᆫ 차바ᄂᆞᆯ 사아(宣賜內訓1:66). ᄆᆡ햇 대ᄅᆞᆯ 사고:買野竹(初杜解7:21). 밥 사 먹고:買飯喫了(飜老上59). 스므 낫 됴ᄒᆞᆫ 솔진 양을 사게 ᄒᆞ라:買二十箇好肥羊(飜朴上2). 양 사라 가게 호ᄃᆡ:買羊去(飜朴上3). 살 고:沽. 살 ᄆᆡ:買. 살 구:購. 살 무:貿(訓蒙下21). 살 ᄆᆡ:買(類合下45). 살 ᄆᆡ:買(倭解上55). 기미 가지ᄅᆞᆯ ᄒᆞ터 지아븨 겨레ᄅᆞᆯ 사셔:其每散貲屋倩夫族(東新續三綱. 烈2:55). 이에 고기ᄅᆞᆯ 사 먹이니라(女四解4:8).

사당 명 사탕. ☞사탕 ¶甘蔗ᄂᆞᆫ 프리니 시믄 두어 힛자히 나ᄃᆡ 대 ᄀᆞᆮ고 기리 열 자 남ᄌᆞᆨᄒᆞ니 그 汁으로 粆糖ᄋᆞᆯ ᄆᆡᆼᄀᆞᄂᆞ니라(月釋1:6). 沙糖과 油餠과 졋粥과(楞解7:15). ᄉᆞ과ᄅᆞᆯ 달혀셔 사당 ᄲᅡ 머기라(諺簡13 宣祖諺簡). ᄀᆞᄅᆞ ᄆᆡᆼᄀᆞ라 사당 ᄀᆞᆯ러 섯거:爲末砂糖拌和(胎要45). 사당:砂糖(老解下35). 사당:砂糖(痘瘡方13). 사당ᄀᆞᄅᆞ:砂糖屑(痘瘡方51). 혹 사당믈의 프러 ᄂᆞ리오고:或砂糖水化下(臘藥9). 사당 감쥬 섯거 ᄆᆡᆫ든 타락:酪. ᄀᆞᄅᆞ에 사당 섯근 차:茶湯(漢淸12:43). 사당:砂糖(柳氏物名三 草).

사뎝시 명 사접시. 사기 접시. ¶사뎝시:磁楪子(譯解下13).

사·돈 명 혼인(婚姻). 사돈. ¶사돈 잔치어든 사돈짓 사ᄅᆞᆷ으로 위두손을 사모ᄃᆡ:如昏禮

則姻家爲上客(呂約24). 사돈 혼:婚. 사돈 인:姻(訓蒙上33). 又 사돈 되여신 제(癸丑86). 사돈:親家(譯解上41). 사돈:婚家(同文解上12). 사돈 짓다:結親(漢淸3:32). 사돈 친:親(註千35).

사돈짓 명 사돈집(査家). 사돈집의. ¶ 사돈짓아비:親家公. 사돈짓어미:親家母. 사돈짓아자비:親家伯伯. 사돈짓어믜 오라비:親家舅舅. 사돈짓어믜 겨집동싱:親家姨姨(老解下31).

사·돈·짓아·비 명 바깥사돈. 밭사돈. ¶ 사돈짓아비:親家公(飜老下34. 老解下31).

사·돈·짓어·미 명 안사돈. ¶ 사돈짓어미:親家母(飜老下34. 老解下31).

사되요 명 할미새의 한 종류. ¶ 사되요:脊令(詩解 物名14).

사ᄃᆞ리 명 사닥다리. ☞ᄃᆞ리 ¶ 사ᄃᆞ리:梯子(譯解上14. 同文解下16. 漢淸10:38). 사ᄃᆞ리 뎨:梯(倭解上33). 외나모 사ᄃᆞ리:蜈蚣梯(漢淸10:38).

사·ᄃᆞ:새 명 사다새. ¶ 사ᄃᆞ새:鵜鶘(四解上25 鵜字註). 사ᄃᆞ새 뎨:鵜. 사ᄃᆞ새 호:鶘(訓蒙上16). 사ᄃᆞ새 부리:鵜鴣觜(東醫 湯液一 禽部). 사ᄃᆞ새:陶河(譯解下27). 사ᄃᆞ새 뎨:鵜(詩解 物名12). 사ᄃᆞ새:鵜鶘(柳氏物名一 羽蟲).

사라 명 사(紗)와 나(羅). ¶ 紗羅ㅣ 다 잇ᄂᆞ냐:紗羅都有麼(老解下22).〔飜老下25에는 '사와 로왜'로 표기되어 있음.〕

사·라·나·다 동 살아나다. ¶ 世尊ㅅ 그르메예 甘露ᄅᆞᆯ ᄡᅳ리어늘 毒龍이 사라나ᅀᆞᄫᆞ니(月印上69). 사라나다 ᄒᆞᄂᆞᆫ 마리 아니라(釋譜6:36). 아비 사라나니라(三綱. 孝3).

사라부로 명 들상추. ☞샤라부로. 샤라부루 ¶ 사라부로:曲曲菜(柳氏物名三 草).

사라부루 명 들상추. ☞사라부로. 샤라부루 ¶ 사라부루:處蕒(物譜 蔬菜).

사랑 명 살강. ¶ 사랑:器架(同文解下15). 사랑:盌架(漢淸9:74). 사랑 아릐 술:架下匙喩易得也(東韓).

사랑 명 사랑. 애인(愛人). 연인(戀人). ¶ 사랑 만나 알고 썬나 겁난 쓧히 놀나 썬나(萬言詞).

사랑홉다 형 사랑스럽다. ☞ᄉᆞ랑홉다 ¶ 사랑홉다 이 벗치야(萬言詞).

사랑ᄒᆞ다 동 사랑하다. ☞ᄉᆞ랑ᄒᆞ다 ¶ ᄃᆞ니기 닉으면 正히 손들을 사랑ᄒᆞ고(蒙老3:5).

사·랫·다 동 살아 있다. 살았다. ㉮살다 ¶ 네 ᄒᆞᆫ 사랫ᄂᆞ니 목수미 더으고(月釋21:150).

사·력 명 사력(沙礫). ¶ 沙礫과 棘草와ᄅᆞᆯ 앗고:沙ᄂᆞᆫ 몰애오 礫은 혀근 돌히오(月釋10:117).

사력이 명 그리마. ☞그리매 ¶ 사력이:蚰蜒(物譜 走蟲).

사로다 동 살리다. 살게 하다. ☞사ᄅᆞ다. 살오다 ¶ 아비 병의 손ᄀᆞ락글 근처 구ᄒᆞ여 사로다:父病斷指救活(東新續三綱. 孝3:67 令仲斷指).

사로라 동 살았노라. ☞-오라 ¶ ᄒᆞᆫ 히ᄅᆞᆯ 梓州ㅣ 사로라:一年居梓州(重杜解2:1).

사로잡다 동 사로잡다. ☞사ᄅᆞ잡다 ¶ 사로잡을 금:擒(倭解上39). 홍을 사로잡아:縛之(五倫2:35). 사로자블 금:禽(註千19).

사로잡히다 동 사로잡히다. ¶ 두 사ᄅᆞᆷ이 사로잡혀 죽고(五倫2:33).

사·롤:일 명 살 일. 생계(生計). ☞살올일 ¶ 治生ᄋᆞᆫ 사롤일 다ᄉᆞ릴 씨라(月釋21:70). 사롤일 다ᄉᆞ료ᄃᆡ ᄯᅩ 耕鑿ᄒᆞ면 오직 네게 거리ᄭᅵ디 아니호미 이시리로다:治生且耕鑿只有不關渠(杜解3:46). 먼 村애 가 사롤이ᄅᆞᆯ 다시 議論ᄒᆞ야:更議居遠村(杜解9:9). 사롤일란 오직 黃閣老ᄅᆞᆯ 븓고:生理秖憑黃閣老(杜解21:5). 질삼ᄒᆞ며 뵈 ᄧᅡ 사롤이를 ᄒᆞ고:紡績織紝以爲家業(飜小9:55).

사롬 명 사람. ☞사름. 사ᄅᆞᆷ. 살음 ¶ 내 엇디 사라셔 돗 가히와 ᄒᆞᆫᄃᆡ ᄇᆡ브를 사로미리오:我豈生與犬豕均飽者(重三綱. 忠21). 우히 사롬의 머리터럭을 뻐 덥퍼:上用人髮蓋之(馬解下67).

사·롬 동 삶. ㉮살다 ¶ 사로미 이러커늘사 아ᄃᆞᄅᆞᆯ 여희리잇가(月印上52).

사롬사리 명 살림살이. 생계(生計). ☞사롬ᄉᆞ리 ¶ 사롬사리아 어느 시러곰 니ᄅᆞ리오:生理焉得說(重杜解1:7).

사롬ᄉᆞ리 명 살림살이(生計). ☞사롬사리 ¶ 처음의 한어버이 사롬ᄉᆞ리 ᄒᆞ려 ᄒᆞᆯ지(許墺. 雇工歌).

·사름 명 사람. ☞사롬. 사ᄅᆞᆷ ¶ 사름과 어즈러ᄇᆡ 사괴ᄂᆞ니(法語5). 사름믜 힝실 효도만 크니 업슬시:人之行莫大於孝故(正俗1). 사름미 쳐ᄌᆞ식과 화동ᄒᆞ며:人能和於妻子(正俗4). 벼슬ᄒᆞ옛ᄂᆞᆫ 사ᄅᆞ미 빗 다른 사르믈 다 서르 ᄃᆡ졉호미 맛당티 아니ᄒᆞ니:當官者凡異色人皆不宜與之相接(飜小7:27).

사·리 명 살림. 생활. 생애(生涯). ☞살이. ᄉᆞ리 ¶ 가야ᄆᆡ 사릴 뵈오 몸 닷길 勸ᄒᆞ야ᄂᆞᆯ(月印上62). 가야ᄆᆡ 사리 오라고 몸 닷기 모ᄅᆞᄂᆞᆫ ᄃᆞᆯ(月印上62). 뭇 몬져 瞻婆城을 ᄊᆞ니 城ᄊᆞ사리ᄅᆞᆯ 始作ᄒᆞ니라(月釋1:44). 生計 사릿 이ᄅᆞᆯ 묻디 아니커시ᄂᆞᆯ:不問居家之事(宣賜內訓2下7). 山僧의 사리ᄂᆞᆫ 茶 세 그르시라 ᄒᆞ니 達麻祖師ㅅ 사리ᄂᆞᆫ 茶 세 그르세도 몯 미ᄎᆞ시니(眞言. 供養文12). 묏 즁의 사리ᄂᆞᆫ 차 세 사바리오 고기 잡ᄂᆞᆫ 아븨 사리ᄂᆞᆫ 낫대 ᄒᆞ나히로다:山僧計活茶三椀漁父生涯竹一竿(百聯6).

·사·리 명 (물건을) 살 이. 살 사람. ¶사리 져기 더오고:買的添些箇(飜老下13).

사·리·다 동 사리다〔蟠曲〕. ¶두 눈섭 ᄉᆞ싀예 흰 터리 겨샤ᄃᆡ 올ᄒᆞᆫ녀그로 사리여 보ᄃᆞ랍고 조코(月釋2:41). 발 사리고 앉다:盤腿坐(同文解上25).

사립 명 사립. 사립문. ☞ᄉᆞ립 ¶실별 지쟈 죵다리 ᄯᅥᆺ다 호믜 메고 사립 나니(古時調. 李在. 靑丘). 비 오ᄂᆞᆫ ᄃᆡ 들희 가랴 사립 닷고 소머겨라(古時調. 尹善道. 孤遺).

사립 명 사립(簑笠). ¶簑笠의 되롱이 입고 한 손의 호믜 들고(古時調. 古歌).

사립문 명 사립문. ☞사립ᄧᅡᆨ ¶사립문 드자 ᄒᆞᆯ가 마당의를 셧자 ᄒᆞ랴(萬言詞).

사립ᄧᅡᆨ 명 사립짝. ☞사립작 ¶사립ᄧᅡᆨ:笆籬(語錄23).

사립작 명 사립짝. ☞사립ᄧᅡᆨ ¶柴扉 方言云沙立作(雅言三).

사ᄅᆞ·다 동 살리다. 살게 하다. ☞사로다. 살오다 ¶오샤ᅀᅡ 사ᄅᆞ시릴ᄊᆡ:來則活已(龍歌38章). 나랏 小民을 사ᄅᆞ시리잇가:國民焉救(龍歌52章). 다시 사ᄅᆞ샤:迺復生之(龍歌77章). 救호ᄃᆡ 몯 사ᄅᆞ시니:救而莫活. 救ᄒᆞ야 사ᄅᆞ시니:救而獲生(龍歌104章). 갏길히 이블씨 업더디여 사ᄅᆞ쇼셔 ᄒᆞ니(月印上60). 사ᄅᆞ쇼셔 비니(釋譜6:33). 이 아ᄃᆞᄅᆞᆯ 사로리라(三綱. 孝20). 能히 답껴 주그닐 도로 사ᄅᆞᄂᆞ니:能蘇悶絕(法華2:203). 能히 子息의 善惡을 아ᄂᆞ니 제 주기고져 ᄒᆞ며 사ᄅᆞ고져 호ᄆᆞᆯ 드르라:能知子善惡聽其所欲殺活者(宣賜內訓3:20). 나라 사ᄅᆞᆯ 일훔난 公이 잇ᄂᆞ니:活國名公在(初杜解20:49). 가ᄉᆞ미 ᄃᆞᄉᆞ닌 어루 사ᄅᆞ려니와 ᄎᆞ닌 사ᄅᆞ디 몯ᄒᆞ리라:心頭煖溫者可救冷者不可活矣(救簡1:64). 사ᄅᆞᄆᆞᆯ 주기며 사ᄅᆞ며 ᄒᆞᄂᆞᆫ(飜小10:17). 다 방문을 의거ᄒᆞ야 救ᄒᆞ야 사ᄅᆞ게 ᄒᆞ시니:活(簡辟序3). 사ᄅᆞᆯ 활:活(類合下10). 眞實로 나라ᄒᆞᆯ 사ᄅᆞ과뎌여 ᄒᆞ시ᄂᆞ니:實欲邦國活(重杜解2:35).

사ᄅᆞ묻·다 동 산 채로 묻다. ¶도ᄌᆞᆨ 罪 주ᄂᆞᆫ 法은 주겨 제 겨집조쳐 사ᄅᆞ묻더니(月釋10:25). 그 사ᄅᆞᆷ 주겨 날조쳐 사ᄅᆞ무더놀(月釋10:25).

:사ᄅᆞ·샤 동 사시어〔住〕. ㉮살다 ¶豳谷애 사ᄅᆞ샤:于豳斯依. 慶興에 사ᄅᆞ샤:慶興是宅(龍歌3章). 存曰薩囉(雞類).

사ᄅᆞ자피다 동 사로잡히다. ☞사ᄅᆞ잡피다 ¶왜적의 사ᄅᆞ자핀 배 되여 믈의 ᄲᅡ뎌 주그니라:倭賊所擄投水而死(東新續三綱. 烈4:65 柳氏投水). 그 어미과 더브러 도적의 사ᄅᆞ자핀 배 되여:與其母爲賊所擄(東新續三綱. 烈4:85 全氏被害).

사ᄅᆞ잡·다 동 사로잡다. ¶虜ᄂᆞᆫ 사ᄅᆞ자ᄇᆞᆯ 시오(宣賜內訓2下36). 사ᄅᆞ자ᄇᆞᆯ 부:俘(訓蒙下25). 사ᄅᆞ자ᄇᆞᆯ 로:虜(類合下33). ᄲᅡ화 사ᄅᆞ잡고(十九史略1:3).
※ 사ᄅᆞ잡다>사로잡다

사ᄅᆞ잡피다 동 사로잡히다. ☞사ᄅᆞ자피다 ¶몽병의 사ᄅᆞ잡핀 배 되여:爲蒙兵所虜(東新續三綱. 忠1:21).

사ᄅᆞ잡히다 동 사로잡히다. ☞사ᄅᆞ잡피다 ¶나와 사ᄅᆞ잡히니 도적이 옥에 가도앗더니:出事塞矣遂就俘明年徒囚(五倫3:38).

:사·ᄅᆞᆷ 명 사람. ☞살음 ¶如孔子ㅣ 魯ㅅ사ᄅᆞᆷ之類(訓解. 合字). 사ᄅᆞᆷ ᄠᅳ디리잇가:豈是人意(龍歌15章). 네 사ᄅᆞᆷ ᄃᆞ리샤:遂率四人(龍歌58章). 나랏 사ᄅᆞᄆᆞᆯ 다 뫼호시니(月印上14). 사ᄅᆞᆷ이라도 즁싱만 몯호이다(月印上52). 人ᄋᆞᆫ 사ᄅᆞ미라(釋譜序1). 後ㅅ 사ᄅᆞᄆᆞᆯ 알의ᄒᆞᄂᆞᆫ 거시라(釋譜序1). 人人ᄋᆞᆫ 사ᄅᆞᆷ마대라(釋譜序6). 사ᄅᆞ미 무레 사니고도(釋譜6:5). 사ᄅᆞᆷ마다:人人(訓註3). 사ᄅᆞᆷᄋᆡ 지블 어다 내 몸ᄋᆞᆯ ᄑᆞ라지이다(月釋8:80). 다 行ᄒᆞᇙ 사ᄅᆞᄆᆞ로 ᄆᆞᅀᆞᄆᆞᆯ ᄇᆞᆯ겨:皆使行人明心(楞解1:21). 이 사ᄅᆞᄆᆡ 功德도(法華5:204). 안 後에 ᄒᆞ다가 사ᄅᆞᄆᆞᆯ 보디 몯ᄒᆞ면:悟後若不見人(蒙法45). 몬졋 사ᄅᆞᄆᆡ 正ᄒᆞ며 邪호미 큰 양ᄌᆡ 잇ᄂᆞ니라:先輩正之與邪大有樣子(蒙法48). 일 ᄆᆞᄎᆞᆫ 사ᄅᆞᄆᆞᆫ:了事者(蒙法48). 靈利ᄒᆞᆫ 사ᄅᆞᄆᆞᆫ:靈利漢(蒙法56). 大凡ᄒᆞᆫᄃᆡ 사ᄅᆞ미 나미:凡人之生(宣賜內訓序2). ᄒᆞᆫ 사ᄅᆞ미 나 하고 덕 잇ᄂᆞᆫ 사ᄅᆞᆷ을 골히야:唯一人有齒德者爲也(呂約1). 仁ᄒᆞᄂᆞᆫ 사ᄅᆞᄆᆞᆫ 올ᄒᆞᆫ 이를 경다이 ᄒᆞ고:仁人者正其誼(飜小8:1). 녯 사ᄅᆞᄆᆡ ᄆᆞᅀᆞᆷ 조리혀 내 모믈 ᄂᆞᄌᆞ기ᄒᆞ며:古人之小心黜己(飜小8:28). 사ᄅᆞᆷ 인:人(訓蒙下2. 類合上16. 石千4. 倭解上14). ᄃᆞᄉᆞᄒᆞᆫ 긔운이 사ᄅᆞᆷ의게 쏘여(明皇1). 길쥬 사ᄅᆞᆷ이라(桐華寺王郎傳1). ※사ᄅᆞᆷ>사람

사ᄅᆞᆷ되다 형 사람답다. ¶立身 못 ᄒᆞ고 사ᄅᆞᆷ되디 못ᄒᆞ면:不立身成不得人(老解下38).

:사ᄅᆞᆷ·서리 명 인간(人間). 사람 사이. ¶人間ᄋᆞᆫ 사ᄅᆞᆷ서리라(月釋1:19).

사ᄅᆞᆸ 명 사릅.〔개·말·소 등의 세 살.〕¶사ᄅᆞᆸ돋 견:豣(詩解 物名13).

사ᄅᆡ 명 사레. ☞샤ᄅᆡ ¶사ᄅᆡ 드다:嗆着(漢淸12:50).

:사·마·괴 명 사마귀. ☞샤마괴 ¶사마괴 혹 트렛 허므리 업스샤미(法華2:15). 사마괴:痣 今俗呼黑子(四解上18). 사마괴 지:痣(訓蒙中34). 사마괴 염:黶(訓蒙中34. 類合上22). 사마괴와 술혹(無寃錄1:25).
※사마괴>사마귀

사마치 명 사마치. ¶사마치:男裙(漢淸11:6). 圍裙:사마치 騎馬者以席裙樣下垂以障泥

謂之圍裙(行吏).

사·막 명 사막(沙漠). ¶沙漠ㅅ밧긔 빗기 도니더니 神速호믈 이제 니르리 일ㅋ놋다:橫行沙漠外神速至今稱(初杜解24:63).

사만 부 사뭇. 마냥. ¶이 病이라 禪 아니니 사만 안자 禪에 거리씨면 理예 므스기 더으리오(南明上18). 無量劫으로 오매 사만 이 길로 녇시 아래브테라 니르시니라(南明上28). 사만 이 곧ᄒ도다:長如此(南明上31). 巍巍ᄒ야 파란 바회 알퓌 사만 잇ᄂ니라:巍巍長在碧巖前(南明下37). 源源은 므리 흘러 다ᄋ디 아니ᄒᆫ 양지니 寒溪水ㅣ 滄溟의 니르디 아니ᄒᆫ 뻐 낫바ᄅᆯ ᄇ리디 아니ᄒ야 사만 흐를 시니(南明下43). ᄒ믈며 우리ᄂᆞᆫ 사만 손ᄋᆞᆯ 놀오거니 ᄇ 골ᄑ며 치위ᄅᆯ 엇디 염심ᄒ리오:況我長游手飢寒何厭心(野雲50). 사만 싀옴 업손:長觀無漏(野雲71).

사망 명 행복. 행운(幸運). ☞ᄉ망 ¶一飽食도 在數ㅣ라 ᄒ니 오ᄂᆯ 意外의 이 盛宴의 叅詣ᄒᄂᆞᆫ 거손 우연치 아닌 사망이올쇠(隣語1:16).

:사모 명 사모(紗帽). ☞ᄉ모 ¶머릴 뻘튜니 사뫼 기울오:掉頭紗帽側(初杜解10:31). 사모ᄅᆯ 기우리고:欹紗帽(初杜解23:53). 사모:紗帽(訓蒙中22 帽字註). 사모 모:帽(類合上31). 朱紱ᄒ고 오히려 紗帽ᄅᆯ 스니:朱紱猶紗帽(重杜解14:20).

사모뿔 명 사모뿔. ☞사모쏠 ¶사모뿔:紗帽翅兒. 사모뿔 쏫다:挿上翅兒(譯解上43).

사모쏠 명 사모뿔. ☞사모뿔 ¶사모쏠:紗帽翅(漢淸15:11).

사뭇치다 동 사무치다. ☞ᄉ므ᄎ다 ¶五月飛霜 슬픈 눈물 九霄雲間 사뭇치리(萬言詞答).

사믜 명 소매. ☞ᄉ믜 ¶눈물이 두 사믜예 다졋ᄂ다(蘆溪. 莎堤曲). 넙은 사믜 국의질러 품속으로 너코보니(萬言詞).

사바 동 사바(娑婆). 속세계(俗世界). 인간세계. ¶비록 모ᄃᆞᆫ 사바 안해 이시나(勸念解26).

사·발 명 사발(沙鉢). ¶두어 沙鉢ᄋᆞᆯ 머그면 便安ᄒᄂ니라(救急下21). 羹ᄋᆞᆯ 沙鉢애셔 고텨 마초디 말며(宣賜內訓1:3). 이 므슴 더운 사바래 우ᄂᆞᆫ 소리오 ᄒᄂ니:是什麼熱椀鳴聲(金三2:41). 네 사바래:四椀(救簡3:29). 또 사탕믈 ᄒᆫ 사바ᄅᆯ 머그라:仍服糖水一椀(救簡6:31). 사발 잇거든:有椀(飜老上42). 또 사발와 그릇벼ᄅᆞᆯ 사져:再買些椀子什物(飜老下33). 사발:椀子(四解上75 椀字註). 사발 원:盌(訓蒙中11). ᄒᆫ 사발 브ᅀᅥ(瘟疫方22). 사발 완:椀(類合上27). 사발:砂鉢(痘瘡方22). ᄃ됴ᄒᆫ 초 반 사발 더 녀허 다시 ᄒᆫ 소솜 달혀(辟新3). 사발:碗(物譜 酒食).

사발뎐 명 사발(沙鉢) 전. ¶사발뎐:碗唇(物譜 酒食).

사발벼 명 늦벼의 한 품종. ¶오늘은 정근벼요 닉일은 사발벼라(農月 九月令).

사배 명 새벽. ☞새벽. 사베 ¶漏刻 소리ᄂᆞᆫ 사뱃 사ᄅᆯ 뵈아ᄂ니:漏聲催曉箭(初杜解6:4). 사뱃 吹角ㅅ소리:曙角(重杜解8:44).

사벽 명 새벽. ☞사배. 새벽 ¶사벽부터 曳船을 내여 주쇼셔 ᄒ고(隣語5:20).

사병 명 사병(沙甁). ¶몬져 沙甁에 믈 서 되ᄅᆯ 다마 글혀(救急上31).

사베 명 새벽. ☞새배. 새베 ¶사베 효:曉(倭解上5).

사·복 명 사북. ¶사복 교:鉸(訓蒙下16). 가ᄋᆡ 사복:剪軸(漢淸10:36).

사·뷔 명 새우. ☞사이. 새요 ¶사뷔 爲蝦(訓解 用字). ※사뷔>사이>새요>새우

사셰양 명 새끼양. ¶사셰양 져:羜. 수양 져:羜(詩解 物名15).

사소라 명 사기(沙器) 소래기. ¶사소라:磁盆(譯解補43).

사슈리살 명 사수리살.〔옛날 화살의 한 가지.〕 ¶白馬 탄 眞達이는 사슈리살 ᄎ고(古時調. 金壽長. 丙子丁丑. 海謠).

사슬 명 댓가지. 대쪽. 산가지. ☞사술 ¶점복 사슬 빠히다:抽簽(譯解上64). 사슬:籤(同文解下15). 경점 사슬 젼ᄒ다:傳籌(漢淸2:52).

사슬 명 쇠사슬. ☞사술 ¶쇠사슬로 얼글 ᄢᅵ를 시작ᄒ여(三譯7:3).

사슴 명 사슴. ☞사심. 사숨 ¶사슴:鹿. 사슴의 삿기:鹿羔(同文解下39). 사슴 산힝:哨鹿圍(漢淸4:52). 사슴 혈ㅅ 제 부ᄂᆞᆫ 것:鹿哨子(漢淸10:32). 사슴의 고기가 아모리 軟ᄒ고 죠타 ᄒ여도(隣語2:2). 사슴은 홀로 날을 념녀티 아니ᄒᄂᆞᆫ다:鹿(五倫1:27). 사슴:鹿(物譜 毛蟲. 柳氏物名一 獸族). 사슴 록:鹿(兒學上7).

사싀 명 사시나무. 백양(白楊). ☞사ᄉ나모 ¶사싀:白楊(物譜 雜木).

사심 명 사슴. ☞사슴. 사숨 ¶은 사심이 평상의 두룸은 목공의 덕을 긔록ᄒ니라:鹿(女四解4:31).

사ᄉ나모 명 사시나무. 백양(白楊). ☞사싀 ¶사ᄉ나모 겁질:白楊樹皮(東醫 湯液三 木部). 사ᄉ나모:白楊(柳氏物名四 木).

사·술 명 댓가지. 대쪽. 산가지. ☞사슬 ¶노폰 디 브텟ᄂᆞᆫ 禁人ᄒᄂᆞᆫ 사ᄉ리 기도다:憑高禁籞長:籞ᄂᆞᆫ 折竹懸繩連之ᄒ야 禁人往來라(杜解6:26). 書册 사ᄉ랜:書籤(杜解7:31). 書册앳 사술와 藥 뽄 딘 거믜줄이 얼

것고:書籤藥裹封蛛網(杜解21:4). 스승님 앏픠셔 사술 쌔혀 글 외오기 ᄒᆞ야:師傅前撤簽背念書(飜老上3). 사술 첨:籤. 사술 듀:籌(訓蒙下22). 사술 쌔혀 글 외오기:撤簽背念書(老解上3). 사술 마초라 가:對籤去(朴解上12). 사술 마초다:對籌. 사술 주다:過籌(譯解上24).

사술 명 쇠사슬〔鎖〕. ☞사슬 ¶사술:鎖(四解下28).

사솜 명 사슴. ☞사슴. 사심 ¶사솜爲鹿(訓解. 用字). 마ᄉᆞᆫ 사ᄉᆞᄆᆡ 등과:麋脊四十(龍歌88章). 사솜도 삿기 비골하 ᄒᆞ거든(釋譜11:41). 鹿皮ᄂᆞᆫ 사ᄉᆞᄆᆡ 가치라(月釋1:16). ᄀᆞ놀오 두려ᄫᅳ샤미 사솜 ᄀᆞᄐᆞ시며(月釋2:40). ᄒᆞᆫ 사ᄉᆞ미 와(三綱. 孝18). ᄃᆞᆮᄂᆞᆫ 사ᄉᆞ미 도라보디 아니ᄒᆞᄂᆞ다:走鹿無反顧(杜解2:55). 소아 자본 사ᄉᆞ미 새ᄅᆡ외도다:射麋新(初杜解7:18). 봆프레ᄂᆞᆫ 사ᄉᆞ미 우ᄂᆞᆺ다:春草鹿呦呦(杜解9:12). 사ᄉᆞᄆᆞᆯ ᄀᆞᄅᆞ친ᄃᆞᆯ 엇데 能히 駿馬ㅣ ᄃᆞ외며(金三4:40). 사솜 미:麋. 사솜 록:鹿. 사솜 우:麀(訓蒙上18). 사솜 녹:鹿(類合上13). 수사솜:角鹿(譯解下33). 사솜 록:鹿(倭解下23).
※사솜>사슴

사솜버므레조 명 조의 한 품종. ¶사솜버므레조:沙森犯勿羅粟(衿陽).

사싱 명 사생(死生).〔'死'의 중세음(中世音)은 'ᄉᆞ'임.〕 ¶홀연 후원의 도라가라 ᄒᆞ믈 어더ᄂᆞᆫ 힝혀 동쇼져 쇼식을 듯보아 사싱을 알고(落泉2:4).

사ᄉᆞ 명 주사위. 투자(骰子). ☞사ᄋᆞ ¶사ᄉᆞ 투:骰(訓蒙中19).

사아대 명 상앗대. 삿대. ☞사아때. 사횟대 ¶船只有篙方言沙牙大(雅言二).

사아때 명 상앗대. 삿대. ☞사아대. 사어ᄢᅴ. 사횟대 ¶사아때:篙(物譜 舟車).

사아ᄢᅴ 명 상앗대. 삿대. ☞사횟대 ¶사아ᄢᅴ 집:楫. 사아ᄢᅴ 고:篙(兒學上10).

사·야도 동 (날이)새어도. ㉠사이다 ☞새다 ¶모로매 하ᄂᆞᆯ히 사야도 낟디 아니호ᄆᆞᆯ 아롤디니라:須知天曉不露(金三4:52).

사어 명 상어. ☞상어 ¶사어:鯊(物譜 鱗蟲). 사어 사:魦(兒學上8).

사어ᄢᅴ 명 상앗대. 삿대. ☞사아때. 사횟대 ¶沙禦ᄢᅴ 질으듯시 平生에 처음이오(古時調. 李鼎輔. 간밤의. 海謠).

사엇대 명 상앗대. 삿대. ☞사아때. 사횟대 ¶긋 므된 사엇대를 긋긋치 두러메여(古時調. 大川 바다. 靑丘).

사·여가·다 동 새어가다〔更〕. ☞사이다. 새다 ¶이ᄂᆞᆫ 늘거 셰욤도 ᄆᆞᅀᆞ매 셜이 너기디 아니ᄒᆞ야 ᄇᆞ리며 밤 사여감도 므던히 너기노라 ᄒᆞ니라(初杜解15:49).

사·오나·바 형 사나워. ㉠사오납다 ¶ᄒᆞ다가 有情ᄃᆞᆯ히 모미 사오나ᄫᅡ(月釋9:7).
※사오나바>사오나와>사나워

사·오나·봄 형 사나움. ㉠사오납다 ¶어딜며 사오나봄과(月釋8:59).

사·오나·빙 부 사납게. ☞사오나이 ¶사오나비 ᄃᆞ외요ᄆᆞᆯ 맛드러:甘爲下劣(牧牛訣45).
※사오나비>사오나이>사나이

사·오나·ᄫᆞᆫ 형 사나운. ㉠사오납다 ¶사오나ᄫᆞᆫ 일 지ᅀᅳ면 사오나ᄫᆞᆫ 몸 ᄃᆞ외요미 業果ㅣ라(月釋1:37). 몯 사오나ᄫᆞᆫ 氣韻은 네 天下ㅣ ᄃᆞ외야(月釋1:41).
※사오나ᄫᆞᆫ>사오나온>사나운

사·오나·온 형 ①좋지 않은. 나쁜. ㉠사오납다 ¶百年에 사오나온 바볻 서근 션비 먹논 거시라:百年麁糲腐儒餐(杜解22:5). 士ㅣ 道애 ᄠᅳᆮ 두고 사오나온 옷과 사오나온 음식을 븟그리ᄂᆞ니ᄂᆞᆫ:士志於道而恥惡衣惡食者(宣小3:22). 이런 사오나온 사ᄅᆞᆷ이 잇ᄂᆞᆫ고:有這般的歹人(老解上24). 사오나온 받:薄田(重內訓3:52).
②약한. 나약한. ㉠사오납다 ¶사오나온 사ᄅᆞᆷ ᄀᆞᆮ더라:如懦夫然(宣賜內訓1:36).
※사오나온<사오나ᄫᆞᆫ

사·오나·이 부 사납게. 치졸하게. ☞사오나비 ¶곧… 飜譯ᄒᆞᆯ 사ᄅᆞ미 두르혀며 빗내요ᄆᆞᆯ 져기 사오나이 호ᄆᆞᆯ 아롤디니:卽知…譯人廻潤稍拙(圓覺下二之一47). 漂然히 사오나이 노로매 ᄀᆞᆺ가타니:漂然薄遊倦(初杜解16:4). 사오나이 넉이오샤(癸丑23). 개 사오나이 즛다:狗惡聲叫(漢淸7:23).
※사오나이<사오나비

사·오·남ᄂᆞ·다 형 경박(輕薄)하다.〔'사오납다'의 어간(語幹) '사오납-'에 어미(語尾) '-ᄂᆞ다'의 복합. 받침 'ㅂ'이 'ㄴ'에 동화되어 'ㅁ'이 됨.〕 ¶편안ᄒᆞ고 퍼뎌ᄒᆞ면 나날 사오남ᄂᆞ닷 마ᄅᆞᆯ ᄀᆞ장 됴히 너기더시니:甚愛… 安肆日偸之語(飜小8:6).

사·오납·다 형 ①사납다. 억세다. 나쁘다. 못나다. ¶모미 사오나ᄫᅡ 諸根이 ᄀᆞᆺ디 몯ᄒᆞ야 미혹ᄒᆞ고(釋譜9:7). 사오나ᄫᆞᆫ 이리 이시리오(釋譜19:10). 사오나ᄫᆞᆫ 일 지ᅀᅳ면 사오나ᄫᆞᆫ 몸 ᄃᆞ외요미 業果ㅣ라(月釋1:37). 몯 사오나ᄫᆞᆫ 氣韻은 네 天下ㅣ ᄃᆞ외야(月釋1:41). 夫人 아ᄃᆞᆯ 長生이 사오납고(月釋2:4). 내 아ᄃᆞ리 비록 ᄆᆞ디라도 사오나ᄫᆞᆯ씨(月釋2:6). 어딜며 사오나봄과(月釋8:59). 鹵ᄂᆞᆫ 사오나온 ᄒᆞᆯ기오(楞解2:22). 어리오 사오나와:愚劣(法華2:242). 앏 智예 사오나오며:劣於前智(圓覺上二之三40). 비록 남지늬 어딜며 사오나오매 關係ᄒᆞ나:雖關夫主之明闇(宣賜內訓序6). 나그내의 브ᅀᅥ빗 머굴 거시 사오나오니:客子庖廚

薄(初杜解16:72). 百年에 사오나온 바본 서근 션비 먹논 거시라:百年麁糲腐儒餐(杜解22:5). 사오납다 니ᄅ시니:言爲劣(金三3:44). 사오나올 대:歹. 사오나올 특:慝(訓蒙下31). 사오나올 부:否(類合下19). 이런 사오나온 사ᄅᆞᆷ이 잇ᄂᆞᆫ고:有這般的歹人(老解上24). 길 사오납다:路歹(譯解上6). 셋괏고 사오나올슨 져 軍奴놈의 擧動 보쇼(古時調. 金華鎭. 青丘). 사오나온 반 열다ᄉᆞᆺ 이러미:薄田十五頃(重內訓3:52). 읏듬으로셔 사오나온 일을 ᄒᆞ려 ᄒᆞᄂᆞᆫ다(女範3. 뎡녀 댱여홍쳐).

②약하다. ¶둥긔ᄒᆞ야 ᄆᆡ기 사오나와:中氣脈弱(救簡1:49). 사오나온 사ᄅᆞᆷ ᄀᆞᆮ더라:如儒夫然(宣賜內訓1:36).

※'사오납다'의 활용 ┌ 사오납고/사오납디… └ 사오나ᄫᆞᆫ/사오나ᄫᆞᆯ씨…

사오다 형 사납다. 못나다. ¶사오며 어디로 ᄆᆞᆯ 몬네 알 거시니(七大15).

사·오랍·다 형 사납다. 거칠다. ☞사오납다 ¶大悲行이 사오라ᄫᆡ리(月釋2:61). 사오라온 바ᄇᆞ로:麁飯(重杜解11:14). 사오라온 사ᄅᆞᆷ과(普勸文4).

사오·리 명 등상(凳牀). 발돋움. 발돋우개. ¶ᄃᆞ리와 사오리와:梯蹬(圓覺下三之一118). 사오리:橙 坐具(四解下58). 사오리 등:凳(訓蒙中10). 사오리:板凳(譯解下18).

사옴 명 싸움. ☞사홈 ¶사오맷 디새ᄂᆞᆫ 丹墀예 디놋다:戰瓦落丹墀(重杜解3:3).

사외 명 사위. ¶그날븟터 사외를 극진히 ᄒᆞ시니(閑中錄134).

사외ᄒᆞ다 동 사위하다. ☞ᄉᆞ외ᄒᆞ다 ¶아히 처음 나실 제ᄂᆞᆫ 사외ᄒᆞ야 주시ᄂᆞᆫ 일이 업ᄉᆞ오셔 인견ᄒᆞ오신 의덕 넙으신 치 드러와 보시드니(閑中錄134).

사요 명 새우. ☞사ᄫᅵ. 사유. 사이 ¶혹 냇믈에 효근 사요ᄅᆞᆯ 즛디허 ᄌᆞ로 ᄇᆞᄅᆞ고:或溝渠中小鰕爛搗塗刷(胎要74). 사요:鰕(東醫湯液二 蟲部).

:사:위 명 사위(詐僞). ¶如ᄂᆞᆫ 性이 改ᄒᆞ며 달옴 업수미니 僞ᄂᆞᆫ 이 詐僞니 詐ᄂᆞᆫ 소길시라(圓覺上一之二111).

사유 명 새우. ☞사ᄫᅵ. 사요. 사이. 새요 ¶사유 하:蝦(類合上15).

사·을 명 사흘. ☞사ᄋᆞᆯ ¶사으를 밥 아니 먹더라:三日不食(三綱. 孝24).

사·이 명 새우. ☞사ᄫᅵ. 사요. 새요 ¶사이로 누늘 삼ᄂᆞ니:以蝦爲目(楞解7:89).

※사이<사ᄫᅵ

사·이·다 동 새다. ☞새다 ¶이ᄂᆞᆫ 늘거 셰욤도 ᄆᆞᅀᆞ매 셜이 너기디 아니ᄒᆞ야 ᄇᆞ리며 밤 사여감도 므던히 너기노라 ᄒᆞ니라(初杜解15:49). 오직 하ᄂᆞᆯ히 사야도 낟디 아니호ᄆᆞᆫ:只如天曉不露(金三4:52).

-사이·다 어미 -시다. -ㅂ시다. ☞-사이다. -새다 ¶子息의 일훔을 아비 이시며 어미이샤 一定ᄒᆞ사이다(月釋8:83). 淨土애 ᄒᆞᆫ ᄃᆡ 가 나사이다 ᄒᆞ야시ᄂᆞᆯ(月釋8:100).

-사이다 어미 -시다. -ㅂ시다. ☞-사이다 ¶麝香 각시를 아나 누어 藥 든 가ᄉᆞᆷ을 맛초ᄋᆞᆸ사이다(樂詞. 滿殿春別詞). 뎡ᄒᆞ사이다 ᄒᆞ오시니(癸丑53).

사ᄋᆞ 명 주사위. 투자(骰子). ☞사ᅀᆞ ¶사ᄋᆞ:骰子(漢淸9:16).

사·ᄋᆞᆯ 명 사흘. ☞사을. 사ᄋᆞᆯ ¶밀므리 사ᄋᆞ리로ᄃᆡ:不潮三日(龍歌67章). 오ᄂᆞᆯ 사ᄋᆞ리 디나니(月釋21:28). 粮食 긋건 디 사ᄋᆞ리오(月釋21:106). 사ᄋᆞᄅᆞᆯ 업데옛거ᄂᆞᆯ(三綱. 孝33). 사ᄋᆞᆯ 길 녀ᄂᆞᆫ 사ᄅᆞ미 업스니:三日無行人(杜解12:10). 사ᄋᆞ래 功을 일우니:三日成功(杜解15:36). 이틀 사ᄋᆞ리라도:二日三日(救簡1:103).

사잔 명 사잔(沙盞). 사기잔(沙器盞). ¶ᄃᆞᆯ기 벼슬 ᄣᅦ어 피 내야 沙잔에 담고:雞冠上刺血磁盞盛(救急上46). ᄒᆞᄅᆞᆫ 가마괴 향안 우희 사잔을 므러 니거ᄂᆞᆯ:一日烏銜香案上砂盃而去(東新續三綱. 孝1:23).

사쟝 명 사장(沙場). ['場'의 중세음(中世音)은 '댱'임.] ¶沙場애 匹馬 도혀여 돌아보내디 아니 호리라:莫遣沙場匹馬還(重杜解10:30).

사·줄 명 쇠사슬. ☞쇠줄 ¶ᄭᅮ멧 갈와 사줄왜 ᄭᆡ면 ᄒᆞ마 여희ᄃᆞᆺ ᄒᆞ니:如夢枷鎖寤則已離(圓覺上二之一46). 쇠 사주리 노피 드려셔도:鐵鏁高垂(杜解9:8). 사줄로 옥애 혀 드리고:引獄鎖(野雲68).

사ᄌᆞ 명 쇄자(刷子). 솔. ☞솨ᄌᆞ ¶사ᄌᆞ:刷子(譯解下14).

사지발쑥 명 쑥의 한 품종. ☞ᄉᆞ지발ᄡᅮᆨ ¶사지발쑥:艾(柳氏物名三 草).

사창 명 사창(紗窓). ¶紗窓 여윈 좀을(古時調. 귓도리. 青丘). 紗窓이 얼온얼온커ᄂᆞᆯ 님이신가 반겨(古時調. 海謠).

사치 명 사치(奢侈). ¶사치 치:侈(光千22).

사촘대 명 사침대. ☞ᄉᆞ츰대 ¶사촘대:攪棍(譯解下3).

사·타 동 쌓다. ☞싸타. 싸타 ¶西天ㄷ字ㅅ經이 노피 사햇거든:梵軸崇積(月釋序23). 德 사호ᄆᆞᆯ 어루 알리라:積德可知(圓覺下三之二83). 사하 두ᄃᆡ 能히 흐트며:積而能散(宣賜內訓1:7). ᄠᅳᆯ 안해 사하ᄂᆞᆯ:委積庭內(杜解25:1). ᄲᅧ 사호미 뫼 ᄀᆞᆮᄒᆞ야도:積骨如山(南明上56). 學問ᄒᆞᄆᆞᆯ 사하(南明下42). ᄀᆞᄃᆞ기 사ᄒᆞᆫ 七寶로(金三2:72). 사ᄒᆞᆯ 젹:積(類合下58. 石千10). 사ᄒᆞᆯ ᄆᆞᅀᆞᆷ 닷고ᄆᆞᆫ(野雲53). 蕃州ᄂᆞᆫ 사ᄒᆞᆫ 눈ᄀᆞ이로다:蕃州

積雪邊(重杜解5:10).
※사타>쌓다

사탕 명 사탕. ☞사당¶사탕을 므레 프러:沙糖調水(救急下64). 사탕을 져기 물조쳐 프러 고리 ᄃᆞ외어든 브티고 또 사탕물 ᄒᆞᆫ 사바롤 머그라:沙糖入少水調成膏傅仍服糖水一椀(救簡6:31). 사탕:粆糖(飜老下38). 사탕오로 즁싱의 얼굴 ᄆᆡᆼᄀᆞ로니:衆生纏糖(飜朴上4). 사탕 ᄒᆞᆫ 냥과(牛疫方13).

사푼ᄌᆞ 명 사기(沙器) 푼주. ¶사푼ᄌᆞ:磁盆(同文解下15).

사항 명 사기(沙器) 항아리. ¶사항:瓷缸(救簡3:63).

사·햇·다 동 쌓였다. 쌓여 있다. ☞사타 ¶西天ㄷ字앳 經이 노피 사햇거든:梵軸崇積(月釋序23). 金을 뫼ᄀᆞ티 사햇다가:積金如山(宣賜內訓3:6). 昊天에 이제 霜露ㅣ 사햇ᄂᆞ니:昊天積霜露(重杜解1:8).

사향 명 사향(麝香). 사향노루. ¶麝香은 石竹에셔 ᄌᆞ올오:麝香眠石竹(重杜解9:38). 사향:麝(物譜 毛蟲).

사·호·다 동 싸우다. ☞싸호다¶사호ᄂᆞᆫ ᄆᆞᅀᆞ미:鬪心(楞解9:19). ᄆᆞᅀᆞ미 境과 사화:心與境鬪(楞解9:19). 死魔와 사화(法華5:63). 믈애와 사화:爭(金剛後序14). 서르 사화 ᄲᅥᄅᆞ면 곧 사디 몯ᄒᆞᄂᆞ니라:相搏急即不活也(救急上9). 길헤 사화 주그니 잇거늘:鬪死於道者(宣賜內訓3:20). 바미 깁거늘 사홈 사호던 ᄯᅡᄒᆞ로 디나오니:夜深經戰場(重杜解1:4). 白骨은 사화 주근 사ᄅᆞ미 ᄲᅧ라(重杜解1:4). 東郊애셔 오히려 사호ᄂᆞ니:東郊尙格鬪(重杜解1:31). ᄒᆡ ᄃᆞ리 도ᄅᆞ혀 서르 사호며:日月還相鬪(杜解10:10). 두 범이 사호거늘 錫杖ᄋᆞ로 더더 사홈 말이시니라(南明上69).

사·홈 명 싸움. ☞사흠. 싸홈 ¶賊難과 사홈과 녀느 一切 厄難ᄒᆞᆫ ᄯᅡ해:賊難鬪諍兼餘一切厄難之地(楞解7:56). 사홈 즐기ᄂᆞᆫ 젼ᄎᆞ라(法華1:51). 사홈 아니 ᄒᆞᆫ 날 업더니:戰無虛日(宣賜內訓2下38). 虎豹ᄋᆡ 사호믈 다시곰 드르며:再聞虎豹鬪(重杜解1:27). ᄒᆡᆫ ᄲᅧᄂᆞᆫ 새려 사홈을 섯겟도소니:白骨新交戰(重杜解5:13). ᄇᆞᄅᆞᆷ과 드트레 사호미 하도다:風塵戰伐多(杜解7:9). 사홈도 닐와ᄃᆞ며 됴ᄒᆞᆫ 일도 내요미ᄊᆞ녀:興戎出好(飜小8:10). 사홈 패:霸(光千24). 사홈 젼:戰(類合下19). 瘡痍ᄂᆞᆫ 사호매 헐므을 시라(重杜解1:2).

사화ㅅ대 명 상앗대. ☞사아대. 사엇대. 사횟대 ¶사화ㅅ대:撑子(同文解下18). 사화ㅅ대:篙. 갈고리 박은 사화ㅅ대:挽子. 긴 사화ㅅ대:棹(漢淸12:22).

사홛대 명 상앗대. ☞사홧대. 사횟대 ¶사홛대 고:篙(倭解下18).

사홧대 명 상앗대. ☞사홛대. 사횟대 ¶사홧대:撑子(譯解下21).

사·회 명 ①사위. ☞사위 ¶사회 녀기셔 며느리 녁 지블 婚이라 니ᄅᆞ고(釋譜6:16). 사회 龍ᄐᆞᆫ 사ᄅᆞᄆᆡ게 갓갑도다:女婿近乘龍(杜解7:33). 다 사회ᄅᆞᆯ ᄀᆞᆯᄒᆡ오:皆爲選婿(飜小10:15). 사회 셔:壻(訓蒙上32. 類合上20). 그 사회와 다뭇 며느리의 텬셩과 힝실과:其婿與婦之性行(宣小5:64). ᄯᆞᆯ과 사회과 머리를 마초고(癸丑57). 사회:女壻(老解下31. 同文解上10. 漢淸5:41). 皇帝ㅅ 사회:駙馬(譯解上26). 父母ㅣ 다시 사회ᄅᆞᆯ ᄀᆞᆯᄒᆡ고져 ᄒᆞ거ᄂᆞᆯ(女四解4:21). 당뇌 깃거 사회ᄅᆞᆯ 삼다(女範3. 뎡녀 농셔당시). 만히 사회 삼고져 ᄒᆞ되(女範2. 현녀 한낭홍쳐). 花箋錄高麗國方言自稱其夫曰沙會(稱謂錄). ②사위가. ¶뉘 사회 되엿ᄂᆞ뇨(洛城2).

사·횟·대 명 상앗대. ☞사화ㅅ대. 사홛대. 사홧대 ¶사횟대:橋 所以刺船竿(四解下18). 사횟대 고:篙(訓蒙中25).

사휘 명 사위. ☞사회 ¶사휘라 ᄒᆞᄂᆞᆫ 거슨 밧사ᄅᆞᆷ이 되ᄂᆞ니:壻爲外人(警民45).

사흘 명 사흘. ☞사ᄋᆞᆯ. 사ᄒᆞᆯ ¶호곡ᄒᆞ다가 사흘 만의 스스로 목졸라 주그니라:號哭三日自縊死(東新續三綱. 烈1:49). 예 사흘 머믄 後의(松江. 關東別曲). 병 어든 이 사흘 안히 머리와 몸이 알ᄑᆞ며(辟新2). 물의 더뎌 아비를 ᄎᆞ자 사흘 만의 죽어(女四解4:17).

사흘다 동 썰다. ☞사ᄒᆞᆯ다 ¶딥 사흐다:鍘草(譯解下34).

사흠 명 싸움〔鬪〕. ☞사홈. 싸홈 ¶사흠 투:鬪(類合下19).

사·히·다 동 쌓이다. ☞ᄲᅡ히다. ᄡᅡ히다 ¶塵沙德用이 다 그 中에 사혀시며:塵沙德用並蘊其中(圓覺上一之二48). 더 사힌 한 數를(圓覺上二之二155). 주근 사ᄅᆞ미 두듥ᄀᆞ티 사햇도다:死人積如丘(重杜解5:34). 구루미 사힌 ᄃᆞᆺᄒᆞ니라:雲積(杜解8:20). 髑髏ㅣ 사혀 뫼 ᄀᆞᆮᄒᆞᆯ시(南明下3). 平原에 사힌 ᄲᅧᄂᆞᆫ 뫼두곤 노파 잇고(蘆溪. 太平詞).

사·ᄒᆞᆫ·날 명 사흗날. ☞사ᄋᆞᆺ날 ¶하ᄂᆞᆯ 브르고 목숨을 빈대 사ᄒᆞᆫ날재 다시 사라:號天乞命至三日乃甦(續三綱. 孝12).

사·ᄒᆞᆯ 명 사흘. ☞사ᄋᆞᆯ. 사흘 ¶사ᄒᆞᆯ 바ᄆᆞᆯ ᄌᆞ조 그듸ᄅᆞᆯ ᄭᅮ메 보니:三夜頻夢君(杜解11:52). 제 남진의 墳土애 ᄃᆞ라가 플 헤혀고 사ᄒᆞᆯ ᄡᆞᆷᄋᆞᆯ 자니라:至夫墳披草宿三夜(續三綱. 烈15). 굿 사ᄒᆞ리어다:恰三日也(飜朴上55). 이젼에 비ᄒᆞᆫ 사ᄒᆞᆯ 닷쇗 ᄡᆞᆯ롤:前三五授(飜小8:35). 사ᄒᆞᆯ 마늬(瘟疫方5). 이젼에 사ᄒᆞᆯ 닷쇗 ᄀᆞᄅᆞ친 거슬:前三五授(宣小5:113). 더데 진ᄂᆞᆫ 사ᄒᆞᆯ이라(痘要上33). 사ᄒᆞᆯ

만의 主人이 婦로ᄡᅥ 祠堂의 보오라:三日主人以婦見于祠堂(家禮4:24).

사·ᄒᆞᆯ·다 [동] 썰다. ☞사흘다. 싸ᄒᆞᆯ다 ¶사ᄒᆞᆯ며 버히며(月釋21:43). 剉ᄂᆞᆫ ᄀᆞᄂᆞ리 사ᄒᆞᆯ씨라(月釋21:76). 膾ᄂᆞᆫ 고기 ᄀᆞᄂᆞ리 사ᄒᆞᆯ씨라(法華5:27). 寸寸이 사ᄒᆞ라도(三綱. 忠27). 사ᄒᆞ론 달 우희 ᄃᆞᄅᆞ라 ᄒᆞ고:刈蒹葭使趨其上(三綱. 忠30). 잇ᄂᆞᆫ ᄲᅧᄅᆞᆯ ᄒᆞ마 사ᄒᆞᆯ오:有骨已剁(初杜解16:61). 팟믿 흰 ᄃᆡ 사ᄒᆞ로니:切葱白(救簡1:91). 딥 사ᄒᆞ로믈 ᄀᆞᄂᆞ리 ᄒᆞ라:切的草細着(飜朴上21). 네 사ᄒᆞ논 디퓌:伱切的草(飜老上19). 이 사ᄒᆞ론 디플 다가:將這切了的草(飜老上20). 이 약ᄃᆞᆯᄒᆞᆯ 굵게 사ᄒᆞ라(簡辟6). 도적기 노ᄒᆞ야 어즈러이 사ᄒᆞᆯ고 가다:賊怒亂斫而去(東新續三綱. 烈3:1).

사·ᄒᆞᆺ날 [명] 사흗날. ☞사ᄒᆞᆫ날 ¶사ᄒᆞᆺ날재 다시 사라:至三日乃甦(續三綱. 孝12). 사ᄒᆞᆺ나래 큰 이바디ᄒᆞ야 ᄆᆞᄎᆞ면:第三日做圓飯筵席了時(飜朴上46).

사ᄒᆡᆨᄒᆞ다 [동] 사핵(査覈)하다. 점고(點考)하다. ¶군시 도라가ᄂᆞᆫ 날의 쳥컨대 사ᄒᆡᆨᄒᆞ야 그 사ᄅᆞᆷ을 어더 ᄡᅥ 쳐분을 기ᄃᆞ리마 ᄒᆞ엿더라(山城102). 심낙슈ᄅᆞᆯ 명ᄒᆞ여 어ᄉᆞᄅᆞᆯ 삼아 가셔 네 사ᄒᆡᆨᄒᆞ여 죄 이시며 죄 업스매 들니도 말며(綸音79). 사ᄒᆡᆨᄒᆞ다 又 點考ᄒᆞ다:査査(同文解下29).

·삭 [명] 싹. ☞삯 ¶神足은 삭 남 ᄀᆞᆮ고:神足如抽芽(圓覺上二之二113). 곡식삭 망:芒(類合下51). 그 바미 우미 도다 삭 나거시아(樂詞. 鄭石歌). 삭 나다:發芽(譯解下41. 同文解下1. 漢清10:3). 삭:苗(同文解下1). 삭:芽(漢清10:3).

삭 [명] 삯. ☞삯 ¶지블 ᄃᆞᆯ마다 銀 현량곰 삭 믈오 드러 이셔 살 시라:賃(老朴集. 單字解6). 뎌 삭 바ᄃᆞᆯ 사ᄅᆞ마:那挑脚的(飜朴上11). 삭 바ᄃᆞᆯ 용:傭. 삭 바ᄃᆞᆯ 고:雇(訓蒙中2). 말 삭:斗子錢(譯解上24).

삭갑 [명] 삯돈. ¶삭갑:脚錢倉 밧ᄭᅴ 내ᄂᆞᆫ 삭갑:少脚錢(譯解上24).

삭갓 [명] 삿갓. ☞삳갇. 삿갓 ¶삭갓:夫須(物譜 衣服).

삭갓나물 [명] 삿갓나물. ¶삭갓나물:山丹(柳氏物名三 草).

삭·다 [동] 삭다〔消〕. ¶내종내 삭디 아니ᄒᆞ야(圓覺上一之一92). 가히 고기 먹고 삭디 아니ᄒᆞ야:食狗肉不消(救急下61). 건춤을 삭게 ᄒᆞ고:消痰(救簡1:5). 현 구든 돌히라도 다 삭ᄂᆞ니라(七大10).

삭다리 [명] 삭정이. ¶삭다리를 죠기ᄂᆞᆫ 듯 마ᄃᆡ마ᄃᆡ 소릐 난다(萬言詞).

·삭망 [명] 삭망(朔望). ¶朔望애 모ᄃᆞᆫ 公主ㅣ 뵈ᅀᆞ올 제(宣賜內訓2上44). 아비 樣子ᄅᆞᆯ 어미ᄃᆞ려 무러 그려 廟애 두고 아ᄎᆞᆷ나죄 뵈며 朔望애 祭ᄒᆞ더라:朔ᄋᆞᆫ 初ᄒᆞᆯ리오 望ᄋᆞᆫ 보로미라(三綱. 孝26). 삭망이어든 시절 차바ᄂᆞᆯ ᄀᆞ초 장만ᄒᆞ고:朔望備時物製(東續三綱. 烈13). 冬至 正旦앤 六拜ᄒᆞ고 朔望앤 四拜호ᄃᆡ(家禮2:17). 공이 ᄀᆞᆯ오ᄃᆡ 본현의셔 삭망으로 사ᄅᆞᆷ 보내야 나 잇ᄂᆞᆫ 곳을 점검ᄒᆞᄂᆞ니(落泉2:4).

·삭방 [명] 삭방(朔方). 북쪽 지방. ¶官妓로 怒ᄒᆞ샤미 官吏의 다시언마ᄅᆞᆫ 肇基 朔方ᄋᆞᆯ 뵈아시니이다(龍歌17章). 朔方ᄋᆞᆫ 北方이라(三綱. 忠17). 中興ᄒᆞ신 님긊 神奇ᄒᆞᆫ 兵馬ㅣ 朔方ᄋᆞᆯ 뮈오ᄆᆞᆯ 요ᄉᆞ이예 慶賀ᄒᆞ노라:近賀中興主神兵動朔方(重杜解23:56).

삭삭기 [부] 바삭바삭. ¶삭삭기 셰몰애 별헤 나ᄂᆞᆫ 구은 밤 닷 되를 심고이다(樂詞. 鄭石歌).

삭삭ᄒᆞ·다 [형] 무르다. 부드럽다. ¶삭삭ᄒᆞᆫ ᄲᅧᆺ 귿:脆骨(飜老下38). 삭삭ᄒᆞᆫ ᄲᅧ ᄉᆞᆺ:脆骨(老解下34).

삭ᄡᅡ리 [명] 삭정이. ¶삭ᄡᅡ리 마른 섭흘 뷔거니 버히거니(古時調. 논밧 가라. 靑丘).

삭이다 [동] 새기다〔刻〕. ☞사기다 ¶그 詩ᄅᆞᆯ 바회예 삭이니라(女四解4:27). 삭이다:刻了(同文解下18). 죠희로 삭인 덕담:利市紙(譯解補10). 좀 삭이다:蟲鈒了(譯解補49). 삭이다:刻(漢清12:7). 등심블ᄏᆡ ᄉᆞᄌᆞᄅᆞᆯ ᄂᆞᆾ치 삭엿거ᄂᆞᆯ(女範3. 뎡녀 뉼양ᄉᆞ여). 玉으로 白馬를 삭여 洞庭湖에 흘니 싯겨(古時調. 歌曲). 우희 운학이 넘노는 형상을 삭엿고(引鳳簫1). 이 ᄠᅳ를 밝히고져 石壁에 삭여 ᄂᆡ여(皆岩歌).

삭인창 [명] 새긴창. 화창(花窓). ¶삭인창:花窓(譯解補13).

삭일 [명] 삭일(朔日). ¶술이며 실果로ᄡᅥ 告호ᄃᆡ 朔日의 네ᄀᆞ티 ᄒᆞ라(家禮9:24).

삭직ᄒᆞ다 [동] 삭직(削職)하다. ¶엄슝을 삭직ᄒᆞ야 즉일의 고향의 내치고(落泉3:7).

삭짐 [명] 삯짐. ¶뎌 삭짐 지ᄂᆞᆫ 이아:那挑脚的(朴解上11). 삭짐 지ᄂᆞᆫ 이:挑脚的(譯解補18).

삭출 [명] 삭출(削黜). ¶죽일 말 도모커든 삭출에 ᄭᅳ칠손가(宋疇錫. 北關曲).

삭평ᄒᆞ다 [동] 삭평(削平)하다. 평정(平定)하다. ¶君山을 削平턴들(古時調. 李浣. 靑丘). 북변을 삭평ᄒᆞ고 ᄯᅩ 서변을 진무케 ᄒᆞ니(落泉3:8).

·삭풍 [명] 삭풍(朔風). 북풍. ¶朔風이 싁싁ᄒᆞ야 서리와 눈괘 하ᄂᆞᆯ해 ᄀᆞᄃᆞᆨᄒᆞ고(金三4:18). 朔風ᄋᆞᆫ 北녁 ᄇᆞᄅᆞᆷ이라(金三4:18). 삭풍이 ᄉᆞᆸᄉᆞᆸᄒᆞ고(引鳳簫2). 乾坤이 凝閉ᄒᆞ야 朔風이 되오 부니(曺友仁. 自悼詞).

삭ᄒᆞ다 [동] 품팔다. ¶집이 가난ᄒᆞ여 제 몸을 다룬 딕 삭ᄒᆞ여셔 일ᄒᆞ고(三譯6:1).

·삯 명 ①싹. ☞삭 ¶삯과 삯괘 씨롤브터 나고:芽芽從種生(圓覺上一之二14). ᄌᆞ초롤 다 삭슬 ᄡᅢ야:紫草皆當用茸(痘要上22). 삭시 나셔 ᄯᅡ흘 들치다:苗拱土(漢淸10:3). ②조짐. ¶병환이 점점 드시ᄂᆞᆫ 삭시 이시니(閑中錄126).

삯 명 삯. ☞삭 ¶우리 집 삭시며 밥 지은 갑돌 헤져:咱們筭了房錢火錢着(飜老上22). 삭슬 혜아리져:商量脚錢着. 네 삭슬 언메나 줄다:你與多少脚錢(飜朴上11).

산 명 산(山). ¶山ᄋᆡ 草木이 軍馬ㅣ ᄃᆞᄫᆡ니이다:山上草木化爲兵衆(龍歌98章). 城을 남아 山ᄋᆞᆯ 向ᄒᆞ시니(月印上20). 虛空 ᄐᆞ샤 山ᄋᆡ 니르르시니(月印上20). 이 山애 이고지 만히 이셔(釋譜6:44). 두 山 ᄊᆞᅀᅵ예 ᄒᆞᆫ ᄉᆡ미 잇고(釋譜11:25). 後에 山ᄋᆡ 사ᄂᆞᆫ 닌 오직 그 山ᄋᆞᆯ 보고… ᄒᆞ다가 山ᄋᆡ 사디 아니ᄒᆞ야도… 반ᄃᆞ기 그 山ᄋᆞᆯ 니즈리니(永嘉下114). 官僚와 山ᄋᆡ 드러(六祖上1). 可히 이 山ᄋᆡ ᄒᆞᆫ 梵刹을 ᄆᆡᆼᄀᆞ롤디니(六祖略序12). 기픈 산으로 향ᄒᆞ야:往深山(飜朴上37). 子ㅣ ᄀᆞᆯᄋᆞ샤ᄃᆡ 臧文仲이 蔡를 居호ᄃᆡ 節애 山을 ᄒᆞ며 梲애 藻를 ᄒᆞ니 엇디 그 知라 ᄒᆞ리오(宣論1:47). 益이 山과 澤을 烈ᄒᆞ야 焚ᄒᆞ니(宣孟5:23).

:산 명 산(算). 셈. 산(算)가지. ¶이기싫 筭ᄋᆞᆯ 짐즛 업게 ᄒᆞ시니:勝耦之籌迺故齊之(龍歌64章). 대로 ᄆᆡᆼᄀᆞ론 산:青竹筭(救簡2:87). 산 산:算(類合上1). 산 듀:籌(類合下25). 或 서르 倍ᄒᆞ며 蓰ᄒᆞ야 筭이 업손 者ᄂᆞᆫ(宣孟11:13).

:산 명 산(散). 가루. ¶石榴ㅅ곳 半斤과 石灰 ᄒᆞᆫ 斤을 봇가 디허 ᄀᆞᄂᆞ리 처 散 ᄆᆡᆼᄀᆞ라 瘡의 ᄇᆞᄅᆞ고(救急上82).

-산가 어미 -는가. ¶瑤臺月下의 힝혀 아니 만나산가(松江. 星山別曲).

산간 명 산간(山間). ¶시혹 山間애 이셔 禪定ᄒᆞ며(月釋23:95).

산갓 명 갓의 한 가지. 개채(芥菜). ¶산갓:葶菜(柳氏物名三 草).

:산·계 명 계산(計算). ¶글쓰기와 산계롤 ᄇᆡ호며:學書計(宣小1:4).

산고딕 명 상고대. 성에. ¶산고딕:木稼 霧氣著木如樹介者(才物譜一 天譜). 산고딕:花霜(譯解上2). 산고딕:花霜 霧氣著木而成所謂木稼者(柳氏物名五 水).

산고딕ᄒᆞ다 동 성에 끼다. ¶산고딕ᄒᆞ다:花霜(同文解上2). 산고딕ᄒᆞ다:寒氣着物凝結(漢淸1:15).

산·곡 명 산곡(山谷). 산골. ☞산골 ¶萬籟ᄂᆞᆫ 山谷 ᄉᆞᅀᅵ옛 ᄇᆞᄅᆞᆷ과 믈와 여러 소리라(初杜解6:1). 산곡의 피란ᄒᆞ야 봉양ᄒᆞ기를 ᄀᆞ초 지극기 ᄒᆞ더니:避亂山谷奉養備至(東新續三綱. 孝5:80).

산골 명 산골. ¶自然銅鄕名生銅(鄕藥月令十二月). 산골:自然銅(東醫湯液三 金部. 柳氏物名五 金).

산과 명 산과(山果). ¶山果ᄂᆞᆫ 山中엣 果實ㅣ라(重杜解1:3).

산구화 명 산국화(山菊花). 들국화. ¶산구화:野菊(柳氏物名三 草).

산근 명 산근(山根). ¶산근:鼻根(漢淸5:50).

산깁 명 생견(生絹). ¶내 ᄒᆞᆫᄌᆞᆺ 산깁 적삼 ᄲᆞᆯ고 다시 ᄲᅥ라(古時調. 鄭澈. 松江).

산난ᄒᆞ다 형 산란(散亂)하다. ¶모든 사ᄅᆞᆷ이 산난ᄒᆞ고(癸丑126). 심회 산난ᄒᆞ야 다룬 ᄃᆡ ᄆᆞᄋᆞᆷ이 업손지라(落泉2:4).

산날이 명 산나리. ¶산날이:山丹(柳氏物名三 草).

산노다 동 산희(山戱)하다. 산놀이하다. ¶산노다:山戱(漢淸9:8).

산님 명 산림(山林). ¶先公의 신體롤 山林애 의託홈을 爲ᄒᆞ야(家禮10:47).

산단화 명 동백꽃. 산다화. ¶산단화:山茶花(譯解下49). 산단화:山棶花(物譜 花卉).

산달피 명 산달피(山獺皮). 잘. ¶산달피:貉子皮(譯解補48).

산당 명 산당(山堂). ¶山堂애 노피 누워 괴외ᄒᆞ야 일 업스니 더 오ᄂᆞᆳ날 ᄯᅩ ᄂᆡ싨 아ᄎᆞᄆᆞᆯ 므던히 너기놋다(南明上39). 즉시 산당을 ᄯᅥ나와 문안ᄒᆞ고(引鳳簫1).

산뎐 명 산전(山田). 산에 있는 밭. ¶싀어미로 더브러 산뎐을 미더니:與姑鋤山田(東新續三綱. 孝8:54).

산뎡 명 산정(山頂). 산꼭대기. ¶山頂ᄋᆞᆫ 相업스며 일훔 업슨 고디며 ᄯᅩ 證ᄒᆞᆫ 고디라(南明上29).

산도미 명 산도미(山稻米). 밭벼의 쌀. ¶산도미:旱稻米(譯解下9).

산도적 명 산적(山賊). ¶산도적을 파ᄒᆞ야 공 크게 세오고(三譯3:1).

:산·두·다 동 산놓다. 셈하다. ¶算師ᄂᆞᆫ 산두ᄂᆞᆫ 사ᄅᆞᆷ이라(南明上16). 산두ᄂᆞᆫ 이:筭手(譯解補9).

산듕 명 산중(山中). ¶부톄 니ᄅᆞ샤ᄃᆡ 山中에 오직 범과 일히와 雜즁ᄉᆡᆼ이 잇ᄂᆞ니(月釋23:77). 山中에 이셔 아모 소리나 드르면(法華1:164). 간 대로 山中을 向ᄒᆞ야 두어 히롤 사ᄅᆞᄆᆡ 禮拜롤 바도니(六祖上15).

산득산득 부 산득산득. ¶념의온 가슴이 산득산득ᄒᆞ여라(古時調. 天寒코. 青丘).

산듸등 명 산디의 등(燈). ¶비燈 집燈 산듸燈과(古時調. 青丘).

산딕 명 산디. ¶산딕:鼇山 鼇棚(譯解下23). 鼇棚 산딕 傀儡優面設自周時以此爲戱自 漢

武百戱呈才本中國俳優幻術者 世傳 麗末魯國大長公主出來時隨來云(兒戱原覽). 산듸등:鰲山燈(漢淸10:48).

:산:란 명 산란(散亂). ¶失念과 不正知와 散亂쾌라(楞解8:95). 昏沈과 散亂과를 골오 다스린 後에사(牧牛訣35). 드다 호믄 棹擧ㅣ오 돕다 호믄 昏沈이니 이 散亂과 無記왜라(南明上52).

:산:란ᄒᆞ·다 형 산란(散亂)하다. ¶孫陀ᄂᆞᆫ 散亂커늘 부톄 그 ᄆᆞᅀᆞᆷ볼 자바(楞解6:60).

산람 명 산에 낀 이내. ¶흰 구름 브흰 煙霞 프로니ᄂᆞᆫ 山嵐이라(宋純. 俛仰亭歌).

산릉 명 산릉(山陵). ¶어마닚 山陵을 ᄃᆞᅀᆞ샤:戀妣山陵(龍歌93章). 山陵 谿澗 溝壑이 업고:陵은 큰 두들기라(法華4:17).

산림 명 산림(山林). ¶山林中에 들어나 河海어나 大水를 건나거나(月釋21:170). 山林 사ᄅᆞᆷ 밋디 몯홀 싸해 노니ᄂᆞ니(楞解8:129). 山林에 갈 자최 머디 아니ᄒᆞ니라(初杜解15:8). 이브로 가난타 니ᄅᆞ나 ᄆᆞᅀᆞ문 불ᄀᆞ니 城市와 山林에 브튼 고디 업도다(南明上31). 뎔 뒤헤 五里만 가 山林이 기ᅀᅥ 茂盛ᄒᆞ며(六祖中108). 斧斤을 時로 ᄡᅥ 山林에 入ᄒᆞ면 材木을 可히 이긔여 用티 몯ᄒᆞ리니(宣孟1:8). 山林에 갈 興을 혀미기도다:山林引興長(重杜解10:31).

산·막 명 움집. ¶산막 와:窩(訓蒙中9). 산막:窩房(譯解上17).

:산멱 명 소낭(嗉囊). 멀떠구니. ¶그 산멱을 ᄡᅳ교미:呑嗉(救簡6:2). 산멱:鳥藏食處今呼嗉袋(四解上40 嗉字註). 산멱 소:嗉(訓蒙下6. 兒學上8). ᄃᆞᆰ의 산멱:嗉帒(譯解下25). 산멱:嗉帒(同文解下35). 산멱:嗉子. 산멱밋:嗉底(漢淸13:61). 산멱:嗉(物譜 飮食). 산멱:嗉帒(柳氏物名一 羽蟲).

:산:모 명 산모(產母). ¶여러 가짓 鮮味로 產母를 이바ᄃᆞ며(月釋21:124).

산몽애 명 산무애뱀. ☞산므애비얌 ¶산몽애:白花蛇(柳氏物名二 水族).

산므애비얌 명 산무애뱀. ☞산몽애 ¶산므애비얌:白花蛇(東醫 湯液二 蟲部).

산:ᄆᆡ·ᄌᆞ 명 산매자. ¶산ᄆᆡᄌᆞᄡᅵ 세닐굽 나출:李人三七枚(救簡2:30). 산ᄆᆡᄌᆞ 욱:栯(訓蒙上11). 산ᄆᆡᄌᆞ:郁李(物譜 木果). 산ᄆᆡᄌᆞ:郁李(柳氏物名四 木). 산ᄆᆡᄌᆞ:唐棣. 산ᄆᆡᄌᆞ 욱:薁(詩解 物名13).

산비ᄒᆞ다 동 산비(散飛)하다. ¶신혼이 산비ᄒᆞ니(閑中錄129).

산산이 부 산산(散散)이. ¶산산이:三分五裂(同文解下60). 산산이:零散(漢淸11:54).

산셩 명 산성(山城). ¶네 나라히 산셩을 만히 빠거니와(山城13).

:산:수 명 산수(算數). ¶筭數 譬喩로 몯 아롫 배라(釋譜19:5). 그 數ㅣ 그지업서 萬億劫에 筭數로 能히 그 ᄀᆞᅀᆞᆯ 得디 몯ᄒᆞ리라(法華3:186).

산·슈 명 산수(山水). ¶師ㅣ 境內예 山水 됴흔 싸해 노니샤(六祖略序10). ᄒᆞᄆᆞᆯ며 山水의 幽深호믈 드로미ᄯᆞ녀:況聞山水幽(重杜解1:14).

산승 명 산승(山僧). ¶山僧의 막다히로도(蒙法52). 山僧이 良人ᄋᆞᆯ 우기 눌러 賤人 삼논 디 아니언마른(金三3:52). 이 山僧이 人我를 ᄀᆞ장ᄒᆞ논 디 아니라 法 爲ᄒᆞ야 몸니조미 正히 이 ᄢᅵ니라(南明下39).

산ᄉᆞ젼 명 산사편. 산사병(山査餠). ¶산ᄉᆞ젼:山査糕(漢淸12:47).

:산싱 명 산생(產生). 생산. 출산(出產). ¶產生ᄋᆞᆫ 아기 나홀 씨라(釋譜11:31). 產生이 어려우니와 半만 나커나 胎衣 ᄂᆞ리디 아니커나 子息이 빗소배셔 죽거나:產難或半生或胎衣不下或子死腹中(救急下86).

:산싱ᄒᆞ·다 동 산생(產生)하다. 생산(生產)하다. 출산(出產)하다. ¶ᄃᆞ리 ᄎᆞ거늘 產生ᄒᆞ샤ᄃᆡ:產生ᄋᆞᆫ 아기 나홀 씨라(釋譜11:31). 產生ᄒᆞᆫ 겨지블 그 우희 안쳐 氣分ᄋᆞᆯ 쐬면 아니한더데 ᄂᆞ리ᄂᆞ니라:產婦就上坐以氣熏須臾卽下(救急下91). 胎衣 나디 아니커든 아기 시순 므를 나흔 어미로 半 자ᄂᆞᆯ 먹게 ᄒᆞ면 胎衣 즉재 나ᄂᆞ니 產生ᄒᆞᆫ 겨지브로 알에 말라(救急下92).

산ᄉᆞᆯ 명 산골. ☞산골 ¶여슷 고을의 산ᄉᆞᆯ의 사ᄅᆞᆷ이(三譯6:8). 도적을 산ᄉᆞᆯ 가온ᄃᆡ 피ᄒᆞ더니:避賊山谷中(東新續三綱. 烈8:52).

:산ᄋᆞ 명 산아(產兒). ¶產兒ㅣ 順티 아니ᄒᆞ야 손바리 몬져 나ᄂᆞ닌:產不順手足先兒者(救急下83).

산·악 명 산악(山獄). ¶山獄을 수이 옮기고(永嘉下82). 山岳이 머리 여럿고 江湖ㅣ 흐렛도다(初杜解14:11). 큰 ᄀᆞᄆᆞ래 山嶽이 ᄆᆞᄅᆞ니 어드운 구루미오 ᄯᅩ 비ᄂᆞᆫ 업도다:大旱山嶽燋密雲復無雨(重杜解12:40). 山岳ㅣ 머리 여렛고 江湖ㅣ 흐렛도다:遠開山岳散江湖(重杜解14:11).

산:야 명 산야(山野). ¶山埜ᄂᆞᆫ 너와로 葛藤을 일워 가리라(金三1:13). 山埜ᄂᆞᆫ 즁이 저를 니ᄅᆞ논 마리라(金三1:13).

산양 명 산양(山羊). ¶산양의 ᄲᅳᆯ:羚羊角(救簡1:26). 산양:山羊(物譜 毛蟲).

산업 명 산업(產業). ¶두 셔우레 오히려 사오나온 產業이오 四海엔 엇게 조차 ᄃᆞᆫ뇰 사ᄅᆞ미 그쳇도다:兩京猶薄產四海絕隨肩(重杜解20:3). 나의 산업을 탕퍼ᄒᆞ고 내 집 쥬옹을 ᄉᆞ지의 ᄲᅥ지오고(落泉3:8).

산연히 부 산연(潸然)히. 〔눈물을 하염없이 흘리는 모양.〕 ¶산연히 눈믈 내고:潸然出

涕(東新續三綱. 忠1:7). 샹이 태식ᄒᆞ시고 산연히 눈믈을 디우시니:王爲之太息潸然泣下(仁祖行狀50).

산영 명 사냥. ☞산힝 ¶산영을 됴히 너기거시늘:好狩獵(重內訓2:17). 산영 뎐:田(註千27).

산영개 명 사냥개. ¶산영개 로:盧(詩解 物名9). 산영개 험:獫. 산영개:歇驕(詩解 物名11). 산영개:香狗(同文解下39).

산영ᄒᆞ다 동 사냥하다. ☞산힝ᄒᆞ다 ¶샹해 고기 자브며 산영ᄒᆞ야:常漁獵(東新續三綱. 孝6:5). 내 산영ᄒᆞ는 고ᄃᆡ:我要打圍處(朴解上55). 산영ᄒᆞ다:打圍(譯解上22). 장찻 산영홀 제(十九史略1:18). 봄의 불질너 산영ᄒᆞ며(敬信6).

산원 명 산원(算員). 〔벼슬 이름〕 ¶산원:筭手(同文解上12).

산유자 명 산밤나무. ☞산유ᄌᆞ ¶산유자:栭栗(柳氏物名四 木).

산유ᄌᆞ 명 산밤나무. ☞산유자 ¶산유ᄌᆞ:栭栗(柳氏物名四 木).

산이스랏 명 산이스랏. ¶산이스랏:郁李(同文解下5). 산이스랏:杜李(漢淸13:4).

산잉도 명 산매자. 〔산매자나무의 열매.〕 ¶산잉도:郁李(物譜 木果).

산자이 명 산쟁이. ☞산장이 ¶산자이:打捕戶(譯解補17). 산자이:山尺(行吏).

산장이 명 산쟁이. ☞산자이 ¶산장이:獵戶(譯解上22. 同文解上13). 산장이:打牲人(漢淸5:32).

산장 명 산장(酸漿). 꽈리. ¶酸漿은 ᄯᅡ리라(救急上63).

:산젼 명 산전(産前). ¶産前과 産後에 허손ᄒᆞ야 月水ㅣ 고ᄅᆞ디 아니ᄒᆞ며:産前産後虛損月水不調(救急下83).

산졍 명 산정(山精). ¶山精은 如人ᄒᆞ니 一足이오 長이 三四尺이니(初杜解15:9).

산졔 명 멧돼지〔山猪〕. ¶산졔 삿기:野猪崽(漢淸14:6).

산증 명 산증(疝症). ¶산증:疝氣(譯解上26. 漢淸8:1). 산증 산:疝(兒學下4).

산진미 명 산지니. ☞산진이 ¶산진미 슈진미와 海東靑 보라미가(萬言詞).

산진이 명 산지니. ☞산진미 ¶산진이:山籠(漢淸13:51).

산ᄌᆞ 명 산자(橵子). ¶산ᄌᆞ 펴다:鋪望板(漢淸12:10).

산채 명 산나물. 〔'菜'의 중세음은 '채'임.〕 ¶山菜라타 관계ᄒᆞ랴(古時調. 치위를. 靑丘). 山菜에 맛드리니 世味를 니즐노라(古時調. 幽僻을. 歌曲).

산천 명 산천(山川). ¶三千大千世界옛 山川谿谷 土地예 냇ᄂᆞᆫ(月釋13:44). 山川谿谷 土地에셔 난(法華3:9). 山川 險ᄒᆞᆫ 골 기픈 ᄃᆡ 난 卉木藥草(法華3:36). ᄉᆞᄉᆞ로 ᄒᆞᆫ 山川이 잇ᄂᆞᆫ가 ᄒᆞ노라:自有一山川(初杜解15:9). 犂牛의 子ㅣ 騂ᄒᆞ고 또 角ᄒᆞ면 비록 쓰디 말고쟈 ᄒᆞ나 山川은 그 ᄇᆞ리랴(宣論2:4). 태비 병 극ᄒᆞ시거늘 샹이 위ᄒᆞ여 산쳔의 비ᄅᆞ시고(仁祖行狀9).

산촌 명 산촌(山村). 산골 마을. ¶녀름지이란 山村ㅅ 사ᄅᆞ미게 비호노라:耕稼學山村(重杜解11:42).

산태 명 삼태기. ☞삼태 ¶산태 궤:蕢. 산태 본:畚(訓蒙中19).

산·텩 명 산척(山脊). 산등. 산등성이. ¶ᄆᆞ리 病이 기퍼 山脊에 몯 오ᄅᆞ거늘:我馬孔瘏于岡靡陟(龍歌109章).

산판 명 수판(數板). 주판(珠板). ¶산판:算盤(同文解下15).

산하 명 산하(山河). ¶山河ㅣ 다시 나디 아니ᄒᆞ며 水火ㅣ 서르 侵勞티 아니ᄒᆞ며(楞解4:8). ᄯᅡ히 山河ᄅᆞᆯ 숨기며(楞解6:49). 한 世間앳 大地 山河ᄅᆞᆯ 보ᄃᆡ 거우뤼 비취욤 ᄀᆞᆮ히 ᄒᆞ야(楞解10:1). 山河ㅣ 마고미 아니오(永嘉下81). 山河를 ᄆᆞᄅᆞ서흐러 베혀:宰割山河(宣小5:99).

산호 명 산호(珊瑚). ¶蓮못 ᄀᆞᇫ애 큰 珊瑚나모 아래(釋譜11:31). 珊瑚ᄂᆞᆫ 바ᄅᆞᇙ 미티 나ᄂᆞᆫ 남기니 가지 기리고 닙 업스니라(月釋8:10). 산호 갇긴:珊瑚珠兒(飜老下67). 산호:珊瑚(飜朴上27). 산홋 산:珊. 산홋 호:瑚(訓蒙中32). 노폰 扶桑앳 힛비치 珊瑚ㅅ 가지예 비취옛ᄂᆞ니라:崔嵬扶桑日照耀珊瑚枝(重杜解9:4).

:산:후 명 산후(産後). ¶産前과 産後에 허손ᄒᆞ야 月水ㅣ 고ᄅᆞ디 아니ᄒᆞ며:産前産後虛損月水不調(救急下83).

산힝 명 사냥. ☞산영 ¶洛水예 山行 가 이셔 하나빌 미드니잇가:洛表遊畋皇祖其恃(龍歌125章). 阿育王이 아ᅀᆞ 善容이 뫼해 山行 갯다가 보니(釋譜24:25). 公이 마초아 山行 갯더시니(宣賜內訓序5). 산힝 수:蒐 春獵. 산힝 슈:狩 冬獵. 산힝 션:獮 秋獵. 산힝 뎐:畋 總稱 又 冬狩曰獵(訓蒙下9). 산힝 렵:獵(類合下7. 倭解下38). 산힝과 천렵ᄒᆞ여 ᄲᅥ 만난 거슬 몬초더니(東新續三綱. 孝4:29). 노롬노리와 산힝을 긋치시면(女範1. 셩후 당문덕후).

산힝ᄒᆞ·다 동 사냥하다. ☞산영ᄒᆞ다 ¶山行ᄒᆞᄂᆞᆫ 사ᄅᆞ미 무레 열다ᄉᆞᆺ 히ᄅᆞᆯ 디내요니(六祖上39). 내 산힝홀 ᄃᆡ ᄐᆞᆯ 잘 ᄃᆞᆫᄂᆞᆫ ᄆᆞᆯ 사고져 ᄒᆞ노라:我要打圍處騎的快走的馬(飜朴上62). 산힝홀 렵:獵(訓蒙中2). 산힝ᄒᆞ다:打圍(同文解下12). 눈 우희 셜마 산힝ᄒᆞ다:趕獸(漢淸4:52).

삿:골 명 산골. 산곡(山谷). ☞묏골. 산쏠 ¶그 도ᄌᆞ글 ᄒᆞᆫ 삿고래 에워:把那賊圍在一箇山峪裏(飜老上30).

삳 명 삿자리. 갈대로 결은 자리. ☞샅 ¶벼개와 삳 가지고 수플 幽僻ᄒᆞᆫ ᄃᆡ 들오:枕簟入林僻(杜解9:25). 삳 뎜:簟(訓蒙中11. 類合上24. 倭解下13). 벼개와 삳ᄐᆞᆯ 걷으며:斂枕簟(宣小2:5). 옷과 니블와 삳과 돗과 벼개와 几ᄅᆞᆯ 옴기힐후디 아니ᄒᆞ며:衣衾簟席枕几不傳(宣小2:6).

삳·갇 명 삿갓. ☞삿갓 ¶삳갇:斗蓬(四解上3 蓬字註). 삳갇:篛笠(訓蒙中15 笠字註).

삳기 명 새끼. ☞삿기. 삿끼 ¶삳기 추:雛(倭解下21).

살 명 살〔魚梁〕. 어살. ¶살:魚梁(柳氏物名二 水族). 압내히 살도 ᄆᆡ며 울 밋틔 욋씨도 ᄲᅧ코(古時調. 李鼎輔. 山家에 봄. 海謠).

·살 명 살〔矢. 箭〕. ¶黑龍이 ᄒᆞᆫ 사래 주거:黑龍卽殪(龍歌22章). ᄒᆞᆫ 사래 ᄢᅦ니:貫於一發(龍歌23章). 큰 사리 常例 아니샤:大箭匪常(龍歌27章). 세 사ᄅᆞᆯ 마치시니:三中不錯(龍歌32章). 세 살로 세 샐 쏘시니:爰發三箭爰中三雀(龍歌57章). ᄯᅡ해 살이 ᄢᅦ여늘(月印上16). 뫼해 살이 박거늘(月印上16). ᄒᆞᆫ 살옴 마자(月釋10:29). 살와 살와 ᄂᆞᆯ히 맛ᄃᆞᄅᆞ면:箭箭柱鋒(蒙法19). 살로 울워러 虛空 소미 ᄀᆞᆮᄒᆞ니:猶如仰箭射虛空(南明上61). 살 젼:箭. 살 시:矢(訓蒙中29. 類合上28). 싸호매 살이 그 몸애 모ᄃᆞ니:戰矢集其身(東新續三綱. 忠1:4). 어즈러온 살로 쏘아 죽이다(女四解4:27). 어즈러온 살ᄒᆞᆯ ᄃᆞᆯ게 너겨:甘亂箭(女四解4:30). 비예 살흘 아사셔 혜니(三譯4:22). 살 ᄎᆞ다:掖箭(漢淸4:41). 搖舟一聲 흐르는 ᄇᆡ 살 갓드니(萬言詞).

·살 명 살. 〔문살, 창살, 바퀴살, 빗살 따위〕 ¶金輪寶ᄂᆞᆫ 술위ᄢᅴ 一千 사리니(月釋1:26). 輻은 술윗 사리오(月釋2:38). 살ᄃᆞᆯ 가져오라:輻條將來(飜老下36). 살 료:轑. 살 복:輻(訓蒙中26). 살들 가져오라:輻條將來(老解下32). 창 ᄀᆞᄅᆞ살:窓橫欞(同文解上35). 살 셩긘 어레잇시로다(古時調. 나ᄂᆞᆫ 님 혜기를. 靑丘).

-살가 어미 -ㄹ까. ¶仙槎ᄅᆞᆯ 띄워내여 斗牛로 向ᄒᆞ살가(松江. 關東別曲).

살고 명 살구〔杏〕. ☞ᄉᆞᆯ고 ¶살고:杏(柳氏物名四 木).

살금 명 살갗의 금. ☞ᄉᆞᆯ씀 ¶살금:皺紋(漢淸5:48).

살긔 명 살기(殺氣). ¶ᄆᆞᆯᄀᆞᆫ 서리예 殺氣ᄅᆞᆯ 시러곰 시름ᄒᆞ리라:淸霜殺氣得憂虞(重杜解15:15).

살나니다 동 살려내다. ¶내 동긔ᄅᆞᆯ 살나니(閑中錄328).

살님자 명 살 사람. ¶ᄯᅩ 살님자도 셔디 아니ᄒᆞ며:也不向買主(老解下10). 살님재 네 갑ᄉᆞᆯ 더ᄒᆞ디 아니면:買主你不添價錢(老解下12). 만일 ᄆᆞᆯ의 됴쿠즘으란 살님재 제 보고:如馬好歹買主自見(老解下17).

:살·다 동 ①살다〔居〕. ¶豳谷에 사ᄅᆞ샤:于豳斯依. 慶興에 사ᄅᆞ샤:慶興是宅(龍歌3章). 몃 間ㄷ 지븨 사ᄅᆞ시리잇고:幾間以爲屋(龍歌110章). 움 무더 사ᄅᆞ시니이다:陶穴經艱難(龍歌111章). 이 ᄯᅡ해 精舍 이르ᅀᆞᄫᆞᆯ 쩨도 이 개야미 이에셔 사더니(釋譜6:37). 妾이 陛下와 가난애 ᄒᆞᆫᄃᆡ 사ᅀᆞᆸ다가:妾與陛下同處窮約(宣賜內訓2下46). ᄒᆞᆫ ᄒᆡᄅᆞᆯ 梓州ㅣ 사로라:一年居梓州(重杜解2:1). 살 거:居. 살 쳐:處(訓蒙下19). 靑山의 살어리라ᄯᅡ(鄕樂. 靑山別曲). 살 거:居(類合上24. 石千31. 倭解上34).

②살다〔生活〕. ¶어버ᅀᅵ 여희ᅀᆞᆸ고 ᄂᆞᆷᄋᆞᆯ 브터 이쇼ᄃᆡ 어ᅀᅵ아ᄃᆞᆯ이 입게 사노이다(月印上52). 사로미 이러커늘사 아ᄃᆞᆯ을 여희리잇가(月印上52).

③살다〔生存〕. ¶죽다가 살언 百姓이:其蘇黎庶(龍歌25章). 사도 아니ᄒᆞ며 죽도 아니ᄒᆞᆯ 씨니(月釋2:16). 네ᄒᆞᆫ 사랫ᄂᆞ니 목수미 더으고(月釋21:150). 사라옷 도라니거든(三綱. 烈19). 산 사ᄅᆞᄆᆡ 엇게 우희 엱고:生人肩上(救簡1:65). ᄎᆞᆫ 긔운이 블와로 서로 다이저 사디 몯ᄒᆞ리라:冷氣與火相搏急卽不活也(救簡1:88). 주근동 산동 몰라(續三綱. 烈9). 길게 살기ᄅᆞᆯ 願ᄒᆞᆯ ᄶᅵ니:願得長生(女四解2:22). 살 ᄉᆡᆼ:生(註千2). 存曰薩囉(雞類).

살동개 명 살통. 전통(箭筒). ¶살동개:箭釵帒(同文解上48). 살동개:走獸壺(譯解補16). 살동개:撒袋. 살동개에 붓흔 젹은 동개:拵靫(漢淸5:21).

살디다 동 주름살이 지다. ☞ᄉᆞᆶ지다 ¶ᄂᆞᆺ치 살디다:面有紋(同文解上18).

살·리·다 동 살리다. 살게 하다. ☞살우다. 살이다 ¶받과 집을 사셔 살리고:買田宅居之(宣小6:32). 가속을 ᄃᆞ려다가 집을 논화 살리고:居(五倫5:6).

살롬 명 사람. ☞사ᄅᆞᆷ ¶살롬이 勝地를 몰온이 알게 ᄒᆞᆫ들 엇더리(古時調. 李珥. 二曲은. 海謠).

살무겁 명 살받이. ¶살무겁 무온 ᄃᆡ:箭垜子(譯解上22).

살무기 명 살무사. ¶殺無赦者 蛇之最毒種俗名謂之 살무기(東韓).

·살문 명 살문. ¶ᄆᆡ양 나들 저긔 살문 밧긔셔 ᄆᆞᆯ ᄇᆞ리며:每出入常於戟門外下馬(飜小10:12). 살문 폐:梐. 살문 호:枑(訓蒙中6).

살문:梐門(同文解上35. 譯解補13).

·살믿 명 살밑〔鏃〕. ☞살밋. 살촉. 삸밑 ¶살믿 모딘 藥이 술해 드러 나디 아니커든(救急下3). 살믿 족:鏃. 살믿 뎍:鏑. 살믿 후:鍭(訓蒙中29). 살믿 족:鏃(倭解上40).

살밋 명 살밑〔鏃〕. ☞살믿. 살촉. 삸밑 ¶살밋:箭頭(譯解上21). 살밋:箭鏃(同文解上47). 살밋:鏃(物譜 兵仗). 비록 강노의 살밋치라도(三譯3:20). 살밋흘 힘으로 감다:信扣纏筋(漢淸5:17).

살바지 명 살받이. ¶활을 맛고 놀넌 서가 살바지의 안쪼 ᄒᆞ랴(萬言詞).

·살·벌ᄒᆞ·다 형 살벌(殺伐)하다. ¶殺伐ᄒᆞᄂᆞᆫ 災害ᄂᆞᆫ 髣髴ᄒᆞ도다:殺伐災髣髴(初杜解6:22). 殺伐ᄒᆞᆫ 氣運ㅣ 南녀그로 녀와 坤軸을 뮈우노소니:殺氣南行動坤軸(重杜解10:42). 각단은 살벌ᄒᆞ기를 앗쳐로이 넉이ᄂᆞᆫ 즘싱이라(經筵).

·살ᄶᅡ기문 명 사립문. ☞살ᄶᅡ깃문 ¶새집과 살ᄶᅡ기門이 별 흗드시 사ᄂᆞ니:草閣柴扉星散居(初杜解25:23).

·살ᄶᅡ깃문 명 사립문. ☞살ᄶᅡ기문 ¶나날 살ᄶᅡ깃門올 바라셔 놀 ᄲᅮ니리오:日傍柴門遊(初杜解6:44).

살ㅅ대 명 살대. ☞삸대. 삿대 ¶살ㅅ대:箭桿(同文解上47). 살ㅅ대 잡다:端箭桿. 고도리에 살ㅅ대 맛초다:安骲頭(漢淸5:17).

·살ᄉᆡᆼ 명 살생(殺生). ¶殺生ᄋᆞᆫ 산 것 주길 씨라(月釋7:48). 殺生과 偸盜와 婬穢예 迷亂ᄒᆞ야(永嘉上41).

살ᄯᅳ리 부 살뜰히. ☞ᄉᆞᆯᄠᅳ리 ¶그리오니 싱각ᄒᆞ고 살ᄯᅳ리 이 셕일 제(萬言詞).

살ᄯᅥ 명 화살대. ☞살ㅅ대 ¶송신ᄒᆞᄂᆞᆫ 소ᄯᅥ런가 과역 마준 살ᄯᅥ런가(萬言詞).

살ᄶᅧᆨ 명 살쩍. ☞살쟉. 살적 ¶살ᄶᅧᆨ:鬢角. 살ᄶᅧᆨ:鬢際(同文解上14).

살·아 동 살려. ㉮사르다 ¶功臣올 살아 救ᄒᆞ시니:功臣迺救活(龍歌123章). 두 오라바님이나 살아 주셔든(癸丑98).

살·아내·다 동 살려내다. ¶白龍올 살아내시니:白龍使活(龍歌22章).

살·아잡·다 동 사로잡다. ¶부러 저히샤 살아자ᄇᆞ시니:故脇以生執(龍歌115章).

살어름 명 살얼음. ☞살얼옴 ¶살어름:氷凌(譯解上7). 살어름디다:氷縷(同文解上9). 五六月 낫계죽만 살어름 지픤 우희 즌서리 섯거치고(古時調. 鄭澈. 深意山. 靑丘). 살어름지다:氷凍成縷(漢淸1:29). 살어름:氷縷(柳氏物名五 水).

살언간만 동 살건마는. ¶七寶 지여 살언간만(鄕樂. 雜處容).

살얼옴 명 살얼음. ☞살어름 ¶살얼옴 지픤 우희(古時調. 鄭澈. 심의산. 松江).

·살여·흘 명 전탄(箭灘). 〔지명(地名)〕¶살여흘:箭灘(龍歌2:22).

살오기다 동 절룩이다. ☞살옥이다 ¶살오기다:略瘸(同文解下38. 漢淸7:33).

살오뇌 명 화살의 오늬. ☞살오닉. 삸오뇌 ¶살오뇌:括(物譜 兵仗).

·살·오닉 명 화살의 오늬. ☞삸오뇌 ¶살오닉 괄:筈(訓蒙中29). 살오닉:箭扣(同文解上47). 살오닉:扣子(漢淸5:16).

살오·다 동 살리다. ☞사로다 ¶五道애 因ᄒᆞ며 四生애 디나 제 命을 살오ᄆᆞᆯ 가ᄌᆞᆯ비고(法華2:184). 오면 살오리라(三綱. 烈32). 사ᄅᆞᆷ 살오미 ᄀᆞ장 하니:活人甚多(救簡1:66). 남진이어나 겨지비어나 므레 디닐 살오ᄃᆡ:救男女墮水中者(救簡1:67). 원컨대 만민을 살오쇼셔(山城). ᄀᆞ올의 죽이고 봄의 살오기ᄂᆞᆫ 텬디 되오(山城57). 어버이ᄅᆞᆯ 살오며:活親(女四解4:19). 지아비ᄅᆞᆯ 살와 집의 도라가(女範2. 변녀 쥬시ᄃᆡ부). 복죵ᄒᆞᄂᆞᆫ 쟈ᄅᆞᆯ 살오고:服者活之(三略上10).

살오ᄆᆡ다 동 도로 풀 수 있도록 매다. ¶살오ᄆᆡ다:活絟(譯解下46).

살옥이다 동 절룩이다. ☞살오기다 ¶살옥이다:䠐蹶(譯解補48).

살올일 명 살아갈 일. 생계(生計). ☞사롤일 ¶살올일:營生(譯解補54).

살와내다 동 살려내다. ¶陰崖예 이온 플을 다 살와내여ᄉᆞ라(松江. 關東別曲).

살·욤 동 살림. 살게 함. ㉮살이다 ¶殿堂 三十二로 四方 僧을 살요ᄆᆞᆫ 八正道애 마ᄌᆞ니라(月釋17:39).

살우다 동 살리다. ☞살리다. 살이다 ¶양이 도적의 딘의 ᄃᆞ라드러 어버 나 구안ᄒᆞ여 살우다:揚突入賊陣負出救活(東新續三綱. 孝5:45).

살우비 명 살덮개. ¶살우비:箭罩子(譯解上22). 살우비:雨箭罩(同文解上48). 살우비:箭罩(漢淸5:22).

살으다 동 살리다. ☞사ᄅᆞ다 ¶不疑京애 尹ᄒᆞ야 형벌을 어그러히 ᄒᆞ고 衆을 살으니:不疑尹京寬刑活衆(女四解4:12).

살으다 동 사르다. 까부르다 ¶ᄊᆞᆯ아기 살으다:簸碎米(漢淸10:12).

살으다 동 사르다. 불에 태워 없애다. ☞ᄉᆞᆯ다 ¶살을 쇼:燒(兒學下10).

살음 명 사람. ☞사ᄅᆞᆷ. 살옴 ¶셕착긴 녜 어딘 살음이라(正俗8). ᄒᆞ다가 미리세의 살음ᄃᆞ히 의식이 브족ᄒᆞ야 구ᄒᆞᄂᆞᆫ 살음의 원의 어긔거나(地藏解下13). 이 ᄀᆞᄐᆞᆫ 살음이 디장 일홈을 듯거나(地藏解下15). 집 살음 ᄃᆞ려 닐러 ᄀᆞᆯ오ᄃᆡ:謂家人曰(東新續三綱. 烈8:3).

살·이·다 동 살리다. ☞살리다 ¶城 밧긔 닐

굽 뎔 일어 즁 살이시고 城 안해 세 뎔 일어 승 살이시니라(月釋2:77). 僧을 살요믄 八正道애 마즈니라(月釋17:39). 殿堂 셜흔 둘흔 四方 僧을 살요미니(法華5:203). 吳八 周瑜ㅣ 孫策올 집 주어 살이고(初杜解24:27). 器量이 어위큰 사름을 골ᄒᆞ야 살이고:擇…器局者居之(飜小9:10). 이 뻐 아돌 살일 배 아니라 ᄒᆞ고:此非所以居子也. 이 진실로 可히 뻐 아돌 살염즉ᄒᆞ도다 ᄒᆞ고:此眞可以居子矣(宣小4:4). 疏通ᄒᆞ고 器局이 인ᄂᆞᆫ 이룰 골히여 살이고:擇疏通有器局者居之(宣小6:9).

살이다 동 사리다[折]. ¶나모 살이다:撅折(漢清12:6).

살입문 명 사립문. 사립짝문. ¶살입門:稍門(譯解上18).

살옴 명 사람. ☞사름. 살음 ¶살옴이 쳐즈와 화동ᄒᆞ여아 어버이 즐겨ᄒᆞ리니:人能和於妻子則父母得其安樂矣(正俗7).

살쟉 명 살쩍. 귀밑털. ☞살쪄. 살적 ¶살쟉 빈:鬢(類合上21).

살쟝 명 살장. ¶살쟝 막다:夾木柵(漢清12:12).

살적 명 살쩍. 귀밑털. ☞살쪄. 살쟉 ¶계집의 살적:水鬢(漢清5:48).

살죠개 명 살조개. 안다미조개. ¶살죠개:蚶(東醫 湯液二 蟲部).

살지·다 동 주름살지다. ☞살찌다. 숣지다 ¶갓과 솔히 살쥬미오:皮膚之皺皺(法華2:104). 솔히 누르고 가치 살지고 목수미 실낫 ᄀᆞ호라:肉黃皮皺命如綫(初杜解3:50).

살집 명 화살집. ¶살집 복:箙(兒學上12).

·살·짓 명 살깃. ¶살짓 령:翎(訓蒙中29). 살짓:箭翎(同文解上47). 살짓 붓치다:擰箭翎. 살짓 조로다:砑箭翎(漢清5:18). 살짓 ᄒᆞᆫ 부:一副箭翎. 살짓 ᄒᆞᆫ 쪽:一拔箭翎(漢清5:19).

살·찌·다 동 주름살지다. ☞살지다. 숣지다 ¶머리 셰며 ᄂᆞ치 살찌여:髮白面皺(楞解2:5). 머리 셰오 ᄂᆞ치 살찌닐 ᄂᆞ미게 뵈요ᄃᆡ:示人髮白而面皺(法華5:120). 머리 셰오 ᄂᆞ치 살찌여:髮白面皺(法華6:8).

살촉 명 살촉. 살밑. ☞살믿. 살밋. 삸밑 ¶살촉 ᄆᆞᄅᆞ:箭鐵脊(漢清5:19).

살평상 명 살평상. ¶門前의 살平床은 丈席이 依依ᄒᆞ고(古時調. 陶山歌).

살·픠 부 살핏하게. ¶또 두루믜 지초로 살픠 고잣고:又是箇鵰鴟翎兒(飜朴上27).

살피 명 살포. ¶살피 삽:鍤(寧邊板類合17).

살피다 동 살피다. ¶살필 찰:察(兒學下3).

살히쌀 명 핍쌀. ¶살히쌀:稗子米 氣辛味脆可以爲飯凶年食之(東醫 湯液一 土部).

·살:히 명 살해(殺害). ¶ᄆᆞᅀᆞ미 殺害 업슬씨(楞解6:26). 山行ᄒᆞᄂᆞ니와 고기 잡ᄂᆞ니와 殺害를 利히 너겨 고기 ᄑᆞ라 제 사ᄂᆞ닐 親近히 말며(法華5:27). 六道 衆生에 殺害를 더으디 아니ᄒᆞ며(金剛36).

·살:히ᄒᆞ·다 동 살해(殺害)하다. ¶ᄒᆞ다가 衆生이 父母 不孝ᄒᆞ며 殺害호매 니를면(月釋21:38). 어두온 밤과 사름 업손 곳의 ᄀᆞ마니 殺害ᄒᆞ야 스ᄉᆞ로 뻐 잘 ᄒᆞᆫ 계교라 ᄒᆞᄂᆞ니(警民17). 야간의 ᄌᆞ긱이 니ᄅᆞ러 살히ᄒᆞ니 니블의 피 가득ᄒᆞ고(落泉3:7).

삵 명 살쾡이. ☞숡 ¶삵 리:貍(兒學上7).

삶다 동 (논밭을) 삶다. ¶밧 갈고 논 살마 벼 셰워 더져 두고(許坱. 雇工歌).

삶다 동 삶다[煮. 烹]. ☞숢다 ¶삶다:烹(柳氏物名五 火).

삶이 명 삶이. 논을 삶는 일. ¶ᄒᆞᆫ便에 모판ᄒᆞ고 그 나마 삶이ᄒᆞ니(農月 三月令).

·삷 명 삽. ☞삽 ¶鍬은 이젯 삷 ᄀᆞᄐᆞᆫ 거시라(杜解25:26). 무딘 살ㅂ로:鈍鏊(金三4:49). 삷 삽:鍤. 삷 쵸:鏊(訓蒙中17). 삷:鐵杴(四解下85 杴字註). 삷 삽:鍤(類合上28. 倭解下16). 최싱의 종들히 삷과 광이를 가지고(太平1:19). 삷:鐵鍬(譯解下8). 헌 삿갓 자른 되롱 삷 집고 홈의 메고(古時調. 趙顯命. 海謠).

·삸·대 명 살대. ☞살ㅅ대. 삿대 ¶삸대 간:笴(訓蒙中29).

삸밑 명 살밑. ☞살믿 ¶삸미티 뼈에 드러(救急下2). 블근 화래 金솘톱 ᄀᆞᄐᆞᆫ 삸미티로소니:騂弓金爪鏑(重杜解2:69). 갈놀콰 삸미트로 農器 디유믈 듣고져 願ᄒᆞ노니:願聞鋒鏑鑄(杜解3:10). ᄒᆞᆫ 삸미티 虛空에 머니:一鏃遼空(金三5:43).

·삸오뇌 명 살의 오늬[矢筈]. ☞살오늬 ¶括ᄋᆞᆫ 삸오뇌라(楞解9:20).

삸:쥼 동 주름살짐. 주름살 잡힘. ㉮숣지다 ¶네 이제 머리 셰며 ᄂᆞᆾ 삸쥬믈 슬ᄂᆞ니:汝今自傷髮白面皺(楞解2:9).

삸·지·다 동 주름살지다. ☞살지다 ¶네 이제 머리 셰며 ᄂᆞᆾ 삸쥬믈 슬ᄂᆞ니:汝今自傷髮白面皺(楞解2:9). 네 ᄂᆞ치 비록 삸지나:汝面雖皺(楞解2:10). 삸지ᄂᆞ닌 變이 ᄃᆞ외어니와:皺者爲變(楞解2:10). 氣 슬며 양지 삸지여:氣鎖容皺(楞解10:82).

·삼 명 삼[麻]. ¶다슴어미 샹녜 서근 사ᄆᆞ로 오새 두어 주거든(三綱. 孝19). 經은 삼으로 ᄆᆡᆼᄀᆞᄂᆞ니(宣賜內訓1:61). 빗바리 삼 낫 ᄀᆞᆮᄒᆞ야 긋디 아니ᄒᆞᄂᆞ다:雨脚如麻未斷絕(初杜解6:42). 다봇과 사매 버므러시니:附蓬麻(初杜解8:67). ᄒᆞᆫ 옰 삼시레 두 옰 바ᄂᆞ리리라:一條麻線兩條針(南明上79). 삼ᄋᆞ로 머리 ᄆᆡ요ᄆᆞᆯ 쁠ᄀᆞ티 ᄒᆞᄂᆞ니(南明下21). 모시불휘와 삼불휘:紵麻根(救簡3:54). 쉰 예슌 발 굴근 삼실:五六十托麄麻

線(飜朴上18). 삼 마:麻(訓蒙上9. 類合上26. 倭解下30). 삼:大麻(柳氏物名三 草). 麻曰三(雞類).

삼 명 삼나무. 삼목(杉木). ¶녯 廟앳 杉과 松앤 뭀 鶴이 깃ᄒᆞ얏고(初杜解6:32).

삼 명 인삼(人蔘). ¶삼:人參(物譜 藥草).

삼·가 부 삼가. ¶삼가 놀란 두리운 ᄆᆞᅀᆞᆷ 먹디 말라:愼勿懷驚懼(法華3:192). 네 삼가 經ㅅ ᄠᅳ들 그르 아디 마롤디어다:汝愼勿錯解經意(六祖中61). 긔운이 두터오며 쥬밀ᄒᆞ며 삼가 이베 ᄀᆞᆯ히욜 마리 업스며:敦厚周愼口無擇言(飜小6:13).

삼·가·다 동 삼가다. ☞삼가ᄒᆞ다 ¶모로매 모다 삼가라(釋譜23:13). 너나ᄆᆞᆫ 殺害ᄅᆞᆯ 삼가(月釋21:168). 그듸 반ᄃᆞ기 剖析호ᄆᆞᆯ 삼가니라:君必愼剖析(初杜解7:27). 삼갈 근:謹(訓蒙下25. 石千29). 삼갈 신:愼(類合下3. 石千13. 倭解上22). 그 안해라셔 어믜게 삼가디 아니ᄒᆞᆫ다코 ᄇᆞ리다:其妻不謹於母故棄(東新續三綱. 孝1:8).

삼·가ᄒᆞ·다 동 삼가다. ☞삼가다 ¶종돌히게 ᄂᆞᆫ 화열히 호ᄃᆡ 삼가ᄒᆞ더라:僮僕訢訢如也唯謹(飜小9:84). 말ᄉᆞᆷ을 ᄀᆞᆯ히내 ᄒᆞ샤ᄃᆡ 오직 삼가ᄒᆞ더시다:便便言唯謹爾(宣小3:14). 訢訢히 호ᄃᆡ 오직 삼가ᄒᆞ더라:訢訢如也唯謹(宣小6:78). 집이 가난호ᄃᆡ 제ᄉᆞᄅᆞᆯ 삼가ᄒᆞ더라:家貧而祭祀惟謹(東新續三綱. 烈1:31). 말을 삼가ᄒᆞ야 怒호온 제 더 춤아라(古時調. 金尙容. 仙源續稿). 食色은 天性이되 酒色은 삼가ᄒᆞ소(人日歌).

삼개 명 마포(麻浦). 〔지명(地名)〕 ¶龍山 삼개 당도리(古時調. 靑丘).

삼거울 명 삼거웃. ☞삼꺼올. 삼꺼울 ¶삼거울을 사라 가라:買麻刀去(朴解下5). 삼거울:麻刀(漢淸12:10. 柳氏物名三 草).

삼거적 명 욕초(蓐草). 깃. ¶삼거적:蓐草(漢淸6:55).

삼겨나다 동 생겨나다. ㉠삼기다 ¶삼겨나다:化生(同文解上54).

삼겨닉다 동 만들어 내다. ㉠삼기다 ¶네 父母 너 삼겨닉올 제 날만 괴게 ᄒᆞ도다(古時調. 金壽長. 눈섭은. 時調類).

삼경 명 삼경(三更). ¶三更에 ᄇᆞᄅᆞ미 니러 촌 뭀겨리 소ᄉᆞ니(初杜解15:44). 알면 곧 몯ᄂᆞ니 나지 三更이오 바미 새배로다(南明上60). 삼경 후에:三更後(救簡1:16). 이 밤 三更에 사ᄅᆞᆷ으로 아디 몯게 ᄒᆞ야(六祖上15). 밤쭝 삼경의:半夜三更(飜朴上34). ᄇᆞᄅᆞᄆᆡᆺ 브른 바미 비취니 三更ㅣ ᄃᆞ외오져 ᄒᆞ놋다(重杜解25:21).

삼광 명 삼광(三光). ¶三光ᄋᆞᆫ 日月星이라(楞解7:85).

삼기다 동 삶기다. 삶아지다. ¶톡기 죽은 後ㅣ면 ㅋ마ᄌᆞ 삼기는이(古時調. 金天澤. 朱門에. 海謠).

삼기다 동 ①생기다. 태어나다. ¶하ᄂᆞᆯ 삼긴 직질이 ᄆᆞᆰ고 아름다와:天資淑美(東新續三綱. 烈2:36). 이 몸이 삼기실 제 님을 조차 삼기시니(松江. 思美人曲). 天地 삼기실 제 自然이 되연마ᄂᆞᆫ(松江. 關東別曲). ᄂᆞᆷ으로 삼긴 등의 벗ᄀᆞᆺ티 유신ᄒᆞ랴(古時調. 鄭澈. 警民編). 天年:하ᄂᆞᆯ 삼긴 나히란 말이라(英小6:59). 삼긴 품:生性(同文解上20). 제 삼긴 짝:天生一對(譯解補60). 삼긴 품:生相. 삼긴 모양:相貌(漢淸6:1). 有情 無情 삼긴 얼골 天眞面目 絶妙호ᄃᆡ(淸虛尊者 回心歌. 新編普勸文 海印板16). 남으로 삼긴 거시 夫婦ᄀᆞᆺ치 重ᄒᆞᆯ넌가 사ᄅᆞᆷ의 百福이 夫婦에 가잣거든(蘆溪. 五倫歌). 네 父母 너 삼겨닉올 제 날만 괴게 ᄒᆞ도다(古時調. 金壽長. 눈섭은. 海謠).

②지어내다. 만들어 내다. ☞상기다 ¶사ᄅᆞ미 샹해 어딘 도리를 가져 이쇼미 하ᄂᆞᆯ 삼긴 셩오로브터 나니:人有秉彝本乎天性(飜小8:9). 뉘라셔 離別을 삼겨 사ᄅᆞᆷ 죽게 ᄒᆞᄂᆞᆫ고(古時調. 申欽. 내 가슴. 靑丘). 노래 삼긴 사ᄅᆞᆷ 시름도 하도 할샤(古時調. 申欽. 靑丘). ᄒᆞᆫ 몸 둘혜 ᄂᆞᆫ화 부부ᄅᆞᆯ 삼기실샤(古時調. 鄭澈. 松江).

:삼·다 동 ①삼다. ¶沙彌 사모려 ᄒᆞᄂᆞ다 ᄒᆞᆯ씨(釋譜6:2). 여듧 아ᄃᆞ니미 다 妙光ᄋᆞᆯ 스승 사ᄆᆞ신대(釋譜13:35). 刑罰 ᄀᆞᅀᆞᆷ안 官員을 삼고(釋譜24:14). 維那ᄅᆞᆯ 삼ᄉᆞᄫᆞ리라(月釋8:79). 慈悲心 뮈우ᄆᆞ로 ᄆᆞᄅᆞᆯ 사ᄆᆞᆯ디니(月釋9:22). 엇데 ᄆᆞᅀᆞᄆᆞ로 道ᄅᆞᆯ 사ᄆᆞ뇨(月釋9:23). 推戴ᄂᆞᆫ 님금 삼ᄉᆞᄫᆞᆯ 씨라(三綱. 忠33). 所得을 삼ᄂᆞ니라(楞解4:48). 聞으로 드롫 ᄃᆡ 사ᄆᆞ샤ᄆᆞᆫ(楞解6:65). 滅 사ᄆᆞ니라:爲滅(楞解10:19). 智慧 업슨 어린 사ᄅᆞᆷ ᄋᆞᆫᄒᆞ야 곧 제 足ᄋᆞᆯ 삼다이다(法華4:43). 微妙ᄒᆞᆫ 有로 用 사ᄆᆞ시니:爲(金剛序5). 如來 삼ᄉᆞᆸᄂᆞ닌 곧 具足이라(金剛125). 后ᄅᆞᆯ 尊ᄒᆞᅀᆞ와 皇太后ᄅᆞᆯ 삼ᄉᆞᆸ고(宣賜內訓2下17). 나라ᄒᆞᆫ 百姓으로 根本을 삼고 고기ᄂᆞᆫ 주리면 곳다온 낛바ᄇᆞᆯ 費食ᄒᆞᄂᆞ니라:邦以民爲本魚飢費香餌(初杜解16:19). 六塵에 緣ᄒᆞᄂᆞᆫ 그르메로 내 ᄆᆞᅀᆞᆷ 삼ᄂᆞ니(南明上27). 내 이 法門은 定과 慧와로 根本 삼노니(六祖中1). 몬져 無念을 셰여 宗 삼고 無相으로 體 삼고 無住로 根本 사ᄆᆞ니:爲(六祖中8). 다 겨틧點으로ᄡᅥ 법을 삼을디니:皆以傍點爲準(宣小凡例2). 王季 마자ᄡᅥ 왕비ᄅᆞᆯ 삼ᄋᆞ시니라:王季娶以爲妃(宣小4:2). 잔뿐 들기ᄅᆞᆯ 禮ᄅᆞᆯ 삼ᄉᆞᆸ새(新語3:9). ㅋ 가족 추켜 덥고 비단 니불 삼아세라(萬言詞).

②대우하다. 대접하다. ¶아뫼나 ᄒᆞᆫ 마를 무러든 ᄯᅩ ᄃᆡ답디 몯ᄒᆞ면 다ᄅᆞᆫ 사ᄅᆞ미 우리를 다가 므슴 사ᄅᆞᆷ을 사마 보리오:有人門着一句話也說不得時別人將咱們做甚麼人看(飜老上5). 므슴 사ᄅᆞᆷ을 사마 보리오:做甚麼人看(老解上5).

삼·다 동 삼다. ¶삼 삼다:績麻(四解下52 績字註). 사믈 방:紡. 삼 사ᄆᆞᆯ 즙:緝. 삼 사ᄆᆞᆯ 적:績(訓蒙下19). 삼 사ᄆᆞᆯ 적:績(類合下42). 그 어미 보야흐로 삼 삼더니:其母方績(宣小4:44). 지아비 밤의 문 받긔 이셔 신을 삼고:其夫夜在門外織屨(東新續三綱. 烈2:1). 연이ᄂᆞᆫ 문 안히 이셔 삼을 삼더니:燕伊在門內治麻(東新續三綱. 烈2:1). 處女ㅣ 삼을 삼디 아니ᄒᆞ고 歎息ᄒᆞ거ᄂᆞᆯ:處女不績其麻而憂(女四解4:58).

삼대 명 삼〔麻〕대. ¶삼대ᄅᆞᆯ ᄒᆞᆫ편에 收拾ᄒᆞ여 두라:麻骨一邊收拾下着(朴解中33).

삼뎡 명 말의 등에 덮는 포대기. ☞삼졍 ¶삼뎡:馬護衣(譯解下20).

삼동 명 삼동(三冬). ¶됴흔 쓰잘 져ᄇᆞ리지 아니ᄒᆞ고 머무러 삼동을 글 닑어 츈화ᄒᆞᆫ 후(落泉2:5).

삼·목 명 삼목(杉木). 삼나무. ¶杉木이 프ᄅᆞ니 힛비치 머므렛도다(初杜解6:48).

삼받·개 명 삼전도(三田渡). 〔지명(地名)〕 ¶삼받개:三田渡(龍歌3:13).

삼·복 명 삼복(三伏). ¶歲時ㅣ 三伏과 臘日앤 ᄆᆞᅀᆞᆷ 한아비ᄃᆞᆯ히 ᄃᆞᆫ니롯다(初杜解6:32). 삼복 ᄉᆞᅀᅵ예 더위 드려:三伏中暑(救簡1:36). 三伏ㅣ 마초아 ᄒᆞ마 디나니:三伏適已過(重杜解15:2). 삼복 녀ᄅᆞᆷ의 모던 더위 셩ᄒᆞ거든(仁祖行狀16).

삼뵈 명 삼베. ¶或 니근 삼뵈ᄅᆞᆯ ᄡᅳ미 ᄯᅩᄒᆞᆫ 可ᄒᆞ고(家禮6:24).

삼뵈 명 삽주〔馬薊〕의 한 가지. ¶삼뵈:是馬薊一種(柳氏物名三 草).

삼삼 부 삼삼히. ¶강보의 ᄊᆞ인 질ᄋᆞ 눈의 삼삼 귀의 징징(思鄕曲).

삼삼이 명 삼사미. ¶나모 삼삼이:樹椏杈(漢淸13:28).

삼삼이뼈 명 꽁무니뼈. ¶삼삼이뼈:三岔骨(漢淸14:23).

삼삼ᄒᆞ·다 형 삼삼(森森)하다. ¶ᄒᆞᆫ 길히 森森ᄒᆞᆫ ᄃᆡ 사ᄅᆞᆷ 가디 아니ᄒᆞ니(南明上28).

삼:셰 명 ①삼세(三世). ¶光明이 世界ᄅᆞᆯ ᄉᆞᄆᆞᆺ 비취샤 三世옛 이ᄅᆞᆯ 아ᄅᆞ실ᄊᆡ(釋譜6:18). 三世ᄂᆞᆫ 過去와 未來와 現在왜니(釋譜13:50). 잇디 아니호미 업서 三世예 잢간도 그츨 ᄢᅵ 업스며(金三1:4). 이제 너희ᄃᆞᆯᄒᆞ로 無相懺悔ᄅᆞᆯ 심겨 三世옛 罪ᄅᆞᆯ 滅ᄒᆞ고(六祖中23).

②삼대(三代). ¶낫ᄉᆞᆯ 三世ᄅᆞᆯ 더니라:三世는 저와 아ᄃᆞᆯ와 孫子왜라(三綱. 孝20).

삼송 명 삼송(杉松). 삼나무. ¶곳 杉松이 서늘ᄒᆞᆫ가 疑心ᄒᆞ고 菱荇이 곳다온가 조쳐 疑惑ᄒᆞ노라(重杜解16:42).

삼시 명 삼시(三時). ¶삼시예 ᄃᆞᆯ며 만난 거슬 ᄀᆞ초아 몬져 부모긔 받ᄌᆞᆸ고:三時具甘旨先奉父母(東新續三綱. 孝1:14).

삼신 명 삼신. ¶흰 뵈옷과 노 ᄯᅴ와 삼신을 ᄒᆞ라(家禮7:11). 삼신:麻鞋(譯解補29).

삼쎠올 명 삼거웃. ☞삼거울. 삼쎠울 ¶삼쎠올:麻刀(譯解下10).

삼쎠울 명 삼거웃. ☞삼거울. 삼쎠올 ¶더 삼쎠울을 다가:把那麻刀(朴解下5). 世事ㅣ 삼쎠울이라 허틀고 ᄆᆡ쳐세라(古時調. 靑丘).

·삼·ᄯᅴ 명 삼띠. ¶삼ᄯᅴᄅᆞᆯ 밧디 말며:不脫経帶(飜小7:19). 삼ᄯᅴ:麻帶(譯解上42).

삼ᄯᅵ 명 삼〔麻〕대. ¶ᄒᆞᆯ리 업셔 ᄂᆡ여 노코 긴 삼ᄯᅵ를 벗겨 ᄂᆡ어(萬言詞).

·삼ᄉᆞᆸ·다 동 삼사옵다. ㉮삼다 ☞-ᄉᆞᆸ다 ¶推戴ᄂᆞᆫ 님금 삼ᄉᆞᄫᆞᆯ 씨라(三綱. 忠33).

삼애 명 소매. ☞ᄉᆞᄆᆡ ¶울며 잡은 삼애 ᄯᅥᆯ치고 가지 마라(古時調. 李明漢. 靑丘).

삼연히 부 삼연(森然)히. ¶드ᄂᆞᆫ 갈콰 긴 戈戟이 森然히 서르 向ᄒᆞ얏ᄂᆞᆫ ᄃᆞᆺ도다:快劒長戟森相向(重杜解16:16).

삼웃치다 동 사무치다. ☞ᄉᆞᄆᆞᆺ다 ¶삼웃칠 달:達(兒學下7).

삼일우 명 삼일우(三日雨). ¶風雲을 언제 어더 三日雨ᄅᆞᆯ 디련ᄂᆞᆫ다(松江. 關東別曲).

삼졍 명 말의 등에 덮는 포대기. ☞삼뎡 ¶삼졍:馬褐(柳氏物名一 獸族).

삼지구엽풀 명 삼지구엽초. ☞삼지구엽플 ¶삼지구엽풀:淫羊藿(柳氏物名三 草).

삼지구엽플 명 삼지구엽초. ☞삼지구엽풀 ¶삼지구엽플:淫羊藿(東醫 湯液三 草部).

삼지쟝갑 명 삼지(三指) 장갑. 세 손가락만 갈라 끼우게 된 장갑. ¶매 밧ᄂᆞᆫ 삼지쟝갑:三指把掌(漢淸4:57).

삼지창 명 삼지창(三枝槍). ¶삼지창:鋼釵(同文解上48). 삼지창으로 지ᄅᆞ다:用叉叉(漢淸4:37).

삼ᄌᆞ 명 삼자(衫子). ¶衫子 닙고 房中에 南面ᄒᆞ라(家禮3:18).

삼ᄌᆡ 명 삼재(三災). ¶便安코 豐樂ᄒᆞ면 三災苦ㅣ 업고:大三災ᄂᆞᆫ 火災 水災 風災ㅣ오 小三災ᄂᆞᆫ 갈잠개와 주으륨과 病괘라(法華2:36). 모ᄃᆞᆫ 時世ㅣ 三災예 갓가오니 煩惱衆生이 블러도 도디 마ᄂᆞ다(南明下30).

삼ᄌᆡ 명 삼재(三才). ¶三才예 읏드미며 萬法에 爲頭ᄒᆞ야:三才ᄂᆞᆫ 天과 地와 人괘라(金三涵序3).

삼촌 명 삼촌(三寸). ¶삼촌 아ᄌᆞ버이ᄂᆞᆫ(警

民12). 두 삼촌을(閑中錄350).

삼쵸 명 삼초(三焦). ¶三焦는 곧 六腑엣 ᄒᆞ나히라(楞解1:60).

삼키다 명 삼키다. ¶삼킬 툰:呑(兒學下3).

삼태 명 삼태. 삼태기. ☞산태. 삼틔 ¶삼태:糞斗(譯解下19). 삼태 궤:簣(倭解下15). 삼태:異斗(同文解下16).

삼태그믈 명 삼태그물. 새그물의 한 가지. ¶삼태그믈:攩網(物譜 佃漁).

삼틔 명 삼태. 삼태기. ☞산태. 삼태 ¶삼틔:簣(柳氏物名二 水族).

삼허리 명 활의 줌통과 고자 사이의 둥근 부분. ¶삼허리:弸(物譜 兵仗).

삼히쥬 명 삼해주(三亥酒). ¶간 이근 三亥酒을 醉토록 勸ᄒᆞ거든(蘆溪. 陋巷詞).

삽 명 삽. ☞삷 ¶삽 삽:鍤(兒學上11).

삽됴 명 삽주. ☞삽듀. 삽쥬 ¶삽됴爲蒼朮菜(訓解. 用字). 삽됴불휘:白朮(牛疫方7).

삽듀 명 삽주. ☞삽됴. 삽쥬 ¶삽듓불휘와(救簡1:2). 삽듀:蒼朮菜(四解上69 朮字註). 삽듀 튤:茿(訓蒙上13). 삽듓불휘만(瘟疫方6). 삽듀 튤:朮(類合上8). 삽듓불휘:白朮(東醫 湯液二 菜部). 삽듀불휘:白朮(方藥3). 삽듀:蒼朮菜來(譯解下11).

삽듀치 명 삽주. ☞삽됴. 삽쥬치 ¶삽듀치를 사오라:蒼朮菜來(朴解中34).

삽·살가·히 명 삽살개. ☞삽살개. 삽살개히. 삽ᄉᆞ리 ¶삽살가히:絡絲狗(訓蒙東中本上19 犬字註).

삽살개 명 삽살개. ☞삽살가히. 삽살개히. 삽ᄉᆞ리 ¶삽살개:絡絲狗(譯解下32. 同文解下40). 삽살개:尨也(物譜 毛蟲). 삽살개:長毛細狗(漢淸14:14). 삽살개:絡絲狗(柳氏物名一 獸族).

삽:살개·히 명 삽살개. ☞삽살가히. 삽살개 ¶삽살개히:絡絲狗(訓蒙叡山本上10). ※삽살개히>삽살가히

삽삽히 부 삽삽(颯颯)히. ¶회로리ᄇᆞᄅᆞ미 颯颯히 몰애와 드트를 부놋다:廻風颯颯吹沙塵(重杜解16:63).

삽삽ᄒᆞ다 형 삽삽(颯颯)하다. ¶치운 비 颯颯ᄒᆞ니 이운 남기 젓놋다:寒雨颯颯枯樹濕(重杜解25:28).

삽상ᄒᆞ다 형 삽상(颯爽)하다. ¶노픈 堂애 산매를 보니 颯爽ᄒᆞ야 ᄀᆞᄋᆞᆳ 氣骨이 뮈엿도다:高堂見生鶻颯爽動秋骨(重杜解16:37).

삽ᄉᆞ리 명 삽사리. ☞삽살가히. 삽살개. 삽살개히 ¶靑삽ᄉᆞ리를 ᄎᆞᄌᆞ쇼셔(古時調. 金壽長. 李仙이. 海謠).

삽쥬 명 삽주. ☞삽됴 ¶삽쥬:蒼茿菜(同文解下4). 삽쥬:鎗頭菜(物譜 蔬菜). 삽쥬:朮(柳氏物名三 草). 삽쥬 츌:朮(兒學上5).

삽쥬치 명 삽주. ☞삽됴. 삽듀치 ¶삽쥬치:鎗頭菜(漢淸12:40).

삽지·지·다 동 다투다. ¶또 ᄌᆞ조 삽지지멧 마를 ᄒᆞ거늘:又數有鬪爭之言(飜小9:67). 모든 며느리들히 논화 닫티 사져 ᄒᆞ고 ᄌᆞ조 삽지지ᄂᆞᆫ 마리 잇거늘:諸婦遂求分異又數有鬪爭之言(二倫7).

삿 명 샅. ¶높히 들고 삿흘 발로 버릐치다:豁襠(漢淸4:50). 삿 흰 말:驓(柳氏物名一 獸族).

삿 명 삿. 삿자리. ☞삳. 샅 ¶딥지즑과 삿글 가져다가:將藁薦席子來(老解上23). 삿근 업거니와:席子沒(老解上23). 더룰 木料와 삿글 사주어 整理케 ᄒᆞ라:買饋他木料席子整理(朴解中11).

삿갓 명 삿갓. ☞삳갇 ¶삿갓:蓑笠(譯解上43). 삿갓 빗기 쓰고(古時調. 孟思誠. 江湖에 겨울이. 靑丘).

삿광조리 명 갈대로 결어 만든 광주리. ¶삿광조리 ᄆᆞᆯ귀유:蓆筐馬槽(朴解中12). 삿광조리:席籠子(譯解補43).

삿·기 명 새끼. ☞삳기 ¶羊과 麀馬ㅣ 삿기 나ᄒᆞ며(月印上9). 삿기 ᄇᆡ 골하 ᄒᆞ거든(釋譜11:41). 象과 쇼와 羊과 麀馬ㅣ 삿기 나ᄒᆞ며(月釋2:44). 흰 삿기를 나ᄒᆞ며(月釋2:45). 蛟龍은 삿기를 혀 디나가고:蛟龍引子過(初杜解7:8). 삿길 나ᄒᆞ니 터리 다 븕ᄂᆞ니라:生子毛盡赤(杜解8:19). ᄀᆞᄅᆞᆷ 우횟 져비 삿기 짐즛 오ᄆᆞᆯ ᄌᆞ조 ᄒᆞᄂᆞ다:江上鷰子故來頻(初杜解10:7). 몰애 우횟 올히 삿기ᄂᆞᆫ 어미를 바라셔 ᄌᆞ오ᄂᆞ다:沙上鳧雛傍母眠(杜解10:8). 師子ㅣ 삿기 오ᄋᆞᆫ 威를 니ᄅᆞ와다 ᄲᅧ니:師子兒奮振全威(南明下36). 삿기 예:猊. 삿기 미:麛(訓蒙上18). 삿기 고:羔. 삿기 돈:豚. 삿기 훤:貆(訓蒙上19). 삿기 추:雛. 삿기 구:鷇(訓蒙下7. 類合上12). 삿기 빈 ᄆᆞᆯ:懷駒馬(老解下8). 삿기:雛(同文解下36). ※삿기>새끼

삿기 명 새끼. 새끼줄. ¶됴희 노도 모르거든 삿기 ᄭᅩ기 어이 알리(萬言詞).

삿기낫 명 오정(午正)이 되기 전의 낮. ¶삿기낫:小晌午(譯解上4).

삿기돗 명 새끼돼지. ☞삿기 ¶삿기돗 돈:豚(兒學上7).

삿기양 명 새끼양. ¶삿기양 고:羔(類合上14. 兒學上7).

삿·기치·다 동 새끼치다. ☞삿씨치다 ¶새 삿기쳐 질드렛더니(三綱. 孝25). 버미 무덤 겨틔 와 삿기치거늘:有虎乳於墓傍(續三綱. 孝10). 삿기칠 ᄌᆞ:孳(訓蒙下7). 삿기치고 ᄌᆞ라ᄂᆞᆫ 즘싱을 喂養호ᄃᆡ:喂養孳牲(女四解2:29). 삿기치다:孳(柳氏物名一 獸族).

삿·길 명 새끼를. 〔'삿기'+목적격조사 '-ㄹ'〕 ⓐ삿기 ¶삿길 나ᄒᆞ니 터리 다 븕ᄂᆞ니라:

生子毛盡赤(杜解8:19).
삿깃 명 기저귀. ☞삿¶삿깃:尿褯子 尿布(譯解補22).
·삿·대 명 살대〔箭竹〕. ☞살ㅅ대. 삷대 ¶삿대:箭笴(四解上71 笴字註).
·삿·대·수 명 전죽수(箭竹藪). 〔지명(地名)〕 ¶대밭 竹田地名或稱箭竹藪 삿대수 在瑞興府西三十里許(龍歌5:26).
삿ᄭᅵ치다 동 새끼치다. ☞삿기치다 ¶버미 무덤 겨틔 와 삿ᄭᅵ치거늘:有虎乳於墓傍(東續三綱. 孝7).
삿ᄲᅮ르다 형 꾀바르다. ¶어허 죠 괴 삿ᄲᅮ른 양ᄒᆞ여 그림에 쥐를 잡부러 ᄌᆞᆺ니ᄂᆞᆫ고나(古時調. 屛風에 압니. 靑丘).
삿자리 명 삿자리. ¶내 집의 삿자리 업슴에(淸老2:1).
삿집 명 삿자리로 만든 집. ¶경 닑는 삿집:壇場(漢淸9:5).
상 명 상(床). ¶ᄒᆞᆫ 돈만 ᄡᅧ 상 아래 ᄉᆞᆯ오:挑一錢許床下燒(救急上21). 그르시 床의 ᄀᆞᄃᆞᆨ디 아니커든:器皿非滿案(宣賜內訓3:61). 네 상 노코:你放卓兒(飜老上22). 상 가져 오라:將卓兒來(飜老上40). 상 펴라:擺卓兒(飜朴上4). 상 상:床(石千36). 病ᄒᆞ야 床의 누엇거든:病臥於床(宣小5:39). 床 우흿 글워ᄅᆞᆫ 흐러 어즈럽도다:散亂床上書(重杜解13:20). 상 버리라:擺卓兒(朴解上4). 상 슷다:抹卓兒(譯解上59). 상 상:床(倭解下12). 己子로ᄲᅥ 公의 오ᄉᆞᆯ 닙혀 상에 누여 두니(女四解4:36).
상가 명 상가(喪家). ¶이믜 일홈을 通ᄒᆞ여든 喪家ㅣ 블 깃고 쵸 혀고 돗 ᄭᅡᆯ고 다 哭ᄒᆞ여(家禮7:6).
상거 명 상거(相距). 서로 떨어진 거리. 〔'相'의 중세음(中世音)은 '샹'임.〕 ¶하션으로 더브러 두루 지경을 ᄉᆞᆯ피니 부친 젹쇼와 상거ㅣ ᄌᆞᆺ가온지라(落泉3:7).
상금상금 부 상큼상큼. ¶에후루혀 ᄃᆞ리 노코 그 건너 님이 왓다 ᄒᆞ면 상금상금 건너리라(古時調. 고래 물 혀. 靑丘).
상긔 부 아직. ☞샹긔 ¶東牕이 밝앗느냐 노구더리 우지진다 쇼치는 아희놈은 상긔 아니 이럿ᄂᆞ냐(古時調. 南九萬. 歌曲).
상긔롭다 형 시원시원하다. ¶상긔롭다:爽利(漢淸6:25).
상기다 동 지어 내다. 만들어 내다. ☞삼기다 ¶노래 상긴 살롬 실름도 하도 할쌰(古時調. 申欽. 海謠). ※상기다<삼기다
상녜 명 상례(喪禮). ¶喪禮ᄂᆞᆫ 司馬氏를 本ᄒᆞ야 겨시더니(家禮1:5). 상녜를 ᄆᆞᆺᄌᆞ오시ᄃᆞ록(仁祖行狀3).
상·뉵 명 쌍륙(雙六). ☞샹륙 ¶상뉵 쟝긔 됴ᄒᆞᆯ(飜小10:9). 상뉵 바독 ᄒᆞ고 술먹기를 됴히 너겨:博奕好飮酒(宣小2:34). 상뉵 쟝긔 ᄒᆞ디 마라(古時調. 鄭澈. 松江). 상뉵 티다:打雙陸(同文解下32).
상니ᄒᆞ다 동 상리(相離)하다. 서로 떨어지다. 〔'相'의 중세음은 '샹'임.〕 ¶부뷔 상니ᄒᆞ기 어려오니(落泉1:2).
상다디 명 쌍닫이. 쌍바라지. ¶상다디:雙扇(朴解下12).
상댱 명 상장(喪杖). ¶모ᄃᆞᆫ 主人이 상杖을 거두어 들고 셔셔 보거든(家禮8:2). 이에 댱긔를:상댱 딥ᄂᆞᆫ 긔년이라(仁祖行狀8).
상돌 명 상석(床石). ¶상돌 밋틀 석 자히나 ᄑᆞ니(癸丑83).
상:란 명 상란(喪亂). ¶喪亂 디내요ᄆᆞ로브터:自經喪亂(杜解6:42). ᄯᅩ 喪亂을 맛니러 샤옹 어로ᄆᆞᆯ 발뵈디 몯ᄒᆞ니:更遭喪亂嫁不售(重杜解25:46).
상로 명 상로(霜露). ¶ᄒᆡ마다 霜露를 즈음쳐 ᄃᆞᆫ닐시 五湖 ᄀᆞᄋᆞᆯᄒᆞᆯ 디나가디 아니ᄒᆞᄂᆞ니라(重杜解17:20).
상륙 명 쌍륙(雙六). ☞상뉵. 샹륙 ¶상륙 티다:打雙六(譯解下24).
상망ᄒᆞ다 동 상망(想望)하다. ¶글지여셔 ᄒᆞ올로 눉믈 흘리고 亂世예 어딘 지조를 想望ᄒᆞ노라(重杜解21:37).
상모 명 상모(相貌). ☞샹모 ¶相貌도 堂堂ᄒᆞᆯ샤(古時調. 甁歌).
상모 명 상모(象毛). ☞샹모 ¶상모 일ᄇᆡᆨ 근:紅纓一百斤(飜老下67).
상·복 명 상복(喪服). ¶비록 상복을 니버셔도:雖被衰麻(飜小7:18). 상복 ᄒᆞ니를 보시고:見齊衰者(宣小3:15). 喪服의 辟領과 婦人의 상杖 아니ᄒᆞᆫ 類 ᄀᆞᄐᆞ니이니(家禮1:6). 상복:孝服(同文解下10).
상봉ᄒᆞ다 동 상봉(相逢)하다. 〔'相'의 중세음은 '샹'임.〕 ¶가다가 故人 相逢ᄒᆞ여드란 卽還來를 ᄒᆞ리라(古時調. 靑丘).
상ㅅ발 명 상다리. ¶상ㅅ발 ᄀᆞ롯세:桌撑子. 상ㅅ발:桌腿(漢淸11:33).
상소리 명 상수리. ¶상소리:橡實(方藥41).
상슈 명 상수(喪需). 상비(喪費). ¶상슈를 다ᄉᆞ리미 어렵고(洛城1).
상시 명 상시(常時). ☞샹시 ¶동지 안연ᄒᆞ야 상시와 다ᄅᆞ미 업ᄉᆞ니(落泉2:4).
상심ᄒᆞ다 동 상심(傷心)하다. 〔'傷'의 중세음은 '샹'임.〕 ¶그ᄃᆡ 상심ᄒᆞ고 공구ᄒᆞ야 이 병이 나시니(落泉1:3).
상·ᄉᆞ 명 상사(喪事). ¶ᄒᆞ다가 상ᄉᆞ어나 다ᄅᆞᆫ 연고를 위ᄒᆞ야:若爲喪事及有故(飜小7:21). 상ᄉᆞ 상:喪(類合下28. 倭解上52). 만일 喪事와 믿 연고 이심을 위ᄒᆞ야:(宣小5:54). 그 能히 영장 몯ᄒᆞᆫ 열 남ᄋᆞᆫ 상ᄉᆞ를 영장ᄒᆞ니:葬其不能葬者十餘喪(宣小6:32).

喪事를 敢히 힘ᄡᅳ디 아니티 아니ᄒᆞ며(宣論2:45). 나히 여순둘히 어ᄆᆡ 상ᄉᆞᄅᆞᆯ 만나:年六十二遭母喪(東續三綱. 孝3). 혼인이며 상ᄉᆞ애:婚姻死喪(警民19). 상ᄉᆞ에 子孫이 진심ᄒᆞ다:盡孝(漢清3:42). 양공이 상ᄉᆞᄅᆞᆯ 극진이 다ᄉᆞ려 션영의 합댱ᄒᆞ고(落泉1:1).

상ᄉᆞᄒᆞ다 동 상사(相思)하다. 〔'相'의 중세음(中世音)은 '샹'임.〕 ¶ 히ᄋᆡ 결단코 져로 더브러 일노 침셔의 친ᄒᆞ믈 엇지 못ᄒᆞ면 상ᄉᆞᄒᆞ야 죽을소이다(落泉2:5).

상어 명 상어. ☞사어. 샹어 ¶ 상엇 사:鯊(訓蒙上21). 상어:鯊魚(譯解下37).

상여 명 상여(喪輿). ☞상예 ¶ 풍뉴로ᄡᅥ 상여ᄅᆞᆯ 인도ᄒᆞ고:以樂導輀車(宣小5:50).

상예 명 상여(喪輿). ☞상여 ¶ 무드라 갈 제도 상옛 알피 풍류ᄒᆞ고 우러 조차가며:及殯葬則以樂導輀車而號泣隨之(飜小7:17).

상요희 명 앓아 누운 자리에. 병석(病席)에. ¶ 아비 오란 병ᄒᆞ야 미일 상요희 잇거ᄂᆞᆯ:父宿疾長在床褥(東新續三綱. 孝6:79).

상위ᄒᆞ다 동 상위(相違)하다. 〔'相'의 중세음(中世音)은 '샹'임.〕 ¶ 世與我이 相違ᄒᆞ니 田園에 도라와셔(古時調. 青丘).

-상이다 어미 -사이다. ☞-샹이다 ¶ ᄒᆞ마 도라가상이다(新語6:5).

상자 명 상자(箱子). ☞상ᄌᆞ ¶ 상자 사:笥. 상자 샹:箱(兒學上11).

상·자리:젼 명 잡화전. ¶ 그 상자리젼이 네 하가:那雜貨鋪兒是你的那(飜老上48).

상쟝 명 상장(喪杖). ☞상댱 ¶ 상쟝:哭喪棒(譯解補27).

상졔 명 상제(喪制). ¶ 연산됴애 상졔ᄅᆞᆯ 뎌ᄅᆞ게 ᄒᆞ더니:燕山朝短喪制(東新續三綱. 孝4:48).

상좌ᄒᆞ다 동 상좌(相坐)하다. 〔'相'의 중세음은 '샹'임.〕 ¶ 상좌흘러라(洛城2).

상쥬 명 상주(喪主). ¶ 이제 子로ᄡᅥ 喪主를 삼음이 未安ᄒᆞᆫ ᄃᆞᆺᄒᆞ니라(家禮7:3).

상ᄌᆞ 명 상자(箱子). ☞상자 ¶ 상ᄌᆞ 상:箱(光千34). 씌ᄅᆞᆯ 자바 朱紱을 보고 箱子ᄅᆞᆯ 여러 거믄 갓오ᄉᆞᆯ 브노라(重杜解12:30).

상쳐ᄒᆞ다 동 상처(喪妻)하다. ¶ 나히 삼십의 ᄌᆞ식 업시 상쳐ᄒᆞ여시니(落泉1:2).

상침 명 상침(上針). 〔'上'의 중세음은 '샹' 임.〕 ¶ 두올ᄯᅳ기 上針ᄒᆞ기 ᄡᅡ금질과 시발슷침(古時調. 世上 衣服. 歌曲). ᄀᆞᆷ치다 又 상침 놋타:緝(漢清11:26).

상쾌ᄒᆞ다 형 상쾌하다. ¶ ᄀᆞ장 상쾌ᄒᆞ다:好暢快(漢清7:50).

상필이 명 상피리. 게르치. ¶ 상필이:紅頂魚(譯解下38). 상필이:船釘魚(漢清14:43).

상현 명 상현(上弦). 〔'上'의 중세음(中世音)은 '샹'임.〕 ¶ 上弦 月滿ᄒᆞ니 流星이 쌀나 셔라(武豪歌).

상화 명 만두(饅頭). ☞샹화 ¶ 혹 효근 상화 먹고:或是些點心(飜老下53). 스면과 상화:粉湯饅頭(飜朴上6). 상화:饅頭(四解上74 饅字註). 상화 만:饅. 상화 투:餖(訓蒙中20). 만두ᄂᆞᆫ 상화ㅣ오(家禮10:10). 혹 효근 상화 먹고:或是些點心(老解下48). 第七道ᄂᆞᆫ 스면과 상화ᄅᆞᆯ ᄒᆞ면:第七道粉湯饅頭(朴解上7). 상화:饅頭(譯解上51. 同文解上59).

상홧깅 명 만두국. ☞상화 ¶ 상홧깅:粉羹(譯解上51).

상홧소 명 만두소. ☞상화 ¶ 상홧소해 ᄡᅳ다:饅頭餡兒裏使了(飜老下39).

상ᄒᆞ다 동 상(相)하다. 상(相)보다. ¶ 사ᄅᆞᆷ은 가히 얼굴로 상티 못ᄒᆞ고:人不可貌相(朴解下36).

상히ᄒᆞ다 동 상(傷)하게 하다. 〔'히'는 'ᄒᆞ+이'. '傷'의 중세음(中世音)은 '샹'임.〕 ☞샹히오다 ¶ 옥ᄀᆞᆮ튼 졀개ᄅᆞᆯ 헐워 ᄆᆞᄋᆞᆷ을 상히ᄒᆞ리오(落泉1:2).

샅 명 삿. 삿자리. ☞삳. 삿 ¶ 수리 ᄭᅵ여ᄂᆞᆯ 사티 눕고져 ᄉᆞ랑ᄒᆞ고:酒醒思臥簟(杜解15:9). 손 머믈우ᄂᆞᆫ 녀름 사ᄐᆞᆫ 프른 琅玕 ᄀᆞᆮ도다:留客夏簟青琅玕(初杜解15:46). 恩惠로 녀름 사티 어름ᄀᆞ티 ᄎᆞ니ᄅᆞᆯ 논화 주시니라:恩分夏簟氷(杜解20:22).

·새 명 새것. ¶ 新ᄋᆞᆫ 새라(訓註3). 골폰 비도 브르며 헌 옷도 새 ᄀᆞᆮᄒᆞ리니(月釋8:100). 일후미 새와 놀ᄀᆞ니와 어즈러운 想이니:名新故亂想(楞解7:83). 香風이 時로 와 이운 곳부리 아ᅀᆞ든 다시 새ᄅᆞᆯ 비허:香風時來吹去萎華更雨新者(法華3:94). 새ᄅᆞᆯ 더으며:加新(圓覺上一之二188). 새와 새왜 니러나미라:新新而起(圓覺上二之三17). 새 업거든:無新者(救急上24). 이 나래 새ᄅᆞᆯ 맛보고:此日嘗新(初杜解15:23). 사괴요ᄆᆞᆫ 蓋ᄅᆞᆯ 기우료매 새 ᄀᆞᆮ디 아니ᄒᆞ도다:交非傾蓋新(杜解20:28). 새 신:新(類合上11. 石千28. 倭解下34). ᄉᆞ시 의복을 지어 새로ᄡᅥ 놀ᄀᆞ니ᄅᆞᆯ ᄀᆞ라:造四時衣服以新替舊(東新續三綱. 烈2:29).

:새 명 새〔鳥〕. ¶ 블근 새 그를 므러:赤爵銜書(龍歌7章). 세 살로 세 샐 쏘시니:爰發三箭爰中三雀(龍歌57章). 妖怪ᄅᆞᄫᆡᆫ 새 오거나(釋譜9:24). 睢鳩ᄂᆞᆫ 므렛새 일후미니(宣賜內訓2上5). 籠 소갯 새오:籠中鳥(初杜解8:15). 새옷 ᄇᆞᄅᆞ매셔 우놋다:鳥呼風(初杜解16:40). 보미 깁거늘 기픈 새 도라오디 아니ᄒᆞ니:春深幽鳥不歸來(南明上3). 새 쵸:隹. 새 쟉:雀(訓蒙上17). 새 금:禽. 새 됴:鳥(訓蒙下3). 새 봉:鳳(光千6). 새 됴:鳥(類合上7. 石千4. 倭解下20). 새 금:禽(石千19). 새 곤:鵾(石千33). 새 붕:鵬

(倭解下20). 새 쟉:爵(註千18).

:새 명 새〔茅〕. ¶唐堯와 虞舜괘 새로 니시고 홁섬 ᄒᆞ시며:唐堯虞舜茅茨土階(宣賜內訓2下57). 새 니욘 菴子ㅣ:茅菴(南明上72). 새 닐 셤:苫(訓蒙下18). 이ᄂᆞᆫ 즉시 새ᄅᆞᆯ 지고 블을 ᄡᅳ기 ᄀᆞᆮ흔이라(三譯3:23).

·새 관 새. ¶이븐 남ᄀᆡ 새닙 나니이다:時維枯樹茂焉復盛(龍歌84章). 새 옷 ᄀᆞ라닙고(釋譜6:27). 새 구스리 나며(月釋1:27). 새 조ᄒᆞᆫ 옷 닙고(楞解7:6). 새 기슬 一定ᄒᆞ얏도다:定新巢(杜解7:1). 녯 대예셔 새 竹筍이 나며(金三3:23). 새 됴ᄒᆞ니ᄅᆞᆯ:新好者(救簡6:4). 새 詩ᄅᆞᆯ ᄡᅥ 金山寺의 이시니(女四解4:22).

·새 부 새로. ¶沙彌ᄂᆞᆫ 새 出家ᄒᆞᆫ 사ᄅᆞ미니 世間앳 ᄠᅳ들 그치고 慈悲ㅅ 힝뎌글 ᄒᆞ다 ᄒᆞᄂᆞᆫ ᄠᅳ디니 처엄 佛法에 드러 世俗앳 ᄠᅳ디 한 젼ᄎᆞ로 모로매 모딘 ᄠᅳ들 그치고 慈悲ㅅ 힝뎌글 ᄒᆞ야ᅀᅣ ᄒᆞ릴ᄊᆡ 沙彌라 ᄒᆞ니라(釋譜6:2). 새 ᄇᆡ호ᄂᆞᆫ ᄠᅳ들 어즈리디 말씨오(月釋10:20). 이 閻浮提옛 모딘 일 짓던 즁ᄉᆡᆼ이 새 주근 사ᄅᆞᆷ 도ᄫᅵ니 四十九日 디나디 니ᅀᅥ 爲ᄒᆞ야 功德 지ᅀᅥ(月釋21:25). 녜 아ᄂᆞ니도 양ᄌᆞ호미 어렵고 새 아ᄂᆞ니도 ᄒᆞ마 그ᅀᅳ기 疎薄ᄒᆞᄂᆞ다:舊識難爲態新知已暗疎(重杜解3:46).

-새 어미 -세. ¶書契를 내셔ᄃᆞᆫ 보ᄋᆞᆸ새(新語1:16). 飛脚을 셜 양으로 ᄒᆞ옵새(新語5:5). 짐쟉이 계실 ᄶᅥ시니 니ᄅᆞᄋᆞᆸ소 듯ᄌᆞᆸ새(新語5:8). 早早出船ᄒᆞᄋᆞᆸ새(新語6:13). 그러면 冠帶도 ᄒᆞ옵새(新語7:12). 디녀 살가보새(癸丑51). 崔行首 뿍달힘ᄒᆞ새(古時調. 靑丘). 쉰 술 걸러 내여 밉ᄃᆞ록 먹어보새 쁜 ᄂᆞ물 데워 내여 ᄃᆞ도록 십어보새 굽격지 보요 박ᄋᆞᆫ 잣딩이 무되ᄃᆞ록 ᄃᆞᆫ녀 보새(古時調. 鄭澈. 松江). ᄒᆞᆫ 盞 먹새근여 ᄯᅩ ᄒᆞᆫ 盞 먹새근여(松江. 將進酒辭).

새각시 명 새색시. ¶새각시러냐 니믈리기러냐 올히 ᄀᆞᆺ 十六歲엣 새각시러라:女孩兒那後婚今年纔十六歲的女孩兒(朴解上40).

새고딜이조 명 새코찌리. ¶새고딜이조:鳥鼻衝粟(衿陽).

새·곤 동 새긴〔刻〕. ㉮새기다 ¶ᄒᆡ와 ᄃᆞᆯ왜 새곤 집 ᄆᆞᆯ리 갓가왯도다:日月近雕梁(初杜解6:27).

새기·다 동 새기다〔刻〕. ☞사기다 ¶ᄒᆡ와 ᄃᆞᆯ왜 새곤 집 ᄆᆞᆯ리 갓가왯도다:日月近雕梁(初杜解6:27).

새남 명 새남. 지노귀새남. ¶野祭俗稱 새남(平壤本 經國).

새녀 부 새로이. ☞새려 ¶새녀 도라와 내 ᄠᅳ들 慰勞호니:新歸且慰意(重杜解1:7).

새누에 명 뽕누에. 누에. ¶새누에:蟓 桑上自生之蠶(柳氏物名二 昆蟲).

새닙 명 새잎. ¶새닙:嫩葉(漢淸13:27).

:새·다 동 새다. 밝다. ☞사이다 ¶언제 새어든 부텨를 가보ᅀᆞᄫᅳ려뇨(釋譜6:19). 曙ᄂᆞᆫ 샐 씨오(楞解10:45). ᄯᅩ 바미 ᄉᆡᆯ리 새ᄂᆞ니 明日還別이 슬프도다 ᄒᆞ니라(初杜解15:46). 좀드러 새도록 자ᄂᆞ니:睡到明(飜朴上21). 샐 셔:曙(訓蒙上1). 더듸 새오시라(樂詞. 滿殿春別詞). 주거믈 지븨 가져다가 두고 새도록 아나셔 울오:收屍置其家徹夜抱哭(續三綱. 孝15). 오ᄂᆞᆯ도 다 새거다 호믜 메오 가쟈ᄉᆞ라(古時調. 鄭澈. 松江). 새다:天亮了(同文解上3).

-새다 어미 -ㅂ시다. ☞-사이다 ¶太平歌ᄅᆞᆯ 부ᄅᆞ새다(普勸文附19).

새덧 명 새덫. ¶새덧:罨(柳氏物名一 羽蟲).

·새라 부 새로. ¶새라 흐드리 사호노소니:新酣戰(初杜解8:35).

새라난 동 새더라도. ¶덤그디도 새디도 마르시고 새라난 ᄆᆡ양 장식에 오ᄂᆞᆯ이쇼셔(古時調. 오ᄂᆞᆯ이. 靑丘).

:새·락 명 쇄락(灑落). ¶灑落은 조ᄒᆞᆯ 씨라(楞解2:104).

·새려 부 새로이. ☞새녀. 새로 ¶비록 새려 더 修補호미 업스나:雖無新增修(杜解6:3). 서늘ᄒᆞᆫ ᄇᆞᄅᆞᆷ맨 그려기 새려 디나가고:涼風新過鴈(杜解8:48). 宗廟ᄅᆞᆯ 여ᄋᆞ 톳ᄭᅵ 굼긔 새려 짓놋다:宗廟新除狐兎穴(重杜解3:62). 새려 혜요리라:新數(重杜解5:6). 새려 블브튼 棧道ᄂᆞᆫ 서의ᄒᆞ얫고:牢落新燒棧(重杜解5:12). ᄒᆡᆫ 뼈ᄂᆞᆫ 새려 사홈을 섯겟도소니:白骨新交戰(重杜解5:13). 河隍이 ᄇᆞ리여슈믈 ᄆᆡ양 앗겨 새려 節制를 兼ᄒᆞ야 通히 가놋다:每惜河隍棄新兼節制通(重杜解5:41).

·새례 부 새로. ☞새려. 새로 ¶새례 歡樂호매:新懽(初杜解16:61). 새례 므렛 軒檻ᄋᆞᆯ 더 밍ᄀᆞ라:新添水檻(重杜解3:31).

·새·로 부 새로. ☞새려. 새례 ¶새로 스믈여듧 字ᄅᆞᆯ 밍ᄀᆞ노니:新制二十八字(訓註3). 果實와 飮食과 甁엣 므를 모로매 새로 호ᄃᆡ(月釋10:120). 새로 熏호맨(圓覺上一之一55). 새로 큰 거상을 맛나:新遭大憂(宣賜內訓2下18). 새로 인 사ᄅᆞ미라(南明上4). 새로:剗新斬新(四解上58 新字註).

·새·로외·다 형 새롭다. ¶올마 사로미 새로외니:遷居新(初杜解7:13). 나콰 머리터리 새로외야:齒髮新(初杜解8:21). 잔ᄋᆞᆫ 이슬 마존 菊花ㅣ 새로외닐 맛놋다:盃迎露菊新(初杜解15:25). 쇠와 돌쾌 빗나 더욱 새로왼 ᄃᆞᆺᄒᆞ도다:金石瑩逾新(初杜解20:40). 荊州ㅣ 賞玩호미 가시야 새로외요미ᄯᆞ녀:荊州賞更新(初杜解21:4). 格調ㅣ ᄆᆞᆯᄀᆞ며 새

로외야 各別흔 宮商이니라(金三3:7).

·새로·이 부 새로이. ☞새려. 새례 ¶네 사괴논 쁘든 엇뎨 오히려 새로이 ᄒᆞᄂᆞ뇨:交情何尙新(初杜解9:23). 새로이:剗新(老朴集. 累字解8). 날로 새로이 브즈러니 닷가 믈러나디 아니ᄒᆞ야:日新勤修而不退(野雲79). 長坂에 새로이 패홈으로(三譯3:19).

새롭 부 새롭게. ¶浩然眞趣 날로 새롭 ᄒᆞ노 왜라(蘆溪. 蘆溪歌).

새·롭·다 형 새롭다. ☞새ᄅᆞᆸ다 ¶노픈 ᄀᆞ솘 히 서늘흔 氣運에 서르 블ᄀᆞ며 새롭도다:高秋爽氣相鮮新(初杜解7:32). 獸錦 아ᅀᆞᆫ 오시 새롭더라:獸錦奪袍新(初杜解16:5). 흔 디위 자바 니ᄅᆞ와ᄃᆞ니 흔 디위 새롭도다:一番拈起一番新(南明上32). 康誥애 ᄀᆞᆯ오ᄃᆡ 새롭ᄂᆞᆫ 民을 作ᄒᆞ라 ᄒᆞ며(宣大4). 새롭기ᄅᆞᆯ(山城). 새롭게 ᄒᆞ다:見新(漢淸11:51).

새롱 명 싸리바구니. ¶새롱:荊籠(譯解下14).

·새ᄅᆞ외·다 형 새롭다. ☞새ᄅᆞᆸ다 ¶소아 자본 사ᄉᆞ미 새ᄅᆞ외도다:射麋新(初杜解7:18). 엇뎨 흔갓 粉과 먹 비치 새ᄅᆞ욀 ᄲᅮ니리오:豈唯粉墨新(初杜解16:34). 그듸 ᄀᆞᆯ히야 ᄲᅡ믜 새ᄅᆞ외요ᄆᆞᆯ 當ᄒᆞ얫도다:君當拔擢新(初杜解23:11). 律調ㅣ 새ᄅᆞ외리니(金三3:6). 이런ᄃᆞ로 우수미 ᄀᆞ장 새ᄅᆞ외니라:所以笑轉新(金三5:27).

·새ᄅᆞ외·욤 형 새로움. ㉮새ᄅᆞ외다☞새ᄅᆞᆸ다 ¶그듸 ᄀᆞᆯ히야 ᄲᅡ믜 새ᄅᆞ외요ᄆᆞᆯ 當ᄒᆞ얫도다:君當拔擢新(初杜解23:11). 雲安縣ㅅ 모딘 더위 새ᄅᆞ외욤과 ᄀᆞᆮ디 아니ᄒᆞ도다:不似雲安毒熱新(杜解21:30).

·새·ᄅᆞᆸ·다 형 새롭다. ☞새롭다 ¶서르 보니 몃 디위ᄅᆞᆯ 새ᄅᆞᆸ거뇨:相見幾回新(杜解11:2). 氣宇ㅣ 새ᄅᆞᆸ도다:氣宇新(金三3:48).

새마름 명 새마름. ☞새ᄆᆞ름 ¶새마름:野菱(柳氏物名三 草).

:새:매 명 새매. ¶새매 요:鷂. 새매 젼:鸇. 새매 신:鷐. 새매 풍:鳳(訓蒙上16). 새매 젼:鸇(類合上12. 倭解下21). 새매:晨風(詩解 物名11). 새매:鷂子(譯解下26. 同文解下34). 새매:雀鷹(漢淸13:50).

:새목 명 새의 목구멍. ¶새목 항:吭 鳥喉(訓蒙下6).

새문 명 돈의문(敦義門)의 속칭. ¶사ᄅᆞᆷ이 새문 셩을 둘럿고(癸丑107).

새ᄆᆞ름 명 새마름. ☞새마름 ¶새ᄆᆞ름:蒺藜茨(物譜 藥草).

새박 명 새벽. ☞새배. 새벽 ¶믄득 새바ᄀᆡ 거우루로 ᄂᆞᄎᆞᆯ 비취오:忽於晨朝以鏡照面(圓覺序46). 어을미어든 定ᄒᆞ고 새박이어든 술피며:昏定而晨省(宣小2:8). 中門 뒤희 가 새바긔 省ᄒᆞ더라:晨省於中門之北(宣小6:95). 馮이 새바긔 賈의게 유무들이거늘:馮晨謁賈(宣小6:116). 새박의 집으로 나오셔(閑中錄276).

새·박 명 새박. 박주가리. ¶새박 너출:蘿藦草(救簡6:68). 새박:芄蘭羅摩(四解上76 芄字註). 새박 환:芄(訓蒙上8). 새박:蘿藦(訓蒙上14). 새박:婧(瘟疫方8). 새박:羅摩子(東醫 湯液三 草部). 새박:芄蘭(物譜 草果).

새박죠가리 명 새박. 박주가리. ☞새박 ¶새박죠가리:蘿藦(柳氏物名三 草).

새·배 명 새벽. ☞새박. 새베 ¶새배 華 보다가:晨旦見華(圓覺上二之三27). 새배 새야 오ᄆᆞᆯ 알오:曉知曙(杜解6:17). 어르누근 남ᄀᆞᆫ 새배 프르도다:錦樹曉來青(初杜解7:14). 곳 아래 ᄯᅩ ᄆᆞᆯᄀᆞᆫ 새배로다:花下復淸晨(杜解10:5). 오ᄂᆞᆳ 새배 내 머리ᄅᆞᆯ 비소라:今晨梳我頭(杜解22:1). 바미 새배로라(南明上60). 새배 니러 의식 무덤 앏픠 가 울오:晨興必哭于墳前(續三綱. 孝6). ᄆᆡ실 이른 새배 니러:每日清早晨起來(飜老上2). ᄯᅩ 구ᅀᅵ예 평케 주어 긋 새배 다ᄃᆞᆮ게 말라:却休槽兒平直到明(飜老上32). 새배 신:晨. 새배 효:曉(訓蒙上1. 類合上3). 새배 내여:曉出(瘟疫方10). 암ᄃᆞᆰ이 새배 울어:牝雞晨鳴(宣小5:68). 이월 초이일 새배 셩닉 사ᄅᆞᆷ이 다 셩의 나니(山城129). ᄆᆡ일 이ᄅᆞᆯ 새배 셔를 향ᄒᆞ야(桐華寺 王郎傳2). 새배 ᄃᆞᆯ 뎌 갈 적의(古時調. 燈盞불. 古歌). 새배마다 념불ᄒᆞ면(普勸文2). 알ᄂᆞᆫ 날 새배 동향ᄒᆞ여 댱뉴슈로 ᄉᆞᆷᄭᅵ고:當發日早晨長流水面東呑下(臘藥27).

새벽 명 새벽. ☞새박. 새배 ¶새벽 비 일 갠 날에 닐거슬라 아희들아(古時調. 積城君. 海謠). 새벽:曉頭(同文解上3).

:새:별 명 샛별. ¶새벼리 나지 도ᄃᆞ니:煌煌太白當晝垂示(龍歌101章). 새벼레 이 이바디ᄅᆞᆯ 앗기노라:明星惜此筵(初杜解15:50). 새벼리 놉거다:明星高了(飜老上58). 새별이 노파시니:明星高了(老解上52). 새별:明星(譯解上1. 同文解上1).

새베 명 새벽. ☞새배 ¶새벳 고지 이슬 만흔 ᄃᆞᆺᄒᆞ도다:曉花濃(百聯19). 새베 어을메 반ᄃᆞ시 ᄉᆞ당의 가 뵈고:晨昏參廟(東新續三綱. 孝6:21). 이른 새베 니러:清早晨起來(老解上2). 새베 出船홀 쟉시면(新語6:16). 새베붓터 아춤ᄭᆞ지:自曉至朝(痘瘡方43). 읻튼날 새베 서르 딕접홀써니:曉(女四解2:33). 엇디 능히 새베 셩ᄒᆞ고 어두오매 졍ᄒᆞ며:晨(百行源17). 새베:曉頭(譯解補3). 새베 일어 당의 안자 힝흔 바 션ᄉᆞᄅᆞᆯ ᄌᆞ세이 긔록ᄒᆞ고(敬信31). 새베 음식을 ᄀᆞ초아 드리고:淩晨具饌以進(五倫1:54). 새벳 거울 봄읜 後ㅣ니 白髮도 하도 하다(古

時調. 朴熙錫. 靑謠).

:새:부·리 명 새의 부리. ¶새부리 췌:嘴(訓蒙下6).

새빈 명 새벽. ☞새박. 새배. 새베 ¶김뉴 니셩구 등이 청뎌호야 새빈 강화롤 가시게 뎡호얏더니(山城19).

새삼 명 새삼. ☞새숨. 새삼 ¶새삼 당:唐(詩解物名5). 새삼씨:兎絲子(東醫 湯液二 草部). 새삼:唐蒙(物譜 藥草). 새삼씨:兎絲(濟衆8:12). 새삼:兎絲(柳氏物名三 草). 菟絲子鄕名鳥麻(鄕藥月令 九月).

새셔 명 초가(草家). 모옥(茅屋). 〔'새'는 '茅', '셔'는 '椽'으로 봄.〕 ¶九月九日애 아으 藥이라 먹논 黃花고지 안해 드니 새셔 가만호애라 아으 動動 다리(樂範. 動動).

:새:소 명 쇄소(灑掃). ¶灑掃와 應對로:灑掃應對(宣小6:17).

새숨 명 새삼. 토사(菟絲). ☞새삼. 새삼 ¶새숨:兎絲草(漢淸13:14).

새쒸 명 띠. 모초(茅草). ¶새쒸:牡茅(柳氏物名三 草).

:새삼 명 새삼. 토사(菟絲). ☞새삼. 새숨 ¶새삼 토:菟. 새삼 ㅅ:蒜(訓蒙上8). 새삼:女蘿(訓蒙上14).

새삼도이 부 새삼스럽게. 새롭게. ☞새삼드비 ¶싀어미롤 나날 새삼도이 효도호야:婦養姑不衰(重三綱. 孝5 陳氏養姑).

·새·삼드빙 부 새삼스럽게. 새롭게. ☞새삼도이 ¶나날 새삼드빙 孝道호야:養姑不衰(三綱. 孝5 陳氏養姑).

새악시 부 새색시. ¶새악시:女孩兒(譯解上41). 새악시 셔방 못 마자(古時調. 靑丘).

새오 명 새우. ☞사빙. 사이. 새요 ¶새오 하:鰕(倭解下26). 새오와 게의 뤼(敬信35). 새오:蝦(物譜 水族). 새오:鰕(柳氏物名二 水族).

새·오·다 동 새우다〔妬〕. 시기하다. ☞시오다 ¶큰 德을 새오슥바 앉디 몯호야 시름호더니(月印上9). 大臣이 이쇼딕 性이 모디러 太子롤 새와 호더라(釋譜11:18). 믜며 새오므로 도티 몯호 根源을 일울씨(釋譜13:56). 夫人이 새와 네 아드롤 업게 호리라(月釋2:5). 邪曲호 므슥므로 聖人ㅅ涅槃法을 새오ㄴ니라(月釋2:15). 戚夫人올 새와(宣賜內訓2下14). 敬亭ㅅ 그를 새오디 말라:莫妬敬亭詩(杜解22:18). 셩낸 가마귀 흰 빗출 새올세라(古時調. 가마귀 싸. 靑丘). 貧寒을 놈이 웃고 富貴를 새오는듸(古時調. 朱義植. 말호면. 靑丘). 가노라 희짓는 봄을 새와 므슴 호리오(古時調. 宋純. 곳이 진다 호고. 靑丘). 호믈며 크나큰 수풀을 새와 므슴 호리오(古時調. 히 다 져믄. 靑丘). 새오는 말:醋話兒(譯解補57). 사롬을 믜워호야 새오나니라(女範2. 현녀 진빅종쳐).

새오젓 명 새우젓. 새젓. ¶새오젓:醎蝦(譯解下38).

새·옴 명 샘〔妬〕. ¶이바딜 머구리라 새옴 므숨올 낸대 닐웨롤 숨엣더시니(月印上39). 닐오딕 忿怒와 긊읍과 慳貪과 새옴과:謂忿覆慳嫉(圓覺上一之一30). 더 나아가릴 보고 므슥매 새오몰 내ㄴ니:見勝進者心生嫉妬(圓覺下三之一63). 새옴 투:妬(類合下26). 새옴 모:媢. 새옴 질:嫉(類合下31). 남진 드토논 새옴:喫醋(譯解下48). 妾 새옴 甚히 호시는 늘근 안히 님 몬져 죽는다데(古時調. 져 건너 월앙바회. 靑丘). 칠거지악에 새옴이 읏듬이라:七去之道妬正爲首(五倫3:4).

새·옴므숨 명 시기심(猜忌心). 투기심(妬忌心). 샘하는 마음. ¶이바딜 머구리라 새옴므숨을 낸대(月印上39).

새·옴브르·다 형 샘바르다. ¶믈읫 有情이 貪호고 새옴볼라 제 모몰 기리고 ㄴ몰 허러(釋譜9:15).

새·옴·호·다 동 샘하다. 새우다. ¶앗기고 貪호고 새옴호고(月釋10:86). 驕慢호며 새옴호는 性식을 養호야:養成驕妬之性(宣賜內訓1:81). 음란커든 내티며 새옴호거든 내티며:淫去妬去(宣小2:55).

새옹민이 명 새 꽁무니. ¶새옹민이:臊尖(漢淸13:61).

새와·이 명 초황(草黃). 〔지명(地名)〕 ¶踰草黃 새와이 薛列罕설헌二嶺渡鴨綠江…草黃嶺東咸興府西一百十三里(龍歌5:47).

새·요 명 새우. ☞사빙. 새오 ¶이 주글 듸 얻논 고기와 새요왜오:是覓死的魚蝦(飜朴上70). 새요:蝦兒(四解下31 蝦字註). 새요 하:蝦(訓蒙上20). 새요:蝦兒(同文解下42). 새요:鰕(漢淸14:43). ※새요>새우

새·옹 명 새옹. ¶새옹 안해 봇가 검게 호고:銚內炒令焦黑(救急上51). 새옹 미틧 거믜영:鏊子底黑煤(救簡3:6). 새옹 안해 봇가 거머커든:銚內炒令焦黑(救簡6:12).

새원 명 신원(新院). 〔지명(地名)〕 ¶새원 원쥐 되여 柴扉롤 고텨 닷고 流水靑山을 벗사마(古時調. 鄭澈. 松江).

-·새이·다 어미 -사이다. -십시다. ☞-사이다. -새이다 ¶우리 모다 홈믜 가새이다:咱會同着一時行(飜朴上19).

-새이다 어미 -사이다. ☞-사이다. -새이다 ¶入舘호여 보옵새이다(新語1:21).

새장 명 새장. ¶새장:籠子(漢淸14:37).

·새·절보·기 명 신행(新行). ¶사훗나래 큰 이바디호야 므추면 즉재 새절보기 호고:第三日做圓飯筵席了時便着拜門(飜朴上46).

새져리 명 새매. ¶隼鶻曰 새져리(東言).

:새집 명 띳집. 초가(草家). 모옥(茅屋). ¶菴은 새지비라(法華2:244). 지ᅀᅮ닌 오직 새지비니라:營葺但草屋(初杜解6:52). 萬里橋ㅅ 西ㅅ녀긔 ᄒᆞᆫ 새지비로소니:萬里橋西一草堂(初杜解7:2). 薜蘿ᄅᆞᆯ ᄣᅥ다가 새집 헌 ᄃᆡᄅᆞᆯ 깁노라:牽蘿補茅屋(初杜解8:66). 새지블 사ᄃᆡ ᄯᅡᄒᆞᆯ 조쳐 ᄒᆞ리니:茅屋買兼土(杜解9:15). 새지비 ᄀᆞ장 ᄂᆞᆺ갑고 져고ᄆᆞᆯ 니기 아라:熟知茅齋絶低小(初杜解10:7). 새지븨 도라오ᄆᆞᆯ 得ᄒᆞ야:得歸茅屋(初杜解21:2). 새지블 지엣도다:結茅屋(重杜解9:8). 새지블 對ᄒᆞ얏도다:對茅屋(南明上1).

·새집 명 새집〔新家〕. ¶舍利弗을 업시ᄫᅡ 새 집 지ᅀᅳᆯ 몯게 호려터니(月印上57).

새짓 명 새깃〔羽〕. ¶새짓 殘缺ᄒᆞ다:翎翅殘缺(漢淸13:61).

새초 명 새. ¶집 우희 니엿던 새초ᄅᆞᆯ ᄆᆞᆯ로여:蓋屋上爛草晒乾(痘要下14).

새콩 명 새콩. ¶새콩:料豆草(譯解下40). 새콩:澇豆(漢淸13:14).

새털 명 새털. ¶새털 더브록ᄒᆞ다:鳥疵毛(漢淸13:62).

새품 명 도깨비바늘. ☞새픔 ¶새품:鬼虱子(同文解下46). 새품:鬼針(漢淸13:15). 새품:鬼針草(柳氏物名三 草).

새픔 명 도깨비바늘. ☞새품 ¶새픔:鬼虱子(譯解補50).

:새한 명 초한(草閑). 〔지명(地名)〕 ¶在文川郡東十六里草閑 새한(龍歌7:25).

새흐레 명 새의 흘레. ¶새흐레:交尾(柳氏物名一 羽蟲).

색갓 명 삿갓. ☞산간 ¶歷山 구진 비에 누역 색갓 바슬 가니(人日歌).

샐럭 명 샐녘. ¶샐럭:黎明(譯解補3).

샘 명 샘. ☞심 ¶샘:泉(柳氏物名五 水).

샘구멍 명 샘구멍. 샘물 솟는 구멍. ¶샘구멍:泉眼(柳氏物名五 水).

샛마 명 동남풍(東南風). ¶東南風謂之緊麻卽景明風(星湖. 八方風).

샛바람 명 동풍(東風). ¶東風謂之沙卽明庶風(星湖. 八方風).

샛별 명 샛별. ¶샛별이 노파시니(淸老4:9).

샤 명 사(邪). ¶邪ᄅᆞᆯ ᄇᆞ리고 正에 가게 호ᄃᆡ(月釋21:32). 邪도 이시며 正도 잇ᄂᆞ니(蒙法39). 邪ㅣ 오나ᄃᆞᆫ 正으로 濟度ᄒᆞ며(六祖中29). 大乘眞懺悔ᄅᆞᆯ 알면 邪ᄅᆞᆯ 덜오(六祖中46). 善을 陳ᄒᆞ야 邪ᄅᆞᆯ 閉홈을 敬이라 닐ᄋᆞ고(宣孟7:6). 샤 들리다:着迷鬼(譯解補59). 샤 들리다:中了邪(漢淸8:2). 샤 들니다:作怪(漢淸9:8).

샤 명 작(勺). ¶ᄒᆞᆫ 샤 쟉:勺(類合下58).

-·샤 어미 -시어. ☞-ᄋᆞ샤. -으샤 ¶海東六龍이 ᄂᆞᄅᆞ샤:海東六龍飛(龍歌1章). 豳谷애 사ᄅᆞ샤:于豳斯依(龍歌3章). 太子ᄅᆞᆯ 하ᄂᆞᆯ히 ᄀᆞᆯᄒᆡ샤:維周太子維天擇兮(龍歌8章). 大業을 ᄂᆞ리오리라 筋骨ᄋᆞᆯ 몬져 ᄀᆞᆺ고샤:天欲降大業迺先勞筋骨(龍歌114章). 님금 位ᄅᆞᆯ ᄇᆞ리샤 精舍애 안잿더시니(月印上1). 거르믈 거르샤(釋譜6:17). 聖人이 시르믈 두샤(宣賜內訓1:21). 님그미 앗기논 배 업스샤:君主無所惜(初杜解21:36). 世尊이 端坐ᄒᆞ샤(金三2:2). ᄃᆞᆯ하 노피곰 도ᄃᆞ샤(樂範. 井邑詞). 에엿비너기샤(太平1:17). 다시 도라갈 법을 뵈히샤(正念解1). ᄇᆡᆨ셩 ᄉᆞ랑ᄒᆞ므로ᄡᅥ ᄇᆞ라샤(百行源13).

샤가 명 사가(士家). 〔'士'의 중세음(中世音)은 'ᄉᆞ'임.〕 ¶개개히 샤가의 옥슈 ᄀᆞᆺ더라(洛城1).

샤갈 명 사갈(蛇蝎). ¶이런 샤갈 ᄀᆞᆺ튼 독물이 다시 어이 이시리오(閑中錄466).

샤:견 명 사견(邪見). ¶貪과 嗔과 邪見으로 이슈믈 그르 혜여(永嘉上54). 末世諸衆生이 이ᄅᆞᆯ 닷ᄀᆞ면 邪見을 免ᄒᆞ리라(圓覺上一之二192). 有ᄅᆞᆯ 자ᄇᆞ며 無ᄅᆞᆯ 자보미 다 邪見이 이ᄂᆞ니(金三2:24). 聖에 벙으로미 머러 邪見이 기프니(南明下31). 念上애 곧 邪見을 니르와ᄃᆞ니(六祖中11). 邪見과 煩惱와 愚癡왓(六祖中29). 斷과 常괏 邪見을 비화(六祖中88).

샤계 명 사계(詐計). ¶혜랑 왈 제갈무후 오히려 샤계ᄅᆞᆯ 부렷ᄂᆞ니(落泉1:2).

샤·곡 명 사곡(邪曲). ¶衆生ᄋᆡ 邪曲ᄋᆞᆯ 덜에 ᄒᆞ쇼셔(釋譜6:22). 에구든 衆生ᄋᆞᆯ 敎化ᄒᆞ야 邪曲ᄋᆞᆯ ᄇᆞ리고:邪ᄂᆞᆫ 正티 몯ᄒᆞᆯ 씨오 曲ᄋᆞᆫ 고ᄇᆞᆯ 씨라(釋譜11:5). 邪曲ᄋᆞᆫ 빗그며 고바 正티 몯ᄒᆞᆯ 씨라(月釋1:25).

샤·곡ᄒᆞ·다 형 사곡(邪曲)하다. ¶邪曲ᄒᆞᆫ 道理ᄅᆞᆯ 信ᄒᆞ야 正ᄒᆞᆫ 法 ᄀᆞᄅᆞ쵸미 어렵더니(釋譜6:21). 邪曲ᄒᆞᆫ 봄 아니ᄒᆞᆯ 씨라(月釋1:25). 邪曲고 迷惑ᄒᆞ니도 眞言을 보ᅀᆞᄫᆞ며(月釋10:30). ᄠᅳ들 거즛되오 샤곡히 말며:志毋虛邪(宣小1:13). 어딘 이ᄅᆞᆯ 베퍼 샤곡ᄒᆞᆫ ᄆᆞᄋᆞᆷ 막옴ᄋᆞᆯ:陳善閉邪(宣小2:44). 게으르고 플어디며 샤곡ᄒᆞ고 괴벽ᄒᆞᆫ 긔운:惰慢邪辟之氣(宣小3:7). 샤곡ᄒᆞᆯ 회:回(註千24). 샤곡ᄒᆞ다:行邪(漢淸8:40).

샤공 명 사공. ¶샤공이 幸혀 ᄃᆞᆷ디 아니ᄒᆞ야:篙工幸不溺(初杜解15:33). 샤공이 ᄇᆡ 네요ᄃᆡ:篙師行船(金三5:38). 샤공:艄子(四解下22 艄字註). 샤공:梢子(訓蒙下4 梢字註). ᄇᆡ 내여 아즐가 ᄇᆡ 내여 노ᄒᆞᆫ다 샤공아(樂詞. 西京別曲). 샤공아 네의 날 보내요ᄆᆞᆯ 어즈러이 ᄒᆞᄂᆞ니:篙師煩爾送(重杜解2:14). 샤공은 어ᄃᆡ 가고 빈 ᄇᆡ만 걸렷ᄂᆞ니(松江. 續美人曲).

샤귀 명 사귀(邪鬼). ¶샤귀:邪魅(漢淸9:7).

샤·긔 명 사기(邪氣). ¶后ㅣ 곧 ᄇᆞᄅᆞᆷ과 邪氣와 이슬와 안개로ᄡᅥ 警誡ᄒᆞ샤(宣賜內訓2上45). 샤긔와 빌믜와 들인 ᄃᆞᆺᄒᆞᆫ닐:似著邪祟者(救簡1:110). 온가짓 邪氣며 모딘 귓거슬 업게 ᄒᆞ며(簡辟13. 瘟疫方3). 샤긔:邪星子(同文解下12).

-샤·나 어미 -시어. ¶如來 ᄒᆞᆫ 큰 이ᄅᆞᆯ 爲ᄒᆞ샤나:如來爲一大事(圓覺序6).

샤:념 명 사념(邪念). ¶어늬 邪念고:云何邪念(永嘉上54).

샤녜 명 사례(謝禮). ☞샤례 ¶사녯 샤:謝(光千32).

샤녜ᄒᆞ다 동 사례(謝禮)하다. ☞사녜. 샤례ᄒᆞ다 ¶賓의게 拜ᄒᆞ여 ᄡᅥ 謝녜ᄒᆞᄂᆞᆫ디라(家禮7:10).

-샤ᄂᆞᆫ 어미 -시어는. ¶見ᄒᆞ심애 미ᄎᆞ샤ᄂᆞᆫ(宣孟13:1). 喪을 去ᄒᆞ샤ᄂᆞᆫ ᄎᆞ디 아니ᄒᆞᆯ배 업더시다(宣論2:55). 홀연히 우흐로 겨오샤ᄂᆞᆫ 나디 마오쇼셔 ᄒᆞ야(癸丑52).

-샤·ᄂᆞᆯ 어미 -시거늘. ¶菩薩이 諸天ᄃᆞ려 무르샤ᄃᆡ 엇던 양ᄌᆞ로 ᄂᆞ려가료 ᄒᆞ샤ᄂᆞᆯ(月釋2:19). 菩薩이 펴 請ᄒᆞ샤ᄂᆞᆯ 如來ㅣ 즉재 神力 내샤(法華6:97). 길히나 알고 오라ᄒᆞ오샤ᄂᆞᆯ 젼의 침실ᄒᆞ엿던 다락의셔 셔다히로 ᄇᆞ라보니(癸丑108).

샤당 명 사당. ☞ᄉᆞ당 ¶즁놈이 졈은 샤당년을 엇어 싀父母께 孝道를 긔 무엇슬 ᄒᆞ야 갈쏘(古時調. 李鼎輔. 海謠). 샤당:優婆塞(物譜 族姻).

샤:도 명 사도(邪道). ¶반ᄃᆞ기 邪道애 디리니 上品은 精靈이오(楞解6:101). 邪道ᄂᆞᆫ 거즛 일로 소기ᄂᆞᆫ 젼ᄎᆞ로 偸ᄒᆞ면 반ᄃᆞ기 ᄲᅥ러디리라(楞解6:101). 色ᄋᆞ로 보며 聲ᄋᆞ로 求호미 이 邪道 行호민댄(金三4:60).

-샤·도 어미 -셔도. ¶聖神이 니ᅀᆞ샤도 敬天勤民ᄒᆞ샤ᅀᅡ 더욱 구드시리이다(龍歌125章). 구지돔 모ᄅᆞ샤도 世尊ㅅ 德 닙ᄉᆞᄫᅡ(月印上28). 나라해 도라오샤도 ᄌᆞ올아ᄫᅵ 아니 ᄒᆞ샤(釋譜6:4). 無數히 얻고져 ᄒᆞ샤도 아니한ᄉᆞᅀᅵ예 다 일워 내ᄂᆞ니(月釋1:27). 化身이 뵈샤도 根源은 업스샤미 ᄃᆞᆯ 그림제 眞實ㅅ ᄃᆞᆯ 아니로미 ᄀᆞᆮᄒᆞ니라(月釋2:55). 비록 父母ㅣ 업스샤도(宣賜內訓1:55). 世예 나샤도 懺悔홀 고디 업슨 사ᄅᆞᄆᆞᆯ 업게 ᄒᆞᄂᆞ니(佛頂3).

샤·독 명 사독(邪毒). ¶뎌 中에 邪毒 기프닌 良心을 일코(法華5:154).

샤딕 명 사직(社稷). ☞샤직 ¶샤딕을 모위ᄒᆞ다 ᄒᆞ므로(經筵).

-샤·ᄃᆡ 어미 -시되. ¶天下애 功이 크샤ᄃᆡ 太子ㅿ 位 다ᄅᆞ거시늘(龍歌101章). 性與天合ᄒᆞ샤ᄃᆡ(龍歌122章). 法을 轉ᄒᆞ샤ᄃᆡ 鹿野苑에 ᄆᆞᆺ 몬져 니ᄅᆞ시니(月印上34). 目連이ᄃᆞ려 니ᄅᆞ샤ᄃᆡ(釋譜6:1). 버거 부텨 겨샤ᄃᆡ ᄯᅩ 일후미 日月燈明이시고(釋譜13:29). 곳 닐굽 줄기ᄅᆞᆯ 가져 겨샤ᄃᆡ(月釋1:9). 世尊ㅅ긔 ᄉᆞᆯᄫᆞ샤ᄃᆡ 내 어저ᅴ 다ᄉᆞᆺ 가짓 ᄭᅮ믈 ᄭᅮ우니(月釋1:17). 世尊이 너기샤ᄃᆡ(月釋21:4). 모ᄆᆞᆯ ᄉᆞᄅᆞ샤ᄃᆡ:然身(楞解7:17). 偈ᄅᆞᆯ 니ᄅᆞ샤ᄃᆡ(法華2:102). 孟子ㅣ 니ᄅᆞ샤ᄃᆡ(宣賜內訓序7). 알핀 기리샤ᄃᆡ 福이 十方 虛空애 ᄀᆞᆯ오리라 ᄒᆞ시고(金三5:3). 師ㅣ 모ᄃᆞᆫ 사ᄅᆞᆷᄃᆞ려 ᄀᆞᄅᆞ쳐 무러 니ᄅᆞ샤ᄃᆡ(南明上2). 두 번 벼슬히샤ᄃᆡ 오디 아니ᄒᆞ니라:再授官不至(續三綱. 孝12). 白髮禁止爲白只 爲天君이 題辭를 ᄒᆞ오샤ᄃᆡ(古時調. 天君衙門. 靑丘). 염왕이 령을 ᄂᆞ리오샤ᄃᆡ(桐華寺 王郎傳3).

샤라부로 명 들상추. ☞사라부로. 샤라부루 ¶샤라부로:曲曲菜(譯解下11).

샤라부루 명 들상추. ☞샤라부로 ¶샤라부루:苦藚菜(四解上44 藚字註). 샤라부루거:蒙. 江東呼苦藚. 샤라부루 미:藚一名苦苣俗呼苦藚菜(訓蒙上14).

샤랑 명 사랑(舍廊). 사랑방. 사랑채. ¶샤랑:客位(同文解上34).

샤랑ᄒᆞ다 동 사랑하다. ☞ᄉᆞ랑ᄒᆞ다 ¶샤랑홈도 죠커니와 그리음을 못 니긔니(萬言詞).

샤려 명 사려(思慮). 〔'思'의 중세음(中世音)은 'ᄉᆞ'임.〕 ¶슉젹이 손녀ᄅᆞᆯ 위ᄒᆞ여 샤려ᄅᆞᆯ 궁극히 ᄒᆞ미라(落泉3:7).

샤례 명 사례(謝禮). ☞샤녜 ¶샤례 샤:謝(類合下43. 石千32. 倭解下40). 싱이 샤례 왈 후대인의 은양ᄒᆞ시ᄂᆞᆫ 덕이 실노 쥬모의 가ᄅᆞ침 ᄀᆞᆺ거ᄂᆞᆯ(落泉1:2).

:샤·례ᄒᆞ·다 동 사례(謝禮)하다. ☞샤녜ᄒᆞ다 ¶의원ᄭᅴ 만히 은혜 갑고 샤례호리이다:太醫上重重的酬謝(飜老下41). 너ᄃᆞ려 샤례ᄒᆞ노라:謝你(飜朴上51). 幣ᄇᆡᆨ으로ᄡᅥ 酧ᄒᆞ고 拜ᄒᆞ야 謝례ᄒᆞ라(家禮3:16). 샤례ᄒᆞ다:作謝(同文解上51). 샤례ᄒᆞ다:道謝(漢淸6:47). 이젼 노흡던 ᄆᆞ옴이 다 ᄉᆞ라지고 샤례ᄒᆞ야 니별ᄒᆞ니(落泉1:2).

-·샤리·라 어미 -시리라. ¶精持ᄅᆞᆯ 나토샤리라(月釋17:78).

샤릐 명 사레. ☞사릐 ¶샤릐 드다:暢了(譯解上37). 샤릐 드다:嗆了(同文解上63). 샤릐 드다:嗄咽了(譯解補23). 샤릐 드다:牲口痓(漢淸14:33).

샤마 명 사마(邪魔). ¶邪魔ᄂᆞᆫ 正티 몯ᄒᆞᆫ 魔ㅣ니 魔ᄂᆞᆫ 귓거시라(釋譜9:36). 末劫에 難이 하 邪魔ㅣ 妄히 니러(楞解6:83). 煩惱와 邪魔왜 일로브터 더ᄂᆞ니 그럴ᄉᆡ 니ᄅᆞ샤ᄃᆡ 이 功德이라 ᄒᆞ시며(南明上41).

:샤·마·괴 명 사마귀. ☞사마괴. 샤마귀 ¶샤

마괴:黶子(譯解上36). 샤마괴:黑子(同文解上19). 샤마괴:汚子(漢淸6:1).

샤마귀 명 사마귀. ☞사마괴. 샤마괴 ¶샤마귀 염:黶(倭解上51).

샤미 명 사매(邪魅). 사귀(邪鬼). ¶귓것 긔운과 시령 병긔와 귀신 샤미를 고티ᄂᆞ니(簡辟4).

샤·벽·ᄒᆞ·다 형 사벽(邪辟)하다. ¶겨지비 弱고 邪僻ᄒᆞ야:女懦邪僻(法華1:196). 사ᄅᆞ미 惡올 듣고 베펴 기우러 邪僻ᄒᆞᆫ 이레 ᄌᆞ마 저저:聞人之惡揚之浸漬頗僻(宣賜內訓1:33). 젼일ᄒᆞ면 ᄌᆞ연히 왼 샤벽ᄒᆞᆫ 이리 간범호미 업스리니라:一則自無非辟之干(飜小8:6). 외며 샤벽ᄒᆞᆫ ᄆᆞᄋᆞᆷ이 블터 들미 업ᄉᆞ니라:非辟之心無自入也(宣小3:18).

샤·셜 명 사설(邪說). ¶邪說와 暴行이 또 作ᄒᆞ야(宣孟6:27).

샤슈 명 사수(射手). ¶아비 샤슈로ᄡᅥ 부젼홀 제:父以射手赴戰(東新續三綱. 孝8:70).

샤시 명 사치(奢侈). ☞샤치 ¶샤시 샤:奢(倭解上23).

·샤신 명 사신(社神). 토신(土神). ¶샤신졔ᄒᆞ니:祭了社神(飜朴上17). 社神ᄭᅴ 祭ᄒᆞ여시니(朴解上16).

샤심 명 사심(邪心) ¶샹녜 오ᄂᆞᆫ 報ᄅᆞᆯ ᄉᆞ랑ᄒᆞ야 邪心을 그치게 ᄒᆞ시니라(永嘉上34). 邪心이 이 海水ㅣ오(六祖上97).

샤심 명 사심(奢心). 사치스러운 마음. ¶奢心ᄋᆞᆫ 뮈우미 쉽고 儉志ᄂᆞᆫ 고툐미 어려우니라 ᄒᆞ니라(永嘉上4).

-샤·ᅀᅡ 어미 -셔야. ¶오샤ᅀᅡ 사ᄅᆞ시릴씨:來則活已. 用兵如神ᄒᆞ샤 가샤ᅀᅡ 이기시릴씨:用兵如神往則莫抗(龍歌38章). 敬天勤民ᄒᆞ샤ᅀᅡ:敬天勤民(龍歌125章). 諸佛도 出家ᄒᆞ샤ᅀᅡ 道理ᄅᆞᆯ 닷ᄀᆞ시ᄂᆞ니 나도 그리호리라(釋譜6:12). 부텨 ᄃᆞ외리라 ᄒᆞ샤ᅀᅡ(圓覺上一之一34).

샤신 명 사인(邪人). ¶첫 句ᄂᆞᆫ 시혹 邪人이 決定ᄒᆞᆫ 마ᄅᆞᆯ 信티 아니커든 ᄠᅳᄆᆞ장 詰亂홀시라(南明上22).

샤·약 명 작약(芍藥). ☞쟈약 ¶샤약 샤:芍. 샤약 약:藥(訓蒙上7). 샤약 쟈:芍. 샤약 약:藥(類合上7). 샤약:勺藥(詩解 物名8). 샤약:芍藥(物譜 花卉).

샤약곳 명 작약꽃. 함박꽃. ¶샤약곳:芍藥花(同文解下45).

샤양치 명 사약채. 바디나물. ☞샤향치 ¶샤양칫 불휘:前胡(東醫 湯液三 草部).

:샤옹 명 남편. ¶夫는 샤오이오 妻는 가시라(月釋1:12). 샤옹이 열 가라짓 손토불 各各 적젹 버혀:取夫十指爪甲各少許(救急下84). 샤옹ᄋᆞᆫ 輕薄ᄒᆞᆫ 男兒ㅣ니:夫婿輕薄兒(初杜解8:66). 나히 마ᅀᆞᆫ 쉬네 샤옹의 지비 업도다:四十五十無夫家(初杜解25:45). 샤옹 부:夫(訓蒙上31).

:샤은·ᄒᆞ·다 동 사은(謝恩)하다. ¶表ᄅᆞᆯ 손ᄉᆞ 스샤 謝恩ᄒᆞ샤(宣賜內訓2下15). ᄉᆞ신으로 표ᄅᆞᆯ 밧드러 한의게 샤은ᄒᆞ고 방믈을 밧칠ᄉᆡ(山城137). 부득이 응명ᄒᆞ야 가쇽을 거ᄂᆞ려 경ᄉᆞ로 드러와 샤은ᄒᆞ고(落泉1:1).

샤음 명 사음(邪淫). ¶邪淫 妄語ᄒᆞᄂᆞ니와:邪淫은 제 겨집 아니면 다 邪淫이라(月釋21:60).

-·샤이·다 어미 -십니다. ☞-샤. -이다 ¶차반도 비브르디 몯ᄒᆞ샤이다:茶飯也飽不得(飜老下35).

샤죄 명 사죄(赦罪). 죄를 용서함. ¶샤죄 샤:赦(類合下35).

:샤:죄ᄒᆞ·다 동 사죄(謝罪)하다. ¶머리를 ᄡᅡ해 두드리고 그르호라 샤죄ᄒᆞ야:叩頭謝罪(飜小9:68). 다 머리ᄅᆞᆯ 좃고 謝罪ᄒᆞ야:悉叩頭謝罪(宣小6:62). ᄀᆞ장 謝罪ᄒᆞ야 고텨지라 ᄒᆞ여ᄉᆞ:固謝罪改之(宣小6:77).

:샤·직 명 사직(社稷). ¶社稷 爲ᄒᆞ야 가시니(龍歌94章). 이제 社稷이 바ᄃᆞ라ᄫᅵ니 便安히 이슗 줄 업스니라 ᄒᆞ고(三綱. 忠12). ᄒᆞᆫ 번 戎衣ᄅᆞᆯ 니버 社稷을 定ᄒᆞ시니라:社稷一戎衣(杜解6:25). 녜 社稷을 편안히 홀 신해 잇더니:古有社稷之臣(飜小9:41). 샤직 샤:社(類合下9). 能히 그 社稷을 안보ᄒᆞ며:能保其社稷(宣小2:30). 녜 社稷엣 신해 잇더니:古有社稷之臣(宣小6:37). 子路ㅣ ᄀᆞᆯ오ᄃᆡ 民人이 이시며 社稷이 이시니(宣論3:13). 諸侯ㅣ 仁티 아니ᄒᆞ면 社稷을 保티 몯ᄒᆞ고(宣孟7:9). 社稷은 ᄂᆞᆫ믈 흘렴 직ᄒᆞ니:社稷堪流涕(重杜解14:22). 일곱 샤직의 가 긔우ᄒᆞ실ᄉᆡ(仁祖行狀33).

샤ᄌᆞ 명 솔. ☞솨ᄌᆞ ¶샤ᄌᆞ:刷牙(同文解上54). 니 닥ᄂᆞᆫ 샤ᄌᆞ:刷牙(譯解補29). 샤ᄌᆞ:牙刷. 혀 닥ᄂᆞᆫ 샤ᄌᆞ:刮舌(漢淸11:25). 샤ᄌᆞ:刷. 니 닥ᄂᆞᆫ 샤ᄌᆞ(物譜 服飾).

샤창 명 사롱창(斜籠窓). ¶샤창:斜眼窓(譯解補13).

샤치 명 새치. 젊은이의 머리에 섞인 흰털. ☞샤티 ¶샤치 잇다:天老(漢淸6:10).

샤·치 명 사치(奢侈). ☞샤시 ¶奢侈ᄅᆞᆯ ᄇᆞ리시고 儉朴올 조ᄎᆞ시며(永嘉序10). 이제 富貴예 니르니 驕慢ᄒᆞ며 放縱호미 奢侈예 나며(宣賜內訓2下46). 샤치 샤:奢. 샤치 치:侈(類合下2). 샤치 치:侈(石千22). 반ᄃᆞ시 샤치ᄅᆞᆯ 됴화ᄒᆞ고(女範1. 셩후 쥬션강후).

샤치하다 동 사치(奢侈)하다. ☞샤치ᄒᆞ다 ¶샤치할 샤:奢(兒學下8).

샤·치ᄒᆞ·다 동 사치(奢侈)하다. ☞샤치하다. ¶僭越ᄒᆞ고 奢侈호미 나날 甚커늘(三綱. 忠10). 子孫의 모딜며 麤率ᄒᆞ며 奢侈ᄒᆞ며

(宣賜內訓1:34). 내 모몰 儉約히 ᄒᆞ야 奢侈호몰 願티 아니ᄒᆞ노라:約身不願奢(初杜解6:47). 본더 교만ᄒᆞ고 샤치ᄒᆞᆫ 사ᄅᆞᄆᆞᆫ:素驕奢者(飜小8:26). 샤치ᄒᆞᄂᆞᆫ 사ᄅᆞᆷ:奢侈人(同文解上13).

샤태 명 사태(沙汰). ¶샤태 나다:龍抓了(譯解上7).

샤태올 명 고채(苦菜). ☞샤틱올 ¶샤태올:田菁(譯解下11).

:샤텽 명 활터. 사장(射場). ¶우리 샤텽의 활 쏘라 가져:咱們教場裏射箭去來(飜朴上54). 셔울 종던 셧녁 샤텽의셔:京都椶殿西教場裏(飜朴上59).

샤·특 명 사특(邪慝). ¶샤특 샤:邪(類合下2). 샤특 특:慝(類合下3). 庶民이 興ᄒᆞ면 이에 邪慝이 업ᄉᆞ리라(宣孟14:32).

샤·특ᄒᆞ·다 형 사특(邪慝)하다. ¶邪慝ᄒᆞᆫ:慝은 邪ᄒᆞᆯ 시라(宣賜內訓1:12). 브졍ᄒᆞ고 샤특ᄒᆞᆫ듸 점점 믈 젓듯 ᄒᆞ야:浸漬頗僻(飜小6:19). 샤특ᄒᆞ며 허탄ᄒᆞ며:邪誕(飜小8:42). 음란ᄒᆞ며 방탕홈이브터 샤특ᄒᆞᄂᆞᆫ 배라:淫泆所自邪也(宣小4:48). 샤특ᄒᆞᆫ 일을 ᄒᆞ야(癸丑84). 샤특ᄒᆞᆫ 이롤 업시 호더 의심티 말라(仁祖行狀17). 사ᄅᆞᆷ을 쓰며 ᄇᆞ리ᄂᆞᆫ ᄉᆞ이예 샤특ᄒᆞ며 경다온 일을 분별티 못ᄒᆞ면(仁祖行狀20). 간험 샤특ᄒᆞᆫ 사ᄅᆞᆷ을 만나면 ᄢᅵ돗지 못ᄒᆞᄂᆞ니(落泉1:2).

샤티 명 새치. 젊은이의 머리에 섞인 흰털. ☞샤치 ¶샤티:雜頭髮(譯解上34).

샤티ᄒᆞ다 동 사치(奢侈)하다. ¶풍쇽이 샤티ᄒᆞ믈 됴히 너겨 그ᄅᆞᆺ되야 가거놀(明皇1:29).

샤틱올 명 고채(苦菜). ☞샤태올 ¶샤틱올:田菁(朴解中34).

:샤·틱 명 사택(舍宅). ¶ᄒᆞ마 낧 제 오직 善事롤 ᄒᆞ야 舍宅올 增益게 ᄒᆞ면(月釋21:124). ᄒᆞᆫᄢᅴ 믄득 ᄇᆞ리 니러 舍宅올 ᄉᆞᆯ어늘(法華2:56).

샤풍 명 사풍(斜風). 솔솔 부는 바람. ¶샤풍에 오ᄂᆞᆫ 비:颼風雨(漢淸1:12).

:샤향 명 사향(射香. 麝香). ¶射香과 安息香과 蘇木香과(救急上15). 쥐 믄 될 고튜더 麝香올 추메 ᄆᆞ라 ᄇᆞᄅᆞ라(救急下65). 샤향 ᄒᆞᆫ 돈을 초애 섯거:研麝香一錢醋和(救簡1:47). 샤향:麝香(救簡6:53). 샤향 비쳇 스란문 비단:麝香褐膝欄(飜老下24). 술의 샤향을 죠고매 프러 이베 브으라(牛疫方5). 샤향 빗체 슬란문 ᄒᆞᆫ 비단:麝香褐膝欄(老解下22). 샤향:香臍子(譯解補35).

샤향노로 명 사향노루. 궁노루. ☞샤향노ᄅᆞ ¶샤향노로:香獐(譯解下33). 샤향노로 샤:麝(倭解下23). 샤향노로:香麞(漢淸14:5).

:샤·향노ᄅᆞ 명 사향노루. 궁노루. ☞샤향노로 ¶샤향노ᄅᆞ 샤:麝(訓蒙上18).

샤향치 명 사약채. 바디나물. ☞샤양치 ¶샤향치:前胡(柳氏物名三 草).

:샤ᄒᆞ·다 동 사(赦)하다. 용서하다. ¶아비롤 赦ᄒᆞ시니라(三綱. 孝23). 더욱 져근 허므를 赦ᄒᆞ샤(宣賜內訓2下45). 젹은 허믈을 赦ᄒᆞ며 賢과 才를 擧홀띠니라(宣論3:34). ᄇᆡ야흐로 샤ᄒᆞᆯ 뜻이 업더니. 딤이 너롤 샤ᄒᆞ야 스ᄉᆞ로 새롭게 ᄒᆞ랴(山城77). 뎌롤 샤ᄒᆞ쇼셔:饒他麼(朴解中3). 하 無斗方ᄒᆞ여 ᄉᆞᆲᄂᆞᆫ 일이오니 샤ᄒᆞᆸ소(新語1:6). 샤ᄒᆞ다:饒他(譯解補36). 샤ᄒᆞᆯ 샤:赦(倭解上54). 샤ᄒᆞ다:赦他(同文解下30). 네 세 잔 먹으면 너를 샤ᄒᆞ며(捷蒙2:19). 쥬모의 ᄇᆞᆰ히 가ᄅᆞ치믈 어드니 당돌ᄒᆞᆫ 죄롤 샤ᄒᆞ쇼셔(落泉1:2).

-·샨 어미 -신. ¶千世 우희 미리 定ᄒᆞ샨 漢水北에:千世默定漢水陽(龍歌125章). 大寶殿에 뫼호샨 相師ㅣ 보ᅀᆞᆸ고(月印上11). 道일우샨 이러 양ᄌᆞ롤 그려 일우ᅀᆞᆸ고:繪成世尊成道之迹(釋譜序5). 듣디 아니ᄒᆞ샨 고든(釋譜6:7). 須達이 닐오더 니ᄅᆞ샨 양ᄋᆞ로 호리이다(釋譜6:24). 御製ᄂᆞᆫ 님금 지ᅀᆞ샨 그리라(訓註1). 니ᄅᆞ샨 戒ᄂᆞᆫ 禁止ᄒᆞ야 마고ᄆᆞ로:所言戒者以禁防(永嘉上73). 니ᄅᆞ샨 發願호더:所謂發願(永嘉上74). 감ᄒᆞ샨 바롤 무르시고(宣賜內訓1:40). 禹의 ᄑᆞ샨 서늘ᄒᆞᆫ ᄀᆞᄅᆞ미:禹鑿寒江(初杜解8:41). 님금 ᄐᆞ샨 술위롤 思憶ᄒᆞ니라:憶帝車(杜解20:42). 이 法身 자바내샨 고딜시(南明上5). 자ᄇᆞ샨 功이 이리라(南明下21). ᄒᆞᆫ 말도 ᄒᆞ디 아니ᄒᆞ샨 고디(金三2:2). ᄆᆞᄉᆞᆷ 브리샨 이리신고:甚麼差使(飜朴上6). 傳ᄒᆞ샨 거슨(龜鑑上3).

-·샨 어미 -선. ¶怒ᄒᆞᄇᆞᆫ 일 맛나샨 怒티 아니ᄒᆞ시고(月釋17:74).

-·샨·디·라 어미 -신지라. ¶漏 업스샤 思議호미 어려우샨디라(法華2:22). 이 다 緣을 對ᄒᆞ야 펴샨디라(金三5:35).

-샨·돌 어미 -신들. ¶이제ᅀᅡ 일우샨돌 아바님이 니ᄅᆞ시니이다(月印上42). 업스샨돌 블기니라(金三2:31).

샨·츈 명 실안춘(實眼春). 선춘(先春). 〔지명(地名)〕 ¶實眼春샨츈地名自慶源府北行二日而至(龍歌7:22). 距先春샨츈嶺四日程也(龍歌7:24).

-·샬 어미 -실. ☞-샳 ¶悉達이라 ᄒᆞ샤리 나실 나래(釋譜6:17). 教化ᄒᆞ샬 젼치 업스시며(法華序12). 모로매 주샬 바롤 請ᄒᆞ며(宣賜內訓1:43). 度ᄒᆞ샬 배 ᄃᆞ외리 이시리오(金三5:25). 즈믄 ᄒᆡᆯ 長存ᄒᆞ샬 藥이라 받ᄌᆞᆸ노이다(樂範. 動動).

-샬·덴 어미 -실지면. ☞-샬뗸 ¶五陰을 여희

샬뎬(圓覺上一之一63). 牀 우희 사롬 이숌 곧ᄒᆞ샬뎬(圓覺上一之一63).

-·샬딘·댄 어미 -실진댄. ¶벅게코져 ᄒᆞ샬딘댄(圓覺上一之二75). 王이 ᄒᆞ다가 作用 아니 ᄒᆞ샬딘댄:王若不用(牧牛訣6).

-·샬·뗸 어미 -실지면. ☞-샬뎬 ¶法利傳持ᄒᆞ야 펴샬뗸 모로매 사롬 어두매 겨시니라(法華4:135).

-·샯 어미 -실. ☞-샬 ¶ᄒᆞᆫ 번 가아 보샯 버비 이시리이다(三綱. 忠18).

-·샴 어미 -심. ¶岐山 올ᄆᆞ샴도:岐山之遷. 德源 올ᄆᆞ샴도:德源之徙(龍歌4章). 가샴겨샤매 오ᄂᆞᆯ 다ᄅᆞ리잇가:載去載留豈異今時(龍歌26章). 世尊 오샤ᄆᆞᆯ 아숩고(月印上11). 부톄 百億世界예 化身ᄒᆞ야 教化ᄒᆞ샤미 ᄃᆞ리 즈믄 ᄀᆞᄅᆞ매 비취요미 ᄀᆞᆮᄒᆞ니라(月釋1:1). 徵心辯見에 비르스샤 破陰褫魔애 ᄆᆞ추샤미 健相分別ㅅ 일 아니니 업스시니라(楞解1:9). 後ㅅ法 드리우미라 ᄒᆞ샤ᄆᆞᆫ(楞解1:17). 嚴은 저프샤ᄆᆞ로 술오니라(楞解1:29). 眼根ᄋᆞ로 주머귀 견주샤매 ᄠᅳ디 實로 ᄀᆞᆮ디 아니커늘(楞解1:99). 聖人 ᄀᆞᄅᆞ치샤ᄆᆞᆯ 보디 몯ᄒᆞ고(宣賜內訓序6). 이 句 블러내샤ᄆᆞᆫ(南明上2). 父母ㅣ 날 ᄉᆞ랑티 아니ᄒᆞ샴ᄋᆞᆫ 내게 엇딘고 ᄒᆞ시니라:父母之不我愛於我何哉(宣小4:7).

샴의약이 명 사마귀. 버마재비. ¶갈짜귀 샴의약이 셴박회(古時調. 一身이. 海謠).

샴ᄒᆞ다 형 거칠다. ¶국슈 샴ᄒᆞ다:麵糟了(漢淸12:59).

-샷·다 어미 -셨다. -시도다. ☞-으샷다 ¶집우흿 龍이 御床ᄋᆞᆯ 向ᄒᆞᄉᆞᄫᆞ니 寶位 ᄐᆞ실 느지르샷다(龍歌100章). 부텨 ᄀᆞᄐᆞ시니 업스샷다(月釋1:52). 世尊이 世間애 나샤 甚히 奇特ᄒᆞ샷다(月釋7:14). 法을 表티 아니ᄒᆞ샤미 업스샷다(楞解7:10). 善으란 ᄂᆞᄆᆞᆯ 니르시고 過란 모ᄆᆞᆯ 니르샷다:善則稱人過則稱己(永嘉序12). 諸佛이 너를 심기샷다(圓覺序8). 어름 노ᄀᆞ며 디새 뭇ᄃᆞᆺ ᄒᆞ샷다 ᄒᆞ니:冰消瓦解(金三2:1). 再三 勸勸ᄒᆞ샷다(龜鑑上17). 上帝ㅣ 臨티 아니ᄒᆞ샷다:上帝不臨(詩解18:22). 父ㅣ 날을 나흐시고 母ㅣ 날을 기ᄅᆞ샷다 ᄒᆞ고(警民21).

샹 명 상(上). 상감(上監). 임금. ¶샹이 듣디 아니ᄒᆞ시면:殿下不聽(東續三綱. 忠3). 샹이 침뎐을 ᄇᆞ라고(仁祖行狀5). 샹이 그 연고ᄅᆞᆯ 무ᄅᆞ신대(明皇1:29). 샹이 깃그샤 샹ᄉᆞ 만히 ᄒᆞ시고(明皇1:40).

·샹 명 상(相). ¶모딘 相ᄋᆞᆯ 니ᄌᆞ실씨(龍歌76章). 相ᄋᆞᆫ 양지라(釋譜序3). 제 겨집도 됴ᄒᆞᆫ 相이 ᄀᆞᆽ고 世間앳 情欲이 업더라(釋譜6:12). 相ᄋᆞᆫ 양지니 봀 거시 相이오 相ㅅ 根源이 性이오(釋譜13:41). 褒忠廟애 相 ᄆᆡᆼᄀᆞ오:相ᄋᆞᆫ 얼구리라(三綱. 忠26). 다ᄋᆞᆫ 相이 업슬씨(楞解1:4). 相이 어루 볼 것 업손 젼ᄎᆡ라(金三涵序2). 經에 니ᄅᆞ샤ᄃᆡ 믈읫 相 잇ᄂᆞᆫ 거슨 다 이 虛妄이라 ᄒᆞ시니(六祖上18). 그 손의 샹 잘 본단 말을 듣고(太平1:8). 이ᄂᆞᆫ 한조(한고죄라)의 샹이니 누셜티 말라 ᄒᆞ오시더라(仁祖行狀2).

샹 명 상(像). ¶世尊ㅅ 像ᄋᆞᆯ ᄆᆡᆼᄀᆞᄉᆞᄫᆞ:노ᄑᆡ 다ᄉᆞᆺ 자히러라(釋譜11:10). 如來ㅅ 像ᄋᆞᆯ ᄆᆡᆼᄀᆞᄉᆞᄫᆞ니:이도 노ᄑᆡ 다ᄉᆞᆺ 자히러라(釋譜11:11). 像ᄋᆞᆫ ᄀᆞᄐᆞᆯ 씨니 부텻 양ᄌᆞᄅᆞᆯ ᄀᆞᄐᆞ시긔 그리ᅀᆞᆸ거나 ᄆᆡᆼᄀᆞᅀᆞᆸ거나 ᄒᆞᆯ 씨라(月釋2:66). 像ᄋᆞᆫ ᄡᅥ즛ᄒᆞᆯ 씨니 부텨 겨신 적과 ᄡᅥ즛ᄒᆞᆯ 씨라(楞解1:2). 想ᄋᆞᆫ 像ᄋᆞᆯ 取ᄒᆞᆯ 시오(六祖上45).

샹 명 상(常). 보통. 예사. ¶샹 더러운 것ᄃᆞᆯᄒᆞᆯ 달애샤:誘諸庸鄙(法華3:4). 鳳ᄋᆡ 삿기ᄂᆞᆫ 샹 터리 업스니:鳳雛無凡毛(初杜解8:56). 믌고기ᄂᆞᆫ 샹 거시라 다 도로 ᄇᆞ리ᄂᆞ니:衆魚常才盡却棄(初杜解16:62).

·샹 명 상(賞). ¶이ᄂᆞᆫ 賞가 罰아(蒙法53). 샹 샹:賞(類合下10). 엇디 가히 샹을 ᄇᆞ라리오:豈可望賞(朴解上53). 샹 줄 샹:賞(倭解下39. 註千29). 샹 주다:賞賜(漢淸4:40).

샹:고 명 상고(商賈). 장사[商]. ¶일로브터 羣生이 다 法利ᄅᆞᆯ 求ᄒᆞᆯ씨 商賈ㅣ 만타 ᄒᆞ니 利澤 니ᄅᆞ와다 내요ᄆᆞᆯ 모도아 가줄비니라:澤ᄋᆞᆫ 恩澤이라(月釋13:8). 商賈ㅣ 만타 ᄒᆞ니 니러나샤 利澤ᄒᆞ샤ᄆᆞᆯ 가줄비니라 商ᄋᆞᆫ 잇ᄂᆞᆫ 것 옮겨 업슨 것 돕ᄂᆞ니오 賈ᄂᆞᆫ 두퍼 ᄀᆞ초아 갑 기드리ᄂᆞ니니(法華2:187). 商賈로 다 王의 市예 藏코쟈 ᄒᆞ며(宣孟1:31). 샹고의 셰:稅(同文解上51).

샹:고 명 상고(商估). 장사. ¶商估賈客이:商估ᄂᆞᆫ 당시오(月釋13:7). 商估와 賈客이 ᄯᅩ 甚히 만타니(法華2:186). 商ᄋᆞᆫ 잇ᄂᆞᆫ 것 옮겨 업슨 것 돕ᄂᆞ니오 賈ᄂᆞᆫ 두퍼 ᄀᆞ초아 갑 기드리ᄂᆞ니니 商估ᄂᆞᆫ 商人이라 닐오미 ᄀᆞᆮᄒᆞ니라(法華2:187).

샹고 명 상고(詳考). ¶샹고 계:稽(類合下15. 註千37). 샹고 고:考(類合下20).

샹고 명 상고(上古). ¶上古앳 葛天氏의 百姓은 님금ᄭᅴ 시르믈 받줍디 아니ᄒᆞ더니라:上古葛天民不貽黃屋憂(重杜解22:2).

샹:고·ᄒᆞ·다 동 상고(詳考)하다. ¶琰魔法王이 罪ᄋᆡ 야ᇰᄋᆞ로 詳考ᄒᆞ야 罪 주ᄂᆞ니:詳考ᄂᆞᆫ 子細히 마초� 알 씨라(釋譜9:38). 네 일을 샹고ᄒᆞ며 ᄇᆡᆨ셩 ᄉᆞ랑홈을 아ᄂᆞ니:知稽古愛民矣(宣小6:49). 禮애 이 엇더홈을 샹考티 아녓더니(家禮7:21). 녜 興王읫 님군을 샹고ᄒᆞ건대:稽古興王之君(女四解4:7). 내 맛당히 그 부즈런ᄒᆞ며 게어름을 샹고ᄒᆞ고(綸音93).

샹:고·ᄒᆞ·다 [동] 상고(相考)하다. ¶ 스승님 어마니미 姓은 므스기시고 일후믄 므스기신고 스승님 爲ᄒᆞᅀᆞᄫᅡ 獄中에 가 글왈 相考ᄒᆞ야 보리이다(月釋23:82). 覈은 相考ᄒᆞᆯ 씨라(法華序13). 方文 相考ᄒᆞ며 藥 지ᅀᅩᄆᆞ로 힘ᄡᅳ더니(宣賜內訓1:53). 梁天監 元年 壬午歲로셔 唐 儀鳳 元年 丙子애 니르리 相考ᄒᆞ니(六祖略序6). 녯 글월을 ᄌᆞ셰히 샹고ᄒᆞ며(飜小6:2).

샹골 [명] 골풀. ¶ 샹골:燈心草(物譜 雜草).

·샹·급 [명] 상급(賞給). ¶ 내 너를 샹급 만히 주마:我多與你賞錢(飜朴上60). 샹급 샹:賞(訓蒙下21).

샹·급·ᄒᆞ·다 [동] 상급(賞給)하다. ¶ 쳔량과 벼슬로 賞給ᄒᆞ시고(宣賜內訓2上55). 아기 나히던 어믜게 은과 비단ᄋᆞᆯ 샹급ᄒᆞ고:老娘上賞銀子段匹(飜朴上57).

샹긔 [부] 아직. ☞상긔 ¶ 소 치ᄂᆞᆫ 아희들은 샹긔 아니 이러ᄂᆞ냐(古時調. 南九萬. 東牕이 ᄇᆞᆰ가ᄂᆞᆫ냐. 青丘).

샹년 [명] 상년(上年). 지난해. ¶ 샹년의 쇼방이 일을 그릇ᄒᆞ야(山城55). 샹년의 임의 적발ᄒᆞ야 죄 주어 내쳐시니(山城87). 샹년:去年(同文解上4). 네 上年에도 試才ᄒᆞ엿ᄂᆞ냐 아니 ᄒᆞ엿ᄂᆞ냐(捷蒙3:7). 上年例로 ᄒᆞ게 ᄒᆞ사이다(隣語2:8).

:샹:념 [명] 상념(想念). ¶ 想念을 벗디 몯거니 엇데 圓通ᄋᆞᆯ 어드리잇고(楞解6:58). 想念이 眞實이 아니오(楞解6:61).

샹녜 [명] 상례(喪禮). ¶ 샹녜ᄅᆞᆯ 다ᄒᆞ디 몯ᄒᆞᄆᆞ로:未盡喪禮(東新續三綱. 孝1:21).

샹·녜 [명] 상례(常例). 보통. ☞샹례 ¶ 그 科ᄅᆞᆯ 샹녜ᄅᆞᆯ 法ᄒᆞ야 큰 分ᄋᆞᆯ 세헤 ᄆᆡᇰᄀᆞ노니:其科准常大分爲三(楞解1:20). 샹녯 양ᄋᆞ로 안조미 맛당ᄒᆞ니라:可如常坐(蒙法3). 重ᄒᆞᆫ 業을 슬리랏 마리 實로 샹녯 ᄠᅳ데 어길시(南明上10). 色 보며 聲 두루미 世에 本來 샹녜니(金三4:61). 샹녜 ᄡᅧ손 ᄡᅳ디 아니코:尋常的不用(老解下46).

샹·녜 [부] 늘. 항상. ☞샹례 ¶ 샹녜 갓가ᄫᅵ 이셔(釋譜6:10). 法身이 샹녜 이셔:法身常住(月釋序1). 샹녜 곳 아니 퍼 여름 여다가(月釋2:47). 샹녜 바ᄅᆞᆯ 더러(三綱. 孝10). 샹녜 서르 모다:每相聚會(圓覺下一之一17). 샹녜 有餘ᄒᆞ더라:常有餘裕(宣賜內訓1:17). 져고맛 져제셔 샹녜 ᄡᆞᆯ ᄃᆞ토ᄂᆞ니:小市常爭米(初杜解7:10). 온갓 고지 옷곳호ᄆᆞᆯ 샹녜 ᄉᆡᆼ각ᄒᆞ노라 ᄒᆞ시니라(南明上8). 샹녜 조차 노로ᄃᆡ(佛頂4). 샹녜 샹:常(光千7). 샹녜 ᄒᆞᆼ:恒(石千26). 샹녜 용:庸(石千29). 어린 ᄌᆞ식을 샹녜 소기디 말오모로 뵈며:幼子常視毋誑(宣小1:8).

샹·녜ᄅᆞ외·다 [형] 상례(常例)롭다. 예사롭다. ☞샹례롭다 ¶ 보며 드로미 샹녜ᄅᆞ외면:視聽尋常(牧牛訣30).

샹·녜ᄅᆞ·이 [부] 예사롭게. ¶ 禮옛 風俗의 허로ᄆᆞᆯ 니겨 샹녜ᄅᆞ이 너기ᄂᆞ니:禮俗之壞習以爲常(宣賜內訓1:68).

샹녜인 [명] 상례인(常例人). 보통 사람. ¶ 늙고 긔이ᄒᆞ야 샹녜인이 아니러라(洛城1).

샹·녯:말솜 [명] 속담(俗談). ☞샹녯말ᄉᆞᆷ ¶ 샹녯말소매 닐오ᄃᆡ:常言道(飜朴上14).

샹·녯:말·ᄉᆞᆷ [명] 속담(俗談). ☞샹녯말솜 ¶ 샹녯말ᄉᆞ매 닐오ᄃᆡ ᄒᆞᆫ ᄒᆡ옷 ᄇᆡ얌 믈이기디내면:常言道一年經蛇咬(飜朴上37). 샹녯말ᄉᆞ매 닐오ᄃᆡ 고디시그니ᄂᆞᆫ 댱샹 잇고:常言道老實常在(飜老下43).

샹녯·사ᄅᆞᆷ [명] 상례(常例) 사람. 보통 사람. 서민(庶民). ¶ 샹녯사ᄅᆞᄆᆞᆫ 煩惱ᄅᆞᆯ 몯 ᄲᅥ러ᄇᆞ릴씨(月釋1:12). 龍ᄋᆡ 삿기ᄂᆞᆫ 스싀로 샹녯사ᄅᆞᆷ과 다ᄆᆞᆺ 다ᄅᆞ니라:龍種自與常人殊(杜解8:2). 平人ᄋᆞᆫ 샹녯사ᄅᆞ미라(南明上16). 그 ᄇᆡ홈이 다 샹녯사ᄅᆞᆷ의 일이라:其學皆常人之事(宣小5:10).

샹뉵 [명] 쌍륙(雙六). ¶ 샹뉵 티다:打雙陸(同文解下32).

샹담 [명] 상담(常談). ¶ 中國ᄋᆞᆫ 皇帝 겨신 나라히니 우리 나랏 常談애 江南이라 ᄒᆞᄂᆞ니라(訓註1). 말ᄉᆞᆷ이 간냑ᄒᆞ고 글을 샹담으로 호믄 ᄇᆡᆨ셩이 ᄇᆡ호디 아니ᄒᆞ야도 알기 쉽과댜 호미니(警民序3). 샹담:常言(漢清7:10). 샹담의 삼 일을 주리면 아니 날 마음이 업다 ᄒᆞ니(洛城2).

샹:도 [명] 상도(常道). ¶ 老子ㅣ 닐오ᄃᆡ 道ㅣ 어루 니ᄅᆞ면 常道ㅣ 아니오 일후미 어루 일홈 지흐면 常名이 아니니(楞解4:53).

샹도ㅅ군 [명] 상두꾼. 상여꾼. ¶ 샹도ㅅ군:扛擡軍(譯解補27).

:샹·등 [명] 상등(上等). ¶ 내 샹등엣 됴ᄒᆞᆫ 은을 바도ᄃᆡ:我只要上等官銀(飜老下57). 샹등 진짓 총나못 거믄실로 ᄆᆡ존 간 우희:上等眞結椶帽兒上(飜朴上27). 샹등엣 됴ᄒᆞᆫ 은을:上等官銀(老解下52). 샹등 옥구슬:上等玉珠兒(朴解下25).

샹딕ᄒᆞ다 [동] 상직(上直)하다. 당직(當直)하다. ¶ 니ᄌᆞ겸의 난의 도싱의 샹딕ᄒᆞ야 자다가 변을 듣고:李資謙之亂直宿都省聞變(東新續三綱. 忠1:18).

샹ᄃᆞᄫᅵ·다 [형] 상(常)되다. 상(常)스럽다. ☞샹ᄃᆞ외다 ¶ 그 머근 後에ᄂᆞᆫ 여러 가짓 샹ᄃᆞᄫᆡᆫ 이리 나니라(月釋1:43).

※샹ᄃᆞᄫᅵ다>샹ᄃᆞ외다>상되다

샹ᄃᆞ외·다 [형] 상(常)되다. 상(常)스럽다. ☞샹ᄃᆞᄫᅵ다 ¶ 더러우며 샹ᄃᆞ왼 말ᄉᆞᄆᆞᆯ 잠간도 이베 내디 아니ᄒᆞ며:俚近之語未嘗出諸口(宣賜內訓1:28).

샹:딕ᄒᆞ·다 동 상대(相對)하다. ¶蓬萊宮闕이 南山ᄋᆞᆯ 相對ᄒᆞ얫ᄂᆞ니:蓬萊宮闕對南山(初杜解6:8). 샹딧 딕:對(光千19). 일즉 엄숙히 공경ᄒᆞ야 샹딕티 아니티 아니ᄒᆞ며:未嘗不肅敬對之(宣小5:117). 마샹의셔 읍ᄒᆞ고 ᄒᆞᆫ가딕로 그 막ᄎᆞ의 가 샹딕ᄒᆞ여 좌뎡ᄒᆞ고(山城134).

샹·락ᄒᆞ·다 형 상락(常樂)하다. ¶寂靜ᄒᆞ며 常樂ᄒᆞᆯ시 닐오딕 涅槃이오(圓覺序3).

샹량ᄒᆞ·다 동 상량(商量)하다. ¶오직 이리 商量ᄒᆞ면 十九世界 오ᄋᆞ로 다 이 구무 업슨 쇠마치라(金三2:12). 다ᄅᆞᆫ 뎜에 시험ᄒᆞ여 商量ᄒᆞ라 가라:別箇店裏試商量去(老解上17). 〔飜老上18에 '다ᄅᆞᆫ 뎜에 의론ᄒᆞ야 보라가듸여'로 기록되어 있음.〕

샹:례 명 상례(常例). 보통 것. ☞샹녜 ¶큰 화리 常例 아니샤 얻ᄌᆞᄫᅡ ᄀᆞ초ᅀᆞᄫᅡ(龍歌27章). 큰 사리 常例 아니샤 보시고 더디시나(龍歌27章). 그듸 能히 奇ᄅᆞᆯ 내야:奇ᄂᆞᆫ 常例예셔 다ᄅᆞᆯ 씨라(三綱. 忠31).

샹:례 부 늘. 항상. ☞샹녜 ¶다ᄆᆞᆺ 샹례 飮食을 남은 것 아니어든 敢히 먹디 아니ᄒᆞᆯ디니라:與恒飮食非餕莫之敢飮食(宣小2:6). 샹례 샹:常(註千7). 샹례 아:雅(註千17). 샹례 ᄒᆡᆼ:恒(註千26). 샹례 용:庸(註千29).

샹:례롭·다 형 상례(常例)롭다. 예사롭다. ☞샹녜ᄅᆞ외다 ¶變怪ᄂᆞᆫ 常例롭디 아니ᄒᆞᆫ 妖怪라(釋譜9:33).

샹론 명 상론(常論). ¶一分ᄋᆞᆫ 無常이오 一分ᄋᆞᆫ 常論이리라(楞解10:15).

샹·마딕 명 상마대(上馬臺). ¶샹마딕:馬兀(四解上63 兀字註). 샹마딕:馬兀子(譯解下19).

샹말 명 상말. 속담(俗談). ¶샹말에 니ᄅᆞ되(清老2:22).

·샹·모 명 상모(相貌). ☞상모 ¶相貌ᄂᆞᆫ 양ᄌᆡ라(釋譜13:14). 뎌 닐오딕 네 虛空을 보거시니 相貌ㅣ 잇ᄂᆞ녀 업스녀(六祖中79).

샹모 명 상모(象毛). ☞상모 ¶샹모 一百斤:紅纓一百斤(老解下60). 샹모:毦(柳氏物名一 獸族).

샹무·리 명 상(常)무리. 보통의 무리. ¶ᄒᆞ다가 녯 行履處ᄅᆞᆯ 밧고ᄆᆞᆯ 다 몯 ᄒᆞ면 곧 常무리게 디리라:其或換舊時行履處未盡便墮常流(蒙法47).

샹ᄆᆞᆯ 명 보통 말. ¶그 나ᄆᆞᆫ 닐굽 匹이 또 달오미 ᄀᆞ장ᄒᆞ니:其餘七匹亦殊絕(殊絕ᄋᆞᆫ 샹ᄆᆞᆯ와 다ᄅᆞᆯ 시라)(初杜解16:39).

샹반ᄒᆞ다 동 상반(相反)하다. ¶너희 등의 졍셩을 깁히 감동ᄒᆞ얏더니 이제 령을 범홈은 엇지 샹반ᄒᆞ뇨(綸音30).

:샹방 명 상방(上方). ¶十方ᄋᆞᆫ 東方 東南方 南方 西南方…우흐로 上方 아래로 下方이라(月釋2:10). 누니 빗거 上方애 잇ᄂᆞ니라(金三2:11).

샹방 명 상방(上房). 정방(正房). 본채. ¶샹방:正房(漢淸9:67).

·샹·법 명 상법(相法). ¶내 相法에 이 後 아홉 劫에ᅀᅡ 부텨 겨샤딕:相法은 相보ᄂᆞᆫ 法이라(月釋7:29).

샹별ᄒᆞ다 동 상별(相別)하다. ¶親ᄒᆞᆫ 벋이라도 餞送ᄒᆞ여 相別ᄒᆞᆯ 제ᄂᆞᆫ(隣語1:2).

·샹보·다 동 상(相) 보다. ¶相볼 사ᄅᆞ미 닐오딕 이 각시 당다이 轉輪聖王ᄋᆞᆯ 나ᄒᆞ시리로다(月釋2:23). 後에 또 相보리ᄅᆞᆯ 블러 모ᄃᆞᆫ ᄯᆞᄅᆞᆯ 占卜힌대(宣賜內訓2上41). 샹보ᄂᆞᆫ 사ᄅᆞᆷ:相士(同文解上13). 샹보ᄂᆞᆫ 이:看相的(譯解補19).

샹봉ᄒᆞ·다 동 상봉하다. ¶곳다온 픐 두듥 머리에 시혹 相逢ᄒᆞᄂᆞ니(金三4:13).

샹사 명 상사(賞賜). ¶진샹ᄒᆞᄂᆞ니이다 ᄒᆞ여ᄂᆞᆯ 샹이 깃그샤 샹사 만히 ᄒᆞ시고(明皇1:30).

샹·사·ᄅᆞᆷ 명 상(常)사람. 상인(常人). 서민(庶民). ☞샹인 ¶ᄒᆞᆫ 남진 ᄒᆞᆫ 겨집은 샹사ᄅᆞ믜 이리니라:一夫一婦庶人之職也(飜小7:31). ᄆᆞᄋᆞᆯ 샹사ᄅᆞᆷ으로브터:自鄕人(宣小6:12).

샹샹 명 상상(常常). 평소. ¶샹샹 긔별 몰라(癸丑134).

샹샹에 부 상상(常常)에. 늘. 항상. ☞샹샹의 ¶고디식ᄒᆞ니ᄂᆞᆫ 샹샹에 잇고:老實常在(老解下39). 섭섭ᄒᆞ니ᄂᆞᆫ 샹샹에 패ᄒᆞᆫ다 ᄒᆞᄂᆞ니라:脫空常敗(老解下39). 〔飜老下43에는 '고디시그니난 댱샹 잇고'로 기록되어 있음.〕너ᄂᆞᆫ 샹샹에 ᄲᅵ이ᄂᆞᆫ 관원이라:你常選官(朴解中46).

샹샹의 부 상상(常常)에. 늘. 항상. ☞샹샹에 ¶샹샹의 도적 ᄆᆞᄋᆞᆷ을 막고 놈의 것 도적말라 ᄒᆞᄂᆞ니:常防賊心莫偸他物(老解上30). 〔飜老上34에는 '댱샹 도ᄌᆞᆨ ᄆᆞᅀᆞᄆᆞᆯ 막고'로 기록되어 있음.〕대뎐이 샹샹의 니ᄅᆞ딕(癸丑34).

샹샹·히 부 상상(常常)히. 늘. 항상. ¶비록 그러나 常常히 보고쟈 ᄒᆞ신 故로 源源히 來ᄒᆞ니(宣孟9:12).

샹:셔 명 상서(祥瑞). ¶祥瑞도 하시며 光明도 하시나(月印上10). 하ᄂᆞᆯ로셔 祥瑞 ᄂᆞ리며 一萬 神靈이 侍衛ᄒᆞᅀᆞᄫᆞ며(釋譜6:17). 祥瑞 아닌 氣分이 現호매(楞解2:86). 重히 너기ᄂᆞᆫ 바ᄂᆞᆫ 王者의 祥瑞니:所重王者瑞(初杜解17:2). 善吉ᄋᆞᆫ 須菩提ㅅ 일후미니 날 時節에 祥瑞옛 光明이 지븨 ᄀᆞᄃᆞᆨ거늘(南明下14). 뎡샹을 내며 샹셔를 ᄂᆞ리옴을 시젹이 업시ᄒᆞ놋다:生祥下瑞無時期(宣小6:92). 祥瑞를 드리옵디 아니ᄒᆞ며:不奏祥瑞(宣小6:113). 샹셔 샹:祥(類合下58). 샹셔 셔:瑞

(類合下51). 온가짓 祥瑞ㅣ 盛明ᄒᆞ신 제 오ᄂᆞ니:百祥奔盛明(重杜解13:11). 鳳儀와 龍馬ᄂᆞᆫ 聖帝의 샹셰오:鳳儀龍馬聖帝之祥(女四解4:6). 샹셔엣 별:景星(漢淸1:4). 샹셔 샹:祥(兒學下7).

샹:셔롭·다 [형] 상서(祥瑞)롭다. ¶祥瑞ᄅᆞ윈 芝草ᄂᆞᆫ 廟ㅅ 기동애 냇고:瑞芝產廟柱(初杜解6:18).

:샹셔·ᄒᆞ·다 [동] 상서(上書)하다. ¶上書ᄒᆞᅀᆞᄫᅩᄃᆡ 내 辛朝애 及第ᄒᆞ야 門下注書ᄅᆞᆯ 호니:辛朝ᄂᆞᆫ 辛氏ㅅ 朝廷이라(三綱. 忠34).

샹션 [명] 상선(常饍). ¶지신과 삼시 샹션을 잡ᄉᆞ와지이다 청ᄒᆞᆫ대(仁祖行狀10).

·샹셩 [명] 상성(上聲). ¶左加一點則去聲 二則上聲 無則平聲 入聲加點同而促急(訓正). 凡字之 左加一點爲去聲 二點爲上聲 無點爲平聲 而文之入聲 與去聲相似 諺之入聲無定 或似平聲 如긷爲柱 녑爲脅 或似上聲 如:낟爲穀:깁爲繒 或似去聲 如·몯爲釘·입爲口之類 其加點則與平上去同(訓解. 合字). 上聲和而擧 夏也 萬物漸盛(訓解. 合字). 點이 둘히면 上聲이오(訓註14). 上聲厲而擧…기리 혀 나죵 들티ᄂᆞᆫ 소리옛 字ᄂᆞᆫ 上聲이니 點이 둘히오(訓蒙凡例). 上聲은 두 點이오:上聲二點(宣小凡例2).

샹:셩 [명] 상성(常性). ¶ᄇᆡᆨ셩이 자뱃ᄂᆞᆫ 常性 이론ᄃᆞ로 이 어딘 德을 됴히 너겨 ᄒᆞᄂᆞ다 ᄒᆞ시니:民之秉彝也故好是懿德(飜小6:2).

:샹·소 [명] 상소(上疏). ¶王吉의 上疏에 ᄀᆞᆯ오ᄃᆡ:王吉上疏曰(宣小5:62). 샹소 소:疏(類合下9). 졍언 니존외 샹소ᄒᆞ야:正言李存吾上疏(東三綱. 忠3). 믈읫 어공읫 거ᄉᆞᆯ 혹 하교ᄒᆞ며 혹 샹소 차ᄌᆞᄅᆞᆯ 인ᄒᆞ여 거의 다 감손ᄒᆞ여쇼ᄃᆡ(仁祖行狀32).

:샹소·ᄒᆞ·다 [동] 상소(上疏)하다. ¶司議 鄭樞와 正言 李存吾ㅣ 上疏ᄒᆞᅀᆞᄫᅩᄃᆡ(三綱. 忠31). 王吉이 上疏ᄒᆞ야 닐오ᄃᆡ(飜小7:30). 上疏ᄒᆞ야 骸骨을 빈대:上疏乞骸骨(宣小6:81). 다엿 사ᄅᆞᆷ이 샹소ᄒᆞᄃᆡ(癸丑10).

샹쇼 [명] 상소(上疏). ☞샹소 ¶ᄇᆡᆨ공이 샹쇼 시힝 아니믈 보고(引鳳簫1).

샹·쇽 [명] 상속(相續). ¶相續과:續ᄋᆞᆫ 니ᅀᅳᆯ 씨니(楞解4:16).

샹슌 [명] 상순(上旬). ¶香을 픠오고 珓ᄅᆞᆯ 쏘여 上旬 날로 ᄡᅥ 命ᄒᆞ야(家禮9:30).

샹시 [부] 상시(常時). 늘. ☞상시 ¶샹시 훈회예 뎐교 나오신 일이나(癸丑22). 샹시예 ᄀᆞᆯ오ᄃᆡ 히ᄂᆞᆫ 님굼샹이라 ᄒᆞ고:常曰日者君象也(東新續三綱. 孝7:22). 常時예 ᄇᆞᆯᄀᆞ며 어두우믈 므던히 너기더니:常時任顯晦(重杜解12:9). 或 官封을 稱ᄒᆞ며 或 常時 稱ᄒᆞ는 바ᄅᆞᆯ 依거ᄒᆞᆯ디니라(家禮5:3). 샹시 ᄃᆞᆰ 울 ᄣᅢ예 ᄆᆞᄋᆞᆷ을 조히 먹고 ᄉᆞ히 신령의 일홈 세 번 외오면(辟新13). 샹시 行儀ᄅᆞᆯ 웃듬ᄒᆞᄂᆞᆫ(新語5:26). 네 步射ᄒᆞ기와 긔추 쏘기를 쎳쎳이 샹시ᄀᆞ치 닉이고(捷蒙3:9).

샹식 [명] 상식(常食). ¶常食 두어 가지ᄅᆞᆯ ᄀᆞ초고(家禮1:28).

샹실이 [명] 상수리. 상실(橡實). ¶샹실이:橡實(物譜 雜木).

샹심 [명] 상심(詳審). 자세히 살핌. ¶샹심 톄:諦(類合下21).

샹·심ᄒᆞ·다 [동] 상심(詳審)하다. 자세히 살피다. ¶몬져 모로매 안졍ᄒᆞ고 샹심ᄒᆞ며 공경케 ᄒᆞᆯ디니:先要安祥恭敬(飜小6:2). 거름거리며 ᄇᆞᆲ드듸기를 모로매 안셔히 샹심ᄒᆞ야 ᄒᆞ며:步履必安詳(飜小8:16). 거ᄅᆞ며 ᄇᆞᆲ기ᄅᆞᆯ 반ᄃᆞ시 안셔코 샹심ᄒᆞ야:步履必安詳(宣小5:96). 대강 관 ᄂᆞ리올 제 ᄀᆞ장 모로미 詳審ᄒᆞ야 힘을 ᄡᅥ ᄒᆞᆯ디라(家禮8:12).

·샹ᄉᆞ [명] 상사(相師). 상(相)을 잘 보는 사람. ¶相師도 ᄉᆞᆯᄫᆞ며 仙人도 니ᄅᆞᆯ씨(月印上12). 師ᄂᆞᆫ 스스이니 아못 일도 잘 ᄒᆞᄂᆞᆫ 사ᄅᆞᄆᆞᆯ 師ㅣ라 ᄒᆞᄂᆞ니 相師ᄂᆞᆫ 相 잘 보ᄂᆞᆫ 사ᄅᆞ미라(月釋2:46).

:샹:ᄉᆞ [명] 상사(上士). ¶上士ᄂᆞᆫ 道 듣고 브즈러니 行ᄒᆞ고 中士ᄂᆞᆫ 道 듣고 잇ᄂᆞᆫ ᄃᆞᆺ 업슨 ᄃᆞᆺᄒᆞ고 下士ᄂᆞᆫ 道 듣고 ᄀᆞ장 우ᅀᅳᆯ ᄯᆞᄅᆞ미라(月釋14:44).

샹ᄉᆞ [명] 상사(賞賜). ¶진샹ᄒᆞᄂᆞ니이다 ᄒᆞ여ᄂᆞᆯ 샹이 깃그샤 샹사 만히 ᄒᆞ시고(明皇1:30).

샹ᄉᆞ [명] 상사(常事). 예상사(例常事). ¶녜도 옛 풍쇽의 믈허딤을 니거 ᄡᅥ 샹ᄉᆞᄅᆞᆯ 삼ᄋᆞ니 슬프다:禮俗之壞習以爲常悲夫(宣小5:49). 行ᄒᆞ미 이믜 오라매 니거 ᄡᅥ 常ᄉᆡ 되야 보ᄂᆞᆫ 者도(家禮7:17).

·샹:ᄉᆞᄒᆞ·다 [동] 상사(賞賜)하다. ¶功 잇ᄂᆞ닐 보고 즉ᄌᆡ 가장 깃거 功ᄋᆞᆯ 조차 賞賜호ᄃᆡ(法華5:58). 은혜로 어ᄅᆞ만져 ᄒᆞᆫ번 보며 심복으로 밀위고 샹ᄉᆞᄒᆞᄂᆞᆫ 은혜 총신의 밋ᄎᆞ며(山城145).

샹쑥 [명] 쑥. 다북쑥. ¶샹쑥:蓬蒿(柳氏物名三 草).

:샹·셜·ᄒᆞ·다 [동] 상열(上熱)하다. ¶文蛤散ᄋᆞᆫ 上熱ᄒᆞ야 혀에 피 나ᄃᆡ 믈 쉽ᄃᆞᆺ ᄒᆞ닐 고툐ᄃᆡ(救急上67). 샹셜ᄒᆞ야 혀애 피 나ᄃᆡ:熱塞舌上出血(救簡2:120).

샹ᅀᅵᆫ [명] 상인(商人). ¶商估ᄂᆞᆫ 商人이라 닐오미 ᄀᆞᆮᄒᆞ니라(法華2:187). ᄒᆞᆫ 商主ㅣ 여러 商人ᄃᆞ려 重寶 가져 嶮ᄒᆞᆫ 길헤 디날 쩨(法華7:58).

·샹·아 [명] 상아(象牙). ¶ᄂᆞᄆᆡ 象牙笏 ᄈᆡ혀 가지고 드러(三綱. 忠16). 샹아 비시어나 호리어나:象牙梳或牙笏(救簡6:7). 샹아 머리예 룡두 ᄉᆞᄆᆞᆺ 사관 쇠약과 샹애 세화 도

드니로 흔 됴야이:象牙頂兒玲瓏龍頭解錐兒象牙細花兒挑牙(飜朴上27). 史(글월 ᄀᆞ옴안 사ᄅᆞᆷ이라)ㅣ 샹아 홀을 드려든:史進象笏(宣小2:36). 紂ㅣ 비르소 샹아 져를 밍글거늘:紂始爲象箸(宣小4:24). 象牙 床애셔 玉 ᄀᆞᄐᆞᆫ 소내 블근비치 어즈러우니:象床玉手亂殷紅(重杜解25:50).

샹애 부 늘. 항상. ☞샹해 ¶샹애 셔방을 존히 ᄒᆞ니:常(桐華寺 王郎傳7).

샹어 명 상어. ☞상어 ¶샹어:鮫魚(柳氏物名二 水族). 샹어 상:鱨(兒學上8).

샹언 명 상언(常言). 상담(常談). 속담(俗談). ¶常言에 닐오되 ᄆᆞᆯ이 밤 여믈을 엇디 못ᄒᆞ면 술지디 못ᄒᆞ고:常言道馬不得夜草不肥(老解上29). 〔飜老上32에 '샹녯말소매 닐오ᄃᆡ'로 기록되어 있음.〕 샹언에 니로되:常言道(老解下39).

:샹언ᄒᆞ·다 동 상언(上言)하다. ¶諫官이 上言ᄒᆞᅀᆞᄫᅩᄃᆡ(三綱. 忠35). 뉵월의 간관이 샹언호ᄃᆡ:六月諫官上言(東續三綱. 忠6).

샹업시 부 상(常)없이. ¶샹업시 봇채다:歪厮纏(譯解補56). 긔ᄉᆡᆨ 모로고 샹업시 말ᄒᆞ다:莽撞(漢淸7:13).

샹옷 명 평복(平服). ¶이에 샹오ᄉᆞ로:乃微服(十九史略1:5).

샹:완ᄒᆞ·다 동 상완(賞玩)하다. ¶고온 거슬 賞玩호미 ᄯᅩ 分外언마ᄅᆞᆫ:賞姸又分外(初杜解6:48). 君王ᄋᆡ 녯 자최를 이젯 사ᄅᆞ미 賞玩ᄒᆞᄂᆞ니:君王舊迹今人賞(初杜解14:1). 소리 賞玩홀 아ᄅᆞᆷ다온 드르릴 맛나디 몯ᄒᆞ면(金三涵序12). 겨지비 바다 賞翫ᄒᆞ더니 남진이 텨 ᄠᅥ려 뵈야 닐오ᄃᆡ 네 내 몸 보라 ᄯᅩ 이 ᄅᆞᆫ홀 ᄡᅳᄅᆞ미라 ᄒᆞ니라(南明下56). ᄃᆞᆯ 샹완홀 노리:翫月會(飜朴上24). 한덧 서르 賞玩호ᄆᆞᆯ 서르 어그릇디 마롤디니라:暫時相賞莫相違(重杜解11:20).

샹:응 명 상응(相應). ¶이 得等 諸法이 ᄆᆞᅀᆞᆷ과 相應 아니홀ᄉᆡ(圓覺上一之一31).

샹:응ᄒᆞ·다 동 상응(相應)하다. ¶ᄯᅩ 버거 ᄒᆞ다가 一念 相應홀 ᄢᅴ 모로매 여슷 가짓 ᄅᆞᆯ히요ᄆᆞᆯ 아로리니(永嘉上95). 이 ᄀᆞ티 相應호미 일후미 色애 住티 아니ᄒᆞᆫ 布施라(金剛23). 네짯 句ᄂᆞᆫ ᄒᆞ다가 싮근매나 凡 精聖解옷 다ᄋᆞ디 몯ᄒᆞ면 一句에 相應티 몯ᄒᆞ릴ᄉᆡ(南明下64). 南極엣 老人星은 壽昌호ᄆᆞᆯ 相應ᄒᆞᄂᆞ니라:南極老人應壽昌(重杜解19:19).

샹의 명 의상(衣裳). ¶그 裳衣를 設ᄒᆞ며(宣中21).

-샹이다 어미 -사이다. -십시다. ☞-상이다 ¶딩아돌아 當今에 계샹이다(樂詞. 鄭石歌).

샹인 명 상사람. 상인(常人). ☞샹사ᄅᆞᆷ ¶君子ㅣ 늘금애 거러 ᄃᆞᆫ니디 아니ᄒᆞ고 샹인이 늘금애 ᄆᆞᆫ밥 먹디 아니ᄒᆞᄂᆞ니라:君子耆老不徒行庶人耆老不徒食(宣小2:65). 샹인 빅츈복은 덕산현 사ᄅᆞᆷ이라:庶人白春福德山縣人(東新續三綱. 孝8:48).

샹일홈 명 우리말 이름. ¶유피의 샹일호ᄆᆞᆫ ᄂᆞ릅이니:楡皮鄕名於乙邑(救荒3).

샹잡ᄒᆞ다 동 상잡(相雜)하다. 서로 뒤섞이다. ¶近來ᄂᆞᆫ 公作米의 糙米 相雜ᄒᆞ여(隣語1:21).

:샹·재 명 상좌. 사미(沙彌). ☞상좌. 샹지 ¶羅睺羅를 노하 보내야 샹재 ᄃᆞ외에 ᄒᆞ라(釋譜6:1). 沙彌ᄂᆞᆫ 샹재오(法華5:18). 샹재:沙彌(譯解上25). ※샹재>샹지>상좌

샹젼ᄒᆞ다 동 상전(相傳)하다. 〔'相'의 중세음은 '샹' '傳'의 중세음은 '뎐'임.〕 ¶世예셔 相傳호ᄃᆡ 閭丘의 文筆이 노파 崑崙山애 너무니라 ᄒᆞᄂᆞ다:世傳閭丘筆峻極逾崑崙(重杜解16:3).

샹·졉ᄒᆞ·다 동 상접(相接)하다. ¶안자셔 봆 슔잔 氣運을 相接ᄒᆞ고:坐接春盃氣(初杜解14:9). 三使를 請ᄒᆞ여 샹졉홈이라(新語6:1). 문연각 공ᄉᆞ의 좌긔ᄒᆞ야 하관을 샹졉홀 졔라도(洛城2).

샹졍 명 상정(常情). ¶사ᄅᆞᆷ의 常情이 검박으로 말미암아 샤치ᄒᆞᆫ ᄃᆡ 들기ᄂᆞᆫ 쉽고:人之常情由儉入奢易(宣小6:129). 물이 뉴를 보면 감동ᄒᆞ기 샹졍이라(落泉1:1).

:샹·좌 명 상좌(上座). ¶그 ᄢᅴ 巴連弗邑에 ᄒᆞᆫ 上座ᄋᆡ 일후미 耶舍ㅣ러니(上座ᄂᆞᆫ 爲頭ᄒᆞᆫ 座ㅣ라) 王이 그 上座ᄭᅴ 가 닐오ᄃᆡ(釋譜24:24). 우희 ᄃᆞ외야 사ᄅᆞᆷ 업슬 시 일후미 上座라(月釋7:4).

샹좌 명 상좌. ☞샹재. 샹지 ¶죠고맛간 샷기 上座ㅣ 네 마리라 호리라(樂詞. 雙花店). 小僧은 아옵지 못ᄒᆞ오니 샹좌 누의 아ᄂᆞ이다(古時調. 솔 아래. 靑丘).

샹좌ᄒᆞ다 형 상좌(相左)하다. 서로 틀리다. ¶公니 所見과 우리들의 意見과ᄂᆞᆫ 相左ᄒᆞ오매(隣語2:12).

샹쥰ᄒᆞ다 동 상준(相準)하다. 서로 대조(對照)하다. ¶彼此 文書를 相准ᄒᆞ여 혹여 어근난 ᄃᆡ 이시면(隣語1:23).

샹ᄌᆞ 명 상자(箱子). ¶굴근 구슬 ᄒᆞᆫ 箱子를 일흔대:亡大珠一篋(宣賜內訓2下18). 箱子를 기우리니 눉 片이 뷘 ᄃᆞᆺᄒᆞ도다:傾箱雪片虛(初杜解17:39). 샹ᄌᆞ 샹:箱(訓蒙中13). 샹ᄌᆞ 상:箱(類合上28). 벼개를 샹ᄌᆞ애 녀코:篋枕(宣小2:5). 샹ᄌᆞ 샹:箱(石千34). 돈 세홀 자근 箱ᄌᆞ에 담고(家禮5:12). 샹ᄌᆞ:箱籠(譯解下14).

샹지 명 상좌. 사미(沙彌). ☞샹재. 샹좌 ¶샹지:沙彌(同文解下11).

샹찰 명 상찰(詳察). ☞샹찰ᄒᆞ다 ¶샹찰 심:審(類合下21).

샹·찰·ᄒᆞ·다 동 상찰(詳察)하다. ¶ᄀᆞ장 ᄌᆞ셔ᄒᆞ고 샹찰ᄒᆞᄂᆞᆫ 사ᄅᆞ미니:好生細詳(飜朴上17). ᄒᆞ믈며 올히냐 도신이 ᄌᆞ셰히 샹찰홈을 더어 그 둥 우심ᄒᆞᆫ 고을과(綸音154).

샹:쳐 명 상처(傷處). ¶ᄒᆞ다가 傷處ㅣ ᄀᆞ장 알ᄑᆞ며 大便이 이사ᄋᆞᆯ 通티 아니ᄒᆞᆫ 後에ᅀᅡ 알퓟 두 藥ᄋᆞᆯ ᄡᅳᆯ디니:若傷處大痛大便三二日不通然後可下前二藥(救急下23).

샹탄 명 상탄(賞歎). ¶샹탄 차:嗟(類合下11).

샹토 명 상투. ☞샹투 ¶깁을 ᄢᅥ여 샹토 믿ᄐᆞᆯ ᄆᆡ고(宣小2:2). 관이 샹토애만 쓰이게 ᄒᆞᆫ 거시오(家禮1:45). 샹토:纘子(譯解上47. 同文解上14). 샹토 계:髻(倭解上44. 兒學上12). 샹토 ᄧᅩ다:綰頭髮(同文解上54). 계집의 샹토:匝髻(漢淸5:48). 샹토 ᄧᅩ다:紮頭髮(漢淸11:20). 계집의 샹토에 ᄶᅵ오ᄂᆞᆫ 것:鈿子(漢淸11:22). 샹토와 머리 터럭이 ᄃᆞᆫᄃᆞᆫᄒᆞ며 누엇거나:髻髮緊慢(無冤錄1:24). 샹토ᄅᆞᆯ 푸러 터럭 기릐 언마 되옴을 자히고:開髻量髮長多少(無冤錄1:24).

샹통ᄒᆞ·다 동 상통(相通)하다. ¶비로 소곰과 사ᄆᆞᆯ 시러 相通ᄒᆞᄂᆞᆺ다:舟楫通塩麻(初杜解6:47). 엇데 붓그리ᄫᅳᆷ 몯 ᄎᆞ마 거슬쁜 臣下와 相通ᄒᆞ리오 ᄒᆞ니라(三綱. 忠12). 蜀ㅅ 삼과 吳ㅅ 소곰괘 녜로브터 相通ᄒᆞᄂᆞ니:蜀麻吳鹽自古通(重杜解13:46).

·샹투 명 상투. ☞샹토 ¶샹투 계:髻(訓蒙中25).

:샹:품 명 상품(上品). ¶반ᄃᆞ기 魔通애 디리니 上品은 魔王이오(楞解6:86). 上品엣 사ᄅᆞᆷ은 ᄀᆞᄅᆞ치디 아니ᄒᆞ야도 善ᄒᆞ고 中品엣 사ᄅᆞᆷ은 ᄀᆞᄅᆞ친 後에 善ᄒᆞ고:上品之人不教而善中品之人教而後善(宣賜內訓1:23). 上品엣 사ᄅᆞᄆᆞᆫ ᄀᆞᄅᆞ치디 아니ᄒᆞ야도 어딜오:上品之人不教而善(飜小6:28). 上品엣 사ᄅᆞᆷ온 ᄀᆞᄅᆞ치디 아니ᄒᆞ야셔 어딜고:上品之人不教而善(宣小5:26).

샹풍 부 원래(元來, 原來). 본디. ¶쟝군은 샹풍 모로ᄂᆞᆫ또다(三譯1:2). 샹풍:原來(同文解下47. 漢淸8:72). 샹풍 緣故ㅣ 이러ᄒᆞ닷다(捷蒙2:8).

샹한 명 상한(傷寒). ¶시혹 傷寒이 ᄀᆞᆺ 됴커든 그르 겨집과 사괴면 그 證이 빗기슬기 ᄀᆞ장 알ᄑᆞ고:或傷寒新瘥誤與婦人交其證小腹緊痛(救急上54). 샹한 시긧병ᄒᆞ야:傷寒時氣溫病(救簡1:107). 香蘇散은 四時예 瘟疫이며 傷寒ᄋᆞᆯ 고티ᄂᆞ니라(簡辟6). 덥단모딘 병긔와 샹한으로 덥단병 업게 호ᄃᆡ:辟溫疫氣傷寒熱病(瘟疫方7). 샹한과 시긧병ᄒᆞ여 머리 알ᄒᆞ며(辟新2).

샹한·ᄒᆞ·다 동 상한(傷寒)하다. ¶샹한ᄒᆞ야 시긧병애 처ᅀᅥᆷ의 머리 알ᄑᆞ고:傷寒時疫初覺頭痛(救簡1:103). 升麻 葛根湯은 傷寒커나 시긔ㅅ병ᄒᆞ야(簡辟8).

샹핝:병 명 상한병(傷寒病). ¶믈읫 샹핝병을 밧긔 잇ᄂᆞᆫ 적 안해 든 적을 혜디 말오:凡傷寒不問表裏(救簡1:100). 샹핝병애 다 ᄲᅮᄃᆡ(救簡1:100).

샹·해 명 보통. ☞샹히 ¶ᄆᆞᅀᆞᆯ 샹해 사ᄅᆞᆷ으로브터 가히 聖人 도리예 니를 거시니라:自鄉人而可至於聖人之道(飜小9:14). 이 샹해 사ᄅᆞᄆᆡ 효되라:此庶民之孝也(正俗22). 샹해런가 꿈이런가 白玉京의 올라가니(古時調. 尹善道. 孤遺).

샹·해 부 늘. 항상(恒常). 평소에. ☞샹애. 샹히 ¶사ᄅᆞ미 샹해 어딘 도리를 가져 이쇼미 하ᄂᆞᆯ 삼긴 셩오로브터 나니:人有秉彝本乎天性(飜小8:9). 샹해 세간ᄂᆡ 일로 ᄆᆞᅀᆞᆷ애 혜아리디 아니ᄒᆞ더니:不以事物經心(飜小9:1). 샹해 비록 ᄀᆞ장 더운 저기라도:平居雖甚熱(飜小9:2). 샹해 사ᄅᆞᆷᄃᆞ려 닐오ᄃᆡ:常語人曰(飜小10:9). 또 샹해:又方常(瘟疫方3). 샹해 여ᄃᆞᆫ이언 ᄌᆞ식를 시롬ᄒᆞᄂᆞ니(恩重11). 子ㅣ 샹해 겨실 제 申申ᄐᆞᆺᄒᆞ시며:子之燕居申申如也(宣小3:96). 송뉴츈이란 술을 샹해 가지고 ᄃᆞᆫ니더니(太平1:1). 샹해 원ᄒᆞ던 배 오ᄂᆞᆯ날 비로소 펴이거다 ᄒᆞ고(太平1:9). 샹해 상녜ᄅᆞᆯ 다ᄒᆞ디 몯ᄒᆞᄆᆞ로ᄡᅥ:常以未盡喪禮(東新續三綱. 孝1:21). 샹해 아미타불 외오더니(普勸文 海印板15). 또 념불은 샹해 남녀 업시 다 ᄒᆞ라 ᄒᆞ야시되(普勸文 海印板28). 샹해 주기고쟈 ᄒᆞ거늘(十九史略1:6).

샹·해ᄒᆞ·다 동 상해(傷害)하다. ¶서르 傷害호ᄃᆡ 내죵내 둘히 잇도다:相傷終兩存(初杜解6:49).

·샹:호 명 상호(相好). ¶微妙ᄒᆞᆫ 相好 일우샴 닷ᄀᆞ샤ᄆᆞᆯ 아흔ᄒᆞᆫ 劫 디나아 迦葉波佛을 맛나 셤기ᅀᆞᄫᆞ시니라 相好ᄂᆞᆫ 양ᄌᆞ 됴ᄒᆞ샤미라(月釋2:10). 相好ᄂᆞᆫ 三十二相과 八十種好왜니 體用이 다 ᄀᆞᄎᆞ 겨샤ᄆᆞᆯ 니ᄅᆞ니라(金三1:24). 일즉 부터 ᄃᆞ외야 이제 잇ᄂᆞ니 相好ㅣ 端嚴ᄒᆞ샤미 百萬 가지로다:早時成佛于今在相好端嚴百萬般(南明下56).

샹화 명 만두(饅頭). ☞상화 ¶샹화 소에 ᄡᅳ니라:饅頭餡兒裏使了(老解下35).

·샹화·ᄒᆞ·다 동 상화(賞花)하다. 꽃구경하다. ¶뎌 일훔난 화원의 가 ᄒᆞᆫ 샹화ᄒᆞᄂᆞᆫ 이바디를 ᄒᆞ야:去那有名的花園裏做一箇賞花筵席(飜朴上1).

샹회ᄒᆞ다 동 상회(傷懷)하다. ¶샹회ᄒᆞ미 브졀업도다(洛城1). 모ᄅᆞ미 념녀ᄅᆞᆯ 그쳐 샹회티 말라(洛城1).

샹:회ᄒᆞ·다 동 상회(相會)하다. ¶印宗法師를 相會ᄒᆞ시니(六祖略序3).

샹훼ᄒᆞ다 동 상훼(傷毁)하다. 훼상하다. ¶아븨 거상의 슬피 샹훼ᄒᆞ야 피 나ᄃᆞ시 우더라:父喪哀毁泣血(東新續三綱. 孝1:72).

샹·ᄒᆞ·다 동 상(傷)하다. 다치다. 썩다. ¶太子ㅅ 모미 傷ᄒᆞ야 命이 머디 아니ᄒᆞ시이다(釋譜11:21). ᄌᆞ갯 智ᄂᆞᆫ 傷홈 업스샤ᄆᆞᆯ 가ᄌᆞᆯ비니(圓覺下二之二10). ᄆᆞᆯ읫 샹ᄒᆞ야 피 얼의여 모다 긔운이 그처 죽ᄂᆞ닐 몯 고티리 업스니:凡傷損血瘀凝積氣絶欲死無不治(救簡1:80). 그 사ᄅᆞᄆᆡ 왼ᄑᆞᆯ독애 살 마자 샹ᄒᆞ얏고:那人左肐膊上射傷(飜老上30). 셩명은 샹티 아니ᄒᆞ돗더라:不曾傷了性命(飜老上30). 샹ᄒᆞᆯ 샹:傷(類合下10). 子ㅣ ᄀᆞᆯᄋᆞ샤ᄃᆡ 關雎ᄂᆞᆫ 樂호ᄃᆡ 淫티 아니ᄒᆞ고 哀호ᄃᆡ 傷티 아니ᄒᆞ니라:子曰關雎樂而不淫哀而不傷(宣論1:26). ᄉᆞ지 ᄆᆞᄃᆡ 만히 걷거 샹ᄒᆞ야:肢節多折傷(東新續三綱. 烈1:7). 일즉이 防戍ᄒᆞᄂᆞᆫ 役使애 傷ᄒᆞ얘니라:曾是戍役傷(重杜解25:6). 重히 傷ᄒᆞ면 絞ᄒᆞ고 죽기예 니ᄅᆞ면 斬ᄒᆞ고(警民3). 寒冷홈으로 지아뷔 몸을 얼워 샹케 말며:莫敎寒冷凍損夫身(女四解2:22). 有窮의 샹ᄒᆞᆫ 金烏 西山의 노피 떳다(武豪歌). 국슈 샹ᄒᆞ다:麵糟了(漢淸12:59). 고기 샹타:餒(柳氏物名二 水族).

샹ᄒᆞ·다 동 상(賞)을 주다. ¶샹ᄒᆞᆯ 샹:賞(光千29). 君子ᄂᆞᆫ 賞티 아니ᄒᆞ야셔(宣中54). 子ㅣ 欲디 아니ᄒᆞ면 비록 賞ᄒᆞ야도 竊티 아니ᄒᆞ리라(宣論3:28). 샹ᄒᆞᆯ 샹:賞(石千29). 명ᄒᆞ야 후히 샹ᄒᆞ라 ᄒᆞ시다:命厚賞之(東新續三綱. 孝1:9). 맛당이 졍표ᄒᆞ여 샹ᄒᆞᆷ을 크게 더어:當優加旌(警民22). 老娘의게 은과 비단을 샹ᄒᆞ고:老娘上賞銀子段(朴解上51). 혹 친림ᄒᆞ오셔 지조ᄅᆞᆯ 식여 보오셔 능ᄒᆞᆫ 쟈어든 샹ᄒᆞ오시니(仁祖行狀31).

·샹·ᄒᆞ·다 동 본뜨다. ¶그 人을 象ᄒᆞ야 用ᄒᆞ욤을 爲ᄒᆞ얘시니(宣孟1:12). 구ᄐᆞ야 六面은 므어슬 象톳던고 高城을란 뎌만 두고 三日浦ᄅᆞᆯ ᄎᆞ자가니(松江. 關東別曲).

샹ᄒᆞ다 동 상(相)하다. 배필 삼다. 짝하다. ¶쵸례ᄒᆞ매 명ᄒᆞ야 ᄀᆞᄅᆞᄃᆡ 가 네 샹ᄒᆞ리ᄅᆞᆯ 마자 우리 종ᄉᆞᄅᆞᆯ 니으라:相(百行源15).

샹ᄒᆞ이다 동 상해(傷害)를 입다. ¶샹ᄒᆞ이다:受了傷(漢淸3:5).

샹히 명 보통. ☞샹해 ¶諸葛亮은 샹히 ᄒᆞᆫ 등 사ᄅᆞᆷ이오(三譯4:23). 皇帝 싱각ᄒᆞ되 샹히 사ᄅᆞᆷ이 아니라 ᄒᆞ여 니ᄅᆞ샤ᄃᆡ(八歲兒4).

샹히 부 늘. 항상. ☞샹해 ¶잘 못 먹건마ᄂᆞᆫ 샹히 못 ᄒᆞ고(新語3:17). 常言에 닐오ᄃᆡ 샹히 도적 ᄆᆞᄋᆞᆷ을 막고:常言道常防賊心(朴解中25).

샹히오·다 동 다치다. 상하게 하다. ☞샹히ᄒᆞ다 ¶堂의 ᄂᆞ리다가 그 발을 傷히오고:下堂而傷其足(宣小4:17). 괴ᄅᆞᆯ 샹히오ᄂᆞ니ᄂᆞᆫ 죽으리라(女範2. 변녀 졔샹괴녀).

샹ᄒᆡᄒᆞ다 동 상해(傷害)하다. ¶道와 다ᄆᆞᆺᄒᆞ얀 氣運이 溫和호ᄆᆞᆯ 傷害ᄒᆞᄂᆞ니라:與道氣傷和(重杜解18:3).

-새라 어미 -세라. -구나. ☞-세라 ¶날ᄀᆞ티 들 리도 어ᄡᅳ새라(鄕樂. 思母曲). 淸涼애ᅀᅡ 두스리 믈어디새라(鄕樂. 內堂). 믓ᄌᆞᆺ 가ᄉᆞ리 쟝화새라(鄕樂. 大王飯).

서 관 서(三). ☞세 ¶各各 서 되 드릾 華甁을 노코(月釋10:119). 汝陽王은 서 맔 수를 먹고ᅀᅡ:汝陽三斗(初杜解15:40). 믈 서 되로 글혀 ᄒᆞᆫ 되ᄅᆞᆯ 取ᄒᆞ야 다 머그라:水三升煮取一升頓服(救急上30). ᄉᆈ똥 서 호ᄇᆞᆯ 믈 세 큰 盞애 글혀:牛糞三合右以水三大盞煎(救急上35). 힌ᄡᆞᆯ 서 홉과:白米三合(救簡1:11). 서 돈곰 ᄒᆞ야:三錢(救簡1:40). 믈 서 되예 글혀:水三升煮(救簡1:51). 술 서 마래 ᄌᆞ마:酒三斗漬(救簡1:98). ᄭᅮᆯ 서 홉:蜜三合(救簡3:70). 너를 서 되만 논힐훠 주리니:那與你三升(飜老上54). 수울 서 되ᄅᆞᆯ(瘟疫方3).

서거·디·다 동 썩다. ㉮석다 ¶다 서거디디 아니ᄒᆞ야도:未壞爛(牧牛訣18). 究竟은 비부러 서거딜 시라:究竟者肨脹爛壞(圓覺上二之二114).

서그프다 형 서글프다. ¶ᄆᆞᄋᆞᆷ이 서그프면 텬년을 감손ᄒᆞ기 쉬오니:中懷戚戚則易損天年(警民34).

서·근:새 명 썩은 새. ¶집기슭 서근새:屋簷爛草(救簡3:68).

서글다 동 서글퍼하다. 걱정하다. ☞서글타 ¶서그러 말라:休煩惱(朴解下1).

서글타 동 서글퍼하다. 걱정하다. 성내다. ☞서글다 ¶ᄠᅳ데 어긔면 서글허 嗔心을 가지ᄂᆞ니:違意則小於小諸懷嗔(永嘉下74). 半만 웃고 半만 서글허 ᄠᅳ데 깃디 아니ᄒᆞᄂᆞ다:半笑半瞋情不悅(南明下31). 서글홈 업스며 깃봄 업스며:亦無嗔無喜(六祖上51).
※서글타>서글다

서기다 동 속이다. ¶아희들이 무셔워ᄒᆞᆫ다 ᄒᆞ여도 돗갑이나 잇도다 ᄒᆞ고 서기고 사더라(癸丑125).

서·김 명 석임. 발효(醱酵)함. ¶서김:酒酵(四解下23 酵字註). 서김 교:酵(訓蒙中21). 서김:酒酵(譯解上49).

:서·너 관 서너(三四). ☞서 ¶서너 ᄒᆡᆺ ᄉᆞᅀᅵ예 큰 나라히 ᄃᆞ외어늘(月釋2:7). 서너 ᄃᆞᆯ 자히 가마괴 그 香合ᄋᆞᆯ 므러다가 무덤 알피 노ᄒᆞ니라:數月有烏啣物飛來置塋前(三綱. 孝35). 아니한ᄉᆞᅀᅵ예 서너 번 ᄒᆞ라:須臾三四(救簡1:54). 서너 볼 다시곰 ᄲᅡ:三

四重裹(救簡1:90). 서너 소솜만 글혀 머그면 즉재 됴ᄒᆞ니라:三四沸去滓頓服立差(救簡3:16).

:서·너·히 수 서넛이. ¶형뎨 서너히 기동 디킈여 안잿ᄂᆞᆫ 거셔 이ᄂᆞᆫ 마ᄂᆞᆯ:弟兄三四箇守着停柱坐這箇是蒜(飜朴上42).

서·느럽·다 형 서느렇다. 서늘하다. ☞서ᄂᆞ럽다 ¶부텻 그르메 서느러ᄫᅥ 甘露ᄅᆞᆯ ᄡᅳ라ᄂᆞᆫ ᄃᆞᆺᄒᆞᆫ대(月釋7:36). ᄀᆞᅀᆞᆯ 서느러우미 ᄃᆞ외논디라:爲秋之涼(金三2:29). 그늘 서느러운 ᄃᆡ ᄆᆡ여 두고:拴在陰涼處(飜朴上21). 녀름에 서느러온 가개예 ᄆᆡ여:夏繫涼棚(馬解下99).

서느서늘·ᄒᆞ·다 형 선득선득하다. 몹시 서늘하다. ¶서늘ᄒᆞ야 싁싁ᄒᆞ며 冷호미 서느서늘ᄒᆞ야 처딘 ᄆᆞ리 처딘다마다 어러:寒威威冷湫湫滴水滴凍(金三4:42).

·서늘 명 서늘함. ☞서ᄂᆞᆯ ¶서늘 량:涼(類合上2. 倭解上6). 서늘 름:凜(類合下38). 서늘 냥:凉(石千38). 서늘 량:凉(兒學下1).

서늘지다 동 서늘하여지다. ¶서늘진 ᄃᆡ 안ᄉᆞ다:乘涼(同文解上27).

·서늘·히 부 서늘히. 한심(寒心)히. ☞서ᄂᆞᆯ히. 서를히 ¶일즉 글월 앗고 ᄆᆞᅀᆞ매 서늘히 너기디 아니ᄒᆞᆫ 아니ᄒᆞ노라:未嘗不廢書寒心(宣賜內訓序6). 하ᄂᆞᆳ ᄇᆞᄅᆞ미 너를 서늘히 부ᄂᆞ다:天風吹汝寒(初杜解16:74).

·서·늘ᄒᆞ·다 형 서늘하다. ☞서ᄂᆞᆯᄒᆞ다. 서를ᄒᆞ다 ¶ᄒᆞᄅᆞᆫ 아ᄎᆞ미 서늘ᄒᆞ고 하ᄂᆞᆳ 光明이 믄득 번ᄒᆞ거늘 보니(月釋2:51). 서늘ᄒᆞᆫ ᄃᆡ 조차 니기 ᄌᆞ오다가:逐涼睡熟(救急上78). 녀르메 서늘ᄒᆞᆫ ᄃᆡ 가디 아니ᄒᆞ며:夏不就清涼(宣賜內訓1:72). ᄆᆡ햇 ᄒᆡ 서늘ᄒᆞ니:凄野日(初杜解7:16). 郴州ㅅ ᄯᅡᄒᆞᆫ ᄌᆞ모 서늘ᄒᆞ니 橘井은 오히려 서늘코 ᄆᆞᆯᄀᆞ니라:郴州頗涼冷橘井尙凄清(初杜解8:63). 寶劍이 하ᄂᆞᆯ ᄒᆞᆯ 비겨 서늘ᄒᆞ니:寶劍倚天寒(金三13:15). ᄒᆞᆫ 堂이 서늘ᄒᆞ니:一堂寒(南明上15). 蕭蕭ᄂᆞᆫ 서늘ᄒᆞᆫ 양지라(南明上67). 서늘ᄒᆞᆫ 적미처:趁涼快(飜老上60). 녀름이어든 서늘ᄒᆞ시게 ᄒᆞ며:夏清(宣小2:8). 서늘ᄒᆞ다:涼快(譯解上5. 同文解上5).

서ᄂᆞ럽다 형 서느렇다. 서늘하다. ☞서느럽다 ¶머귀닙 디거야 알와다 ᄀᆞ올힌 줄을 細雨淸江이 서ᄂᆞ럽다 밤 긔운이야(古時調. 鄭澈. 머귀닙. 松江).

서ᄂᆞᆯ 명 서늘함. ☞서늘 ¶열커든 서ᄂᆞᆯ을 븓츠며:熱則扇涼(女四解2:14). 서ᄂᆞᆯ 청:淸(註千12).

서ᄂᆞᆯ히 부 서늘히. ☞서늘히. 서를히 ¶서ᄂᆞᆯ히 여러쇼ᄃᆡ:颯沓開(初杜解10:23).

·서ᄂᆞᆯᄒᆞ·다 형 서늘하다. ☞서늘ᄒᆞ다. 서를ᄒᆞ다 ¶시내히 서ᄂᆞᆯ커ᄂᆞᆯ 사ᄅᆞ미 니르러 가고져 ᄒᆞ니:澗寒人欲到(初杜解8:51). 하ᄂᆞᆯ히 서ᄂᆞᆯᄒᆞ고 새 ᄒᆞ마 잘 ᄃᆡ 가고:天寒鳥已歸(杜解9:14). 구루메 누어슈멘 옷ᄀᆞ외 서ᄂᆞᆯᄒᆞ도다:雲臥衣裳冷(杜解9:27). 樂遊ㅅ 녯 園이 노파 서ᄂᆞᆯᄒᆞ니:樂遊古園崒森爽(初杜解15:1). 솘소리 슬프니 天水ㅣ 서ᄂᆞᆯᄒᆞ고:松悲天水冷(杜解23:1). 서ᄂᆞᆯᄒᆞ다:涼快. 적이 서ᄂᆞᆯᄒᆞ다:涼爽(漢淸1:28).

서ᄂᆞᆯ히다 동 서늘하게 하다. ¶有信ᄒᆞᆫ 江波ᄂᆞᆫ 보내ᄂᆞ니 ᄇᆞ람이로다 이 몸이 서ᄂᆞᆯ히옴도 亦 君恩이샷다(古時調. 江湖에 녀름이. 靑丘).

서놈가래 명 세손목한카래. 세손목카래. ¶서놈가래:三夫版鍤(煮硝方20).

서다 동 설다. 덜 익다. ☞설다 ¶밥 서다:飯半生(同文解上58).

서답 명 빨래. ¶무명자를 가득이 두고 쁟개 서답을 ᄒᆞ여야 ᄒᆞ지(浮談).

서ᄃᆞ리 명 층계(層階). ¶서ᄃᆞ리:層堦(同文解上34). 돌서ᄃᆞ리:階級(漢淸9:28).

서라 부 서로. ☞서르 ¶物과 欲이 서라 ᄀᆞ리여:物欲交蔽(英小題辭2).

서러가다 동 털어가다. ¶나조히 도ᄌᆞ기 와 生計를 다 서러가니라:及暮賊至見屍滿室遂盡掠其家財而去(三綱. 烈27 朱氏懼辱).

서렷다 동 서릊다. 설거지하다. ☞서릿다. 서릇다. 설엇다 ¶우리 잘 ᄃᆡᄅᆞᆯ 서렷쟈:我整理睡處(老解上22).

서릿다 동 서릊다. 설거지하다. ☞서렷다. 설엇다 ¶사발 뎝시 서러즈라:收拾椀楪着(老解上38). 자븐 것 서러저 짐 시르라:收拾行李打馱馱(老解上53). 제 거ᄉᆞᆯ 다 서러저(癸丑138).

서로 부 서로. ☞서르 ¶ᄆᆞᅀᆞ미 서로 조찻고(恩重11). 즁뇨에 이셔 서로 ᄉᆞ양ᄒᆞ야 ᄃᆞ토디 말며:居衆寮須相讓不諍(誡初10). 一生애 서로 ᄢᅥ뎃노니(重杜解3:14). 서로 ᄃᆡ접ᄒᆞ니라(三譯3:3). 서로:彼此(譯解補53). 냥뎐이 서로 만나시던 말솜과(閑中錄168).

서루 부 서로. ☞서로. 서르 ¶ᄒᆞᆫ갓 서루 브르놋다:空相呼(重杜解2:46).

서르 부 서로. ☞서라. 서로. 서루. 서ᄅᆞ ¶서르 고마ᄒᆞ야 드르샤(釋譜6:12). 文字와로 서르 ᄉᆞᄆᆞᆺ디 아니ᄒᆞᆯᄊᆡ:與文字不相流通(訓註1). 相ᄋᆞᆫ 서르 ᄒᆞ논 ᄠᅳ디라(訓註1). 게으른 ᄒᆞᆫ ᄂᆞᄆᆡ 서르 ᄀᆞᄅᆞ쳐(月釋1:45). 連環은 두 골회 서르 니ᅀᅳᆯ 씨라(楞解1:22). 서르 외다 ᄒᆞ야:相非(法華3:244). 行과 解왜 서르 마자:行解相應(蒙法49). 서르 傳受호ᄆᆞ로:以傳受(蒙法68). 嫂와 叔괘 무루믈 서르 말며:嫂叔不通問(宣賜內訓1:4). 서르 親ᄒᆞ며 서르 갓갑ᄂᆞ닌 믌 가온ᄃᆡᆺ ᄀᆞᆯ며기로다:相親相近水中鷗(初杜解7:3). 서르 어엿

비 너겨 뼈를 可히 밧고리어든:相哀骨可換(杜解9:7). 봆비체 서르 보디 몯ᄒᆞ리로다:春光不相見(杜解10:1). 서르 맛나:相逢(金三2:2). 우리 사ᄅᆞ미 서르 둘우며 서르 더브사라 ᄃᆞ니면 됴커니ᄯᆞ나:咱們人廝將就廝附帶行時好(飜老下44). 서르 샹:相(訓蒙中1. 石千21). 서르 샹:相(類合上4). 서르 셔:胥(類合上17). 서르 호:互(類合下44). 서르 征티 몯ᄒᆞᄂᆞ니라:不相征也(宣孟14:2). 서르 倫을 奪홈이 업서사:無相奪倫(書解1:20). 서르 뻐 穀디 아니ᄒᆞᄂᆞ다:不胥以穀(詩解18:18). 이우지 서르 도으며:隣保相助(警民19). 서르 두워라 ᄒᆞ여:廝將就(老解下40). 서르 멀리 안자시니(新語3:10). 서르 보다:廝見(朴解. 單字解2).
※서르>서로

서를히 부 서늘히. 시원스럽게. ☞서늘히 ¶서를히 精靈이 모도ᄃᆞᆫ:颯然精靈合(重杜解11:23).

서를ᄒᆞ다 형 서늘하다. ☞서늘ᄒᆞ다. 서눌ᄒᆞ다 ¶너와 서리예 ᄆᆡ햇 히 서를ᄒᆞ니:烟霜凄野日(重杜解7:16).

서·리 명 서리. ¶서리爲霜(訓解. 用字). 霜ᄋᆞᆫ 서리오(月釋序15). ᄆᆞᆯ고미 어름과 서리 ᄀᆞ티 흙디니:皎如氷霜(楞解7:1). 罪性이 서리와 눈괘 ᄀᆞᆮᄒᆞ야:罪性猶霜雪(南明上8). 서리 상:霜(訓蒙上2. 石千2). 서리 상:霜(類合上4. 倭解上2). 서리 눈 우희 흩온과 버슨 발로:霜雪上單衣跣足(東新續三綱. 烈4:24).

·서리 명 사이. 가운데. ☞써리 ¶狄人ㅅ 서리예 가샤:狄人與處(龍歌4章). 草本 서리예 겨샤(月印上45). 人間ᄋᆞᆫ 사ᄅᆞᆷ 서리라(月釋1:9). 우녀 주검 서리예 어미 얻녀(三綱. 孝24). 무덤 서리옛 이ᄅᆞᆯ ᄒᆞ야:爲墓間之事(宣賜內訓3:13). 豺狼ㅅ 서리예 ᄉᆞᄆᆞ차 ᄃᆞ니며:穿豺狼(重杜解1:54). 辛苦히 盜賊의 서리로셔 오라:辛苦賊中來(重杜解5:5). ᄆᆞᅀᆞᆯ히 돐서리예 모댓도다:井邑聚雲根(初杜解7:10). 千崖ㅅ 서리예 사ᄅᆞ미 업고 萬壑이 괴외ᄒᆞ니:千崖無人萬壑靜(初杜解9:5). 봆비츤 烽燧ㅅ 서리예 냇고 幽隱ᄒᆞᆫ 사ᄅᆞᄆᆞᆫ 薜蘿ㅅ 서리예셔 우ᄂᆞ다:春色生烽燧幽人泣薜蘿(初杜解10:13). ᄀᆞᄅᆞᆷ 서리예 누비옷 닙고 뼈ᄃᆞ니노니:江湖漂裋褐(初杜解21:1). 묏 瓶엣 乳酒ㅣ 프른 구룸 서리로셔 ᄂᆞ려오니:山瓶乳酒下青雲(初杜解22:21). 돌서리예 난 숑의맛불휘:石菖蒲(救簡1:1).

서·리·다 동 서리다(蟠). ☞서러다 ¶百千龍이 서리여 안좀 거시 ᄃᆞ외야(月印上67). ᄇᆞ얌 서린 ᄃᆞᆺᄒᆞ야(月釋2:58). 百千龍ᄋᆞᆯ 지ᅀᅥ 모ᄆᆞᆯ 서리여 座ㅣ ᄃᆞ외오(月釋7:32). 龍 서린 ᄃᆞᆺᄒᆞ샤미(法華2:15). ᄀᆞᄅᆞᆷ 가온ᄃᆡᆺ 서린 돌해 桃竹이 나니:江心蟠石生桃竹(初杜解16:56). 그ᅀᅳ기 소사나며 빗기 서리여 ᄒᆞ마 자최 낟도다:暗聳斜蟠已露痕(南明下28). 서릴 반:蟠(訓蒙下9. 類合下55. 石千18. 倭解下27). 서리다:蟠繞(譯解補49).

서·리디·다 동 시들다(萎). ¶길헤 니펫ᄂᆞᆫ 고즌 직직ᄒᆞ고 버텅에 서리딘 버드른 ᄇᆞᄅᆞ매 부치놋다:側塞被徑花飄颻委墀柳(初杜解9:21).

서리서리 부 서리서리. ¶冬至ㅅ 돌 기나긴 밤을 한 허리를 버혀내여 春風 니불 아레 서리서리 너헛다가(古時調. 黃眞伊. 靑丘).

서리티다 동 서리가 치다. ¶서리티다:霜打了(譯解上2).

서ᄅᆞ 부 서로. ☞서르. 서루 ¶뫼토 서ᄅᆞ 맛볼 나리 잇ᄂᆞ니:山也有相逢的日頭(飜老下73). 두을재ᄂᆞᆫ ᄀᆞ론 허므ᄅᆞᆯ 서ᄅᆞ 경계호미오:二曰過失相規(呂約1). 서ᄅᆞ 뎐염ᄒᆞᄂᆞᆫ 병(牛疫方1). 서ᄅᆞ 뎐염티 아니ᄒᆞᄂᆞ니라:不致相染(瘟疫方19). 서ᄅᆞ 거스리고:相拗戾(恩重13). 서ᄅᆞ 향홀디언뎡 모딘 말로 놈 샹케 마롤디니라:相向不得惡語傷人(誡初3). 物과 欲이 서ᄅᆞ ᄀᆞ리여:物欲交蔽(宣小題辭2). 出入에 서ᄅᆞ 友ᄒᆞ며 守望애 서ᄅᆞ 助ᄒᆞ여 疾病에 서ᄅᆞ 扶持ᄒᆞ면:出入相友守望相助疾病相扶持(宣孟5:15). 妻子ᄅᆞᆯ 히ᄃᆞ라가 서ᄅᆞ 보내ᄂᆞ니:妻子走相送(重杜解4:1). 人日에 서ᄅᆞ ᄉᆞ랑ᄒᆞ야 브쳐 보내욘 그를 어더:人日相憶見寄詩(重杜解11:5). 同ᄒᆞᆫ 聲이 서ᄅᆞ 應ᄒᆞ며 同ᄒᆞᆫ 氣ㅣ 서ᄅᆞ 求ᄒᆞ야:同聲相應同氣相求(周解上1:11). 인연이 이시면 千里라도 능히 서ᄅᆞ 못ᄃᆞ고:有緣千里能相會(朴解中19). 서ᄅᆞ 침노ᄒᆞ야(十九史略1:4). 형데 서ᄅᆞ ᄃᆡᄉᆞ코져 ᄒᆞ니(女範1. 부계모 졔의계모). 압뒤히 서ᄅᆞ 맛게 호ᄃᆡ:前後相稱(武藝諸21).

서릇다 동 서릇다. 설거지하다. ☞서럿다 ¶상 서릇다:擡卓兒(譯解上60).

서리다 동 서리다. ☞서리다 ¶길흔 하ᄂᆞᆯ흘 ᄀᆞ라 서리옛고:徑磨穹蒼蟠(重杜解1:17).

서머ᄒᆞ·다 동 서머하다. 놀라다. ¶공경이 몸 세ᄂᆞᆫ 터힌 줄을 보고 瞿然(서머ᄒᆞᆫ 톄라)히 스스로 일흔 ᄃᆞᆺᄒᆞ야:敬者身基瞿然自失(宣小5:105).

:서·모·나·다 형 세모나다. ¶넉 량을 서모난 블근 ᄂᆞᄆᆞ치 녀허:四兩以三角絳囊(瘟疫方8).

서벅돌 명 서벅돌. 〔잘 부서지는 돌〕 ¶서벅돌:麵石(漢淸1:41).

서벅서벅ᄒᆞ다 형 버석버석하다. ¶어름 서벅서벅ᄒᆞ다:氷酥了(譯解補6). 서벅서벅ᄒᆞ다:酥輭(漢淸12:60).

서부ᄌᆞ살 명 사냥에 쓰이는 화살의 한 가지. ☞셔보조 ¶서부ᄌᆞ살:鈚子箭(譯解上21).

서슴다 동 서슴다. 머뭇거리다. ¶발을 서슴ᄃᆞ시 ᄒᆞ더시다:足躩如也(英小2:31).

서·슨 동 섞은. ⑦섯다 ¶구슬 서슨 帳이며 보비옛 바오리 溫和히 울며(釋譜13:24).

서어히 부 섭섭히. 소홀히. ¶서어히 이바도ᄆᆞᆫ 有司ㅣ 허므리디ᄫᅵ:犒賜不豐有司之過(三綱. 忠16 秀實奪笏).

서어ᄒᆞ다 형 설피다. 소루(疎漏)하다. ¶서어탄 말이라:無調法(新語1:33). 서어ᄒᆞᆫ 거ᄉᆞᆯ 가지여(新語9:5). 서어ᄒᆞᆫ 하교ᄅᆞᆯ 설게 번역ᄒᆞᆯ 제 엇지 ᄌᆞ세ᄒᆞ며 ᄎᆞᄎᆞ 벗겨 뵐 제 ᄯᅩ 엇지 ᄲᅡ진 거시 업ᄉᆞ랴(警民音7). 서어ᄒᆞ다:扭別(漢淸7:50). 중년에 눈멀고 귀먹으며 ᄌᆞ손이 서어ᄒᆞ니라(敬信18).

서어ᄒᆞ다 형 서어(齟齬)하다. ¶隨宜로 살려ᄒᆞ니 날로조차 齟齬ᄒᆞ다(蘆溪. 陋巷詞). 齟齬ᄒᆞᆫ 態度을 눌ᄃᆞ려 쟈랑ᄒᆞᆯ교(青友仁. 自悼詞). 不敎ᄒᆞᆫ 軍卒과 齟齬ᄒᆞᆫ 器械로(楊士彥. 南征歌).

서·에 명 성에. 성엣장. ☞성에 ¶서에爲流澌(訓解. 用字).

서·여 형 세어. ☞세다 ¶히미 서여 사ᄅᆞᆷ 달호미 쉬오면(初杜解24:29).

서오니 부 느슨히. 설피게. ☞서우니 ¶ᄆᆞᆯ돌다 오랑을 서오니 ᄒᆞ고:把馬們都鬆了(老解上62).

서오ᄒᆞ다 형 생소하다. ¶서오ᄒᆞ다:生分(漢淸8:21).

서우니 부 느슨히. 설피게. ☞서오니 ¶ᄆᆞᆯ돌다 오랑 서우니 ᄒᆞ고:把馬們都鬆了(飜老上69).

서운서운 부 슬슬. 가볍게. ¶ᄀᆞᄂᆞᆫ 침으로 아긔 밧바당을 ᄒᆞᆫ 푼 두 푼 들게 서너 곧 주고 소곰을 ᄇᆞᄅᆞ고 서운서운 미러 들이라:用細鍼刺兒足心深一二分三四刺之以鹽塗其上輕輕送入(胎要24).

서운ᄒᆞ다 형 섭섭하다. ¶서운ᄒᆞ여 ᄒᆞ더니(諺簡. 仁宣王后諺簡).

·서의여·히 부 쓸쓸히. ¶서의여히 ᄃᆞᆫ뇨매 하ᄂᆞᆯ과 ᄯᅡ히 크고:牢落乾坤大(初杜解21:2). 서의여히 허리 것거 ᄃᆞᆫ뇨ᄆᆞᆯ 이ᄅᆞᆯ 爲ᄒᆞ얘니라:凄涼爲折腰(重杜解3:22).

·서의·여ᄒᆞ·다 동 쓸쓸해하다. ¶山陰엣 ᄒᆞᆫ 새지비 江海예 이셔 나날 서의여ᄒᆞ도다:山陰一茅宇江海日凄涼(杜解3:59). 이제 와 내 ᄒᆞ오ᅀᅡ 서의여호라:於今獨蕭索(初杜解9:2). 치위옛 이리 이제 서의여ᄒᆞ니:寒事今牢落(初杜解16:73).

서의·히 부 미족(未足)히. ¶ᄒᆞ다가 호워기 ᄒᆞᆫ 디위 ᄒᆞ고 서의히 ᄒᆞᆫ 디위 ᄒᆞ야:若到濃一上淡一上(蒙法38).

·서의·ᄒᆞ·다 형 ①쓸쓸하다. ¶드르흔 ᄀᆞ장 서의ᄒᆞ리로다:原野轉蕭瑟(重杜解4:14). 關塞이 서의ᄒᆞ니:關塞蕭條(初杜解6:15). 미샹 주렛ᄂᆞᆫ 져믄 아ᄃᆞᄅᆞᆫ ᄂᆞᆺ비치 서의ᄒᆞ도다:恒飢稚子色凄涼(初杜解7:2). 家業을 서의케호ᄆᆞᆫ ᄯᅩ 누ᄅᆞᆯ 브트뇨:荒涼家業更由誰(南明上80). 계신 ᄃᆡ도 서의ᄒᆞ고 ᄌᆞᆺ 브트셔 ᄌᆞᆺ바도 ᄒᆞᄋᆞᆸ시ᄂᆞᆫ가(新語5:20). ②성기다. ¶호웍ᄒᆞ며 서의호ᄆᆞᆯ:濃淡(蒙法16). 새려 블 브튼 棧道ᄂᆞᆫ 서의ᄒᆞ얫고:牢落新燒棧:牢落은 稀疎也ㅣ라(重杜解5:12). 인졍이 두터오면 도심 서의ᄒᆞᄂᆞ니:人情濃厚道心疎(野雲70).

서재다 형 교만하다. 대담하다. ☞서지다 ¶말솜과 힝시리 서재여 제 ᄠᅳ도로 ᄒᆞᄂᆞ니:言行高疎擅意爲事(恩重13). 서재다:貌莊(譯解下45). 서재다:倨傲(同文解上23). ※서재다>서지다

서재오 부 교만스레. 대담하게. ¶졈어셔 병셔ᄅᆞᆯ 니기 닑언노라 ᄒᆞ고 서재오 구ᄂᆞᆫ 거시 周瑜 향ᄒᆞ여 싸홀 제 반ᄃᆞ시 잡히이리라(三譯6:14).

서지다 형 교만하다. ☞서재다 ¶서진 체ᄒᆞ다:捏大款(漢淸8:21).

서툴다 형 서툴다. ¶서투론 ᄡᅡ부를 눌마조자브려뇨(古時調. 아희야. 青丘).

서흐다 동 썰다. ¶서흐다:剉(吏文 續1).

서흐레 명 써레. ☞ᄲᅥ흐레 ¶서흐레 파:耙(訓蒙中17). ※서흐레>ᄲᅥ흐레

서흐레 명 계급(階級). 층계(層階). ¶基ᄂᆞᆫ 집터히오 陛ᄂᆞᆫ 서흐레라(法華2:104). 等級은 서흐레 層이라 ᄒᆞ듯 ᄒᆞᆫ 마리라(金三3:63). 서흐레:階級(訓蒙中6 階字註). 서흐레 급:級(訓蒙下31).

서흘·다 동 썰다. 구분(區分)하다. ¶ᄆᆞᄅᆞ 서흘 지:宰(類合下10). 몸으로ᄡᅥ ᄀᆞ리와 ᄑᆞ를 버히고 녑플 서흘오ᄃᆡ:以身翼蔽至於斷臂斫脇(東新續三綱. 孝7:33).

·석 명 고삐. 혁. ☞셕 ¶사오나온 ᄆᆞᄅᆞᆯ ᄐᆞ고 뵈로 기르마와 석슬 ᄲᆞᆯ디니라:乘樸馬布裹鞍轡(飜小7:21).

:석 관 석〔三〕. ¶킈 석 자히러니(釋譜6:44). ᄒᆞᆫ 히 디나거나 석 ᄃᆞᆯ만 ᄒᆞ거나 ᄒᆞ야(釋譜9:18). 苦參 석 兩을 사ᄒᆞ라:苦參三兩㕮咀(救急上30). ᄒᆞ마 겨슷 석 ᄃᆞ래 足호ᄆᆞᆯ ᄡᅳ니:已用三冬足(初杜解7:31). ᄡᅡ홀 석 자ᄒᆞᆯ ᄑᆞ니(三綱. 孝10). 석 잣 갈홀 ᄀᆞ라(南明下70). 독활 불휘 석 량과:獨活三兩(救簡1:24). ᄆᆞᄅᆞᆫ ᄉᆡᆼ앙 각 석 량과 ᄡᅮᆨ 석 줌과:乾薑各三兩艾三把(救簡2:103). 석 ᄃᆞᄅᆞᆯ 디내요ᄃᆡ(六祖中78). 석 ᄃᆞ리나 묵노라 ᄒᆞ야:住三箇月(飜朴上54). 조ᄒᆞᆫ 몰애

석 섬을 메오고(簡辟3). 四方 가온ᄃᆡ ᄡᅡ홀 ᄑᆞᄃᆡ 기픠 석 자히오(簡辟3). 석 삼:三(訓蒙下33. 類合上1. 倭解上54). 석 자히 너ᄅᆞ니:闊三尺(老解上23).

석글ᄒᆞ다 형 시끄럽다. ¶골은 그윽ᄒᆞ다마는 시 소리도 석글ᄒᆞ다(古時調. 安玟英. 바회는 危殆. 歌曲).

석기다 동 섞이다. ☞섯기다 ¶비록 간과 쓸게 흙에 석기리라 ᄒᆞ여도 내 ᄆᆞᄋᆞᆷ이 ᄯᅩ 원이 업스리라(三譯5:11).

석기이다 동 섞이다. ☞석기다. 섯기다 ¶힝혀 일을 누셜ᄒᆞ면 내ᄭᅴ도 이로지 못홀 거시오 子敬도 석기이리라(三譯4:12).

석·다 동 썩다. ☞썩다. 셕다. 썩다 ¶朽ᄂᆞᆫ 서글 씨라(月釋序24). 사ᄅᆞ미게론 더러ᄫᅳᆫ 서근 내ᄅᆞᆯ ᄆᆞ리ᄫᅳ며(月釋18:39). 堂閣이 서거늘:堂閣朽故(法華2:56). 수ᄉᆔᆫ 毒氣이 사ᄅᆞ미 챵ᄌᆞᄅᆞᆯ 석게 홀가 저헤니:恐酒毒腐人腸(救急下77). ᄆᆞ츠내 虛空이 서거 ᄒᆞ야디다 듣디 몯ᄒᆞ리니:終不聞爛壞虛空(楞解4:80). 수이 석놋다:易朽(初杜解18:17). 百年에 사오나온 바ᄇᆞᆫ 서근 션비 먹논 거시라:百年麤糲腐儒餐(初杜解22:5). 서글 부:腐(訓蒙下13. 類合下56). 서글 호:槁(類合下52). 서글 후:朽(類合下56. 倭解下29). 서근 ᄃᆞ리와 ᄒᆞ야딘 비과:朽橋毁船(警民18). 믈고기 므르니와 뭇고기 서근이ᄅᆞᆯ 먹디 아니ᄒᆞ시며:魚餒而肉敗不食(宣小3:25). ᄌᆞ뭇 죽은 이 얼굴이 이믜 서거 업고:死者形旣朽滅(宣小5:55). 그 석고 히여딘 거슬 가지며 ᄀᆞᆯ오ᄃᆡ:取其朽敗者曰(宣小6:20). 江漢애셔 가고져 ᄉᆞ랑ᄒᆞᄂᆞᆫ 나그네여 하ᄂᆞᆯ ᄯᅡ ᄉᆞ이예 ᄒᆞᆫ 서근 션비로다:江漢思歸客乾坤一腐儒(重杜解3:40). 석다:爛了(譯解上53. 同文解上62). 서근 져 션븨야 우리 아니 ᄉᆞ나희냐(古時調. 金宗瑞. 長白山. 靑丘). 비 마즌 고양남게 석은 쥐 찬 져 소록이(古時調. 靑丘). 가지록 다 석ᄂᆞᆫ 肝腸이 일로 더욱 ᄉᆞᆺᄂᆞᆫ ᄃᆞᆺ(古時調. 가면 아니. 靑丘). 죽어도 쟝ᄎᆞ 석디 아닐더라:朽(五倫2:84).

석다 동 섞다. ☞섣다. 섯다 ¶석기ᄅᆞᆯ 고로게 ᄒᆞ여:和勻着(朴解中49). 손가락을 버혀 피ᄅᆞᆯ 석거 뼈 藥을 ᄇᆞ븨고:斬指和血以丸藥(女四解4:19). 석다:攪了(同文解上60). 고기 석근 거시오(朴新解1:5). 석다:攪混(譯解補31).

석:배·다 동 썩어 없어지다. 썩어 문드러지다. ¶늘거 석밴 게 다시 옷곳ᄒᆞ리로다:衰朽再芳菲(初杜解24:50).

석석사리 부 버석버석. ¶서린 석석사리 조ᄇᆞᆫ 곱도신 길헤(樂詞. 履霜曲).

석석ᄒᆞ다 형 서걱서걱하다. 서벅서벅하다. 버석버석하다. ¶석석ᄒᆞ다:甚酥美酥(朴解下33).

석ᄭᅵ다 동 섞이다. ☞섯기다 ¶모래 석ᄭᅵ디 아니ᄒᆞ니로:不雜砂石者(痘瘡方50).

석이다 동 썩이다. ☞썩이다 ¶ᄆᆞᄋᆞᆷ 석이다:耐心(譯解補53).

석쟈 명 석자. 누작(漏杓) ¶석쟈:漏杓(訓蒙中19).

선- 접두 선-. ¶선ᄀᆞᆳ 거플 아ᄉᆞ니 ᄒᆞᆫ 량과:靑皮去穰一兩(救簡1:40). 선우음 츔노라 ᄒᆞ니 ᄌᆞᄎᆡ옴의 코히 싀예(古時調. 鄭澈. 松江). 松壇에 선좀 ᄭᅵ야 醉眼을 드러 보니(古時調. 靑丘).

선긔다 형 성기다. ☞셩긔다 ¶먹귀 선긘 비에 남은 肝腸 다 석놈ᄋᆡ(古時調. 金天澤. 海謠).

선동화 명 동아의 한 품종. ¶선동화:枕頭瓜(譯解補42).

선디 명 선지. ☞선지 ¶선디과 도틔 간 빗ᄀᆞᄐᆞ모로 ᄀᆞᆯ오ᄃᆡ 주그리라 ᄒᆞᄂᆞ니라:譬如衃血猪肝故曰死(痘要上47).

선말 명 선말. 익숙지 못한 말. ¶선말이 썰으면 구룹이 업고 어훈도 듯기 죠치 아니ᄒᆞ니라(捷蒙1:6).

선머슴 명 선머슴. ¶갓 스믈 선머슴 쪄에 ᄒᆞ덜 일이 다 우웁다(古時調. 靑丘).

선물 명 수박. ☞션물 ¶西瓜 子有紅有黑 수박 寒瓜 仝菰 諸瓜充果之揔稱 猶今言 선물(柳氏物名三 草).

선븨 명 선비. ☞선비. 션븨 ¶날 갓튼 셕은 선븨야 닐너 무슴 홀이오(古時調. 金天澤. 古今에 어질. 海謠).

선비 명 선비. ☞선븨. 션비 ¶선비 ᄉᆞ:士(倭解上14).

선우음 명 선웃음. ☞-선 ¶선우음 츔노라 ᄒᆞ니 ᄌᆞᄎᆡ옴의 코히 싀예(古時調. 鄭澈. 松江).

선잠 명 선잠. ☞션좀 ¶蓼花에 잠든 白鷗 선잠 ᄭᅵ여 나지 말아(古時調. 金聖器. 海謠).

선지 명 선지. ☞선디 ¶선지:凝血(譯解補30).

선좀 명 선잠. ☞션좀 ¶松壇에 선좀 ᄭᅵ야 醉眼을 드러 보니 夕陽 浦口에 나ᄃᆞᄂᆞ니 白鷗ㅣ로다(古時調. 靑丘). 蓼花에 잠든 白鷗 선좀 ᄭᅵ야 ᄂᆞ지 마라(古時調. 靑丘). 선좀을 ᄀᆞᆺᄶᅡ야 머리ᄅᆞᆯ 안쳐시니(宋純. 俛仰亭歌). 어듸셔 술 실은 벗님ᄂᆡ는 선좀 ᄭᅵ와 노쟈ᄂᆞ니(古時調. 冠 버서. 槿樂).

선ᄒᆞ다 형 서낙하다. 그악하다. ¶잡ᄉᆞ와 두어리 마ᄂᆞᄂᆞᆫ 선ᄒᆞ면 아니 올셰라(樂詞. 가시리).

설다 동 섞다. ☞석다. 섯다 ¶약의 섣거 뻐 드리니 병이 즉시 됴ᄒᆞ니라:和藥以進病卽愈(東新續三綱. 孝5:25).

섣돌 명 섣달. ☞섯돌. 섯뚤 ¶능이 시절을 섣돌을 만난는디라:稜時值臘月(東新續三綱. 孝1:12).

:설 명 살〔歲〕. ¶그 아기 닐굽 설 머거 아비 보라 니거지라 혼대(月釋8:101). 髫는 아히 머리터리니 열 섨 ᄉᆞ싈 니ᄅᆞ니라(圓覺序67). 여듧 서레 비르서 그를 ᄀᆞᄅᆞ치고:八歲始敎之書(宣賜內訓2上6). 세 설 머근 손ᄌᆞ를 머기더니(三綱. 孝10). 큰 아ᄃᆞ론 아홉 서레 비치 몰ᄀᆞ니:大兒九齡色淸徹(杜解8:24). 세 서레 곧 能히 키 우르ᄂᆞ니:三歲便能大哮吼(南明下37). 닐굽 설부터:從七歲(佛頂下12). 小人은 나히 셜흔다ᄉᆞᆺ 설:小人年紀三十五歲(飜老上64). 열 설 넘도록 오히려 總角ᄒᆞ여시리 젹으니:過十歲猶總角者盖鮮矣(宣小5:42). ᄒᆞᆫ 설 머근 이란 닐굽 환 머기고:一歲兒服七丸(痘要上5). 여ᄉᆞᆺ 설 머거셔 주검 겨틔 울고 브ᄅᆞ지지고:六歲啼號屍側(東三綱.´烈2). 나히 아홉 설에 할아븨 상ᄉᆞ를 만나:年九歲値祖父喪見(東新續三綱. 孝7:44). 나히 다ᄉᆞᆺ 서레:年五歲(重內訓2:60). 이제 명이 스믈ᄒᆞᆫ 서리라:歲(桐華寺 王郎傳7). 여ᄉᆞᆺ 설노셔 네 설ᄶᅵ지는(字恤6). ※설>살

:설 명 설〔歲首〕. ¶梅花ㅅ 부리 설아래 뼈디니 梅花ㅣ 히 後에 하도다:梅蘂臘前破梅花年後多(初杜解18:4). 서리어든 ᄀᆞ올히 모돏 저긔:歲時(三綱. 孝6). 남지늬 아ᅀᆞ몰 섨 時節이며 朔望애 褻氏 禮를 조심ᄒᆞ야 ᄒᆞ며:夫姻娟歲時朔望褻致禮惟謹(三綱. 烈14). 설:年節(譯解上4). 설이 거의어든(三譯10:10).

설- 접두 설-. ¶덜 괸 술을 질동희예 가득 붓고 설데친 무우남을(古時調. 海謠).

설·깃·옷 명 설기 속의 옷. ☞섥 ¶설깃옷돌히 화예 나아 걸이며(月釋2:33).

설날 명 설날. ☞섨날 ¶설날 강ᄶᅵ의 졔ᄒᆞ려 ᄒᆞ고(三譯10:17). 설날:正朝(同文解上4).

설·다 동 설거지하다. 거두다. ☞서릿다. 설엇다 ¶香니 섯버므러 잇고 갸ᄉᆞ를 몬다 서러 잇는 ᄃᆞ시 ᄒᆞ얫더니(月釋23:74). 우리 잘 딕 서러 보아지라:我整理睡處(飜老上25). 쟝ᄎᆞᆺ 설ᄉᆡ:將撤(明小4:15). 추인을 설며 사놀 줏고:徹芻拾箭(練兵7). 다 자시몰 기ᄃᆞ려 뫼를 설고 侍者ㅣ 饌믈을 설어 別室에 논화 두어든(家禮4:2). 牀 우희 두고 드듸여 奠을 설라(家禮8:8).

:설·다 동 설다. 덜 익다. ¶버거 氣力을 술표리니 설며 니고몰 아논 젼ᄎᆡ라:次驗氣力知生熟故(永嘉上18). 果實의 서룸과 니곰괘 漸漸 次第ㄴ 젼ᄎᆞ로(圓覺上一之二180). 선 틩ᄌᆞ:枳實(救簡1:115). 반만 닉고 반만 서니 잇다:半黃半生的有(飜朴上5). 짓기를 설게 ᄒᆞ면 먹기 어렵고:做的生時也難喫(朴解下44). 선 것:生的(譯解下44). 선 밥 속의 싱ᄡᆞᆯ 든 것:粮(物譜 飮食).

설다 형 (낯이) 설다. ☞ᄂᆞᆾ설다 ¶ᄂᆞᆾ선 잡사롬을 브리오디 못하게 ᄒᆞ엿ᄂᆞ니:不得安下面生歹人(老解上43).

설멧:골 명 소마동(所磨洞). 〔지명(地名)〕 ¶설멧골:所磨洞(龍歌9:28).

설믜 명 눈썰미. 지혜. ¶설믜 모도와 有德ᄒᆞ신 가ᄉᆞ매(樂範. 動動).

:설아래 명 세밑. 세모(歲暮). ¶설아래 뼈디니:臘前破(初杜解18:4).

설엇·다 동 서릇다. 설거지하다. ☞설엊다 ¶짐돌 설엇노라 ᄒᆞ면 마치 볼ᄀᆞ리로다:收拾了行李時恰明也(飜老上58). 설엇다:收拾(老朴集. 累字解8).

설엊·다 동 서릇다. 설거지하다. ☞서릿다. 서릿다. 설엇다 ¶즁님낸 다 나가시고 갸ᄉᆞ롤 몬다 설어젯더이다(月釋23:74). 우리 ᄲᆞᆯ리 짐돌 설어즈라:咱急急的收拾了行李(飜老上38). 사발 뎝시 설어즈라:收拾椀楪(飜老上43). ᄯᅩ 그릇돌 설어저 오라:却收拾家事來(飜老上43).

설오르다 형 선부르다. 서투르다. ☞설우르다 ¶설오른 ᄲᅡ부를 눌 마조 잡으련요(古時調. 아희야. 海謠).

설·우·다 동 서러워하다. 악연(愕然)해하다. 불편해하다. ¶그제ᅀᅡ 須達이 설우ᅀᆞᄫᅡ 恭敬ᄒᆞᅀᆞᆸ논 法이 이러ᄒᆞᆫ 거시로다 ᄒᆞ야:是時須達見其如是乃爲愕然而自念言恭敬之法事應如是(釋譜6:21).

설·우르·다 형 선부르다. 서투르다. ¶아히ᄢᅴ브터 深山애 이셔 사ᄅᆞ미 이리 설우르고 플옷 닙고 나못 여름 먹ᄂᆞ니(釋譜11:28). 아희야 粥早飯 다고 南畝에 일이 하다 설우른 ᄲᅡ부를 눌 마조 잡으련요(古時調. 趙存性. 海謠).

설웨라 형 서럽다. ¶나는 졈엇ᄶᅥ니 돌히라 므거올가 늘거도 설웨라 커든 지믈조차 지실가(古時調. 鄭澈. 이고 진. 警民編).

설으 부 서로. ☞서로. 서루. 서르 ¶두 사롬이 설으 ᄉᆞ양ᄒᆞ기롤 오래 ᄒᆞ더라:兩人相讓久之(宣小6:76).

설지다 동 주름잡히다. ☞ᄉᆞᆲ지다 ¶ᄉᆞᆯ히 누르고 가치 설지고 목수미 실낫 ᄀᆞᆫ호라:肉黃皮皺命如綫(杜解3:50).

설지다 형 독하다. ¶가다니 ᄇᆡ브른 도긔 설진 강수를 비조라(樂詞. 靑山別曲).

설·픠·다 형 영롱(玲瓏)하다. ¶ᄇᆡᆨ옥셕으로 룡을 설픠에 사긴 창 잇고:白玉石玲瓏龍床(飜朴上69). 앏픠 ᄒᆞᆫ 옥돌호로 설픠에 사긴 애갓상 노핫고:前面放一箇玉石玲瓏酒卓兒(飜朴上69). 다 설픠게 곳 사긴 거시러

라:都是玲瓏花樣的(老解下46).

설·픠·다 형 설피다. 배지 않다. 성기다. ☞설피다 ¶松竹이 가지 설픠며:松竹森梢(永嘉下113). 춘 ᄇᆞᄅᆞ맨 플와 나모왜 설픠오:寒風疎草木(初杜解7:39). 다매 건ᄂᆞ니 萬竹이 설픠옛도다:步堞萬竹疎(重杜解6:39). 수프리 설픠니 새 즘성이 드므도다:林疎鳥獸稀(重杜解13:37). 설핀 춤빗:稀篦子(譯解下19).

설피설피 부 설핏설핏. ¶측 업슨 집신에 설피설피 물러오니(蘆溪. 陋巷詞).

설·핀·다 형 설피다. 배지 않다. 성기다. ☞설픠다 ¶촌 곳부리와 설핀 가지 半만 치우믈 이긔디 몯ᄒᆞ얏다:冷蘂疎枝半不禁(初杜解8:42). 설핀 울헤 ᄆᆡ햇 너추리 ᄃᆞ옛도다:疎籬野蔓懸(杜解10:38).

섥 명 설기. ¶光明이 ᄒᆡ ᄀᆞᆮᄒᆞ며 설긧옷ᄃᆞᆯ히 화예 나아 걸이며(月釋2:33). 篋은 箱子ㅣ오 笥ᄂᆞᆫ 설기라(月釋10:65). 설긔 얼거두믈 오래 ᄒᆞ야:緘之篋笥久(重杜解4:35). 楊公이 설글 ᄠᅥ러내야:楊公拂篋笥(初杜解16:21). 섥 협:篋. 섥 ᄉᆞ:笥(訓蒙中13). 섥 ᄉᆞ:笥(類合上28. 倭解下15). 감히 남진의 샹ᄌᆞ과 섥의 간ᄉᆞ티 아니ᄒᆞ며:不敢藏於夫之篋笥(宣小2:50). ᄒᆞᆫ 모히 ᄒᆞ야던 섥을 두고 밧긔 아므 것도 업거ᄂᆞᆯ(太平1:23). 섥:柳箱(朴解中11. 譯解下15. 同文解下13. 漢淸11:44).

:섨·날 명 설날. ☞설날. 섯날 ¶섨날 朝會 마ᄌᆞ샤매 갠 힛비치 ᄇᆞᆰ도다:朝正霽景鮮(初杜解20:17).

·섬 명 섬돌. ☞섬 ¶階砌ᄂᆞᆫ 서미라(月釋2:27). 새로 니시고 ᄒᆞᆰ섬 ᄒᆞ시며:階(宣賜內訓2下57). 섬 계:階(訓蒙中6. 類合上23. 註千20). 섬 폐:陛(石千20. 倭解上33). 섬 알픠셔 그 浣洗ᄒᆞ시기ᄅᆞᆯ 기ᄃᆞ려:堦前待其浣洗(女四解2:18). 섬:塙堦(同文解上34). 섬:臺階(漢淸9:28). ᄲᆞᆯ니 섬에 오ᄅᆞ쇼셔(王郎傳5). ᄌᆞ질들은 섬 아릐 나렬ᄒᆞ고:階(五倫4:27).

섬겁다 형 나약하다. ☞섭겁다 ¶섬겁고 놀나올손 새벽ᄃᆞᆯ 외기러기(古時調. 靑丘). 浮虛코 섬거올쓴 아마도 西楚伯王(古時調. 槿樂).

섬·기·다 동 섬기다. ¶佛을 맛나 섬기ᅀᆞᄫᆞ시니라(月釋2:10). 반ᄌᆞ와 섬겨:奉一承事(楞解10:90). 섬기다:服事(譯解上31).

섬서 명 섬서함. ¶섬서 졸:拙(類合下4).

섬서흐레 명 계급(階級). 층계. ¶섬서흐레:階級(譯解上19).

섬서히 부 섬서히. ¶섬서히 청ᄒᆞ여 빌미(癸丑188).

·섬·썹·다 형 나약(懦弱)하다. ☞섭겁다 ¶섬써온 사ᄅᆞᄆᆡ 양 ᄀᆞᆮ더라:如儒夫然(飜小10:12). 부헙코 섬써올슨 아마도 西楚霸王(古時調. 靑丘).

섬층 명 계층(階層). ¶섬층:堦級(同文解上34).

섭 명 섶〔薪〕. ☞섭 ¶섭爲薪(訓解. 用字). 서븨 ᄡᅳ려 쉬구에 ᄇᆞ리며(月釋18:40). 大覺滅度ᄅᆞᆯ 섭 브레 가졸비샤ᄆᆞᆫ(法華1:124). 서븐 智를 發ᄒᆞᄂᆞᆫ 한 境을 가졸비고:薪喩發智之多境(永嘉上107). 서브로 ᄒᆞᆫ 門을 正히 아니 ᄒᆞ야:柴門不正(初杜解7:3). ᄇᆞᆰ게 수픐 가온딧 서블 딛고:明燃林中薪(杜解9:14). 섭 신:薪. 섭 싀:柴(訓蒙下4). 섭 신:薪(類合下28. 石千4. 倭解下29. 兒學上4). 진짓 븟ᄂᆞᆫ 불의 섭 안아 감 ᄀᆞᄐᆞ니(癸丑66). 적이 이에 섭흘 ᄡᅡ코(女範4. 녈녀셔윤양쳐). 靑山애 섭을 캐여 月下烹茶 ᄒᆞᄂᆞᆫ 樣은(草堂曲). 섭 증:蒸(註千37).

※섭>섶

섭 명 (누에 올리는) 섶. ¶섭헤 올리다:上草(譯解下2).

섭 명 울타리. ¶藩籬呼섭(華方).

섭 명 눈썹. ¶眉曰踈步(雞類).

·섭겁·다 형 나약하다. ☞섬겁다. 섭썹다 ¶몰애 섭거우니 두들기 오직 믈어디놋다:沙虛岸只摧(初杜解15:17). 섭거온 사ᄅᆞᆷ ᄀᆞᆮᄒᆞᆫ ᄃᆞᆺᄒᆞ더라:如儒夫然(重內訓1:29).

섭나모 명 섶나무. ¶섭나모 門 늘근 나모 셋ᄂᆞᆫ ᄆᆞᅀᆞᆯ해 너를 思憶ᄒᆞ야 시름ᄒᆞ야 오직 ᄌᆞ오라셔:柴門老樹村憶渠愁只睡(初杜解8:47). 또 除夜ㅅ 바ᄆᆡ ᄠᅳᆯ헤 섭나모ᄅᆞᆯ ᄡᅡ코 퓌우면(簡辟19). 섭나모 요:蕘(訓蒙下4).

섭·니 명 궁중의 음식을 맡아보는 관리. ¶섭니ᄅᆞᆯ 命ᄒᆞ야 니ᄅᆞ샤ᄃᆡ:命膳宰曰(宣賜內訓1:40). 섭니:薛里 內官稱號(行吏).

·섭:등·ᄌᆞ 명 꽃무늬를 섭새김한 등자. ¶은ᄉᆞ로 입ᄉᆞᄒᆞᆫ ᄉᆞ지 머리옛 섭둥ᄌᆡ오:銀絲兒獅子頭的花鐙(飜朴上28).

섭사기다 동 섭새기다. ¶ᄒᆞᆫ 올이 銀 젼메온 섭사긘 ᄯᅴᄅᆞᆯ ᄆᆡᆫᄃᆞᆯ게 ᄒᆞ라:做一條銀廂花帶(朴解上19). 銀 입ᄉᆞᄒᆞᆫ 獅子머리 섭사긘 등ᄌᆞ에:銀絲兒獅子頭的花鐙(朴解上26).

섭서비 부 부실히. 허무히. ☞섭섭이 ¶神靈의 마ᄅᆞᆯ 섭서비 너겻더니:猶疑神言不實(三綱. 孝29).

섭섭이 부 ①부실히. ☞섭서비 ¶ᄆᆡᆫ들기ᄅᆞᆯ 섭섭이 ᄒᆞ여시니 여러 번 비ᄅᆞᆯ 마즈면 다 듧ᄠᅳᆯ 양이로다:做的鬆了着了幾遍雨時都走了樣子(朴解中25).
②섭섭히. ☞섭섭히 ¶거르기 섭섭이 너기실 거시니(新語1:33).

섭섭히 부 섭섭히. ☞섭섭이 ¶대접을 몯 ᄒᆞ오니 섭섭히 너기ᄋᆞᆸᄂᆡ(隣語5:19).

섭섭·ᄒᆞ·다 형 부실하다. ¶모ᄆᆞᆫ 나모 플ᄀᆞ티 아로미 업고 ᄆᆞᅀᆞᄆᆞᆫ 섭섭ᄒᆞ야 眞實티 몯거니와(月釋9:23). 고디시그니ᄂᆞᆫ 댱샹 잇고 섭섭ᄒᆞ니ᄂᆞᆫ 댱샹 패ᄒᆞᆫ다 ᄒᆞᄂᆞ니라:老實常在脫空常敗(飜老下43). 고디식ᄒᆞ니ᄂᆞᆫ 샹샹에 잇고 섭섭ᄒᆞ니ᄂᆞᆫ 샹샹에 패ᄒᆞᆫ다 ᄒᆞᄂᆞ니라:老實常在脫空常敗(老解下39).

섭섭ᄒᆞ다 형 섭섭하다. ¶섭섭ᄒᆞ여 보고 가시니(癸丑123). 섭섭ᄒᆞ옵기 ᄉᆞᆯ올 양도 업ᄉᆞ오니(新語8:26). 더욱 섭섭ᄒᆞ옵ᄂᆡ(諺簡. 顯宗諺簡). 섭섭ᄒᆞᆫ ᄆᆞ옴이 ᄀᆞ이 업서(隣語1:2).

섭수 명 이삭. ¶섭수 죠타:穗子秀齊(漢淸10:5).

·섭·썹·다 형 나약하다. ☞섭겁다 ¶섭써운 사ᄅᆞᆷ 곤ᄒᆞᆫ ᄃᆞᆺᄒᆞ더라:如懦夫然(宣小6:111). 懦夫:섭써운 사ᄅᆞᆷ이라(宣小6:125).

섭업다 형 나약하다. ☞섭썹다 ¶懦夫:섭어운 사ᄅᆞᆷ이라(英小6:89).

·섭화·띄 명 꽃무늬를 섭새긴 띠. ¶은 젼메워 섭화띄 ᄒᆞ나 ᄆᆡᆼᄀᆞᆯ여지라:做一條銀廂花帶(飜朴上19).

섭ᄒᆞ·다 동 섭새김하다. ¶ᄒᆞᆫ 됴ᄒᆞᆫ 고즐 섭ᄒᆞ고:鈒一箇好花様兒(飜朴上16).

섯·겟·다 동 ①사귀었다. 교전하였다. ㉮섯기다 ¶힌 뼈ᄂᆞᆫ 새려 사홈을 섯겟도소니:白骨新交戰(重杜解5:13). 뷘 집 기슬겐 새 길히 섯겟고:虛簷交鳥道(杜解6:30).
②섞였다[雜]. ㉮섯기다 ¶믌출히 몰ᄀᆞ니 짓나븨 소리 섯겟고:泉源冷冷雜猿狖(重杜解5:36).

섯겨치다 동 섞어치다. ¶風霜이 섯겨친 듸 萬木이 소슬ᄒᆞ고(萬言詞).

섯겯·다 동 엇겯다. ¶叉手ᄂᆞᆫ 두 솑가라ᄅᆞᆯ 섯겨를 씨라(月釋8:51). 叉手ᄂᆞᆫ 두 솑가라ᄅᆞᆯ 섯겨를 씨라(楞解2:21). 叉手ᄂᆞᆫ 두 솑가라ᄅᆞᆯ 섯겨를 시라(圓覺上一之二84).

섯굼 동 섞음. 엇결음[交叉]. ㉮섯다 ¶根과 境과 섯구미 일후미 觸이니 觸ᄋᆞᆫ 다ᄒᆞᆯ 씨라(月釋2:22之1). 시혹 ᄒᆞᆫ삐ᄒᆞ야 서르 섯구미:或同時互相交絡(圓覺序60).

섯·그릴씨 동 섞을 것이므로. ㉮섯다 ¶後ㅅ 사ᄅᆞ미 혜요ᄃᆡ 섯그릴씨 일훔 짇ᄂᆞ니라(月釋2:49).

섯·근 동 섞은. ㉮섯다 ¶道理ᄅᆞᆯ ᄉᆞᆯ펴 섯근 것 업시 眞實ᄒᆞ야(月釋2:60).

섯·긔·다 형 성기다. ☞성긔다 ¶곳부리 오히려 섯긔도다:花蕚尙蕭踈(初杜解8:43). 그므리 섯긔더라:網踈(初杜解20:32). 飄飄히 섯긘 옷기즐 헤혀노라:飄飄散踈襟(初杜解25:4). ᄆᆞ올히 섯긔니 누른 니피 디고:村踈黃葉墜(重杜解11:41). 녯 城엔 디ᄂᆞᆫ 남기 섯긔고:古城踈落木(重杜解13:49). 섯긘 소ᄅᆞᆫ 므를 ᄌᆞ음쳐셔 뎌 피리ᄅᆞᆯ 부ᄂᆞᆫ ᄃᆞᆺᄒᆞ도다:疎松隔水奏笙簧(重杜解14:16). 섯긘 고ᄌᆞᆫ 힌 고온 거시 폣도다:疎花披素艶(重杜解18:2). ᄀᆞᄂᆞᆫ 비예 섯긘 울헤 내와댓도다:細雨出踈籬(重杜解18:3).

섯·기·다 동 ①사귀다. 교전하다. ¶힌 뼈ᄂᆞᆫ 새려 사홈을 섯겟도소니:白骨新交戰(重杜解5:13). 뷘 집 기슬겐 새 길히 섯겟고:虛簷交鳥道(杜解6:30).
②섞이다. ☞석기다. 석끼다. 섯끼다 ¶믌출히 몰ᄀᆞ니 짓나븨 소리 섯겟고:泉源冷冷雜猿狖(重杜解5:36). ᄂᆡᆺ비치 鋒鏑과 섯겟도다:川光雜鋒鏑(初杜解7:25). 時俗애 音이 上去셩이 서르 섯기여:時俗之音上去相混(宣小凡例3). 靑黃毛 섯긴 狐皮:倭刀(漢淸11:13). 白黑毛 섯긴 총이ᄆᆞᆯ:沙靑(漢淸14:21).

섯ᄀᆞᆯ이다 동 섞갈리다. ¶終南山ㅅ 프른 비치 섯ᄀᆞᆯ이고:錯磨終南翠(杜解13:14).

·섯·날 명 설날. ☞섮날 ¶또한 섯날 아ᄎᆞᄆᆡ:又方元日(瘟疫方4).

섯·느리·다 동 섞어 늘이다. ¶瑠璃 ᄯᅡ 우희 黃金 노ᄒᆞ로 섯느리고(月釋8:7). 류리 ᄯᅡ 우희 황금 노ᄒᆞ로 섯느리고 칠보 ᄀᆞᆯ비 분명ᄒᆞ고:瑠璃地上以黃金繩雜廁間錯以七寶界分齊分明(觀經8).

섯닐·다 동 섞여 일다. 함께 일다. ¶法이 滅호려 ᄒᆞᆯ 쩬 世와 道왜 섯배며 邪와 暴왜 섯니러 사ᄅᆞ미 嫉諂이 할씨:法欲滅時世道交喪邪暴交作人多嫉諂(法華5:43).

섯·다 동 섞이다. 섞다. ☞석다 ¶구슬 서끈 帳이며 보비옛 바오리 溫和히 울며(釋譜13:24). 根과 境과 섯구미 일후미 觸이니(月釋2:22之1). 道理ᄅᆞᆯ ᄉᆞᆯ펴 섯근 것 업시 眞實ᄒᆞ야(月釋2:60). 고롬과 피왜 섯거:膿血雜亂(楞解1:42). ᄒᆞ마 섯그니:旣混(楞解1:70). 섯근 거시 므슴 얼굴오:雜何形像(楞解2:84). ᄯᅩ 섯디 아니ᄒᆞ도다:又非雜矣(楞解2:85). 流動애 섯디 아니ᄒᆞ니:不叅流動(楞解3:85). 諸輪을 깁 섯ᄃᆞ시:諸輪綺互(圓覺序60). 시혹 ᄒᆞᆫ삐ᄒᆞ야 서르 섯구미:或同時互相交絡(圓覺序60). ᄂᆞᄆᆞᆫ 緣을 섯디 마라:勿雜餘緣(圓覺上一之二98). 남진과 겨집괘 섯거 앉디 말며:男女不雜坐(宣賜內訓1:4). 籠竹이 ᄂᆡᄅᆞᆯ 섯거시니:籠竹和烟(杜解7:1). 三峽ㅅ 봄과 겨슬왜 섯구메:三峽春冬交(初杜解8:6). ᄃᆞᆯ기 울오 ᄇᆞᄅᆞᆷ과 비왜 섯그니:鷄鳴風雨交(杜解22:3). 風과 聖괏 길히 달아 어루 시러 섯디 몯ᄒᆞᄂᆞ니라(金三4:40). 苦와 樂이 서르 섯거:苦樂相交(南明上12). 寂滅性ㅅ 가온ᄃᆡ 마시며 딕머구믈 조차 思量 업스며 분별 업서 時流에 섯도다(南明上19). ᄃᆞᆰ의알 ᄒᆞᆫ 나출

믈 반 되예 저어 섯고:雞子一枚着冷水半升攪與和(救簡1:107). 섯글 교:交. 섯글 착:錯(訓蒙下15). 섯글 소:疏(光千31). 섯글 뉴:糅. 섯글 잡:雜(類合下52). 약의 섯써 드리니 즉시 됴ᄒᆞ니라:和藥以進卽差(東新續三綱. 孝7:69). 쟝믈의 파와 교토를 빠노하 섯고:調上些醬水生葱料物拌了(老解上19). 거즛 거스로 참 거시 섯거 간악ᄒᆞᆫ 리롤 취ᄒᆞ며(敬信5).

※'섯다'의 활용 [섯디/섯고… 섯근/섯거시니/섯글…

섯돌다 동 섞여 돌다. 마구 돌다. 세차게 돌다. ¶剛直ᄒᆞᆫ 心腸이 섯도노매라:回剛腸(重杜解1:54). 銀 ᄀᆞᆮᄐᆞᆫ 무지게 玉 ᄀᆞᆮᄐᆞᆫ 龍의 초리 섯돌며 뿜ᄂᆞᆫ 소리(松江. 關東別曲). 竹葉에 風動ᄒᆞ니 楚漢이 섯도ᄂᆞᆫ 듯(古時調. 梧桐에. 東國歌辭). 春風이 슌히 블고 白雲이 섯도ᄂᆞᆫᄃᆡ 人間을 싱각ᄒᆞ니 슬프고 셜운디라(江月尊者 西往歌. 新編普勸文 海印板16).

섯·듶·다 동 섞어 덮다. 뒤덮다. ¶쇠 그므리 섯두퍼 잇거늘(月釋23:83).

섯:듣·다 동 섞여서 떨어지다. 마구 떨어지다. ¶瓔珞과 옷과 곳 비왜 섯듣더니(月釋2:42). 지븨 가 ᄒᆞ니 수졔 섯드러 잇고 香ᄂᆡ 섯버므러 잇고(月釋23:74). 梅檀沉水롤 비허 盛히 만히 섯드르니:雨梅檀沉水繽紛而亂墜(法華5:184).

섯디르·다 동 섞갈리다. 뒤섞이다. ¶섯딜어 어즈러우미 어느 時節에 훤ᄒᆞ며:交交擾擾何時而廓然(楞解3:116).

섯돈니·다 동 섞여 다니다. ¶더 八風이 섯돈뇨ᄆᆞᆯ 므더니 너겨:任他八風交馳(金三3:30).

섯돋·다 동 뒤섞여 달리다. ¶여러 가짓 모딘 벌에 무리 섯ᄃᆞᄅᆞ며:諸惡蟲輩交橫馳走(法華2:107). 여러 가짓 모딘 벌에 무리 섯ᄃᆞ로ᄆᆞᆫ 三毒이 섯거 어즈려:諸惡蟲輩交橫馳走…三毒交擾(法華2:109).

:섯·ᄃᆞᆯ 명 섣달. ☞섣ᄃᆞᆯ. 섯ᄯᆞᆯ ¶섯ᄃᆞ래:冬月(救急下58). 오ᄂᆞᆳ 아ᄎᆞᆷ 섯ᄃᆞ래 봆 ᄠᅳ디 뮈니:今朝臘月春意動(初杜解10:45). 섯ᄃᆞ래 자ᄇᆞᆫ 도ᄐᆡ 기름:臘月猪脂(救簡6:23). 이제 졍히 섯ᄃᆞᆯ이니:如今正是臘月(老解下32). 섯ᄃᆞᆯ애 퓐 ᄆᆡ화ᄅᆞᆯ ᄠᅳ더 음간ᄒᆞ야:十二月收梅花陰乾(痘要上7). 섯ᄃᆞᆯ:臘月(譯解上4). 섯ᄃᆞᆯ:十二月(同文解上4).

섯몯·다 동 섞여 모이다. ¶欲氣ᄂᆞᆫ 멀텁고 흐리여 비리누류미 섯모ᄃᆞ며:欲氣麤濁腥臊交遘(楞解1:42). 섯모도ᄆᆞᆯ 堅固히 ᄒᆞ야:堅固交遘(楞解8:132). 섯모다 어즈러이 봇가:交會煩煎(法華2:126). 비리누류미 섯모다:腥臊交遘(法華4:18).

섯ᄆᆡ·다 동 섞어 매다. ¶구슬 交露ᄒᆞᆫ 帳이며(交ᄂᆞᆫ 섯ᄆᆡᆯ 씨오 露ᄂᆞᆫ 밧긔 날 씨라):珠交露幔(法華1:85).

섯ᄆᆡᆽ·다 동 사귀어 맺다. ¶쌧ᄆᆞ디 섯ᄆᆡᄌᆞᆷ 업스샤미 龍 서린 ᄃᆞᆺᄒᆞ샤미 第十三이시고(法華2:15).

섯박·다 동 섞어 박다. ¶보비 섯바곤 帳이 그 우희 차 둡고:寶交露幔遍覆其上(法華4:123).

섯:배·다 동 함께 망하다. ¶法이 滅호려 ᄒᆞᆯ 쩨 世와 道왜 섯배며:法欲滅時世道交喪(法華5:43).

섯버·므르·다 동 섞어 버무리다. 뒤섞이다. ¶하ᄂᆞᆳ 香이 섯버므러 곧곧마다 봆비치 나더라(月釋2:52). 그어긔 수졔 섯드러 잇고 香ᄂᆡ 섯버므러 잇고(月釋23:74). 섯버므로미 업스니라:沒交涉(金三3:53). 섯버므러:滚得(語錄17).

섯블다 동 섞어 불다. 합주(合奏)하다. ¶鼓角을 섯브니 海雲이 다 것ᄂᆞᆫ ᄃᆞᆺ(松江. 關東別曲).

섯쇠 명 석쇠. ¶고기 굼ᄂᆞᆫ 섯쇠:炙床(譯解下13).

섯ᄯᆞᆯ 명 섣달. ☞섯ᄃᆞᆯ ¶섯ᄯᆞᆯ애ᄂᆞᆫ 평상의 잇고:十二月在床(胎要66). 섯ᄯᆞᆯ 눈믈은 시병열이 셩ᄒᆞᆫ ᄃᆡ ᄀᆞ장 됴ᄒᆞ니라:臘雪水治天行瘟疫熱盛最妙(辟新8).

섯알ᄑᆞ·다 형 마구 아프다. ¶ᄆᆞᅀᆞᆷ과 ᄇᆡ왜 섯알ᄑᆞ고:心腹攪痛(救急下49).

섯얽·다 동 섞어 얽다. 엇바꾸어 얽다. ¶金色이 섯얼거 비단 文 ᄀᆞᆮᄒᆞ샤미 第四ㅣ시고(法華2:12). 보비 노ᄒᆞ로 섯얽고 여러 가짓 빗난 瓔珞 드리우고:寶繩交絡垂諸華瓔(法華2:72).

섯쟈 명 석자. ¶섯쟈:漏杓(訓蒙中19 杓字註). 섯쟈:漏杓(譯解下13). 섯쟈:漏勺(同文解下14. 漢清11:39).

섯흘리다 동 엇결려 흐르다. 마구 흘리다. ¶ᄂᆞᆫ므리 어즈러이 ᄐᆡ개 섯흘리노라:涕泗亂交頤(杜解3:2). ᄂᆞᆫ므를 섯흘류라:淚交墮(杜解9:5).

셩겁다 형 나약(懦弱)하다. ☞섬썹다 ¶浮虛코 셩거올쓴 아마도 西楚覇王(古時調. 海謠). ※셩겁다<섬썹다

셩·긔·다 형 성기다. ☞섯긔다. 셩긔다 ¶누르며 셩긔디 아니ᄒᆞ며(釋譜19:7). 셩긔디 아니ᄒᆞ며 이저 빠러디디 아니ᄒᆞ며(月釋17:52). 셩긘 그므레 ᄃᆞᆯ여도 서디 아니ᄒᆞ며:懸疎網而不漏(法華3:56). 누르디 아니ᄒᆞ며 셩긔디 아니ᄒᆞ며(法華6:13). 니 셩긔오 얼구리 이운ᄃᆞᆯ 보아(法華6:17). 반ᄃᆞ기 世世예 니 셩긔오 이저디며:當世世牙齒疎缺(法華7:184). 니가 셩긔고 버레 먹단 말

이라(女四解2:17). 살 성긘 어레잇시로다(古時調. 나는 님 혜기를. 歌曲). 梧桐 성긘 비예 秋風이 乍起ᄒᆞ이(古時調. 李鼎輔. 海謠). 머귀 성긘 비에 남은 肝腸 다 셕노라(古時調. 金天澤. 가을밤 치. 瓶歌). 성긘 사:直漏地紗(漢淸10:57). 성긔고 셴 사:銀條紗(漢淸10:58).

성냥 명 대장일. ☞셩녕 ¶갓은 성냥 다 비호자 눈 어두운 모양일다(萬言詞).

성녕 명 수공예. ☞셩녕 ¶이는 마초온 셩녕이오 그 나므니는 다 져제 ᄑᆞᄂᆞ니로다:是主顧生活其餘的都是市賣的(飜老下33).

성녕바치 명 장인(匠人). 대장장이. ¶셩녕바치:匠人(譯解上30).

성닉다 동 성내다. 화를 내다. ¶喜怒哀樂本性中애 성닉기를 우선 참소(人日歌).

성썹다 형 나약하다. ☞섬썹다 ¶성썹다 華容道 좁은 길로 曹孟德이 술아가단 말가(古時調. 諸葛亮은. 歌曲).

성애 명 성에. ☞서에. 성에 ¶성애 싀:澌(倭解上10).

성에 명 성에. ☞서에. 성애 ¶성에:氷筏子(譯解上7). 성에 디다:結澌(同文解上9). 성에 조각이 서ᄅᆞ 다질리다:氷凌相觸(漢淸1:31). ᄉᆞ면의 성에가 어름이 된ᄃᆡ(閑中錄162).

:세 명 세(稅). ¶즈릆갑과 세 무논 겻돌 마ᄅᆞ와 혜니 말오 그 외예:除了牙稅繳計外(飜老上14).

:세 수 셋. ¶亭舍ᄅᆞᆯ 세콤 지ᅀᅳ니(月印上56). 둘 아니며 세 아닐씨(釋譜13:48). 三ᄋᆞᆫ 세히오(月釋1:15). 起踊振吼擊도 다 잇골로 닐어 세코미라(月釋2:14). 세희 愛서르 브소ᄆᆞᆯ 닐오ᄃᆡ(楞解4:27). ᄒᆞᆫ 佛乘에 논호아 세흘 니르시ᄂᆞ니라 ᄒᆞ시니라:於一佛乘分別說三(永嘉序4). 七淨ᄋᆞᆫ ᄒᆞ나ᄒᆞᆫ 戒淨이오 둘흔 心淨이오 세흔 見淨이오 네흔 疑心 그츤 淨이오(永嘉序9). 位예 나ᅀᅡ가 세헤 논호나:就位分三(永嘉上76). ᄒᆞ나ᄒᆞᆯ 들면 곧 세히 ᄀᆞᆺ고:擧一卽具三(永嘉上85). 세ᄒᆞᆫ 相應을 닐오미오:三則語其相應(永嘉下9). 이는 ᄒᆞ나ᄒᆞ로 세ᄒᆞᆯ 니ᄅᆞ고 세흐로 아호ᄇᆞᆯ 니ᄅᆞ니:是則一而論三三而論九(永嘉下14). 밤낫 여슷 ᄢᅳ로:여슷 ᄢᅵ니는 낫 세 밤 세히라(阿彌9). 세 업수미라(圓覺上一之一18). 아랫 세토 ᄀᆞᆮᄒᆞ니라:下三亦同(圓覺下三之一100). 세흔 겨지븨 양지오:三曰婦容(宣賜內訓1:14). 너희 세희 둥에:你三箇裏頭(飜老上34).

※'세'의 첨용 ┌ 세
　　　　　　　└ 세히/세흔/세콰/세토…

:세 관 세(三). 석. ☞서 ¶亭上 牌額ᄋᆞᆯ 세 사ᄅᆞᆯ 마치시니:亭上牌額三中不錯(龍歌32章). 세 살로 새 셸 쏘시니:爰發三箭爰中三雀(龍歌57章). 遮陽ㄱ 세 쥐:遮陽三鼠(龍歌88章). 모ᄃᆡ 세 가지로 닐어ᅀᅡ ᄀᆞᄌᆞ리라(月釋2:14). ᄒᆞᄅᆞ ᄢᅳ로 香湯애 沐浴ᄒᆞ야(月釋10:120). 馬含쇠 ᄒᆞ나ᄒᆞᆯ 믈 세 잔ᄋᆞ로 ᄒᆞᆫ 잔 ᄃᆞ외에 글혀(救急上43). 닛우세 劑ᄅᆞᆯ 머그라:連服三劑(救急上48). 듕ᄒᆞ니란 세 돈을 ᄃᆞᄉᆞᆫ 므레 프러 이베 브ᅀᅥ:重者三錢匕溫水調灌下(救簡1:6). 기리 세치만케 ᄒᆞ야:長三寸(救簡3:70). 됴ᄒᆞᆫ 사ᄅᆞᆷ 업다 ᄒᆞ는 세 ᄌᆞ는 有德ᄒᆞᆫ 사ᄅᆞᄆᆡ 마리 아니니:無好人三字非有德者之言也(飜小8:15). 세 적 올믐애 니ᄅᆞ신 줄ᄋᆞᆯ:至於三遷(宣小5:9). 네 세 잔 먹으면 너를 샤ᄒᆞ여(捷蒙2:19).

세가락모릐 명 세모래(細砂). 모새. ☞세가랑모래 ¶물 아릐 세가락모릐 아무만 밟다 바자최 나며(古時調. 歌曲).

세가랑모래 명 세모래(細砂). 모새. ☞세가락모릐. 세가랑모래 ¶물 아래 세가랑모래 아무리 밟다 발자최 나며(古時調. 靑丘).

세거리 명 세거리. 정자가(丁字街). ¶세거리:丁字街(譯解上6).

세골외 명 세골외.(외의 한 품종.) ¶세골외:三瓣瓜(譯解下11).

:세닐·굽 수 세일곱. 삼칠(三七). ¶더운므레 머거도 됴ᄒᆞ니 그저 세닐굽 나출 ᄉᆞᆷ쪄도 됴ᄒᆞ니라:湯服若冷氣呑三七粒爲末(救簡1:32). 록두 세닐굽 낫과ᄅᆞᆯ ᄀᆞ라:菉豆三七粒爲末(救簡2:56).

세닐다 동 (뱃살이) 꼿꼿이 일어나다. ('세'는 '세게'의 뜻.) ¶춘 구드레 자니 빈가 세니러셔 ᄌᆞ로 ᄃᆞᆫ니니(鄭澈 慈堂 安氏 書簡).

:세닐·웨 명 세이레. 삼칠일(三七日). ¶내 처엄 道場애 안자 세닐웻 ᄉᆞᅀᅵᄅᆞᆯ ᄉᆞ랑ᄒᆞ요ᄃᆡ(釋譜13:57).

세닙히조 명 조의 한 품종. ¶세닙히조:三葉粟(衿陽).

:세·다 형 세다. 강하다. 굳세다. ¶神力이 이리 세실씨(月印上15). 나는 양지 덧굿고 술히 세요이다(釋譜24:35). 히미 常例ㅅ 一百象두고 더 세며(月釋1:28). 力士는 힘 센 사ᄅᆞ미라(月釋2:6). 壯ᄋᆞᆫ 셀 씨라(月釋10:30). 세요ᄆᆞ로 뼈 貴호ᄆᆞᆯ 삼고:以强爲貴(宣賜內訓2上8). 刹那는 힘 센 사ᄅᆞ미 蓮ㅅ 줄기옛 실 그츨 ᄉᆞᅀᅵ라(南明上9). 이비 기우러 귀예 가며 어귀 세여 혀ᄅᆞᆯ 놀이디 몯ᄒᆞ거든:口偏着耳牙車急舌不得轉(救簡1:24). 셀 강:强(類合下2). 셀 경:勁(類合下33). 네 이 저울이 세니:你這稱大(老解下52). 활 세다:弓硬(同文解上47). 세다:强壯(漢淸4:50).

:세다숫 수 셋이든지 다섯이든지. ¶ ᄒᆞ다가 세다ᄉᆞ시어나 ᄒᆞ다가 百千이어나:若三五若百千(圓覺下二之一61). 쉰 술 츤 차 세다숫 盞ᄋᆞ로:酸酒冷茶三五盞(南明上24).

·세댱 명 세장. 목책(木柵). ¶ 세댱 칙:柵(訓蒙中6).

세디르다 동 세장을 지르다. ¶ 각별히 外門을 ᄒᆞ야 ᄆᆡ양 세딜러 닫아 두라(家禮1:10).

-세라 어미 -구나. ☞-세라 ¶ 又득이 헛튼 근심 눈물의 져젓세라(萬言詞).

세슈ᄒᆞ다 동 세수하다. ☞세슈ᄒᆞ다 ¶ 세슈ᄒᆞᆯ 관:盥(兒學下5).

세오다 동 고집하다. 우기다. ☞세우다 ¶ 네 세오디 말고 가디 말라:你休强不要去(朴解下45). 세오디 말라:休强(譯解下49). 놉흔 이롤 세오고 ᄂᆞ즌 이롤 춤아 못 ᄒᆞ고(三譯9:8).

세오다 동 씌우다. ¶ 붓두겁 세오다:戴筆帽(同文解上43).

세왇다 형 굳세다. ☞세웓다. -왇다. -웓다 ¶ 세와돌 환:桓(石千23).

세·요이·다 형 셉니다. ㉠세다 ¶ 尊者는 양지 端正ᄒᆞ고 ᄉᆞᆯ히 보드랍거시놀 나는 양지 덧궂고 ᄉᆞᆯ히 세요이다(釋譜24:35).

세·우 부 세차게. ¶ 善男女ᄃᆞᆯ히 듣고 세우 제 닷ᄀᆞ면(月釋21:109). 세우 비홀게 傳ᄒᆞ노니:以傳强學(圓覺序81). 세우 決斷ᄒᆞᆯ 시라:剛斷(圓覺上一之二96). 北風ㅣ 세우 부ᄂᆞ니:北風勁(重杜解2:66).

세우다 동 고집을 세우다. 우기다. ☞세오다 ¶ 세우디 말라:不要爭(譯解下49). 내 모친이 세워 누의롤 劉備의게 주니(三譯10:3). 네게 禮롤 밧으라 ᄒᆞ믈 네 이리 세워 좃지 아니면 그리 ᄒᆞ쟈(蒙老4:12).

세워든 형 굳센. ㉠세웓다 ¶ 蛟龍이 서리여 고기 세워든 ᄃᆞᆺᄒᆞ도다:蛟龍盤拏肉屈强(初杜解16:16).

세워·들 형 굳셀. ㉠세웓다 ¶ 英雄도 ᄒᆞᆫ갓 스싀로 세워들 ᄲᅮᆫ니니라:英雄徒自强(初杜解17:24).

세워돈 형 굳센. ㉠세웓다 ¶ 물 盜賊은 ᄂᆞ려 뫼ᄒᆞ로 避ᄒᆞ고 摠戎은 세워돈 彼敵을 막ᄌᆞ로놋다:羣盜下避山摠戎備强敵(重杜解12:13).

세웓·다 형 굳세다. ☞세왇다. -왇다 -웓다. ¶ 니 세워드며:牙關緊急(救急上12). 蛟龍이 서리여 고기 세워든 ᄃᆞᆺᄒᆞ도다:蛟龍盤拏肉屈强(初杜解16:16). 英雄도 ᄒᆞᆫ갓 스싀로 세워들 ᄲᅮᆫ니니라:英雄徒自强(初杜解17:24). 蓐收ㅣ 일호몰 ᄀᆞᆺ가 ᄒᆞ고 玄冥이 蔚然히 세웓더라:蓐收困用事玄冥蔚强梁(初杜解25:5). 어귀 세워드며:牙關緊急(救簡1:38). ᄒᆞ다가 다 주거 세웓거든:若已殭漸漸强(救簡1:60). 손바리 세웓고 가ᄉᆞ미 ᄃᆞᄉᆞ닌 어루 사ᄅᆞ려니와:手足强直心頭煖溫者可救(救簡1:64). 摠戎은 세워돈 彼敵을 막ᄌᆞᄅᆞ놋다:摠戎備强敵(重杜解12:13).

세줄거문고 명 석줄거문고. 삼현금. ☞세줄거믄고 ¶ 세줄거문고:三絃(漢淸3:55).

세줄거믄고 명 석줄거문고. 삼현금. ☞세줄거문고 ¶ 세줄거믄고:絃子(同文解上53).

:세·찻 수 셋째. 셋째의. ¶ 슬프다 세찻 놀애 블로매 놀애롤 세 번 브르노니:嗚呼三歌兮歌三發(初杜解25:27).

·세·츠·다 형 세차다. ☞세ᄎᆞ다 ¶ 세츨 의:毅(類合下3). 세츨 건:健(類合下44). 세츠고 질긔우ᄃᆞ며 졍답고 고ᄃᆞ며:强毅正直(宣小5:107). ※세츠다>세ᄎᆞ다

세치 부 세차게. 심하게. ¶ 公木을 거르기 세치 굴휜다 ᄒᆞ고(新語4:12). 이대도록 세치 아니 니르시다(新語5:25).

세ᄎᆞ다 형 세차다. ☞세츠다 ¶ ᄀᆞ장 세춘 사롬 둘흘 밤낫 올라갈 양으로 ᄒᆞ라코(新語5:8). 적이 오는 거시 세ᄎᆞ니 반ᄃᆞ시 숨긴 군시 잇고(三譯4:16). 세ᄎᆞ고 큰아큰 몰쎄 이내 실음 등 재게 실어(古時調. 海謠).

:세·콤 수 셋씩. 독세 ☞-콤 ¶ 起踊振吼擊도다 잇골로 닐어 세코미라(月釋2:14).

:세·콰 수 셋과. 독세 ☞-콰 ¶ 열세콰 네콰 다숫과는:十三四五(圓覺上二之二106).

:세·토 수 셋도. 독세 ☞-토 ¶ 아랫 세토 또 ᄀᆞᄐᆞ니라:下三亦同(圓覺下三之一100).

:세·헤 수 셋에. 〔ㅎ 첨용어 '세'의 부사격.〕 독세 ¶ 位예 나ᅀᅡ가 세헤 논호나:就位分三(永嘉上76). 天下롤 세헤 논호아 :三分天下(宣賜內訓3:56).

:세호로 수 셋으로. 독세 ¶ 세호로 아호볼 니ᄅᆞ니:三而論九(永嘉下14).

:세·흔 수 셋은. 독세 ¶ 七淨은 ᄒᆞ나ᄒᆞᆫ 戒淨이오 둘흔 心淨이오 세흔 見淨이오 네흔 疑心 그츤 淨이오(永嘉序9).

:세·흘 수 셋을. 독세 ¶ ᄒᆞᆫ 佛乘에 논호아 세흘 니르시ᄂᆞ니라 ᄒᆞ시니라:於一佛乘分別說三(永嘉序4).

:세히 수 셋이. 〔ㅎ 첨용어 '세'의 주격(主格).〕 독세 ¶ ᄒᆞ나ᄒᆞᆯ 들면 곧 세히 ᄀᆞᆺ고:擧一卽具三(永嘉上85).

:세·히·니 수 셋이니. 〔ㅎ 첨용어 '세'의 서술격(敍述格).〕 독세 ¶ 君子ㅣ 道애 귀히 너기는 배 세히니:君子所貴乎道者三(宣小3:6).

:세ᄒᆞᆫ 수 셋은. 독세 ¶ 세ᄒᆞᆫ 相應을 닐오미오:三則語其相應(永嘉下9).

:세·ᄒᆞᆯ 수 셋을. 독세 ¶ ᄒᆞ나ᄒᆞ로 세ᄒᆞᆯ 니ᄅᆞ고:一而論三(永嘉下14).

센믈 명 센물. ¶센믈:緊水(譯解上7).
셋괏다 형 세고 괄괄하다. ¶셋괏고 사오나온 져 軍牢의 쥬정 보소(古時調. 蓬萊樂府).
·셔 명 서까래. ¶세 치여 빠디며:椽梠差脫(法華2:104). 셔는 뼈를 가졸비시니:椽梠譬骸骨(法華2:105). 椽은 셰라(宣賜內訓2下72). 새지브란 뎌른 셔를 브툐리라:茅茨寄短椽(重杜解2:14). 큰 지븨 오히려 긴 셰로다:大屋尙脩椽(杜解3:64). 짜해셔 퍼나 집 웃 셔를 더위잡게 호얏도다:發地扶屋椽(初杜解16:28). 새지븐 엳아홉 낫 셰로다:茅齋八九椽(杜解20:9). 셔 연:椽. 셔각:桷(訓蒙中6). 셔 연:椽(倭解上32).
:셔 명 세(勢). 힘. 형세(形勢). ¶이 爲頭호며 웃듬 드외논 勢론 아치니라(金三序3). 가령 겨지븨 쳔량을 가져셔 가스멸며 겨지븨 셔를 의거호야:借使因婦財以致富依婦勢(飜小7:33). 겨집의 勢를 의거호야 뻐 貴홈을 어돌디라도:依婦勢以取貴(宣小5:65).
:셔 명 서(序). ¶序는 글 밍ᄀ론 뜨들 子細히 써 後ㅅ 사ᄅ몰 알의 호논 거시라(釋譜序1). 序논 싨그티니 고티 싨그틀 어더 싨그티 흔 고팃 시를 다ᄋ돗 호니 이 集이 이 緖를 어더 緖ㅣ 흔 集 이를 다ᄋ니라(永嘉序1).
셔 명 혀(舌). ¶알고도 못 어드니 셔가 밧타 말이 업닉(萬言詞).
셔 명 싸라기. ¶셔:糏(物譜 飮食).
—·셔 조 -서. -에서. -에서부터. ¶그저 더러 봆 거긔셔 微妙흔 이를 나토오미(釋譜13:33). 머리셔 보디(圓覺序47). 셔울셔 당당이 보면:京華應見(初杜解15:21). 고을셔 다스리는 짜(瘟疫方2).
—·셔 조 -서. ¶一定히 아히 나힌 제셔 쉃지거니와:必定皺於童年(楞解2:9).
—셔 조 -라서. -가. ¶누구셔 漁翁의 호는 일이 閒暇호다 호든이(古時調. 蝸室을. 海謠). 누구셔 天上도 人間 굿다 흔이(古時調. 암아도. 海謠).
—·셔 어미 -서. ¶좋무덧 우희 줏구려셔 겨를 할놋다(月釋9:35). 제 어미 사라셔 因果信티 아니터 돌 알씨(月釋21:20). 未解乘舟호며셔(永嘉下126). 財寶를 디러셔 구틔여 어두려 말며(宣賜內訓1:8). 大同江 너븐디 몰라셔(樂詞. 西京別曲). 호오사 셔셔 ᄀᄅ맷 비를 보노라:獨立見江船(初杜解7:4).
셔·각 명 서각(犀角). ¶비취여 볼 犀角도 업세라 니를 시라(初杜解15:34). 기ᄅ마는 이 흔 거믄 셔각으로 젼 호고:鞍子是一箇烏犀角邊兒(飜朴上28). 이는 치워 막는 셔각이니(明皇1).
셔간 명 서간(書簡). ¶홍셔봉 최명길 윤휘 셔간을 적진의 보내더(山城49). 반월을 홍판호여 슈광의 니ᄅ러 죵을 보닉여 후마의 셔간을 젼호고(落泉1:2).
셔:권 명 서권(書卷). 서책(書冊). ¶足히 書卷엔 臨호디 몯호리오:未足臨書卷(初杜解17:38).
:셔·긔 명 서기(瑞氣). ¶나쟈 바먀 셔긔 나ᄂ니:白日黑夜瑞雲生(飜朴上68). 셔긔 ᄌ로 어릐니(洛城1).
셔기다 동 에누리하다. 깎다. ☞혀기다 ¶비즌 술 다 머그니 먼 듸셔 벗이 왓다 술집은 제연마는 헌 옷세 언마 주리 아희야 셔기지 말고 주는 대로 바다라(古時調. 靑丘). 여러들 셔기옵고(癸丑43).
셔남 명 서남(西南). ¶西南 녀긔 大將올 일흐니:西南失大將(初杜解6:49).
셔녁 명 서녘. ☞셔ㅅ녁. 섯녁 ¶동녁 셔녁을 분호야 마조 셔셔(呂約32). 셔녁 되 융:戎(類合下22). 아비를 조차 셔녁흐로 가다가:隨父西行(東新續三綱. 孝6:8). 셔녁 셔:西(註千18).
셔녀 명 서녀(庶女). 서녀(庶女)가. ¶광히 폐동궁으로 더브러 다 셔녜(쳡 쏠)이시니(仁祖行狀13).
—셔뇨 어미 -시느뇨. ¶오래 안자 계셔 언머 슈고호옵셔뇨(新語2:18).
·셔·다 동 서다. ¶아바님 뒤헤 셔샤:立在父後(龍歌28章). 壁은 ᄇᄅ미니 ᄇᄅᆷᄀ티 션 바회를 石壁이라 호ᄂ니라(釋譜9:24). 조치여 ᄃ라 머리 가 셔아셔 손지 高聲으로 닐오더(釋譜19:31). 各各 흔 雙곰 셔엣더니(釋譜23:17). 두녀긔 셔ᄉᄫ며(月釋2:39). 阿難과 羅雲은 바치 셋숩더니(月釋10:10). 界 셞 고디 업순디라:界無所立(楞解3:36). 法眼 일후미 제 셔고:法眼之名自立(永嘉下12). 威嚴이 셔디 아니호리라 호야(宣賜內訓序4). 露柱는 ᄠ로 셋는 기디라(金三4:7). 그러면 길흘 몰라 일코 섯는 고디 곧 眞인돌 아디 몯홀 시니(南明下48). 져근더들 셔슈라:立斯須(初杜解8:2). 셜 립:立(訓蒙下27. 類合下5. 倭解上29). 셜 닙:立(石千9). 禮와 義ㅣ 셔ᄂ니라:禮義立(宣小3:9). 띄 아니 그ᄅ고 셜워 여위여 뼈만 섯더라:不解帶哀毁骨立(東新續三綱. 孝2:29). 굴헝의 셔고라쟈(古時調. 鄭澈. 더긔 섯는. 松江). 다시 힝혀 우는 사롬을 션재 죽이리라 호다(三譯9:5). 姑ㅣ 안자 계시거든 셛다가:姑坐則立(女四解2:18). 셔미 치마를 흔들지 말며:立(女四解3:4). 무지게 셔다:虹現(同文解上2). ᄌ식 셔다:喜身(同文解上53). 셔다:站立(漢淸7:27). 사립문을 드자 홀가 마당의를 셧자 호라(萬言詞). 셜 건:建(註千9).

※셔다>서다

셔다 동 켜다. ☞혀다 ¶톱 셔는 소리:引鉅聲(痘瘡方34).

셔당 명 서당(書堂). ¶書堂애 飮ᄒᆞ고 旣夜ㅣ어ᄂᆞᆯ(初杜解15:49).

셔대 명 서대. 서대기. ¶셔대:舌魚(柳氏物名二 水族).

셔딩 명 서진(書鎭). ☞셔진 ¶셔딩:尺(物譜文士).

-셔돈 어미 -시거든. -었거든. ¶書契를 내셔돈 보ᄋᆞᆸ새(新語1:16).

-셔라 어미 -구나. ☞-세라 ¶靈芝山 노파셔라 洛川이 말가셔라(陶山別曲). 一帶長江이 가로셔라(萬言詞). 만막골 긴긴 골의 將廳이 빗겨셔라(萬言詞). 上弦이 月滿ᄒᆞ니 流星이 쌀나셔라(武豪歌).

셔러움 명 서러움. ¶셔러움이 골슈의 믈며:痛(女四解3:13).

셔러지다 동 설거지하다. ☞설엇다 ¶별실을 셔러져 들게 ᄒᆞ니(落泉1:2). 別舍를 셔러져 드리고 공경ᄒᆞ야 ᄃᆡ접ᄒᆞ며(落泉2:5).

셔로 부 서로. ☞서르 ¶어진이 아니어든 더부러 셔로 친치 말라:相(女四解3:4).

·셔류황 명 유황(硫黃). ☞셕뉴황. 셕류황 ¶셔류황:硫黃(救簡1:52). 셔류황 ᄒᆞᆫ 량을 ᄀᆞᄂᆞ리 분ᄀᆞ티 ᄀᆞ라:硫黃一兩細研如粉(救簡1:53).

셔르 부 서로. ☞서르 ¶셔르 샹:相(訓蒙中1). 아ᄋᆞ라히 셔르 ᄇᆞ라시니라:遙相望(重杜解2:42).

셔르다 형 서럽다. ¶뵈ᄂᆞᆫ 거시 다 셔르고 듯ᄂᆞᆫ 거시 다 슬푸니(萬言詞).

셔름 명 설움. ¶關羽ㅣ 袁紹의게 가면 범을 노하 사ᄅᆞᆷ을 셔름만 나게 ᄒᆞᆫ 거시니(三譯2:4). 져 지은 죄 너 아던가 져 셔름 뉘 아던가(萬言詞). ᄎᆞ라리 快히 죽어 이 셔름 잇ᄌᆞ ᄒᆞ고(萬言詞).

셔·리 명 서리(書吏. 胥吏). ¶최가윗 셔리ᄒᆞ야:着姓崔的外郞(飜朴上3). 셔리 리:吏(訓蒙中1). 셔리 니:吏(類合下10). 셔리:外郞(譯解上27).

셔리 명 서리〔霜〕. ☞서리 ¶시벽 셔리 치ᄂᆞᆫ 날의 외기럭이 슬피 우니(萬言詞).

셔리 부 섧게. ¶ᄃᆡ신 드러 죽거지라 셔리 근청ᄒᆞᆫ대:哀懇代死(東新續三綱. 烈5:8).

셔리다 동 서리다. ¶더운 김 셔린 믈:甑氣水(柳氏物名五 水).

셔머셔머ᄒᆞ다 형 서먹서먹하다. ¶처엄은 셔머셔머ᄒᆞ야 ᄒᆞ더니(閑中錄554).

셔머ᄒᆞ다 형 서먹하다. ¶낫출 우러러 보고 셔머ᄒᆞ야 ᄒᆞ다가(落泉1:2).

:셔:모 명 서모(庶母). ¶庶母ㅣ 門 안해 미처와:庶母及門內(宣小2:47). 셔모의게 니르러도:至於庶母(東新續三綱. 孝3:83). 庶母ㅣ 저를 기른 者를 爲ᄒᆞ니(家禮6:25). 庶母ㅣ 문 안희 미처 부모의 命을 申ᄒᆞ라(家禮圖6). 공이 경ᄉᆞ의 총환홀시 셔모 도시로 녀ᄋᆞ를 맛져 가ᄉᆞ를 보살피게 ᄒᆞ고(落泉1:2).

:셔민 명 서민(庶民). ¶詩예 닐오ᄃᆡ 靈臺를 經ᄒᆞ야 始ᄒᆞ야 經ᄒᆞ며 營ᄒᆞ시니 庶民이 攻ᄒᆞ논디라 日이 몯ᄒᆞ야셔 成ᄒᆞᄂᆞ다(宣孟1:4). 故로 君子의 道ᄂᆞᆫ 身에 本ᄒᆞ야 庶民에 徵ᄒᆞ며(宣中46). 이제 셔민의 령을 좃지 아니홈도(綸音19).

셔·반 명 서판(書板). 글 쓰는 널. ¶書板ᄋᆞᆫ 글 쓰시ᄂᆞᆫ 너리니(釋譜3:p.30).

셔방 명 서방. ¶…叔舟曰 外間傳言 非舍方知乃西房的也 俗館甥於西房因號女婿爲西房(世祖實錄42:2. 丁亥四月). 네 ᄯᆞᆯ 셔방은 언제나 마치ᄂᆞ손다(古時調. 鄭澈. 네 집 상ᄉᆞ돌흔. 松江). 품자리 잘ᄒᆞᄂᆞᆫ 져믄 書房이로다(古時調. 高臺廣室. 靑丘). 東俗中古卯婿必處之西房 若無西房 則設屛廳事 名曰西房 稱其婿仍曰西房 今俗稱賤人之夫曰西房 蓋本於此古所謂東床也(菊圃瑣錄).

셔방마치다 동 시집보내다. ☞셔방맛치다 ¶ᄢᅢ예 미처 셔방마치고 툭의 조샹 졔ᄉᆞ를 ᄒᆞ야:及時而嫁軸之先祖祭祀行(東新續三綱. 忠1:78). 에엿비 너기오셔 기ᄅᆞ오시더니 ᄌᆞ라매 명ᄒᆞ야 셔방마치오시고(仁祖行狀13). 셔방마칠 가:嫁(倭解上41).

셔방맛다 동 시집가다. ☞셔방맞다 ¶셔방맛디 아녓더라:未嫁(東新續三綱. 烈3:47). 셔방맛다:嫁與人(譯解上41). 어미를 치고 셔방맛디 아니ᄒᆞ니(女四解4:47).

셔방맛치다 동 시집보내다. ☞셔방마치다 ¶父母ㅣ 셔방맛치고져 ᄒᆞ거ᄂᆞᆯ(女四解4:20).

셔방맞·다 동 시집가다. ☞셔방맛다. 셔방ᄒᆞ다 ¶댱가들며 셔방마조ᄆᆞᆯ 다 婚姻ᄒᆞ다 ᄒᆞᄂᆞ니라(釋譜6:16). 呂氏예 셔방마자 오나ᄂᆞᆫ:嫁呂氏(宣小6:6). ᄃᆡ왈 나ᄂᆞᆫ 회음녕 냥쳔의 ᄯᆞᆯ이러니 동시의게 셔방마잔 디 닐굽히예 두 아ᄃᆞᆯ과 ᄯᆞᆯ을 나흐니(太平1:16). 송 딘시 년 이십뉵의 셔방마자(女範2. 효녀 딘시ᄃᆡ양). 태슈 풍보의게 셔방마ᄌᆞ니(女範3. 부무녀 셰부인). 나히 십뉵 셰에 셔방마자:年十六而嫁(五倫1:7). 셔방마질 가:嫁(兒學下5).

셔방ᄒᆞ·다 동 시집가다. ☞셔방맛다. 셔방맞다 ¶어버싀 업고 가난ᄒᆞᆫ 냥반의 ᄯᆞᆯ이 나ᄎᆞ니 잇거든 다 사회를 골히오 녹 톤 그믈 주어 결속ᄒᆞ야 셔방ᄒᆞ게 ᄒᆞ더라:有孤貧衣纓家女及笄者皆爲選婿出俸金爲資裝嫁之(飜小10:15).

셔보·조 명 살촉. ☞셔보ᄌᆞ. 셔부ᄌᆞ ¶ᄯᅩ 여러 낫 살 사져 이 셔보조 거리살:再買幾隻箭這鈚子虎爪(飜老下32).

셔보ᄌᆞ 명 살촉. ☞셔보조. 셔부ᄌᆞ ¶이 셔보ᄌᆞ:這鈚子(老解下29).

셔부ᄌᆞ 명 살촉. ☞셔보조. 셔보ᄌᆞ ¶셔부ᄌᆞ살:鈚子箭(譯解上21). 셔부ᄌᆞ:鈚子箭(同文解上47). 셔부ᄌᆞ:披箭(漢淸5:5).

셔븍 명 서북(西北). ¶이제 西北에 되 反호ᄆᆞ로브터 騏驎이 다 업서 一疋도 업스니라:而今西北自反胡騏驎蕩盡一疋無(重杜解17:32).

:셔볼 명 서울. ☞셔울 ¶셔ᄫᆞᆳ 使者ᄅᆞᆯ ᄢᅥ리샤:憚京使者(龍歌18章). 셔ᄫᆞᆳ 긔벼를 알씨:詗此京耗(龍歌35章). 셔ᄫᆞᆯ 賊臣이 잇고:朝有賊臣(龍歌37章). 셔ᄫᆞᆯ 도ᄌᆞ기 드러:寇賊入京. 도ᄌᆞ기 셔ᄫᆞᆯ 드더니:寇賊入京(龍歌49章). 셔ᄫᆞᆳ 뷘 길헤 軍馬ㅣ 뵈니이다:城中街陌若塡騎士(龍歌98章).
※셔ᄫᆞᆯ>셔울>서울

셔ㅅ녁 명 서녘. ☞셔녁. 섯녁 ¶西ㅅ녀긔 내ᄃᆞᆫ고(釋譜6:33). 西ㅅ녀그로 征伐ᄒᆞᄂᆞᆫ 車馬ᄂᆞᆫ:征西車馬(初杜解6:8). 셔ㅅ녁 셔:西(倭解上11).

셔:샤 명 서사(書寫). ¶네ᄒᆞᆫ 解說이오 다ᄉᆞᄉᆞᆫ 書寫ㅣ오 여스슨 供養이니(法華4:73).

:셔·샹 명 서상(瑞相). 상서로운 징조. ¶五色雲ㅅ 가온ᄃᆡ 瑞相 뵈시ᄂᆞᆫ 如來ㅅ긔 현맛衆生이 머리 좃ᄉᆞᄫᆞ뇨(月釋2:48). 瑞相ᄋᆞᆫ 祥瑞옛 相이라(月釋2:51).

셔셔·히 부 서서(徐徐)히. 천천히. ¶아직 徐徐히 ᄒᆞ라 홈 ᄀᆞᆮ도다(宣孟13:32).

셔손 명 서손(庶孫). ¶庶孫의 婦ᄅᆞᆯ 爲ᄒᆞ며 士ㅣ 庶母ᄅᆞᆯ 爲ᄒᆞ예니(家禮6:27).

셔슬 명 산자(撒子). ¶널로 셔슬 ᄶᆞ다:鋪板. 발로 셔슬 ᄶᆞ다:鋪簾(譯解上17). 셔슬:葦箔 又 반ᄌᆞ(同文解上35). 셔슬:望板(漢淸9:69).

·셔·시·다 동 잡수시다. ☞세시다 ¶王季…水剌 셔실 제 모로매 시그며 더운 ᄆᆞᄃᆡᄅᆞᆯ 솔펴보시며(宣賜內訓1:40).

셔신 명 서신(書信). ¶關河애 書信이 通티 아니ᄒᆞᄂᆞᆺ다:關河信不通(初杜解14:36). ᄯᅩ 書信이 이시니:又有書信(老解下4). 〔飜老下4에 'ᄯᅩ 유뮈 오나다'로 기록되어 있음.〕 브터 보내ᄂᆞᆫ 書信이:寄書(重杜解8:36). 凄凉ᄒᆞ야 書信도 通티 아니ᄒᆞᄂᆞᆺ다:凄凉信不通(重杜解9:7).

셔ᄉᆡᆼ 명 서생(書生). 유학(儒學)을 닦는 사람. ¶書生이 보ᅀᆞᄫᅡ 同志ᄅᆞᆯ 브터 오니(龍歌97章).

:셔신 명 서인(庶人). ¶庶人ᄋᆞᆫ 百姓이라(月釋23:97). ᄯᅩ 貴ᄒᆞ니와 賤ᄒᆞ니왜 差等이 잇ᄂᆞ니 ᄒᆞᆫ 남진 ᄒᆞᆫ 겨지븐 庶人의 셕시라(宣賜內訓1:79). 天子로브터 ᄡᅥ 庶人에 니르러(宣大3). 天下ㅣ 道ㅣ 이시면 庶人이 議티 아니ᄒᆞᄂᆞ니라(宣論4:21). 天子로브터 庶人에 達ᄒᆞ니(宣孟4:19).

·셔·아:겨시·다 동 서 계시다. 즉위(卽位)하여 계시다. ☞셔어겨시다 ¶그ᄢᅴ 東土애 後漢 明帝 셔아겨시더니(月釋2:64).

·셔·아·셔 동 서서. ㉮셔다 ¶이 말 니ᄅᆞᇙ 時節에 모ᄃᆞᆫ 사ᄅᆞ미 막다히며 디새며 돌ᄒᆞ로 텨든 조치여 ᄃᆞ라 머리 가 셔아셔 ᄉᆞᆫ지 高聲으로 닐오ᄃᆡ 내 너희ᄅᆞᆯ 업시오ᄃᆞᆯ 아니ᄒᆞ노니 너희ᄃᆞᆯ히 다 당다이 부톄 ᄃᆞ외리라 ᄒᆞ더라(釋譜19:31).

셔·안 명 서안(書案). ¶明珠 書案(釋譜3:p.30) 几ᄂᆞᆫ 書案 ᄀᆞᄐᆞᆫ 거시라(楞解2:82). 大士ㅣ 書案ᄋᆞᆯ 둘어 ᄒᆞᆫ 소리 ᄒᆞ고(金三5:40). 或 궤며 셔안의 흐러 이시며:或有狼藉几案(飜小8:39). 셔안:書案(訓蒙上35 案字註). 셔안 안:案(類合上24). 혹 궤며 셔안의 狼籍ᄒᆞ며:或有狼籍几案(宣小5:117). 기픈 굴헝이 슬프고 車馬ㅣ 그츠니 書案ㅅ 그테 글 닑던 반되 ᄆᆞᆯ라 주겟도다:窮巷悄然車馬絶案頭乾死讀書螢(重杜解21:41). 뎌 셔안 우희:那書案上的(朴解中45). 큰 셔안:大案. 셔안:案. 두 ᄭᅳᆺ 들린 셔안:翹頭案(漢淸11:33). 집의 와 쏠 됴히ᄅᆞᆯ 구ᄒᆞ여 셔안 우희 슈지ᄅᆞᆯ ᄡᅧ히니(落泉1:2). 셔안 우히 칙을 보니(洛城1).

-셔야 조 -보다. ¶武夷九曲인들 예셔야 더ᄒᆞᆯ손가(陶山別曲).

·셔·어:겨·시·다 동 서 계시다. ☞셔아겨시다 ¶門 밧긔 셔어겨샤 兩分이 여희싫 제 솔하디여 우러 녀시니(月釋8:83).

셔어리 명 써레. ¶耜曰 셔어리(東言).

셔어ᄒᆞ다 형 서운하다. ¶관세ᄒᆞ야 평안ᄒᆞᆫ 조각을 타 회포ᄅᆞᆯ 도모코져 셔어ᄒᆞᆫ 의ᄉᆞᄅᆞᆯ 내엿더니(落泉4:9).

:셔얼 명 서얼(庶孼). ¶셔얼 얼:孼(訓蒙上31). 셔얼 셔:庶(註千29). 본셩은 왕시니 천첩의 아비 지샹가 셔얼노 하람셔 ᄉᆞ더니 당ᄉᆞᄒᆞ다가(落泉2:4).

셔·엣·다 동 서 있다. 섰다. 즉위(卽位)하였다. ㉮셔다 ¶各各 ᄒᆞᆫ 雙곰 셔엣더니(釋譜23:17). 그저긔 東土앤 周昭王이 셔엣더시니(月釋2:48).

셔열 명 서열(暑熱). ¶일일은 셔열이 극ᄒᆞ거ᄂᆞᆯ(引鳳簫2).

셔올 명 서울. ☞셔ᄫᆞᆯ. 셔울 ¶셔올 ᄀᆞᄃᆞ기 잇거ᄂᆞᆯ:滿京華(杜解11:52). 셔올 니르러다 ᄑᆞ랏노라:到城裏都賣了(朴解中14). 셔올:京城(譯解上14).

:셔울 명 서울. ☞셔ᄫᆞᆯ. 셔올 ¶ᄯᅩ 인횟자히사 셔울 드러오니라(月釋2:66). 아바님 셔

울 겨샤(月釋10:1). 나모 버흄과 셔울 드롬괘라:伐木入都(圓覺上一之一112). 셔울 오몰 드르시고(宣賜內訓2下45). 아ᄉᆞ라히 녯 셔울히 머니:漢漢舊京遠(重杜解2:22). 두 셔욼 셜흔 사ᄅᆞ미:兩京三十口(初杜解8:36). 더운 제 셔울 가니 칩ᄃᆞ록 도라오디 몯ᄒᆞ얫도다:暖向神都寒未還(杜解10:27). 어느 젼ᄎᆞ로 두 셔울홀 보리오:何由見兩京(初杜解10:36). 어드메 이 셔울힌고:何處是京華(初杜解15:50). 셔울흘 ᄉᆞ랑ᄒᆞ노라:憶京華(初杜解15:52). 알퓌 가ᄂᆞᆫ 軍은 녯 셔울헤 臨壓ᄒᆞ얫도다:前軍壓舊京(初杜解23:4). 셔울헤 氛祲이 ᄀᆞ독ᄒᆞ니:帝京氛祲滿(初杜解23:29). 가ᄂᆞᆫ ᄇᆡᄂᆞᆫ 녯 셔울로 도라가ᄂᆞ다:歸舟返舊京(初杜解24:45). 녜 셔울 므슴 일 이셔 가ᄂᆞ다:你京裏有甚麼勾當去(飜老上8). 서울도 아므란 흥졍이 업더라:京都也沒甚麼買賣(飜朴上53). 셔울 경:京(訓蒙中7. 石千18). 西京이 셔울히 마르는(樂詞. 西京別曲). 셔울 경:京(類合上19). 셔울에 모도와:萃於京師(宣小6:11). 셔울흔 녯 나라히 올맷도다:京華舊國移(重杜解11:2). 셔울:京城(同文解上40). 손님 풀려 가오실 졔 셔울 구경 나도 가세(萬言詞答). 셔울 경:京(兒學上4).

※셔울<셔ᄫᅳᆯ

※'셔울'의 첨용 ┌셔울
└셔울히/셔울홀/셔울헤…

셔울·헤 명 서울에. 톡셔울 ¶알퓌 가ᄂᆞᆫ 軍은 녯 셔울헤 臨壓ᄒᆞ얫도다:前軍壓舊京(初杜解23:4).

셔울흔 명 서울은. 톡셔울 ¶셔울흔 녯 나라히 올맷도다:京華舊國移(重杜解11:2).

셔울히마르는 명 서울이지마는. 서울이다마는. ['셔울'+서술격조사 어간 '-히'+어미 '-마르는'] 톡셔울 ¶西京이 아즐가 西京이 셔울히마르는 위 두어렁셩 두어렁셩 다링디리(樂詞. 西京別曲).

:셔울·홀 명 서울을. 톡셔울 ¶어느 젼ᄎᆞ로 두 셔울홀 보리오:何由見兩京(初杜解10:36).

셔월 명 서월(暑月). 더운 여름철. ¶或 暑月을 만나면 尸신이 오래 留키 어려울디라(家禮5:8).

셔·윰 동 세움(立). 기셔이다 ¶이 우ᄒᆞᆫ ᄀᆞᄅᆞ츌 일 셔유믈 염글우니라:右實立敎(飜小9:19).

:셔이·다 동 세우다. ☞셰다 ¶즈믄 뫼ᄒᆡ 나조히 ᄆᆞᄅᆞᆯ 셔옛고:立馬千山暮(初杜解15:29). 이 우ᄒᆞᆫ ᄀᆞᄅᆞ츌 일 셔유믈 염글우니라:右實立敎(飜小9:19). 오ᄂᆞ리 이 공명을 셔일 저기라 ᄒᆞᆫ대:今日是立功名(東新續三綱. 忠1:8).

:셔인 명 서인(庶人). ¶이 庶人의 효도ㅣ니라:此庶人之孝也(宣小2:31). 녜 庶人은 寢의 祭ᄒᆞ고(家禮1:9). 기ᄌᆞ 셰졍이 벼슬을 삭ᄒᆞ야 셔인을 삼다 ᄒᆞ얏ᄂᆞᆫ지라(落泉1:3).

셔·젹 명 서적(書籍). 책. ¶어득히 書籍이 ᄀᆞ독ᄒᆞ얫고:闇闇書籍滿(初杜解15:49). 어득히 書籍이 ᄀᆞ독ᄒᆞ얫고 가ᄫᆡ야이 곳과 柳絮왜 ᄂᆞᄂᆞ다:闇闇書籍滿輕輕花絮飛(重杜解15:49).

셔증 명 서증(暑症). ¶나도 요ᄉᆞ이 暑症 氣運이 이셔(隣語1:5).

셔진 명 서진(書鎭). ☞셔딩 ¶셔진:鎭紙(譯解補11). 셔진:鎭尺(漢淸4:21).

셔ᄌᆞ 명 서자(庶子). ¶遷티 아니코 別子ㅣ 만일에 庶子ㅣ 이시면(家禮1:15). 庶子ᄂᆞᆫ 阼애 아니코 방 밧긔 冠ᄒᆞ야(家禮圖6).

셔지 명 서재(書齋). ¶書齋예셔 너희 ᄒᆞ논 이ᄅᆞᆯ 듣노라:書齋聞爾爲(初杜解15:54). 안 셔지예 날 적의:出內齊(宣小6:112). ᄒᆞᄅᆞᆫ 날에 형데 셔지예셔 자더니:一日兄弟宿書齋(東新續三綱. 孝7:62). 어시 명일노 점열ᄒᆞ믈 분부ᄒᆞ고 틈을 타 셔지의 드러와(落泉3:7).

셔찰 명 서찰(書札). ¶못 가니 셔찰을 부티더라(洛城1).

셔·칙 명 서책(書册). ¶집 안햇 거믄고와 書册의 서늘호믈 믄득 놀라고:忽驚屋裏琴書冷(初杜解17:38). 평싱의 닑던 셔칙과:平生所讀書册(東新續三綱. 烈6:1). 죠개 가장 깃거 이후ᄂᆞᆫ 더욱 친이ᄒᆞ야 셔칙을 ᄉᆞ 글을 권ᄒᆞ니(落泉1:1).

셔판 명 서판(書板). ¶셔판 독:牘(兒學上10).

셔편 명 서편(西便). ¶셔편으로 사술 마초라 가라:西邊對籌去(飜朴上12).

셔·품 명 습자(習字). ¶바ᄅᆞ 낫만 ᄒᆞ거든 셔품 쓰기ᄒᆞ야 ᄌᆞ 그르 스니란 슈바당의 세 번 젼반 티ᄂᆞ니라:到晌午寫倣書寫差字的手心上打三戒方(飜朴上50). 또 ᄒᆞᆨ당의 가 셔품 쓰기 ᄒᆞ고:却到學裏寫倣書(飜老上3). 나지 다ᄃᆞᄅᆞ면 셔품 쓰기ᄒᆞ여:到晌午寫倣書(朴解上45).

셔풍 명 서풍(西風). ¶西風이 불면 渡盡 稱念衆生 阿彌陁佛ᄒᆞ고(月釋8:99). ᄒᆡ디고 西風이 오ᄂᆞ니:日落西風來(初杜解15:39).

셔 피 명 서피(鼠皮). 사피(斜皮). 돈피(獤皮). ¶셔피로 ᄒᆞᆫ 바늘통 일ᄇᆡᆨ 낫:斜皮針筒兒一百箇(飜老下68). 다 셔피로 ᄒᆞ엿더라:都是斜皮的(飜朴上28). 셔피:灰鼠皮(譯解下34. 同文解下40. 漢淸11:13).

셔피 명 청서(青鼠). ¶셔피:青鼠 貂皮同(東醫 湯液一 獸部). 셔피:青鼠(柳氏物名一 獸族).

셔화 명 서화(書畫). ¶셔화엣 좀:蠹魚(漢淸14:50).

·셕 명 고삐. ☞셗. 혁 ¶몰 셕 굴에예 ᄒᆞ야 딘 딕:馬韁靽靮所傷(救急下16). 셕 잡고 새뱃 ᄃᆞᆰ 소리ᄅᆞᆯ 드러:韀馬聽晨雞(初杜解8:27). 몰 셕:馬紲(四解下40 繮字註). 셕비:轡. 셕 파:靶(訓蒙中27). 셕 다틸 송:騑(訓蒙下9).

셕 관 석. ☞석 ¶셕 삼:三(兒學下12).

·셕:경 명 석경(石磬). ¶셕겺 경:磬(訓蒙中32). 셕경 경:磬(類合上29).

셕경 명 석경(石逕). 돌길. ¶行裝을 다 썰티고 石逕의 막대 디퍼(松江. 關東別曲). 雲山은 검어어득 沈沈 石逕은 崎嶇磷磷ᄒᆞᆫ듸(古時調. 가을 히. 花源).

·셕·고 명 석고(石膏). ¶石膏 ᄒᆞᆫ 分을 디허 츠고(救急上83). 셕고와 감초 브레 뙤니와ᄅᆞᆯ:石膏甘草炙(救簡1:30).

셕글다 형 소홀하다. 성기다. ¶은혜ᄂᆞᆫ 셕글되:恩疏(女四解1:18). 로인이 치아 셕글고 좀먹은 연고니라:齒牙疏蛀(女四解3:14).

·셕년 명 석년(昔年). ¶昔年에 無偶去ᄒᆞ니(三綱. 烈12). 昔年 生死ㅅ 길헤 虛히 보내던 ᄃᆞᆯ 비르서 아도다(金三3:17). 어즙어 昔年 歌曲이 卽今調ㅣ가 ᄒᆞ노라(古時調. 空山木落. 海謠).

셕뉴 명 석류(石榴). ☞셕류 ¶셕늣 류:榴(訓蒙上11). 셕뉴 뉴:榴(類合上9). 셕뉴:石榴(老解下35. 柳氏物名四 木).

셕뉴황 명 석유황(石硫黃). 성냥. ☞셔류황. 셕류황 ¶셕뉴황:硫黃(同文解下23). 셕뉴황 무친 것:焠兒(物譜 鼎鐺).

셕닌 명 석린(石磷). 운모(雲母). ¶셕닌:雲母(譯解補38).

셕다 동 썩다. ☞석다 ¶셕은 남긔 박을 믈가 典當 잡은 춋더런가(萬言詞). 웃 다리 아래 셕은 다리 헛다리(萬言詞). 셕은 흙:腐土(柳氏物名五 土).

셕다 형 작다. ☞혁다 ¶이 몸이 셕은 션뷔로 擊節悲歌ᄒᆞ노라(古時調. 唐虞는. 海謠). 날 ᄀᆞ튼 셕은 션븨야 일너 무슴 ᄒᆞ리요(古時調. 金天澤. 古今에. 瓶歌).

·셕·대 명 굴레. ¶ᄒᆞᆫ 구렁잠불ᄆᆞ리 잇ᄀᆞ 슬지고 셕대 됴코:一箇栗色白臉馬有九分膘好轡頭(飜朴上63). ᄒᆞᆫ 구렁빗치 간쟈ᄆᆞᆯ이 九分이나 슬이 잇고 셕대 됴코(朴解上56).

·셕:댱 명 석장(錫杖). ¶바리와 錫杖과ᄅᆞᆯ 손소 阿難이 주시고(釋譜23:12).

:셕·듁화 명 석죽화(石竹花). 패랭이꽃. ☞셕쥭화 ¶셕듁화:瞿麥(救簡3:109).

·셕류 명 석류(石榴). ☞셕뉴 ¶石榴ㅅ곳 半斤과(救急上82). 셕룻고즐 디허:石榴花搗(救簡2:94). 셕 류:石 榴(飜朴上4). 셕 류 류:榴(兒學上6).

셕류황 명 석유황(石硫黃). 성냥. ☞셔류황. 셕뉴황 ¶셕류황:石硫黃(東醫 湯液三 石部). 믓친 셕류황:取燈(譯解補44). 셕류황:硫(兒學上5).

셕류황가디 명 성냥개비. ¶셕류황가디:引光奴(柳氏物名五 石).

·셕·벽 명 석벽(石壁). 절벽. ¶石壁이 ᄒᆞᆫ 잣 ᄉᆞ신ᄃᆞᆯ(龍歌31章). 어려븐 石壁과:石은 돌히오 壁은 ᄇᆞᄅᆞ미니 ᄇᆞᄅᆞᆷᄀᆞ티 션 바회ᄅᆞᆯ 石壁이라 ᄒᆞᄂᆞ니라(釋譜9:24). 노ᄑᆞᆫ 石壁ㅅ 아래로다(初杜解6:1). 却略히 노ᄑᆞᆫ 石壁이 버렛도다(初杜解6:17). 셕벽:㪺壁(同文解上7. 漢淸1:39).

셕비 명 석비(石碑). ¶무덤 노ᄑᆡ 넉 자히오 쟈근 石碑ᄅᆞᆯ 그 앏ᄑᆡ 세오딕(家禮8:18).

셕비릐 명 석비레. ¶셕비릐:勃壤(柳氏物名四 土).

·셕상 명 석상(石床). ¶셧녀긔ᄂᆞᆫ 太子 안ᄌᆞ시ᄂᆞᆫ 셕상 잇고:西壁廂有太子坐的地石床(飜朴上69).

셕식 명 석식(夕食). ¶존긔이 셕식을 못 ᄒᆞ야(洛城1).

셕양 명 석양(夕陽). ¶어즈버 夕陽이 盡타 마라 ᄃᆞᆯ이 조ᄎᆞ 오노ᄆᆡ라(古時調. 金樽에 ᄀᆞ득ᄒᆞᆫ. 靑丘). 夕陽에 翩翩白鷺는 오락가락ᄒᆞ노ᄆᆡ(古時調. 金壽長. 景會樓 萬株松. 海謠). 夕陽이 됴타마ᄂᆞᆫ 黃昏이 갓갑거다(古時調. 尹善道. 瓶歌).

셕연ᄒᆞ다 형 석연(釋然)하다. ¶싱이 후원의 칙할가 두리ᄂᆞᆫ ᄆᆞᄋᆞᆷ이 셕연ᄒᆞ여(落泉1:2).

·셕우황 명 석웅황(石雄黃). ☞셕웅황 ¶셕우황을 ᄀᆞᄂᆞ리 ᄀᆞ라:雄黃細研(救簡1:84). 셕우황ᄋᆞᆯ 곧을 고해 ᄇᆞᄅᆞ라:以雄黃抹鼻(救簡1:85). 셕우황을 ᄀᆞ라 ᄒᆞᄅᆞ ᄒᆞᆫ 번곰 ᄇᆞᄅᆞ라:雄黃爲末傅上日一易(救簡6:50). 셕우황:雄黃(柳氏物名五 石).

·셕웅황 명 석웅황(石雄黃). ☞셕우황 ¶菖蒲 수우레 石雄黃ㅅ 골올 녀허 머그라(瘟疫方6). 셕웅황을 ᄀᆞ라 므레 프러:雄黃研細水調(瘟疫方18). 셕웅황을 사ᄅᆞᆷ이 ᄎᆞ면 귀신이 갓가이 오디 못ᄒᆞᄂᆞ니라(辟新14).

셕이 명 석이(石耳. 石栮). ¶셕이:石耳(物譜 蔬菜). 셕이:石耳(柳氏物名三 草).

셕죵유 명 석종유(石鍾乳). 돌고드름. ¶셕죵유:乳石(柳氏物名五 石).

셕쥭화 명 석죽화(石竹花). 패랭이꽃. ☞셕듁화 ¶셕쥭화:石竹花(物譜 花卉).

셕ᄌᆞ황 명 석자황(石雌黃). ¶셕ᄌᆞ황:雌黃(柳氏物名五 石).

·셕챵포 명 석창포(石菖蒲). ¶ᄂᆞᆯ 甘草와 石菖蒲ᄅᆞᆯ 細切호니(救急上1). 셕챵포:菖蒲(東醫 湯液二 草部).

셕탄 명 석탄(石炭). ¶셕탄 피는 굴:煤窯(漢淸1:40).

·셕탄·ᄌᆞ 명 석탄자(石彈子). 돌팔매. ¶셕탄ᄌᆞ 포:砲(訓蒙中28).

셕하 명 서캐. ¶셕하:蟣(柳氏物名三 昆蟲).

·셕회 명 석회(石灰). ¶ᄇᆞᄅᆞ매 놀온 石灰와 ᄅᆞᆯ(救急上8). 셕회ᄅᆞᆯ ᄇᆞᆯ로ᄃᆡ(救簡1:23). 셕회에 섯거:和石灰(救簡6:47). 石灰와 細沙와 黃土와 섯거 고른 이로(家禮7:23).

·셗 명 고삐. ☞셕. 혁 ¶깃ᄀᆞ애 軍馬 두시고 네 사ᄅᆞᆷ ᄃᆞ리샤 셕슬 치자ᄫᅡ시니:路畔留兵 遂率四人按轡而行(龍歌58章). 華嚴法界예 셕슬 머믈우며:頓轡華嚴法界(圓覺序8). ᄲᆞ른 ᄆᆞᆯ거긔 金이 얼겟ᄂᆞᆫ 셕시로다:快馬金纏轡(杜解22:36). 뵈로 기르마와 셕슬 ᄣᆞᆯ디니라:布裹鞍轡(宣小5:54).

셗 명 직분(職分). ☞셕 ¶ᄒᆞᆫ 남진 ᄒᆞᆫ 겨지븐 庶人의 셕시라:一夫一婦庶人之職也(宣賜內訓1:80). 지어민 셕스로 실삼 ᄏᆡ려 갓솝더니(古時調. 니르랴 보쟈. 古歌).

셗 명 섟. ¶비 셕세 드다:停泊(譯解下21).

션 명 선(縇). ¶션 두루다:鑲(漢淸11:28).

-션 어미 -서는. ¶사라션 受ᄒᆞ고(靈驗6).

션가 명 선가(船價). ¶이놈들이 미일 엇ᄂᆞᆫ 션개 여러 십 냥의 지ᄂᆞ니(引鳳簫3).

션:고 명 선고(先考). ¶先考ㆆ쁜 몯 일우시니:莫遂考心(龍歌12章). 念此月印釋譜ᄂᆞᆫ 先考所製시니:先은 몬제오 考ᄂᆞᆫ 아비라(月釋序15). 月印釋譜ᄂᆞᆫ 先考 지ᅀᆞ샨 거시니(月釋序15).

션녁 명 서녘. ☞섯녁 ¶남녁을 향ᄒᆞ야 션녁을 우 삼고:南向西上(呂約41). 션녁 서:西(類合上2. 石千18). 晋은 司馬氏의 나라 일홈이니 션녁희 도읍ᄒᆞ엿던이라(宣小6:25).

션단 명 비단의 한 가지. ¶션단:閃段(同文解下24). 션단:閃緞(譯解補40). 셤거적 쓰더 펴니 션단 뇨히 되엿거ᄂᆞᆯ(萬言詞).

션뎐ᄒᆞ·다 동 선전(宣傳)하다. ¶그럴씨 모로매 信機ᄅᆞᆯ 굴히야 宣傳홇디니라(法華2:160).

-션·뎡 어미 -ㄹ지언정. ¶대ᄉᆞᄅᆞᆯ 내히 편토록 홀션뎡(癸丑30).

션:도 명 선도(仙道). ¶祖上애셔 仙道ᄅᆞᆯ 닷거늘(楞解3:76).

·션:돌 명 입석(立石). 〔지명(地名)〕¶션돌:立石(龍歌3:13).

-션디 어미 -신 지. ¶글 ᄇᆡ호션디 오래니(癸丑38).

션ᄃᆡ 명 선대(先代). ¶各各 疑心을 덜면 先代 聖人 ᄀᆞᆮᄒᆞ야(六祖上47).

:션람풍 명 선람풍(旋嵐風). 거세게 소용돌이 치는 바람. ¶舍利弗 神力이라 旋嵐風이 부니(月印上58). 神力으로 旋嵐風ᄋᆞᆯ 내니(釋譜6:30). 旋嵐風ᄋᆞᆫ ᄀᆞ장 ᄆᆡᄫᆞᆫ ᄇᆞᄅᆞ미라(釋譜6:30).

션명ᄒᆞ다 형 선명(鮮明)하다. ¶다른 나조ᄒᆡ 아 비르소 서르 鮮明ᄒᆞ리로다:他夕始相鮮(重杜解12:8). 션명ᄒᆞ다:鮮亮. 션명치 못ᄒᆞ다:不鮮亮(漢淸10:67).

션물 명 수박. ☞선물 ¶今人謂水苽爲 션물(東言).

션물 명 뇌물(賂物). ☞션믈 ¶션물 로:賂(倭解下39).

션믈 명 뇌물(賂物). ☞션물 ¶션믈 션:膳(光千34). 션믈 쓰다:行賄(漢淸3:7).

션반 명 선반. ¶션반:閣板子(譯解上19. 同文解下13). 션반:暗樓(漢淸9:74).

션보롬 명 선보름. 선망(先望). ¶션보롬:上半月(譯解補3).

션복화 명 하국(夏菊). ¶션복화:夏菊(柳氏物名三 草).

션:뷔 명 선비. ☞션ᄇᆡ. 션비 ¶모ᄃᆞᆫ 션뷔ᄅᆞᆯ 보와:見諸生(飜小9:9). 이 몸이 셕은 션뷔로 擊節悲歌 ᄒᆞ노라(古時調. 金裕器. 唐虞ᄂᆞᆫ. 海謠).

션·ᄇᆡ 명 ①선비. ☞션뷔. 션비 ¶션ᄇᆡ 術業이:儒術(初杜解21:10). 世上앳 션ᄇᆡᄂᆞᆫ 해 ᄢᅥ뎌ᄂᆞ니:世儒多汨沒(初杜解21:13). 션ᄇᆡ 형님 네 나를 ᄒᆞᆫ 댱 빋내ᄂᆞᆫ 글월 써 다고려:秀才哥你與我寫一紙借錢文書(飜朴上60). 션ᄇᆡ 슈:儒(訓蒙上34). 서근 져 션ᄇᆡ야 우리 아니 ᄉᆞ나희냐(古時調. 金宗瑞. 長白山에. 青丘). 이 몸이 서근 션ᄇᆡ로 擊節悲歌 ᄒᆞ노라(古時調. 金裕器. 唐虞ᄂᆞᆫ. 青丘). 드듸여 큰 션ᄇᆡ 되시니라:遂成大儒(重內訓4:12).
②학생. ¶딕실 션ᄇᆡ ᄒᆞ야 어피고:教當直的學生背起(飜老上3). ᄒᆞᆫ 션ᄇᆡ 일홈을 쓰고:寫着一箇學生的姓名(老解上3).
※션ᄇᆡ<션비

션·비 명 선비(先妣). ¶先妣 니울 이ᄅᆞᆯ(先妣ᄂᆞᆫ 祠堂애 든 녀편ᄂᆡ히라) 恭敬ᄒᆞ고(宣賜內訓1:83).

션·비 명 선비. ☞션뷔. 션ᄇᆡ ¶션비ᄅᆞᆯ 아ᄅᆞ실씨:且識儒生. 션비ᄅᆞᆯ ᄃᆞᅀᆞ실씨:且愛儒生(龍歌80章). 혀근 션비ᄅᆞᆯ 보시고:引見小儒. 늘근 션비ᄅᆞᆯ 보시고:接見老儒(龍歌82章). 두 션비 주거믜 가(三綱. 烈20). 션비의 術을 아디 몯ᄒᆞ며:不知儒術(宣賜內訓1:32). 醇一ᄒᆞᆫ 션비 해 아ᄂᆞᆫ ᄃᆞᆺ고:醇儒富(初杜解8:8). 한 士ㅣ 다 션비오:多士盡儒冠(杜解16:3). 션비 ᄉᆞ:士. 션비 유:儒(類合上17). 션비 ᄉᆞ:士(石千24). 學에셔 션비 노타:放學(譯解上15). 션비:秀才(譯解上27). 송약쇼ᄂᆞᆫ 패쥬 사ᄅᆞᆷ이라 ᄃᆡᄃᆡ 션비로:儒(女四解3:2). 션비:士(同文解上12).

션비는 몸을 닥고 힝실을 조히 ᄒᆞ야(女範1. 모의 졔뎐직모). 션비:儒. 큰 션비:大儒(漢淸5:29). 여러 아ᄃᆞᆯ을 ᄀᆞᄅᆞ쳐 다 어딘 션비 되니라:四子許以修革自後訓導愈明並爲良士(五倫3:13). 션비와 호반과 아젼들은 각각 그 직조를 니기고(綸音75). 션비ᄉᆞ:士(註千24. 兒學上1).
※션비>션븨>선비

션·비·글 명 유서(儒書). 유학(儒學)의 책. ¶太微宮은 션비그레 하ᄂᆞᆯ 皇帝ㅅ 南녁 宮일후미라(月釋2:49).

션:셰 명 선세(先世). ¶甫ㅣ 自註 舍人의 先世ㅣ 掌絲綸ᄒᆞ니라(初杜解6:4). 비록 先世예 그지 업슨 罪業 이셔도(金三3:56). 몸ᄋᆞᆯ 해ᄒᆞ며 션셰ᄅᆞᆯ 슈욕ᄒᆞ며:災已辱先(宣小5:16). 能히 션셰예 法을 딕킈여:能守先法(宣小6:100).

:션심 명 선심(善心). ¶風流ㅅ 소리로 善心ᄋᆞᆯ 마ᄀᆞ시니(月印上17). 盟誓ᄒᆞ야 善心ᄋᆞᆯ 니르와다ᄂᆞᆯ(月釋7:48).

션ᄉᆞ 명 선사(先師). 선현(先賢). ¶帝 아래 大學애 行幸ᄒᆞ샤 先師 孔子ᄅᆞᆯ 祭ᄒᆞ시고 도라오나시ᄂᆞᆯ(宣賜內訓2下61). 先師의게 命受홈을 恥홈 ᄀᆞᄐᆞ니라(宣孟7:12). 先師ㅣ 晩년의 주踈ᄒᆞᆫ 집ᄃᆞᆯ히 그른 줄을 아ᄅᆞ시되(家禮1:43).

션ᄉᆡᆼ 명 선생(先生). ¶諸生이 져그나 허므리 잇거든 先生이 端正히 안자 블러 ᄃᆞ려 서르 對ᄒᆞ야 나리 ᄆᆞᄎᆞ며(宣賜內訓3:18). 내 先生을 셤겨 親히 가라 飮食ᄒᆞ며(宣賜內訓3:69). 先生의 ᄠᅳ디논 道理ᄂᆞᆫ 羲皇ㅅ 우희 나고(初杜解15:37). 先生 ᄠᅳ디 여ᄒᆞ니이엔 峩峩ᄅᆞᆯ 그르 드러 洋洋ᄋᆞᆯ 삼ᄂᆞᆫ닷 마리라(金三涵序12). 여긔 잇ᄂᆞᆫ 오호 션ᄉᆡᆼ이:這裏有五虎先生(飜老下70). 두 션ᄉᆡᆼ이:兩箇先生(飜朴上42). 명도 션ᄉᆡᆼ 아이니(宣小5:7). 先生은 엇디 이 言을 出ᄒᆞ시ᄂᆞ니잇고(宣孟7:33). 션ᄉᆡᆼ의 여러 ᄒᆡ 교회ᄒᆞ시믈 닙으니(引鳳簫2).

션ᄯᅳᆺ 부 선뜻. ¶龍泉劍 드는 칼을 션ᄯᅳᆺ ᄲᅢ혀 두러메고(古時調. 歌曲).

션ᅀᅵᆫ 명 선인(仙人). ¶相師도 ᄉᆞᆯᄫᆞ며 仙人도 니ᄅᆞᆯ씨(月印上13). 그 仙人이 즉자히 虛空애 ᄂᆞ라 오나ᄂᆞᆯ(釋譜3:p.4). 仙人ᄋᆞᆫ 제 몸 구텨 오래 사ᄅᆞ미니 뫼해 노니ᄂᆞ니라(月釋1:9). 仙人 ᄀᆞᄐᆞᆫ 버든 ᄒᆞᆫ ᄇᆡᄅᆞᆯ 타 나조히 다시 올마 가더니라(初杜解6:11). 션ᅀᅵᆫ이 ᄉᆞ지 탓게 ᄆᆡᆼᄀᆞᆫ 사탕:獅仙糖(飜朴上4). 션ᅀᅵᆫ 션:仙(訓蒙中2).

:션ᅀᅵᆫ 명 선인(善人). ¶이 善人ᄋᆞᆯ 와 侵勞코져커든(楞解7:65). 子ㅣ ᄀᆞᄅᆞ샤ᄃᆡ 善人을 내 어더보디 몯ᄒᆞ거든(宣論2:22).

션ᅀᅵᆫ 명 선인(先人). ☞션인 ¶아ᄒᆡᄃᆞᆯ히 冠帶ᄒᆞ야 先人ᄋᆞᆯ 地下애 가아 보긔 ᄒᆞ노라:先人ᄋᆞᆫ 몬졋 사ᄅᆞ미니 어버ᅀᅵᆯ 니ᄅᆞ니라(三綱. 忠23). 일후믈 ᄒᆞ야ᄇᆞ리매 모ᄆᆞᆯ 災害ᄒᆞ며 先人을 辱히며 지블 배논 그 허므리(宣賜內訓1:32). 아래로 先人의 德을 ᄒᆞ야ᄇᆞ려(宣賜內訓2上51).

:션·악 명 선악(善惡). ¶惑業이 서르 ᄆᆡ자 善惡이 얼굴 잇ᄂᆞ니 일후미 有ㅣ오(法華3:138). 能히 子息의 善惡을 아ᄂᆞ니(宣賜內訓3:20). 善惡 是非로 胷中에 두디 아니ᄒᆞᆯ 시라(金三2:64). 是非와 善惡괏 허므를 보디 아니호미 곧 이 自性不動이니라(六祖中18).

션·약 명 선약(仙藥). ¶還丹ᄋᆞᆫ 仙藥이니 사ᄅᆞ미 머그면 長常 사라셔 죽디 아니ᄒᆞᄂᆞ니라(圓覺上一之二155). 仙藥 지슬 姹女ᄅᆞᆯ(初杜解15:34). 丹砂ᄂᆞᆫ 仙藥ㅣ니 블근 거시오(重杜解1:3).

션양ᄒᆞ·다 동 선양(宣揚)하다. ¶너비 宣揚ᄒᆞ샤ᄆᆞᆫ 本來ㅅ ᄆᆞᅀᆞᆷ 아니시니(金三4:41).

션영 명 선영(先塋). ¶ᄲᅧᄂᆞᆯ 션영 겨틔 들어 내면:暴骨先塋之側(東新續三綱. 孝8:57).

션온ᄒᆞ다 동 선온(宣醞)하다. 임금이 신하에게 술을 내리다. ¶고금 티란과 민싱의 휴쳑을 니기 의논ᄒᆞ시고 믄득 션온ᄒᆞ샤 밤이 반이 나믄 후의 파ᄒᆞ시니(仁祖行狀16).

션인 명 선인(仙人). ☞션ᅀᅵᆫ ¶션인 션:仙(類合下24. 石千19).

션인 명 선인(先人). ☞션ᅀᅵᆫ ¶朱子ㅣ ᄀᆞᄅᆞ샤ᄃᆡ 내 네 先人을 爲ᄒᆞ여(家禮7:31).

션뎐 명 서서 파는 노점(露店). ¶션뎐:立廛 緞廛之人立街上招人賣買故曰立廛(行吏).

션·조 명 선조(先祖). ☞션죠 ¶喪祭ᄂᆞᆫ 先祖를 從ᄒᆞᆫ다 ᄒᆞ니(宣孟5:5). 닙츈의 션조를 졔호ᄃᆡ:立春祭先祖(東新續三綱. 孝1:64). 先祖ᄅᆞᆯ 尊ᄒᆞᄂᆞᆫ 배니라(家禮3:6). 션조 허위ᄅᆞᆯ 비셜ᄒᆞ엿거시ᄂᆞᆯ(仁祖行狀5).

션죠 명 선조(先祖). ☞션조 ¶션죠의 졔ᄉᆞㅣ나 닛게 ᄒᆞ고(癸丑96).

:션죵ᄒᆞ·다 동 선종(善終)하다. ¶ᄇᆡᆨ셩이 법ᄒᆞᆯ 거시 업슨 디라 ᄇᆡᆨ셩의 법받디 몯ᄒᆞᄂᆞᆫ 배오 ᄡᅥ ᄇᆡᆨ셩의 우희 이시니 可히 ᄡᅥ 션죵티 몯ᄒᆞ리이다:民無則焉民所不則以在民上不可以終(宣小4:52).

션ᄌᆞ 명 선자(扇子). 부채. ¶扇ᄌᆞ ᄀᆞᆮᄐᆞ되 반ᄃᆞ게 ᄒᆞ고 두 ᄲᅳᆯ이 놉게 ᄒᆞ고(家禮7:32). 홍영 션ᄌᆞᄅᆞᆯ 뎐ᄒᆞ며 각각 두어 말을 밀어 ᄒᆞ고(引鳳簫2).

션좀 명 선잠. ☞선좀 ¶松壇의 션좀 ᄭᆡ야 醉眼을 드러 보니 夕陽 浦口에 나드나니 白鷗ㅣ로다(古時調. 金昌翕. 瓶歌).

션창 명 ①선창(船艙). ¶이제야 ᄇᆡ예 ᄐᆞ오니 션창 ᄀᆞ의 가 하딕 ᄉᆞᆯ옴새 ᄒᆞ고 보낸대

(新語8:29). 비 다히ᄂᆞᆫ 션창:馬頭(譯解下21). 션창:馬頭(同文解上7. 漢淸1:48). 션창 무운 것:埠頭(物譜 舟車).
②선실(船室). ¶션등의 쇼년 녀ᄌᆞ 두어시 션창 안희 이셔 단장ᄒᆞ고(落泉1:1).

션치ᄒᆞ다 동 선치(善治)하다. ¶오강 김지현의 션치ᄒᆞ믈 듯고(引鳳簫1).

션풍 명 선풍(旋風). 회오리바람. ¶左右 旋風ᄒᆞ야 번개티ᄃᆞᆺ 殺ᄒᆞᄂᆞ니라(武藝圖18).

션학 명 선학(仙鶴). 두루미. ¶金剛臺 ᄆᆡᆫ 우層의 仙鶴이 삿기치니(松江. 關東別曲).

션:후 명 선후(先後). ¶法이 네 이제 업스며 아로미 先後ㅣ 업도다(金三2:26). 先後ᄅᆞᆯ ᄃᆞ토면 곧 迷人과 ᄀᆞᆮᄒᆞ야(六祖中3).

:션·히 부 선(善)히. ¶心地ᄅᆞᆯ 善히 平히 ᄒᆞ야 놉ᄂᆞᆺ가이 업수믈 表ᄒᆞ시니라(楞解5:69). 能히 善히 ᄆᆞᅀᆞᄆᆞᆯ ᄡᅧ 忽然 定애 든 ᄢᅢ(蒙法17). 孝ᄂᆞᆫ 사ᄅᆞᄆᆡ ᄠᅳ들 善히 繼ᄒᆞ며(宣中21). 그 ᄒᆞᄂᆞᆫ 바ᄅᆞᆯ 善히 推ᄒᆞᆯ ᄯᆞᄅᆞᆷ이니:善推其所爲而已(宣孟1:26). 子ㅣ ᄀᆞᄅᆞ샤ᄃᆡ 晏平仲은 人으로 더브러 交홈을 善히 ᄒᆞ놋다(宣論1:46).

·션·ᄒᆞ·다 동 불치다. ☞불티다 ¶옰보믜 새로 션ᄒᆞᆫ ᄀᆞ장 장실ᄒᆞᆫ ᄆᆞ리라:今春新騸了的十分壯的馬(飜老下8).

:션ᄒᆞ·다 형 선(善)하다. ¶善ᄒᆞ면 樂ᄋᆞᆯ 受ᄒᆞ고 惡ᄒᆞ면 苦ᄅᆞᆯ 受ᄒᆞᄂᆞ니라(永嘉上113). 上品엣 사ᄅᆞᄆᆞᆫ ᄀᆞᄅᆞ치디 아니ᄒᆞ야도 善ᄒᆞ고 中品엣 사ᄅᆞᄆᆞᆫ ᄀᆞᄅᆞ친 後에 善ᄒᆞ고(宣賜內訓1:23). 帝 니ᄅᆞ샤ᄃᆡ 善타 아래 乾淸宮의 뫼ᅀᆞ와 안자 겨샤 마리 가난ᄒᆞᆫ 시졀이레 미쳇더시니(宣賜內訓2下47). 내 偈ᄅᆞᆯ ᄒᆞ논 ᄠᅳ든 法 求호ᄆᆞᆫ 곧 善코 祖 求호ᄆᆞᆫ 곧 惡ᄒᆞ니(六祖上13). 이베 善ᄒᆞᆫ 말 닐오ᄃᆡ(六祖中2). 晏子ㅣ 對ᄒᆞ야 ᄀᆞᆯ오ᄃᆡ 善타 問이여(宣孟2:14). 극진히 美ᄒᆞ고 또 극진히 善타 ᄒᆞ시고(宣論1:29).

:션:ᄒᆡᆼ 명 선행(善行). ¶一切善事ᄅᆞᆯ ᄉᆞ량ᄒᆞ면 곧 善行이 나ᄂᆞ니(六祖中38). 그 ᄒᆞᆫ 善言을 聞ᄒᆞ시며 ᄒᆞᆫ 善行을 見ᄒᆞ심애(宣孟13:11).

셜계ᄒᆞ다 동 설계(設計)하다. ¶원의의 등간 셜계ᄒᆞ던 일을 드ᄅᆞᄆᆡ(落泉3:8).

셜교 명 설기. ¶셜교:雪餻(譯解上51).

셜니 부 쉽게. ¶괴롭고 셜니 넉여(癸丑41).

셜다 형 섧다. ¶괴일을 만나거든 셔러 우ᄂᆞᆫ 눈물을 흘리라(女四解3:13). 희ᄂᆞᆫ 일이 셔로려든(古時調. 희여 검을. 東國歌辭). 셔를 통:慟. 셔를 도:悼(兒學下11).

:셜·다 동 설다. 낯설다. ¶나ᄂᆞᆫ 즈르미니 또 살 님자도 셔디 아니ᄒᆞ며 ᄑᆞᆯ 님자도 셔디 아니ᄒᆞ야 내 바ᄅᆞᆫ 대로 닐오리라:我是箇牙家也不向買主也不向賣主我只依直說(飜老下11). 나ᄂᆞᆫ 즈름이니 또 살 님자도 셔디 아니ᄒᆞ며 또 ᄑᆞᆯ 님자도 셔디 아니ᄒᆞ야 내 다 ᄆᆞᆫ 바른 대로 니ᄅᆞ리라(老解下10).

셜러죽다 동 분사(憤死)하다. ¶셜러죽다:屈死了(譯解下52).

셜리 부 쉽게. ☞셜ᄫᅵ. 셜이 ¶네 아븨 ᄋᆡᄆᆡᄒᆞᆫ 줄을 셜리 넉여(女範4. 녈녀 은병녈녀).

셜마 명 설마(雪馬). 썰매. ¶눈 우희 셜마 산힝ᄒᆞ다:雪上趕獸(漢淸4:52). 셜마:凌床(物譜 舟車).

셜마 부 설마. ¶ᄒᆞᆫ 달 셜흔 날에 날 보라 올 ᄒᆞᆯ니 셜마 업스랴 ᄒᆞ더라(古時調. 어이 못 오던가. 靑丘).

셜마은 수 삼사십(三四十). ☞셜흔. 마은 ¶셜마은 피 ᄲᅳ든ᄂᆞᆫ 尸首와:三四十箇血瀝瀝的尸首(朴解中29). 셜마은 手帕ㅣ라도 드리기 유여티 못ᄒᆞ리라:三四十箇手帕也遞不勾(朴解中55).

·셜:만ᄒᆞ·다 형 설만(褻慢)하다. 버릇없다. ¶셜만ᄒᆞᆯ 셜:褻(類合下27). 귀신을 셜만티 말며:毋瀆神(宣小3:12). 맛당히 간슈ᄒᆞ야 히여곰 殘穢ᄒᆞ며 褻慢케 ᄒᆞ야(家禮10:11). 가법이 심히 엄ᄒᆞ셔 ᄌᆞ손이 좌우의 뫼와실 ᄶᅵ라도 감히 셜만티 못ᄒᆞ더라(仁祖行狀16). 귀인이신줄 모ᄅᆞ고 셜만ᄒᆞ미 만흐니(落泉2:4).

셜면ᄌᆞ 명 설면자(雪綿子). 풀솜. ¶샹이 셜면ᄌᆞ 두 근씩 주시고(仁祖行狀30).

·셜·법 명 설법(說法). ¶부텻 說法을 다ᄉᆞᆺ 時예 ᄂᆞᆫ호니(楞解1:4).

·셜·법·ᄒᆞ·다 동 설법(說法)하다. ☞셜웝ᄒᆞ다 ¶다시 說法ᄒᆞ시니 世尊ㅅ 慈心이 엇더ᄒᆞ시니(月印上53). 龍과 鬼神과 위ᄒᆞ야 說法ᄒᆞ더시다(釋譜6:1). 波羅奈예 說法ᄒᆞ시며 枸尸羅애 寂滅에 드르시다 ᄒᆞᄂᆞ니(金三1:28). 三十七年을 說法ᄒᆞ시니(六祖序5).

:셜·ᄫᅥ 형 서러워. 괴로워. ㉮셟다 ☞셜워 ¶모ᄆᆞᆯ ᄲᅡᆯ쎠 셜ᄫᅥ 受苦ᄒᆞ다니(月釋2:51). 더욱 시드러 ᄌᆞ오다가 울어 셜ᄫᅥ 즐기디 몯ᄒᆞᇙ 사ᄅᆞᄆᆞᆫ(月釋21:91).

셜·ᄫᅥ이·다 형 섧습니다. 서럽습니다. 괴롭습니다. ㉮셟다 ¶나도 머릴 울워러 셜ᄫᅥ이다 救ᄒᆞ쇼셔 비ᅀᆞᄫᅩ니(月釋2:52).

:셜·ᄫᅥ·ᄒᆞ·다 동 괴로워하다. ☞셜워ᄒᆞ다. 셟다 ¶須達이 長常 그리ᅀᆞᄫᅡ 셜ᄫᅥᄒᆞ더니 부톄 오나시ᄂᆞᆯ(釋譜6:44). 有情이 오시 업서 모기 벌에며 더ᄫᅱ 치ᄫᅱ로 셜ᄫᅥᄒᆞ다가(月釋9:26).

:셜ᄫᅮᆷ 명 설움. 서러움. ☞셜옴. 셜움 ¶妻眷ᄃᆞ외여 셜ᄫᅮ미 이러ᄒᆞᆯ쎠(月印上52). ᄒᆞᆫ 사래 五百ᄋᆞᆯ 쏘니 셜ᄫᅮ믈 몯내 니르리로다(月釋10:29).

:셜ᄫᅳᆯ 형 서러울. 괴로울. ㉮셟다 ¶痛ᄋᆞᆫ 셜

ᄫᅳᆯ 씨라(月釋序10). 熱惱ᄂᆞᆫ 더ᄫᅵ 셜ᄫᅳᆯ 씨니 罪人ᄋᆞᆯ 글ᄂᆞᆫ 가마애 드리티ᄂᆞ니라(月釋1:29). ※셜ᄫᅳᆯ>셜울

:셜ᄫᅵ 부 쉽게. ☞셜리. 셜이 ¶ᄆᆞᅀᆞᄆᆞᆯ 더욱 셜ᄫᅵ 너기샤 눉므를 비오ᄃᆞᆺ 흘리시고(月釋8:94).

셜ᄫᅳᆫ 형 서러운. 괴로운. ㉠셟다 ¶地獄이 다 停寢ᄒᆞ니 셜ᄫᅳᆫ 이리 업스며(月釋2:33).

셜샤ᄒᆞ다 동 설사하다. ¶셜샤ᄒᆞ다:瀉肚(漢淸8:2).

셜·아ᄆᆞᆯ 명 서라말. 흰말. ☞셜이마 ¶셜아ᄆᆞᆯ:白馬(飜老下9. 老解下8). 셜아ᄆᆞᆯ:銀褐馬(譯解下28). ※셜아ᄆᆞᆯ>셜이마

·셜·압ᄒᆞ·다 형 압설(狎褻)하다. ¶놈ᄋᆡ 그윽ᄒᆞᆫ ᄃᆡ를 엿보디 아니ᄒᆞ며 셜압ᄒᆞᆫ ᄃᆡ 갓가이 아니ᄒᆞ며:不窺密不旁狎(宣小3:12).

셜연ᄒᆞ다 동 설연(設宴)하다. ¶쥬찬을 쥰비ᄒᆞ야 셜연ᄒᆞ고(引鳳簫1).

:셜옴 명 설움. ☞셜ᄫᅮᆷ. 셜움 ¶三界 더워 셜오미 블븐ᄂᆞᆫ 집 ᄀᆞᆮᄒᆞ니:三界熱惱猶如火宅(牧牛訣1).

:셜움 명 설움. ☞셜ᄫᅮᆷ. 셜옴 ¶셜우미 ᄆᆞᅀᆞ매 나ᄂᆞᆺ다:感愴發中(宣賜內訓2下17). 셜움이 骨髓에 들고:慟入骨髓(女四解2:15).

:셜·워 형 서러워. 슬퍼. ㉠셟다 ☞셜ᄫᅥ ¶金ㅅ 사ᄅᆞ미 긁어내야 ᄂᆞ치 헐에 티니 셜워 업디러디니(三綱. 忠18). 셜워 한숨호니:慘結增歎(宣賜內訓2下17). 듯거운 ᄯᅡ히 더우믈 셜워 우ᄂᆞᆺ다:慟哭厚地熱(重杜解12:9). 가노라 三角山아 보내노라 셜워 말아(古時調. 金兌瑞. 靑丘). 태종이 ᄀᆞ장 셜워 우ᄅᆞ시거ᄂᆞᆯ(女範1. 셩후 당문덕후).

:셜·워ᄒᆞ·다 동 서러워하다. 괴로워하다. ☞셜ᄫᅥᄒᆞ다. 셟다 ¶죽거늘 天下ㅣ 셜워ᄒᆞ더라(三綱. 忠22). 아라 셜워호ᄆᆞᆫ 아ᄅᆞᄆᆡ 思ㅣ라:知苦覺思也(楞解8:108). 孟子ㅣ ᄀᆞᆯᄋᆞ샤ᄃᆡ 셜워ᄒᆞ야 ᄉᆞ모ᄒᆞ심이니라:孟子曰怨慕也(宣小4:7). ᄆᆞᄋᆞᆷ애 더옥 근심ᄒᆞ고 셜워ᄒᆞ야:心愈憂苦(宣小6:28). 그 거상 닙어실 제 슬허 셜워홈이 甚ᄒᆞ니:其執喪哀戚甚(宣小6:78). 왕이 드ᄅᆞ시고 셜워ᄒᆞ샤 급찬을 튜증ᄒᆞ시니라:王聞之悲慟追贈級飡(東新續三綱. 忠1:2). ᄌᆞᆷ조차 기ᄃᆞ리려 ᄒᆞ니 더욱 셜워ᄒᆞ노라(古時調. ᄌᆞ득 ᄃᆞᆯ. 古歌). 셜워ᄒᆞ다:傷心(漢淸7:2).

·셜·웝ᄒᆞ·다 동 설법(說法)하다. ☞셜법ᄒᆞ다 ¶법셕 시작ᄒᆞ야 셜웝ᄒᆞ리러라:開場說法裏(飜朴上75). 며츠를 셜웝ᄒᆞ리러뇨:說幾箇日頭(飜朴上75).

:셜·이 부 쉽게. ☞셜리. 셜ᄫᅵ ¶내 每常 셜이 너겨:愚每痛之(楞解9:113). ᄯᅩ 셜이 우르샤:更又痛哭(金剛下事實3). 后ㅣ 곧 셜이 비ᅀᆞ와 辭讓ᄒᆞ신 젼ᄎᆞ로:后輒哀請謙讓故(宣賜內訓2下16). 늘거 세욤도 ᄆᆞᅀᆞ매 셜이 너기디 아니ᄒᆞ야(初杜解15:49). 아비 命 아닌 줄을 셜이 녀겨:痛父非命(宣小6:24). 뵈ᄋᆞᆸ디 몯호믈 ᄀᆞ장 셜이 너겨 病이 더 重ᄒᆞᆯ까 너기ᄋᆞᆸᄂᆡ이다(新語2:5). ※셜이<셜ᄫᅵ

셜이마 명 서라말. ☞셜아ᄆᆞᆯ ¶셜이마:銀褐馬(柳氏物名一 獸族).

셜쥬 명 설주. ¶난간 셜쥬 머리:欄杆頭(漢淸9:28).

셜치ᄒᆞ다 동 설치(雪恥)하다. ¶나기 셜치ᄒᆞ다:趕撈本(同文解下32). 셜치ᄒᆞ다:趕滂本(譯解補47).

셜합 명 설합. 서랍. ¶셜합:抽替(譯解補44). 셜합:抽屜(漢淸11:31).

셜혹 부 설혹(設或). ¶셜혹 不幸ᄒᆞ야 큰 數로 몸이 亡ᄒᆞ시거든:設有不幸大數身亡(女四解2:15).

셜·흔 수 서른. ☞셜ᄒᆞᆫ ¶스믈ᄒᆞᆯ리어나 셜흔 다ᄉᆡ어나(釋譜9:31). 나히 一百셜흐니어니 잇더니(釋譜24:19). 셜흔차힌 머리 摩陁那ㅅ 여르미 ᄀᆞᄐᆞ시며 셜흔ᄒᆞ나차힌 몺비치 빗나 됴ᄒᆞ시며(月釋2:57). 셜흐넨 내 成佛ᄒᆞ야(月釋8:63). 鈞은 셜흔 斤이라(圓覺下二之一49). 나히 셜흐니 몯ᄒᆞ야셔:年未三十(杜解8:21). 旻公ᄋᆞᆯ 보디 몯ᄒᆞ얀 디 셜흔 ᄒᆡ니:不見旻公三十年(杜解9:26). 셜흔 근 균:鈞(類合下23). 셜흔이어든 안해를 두어:三十而有室(宣小1:6). 셜흔:三十(同文解下20. 漢淸4:26). ᄒᆞᆫ 번의 셜흔 환식 ᄡᅳ되:每用三十丸(臘藥26).

셜·흔라·ᄆᆞᆫ 관 서른 남짓. ☞셜ᄒᆞ나ᄆᆞᆫ ¶顔氏 주그니 셜흔라ᄆᆞᆫ 사ᄅᆞ미러라:顔氏死者三十餘人(三綱. 忠13).

셜·ᄒᆞ나·ᄆᆞᆫ 관 서른 남짓. ☞셜흔라ᄆᆞᆫ ¶朴云이 쟈ᄅᆞᆫ 도최 가지고 云山이와 ᄯᅡᆯ와 셜ᄒᆞ나ᄆᆞᆫ 거ᄅᆞ미나 가며:云持小斧與云山追至三十餘步(續三綱. 孝19 二朴追虎). 운산이와 ᄯᅡᆯ와 셜ᄒᆞ나ᄆᆞᆫ 거ᄅᆞ미나 가며:與云山追至三十餘步(東續三綱. 孝16).

셜ᄒᆞᆫ 수 서른. ☞셜흔 ¶ᄆᆡ ᄒᆞᆫ 복애 셜ᄒᆞᆫ 환식 ᄒᆞ여:每服三十丸(老解下36).

:셟·다 형 섧다. 괴롭다. ¶一生 셜ᄫᅳᆫ ᄠᅳ들 ᄀᆞ장 니ᄅᆞ시니(月印上51). 셟고 애완븐 ᄠᅳ들 머거 갓가ᄉᆞ로 사니노니…셜ᄫᅳᆫ 人生이 어듸던 이 ᄀᆞᄐᆞ니 이시리잇고…셜ᄫᅳᆫ 일도 이러ᄒᆞᆯ쎠(釋譜6:5). 소리를 내야 닐오ᄃᆡ 셜ᄫᅳᆯ쎠(釋譜23:18). 痛ᄋᆞᆫ 셜ᄫᅳᆯ 씨라(月釋序10). 셜ᄫᅥ 슬ᄊᆞᄫᆞ매 이셔 ᄒᆞᇙ 바를 아디 몯ᄒᆞ니:痛言在疚罔知攸措(月釋序10). 惱ᄂᆞᆫ ᄆᆞᅀᆞᆷ 셜ᄫᅳᆯ 씨오(月釋2:22之1). 모ᄆᆞᆯ ᄲᅡᆯ씨 셜ᄫᅥ 受苦ᄒᆞ다니(月釋2:51). 더욱 시드러 ᄌᆞ오다가 울어 셜ᄫᅥ 즐기디 몯ᄒᆞᇙ 사ᄅᆞᄆᆞᆫ

(月釋21:9). 苦楚ᄂᆞᆫ 셜ᄫᅳᆯ 씨라(月釋21:46). ᄯᅩ 識神을 受苦ᄒᆞ야 셟게 호ᄆᆞᆯ 가ᄌᆞᆯ비시니라:亦乃苦楚識神也(法華2:121). 긼거리를 臨ᄒᆞ야셔 ᄣᅳ디 ᄌᆞ모 셜울시:臨岐意頗切(杜解8:21). 둣거운 ᄯᅡ히 더우믈 셜워우놋다:慟哭厚地熱(杜解12:9). ᄯᅩ 아니 내게 셜우녀:不虧着我(飜朴上11). 셜울 원:寃(訓蒙下24. 倭解上21). 셜온 님 보내ᄋᆞᆸ노니 나는 가시는 듯 도셔 오쇼셔(樂詞. 가시리). 사라셔 여희미 더옥 셜ᄯᅳ다:生離亦悲傷(恩重10). 셜울 통:痛(類合下18). 셜울 쳑:慼(類合下23). 셜울 도:悼(類合下35). 셜울 참:慘(類合下53). 나도 셟거든 놈의게 밀워 어ᄃᆡ다가 긋틀 다히리오(癸丑59). 내게 셜웨라:虧着我了(老解下11). 늙기도 셜웨라커든 짐을 조차 지실가(古時調. 鄭澈. 이고 진. 松江). 千秋後 寃痛홈이 孟嘗君이 더욱 셟다(古時調. 千秋前. 青丘). ᄂᆞ려져 죽기는 셟지 아녀 님 못 볼가 ᄒᆞ노라(古時調. 李陽元. 놉흐나 놉흔. 青丘). 가노라 三角山아 보내노라 셜워 말아(古時調. 金兌瑞. 青丘). ᄯᅩ 무어시 셜우리오(女四解4:32). 셟 다:苦啊(同文解下10. 漢淸7:2). 녀지 비록 셟기를 품어 ᄆᆞᄋᆞᆷ을 돌ᄀᆞᆺ치 ᄒᆞ야도(落泉1:2).

※'셟다'의 활용 [셟고/셟게/셟디… / 셜ᄫᅳᆫ/셜ᄫᅳᆯ/셜ᄫᅥ… / >셜운/셜울/셜워…

:셤 명 섬. ¶ 셤爲島(訓解. 用字). 셤 안해 도ᄌᆞᆨ 니저니:島不警賊(龍歌53章). 大海 셤이 人境에 그츤 ᄃᆡ 쉬여 잇ᄂᆞ니:大海島絶於人境(楞解8:133). 셔미 퍼러ᄒᆞ도다:島嶼青(初杜解21:40). 셤 도:島. 셤 셔:嶼(訓蒙上4. 兒學上4). 셤 도:島(類合上6. 倭解上9). 셤:海島子(譯解上8. 同文解上7). 모릐 모혀 셤이 되니 츄ᄌᆞ셤 싱길 제는(萬言詞). ※셤>섬

·셤 명 섬〔石〕. ¶ 여듧 셤 너 마리러시니(釋譜23:51). 長安에셔 ᄡᆞᆯ ᄒᆞᆫ 셔메 萬錢을 받거늘:長安米萬錢(初杜解24:35). 비록 여듧 셤 너 말이 나도(南明上31). 지 두ᅀᅥ 셤을 봇가:灰數斛熬(救簡1:75). 몃 셤 ᄐᆞ실고:關幾擔(飜朴上11). 셤 단:擔 十斗爲一斛卽一擔也(訓蒙下34). 셤 곡:斛(類合上27). 셤 셕:石(倭解上55. 註千27).

셤 명 섬돌. ☞셤 ¶ ᄌᆞ식이며 아ᄎᆞᆫ아ᄃᆞᆯ들히 셤 아래 르러니 셔 잇써니:子姪羅列階下(二倫15). 셤 계:階(兒學上9).

셤거적 명 섬거적. ☞셤ᄲᅥ적. 셝거적 ¶ ᄒᆞ마 죽게 도외여 셤거적 ᄭᆞ오 이셔:幾至滅性布苦于地(重三綱. 孝14).

셤겁다 형 나약하다. ☞섭겁다 ¶ 秋霜에 놀난 기러기 셤거온 소릐 마라 (古時調. 青丘). 浮虛코 셤거울슨 아마도 西楚霸王(古時調. 歌曲).

셤·곰 동 섬김. ㉠셤기다 ¶ 大人ᄃᆞ려 말ᄉᆞᆷᄒᆞᆯ 제는 님금 셤곰ᄋᆞᆯ 닐ᄋᆞ며:與大人言言事君(宣小3:15).

셤귀 명 쌍둥이로 태어난 강아지. ☞솔발이 ¶ 셤귀:師 犬二子(柳氏物名一 獸族).

셤·굠 동 섬김. ㉠셤기다 ¶ 님금 셤굠을 아디 몯ᄒᆞ는 이는:未知事君者(宣小5:105).

셤·기·다 동 섬기다. ¶ 獨夫受ㄹ 셤기시니:事獨夫辛(龍歌11章). 太子를 셤기ᅀᆞᄫᅩᄃᆡ 하ᄂᆞᆯ 셤기ᅀᆞᆸ듯 ᄒᆞ야(釋譜6:4). 比丘尼 절ᄒᆞ야 셤기디ᄫᅵ 새 ᄫᅵ호ᄂᆞᆫ ᄠᅳ들 어즈리디 말 씨오(月釋10:20). 諸佛와 善知識과를 셤기ᅀᆞ와(楞解1:86). ᄯᅩ 오직 스승 셤교ᄆᆞᆯ 니ᄅᆞ시고:且唯說事師(圓覺下三之一116). 님금 셤기ᅀᆞ오며:事君(宣賜內訓序3). 님그믈 셤기ᅀᆞ오면 祿이 업디 아니컨마ᄅᆞᆫ:事主非無祿(初杜解7:15). 굽스러셔 셤기다소니 이제 와 내 ᄒᆞ오ᅀᅡ 서의여호라(初杜解9:2). 諸佛을 받ᄌᆞ와 셤기ᅀᆞ옴도:承事諸佛(金三2:33). 싀어미를 셤교ᄃᆡ ᄀᆞ장 효도ᄒᆞ더니:事姑因氏其孝(續三綱. 烈14). 님금 셤규ᄆᆞᆯ 모ᄅᆞ는 사ᄅᆞᄆᆞᆫ(飜小8:26). 우횟 사ᄅᆞᆷ 셤기며:事上(飜小10:21). 父母를 잘 셤겨:善事父母(警民1). 셤기기를 정셩을 다ᄒᆞ야:事之盡誠(警民7). 셤길 ᄉᆞ:事(石千11. 倭解下33). 父母를 셤교ᄃᆡ 스스로 足디 몯홈ᄋᆞᆯ 아는 이는:事父母自知不足者(宣小4:10). 형 셤기ᄆᆞᆯ 아비 셤김ᄀᆞ티 ᄒᆞ며:事兄如事父(東新續三綱. 孝5:75). 사ᄅᆞᆷ의 ᄠᅳᆺ을 잘 아라 셤길시 슈귀 어엿비 너겨(明皇1:32). 셤기다:服事(同文解上30). 집의 어버이 셤기믄 곳 나라의 님금 셤기ᄋᆞᆸ는 본이니:事(百行源16).
※셤기다>섬기다

셤듧ᄒᆞ다 형 섬뜩하다. ¶ 처음은 서운ᄒᆞ고 셤듧ᄒᆞ신 거시(閑中錄128).

셤ᄲᅥ적 명 섬거적. ☞셤거적 ¶ 셤ᄲᅥ적 ᄯᅳ뎌 펴니 션단 뇨히 되엿거놀(萬言詞).

셤약ᄒᆞ다 형 섬약(纖弱)하다. ¶ 쇼제 긔운이 미평ᄒᆞ고 신취 셤약ᄒᆞ니(落泉1:2).

셤어ᄒᆞ다 동 섬어(譫語)하다. 헛소리하다. ¶ 셤어ᄒᆞ다:說鬼話(同文解下7).

셝거적 명 섬거적. ☞셤거적. 셤ᄲᅥ적 ¶ ᄒᆞ마 죽게 ᄃᆞ외야 셝거적 ᄭᆞ오 이셔:幾至滅性布苦于地(三綱. 孝14).

셥 명 (저고리의) 섶. ¶ 衽은 옷깃 밧 셥히라(家禮1:39). 셥 업슨 옷:對襟衣裳(譯解上44).

셥 명 담〔墻〕. ¶ 墻은 셥피라:墻이 棺의셔 놉기를 네 치맛감 ᄒᆞ고(家禮7:23).

셥 명 섶. ☞섭 ¶ 셥희 올니다:上草. 누에

섭:櫶(柳氏物名二 昆蟲).

섭 명 섶(柴). ☞섭 ¶마른 섭을 등의 지고 烈火 들이로다(萬言詞).

섭겁다 형 나약하다. ☞섭겁다. 셤겁다 ¶부헙고 섭거올슨 아마도 西楚覇王(古時調. 青丘).

섭녑ᄒᆞ다 동 섭렵(涉獵)하다. ¶경셔와 ᄉᆞ긔를 섭녑ᄒᆞ고:涉經史(東新續三綱. 烈4:77). 뭀 글월 一萬卷을 事務ᄒᆞᄂᆞᆫ ᄉᆞ이예 너비 涉獵ᄒᆞ놋다(重杜解19:28).

섭다 형 섧다. ☞섧다 ¶옛일이 더욱 섭다 당상혹발 우리 자부 긔력이(思鄉曲).

섭삭질 명 섭새김질. ¶섭삭질:鏤(柳氏物名五 金).

섭섭하다 형 섭섭하다. ¶섭섭할 창:悵(兒學下11).

섭심ᄒᆞ다 동 섭심(攝心)하다. ¶내 ᄯᅩᄒᆞᆫ 叉치 섭심ᄒᆞ리라 ᄒᆞ야 다시 침범치 아니ᄒᆞ리라(落泉2:4).

·섭:양 명 섭양(攝養). ¶攝養이 法에 어긔어든 져기 針과 뿌글 더으면 我 이슈믈 아ᄅᆞᆺᄒᆞ니(圓覺下三之一25).

섭정 명 섭정(攝政). ¶엇지 형을 올치 말나 ᄒᆞ리오 ᄒᆞ니 섭졍의 일이 일시의 쾌커니와(落泉3:7).

·섭정·ᄒᆞ·다 동 섭정(攝政)하다. ¶王莽이 攝政ᄒᆞ야ᄂᆞᆯ(三綱. 忠9).

셧가래 명 서까래. ☞셔. 혁가래 ¶셧가래:椽(同文解上35).

셧녁 명 서녘. ¶셧녁 겨틔:西(飜老上26). 셔울 종던 셧녁 샤텽의셔:京都樓殿西教場裏(飜朴上59). 셧녁 셔:西(訓蒙中4). 대개 셧녁크로 올므신 긔별 듣고:聞大駕西遷(東新續三綱. 忠1:61).

셧돌다 동 섞어 돌다. ¶百隊 青娥들은 綠陰에 셧돌며서(古時調. 洛陽 三月. 詩歌).

셧ᄭᅵ다 동 섞이다. ☞섯기다 ¶힌털 셧긘 여ᄋᆞ:沙狐狸(譯解下33).

셩 명 성(城). ¶구든 城을 모ᄅᆞ샤:不識堅城(龍歌19章). 世間 ᄇᆞ리시고 城 나마(釋譜6:4). 城 안햇 사ᄅᆞ미 다 와도 몯 드ᅀᆞᄫᆞ리어니(釋譜23:23). 城 안햇 사ᄅᆞ미 블써 匠人 브려(釋譜23:49). 四兵 모도아 城 밧긔 無數히 둘어 세오(釋譜23:51). 菩薩이 城밧 甘蔗園에:城은 자시라(月釋1:6). 供養 가져 城의 나아 부텨를 맛ᄌᆞᄫᅡ 저ᅀᆞᆸ고(月釋1:13). 그 아비 아ᄅᆞᆷ 아ᄃᆞᆯ 求ᄒᆞ다가 몯 어더 ᄒᆞᆫ 城에 잇더니(月釋13:7). 큰 城을 ᄆᆡᇰᄀᆞ라 ᄒᆞ마 쉬요ᄆᆞᆯ 알오…이 城은 實 아니라 내 지슬 ᄯᆞᄅᆞ미라 홈 ᄀᆞᆮᄒᆞ니라(法華3:182). 樓엣 누는 城에 노가 저젯고(初杜解6:15). 밦듕에 城 나마 出家ᄒᆞ샤 雪山애 드르샤(金三1:1). 世人이 제 色身이 이 城이오(六祖上96). 城의 올라 ᄀᆞᄅᆞ치디 아니ᄒᆞ며:登城不指(宣小3:10). 이 池를 鑿ᄒᆞ며 이 城을 築ᄒᆞ야(宣孟2:36). 그 縣ㅅ 디境과 그 城과 그 집을 ᄇᆞ라보고(家禮7:11). 셩 셩:城(倭解上33. 註千27. 兒學上4). 셩:城子(同文解上40).

:셩 명 성(性). 천성(天性). 본성(本性). ¶調達이 性이 모딜씨(月印上46). 그 ᄢᅴ 여슷 太臣이 이쇼ᄃᆡ 性이 모디러(釋譜11:18). 相ㅅ 根源이 性이오(釋譜13:41). ᄆᆞᅀᆞᄆᆞᆯ 다ᄉᆞ리며 性을 養호ᄆᆞ로 根源을 삼더니(宣賜內訓1:28). 내 性이 放曠虛誕호니 샹녜 自然에 逃歸코져 ᄒᆞ노라(初杜解6:35). 性이 그춤 아니어늘 자바 空ᄋᆞᆯ 삼ᄂᆞ니(金三涵序7). 오직 金剛經을 디니면 곧 제 性을 보아 바ᄅᆞ 成佛호ᄆᆞᆯ 알리라 ᄒᆞ시더라(六祖上5). 우리 스승이 셩이 온화ᄒᆞ야:我師傳才性過人者兒溫克(飜老上6). 지조ᄒᆞᆯ 셩이 놈두곤 더으니:性(飜小8:37). 셩 셩:性(訓蒙上29. 石千17). 제 셩이 서놀ᄒᆞ니 덥단 도ᄐᆞᆯ 고티며 ᄯᅩ 그 챵ᄌᆞᄅᆞᆯ(牛疫方15). 셩 셩:性(類合下1). 사ᄅᆞᆷ의 性을 拂홈이라(宣大26). 孟子ㅣ 性의 善홈을 道ᄒᆞ샤ᄃᆡ(宣孟5:1). 夫子의 性과 다ᄆᆞᆺ 天道를 닐ᄋᆞ샤믄 可히 시러곰 듣디 몯ᄒᆞᆯ이니라(宣論1:45). 미처 習ᄒᆞ야 ᄡᅥ 性이 일거든 이에 怒ᄒᆞ야(家禮2:23).

:셩 명 성(姓). ¶姓 ᄀᆞᆯᄒᆡ야 員이 오니(龍歌16章). 瞿曇ᄋᆞᆫ 姓이라(月釋1:5). 氏ᄂᆞᆫ 姓 ᄀᆞᄐᆞᆫ 마리라(月釋1:8). 사ᄅᆞᄆᆡ 셩과 일훔과ᄅᆞᆯ:其姓名(救簡1:84). 그 ᄢᅴ 江州ㅣ 別駕ㅣ 이쇼ᄃᆡ 姓은 張이오 일후믄 日用이러니(六祖上24). 셩이 니가:姓李的(飜朴上3). 셩현의 셩과 일후미 잇거든(飜小8:39). 셩 셩:姓(訓蒙上32). 셩 셩:姓(類合下2. 倭解上13. 兒學下7). 姓은 同ᄒᆞᆫ 배오 名은 獨ᄒᆞᆫ 밸씨니라:姓所同也名所獨也(宣孟14:26). 셩 일호믈 일타:失其姓名(東新續三綱. 烈1:8). 夫昏姻이란 거슨 ᄡᅥ 二姓의 好ᄅᆞᆯ 合ᄒᆞ야(家禮4:10).

셩 명 성(怒). ¶瞋恚纏은 양지 셩 니ᄅᆞᆯ씨 일후미 忿이오(法華6:175). 셩이 긋치고 소릐 ᄭᅳᆫ춘:怒弛聲絕(痘瘡方31). 셩:怒. 셩 머즈ᄒᆞ다:息怒(同文解上22). 셩 결우다:賭氣. 셩 ᄶᅧ지다:息怒(譯解補24). 급ᄒᆞᆫ 셩:暴怒(漢淸7:5).

·셩가·싀·다 형 파리하다. 초췌(憔悴)하다. 셩가싀다. ¶만히 머그닌 양지 셩가싀더니 그제ᅀᅡ 힌ᄃᆞ리 처엄 나니라(月釋1:42). 스믈여슷차힌 셩가싄 양지 업스시며(月釋2:57). 양지 셩가싀요만 自在ᄒᆞᆫ 힘 ᄀᆞᄎᆞ오미오(月釋13:21). 셩가싈 쵸:憔. 셩가싈 췌:悴(訓蒙中33). 셩가싈 췌:悴(類合下14).

셩가쾨 명 성가퀴. ☞셩각회. 셩각희 ¶ 셩가쾨:城垜子(同文解上40).

셩각회 명 성가퀴. ☞셩가쾨. 셩각희 ¶ 셩각회 텹:堞(倭解上34). 셩각회 구무:砲眼(譯解補10). 셩각회:城垜口(漢淸9:20).

셩각희 명 성가퀴. 성첩(城堞) ☞셩가쾨. 셩각회 ¶ 셩각희:垜口. 셩각희 구멍:砲眼(才物譜一 地譜).

셩공 명 성공(成功). ¶ 巍巍ᄒᆞ다 그 成功이 이숌이여:巍巍乎其有成功也(宣論2:35).

셩·곽 명 성곽(城郭). ¶ 貪愛 城郭애 衆을 거느려 王化ᄒᆞ야(圓覺下三之一53). 城郭앳 사ᄅᆞ미 내 오ᄆᆞᆯ 깃그니 소니 村墟에 며엣도다(初杜解6:40). 故로 ᄀᆞᆯ오ᄃᆡ 城郭이 完티 아니ᄒᆞ며(宣孟7:5). 城郭의 얼구ᄅᆞᆯ 刻畫ᄒᆞ얏ᄂᆞᆫ ᄃᆞᆺ도다(重杜解1:35). 븘 城郭ᄋᆞᆫ 므리 洽洽ᄒᆞ도다(重杜解2:3). 北녁 城郭애 사ᄂᆞᆫ 사ᄅᆞᆷᄋᆞᆯ ᄎᆞ자오라(重杜解9:11). 道路ㅣ 되디 아닐 ᄃᆡ며 城郭이 되디 아닐 ᄃᆡ며(家禮7:18). 싱민을 도탄의 ᄲᅡ지오고 셩곽을 더지며 궁실을 ᄇᆞ리며(山城41).

셩귀다야 명 성가퀴의 물받이. ¶ 셩귀다야:垜口水眼(同文解上40).

셩급ᄒᆞ다 형 성급(性急)하다. ¶ 셩급ᄒᆞ다:性緊(漢淸8:33).

셩긔다 형 성기다. ☞셩긔다 ¶ 시 셩긔고:士疏(三略中3).

셩내다 동 성내다. ☞셩ᄂᆡ다 ¶ 셩낼 흔:狠(類合下32). 셩내다:撒性子(譯解上38). 셩내여 크게 벼로고 집의 믈러가니라(三譯1:10). 셩낸 가마귀 휜 빗촐 새올세라(古時調. 가마귀. 靑丘). 無故히 울며 셩내ᄂᆞᆫ 버르시 일고(女四解2:25). 셩내다:惱了(同文解上22). 셩내여 ᄡᅥ다:怒戰(同文解上33). 셩내여 ᄃᆞᆺ토다:合了氣. 웃ᄂᆞᆫ ᄂᆞᆺ체 셩낸 주먹:笑臉嗔拳(譯解補59). 급히 셩내다:暴怒. 속으로 셩내다:暗怒(漢淸8:34).

:셩·냥바·지 명 장색(匠色). ☞셩녕바치 ¶ 네 百姓ᄋᆞᆫ 그위실ᄒᆞ리와 녀름지ᅀᅳ리와 셩냥바지와 홍졍바지왜라(楞解3:88).

:셩·녕 명 수공예(手工藝). ¶ 또 사오나온 셩녕 잇다 그 나ᄆᆞ니ᄂᆞᆫ 다 뵈 ᄲᅡ 잇ᄂᆞ니 이ᄂᆞᆫ 마초온 셩녕이오 그 나ᄆᆞ니ᄂᆞᆫ 다 져제 ᄑᆞᄂᆞ니로다:再有些薄薄的生活其餘的都是布裹的是主顧生活其餘的都是市賣的(飜老下33). 슈질 치지렛 셩녕 잘 ᄒᆞ고:好刺綉生活(飜朴上45). 공장이 셩녕을 브즈러니 ᄒᆞ면:工勤於技能則(正俗21). ᄒᆞᆰ 셩녕 도:陶(類合下7). 이ᄂᆞᆫ 마최옴 셩녕이오:是主顧生活(老解下30). 나도 用心ᄒᆞ여 셩녕을 ᄒᆞ리라:我也用心做生活(朴解上16). 슈지치 셩녕을 잘 ᄒᆞ고:好刺綉生活(朴解上41). 뎌 휘ᄋᆞ 푸ᄌᆞ에 셩녕 비호라 가고:那靴鋪裏學生活去(朴解中19). 高手엣 사ᄅᆞᄆᆡ ᄆᆡᆫᄃᆞᆫ 셩녕이:高手的人做的生活(朴解中26). 셩녕 못춘 후에 손시시:澆手(譯解下43). 工倕의 셩녕인가 鬼斧로 다ᄃᆞᄆᆞᆫ가(松江. 關東別曲). 셩녕:工程(同文解下17. 漢淸12:1). 沙工의 成佾인지(古時調. 李鼎輔. 海謠).

셩녕바치 명 장색(匠色). ☞셩냥바지 ¶ 셩녕바치:匠人(譯解上30).

셩녕싼 명 공방(工房). ¶ 셩녕싼:做房(漢淸10:18).

:셩·녕ᄒᆞ·다 동 공작(工作)하다. 제작(製作)하다. ☞셩령ᄒᆞ다 ¶ 나도 용심ᄒᆞ야 셩녕ᄒᆞᆯ 거시라:我也用心做生活(飜朴上17). 누에치며 질삼ᄒᆞ며 셩녕ᄒᆞ며 댱ᄉᆞ질ᄒᆞᄂᆞᆫ 사ᄅᆞᆷ도 각각 그 일을 브즈런이 ᄒᆞ야:蠶織工商之人各勤其事(警民11). 木植亦曰木料:남그로 셩녕ᄒᆞᆯ ᄀᆞ옴이니(朴解下12). 셩녕ᄒᆞ다:做工(同文解下17). 셩녕ᄒᆞ다:作工(漢淸12:1).

셩녜ᄒᆞ다 동 성례(成禮)하다. ¶ 셩녜호미 늗디 아니ᄒᆞ니라:成禮未晩也(東新續三綱. 烈1:2).

셩ᄂᆡ다 동 성내다. ☞셩내다 ¶ 셩ᄂᆡ여도 소릐를 놉피 말라:怒(女四解3:4). 맛당히 ᄭᅮ짓고 셩넘을 베풀어:怒(女四解3:20). 셩ᄂᆡᆯ 노:怒(兒學下11).

:셩:대·ᄒᆞ·다 형 성대(盛大)하다. ¶ 거믜 光明이 盛大ᄒᆞ야 先宗ᄋᆞᆯ 더러ᄇᆡ디 아니ᄒᆞ리라(蒙法46).

셩당ᄒᆞ다 동 성장(成長)하다. ¶ 셩당ᄒᆞ야ᄂᆞᆫ 부모의 ᄇᆞ라ᄂᆞᆫ 배 이ᄌᆞᄐᆞ시니(百行源17).

셩·뎍 명 성적(成赤). ¶ 비록 疎ᄒᆞ고 먼 이라도 반ᄃᆞ시 위ᄒᆞ야 사회ᄅᆞᆯ ᄀᆞᆯᄒᆡ야 혼인호ᄃᆡ 다 남그로 사긴 셩뎍 그ᄅᆞ슬 ᄡᅳ며:雖疎遠必爲擇婿嫁之皆用刻木粧奩(宣小6:108).

셩뎍ᄒᆞ다 동 성적(成赤)하다. ☞셩젹ᄒᆞ다 ¶ 지븨셔 셩뎍ᄒᆞᄂᆞᆫ 고운 겨지븐 두 구미티 프르고:粧閣美人雙鬢綠(百聯12).

셩령ᄒᆞ다 동 공작(工作)하다. 제작하다. ☞셩녕ᄒᆞ다 ¶ 셩령ᄒᆞᆫ 거시 잘 ᄒᆞ엿ᄂᆞ니라(淸老2:13).

셩리 명 관리. ¶ 셩리 니:吏(類合下10).

:셩명 명 성명(姓名). ¶ 머리 ᄀᆞᆯ며 ᄂᆞᆺ 밧고오미 나리 다옴 업스니 그 ᄒᆡ엣 녯 姓名을 니저ᄇᆞ리도다:改頭換面無窮日忘却當年舊姓名(南明上55). 聖賢의 姓名이:聖賢姓名(宣小5:118). 已議娶某官某郡姓名之女ᄒᆞ야(家禮4:4). 陷中에 ᄡᅥ 벼슬과 姓名과 行녈을 ᄡᅳ라(家禮圖17). 셩명을 무로니(三譯7:8).

셩문ᄒᆞ다 동 성문(成文)하다. ¶ 셩문ᄒᆞ다:立券(漢淸6:64).

셩ᄆᆞ르다 형 성마르다. 성급(性急)하다. ☞셩ᄆᆞᄅᆞ다 ¶ 셩ᄆᆞ르다:暴躁. 셩ᄆᆞᆯ라 급ᄒᆞ

다:急迫(漢淸8:33).

:셩ᄆᆞᄅᆞ·다 형 성마르다. 성급하다. ☞셩ᄆᆞ르다 ¶性ᄆᆞᄅᆞᆫ 사ᄅᆞ미 ᄒᆞᆫ 엇게예 메여 가면:性燥漢一肩擔荷得去(蒙法52). 셩ᄆᆞᄅᆞ다:性急(譯解上38). 셩ᄆᆞᄅᆞ다:性躁(同文解上22).

·셩비·ᄒᆞᆺ 명 습성(習性). ¶性비ᄒᆞ시 어득고 녇가ᄫᅡ(月釋13:10).

셩셕 명 성. 노기(怒氣). 역정. ¶점점 ᄌᆞ라면 거스려 화동티 아니여 도ᄅᆞ혀 셩셕 내ᄂᆞ니라:漸漸長成狼戾下調不伏虧爲返生嗔恨(恩重13).

셩수 명 순도(純度). ¶만일 買賣銀으로 니ᄅᆞᆯ 량이면 그저 九五 셩수ㅣ라:若論買賣銀只該九五色(朴新解1:33). 셩수 ᄂᆞ즌 금:成色金. 셩수 ᄂᆞ즌 은:成色銀(漢淸10:40).

셩·슈 명 성수(星宿). ¶星宿ㅅ 變怪難이어나:星宿는 벼리라(釋譜9:33). 벼슬ᄒᆞᆯ 셩슈ᄂᆞᆫ 업다:官星沒有(飜老下71).

셩·슉ᄒᆞ·다 동 성숙(成熟)하다. ¶佛果ᄅᆞᆯ 成熟게 ᄒᆞ시니라:熟은 니글 씨니 이닷 ᄡᅳ디라(楞解8:33).

셩시 명 성씨(姓氏). 성(姓). ¶셩시 시:氏(兒學下7).

:셩·식 명 성식(性息). 성정(性情). ¶擧動이 妄量ᄃᆞᄫᆡ오 셩시기 麤率ᄒᆞ니 게 가 몯 나시리라(月釋2:11). 몬져 그 사회와 며느리의 性식과 힝뎍과 그 집 法이 엇던고 ᄒᆞ야 ᄉᆞᆯ피고:當先察其壻與婦之性行(宣賜內訓1:80). 驕慢ᄒᆞ며 새옴ᄒᆞᄂᆞᆫ 性식을 養ᄒᆞ야 일우면:養成驕妬之性(宣賜內訓1:81). 셩식이 至嚴ᄒᆞ고 質朴ᄒᆞᆫ 냥반이매(隣語5:17).

셩신 명 성신(星辰). ¶彗와 孛와 飛와 流와ᄂᆞᆫ 星辰의 灾異ㅅ象이오(楞解2:87). 日月과 星辰이 繫히여시며(宣中40). 天의 高홈과 星辰의 遠홈이나(宣孟8:20).

셩·실 명 성실(誠實). ¶誠實ᄋᆞᆫ 거츠디 아니ᄒᆞ야 實ᄒᆞᆯ 씨니 誠實ᄒᆞᆫ 마ᄅᆞᆫ 阿彌陀佛 기리ᄉᆞᆸᄂᆞᆫ 마리라(月釋7:74).

셩·실히 부 성실(誠實)히. ¶ᄠᅳ들 셩실히 호모로브터:誠意(飜小9:18).

셩·실ᄒᆞ·다 형 성실(誠實)하다. ¶三千大千世界ᄅᆞᆯ 다 두프샤 誠實ᄒᆞᆫ 마ᄅᆞᆯ ᄒᆞ시ᄂᆞ니(月釋7:74). 公이 니ᄅᆞ샤ᄃᆡ 그 誠實호민뎌:公曰其誠乎(宣賜內訓1:16). 례예 도ᄅᆞ가 오라면 셩실ᄒᆞ리라:復禮久而誠矣(飜小8:9). 어딘 사ᄅᆞᄆᆞᆫ 조각을 아라 일 ᄉᆡᇰ각호매 셩실케 ᄒᆞ고:哲人知幾誠之於思(飜小8:11). 오람애 셩실ᄒᆞ리라:久而誠矣(宣小5:89). 믈읫 일을 모롬이 誠實ᄒᆞ기ᄅᆞᆯ 힘ᄡᅧ ᄒᆞ고(警民14). 이 과궁의 상히 셩실치 못ᄒᆞᆫ 타시니 실로 내 허믈이오(綸音26).

셩심 명 성심(誠心). ¶至極ᄒᆞᆫ 誠心ᄋᆞ로(釋譜23:10). 츌셩ᄒᆞ야 딤을 보게 ᄒᆞ랴ᄒᆞ믄 ᄒᆞ나흔 네 셩심으로 항복ᄒᆞ믈 보랴ᄒᆞ미오(山城77). 폐하의 위엄으로 구ᄒᆞ믈 닙은 고로 셩심으로 친ᄒᆞ고(山城88). 과궁이 만일 능히 셩심으로 술을 금홈이면(綸音25). 젼리 셩심으로 사ᄅᆞᆷ을 구ᄒᆞᆫ즉(經筵).

셩:ᄉᆞ 명 성사(成事). ¶成事ᄂᆞᆫ 일 일울 씨라(月釋13:39). 三虞ㅣ라 ᄒᆞ고 虞事ᄅᆞᆯ 成事ㅣ라 ᄒᆞ라(家禮9:7).

셩ᄢᅴ 명 성깔. ¶셩ᄢᅴ 잇다:有性氣. 셩ᄢᅴ 내다:使性氣(漢淸7:6).

:셩ᄲᆞᄅᆞ·다 형 성급하다. ¶나ᄂᆞᆫ 셩ᄲᆞᄅᆞᆫ 사ᄅᆞ미니:我是快性的(飜老下23). 나ᄂᆞᆫ 셩ᄲᆞᄅᆞᆫ 사ᄅᆞᆷ이니:我是快性的(老解下21).

셩ᄡᆞ다 형 성급(性急)하다. ¶셩ᄡᆞᆫ ᄆᆞᆯ:急性馬(譯解下29).

:셩신 명 성인(聖人). ☞셩인 ¶聖人 神力을 어ᄂᆞ 다 ᄉᆞᆯᄫᆞ리(龍歌87章). 聖人ㅅ 道理 비화ᅀᅡ ᄒᆞ리니(釋譜6:3). 聖王ᄋᆞᆫ 聖人이신 王이시니 聖은 通達ᄒᆞ야 몰롤 이리 업슬 씨라(月釋1:19). 하ᄂᆞᆯ로 ᄆᆞᄅᆞ 삼고 德으로 믿 삼고 道로 門 사마 變化애 始作홀씨 聖人이라 ᄒᆞ니(法華1:14). 아니 ᄀᆞᄅᆞ쳐도 善호미 聖人 아니라 엇더니며:不敎而善非聖而何(宣賜內訓1:23). 聖人ㅅ 圖謀ᄂᆞᆫ 하ᄂᆞᆯ히 너버 큰 ᄃᆞᆺ고:聖圖天廣大(初杜解6:25). 人情에 갓갑디 아니ᄒᆞ니 聖人의 벙으로미 더욱 멀면(金三2:26). 各各 疑心을 덜면 先代 聖人 ᄀᆞᆮᄒᆞ야(六祖上47). 현신은 셩신을 ᄇᆞ라고:賢希聖(飜小8:2). 셩신에 나ᅀᅡ가니:所以進於聖人(飜小8:8). 셩신과 현신과로 ᄒᆞᆫᄃᆡ 가리라:聖賢同歸(飜小8:11). 셩신 셩:聖(訓蒙下25). 德은 聖人이 되시고(宣中17). 智ㅣ 足히 ᄡᅧ 聖人을 알리니(宣孟3:21). 子ㅣ ᄀᆞᆯᄋᆞ샤ᄃᆡ 聖人을 내 어더 보디 몯ᄒᆞ거든(宣論2:22).

셩신 명 성인(成人). ☞셩인 ¶成人을 表ᄒᆞ야 國大王이 모ᄃᆞᆫ 나랏일로 太子ᄅᆞᆯ 分ᄒᆞ야 맛디며(楞解8:27). 子路ㅣ 成人을 묻ᄌᆞ온대 子ㅣ ᄀᆞᆯᄋᆞ샤ᄃᆡ:子路問成人子曰(宣論3:55).

셩악부리다 동 위세를 부리다. ¶셩악부리다:逞强(譯解補52).

셩악ᄒᆞ다 형 성악(性惡)하다. ¶셩악ᄒᆞᆫ 이:用强的(譯解上28).

셩에 명 성애. ¶成語:셩에 賣買者出錢與證人會飮謂之成語(行吏).

셩에 명 성에. 멍에. ¶셩에:轅(物譜 耕農).

셩에장 명 성엣장. 유빙(流氷). ¶셩에장:氷筏(柳氏物名五 水).

:셩인 명 성인(聖人). ☞셩신 ¶聖人 ᄀᆞᄅᆞ치샤ᄆᆞᆯ 보디 몯ᄒᆞ고:不見聖學(宣賜內訓序6). 오직 셩인은 性대로 ᄒᆞ시ᄂᆞᆫ 者ㅣ라:惟聖性者(宣小題辭2). 셩인 현인의 ᄒᆞ시ᄂᆞᆫ 바 일

이며:聖賢所爲之事(宣小5:8). 聖人의 法을 비홈은:學聖人之法(宣小6:62). 셩인 셩:聖(類合下2. 兒學下1). 셩인 셩:聖(石千9). 다ᄉᆞᆺ 가지 法이 이믜 베픈 故로 聖人이니(家禮1:44). 後에 聖인이 닐어나리 이시면 반ᄃᆞ시(家禮7:31).

셩인 명 성인(成人). ☞셩신 ¶兄弟의 子의 몸의 ᄆᆞᆺ도록 ᄒᆞ고 成人이오 無後ᄒᆞ니는(家禮1:20).

:셩·쟈 명 성자(聖者). ¶地藏菩薩ᄭᅴ 묻ᄌᆞᄫᆞ샤ᄃᆡ 聖者하 閻浮衆生ᄋᆡ 業 지ᅀᅩᄆᆡ 差別와 受ᄒᆞᆫ 報應이 그 이리 엇더니잇고(月釋21:37). 聖者ㅣ사 能ᄒᆞᄂᆞ니라(宣中8).

셩적함 명 성적함(成赤函). 화장함(化粧函). ¶셩적함:粧奩(譯解補29).

셩적ᄒᆞ다 동 성적(成赤)하다. ☞셩뎍ᄒᆞ다 ¶지비셔 셩적ᄒᆞᄂᆞᆫ 고은 겨지븐:粧閣美人(百聯18). 혹 셩적ᄒᆞ고 몬 ᄃᆞᆯ니ᄂᆞ니 이시니 이는 평안도 녀기러라(山城130).

셩졍 명 성정(性情). ¶셩졍이 제 모양 ᄀᆞᆺ다:像原身(漢淸5:47). 셩졍:情(漢淸6:12). 이 집 主人이 待客ᄒᆞ기를 죠하ᄒᆞᄂᆞᆫ 셩졍일너니(隣語1:18). 네의 쇼통 영민ᄒᆞᆫ 셩졍으로 언변의 교활ᄒᆞ미 이러틋 ᄒᆞ야(落泉2:4).

셩질 명 성질(性質). ¶셩질이 노무ᄒᆞ고(引鳳簫1).

셩:취 명 성취(成就). ¶그러나 비록 여슷 成就 ᄀᆞᄌᆞ나(圓覺上一之二24). ᄒᆞᆫ 念을 悔ᄒᆞ면 곧 成就 몯 ᄒᆞ리라(圓覺下二之二42).

셩:취ᄒᆞ·다 동 성취(成就)하다. ¶비록 닷게 ᄒᆞᆯ디라도 져기 成就호미 어려우니(圓覺下二之二42). 셩취ᄒᆞ다:成就(譯解補53). 셩취치 못ᄒᆞᆯ 이:不成器(漢淸8:49).

셩취ᄒᆞ다 동 성취(成娶)하다. 성가(成家)하다. ¶냥ᄌᆞ로ᄡᅥ 셩취ᄒᆞ니(洛城1).

셩품 명 성품(性品). ☞셩픔 ¶셩품:性格(譯解補51). 삼긴 셩품:生性(漢淸6:11). 셩품 넉으러온 이:舒展(漢淸6:13).

셩픔 명 성품(性品). ☞셩품 ¶셩픔 셩:性(註千17). 표졔 나히 어리나 고집ᄒᆞᆫ 셩픔이 이시니(落泉2:6).

:셩현 명 성현(聖賢). ¶엇던 젼ᄎᆞ로 이 ᄀᆞᄐᆞᆫ 聖賢이 擁護호ᄆᆞᆯ 得ᄒᆞᄂᆞ뇨(月釋21:153). 聖賢ㅅ 글왈(三綱. 忠24). 聖賢이 녯 法을 後世예 브텨 주어 傳ᄒᆞ시니라(初杜解17:4). 一切 聖賢ᄋᆞᆫ 번게 ᄲᅥ름 ᄀᆞᆮ도다(金三5:27). 셩현의 일쳔 마리며:聖賢千言(飜小8:5). 聖賢地位예 니르디 몯홈을 근심티 아니ᄒᆞ리라:不患不到聖賢地位也(宣小5:93). 비록 聖賢 이샤도:雖聖賢(宣小6:120). 우흐로 셩현의 젼슈ᄒᆞᆫ 도통과(經筵).

셩혼ᄒᆞ다 동 성혼(成婚)하다. ¶쇼져는 이 동노야의 녀ᄋᆡ시니 부명 업시 셩혼ᄒᆞᆫ 줄 셜워 굿게 직히시니(落泉2:4). 셩관ᄒᆞ며 셩혼ᄒᆞ매:成婚(百行源13).

셩화 명 성화(星火). ¶점점 셩화가 되오셔 우실 적도 겨시더니라(閑中錄128). 催促이 星火 ᄀᆞᆺᄉᆞ온ᄃᆡ(隣語1:26).

셩화ᄀᆞᆺ치 부 성화(星火)같이. ¶군뮈 급ᄒᆞ니 일일도 머무지 못ᄒᆞ리라 셩화ᄀᆞᆺ치 독촉ᄒᆞ니(落泉3:7).

셩황 명 성황(城隍). 서낭. ¶셩황에 거다:留謝儀(漢淸9:6).

셩황ᄉᆞ 명 성황사(城隍祠). ¶셩황ᄉᆞ:山路神(同文解下11).

셩히 부 성(盛)히. ¶내 모ᄆᆡᆺ 光明이 無量無數 無邊 世界를 盛히 비취여(釋譜9:4). 嗔心과 깃굼과 올타 외다 호미 盛히 起ᄒᆞ며 滅ᄒᆞ야(牧牛訣24). 興從 盛히 ᄒᆞ야 와 맛더니(三綱. 烈17). 曹溪ㅅ 法席이 盛히 化호ᄆᆞᆯ 듣고(六祖中94). 世예 盛히 行ᄒᆞ니라(六祖中102). 服을 盛히 ᄒᆞ야 ᄡᅥ(宣中16). 바다 도적이 셩히 핍박호ᄃᆡ:海寇熾迫(東新續三綱. 孝1:52).

셩ᄒᆞ다 형 성하다. 신선하다. ¶ᄉᆞᆯ고와 이ᄉᆞ랏과 여러 가짓 셩ᄒᆞᆫ 과시를:杏兒櫻桃諸般鮮果(飜朴上5). 믈읫 거시 셩코 맛나면 반ᄃᆞ시 쳔신ᄒᆞ고:凡物鮮味雖微必薦(東新續三綱. 烈1:53). 世上 사ᄅᆞᆷ들이 입들만 셩ᄒᆞ여셔(古時調. 靑丘). 니영이 다 거두치니 울잣신들 셩ᄒᆞᆯ소냐(古時調. 靑丘). 生魚:셩ᄒᆞᆫ 고기란 말이라(英小6:18). 다만지 손이 셩ᄒᆞ매 盞 잡ᄭᅵ만 안오라(古時調. 들은 말. 海謠).

:셩ᄒᆞ·다 형 성(盛)하다. 무성하다. 우거지다. ¶釋種이 盛ᄒᆞᆯᄊᆡ 加夷國에 ᄂᆞ리샤(月印上5). ᄯᅡ토 平ᄒᆞ며 나모도 盛ᄒᆞ더니(釋譜6:23). 東山애 곳과 果實왜 盛코(釋譜13:23). 서르 자바 콩바티 녀 보니 ᄀᆞᅀᆞᆳ고지 盛ᄒᆞ야 菲菲ᄒᆞ도다:相携行豆田秋花藹菲菲(初杜解15:5). 我人ㅅ 츽츽ᄒᆞᆫ 수프리 心地예 盛ᄒᆞ얫다가(金三涵序7). 셩ᄒᆞᆯ 애:藹(類合下54). 셩ᄒᆞᆯ 무:茂(類合下56). 셩ᄒᆞᆯ 셩:盛(類合下62. 倭解下33. 兒學下7). 셩ᄒᆞᆯ 셩:盛(石千12). 鬼神의 德이로옴이 그 盛ᄒᆞᆫ뎌(宣中15). 孔子만 盛ᄒᆞ신 이 잇디 아니ᄒᆞ시니라(宣孟3:23). 唐虞ㅅ 際ㅣ 이에셔 盛ᄒᆞ나 婦人이 인ᄂᆞᆫ디라(宣論2:36). 그 증은 담이 셩ᄒᆞ며 답답ᄒᆞ며 머리 알포며(辟新1). 셩ᄒᆞᆯ 나:難 盛也(註千9 難字註). 셩ᄒᆞᆯ 영:榮 草茂(註千13 榮字註). 셩ᄒᆞᆯ 무:無 仝蕪(註千13 無字註). 셩ᄒᆞᆯ 무:茂(註千22). 셩ᄒᆞᆯ 제:濟 濟濟威儀(註千24 濟字註). 셩ᄒᆞᆯ 운:云 云云 仝芸(註千27 云字註).

:셩:힝 명 성행(性行). ¶性行이 멀터워 쁘들 ᄀᆞ장ᄒᆞ야(六祖上35). 셩힝이 뎡슌ᄒᆞ야: 性行貞順(東新續三綱. 烈2:45). 子식으로 ᄒᆡ여곰 性行이 ᄯᅩ ᄀᆞᆺᄂᆞ니라(家禮2:22).

:셰 명 세(勢). ¶이ᄂᆞᆫ 法 브터 勢 비러 거즛말 거즛 行으로 일훔 도ᄌᆞᆨᄒᆞ야 苟且히 利ᄒᆞ야:此寄法借勢矯言僞行以竊名苟利(法華4:195). 勢ᄂᆞᆫ 關羽 張飛와 다ᄆᆞᆺ ᄀᆞᆯ오니(初杜解6:31). 비록 知慧 이시나 勢를 乘홈만 ᄀᆞᆮ디 몯ᄒᆞ며(宣孟3:6). 셰 심히 위박ᄒᆞ니:勢甚危迫(東新續三綱. 忠1:14). 곧 朝廷의 勢 ᄌᆞ스로 尊ᄒᆞᆯ디니라(家禮1:15). 셰 쓰ᄂᆞᆫ 사ᄅᆞᆷ:矜勢人(同文解上13). 셰 쓰다:矜勢(同文解上32). 셰 쓰ᄂᆞᆫ 이:矜勢人(譯解補19). 셰 쓰다:怪樣(漢淸8:22).

셰 명 세(貰). ¶셰 물 님:賃. 셰 물 츄:僦(訓蒙下9).

:셰 명 세로〔縱〕. ¶罔象이 ᄒᆞᆫ녁 셰브터 프ᄅᆞᆯ 다 뷔여 어드니라(金三4:31). 셰:縱(同文解下54).

셰 명 세(稅). ¶샹고의 셰:稅(同文解上51). 셰 밧치다:上稅(譯解補38).

셰 부 세로로. ¶ᄀᆞᄅᆞ ᄯᅱ고 셰 ᄯᅱ다:橫跳竪跳(譯解補60).

-셰 어미 -세. ☞-새 ¶山 죠코 물 죠흔 듸 곳갈 시름 ᄒᆞ여 보셰(古時調. 등과 승이. 靑丘).

셰가랑 명 세모래〔細砂〕. ¶믈 밋희 셰가랑:水底沙(柳氏物名五 土).

셰가랑모래 명 세모래〔細砂〕. ☞셰가락모릐 ¶물 아래 셰가랑모래 아무리 ᄇᆞᆲ다 바자최 나며(古時調. 靑丘).

셰가·탈 명 말이 약간 탈탈거리며 걷는 걸음. ¶셰가탈:細點的(譯解下29).

셰가·탈ᄒᆞ다 동 말이 약간 탈탈거리며 걷다. ¶ᄒᆞᆫ 구렁쟘불ᄆᆞ리 잇ᄀᆞᆺ 솔지고 셕대됴코 셰가탈호ᄃᆡ 다믄 져기 거르메 ᄌᆞᄂᆞᆺᄯᅳ고:一箇栗色白臉馬有九分膘好轡頭點的細只是少行上遲(飜朴上63). 다ᄉᆞᆺ 셰가탈ᄒᆞᄂᆞᆫ ᄆᆞᆯ을 가져오고:五箇細點的馬來(朴解中7).

:셰간 명 세간(世間). 세상(世上). ¶世間ㅅ 風流를 들이ᄉᆞᆸ더니(月印上19). 世ᄂᆞᆫ 世間이라(釋譜序2). 世間애 부텻 道理 ᄇᆡ호ᅀᆞᄫᆞ리(釋譜序2). 世間앳 ᄠᅳ들 그치고(釋譜6:2). 衆生ᄋᆞᆫ 一切 世間앳 사ᄅᆞ미며 하ᄂᆞᆯ히며(月釋1:11). 世間ᄋᆞᆯ 본ᄃᆞᆫ 夢中엣 일 ᄀᆞᆮᄒᆞ니(楞解6:73). 世間 사ᄅᆞ미 살며 죽ᄂᆞᆫ 이리 크니(六祖上10). 世間앳 善과 惡과 됴홈과 구줌과(六祖中8). 셰간애 ᄡᅳ노니 漢人의 마리니:世間用着的是漢兒言語(飜老上5). 셰간 ᄇᆞ리고 가리도 여기 잇ᄂᆞ니라:下世去的也有的是裏(飜朴上76). ᄯᅩ 니ᄅᆞ라 世間에 므스 일이:且道世間甚事(宣小6:48). 셰간에 ᄡᅳᄂᆞᆫ 거슨 ᄒᆞᆫ 말이니:世間用着的是漢兒言語(老解上5). 世間이 하 多事ᄒᆞ니(古時調. 申欽. 날을 뭇지. 靑丘). 世間 榮辱이 오로 다 ᄭᅮᆷ이로다(古時調. 金重說. 九龍沼. 靑謠).

·셰간 명 세간. 가산(家産). ¶셰간 ᄂᆞᆫ화 닫 사라지라 ᄒᆞ거ᄅᆞᆯ:求分財異居(飜小9:22). 셰간 ᄂᆞᆫ화 닫 사라지라 求ᄒᆞ거ᄂᆞᆯ:求分財異居(宣小6:20). ᄌᆞ조 그 셰간을 배아거ᄂᆞᆯ:數破其産(宣小6:21). 뫼와 겨오시던 셰간을(癸丑51). 셰간을 믈허ᄇᆞ리고 집을 ᄒᆞ야ᄇᆞ리기:壞産破家(警民29). 비록 이 셰간이 판탕ᄒᆞᆯ만졍(古時調. 鄭澈. 기울계. 松江). ᄉᆞᄉᆞ 셰간을 츼 앗겨:偏愛私藏(重內訓3:36). 셰간 쓸 만ᄒᆞ다:足用. 셰간 잇ᄂᆞᆫ 이:有産業(漢淸6:16). 셰간 업:業 産業(註千13 業字註).

셰간브티 명 세간붙이. ¶광안늬 겨집이 셰간브티에 글월와 철냥 녀흔 방 좀믈쇠 열쇠ᄅᆞᆯ 형의 겨집의게 보낸대:弟婦籍滋蓄納管鑰於姒(二倫18 光進返籍).

:셰·간사·리 명 세간살이. 살림살이. ¶셰간사리 잘 몯ᄒᆞ거늘:拙於家事(續三綱. 烈7).

:셰:계 명 세계(世界). ¶十方 世界 ᄇᆞᆰ고(月印上20). 生ᄋᆞᆫ 世界예 나아 사라ᄒᆞ니는 것 들히라(釋譜序1). 부톄 百億 世界예 化身ᄒᆞ야(月釋1:1). 하ᄂᆞᆯ히며 사ᄅᆞᆷ 사ᄂᆞᆫ ᄯᅡ히 다 뫼호아 世界라 ᄒᆞᄂᆞ니라(月釋1:8). 엇뎨 일후미 衆生 世界오 世ᄂᆞᆫ 올마 흘로미오 界ᄂᆞᆫ 方位니(楞解4:94). 世界ㅅ 보비라(金剛序7). 本來 잇ᄂᆞᆫ 一大地ᄅᆞᆯ 여희면 世界 微塵이 다 뷔니라(金三3:9). ᄲᆞᆯ리 뎌 셰계예 가시리니(桐華寺 王郎傳6).

셰공 명 세공(歲功). ¶멋 번 時雨 되야 歲功을 일웟ᄂᆞᆫ다(辛啓榮. 月先軒十六景歌).

셰내다 동 세(貰)내다. ¶ᄒᆞᆫ 곳 집을 셰내엿노라:賃一所房子(朴解中38). ᄆᆞᆯ 셰내여 오다:租馬來(譯解下50). 셰낼 님:賃(倭解上56). 셰내다:雇了(同文解下27). 셰내다 又 삭내다:租(漢淸10:17).

:셰·다 동 (머리가) 세다. ¶셴 하나비ᄅᆞᆯ:皤皤老父. 셴 할미ᄅᆞᆯ:皤皤老媼(龍歌19章). 나히 八十이 디나 머리 셰오 ᄂᆞ치 디드러 아니 오라 ᄒᆞ마 주그리니(月釋17:47). 네 이제 머리 셰며 ᄂᆞᆺ 삻쥬믈 슬ᄂᆞ니:汝今自傷髮白面皺(楞解2:9). 머리 셰오 ᄂᆞ치 살찌닐 ᄂᆞ미게 뵈요ᄃᆡ:示人髮白而面皺(法華5:120). 니마히 半만ᄒᆞᆫ 빗ᄂᆞᆫ 머리 셰니:半頂梳頭白(初杜解7:12). 머리터리 젹거니 엇뎨 셰유믈 잇비ᄒᆞ리오:髮少何勞白(杜解9:7). 셴 머리예 幕府에 와 ᄃᆞᆫ뇨니:白頭趍幕府(杜解10:2). 셴 머리ᄅᆞᆯ 글구니:白頭搔(杜解10:6). 늘거 셰옴도 ᄆᆞᅀᆞ매 셜이 너

기디 아니ᄒᆞ야(初杜解15:49). 머리 셰ᄃᆞ록 서르 ᄇᆞ리디 마져 ᄒᆞ더라:白首不相棄(初杜解16:18). 아ᄎᆞᆷ 나조히 사ᄅᆞᄆᆞᆯ 뵈아 절로 머리 셰에 ᄒᆞᄂᆞ다:朝夕催人自白頭(杜解18:4). 셴 머리 나ᄆᆞᆯ 보디 마롤디니라:休看白髮生(杜解21:14). 반만 셴 이 잡드렛디 아니ᄒᆞ며:斑白不提挈(宣小4:39). 반만 셴 이:斑白者(宣小5:34). 어제 감던 머리 현마 오ᄂᆞᆯ 다 셸소냐(古時調. 靑丘). 귀밋치 셰여시니 ᄂᆞᆷ이 ᄂᆞᆰ다 ᄒᆞ려니와(古時調. 靑丘). 검거니 셰거니 一便도 ᄒᆞᆫ져이고(古時調. 가마귀 검거라. 靑丘). 셰다:髮白(同文解上19).

:셰·다 [동] 세우다. ☞셰오다. 세우다 ¶中興主를 셰시니:立中興主(龍歌11章). 平等王ᄋᆞᆯ 셰ᅀᆞᄫᆞ니 瞿曇氏 그 姓이시니(月印上4). 獅子座ᄅᆞᆯ 셰ᅀᆞᄫᅡ(月印上24). 塔 셰오 堀 짓고(釋譜6:44). 有德ᄒᆞᆫ 사ᄅᆞᄆᆞᆯ 셰여(釋譜9:9). 塔 셰ᅀᆞᄫᆞᆫ 양도 보리러니(釋譜13:14). 塔寺 셰며 僧坊 지ᅀᅥ(月釋17:37). 七寶塔 셰요ᄃᆡ 노ᄑᆡ와 너븨왜 漸漸 져거(月釋17:37). 우흘브터 셰ᄂᆞ니(月釋18:82). 寶塔 셰야(月釋21:213). 엇데 아로ᄆᆞᆯ 셰욣 주리 이시리오:豈容立知(楞解5:8). 見性ㅅ 法을 셰시니:立見性之法(金剛序5). 法 셰요ᄆᆞᆯ 븓디 아니ᄒᆞ시리라:不假立法(金剛序5). 觀ᄋᆞᆯ 셰시고:立觀(永嘉下10). 各別히 廚帳을 셰옛더니:別立廚帳(宣賜內訓1:66). 神靈을 셰여:立神(杜解6:2). 훤히 새 ᄠᅳ들 셰도다:渙然立新意(杜解6:22). 마치ᄅᆞᆯ 자ᄇᆞ며 拂子ᄅᆞᆯ 셰야도:拈槌豎拂(金三3:48). 建立ᄋᆞᆫ 셰여 둘 시라(南明上6). 실을 셰어나 ᄒᆞ야:立甑(救簡1:88). 몬져 無念을 셰여 宗 삼고:先立無念爲宗(六祖中8). 공경이 내 몸 셰ᄂᆞᆫ 터힌 주를 보고(飜小8:27). 셸 건:建(類合下13). 비홀 ᄃᆡᄅᆞᆯ 셰시고 스승을 셰샤:建學立師(宣小題辭2). 유ᄉᆞᄅᆞᆯ 명ᄒᆞ샤 돌ᄒᆞᆯ 셰여 이ᄅᆞᆯ 긔록ᄒᆞ다:命有司立石紀事(東新續三綱. 孝1:3).

셰다 [동] 헤아리다. ¶人間萬事를 歷歷히 셰어 보니(武豪歌).

셰답 [명] ①서답. 개짐. 월경대(月經帶). ¶조ᄒᆞᆫ 셰답:月布(譯解上37). ②빨래. ¶셰답줄:曬繩(譯解補44).

셰답ᄒᆞ다 [동] 빨래하다. ¶에나거든 셰답ᄒᆞ며 바ᄂᆞ질호ᄃᆡ:得間則浣濯紉縫(家禮2:28). 셰답ᄒᆞ다:漿洗了(譯解補29).

:셰:ᄃᆡ [명] 세대(世代). ¶그러나 世代 더욱 ᄂᆞ리여 사ᄅᆞ미 ᄀᆞ존 저죄 업스니:然世代愈降人無全材(宣賜內訓2下45). 셰ᄃᆡ 멀고 셩인이 업서:世遠人亡(宣小題辭3). ᄒᆞᆫ갓 셰ᄃᆡ로 황명 은혜ᄅᆞᆯ 바라(山城53).

-·셰·라 [어미] -구나. ☞-세라 ¶대 내 은 닷 량을 ᄲᅥ디워 두셰라:他少我五兩銀子裏(飜朴上34). 大明天地에 腥塵이 ᄌᆞᆷ겨셰라(古時調. 南怡. 長劒을. 靑丘). 밤中만 암거ᄉᆞ의 픔에 드니 念佛景 업셰라(古時調. 長衫 ᄠᅳ더. 靑丘). 桃花 ᄠᅳᆫ ᄆᆞᆰ은 물에 山影조ᄎᆞ ᄌᆞᆷ겨셰라(古時調. 曺植. 頭流山. 海謠). 錦繡靑山이 물 아레 ᄌᆞᆷ겨셰라(古時調. ᄆᆞᆯ이 놀나. 甁歌). 客興이 더어셰라(古時調. 申欽). ᄒᆞᆫ 벽당 소쇄ᄒᆞᆫᄃᆡ 됴일이 놉ᄒᆞ셰라(萬言詞). 端拱徐趨 나아가니 先聖之儀 가자셰라(쌍벽가).

셰류ᄉᆞ [명] 세류사(細柳笥). 버들고리. 버들상자. ¶크나큰 細柳笥애 洽足히 다마 두고(蘆溪. 蘆溪歌).

셰말 [명] 세말(歲末). 세밑. ¶셰말:歲末(東新續三綱. 烈3:61).

:셰·말·ᄒᆞ·다 [동] 세말(細末)하다. 곱게 빻아 가루로 만들다. ¶龍腦 牛黃 各 두 分과 朱砂 六分과ᄅᆞᆯ 細末ᄒᆞ야:腦子牛黃各二分朱砂六分右細末取(救急上2). 槐花ᄅᆞᆯ 보ᄭᅡ 細末ᄒᆞ야 ᄇᆞᄅᆞ면 됻ᄂᆞ니라:炒槐花爲末摻之而愈(救急上67).

:셰:모 [명] 세모(歲暮). ¶歲暮애 陰陽이 뎌른 히ᄅᆞᆯ 뵈아ᄂᆞ니:歲暮陰陽催短景(初杜解14:19). 歲暮애 날ᄃᆞ리 ᄲᆞᆯ리 가놋다:歲暵日月疾(重杜解2:60). 歲暮애 슬푸미 하도다:歲暮有餘悲(重杜解9:4). 九曲은 어드ᄆᆡ고 文山에 歲暮커다 奇岩怪石이 눈 속에 뭇쳐셰라(高山九曲歌).

셰몰애 [명] 세모래. 세사(細砂). ¶삭삭기 셰몰애 별헤 나ᄂᆞᆫ 삭삭기 셰몰애 별헤 나ᄂᆞᆫ 구은 밤 닷 되를 심고이다(樂詞. 鄭石歌).

:셰미·히 [부] 세미(細微)히. ¶오직 細微히 定心ᄒᆞ야 ᄆᆞᆯ겨 어즈럽디 아니케 ᄒᆞᆫ 後에ᅀᅡ(楞解9:60).

:셰미ᄒᆞ·다 [형] 세미(細微)하다. ¶細微ᄒᆞᆫ 거시 水族ᄋᆞᆯ 니벳도소니(初杜解17:39).

셰밀ᄒᆞ다 [형] 세밀(細密)하다. ¶만일 細密ᄒᆞᆫ 곳이면(捷蒙3:4).

셰버들 [명] 세버들(細柳). ¶셰버들 柯枝 것거 낙근 고기 ᄢᅦ여 들고(古時調. 靑丘).

:셰:ᄇᆡ [명] 세배(歲拜). ¶歲拜ᄅᆞᆯ 졍히 ᄆᆞᅀᆞᆷ 곳 두워 ᄒᆞ면:有心拜節(飜朴上67).

셰사 [명] 세사(細砂). ¶石灰와 細沙와 黃土와 섯거 고른 이로(家禮7:23).

셰사 [명] 세사(世事). ☞셰ᄉᆞ ¶世事ㅣ 삼ᄶᅥ울이라 허틀고 ᄆᆡ쳐셰라(古時調. 靑丘).

셰살 [명] 세(細)살. 가는 살. ¶총만 남은 헌 집신의 셰살 부치 遮面ᄒᆞ고(萬言詞).

셰살장지 [명] 세살장지. ☞셰살장ᄌᆞ ¶이 내 가슴에 窓 내고쟈 고모장지 셰살장지 들장지 열장지 암돌져귀 수돌져귀 비목 걸새 크나큰 쟝도리로 뚱닥 바가 이 내 가슴에

窓 내고쟈(古時調. 窓 내고쟈. 靑丘).

셰살장ᄌᆞ 명 세살장지. ☞세살장지 ¶고모장ᄌᆞ 셰살장ᄌᆞ 가로다지 여다지예 암돌져귀 수돌져귀 비목 걸새 뚝닥 박고(古時調. 한숨아. 靑丘).

셰살창 명 세살창. 창살이 가는 창문. ¶셰살창:亮槅(物譜 第宅).

셰살쿠ᄌᆞ 명 순도 높은 은의 한 가지. ¶셰살쿠ᄌᆞ:細絲(譯解下1).

셰삼승 명 석새삼베의 한 가지. ¶셰삼승:大細三梭(譯解下5).

:셰·샹 명 세상(世上). ¶世上ᄋᆞᆫ 崢嶸ᄒᆞ야: 崢嶸은 뫼 노폰 양이라(永嘉下106). 우리 셰샹앳 사ᄅᆞ미:咱們世上人(飜老下47). 셰샹 사ᄅᆞᆷ이 됴ᄒᆞᆫ 사ᄅᆞᆷ 업다 ᄒᆞᄂᆞᆫ 세 字ᄅᆞᆯ 즐겨 닐으ᄂᆞᆫ 이ᄂᆞᆫ:世人喜言無好人三字者(宣小6:76). 어ᄂᆡ ᄂᆞ치며 눈으로 셰샹의 셔리오:何面目立於世乎(東新續三綱. 忠1:46). 世샹 사ᄅᆞᆷ이 ᄯᅩ 遊宦ᄒᆞ다가 遠方의 가 죽거든(家禮7:16). 세샹의 드믄 은틱을 닙ᄉᆞᆸ고(仁祖行狀30). ᄃᆡᄃᆡ 션비로 셰샹의 소문ᄂᆞᆫ지라:世上(女四解3:2). 世上의 이런 虛疎ᄒᆞᆫ 사ᄅᆞᆷ이(隣語1:12).

:셰샹ᄒᆞ·다 형 세상(細詳)하다. 상세하다. ¶더욱 셰샹ᄒᆞ도록 더욱 됴ᄒᆞ니라:越細詳越好(飜朴上17).

:셰:셰·로 부 세세(世世)로. ¶우리 家門이 世世로 忠厚ᄒᆞ며:吾家世忠厚(宣賜內訓2下56). 世世로 絲綸 ᄀᆞᅀᆞᆷ아로ᄆᆡ 아ᄅᆞᆷ다오ᄆᆞᆯ 알오져 홀뎬:欲知世掌絲綸美(初杜解6:4). ᄌᆞ손애 니르러 ᄯᅩ 셰셰로 강논ᄒᆞ니:至其子孫亦世講之(飜小7:46). 가문이 셰셰로 슌후ᄒᆞ야:家世純厚(飜小9:74). 가문이 셰셰로 純厚ᄒᆞ야:家世純厚(宣小6:69).

셰셰히 부 세세(細細)히. ¶細細히 ᄡᅢ여내여 공교히 뒤를 놋코(武豪歌). 비로소 젼일을 셰셰히 니ᄅᆞ고(洛城1). 쇼졔 지난 환난을 셰셰히 베프니(落泉3:7).

:셰:셰ᄒᆞ·다 형 세세(細細)하다. ¶香爐앳 ᄂᆡ 細細ᄒᆞᆫ듸:爐烟細細(初杜解6:6).

:셰·쇽 명 세속(世俗). ¶世俗앳 ᄠᅳ디 한 젼ᄎᆞ로(釋譜6:2). 世俗 經書ㅣ며 世間 다ᄉᆞ롤 마리며(釋譜19:24). 世俗이 오직 物을 조차 ᄃᆞ욀ᄊᆡ(楞解2:3). 이 사ᄅᆞ미 惡心 머거 샹녜 世俗 일 念호ᄃᆡ(法華4:195). 언제ᅀᅡ 世俗앳 ᄢᅧ를 ᄢᅥ러ᄇᆞ리고:何當擺俗累(初杜解6:20). 셰쇽이 다 벋 사괴유믈 듕히 ᄒᆞ야 : 擧世重交游(飜小6:24). 다믄 世俗의 樂을 好ᄒᆞ노이다(宣孟2:2). 그런 故로 世俗의 情이 이 날의 니ᄅᆞ러(家禮1:30). 분墓 알픠 石이 이시니 世쇽이 稱호ᄃᆡ(家禮8:20). 셰쇽 사ᄅᆞᆷ이 아니라(三譯7:9). 쇼싱이 어리고 아득ᄒᆞ여 셰쇽 죱은 소견으로 ᄉᆡᆼ각ᄒᆞ미니(落泉1:2).

:셰·슈 명 세수(洗手). ¶셰슈 관:盥(類合下8). 셰슈 드리ᅌᆞ올시 져므니ᄂᆞᆫ…셰슈 ᄆᆞᄎᆞ셔든 슈건을 받ᄌᆞ올디니라:進盥少者…盥卒授巾(宣小2:3). 셰水ᄂᆞᆫ 洗東의 잇게 ᄒᆞ얏더니(家禮3:5).

셰슈대야 명 세숫대야. ¶셰슈대야:洗臉盆(同文解下15. 漢淸11:24).

셰슈물 명 세숫물. ¶셰슈물 다숩고 셔늘홈을 맛당케 ᄒᆞ고(女四解3:15).

셰슈소라 명 세숫대야. ¶셰슈소라:洗臉盆(譯解下13).

:셰·슈ᄒᆞ·다 동 세수하다. ¶다 셰슈ᄒᆞ고 양짓믈ᄒᆞ며:咸盥漱(宣小2:2). 셰슈ᄒᆞ오시다가도 드러오라 ᄒᆞ오샤(癸丑46). ᄃᆞᆰ 울 제 머리 빗고 셰슈ᄒᆞ야:雞鳴盥櫛(東新續三綱. 孝5:49). 의샹을 입고 셰슈ᄒᆞ고 양치홈을:盥(女四解3:10).

:셰시 명 세시(歲時). ¶歲時예 오직 죠ᄒᆡ와 먹ᄲᅮᆫ 바틸 ᄯᆞᄅᆞ미러라:歲時但供紙墨而已(宣賜內訓2下16). 놀애 추믈 歲時예 새로이 ᄒᆞ놋다:歌舞歲時新(初杜解6:30). 셰시와 긔일의 친히 졔믈을 쟝만ᄒᆞ야:歲時忌日親備奠具(東新續三綱. 忠1:81). 歲時ㅣ 三伏과 臘日앤 ᄆᆞᅀᆞᆯ 한아비ᄃᆞᆯ히 ᄃᆞ니놋다:歲時伏臘走村翁(重杜解6:32). 당니로 ᄒᆞ여곰 셰시의 존문ᄒᆞ라 ᄒᆞ시니(仁祖行狀25). 이 ᄣᅢ 셰시라 술 고기ᄅᆞᆯ 보내고 은합의 실과ᄅᆞᆯ 담아(山城28). 빅공의 보낸 가인이 와 청ᄒᆞ야 셰시ᄅᆞᆯ 집의 와 지ᄂᆡ라 ᄒᆞ미(引鳳簫1).

셰시다 동 잡수시다. ☞셔시다 ¶粥早飯 朝夕 뫼녜와 ᄀᆞᆺ티 셰시ᄂᆞᆫ가(松江. 續美人曲).

셰신 명 세신(細辛). ¶ᄆᆡ온 細辛과 ᄂᆞᆯ甘草와:辣細辛甘草生(救急上1). ᄆᆡ온 셰싄 불휘와:辣細辛(救簡1:2). 셰신을 ᄀᆞ라 죠고매 ᄲᅧ 곳굼긔 불라:細辛爲末每挑一字搐鼻中(救簡1:29). 桔梗 細辛 各 ᄒᆞᆫ 량(簡辟12). 셰신:細辛(物譜 藥草).

:셰ᄉᆞ 명 세사(世事). ¶엇데라 ᄒᆞ야 늘근 나해 世事ᄅᆞᆯ 시름ᄒᆞ야:胡爲將暮年憂世(初杜解14:2). 모로매 이 ᄒᆞᆫ골ᄋᆞ티 셰ᄉᆞ애 마ᄉᆞᆯ 담박호미 보야호로 됴ᄒᆞ니:須是一切世味淡薄方好(飜小8:18).

셰ᄉᆞ 명 세간. 살림. ¶셰ᄉᆞ 쇼죠ᄒᆞ다:淡薄. 셰ᄉᆞ 셰다:空落(漢淸6:62).

셰ᄉᆞ나다 동 세간나다. 살림나다. ¶셰ᄉᆞ나다:出舍(譯解上41).

:셰신 명 세인(世人). ¶오직 世人이 제 性 보ᄃᆡ 몯호ᄆᆞᆯ 爲ᄒᆞ샤(金剛序5). 糞掃衣ᄂᆞᆫ 世人ᄋᆡ ᄇᆞ룐 거시 ᄂᆞ외 ᄡᅳ디 몯호미 ᄡᅳ디 ᄡᅳ러 ᄇᆞ룐 것과 ᄀᆞᆮᄒᆞ니라(圓覺上二之二117). 大師ㅣ 니ᄅᆞ샤ᄃᆡ 世人이 生死ㅅ 이

리 크니(六祖上22). 世人이 다 두쇼ᄃᆡ(六祖中37).

셰아리다 동 헤아리다. ☞셰야리다·셰다¶너희 지조 셰아려 자라자라 맛스라(許塽. 雇工歌).

-셰야 어미 -세. -세나. ¶오래 볼 양으로 ᄒᆞ셰야(新語3:14).

셰야리다 동 헤아리다. ☞셰아리다¶봄과 겨을을 셰야리지 아니ᄒᆞ야:計(女四解3:6).

:셰오·다 동 세우다. ☞셰다. 셰우다¶제 아ᄃᆞᆯ 셰오져 ᄒᆞ야(宣賜內訓序5). 勳庸ᄋᆞᆯ 셰오져 ᄉᆞ랑ᄒᆞ간마ᄂᆞᆫ:勳庸思樹立(重杜解3:21). 婚書를 셰오고 定禮ᄅᆞᆯ 드리고:立了婚書下了定禮(朴解上41). 나라히 法을 셰오샤 罪 인ᄂᆞᆫ 줄을 모로ᄂᆞᆫ다(古時調. 雙六將碁. 靑丘). ᄂᆞᆯ 셰오다:鍚刃(同文解上48). 수십 인이 모다 쟝수ᄅᆞᆯ 셰오고져 ᄒᆞ되(女範1. 모의 딘영모). 곳게 셰오다:直樹着(漢淸11:61). 두 님군을 셰오니:立二王(五倫2:58).

셰와라 동 세웠노라. ☞-과라¶悉達ᄋᆞᆫ 太子 셰와라 ᄒᆞ시니(釋譜3:p.22).

셰우다 동 세우다. ☞셰다. 셰오다¶셰울 슈:竪(類合下54). 짐즛 이 글월을 셰워 ᄡᅳ게 ᄒᆞ엿ᄂᆞ니:故立此文字爲用(朴解中10). 旗 셰우다:竪旗(譯解上2). 셰워 놋타:竪放(譯解下45). 셰울 건:建(倭解下39. 註千9). 몸 셰우ᄂᆞᆫ 법은 오직 맑고 곳음을 심쓸지니:立(女四解3:4). 가라침을 셰움은 륜긔를 발키ᄂᆞᆫ 근본이라:立(女四解4:2). 몸이 뭋도록 后ᄅᆞᆯ 셰우디 아니ᄒᆞ다(女四解4:5). 그 뎡졀을 됴뎡의 알외니 졍문 셰웟더니(女範3. 뎡녀 농셔댱시). 몸을 셰워 道ᄅᆞᆯ 行ᄒᆞ야:立身行道(英小2:31). 셰울 치:植(註千30). 大臣 형님 분부 너와 닙번긔슈 압흘 셰워(빅화당가).

:셰·월 명 세월(歲月). ¶歲月의 믈 흐르ᄃᆞ시 수이 가ᄆᆞᆯ 무ᄅᆞ리오 ᄒᆞ니라(初杜解14:10). 歲月ㅣ 돌시로ᄃᆡ(重杜解1:13). 엇디 ᄒᆞᆫ갓 歲月ㅣ 점을 ᄲᅮᆫ이리오:豈但歲月暮(重杜解1:16). 歲月ㅣ 디나가놋다:歲月徂(重杜解2:47). 셰월을 늑노라 디내고:玩愒歲月(警民序3).

:셰:젼 명 세전(細氈). 가는 짐승의 털로 만든 자리. ¶廣廈애 細氈 펴고:細氈鋪廣廈(龍歌111章).

:셰:젼 명 대서료(代書料). ¶牙錢稅錢이 언메나 ᄒᆞᄂᆞ뇨:該多少牙稅錢(飜老下18).

:셰·졀ᄒᆞ·다 동 세절(細切)하다. 가늘게 썰다. ¶ᄂᆞᆯ甘草와 石菖蒲ᄅᆞᆯ 細切호니 各 ᄒᆞᆫ 돈ᄋᆞᆯ 사ᄒᆞ라:甘草生石菖蒲細切各一錢右件剉(救急上1).

셰졍 명 세정(世情). ¶世情이 하 殊常ᄒᆞ니 나ᄅᆞᆯ 본ᄃᆞᆯ 반길런가(古時調. 朴仁老. 孫氏隨見錄). 쇼싱이 위연이 쳥누의 분분ᄒᆞ믈 보고 셰졍이 어려오믈 탄ᄒᆞ더니(落泉1:2).

셰족 명 세족(世族). ¶世族을 거두어 宗子法을 세올디니(家禮1:12).

셰지다 형 세로지다. ¶ᄀᆞ르지나 셰지낫 중에 주근 後ㅣ면 내 아ᄃᆞ냐(古時調. 靑丘).

:셰·초 명 세초(細草). ¶호밋 머리로 벼개삼고 細草로 시욱 삼노니(永嘉下106).

:셰:침 명 세침(細針). 작은 바늘. 가는 바늘. ¶셰침 일빅 봄:小針一百帖(飜老下67).

:셰·툐 명 가는 끈목. ¶ᄌᆞ디 셰툐 일빅 됴:紫條兒一百條(飜老下69). 셰툣 됴:絛(訓蒙中23).

:셰한 명 세한(歲寒). ¶셰한의 숑빅 ᄀᆞᆺ고(洛城1).

셰한숨 명 가는 한숨. ¶한숨아 셰한숨아 네 어닉 틈으로 드러온다(古時調. 靑丘).

셰한ᄒᆞ다 동 세한(歲寒)하다. ¶본ᄃᆡ 삼긴 節이 歲寒ᄒᆞ다 變ᄒᆞᆯ소냐(辛啓榮. 月先軒十六景歌).

셰허리지 명 잔허리. ¶드립더 ᄇᆞ득 안으니 셰허리지 ᄌᆞ늑ᄌᆞ늑(古時調. 靑丘).

:셰·화 명 잔 무늬. ¶샹애 셰화 도ᄃᆞ니로 ᄒᆞᆫ 토야ᇰ이 가ᄑᆞ리 다 ᄀᆞ자 잇고:象牙細花兒排兒鞘兒都全(飜朴上27).

:셰·히 부 세(細)히. 세밀히. ¶法을 ᄎᆞ조ᄃᆡ ᄆᆞᅀᆞᄆᆞᆯ 麤히 옮교미 일후미 尋이오 細히 옮교미 일후미 伺ㅣ라(圓覺上一之一31).

셴개야지 명 흰 강아지. ¶셴개야지 비타드리며 사ᄅᆞᆷ 그려 ᄡᅩᄂᆞᆫ 양ᄒᆞ여(癸丑57).

셴괴 명 흰 고양이. ¶셴괴:白猫(譯解下33).

셤 명 셈. ☞혬¶이리 혜고 저리 혜니 속졀업슨 셤만 난다(古時調. 靑丘).

셋괏다 형 세고 괄괄하다. 억세다. ¶셋괏고 사오나올슨 져 軍奴놈의 擧動 보쇼(古時調. 靑丘).

셋채 수 셋째. ¶禮樂射御書數 中의 셋채를 ᄯᅩᆯ알이라(武豪歌).

·소 명 물이 깊은 못. ['소'는 '沼'의 음기(音記)가 아니라 고유어임이 틀림없다고 봄.] ☞쇼¶ᄒᆞᆫᄢᅴ 비 타 ᄒᆞᆫ 기픈 소해 다ᄃᆞ라:一時乘船得至一深潭(佛頂下12). 소 담:潭. 소 추:湫(訓蒙上5). 올하 올하 아련 비올하 여흘란 어듸 두고 소해 자라 온다 소콧 얼면 여흘도 됴ᄒᆞ니(樂詞. 滿殿春別詞). 소연:淵(類合上5). 環碧堂 龍의 소히 빗머리예 다하세라(松江. 星山別曲). 그 앏퍼 너러바회 火龍쇠 되여세라(松江. 關東別曲). 소:龍潭(譯解上7). 눙의 소 ᄀᆞᆺ흔ᄃᆡ(三譯9:15). 소 담:潭(倭解上9). 소:潭(同文解上7). 두어라 말가ᄒᆞᆫ 기픈 소희 온갇 고기

뛰노ᄂᆞ다(古時調. 尹善道. 孤遺).

※'소'의 첨용[소 / 소해/소히…

·소 명 거푸집. ¶範은 쇠디기옛 소히오(月釋14:55). 範은 쇠디기옛 소히오(楞解2:20). 模ᄂᆞᆫ 法이니 쇠그릇디기옛 소히라(圓覺上一之二181).

소 명 (떡이나 만두 등의) 소. ¶상화 소해 ᄡᅳ다:饅頭餡兒裏使了(飜老下39). 軟肉 소 녀흔 薄餠:軟肉薄餠(朴解下14). 고기 소 녀흔 상화:肉包(譯解上51). 소:餡子(同文解上59. 漢淸12:47).

소 명 속. ¶오는 눈물은 벼깃 소흐로 흐르도다(古時調. 歌曲).

-소 어미 -소. ¶아름답ᄉᆞ외 여긔 오ᄅᆞᄋᆞᆸ소(新語1:2). 오려 點心 날 시기소(古時調. 靑丘). 구름 ᄀᆞ튼 손님네야 앞길이나 틔와쥬소(쌍벽가).

소가리 명 쏘가리. ☞소과리 ¶소가리:鱖魚(東醫 湯液二 魚部). 소가리:鱖魚(物譜 蟲魚. 方藥49).

소·겨아·ᅀᆞᆯ 동 속여 빼앗을. ㉮소겨앗다 ¶소겨아ᅀᆞᆯ 편:騙(訓蒙下20).

소·겨앗·다 동 속여 빼앗다. ¶소겨아ᅀᆞᆯ 편:騙(訓蒙下20).

소격ᄒᆞ다 형 소격(疏隔)하다. ¶文園이 病한 後에 中散ᄋᆡ 녯 버디 疏隔ᄒᆞ도다:文園多病後中散舊交疎(重杜解20:43).

:소:견 명 소견(所見). ☞쇼견 ¶此ᄂᆞᆫ 野望ㅅ 所見이라(初杜解14:31). 南廊壁間애서 ᄆᆞᅀᆞᄆᆡ 所見을 呈ᄒᆞ니(六祖上15). 公ᄂᆡ 所見과 우리들의 意見과ᄂᆞᆫ(隣語2:12). 사려거든 소견ᄃᆡ로 ᄉᆞ오시소(古時調. 靑丘).

소경 명 소경. 맹인(盲人). ☞쇼경 ¶소경의 막대:明杖(譯解上29).

소곰 명 소금. ☞소금. 쇼곰 ¶소곰과 ᄂᆞᄆᆞᆯ홀 먹디 아니ᄒᆞ더라:不進塩菜(宣賜內訓1:72). 소곰 시른 술위예 비록 驥馬ᄅᆞᆯ ᄆᆡ여시나:塩車雖絆驥(杜解7:34). 소곰 져 우므레셔 나ᄂᆞ닌 이 시내예 사ᄂᆞᆫ 겨지비로소니:負塩出井此溪女(杜解10:45). 소고ᄆᆞᆯ 탄ᄌᆞ만케 ᄣᅡ:裹塩如彈子(救簡2:27). ᄯᅩ 소곰을 봇가 ᄇᆞᄅᆞ다:炒塩傅(救簡2:117). 소곰 두고:着些塩(飜老上21). 소곰 사:鹺. 소곰 염:鹽(訓蒙中22). 소곰 염:鹽(類合上30. 倭解上47). 소곰과 ᄂᆞᄆᆞᆯ도 먹디 아니ᄒᆞ더라:不進鹽菜(宣小6:29). 지름과 소곰과 호쵸와:鹽(女四解3:22). 소곰:鹽(同文解上61). 싱파와 소곰이라:生蔥鹽(臘藥1). 소곰:天藏(物譜 飮食). ※소곰>소금

소곰믈 명 소금물. ¶소곰므를 ᄡᅳ거나 소곰므를 머기면 즉재 ᄭᆡᄂᆞ니라:用鹽湯或鹽水與服立醒(救急下32). 소곰므를 ᄂᆞ치 ᄇᆞᄅᆞ면 쇠 할ᄒᆞ리라:鹽汁塗面上牛卽肯舐(救簡1:43).

소곳ᄒᆞ다 형 소곳하다. ¶소곳ᄒᆞ다:略俯些(漢淸11:61).

소·과·리 명 쏘가리. ☞소가리 ¶소과리:鱖(四解上48). 소과리 궐:鱖(訓蒙上20). 소과리:鱖魚(譯解下38).

※소과리>소가리>쏘가리

소곰 동 속임. ㉮소기다 ¶怨望과 諂과 소곰과 憍慢괘라:恨諂誑慢(圓覺上一之一30).

소금 명 소금. ☞소곰 ¶초와 쟝과 소금과:醋醬鹽(朴解中6). 소금 염:鹽(兒學上13).

소금 명 소금(素琴). 가야금의 한 가지. ¶梅窓에 月上ᄒᆞ고 竹逕에 風淸ᄒᆞᆫ 제 素琴을 빗기 안고 두세 曲調 흣ᄐᆞ다가(古時調. 金天澤. 靑丘).

소·기·다 동 속이다. ☞속이다 ¶소기며 게으르며(月釋13:24). 죵ᄋᆞᆯ 돌아 보내야 아ᄃᆞᄅᆞᆯ 소겨 닐아 僧齊ᄅᆞᆯ ᄒᆞ다라 ᄒᆞ니(月釋23:65). 거즛 일로 소교ᄆᆞᆯ 그ᅀᅧ:潛匿姦欺(楞解6:101). 부텻 禁戒를 헐어나 소겨:毁佛禁戒誑(楞解8:77). ᄂᆞᆷ 소교ᄆᆞᆯ 爲ᄒᆞ야 안해 다ᄅᆞᆫ ᄠᅳᆮ 먹고(法華6:175). 소기디 아니ᄒᆞ며:不欺(金剛36). 구틔여 말이ᅀᆞ와 소겨ᅀᆞᆸ오ᄃᆡ:固禁之因詐言(宣賜內訓2下14). 楚ᄅᆞᆯ 소교리이다(三綱. 忠5). ᄒᆞ다가 거즛말 가져 衆生ᄋᆞᆯ 소기면:若將妄語誑衆生(南明上9). 네 ᄯᅩ 날 소기디 말오려:你却休瞞我(飜老上18). 네 날 소기디 몯ᄒᆞ리라:你瞞不我的(飜朴上73). 소길 광:誑. 소길 잠:賺(訓蒙下20). 소길 휼:譎(類合下5). 소길 궤:詭(類合下34). 소길 기:欺. 소길 광:誑(類合下36). ᄇᆡᆨ셩을 소기매 갓갑디 아니ᄒᆞ랴:不幾於罔民乎(警民2). 짐즛 사ᄅᆞᆷ을 소겨 ᄒᆞ여곰 디나며 건너게 ᄒᆞ야 죽게 ᄒᆞ니ᄂᆞᆫ:故欺人令過渡致死者(警民18). 샹녜 소기디 말오모로 뵈며:常視毋誑(宣小1:8). 소기ᅀᆞᆸ디 말오 거스릴디니라:勿欺也而犯之(宣小2:43). 世俗이 즁의 소기며 달애욤을 믿어:世俗信浮屠誑誘(宣小5:54). ᄉᆞ졍 ᄡᅥ 구의 소김ᄋᆞᆫ 형의 다시라:用情欺官者兄也(東新續三綱. 孝7:32). 쟝ᄎᆞᆺ 범졉ᄒᆞ려 ᄒᆞ거ᄂᆞᆯ 업슝이 소겨 ᄀᆞ로ᄃᆡ:將犯之業崇紿曰(東新續三綱. 烈3:40). 네 엇디 우리 高麗ㅅ 사ᄅᆞᆷ을 소기ᄂᆞᆫ다:你怎麼謾的我高麗人(朴解上64). 소길 긔:欺(倭解下35). 어우하 날 소겨고(古時調. 靑丘). 술드리도 날 소겨다(古時調. 靑丘). 父ㅣ 이에 소겨 女ᄅᆞᆯ 잇글고(女四解4:22). ᄭᅬ와 소기다:誘騙(同文解上32). ᄭᅬ와 소기다:欺詐. ᄀᆞ만이 소기다:暗欺哄(漢淸8:38). 소길 망:罔(註千8).

·소나모 명 소나무. ¶소나못 것 ᄉᆞ론 ᄌᆡ 두 돈:松樹皮燒灰二錢(救急下11). 소나못 수

프렛 뎌리 ᄀᆞᅀᆞᆶ ᄇᆞᄅᆞᆷ 나조히로다:松林蘭若秋風晩(初杜解9:19). 하ᄂᆞᆯ해 니르렛ᄂᆞᆫ 소남ᄀᆞᆫ 보매 이우렛도다:到天松骨見來枯(初杜解15:15). 落落ᄒᆞᆫ 뭀 소남기 고ᄃᆞᆫ ᄃᆞᆺᄒᆞ도다:落落群松直(初杜解16:20). 소나모:松樹(同文解下43). 소나모:松(漢淸13:18). 여러 나모 즁에 소남근 엇지ᄒᆞ여 겨ᄋᆞᆯ 녀름 업시 프르고(小兒10).

※'소나모'의 첨용 ┌ 소나모도/소나모와… / 소남기/소남ᄀᆞᆫ/소남ᄀᆞᆯ/ └ 소남ᄀᆡ…

소뇌 명 쇠뇌. ☞소니 ¶소뇌:弩弓(漢淸5:4).

소·니 명 쇠뇌. ☞소뇌 ¶소니 노:弩(訓蒙中28).

-소·니 어미 -노니. -니. ¶다 睿斷을 듣ᄌᆞᆸ소니(金剛跋2). 도ᄌᆞ글 수머 ᄒᆞᆫ 번 흐러 나소니 주리며 치우메 기리 서르 ᄇᆞ라노라:避寇一分散飢寒永相望(初杜解8:29). 우리 부러 오소니:我特的來(飜老上40).

소·니·옛·술 명 쇠뇌 쏘는 장치. ¶ᄒᆞᄆᆞᆯ며 이ᄂᆞᆫ 문잇 지도리와 소니옛술 ᄀᆞᄐᆞᆫ 거시라:矧是樞機(飜小8:10).

소ᄂᆡ기 명 소나기. ¶소ᄂᆡ기 동:涷(兒學上3).

소ᄂᆡ활 명 쇠뇌. ☞소니 ¶소ᄂᆡ활:弓弩(同文解上47). 소ᄂᆡ활:弩弓(譯解補15).

소·다 동 쏘다[射]. ☞ᄲᅩ다. 쏘다 ¶彈ᄋᆞᆫ 솔씨라(月釋14:62). 거우루 닷곰과 활소기 비홈괘라:磨鏡學射(圓覺上一之一112). 弘의 술위 메ᄂᆞᆫ 쇼ᄅᆞᆯ 소아 주기다:射殺弘駕車牛(宣賜內訓3:49). 프리 움즈기거든 긴 활로 솔가 오직 전노라:草動只怕長弓射(重杜解4:34). 사ᄅᆞᄆᆞᆯ 솔 뎬 몬져 ᄆᆞᄅᆞᆯ 소며:射人先射馬(重杜解5:28). ᄆᆡ해셔 밥 머구메 소아 자본 사ᄉᆞᄆᆡ 새ᄅᆞ외도다:野飯射麋新(初杜解7:18). 잢간 우ᄂᆞᆫ 활시울 ᄃᆞᆯ이야 소ᄃᆞ시 가고져 너기노라:暫擬控鳴弦(初杜解20:11). 화ᄅᆞᆯ 혀 西ㅅ녀그로 되ᄅᆞᆯ 소놋다:彎弓西射胡(初杜解23:21). 비치 서르 쏏도다:色相射(初杜解25:50). 사ᄅᆞᆯ 虛空애 소아 極ᄒᆞ면 도로 ᄢᅥ러디ᄂᆞ니(金三4:52). 살로 울워러 虛空 소미 ᄀᆞᆮᄒᆞ니:猶如仰箭射虛空(南明上62).

※소다>쏘다

소·다 동 찌르다. ¶숁가락을 소아 알ᄑᆞᆫ ᄺᅡ히 져기 ᄇᆞ라오면:在指上如痛處稍痒(救簡6:26).

소·다 동 꿰다. ¶옷과 치마왜 ᄣᅡ디거든 바ᄂᆞᆯ애 실 소아 깁 누뷰ᄆᆞᆯ 請홀디니:衣裳綻裂紉箴請補綴(宣賜內訓1:50).

·소·다 동 쏘다[螫]. ☞ᄲᅩ다. 쏘다 ¶비얌 소아 알ᄑᆞᆫ ᄃᆡ 고튜ᄃᆡ:治蛇螫疼痛(救急下74). ᄆᆡ샹 밦中에 ᄉᆞᄉᆡ로 소ᄂᆞᆫ 벌어지 하ᄆᆞᆯ 시름ᄒᆞ다니:每愁夜中自足蝎(初杜解10:28).

소·다:내·다 동 쏟아내다. ㉠솓다 ¶처엄 깃거 가ᄉᆞ매 다맛ᄂᆞᆫ ᄆᆞᅀᆞᄆᆞᆯ 소다내요라:初欣寫胸臆(初杜解9:17).

소·다·디·다 동 쏟아지다. ㉠솓다 ¶모시 다 소다디여 ᄆᆞ리 다 여위오(釋譜23:19). 기옷ᄒᆞᆫ ᄂᆞ솟ᄂᆞᆫ 믌겨른 소다디여 흘러가놋다:欹斜激浪輸(重杜解2:7).

소동 명 소동(騷動). ¶소동 소:騷(類合下31).

소동ᄒᆞ다 동 소동(騷動)하다. ¶셔울ᄀᆞ디 가면 소동ᄒᆞ리라(山城15).

소두 명 소두(巢頭). 더벅머리. ¶쇼제 소두ᄅᆞᆯ 헤쁠고(洛城2).

·소 두·듥 명 송원(松原). 〔지명(地名). '솔〈松〉+두듥〈原〉'에서 ㄹ이 탈락한 형태.〕 ¶소두듥 松原 在咸興府東南十四里(龍歌5:36).

:소·득 명 소득(所得). ¶聲聞ᄋᆞᆫ 四諦法을 닷가 智로 能證을 삼고 果로 所得을 삼ᄂᆞ니라(楞解4:48).

소ᄃᆡ남진 명 샛서방〔間夫〕. ☞소ᄃᆡ셔방. 쇼대남진 ¶소ᄃᆡ남진 밥 담다가 놋쥬걱 잘늘부르질너ᄡᅵ야(古時調. 靑丘).

소ᄃᆡ셔방 명 샛서방〔間夫〕. ☞소ᄃᆡ남진. 쇼대난편 ¶밋남진 그놈 紫驄 벙거지 쁜 놈 소ᄃᆡ書房 그놈은 삿 벙거지 쁜 놈(古時調. 靑丘).

소·라 명 소래. 소래기. 분(盆). ¶구리 소라애 ᄆᆞ레 글혀:以銅盆中熱水烹之(救急下91). 아기ᄅᆞᆯ 소랏므레 노하든:着孩兒盆子水裏放着(飜朴上56). 져므니ᄂᆞᆫ 소라ᄅᆞᆯ 받들고 얼운ᄋᆞᆫ 믈을 받드러:少者奉槃長者奉水(宣小2:3). 卓지며 대야 소래며 火爐ㅣ며 酒食의 그ᄅᆞᆺ술(家禮1:22). 뉘 소라ᄅᆞᆯ ᄢᆞ리ᄃᆞ뇨:誰碎盆來(朴解下43). 놋 소라:銅盆. 딜 소라:瓦盆(譯解下13). 믈 소라에 너허:在水盆裏(朴新解1:55).

-소·라 어미 -었노라. -노라. ☞-다소라 ¶내 난 後로 嗔心ᄒᆞᆫ 적 업소라(月釋21:216). 이 다ᄉᆞ로 힘니버 시러 지블 올오소라:抵此賴之得全其家云(宣賜內訓3:44). 지슬 ᄆᆞᅀᆞ미 업소라:無心作(初杜解7:1). 患難 하매 便安히 사디 몯ᄒᆞ소라:多難不安居(初杜解8:43). 시러곰 그 집을 오올완노소라:得全其家云(宣小5:73). 輾ᄒᆞ며 轉ᄒᆞ며 反ᄒᆞ며 側ᄒᆞ소라(詩解1:1). 陳과 다ᄆᆺ 宋을 平ᄒᆞ소라:平陳與宋(詩解2:9). 瞻홀 ᄃᆡ 업스며 顧홀 ᄃᆡ 업소라:靡瞻靡顧(詩解18:24). 空對月을 ᄒᆞ소라(古時調. 歌曲).

소래 명 소리. ☞소ᄅᆡ ¶청청한 鶴의 소래 ᄣᅢ다르니 ᄭᅮᆷ이로다(皆岩歌).

소·략ᄒᆞ·다 형 소략(疏略)하다. ¶이 孝子ᄋᆡ 소략ᄒᆞᆫ 례절이니라:此孝子之疏節也(宣小2:16). 遺命治喪ᄒᆞ실 제ᄂᆞᆫ 書儀로ᄡᅥ 踈略

다 ᄒᆞ야(家禮1:5).

소려기 명 솔개. ☞쇠로기 ¶雲間의 뎌 소려기 너ᄂᆞᆫ 어이 나랏스며(陶山別曲).

소련 명 소련(素練). 희게 누인 명주. ¶明珠를 흣빗ᄂᆞᆫ가 素練을 불리ᄂᆞᆫ가(曺友仁. 關東續別曲).

소로기 명 솔개. ☞쇠로기 ¶소로기:鴟(柳氏物名一 羽蟲).

소로다 동 칠하다. 묻히다. ¶부레 소로다:先上鰾(同文解上47). 부레 소로다:上鰾(譯解補44). 부레 소로다:下鰾(漢淸5:14).

소로로 부 소르르. ¶죠고만 삿기 개고리 一百 쉰대 자쟝남게게 올을 제 쉬이 너겨 수로록 소로로 소로로 수소록 허위허위 소솝쒸여 올라(古時調. ᄒᆞᆫ 눈 멀고. 靑丘).

소로소로 부 살금살금. ¶갑 주고 못 살 藥이니 뉜칙 아라 가며 소로소로 ᄒᆞ여 百年ᄭᆞ지 ᄒᆞ리라(古時調. 술 먹어 病. 靑丘).

소로쟝이 명 소리쟁이. 양제초(羊蹄草). ☞소롯. 솔옷 ¶소로쟝이 뎨:藞(倭解下6). 소로쟝이:羊蹄菜(同文解下4).

소롯 명 소리쟁이. ☞소로쟝이. 솔옷 ¶소롯:蓫(物譜 蔬菜).

소릐 명 소리. ☞소리 ¶呻吟ᄋᆞᆫ 알ᄂᆞᆫ 소릐라(重杜解1:2). 일홈과 소릐를 듣디 몯ᄒᆞ신디라:不聞名聲(宣小6:91). 소릐를 노펴 크게 울며 도적 가온대 ᄃᆞ라드러 슬피 비러 ᄀᆞᆯ오ᄃᆡ:高聲大哭突入賊中哀辭以乞曰(東新續三綱. 孝8:21). 萬福ᄒᆞᆫ 소릐ᄅᆞᆯ ᄒᆞ고:聲(女四解2:18). 靑江에 비 듯ᄂᆞᆫ 소릐 긔 무어시 우읍관ᄃᆡ(古時調. 孝宗. 靑丘). 아마도 네 소릐 들닐 제면 가슴 아ᄑᆞ ᄒᆞ노라(古時調. 子規야 우지. 靑丘). 落照 淸江에 비소릐 더옥 됴타(古時調. 趙憲. 滄浪에. 靑丘). 능히 ᄒᆞᆫ 소릐 아미타불을 일ᄏᆞ름만 ᄀᆞᆺ디 못ᄒᆞ니(普勸文 興律板6).
※소릐<소리

소·리 명 소리. ☞소릐. 소ᄅᆡ. 쏘리 ¶風流ㅅ 소리로(月印上17). 種種 말ᄊᆞᆷ과 소리ᄅᆞᆯ 드르리니 象ᄋᆡ 소리 ᄆᆞᆯ 쏘리 쇼 소리 술윗 소리 우는 소리(釋譜19:14). 訓民正音은 百姓 ᄀᆞᄅᆞ치시논 正ᄒᆞᆫ 소리라(訓註1). 音은 소리니(訓註1). 처ᅀᅥᆷ 펴아나ᄂᆞᆫ 소리라:初發聲(訓註3). 그 소리 和雅ᄒᆞ니:其音和雅(楞解1:30). 반ᄃᆞ기 소리 ᄆᆡ이 ᄒᆞ야:必厲聲(法華2:253). 깁 ᄲᅴᄂᆞᆫ 소리ᄅᆞᆯ 즐겨 듣더니(宣賜內訓序4). 飮啖을 소리 나게 말며:毋咤食(宣賜內訓1:3). 家門엣 소리ᄂᆞᆫ 器宇ㅣ 잇도다:家聲器宇存(初杜解8:25). 香嚴和尙이 대틸 소리예 道ᄅᆞᆯ 아ᄅᆞ시고(南明上21).

소리기 명 솔개. ☞소려기 ¶雲間ᄋᆡ 져 소리기(陶山別曲).

소·리·촘나모 명 소리나무. ¶소리촘나모:槲(四解上6). 소리촘나모 곡:槲(訓蒙上10). 소리촘나모:鐵櫟樹(譯解下41).

소·ᄅᆡ 명 소리. 음성(音聲). 운(韻). ☞소리 ¶音은 소ᄅᆡ니 光明에셔 말ᄒᆞᄂᆞ니라(月釋1:33). ᄑᆞ람 소ᄅᆡ ᄀᆞᆮ고:如嘯聲(救急上39). 소ᄅᆡᄅᆞᆯ 모로매 펴며:聲必揚(宣賜內訓1:5). 소ᄅᆡ 잇거늘(續三綱. 孝11). 소ᄅᆡ를 ᄂᆞᆺ가이 ᄒᆞ며(飜小8:25). 소ᄅᆡ 음:音. 소ᄅᆡ 셩:聲(訓蒙上29). 소ᄅᆡ 셩:聲. 소ᄅᆡ 음:音(類合下1). 下ᄒᆞ며 上ᄒᆞᄂᆞᆫ 소ᄅᆡ로다:下上其音(詩解2:12). 蒼蠅의 소ᄅᆡ로다:蒼蠅之聲(詩解5:1). 空中 玉簫 소ᄅᆡ 어제런가 그제런가(松江. 關東別曲). 셩ᄂᆡ여도 소ᄅᆡ를 놉피 말라:聲(女四解3:4). 소ᄅᆡ 다ᄅᆞᆫ 풍뉴ᄅᆞᆯ(明皇1:38). 소ᄅᆡ마다 嬌態로다(丁克仁. 賞春曲). 소ᄅᆡ 셩:聲(兒學下2). 밤낫스로 우ᄂᆞᆫ 소ᄅᆡ ᄒᆞᆫ숨 지고 슬푼 소ᄅᆡ(萬言詞). 놉히 ᄒᆞᆫ 소ᄅᆡᄅᆞᆯ ᄒᆞ고(武藝圖4).

소ᄅᆡ디르다 동 소리지르다. ¶기리 소ᄅᆡ딜너 ᄀᆞᆯ오ᄃᆡ:長號曰(東新續三綱. 烈2:88).

소ᄅᆡᄒᆞ다 동 소리하다. 소리를 내다. ¶머리로 기동 돌해 다디르고 소ᄅᆡ호ᄃᆡ 내 엇디 사라셔 돗 가히와 ᄒᆞᆫᄃᆡ 비브를 사로미리오:以首觸柱礎疾呼曰我豈生與犬豕均飽者(三綱. 忠21). 운이 크게 소ᄅᆡᄒᆞ여 ᄀᆞᆯ오ᄃᆡ:呼曰(五倫2:15).

소마 명 소변. ¶쟈근 소마 보신 後에 이마우희 손을 언고(古時調. 이제사. 瓶歌).

소마소마ᄒᆞ다 형 조마조마하다. ¶두립고 소마소마ᄒᆞ야(閑中錄264).

소매 명 소매. ☞소ᄆᆡ. ᄉᆞ매 ¶열 사ᄅᆞᆷ을 거ᄂᆞ리고 도치ᄅᆞᆯ 소매예 녀허 버히다:率十人袖斧誅之(東新續三綱. 忠1:20). 왼녁 소매예 녀허(家禮10:25). 袪ᄂᆞᆫ 소매 어귀니(家禮圖2). 손을 소매예 ᄭᅩᆺ고(三譯5:19).

소ᄆᆡ 명 소매. ☞소매. ᄉᆞ매 ¶소ᄆᆡ 슈:袖(兒學上12).

소명ᄒᆞ다 형 소명(昭明)하다. 밝다. ¶소명ᄒᆞ다:光亮(漢淸6:9).

:소문 명 소문(所聞). ¶聞과 所聞괘 다아(楞解6:2). 녀염 도쳐의 병화 강도 낫다 소문 내니(西宮日記上1). 소문:聲譽(同文解下52). 소문:聲名(漢淸6:34). 소문이 잇거든(字恤6). 소문 문:聞(註千42).

소민 명 소민(小民). 평민(平民). ¶나랏 小民을 사ᄅᆞ시리잇가:國民焉救(龍歌52章).

소박ᄒᆞ다 동 소박(疏薄. 疎薄)하다. ¶그 어미ᄂᆞᆯ 소박ᄒᆞ여 ᄇᆞ리거ᄂᆞᆯ:疎棄其母(東新續三綱. 孝6:62).

:소·밥 명 소밥. ¶소밥ᄋᆞᆯ 아니 먹더니:不素食(宣賜內訓1:65). 흰 옷과 소밥 먹기ᄅᆞᆯ 셜흔나믄 ᄒᆡᄅᆞᆯ ᄒᆞ며:素衣素食三十餘年(東

新續三綱. 烈2:11). 몽상 버슨 후에 인ᄒᆞ여 시묘 사라 집일을 도라보디 아니코 흰 옷과 소밥 ᄒᆞ고:服闋因居廬不顧家事素衣素食(東新續三綱. 孝5:9).

소복 [명] 소복(素服). ¶오히려 소복과 소식ᄒᆞ야 주그니 셤기ᄆᆞᆯ 사니ᄀᆞ티 ᄒᆞ더라:猶素服素食事亡如存(東新續三綱. 烈1:45). 모로미 素服을 吊服ᄀᆞᆮ디 홈이 可ᄒᆞ니라(家禮9:23).

소복ᄒᆞ다 [동] 소복(素服)하다. 흰 옷을 입다. ¶執事者ㅣ 다 吉冠과 素服ᄒᆞ라 ᄒᆞᆫ 註애 닐오ᄃᆡ(家禮7:20).

소복ᄒᆞ다 [동] 소복(蘇復)하다. ¶ᄇᆡᆨ셩의 곤ᄒᆞᆫ 거ᄉᆞᆯ 소복긔 ᄒᆞ니(女範1. 셩후 션인고후). 긔운으로 ᄒᆞ여곰 소복게 ᄒᆞ고:氣乃蘇(臘藥26). 일양이 비로소 나매 만물이 장ᄎᆞᆺ 소복ᄒᆞᄂᆞ니(綸音81).

소부리 [명] 언치. ☞쇠부리 ¶소부리:鞍座兒(同文解下19). 소부리:護屁股(譯解補46).

소분ᄒᆞ다 [동] 소분(掃墳)하다. ¶소분ᄒᆞᄂᆞ니 어든 제뎐ᄒᆞᆯ 거ᄉᆞᆯ 주시고(仁祖行狀27). 소분ᄒᆞ다:上墳(同文解下10).

소뷔 [명] 쟁기. ¶아ᄶᆞ온 져 소뷔ᄂᆞᆫ 볏 보님도 됴ᄒᆞᆯ세고 가시 엉긘 묵은 밧도 容易케 갈련마ᄂᆞᆫ 虛堂 半壁에 슬ᄃᆡ업시 걸려고야(蘆溪. 陋巷詞).

소비 [명] 물에 쇠녹이 낀 것. ¶소비:浪柴(譯解上8).

소비진물 [명] 쇠녹이 낀 물. ¶소비진물:銹水(漢淸1:45).

소·사·나·다 [동] 솟아나다. ☞솟나다 ¶醴泉이 소사나아 衆生ᄋᆞᆯ 救ᄒᆞ더시니(月印上15). 이런 寶塔이 ᄯᅡ해셔 소사나니잇고(釋譜11:17). 亡者ㅅ 神識이 ᄯᅡ홀브터 소사나:亡者神識從地踊出(楞解8:100). 六門에 소사난 遼天鶻이 ᄒᆞ오ᅀᅡ 거르니:六門迸出遼天鶻獨步(金三2:55). 소사나ᄂᆞᆫ ᄎᆞᆫ 光明이 千萬仞이로다:迸出寒光千萬仞(南明上65). 그ᅀᅳ기 소사나며 빗기 서리여 ᄒᆞ마 자최 낟도다:暗聳斜蟠已露痕(南明下28). 소사날 용:聳(類合下54). 좀좀코 비니 쉼이 즉시 소사나고:默禱泉卽湧出(東新續三綱. 孝3:77). 소사나다:湧出(同文解上8). 고롬 소사나다:膿冒出(漢淸8:11).

소사오ᄅᆞ·다 [동] 솟아오르다. ¶바ᄅᆞᆳ므를 소사오ᄅᆞ게 ᄒᆞᄂᆞ니라(釋譜13:9).

소삼ᄒᆞ다 [형] 소삼(蕭森)하다. ¶巫山과 巫峽엣 氣運이 蕭森ᄒᆞ도다(重杜解10:33).

소샹 [명] 소상(塑像). ¶소샹:塑像(同文解下11).

-소셔 [어미] -소서. ☞-쇼셔 ¶平生의 됴흔 친구 某某人을 請ᄒᆞ소셔(ᄇᆡᆨ화당가).

소션 [명] 소선(素膳). ¶ᄒᆞᄅᆞ 소션도 못 ᄒᆞ오시던ᄃᆡ(癸丑35).

소소다 [동] 솟구다. ☞솟다 ¶놉흔 남기 소소아 오르면 가지 붇디 몯ᄒᆞ며:喬木竦而枝不附焉(女四解3:75). 소소다:跳上(同文解上26). 소소다:高縱(漢淸7:30).

소소ᄶᅮ다 [동] 솟구치다. ¶소소ᄶᅮ다:挺身跪着(漢淸7:27).

소소ᄯᅳ다 [동] 솟아 뜨다. 솟구쳐 오르다. ☞소솝ᄯᅳ다 ¶縞衣玄裳이 半空의 소소ᄯᅳ니(松江. 關東別曲). ᄂᆡ외예 나온 鶴이 제 기ᄉᆞᆯ 더뎌 두고 半空의 소소ᄯᅳᆯ ᄃᆞᆺ(松江. 星山別曲). 댱지치 다 디게야 ᄂᆞᆯ애ᄅᆞᆯ 고텨 드러 靑天 구름 속애 소소ᄯᅧ 오ᄅᆞᆫ 말이 싀훤코 훤츨ᄒᆞᆫ 世界ᄅᆞᆯ 다시 보고 말와라(古時調. 鄭澈. 松江).

소소ᄒᆞ·다 [형] 소소(蕭蕭)하다. ¶소랫 ᄇᆞᄅᆞ미 부니 ᄂᆞ치 부러 蕭蕭ᄒᆞ야 다ᄋᆞᆯ 삐 업도다(南明上67). 蕭蕭ᄒᆞᆫ 白楊나모 길헤 眞珠ᄀᆞᄐᆞᆫ 글 주ᄂᆞᆫ 恩惠 ᄉᆞᄆᆞ찻도다:蕭蕭白楊路洞徹眞珠惠(重杜解24:27).

소·솜 [명] 소끔. ¶열 스믈 소솜 글혀:煎一二十沸(救簡1:3). 다시 세 소소미어나 다ᄉᆞᆺ 소소미어나 글혀 공심에 머그라:更煮三五沸空心食之(救簡1:13). 두어 소솜 글혀:煮兩三沸(救簡6:29). 수우레 녀허 두세 소솜 글혀:置酒中煎數沸(瘟疫方10). 다시 ᄒᆞᆫ 소솜 달혀 ᄃᆞᄉᆞ히 ᄒᆞ여 먹고:再煮一沸溫服(辟新3). 다시 ᄒᆞᆫ 소솜만 달혀:更煎一霎(煮硝方8).

소솝ᄯᅱ다 [동] 솟구쳐 뛰다. ¶허위허위 소솝ᄯᅱ여 올라 안자 ᄂᆞ리실 제란 어이실고(古時調. ᄒᆞᆫ 눈 멀고. 靑丘).

소솝ᄯᅳ다 [동] 솟아 뜨다. 솟구쳐 오르다. ☞소소ᄯᅳ다 ¶靑天 구름 속에 소솝ᄯᅧ 올른 말이(古時調. 鄭澈. 長짓치. 海謠).

소ᄉᆡ다 [동] 솟다. ¶두 리어 시암의 소ᄉᆡ니라:雙鯉湧泉(女四解4:12).

소시랑 [명] 쇠스랑. ☞쇼시랑 ¶내 소시랑을 일허ᄇᆞ련 지가 오ᄂᆞᆯ조ᄎᆞ 찬 三年이외러니(古時調. 靑丘).

소식ᄒᆞ다 [동] 소식(素食)하다. 소밥 먹다. ¶소식ᄒᆞ야 주그니 셤기ᄆᆞᆯ 사니ᄀᆞ티 ᄒᆞ더라:素食事亡如存(東新續三綱. 烈1:45).

소:ᄉᆞ [명] 소사(疏食). ¶비록 疏食와 菜羹이라도 일ᄶᅳᆨ 飽티 아니티 아니ᄒᆞ니(宣孟10:14). 子ㅣ ᄀᆞᆯᄋᆞ샤ᄃᆡ 疏食를 飯ᄒᆞ며 水를 飮ᄒᆞ고(宣論2:19).

소ᄉᆞ나다 [동] 솟아나다. ¶千行 怨淚ᄂᆞᆫ 피 되야 소ᄉᆞ나고(曺友仁. 自悼詞).

소ᄉᆡᆼ [명] 소생(所生). ¶庶子의 所生 長子로ᄡᅥ(家禮1:16). 前章의 의論ᄒᆞ신 바 所生父母 爲ᄒᆞ야(家禮6:35).

소셰 [명] 솟대. ☞쇼셰. 숫대 ¶송신ᄒᆞᄂᆞᆫ 소셰런가 과녀 마준 살쎄런가(萬言詞).

:소:심 명 소임(所任). ☞소임 ¶僮ᄋᆞᆫ 所任이 가ᄇᆡ얍고 僕ᄋᆞᆫ 所任이 므거ᄫᆞ니(月釋13:13). ᄒᆞᆫ 所任을 다ᄒᆞ간디니(三綱. 忠24). 님금은 온가짓 所任에 모도미니(宣賜內訓2下43). ᄒᆞᆫ 소심 ᄒᆞᆯ ᄉᆞ이예:一任之間(飜小7:28). 소심을 브즈러니 ᄒᆞ며:勤於吏職(飜小10:8).

소업 명 소업(所業). ¶소업 업:業(類合下20). 니기ᄂᆞᆫ 바ᄅᆞᆯ 반ᄃᆞ시 소업을 두며:所習必有業(宣小2:8).

소오롬 명 소름. ☞소오름. 소을음. 소홈 ¶소오롬:寒粟子(同文解下56). 그 말이 흉악ᄒᆞ고 불길ᄒᆞ야 소오롬이 돗는지라(閑中錄414).

소오름 명 소름. ☞소오롬. 소을음. 소홈 ¶소오름:粟膚(物譜 氣血).

-소오리잇고 어미 -사올 것입니까. ☞-습- ¶은ᄂᆞᆯ 갑소오리잇고(恩重17).

소옥 명 속. ¶봄나래 굇고리ᄂᆞᆫ 긴 댓 소오개셔 울오:春日鶯啼脩竹裏(百聯21). 새 가며 새 오ᄆᆞᆫ 뫼빗 소오기오:鳥去鳥來山色裏(百聯23).

소올디다 동 땅이 들뜨다. ☞소올지다 ¶ᄯᅡ 소올디다:地皮峭起(同文解上6).

소올지다 동 땅이 들뜨다. ☞소올디다 ¶소올지다:地皮硝起(譯解補6).

소옴 명 솜. ☞소음 ¶兜羅綿은 어름ᄀᆞ티 힌 소오미오(月釋2:41). 겨ᅀᆞ레 소옴 둔 오ᄉᆞᆯ 닙디 아니ᄒᆞ고:冬不衣絮(宣賜內訓1:72). 제 아ᄃᆞᆯ란 소옴 두어 주고(三綱. 孝1). ᄀᆞᄂᆞᆫ 츨오시 소옴 둔 오시 ᄃᆞ외얏도다:纖絺成縕袍(重杜解12:10). 오시 서늘ᄒᆞᆯ시 소오ᄆᆞ로 ᄆᆡ미고져 ᄒᆞ노라:衣冷欲裝綿(初杜解15:9). 宮闕엣 젼뵈ᄂᆞᆫ 보ᄃᆞ라오미 소오미라와 느도다:宮莎軟勝綿(初杜解20:17). 버듨개야지 소오미라와 희요ᄆᆞᆯ ᄀᆞ장 믜노라:生憎柳絮白於綿(初杜解23:23). 소옴을 만히 실의 뼈 덥게 ᄒᆞ야:多用綿絮於甑中蒸熱(救簡1:66). 소옴으로 허리 아래와 음낭을 싸:綿絮熰其下體及陰囊(救簡1:71). 셕회ᄅᆞᆯ 소옴애 싸:石灰綿裹(救簡1:76). 브ᅀᆞᄀᆞ라 소오매 싸 머구므라:研碎綿裹含(救簡6:4). ᄂᆞᆯ근 소옴 온:縕. 소옴 광:纊. 소옴 셔:絮. 소옴 면:綿(訓蒙中24). 소옴 ᄀᆞ툰 ᄢᅵ인 것(瘟疫方13). 소옴 면:綿(類合上26). 소옴 셔:絮(類合下28). 겨울에 소옴 둔 옷슬 닙디 아니ᄒᆞ고:冬不衣絮(宣小6:29). 소옴과 깁을 거두어 사:收買些綿絹(老解上12). 소옴:凉花(同文解下25). 소옴:棉花(漢淸10:62). 소옴 ᄐᆞ다:憚棉花(漢淸10:67). 소옴:冷花(柳氏物名三 草).

소옴나물 명 솜나물. ¶풀소옴나물:紫菀(柳氏物名三 草).

소옴·대 명 솜대. ¶소옴댓닙 ᄒᆞᆫ 줌 글힌 므ᄅᆞᆯ 머그라:用淡竹葉一握煎湯服(救簡1:13). 소옴댓진:淡竹瀝(救簡1:16).

소옴치 명 솜털. ☞소옴티 ¶소옴치:風毛(同文解下40. 譯解補49). 소옴치:毽毛(漢淸11:15). 소옴치:氄毛(漢淸13:61).

소옴치짓 명 솜털깃. ¶소옴치짓:毛羽(同文解下36. 譯解補47).

소옴터·리 명 솜털. ☞소옴치. 소옴티 ¶지체 소옴터리로 뷔 밍ᄀᆞ니 가져다가 귓구무 닷가 틔 업게 ᄒᆞ라:消息來掏一掏耳朶(飜朴上44).

소옴티 명 솜털. ☞소옴치. 소옴터리 ¶소옴티:絨毛(柳氏物名一 羽蟲).

소옴티양 명 털 좋은 양. 면양. ¶됴ᄒᆞᆫ 소옴티양은 또 언머에 ᄑᆞᆯ다:好綿羊却賣多少(老解下20). 소옴티양:綿羊(譯解下32).

-소·와 어미 -사와. ☞-습- ¶法化 돕소와 펴믈 爲ᄒᆞᆯᄊᆡ 次第로 펴 버리니(法華2:175).

소요히 부 소요(騷擾)히. ¶각 아문 궁방들의 ᄇᆡᆨ셩의게 소요히 구ᄂᆞᆫ 일을 일졀히 엄히 막게 홈이오(綸音160).

소요ᄒᆞ다 동 소요(逍遙)하다. ¶登高遠望ᄒᆞ야 任意逍遙헐ᄅᆞ 제(古時調. 人生을. 花源).

소용 명 소용. ¶소용:油瓶(譯解下13). 소용:小口瓶(同文解下14. 譯解補43).

소용이치다 동 말이 땅에 뒹굴다. ☞쇠용티다 ¶소용이치다:馬浴土(譯解補48).

:소:원 명 소원(所願). ¶所願이 ᄆᆞᅀᆞᆷ 조차 키 가ᅀᆞ며로ᄆᆞᆯ 닐위리니:所願從心致大饒富(楞解4:62).

소:원히 부 소원(疎遠)히. ¶梁公ᄋᆞᆫ 富貴ᄅᆞᆯ 모매 踈遠히 ᄒᆞᄂᆞ니:梁公富貴於身踈(初杜解17:32).

소위 부 소위(所謂). ¶하 固執히 구ᄋᆞ시니 所謂 膠柱鼓瑟이올쇠(隣語3:3).

소유 명 소유(蘇油). 들기름. ¶蘇油ᄂᆞᆫ 두리ᄭᆡ기르미라(月釋10:120).

소을음 명 소름. ☞소오롬. 소오름. 소홈 ¶소을음:寒粟子(譯解補34).

소음 명 솜. ☞소옴 ¶오시 소음 두어:棉絮(五倫1:2). 소음 면:棉(兒學上6).

소음대 명 솜대. ¶소음대:淡竹(柳氏物名三 草).

·소·음·식 명 소음식(素飮食). 소밥. 소찬(素饌). ¶길헤셔 소음식 아니 ᄒᆞ거늘:居道上不素食(飜小7:12). 만이레 소음시기 모과 ᄂᆞ리디 아니ᄒᆞ야 오라 여위오 곤븨ᄒᆞ야 병이 도욀가 십브거든:必若素食不能下咽久而羸憊恐成疾者(飜小7:18). 길 우희 이셔 소음식 아니 ᄒᆞ거늘:居道上不素食(宣小5:45).

소음옷 명 솜옷. ¶소음옷 포:袍(兒學上12).
소이 명 송이. ¶밤 소이 누네 디여:栗殼落眼(救急下42).
-소이 어미 -삽게. ¶하 젓소이 너기ᄋᆞ와(新語2:7).
-소이·다 어미 ①-소이다. -ㅂ니다. ☞-송이다 ¶舍利 얻ᄌᆞᄫᅡ다가 塔 일어 供養ᄒᆞᅀᆞᄫᅩ려 ᄒᆞ야 머리셔 오소이다 對答호ᄃᆡ(釋譜23:53). 恭敬ᄒᆞ야 供養ᄒᆞᅀᆞᄫᅡᅀᅡ ᄒᆞ리로소이다(月釋9:52). 太子로브터 나노소이다(宣賜內訓序5).
②-ㅂ시다. -십시다. ¶德이여 福이라 호ᄂᆞᆯ 나ᅀᆞ라 오소이다 아으 動動다리(樂範. 動動).
소인 명 소인(小人). ¶天意를 小人이 거스려 親王兵을 請ᄒᆞᆫ돌:小人逆天請動王師(龍歌74章). 小人이 固寵호리라 不可令閑이라 커든:小人固寵權曰不可令閑(龍歌122章). 거믜주를 小人ᄋᆡ 양ᄌᆞ ᄀᆞᆮᄒᆞ니 瓜와 果實ㅅ 가온ᄃᆡ 곱고리오 얽놋다:蛛絲小人態曲綴瓜果中(重杜解11:24). 아마도 小人得意處는 이쁜인가 ᄒᆞ노라(古時調. 河緯地. 花源).
소일ᄒᆞ다 동 소일(消日)하다. ¶이 몸이 消日ᄒᆞ옴도(古時調. 孟思誠. 江湖에. 靑丘).
:소·임 명 소임(所任). ☞소읨 ¶어즈러온 글월을 적게 ᄒᆞ야 소임 맛듀믈 젼일히 ᄒᆞ며:省繁文以專委任(飜小9:17). 소임 직:職(類合下2). 소임 맛듬을 젼일히 ᄒᆞ며:專委任(宣小6:15). 관원의 소임에 브즈런ᄒᆞ며:勤於吏職(宣小6:107). 소임의 이셔 주그니:在任而歿(東新續三綱. 烈2:45). 님금은 신하의 벼리 되엿ᄂᆞ니 그 소임과 칙망이 듕호미 이러틋 ᄒᆞ거ᄂᆞᆯ(仁祖行狀20). 나ᄂᆞᆫ 소임으로 왓ᄉᆞᆸ거니와 처음이ᄋᆞᆸ고 ᄯᅩᄂᆞᆫ 싱소ᄒᆞᆫ 거시오니(新語1:3). 소임:職任(同文解上38). 반ᄃᆞ시 소임을 주시니:授之職(十九史略1:5).
소옴 명 솜. ☞소옴 ¶소옴ᄒᆞᆫ 斤에 갑시 엿 돈이니(蒙老1:19).
소정 명 소정(小艇). ¶江湖에 ᄀᆞ을이 드니 고기마다 ᄉᆞᆯ져 잇다 小艇에 그믈 시러 흘리 ᄯᅴ여 더뎌 두고(古時調. 孟思誠. 江湖에. 靑丘).
소·졸ᄒᆞ·다 형 소졸(疏拙)하다. ¶疏拙ᄒᆞᆫ 몸 養호ᄆᆞᆯ 다시 어느 鄕애 가 ᄒᆞ리오:養拙更何鄕(初杜解6:28). 내 身世의 疏拙호ᄆᆞᆯ 고ᄃᆞᆯ 더욱 슬허ᄒᆞ노라:益歎身世拙(重杜解1:4). 疏拙ᄒᆞᆫ 몸 養호미 尊호ᄆᆞᆯ 나ᄂᆞᆫ 아노라:吾知養拙尊(重杜解11:42). 동부인의 고집ᄒᆞ믈 넝쇼ᄒᆞ고 왕공ᄌᆞ의 소졸ᄒᆞ믈 긔롱ᄒᆞᆫᄌᆞ(落泉5:12).
소죠ᄒᆞ다 형 소조(蕭條)하다. ¶여염이 소죠커든 집인들 조흘손가(宋疇錫. 北關曲). 金壇이 雄豪ᄒᆞ고 黃閣이 尊重ᄒᆞᆫ들 功業이 蕭條ᄒᆞ여 富貴만 ᄒᆞ량이면(古時調. 光齋. 靑丘).
:소지 명 소지(所志). 소송장. 고소장. ¶소지:狀子(訓蒙上35 狀字註). 소지 졍ᄒᆞ다:告狀(同文解下28). 玉皇게 所志原情ᄒᆞ야(古時調. 朴孝寬. 님이 가오실. 歌曲).
소지 명 소지(燒紙). ¶소지 올리다:送紙(漢淸9:11).
·소:진 명 송진. ☞숑진 ¶茯苓은 소진이 ᄯᅡ해 드러 千年이면 化ᄒᆞ야 茯苓 ᄃᆞ외ᄂᆞ니라(南明上67). 소진 ᄒᆞᆫ 되롤 술 서 되예 ᄌᆞ마:松膏一升酒三升浸(救簡1:91). 소진을 노교ᄃᆡ 기름 져기 드려:松脂容入小油(救簡3:5). 소진을 므르ᄀᆞ라:研爛松脂(救簡6:29).
소질ᄒᆞ다 동 솔질하다. 씻다. ☞솔질ᄒᆞ다 ¶가마롤 긁어 씨서 조츨이 소질ᄒᆞ고 블 ᄯᅵ어 가마롤 덥게 ᄒᆞᆫ 후에(淸老2:5).
:소·차반 명 소(素)차반. ☞소찬 ¶ᄒᆞ다가 素차바ᄂᆞᆯ 能히 모ᄀᆡ ᄂᆞ리오ᄃᆡ 몯ᄒᆞ야(宣賜內訓1:70).
소찬 명 소찬(素饌). ¶소찬:素(漢淸12:34).
소청ᄒᆞ다 동 소청(疏請)하다. ¶권상하롤 셔원의 비향ᄒᆞ야지라 소청ᄒᆞ니(經筵).
소ᄎᆡ 명 소채(蔬菜). ¶蔬菜며 밋 脯ㅣ며 醢 各 세 가지오(家禮10:10). 소ᄎᆡ:蔬菜(家禮圖22).
소탈ᄒᆞ다 형 소탈(疎脫)하다. ¶셩품이 소탈ᄒᆞ고(太平1:11).
소탕 명 소탕(掃蕩). ¶般若 ᄒᆞᆫ 法이 能히 五蘊ᄋᆞᆯ 뷔워 眞體ᄒᆞ오ᅀᅡ 나ᄐᆞ니 닐온밧 掃蕩과 建立괘라(南明上6).
소통 명 소통(疏通). ¶소통 소:疏(類合下9). 소통 소:疏(註千31).
소통ᄒᆞ·다 동 소통(疏通)하다. ¶소통 홀 소:疏(石千31). 經義齋예ᄂᆞᆫ 疏通ᄒᆞ고 器局이 읻ᄂᆞᆫ 이롤 ᄀᆞᆯᄒᆡ여 살이고:經義齋者擇疏通有器局者居之(宣小6:9). 님금ᄋᆡ 應對호미 두려운 것 그우리ᄃᆞᆺ ᄒᆞᄂᆞ니 疎通ᄒᆞ야 글월도 ᄇᆞ리놋다:應對如轉丸疎通畧文字(重杜解22:35).
소·해 명 소에.〔ᄒᆞ 첨용어 '소'의 부사격(副詞格).〕 ㊢소 ¶澹泊ᄋᆞᆫ 기픈 소햇믈 ᄆᆞᆯᄀᆞᆫ 양지니(宣賜內訓1:32). ᄒᆞᆫᄢᅴ 비 타 ᄒᆞᆫ 기픈 소해 다ᄃᆞ라:一時乘船得至一深潭(佛頂下12). 여흘란 어듸 두고 소해 자라 온다(樂詞. 滿殿春別詞).
소혈 명 소혈(巢穴). 소굴. ¶오랑캐 소혈이 본ᄃᆡ 녕귀탑의 잇고(經筵).
소·홈 명 소름. 소름같이 도톨도톨 돋은 것. ☞소오롬. 소오름. 소을음 ¶須達이 부텨와 즁괏 마롤 듣고 소홈 도텨 自然히 ᄆᆞᅀᆞ매 깃븐 뜨디 이실씨(釋譜6:16). 王이 드르시고 소홈 도텨 讃嘆ᄒᆞ시고 무르샤ᄃᆡ 眞實로 그러ᄒᆞ니여(釋譜11:32). 거믄 紗帽ᄅᆞᆯ 드틀 뻐니 프른 螺앳 소홈 ᄌᆞᆫ도소니:烏帽拂塵青螺粟(杜解25:30). 이 ᄒᆞᆫ 둥엣 소홈 고ᄅᆞ고 굴그니예 엇디 ᄑᆞᆯ다:這一等花兒匀大的怎麼賣(飜朴上32). 이 ᄒᆞᆫ가지 소홈 고로고 크니ᄅᆞᆯ 엇디 ᄑᆞᆯ다:這一等花兒匀大的怎麼賣(朴解上29).

소활ᄒᆞ다 형 소활(疎濶)하다. ¶小子ᄂᆞᆫ 뜨디 踈濶호니 엇뎨 能히 그릐 門을 通達ᄒᆞ리오:小子思踈濶豈能達詞門(重杜解16:4). 게으르고 소활ᄒᆞ다:邋忽(漢淸8:36).

소회 명 소회(所懷). ¶성심으로 친ᄒᆞ고 붓조차 소회ᄅᆞᆯ 다ᄒᆞ야 삼가 죽기ᄅᆞᆯ 므릅써 드리노라 ᄒᆞ엿더라(山城88). 마침내 원찬계사 소회에 드러시니(宋疇錫. 北關曲).

소희 명 소에.〔ㅎ 첨용어 '소'의 부사격(副詞格).〕㊂소 ¶至匊悤 至匊悤 於思臥 말가ᄒᆞᆫ 기픈 소희 온갓 고기 뛰노ᄂᆞ다(古時調. 尹善道. 우ᄂᆞᆫ 거시. 孤遺).

소히 명 소가.〔ㅎ 첨용어 '소'의 주격(主格).〕㊂소 ¶環碧堂 龍의 소히 빗머리예 다하세라(松江. 星山別曲).

소·히 부 소(疎)히. 소홀히. 소원(疎遠)히. ¶ᄉᆞ이ᄒᆞᄂᆞᆫ 할미 ᄀᆞᄐᆞ니ᄅᆞᆯ 더욱 소히 ᄒᆞ야:媼之類尤宜疎(飜小7:27). 北넉 나그내란 踈히 ᄒᆞᄂᆞ다:踈北客(重杜解25:48). 孔明 關公 張飛의게 소히 ᄒᆞ쟈(三譯10:7).

·소·ᄒᆞ·다 동 외(椳)를 얽다. 외(椳)를 하다. ¶ᄒᆞᆰ ᄇᆞᆯ라 다ᄆᆞᆯ ᄆᆡᆼᄀᆞ로ᄃᆡ 대로 소ᄒᆞ야 굿눌로ᄆᆞᆯ 뵈ᄂᆞ니:鏝爲墻實以竹示式遏(初杜解25:2).

:소ᄒᆞ·다 동 소(素)하다. ¶소ᄒᆞ고 뵈옷 닙고:蔬食布衣(三綱. 孝24). 영정 대왕 상ᄉᆞ애 소ᄒᆞ기ᄂᆞᆯ 삼 년 ᄒᆞ니라:榮靖大王喪行素三年(東新續三綱. 孝3:62). 소ᄒᆞ다:喫齋(譯解上42. 同文解下11). 소ᄒᆞᄂᆞᆫ 사ᄅᆞᆷ:喫齋人. 소ᄒᆞ다:持齋(漢淸9:3).

소ᄒᆞ·다 형 소(疎)하다. 소원(疎遠)하다. ¶陰后ㅣ 漸漸 疎커ᄂᆞᆯ(宣賜內訓2下13). 祖宗 뜨데 親ᄒᆞ니 疎ᄒᆞ니 업숩던댄(宣賜內訓3:51). 형뎨의 겨집을 내 형뎨와 견초건댄 소ᄒᆞ야 친티 아니ᄒᆞ니:娣姒之比兄弟則踈(飜小7:40). 소ᄒᆞ고 머니라도 나오혀 뎌졉호ᄃᆡ:引接踈遠(宣小6:108). ᄯᅩ 王者의 作디 아니홈이 이 時만 疎ᄒᆞᆫ 이 잇디 아니ᄒᆞ며:且王者之不作未有疏於此時者也(宣孟3:7). 子游ㅣ ᄀᆞᆯ오ᄃᆡ 君을 셤김애 數ᄒᆞ면 이에 辱ᄒᆞ고 朋友에 數ᄒᆞ면 이에 踈ᄒᆞᄂᆞ니라(宣論1:38). 비록 친ᄒᆞ며 소ᄒᆞ며 멀며 갓가오미 다ᄅᆞ미 이시나:雖有親踈遠近之異(警民6). 비록 권당의게 비기면 소ᄒᆞ나:雖比宗族爲踈(警民24). 그 버금은 권당이니 비록 親ᄒᆞ며 踈ᄒᆞ니 이시나(警民28). 쇼인의 ᄐᆡ되 반ᄃᆞ시 인쥬의 ᄆᆞᄋᆞᆷ을 마쳐 아당ᄒᆞ고 뜨들 조차 니ᄅᆞ디 아닐 배 업ᄂᆞᆫ 고로 수이 친ᄒᆞ고 소ᄒᆞ기 어렵고(仁祖行狀20).

소히 명 소에.〔ㅎ 첨용어 '소'의 부사격(副詞格).〕㊂소 ☞소해 ¶스스로 기픈 소히 ᄡᅡ디니 도적기 죽기니라:自投深淵賊殺之(東新續三綱. 烈4:62 柳氏投淵).

:소힝 명 소행(所行). ¶所行ᄋᆞᆫ 곧 샹녜 조ᄎᆞᆫ ᄆᆞᅀᆞ미오(法華6:64). 요ᄉᆞ이 所行을 보와ᄂᆞᆫ 有名無實ᄒᆞ외(隣語3:1). 가가호호의 ᄃᆞᆫ말을 흣트니 후마의 소힝을 알 니 만흔지라(落泉1:2).

:속 명 속. ☞솝 ¶骨髓ᄂᆞᆫ 뼛소개 잇ᄂᆞᆫ 기르미라(月釋1:13). 날ᄃᆞ래 籠 소갯 새오:日月籠中鳥(初杜解8:15). 소리 프른 虛空 소ᄀᆞ로셔 ᄂᆞ리놋다:響下青虛裏(初杜解16:19). 세 點ㅅ 므리 ᄯᅩ 소ᄀᆞᆯ 向ᄒᆞ야 두려우믈 모로매 아롤디니라:須知三點水却向裏頭圓(金三5:31). 소개 검서근 것 앗고 디허:去心中黑腐擣(救簡2:107). 골 속을 둥잔브레 ᄉᆞ라:燈心燈上燒(救簡2:110). 속 니:裏(類合上2). 님금ᄭᅴ 得디 몯ᄒᆞ야ᄂᆞᆫ 속이 덥다라 ᄒᆞᄂᆞ니:不得於君則熱中(宣小4:10).

속거플 명 속껍질. ¶속거플:嫩皮(漢淸13:28).

속고다 동 솎다. ☞솟고다 ¶파 속고다:凹葱(譯解下12).

속고다 동 藙이다. 데치다. ☞속ᄡᅩ다 ¶압 니에 후린 고기 굽ᄂᆞ냐 膾티ᄂᆞ냐 속고앗ᄂᆞ냐(古時調. 엇그제. 歌曲).

속고다 동 솟구다. ☞속ᄡᅩ다 ¶고ᄌᆞ란 건뎌 안고 므레 들어 속과라(自菴集).

속고리 명 소쿠리. ¶광ᄌᆞ리며 속고리예(癸丑40). 속고리:飯帚(物譜 筐筥).

속곰질 명 솟굼질. ¶속곰질 ᄲᅱ움질과 씨름 탁견 遊山ᄒᆞ기(古時調. 金敏淳. 少年 十五. 青丘).

속냥ᄒᆞ다 동 속량(贖良)하다. ¶금븨을 당우의 집의 보내여 속냥ᄒᆞ고(洛城1).

속눈섭 명 속눈썹. ¶속눈섭:眼挾毛(譯解補21). 속눈섭:眼睫毛(漢淸5:49).

속닙 명 속잎. ¶곳 지쟈 속닙 퓌니 綠陰이 다 퍼진다 솔 柯枝 것거 니여 柳絮ᄅᆞᆯ 쓰르치고(古時調. 青丘). 속닙:嫩葉兒(譯解補51).

속·다 동 속다〔誑〕. ¶독소리ᄅᆞᆯ 가져 붑소리 사ᄆᆞ면 實업슬 ᄯᆞᄅᆞᆷ 아니라 ᄯᅩ 제 소ᄀᆞ리라:若將瓮響作鍾聲不獨無實兼自誑(南明上80).

속다 동 숙다. ¶오려 고개 속고 열무우 ᄉᆞᆯ졋ᄂᆞᆫᄃᆡ 낙시에 고기 물고 게ᄂᆞᆫ 어이 ᄂᆞ리

ᄂᆞᆫ고(古時調. 靑丘).

속대 명 속대. ¶속대:竹膚(柳氏物名三 草).

속돌 명 속돌. ¶속돌:水泡石(東醫 湯液三 石部). 속돌:海沫石(漢淸1:41).

·속:미 명 속미(粟米). 좁쌀. ¶布縷ㅅ 征과 粟米ㅅ 征과(宣孟14:18). 속미의 경은 곳 쥬국 소위 일뷔 ᄇᆡᆨ묘지계오(經筵).

:속ᄆᆞ옴 명 속마음. ¶ᄂᆞᆺ빗출 整齊ᄒᆞ면 속ᄆᆞ옴이 반ᄃᆞ시 공경ᄒᆞᄂᆞ니:顔色整齊中心必式(宣小1:14).

속ᄇᆡᆨ 명 속백(束帛). ¶賓을 酬호믈 束帛과 儷皮로 ᄒᆞ다(家禮3:16).

속새 명 속새. ☞속시 ¶속새ᄅᆞᆯ ᄀᆞᆯᄋᆞᆯ ᄆᆡᆼᄀᆞ라 ᄒᆞᆫ 돈곰 ᄒᆞ야 ᄃᆞᆯᄀᆡᄋᆞᆯ 안햇 힌 므레 프러 머그라:木賊草爲末每服一錢用雞子白調下(救簡6:18). 어욱새 속새 덥가나무 白楊 수페 가기곳 가면(松江. 將進酒辭). 속새:銼草(同文解下45. 譯解補50). 속새:莝草(漢淸13:13).

속새질ᄒᆞ다 동 수세미질하다. ¶속새질ᄒᆞ다:莝草打磨(漢淸5:17).

속서근플 명 속서근풀. ☞속셕은풀. 솝서근플 ¶지지과 심황과 속서근플 각 두 냥 네 돈과:山梔子鬱金深黃黃芩各二兩四錢(牛疫方12). 속서근플:黃芩(東醫 湯液三 草部).

속셕은풀 명 속서근풀. ☞속서근플. 솝서근플 ¶속셕은풀:黃芩(柳氏物名三 草).

속시 명 속새. ☞속새 ¶속시:木賊(方藥15). 木賊鄕名東草(集成方).

속썻 명 속곳. ¶亢羅 속썻 白綾 헐잇듸(古時調. 生ᄆᆡ갓튼. 海謠).

속ᄯᅩ다 동 솟구다. ☞속고다 ¶두험 ᄡᅡ흔 우흘 속ᄯᅩ다가 발ᄶᅡᆨ 나뒤쳐(古時調. 둑거비. 靑丘).

속ᄯᅩ다 동 끓이다. 데치다. ☞속고다 ¶압내희 후린 곡이를 ᄏᆡ야온 삽쥬에 속ᄯᅩ와 녹코(古時調. 내집이. 海謠).

:속·옷 명 속옷. ☞솝옷 ¶젹삼 고의 고두류엣 속오스란 안직 니ᄅᆞ디 마져:衫兒袴兒裹肚等裏衣且休說(飜朴上 26). 속옷:底衣(譯解補 29). 속옷:襯衣(漢淸11:5).

:속우·틔 명 속옷. ☞솝우틔 ¶어버의 속우틔ᄅᆞᆯ 가져다가:取親中帬廁牏(宣小 6:79).

속이다 동 속이다. ☞소기다 ¶네 날을 속이디 말라:你謾不的我(朴解上 64). 속일 긔:欺. 속일 광:誆(兒學下 4). 聖人이 날 속일가(人日歌).

속적우리 명 속저고리. ¶속적우리 고운ᄲᅧ치마 밋머리에 粉ᄲᅧ민 閣氏(古時調. 金壽長. 海謠).

·속·절:업·다 형 속절없다. ☞속절업다 ¶그 네흔 속절업시 노뇨ᄆᆞᆯ 즐기며:其四崇好優游(宣賜內訓1:33).

속종 명 속심. 속사정. ¶속종 잇다:有內囊(漢淸 6:24).

속죄ᄒᆞ다 동 속죄(贖罪)하다. ¶終天痛을 삼아 ᄡᅥ 즈스로 贖죄호미 업서 ᄒᆞ노니(家禮10:10).

속키다 동 속이다. ☞소기다 ¶도적글 속켜 도적 몬져 가더니:紿賊先賊行(東新續三綱. 烈3:15).

손 명 손〔手〕. ¶손爲手(訓解. 用字). ᄆᆞᆯ 우흿 대버믈 ᄒᆞᆫ 소ᄂᆞ로 티시며 ᄡᅡ호ᄂᆞᆫ 한쇼ᄅᆞᆯ 두 소내 자ᄇᆞ시며:馬上大虎一手格之方鬪巨牛兩手執之(龍歌87章). 손ᅌᅳ로 ᄶᅳᄅᆞ싫 제(月印上24). 羅睺羅ᄋᆡ 소ᄂᆞᆯ 자바(釋譜6:9). 소ᄂᆞ로 히ᄅᆞᆯ ᄀᆞ리와ᄃᆞᆫ 日蝕ᄒᆞᄂᆞ니라(釋譜13:10). 如來 손ᄋᆞᆯ 내샤(月釋18:14). 佛佛이 손 심기시ᄂᆞᆫ 要ㅣ 이 ᄡᅳᄅᆞ민ᄃᆞᆯ ᄇᆞᆯ기시니:以明佛佛授手之要止此而已(法華6:118). 사ᄅᆞᄆᆞ로 들라 ᄒᆞ니 소니 데어늘(宣賜內訓序4). 엇데 자보매 사ᄅᆞᄆᆡ 소ᄂᆞᆯ 조초미 이시리오:豈容捉搦隨人手(南明上18). 손 슈:手(訓蒙上26. 類合上21). 손:手(同文解上15).

손 명 손〔客〕. ¶赴京ᄒᆞᇙ 소ᄂᆡ 마리:赴京客辭(龍歌28章). 客은 손이라(月釋13:25). 손이 羹ᄋᆞᆯ 沙鉢애셔 고텨 마초거든:客絮羹(宣賜內訓1:3). 노ᄑᆞᆫ 소ᄂᆞᆯ 머믈우거늘:留上客(初杜解8:11). 손 머믈우ᄂᆞᆫ 녀ᄅᆞᇝ 사ᄐᆞᆫ 프른 琅玕 ᄀᆞᆮ도다:留客夏簟靑琅玕(初杜解15:46). 曹叔良이라 ᄒᆞᆫ 소니 六祖大師ᄭᅴ ᄡᅡ 받ᄌᆞ와 사ᄅᆞ시게 ᄒᆞ나(南明上2). 뷘 지븨 손 오리 업소ᄆᆞᆯ 疑心 말라:莫訝空堂無客到(南明上14). 너희 손 도읜 양 말오:你休做客(飜老上42). 손 빙:賓. 손 ᄀᆡᆨ:客(訓蒙中3). 손 빈:賓(類合上17. 石千6). 손이 국을 햠담ᄒᆞ거든 主人이 잘 글히디 몯호라 샤례ᄒᆞ고:客絮羹主人辭不能亨(宣小3:23). ᄒᆞᆫ 번 받좁ᄂᆞᆫ 례도애 손과 쥬인이 일ᄇᆡᆨ 번 절ᄒᆞ야:一獻之禮賓主百拜(宣小3:27). 부쳬 서로 공경ᄒᆞ기ᄅᆞᆯ 손ᄀᆞ티 ᄒᆞ고:夫婦相敬如賓(東新續三綱. 烈2:45). 敬重홈이 손ᄀᆞᆮᄐᆞᆯ 씨니:敬重如賓(女四解2:26).

손 명 (바둑·장기 등의) 수(手). ¶바도기 여러 소니어든 ᄒᆞᆫ 소내 막다 ᄒᆞᄃᆞᆺ ᄒᆞ니라(金三3:13). 이 ᄒᆞᆫ 손 두미 ᄀᆞ장 ᄆᆡᆸ다:這一着好利害(飜朴上23). 네 나를 네 손 두라 ᄒᆞ더니 내 엇디 이 셜흔 집 바도글 이긔니오:你說饒我四着我却怎麼贏了這三十路碁(飜朴上24).

손 명 덩굴손〔蔓〕. 권수(卷鬚). ¶외ㅅ손:瓜蔓(譯解補50).

손가락 명 손가락. ☞숝가락 ¶ᄒᆞᆫ 손가락 ᄆᆞ디ᄅᆞᆯ ᄉᆞᆯ머:燒一指節(楞解6:104). 손가락지:指(類合上21). 손가락 버혀 약의 ᄲᅡ

뼈 나오니 병이 됴ᄒᆞ니라:斷指和藥以進病愈(東新續三綱. 孝2:85). 니동이 손가락 버혀:李同斷指(東新續三綱.孝3:32 李同斷指). 손가락 버혀:斷指(東新續三綱.孝 3:65 孟連斷指). 알ᄒᆞ며셔 손가락을 귿처 뼈 받ᄌᆞ오니:痛斷指以進(東新續三綱.孝5:58). 손가락 지:指(倭解上17.註千41). ᄯᆞᆯ을 디ᄅᆞ며 손가락을 버혀(女四解4:15). 손가락:手指(同文解上16).

손고피·다 동 손꼽다. ☞손곱다 ¶그제 善宿ㅣ 손고펴 날 혜여 닐웨예 다ᄃᆞ라 즉재 裸形村中에 가(月釋9:36上).

손곱다 동 손꼽다. ☞손고피다 ¶큰 盞에 ᄀᆞ득 부어 醉토록 머그며셔 萬古英雄을 손고바 혀여 보니(古時調.青丘). 손곱아 혜다:生手算(譯解補35).

손구비 명 손목. ¶환도ᄅᆞᆯ 손구비에 언ᄶᅩ:閣刀手腕(武藝諸16).

·손·금 명 손금. ☞손ㅅ금. 손씀 ¶손금 과:膕(訓蒙上25).

손ᄀᆞ락 명 손가락. ☞소ᇇ가락 ¶ᄲᅢᆯ리 부드러운 깁을 손ᄀᆞ락의 ᄡᅡ:急用軟帛裹手指(痘要上4). 어믜 병의 손ᄀᆞ락글 귿다:母病斷指(東新續三綱.孝3:31).

손·녀 명 손녀(孫女). ¶ᄯᆞᆯ와 고마와 孫女왜 다 조차 들며(三綱.忠29). 김시ᄂᆞᆫ 포쳔현 사ᄅᆞᆷ이니 샹낙 김ᄉᆞ형의 손녀ㅣ라(東新續三綱.烈1:63).

손·녜 명 고빙(雇聘)의 예. ¶州ㅣ 손녜로 대ᄒᆞᆨ관ᄋᆡ 올여든:州賓興於大學(飜小9:15). 州ㅣ 손녜로 太學의 쳔거ᄒᆞ야든 太學이 모토아 ᄀᆞᄅᆞ쳐 ᄒᆡ마다 그 어딜며 能ᄒᆞᆫ 이ᄅᆞᆯ 됴뎡에 의론ᄒᆞᆯ디니라:州賓興於太學太學聚而敎之歲論其賢者能者於朝(宣小6:13).

-손뎌 어미 -지마는. -다손 치더라도. ¶이링공 뎌링공ᄒᆞ야 나즈란 디내와손뎌(樂詞.青山別曲).

·손도·으·리 명 손도울 사람. 조역꾼. ¶여러 담ᄉᆞ리와 손도으리 블러다가 담 싸라:叫幾箇打墻的和坌工來築墻(飜朴上10).

:손돌 명 손돌목. 〔지명(地名)〕 ¶손돌:窄梁 窄梁在今江華府南三十里許(龍歌6:59). 孫乭목 江華목 감돌아 들 제(古時調.海謠).

손돕 명 손톱. ☞손톱. 소ᇇ돕 ¶손돕 발돕 버히라(家禮5:13). 손돕으로 ᄠᅳ더 헌ᄃᆡᄂᆞᆫ:爪破者(痘瘡方52).

-손듸 조 -로부터. -에게서. ¶네 이리 漢ㅅ손듸 글 ᄇᆡ호거니:你這般學漢兒文書時(飜老上6).

손디타 동 손을 쓰다. 손대다. ¶이웃 사ᄅᆞᆷ미 ᄆᆡ양 도적ᄒᆞ고져 호ᄃᆡ 그 사ᄅᆞᆷ의 셩효ᄂᆞᆯ 늣겨 닐오ᄃᆡ 아뫼 일로 배졔ᄂᆞᆯ ᄒᆞ니 ᄎᆞ마 손디티 몯ᄒᆞ리로다 ᄒᆞ더라:鄰人常欲竊取而感其誠孝曰某以此物供祭不忍下手云(東新續三綱. 孝5:41).

-:손·ᄃᆡ 조 -에게. -한테. ¶無學ᄋᆞᆫ 다 아라 더 ᄇᆡ홀 이리 업슬 씨니 學無學ᄋᆞᆫ 當時로 몯다 아라 無學손ᄃᆡ ᄇᆡ호ᄂᆞᆫ 사ᄅᆞ미라(釋譜13:3). 이 官人이 듣고 저ᅀᆞ와 懺悔ᄒᆞ고 和尚손ᄃᆡ 本文을 請ᄒᆞ야:此官人聞語頂禮懺悔便於和尚邊請本(佛頂13). 글워를 수울 ᄀᆞᅀᆞ만 마ᅀᆞᆫ 관원손ᄃᆡ 맛뎌:文書分付管酒的署官根底(飜朴上3). 底…又語助 根底 앏픠 又 손ᄃᆡ(老朴集. 單字解1). 내 너손ᄃᆡ 디워 ᄑᆞ라 주마:我濫賤賣與你(老解下21). 뉘손ᄃᆡ 타나관ᄃᆡ 양지조차 ᄀᆞᄐᆞᆫ다(古時調.鄭澈.형아 아ᄋᆡ야.松江). 날 ᄉᆞ랑ᄒᆞ던 情을 뉘손ᄃᆡ 옴기신고(古時調.宋時烈.님이 혜.青丘).

손목 명 손목. ☞소ᇇ목 ¶술 醉ᄒᆞ야 ᄌᆞ올 저긔 ᄀᆞᅀᆞᆯᄒᆡ ᄒᆞᆫ 니브를 다ᄆᆞᆺᄒᆞ고 손모ᄀᆞᆯ 자바 날마다 ᄒᆞᆫᄃᆡ ᄃᆞ니노라:醉眠秋共被携手日同行(初杜解9:11). 손목 완:腕(訓蒙上26.類合上21). 雙花店에 雙花 사라 가고신ᄃᆞᆫ 回回 아비 내 손모글 주여이다(樂詞.雙花店). 손목:手腕子(譯解上34).

손믿 명 솥밑. ¶소곰과 손믿 검듸영을 믈에 섯거 잠ᄭᆞᆫ 봇가:塩和百草霜水拌略炒(痘要下10).

손바닥 명 손바닥. ☞손바당. 소ᇇ바당 ¶손바닥 쟝:掌(類合上21.兒學上2).

손바당 명 손바닥. ☞소ᇇ바당 ¶손바당을 뻘러 피를 내야:剖掌出血(東新續三綱.孝6:71). 字ᄅᆞᆯ 그ᄅᆞᆺ ᄡᅳᄂᆞᆫ 이ᄂᆞᆫ 손바당을 세 번 젼반으로 티ᄂᆞ니라:寫差字的手心上打三戒方(朴解上45). 손바당 쟝:掌(倭解上17).

·손·발 명 손발. 손과 발. 수족(手足). ¶忍辱仙人이실씨 손발ᄋᆞᆯ 바히ᅀᆞᄫᆞ나(月印上34). 머리며 누니며 손바리며 고맷 고기라도 비ᄂᆞᆫ 사ᄅᆞᄆᆞᆯ 주리어니(釋譜19:13). 손바리 ᄠᅳᆫ ᄀᆞᄐᆞ시며(月釋2:57). 손발 저니도 ᄡᅳ며(月釋10:30). ᄒᆞᆫ갓 손발 시수ᄆᆞ로 조호ᄆᆞᆯ 삼논 디 아니라:不獨以先手足爲淨(金剛5). 손바리 어러 ᄠᅳ고 갓과 ᄉᆞᆯ쾌 주게라:手脚凍皴皮肉死(初杜解25:26). 손발 츌궐:瘚(訓蒙中34).

·손·발가락 명 손발가락. ¶손발가라ᄀᆞᆫ 微細ᄒᆞᆫ 執着ᄋᆞᆯ 가ᄌᆞᆯ비시니(月釋18:45).

손발ㅅ금 명 손발금. ¶손발ㅅ금:手足紋(漢淸5:53).

손범아귀 명 손아귀. 범아귀. ☞손쌋 ¶손범아귀:手虎口(譯解上34).

손벽티다 동 손뼉치다. ☞소ᇇ벽티다 ¶손벽티고 닐오ᄃᆡ(癸丑202).

손ᄡᅵ 명 솜씨. ¶저제 드러가 분 ᄑᆞᄂᆞᆫ ᄃᆡᄅᆞᆯ 두로 보니 그 겨집의 손ᄡᅵ과 ᄀᆞᆮ거ᄂᆞᆯ:入市

遍買胡粉次此女此之手跡如先(太平1:9).

손ㅅ금 명 손금. ☞솑금 ¶손ㅅ금:手紋(譯解上34. 同文解上16).

손ㅅ기음ᄆᆡ다 동 맨손으로 김매다. ¶손ㅅ기음ᄆᆡ다:手拔草(漢淸10:4).

손ㅅ대 명 손대. 내림대. ☞손ᄯᅢ ¶손ㅅ대에 ᄆᆡᆫ 죠희 오리:柳枝上紙條(漢淸3:41).

손ㅅ돕 명 손톱. ☞손톱. 솑돕 ¶손ㅅ돕:手指甲(譯解上34).

손ㅅ등 명 손등. ☞손ᄯᅳᆼ ¶손ㅅ등:手背(譯解上34. 同文解上16. 漢淸5:52).

손ㅅ바당 명 손바닥. ☞손바당. 솑바당 ¶손ㅅ바당:手心(譯解上34). 손ㅅ바당:手掌(漢淸5:52).

손ㅅ벽티다 동 손뼉치다. ☞손벽티다. 솑벽티다 ¶손ㅅ벽티다:拍手(譯解下46).

손ㅅ삿 명 손샅. ☞손ᄊᆞᆺ ¶손ㅅ삿:手丫子(譯解上34). 손ㅅ삿:手丫(漢淸5:53).

손소 부 손수. ☞손ᅀᅩ ¶금과 비단과를 주고 옷ᄭᅪ 관과 제ᄒᆞᆯ 거슬 손소 다ᄒᆞ야 두고 집 사ᄅᆞᆷ과 여희여 닐오ᄃᆡ:且與之金幣親具衣棺祭物與家人訣曰(三綱. 烈23 明秀). 너희ᄃᆞᆯ히 이 아기ᄅᆞᆯ 이대 기ᄅᆞ라 ᄒᆞ고 손소 목 ᄆᆡ야 주고ᄃᆡ:汝等惟善養幼子遂自縊而死(三綱. 烈23 明秀). 렴이 벼슬 ᄇᆞ리고 시병ᄒᆞ야 손소 분지 반내ᄅᆞᆯ 네 ᄒᆡ도록 그치디 아니ᄒᆞ야:廉棄官侍疾手奉溷器四年不輟(東續三綱. 孝2 姜廉鑿氷). ᄂᆞᄆᆞᆯ 과실 먹디 아니코 손소 제뎐의 차반 ᄆᆡᆼᄀᆞᆯ며:不食菜菓躬執奠饌(東續三綱. 孝4 韓逑蔬食). 손소 니기믈 자바:手執炊爨(東新續三綱. 孝2:43). 珠簾을 손소 것고(曺友仁. 自悼詞).

손슈건 명 손수건. ¶손슈건:汗巾(同文解上58).

손슌 명 손순(巽順). 유순(柔順). ¶손슌 손:巽(類合下33).

:손:슌ᄒᆞ·다 형 손순(巽順)하다. 유순(柔順)하다. ¶반ᄃᆞ시 효도ᄒᆞ며 손슌ᄒᆞ며 튱셩되며 믿브며 례졀이며 올ᄒᆞᆫ 일이며 쳥념ᄒᆞ며 붓그리ᄂᆞᆫ 일ᄃᆞᆯ로ᄡᅥ 몬져 ᄒᆞᆯ디니:必先以孝弟忠信禮義廉恥等事(宣小5:5).

손ᄉᆞ래 명 손사래. ¶아모말도 아니코 안자시니 손ᄉᆞ래도 더디며 오락가락ᄒᆞ더라(癸丑203).

손ᄭᅡ락 명 손가락. ☞솑가락 ¶소ᄂᆞᆯ 펴시니 손ᄭᅡ락 ᄉᆞ이예셔 굴근 보비옛 곳비 오더니(月釋7:38). 손ᄭᅡ라고로 다가 그 헐므슨 부리 우희 추모로 나져 바며 머므디 말오 ᄇᆞᄅᆞ라:將指頭那瘡口上着唾沫白日黑夜不住的搽(飜朴上13). 동녁으로 버든 ᄲᅩᆼ나못 불휘 손ᄭᅡ락 ᄀᆞᄐᆞ니 기릐 닐굽 치ᄅᆞᆯ 다가:取東行桑根如指長七寸(瘟疫方7). 손ᄭᅡ락:手指頭(譯解上34).

·손·ᄉᆞᆷ 명 손금. ☞솑금 ¶손ᄉᆞᆷ에 고리:手破落. 손ᄉᆞᆷ에 키:手簸箕(譯解上36).

·손:씸 명 손때. 수택(手澤). ¶아비 업ᄉᆞ시거든 ᄎᆞᆷ아 아비 칙을 닑디 몯홈ᄋᆞᆫ 손씸이 이실시며:父沒而不能讀父之書手澤存焉爾(宣小2:16).

손ᄶᅡ락 명 손가락. ☞솑가락 ¶반ᄃᆞ시 손가락을 버히며 다리ᄅᆞᆯ 딜은 후에 孝ㅣ 됨이 아니리라:不必割指刲股然後爲孝(警民35). 손ᄶᅡ락 베혀 약의 ᄲᅡ 드리니:斷指和藥以進(東新續三綱. 孝5:54).

손ᄯᅢ 명 손대. 내림대. ☞손ㅅ대 ¶손ᄯᅢ 내다:剪紙送祟(漢淸9:12).

손ᄡᅥ혀 동 손떼어. ¶자나믄 보라ᄆᆡ를 엇그제 ᄀᆺ 손ᄡᅥ혀(古時調. 靑丘).

손ᄯᅩᆸ 명 손톱. ☞손톱. 솑돕 ¶손ᄯᅩᆸ 다ᄃᆞᆷ을 쉬기도 엇디 못ᄒᆞ고:不得撚指歇息(朴解中43). 손ᄯᅩᆸ 다ᄃᆞᆷ다:修手(譯解上49). 손ᄯᅩᆸ:手指甲(同文解上16).

손ᄯᅳᆼ 명 손등. ☞손ㅅ등 ¶이 말ᄉᆞ믈 듣고 손ᄯᅳᆼ ᄠᅳ고 차탄ᄒᆞ야 기리더라:聞之擊節嘆賞(飜小10:35). 손ᄯᅳᆼ ᄠᅳ고 차탄ᄒᆞ야 기리더라:擊節嘆賞(宣小6:133).

손ᄲᅡ닥 명 손바닥. ☞솑바당 ¶손ᄲᅡ닥 뒷ᄆᆞ디예 ᄆᆡᄂᆞ니라(家禮5:12).

손ᄲᅡ·당 명 손바닥. ☞손바당. 손ᄲᅡ닥. 솑바당 ¶가ᅀᆞ면 사ᄅᆞ미 金을 뫼ᄀᆞ티 사햇다가 ᄒᆞᄅᆞᆺ 아ᄎᆞᄆᆡ 배요ᄃᆡ 손ᄲᅡ당 두위혈 ᄉᆞᅀᅵ ᄀᆞ토ᄆᆞᆯ 내 보며:我見富人積金如山一旦敗之若反掌閑(宣賜內訓3:6). 손ᄲᅡ당 티다:打手掌(譯解下52).

손ᄊᆞᆺ 명 손샅. ☞손범아귀. 손ㅅ삿 ¶손ᄊᆞᆺ:手虎口(同文解上16).

·손ᅀᅩ 부 손수. ☞손소. 손오 ¶손ᅀᅩ 몯 주노이다(月印上52). 목수미 므거븐 거실ᄊᆡ 손ᅀᅩ 죽디 몯ᄒᆞ야(釋譜6:5). 손ᅀᅩ 다 布施커나(月釋21:139). 손ᅀᅩ 일워(月釋21:141). 손ᅀᅩ:親(三綱. 孝26 孝肅). 손ᅀᅩ 桃李ᄅᆞᆯ 심구니 님재 업순 디 아니로다:手種桃李非無主(初杜解10:7). 王ᄋᆞᆫ 每常 ᄒᆞᆫ 거시나 마치든 손ᅀᅩ ᄉᆞᅀᅵ로 金銀을 주시놋다:王每中一物手自與金銀(初杜解24:24). 侍病ᄒᆞ야 손ᅀᅩ 분지 반내ᄅᆞᆯ 네 ᄒᆡ도록 그치디 아니ᄒᆞ야:侍疾手奉溷器四年不輟(續三綱. 孝5). 믄득 아ᄎᆞᄆᆡ 벽 일ᄇᆡᆨ을 손ᅀᅩ 드러 집 밧긔 옮기고:輒朝運百甓於齋外(飜小10:7). 손ᅀᅩ 마리ᄅᆞᆯ 갓더니:自爲剪髮(宣賜內訓2下7).

손에뉴 명 수갑. ¶손에뉴 박다:手扭(譯解上66). 손에뉴:手扭(同文解下30. 漢淸3:9).

손여 명 소녀(少女). ¶황공ᄒᆞ다 손여 일신 엇지하면 효도ᄒᆞᆯ고(思鄕曲).

손오 부 손수. ☞손소. 손ᅀᅩ ¶손오 桃李ᄅᆞᆯ 심구니 님제 업순 디 아니로다:手種桃李非

無主(重杜解10:7). ※손오<손소

:손·익 명 손익(損益). ¶모매 갓가이 損益을 보리로다:近身見損益(杜解17:14). 天魔外道ㅣ 허롤 門 업슨 젼ᄎᆞ로 니ᄅᆞ샤ᄃᆡ 損益 업다 ᄒᆞ시니라(南明上14).

·손·조 부 손수. ☞손소 ¶손조 밥 지ᅀᅥ 먹고 가져:自做飯喫去來(飜老上39). 너 ᄑᆞᆯ리 손조 보라:你賣主自家看(飜老下14). 네 손조 ᄆᆞᆯ 졔졔 ᄀᆞᆯ히여 사라 가ᄃᆡ여 져제 됴ᄒᆞᆫ ᄆᆞᆯ 몯 어드리러라:你自馬市裏揀着買去市裏尋不着好馬(飜朴上63). 손조 일워 공양 보시ᄒᆞ면(地藏解下2). 멀마 갓가온 ᄃᆡ 유무 글월을 손조 ᄃᆡ답디 아니티 아니호ᄃᆡ:遠近書疏莫不手答(宣小6:108). 두 사ᄅᆞᆷ이 시묘 사라 손조 블대혀:二人居廬躬爨(東三綱. 孝4 殷保感烏). 손조 졔찬 쟝만ᄒᆞ야:手具祭饌(東新續三綱. 孝2:38). 차반을 반ᄃᆞ시 만히 ᄒᆞ며 조히 ᄒᆞ고 손조 쟝만ᄒᆞ더라:祭饌必豊潔而手自具(東新續三綱. 孝5:75). 그 ᄣᅢ예 손조 옷 우히 곳출 슈노핫더니(太平1:28). ᄒᆞᆫ나흐로 ᄒᆞ여 손조 고기 봇게 ᄒᆞ쟈:教一箇自炒肉(老解上19). 내 손조 섯거 먹어지라:我自調和喫(老解上55). 너 ᄑᆞᄂᆞᆫ 님재 손조 보라:你賣主自家看(老解下13). 이제 손조 젓 먹이ᄂᆞ냐:如今自妳那(朴解上51). 절로 소슨 뫼헤 손조 밧 가로리라(古時調. 朱義植. 늙고 病든. 青丘). 손조 ᄶᅡ더니(重內訓2:54). 은빈혀 두 가지로 손조 목을 지ᄅᆞ거늘(女範4. 녈녀 황시절). 손조 술위롤 미러 마쇼의게 메오디 아니ᄒᆞ니:自在轅中挽車不用牛馬(五倫1:9). ᄆᆡ양 밤의 한탁ᄒᆞ시ᄃᆡ(閑中錄8).

손죠 부 손수. ☞손소. 손조 ¶玉宇에 나린 이슬 蟲聲조ᄎᆞ 젓져 운다 金英을 손죠 ᄯᅡ셔 玉盃에 ᄠᅴ웟신들(古時調. 歌曲).

손즈 부 손수. ☞손소. 손조 ¶네 손즈 여긔 플무롤 민ᄃᆞᆯ고:你自這裏打爐子(朴解下29).

손짓기 명 손찌검. ¶ᄒᆞᆫ가디로 ᄭᅬᄒᆞ야 ᄒᆞᆫ가디로 텨시되 뉘 이 손짓기롤 ᄆᆞ이 ᄒᆞᆫ 줄을 아디 못홈도 이시며:有同謀共毆而莫知誰是下手重者(無冤錄1:2).

손·ᄌᆞ 명 손자(孫子). ¶내 孫子 조차 가게 ᄒᆞ라(釋譜6:9). 孫ᄋᆞᆫ 孫子ㅣ니 子孫ᄋᆞᆫ 아ᄃᆞ리며 孫子ㅣ며 後ㅅ 孫子롤 無數히 ᄂᆞ리닐온 마리라(月釋1:7). 後漢ㅅ 和熹鄧皇后ᄂᆞᆫ 太傅 禹의 孫子ㅣ시니라(宣賜內訓2下6). 〔編者註:여기서는 '孫女'를 가리킴.〕ᄌᆞ셕 업고 손지 업스면:無子無孫(飜朴上7). 손ᄌᆞ 손:孫(訓蒙上32. 類合上20. 倭解上13. 兒學上1). 商의 孫子ㅣ 그 麗ㅣ 億ᄲᅮᆫ이 아니언마ᄂᆞᆫ:商之孫子其麗不億(宣孟7:13). 뎡텩의 손지오 셩근의 아ᄃᆞᆯ이오:鄭陟之孫誠謹之子(東新續三綱. 孝4:5). 우리 宗族앳 늘근 孫子ㅣ 質朴ᄒᆞ야(重杜解8:51).

손ᄌᆞ 부 손수. ☞손소. 손조 ¶네 손ᄌᆞ ᄀᆞᆯ히여 사라:你自揀着要(朴解上29). 네 손ᄌᆞ ᄆᆞᆯ 져제 ᄀᆞᆯ히여 사라 가라:你自馬市裏揀着買去(朴解上55). 네 손ᄌᆞ 잇긋 ᄒᆞ라:你自儘一儘(朴解上58).

손지조 명 손재주. ¶손지조 잇다:有手藝(譯解補51).

손치다 동 손짓하다. ☞손티다 ¶손쳐 부르다:壓手叫(同文解上27). 富貴롤 불어ᄒᆞ여 손치다 나아오랴(古時調. 金天澤. 安貧을. 海謠). 건너서ᄂᆞᆫ 손을 치고 집에서ᄂᆞᆫ 들라 ᄒᆞ네 문 닷고 드ᄌᆞ ᄒᆞ랴 손치는 ᄃᆡ롤 가ᄌᆞ ᄒᆞ랴(古時調. 時調類).

손텽 명 객청(客廳). ¶손텽의 나와 ᄒᆞᆫ 디위 쉬오:出客位裏歇一會兒(飜朴上53).

·손·톱 명 손톱. ☞숁돕 ¶말ᄋᆞᆯ 올히 너기샤 터리 ᄢᅡᅘᅧ 주시고 손토볼 ᄯᅩ 주시니(月印上33). 부디어나 손토보뢰어나(釋譜13:52). 열 손톱 마초아 偈로 부텨를 讚歎ᄒᆞᅀᆞᄫᅩᄃᆡ(月釋18:36). 柑子롤 ᄢᅢ혀니 서리 ᄀᆞ툰 거시 손토배 디고:破柑霜落爪(初杜解10:43). 손톱 조:爪(倭解上17).

손티다 동 손짓하다. 손뼉치다. ☞손치다 ¶손티다:點手(譯解上39). 손티다:壓手(同文解上27). 건너셔는 손을 티고 집의셔는 들나 ᄒᆞ니 門 닷고 드쟈 ᄒᆞ랴 손티는 데로 가쟈 ᄒᆞ랴(古時調. 歌曲).

:손:해·ᄒᆞ·다 동 손해나게 하다. ¶시혹 사ᄅᆞᄆᆞᆯ 利益ᄒᆞ며 시혹 사ᄅᆞᄆᆞᆯ 損害ᄒᆞ야 各各 ᄀᆞᆮ디 아니ᄒᆞ니(月釋21:121). 精神이 損害홀가 저후미리라 니롤 시라(初杜解14:6).

손헤다 동 손짓하다. 손을 내젓다. ¶손헤다:點手(四解下82 點字註). 安貧을 슬히 넉여 손헤다 물러감며 富貴롤 불어ᄒᆞ여 손치다 나아오랴(古時調. 金天澤. 海謠).

:손 ᄒᆞ·다 동 손(損)하다. 손상(損傷)하다. ¶시혹 모딘 사ᄅᆞᄆᆡ ᄧᅩ초ᄆᆞᆯ 니버 金剛山애 ᄢᅥ러디여도 더 觀音 念혼 히므로 能히 ᄒᆞᆫ 터럭도 損티 몯ᄒᆞ며(法華7:88). 시혹 酒色애 잇버 損커나(救急上59). 精神이 損홀가 전노라:畏損神(初杜解14:6). 宗師ㅣ 모ᄆᆞᆯ 損ᄒᆞ야 ᄂᆞᆷ 주ᄂᆞᆫ 거시 잇ᄂᆞᆫ ᄃᆞᆺ 홀ᄉᆡ(南明上49). 더 前人을 損ᄒᆞ야 내죵내 利益 업스리라(六祖上77). 請컨댄 損ᄒᆞ야 ᄃᆞᆯ로 一雞를 攘ᄒᆞ야:請損之月攘一雞(宣孟6:24). 殷이 夏ㅅ禮예 因ᄒᆞ니 損ᄒᆞ며 益ᄒᆞᆫ 바롤 可히 알 꺼시며(宣論1:18). 져기 損ᄒᆞ며 益ᄒᆞ믈 그 ᄉᆞ이예 加ᄒᆞ야(家禮1:3). 三千을 손ᄒᆞᆫ다 ᄒᆞ니라:損三千(朴解下25). 손 홀 손:損(倭解下32).

·숁가·락 명 손가락. ☞손까락. 숁ᄀᆞ락 ¶耶舍奧者롤 命ᄒᆞ야 숁가라ᄀᆞᆯ 펴아(釋譜24:

24). 指ㄴ 숀가라기오(月釋序22). 숀가락 자보문 돌 ᄀᆞᄅᆞ치ᄂᆞᆫ 숀가라ᄀᆞᆯ 보고 ᄃᆞᆯ롤 아니 볼 씨오(月釋序22). 싀어미 病이 되야 柳氏ㅅ 숀가락 너흐러 乃終 말ᄒᆞ거늘: 及姑病篤齧劉與之訣(三綱. 孝31). 또 숀가라ᄀᆞᆯ 보아:以所標指(楞解2:21). 숀가락 ᄀᆞᆮᄒᆞ니(圓覺下一之二33). 세 숀가락으로 지보니롤:三指撮(救簡1:63). 돌 ᄀᆞᄅᆞ치ᄂᆞᆫ 숀가라기오:標月指(眞言19). 숀가락 지:指(訓蒙上26).

·숀·금 명 손금. ☞손금. 손ㅅ금. 손쯤 ¶ 셜흔 닐굽차힌 숀그미 ᄀᆞᆯ히나고 고ᄃᆞ시며(月釋2:57). 숀그미 깁고 기르시고 볼ᄀᆞ시고 고ᄃᆞ시고 축축ᄒᆞ시고 긋디 아니ᄒᆞ샤미 二十七이시고(法華2:16).

숀ᄀᆞ락 명 손가락. ☞숀가락 ¶ 숀ᄀᆞ락만 큰 ᄌᆞ타날 덩ᄌᆞ애:指頭來大紫鴉忽頂兒(飜朴上29). 숀ᄀᆞ라고로 ᄇᆞ비다:指捻(四解下82 捻字註).

숀·돕 명 손톱. ☞손톱. 숀톱 ¶ 고깃 양이 두 숀돕 相ᄋᆞᆯ 取ᄒᆞ려:爲取肉形雙爪之相(楞解3:43). 숀돕 양ᄌᆞᄂᆞᆫ 鼻相이오:爪形鼻相也(楞解3:43). 두 드린 숀돕 ᄀᆞᆮᄒᆞ니라:如雙垂爪(楞解4:110). 숀돕 조:爪(訓蒙上26).

숀목 명 손목. ☞손목 ¶ 怡然히 다ᄆᆞᆺ 숀목 자바:怡然共携手(杜解9:13).

숀바·당 명 손바닥. ☞손바당. 손ᄡᅡ당 ¶ ᄒᆞᆫ 눈 ᄡᅢ혀 숀바다애 연자 두고(釋譜24:51). 숀바다ᄋᆞᆯ 드러 히ᄃᆞᆯ롤 ᄀᆞ리와ᄃᆞᆫ 日月食 ᄒᆞᄂᆞ니라(月釋2:2). 合掌ᄋᆞᆫ 숀바당 마촐 씨라(月釋2:29). 숀바다이 반ᄃᆞ기 제 낤던 댄:掌當自出(楞解2:114). 숀바당 안ᄀᆞ티 ᄒᆞ니:猶如掌內(法華6:29). 숀바당 가온ᄃᆡ ᄒᆞᆫ 구스릐 새로외요ᄆᆞᆯ 貪히 보ᄂᆞᆺ다:掌中貪見一珠新(初杜解8:14). 兵法ᄋᆡ 물란 숀바당 ᄀᆞᄅᆞ치ᄃᆞᆺ ᄒᆞᄂᆞᆺ다:兵流指諸掌(初杜解24:37). 숀바당앳 果子 보ᄃᆞᆺ ᄒᆞ더시니라(南明上25). 또 숀바당이 ᄃᆞ외도다:復成掌(金三2:34). 올ᄒᆞᆫ녁 숀바당애 ᄇᆞᆯ라:塗右手心(救簡1:20).

숀바·독 명 손바닥. ☞숀바당 ¶ 숀바독 쟝:掌(訓蒙上26).

·숀·벽·티·다 동 손뼉치다. ☞손ㅅ벽티다 ¶ 여러 가짓 풍류ᄒᆞ며 숀벽티며 놀애 블러 讚嘆ᄒᆞᅀᆞᄫᅡ(月釋10:45). 오온 世옛 어느 사ᄅᆞ미 이 맛 아ᄂᆞ뇨 寒山이 숀벽티고 豊干ᄋᆞᆯ 우ᅀᅳ니라:擧世何人知此味寒山撫掌笑豊干(南明下8).

숀톱 명 손톱. ☞숀돕 ¶ 또 人中을 숀토ᄇᆞ로 오래 ᄧᅵᆯ어시며:又云爪刺人中良久(救急上40). 블근 화래 金숀톱 ᄀᆞᄐᆞᆫ 삸미티로소니:騂弓金爪鏑(重杜解2:69). 내 늙고 病호ᄆᆞᆯ 슬허 두 줄기롤 주니 들며 날 저긔 숀 토배 다텨 鏗然히 소리 잇도다:憐我老病贈兩莖出入爪甲鏗有聲(初杜解16:57).

솓 명 솥. ☞솟. 솥 ¶ 방 뒤헤 솓 가마 뉴엣 거시 잇거늘:舍後有鍋釜之類(飜小9:7). 솓 뎡:鼎. 솓 확:鑊. 솓 내:鼐. 솓 ᄌᆞ:鼒(訓蒙中10). 솓 뎡:鼎(類合上27). 방샤 뒤헤 솓 가마 類엣 거시 잇거늘:舍後有鍋釜之類(宣小6:6).

솓·다 동 쏟다. ☞쏟다 ¶ 소다爲覆物(訓解. 合字). 그르싀 시슬 거스란 솓디 마오 그나ᄆᆞᆫ 거스란 소돌디니라:器之漑者不寫其餘皆寫(宣賜內訓1:10). ᄂᆞᆺᄂᆞᆫ 믌겨른 소다디여 흘러가ᄂᆞᆺ다:欹斜激浪輸(杜解2:7). 가ᅀᆞ매 다맛ᄂᆞᆫ ᄆᆞᅀᆞᄆᆞᆯ 소다 내요라:寫胸臆(初杜解9:17). 낫맛 ᄉᆞᅀᅵ예 바고니롤 소ᄃᆞ니:放筐亭午際(初杜解16:71).

※솓다>쏟다

솓·뫼 명 정산(鼎山). 〔지명(地名)〕 ¶ 솓뫼:鼎山 在雲峯縣東十六里(龍歌7:9).

솓·발 명 솥발. ¶ 台鼎:台ᄂᆞᆫ 三台星이오 鼎은 솓발이 세히니 三公을 샹ᄒᆞᆫ 말이라(宣小6:70).

·솔 명 솔. 소나무. ¶ 東門 밧긔 독소리 것그니:東門之外矮松立折(龍歌89章). 어믜 居喪이 오나ᄂᆞᆯ 손ᅀᅩ 흙 지며 솔 시므고:及母喪柩歸身自負土手植松栢(三綱. 孝24). 現ᄋᆞᆫ 알ᄑᆡᆫ 種種앳 소리 곧고 가시 곱고:現前種種松直棘曲(法華1:148). 솔와 잣괘:松栢(宣賜內訓3:48). 치 치운 後에ᅀᅡ 솔와 잣괘 後에 ᄠᅥ러듀믈 알리라(南明上42). 솔 송:松(訓蒙上11. 石千12). 솔 송(類合上8. 倭解下27. 兒學上5). 더뒨 냇ᄀᆞᅀᆡ 솔ᄋᆞᆫ:遲遲澗畔松(宣小5:26).

:솔 명 솔〔刷子〕. ¶ 갈기예 구스리 ᄢᅦ옛거든 솔로 빗기면 ᄂᆞᆯ근 구스른 ᄠᅥ러디고 즉자히 새 구스리 나며(月釋1:27). 솔:炊箒(朴解中11). 솔:鍋刷(譯解補43). 솔:刷(物譜 服飾).

:솔 명 솔〔小布〕. 과녁. ¶ 또 활소기 비호리 처ᅀᅥᆷ 활살 자바 곧 소래 ᄠᅳ들 보내오:又如學射初把弓矢便註意在的(圓覺上一之一113). 우리 먼 솔 노하 두고 ᄡᅩ아 ᄒᆞᆫ 양 던져:咱們遠垜子放着射賭一箇羊(飜老下36). 솔 후:帿(訓蒙中28). 앏길히 활 소ᄂᆞᆫ 솔 봄 ᄀᆞᄐᆞ니라:前途猶準的(重杜解19:29). 멀리 솔 티고 ᄡᅩ아:遠垜子放着(老解下33). 솔:布堋把子(譯解上20).

솔 명 나(羅). 비단의 한 가지. ☞솔기 ¶ 몸치례ᄒᆞᆯ연이와 마음치례ᄒᆞ여 보소 솔 直領 쟝도리 風流에란 브듸 즑여 말으시(古時調. 金壽長. 長安甲第. 海謠).

솔 명 종다래끼. ¶ 솔 셩:箵(倭解下15).

솔 명 솔. 〔피부병의 한 가지〕 ¶ 솔:紅點瘡

(譯解補34).

솔 명 솔기. ☞솘 ¶負繩은 닐온 衣裳 등 뒤희 혼 고ᄃᆞᆫ 솔이라(家禮圖2). 음유혈은 블뒤 가온ᄃᆡ 솔 우희 이시니:陰腧穴在外腎後中心縫上(馬解上71). 안팟긔 솔 업슨 거시여:表裏無縫兒(朴解上36). 솔 븟치다:對縫(譯解補41). 고의 밋 솔:褲襠縫(漢淸11:7). 솔 붓치다:對縫(漢淸11:26).

:솔:관 명 과녁. ¶솔관 졍:帪. 솔관 뎍:帎(訓蒙中28).

:솔기 명 나(羅). 비단의 한 가지. ☞솔 ¶샹해 흰 기블 닙고 고뢰며 솔기며 금슈를 ᄡᅳ디 아니ᄒᆞ며:常衣絹素不用綾羅錦繡(飜小9:106). 솔기며 고뢰며 금의와 슈치를 ᄡᅳ디 아니ᄒᆞ며:不用綾羅錦繡(宣小6:98).

솔닙 명 솔잎. ☞솔립 ¶솔닙플 ᄀᆞᄂᆞᆯ에 ᄀᆞ라:松葉細末(簡辟15). 솔닙 ᄀᆞᄂᆞ리 싸ᄒᆞ라 ᄒᆞᆫ 술옴 수릐 프러 ᄒᆞᄅᆞ 세 번곰 머그면:松葉細切酒服方寸匕日三(瘟疫方9). 솔닙:松針(漢淸13:28).

솔도파 명 탑. ¶窣覩波ᄂᆞᆫ 塔이라(眞言13).

솔립 명 솔잎. ☞솔닙 ¶솔립 ᄀᆞᄅᆞ게 ᄀᆞᄅᆞ 밍그라:松葉細末(辟新14).

솔발이 명 세쌍둥이로 태어난 강아지. ☞섬귀 ¶솔발이:犬三子(柳氏物名一 獸族).

솔방올 명 솔방울. ☞솘바올 ¶솔방올:松塔子(譯解下41). 솔방올:松房(柳氏物名四 木).

솔살 명 뼈촉살. 촉이 뼈로 된 화살. ¶솔살:骨鈚箭(同文解上47).

:솔·옷 명 송곳. ☞솔옺 ¶집마다 솔옷 긋 니르리 ᄃᆞ토미 ᄲᆞᄅᆞ도다:家家急競錐(杜解3:5). 니건 ᄒᆡᄂᆞᆫ 솔옷 셸 ᄯᅡ토 업더니(南明上8). 오직 솔옷 그티 ᄂᆞᆯ카오ᄆᆞᆯ 보니라:只見錐頭利(南明上77). 쇽절업시 것근 솔옷 자바 녀트며 기푸믈 자히ᄡᅳᄂᆞ다:徒把折錐候淺深(南明下20). 아랜 솔옷 셰욜 ᄃᆡ 업스니:下無卓錐(金三4:6). 즈믄 솔옷ᄋᆞ로 ᄡᅡ 딜오미:千錐劄地(金三4:49). 솔옷 쵸:錐(訓蒙中14).

:솔·옷 명 소리쟁이. ☞솔옺. 솔읏 ¶솔옷:羊蹄菜(四解上9 蓫字註). 솔옷 뎨:蕗(訓蒙上9). 솔옷 츅:蓫(詩解 物名16). 솔옷:羊蹄菜(譯解下11).

:솔·옺 명 송곳. ☞솔옷. 송곧 ¶하ᄂᆞᆯ 듧ᄂᆞᆫ 솔오재:鑽天錐(飜朴上42). 솔오즌 ᄀᆞᄅᆞᆯ오노ᄒᆞᆫ 굴그니:錐兒細線麤(飜老下53).

솔·옺 명 소리쟁이. ☞솔옷. 솔읏 ¶솔오줄 디허 즙을 내여 두 되어나 서 되어나 이베 브오ᄃᆡ:羊蹄(牛疫方3).

:솔·읏 명 소리쟁이. ☞솔옷. 솔옺 ¶솔읏 뎨:蕗(訓蒙上9).

솔·의 명 소리. 음성(音聲). ☞소릐. 소릐. 소릐 ¶安定이 믄득 솔의를 ᄆᆡ이 ᄒᆞ야 닐오ᄃᆡ:安定忽厲聲云(宣小6:125). 울음을 솔의ᄅᆞᆯ 긋치디 아니ᄒᆞ고:哭泣不絶聲(東新續三綱. 孝8:71).

솔질ᄒᆞ다 동 솔질하다. ☞소질ᄒᆞ다 ¶솔질ᄒᆞ다:刷(漢淸8:52).

솘 명 솔기. ¶이 ᄀᆞ의 솘 호ᄆᆞᆯ ᄆᆞᆺ고 ᄯᅩ 업퍼 호와 닙기예 便케 ᄒᆞ라 솘 혼 거시 續衽이오 업퍼 혼 거시 鉤邊이라(家禮圖2).

·솘공이 명 소나무의 옹이. ¶솘공이:松節(救簡1:89).

·솘·닙 명 솔잎. ☞솔닙 ¶프른 솘닙 ᄒᆞᆫ 근을:靑松葉一斤(救簡1:26).

·솘바·올 명 솔방울. ☞솔방올. 솘방올 ¶솘바올 닐굽과 이븐 나모와 투구 세 사리 녜도 ᄯᅩ 잇더신가:松子維七與彼枯木兜牟三箭又在于昔(龍歌89章).

·솘방·올 명 솔방울. ☞솘바올 ¶닙 소뱃 솘방오리 즁의 알ᄑᆡ 드렛도다:葉裏松子僧前落(初杜解16:34).

·솘:진 명 송진. ☞솞진 ¶솘지ᄂᆞᆯ 니겨 썩 밍ᄀᆞ라 브티라:松脂煉作餠貼之(救急下63).

·솞:진 명 송진. ☞솘진. 숑지. 숑진 ¶琥珀ᄋᆞᆫ 솞지니 ᄯᅡ해 드러 一千年이면 茯苓이 ᄃᆞ외오 ᄯᅩ 一千年이면 琥珀이 ᄃᆞ외ᄂᆞ니라(月釋8:10).

솜소미 부 더부룩하게. ¶가히 터리 솜소미 이시면 毒氣 ᄒᆞ마 나ᄂᆞ니:若有狗毛茸茸此毒已出(救急下72). 가히 터리 솜소미 이시면 독ᄒᆞᆫ 긔우니 ᄒᆞ마 나ᄂᆞ니:若有狗毛茸茸此毒已出(救簡6:41).

솜솜ᄒᆞ·다 형 더부룩하다. ¶솜솜ᄒᆞᆫ 터리 업도록 ᄒᆞ야ᅀᅡ 됴ᄂᆞ니라:無茸毛方痊可(救急下72). 솜솜ᄒᆞᆫ 터리 업ᄃᆞ록 ᄒᆞ야ᅀᅡ 됴ᄂᆞ니라:無茸毛方痊可(救簡6:41).

:솝 명 속. ☞속 ¶그 소배 거믄 벌에 기릐 두서츤 ᄒᆞ니 잇고(釋譜24:50). 瓶ㄱ 소배 ᄀᆞ초아 뒷더시니(月釋1:10). 이 구스리 龍王ㄱ 頭腦ㅅ 소배셔 나ᄂᆞ니(月釋8:11). 須菩提 바횟 소배 便安히 안자셔ᅀᅡ(月釋21:206). 涅槃僧은 솝오시라:涅槃僧裏衣也(楞解5:19). 시혹 ᄂᆞᄆᆞᆺ 소배 이시며:或處囊中(楞解9:108). 구뭇 소배 서르 머거 害호ᄆᆞᆯ:穴中共相噉害(法華2:128). 여스슨 庵羅ㅅ 솝 ᄌᆞᅀᅵ오:六庵羅內實(圓覺上一之二180). 일 업슨 匣 소배:無事匣裏(法語11). 더본 氣韻이 소배 드러(蒙法44). 기픈 ᄊᆞᆺ 소ᄫᆡ 니ᄅᆞ니라(宣賜內訓3:7). 새 니욘 菴子ㅣ 녜ᄅᆞᆯ브터 白雲ㅅ 소비로다:茅菴依舊白雲裏(南明上72). 光明ㅅ 소비리라:光裏(南明下50). 예초씨 솝 반 량을 누르게 봇가:酸棗人半兩炒令黃(救簡1:13). ᄡᅵ와 거플와 앗고 솝앳 거슬 므레 프로ᄃᆡ:去子皮

用穰水調(救簡1:22). 수레 계피 갓근 솝을 ᄀᆞ라:酒磨桂心(救簡1:47). ᄃᆞᆰ의알 소뱃 힌 믈:雞子白(救簡1:91). 솝 경:精(訓蒙上33). 솝 경:精(光千26). 솝 리:裏. 솝 ᄎᆞᆼ:衷(訓蒙下34). 風塵 소배 어려이 ᄃᆞᆫ니시ᄂᆞ니:狼狽風塵裡(重杜解5:1). ※솝>속

-솝거니와 어미 -사옵거니와. ¶오직 감당티 몯ᄒᆞᆯ가 젓솝거니와 敢히 命을 닛디 아니호링이다:唯恐不堪不敢忘命(宣小2:46).

-·솝놋·다 어미 -사옵는구나. ¶拾翠殿에셔 글짓고 望雲亭에셔 술 머구믈 돕솝놋다:賦詩拾翠殿佐酒望雲亭(初杜解21:8). 님긊 돗긔 갓가이 노솝놋다:近御筵(初杜解21:11).

솝다 동 입다. ¶메와섯던 바 오ᄉᆞᆯ 솝고 位예 도로 오라:襲所袒衣復位(家禮5:16).

:솝서·근·플 명 속서근풀. ☞속서근플 ¶솝서근픐 불휘:黃芩(救簡6:78). 솝서근플:黃芩(四解下72 芩字註).

솝쓰다 동 솟구쳐 오르다. ☞소소ᄡᅳ다 ¶누워도 붓고 솝ᄡᅧ도 ᄯᅡ라와 안이 ᄡᅧ러진다(古時調. 金壽長. 나는 指南石. 海謠).

:솝·옷 명 속옷. ☞속옷 ¶觸衣ᄂᆞᆫ 오래 니븐 솝오시라(救急上16). 샤옹ᄋᆡ 솝오ᄉᆞᆯ ᄡᅳ라:用夫內衣(救急下92). 엿쇄 아니어든 솝옷 싯디 말며:非六日不得洗浣內衣(誡初5).

:솝우·틔 명 속옷. ☞속우틔 ¶어버ᅀᅴ 솝우틔ᄅᆞᆯ 가져다가 친히 제 ᄲᅢ라:取親中帬廁牏身自浣滌(飜小9:85).

솟 명 솥. ☞손. 솥 ¶큰 솟ᄒᆡ 믈 두 말을 브어 집 가온대 노코(辟新15). 솟:鍋兒(譯解下12). 代ᄒᆞ야 솟긔 솖겨 지아비ᄅᆞᆯ 살오니:代鼎烹而活夫(女四解4:30). 솟:小鍋(同文解下14). 擧鼎勢ᄂᆞᆫ 곳 솟 드ᄂᆞᆫ 格이라(武藝圖16). 자리ᄅᆞᆯ 겹으로 안즈며 솟츨 버려 먹을ᄉᆡ:累茵而坐列鼎而食(五倫1:4). 솟:釜(物譜 鼎鐺). 부억 우희 절긔ᄒᆞᄂᆞᆫ 거ᄉᆞᆫ 솟출 두드리며 글그며(敬信24). 솟 뎡:鼎(兒學上10).

솟고다 동 솎다. ☞속고다 ¶솟고다:撮梢(同文解下2). 솟고다:分苗(漢淸10:4).

솟·고·다 동 솟구치다[聳]. ¶佉羅ᄂᆞᆫ 닐오매 너븐 엇게니 바ᄅᆞᆳ므를 솟고나니라:佉羅云廣肩涌海水者(法華1:51). ᄆᆞᆯ 타 디거나 술위예 디여 傷ᄒᆞ야 피 솟고며 비브르닐 고토ᄃᆡ:治墮馬落車傷損血湧腹滿(救急下34). 솔소개 츨근 바ᄅᆞ 쳔심ᄋᆞᆯ 솟고고:松裡之葛直聳千尋(野雲59). 피 ᄀᆞᆺ티 우러 虛空에 솟고고 셴 머리ᄅᆞᆯ 회도로노라:泣血迸空回白頭(重杜解14:9).

솟글·타 동 끓어 솟다. 용솟음하다. ¶그 므리 솟글코 여러 가짓 모딘 즁ᄉᆡᆼ이 만호ᄃᆡ(月釋21:23). 이 므리 엇던 緣으로 솟글흐며 罪人ᄃᆞᆯ콰 모딘 즁ᄉᆡᆼ이 하니잇고(月釋21:25). 每服 二錢을 一百 번 솟글흔 므레 프러 머기라:每服二錢百沸湯調下(救急上16). 일ᄇᆡᆨ 번 솟글ᄂᆞᆫ ᄆᆞ레 아니ᄒᆞᆫ ᄉᆞᅀᅵ ᄃᆞ모니:用百沸湯就銚蘸少頃(救簡1:2).

솟·나·다 동 솟아나다. ☞소사나다 ¶부텻 본증을 彈王이 묻ᄌᆞᄫᆞᆫ대 堅牢地神이 솟나아 니ᄅᆞ니(月印上30). 七寶塔이 ᄯᅡ해셔 솟나아 虛空애 머므니(釋譜11:16). 世界예 솟나디 몯ᄒᆞ면 正覺 일우디 아니호리이다(月釋8:64). 二乘에 머리 솟나샤:逈超二乘(法華5:174). 西風 ᄒᆞᆫ 무리 ᄠᅳᆫ구루믈 다 ᄡᅳ러 山河ㅣ ᄃᆞᄐᆞ와 솟나며(南明上6). 비치 六合애 솟나며:輝騰六合(金三3:26).

솟·다 동 솟다[湧. 聳]. ☞소소다 ¶바ᄅᆞᆳ 우희 金塔이 소ᄉᆞ니:肆維海上迺湧金塔(龍歌83章). 醴泉이 소사나아(月印上16). 世尊 오샤ᄆᆞᆯ 아ᅀᆞᆸ고 소사 뵈ᅀᆞᄫᆞ니(月印上11). 須彌山도 소ᄉᆞ락 ᄌᆞᄆᆞ락(釋譜11:15). 佉羅騫馱ᄂᆞᆫ 엇게 넙다 ᄒᆞᆫ 마리니 바ᄅᆞᆳ므를 소사오ᄅᆞ게 ᄒᆞᄂᆞ니라(釋譜13:9). 피ᄀᆞᆺ티 우러 虛空애 솟고 셴 머리ᄅᆞᆯ 횟도로노라:泣血迸空回白頭(初杜解14:9). 王이 곧 버힌대 흰 져지 소소ᄃᆡ 노피 丈이 남고(南明上53). 소ᄉᆞᆯ 용:涌(訓蒙下11). 믈 소ᄉᆞᆯ 용:涌(類合下51). ᄆᆞᆯ 발 흐러 瞿塘앳 돌ᄒᆞᆯ 소사디게 호라:散蹄迸落瞿塘石(重杜解3:52). 龍 소손 ᄃᆡ:龍湫(譯解上7). 몸을 소소와 범의 목을 잡아 ᄌᆞ르니(女四解4:14).

솟다 동 쏟아지다. ¶쇠나기 한 줄기미 년닙페 솟ᄃᆞ로개 믈 무ᄃᆞᆫ 흔적은 젼혀 몰라 보리로다(古時調. 鄭澈. 松江).

솟돕 명 손톱. ☞손돕 ¶솟돕 나며 머리터리 길며:爪生髮長(楞解1:51). 솟돕과 脈과ᄂᆞᆫ 밧긔 ᄠᅳᆫ 거시어늘:爪脈外浮(楞解1:52).

솟동 명 (말의) 가슴걸이. ¶ᄌᆞ셔피로 다하두 ᄡᅡ 어울운 굴에예 솟동 조차 잇고:大紅斜皮雙條轡頭帶纓筒(飜朴上28). ᄆᆞᆯ 솟동 일ᄇᆡᆨ 낫과:馬纓一百顆(飜老下69). 솟동:纓(訓蒙中23).

솟ᄃᆞ·라 동 솟아 달려. 솟아올라. ㉮솟ᄃᆞᆮ다 ¶내 모미 自然히 솟ᄃᆞ라 하ᄂᆞᆶ 光明中에 드러 아랫 果報 겻니단 주를 ᄉᆞᆯᄫᆞ니(月釋2:62). 모미 솟ᄃᆞ라 돌해 드르시니 ᄆᆞᆯ군 거우루 ᄀᆞᆮᄒᆞ야(月釋7:55).

솟ᄃᆞᆮ·다 동 솟아 닫다. ¶내 모미 自然히 솟ᄃᆞ라 하ᄂᆞᆶ 光明中에 드러 아랫 果報 겻니단 주를 ᄉᆞᆯᄫᆞ니(月釋2:62). 모미 솟ᄃᆞ라 돌해 드르시니(月釋7:55).

솟발 명 솥발. ¶그러ᄒᆞ면 荊州ㅣ ᄅᆞᆯ 엇고 오나라 ᄡᅡ히 침노홈이 업서 솟발ᄀᆞᆺ치 졍ᄒᆞ리니(三譯3:21).

솟벼 명 솥 따위. ¶이바 이 집 사ᄅᆞᆷ아 이 세간 엇디 살리 솟벼 다 ᄹᅢ리고 족박귀 다

업괴야(古時調. 鄭澈. 松江).

솟아귀 명 솥아구리. ¶솟아귀:竈口(同文解上35). 솟아귀:竈門(譯解補14. 漢淸9:74).

솟알읍 명 솥 아래 앞쪽. ¶솟알읍 우묵흔 딕:竈坑(漢淸9:74).

솟적다시 명 소쩍새. ☞솟적다시 ¶杜鵑鳥俗名 솟적다시(東韓). 草堂 뒤에 와 안저 우는 솟적다시야(古時調. 時調類).

솟적다시 명 소쩍새. ☞솟적다시 ¶草堂 뒤헤 와 안져 우는 솟젹다시야 암솟적다신다 슈솟젹다 우는 신다(古時調. 靑丘).

솟톱 명 손톱. ☞숀돕 ¶들며 날 저긔 솟토배 다텨 鏗然히 소리 잇도다:出入爪甲鏗有聲(重杜解16:58).

송곧 명 송곳. ☞솔옷. 송곳 ¶송곧 추:錐(倭解下16).

송골매 명 송골매. 송고리. ☞송골 ¶송골매 골:鶻(倭解下21).

송곳 명 송곳. ☞송곧 ¶송곳 추:錐(類合上28). 송곳과 갈긋만흔(警民29). 송고슨 ᄀ룰고 노흔 굴그니:錐兒細線麤(老解下48). 송곳 ᄒ나:錐兒一箇(朴解上15). 송곳:錐子(譯解下17. 漢淸10:36). 송곳 부리ᄌ치 뾰족ᄒ신 싀누우님(古時調. 싀어마님. 靑丘). 송곳:錐(物譜 工匠).

송곳니 명 송곳니. ¶송곳니:虎牙(漢淸5:51. 譯解補21).

송곳질ᄒ다 동 송곳질하다. ¶송곳질ᄒ다:錐(漢淸11:27).

송긔썩 명 송기(松肌)떡. ¶싀父母께 孝道를 긔 무엇슬 ᄒ야 갈쇼 松杞썩 갈松편과 더덕 片脯 芊椒佐飯 뫼흐로 치돌아(古時調. 李鼎輔. 중놈이. 海謠).

송신ᄒ다 동 마마를 다 치르다. ¶송신ᄒ다:送痘(同文解下7. 譯解補34). 송신ᄒ는 소ᄻ런가 과녁 마춘 살ᄻ런가(萬言詞).

송·이 명 송이. ☞숑이 ¶다숫 果는 ᄌᄉ 잇ᄂ니와 솔 잇ᄂ니와 대가리 잇ᄂ니와 숑이 잇ᄂ니와 쎌 잇ᄂ니왜라(楞解8:7). 밤송이:栗毛殼(救簡3:30). 송이:蓮子(訓蒙上7 蓮字註). 葡萄 송이:葡萄多羅(譯解上55). 잣송이:栢塔子(同文解下5). 송이에 ᄣ히다:剝開(漢淸12:15). 밤송이:毬彙(柳氏物名四 木).

송이눈 명 송이눈. 함박눈. ¶송이눈:鵝毛雪(譯解補2).

송장 명 송장(送葬). 장송(葬送). ¶輀車는 송장술위라(宣賜內訓1:69). 처ᅀᅥᄆᆡ 大夫人 送葬애 墳墓 ᄆᆡᄀ로미 져기 놉거늘:初大夫人葬起墳微高(宣賜內訓2上55). 그 員이 주거 送葬을 當ᄒ얫더니 法에 구스를 關애 드린 사ᄅ미 죽더니(宣賜內訓3:36). 송장장:葬(類合下28).

:송장술·위 명 상여(喪輿). ¶輀車는 송장술위라(宣賜內訓1:69).

:송:장·ᄒ·다 동 송장(送葬)하다. 장송(葬送)하다. 장사지내다. ¶送葬ᄒ야 가 關애 니르대 關候와 衙前괘 드위여:關候는 員이라(宣賜內訓3:36). 남진의 신톄 오나ᄃᆞᆫ 보아 송장ᄒ고:待夫骸還葬(東續三綱. 烈19 鄭氏不食). 아모날 죽어 아모ᄢᅴ 송장ᄒᄂ니:某日死某時葬子(二倫33 范張死友). 권당과 벗을 送葬홀 제 或 羊과 돗틀 버혀 다히며(警民36). 즉일 송장ᄒ는 소릐롤 듣고:卽日聞薤歌聲(東新續三綱. 烈5:42).

송ᄌ 명 송자(松子). 잣. ¶松子를 주어 노코(靑友仁. 梅湖別曲).

송치 명 송아지. ☞송티 ¶술 빗고 썩 밍글어 우리 송치 잡고(古時調. 져 건너 明堂을. 靑丘).

송티 명 송아지. ☞송치 ¶술 빗고 썩 밍그러 어우리 송티 좁고 압닉에 물 지거든(古時調. 져 건너 明堂을. 歌曲).

솥 명 솥. ☞손. 솟 ¶쇼홀 포 셜오 안ᄌ며 소틀 버려 먹더니:累裀而坐列鼎而食(三綱. 孝2). 소틀 버려 머거셔 門戶를 밍ᄀ랏고 글 지ᅀ는 國風을 닛놋다:鼎食爲門戶詞場繼國風(初杜解21:1). 발 버흔 소틀 사름 비디 아니ᄒ야 粥 글히며 차 달효매 제 잡드놋다:折脚鐺兒不借人煮粥煎茶自提掇(南明上64). 소틔 밀 반 량 노기고:於鐺中鎔蠟半兩(救簡2:12). 큰 소틔 믈 두 말을 다마:鍋(簡辟4).

:쇄 명 쇄(鎖). 족쇄(足鎖) 등의 형구(刑具). ¶能히 衆生ᄋ로 가돔과 미욤과 갈와 鎖왜 能히 著디 몯게 ᄒ며(楞解6:28).

쇄·줄 명 쇠사슬. ☞사줄 ¶鎖는 쇄주리라(法華7:56). 枷와 막대와 걸경쇠와 쇄줄와:枷杖鉤鎖(永嘉下139). 連環은 쇄주리라(圓覺上二之三31).

:쇄·ᄌ 명 쇄자(刷子). 솔. ☞샤ᄌ. 쇄ᄌ ¶쇄ᄌ 쇄:刷(訓蒙中14).

:솬·란 명 산란(散亂). ¶솬란 심ᄆ로:散亂(誡初13).

솽 명 쌍(雙). ¶娑羅樹林이 네 雙ᄋ로 ᄒ야 七寶床ㅅ 四方애 各各 흔 雙곰 셔엣더니(釋譜23:17). 고고리 ᄀ온 芙蓉은 本來 제 흔 雙이로다(初杜解15:32). 흔 솽 훠에:一對靴(飜老下53). 흔 솽 귀엿골회와 흔 솽 풀쇠 다가 호리라:把一對八珠環兒一對釧兒(飜朴上20). 솽 가플흔 칼:雙鞘刀子(老解下61).

솽늑 명 쌍륙(雙六). ☞솽륙 ¶솽늑 틸 적의:打雙陸時節(朴解中46).

솽·륙 명 쌍륙(雙六). ☞솽늑 ¶博은 솽륙이오 奕은 바독이오(宣賜內訓1:28). 쟝긔 열

부 바독 열 부 솽륙 열 부:象棊十副大碁十副雙六十副(飜老下69).

솽·불:쥐·다 동 먹국하다. ☞빵불쥐다 ¶혹 식 돈 더니 ᄒᆞ며 솽불쥐기 ᄒᆞ며:或是博錢拿錢(飜朴上18). 솽불쥐기:拿錢卽猜拳也(朴解上17). 솽불쥐다:拿錢(譯解下23).

솽솽 명 쌍쌍. ¶각 압 믈 우희 제 ᄆᆞᅀᆞ모로 셔 즐기ᄂᆞᆫ 거슨 이 솽솽인 원앙과 ᄆᆞᆺ 가온ᄃᆡ ᄠᅧ 오ᄅᆞ며 ᄠᅧ ᄂᆞ리ᄂᆞ니ᄂᆞᆫ 이 솽솽인 올히오:閣前水面上自在快活的是對對兒鴛鴦湖心中浮上浮下的是雙雙兒鴨子(飜朴上70).

솽솽히 부 쌍쌍(雙雙)이. ¶雙雙히 나그낼 보고 올아가고:雙雙瞻客上(初杜解17:19).

쇄락히 부 쇄락(洒落)히. ¶洒落히 幽隱ᄒᆞᆫ 사ᄅᆞᆷ 말오 도라와 셔우레 潛藏ᄒᆞ얏더라:洒落辭幽人歸來潛京輦(重杜解24:32).

쇄·락ᄒᆞ·다 형 쇄락(灑落. 洒落)하다. ¶佛性이 圓滿히 ᄀᆞᄌᆞ니 그 마리 洒落ᄒᆞ며 그 ᄠᅳ디 어위 크고 머러(南明下77). 灑落ᄒᆞ요ᄆᆞᆫ 오직 ᄆᆞᆯᄀᆞᆫ ᄀᆞᄋᆞᆯ히니:灑落唯清秋(重杜解10:25). 소리 빗나미 健壯ᄒᆞᆫ 부데 當ᄒᆞ니 洒落ᄒᆞᆫ ᄆᆞᆯᄀᆞᆫ 지은 그리 하더라:聲華當健筆洒落富清製(重杜解24:26). 온슌 결졍ᄒᆞ믄 곤산의 미옥 ᄀᆞᆺ고 쳥졍 쇄락ᄒᆞ믄 샹슈의 셜빙 ᄀᆞᆺᄐᆞ니(落泉1:2). 동낭이 너모 청슈 쇄락ᄒᆞ니 미양 두리오미 잇노라(落泉2:6).

·쇄:소 명 쇄소(灑掃). 물 뿌리고 쓰는 일. ¶灑掃 應對ᄅᆞᆯ 편안히 너기디 아니ᄒᆞ고(飜小6:3). 小學之方 비와 ᄂᆡ여 灑掃應對 일 왼 後의(李緒. 樂志歌).

쇄소ᄒᆞ다 동 쇄소(灑掃)하다. ☞쇄쇼ᄒᆞ다 ¶灑掃ᄒᆞ고 齋계ᄒᆞ야 자고 그 이ᄐᆞᆫ날 닐어 門 열고(家禮1:24). 東風으로 灑掃ᄒᆞ고(古時調. 任義直. 花源).

쇄쇼ᄒᆞ다 동 쇄소(灑掃)하다. ☞쇄소ᄒᆞ다 ¶치발이 집을 쇄쇼ᄒᆞ고 ᄃᆡ후ᄒᆞ야 ᄭᅮ러고(落泉2:6).

쇄·ᄉᆞ 명 주사위. ¶쇄ᄉᆞ 투:骰(訓蒙中19).

쇄장이 명 쇄장(鎖匠). 옥사쟁이. 옥졸(獄卒). ☞쇄쟝이 ¶오작은 쇄장이오(無冤錄1:3 仵作註).

쇄쟝이 명 쇄장(鎖匠). 옥사쟁이. 옥졸(獄卒). ☞쇄장이 ¶仵作은 我國 鎖쇄匠장이 類라(無冤錄1:17).

쇄ᄌᆞ 명 쇄자(刷子). 솔. ☞솨ᄌᆞ ¶조흔 믈과 粉ᄆᆞᆫ盞과 刷子와 벼로 먹 붇을 그 우희 노흐라(家禮1:32).

·쇗도·다 동 쏘았도다. ㉮소다 ¶비치 서르 쇗도다:色相射(初杜解25:50).

·쇠 명 쇠. 철(鐵). ¶鐵輪은 쇠 술위니(月釋1:26). 煅煉ᄋᆞᆫ 쇠 두드려 니길 씨라(楞解7:18). 쇠 돌히 흐르며(法華2:28). 鑛ᄋᆞᆫ 쇠 불이ᄂᆞᆫ 돌히라(金剛序6). 쇠ᄋᆡ 긔운ᄋᆞᆫ ᄀᆞᅀᆞᆳ 서느러우미 다외논디라:金之氣爲秋之涼(金三2:29). 오직 쇠쇼애 일즉 틘 고디 잇ᄂᆞ니:獨有鐵牛曾搭處(南明上35). 술윗통 구뭇 시울게 바근 쇠:車釧(四解下11 釧字註). 쇠 텰:鐵(訓蒙中31. 類合上27. 倭解下8). 쇠 금:金(類合上25). 쇠 두드릴 단:鍛. 쇠 다ᄃᆞᆷ 련:鍊(類合下41). 쇠 노길 쇼:銷. 쇠 노길 샥:鑠(類合下50). 쇠 노길 용:鎔(類合下61). 쇠 금:金(訓蒙中31. 石千2. 倭解下7).

·쇠 명 쇠〔鍵〕. 열쇠. 자물쇠. ¶錫杖ᄋᆞ로 세 번 후늘면 獄門이 절로 열이고 더긔와 쇠왜 절로 글희여 디고(月釋23:83). 鉗은 쇠로 ᄆᆡᆯ 씨라(楞解8:106). 公卿의 블근 門이 쇠ᄅᆞᆯ 여디 아니ᄒᆞ얏거ᄂᆞᆯ:公卿朱門未開鎖(初杜解8:27). 녜브터 寶所애 다다 쇠 좀고미 업거늘:從前寶所無關鑰(南明下1). 쇠로 마글 고:錮(類合下61).

쇠 부 몹시. 심히. ¶계오 열 설 머거셔 쇠 치운 저기며 덥고 비 오ᄂᆞᆫ 저긔도 뫼ᅀᆞ와 져므도록 셔셔:甫十歲祁寒暑雨侍立終日(飜小9:2). 쇠 병ᄒᆞᆫ 저기 아니어든:非甚病(飜小9:104).

쇠가래 명 쇠가래. ☞가래 ¶쇠가래:鐵杴(譯解下8).

쇠고 명 쇠공이. ¶쇠고:鐵杵(譯解下16).

쇠골회 명 쇠고리. ¶비ᄅᆞᆯ 다 쇠골회 박고 쇠사슬로 얼글 ᄢᅴᄅᆞᆯ 시작ᄒᆞ여셔 그러케 ᄒᆞᆫ 후의 블을 쓰고져 ᄒᆞ노라(三譯7:3).

쇠곳챵이 명 쇠꼬챙이. ¶쇠곳챵이:釵(漢清5:10).

쇠공 명 소공(小孔). 작은 구멍. ¶그리로 사ᄅᆞᆷ이 들게 쇠공을 내여시ᄃᆡ(癸丑40).

쇠공이 명 쇠공이. ¶쇠공이:研米槌(柳氏物名三 草).

쇠굽 명 소의 굽. ¶쇠굽으로 무어 부친 활:牛蹄弓(漢清5:4).

·쇠·그믈 명 쇠그물. ¶쇠그므리 우희 두퍼 잇고(月釋23:83).

·쇠그릇 명 쇠그릇. 연장. ¶쇠그릇 디기옛 소히라(圓覺上一之二181). 쇠그릇 골 ᄆᆡᆫᄃᆞᄂᆞᆫ 프른 ᄒᆞᆰ:青坩土(漢清10:44).

쇠나·기 명 소나기. ¶쇠나기에 흐르ᄂᆞᆫ 지니 듣ᄂᆞ니 ᄢᅦ 부ᄂᆞᆫ ᄇᆞᄅᆞᄆᆞᆫ 아ᄅᆞᆷ다온 氣運을 앗ᄂᆞ다:涷雨落流膠衝風奪佳氣(初杜解18:19). 쇠나기 동:涷 俗稱驟雨(訓蒙上3). 쇠나기:過路雨(譯解上2). 쇠나기 한 줄기미 년닙페 솟ᄃᆞ로개 믈 무ᄃᆞᆫ 흔젹은 젼혀 몰라 보리로다(古時調. 鄭澈. 松江). 과그른 쇠나기에 흰 동졍 거머지고(古時調. 白髮이. 青丘). 쇠나기:驟雨(同文解上2).

쇠노리 명 늦벼의 한 품종. ¶쇠노리:所伊老里(衿陽).

쇠노출 [명] 찰벼의 한 품종. ¶쇠노출:所伊老粘(衿陽).
쇠노판 [명] 쇠를 녹이는 판. ¶쇠노길 용:鎔(類合下61).
쇠뇌 [명] 쇠뇌. ☞소뇌. 소니 ¶쇠뇌 노:弩(兒學上11).
·쇠니·기·다 [동] 쇠를 불리다. ¶쇠니길 련:鍊. 쇠니길 단:鍛(訓蒙下16).
:쇠·다 [동] 쐬다. ☞ᄡᅬ다 ¶또 버스슨 묏곬 ᄉᆞ이예 여러 가짓 거시 해 나ᄂᆞ니 머그면 사ᄅᆞ미 죽ᄂᆞ니 이ᄂᆞᆫ ᄇᆡ야ᄆᆡ 毒ᄒᆞᆫ 氣分이 쇠여실시니:又方治菌毒山谷間多生種類不同食者能殺人盖蛇蟲毒氣所薰蒸也(救急下48). 프른 뵈ᄅᆞᆯ ᄉᆞ라 헌 굼글 쇠면 毒氣 즉재 나ᄂᆞ니라:燒青布以燻瘡口毒卽出(救急下63).
:쇠·다 [동] 쏘이다〔螫〕. ¶니기 디허 쇤 ᄯᅡ해 브티라:爛擣傅被螫處(救急下74).
쇠다 [동] 이루다. 마치다. 지내다. ¶ᄌᆞ현이 우뇨 올라 막막됴 쇠온마리(古時調. 鄭澈. 거믄고 대. 松江). 간밤에 우던 그 시 여와 울고 게가 또 쇠나니(古時調. 瓶歌).
쇠다 [형] 쇠다. ¶믈이 쇠고:漿老(痘要上34). 아비 믄득 병을 어더 긔절ᄒᆞ믈 ᄢᅢ 쇠게 ᄒᆞ엿더니:父猝得病氣絕移時(東新續三綱. 孝7:2). ᄂᆞ믈 쇠다:柴了(譯解補42).
쇠닷 [명] 쇠닻. ¶쇠닷:鐵錨(漢清12:22).
쇠더덩이 [명] 쇠딱지. ¶쇠더덩이:硬痂(譯解補34).
·쇠:디기 [명] 주조(鑄造). ¶範은 쇠디기옛 소히오(月釋14:54. 楞解2:20).
쇠디우다 [동] 주조(鑄造)하다. ¶쇠디울 주:鑄(類合下7).
쇠:로 [명] 쇠로(衰老). ¶제 모ᄆᆡ 衰老ᄅᆞᆯ 나ᄆᆞ라고(月釋13:24).
쇠로·기 [명] 솔개. ☞쇠록. 쇼로기 ¶쇠로기ᄂᆞᆫ 누른 ᄲᅩᆼ남긔셔 울오:鴟鳥鳴黃桑(杜解1:4). 가마괴 쇠로기ᄂᆞᆫ 므스글 니브리오:烏鳶何所蒙(杜解12:17). 쇠로기 뜬듣ᄂᆞᆫ 디:跕鳶(初杜解20:13). 하ᄂᆞᆯ히 더우니 뜬듣ᄂᆞᆫ 쇠로기ᄅᆞᆯ 전노라:天炎畏跕鳶(初杜解23:14). 가마괴와 쇠로기 트렛 모미로다(靈驗15). 쇠로기ᄀᆞ티 ᄒᆞᆫ 연:鵝老翅(飜朴上17). 쇠로기:鴟 鳶也 俗呼鵝老(四解上18). 쇠로기 연:鳶. 쇠로기 치:鴟(訓蒙上17).
쇠:로ᄒᆞ·다 [동] 쇠로(衰老)하다. ¶衰老ᄒᆞᆫ 病은 보야ᄒᆞ로 져기 우연ᄒᆞ리로다(初杜解6:46). 衰老ᄒᆞᆫ 거르믈 펴리라:展衰步(重杜解2:58). 서르 본던 다 衰老ᄒᆞᆫ 나히로소니:相看俱衰年(重杜解9:17).
쇠록 [명] 솔개. ☞쇠로기 ¶쇠록의 머리:鴟頭(救簡1:95).
쇠리 [명] 소리. ☞소릐. 소리. 소릐 ¶展轉ᄒᆞ야 셔 ᄌᆞ조 ᄃᆞᆯᄀᆡ 쇠릴 듣노라:展轉屢聞雞(重杜解3:20).
·쇠마·치 [명] 쇠망치. ¶十方世界 오ᄋᆞ로 다 이 구무 업슨 쇠마치라:盡十方世界都盧是無孔鐵鎚(金三2:12). 쇠마치 퇴:鎚(訓蒙中16. 倭解下16). 쇠마치:鐵鎚(譯解下18).
쇠망·ᄒᆞ·다 [동] 쇠망(衰亡)하다. ¶ᄒᆞ믈며 衰亡커니 어드리 ᄎᆞ마 ᄇᆞ리고(三綱. 烈11). ᄒᆞ믈며 이제 쇠망ᄒᆞ엿거니:況今衰亡(飜小9:63). ᄒᆞ믈며 이제 衰亡ᄒᆞ야시니:況今衰亡(宣小6:58). 夏殷 衰亡ᄒᆞᆯ 제:夏殷衰(重杜解1:9).
쇠:매ᄒᆞ·다 [형] 쇠매(衰邁)하다. ¶長者ㅣ 이 쇼ᄃᆡ 그 나히 衰邁코:邁ᄂᆞᆫ 늘글 씨라(法華2:54).
쇠메 [명] 쇠메. ¶쇠메:鐵鎚(漢清10:39).
쇠모ᄒᆞ다 [동] 쇠모(衰耗)하다. ¶요ᄉᆞ이 더욱 쇠모ᄒᆞᆫ 가온대 셩효ㅣ 천박ᄒᆞ야(綸音24).
쇠몽동이 [명] 쇠몽둥이. ¶쇠몽동이:鎯頭(同文解下16. 柳氏物名五 金). 쇠몽동이:鐵榔頭(漢清10:33).
쇠미·ᄒᆞ·다 [형] 쇠미(衰微)하다. ¶智力이 衰微ᄒᆞ야(楞解9:71). 陳留에 風俗이 衰微ᄒᆞ니:陳留風俗衰(重杜解9:9).
쇠병 [명] 쇠병(衰病). ¶飮食이 衰病을 扶持호미 넘도다:飮食過扶衰(重杜解9:22).
쇠부리 [명] 언치. ☞소부리 ¶쇠부리:護屁股(柳氏物名一 獸族).
쇠북 [명] 종(鐘). ☞쇠붑. 쇠뷮 ¶쇠북 ᄃᆞᆫ 누:鍾樓(譯解上25). 쇠북 죵:鐘(倭解上43). 쇠북:鍾(同文解上53. 漢清3:50).
·쇠·붑 [명] 종(鐘). ☞쇠북 ¶쇠붑 ᄃᆞᆫ 지비ᅀᅡ 一百스믈 고디러라(釋譜6:38). 쇠붑 죵:鐘(訓蒙中32). 쇠붑 죵:鐘(類合上29). 잉뷔비 소개서 쇠붑 우듯 ᄒᆞ거든:孕婦腹中作鍾鳴(胎要48). 千斤 든 쇠붑 소릐 티ᄃᆞ록 울힐시고(古時調. 鄭澈. 新羅 八百年. 松江). 中隱庵 쇠붑 소릐 谷風의 섯거 ᄂᆞ라 梅牕의 이르거든(蘆溪. 莎堤曲). ※쇠붑>쇠북
·쇠·뷮 [명] 종(鐘). ☞쇠북 ¶鍾ᄋᆞᆫ 쇠부피오 鈴은 방오리라(月釋17:60).
:쇠·뷔 [명] 쇠비〔鐵箒〕. ¶쇠뷔라 ᄒᆞ야 ᄡᅳ디 몯ᄒᆞ리며:不得作鐵掃箒(蒙法14). 無ㆆ字ㅣ 쇠뷔라 ᄒᆞᄂᆞ니:無字是鐵掃箒(蒙法57).
·쇠비·름 [명] 쇠비름. ☞쇠비름ᄂᆞᄆᆞᆯ ¶쇠비름:馬齒莧(救簡3:5. 訓蒙上13 莧字註). 쇠비름:馬齒菜(漢清12:39).
·쇠비·름ᄂᆞᄆᆞᆯ [명] 쇠비름나물. ¶쇠비름ᄂᆞᄆᆞᆯ:紫莧(救簡6:50). 쇠비름ᄂᆞᄆᆞᆯ홀 글혀 글힌 믈 조쳐 머그면 즉재 됴ᄒᆞ리라:煮馬齒菜幷湯食之卽差(救簡6:73). 쇠비름ᄂᆞᄆᆞᆯ ᄡᅵ ᄀᆞᄂᆞ리 ᄀᆞ론 ᄀᆞᄅᆞᆯ을 ᄢᅳ니 혜디 말오:馬齒菜子擣細羅爲散每服不計時候(救簡6:73).

·쇠·빈 명 쇠배(鐵船). ¶쇠빈를 메우샷다: 駕鐵船(金三2:2). 쇠빈는 므리 젓디 아니 ᄒᆞ는 거시니(金三2:2).

쇠빅ᄒᆞ다 형 쇠백(衰白)하다. 머리가 세고 쇠약하다. ¶衰白ᄒᆞ고 筋力이 업손 사ᄅᆞᆷ이 어이 支撑ᄒᆞᆯ가 보온가(隣語1:12).

·쇠벼·ᄅᆞ 명 지명(地名). ¶與達川 달내 合爲淵遷 쇠벼ᄅᆞ(龍歌3:13).

쇠ㅅ동 명 쇠똥(鐵渣子). ☞쇠똥 ¶쇠ㅅ동: 鐵渣子(漢淸10:40).

쇠사슬 명 쇠사슬. ☞쇠사줄 ¶쇠사슬: 鐵鎖(譯解上14. 漢淸3:8).

·쇠사·줄 명 쇠사슬. ☞쇠줄 ¶쇠사주리 노피 드려셔도 可히 더위잡디 몯ᄒᆞ리니: 鐵鏁高垂不可攀(杜解9:8).

·쇠:새 명 물총새. ¶쇠새 비: 翡. 쇠새 취: 翠(訓蒙上17). 쇠새: 魚狗(東醫 湯液一 禽部. 物譜 羽蟲. 柳氏物名一 羽蟲). 쇠새: 翠雀(譯解下27).

쇠셔 명 쇠서. ¶쇠셔 셰 접시를 먹을싸 본가 슈슈 쇠쥬 셰 ᄃᆡ와 쇠셔 셰 접시를 먹으랑이면(古時調. 자네가. 南薰).

쇠소리ᄇᆞᄅᆞᆷ 명 소소리바람. 회오리바람. 회리바람. ☞쇼쇼리ᄇᆞᄅᆞᆷ ¶누른 히 흰 달과 ᄀᆞᆰ은 눈 가는 비에 쇠소리ᄇᆞᄅᆞᆷ 불 제 뉘 한 잔 먹ᄌᆞ ᄒᆞ리(古時調. 鄭澈. 한 잔 먹ᄉᆞ이다. 歌曲).

·쇠·손 명 쇠로 만든 흙손. ¶쇠손: 泥槾(四解上74 槾字註). 쇠손 만: 鏝 俗稱泥鏝(訓蒙中16). 쇠손 가져다가 다시 스서 번번이 ᄒᆞ라: 將泥鏝來再抹的光着(朴解下6). 쇠손: 鐵鏝(譯解下17). 쇠손 만: 鏝(倭解下16).

쇠쇼시랑 명 쇠스랑. ☞쇠슬히 ¶쇠쇼시랑: 鐵杷子(譯解下8).

·쇠슬·히 명 쇠스랑. ☞쇠쇼시랑 ¶내 쇠슬히 ᄀᆞ장 ᄀᆞ라 뻘어 가져 가리이다(月釋22:87). 우리 쇠슬히 가지고 덜어 오리라(月釋23:82). 獄卒이 그 말 듣고 머리를 수겨 쇠슬히 노하 ᄇᆞ리고 머리 조사 一千 디위나마 절ᄒᆞ고(月釋23:82).

쇠똥 명 쇠똥. 쇠를 불릴 때 튀는 불똥. ☞쇠ㅅ동 ¶쇠똥: 鐵屑(東醫 湯液三 金部). 쇠똥: 生鐵梢(譯解補39). 쇠똥: 生鐵梢 煉鐵時滓落如珠(柳氏物名五 金).

쇠뿔 명 쇠뿔. ¶쇠뿔 뚜드리며 노래홈을 보고: 牛角(女四解4:43).

쇠아기 명 쐐기(楔). ☞쇠야기. 쇠야미 ¶朝鮮 家風이 폐롭디 아닌 일을 폐로올 양으로 너기니 이러모로 미리 자니네의 쇠아기를 조지니 그리 아르셔(新語5:22).

쇠야·기 명 쐐기(楔). ☞쇠아기. 쇠야미 ¶쇠야기: 楔(四解下83). 쇠야기 셜: 楔(訓蒙中18). 쇠야기 할: 轄(訓蒙中26). 쇠야기: 楔子(譯解上17).

쇠야·기 명 전갈(蠍). ¶賢ᄒᆞ닐 親히 호ᄃᆡ 靈芝蘭草애 나ᅀᅡ감ᄀᆞ티 ᄒᆞ고 모디닐 避호ᄃᆡ 비얌 쇠야기 저홈ᄀᆞ티 ᄒᆞᄂᆞ니: 親賢如就芝蘭避惡如畏蛇蠍(宣賜內訓1:24).

·쇠야·미 명 쐐기(楔). ☞쇠아기. 쇠야기 ¶轄ᄋᆞᆫ 술윗 軸 굿 쇠야미라(法華序21). 몯과 쇠야밀 싸혀니라: 去釘楔(南明下57).

쇠·약 명 뿔송곳. ¶큰 갈 ᄒᆞᆫ ᄌᆞᄅᆞ 쟈근 갈 ᄒᆞᆫ ᄌᆞᄅᆞ 첨ᄌᆞ ᄒᆞ나 쇠약 ᄒᆞ나 톱 조촌 갈 ᄒᆞ나 호ᄃᆡ: 大刀子一把小刀子一把叉兒一箇錐兒一箇鋸兒刀子一箇(飜朴上16). 샹아 머리예 룡두 ᄉᆞ뭇 사괸 쇠약과 샹애 세화 도ᄃᆞ니로 ᄒᆞᆫ 토야ᇰ이: 象牙頂兒玲瓏龍頭解錐兒象牙細花兒挑牙(飜朴上27). 쇠약 휴: 鑴(訓蒙中14).

쇠양마 명 둔한 말(駑). ¶섭 시른 千里馬를 알아볼 이 뉘 잇시리 十年櫪上에 속절업시 다 늙써다 어듸셔 살진 쇠양馬는 외용지용 ᄒᆞ는이(古時調. 金天澤. 海謠).

쇠오다 동 새우다(徹夜). 쇠다(經過). ¶아ᄎᆞᆫ설 밤 쇠오다: 守歲(譯解上4).

쇠오다 동 이루다. ¶쇠올 슈: 遂(類合下29). 子絃의 羽調 올라 막막됴 쇠온말이 섧기는 젼혀 아니호되 離別 엇디 ᄒᆞ리(古時調. 鄭澈. 거믄고. 松江).

쇠올 명 철사(鐵絲). 철조(鐵條). ¶쇠올를 브레 달와: 鐵條(牛疫方8).

쇠옹 명 소용(小口瓶). ¶기름 쇠옹: 脂缾(柳氏物名一 羽蟲).

쇠용이치다 동 말이 땅에 뒹굴다. ☞소용이치다 ¶쇠용이치다: 打滾(漢淸14:29).

쇠용티다 동 말이 땅에 뒹굴다. ☞소용이치다. 쇠용이치다 ¶쇠용티다: 驟 馬浴土(柳氏物名一 獸族).

쇠우리 명 외양간. 우사(牛舍). ¶쇠우리: 牛欄(譯解上19).

쇠잔ᄒᆞ·다 동 쇠잔(衰殘)하다. ¶녜 자던 가지 ᄒᆞᆫ갓 衰殘ᄒᆞ얫도다(初杜解17:17). ᄂᆞ치 衰殘ᄒᆞ니 다시 불구믈 肯許ᄒᆞ리아: 顏衰肯更紅(重杜解9:7).

·쇠·잣 명 금성(金城). 〔지명(地名)〕 ¶于光之金城 쇠잣…金城山在今潭陽府任內原栗縣之地(龍歌7:7).

쇠:재 명 철현(鐵峴). 〔지명(地名)〕 ¶在抱川鐵峴 쇠재 田莊(龍歌1:50).

쇠적 명 쇠의 적. ¶쇠적: 鐵落 皮甲落者(柳氏物名五 金).

쇠젹곳 명 쇠로 만든 적(炙)꽂이. ¶쇠젹곳과 쇠마치와(恩重23).

쇠줄 명 쇠사슬. ¶連環ᄋᆞᆫ 쇠주리라(圓覺上二之三31).

쇠쥬 명 소주. ☞쇼쥬 ¶슈슈 쇠쥬 셰 ᄃᆡ와

쇠셔 셰 접시ᄅᆞᆯ 먹을ᄭᅡ 본가(古時調. 자네가. 南薰).

쇠쥬라 명 쇠로 된 주라(朱螺). ¶쇠쥬라:號筒(漢淸3:54).

·쇠·쥭 명 쇠죽〔鐵糜〕. ¶味ᄅᆞᆯ ᄉᆞᆯ면 能히 데운 丸과 쇠쥭이 ᄃᆞ외오:燒味能爲焦丸鐵糜(楞解8:97).

쇠테 명 쇠로 된 테. ¶쇠테 메오다:鐵箍(譯解下14). 쇠테:鐵箍子(同文解下17). 쇠테:鐵箍(漢淸10:38).

쇠판 명 거푸집. ¶쇠판 용:鎔(類合下61).

쇠편 명 쇠로 만든 채찍. ¶쇠편과 쥭치로 쥬야로 보치여(落泉1:2).

쇠ᄑᆞᇀ 명 쇠팥. ¶쇠ᄑᆞᇀ:賊豆(漢淸12:65).

쇠하다 동 쇠(衰)하다. ☞쇠ᄒᆞ다 ¶쇠할 쇠:衰(兒學下7).

쇠혀 명 재갈. ¶쇠혀:折舌 水銜(柳氏物名一 獸族).

쇠ᄒᆞ·다 동 쇠(衰)하다. ¶商德이 衰ᄒᆞ거든(龍歌6章). 麗運이 衰ᄒᆞ거든(龍歌6章). 우리 이제 衰ᄒᆞᆫ 災禍ㅣ ᄒᆞ마 오노소니(釋譜11:14). 仁ᄒᆞᆫ 사ᄅᆞᄆᆞᆫ 盛ᄒᆞ며 衰호ᄆᆞ로 節介ㅣᄂᆞᆯ 고티디 아니ᄒᆞ며(三綱. 烈11). 만믈이 셩ᄒᆞ면 모로매 쇠ᄒᆞ고:衰(飜小6:27). 가문이 셩ᄒᆞ며 쇠호모로:衰(飜小9:63). 쇠ᄒᆞᆯ 쇠:衰(類合下56. 倭解下33). 聖人의 道ㅣ 衰ᄒᆞ야 暴君이 代로 作ᄒᆞ야(宣孟6:27). 뵈ᄋᆞᆸ기와 문안을 죠곰도 쇠티 아니코:面定省不少衰(東新續三綱. 孝1:63). 興커나 衰커나 호ᄆᆞᆯ(重杜解1:51).

·쇳ᄀᆞᄅᆞ 명 쇳가루. ¶은ᄀᆞᄅᆞ 반 량과 쇳ᄀᆞᄅᆞ ᄒᆞᆫ 량 : 銀末半兩鐵粉一兩(救簡1:92).

·쇳무적 명 쇳덩어리. ☞무적 ¶비 골ᄑᆞ거든 쇳무저글 ᄉᆞᆷ기고 목 ᄆᆞᄅᆞ거든 구리 노ᄀᆞᆫ 므를 마시노라(月釋23:87).

쇳소릐 명 쇳소리. 금속 소리. ¶쇳소릐 깅:鏗. 쇳소릐 장:鏘(類合下55).

·쇳:속 명 자물쇠청〔자물쇠의 날름쇠〕. ¶쇳속 건:鍵(訓蒙中16).

·쇼 명 소. ¶쇼爲牛(訓解 用字). 싸호ᄂᆞᆫ 한 쇼ᄅᆞᆯ 두 소내 자ᄇᆞ시며:方鬪巨牛兩手執之(龍歌87章). 象과 쇼와 羊과 廐馬ㅣ 삿기 나ᄒᆞ며(月印上9. 月釋2:44). ᄯᅩ ᄒᆞᆫ 쇼ᄅᆞᆯ 지서내니 모미 ᄀᆞ장 크고(釋譜6:32). 눈싸리 쇼 ᄀᆞᄐᆞ시며(月釋2:41). 쇠 자곡과 큰 바ᄅᆞᄅᆞᆯ 엇데 마초아 혜리오 ᄒᆞ니라:牛跡巨海何可校量(圓覺下二之一64). ᄆᆞᆯ게 ᄇᆞᆯ이며 쇠게 ᄢᅦᆯ여 가ᄉᆞᆷ ᄇᆡ ᄒᆞ야디며:馬踏牛觸胸腹破陷(救急下29). 三牲ᄋᆞᆫ 쇼와 羊과 돋괘라(宣賜內訓1:46). 吳國ㅅ 쇼 히미 쉬우니 ᄀᆞᆯ와 모니 뮈유믈 當ᄒᆞ리 업도다:吳牛力容易竝驅動莫當(初杜解7:35). 쇼와 ᄆᆞᆯ왜 터리 치워 움치혀 고솜돋 ᄀᆞᆮ더니라:牛馬毛寒縮如蝟(杜解10:40). 블 알며 쇼 아로미:知火知牛(金三2:3). 다ᄆᆞᆯ 隔ᄒᆞ야셔 ᄲᅳᄅᆞᆯ 보고 곧 이 쇤ᄃᆞᆯ 알며:隔墻見角便知是牛(金三2:3). 쇼옷 할티 아니커든 소곰므를 ᄂᆞ치 ᄇᆞᄅᆞ면 쇠 할ᄒᆞ리라:牛不肯舐著鹽汁塗面上牛卽肯舐(救簡1:43). 쇼 우:牛(訓蒙上19. 類合上13. 倭解下22). 쇼 특:特(光千38. 石千38). 님금이 연괴 업거든 쇼ᄅᆞᆯ 죽이디 아니ᄒᆞ며:君無故不殺牛(宣小3:26). 쇼 목:牧(註千25). 쇼 우:牛(兒學上7). 이바 아희들아 쇼 죠히 머겨스라(辛啓榮. 月先軒十六景歌). 燕軍의 닷ᄂᆞᆫ 쇼를 잡ᄋᆞ다가 심을 쎄여(武豪歌). 牛曰燒(鷄類).

※쇼>소

쇼 명 속인(俗人). ¶世尊이 니ᄅᆞ샤ᄃᆡ 出家ᄒᆞᆫ 사ᄅᆞᄆᆞᆫ 쇼히 ᄀᆞᆮ디 아니ᄒᆞ니(釋譜6:22). 쥬의 坊이어나 쇼ᄒᆡ 지비어나(釋譜19:43). 門 알ᄑᆡ ᄒᆞᆫ 즁과 ᄒᆞᆫ 쇼쾌 고ᄫᆞᆫ 겨지블 ᄃᆞ려 왜셔 ᄑᆞᄂᆞ이다(月釋8:94). 白衣ᄂᆞᆫ 쇼히라(月釋21:40. 法華4:195). 俗子ᄂᆞᆫ 쇼히라(蒙法47). 즁은 이 즁이오 쇼ᄒᆞᆫ 이 쇼히며:僧是僧兮俗是俗(金三4:45). 엇데 모로매 즁을 블러 쇼ᄒᆞᆯ ᄆᆡᆼᄀᆞᆯ리오:何須喚僧作俗(金三4:46). 녜 粮 빌 즁이 쇼ᄒᆡ 지븨 니거늘 쇼히 무로ᄃᆡ 므스글 求ᄒᆞᄂᆞᆫ다(南明下63). 쇼콰 사괴여 놈으로 믜여 ᄢᅴ워게 ᄒᆞ야도:俗(誡初11).

※'쇼'의 첨용 ┌쇼
└쇼히/쇼ᄒᆞᆫ/쇼ᄒᆞᆯ/쇼히라…

쇼 명 소(簫). 퉁소. ¶角貝 불며 簫와 笛과(釋譜13:52). 簫ᄂᆞᆫ 효ᄀᆞᆫ 대ᄅᆞᆯ 엿거 부는 거시라(釋譜13:53). 숏 쇼:簫(訓蒙中32).

:쇼 명 소(沼). ☞소 ¶文王이 民力으로ᄡᅥ 臺ᄅᆞᆯ ᄒᆞ시며 沼ᄅᆞᆯ ᄒᆞ시나(宣孟1:5).

·쇼·갈ㅅ병 명 소갈병(消渴病). 소갈증(消渴症). ¶消渴ㅅ病이 안ᄒᆞ로(初杜解6:51). 茂陵이 글워ᄅᆞᆯ ᄆᆡᆼᄀᆞ로매 消渴ㅅ病ㅣ 기도다:茂陵著書消渴長(重杜解10:46).

쇼견 명 소견(所見). ☞소견 ¶즘싱 ᄀᆞᆺᄌᆞ온 쇼견의도 이러ᄒᆞ오니(癸丑106).

:쇼·경 명 소경. ☞소경 ¶밧긔 ᄒᆞᆫ 쇼겨이 琴을 잘 노ᄂᆞ이다(釋譜24:52). 바미어든 쇼경으로 毛詩ᄅᆞᆯ 외오며 正ᄒᆞᆫ 이ᄅᆞᆯ 니ᄅᆞ게 ᄒᆞ더니:夜則令瞽誦詩道正事(宣賜內訓3:10). 쇼경 고:瞽. 쇼경 수:瞍. 쇼경 ᄆᆡᆼ:盲. 쇼경 몽:矇(訓蒙中3). 바미어든 쇼경으로 ᄒᆡ여곰 모시ᄅᆞᆯ 외오며:夜則令瞽誦詩(宣小1:2). 쇼경 고:瞽(倭解上51). 뭇 소경이 구슬 보니 어듸셔 귀머근 벙어리ᄂᆞᆫ 외다 올타 ᄒᆞᄂᆞ니(古時調. 즁놈은. 靑丘). 일즉 醫人과 쇼경 무당으로 ᄒᆞ여곰:曾使醫人師巫(無寃錄1:11).

:쇼·계 명 소계(小薊). 조방가새의 뿌리. ¶

金瘡 피 긋디 아니커든 小薊 니플 니기 부븨여 브티라:金瘡血不止用小薊葉挼爛封之(救急上87).

쇼곤숙덕 부 소곤소곤 숙덕숙덕. ¶져 것너 쇼곤 金書房 눈긔여 불너 내여 두 손목 마조 쥐고 쇼곤숙덕ᄒᆞ다가 져 것너 삼밧희 드러가 므슴 일 ᄒᆞ던지(古時調. 내 아니. 靑丘).

쇼곰 명 소금. ☞소곰. 소금 ¶쇼곰 절이다:配鹽(柳氏物名五 石). 쇼곰 가마:牢盆(柳氏物名五 石).

쇼곰벗 명 염분(鹽分)이 있는 간석지. ¶쇼곰벗:鹵潟 鹹土逆水之處(柳氏物名五 石).

쇼근 형 작은. ㉠쇽다 ☞효ᄌᆞᆫ. 효근. 혀근 ¶ᄌᆞ조 쇼근 나라해 가ᄆᆞᆯ 놀라노니:頻驚適小國(重杜解7:32).

:쇼·녀 명 소녀(小女. 少女). ¶ᄒᆞ다가 다ᄅᆞᆫ 지븨 드러도 小女 處女 寡女 ᄃᆞᆯ콰로 ᄒᆞᆫ디 말 말며(法華5:16).

쇼년 명 소년(少年). ¶아비 나히 늘거 부방의 당ᄒᆞ엿거ᄂᆞᆯ 쇼년 가실이라 ᄒᆞ리 원ᄒᆞ야 ᄃᆡ힝ᄒᆞ여지라 ᄒᆞ여ᄂᆞᆯ:父年老當防秋少年嘉實願代行(東新續三綱. 烈1:2). 닐온 少年의 머리 다하신 적브터 夫婦ㅣ 되다호미니(家禮4:21). 싱이 불승경ᄋᆞᄒᆞ여 싱각ᄒᆞᄃᆡ 쇼년 녀ᄌᆞ 지혜 이 ᄀᆞᄐᆞ니(落泉1:2).

쇼대난편 명 샛서방. ☞쇼대남진 ¶밋남편 廣州ㅣ ᄡᅥ리뷔 쟝ᄉᆞ 쇼대난편 朔寧 닛뷔 쟝ᄉᆞ 눈경에 거론 님은 ᄯᅮᄯᅡᆨ ᄯᅮ두려 방망치 쟝ᄉᆞ(古時調. 靑丘).

쇼대남진 명 샛서방. ☞소ᄃᆡ남진. 쇼대난편 ¶어이려노 어이려노 싀어마님아 어이려노 쇼대남진의 밥을 담다가 놋쥬걱 잘를 부르쳐시니(古時調. 靑丘).

쇼대련 명 작은 자루. ¶쇼대련:錢搭子(同文解下15).

:쇼댱 명 소장(小腸). ¶膀胱과 大腸과 小腸과(永嘉上36).

쇼뎨 명 소제(少弟). ¶형이 엇디 부허ᄒᆞᆫ 말로ᄡᅥ 쇼뎨ᄅᆞᆯ 죠롱ᄒᆞᄂᆞ뇨(洛城2).

:쇼동 명 소동(小童). ¶小童ᄋᆡ 아나가ᄆᆞᆯ 지즈로 보라 ᄒᆞ도다:仍看小童抱(初杜解15:19). 夫人이 스스로 稱ᄒᆞ야 ᄀᆞᆯ오ᄃᆡ 小童이라 ᄒᆞ고(宣論4:29). 이 小童은 人物도 어엳부고(隣語2:6).

쇼되소리 명 늦벼의 한 품종. ¶쇼되소리:牛狄所里(衿陽).

쇼됴 명 소조(蕭條). ¶쇼됴 쇼:蕭. 쇼됴 됴:條(類合下56).

쇼됴히 부 소조(蕭條)히. ¶업더디거든 더외자보미 기리 蕭條히 ᄃᆞ외니:扶顚永蕭條(重杜解24:18).

쇼됴·ᄒᆞ·다 형 소조(蕭條)하다. ¶터리 어드워 蕭條ᄒᆞ야 눈과 서리예 니엣도다(初杜解17:27). 蕭條ᄒᆞᆫ 萬事ㅣ 바ᄃᆞ랍도다:蕭條萬事危(重杜解10:10).

·쇼듕 명 소중(消中). 소갈증(消渴症). ¶消中은 渴病也ㅣ라(初杜解6:51).

쇼ᄃᆡ 조형 있으되. ☞시다 ¶이 諸衆生이 엇뎨 如來 智慧ᄅᆞᆯ 다 두 쇼ᄃᆡ(圓覺序41). 므레 ᄃᆞᆷ가 쇼ᄃᆡ:湯浸(救簡6:50). ᄆᆞᅀᆞᆯ 집문마다 ᄇᆞᄅᆞ매 분칠ᄒᆞ고 써 쇼ᄃᆡ(飜老上47). ᄒᆞᆫ 舍人이 비ᅀᅥ 쇼ᄃᆡ:一箇舍人打扮的(飜朴上26). 미론 쳥 신어 쇼ᄃᆡ(老解下47).

쇼ᄃᆡᄒᆞ다 동 소대(召對)하다. ¶믄득 유신을 편뎐의 쇼ᄃᆡᄒᆞ시고(仁祖行狀17).

쇼라 명 소라. ¶쇼라:螺螄(譯解下38. 同文解下41. 漢淸14:44). 쇼라 라:螺(倭解下25). 쇼라:螺(物譜 介蟲). 쇼라:海螺(柳氏物名二 水族). 쇼라 라:蠃(兒學上8).

쇼로개 명 솔개. ☞쇼로기 ¶쇼로개:鳶(物譜 羽蟲).

쇼로·기 명 솔개. ☞쇠로기. 쇼로개 ¶아쳐로ᄆᆞᆯ 쇼로기와 온바미ᄀᆞ티 너기리니:惡之如鴟梟(飜小8:30). 쇼로기 치:鴟(類合上12). 아쳐홈을 쇼로기와 온바미ᄀᆞ티 너기ᄂᆞ니:惡之如鴟梟(宣小5:108). 쇼로기 연:鳶(詩解 物名18). 쇼로기:鷂鷹(譯解下27. 同文解下34. 漢淸13:49). 쇼로기 연:鳶(倭解下21). 쥐 촌 쇼로기들아 비부로롸 쟈랑 마라(古時調. 具志禎. 靑丘).

쇼로기 명 솔개. ☞쇼로기 ¶ᄡᅡ히 퍽 안즌 쇼로기도 갓고 석은 등걸에 부헝이도 갓데(古時調. 金壽長. 갓나희들이. 海謠).

쇼로장이 명 소리쟁이. ¶고들박이 씀바괴며 쇼로장이 물쑥이라(農月 二月令).

쇼록이 명 솔개. ☞쇠로기 ¶쥐 춘 쇼록이 들아 비블으롸 쟈랑 말아(古時調. 具志禎. 海謠). 비 마즌 槐楊남게 석은 쥐 촌 져 쇼록이(古時調. 海謠).

쇼리 명 솔개. ☞쇠로기 ¶鳶曰 쇼리(東言).

:쇼·리 명 소리(小利). 작은 이익. ¶速고쟈티 말며 小利를 보디 마롤띠니(宣論3:44).

쇼릐 명 소리. ☞소릐 ¶가다가 심양강의 비파셩을 어이ᄒᆞ리 밤즁만 지국총 닷 감는 쇼릐 잠 못 일워(古時調. 가노라. 南薰).

쇼릐셩 명 별박이. 적로마(駒盧馬). ¶쇼릐셩마:玉頂馬(譯解下28). 쇼릐셩:白顚 載屋馬(才物譜 卷七).

쇼마 명 소변(小便). ¶쟈근쇼마 보신 後에 니마 우희 손을 언ᄉᆞ(古時調. 이제는 못 보게도 ᄒᆞ얘. 靑丘).

쇼·멸 명 소멸(消滅). ¶消滅은 스러디여 업슬 씨라(月釋10:86).

쇼·멸ᄒᆞ·다 동 소멸(消滅)하다. ¶五種 雨障ᄋᆞᆯ 또 消滅킈 ᄒᆞ쇼셔(月釋10:85). 自然 諸

魔ㅣ 消滅ᄒᆞ리라(蒙法36).

쇼·멸·ᄒᆞ·다 동 소멸(銷滅)하다. ¶닐굽 ᄀᆞᆺ 事相이 다 現前에 銷滅ᄒᆞ야 ᄂᆞ외 다시 나미 업서 ᄆᆞᄎᆞ매 斷滅에 가ᄂᆞ다 ᄒᆞ니라(楞解10:37).

쇼모ᄒᆞ다 동 소모(召募)하다. ¶의병을 쇼모ᄒᆞ야 뫼화 베 디ᄅᆞ고:募聚義旅斬(東新續三綱. 忠1:48).

쇼문 명 소문(所聞). ¶녀염쳐의 병화 강도 낫다 쇼문 내니(癸丑9).

쇼미 명 소미(小米). 좁쌀. ¶粟今俗呼穀子 것조米曰小米(四解上8 粟字註).

:쇼민 명 소민(小民). 상(常)사람. ¶투구 아니 밧기시면 나랏 小民을 사ᄅᆞ시리잇가:若不脫冑國民焉救(龍歌52章). 小民이 下애 親ᄒᆞᄂᆞ니이다(宣孟5:12).

쇼반 명 소반(小盤). ¶盤 세콰 杆 여슷과 小盤 세콰(家禮10:31). 귤 ᄲᅳ러미 쇼반의 오로면 너희들의 슈고ᄒᆞ야 시무며 븟도드믈 싱각ᄒᆞ고(綸音73).

:쇼변 명 소변(小便). ¶ᄒᆞ다가 小便이 通티 아니커든(救急上17). 과ᄀᆞ리 주거 네 활기 몯 ᄡᅳ고 내 쇼변을 ᄡᅥ거든:卒死而四肢不收失便者(救簡1:43). 쇼변 곳 보면 즉재 됴ᄒᆞ리라:得小便通卽差(救簡1:99). 甘草ㅅ ᄀᆞᄅᆞ 혼 돈을 小便 서 홉애 녀허(簡辟20). 쇼변 보라 나와셔(癸丑122).

쇼병 명 소병(燒餠). ☞쇼빙 ¶져기 燒餠 사고(老解上55). 춤ᄶᅢ 므틴 쇼병과 누른 쇼병과 酥油 너흔 쇼병과 硬麪으로 ᄒᆞᆫ 쇼병이 다 잇다:芝麻燒餠黃燒餠酥燒餠硬麪燒餠都有(朴解下33). 쇼병:爐食(漢淸12:44).

쇼·빙 명 소병(燒餠). ☞쇼병 ¶우리 쇼빙 사고:咱們買些燒餠(飜老上61).

쇼삼승 명 석새 삼베의 한 가지. ☞둥삼승. 세삼승 ¶쇼삼승:小三梭(譯解下5).

-쇼·셔 어미 -소서. ¶滿朝히 두쇼셔커늘:滿朝請置(龍歌107章). 이 ᄠᅳ들 닛디 마ᄅᆞ쇼셔(龍歌110章). 눈에 보논가 너기ᅀᆞᄫᆞ쇼셔(月印上1). 구쳐 니러 절ᄒᆞ시고 안ᄌᆞ쇼셔 ᄒᆞ시고(釋譜6:3). 忉利天에 가 어마님 보쇼셔 歡喜園에 가 아ᄃᆞᆯ님 보쇼셔(月釋21:1). 皇后ᄅᆞᆯ 브르쇼셔(宣賜內訓2上45). 夫人이 샹네 肩輿 타 殿에 올아 萬壽ᄒᆞ쇼셔 일ᄏᆞᄅᆞ니라:夫人常肩輿上殿稱萬壽(初杜解8:56). 굿브러 請ᄒᆞᅀᆞᆸ노니 大衆은 大悲神呪 ᄒᆞᆫ 遍 외오쇼셔(眞言25). 千金 七寶도 말오 熱病神를 날 자바 주쇼셔(樂範. 處容歌). 아비 나히 늙으니 빌건대 살리쇼셔(五倫1:33). ᄉᆞ롬을 그릇되게 ᄒᆞᄂᆞ니 밋디 마르쇼셔(五倫2:15).

쇼셜 명 소설(騷說). 떠들썩한 소문. ¶녀염 디간의 쇼셜이 업디 아니ᄒᆞᄋᆞᆸ고(經筵).

쇼쇄ᄒᆞ·다 형 소쇄(瀟灑. 蕭灑. 蕭洒)하다. ¶괴외히 便安히 사로미 實로 蕭洒ᄒᆞ니 密密ᄒᆞᆫ 行藏이라(南明上59). 매예 細末ᄒᆞᆯ 제 ᄀᆞᄅᆞᄂᆞᆫ 양지 조코 쇼쇄호ᄆᆡ 雪花애 가ᄌᆞᆯ비시니라(眞言49). 그듸의 가ᄆᆞᆫ ᄌᆞ모 蕭灑ᄒᆞ니 내의 슈머슈믄 隱居ᄒᆞ니와 달오라(重杜解20:26). 獨樂堂이 蕭灑홈을 들런 디 오래로ᄃᆡ(蘆溪. 獨樂堂). 軒窓이 蕭灑ᄒᆞᆫᄃᆡ 眼界조차 너ᄂᆞᆯ시고(辛啓榮. 月先軒十六景歌).

쇼쇼리ᄇᆞ람 명 소소리바람. 회오리바람. ¶누론 ᄒᆡ 흰 ᄃᆞᆯ ᄀᆞᄂᆞᆫ비 굴근 눈 쇼쇼리ᄇᆞ람 불 제 뉘 ᄒᆞᆫ 盞 먹쟈 ᄒᆞᆯ고(松江. 將進酒辭).

쇼쇼히 부 소소(蕭蕭)히. ¶蕭蕭히 밤비치 서늘ᄒᆞ도다(初杜解17:18).

쇼쇼ᄒᆞ다 형 소소(小小)하다. ¶堂 밧긔 발을 ᄡᅳ고 小小ᄒᆞᆫ 祭祀 ᄒᆞᆯ 저기어든(家禮1:9). 이 大事ᄅᆞᆯ 小小ᄒᆞᆫ 일의 拘碍ᄒᆞ여(隣語3:1).

쇼쇼ᄒᆞ·다 형 소소(昭昭)하다. ¶賢ᄒᆞᆫ 者ᄂᆞᆫ 그 昭昭로ᄡᅥ 人으로 ᄒᆞ여곰 昭昭케 ᄒᆞ거ᄂᆞᆯ(宣孟14:12). 쳑강이 양양ᄒᆞ시고 하ᄂᆞᆯ히 쇼쇼ᄒᆞ시니 가히 두렵지 아니며(綸音24).

쇼쇼ᄒᆞ·다 형 소소(蕭蕭)하다. ¶蕭蕭ᄒᆞ야 ᄇᆞᆯᄀᆞᆫ ᄒᆡᄅᆞᆯ 보리로소니:蕭蕭見白日(初杜解6:45). 蕭蕭ᄒᆞᆫ 소랫 ᄇᆞᄅᆞ미 ᄆᆞᆯᄀᆞᆫ 소리ᄅᆞᆯ 보내ᄂᆞ다(金三1:20).

쇼슬히 부 소슬(蕭瑟)히. ¶蕭瑟히 춘 虛空을 ᄌᆞ매도다(重杜解13:30).

쇼슬ᄒᆞ다 형 소슬(蕭瑟)하다. ¶信이 平生애 안직 蕭瑟ᄒᆞ니:庾信平生最蕭瑟(重杜解3:67). 오직 나맛ᄂᆞᆫ 舊臺옛 잔남기 九原ㅅ中에 蕭瑟ᄒᆞᄂᆞᆺ다:唯餘舊臺栢蕭瑟九原中(重杜解24:55). 경쉭이 쇼슬ᄒᆞ야 슬프믈 돕ᄂᆞᆫ지라(落泉2:4).

쇼시 명 쑤시개. ☞슈시 ¶귀우게 亦曰 귀쇼시게 轉稱一切穿穴出入者爲 쇼시 又爲 슈시(華方).

쇼시랑 명 쇠스랑. ¶쇼시랑:鐵杷子(四解下29 杷字註). 쇼시랑:鐵杷(訓蒙中17 杷字註). 나모 쇼시랑:木杷子(譯解下8). 쇼시랑:鐵鈀 搭巴(物譜 耕農).

·쇼·식 명 소식(消息). ¶金盤과 玉筯왜 消息ㅣ 업스니:金盤玉筯無消息(初杜解15:23). 文字애 나ᅀᆞ가 文字 여흰 消息ᄋᆞᆯ 자바 내도다(金三1:8). 中原ㅅ 消息ㅣ 그ᄎᆞ니(重杜解1:42). 도로혀 消息ㅣ 올가 젼노니(重杜解2:31). 消息의 眞實호ᄆᆞᆯ 아로미 어렵도다:難知消息眞(重杜解10:11). 쇼식:信息(漢淸6:41). 楓葉 蘆花에 우러 녜ᄂᆞᆫ 뎌 기럭아 ᄀᆞᄋᆞᆯ히 다 디나가되 쇼식 몰라 ᄒᆞ노라(古時調. 鄭澈. 夕陽 빗긴. 松江). 南

天에 雁盡ᄒ고 西廂에 月落토록 消息이 긋쳐졋다(古時調. 朴文郁. 갈 제는. 靑謠). 쇼식 듯보다:探聲息(譯解補25).

쇼ᄉ 명 소사(疏食). ¶疏食 水飮도 이우나 못 니우나(靑友仁. 梅湖別曲).

쇼ᄣ 명 솟대. 솟대놀이. ☞쇳대 ¶쇼ᄣ:緣撞伎(物譜 博戱).

쇼연·히 부 소연(蕭然)히. ¶蕭然히 소ᄂᆡ ᄆᆞᄉᆞᄆᆞᆯ 조케 ᄒᆞᄂᆞ다(初杜解15:53).

쇼연ᄒᆞ·다 형 소연(蕭然)하다. 고요하다. ¶有와 無와ᄅᆞᆯ 둘흘 비취면 微妙히 아로미 蕭然ᄒᆞ리라:蕭然은 괴외ᄒᆞᆯ 씨라(永嘉上107). ᄇᆞᄅᆞᆷ과 돌왜 둘히 蕭然호미로다(金三4:40).

:쇼신 명 소인(小人). ¶天意를 小人이 거스러:小人逆天(龍歌74章). 小人이 固寵호리라:小人固寵權(龍歌122章). 論語에 닐오ᄃᆡ 오직 女子와 小人은 츄미 어려우니:論語云唯女子與小人爲難養也(圓覺下三之一120). 뭀 小人이 다ᄅᆞᆫ ᄣᅵᄅᆞᆯ 니르와ᄃᆞ니라:羣小起異圖(初杜解6:38). 어리닌 小人이 ᄃᆞ외오 어디닌 大人이 ᄃᆞ외ᄂᆞ니(六祖上68). 小人은 아븨누의게 나니오:小人是姑姑生的(飜老上16). 쇼신이 ᄯᅩ ᄒᆞᆫ 마리 이시니:小人又有一句話(飜老上52). 쇼신이 례부에 가노이다:小人到禮部裏(飜朴上7). 쇼신도 劄付와 關字옷 가지면 ᄆᆞᆯ 토리이다:小人也得了劄付關字便上馬(飜朴上8). 小人이 진실로 일즉 아디 몯호라:小人其實不曾知道(飜朴上66). 小人은 그 樂게 ᄒᆞ샤믈 樂히 너기며(宣大8). 士는 진실로 小人이로다(宣孟4:33). 子ㅣ ᄀᆞᄅᆞ샤ᄃᆡ 君子ᄂᆞᆫ 周ᄒᆞ고 比티 아니ᄒᆞ고 小人은 比ᄒᆞ고 周티 아니ᄒᆞᄂᆞ니라(宣論1:14).

:쇼ᅀᆞ 명 소아(小兒). 아이. ☞쇼ᄋᆞ ¶나 져믄 弟子와 沙彌 小兒ᄅᆞᆯ 즐겨 치디 말며:小兒ᄂᆞᆫ 아ᄒᆡ라(法華5:18). ᄀᆞ마니 부ᄂᆞᆫ ᄇᆞᄅᆞ매 少兒ㅣ 비겻더니라:微風倚少兒(初杜解6:12).

쇼안ᄒᆞ다 형 소안(小安)하다. ¶시부ᄅᆞᆯ 음영ᄒᆞ야 쇼안ᄒᆞᆫ 회포ᄅᆞᆯ 풀며(引鳳簫1).

쇼야지 명 송아지. ☞쇠야지 ¶누른 쇼야지 ᄲᅳ리오:黃犢角(百聯9). 소야지 독:犢(類合上13. 光千38).

쇼여물 명 소 여물. ¶쇼여물 도러다:齝(柳氏物名一 獸族).

쇼연ᄒᆞ다 형 소연(蕭然)하다. ¶어즈러워 여희여 ᄃᆞᆫ뇨매 ᄆᆞᄋᆞᄆᆞᆯ 펴디 몯호니 늘거 날로 蕭然호라(重杜解20:1).

쇼올디다 동 땅이 들뜨다. ☞소올디다 ¶쇼올디다:地皮硝起(柳氏物名五 土).

쇼요 명 소요(逍遙). ¶逍遙ᄂᆞᆫ 노로미 自得ᄒᆞᆫ 양이라(永嘉下127).

쇼요ᄒᆞ·다 동 소요(逍遙)하다. ¶이 곧ᄒᆞ면 어루 山谷애 逍遙ᄒᆞ며:逍遙ᄂᆞᆫ 노로미 自得ᄒᆞᆫ 양이라(永嘉下127). 여러 날 쇼요ᄒᆞ미 이 날은 갓브믈 닛고(落泉2:5).

쇼요ᄒᆞ다 동 소요(騷擾)하다. ¶바다 긔운이 심히 사오납고 어촌이 쇼요ᄒᆞ거ᄂᆞᆯ 싱이 당밧긔 나와보니(落泉2:4).

쇼원 명 소원(所願). ¶타일의 네 쇼원ᄃᆡ로 ᄒᆞ리니 의심치 말나 ᄒᆞ더라(落泉1:2).

쇼원ᄒᆞ다 형 소원(疏遠)하다. ¶원내 후ᄆᆡ 싱을 여러 미인으로 다리ᄃᆡ 녀ᄉᆡᆨ의 쇼원ᄒᆞ여(落泉1:2).

쇼읍 명 소읍(小邑). ¶쇼읍 현:縣(類合上19).

쇼인 명 소인(小人). ¶쇼인의 ᄐᆡ되 반ᄃᆞ시 인쥬의 ᄆᆞᄋᆞᆷ을 마쳐(仁祖行狀20). 쇼인 셤으로셔 올 적의 오래 묵디 말고 수이 도라오라(新語3:19).

쇼ᄋᆞ 명 소아(小兒). ☞쇼ᅀᆞ ¶대인이 ᄆᆞ양 쇼ᄋᆞᄅᆞᆯ 갈희여 보내시고(落泉1:2).

쇼ᄋᆡ 명 소아(小兒)가. 어린아이가. 통쇼ᄋᆞ ¶쇼ᄋᆡ 요ᄉᆞ이 폐공ᄒᆞ야시니 밧비 다ᄅᆞᆫ 니ᄅᆞᆯ 청코ᄌᆞ ᄒᆞ나(引鳳簫2).

·쇼·재 명 소재. 우현(牛峴). 〔지명(地名)〕 ¶割海州牛峴 쇼재(龍歌1:31).

쇼접시 명 작은 접시. ¶쇼졉시:小菜碟(漢淸11:36).

쇼·쥬 명 소주(燒酒). ¶남경의셔 온 蜜林檎燒酒 一桶과(飜朴上2). 쇼쥬ㅅ 즈의:燒酒粕(同文解上60). 심심홈을 푸러 ᄇᆞ리ᄂᆞᆫ 거슨 다만 쇼쥬과 술이라(三譯8:17). 쇼쥬 ᄶᅳ의:燒酒糟(漢淸12:42).

쇼쥬ㅅ고오리 명 소줏고리. ¶쇼쥬ㅅ고오리:酒甑(譯解下14).

쇼창ᄒᆞ다 동 소창(消暢)하다. ¶ᄒᆞᆫ 시ᄅᆞᆯ 지어 읇흐시면 가히 쇼창ᄒᆞᆯ가 ᄒᆞᄂᆞ이다(引鳳簫1).

·쇼:쳔량 명 소로 돈 삼아 쓰는 것. ¶瞿陁尼ᄂᆞᆫ 쇼쳔량이라 ᄒᆞᆫ ᄠᅳ디니 그어긔 쇠 하아 쇼로 쳔 사마 흥졍ᄒᆞᄂᆞ니라(月釋1:24).

쇼쳔어 명 송사리. ¶쇼쳔어:小魚(同文解下41. 漢淸14:42). 쇼쳔어 又 송사리:小魚(譯解補49).

:쇼·청ᄒᆞ·다 동 소청(訴請)하다. ¶쇼청ᄒᆞ다:打關節(老朴集中9). 寃家ㅣ 쇼청ᄒᆞ니:寃家們關節時(朴解中59). 쇼청ᄒᆞ다:打關節(譯解上65).

쇼콰 명 속인(俗人)과. 〔ㅎ첨용어 '쇼'의 부사격.〕 통쇼 ¶쇼콰 사괴여 놈으로 믜여 ᄢᅴ워게 ᄒᆞ야도:與俗交通令他憎嫉(誡初11).

쇼ᄐᆡ셩 명 소태성. 태성. 별박이. ☞쇼ᄐᆡ셩마. 쇼ᄐᆡ셩몰 ¶쇼ᄐᆡ셩:玉頂(漢淸14:22). 쇼ᄐᆡ셩:駒(柳氏物名一 獸族).

쇼틱셩마 명 소태성. 태성. 별박이. ☞쇼틱셩. 쇼틱셩ᄆᆞᆯ ¶쇼틱셩마:玉頂馬(譯解下28).

쇼틱셩ᄆᆞᆯ 명 소태성. 태성. 별박이. ☞쇼틱셩. 쇼틱셩마 ¶쇼틱셩ᄆᆞᆯ:玉頂馬(同文解下37).

쇼향 명 소향(燒香). ¶燒香ᄋᆞᆫ 퓌우ᄂᆞᆫ 香이라(月釋13:68).

:쇼홍 명 소홍(小紅). 분홍빛. ¶호근 깁 ᄒᆞᆫ 피렌 세 돈 주고 사 쇼홍 믈드려 안깁 삼고 고로ᄂᆞᆫ ᄆᆡ ᄒᆞᆫ 피레 두 량식 주고 사 야청과 쇼홍 드리노라:小絹一匹三錢染做小紅裏絹綾子每匹二兩家染做鴉青和小紅(飜老上13). 야청과 쇼홍 드리노라:染做鴉青和小紅(老解上12). 쇼홍 비단:小紅(譯解下3).

쇼·화ᄒᆞ·다 동 소화(消化)하다. ¶내 이 약 듕에 너를 쇼화ᄒᆞᆯ 약을 주리니:我這藥裏頭與你些剋化的藥餌(飜老下40). 그러면 消化티 못ᄒᆞ여:那般時消化不得(老解下36). 너를 쇼화ᄒᆞᆯ 약을 줄 써시니:與你些剋化的藥餌(老解下36).

쇼회 명 소회(所懷). ¶후믜 듯고 싱각ᄒᆞᄃᆡ 제 쇼회 잇ᄂᆞᆫ 사ᄅᆞᆷ이니(落泉2:4).

쇼회 명 소회향(小茴香). ¶쇼회:蒔蘿(柳氏物名三 草).

·쇼·히 명 소해〔丑年〕. 소띠. ¶내 쇼히로니:我是屬牛兒的(飜老下71).

쇽 명 속(贖). 속전(贖錢). ¶쇽 받다:收贖(同文解下30). 쇽 받다:准贖(漢淸3:10). 쇽 바칠 쇽:贖(兒學下5).

쇽 명 속. ¶또 ᄒᆞᆫ 곳 ᄇᆞ라보ᄆᆡ 모리 쇽의 나난 海蔘(八域歌).

쇽고 명 속곳. ¶裏曰 쇽고(東言)

·쇽규화 명 촉규화(蜀葵花). 접시꽃. ¶구리 돈을 몰라 솜쪄든 쇽규화 글힌 므를 머그라:誤呑銅錢蜀葵花煮汁服之(救簡6:18).

쇽녜 명 속례(俗禮). ¶그 制度ᄅᆞᆯ 또ᄒᆞᆫ 俗禮를 만히 썬ᄂᆞ니라(家禮1:7).

쇽다 형 작다. ¶ᄌᆞ조 쇼근 나라해 가ᄆᆞᆯ 놀라노니:頻驚適小國(重杜解7:32).

쇽담 명 속담(俗談). ¶쇽담:俗話(同文解上24).

쇽되다 형 속(俗)되다. ¶쇽되다:俗(漢淸8:47).

쇽ᄯᅳ물 명 속뜨물. ¶쇽ᄯᅳ물:潘漿(柳氏物名三 草).

·쇽신 명 속인(俗人). ¶俗人의 누네 더러이너기ᄂᆞ니:俗眼醜(初杜解17:8).

·쇽·졀:업·다 형 속절없다. ☞속절업다 ¶方攘앳 術이 쇽졀업더니(月印上66). 方攘앳 術이 쇽졀업더니(月釋7:19). 求ᄒᆞ야 ᄇᆞ라미 쇽졀업슨 잇부미라:求冀謾勞(楞解6:90). 쇽졀업슨 비화 아로ᄆᆞᆯ 디녀셔:莫將閑學解(蒙法57). 쇽졀업슨 허비ᄅᆞᆯ 짐쟉ᄒᆞ야 덜며:裁省冗費(宣小5:81). 쇽졀업다:閑(語錄1). 쇽졀업다:不濟事(譯解上69). 貴人도 쇽졀업ᄂᆡ 등짐도 지시거고(萬言詞).

·쇽·졀:업·시 부 속절없이. ¶末法은 쇽졀업시 似量이라 實업스니라(月釋9:7). 쇽졀업시 죽노니 北녀ᄀᆞ로 가아 富貴ᄒᆞ니만 몯ᄒᆞ니라(三綱. 忠19). 해 드로ᄆᆞᆯ 쇽졀업시 잘 가냥ᄒᆞ야:虛驕多聞(楞解1:3). 末法에 미천 쇽졀업시 似量이 ᄂᆞ소사:及乎末法則空騰似量(法華2:41). 쇽졀업시 날 디내요미 몯ᄒᆞ리라:不可等閑過日(法語5). 섭과 가싀로 ᄒᆞᆫ 門으란 쇽졀업시 여디 말라:柴荊莫浪開(初杜解7:9). 쇽졀업시 許詢의 무를 더러이놋다:空忝許詢輩(杜解9:25). 믌더푸미 쇽졀업시 나며 업ᄂᆞ니:水泡虛出沒(南明上6). 사ᄅᆞ미 제 몰라 밧글 向ᄒᆞ야 쇽졀업시 ᄎᆞᄂᆞ니라(金三2:23). 쇽졀업시:徒然之辭(老朴集. 單字解). 쇽졀업시 간대로 갑슬 ᄢᅦ와 므슴ᄒᆞᆯ다:無來由胡討價錢怎麼(飜朴上32). 조급히 나아가려 홈이 쇽졀업시 홈이라:躁進徒爲耳(宣小5:26). 쇽졀업시 地主와 겨틧 平人을 다가:乾把地主幷左近平人(老解上25). 丈夫의 혜온 ᄠᅳᆮ을 쇽졀업시 못 이로고(古時調. 金天澤. 綠耳霜蹄. 青丘). 大明文物은 쇽졀업시 간듸 업다(古時調. 朗原君. 日月도. 青丘). 쇽졀업시:枉然(漢淸8:73). ※쇽졀업시>속절없이

·쇽ᄒᆞ·다 동 속(屬)하다. ¶動과 靜과 有와 無와ᄂᆞᆫ 다 聲塵에 屬ᄒᆞ니(楞解6:68). 有漏애 屬ᄒᆞ야(楞解10:40). 道ᄂᆞᆫ 아롬과 몰롬과애 屬디 아니ᄒᆞ니(牧牛訣14). 東ᄋᆞᆫ 이쇼매 屬ᄒᆞ고 西ᄂᆞᆫ 업소매 屬ᄒᆞ니(南明上7). 잇논 珍寶ㅣ 다 네게 屬ᄒᆞ니(六祖中70). 壽州ㅣ 屬ᄒᆞᆫ 고올히 安豊이란 ᄃᆡ 이시니(宣小6:91).

손쇼 부 손수. ☞손소 ¶ᄂᆡ 손쇼 깁자ᄒᆞ니 기을 것 비히 업ᄂᆡ(萬言詞).

손죠 부 손수. ☞손소. 손조 ¶인간을 어셔 여희고져 ᄒᆞ야 손죠 죽고져 ᄒᆞ노라(癸丑106).

숄기 명 솔개. ¶숄기 연:鳶(兒學上7).

숄밧 명 솔밭. ¶쟌 숄밧 언덕 아릐 굴죽갓튼 고릐실을 밤마다 장기 메워 물부침의 ᄲᅵ지우니(古時調. 申獻朝. 青丘).

숄불 명 솔불. 관솔불. ¶남북촌 두세 집의 숄불이 희미ᄒᆞ다(萬言詞).

숄오당이 명 소리쟁이. ☞솔옷 ¶숄오당이:羊蹄(柳氏物名三 草).

숏대 명 솟대. ☞쇳대 ¶숏대 ᄐᆞ다:緣竿(譯解補47).

숑고리 명 송고리. 송골매. ☞숑골 ¶숑고리골:鶻(類合上12).

숑·골 명 송골매. 송고리. ☞숑고리. 숑골ᄆᆡ ¶숑골:海青(訓蒙上15 鷹字註).

숑골ᄆᆡ 명 송골매. ☞숑골 ¶내 눈의 고은 님이 멀니 아니 잇거마ᄂᆞᆫ 노래라 불너 오며 해금이라 혀 낼소냐 이 ᄂᆡ 몸이 숑골ᄆᆡ 도여 ᄎᆞ고 올가 ᄒᆞ노라(古時調. 青丘).

숑근 명 송근(松根). ¶松根을 다시 쓸고 竹床의 자리 보아(松江. 星山別曲). 갈 길도 머도 멀샤 松根을 베여 누어 픗ᄌᆞᆷ을 얼픗 드니(松江. 關東別曲).

숑낙 명 ①송라(松蘿). 소나무겨우살이. ¶소나모 우희 숑낙:松蘿(東醫 湯液三 木部). ②송낙. ¶즁의 숑낙 나 베옵고 내 족도리 즁놈 베고(古時調. 즁놈도. 青丘).

:숑:동ᄒᆞ·다 동 송동(竦動)하다. ¶左右엣 사ᄅᆞ미 精神을 다 竦動ᄒᆞᄂᆞ다(初杜解17:28).

숑·듁 명 송죽(松竹). 솔과 대. ¶松竹이 가지 설픠며 水石이 崢嶸ᄒᆞ며(永嘉下113).

숑·ᄇᆡᆨ 명 송백(松栢). ¶歲ㅣ 寒ᄒᆞᆫ 然後에 松栢의 後에 彫ᄒᆞᄂᆞᆫ 줄을 아ᄂᆞ니라:歲寒然後知松栢之後彫也(宣論2:49). 셰한의 숑ᄇᆡᆨ ᄀᆞᆺ고(洛城1).

숑샤리 명 송사리. ☞숑ᄉᆞ리 ¶쇼쳔어 又 숑샤리:小魚(譯解補49).

숑숑 부 송송. ¶흰 침으로 숑숑 주라… 흰 침으로 숑숑 주면 독ᄒᆞᆫ 긔운을 흐터 술와 ᄇᆞ리ᄂᆞ니라:白針鏃之… 白針鏃之消散毒氣(馬解上68 行針).

·숑·ᄉᆞ 명 송사(訟事). ¶ᄃᆞ토아 숑ᄉᆞᄅᆞᆯ 즐기디 말며:無好爭訟(飜小6:36). 숑ᄉᆞ 숑:訟(類合下21. 倭解上26. 兒學下7). ᄃᆞ토와 숑ᄉᆞᄅᆞᆯ 즐기디 말며 사오나옴으로ᄡᅥ 어딘 이ᄅᆞᆯ 업슈이너기디 말며:無好爭訟無以惡陵善(警民20). 샹뉵 쟝긔 ᄒᆞ디 마라 숑ᄉᆞ 글월 ᄒᆞ디 마라 집배야 므슴ᄒᆞ며(古時調. 松江). 숑ᄉᆞ:訟(同文解下28). 숑ᄉᆞ:詞訟(漢清3:5). 일이 조각의 마자 삼 년 미결ᄒᆞ엿던 숑ᄉᆞㅣ 이지야 ᄆᆞᄎᆞ리로다(落泉3:8).

숑ᄉᆞ리 명 송사리. ☞숑샤리 ¶집치 갓튼 고릐와 바늘 갓흔 숑ᄉᆞ리 눈 긴 농게 입 쟉은 瓶魚가 금을만 넉여(古時調. 바독 걸쇠. 海謠). 숑ᄉᆞ리 이:鮞(兒學上8).

숑ᄉᆞᄒᆞ다 동 송사(訟事)하다. ¶고을희 숑ᄉᆞᄒᆞ려 ᄒᆞ거ᄂᆞᆯ:訟于官(東新續三綱. 烈2:57). 구의 숑ᄉᆞᄒᆞ다:打官司(譯解上65). 숑ᄉᆞᄒᆞ다:打官司(同文解下28).

숑아·지 명 송아지. ¶ᄀᆞᆺ난 숑아지 플 먹디 아니ᄒᆞ야셔:新生犢子未食草(救簡2:113). 숑아지 독:犢(訓蒙上18).

숑어 명 송어(松魚). ¶숑어:松魚(柳氏物名二 水族).

숑엽 명 송엽(松葉). 솔잎. ¶소곰 쟝을 먹디 아니ᄒᆞ고 일듕의 다만 숑엽만 먹고:不食鹽醬日中只啖松葉(東新續三綱. 孝3:62).

숑의·맛불·휘 명 창포. 석창포. ¶돌 서리예 난 숑의맛불휘 ᄀᆞᄂᆞ리 사ᄒᆞ로니:石菖蒲細切(救簡1:2). ᄂᆞᆯ숑의맛불휘:生菖蒲(救簡1:35). 돌 서리예 난 숑의맛불휘ᄅᆞᆯ ᄂᆞ로니 십고:細嚼石菖蒲(救簡2:40). 숑의맛불휘:菖蒲 松衣亇叱根(牛疫方7).

숑이 명 송이. ☞숑이 ¶숑이:朶(柳氏物名四 木).

숑이 명 송이(松栮). 송이버섯. ¶지아비 샹해 숑이ᄅᆞᆯ 즐김으로:夫嘗嗜松蕈(東新續三綱. 烈2:11). 숑이:松耳(柳氏物名三 草).

숑잣 명 송자. 잣. ¶숑잣:松子(物譜 木果).

숑지 명 송지(松脂). 송진(松津). ☞숢진 ¶숑지ᄅᆞᆯ 가져 홰ᄅᆞᆯ ᄆᆡᆼᄀᆞ라:取松脂作炬(東新續三綱. 孝2:69). 程子 ᄀᆞᆯᄋᆞ샤ᄃᆡ 雜書에 松脂 ᄡᅡ히 들면(家禮5:7). 숑지:松香(譯解下17. 同文解下23).

숑진 명 송진(松津). ☞숑지 ¶초상을 숑진의 ᄀᆡ야 ᄂᆞᆺ치 ᄇᆞ라고(落泉1:1).

숑티 명 송치. ¶숑티:犢(柳氏物名一 獸族).

숑편 명 송편. ¶숑편:葉子餑餑(同文解上59. 譯解補30. 漢清12:44).

숑화ᄉᆡᆨ 명 송화색(松花色). ¶숑화ᄉᆡᆨ:秋香色. 연숑화ᄉᆡᆨ:南松. 짓튼 숑화ᄉᆡᆨ:北松(譯解補40). 숑화ᄉᆡᆨ:秋香色(同文解下25. 漢清10:64).

숑화잔ᄌᆞ리 명 잠자리의 한 종류. ¶숑화잔ᄌᆞ리:狐黎 小而黃者(柳氏物名二 昆蟲).

:쇠 명 ①소가. 〔'쇼'+주격조사 '-ㅣ'〕 (독)쇼 ¶소곰므를 ᄂᆞᆺ치 ᄇᆞᄅᆞ면 쇠 할ᄒᆞ리라:鹽汁塗面上牛卽肯舐(救簡1:43).
②소의. 〔'쇼'+관형격조사 '-의'〕 (독)쇼 ¶쇠 자곡과 큰 바ᄅᆞᄅᆞᆯ 엇데 마초아 혜리오 ᄒᆞ니라:牛跡巨海何可校量(圓覺下二之一64). 또 쇠 소리 ᄒᆞ거든:或作牛聲(救簡1:93).

쇠가족 명 쇠가죽. 우피(牛皮). ¶쇠가족:牛皮(同文解下40).

:쇠갓·플 명 쇠갖풀. 갖풀. ¶쇠갓플:牛皮膠(救簡2:99).

:쇠·거:름 명 소의 걸음. ¶이 ᄆᆞ리 쇠거름 ᄀᆞ티 즈늑즈느기 건ᄂᆞᆫ ᄆᆞ리로다:這馬牛行花塔步(飜老下9). 이 ᄆᆞᆯ이 쇠거름ᄀᆞᆺ티 즈늑즈늑 것ᄂᆞᆫ다:這馬牛行花塔步(老解下8).

:쇠고·기 명 쇠고기. ¶頑皮靼ᄋᆞᆫ 쇠고갯 ᄀᆞ장 둗거운 가치니(南明下58). ᄉᆡᆼ션 ᄡᅵ니와 쇠고기 구으니와:蒸鮮魚爛牛肉(飜朴上5). 쇠고기:牛肉(譯解上50).

쇠굽 명 쇠굽. ¶두 손과 두 발이 이믜 쇠굽이 되야(敬信18).

쇠궁치 명 소의 엉덩이. ¶네 쇠궁치에 언저

다가 주렴(古時調. 綠楊芳草岸에. 靑丘).

:쇠·귀 명 쇠귀. ¶쇠귀 안해 뼈와롤 곤게 눈화 섯거:牛耳中垢等分和(救簡2:97).

쇠귀나모 명 쇠귀나물. ☞쇠귀ᄂᆞ몰. 쇠긔ᄂᆞ몰 ¶쇠귀나모 불휘:澤瀉(濟衆).

:쇠·귀ᄂᆞ몰 명 쇠귀나물. ☞쇠귀나모. 쇠긔ᄂᆞ몰 ¶쇠귀ᄂᆞ몴 불휘:澤瀉(救簡3:75). 쇠귀ᄂᆞ몰 쇽:藚(詩解 物名10).

쇠긔ᄂᆞ몰 명 쇠귀나물. ☞쇠귀나모. 쇠귀ᄂᆞ몰 ¶쇠긔ᄂᆞ몰 불휘:澤瀉(東醫 湯液二 草部).

쇠덕셕 명 덕석. ☞쇠삼정 ¶쇠덕셕:牛衣(柳氏物名一 獸族).

:쇠둥 명 소의 등. ¶그 주근 사ᄅᆞᄆᆡ 비롤 쇠둥의 서르 다혀 걸티고:溺水之人將肚橫覆相抵在牛背上(救簡1:71).

쇠로기 명 솔개. ☞쇠로기. 쇼로기 ¶彈子는 쇠로기 ᄀᆞᄐᆞᆫ 새롤 디놋다:彈落似鴞禽(重杜解3:14).

쇠말독 명 쇠말뚝. ¶쇠말독:橛(物譜 牛馬).

:쇠머·리 명 쇠머리. ¶그 묏보오리 쇠머리 ᄀᆞᄐᆞᆯ씨 牛頭旃檀香이라 ᄒᆞᄂᆞ니 牛頭는 쇠머리라(月釋1:27). 또 한 귓거시 머리 쇠머리 ᄀᆞᄐᆞᆫ 것ᄃᆞᆯ히 시혹 사ᄅᆞᄆᆡ 고길 머그며:復有諸鬼首如牛頭或食人肉(法華2:120).

쇠멀험 명 외양간. ☞멀험 ¶쇠멀험:牛欄(牛疫方9).

쇠 멱 명 소멱. ¶쇠멱:鷹皮(譯解補48). 쇠멱:牛頭下鷹皮(漢淸14:36).

:쇠무룹 명 쇠무릎지기. ☞쇠무룹 ¶쇠무룹 불휘와 닙과롤:牛膝幷葉(救簡3:77). 쇠무룹 불휘와 줄기와 ᄂᆞ롤 ᄒᆞᆫᄃᆡ 디허 ᄇᆞ티면:牛膝根莖生者併擣以傅之(救簡6:26).

쇠무룹 명 쇠무릎지기. ☞쇠무룹 ¶쇠무룹:牛膝(柳氏物名三 草).

쇠밀치 명 쇠밀치. ¶쇠밀치:紂(物譜 牛馬).

쇠비름 명 쇠비름. ¶쇠비름:五行草(物譜 花卉). 쇠비름:馬齒莧(物譜 蔬菜). 쇠비름:馬齒莧(柳氏物名三 草).

쇠삼정 명 덕석. ☞쇠덕셕 ¶쇠삼정:牛衣(物譜 牛馬).

쇠심 명 쇠심.☞쇠힘¶쇠심:牛筋(蒙解下32).

:쇠쫑 명 쇠똥. ☞쇳동 ¶다솜어미 朱氏 아비그에 하라 每常 쇠쫑 츠이거늘(三綱. 孝17). 또 쇠쫑 ᄒᆞᆫ 되롤 ᄃᆞᄉᆞᆫ 수레 프러:又取牛洞一升溫酒(救簡1:43). 쇠쫑 서 홉:牛糞三合(救簡2:55). 쇠쫑과 皁莢도 됴ᄒᆞ니라:牛糞皁莢亦可(瘟疫方14). 미양 히여곰 쇠쫑을 쓰설이거든:每使掃除牛下(宣小6:22). 쇠쫑:牛糞(辟新14).

:쇠·쁠 명 쇠뿔. ☞쇠쁠. 쇳블 ¶쇠쁠로 ᄒᆞᆫ 면합ᄌᆞ 일ᄇᆡᆨ 낫:牛角盒兒一百箇(飜老下68). 쇠쁠 쥬라:牛角哱囉(四解上57 觱字註). 쇠쁠 쥬라:哱囉(四解下27 囉字註). 쇠쁠을 두ᄃᆞ리고 노래홈을 보고(女四解4:55).

쇠쁠 명 쇠뿔. ☞쇠쁠. 쇳블 ¶쇠쁠로 ᄒᆞᆫ 면합ᄌᆞ 일ᄇᆡᆨ 낫:牛角盒兒一百箇(老解下61).

쇠아지 명 송아지. ☞쇠야지 ¶쇠아지:犢兒(譯解下30). 또 엇던 쇠게 쇠아지 업고 또 엇던 ᄆᆞᆯ게 ᄆᆡ아지 업고(小兒6).

쇠야·지 명 송아지. ☞쇠아지. 쇠야치 ¶健壯호미 누른 쇠야지 ᄃᆞᄅᆞ락 도로오락홈 ᄀᆞᆮ다라:健如黃犢走復來(初杜解25:51). 쇠야지 귀청:犢子耳中塞(救簡3:31). 쇠야지 독:犢(類合上13. 倭解下22. 石千38). 쇠야지:牛犢(同文解下38. 漢淸14:36).

쇠야치 명 송아지. ☞쇠야지 ¶쇠야치:犢兒(譯解下30).

쇠오양 명 외양간. ¶쇠오양:牢(物譜 牛馬).

:쇠·젓 명 우유(牛乳). ☞쇠졋 ¶쇠졋 좌샨이리라(楞解6:99). 쇠젓:牛乳(救簡1:94). 쇠젓:牛乳(東醫 湯液一 獸部).

:쇠·졎 명 우유(牛乳). ☞쇠젓 ¶쇠져즈로 酪 ᄆᆡᆼᄀᆞ로 酪으로 酥 ᄆᆡᆼᄀᆞ로 酥로 醍醐 ᄆᆡᆼᄀᆞᄂᆞ니라(楞解3:26). 이젯 사ᄅᆞᄆᆡ 해 쇠져즐 取ᄒᆞ야:今人多取牛乳(楞解6:99).

쇠 족 명 쇠족〔牛足〕. ¶쇠족:牛蹄(譯解上50).

쇠진듸 명 쇠진드기. ¶쇠진듸:牛蝨(柳氏物名二 昆蟲).

쇠코리 명 쇠꼬리채. ☞쇳기리 ¶쇠코리:鞦頭(柳氏物名三 草).

:쇠타·락 명 쇠타락(駝酪). 우락(牛酪). 우유(牛乳). ¶또 蚰蜒이 귀예 드닐 고튜ᄃᆡ 쇠타라ᄀᆞᆯ 귀예 ᄀᆞᄃᆞ기 브ᅀᅳ면 즉제 나ᄂᆞ니라(救急下43).

:쇠·힘 명 쇠심. ☞쇠심 ¶또 쇠히믈 므레 ᄃᆞᆷ가:又方以牛筋水浸(救急上49). ᄒᆞᆫ 방문엔 쇠힘이라:一方用牛筋(救簡6:10). 쇠힘:牛筋(同文解下38). 쇠힘:牛脖筋(漢淸14:36).

쇳기리 명 쇠꼬리채. ☞쇠코리 ¶쇳기리:鞦頭(譯解下3).

쇳대 명 솟대. ☞쇼ᄯᅢ. 솟대 ¶쇳대 노롯:上竿(譯解下24).

쇳동 명 쇠똥. ☞쇠쫑 ¶벗 뵌 쇳동ᄀᆞ치 되죵고신 싀어마님(古時調. 싀어마님. 靑丘).

쇳블 명 쇠뿔. ☞쇠쁠. 쇠쁠 ¶쇳블:牛機角(譯解下31).

쇳ᄭᅩ리 명 쇠꼬리. ¶쇳ᄭᅩ리:牛尾把(譯解下31).

·수 명 수컷. ¶關ᄋᆞᆫ 암수히 서르 和히 우는 소리오(宣賜內訓2上5). 수히 왼 ᄂᆞᆯ개 드리옛ᄂᆞ니:雄者左翮垂(初杜解16:70). 角鹿 수 麋鹿 암(訓蒙上18 鹿字註). 수 웅:雄. 수 모:牡(訓蒙下7). 수 모:牡(類合上7). 수

웅:雄(類合上12. 倭解下24). 암히 수흘 좃놋다:雌隨雄(重杜解17:5). 수흔 ᄂᆞ라 머리 바ᄇᆞᆯ 求ᄒᆞ거ᄂᆞᆯ 암히 우루믈 슬피 ᄒᆞ더라:雄飛遠求食雌者鳴辛酸(重杜解17:7).

수 명 숨. ¶ᄒᆞᆫ 수에 恩慧ᄅᆞᆯ 背叛호미ᄯᆞ녀:一息背恩(龜鑑下55).

·수 명 숲. ☞숩. 숲 ¶叢林ᄋᆞᆫ 모다 난 수히오(月釋10:69).

:수 명 수(數). 운수(運數). ¶네 數를 알리로소니여(釋譜11:4). 귀양갈 적 잇셔시며 이별쉰들 잇셔시랴(萬言詞).

:수 명 ①수(數). ¶阿僧祇ᄂᆞᆫ 그지업슨 數ㅣ라 ᄒᆞ논 마리라(月釋1:5). 또 小根益 어두미 그 數ㅣ 몯 혜리로다(法華3:142). 님긊 안팟긧 ᄆᆞᆯ 數ㅣ 億에 ᄎᆞ건마ᄅᆞᆫ(初杜解17:26). ᄡᅧ 사호미 億須彌나 ᄒᆞ곤 엇뎨 ᄒᆞ믈며 여러 비쳇 가히ᄯᆞ녀 그 數ㅣ 그지업다 ᄒᆞ시니라(南明上56). 俱胝ᄂᆞᆫ 쉬라(靈驗16). 凡에 건너 ᄠᅱ닌 그 數ᄅᆞᆯ 記錄디 몯ᄒᆞ며(六祖序5). 그 은을 ᄅᆡ년 아모 ᄃᆞᆯ 니예 긔ᄒᆞᆫᄒᆞ여 가포ᄆᆞᆯ 수에 ᄌᆞᆨ게 호리라:其銀限至下年幾月內歸還數足(飜朴上61). 수 그슴 수:數(類合上1). 두야머조자기과 숑의맛불휘와ᄅᆞᆯ 냥 수ᄅᆞᆯ ᄀᆞᆮ게 ᄃᆞ라(牛疫方7). 火爐ㅣ며 酒食의 그ᄅᆞㅅ술 ᄡᅳᆯ 數ᄅᆞᆯ 조차(家禮1:22). 수:數兒(同文解下20).
②셈〔算〕. ¶數ᄂᆞᆫ 혜미라(永嘉上59).

수개 명 수캐. ☞수ᄀᆡ ¶수개의 음깅:牡狗陰莖(東醫 湯液一 獸部). 수개:牙狗(譯解下32. 漢淸14:14).

수게 명 수게. ¶수게:尖臍(譯解下38).

수고기 명 물고기의 수컷. ¶수고기:公魚(漢淸14:46).

수고란이 명 수고라니. ¶수고란이:公麅(漢淸14:5).

수고래 명 수고래. ☞암고래 ¶수고래 경:鯨(類合上15).

수괴 명 수고양이. ¶수괴:郎猫(譯解下32).

수기 부 숙게. ☞숙다 ¶헌 먼덕 수기 스고 측 업슨 집신에 설피설피 물너 오니(蘆溪. 陋巷詞).

수·기·다 동 숙이다. ¶잢간 머리ᄅᆞᆯ 수기ᅀᆞᆸ거나 ᄒᆞ야 像ᄋᆞᆯ 供養ᄒᆞᅀᆞᄫᆞ며(釋譜13:53). 더욱 恭敬ᄒᆞᅀᆞᄫᅡ 몸 구펴 머리 수겨 合掌ᄒᆞ야(月釋18:18). 또 죠고매 머리 수기거나:復小低頭(法華1:221). 죠고맛 소리와 머리 수규믜:小音低頭(法華1:222). 손 들오 ᄂᆞᆾ 수겨 우리 아바닚 訓誡ᄅᆞᆯ 듣ᄌᆞᆸ더니:卽上手低面聽我皇考訓誡(宣賜內訓3:43). 머리 수기고 冷히 안자:低頭冷坐(南明上27). 머리 수기고 괴외히 안자(南明下16). 마리 수기다:低頭(同文解上27). 深樹叢林 수겨 들어(萬言詞).

수기수기 부 깊숙이. ¶龍 거북 ᄌᆞ물쇠로 수기수기 ᄎᆞ엿ᄂᆞᆫᄃᆡ(古時調. 한숨아. 靑丘).

수ᄀᆡ 명 수캐. ☞수개 ¶수ᄀᆡ:公狗(華類55).

수나귀 명 수나귀. ¶수나귀:叫驢(譯解下31).

수나븨 명 수나비. ¶눈섭은 수나븨 안즌 듯 닛바대ᄂᆞᆫ 박시 ᄭᅬ세온 듯(古時調. 靑丘).

:수년 명 수년(數年). ¶내 너를 얻ᄌᆞᄫᅡ 判官 ᄆᆡᆼᄀᆞ라 數年 몯 ᄒᆞ야셔(三綱. 忠13). 莊嶽ㅅ 間애 置홈을 數年이면 비록 日로 撻ᄒᆞ야 그 楚를 求ᄒᆞ야도(宣孟6:20).

수노로 명 수노루. 노루의 수컷. ¶수노로:公麞(漢淸14:5).

수노새 명 수노새. 노새의 수컷. ¶수노새:叫騾(譯解下31).

·수늙 명 ①재〔嶺〕. 고개. ¶東녁 수늘게 구루미 나니 西ㅅ녁 수늘기 하야ᄒᆞ고:東嶺雲生西嶺白(南明下19).
②수눅. ¶안즌 앏핏 첫 주레 보ᄇᆡ로 ᄭᅮ민 수늙 노픈 곳 곳고:席面上寶粧高頂插花(飜朴上5).

·수·다 동 쑤다. ☞ᄡᅮ다. 쑤다 ¶블 일어 粥 수더니…비록 ᄌᆞᄌᆞ 누위ᄅᆞᆯ 爲ᄒᆞ야 粥을 수고져 ᄒᆞᆫ돌 ᄯᅩ 어루 得ᄒᆞ려:然火煮粥…雖欲數爲姊煮粥復可得乎(宣賜內訓3:46). 수레진 ᄀᆞᆯᄋᆞ로 플 수어 환 ᄆᆡᆼᄀᆞ로ᄃᆡ:酒打麪糊爲丸(救簡1:9). 블근ᄑᆞᄎᆞ로 쥭 수어 머그면:赤小豆煮粥食之(瘟疫方6).

수독이 부 수북이. ☞수득이 ¶ᄑᆞᆺ밥 피식기예 수독이 담고(要路院).

수돋 명 수퇘지. ☞수돗 ¶수돋 파:豝(詩解物名3).

수돌져귀 명 수톨쩌귀. ¶고모장지 세살장지 들장지 열장지 암돌져귀 수돌져귀 비목걸새(古時調. 窓 내고쟈. 靑丘).

수돗 명 수퇘지. ☞수돋 ¶흘레 아닌 삿기 수돗글 그 노흐로 ᄐᆞᆫᄐᆞᆫ이 ᄆᆡ고:未破陰小小雄猪用索縛之(痘瘡方31). 수돗:牙猪(譯解下31). 불친 수돗:豮兒. 큰 수돗:跑猪(漢淸14:13).

수득이 부 수북이. ☞수독이 ¶수득이 되다:尖量(譯解補18).

·수디새 명 수키와. ☞수티새 ¶다 룡봉 도틘 막새 수디새 암디새:都是龍鳳凹面花頭筒瓦和仰瓦(飜朴上68). 수디새:童瓦(訓蒙中18 瓦字註). 수디새:甌瓦(譯解上17).

·수ᄃᆞᆯ마·기 명 수단추. ¶수ᄃᆞᆯ마기 뉴:紐(訓蒙中23). 수ᄃᆞᆯ마기:紐子(譯解上45).

·수ᄃᆞᆰ 명 수탉. ☞수ᄐᆞᆰ ¶수ᄃᆞᆯᄀᆡ 머리옛 피 내아 ᄂᆞᄎᆡ ᄇᆞᄅᆞ고:以雄雞頭取血以塗其面(救急上26). 수ᄃᆞᆰ의 머리 벼셋 피:雄雞冠血(救簡1:25). ᄒᆞᆫ 자리 다 수ᄃᆞᆰ 되ᄂᆞ니라:一窠盡是雄雞(胎要11). 블근 수ᄃᆞᆰ:丹雄雞

肉. 흰 수둙:白雄雞肉. 거믄 수둙:烏雄雞肉(東醫 湯液一 禽部). 수둙:公鷄(譯解下24). 수둙 업시 나흔 알:寡鴠(譯解下28). 수둙 우다:鷄鳴(漢淸7:23).

:수·량 명 수량(數量). ¶事相 數量곤히 아로미 일후미 如量智니 곧 權智라(心經59).

수레 명 수레. ☞수뤼. 술위 ¶人生 시른 수레 가거놀 보고 온다 七十 고개 너머 八十 드르흐로 진동한동 건너가거놀 보고 왓노라(古時調. 靑丘).

수로록 부 수르르. 스르르. ☞수루록 ¶죠고만 삿기 개고리 一百쉰대 자장남게게 올을 제 쉬이 너겨 수로록 소로로 소로로 수소록 허위허위 소숩쒸여 올라(古時調. 훈 눈 멀고. 靑丘).

수루록 부 수르르. 스르르. ☞수로록 ¶人間의 사쟈 ᄒᆞ니 離別 ᄌᆞ자 못 살건늬 수루록 소사올나 天上의 나가려쎠니(古時調. 槿樂).

수뤼 명 수레. ☞수레. 수릐. 술위 ¶금이며 프른 걷 ᄒᆞᆫ 수뤼를 ᄐᆞ디 아니ᄒᆞ고:不乘金碧輿(宣小6:98). 바믹 수뤼 모라 나가:中宵驅車去(重杜解1:15). 내 수뤼를 ᄒᆞ마 기름 ᄇᆞᆯ라 가노라:我車已載脂(重杜解1:16). 石龜 아래로 수뤼를 모라 가다가:驅車石龜下(重杜解1:23). 수뤼 광:廣(註千20). 수뤼 로:路(註千21). 수뤼 거:車(註千22). 수뤼 가:軻(註千29). 수뤼 량:兩(註千31). 수뤼 젼 샹:箱(註千34).

·수·릐 명 수리. ☞수리 ¶耆闍崛山ᄋᆞᆫ 예셔 닐오매 수릐 머리 山이니 얼구를브터 일후믈 어드니:耆闍崛山此云鷲頭山從形得名(法華1:20). 수릐:鵰(物譜 羽蟲. 柳氏物名一 羽蟲).

수·리 명 수리. ☞수릐 ¶수리:鷲(四解下13 鵰字註). 수리 됴:鵰. 수리 츄:鷲(訓蒙上15). 수리 됴:鵰. 수리 악:鶚(類合上12). 수리:皁鷹(譯解下26. 同文解下34). 우리ᄂᆞᆫ 수리 두루미라 검도 세도 아녜라(古時調. 가마귀. 靑丘). 수리:鵰(漢淸13:49).

수리 명 단오(端午). ¶俗以端午 爲車衣(三遺卷二 文武王). 端午 俗名 戌衣 戌衣者 東語車也 是日採艾 葉亂搗 入粳米粉 發綠色 打而作餻 象車輪形 食之故謂之戌衣(東國歲時記). 京師人以五月一日 爲端一二日 端二三日端三四日端四五日端五(東國歲時). 國人 稱端午日水瀨 謂投飯水瀨 享屈三閭也(洌陽).

수리취 명 수리취. ☞슈리치 ¶수리취:狗舌草(同文解下46. 譯解補50. 漢淸13:16).

수·릿날 명 단옷날. 단오(端午). ¶또 것위 다ᄉᆞᆺ 낫과 지네 ᄒᆞᆫ 나치 수릿나래 발 블그니로 자밧던 거슬 섯거 니기 디허 쇤 ᄡᆞ해 ᄇᆞ티라:又方地龍五枚蜈蚣一枚端午日收赤足者右相和爛擣傅被螫處(救急下74). 수릿날 빅번 ᄒᆞᆫ 무저글 일브터 벼틔 ᄞᅬ요ᄃᆡ:端午日取白礬一塊自早日晒(救簡6:58). 五月五日애 아으 수릿날 아ᄎᆞᆷ 藥은 즈믄힐 長存ᄒᆞ살 藥이라 받ᄌᆞᆸ노이다 아으 動動다리(樂範. 動動). 또 수릿날 ᄡᅮᆨ으로 사ᄅᆞᆷ ᄆᆡᆼ그라:又方端午日以艾爲人(瘟疫方6).

수릐 명 수레. ☞수뤼. 술위 ¶거졍 ᄒᆞᆫ 사ᄅᆞᆷ이 ᄒᆞᆫ 수릐의 나ᄋᆞ며 므ᄅᆞᄂᆞᆫ 호령을 오로ᄀᆞ옴아라시니:車正一人專掌一車進退號令(練兵1). 수릐를 ᄐᆞ며(十九史略1:8).

수릐박회 명 수레바퀴. ☞술윗바회 ¶다시 그 수릐박회를 ᄇᆞᆯ으니(經筵).

:수:만 수 수만(數萬). ¶數萬里△ 니미어시니:數萬里主(龍歌31章).

수만호 명 수마노(水瑪瑙). ¶수만호:水曼胡(柳氏物名五 石).

수메 명 슴베. ¶칼 수메:信子. 수메 ᄡᅡ지다:吐信(譯解補16). 살촉 수메 박다:安箭鐵. 촉 수메에 부레칠ᄒᆞ여 박다:下鰾安箭信子(漢淸5:17).

수목 명 수목(數目). 수(數). ¶數目이 잇ᄂᆞ니라:有數目(老解下14). 언머 수목이 잇더뇨:有甚麼數目(朴解下30).

수뭇져기 명 숨바꼭질. ☞숨막질. 숨박질 ¶ᄒᆞᆫ 녀름은 수뭇져기ᄒᆞᄂᆞ니라:一夏裏藏藏昧昧(朴解上17).

·수므지·게 명 수무지개. ¶시혹 ᄇᆞᆯ가 虹이 ᄃᆞ외며 어드워 霓ㅣ ᄃᆞ외ᄂᆞ니라:虹ᄋᆞᆫ 수므지게오 霓ᄂᆞᆫ 암므지게라:或明而爲虹暗而爲霓(楞解2:87).

수ᄆᆞᆯ 명 수말. ¶수ᄆᆞᆯ:兒馬(同文解下36. 漢淸14:19).

수박 명 수박. ☞슈박 ¶수박:西瓜(柳氏物名三 草).

수박등 명 수박 모양의 등(燈). ¶북燈이며 수박燈 마늘燈과(古時調. 夏四月. 靑丘).

수범 명 수범(雄虎). ¶수범:公虎(同文解下36. 漢淸14:3).

수봉 명 봉(鳳)의 수컷. ¶수봉 봉:鳳(類合上11).

수북히 부 수북이. ☞수득이 ¶수북히 되다:尖量(漢淸10:21).

수블 명 술. ☞수울. 수을 ¶酒曰酥孛(雞類). 飮酒曰酥孛麻蛇 凡飮皆曰麻蛇(雞類). 煖酒曰蘇孛打里 凡安排皆曰打里(雞類). 醉曰蘇孛速(雞類). 酒數本(譯語 飮饌門).
※수블>수ᄫᅳᆯ>수울>술

:수·비 부 쉬이. ☞수ᄫᅵ. 수위 ¶隱密히 光ᄋᆞᆯ 두르혀 제 보면 수비 키 아로ᄆᆞᆯ 得ᄒᆞ야:密密廻光自看則易得大悟(松廣寺蒙法5). 수비 靈驗을 得ᄒᆞ리라:易得靈驗(法語2).

:수·뵉 [수] 수백(數百). ¶數百 사ᄅᆞᄆᆞᆯ 내 ᄠᅳ들 일워도 ᄒᆞ디 아니호리라 ᄒᆞ시니(宣賜內訓3:56). 므른 數百 츌해셔 모도 흐르ᄂᆞ다:水合數百源(初杜解6:49). 수뵉 신을 시험ᄒᆞ니:試數百人(救簡2:61).

:수·ᄫᅵ [부] 쉬이. 쉽게. ☞수이. 쉬비 ¶사ᄅᆞᆷ마다 ᄒᆡᅇᅧ 수ᄫᅵ 니겨:欲使人人易習(訓註). 法이 처ᅀᅥᆷ 盛히 行ᄒᆞ야 사ᄅᆞ미 번드기 수ᄫᅵ 앓 時節은 正法이라 ᄒᆞ고(釋譜9:2). ᄒᆞ나히 ᄆᆞᅀᆞᄆᆞᆫ 수ᄫᅵ 고티려니와(月釋1:51). 聲聞 수ᄫᅵ 너기니(月釋13:2). 아니면 수ᄫᅵ 널위디 몯ᄒᆞ리니(月釋17:56). 衆生ᄋᆞᆯ 수ᄫᅵ 濟度ᄒᆞ시ᄂᆞ니ᅌᅵᆺ가(月釋18:79). 수ᄫᅵ 길어 목수미 增長ᄒᆞ리니(月釋21:97). 災變 ᄠᅳ디 기퍼 수ᄫᅵ 모ᄅᆞ니(三綱. 忠7). 드르면 곧 수ᄫᅵ 알오:聞卽易會(牧牛訣14). 비ᄅᆞᆯ 데며 브티면 므르디 아니ᄒᆞ며 알ᄑᆞ디 아니ᄒᆞ며 수ᄫᅵ 됻ᄂᆞ니라:用梨削貼不爛止痛易瘥(救急下15). 수ᄫᅵ 키 아로ᄆᆞᆯ 得ᄒᆞ야(蒙法7). 비ᄒᆞ시 수ᄫᅵ 거츠러 아라도 ᄒᆞ마 뉘으초미 어려오니라:習之易荒覺已難悔(宣賜內訓1:33). ※수ᄫᅵ>수이

수사숨 [명] 수사슴. ¶수사숨:角鹿(譯解下33). 수사숨:公鹿(漢淸14:4).

수산졔 [명] 멧돼지의 수컷. ¶수산졔:公野猪(漢淸14:6).

·수:새 [명] 수새〔雄雀〕. 새의 수컷. ¶수새 ᄯᅩᆼ을 ᄀᆞᄂᆞ리 ᄀᆞ라:雄雀糞細研(救簡2:75).

수세 [명] 수세미. ¶수세 져:苴(類合下24).

수세외 [명] 수세미외. ☞수시외. 슈세외 ¶수세외:絲瓜(東醫 湯液二 菜部). 수세외 ᄉᆞ론 ᄀᆞᄅᆞ과 쥬사 ᄀᆞᄅᆞ ᄀᆞ티 ᄒᆞ야:絲瓜燒灰末水飛朱砂末等分(痘要上9). 수세외:絲瓜(譯解下11). 수세외:絲苽(同文解下4). 수세외:絲瓜(漢淸12:35. 物譜 草果).

·수·쇼 [명] 수소. ¶수쇼 고:牯(訓蒙下7).

수슉 [명] 시숙(媤叔). ¶수슉 슉:叔(註千15).

수심 [명] 수심(愁心). ¶녯 적의 이러ᄒᆞ면 이 形容이 나마실가 愁心이 실이 되야 구븨구븨 미쳐이셔(古時調. 靑丘). 愁心겨운 任의 얼골 뉘라 前만 못하다던고(古時調. 安玟英. 金玉叢部).

수심ᄒᆞ다 [동] 수심(愁心)하다. ¶수심ᄒᆞᄂᆞᆫ ᄂᆞᆺ출 보고(三譯1:7).

:수·십 [수] 수십(數十). ¶子의 兄弟ㅣ 數十年을 事ᄒᆞ다가(宣孟5:28). 數十年 넘도록 葬티 아니ᄒᆞ야(家禮5:33).

수ᄉᆡ [명] 수새. 새의 수컷. ☞수새 ¶수 웅:雄(兒學上6).

수시외 [명] 수세미외. ☞수세외. 슈세외 ¶수시외:絲瓜(方藥25).

수·수·다 [동] 떠들다. 들레다. ☞수스다 ¶나조히 뭇도록 ᄀᆞ롸ᄅᆞᆯ 티ᄂᆞ니 수수ᄂᆞᆫ 소리 萬方애 니엣도다:竟夕繫ᄀᆞ롸喧聲連萬方(初杜解10:20).

수수어·리·다 [동] 떠들어대다. 수떨다. ☞수스워리다 ¶엇데 져비 새 수수어리미 업스리오:寧無燕雀喧(初杜解21:10).

수수워·리·다 [동] 떠들어대다. 수떨다. ☞수스워리다 ¶수수워려 늘그니ᄅᆞᆯ 慰勞ᄒᆞᄂᆞ다:喧鬧慰衰老(初杜解22:3). 심히 이거싀 수수워료ᄆᆞᆯ 맛나니:苦遭此物聒(初杜解22:4). 수수워리고 ᄂᆞᆺ가온 ᄃᆡᄅᆞᆯ:喧卑(初杜解22:11). 수수워려 입ᄂᆞᆫ 픗뎟소리 나ᄂᆞ니:嘹唳吟笳發(初杜解23:45).
※수수워리다>수우워리다

수·스 [명] 술. ☞수ᄉᆞ. 수울 ¶톱 조ᄎᆞᆫ 갈 ᄒᆞ나 호ᄃᆡ 톱 우희 ᄒᆞᆫ 됴ᄒᆞᆫ 고즐 셥ᄒᆞ고 수스 사다가 초리라:鋸兒刀子一箇鋸兒上鈒一箇好花樣兒買將條兒來帶他(飜朴上16).

수스·다 [동] 떠들다. 들레다. 수떨다. ☞수수다. 수우다. 숫이다 ¶ᄀᆞᄅᆞᇝ 개예 울엣소리 어젯바미 수스니 봆 자새 빗비체 져기 치우미 무엣도다:江浦雷聲喧昨夜春城雨色動微寒(初杜解3:47). ᄇᆞᄅᆞ미 가ᄇᆡ야오니 힌 나ᄇᆡ 깃거ᄒᆞ고 고지 더우니 ᄭᅮᆯ 짓ᄂᆞᆫ 버리 수스ᄂᆞ다:風輕粉蝶喜花暖蜜蜂喧(初杜解21:6). 碣石이 ᄒᆡ마다 노ᄑᆞ니 天地예 사ᄅᆞ미 나날 머구리 수스ᄃᆺ ᄒᆞ더라:碣石歲崢嶸天地日蛙黽(初杜解24:41). 明州布袋ᄂᆞᆫ 어득 미치고 怪異ᄒᆞ샤 수스ᄂᆞᆫ 가온ᄃᆡ 샹녜 자바 녀ᄂᆞᆫ 사ᄅᆞᆷ 뵈시니라:明州布袋多狂怪鬧中常把示行人(南明下13).
※수스다>수으다

수스워·리·다 [동] 떠들어대다. 수떨다. ☞수수어리다. 수수워리다. 수우워리다 ¶보ᄆᆡ 녀름지슬 사ᄅᆞ미 오히려 수스워리ᄂᆞ다:春農尙嗷嗷(初杜解12:10). 太常ᄋᆡ 樓 지ᅀᅮᆫ ᄇᆡᆺ소리 수스워리ᄂᆞ녀:太常樓船聲嗷嘈(初杜解16:54). 小人이 길헤 마갯ᄂᆞ니 양ᄌᆞ ᄒᆞ요미 ᄌᆞ모 수스워리ᄂᆞ다:小人塞道路爲態何喧喧(初杜解16:68). 수스워려 ᄃᆞ토ᄂᆞᆫ ᄡᅡ해:喧爭(初杜解20:8). 萬方이 슬허 수스워리ᄂᆞ니:萬方哀嗷嗷(初杜解22:48).

수·ᄉᆞ [명] 술. ☞수스. 수울 ¶수ᄉᆞ:蘇(四解上40). 수ᄉᆞ 슈:綏(訓蒙中23).

수ᄉᆞ·다 [동] 떠들다. 들레다. ☞수스다 ¶近間애 드로니 詔書ㅣ ᄂᆞ려 都邑에셔 수ᄉᆞᄂᆞ니:近聞下詔喧都邑(初杜解17:29).

·수양 [명] 숫양. ¶그 ᄢᅴ 王이 수羊 모도아(釋譜3:p.24). 수羊이 삿기 나하ᅀᅡ(三綱. 忠6). 이 수양:這箇羝羊(飜老下21). 수양:羖羊(老朴集下1). 수양 고:羖. 수양 뎌:羝(訓蒙下7). 수양:公羊(漢淸14:13).

:수:업·다 [형] 수(數)없다. ¶天龍도 해 모ᄃᆞ며 人鬼도 하나 수업슬ᄊᆡ 오ᄂᆞᆯ 몯 숣뇌(月

印上10). 글지ᅀᅵ와 여러 가짓 ᄌᆡ조 됴코 수업슨 쳔량이러라:好文章諸般才藝無計筭的錢粮(飜朴上46). ᄒᆞ마 數업슨 새 더으니:已添無數鳥(重杜解10:6).

:수:업시 부 수없이. ¶고마ᄅᆞᆯ 數업시 호ᄆᆞᆫ 사ᄅᆞᄆᆞᆯ ᄀᆞᄅᆞ쵸ᄃᆡ 어즈러오ᄆᆞᆯ ᄡᅥ ᄒᆞ논디니(宣賜內訓1:79). 혀근 ᄂᆞᄂᆞᆫ 벌에 數업시 모매 븓고(宣賜內訓2上43). 쳡을 수업시 호믄:妾媵無數(飜小7:31).

수여 동 쉬어. ☞쉬다 ¶ᄒᆞᆫ빼 수여 가ᄋᆞᆸ시면 나ᄃᆞ린 져믄것ᄃᆞᆯ흘 ᄡᅵ놀려 뵈ᄋᆞᆸ고져 ᄒᆞᄂᆡᆼ이다(新語6:6). 明月이 滿空山ᄒᆞ니 수여 간들 엇더리(古時調. 黃眞伊. 青山裡 碧溪水ㅣ야. 青丘).

수여싀 명 수여우의. ☞수여의 ¶수여싀 ᄯᅩᆼ:雄狐糞(簡辟21).

수여ᅀᆞ 명 수여우. ¶ᄯᅩ 수여ᅀᅴ ᄯᅩᆼ ᄉᆞᆯ면 덥단 모딘 병 업게 ᄒᆞᄂᆞ니라:又方雄狐糞燒之去瘟疫病(瘟疫方7).

수여의 명 수여우의. ¶수여의 ᄯᅩᆼ을 퓌우라:又方雄狐糞燒(救辟).

수욤 형 쉬움. ㉮숩다 ¶이리 수요미 인ᄂᆞ니라 ᄒᆞ더니:事有容易(東新續三綱. 烈3:17).

수우다 동 떠들다. 수떨다. ☞수수다. 수ᅀᅳ다 ¶ᄀᆞᄅᆞᆷ 개예 울엣소리 어제 바미 수우니:江浦雷聲喧昨夜(重杜解3:47). 수우ᄂᆞᆫ 소리 萬方에 니엣도다:喧聲連萬方(重杜解10:20). 우러 수우미 제 어즈럽도다:鳴噪自紛紛(重杜解17:21).

수우워리다 동 떠들어대다. 수떨다. ☞수ᅀᅳ워리다 ¶바미 오라아 말ᄉᆞᆷ 소리 그츠니 우러 그으기셔 수우워류믈 듣논 ᄃᆞᆺᄒᆞ더니:夜久語聲絕如聞泣幽咽(重杜解4:8). 수우워려 ᄃᆞ토ᄂᆞᆫ ᄡᅡ해 채터 가ᄆᆞᆯ 게을오라:喧爭懶著鞭(重杜解20:8). 엇데 져비 새 수우워리미 업스리오:寧無燕雀喧(重杜解21:10). 수우워려 늘그니ᄅᆞᆯ 慰勞ᄒᆞᄂᆞ다:喧鬧慰衰老(重杜解22:3).
※수우워리다<수수워리다<수ᅀᅳ워리다

수우좀 명 수잠. 풋잠. ☞수후좀 ¶萬古興亡이 수우좀에 ᄭᅮᆷ이여ᄂᆞᆯ 어듸셔 망녕의 거슨 노지 말나 ᄒᆞ나니(古時調. 趙纘韓. 天地 몃 번빼며. 青丘).

수울 명 술. ☞수을. 슈울 ¶羊과 수울와 보내라 ᄒᆞ시니라(三綱. 孝6). 쇽졀업시 노뇨ᄆᆞᆯ 즐기며 수우를 맛드러:崇好優游耽嗜麴糵(宣賜內訓1:33). 樓 우희셔 수울 먹고:樓頭喫酒(初杜解8:28). 기튼 수욿잔과 다ᄆᆞᆺ 시근 炙을:殘盃與冷炙(杜解19:2). 수울 고기와 ᄡᆞᆯ 주시니라:特賜酒肉米(續三綱. 孝6). ᄯᅩ 대궈릐 수울 ᄀᆞᅀᆞ만 관원ᄃᆞᆯ히 ᄆᆡᆼᄀᆞᆫ 됴ᄒᆞᆫ 수울:又內府管酒的官人們造的好酒(飜朴上2). 주ᄂᆞᆫ 거슨 비단이어나 수울 바비어나 과실이어나 ᄒᆞ라:用幣帛酒食果實之屬(呂約26). 수울와 과실 말오 혹 ᄒᆞᆫ갓 밥만ᄒᆞ야두 므던ᄒᆞ니라(呂約37). 됴ᄒᆞᆫ 수울 서 되ᄅᆞᆯ 그 우희 븟고:以醇酒三升沃其上(瘟疫方3). 菖蒲 수우레(瘟疫方6).

수울 명 술. ☞수ᅀᅳ. 수ᅀᆞ ¶수울:繐子(同文解上57. 譯解補28). 佛塔 념쥬 머리에 수울 ᄭᅦᄂᆞᆫ 구슬(漢淸11:3).

수울수울 부 술술. ¶丈夫의 寸만ᄒᆞᆫ 肝腸을 수울수울 긋ᄂᆞ니(古時調. 閣氏네 ᄎᆞ오. 青丘).

:수·월 명 수월(數月). ¶今에 이믜 數月이로ᄃᆡ 可히 ᄡᅥ 言티 몯ᄒᆞ리로소냐(宣孟4:15). 그 傅ㅣ 爲ᄒᆞ야 數月ㅅ 喪을 請ᄒᆞ더니(宣孟13:32).

수위 부 쉬이. 쉽게. ☞수비 ¶어롬 궁긔 잉어 잡아 水陸膾ㅣ나 수위 ᄒᆞ며(쌍벽가).

수위다 동 수렁이 되다. ☞쉬다 ¶아ᄎᆞᄆᆡ 青泥ㅅ 우희셔 녀 나조히 青泥ㅅ 가온ᄃᆡ 이쇼라:青泥ᄂᆞᆫ 프른 ᄒᆞᆯ기니 수윌 고디라(重杜解1:24).

·수유 명 연유(煉乳). ¶모딘 벌에 믄 ᄃᆡ 수유를 소곰 섯거 ᄇᆞᄅᆞ라:惡蟲咬酥和塩塗之(救簡6:57). 수유:酥(東醫 湯液一 獸部).

수으다 동 떠들다. 수떨다. ☞수ᅀᅳ다 ¶힌 고기ᄂᆞᆫ 칙칙ᄒᆞᆫ 그므레 困ᄒᆞ거ᄂᆞᆯ 누른 새ᄂᆞᆫ 됴ᄒᆞᆫ 소릐ᄅᆞᆯ 수으놋다:白魚困密網黃鳥喧嘉音(重杜解1:46). 슬픈 픗뎌ᄂᆞᆫ 새배 그으기 수으놋다:哀笳曉幽咽(重杜解4:13). 絲管ㅣ 수으고:絲管啁啾(重杜解13:12). 고지 더우니 ᄢᅮᆯ 짓ᄂᆞᆫ 버리 수으놋다:花暖蜜蜂喧(重杜解21:6). ※수으다<수ᅀᅳ다

수으·리 명 술이. 〔'수을'+주격조사 '-ㅣ'〕 (독)수을 ¶嘉州ᄂᆞᆫ 수으리 므겁고:嘉州酒重(初杜解8:27).

수으어리다 동 떠들다. 수떨다. ☞수ᅀᅳ워리다 ¶黃牛ㅅ峽엣 므리 수으어리ᄂᆞ다:黃牛峽水喧(重杜解11:49). ᄌᆞ조 놀라ᄂᆞᆫ 새 수으어류믈 듣고:數驚聞雀噪(重杜解11:49).

수을 명 술. ☞수울. 스울 ¶婬亂 마롬과 거즛말 마롬과 수을 고기 먹디 마롬과(釋譜6:10). 婬亂ᄋᆞᆯ 맛들어나 수으를 즐기거나(釋譜9:37). ᄣᅡᆺ 기르미 나니 마시 수을 ᄀᆞᆮ더라(月釋1:43). 수을 비저 머그면 됴흐리라(三綱. 孝22). 嘉州ᄂᆞᆫ 수으리 므겁고 고지 樓의 ᄀᆞ득ᄒᆞ얫도다:嘉州酒重花滿樓(初杜解8:27). 수을 먹디 말라(眞言). 친히 수을 자바 븟고:親執酒酧之(呂約25).

:수·이 부 ①쉬이. 쉽게. ☞수비 ¶ᄒᆞ나ᄒᆞᆫ 가ᅀᆞ며니ᅀᅡ 수이 布施ᄒᆞ리라 너기고:一謂富者易施(楞解1:34). 수이 알릴ᄊᆡ(法華1:9). 므거우미 수이 ᄇᆞᆯ기려니와(圓覺下三之一47). 劉公이 처ᅀᅥᆷ믜 甚히 수이 너기더니:

劉公初甚易之(宣賜內訓1:16). 뉘 닐오ᄃᆡ 밋밋ᄒᆞ야 수이 비브르ᄂᆞ다 ᄒᆞᄂᆞ뇨:誰云滑易飽(初杜解7:38). 엇데 수이 갑ᄉᆞ오리오:豈易酬(南明上9). 수이 보디 몯호ᄆᆞᆯ 모로매 아로리라:須知不易觀(南明下29). 수이 보ᄃᆡ 아로미 어렵도다:易見難曉(金三3:39). 수이 보ᅀᆞᆸ필 거시라:容易照管(飜老上58). 또 수이 ᄑᆞᆯ 거시어니와:又容易賣(飜老下62). 사ᄅᆞᆷ이 수이 알과댜 ᄒᆞ야:欲人易曉(宣小凡例1). 수이 아디 몯ᄒᆞᆯ 거시니:未易曉(宣小5:7). ᄌᆞ은 문도 수이 열니고(癸丑125). 신령을 만나 이 노래와 춤 풍뉴ᄅᆞᆯ 수이 비화(明皇1:38).
②빨리. ¶수이 허ᄒᆞ오셔 사ᄅᆞᆷ의 목숨을 닛ᄌᆞ오쇼셔(癸丑92). 엇디 나ᄅᆞᆯ 수이 주기디 아니ᄒᆞᄂᆞ뇨:何不速殺我(東三綱. 烈3). 모로미 날을 수이 주기라 ᄒᆞ고:須速殺我(東新續三綱. 孝8:57). 수이:快着(同文解下52). 수이:急速(漢淸6:43).

수일 명 수일(數日). ¶내 몸이 이 數日內예(捷蒙2:6).

수ᄋᆞ 명 술. ¶條頭下垂蘂曰 수ᄋᆞ(華方).

·수·져 명 수저. ☞술져 ¶그어긔 수졔 섯드러 잇고 香ᄂᆡ 섯버므러 잇고(月釋23:74). 수졔 ᄀᆡᆼ연히 소ᄅᆡ 잇기 두 번니러라:匙筯鏗然有聲者再(東新續三綱. 孝5:51).

수졍 명 수정(水晶). ☞슈쳥 ¶수졍:水晶(柳氏物名五 石).

수조긔 명 수조기. ¶수조긔:江魚(柳氏物名二 水族).

수종다리 명 수중다리. ¶兩 수중다리 잡조지팔과 흘긔눈에 안팟ᄭᅥᆸ장이(古時調. 술이라 ᄒᆞ면. 靑丘).

수죄 명 수죄(數罪). 죄를 들어서 책함. ¶수죄 ᄒᆡᆨ:劾(類合下44). 수죄ᄒᆞ다:數落(同文解下33).

수죵다리 명 종다리의 수컷. ¶寶盖 농ᄒᆞᄂᆞᆫ 이ᄂᆞᆫ 또 ᄒᆞᆫ 부리 노론 수죵다리 부리 ᄑᆞ론 암죵다리 노롯호ᄃᆡ 광ᄃᆡ ᄡᅴ워 ᄂᆞᆯ개 춤 츠이고:弄寶盖的又是一箇銅觜鑞觜造化帶着鬼臉兒翅兒舞(朴解中1). 수죵다리:銅觜(譯解下27).

수쥐 명 숫쥐. ¶수쥐 ᄯᅩᆼ:兩頭尖(柳氏物名一 獸族).

·수쥬 명 수주(隨州). 〔지명(地名)〕 ¶수쥬:隨州(龍歌1:8).

수즘싱 명 짐승의 수컷. ¶수즘싱 모:牡(兒學上8).

수징경이 명 원앙새의 수컷. ¶수징경이 앙:鴦(類合上12).

수지새 명 수키와. ☞수디새. 수티새 ¶수지새:瓪瓦(同文解上36). 수지새:甋瓦. ᄭᅳᆺ 굽은 수지새:勾頭(漢淸12:11).

수진매 명 수진(手陳)매. ¶수진매:籠鷹(柳氏物名一 羽蟲).

:수쳔 수 수천(數千). ¶帝 니ᄅᆞ샤ᄃᆡ 數千잉다(宣賜內訓2下61).

수ᄎᆞ 명 수차(數次). ¶향쟈의 수ᄎᆞᄅᆞᆯ 등ᄃᆡ ᄒᆞ란 말이 이시니(經筵).

수캐 명 수캐. ☞수개. 수ᄀᆡ ¶수캐 ᄒᆞᆫ나흘(胎要7).

수탐ᄒᆞ다 동 수탐(搜探)하다. ¶도적이 부녀ᄅᆞᆯ 수탐ᄒᆡ여 내여다 더러이거ᄂᆞᆯ:賊搜出婦女汚之(東新續三綱. 烈3:28).

·수티새 명 수키와. ☞수디새 ¶수티새:甋瓦(四解上2 甋字註).

·수·ᄐᆞᆰ 명 수탉. ☞수ᄃᆞᆰ ¶남지ᄂᆞᆫ 암ᄐᆞᆯᄀᆞ로 코 겨지븐 수ᄐᆞᆯᄀᆞ로 ᄒᆞ라:男雌女雄(救急上75). 수ᄐᆞᆯᄀᆞᆯ ᄒᆞ라:用雄雞(救急下17). 겨지비어든 수ᄐᆞᆰ으로 ᄒᆞ라:女雄(救簡1:60). 힌 수ᄐᆞᆰ:白雄雞(救簡6:5). 블근 수ᄐᆞᆯ글 동짓날 자바:雄赤雞冬至日作(瘟疫方5).

수풀 명 수풀. ☞수플 ¶수푸리 幽僻ᄒᆞ니:林僻(重杜解7:16). 수풀:林(同文解下44). 수풀 림:林(註千31).

수·플 명 수풀. ☞수풀 ¶수플에 나ᄂᆞᆫ 부텨 거츨언마ᄅᆞᆫ(月印上28). 뷘 수프리어나(釋譜9:40). 叢林ᄋᆞᆫ 얼근 수프리라(釋譜19:17). 수플와 나모와 못괘 다 法音을 펴며:林木池沼皆演法音(楞解6:47). 나그내 ᄂᆞᆫ므를 수프레 흘료라:客淚迸林藪(杜解6:2). 主人이 수플와 못과 幽深ᄒᆞᆫ ᄃᆡ 爲ᄒᆞ야 사롤 ᄃᆡᄅᆞᆯ 占卜ᄒᆞᄂᆞ다:主人爲卜林塘幽(杜解7:1). 가ᄉᆡ 수픐 가온ᄃᆡ:荊棘林中(南明上47). 亂相ㅅ 수프를 能히 ᄉᆞᆯᄂᆞ다:能燒亂相林(南明下3). 수플 ᄆᆡ ᄒᆞᆯ:林野(金三2:65). 어득ᄒᆞᆫ 수프리:黑林子(飜老上60). 수플 림:林(訓蒙上7. 類合上5. 倭解下29). 인이 업고 수프레 드럿더니:忍負入林(東新續三綱. 孝6:5). 수플 아래 돌입ᄒᆞ여 도적을 항거ᄒᆞ니:突入林下抗賊(東新續三綱. 孝6:86).
※수플>수풀

수험ᄒᆞ다 동 수험(搜驗)하다. ¶짐 수험하다:驗包(譯解上12).

수후ᄌᆞᆷ 명 수잠. ☞수우ᄌᆞᆷ ¶萬古興亡이 수후ᄌᆞᆷ에 ᄭᅮᆷ이여ᄂᆞᆯ 어듸셔 망녕엣 거슨 노지 말라 ᄒᆞᄂᆞ니(古時調. 趙纘韓. 天地 몃. 靑丘). 〔'수후'는 순우분(淳于棼)의 '순우'의 오기(誤記). 순우분이 잠자는 동안 꿈속에서 잠시 영화를 누렸다는 고사(故事)에서 생긴 말.〕

수후ᄌᆞᆷ에 ᄭᅮᆷ 구 남가일몽(南柯一夢). 한바탕의 꿈. ☞수후ᄌᆞᆷ ¶萬古興亡이 수후ᄌᆞᆷ에 ᄭᅮᆷ이여ᄂᆞᆯ(古時調. 趙纘韓. 天地 몃. 靑丘).

수후ᄌᆞᆷ자다 동 수잠자다. ☞수후ᄌᆞᆷ ¶방 알퍼셔 수후ᄌᆞᆷ자며 안부를 뭇더라:仍假寢閣

前承候安否(二倫15 楊氏義讓).

수훌만도람이 명 천일홍(千日紅). ¶수훌만도람이:千日紅(物譜 花卉).

수훌슈슈 명 수수의 한 품종. ¶수훌슈슈:茗帚黍(物譜 禾穀).

수흔 명 수컷은. 통수 ¶수흔 ᄂᆞ라 머리 바ᄇᆞᆯ 求ᄒᆞ거ᄂᆞᆯ:雄飛遠求食(重杜解17:7).

·**숙** 명 숙(叔). 남편의 형제. ¶嫂와 叔괘 무루믈 서르 말며:嫂는 兄의 겨지비오 叔은 남진의 兄弟라(宣賜內訓1:4).

숙닝 명 숙랭(熟冷). 숭늉. ☞숙ᄂᆡᆼ ¶숙ᄂᆡᆼ:炊湯飯後釜中水(柳氏物名五 水).

숙다 동 숙다(垂). ☞속다 ¶숙거신 엇게예(樂範. 處容歌). 오려 고ᄀᆡ 숙고 녈무우 살젓ᄂᆞᆫᄃᆡ 낙시에 고기 물고 게ᄂᆞᆫ 어이 나리ᄂᆞᆫ고(古時調. 靑丘). 고개 숙다:穗子下垂(漢淸10:5).

숙보다 동 낮추보다. ¶長安 花柳 風流處에 안이 간 곳이 업는 날을 閣氏네 그다지 숙보와도 ᄒᆞᄅᆞᆺ밤 격거 보면(古時調. 折衝將軍. 海謠).

숙ᄉᆞᆯ다 동 솟구치다. ¶니 ᄀᆞᆯ고 용심ᄒᆞᆯ 제 터럭이 숙ᄉᆞ러시니 闞澤이 부러 甘寧 향ᄒᆞ여 슈군다히니(三譯6:22).

숙웅 명 숭늉. ¶웃목의 찬 숙웅을 벌ᄯᅥᆨ벌ᄯᅥᆨ 켜난 더위(古時調. 靑丘).

숙이다 동 숙이다. ☞수기다 ¶머리ᄅᆞᆯ 숙여 자ᄂᆞᆫ ᄃᆞ시 업혀 가시더라(癸丑104).

순ᄇᆡ 명 순배(巡杯). ☞슌. 슌ᄇᆡ ¶쇼제 평싱의 일작을 불음ᄒᆞ다가 큰 잔으로 두 순ᄇᆡᄅᆞᆯ 마시니(落泉2:6).

순ᄇᆡᄒᆞ다 동 순배(巡杯)하다. ¶鸚鵡盞 琥珀臺로 ᄎᆞ례로 순ᄇᆡᄒᆞᆫ 후(ᄇᆡᆨ화당가).

숟 명 숯. ¶숟 탄:炭(倭解上49).

숟간나·ᄒᆡ 명 숫처녀. ¶뎌기 ᄒᆞᆫ 관원이 겨집 얻노라 ᄒᆞ야 오ᄂᆞᆯ 언약ᄒᆞᄂᆞᆫ 이바디ᄒᆞ더라 숟간나ᄒᆡ가 니믈리기가 올히 ᄀᆞᆺ 열여스신 숟간나ᄒᆡ라:別處一箇官人取娘子今日做筵席女孩兒那後婚今年纔十六歲的女孩兒(飜朴上45).

숟다 동 문지르다. 비비다. ☞뿟다. 뿣다 ¶소곰을 숟고 냥ᄒᆞᆫ 약을 흘리라:鹽擦灌涼藥(馬解上65).

숟도외다 형 숫되다. 순박하다. ¶숟도욀 박:朴(類合下2).

숟돌 명 숫돌. ¶숟돌 려:礪(倭解下17).

숟두어리다 동 떠들어대다. ☞숫두워리다. 숫두버리다 ¶숟두어릴 훤:喧(倭解上21).

숟막 명 술막. 주막(酒幕). ☞숫막 ¶숟막 뎜:店(倭解上34).

술 명 술. ☞수울. 수을 ¶술 고기 머그며 풍류ᄒᆞᆯ씨(月釋21:124). 비록 술 마숌과:縱經飮酒(楞解7:53). 술 아니 머고ᄆᆞᆫ:不飮酒(楞解8:7). 親ᄒᆞᆫ 버듸 지븨 가 술 醉ᄒᆞ야 누엣거늘:至親友家醉酒而臥(法華4:37). 술와 밥과ᄅᆞᆯ 조히 ᄒᆞ야:潔齊酒食(宣賜內訓1:15). 모로매 술 고기ᄅᆞᆯ 잇게 ᄒᆞ더시니:必有酒肉(宣賜內訓1:42). 두어 잔 술로 됴ᄒᆞᆫ 이ᄅᆞᆯ 資賴ᄒᆞ고:數盃資好事(初杜解19:42). 흐린 술란 陶令ᄋᆞᆯ ᄎᆞᆺ고:濁酒尋陶令(杜解21:1). 수를 자바셔 기피 브ᅀᅩ미 맛당ᄒᆞ고:把酒宜深酌(初杜解21:6). ᄒᆞᆫ 맔 술와 새 그를:斗酒新詩(杜解21:18). 우리 두어 잔 수를 머거:咱們喫幾盞酒(飜老上62). 술 사오라:打酒來(老朴集. 單字解4). 술 쥬:酒(訓蒙中21. 類合上29. 石千36. 倭解上47). 솔닙 ᄀᆞᄂᆞ리 싸ᄒᆞ라 ᄒᆞᆫ 술옴 수뤼 프러 ᄒᆞᄅᆞ 세 번곰 머그면:松葉細切酒服方寸匕日三(瘟疫方9). 술 브슬 침:斟. 술 브슬 쟉:酌. 술 비즐 온:醞(類合下40). 술과 차반 가지고:齎酒饌(宣小5:50). 술:酒(譯解上49). 술:黃酒. 술 무늑다:酒龍多(同文解上60). 이제 모든 태우를 술 먹이고져 ᄒᆞ니(女範2. 현녀 진ᄇᆡᆨ종쳐). 술 빗다:造酒(漢淸12:62).

술 명 술대. ¶거믄고 술 ᄭᅩ자 녹코 호엿이 낫잠 든 제(古時調. 金昌業. 海謠).

술 명 쟁깃술. ¶술:梢(物譜 耕農).

·**술** 명 숟가락. 술. ¶正히 믓믓ᄒᆞ야 수레 흘로ᄆᆞᆯ 스치노라:正想滑流匙(杜解7:39). 金ㅅ수렛 藥ᄋᆞᆯ 슬허셔 ᄇᆞ라노라:悵望金匕藥(杜解9:2). 能히 술 자ᄇᆞ며 져 논ᄂᆞ니:能拈匙放筯(金三4:55). ᄃᆞᄉᆞᆫ 수레 반 술옴 프러 머그라:溫酒調下半匙頭(救簡1:19). ᄒᆞᆫ 술만 므레 프러 머그면(救簡6:13). 술와 사발 다 잇다:匙椀都有(飜老上57). 津이 술와 져와 친히 자바 주며:津親授匙箸(飜小9:76). 술 비:匕. 술 시:匙(訓蒙中11). 津이 술와 져ᄅᆞᆯ 친히 받ᄌᆞ오며:津親授匙箸(宣小6:71). 조쥭을 랄로 네다ᄉᆞᆺ 술식 마시고:日啜粟粥四五匙(東新續三綱. 烈5:29). 이 블근 칠ᄒᆞᆫ 술:這紅漆匙. 검은 칠ᄒᆞᆫ 술:黑漆匙. 놋술:銅匙(老解下30). 匙曰戌(雞類).

술가락 명 숟가락. 숟갈. ¶술가락 시:匙(兒學上11).

술고조 명 술주자. ☞술고ᄌᆞ ¶술고조에 언짜:上槽(譯解上49).

술고ᄌᆞ 명 술주자. ☞술고조 ¶술고ᄌᆞ:酒榨. 술고ᄌᆞ 주머니:酒帘(譯解下14).

술그룻 명 술그릇. 주기(酒器). ¶술그룻 동:同(註千16).

술뤼 명 수레. ☞술위. 술의. 술ᄋᆡ. 술릐 ¶술뤼 거:車(倭解下19).

술릐 명 수레. ☞술위 ¶ᄒᆞᆫ 술릐예 실리여 가니:載一轝而去(東新續三綱. 烈5:22).

술맛 명 술의 맛. ☞술 ¶술맛 누다:酒淡(漢淸12:43).

술믿 명 술밑. ☞술. 술밋 ¶술믿 ᄆᆡ:酶(訓蒙中21).

술밋 명 술밑. ☞술. 술믿 ¶술밋:引酵(漢淸12:42).

술병 명 술병. ¶술병:酒甁(漢淸11:40).

술술이 부 수월하게. ¶오ᄂᆞᆯ은 ᄉᆡᆼ각 밧긔 술술이 ᄆᆞᄎᆞ니 大慶이옵도쇠(新語4:5).

술우룩 부 수르르. ¶九萬里長天에 술우룩 솟ᄉᆞ올라(古時調. 이제야. 歌曲).

술·위 명 수레. ☞수뤼. 술릐. 술의 ¶술위 우희 쳔 시러 보내시니(月印上22). 駕ᄂᆞᆫ 술위니(月釋序17). 軫은 술위 우횟 앏뒤헷 빗근 남기니 짐 거두ᄂᆞᆫ 거시라(月釋序24). 大乘은 큰 술위니(月釋1:37). 술위예 시루미 ᄀᆞᄐᆞᆯ씨(月釋1:38). 車는 술위라(月釋2:28). 七寶 술위 잇거 오며(月釋2:31). 술위와 ᄆᆞᆯ와ᄅᆞᆯ ᄒᆞ야ᄇᆞ리거든:妨損車馬(楞解5:68). 車檻ᄋᆞᆫ 술위 우희 檻 ᄠᆞᆫ 씨라(楞解8:88). 세 술위 ᄒᆞᆫ 門 녇가오ᄆᆞᆯ 혀샤:引三車一門之淺(法華2:2). 님금이 술위와 ᄆᆞᆯ와 주어시든:君賜車馬(宣賜內訓1:11). 蜀都애 사호맷 술위 하니라:蜀都足戎軒(初杜解8:7). 술위예 ᄢᅵ이며 ᄆᆞᆯ게 ᄇᆞᆯ이며:車轢馬踏(救簡1:79). 靈駕ᄂᆞᆫ 神靈 술위라 ᄒᆞᆫ 마리니(眞言). 술위 거:車. 술위 량:輛. 술위 츼:輜. 술위 병:軿. 술위 여:輿. 술위 로:輅. 술위 련:輦(訓蒙中26). 술위 ᅀᅵ:輀(訓蒙中35). 술위 뎐:轉(光千20). 술위 년:輦. 술위 챠:車. 술위 곡:轂(光千22). 술위 가:軻(光千29). 술위 유:輶(光千34). 술위 거:車. 술위 여:輿(類合上29). 술윗 자곡 텰:轍(類合下58). 뒤히 술위ᄅᆞᆯ 명ᄒᆞ여 시ᄅᆞ라(女範2. 현녀 졔숙슈녀). 황데 ᄐᆞ신 술위에 올라:登輦(五倫2:23). ※술위>수레

술·위나·미 명 차유령(車踰嶺). 〔지명(地名)〕 ¶德山洞院在咸興府之北咸關車踰 술위나미(龍歌5:34).

술·위·ᄢᅵ 명 ①수레바퀴. ☞술윗ᄢᅵ ¶술위ᄢᅵ 거스ᄂᆞᆫ 돌 世間ㅅ 사ᄅᆞ미 다 웃ᄂᆞ니이다(月印上61). 술위ᄢᅵ만 크긔 ᄒᆞ야(釋譜9:32). 輪은 술위ᄢᅵ니(月釋序4). 그저긔 닐굽 줄깃 七寶蓮花ㅣ 술위ᄢᅵ ᄀᆞᆮᄒᆞ니(月釋2:36). 즈믄 술위ᄢᅵᆺ 그미 겨시며(月釋2:40). 술위ᄢᅵ며 도ᄅᆞᄂᆞᆫ ᄇᆞ리니라:車輪旋火(永嘉上113). 花臺와 幡蓋ᄅᆞᆯ 술위ᄢᅵ ᄀᆞᆮᄒᆞ니ᄅᆞᆯ 가져(觀經3). 술위ᄢᅵ 륜:輪(類合上3).
②굴통. 굴대통. ☞술위툭 ¶술위ᄢᅵ:車軸(譯解下22).

술위ㅅ박회 명 수레바퀴. ☞술윗바회. 술윗바킈. 술윗박킈 ¶술위ㅅ박회:車輪. 술위ㅅ박회 테:車輞(漢淸12:26).

술위ㅅ박회살 명 바퀴살. ☞술윗살 ¶술위ㅅ박회살:輻條(漢淸12:26).

술위ㅅ박회통 명 수레의 굴대통. ☞술위통 ¶술위ㅅ박회통:車頭(漢淸12:26).

술위ㅅ살 명 바퀴살. ☞술위살. 술윗살 ¶술위ㅅ살:輻條(同文解下19).

술위ㅅ통 명 수레의 굴대통. ☞술위통. 술윗통 ¶술위ㅅ통 구무 안희 박은 쇠:車鐧(漢淸12:25). 술위ㅅ통 시욹의 박은 쇠:車頭內小圈(漢淸12:26).

술위살 명 바퀴살. ☞술위ㅅ살. 술윗살 ¶술위살 복:輻(類合下52).

술위채 명 수레채. 끌채. ☞술윈ᄂᆞᆯ. 술윗ᄂᆞᄅᆞᆺ ¶술위채:車轅(同文解下19). 교ᄌᆞ와 술위채:轎杆車轅(漢淸12:25).

술·위통 명 수레의 굴대통. ☞술위ㅅ박회통. 술윗통 ¶어우렁 ᄉᆞᆯ고ᄡᅵᄅᆞᆯ ᄆᆞᄅᆞ디허 술위통앳 기르메 ᄆᆞ라:雙杏仁擣爛以車脂調勻(救簡6:21). 술위통 곡:轂(石千22). 술위통 구무 안희 바근 쇠:車鐧(譯解下22).

술위툭 명 차축(車軸). 수레의 굴대. ¶술위툭 툭:軸(類合下23).

술·윈ᄂᆞᆯ 명 수레채. 끌채. ☞술윗ᄂᆞᄅᆞᆺ ¶술윈ᄂᆞᆯ 그ᅀᅳ더니:轅中挽車(三綱. 孝6).

술·윗·갈모 명 줏대. 수레바퀴의 휘갑쇠. ¶輨ᄋᆞᆫ 술윗갈뫼오(法華序21). 술윗갈모:車釧(老朴集下3).

술윗ᄀᆞᆺ 명 수레바퀴의 자국. ¶술윗ᄀᆞᆺ 궤:軌(類合下36).

술·윗ᄂᆞᄅᆞᆺ 명 수레채. 끌채. ☞술위채. 술윈ᄂᆞᆯ ¶뎌른 술윗ᄂᆞᄅᆞᆺ ᄀᆞᆮ도다:如短轅(杜解1:27). 술윗ᄂᆞᄅᆞᆺ:車轅(飜老下36. 老解下32).

술·윗란간 명 수레에 얹는 상자. ¶술윗란간 번:轓 俗呼車箱(訓蒙中26).

술윗바킈 명 수레바퀴. ☞술윗바회. 술윗박킈. 술윗박회 ¶술윗바킈 ᄡᅧ미ᄂᆞᆫ 나모:挾棒(譯解下23).

술·윗바·회 명 수레바퀴. ☞수릐박회. 술위ㅅ박회. 술윗박킈. 술윗박회 ¶무틔 술윗바회맔 青蓮花ㅣ 나며(月釋2:31). 모샛 蓮花ㅣ 킈 술윗바회만 호ᄃᆡ 青色青光이며(月釋7:64). 술윗바회예 무든 ᄒᆞᆰ 닷 돈을:用車輪土五錢(救簡1:36). 술윗바횟 밧돌이 ᄒᆡ여디도다:折了車網子(飜老下36).

술윗박킈 명 수레바퀴. ☞술윗바회 ¶술윗박킈:輞子(譯解下22).

술윗박회 명 수레바퀴. ☞술윗바회 ¶술윗박회 간 못쇠:車轄鐵(東醫 湯液三 金部). 술윗박회 밧도리 해야디거다:折了車輞子(老解下32).

술·윗방 명 수렛방. 차방(車房). ☞술윗방 ¶그저 이 문 압 술윗방의:這門前車房裏(飜老上47).

술·윗·띠 명 수레바퀴. ☞술위띠 ¶ 輪廻는 술윗띠 횟돌 씨니 부텨는 煩惱를 뻐러 ᄇᆞ리실씨(月釋1:12). 輪ᄋᆞᆫ 숤가락 그미 횟도라 술윗띠 ᄀᆞᆮᄒᆞ실 씨라(楞解1:84). 모샛 蓮花ㅣ 킈 술윗띠 ᄀᆞᆮ호ᄃᆡ:池中蓮華大如車輪(阿彌8). 곰 그린 車軾으로 술윗띠를 옮기놋다:熊軾且移輪(初杜解20:40).

술·윗·살 명 바퀴살. ☞술위ㅅ살. 술위살 ¶ 輻은 술윗사리오(月釋2:38). 술윗살:輻條(譯解下22). ※술윗살>술위살>술위ㅅ살

술·윗·통 명 수레의 굴대통. 수레의 굴대. ☞술위통 ¶ 술윗통앳 기름:車轂中(救簡2:50). 술윗통:車軸(飜老下36). 술윗통앳 구무 부리 돌이로 바가 잇ᄂᆞᆫ 쇠:車釧. 술윗통 구무 안히 닳디 아니케 기조치로 바가 잇ᄂᆞᆫ 쇠:車鐧(飜老下36). 술윗통 시옭에 바근 쇠:車釧(譯解下22).

술윗·툭 명 차축(車軸). 수레의 굴대. ☞술위툭 ¶ 輨ᄋᆞᆫ 술윗갈뫼오 轄ᄋᆞᆫ 술윗軸 긋 쇠야미라(法華序21).

술·윙메이·다 동 멍에 메우다. ¶ 駿ᄋᆞᆫ 술윙메이ᄂᆞᆫ ᄆᆞ리라(宣賜內訓2下18).

술의 명 수레. ☞술위 ¶ 輿는 술의라(三綱. 烈17). 너를 ᄒᆞᆫ 계집 ᄌᆞ식을 술의에 시러 승샹의 집의 보내다 ᄒᆞ니(三譯上2). 엇던 술의에 삐 업고(小兒6). 술의를 어거ᄒᆞᄂᆞᆫ 格이라(武藝圖17).

술윗방 명 수렛방. 차방(車房). ☞술윗방 ¶ 문 앏 술윗방의:門前車房裏(老解上42).

술ᄋᆡ 명 수레. ☞술위 ¶ 술ᄋᆡ 쉰들 그리 질길가(癸丑43).

술잔 명 술잔. ☞숤잔 ¶ 술잔을 貪ᄒᆞ며 노래 부르고:貪杯謳歌(女四解2:26). 술잔 노ᄂᆞᆫ ᄃᆡ:爵墊(漢淸3:40).

술져 명 수저. 시저(匙箸). ☞수져 ¶ 졔ᄒᆞᆯ 시예 술졔 믄득 깅연히 소릐 이시니:祭時匕箸輒鏗然有聲(東新續三綱. 烈2:84). 술져:匙筋(朴解中11).

술주여·미 명 술지게미. ☞술즈의. 숤주여미 ¶ 糟粕ᄋᆞᆫ 술주여미라(圓覺序68). 술주여미:糟(東醫 湯液一 土部).

술준 명 준(罇). 술통. ☞술쥰 ¶ 술준:酒榼子(譯解下13). 술준 준:罇(倭解下13). 술준 준:尊(註千14).

술쥰 명 준(罇). 술통. ☞술준 ¶ 술쥰 쥰:罇(兒學上10).

술즈의 명 술지게미. ☞술주여미 ¶ 술즈의 조:糟. 술즈의 박:粕(類合下61).

술질ᄒᆞ다 동 숟가락질하다. ¶ 술질ᄒᆞ다:用匙舀(漢淸12:49).

술집 명 술집. ☞숤집 ¶ 셔울 술집돌해 비록 하나:京城槽房雖然多(飜朴上2). 술집:槽房(訓蒙叡山本中7).

술폴집 명 술을 파는 집. ¶ 술폴지븨 수를 사라 가고신던(樂詞. 雙花店).

술항 명 수렁. ¶ 술항:淤(柳氏物名五 土).

숤빋 명 술빚. 주채(酒債). ¶ 숤비든 샹녜 간 ᄃᆡ마다 잇거니와:酒債尋常行處有(初杜解11:19).

숤잔 명 술잔. ¶ 어느 숤잔ᄋᆞᆯ 다ᄆᆞᆺ홀 고ᄃᆞᆯ 알리오:何知共酒盃(初杜解15:47).

숤주여·미 명 술지게미. ☞술주여미 ¶ 숤주여미:酒槽(救簡6:65).

숤집 명 술집. ¶ 長安ㅅ 져젯 숤지븨셔 ᄌᆞ올어ᄂᆞᆯ:長安市上酒家眠(初杜解15:41).

:숨 명 ①숨〔息〕. ¶ 누는 앏과 결과ᄅᆞᆯ 보고 뒤흘 몯 보며 고ᄒᆞᆫ 수미 나며 드로매 맏고 ᄉᆞᅀᅵᄅᆞᆯ 몯 마ᄐᆞ며(釋譜19:10). ᄡᅡ해 ᄇᆞᄃᆞ텨 수미 업거늘(釋譜23:21). 나드ᄂᆞᆫ 수믄:出入息(楞解9:17). 곳수믄 나며 드로매 가온ᄃᆡ 섯구매 闕ᄒᆞ며:鼻息出入闕於中交(法華6:26). 수믜 길며 뎔오ᄆᆞᆯ 아라(圓覺下三之二47). 브ᅀᅳ왜야 나믄 숨 쉬요ᄆᆞᆯ ᄆᆞᄎᆞ니라:凋喪盡餘喘(初杜解24:35). 숨 내쉴 호:呼. 숨 드리쉴 흡:吸(訓蒙上28). 숨 식:息(訓蒙上28. 註千12). 숨:氣息(同文解上19). ②목숨. ¶ 雜 숨ᄐᆞᆫ 즁ᄉᆡᆼ 마ᅀᆞᆫ아호ᄫᆞᆯ 노ᄒᆞ면(釋譜9:32).

숨 명 씀. 〔'쓰다'의 명사형〕 ㉮스다 ☞쓰다 ¶ 글ᄌᆞ 수매 니르러ᄂᆞᆫ 션ᄇᆡᄋᆡ 이레 ᄀᆞ장 갓갑건마ᄅᆞᆫ:至於書札於儒者事(飜小6:6)

숨결 명 숨결. ¶ 숨결조차 ᄢᅳᆫ첫도다(因果曲).

숨기·다 동 숨기다. ¶ 勝을 숨기시고(月釋18:72). ᄡᅡ히 山河ᄅᆞᆯ 숨기며:地隱山河(楞解6:49). 能히 性天을 숨겨 어둡게 ᄒᆞ고:能隱晦性天(楞解10:45). 큰 權엣 자최 숨기고 佛子 ᄃᆞ외요ᄆᆞᆯ 뵈야 現ᄒᆞᄂᆞᆫ 功德이 혜디 몯ᄒᆞ리라:隱大權之跡而示現爲佛子功德不可數(法華4:63). 숨겨 ᄀᆞᆫ출씨 일훔이 覆ㅣ오(法華6:175). 숨길 릭:匿(類合下39). 숨길 비:祕(倭解下35).

·숨·다 동 ①숨다. ¶ 石壁에 수멧던 녜뉫 글 아니라도 하ᄂᆞᇙ ᄠᅳ들 뉘 모ᄅᆞᅀᆞᄫᆞ리:巖石所匿古書縱微維天之意孰不之知(龍歌86章). 수메셔 드르시고:潛身以聽(龍歌108章). 닐웨ᄅᆞᆯ 숨엣더시니(月印上39). 뫼고래 수머겨샤(釋譜6:4). 根 ᄉᆞ배 ᄀᆞ마니 수머쇼미:潛伏根裏(楞解1:58). 내의 수머슈믄 隱居ᄒᆞ니와 달오라:余藏異隱淪(初杜解20:26). 南으로 가 숨거신 디 열여슷 ᄒᆡ러니:南歸隱遯一十六年(六祖序11). 수믈 팁:蟄(訓蒙下9). 수믈 은:隱(類合下62. 石千16). 妻李氏ㅣ 산둥의 도망ᄒᆞ야 숨어(女四解4:35). 숨을 은:隱(倭解下37. 兒學下9). 숨을 일:逸(註千17).

②숨기다. ¶그저긔 놀난 羅刹 둘히 모ᄆᆞᆯ 수머 帝釋 조차와 모ᄃᆞᆫ 사ᄅᆞ미 다 몯 보거늘(釋譜23:48).

·숨막질 명 숨바꼭질. ☞수묻져기. 숨박질 ¶녀름내 숨막질ᄒᆞᄂᆞ니:一夏裏藏藏昧昧(飜朴上18).

숨박딜 명 자맥질. 무자맥질. ¶숨박딜:潛(柳氏物名五 水).

숨박질 명 숨바꼭질. ☞수묻져기. 숨막질 ¶숨박질:迷藏(物譜 博戲).

:숨:쉬·다 동 숨쉬다. ¶息은 숨쉴 씨라(楞解9:115). 주것던 사ᄅᆞ미 곧 숨쉬리니 숨쉬어든 부디 말라:死人卽噫噫卽勿吹也(救簡1:61). 숨쉬다:出氣(同文解上19).

:숨쉬·우·다 동 숨쉬게 하다. ¶쇼ᄅᆞᆯ 잇거 고해 다혀 ᄉᆡ빅 번을 숨쉬울디니:牽牛鼻上二百息(救簡1:43).

숨ᄶᅮ지 부 심술궂게. ¶놈이야 숨ᄶᅮ지 너긴들 ᄂᆞᆫ화 볼 줄 이시랴(古時調. 金光煜. 江山閑雅ᄒᆞᆫ. 靑丘).

숨ᄶᅮᆮ다 형 심술궂다. ☞숨ᄶᅮᆽ다 ¶夕陽에 숨ᄶᅮ든 거뮈ᄂᆞᆫ 그믈 ᄆᆡᆺ고 ᄂᆡᆺᄂᆞᆫ다(古時調. 小園百花叢에. 靑丘).

숨ᄶᅮᆺ치다 동 심술궂게 하다. ¶숨ᄶᅮᆺ치다:使黑心(譯解下49).

숨ᄶᅮᆽ다 형 심술궂다. 욕심 많다. ☞숨ᄶᅮᆮ다 ¶夕陽에 숨ᄶᅮ즌 거믜 그믈 걸여은다(古時調. 小園百花叢. 靑丘).

숨차다 형 숨차다. ☞숨ᄎᆞ다 ¶숨찰 쳔:喘(兒學下4).

숨ᄎᆞ다 형 숨차다. ☞숨차다 ¶숨ᄎᆞ다:喘急(同文解上19. 譯解補23). 과히 먹어 숨ᄎᆞ다:喫的發喘(漢淸12:51).

숨통 명 숨통. ¶숨통:嗉帒(譯解上34). 숨통:氣嗓(漢淸5:52). 숨통 후:喉(兒學上2).

:숨·ᄐᆞ·다 동 숨을 받다. 숨쉬다. 생명이 있다. ¶雜 숨ᄐᆞᆫ 즁ᄉᆡᆼ 마ᄉᆞᆫ아호ᄫᆞᆯ 노ᄒᆞ면(釋譜9:32). 衆生ᄋᆞᆫ 一切世間앳 사ᄅᆞ미며 하ᄂᆞᆯ히며 긔ᄂᆞᆫ 거시며 ᄂᆞᄂᆞᆫ 거시며 므렛 거시며 무틧 거시며 숨ᄐᆞᆫ 거슬 다 衆生이라 ᄒᆞᄂᆞ니라(月釋1:11).

:숨틔·오·다 동 숨쉬게 하다. ¶숨틔오다:活套(訓蒙下20 套字註).

숨하·다 형 숨차다. ☞숨ᄎᆞ다 ¶모딘 瘡 膿血ᄒᆞ며 水腹 短期ᄒᆞ며:水腹ᄋᆞᆫ 비부를 씨오 短期ᄂᆞᆫ 숨할 씨라(法華7:185).

숨힐후·다 형 숨차다. ¶더 내 더러우며 모딘 腫氣 고롬과 ᄇᆡ 브스며 숨힐후ᄂᆞᆫ 重病이 다 ᄆᆞᅀᆞᄆᆡ 模範이 類로 제 블론 젼ᄎᆞ라:加之臭惡瘡膿鼓喘重病凡皆心之模範以類自召故也(法華7:186).

·숩 명 숲. ☞수. 수플 ¶이 섬 우희 이 남기 잇고 그 숩 서리예 므리 잇ᄂᆞ니(月釋1:24). 숩 수:藪(訓蒙上7. 類合上6).

숩다 형 쉽다. ☞쉽다 ¶념불ᄒᆞ야 붓톄 도기 숩기ᄂᆞᆫ ᄇᆡᄅᆞᆯ 비러 ᄐᆞ고 바단믈 건너미 ᄀᆞᆺ트니 부톄 도기 쉽다 ᄒᆞ시니(普勸文12).

숩플 명 수풀. ☞수플 ¶뻘기 숩플에 수멋더니:匿於叢薄(東新續三綱. 烈4:12).

숫 명 숯. ¶숫爲炭(訓解. 用字). 炭은 숫기라(月釋23:92). 숫글 沐浴ᄒᆞ야:沐浴其炭(楞解7:16). 香으로 숫글 沐浴호ᄆᆞᆫ:以香沐炭(楞解7:17). 觸ᄋᆞᆯ 솔면 能히 더운 ᄌᆡ와 火鑪ㅅ 수ᄭᅵ ᄃᆞ외오:燒觸能爲熱灰鑪炭(楞解8:97). ᄌᆡ와 숫근 觸ᄋᆡ 類라:灰炭觸類也(楞解8:97). 나모 ᄉᆞ라 숫 ᄃᆞ외ᄃᆞᆺ ᄒᆞ니(心經40). ᄯᅩ 숫글 細末ᄒᆞ야:又方木炭爲細末(救急上51). 됴ᄒᆞᆫ 숫 거프ᄅᆞᆯ 조히 시서 디허:以好炭皮洗淨擣(救簡6:12). 숫 탄:炭(訓蒙中15. 類合上27). 숫 탄:炭(兒學上4). 숫글 먹움어 벙어리 되여:呑炭爲啞(宣小4:32). 숫치 블이 나면 셔공숫출 빠하 두어시며 시방 여러 곳 빠하시ᄃᆡ 블나ᄂᆞᆫ ᄃᆡ 업더니 이 블이 극히 고히ᄒᆞ다(癸丑192). 숫:煤炭(譯解上54).

숫고·개 명 탄현(炭峴). 〔지명(地名)〕 ¶乃開崇仁炭峴 숫고개(龍歌5:29).

숫구무 명 숫구멍. ☞쉿구무 ¶믈읫 덥단병 ᄒᆞᆫ 지븨 절로 모딘 긔우니 나ᄂᆞ니 맏ᄐᆞ면 즉재 숫굼그로 올아 ᄇᆡᆨᄆᆡᆨ애 헤여디여:凡瘟家自生惡氣聞之卽上泥丸散入百脈(瘟疫方18). 셔점ᄌᆞᄅᆞᆯ ᄀᆞᄅᆞ 밍ᄀᆞ라 믈에 ᄆᆞ라 숫구무 우희 ᄇᆞ티면:鼠粘子爲末水調貼顖門上(痘要下35).

숫굼그로 명 숫구멍으로. 독숫구무 ¶믈읫 덥단병ᄒᆞᆫ 지븨 절로 모딘 긔우니 나ᄂᆞ니 맏ᄐᆞ면 즉재 숫굼그로 올아 ᄇᆡᆨᄆᆡᆨ애 헤여디여 올마 서ᄅᆞ 뎐염ᄒᆞᄂᆞ니:凡瘟家自生惡氣聞之卽上泥丸散入百脈轉相傳染(瘟疫方18).

숫그러ᄒᆞ다 동 두려워하다. ☞숫그리다. 숫글다 ¶ᄆᆞᄋᆞᆷ이 숫그러ᄒᆞ야 감히 창을 여러 보지 못ᄒᆞ고(落泉3:6).

숫그리·다 동 두려워하다. 곤두세우다. ¶가마괴와 가치왜 구븐 가지예 ᄀᆞᄃᆞ기 안자셔 모ᄆᆞᆯ 숫그려셔 ᄂᆞ라 날가 저놋다:烏鵲滿樛枝軒然恐其出(初杜解16:37). 오직 여ᅀᆞ와 다ᄆᆞᆺ 솔기 터리 숫그려 날 보고 怒ᄒᆞ야 우루믈 對호라:但對狐與狸竪毛怒我啼(重杜解4:11).

숫글고 동 곤두서고. ㉮숫글다 ¶이 말을 드르ᄆᆡ 毛骨이 숫글고 冷汗이 遍身의 흘너(落泉2:5).

숫글다 동 두려워하다. 곤두서다. ☞숫그리다 ¶숫그러 송:悚(類合下15). 숫그러 송:竦(類合下54). 이 말을 드르ᄆᆡ 毛骨이 숫글고 冷汗이 遍身의 흘너(落泉2:5).

숫·다 동 떠들다. ☞수ᅀᅳ다 ¶길헤셔 숫어 놀애 브르리 하니:喧喧道路多謳謠(重杜解5:22). 여슷 窓이 뷔여 괴외ᄒᆞ야 숫어 어즈러오미 긋도다:六窓虛靜絕喧煩(金三5:11).

·숫·돌 명 숫돌. ¶숫돌 단:碫(訓蒙中19). 숫돌:磨刀石(同文解上48). 숫돌:磨刀石(漢淸1:42). 숫돌:礪石(柳氏物名五 石). 숫돌려:礪(兒學上11).

숫두ᄫᅥ·리·다 동 떠들어대다. 수떨다. ☞숫두워리다 ¶外道 三億萬이 王ㅅ 알ᄑᆡ 드라 말이 재야 숫두ᄫᅥ리더니(月印上57).
※숫두ᄫᅥ리다>숫두워리다

숫두어리다 동 떠들어대다. 수떨다. ☞숫두ᄫᅥ리다 ¶징과 붑이 하ᄂᆞᆯ헤 숫두어려 진실로 ᄒᆞᆫ ᄢᅢ 보기 됴흠을 좃고 죽은 사ᄅᆞᆷ의게 무익ᄒᆞᆫ 줄을 ᄉᆡᇰ각디 아니ᄒᆞ야:鐃鼓伊喧天爲伊苟徇一時之美觀伊五不思死者之無益爲也(正俗29). 숫두어리다:閧然(語錄16).

숫두워리다 동 떠들어대다. 수떨다. ☞숫두ᄫᅥ리다 ¶小人ᄋᆞᆫ 甚히 숫두워리ᄂᆞ다:小人苦喧闐(重杜解1:18). 숫두워리ᄂᆞᆫ 일훔난 모ᄃᆞᆫ ᄡᅡ히로소니:喧然名都會(重杜解1:38). 員의 ᄠᅳᆯ 안핸 숫두워려 블로미 업도다:太守庭內不喧呼(杜解9:31).
※숫두워리다<숫두ᄫᅥ리다

숫등걸 명 등걸숯. ¶숫등걸:骨董炭(柳氏物名五 火).

숫막 명 주막. ☞숟막 ¶숫막:店房(同文解下27). 行人이 숫막에 들엇는지라(要路院9). 날이 져므러 숫막에 들려 ᄒᆞ니:止旅舍(五倫3:33). 숫막 점:店(兒學上9).

숫먹 명 숯먹. 송연묵(松烟墨). ¶숫먹:松烟墨(柳氏物名五 土).

숫무수 명 순무. ☞쉿무수 ¶숫무수 즛두드린 즙을:溫蕪菁汁(瘟疫方4).

숫무우 명 순무. ☞쉿무수 ¶숫무우:蔓菁(柳氏物名三 草).

숫불 명 숯불. ☞숫블 ¶숫불:煤火(同文解上63).

숫·블 명 숯불. ☞숫불 ¶구리기둥 ᄆᆡᆼᄀᆞ라 곱으로 ᄇᆞᆯ라 숫블 우희 엿고(宣賜內訓序4). ᄉᆞᄆᆞᆺ 블근 숫브를 지 업게 불오:通紅炭吹去灰(救急下35). 숫브레 ᄢᅧ여 눋게 ᄒᆞ야:於炭火上炙令焦燥(救簡1:81). 숫블:無燄火(漢淸10:47).

숫어리·다 동 떠들어대다. ☞수ᅀᅳ워리다 ¶ᄒᆞ마 數 업슨 새 더으니 ᄃᆞ토아 沐浴ᄒᆞ야 짐즛 서르 숫어리ᄂᆞ다:已添無數鳥爭浴故相喧(初杜解10:6).

숫워리·다 동 떠들어대다. ☞수ᅀᅳ워리다 ¶다ᄆᆞᆺ 西ㅅ녁 ᄒᆡ 서르 ᄢᅮ이디 아니호ᄆᆞᆯ ᄀᆞᄅᆞ치고 숫워려셔 잔 가온딧 ᄆᆞᆯᄀᆞᆫ 수를 업텨 머구라:共指西日不相貸喧呼且覆杯中淥(初杜解3:53). 돈 어두미 門戶ㅣ 하니 브ᅀᅳ왠 저긔 어즈러이 모다 시름ᄒᆞ야 숫워리놋다:索錢多門戶喪亂紛嗷嗷(重杜解2:61). 峽ㅅ 가온ᄃᆡ셔 숫워려 붑 치놋다:峽中喧擊鼓(重杜解12:41).

숫·이·다 형 떠들썩하다. 자자하다. ☞수ᅀᅳ다. 숫우다. 숫이다 ¶네ᄒᆞᆫ 일훔 숫이샤미오(月釋7:49). 功德이 ᄀᆞᄌᆞ샤 모ᄅᆞᅀᆞᄫᆞ리 업슬씨 일훔 숫이샤미오(月釋7:50).

숫ᄒᆞ다 형 숱이 많다. ¶ᄡᅩ리 숫ᄒᆞ고 귀 큰 개:藏狗(漢淸14:14).

숫·우·다 동 떠들다. ☞수ᅀᅳ다. 숫이다 ¶듣글와 숫우믈 머리 여흰 眞實로 괴외ᄒᆞᆫ 사ᄅᆞ미로다:遠離塵囂眞靜者(南明上58). 人天ㅅ 귓소배 숫우미 浩浩ᄒᆞ도다 숫우미 造造ᄒᆞ니 伏請ᄒᆞ노니 소리 ᄂᆞᄌᆞ기 ᄒᆞ며:人天耳裏鬧浩浩鬧造造伏請低聲(金三3:8).

숭구루혀다 동 웅크리다. ☞숭그리다. 숭글희다 ¶우둑 션 전나모 긋헤 숭구루혀 안즌 白松骨이도(古時調. 江原道. 靑丘).

숭그리다 동 웅크리다. 곤두세우다. ☞숭구루혀다. 숭글희다 ¶털 숭그리다:鬆開毛(譯解補48). 웃뚝 션는 뎐나무 긋히 숭그려 안즌 白松鶻이를(古時調. 江原道. 歌曲).

숭글희다 동 웅크리다. ☞숭구루혀다. 숭그리다 ¶웃둑 섯ᄂᆞᆫ 뎐나무 ᄭᅳᆺ테 숭글희여 안즌 白松骨이ᄅᆞᆯ(古時調. 江原道. 靑丘).

숭이소옴 명 송이 솜. ¶숭이소옴:白疊(柳氏物名三 草).

·쉬 명 나이. 〔歲의 중국 발음.〕 ¶절다악대 ᄆᆞᆯ ᄒᆞᆫ 피리 쉬 다ᄉᆞᆺ 서리오:赤色騸馬一疋年五歲(飜老下16).

·쉬 명 시게. 곡식. ¶쉬 화:禾 穀之總名(訓蒙下3). 쉬 화:禾(類合上10).

쉬 명 쉬. 구데기. ¶쉬 스다:下白子(譯解上53). 쉬:白蚱(同文解下42). 쉬 스다:下蚱子(同文解下43). 쉬:蒼蠅蚱(譯解補49). 쉬:蚱(漢淸14:54).

쉬 수 쉰. ☞쉰 ¶스므 근에 열 량이니 대되 혜니 쉬 냥이로다:二十斤該十兩通計五十兩(老解下53). 〔'쉰'의 'ㄴ'이 '냥' 앞에서 동음 생략(同音省略) 되었음.〕

쉬 부 쉬이. 쉽게. ☞쉬ᄫᅵ ¶中外예 頒포ᄒᆞ샤 사ᄅᆞᆷ마다 쉬 알에 ᄒᆞ시니(簡辟序3). 녯 해ᄂᆞᆫ 갓가와 쉬 알리러니:昔之害近而易知(飜小8:41). 쉬 진ᄒᆞᆫ즉 죽고(敬信6).

쉬구멍 명 숫구멍. ☞숫구무. 쉿구무 ¶쉬구멍:顖(物譜 形體).

쉬·궁 명 시궁창. ☞슈구. 싀공. 싀굼 ¶서븨 ᄢᅳ려 쉬구에 ᄇᆞ리며(月釋18:40). 이 流江河ㅣ ᄒᆞ마 쉬구에셔 달오ᄃᆡ 바ᄅᆞ리 깁고 크며(月釋18:47). 섭 니펴 쉬구에 더디며:衣薪而棄諸溝中(法華6:155). 쉬구에 ᄒᆞ마

닫오듸:已異於溝港(法華6:163). 쉬궁을 처 흘리디 아니ᄒᆞ야:或溝渠不泄(瘟疫方2). 쉬궁 구:溝. 쉬궁 거:渠. 쉬궁 독:瀆. 시궁 두:竇(訓蒙中6).

쉬궁 명 궁(宮)의 사무를 맡아보는 사람. ¶쉬궁:稼宮 官房員役之名(行吏).

쉬나리피 명 피의 한 품종. ¶쉬나리피:五十日稷(衿陽).

:쉬나·믄 관 쉰남은〔五十餘〕. 〔'쉰나믄'에서 동음 생략으로 'ㄴ'이 탈락한 형태.〕 ¶아비 每常 아ᄃᆞ롤 念호ᄃᆡ 아ᄃᆞᆯ와 여희연 디 쉬나믄 ᄒᆡ어다 호ᄃᆡ(月釋13:9). 城中에 날 ᄇᆞ리고 逃亡ᄒᆞ야 가 ᄲᅮ듣녀 辛苦호미 쉬나믄 ᄒᆡ러니(月釋13:29). 아ᄃᆞᆯ와 여희연 디 쉬나믄 ᄒᆡ로ᄃᆡ:與子離別五十餘年(法華2:189). 쉬나믄 ᄒᆡ ᄉᆞᅀᅵ 손바당 두위힐후미 곤ᄒᆞ니:五十年間似反掌(初杜解16:48).

:쉬·다 동 쉬다. 상하다. ¶쉴 에:饐. 쉴 애:餲(訓蒙下12). 밥이 즛믈어 쉬니와 믈고기 므르니와 묻고기 서근 이를 먹디 아니ᄒᆞ시며:食饐而餲魚餒而肉敗不食(宣小3:25). 쉰밥:餿飯(譯解上49). 쉰 밥이 그릇그릇 난들 너 머길 줄이 이시랴(古時調. 金壽長. 개를 여라믄. 靑丘). 음식 쉬다:氣到(同文解上58).

쉬다 동 수렁이 되다. ☞수위다 ¶기픈 믈과 쉬는 ᄯᅡ히 짐즛 사ᄅᆞᆷ을 소겨 ᄒᆞ여곰 디나며 건너게 ᄒᆞ야:深水泥濘故欺人令過渡(警民18). 쉬는 길:陷路(譯解上6). 쉬는 ᄡᅡᆼ:漏井(柳氏物名五 水).

:쉬·다 동 쉬다〔休〕. ¶큰 城을 지ᅀᅥ 잇다가 쉰 ᄃᆞᆯ 알오(月釋14:81). 잣 西ㅅ녁 버드나모 미틔 쉬더니(月釋23:73). 잇비 브리여 쉬디 몯고:勞役不息(楞解8:128). 안ᄌᆞ 쉬에 호ᄆᆞᆫ:令姑息之(法華2:203). 奔走ᄒᆞ던 모ᄆᆞᆯ 쉬노라:憩奔走(杜解9:22). 솔 미틧 되즁이 寂寞ᄒᆞᆫ ᄃᆡ셔 쉬ᄂᆞ니:松根胡僧憩寂寞(初杜解16:33). 브즈러니 외와 쉬여 歇티 아니ᄒᆞᄂᆞ니:勤誦未休歇(六祖中56). 쉴 헐:歇(類合下21). 쉴 휴:休. 쉴 게:憩(類合下46). 쉬다:歇歇(同文解上27). 쉴 휴:休(兒學下11).

:쉬·다 동 쉬다. 숨쉬다. ¶瞬은 눈 ᄒᆞᆫ 번 ᄀᆞᆷ즉홀 ᄊᆞᅀᅵ오 息은 숨 ᄒᆞᆫ 번 쉴 ᄊᆞᅀᅵ라(法華6:101). 브ᅀᅳ왜야 나ᄆᆞᆫ 숨 쉬요ᄆᆞᆯ ᄆᆞᄎᆞ니라:凋喪盡餘喘(初杜解24:35). 숨 몯 쉬어든 프른 대 ᄉᆞᆺ 거플 골고니와 허튼 머리터리 ᄃᆞᆰ의 알만 뭉긔요니 각 두 나ᄎᆞᆯ 숫브레 ᄧᅬ여:不得氣息靑竹刮取茹亂髮各如雞子大二枚於炭火上炙(救簡1:81). 쉴 식:息(類合下50). 숨 쉬다:出氣(同文解上19).

:쉬·다 동 쉬다. 목이 쉬다. ¶모기 알ᄑᆞ고 소리 쉬며:咽痛聲嗄(救簡2:14). ᄇᆞᄅᆞᆷ 링긔로 목 쉬여 여디 아니커든:風冷失聲(救簡2:89). 목 쉬여 죽ᄂᆞ니라:聲啞而死(痘要上41). 목이 쉬며(辟新1). 목 쉬다:嗓子啞了(譯解上61).

:쉬·라 명 수(數)이라. 〔'수'+서술격조사 '-이라'〕 독수 ¶俱胝는 쉬라(靈驗16).

쉬문 명 수문(水門). ¶쉬문을 다가 다 다딜어 ᄒᆡ야ᄇᆞ리고:把水門都衝壞了(飜朴上9).

:쉬·ᄣᅵ 형 쉽지. ㉮쉽다 ¶맛돈 이리 쉬ᄣᅵ 아니ᄒᆞ니:負荷不易(宣賜內訓3:6).

:쉬ᄫᅳᆯ 형 쉬울. 쉬운. ㉮쉽다 ¶易는 쉬ᄫᅳᆯ 씨라(釋譜序6. 訓註3).

:쉬·ᄫᅵ 부 쉬이. 쉽게. ☞수ᄫᅵ. 쉬이 ¶艱難ᄒᆞᆫ ᄆᆞᅀᆞᆯᄒᆡ 가 힘드류 ᄡᅡᄒᆡ 이셔 옷밥 쉬ᄫᅵ 어드니만 몯다 ᄒᆞ다가(月釋13:13). 옷밥 쉬ᄫᅵ 어드리라 호ᄆᆞᆫ 져근 果 쉬ᄫᅵ 求호ᄆᆞᆯ 가ᄌᆞᆯ비고(月釋13:15).

쉬쑹 명 숫구멍. ☞숫구무. 쉬구멍 ¶즐게 썩 ᄀᆞᆺ티 ᄒᆞ야 쉬쑹긔 붓텨:作餠厚貼顖門(痘瘡方23).

쉬쏭 명 쇠똥. ¶벗치 나면 쉬쏭치기 비가 오면 도랑치기(萬言詞). 돌 담비ᄃᆡ 닙난초를 쉬쏭불의 부쳐 물고(萬言詞).

쉬염쉬염 부 쉬엄쉬엄. ¶金烏玉兎들아 뉘너를 ᄧᅩᆺ니관ᄃᆡ 九萬里長天에 허위허위 ᄃᆞᆫ니는다 이 後란 十里에 ᄒᆞᆫ 번식 쉬염쉬염 니거라(古時調. 金尙憲. 靑丘).

쉬오·다 동 쉬게 하다. ☞쉬우다 ¶노ᄑᆞᆫ 수픐 ᄉᆞᅀᅵ에 ᄆᆞᄅᆞᆯ 쉬오라:歇馬高林間(初杜解21:44). 즘싱 쉬오듸:歇住頭口着(老解上56).

쉬·욤 동 쉼. ㉮쉬다 ☞쉬윰 ¶ᄒᆞᆫ 디위 쉬요믈 ᄀᆞ장 ᄒᆡ야든 기들워 머기라 가져:等一會控到時飮去(飜老上31).

쉬·우·다 동 쉬게 하다. ☞쉬오다 ¶놀라 것ᄆᆞᄅᆞ 주거늘 보고 안ᄌᆞ 쉬우믄 頓올 ᄇᆞ리시고 權 여르샤ᄆᆞᆯ 가ᄌᆞᆯ비니라(月釋13:18). 權으로 쉬우샤ᄆᆞᆯ 가ᄌᆞᆯ비니라(月釋13:19). 涅槃城은 곧 깁가온ᄃᆡ 쉬우시논 權엣 果ㅣ라:涅槃城卽中道上息之權果(法華5:61). 區區히 ᄃᆞᆫ녀셔 여러 ᄇᆞᆯ 발 부루투믈 ᄃᆞᆯ히 너기다니 점점 ᄀᆞᆺ븐 히믈 쉬우노라:區區甘累趼稍稍息勞筋(初杜解20:30). 쇼ᄅᆞᆯ 잇거 고해 다혀 ㅅ빅 번을 숨 쉬울디니:牽牛臨鼻上二百息(救簡1:43). 우리 ᄆᆞ쇼 쉬워:咱們歇息頭口(飜老上10. 老解上9). 즘승들 쉬우져:歇頭口着(飜老上17). 즘승들 쉬우쟈:歇頭口着(老解上15).

쉬·윰 동 쉼. ㉮쉬다 ☞쉬욤 ¶쉬윰 업스며 다옴 업스니라:無有休息無有窮盡(圓覺上一之二15).

:쉬이 부 쉬이. 쉽게. ☞쉬ᄫᅵ ¶쉬이 親ᄒᆞᄂᆞ니:易親(永嘉下109). 決斷ᄒᆞ야 사ᄅᆞᄆᆞ로

쉬이 아라:易(金剛後序14). 쉬이 미드며 쉬이 順호ᄆᆞᆯ(圓覺序64). 卷數ㅣ ᄌᆞ모 하 쉬이 아디 몯ᄒᆞ릴ᄉᆡ:卷秩頗多未易可曉(宣賜內訓序8). 구틔여 ᄲᆞᄅᆞᆫ 뎌 피리ᄅᆞᆯ 부디 마롤 디니 늘거 쉬이 슬노라:不須吹急管衰老易悲傷(初杜解15:32). 쉬이 저를 고틸 거시니:容易醫他(飜朴上13). 쉬이 구ᄒᆞᆯ 거슨 뎐디라:易求者田地(飜小9:69).

쉬파람 명 휘파람〔嘯〕. ¶쉬파람 소:嘯(兒學下2).

쉬ᄑᆞ리 명 쉬파리. ¶그 中에 ᄎᆞᆷ아 못 견들 쓴 五六月 伏더위예 쉬ᄑᆞ린가 ᄒᆞ노라(古時調. 李鼎輔. 一身이. 海謠). 쉬ᄑᆞ리:綠豆蠅(漢淸14:52). 쉬ᄑᆞ리:景迹(物譜 飛蟲). 쉬ᄑᆞ리:景迹(柳氏物名二 昆蟲).

:쉰 수 쉰. ¶쉰 由旬이니(釋譜19:18). 쉰닐굽차힌 사ᄅᆞᄆᆞᆯ 보아시ᄃᆞᆫ 몬져 말ᄒᆞ시고(月釋2:58). 셜흔 마ᅀᆞᆫ 쉬네 니르리라:至于三十四十五十(楞解2:85). 千二百쉰 사ᄅᆞᆷ과 ᄒᆞᆫᄃᆡ 잇더시니:千二百五十人俱(阿彌2). 오직 쉰 以上애 血氣 ᄒᆞ마 衰ᄒᆞ야:雖五十以上血氣旣衰(宣賜內訓1:70). 兵法 니른 쉰 지븨 네 비 篋笥ㅣ ᄃᆞ외얫도다:兵法五十家爾腹爲篋笥(初杜解22:35). 대되 혜니 쉰 량이로다:通計五十兩(飜老下59). 도틔고기 쉰 근만 사며:買五十斤猪肉(飜朴上2). 쉰에 命으로 태위 되여:五十命爲大夫(宣小1:6). 쉰에 ᄉᆞ모ᄒᆞᄂᆞᆫ 이ᄅᆞᆯ 내 大舜ᄭᅴ 보ᄋᆞ오라:五十而慕者予於大舜見之矣(宣小4:10). 쉰사흘채아 주그니:至五十三日而死(東三綱. 烈6).

쉰무수 명 순무. ☞쉿무수 ¶쉰무수 나박 팀칫구글:方溫蕪菁(簡辟16).

쉰무우 명 순무. ☞쉿무수 ¶또 쉰무우 줄기 닙 불휘 ᄉᆞ시에 머그면 가히 비 고프디 아니ᄒᆞ니라:又蔓菁取苗葉莖根四時長服可以備饑歲(救荒補8). 쉰무우 봉:葑(詩解 物名4). 쉰무우:蔓菁(物譜 蔬菜).

쉳무우 명 순무. ☞쉿무수 ¶쉳무우 쳥:菁(倭解下5).

:쉽·다 형 쉽다. ¶易ᄂᆞᆫ 쉬ᄫᅳᆯ 씨라(釋譜序6. 訓註3). 보미 쉽디 몯ᄒᆞ니라(釋譜23:13). 쉽디 몯ᄒᆞᆫ 法을 神通ᄋᆞ로 나토샤(月釋2:76). 어렵고 믈로미 쉬ᄫᅳᆫ ᄃᆞᆯ 가ᄌᆞᆯ비시니라(月釋14:76). 부텨 일ᄏᆞᆯᄌᆞ오미 ᄆᆞᆺ 쉬오ᄃᆡ:稱佛爲最易(法華1:223). 이 이리 어려우녀 쉬우녀:此事難易(圓覺序69). 힘 어두미 쉬ᄫᅳ니:得力易(蒙法26). 長者ᄅᆞᆯ 爲ᄒᆞ야 가지 것고ᄆᆞᆫ 쉽고:爲長者折枝易(宣賜內訓序7). 갈ᄒᆞᆯ 밧고디 아니ᄒᆞ야도 됴히 브리ᄂᆞᆫ 사ᄅᆞᄆᆞᆫ 다 쉽ᄂᆞ니라:不換劒善使之人皆總便(金三3:14). 길히 훤ᄒᆞ야 ᄃᆞᆫ뇨미 곧 쉬우니(南明上29). 너모 쉬오면:傷易(飜小8:10). 쉬울 이:易(類合上4. 註千34). ᄇᆡᆨ셩의 犯키 쉬온 거슬:民之所易犯者(警民序2). 믈에 ᄲᅡ뎌 죽금미 므어시 쉬오료 ᄒᆞ고:溺死孰易(東新續三綱. 烈3:72). 쉬올 이:易(倭解下34). 쉽다:易(同文解下52). 三春이 쉬운가 ᄒᆞ야 글을 슬허ᄒᆞ노라(古時調. 桃花ᄂᆞᆫ 므스. 海謠).

쉽·사·리 부 쉽사리. ¶기우러 어즈러이 누늘 ᄡᅡᆯ아 보고 쉽사리 病ᄒᆞᆫ 허튀ᄅᆞᆯ 가도혀노라:欹傾煩注眼容易收病脚(初杜解14:2). 쉽사리 잠ᄭᅡᆫᄒᆞ야 어즈러오믈 아쳐러 ᄒᆞᄂᆞ니ᄂᆞᆫ:鹵莽厭煩者(飜小8:38). 쉽사리 返事ㅣ 올 ᄡᅧ시니 그리 아ᄋᆞᆸ소 ᄒᆞ시고(新語5:6). 승샹의게 쉽사리 알외라(三譯6:4).

:쉽·살·다 형 쉽다. 만만하다. ☞쉽살ᄒᆞ다 ¶나드리 쉽사디 아니며:出入不便當(飜老上55). 다히 마지 쉽사디 아니타:不方便(老朴集. 單字解5).

·쉽·살·ᄒᆞ·다 형 쉽다. 만만하다. ¶어버이와 얼운을 봉양ᄒᆞ야 敢히 교만ᄒᆞ고 쉽살홈을 내디 말라:奉親長不敢生驕易(宣小5:20). 힘ᄡᅥ 簡략고 쉽살호믈 조출디니라:務從簡易(家禮3:17). 글이 쉽살코 빗나고도 유여ᄒᆞ니(女範3. 문녀 당셔충용).

쉿구무 명 숫구멍. ☞숫구무 ¶즉제 머리 쉿굼그로 드러 혈ᄆᆡᆨ의 흐터디니 창졸에 약이 업거든 ᄎᆞᆷ기름을 코긋테 딕고 ᄌᆞ최옴ᄒᆞ면 됴흐니라:卽上泥丸散入百脈轉相傳染若倉卒無藥以香油扶鼻端又以紙撚探鼻嚏之爲佳(救辟3). 쉿구무:天門(譯解上32). 쉿구무:顖門(同文解上14. 漢淸5:48).

쉿무수 명 순무. ☞쉰무수. 쉰무우. 쉿무우 ¶쉿무수 즙 머고미 또 됴ᄒᆞ니라:服蔓菁汁亦佳(救簡6:37). 쉿무수:蔓菁菜(四解上74 蔓字註). 쉿무수 만:蔓. 쉿무수 쳥:菁(訓蒙上14). 쉿무수 쳥:菁(類合上10).
※쉿무수>쉿무우

쉿무우 명 순무. ☞쉿무수 ¶쉿무우:蔓菁(老解下34. 朴解中33). 쉿무우:蔓菁(譯解下10). 쉿무우:菁(同文解下3. 漢淸12:36).

:슈 명 수(繡). ¶녜 슈 ᄯᅳᆫ 거시 고비돌히 올마 잇ᄂᆞ니:舊繡移曲折(重杜解1:5). 슈 ᄯᅳᄂᆞᆫ 바ᄂᆞᆯ 일ᄇᆡᆨ ᄡᆞᆷ:繡針一百帖(飜老下68). 슈 슈:繡(類合上25). 우희ᄂᆞᆫ 슈 노흔 흰 믠사 더그레예:上頭繡銀條紗搭胡(老解下45). 슈 ᄯᅳᄂᆞᆫ 바ᄂᆞᆯ:綉針(譯解下7).

·슈 명 수(壽). 나이. ¶반ᄃᆞ시 그 名을 어ᄃᆞ며 반ᄃᆞ시 그 壽ᄅᆞᆯ 언ᄂᆞ니라(宣中17). 츙나모ᄂᆞᆫ 八百歲로 ᄒᆞᆫ ᄉᆞᆯ 삼ᄂᆞᆫ 壽ㅣ 잇고(捷蒙1:12). 쉬 칠십의 니ᄅᆞ러(洛城1).

슈가디 명 물가지. ☞슈가지 ¶슈가디:水茄子(柳氏物名三 草).

슈가지 명 물가지. ☞슈가디 ¶슈가지:水茄

子(同文解下3. 漢淸12:35).

슈각 명 수각(手脚). 손과 다리. ¶슈각 황난ᄒᆞ다:手足急忙(漢淸7:29). 左右手脚으로 拔蛇勢로(武藝圖20).

:슈·건 명 수건(手巾). ☞슈것 ¶手巾과 빗과ᄅᆞᆯ 혼ᄃᆡ 말며:不同巾櫛(宣賜內訓1:4). 내 슈건과 비슬 잡ᄉᆞ오미:妾執巾櫛(宣賜內訓2上22). 더욱 눉므를 手巾에 저지노라(初杜解17:16). 나도 그날 슈건 받ᄌᆞ온 후에:我也那一日遞了手帕之後(飜朴上66). 슈건이며 빗슬:巾櫛(飜小9:59). 곳갈 건 又 슈깂 건:巾(訓蒙叡山本中11). 슈건 파:帕. 슈건 셰:帨(訓蒙叡山本中11. 東中本中23). 슈건 건:巾(類合上31. 石千35. 兒學上12). 셰슈ᄆᆞᄎᆞ셔든 슈건을 받ᄌᆞ올디니라:盥卒授巾(宣小2:3). ᄯᅴ ᄯᅴ이고 슈건 ᄆᆡ오 ᄀᆞ오ᄃᆡ 힘ᄡᅳ며 조심ᄒᆞ야:施衿結帨曰勉之敬之(宣小2:46). 手巾은 기피 ᄀᆞ초아 뒷다가 늘그니ᄅᆞᆯ 주ᄂᆞᆫ 거시:巾深藏供老(重杜解9:23). 盥은 손을 시슴이오 帨ᄂᆞᆫ 手巾이라(家禮3:5). 마리 슈건:首帕(同文解上54).

:슈·것 명 수건. ['슈깂'의 'ㄴ'이 탈획(脫畫)한 것.] ☞슈건 ¶곳갈 건 又 슈것 건:巾(訓蒙東中本中22).

슈결 명 수결(手決). ¶대군이 낫낫치 보시고 미명 아러 ᄒᆞᆫ 슈결을 쓰되 ᄯᅩᄒᆞᆫ 쥬저ᄒᆞ야 붓을 나리오지 아닌ᄂᆞᆫ ᄃᆡ 잇더니(敬信49).

:슈·고 명 수고(受苦). ☞슈구 ¶네 가짓 受苦ᄅᆞᆯ 여희여(釋譜6:3). 죽사릿 受苦ᄅᆞᆯ 아니 ᄒᆞ거시니와(月釋1:12). 永히 ᄒᆞᆫ 受苦ᄅᆞᆯ 여희여(楞解6:49). 受苦 여희요ᄆᆞᆯ 得ᄒᆞᄂᆞ니(金剛序8). 어ᄂᆡ 時節에 시름과 受苦ᄅᆞᆯ 免ᄒᆞ려뇨:何時免愁苦(重杜解1:44). 슈고 견ᄃᆡ지 못ᄒᆞ다:不耐勞(漢淸8:28).

:슈·고로의·다 형 수고롭다. ☞슈고롭다. 슈고뢰이다 ¶슈고로윈 일 잇거든 ᄒᆞᆫ가지로 맛다 ᄒᆞ고:有苦時同受(飜朴上72).

:슈·고로·이 부 수고로이. ☞슈고ᄅᆞᄫᅵ. 슈고ᄅᆞ이 ¶슬픈 ᄆᆞᅀᆞᄆᆞᆯ 머거셔 슈고로이 ᄃᆞᆫ뇨ᄆᆞᆯ 니ᄅᆞ노라:含悽話苦辛(初杜解20:27). 父母ㅣ 날 나ᄒᆞ심을 슈고로이 ᄒᆞ샷다:父母生我劬勞(宣小6:24). 비록 슈고로이 의ᄅᆞᆯ ᄃᆡ킨ᄃᆞᆯ 뉘 다시 알리오:雖辛苦守義誰復知之(東新續三綱. 烈8:88). 受苦로이 蜀門으로 가노라:辛苦赴蜀門(重杜解1:27). 受苦로이가 華蓋君을 보디 몯호니:辛勤不見華蓋君(重杜解9:4). 슈고로이 나ᄅᆞᆯ 나ᄒᆞ시고:劬勞生我(警民3).

슈고롭다 형 수고롭다. ☞슈고로의다. 슈고룹다 ¶ᄌᆞ시긔 슈고론 이ᄅᆞᆯ ᄃᆡ신ᄒᆞ여지라 ᄒᆞ고:子苦願代(恩重10). 가거니 오거니 人事도 하도할샤 안자셔 보노라 ᄒᆞ니 슈고로와 ᄒᆞ노라(古時調. 鄭澈. 새원 원쥐. 松江). 슈고로을 로:勞(倭解上21). 부모의 슈고로심이 망극ᄒᆞ샤:劬勞(女四解3:13). 빅셩을 슈고롭긔 ᄒᆞ야(女範1. 모의 노희경강). 슈고롭게 ᄒᆞ다:勞苦(漢淸7:54). 다만 緣故 업손 ᄃᆡ 슈고롭게 ᄒᆞᄂᆞᆫ 거시 理예 맛당치 아니ᄒᆞ다(捷蒙4:5).

슈고뢰이다 형 수고롭다. ☞슈고로의다. 슈고ᄅᆞ외다 ¶슈고뢰여도 슬흐여 아니 ᄒᆞᄂᆞ니라:不詞辛苦(恩重12).

:슈·고ᄅᆞ·ᄫᅵ 부 수고(受苦)로이. ☞슈고로이 ¶受苦ᄅᆞᄫᅵ 딕희여 이셔(釋譜9:12). 衆生ᄋᆞᆯ 受苦ᄅᆞᄫᅵ 度脫ᄒᆞ논 이ᄅᆞᆯ 보ᄂᆞ니(釋譜11:8).

슈고ᄅᆞᄫᅵ·옴 형 수고로움. ㉮슈고ᄅᆞᆸ다 ¶福이 다아 衰ᄒᆞ면 受苦ᄅᆞᄫᅵ요미 地獄두고 더으니(月釋1:21).

·슈·고ᄅᆞ외·다 형 수고(受苦)롭다. ☞슈고로의다. 슈고뢰이다 ¶能이 東山애 法得ᄒᆞ야 受苦ᄅᆞ외요ᄆᆞᆯ 다 受ᄒᆞ야(六祖上46). 내 죵내 잇브며 受苦ᄅᆞ외도다:終勞苦(重杜解1:19).

슈고ᄅᆞ·이 부 수고로이. ☞슈고로이. 슈고ᄅᆞᄫᅵ ¶受苦ᄅᆞ이 修證흟 거시:辛勤修證(楞解4:71).

:슈·고ᄅᆞᆸ·다 형 수고(受苦)롭다. ☞슈고롭다 ¶種種 受苦ᄅᆞᄫᆡᆫ 病ᄒᆞ얫다가(釋譜9:7). 衆生ᄋᆞᆯ 受苦ᄅᆞᄫᅵ 度脫ᄒᆞ논 이ᄅᆞᆯ 보ᄂᆞ니(釋譜11:8). 福이 다아 衰ᄒᆞ면 受苦ᄅᆞᄫᅵ요미 地獄 두고 더으니(月釋1:21). 受蘊은 受苦ᄅᆞᄫᅵ며 즐거ᄫᅳ며 受苦ᄅᆞᆸ도 즐겁도 아니호ᄆᆞᆯ 바ᄃᆞᆯ 씨오(月釋1:35).

:슈·고·ᄒᆞ·다 동 수고하다. ☞슈구ᄒᆞ다 ¶큰 受苦흜 時節에(釋譜11:8). 菩薩이 前生애 지손 罪로 이리 受苦ᄒᆞ시니라(月釋1:6). 長常 주그락살락ᄒᆞ야 受苦호ᄆᆞᆯ 輪廻라 ᄒᆞᄂᆞ니라(月釋1:12). 져므니 슈고ᄒᆞᄂᆞ니라:小的苦(飜老上34). 너 슈고ᄒᆞ여다:生受你(老解上41). 슈고ᄒᆞ여다 相公아:生受相公(朴解中16). 날이 ᄆᆞ도록 ᄆᆞᄋᆞᆷ을 슈고ᄒᆞ야:終日勞心(女四解2:22).

:슈공 명 수공(手工). 공전(工錢). ¶제 슈공을 언메나 받더뇨:他要多少工錢(飜朴上19). 슈공:工錢(同文解下27).

슈구 명 시궁. ☞쉬궁. 싀공 ¶슈구 독:瀆(類合下30).

슈구 명 수고(受苦). ☞슈고 ¶반 님자도 어우리의 슈구ᄅᆞᆯ 혜여 베 닉디 아닌 제 곡식 글 ᄯᅮ이고:爲主者亦當佃之勤勞禾未熟也貸穀(正俗23).

슈구롭다 형 수고롭다. ¶그 슈구로옴을 써리지 아니ᄒᆞ고 반야의 글을 지어 아ᄎᆞᆷ을 기ᄃᆞ려(綸音32). 슈구롤 노:勞(兒學下11).

:슈구ᄒᆞ·다 동 수고하다. ☞슈고ᄒᆞ다 ¶ ᄆᆡ실 길 ᄃᆞᆫ녀 슈구ᄒᆞ고:每日走路子辛苦(飜老上69). ᄆᆡ일 길 ᄃᆞᆫ녀 슈구ᄒᆞ고:每日走路子辛苦(老解上63). ᄒᆞᆫ ᄒᆡ 슈구ᄒᆞ여 뷔욘 벼로:終歲之勤勞刈穫之稻禾(正俗23).

슈군다히다 동 수군대다. ☞슈군대히다 ¶ 闞澤이 부러 甘寧 향ᄒᆞ여 슈군다히니(三譯6:22). 슈군다히다:耳邊低說(同文解上24).

슈군대히다 동 수군대다. ☞슈군다히다 ¶ ᄒᆞᆫ 사ᄅᆞᆷ이 曹操의 귀 겻ᄒᆡ 슈군대히니(三譯6:17).

슈굴리 부 수고로이. ☞슈고로이 ¶ 부모ㅣ ᄌᆞ식을 나흐샤ᄃᆡ 얼머 슈굴리 ᄒᆞ시니:父母生兒多少艱辛(警民36).

슈근슈근 부 수군수군. ¶ 건넌집 쟈근 金書房을 눈ᄭᅵ야 불러 내여 두 손목 마조 덥셕 쥐고 슈근슈근 말ᄒᆞ다가 삼밧트로 드러가셔(古時調. 靑丘).

슈놋타 동 수놓다. ¶ 슈놋타:繡了(同文解上56). 슈놋타:繡(漢淸11:25). 슈노을 슈:繡(兒學上12).

슈단 명 수단(手段). ¶ ᄉᆞ이의셔 창기 만ᄃᆞᄂᆞᆫ 슈단이 닉은지라(落泉1:1).

슈단 명 수단(水餻. 水團). ¶ 각셔ᄂᆞᆫ ᄎᆞᄡᆞᆯ로 ᄒᆞᆫ 거시니 슈단 ᄀᆞ튼 거시라(家禮1:30). 슈단:水餻子(漢淸12:46). 蒸粳米粉打成長股團餅細切如珠澆以蜜水照氷食之以供祀名曰水團(東國歲時 六月).

·슈·달 명 수달(水獺). ¶ 또 水獺의 ᄲᅧ를 머구머시면 즉재 나ᄂᆞ니:又方含水獺骨立出(救急上49). 水獺이 고기ᄅᆞᆯ ᄧᅩᆺ놋다:獺趁魚(初杜解15:11). 슈다릐 ᄲᅧᄅᆞᆯ 머구머 이시면 즉재 나ᄂᆞ니라:含水獺骨立出(救簡6:3). 승냥이와 슈달이 다 근본 갑픔을 알거늘:豺獺皆知報本(宣小5:40). 고지 ᄲᅥ러디니 곳고리 나비ᄅᆞᆯ 티고 시내 우르니 水獺ㅣ 고기ᄅᆞᆯ ᄧᅩᆺ놋다:花妥鶯捎蝶溪喧獺趁魚(重杜解15:11). 슈 달:水 獺(物 譜 水 族). 슈 달 달:獺(兒學上7).

슈달피 명 수달피(水獺皮). ¶ 슈달피:水獺(柳氏物名一 獸族).

슈뎐 명 수레로 물건을 나름. ¶ 수뎐 수:輸(類合下14).

슈도 명 수도(隧道). 굴. ¶ 隧道ᄅᆞᆯ 파셔 겨틔 ᄊᆞᆺ지블 파 밍글고(家禮7:20).

슈:도ᄒᆞ·다 동 수도(修道)하다. ¶ 修道홀 漸次ㅣ 定慧와 다ᄉᆞᆺ 가짓 ᄆᆞᅀᆞᆷ 니롬과 여슷 가짓 ᄀᆞᆯ히요매 나디 아니ᄒᆞ니(永嘉上7).

·슈·딜 명 수질(首絰). ¶ 슈딜과 ᄯᅴ를 밧디 아니ᄒᆞ며:不脫絰帶(宣小5:52). 首絰은 ᄡᅵ 인ᄂᆞᆫ ᄢᅮᆨ삼으로ᄡᅥ 호ᄃᆡ(家禮6:3). 首絰은 크기 ᄒᆞᆫ 搤이니(家禮圖11).

·슈·라 명 수라〔水剌〕. ¶ 王季ㅣ 水剌ᄅᆞᆯ 네 ᄀᆞ티 ᄒᆞ신 後에ᅀᅡ 또 처ᅀᅥᆷᄀᆞ티 ᄒᆞ더시다 水剌 셔실 제 모로매 시그며 더운 ᄆᆞᄃᆡᄅᆞᆯ ᄉᆞᆯ펴 보시며:王季復膳然後亦復初食上必在視寒暖之節(宣賜內訓1:40). 大殿水剌間飯監(經國一. 吏典雜職). 司饔院水剌 本蒙古語 華言湯味也(經國 註解後集 吏典雜職條). 水剌:卽進御膳之稱(中宗實錄25:55). 我國鄕語 最不可解者 謂御膳曰水剌(芝峰類說16). 水剌 슈라(五洲48 語錄辨證說). 슈라나 먹어도 마시 업ᄉᆞᆯ가 일ᄏᆞᄅᆞ며 또 슈이 블 일만 기ᄃᆞ리고 잇ᄂᆡ(諺簡57 仁宣王后諺簡). 대뎐이 슈라ᄅᆞᆯ 못 자시니(癸丑35). 슈라 나오다:用膳(漢淸12:48).

슈란 명 토란. ¶ 슈란:白芋(物譜 蔬菜).

슈랄 명 수라. ¶ 水剌:슈랄(行吏).

슈레 명 수레〔車〕. ☞술위 ¶ 슈레 거:車(兒學上12).

슈레박회 명 수레바퀴. ☞술윗바회 ¶ 슈레박회 륜:輪(兒學上10).

슈려ᄒᆞ다 형 수려(秀麗)하다. ¶ 슈려ᄒᆞᆫ 풍치와 빗난 문장이(洛城1).

슈:렴ᄒᆞ·다 동 수렴(收斂)하다. ¶ 공경이 몸셰ᄂᆞᆫ 터힌 줄을 보고 瞿然히 스스로 일ᄒᆞᆫ ᄃᆞᆺᄒᆞ야 용모ᄅᆞᆯ 슈렴ᄒᆞ며 ᄠᅳᆮ을 ᄂᆞ리누르과댜 홈이니라:敬者身其瞿然自失斂容抑志也(宣小5:105). 禾黍ᄅᆞᆯ 收斂ᄒᆞ야쇼ᄆᆞᆯ 아라셔(重杜解2:66). 부인이 슈렴ᄒᆞ야 ᄃᆡ접ᄒᆞ더라(洛城1).

슈령이 명 여왕벌의 집. ¶ 슈령이:蜂臺 蜂王所居(柳氏物名二 昆蟲).

슈례 명 수례(手例). 수결(手決). ¶ 免帖에 스승이 슈례 두고:免帖上師傅畫着花押(老解上4). 廳上이 일즙 슈례 두디 아녓다:廳上不曾押裏(朴解中46). 슈례 두다:畫押(譯解上10). 슈례:花押(物譜 文士).

·슈·례ᄒᆞ·다 동 절을 받다. ¶ 네 나히 한 ᄃᆞᆺ ᄒᆞ니 어ᄂᆞ 내 슈례홀고:你敢年紀大怎麼受禮(飜老上63). 네 나히 하도다 슈례ᄒᆞ쇼셔:你年紀大受禮(飜老上64). 엇디 내 슈례ᄒᆞ료:怎麼受禮(老解上57).

슈로 명 수로(水路). ¶ 져 ᄲᅥ 악댱 부녀의 만나미 풍셰 도으믈 닙어 슈로 만니ᄅᆞᆯ 슌식의 니ᄅᆞ러(落泉2:4).

슈·룹 명 우산. ¶ 슈룹爲雨繖(訓解. 用字).

슈릐치 명 수리취. ☞수리취 ¶ 老姑山 수릐치와 나젼ᄃᆡ 궤지삼이 江陵 女妓 三陟 酒帑년 다 모화 싯고(古時調. 寒松亭. 靑丘).

슈리 명 수레. ☞술위 ¶ 슈리ᄂᆞᆫ 물ᄂᆡ와 실자시와 씨야시와 돌것시라:車(女四解3:5). 슈리를 타고 효공을 좃ᄎᆞ 놀더니:車(女四解4:35).

슈리 명 수리(修理). ¶ 大修理ᄅᆞᆯ 시작ᄒᆞᄋᆞᆸ실 받근 업ᄉᆞ오리(隣語1:11).

슈리 명 수리. ¶슈리 됴:鵰(兒學上7).
슈:리ᄒᆞ·다 동 수리(修理)하다. ¶사ᄂᆞᆫ 지비 ᄒᆞ야디여 ᄇᆞᄅᆞᆷ과 ᄒᆡᄅᆞᆯ ᄀᆞ리오디 몯ᄒᆞ거ᄂᆞᆯ 兄의 아ᄃᆞᆯ 伯興이 爲ᄒᆞ야 修理코져 ᄒᆞ더니:所居屋敗不蔽風日兄子伯興欲爲葺理(宣賜內訓1:73). 우리 후에 아니 슈리ᄒᆞ려:咱們後頭不修理那(飜老下36). 위ᄒᆞ야 슈리코져 ᄒᆞᆫ대:欲爲葺理(宣小6:30). 籠柵修理호ᄆᆞᆯ ᄉᆞ랑호니 모매 갓가이 損益을 보리로다:籠柵念有修近身見損益(重杜解17:14). 우리 후의 아니 修理ᄒᆞ랴:咱們後頭不修理那(老解下32).
슈마셕 명 수마석(水磨石). ¶슈마셕:水中白石(柳氏物名五 石).
슈막 명 수막(繡幕). ¶곶 디고 새닙 나니 綠陰이 ᄭᆞᆯ렷ᄂᆞᆫ듸 羅幃 寂寞ᄒᆞ고 繡幕이 뷔여 잇다(松江. 思美人曲).
슈먹지다 동 수묵(水墨)지다. ¶슈먹지다:墨蔭了(同文解上44).
슈면 명 분탕(粉湯). ☞스면 ¶슈면:粉湯(同文解上59). 슈면:細粉(漢淸12:33).
슈:명 명 수명(壽命). ¶壽命이 그슴 업스시니(月釋7:56). 그 나랏 人民衆의 壽命은 八小劫이리라:其國人民衆壽命八小劫(法華2:44). 我人과 壽命이 업손 ᄃᆞᆯ 아라(金三5:26).
슈명롱 명 물을 끌어올리는 대롱. ¶슈명롱:渴烏(柳氏物名五 水).
슈모 명 수모(手母). ¶슈모 언금이 덕복이 츈가히 표금이(癸丑71).
·슈·목 명 수목(樹木). ¶樹木ᄋᆞᆫ 남기오(月釋10:69). 文이 樹木이 兼ᄒᆞ샤ᄃᆡ(法華3:3). 뫼히 더욱 깁허 인적이 묘연ᄒᆞ고 슈목이 참천ᄒᆞ야(落泉2:5).
·슈:묘 명 수묘(守墓). ¶草幕 ᄆᆡ야 守墓 三年 살며(月釋23:76). 守墓ᄂᆞᆫ 墓ᄅᆞᆯ 디킬 시라(三綱. 孝18). 삼 년을 슈묘ᄒᆞ고 최복과 딜ᄃᆡᄅᆞᆯ 벗디 아니ᄒᆞ니라:守墓三年不脫衰絰(東新續三綱. 孝3:79).
슈묵 명 수묵(水墨). ¶閣氏님 草綠 비단옷의 水墨으로 梅花를 그려(古時調. 槿樂).
:슈·박 명 수박. ☞수박 ¶슈박:西瓜(飜老下38). 춤외 슈박 동쇄로니 ᄒᆞ고(七大13). ᄯᅩ ᄭᅮᆯ믈이며 홍시지며 슈박이며 ᄇᆡ며 귤톄엣 거슬 머기미 맛당티 아니ᄒᆞ니:亦不宜與蜜水紅柿西瓜梨橘等(痘要下4). 동과 ᄠᅱ옴 ᄒᆞ라 슈박 ᄠᅱ옴 ᄒᆞ라:跳冬瓜跳西瓜(朴解中56). 아비 죽게 되여실 제 슈박을 맛보고져 호ᄃᆡ:父臨終欲嘗西果(東新續三綱. 孝3:73). 슈박것치 두렷ᄒᆞᆫ 님아 ᄎᆞᆷ외 것튼 단 말슴 마소(古時調. 靑丘). 슈박 씨 ᄶᅵ다:嗑西瓜子(譯解上56). 슈박:西苽. 슈박씨:西苽子(同文解下5). 슈박:西瓜(漢淸13:6). 슈박:西瓜(物譜 草果). ※슈박>수박
슈박나물 명 오이풀. 오이풀의 뿌리. ☞슈박ᄂᆞ믈 ¶슈박나물:地楡(柳氏物名三 草).
슈박ᄂᆞ믈 명 오이풀. 오이풀의 뿌리. ☞슈박나물 ¶슈박ᄂᆞ믈:地楡(物譜 藥草).
슈·발 명 수발(鬚髮). ¶袈裟ㅣ 모매 著ᄒᆞ고 鬚髮이 절로 ᄲᅥ러디니이다(楞解5:63). 鬚髮 갓고:鬚ᄂᆞᆫ 입거우지라(法華1:77). 내 비록 덕이 업스나 너희 등의게 군림ᄒᆞ야 슈발이 다 희여시니(綸音32).
슈방셕 명 수놓은 덮개를 씌운 걸상. ¶슈방셕:繡墩(漢淸11:34).
슈:보·ᄒᆞ·다 동 수보(修補)하다. ¶ᄂᆞᆯᄀᆞ니어나 허니ᄅᆞᆯ 맛나ᄃᆞᆫ 修補ᄒᆞ야 고툐ᄃᆡ 시혹 ᄒᆞ오ᅀᅡ 發心커나(月釋21:146). 成帝 니ᄅᆞ샤ᄃᆡ 그저 修補ᄒᆞ야 고ᄐᆞᆫ 臣下ᄅᆞᆯ(三綱. 忠7). 비록 새려 더 修補호미 업스나:雖無新增修(初杜解6:3). 이제 ᄀᆞᅀᆞᆯ 후를 기들워 슈보ᄒᆞᆫᄃᆞᆯ 므스 거시 저프리오:如今待秋後整治怕甚麼(飜朴上9). ᄂᆞᄆᆡ 칙을 비러다가 다 모로매 ᄉᆞ랑ᄒᆞ며 간슈ᄒᆞ고 몬져 ᄒᆞ여딘 ᄃᆡ 잇거든 즉시예 슈보ᄒᆞ야 고틸 거시니:借人典籍皆須愛護先有缺壞就爲補治(飜小8:38). 담과 지블 ᄌᆞ조 修補호ᄆᆞᆯ 資賴ᄒᆞᄂᆞ니:墻宇資屢修(重杜解25:3). 슈일이나 머무러 산둥의 가 흙을 뷔여 슈보ᄒᆞ여야 가게 ᄒᆞ엿ᄂᆞ이다(落泉2:4).
슈보ᄒᆞ다 동 수보(酬報)하다. ¶마고의 덕은을 슈보ᄒᆞ고 어미ᄅᆞᆯ 보고져 ᄒᆞ노라(落泉3:8).
슈복ᄒᆞ다 동 수복(收復)하다. ¶伊洛ᄋᆞᆯ 숀바당 ᄀᆞᄅᆞ치ᄃᆞᆺ 收復ᄒᆞ리니:伊洛指掌收(重杜解1:8). 두 셔울흔 ᄲᅡ뎌 收復디 몯ᄒᆞ나 四極은 우리 시러곰 잡쥐놋다:二京陷未收四極我得制(重杜解22:32). 感激ᄒᆞ야 四極을 뮈오니 니우쥐여 두 셔울흘 收復ᄒᆞ니라:感激動四極聯飜收二京(重杜解24:20).
슈비ᄒᆞ다 동 수비(水飛)하다. ¶슈비ᄒᆞᆫ 녹둣ᄀᆞᄅᆞ:取豆浸水磨濾過澄淸埿乾爲粉用之卽菉豆粉也(東醫 湯液一 土部).
슈븨 명 흉배(胸背). ¶朝服 뒤헤 슈븨:繡(譯解上44).
슈사리 명 수자리. 방수(防戍). ☞슈자리 ¶슈사리 슈:戍(倭解上39). 슈사리 군ᄉᆞ:戍兵(同文解上44).
슈상히 부 수상(殊常)히. ¶ᄀᆞ장 슈상히 너겨 새로이 근심ᄒᆞ고(癸丑107).
슈샹이 부 수상(殊常)히. ¶그 말을 듯고 슈샹이 너겨 죽이디 아니ᄒᆞ고(明皇1:31). 져 당신은 도로혀 슈샹이 아ᄋᆞᆸᄂᆞᆫ가 시보오니(隣語3:16).
슈샹히 부 수상(殊常)히. ¶머글 것 ᄲᅡ다가 어버시 머기ᄆᆞᆯ 붓그레 너기니 ᄂᆞᄆᆞᆫ 슈샹히

너겨 웃ᄂᆞ니라:應齋饌物供養尊親每詐羞慚異人怪笑(恩重16).

슈샹ᄒᆞ다 형 수상(殊常)하다. ¶긴 므지게 무뎀 녀퍼셔 니러나 비치 슈샹ᄒᆞ니:長虹起於墓左光彩異常(東新續三綱. 忠1:37). 時節이 하 殊常ᄒᆞ니 올동말동 ᄒᆞ여라(古時調. 金尙憲. 가노라 三角山. 靑丘). 과연 슈샹ᄒᆞ와 ᄌᆞ시 듣고져 ᄒᆞ고(隣語1:20).

슈세외 명 수세미외. ☞수세외 ¶슈세외:絲瓜(柳氏物名三 草).

-슈·셔 어미 -소서. ☞-쇼셔 ¶公蓺 죠히와 붇과 쥬슈셔 ᄒᆞ야:公蓺請紙筆(飜小9:97). 얼운은 믈을 받드러 쳐 세슈ᄒᆞ슈셔 請ᄒᆞ고:長者奉水請沃盥(宣小2:3).

슈슈 명 수수. ¶슈슈:蜀黍(訓蒙上12 黍字註). 슈슈:薥秫(朴解下37). 슈슈:薥薥(譯解下9). 슈슈:高粱米(同文解下3). 슈슈 주걸지다:稔頭(漢淸10:5). 게 잡ᄂᆞᆫ 슈슈 이삭 믯기:捕蟹誘子(漢淸10:28). 슈슈:高粱. 뷔ᄆᆡᄂᆞᆫ 슈슈:高箒高粱(漢淸12:64). 슈슈:蜀黍(物譜 禾穀). 슈슈:薥黍(柳氏物名三草). 슈슈 셔:黍(兒學上6).

슈슈ᄃᆡ 명 수숫대. ¶됴의 부친 비롱인가 두 눈 박은 슈슈ᄃᆡᆫ가(萬言詞答).

슈슈·ᄒᆞ·다 형 수수(脩脩)하다. 시끄럽고 떠들썩하여 정신이 어지럽다. ¶尸厥을 고툐ᄃᆡ 脈이 뮈유ᄃᆡ 氣分 업스며 氣分이 마켜 通티 몯ᄒᆞᆯ시 正히 주그니 ᄀᆞᆮᄒᆞ니 그 귀예 드로ᄃᆡ 脩脩ᄒᆞ야 ᄑᆞ람 소리 ᄀᆞᆮ고:尸厥脈動而無氣氣閉不通故正如死聽其耳中脩脩有如嘯聲(救急上39).

슈슛대 명 수숫대. ¶슈슛대:薥薥楷(譯解下10). 金化ㅣ 金城 슈슛대 半 단만 어더 죠고만 말마치 움을 뭇고(古時調. 靑丘).

슈·습·ᄒᆞ·다 동 수습(修習)하다. ¶圓通ᄋᆞᆯ 修習호라 ᄒᆞᄂᆞ니(楞解6:50). 一切 菩薩와 末世 衆生이 아ᄃᆡ 몯호ᄆᆞᆯ 브터 幻力으로 脩習ᄒᆞ야(圓覺下二之二4). 三乘ㅅ 事理예 修習ᄒᆞ논 ᄠᅳ디 ᄀᆞᄌᆞ니라(圓覺下二之二40).

슈습ᄒᆞ다 동 수습(收拾)하다. ¶ᄇᆞᄅᆞ미 디여든 솘씨ᄅᆞᆯ 收拾ᄒᆞ고:風落收松子(重杜解10:32). 네 드레와 줄을 收拾ᄒᆞ야 내여오고져:你收拾洒子井繩出來(老解上28)〔飜老上31에는 '네 드레와 줄 서러내여 오고려'로 기록되어 있음〕. 사발과 그릇쎠를 슈습ᄒᆞ고:椀子家具收拾了(老解下41). 용심ᄒᆞ여 슈습디 아니ᄒᆞ면 너ᄅᆞᆯ 허믈ᄒᆞ리라:不用心收拾時怪你(朴解中48). 양싱이 힝니ᄅᆞᆯ 슈습ᄒᆞ야 다라나려 ᄒᆞᆯ시(落泉1:1).

슈시 명 쑤시개. ¶귀우게 亦曰 귀쇼시게 轉稱一切穿穴出入者爲쇼시 又爲슈시(華方).

슈시다 동 쑤시다. ☞ᄡᅮ시다 ¶두더쥐 슈신 흙:坌壤(柳氏物名五 土).

슈·식ᄒᆞ·다 동 수식(修飾)하다. ¶行人인 子羽ㅣ 修飾ᄒᆞ고 東里ㅅ 子産이 潤色ᄒᆞ니라(宣論3:54).

슈신 명 수신(水神). ¶魍魎ᄋᆞᆫ 나모와 돌쾌 變ᄒᆞ야 妖怪ᄃᆞ왼 거시니 ᄯᅩ 닐오ᄃᆡ 水神이라도 ᄒᆞᄂᆞ니라(金三2:28).

슈신 명 음경(陰莖). ¶슈신 우희 오목ᄒᆞᆫ ᄃᆡ 세 붓글 ᄯᅳ고:灸陰莖上宛宛中三壯(救簡1:99). 비와 슈신이:腹陰莖(救簡3:113). 슈싰 곰긔 녀흐라:內尿孔中(救簡3:121).

슈신 명 수(繡)신. ¶나도 ᄒᆞᆫ 빵 거ᄅᆞᆷ 비호ᄂᆞᆫ 슈신을 지어 뎌ᄅᆞᆯ 주리라:我也做饋他一對學行的綉鞋(朴解中48). 슈신:綉鞋(同文解上58. 譯解補29).

슈ᄉᆞ 명 궁중에서 나인의 세숫물 시중을 드는 계집종. ☞무수리 ¶시녀 계난이 슈ᄉᆞ 학천이(癸丑71).

슈삽ᄒᆞ다 형 수삽(羞澁)하다. ¶羞澁ᄒᆞᆫ 殘粧을 어ᄃᆞ 가 바로 뵈며(青友仁. 自悼詞).

슈짜락 명 숟가락. ¶져ᄂᆞᆫ 잇시되 슈짜락이 업고:匙(女四解3:24).

·슈·욕·ᄒᆞ·다 동 수욕(受辱)하다. ¶네게 受辱ᄒᆞ야 사로려 ᄒᆞ리여(三綱. 烈18).

슈알치새 명 수알치새. ¶슈알치새:角鵰(柳氏物名一 羽蟲).

슈양 명 수양(垂楊). 수양버들. ☞슈양버들 ¶슈양:垂楊柳(漢淸13:22).

슈양버들 명 수양(垂楊)버들. ☞슈양 ¶슈양버들 닷 근을 봄과 겨을예란 가지 ᄡᅳ고 녀름 ᄀᆞ을희란 닙플 ᄡᅳ더:楊柳五斤春冬用枝夏秋用葉(痘要下44). 슈양버들:楊柳(柳氏物名四 木).

슈:양아ᄃᆞᆯ 명 수양아들. ¶至極 미더 收養아ᄃᆞᆯ 사마 뒷더니(三綱. 忠17).

슈양아비 명 수양아비. ☞슈양어미 ¶슈양아비:乾爺(譯解補32).

슈양어미 명 수양어미. ☞슈양아비 ¶슈양어미:乾娘(譯解補32).

슈양ᄌᆞ식 명 수양자식. ¶어엿비 너겨 슈양ᄌᆞ식을 삼앗더니(明皇1:32).

:슈어 명 숭어. ☞슝어 ¶슈어:梭魚(四解上14 鯔字註). 슈어 치:鯔(訓蒙上20). 슈어:鯔(物譜 蟲魚). 슈어:鯔(柳氏物名二 水族).

슈어리다 동 떠들어대다. 수떨다. ☞수스워리다 ¶이 말의 어긔ᄂᆞ니 잇거든 모다 맛당이 슈어려 ᄭᅮ지즈라:有違此言衆宜誚責(警民30).

슈여ᄌᆞ 명 수혜자(水鞋子). ¶슈여ᄌᆞ:快靴子(譯解上46).

슈:오ᄒᆞ·다 동 수오(羞惡)하다. ¶羞惡ᄒᆞᄂᆞᆫ 心이 업스면 人이 아니며(宣孟3:31).

슈왈씨 명 수할치. ¶슈왈씨:鷹把式(漢淸5:32).

·슈·욕 명 수욕(羞辱). ¶너를 붓그러오며 슈욕을 멀에 홈ᄋᆞᆯ 경계ᄒᆞ노니:戒爾遠恥辱(宣小5:20).

슈욕ᄒᆞ다 동 모욕하다. ¶동ᄉᆡᆼ도 티며 구짓고 어버ᅀᅵ도 슈욕ᄒᆞ야 녜되 업스니:打罵兄弟毁辱親情無有禮義(恩重13).

슈욕ᄒᆞ·다 동 수욕(受辱)하다. ¶義옌 슈욕디 몯ᄒᆞᆯ 거시라 ᄒᆞ고:義不受辱(飜小9:66).

·슈:용 명 수용(受用). ¶受用ᄋᆞᆫ 바다ᄡᅳ다 ᄒᆞᆫ ᄠᅳ디라(月釋2:53).

슈:용ᄒᆞ·다 동 수용(受用)하다. ¶現히 이러 受用ᄒᆞᄂᆞ니(金三4:47). 여러 勝士와 ᄒᆞᆫ가지로 受用ᄒᆞ노니(六祖序7).

슈용ᄒᆞ다 동 수용(收用)하다. ¶노피 보아 사ᄅᆞᄆᆡ 儀表ᄅᆞᆯ 收用ᄒᆞ고 ᄆᆞᄋᆞᄆᆞᆯ 뷔워 道理 玄妙호ᄆᆞᆯ 맛내 너기노라:高視收人表虛心味道玄(重杜解20:6). 긔록ᄒᆞ여 슈용ᄒᆞ다:錄用(漢淸2:46).

슈운ᄒᆞ다 동 수운(輸運)하다. 물건을 나르다. ¶슈운ᄒᆞᆯ 슈:輸(倭解下19). 슈운ᄒᆞ다:搬運(同文解下19. 譯解補46). 짐 다 輸運ᄒᆞ야 드리고 ᄆᆞᆯ을 오랑 느초고 아직 기ᄅᆞ마 벗기지 말라(蒙老4:18). 완아로 힝냥을 슈운ᄒᆞ라 ᄒᆞ고(引鳳簫2).

슈울 명 술〔酒〕. ☞수울 ¶毒ᄒᆞᆫ 슈울:毒酒(三綱. 忠9).

슈위ᄒᆞ다 동 수위(守衛)하다. 지키다. ¶다 柩 겨틔자고 親戚이 ᄒᆞᆫ가지로 守衛ᄒᆞ라(家禮8:10).

슈유 명 수유(須臾). 잠시(暫時). ¶須臾에 ᄎᆞᆫ ᄒᆡ 西山애 ᄂᆞ리리라(南明上22). 道ᄂᆞᆫ 可히 須臾도 離티 몯ᄒᆞᆯ 꺼시니(宣中1). 이 어려온 글을 슈유지간의 지어내니(隣語6:1). 명이 슈유의 잇지 아니ᄒᆞ면 엇지 ᄎᆞ마 잇ᄡᅧ의 보지 아니리오(落泉1:2).

슈유 명 수유(茱萸). ¶버슷 毒ᄋᆞᆯ 고튜ᄃᆡ 茱萸ᄅᆞᆯ 달혀 더우닐 먹고 吐ᄒᆞ면 됴ᄒᆞ리라(救急下48).

슈유나모 명 수유나무. ¶슈유나모:食茱萸(柳氏物名四 木).

슈유ᄒᆞ다 동 수유(受由)하다. ¶슈유ᄒᆞᆫ 한이 기니(落泉3:7).

·슈은 명 수은(水銀). ☞시운 ¶水銀 半兩을 머그라(救急上53). 姹女ᄂᆞᆫ 水銀이니 鍊丹之藥이라(初杜解15:34). 슈은 ᄒᆞᆫ 량을 ᄂᆞᆫ화 머그면:水銀一兩分服之(救簡6:17). 슈은으로 ᄌᆞ로 스서 덥게 ᄒᆞ면:水銀數數拭之令熱(救簡6:86). 슈은 홍:汞(訓蒙中31).

슈이 부 쉬이. 쉽게. ☞쉬비 ¶범 갓ᄒᆞᆫ 官差들은 슈이 가자 ᄌᆡ촉ᄒᆞ니(萬言詞).

슈일업다 형 허물없다. ¶친ᄒᆞ여 슈일업다:熟練(漢淸6:29). 너모 용히 굴면 ᄂᆞᆷ이 슈일업시 아ᄋᆞᆸᄂᆞ니(隣語9:21).

슈자리 명 수자리. ☞슈사리 ¶임진왜난의 그 지아비 슈자리 가셔 도라오디 몯ᄒᆞ엿ᄡᅥ니:壬辰倭亂其夫赴戍未還(東新續三綱. 烈6:31). 지아비 변방의 슈자리 갈ᄉᆡ(女四解4:16). 그 지아비 슈자리 갈ᄉᆡ(女範2. 효녀 딘시ᄃᆡ양). 그 지아비 슈자리 당ᄒᆞ여 장ᄎᆞ 힝ᄒᆞᆯᄉᆡ:其夫當戍且行(五倫1:7). 복녕 ᄡᅡ히 슈자리 사다가 그 곳에셔 죽으니:福寧未幾死戍所(五倫3:49).

슈자리ᄒᆞ다 동 수자리하다. ¶멀리 슈자리 ᄒᆞ기예 당ᄒᆞᆷᄋᆡ(女四解4:14).

슈자희좃 명 수자해좆. ☞슈자ᄒᆡ좃 ¶슈자희좃:赤箭(柳氏物名三 草).

슈자ᄒᆡ좃 명 수자해좆. ☞슈자희좃 ¶슈자ᄒᆡ좃:天麻(東醫 湯液三 草部).

슈작ᄒᆞ다 동 수작(酬酌)하다. ¶경샤 원훈과 밋 그 ᄌᆞ손을 잇다감 금듕의 블러 드려 ᄇᆡ작으로ᄡᅥ ᄃᆡ접ᄒᆞ실ᄉᆡ 슈작ᄒᆞ시기를(仁祖行狀28). 말ᄉᆞᆷ을 슈작ᄒᆞ시거나(閑中錄122).

:슈:쟝 명 수장(手掌). ¶秦川에 수를 相對ᄒᆞ니 平호미 手掌 ᄀᆞᆮ도다:秦川對酒平如掌(初杜解15:1).

슈져 명 수저. 시저(匙箸). ¶예 못 보던 네 모반의 슈져 가초 장김치의 나락밥이 돈독하고(萬言詞).

슈져·비 명 수제비. ☞슈접이 ¶슈져비:麪飥饆(四解上61 飥字註). 슈져비:麪飥饆(四解上77 饆字註). 슈져비:麵飥饆(譯解上51).

슈절ᄒᆞ다 동 수절(守節)하다. ¶슈절ᄒᆞᆫ 繼母ᄂᆞᆫ 親母로 더브러 ᄒᆞᆫ가지니라(警民2). 改嫁 아니 하고 守節ᄒᆞ기ᄂᆞᆫ 쉽지 아니ᄒᆞ기의(隣語1:18).

슈접이 명 수제비. ☞슈져비 ¶슈접이:不托(物譜 飮食).

·슈졍 명 수정(水精). 수정(水晶). ☞슈쳥 ¶시혹 水精도 ᄯᅩ 됴ᄒᆞ니 구슬 업거든 구든 거슬 ᄀᆞ라 ᄆᆡᆺᄆᆡᆺ게 ᄒᆞ야 구무 들워 ᄡᅳ라(救急上50). 水玉ᄋᆞᆫ 水精이라(初杜解15:18). 슈졍 갓긴 일ᄇᆡᆨ 묵:水精珠兒一百串(老解下60). ᄉᆞ면으로 형털ᄒᆞ야 슈졍 방울 갓타니(引鳳簫1).

슈졍ᄒᆞ다 동 수정(修整)하다. 고치고 다듬다. ¶ᄉᆞᆫ니ᄭᅴ 드려 보내올 거시니 修整ᄒᆞ여 주시면(隣語1:29).

슈졍ᄒᆞ다 동 수정(修正)하다. 바르게 고치다. ¶혹여 어긋 난 ᄃᆡ 이시면 다시 修正ᄒᆞ올 거시니(隣語1:23).

슈종 명 수종(水宗). 물마루. ¶그 ᄇᆡ 슈종을 너머셔 ᄲᅧ디온가(新語1:13).

슈·족 명 수족(手足). ¶ᄀᆞ오눌인 사ᄅᆞ미 手足이 번드ᄒᆞ며(楞解9:66). 시혹 手足ᄋᆞᆯ 드리워(楞解9:111). 녯 사ᄅᆞᆷ이 닐오ᄃᆡ 手足이라 ᄒᆞ니 그 본ᄃᆡ 一體과 ᄒᆞᆫ가지라(警民

22). 君의 臣 봄이 手足ᄀᆞ티 ᄒᆞ면(宣孟8:3). 刑罰이 中티 몯ᄒᆞᆫ則 民이 手足을 措홀 빼 업ᄂᆞ니라(宣論3:36). 슈족에ᄉᆞ 똠:手足汗(漢淸5:59). 슈족 느러진 병:癱瘓(漢淸8:2). 젼ᄎᆞ 낫ᄎᆞ 먹물을 ᄢᅵ친 ᄃᆞᆺᄒᆞ고 슈족은 쳥ᄃᆡ의 다믄 ᄃᆞᆺᄒᆞ야(落泉1:2).

슈죵 명 수종(隨從). ¶正官이 몃 員이며 隨從이 몃치나 ᄒᆞᆫ뇨:正官幾員隨從幾箇(朴解中5). 슈죵 여ᄉᆞᆺ의게ᄂᆞᆫ 서 되 ᄡᆞᆯ과:從的六箇三升米(朴解中5).

슈지 명 수수께끼. ☞슈지겻기. 슈지엣말 ¶내 여러 슈지ᄅᆞᆯ 니ᄅᆞᆯ 거시니:我說幾箇謎子(朴新解1:38).

슈지 명 휴지(休紙). ¶엇디ᄒᆞ야 우리 ᄉᆞᆲᄂᆞᆫ 일은 다 슈지 사므시고 자네네 맛당ᄒᆞᆯ 쁜 몬져 ᄒᆞ시ᄂᆞᆫ고(新語4:19).

슈지겻기 명 수수께끼 내기. ☞슈지 ¶슈지겻기:謎謎(物譜 博戲).

슈지엣말 명 수수께끼. ☞슈지 ¶내 여러 슈지엣말 니ᄅᆞᆯ 거시니 네 알라:我說幾箇謎你猜(朴解上36).

슈지치 명 자수(刺繡). ¶이 大紅에 五爪蟒龍을 슈지칠 ᄒᆞ고:這的大紅綉五爪蟒龍(朴解上14). 슈지치 셩녕을 잘ᄒᆞ고:好刺綉生活(朴解上41).

슈진매 명 수진(手陳)매. 수지니. ☞슈진ᄆᆡ ¶슈진매:籠鷹(同文解下34. 譯解補47).

슈진ᄆᆡ 명 수진(手陳)매. 수지니. ☞슈진매 ¶산진ᄆᆡ 슈진ᄆᆡ 海東靑 보라ᄆᆡ가(萬言詞).

슈진이 명 수지니. 수진(手陳)매. ¶슈진이:籠鷹(漢淸13:51).

:슈·질 명 수놓기. ¶슈질 치지렛 셩녕 잘ᄒᆞ고:好刺綉生活(飜朴上45). 슈질 슈:繡(訓蒙下19). 슈질 슈:綉(倭解下9).

:슈·질ᄒᆞ·다 동 수놓다. ¶이 다홍비체 다ᄉᆞᆺ 밧ᄀᆞ락 가진 쁠 업슨 룡을 슈질ᄒᆞ니ᄂᆞᆫ 놀와 씨를 실 어울워 ᄧᆞ시니:這的大紅綉五爪蟒龍經緯合線結織(飜朴上14). 야쳥비체 ᄉᆞ화문 슈질ᄒᆞ고 금 드려 ᄧᆞᆫ 로 더그레예:鴉青綉四花織金羅搭護(飜朴上27).

슈찰 명 수찰(手札). ¶슈찰로 졍원의 뎐교ᄒᆞ샤(仁祖行狀14). 슈찰로ᄡᅥ 별로 교ᄒᆞ야 ᄀᆞᆯᄋᆞ샤ᄃᆡ(仁祖行狀27).

슈채 명 수채〔溝〕. ☞슈ᄎᆡ ¶슈채:淫陰溝(物譜 第宅).

슈채구무 명 수챗구멍. ¶슈채구무:墻水眼(同文解上36. 譯解補14).

슈챵 명 수창(首唱). ¶슈챵 챵:倡(類合下36). 슈챵이며 조ᄎᆞ니ᄅᆞᆯ 분변티 아니코 다 목 버히ᄂᆞ니라:不分首從皆斬(警民16).

슈챵ᄒᆞ다 동 수창(首唱)하다. ¶의병을 슈챵ᄒᆞ야 듁산 도적을 티더니:首倡義兵討竹山賊(東新續三綱. 孝7:29).

:슈쳥 명 수정(水精). ☞슈졍 ¶北녀근 黑玻瓈라:黑은 거믈 씨오 玻瓈ᄂᆞᆫ 믈玉이라 ᄒᆞᆫ 마리니 水精이라(月釋1:22). 또 슈쳥 구슬도 됴ᄒᆞ니:或水精珠亦佳(救簡6:15). 슈쳥 갇긴 일ᄇᆡᆨ 목:水精珠兒一百串(飜老下67).

슈쳥 명 수청(守廳). ¶슈쳥:安童(譯解補19).

슈쳥노자 명 청지기 하는 노복. ¶守廳奴子 불어ᄂᆡ여 ᄇᆡᆨ화당의 포진ᄒᆞ고(ᄇᆡᆨ화당가).

:슈·치 명 수가 놓인 것. ¶솔기며 고뢰며 금의와 슈치ᄅᆞᆯ ᄡᅳ디 아니ᄒᆞ며:不用綾羅錦繡(宣小6:98).

슈ᄎᆡ 명 수채〔溝〕. ☞슈채 ¶슈ᄎᆡ:水溝(漢淸9:76).

슈통니 명 수퉁니. ¶피겨 ᄀᆞᆺ튼 가랑니 보리알 갓튼 슈통니 잔 벼록 굴근 벼록(古時調. 李鼎輔. 一身이. 靑丘).

슈툭ᄒᆞ다 동 수축(修築)하다. ¶피국이 심양을 슈툭ᄒᆞ고(經筵).

·슈파 명 수파(水波). 물결. ¶반ᄃᆞ기 水波의 업숨 ᄀᆞᆮ도다(永嘉上95). 유심홍 블근비체 슈파 그린 면엣 기ᄅᆞ맛가지예:油心紅畫水波面兒的鞍橋子(飜朴上28).

슈파람 명 휘파람. ☞슈ᄑᆞ롬 ¶슈파람 ᄒᆞ다:打唷子(漢淸7:18).

슈판 명 수판(手板). 홀(笏). ¶슈판 홀:笏(兒學上12).

슈폐ᄒᆞ다 동 폐를 끼치다. ¶小人들히 예 와 슈폐ᄒᆞ여이다 므슴 슈폐ᄒᆞᆫ 곳이 이시리오:小人們這裏定害有甚麼定害處(老解上39). 슈폐ᄒᆞ다:多擾(譯解下46).

슈품 명 솜씨. ¶手品은ᄏᆞ니와 制度도 ᄀᆞ잘시고(松江. 思美人曲). 世上衣服 手品制度(古時調. 靑丘). 슈품을 볼셔(落城1).

슈ᄑᆞ롬 명 휘파람. ☞슈파람 ¶슈ᄑᆞ롬 쇼:嘯(倭解上43).

슈하다 동 수(壽)하다. ☞슈ᄒᆞ다 ¶슈할 슈:壽(兒學下7).

슈헐빗 명 연갈색. ¶ᄒᆞᆫ 슈헐빗치 비단을 브텨:稍一箇水褐段匹(朴解下11).

·슈:호·ᄒᆞ·다 동 수호(守護)하다. ¶이대 能히 守護ᄒᆞ야 妄이 니디 아니케 ᄒᆞ며:以善能守護令妄不起(楞解5:40).

슈확ᄒᆞ다 동 수확(收穫)하다. ¶돌 잇ᄂᆞᆫ 바티 또 足히 收穫ᄒᆞ놋다:石田又足收(重杜解9:16).

슈환 명 수환(水患). ¶연듕의 군하들을 칙ᄒᆞ여 ᄀᆞᆯᄋᆞ샤ᄃᆡ 병화와 슈환의 지해 나(仁祖行狀28).

·슈·ᄒᆞ·다 동 수(受)하다. 받다. ¶四千里 감ᄋᆞᆫ 龍이 道士ㅣ ᄃᆞ외야 三歸依ᄅᆞᆯ 受ᄒᆞᅀᆞᄫᆞ니(月印上35). 네 이제 能히 受ᄒᆞᄂᆞ니(釋譜9:28). 구즌 果報 受호ᄆᆞᆯ 이에셔 다

보며(釋譜13:17). 나ᄂᆞᆫ 나랏 恩惠ᄅᆞᆯ 受ᄒᆞᅀᆞᄫᆞ니(三綱. 忠23). 모다 디난 ᄒᆞᆫ 글워리 四千 나ᄆᆞᆫ 軸이로ᄃᆡ 受ᄒᆞ야 디뇨미 盛호ᄆᆞᆫ(法華序16). 이 經을 드러 受호니(六祖上5). 褐寬博의게 受티 아니ᄒᆞ며(宣孟3:9). 康子ㅣ 藥을 饋ᄒᆞ야ᄂᆞᆯ 拜ᄒᆞ고 受ᄒᆞ샤 ᄀᆞᆯᄋᆞ샤ᄃᆡ 丘ㅣ 達티 몯ᄒᆞᆫ디라(宣論2:59). 祿을 하ᄂᆞᆯ쾨 受ᄒᆞ거ᄂᆞᆯ(宣中18).

·슈ᄒᆞ·다 동 수놓다. ¶구슬로 ᄒᆞᆫ 발와 繡ᄒᆞᆫ 기동앤:珠簾繡柱(初杜解6:9). 슈ᄒᆞᆫ 거스란 털릭 짓고:綉的做帖裏(朴解中54). 이 만도람이 빗체 四花 슈ᄒᆞᆫ 거스란 더그레 짓고:這雞冠紅綉四花做搭護(朴解中54).

·슈ᄒᆞ·다 동 수(壽)하다. ¶知ᄒᆞᆫ 者ᄂᆞᆫ 樂ᄒᆞ고 仁ᄒᆞᆫ 者ᄂᆞᆫ 壽ᄒᆞᄂᆞ니라(宣論2:11).

슈:ᄒᆡᇰ 명 수행(修行). ¶디나건 無量劫에 修行이 니그실씨(月印上19). 修行ᄋᆞᆫ 닷가 行ᄒᆞᆯ 씨라(月釋2:25). 뎌ᄃᆞᆯ히 修行ᄋᆞᆫ 實로 優劣前後 差別이 업거니와(楞解6:50).

슈ᄒᆡᇰᄒᆞ·다 동 수행(修行)하다. ¶내 法中에 修行ᄒᆞ리 잇거든 다 이저디디 아니ᄒᆞᆫ 警戒ᄅᆞᆯ 得ᄒᆞ며(釋譜9:6). 뎌 ᄡᅡ햇 比丘 比丘尼 優婆塞 優婆夷ᄋᆡ 修行ᄒᆞ야 得道ᄒᆞᄂᆞᆫ 사ᄅᆞᆷ도 조쳐 보며(釋譜13:13). 히믈 조차 修行호미(法華3:47). 또 能히 나 업슨 行을 修行ᄒᆞ야 ᄂᆞ외야 生死業을 짓디 아니ᄒᆞ면(金三3:56). 修行ᄒᆞ리 斷常ㅅ 구데 딜가 저헤니 ᄒᆞ다가 이 구데 디면 여희여 나미 어려우니라(南明下40). 定과 慧왜 곧 ᄀᆞᆯ오리니 제 아라 修行ᄒᆞ면 ᄃᆞ토오매 잇디 아니ᄒᆞ니 ᄒᆞ다가(六祖中2).

슉녀 명 숙녀(淑女). ¶ᄉᆞ족의 아ᄅᆞᆷ다온 슉녀로(洛城1). 나의 일점 혈ᄆᆡᆨ을 스ᄉᆞ로 져ᄇᆞ리지 말고 슉녀ᄅᆞᆯ 취ᄒᆞ야 ᄌᆞ손을 니으며(洛泉1:1).

슉닝 명 숙랭(熟冷). 숭늉. ☞슉링 ¶무근 슉닝 믈:炊湯(東醫 湯液一 水部). 설데인 熟冷애 뷘 ᄇᆡ 속일 ᄲᅮᆫ이로다(蘆溪. 陋巷詞).

슉:링 명 숙랭(熟冷). 숭늉. ☞슉닝. 슝농. 슝닝 ¶ᄃᆞᄉᆞᆫ 슉링애 두 돈만 프러 머그라:以溫漿調下二錢(救簡2:107).

슉마 명 숙마(熟麻). ¶다 熟麻로 ᄡᅳ고 纓도 ᄀᆞ티 ᄒᆞ라(家禮6:26). 슉마:練麻(同文解下46. 漢淸10:62).

·슉:명 명 숙명(宿命). ¶厭耶ㅣ 즉자히 宿命을 아라(釋譜11:3). 勤苦히 窮究ᄒᆞ야 ᄎᆞ자 宿命을 貪ᄒᆞ야 求ᄒᆞ면(楞解9:104).

슉모 명 숙모(叔母). ¶伯모ㅣ며 叔母ᄅᆞᆯ 爲ᄒᆞ며(家禮6:19). 伯父 伯母와 叔父 叔母와(蒙老5:5).

:슉·부 명 숙부(叔父). ¶叔父ᄅᆞᆯ 敬홀ᄯᅵ라 ᄒᆞ리라(宣孟11:8). 伯부와 叔父ᄅᆞᆯ 爲ᄒᆞ며(家禮6:18). 伯父 伯母와 叔父 叔母와(蒙老5:5).

슉셜ᄒᆞ다 동 숙설(熟設)하다. ¶슉셜ᄒᆞ온 후 여러 날 믈니며(癸丑30).

슉셩ᄒᆞ다 형 숙성(夙成)하다. ¶싱이 사ᄅᆞᆷ의 견ᄃᆡ고 촘과 어려온 곳의 촘기ᄂᆞᆫ 그ᄃᆡ 슉셩ᄒᆞ나(落泉2:4).

슉슈 명 숙수(熟手). ¶슉슈:廚子(同文解上14. 漢淸5:32).

슉ᄉᆞ 명 숙사(熟絲). 삶아 익힌 명주실. ¶슉ᄉᆞ:絨線(同文解下24).

·슉:야 명 숙야(夙夜). ¶더욱 아ᄃᆞᄅᆞᆯ 시름ᄒᆞ야 念ᄒᆞ야 夙夜애:夙ᄋᆞᆫ 이른 아ᄎᆞᆷ이오 夜ᄂᆞᆫ 바미라(法華2:235). 내 이ᄅᆞᆯ 위ᄒᆞ야 두려워 슉야에 겨를ᄒᆞ야 편안치 못ᄒᆞ니(綸音97).

슉연이 부 숙연(肅然)히. ¶천연이 ᄆᆞᆰ으미 더으고 슉연이 조흔 거ᄉᆞᆯ 먹음어(落泉1:2).

슉연ᄒᆞ다 형 숙연(肅然)하다. ¶어시 흔연이 사례ᄒᆞ야 언에 슉연ᄒᆞ고 긔ᄉᆡᆨ이 침엄ᄒᆞ야(落泉3:7).

슉이다 동 숙이다. ¶탈망건 갓 슉이고 홋중치막 ᄢᅵ 그르고(萬言詞).

·슉:졍ᄒᆞ·다 형 숙정(肅靜)하다. 고요하다. ¶氣韻이 肅靜ᄒᆞ며:肅靜ᄋᆞᆫ 괴외홀 씨라(蒙法40).

슉질 명 숙질(宿疾). 숙병(宿病). ¶부뫼 다 슉질을 알커ᄂᆞᆯ:父母俱患宿疾(東新續三綱. 孝2:17).

슉치칼 명 채칼. ¶슉치칼:擦床兒(朴解中11).

슌 명 순(旬). ¶旬은 열흐리라(法華6:63). 슌마다 ᄒᆞᆫ 냥식 ᄆᆡ이 달혀 머그라(辟新4).

·슌 명 순(巡). 순배(巡杯). ☞슌ᄇᆡ ¶우리 몬져 두 슌만 슌ᄇᆡ 수울 머거든:我們先喫兩巡酒(飜朴上6). ᄒᆞᆫ 슌:一回(老朴集. 單字解9). 或 세 슌 ᄒᆞ며 혹 다ᄉᆞᆺ 슌 ᄒᆞ며:或三行或五行(宣小6:130).

슌 명 순채(蓴菜). ¶슌 쑨:蓴(訓蒙上14). 슌 슌:蓴(類合上11). 슌:蓴菜(東醫 湯液二 菜部). 슌:茆(詩解 物名22). 그므리 모다니 두려운 鯽魚ㅣ 버므렛고 시리 하니 ᄀᆞᄂᆞᆫ 蓴을 글히놋다:網聚粘圓鯽絲繁煮細蓴(重杜解20:30). 슌과 아혹과 양의 고기를 다 먹디 말라(辟新18). 슌:蓴(柳氏物名三 草).

슌경 명 순경(順境). ¶逆境과 順境과애 흘루믈 조차 妙ᄅᆞᆯ 得ᄒᆞ면 고기 잡ᄂᆞᆫ ᄇᆡ 믌결ᄅᆞᆯ 타 노픈 뎔 조ᄎᆞ며(南明上40).

슌금 명 순금(純金). ¶슌금 비단:渾金搭子(譯解下4).

슌딕ᄒᆞ다 형 순직(純直)하다. ¶비록 ᄒᆞ인이나 슌딕ᄒᆞ미 데일이니(癸丑117).

슌라 명 순라(巡邏). ¶盜賊을 잡ᄂᆞᆫ 官員이 거긔 밋ᄎᆞ와 巡邏 ᄒᆞ기ᄅᆞᆯ 倉卒에 만나 낫낫치 알왼대(蒙老2:14).

슌력ᄒᆞ다 [동] 순력(巡歷)하다. ¶긔빅이 슌력ᄒᆞ던 일노ᄡᅥ 도라와 뵈니(綸音157).

슌박하다 [형] 순박(淳朴)하다. ☞슌박ᄒᆞ다 ¶슌박할 슌:淳(兒學下12).

슌·박ᄒᆞ·다 [형] 순박(淳朴)하다. ¶오직 疑心호ᄃᆡ 淳朴ᄒᆞᆫ ᄯᅡ히 스스로 ᄒᆞᆫ 山川이 잇ᄂᆞᆫ가 ᄒᆞ노라:只疑淳朴處自有一山川(初杜解15:9). 점점 슌박ᄒᆞᆫ 녜 풍쇽애 도라갈 거시니:漸還淳古之俗(警民37). 潭州ㅅ ᄀᆞ올안히 甚히 淳朴ᄒᆞ며 녜로외니:潭府邑中甚淳古(重杜解9:31). 셤에 ᄇᆡᆨ셩이 부즈런ᄒᆞ고 검소ᄒᆞ고 슌박ᄒᆞ고 ᄃᆞᆺ거워(綸音74).

슌ᄇᆡ [명] 순배(巡杯). ☞슌 ¶ᄀᆞᆺ 와 문 들어든 슌ᄇᆡ ᄒᆞᆫ 잔곰 받ᄌᆞ오라:攔門盞兒都把了(飜老下35). 우리 몬져 두 슌만 슌ᄇᆡ 수울 머거든 후에 상 잡소으라:我們先喫兩巡酒後頭擡卓兒(飜朴上6). 우리 몬져 두 슌ᄇᆡ 술 머근 후에 상을 드러든:我們先喫兩巡酒後頭擡卓兒(朴解上6).

슌슈 [명] 순수(純粹). ¶슌슈 슈:粹(類合下60).

슌슌·히 [부] 순순(循循)히. ¶循循히 ᄎᆞ세 잇게 ᄒᆞ더시니:循循有序(宣小6:17). 夫子ㅣ 循循히 사ᄅᆞᆷ을 善히 誘ᄒᆞ샤(宣論2:42).

슌슌ᄒᆞ·다 [형] 순순(恂恂)하다. ¶孔子ㅣ 鄕黨애 恂恂ᄐᆞᆺ ᄒᆞ샤(宣小3:13). 孔子ㅣ 鄕黨애 恂恂ᄐᆞᆺ ᄒᆞ샤 能히 言티 몯ᄒᆞᄂᆞᆫ 者 ᄀᆞᆮ더시다(宣論2:50).

슌·식 [명] 순식(瞬息). ¶萬里ᄅᆞᆯ 디나 瞬息에 다시 오ᄃᆡ:瞬ᄋᆞᆫ 눈 ᄀᆞ몰 씨오 息은 숨쉴 씨라(楞解9:115). 瞬息雨ㅣ:瞬은 눈 ᄒᆞᆫ 번 곰작홀 ᄊᆞᅀᅵ오 息은 숨 ᄒᆞᆫ 번 쉴 ᄊᆞᅀᅵ라(法華6:101).

슌일히 [부] 순일(純一)히. 순수하고 한결같이. ¶텬셩이 본ᄃᆡ 슌일히 효도로와:性本純孝(東新續三綱. 孝3:38).

슌·일ᄒᆞ·다 [형] 순일(純一)하다. ¶純一ᄒᆞᆫ 大根ᄋᆞᆯ 길어 일우면(楞解7:11). 이 고대 ᄒᆞ다가 아논 ᄆᆞᅀᆞᆷ곳 내면 純一ᄒᆞᆫ 妙ㅣ 그츠리니(蒙法42). 그 마리 工巧코 微妙ᄒᆞ시며 純一ᄒᆞ샤 섯근 것 업스시며(法華1:95). 비록 슌일티 몯ᄒᆞ나:縱不能淳(飜小8:29). 그 독실ᄒᆞᆫ 효되 슌일코 지극홈이:其篤孝純至(宣小6:22).

슌젼히 [부] 순전(純全)히. ¶텬셩이 슌젼히 효도ᄒᆞ여:天性純孝(東新續三綱. 烈4:4).

슌젼ᄒᆞ·다 [형] 순전(純全)하다. ¶비록 能히 슌젼티 몯ᄒᆞ나:縱不能淳(宣小5:108).

:슌죵ᄒᆞ·다 [동] 순종(順從)하다. ¶오ᄂᆞᆯ 順從ᄒᆞ면 來日 富貴ᄒᆞ리다(三綱. 忠18). 歸順은 元에 가아 順從홀 씨라(三綱. 忠28). 그 아ᄅᆞᆷ다온 일란 받ᄌᆞ와 슌죵ᄒᆞ고:將順其美(宣小2:42). 머리 辛苦로이 녀가ᄆᆞᆯ 짓ᄂᆞ니 한 사ᄅᆞ미 ᄠᅳ들 順從ᄒᆞᄂᆞᆺ다:遠作辛苦行順從衆多意(重杜解16:19). 지아비ᄂᆞᆫ 모로미 계집을 권념ᄒᆞ고 계집은 모로미 지아비를 슌죵ᄒᆞ야(警民3). 만일 슌죵티 아니면 제 반ᄃᆞ시 군신 대의로ᄡᅥ(山城93). 이제로브터 오교ᄅᆞᆯ 슌죵티 아니ᄒᆞᄂᆞᆫ 재어든(仁祖行狀23). 유랑이 홀 일 업ᄉᆞ니 슌죵ᄒᆞ리라 혜아리고 조ᄎᆞ올시(落泉1:1).

슌진ᄒᆞ·다 [형] 순진(純眞)하다. ¶中道ㅣ 純眞호미 일후미 信心住ㅣ라(楞解8:14).

슌편이 [부] 순편(順便)히. ¶書契도 슌편이 ᄒᆞᄋᆞᆸ고(隣語8:6).

슌편ᄒᆞ다 [형] 순편하다. ¶其餘ᄂᆞᆫ 自然히 順便ᄒᆞ올 거시니(隣語1:17). 防塞ᄒᆞ시ᄂᆞᆫ 거ᄉᆞᆫ 順便치 아닌 일이ᄋᆞᆸ도쇠(隣語1:24).

슌풍 [명] 순풍(淳風). ¶열운 世ᄅᆞᆯ 化홀뗸 모로매 淳風을 브틀ᄯᅵ며(法華4:148).

슌풍 [명] 순풍(順風). ¶蓬萊山 님 겨신 ᄃᆡ 五更 틴 나ᄆᆞᆫ 소ᄅᆡ 셩 넘어 구름 디나 슌풍의 들리ᄂᆞ다(古時調. 鄭澈. 松江).

슌하다 [형] 순하다. ¶슌할 슌:順(兒學下8).

슌환·ᄒᆞ·다 [동] 순환(循環)하다. ¶모롬이 循環ᄒᆞ야 출화 알디니:須循環理會(宣小5:111).

슌후 [명] 순후(醇厚). ¶슌후 슌:醇(類合下33).

슌·후·ᄒᆞ·다 [형] 순후(醇厚)하다. ¶비록 슌후ᄒᆞᆫ 어딘 사ᄅᆞ미라도:雖有篤厚之人(飜小7:39).

슌후ᄒᆞ·다 [형] 순후(純厚)하다. ¶가문이 셰셰로 슌후ᄒᆞ야:家世純厚(飜小9:74). 가문이 셰셰로 純厚ᄒᆞ야:家世純厚(宣小6:69).

슌후ᄒᆞ다 [형] 순후(淳厚)하다. ¶淳厚ᄒᆞᆫ 道理ᄂᆞᆫ 불셔 喪亡ᄒᆞ도다:道已喪(重杜解1:35).

:슌·히 [부] 순(順)히. ¶順入ᄋᆞᆫ 順히 들 씨라(釋譜23:14). ᄯᅩ 제 아비 일후믈 아기 밠바당애 스면 즉재 順히 나ᄂᆞ니라(救急下82). 順히 홈이 잇고 구틔여 홈이 업스니라:有順無疆(宣小題辭1). 그 正을 順히 受홀ᄯᅵ니라:順受其正(宣孟13:1).

슌·히 [부] 순(純)히. ¶善根이 純히 니거 八十億 盛ᄒᆞᆫ 結ᄋᆞᆯ ᄒᆞ야ᄇᆞ리샤(月釋21:8). 다시 地位ㅅ 마리 업스시고 純히 妙法을 니ᄅᆞ샤(楞解1:18). 憍奢ᄅᆞᆯ 니즈면 三業이 純히 조코(永嘉上2). 漸漸 根性이 純히 닉게 ᄒᆞ시고(金三1:2).

슌ᄒᆞ·다 [형] 순(純)하다. ¶ᄒᆞᆫ 노미 큰 象 ᄐᆞ고 오시며 瓔珞이며 象ᄋᆡ 연자이 純ᄒᆞᆫ 七寶ㅣ라(月釋10:28). 그 金이 ᄒᆞᆫ적 純ᄒᆞ면 다시 섯구미 이디 아니ᄒᆞᄂᆞ니라(楞解4:37). 오직 衆生이 ᄢᅧ 므거워 根器ㅣ 純티 몯홀씨:純은 섯근 것 업슬 씨라(法華1:4). 子ㅣ 魯大師ᄃᆞ려 樂을 닐어 ᄀᆞᆯᄋᆞ샤ᄃᆡ 樂은

그 可히 알띠니 비르소 作홈애 翕ᄃᆞᆺ ᄒᆞ야 從홈애 純ᄃᆞᆺ ᄒᆞ며 皦ᄃᆞᆺ ᄒᆞ며 繹ᄃᆞᆺ ᄒᆞ야 ᄡᅥ 成ᄒᆞᄂᆞ니라(宣論1:28).

:슌ᄒᆞ·다 동 순(順)하다. 순응(順應)하다. ¶世俗經書ㅣ며 世間 다ᄉᆞ룰 마리며 싱계 사롤 일돌홀 닐어도 다 正ᄒᆞᆫ 法에 順ᄒᆞ며(釋譜19:24). 그제 諸菩薩이 부텻 ᄠᅳ들 恭敬ᄒᆞᅀᆞ와 順ᄒᆞ시며(法華4:192). 리예 슌케 ᄒᆞ면 편안ᄒᆞ고:順理則裕(飜小8:11). 父母ᄭᅴ 順티 아니커든 내티며:不順父母去(宣小2:55). 子ㅣ ᄀᆞᆯᄋᆞ샤ᄃᆡ 父母ᄂᆞᆫ 그 順ᄒᆞ시린뎌:子曰父母其順矣乎(宣中15). 쉰에 天命을 알고 여슌에 耳ㅣ 順ᄒᆞ고 닐흔에 ᄆᆞᄋᆞᆷ의 欲ᄒᆞᄂᆞᆫ 바를 조차 矩에 넘디 아니 호라:五十而知天命六十而耳順七十而從心所欲不踰矩(宣論1:10). 父母를 잘 셤겨 효도ᄒᆞ고 슌ᄒᆞ야 어긔옴이 업ᄉᆞ면(警民1). 지아비ᄂᆞᆫ 더옥 怒를 춤으며 계집은 더옥 順호믈 닐위예야(警民3).

:슌ᄒᆞ·다 형 순(順)하다. ¶通ᄒᆞ며 順ᄒᆞᆫ 境올 맛나 嗔心과 깃굼과 올타 외다 호미(牧牛訣24). 훤히 맛난 바애 順ᄒᆞ니 이 足히 밥 더 머구믈 代ᄒᆞ리로다:洸然順所適此足代加餐(初杜解6:46). ᄇᆞ롬도 고ᄅᆞ며 비도 슌ᄒᆞ야:風調雨順(飜朴上1). 슌홀 슌:順(類合下19). 슌ᄒᆞ다:順啊(同文解上21).

슌힝 명 순행(巡幸). ¶슌힝 힝:幸(註千31).

슌힝·ᄒᆞ·다 동 순행(巡行)하다. ¶園圃룰 巡行ᄒᆞ야 호믜 가져셔 믹던 이룰 ᄉᆞ랑ᄒᆞ노라:巡圃念携鋤(初杜解15:16).

·슐 명 술(術). ¶나도 ᄀᆞ티 術을 ᄒᆞ려 ᄒᆞ니(月印上46). 術은 法이라(楞解1:2). 세흔 幻師ㅣ 術을 던 觀이니 몬져 變化룰 니르와다 術法을 짓고:三幻師解術觀先起變化作術法(圓覺下二之二26). 그 둘흔 션비의 術을 아디 몯ᄒᆞ며:其二不如儒術(宣賜內訓1:32). 이도 ᄯᅩ 모딘 긔운을 더ᄂᆞᆫ 됴ᄒᆞᆫ 術이라(簡辟3. 瘟疫方3). 동궁 위ᄒᆞ여 굿을 슐을 ᄒᆞ라(癸丑9. 西宮日記上1). 이 仁ᄒᆞᆫ 術이니 牛를 보고 羊을 보디 몯ᄒᆞᆫ 시니이다:是乃仁術也見牛未見羊也(宣孟1:22). 그 術이 ᄯᅩ 만히 온디 아니ᄒᆞ여 ᄃᆞ토와 의論호미(家禮7:15).

슐 명 술(酒). ☞수을 ¶폐빅과 슐과 포육을 쟝만ᄒᆞ고:酒(女四解3:19). 밥 우희 보리 슐은 몃 그릇 먹어나냐(萬言詞). 밥 먹어 비 부르고 슐 먹어 취ᄒᆞᆫ 후의(萬言詞). 슐쥬:酒(兒學上13).

슐 명 술〔한 숟가락의 분량〕. ¶ᄒᆞᆫ 슐을 ᄲᅥ셔 보고 큰 덩이 내 노코(萬言詞). 한 슐의 療飢ᄒᆞ고 두 슐의 물리더니(萬言詞).

·슐·법 명 술법(術法). ¶術法이 놉다 ᄒᆞᆫ돌 龍올 降服히면 外道ㅣㄴ돌 아니 조ᄍᆞᄫᆞ리(月印上36). 術法이며 藥材ᄒᆞ기 니르리 다 몯ᄒᆞᄂᆞᆫ 일 업ᄉᆞ니(月釋2:71). 術法이 두려이 이닌 일후미 道行仙이라(楞解8:132).

·슐:ᄉᆞ 명 술사(術士). ¶西幸이 ᄒᆞ마 오라샤 角端이 말ᄒᆞ야ᄂᆞᆯ 術士룰 從ᄒᆞ시니:西幸既久角端有語術士之請于以許之(龍歌42章).

슐업 명 술업(術業). ¶슐업 슐:術(類合下8). 기 둥의 ᄀᆞ장 슐업이 놉흔 자ᄅᆞᆯ 쳥ᄒᆞ야(洛城2).

슐위 명 수레. ☞술위 ¶총망이 ᄂᆞ와 슐위를 븟잡고(引鳳簫1).

슐잔 명 술잔. ¶싸우고 들네여 슐잔만 탐ᄒᆞ며:杯(女四解3:20).

슓다 동 숨다. ¶슈물 익:匿(兒學下10).

슛두어리다 동 수런거리다. 떠들다. ☞수스워리다 ¶분분이 슛두어리거ᄂᆞᆯ(落泉2:5).

슛무우 명 순무. ☞쉿무수. 쉿무우 ¶슛무우:蔓菁(方藥36).

슛밋 명 술밑. ☞술믿 ¶슛밋 얼:糵(兒學上13).

슛바ᄂᆞᆯ 명 수(繡)바늘. ¶슛바ᄂᆞᆯ 一百 封(清老8:17).

슝농 명 숭늉. ☞슉닝. 슉링 ¶슝농:鍋巴水(譯解上49).

슝닝 명 숭늉. ☞슉닝. 슉링 ¶슝닝 먹듯 듀일 그 즙을 임의로 머그면:熟逐日飲汁喫豆任意服(痘瘡方20).

슝샹 명 숭상(崇尙). ¶슝샹 슝:崇. 슝샹 샹:尙(類合下18).

슝·샹ᄒᆞ·다 동 숭상(崇尙)하다. ¶推尊ᄒᆞ야 崇尙호미 맛당ᄒᆞ니라(法華4:77). 어위크며 ᄌᆞᄂᆞᆨᄌᆞᄂᆞᆨᄒᆞ니ᄂᆞᆫ 溫恭ᄒᆞ야 ᄂᆞᄌᆞᆨ호ᄆᆞᆯ 崇尙ᄒᆞᄂᆞ니라(宣賜內訓2上9). 례도로 슝샹ᄒᆞ니:專尙德禮(續三綱. 忠3). 간대옛 실업슨 의론올 슝샹ᄒᆞ니:尙清議(飜小6:23). 글지ᅀᅵ만 슝샹ᄒᆞ고 실혹을 ᄇᆞ려:尙文辭而遺經業(飜小9:9). 네 가짓 術을 슝샹ᄒᆞ야 네 가짓 ᄀᆞᄅᆞ쵸ᄆᆞᆯ 셰여:崇四術立四教(宣小1:12). 글지이만 슝샹ᄒᆞ고:尙文辭(宣小6:8). 愛敬을 崇샹호모로ᄡᅥ 本을 삼고(家禮1:4). ᄯᅩ 節物 슝尙ᄒᆞᄂᆞᆫ 바룰 古人이 잇디 아니ᄒᆞᆫ 故로(家禮10:46). 먼딧 사ᄅᆞᆷ 懷柔호믈 崇尙ᄒᆞ니:尙柔遠(重杜解1:35). 내의 崇尙ᄒᆞᄂᆞᆫ ᄆᆞᄋᆞᆷ올:所尙懷(重杜解1:42). 이 ᄀᆞ올히 이제 武事룰 崇尙ᄒᆞᄂᆞ니 어듸 가 仁人을 브트리오:此邦今尙武何處且依仁(重杜解16:24). 겨레 ᄉᆞ랑ᄒᆞ기룰 슝샹ᄒᆞ며 ᄆᆞᄋᆞᆯ헤 즐거오믈 둣거이 ᄒᆞ여(警民25).

슝어 명 숭어. ☞슈어 ¶슝어:鯔魚(東醫 湯液二 魚部).

슝치도로람이 명 땅강아지. ¶슝치도로람이:螻蛄(物譜 飛蟲).

슙다 형 쉽다. ¶쉬올 이:易(兒學下9).

·스·골 명 시골. ☞스ᄀᆞᄫᆞᆯ ¶스골 ᄆᆞᅀᆞᆯ 서리예 약 살 ᄡᅡ히 업거든 병ᄒᆞᆫ 후에:村落間未有贖藥處得病後(救簡1:103). 스골 가셔:歸鄕里(飜小9:87).
※스골<스ᄀᆞ올<스ᄀᆞᄫᆞᆯ

·스·굴 명 시골. ☞스ᄀᆞᄫᆞᆯ ¶ᄆᆞᅀᆞᇝ 길히 通ᄒᆞ면 셔울 스굴히 엇데 다ᄅᆞ리오:心徑通而華野何殊(永嘉下113). 스굴 향:鄕(訓蒙中8). ᄃᆞ리 외로오ᄃᆡ 두 스ᄀᆞᆳ ᄆᆞᅀᆞ매 서르 비취놋다:月孤相照兩鄕心(百聯5).

·스ᄀᆞᄫᆞᆯ 명 시골. ☞스골. 스굴. 스ᄀᆞ올 ¶스ᄀᆞᄫᆞᆳ 軍馬ᄅᆞᆯ 이길씨 ᄒᆞᄫᆞᅀᅡ 믈리조치샤 모딘 도ᄌᆞᄀᆞᆯ 자ᄇᆞ시니이다:克彼鄕兵挺身陽北維此兇賊遂能獲之(龍歌35章).
※스ᄀᆞᄫᆞᆯ>스ᄀᆞ올>싀골>시골

·스·ᄀᆞ올 명 시골. ☞스ᄀᆞᄫᆞᆯ ¶辭狀ᄒᆞ고 스ᄀᆞ올 갯더니(三綱. 襄勝推印). 스ᄀᆞ올 노하 보내야시ᄃᆞᆫ:乞放歸田里(三綱. 忠34 吉再抗節). 겨틔 먼 스ᄀᆞ올 소니 ᄭᅮ믈 ᄭᅮ엣거늘:傍有遠鄕客作夢(金三3:37).
※스ᄀᆞ올<스ᄀᆞᄫᆞᆯ

·스·다 동 쓰다(書). ☞ᄡᅳ다. 쓰다 ¶바회예 글 스고(三綱. 烈21). 略히 ᄒᆞ샤 스디 아니ᄒᆞ시니라:略不載(圓覺下二之二7). 文句를 서:書…文句(圓覺下二之二41). ᄎᆞ마 글 스디 몯ᄒᆞ리로다:不忍加文(宣賜內訓3:39). 힌 ᄇᆞᄅᆞ미 믯믯ᄒᆞᆫ ᄃᆡ 슨 그리:素壁滑灑翰(杜解3:65). 순 거슬 보아 藥ㅅ ᄂᆞᄆᆞᄎᆞᆯ 더러ᄇᆞ리노라:看題減藥囊(初杜解7:6). 져믄 나해 글스기와 갈ᄡᅳ기와 ᄇᆡ호니:壯年學書劍(初杜解7:15). 聖賢이 史記ㅅ 글워레 위두ᄒᆞ야 셋ᄂᆞ니:聖賢冠史籍(初杜解8:52). 글 수메 두어 사ᄅᆞᄆᆞᆯ 容納ᄒᆞ리로소니:揮灑容數人(初杜解16:53). 그를 스곡 子細히 議論호미 됴토다:題詩好細論(杜解21:6). 天子ㅅ 老臣이 題目ᄋᆞᆯ 서ᄂᆞᆯ:天老書題目(初杜解21:9). 부들 디여 서든 四座ㅣ 놀라놋다:落筆四座驚(初杜解24:18). 方ᄋᆞᆫ 남ᄀᆞ로 ᄆᆡᆼᄀᆞ라 글 슨 거시오(金三3:7). 힌 죠희 우희 거믄 字ᄅᆞᆯ 셋ᄂᆞ니:白紙上邊書黑字(金三3:59). 혀 우희 귓것 귀ᄶᆞᄅᆞᆯ 스고 ᄯᅩ 니마해도 스라:舌上書鬼字又額上亦書(救簡1:49). 슬 샤:寫(類合下39. 石千19). 언문으로ᄡᅥ 셜운 졍을 서셔 벼개 가온대 녀코:以諺字書哀痛之情藏于枕中(東新續三綱. 烈2:81). 짓기도 ᄒᆞ려니와 스긴들 아니 ᄒᆞ랴(萬言詞).

·스·다 동 쓰다(冠). ☞ᄡᅳ다. 쓰다 ¶머리예 져근 거믄 頭巾을 스고 이시려뇨:頭戴小烏巾(初杜解15:6). 어딘 宰相의 머리 우흰 進賢冠을 셋고:良相頭上進賢冠(初杜解16:26). 章甫 스고 오히려 西東에 ᄃᆞᆫ니노라:章甫尙西東(杜解21:1). 原憲이 봇곳갈 스고(南明上30). 머리예 슨 거슨:頭上戴的(飜老下52). ᄆᆞᄋᆞᆷ 조초 葛巾애 빈혀 고자 스고:隨意簪葛巾(重杜解1:50). 冠冕을 노피 스고:峩冕(重杜解4:21). 帳殿에 거믄 冕 스니:帳殿羅玄冕(重杜解5:2).

·스·다 동 쓰다. ¶기 스심과 ᄡᅡ해 ᄭᅮ민 거슨 다 花班石이니:地基地飾都是花班石(飜朴上68).

·스·다 동 소화(消化)하다. 스러지다. ☞슬다 ¶그러면 스디 아니ᄒᆞ여셔:那般時消化不得(飜老下40). 무지게 스다:虹消(同文解上2. 漢淸1:13).

스다 동 슬다(産卵). ¶누에 나븨 알 슨 ᄃᆞ시(痘要上49). 쉬 스다:下白子(譯解上53). 고기 알 스다:魚擺子(同文解下41. 漢淸14:47).

·스란문 명 스란에 놓는, 용(龍)·봉(鳳)·전자(篆字) 따위의 무늬. ☞슬란문 ¶샤향비쳇 스란문 비단:麝香褐膝欄(飜老下24).

·스·러디·다 동 스러지다. 사라지다. ¶믈을 다 마셔 그 모시 스러디니(月印上58). 즐굽ᄃᆞᄫᅵᆫ ᄆᆞᅀᆞ미 다 스러디거늘(釋譜6:9). 消ᄂᆞᆫ 스러딜 씨라(月釋序25). 내 모ᄆᆞᆯ 도라ᄒᆞ니 즉자히 스러디고(月釋2:64). 根과 塵괘 스러듀믄:根塵鎖(楞解4:132). 믈읫 스러디며 길며 ᄀᆞᄃᆞᆨᄒᆞ며 뷔윰 잇ᄂᆞᆫ 거시:凡有消長盈虛者(金三2:6). 凡情이 스러디고 聖境이 알피 나ᄐᆞᆯ시(南明上3). 더의 毒이 自然 스러디릴시(南明上38). 스러딜 쇼:消(類合下58). 그러면 곳 스러디리라:那們時便消了(朴解上14). 즉시 스러디더라(明皇1:37). 헐므은 ᄃᆡ를 스러디게 ᄒᆞᄂᆞ니:消瘡疹(臘藥7).

·스·러ᄇᆞ·리·다 동 스러지게 하다. 없애버리다. ¶ᄃᆞᆺ온 欲ᄋᆞᆯ 스러ᄇᆞ리고:消其愛欲(楞解1:17).

·스·러죽·다 동 죽어 없어지다. ¶스러주거:鎖殞(楞解2:4).

-스럽다 접미 -스럽다. ¶원슈스러은 놈:業障(譯解補21). 어룬스러온 톄:粧體面(譯解補56). 그리 自作스러이 니ᄅᆞ지 마ᄋᆞᆸ소(隣語1:1). 셩식이 至嚴ᄒᆞ고 質朴ᄒᆞᆫ 냥반이매 폐스럽다 ᄒᆞ고(隣語5:17).

스로다 동 사르다. ¶九回肝腸을 寸寸이 스로다가(古時調. 증경이. 青丘).

스르르 부 스르르. ☞스르르히 ¶錫杖 디퍼 언제 예 오니오 ᄀᆞᅀᆞᆳ ᄇᆞᄅᆞ미 ᄒᆞ마 스르르 부놋다:杖錫何來此秋風已颯然(初杜解9:24). 고온 퍼런 대ᄂᆞᆫ 조코 스르르 ᄠᅥ러딘 ᄎᆞᆫ 대 거프른 모닷도다:嬋娟碧鮮淨蕭摵寒籜聚(重杜解1:19).

스르르·히 부 스르르. ¶길 녀ᄂᆞᆫ 사ᄅᆞ미 어즈러이 비ᄆᆞ티 우ᄂᆞ니 하ᄂᆞᆳ ᄠᅳᆮ도 스르르히

ㅂ롬 부놋다:路人粉雨泣天意颯風飄(初杜解24:63).

스르를 부 스르르. ¶메욱 실은 濟州 비와 소곰 실은 瓮津 비드리 스르를 올나들 갈 제(古時調. 各道 各船이. 青丘).

스리다 형 시리다. ☞슬히다 ¶손 스리다:手寒(同文解下56). 보션 버슨 발은 아니 스리되 념의온 가슴이 산득산득ᄒᆞ여라(古時調. 天寒코. 青丘).

·스·면 명 분탕(粉湯). ☞슈면. ᄉᆡ면 ¶스면:粉湯(飜老下37). 닐굽잿 미수엔 스면과 상화:第七道粉湯饅頭(飜朴上6). 스면과 상홰니:粉湯饅頭(老解下34). 스면과 상화를 ᄒᆞ면:粉湯饅頭(朴解上7). 稍麥과 스면 먹고:喫稍麥粉湯(朴解下14).

스무 관 스무(二十). ☞스므 ¶스무 날 爲限ᄒᆞ여 내여 보내니(隣語1:19). 효양문 릴빅 스무 편을 지으되:二十(孝養解1).

스뮈나모 명 스무나무. ☞스믜나모. 스믜나무 ¶스뮈나모:刺楡(漢淸13:22).

·스·므 관 스무. ☞스무 ¶ᄒᆞᄅᆞᆺ 內예 或 스므 디위 싸호더니:一日或二十合(三綱. 忠14). 董卓이 뎡 一百과 ᄆᆞᆯ 스므 匹로 聘ᄒᆞ니(三綱. 烈9). 스므 낫 돈애:二十箇錢(飜老上20). ᄒᆞ요니 돈 스므 나치오:該二十箇錢(飜老上23). 스므 낫 됴ᄒᆞᆫ ᄉᆞᆯ진 양을 사게 ᄒᆞ라:買二十箇好肥羊(飜朴上2). 남지ᄂᆞᆫ 열 낫 겨지븐 스므 낫출 머그라:服男十枚女二十枚(瘟疫方5). 城의게 뵈고 돌아가 효양ᄒᆞᆯ 이 스므 물이러니:謁城還養者二十輩(宣小6:7).

스므나믄 수 스무남은(二十餘). ☞스므나ᄆᆞᆫ. 스므남은 ¶나히 스므나믄은 ᄒᆞ고:年二十餘(太平1:15).

·스·므나·ᄆᆞᆫ 관 스무남은(二十餘). ☞스므나믄. 스므남은 ¶스므나ᄆᆞᆫ 히ᄅᆞᆯ 부텨 졷ᄌᆞᄫᅡ 이셔(釋譜24:2). 漢王이 스므나ᄆᆞᆫ ᄆᆞᆯ 더블오 西門ᄋᆞ로 나 니거시ᄂᆞᆯ(三綱. 忠5). 스므나ᄆᆞᆫ 히ᄅᆞᆯ 지셩으로 봉양ᄒᆞ더니:二十餘年至誠奉養(東新續三綱. 孝5:67). 믄드시 스므나ᄆᆞᆫ 히 ᄃᆞ외여 가ᄂᆞ니 모딘 사ᄅᆞ미 외니 하도다:倏忽向二紀姦雄多是非(重杜解2:54).

·스·므남·은 관 스무남은(二十餘). ☞스므나ᄆᆞᆫ ¶이ᄅᆞᆺ티 홈이 스므남은 히러라:如此二十餘歲(宣小6:87).

스므시 부 방불(彷彿. 髣髴)하게. ¶스므시 鮫人을 알오:仿像識鮫人(杜解13:14). 스므시 昭丘ᄅᆞᆯ 아노라:髣髴識昭丘(杜解15:24). ᄆᆞᆯᄀᆞᆫ 서릿 九月ㅅ 하ᄂᆞᆯ해 스므시 ᄇᆞ렛ᄂᆞᆫ 낫 이사ᄅᆞᆯ 보ᄂᆞᆫ ᄃᆞᆺᄒᆞ야라:清霜九月天髣髴見滯穗(重杜解12:18).

·스·믈 수 스물. ¶藪中 담뵈ᄅᆞᆯ 스믈 살 마치시니:藪中蜜狗廿發盡獲(龍歌32章). ᄉᆈ붑 돈 지비ᅀᅡ 一百스믈 고디러라(釋譜6:38). 西天ㄷ 祖師ㅣ 스믈여듧비니(釋譜24:4). 뫼져근 목수미ᅀᅡ 一百스믈다ᄉᆞᆺ 大劫이오(月釋1:38). 스믈차힌 威嚴과 德괘 먼 ᄃᆡ 다 드러 치시며(月釋2:56). 二十八ᄋᆞᆫ 스믈여들비라(訓註3). 새로 스믈여듧 字ᄅᆞᆯ ᄆᆡᆼᄀᆞ노니(訓註3). 내 나히 스믈헤 비록 나히 져므니라 ᄒᆞ나:我年二十雖號年少(楞解2:6). 스믈힌 時節에 열힌 제론 衰ᄒᆞ며:二十之時衰於十歲(楞解2:8). 스믈 다ᄉᆞᆺ 聖이:二十五聖(楞解5:30). 스믈 가지ᄅᆞᆯ 未來예 혜면(法華1:170). 長者ᄋᆡ 아ᄃᆞᆯᄃᆞᆯ히 열히며 스믈히며 시혹 셜흔네 니르리 이 집 안해 잇더니:長者諸子若十二十或至三十在此宅中(法華2:57). 스믈다ᄉᆞᆺ 힛 자히:居二十五年(宣賜內訓2上29). 열아호배 校書ㅅ 벼스ᄅᆞᆯ ᄒᆞ니 스믈헤 소리 빗나도다:十九授校書二十聲輝赫(初杜解8:19). ᄉᆞᆶ공이 갓고니 스믈 근을 술 닷 마래 ᄌᆞ마:松節二十斤酒五斗漬(救簡1:91). 녯 례도 비록 스믈헤 가관ᄒᆞ라 일ᄏᆞ라시나:古禮雖稱二十而冠(宣小5:43). 반ᄃᆞ시 스믈헤 冠ᄒᆞᆯ 디니라(家禮3:20). 스믈:二十(同文解下20).

※스믈>스물

·스믈·헤 수 스물에. 〔ᄒᆞ첨용어 '스믈'의 부사격(副詞格).〕 독스믈 ¶스믈헤 소리 빗나도다:二十聲輝赫(初杜解8:19).

스믓홈 형 의구(依舊)함. 기스믓ᄒᆞ다 ¶賈傅의 우므리 스믓호ᄆᆞᆯ 기리 ᄉᆞ랑ᄒᆞ노라:長懷賈傅井依然(初杜解11:13).

스믓ᄒᆞ·다 형 의구(依舊)하다. ¶賈傅의 우므리 스믓호ᄆᆞᆯ 기리 ᄉᆞ랑ᄒᆞ노라:長懷賈傅井依然(初杜解11:13).

스믜나모 명 스무나무. ☞스뮈나모. 스믜나무 ¶스믜나모:刺楡樹(譯解下42. 同文解下44). 스믜나모:刺楡(柳氏物名四 木).

·스믜나무 명 스무나무. ☞느릅나모 ¶스믜나무:刺楡樹(訓蒙上10 楡字註). 스믜나무:樞(詩解 物名10).

·스·믜·다 동 스미다. 배다. ☞ᄉᆡᆷ의다 ¶어루 이 江河ㅣ ᄉᆞᄆᆞᆺ 어러 므리 스믜요ᄆᆞᆯ 通티 몯ᄒᆞ며:可謂是江河徹凍水泄不通(金三5:31). 스믠쉬궁:陰溝(訓蒙中6 溝字註). 스믤 민:泯(訓蒙下35). 먹 스믜다:墨透(譯解補12). 스믜여 붉다:透亮(譯解補56).

·스·믠문 명 암화(暗花). ¶네 이 스믠문 가진 비단과 ᄒᆞᆫᄃᆡ 너를 열 량을 주마:你這暗花段子一打裏饋你十兩銀子(飜朴上73). 감찰빗체 스믠문 ᄒᆞᆫ 비단:茶褐暗花(老解下22). 이 스믠문 비단을:這暗花段子(朴解上64). 스믠문:暗花(譯解下4).

스·믠쉬·궁 명 수채. ¶스믠쉬궁:陰溝(訓蒙

中6 溝字註).

스싱 명 스승. ☞스승 ¶스싱이 엄ᄒᆞ더라:師嚴(普勸文4).

스·스·로 부 스스로. ☞스스리. 스싀로 ¶사ᄅᆞ미게 달온 고ᄃᆞᆫ 能히 스스로 心念을 護持ᄒᆞ실 ᄯᆞᄅᆞ미라:而所以異於人者能自護心念耳(牧牛訣20). 스스로 서르 掣肘矛盾ᄒᆞ되 하더니:自相掣肘矛盾者多矣(宣賜內訓1:16). 聖朝ㅣ ᄒᆞ마 賤士ᄋᆡ 더러우믈 아ᄅᆞ시니 一物이 스스로 皇天ㅅ 恩慈ᄅᆞᆯ 니벳노라:聖朝已知賤士醜一物自荷皇天慈(初杜解15:2). 스스로 능히 우후로 ᄎᆞ자 가 쉬운 일브터 ᄇᆡ화셔:自能尋向上去下學而(飜小8:5). 도로혀 제 몸과 ᄆᆞᅀᆞ미 불셔 스스로 몬져 사오나왯ᄂᆞᆫ 주를 아디 몯ᄒᆞᄂᆞ니라:却不知道自家身與心已自先不好了也(飜小8:7). 스스로 ᄌᆞ:自(訓蒙下24. 類合下6. 倭解上27). 셩각은 진쥐 사ᄅᆞᆷ이니 스스로 일홈을 거ᄉᆡ라 ᄒᆞ다:聖覺晋州人自號居士(東新續三綱. 孝1:2). 친히 기ᄉᆞᆯ 지어 ᄌᆞ조 스스로 ᄀᆞᆯ고:親造襁褓數自遞改(東新續三綱. 孝8:71). 사롤 이ᄅᆞᆯ 스스로 ᄢᅬ ᄡᅥ 몯 ᄒᆞ노라:生事不自謀(重杜解1:14). ᄇᆡ쥬시ᄅᆞᆯ 지어 죽기로 ᄡᅥ 스스로 ᄆᆡᆼ셔ᄒᆞ니(女範3. 뎡녀 위공ᄇᆡ쳐).

스스리 부 스스로. ☞스싀로 ¶스스리 ᄌᆞ:自(光千18. 石千18).

스승 명 스승. ☞스싱 ¶和尙ᄋᆞᆫ 갓가ᄫᅵ 이셔 외오다 ᄒᆞ논 마리니 弟子ㅣ 샹녜 갓가ᄫᅵ 이셔 經 ᄇᆡ호아 외올 씨니 和尙ᄋᆞᆫ 스스을 니르니라(釋譜6:10). 法 ᄀᆞᄅᆞ치ᄂᆞ닌 스승이오 ᄇᆡ호ᄂᆞ닌 弟子ㅣ라(月釋1:9). 샹녜 스승의 ᄀᆞᄅᆞ쵸ᄆᆞᆯ 싱각ᄒᆞ야(月釋7:45). ᄒᆞ나ᄒᆞᆫ 法바ᄃᆞᆯ 스스이니:一軌範師(楞解1:33). 스승 아니면 아디 몯ᄒᆞᄂᆞ니:非師不悟(楞解4:55). 水天을 스승 사ᄆᆞ샤:師水天(楞解5:74). 스승ᄋᆞᆫ 사ᄅᆞᄆᆡ 模範이라:師者人之模範(楞解7:6). 스승ᄋᆞᆯ ᄎᆞ자(楞解跋6). 然燈ㅅ 스스이 ᄃᆞ외시고:爲然燈之師(法華1:112). 스승니믈 尊ᄒᆞᅀᆞ오미오:所以尊師(法華3:108). 法은 스스의 여러 뵈요ᄆᆞᆯ 因ᄒᆞ나:法因師開示(金剛58). 스승을 셤교ᄃᆡ:事師(宣賜內訓1:59). 우리 스승님이 然燈佛을 보ᅀᆞ오샤:我師得見然燈佛(南明上54). 그를 절ᄒᆞ야 스승 사마 法衣 法鉢를 뎐슈ᄒᆞ야:拜他爲師傳得傳衣鉢(飜朴上74). 스승 ᄉᆞ:師. 스승 부:傅(訓蒙上34). 스승 ᄉᆞ:師. 스승 부:傅(類合上17). 스승 ᄉᆞ:師(石千4). 스승 부:傅(石千15). 어버이ᄅᆞᆯ ᄉᆞ랑ᄒᆞ며 얼운을 공경ᄒᆞ며 스승을 존ᄃᆡᄒᆞ며:愛親敬長隆師(宣小書題1). 스승 ᄉᆞ:師(倭解上14). 스승:師傅(譯解上15. 同文解上42). 그 스승 쥬셰붕이 죽거ᄂᆞᆯ:其師周世鵬卒(東新續三綱. 孝6:27). 스승의게 드리ᄂᆞᆫ 폐ᄇᆡ이오(女四解2:24).

스승 명 무당. ¶네 님구미 스승 ᄉᆞ로ᄆᆞᆯ 삼가시고:前聖愼焚巫(初杜解10:25). 스승 튜믄 녜ᄅᆞᆯ 마초ᄡᅳ지 아니ᄒᆞᆫ 이리로다:鞭巫非稽古(重杜解12:41). 셰쇼개 스승이 간대로 비셰원ᄒᆞ미 미츄미 심ᄒᆞ야:世俗巫禱狂妄尤甚(正俗20).

스승·어·믜 명 여스승〔女師〕. ¶스승어믜 ᄀᆞᄅᆞ치믈 유슌히 드러 조ᄎᆞ며:姆教婉娩聽從(宣小1:7).

스승ᄒᆞ·다 동 스승으로 삼다. ¶虞秘監ᄋᆞᆯ 머리 스승ᄒᆞ다니:遠師虞秘監(初杜解8:24). 나도 ᄯᅩ 僧粲과 慧可ᄅᆞᆯ 스승ᄒᆞ간마ᄅᆞᆫ:余亦師粲可(初杜解16:1). 화담을 스승ᄒᆞ야 너비 ᄇᆡ화:師花潭博學(東新續三綱. 忠1:72). 녯 사ᄅᆞᆷ을 스승ᄒᆞ면:古爲師(女四解4:2).

스·싀 부 스스로. ¶祿俸토미 젹디 아니호ᄃᆡ 스싀 奉養호미 이 ᄀᆞᄐᆞ시니 비록 스싀 眞實로 淸白ᄒᆞ며 儉約ᄒᆞ야도:受俸不少而自奉若此雖自信淸約(宣賜內訓3:57). 스싀 奉養호미 河陽ㅅ 掌書記ㅅ 시졀ᄀᆞᄐᆡ ᄒᆞ더니:自奉如河陽掌書記時(宣賜內訓3:63).

스·싀로 부 스스로. ☞스스로. 스스리. 스ᄉᆞ로 ¶그 어미 이 ᄯᆞ니ᄆᆞᆯ 東山 ᄃᆡ희오고 스싀로 가 밥 어더 스싀로 먹고(釋譜11:40). 누위 닐오ᄃᆡ 죵이 하니 엇데 스싀로 受苦호미 이러ᄒᆞ뇨:姊曰僕妾多矣何爲自苦如此(宣賜內訓3:46). 스싀로 面勢의 구두믈 아노라:自覺面勢堅(初杜解6:36). 스싀로 便安티 아니ᄒᆞ더니:不自安(初杜解7:30). 龍ᄋᆡ 삿기ᄂᆞᆫ 스싀로 샹녯 사ᄅᆞᆷ과 다ᄆᆞᆺ 다ᄅᆞ니라:龍種自與常人殊(初杜解8:2). ᄆᆡ샹 밦中에 스싀로 소ᄂᆞᆫ 벌어지 하ᄆᆞᆯ 시름ᄒᆞ다니:每愁夜中自足蝎(初杜解10:28). 蓮葉ᄇᆡ 가ᄇᆡ얍거든 스싀로 잡달호ᄆᆞᆯ ᄇᆡ호놋다:蓮葉舟輕自學操(初杜解22:16). 스싀로 隋ㅅ 구스를 어더 夜明珠ㅣᆫ ᄃᆞᆯ 아노라:自得隋珠覺夜明(初杜解22:17). 그르 지ᅀᅥ 스싀로 경계ᄒᆞ노라:箴以自警(飜小8:8). 반ᄃᆞ시 스싀로 모믈 닷가:必自修(飜小10:3). ᄌᆞ믄 바회 스싀로 업드러 ᄃᆞ라 오놋다:千巖自崩奔(重杜解1:27). ※ 스싀로>스스로

스싀옴 부 제각기. 저마다. ¶十一月ㅅ 봉당 자리예 아으 汗衫 두퍼 누워 슬홀 ᄉᆞ라온뎌 고우닐 스싀옴 녈셔 아으 動動다리(樂範. 動動).

스ᄉᆞ로 부 스스로. ☞스싀로. 스ᄉᆡ로 ¶네 스ᄉᆞ로 내 말대로 ᄒᆞ나흘 두어 방 보게 ᄒᆞ라:你自依着我留一箇看房子(老解上30). 淫ᄒᆞ며 戲ᄒᆞ야 ᄡᅥ 스ᄉᆞ로 絕홈이니이다:淫戲用自絕(書解2:70). 무ᄃᆡ히 오직 옫과 밥의 ᄃᆞ라드러 스ᄉᆞ로 그 법에 범ᄒᆞᄂᆞᆫ 줄을 셔

ᄃᆞᆺ디 못ᄒᆞ야(警民序2). 그 아비 비록 쳥ᄇᆡᆨᄒᆞ나 옥니와 ᄃᆡ변ᄒᆞᆷ을 븟그려ᄒᆞ여 스ᄉᆞ로 죄를 당ᄒᆞ야 죽게 되엿ᄂᆞ니라:其父理雖淸白而恥爲吏訊虛自引咎罪當大辟(五倫1:39). 환공을 죽이고 스ᄉᆞ로 셔니:弑桓公而立(五倫2:5). 그 목을 남게 ᄃᆞᆯ고 스ᄉᆞ로 ᄂᆞ려디니:其頸於樹枝自奮(五倫2:8). 위 스ᄉᆞ로 ᄉᆡᆼ각호ᄃᆡ:禹自見(五倫2:15). 실로 스ᄉᆞ로 허물이 나니(女範1. 셩후 쥬션강후). 스ᄉᆞ로 샹ᄒᆞᆯ가 저허ᄒᆞᆯ 거시니:自(百行源14).

스시로 부 스스로. ☞스싀로. 스ᄉᆞ로 ¶ 昆吾와 御宿괘 스시로 니엣ᄂᆞ니:昆吾御宿自逶迤(重杜解6:10).

스싱 명 스승. ☞스승 ¶ 다ᄅᆞ니를 스싱 삼더니(重二倫44). 男애 이셔ᄂᆞᆫ 오히려 可히 ᄡᅥ 스싱을 노피며 벗을 取ᄒᆞ야 ᄡᅥ 그 德을 일우려니와:在男猶可以尊師取友以成其德(女四解4:3). 녜로ᄡᅥ 스싱을 삼으면:以古爲師(女四解4:3). 스싱:師傅(漢淸5:29). 스싱의게 셩내며 부형의게 더ᄎᆞᆨᄒᆞ며(敬信4). 스싱이 되ᄂᆞ니라(三略上4).

스울 명 술. ☞수을 ¶ 아로리ᄃᆞᆯ히 다 스울 가지고 墓애 禮로 祭ᄒᆞ고(三綱. 烈26).

스·이·다 동 쓰이다〔書〕. 쓰게 하다. ¶ 대ᄅᆞᆯ ᄉᆞ랑ᄒᆞ야셔 아ᄒᆡ 보내야 그를 스이노라:愛竹遣兒書(初杜解10:39).

스·이·다 동 쓰이다〔用〕. ☞ᄡᅳ이다 ¶ 士ㅣ 冠ᄒᆞᄂᆞᆫ 禮(儀禮篇 일홈이라)예 처엄 스일 시:士冠禮始加(宣小3:19).

스이다 동 씌우다. ☞ᄡᅳ이다. 싀이다 ¶ 다 갓곤 미ᄂᆞᆯ ᄡᅥ 그 그ᄐᆡ 스이라:俱用倒鉤冠其杪(武藝諸21).

·스주·니 동 씻으니. 닦으니. ㉮슷다 ¶ 눈므를 스주니 옷기제 젓ᄂᆞᆫ 피오:拭淚霑襟血(初杜解8:28).

스즈·니 동 씻으니. 닦으니. ㉮슷다 ¶ 님금 나가 겨신 ᄃᆡᄅᆞᆯ 아디 몯ᄒᆞ야 눈므를 스즈니 ᄇᆞᄅᆞ미 슬히 우더라:不知萬乘處雪涕風悲鳴(初杜解24:19).

·스쳐보·다 동 생각하여 보다. ¶ 도라올 ᄠᅳ데 오히려 온 가짓 시르믈 스쳐보노라:想見歸懷尙百憂(初杜解21:32).

·스·춈 동 생각함. ㉮스치다 ¶ 잇ᄂᆞᆫ ᄃᆞᆺ호ᄃᆡ 잇디 아니호미 스쵸미 아니오 업슨 ᄃᆞᆺ호ᄃᆡ 업디 아니호미 스춈 아뇨미 아니라(月釋1:36). 煩惱 바도미 受陰이오 그지업시 스쵸미 想陰이오(月釋2:14).

스츄니 동 생각하니. ㉮스치다 ¶ ᄒᆞᆫ갓 슬허셔 기튼 자최ᄅᆞᆯ 므져서 이제 니르ᄃᆞ록 ᄭᅮ메 스츄니 지즈로 左右에 잇ᄂᆞᆫ ᄃᆞᆺᄒᆞ도다:徒然咨嗟撫遺跡至今夢想仍猶左(初杜解9:6).

스취니 동 생각하니. ㉮스치다 ☞스츄니 ¶ 이제 니르도록 ᄭᅮ매 스취니:至今夢想(重杜解9:6).

스츠다 동 시치다. ☞슷다 ¶ 아직 뎌 스츰이 실 가져다가 다 스츠라:且將那水線來都引了着(朴解中55).

스츰 명 시침. 시침질. ☞스츰이 ¶ 스츰 실:水線(譯解下6).

스츰이 명 시침. 시침질. ☞스츰 ¶ 아직 뎌 스츰이 실 가져다가 다 스츠라:且將那水線來都引了着(朴解中55).

스치다 동 스치다. ☞슷치다 ¶ 스쳐 듯다:恍惚聽見(漢淸6:41). 올흔편으로 스쳐 디나(武藝圖10).

·스치·다 동 생각하다. ☞스티다. 슷치다 ¶ 想蘊은 여러 가짓 일 스칠 씨오(月釋1:35). 잇ᄂᆞᆫ ᄃᆞᆺ호ᄃᆡ 잇디 아니호미 스쵸미 아니오 업슨 ᄃᆞᆺ호ᄃᆡ 업디 아니호미 스춈 아뇨미 아니라(月釋1:36). 그지업시 스쵸미 想陰이오(月釋2:14). 想ᄋᆞᆫ ᄆᆞᅀᆞ매 스쳐 머글 씨라(月釋8:5). 鳳凰村ᄋᆞᆯ 오히려 몯니저 스치노라:尙想鳳凰村(杜解1:26). 이제 니르ᄃᆞ록 ᄭᅮ메 스츄니:至今夢想(初杜解9:6). 靑龍ㅅ 祕密ᄒᆞᆫ 그레 스쵸ᄆᆞᆯ 두고:存想靑龍祕(初杜解16:24). 고온 사ᄅᆞᄆᆡ ᄠᅳ들 기우시 스츄니:側想美人意(初杜解16:60). ᄠᅳᆮᄒᆞ요ᄆᆞᆯ 스치거니라:想爲情(初杜解16:72). 도라올 ᄠᅳ데 오려히 온가짓 시르믈 스쳐 보노라:想見歸懷尙百憂(杜解21:32). 寂寞ᄒᆞᆫ ᄒᆞᆰ 階砌을 스치고:寂寞想土階(初杜解24:40). 스칠 샹:想(石千38).

스투루다 형 서투르다. ¶ 스투룬 諺文 ᄶᅡ나 ᄡᅳ더 보난고로 傳혈지 말지(古時調. 調 및 詞).

스티다 동 생각하다. ☞스치다 ¶ 옷곳ᄒᆞᆫ 누네 ᄀᆞ독ᄒᆞᆫ 香氣ᄅᆞᆯ 正히 스티노라:正想氤氳滿眼香(重杜解11:34).

-슨다 어미 -냐. -ㄴ가. ☞-손다 ¶ 어와 져 白鷗야 므슴 슈고 ᄒᆞᄂᆞ슨다(古時調. 金光煜. 靑丘). 뒤손ᄃᆡ 타낫관ᄃᆡ 양ᄌᆞ조차 ᄀᆞᄐᆞ슨다 ᄒᆞᆫ젓 먹고 자라나시니 닷ᄆᆞ음 먹지 마라(古時調. 鄭澈. 兄아 아으야. 靑丘).

슫다 동 스치다. 문지르다. ¶ 소곰을 슫고 냥ᄒᆞᆫ 약을 흘리라:鹽擦灌涼藥(馬解上66).

슬갑 명 슬갑(膝甲). ¶ 네 날을 ᄒᆞᆫ 부 슬갑을 ᄆᆡᆫᄃᆞ라 주고려:你做饋我一副護膝(朴解上43). 가족 슬갑:皮護膝(漢淸11:11).

슬·거·옴 형 슬기로움. ㉮슬겁다 ¶ 기르 크게 도욀 사ᄅᆞᄆᆞᆫ 도국과 슬거오미 몬제오 글지조ᄂᆞᆫ 후엣 이리니:士之致遠先器識而後文藝(飜小10:11). 후마의 말이 말마다 슬거오믈 보고 우이 니ᄅᆞᄃᆡ(落泉1:2).

슬거이 부 슬기롭게. 슬기로이. ¶ 그 어미ᄅᆞᆯ 어질고 슬거이 아니 녀기리 업더라(女範1. 모의 엄연년모).

슬겁·다 [형] 슬기롭다. ☞슬갑다 ¶기르 크게 도욀 사ᄅᆞᄆᆞᆫ 도국과 슬거오미 몬져오 글지조ᄂᆞᆫ 후엣 이리니:士之致遠先器識而後文藝(飜小10:11). 사ᄅᆞ미 슬거오니 어리니 이실뿐뎡 도ᄂᆞᆫ 셩쇠 업ᄉᆞ니라:人有愚智道無盛衰(野雲41). 요ᄉᆞ이ᄂᆞᆫ 슬겁은 ᄯᆞᆯ 네 업ᄉᆞ니 실로 답답ᄒᆞ고 섭섭ᄒᆞ니(諺簡67 仁宣王后諺簡). ᄆᆞᆮ오라비 客卿인 민쳡ᄒᆞ고 슬겁더니:母兄客卿敏慧(重內訓2:34). 그 어질기 하ᄂᆞᆯ ᄀᆞᆺ고 그 슬겁기 귀신 ᄀᆞᄐᆞ니:其仁如天其智如神(十九史略1:10). 아희가 너모 슬거워도(隣語2:6). 東吳나라희 큰이 젹으니 슬거온 이 미혹ᄒᆞᆫ 이 당치 못홈을 다 아ᄂᆞ니(三譯6:9). 후마의 말이 말마다 슬거오믈 보고 우이 니ᄅᆞ되(落泉1:2).

슬근슬근 [부] 슬근슬근. ¶잇다감 쌈나 븟일 젹의 슬근슬근 슬젹여 볼가 하노라(古時調. 새악氏. 青丘).

슬금슬금 [부] 슬금슬금. ¶슬금슬금 ᄀᆞ다듬아(桑禪曲).

슬긔 [명] 슬기. ¶여ᄃᆞᆲ ᄃᆞᆯ이면 그 ᄠᅳᆮ과 슬긔 나며:阿孃八箇月懷胎生其意智(恩重9). 슬긔ᄂᆞᆫ 글의셔 나ᄂᆞᆫ 일이오(癸丑38). 슬긔 혜:慧(倭解上22). 태위 날을 슬긔 양ᄌᆞ ᄀᆞᆺ다 ᄒᆞ더라(女範2. 현녀 진ᄇᆡᆨ종쳐). 지조와 슬긔로ᄡᅥ 사ᄅᆞᆷ을 더푸며(敬信28).
※슬긔>슬기

슬·노라 [동] 슬퍼하노라. ㉮슬타 ¶도라가ᄂᆞᆫ 期約을 슬노라:惜歸期(初杜解22:18).

슬·논 [동] 슬퍼하는. ㉮슬타 ¶사라셔 여희요ᄆᆞᆫ 네브터 슬논 밸시:生別古所嗟(初杜解8:7).

·슬·다 [동] ①스러지다. 사라지다. ¶차바ᄂᆞᆯ 머거도 自然히 스러 ᄆᆞᆯ보기ᄅᆞᆯ 아니 ᄒᆞ며(月釋1:26). 色의 性이 반ᄃᆞ기 슬리니:色性應銷(楞解3:19). 根塵이 ᄒᆞ마 슬면:根塵旣銷(楞解4:118). 六根이 스러 도라가샤:六根消復(法華7:54). 塵이 슬면:塵消(圓覺上一之二145). 痰이 슬어나 시혹 吐ᄒᆞ면 곧 ᄢᆡᄂᆞ니라:化痰或吐卽醒(救急上4). 여러 妄이 스러 업스면:諸妄消亡(金三2:68). 一滴이 能히 萬病ᄋᆞᆯ 슬에 ᄒᆞ니라:一滴能令萬病消(南明上39). 萬里예 ᄠᅳᆫ 구루미 스러 흐러 업거늘:萬里浮雲消散盡(南明下62). 슬옴 어려오니라(野雲50). 가노라 下直 마라 一寸肝腸 다 스노매(古時調. 永類). ᄀᆞᆺ ᄯᅳᆨ에 다 석은 肝腸이 봄눈 스듯 ᄒᆞ여라(古時調. 一刻이. 海謠). 무지게 스다:虹消(同文解上2).
②소화되다. ¶그러면 스디 아니ᄒᆞ여셔:那般時消化不得(飜老下40).

·슬·다 [동] 스러지게 하다. ☞슬오다. 슬우다. 슬다 ¶수믈 스로ᄆᆞᆫ 곧 ᄂᆡ 스러 힌 거시 이로미오:銷息卽銷烟成白也(楞解5:58). 塵을 스로미:銷塵(楞解6:78). 重ᄒᆞᆫ 業을 슬리랏 마리 實로 샹녯 ᄠᅳ데 어긜시(南明上10).

슬란문 [명] 스란에 놓는 용(龍)·봉(鳳)·전자(篆字) 따위의 무늬. ☞스란문 ¶샤향 빗체 슬란문 ᄒᆞᆫ 비단:麝香褐膝欄(老解下22).

슬리 [부] 슬피. ¶졔문 지어 슬리 통곡ᄒᆞᆯ 졔(洛城2).

슬먹다 [동] 천천히 먹다. ¶슬먹다:懶待喫(譯解補32).

슬뮙다 [형] 싫고 밉다. ☞슬믜다 ¶보거든 슬뮙거나 못 보거든 잇치거나(古時調. 高敬文. 青丘). 제 얼굴 제 보아도 더럽고도 슬뮈웨라(古時調. 花源).

슬므어라 [형] 싫고 미워라. ¶南柯의 디난 ᄭᅮᆷ을 싱각거든 슬므어라(曺偉. 萬憤歌).

슬·믜·다 [형] 싫고 밉다. ☞슬뮙다 ¶여쉰여슷 차힌 보ᅀᆞᄫᆞᆯ 사ᄅᆞ미 슬믤 뉘 모ᄅᆞ며(月釋2:59). 여스슨 貪이니 가지고졋 ᄆᆞᅀᆞ미 슬믜욤 업수미오(法華1:25). 相이 모다 즐겨 보ᅀᆞ와 샹녜 슬믜욤 업스샤미 五十六이시고(法華2:17). 一切ᄅᆞᆯ 濟度코져 ᄒᆞ샤 ᄆᆞᅀᆞ미 슬믜욤 업스실씨라(法華2:19). 境을 조차 슬믜욤 업서:逐境無厭(法華2:123). 布施호ᄆᆞᆯ 한 劫을 디내요ᄃᆡ 오히려 슬믜욤 업소미:施經多劫尙無厭(金三3:44). 슬믤 염:厭(類合下17). 슬믤 어:飫(石千34). 貧鄙ᄒᆞᆫ 사ᄅᆞᆷ을 可히 치와 슬믜게 몯 ᄒᆞᆯ디라(家禮4:10). 王程이 有限ᄒᆞ고 風景이 못 슬믜니 幽懷도 하도할샤(松江. 關東別曲). 보거든 슬믜거나 못 보거든 잇치거나(古時調. 高敬文. 瓶歌). 紅樹淸江이 슬믜디도 아니ᄒᆞᆫ다(古時調. 尹善道. 녑ᄇᆞᄅᆞᆷ. 孤遺). 酒席에 못 슬믠 이 몸을 수이 늙게 ᄒᆞᄂᆞᆫ고(古時調. 나의 未平ᄒᆞᆫ. 青丘). ᄉᆞ랑이 슬믜던가 命薄ᄒᆞᆫ 타시런가(曺友仁. 自悼詞). 슬믜게 구다:作厭惡事(漢淸8:47).

슬·믜·욤 [형] 싫고 미움. ㉮슬믜다 ¶여스슨 貪이니 가지고졋 ᄆᆞᅀᆞ미 슬믜욤 업수미오(法華1:25). 相이 모다 즐겨 보ᅀᆞ와 샹녜 슬믜욤 업스샤미 五十六이시고(法華2:17).

슬·믜·윰 [형] 싫고 미움. ㉮슬믜다 ¶一切ᄅᆞᆯ 濟度코져 ᄒᆞ샤 ᄆᆞᅀᆞ미 슬믜윰 업스실씨라(法華2:19). 境을 조차 슬믜윰 업서:逐境無厭(法華2:123).

슬슈시·다 [동] 몹시 쑤시다. 〔슬+슈시다〕 ¶白虎風:두루 슬슈셔 알호미라(救簡1:88).

슬ᄊᆞ·ᄫᅡ [동] 슬퍼하와. ㉮슬타 ¶左右ㅣ 슬ᄊᆞᄫᅡ:左右傷止(龍歌91章). 大衆이 다시 ᄀᆞ장 슬ᄊᆞᄫᅡ(釋譜23:37).

슬ᄊᆞ·ᄫᅩ·매 [동] 슬퍼하옴에. ㉮슬타 ¶셜버 슬ᄊᆞᄫᅩ매 이셔 ᄒᆞ욞 바ᄅᆞᆯ 아디 몯ᄒᆞ다니:

痛言在疚罔知攸措(月釋序10).

슬쪄기다 동 슬근거리다. ¶잇다감 쏨 나 ᄀ려온 제 슬쪄겨 볼가 하노라(古時調. 새악시. 青丘).

슬알타 동 앓다. ¶어미 보도론 슬알커놀:母患疽(東新續三綱. 孝2:49).

슬오다 동 스러지게 하다. ☞슬다. 슬우다 ¶이싱애 ᄆᆞᄉᆞᆷ 볼기디 몯ᄒᆞ면 처딘 믈도 슬옴 어려오니라:今生未明心滴水也難消(野雲50).

슬·우·다 동 ①스러지게 하다. ☞슬다. 슬오다 ¶내 億劫엣 顚倒想ᄋᆞᆯ 슬우샤:銷我億劫顚倒想(楞解3:111). 小乘ᄋᆞᆫ 모로매 여스슬 슬운 後에ᅀᅡ ᄒᆞ나홀 업게 ᄒᆞ고:小乘必銷六然後亡一(楞解4:106). 大地옛 衆生ᄋᆡ 어드우믈 슬우시ᄂᆞ다:大地衆生消黑暗(眞言. 供養文43). 우리 시르믈 슬우며 답답ᄒᆞᆫ ᄆᆞᄉᆞ믈 헤와도ᄃᆡ 엇더ᄒᆞ뇨:咱們消愁解悶如何(飜朴上1). 德義를 슬워 ᄒᆞ여ᄇᆞ리면:銷刻德義(宣小5:17).
②스루다. ¶금 은 등 믈블에 슬워 빗내다:煤炸(漢淸12:9).

슬을암이 명 쓰르라미. 한선(寒蟬). ¶卽 寒蟹 我東俗訓瑟乙庵伊 田家以爲催秋之物云(五洲三. 氣候).

슬이다 형 시리다. ☞슬히다 ¶보슨 버슨 발은 아니 슬이되 여러 번 염왼 가슴이 산득산득ᄒᆞ더라(古時調. 天寒코 雪深. 歌曲). 보션 신발 다 업스니 발이 슬여 어이 ᄒᆞ리(萬言詞).

슬커시 부 실컷. 싫도록. ☞슬컷. 슬ᄏᆞ지 ¶金樽에 가득ᄒᆞᆫ 술을 슬커시 거우로고(古時調. 鄭斗卿. 青丘). 萬水千山에 슬커시 노니다가(古時調. 功名도. 歌曲).

슬커장 부 실컷. 싫도록. ☞슬ᄏᆞ장 ¶金樽에 ᄀᆞ득ᄒᆞᆫ 술을 슬커장 거후로고(古時調. 鄭斗卿. 海謠).

슬커지 부 실컷. 싫도록. ☞슬ᄏᆞ지 ¶ᄒᆞᆫ 되밥 快히 지어 슬커지 먹코라져(萬言詞).

슬컷 부 실컷. ☞슬커시 ¶슬컷 확논ᄒᆞ야 뭇고(癸丑54).

슬ᄏᆞ장 부 실컷. 싫도록. ☞슬커장 ¶長松 울ᄒᆞᆫ 소개 슬ᄏᆞ장 펴뎌시니(松江. 關東別曲). ᄆᆞ옴의 머근 말솜 슬ᄏᆞ장 ᄉᆞᆲ쟈 ᄒᆞ니(松江. 續美人曲). 잡거니 밀거니 슬ᄏᆞ장 거후로니(松江. 星山別曲). 창히상뎐이 슬ᄏᆞ장 뒤눕ᄃᆞ록(古時調. 鄭澈. 남극 노인셩이. 松江). 바회 쯧 믈ᄀᆞ의 슬ᄏᆞ장 노니노라(古時調. 尹善道. 보리밥. 海謠).

슬ᄏᆞ지 부 실컷. 싫도록. ☞슬커시. 슬커지. 슬ᄏᆞᆷ ¶보리밥 픗ᄂᆞ믈을 알마초 머근 後에 바횟 긋 믉ᄀᆞ의 슬ᄏᆞ지 노니노라(古時調. 尹善道. 孤遺). 벼개예 히즈려 슬ᄏᆞ지 쉬여 보쟈(古時調. 尹善道. ᄇᆞ람 분다. 孤遺). 萬頃澄波의 슬ᄏᆞ지 容與ᄒᆞ쟈(古時調. 尹善道. 水國의. 孤遺). 千岩萬壑의 슬ᄏᆞ지 볼가시니(辛啓榮. 月先軒十六景歌).

슬ᄏᆞᆷ 부 실컷. ☞슬ᄏᆞ장. 슬ᄏᆞ지 ¶내 각색 혜미 다 잇ᄉᆞ와 슬ᄏᆞᆷ 먹노이다(內簡. 鄭澈慈堂 安氏).

슬·타 동 슬퍼하다. ☞슬허ᄒᆞ다 ¶어마님 여희신 눉므를 左右ㅣ 슬ᄊᆞᄫᅡ 아바님 일ᄏᆞᄅᆞ시니:戀母悲淚左右傷止父王稱謂(龍歌91章). 三分이 슬ᄒᆞ샤 술위 우희 쳔 시러 보내시니(月印上22). 어우러 ᄒᆞᆫ 모미 ᄃᆞ외샤 울며 슬허 부텻긔 ᄉᆞᆯᄫᆞ샤ᄃᆡ(釋譜11:8). 셜버 슬ᄊᆞᄫᅩ매 이셔:痛言在疚(月釋序10). 哀慼은 슬홀 씨라(月釋序14). 大士ᄉ 모ᄆᆞᆯ 塑커나 畫ᄒᆞ야 슬허 그려 瞻禮ᄒᆞ야(月釋21:173). 네 이제 머리 셰며 ᄂᆞᆾ 삻쥬ᄆᆞᆯ 슬ᄂᆞ니:汝今自傷髮白面皺(楞解2:9). 긴 길히 ᄆᆞᄉᆞ매 거리쪄시니 劒閣ᄋᆞᆯ 슬노라:長路關心悲劒閣(初杜解7:3). 다봇 옮ᄃᆞᆺ 호ᄆᆞᆯ 슬노니:傷蓬轉(初杜解7:16). 녜브터 슬논 배시:古所嗟(初杜解8:7). ᄀᆞᅀᆞᆯ홀 슬허셔:悲秋(初杜解10:35). 封爵ᄋᆞᆯ 옮겨 酒泉郡으로 向ᄒᆞ디 몯ᄒᆞ논 이ᄅᆞᆯ 슬ᄂᆞᆺ다:恨不移封向酒泉(初杜解15:40). 글런 ᄆᆞᄉᆞᆷ 슬턴 ᄯᅡ홀 ᄉᆞ랑ᄒᆞ노니:詩憶傷心處(初杜解21:13). 도라가ᄂᆞᆫ 期約을 슬노라:惜歸期(初杜解22:18). 제여곰 하ᄂᆞᆳ ᄒᆞᆫ ᄀᆞᅀᅵ 이쇼ᄆᆞᆯ 댱샹 슬타니 ᄯᅩ 參과 商 ᄀᆞᆮᄒᆞ니 慘慘히 中腸ᄋᆞᆯ 슬노라:常恨…各在天一涯又如參與商慘慘中腸悲(初杜解22:30). 나그내로 사로매 自出을 맛보니 여희유메 멋 버늘 슬카니오:客居逢自出爲別幾悽然(初杜解23:53). 忉忉怛怛ᄋᆞᆫ 시름ᄒᆞ야 슬홀시라(南明上5). 懵懂ᄒᆞ며 頑皮靼호ᄆᆞᆯ 기피 슬노니:深嗟懵懂頑皮靼(南明下57). 汗衫 두퍼 누워 슬홀 ᄉᆞ라온뎌 고우닐 스싀옴 녈셔 아으 動動다리(樂範. 動動). 슬홀 비:悲(光千9). 슬홀 측:惻(光千16. 石千16). 슬홀 쳑:慼(光千32). 슬홀 비:悲. 슬홀 ᄋᆡ:哀(類合下6). 슬흔 ᄯᅢ면 퇴뎡ᄒᆞ여(癸丑53). 두어라 物有盛衰ᄒᆞ니 슬홀 줄이 이시랴(古時調. 白日은. 古歌).

슬·타 동 쓸다. ¶犀角ᄋᆞᆯ 슬허 ᄀᆞ라 細末호니 半兩과:犀角鎊屑研爲細末半兩(救急上15). ᄆᆞᆯ굽 슬호니 두 량:屑(簡辟21). ᄆᆞᆯ굽 슬흔 ᄀᆞᄅᆞ 두 량을:馬蹄屑二兩(瘟疫方5). ᄆᆞᆯ굽 슬흔 ᄀᆞᄅᆞ 두 냥을 블근 주머니에 녀허(辟新14).

슬·타 동 쓿다. ¶슬홀 벌:旆(訓蒙下6). 이 ᄡᆞᆯ이 구즈니 가져가 다시 슬흐라:這米麤將去再旆一旆(朴解中7). ᄡᆞᆯ 슬타:旆米(譯解上48).

슬타 형 싫다. ¶깃거 슬호미 업서:歡喜無厭

(法華1:83). 곧 업시우며 밠대롤 니르와ᄃ며 슬흔 게을우믈 머거:便起憍恣而懷厭怠(法華5:146). 즐거움과 슬홈과를 ᄂ호시며:分欣厭(圓覺上一之一29). 잇버 슬홈 업슨 젼ᄎ로:無疲厭故(圓覺下一之二32). 잇버 슬홈 업슨 ᄆᅀᆞᄆᆞᆯ 일우ᄂ니:成就無疲厭心(圓覺下一之二32). 즐기거든 즐기고 슬커든 마로ᄃ여:肯時肯不肯時罷(飜老下23). 萬事에 보디 슬흔 일이나 이시면(新語6:24). 슬타:不肯(譯解上69). 슬흘 염:厭. 슬흘 에:飫(倭解上49). 로조롤 ᄒ야 밥 지으라 ᄒ야둔 슬혀 아니 너기며:命操常執勤主炊操服勤不倦(重三綱. 盧操). 씻씻로 싱각ᄒ며 우ᄂ 양ᄌ 보기 슬희(古時調. 가면 아니. 青丘). 高臺廣室 나ᄂ마다 錦衣玉食 더옥이 슬희(古時調. 青丘). 슬흘 어:飫(註千34). 슬흘 염:厭(註千35). 슬흘 역:射(註千39). 百年을 쪼이온들 슬타랴 ᄒ랴마ᄂ(萬言詞).

슬탈·ᄒ·다 동 비탄(悲歎)하다. ¶ᄠ디 ᄒᆡ와 더블어 가 드듸여 이우러 뻐러딤이 되게ᄉᆞ 궁흔 집의셔 슬탈흔ᄃᆞᆯ 쟝ᄎ 쏘 엇디 밋츠리오:意與歲去遂成枯落悲歎窮廬將復何及也(宣小5:15).

슬푸다 형 슬프다. ☞슬프다 ¶슬푸고 셔러움을 도라보지 아니홈을:哀(女四解3:13). 송녀의 말이 슬푸고:哀(女四解4:19). 슬푸다 져 시 소릐 不如歸ᄂ 무슴 일고(萬言詞). 밤낫스로 우ᄂ 소릐 흔숨지고 슬푼 소릐(萬言詞).

슬품 명 슬픔. ☞슬홈 ¶즈믄 가짓 슬푸미:千種恨(初杜解8:34). 울기ᄋᆡ 슬품과 졔ᄉ의 졍셩이 ᄒᆞᆫᄀᆞᆯᄀ티 젼 상ᄉ ᄀᆞᆮ더라:泣之哀奉祭祀之誠一如前喪(東新續三綱. 孝7:4).

슬프·다 형 슬프다. ☞슬푸다. 슬흐다. 슯프다 ¶ᄑ롬도 셜ᄫ시며 뎌 말도 슬프실씨 兩分이 ᄀ장 우르시니(月釋8:81). 眞實로 슬프도다(金剛後序14). 슬프다 ᄒᆞᆫ 모매 ᄀᄅ쵸미 다 이에 잇ᄂ니:嗚呼一身之教盡在於斯(宣賜內訓序8). 출히 그 모미 주거도 아디 몯호미 ᄀᆞᆮᄒ니 슬프다:寧滅其身而無悟也噫(宣賜內訓1:22). 城闕에 ᄀᄉᆞᆯ히 나거ᄂᆞᆯ 畫角ㅅ 소리 슬프도다:城闕秋生畫角哀(初杜解7:3). 슬퍼 거츤 못 ᄀᆞᆮ도다:慘慘如荒澤(初杜解8:21). 슬프다 너희 이젯 사ᄅᆞ믄:嗟你今人(南明上50). 슬플 ᄋᆡ:哀(倭解上23). 슬플 샹:傷(註千7). 슬플 은:隱. 슬플 측:惻(註千16). 슬플 읍:邑(註千18). 슬플 오:於(註千28). 슬플 쳑:慼(註千32). 슬플 긍:矜(註千41).

슬픐:업시 부 슬픔없이. ¶놀애롤 노외야 슬픐업시 브르ᄂ니:歌莫哀(初杜解25:53).

슬피 명 담비 가죽. 산달피(山獺皮). ¶슬피:蜜狗皮(譯解下34).

슬·피 부 슬피. ☞슯피 ¶孝道ᄒᆞ실 아ᄃᆞᆯ 우루믈 슬피 너겨 드르샤:孝子之哭聽之傷歎(龍歌96章). 가야미 사리 오라고 몸 닷기 모ᄅᄂ ᄃᆞᆯ 舍利弗이 슬피 너기니(月印上62). 이틄날 보고 슬피 너겨(三綱. 烈5). 아니 슬피 너기리 업더니:見者無不悲悼(三綱. 孝26). 슬피 우ᄂ 나모 일흔 나비오 구즈기 드렛ᄂ 활 避ᄒᄂ 놀개로다:哀哀失木狖矯矯避弓翮(初杜解7:26).

슬하 명 슬하(膝下). ¶셩동으로 뼈 슬하의 두어 가ᄅ쳐 셩취케 ᄒ면(落泉1:1).

슬·허 동 슬퍼하여. ㉮슬타 ¶어우러 ᄒᆞᆫ 모미 ᄃ외샤 울며 슬허 부텻긔 ᄉᆞᆯᄫ샤ᄃᆡ(釋譜11:8). 슬허 울오(月釋1:45). 大士ㅅ 모ᄆᆞᆯ 塑커나 畫ᄒ야 슬허 그려 瞻禮ᄒ야(月釋21:173). 슬허 病 어더:悲傷發疾(宣賜內訓2上40). 슬허 셜워ᄒ시ᄂ 詔書ㅣ:哀痛詔(初杜解5:7). ᄀᄉᆞᆯᄒᆞᆯ 슬허셔:悲秋(初杜解10:35). 臣下ㅣ 보고 슬허 그를 지ᅀᆞᄫᆞ(南明上17). ᄉ랑ᄒ시더니 죽거ᄂᆞᆯ 슬허 비록 궁즁의 잇ᄂ(明皇1:34).

슬·허·ᄒ·다 동 슬퍼하다. ☞슯허ᄒ다 ¶須達이도 그 말 듣고 슬허ᄒ더라(釋譜6:38). 疚ᄂ 슬허ᄒᄂ 病이라(月釋序10). 悽愴ᄋᆞᆫ 슬허ᄒᄂᆞᆫ 양지라(月釋序16). 반ᄃ기 倍히 슬허홀디니:當倍悲痛(宣賜內訓1:58). 말ᄊ매 슬허ᄒ신대:言及愴然(宣賜內訓2上46). 구틔여 이 말 듣고 ᄠ들 슬허티 말오:不須聞此意慘愴(初杜解15:38). 오직 셩인이 이예 슬허ᄒ샤:惟聖斯惻(宣小題辭2). 상ᄉ애ᄂ 그 슬허홈을 닐위고:喪則致其哀(宣小2:33). 상ᄉ애ᄂ 그 슬허홈을 닐위며:喪則致其哀(警民33). 遠身金殿을 ᄂᆡ 아니 슬허ᄒ며(青友仁. 出塞曲). 뎨영이 슬허ᄒ야 글을 올녀 몸이 관비 되고:悲之(女四解4:12). 상ᄉ 보라 간 사ᄅᆞᆷ이 다 놀라 슬허ᄒ더니(女範3. 뎡녀 위부지쳐). 엇더타 驪山風雨와 茂陵 松栢을 못내 슬허ᄒ노라(古時調. 北邙山川이. 青丘). 우리ᄂ 百歲ㅅ뿐이매 그를 슬허ᄒ노라(古時調. 桃花 梨花. 歌曲). 어즈버 古國 興廢를 못내 슬허ᄒ노라(古時調. 煤山閣. 青丘). 眞實로 보오신 後면 님도 슬허ᄒ리라(古時調. 落葉에 두 字만. 歌曲). 그려셔 걸니 업스니 그를 슬허ᄒ노라(古時調. 네 얼골. 青丘). ᄭᅮᆷ길이 ᄌ최 업스ᄆᆡ 그를 슬허ᄒ노라(古時調. 李明漢. ᄭᅮᆷ에 단이ᄂ. 青丘).

·슬·홈 명 슬픔. ☞슬품. 슬훔 ¶거상호ᄆ란 슬호ᄆᆞᆯ ᄀ장ᄒ며:喪則致其哀(宣賜內訓1:46).

·슬·홈 형 싫음. ㉮슬타 ¶잇버 슬홈 업슨 젼ᄎ로:無疲厭故(圓覺下一之二32). 잇버

슬홈 업슨 ᄆᆞᅀᆞᄆᆞᆯ 일우ᄂᆞ니:成就無疲厭心(圓覺下一之二32).

슬훔 명 슬픔. ☞슬품. 슬홈 ¶蒼梧애 슬후미 엳디 아니ᄒᆞ니:蒼梧恨不淺(重杜解6:29). 기리 이웃 사ᄅᆞᄆᆡ 슬후미 ᄃᆞ외얫거니라:永爲隣里憐(重杜解6:37). 여희요맷 슬후미조차 서르 지즈ᄂᆞ다:離恨兼相仍(重杜解22:26).

·슬훔 형 싫음. ㉮슬타 ¶즐거움과 슬훔과ᄅᆞᆯ ᄂᆞ호시며:分欣厭(圓覺上一之一29). 能히 슬훔과 求홈 니르왇ᄂᆞ다:能起厭求(圓覺上一之二187).

슬·흐·다 형 슬프다. ¶悲ᄂᆞᆫ 슬흘 씨오(月釋2:22之1). 后ㅣ 舅姑ᄅᆞᆯ 미처 섬기ᅀᆞᆸ디 몯호ᄆᆞ로 슬흐샤:后以不逮事舅姑爲恨(宣賜內訓2下54). 시름ᄒᆞ야 슬흘 시라(南明上5). 슬흔 ᄣᅢ면 퇴뎡ᄒᆞ며(癸丑53).

·슬흐·여ᄒᆞ·다 동 싫어하다. ☞슬희여ᄒᆞ다. 슬ᄒᆞ여ᄒᆞ다 ¶슬흐여ᄒᆞ디 아니ᄒᆞ며 곧티디 아니ᄒᆞ야:不厭不改(宣小5:9).

·슬희·다 동 싫어하다. ☞슬희여ᄒᆞ다. 슬ᄒᆞ다 ¶生死ᄅᆞᆯ 슬희여 여희오 涅槃ᄋᆞᆯ 向ᄒᆞ야 求홈 펴 니ᄅᆞ닌:宣說厭離生死趣求涅槃(圓覺上一之二18). 應用호ᄃᆡ 잇버 슬희욤 업슬시:應用無有疲厭(圓覺上一之二106). ᄯᅩ 뎌에도 처엄 슬희여 ᄇᆞ룜 업스니라:亦於彼曾無厭捨(圓覺上一之二130). 대군 보기ᄅᆞᆯ 슬희여 두리온 것 보ᄃᆞᆺ ᄒᆞ니라(癸丑35). 산은 놉기ᄅᆞᆯ 슬희여 아니코 믈은 깁기를 슬희여 아닛ᄂᆞ니(三譯8:18). 죵야토록 글 보기ᄅᆞᆯ 슬희여 아니ᄒᆞ더라(女範4. 녈녀 은병녈녀). 구ᄒᆞ야 살온 후에 제가 슬희여 피ᄒᆞᄂᆞᆫ 쟈ᄂᆞᆫ 죵이 샹뎐 ㅂ반ᄒᆞᆫ 률노 다ᄉᆞ리고(字恤8).

·슬희·여ᄒᆞ·다 동 싫어하다. ☞슬흐여ᄒᆞ다. 슬ᄒᆞ여ᄒᆞ다 ¶나ᅀᅡ 비호ᄆᆞᆯ 가ᄫᅡ야이 너기며 슬희여ᄒᆞ리와:輕厭進習者(圓覺上一之一90). ᄡᅳᆫ 거슬 슬희여ᄒᆞ거든:厭苦者(救荒3). 지믈의 하며 젹음과 가난홈을 슬희여ᄒᆞ고 가ᄋᆞᆷ열움을 求홈을 닐으디 아니홈이오:不言財利多少厭貧求富(宣小5:100). 쳐ᄌᆞ식이 가장 슬희여ᄒᆞ더니:妻子頗厭(二倫34 樓護養呂). 風塵을 슬희여홈이야 네오 너오 다르랴(古時調. 兪崇. 淸溪邊. 靑丘). 슬희여ᄒᆞ다:可厭(同文解上33).

·슬·히 부 싫게. ¶羅雲이 져머 노ᄅᆞ솔 즐겨 法 드로ᄆᆞᆯ 슬히 너겨 ᄒᆞ거든(釋譜6:10). 늘그니 病ᄒᆞ니 주근 사ᄅᆞᆷ 보시고 世間 슬히 너기샤 出家ᄒᆞ샤(釋譜6:17). 色과 뷔윰과 슬히 너겨(月釋1:35). 女人이 골 업고 더러ᄫᅳ며 病 하ᄆᆞᆯ 슬히 너겨(月釋21:87). 이 더러ᄫᅳᆫ 女人이 女身ᄋᆞᆯ 슬히 너기디 아니ᄒᆞ면(月釋21:87).

슬히·다 형 시리다. ¶ᄇᆞᄅᆞᆷ마자 힘과 ᄲᅧ왜 슬혀 범븨오:中風筋骨風冷頑痺(救簡1:12).

슬히여ᄒᆞ다 동 싫어하다. ☞슬ᄒᆞ여ᄒᆞ다 ¶슬히여ᄒᆞ다:厭(漢淸7:49).

·슬·ᄒᆞ·다 동 싫어하다. ☞슬희다 ¶솑가락 자ᄇᆞ며 筌 두미 ᄀᆞ장 슬ᄒᆞ니라:切忌執指而留筌(月釋序22). 十方天仙이 그 내 더러우믈 슬ᄒᆞ야 다 머리 여희며:十方天仙嫌其臭穢咸皆遠離(楞解8:5). 오히려 有를 슬ᄒᆞ야 空ᄋᆞᆯ 着ᄒᆞ니:猶厭有着空(法華2:100). 三塗苦ᄅᆞᆯ 슬ᄒᆞ야:厭三塗苦(金剛上21). 슬ᄒᆞᆯ 염:厭(石千35).

·슬·ᄒᆞ·야·ᄒᆞ·다 동 싫어하다. ☞슬흐여ᄒᆞ다. 슬ᄒᆞ여ᄒᆞ다 ¶사ᄅᆞᄆᆡ 受苦ᄅᆞᆯ 맛나아 老病死ᄅᆞᆯ 슬ᄒᆞ야ᄒᆞ거든(釋譜13:17). 나리 져믈씨 나가디 슬ᄒᆞ야커늘:李顧天已暮不肯去(三綱. 烈16).

슬ᄒᆞ여ᄒᆞ다 동 싫어하다. ☞슬흐여ᄒᆞ다. 슬ᄒᆞ야ᄒᆞ다 ¶다만 슬ᄒᆞ여ᄒᆞ시게 ᄉᆞᆲᄂᆞᆫ 일이 언마ᄂᆞᆫ 이 苦衆ᄃᆞ흔 유여호믈 웃듬으로 ᄒᆞ니(新語9:10).

슮곰 명 큰곰. ¶슮곰:羆(物譜 毛蟲).

슯프·다 형 슬프다. ☞슬프다 ¶우ᄂᆞᆫ 소릐 슯프거ᄂᆞᆯ:鳴聲悲(飜小9:100). 슯프다 董生이여 아ᄎᆞᆷ의 나가 받갈고 밤의 도라와 녯 사ᄅᆞᆷ의 글을 닑놋다:嗟哉董生朝出耕夜歸讀古人書(宣小6:92).

슯피 부 슬피. ☞슬피 ¶杜鵑ㅣ 暮春에 니르리 슯피 그 ᄉᆞ이예셔 우더라:杜鵑暮春至哀哀叫其間(重杜解17:3).

슯·허ᄒᆞ·다 동 슬퍼하다. ☞슬허ᄒᆞ다 ¶우ᄂᆞᆫ 소릐 슯허ᄒᆞ야 두루 건니며 뛰놀아 오래 ᄠᅥ나디 아니ᄒᆞ고:鳴聲悲彷徨躑躅久不去(宣小6:93).

슴거옴 형 싱거움. ㉮슴겁다 ¶져기 슴거옴이 잇다:微微的有些淡(老解上20).

슴겁·다 형 싱겁다. ☞승겁다 ¶能과 所왜 다 업슨 고디 이을오 슴거워 寂滅ᄒᆞᆯ시 大用ᄋᆞᆯ 어즈러이 니ᄅᆞ와도미니(南明上71). 네 맛보라 ᄧᆞ녀 슴거우녀:你嘗看鹹淡(飜老上22). 이 탕이 슴겁다:這湯淡(飜老上61). 슴거울 담:淡(訓蒙下14. 兒學下8). 져기 슴거옴이 잇다:微微的有些淡(老解上20). 이 탕이 슴거오니:這湯淡(老解上55). 슴겁다:淡(譯解上53).

슴슴ᄒᆞ·다 형 심심하다. ¶슴슴ᄒᆞᆫ 젼국 스믈ᄒᆞᆫ 낫과:淡豆豉二十粒(救簡3:64). 슴슴ᄒᆞᆫ 청쥬나 ᄌᆞ초 불운 믈에나 ᄒᆞᆫ 환을 플어 머기고:淡酒或紫草飮化下(痘要下28).

습긔 명 습기(濕氣). ¶이 阿脩羅ᄂᆞᆫ 濕氣ᄅᆞᆯ 因ᄒᆞ야 잇ᄂᆞ니 畜生趣예 자펫ᄂᆞ니라(楞解9:34). 임의 濕氣ᄅᆞᆯ 믈리텨 水患을 免ᄒᆞ고(家禮7:24). 당안의 드러와 습긔ᄅᆞᆯ 니긔지

못ᄒᆞ야(落泉2:4).

·습·긔 명 습기(習氣). ¶大藏經이며 儒와 道와 한 그를 다 보아 여러 生앳 習氣를 ᄒᆞ야ᄇᆞ려 淸淨ᄒᆞ야 ᄀᆞᆺ시 업스며 圓明ᄒᆞ야 ᄀᆞ료미 업서ᅀᅡ:看過藏教儒道諸書消磨多生習氣淸淨無際圓明無碍(蒙法46).

·습·습·히 부 습습(熠熠)히. ¶ᄒᆞᆫ가지로 난 터희 野馬 ᄀᆞᆮᄒᆞ야 熠熠히 ᄆᆞᆯ기 어즈러:熠熠은 번들원들ᄒᆞᆫ 양ᄌᆡ라(楞解10:2).

습습ᄒᆞ다 형 습습(習習)하다. ¶和風이 習習ᄒᆞ야 兩腋을 추혀드니(松江. 關東別曲).

습윤ᄒᆞ다 동 습윤(濕潤)하다. ¶기프면 濕潤ᄒᆞ야 수이 서글가 두려ᄒᆞᄂᆞᆫ 故로(家禮7:15).

습프다 형 슬프다. ☞슬프다 ¶습프다 인간 사ᄅᆞᆷ미 냑간 보시 션ᄉᆞᄒᆞ면 영화 부귀를 보고져 ᄒᆞ니(普勸文22).

·슷 명 사이. ☞슺 ¶하ᄂᆞᆶ 風流ㅣ 그ᄎᆞᆯ 슷 업스니. 諸佛 供養이 그ᄎᆞᆯ 슷 업스니(月釋7:58). ᄆᆞᅀᆞ매 그츨 슷 업시 ᄒᆞᇙ디니:心無間斷(楞解7:23). 時節이 歇ᄒᆞᇙ 슷 업스며:時無間歇(楞解7:24). 슷 간:間(訓蒙下34).

·슷·다 동 씻다. 닦다. ☞슷다 ¶고ᄒᆞᆯ 싀여 ᄒᆞ며 눉므를 슷디 아니ᄒᆞ리 업스며:莫不爲酸鼻揮涕(宣賜內訓3:38). ᄀᆞ장 시르메 ᄒᆞᆫ 번 눉므를 슷고 서르 맛보니 곧 兄이로다:窮愁一揮淚相遇卽諸昆(初杜解16:4). ᄀᆞᅌᆞᆯ히 니르거늘 ᄆᆞᆯᄀᆞᆫ 방하ᄅᆞᆯ 슷놋다:秋至拭淸砧(初杜解25:17). 댱샹 믄 ᄯᅡ해 ᄡᅮ처 슷고 ᄢᅢ혀 젼국 ᄉᆞᆷ을 보ᄃᆡ:常常揩拭所咬傷處却搯開看豉丸內(救簡6:41). 슈은으로 ᄌᆞ로 스서 덥게 ᄒᆞ면 즉재 스러디리니:水銀數數拭之令熱卽消(救簡6:86). 상 스셔라:抹卓兒(飜老上60). 스슬 말:抹(訓蒙下20). 스슬 온:搵. 스슬 ᄀᆡ:揩(訓蒙下23). 스슬 식:拭(類合下32). 셔기 定ᄒᆞ거든 主人이 손 시서 슷고 올라 搢笏ᄒᆞ고:立定主人盥洗升搢笏(家禮1:25). 제 코ᄅᆞᆯ 프러 슷기ᄅᆞᆯ 간졍히 ᄒᆞᄂᆞ니라:擤了他鼬帶揩的乾淨着(朴解中47). 일즙 슷디 아니ᄒᆞ여시니:不曾揩來(朴解中48). 쇠손 가져다가 다시 스서 번번이 ᄒᆞ라:將泥鏝來再抹的光着(朴解下6). 밋 슷ᄂᆞᆫ 죠희:茅紙(譯解上19). 눈을 슷고 ᄌᆞᆺ 니러나더라(太平1:24).

슷다 동 시치다. ☞스츠다 ¶슷다:引了(譯解下6). 슷다:草縫(同文解上56. 譯解補41). 슷다:綳(漢淸11:26).

슷다 동 스치다. 문지르다. ☞ᄡᅳᆺ츠다. 슫다 ¶소곰 ᄒᆞᆫ 돈을 슷츠라:擦鹽一錢(馬解上68).

슷무수 명 순무. ☞쉿무수 ¶슷무수 즛두드린 즙:蕪菁汁(瘟疫方4).

슷므:르·다 동 짓무르다. ☞즛므르다 ¶셜리 니예 감창이 헐에 머거 구리고 슷므르거든:走馬牙疳蝕損腐爛(救簡3:49).

·슷봇·다 동 씻어 훔치다. 씻어 닦다. 〔'슷〈拂〉', '봇〈拂拭〉'의 복합어(複合語).〕 ¶암사ᄉᆞ미 ᄒᆞᆫ ᄯᆞ니ᄅᆞᆯ 나하 두고 할타가 仙人ᄋᆞᆯ 보고 나ᄃᆞᄅᆞ니라 그 ᄢᅴ 仙人이 그 ᄯᆞ니ᄅᆞᆯ 어엿비 너겨 草衣로 슷봇고 뫼ᅀᆞᄫᅡ다가 果實 ᄠᅡ 머겨 기르ᅀᆞᄫᅡ니(釋譜11:25). 〔釋迦譜大方便佛報恩經卷三에는 '卽以草衣裹拭將還'으로 기록되어 있음.〕

슷·이·다 형 떠들썩하다. 자자하다. ☞슷이다 ¶李德武의 겨집 裴氏 孝道ᄒᆞᄂᆞ다 ᄒᆞ야 ᄀᆞ올히 슷이더니:李德武妻裴字淑英安邑公矩之女以孝聞鄕黨(三綱. 烈14).

·슷치·다 동 스치다. ☞스치다 ¶녯글 ᄃᆞᆯ ᄒᆞᆯ 잠싼 슷치고:略涉書史(宣小6:59).

슷치다 동 생각하다. ☞스치다 ¶슷칠 샹:想(光千38). 그 婆子ㅣ 宋江의 ᄯᅳᆺ을 슷치고(水滸誌).

슷치다 동 감추다. ¶져의 심술이 부졍ᄒᆞ믈 슷치고(落泉4:10).

슷치다 동 낌새를 채다. ¶후마의 긔지ᄅᆞᆯ 슷치고 가쇼롭기ᄅᆞᆯ 참지 못ᄒᆞ더니(落泉1:2). 쇼졔 이 날은 슷치고 혜랑의 말을 좃고져 ᄒᆞ나(落泉1:2). 쇼져 동졍을 슷치고 급히 니러 니ᄅᆞᄃᆡ(落泉3:7).

·승 명 여승(女僧). ¶三寶ᄂᆞᆫ 佛와 法과 僧괘라(釋譜序6). 憍陳如를 濟渡ᄒᆞ샤 羅漢이ᄃᆞ외니 僧이라 ᄒᆞᆫ 일후미 이시니라(釋譜13:59). 一千二百 히 後에ᄂᆞᆫ 즁과 승과 여러 子息 나하(釋譜23:35). 波斯匿王ㅅ 누의 승 ᄃᆞ외야(釋譜24:18). 城 밧긔 닐굽 뎔 일어 즁 살이시고 城 안해 세 뎔 일어 승 살이시니라(月釋2:77). 未來世예 스이며 겨집ᄃᆞᆯ히 샹녜 고ᄌᆞᆨᄒᆞᆫ ᄆᆞᅀᆞᄆᆞ로 阿難ᄋᆡ 恩德을 念ᄒᆞ야(月釋10:22). 大師ㅣ 샹녜 僧과 俗ᄋᆞᆯ 勸ᄒᆞ샤ᄃᆡ(六祖上5). 僧은 淨이니(六祖中33). 승이 卷을 자바(六祖中58). 승 니:尼(訓蒙中2. 倭解上53). 여러 僧ᄋᆞᆫ 오히려 齋時엣 바ᄇᆞᆯ 주ᄂᆞ다:諸僧尙乞齋時飯(重杜解9:20). 임의 승이 되얏ᄂᆞᆫ디라(女四解4:23). 승:尼姑(同文解下11). 승:尼僧(漢淸5:33).

승겁다 형 싱겁다. ☞슴겁다 ¶승거울 담:淡(倭解上48). 승거올 담:淡(註千3). 달고 승겁고 향그랍게 ᄒᆞ고:淡(女四解3:10). 승겁다:淡(同文解上61).

승경 명 승경(勝景). ¶이후ᄂᆞᆫ 자로 와 보고 션유ᄒᆞᄂᆞᆫ 승경을 니ᄅᆞ니(落泉2:5).

승그러타 형 더부룩하다. ¶다ᄆᆞᆫ 승그러케 긔ᄒᆞᆯ ᄯᆞᄅᆞ미라:但欲其鬆耳(痘要上39).

승냥 명 승냥이. ☞승량이. 승냥이 ¶승냥의 가족:豺皮(東醫 湯液一 獸部).

승·냥·이 명 승냥이. ☞승량이 ¶승냥이와 슈달이 다 근본 갑픔을 알거늘:豺獺皆知報

本(宣小5:40). 승냥이:豺(同文解下38. 漢清14:5). 승냥이:豺(物譜 毛蟲. 柳氏物名一 獸族). 승냥이 지:豺(兒學上7).

승뎐ᄒᆞ다 동 승전(勝戰)하다. ¶적이 삼밧개셔 승뎐ᄒᆞ고 항복바든 고로(山城141).

숭·량이 명 승냥이. ☞승냥이. 승냥 ¶숭량이 싀:豺(訓蒙上18). …我東方言訓 豺曰昇良伊(五洲三. 氣候). 승량이 싀:豺(類合上13. 倭解下23).

숭맛불·휘 명 승마(升麻)의 뿌리. ¶숭맛불휘:升麻(救簡1:26).

승법실 명 승법실(僧法實). 만형자(蔓荊子). ¶승법실:蔓荊實(東醫 湯液三 木部).

승복ᄒᆞ다 동 승복(承服)하다. ¶승복ᄒᆞ다:認罪(譯解補37).

:숭:부 명 승부(勝負). ¶先後를 ᄃᆞ토면 곧 迷人과 ᄒᆞᆫᄒᆞ야 勝負를 긋디 몯ᄒᆞ야(六祖中3).

승새 명 승새. ¶승새 굵다:粗疎(同文解下25). 승새 ᄀᆞᄂᆞ다:織密(譯解補39). 승새 ᄆᆡᆨᄂᆞ다:密實(漢清10:61).

승션ᄒᆞ다 동 승선(乘船)하다. ¶吉日을 擇定ᄒᆞ여 乘船ᄒᆞ게 ᄒᆞ엳ᄉᆞ오니(隣語2:3).

승슈ᄒᆞ다 동 승수(承受)하다. 윗사람의 명을 받들어 잇다. ¶그 ᄆᆞᄋᆞᆷ을 승슈ᄒᆞ샤 글 닑을 ᄢᅢ에(經筵).

숭:슌ᄒᆞ·다 동 승순(承順)하다. 윗사람의 명령에 잘 따르다. ¶能히 法門을 承順ᄒᆞ샤 受領ᄒᆞ야 일후미 업스시니라(楞解6:34). 일절 승슌티 아니ᄒᆞ고(癸丑22).

숭아 명 승아. 수영. ☞싀영 ¶숭아:酸漿草(四解下73 葴字註). 숭아:酸蕣(譯解下11). 승아:酸漿菜(同文解下4). 승아:酸醬菜(漢清12:40).

숭암초 명 승검초. ☞승엄초 ¶구리댓 불휘와 숭암촛 불휘 각 ᄒᆞᆫ 량애:白芷當歸各一兩(救簡6:92).

승엄초 명 승검초. ☞숭암초 ¶승엄초 불휘:當歸(東醫 湯液三 草部). 當歸鄕名僧庵屮(集成方). 승엄초:當歸(柳氏物名三 草).

승지 명 승지(勝地). ¶왕싱이 승지의 유람ᄒᆞ기를 일캇고(落泉2:5).

승픽 명 승패(勝敗). ¶부현 군졸이 다 모다 녕을 기ᄃᆞ리니 승픽의 조각이 경긱의 달녀시며(落泉3:7).

승하 명 영생이. 박하(薄荷). ¶薄荷方言曰僧荷(雅言一).

·슺·다 동 씻다. 닦다. 훔치다. ☞슷다 ¶瘡腫 스저 ᄇᆞ론 죠희라 닐오몰 올타 호리라:是拭瘡疣紙(蒙法61). 酖은 毒ᄒᆞᆫ 새니 그 지츠로 飮食에 스저 머그면 사ᄅᆞ미 죽ᄂᆞ니라(宣賜內訓2下47). 눈므를 스주니 옷기제 젓ᄂᆞᆫ 피오:拭淚霑襟血(初杜解8:28). 거믄 가ᄎᆞ로 ᄆᆡᆼᄀᆞ론 几를 스저 지여셔:拂拭烏皮几(初杜解15:4). 눈므를 스즈니 ᄇᆞᄅᆞ미 슬히 우더라:雪涕風悲鳴(初杜解24:19). 靑을 믈며 綠ᄋᆞᆯ 슷고:堆靑抹綠(金三4:58). 時時예 브즈러니 스저:時時勤拂拭(六祖上15).

·슺 명 사이. ☞슷 ¶그츤 스치 업거늘:無間斷(南明上13). 漁舟에 누어신들 니즌 스치 이시랴(古時調. 李賢輔. 長安을. 靑丘).

싀- 접두 시(媤)-. ¶싀아비:公公(同文解上11. 漢清5:37).

싀겨릐 명 시가(媤家) 친족. ☞싀결레 ¶미양 셰시면 싀겨릐게 문안ᄒᆞ고(五倫3:28).

싀결레 명 시가(媤家) 친족. ☞싀겨릐 ¶姑와 姊와 妹 그 夫ㅣ 死ᄒᆞ고 싀결레예 兄弟 업거든 夫의 族人으로 ᄒᆡ여곰 喪을 主ᄒᆞ고:姑姊妹其夫死而夫黨無兄弟使夫之族人主喪(家禮5:4).

·싀·골 명 시골. ☞스ᄀᆞᄫᆞᆯ ¶싀골 바틀 ᄒᆞᆫ들에 ᄒᆞ야:鄕田同井(正俗12). 두 싀고리:兩鄕(百聯22). 싀골셔 나 ᄌᆞ라되:生長草野(宣小6:60). 싀골 도라가:歸鄕里(宣小6:81). 뎡시 싀골셔 긔별 듣고 우루믈 그치디 아니ᄒᆞ니:鄭氏在咸昌村舍聞之號哭不絕聲(東續三綱. 烈19). 임진왜난의 싀골 군ᄉᆞ를 블러 뫼화:壬辰倭亂召募鄕兵(東新續三綱. 忠1:63). ᄯᅩ 드르니 싀골 풍쇽이:又聞鄕俗(警民36). 싀골 일이란ᄃᆡ 아므란 貴ᄒᆞᆫ 일도 업슨ᄃᆡ(新語7:5). 싀골 ᄉᆞ태우와 모든 션비들이(女範4. 녈녀 황시졀). 싀골:鄕(倭解上34). 싀골:鄕村(同文解上40. 譯解補10. 漢清9:22). 今以郡縣爲縣方言云柴骨(雅言二). 싀골 향:鄕(兒學上4). 신이 새로 싀골노부터 와시니(經筵).

싀공 명 시궁. ☞싀궁. 싀궁치 ¶싀공:溝子(譯解上6).

싀궁치 명 시궁창. ☞싀궁. 싀공 ¶엇지타 싀궁치 뒤져 언먹ᄂᆞᆫ 오리ᄂᆞᆫ(古時調. 靑天 구름 밧게. 靑丘).

싀권당 명 시가(媤家) 친족. ¶싀권당으란 그지업시 ᄃᆡ졉ᄒᆞ고 제녁 술권당으란 소히ᄒᆞᄂᆞ니:異姓他宗情深眷重自家骨肉却已爲疎(恩重16).

싀금 명 시궁. ☞싀궁 ¶싀금을 처:通溝渠(痘瘡方14).

싀긔 명 시기(猜忌). ☞시긔 ¶싀긔 싀:猜(倭解下35).

싀긔ᄒᆞ다 동 시기(猜忌)하다. ¶싀긔ᄒᆞ미 심ᄒᆞᆫ디라(仁祖行狀3).

싀누의 명 시누이. ¶三年 겨론 망태에 시승곳 부리ᄀᆞᆺ치 ᄡᅹ족ᄒᆞ신 싀누의님(古時調. 싀어마님. 瓶歌). 싀누의를 잘 ᄃᆡ졉ᄒᆞ더니(女範4. 녈녀 필시졀).

싀능치 [명] 시금치. ¶菠薐曰 싀능치(東言).

싀·다 [형] 시다〔酸〕. ¶又嘗獵于江陰酸水싄믈之地(龍歌5:4). ᄡᅳ며 싀며 ᄧᆞ며 淡ᄒᆞ며 ᄃᆞᆯ며 ᄆᆡ온 等 맛과:苦酢鹹淡甘辛等味(楞解5:37). 소고미나 梅實이나 ᄧᆞᆫ 것과 싄 것ᄃᆞᆯ히 다 어루 글혀 머굼디니라:鹽梅鹹酸等物皆可煮服(救急上32). 셔울셔 당당이 보면 비치 업스리니 블근 나치 싀오 ᄃᆞ로ᄆᆞᆯ 오직 제 아ᄂᆞ니라:京華應見無顏色紅顆酸甜只自知(初杜解15:21). 싄 것 ᄃᆞᆫ 것 비린 것 누린 것ᄃᆞᆯ 먹디 말오:休喫酸甜醒葷等物(飜朴上55). 싈 산:酸(訓蒙下14. 類合上10. 兒學下2). 싈 조:醋(類合上30). 싀다:酸(譯解上53). 싄 술 걸러 내여 밉ᄃᆞ록 먹어 보새(古時調. 鄭澈. 松江). 싀다:酸(同文解上61). 싄 타락:酸奶子(漢淸12:43).

싀·다 [형] 시큰하다. ¶고히 싀며 입시우리 저즈며:醭鼻沾脣(法華6:68). 니 싀다:酸物倒牙(漢淸12:49).

:싀·다 [동] 새다〔漏〕. ☞시다 ¶偸 가져 禪 닷고ᄆᆞᆫ 싀ᄂᆞᆫ 잔ᄂᆡ 처ᅀᅥᆷ 求ᄒᆞᆷ ᄌᆞᆫ고:帶偸修禪如漏巵求滿(龜鑑上35). 믈 싈 삼:滲(類合下14). 믈 싈 루:漏(類合下24). 싀옴 업손 묘법ᄋᆞᆯ ᄇᆡ호면:學無漏之妙法(野雲41). 사만 싀옴 업손:長觀無漏(野雲71).

싀ᄃᆡᆨ [명] 시댁(媤宅). ¶싀ᄃᆡᆨ의 ᄆᆡ인 몸이 본집이 더 잇슬가(思鄕曲).

싀랑 [명] 시랑(豺狼). ¶豺狼이 構禍ㅣ어늘:豺狼構禍患(龍歌111章). 菩薩이 거즛 거슬 보ᄃᆡ 豺狼 저ᄒᆞᆺ ᄒᆞᄂᆞ니라:豺ᄂᆞᆫ 狼ᄋᆡ 類라(楞解8:86). ᄌᆞᆯᄋᆞ샤ᄃᆡ 嫂ㅣ 溺ᄒᆞ거든 援티 아니면 이ᄂᆞᆫ 豺狼이니(宣孟7:27). 싀랑 싀:豺(詩解 物名17).

싀면 [명] 분탕(粉湯). ☞스면 ¶싀면:粉湯(譯解上51).

싀문 [명] 시문(柴門). 사립문. ¶柴門엣 雜남기 즈믄 나치 ᄃᆞ외야 가ᄂᆞ니:柴門雜樹向千株(初杜解15:14). 柴門을 열치고(曺友仁. 梅湖別曲). 柴門을 여지 마라 石逕의 오리 업다(古時調. 古歌).

·싀·부:모 [명] 시부모(媤父母). ¶ᄡᅥ 父母와 싀부모 겨신 곧애 가되:以適父母舅姑之所(宣小2:3). 父母ㅣ며 싀부모ㅣ 반ᄃᆞ시 맛보신 후에 믈러날디니라:父母舅姑必嘗之而後退(宣小2:4). 싀부모ᄅᆞᆯ 섬기ᄂᆞ녀:舅姑(五倫3:4).

싀살ᄒᆞ다 [동] 시살(弑殺)하다. ¶녑흐로 ᄉᆞᆫ허 싀살ᄒᆞ다:從傍截殺(漢淸4:34).

싀새오다 [동] 시새우다. 시기(猜忌)하다. ☞싀ᅀᅵ다 ¶힝혀 이리 ᄉᆞᆯ오믈 싀새와 너기실ᄃᆡ도 겨실ᄭᅡ ᄀᆞ장 젓ᄉᆞᆸ거니와(新語9:5). 암아도 閤裡春光을 싀새올ᄭᅡ ᄒᆞ노라(古時調. 李鼎輔. 巡簷索. 海謠).

싀·서늘·ᄒᆞ·다 [형] 시고 서늘하다. 어렵고 고생스럽다. ¶알피 티며 싀서늘호미 百萬 가지니 父子ㅣ 비록 親ᄒᆞ나 ᄀᆞᄅᆞᆷ 받디 아니ᄒᆞᄂᆞ니라:痛楚酸寒百萬般父子雖親不容替(南明下32).

싀스럽다 [형] 수줍다. ¶계집 싀스러워ᄒᆞ다:婦女面覥(漢淸8:32).

싀ᅀᅵ다 [동] 시새우다. ☞싀새오다 ¶언던 계집은 싀ᅀᅵ여 ᄂᆞᆷ을 咀呪ᄒᆞᄂᆞᆫ 일이 이시니(隣語2:2).

·싀아·비 [명] 시아비. ¶싀아비 업스면 싀어미 늙ᄂᆞ니:舅沒則姑老(宣賜內訓1:56). 엇뎨 ᄡᅥ곰 싀어미 싀아비ᄅᆞᆯ 拜謁ᄒᆞ리오:何以拜姑嫜(初杜解8:67). 집 겨틔 殯所ᄒᆞ야 두고 싀아ᄫᅵ 무더메 가아 무두려 ᄒᆞ야:劉殯舍側欲還葬舅墓(三綱. 孝31). 싀아비 구:舅(類合上20. 倭解上12. 兒學上1). 며ᄂᆞ리 싀아비 싀어미ᄅᆞᆯ 셤교ᄃᆡ:婦事舅姑(宣小2:2). 왜적이 싀아비 싀어미ᄅᆞᆯ 주기고:倭賊殺其舅姑(東新續三綱. 烈7:1). 싀아비:公公(譯解上58. 同文解上11. 漢淸5:37). 그 시아븨 生을 살오며:而活其舅之生(女四解4:30).

·싀아·비·어미 [명] 시부모(媤父母). ¶비록 싀아비어미 셤굘 주리 업스나 뵈 ᄧᆞᄂᆞᆫ 功ᄋᆞᆯ 구틔여 아ᄃᆞ기ᄒᆞ리아:雖無舅姑事敢昧織作功(初杜解11:24).

싀아자비 [명] 시아주비. ¶싀아자비 ᄃᆡ접ᄒᆞ기 ᄂᆞᆯ 릉히 그 정셩과 공경을 다ᄒᆞ니라:遇叔克盡誠敬(東新續三綱. 烈4:2).

싀앗 [명] 시앗. ☞싀얏 ¶아모나 이 님 다려다가 百年同住ᄒᆞ고 永永 아니 온들 어ᄂᆡ 개ᄯᆞᆯ년이 싀앗 새옴ᄒᆞ리오(古時調. 얽고 검고. 靑丘). 저너머 싀앗년 두고 손펵치며 울고 넘어 가니(古時調. 靑丘). 네붓터 니르기를 남의 시앗 되여 얄믭고 댯믭고 妖怪롭고 邪奇로와(古時調. 져 건너 月岩. 甁歌).

싀얏 [명] 시앗. ☞싀앗 ¶百年을 同住ᄒᆞ고 永永 아니 온들 어ᄂᆡ 괴ᄯᆞᆯ년이 싀얏 ᄉᆡ옴ᄒᆞ리오(古時調. 얽고 검고. 靑丘).

싀어디다 [동] 죽다. 없어지다. ☞싀여디다 ¶어와 내 병이야 이 님의 타시로다 출하리 싀어디여 범나븨 되오리라(鄭澈. 思美人曲).

·싀·어마님 [명] 시어머님. ¶텽의 올아 싀어마니ᄆᆞᆯ 졋 머기더니:升堂乳其姑(飜小9:29).

싀·어미 [명] 시어미. ☞싀엄이 ¶싀어미ᄅᆞᆯ 나날 새삼ᄃᆞᄫᅵ 孝道ᄒᆞ야:婦養姑不衰(三綱. 孝5). 싀아비 업스면 싀어미 늙ᄂᆞ니:舅沒則姑老(宣賜內訓1:56). 엇뎨 ᄡᅥ곰 싀어미 싀아비ᄅᆞᆯ 拜謁ᄒᆞ리오:何以拜姑嫜(初杜解8:67). 싀어미 고:姑(類合上20. 倭解上12. 註

千15. 兒學上1). 며ᄂᆞ리 싀아비 싀어미ᄅᆞᆯ 셤교ᄃᆡ:婦事舅姑(宣小2:2). 왜적이 싀아비 싀어미ᄅᆞᆯ 주기고:倭賊殺其舅姑(東新續三綱. 烈7:1). 싀어미 그르다 니ᄅᆞ거든(女四解1:8). 싀어미:婆婆(同文解上11). 홀로 싀어미 이셔 의디ᄒᆞᆯ ᄃᆡ 업ᄉᆞᆫ디라(女範3. 뎡녀당쳐견시). 싀어미 셤기믈 심히 공근ᄒᆞᆫ디라:事姑寗氏甚謹(五倫1:58). 싀어미 봉양ᄒᆞ믈 더욱 공경ᄒᆞ고:甚厚女宗妣(五倫3:3). 싀어미ᄅᆞᆯ 잘 셤기라:善事吾姑(五倫3:39). ※싀어미>시어미

·싀어버·ᅀᅵ [명] 시어버이. 시부모(媤父母). ☞싀어버이 ¶싀어버ᅀᅵᄅᆞᆯ 孝道ᄒᆞ지이다(三綱. 烈29). 그 남지를 가ᄇᆡ야이 너기며 그 싀어버ᅀᅵ를 므더니 너기디 아니리 져거:鮮有不輕其夫而傲其舅姑(飜小7:33). 싀어버ᅀᅵ를 셤규ᄃᆡ ᄀᆞ장 며느릐 도ᄅᆞᆯ 올히 ᄒᆞ더니:事舅姑甚得婦道(飜小9:64).

·싀어버·이 [명] 시부모(媤父母). ☞싀어버ᅀᅵ ¶며느리 싀어버이 셤굠이:婦之事舅姑(宣小5:66). 싀어버이를 셤교ᄃᆡ ᄀᆞ장 며늘의 道ᄅᆞᆯ 어덧더니:事舅姑甚得婦道(宣小6:59). 싀어버의 지븨 가 살며:歸舅姑家居(東續三綱. 烈9). 싀어버이 조차 사더니:隨舅姑而居(東續三綱. 烈17). 싀어버이 셤기기ᄅᆞᆯ 경셩을 다ᄒᆞ더니:事舅姑盡誠(東新續三綱. 烈7:4). 싀어버이ᄅᆞᆯ 효양ᄒᆞ더니:孝養舅姑(東新續三綱. 烈7:56). 싀어버이 공양ᄒᆞ기 신고홈을 니ᄅᆞ단 말리라(女四解2:17).

·싀·엄·이 [명] 시어미. ☞싀어미 ¶집사ᄅᆞᆷ이 다 ᄃᆞ라나 숨고 다ᄆᆞᆫ 싀엄이옷 방의 잇더니:家人悉奔竄唯有姑自在室(飜小9:64). 싀아비 죽으면 싀엄이 늙ᄂᆞ니:舅沒則姑老(宣小2:19). 싀엄이:婆婆(譯解上58).

싀엄취 [명] 승검초. ☞승암초 ¶뫼흐로 치ᄃᆞ라 싀엄취라 삽쥬 고살이(古時調. 즁놈이. 海謠).

싀여디다 [동] 새다〔漏〕. 새어 없어지다. ¶온 묏고리 믌결리 싀여디놋다:百谷漏波濤(杜解13:28). 그믈에 싀여뎌 殊異ᄒᆞᆫ 恩惠ᄅᆞᆯ 辱ᄃᆞ외에 호라:漏網辱殊恩(杜解13:33). 봄비출 싀여딜 거슨:漏洩春光(重杜解11:36). ᄀᆞ마니 므리 싀여디놋다:潛洩瀨(重杜解13:17).

싀여디다 [동] 죽다. 없어지다. ☞싀어디다. 싀여지다 ¶고대셔 싀여딜 내 모미 내 님 두ᅀᆞᆸ고 년 뫼ᄅᆞᆯ 거로리(樂詞. 履霜曲). 싀여딜 민:泯(類合下55). 출히 싀여뎌 듯디 말고져 ᄒᆞ오나(癸丑172). 출하리 내 믄져 싀여뎌 제 그리게 ᄒᆞ리라(古時調. 보거든. 古歌). 그려 ᄉᆞ지 말고 출하리 싀여뎌셔(古時調. 安玟英. 歌曲).

싀여지다 [동] 죽다. 없어지다. ☞싀여디다 ¶이 몸이 싀여져셔 졉동새 넉시 되야 梨花 핀 柯枝 속닙헤(古時調. 青丘). 이 몸 싀여져셔 님의 盞의 술이 되여(古時調. 槿樂). 이 몸이 싀여져셔 江界 甲山 졉이 되야(古時調. 海謠).

싀연하다 [형] 시원하다. ¶싀연할 상:爽(兒學下11).

싀영 [명] 수영. ☞승아 ¶싀영:酸模(物譜 蔬菜. 柳氏物名三 草).

:싀옴 [동] 샘〔漏〕. ㉠싀다 ¶싀옴 업슨 묘법ᄋᆞᆯ 비호면:學無漏之妙法(野雲41). 사만 싀옴 업슨:長觀無漏(野雲71).

싀우다 [동] 씌우다. ☞싀이다 ¶사ᄅᆞᆷ이 되여 나셔 올티옷 못ᄒᆞ면 ᄆᆞ쇼ᄅᆞᆯ 갓 곳갈 싀워 밥 머기나 다ᄅᆞ랴(警民40).

싀원ᄒᆞ다 [형] 시원하다. ¶그 ᄆᆞᄋᆞᆷ을 싀원킈 ᄒᆞ미 됴흔 일이오니(癸丑89).

싀·이 [부] 시게. 시큰하게. ☞싀히 ¶사라셔 여희욤과 다ᄆᆞᆺ 주거 여희요매 녜로브터 고ᄒᆞᆯ 싀이 ᄒᆞᄂᆞ니라:生離與死別自古鼻酸辛(初杜解22:56).

싀이·다 [동] 시어하다. 시큰해하다. ☞싀혀ᄒᆞ다 ¶겨틧 사ᄅᆞ미 고ᄒᆞᆯ 싀여ᄒᆞ며 눉므를 슷디 아니ᄒᆞ리 업스며:傍人莫不爲酸鼻揮涕(宣賜內訓3:38). 고ᄒᆞᆯ 싀여 아니리 업더라:莫不酸鼻(宣小6:57). 니 싀여 곱다:牙齼(譯解補32).

싀·이·다 [동] 씌우다. ☞싀우다 ¶이ᄂᆞᆫ 나ᄇᆡᆯ 곳갈 싀이며 담애 ᄂᆞᆺ도라 션디라:則是沐猴而冠面墻而立(宣賜內訓序7).

싀집 [명] 시집. ¶宋氏 아기 업고 逃亡ᄒᆞ야 싀지븨 가 여러 ᄒᆡᄅᆞᆯ 도라오디 아니ᄒᆞ더니:宋負兒逃歸姑氏累年不還(東續三綱. 烈2). 싀집의 가져갈 지물을 ᄎᆞᆺ고(女四解2:15). 싀집이 망ᄒᆞ여시니(五倫3:21).

싀투ᄒᆞ다 [동] 시투(猜妬)하다. ¶천ᄌᆞ로브터 왕공 이히 다 존경ᄒᆞ믈 보고 문득 싀투ᄒᆞᄂᆞᆫ ᄆᆞᄋᆞᆷ이 니러나(落泉3:7).

싀트시 [부] 시틋이. 싫증나게. ¶그ᄢᅴ 여슷 大臣이 이쇼ᄃᆡ 性이 모딜오 無道ᄒᆞᆯᄊᆡ 百姓이 싀트시 너기더니(月釋21:214). ※싀트시>시틋이

싀틋·ᄒᆞ·다 [형] 시틋하다. ¶ᄒᆞ다가 겨지비 겨지븨 온가짓 어려ᄫᅳᆫ 이리 다와다 ᄀᆞ장 싀틋ᄒᆞ야 겨지븨 모ᄆᆞᆯ ᄇᆞ리고져 ᄒᆞ거든(釋譜9:7. 月釋9:18). ᄃᆞ리라 오면 싀틋도 아녀(癸丑161).

싀패ᄒᆞ다 [동] 시훼(柴毁)하다. ¶소곰 쟝을 먹디 아니ᄒᆞ니 싀패ᄒᆞ야 ᄡᅧ만 셧더라:不食鹽醬柴毁骨立(東新續三綱. 孝3:60).

싀한미 [명] 시할미. ¶다만 너의 싀한미와 구괴 다 늙으니(女範4. 녈녀 샤시졀).

싀:험ᄒᆞ·다 [동] 시험(猜險)하다. ☞시험ᄒᆞ다

¶行止 그슥ᄒᆞ고 싀험ᄒᆞ며:動止陰險(飜小6:31). 凶ᄒᆞ니ᄂᆞᆫ 말솜이 詭ᄒᆞ고 譎ᄒᆞ며 ᄒᆡᆼ지 어득ᄒᆞ고 싀험ᄒᆞ며 니욕을 즐기고 왼 일올 ᄭᅮ미며:凶也者語言詭譎動止陰險好利飾非(宣小5:28).

싀혀ᄒᆞ다 동 시어하다. 시큰해하다. ☞싀이다 ¶고ᄒᆞᆯ 싀혀ᄒᆞ샤 未央宮의셔 朝會 바ᄃᆞ시니라:鼻酸朝未央(重杜解2:44).

싀혐 명 시혐(猜嫌). ¶모ᄃᆞᆫ 妃ᄅᆞᆯ 조심ᄒᆞ야 셤겨 猜嫌올 업게 ᄒᆞ니:謹承諸妃消釋嫌猜(宣賜內訓2下40).

싀호 명 시호(柴胡). ¶싀홋불휘 넉 량과ᄅᆞᆯ 사ᄒᆞ라:柴胡(救簡2:12). 柴胡 움 업게 ᄒᆞ라(瘟疫方25). 싀호 서 돈 황금 두 돈 인솜 반하 각 ᄒᆞᆫ 돈(辟新6). 싀호:柴胡(物譜藥草).

싀화 명 시화. ¶싀홧줄기와 닙과ᄅᆞᆯ 즛두드려 브티라:碎苦苣莖葉傅(救簡6:51). 싀화:苦苣(四解上30 苣字註). 싀화:苦苣(東醫湯液二 菜部). 싀화 도:荼(詩解 物名4).

싀훠니 부 시원히. ☞싀훤이 ¶갈 가지고 내 머리 버혀 ᄂᆞᄆᆡ ᄆᆞᅀᆞ매 싀훠니 몯ᄒᆞ논 이ᄅᆞᆯ:不能引劍斷汝頭以快衆憤(三綱. 烈18). 터럭 굼글 싀훠니 열면(痘要下45).

싀훤이 부 시원히. ☞싀훠니 ¶우리 가셔 싀훤이 구경ᄒᆞ고 도라오믄 쉽ᄶᅧ니와(新語8:11).

·싀훤·ᄒᆞ·다 형 시원하다. ¶暢ᄋᆞᆫ 싀훤ᄒᆞᆯ 씨오(釋譜24:20). 이ᄅᆞᆯ 맛나 싀훤ᄒᆞ야 샹녜 有餘ᄒᆞ더라:遇事坦然常有餘裕(宣賜內訓1:17). 여러 가짓 싀훤코 즐거움을 받게 ᄒᆞ노니:受諸快樂(宣小5:55). 싀훤 쾌:快(類合下15). 비듬을 다가 업시 ᄒᆞ야 싀훤케 ᄒᆞ라:將風屑去的爽利着(朴解上40). 싀훤ᄒᆞᆯ 챵:暢(倭解上21). ᄆᆞ옴 싀훤ᄒᆞ다:快心(同文解上20). 싀훤ᄒᆞ다:暢快. ᄀᆞ장 시훤ᄒᆞ다:狠爽快了(漢淸6:56). ᄠᅳᆺ과 ᄆᆞ옴에 곳일흔 거슬 어든 ᄃᆞ시 싀훤ᄒᆞ여(捷蒙1:3).

싀히 부 시게. 시큰하게. ☞싀이 ¶미해 나가거ᄂᆞᆯ 고ᄒᆞᆯ 싀히 ᄒᆞ노라:出郊載酸鼻(初杜解16:20). ᄒᆞᆫᄃᆡ 가ᄂᆞᆫ 사ᄅᆞ미 爲ᄒᆞ야 고ᄒᆞᆯ 싀히 너기ᄂᆞ다:同行爲辛酸(重杜解4:9).

식스기 부 엄하게. 엄숙하게. 장엄하게. ☞식싀기 ¶키 가ᅀᆞ며롬과 식스기 勇猛홈과:大富威猛(楞解6:15). 道場이 식스기 조하 더러운 허므리 업서:道場嚴淨無瑕穢(眞言28).

식싀기 부 엄하게. 엄숙하게. 장엄하게. ☞식스기. 식식이 ¶塔올 식싀기 ᄭᅮ미니(釋譜13:24). 莊嚴은 식싀기 ᄭᅮ밀 씨라(月釋2:29). 威儀ᄅᆞᆯ ᄀᆞ장 식싀기 ᄭᅮ미고(月釋2:73). 毗尼ᄅᆞᆯ 식싀기 조히와:嚴淨毗尼(楞解1:24). 식싀기 ᄭᅮ몟ᄂᆞ니:而嚴飾之(阿彌8). 壇場올 식싀기 디뇨미니:嚴持壇場也(圓覺下三之二14). 孝道ᄒᆞ며 ᄯᅩ 식싀기 ᄒᆞ더시니:孝且嚴(宣賜內訓3:43). 여러 가짓 香이 기피 아ᄃᆞᆨᄒᆞ니 몃 ᄯᅡ히 식싀기 기옛ᄂᆞᆫ고:衆香深黯黯幾地肅芊芊(初杜解20:13).

식식다 형 엄하다. 엄숙하다. 장엄하다. ☞식식ᄒᆞ다 ¶威儀ᄂᆞᆫ 擧動이 식식고 본바담 직ᄒᆞᆯ 씨라(楞解1:24). 식식고 저픈 光明이 大虛에 ᄀᆞᄃᆞᆨᄒᆞ야:凜凜威光混大虛(金三4:50). 식식 숙:肅(類合下3). 식식 엄:嚴(類合下17).

식식이 부 엄하게. 엄숙하게. 장엄하게. ☞식싀기 ¶식식이 아니 ᄒᆞ야도 整齊ᄒᆞ며:不嚴而整(宣賜內訓3:32). ᄂᆞᆺ빗치 양은 식식이 홀디니라:色容莊(宣小3:12). 믈어딘 긔강을 식식이 니ᄅᆞ혀믄(仁祖行狀28). ᄂᆞᆺ빗출 식식이 ᄒᆞ여:厲色(五倫1:39).

식식히 부 엄하게. 엄숙하게. 장엄하게. ☞식싀기 ¶식식히 아래ᄅᆞᆯ 臨ᄒᆞ샤ᄃᆡ ᄒᆞ야ᄇᆞ리디 아니ᄒᆞ실시:嚴臨下而不毁傷(宣小4:21). 얼굴 모양을 반ᄃᆞ시 단졍ᄒᆞ고 식식히 ᄒᆞ며:容貌必端莊(宣小5:96). 故로 식식히 警惕ᄒᆞ야(女四解3:33).

식식ᄒᆞ·다 형 엄하다. 엄숙하다. 장엄하다. ☞식식다 ¶여슷 하ᄂᆞ래 宮殿이 식식ᄒᆞ더라(釋譜6:35). 가ᅀᆞ멸며 식식ᄒᆞ야 므싀여ᄫᅳ며 智慧 기프며 나틀며(月釋2:23). 양ᄌᆞᄋᆡ 식식ᄒᆞ샤미 獅子ㅣ ᄀᆞᄐᆞ시며(月釋2:57). 식식ᄒᆞ샤미 師子 ᄀᆞᆮᄒᆞ샤미(法華2:14). 千相이 빗내 식식ᄒᆞᄂᆞ니:千相光嚴(法華4:189). 身相이 端正ᄒᆞ며 식식홈과:身相端嚴(金剛22). 豪英ᄒᆞᆫ 양ᄌᆡ 식식ᄒᆞ니 ᄒᆞ들히 사호다가 온 ᄃᆞᆺᄒᆞ도다:英姿颯爽來酣戰(初杜解16:26). 端正코 식식ᄒᆞ시니:端嚴(金三2:25). 식식ᄒᆞᆫ뎌 風憲所司(樂詞. 霜臺別曲). 식식ᄒᆞᆯ 엄:嚴(石千11). 오직 整齊ᄒᆞ고 식식ᄒᆞ면 ᄆᆞ옴이 믄득 젼일ᄒᆞᆯ디니:只整齊嚴肅則心便一(宣小5:86). 君子ㅣ 식식ᄒᆞ고 공경ᄒᆞ면 날로 견강ᄒᆞ고 편안ᄒᆞ고:君子莊敬日彊安(宣小5:86). 셩지 무ᄒᆞᆫ 엄하시고 식식ᄒᆞ야(癸丑10). 식식ᄒᆞᆯ 장:莊(倭解上19. 註千41). 식식ᄒᆞᆫ 아바니미:嚴父(重內訓序8). 식식ᄒᆞ고 엄듕ᄒᆞ야(女範4. 녈녀 절부뉴시). 식식ᄒᆞᆯ 슬:瑟(註千20).

싄다리 명 허벅다리. ¶다ᄆᆞᆫ 싄다리예 ᄀᆞ장 힘 업세라:只是腿上十分無氣力(飜朴上39). 싄다리:髀(四解上16). 싄다리 퇴:腿(訓蒙上27. 倭解上18). 그저 싄다리예 ᄀᆞ장 氣力이 업세라:只是腿上十分無氣力(朴解上35). 싄다리:大腿(同文解上16). 싄다리 안ᄶᅡᆨ:馬面裡邊. 싄다리:馬面(漢淸5:54).

싄·대·초 명 멧대추. ¶싄대초 ᄉᆞ:梀(訓蒙上11).

싄·믈 명 산수(酸水). 〔지명(地名)〕 ¶又嘗獵于江陰酸水 싄믈 之地…酸水地名在江陰縣東十二里許南距岐灘六里許(龍歌5:4).

싊의다 동 스미다. ☞스믜다 ¶싊윌 솜:滲(兒學下10).

·시 명 것이. 〔'ᄉ'의 주격형. 'ㄹ' 뒤에만 쓰임.〕 ☞ᄉ ¶됴ᄒᆞ실 시언뎡…아니ᄒᆞ니(月釋21:216). 住ᄒᆞ야 가져 이실 시라(圓覺序5). 三惡道애 뻐딜 시라(圓覺序56). 져머셔 아비 업슬 시 孤ㅣ오 艱難ᄒᆞᆯ 시 貧이니(圓覺序77). 이 ᄀᆞᆮᄒᆞᆫ 境界ᄅᆞᆯ 다 보게 ᄒᆞᆯ 시:頓見如此境界(圓覺上一之二69). 爲頭ᄒᆞᆯ 시라(宣賜內訓序3). 傲ᄂᆞᆫ 업시울 시오(宣賜內訓1:6). 海中에 現ᄒᆞᆯ 시 일후믈 海印이라 ᄒᆞ니(金三2:18). 눈ᄀᆞᆷᄌᆞᆯ ᄉᆞ시예 곧 디날 시니(南明上5). 외요미 또 올호미라 호ᄆᆞᆫ 是와 非왜 ᄒᆞᆫ 體ㄹ 시라(南明上39). ᄆᆞᅀᆞ미 어즈럽고 덥다라 좀 몯 잘 시라(救簡1:12). 懺은 아랫 허믈 懺ᄒᆞᆯ 시니:懺者懺其前愆(六祖中25). 悔ᄂᆞᆫ 그 後ㅅ 허믈 뉘으츨 시니:悔者悔其後過(六祖中26). 貢高ᄂᆞᆫ 노ᄑᆞᆫ 양ᄒᆞ야 ᄂᆞᄆᆡ게 바틸 시라(六祖中33). 엇디ᄒᆞᆯ 시 사슬 ᄲᅢ혀 글 외오기며:怎的是撤簽背念書(飜老上3). 엇디ᄒᆞᆯ 시 免帖인고:怎的是免帖(飜老上3). 죽일 시 올커니와(三譯5:16). 그럴 시 올타(捷蒙2:6). 두어라 五湖烟月이 내 分일 시 올탓다(古時調. 尹善道. 샹해런가. 孤遺).

시 명 시(詩). ¶시 시:詩(類合下39). 이 詩ᄅᆞᆯ ᄒᆞᆫ 이여 그 도리ᄅᆞᆯ 안뎌:爲此詩者其知道乎(宣小5:1).

-시 접미 -씨(氏). ¶姓을 瞿曇氏라 ᄒᆞ더니(月釋1:8). 시 시:氏(類合下2). 손시의 듯거온 덕을(三譯6:8). 고황후의 셩은 마시니(女範1. 셩후 황명고후).

-시- 어미 -시-. ¶古聖이 同符ᄒᆞ시니(龍歌1章). 後聖이 니ᄅᆞ시니(龍歌5章). 聖孫ᄋᆞᆯ 내시니이다(龍歌8章). 子孫ᄋᆞᆯ ᄀᆞᄅᆞ치신ᄃᆞᆯ(龍歌15章). 님금 오시며(龍歌16章). 肇基朔方ᄋᆞᆯ 뵈아시니이다(龍歌17章). 지ᄇᆡ로 도라오싫 제(龍歌18章). 깂 길히 입더시니(龍歌19章). 東都애 보내어시ᄂᆞᆯ(龍歌26章). 三十年 天子ㅣ어시니(龍歌31章). 님그미 울어시ᄂᆞᆯ(龍歌33章). 어마님 그리신 눖므를(龍歌91章). 功蓋一世ᄒᆞ시나(龍歌117章). 訓民正音은 百姓 ᄀᆞᄅᆞ치시논 正ᄒᆞᆫ 소리라(訓註1). 予는 내 ᄒᆞᅀᆞᆸ시논 ᄠᅳ디시니라(訓註2). 憫然은 어엿비 너기실 씨라(訓註2). 制ᄂᆞᆫ ᄆᆡᆼᄀᆞᄅᆞ실 씨라(訓註3). 부톄 壽命劫數 長遠이 이 ᄀᆞᆮᄒᆞᆫᄃᆞᆯ 니ᄅᆞ시거늘 듣ᄌᆞᆸ고(月釋17:23). 諸佛을 讚歎ᄒᆞ시더니(月釋17:30). 太子 ᄃᆞ외야실 제(宣賜內訓1:67).

-시 어미 -시게. -시지. ☞-으시 ¶杖鼓 舞鼓工人으란 禹堂掌이 ᄃᆞ려 오시 글 짓고 노래부르기와 女妓女花看으란 내 다 擔當ᄒᆞ리라(古時調. 孫約正은. 靑丘).

시·가 명 시가(時價). ¶이제 시개 닷 도내 ᄒᆞᆫ 근시기니:如今時價五錢一斤(飜老下57). 이 보 이제 번드기 시개 잇ᄂᆞ니:這布如今見有時價(飜老下59). 빋낸 사ᄅᆞᄆᆡ 지븨 믈읫 잇ᄂᆞᆫ 빋ᄊᆞᆫ 거시라도 시가다이 마초아 마가 혜여도 잡말 말며:將借錢人在家應有直錢物件照依時價准折無詞(飜朴上61). 이제 시개 닷 돈에 ᄒᆞᆫ 근식이니:如今時價五錢一斤(老解下51).

시·개 명 시가(時價)가. 〔'시가'+주격조사 '-ㅣ'〕 ⓔ시가 ¶이제 시개 닷 도내 ᄒᆞᆫ 근시기니:如今時價五錢一斤(飜老下57). 이 보 이제 번드기 시개 잇ᄂᆞ니:這布如今見有時價(飜老下59). 이제 시개 닷 돈에 ᄒᆞᆫ 근식이니:如今時價五錢一斤(老解下51).

-시거놀 어미 -시거늘. ☞-거시ᄂᆞᆯ ¶계뫼 우리ᄅᆞᆯ 깁히 ᄉᆞ랑ᄒᆞ시거ᄂᆞᆯ(五倫3:13).

-·시·거시·니 어미 -시거니. ¶釋迦彌勒이 이 부톄시거시니 엇던ᄃᆞᆯ 因ᄒᆞ야 오히려 ᄂᆞᄆᆡ 죵이어뇨(蒙法22).

시격 명 시각(時刻). ☞시극 ¶뎡샹을 내며 샹셔를 ᄂᆞ리옴을 시격이 업시 ᄒᆞᄂᆞᆺ다:生祥下瑞無時期(宣小6:92). ᄒᆞᆫ 시격만 머기디 말라(胎要65).

-시게소 어미 -시겠소. ¶어ᄂᆞ 지경이 되시게소(閑中錄406).

시·경 명 시경(時景). ¶또 이 봄 二三月 됴ᄒᆞᆫ 시져를 맛나니 됴ᄒᆞᆫ 시경을 건네뎌 ᄇᆞ리디 말 거시라:又逢着這春二三月好時節休蹉過了好時光(飜朴上1).

-·시곤·대 어미 -시건대. ¶엇던 業을 지ᅀᅳ시곤대 畜生 中에 나시니잇고(釋譜11:40).

시극 명 시극(時隙). 시각(時刻). ☞시격 ¶두 시극만ᄒᆞ야 긔우니 붑바티면 즉재 살리라:兩時氣急卽活(救簡1:62). ᄒᆞᆫ두 시극만 뼈면 뼤 절로 ᄂᆞ리리라:熏一二時久骨自下(救簡6:12).

시근취 명 시금치. ☞시근치 ¶시근취:赤根菜(物譜 蔬菜).

시·근:치 명 시금치. ¶시근치:赤根(飜老下38. 老解下34). 시근치 파:菠. 시근치 릉:薐(訓蒙上14). 시근치:赤根菜(朴解中33. 同文解下4). 시근치:菠菜(柳氏物名三 草).

시·급·이 부 시급(時急)히. ¶이 사ᄅᆞᄆᆡ 時急이 녀더 여러 히예 니르디 몯게 ᄒᆞ야든(楞解9:116).

시·급·히 부 시급(時急)히. ¶時急히 자바 긋궁오ᄆᆞᆫ 좃ᄌᆞᆸ디 아니커ᄂᆞᆯ(法華2:202). 時急히 오디 말며 時急히 가디 말며(宣賜內訓1:9). 명리 구시레 시급히 ᄒᆞ야:急於名

宦(飜小6:19). ᄒᆞ마 時急히 ᄃᆞᆫ뇨ᄆᆞᆯ 安慰ᄒᆞ놋다(重杜解1:55).

시·급ᄒᆞ·다 [형] 시급(時急)하다. ¶시혹 時急ᄒᆞᆫ 이ᄅᆞᆯ 因커나(月釋21:170). 造次ᄂᆞᆫ 시급ᄒᆞᆫ ᄉᆞᅀᅵ라(楞解5:32). 두리운 時急ᄒᆞᆫ 어려운 中에:於怖畏急難之中(法華7:81). 더욱 사호디옷 더욱 시급ᄒᆞᄂᆞ니:轉鬪轉急(法語5). 목뎐의 시급ᄒᆞᆫ 근심이 아니라(經筵).

시긔 [명] 시기(時氣). 시환(時患). ¶치위 드려 샹ᄒᆞᆫ 시긔옛 열병이라:傷寒時疫(救簡1:99). 그 병이 時氣와 덥듯 ᄒᆞᆫ 병과로 ᄒᆞᆫ가지니(簡辟1. 瘟疫方1). ᄒᆞᆫ 병 술에 ᄃᆞᆷ가 빼빼로 머그면 ᄀᆞ장 시긔를 믈리티ᄂᆞ니라(辟新13).

시긔 [명] 시기(猜忌). ☞싀긔 ¶ᄭᅬᄭᅩ리 고은 노릐 나뷔 춤을 猜忌 마라 나뷔 춤 아니런들 鸎歌 너뿐이여니와(古時調. 安玟英. 歌曲).

시긔ㅅ병 [명] 유행병. ☞시긧병 ¶傷寒커나 시긔ㅅ병ᄒᆞ야:時疫(簡辟8).

시긔하다 [동] 시기(猜忌)하다. ¶시긔할 치:猜(兒學下12).

시긔ᄒᆞ다 [동] 시기(猜忌)하다. ¶好事가 多魔ᄒᆞ고 造物이 猜忌ᄒᆞᆫ지(萬言詞).

시·긧:병 [명] 유행병(流行病). ¶시긧병애 처ᅀᅥᄆᆡ 머리 알ᄑᆞ고:時疫初覺頭痛(救簡1:103). 믈읫 시긧병이어든:凡時行疫痛癘(救簡1:104). 시긧병ᄒᆞᆫ 엿쇄 닐웨예 덥다라:天行病六七日熱盛(救簡1:108). 시긧병이 하더니:大疫(飜小9:72). 시긧병 고티리라:可治時疾(瘟疫方4). 시긧병ᄒᆞ여 머리 알ᄒᆞ며 치운 긔운이 더으며(辟新2). 유곤의 집븨 시긧병이 드러 두 형이 다 죽고:大疫(二倫11 庾袞守病).

시·기·다 [동] 시키다. ☞식이다 ¶阿難일 시기샤 羅睺羅ᄋᆡ 머리 갓기시니(釋譜6:10). ᄌᆞ비ᄅᆞᆯ 시기ᅀᆞᄫᆞᆺ더니(釋譜11:26). 제 ᄒᆞ거나 ᄂᆞᄆᆞᆯ 시겨 ᄒᆞ야도(釋譜13:52). 命은 시기논 마리라(月釋序11). 우리ᄅᆞᆯ 아못 이리나 시기쇼셔(月釋10:13). 아랫習의 시교미라:宿習之使也(楞解7:4). 이ᄅᆞᆯ 시기고 사ᄅᆞᆷᄋᆞ로 나ᄅᆞᆯ ᄀᆞᆯ어시든:加之事人代之已(宣賜內訓1:51). 촌애 가 장ᄒᆞᆫ 사ᄅᆞᆷ 일ᄇᆡᆨ을 시겨 화살 연장 가지고:到箇村裏差了一百箇壯漢將着弓箭器械(飜老上30). 시길 명:命(類合下2). 일을 시기시고:加之事(宣小2:12). 뫼셔 안자심애 시기디 아니커시든:侍坐弗使(宣小2:63). ᄀᆞᄅᆞ치고 시기ᄂᆞᆫ 일을 듣디 아니ᄒᆞ며:不聽教令(警民2). 만일 시기ᄂᆞᆫ 일이 잇거시든:使令(女四解3:15). 군ᄉᆞ 시겨 내다:調兵(同文解上45).

시기·다 [동] 식히다. ☞식이다 ¶노올압지예 구어 닉거든 내야 시겨:熱火灰中煨令熱出停冷(救簡2:13).

시·ᄀᆞᆨ [명] 시각(時刻). ¶病ᄒᆞᆫ 사ᄅᆞ므로 입버려 굼긔 다혀 ᄒᆞᆫ두 時刻ᄋᆞᆯ 쐬면 ᄢᅵ 저나ᄂᆞ니라(救急上52). 시ᄀᆞᆨ ᄀᆞᆨ:刻(類合下37). 時刻이 옮ᄃᆞ록 山簡ᄋᆞᆯ 술 勸ᄒᆞ노니 머리 셰시 ᄇᆞᄅᆞ미 서늘ᄒᆞᆯ가 전노라:移時勸山簡頭白恐風寒(重杜解22:9). 내 명이 시ᄀᆞᆨ에 이시니 원컨대 ᄒᆞᆫ 말만 ᄒᆞ고 죽으리라:今數刻之人耳願一言而死(五倫2:35). 내 몸이 쥬려 죽거나 ᄌᆞ긱의 독슈 만나미 시ᄀᆞᆨ의 이시니(落泉2:4).

:시:내 [명] 시내. ¶번드기 시냇ᄀᆞᅀᆞᆯ 보ᄂᆞᆫ ᄃᆞᆺ도다:分明見溪畔(初杜解7:37). 시내히 서늘커ᄂᆞᆯ:澗寒(初杜解8:51). 새뱃 시내 뷘 ᄠᅦ론 소리 우르ᄂᆞ니:晨溪嚮虛駛(杜解9:2). 소랫 ᄇᆞᄅᆞᆷ과 시내옛 믌소리 모댓ᄂᆞᆫ ᄢᅵ:松風磵水聲合時(杜解9:5). 시냇 길헤 나ᄆᆞᆫ 치위예 어름과 눈과ᄅᆞᆯ 디나:澗道餘寒歷氷雪(初杜解9:12). ᄀᆞᄅᆞᆷ과 시내ᄒᆞᆫ 돌불휘와 다ᄆᆞᆺᄒᆞ얏도다:江溪共石根(初杜解10:44). 소곰 져 우므레셔 나ᄂᆞ닌 이 시내예 사ᄂᆞᆫ 겨지비로소니:負鹽出井此溪女(初杜解10:45). 프른 시내ᄂᆞᆫ ᄇᆡᄅᆞᆯ 이어오매 어위니:碧溪搖艇闊(初杜解15:13). 시내로 가매 오직 病ᄒᆞᆫ 모미로다:歸溪惟病身(杜解21:34). 프른 시내헤 몬져 蛟龍ᄋᆡ 굼기 잇ᄂᆞ니:青溪先有蛟龍窟(杜解25:20). 浣花ㅅ 시내해 藥을 싯노라:洗藥浣花溪(杜解25:21). 시내와 뫼쾌 비록 다ᄅᆞ나:溪山雖異(金三4:47. 金三4:48). 시내 계:溪. 시내 간:澗(訓蒙上4. 類合上5). 시내 계:溪(石千23). 시내ᄒᆞ로 므리 ᄃᆞ라 브엣ᄂᆞᆫᄃᆡ 녀놋다:溪行水奔注(重杜解22:40). 시내 계:溪. 시내 간:磵(倭解上9). 시내:溪(同文解上7). 시내:小河溝(漢清1:44). 시내 계:谿(註千23).

※'시내'의 첨용 ┌ 시내
└ 시내히/시내해/시내ᄒᆞᆫ…

시내해 [명] 시내에. 〔ㅎ첨용어 '시내'의 부사격.〕 [독]시내 ¶浣花ㅅ 시내해 藥을 싯노라:洗藥浣花溪(杜解25:21). ᄀᆞᅀᆞᆯ히 서리온 시내해 자매 힌 ᄃᆞ리 노ᄑᆞ니:秋宿霜溪素月高(初杜解25:44).

시내헤 [명] 시내에. 〔ㅎ첨용어 '시내'의 부사격.〕 [독]시내 ¶프른 시내헤 몬져 蛟龍ᄋᆡ 굼기 잇ᄂᆞ니:青溪先有蛟龍窟(杜解25:20).

시내히 [명] 시내가. 〔ㅎ첨용어 '시내'의 주격.〕 [독]시내 ¶시내히 서늘커ᄂᆞᆯ:澗寒(初杜解8:51). 시내히 뷔니 구루미 고지 바랏도다:溪虛雲傍花(初杜解25:19).

시내ᄒᆞ로 [명] 시내로. 〔ㅎ첨용어 '시내'의 부사격.〕 [독]시내 ¶시내ᄒᆞ로 므리 ᄃᆞ라 브엣ᄂᆞᆫᄃᆡ 녀놋다:溪行水奔注(重杜解22:40).

시내ᄒᆞᆫ [명] 시내는. [독]시내 ¶ᄀᆞᄅᆞᆷ과 시내ᄒᆞᆫ

돌불휘와 다뭇ᄒᆞ얏도다:江溪共石根(初杜解10:44).
시냇믈 명 시냇물. ☞싯냇물 ¶구즌비 머저 가고 시냇믈이 ᄆᆞᆰ아온다 빈 떠라 빈 떠라(古時調. 尹善道. 孤遺).
:시·녀 명 시녀(侍女). ¶親히 侍女ᄅᆞᆯ 거느리샤(宣賜內訓2下38). 시녓 쟝:嬙(訓蒙中1). 先帝ㅅ 侍女 八千人에 公孫의 갈ᄒᆞ로 춤추미 처엄 第一이러라(重杜解16:49). 구從이며 侍女를 밍그라(家禮7:28).
-·시·노·소·니 어미 -시니. -시오니. ¶西方애 聖人이 나시노소니(月釋2:49).
-·시·노소이·다 어미 -시옵니다. ¶오ᄂᆞᆯ 또 우 업슨 뭇 큰 法輪을 옮기시노소이다:今乃復轉無上最大法輪(法華2:47). 그럴씨 부텨 實로 大乘으로 教化ᄒᆞ시노소이다:然佛實以大乘教化(法華2:232). 一乘道에 맛당ᄋᆞᆯ 조ᄎᆞ샤 세흘 니ᄅᆞ시노소이다:於一乘道隨宜說三(法華2:260).
-·시놋·다 어미 -시도다. ¶당다이 迦葉尊者ㅣ 入滅ᄒᆞ시놋다 ᄒᆞ야(釋譜24:6). 시혹 매ᄅᆞᆯ 주시놋다:或賜鷹(初杜解8:8).
-·시·니이·다 어미 -시니이다. -셨습니다. -셨사옵니다. ¶聖孫ᄋᆞᆯ 내시니이다:聖孫出兮. 聖子ᄅᆞᆯ 내시니이다:聖子誕兮(龍歌8章). 肇基朔方ᄋᆞᆯ 뵈아시니이다:肇基朔方實維趣只(龍歌17章). ᄆᆞᆯ 톤 자히 건너시니이다(龍歌34章). 모딘 도ᄌᆞᄀᆞᆯ 믈리시니이다:維彼勍敵遂能退之. 모딘 도ᄌᆞᄀᆞᆯ 자ᄇᆞ시니이다:維此兇賊遂能獲之(龍歌35章). 普光佛이 니ᄅᆞ시니이다(月印上2).
-시·니잇·고 어미 -십니까. -시옵니까. ¶어마니ᄆᆞᆯ 供養호ᄃᆡ 어마늾 양ᄌᆞ 엇뎌 그리ᄃᆞ록 여위시니잇고(月釋23:87).
-·시ᄂᆞ·니시·니·라 어미 -시는 것이니라. ¶므렛 ᄃᆞᆯ ᄀᆞ티 物應ᄒᆞ시ᄂᆞ니시니라:水月應物者(法華4:117).
-·시ᄂᆞ·니잇·고 어미 -시나이까. -십니까. ¶엇던 因緣으로 우연ᄒᆞ시ᄂᆞ니잇고(釋譜24:8). 엇던 젼ᄎᆞ로 몯 ᄒᆞ리라 ᄒᆞ시ᄂᆞ니잇고(月釋9:35). 엇던 功德을 닷ᄀᆞ시관ᄃᆡ 이 神力이 겨시ᄂᆞ니잇고(月釋18:82).
-·시ᄂᆞ·다 어미 -시도다. ¶法義ᄅᆞᆯ 펴려 ᄒᆞ시ᄂᆞ다(釋譜13:26).
·시·놀 명 씨〔緯〕와 날〔經〕. ¶이 ᄒᆞᆫ 가지ᄂᆞᆫ 시놀히 ᄆᆞᆫ디 아니ᄒᆞ고:經緯(飜老下62).
시닋 명 시내. ☞시내 ¶시닋 계:溪(兒學上3).
시·다 형 있다. ☞잇다 ¶學ᄂᆞᆫ ᄆᆞᅀᆞ매 연저 가져 실 씨라(蒙法3). 藏識에 ᄌᆞ오라 궃브러 쇼미니(圓覺上一之一52). 벼슬ᄒᆞ야 쇼매(初杜解21:45). 殘廢ᄒᆞᆫ ᄀᆞ올핸 여ᅀᆞ 솔기 셔 말ᄒᆞ고 뷘 ᄆᆞᅀᆞᆯ힌 버미 셔 ᄃᆞ토놋다:廢邑狐狸語空村虎豹爭(初杜解23:4). 구룸 氣運이 브터 슬 짜히 업도다:雲氣無處所(初杜解25:12). 겨집의 월경ᄒᆞ야 실 젯 듕의ᄅᆞᆯ ᄉᆞ라:燒婦人月經衣(救簡1:109). 넷 나ᄅᆞᆯ 닛고 신뎌(樂範.動動). 내 ᄆᆞᆯ 자바 쇼마:我拿着馬(飜老上37). 글란 네 ᄆᆞᅀᆞᆷ 노하 시라:那的你放心(飜老上68). 人蔘은 졍히 그쳐 시니:人蔘正缺着裏(飜老下2). 우리 모ᄃᆞᆫ 아ᅀᆞᆷᄃᆞᆯ 청ᄒᆞ야 안자 셔 말ᄒᆞ져:請咱們衆親眷閑坐的(飜老下33). 사라신 저긔:活時節(飜老下42). 경계ᄒᆞᄂᆞᆫ 그를 서 닐어 슈ᄃᆡ(飜小8:21). 보ᄃᆞ라온 플에 븓터 숨 ᄀᆞ트니(飜小9:63). 벼슬ᄒᆞ여 신 저기나 벼슬 업슨 저기나(飜小10:31). 雙花 사라 가고 신딘(樂詞. 雙花店). 天下ᄅᆞᆯ 一統ᄒᆞ여 시니(老解上4). 거리예 가셔 실 ᄉᆞ이예:到街上立地其間(老解下19). 됴이 시리이다(癸丑93). 부모 사라 신 제 경업을 권치 아니ᄒᆞ고(孝養解1).
시다리다 동 시달리다. ¶시다려 민망케 ᄒᆞ다:懊惱(漢淸7:2). 시다리기 버릇되다:尋趁慣了(漢淸7:51).
-시다ᄉᆞ이·다 어미 -시더이다. -시옵니다. ☞-시다ᄉᆞ이다 ¶世尊ㅅ 다시 아니시다ᄉᆞ이다:非世尊也(法華2:5). 한 사ᄅᆞᄆᆞ로 道場애 니를에 ᄒᆞ시다ᄉᆞ이다:令衆至道場(法華2:22).
-·시·다ᄉᆞ이·다 어미 -시더이다. -시옵니다. ☞-시다ᄉᆞ이다 ¶實로 大乘으로 教化ᄒᆞ시다ᄉᆞ이다(月釋13:36). 小乘을 일운 聲聞弟子ㅣ라 니ᄅᆞ시다ᄉᆞ이다:成就小乘聲聞弟子(1746年 伽倻寺板 法華2:246).
-·시단·딘·댄 어미 -시다 할진댄. -시면. ¶됴ᄒᆞᆫ 일 ᄒᆞ시단딘댄 어마늾긔 드러가 이 돈ᄋᆞᆯ 供養ᄒᆞᅀᆞᄫᆞ리(月釋23:65).
-·시더·니 어미 -시더니. ☞-더시니 ¶法을 니ᄅᆞ시더니(釋譜13:27).
-·시더·라 어미 -시더라. ☞-더시다 ¶ᄀᆞᄅᆞ쵸미라 ᄒᆞ시더라(釋譜13:59).
-·시던·가 어미 -시던가. ☞-더신가 ¶우리 어버시네 다 모미 편안ᄒᆞ시던가:我父母都身已安樂麽(飜朴上51).
-시덩이다 어미 -시더이다. -십디다. ☞-더시이다 ¶비들토 도로시과댜 問安ᄒᆞ시덩이다(新語5:17).
시뎌 명 시저(匙箸. 匙筯). ¶杅 여숫과 小盤 세콰 盞盤 匙筯 各 둘콰(家禮10:31).
시뎡 명 시정(市井)아치. ¶시뎡:買賣人(同文解上13).
시드다 동 시들다. ☞시들다 ¶시드다:皮裡抽肉(漢淸8:7).
시드러운 형 고달픈. 피곤한. ㉮시드럽다 ¶山林에 시드러운 모ᄆᆞᆯ 브티니:山林託疲薾(重杜解2:11). ᄆᆞᆯ기 시드러운 모ᄆᆡ 殘弱호

ᄅᆞᆯ 므던히 너기노라:淸羸任體孱(重杜解20:13).

시드러움 형 고달픔. ㉮시드럽다 ¶ 셴 머리 늘거 시드러우매 춤츠고:白首老罷舞(杜解11:41).

시·드·럽·다 형 고달프다. 피곤하다. 가쁘다. ¶ 셴 머리 늘거 시드러우매 춤츠고:白首老罷舞〔罷ᄂᆞᆫ 讀爲疲ㅣ라〕(杜解11:41). 큰 族屬도 性命이 외ᄅᆞ외며 시드럽도다:大族命單羸(杜解25:37). 시드러울 피:疲(訓蒙中33. 光千17). 山林에 시드러운 모ᄆᆞᆯ 브토니 반ᄃᆞ시 崎嶇히 이어이 ᄃᆞᆫ뇨ᄆᆞᆯ 免티 몯ᄒᆞ리로다:山林託疲薾未必免崎嶇(重杜解2:11). 勇猛ᄋᆞ로 ᄆᆞᅀᆞᆷᄒᆞ요ᄆᆞᆯ ᄀᆞ장ᄒᆞ노니 ᄆᆞᆯ기 시드러운 모ᄆᆡ 殘弱호ᄆᆞᆯ 므던히 너기노라:勇猛爲心極淸羸任體孱(重杜解20:13).

시·들·다 동 시들다. ¶ 長常 病ᄒᆞ야 시드러 음담 몯 ᄒᆞ고 모기며 입시우리 내ᄆᆞᆯ라(釋譜9:29). ᄋᆞᄃᆞ러 모미 시드러 여위오(月釋13:21). 竛竮은 시드론 양ᄌᆡ라(楞解1:19). ᄀᆞᄆᆞ니 두 사ᄅᆞ미 양ᄌᆡ 시들오 威德 업스닐 보내요ᄃᆡ:密遣二人形色憔悴無威德者(法華2:206). 양ᄌᆡ 시드로ᄆᆞᆫ 곧 니ᄅᆞ샨 自在ᄒᆞᆫ 힘 ᄀᆞ초샤미라:形色憔悴即所謂隱其自在之力(法華2:207). 오라아 시드러 病이 일가 저프닌:久而羸憊恐成疾者(宣賜內訓1:70). 양ᄌᆡ 여위 시들오 뵈오시 다 ᄣᅥ러디고(南明下8). 시드는 病을 어드니(續三綱. 烈6). 시들 위:萎(兒學下10).

시·딕갑 명 시가(時價). ¶ 시딕갑스로 시푼은 열두 량애 ᄒᆞ야:時直價錢白銀十二兩(飜老下16). 時直갑스로:時直價錢(老解下15).

시라손 명 스라소니. ¶ 시라손:土豹(訓蒙上18 豹字註). 시라손:土豹(東醫 湯液一 獸部). 시라손:土豹(譯解下33). 시라손:猞猁猻(同文解下39). 시라손의 삿기:猞猁猻崽(漢清14:7).

시라손이 명 스라소니. ☞시라손 ¶ 시라손이:貙 猞猁猻(物譜 毛蟲).

시락이 명 시래기. ¶ 시락이:棲葅(物譜 飮食).

-시랴 어미 -으랴. ¶ 探花蜂蝶이 그물의 걸여시랴(萬言詞). ᄡᅥ러질 쥴 아라시면 놉흔 남긔 올나시랴(萬言詞). 失手ᄒᆞᆯ 쥴 아라시면 니기 쟝긔 버려시랴(萬言詞).

시·러 부 얻어. 능(能)히. ¶ 如來 일훔 시러 듣ᄌᆞᄫᆞ미 ᄯᅩ 어려ᄫᅳ니(釋譜9:28). ᄆᆞᄎᆞᆷ내 제 ᄠᅳ들 시러 펴디 몯ᄒᆞᇙ 노미 하니라:而終不得伸其情者多矣(訓註2). 僧祐 道宣 두 律師ㅣ 各各 譜 ᄆᆡᇰᄀᆞ로니 잇거늘 시러 보ᄃᆡ:得見祐宣二律師各有編譜(月釋序11). 比丘ᄃᆞᆯ하 如來 시러 보미 어려ᄫᅳ니라 ᄒᆞ야ᄃᆞᆫ(月釋17:15). 시러 두렵디 몯ᄒᆞ며 시러 通티 몯ᄒᆞ리라:莫得而圓莫得而通(楞解6:53). 信ᄋᆞ로 시러 들에 ᄒᆞ시니라:使以信得入(法華1:175). 귀예 어루 시러 드를 ᄲᅮᆫ니언뎡:耳可得聞(宣賜內訓1:37). 丹砂 무로ᄆᆞᆯ 시러 ᄒᆞ디 몯ᄒᆞ노라:不得問丹砂(杜解7:5). 네브터 오매 뉘 시러 보뇨:從來誰得見(南明上25). 시러 보게 ᄒᆞ쇼셔:得見(六祖上96). ᄒᆞᆫ 긔약읫 사ᄅᆞᆷᄋᆡ 거즛 모딘 ᄃᆞᆨ명을 시러 잘 발명 몯 ᄒᆞ거든:有爲人誣枉惡不能自伸者(呂約35).

시·러곰 부 얻어. 능히. ☞시러. -곰 ¶ 마치 늘거 病호ᄆᆞᆯ 이긔디 몯ᄒᆞ리로소니 엇데 시러곰 ᄠᅳᆫ 일후믈 崇尙ᄒᆞ리오:不堪秖老病何得尙浮名(初杜解7:7). 어느 시러곰 危亂ᄒᆞᆫ 조가ᄀᆞᆯ 改變ᄒᆞ리오:焉得變危機(初杜解10:10). ᄆᆞᅀᆞᄆᆞᆯ 어느 ᄢᅴ 시러곰 됴히 열려뇨:懷抱何時得好開(初杜解10:39). 오히려 시러곰 기튼 보ᄆᆞᆯ 보리로다:猶得見殘春(初杜解21:3). 시러곰 醉티 아니케 ᄒᆞ니:而不得醉焉(宣小3:27). 예 ᄒᆞᆫ번 ᄠᅥ러디면 엇디 시러곰 자바내리오:一墜那得取(重杜解1:32). 도리ᄅᆞᆯ 조차 시러곰 말 ᄡᅥ신댄 ᄯᅩᄒᆞᆫ 말고:循理得已且已(警民29). 시러곰 득:得(倭解上27). 四時八節의 시러곰 營營ᄒᆞ기ᄅᆞᆯ 곳ᄒᆞ야(女四解2:30). 시러곰:得(同文解下61). 션두의게 샤례치 못ᄒᆞ고 가노라 ᄒᆞ니 시러곰 아ᄂᆞ이다(落泉2:4).

시럼 명 시름. ☞시름 ¶ 神仙을 못 보거든 수이나 도라오면 舟師 이 시럼은 젼혀 업게 삼길럿다(蘆溪. 船上嘆). 시럼이 업ᄉᆞ시니 分別인ᄃᆞᆯ 이슬소냐(江村晩釣歌).

시:렁 명 시렁. ☞실에 ¶ ᄉᆞ나ᄒᆡ와 겨집이 옷 홰며 시렁을 ᄒᆞᆫ디 아니 ᄒᆞ야:男女不同椸枷(宣小2:50). 시렁 가:架(倭解上33). 시렁 가:架(兒學上9).

-시·려·니 어미 -실 것이니. ☞-려니 ¶ 城 밧긔 브리 비취여 十八子ㅣ 救ᄒᆞ시려니 가라ᄒᆞᆫᄃᆞᆯ 가시리잇가(龍歌69章).

시·로 부 때로. 때때로. ¶ 닙소갯 블근 여르믄 時로 ᄢᅥ러뎜 직ᄒᆞ니아(初杜解6:16). 子ㅣ ᄀᆞᆯᄋᆞ샤ᄃᆡ 學ᄒᆞ고 時로 習ᄒᆞ면 ᄯᅩᄒᆞᆫ 깃브디 아니ᄒᆞ랴(宣論1:1).

시롬 명 시름. ☞시름 ¶ 한 시로미:繁憂(重杜解12:29).

시루 명 시루. ☞시르. 실 ¶ 시루 징:甑(兒學上10).

시·룸 동 실음〔載〕. ㉮싣다 ¶ 地ᄂᆞᆫ ᄯᅡ히니 ᄯᅡ해 자ᄇᆞᆫ 것 시루미 술위예 시루머 ᄀᆞᄐᆞᆯᄊᆡ 地輪이라 ᄒᆞᄂᆞ니(月釋1:38).

시르 명 시루. ☞실 ¶ 므레 ᄲᅡ딘 사ᄅᆞᄆᆞ로 시르 우희 업데우고:令溺人伏於甑瓮(救急上71). ᄒᆞ다가 시르와 독이 업거든:如無甑瓮(救簡1:69). 시르 증:甑(訓蒙中10). 시르

증:甑(類合上27. 倭解下14). 시르:甑(老解下30). ※시르>시루

시·르·며 동 시름하며. ㉮시름다 ¶모ᄆᆞᆯ ᄑᆞ다가 몯ᄒᆞ야 시르며 울어놀(圓覺下三之一88). 네 져죄 鮑照ᄅᆞᆯ 兼ᄒᆞ니 시르며 업드르리로다:才兼鮑照愁絶倒(初杜解15:39).

시르믿 명 시룻밑. ¶시르믿:甑箅兒(四解上15 箅字註). 시르믿 비:箅(訓蒙中10).

시르밋 명 시룻밑. ☞시르믿 ¶시르밋:甑簾(同文解下14). 시르밋:蒸篦子(漢淸11:38). 시르밋:箅兒(物譜 筐筥).

시르썩 명 시루떡. ¶시르썩:撒糕(同文解上59).

시·르·씌 명 시루띠. ¶시르씌:甑帶(救簡3:61).

시·름 명 시름. ☞시롬 ¶시름 ᄆᆞᄉᆞᆷ 업스샤ᄃᆡ 이 지븨 자려 ᄒᆞ시니:心無憂矣將宿是屋(龍歌102章). 주굼 사로ᄆᆞᆯ 더라 시름이 업거니 저픈 ᄠᅳ디 어느 이시리잇고(月印上45). 나ᄂᆞᆫ 이제 시르미 기퍼 넘난ᄆᆞᅀᆞ미 업수니(月釋2:5). 모ᄃᆞᆫ ᄀᆞ리ᄂᆞᆫ 시르미 멀어든:遠諸留患(楞解8:34). 시르믈 여희오(楞解9:8). 徐公ᄋᆡ 온가짓 이ᄅᆞᆯ 시름 아니 ᄒᆞ요ᄆᆞᆯ 내 아노니:吾知徐公百不憂(杜解8:24). ᄒᆞ다가 眞妄ᄋᆞᆯ 니저도 ᄯᅩ 사ᄅᆞᄆᆞᆯ 시르미니라:若忘眞妄更愁人(南明上72). 이 ᄌᆞᆫᄒᆞᆫ 田地ᄅᆞᆯ 어딧거니 엇뎨 시르미리오 ᄒᆞᆯ시라(南明下57). 半日을 이즌 시름 자연이 고쳐나니(萬言詞). 널라와 시름 한 나도 자고니러 우니로라(樂詞. 靑山別曲).

시름 명 씨름. ☞실홈 ¶우리 이 草地에셔 시름 ᄇᆡ호쟈:咱這草地裏學捽挍(朴解中50). 겨틔셔 시름 보ᄂᆞᆫ 사ᄅᆞᆷ들이 닐오ᄃᆡ:傍邊看捽挍的人們道(朴解中51).

시·름·다 동 시름하다. ¶모ᄆᆞᆯ ᄑᆞ다가 몯ᄒᆞ야 시르며 울어놀(圓覺下三之一88). 네 져죄 鮑照ᄅᆞᆯ 兼ᄒᆞ니 시르며 업드르리로다:才兼鮑照愁絶倒(初杜解15:39).

시·름다·ᄫᆞᆫ 형 근심스러운. ㉮시름답다 ¶辱ᄃᆞᄫᅵᆫ 일와 슬픈 일와 시름다ᄫᆞᆫ 이리 다와댓거든(釋譜9:8).

시·름답·다 형 근심스럽다. ¶녀나ᄆᆞᆫ 그지업슨 어려ᄫᆞᆫ 일와 辱ᄃᆞᄫᅵᆫ 일와 슬픈 일와 시름다ᄫᆞᆫ 이리 다와댓거든(釋譜9:8). 搖搖ᄂᆞᆫ ᄆᆞᅀᆞ미 시름다와 브툴 ᄯᅦ 업슨 ᄠᅳ디라(永嘉下108).

시름도외다 형 근심스럽다. ☞시름ᄃᆞ외다 ¶긴 젓소리ᄂᆞᆫ 뉘 能히 시름도왼 ᄠᅳ들 亂히 오ᄂᆞ니오:長笛誰能亂愁思(重杜解11:7).

시름도이 부 시름없이. ¶시름도이 絶境ᄋᆞᆯ ᄇᆞ리고 아ᄅᆞ라히 ᄯᅩ 머리 가노라:忡忡去絶境杳杳更遠適(重杜解1:26).

시·름ᄃᆞ외·다 형 근심스럽다. ¶귀신은 어드워 시름ᄃᆞ왼 苦애 ᄌᆞᆷ겟고:鬼神沈幽愁之苦(圓覺序13). 梅花ㅅ 고ᄌᆞᆯ 가져다가 시름ᄃᆞ왼 누늘 놀래디 몯ᄒᆞ고:未將梅蘂驚愁眼(初杜解10:45). 시름ᄃᆞ왼 ᄀᆞᅀᅵ ᄀᆞᄅᆞᆷᄆᆞ리 잇ᄂᆞ니:愁邊有江水(重杜解12:40). ᄲᆞᄅᆞᆫ 酒觴ᄋᆞ로 시름ᄃᆞ왼 ᄆᆞᅀᆞ미 던ᄂᆞᆫ ᄃᆞᆺ호ᄆᆞᆯ 爲ᄒᆞ야 느치노라:急觴爲緩憂心擣(初杜解15:39). 皇陂두듥 北에 시름ᄃᆞ왼 亭子ㅣ 지엣도다:皇陂岸北結愁亭(初杜解21:40). 프른 뫼해 旌旆 시름ᄃᆞ외도다:蒼山旌旆愁(杜解22:38). 노피 乾坤을 보니 ᄯᅩ 可히 시름ᄃᆞ외니:高視乾坤又可愁(杜解25:31).

시·름:업·다 형 시름없다. ¶내 셜버ᄒᆞ노니 어듸사 시름업슨 ᄃᆡ 잇ᄂᆞ뇨(月釋10:25).

시·름·ᄒᆞ·다 동 시름하다. 근심하다. ¶큰 德을 새오ᅀᆞᄫᅡ 앉디 몯ᄒᆞ야 시름ᄒᆞ더니(月印上9). 須達이 지븨 도라와 ᄢᅦ 무든 옷 닙고 시름ᄒᆞ야 잇더니(釋譜6:27). 샹녜 시름ᄒᆞ야 山林에 ᄃᆞ라 드러:常憂愁走入山林(楞解9:74). 사ᄅᆞᄆᆡ 시르믈 시름ᄒᆞ며:憂人之憂(宣賜內訓1:38). ᄀᆞᇫ 뎟 소리 드로ᄆᆞᆯ 正히 시름ᄒᆞ노니 ᄒᆞ오사 셔셔 ᄀᆞᄅᆞᄆᆡᆺ ᄇᆡᄅᆞᆯ 보노라:正愁聞塞笛獨立見江船(初杜解7:4). 忉忉怛怛ᄋᆞᆫ 시름ᄒᆞ야 슬홀 시라(南明上5). 왕이 몽쟝의 힐척호믈 시름ᄒᆞ야:王患蒙帥詰責(東新續三綱. 忠1:25).

시름ᄒᆞ다 동 씨름하다. ☞실홈ᄒᆞ다 ¶우리 둘히 시름호되 대개 빰 티디 말고 됴히 됴히 시름ᄒᆞ쟈:咱兩箇捽大家休打臉好好的捽(朴解中50).

-시·리 어미 -시리요. -시리까. -실 것인가. ¶賢弟를 매 니ᄉᆞ시리 忠臣을 매 모ᄅᆞ시리(龍歌74章). 旻天之心애 긔 아니 ᄠᅳ디시리(龍歌116章). 聖子ㅣ 나샤 正覺 일우시리(月印上6).

-·시·리·라ᄉᆞ이·다 어미 -실 것입니다. ¶大乘法을 니ᄅᆞ시리라ᄉᆞ이다:說大乘法(月釋13:36. 法華2:231).

-시·리이·다 어미 -시겠습니다. -실 것입니다. ¶聖神이 니ᅀᆞ샤도 敬天勤民ᄒᆞ샤ᅀᅡ 더욱 구드시리이다(龍歌125章). 命이 아니 오라시리이다(釋譜11:18).

-시·리잇·가 어미 -시리이까. -시겠습니까. ¶天下蒼生ᄋᆞᆯ 니ᄌᆞ시리잇가(龍歌21章). 百仞虛空애 ᄂᆞ리시리잇가(龍歌31章). 나랏 小民을 사ᄅᆞ시리잇가:國民焉救(龍歌52章).

-시·리잇·고 어미 -시리이까. -시겠습니까. ¶몃 間ㄷ 지븨 사ᄅᆞ시리잇고(龍歌110章).

-·시릴·씨 어미 -실 것이매. -실 것이므로. ¶天下ᄅᆞᆯ 맛ᄃᆞ시릴씨:將受九圍. 나라ᄒᆞᆯ 맛ᄃᆞ시릴씨:將受大東(龍歌6章). 赤帝 니러나시릴씨 白帝 ᄒᆞᆫ 갈해 주그니:赤帝將興白帝劒戮(龍歌22章). 四征無敵ᄒᆞ샤 오샤ᅀᅡ 사

ᄅᆞ시릴씨:四征無敵來則活已. 用兵如神ᄒᆞ샤 가샤ᅀᅡ 이기시릴씨:用兵如神往則莫抗(龍歌38章). 大勳이 이ᄅᆞ시릴씨:大勳將成(龍歌66章). 閻浮提 나시릴씨(月印上5).

시ᄅᆞ 명 시루. ☞시르 ¶밥 ᄢᅵᄂᆞᆫ 시ᄅᆞ예 ᄢᅵ면:飯甑中蒸之(瘟疫方21). 시ᄅᆞ:甑兒(譯解下14).

시ᄅᆞ밋 명 시룻밑. ☞시르믿 ¶시ᄅᆞ밋:甑箅兒·甑簾兒(譯解下14).

시ᄅᆞᆷ 명 시름. ☞시름 ¶두어라 내 시ᄅᆞᆷ 아니라 濟世賢이 업스랴(古時調. 李賢輔. 長安을. 聾巖集). 내 시ᄅᆞᆷ 어ᄃᆡ 두고 ᄂᆞᄆᆡ 우음 블리잇가(古時調. 鄭澈. 松江). 人生은 有限ᄒᆞᆫᄃᆡ 시ᄅᆞᆷ도 그지업다(松江. 思美人曲). 아희야 盞 ᄀᆞ득 부어라 시ᄅᆞᆷ 餞送ᄒᆞ리라(古時調. 鄭太和. 술을 醉케. 靑丘).

시ᄅᆞᆷ겹다 형 시름겹다. ¶다만당 님 그린 타ᄉᆞ로 시ᄅᆞᆷ계워 ᄒᆞ노라(古時調. 鄭澈. 쓴 ᄂᆞ믈. 松江).

시ᄅᆞᆷᄒᆞ다 동 시름하다. ☞시름ᄒᆞ다 ¶내의 시ᄅᆞᆷᄒᆞ요ᄆᆞᆫ 盜賊ㅣ 하 衣冠ᄒᆞᆫ 사ᄅᆞᆷㅣ ᄠᅩ쵸ᄆᆞᆯ 다시 볼가 ᄒᆞ노라:所憂盜賊多重見衣冠走(重杜解1:40). ᄆᆞᆯ 害홀가 시ᄅᆞᆷᄒᆞᄂᆞᆫ 무리:憂害馬之徒(重杜解25:2).

시말 명 시말(始末). ¶희쇠을 ᄡᅴ여 도라와 시말을 셰셰히 젼ᄒᆞ고(落泉1:2).

시모다 동 심다. ☞시므다. 시ᄆᆞ다 ¶농인은 밧 가라 시모기를 부즈러니 ᄒᆞᆫ즉:農勤於耕稼則(正俗35). 면화씨ᄅᆞᆯ 시모ᄂᆞᆫ ᄣᅢ요:植(孝養解1).

:시:묘 명 시묘(侍墓). ¶侍墓도 살며:侍墓ᄂᆞᆫ 墓애 가 뫼ᅀᆞᄫᅡ 이실 씨라(三綱. 孝15). 아비 묻고 시묘ᄒᆞ더니:葬父廬墓(東三綱. 孝1).

시무다 동 심다. ☞시므다 ¶시무다:蓺種也(柳氏物名三 草).

시문셔 명 납세(納稅)의 확인서. ¶시문셔:契尾(漢淸10:16).

시므·다 동 심다. ☞심으다. 시ᄆᆞ다 ¶여러 가짓 됴ᄒᆞᆫ 根源을 시므고 後에 ᄯᅩ 千萬億佛을 맛나ᅀᆞᄫᅡ(釋譜19:33). 植은 시믈 씨라(月釋序24). 德 열븐 사ᄅᆞᄆᆡ 善根ᄋᆞᆯ 시므디 아니ᄒᆞ야(月釋17:13). 부텻긔 渴望ᄒᆞ야 울워러 善根ᄋᆞᆯ 시므리니(月釋17:15). 솔 시므고 名日이어든 사ᄒᆞᄅᆞᆯ 밥 아니 먹더라(三綱. 孝24). 百劫을 福 시므ᄂᆞ니(法華1:73). 善根을 시므게 ᄒᆞ야:種善根(法華4:41). 한 善根ᄋᆞᆯ 시므니:種諸善根(金剛上35). 오나 가나 다 새지븨 兼ᄒᆞ얫도소니 머무러슈믄 벼 시므ᄂᆞᆫ 이러믈 爲ᄒᆞ얘니라:來往兼茅屋淹留爲稻畦(初杜解7:16). 솔고 시믄 仙家ᄂᆞᆫ 白楡에 갓갑도다:種杏仙家近白楡(杜解9:20). 이제 시므고져 ᄒᆞ야:今欲栽(初杜解15:19). 何有ㅅ ᄀᆞ올ᄒᆡ 시므다 니ᄅᆞ디 말라:莫謂栽培何有鄕(金三2:21). 菩提樹 ᄒᆞᆫ 株ᄅᆞᆯ 가져 이 壇ㅅ ᄀᆞᅀᅢ 시므고:菩提樹一株植此壇畔(六祖序14). 시믈 식:植(訓蒙下3. 石千30). 시믈 죵:種. 시믈 지:栽. 시믈 가:稼(訓蒙下5). 시믈 죵:種(類合下7). 토란 시므기ᄅᆞᆯ 힘써 ᄒᆞ여:專力種芋(新救荒. 補遺方15). ᄂᆞ믈 시므쟈:種菜來(朴解中55). 밧 시므다:種田(譯解下8). 두 손으로 槍을 시므고(武藝圖4). 드듸여 머무러 이셔 무덤을 일우고 나모 시므고 가니라(五倫5:4).

시ᄆᆞ·다 동 심다. ☞시므다 ¶佛道 因緣을 시ᄆᆞ리라:種佛道因緣(法華4:54). 어즈러운 桃李ㅅ 가지ᄅᆞᆯ 곧마다 다 能히 옮겨 시ᄆᆞᄂᆞ니:紛紛桃李枝處處總能移(初杜解18:2). 시ᄆᆞᆯ 예:蓺(石千28).

시방 명 시방(時方). 지금. ¶그 겨집이 닐오ᄃᆡ 시방 하공쥬부ᄅᆞᆯ ᄒᆞ엿거니와(太平1:29). 시방 여러 곳 ᄲᅡ하시ᄃᆡ(癸丑192). 군서 시방 죽을 ᄯᅢ의 긔ᄅᆞᆯ 엇디 보며(山城32). 구의 시방 절로 ᄒᆞ여:官司見着落(老解上45). 시방:現今(同文解下47. 譯解補54). 시방 임의 일운 것:現成(漢淸7:42). 비록 시방은 간고ᄒᆞ나(閑中錄6).

시버뵈다 조형 싶어 보이다. ☞십다. 시브다 ¶예셔 보매 잔을 남기ᄂᆞᆫ가 시버뵈니 이 잔으란 브ᄃᆡ 자ᅌᆸ소(新語3:5).

시:병 명 시병(時病). 돌림병. ¶疫癘는 時病이라(楞解7:56). 열병과 시병에 ᄆᆞᅀᆞ미 아니환ᄒᆞ야:熱病及時疾心躁亂(救簡1:112). 큰 시병에 어ᄆᆡ 병이 디텃거늘:大疫母疾篤(東續三綱. 孝19). 시병 긔운이 밧긔 인ᄂᆞᆫ 증의 맛ᄡᅡᆼ이 쏨 내라:瘟疾(辟新2).

시병열 명 시병열(時病熱). ¶대기ᄅᆞᆷ은 시병열이 만ᄒᆞ여 답답ᄒᆞᆫ 증을 고티ᄂᆞ니(辟新8).

:시:병·ᄒᆞ·다 동 시병(侍病)하다. ¶天尊ᄋᆞ로 겨샤 侍病ᄒᆞ샤:侍病은 病ᄒᆞ얫거시든 뫼ᅀᆞᄫᅡ 이실 씨라(月釋10:15). 벼슬 ᄇᆞ리고 시병ᄒᆞ야:棄官侍疾(東續三綱. 孝2).

시병ᄒᆞ다 동 시병(時病)하다. 돌림병을 앓다. ¶므롯 시병ᄒᆞᄂᆞᆫ 집의 드러갈 제 몬져 문과 지게를 훤히 열게 ᄒᆞ고(辟新15).

시보다 조형 싶다. ☞시브다 ¶是非 읻ᄂᆞᆫ가 시보외(隣語1:6). 卽時 茶禮를 設行ᄒᆞ고 시보오니(隣語1:22).

시보외 조형 싶네. ㉠시보다 ¶是非 읻ᄂᆞᆫ가 시보외(隣語1:6).

시부다 조형 싶다. ☞시보다. 시브다. 시프다. 식브다 ¶ᄒᆞᆫ 점은 사ᄅᆞᆷ 잇ᄃᆞ니 여긔 업ᄉᆞ니 나간가 시부다(蒙老5:2). 왼 몸이 힘이 업서 다만 시즈려 눕고 시분지라(捷蒙2:5). 근본 弱ᄒᆞᆫ 사ᄅᆞᆷ이 失攝을 ᄒᆞ기의 그런가 시부니(隣語2:5).

시브다 조형 싶다. ☞식브다 ¶음식 먹고 시븐 ᄆᆞᄋᆞᆷ이 업서:忘飮食(太平1:49). 셜워ᄒᆞ오시ᄂᆞᆫ가 시브다(癸丑60). 일뎡 二番 特送이 오ᄂᆞᆫ가 시브니(新語1:10). 아직 수이 알고 시브오니(新語5:11). 니일은 天氣 됴흘가 시브다 여긔 사ᄅᆞᆷ도 니르오니(新語6:13). 振舞ᄒᆞᆯ 양도 잇ᄂᆞᆫ가 시브오니(新語8:10). 요ᄉᆞ이ᄂᆞᆫ 퍽 낫ᄌᆞ오신가 시브오니(諺簡45 肅宗諺簡). 내죵내 고티디 못ᄒᆞ야 두디 못ᄒᆞᆯ가 시브거든 구이예 널너 멀리 내티더라:終不改度不可容則言之官府屛之遠方焉(重二倫30). 슬퍼 아니 먹ᄂᆞᆫ 주리 아니라 먹고져 시브디 아니ᄒᆞ니 당당이 병이로소이다:非哀而不食自不思食耳應是疾也(重三綱. 烈35).

시븟·다 동 씻다. 부시다. ¶ᄆᆡ실 바루 텨든 니러 ᄂᆞᆺ 시븟고 ᄒᆞᆨ당의 가 스승님ᄭᅴ 읍ᄒᆞ고:每日打罷明鍾起來洗臉到學裏師傅上唱喏(飜朴上49).

:시비 명 시비(是非). ¶또 닐오ᄃᆡ 是와 非와ᄅᆞᆯ ᄒᆞ마 앗고 是非ㅅ 소배 가지라 ᄒᆞ니(楞解2:69). 다ᄉᆞᆫ 是非 아로미오(永嘉上95). 제 是非ᄅᆞᆯ ᄀᆞᆯᄒᆡ야(宣賜內訓序6). 얼굴 업소ᄃᆡ 도ᄅᆞ혀 얼굴 겨시니 사ᄅᆞᆷ 맛나ᄂᆞᆫ 是非ᄅᆞᆯ 니ᄅᆞ시ᄂᆞ니라(金三1:24). 외니 올ᄒᆞ니 ᄒᆞ야 是非예 ᄠᅥ러디면 了義ᄅᆞᆯ 모ᄅᆞ릴ᄉᆡ(南明上39). 是非와 善惡괏 허므를 보ᄃᆡ 아니호미 곧 이 自性不動이니라(六祖中18). 혹 시비ᄅᆞᆯ 아라도 ᄉᆞ졍의 ᄀᆞ리여 능히 ᄉᆞᆯ피디 못ᄒᆞᄂᆞ니(仁祖行狀17). ᄂᆞᄆᆡ 是非 닐으디 말라(老解下39). 是非 읻ᄂᆞᆫ가 시보ᅌᅬ(隣語1:6). 後世의 是非 업게 ᄒᆞᄂᆞᆫ 거시 아니 ᄉᆡ원ᄒᆞ온가(隣語3:7). 출하로 是非를 모로고 ᄂᆡ 뜻ᄃᆡ로 ᄒᆞ리라(古時調. 孔夫子. 歌曲).

:시비ᄒᆞ·다 동 시비(是非)하다. ¶是非ᄒᆞᄂᆞᆫ 心이 업스면 人이 아니니라(宣孟3:31).

시샹 명 시상(時常). 상시(常時). ¶시샹에 이리 일 모다 늣게야 흣터디ᄂᆞ냐:時常這般早聚晩散麼(朴解下14).

시샹 부 시상(時常). 항상(恒常). ¶王이 블러다가 太子ㅅ 버들 사ᄆᆞ샤 時常 겨틔 이셔 시르믈 플에 ᄒᆞ시니라(釋譜3:p.72).

시서 동 씻어. ㉠싯다 ¶ᄐᆡ글과 더러온 거슬 시서 服飾을 션명이 ᄒᆞ며(女四解1:12).

시셔 명 시서(時序). ¶時序ᄅᆞᆯ 니젓ᄯᅡ다 三月이 져므도다(許橿. 西湖別曲).

·시·셜 명 시설(施設). ¶그러ᄒᆞᆫ 아ᄎᆞᆫ 施設 업슨 中에 施設 이쇼미 막디 아니ᄒᆞ며(金三5:33).

시셜 명 시설(柿雪). ¶시셜:柿雪 乾柿皮上白屑(柳氏物名四 木).

시·쇽 명 시속(時俗). ¶녯 時俗이 庸主의게 ᄌᆞᆺ거놀(初杜解6:23). 요ᄉᆞ이 時俗애 音이:近世時俗之音(宣小凡例2). 시쇽이 일ᄏᆞ라 긔운젓고 올타 ᄒᆞᄂᆞᆫ디라:俗呼爲氣義(宣小5:23). 時俗ᄋᆞᆫ 아니한ᄉᆞ이예 엇데 시러곰 닐위리오(重杜解17:29).

시:승·다 동 서슴다. 머뭇거리다. ¶님금이 블러 ᄒᆡ여곰 손 ᄃᆡ접ᄒᆞ라 ᄒᆞ거시든 ᄂᆞᆺ빗출 변ᄐᆞ시 ᄒᆞ시며 발올 시승ᄃᆞ시 ᄒᆞ더시다:君召使擯色勃如也足躩如也(宣小2:38). 位예 디나가실ᄉᆡ ᄂᆞᆺ빗출 변ᄐᆞ시 ᄒᆞ시며 발올 시승ᄃᆞ시 ᄒᆞ시며 그 말ᄉᆞᆷ이 足디 몯ᄒᆞᆫ ᄃᆞᆺᄒᆞ더시다:過位色勃如也足躩如也其言似不足者(宣小2:39).

시시 명 씻기. ¶아ᄎᆞᆷ 나죄 祭物을 親히 ᄒᆞ야 긔물 시시라도 죵 맛뎌 아니 ᄒᆞ더니:朝夕必親具奠饌雖滌器之微不委僮僕(續三綱. 孝32).

시시버섯 명 버섯의 한 품종. ¶生楓樹者曰笑蕈食之令人笑不止飮以土漿則愈此我國所謂時時蕈諺訓 시시버섯 時時笑聲(靑莊館56).

시시·예 부 시시(時時)로. 때때로. ¶時時예 帝ㅅ ᄠᅳ들 더 도오샤(宣賜內訓2下38). 時時예 하거나 젹거나 머거(救急上88). 時時예 角抵戲ᄅᆞᆯ ᄡᅥ도(初杜解6:12). 衆生이 時時예 道ᄅᆞᆯ 일우며(金三4:47). ᄆᆞᅀᆞᄆᆞᆫ 明鏡臺 ᄀᆞᆮᄒᆞ니 時時예 브즈러니 ᄉᆞ저 듣글 묻게 마롤디니라(六祖上15). 시시예 게 드러 누워 쉬오:時就休偃(飜小9:75). 시시로 ᄉᆞᆯ펴 ᄲᆞᆯ리 行ᄒᆞ고:時省而速行之(宣小5:35). 시시로 진셔로며 언셔로ᄡᅥ(癸丑40). 時時로 생각ᄒᆞ면 二十九年 어제런ᄃᆞᆺ(古時調. 黃胤錫. 白髮의. 頤亂).

시·식 명 시식(時食). 제철의 음식. ¶그 時食을 薦ᄒᆞᄂᆞ니라(宣中21).

시신 명 시신(屍身). 시체. ¶屍身을 검시ᄒᆞ고(飜老上28). 그 지아븨 시신을 그어:曳其夫屍(東新續三綱. 烈4:39). 옷슬 거두려 ᄂᆞ려와 尸신 우희 덥고(家禮5:2). 공이 죽으미 부인이 시신을 븟들고 우다가 니어 졸ᄒᆞ니(落泉1:1).

시ᄉᆞᄒᆞ다 동 시사(視事)하다. 임금이 나라를 다스리다. ¶선조 시ᄉᆞᄒᆞ오시던 별당을 슈소ᄒᆞ엿거시놀(仁祖行狀5).

시어 동 씻어. ㉠싯다 ¶明沙 조ᄒᆞᆫ 믈에 잔 시어 부어 들고(不憂軒. 賞春曲).

시여지다 동 죽다. 없어지다. ☞ᄉᆡ여디다 ¶그려 사지 말고 차하리 시여져셔 明月空山의 杜鵑ᄉᆡ 넉시 되여(古時調. 靑丘).

시오 명 시우쇠. ¶黑鐵曰 시오(東言).

시오잠 명 새우잠. ¶시오잠 곱송고려 긴긴 밤 시와 날 제(萬言詞).

시옥 명 전(氈). 전방석(氈方席). ☞시욱 ¶ 안졸 소니 치워도 시옥도 업도다:坐客寒無氈(重杜解19:47).

시옭 명 전(氈). ☞시욱 ¶ 시옭 쳥은 됴흔 보드라온 털로 미론 쳥 신어쇼듸:氈襪穿好絨毛襪子(老解下47). 흰 부드러온 시옭 쳥에:白絨氈襪上(朴解上24).

시:우 명 시우(時雨). ¶ 그 君을 誅ᄒᆞ고 그 民을 弔ᄒᆞ신대 時雨ㅣ 降홈 ᄀᆞᄐᆞᆫ디라(宣孟2:32). 大旱애 百穀이 時雨를 만나ᄂᆞᆫ 닷(蘆溪. 嶺南歌). 몃 번 時雨 되야 歲功을 일웟ᄂᆞ다(辛啓榮. 月先軒十六景歌).

시·우·대 명 관현(管絃). 〔'시울〔弦〕'에 '대〔竹〕'가 결합한 말로 'ㄹ' 소리가 'ㄷ' 소리 앞에서 탈락하여 '시우대'로 된 형태.〕 ¶ 樂音은 풍륫 소리니 붑티ᄂᆞᆫ ᄆᆞ디며 시우대ᄅᆞᆯ 니르니라(釋譜13:9). 樂音은 붑티ᄂᆞᆫ ᄆᆞ디며 시우대ᄅᆞᆯ 니ᄅᆞ고:樂音謂鼓節絃管(法華1:49).

시우·쇠 명 시우쇠. ¶ 시우쇠:熟鐵(訓蒙中31 鐵字註). 시우쇠:鋼鐵(東醫 湯液三 金部). 시우쇠:熟鐵(柳氏物名五 金). 시우쇠 텰:鐵(兒學上4).

시·욱 명 전(氈). 전방석(氈方席). ☞시옥. 시옭. 시욹 ¶ 細草로 시욱 삼노니:細草爲氈(永嘉下106). 길헤 브ᄃᆡᆺᄂᆞᆫ 버듨고존 흰 시우기 폣ᄂᆞᆫ ᄃᆞᆺᄒᆞ고:糝徑楊花鋪白氈(初杜解10:8). 녯 프른 시우글 아ᅀᆞ라히 ᄉᆞ랑ᄒᆞ노라:遙憶舊青氈(初杜解15:28). 盜賊ᄋᆞᆫ 子敬ᄋᆡ 시욱을 두도다:偸存子敬氈(初杜解20:9). 蘇武ㅣ 눈과 시욱과 먹고 잇거늘:雪與旃毛(三綱. 忠6). 시우기어나 ᄯᅩ 거저기어나:氈單或藁薦(救簡1:87). 시욱 쳥은 됴흔 ᄀᆞ놀오 보ᄃᆞ라온 터리로 미론 쳥 시너 이쇼ᄃᆡ:氈襪穿好絨毛襪子(飜老下53). 흰 ᄀᆞᄂᆞᆫ 시욱 쳥에:白絨氈襪上(飜朴上26). 삥긘 시우게:皺皺氈(飜朴上40). 시욱 젼:氈(訓蒙中30. 類合上26).

시·욱·갇 명 전모(氈帽). ☞시으갓 ¶ 운남의셔 ᄒᆞᆫ 시욱갇과:雲南氈帽兒(飜老下52). 시욱갇 일ᄇᆡᆨ 낫:氈帽兒一百箇(飜老下67).

시·욱집 명 장막(帳幕). 천막. ¶ 프리 ᄉᆞᆯ지니 蕃엣 ᄆᆞᄅᆡ 健壯ᄒᆞ고 누니 하도 시욱지비 ᄆᆞᄅᆞ도다:草肥蕃馬健雪重拂廬乾(初杜解23:30).

시운 명 시운(時運). ¶ 因緣진 부레풀로 時運지게 븟쳐신이(古時調. 님 ᄀᆞ숨. 海謠). 싱각ᄒᆞ니 올 時運의 륜감 타시로다(捷蒙2:7). 풍아의 읏듬이 되얌 작ᄒᆞᄃᆡ 시운이 불힝ᄒᆞ여(落泉1:1).

시운 명 수은(水銀). ☞슈은 ¶ 시운:水銀(柳氏物名五 石). 시운 즉긔:汞粉(柳氏物名五 石).

시·울 명 ①현(絃). ☞시욹 ¶ 箜篌는 모기 구븓ᄒᆞ고 鳳ᄋᆡ 머리 밍ᄀᆞᆯ오 시울 한 거시라(釋譜13:53). ᄆᆞᅀᆞ미 고ᄃᆞᆫ 시울 ᄀᆞᆮᄒᆞ면 一切 眞實ᄒᆞ야:心如直絃一切眞實(楞解6:113). 슬픈 시우레 白雪曲이 버므렛ᄂᆞ닌 俗人과 다ᄆᆞᆺ 잡디 몯ᄒᆞ리라:哀絃繞白雪未與俗人操(初杜解7:30). 시울 현:絃(類合下33. 石千36).
②활시위. ☞시욹 ¶ 몬져 조각을 시울와 거플 앗고:先以皁角去弦皮(救簡1:2). 네 이 누른 봇 니핀 활 ᄒᆞᆫ 댱 가져다가 시울 연즈라:你將這一張黃樺弓上弦着(飜老下30). 시울 현:弦(訓蒙中28). 弓之邊緣爲弦故舟之邊爲舷口之邊亦與弦方言同爲 시울(頤齋25:34).

시·욹 명 ①현(絃). ☞시울 ¶ 后ㅣ 일즉 元世祖后의 ᄂᆞᆯ근 활시욹 닉이시던 일을 드르시고:后嘗聞元世祖后煮故弓絃事(重內訓2:89). 거믄고 시욹 언저 風入松이야고야(松江. 星山別曲).
②활시위. ☞시울 ¶ 네 이 ᄒᆞᆫ 댱 누론 봇 닙힌 활 가져다가 시욹 연즈라:你將這一張黃樺弓上弦着(老解下27). 이 활과 시욹을 다 사다:這弓和弦都買了也(老解下29).

시욹 명 시울. 가장자리. 전. ¶ 술윗통 구뭇 시울게 바근 쇠:車釧(四解下11 釧字註). 시욹:邊口(同文解下14). 시욹:邊(漢淸11:45).

시욹 명 전(氈). ☞시욱 ¶ 프른 부드러온 시욹 쳥에:青絨氈襪上(朴解上27). 시욹 쳥:氈襪(譯解上45).

·시·월 명 시월(十月). ¶ 시워렌 대ᄆᆞᆯ ᄐᆞ기ᄒᆞ며:十月裏騎竹馬(飜朴上18). 시월 보롬:下元(譯解上4).

시위 명 시위(侍衛). ¶ 시위 위:衛(類合下14). 시위:侍衛(同文解上37).

시위 명 시위. 활시위. ¶ 시위:弓弦(同文解上47).

시·위 명 시위. 큰물. 홍수(洪水). ¶ 시위 나다:發洪(四解上6 洪字註). 시위 홍:瀸(訓蒙上6). 시위 나다:水漲發洪(譯解上2). 시위 나다:水漲(同文解上8). 시위 나다:水漫出(漢淸1:42).

:시·위·ᄒᆞ·다 동 시위(侍衛)하다. ¶ 一萬神靈이 侍衛ᄒᆞᅀᆞᄫᆞ며(釋譜6:17). 사ᄅᆞᆷ 侍衛ᄒᆞ야(楞解7:65). 臣子ㅣ 乘輿ᄅᆞᆯ 侍衛ᄒᆞᅀᆞ보ᄃᆡ(三綱. 忠10). 金輿ᄅᆞᆯ 侍衛ᄒᆞ던 녯 거슨(初杜解6:1). ᄒᆞᆫ 官舍애 잇던 사ᄅᆞᄆᆞᆫ 새배 ᄃᆞᄅᆞ가 侍衛ᄒᆞ거늘(重杜解12:27).

시육지 명 돌고래. ¶ 시육지:海豚(物譜 水族).

시으갓 명 전모(氈帽). ☞시욱갇 ¶ 시으갓 일ᄇᆡᆨ 낫:氈帽兒一百箇(老解下61).

:시·작 [명] 시작(始作). ¶이 王 始作이라(釋譜9:20). 부텻 像이 이 둘히 始作이시니라(釋譜11:11). 그 始작이 蓋 羌胡의 풍俗으로 나셔(家禮7:17).

:시·작·ᄒᆞ·다 [동] 시작하다. ¶그듸 精舍 지수려 터흘 ᄎᆞ자 始作ᄒᆞ야 되어늘(釋譜6:35). 그제ᅀᅡ 아기나히ᄅᆞᆯ 始作ᄒᆞ니라(月釋1:44). 두려운 相 지수미 南陽 忠國師ㅣ 始作ᄒᆞ니(金三1:6). 등의 브ᄉᆞ르미 시작ᄒᆞ야 독이 하 답답거든:發背始作毒盛煩悶(救簡3:38). 법셕 시작ᄒᆞ야 셜웝ᄒᆞ리러라:開場說法裏(飜朴上75). 쇠병 처엄 시작ᄒᆞᆯ 제 솔오줄디허 즙을 내여(牛疫方3). 봄날이 비로소 ᄃᆞᄉᆞᄒᆞ매 미처 진휼을 이에 시작ᄒᆞ니(綸音78). 醉ᄒᆞᆫ 김의 憤ᄒᆞ여 酒戰을 시작ᄒᆞᆯ쟉시면(隣語1:4).

시장ᄒᆞ다 [형] 시장하다. ☞시쟝ᄒᆞ다 ¶여러 곳 다녀 시장ᄒᆞ더니 내 안쉭을 보앗더냐(浮談). 아침의 낫분 밥이 낫 못 되여 시장ᄒᆞ니(萬言詞).

시쟝ᄒᆞ다 [형] 시장하다. ☞시장ᄒᆞ다 ¶아모리 絶景이라 ᄒᆞ여도 시쟝ᄒᆞ면 ᄌᆞ미 업ᄉᆞ오니(隣語1:10).

시·절 [명] 시절(時節). 때. ☞시졀 ¶아히 시절브터 늘고매 니르히(飜小6:10). 漢 시절 내죵애 이셔:當漢末(飜小8:19). 벼슬 나ᅀᅡ 홈과 시절을 조차 유셰ᄒᆞᆫ ᄃᆡ 브터ᄒᆞ기ᄅᆞᆯ 니ᄅᆞ디 말며:不言仕進官職趨時附勢(飜小8:21). 시절 사ᄅᆞᆷ(飜小9:82). 五代 시절에 居喪애 고기 먹ᄂᆞᆫ 이를:五代之時居喪食肉者(宣小5:49). 閒暇ᄒᆞᆫ 시절로ᄡᅥ 廣을 위ᄒᆞ야 이 계교를 닐은대:以閒暇時爲廣言此計(宣小6:82). 蓋 다른 時절의 陵谷이 變遷ᄒᆞ거나(家禮7:28).

시·졀 [명] 시절(時節). 때. ☞시절 ¶太子 時節에(釋譜6:4). 디나건 녜닛 時節에 盟誓發願ᄒᆞᆫ 이ᄅᆞᆯ 혜ᄂᆞᆫ다 모ᄅᆞᄂᆞᆫ다(釋譜6:8). 時節 아닌 저긔 밥 먹디 마롬과(釋譜6:10). 劫은 時節이라 ᄒᆞ논 ᄠᅳ디라(月釋1:5). 시졀인 後에ᅀᅡ 닐어 사ᄅᆞ미게 아쳗브디 아니호미:時然後言不厭於人(宣賜內訓1:14). 내 오미 時節이 바ᄃᆞ라온 제 브트니:我來屬時危(初杜解6:3). 아ᄅᆞᆷ다오며 블ᄀᆞᆫ 시져릐 되 征伐호ᄆᆞᆯ ᄀᆞ초아 ᄒᆞ놋다:休明備征狄(初杜解7:25). 아힛 시졀브터(初杜解24:11). 一切 時節 一切 고대 ᄆᆞᆯᄀᆞ며 靈ᄒᆞ야 ᄉᆞᄆᆞᆺ 샹녜 아ᄂᆞ니(金三1:3). 命 ᄇᆞ릴 시졀애(佛頂4). 힘혀 유여히 갈 시져리면:若能勾去時節(飜老上45). ᄯᅩ 이 봄 二三月 됴ᄒᆞᆫ 시져를 맛나니:又逢着這春二三月好時節(飜朴上1). 시졀이 가난커ᄂᆞᆯ 겨지비 다티 살라 권ᄒᆞᆫ대:荒饉妻勸其異居(二倫26 君良斥妻). 마초아 宋 大明 시졀의(飜小9:32). 漢 시졀 陳州 ᄡᅡ히(飜小9:55). 시졀 긔운이 됴화티 아니ᄒᆞ며(簡辟1. 瘟疫方1). 시졀 아닌 거슬 먹디 아니ᄒᆞ시며:不時不食(宣小3:25). 시졀 사ᄅᆞᆷ은 夫妻ㅣ 셜으 보채며 兄弟 원슈 되여:時之人夫妻相虐兄弟爲讎(宣小6:93). 潼關ㅅ 사호던 時節ㅣ라(重杜解1:4). 大졔 時節을 만나 祖先을 請ᄒᆞ와(家禮1:21). 힘혀 유여히 갈 시졀이면:若能勾去時節(老解上40). 營中이 無事ᄒᆞ고 時節이 三月인 제(松江. 關東別曲). 時節이 하 殊常ᄒᆞ니 올동말동ᄒᆞ여라(古時調. 金尙憲. 가노라. 靑丘).

시:졔 [명] 시제(時祭). ¶반ᄃᆞ시 薦新ᄒᆞ며 時祭ᄅᆞᆯ 가온댓 ᄃᆞᆯ을 ᄡᅳ며:必薦新時祭用仲月(宣小5:40).

·시·족 [명] 씨족(氏族). ¶다 난 氏族과 일훔괘 잇ᄂᆞ니:氏ᄂᆞᆫ 姓이오 族ᄋᆞᆫ 아ᅀᆞ미라(楞解3:75).

시죵 [명] 시중. ¶시죵 드ᄂᆞᆫ 이:答應的(譯解補57). 시죵도 잘ᄒᆞ니(隣語2:6).

시즈리다 [동] 시지르다. 드러눕다. ☞시즐이다. 히즈리다 ¶시즈리다:歪靠(同文解上27. 漢淸7:35). 왼 몸이 힘이 업서 다만 시즈려 눕고 시분지라(捷蒙2:5).

시즐이다 [동] 시지르다. 드러눕다. ☞시즈리다. 히즈리다 ¶시즐이다:歪靠(譯解補26).

시친 [명] 피살자(被殺者)의 근친(近親). ¶시친이라:苦主(無寃錄1:2). 死人의 親屬과 發狀ᄒᆞᆫ 사ᄅᆞᆷ이라:屍親(無寃錄1:17).

시칼 [명] 식칼. ¶이제 비록 親히 시칼이며 밥죽을 잡디 아니ᄒᆞ나:今縱不親執刀匕(家禮2:6). 시칼:廚刀(同文解下14).

시키다 [동] 시키다. ¶죵을 시켜 ᄀᆞ만ᄀᆞ만 칼질도 ᄒᆞ며(癸丑193).

시탁 [명] 시탁(匙托). 수저 받침. ¶시托과 鹽楪과 醋甁을 그 우희 設ᄒᆞ고(家禮10:6). 시탁:托盤(譯解下14).

시·톄 [명] 시체(時體). ¶기르마ᄂᆞᆫ 시톄옛 은입ᄉᆞᄒᆞ욘 ᄉᆞ겨넷 됴ᄒᆞᆫ 기르마 굴에ᄃᆞᆯ히 대되 마ᅀᆞᆫ 량 은 ᄡᅥ 잇고:鞍子是時樣減銀事件的好鞍轡通使四十兩銀(飜老下49). 시톄옛 흑셔피 ᄲᅮᆫ 기르맛가지예:時樣的黑斜皮鞍橋子(飜朴上30). 시톄예 은 입ᄉᆞᄒᆞᆫ:時樣減銀事(老解下45). 시톄에 것 보지 못ᄒᆞ엿다:沒見過時面(漢淸8:49). 시톄ᄅᆞᆯ 조차 샤치ᄅᆞᆯ 힘ᄡᅳ매:時體(百行源19).

시·푼 [명] 십성(十成). ¶실ᄀᆞᄂᆞᆫ 시푼 구의나깃은 쉰 량 여수업시 빋내여:借到細絲官銀五十兩整(飜朴上61).

·시·푼은 [명] 십성은(十成銀). ¶내 해 다 실ᄀᆞᄂᆞᆫ 구의나깃 시푼은이니:我的都是細絲官銀(飜朴上33). 시딕갑ᄉᆞ로 시푼은 열두 량애 ᄒᆞ야:時直價錢白銀十二兩(飜老下16).

시프다 조형 싶다. ☞식브다 ¶棺이 두텁고쟈 시프나 그러나 너모 두터오면 므거워 뻐곰 멀리 가져가기 어려올 거시오(家禮5:6). 헛튼 안쥬로 ᄃᆡ접ᄒᆞ시미 됴흘까 시프외(新語7:11). 信使ㅣ 가시게 ᄒᆞ면 됴흘까 시프다 ᄒᆞ니(新語7:20).

:시:험·ᄒᆞ·다 동 시험(試驗)하다. ☞싀험ᄒᆞ다 ¶네 試驗ᄒᆞ야 길헤 盲人ᄃᆞ려 무로ᄃᆡ 네 므스글 보ᄂᆞᆫ다(楞解1:100). 夫人이 寬으로 ᄒᆡ여곰 怒호ᄆᆞᆯ 試驗코져 ᄒᆞ야(宣賜內訓1:17). 구도미 온 적 불온 金 ᄀᆞᆮᄒᆞ니 구든 마치와 ᄆᆡ온 블로 쇽졀업시 서르 試驗ᄒᆞ도다(南明上21). 師ㅣ 바리 펴 試驗ᄒᆞ야 니ᄅᆞ샤ᄃᆡ(六祖略序14). 시험ᄒᆞ야:裏試(老解上17). 男兒의 慷慨ᄒᆞᆫ ᄆᆞ음이 胸中에 欝欝ᄒᆞ여 ᄭᅮᆷ에 試驗ᄒᆞ노매(古時調. 간밤에. 青丘). 가부 시험ᄒᆞ다:試看可否(漢淸2:49). ᄆᆞ옴을 누기지 못ᄒᆞ야 시험ᄒᆞ야 션젼관으로 ᄒᆞ야곰(綸音25).

:시·호 명 시호(諡號). ¶晏平仲:일훔은 嬰이오 ᄌᆞᄂᆞᆫ 仲이오 諡號ᄂᆞᆫ 平이니 齊 태위라(宣小4:40). 文正은 시회니 范希文이라(宣小5:79). 죽거늘 시호를 節孝先生이라 ᄒᆞ니라:卒諡節孝先生(宣小6:125).

시·혹 부 시혹(時或). 혹시. 때로. ¶므거본 거슬 지여 길흘 조차 ᄃᆞᆫ니다가 시혹 사ᄅᆞ미 ᄃᆞ외오도 ᄂᆞᆺ가ᄫᆞᆫ ᄂᆞ미 죠이 ᄃᆞ외야(釋譜9:15). 그 ᄉᆞᅀᅵ예 시혹 仙人이 ᄃᆞ외시며(月釋1:20). 時或 버릇 업슨 말 ᄒᆞ거늘(三綱. 忠25). 法服 니브며 시혹 보ᄃᆡ:被法服或見(法華1:77). 시혹 마ᄅᆞᆯ 因ᄒᆞ야 알씨 일후미 聲聞이니:或因說而悟解故號聲聞(永嘉下39). 시혹 坐臥ᄅᆞᆯ 便安히 ᄒᆞ며:或坐臥之安然(永嘉下67). 시혹 헐며 시혹 기리샤:或毁或譽(永嘉下70). 시혹 尊前에 잇거나:或在尊前(宣賜內訓1:2). 眞實로 窮ᄒᆞᆫ 술윗 자최옛 鮒魚ㅣ ᄃᆞ외옛노니 시혹 집 일흔 가히도 ᄀᆞᆮ호라:眞成窮轍鮒或似喪家狗(初杜解8:5). 시혹 그러티 몯홀딘댄(金三2:12). 시혹 외ᄅᆞ왼 나비 우ᄂᆞ라(南明上66). 브어븨 ᄆᆡᆼᄀᆞᆯ라 ᄒᆞ논 차바ᄂᆞᆫ 오직 ᄒᆞᆫ 마시오 비블오ᄆᆞᆯ 求호맨 時或 세 鱣魚ㅣ로다:勑廚唯一味求飽或三鱣(重杜解20:9). 녀느 일ᄋᆞᆫ 시혹 쉽거니와:他事或易(重內訓2:15).

시힝ᄒᆞ다 동 시행(施行)하다. ¶그 施行홀 제 니ᄅᆞ러ᄂᆞᆫ ᄯᅩ 浮文을 초리티고(家禮1:4). 이 일은 前例 有無間의 施行ᄒᆞᄋᆞᆸ셔도(隣語1:24). 비즌 쟈와 먹은 쟈ᄅᆞᆯ 일톄로 률을 시힝ᄒᆞ고(綸音33).

·식 명 식(食). 음식(飮食). ¶水旱과 가난ᄒᆞᆫ 히ᄅᆞᆯ 맛나샤 食을 進上ᄒᆞ실 제:遇水旱歲凶進食(宣賜內訓2下58). 百人의 食을 ᄀᆞ초며:具百人之食(女四解4:60).

-·식 접미 -씩. ¶ᄆᆡ ᄒᆞᆫ 마래 돈 쉰시기니:每斗五十箇錢(飜老上23). 이제 시개 닷 돈 내 ᄒᆞᆫ 근시기니:如今時價五錢一斤(飜老下57). 언머의 ᄒᆞᆫ 판식 홀다 은 두 돈 반애 ᄒᆞᆫ 판식 혜여 ᄡᅳ일 거시라:多少一板二錢半一板家(飜朴上10). 녀나믄 사ᄅᆞ믄 ᄒᆞᆫ 량의 니쳔 ᄒᆞᆫ 량식 바도려 ᄒᆞ야 ᄢᅱ이거ᄂᆞᆯ:別人便一兩要一兩利錢借饋(飜朴上34). ᄒᆞᆫ 술식 수우레 프러 ᄒᆞᄅᆞ 세 번식 머그라(簡辟15). ᄒᆞᆫ 술식 수러 프러 ᄒᆞᄅᆞ 세 번식 머그면:酒服方寸匕日三(瘟疫方9). 기장즙 두어 홉식 마시더라:啜黍汁數合(東新續三綱. 烈2:84). ᄒᆞᆫ 번식:每一次. ᄒᆞᆫ나식:每一箇(同文解下21). ᄒᆞᆫ 번에 아홉 환식:每取九丸(臘藥3). ᄒᆞᄅᆞ ᄒᆞᆫ 참식 오시고(隣語1:6). 밧치 ᄆᆡ 이랑에 구실이 이 분 칠 리 삼 호식인ᄃᆡ(敬信32).

·식:견 명 식견(識見). ¶識見은 세 和애 섯그니 根源을 묻건댄 相 아니라 닐옳더라(楞解6:59). 혹 식견이 ᄇᆞᆰ디 못ᄒᆞ여 시비ᄅᆞᆯ 아디 못ᄒᆞᄂᆞ니도 잇고(仁祖行狀17). 식견 잇ᄂᆞᆫ 이:有識見的(漢淸6:12).

식경 명 식경(食頃). ¶식경이나 안자시ᄃᆡ(洛城1). 호피구ᄅᆞᆯ 가져오니 식경이 지나ᄆᆡ 더온 긔운이 봄을 두ᄅᆞ혀고(落泉2:6).

식구무 명 목구멍. 인후(咽喉). ¶식구무연:咽(類合上20).

식긔 명 식기(食器). ¶식긔:食敦(物譜 酒食).

식냥 명 식량(食糧). ☞식량 ¶만히 먹ᄂᆞᆫ 식냥을 잠간 주리미 됴흘가 ᄒᆞ노라(洛城2).

식·다 동 식다. ¶지 식거든 ᄲᅧ를 주ᅀᅥ 묻ᄌᆞ보려 ᄒᆞ노라:吾俟火滅灰寒收瘞其骨(三綱. 忠27). 시그며 더운 ᄆᆞᄃᆡᄅᆞᆯ 솔펴 보시며:在視寒暖之節(宣賜內訓1:40). 시그며 더우미:冷熱(救急下91). ᄇᆡᆨ번 달혀 시그니와 부ᄌᆞ와:礬石火煨附子(救簡1:25). 그 므레 ᄃᆞᆷ가쇼ᄃᆡ 식거든 ᄀᆞ람ᄒᆞ라:以湯浸冷易之(救簡6:50). 식다:凊了(同文解上61).

식량 명 식량(食量). ☞식냥 ¶식량 큰 이:攮塞的多(漢淸12:51).

식믈 명 식물(食物). ¶그 편ᄆᆡ 이쇼ᄃᆡ 치디 못ᄒᆞᄂᆞᆫ 줄을 아ᄅᆞ시고 식믈로ᄡᅥ 주시다(仁祖行狀27). 식믈이 먹기에 슌ᄒᆞ다:食物滑溜(漢淸12:52).

식브·다 조형 싶다. ☞시프다. 싣브다. 십다 ¶나고져 식브녀 阿難일 ᄇᆞ리신대 오샤사 내 나리이다(月印上48). 죽고져 식브거든(三綱. 烈13). ᄯᅴᄅᆞᆯ ᄯᅴ요니 미츄미 나 ᄀᆞ장 우르고져 식브니:東帶發狂欲大叫(初杜解10:28). ᄆᆡ온 것과 안존 거싀 비츨 자볼가 식브도소니 軒檻에셔 양ᄌᆞᄅᆞᆯ 어루 브를가

식브도다:條鏇光堪摘軒楹勢可呼(初杜解16:46). 과ᄀᆞ리 긔운이 티와텨 수미 되오주글가 식브닐:卒上氣鳴息便欲絕(救簡2:16). 낛 미욘 ᄃᆡ 다ᄃᆞᄅᆞᆫ가 식브거늘 아래로 ᄒᆞᆫ 번 미니 그 낙시 제 ᄂᆞ려 버서디거놀:覺至繫鉤處乃以向下一推其鉤自下而脫(救簡6:16). 안즉 놀애며 춤과ᄅᆞᆯ ᄀᆞᄅᆞ치고져 식브니라:且教之歌舞(飜小6:7).

식상 명 식상(食牀). 밥상. ¶食牀은 널로ᄡᅥ 面을 호ᄃᆡ 기릐 대 자히오(家禮10:31).

식셔 명 식서(飾緖). ¶식셔:段邊子(同文解下25). 식셔:緞邊子(譯解補41). 식셔:紬緞邊子(漢淸10:61).

식욕 명 식욕(食慾). ¶식과 셕을 비록 병칭ᄒᆞ나 식욕 가온대 술이 더욱 심ᄒᆞ고(綸音28).

식음 명 식음(食飮). ¶홀연 식음이 무미ᄒᆞ고 긔운이 곤뇌ᄒᆞ여(落泉3:7).

식이다 동 시키다. ☞시기다 ¶폐 식이다:打覺(譯解補55). 지미를 못 보시고 출ᄀᆞᄅᆞᆯ 식이시며(思鄕曲).

식이다 동 식히다. ☞시기다 ¶ᄉᆞᆯ흔 차 식이다:揚茶(漢淸12:55).

·식젼 명 식전(食前). ¶生薑 세 片 녀허 七分을 글혀 즛의 앗고 져기 덥게 ᄒᆞ야 食前에 머기라(救急上13).

식칼 명 식칼. ¶식칼:食刀(譯解下17). 식칼:薄刀(漢淸11:39).

식혀 명 식해(食醢). ¶ᄉᆞᄉᆞ로 밧그로 ᄒᆞ여곰 ᄉᆞᆯ진 고기와 脯육과 식혀ᄅᆞᆯ 가져다가:而私令外取肥肉脯鮓(重內訓1:55).

식혜 명 식혜(食醢). ¶식혜:醢(譯解上52).

식후 명 식후(食後). ¶즛의 앗고 食後에 ᄃᆞ시ᄒᆞ야 머그라:去滓每於食後溫服(救急上63). 食後 風景이라 ᄒᆞ오니(隣語1:10).

·신 명 신. ¶신爲履(訓解. 用字). 입 밧긔 두 시니 잇거든:戶外有二屨(宣賜內訓1:5). ᄂᆞ미 시놀 볿ᄡᅵ 말며:毋踐屨(宣賜內訓1:6). 時時예 와 늙고 病ᄒᆞ닐 무러 신 신고 거러 다봇 서리예 오ᄂᆞ다:時來訪老疾步屧到蓬蒿(初杜解7:21). ᄒᆞᆫ ᄧᅡᆨ 시놀 자ᄇᆞ시다 ᄒᆞ니라(南明上51). ᄒᆞ오ᅀᅡ ᄒᆞᆫ ᄧᅡᆨ 신 자ᄇᆞ샤 西天으로 가시니라:獨携隻履到西天(南明上51). ᄒᆞᆫ 킈 큰 노미 큰 신 ᄡᅳ스고:一箇長大漢撒大鞋(飜朴上40). 신 혜:鞋. 신 리:履. 신 셕:舃(訓蒙中22). 신 혀:鞵(類合上31). 신:鞋子(譯解上46). 신과 보션을 補聯ᄒᆞ며:補聯鞋襪(女四解2:14). 논밧 가라 기음ᄆᆡ고 뵈잠방이 다임 쳐 신 들메고(古時調. 靑丘). 甘苔 신 사마 신고 다스마 긴 거리로 가거늘 보고(古時調. 이바 편메곡들아. 靑丘).

신 명 신(神). ¶神이어나 鬼어나(月釋21:157). 神이 혜아리디 몯호매 應ᄒᆞ실씨(楞解6:37). 神ᄋᆞᆯ ᄆᆞᆰ기며 慮ᄅᆞᆯ 靜히와 仔細히 窮究홀띠니라(永嘉下27). 王宮에 神ᄋᆞᆯ ᄂᆞ리오샤(金三1:1). 靑帝ᄂᆞᆫ 봄 ᄀᆞᅀᆞ만 神이라(南明上22). 社ᄂᆞᆫ ᄯᅡ 신이오 稷은 곡셕 신이니 나라히 의탁ᄒᆞᆫ ᄃᆡ라(宣小2:30). 신 자실 흠:歆(類合下24). 신 도울 우:祐(類合下29).

:신 명 신(腎). 신장(腎臟). ¶魂과 魄과 意와 志와 神과ᄂᆞᆫ 五藏ᄋᆡ 主ㅣ라:魂은 肝에 主코 魄은 肺예 主코 意ᄂᆞᆫ 脾에 主코 志ᄂᆞᆫ 腎에 主코 精神은 心에 主ᄒᆞ니라(楞解9:56). 肺와 脾와 腎과 胃와(永嘉上35).

신고 명 신코. 신의 코. ¶쏠리 나 내 신고ᄒᆞᆯ 미야라(樂範. 處容歌).

신·고 명 신고(辛苦). ¶辛苦ㅣ 쉬나ᄆᆞᆫ 히러니(法華2:222).

신·고로이 부 신고(辛苦)로이. ¶그듸ᄂᆞᆫ 엇데 辛苦로이 江湖ᄅᆞᆯ 건나가리오:君肯辛苦越江湖(初杜解17:32).

신고히 부 신고(辛苦)히. ¶젼일 신고히 닒은 공이 가히 앗갑고(經筵). 근본을 모로며 신고히 길너내믄 형이 녜ᄉᆞ 사ᄅᆞᆷ만 너겨(落泉2:4).

신·고ᄒᆞ·다 동 신고(辛苦)하다. ¶엇디 辛苦홈을 이리ᄒᆞᄂᆞ뇨:何辛苦乃爾(宣小6:58). 南方 더운 病 인ᄂᆞᆫ ᄯᅡ해 이 農事ᄋᆡ 辛苦호매 머므럿도다:南方瘴癘地罹此農事苦(重杜解12:41). 形容 精神이 괴외ᄒᆞ야셔 辛苦호ᄆᆞᆯ ᄃᆞᆯ히 너기놋다:形神寂寞甘辛苦(重杜解7:29). 辛苦ᄒᆞ며 집을 敗ᄒᆞ며 몸을 업시ᄒᆞᄂᆞ니(警民16). ᄉᆡ어버이 공양ᄒᆞ기 신고홈을 니ᄅᆞ단 말리라(女四解2:17). 나의 긔ᄂᆡ ᄇᆡᆨ셩은 ᄀᆞ초 신고ᄒᆞ고 괴로옴을 격고(綸音86).

신곡 명 신곡(新穀). 햇곡식. ¶舊穀이 이믜 沒ᄒᆞ고 新穀이 이믜 升ᄒᆞ며(宣論4:41).

신긔ᄅᆞ왼 형 신기로운. ㉮신긔ᄅᆞᆸ다 ¶神奇ᄅᆞ왼 가마괴ᄂᆞᆫ 춤츠놋다:舞神鴉(重杜解2:30). 이 神奇ᄅᆞ왼 아치니라(金三涵序4). ᄆᆞᆯᄀᆞᆫ 시내해 어득호미 모닷ᄂᆞ니 神奇ᄅᆞ왼 거시 나며 수므며 호미 잇도다:淸溪合冥寞神物有顯晦(重杜解13:16).

신긔롭·다 형 신기(神奇)롭다. ¶世尊이 神奇ᄅᆞᄫᆡᆫ 變化ㅅ 相ᄋᆞᆯ 뵈시ᄂᆞ니(釋譜13:14). 神奇ᄅᆞ왼 가마괴ᄂᆞᆫ 춤츠놋다:舞神鴉(杜解2:30). 이 神奇ᄅᆞ왼 아치니라(金三涵序4). 일쳔 힛 신긔로온 도읍이 한강을 격히여시니:千載神都隔漢江(東新續三綱. 忠1:29).

신긔젼 명 화전(火箭). ¶신긔젼:火箭(同文解上47. 漢淸5:12).

신긔·히 부 신기(神奇)히. ¶妙法功利ㅣ 顯히 神奇히 ᄲᆞᄅᆞ거니 뉘 반ᄃᆞ기 信티 아니

ᄒᆞ리오(法華4:181). 그러면 般若ᄂᆞᆫ 神奇히 비취요ᄆᆞ로 體 삼고(心經8).

신긔ᄒᆞ·다 형 신기(神奇)하다. ¶續命神幡은 목숨 나ᅀᆞᆯ 神奇ᄒᆞᆫ 幡이라(釋譜9:30). 神奇ᄒᆞᆫ 變과 微妙ᄒᆞᆫ 力이(楞解6:43). 비록 龍이 ᄃᆞ외디 몯ᄒᆞ야도 ᄯᅩ 神奇호미 잇도다:雖未成龍亦有神(初杜解17:26). 神奇타 아니 니ᄅᆞ리여(金三涵序3). 지극 신긔ᄒᆞᆫ 효험이 잇ᄂᆞ니라:極有神効也(救簡3:33).

신ᄀᆞ뭇 명 신골. ☞신ᄀᆞᄝᅥᆺ ¶신ᄀᆞ뭇:鞋頭. 신ᄀᆞ뭇박다:鞋鞋(譯解上46).

신ᄀᆞ몯 명 신골. ☞신ᄀᆞ뭇 ¶신ᄀᆞ몯받다:鞋鞋(四解下12 鞋字註).

신ᄀᆞ몯받다 동 신골치다. ¶신ᄀᆞ몯받다:鞋鞋(四解下12 鞋字註).

신나모 명 신나무. 단풍나무. ☞싣나모 ¶신나모:茶條樹(譯解下41). 신나모:茶條樹(柳氏物名四 木).

신낭 명 신랑(新郎). ¶후마의 단말의 즉시 허락ᄒᆞ고 신낭을 ᄒᆞᆫ 번 보ᄆᆡ(落泉1:2).

신녕 명 신령(神靈). ☞신령 ¶神녕의 道ㅣ 右편을 슝尙ᄒᆞᄂᆞᆫ 연故ㅣ라(家禮1:13). ᄡᅡ곳 됴ᄒᆞ면 그 神靈이 편安ᄒᆞ고(家禮7:17). 녯 祭ᄒᆞᄂᆞᆫ 者ㅣ 神녕의 인ᄂᆞᆫ 바ᄅᆞᆯ 아디 몯ᄒᆞᆫ 故로(家禮10:14). 두 황뎨의 신녕이 ᄯᅩ ᄒᆞᆫ 반ᄃᆞ시 아롬다이 넉이고(經筵).

:신·다 동 신다. ¶신 신고 거러 다봇 서리예 오ᄂᆞ다:步屧到蓬蒿(初杜解7:21). 엇데 靑鞋 신고 발 부루토ᄆᆞᆯ 말리오:豈辭靑鞋胝(初杜解9:2). 그 헌 헌 草鞋ᄅᆞᆯ 시ᄂᆞ니:著却當年破草鞋(南明上53). 훠ᄅᆞᆯ 시놀던댄:穿靴時(飜老下52). 바래 시넛노니ᄂᆞᆫ 거믄 기ᄌᆞ피예 금션 람 비단 갸품 ᄢᅵ고:脚穿着皁麂皮嵌金線藍條子(飜朴上26). 鹿皮唐鞋 어ᄃᆡ 가고 말총 집신 신어시며(萬言詞).

신당 명 신당(神堂). ¶신당 ᄉᆞ:祠(類合上18).

신도리 명 신돌이. ¶純은 ᄆᆞ민 거시라:쥰은 신도리 도른 거시라(家禮1:46). 신도리:皮掌子(漢淸11:13).

신들이·다 동 신들리다. ¶ᄌᆞ오롬 신들여 너무 자다가 긔운을 일허든:魘睡强眠失氣(救簡1:85).

신라ㅅ심 명 신라삼(新羅蔘). ¶이 심은 新羅ㅅ심이라:這蔘是新羅蔘也(飜老下56).

신령 명 신령(神靈). ☞신녕 ¶一萬神靈이 侍衛ᄒᆞᅀᆞᄫᅳ며(釋譜6:17). 有情의 ᄒᆞᆫᄢᅴ 나은 神靈이(釋譜9:30). 놀애 브르ᄂᆞᆫ 神靈이니(月釋1:15). 그낤 밤 ᄭᅮ메 神靈이 ᄯᅩ 와 닐오ᄃᆡ(三綱. 孝29). 님굾 恩惠로 決斷호미 神靈 ᄀᆞᆮᄒᆞ면:皇恩斷若神(初杜解6:12). 東君ᄋᆞᆫ 봄 ᄀᆞᅀᆞᆷ안 神靈이라(金三1:23). 신령 신:神(訓蒙中2. 石千17). 신령 령:靈(訓蒙中35). 신령 신:神(類合上18). ᄉᆞ히 신령의 일홈 세 번 외오면(辟新13).

신:묘ᄒᆞ·다 형 신묘(神妙)하다. ¶分別에 나ᅀᅡ가 本來 神妙ᄒᆞ니라(永嘉下86). 神妙ᄒᆞᆫ 功은 禹謨애 맛도다:神功協禹謨(初杜解6:23). 神妙ᄒᆞᆫ 그 機ㅣ 번갯 光明이라(金三2:44). 스싀로 神妙ᄒᆞᆫ 이ᄅᆞᆯ 궁구ᄒᆞ노라(飜老下41). 신묘 묘:妙(類合下12). 글字ᄂᆞᆫ 여위오 셰요미 貴ᄒᆞ야 보야ᄒᆞ로 神妙호매 通ᄒᆞᄂᆞ니라:書貴瘦硬方通神(重杜解16:15).

신믈 명 검정 물감. ¶신믈:染靑水(漢淸8:52).

신발 명 신발. 신. ¶보션 신발 다 업스니 발이 슬여 어이ᄒᆞ리(萬言詞).

신방 명 신방(新房). ¶쇼졔 신방의셔 왕쇼졔로 말ᄒᆞ거놀(落泉2:6).

신부 명 신부(新婦). ¶ᄡᅥ 新婦의 은혜ᄅᆞᆯ 갑디 몯ᄒᆞ리로소니:無以報新婦恩(宣小6:27). 尊長이어든 ᄀᆞᆯ오ᄃᆡ 新婦ㅣ로라 ᄒᆞ고(家禮3:18). 그 노뫼 신부의 ᄌᆞ셕이 극히 고오믈 보고(太平1:47). 표ᄆᆡ 왈 누의 셔ᄉᆞᄅᆞᆯ 보니 신부의 아름다오믈 보지 아냐셔 알니로다 ᄒᆞ고(落泉1:2).

신션ᄒᆞ·다 형 신선(新鮮)하다. ¶銀실 ᄀᆞᆮᄒᆞᆫ 膾ᄂᆞᆫ 新鮮ᄒᆞᆫ 鯽魚ㅣ오(初杜解15:7). 블근 新鮮ᄒᆞᆫ 고기ᄅᆞᆯ(重杜解7:37). 銀실 ᄀᆞᆺᄒᆞᆫ 膾ᄂᆞᆫ 新鮮ᄒᆞᆫ 鯽魚ㅣ오(重杜解15:7). ᄀᆞ장 신션ᄒᆞᆫ 것:狠新鮮(漢淸11:51).

신셜로 명 신선로(神仙爐). ¶신셜로:火壺(漢淸11:38).

신셰 명 신세(身世). ¶내 身世의 踈拙ᄒᆞᆫ 고ᄃᆞᆯ 더옥 슬허ᄒᆞ노라:益歎身世拙(重杜解1:4).

신수 명 신수(身數). ¶身數가 험ᄒᆞ던들 큰 일날 번 ᄒᆞ괘라(古時調. 金敏淳. 靑丘).

신신이 부 신신(申申)히. ¶비야흐로 그 비ᄅᆞᆯ ᄡᅴ울 제 도빅의게 신신이 니ᄅᆞ고(綸音77).

신신ᄒᆞ·다 형 신신(申申)하다. ¶子ㅣ 샹해 겨실 제 申申ᄐᆞᆺ ᄒᆞ시며 夭夭ᄐᆞᆺ ᄒᆞ더시다:子之燕居申申如也夭夭如也(宣小3:16). 子의 燕居ᄒᆞ심애 申申ᄐᆞᆺ ᄒᆞ시며 夭夭ᄐᆞᆺ ᄒᆞ더시다(宣論2:15).

신실이 부 신실(信實)히. ¶신실이 말ᄒᆞ다:討牢(漢淸7:12).

:신·실·ᄒᆞ·다 형 신실(信實)하다. ¶論語에 닐오ᄃᆡ 孔子ㅣ 鄕黨애 信實ᄒᆞ야 能히 말ᄉᆞᆷ 몯 ᄒᆞᄂᆞᆫ ᄃᆞᆺᄒᆞ더시다:論語曰孔子於鄕黨恂恂如也似不能言者(宣賜內訓1:19).

:신심 명 신심(信心). 믿는 마음. ¶信心 뒷ᄂᆞᆫ 善男子 善女人이:信心ᄋᆞᆫ 믿ᄂᆞᆫ ᄆᆞᅀᆞ미라(釋譜9:11). 信心 檀越이(釋譜23:3). 信心 마고ᄆᆞᆫ 信은 ᄆᆞᆰ고 疑心은 흐린 젼ᄎᆞ라(圓覺上二之三9). 어딘 機 이시면 반ᄃᆞ기 信

心올 내야 이 無住無相혼 쁘드로 眞實 사ᄆ리라(金三2:27).

신심 명 신심(身心). 심신(心身). ¶身心의 眞實ᄒ며 妄호ᄆ 虛와 實와ᄅᆞᆯ ᄀᆞᆯᄒᆡ디 몯ᄒ며(楞解2:2). 身心의 生滅 아니ᄒᆞᆫ 싸ᄒᆞᆯ 볼교려 ᄒ샤ᄃ(楞解2:3). 쁘디 妙法에 잇논 젼ᄎ로 身心이 게을옴 업서(法華4:156).

신솜기 명 신 삼기. 신을 삼는 일. ¶자리치기 신솜기와 보리 동녕ᄒ여다가(萬言詞).

신·식 명 신색(神色). ¶侍婢로 고깃羹을 바다 朝服애 드위텨 더러이고 婢 時急히 거도더니 寬이 神色이 다ᄅ디 아니ᄒ야:使侍婢奉內羹翻汚朝服婢遽收之寬神色不異(宣賜內訓1:18).

신ᄉᆞᆫ 명 신끈. 들메끈. ¶신ᄉᆞᆫ 긔:綦(兒學上12).

신ᄶᅵᆫ 명 신끈. 들메끈. ¶힝뎐 미오 신 신고 신ᄶᅵᆫ홀 미욜디니라:偪屨著綦(宣小2:2).

신ᄡᅡ당 명 신바닥. ¶ᄯᅩ 신ᄡᅡ당으로 ᄭᅩ리 브튼 ᄲᅧ 아래ᄅᆞᆯ 티라:更用鞋底於尾停骨下拍之(牛疫方13).

신ᄲᅮ리 명 신코. ¶約:신ᄲᅮ리예 고 ᄃ라 긴 ᄢᅧ여 ᄆ논 거시라(宣小3:22).

신싹 명 신짝. ¶功名이 긔 무엇고 헌 신싹 버슨이로다(古時調. 申欽. 海謠).

신역 명 신역(身役). ¶신역 업슨 사ᄅᆞᆷ:白丁(漢淸5:35). 신역은 일가지닉예 응역ᄒᆞᄂᆞᆫ 쟤 ᄇᆡᆨ셩이 능히 견ᄃᆡ디 못ᄒ니(經筵).

신원ᄒ다 동 신원(伸寃)하다. ¶신원ᄒ다:伸枉(譯解補36). 닉 경셩 가 명ᄇᆡᆨ히 신원ᄒ면 불구의 도라(引鳳簫1).

신음 명 신음(呻吟). ¶呻吟ᄋᆞᆫ 알ᄂᆞᆫ 소리라(重杜解1:2). 혜랑 왈 요사이 쇼졔 신음 듕의 겨시니(落泉1:3).

신음ᄒ다 동 신음(呻吟)하다. ¶왕쇼졔 왈 낭군이 신음ᄒ얀 지 오러니(落泉3:7).

신의 명 신의(信義). ¶ᄭᅮᆷ에 뵈ᄂᆞᆫ 님이 信義 업다 ᄒ것마ᄂᆞᆫ(古時調. 靑丘). ᄂᆞᆷ의 危急ᄒᆞᆫ 때예ᄂᆞᆫ 부ᄃᆡ 救ᄒ여야 信義 읻ᄂᆞᆫ 사ᄅᆞᆷ이라 ᄒ오리(隣語1:9).

신이ᄒ다 형 신이(神異)하다. ¶ᄆᄅᆞᆯ 辱ᄒ면 ᄆ터리 고ᄉᆞᄆᆡ오 고기ᄅᆞᆯ 困히 오면 고기 神異호미 잇ᄂᆞ니라(重杜解25:15). 혈식이 업셔 분명ᄒᆞᆫ 시신이어ᄂᆞᆯ 문득 말을 ᄒ니 극히 신이ᄒᆞᆫ지라(落泉2:6).

신쥬 명 신주(神主). ¶ᄉ당애 모로매 신쥬를 두며:廟必有主(飜小7:7). ᄉ당애 반ᄃ시 신쥐 이셔:廟必有主(宣小5:40). 신쥬를 ᄆᆡᆼᄀ라 두고 아ᄎᆞᆷ 나죄 졔ᄒ더라:作主朝夕祭之事(東續三綱. 孝18). 神主ᄅᆞᆯ 다 櫝中의 藏ᄒ야 卓ᄌ 우희 노하(家禮1:11). 신쥬:家堂神(同文解下10).

·신챵 명 신창. 신바닥. ¶ᄯᅩ 아기 난ᄂᆞᆫ 어믜 신챵올 브레 ᄢᅵ여:又方用產母鞋底火炙(救急下89). 신챵 받다:紇鞋(四解下42 紇字註). 신챵:鞋底(同文解上58). 신챵:底子(漢淸11:13).

신쳔옹 명 신천옹(信天翁). ¶신쳔옹:靑鶴(物譜 羽蟲).

신쳬 명 시체(屍體). ☞신톄 ¶삼공 녜로 두터이 장홈이 맛당ᄒ니 오ᄂᆞᆯ 신쳬 가져가 집의 믈러가라 ᄒ고 즉시 보내다(三譯8:22).

신칙 명 신칙(申飭). 단단이 타일러 경계함. ¶貴國 分付가 重ᄒ면 내 나라 申飭도 亦是 重ᄒ오니(隣語1:1). 우리 館所ᄭ지 ᄭᅳ어가게 엄히 신칙ᄒ여 주ᄋᆸ쇼셔(隣語4:2).

신코 명 코를 흘리는 말의 병. ¶신코 지다:瘯了(同文解下38). 신코 지다:淌鼻濕(漢淸14:32). 신코:瘯(柳氏物名一 獸族).

신·톄 명 신체(身體). ¶그 身體ᄅᆞᆯ 여희면 威德이 ᄒ마 업서(楞解9:82). 엇데어뇨 須菩提여 내 녜 歌利王의 身體ᄅᆞᆯ 버효미 ᄃ외야(金剛79). 禮義의 비르솜은 용모와 신톄ᄅᆞᆯ 正히 ᄒ며 ᄂᆞᆾ빗ᄎᆞᆯ ᄀ죽이 ᄒ며 말솜을 順히 홈애 읻ᄂ니:禮義之始在於正容體齊顏色順辭令(英小3:7).

신톄 명 시체(屍體). ☞신쳬 ¶세 신톄을 빙소ᄒ여 두고 숑장ᄒ고 가려 ᄒ니:三喪在淺土欲葬而北歸(二倫42). 신톄를 아사오나ᄂᆞᆯ:屍而還(東續三綱. 孝6). 先公의 신體ᄅᆞᆯ 山林애 의託홈을 爲ᄒ야(家禮10:47). 신톄 ᄡᅳ리다:裝裹(譯解上42). 지아븨 신톄ᄅᆞᆯ 지고 도라오다가(女範3. 뎡녀 조문숙쳐).

신통·력 명 신통력(神通力). ¶神通力으로 모ᄅ 구디 ᄆ니(月印上28). 즉자히 神通力으로 樓 우희 ᄂ라올아(釋譜6:3). 부텻 神通力을 보ᅀᆞᆸ디어늘(金三4:59).

신통ᄒ다 형 신통(神通)하다. ¶신통ᄒᆞᆫ 체ᄒᄂᆞᆫ 놈:白日鬼(譯解補59). 헌과 기의 의슐에 신통ᄒ고 공황의 다ᄉ리기 잘 홈이(綸音213).

신틱ᄒ다 동 신칙(申飭)하다. ¶그저긔 복ᄉᄒ던 사ᄅᆞᆷ이니 진심ᄒ여 신틱ᄒ라 ᄒ오시더라(仁祖行狀13).

신:후 명 신후(身後). 사후(死後). ¶그듸 身後엣 付屬홀 이리 잇ᄂ니잇가:爾有身後之屬乎(宣賜內訓2下63).

·신·홉·다 형 미덥다. 믿음직스럽다. ¶부텻 法에 ᄀ장 恭敬ᄒ야 信ᄒᄫᆞᆫ ᄠᅳ들 내니라(釋譜24:16).

싣 명 신나무. ☞싣나모 ¶싣爲楓(訓解. 用字). ᄒᆡᄅᆞᆯ 젯ᄂᆞᆫ 블근 시든 萬木이 하도다:背日丹楓萬木稠(杜解9:38).

싣나모 명 신나무. 단풍나무. ☞신나모 ¶길홀 도라 津口로 디나오니 싣나못 수프리 하도다:回道過津口而多楓樹林(重杜解1:

46). 블근 닙 싣나못 수프레 百舌이 울오:赤葉楓林百舌鳴(杜解7:28). 프른 싣남기 비취옛고 돌히 니수취엿더니라:青楓隱映石透迤(初杜解15:21). 玉 ᄀᆞᄐᆞᆫ 이스레 싣나못 수프리 ᄠᅳ드러 ᄒᆞ야디니:玉露凋傷楓樹林(初杜解10:33). 프른 싣나모 서리에 벼개예 굽스러셔:伏枕青楓(初杜解21:18). 져비ᄂᆞᆫ 싣남ᄀᆞᆺ 히ᄅᆞᆯ 여희오:燕辭楓樹日(初杜解23:21). 돌히 내미니 그 우흿 싣나못닙 듀믈 갓고로 듣고:石出倒聽楓葉下(杜解23:30). 싣나모 풍:楓(訓蒙上10).

:싣·다 동 ①싣다. ☞싯다 ¶술위 우희 쳔 시러 보내시니(月印上22). 쳔량 만히 시러 王舍城으로 가며(釋譜6:15). 優塡王이 ᄆᆡᆼᄀᆞ론 金像ᄋᆞᆯ 象애 싣ᄌᆞᄫᅡ 가더니(釋譜11:13). 地ᄂᆞᆫ ᄯᅡ히니 ᄯᅡ해 자본 것 시루미 술위예 시루미 ᄀᆞᄐᆞᆯ씨(月釋1:38). 뒤헷 술위ᄅᆞᆯ 命ᄒᆞ샤 시르라 ᄒᆞ신대:命後乘載之(宣賜內訓2下70). 소곰 시론 술위예 비록 驥馬ᄅᆞᆯ ᄆᆡ여시나:鹽車雖絆驥(初杜解7:34). 萬斛 싣ᄂᆞᆫ ᄇᆡ:萬斛船(初杜解25:15). 커 乾坤이 두프며 시로ᄆᆞᆯ 著디 몯ᄒᆞ고:恢恢乎乾坤覆載不著(金三4:51). ᄯᅡ히 싣디 아니ᄒᆞ야:地不載(佛頂上3). 모로매 ᄇᆡ로ᄊᆞ 싣ᄂᆞ니라:須用船裏載着(飜老下44). 시를 타:馱. 시를 지:載(訓蒙下24). 시ᄅᆞᆯ 지:載(類合上1. 石千28). 公이 駟馬車로 ᄒᆞ야곰 姬ᄅᆞᆯ 시르라 ᄒᆞᆫ대(女四解4:46).

②얻다. ☞실다 ¶부텻 像ᄋᆞᆯ 만히 그리ᅀᆞᄫᅡ 녀느 나라해 골오 돌아 供養ᄒᆞᅀᆞᄫᅡ 福ᄋᆞᆯ 모다 싣ᄌᆞᆸ게 호리라 ᄒᆞ야(釋譜24:10).

싣다 동 씻다. ☞싯다 ¶비록 그릇 싣ᄂᆞᆫ 져근 이리라도 죵을 맏디디 아니ᄒᆞ더라:雖滌器之微不委僮僕(東續三綱. 孝29). ᄂᆞᆺ 싣고 머리 빋기ᄅᆞᆯ 아니 ᄒᆞ고:不梳洗(東新續三綱. 烈1:54). 머리 빋기 ᄂᆞᆺ싣기ᄅᆞᆯ 아니 ᄒᆞ고:不梳洗(東新續三綱. 孝7:55).

싣브·다 조형 싶다. ☞식브다 ¶힝뎍은 모나 프러디디 말오져 싣븐 거시라:行欲方(飜小8:1).

:실 명 실. ¶실爲絲(訓解. 終聲). 五色 실로 우리 일후믈 ᄆᆡ자 제 願을 일운 後에 글어ᅀᅡ ᄒᆞ리이다(釋譜9:40). 序ᄂᆞᆫ 싨그티니 고티예 그틀 어드면 고팃 시ᄅᆞᆯ 다 ᄲᅡ혀 내ᄂᆞ니라(楞解1:5). 光明이 섯거 서르 버므르샤미 보빗 실그믈 ᄂᆞᆫ거시ᄂᆞᆯ:交光相羅如寶絲網(楞解6:47). 옷과 치마왜 ᄣᅡ디거든 바ᄂᆞᆯ애 실 소아 깁누뷰ᄆᆞᆯ 請홀디니:衣裳綻裂紉箴請補綴(宣賜內訓1:50). ᄂᆞᆫ므를 ᄉᆞ주니 옷기제 젓ᄂᆞᆫ 피오 머리ᄅᆞᆯ 비스니 ᄂᆞ치 ᄀᆞ독ᄒᆞᆫ 시리로다:拭淚霑襟血梳頭滿面絲(初杜解8:28). 刹那ᄂᆞᆫ 힘센 사ᄅᆞᄆᆡ 蓮ㅅ줄기옛 실 그츨 ᄉᆞᅀᅵ라(南明上9). 가시 수플 가온ᄃᆡ 向ᄒᆞ야 실맛 길ᄒᆞᆯ 여러:向荊棘林中啓一線道(金三5:33). ᄀᆞᄂᆞᆫ 시리 분명이 다 잇ᄂᆞ니:細絲兒分明都有(飜老上65). 내해 다 실 ᄀᆞᄂᆞᆫ 구의나깃 시푼 은이니:我的都是細絲官銀(飜朴上33). 실 ᄉᆞ:絲. 실 션:線(訓蒙中24). 실 ᄉᆞ:絲(類合上26. 石千9). 실 빌 륜:綸(類合下16). 실 뫼홀 찬:纂(類合下24). 실 출올 역:繹(類合下37). 실 ᄅᆞ리다:絡絲(譯解下2). 실 뷔다:捻線. 실 ᄌᆞᆺ다:紡線(漢清10:67). 실 감다:繞絲(漢清10:68). 실 뷔ᄂᆞᆫ 것:籰(物譜 蠶績). 실 잣다:紡線(柳氏物名三 草).

실 명 시루(甑). ☞시르 ¶남진은 가마와 실을 지고 겨지븐 질삼홀 그르슬 이여:夫負釜甑妻戴紝器(宣賜內訓3:70). 드트른 萊蕪縣ㅅ 실의 ᄀᆞ독ᄒᆞ고:塵滿萊蕪甑(初杜解21:35). 실을 지 우희 겨트로 노코 므레 ᄲᅡ던 사ᄅᆞᄆᆞ로 시르 우희 업데우고:以甑側安着灰上令溺人伏於甑上(救急上71). 실을 앗고:却甑(救急上72). 실의 ᄢᅥ 덥게 ᄒᆞ야:甑中蒸熱(救簡1:66). 실을 세어나 ᄒᆞ야:立甑(救簡1:68). 처엄 병ᄒᆞᆫ 사ᄅᆞᄆᆡ 오ᄉᆞᆯ 조히 ᄲᅥ라 실릐 ᄢᅵ면 뎐염티 아니ᄒᆞᄂᆞ니라:卽初病人衣服浣洗令淨飯甑中蒸之卽無傳染之患(簡辟3).

실 명 마을. 골(谷). ¶絲浦 今蔚州谷浦也(三遺卷三. 皇龍寺丈六). 蓋俗謂室之方而狹者曰斗室 國音谷亦謂之室 因谷而名室亦從簡也(澤堂集九. 斗室記).

실간쟈 명 낯에 줄무늬가 있는 말. ¶실간쟈:線臉(漢清14:22). 실간쟈:達 素縣(柳氏物名一 獸族).

실감기 명 실감개. ¶이바 더 실감기 ᄇᆞᆰ 가져다가 ᄀᆞ장 ᄀᆞᄂᆞᆫ 大紅 감기엣 치ᄅᆞᆯ 골히라:你來將那腰線包兒來揀着十分細的大紅腰線上(朴解中55). 실감기:線板(譯解補39). 실감기에 감다:上線板(漢清10:68).

실겁다 형 슬기롭다. ¶다 실겁고 아름다워 글을 능히 ᄒᆞ니라:慧(女四解3:2).

실견대 명 실견지. ¶실견대:線軸(柳氏物名三 草).

실과 명 실과(實果). 과실(果實). ¶밥과 믈을 먹고 ᄂᆞᄆᆞᆯ과 실果를 먹디 말며(家禮6:32). 실과 과:菓(兒學上6).

:실·그·믈 명 실그물. ¶보빗 실그믈 ᄂᆞᆫ거시ᄂᆞᆯ:如寶絲網(楞解6:47).

실귿 명 실끝(緖). ☞실ᄉᆞᆺ. 싨귿 ¶실귿 셔:緖(類合下51).

실긔다 동 실그러지다. ¶실긔다:歪了(同文解下54). 실긔다:歪着. 실긔여 기우다:歪斜(漢清9:78).

실긔천 명 실개천. ¶죠그마ᄒᆞᆫ 실긔천의 발을 ᄲᅡ진 쇼경놈도(萬言詞).

·실:낫 명 실낱. ¶술히 누르고 가치 살지고 목수미 실낫 곤호라:肉黃皮皺命如綫(初杜解3:50). 更點이 기프니 氣運이 실낫 곤도다:更深氣如縷(初杜解25:13).

실눈 명 실의 꼬임. ¶실눈 되다:線力緊. 실눈 느리다:線力鬆(漢淸10:68).

실·다 동 얻다. ☞싣다 ¶明星 비취어늘 十八法을 得ᄒᆞ시며 十神力을 ᄯᅩ 시르시니(月印上29). 得은 시를 씨라(訓註2). 도로혀 ᄒᆞᆫ가지로 시르라(女四解4:24).

실다·비 부 실답게. 사실대로. 진실되게. ☞-다비. 실다이 ¶行이며 相이며 實다비 알씨라(月釋9:20). 今世 後世를 實다비 아라(月釋13:49). ※실다비>실다이

·실·다·이 부 실답게. 사실대로. 진실되게. ☞-다이. 실다비 ¶實다이 니ᄅᆞ쇼셔:如實說(法華1:165). 如來ㅣ 다 能히 實다이 보샤미라(法華3:28). ※실다이<실다비

:실·드리·다 동 실들이다. 입사(入絲)하다. ¶빗난 金으로 실드린 갈콰 ᄀᆞᆯ히욘 블근 실 노ᄒᆞᆫ ᄒᆞᆫ갓 비치 됴ᄒᆞᆯ ᄲᅮᆫ 아니라 ᄯᅩ ᄲᅥ 도라보매 일ᄏᆞᆮᄂᆞ니라:熒熒金錯刀擢擢朱絲繩非獨顏色好亦用顧眄稱(初杜解16:58). 金실로 살 미틔 실드리고 거믄 ᄉᆈ리로 旗ㅅ대예 ᄆᆡᇰᄀᆞ랏도다:金絲鏤箭鏃皁尾製旗竿(初杜解25:24).

·실·력 명 실력(實力). ¶부텻 實力 젼ᄎᆞ로(月釋10:93).

실례 명 실례(失禮). ¶主人의게 失禮가 되미(隣語3:7).

·실·로 부 실(實)로. ¶내 實로 미혹ᄒᆞ야 어딘 사ᄅᆞᄆᆞᆯ 몰라보아 夫人ᄋᆞᆯ 거슬ᄧᅳ 호이다(釋譜11:33). 實로 大乘ㅅ ᄆᆞᄎᆞᆷ 至極ᄒᆞᆫ ᄀᆞᄅᆞ쵸미시니라(楞解1:18). 聖을 欺弄ᄒᆞᄂᆞ니 實로 슬프다(牧牛訣11). ᄒᆞᆫ 나라해 實로 公이 세히니:一國實三公(初杜解6:38). 니건 ᄒᆡᆺ 가난호ᄆᆞᆫ 가난티 아니ᄒᆞ더니 옰 가난이ᅀᅡ 實로 가난토다(南明上8). 秀ㅣ ᄉᆞᆯ오ᄃᆡ 實로 이 秀의 作이니(六祖上19). ᄆᆡᇰ 비르믄 네 온 ᄃᆡᄅᆞᆯ 모ᄅᆞ리로소니 모다 나미 實로 잉어ᄀᆡ로다:野莧迷汝來宗生實於此(重杜解16:67). 이 과궁의 샹히 셩실치 못ᄒᆞᆫ 타시니 실로 내 허믈이오(綸音26).

·실·로·ᄂᆞᆫ 부 실인즉. ¶실로ᄂᆞᆫ 倫理 밧긔 나며:實則外於倫理(飜小8:41).

실료ᄒᆞ다 동 실료(失瞭)하다. 분명히 보지 못하다. ¶안개가 대단이 ᄭᅵ여지매 烽軍들이 失瞭ᄒᆞ여 水營의 잡혀간다 ᄒᆞᄋᆞᆸᄂᆡ(隣語1:5).

실릐 명 시루에. 독실 ¶처엄 병ᄒᆞᆫ 사ᄅᆞᄆᆡ 오ᄉᆞᆯ 조히 ᄲᅡ라 실릐 ᄢᅵ면 뎐염티 아니ᄒᆞᄂᆞ니라:卽初病人衣服浣洗令淨飯甑中蒸之卽無傳染之患(簡辟3).

실머리 명 실마리. 실끝. ¶실머리 통:統(類合下59).

실바대 명 실반대. ☞실바ᄃᆡ ¶실바대:絲團子(柳氏物名二 昆蟲).

실바ᄃᆡ 명 실반대. ☞실바대. 실ᄇᆡᆼᄃᆡ ¶실바ᄃᆡ:絲團子(譯解補39).

실ᄫᅡᄃᆡ 명 실반대. ☞실바ᄃᆡ ¶실ᄫᅡᄃᆡ:絲紆子(漢淸10:67).

실ᄇᆡ암 명 실뱀. ¶죠고만 실ᄇᆡ암이 龍의 헐이 ᄀᆞᆯ으 물고(古時調. 海謠).

실삼 명 실삼. ¶우리ᄂᆞᆫ ᄆᆞ을 지서미라 실삼 죠곰 킈더니라(古時調. 니르랴 보쟈. 青丘).

실상 명 실상(實狀). ¶실상과 다ᄅᆞ고 호조 긔물을 삼각산의 두엇다가(山城35). 부친의 벗 오어ᄉᆞ 집의 가 실상을 고ᄒᆞ니(落泉1:1).

·실·상 명 실상(實相). 실체(實體). ¶諸法의 實相ᄋᆞᆯ ᄉᆞᄆᆞᆺ 아ᄂᆞ니라(釋譜13:40). 實相ᄋᆞᆯ 證ᄒᆞ면 色香味觸이 다 眞法이라(釋譜19:9). 苦와 空과ᄅᆞᆯ 펴 닐오ᄃᆡ 實相ᄋᆞᆯ 기피 아노니(楞解5:58). 心과 境괘 어우러 實相애 마자 一切 서르 應ᄒᆞᆯ씨 이 닐온 말 아니 ᄒᆞᄂᆞᆫ 信이라(法華2:160). 實相ᄋᆞᆫ 相 업스니라(金三1:11). 實相ᄋᆞᆯ 證ᄒᆞ면 離와 微왜 그츠니(南明上7). 왕가의 양휵ᄒᆞᆫ 실샹을 베퍼 본종 회복ᄒᆞ기를 쳥ᄒᆞ니(落泉3:7).

실셥 명 실섭(失攝). ¶근본 弱ᄒᆞᆫ 사ᄅᆞᆷ이 失攝을 ᄒᆞ기의(隣語2:5).

실솔 명 실솔(蟋蟀). 귀뚜라미. ¶蟋蟀이 넉시 되야(古時調. 朴孝寬. 님 그린. 花源).

실시 명 실시(失時). 실기(失機). ¶銀貨ᄂᆞᆫ 優數이 辦備ᄒᆞ여 두엇ᄉᆞ오니 失時치 마르시고(隣語1:24).

실ᄉᆞ변 명 실사변. ¶縫字를 어이 쓰ᄂᆞ뇨 그ᄂᆞᆫ 쉽디 아니ᄒᆞ니 실ᄉᆞ변에 逢字 ᄒᆞ여시니:縫字怎麼寫那的不容易紐絲傍做逢字(朴解中41).

실쇡ᄒᆞ다 동 ①실색(失色)하다. ¶부인이 실쇡ᄒᆞ더니(洛城1).
②(빛이) 바래다. ¶그거시 져기 失色ᄒᆞ기ᄂᆞᆫ ᄆᆞ를 ᄆᆞᄃᆡ 陰乾을 아니 ᄒᆞ고(隣語1:2).

실ᄭᅮ리 명 실꾸리. ¶실ᄭᅮ리:線軸(同文解下25). 실ᄭᅮ리:線軸(漢淸10:62). 실ᄭᅮ리:線穗兒(柳氏物名三 草).

실ᄭᅳᆺ 명 실끝. ☞실근 ¶실ᄭᅳᆺ:緖(柳氏物名三 草).

실ᄯᅳᆷ 명 살뜸. ¶우각ᄯᅳᆷ을 ᄒᆞ나 실ᄯᅳᆷ을 ᄒᆞ냐:虛灸那實灸(朴解上35).

실ᄯᅴ 명 실띠. ¶너른 실ᄯᅴ:寬縧子. 좁은 실ᄯᅴ:窄縧子(漢淸11:10).

실약 명 실약(失約). 약속을 지키지 않음. ¶무ᄉᆞᆷ 緣故로 그대지 失約을 ᄒᆞ시ᄋᆞᆸ던고(隣語1:22).

실업다 형 실없다. ¶실업슨 사름:憨人(漢淸8:30). 실업슨 앙홰 밋출말리이다:不實(正念解2). 興 업슨 一竿竹을 실업시 더져시니(萬言詞).

실·에 명 시렁. ☞시렁 ¶실에를 바라 書帙을 ㄱ즈기 ᄒ고:傍架齊書帙(杜解7:6). 실에 가:架(訓蒙中14. 類合上24).

:실·올 명 실오리. ☞실올이 ¶제 사오나온 이를 고텨 나져 바며 혜아려 ᄉᆞᆲ펴 실올매나 터럭근매나 다으디 몯호미 이시면 내 ᄆᆞᅀᆞ미 붓그럽거니:盖自攻其惡日夜且自點檢絲毫不盡則慊於心矣(飜小8:15).

실올이 명 실오리. ☞실올 ¶실올이:縷(柳氏物名三 草).

실으람이 명 쓰르라미. ☞쓰르렁이 ¶실으람이:寒蟬(柳氏物名二 昆蟲).

·실·은 부 실(實)은. ¶그 實은 다 ᄒᆞᆫ ᄆᆞᅀᆞ미라(圓覺序4). 이ᄂᆞᆫ 비록 거상오ᄉᆞᆯ 니브나 그 實은 거상을 ᄒᆞ디 아니칸디니라:是則雖被衰麻其實不行喪也(宣賜內訓1:70). 模樣은 비슥ᄒᆞ여 뵈되 實은 닉도이 다ᄅᆞ니(隣語1:7).

실·의 명 시루에. 〔'실'+부사격 조사 '-의'〕 ⓢ실 ¶드트른 萊蕪縣ㅅ 실의 ᄀᆞ독ᄒᆞ고:塵滿萊蕪甑(初杜解21:35). 실의 뼈 덥게 ᄒᆞ야:甑中蒸熱(救簡1:66). 뽕나모 ᄉᆞ론 지두 마룰 큰 실의 뼈:桑柴灰二斗大甑內蒸(救簡6:88).

실의놀다 동 응석부리다. 재롱부리다. ☞일의놀다 ¶실의노ᄂᆞᆫ 아히 아니환히 누워 안홀 볼와 믜여ᄇᆞ리ᄂᆞ다:嬌兒惡臥踏裏裂(重杜解6:42).

실자시 명 실을 감는 자새. ¶슈리ᄂᆞᆫ 물닉와 실자서와 씨아시와 돌것이라(女四解3:5).

실잣다 동 실을 잣다. ☞실줏다 ¶실잣다:紡線(柳氏物名三 草).

실졍 명 실정(實情). ¶빙폐를 만히 닐너 근본과 실졍을 보랴 ᄒᆞ야(落泉1:2).

실:졔 명 실제(實際). ¶實際ᄂᆞᆫ 眞實ㅅ ᄀᆞᅀᅵ라…우희 닐온 요ᄉᆞᅀᅵ예 ᄒᆞ욘 功德으로 實際예 도ᄅᆞ혀 向ᄒᆞ야(月釋序26). 實際ᄂᆞᆫ 空과 有와 둘흘 닛고 ᄒᆞᆫ 마시 ᄯᅩ 업슨 고디니(金三涵序8).

실쥭ᄒᆞ다 형 실쭉하다. ¶귀 실쥭ᄒᆞ다:耳扎(漢淸6:4).

실줏다 동 실을 잣다. ☞실잣다 ¶실줏다:紡線(漢淸10:67).

실테 명 실테. ¶실테:線繢子(漢淸10:69).

실토록 부 싫도록. ¶乳養의 조흔 衣食 실토록 ᄒᆞ여 보고(扶餘路程).

실하다 형 실하다. ¶실할 실:實(兒學下8).

:실혀·다 동 실 켜다. 실 뽑다. ☞실혀다 ¶기픈 經에 실혀리 근 어둠 ᄀᆞᆮᄒᆞ야 몯다 호미 업스며:則於深經猶繹絲之得緖無所不盡(法華1:16). 실혀믄 모로매 길에 ᄒᆞ고 모로매 하야켄 아니 홀디로다:繰絲須長不須白(初杜解25:50). 실혈 소:繅. 실혈 역:繹(訓蒙下8). 실혀다:抽絲(譯解補39).

실홈ᄒᆞ·다 동 씨름하다. ☞시름ᄒᆞ다 ¶調達이와 難陁왜 서르 실홈ᄒᆞ니 둘희 히미 ᄀᆞᆮ거늘(釋譜3:p.50). 실홈ᄒᆞ다:捽挍(譯解下23. 同文解下33). 실홈ᄒᆞ다:對撩跤. 실홈ᄒᆞᄂᆞᆫ 사ᄅᆞᆷ:撩跤人. 실홈ᄒᆞᄂᆞᆫ 옷 닙다:穿搭連(漢淸4:47).

실·홈 명 씨름. ☞시름 ¶相撲ᄋᆞᆫ 실홈이라:相撲抵角也(法華5:13).

·실·히 부 실(實)히. ¶실히:着實(老朴集. 單字解3). 지믈을 실히 ᄒᆞ고(十九史略1:14).

·실ᄒᆞ·다 형 실(實)하다. ¶凡夫ㅣ 妄量ᄋᆞ로 자바 實ᄒᆞᆫ 것만 너겨 種種 모딘 罪業이 일로브터 날씨(釋譜13:38). 念慮ᄂᆞᆫ 虛ᄒᆞᆫ 情이라 色身ᄋᆞᆫ 實ᄒᆞᆫ 얼구리라(楞解10:81). 부텨 實티 아니ᄒᆞᆫ 마리 업스며(法華5:106). 自性이 虛妄ᄒᆞ야 實티 몯ᄒᆞ면 곧 제 德 업소미니(六祖上88). 君의 倉廩이 實ᄒᆞ며 府庫ㅣ 充ᄒᆞ얏거늘(宣孟2:35). 實호ᄃᆡ 虛ᄒᆞᆫ ᄃᆞᆺᄒᆞ며 犯ᄒᆞ야도 校티 아니홈을(宣論2:31).

·실·혹 명 실학(實學). 경학(經學). ¶오직 실혹오로 ᄀᆞᄅᆞ쳐 글닐기를 좀탹ᄒᆞ게 ᄒᆞ고 글지ᅀᅵ란 아니케 홀디니:只教以經學念書不得令作文字(飜小6:6).

실힝ᄒᆞ다 동 실행(失行)하다. ¶ᄆᆞᄋᆞᆷ을 헐고 녀리의 실힝ᄒᆞᆷ을 회쟈ᄒᆞ고(落泉1:2).

:실혀·다 동 실 켜다. 실 뽑다. ☞실혀다 ¶經綸ᄋᆞᆫ 실혈 씨니 天下ㅅ 이를 經綸ᄒᆞ야 屯難ᄒᆞᆫ 時節을 거리츨 씨라(月釋17:19).

싨귿 명 실의 첫머리. 실마리. ☞실귿 ¶뉘 이 恩 가폰 사ᄅᆞᆷ고 ᄒᆞ다가 싨귿매나 이시면 곧 지여ᄇᆞ리리라:誰是報恩人若有絲頭卽辜負(南明下64).

싫·다 형 있을 것인가. ☞시다. -ㄹ다 ¶아홉 橫死를 매 몯 듣자ᄫᅡ 싫다(月釋9:56).

심 명 인삼(人蔘). ¶심과 ᄆᆞ론 ᄉᆡᆼ앙:人蔘乾薑(救簡1:29). 심 ᄒᆞᆫ 량을 머리 업게 ᄒᆞ니와:人蔘一兩去蘆頭(救簡6:23). 이 심이 됴ᄒᆞ냐:這蔘是好麼(飜老下56. 老解下51). 심:人蔘(東醫 湯液二 草部). 심:人蔘(柳氏物名三 草).

심 명 심. 심지. ☞심지 ¶큰 願으로 심 ᄆᆡᆼᄀᆞᆯ오 큰 慈悲로 기름 ᄒᆞ며 큰 捨로 블 ᄆᆡᆼᄀᆞ라:大願爲炷大悲油大捨爲火(眞言13). 죠히 심:紙捻兒(四解下82 捻字註). 죠히 시므로:紙撚(瘟疫方18). 심:燈草(譯解下16).

심 명 힘. ☞힘 ¶젓 먹던 심이 다 들고나(古時調. 靑丘).

심 명 심줄. ¶燕軍의 닷ᄂᆞᆫ 쇼를 잡ᄋᆞ다가 심을 ᄢᅦ여(武豪歌).

심·거 동 심어. ㉠심다 ¶한 善根ᄋᆞᆯ 심거:種諸善根(金剛上32). 외ᄅᆞᆯ 심거 외ᄅᆞᆯ 得고:種瓜得瓜(金三2:32). 녜 ᄒᆞᆫ 님그미 곳 심거 두시고(眞言14). 심거 박다:揷了(同文解上29).

심:경 명 심경(心境). ¶오직 이 平平ᄒᆞᆫ 心境이며 ᄯᅩ 고텨 變ᄒᆞᄂᆞᆫ 相 업고(圓覺上一之二178).

심·구·다 동 심다. ☞심다 ¶됴ᄒᆞᆫ 根源 심구디 不足ᄒᆞ면 正覺 일우디 아니호리이다(月釋8:63). 善根ᄋᆞᆯ 심군 디 아니라(金剛33). 엇데 일후미 한 善根 심굼고:何名種諸善根(金剛35). 한 福과 慧와를 심군 디 아니라:非…種諸福慧(圓覺下三之二85). 臘月에 다시 모로매 심굴디니라:臘月更須栽(初杜解7:9). 손소 桃李ᄅᆞᆯ 심구니:手種桃李(初杜解10:7).

심·기·다 동 전하다. ¶敎授는 ᄀᆞᄅᆞ쳐 심길씨라(釋譜6:46). 諸菩薩ᄃᆞᆯ콰로 소ᄂᆞᆯ 심겨 迎接ᄒᆞ시거든(月釋8:48). 菩提記 심기거시ᄂᆞᆯ 듣ᄌᆞᆸ고 甚히 歡喜ᄒᆞ야(月釋13:6). 法이 심긿 디 겨샤ᄆᆞᆯ(月釋13:15). 囑累의 能히 서르 심긿 디 아니니(月釋18:14). 上記 심기샤ᄆᆞᆯ 得호리이다(月釋21:133). ᄡᅮ러 木像을 심기거늘 츠기 너겨 ᄒᆞᆯ씨(三綱. 孝10). 부톄 그ᅀᅳ기 심기샤ᄆᆞᆯ ᄇᆞ라ᅀᆞᆸ더니:冀佛冥授(楞解5:29). 몬져 뎌 사ᄅᆞᄆᆞᆯ 심기고:先授彼人(楞解9:106). 간대로 사ᄅᆞᆷ 심규미 몯ᄒᆞ리니:妄授與人(法華4:86). 佛佛이 손 심기시논 要ㅣ 이 ᄡᆞᄅᆞᆷ인 ᄃᆞᆯ ᄇᆞᆯ기시니:明佛佛授手之要(法華6:118). 三昧ᄅᆞᆯ 심겨시ᄂᆞᆯ:授三昧(法華7:71). 親히 심기디 말며:不親授(宣賜內訓1:4). 親히 靈山記ᄅᆞᆯ 심기시니:親授靈山記(南明上41). 서르 심기샤미 오직 이 枝葉엣 이리라 ᄒᆞᆯ 시라(南明下28). 無相懺悔ᄅᆞᆯ 심겨:授無相懺悔(六祖中23).

심난ᄒᆞ다 형 심란(心亂)하다. ¶심난ᄒᆞ다:憂愁(漢淸7:2).

심·다 동 심다. ☞시므다. 심구다 ¶福이 조ᅀᆞᄅᆞᄫᅵ니 아니 심거 몯 ᄒᆞᆯ 꺼시라(釋譜6:37). 因緣을 심곤 젼ᄎᆞ로(釋譜13:36). 한 善根ᄋᆞᆯ 심거:種諸善根(金剛上32). 正勤은 심고미오:正勤爲種植(圓覺上二之二118). 病을 닐어 法 심ᄂᆞᆫ 허므를 일우시니라:以成說病爲法之過(圓覺下三之一56). 외ᄅᆞᆯ 심거 외ᄅᆞᆯ 得고:種瓜得瓜(金三2:32). 녜 ᄒᆞᆫ 님그미 곳 심거 두시고(眞言14). 구은 밤 닷 되를 심고이다(樂詞. 鄭石歌). 잣슬 무덤 압픠 심것더니:植栢于墓前(東新續三綱. 孝1:68). 제텽 아내 일즉 슈박을 심것더니:廬下嘗種西果(東新續三綱. 孝5:41). ᄀᆞᄋᆞᆯ이 다ᄃᆞ라 뎌의 심근 벼 슈슈 기장:到秋他種來的稻子薥秫黍子(朴解下37). 심거 박다:揷了(同文解上29). 우리님 심은 聖澤여천동ᄃᆡ ᄒᆞ시고야(쌍벽가).

심도도개 명 심돋우개. ¶심도도개:挑燈枝(物譜 几案).

심디 명 심지(心地). ¶心地옛 드룸과 아로ᄆᆞᆯ(楞解8:23). 한 일홈난 곳 비호ᄆᆞᆫ 妙因으로 衆生ᄋᆡ 心地 석석게 ᄒᆞ샤미라(法華2:197). 이 衆生ᄋᆡ 根源일ᄉᆡ 닐오ᄃᆡ 心地오(圓覺序3). 我人ㅅ 칙칙ᄒᆞᆫ 수프리 心地예 盛ᄒᆞ얫다가(金三涵序7). 使君아 心地오직 不善이 업스면(六祖上93). 心地ᄅᆞᆯ 發明ᄒᆞ얫더니(六祖中98).

심:려 명 심려(心慮). ¶ᄠᅳᆮ과 아롬과ᄅᆞᆯ 둘흘 니저 心慮ㅣ 灰凝ᄒᆞ야(楞解8:62). 心慮ᄅᆞᆯ 灰滅ᄒᆞ야(楞解9:28). 四儀ᄂᆞᆫ ᄌᆞᄂᆞᄌᆞᄂᆞᆨᄒᆞ야 心慮를 자바 恬愉ᄒᆞ며(永嘉下45).

심:묘ᄒᆞ·다 형 심묘(深妙)하다. ¶이 ᄀᆞᆮᄒᆞᆫ 深妙ᄒᆞᆫ 上法을 아래 듣ᄌᆞᆸ디 몯ᄒᆞᅀᆞᄫᅢᆺ다니(法華2:48).

심방 명 무당. 박수. ¶어미 平生애 심방 굿 ᄲᅳᆫ 즐길씨(月釋23:68). 곧 巫祝를 브터 吉凶을 傳ᄒᆞᄂᆞᆫ 거시라:巫ᄂᆞᆫ 겨집 심방이오 祝ᄂᆞᆫ 男人 심방이라:卽附巫祝而傳吉凶者(楞解8:117).

심·복 명 심복(心腹). ¶시혹 天魔ㅣ 心腹애(腹ᄋᆞᆫ ᄇᆡ라) 드로ᄆᆞᆯ 맛나 근업시 說法호ᄃᆡ:或遭天魔入其心腹無端說法(楞解9:64). 즉시 심복읫 의원을 보내여(癸丑27). 은혜로 어ᄅᆞ몬져 ᄒᆞᆫ 번 보며 심복으로 밀위고 샹ᄉᆞᄒᆞᄂᆞᆫ 은혜(山城145). 내 심복 ᄀᆞᆺᄒᆞᆫ 사ᄅᆞᆷ이라(三譯8:13). 내 임의 심복을 여러 뵈기ᄅᆞᆯ 이러ᄐᆞ시 ᄒᆞ니(經筵). 엄젹이 심복으로 동경을 술필시 아당ᄒᆞᄂᆞᆫ 지 이셔(落泉1:1).

심브림ᄒᆞ다 동 심부름하다. ¶ᄒᆞᆫ 번 심브림ᄒᆞ매(癸丑38).

심쓰다 동 힘쓰다. ☞심ᄊᆞ다. 힘ᄡᅳ다 ¶ᄒᆞᆫ 집의 수한 일을 뉘라셔 심ᄡᅧ ᄒᆞᆯ고(李元翼. 雇工答主人歌).

심살 명 등심. ¶등심:胰 夾脊肉(柳氏物名一 獸族).

심상ᄒᆞ다 형 심상(尋常)하다. ¶져 치ᄂᆞᆫ 심상ᄒᆞᆫ 보물이 아니라 ᄒᆞ고(引鳳簫1).

심샹 명 심상(尋常). ¶ᄇᆞᄅᆞ미 힌 믌결 드위이주미 尋常앳 이리나(金三5:34). 심샹 심:尋(類合下61).

심샹이 부 심상(尋常)히. ☞심샹히 ¶힝혀 심샹이 ᄒᆞ면 겹 죄 지으리라(三譯5:18).

심샹히 부 심상(尋常)히. ☞심샹이 ¶묘ᄅᆞᆯ 심샹히 마ᄅᆞ시고 혜아려 ᄒᆞ쇼셔(癸丑28).

이곳 尋常히 衣身을 자히ᄂᆞᆫ 常법이라(家禮6:5).

심슝샹슝 부 싱숭생숭. ¶功名도 어근버근 世事도 심슝샹슝(古時調. 이셩져셩. 靑丘).

심신 명 심신(心身). ¶심신 無定ᄒᆞ다:發怔(漢淸8:28).

심심히 부 심심히. ☞힘힘히 ¶심심히 안ㅅ고 셔다:坐立無聊(漢淸7:27).

심심ᄒᆞ다 형 심란하다. ¶왜적도 ᄀᆞ올히 젼라도 티려ᄒᆞᆫ다 ᄒᆞᄂᆞᆫ 긔별도 이시니 더욱 심심ᄒᆞ야 ᄒᆞ노라(諺簡11 宣祖諺簡). 그 적의 曹操ㅣ 살 만이 아인가 ᄒᆞ여 속으로 심심ᄒᆞ여 이실 제(三譯5:2).

심심ᄒᆞ다 형 심심하다. ☞힘힘ᄒᆞ다 ¶어제ᄂᆞᆫ 하 심심ᄒᆞ매 草草ᄒᆞᆫ 振舞에 各各 죵용히 말ᄉᆞᆷ 달란ᄒᆞ시니 亭主의 깃븜이 노외야 업서(新語9:6).

심술 명 등심. ¶심술:胂(物譜 飮食).

심쓰다 동 힘쓰다. ☞심ᄡᅳ다. 힘쓰다 ¶몸 세우ᄂᆞᆫ 법은 오직 맑고 곳음을 심쓸지니:務(女四解3:4).

심·ᄉᆞ 명 심. ¶ᄌᆞ셔피로 심ᄉᆞ ᄒᆞ고 쳥셔피로 시울 도ᄅᆞ고 금ᄉᆞ로 갸품 ᄒᆡ욘 안좌ᄉᆡ오:紅斜皮心兒藍斜皮細邊兒金絲夾縫的鞍座兒(飜朴上28). 던피 심ᄉᆞ애 쳥셔피 변ᄉᆞ앳 어치오:獤皮心兒藍斜皮邊兒的皮汗替(飜朴上28).

심:안 명 심안(心眼). ¶오직 憶想ᄋᆞᆯ ᄒᆞ야 心眼으로 보ᅀᆞᆸ게 ᄒᆞ야(月釋8:28). 心眼이 여러 블가 三十六物을 ᄉᆞᄆᆞᆺ 보아(圓覺下三之二48).

심약ᄒᆞ다 형 심약(心弱)하다. ¶쇼제 져러ᄐᆞᆺ 심약ᄒᆞ야시믈 두리고 념녀ᄒᆞ야(落泉3:7).

심원ᄒᆞ다 형 심원(深遠)하다. ¶쳥포 지현 왕귀 쳥졍 념결ᄒᆞ고 지략이 심원ᄒᆞ니 옴겨 녕남을 직희오면(落泉3:7).

심으다 동 심다. ☞시므다 ¶그 은혜 심으기를 두터이 ᄒᆞ야(山城). 나모 심으ᄂᆞᆫ 사ᄅᆞᆷ:樹戶(漢淸5:32). 蘭草를 우믈에 심으기예셔 다름이 업ᄉᆞ니라(捷蒙1:15).

심의산 명 수미산(須彌山). ¶심의산 세네 바회 감도라 휘도라(古時調. 鄭澈. 松江).

심저 명 심지. ¶심저:撚子(漢淸10:49).

심·지 명 심지(心志). ¶經에 니ᄅᆞ샤ᄃᆡ 心志 一定티 아니ᄒᆞ야(永嘉上5). 반ᄃᆞ시 몬져 그 心志를 苦케 ᄒᆞ며(宣孟12:37).

심지 명 심지. ☞심 ¶큰 죠희 심지 ᄆᆡᆼᄀᆞ라:仍作大紙撚(胎要67). 이 약이 업거든 죠희 심지로 코히 녀허 ᄌᆞ최옴ᄒᆞ라:紙撚(辟新12). 심지:紙燭(物譜 几案). 심지:炷(柳氏物名五 火).

심쬬·히 명 심지 종이. ¶내 반ᄃᆞ기 거즈마리 마존 ᄃᆡ 업스니 보ᄆᆞᆯ ᄆᆞᆺ고 도로 심쬬히 사ᄆᆞᆯ ᄠᅵ니라:予必誑言無當看竟廻充紙燼耳(永嘉下128).

심찰ᄒᆞ다 동 심찰(審察)하다. ¶가히 심찰치 아니티 못ᄒᆞ리이다(經筵).

심통 명 심장. ¶내 能히 심통과 피ᄅᆞᆯ ᄣᅡ 내야:我能剖心血(初杜解17:1). 더오ᄆᆞᆫ 밤 구룸 제 더ᄫᅳᆫ 氣韻이 소배 드러 ᄀᆞᆺ 심통애 들면 ᄲᅮᆨ ᄢᅥ딜 씨니(蒙法44).

심팀ᄒᆞ·다 형 심침(深沈)하다. 침착하다. ¶楊子ᄂᆞᆫ 심팀ᄒᆞ고 안졍ᄒᆞ니:楊子沉靜(宣小6:110).

심화 명 심화(心火). ¶심화가 나면 견ᄃᆡ디 몯ᄒᆞ야(閑中錄194).

심황 명 심황. 울금(鬱金). ¶심황과 구리댓불휘:鬱金白芷(救簡2:117). 송의맛불휘와 댄닙과 츩불힛 ᄀᆞᄅᆞ과 심황과(牛疫方9). 심황:鬱金(東醫 湯液三 草部).

심회 명 심회(心懷). ¶이 心懷 알 양이면(古時調. 글리고 못 보는. 歌曲). 아담ᄒᆞ믈 ᄉᆞ랑ᄒᆞᄃᆡ 심회 산난ᄒᆞ야 다ᄅᆞᆫ ᄃᆡ ᄆᆞᄋᆞᆷ이 업ᄉᆞᆫ지라(落泉2:4).

심흑ᄉᆡᆨ 명 심흑색(深黑色). ¶심흑ᄉᆡᆨ:烏黑(漢淸10:65).

:심·히 부 심(甚)히. ¶이 東山이 甚히 맛갑다(釋譜6:24). 甚히 기픈 般若로(釋譜23:15). 得ᄒᆞᆫ 第一法이 甚히 기퍼 ᄀᆞᆯᄒᆡ디 몯ᄒᆞ리니(法華5:106). 죠고맛 벼스릐 얽ᄆᆡ요ᄆᆞᆯ 심히 니버셔 머리ᄅᆞᆯ 수겨 野人을 붓그리노라:苦被微官縛低頭愧野人(初杜解15:57). 비록 심히 公을 ᄉᆞ랑ᄒᆞ나:雖甚愛公(宣小6:1). 甚히 뫼ᄒᆞᆯ 아쳐러ᄒᆞ더니(重杜解1:20). 내 甚히 飄零ᄒᆞ야 ᄃᆞᆫ니노니:我生苦飄零(重杜解1:43). 撫養호미 甚히 分明ᄒᆞ니(重杜解4:6). 네 말과 일이 심히 ᄀᆞᆺ디 아니ᄒᆞ니(山城66). 열희셔 여ᄃᆞᆲ 아홉이 주그니 심히 흉악ᄒᆞᆫ 증이라(辟新11). ᄆᆞᄋᆞᆷ이 심히 편티 아니ᄒᆞ니(仁祖行狀32). 새베 雷聲이 심히 큼을 듯고(女四解4:16). 심히 간활ᄒᆞᆫ 이:積猾(漢淸8:47).

:심ᄒᆞ·다 형 심(甚)하다. ¶工巧ᄒᆞᆫ 하리 甚ᄒᆞ야(龍歌123章). 셜ᄫᅳᆫ 잀 中에 離別이 甚ᄒᆞ니(月印上52). 사ᄅᆞᄆᆡ 心見이 眞實을 일허 妄애 ᄃᆞ모미 甚ᄒᆞᆫ 다시라(楞解1:62). 甚ᄒᆞ니란 아히 오좀 ᄒᆞᆫ 盞ᄋᆞᆯ 조쳐 머기라(救急上35). 모긔 블로ᄃᆡ 브수미 甚커든 대로ᄋᆞ로 부러(救急上42). 모긔 블로ᄃᆡ 브수미 심커든 대롱으로 부러(救簡2:74). ᄀᆞ장 심ᄒᆞᆫ 이ᄅᆞᆯ 업시 ᄒᆞ면:去泰去甚(飜小8:29). 심ᄒᆞᆯ 극:劇(類合下20). 심ᄒᆞᆯ 심:甚(類合下58. 石千13). 姓字ᄅᆞᆯ 니ᄅᆞ지 아니ᄒᆞ야 멀터우미 甚ᄒᆞ니 銀瓶을 ᄀᆞᄅᆞ쳐 수를 달라 ᄒᆞ야 먹ᄂᆞ다:不通姓字麤豪甚指點銀瓶索酒嘗(重杜解25:18). 심ᄒᆞᆫ 도적:好賊(譯解上

31). 女 ᄀᆞᄅᆞ치ᄂᆞᆫ 道ㅣ 오히려 男도곤 심ᄒᆞ고:甚(女四解4:3). 죽이기를 ᄱᅨᄒᆞ니 엇지 심치 아니리오(落泉1:2).

십·다 동 씹다. ☞씹다 ¶哺ᄂᆞᆫ 시버 머길 씨라(月釋23:92). 哨ᄂᆞᆫ 吐ᄒᆞ야 시블 씨라(楞解4:117). ᄀᆞ장 시브며 겸ᄌᆞ 머거:大嚼恣啖(楞解6:99). 밀 시브믄 마시 甚히 열우믈 니ᄅᆞ시니라:嚼蠟言味甚薄也(楞解8:138). 마시 밀 시붐 ᄀᆞᆮᄒᆞ면:味如嚼蠟(楞解8:138). ᄌᆞ조 시버 입노ᄅᆞᆺᄒᆞ디 마롤디니라:數噍毋爲口容(宣賜內訓1:8). 마ᄂᆞᆯ 큰 ᄒᆞᆫ 알홀 십고 ᄎᆞᆫ므를 머그라 ᄒᆞ다가 십디 몯게 ᄃᆞ외옛거든:嚼大蒜一大辨冷水送下如不能嚼(救簡1:35). 늘근 쇼 시븐 춤을:老牛噍沫(救簡2:85). ᄀᆞᄂᆞ리 사ᄒᆞ라 므르시버 솜ᄶᅵ면 노가디리라:細切爛嚼嚥之立消(救簡6:7). 시블 쟉:嚼(類合下6). 시블 져:咀(類合下11). 쁜 ᄂᆞᄆᆞᆯ 데워 내여 ᄃᆞ도록 십어 보새(古時調. 鄭澈. 쉰 술 걸러. 松江). 혹 ᄀᆞ롤게 십거나:或嚼細(臘藥5). ※십다>씹다

십다 조형 싶다. ☞식브다. 십브다 ¶음식 먹고 시븐 ᄆᆞᄋᆞᆷ이 업서 산듕으로 ᄃᆞᆫ니며 됴흔 ᄃᆡ를 ᄆᆞᄋᆞᆷ대로 보고(太平1:49). 예셔 보매 잔을 남기ᄂᆞᆫ가 시버 뵈니 이 잔으란 브ᄃᆡ 다 자ᄋᆞᆸ소(新語3:5). 닙고 시브냐 ᄒᆞ시기(閑中錄26).

십두·드·리·다 동 짓씹다. ¶桃仁을 덜오 십두드려:除桃仁爲㕮咀(救急下33). 십두드릴 쟉:嚼(訓蒙下14).

십방 명 십방(十方). 시방(十方). 〔사방(四方), 사우(四隅), 상하(上下)를 통틀어 이르는 말.〕 ¶비록 世間애 ᄀᆞ독ᄒᆞ니 다 舍利弗이 ᄀᆞᆮᄒᆞ야 ᄆᆞᅀᆞᆷᄀᆞ장 모다 ᄉᆞ랑ᄒᆞ야도 부텻 智慧를 몯내 알리며 正히 十方애 ᄀᆞ독ᄒᆞ니 다 舍利弗이 ᄀᆞᆮᄒᆞ며 또 녀느 弟子ᄃᆞᆯ히 또 十方 佛刹애 ᄀᆞ독ᄒᆞ야 ᄆᆞᅀᆞᆷᄀᆞ장 모다 ᄉᆞ랑ᄒᆞ야도 또 모ᄅᆞ리어며(釋譜13:42). 十方ᄋᆞᆫ 東方 東南方 南方 西南方 西方 西北方 北方 東北方 우흐로 上方 아래로 下方이라(月釋2:10). 十方애 다 뷔여 이저딘 ᄃᆡ 업스니 이 ᄢᅢ 일후믈 어두디 摩訶ㅣ라 혼 배라(金三1:4). 天眼定을 어더 十方ᄋᆞᆯ 보ᄃᆡ ᄉᆞᆫ바당앳 果子 보ᄃᆞᆺ ᄒᆞ더시니라(南明上25). 가져다가 十方앳 즁을 이반ᄂᆞ니:取供十方僧(重杜解13:21).

십분 부 십분(十分). ¶ᄇᆡᆨ셩이 십분 도현ᄒᆞᆫ ᄃᆡ(經筵). 원의의 둥간 설계ᄒᆞ던 일을 드ᄅᆞ미 십분 뉘웃ᄎᆞ나(落泉3:8).

십브·다 조형 싶다. ☞식브다. 십다 ¶병이 도읠가 십브거든 고깃즙과 보육과 젓과 혹 고기를 져기 ᄡᅥ 마슬 도올 만ᄒᆞ고:恐成疾者可以肉汁及脯醢或肉少許助其滋味(飜小7:18). 슬퍼 아니 먹ᄂᆞᆫ 디 아니라 먹고져 십브디 아니ᄒᆞ니:非哀而不食自不思食耳(東三綱. 烈6).

십오야 명 십오야(十五夜). ¶十五夜의 다시 밝고(古時調. 羅志成. 靑丘).

·십·월 명 시월(十月). ¶十月에 ᄆᆞᆰᄀᆞᆫ 서리 하거든 불여 어드러로 갈고:十月淸霜重飄零何處歸(初杜解17:38). 뎡미년 십월브터(癸丑36). 창을 십월에 열면 독ᄒᆞᆫ 해 일경에 두루ᄒᆞ야 밧치고져 ᄒᆞᆫ즉(綸音87).

십자히풀 명 쇠귀나물. ¶십자히풀:慈姑(柳氏物名三 草).

십푼은 명 십성은(十成銀). ☞시푼은 ¶時直갑스로 십푼은 열두 냥애 ᄒᆞ야:時直價錢白銀十二兩(老解下15).

싯가싀다 동 씻고 가시다. ☞싯가시다 ¶祭器를 싯가싀며 가마소ᄐᆞᆯ 조케 ᄒᆞ고(家禮10:31).

싯가싀다 동 씻고 가시다. 〔'싯다'+'가싀다'의 복합. '씻다'의 뜻〕 ☞싯가싀다 ¶ᄉᆞᆯ히 오히려 연ᄒᆞ여실 제 싯가싀기를 일즈기 말라:肌肉尙嫩不可澡浴太早(痘要下43). 主人이 모ᄃᆞᆫ 丈夫를 거ᄂᆞ리고 믈 ᄢᅳ려 ᄡᅳᆯ며 싯가싀고:主人率衆丈夫灑掃滌濯(家禮9:19).

싯·고·다 동 다투다. 시끄럽게 굴다. ☞싯구다 ¶우리를 ᄒᆞᄅᆞᆺ밤만 자게 ᄒᆞ뎌여 이 나그내 엇디 이리 간대로 싯고ᄂᆞ뇨:着我宿一夜這客人怎麼這般歪廝纏(飜老上49). 엇디 이리 간대로 싯고ᄂᆞ뇨:怎麼這般歪廝纏(老解上44).

싯·구·다 동 다투다. 시끄럽게 굴다. ☞싯고다. 싯귀다 ¶이 수울 ᄑᆞᆯ리여 싯구기 잘 ᄒᆞᄂᆞ다:這賣酒的也快纏(飜老上65). 이리도록 만ᄒᆞᆫ 흥졍애 므스므려 싯구ᄂᆞ뇨:這偌多交易要甚麼爭競(飜老下64). 싯굴 새:賽(訓蒙下22). 싯구기 잘 ᄒᆞᄂᆞᆫ고나:也快纏(老解上59). 너희 둘히 싯구디 말고:你兩家休爭(老解下52).

싯귀다 동 시끄럽게 굴다. ☞싯고다. 싯구다 ¶싯귀다:嚷(漢淸3:3). 싯귀ᄂᆞᆫ 이:難纏(漢淸8:25).

싯그다 형 시끄럽다. ☞싯ᄭᅳ다 ¶헛글고 싯근 文書 다 주어 후리치고(古時調. 金光煜. 靑丘).

싯·기·다 동 씻기다. ¶溫水 冷水로 左右에 ᄂᆞ리와 九龍이 모다 싯기ᅀᆞᄫᆞ니(月印上8. 月釋2:34). 香水예 싯기ᅀᆞᄫᅡ(釋譜23:37). 菩提樹를 싯교리라(釋譜24:47). 싯기ᅀᆞᆸ고 天衣로 ᄢᅳ리ᅀᆞᄫᆞ니라(月釋2:39). 나죗 서늘호매 ᄆᆞᆯ 싯교ᄆᆞᆯ 보니:晚涼看洗馬(初杜解15:27). ᄀᆞᆺ아기 싯기기 ᄆᆞᆺ고:纔只洗了孩兒(飜朴上56). 믈 데여 내 발 싯기고:煖湯濯我足(重杜解1:13). 뒷내헤 ᄆᆞᆯ 싯기라 가

쟈:背後河裏洗馬去來(朴解上20).

싯나모 명 신나무. 단풍나무. ☞신나모 ¶싯나모 풍:楓(類合上8). 두 싯남기 녜 ᄒᆞ마 것드럿도다:雙楓舊已摧(重杜解2:24). 구룸 ᄀᆞ튼 빗돗기 싯나모 수픐 서리로다:雲帆楓樹林(重杜解2:26). 지븨 사ᄅᆞᄆᆞᆫ 브를 비븨여 내요ᄃᆡ 프른 싯남글 ᄡᅳ놋다:家人鑽火用青楓(重杜解11:15). ᄀᆞᄅᆞᆷ 그텟 블근 닙 싯남근 나그내를 시름케 ᄒᆞᄂᆞ니:江頭赤葉楓愁客(重杜解11:32). 싯나모:茶條樹(同文解下44). 싯나모:烏茶(漢淸13:21).

싯냇물 명 시냇물. ☞시냇믈 ¶구즌비 멋저 가고 싯냇물이 ᄆᆞᆰ아온다(古時調. 尹善道. 海謠).

싯·다 동 씻다. ☞ᄡᅵᆺ다. 씻다 ¶香水예 沐浴 더시니 草木 서리예 겨샤 ᄆᆞᄉᆞᆷ 믈로 ᄣᅢ 시스시ᄂᆞᆫ가(月印上45). 우리 ᄃᆞ틀 ᄣᅢ를 시스쇼셔:洗我塵垢(楞解4:76). 本心을 시서(楞解9:95). ᄒᆞᆫ갓 손발 시수ᄆᆞ로:洗(金剛5). 손발 시수미 ᄆᆞᅀᆞᆷ 시솜 ᄀᆞᆮ디 몯ᄒᆞ니:洗(金剛5). 그르싀 시슬 거스란:器之漑者(宣賜內訓1:10). ᄲᅧ곰 ᄆᆞᅀᆞᄆᆞᆯ 훤히 시슬 주리 업도소니:無以洗心胷(杜解1:34). 閑散ᄒᆞᆫ ᄯᅡ해 힌 비 ᄒᆞᆫ 번 시스니:散地白雨一洗(杜解7:28). 붓그러우믈 시서지이다 請ᄒᆞᄂᆞ니:請雪恥(杜解8:3). 威儀ᄅᆞᆯ 도로 ᄇᆞᆯ기 시스니라:威儀重昭洗(杜解8:17). 낫 맛 ᄉᆞᅀᅵ예 바고니ᄅᆞᆯ 소ᄃᆞ니 시ᄉᆞ며 갓곤 거시 서르 두펏도다:放筐亭午際洗剝相蒙羃(初杜解16:71). 江河ㅣ 흐리니ᄅᆞᆯ 시셔 ᄇᆞ리고:沙汰江河濁(杜解19:4). 더운 ᄆᆞ레 닐굽 번 시소니 여듧 돈과:湯泡七次八錢(救簡1:14). 더운 ᄆᆞ레 닐굽 번 시소니와:湯洗七次(救簡1:115). 내 ᄂᆞᆾ 시서지라:我洗面(飜老上61. 老解上55). 시슬 조:澡. 시슬 셰:洗(訓蒙下11). 시슬 젼:湔. 시슬 셰:洗(類合下21). 시슬 텩:滌(類合下23). 시슬 조:澡(類合下37). 冠과 ᄯᅴ ᄣᅢ 지거든 ᄌᆡᆺ믈 ᄲᅡ 시서징이다 請ᄒᆞ며:冠帶垢和灰請漱(宣小2:7). 더러온 일홈을 싯고져 아니랴마ᄂᆞᆫ(癸丑106). 主人이 손 시서(家禮1:25). 마리 싯다:洗頭(譯解上47). ᄂᆞᆾ 싯다:洗臉(同文解上54). ᄃᆞ론 말이 업서시니 귀 시서 머엇ᄒᆞ리(古時調. 尹善道. 乾坤이. 孤遺). ※싯다>씻다

싯다 동 싣다. ☞싣다 ¶千石 싯던 大中船의 ᄡᆞᆼ돗츨 놉피 닫고(萬言詞).

싯닷다 동 씻고 닦다. ¶뎌 煤爐ᄅᆞᆯ 가져다가 싯닷기ᄅᆞᆯ 잘 ᄒᆞ라:把那煤爐來掠飭的好着(朴解下44).

싯봇·기·다 동 씻어 닦게 하다. ¶父母ㅣ 놀라 두려 싯봇겨 오ᄉᆞᆯ 더 니표려 ᄒᆞ더니:父母驚惶欲洗沐加衣裳(宣賜內訓2下70).

싯빗기다 동 씻고 빗기다. ¶每日에 싯빗겨 글게질ᄒᆞ기ᄅᆞᆯ 乾乾淨淨히 ᄒᆞ고:每日洗刷鉋的乾乾淨淨地(朴解上20).

싯ᄭᅳ다 형 시끄럽다. ☞싯그다 ¶헛글고 싯ᄭᅳᆫ 文書 다 주어 훌이치고(古時調. 金光煜. 海謠).

싱금ᄒᆞ다 형 상큼하다. ☞힝금ᄒᆞ다 ¶琵琶야 너은 어이 간 곳마다 앙죠아리ᄂᆞ니 싱금ᄒᆞᆫ 목을 에후리여 진득 안고(古時調. 青丘).

싱긔다 동 찡그리다. ☞ᄲᅵᆼ의다 ¶싱긜 빈:嚬(倭解上20).

싱긔젼 명 화전(火箭). ☞신긔젼 ¶싱긔젼:起火箭(譯解上22).

싱슝샹슝 부 싱숭생숭. ¶功名도 어근버근 世事도 싱슝샹슝 每日에 ᄒᆞᆫ 盞 두 盞 이렁져렁 ᄒᆞ리라(古時調. 이셩져셩. 青丘).

싳다 동 씻다. ☞싯다 ¶솟슬 시쳐 물을 ᄭᅳ리고:洗(女四解3:10).

ᄉᆞ 명 것. 바. 이. ☞시. 씨 ¶種種히 發明ᄒᆞᇙ ᄉᆞᆯ 일후미 妄想이니:種種發明名爲妄想(楞解2:61). 法을 업시우며 ᄂᆞᄆᆞᆯ 업시울 ᄊᆞᆯ 닐오ᄃᆡ 增上慢이라:以慢法慢人曰增上慢(法華1:172). 三惡道애 ᄣᅥ딜 시라(圓覺序56). 밧기 아닐 ᄉᆡ니(金三5:18). 아소 님하 遠代平生애 여힐 ᄉᆞᆯ 모ᄅᆞᇰ새(樂詞. 滿殿春別詞). 내 마ᄐᆞ면 그칠 ᄉᆞ라(痘要下43). 다토미 업슬 ᄉᆞᆫ 다문 인가 너기로라(蘆溪. 陋巷詞). 아마도 변티 아닐 ᄉᆞᆫ 바회뿐인가 ᄒᆞ노라(古時調. 尹善道. 고즌. 孤遺).

:ᄉᆞ 명 사(士). 선비. ¶士ᄅᆞᆯ 어더 ᄆᆞᅀᆞ미 契合호미 이우지 업도다:得士契無隣(初杜解6:31). 이ᄂᆞᆫ 道 잇ᄂᆞᆫ 士ㅣ니(六祖中50). 현ᅀᅵᆫ은 셩ᅀᅵᆫ을 ᄇᆞ라고 ᄉᆞᄂᆞᆫ 현ᅀᅵᆫ을 ᄇᆞ라ᄂᆞ니:賢希聖士希賢(飜小8:2). 이 士의 효도ㅣ니라:此士之孝也(宣小2:31). 子ㅣ ᄀᆞᄅᆞ샤ᄃᆡ 士ㅣ 道애 志호ᄃᆡ(宣論1:33). 오직 士ㅣ 能히 ᄒᆞ거니와(宣孟1:32). 士ᄂᆞᆫ 굿만 辟ᄒᆞᆯ ᄃᆞ롬이라(家禮圖4).

:ᄉᆞ건 명 사건(事件). ¶疏ᄂᆞᆫ 事件을 ᄇᆞᆯ길 씨니:件은 次第 ᄂᆞᆫ홀 씨라(法華2:238).

:ᄉᆞ·견 명 장식품. ¶기르마ᄂᆞᆫ 시톄엣 은 입ᄉᆞᄒᆞ욘 ᄉᆞ겨넷 됴ᄒᆞᆫ 기르마 굴에 ᄃᆞᆯ히:鞍子是時樣減銀事件的好鞍轡(飜老下49). 금실로 입ᄉᆞᄒᆞᆫ ᄉᆞ견 바갓고:釘着金絲減鐵事件(飜朴上28). ᄉᆞ견 ᄉᆞ:鏲 粧飾鏲件(訓蒙下20). 기ᄅᆞ마ᄂᆞᆫ 시톄에 은 입ᄉᆞᄒᆞᆫ ᄉᆞ견엣:事件(老解下45). ᄉᆞ견:飾件(譯解補46). ᄉᆞ견:飾件(柳氏物名一 獸族).

:ᄉᆞ:경 명 사경(四境). ¶四境을 開拓ᄒᆞ샤(龍歌53章). ᄀᆞᄅᆞ샤ᄃᆡ 四境內ㅣ 治티 몯ᄒᆞ거든(宣孟2:22).

ᄉᆞ경 명 사경(四更). ¶아ᄎᆞᆫ 설날 ᄉᆞ경의:歲暮夕四更中(瘟疫方4).

ᄉᆞ경 명 사경(死境). ¶비록 死境의 림ᄒᆞ올지라도(隣語2:7).

·ᄉᆞ:계 명 사계(四季). ¶흙은 四季예 盛ᄒᆞ야 쇠와 나모돌히 브틀 배 ᄃᆞ외ᄂᆞ니(金三2:29). 四季ᄂᆞᆫ 四節ㅅ 그티라(金三2:30).

ᄉᆞ계 명 사계화(四季花). ☞ᄉᆞ계화 ¶ᄉᆞ계:四季花(譯解下39).

:ᄉᆞ·계·화 명 사계화(四季花). ☞ᄉᆞ계. ᄉᆞ곗곳 ¶디튼 초록비체 ᄉᆞ계화 문ᄒᆞᆫ 비단:栢枝綠四季花(飜老下24). 디튼 초록빗체 ᄉᆞ계화 문ᄒᆞᆫ 비단:栢枝綠四季花(老解下22).

:ᄉᆞ·곗곳 명 사계화(四季花). ☞ᄉᆞ계. ᄉᆞ계화 ¶ᄉᆞ곗곳 슈질ᄒᆞᆫ 후시를 ᄆᆡ엿고:綉四季花護膝(飜朴上29).

ᄉᆞ고ᄒᆞ다 동 사고(思考)하다. ¶녕싱의 뫼닐오ᄃᆡ 네 ᄒᆞᆫ갓 석을 ᄉᆞ고ᄒᆞ여 져를 취ᄒᆞ고 엇지려 ᄒᆞᄂᆞᆫ다(落泉2:5).

ᄉᆞ과 명 사과. ☞사과 ¶인동채 ᄉᆞ과만 몬ᄒᆞ니 ᄉᆞ과를 달혀셔 사당 ᄲᅡ 머기라(諺簡13.宣祖諺簡).

:ᄉᆞ관ᄒᆞ·다 동 사관(仕官)하다. ¶校書館애 仕官ᄒᆞ야 보아 바키라 ᄒᆞ시다(楞解跋4).

ᄉᆞ괴다 동 사귀다. ☞ᄉᆞ귀다 ¶天下 사ᄅᆞᆷ이 天下 벗을 ᄉᆞ괴되:天下人交天下友(華解下11). 이 우리 몃 ᄃᆡ로 ᄉᆞ괴여 아나니로다:這是我們幾輩子交成的呢(華解下17).

ᄉᆞ귀다 동 사귀다. ☞사괴다 ¶ᄉᆞ귈 교:交(兒學下11).

ᄉᆞ급ᄒᆞ다 동 사급(賜給)하다. ¶ᄆᆡ일의 향은ᄒᆞᆫ 병식 ᄉᆞ급ᄒᆞ실 ᄯᆞᄅᆞᆷ이오(洛城2). 금모어화와 빵개 쳔동을 ᄉᆞ급ᄒᆞ시고(洛城2). 갑제ᄅᆞᆯ ᄀᆞ희여 ᄉᆞ급ᄒᆞ시고 지상녀로 샤혼ᄒᆞ야(落泉3:7).

ᄉᆞ나희 명 사내. ☞ᄉᆞ나ᄒᆡ. ᄉᆞ나히 ¶ᄉᆞ나희와 겨집이:男女(警民15). 우리 뎌긔 ᄉᆞ나희ᄂᆞᆫ 믈 깃디 아니ᄒᆞ고:我那裏男子漢不打水(老解上33). ᄉᆞ나희ᄂᆞᆫ 지고 겨집은 이고(新語4:24). ᄉᆞ나희 겨집이 업스면:男兒無婦(朴解中17). 우리 ᄉᆞ나희 이런 迷天大罪엣 일을 ᄒᆞ니:男兒做這般迷天大罪的事(朴解中28). 간나희 가ᄂᆞᆫ 길흘 ᄉᆞ나희 에도ᄃᆞ시(古時調. 鄭澈. 靑丘). ᄉᆞ나희죵 노:奴(兒學上1).

ᄉᆞ나희동세 명 남동서(男同婿). ¶ᄉᆞ나희동세:連衿(譯解上58).

ᄉᆞ나ᄒᆡ 명 사나이. 사내. ☞ᄉᆞ나히. ᄉᆞ나희 ¶ᄉᆞ나ᄒᆡ:男兒(訓蒙上32). 므ᄉᆞ 일 ᄉᆞ나히 되돗던고(癸丑34).

ᄉᆞ나히 명 사나이. 사내. ☞ᄉᆞ나희. ᄉᆞ나ᄒᆡ. 순아ᄒᆡ. ᄉᆞᄒᆡ ¶ᄉᆞ나히돌히 다 東녀크로 征伐 가니라:兒童盡東征(杜解2:67). ᄉᆞ나히ᄒᆞ마 甲 닙고 투구 서실시:男兒旣介冑(杜解4:9). ᄉᆞ나히가 간나히가:小廝兒那女孩兒(飜朴上55). ᄉᆞ나히:兒孩兒(訓蒙上32 孩字註). 져믄 ᄉᆞ나히 오좀(瘟疫方20). ᄉᆞ나히ᄂᆞᆫ ᄲᆞᆯ리 ᄃᆡ답ᄒᆞ고 겨집은 느즈기 ᄃᆡ답게 ᄒᆞ며:男唯女兪(宣小1:3). ᄉᆞ나히와 겨집이 듕인 ᄃᆞᆫ니미 잇디 아니ᄒᆞ얏거든:男女非有行媒(宣小2:45). ᄡᅥ ᄉᆞ나히와 겨집의 례예 ᄀᆞᆯᄒᆡᄡᅳ다 ᄒᆞ시니라:以爲別於男女之禮矣(宣小4:35). ᄉᆞ나히 겨집의 손애 죽디 아닌ᄂᆞ니라:男子不絶於婦人之手(東新續三綱. 孝6:20). 간나히 가ᄂᆞᆫ 길흘 ᄉᆞ나히 에도ᄃᆞ시(古時調. 鄭澈. 松江). ᄉᆞ나히:漢子(同文解上13). ᄉᆞ나히 아히:童(臘藥3).

ᄉᆞ:념ᄒᆞ·다 동 사념(思念)하다. ¶主人이 늘근 ᄆᆞᄅᆞᆯ 思念ᄒᆞ야:主人念老馬(初杜解6:20). 슬허 百姓의게 誅求호믈 思念ᄒᆞ니:悽惻念誅求(重杜解25:34).

ᄉᆞᄂᆞ니 동 사르느니. 태우느니. ㉮ᄉᆞᆯ다 ¶七聖財ᄅᆞᆯ ᄉᆞᄂᆞ니라(釋譜11:43). 두 남ᄀᆞᆯ ᄉᆞᄂᆞ니:燒二木(圓覺上二之一48).

·ᄉᆞ·다 동 쌓다. ☞ᄡᆞ다. 쓰다 ¶여러 담 ᄉᆞ리와 손 도ᄋᆞ리 블러다가:叫幾箇打墻的和坌工來(飜朴上10). ᄉᆞᆯ 툭:築(訓蒙下17. 類合下10). 쇠로 셩 ᄉᆞ고(恩重23). 녯 ᄉᆞ던 壇場은 아ᄋᆞ라ᄒᆞ도다:蒼茫舊築壇(重杜解5:12). 언제 城 ᄉᆞ고 도라가려뇨:何時築城還(重杜解5:28).

ᄉᆞ다 동 사다〔買〕. ☞사다 ¶閣氏네 더위들ᄉᆞ시오(古時調. 靑丘). ᄉᆞ온 ᄒᆞᆫ ᄂᆞᆺ 고기가 一尺나마 長이 되니:買來一條魚有一尺多長的(華解上8). 서너 ㄱ 掛鐘을 ᄉᆞ려 ᄒᆞ노라:三四箇掛鐘呢(華解上32). 져기 물건을 ᄉᆞ니:買些東西(華解上32).

ᄉᆞ다 동 (대소변을) 누다. ☞ᄡᆞ다 ¶오좀 ᄉᆞ고 放氣 뀌니(古時調. 靑丘).

ᄉᆞ·다 형 싸다. (그만한) 값이 있다. ☞쓰다 ¶지븻 音書ᄂᆞᆫ 萬金이 ᄉᆞ도다:家書抵萬金(初杜解10:6). 八分 ᄒᆞᆫ 字ㅣ 비디 百金이 ᄉᆞ니 蛟龍이 서리여 고기 세워든 ᄃᆞᆺᄒᆞ도다:八分一字直百金蛟龍盤拏肉屈强(初杜解16:16). 머리예 ᄭᅮ민 거시 돈 칠십만이 ᄉᆞ거니:首飾有七十萬錢(飜小10:16).

ᄉᆞ다리 명 사닥다리. ☞ᄃᆞ리 ¶ᄉᆞ다리 뎨:梯(兒學上9).

ᄉᆞ당 명 사당. ¶듕놈이 져문 ᄉᆞ당을 어더 媤父母긔 孝道ᄅᆞᆯ 긔 무어슬 ᄒᆞ여 가리(古時調. 李鼎輔. 靑丘).

:ᄉᆞ:대부 명 사대부(士大夫). ¶나ᄂᆞᆫ 士大夫ㅅ ᄯᆞ리오(三綱. 烈13). 엇뎨 士大夫의 준 거시리오 어듸 가 이ᄅᆞᆯ 어든다(宣賜內訓3:26). 이제 士大夫의 집이:今士大夫家(宣小5:40). 地位ᄂᆞᆫ 士大夫의게 노ᄑᆞ니 ᄒᆞᄆᆞᆯ며 氣運ㅣ 淸爽ᄒᆞ도다:地崇士大夫况乃氣淸爽(重杜解24:36).

ᄉᆞ돈 명 사돈(査頓). ¶同姓 六寸 兄弟와 査頓의 겨릐와(蒙老6:15).

·ᄉᆞ·디 동 사르지. ㉮ᄉᆞᆯ다 ¶四念處ㅅ ᄇᆞ리 ᄒᆞ다가 勤ㅅ ᄇᆞᄅᆞᄆᆞᆯ 得ᄒᆞ면 ᄉᆞ디 아니ᄒᆞᆯ 곧 업스릴ᄉᆡ:四念處火若得勤風則無所不燒(圓覺上二之二114).

ᄉᆞ라가다 동 사라져 가다. ㉮ᄉᆞᆯ다 ¶미레 현 브리 ᄉᆞ라 가놋다:蠟炬殘(杜解6:15).

ᄉᆞ라·기 명 ①싸라기. ☞ᄡᆞ라기 ¶나ᄂᆞᆫ 도ᄐᆞ랏 羹애 ᄉᆞ라기도 섯디 아니ᄒᆞ야도 便安히 너기노니:吾安藜不糝(杜解3:15). 盤애 먹ᄂᆞᆫ 거슨 엇디 ᄉᆞ라기 조ᄎᆞᆫ 도ᄐᆞ랏 羹이리오:盤飧詎糝藜(杜解3:20). 黎民이 겨와 ᄉᆞ라기도 훤히 몯 어더 먹놋다:黎民糠籺窄(初杜解16:71).
②부스러기. ¶아ᄆᆞ커나 金ᄉᆞ라기ᄅᆞᆯ 가져:試將金屑(南明上71).

·ᄉᆞ라·디·다 동 사라지다. ¶火界增上力이 나면 비와 구룸괘 ᄉᆞ라디여 업슬 씨오(月釋10:85). 다 ᄉᆞ라디니라(三綱. 忠11). 즉제 ᄉᆞ라디ᄂᆞ니라:卽消(馬解下111).

ᄉᆞ람 명 사람. ☞사ᄅᆞᆷ ¶그 집 ᄉᆞ람 눈치 알고 보리 ᄒᆞᆫ 말 써셔 쥬며(萬言詞).

ᄉᆞ랑 명 ①생각. ☞ᄉᆞ량 ¶어즈러운 ᄉᆞ랑ᄋᆞᆯ 닐오ᄃᆡ 想이오(楞解4:28). 말ᄉᆞᆷ과 ᄉᆞ라이 그츠니라:言思斷矣(圓覺上一之一59). 송씨 열ᄒᆞᆫ 히 ᄉᆞ이예 다ᄅᆞᆫ 친을 ᄉᆞ랑 아니ᄒᆞ고:思(桐華寺 王郞傳9).
②사랑〔愛〕. ¶ᄉᆞ랑을 ᄆᆡ잣던 뎐 ᄒᆞ오ᅀᅡ 가시남기 잇도다:結愛獨荊榛(初杜解20:29). ᄉᆞ랑 ᄋᆡ:愛(類合下3). ᄉᆞ랑 ᄋᆡ:愛(石千5). 가득히 무휼ᄒᆞ사 ᄉᆞ랑이 놉흐시니(萬言詞). ᄉᆞ랑 ᄌᆞ:慈(兒學下1).

ᄉᆞ랑호이 부 사랑스럽게. ¶션뫼 긔특ᄒᆞ고 ᄉᆞ랑호이 너기오셔(仁祖行狀6).

ᄉᆞ랑홉·다 형 사랑스럽다. ☞ᄉᆞ랑ᄒᆞᆸ다 ¶내 져머실 제브터 슈리ᄒᆞ던 거시라 내 ᄠᅳ데 ᄉᆞ랑호애라 ᄒᆞ며:吾少時所理意所戀也(飜小9:23). ᄉᆞ랑홉다:可愛(漢淸6:20, 6:57).

ᄉᆞ랑ᄒᆞ·다 동 ①생각하다. ☞ᄉᆞ량ᄒᆞ다 ¶뉘 아니 ᄉᆞ랑ᄒᆞᅀᆞᄫᆞ리:孰不思懷(龍歌78章). 머리 갓고 묏고래 이셔 道理 ᄉᆞ랑ᄒᆞ더니(釋譜6:12). 王이 이제 부텻 마ᄅᆞᆯ ᄉᆞ랑ᄒᆞ샤(釋譜24:17). 思ᄂᆞᆫ ᄉᆞ랑ᄒᆞᆯ 씨라(月釋序11). 네 子細히 ᄉᆞ랑ᄒᆞ약:汝諦思惟(楞解2:54). ᄆᆞᅀᆞ매 너기며 ᄉᆞ랑ᄒᆞ야:心想思惟(金剛上16). 輪廻ᄒᆞ던 業을 믈리 ᄉᆞ랑컨댄:追念輪廻之業(牧牛訣43). ᄉᆞ랑ᄒᆞᄂᆞᆫ ᄃᆞᆺᄒᆞ며:若思(宣賜內訓1:7). 桃源ㅅ 안ᄒᆞᆯ 아ᄋᆞ라히 ᄉᆞ랑ᄒᆞ고:緬思桃源內(重杜解1:4). ᄒᆞᆫ번 사호고져 ᄉᆞ랑ᄒᆞᄂᆞ니:思一戰(初杜解8:23). 몸 밧긧 다ᅇᅀᅠ 업슨 일란 ᄉᆞ랑티 말오:莫思身外無窮事(杜解10:8). 遊子ㅣ 本鄕 ᄉᆞ랑ᄒᆞ야:遊子思鄕(南明下26). 곧 밥먹고져 ᄒᆞ야 ᄉᆞ랑ᄒᆞ리라:便思量飯喫(飜老下41). 츤츤니 ᄉᆞ랑ᄒᆞ며:尋思(飜朴上24).
②사랑하다. ¶어버ᅀᅵ 子息 ᄉᆞ랑호ᄆᆞᆫ(釋譜6:3). ᄉᆞ랑ᄒᆞ며 恭敬ᄒᆞᇙ 相 잇ᄂᆞᆫ ᄯᆞᆯ:愛敬有相之女(楞解6:33). 賢聖 ᄉᆞ랑ᄐᆞᆺ ᄒᆞ며:如慕賢聖(法華5:70). 오직 내 진조ᄅᆞᆯ ᄉᆞ랑ᄒᆞ놋다:只愛才(初杜解7:34). ᄉᆞ랑ᄒᆞᆯ 폐:嬖. ᄉᆞ랑ᄒᆞᆯ 툥:寵. ᄉᆞ랑ᄒᆞᆯ 외:偎(訓蒙下33). 저픈 ᄃᆡ ᄉᆞ랑ᄒᆞ며:畏而愛之(宣小3:3). 父母ㅣ 날 ᄉᆞ랑티 아니ᄒᆞ샴ᄋᆞᆫ 내게 엇딘고 ᄒᆞ시니라:父母之不我愛於我何哉(宣小4:7). 녯 님금의 ᄇᆡ셩 ᄉᆞ랑ᄒᆞ시ᄂᆞᆫ:先王愛民(警民2). ᄉᆞ랑ᄒᆞ고 화동ᄒᆞ여 ᄃᆞ니면:親熟(老解下42). ᄉᆞ랑ᄒᆞ야:愛之(重內訓2:60). ᄉᆞ랑ᄒᆞ다:愛疼(譯解下45. 同文解上22). 무슉비ᄅᆞᆯ ᄉᆞ랑ᄒᆞ시더니(明皇1:34). ᄉᆞ랑ᄒᆞ시며 어ᄅᆞ몬지시니:愛(百行源11).

ᄉᆞ랑·ᄒᆞ오·니 명 사랑스런 이. ¶ᄉᆞ랑ᄒᆞ오니 여희ᄂᆞᆫ 苦와(靈驗11).

ᄉᆞ랑ᄒᆞ이·다 동 사랑을 받다. ¶아비게 ᄉᆞ랑ᄒᆞ이디 몯ᄒᆞ야 ᄆᆡ양 쇠똥을 츠이거든:失愛於父每使掃除牛下(飜小9:24).

ᄉᆞ랑·ᄒᆞᆸ·다 형 사랑스럽다. ☞ᄉᆞ랑홉다 ¶婥妁ᄋᆞᆫ 부드럽고 고아 ᄉᆞ랑ᄒᆞ올 씨라(楞解8:131). ᄉᆞ랑ᄒᆞᆸ디 아니커늘:不足戀(法華2:111). 그딋 짒 힌 盌ㅅ 비치 서리와 누니라와 더으니 茅齋예 ᄲᆞᆯ리 보내요미 ᄯᅩ 可히 ᄉᆞ랑ᄒᆞ오니라:君家白盌勝霜雪急送茅齋也可憐(初杜解16:60).

ᄉᆞ래 명 이랑. ☞ᄉᆞᆯ래 ¶재 너머 ᄉᆞ래 긴 밧출 언제 갈려 ᄒᆞᄂᆞ니(古時調. 南九萬. 東窓이. 靑丘).

ᄉᆞ량 명 사량(思量). 생각. ☞ᄉᆞ랑 ¶識心ᄋᆞᆫ 意識이오 思量과 別ᄒᆞ와ᄂᆞᆫ 意根이라(楞解3:58). ᄃᆡ머구믈 조차 思量 업스며 분별 업서 時流에 섯도다(南明上19). ᄉᆞ량 ᄉᆞ:思(光千12).

ᄉᆞ량ᄒᆞ·다 동 사량(思量)하다. 생각하다. ☞ᄉᆞ랑ᄒᆞ다 ¶第八을 ᄉᆞ량ᄒᆞ야 혜아려 나ᄆᆞᆯ 삼ᄂᆞ니 이ᄀᆞ티 思量호ᄆᆞᆫ 오직 第七에 잇고(法華1:102). 큰 이ᄅᆞᆯ 세 번 思量ᄒᆞ샤:三思大事(圓覺序41). 思量ᄒᆞ면 어루 보리라:想之可見(圓覺上二之三23). 思量ᄒᆞ야 혜아려 計校ᄒᆞ야 혜여 ᄆᆞᅀᆞᄆᆞᆯ 니르와다:思惟揣度計校籌量興心(圓覺下三之一98). 이 엇던 ᄌᆞᆺ고 너겨 議論ᄒᆞ며 思量ᄒᆞ면 어즈러운 뫼히 ᄀᆞ리리라(南明上2). 經을 一部로 ᄡᅥ 思量티 어려운 敎ᄅᆞᆯ 모도 자ᄇᆞ니(金三1:5). 法身을 브터 思量호미 곧 이 化身佛이오(六祖中44).

ᄉᆞ:려 명 사려(思慮). ¶말와 思慮왜 밋디 몯ᄒᆞᆯᄉᆡ 몸 드위텨 世諦中에 디여 니ᄅᆞᆯ ᄯᅳ

ᄅᆞ미라(南明上2). 情과 識괘 니르디 몯거니 엇데 思慮를 容納ᄒᆞ리오(金三3:5). ᄉᆞ려를 或 도 넘디 마롤 디니라:思罔或逾(宣小題辭3). ᄉᆞ려에 셩실케 ᄒᆞ고:誠之於思(宣小5:91).

ᄉᆞ려ᄒᆞ다 동 사려(思慮)하다. ¶救ᄒᆞ라 ᄒᆞ샤ᄃᆡ 周졷디 몯ᄒᆞᆯ가 ᄉᆞ려ᄒᆞ샤(簡辟序2).

ᄉᆞ련ᄒᆞ다 동 사련(思戀)하다. ¶곳다온 樽을 다 머거서 物ㅅ 비츨 思戀ᄒᆞ노라(重杜解11:22). 두더비도 또 내 니벗ᄂᆞᆫ 갓오ᄉᆞᆯ 思戀ᄒᆞᄂᆞ니라:蟾亦戀貂裘(重杜解12:3).

ᄉᆞ렴ᄒᆞ·다 동 사념(思念)하다. ¶ᄠᅳ데 ᄉᆞ렴ᄒᆞᄂᆞᆫ 배라:意所戀也(宣小6:20). 원컨대 ᄌᆞ를 ᄉᆞ렴티 마ᄅᆞ쇼셔:願勿念子(東新續三綱. 忠1:87). 져먹ᄂᆞᆫ 아희를 도라 ᄉᆞ렴ᄒᆞ야 그쳐더니:念乳兒而止(東新續三綱. 烈5:5). 돗 우흿 珍寶ㅣ론 고돌 ᄉᆞ렴ᄒᆞ노라:念席珍(重杜解16:23). 왕싱의 존몰을 몰나 일야 ᄉᆞ렴ᄒᆞ더라(落泉1:1).

ᄉᆞ로다 동 사르다. ☞ᄉᆞᆯ다 ¶털럭 ᄉᆞ롬 ᄀᆞᆮᄐᆞᆫ디라:如燎毛(宣小5:19). ᄉᆞ로다:燒了(同文解上63).

ᄉᆞ로다 동 사뢰다. 여쭙다. ¶블 자바 하ᄂᆞᆯ ᄉᆞ로미라(南明上39). 하ᄂᆞᆯ의 추미러 므ᄉᆞ 일을 ᄉᆞ로리라 千萬劫 디나ᄃᆞ록 구필 줄 모ᄅᆞᄂᆞᆫ다(松江. 關東別曲). 그 밧긔 또 셜운 이를 ᄌᆞ세히 ᄉᆞ로리라(普勸文 海印板31). 내 말슴 드러다가 金尙書ㅅ게 ᄉᆞ롸주렴(古時調. 北海上. 靑丘).

ᄉᆞ로리라 동 ①사뢰려고. 여쭈려고. ㉮ᄉᆞ로다 ¶하ᄂᆞᆯ의 추미러 므ᄉᆞ 일을 ᄉᆞ로리라 千萬劫 디나ᄃᆞ록 구필 줄 모ᄅᆞᄂᆞᆫ다(松江. 關東別曲).
②사뢰리라. 여쭈리라. ㉮ᄉᆞ로다 ¶그 밧긔 또 셜운 이를 ᄌᆞ세히 ᄉᆞ로리라(普勸文 海印板31).

-ᄉᆞ·록 어미 -수록. ¶사괴ᄂᆞᆫ ᄠᅳ든 ᄂᆞᆯ글ᄉᆞ록 또 親ᄒᆞ도다:交情老更親(初杜解21:15). 宮任兼帶 승락ᄒᆞᆷ은 싱각ᄉᆞ록 과분ᄒᆞ다(萬言詞). 한두 번 귀경ᄉᆞ록 진경을 알니로다(答思鄕曲).

·ᄉᆞ롬 동 사름. ㉮ᄉᆞ로다 ¶털럭 ᄉᆞ롬 ᄀᆞᆮᄐᆞᆫ디라:如燎毛(宣小5:19).

ᄉᆞ롬 동 사라지게 함. ㉮ᄉᆞᆯ다 ¶나그내 시르믈 ᄉᆞ로미 잇도다:有…銷客愁(杜解7:2).

ᄉᆞ리 명 살림. 살림살이. ☞사리 ¶님 ᄉᆞ리 淡薄ᄒᆞᆫ 中에 다만 깃쳐 잇는 것슨(古時調. 金壽長. 海謠). 님 ᄉᆞ리 담박ᄒᆞᆫ 쥴 보시다야 아니 알가(萬言詞). 너희님 ᄃᆞ리고 새 ᄉᆞ리 사쟈 ᄒᆞ니(許坱. 雇工歌).

ᄉᆞ리 명 사리. ¶너희 일 이ᄃᆞ라 ᄒᆞ며셔 ᄉᆞᆺᄒᆞᆫ ᄉᆞ리 다 ᄡᅩ래라(許坱. 雇工歌).

:ᄉᆞ:리 명 사리(事理). ¶믈와 묻과ᄂᆞᆫ 事理 俱通ᄒᆞᆯ 씨라(蒙法38). 事理 엇데 다ᄅᆞ리오(永嘉上2). 알픳 事理를 노겨 ᄢᅳ 업수믄(永嘉下82). 니일 나래 ᄒᆞᆫ ᄉᆞ리를 ᄀᆞᆯ희 지버 ᄒᆞ면:明日辨一理(飜小8:36). ᄉᆞ리 리:理(類合下4). 만일 ᄉᆞ리예 해로옴이 업거든:若無害理(宣小5:37).

ᄉᆞ립 명 사립문. ☞사립 ¶쉴별 디쟈 죵다리 쎳다 호뮈 메고 ᄉᆞ립 나니(古時調. 李在. 歌曲).

ᄉᆞᄅᆞ나다 동 살아나다. ¶半日이나 되여 또 ᄉᆞᄅᆞᄂᆞ니:半天又活過來咧(華解上31).

ᄉᆞᄅᆞ여 부 함부로. ☞ᄉᆞ려여. ᄉᆞᆯ이여 ¶그저 ᄉᆞᄅᆞ여 긁빗기지 말라:不要只管的刮(朴新解1:43).

ᄉᆞᄅᆞᆷ 명 사람. ☞사ᄅᆞᆷ ¶이 모양이 무슴 일고 미친 ᄉᆞᄅᆞᆷ 되거고나(萬言詞). 여기 ᄉᆞᄅᆞᆷ 일을 비화 고기낙기 나무뷔기(萬言詞). ᄉᆞᄅᆞᆷ롤 부리고(三略上18).

ᄉᆞ리야 부 함부로. ☞ᄉᆞ리여. ᄉᆞᆯ이여 ¶그저 ᄉᆞ리야 멀리 가 므슴ᄒᆞ리오:只管的遠去怎麼(朴解下39).

ᄉᆞ리여 부 함부로. ☞ᄉᆞᆯ이여 ¶그저 ᄉᆞ리여 긁빗기디 말라:不要只管的刮(朴解上39). 그 듕에 ᄒᆞᆫ 達達이 그저 ᄉᆞ리여 하회옴ᄒᆞ다가:內中一箇達達只管呵欠(朴解下9).

:ᄉᆞ마 명 사마(駟馬). ¶子貢ᄋᆞᆫ 藜藿ᄋᆡ 마ᄉᆞᆯ 아디 몯ᄒᆞ야 쇽졀업시 駟馬ᄐᆞᆯ여 門의 드러오도다(南明上30). 駟馬 ᄐᆞᆫ ᄉᆞᆯ올가(周世鵬. 竹溪舊志).

ᄉᆞ마귀 명 사마귀. ☞사마괴 ¶ᄉᆞ마귀 지:痣(兒學下5).

ᄉᆞ맛당곳다 동 팔짱끼다. ☞ᄉᆞ밋뎡곳다 ¶ᄉᆞ맛당곳고 웃녁크로 ᄃᆞ라 나오니:拱手自右趨出(重二倫31 文嗣十世).

ᄉᆞ·맛·ᄒᆞ·다 동 사랑하다. ¶다 그ᄃᆡ를 ᄉᆞ맛ᄒᆞ야셔 醉ᄒᆞ야 업드로니:盡憐君醉倒(初杜解15:53).

ᄉᆞ망 명 ①변덕. ¶ᄉᆞ망 만타:大造化. ᄉᆞ망 업다:造化底(譯解下50). ᄉᆞ망:造化. ᄉᆞ망 잇다:大造化(同文解下27). ᄉᆞ망:造化. ᄉᆞ망 잇ᄂᆞᆫ 이:有造化的. ᄀᆞ장 ᄉᆞ망 잇다:甚是造化(漢淸6:14).
②사망. ¶ᄉᆞ망:利市(物譜 商賈). ᄉᆞ망 ᄇᆞ라다:討便宜(漢淸6:51). ᄉᆞ망:便宜(漢淸10:17).

:ᄉᆞ망 명 사망(死亡). ¶凶年에 死亡에 免케 ᄒᆞᄂᆞ니:凶年免於死亡(宣孟1:33).

·ᄉᆞ매 명 소매. ¶깃과 ᄉᆞ매 正히 희어늘:領袖正白(宣賜內訓2上51). ᄉᆞ매예 ᄀᆞᄃᆞ기 가져가ᄂᆞ니:携滿袖(杜解6:4). 블근 ᄉᆞ매 거믄고애 다티더니라:朱袖拂雲和(杜解10:4). ᄉᆞ매를 글어 일로브터 도라 가놋다:解袂從此旋(杜解22:25). 앗 사ᄅᆞ믄 블근 ᄉᆞ매예

울오(杜解23:2). 시르메는 춤츠는 ᄉᆞ매 기로ᄆᆞᆯ ᄆᆞ던히 너기노라:愁從舞袖長(杜解23:12). 늘의어신 ᄉᆞᄆᆡᆺ길헤(樂範處容歌). ᄉᆞ매 거:袪. ᄉᆞ매 메:袂. ᄉᆞ매 익:褹. ᄉᆞ매 슈:袖(訓蒙中23). 옷 ᄉᆞ매 거:袪(類合下14). ᄉᆞ매로 ᄂᆞᄎᆞᆯ ᄡᆞ고:袂蒙面(東新續三綱. 烈5:41). ᄉᆞ매:袖子(譯解下6. 同文解上56). 연이 ᄉᆞ매를 거더(女範2. 변녀 됴진녀연). 님 그려 저즌 ᄉᆞ매ᄂᆞᆫ 어니 저긔 ᄆᆞᄅᆞᆯ고(古時調. 許橿. 뫼흔 노프나. 松湖遺稿). ※ᄉᆞ매>소매

:ᄉᆞ:면 명 사면(四面). ¶흔 모솔 내니 四面이 다 七寶ㅣ오(月印上58). 四面이 다 七寶ㅣ오(釋譜6:31). 雄壯ᄒᆞᆫ 말ᄉᆞ미 四面ㅅ 돗깃 사ᄅᆞᄆᆞᆯ 놀래ᄂᆞ니라(初杜解15:41). ᄉᆞ면에 ᄇᆞᆯ로ᄃᆡ:塗四面(救簡3:36). ᄉᆞ면에 니엿ᄂᆞᆫ 거시:四面盖的(飜朴上68). ᄉᆞ면이 다 담이며:四面皆墻(飜小6:12). 또 벽으로ᄡᅥ 四면의 두르고 그 우희 더프라(家禮8:14). 四面으로 노략ᄒᆞ야(武藝圖18). ᄉᆞ면으로 형텰ᄒᆞ야 슈경 방울 갓타니(引鳳簫1).

ᄉᆞ면발 명 사면발이. ☞ᄉᆞ면발이 ¶ᄉᆞ면발:八脚子(同文解下43).

ᄉᆞ면발이 명 사면발이. ☞ᄉᆞ면발 ¶ᄉᆞ면발이:八脚子(譯解補49. 柳氏物名二 昆蟲).

ᄉᆞ명 명 사명(使命). ¶글워를 닷고매 管輅의 ᄌᆡ조를 가젓도소니 使命을 바다 ᄃᆞᆫ뇨맨 張騫을 일토다:修文將管輅奉使失張騫(重杜解24:46).

ᄉᆞ모 명 사모(紗帽). ☞사모 ¶ᄉᆞ모를 머리의 언져(引鳳簫1).

ᄉᆞ모 명 사모(思慕). ¶ᄉᆞ모 모:慕(類合下11. 石千7).

ᄉᆞ모하다 동 사모(思慕)하다. ☞ᄉᆞ모ᄒᆞ다 ¶ᄉᆞ모할 모:慕(兒學下11).

ᄉᆞ:모ᄒᆞ·다 동 사모(思慕)하다. ¶道 思慕흟 志와 儀와 第一이라(永嘉上3). 師ㅅ頌ᄋᆞᆯ 보ᅀᆞᆸ고 淸風ᄋᆞᆯ 思慕ᄒᆞ야 能히 내 마디 몯ᄒᆞ야 命ᄒᆞ야 板애 사겨(南明下77). 그 고운 주를 ᄉᆞ모ᄒᆞ여 ᄎᆞ마 주기디 못ᄒᆞ더라:慕其美不忍殺(東新續三綱. 烈6:71). 思慕홈ᄋᆞᆯ 居喪홀 적 ᄀᆞᆺ티 홀ᄯᅵ니(家禮1:29). 더옥 시름ᄒᆞ야 思慕ᄒᆞ노라:益愁慕(重杜解2:55). 萬物을 밧사모ᄆᆞᆯ 張良과 邴曼容을 思慕ᄒᆞ노라:外物慕張邴(重杜解13:14). 스스로 부르지져 ᄉᆞ모ᄒᆞ야 일만렴이 다 ᄎᆞ니(綸音24). 원의의 풍뉴를 우러러 오릭 ᄉᆞ모ᄒᆞᄃᆡ 셔로 보지 못ᄒᆞᆯ너니(落泉1:3).

ᄉᆞ못 부 사뭇. ☞ᄉᆞ믓. ᄉᆞᄆᆞᆺ ¶쑬히 ᄉᆞ못 보ᄂᆞᆫ 더러니(癸丑116). ᄉᆞ못 젓다:濕透了(漢淸8:53).

ᄉᆞ못다 동 사무치다. ☞ᄉᆞᄆᆞᄎᆞ다. ᄉᆞᄆᆞᆺᄎᆞ다 ¶곡셩의 대니의 ᄉᆞ못더라(山城). 비 ᄉᆞ못다:淋. 물에 잠가 ᄉᆞ못다:浸透(漢淸8:53). 우믈를 ᄉᆞ못디 못ᄒᆞ얏거든(三略上17).

ᄉᆞ무 명 사무(事務). ¶賓客ᄋᆞᆯ ᄆᆞᄋᆞᆷ 흔가지닐 引接ᄒᆞ고 글 입주료ᄆᆞᆫ 事務ㅣ 그츤 저긔 잇도다:賓客引調同諷詠在務屛(重杜解24:42). ᄇᆡᆨ 가디 ᄉᆞ무를:百務(三略上8).

ᄉᆞ뮈약이 명 사마귀. 버마재비. ¶使命 갓튼 등에어이 갈ᄶᅡ귀 ᄉᆞ뮈약이 셴박휘 누른박휘(古時調. 李鼎輔. 一身이. 靑丘).

:ᄉᆞ·믈 명 사물(事物). ¶믈읫 잇ᄂᆞᆫ 事物이 져그닌 能히 크디 몯ᄒᆞ고 크닌 能히 젹디 몯ᄒᆞᄂᆞ니(金三涵序2).

ᄉᆞ믈ᄒᆞ다 동 사물(賜物)하다. ¶년노흔 과부를 ᄯᅩ흔 여러 등의 ᄂᆞᆫ화 ᄉᆞ믈ᄒᆞ샤(仁祖行狀30).

ᄉᆞ믓 부 사뭇. ☞ᄉᆞ못. ᄉᆞᄆᆞᆺ ¶ᄉᆞ믓 젓다:淋透(譯解補2).

ᄉᆞᄆᆞ·차 동 사무쳐. ㉮ᄉᆞᄆᆞᄎᆞ다 ¶通은 智慧 ᄉᆞᄆᆞ차 마곤 ᄃᆡ 업슬 씨라(月釋2:54). 힝혀 님긊 귀예 ᄉᆞᄆᆞ차 이 큰 布施 겨시니:幸徹宸聽有此布施(勸善文).

ᄉᆞᄆᆞ·차디·다 동 사무치게 되다. 통해지다. ¶오라면 ᄌᆞ연히 ᄉᆞᄆᆞ차디게 알리라:久則自然貫穿(飜小8:36).

ᄉᆞᄆᆞ·챗·다 동 사무쳐 있다. 사무쳤다. ㉮ᄉᆞᄆᆞᄎᆞ다 ¶ᄀᆞᄂᆞᆯ흔 답사힌 믌 안해 ᄉᆞᄆᆞ챗고:陰通積水內(初杜解6:45). 구루미 白帝城에 ᄉᆞᄆᆞ챗도다:雲通白帝城(初杜解7:12).

ᄉᆞᄆᆞ·치 부 사무치게. 미치게. 이르게. ☞ᄉᆞᄆᆞ티 ¶새지브로셔 公宮에 ᄉᆞᄆᆞ치 ᄒᆞᄂᆞᆺ다:白屋達公宮(初杜解11:24).

ᄉᆞᄆᆞ·치·다 동 사무치게 하다. 통달하게 하다. ¶機를 順ᄒᆞ샤 ᅘᅧ ᄉᆞᄆᆞ치샤미라:順機導達也(法華5:38). 群生ᄋᆞᆯ 引導ᄒᆞ야 ᄉᆞᄆᆞ치샤:導達群生(法華6:93). 마ᄀᆞ닐 ᄉᆞᄆᆞ쵸매 니르르시니:以至達礙(法華6:107).

ᄉᆞᄆᆞ·ᄎᆞ·다 동 사무치다. ☞ᄉᆞ못다. ᄉᆞᄆᆞᆺᄎᆞ다 ¶通達ᄋᆞᆫ ᄉᆞᄆᆞᄎᆞᆯ 씨라(釋譜13:4). 流通ᄋᆞᆫ 흘러 ᄉᆞᄆᆞᄎᆞᆯ 씨라(訓註1). ᄉᆞᄆᆞᄎᆞᆫ ᄠᅳᆮ과 몯 ᄉᆞᄆᆞᄎᆞᆫ ᄠᅳ들 잘 ᄀᆞᆯ힐 씨오(月釋2:37). 通은 知慧 ᄉᆞᄆᆞ차 마곤 ᄃᆡ 업슬 씨라(月釋2:54). 그 모미 안히 ᄉᆞᄆᆞᄎᆞ면:其身內徹(楞解9:54). 힝혀 님긊 귀예 ᄉᆞᄆᆞ차 이 큰 布施 겨시니:幸徹宸聽有此布施(勸善文). 染과 淨과애 ᄉᆞᄆᆞᄎᆞ니(圓覺上一之一58). 關ᄋᆞᆯ ᄉᆞᄆᆞ차ᅀᅡ ᄒᆞ리며(蒙法10). ᄆᆞ레 ᄉᆞᄆᆞᄎᆞᆫ ᄃᆞᆯ비치 ᄀᆞᆮᄒᆞ야:如透水月華(蒙法43). 神明에 ᄉᆞᄆᆞᄎᆞ니:通達(宣賜內訓2上4). ᄑᆞ리ᄑᆞ른 ᄃᆡ ᄆᆞ리 모새 ᄉᆞᄆᆞ차 가ᄂᆞᆺ다:草碧水通池(杜解10:10). ᄉᆞᄆᆞᄎᆞᆯ 달:達(類合上1. 石千20). ᄉᆞᄆᆞᄎᆞᆯ 투:透(類合下4). ᄉᆞᄆᆞᄎᆞᆯ 텰:徹(類合下31). ᄉᆞᄆᆞᄎᆞᆯ 통:通(類合下62). ᄉᆞᄆᆞᄎᆞᆯ 통:通(石千20). 블로 ᄉᆞᆯ와 블

긔운으로 ᄒᆡ여곰 ᄉᆞᄆᆞ차 속에 들게 ᄒᆞ면: 以火燒之令火氣透入裏面(煮硝方4).

ᄉᆞᄆᆞ·춘 동 사무친. ㉠ᄉᆞᄆᆞᄎᆞ다 ¶ᄉᆞᄆᆞ춘 ᄠᅳᆮ과 몯 ᄉᆞᄆᆞ춘 ᄠᅳ들 잘 ᄀᆞᆯᄒᆡᆯ 씨오(月釋2:37). ᄆᆞ레 ᄉᆞᄆᆞ춘 ᄃᆞᆯ비치 ᄀᆞᆮᄒᆞ야:如透水月華(蒙法43). 그 ᄉᆞᄆᆞ춘 孝道ㅣ신뎌:其達孝矣乎(宣賜內訓1:41).

ᄉᆞᄆᆞ티 부 사무치게. 미치게. 이르게. ☞ᄉᆞᄆᆞ치 ¶새지브로셔 公宮에 ᄉᆞᄆᆞ티 ᄒᆞᄂᆞ다:白屋達公宮(重杜解11:24).

ᄉᆞᄆᆞᆺᄎᆞ·다 동 사무치다. ☞ᄉᆞ뭇다. ᄉᆞᄆᆞᄎᆞ다 ¶지질와 디식이 ᄇᆞᆰ고 ᄉᆞᄆᆞᆺ차:材識明達(宣小6:13).

ᄉᆞ뭇 부 사뭇. 투철(透徹)히. ☞ᄉᆞ못. ᄉᆞ믓 ¶구스리 ᄉᆞ뭇 ᄇᆞᆯ곰 ᄀᆞᆮᄒᆞ야(圓覺上一之二140). 두 늘그늬 骨髓ᄅᆞᆯ ᄉᆞ뭇 보닌댄(蒙法32). ᄒᆞ다가 이 實相ᄋᆞᆫ 뷔면 미티 ᄉᆞ뭇 뷔오(南明上46). ᄃᆞᆫ 果ᄂᆞᆫ 고고리예 ᄉᆞ뭇 ᄃᆞᆯ오 ᄡᅳᆫ바ᄀᆞᆫ 불휘조차 ᄡᅳ니라:甜果徹蒂甜苦胡連根苦(金三2:50). ᄉᆞ뭇 ᄇᆞᆯ가(六祖上39). 큰 살 ᄡᅩ아 닐곱 도적을 ᄉᆞ뭇 ᄢᅦ 디ᄅᆞ고:大箭洞貫七賊(東新續三綱. 忠1:140). 기픈 ᄠᅳᆺ과 은미ᄒᆞᆫ 말을 반ᄃᆞ시 ᄉᆞ뭇 논란ᄒᆞ시니(仁祖行狀16).

ᄉᆞ뭇 부 영롱하게. ¶룡두 ᄉᆞ뭇 사끈 쇠약과:玲瓏龍頭解錐兒(飜朴上27).

ᄉᆞ뭇·다 동 ①통(通)하다. 투철(透徹)하다. 사무치다. ¶몰기 머리 ᄀᆞᄆᆞ니 ᄉᆞ뭇ᄂᆞ니:淸遠潛通(法華3:78). 서르 ᄉᆞ뭇디 아니ᄒᆞᆯ 씨:不相流通(訓註1). 다 ᄉᆞ뭇디 몯ᄒᆞᄂᆞ니라:俱透不得(蒙法58). ᄃᆞ노하 소리 ᄉᆞ뭇ᄂᆞ니:激揚音韻徹(杜解23:9). 기프며 져근 ᄃᆡ 뒤워 ᄉᆞ뭇다 ᄒᆞ시니(南明上46). 佛眼도 ᄯᅩ ᄉᆞ뭇거신마ᄅᆞᆫ:佛眼亦乃通(金三4:29). 더운 긔운이 ᄉᆞ뭇게 ᄒᆞ고:熱透(救簡1:22). 등의 ᄯᆞᆷ이 ᄉᆞ뭇습더니(癸丑54). ᄉᆞ뭇ᄂᆞᆫ 골:活衚衕(譯解上6).
②새다. ¶바미 ᄉᆞ뭇도록 눈 우희 안잣다가 ᄒᆞᆫ가지로 어러 주그니라:達夜坐於雪上仍共凍死(東新續三綱. 烈3:21 玉之抱屍).

ᄉᆞ뭇보·다 동 꿰뚫어 보다. 환히 비쳐 보다〔透視〕. ¶그르메 밧긔 ᄉᆞ뭇뵈요미 瑠璃 ᄀᆞᆮ더라(月釋2:22之2止). 소개 겨신 그르메 ᄉᆞ뭇뵈더니(月釋7:55). 佛影은 그 窟애 ᄉᆞ뭇보ᅀᆞᆸᄂᆞᆫ 부텻 그르메라(月釋7:55). ᄒᆞ다가 ᄉᆞ뭇보면(金剛序5).

ᄉᆞ뭇비·취·다 동 뚫고 비치다. ¶光明이 世界ᄅᆞᆯ ᄉᆞ뭇비취샤(釋譜6:18). 萬象ᄋᆞᆯ ᄉᆞ뭇비취며 大千을 ᄒᆞᆫ가지로 볼씨:萬象徹照大千一視(法華6:25).

ᄉᆞ뭇:알·다 동 꿰뚫어 알다. 환히 알다. ☞ᄉᆞᄆᆞᆺ알다 ¶바ᄅᆞ 自性을 ᄉᆞ뭇아ᄅᆞ샤:直了自性(月釋序18). 菩薩ᄋᆡ 三界 ᄉᆞ뭇아로미 ᄀᆞᆮᄒᆞ니라(月釋2:19). 十方ᄋᆞᆯ 머구머 ᄢᅳ렛ᄂᆞᆫ ᄃᆞᆯ ᄉᆞ뭇알며:了知…含裹十方(楞解3:63). 나몬 곧 업시 ᄉᆞ뭇알면:了徹無餘(蒙法59). 녯 이리며 이젯 이ᄅᆞᆯ ᄉᆞ뭇알리라도:識達古今(宣賜內訓2上17). 經術을 ᄉᆞ뭇알오:通經術(初杜解8:26). 이ᄀᆞ티 ᄉᆞ뭇알면:如斯了悟(金三2:12). 生과 死왜 서르 븓디 아니ᄒᆞᆫ ᄃᆞᆯ ᄉᆞ뭇아로니:了知生死不相干(南明上51). ᄉᆞ뭇알 텰:哲(訓蒙下25).

ᄉᆞ뭇·ᄒᆞ·다 동 꿰뚫다. ¶비르서 精히 窮究ᄒᆞ야 生類ㅅ 根元을 ᄉᆞ뭇ᄒᆞ야:方得精研窮生類本(楞解10:5).

ᄉᆞᄆᆞᆺ:알·다 동 꿰뚫어 알다. ☞ᄉᆞ뭇알다 ¶決定히 ᄉᆞᄆᆞᆺ알면:決了(法華4:102).

·ᄉᆞ·ᄆᆡ 명 소매. ☞ᄉᆞ매 ¶袖ᄂᆞᆫ ᄉᆞᄆᆡᆺ 그티라(法華1:31). ᄉᆞᄆᆡ 조쳐 내 ᄇᆞ틴 갓옷:丟袖(朴解下1). 내 향ᄎᆞᆺ 비쳇 ᄉᆞᄆᆡ예 통ᄒᆞ야 무룹 둘와 오ᄎᆡ실로 슈질ᄒᆞᆫ 털릭과:我的串香褐通袖膝欄五彩綉帖裏(飜朴上72). 울며 잡은 ᄉᆞᄆᆡ ᄠᅥᆯ치고 가지 마오(古時調. 李明漢. 靑丘). 고흘샤 月下步에 깁 ᄉᆞᄆᆡ ᄇᆞ롬이라(古時調. 翼宗. 歌曲).

ᄉᆞ·ᄆᆡᆺ갑·다 형 철저하다. 자세하다. ¶해 진실로 영노ᄒᆞᆯ갑고 ᄉᆞᄆᆡᆺ가올셔:咳眞箇好標致(飜朴上15).

·ᄉᆞᄆᆡᆺ:뎡곳·다 동 팔짱 끼다. ☞ᄉᆞ맛댱곳다 ¶世間ㅅ 사ᄅᆞ미 病이 업스면 醫王이 ᄉᆞᄆᆡᆺ뎡곳ᄂᆞ니:世人無病醫王拱手(金三4:24).

ᄉᆞ발 명 사발. ¶ᄉᆞ발 완:椀(兒學上10).

:ᄉᆞ방 명 사방(四方). ¶衆生ᄋᆡ 世界ᄂᆞᆫ 器世界ᄅᆞᆯ브터 잇ᄂᆞ니 거즛 일로 일워 界 ᄃᆞ욀씨 四方이 잇고(釋譜19:10). 四方이 잇다 호ᄆᆞᆫ 妄量ᄋᆞ로 얼구리 일오 얼굴옷 일면 左右前後ㅣ 모로매 이실씨 四方이 잇다 ᄒᆞ니라(釋譜19:11). 忉利天內예 三十三天이니 가온ᄃᆡ ᄒᆞᆫ 天이오 四方애 여듧곰 버러 잇거든(月釋1:31). 나히 ᄒᆞ마 ᄌᆞ라 더욱 窮困ᄒᆞ야 四方애 ᄃᆞᆫ녀 옷밥 求ᄒᆞ야(月釋13:6). 四藩은 猶言 四方也ㅣ라(初杜解6:50). 누느로 四方ᄋᆞᆯ 도라보시고 하ᄂᆞᆯ ᄀᆞᄅᆞ치시며(金三1:1). 四方과 아라 우희 잠간도 그츤 ᄀᆞ치 업스니(南明上14). ᄉᆞ방ᄋᆡ 흐러 이셔(飜小9:11). 四方애 寵케 ᄒᆞ시니 罪이시며(宣孟2:11). 이러ᄐᆞᆺ ᄒᆞ면 四方엣 民이 그 子ᄅᆞᆯ 襁으로 負ᄒᆞ야(宣論3:38). 含容ᄒᆞ며 어위커 四方ㅣ 크믈 알리로소니:含弘知四大(重杜解14:34). ᄉᆞ방의셔 와 비호ᄂᆞᆫ 사ᄅᆞᆷ은(五倫5:29).

ᄉᆞ별 명 사별(死別). ¶싱 왈 내 이리 완 지 오러여 싱니ᄅᆞᆯ 슬허ᄒᆞ다가 ᄉᆞ별이 되야시니(落泉2:4).

ᄉᆞ별ᄒᆞ·다 동 사별(辭別)하다. 하직(下直)하다. 작별(作別)하다. ¶그제 世尊이 辭別ᄒᆞ

시고 그 寶階로 ᄂᆞ려오더시니(月釋21:202). 이제 ᄉᆞ별ᄒᆞ거니와 후에 다시 서르 보디 못ᄒᆞ리라 니르디 말라:如今辭別了休說後頭再不廝見(老解下65).

ᄉᆞ부 명 사부(師傅). ¶죰노미 師傅를 辱ᄒᆞᄂᆞ다:恠廷辱師傅(三綱. 忠7). 동궁이 ᄉᆞ부와 이셔 죽으면 거ᄋᆡᄒᆞ시는 거시 녜오(仁祖行狀22).

ᄉᆞ부 명 사부(士夫). ¶ᄉᆞ부를 샹접ᄒᆞ시는(閑中錄446). 텬ᄌᆞ ᄉᆞ부로 이셔(五倫2:14).

-ᄉᆞ·ᄫᅡ 어미 -사와. ☞-ᅀᆞᆸ- ¶일훔믈 저ᄊᆞᄫᅡ놀:旣畏名號(龍歌61章). 威名을 저ᄊᆞᄫᅡ:威名畏服(龍歌75章). 左右ㅣ 슬ᄊᆞᄫᅡ 아바님 일ᄏᆞᄅᆞ시니:左右傷止父王稱謂(龍歌91章). 外道ㅅ 五百이 善慧ㅅ德 닙ᄉᆞᄫᅡ(月印上2). 世尊이 須達이 위ᄒᆞ야 四諦法을 니르시니 듣ᄌᆞᆸ고 깃ᄉᆞᄫᅡ(釋譜6:21). 香水예 싯ᄉᆞᄫᅡ(釋譜23:37). 王ㄱ出令을 저ᄊᆞᄫᅡ(月釋1:10). 萬萬衆生ᄃᆞ히 머리 좃ᄉᆞᆸ고 기ᄊᆞᄫᅡ(月釋2:51). 부텻 接引을 닙ᄉᆞᄫᅡ 不可議 神力을 어더(月釋21:35).

-ᄉᆞ·ᄫᅡ이·다 어미 -사옵니다. ☞-ᄉᆞᄫᅡ. -이다 ¶賀禮는 깃ᄉᆞᄫᅡ이다 ᄒᆞ야 禮數ᄒᆞᆯ 씨라(釋譜11:30).

-ᄉᆞ·ᄫᅩ·ᄃᆡ 어미 -사오되. ☞-ᅀᆞᆸ- ¶우리…障이 ᄉᆞᆫᄌᆡ 만흔 다ᄉᆞ로 道果ㅣ 아ᄃᆞ기 머니 곧 오란 劫에 敎化 닙ᄉᆞᄫᅩᄃᆡ(月釋14:56).

-·ᄉᆞᄫᅩ·려 어미 -사오려. ☞-ᅀᆞᆸ- ¶袞職 돕ᄉᆞᄫᅩ려 面折廷爭커든 이 ᄠᅳ들 닛디 마ᄅᆞ쇼셔(龍歌121章).

-ᄉᆞ·ᄫᆞᆯ 어미 -사올. ☞-ᅀᆞᆸ- ¶너희ᄃᆞᆯ히 藥師瑠璃光如來ㅅ 恩德 갑ᄉᆞᄫᆞᆯ 이ᄅᆞᆯ 念ᄒᆞ거든(月釋9:62).

-ᄉᆞ·ᄫᆞ- 어미 -사오-. ☞-ᅀᆞᆸ- ¶大耳兒ᄅᆞᆯ 臥龍이 돕ᄉᆞᄫᆞ니:大耳之兒臥龍丞之(龍歌29章). 遼左ㅣ 깃ᄉᆞᄫᆞ니:遼左悅服(龍歌41章). 도ᄌᆞ기 겨신 ᄃᆡᆯ 무러 일훔믈 저ᄊᆞᄫᆞ니 天威어시니 드러오리잇가(龍歌62章). 엇던 因緣으로 如來ᄅᆞᆯ 나ᄊᆞᄫᆞ니잇고(釋譜11:24). 釋迦 菩薩이 藥 키라 가 보ᅀᆞᄫᆞ시고 깃ᄉᆞᄫᆞ며(月釋1:52). 諸天이 다 깃ᄉᆞᄫᆞ니(月釋2:8). 摩耶ㅣ 如來를 나ᄊᆞᄫᆞ실써(月釋21:22).

-ᄉᆞ·ᄫᆞᆯ 어미 -사올. ☞-ᅀᆞᆸ- ¶攝政은 政事 돕ᄉᆞᄫᆞᆯ 씨라(三綱. 忠9).

ᄉᆞ상 명 사상(思想). 생각. ¶글을 물니치고 홀노 안ᄌᆞ ᄉᆞ상이 무궁ᄒᆞ더니(落泉1:2).

ᄉᆞ상ᄒᆞ다 동 사상(思想)하다. 생각하다. ¶일야로 홍영을 ᄉᆞ상ᄒᆞ고(引鳳簫2).

ᄉᆞ:샹 명 사상(思想). 생각. ¶ᄆᆞᅀᆞ미 브리ᄂᆞᆫ 거슨 곧 善과 惡괏 業行과 靜과 作괏 思想이라(楞解2:17). 반ᄃᆞ기 猶豫와 여러 가짓 著ᄒᆞᄂᆞᆫ 思想앳 이ᄅᆞᆯ ᄇᆞ리고(法華5:192). 坐禪이라 호ᄆᆞᆫ 모로매 至極 올ᄒᆞᆫ 고ᄃᆞᆯ 通達ᄒᆞ야 반ᄃᆞ기 ᄉᆞᆯᄫᅵ ᄒᆞᆯ 씨니 思想ᄋᆞᆯ 그처 ᄇᆞ리고(蒙法63).

ᄉᆞ:샹ᄒᆞ·다 동 사상(思想)하다. 생각하다. ¶오히려 思想호ᄃᆡ 朝廷에 나ᅀᅡ가면 머릿터럭마니나 社稷ᄋᆞᆯ 돕ᄉᆞ오련마ᄅᆞᆫ:尙想趨朝廷毫髮裨社稷(初杜解6:53). 當時 ᄒᆞ시던 닐 다시곰 思想ᄒᆞ니(蘆溪. 獨樂堂).

ᄉᆞ셔 명 사세(事勢). ☞ᄉᆞ세 ¶ᄉᆞ셔 셔:勢(類合下58).

ᄉᆞ셜 명 사설(辭說). ¶어와 네여이고 이 내 ᄉᆞ셜 드러 보오(松江. 續美人曲). 녜 부인의 ᄉᆞ셜을 긔록ᄒᆞ야(女範1. 셩후 당문덕후). ᄢᅦ고리 辭說 어더(古時調. 靑丘).

ᄉᆞ셜ᄒᆞ다 동 사설(辭說)하다. ¶ᄉᆞ셜ᄒᆞ시믈 드르며(新語8:6). 興復ᄒᆞᆯ 도리ᄅᆞᆯ 丹心으로 ᄉᆞ셜ᄒᆞᄂᆞᆫ 일은(隣語7:12).

ᄉᆞ세 명 사세(事勢). ☞ᄉᆞ셔 ¶事勢ᄂᆞᆫ 되ᄅᆞᆯ 자ᄇᆞᆯ ᄃᆞ리 이럿도다:勢成擒胡月(重杜解1:8). 卽今 事勢ᄅᆞᆯ 議論ᄒᆞ여(隣語3:2). 이러 ᄉᆞ세ᄅᆞᆯ 반ᄃᆞ시 몬져 알미 가ᄒᆞ니이다(經筵). 동쇼졔 이에 조아의 투강ᄒᆞ믈 ᄉᆡᆼ각ᄒᆞ나 ᄉᆞ세 쉽지 아니코(落泉1:2).

ᄉᆞ쇼ᄒᆞ다 형 사소(些少)하다. ¶네단이 비록 ᄉᆞ쇼ᄒᆞ나 죄ᄅᆞᆯ 속고져 ᄒᆞᄂᆞ니(落泉3:8).

ᄉᆞ속 명 사속(嗣續). ¶ᄉᆞ속을 위ᄒᆞ여 ᄌᆞᆯ마 드려 제 방에 가 자더니:寢以係嗣當立乃遞往就室(五倫4:15).

ᄉᆞ시 명 사이. ☞ᄉᆞᅀᅵ ¶하ᄂᆞᆯ콰 ᄯᅡ콰 ᄉᆞ시예 젓디 아니ᄒᆞᄂᆞᆫ ᄆᆞ리라(七大4). ᄒᆡ와 ᄡᅮᆨ과 ᄉᆞ시예 새 지블 아니 브터 이시며(七大6). 무샹이 잠싼 ᄉᆞ시라:無常刹那(野雲61). 말솜ᄒᆞᆯ 제 ᄉᆞ시 그춤 업ᄉᆞᆫᄃᆡ:對人接話時無間斷麼(龜鑑上21). 염부 즁ᄉᆡᆼ을 옹호ᄒᆞ야 ᄉᆡᆼ시 ᄉᆞ시의 다 안락을(地藏解中27).

·ᄉᆞ시 명 사시(四時). ¶四時예 節序를 일티 아니ᄒᆞ야:四時無失序(初杜解17:16). ᄉᆞ시ᄎᆞ려 뎌를 의복ᄒᆞ여 주ᄂᆞ니라:按四時與他衣服(飜朴上57). 香蘇散은 四時예 瘟疫이며 傷寒ᄋᆞᆯ 고티ᄂᆞ니라(簡辟6). 四時行ᄒᆞ며 百物이 生ᄒᆞᄂᆞ니(宣論4:40). ᄯᅩ 四時을 통ᄒᆞ야 變티 아니ᄒᆞ니(家禮6:14). 四時ᄅᆞᆯ 象호미오(家禮圖17).

ᄉᆞ시야 명 씨아의 한 가지. ¶ᄉᆞ시야:繩車(物譜 蠶績).

:ᄉᆞ·실 명 사실(史實). ¶列女傳:네 겨지븨 ᄉᆞ실 긔록ᄒᆞᆫ 칙이라(宣小1:2).

ᄉᆞ심 명 사심(私心). ¶공번된 일이면 올코 ᄉᆞ심이면 그ᄅᆞᄂᆞ니(仁祖行狀17). ᄉᆞ심 업다:無私(漢淸6:22).

ᄉᆞ:ᄉᆞ 명 사사(私事). ¶公事를 畢ᄒᆞᆫ 然後에 敢히 私事를 治ᄒᆞᆯᄯᅵ니(宣孟5:16). ᄉᆞᄉᆞᄂᆞᆫ

언약을 미들 ᄡᅥ시니:私憑要約(老解下17). ᄉᆞᄉᆞᄒᆞᆫ 글 ᄡᅥ(三譯6:23). ᄉᆞᄉᆞ:私(同文解下60). ᄉᆞᄉᆞ 문셔:白契(漢淸10:16).

ᄉᆞᄉᆞ고 명 사고(私庫). ¶나라창과 ᄉᆞᄉᆞ고ᄂᆞᆫ 너의 개장과 ᄀᆞᆺ흔 거시니(綸音93).

ᄉᆞᄉᆞ로옴 형 사사로움. ㉠ᄉᆞᄉᆞ롭다 ¶公이 ᄉᆞᄉᆞ로옴이 잇ᄂᆞ냐:公有私乎(宣小6:101).

ᄉᆞᄉᆞ로·이 부 사사(私私)로이. ¶ᄉᆞᄉᆞ로이 飮食을 ᄆᆡᆼᄃᆞ라:私作飮食(宣小6:6). ᄉᆞᄉᆞ로이 날ᄃᆞ려 닐오ᄃᆡ(太平1:8). 내 엇디 감히 ᄉᆞᄉᆞ로이 ᄒᆞ리오(仁祖行狀26). ᄒᆞᆫ 말 곡식과 ᄒᆞᆫ 자 비단이라도 ᄉᆞᄉᆞ로이 ᄒᆞᄂᆞᆫ 배 업더니:私(五倫4:45).

ᄉᆞᄉᆞ롭·다 형 사사(私私)롭다. ¶비록 ᄉᆞᄉᆞ로온 ᄃᆡ나 반ᄃᆞ시 ᄡᅧ 녜모ᄒᆞ시며:雖褻必以貌(宣小3:15).

ᄉᆞᄉᆞ말 명 사사말. ¶ᄉᆞᄉᆞ말을 니ᄅᆞ디 말며:私語(女四解2:38).

ᄉᆞᄉᆞᄆᆞ옴 명 사사 마음. 사심(私心). ¶ᄉᆞᄉᆞᄆᆞ옴을 업시 ᄒᆞ고 지극이 다 솔믈 싱각ᄒᆞ여(仁祖行狀28).

ᄉᆞᄉᆞ:유무 명 사사 편지. ¶可히 사ᄅᆞᆷ의 ᄉᆞᄉᆞ유무를 여어 보디 아닐 거시며:不可窺人私書(宣小5:101).

ᄉᆞᄉᆞ일 명 사삿일. 사사로운 일. ¶公綽이 ᄉᆞᄉᆞ일 결단ᄒᆞ며 손 ᄃᆡ졉ᄒᆞ고:公綽決私事接賓客(宣小6:95). ᄉᆞᄉᆞ일:私事(同文解上50. 漢淸2:52). 나라일을 因緣ᄒᆞ여 私私일 ᄒᆞ기ᄅᆞᆯ(隣語1:1).

ᄉᆞᄉᆞ히 부 사사(私私)로이. ¶ᄉᆞᄉᆞ히 지도ᄒᆞ오시미(閑中錄48).

ᄉᆞᆺ:권·당 명 친정(親庭) 부모. ¶며ᄂᆞ리 만일 ᄉᆞᆺ권당과 兄弟 이셔:婦若有私親兄弟(宣小2:14).

ᄉᆞᆺ말ᄉᆞᆷ 명 사사말. ¶ᄆᆞᆺ춤내 ᄉᆞᆺ말ᄉᆞᆷ 아니시고(女範1. 셩후 명덕마후).

ᄉᆞᆺ방 명 사삿방. 개인이 쓰는 방. ¶ᄒᆞᆫ 돈이며 잣깁을 ᄉᆞᆺ房의 들이디 아니ᄒᆞ고:一錢尺帛不入私房(宣小6:96).

ᄉᆞ시나모 명 사시나무. ¶ᄉᆞ시나모 겁풀:白楊(方藥32).

ᄉᆞ쇡 명 사색(辭色). ¶일즉 어려운 ᄉᆞ쇡 아니 ᄒᆞ더니:未嘗有難色(東新續三綱. 孝1:65). 세손 ᄉᆞ쇡도 어히업서 ᄒᆞ시니(閑中錄416). 각별 ᄉᆞ쇡디 아니ᄒᆞ야(洛城1). 부뷔 서로 극진이 ᄉᆞ랑ᄒᆞ더니 ᄯᅥ나기ᄅᆞᆯ 님ᄒᆞ여 결연ᄒᆞ미 ᄉᆞ쇡의 나타나(落泉2:6).

:ᄉᆞᆼ 명 사생(死生). ¶太祖ㅣ 니ᄅᆞ샤ᄃᆡ 死生이 命이어니(三綱. 忠33). 死生이 分ᄒᆞ도다(永嘉序14). 이런 ᄃᆞᆫᄂᆞᆫ ᄆᆞᄅᆞᆯ ᄐᆞ면 死生ᄋᆞᆯ 免ᄒᆞ리라 ᄒᆞᄂᆞᆫ 마리라(初杜解17:35). 眞實로 사ᄅᆞ미 死生ᄋᆞᆯ 브톰직ᄒᆞ도다:眞堪託死生(初杜解17:35) 사ᄅᆞᆷ의 ᄉᆞᆼ이:人之死生(警民9). ᄉᆞᆼ은 덧덧ᄒᆞᆫ 일이니:死生常道也(五倫3:30).

ᄉᆞ·샹 명 사양(辭讓). ☞ᄉᆞ양 ¶忍得ᄒᆞ야 成佛호미 녜ᄅᆞᆯ ᄉᆞ샹 아니 ᄒᆞ련마ᄅᆞᆫ:則得忍成佛不讓在昔(法華5:179).

ᄉᆞ:샹·ᄒᆞ·다 동 사양하다. ☞ᄉᆞ양ᄒᆞ다 ¶世間이 미러 辭讓호ᄆᆞᆯ 즐기거든 내 더 알퓌 長者ㅅ 모ᄆᆞᆯ 現ᄒᆞ야 爲ᄒᆞ야 說法ᄒᆞ야 일우게 ᄒᆞ며(楞解6:15). ᄂᆞ즈기 辭讓ᄒᆞ야(永嘉上48). 辭讓ᄒᆞ면 尊卑和睦ᄒᆞ고(六祖上101). 辭讓ᄒᆞᄂᆞᆫ 心이 업스면 人이 아니며:無辭讓之心非人也(宣孟3:31).

ᄉᆞ·싀 명 사이. ☞ᄉᆞ시. ᄉᆞ이 ¶도ᄌᆞ기 ᄉᆞ싈 디나샤:賊間是度(龍歌60章). 世尊 나신 ᄉᆞ싀로(月印上65). 닐웻 ᄉᆞ싀ᄅᆞᆯ 모다 울ᄡᅳ리 긋디 아니ᄒᆞ더라(釋譜23:45). 兩舌은 두 가짓 혜니ᄂᆞ미 ᄉᆞ싀예 싸호게 홀 씨라(月釋21:60). 딕ᄒᆞᆫ 사ᄅᆞ미 느슨ᄒᆞᆫ ᄉᆞ싀 어더:待守者少懈(三綱. 貞婦淸風). 반ᄃᆞ기 根과 境괏 ᄉᆞ싀예 이시리로다:當在根境之中也(楞解1:69). 부톄 成道ᄒᆞ신 열두 ᄒᆡᆺ ᄉᆞ싀예(圓覺序49). 할아며 기리논 ᄉᆞ싀예:毁譽間(宣賜內訓1:12). 參差ᄒᆞᆫ 北녁 門戶ㅅ ᄉᆞ싀로다:參差北戶間(初杜解7:17). 모미 곳 ᄉᆞ싀로 디나갈시:身過花間(初杜解21:22). 刹那ᄂᆞᆫ 힘센 사ᄅᆞ미 蓮ㅅ 줄기옛 실 그츨 ᄉᆞ싀라(南明上8). 頃刻과 須臾와ᄂᆞᆫ 아니한 ᄉᆞ싀라(南明上22). 삼복 ᄉᆞ싀예:三伏中(救簡1:36). 姑舅兩姨 ᄉᆞ싀예(飜老上17).
※ᄉᆞ싀＞ᄉᆞ이＞사이

ᄉᆞ·싀·ᄒᆞ·다 동 격(隔)하다. 사이를 두다. ¶모ᄉᆞᆯ ᄉᆞ싀ᄒᆞ야 곳다온 말와미 니엣고 수프레 ᄉᆞᄆᆞ차 女蘿ㅣ ᄯᅴ엣도다:隔沼連香芰通林帶女蘿(初杜解7:40).

ᄉᆞ·싓:말 명 간언(間言). ☞ᄉᆞ잇말 ¶집안히 ᄉᆞ싓말이 업더라:庭無間言(飜小9:77).

ᄉᆞ·싓·히 명 중년(中年). ☞ᄉᆞ잇히 ¶ᄉᆞ싓히예 되ᄆᆞ리 굴외니라:中年胡馬驕(初杜解24:55).

ᄉᆞ애 명 주사위. ☞쇄ᄉᆞ. ᄉᆞᄋᆡ ¶ᄉᆞ애:骰子. ᄉᆞ애 더지다:擲骰子(同文解下32).

ᄉᆞ약ᄒᆞ다 동 사약(賜藥)하다. ¶대왕 근시인은 다 ᄉᆞ약ᄒᆞ고(癸丑70).

ᄉᆞ양 명 새앙. 생강(生薑). ¶薑讓同訓皆云ᄉᆞ양(雅言一).

ᄉᆞ·양 명 사양(辭讓). ☞ᄉᆞ샹 ¶ᄉᆞ양 샹:讓(訓蒙下25). ᄉᆞ양 양:讓(類合下16). ᄉᆞ양 아니 ᄒᆞ셔도(新語6:22). 과도히 ᄉᆞ양 말고 진달ᄒᆞ미 가ᄒᆞ다(經筵). ᄉᆞ양 ᄉᆞ:辭(兒學下11).

ᄉᆞ:양ᄒᆞ·다 동 사양(辭讓)하다. ☞ᄉᆞ샹ᄒᆞ다 ¶비로소 ᄉᆞ양ᄒᆞ기ᄅᆞᆯ ᄀᆞᄅᆞ칠디니라:始敎之讓(宣小1:4). 叔齊ㅣ 伯夷의게 ᄉᆞ양ᄒᆞᆫ대:

叔齊讓伯夷(宣小4:38). 어미 이시므로 삐 ᄉᆞ양ᄒᆞ고 나아가디 아니ᄒᆞ니라:以母在辭不就(東新續三綱. 孝2:60). 만일 도로 주시거든 辭양ᄒᆞ고(家禮2:3). ᄀᆞᆯᄋᆞ샤ᄃᆡ 만일 辭양홈을 얻디 몯ᄒᆞ면(家禮6:34). 길 녜리 길홀 ᄉᆞ양ᄒᆞ며:行者讓路(警民20). 서르 辭讓 아니 ᄒᆞᄂᆞᆺ다:不相讓(重杜解1:35). 三萬戶 辭讓ᄒᆞ고(古時調. 五世讐. 靑丘). ᄉᆞ양ᄒᆞ다:讓他(同文解上31). 술 ᄉᆞ양ᄒᆞ다:讓酒(譯解補33). 임의 긔거ᄒᆞ야시니 데 어이 ᄉᆞ양ᄒᆞ리오(引鳳簫2). 공이 지삼 ᄉᆞ양ᄒᆞ되 샹이 허치 아니시니(落泉20).

ᄉᆞ어 명 사어(私語). ¶왕싱은 동창 밧긔셔 ᄉᆞ어를 다 듯고(落泉2:6).

ᄉᆞ·억ᄒᆞ·다 동 사억(思憶)하다. 생각하다. ¶믄드시 思憶호니 몸ᅀᅡ 받가다가 니러나ᄆᆞᆯ 더듸 아니 ᄒᆞ도다(初杜解6:34). 노ᄑᆞᆫ ᄃᆡ 올아 보아셔 侍郎을 思憶ᄒᆞ노라:登臨憶侍郎(重杜解9:34). 船上에 徘徊ᄒᆞ며 古今을 思憶ᄒᆞ고(蘆溪. 船上歎).

:ᄉᆞ·업 명 사업(事業). ¶一切 世間과 크며 져그며 안콰 밧과 모ᄃᆞᆫ 事業이 各各 前塵에 브트니(楞解2:41). 英雄의 事業이 나맛ᄂᆞ니:英雄餘事業(初杜解14:6). 네 이제 이 事業을 가지고(六祖中55). 밧긔 힝ᄒᆞᄂᆞᆫ 거시 事業이 도ᄋᆡᄂᆞ니(飜小8:4). 行ᄒᆞ여ᄂᆞᆫ 事業이 되ᄂᆞ니:行之爲事業(宣小5:85). 事業을 삼아 두고(古時調. 金天澤. 海謠).

ᄉᆞ연 명 사연(辭緣). 하고자 하는 말. ¶이 辭緣을 ᄉᆞᆯᄫᆞᆫ대(釋譜6:6). 그러치 아닌 ᄉᆞ연을 ᄒᆞ노라(隣語4:19).

ᄉᆞ연ᄒᆞ·다 동 사연(辭緣)하다. ¶손이 羹ᄋᆞᆯ 沙鉢애셔 고텨 마초거든 主人이 잘 글히디 몯호ᄆᆞᆯ 辭緣ᄒᆞ고 손이 젓국을 마시거든 主人이 가난호ᄆᆞ로 辭緣ᄒᆞ며:客絮羹主人辭不能烹客歠醢主人辭以窶(宣賜內訓1:3).

-ᄉᆞ오나 어미 -사오나. ¶어렵기ᄂᆞᆫ 어렵ᄉᆞ오나(隣語1:10).

-ᄉᆞ오니 어미 -사오니. ☞-ᅀᆞᄫᆞ니. -ᅀᆞ오니. -ᄋᆞ오니 ¶고지 픠고 여름 여ᄉᆞ오니 처엄 바라오와 녈반을 듣ᄌᆞ오시고(地藏解上1). 각각 뫼ᄉᆞ오니 보내샤 세존믜 안보 묻ᄌᆞ오신니(地藏解上4). ᄭᅮᆷ메 부텻 몸을 보ᄉᆞ오니(地藏解上26).

-ᄉᆞ오·니이·다 어미 -사옵니다. ¶그 원경은 젼일과 달나 흉ᄒᆞᆫ 말노 ᄃᆡ답ᄒᆞᄃᆡ 다 올ᄉᆞ오니이다(癸丑150).

-ᄉᆞ오되 어미 -사오되. ☞-ᄉᆞᄫᆞᄃᆡ. -ᅀᆞ오ᄃᆡ ¶아조 쉽ᄉᆞ오되 이 곧은 준폐ᄒᆞᆫ 村이오라(隣語1:14).

-ᄉᆞ오리 어미 -사오리. -사오리이다. -사올 것입니다. -을 것입니다. ¶아모도 당ᄒᆞ리ᄂᆞᆫ 업ᄉᆞ오리(隣語1:4). 公이 친히 가시고 지쳐ᄒᆞᄋᆞᆸ시면 後弊가 업ᄉᆞ오리(隣語1:9). 잠간 기ᄃᆞ리시면 與否가 잇ᄉᆞ오리(隣語1:14).

-ᄉᆞ·오리·오 어미 -사오리요. ¶達多를 親히 靈山記를 심기시니 骨애 사긴ᄃᆞᆯ 엇데 이 恩ᄋᆞᆯ 갑ᄉᆞ오리오:達多親授靈山記銘骨如何報此恩(南明上41).

-ᄉᆞ올시 어미 -사올새. -사오므로. ¶이 生애 堯舜 ᄀᆞᄐᆞ신 님그믈 맛나 잇ᄉᆞ올시:生逢堯舜君(重杜解2:33).

-ᄉᆞ·와 어미 -사와. ¶머리 조ᅀᅡ와 부텻긔 ᄉᆞᆯ오ᄃᆡ:稽首而白佛言(楞解1:52). 阿難羅雲이 부텻긔 갓갑ᄉᆞ와(法華4:49). 불샹을 그리고 공양ᄒᆞᄉᆞ와(地藏解上26).

-ᄉᆞ와니 어미 -사오니. ¶조롱곳 누로기 ᄆᆡ와 잡ᄉᆞ와니 내 엇디ᄒᆞ리잇고(樂詞. 靑山別曲).

-ᄉᆞ와도 어미 -사와도. ¶비록 뎡수ᄒᆞᄉᆞ와도 비우움을 면티 몯ᄒᆞ리니(地藏解上6).

ᄉᆞ외 부 ①길이. 오래도록. ¶아ᄃᆞ리 어려비 너기ᄂᆞᆫ ᄃᆞᆯ 아라 아ᄃᆞ린 고ᄃᆞᆯ ᄉᆞ외 아로ᄃᆡ(月釋13:19). 이에 두 ᄒᆡ를 華嚴經論ᄋᆞᆯ ᄉᆞ외 ᄉᆞ랑ᄒᆞ야:是兩載覃思華嚴經論(法華1:10). 刎頸은 모ᄀᆞᆯ 버힐 시니 ᄉᆞ외 사괴야 비록 모ᄀᆞᆯ 버혀도 앗기디 아니호ᄆᆞᆯ 니ᄅᆞ니라(宣賜內訓2下34).

②너무. 심히. ¶세 허므를 ᄉᆞ외 ᄉᆞᆯ펴:切檢三愆(永嘉上37). 츤 긔운 ᄉᆞ외 마존 병:中寒(救簡目錄1). ᄆᆡ양 소ᄂᆞ로 독을 ᄆᆞᆫ져 ᄉᆞ외 덥디 아니케 ᄒᆞ라:常以手候瓮勿令甚熱(救簡1:73).

-ᄉᆞ외 어미 -사오이다. ¶견딜 길이 업ᄉᆞ외(隣語1:13).

ᄉᆞ외보·다 동 체관(諦觀)하다. 응시(凝視)하다. ¶正히 안자 디ᄂᆞᆫ ᄒᆡ를 ᄉᆞ외보아 ᄆᆞᅀᆞᄆᆞᆯ 구디 머거(月釋8:6). ᄒᆞᆫ ᄆᆞᅀᆞᄆᆞ로 뎌 부텨를 ᄉᆞ외보ᅀᆞᄫᆞ라(月釋8:22). 無量壽佛을 ᄉᆞ외보ᅀᆞᇦ디니(月釋8:32). 이런 菩薩ᄋᆞᆫ 일후믈 드러도 그지업슨 福ᄋᆞᆯ 어드리어니 ᄒᆞᄆᆞᆯ며 ᄉᆞ외보미ᄯᆞ녀(月釋8:37). 졍히 안자 디ᄂᆞᆫ ᄒᆡ를 ᄉᆞ외보아 ᄆᆞᅀᆞᄆᆞᆯ 구디 머거:正坐西向諦觀於日令心堅住(觀經7). 그럴시 ᄒᆞᆫ ᄆᆞᅀᆞᄆᆞ로 뎌 부텨를 ᄉᆞ외보ᅀᆞᄋᆞ라:故應當一心繫念諦觀(觀經20).

ᄉᆞ외ᄒᆞ다 동 사위하다. ☞사외ᄒᆞ다 ¶부인이 늣긔야 아ᄃᆞᆯ을 두어시니 ᄉᆞ외ᄒᆞ미러라(落泉3:6).

ᄉᆞ·욕 명 사욕(私慾). ¶즌홀ᄀᆞ 私欲ᄋᆞᆯ 가졀비니라(月釋7:19). 私欲ᄋᆞᆫ 어루 노노하호미 몯ᄒᆞ리며:欲不可從(宣賜內訓1:7). ᄉᆞ욕을 이긔여 禮예 도라갈 졀목을 묻ᄌᆞ온대:問克己復禮之目(宣小5:88).

ᄉᆞ욕심 명 사욕심(私慾心). ¶의리를 아디

못ᄒᆞᄂᆞᆫ 사ᄅᆞᆷ은 ᄉᆞ욕심으로ᄡᅥ(仁祖行狀17).

ᄉᆞ우 명 사우(師友). ¶ᄉᆞ우의 셔론을 철습ᄒᆞ야(經筵).

ᄉᆞ우 명 사우(四隅). ¶四隅로 도라보니 天工이 工巧ᄒᆞ야(蘆溪. 莎堤曲).

ᄉᆞ우날우다 형 사납다. ¶ᄉᆞ우날울 포:暴. ᄉᆞ우날울 곡:酷(兒學下12).

ᄉᆞ유ᄒᆞ다 동 사유(思惟)하다. ¶둘째 句ᄂᆞᆫ 如來ㅣ 道 일우샤 닐웨ᄅᆞᆯ 門 다ᄃᆞ시고 좀좀ᄒᆞ야 思惟ᄒᆞ야시ᄂᆞᆯ(南明上43). ᄒᆞᆯᄅᆞᆫ 思惟ᄒᆞ야 法 너플 ᄢᅵ 當혼디라(六祖上40).

ᄉᆞ으납다 형 사납다. ¶ᄉᆞ으나울 ᄆᆡᆼ:猛. ᄉᆞ으나울 한:悍(兒學下12).

ᄉᆞ의 명 사의(辭意). ¶믄득 츄어ᄉᆞ의 탄문이 오ᄅᆞ니 ᄉᆞ의 간절ᄒᆞ야(落泉3:7).

ᄉᆞ·이 명 사이. ☞ᄉᆞᅀᅵ ¶수플 ᄉᆞ이예 鳳ᄋᆡ 터리ᄅᆞᆯ ᄇᆞᆲ노라:林間踏鳳毛(初杜解15:47). 요ᄉᆞ이예 刺史 除授호ᄆᆞᆯ 보고:近看除刺史(初杜解23:10). 옷 ᄉᆞ이예 잇ᄂᆞᆫ 반대좀을:衣中白魚(救簡1:19). 네 뵈 ᄑᆞᆯ 골와 그 ᄉᆞ이예:比及你賣布的其間(飜老下21). 이 廣豊倉의셔 ᄉᆞ이 ᄠᅳ미:離這廣豊倉(飜朴上11). 져근덛 ᄉᆞ이예도 ᄉᆡᆼ각ᄒᆞ여(飜小8:11). ᄒᆞᄂᆞᆫ 이리 옷밥 ᄉᆞ이와 노ᄅᆞᆷ노리ᄒᆞ야 즐기매 넘디 아니ᄒᆞ니라:所事不踰衣食之間燕遊之樂耳(飜小8:13). 샹햇사ᄅᆞᄆᆞᆫ ᄒᆡ ᄒᆞᆫ ᄡᅳᆫ만 디날 ᄉᆞ이도 앗길 거시니:至於衆人當惜分陰(飜小10:9). 나못 아랫 ᄉᆞ이며(瘟疫方7). ᄉᆞ이 간:間(類合下47). 이제 쳥홈은 향당 넌니 ᄉᆞ이예:今請鄕黨隣里之間(警民37). 무덤 ᄉᆞ이 일ᄋᆞᆯ ᄒᆞ야:爲墓間之事(宣小4:4). 湘水ㅅ ᄀᆞᆺ ᄉᆞ이예 ᄇᆞᄅᆞᄆᆞᆯ 避호라:避風湘渚間(重杜解2:22). 내 뵈 풀믈 미처 그 ᄉᆞ이예:比及你賣布的其間(老解下19). 紅蓼花 白蘋洲 어ᄂᆞ ᄉᆞ이 디나관ᄃᆡ(松江. 星山別曲). 그 郭을 나 墦塚 ᄉᆞ이에 가(女四解4:48). 어와 이 ᄉᆞ이의 ᄒᆡ 발셔 져물엇다(萬言詞). 손과 다리 머다 ᄒᆞᆫ들 그 ᄉᆞ이 얼마치리(萬言詞). ※ᄉᆞ이<ᄉᆞᅀᅵ

-ᄉᆞ이·다 어미 -사이다. ☞-니이다 ¶내 ᄒᆞ던 이리 甚히 외다ᄉᆞ이다(釋譜24:18). 부톄 우리 爲ᄒᆞ야 大乘法을 니ᄅᆞ시리라ᄉᆞ이다(月釋13:36). 이ᄂᆞᆫ 우리 허므리라 世尊ㅅ 다시 아니시다ᄉᆞ이다(法華2:5). 부톄 날 위ᄒᆞ샤 大乘法을 니ᄅᆞ시리라ᄉᆞ이다(法華2:231). 一樽酒 잇고 업고 每樣 모다 노ᄉᆞ이다(古時調. 金壽長. 人間이. 海謠).

ᄉᆞ이말 명 간언(間言). 말썽. 군말. ☞ᄉᆞ잇말. ᄉᆞ잇말 ¶집 사ᄅᆞᆷ이 ᄇᆡᆨ여 귀로ᄃᆡ ᄉᆞ이 말이 업고:間言(五倫4:57).

ᄉᆞ이ᄉᆞ이 부 사이사이. 새새. ¶구실에 ᄉᆞ이 ᄉᆞ이 ᄃᆞᆫ니다:隔班行走(漢淸3:2).

ᄉᆞ:이ᄒᆞ·다 동 중매(仲媒)하다. ¶ᄉᆞ이ᄒᆞᄂᆞᆫ 할미 ᄀᆞᄐᆞ니ᄅᆞᆯ 더욱 소히ᄒᆞ야 ᄇᆞ티디 아니호미 맛당ᄒᆞ니:媼之類尤宜疎絶(飜小7:27). 媼:ᄉᆞ이ᄒᆞᄂᆞᆫ 할미라(英小5:67).

ᄉᆞ·잇:말 명 간언(間言). 말썽. 군말. ☞ᄉᆞ잇말 ¶ᄒᆞᆫ 집안해 ᄉᆞ나ᄒᆡ와 간나ᄒᆡ 일ᄇᆡᆨ이러니 緦服(八寸 형데 복이라)이 ᄒᆞᆫᄃᆡ셔 밥 지오ᄃᆡ 집안ᄒᆡ ᄉᆞ잇말이 업더라:一家之內男女百口緦服同爨庭無間言(宣小6:71).

ᄉᆞ잇문 명 샛문. ¶ᄉᆞ잇문:角門(漢淸9:70).

ᄉᆞ잇ᄒᆡ 명 중년(中年). ☞ᄉᆞᅀᅵᆺᄒᆡ ¶ᄉᆞ잇ᄒᆡ예 되ᄆᆞ리 ᄀᆞᆯ외니라:中年胡馬驕(重杜解24:55). ※ᄉᆞ잇ᄒᆡ<ᄉᆞᅀᅵᆺᄒᆡ

ᄉᆞᄋᆡ 명 주사위. ☞쇄ᄉᆞ. ᄉᆞ애 ¶ᄉᆞᄋᆡ:骰子(譯解補47).

ᄉᆞᄋᆡᆨᄒᆞ다 동 사액(賜額)하다. ¶셩고의 어필노 ᄡᅥ ᄉᆞᄋᆡᆨᄒᆞ고(經筵).

:ᄉᆞ·쟈 명 사자(使者). ¶셔ᄫᅳᆯ 使者ᄅᆞᆯ ᄭᅥ리샤:憚京使者(龍歌18章). 西天에 使者 보내시니(月印上10). 使者ᄂᆞᆫ ᄇᆞ리신 사ᄅᆞ미라(釋譜6:2). 使者ㅣ 자보ᄃᆡ 더 急히 ᄒᆞ야 굿 긍어 ᄃᆞ려 도라오거늘:使者執之逾急强牽將還(法華2:200). 驛으로 오ᄂᆞᆫ 使者ᄅᆞᆯ 보니:看驛使(初杜解14:5). 後에 宋雲이 使者 ᄃᆞ외야 西域에 가(南明上52). ᄉᆞ쟈ᄅᆞᆯ ᄇᆞ려:使使者(飜小9:57). 使者ㅣ 出커늘 子ㅣ ᄀᆞᆯᄋᆞ샤ᄃᆡ 使ㅣ여 使ㅣ여(宣論3:63). 蜀ㅅ 使者ㅣ 뮌다마다 도라가디 못ᄒᆞᄂᆞᆺ다:蜀使動無還(重杜解11:50). 使者ㅣ 書로ᄡᅥ 主人을 주어든(家禮4:5). 내 명간애 ᄉᆞ쟈 되연디(桐華寺 王郞傳4). 망이 찬역ᄒᆞ매 ᄉᆞ쟈ᄅᆞᆯ 보내여:莽旣簒位遣使(五倫2:17).

:ᄉᆞ·졀 명 사절(四節). 사철. ¶四季ᄂᆞᆫ 四節ㅅ 그티라(金三2:30). ᄉᆞ져리 ᄒᆞᆫ가지 아닐시:四時不同(救簡1:100). ᄉᆞ졀 조초 옷 니보ᄃᆡ:按四時穿衣服(飜老下50). ᄉᆞ졀을 조차:按四時(老解下45).

ᄉᆞ졀고비 명 고비의 한 품종. ¶ᄉᆞ졀고비:紫蕨(柳氏物名三 草).

ᄉᆞ졍 명 사정(私情). ¶聖人ㅅ 平等慈ㅣ 天地ㅅ 私情 업수미 ᄀᆞᆮ거시ᄂᆞᆯ 萬物이 제 私情호ᄆᆞᆯ 나토실ᄊᆡ(月釋13:37). 聖人ㅅ 平等ᄒᆞ신 慈ㅣ 天地ㅅ 私情 업수미 ᄀᆞᆮ거시ᄂᆞᆯ 萬物이 제 私情ᄒᆞᄂᆞᆫ 다신 ᄃᆞᆯ 나토시니(法華3:3). 聖解 ᄯᅩ 업ᄂᆞ니 오직 私情 업슨 비취요ᄆᆞᆯ 가져 곧 是非 場애 오도다(金三2:36). ᄉᆞ졍 ᄡᅥ 구의 소김ᄋᆞᆫ 형의 다시라:用情欺官者兄也(東新續三綱. 孝7:32). 靑春ᄋᆞᆫ 오히려 私情ㅣ 업거ᄂᆞᆯ:靑春猶無私(重杜解1:47). 請ᄒᆞᆫ ᄃᆞᆫ 앗논 私情을 슬피 너기라:請哀漁奪私(重杜解22:23). 혹 시비ᄅᆞᆯ 아라도 ᄉᆞ졍의 ᄀᆞ리여 능히 술피디 못ᄒᆞᄂᆞ니(仁祖行狀17). ᄉᆡᆼ이 회합ᄒᆞ믈 깃거ᄒᆞ나 ᄯᅩᄒᆞᆫ 근심ᄒᆞ야 ᄉᆞ졍을 방ᄌᆞ히 펴지 못ᄒᆞ더

니(落泉2:6).

ᄉᆞ정 명 사정(事情). ¶古애 거리ᄭᅵᆫ則 事情의 소闊ᄒᆞ고(家禮10:8). 그 ᄉᆞ정을 닐러 들리소(新語7:12). 새로 도임ᄒᆞ야 ᄉᆞ졍을 미처 아지 못ᄒᆞ여(綸音101). 여긔 事情이 극히 어려워 뵈오니(隣語1:11).

ᄉᆞ졍ᄒᆞ·다 동 사정(私情)하다. ¶萬物이 제 私情호ᄆᆞᆯ 나토실ᄊᆡ(月釋13:37). 萬物이 제 私情ᄒᆞᄂᆞᆫ 다신 ᄃᆞᆯ 나토시니(法華3:3).

ᄉᆞ족빅 명 사족발이. 사족백이. ¶ᄉᆞ족빅:驔(詩解 物名21). ᄉᆞ족빅:銀蹄馬(同文解下37. 譯解補48). ᄉᆞ족빅:銀蹄(漢淸14:22).

:ᄉᆞ·지 명 사지(四肢). ☞네활기 ¶四支옛 모든 ᄎᆞ며 더운 氣分을 다 보라 ᄒᆞ야시ᄂᆞᆯ(楞解5:65). 四肢 세오 고ᄃᆞ닐 고티며:四肢强直兼治(救急上6). ᄉᆞ지와 몸과 범븨여 ᄂᆞ미 ᄉᆞᆯ 곤거든:肢體痲痺(救簡1:10). ᄉᆞ짓 지:肢(訓蒙上24). 그 四肢ᄅᆞᆯ 惰ᄒᆞ야 父母養홈을 顧티 아니홈이 ᄒᆞᆫ 不孝오(宣孟8:28). 발겨 ᄉᆞ지 ᄀᆞᄅᆞ미라:凌遲處死(警民1). 사ᄅᆞᆷ이 兄弟 업스면 四肢 업스니와 ᄀᆞᄐᆞ니:人無兄弟如無四肢(警民28).

ᄉᆞ지노ᄌᆞ 명 가복(家僕). 청지기. ¶ᄉᆞ지노ᄌᆞ:管家(譯解補19).

ᄉᆞ·ᄌᆞ 명 사자(獅子). ☞ᄉᆞ지 ¶獅子ㅣ 나아 자바다 머그니(月印上59). 舍利弗이 ᄒᆞᆫ 獅子ㅣᄅᆞᆯ 지ᅀᅥ 내니(釋譜6:32). 다ᄉᆞᆺ샌 師子ㅣ ᄌᆞ갸 모ᄆᆞᆯ 너흐니:五獅子囓身(釋譜23:26). 獅子 목소리로 니ᄅᆞ샤ᄃᆡ(月釋2:38). 世間앳 네발톤 즁ᄉᆡᆼ 中에 獅子ㅣ 위두ᄒᆞ야 저호리 업슬ᄊᆡ 부텨ᄭᅴ 가졸비ᄂᆞ니 獅子ㅣ ᄒᆞᆫ 번 소리 호매 네 가짓 이리 잇ᄂᆞ니 온 가짓 즁ᄉᆡᆼ이 머리옛 骨髓 ᄲᅥ디며 香象이 降服ᄒᆞ며 ᄂᆞᄂᆞᆫ 새 ᄠᅥ러디며 믌즁ᄉᆡᆼ이 다 기피 들 ᄊᆡ라(月釋2:38). 鐵牛ㅣ 獅子 울우믈 저티 아니호미 나모 사ᄅᆞ미 곳새 봄과 마치 ᄀᆞᆮᄒᆞ니(南明上38). 獅子 소리ᄅᆞᆯ 지ᅀᆞ샤ᄃᆡ 하ᄂᆞᆯ 우 하ᄂᆞᆯ 아래 오직 내 ᄒᆞ오ᅀᅡ 尊호라 ᄒᆞ시니라(金三1:1).

ᄉᆞ지 명 사자(獅子). ☞ᄉᆞᄌᆞ ¶션신이 ᄉᆞ지 탓게 ᄆᆡᆼᄀᆞᆫ 사탕:獅仙糖(飜朴上4). ᄉᆞ짓 ᄉᆞ:獅. ᄉᆞ지 산:狻(訓蒙上18). 혹 ᄉᆞ지 ᄐᆞᆫ 신션양으로 ᄆᆡᆫᄀᆞᆫ 沙糖을 노코:或是獅仙糖(朴解上4). ᄉᆞ지:獅子(譯解下33). ᄉᆞ지 ᄉᆞ:獅(倭解下22).

ᄉᆞ지발쑥 명 쑥의 한 품종. ¶ᄉᆞ지발쑥 애:艾(類合上8).

ᄉᆞ쳐 명 사처(私處). ¶슬프다 구위와 私處에 病ᄒᆞ니:吁嗟公私病(重杜解12:41).

ᄉᆞ쳬 명 사체(事體). ☞ᄉᆞ톄 ¶宴享을 바로 乾物로 받기ᄂᆞᆫ 事體 언더ᄒᆞ오매 排床으로 入送ᄒᆞ게 ᄒᆞ라 ᄒᆞ시니(隣語1:3).

:ᄉᆞ:촌 명 사촌(四寸). ¶曹爽ᄋᆡ 四寸아ᅀᆞ 文叔의 겨지븐(三綱. 烈11). 어마님ᄋᆞᆫ 陰氏니 光烈皇后ㅅ 四寸앗ᄋᆡ ᄯᆞ리라(宣賜內訓2下7). 내 四寸兄 屯田郎中 辛玄馭ᄅᆞᆯ 보니(宣賜內訓3:29).

:ᄉᆞ·촌아ᅀᆞ 명 사촌 아우. 종제(從弟). ☞ᄉᆞ촌아ᄋᆞ ¶曹爽의 ᄉᆞ촌아ᅀᆞ 文叔의 겨집은:曹爽從弟文叔妻(飜小9:60).

:ᄉᆞ:촌아ᄋᆞ 명 사촌 아우. 종제(從弟). ☞ᄉᆞ촌아ᅀᆞ ¶ᄉᆞ촌아ᄋᆞ 文숙의 안해ᄂᆞᆫ:從弟文叔妻(宣小6:55). 모든 ᄉᆞ촌아ᄋᆞᄃᆞᆯ로 더블어:與…群從弟(宣小6:95).

ᄉᆞ층대 명 사침대. ☞사촘대 ¶ᄉᆞ층대:攪棍(柳氏物名三 草).

ᄉᆞ치하다 동 사치(奢侈)하다. ¶ᄉᆞ치할 치:侈(兒學下10).

ᄉᆞ태부 명 사대부(士大夫). ☞ᄉᆞ태우 ¶ᄉᆞ태부의 집들의 들며(癸丑78).

:ᄉᆞ·태·우 명 사대부(士大夫). ☞ᄉᆞ태부 ¶이제 士大夫의 지비 모다 이ᄅᆞᆯ 므더니 너겨:士大夫(飜小7:6). ᄯᅩ 士大夫의 일ᄇᆡᆨ 힝뎍에셔(飜小8:38). 이제 ᄉᆞ태위 居喪에 고기 먹으며:今之士大夫居喪食肉(宣小5:49). 士大夫로 ᄒᆡ여곰 行케 ᄒᆞ리라(家禮1:18). 삼공뉵경과 ᄉᆞ태우 집안이 도적과 서로 혼인ᄒᆞ고(山城139). 처음에 려가 비ᄂᆞᆫ 거슬 금홈애 ᄉᆞ태우ㅣ 좃고(綸音25).

:ᄉᆞ·톄 명 사체(事體). ☞ᄉᆞ쳬 ¶우리 ᄒᆞᆫ 가짓 ᄉᆞ톄 모ᄅᆞᄂᆞᆫ 사ᄅᆞᆷᄃᆞᆯ히:我一們不會體例的人(飜老上16). ᄌᆞ샹으로 어필 잇ᄂᆞᆫ 배 ᄉᆞ톄 ᄌᆞ별ᄒᆞ다 ᄒᆞ시고(經筵).

ᄉᆞ틔우 명 사대부(士大夫). ☞ᄉᆞ태우 ¶ᄉᆞ틔우와 혼인ᄒᆞᆫ 일이 업다(落泉3:8).

ᄉᆞ혐 명 사혐(私嫌). ¶신이 ᄎᆞᄉᆞᄅᆞᆯ 알외미 ᄉᆞ혐이 잇ᄂᆞᆫ ᄃᆞᆺ시브오ᄃᆡ(經筵).

ᄉᆞ환 명 사환(使喚). ¶使喚奴婢들 다 와셔 집의 드러 안잣다(蒙老6:16). 使喚이 업ᄉᆞ와 傳喝도 부리지 몯ᄒᆞ엳ᄉᆞᆸ더니(隣語1:31).

ᄉᆞ회다 동 사위다. ☞ᄉᆞ희다. ᄉᆞ히다 ¶ᄉᆞ회다:灰燼(漢淸10:51).

ᄉᆞ회집 명 사위의 집. ¶ᄉᆞ회집 인:姻(兒學下5).

ᄉᆞ후ᄒᆞ다 동 사후(伺候)하다. ¶回紇兵을 伺候ᄒᆞ야(重杜解1:8). ᄒᆞᆫ 벗으로 ᄒᆞ여 伺候ᄒᆞ게 ᄒᆞ라:敎一箇火伴伺候着(老解下41). 〔飜老下46에는 'ᄒᆞᆫ 동모ᄒᆞ야 보숣펴ᄃᆡ 후ᄒᆞ게 ᄒᆞ라'로 기록되어 있음〕. 하션의 혼자 이시믈 잔잉히 넉겨 불너 ᄉᆞ후ᄒᆞ다가 방밧긔 잇거ᄂᆞᆯ(落泉2:6).

ᄉᆞ희다 동 사위다. ☞ᄉᆞ회다. ᄉᆞ히다 ¶ᄉᆞ희다:成燼(同文解上63). 불 ᄉᆞ희다:火灰了(譯解補32).

ᄉᆞ·ᄒᆞ·다 동 사(辭)하다. 하직하다. 그만두

다. ¶須達이 辭ᄒᆞᄉᆞᆸ고 가(釋譜6:22). 辭ᄂᆞᆫ 하딕이라 ᄒᆞ듯 ᄒᆞᆫ 마리라(釋譜6:22). 世尊이 辭ᄒᆞ시고 寶階로 ᄂᆞ려오더시니(釋譜11:12). 爵祿도 可히 辭ᄒᆞᆯ 꺼시며(宣中6).

:ᄉᆞ·ᄒᆞ·다 동 사(謝)하다. ¶아래ᄂᆞᆫ 기리ᅀᆞ와 謝ᄒᆞᅀᆞ오니라:下乃讃謝也(楞解8:62).

ᄉᆞ히·다 동 사위다. ☞사회다. ᄉᆞ희다 ¶茜根과 黃芩과 側柏닙과 阿膠ᄅᆞᆯ ᄉᆞ히예 봇고니와(救急上62). 누에씨 낸 죠히ᄅᆞᆯ ᄉᆞ히디 아니케 ᄉᆞ라:蠶退紙燒存性(救簡2:79). 예초 ᄉᆞ히디 아니케 ᄉᆞ론 지ᄅᆞᆯ:酸棗燒灰存性(救簡6:21). ᄉᆞ히디 아니케 ᄉᆞ라:留性燒(救簡6:82). 느릅나못 거프ᄅᆞᆯ ᄉᆞ히디 아니케 ᄉᆞ라:楡樹皮燒灰存性(救簡6:91). 어시 심담이 ᄉᆞ히고 정혼이 흐터져(落泉4:10).

ᄉᆞ획ᄒᆞ다 동 사핵(查覈)하다. ¶모모 등으로 ᄉᆞ획ᄒᆞ야 다스리게 ᄒᆞ고(落泉4:11).

ᄉᆞ힝 명 사행(私行). ¶신의 미쳔이 엇디 감히 ᄉᆞ힝의 승일을 ᄒᆞ리잇고(經筵).

·손 명 장정(壯丁). ¶손 뎡:丁(訓蒙中2). 손 뎡:丁(光千24).

손 명 것은. 〔'ᄉᆞ'+부사격조사'-ᄋᆞᆫ'〕 ⓐᄉᆞ ¶엇디ᄒᆞᆯ 손 사슬 빼혀 글 외오기며 엇디ᄒᆞᆯ 손 免帖인고:怎的是撤簽背念書怎的是免帖(老解上3). 아마도 變티 아닐 손 바회뿐인가 ᄒᆞ노라(古時調. 尹善道. 고즌. 孤遺). 심심은 ᄒᆞ다마ᄂᆞᆫ 일업슬 손 마히로다 답답은 ᄒᆞ다마ᄂᆞᆫ 閑暇ᄒᆞᆯ 손 밤이로다(古時調. 尹善道. 孤遺). 다토리 업슬 손 다문인가 너기로라(蘆溪. 陋巷詞). 그 병환이 이상ᄒᆞ실 손 쳐ᄌᆞ나 ᄋᆡ쓰고(閑中錄148).

-손·다 어미 -는 것인가. -는가. -ㄴ 것인가. -ㄴ가. ¶므슴 方便을 브터 三摩地예 드손다:從何方便入三摩地(楞解5:31). 네 집 상ᄉᆞ들흔 어도록 출호손다 네 ᄯᆞᆯ 셔방은 언제나 마치ᄂᆞ손다(古時調. 鄭澈. 松江). 뉘 손ᄃᆡ 타나관ᄃᆡ 양지조차 ᄀᆞᄐᆞ손다(古時調. 鄭澈. 형아 아ᄋᆡ야. 松江).

손아·히 명 사내. ☞ᄉᆞ나히 ¶손아히 오좀:男兒尿(救簡1:105). 손아히 오좀:童子小便(救簡2:52. 2:117). 손아히 오좀:小兒尿(救簡6:29).

손·지 부 ①오히려. ¶耶輸ㅣ 손지 듣디 아니ᄒᆞ시고(釋譜6:7). 손지 高聲으로 닐오ᄃᆡ(釋譜19:31). 供養이 손지 더으더라(釋譜23:22). 바비 이베 드러 손지 ᄇᆞ리 ᄃᆞ외더라(月釋23:89). 손지 如來ㅣ 慈音ᄋᆞ로 펴뵈샤ᄆᆞᆯ ᄇᆞ라ᅀᆞ와(楞解1:102). 妄心을 더디 몯ᄒᆞ면 손지 이 衆生이어니와:妄心不除尤是衆生(金剛71). 손지 일ᄒᆞᆯ 사ᄅᆞ미로라(圓覺序24). 손지 일ᄒᆞᆯ 사ᄅᆞ미로라 너길시:猶謂作人故(圓覺序47). 보뱃 藏ᄋᆞᆯ 손지 무텨:寶藏猶薶(圓覺上一之二101). 손지 밧ᄀᆞ로 얻ᄂᆞ뇨(牧牛訣18). 蔡姬ᄅᆞᆯ 손지 親히 ᄉᆞ랑ᄒᆞ더시다:而猶親嬖蔡姬(宣賜內訓2上29). 胡羯ㅣ 손지 患難ᄋᆞᆯ 일위ᄃᆞ다:胡羯仍構患(重杜解1:13). ᄃᆞᆯᄀᆞ샛 벼ᄅᆞᆯ 손지 보리라:猶看月邊星(金三4:63). 손지 듣디 아니커ᄂᆞᆯ 주기니라:猶不屈被害(東三綱. 烈4). ②아직도. ¶열헤 ᄒᆞᆫ둘히 손지 모딘 비ᄒᆞ시 이실씨(月釋21:32). 네 손지 아디 못ᄒᆞ놋다:汝尙不知(楞解3:81). 나ᄂᆞᆫ 녀 볼셔 믌ᄀᆞ애 왯거ᄂᆞᆯ 내 종ᄋᆞᆫ 오히려 손지 나모 그테 잇도다:我行已水濱我僕猶木末(重杜解1:4). 沙村앳 힌 누ᄂᆞᆫ 손지 어르ᄆᆞᆯ 머겟고:沙村白雪仍含凍(杜解9:26). ③이내. ¶이제 百千萬劫에 손지 菩薩이 ᄃᆞ외옛ᄂᆞ니라(月釋21:19).

ᄉᆞᆯ 명 살〔歲〕. ☞설 ¶열두 ᄉᆞᆯ 먹은 거ᄉᆞᆯ(癸丑77). 세 ᄉᆞᆯ 다ᄉᆞᆺ ᄉᆞᆯ의 아히ᄂᆞᆫ:三五歲兒(痘瘡方19). 열 ᄉᆞᆯ의 아히ᄂᆞᆫ:十歲兒(痘瘡方19). 다ᄉᆞᆺ ᄉᆞᆯ엣 아히:五歲的小厮(朴解中11). 계요 ᄉᆞ므 ᄉᆞᆯ 남고(三譯2:16). 여ᄃᆞᆲ ᄉᆞᆯ인 제(八歲兒2). 하ᄂᆞᆯ덕의 ᄯᅩ ᄒᆞᆫ ᄉᆞᆯ이 더ᄒᆞ니(捷蒙2:8).

ᄉᆞᆯ 명 쌀. ☞ᄡᆞᆯ ¶祭ㅅᄉᆞ래 田디ᄅᆞᆯ 두라:置祭田(家禮1:22).

·ᄉᆞᆯ 명 살〔肌. 肉〕. ¶ᄉᆞᆯ히 여위신ᄃᆞᆯ 金色잇ᄃᆞᆫ 가ᄉᆡ시리여(月印上23). 몸과 ᄉᆞᆯ콰 손과 발와(釋譜13:19). ᄡᆞᆺ거치 업거늘 ᄡᆞᆺᄉᆞᆯ히 나니(月釋1:43). 갓과 ᄉᆞᆯ쾌 보ᄃᆞ랍고 믯믯ᄒᆞ샤(月釋2:40). 머릿 뎡바기예 ᄉᆞᆯ히 내와다(月釋2:41). ᄉᆞᆯ히 덥고 안히 답쌉거늘(月釋2:51). 肉ᄋᆞᆫ ᄉᆞᆯ히라(月釋8:34). 骨肉은 ᄲᅧ와 ᄉᆞᆯ쾌니(月釋21:68). ᄉᆞᆯ 잇ᄂᆞ니와 대가리 잇ᄂᆞ니와(楞解8:7). 홁 ᄇᆞ른 ᄃᆡ ᄠᅳ드로ᄆᆞᆫ 갓과 ᄉᆞᆯ히 살 쥬미오:泥塗阤落皮膚之皴皺(法華2:105). ᄯᅩ 갓과 ᄉᆞᆯ콰 ᄉᆞᅀᅵ예 드러:又入皮膚(宣賜內訓2上43). 몸 우희 암근 ᄉᆞᆯ콰 갓쾌 잇디 아니토다:身上無有完肌膚(初杜解8:2). ᄇᆞᄅᆞ미 ᄉᆞᆯᄒᆞᆯ 헐에 부ᄂᆞ니:風破肉(杜解9:29). ᄉᆞᆯ히 힌 깁 ᄀᆞᄐᆞᆫ 닐다시 ᄃᆞᆯ여 보내라:再驍肌膚如素練(杜解10:1). 치위 ᄉᆞᆯᄒᆞᆯ ᄇᆞ리ᄂᆞᆫ ᄃᆞᆺᄒᆞᆫ 北녁 ᄇᆞᄅᆞ미 ᄂᆞᆯ캅도다:寒刮肌膚北風利(杜解10:40). 針劄ᄋᆞᆫ 바ᄂᆞᆯ로 ᄉᆞᆯᄒᆞᆯ 디ᄅᆞᆯ 시라(金三4:59). ᄉᆞᆯ 긔:肌. ᄉᆞᆯ 부:膚(訓蒙上28. 類合上22). 몸이며 얼굴이며 머리털이며 ᄉᆞᆯᄒᆞᆫ:身體髮膚(宣小2:28). 얼운을 因ᄒᆞ야 ᄉᆞᆯ 나게 메왓고:因長老肉袒(宣小6:77). 兄 建이 ᄉᆞᆯ 라게 메와손대:兄建肉袒(宣小6:80). ᄉᆞᆯ햇 그미 ᄀᆞᄂᆞᆯ고 ᄉᆞᆯ지고 ᄲᅧ와 ᄉᆞᆯ쾌 고로도다:肌理細膩骨肉勻(重杜解11:17). 내 지아비 여외여 ᄉᆞᆯ이 업고(女四解4:27). ᄉᆞᆯ:肌膚(同文解上17). 머리ᄂᆞᆫ 구름 ᄀᆞᆺ고 옥 ᄀᆞᄐᆞᆫ ᄉᆞᆯ히 톡톡ᄒᆞ야(明皇1:35).

※솔>살

솔 명 것을. 〔'ᄉᆞ'+목적격조사 '-ᄋᆞᆯ'〕 ⓢᄉᆞ ¶發明혼 솔(楞解2:61). ᄆᆞᆯ가 괴외히 이셔 비췰 솔 닐오ᄃᆡ 微妙히 불고미오(楞解4:13). 法을 업시우며 ᄂᆞᄆᆞᆯ 업시울 쏠 닐오ᄃᆡ 增上慢이라:以慢法慢人홀 솔 曰增上慢이라(法華1:172). 아소 님하 遠代 平生애 여힐 솔 모르ᄋᆞᆸ새(樂詞. 滿殿春別詞).

솔가오니 명 슬기로운 사람. ☞솔갑다 ¶솔가오닐 求호ᄆᆞᆯ 許ᄒᆞᄂᆞ니:許求聰慧者(初杜解17:37).

솔가·옴 형 슬기로움. ㉮솔갑다 ¶聰明ᄒᆞ며 솔가오ᄆᆞᆯ 눌와 다ᄆᆞᆺ 議論ᄒᆞ리오:聰慧與誰論(初杜解8:46).

솔:갑·다 형 슬기롭다. ☞슬겁다 ¶어리녀 솔가오녀:爲愚爲慧(楞解4:36). 엇데 이 곤혼 미친 사ᄅᆞᄆᆞᆯ 다시 일훔 지호ᄃᆡ 어리다 솔갑다 ᄒᆞ리잇고:云何更名如是狂人爲愚爲慧(楞解4:37). 聰明ᄒᆞ며 솔가오ᄆᆞᆯ 눌와 다ᄆᆞᆺ 議論ᄒᆞ리오:聰慧與誰論(初杜解8:46). 솔가오닐 求호ᄆᆞᆯ 許ᄒᆞᄂᆞ니:許求聰慧者(杜解17:37). 懵懂ᄋᆞᆫ 솔갑디 아니홀 시오(南明下58). 솔갑다:伶俐(語錄7).

솔게 명 (방아의) 쌀개. ¶방핫 솔게:碓夾柱(譯解下16).

솔·고 명 살구. ☞살고 ¶솔고 시믄 仙家ᄂᆞᆫ 白楡에 갓갑도다:種杏仙家近白楡(杜解9:20). 복셩화와 솔고왜 니어(南明上60). 솔고:杏者(飜朴上4. 譯解上55). 솔고 ᄒᆡᆼ:杏(訓蒙上11). 솔고 ᄒᆡᆼ:杏(類合上9). 솔고:杏子(老解下34). 솔고와 잉도와 여러 가지 鮮果ᄅᆞᆯ:杏兒櫻桃諸般鮮果(朴解上6).

※솔고>살구

솔고기 명 살코기〔精肉〕. ¶육은 솔고기라(家禮10:10). 솔고기:精肉(漢淸12:32).

솔고씨 명 살구씨. ¶솔고씨 숩:杏仁(救簡2:10). ᄲᅩᆼ남긧 버스슬 봇가 ᄆᆞᄅᆞ게 ᄒᆞ야 디허 처 ᄀᆞᄅᆞᆯ 솔고씨만 지버:桑木耳熬令燋擣羅爲末撮如杏仁大(救簡2:94).

솔구 명 살구. ☞살고. 솔고 ¶솔구 ᄒᆡᆼ:杏(兒學上6).

솔권당 명 살붙이. 골육(骨肉). ¶제녀 솔권당으란 소히 ᄒᆞᄂᆞ니:自家骨肉却已爲疎(恩重16).

솔·기 명 살쾡이. ☞숡 ¶殘廢혼 ᄀᆞ올핸 여ᄉᆞ 솔기셔 말ᄒᆞ고:廢邑狐狸語(初杜解23:4).

솔기름 명 살기름. 지방(脂肪). ¶솔기름 지:脂(類合上26).

솔·기잡·다 동 옭아잡다. ¶부텨와 祖師왜 사ᄅᆞ미게 믜이샨 고돌 솔기자바ᄃᆞᆫ:捉敗佛祖得人憎處(蒙法44).

솔·기뼈 명 살쾡이의 뼈. ¶솔기뼈:狸骨(救簡6:6).

·솔·다 동 사르다. ☞ᄉᆞ로다. 솔오다 ¶七聖財ᄅᆞᆯ ᄉᆞᄂᆞ니라(釋譜11:43). ᄆᆞ슴 法을 브터 如來ᄅᆞᆯ ᄉᆞᅀᆞᄫᆞ리잇고(釋譜23:6). 손 後에 天人 四衆이 舍利로 七寶塔 세여(釋譜23:7). 轉輪聖王 ᄊᆞᄂᆞᆫ 法을 브터ᄒᆞ고(釋譜23:7). 阿難이ᄃᆞ려 ᄉᆞᅀᆞᄫᆞᆯ 法을 무러늘(釋譜23:22). 如來 ᄉᆞᅀᆞᄫᆞᆯ 쩌글 ᄎᆞ마 보ᅀᆞᆸ디 몯ᄒᆞ야(釋譜23:36). 모딘 노ᄆᆞᆯ ᄉᆞ라 주기고(釋譜24:18). 브레 들오도 브리 몯 솔며(月釋1:26). 金剛ᄋᆞᆫ 쇠예셔 난 ᄆᆞᆺ 구든 거시니 현마 ᄉᆞ라도 솔이디 아니ᄒᆞ고(月釋2:28). 몸 ᄉᆞᄅᆞ신 後에 語言攝持 得ᄒᆞ샤ᄆᆞᆫ(月釋18:35). 山林木 솔릴 맛나ᄂᆞᆫ(月釋21:66). 燒ᄂᆞᆫ 솔 씨오(月釋21:76). 沈水香ᄋᆞᆯ 솔어ᄂᆞᆯ:燒沈水香(楞解5:36). 모ᄆᆞᆯ 손ᄃᆞᆯ 엇데 求ᄒᆞ리오(法華6:145). 블나면 도로 가져 두 남ᄀᆞᆯ ᄉᆞᄂᆞ니:火出還將却燒二木(圓覺上二之一48). 미레 현 브리 ᄉᆞ라가놋다:蠟炬殘(杜解6:15). 녯 風俗이 蛟龍ᄋᆞᆯ ᄉᆞ라:舊俗燒蛟龍(初杜解25:12). 터리 ᄉᆞ롬 ᄀᆞᆮᄒᆞ니:如燎毛(宣賜內訓1:34). 보ᄃᆞ라온 브ᄅᆞᆯ ᄉᆞ놋다:燒軟火(金三4:18). ᄉᆞ라 지 ᄆᆡᆼᄀᆞ라:燒作灰(佛頂中7). 바룻 죠개 ᄉᆞ로니 네 돈과ᄅᆞᆯ:蛤粉四錢(救簡2:21). 솔 쇼:燒(訓蒙下35. 類合下41). 반ᄃᆞ시 地獄의 들어 싸홀며 솔며 디흐며 ᄀᆞ라:必入地獄剉燒舂磨(宣小5:55). 권당ᄃᆞ리 블에 ᄉᆞ라ᄂᆞᆯ:族黨燒化之(東新續三綱. 孝4:73). 솔을 쇼:燒(倭解上49). 至今의 在人間 ᄒᆞ여 솔든 애를 ᄉᆞᆺᄂᆞ니(古時調. 蒼頡이. 古歌).

솔·다 동 사라지게 하다. 없애다. ☞슬다 ¶黃金을 솔리라 호미니:消(牧牛訣15). 도ᄅᆞ혀 江漢앳 客의 넉스로 ᄒᆞ여 솔에ᄒᆞᄂᆞ다:却敎江漢客魂銷(重杜解5:22). 邊方애 監臨ᄒᆞ얏ᄂᆞᆫ 王相國의 金甲을 즐겨 솔오 붐녀름디이ᄅᆞᆯ 일사마 호ᄆᆞᆯ 져기 깃노라:稍喜臨邊王相國肯銷金甲事春農(重杜解5:46). 나그내 시르믈 ᄉᆞ로미 잇도다:銷客愁(重杜解7:2). 일렴 미타사 보ᄋᆞᆯ ᄉᆞᄂᆞᆫ니:消(桐華寺 王郎傳8).

솔다 동 살다〔生〕. ☞사ᄅᆞ다 ¶깃거 손 고디라:所棲(誡初26). 이 몸이 ᄉᆞ랏ᄂᆞᆫ가 죽어셔 귀신인가(萬言詞). 솔 활:活(兒學下8).

솔드리 부 살뜰히. ☞솔ᄃᆞ리 ¶간밤에 지게여던 ᄇᆞ롬 솔드리도 날 소겨다(古時調. 瓶歌). 紗窓 여윈 잠을 솔드리도 ᄭᆡ오ᄂᆞᆫ고야(古時調. 귓도리 뎌. 靑丘).

솔디다 동 살찌다. ☞솔지다. 숣지다 ¶ᄆᆞᆯ 솔디다:馬肥(同文解下38). 솔디다:肥(漢淸12:32).

솔ᄃᆞ리 부 살뜰히. ☞솔드리. 솔뜰이 ¶어ᄂᆞᄉᆞ이 솔ᄃᆞ리 셜운 날이 다ᄃᆞ라 오시거뇨(諺簡. 仁宣王后諺簡).

ᄉᆞᆯ래 명 (논밭의) 이랑. ☞ᄉᆞ래 ¶쉬다가 개는 날 보와 ᄉᆞᆯ래 긴 밧 갈리라(古時調. 비 오는듸. 海謠).

ᄉᆞᆯ리야 부 함부로. ☞ᄉᆞ리여 ¶ 너희 둘히 ᄉᆞᆯ리야 짓궤디 말고:你兩家休只管叫喚(老解下11).

ᄉᆞᆯ브티다 동 육박(肉薄)하다. ¶밤나줄 ᄉᆞᆯ브텨 ᄒᆞᄅᆞ도 여닐곱 번이나 싸호거ᄂᆞᆯ:晝夜肉薄日六七合(東新續三綱. 忠1:41).

ᄉᆞᆯᄢᅵ다 동 살찌다. ☞ᄉᆞᆯ지다 ¶ ᄀᆞ장 ᄉᆞᆯᄢᅵᆫ 거슬 말고(蒙老2:2).

ᄉᆞᆯ·ᄫᅡ·ᄂᆞᆯ 동 사뢰거늘. 여쭙거늘. ㉮ᄉᆞᆲ다 ¶ 青衣 긔별을 ᄉᆞᆯᄫᅡᄂᆞᆯ(月印上9). 王ᄭᅴ 긔벼를 ᄉᆞᆯᄫᅡᄂᆞᆯ(月釋2:43). 世尊ㅅ긔 ᄉᆞᆯᄫᅡᄂᆞᆯ(月釋7:6).

ᄉᆞᆯ·ᄫᅡ·리잇·가 동 사뢰겠습니까. 여쭙겠습니까. ¶그낤 莊嚴을 다 ᄉᆞᆯᄫᅡ리잇가… 그낤 祥瑞ᄅᆞᆯ 다 ᄉᆞᆯᄫᅡ리잇가(月印上46).

ᄉᆞᆯ·ᄫᅡ·ᄡᅧ 동 사뢰시오. ㉮ᄉᆞᆲ다 ¶그 ᄯᆞᆯᄃᆞ려 무로ᄃᆡ 그딋 아바니미 잇ᄂᆞ닛가 對答호ᄃᆡ 잇ᄂᆞ니이다 婆羅門이 닐오ᄃᆡ 내 보아져 ᄒᆞᄂᆞ다 ᄉᆞᆯᄫᅡᄡᅧ 그 ᄯᆞ리 드러 니ᄅᆞᆫ대 護彌長者ㅣ 나아오나ᄂᆞᆯ 婆羅門이 安否 묻고 닐오ᄃᆡ(釋譜6:14).

ᄉᆞᆯ·ᄫᆞ·ᄃᆡ 동 사뢰되. 여쭙되. ㉮ᄉᆞᆲ다 ¶ᄉᆞᆯᄫᆞᄃᆡ 情欲앳 이른 ᄆᆞᅀᆞ미 즐거ᄫᅳᅀᅡ ᄒᆞᄂᆞ니(月釋2:5).

ᄉᆞᆯ·ᄫᆞ리·니 동 사뢰리니. ㉮ᄉᆞᆲ다 ¶世尊ㅅ일 ᄉᆞᆯᄫᆞ리니(月印上1).

ᄉᆞᆯ·ᄫᆞ·니 동 사뢰니. 여쭈니. ㉮ᄉᆞᆲ다 ¶神物이 ᄉᆞᆯᄫᆞ니:神物復止(龍歌22章). 盛德을 ᄉᆞᆯᄫᆞ니:盛德稱仰(龍歌76章).

ᄉᆞᆯ·ᄫᆞ·리 명 사뢸 이. 여쭐 이. ☞ᄉᆞᆯ오리. ᄉᆞᆲ다 ¶말ᄊᆞ믈 ᄉᆞᆯᄫᆞ리 하ᄃᆡ:獻言雖衆(龍歌13章).

ᄉᆞᆯ·ᄫᆞ·리 동 사뢰리. 사뢰리이까. ㉮ᄉᆞᆲ다 ¶劫劫에 어느 다 ᄉᆞᆯᄫᆞ리(月印上1).

·ᄉᆞᆯ·ᄉᆞᆷ 명 살결. ¶ᄉᆞᆯᄉᆞᆷ 주:腠(訓蒙上28).

ᄉᆞᆯᄠᅳᆫ 관 살뜰한. ¶언마나 딘당헐 님이완ᄃᆡ ᄉᆞᆯᄠᅳᆫ ᄋᆡ를 긋ᄂᆞᆫ고(古時調. ᄀᆞ더니. 歌曲). ᄉᆞᆯᄠᅳᆫ 怨讎 이 離別 두 字 어이ᄒᆞ면 永永 아조 업시일ㄱ고(古時調. 此生. 歌曲).

ᄉᆞᆯᄠᅳᆯ이 부 살뜰히. ☞ᄉᆞᆯᄃᆞ리 ¶ᄉᆞᆯᄠᅳᆯ이 셜온 ᄆᆞ음은 내 ᄒᆞᆫ잿가 ᄒᆞ노라(古時調. 玉欄에 곳이. 海謠).

ᄉᆞᆯᄶᅵ다 형 살지다. ☞ᄉᆞᆯ지다. ᄉᆞᆶ지다 ¶ᄉᆞᆯᄶᅵ다:胖啊. ᄉᆞᆯᄶᅵᆫ 이:胖的(同文解上18). 내 ᄉᆞᆯᄶᅵ고 검은디라:吾肥且黑(五倫3:58).

ᄉᆞᆯᄶᅵ다 동 살찌다. ☞ᄉᆞᆯ지다 ¶ᄭᅯᆼ이 ᄉᆞᆯᄶᅧ ᄂᆞ지 못ᄒᆞ다:雉肥難飛(漢淸13:64).

ᄉᆞᆯ씨다 형 살지다. ☞ᄉᆞᆯ지다. ᄉᆞᆶ지다. ᄉᆞᆯᄶᅵ다 ¶ᄉᆞᆯᄶᅵᆫ 사ᄅᆞᆷ:胖子(譯解上29).

ᄉᆞᆯ아지다 동 쓰러지다. ☞ᄉᆞᆯ하디다 ¶밤中만 ᄉᆞᆯ아져 울러 님의 귀의 들니리라(古時調. 그려 사지. 青丘).

ᄉᆞᆯ오 동 사라지게 하고. 없애고. ㉮ᄉᆞᆯ다☞-오 ¶ 邊方애 監臨ᄒᆞ얫ᄂᆞᆫ 王相國의 金甲을 즐겨 ᄉᆞᆯ오 봆 녀름디이ᄅᆞᆯ 일사마 호ᄆᆞᆯ 져기 깃노라:稍喜臨邊王相國肯銷金甲事春農(重杜解5:46).

ᄉᆞᆯ·오·다 동 사뢰다. 여쭙다. ☞ᄉᆞᆲ다 ¶左右ㅣ 또 ᄉᆞᆯ오ᄃᆡ 나쇼셔 ᄒᆞ야ᄂᆞᆯ(三綱. 烈1). 慈ᄂᆞᆫ 恩惠로 ᄉᆞᆲ고 嚴은 저프샤ᄆᆞ로 ᄉᆞᆯ오니라:慈以恩言嚴以威言(楞解1:29). 기피 아ᄅᆞ샤 아러브터 마ᄌᆞ시다 어루 ᄉᆞᆯ오리샷다:可謂深知宿契矣(法華4:70). 이럴씨 우리 ᄉᆞᆯ오ᄃᆡ:是故我等說(法華2:232). ᄉᆞᆯ오ᄃᆡ 世尊이시니라:故曰世尊(金剛8). 엇데 釋迦牟尼佛所애 비르서 듣ᄌᆞ오ᄆᆞᆯ ᄉᆞᆯ오뇨:豈於釋迦牟尼佛所始言聞也(金剛73). 富樓那 ᄉᆞᆯ오ᄃᆡ:富樓那言(圓覺序46). 일후믈 ᄉᆞᆯ오ᄃᆡ 聖人이라:名曰聖人(圓覺上二之二125). 自然이라 ᄉᆞᆯ오미니:說自然(圓覺下二之一23). 公ᄭᅴ ᄉᆞᆯ오ᄃᆡ(宣賜內訓序5). 니믈 뫼셔 ᄉᆞᆯ와지(鄕樂. 內堂). ᄉᆞᆯ올 주:奏(石千32). 案內 ᄉᆞᆯ오링이다(新語6:22). 하딕 ᄉᆞᆯ옴새(新語8:29). ᄉᆞᆯ올 ᄇᆡᆨ:白(倭解上25). 왕긔 ᄉᆞᆯ온대(女範1. 부계모 졔의계모). 음식을 ᄀᆞ초아 드리고 ᄉᆞᆯ오ᄃᆡ:具饌以進白云(五倫1:54). 王皇ᄭᅴ ᄉᆞᆯ와 보쟈 ᄒᆞ더니 다 몯ᄒᆞ야 오나다(古時調. 尹善道. 하ᄂᆞᆯ히. 孤遺).
※ᄉᆞᆯ오-<ᄉᆞᆯᄫᆞ-

ᄉᆞᆯ오다 동 사르다〔燒〕. ☞ᄉᆞᆯ다 ¶상ᄌᆞᄂᆞᆯ 주검 우희 싸코 블노ᄡᅥ ᄉᆞᆯ오거ᄂᆞᆯ:積箱屍上以火燒之(東新續三綱. 孝4:87). 블로 ᄉᆞᆯ와 블 긔운으로 ᄒᆡ여곰 ᄉᆞᄆᆞ차 속에 들게 ᄒᆞ면:以火燒之令火氣透入裏面(煮硝方4). 불에 ᄉᆞᆯ오고 여러 열쇠ᄅᆞᆯ 다 형수의게 맛디고:付之火管鑰之屬悉以付焉(五倫4:38).

ᄉᆞᆯ오리 명 사뢸 이. 여쭐 이. ☞ᄉᆞᆯᄫᆞ리 ¶말ᄉᆞ믈 ᄉᆞᆯ오리(樂範5:6. 與民樂 말ᄉᆞᆷ章).
※ᄉᆞᆯ오리<ᄉᆞᆯᄫᆞ리

·ᄉᆞᆯ·옷·외불·휘 명 소리쟁이 뿌리. ¶ᄉᆞᆯ옷외불휘:羊蹄獨根者(救簡2:69).

ᄉᆞᆯ으름이 명 쓰르라미. ☞쓰르렁이 ¶ᄉᆞᆯ으름이:蟬(物譜 飛蟲).

·ᄉᆞᆯ·읏 부 사라지게. 죽도록. ¶고ᄫᆞᆫ 님 몯 보ᅀᆞᄫᅡ ᄉᆞᆯ읏 우니다니(月釋8:87). 고ᄫᆞ니 몯 보아 ᄉᆞᆯ읏 우니다니 님하 오ᄂᆞᆳ나래 넉시라 마로리어다(月釋8:102).

ᄉᆞᆯ읏브다 형 사라지고 싶다. 죽고 싶다. ¶ᄉᆞᆯ읏브뎌 아으 니미 나ᄅᆞᆯ ᄒᆞ마 니ᄌᆞ시니잇가(樂範. 鄭瓜亭).

ᄉᆞᆯ·의·여 부 함부로. ☞ᄉᆞᆯᄋᆡ여 ¶ᄉᆞᆯ의여 긁빗기기 말라 긁빗기기 너므면 머리 앏프리라:不要只管的刮刮的多頭疼(飜朴上44).

ᄉᆞᆯ·이·다 동 살라지다. ¶브레 ᄉᆞᆯ여 橫死ᄒᆞᆯ 씨오(釋譜9:37). 밧긧 ᄒᆞᆫ ᄇᆞ리 아니 ᄉᆞᆯ이고(釋譜23:48). 다 아니 ᄉᆞᆯ여 겨시거늘(釋譜23:48). 시혹 브레 드러도 아니 ᄉᆞᆯ이며(月釋2:71). ᄉᆞ라도 ᄉᆞᆯ이디 아니ᄒᆞ고(月釋2:28). 브레 드러도 아니 ᄉᆞᆯ이ᄂᆞ니라(月釋8:11). ᄂᆞᇰ히 ᄉᆞᆯ이디 아니ᄒᆞᆯ씨:能不燒(楞解6:24). 歷劫에 ᄉᆞᆯ이다가:歷劫燒然(楞解8:113). ᄉᆞᆯ요미 ᄃᆞ외리니:爲所焚(法華2:66). 三界火宅의 ᄉᆞᆯ유미 ᄃᆞ외어니:爲三界火宅所燒(法華2:87). ᄆᆞᄅᆞᆫ 플 메지여 가온ᄃᆡ 드러 ᄉᆞᆯ이디 아니홈도:擔負乾草入中不燒(法華4:144). 衆生ᄋᆞᆫ 劫에 ᄉᆞᆯ요ᄃᆡ:衆生劫燒(圓覺上二之二131).

ᄉᆞᆯ이다 동 흘기다. ¶사ᄅᆞᆷ ᄉᆞᆯ여 보다:眼裡掃人(譯解補61).

ᄉᆞᆯᄋᆡ야 부 함부로. ☞ᄉᆞᆯᄋᆡ여 ¶ᄉᆞᆯᄋᆡ야:只管(語錄7).

ᄉᆞᆯ·ᄋᆡ·여 부 함부로. ☞ᄉᆞ러여. ᄉᆞᆯ의여. ᄉᆞᆯᄋᆡ야 ¶ᄉᆞᆯᄋᆡ여 힐후디 말라:休只管的纏張(飜老上52). ᄉᆞᆯᄋᆡ여:則管(老朴集. 累字解8). ᄉᆞᆯᄋᆡ여:則管(語錄26). ᄉᆞᆯᄋᆡ여 힐후디 말라:休只管的纏張(老解上47).

ᄉᆞᆯ지니 명 살진 것. ¶ᄀᆞ장 ᄉᆞᆯ지니란 말고:休要十分肥的(老解上19).

·ᄉᆞᆯ지·다 동 살찌다. ☞ᄉᆞᆯᄢᅵ다. ᄉᆞᆯ씨다. ᄉᆞᆯ찌다 ¶肥ᄂᆞᆫ ᄉᆞᆯ질 씨라(楞解6:97). 블근 거시 ᄢᅥ뎨시니 비예 梅花ㅅ 여르미 ᄉᆞᆯ지도다:紅綻雨肥梅(初杜解15:9). 魴魚ㅣ ᄉᆞᆯ지고 됴호ᄆᆞᆯ:魴魚肥美(初杜解16:62). ᄇᆞᆷ 게여목 먹고 ᄉᆞᆯ지니:肥春苜蓿(初杜解21:24). ᄉᆞᆯ지디 아니ᄒᆞ고:不肥(飜老上32). ᄉᆞᆯ질 표:膘(訓蒙上7). ᄉᆞᆯ질 비:肥(訓蒙下7. 類合下2. 兒學下8). 노픈 ᄀᆞ올히 ᄆᆞ리 ᄉᆞᆯ지고 健壯ᄒᆞ거늘:高秋馬肥健(重杜解4:12). 江湖에 ᄀᆞ올이 드니 고기마다 ᄉᆞᆯ져 잇다(古時調. 孟思誠. 靑丘). 불근 긔 여물고 누른 ᄃᆞᆰ이 ᄉᆞᆯ져시니(辛啓榮. 月先軒十六景歌).

·ᄉᆞᆯ지·다 형 살지다. ☞ᄉᆞᆶ지다 ¶내 ᄉᆞᆯ지고 거므니:吾肥且黑(三綱. 翠哥). 큰 흰 쇠 ᄉᆞᆯ지고:有大白牛肥(法華2:140). ᄉᆞᆯ진 고기와 보ᅀᅲᆨ과 젓:肥肉脯鮓(宣賜內訓1:67). ᄉᆞᆯ진 아ᄃᆞ란 어미 이셔 보내리니와:肥男有母送(重杜解4:5). 가비야온 옷과 ᄉᆞᆯ진 ᄆᆞᆯ 브러호ᄆᆞ란 즐기디 아니ᄒᆞ노라:未肯羨輕肥(初杜解15:4). 棗木애 올겨 사굔 거시 ᄉᆞᆯ져 眞本을 일흐니라:棗木傳刻肥失眞(初杜解16:15). ᄉᆞᆯ질 팡:胮 ᄉᆞᆯ진 놈:胮漢子(訓蒙上29 胮字註). ᄉᆞᆯ진 ᄆᆞᆯ ᄐᆞ고 가비야온 갓옷 닙어:肥馬衣輕裘(宣小5:24). ᄀᆞ장 ᄉᆞᆯ지니란 말고:休要十分肥的(老解上19). ᄉᆞᆯ진 ᄆᆞᆯ란 서늘케 ᄒᆞ고:肥馬涼着(老解下40). 二十 낫 ᄀᆞ장 ᄉᆞᆯ진 羊을 사되:買二十箇好肥羊(朴解上1). 우린ᄃᆞᆯ ᄉᆞᆯ진 미나리ᄅᆞᆯ 혼자 엇디 머그리(古時調. 鄭澈. 님금과 ᄇᆡᆨ셩. 松江). 봄 미나리 ᄉᆞᆯ진 마ᄉᆞᆯ 님의게 드리고쟈(古時調. 겨월날 ᄃᆞᄉᆞᄒᆞᆫ. 靑丘). 肥皁ᄂᆞᆫ ᄉᆞᆯ진 皁筴이니(女四解2:17). 몸이 ᄉᆞᆯ지고 검고(女範2. 현녀 한냥홍쳐). ᄉᆞᆯ진 ᄆᆞᆯ을 ᄐᆞ고:肥(百行源).

ᄉᆞᆯ찌·다 동 살찌다. ☞ᄉᆞᆯ지다 ¶도티며 羊이며 거유 올히며 ᄃᆞᆰ 가히ᄅᆞᆯ 만히 사오라 ᄒᆞ야 됴히 쳐 ᄉᆞᆯ찌게 ᄒᆞ야 두고(月釋23:73).

·ᄉᆞᆯ·콰 명 살〔肌〕과. 〔ㅎ 첨용어 'ᄉᆞᆯ'의 부사격.〕 (통)ᄉᆞᆯ ¶몸 우희 암근 살콰 갓괘 잇디 아니토다:身上無有完肌膚(初杜解8:2).

ᄉᆞᆯ·펴보·다 동 살펴보다. ☞ᄉᆞᆲ펴보다 ¶無上行ᄋᆞᆯ ᄉᆞᆯ펴보쇼셔(釋譜23:30). 天宮을 다 ᄉᆞᆯ펴보니(月釋23:68). 口皮邊으로 ᄉᆞᆯ펴보리라:口皮邊照顧(蒙法51). 모로매 시그며 더운 ᄆᆞᄃᆡᄅᆞᆯ ᄉᆞᆯ펴보시며:必在視寒暖之節(宣賜內訓1:40). 參ᄋᆞᆫ 다시곰 ᄉᆞᆯ펴볼 시라(金三2:45). 牲을 ᄉᆞᆯ펴보고 器명을 싯고(家禮10:9).

ᄉᆞᆯ·피·다 동 살피다. ☞ᄉᆞᆲ피다. ᄉᆞᆲ히다 ¶내 情誠을 ᄉᆞᆯ피쇼셔(釋譜24:32). 圓妙ᄒᆞᆫ 道理ᄅᆞᆯ ᄉᆞᆯ펴(月釋2:60). 두르혀 ᄉᆞᆯ편마ᄅᆞᆫ(月釋13:7). ᄯᅩ 煩惱 根本ᄋᆞᆯ ᄉᆞᆯ피게 ᄒᆞ샤:又審煩惱根本(楞解1:21). 阿難이 ᄒᆞ오ᅀᅡ 能히 아라 ᄉᆞᆯ펴 아쳐러 ᄇᆞ릴씨:阿難獨能知省厭捨(楞解1:43). 恒常 ᄉᆞᆯ표ᄆᆞᆯ 일허:亡失恒審(楞解9:73). 能히 두르혀 ᄉᆞᆯ표ᄆᆞᆯ 가ᄌᆞᆯ비니:譬…遂能反省(法華2:184). 샹녜 아라 ᄉᆞᆯ표려 ᄒᆞᆯ씨:常欲覺察(圓覺下三之一54). 그 집 法이 엇던고 ᄒᆞ야 ᄉᆞᆯ피고:察…家法何如(宣賜內訓1:80). 사ᄅᆞᄆᆞ로 ᄒᆡ여 기픈 ᄉᆞᆯ표ᄆᆞᆯ 베프게 ᄒᆞᄂᆞ다:令人發深省(杜解9:27). 안ᄒᆞ로 내 罪ᄅᆞᆯ ᄉᆞᆯ피고 드러가 朝謁ᄋᆞᆯ 몯 ᄒᆞ니:內省未入朝(初杜解24:17). 다시 ᄉᆞᆯ펴ᅀᅡ 비르서 아ᄅᆞ시니(金三4:19). 光ᄋᆞᆯ 도ᄅᆞ혀 도라 ᄉᆞᆯ펴 혜아리며(南明上6). ᄉᆞᆯ필 찰:察(類合上1. 石千29). ᄉᆞᆯ필 셩:省(類合下33). ᄉᆞᆯ필 심:審(石千38). 쟈근 이ᄅᆞᆯ ᄉᆞᆯ피디 몯ᄒᆞ얏거든:小者不審(宣小2:75). 날마다 무덤에 ᄉᆞᆯ펴 눈비예 폐티 아니ᄒᆞ고:逐日省墓雨雪不廢(東新續三綱. 孝7:32).

·ᄉᆞᆯ·하·디·다 동 쓰러지다. ☞ᄉᆞᆯ하지다 ¶門 밧긔 셔어 겨샤 兩分이 여희싫 제 ᄉᆞᆯ하디여 우러 녀시니(月釋8:84). 말 다ᄒᆞ시고 ᄉᆞᆯ하디여 우러 여희시니(月釋8:97). 밤중만 ᄉᆞᆯ하뎌 우러 님의 귀예 들리리라(古時調. 그려 사디 말고. 靑丘).

ᄉᆞᆯ하지다 동 쓰러지다. ☞ᄉᆞᆯ하디다 ¶北風이 ᄉᆞᆯ하져 불 제 볏뉘 몰라 ᄒᆞ노라(古時調. 구룸아. 靑丘). 밤중만 ᄉᆞᆯ하져 우리 님의

귀에 들리리라(古時調. 이 몸이. 靑丘).

·ᄉᆞᆯ·히 명 살〔肌〕이. 〔ㅎ 첨용어 'ᄉᆞᆯ'의 주격(主格).〕 동ᄉᆞᆯ ¶머릿 뎡바기에 ᄉᆞᆯ히 내와다(月釋2:41).

·ᄉᆞᆯ·ᄒᆞᆯ 명 살〔肌〕을. 〔ㅎ 첨용어 'ᄉᆞᆯ'의 목적격(目的格).〕 동ᄉᆞᆯ ¶歲月이 늣고 ᄇᆞᄅᆞ미 ᄉᆞᆯᄒᆞᆯ 헐에 부ᄂᆞ니:歲晏風破肉(杜解9:29). 치위 ᄉᆞᆯᄒᆞᆯ ᄇᆞ리ᄂᆞᆫ ᄃᆞᆺᄒᆞᆫ 北녁 ᄇᆞᄅᆞ미 ᄂᆞᆯ캅도다:寒刮肌膚北風利(杜解10:40).

ᄉᆞᆰ 명 살쾡이. ¶請ᄒᆞᆫ던 여ᅀᆞ와 ᄉᆞᆯᄀᆞᆯ ᄡᅡ 아래 가 몬져 모로려 願ᄒᆞ노이다:請願先驅狐狸於地下(宣賜內訓2上31). 여ᅀᆞ와 ᄉᆞᆰ과ᄂᆞᆫ 足히 議論티 몯ᄒᆞ리로다:狐狸不足論(初杜解8:12). 여ᅀᆞ ᄉᆞᆯ기셔 말ᄒᆞ고:狐狸語(初杜解23:4). ᄉᆞᆯᄀᆡ 뼈:狸骨(救簡6:6). ᄉᆞᆰ:貍(四解上28). ᄉᆞᆰ 리:狸 俗呼野猫(訓蒙上19). ᄉᆞᆰ:狸(詩解 物名13). 여ᄋᆞ와 ᄉᆞᆯᄀᆞᆯ 엇지 足히 니ᄅᆞ리오:狐狸何足道(重杜解2:27). ᄉᆞᆰ:野猫(同文解下39. 漢淸14:8). 소합원은 … ᄉᆞᆰ긔 홀리인 병들을 고티고:蘇合元治…狐狸等疾(臘藥3). ᄉᆞᆰ:野狸(物譜 毛蟲).

ᄉᆞᆱ·곰 동 삶김〔烹〕. ㉠ᄉᆞᆱ기다 ¶믈 되의 양지 ᄉᆞᆱ교매 나ᅀᅡ가리로다:群胡勢就烹(初杜解23:3).

ᄉᆞᆱ·기·다 동 삶기다〔烹〕. ¶ᄆᆞ리 솟글허 ᄉᆞᆱ기더니(月釋23:81). 믈 되의 양지 ᄉᆞᆱ교매 나ᅀᅡ가리로다:群胡勢就烹(初杜解23:3).

ᄉᆞᆱ·다 동 삶다〔烹〕. ☞ᄉᆞᆷ다 ¶ᄃᆞᆯᄀᆡ알 ᄉᆞᆱᄂᆞᆫ 사ᄅᆞ미니(月釋23:80). 몰애 ᄉᆞᆯ마 됴ᄒᆞᆫ 飮食 ᄆᆡᆼᄀᆞᆯ오져 홈:煮沙欲成嘉饌(楞解1:81). 鯉魚ᄅᆞᆯ ᄉᆞᆯ모니:烹鯉(初杜解20:8). ᄉᆞᆯ믈 ᄑᆡᆼ:烹(訓蒙下12. 石千34). ᄉᆞᆯ믈 쟈:煮(訓蒙下12). 이 벗아 네 콩 ᄉᆞᆱ기ᄅᆞᆯ 아디 몯ᄒᆞᄂᆞᆫ ᄃᆞᆺᄒᆞ다:這火伴你敢不會煮料(老解上18). 고기 ᄉᆞᆱ다:煮肉(譯解上50). 고기 ᄉᆞᆯ믄 믈:空湯(同文解上60). ᄉᆞᆯ물 ᄑᆡᆼ:烹(兒學下6).

:ᄉᆞᆲ·다 동 사뢰다. 여쭙다. ☞ᄉᆞᆯ오다 ¶말ᄊᆞᄆᆞᆯ ᄉᆞᆯᄫᆞ리 하ᄃᆡ:獻言雖衆(龍歌13章). 子孫之慶ᄋᆞᆯ 神物이 ᄉᆞᆯᄫᆞ니:子孫之慶神物復止(龍歌22章). 功德을 國人도 ᄉᆞᆲ거니:維彼功勳東人稱美. 功德을 漢人도 ᄉᆞᆲ거니:維我功德漢人嘆服(龍歌72章). 聖人神力을 어ᄂᆞ다 ᄉᆞᆯᄫᆞ리:聖人神力奚罄說之(龍歌87章). 無量無邊功德을 劫劫에 어느 다 ᄉᆞᆯᄫᆞ리(月印上1). 기별을 ᄉᆞᆯᄫᅡᄂᆞᆯ(月印上9). 數업슬씨 오ᄂᆞᆯ 몯 ᄉᆞᆲᄂᆡ(月印上10). 婆羅門 ᄉᆞᆯᄫᆞᆫ 말ᄋᆞᆯ(月印上12). 아바ᇝ긔 말 ᄉᆞᆯᄫᅡ(月印上16). 優陁耶ᄅᆞᆯ ᄉᆞᆯᄫᅧ라 ᄇᆞ리시니(月印上41). 이제ᅀᅡ 일우산ᄃᆞᆯ 優陁耶ㅣ ᄉᆞᆯᄫᆞ니이다(月印上42). ᄠᅳ들 펴아 ᄉᆞᆯᄫᅩ쇼셔(釋譜6:6). 世尊ᄭᅴ ᄉᆞᆯᄫᆞ샤ᄃᆡ(釋譜9:1). 올아가 ᄉᆞᆯᄫᅡᄂᆞᆯ(釋譜11:12). 仙駕ᄂᆞᆫ 업스시닐 ᄉᆞᆯᄫᆞ시논 마리라(月釋序17). 釋迦ᄂᆞᆫ 어딜며 ᄂᆞᆷ 어엿비 너기실 씨니 衆生 爲ᄒᆞ야 世間애 나샤ᄆᆞᆯ ᄉᆞᆲ고 牟尼ᄂᆞᆫ 괴외ᄌᆞᆷᄌᆞᆷᄒᆞᆯ 씨니 智慧ㅅ 根源을 ᄉᆞᆯᄫᆞ니(月釋1:15). 夫人이 ᄉᆞᆯᄫᅩᄃᆡ(月釋2:5). ᄉᆞᆯᄫᅩᄃᆡ 情欲앳 이른 ᄆᆞᅀᆞ미 즐거ᄫᅥᅀᅡ ᄒᆞᄂᆞ니(月釋2:5). 나랏 이ᄅᆞᆯ 분별ᄒᆞ야 ᄉᆞᆲ노니(月釋2:6). 그 ᄭᅮ믈 ᄉᆞᆯᄫᅡ시ᄂᆞᆯ(月釋2:23). 王ᄭᅴ 기별를 ᄉᆞᆯᄫᅡᄂᆞᆯ(月釋2:43). 祥瑞도 하시며 光明도 하시나 ᄀᆞᆺ 업스실씨 오ᄂᆞᆯ 몯 ᄉᆞᆲᄂᆡ(月釋2:45). 이 이ᄅᆞᆯ 아니 ᄉᆞᆲ거늘(月釋9:36中). 올ᄒᆞᆫ 이ᄅᆞᆯ ᄉᆞᆲᄂᆞᆫ 하ᇗ 길히 곧도다:獻可天衢直(杜解6:53). ᄆᆞᄋᆞᆷ의 머근 말ᄉᆞᆷ 슬ᄏᆞ장 ᄉᆞᆲ쟈 ᄒᆞ니 눈믈이 바라나니(松江. 續美人曲).

※'ᄉᆞᆲ다'의 활용 ┌ ᄉᆞᆲ거니/ᄉᆞᆲ고/ᄉᆞᆲ노니…
└ ᄉᆞᆯᄫᆞ니/ᄉᆞᆯᄫᅡᄂᆞᆯ/ᄉᆞᆯᄫᅩᄃᆡ…

ᄉᆞᆲᄉᆞᆯ비 부 깨닫게. ¶ᄉᆞᆲᄉᆞᆯ비 隱密히:惺惺密密(蒙法23). 모로매 至極 올ᄒᆞᆫ 고ᄃᆡ 通達ᄒᆞ야 반ᄃᆞ기 ᄉᆞᆲᄉᆞᆯ비 홀 씨니:須達乎至善當自惺惺(蒙法63).

ᄉᆞᆲᄉᆞᆲ·홈 동 깨달음. ㉠ᄉᆞᆲᄉᆞᆲᄒᆞ다 ¶조ᄉᆞᄅᆞᄫᅵ요미 ᄉᆞᆲᄉᆞᆲ호매 잇ᄂᆞ니:妙在惺惺(蒙法6).

ᄉᆞᆲᄉᆞᆲᄒᆞ·다 동 깨닫다. ¶샹녜 슬픈 ᄠᅳ들 머거 ᄆᆞᅀᆞ미 ᄉᆞᆲᄉᆞᆲᄒᆞ야(月釋17:21). ᄆᆞᅀᆞ미 ᄉᆞᆲᄉᆞᆲᄒᆞ야ᅀᅡ:心遂醒悟(法華5:158). 조ᄉᆞᄅᆞᄫᅵ요미 ᄉᆞᆲᄉᆞᆲ호매 잇ᄂᆞ니:妙在惺惺(蒙法6). ᄉᆞᆲᄉᆞᆲᄒᆞ면 곧 寂靜에 들리니:惺惺便入靜(蒙法39). ᄭᅢ며 자며 호매 ᄉᆞᆲᄉᆞᆲᄒᆞ야:寤寐惺惺(蒙法42). 모로매 ᄉᆞᆲᄉᆞᆲᄒᆞ야:須是惺惺(法語3). 내 氣運은 北녁 ᄇᆞᄅᆞᆷ올 기들워 ᄉᆞᆲᄉᆞᆲᄒᆞ도다:氣待北風蘇(重杜解2:23).

ᄉᆞᆲ·펴보·다 동 살펴보다. ☞ᄉᆞᆯ펴보다 ¶치움과 더움과 아침 나죄 ᄉᆞᆲ펴보ᄆᆞᆯ 禮예 그르디 아니터니:溫淸定省無違禮(續三綱. 孝2). 다ᄉᆞᆷ어미ᄅᆞᆯ 가 뵈오 머글 것ᄉᆞᆯ ᄉᆞᆲ펴보고 시묘막애 도라가더니:來省繼母審視饌具還其廬(東續三綱. 孝18).

ᄉᆞᆲ·피·다 동 살피다. ☞ᄉᆞᆯ피다. ᄉᆞᆲ히다 ¶내 다 깁피 ᄉᆞᆲ피디 몯ᄒᆞ논디라:我皆未深省(宣小5:97). 거긔셔 ᄉᆞᆲ피거ᄂᆞᆯ:那裏巡警(老解上26). ᄉᆞᆲ피다:察看(同文解下55).

ᄉᆞᆲ핌 명 말 굴레의 장식. ¶ᄉᆞᆲ핌 가:珂(訓蒙中27).

ᄉᆞᆲ히다 동 살피다. ☞ᄉᆞᆯ피다. ᄉᆞᆲ피다 ¶前後ᄅᆞᆯ ᄉᆞᆲ혀 後悔가 업게 ᄒᆞᄂᆞᆫ 거시 올ᄉᆞ오니(隣語3:4). 咫尺을 ᄉᆞᆲ히지 몯ᄒᆞ기의(隣語3:5).

·ᄉᆞᆳ지·다 동 살찌다. ☞ᄉᆞᆯ지다 ¶그 얼구리 ᄉᆞᆳ지리니:其形肥充(楞解9:106).

·ᄉᆞᆳ지·다 형 살지다. ☞ᄉᆞᆯ지다 ¶ᄉᆞᆳ지고 거믄 겨지븨 마시 됴타 ᄒᆞᄂᆞ니:吾聞婦人肥黑者味美(三綱. 烈28).

ᄉᆞᆷ가다 동 삼가다. ☞삼가다 ¶ᄉᆞᆷ갈 근:謹(兒學下12).

솜거적 명 욕초(褥草). 깃. ☞삼거적 ¶ 솜거적:褥草(譯解補22).

솜기다 동 삼키다. ☞솜씨다. 숪기다 ¶ 솜기라:嚥(臘藥8).

솜기이다 동 삶기다〔烹〕. ☞솖기다 ¶ 토끼 죽은 後ㅣ면 ㄱ므즈 솜기이ᄂᆞ니(古時調. 金天澤. 朱門에. 瓶歌).

솜다 동 삶다. ☞솖다 ¶에제는 새 고기 낫거니 낙가 솜다 엇더리(古時調. 朱義植. 屈原忠魂. 青丘). 楚江 漁父들아 고기 낙가 솜지 마라(古時調. 青丘). 솜다:煮了(同文解上60). 이 번아 네 콩 솜기 모르는 ᄃᆞᆺᄒᆞ다(蒙老1:25).

솜다 동 삼다. ¶삼 ᄉᆞ믈 적:績(類合下46).

솜디 명 쌈지. ¶담비 솜디:烟包(柳氏物名三草).

솜·렬ᄒᆞ·다 형 삼렬(森列)하다. ¶錦官ㅅ 잣 밧긔 잣남기 森列ᄒᆞᆫ ᄃᆡ로다:錦官城外栢森森(初杜解6:33).

솜ᄢᅵ다 동 삼키다. ☞솜씨다. 숪기다 ¶ ᄎᆞ며 또 솜ᄢᅵ라(辟新12). 元梵恢漠 네 ᄌᆞ를 블근 거ᄉᆞ로 써 ᄎᆞ며 또 솜ᄢᅵ라(辟新13).

솜솜ᄒᆞ다 형 삼삼하다. ¶솜솜ᄒᆞᆫ 술의:淡酒(痘要下29). ᄃᆞᆯ며 솜솜ᄒᆞ며 향긔롭게 ᄒᆞ고:甜淡馨香(女四解2:11).

솜쏨 동 삼킴. ㉮솜씨다 ¶青海ㅅ 녀글 솜쏘믈 삼가 말며:愼勿呑青海(重杜解5:14).

솜·씨·다 동 삼키다. ☞숪기다 ¶순지 ᄇᆡ롤 몯 치와 조춘 귓거슬 次第로 다 솜씨니(釋譜24:22). 혀기 머거 쌜리 솜씨며:小飯而亟之(宣賜內訓1:8). 다 솜씨거나 다ᄆᆞᆺ 버혀 브텟거나 호ᄆᆞᆯ:幷呑與割據(重杜解1:35). 青海ㅅ 녀글 솜쏘믈 삼가 말며:愼勿呑青海(重杜解5:14). ᄒᆞ마 도로 솜씨노라:已復呑(初杜解8:59). 긴 고래는 아홉 ᄀᆞ올ᄒᆞᆯ 솜씨놋다:長鯨呑九州(杜解22:2). 이베 솜쏘ᄆᆞᆯ 즐기디 아니ᄒᆞᆯ시(金三3:62). 솜쪄 ᄂᆞ리오라:呑下(救簡6:3). 솜낄 연:嚥(訓蒙下14). 세닐굽곰 솜쏘ᄃᆡ(瘟疫方15). 솜낄 탄:呑(類合下6). 쟉쟉 먹어 쌜리 솜씨며:小飯而亟之(宣小3:24). 솜씨라:呑下(譯解上54. 同文解上62). 프러디거든 솜씨라:化嚥下(臘藥8).

솜쑬 명 탯줄. ¶솜쑬 베히다:剪臍帶兒(譯解上37).

솜옷 부 사뭇. ☞ᄉᆞᄆᆞᆺ ¶ 솜옷 차들거ᄂᆞᆯ 지아븨 쎤 줄 알고(女四解4:25).

솜키다 동 삼키다. ☞솜씨다. 숪기다 ¶ ᄂᆡᆼ슈에 머그며 솜키라(救荒補5). 솜킬 ᄐᆞᆫ:呑(倭解上49). 솜키다:嚥(漢淸12:49). 내 역적을 ᄒᆞᆫ 입에 솜키고져 호ᄃᆡ:吾欲氣呑逆賊(五倫2:33).

숪·기·다 동 삼키다. ☞솜씨다. 삼키다 ¶ 그 숪긴 귓거시 다 祇洹애 가냇더라(釋譜24:23). ᄒᆞᆫ 번 숪쑒 밥도(月釋13:28). 주으려 鐵丸 숪기고 渴ᄒᆞ야 鐵汁 마시며(月釋21:45). 춤 숪기라(救急上44). 소리롤 내다가 너롤 爲ᄒᆞ야 도로 숪기노라:發聲爲爾呑(初杜解8:7). 元和津을 숪기며 漱口ᄒᆞᄂᆞ니:嚥漱元和津(杜解9:4). 大棗 숪교미(金三5:21). 산멱을 어더 숪교미 ᄀᆞ장 됴ᄒᆞ니라(救簡6:2).

-솝- 어미 -사옵-. -사오-. -옵-. ¶가지 드리워 如來롤 둡솝고(釋譜23:18). 阿難과 羅雲은 마치 셋솝더니(月釋10:10). 부텻긔 머리 좃솝고 솔보ᄃᆡ(月釋10:13). 다 모다 길 잡솝거니 미조쫍거니 ᄒᆞ야(月釋21:203). 道ㅣ 能히 教化롤 돕솝고:道能助化(楞解1:26). 우리 다 좃ᄌᆞ와 깁솝노이다:我等皆隨喜(法華2:48). 부텻 알픠 노솝고:安於佛前(佛頂上4). 비록 뎡슈ᄒᆞᄉᆞ와도 비우움을 면티 몯ᄒᆞ리니(地藏解上6). 네 경으로 청경 년화목 여러롤 념ᄒᆞ솝고(地藏解上26). 불샹을 그리고 공양ᄒᆞᄉᆞ와(地藏解上26). 합쟝 공경ᄒᆞᄉᆞ와 부텨ᄭᅴ ᄉᆞ로샤ᄃᆡ(地藏解中5). 내 이제 삼보 증명ᄒᆞ솝고:我今證明三寶(野雲83). 임의 褻異이 흠이 업솝고:旣無褻異(重內訓2:40). 친왕 마ᄌᆞ라 가솝다가(女範2. 변녀 쥬시뎌부).

-:솝거·늘 어미 -삽거늘. -사옵거늘. ☞-솝- ¶房ᄋᆞᆯ 아니 받ᄌᆞᄫᅡ 法으로 막솝거늘 龍堂ᄋᆞᆯ 빌이라 ᄒᆞ시니(月印上36).

-솝기 어미 -삽기. -사옵기. ☞-솝- ¶空腹의 술을 먹솝기의 ᄇᆡ속이 조여미오(隣語1:10).

-:솝·노이·다 어미 -삽나이다. -사옵니다. ¶世尊이 이 法을 니ᄅᆞ시니 우리 다 좃ᄌᆞ와 깃솝노이다:世尊說是法我等皆隨喜(法華2:48).

-:솝ᄂᆞ·니이·다 어미 -삽나니이다. -사옵나니이다. ¶衆生이 너비 다 饒益ᄋᆞᆯ 닙솝ᄂᆞ니이다:衆生普皆蒙饒益(法華3:109).

-:솝·던 어미 -삽던. -사옵던. ¶大慈悲世尊ㅅ긔 버릇 업솝던 일ᄋᆞᆯ 魔王이 뉘으츠니이다(月印上27).

솝솝ᄒᆞ다 형 삽삽(颯颯)하다. ¶삭풍이 솝솝ᄒᆞ고(引鳳簫2).

솟 명 새끼. 새끼줄. ☞솣 ¶노히나 솟츨 가져:將繩索(無寃錄2:17). 솟 ᄡᅵ고 도치 멘 분내는 다 디그려 ᄒᆞᆫ다(古時調. 鄭澈. 뎌긔 셧는. 松江). 그 궁게 그 솟 너코(古時調. 가슴에 궁글. 青丘). 비오는 놀 일 업술 지 솟 ᄭᅩ면셔 니ᄅᆞ리라(許墺. 雇工歌).

솟기 명 새끼. 새끼줄. ☞솟 ¶왼솟기를 눈 길게 너슷너슷 ᄭᅩ와(古時調. 가슴에 궁글. 青丘).

ᄉᆞᆺ기 명 새끼. ☞삿기 ¶그 ᄉᆞᆺ기 밥을 물어 그 어미를 먹이ᄂᆞ니(古時調. 金壽長. 가마귀. 青丘).

ᄉᆞᆺᄯᅴ 명 새끼 띠. ¶犀ᄯᅴ ᄯᅴ든 헐이 ᄉᆞᆺᄯᅴ도 ᄯᅴ연제고(古時調. 海謠).

ᄉᆞᆼ치 명 상추. ¶ᄉᆞᆼ치:生菜(同文解下3).

·ᄉᆞᆾ 명 새끼줄. ☞ᄉᆞᆺ ¶ᄉᆞᄎᆞ로 두 소ᄂᆞᆯ ᄆᆡ야 와 長者ㅣ 손ᄃᆡ 닐어늘(月釋8:98). ᄀᆞᆯ ᄉᆞᄎᆞ로 ᄆᆡ야 무덦 서리예 긋어다가 두리라(月釋9:35).

·ᄉᆡ 명 동(東). ¶塞ᄂᆞᆫ 東녁 北녁 ᄀᆞᅀᅵ라(金三2:6).

ᄉᆡ 명 새〔鳥〕. ☞새 ¶ᄉᆡ 금:禽(兒學上8). 나ᄂᆞᆫ ᄉᆡ도 못 넘을던 졔를 어이 가잔 말고(萬言詞). 활을 맛고 놀넌 ᄉᆡ가 살바지의 안ᄶᅩ ᄒᆞ랴(萬言詞).

·ᄉᆡ 명 것이. 동ᄉᆞ ¶一地도 ᄯᅩ 三千 밧기 아닐 ᄉᆡ니(金三5:18). 시러곰 祭祀티 몯ᄒᆞᆯ ᄉᆡ니라(家禮1:19).

ᄉᆡ 관 새〔新〕. ¶ᄉᆡ 보리밥 다마 녹코 가삼 ᄆᆡ켜 못 먹으니(萬言詞).

ᄉᆡ- 접두 새-. 샛-. ¶ᄉᆡ노란 욋곳 ᄀᆞᄐᆞᆫ 피ᄯᅩᆼ 누ᄂᆞᆫ 아ᄃᆞᆯ ᄒᆞ나 두고(古時調. ᄉᆡ어마님. 青丘).

ᄉᆡ고라 명 황부루. ¶紅紗馬 황부루 或云 ᄉᆡ고라(柳氏物名一 獸族).

ᄉᆡ노라타 형 샛노랗다. ¶ᄉᆡ노란 욋곳 ᄀᆞᄐᆞᆫ 피ᄯᅩᆼ 누ᄂᆞᆫ 아ᄃᆞᆯ ᄒᆞ나 두고(古時調. ᄉᆡ어마님. 青丘).

·ᄉᆡ·다 동 새다〔漏〕. ☞ᄉᆡ다 ¶바ᄅᆞᆯ 믈 ᄉᆡᄂᆞᆫ 굼긔 드러 이셔(釋譜13:10). 얼믠 그므를 디허도 ᄉᆡ디 아니ᄒᆞ며(月釋13:59). 百年後에 부텻 ᄂᆞ치 비옷 ᄉᆡ면(月釋23:77). ᄉᆡᄂᆞᆫ 자내 믈 브ᅀᅳ며:水灌漏巵(楞解6:106). 漏ᄂᆞᆫ ᄉᆡᆯ 씨라(法華1:24). 셩긘 그므레 ᄃᆞ여도 ᄉᆡ디 아니ᄒᆞ며:懸疎網而不漏(法華3:56). 이 文이 ᄉᆡ야 闕ᄒᆞ야:此文漏闕(法華6:89). 萬行ᄋᆞᆯ 맛다 가져 ᄉᆡ욤 업스며 일훔 업수미라:任持萬行無漏無失(圓覺上一之二97). ᄉᆡᄂᆞᆫ 그릇과 ᄉᆡᄂᆞᆫ 집 ᄀᆞᆮᄒᆞ야:如漏器漏舍(圓覺上一之二107). ᄒᆞ다가 氣分이 ᄉᆡ면 救티 몯ᄒᆞ리라:若泄氣則不可救矣(救急上78). 새 차ᄃᆡ를 엇디 ᄉᆡ려다 의심ᄒᆞ료:新布帒那裏怕漏(飜朴上12). ᄉᆡ다:漏(同文解下56). ᄉᆡ다:滲漏(漢清8:54). 비곧 오면 대단히 ᄉᆡ니(隣語1:11). ᄉᆡᆯ 루:漏(兒學下10).

:ᄉᆡ·다 동 새다〔曙〕. ¶ᄉᆡᆯ 셔:曙(訓蒙上1). 밤을 ᄉᆡ와 낫즐 니어(萬言詞). 날이 가고 밤이 ᄉᆡ니 어나 시절 되엿ᄂᆞᆫ고(萬言詞).

ᄉᆡ·다 형 시다〔酸〕. ☞싀다 ¶밧바다애 ᄉᆡ요미 니ᄂᆞ니:足心酸起(楞解10:79). ᄉᆡᆫ 술:酸酒(南明上24). 선우음 츔노라 ᄒᆞ니 ᄌᆞ칙옴의 코히 ᄉᆡ예(古時調. 鄭澈. 松江).

ᄉᆡ로이 부 새로이. ¶ᄉᆡ로이 눈물지고 長歎息ᄒᆞᄂᆞᆫ ᄲᅧ의(萬言詞).

ᄉᆡ롭다 형 새롭다. ☞새ᄅᆞᆸ다 ¶孤客이 몬져 듯고 님 ᄉᆡᆼ각이 새로와라(萬言詞).

ᄉᆡᄆᆡ 명 새매. ¶ᄉᆡᄆᆡ 요:鷂(兒學上7).

ᄉᆡ바람 명 샛바람. 동풍(東風). ¶ᄉᆡ바람 아니 불고 물결이 고요하여(萬言詞).

ᄉᆡ박 명 새벽. ☞새박 ¶ᄉᆡ박 빗치 점점 블가오ᄆᆡ(落泉2:5). 이날 ᄉᆡ박 북을 기ᄃᆞ려(落泉3:6).

ᄉᆡ발쑥 명 흰쑥. ☞쑥 ¶ᄉᆡ발쑥:白蒿(柳氏物名三 草).

ᄉᆡ베 명 새벽. ☞새배. 새볘 ¶암닭이 ᄉᆡ베에 울믈 물리치고(女四解2:13). ᄉᆡ베의 일즉 이러나면:晨(女四解3:10).

ᄉᆡ벽 명 새벽. ¶ᄉᆡ벽 셔리 치ᄂᆞᆫ 날의 외기럭이 슬피 우니(萬言詞). ᄉᆡ벽 ᄃᆞᆰ 홰홰 우니 반갑다 ᄃᆞᆰ의 소ᄅᆡ(萬言詞). ᄉᆡ벽의 문안 ᄭᆡ를(閑中錄44). ᄉᆡ벽 ᄭᅴ샤(閑中錄84). ᄉᆡ벽 신:晨(兒學下1).

ᄉᆡ별 명 샛별. ☞새별 ¶ᄉᆡ별:明星(齊諧物名 天文類).

ᄉᆡᄇᆡ 명 새벽. ¶일ᄲᅡᆼ 효성이 은하의 ᄉᆡᄇᆡ 긔운을 ᄯᅴ엿ᄂᆞᆫ 듯ᄒᆞ다가(落泉1:2).

ᄉᆡ삼 명 새삼. 토사(兎絲). ☞새삼 ¶ᄉᆡ삼ᄡᅵ:兎絲(方藥22).

ᄉᆡ삿기 명 새 새끼. ☞삿기 ¶ᄉᆡ삿기 추:雛(兒學上8).

ᄉᆡ악시 명 색시. ¶ᄉᆡ악시:女兒(華類25).

ᄉᆡ암 명 샘〔泉〕. ☞ᄉᆡᆷ ¶강ᄉᆡ의 아ᄂᆡ 지극히 효도ᄒᆞᆷᄋᆡ 두 리어 ᄉᆡ암의 소ᄉᆡ니라:泉(女四解4:12). ᄉᆡ암 쳔:泉(兒學上3).

ᄉᆡ암물 명 샘물. ¶더운 ᄉᆡ암물:溫泉(方藥59).

ᄉᆡ암바르다 형 샘바르다. ¶人生이 더지 업고 造物이 ᄉᆡ암발나(陶山別曲).

ᄉᆡ야다 동 새다. ☞ᄉᆡ다 ¶그물의 ᄉᆡ야ᄂᆞᆫ 고기와 집을 일흔 개 ᄀᆞᆺ더라(落泉1:1).

ᄉᆡ양나모 명 새앙나무. ☞ᄉᆡᆼ강나모 ¶ᄉᆡ양나모:生薑木(柳氏物名四 木).

ᄉᆡ양ᄒᆞ다 동 사양(辭讓)하다. ☞ᄉᆞ양ᄒᆞ다 ¶왕이 지조와 덕이 업ᄉᆞ므로 ᄲᅧ ᄉᆡ양ᄒᆞ오시니(仁祖行狀5). 각각 냥을 다ᄒᆞ고 ᄇᆡ작을 ᄉᆡ양티 말라(仁祖行狀28). 진실로 ᄉᆡ양코져 ᄒᆞ건마ᄂᆞᆫ(新語6:17).

ᄉᆡ오 명 새우. ☞사ᄫᅵ ¶ᄉᆡ오:鰕(方藥51). ᄉᆡ오 싼 것:鰕米(華類58). ᄉᆡ오 하:鰕(兒學上8).

ᄉᆡ오다 동 새우다〔妬〕. 시기(猜忌)하다. ☞새오다 ¶貧寒을 ᄂᆞᆷ이 웃고 富貴를 ᄉᆡ오ᄂᆞᆫ ᄃᆡ(古時調. 朱義植. 말ᄒᆞ면. 青丘).

ᄉᆡ오등 명 등이 굽은 말. ¶ᄉᆡ오등:騆(柳氏

物名一 獸族).

싀오좀 명 새우잠. ¶곱송그려 싀오좀 자고(古時調. 어젯밤도. 歌曲).

싀옴 명 샘〔泉〕. ☞심 ¶싀옴을 ᄎᆞᄌᆞ가셔 點心 도슭 부시이고(古時調. 논밧 가라 기음. 青丘).

싀옹 명 새옹. ¶싀옹 와:鍋(兒學上10).

싀와나다 동 새우다. ¶일졀 못 드른 ᄃᆞ시 ᄒᆞ고 싀와나고 명일의 일즉(落泉2:5).

싀:외 명 새외(塞外). 변새(邊塞) 밖. ¶塞外北狄인ᄃᆞᆯ 아니 오리잇가:塞外北狄寧不來王(龍歌53章). 멀리 싀외예 잇고:遠在塞外(東新續三綱. 烈4:4). 龍ᄋᆡ 입거우지 太宗 ᄀᆞᄐᆞ니 비치 塞外ㅅ 보ᄆᆡ 비취엿도다:虬鬚似太宗色映塞外春(重杜解24:23).

싀·욤 형 심〔酸〕. ㉮싀다 ¶밧바다애 싀요미 니ᄂᆞ니:足心酸起(楞解10:79).

싀이 명 사이. ¶동곽 무덤 싀이예 가 졔ᄉᆞ 음식을 빌거ᄂᆞᆯ:間(女四解4:36). 싀이 간:間(兒學下2).

싀자·롬 형 시고 자림. ㉮싀자리다 ¶眞實로 싀자료ᄆᆞᆯ 受케 ᄒᆞᄂᆞ니:眞受酸澁(楞解10:80). 싀자료미 眞實ㅅ 受ㅣ며:酸澁眞受(楞解10:80).

싀자·리·다 형 시고 자리다. 시고 자릿자릿하다. ¶노픈 빙애 ᄇᆞᆯ오ᄆᆞᆯ ᄉᆞ랑ᄒᆞ면 밠바다이 싀자리나니:思蹋懸崖足心酸澁(楞解2:115). 眞實로 싀자료ᄆᆞᆯ 受케 ᄒᆞᄂᆞ니:眞受酸澁(楞解10:80). 싀자료미 眞實ㅅ 受ㅣ며:酸澁眞受(楞解10:80).

·싀 명 ①색(色). 빛. 얼굴빛. ¶ᄠᅳ들 正히 ᄒᆞ야 氣息과 形과 色과 虛空과 地와… 色ᄋᆞᆫ 곧 青黃赤白이오(圓覺下二之一17). 色은 變ᄒᆞ야 ᄀᆞ릴 시오(六祖上45). 王이 色을 變ᄒᆞ야 ᄀᆞᆯᄋᆞ샤ᄃᆡ(宣孟2:2). 子ㅣ ᄀᆞᆯᄋᆞ샤ᄃᆡ 言을 巧히 ᄒᆞ며 色을 令히 ᄒᆞᆯ 이 仁ᄒᆞᆯ 이 鮮ᄒᆞ니라(宣論1:2). 幣ᄅᆞᆯ 色비단을 ᄡᅧ 호ᄃᆡ 貧富ᄅᆞᆯ 隨宜ᄒᆞ야(家禮4:6).
②여색(女色). ¶안히 샹커나 술와 싀과ᄅᆞᆯ 너무ᄒᆞ야 샹커나:因內損或酒色勞損(救簡2:111). 色을 멀리ᄒᆞ며(宣中29). 王氏ㅣ 싀이 곱더니(女四解4:26). 님군이 날을 구ᄒᆞ믄 그 싀을 취ᄒᆞ미라:王之求妾者以其色也(五倫3:9).
③의용(儀容). ¶내 明德의 聲과 다못 色을 크게 아니 홈을 懷ᄒᆞ노라 ᄒᆞ야ᄂᆞᆯ(宣中54).

싀기 명 새끼. ☞ᄉᆡᆺ기 ¶종ᄉᆞᄂᆞᆫ 뫼ᄯᅩ기니 싀기 만흔 벌에라(女四解4:31).

싀등거리 명 (여자 아이들이 입는) 색동마고자. ¶싀등거리 입고 가는 아희게(古時調. 학 타고. 南薰).

싀반포 명 무늬를 놓은 반포. ¶싀반포:花葛布(漢清10:59).

싀시 명 색사(穡事). 농사(農事). ¶금년 싀시 그더ᄂᆞᆫ과 녕남과 냥회 흉년으로 ᄡᅧ 고ᄒᆞ되(綸音83).

싀싀ᄒᆞ·다 형 새롭다. ¶서리 後에 싀싀ᄒᆞ도다:霜後新(眞言14). ᄇᆞᄅᆞᆷ맷 솔 소린 싀싀ᄒᆞ야 泠泠ᄒᆞ도다:風松肅泠泠(重杜解6:17).

싀칙ᄒᆞ다 동 색책(塞責)하다. ¶적진의 보내기 비록 두어 사ᄅᆞᆷ이라도 가히 싀칙ᄒᆞ려든 엇디 여라믄 사ᄅᆞᆷ의 니ᄅᆞ리오(山城115). 다ᄅᆞᆫ 글 일슈ᄅᆞᆯ 지여 싀칙ᄒᆞ미 가타ᄒᆞ고(引鳳簫2).

싀화포 명 화포(花布). ¶싀화포:印花布(漢清10:59).

·싀황 명 색황(色荒). ¶色荒ᄋᆞᆫ 淫亂ᄒᆞᆯ 시라(圓覺下一之一19).

신목곱다 형 생목이 오르는 느낌이 있다. ☞신목ᄭᅩᆸ다 ¶신목곱다:打醋心(同文解上19).

신목ᄭᅩᆸ다 형 생목이 오르는 느낌이 있다. ☞신목곱다 ¶신목ᄭᅩᆸ다:打醋心(譯解上37). 신목ᄭᅩᆸ다:作酸(漢清8:3).

실별 명 샛별. ☞새별. 십별 ¶실별 지쟈 종다리 ᄯᅥᆺ다 호뮈 메고 사립 나니(古時調. 李在. 青丘).

:심 명 ①샘〔泉〕. ☞싀암. 샘 ¶심爲泉(訓解. 用字). 싀미 기픈 므른:源遠之水(龍歌2章). 竭川에 심이 나니 그 낤 祥瑞ᄅᆞᆯ 다ᄉᆞᆯᄫᆞ리잇가(月印上46). 樹林과 심과 못과ᄂᆞᆫ:樹林泉池(楞解3:18). 언 싀ᄆᆞᆫ ᄀᆞᄂᆞᆫ 돌해 브텟고:凍泉依細石(杜解9:25). 심 천:泉(訓蒙上5. 類合上5). 좀좀코 비니 심이 즉시 소사나고:默禱泉卽湧(東新續三綱. 孝3:77). 雙鯉 심에 소소며:雙鯉湧泉(女四解4:18). 심:泉(同文解上8).
②우물. ¶스스로 심 가온대 ᄲᅡ뎐더니:自投井中(東新續三綱. 烈1:68).

심가싀 명 들장미의 한 품종. ¶심가싀:牛棘(柳氏物名四 木).

:심·다 동 샘솟다. ¶피믈 심ᄃᆞᆺ ᄒᆞ야:血如湧泉(救急上59). 피 나미 믈 심ᄃᆞᆺ ᄒᆞ야:血如湧泉(救簡2:111). 피 나ᄃᆡ 믈 심ᄃᆞᆺ ᄒᆞ거든:出血如湧泉(救簡2:120). 上熱ᄒᆞ야 혀에 피 나ᄃᆡ 믈 심ᄃᆞᆺ ᄒᆞᆫ닐 고툐ᄃᆡ:治熱壅舌上出血如泉(救急上67). 옥 나ᄂᆞᆫ ᄃᆡ셔 심ᄂᆞᆫ 믈:玉井水(東醫 湯液一 水部).

:심밑 명 물의 근원(根源). ¶源은 심미티오 井은 우므리라(月釋21:33).

:싊·믈 명 샘물. ¶뫼해 이셔ᄂᆞᆫ 싊므리 ᄆᆞᆰ더니 뫼해 나가ᄂᆞᆫ 싊므리 흐리놋다:在山泉水清出山泉水濁(初杜解8:66). 오히려 ᄃᆞᆫ 싊므를 브어 머그며 놀애 브로니:猶酌甘泉歌(重杜解2:64).

십별 명 샛별. ☞새별. 실별 ¶십별 지쟈 종

다리 셧다(古時調. 青丘).

싱 명 생(生). ¶生은 世界에 나아 사라 ᄒᆞ니ᄂᆞᆫ 것 ᄃᆞᆯ히라(釋譜序1). 도ᄌᆞ기 菩薩ㅅ 前世生ㅅ 怨讐ㅣ러라:前世生은 아랫 뉘옛 生이라(月釋1:6). 불휘 업다 호ᄆᆞᆫ 本來 제 生 업스며(南明上16). 제 本性의 生 아니며 滅 아닌 ᄃᆞᆯ 보아:見自本性不生不滅(六祖上20). 子ㅣ ᄀᆞᆯᄋᆞ샤ᄃᆡ 사ᄅᆞᆷ의 生이 直ᄒᆞᆫ 거시니 罔의 生홈은 힝혀 免ᄒᆞ얀ᄂᆞ니라(宣論2:9). 이ᄂᆞᆫ 民으로 ᄒᆡ여곰 生을 養ᄒᆞ며 死ᄅᆞᆯ 喪홈애 憾이 업게 홈이니(宣孟1:8). 先帝ㅅ 활와 칼왜 머르시니 小臣은 이 生이 나맷노라:先帝弓劍遠小臣餘此生(重杜解23:34).

싱 명 생것. 날것. ¶巴豆 닐굽 나ᄎᆞ로 세흔 生이오 네흔 니겨 生으란 거피 밧겨 ᄀᆞᆯ오 니그니란 거피 밧기고 듧잔브레 ᄉᆞ로ᄃᆡ(救急上41).

싱 명 생(笙). 생황(笙簧). ¶ 쇣 싱:笙(訓蒙中32). 싱 부다:吹笙(漢淸3:49).

싱- 접두 생(生)-. ¶싱츩불휘 즙은 시병 열 ᄒᆞᆫ 증을 고티ᄂᆞ니(辟新9). 싱과실도 만히 먹고:生果子也多喫了(朴解中15).

-싱 접미 -생(生). ¶므슴 生고 辰生이라(捷蒙3:2).

:싱·각 명 생각. ¶싱각 ᄉᆞ:思(類合下11. 兒學下11). 싱각 념:念. 싱각 유:惟. 싱각 억:憶(類合下17). 싱각 지:識(類合下18). 싱각 ᄉᆞ:思(石千12) 내 싱각 애쉬온 젼ᄎᆞ로 님의 타슬 삼노라(古時調. 가더니 이즈 양. 青丘). ᄒᆞᆫ 盜賊이 거긔 밋ᄎᆞ와 보고 제 生覺에 허리에 ᄯᅴᆫ 纏帶옛 거시 됴ᄒᆞᆫ 財物인가 ᄒᆞ야 生覺ᄒᆞ고(蒙老2:12). 가을 밤 치 긴 적의 님 生覺 더욱 깁다(古時調. 金天澤. 海謠). 孤客이 몬져 듯고 님 싱각이 셔로와라(萬言詞).

싱각나다 동 생각나다. ¶싱각나다:想起(同文解上19).

·싱·각·다 동 생각다. 생각하다. ☞싱각ᄒᆞ다 ¶五欲ᄋᆞᆯ 싱각고 그렁 구ᄂᆞ니(月釋7:6). ᄆᆞᅀᆞᆷ 어두워 能히 외와 싱각디 몯거든(楞解7:46). 秋風落葉에 져도 날 生覺ᄂᆞᆫ가(古時調. 梨花雨. 青丘).

:싱·각ᄒᆞ·다 동 생각하다. ☞싱각다 ¶長常 이 이ᄅᆞᆯ 싱각ᄒᆞ라(月釋8:8). 每常 아ᄃᆞᄅᆞᆯ 싱각ᄒᆞ야 ᄯᅩ 너교ᄃᆡ(月釋13:10). 그낤 이ᄅᆞᆯ 싱각ᄒᆞ건댄(金三2:2). 져비ᄂᆞᆫ 기세 도라오ᄆᆞᆯ 싱각ᄒᆞᄂᆞᆺ다:燕憶舊巢歸(金三2:6). 靈山ㅅ 그낤 이ᄅᆞᆯ 싱각ᄒᆞ야:憶靈山當日事(南明上5). 내 어제 그르 싱각ᄒᆞ돗더라:我夜來錯記了(飜老上59). 블의예 싱각ᄒᆞ여 ᄒᆞ노라(癸丑30). 어미 겨을히 고기회ᄅᆞᆯ 먹고져 싱각ᄒᆞ거ᄂᆞᆯ:母冬月思食魚膾(東新續三綱. 孝7:15). 게우른 겨집의 싱각ᄒᆞᆯ 쥴 몰라 황혼의 한 번 좀들ᄆᆡ:思量(女四解3:10). 싱각ᄒᆞ다:思想(同文解上19). 싱각건대:想是(漢淸8:20). 도로혀 싱각ᄒᆞ니 어이 업셔 우숨 논다(萬言詞).

싱감ᄒᆞ다 동 생감(省減)하다. ¶내 ᄉᆞ복ᄒᆞᆫ 후로부터 믈읫 닉슈ᄉᆞ 쓰이ᄂᆞᆫ ᄃᆡ 속ᄒᆞᆫ 거슨 일졀이 싱감ᄒᆞ야(綸音214).

싱강 명 생강(生薑). ☞싱앙 ¶生薑 혀 半ᄋᆞᆯ 取ᄒᆞ야(救急上1). 싱강 먹옴ᄋᆞᆯ 그치디 아니ᄒᆞ시며:不撤薑食(宣小3:26). 믈 ᄒᆞᆫ 사발 가온과 싱강 다ᄉᆞᆺ 편 녀허(簡辟7). 싱강 ᄒᆞᆫ 냥과 믈 두 되예 ᄒᆞᆫᄃᆡ 프러(牛疫方13). 파와 마ᄂᆞᆯ와 염규와 부칙와 싱강과 머그라(瘟疫方4). 싱강 강:薑(類合上11. 兒學上5). 싱강 세 편과 대쵸 둘 녀허(辟新6).

싱강나모 명 생강나무. ¶싱강나모:黃梅(物譜 雜木).

싱:계 명 생계(生計). ¶世間 다ᄉᆞ룜 마리며 싱계 사롤 일ᄃᆞᆯᄒᆞᆯ 닐어도 다 正ᄒᆞᆫ 法에 順ᄒᆞ며(釋譜19:24). 生計 艱難ᄒᆞ야 즁 ᄃᆞ외시다 ᄒᆞ릴씨(月釋2:36). 나조히 도ᄌᆞ기 와 生計ᄅᆞᆯ 다 서러가니라(三綱. 烈27). 各別히 生計 分別ᄒᆞ야(宣賜內訓3:57). 싱계:活計(老朴集. 累字解9). 高潔ᄒᆞᆫ 이 내 싱계 竹林의나 부치고져(曺偉. 萬憤歌).

싱:계사리 명 살림살이. ¶ᄠᅳ들 글와래 두시고 生計사릿 이ᄅᆞᆯ 묻디 아니커시ᄂᆞᆯ:志在典籍不問居家之事(宣賜內訓2下7).

싱:계ᄒᆞ·다 동 생계를 세우다. ☞싱계 ¶싱계홀 터흘 셰오져 ᄒᆞ다니:頗立產業基址(飜小9:88).

싱고기 명 생고기. 날고기〔膾〕. ¶싱고기 회:膾(兒學上13).

싱금ᄒᆞ다 동 생금(生擒)하다. 사로잡다. ¶싱금ᄒᆞ다:搶人(同文解上46).

싱·긔 명 생기(生氣). ¶블로 食을 조히와 生氣ᄅᆞᆯ 먹디 마롦디니:以火淨食無敢生氣(楞解8:6). 녯 氣分으란 吐ᄒᆞ고 生氣ᄅᆞᆯ 드리ᄂᆞ니라(法華4:19). ᄲᅡ희 寢홈은 거의 그 生氣ᄅᆞᆯ 復ᄒᆞᆯ가 홈이라(家禮5:1).

싱기다 동 생기다. ¶人間 萬物 싱긴 즁의 낫낫치 혜어 보니(萬言詞).

싱:깁 명 생깁. 생견(生絹). ☞산깁 ¶힌 싱깁과 잇다:白絲絹(飜老下26). ᄆᆞᄂᆞᆫ 뵈어나 싱깁이어나(家禮8:12).

싱남 명 생남(生男). ¶世俗이 生男ᄒᆞ면 깃거ᄒᆞ고(家禮4:11).

싱녀 명 생녀(生女). ¶世俗이 生男ᄒᆞ면 깃거ᄒᆞ고 生女ᄒᆞ면 슬퍼ᄒᆞ야(家禮4:11).

싱:댱 명 생장(生長). ¶各各 生長 得ᄃᆞᆺ ᄒᆞ니라:各得生長(法華3:21). 各各 生長ᄋᆞᆯ 得ᄒᆞ야:各得生長(法華3:37).

싱:당ᄒᆞ·다 동 생장(生長)하다. ¶므리 바ᄐᆞᆯ 저져 草木이 生長ᄒᆞ니라:如水浸田草木生長(楞解8:86).

싱동ᄎᆞ조 명 생동찰. ☞싱동출 ¶싱동ᄎᆞ조:生動粘粟(衿陽).

싱·동·출 명 생동찰. ☞싱동ᄎᆞ조 ¶싱동출 량:粱(訓蒙上12). 싱동출 량:粱(類合下28). 싱동출 달힌 믈이 ᄯᅩᄒᆞᆫ 됴ᄒᆞ니라:靑粱飮亦佳(辟新13). 靑粱鄕名生動粘(農事直說8).

싱·디황 명 생지황(生地黃). ¶ᄯᅩ 生地黃汁 ᄒᆞᆫ 中盞을 데여 머그라(救急上9). 싱디황 즛디허 ᄧᅩᆫ 즙과:生地黃汁(救簡1:24).

싱:리 명 생리(生理). ¶世間앳 邪術로 呪咀ᄒᆞ며 精魅로 物을 方禳ᄒᆞ야 因ᄒᆞ야 生이 잇ᄂᆞᆫ 거시라 生理ᄅᆞᆯ 븓디 아니ᄒᆞ니 本來 제 色이 업건마ᄅᆞᆫ(楞解7:90). 生理예 다시 흐르며 ᄀᆞ마니시며(楞解10:14). 生理ᄂᆞᆫ 行陰이라(楞解10:15). 내 길 가온ᄃᆡ 이쇼니 生理ᄂᆞᆫ 시러곰 니ᄅᆞ디 몯ᄒᆞ리로다:我在路中央生理不得論(初杜解6:49). 어려운 제 生理ᄅᆞᆯ 이ᄅᆞᆯ 아ᄃᆞᆯᄒᆞ야:艱難昧生理(重杜解10:13).

싱리 명 생리(生利). 이익을 냄. ¶生利야 不足다마ᄂᆞᆫ 시름 업서 ᄒᆞ노라(古時調. 世上이 말ᄒᆞ거ᄂᆞᆯ. 靑丘).

싱마유 명 생마유(生麻油). ¶生麻油 ᄒᆞᆫ 홉과ᄅᆞᆯ 섯거:生麻油一合右相和(救急上67).

싱면 명 생면(生面). ¶싱면으로 다시 뵈올가(閑中錄250).

싱:명 명 생명(生命). ¶미샹 生命을 보고 다 노ᄒᆞ며(六祖上40).

싱모 명 생모(生母). ¶싱모 위ᄒᆞ야 조초 삼년 복ᄒᆞ고:爲生母追服三年(東新續三綱. 孝4:34).

싱믜명 명 생목(生木). ¶쥬탕 각시 싱믜명 감찰 즁즁 즁에 힝즈치마 멜 ᄢᅵᆫ도(古時調. 平壤 女妓. 靑丘).

싱민 명 생민(生民). ¶天下앳 生民을 受苦케 마ᄅᆞ쇼셔:毋苦天下生民(宣賜內訓2下36). 生民이 이심으로브터 ᄡᅥ 오모로(宣孟3:20). 텬하 싱민을 고롭긔 마ᄅᆞ쇼셔(女範1. 셩후 황명고후). 감히 군ᄉᆞᄅᆞᆯ 니ᄅᆞ혀 나라흘 범ᄒᆞ여 싱민을 도탄ᄒᆞ니(五倫2:35). 이 中에 生民이 비롯ᄒᆞ니(古時調. 朴仁老. 夫婦ㅣ. 蘆溪).

싱미 명 생매. ¶싱미 ᄀᆞᄐᆞᆫ 저 閣氏 남의 肝腸 그만 긋소(古時調. 瓶歌). 싱미 잡아 길드려 두메 ᄢᅯᆼ산녕 보니고(古時調. 靑丘).

싱복 명 전복(全鰒). ☞싱포 ¶싱복 방:蚌(類合上14). 동ᄌᆞᄅᆞᆯ 명ᄒᆞ야 싱복 ᄒᆞᆫ 졍반을 가져오니(洛城2).

싱·뵈 명 생베. ¶사ᄅᆞᄆᆡ 젓 닷 홉애 ᄀᆞ라 프러 싱뵈로 ᄧᅡ:人乳汁五合相和硏以生布(救簡1:18). 몬져 싱뵈로 어르러지ᄅᆞᆯ ᄲᅡ처:先用生布揩之(救簡6:85).

싱산 명 생산(生産). ¶生産 作業ᄒᆞ야 蒸嘗을 긋치 마라(古時調. 詩書를. 海謠).

싱삼 명 생삼. 생마(生麻). ¶ 生삼과 닥니플 뫼화:生麻楮葉合(救急下79).

싱션 명 생선(生鮮). ¶싱션 ᄢᅵ니와 쇠고기 구으니와:蒸鮮魚燜牛肉(飜朴上5). 아비 병ᄒᆞ야셔 ᄀᆞ장 치위예 싱션을 먹고져 커늘:其父有疾隆寒思食鮮魚(東續三綱. 孝23). 나락밥이 돈독ᄒᆞ고 싱션 토막 풍셩ᄒᆞ다(萬言詞).

싱소 명 생소(生疎). ¶萬事ᄅᆞᆯ 쥬션ᄒᆞ야 나의 싱소ᄅᆞᆯ 나타나디 아닐 양으로 미덧ᄉᆞᆸᄂᆡ(新語1:5).

싱소ᄒᆞ다 형 생소(生疎)하다. ¶나ᄂᆞᆫ 소임으로 왓ᄉᆞᆸ거니와 처음이ᄋᆞᆸ고 ᄯᅩᄂᆞᆫ 싱소ᄒᆞᆫ 거시오니(新語1:3).

싱쇼히 부 생소(生疎)히. ¶이데로 싱쇼히 구다가(癸丑59).

싱시 명 생시(生時). ¶生時예 行第稱號로ᄡᅥ 府君 우희 加ᄒᆞ고(家禮1:34). 싱시ᄀᆞᆺ티 ᄒᆞ여 됴셕의 뎡셩ᄒᆞ더니:事之如生朝夕定省(五倫1:16). 야야 싱시ᄅᆞᆯ 싱각ᄒᆞ매(洛城1).

싱신ᄒᆞ다 형 생신(生新)하다. ¶싱신ᄒᆞᆫ 말:新鮮話(漢淸7:10).

싱심 명 생심(生心). ¶싱심이 나ᄌᆞ 하라셔 금텨 드리리잇가(癸丑41). 주려 죽단 말 싱심도 말고(古時調. 이제ᄂᆞᆫ. 靑丘).

싱심·이·나 부 감(敢)히. ¶싱심이나 그러ᄒᆞ리잇가:不敢(飜朴上58). 엇디 싱심이나 허믈ᄒᆞ료: 怎麼敢怪(老解上37). 싱심이나 어이 남기고(新語3:11). 뎌 즁이 닐오ᄃᆡ 뇌여란 싱심이나:那和尙說再也不敢(朴解上34). 싱심이나:不敢(譯解上31).

싱:ᄉᆞ 명 생사(生死). ¶生死 始作이라 ᄒᆞᄂᆞ니라(釋譜23:15). 釋迦ᄒᆞ실ᄊᆡ 涅槃애 아니 겨시고 牟尼ᄒᆞ실ᄊᆡ 生死애 아니 겨시니라(月釋1:15). 頓ᄋᆞᆫ 生死ㅣ 곧 涅槃이어늘 二乘은 生死로 受苦ᄅᆞᄇᆡ요ᄆᆞᆯ 사ᄆᆞᆯᄊᆡ ᄀᆞ장 우르니라:頓以生死卽涅槃而二乘以生死爲苦縛故大喚(法華2:201). 涅槃門ᄋᆞᆫ 生死애 나 眞常 證홇 조ᅀᆞᄅᆞ왼 道ㅣ라:涅槃門者出生死證眞常之要道也(楞解6:77). 生死ㅣ 긋디 아니ᄂᆞ니(圓覺上一之一32). 아란다 生死와 涅槃괘 本來 平等ᄒᆞ야(金三2:13). 南星은 生死ㅣ라(南明上12). 生死苦海예 여희여 나ᄆᆞᆯ 求티 아니ᄒᆞᄂᆞ니:不求出離生死苦海(六祖上10). 生死애 利ᄅᆞᆯ 어두ᄃᆡ 우므렛 소고ᄆᆞᆯ 조쳐 ᄒᆞ놋다:死生射義兼塩井(重杜解25:46).

·싱·싱·이 명 성성(猩猩)이. ¶싱싱이 셩:猩

(訓蒙上18).

싱깨기름 명 날참깨로 짠 기름. ¶싱깨기름:香油(柳氏物名三 草).

싱·슉 명 생육(生肉). ¶믈읫 生肉 니그닌:凡生肉熟(救急下61).

·싱·실 명 생일(生日). ☞싱일 ¶네 어제 張千戶의 싱시레:你昨日張千戶的生日裏(飜朴上66). 어듸셔 싱실 ᄒᆞ더뇨:那裏做生日來(飜朴上66).

싱앙 명 생강. ☞싱강. 싱양 ¶싱앙 두터운 닐굽 편:生薑七厚片(救簡1:2). 싱앙과 귨거플와:生薑橘皮(救簡6:21). 싱앙 달힌 므레 ᄂᆞ리우라:生薑湯送下(飜老下40). 싱앙 쌍:薑(訓蒙東中本上14).

싱애 명 생애(生涯). ¶生涯 ᄉᆞᆷ ᄀᆞᆮᄒᆞ며 뜬 구룸 ᄀᆞᆮᄒᆞ니(金三4:9). 더위 가고 치위 오매 잇논 배 므스고 ᄒᆞᆫ 옰 구룸 누비이 生涯로다:暑往寒來何所有一條雲衲是生涯(南明上59). 뉘 能히 ᄯᅩ 얼믜여시리오 므르늬게 醉호미 이 生涯니라:誰能更拘束爛醉是生涯(重杜解11:37). 그 범ᄒᆞᆫ 쟈ㅣ 죠셕을 니우기 어려워 일로ᄡᅥ 싱애ᄒᆞᄂᆞᆫ 이 만ᄒᆞ니(綸音29). 漁夫 生涯ᄂᆞᆫ 이렁구러 지낼로다(古時調. 來日이. 孤遺).

싱양 명 생강(生薑). ☞싱앙 ¶싱양 쌍:薑(訓蒙叡山本上7). 싱양 강:薑(光千3).

싱어 명 생어(生魚). ¶昔에 生魚를 鄭子産의게 饋ᄒᆞ리 잇거ᄂᆞᆯ(宣孟9:9).

싱업 명 생업(生業). ¶太平時節의 나셔 生業을 부즈러니 아니 ᄒᆞᄂᆞᆫ 사ᄅᆞᆷ(隣語1:26). 각각 사ᄂᆞᆫ ᄯᅡ흘 편안히 ᄒᆞ고 싱업ᄒᆞᄂᆞᆫ 일을 진졍ᄒᆞ야(綸音165).

싱일 명 생일(生日). ☞싱실 ¶마ᄎᆞᆷ내 生日이 季秋애 이심을 만나니 九月 十五日이니라(家禮10:41). ᄒᆞᆫ 싱일이 다ᄃᆞᆺ디 못ᄒᆞ여셔:不到一生日裏(朴解中47). 너 싱일 ᄡᅧ의(閑中錄350).

싱존 명 생존(生存). ¶祖考ㅣ 生存ᄒᆞ여실 제 盖 일즉 쓰던디라(家禮10:46).

싱질 명 생질(甥姪). ¶싱질 싱:甥(倭解上13). 싱질:外甥(漢清5:41).

싱ᄌᆞᄒᆞ다 동 생자(生子)하다. ¶십팔 삭 만의 싱ᄌᆞᄒᆞ니(洛城1).

싱·초 명 생초(生草). ¶清淨ᄒᆞᆫ 比丘와 모든 菩薩이 가린 길헤 行호매 生草ᄅᆞᆯ ᄇᆞᆲ디 아니커니:清淨比丘及諸菩薩於歧路行不蹋生草(楞解6:96).

싱:치 명 생채(生菜). ¶술와 도틔고기와 믌고기와 生菜ᄅᆞᆯ 禁止홀디니라:禁酒猪肉魚生菜(救急下67). 보ᄃᆞ라온 生菜ㅣ 됴ᄒᆞ니ᄅᆞᆯ 더 이바ᄃᆞ니:脆添生菜美(初杜解15:9).

싱포 명 전복(全鰒). ☞싱복 ¶싱포:鰒魚(四解下37 鰒字註). 싱포 방:蚌. 싱포 박:鰒(訓蒙上20). 싱포:鰒魚(譯解下37). 싱포 겁질:石決明(物譜 介蟲).

싱포 명 생포(生布). 생베. ¶極히 굴근 生布ᄅᆞᆯ ᄡᅥ ᄆᆡ이며(家禮6:1).

·싱피 명 폐(肺). ¶肺ᄂᆞᆫ 싱피라(救簡3:75).

싱·합 명 생합(生蛤). ¶술 더이고 生蛤 구어오라 ᄒᆞᆫ대:臑酒炙車螯(宣賜內訓1:67).

싱·활ᄒᆞ·다 동 생활하다. ¶民이 水火ㅣ 아니면 生活티 몯ᄒᆞᆯ 꺼시로ᄃᆡ(宣孟13:19).

싱황 명 생황(笙簧). 생(笙). ☞싱 ¶싱황 싱:笙(倭解上43).

싱ᄒᆞᆫ손 명 생인손. 생손. ¶싱ᄒᆞᆫ손:惡指(譯解補34). 싱ᄒᆞᆫ손 알타:惡指(同文解下7. 漢清8:10).

ᄭ 병서 시옷기역. ㅅ, ㄱ의 합용병서(合用並書). ¶ᄭᅮ므로 뵈아시니:昭玆吉夢帝迺趣而(龍歌13章). 禮貌로 ᄭᅮ르시니:禮貌以跪(龍歌82章). 손ᄋᆞ로 ᄶᆞᄅᆞ싊 제(月印上24). ᄒᆞ녀ᄀᆞ론 分別ᄒᆞ시고 ᄒᆞ녀ᄀᆞ론 기ᄭᅥ(釋譜6:3). 머리 가ᄭᅡ 法服ᄋᆞᆯ 니브리도 보며(釋譜13:20). ᄭᅩ리 미:尾(訓蒙下6).

ᄭᅡ다 동 까다. ¶과실 ᄭᅡ다:揭開(漢清12:16). ᄭᅡ다:磕開(柳氏物名四 木).

ᄭᅡ다 동 까다〔孵化〕. ☞ᄣᅡ다 ¶병아리 ᄭᅡᆫ 속 겁질:鳳皇蛻(柳氏物名一 羽蟲).

ᄭᅡ다롭다 형 까다롭다. ☞가ᄃᆞᆲ다 ¶ᄭᅡ다론 정ᄉᆞᄅᆞᆯ 만다라:造作苛政(三略上35).

ᄭᅡᄃᆞᆯ니 부 까다로이. ☞가ᄃᆞᆯ니 ¶노복 ᄃᆡ졉ᄒᆞ믈 관셔이 ᄒᆞᆯ지니 엇지 가초 칙망ᄒᆞ며 ᄭᅡᄃᆞᆯ니 구ᄒᆞ리오(敬信9).

ᄭᅡ밀다 동 깨물다. ☞ᄭᆡ믈다 ¶손가락을 ᄭᅡ미러 피ᄅᆞᆯ 내여 옷기시 크게 ᄡᅥ:以血大書衣裾(五倫2:50).

ᄭᅡ보로다 동 까부르다. 까불다. ☞가볼오다. ᄭᅡ불다 ¶ᄭᅡ보로다:簸一簸(譯解下8).

ᄭᅡ불다 동 까부르다. 까불다. ☞ᄭᅡ보로다 ¶곡식 ᄭᅡ부ᄂᆞᆫ 술위:簸(同文解下2). 곡식 ᄭᅡ부ᄂᆞᆫ 술위:扇車(漢清10:9). ᄭᅡ불 파:簸(兒學下6).

ᄭᅡᆷ즉ᄒᆞ다 형 깎음직하다. ¶ᄭᅡᆷ즉ᄒᆞ면 ᄭᅡ그시니(十九史略1:36).

ᄭᅡ야 동 깨어. 깨달아〔覺〕. ㉮ᄭᅡ이다 ¶ᄭᅡ야 아로몬 녜브터 오매 刹那에 잇ᄂᆞ니:省覺由來在刹那(南明下1).

ᄭᅡ여디다 동 깨지다. ☞ᄭᆡ야디다 ¶腎囊이 샹ᄒᆞ야 ᄭᅡ여디면(無冤錄1:30). 술히 프르고 검으며 갓치 ᄭᅡ여디며:肉青黑皮破(無冤錄1:31).

ᄭᅡ·온·대 명 가운데. ☞ᄭᅡ온ᄃᆡ ¶ᄆᆞ을 ᄭᅡ온대 늘근이들히:里中長老(宣小6:80).

ᄭᅡ·온·ᄃᆡ 명 가운데. ☞가ᄫᆞᆫᄃᆡ. ᄭᅡ온대 ¶佛事門 ᄭᅡ온ᄃᆡᄂᆞᆫ(龜鑑下57).

ᄭᅡ이·다 동 깨다〔覺〕. 깨닫다. ¶ᄭᅡ야 아로

ᄆᆞᆫ 녜브터 오매 刹那에 잇ᄂᆞ니:省覺由來在刹那(南明下1).

ᄭᅡᆨ가지르다 동 깎아지르다. ¶ᄭᅡᆨ가지른 ᄃᆞᆺ ᄒᆞᆫ ᄃᆡ:齊坎(漢淸1:39).

ᄭᅡᆨ강이 명 핵각(核殼). ¶ᄭᅡᆨ강이:穀 核殼(柳氏物名四 木).

ᄭᅡᆨ금질 명 깎음질. 손바느질의 한 방식. ¶凉縷緋 두올ᄯᅳ기 上針ᄒᆞ기 ᄭᅡᆨ금질과 시발슈침(古時調. 世上 衣服. 歌曲).

ᄭᅡᆨ다 동 깎다. ☞갓다. ᄭᅡᆺ다 ¶주근 굽 ᄃᆞᆫᄃᆞᆫᄒᆞᆫ 톱을 ᄭᅡᆨ가 ᄇᆞ리고:削去死蹄硬甲(馬解下69). ᄯᅩ 머리 ᄭᅡᆨ고:又剃了(朴解上51). 나모 기동에 ᄆᆡ고 ᄭᅡᆨ가 죽이니라:木椿上剮了(朴解中29). 마리 ᄭᅡᆨᄂᆞᆫ 이:剃頭的(譯解上30). ᄭᅡᆨ글 쟉:斫(倭解下17). 손조 머리털을 ᄭᅡᆨ더니:自爲剪髮(重內訓2:54). 마리 ᄭᅡᆨ다:剃頭(同文解上54). ᄭᅡᆨ다:剮了(同文解下18). 마리 ᄭᅡᆨᄂᆞᆫ 이ᄃᆞᆯ(朴新解1:42). 녯 시 삼쳔을 ᄭᅡᆨ그샤(十九史略1:36). ᄭᅡᆨ다:劀(漢淸12:3). ᄭᅡᆨ다:削去(漢淸12:5). 두 손을 ᄭᅡᆨ가 殺ᄒᆞ고(武藝圖17). ᄭᅡᆨ글 산:刪(兒學下9).

ᄭᅡᆨ덩이 명 깍정이. ☞각지 ¶ᄭᅡᆨ덩이:橡實(譯解補51).

ᄭᅡᆨᄭᅡᆨ 부 깍깍. ¶가마귀 ᄭᅡᆨᄭᅡᆨ 아모리 운들 任이 가며 넌들 가랴(古時調. 靑丘). 가마괴 ᄭᅡᆨᄭᅡᆨ ᄒᆞᆫ들 사ᄅᆞᆷ마다 다 주그랴(古時調. 槿樂).

ᄭᅡᆯ 명 칼. ¶청셕 ᄭᅡᆯ 메오시고(普勸文32). 석자 ᄭᅡᆯ흘 자바 風塵을 업게 ᄒᆞ고:風塵三尺劒(重杜解6:25).

ᄭᅡᆯᄭᅡᆯᄒᆞ다 형 깔깔하다. ¶ᄭᅡᆯᄭᅡᆯᄒᆞᆯ 삽:澀(兒學下8).

ᄭᅡᆺ다 동 깎다. ☞갓다. ᄭᅡᆨ다 ¶ᄭᅡᆺ글 극:剋削也(註千9).

·ᄭᅢ 명 깨. ☞ᄡᅢ. ᄢᅢ ¶蘇油ᄂᆞᆫ 두리ᄭᅢ 기르미라(月釋10:121). 여러 가짓 香草로 ᄎᆞᆷᄭᅢ ᄒᆞᆫ ᄃᆡ ᄃᆞ마(法華5:210). 듧ᄭᅢ ᅀᅵᆷ:荏. ᄎᆞᆷᄭᅢ:白荏(訓蒙上13). ᄎᆞᆷᄭᅢ:芝麻(同文解下3). ᄭᅢㅅ국차:芝麻茶(漢淸12:43). ᄭᅢ 뭇친 흰 산ᄌᆞ:白糖纏(漢淸15:21).

ᄭᅢᄀᆞ지 부 깨끗이. ☞ᄍᆞᄀᆞ지 ¶입 빗치 ᄭᅢᄀᆞ지 븕고:口色鮮紅(馬解下19. 馬解下24).

ᄭᅢ목 명 깻묵. ☞ᄭᅢᆺ목 ¶ᄭᅢ목ᄌᆡ:麻籸灰(救急下27). ᄭᅢ목:麻櫬(漢淸12:66). ᄭᅢ목:油靛(物譜 筐筥). ᄭᅢ목:麻枯餅(柳氏物名三 草).

ᄭᅢ물다 동 깨물다. ☞ᄭᅡ밀다. ᄭᅢ믈다 ¶손가락을 ᄭᅢ무러 피 ᄲᅧ의 드러(女範4. 녈녀 진긔량쳐).

ᄭᅢ믈다 동 깨물다. ☞ᄭᅡ밀다. ᄭᅢ물다 ¶손가락을 ᄭᅢ므러 피ᄅᆞᆯ 내여 돌에 글을 ᄡᅳ고:齧指出血書字山石上(五倫3:43).

ᄭᅢ야디다 동 깨지다. ☞ᄭᅢ여디다 ¶뎌 디새 ᄭᅢ야디니 잇ᄂᆞ냐:那瓦有破的麼(朴解中40).

ᄭᅢ여디다 동 깨지다. ☞ᄭᅢ야디다 ¶네 보아 뎌 디새 ᄭᅢ여디니 잇거든 새로 밧ᄭᅩ고:你看那瓦有破的時換箇新的(朴解中40).

ᄭᅢ여지다 동 깨지다 ¶ᄭᅢ여지다:破了(同文解下52). ᄭᅢ여지다:破(漢淸11:54).

ᄭᅢ이다 동 까이다. ¶ᄭᅢ이다:剖開. 가얌 잣 ᄭᅢ이다:剖取松子榛仁(漢淸12:15).

ᄭᅢ인절미 명 깨인절미. ¶ᄭᅢ인졀미:芝麻餻(譯解上51).

ᄭᅢ자반 명 깨보숭이. ¶ᄭᅢ자반 나롯 거스리고(古時調. 이바 편메곡들아. 靑丘).

ᄭᅢ치다 동 깨뜨리다. ¶하ᄂᆞᆯ흘 ᄭᅢ칠 힘이 잇다 엇디 긋ᄣᅢ예 이긔리오(癸丑98). ᄭᅢ치다:劈開(譯解補54). 쟝ᄎᆞᆺ 어ᄅᆞᆷ을 ᄭᅢ쳐 고기ᄅᆞᆯ 잡으려 ᄒᆞ더니:將剖冰求之(五倫1:25). ᄭᅢ칠 ᄉᆞ:斯(註千12).

ᄭᅢ티다 동 깨뜨리다. ¶갈 ᄲᅡ혀 大荒 ᄯᅡ흘 ᄭᅢ텨:拔劒擊大荒(重杜解5:31). ᄭᅢ티다:打破(漢淸12:16).

ᄭᅢᆺ목 명 깻묵. 유박(油粕). ☞ᄭᅢ목 ¶ᄭᅢᆺ목:油楂(同文解下3).

ᄭᅥ 동 꺼. ㉠ᄭᅳ다 ¶ᄲᅩᆯ와가 텨 블을 ᄭᅥ ᄇᆞ리니 그 후브터 그 겨집이 업서디니라(太平1:37).

·ᄭᅥ디·다 동 빠지다. ☞ᄲᅥ디다 ¶ᄭᅥ딘 ᄆᆞᄅᆞᆯ 하ᄂᆞᆯ히 내시니:墮溺之馬天使之迸(龍歌37章). ᄂᆞᆾ비치 검디 아니ᄒᆞ며 좁고 기디 아니ᄒᆞ며 ᄭᅥ디여 굽디 아니ᄒᆞ야(釋譜19:7). ᄆᆞᄅᆞᆯ ᄇᆞᆯᄫᅡ도 아니 ᄭᅥ디여(月釋2:71). 想ᄋᆞᆯ 보샤도 想애 ᄭᅥ디디 아니ᄒᆞ샤(月釋8:16). 다ᄅᆞᆫ 나라ᄒᆞᆫ 五道애 ᄭᅥ듀ᄆᆞᆯ 가ᄌᆞᆯ비니(月釋13:7). ᄭᅥ디고 곱디 아니ᄒᆞ야(月釋17:53). ᄂᆞᄆᆡ거긔 ᄭᅥ디면:陷(三綱. 忠33).

ᄭᅥ디다 동 꺼지다〔滅〕. ¶블 ᄭᅥ딜 식:熄(類合下51). 블 ᄭᅥ딜 멸:滅(類合下62). 내 블 ᄭᅥ디기ᄅᆞᆯ 기ᄃᆞ려 님군의 ᄒᆡ골을 거두어 무드려 ᄒᆞ노라 ᄒᆞᆫ대:吾俟火滅灰寒收瘞其骨耳(五倫2:65).

ᄭᅥ럽·다 형 껄끄럽다. ¶누네 가싀 드러 ᄭᅥ러워 알하:眯目澁痛(救急下37).

:ᄭᅥ리·다 동 꺼리다. ☞ᄭᅥᆯ이다 ¶揚子江南ᄋᆞᆯ ᄭᅥ리샤 使者ᄅᆞᆯ 보내신ᄃᆞᆯ:揚子江南忌且遣使(龍歌15章). 셔ᄫᅳᆯ 使者ᄅᆞᆯ ᄭᅥ리샤:憚京使者(龍歌18章). ᄭᅥ리디 아니ᄒᆞᆯ 씨라(月釋18:17). 잇부믈 ᄭᅥ려:憚煩(法華3:179). ᄭᅥ리디 아니ᄒᆞ실 씨니:不憚煩難(法華6:123). ᄭᅥ릴 긔:忌(類合下15. 倭解下35). ᄭᅥ릴 탄:憚(類合下27). 므서슬 ᄭᅥ리ᄂᆞᆫ다:嫌甚麼(老解上58). ᄭᅥ리다:發怵(漢淸8:35). ᄭᅥ림 업게 지간ᄒᆞ시소(新語5:25). 남의 밧곡식 무셩ᄒᆞ믈 ᄭᅥ려 해ᄒᆞᆯ ᄆᆞᄋᆞᆷ 내지 말며(敬信65).

·ᄭᅥ리·이·다 동 꺼림을 당하다. ¶님금ᄭᅴ ᄭᅥ

리이더니:見憚(飜小9:38).

써엄 명 꿰미. ¶벼개 미트로셔 돈 네 써엄을 내여 주며(洛城1).

써여 동 꿰어. ☞쎄다 ¶귀 써여 내닷 말이 이셔이다(古時調. 大川 바다. 青丘).

써지다 동 꺼지다〔陷〕. ☞뻐지다. 뻐디다 ¶써질 함:陷(倭解上8). 써지다:搨陷(同文解下53).

써지다 동 꺼지다〔滅〕. ☞뻐디다. 뻐지다 ¶불 써질 식:熄(倭解上49). 써지다:滅(漢清10:51). 써질 멸:滅(兒學下10).

썩기다 동 께끼다. ¶곡식 썩기는 나모:碾桿木(漢清10:9).

썩다 동 꺾다〔折〕. ☞것다. 썻다 ¶써끌 절:折(倭解下38). 썩다:折之(同文解下53). 썩다:撅(漢清11:55). 남의 쟝쳐롤 썩고 내 단쳐롤 옹호ᄒᆞ며(敬信4). 혹 젼 때예 잡죄다가도 취ᄒᆞᆫ 후 방일ᄒᆞ여 과로 공을 썩그면(敬信31).

썩디 명 꺽저기. ¶썩디:杜父魚(柳氏物名二水族).

썩정이 명 꺽저기. ¶鱸者江魚之小者也…今之所謂居億貞伊 썩경이(雅言三 鱸).

:썰븐·리잇·고 형 꺼림칙할 것입니까. 어려울 것입니까. ㉦쎫다 ¶므스기 썰ᄇᆞ리잇고(月釋8:93).

:썰·븐 형 꺼림칙한. 어려운. ㉦쎫다 ¶釋迦牟尼佛이 甚히 썰븐 쉽디 몯ᄒᆞᆫ 이롤 잘ᄒᆞ야(月釋7:77). 甚히 썰븐 希有ᄒᆞᆫ 이롤 잘ᄒᆞ샤:能爲甚難希有之事(阿彌28).

:썰·븨 부 어렵게. ☞쎫다 ¶天人 濟渡호ᄆᆞᆯ 썰븨 아니호미 당다이 나 ᄀᆞᆮᄒᆞ리라(月釋1:16).

썰썰ᄒᆞ다 형 껄껄하다. ¶목이 ᄆᆞᆯ라 썰썰ᄒᆞ여 아프고:咽乾澁痛(痘要上59).

썰슴썰슴ᄒᆞ다 형 껄끔껄끔하다. ¶썰슴썰슴ᄒᆞ다:粗澁(漢清11:61).

:썰이·다 동 꺼리다. ☞써리다 ¶이 은을 므스글 썰이ᄂᆞ다:這銀子嫌甚麼(飜老上65).

:쎫·다 형 꺼림칙하다. 어렵다. ¶天人 濟渡호ᄆᆞᆯ 썰븨 아니호미 당다이 나 ᄀᆞᆮᄒᆞ리라(月釋1:16). 釋迦牟尼佛이 甚히 썰븐 쉽디 몯ᄒᆞᆫ 이롤 잘ᄒᆞ야(月釋7:77). 므스기 썰ᄇᆞ리잇고(月釋8:93). 甚히 썰븐 希有ᄒᆞᆫ 이롤 잘ᄒᆞ샤:能爲甚難希有之事(阿彌28).

썹질 명 껍질. ¶썹질 갑:甲(兒學上8).

썻 명 것. 〔'ㄹ' 받침 다음의 '것'이 '썻'으로 표기된 경우임.〕 ¶어제라도 오올 써술 路次의 ᄂᆞᆫ바 계요 이지야 守門ᄶᆞ지 왇숩ᄂᆡ(重新語1:1).

썻거디다 동 꺾어지다. ☞것거디다. 썻거지다 ¶집 ᄆᆞᆯ니 썻거디고(癸丑218).

썻거지다 동 꺾어지다. ☞것거디다. 썻거디다 ¶썻거질 최:摧(兒學下10).

썻다 동 꺾다. ☞것다. 썩다 ¶일만 번 썻거도(仁祖行狀50). 썻글 절:折(兒學下10).

-쎄 조 ①-께. ☞-ㅅ게. -ㅅ긔 ¶燈明쎄 와(法華2:43). 내 스승쎄 四相ᄋᆞᆯ 더디 몯ᄒᆞ야(金剛107). 聖人쎄 더으디 아니ᄒᆞ며(牧牛訣20). 陰氏쎄 가줄뵤려 ᄒᆞᄂᆞ뇨:比陰氏乎(宣賜內訓2上50). 모ᄃᆞᆫ 聖人쎄 ᄀᆞᄌᆞ게 ᄒᆞ시니(金三4:45). 반ᄃᆞ시 家長쎄 뭇ᄌᆞ와(家禮2:2). 나의 未平ᄒᆞᆫ ᄠᅳᆮ을 日月쎄 뭇줍ᄂᆞ니(古時調. 青丘). 그 어머님쎄 아로ᄃᆡ(普勸文14).

②-에게. ☞-ㅅ긔 ¶이 ᄆᆞᆯ쎄 실은 져근 모시뵈:這馬上駝着的些少毛施布(老解上7). 개며 ᄆᆞᆯ쎄 니르러도 다 그리ᄒᆞᆯ 거시온(英小2:16).

쎄다 동 꿰다. ☞뻬다. 뻬다 ¶貞心이 日月을 쎄고(女四解4:30). 바ᄂᆞᆯ귀 쎄다:紉針(同文解上56). 쎄어 닛다:縫聯(漢清11:27). 쎄다:穿繩(漢清12:14). 무지개 ᄒᆡ롤 쎄엇더라(山城12).

쎄닫다 동 깨닫다. ¶청청한 학의 소래 쎄다르니 쑴이로다(皆岩歌).

쎄뚧다 동 꿰뚫다. ☞쎄둘다. 쎄숣다 ¶쎄뚧다:透鑽(譯解補45).

-쎄셔 조 -로부터. -에게서. ¶同居ᄒᆞ니 ᄒᆞᆫ가지로 曾祖쎄셔 나시면 믄득 從兄弟과 밋 再從兄弟 이실 거시니:同居同出於曾祖使有從兄弟及再從兄弟(家禮1:17).

쎄둘다 동 꿰뚫다. ☞쎄뚧다. 쎄숣다 ¶쎄둘ᄂᆞᆫ 소릐(漢清4:43). 쎄ᄯᅮ러 나오다:穿透(漢清4:54).

쎄둘리다 동 꿰뚫리다. ¶쒜둘린 곳:破通處(漢清11:57).

쎄숣다 동 꿰뚫다. ☞쎄뚧다. 쎄둘다 ¶쎄숣다:透鑽(同文解下17). 쎄 숣 다:穿透(漢清12:6).

쎄지르다 동 꿰지르다. ¶비록 강노의 살밋치라도 여론 비단을 쎄지르기 이로지 못ᄒᆞᄂᆞ니(三譯3:20).

쎄치다 동 꿰뚫다. ¶쎄치다:衝闖(漢清4:35). 쎄쳐 나가ᄂᆞᆫ 소릐(漢清4:43).

쎄티다 동 꿰다. 〔'-티'는 강세접사(强勢接辭).〕 ☞쎄다 ¶이 시롬 닛쟈 ᄒᆞ니 ᄆᆞᄋᆞᆷ의 미쳐 이셔 骨髓의 쎄텨시니 扁鵲이 열히 오나 이 병을 엇디ᄒᆞ리(松江. 思美人曲). 수플 속으로셔 쎄텨 나 송ᄇᆡ ᄉᆞ이예셔 길홀 일흔 ᄃᆞᆺ(太平1:17). 딘을 쎄텨 두어:突陣(東新續三綱. 忠1:50). 쎄티다:衝突(同文解上46).

쎄트리다 동 깨뜨리다. ¶병풍바위 돌아 들어 萬丈蒼壁 쎄트리고(皆岩歌).

쎠닙다 동 껴입다. ¶쎠닙다:重穿(同文解上

57). ᄶᅧ닙다:層穿(譯解補29). ᄶᅧ닙다:衣上加衣(漢淸11:17).

ᄶᅧᄆᆡ다 동 끼워 매다. ¶손가락 ᄶᅧᄆᆡ고 티ᄂᆞᆫ 널뽁:索板(譯解上66). 술윗 바퀴 ᄶᅧᄆᆡᄂᆞᆫ 나모:挾棒(譯解下23). ᄶᅧᄆᆡ다:連絟(同文解下53). ᄶᅧᄆᆡ다:連絡(漢淸12:13).

ᄶᅧ붓드다 동 껴붙들다. ¶ᄶᅧ붓드다:攙着(漢淸10:11).

ᄶᅧ안다 동 껴안다. ¶양향이 범을 ᄶᅧ안기ᄂᆞᆫ 아비 잇심을 알고 몸 잇심을 아지 못ᄒᆞ고:搤(女四解4:12).

ᄶᅧ치다 동 협공(挾攻)하다. ☞ᄶᅧ티다 ¶ᄶᅧ치다:夾攻(漢淸4:34).

ᄶᅧ티다 동 협공(挾攻)하다. ☞ᄶᅧ치다 ¶ᄶᅧ티다:挾攻(同文解上46).

ᄭᅬ노다 동 꼬느다. 끊다. ☞고노다 ¶글 ᄭᅬ노다:判了書(同文解上43).

·ᄭᅬ·다 동 꼬다. ¶黃金으로 노 ᄭᅬ아 길ᄀᆞᆺ새 ᄂᆞ리고(月釋13:62). 노 ᄭᅬ아:爲繩(救急下63). 그 죠힐 ᄭᅬ아 블 브텨 져근덛 ᄂᆡ를 ᄢᅬ여:作紙撚烟熏少時(救簡3:24). ᄆᆡ화 ᄭᅬ오ᄃᆡ 쿠미 탄ᄌᆞ만케 ᄒᆞ고:合而索之大如彈丸(救簡6:10). 처엄의 다 흐터 드리혓다가 成服에 니ᄅᆞ러 이에 ᄭᅬ라(家禮圖10). 鬚髥 ᄭᅬ다:搓鬍子(譯解上48). 길게 길게 노ᄅᆞᆯ ᄭᅬ와(古時調. 萬鈞을. 青丘).

ᄭᅬ·리 명 꼬리. ¶ᄭᅬ리예 구스리 ᄢᅦ오(月釋1:28). 駿馬의 ᄭᅬ리 펴고:駿尾蕭梢(初杜解16:40). ᄭᅬ리 자밤 서르 니ᄉᆞ니(南明上27). 鱍鱍ᄒᆞᆫ 고기 ᄭᅬ리 후ᄂᆞᆫ 양지라(金三4:12). ᄭᅬ리 미:尾(訓蒙下6. 類合上14. 兒學上8). ᄃᆞᆰ의 ᄭᅬ리:鷄尾把(譯解下25). 개 ᄭᅬ리 치다:擺尾(漢淸14:11). ᄆᆞᆯ ᄭᅬ리의 비김을(武藝圖67). 문 압희 짓던 ᄀᆡᄂᆞᆫ 날 보고 ᄭᅬ리 친다(萬言詞).

ᄭᅬ아리 명 꽈리. ☞ᄭᅪ리 ¶ᄭᅬ아리:酸漿(東醫 湯液三 草部). ᄭᅬ아리 믈 ᄒᆞᆫ 되애:酸漿水一升(馬解下51). ᄭᅬ아리:紅姑娘(譯解下41). ᄭᅬ아리:酸漿(物譜 草果).

ᄭᅩᆨ 부 꼭. ¶야단을 니라 ᄒᆞᄂᆞᆫ 줄 ᄭᅩᆨ 알고(閑中錄426).

ᄭᅩᆨ도손이 명 꼭두서니. ¶ᄭᅩᆨ도손이 쳔:茜(兒學上5).

ᄭᅩᆨ뒤 명 꼭뒤. ☞곡뒤 ¶ᄭᅩᆨ뒤 내미다:後奔顱(漢淸5:49). ᄭᅩᆨ뒤 뎡:頂(兒學上2).

ᄭᅩᆨ듸 명 꼭뒤. ☞곡뒤 ¶구레 ᄭᅩᆨ듸 거리:搭腦(漢淸5:25). ᄭᅩᆨ듸에 털:頂毛(漢淸13:60).

ᄭᅩᆨ지 명 꼭지. ☞곡지 ¶ᄎᆞᄆᆡ ᄭᅩᆨ지ᄅᆞᆯ 복가(辟新10). ᄭᅩᆨ지 톄:蔕(倭解下7). 외 ᄭᅩᆨ지:瓜蔕(譯解補50). 과실 ᄭᅩᆨ지:果子把(漢淸13:7). ᄭᅩᆨ지 톄:蔕(兒學上2).

ᄭᅩᆯ 명 꼴. 마소에게 먹이는 풀. ¶ᄭᅩᆯ 븳 죠ᄒᆞᆯ 맛나니(月釋8:98). 죵으란 흰 바ᄇᆞᆯ 주고 ᄆᆞᆯ란 프른 ᄭᅩᄅᆞᆯ 호리라:與奴白飯馬青芻(初杜解8:23). 프른 ᄭᅩᆯ빗 ᄀᆞᆮ고:青芻色(初杜解16:73). ᄆᆞᆯ 머깂 ᄭᅩᆯ와 콩ᄭᅡᆸ샛 돈을 흐러 주라:散饋喂馬的草料錢(飜朴上66). ᄭᅩᆯ 추:蒭(訓蒙下4). ᄭᅩᆯ 츠:芻(類合下38). 〔'ᄭᅩᆯ 추'의 탈획(脫畫)임.〕 ᄭᅩᆯ 추:蒭(倭解下31). ᄭᅩᆯ:生草(同文解下46). ᄭᅩᆯ:生草(漢淸13:10). ᄭᅩᆯ 추:芻(兒學上7).

ᄭᅩᆯ 명 꼴. 모양. ¶그 볼 ᄭᅩᆯ 사오나오니(新語5:23).

ᄭᅩᆯ이 명 꼬리. ¶왼손으로 범의 ᄭᅩᆯ이를 잡고:左手執虎尾(東新續三綱. 烈2:1).

ᄭᅩᆸ장이 명 곱사등이. ¶안팟 ᄭᅩᆸ장이 고쟈 男便을 망셕즁이라 안쳐 두고 보랴(古時調. 술이라 ᄒᆞ면. 青丘).

ᄭᅩᆸ쟝이 명 곱사등이. ¶개눈에 안팟 ᄭᅩᆸ쟝이(古時調. 술이라 ᄒᆞ면. 青丘).

ᄭᅩᆺ 명 꽃. ☞곳. 곶. ᄭᅩᆽ ¶두 귀미틴 년ᄭᅩᆺ ᄀᆞᆮ더니라:兩臉奪蓮紅(恩重9). 삼ᄭᅩᆺ 우희 누른 ᄀᆞᄅᆞ:麻蕡(東醫 湯液一 土部). 가을달 발근 적에 半만 픠 蓮ᄭᅩᆺ인 듯(古時調. 青丘). 그 나뷔 아모 ᄭᅩᆺ치나 안거든(明皇1:33). ᄭᅩᆺ달힘ᄒᆞ새(古時調. 崔行首. 海謠). 가지ᄭᅩᆺ 빗:茄花色(漢淸10:66). ᄭᅩᆺ:花(柳氏物名四 木). 동ᄇᆡᆨ화 픠온 ᄭᅩᆺ촌 눈 속의 불거지니(萬言詞). ᄭᅩᆺ 화:花(兒學上25).

ᄭᅩᆺ다 동 꽂다. ☞ᄭᅩᆽ다 ¶梁冠의 ᄭᅩᆺᄂᆞᆫ 빈혀:簪子(譯解上43). 우희 큰 긔 져근 긔 ᄭᅩᆺ고(三譯4:13). ᄭᅩᆺ다:插上(同文解上30). 빈혀 ᄭᅩᆺ다:插簪(同文解上54). 藥爐애 香을 ᄭᅩᆺ고 山中 野服으로(草堂曲).

ᄭᅩᆺ다대 명 꽃다지. ¶ᄭᅩᆺ다대:鼠麯草(柳氏物名三 草).

ᄭᅩᆺ다지 명 꽃다지. ¶물쑥 게유목 ᄭᅩᆺ다지라 씀바위 잔다귀(古時調. 즁놈이. 海謠).

ᄭᅩᆺ달힘 명 꽃달임. 화전(花煎)놀이. ☞ᄭᅩᆺᄯᆞ림 ¶崔行首 쑥달힘ᄒᆞ새 趙同甲 ᄭᅩᆺ달힘ᄒᆞ새(古時調. 金光煜. 海謠).

ᄭᅩᆺ답다 형 꽃답다. ☞ᄭᅩᆽ답다 ¶녀ᄌᆞ 학의 ᄭᅩᆺ다온 규모라:芳(女四解4:53).

ᄭᅩᆺ바침 명 꽃받침. ¶ᄭᅩᆺ바침 악:萼(兒學上56).

ᄭᅩᆺ부리 명 꽃부리. ¶ᄭᅩᆺ부리 영:英(兒學下1).

ᄭᅩᆺ수울 명 꽃술. ¶ᄭᅩᆺ수울 예:蕊(兒學上6).

ᄭᅩᆺᄭᅩᆺ하다 형 꼿꼿하다. ¶눈섭이 ᄭᅩᆺᄭᅩᆺ하여 지면서(春香傳150).

ᄭᅩᆺᄯᆞ림 명 꽃달임. 화전(花煎)놀이. ☞ᄭᅩᆺ달힘 ¶崔行首 쑥ᄯᆞ림ᄒᆞ시 趙同甲 ᄭᅩᆺᄯᆞ림ᄒᆞ시(古時調. 金光煜. 青丘).

ᄭᅩᆺ자리 명 꽃이 떨어진 흔적. ¶ᄭᅩᆺ자리:花脫處(柳氏物名四 木).

ᄭᅩᆺ존 명 꽃잔〔花盞〕. ¶아희야 ᄭᅩᆺ존 ᄯᅩ 노아라(草堂曲).

쏫챵이 명 꼬챙이. ☞곳챵이 ¶쏫챵이:叉子(漢淸10:38).

쏫츨 명 꽃을. 㽕꿏☞꿏 ¶꿏츨 두어 眼前에 즐기믈 삼는다 ᄒᆞ고:有花以爲眼前之樂(朴新解1:7).

쏭뭉이 명 꽁무니. ¶쏭뭉이 더듬더니(春香傳269).

쏫 명 꽃. ☞곳. 곶. 꿏 ¶믈 짜온ᄃᆡ 년ᄭᅩ지로다:水中蓮(百聯9).

쏫다 동 꽂다. ☞꿏다 ¶창의 ᄭᅩ자 들고(太平1:41). 芙蓉을 ᄭᅩ잣ᄂᆞᆫ ᄃᆞᆺ(松江. 關東別曲). ᄭᅩᄌᆞᆯ 공:拱(倭解上30). 거믄고 술 ᄭᅩ자 노코(古時調. 靑丘). 얼골을 ᄀᆞ다듬고 손을 ᄭᅩ자:拱(五倫4:55). 太學의 부술 ᄭᅩᄌᆞ 少科連璧 더 異常히(쌍벽가).

쏫답다 형 꽃답다. ☞꿏답다 ¶쏫다올 방:芳(兒學下2).

쐬·리 명 꽈리. ☞ᄭᅩ아리 ¶酸漿은 쐬리라(救急上63).

:쐬·리나모 명 꽈리 나무. 꽈리. ¶쐬리나모:酸漿草(救簡3:82).

쐉쐉 부 꽝꽝. ¶무으락 나으락 쐉쐉 즈저 도라가게 ᄒᆞ니(古時調. 飛禽 走獸. 靑丘).

쐐티다 동 깨뜨리다. ☞빼티다 ¶술독을 쐐텨 주검을 저져 지 되믈 면ᄒᆞ니라:擊酒瓮沾屍免爲灰燼(東新續三綱. 孝4:87).

·쐬 명 꾀. 계책(計策). ¶쐬 한 도ᄌᆞᄅᆞᆯ 모ᄅᆞ샤:靡知黠賊(龍歌19章). 모딘 쐬ᄅᆞᆯ 일우리잇가:悍謀何濟(龍歌31章). 모딘 쐬ᄅᆞᆯ 니ᄌᆞ실씨:不念舊惡(龍歌76章). 두 兄弟 쐬 하건마ᄅᆞᆫ:兄弟謀多(龍歌90章). 놈 소교ᄆᆞᆯ 爲ᄒᆞ야 안해 다ᄅᆞᆫ 쐬 먹고 밧긔 各別ᄒᆞᆫ 양ᄌᆞ 나톨씨(法華6:175). 帝ㅅ 쐬ᄅᆞᆯ 더 도오샤:左右帝規畫(宣賜內訓2下38). 쐬 모:謀(類合下33. 倭解上22). 비르서 쐬 잘 호믈 알리로다:始知籌策良(重杜解4:18). 쐬 기프며:謀深(重內訓3:6). 遠大ᄒᆞᆫ 쐬ᄂᆞᆫ 미리 싱각ᄒᆞ야:遠大之謀預思(女四解4:59). 협ᄉᆞᄒᆞ고 험극 품어 불어 바ᄅᆞᆫ 체ᄒᆞ야 남의 닐운 쐬ᄅᆞᆯ 훼방ᄒᆞ며(敬信64). 쐬 유:猶(註千15). 쐬 칙:策(註千22).

쐬고리 명 꾀꼬리. ☞곳고리 ¶쐬고리:鶯(柳氏物名一 羽蟲).

쐬고리롱 부 꾀꼴. 꾀꼬리의 울음소리. ¶쐬고리롱 우는 져 쐬고리ᄉᆡ야(古時調. 綠陰芳草. 靑丘).

·쐬·다 동 꾀다. ¶각시 쐬노라 ᄂᆞᆺ 고비 빙여드라(月印上18). 남을 쐬야 홍조ᄒᆞ지 말며(敬信66).

쐬다 동 꾀다. 모여들다. ¶헌 멀이에 니 쐬 듯이 닷는 놈 긔는 놈에 榮華富貴로 百年同樂 엇더리(古時調. 削髮爲僧. 海謠). 귀미만 쐬여ᄂᆞᆫᄃᆡ(癸丑225).

쐬롭다 형 꾀바르다. ¶비록 쐬로온 장군이라도(三譯4:15). 간사코 쐬로와 사ᄅᆞᆷ의 쯧을 잘 아라(明皇1:32). 셔울 온 후 더욱 쐬로와 샹의 쯧을 아라(明皇1:32).

·쐬·쓰·다 동 꾀쓰다. 꾀하다. 꾀 내다. ¶쐬쓰고라 ᄒᆞ야놀(三綱. 忠3). 謀ᄂᆞᆫ 쐬ᄢᅳᆯ 씨니(楞解4:28). 達磨ㅣ 西로셔 오샤 ᄆᆞᅀᆞᆷ 이ᄅᆞᆯ 쐬쓰료 ᄒᆞᆯ 시라(南明下24).

쐬ㅅ고리 명 꾀꼬리. ☞곳고리 ¶쐬ㅅ고리:金衣公子(譯解補47).

쐬ᄭᅩ리 명 꾀꼬리. ☞곳고리 ¶쐬ᄭᅩ리:黃鸝(同文解下35).

쐬ᄭᅩ요 부 꼬끼오. 꼬꼬. 〔닭의 울음소리〕 ¶날 싀라고 쐬ᄭᅩ요 울거든 오랴는가(古時調. 靑丘).

쐬올이 명 꾀꼬리. ☞곳고리 ¶빗 고온 쐬올이는 곳곳이셔 노래로다(古時調. 尹善道. 夕陽이 좃타만은. 海謠).

쐬오다 동 꾀다. ¶네 또 므슴 말로 쐬오라 왓ᄂᆞᆫ다(三譯7:6). 쐬오다:哄誘. 쐬와 소기다:誘騙(同文解上32). 쐬와 소기다:誆哄(漢淸8:39). 거즛 쏫치이고 쐬와 속여(武藝圖20). 어린 쥬인을 속이고 쐬오며 저히지 말며(敬信73).

쐬·오·다 동 에누리하다. ¶쐬오ᄂᆞ닌 거즛이리오 가프리ᅀᅡ 진짓 갑시니 네 언메나 줄다:討的是虛還的是實你與多少(飜老下22). 므스므려 갑슬 쐬오리오:要甚麼討價錢(飜老下29). 쇽졀업시 간대로 갑슬 쐬와 므슴 ᄒᆞᆯ다:無來由胡討價錢怎麼(飜朴上32). 討價錢 빋 받다 又本國傳習之解曰 빋 쐬오다(老朴集. 單字解4). 索價錢 갑 받다 又鄕習傳解曰 빋 쐬오다(老朴集. 單字解4). 쇽졀업시 이리 간대로 갑슬 쐬오ᄂᆞᆫ다:沒來由這般胡討價錢(老解下9). 쐬오ᄂᆞ니ᄂᆞᆫ 거즛 거시오:討的是虛(老解下20). 므슴아라 갑슬 쐬오리오:要甚麼討價錢(老解下26). 만일 쐬오면 닷 냥을 쐬오려니와:若討時討五兩(老解下27). ᄆᆡ ᄒᆞ나히 닷 돈 은을 쐬오려니와:每一箇討五錢銀子(朴解上29). 네 므슴아라 간대로 갑슬 쐬오ᄂᆞᆫ다:你爲甚麼胡討價錢(朴解中57).

쐬·ᄒᆞ·다 동 꾀하다. 계책을 세우다. ¶祿山이ᄅᆞᆯ 토리라 쐬ᄒᆞ더니:謀討祿山(三綱. 忠13). 이제 니르리 阮籍ᄃᆞᆯ히 니기 술 醉ᄒᆞ야 모ᄆᆞᆯ 爲ᄒᆞ야 쐬ᄒᆞᄂᆞ다:至今阮籍等熟醉爲身謀(初杜解22:2). 다시 니러 그듸 爲ᄒᆞ야 쐬ᄒᆞ노라:更起爲君謀(初杜解22:5). 仁ᄒᆞᆫ 사ᄅᆞ믄 올ᄒᆞᆫ 이를 졍다이 ᄒᆞ고 리케ᄒᆞ요ᄆᆞᆯ 쐬ᄒᆞᄃᆡ 아니ᄒᆞ며:仁人者正其誼不謀其利(飜小8:1). 그 利ᄒᆞᆯ 일을 쐬ᄒᆞᄃᆡ 아니ᄒᆞ며:不謀其利(宣小5:82). 니ᄌᆞ겸이 반호믈 쐬ᄒᆞ야:李資謙謀不軌(東新續三綱. 忠1:

17). ᄆᆞᆯ 모라 가 눌와 다ᄆᆞᆺ ᄢᅬᄒᆞ리오:載驅誰與謀(重杜解5:34). 주기믈 ᄢᅬᄒᆞ면:謀殺(警民1). ᄢᅬᄒᆞ야 주기면:謀殺(警民7). ᄇᆡᆨ셩의 가ᄉᆞᆷ과 목굼글 잡아 ᄉᆞᄉᆞ로 진쉬ᄒᆞ기만 ᄢᅬᄒᆞ야(敬信19).

ᄭᅮ다 동 꾸다〔貸〕. ¶ᄭᅮᆯ 대:貸(類合下45. 兒學下5). 샹녜 ᄭᅮ어 ᄡᅥ 닛더라:常稱貸以繼之(東新續三綱. 烈1:73). 남의 ᄌᆡ믈을 강박ᄒᆞ야 ᄭᅮ지 말며(敬信63).

·ᄭᅮ·다 동 꾸다. ¶波旬이 ᄭᅮ믈 ᄭᅮ고 臣下와 議論ᄒᆞ야(月印上24). 머즌 ᄭᅮ믈 ᄭᅮ시니(釋譜23:26). 다ᄉᆞᆺ 가짓 ᄭᅮ믈 ᄭᅮ우니(月釋1:17). ᄭᅮᆷᄭᅮ다가 ᄭᆡ돗 ᄒᆞ며(月釋9:13). ᄭᅮᆷᄭᅮ운 差別을 나토ᄂᆞᆫ 거시라(三綱. 孝35). 즉재 ᄭᅮᆷ ᄭᅮᇙ 時節에 제 그 鐘ᄋᆞᆯ 달이 너겨:卽於夢時自怪其鐘(楞解4:130). 겨틔 먼 ᄉᆞᄀᆞ올 소니 ᄭᅮ믈 ᄭᅮ엣거늘:傍有遠鄕客作夢(金三3:27). ᄭᅮᆷᄭᅮ다:作夢(同文解上28). ᄭᅮᆷᄭᅮ다:做夢(譯解補26). 聖君이 ᄭᅮᆷᄭᅮ신가 非態非彪 祥瑞 잇니(쌍벽가).

ᄭᅮ·다 동 꿇다〔跪〕. ☞ᄭᅮᆯ다 ¶이 모ᄃᆞᆫ 衆ᄃᆞᆯ히 各各 ᄭᅮᅀᆞ와:是諸衆等各各胡跪(眞言59). 세 번 ᄭᅮ다:三跪(漢淸3:15). ᄭᅮ다:跪(漢淸3:31).

ᄭᅮ디롬 명 꾸지람. ☞구지람. ᄭᅮ지람. ᄭᅮ지럼 ¶내 그러므로 분ᄌᆡᄒᆞᆷ을 구ᄒᆞ여 ᄉᆞᄉᆞ로 ᄭᅮ디롬을 취ᄒᆞ엿더니:所以求得分財自取大譏(五倫4:7).

ᄭᅮ러안ㅅ다 동 꿇어앉다. ☞ᄭᅮ러앉다 ¶ᄭᅮ러안ㅅ다:跪坐(同文解上26).

ᄭᅮ러안ᄶᅡ 동 꿇어앉다. ☞ᄭᅮ러앉다 ¶ᄭᅮ러안ᄶᅡ:跪(譯解上46).

·ᄭᅮ·러앉·다 동 꿇어앉다. ☞ᄭᅮ러안ᄶᅡ. ᄭᅮᆯ어앉다 ¶져므도록 무루플 뎝수겨 ᄭᅮ러안자셔:終日斂膝危坐(飜小10:8). 危坐:ᄭᅮ러안좀이라(宣小5:113).

-ᄭᅮ럭이 접미 -꾸러기. ¶빗ᄭᅮ럭이:債椿(譯解補38).

ᄭᅮ리 명 꾸지. 〔옛 무기(武器)의 꾸미개.〕 ¶ᄭᅮ리:纓兒(訓蒙中23 纓字註).

·ᄭᅮ리 명 꾸리. ¶ᄭᅮ리 방:紡(光千35). ᄭᅮ리 적:績(光千35). 실ᄭᅮ리:線軸(同文解下25. 譯解補39. 漢淸10:62. 蒙解下20).

ᄭᅮ·며곰 동 꾸며. ㉮ᄭᅮ미다 ¶天公이 호ᄉᆞ로 와 玉으로 고ᄌᆞᆯ 지어 萬樹千林을 ᄭᅮ며곰 낼셰이고(松江. 星山別曲).

·ᄭᅮ·뮨 동 꾸민. ㉮ᄭᅮ미다 ¶婇女는 ᄭᅮ뮨 각시라(月釋2:28).

ᄭᅮ미개 명 꾸미개. ¶귀엿골 ᄭᅮ미개:墜子寶蓋(漢淸11:22).

·ᄭᅮ·미·다 동 꾸미다. ☞ᄭᅮᆷ이다 ¶보ᄇᆡ ᄭᅮ뮨 술위예 象이 메더니(月印上43). 三時 殿 ᄭᅮ미고 婇女ㅣ 조ᄍᆞᆸ더니(月印上44). 술위와 보ᄇᆡ로 ᄭᅮ뮨 뎡과로(釋譜13:19). ᄉᆡᆨᄉᆡᆨ기 ᄭᅮ며 됴ᄒᆞ니라(釋譜13:25). 萬億 塔ᄋᆞᆯ 셰오 七寶로 조히 ᄭᅮ미거나(釋譜13:51). 佛像ᄋᆞᆯ ᄭᅮ미ᅀᆞᄫᅡ도(釋譜13:52). 婇女는 ᄭᅮ뮨 각시라(月釋2:28). 莊嚴은 ᄉᆡᆨᄉᆡᆨ기 ᄭᅮ밀 씨라(月釋2:29). ᄉᆡᆨᄉᆡᆨ기 ᄭᅮ몟ᄂᆞ니(月釋7:64). ᄉᆡᆨᄉᆡᆨ기 ᄭᅮ뮤맷 거슬 밧고:嚴飾之具(法華2:209). ᄉᆡᆨᄉᆡᆨ기 ᄭᅮ몟ᄂᆞ니(阿彌8). 若干 百千 보ᄇᆡ로 ᄉᆡᆨᄉᆡᆨ기 ᄭᅮ뮤미 寶莊嚴土ㅣ ᄀᆞᆮ거늘:若干百千珍寶嚴飾譬如寶莊嚴土(圓覺上二之二131). 왼 이ᄅᆞᆯ ᄭᅮ미고:飾非(宣賜內訓1:25). 번드기 ᄌᆞ조 ᄂᆞ출 빗내 ᄭᅮ미노라:有靦屢鮮粧(初杜解20:37). 質은 ᄭᅮ뭄 업슨 믿얼구리라(金三2:61). ᄭᅮ미다:裝扮(四解上77 扮字註). ᄭᅮ밀 장:裝. ᄭᅮ밀 장:粧. ᄭᅮ밀 식:飾(訓蒙下20). ᄭᅮ밀 식:飾(類合上32. 倭解上44). 남글 ᄀᆞᆨᄒᆞ야 부모의 얼구ᄅᆞᆯ 밍ᄀᆞ라 ᄭᅮ미기ᄅᆞᆯ 더어고:刻木爲父母形加繪飾(東新續三綱. 孝1:9). 天公이 호ᄉᆞ로 와 玉으로 고ᄌᆞᆯ 지어 萬樹千林을 ᄭᅮ며곰 낼셰이고(松江. 星山別曲). ᄭᅮ미다:扮做(譯解下44). 말 ᄭᅮ미다:飾言(同文解上25). ᄭᅮ밀 문:文(註千4).

ᄭᅮ숑 명 꾸중. ☞구숑 ¶ᄭᅮ숑 쵸:誚(光千42).

ᄭᅮ아리 명 꽈리. ¶ᄭᅮ아리:酸漿(方藥17).

ᄭᅮ유다 동 쪽찌다. ¶마리 ᄭᅮ유다:鬆頭(譯解上47). 마리 ᄭᅮ윤 것:雲鬢(譯解上47).

ᄭᅮ이·다 동 꾸이다. ☞ᄢᅱ이다 ¶ᄭᅮ일 세:貰(類合下45). 반ᄃᆞ시 젼긔ᄒᆞ야 ᄭᅮ이며:必先期假貸(宣小6:113). 다ᄅᆞᆫ 사ᄅᆞᆷ은 곳 ᄒᆞᆫ 냥에 ᄒᆞᆫ 냥 利錢을 밧고 ᄭᅮ이되:別人便一兩要一兩利錢借饋(朴解上31). 쳑셰 대황ᄒᆞ야 주려 죽ᄂᆞᆫ 쟤 심히 만커ᄂᆞᆯ 부민 라밀이 ᄭᅮ이지 아니ᄂᆞᆫ지라(敬信47).

ᄭᅮ죵 명 꾸중. ¶아니 ᄒᆞ엿다 ᄭᅮ죵이시고(閑中錄126).

:ᄭᅮ·죵·ᄒᆞ·다 동 꾸중하다. ¶可히 차탄ᄒᆞ여 블워ᄒᆞ며 ᄭᅮ죵ᄒᆞ여 헐ᄡᅳ리디 아닐 거시니:不可歎羨詆毀(宣小5:102). 萬石君이 ᄭᅮ죵ᄒᆞ여 ᄀᆞᆯ오ᄃᆡ:萬石君讓曰(宣小6:80). ᄭᅮ죵ᄒᆞ기ᄅᆞᆯ 이비 그치디 아니ᄒᆞ니:罵不絶口(東新續三綱. 烈3:70). ᄂᆞᆷ과 ᄊᆞ화 그 사ᄅᆞ미 지븨 와 어미조차 ᄭᅮ죵ᄒᆞ거ᄂᆞᆯ:抵忤於人致人踵門詬及其母(重二倫17). 엄ᄒᆞ고 졍직ᄒᆞ고 ᄭᅮ죵ᄒᆞ여 이긔매(三譯10:23).

ᄭᅮ즛다 동 꾸짖다. ¶임ᄌᆞ 안여 즛ᄂᆞᆫ ᄀᆡ를 ᄭᅮ즈져 무어 ᄒᆞ리(萬言詞).

ᄭᅮ·지나모 명 꾸지나무. ¶ᄭᅮ지나모:檗(訓蒙上10 檗字註).

ᄭᅮ지람 명 꾸지람. ☞구지람. ᄭᅮ디롬 ¶ᄂᆡ일 ᄂᆞᆷ의게 ᄭᅮ지람 드ᄅᆞ리라:明日着人罵(老解上34). ᄭᅮ지람 듯다:喫罵(譯解上65). 아래로ᄂᆞᆫ 賤妾으로 ᄂᆞᆺ을 아디 못ᄒᆞᄂᆞᆫ ᄭᅮ지람을

어더:下使賤妾獲不知足之謗(重內訓2:57). 可히 ᄭᅮ지람을 내디 몯ᄒᆞᆯ 거시오:不可生嗔(女四解2:22).

ᄭᅮ지럼 명 꾸지람. ☞구지람. ᄭᅮ지람 ¶ 얼우ᄂᆡ ᄭᅮ지럼믄 젼혀 저티 아니ᄒᆞᄂᆞ니라:尊者嗔喝全無畏懼(恩重16).

ᄭᅮ지심 동 꾸짖으심. ㉮ᄭᅮ짓다 ¶ 부모 셩ᄂᆡ여 ᄭᅮ지심을 일즉 드러도 듯지 아니ᄒᆞᆫ ᄃᆞᆺᄒᆞ고:責(女四解3:26).

ᄭᅮ·지·좀 동 꾸짖음. ㉮ᄭᅮ짓다 ¶ 怒홈ᄋᆞᆯ ᄭᅮ지좀애 니르게 아니 ᄒᆞᆯ디니:怒不至詈(宣小2:23).

ᄭᅮ짇다 동 꾸짖다. ☞ᄭᅮ짓다. ᄭᅮ짖다 ¶ 도적을 ᄭᅮ짇고 좃디 아니ᄒᆞ니:罵賊不從(東新續三綱. 烈1:15). 도적을 ᄭᅮ짇고 굴티아니ᄒᆞ야 주그니라:罵賊不屈而死(東新續三綱. 孝6:52). 춤밧타 ᄭᅮ짇ᄂᆞᆫ 소리:唾罵聲. ᄭᅮ짇다:罵他(同文解下33).

ᄭᅮ·짓·다 동 꾸짖다. ☞구짓다. 구짖다. ᄭᅮ짖다 ¶ 忠이 셩으로 너머 나다가 도ᄌᆞᄀᆡ게 자펴 ᄭᅮ짓고 항티 아니ᄒᆞ야 죽거늘:忠縋城出遇伏被執罵賊不屈死(續三綱. 忠3). ᄭᅮ짓ᄂᆞᆫ 소ᄅᆡ 일즉 개와 ᄆᆞᆯ게도 니르디 아니ᄒᆞ실시:叱咤之聲未嘗至於犬馬(宣小4:21). 안해 ᄭᅮ짓고 怒홈믈 품어져 이시면:妻懷嗔怒(女四解2:33). 만이 ᄭᅮ지심과 셩ᄂᆡ믈 불너:罵(女四解3:8). 벗기리 말들이 원슈ᄒᆞᆫ 즁의 ᄇᆞ람을 ᄯᅡ라 ᄭᅮ짓고 웃서(敬信35).

ᄭᅮ·짖·다 동 꾸짖다. ☞구짓다. 구짖다. ᄭᅮ짓다 ¶ ᄭᅮ지즐 즐:叱. ᄭᅮ지즐 매:罵(類合下26). ᄭᅮ지즐 리:詈(類合下34). 怒홈ᄋᆞᆯ ᄭᅮ지좀애 니르게 아니 ᄒᆞᆯ디니:怒不至詈(宣小2:23). 신이 크게 ᄭᅮ지저 ᄀᆞᆯ오ᄃᆡ:辛大罵曰(東新續三綱. 孝1:57). ᄭᅮ지즈믈 입에 긋디 아니ᄒᆞ니 도적이 주기니라:罵不絕口賊殺之(東新續三綱. 孝6:19). 소릐 딜너 ᄭᅮ지ᄌᆞ니(癸丑38). 뷔ᄅᆞᆯ 가져 니거든 ᄭᅮ지즈미니(家禮2:4). ᄭᅮ지ᄌᆞ면 絞ᄒᆞ고:罵詈則絞(警民2). 형과 ᄆᆞᆮ누의ᄅᆞᆯ ᄭᅮ지즈면:兄姊罵詈(警民5). 겨틔 사ᄅᆞᆷ이 춤밧고 ᄭᅮ지즈리라:傍人要唾罵(老解下42). 슐ᄉᆞᄅᆞᆯ ᄭᅮ지즈니(太平1:6). ᄭᅮ지즐 즐:叱(倭解上26). ᄇᆞ롬과 비ᄅᆞᆯ ᄭᅮ지즈며 ᄡᅡ홈과 숑ᄉᆞᄒᆞ며(敬信4). ᄭᅮ지즐 양:讓(註千4). ᄭᅮ지즐 쥬:誅(註千38). ᄭᅮ지즐 쵸:誚(註千42). ᄭᅮ지질 산:訕(兒學下4). ᄭᅮ지질 훼:譭(兒學下11).

ᄭᅮᆨ 부 쿡. ¶ 뮈운 님 ᄭᅮᆨ 찌어 몰니치ᄂᆞᆫ 갈고라 ᄌᆞᆼᄌᆞ리(古時調. 靑丘).

ᄭᅮᆨ 부 꾹. ¶ ᄭᅮᆨ 안ᄉᆞ다:實坐(漢淸7:6).

·ᄭᅮᆯ 명 꿀(蜜). ☞ᄲᅮᆯ. ᄢᅮᆯ ¶ ᄭᅮᆯ 밀:蜜(訓蒙中21. 倭解上47). ᄭᅮᆯ믈:蜜水(痘要下4). ᄭᅮᆯ에 조린 밤이라:蜜栗(老解下35). ᄭᅮᆯ:蜂蜜(譯解上52). ᄭᅮᆯ:蜂蜜(同文解上61). 蜜跪同訓皆云ᄭᅮᆯ(雅言一).

ᄭᅮᆯ개 명 벌집(蜂巢). ¶ ᄭᅮᆯ개:蜜脾(柳氏物名二 昆蟲).

·ᄭᅮᆯ·다 동 꿇다. ☞ᄭᅮ다 ¶ 禮貌로 ᄭᅮ르시니:禮貌以跪(龍歌82章). 다 ᄀᆞ장 歡喜ᄒᆞ야 절ᄒᆞ고 ᄭᅮ러 問訊호ᄃᆡ(月釋17:17). 閔損이 ᄭᅮ러 ᄉᆞᆯᄫᆞᄃᆡ:損啓父曰(三綱. 孝1). 恭敬ᄒᆞ야 ᄭᅮ루믄:虔跪(法華2:178). 빌 쩌기면 香爐애 ᄭᅮᆯ오:及禱則跪爐(法華2:178). 天子ㅣ ᄭᅮ러 절호믈 ᄆᆞᄎᆞ시고:天子拜跪畢(重杜解24:13). ᄭᅮᆯ 궤:跪(訓蒙下26. 類合下5. 倭解上31. 兒學下4). ᄭᅮᆯ 긔:跽(訓蒙下26). ᄆᆡ양 무덤 곧애 니르러 절ᄒᆞ며 ᄭᅮᆯ고:常至墓所拜跪(宣小6:24). 容이 홀로 ᄭᅮᆯ어안자:容獨危坐(宣小6:106). 主人이 ᄭᅮᆯ고 執事者ㅣ 다 ᄭᅮ러든 主人이 注ᄅᆞᆯ 바다 술을 븟고(家禮1:26). ᄭᅮ러안ᄯᅡ:跪(譯解上46). 쌍남오 아래 ᄭᅮ러 ᄲᅧ 죽기ᄅᆞᆯ 기ᄃᆞ리더니(女四解4:16). ᄒᆞᆫ 다리 ᄭᅮᆯ고 안ᄉᆞ다:單腿跪坐(漢淸7:26). 칙을 밧들고 뎐의 드러가 ᄭᅮ러 궤안 압희 베픈ᄃᆡ(敬信49).

ᄭᅮᆯ벌 명 꿀벌(蜜蜂). ☞ᄲᅮᆯ벌 ¶ ᄭᅮᆯ벌:蜜蜂(同文解下42).

ᄭᅮᆯ옷 명 제비꿀. ☞져븨ᄭᅮᆯ ¶ ᄭᅮᆯ옷:夏枯草(柳氏物名三 草).

ᄭᅮᆯᄯᅥᆨ 부 꿀떡. ¶ ᄭᅮᆯᄯᅥᆨ ᄉᆞᆷᄭᅵ다:囫圇呑(同文解上62).

·ᄭᅮᆯ·어앉·다 동 꿇어앉다. ☞ᄭᅮ러앉다 ¶ 容이 홀로 ᄭᅮᆯ어안자:容獨危坐(宣小6:106). 됴곰 믈너 ᄭᅮᆯ어안ᄌᆞ(武藝圖22).

·ᄭᅮᆷ 명 꿈. ¶ ᄭᅮ므로 뵈아시니:昭茲吉夢帝迺趣而. ᄭᅮ므로 알외시니:昭茲吉夢帝迺報之(龍歌13章). 다ᄉᆞᆺ ᄭᅮᆷ을 因ᄒᆞ야 授記 ᄇᆞᆯᄀᆞ실씨(月印上3). 摩耶ㅅ ᄭᅮᆷ 안해 右脇으로 드르시니(月印上6). 사ᄅᆞ미 모딘 ᄭᅮ믈 어더 구즌 相ᄋᆞᆯ 보거나(釋譜9:24). ᄭᅮᆷᄀᆞ티 仔細히 보리니(釋譜9:31). ᄭᅮᆷ곳 아니면 어느 길헤 다시 보ᅀᆞᄫᆞ리(月釋8:82). ᄭᅮᆷ곳 아니면 서르 보ᅀᆞᄫᅩᇙ 길히 업건마ᄅᆞᆫ(月釋8:95). ᄭᅮᆷ 곡도 믌더품 그리메 ᄀᆞᆮᄒᆞ며:如夢幻泡影(金剛下151). 어젯 ᄭᅮ미며:昨夢(圓覺上一之二15). ᄭᅮ메도:夢中(蒙法4). ᄭᅮᆷ 니르디 마롦디니라:不得說夢(蒙法55). ᄭᅮ메나 趙州ᄅᆞᆯ 본다:夢見趙州(蒙法58). 이제 니르ᄃᆞ록 ᄭᅮ메 스츄니:至今夢想(初杜解9:6). ᄭᅮᆷ은 몰랏ᄂᆞᆫ ᄢᅵ라(南明上12). ᄭᅮᆷ이 서르 ᄀᆞᆮᄒᆞ야:如夢相似(金三4:37). 요괴ᄅᆞ왼 ᄭᅮ미 하거나:多饒怪夢(佛頂上5). ᄭᅮᆷ 몽:夢(訓蒙上30). ᄭᅮᆷ 몽:夢(類合下6. 倭解上31). 님금 ᄭᅮ메(重內訓序4). 張氏 ᄭᅮᆷ애(女四解4:16). ᄭᅮᆷ:夢(同文解上28). ᄭᅮᆷᄭᅮ다:做夢(譯解補26). ᄭᅮᆷ 지여 겻희 업스면 病 되실ᄀᆞ 가 ᄒᆞ노라(古時調. 細柳淸風. 海謠). 비러

온 일싱이 ᄭᅮᆷ의 봄 가지고서(萬言詞). 세상 인ᄉᆡ ᄭᅮᆷ이로다 ᄂᆡ일 더옥 ᄭᅮᆷ이로다(萬言詞). 神農氏 ᄭᅮᆷᄋᆡ 만나 병 고칠 약을 무러(萬言詞).

ᄭᅮᆷ결 명 꿈결. ¶어와 바라시랴 ᄭᅮᆷ결의나 바라시랴(萬言詞).

ᄭᅮᆷ긔 명 구멍에. ☞구무 ¶바회 ᄭᅮᆷ긔 가 숨엇더니:匿于巖穴(東新續三綱. 烈5:6).

·ᄭᅮᆷ·ᄭᅮ·다 동 꿈꾸다. ¶또 能히 一切 有情을 여러 알에 ᄒᆞ샤미 ᄭᅮᆷᄭᅮ다가 ᄭᆡ돗 ᄒᆞ며(月釋9:13). ᄭᅮᆷᄭᅮ다:作夢(同文解上28). ᄭᅮᆷᄭᅮ다:做夢(譯解補26). 聖君이 ᄭᅮᆷᄭᅮ신가(쌍벽가).

·ᄭᅮᆷ·ᄭᅮ우·다 동 꿈꾸다. ☞ᄭᅮᆷᄭᅮ다 ¶ᄒᆞᆫ ᄃᆞᄅᆞᆫ ᄒᆞ야 황당ᄒᆞᆫ ᄭᅮᆷᄭᅮ고 ᄲᆞᆯ리 도라오니 ᄭᅮᆷᄭᅮ운 바ᄆᆡ 아비 病 어더 열흘 몯ᄒᆞ야 죽거늘:月餘尹感異夢亟歸則父果以夢夕疾作未旬而死(三綱. 孝35).

·ᄭᅮᆷ안 명 꿈속. ¶摩耶ㅅ ᄭᅮᆷ안해(月釋2:17).

ᄭᅮᆷ이다 동 꾸미다. ☞ᄭᅮ미다 ¶그 다른 만ᄒᆞᆫ 문구와 밧그로 ᄭᅮᆷ인 거ᄉᆞᆫ:其它繁文外飾(警民35).

ᄭᅮᆷ자·리 명 꿈자리. ¶다ᄅᆞᆫ ᄀᆞ올히 와 ᄭᅮᆷ자리 하니 버들 일코 내 머므러 잇노라:他鄉饒夢寐失侶自迍邅(初杜解20:20).

ᄭᅮᆷ잘리 명 꿈자리. ¶져 님아 一萬兩이 ᄭᅮᆷ잘리라(古時調. 生미 갓튼. 海謠).

ᄭᅮᆼ긔 명 구멍의. ☞구무 ¶뎌 코ᄭᅮᆼ긔 터럭 ᄲᅡ히고:摘了那鼻孔的毫毛(朴解上40).

ᄭᅯ여 동 꿰여. ¶세버들 柯枝 것거 낙근 고기 ᄭᅯ여 들고(古時調. 青丘).

ᄭᅯᆼ 명 꿩. ¶굿븐 ᄭᅯᆼ을 모딘 놀이시니:維伏之雉必令驚飛(龍歌88章). ᄭᅯᆼ을 오직 서르 질들에 ᄒᆞ도다:雉只相馴(初杜解20:39). 뫼헤 ᄭᅯᆼ은 舟楫을 맛곡:山雉迎舟楫(初杜解23:38). 鷓鴣ᄂᆞᆫ 南方ᄋᆡ 잇ᄂᆞᆫ 새니 보ᄆᆡ 우ᄂᆞ니 제 양지 ᄭᅯᆼ ᄀᆞᆮᄒᆞ니라(南明上7). ᄭᅯᆼ 티:雉(訓蒙上16). ᄭᅯᆼ 치:雉(詩解 物名4). ᄂᆞᄂᆞᆫ ᄭᅯᆼ이 당 알애 절로 ᄢᅥ러디며:飛雉自投堂下(東新續三綱. 孝4:85). ᄭᅯᆼ:野鷄(譯解下27). ᄭᅯᆼ 치:雉(倭解下21). 아모려나 자바 질드려 ᄭᅯᆼ 山行 보내ᄂᆞᆫ듸(古時調. 江原道皆骨山. 青丘). 山陽의 우ᄂᆞᆫ ᄭᅯᆼ을 두 날ᄀᆡ ᄯᅦ여내여(武豪歌). ᄭᅯᆼ:雉(柳氏物名一 羽蟲). ᄭᅯᆼ 치:雉(兒學上7).

ᄭᅰ나들다 동 줄곧 나들다. ☞ᄢᅦ나ᄃᆞᆯ다 ¶每日 차 ᄑᆞᄂᆞᆫ 집의 ᄭᅰ나들며:每日穿茶房(老解下44).

ᄭᅰ다 동 꿰다. ☞ᄢᅦ다 ¶ᄲᅧ곰 ᄆᆡ여 ᄭᅰ게 ᄒᆞᆫ 거술 밧게 ᄒᆞᆫ 배라(家禮1:46). 큰 바로ᄲᅧ ᄭᅰ여 들게 ᄒᆞ라(家禮5:6). ᄭᅰᆯ 관:貫(倭解下37). 青荷에 밥 ᄡᅡ고 綠柳에 고기 ᄭᅰ여(古時調. 海謠).

ᄭᅰ옴 명 꿰미. ¶青白 섯거 ᄭᅰᆫ 샹등옥 구슬 여러 ᄭᅰ옴이 이세라:青白間串的上等玉珠兒有幾串(朴解下25).

ᄭᅱ다 동 꿰다. ¶銀鱗玉尺을 버들 몸의 ᄭᅱ여 들고(江村晩釣歌).

ᄭᅱ다 동 뀌다. ¶부헝 放氣 ᄭᅱᆫ 殊常ᄒᆞᆫ 옹도라지(古時調. 白華山. 青丘).

:ᄭᅱ·이·다 동 꾸이다. ☞ᄭᅮ이다 ¶녀나ᄆᆞᆫ 사ᄅᆞ믄 ᄒᆞᆫ 량의 니천 ᄒᆞᆫ 량식 바도려 ᄒᆞ야 ᄭᅱ이거늘:別人便一兩要一兩利錢借饋(飜朴上34). 글월 써 저를 ᄭᅱ요니:寫定文書借與他來(飜朴上34). 文書를 써 定ᄒᆞ고 뎌를 ᄭᅱ엿더니:寫定文書借與他來(朴解上31).

·ᄭᅵᆷ 동 끼움. ㉠ᄭᅵ다 ¶琉璃로 누네 ᄭᅵ믄:琉璃籠眼(楞解1:57).

ᄭᅳ기 동 끄기. ㉠ᄭᅳ다 ¶이ᄂᆞᆫ 즉시 새를 지고 블을 ᄭᅳ기 ᄀᆞᆺ흔이라(三譯3:23).

ᄭᅳ니 명 끝. 끄덩이. ☞ᄭᅳ등이 ¶즁놈은 승년의 머리털 잡고 승년은 즁놈의 샹토 쥐고 두 ᄭᅳ니 맛밋고(古時調. 青丘).

ᄭᅳ다 동 끄다〔滅〕. ¶블을 ᄭᅥ ᄇᆞ리니(太平1:37). 肝腸이 다 타오니 무어스로 ᄭᅳ잔 말고(萬言詞). ᄭᅳᆯ 멸:滅(註千25). 불 ᄭᅳᆯ 식:熄(兒學下10).

ᄭᅳ들다 동 끄어들다. 꺼들다. ¶ᄭᅳ드러 ᄭᅳ으기ᄅᆞᆯ 두어 리ᄅᆞᆯ 호되:捽曳數里(東新續三綱. 烈3:22). 머리터ᄅᆞᆯ ᄭᅳ드러 ᄂᆞᄎᆞᆯ 들거늘:曳髮擧面(東新續三綱. 烈4:14).

ᄭᅳ들다 동 끌다. ¶ᄭᅳ드러 오다:採來(譯解上66). 시름을 ᄭᅳ드러 ᄂᆡ여 얽어ᄆᆡ야 붓동혀셔(古時調. 海謠).

ᄭᅳ등이 명 끄덩이. ☞ᄭᅳ니 ¶듕놈은 승녕의 머리털 손의 츤츤 휘감아 쥐고 승년은 듕놈의 상토를 풀쳐 잡고 두 ᄭᅳ등이 마조 잡고(古時調. 甁歌).

ᄭᅳ러미 명 꾸러미. ¶귤 ᄭᅳ러미 쇼반의 오로면 너희들의 슈고ᄒᆞ야 시무며(綸音73).

ᄭᅳ르다 동 끄르다. ¶옷싀 ᄭᅴ를 ᄭᅳ르지 말어(女四解3:13).

ᄭᅳ리다 동 끓이다. ¶솟슬 시쳐 물을 ᄭᅳ리고(女四解3:10).

ᄭᅳ리다 동 꾸리다. ☞ᄡᅳ리다. ᄢᅳ리다 ¶萬事 두루 ᄭᅳ리심을 미덛ᄉᆞᆸᄂᆡ(重新語1:4).

ᄭᅳ리다 동 감싸다. ☞ᄡᅳ리다. ᄢᅳ리다 ¶됴토록 ᄭᅳ려가니(癸丑22). 신톄 ᄭᅳ리다:裝裹(譯解上42).

ᄭᅳ·서내·다 동 끌어내다. ☞ᄭᅳ어내다 ¶바횟 굼긔 수멋거ᄂᆞᆯ ᄭᅳ서내여 모라 ᄧᅩ차 알ᄑᆡ 셰여 가ᄃᆡ:匿巖穴間曳出之驅迫以前(飜小9:66).

ᄭᅳ스·니·다 동 끌어 가다. ☞ᄭᅳ스다 ¶ᄒᆞᆫ ᄂᆞᆯ해 ᄀᆞᄃᆞ기 잇ᄂᆞᆫ 별ᄃᆞᆯ해 ᄒᆞᆫ 낫 ᄃᆞ래 세 올노히 ᄆᆞᅀᆞ모로 ᄭᅳ스니ᄂᆞᆫ 거셔:滿天星宿一

箇月三條繩子由你曳(飜朴上42).

ᄭᅳᅀᅳ·다 동 끌다. ☞끄으다. ᄭᅳ으다 ¶ 掣ᄂᆞᆫ ᄭᅳ을 씨라(法華7:91). 掣은 ᄭᅳ을 시오(宣賜內訓1:16). 사ᄅᆞ미 ᄭᅳᅀᅳ면 能히 뮈우디 몯ᄒᆞᆯ 시오(宣賜內訓1:16). 蒔蘿ᄅᆞᆯ ᄭᅳᅀᅥ다가 새집 헌 ᄃᆡᄅᆞᆯ 깁노라:牽蘿補茅屋(初杜解8:66). ᄒᆞᆯᄀᆡ ᄭᅳᅀᅳ며(南明上42). 봇 거플로 곳갈 ᄒᆞ고 나모신 ᄭᅳᅀᅳ고(南明下8). 큰 신 ᄭᅳᅀᅳ고:撒大鞋(飜朴上40). 쟈근 술위를 ᄀᆞᆯ와 ᄭᅳᅀᅥ:共挽鹿車(飜小9:59).

ᄭᅳ·ᅀᅵ·다 동 물에 잠기다. ☞ᄭᅳ이다. ᄢᅵ이다 ¶ 뎐회 다 ᄭᅳᅀᅧ:澇了田禾(飜朴上9).

ᄭᅳᅀᆞ·다 동 끌다. ☞그ᅀᅳ다. ᄭᅳᅀᅳ다 ¶ 能仁ㅅ 機輪이 번게 ᄭᅳᅀᆞ 둣 ᄒᆞ샤다:能仁機輪電掣(金三2:44).

ᄭᅳ·어내·다 동 끌어내다. ☞ᄭᅳᅀᅥ내다 ¶ 바횟 구무 ᄉᆞ이에 숨엇거늘 ᄭᅳ어내야 모라 ᄧᅩ차 ᄡᅥ 알프로 갈ᄉᆡ:匿巖穴間曳出之驅迫以前(宣小6:60). 도적이 ᄭᅳ어내여 ᄲᅵᆯ러 주기니라:賊曳出刺殺(東新續三綱. 忠1:75). ᄯᅮ지저 좌우편 뉴들을 불러셔 ᄭᅳ어내여다가(三譯5:15). 금인이 약슈ᄅᆞᆯ ᄭᅳ어내여 어즈러이 텨:金人曳出擊之(五倫2:42).

ᄭᅳ어ᄂᆡ다 동 끌어내다. ☞ᄭᅳᅀᅥ내다. ᄭᅳ어내다. ᄭᅳ으다 ¶ 악ᄒᆞᆫ 소릐를 ᄭᅳ어ᄂᆡ여:引惹(女四解3:8).

ᄭᅳ어다가 동 끌어다가. ㉮ᄭᅳ으다 ¶ 蒔蘿ᄅᆞᆯ ᄭᅳ어다가 새집 헌 ᄃᆡᄅᆞᆯ 깁노라:牽蘿補茅屋(重杜解8:66).

ᄭᅳ어다히다 동 끌어대다. ¶ 부회 ᄯᅩᆫ 것 ᄭᅳ어다히며 보틔단 말(敬信83).

ᄭᅳ어드리다 동 끌어들이다. ¶ 방예ᄅᆞᆯ ᄭᅳ어드리거ᄂᆞᆯ(五倫2:50).

ᄭᅳ으다 동 끌다. ☞끄으다. ᄭᅳᅀᅳ다 ¶ ᄭᅳ드러 ᄭᅳ으기ᄅᆞᆯ 두어 리ᄅᆞᆯ 호되:捽曳數里(東新續三綱. 烈3:22). 蒔蘿ᄅᆞᆯ ᄭᅳ어다가 새집 헌 ᄃᆡᄅᆞᆯ 깁노라:牽蘿補茅屋(重杜解8:66). 先生의 머리ᄅᆞᆯ 다가 ᄭᅳ어 가져가니:把先生的頭拖將去(朴解下24). 쇠 술위예 ᄆᆡ고 모든 사ᄅᆞᆷ이 ᄭᅳ으고:絟在牛車上衆人拖牽(朴解下46). 내 이 錦心繡腹을 ᄭᅳ으고:挽我這錦心繡腹(朴解下50). ᄭᅳ어 내티다:採出去(譯解上67). 西의 거슬 ᄭᅳ어 東을 막을ᄉᆡ(女四解1:5). ᄭᅳ어 두루다:捽掇(漢淸7:54). 왼편으로 세 번 ᄭᅳ어 도라 믈너:左三曳廻退(武藝圖45). 내 죄예 남을 ᄭᅳ으며 방숣을 막으며(敬信3).

ᄭᅳ을다 동 끌다. ☞그ᅀᅳ다 ¶ 그 우호로 ᄭᅳ을며:使趨(五倫2:73). 신명을 ᄭᅳ으러 외람ᄒᆞᆫ 일을 감ᄒᆞ게 ᄒᆞ며(敬信5). ᄭᅳ을 뎨:提(兒學下3). ᄭᅳ을 견:牽(兒學下10).

ᄭᅳ을신 명 끌신. ¶ ᄭᅳ을신:撒鞋(譯解上46).

ᄭᅳ을줄 명 끌줄. ¶ ᄭᅳ을줄:撒繩(朴解中11). ᄭᅳ을줄:撒繩(譯解下22).

ᄭᅳ이다 동 끌리다. ¶ 婦人은 긴 쵸마ᄅᆞᆯ 버혀 ᄒᆡ여곰 ᄶᅡ회 ᄭᅳ이디 아니케 ᄒᆞ라(家禮9:19).

ᄭᅳ이다 동 끌게 하다. 끌리다. ¶ 곳 잡아 술위 ᄭᅳ이고 톱질 시겨:便拿着曳車解鋸(朴解下18).

ᄭᅳ이·다 동 큰물지다. 범람하다. ☞ᄭᅳᅀᅵ다. ᄢᅵ이다 ¶ 믈ᄭᅳ일 로:澇(訓蒙上3).

ᄭᅳ지뽕 명 꾸지뽕나무. ¶ ᄭᅳ지뽕 쟈:柘(詩解物名20).

ᄭᅳᆫ 명 끈. ¶ 손에 거ᄂᆞᆫ ᄭᅳᆫ:挽手(譯解補55). 츼례ᄒᆞ온 들믜 젼동 朱黃絲 ᄭᅳᆫ을 ᄃᆞᆯ아(武豪歌). 功名인들 ᄭᅳᆫ을 다라 엽희 ᄎᆡ워 잇슬손가(萬言詞答).

ᄭᅳᆫᄭᅳᆫᄒᆞ다 형 끈끈하다. ¶ 물크러져 ᄭᅳᆫᄭᅳᆫᄒᆞᆫ 밥:糷(物譜 飮食).

ᄭᅳᆫ어지다 동 끊어지다. ¶ 울ᄆᆡ 간장이 ᄭᅳᆫ어지난 닷ᄒᆞ다(女四解3:13).

ᄭᅳᆫ지 동 끊이지. ¶ 수ᄇᆡᆨ 니예 ᄭᅳᆫ지 아니ᄒᆞ고(三譯3:8).

ᄭᅳᆫ처지다 동 끊어지다. ¶ 세 번 ᄭᅳᆫ처지더라(十九史略1:36). 그 ᄭᅳᆫ처져 무후ᄒᆞᆫ 쟈ᄂᆞᆫ 덕이 지극히 엷은지라(敬信29).

ᄭᅳᆫ쳐지다 동 끊어지다. ¶ 가다가 ᄒᆞᆫ가온ᄃᆡ ᄯᅩᆨ ᄭᅳᆫ쳐지옵거ᄂᆞᆯ(古時調. 모시를. 瓶歌).

ᄭᅳᆫ츠다 동 끊다. ¶ ᄒᆞᆫ 낫 플을 가져다가 그 저 ᄒᆞᆫ ᄲᅨᆷ 기릐ᄅᆞᆯ 견초와 ᄭᅳᆫ처 더 플 굿ᄃᆞᆯ다가:將一根兒草來比着只一把長短鉸了將那草稍兒(朴解上35). 심심ᄒᆞ여 오ᄂᆞᆫ 이ᄅᆞᆯ ᄭᅳᆫ츠려 ᄒᆞ되 되지 못ᄒᆞ리라(三譯8:18).

ᄭᅳᆫᄎᆞ다 동 끊다. ¶ 소릐 ᄭᅳᆫᄎᆞᆫ 후에야:聲絕(痘瘡方31).

ᄭᅳᆫ타 동 끊다. ☞그치다. 긋다. ᄭᅳᆫ츠다 ¶ 장군의 앏히셔 죽어 장군의 싱각을 ᄭᅳᆫ코져 ᄒᆞ노라 ᄒᆞ고(三譯1:16). ᄭᅳᆫ흘 절:絕(倭解下36). 后ㅣ 卽位ᄒᆞ심으로브터 다 ᄒᆞ여곰 禁ᄒᆞ야 ᄭᅳᆫ케 ᄒᆞ시고:自后卽位悉令禁絕(重內訓2:61). 陳氏 머리ᄅᆞᆯ ᄭᅳᆫ허:陳氏斷首(女四解4:19). ᄃᆞᆯ의여 ᄭᅳᆫ타:扯斷了(譯解補26). ᄭᅳᆫ타:裁斷(漢淸12:4). 인졍을 베히고 ᄉᆞ랑ᄒᆞᄂᆞᆫ ᄆᆞ음을 ᄭᅳᆫ허 거리에 내여 ᄇᆞ려(字恤1). 거의 ᄭᅳᆫ허지게 되니(閑中錄90). 대풍이 그 눈을 ᄶᅵ이고 그 코ᄅᆞᆯ ᄭᅳᆫ코(敬信21). 다 ᄭᅳᆫ허디니(五倫4:21). 서로 혼인ᄒᆞ여 ᄭᅳᆫ티 아니ᄒᆞ더라:絕(五倫5:17). ᄭᅳᆫ흘 단:斷(兒學下8).

ᄭᅳᆫ허디다 동 끊어지다. ☞ᄭᅳᆫ허지다 ¶ 냥식이 다 ᄭᅳᆫ허디니:糧匱(五倫4:21).

ᄭᅳᆫ허지다 동 끊어지다. ☞ᄭᅳᆫ허디다 ¶ 강물이 ᄭᅳᆫ허지고(山城11). 쳔ᄇᆡᆨ 세 혈ᄆᆡᆨ으로 ᄭᅳᆫ허지게 아니 ᄒᆞ면 공이 더옥 큰이라(敬信74). ᄭᅳᆫ허지지 아니ᄒᆞ고 ᄒᆞᆫᄃᆡ 이어 흐르나

니(萬言詞). 끋허질 현:懸(註千40).

끋 명 끝. ¶나모끋 쵸:梢(倭解下28). 끋 말:末(倭解下34). 君子의 道ᄂᆞᆫ 끋치 夫와 婦에 비롯ᄂᆞ니라:君子之道造端乎夫婦(英小序2). 그러커니와 우리게 미ᄃᆞ시ᄂᆞᆫ 일은 바놀 끋만 ᄒᆞ고(重新語1:5).

·끌 명 끝. ☞ᄡᅳᆯ ¶오직 솔옷 근 놀카오ᄆᆞᆯ 보고 삸 머리 方호ᄆᆞᆯ 보디 몯다 ᄒᆞ니 솔옷 놀카오ᄆᆞᆫ 空이오 끌 方호ᄆᆞᆫ 有ㅣ라(南明上78). 끌 착:鑿(類合上28). 끌 착:鑿(倭解下16. 兒學上11). 끌:鑿子(譯解下17). 끌:鑿(物譜 工匠).

끌·롤 명 글을. ¶ᄯᅩ 미실에 모로매 이젼에 비혼 사ᄒᆞᆯ닷쇗 끌롤 니ᅀᅴ 뻬 쉰 닐흔 번을 닐거:又每日須連前三五授通讀五七十遍(飜小8:35).

끌오다 동 끌다. ¶끌올 예:曳(倭解下19).

끌질 명 끌질. ¶끌질ᄒᆞ다:鑿(漢清12:5).

끌타 동 끓다. ☞글타 ¶끌ᄂᆞᆫ 므레:沸湯(瘟疫方23). 끌흔 믈에 드리텨(救荒6). 끌흘 탕:湯(石千5). 네 블ᄹᅵ더 가매 끌커든:你燒的鍋滾時(老解上18). 끌을 탕:湯(倭解上48). 끌ᄂᆞᆫ 심:湯泉(漢清1:44).

끌탄ᄒᆞ다 동 끌탕하다. 속을 태우다. ¶아리 장슈들이 다 흔ᄒᆞ고 끌탄ᄒᆞ여 못지아니터라(三譯4:19).

끌히다 동 끓이다. ☞글히다 ¶덥게 끌힌 믈:熱湯(東醫 湯液一 土部). 국을 끌히며 밥을 지어:炊羹造飯(女四解2:29). 끌힌 믈의 프러 ᄂᆞ리오라:白湯化下(臘藥27). 끌힐 탕:湯(註千5).

끌흔 동 끓은. ㉮끌타 ¶ᄆᆞ론 ᄯᅩᆼ을 끌흔 믈에 ᄃᆞᆷ가 머그며(辟新7).

·끔 명 틈(隙). ☞ᄢᅳᆷ. ᄭᅵᆷ ¶ᄲᅢᆺᄆᆞ디 섯미자 끔 업스샤미 龍 서린 ᄃᆞᆺᄒᆞ샤미 第十三이시고(法華2:15). 넉시 ᄆᆞ리 끔 디나가미 ᄀᆞᆮᄒᆞ니:英靈如過隙(初杜解14:9). 끔 하:罅. 끔 흔:釁. 끔 아:阿. 끔 극:隙(訓蒙下18). 끔 아:阿(光千23). 끔 업슬 티:緻(類合下22).

끔적이다 동 끔적이다. ¶눈 끔적이다:擠眼(同文解上28). 눈 끔적일 ᄉᆞ이예 곳 늙어 가ᄂᆞ니(捷蒙1:16).

·끔ᄒᆞ·다 동 이간(離間)하다. 반간(反間)하다. ¶사ᄅᆞᆷ이 그 父母 형뎨의 말ᄉᆞᆷ에 끔ᄒᆞ디 몯ᄒᆞᄂᆞᆺ다:人不間於其父母昆弟之言(宣小4:16).

끗 명 끝. ☞긑 ¶다 끗티라:皆末(警民46). 혀ㅅ끗(譯解上34). 쉰 거롬 끗히 멀리 되니(三譯1:21). 칼 끗:刀尖(同文解上48). 끗:末(同文解下55). ᄀᆞ 끗:邊角(漢清1:50). 거리살 끗히 믈린 고도리:兎兒叉上哨子(漢清5:19). 나모 끗치 것지 아니ᄒᆞ고(八歲兒11). 끗치 만하(閑中錄366). 풀 끗히 이슬이니(萬言詞). 한숨 끗히 눈물 나고 눈물 끗히 한숨이라(萬言詞). 사랑 만나 안고 썬나 겁난 끗히 놀나 썬나(萬言詞). 그 중 두 됴목을 ᄲᅢ와 이 칙 끗히 부쳐 일권을 ᄆᆡᆫ드오니(敬信序1). 이제 길의 장원ᄒᆞ믄 특별이 복턱의 끗 비로솜이니라(敬信51). 끗 단:端(註千10). 끗 위:委(註千33).

끗다 동 끊다. 그치다. ☞긋다. 끋타 ¶끗다:截斷(語錄13). 화도롤 끗처(癸丑216). 가지록 다 석ᄂᆞᆫ 肝腸이 일로 더욱 끗ᄂᆞᆫ ᄃᆞᆺ(古時調. 가면 아니. 青丘). ᄌᆞ이롤 끗츠러 ᄒᆞᄂᆞ뇨(五倫2:75).

끗동 명 끝동. ¶갑옷 ᄉᆞ매 끗동:亮袖(漢清5:2).

끗재 명 끝째. ¶끗재:末尾(漢清4:27).

끗틔아ᄃᆞᆯ 명 막내아들. ¶끗틔아ᄃᆞᆯ:晚生子(同文解上11).

끝 명 끝. ☞긑 ¶ᄯᅩ리 ᄭᅳ틀 ᄇᆞ려(牛疫方15). ᄒᆞᆫ ᄃᆞ리면 회틔 플 ᄭᅳ틔 이슬ᄀᆞ티 아춤 잇고 나죄 업ᄉᆞ니:一箇月懷胎恰如草頭上珠保朝不保暮(恩重4). 모미 ᄇᆞᄅᆞᆷ ᄭᅳ테 셔시니 ᄀᆞᄂᆞᆫ 버드릐 틔오:身立風端細柳態(百聯13). 光影門 ᄭᅳ테 안자슈매 잇ᄂᆞ니라:坐在光影門頭也(龜鑑上23).

-·씌 조 ①-에게. -께. ☞-ㅅ긔. -ᄢᅴ ¶世尊이 金像씌 니ᄅᆞ샤ᄃᆡ 네…ᄀᆞ장 ᄒᆞ리니(釋譜11:14). 世尊씌 저ᅀᆞᆸ다 혼 말도 이시며(月釋1:36). 菩薩씌 묻ᄌᆞᄫᆞᄃᆡ(月釋2:11). 도ᄌᆞᆨᄒᆞ다가 王씌 자피니(月釋10:25). 즁이 趙州씌 무로ᄃᆡ:僧問趙州(蒙法11). 부텨씌 더으며 祖師애 너믄 혜아료미 잇다 ᄒᆞ야:有超佛越祖底作略(蒙法50). 釋迦牟尼佛씌 ᄉᆞᆯ오샤ᄃᆡ:白釋迦牟尼佛言(佛頂上1). 도원슈씌 인ᄂᆞ니(飜小9:26). 父兄씌 孝弟홈ᄋᆞᆯ 닐ᄋᆞ며:言孝弟于父兄(宣小3:15). 孟子씌 묻ᄌᆞ온대:問於孟子(宣孟5:6 滕文公上). 하ᄂᆞᆯ씌 ᄃᆡ명 드러지라 빌며:祈天代命(東新續三綱. 孝7:45). 姑舅씌 다 보내엿다가(家禮2:3). 스스로 텬디씌 비러 제 몸으로써 구고롤 ᄃᆡ신ᄒᆞᆷ을 원ᄒᆞ더니(敬信15).
②-에게서. -로부터. ¶父母씌 傳受ᄒᆞ야(眞言12).
③-과. ¶ᄒᆞᄅᆞ 아ᄎᆞᄆᆡ 諸佛씌 ᄀᆞᆮᄒᆞ리니(永嘉跋2). 엇데 世尊씌 ᄀᆞᆮᄌᆞ오리오(金剛138).

-씌 접미 -께. ☞-ᄢᅴ ¶뎌주숨씌 그 時節에 비취더니:向來暎當時(初杜解24:27). 安邊逾北은 져즘씌 胡地러니(出塞曲). 보름씌 쥐ᄒᆞ여 ᄃᆞ려와 이바디ᄒᆞ고:半頭娶將來做筵席(朴解上41).

-씌 접미 -기(氣). ¶ᄇᆞ람씌 업시셔 萬山이 향긔로다(松江. 星山別曲).

·ᄢᅴ·다 동 꺼리다. 시새우다. ¶嫉은 ᄂᆞᄆᆞᆯ ᄢᅴ여홀 씨오(月釋9:17). 또 貪코 ᄢᅴᄂᆞᆫ ᄠᅳ디 업소니:亦無貪嫉意(法華1:204). ᄢᅴ욤과 怒홈과:嫉恚(法華1:206). 서르 ᄢᅴ며:相忌(法華2:244). 허루믈 니버 怨嘆ᄒᆞ며 ᄢᅴ유믈 내니:被破而生怨嫉(圓覺上一之一44). 오히려 怨嘆ᄒᆞ야 ᄢᅴ리 하곤:猶多怨嫉(圓覺上一之一44). 병을 앗겨 의원을 ᄢᅴ여:護疾而忌醫(飜小8:4). 모다 怒ᄒᆞ고 믈져 ᄢᅴ여:衆怒群猜(宣小5:18). 말 함이 모ᄃᆞᆫ의 ᄢᅴᄂᆞᆫ 배라:多言衆所忌(宣小5:22). 병을 ᄢᅵ리고 의원을 ᄢᅴ여:護疾而忌醫(宣小5:85). 말 만히 홈이 모ᄃᆞᆫ 사람의 ᄢᅴᄂᆞᆫ 배라:多言衆所忌(重內訓1:10). 두어라 언의 곳 靑山이야 날 ᄢᅵᆯ 쫄이 잇시랴(古時調. 金天澤. 書劒을. 海謠). 功名을 ᄒᆞ려 ᄒᆞ니 사ᄅᆞᆷ마다 다 ᄢᅴ더라(古時調. 古歌).

ᄢᅴ·댱가리 명 끼절가리. 승마(升麻). ☞ᄢᅴ뎔가리 ¶ᄢᅴ댱가리:升麻(瘟疫方24).

ᄢᅴ뎔가리 명 끼절가리. 승마(升麻). ☞ᄢᅴ댱가리 ¶ᄢᅴ뎔가릿 불휘:升麻(東醫 湯液二草部).

:ᄢᅴ모·롭 명 끼무릇. 반하(半夏). ☞ᄢᅴ무릅. ᄢᅴ무릇 ¶힌 양의 눈 ᄀᆞᄐᆞᆫ ᄢᅴ모롭 불휘:白羊眼半夏(救簡1:1).

ᄢᅴ무릅 명 끼무릇. 반하(半夏). ☞ᄢᅴ모롭. ᄢᅴ무릇 ¶ᄢᅵ무릅:半夏(物譜 藥草).

ᄢᅴ무릇 명 끼무릇. 반하(半夏). ☞ᄢᅴ모롭. ᄢᅴ무릅 ¶ᄢᅴ무릇:半夏(柳氏物名三 草).

-·ᄢᅴ·셔 조 -께서. ¶南宗 六祖ᄢᅴ셔 날ᄉᆡ 南印이라 ᄒᆞ니라(圓覺序7). 信使ᄢᅴ셔도 최촉ᄒᆞ셔 이제 비ᄅᆞᆯ 내ᄋᆞᆸᄂᆡ(新語5:16). 信使ᄢᅴ셔 니르시ᄃᆡ 아닌 젼의 奉行ᄢᅴ셔 이 樣子ᄃᆞᆯ홀 ᄉᆞᆯ오라고(新語8:5).

ᄢᅴ우다 동 꺼리다. ¶功名도 날 ᄢᅴ우고 富貴도 날 ᄢᅴ우니(丁克仁. 賞春曲).

·ᄢᅴ·운 명 기운. ¶ᄢᅴ운 후:候(訓蒙上1). 엄이 업ᄉᆞ시거든 잔과 그릇슬 ᄎᆞᆷ아 먹디 몯홈은 입김 ᄢᅴ운이 이실시니라:母沒而杯圈不能飮焉口澤之氣存焉爾(宣小2:16). ᄒᆞᄅᆞ 밤 비 ᄢᅴ운의 紅白蓮이 섯거 픠니 ᄇᆞ람ᄢᅴ 업시셔 萬山이 향긔로다(松江. 星山別曲).

ᄢᅴ·이·다 동 치이다. 깔리다. ¶ᄇᆡ와 술위예 ᄢᅴ이며 ᄆᆞᆯ게 ᄇᆞᆯ이며 쇠게 ᄲᅴ여:舟船車轢馬踏牛觸(救簡1:79).

ᄢᅴ·이·다 동 끌리다. ☞ᄭᅳ이다 ¶버믈 저리고 미조차 ᄢᅴ이여 二三百步ㅣ나 가:刦虎追曳數百步許(續三綱. 孝9 延守刦虎).

ᄢᅴᆺ긋ᄒᆞ다 형 깨끗하다. ☞긋긋다 ¶고로고 ᄢᅴᆺ긋ᄒᆞ고:匀淨的(老解下58).

ᄢᅵ 명 ①때〔時〕. ☞ᄣᅵ. ᄡᅵ. ᄢᅵ ¶다 져믄 ᄢᅵ 아니로다:都非小壯時(重杜解10:16). ②끼.〔끼니를 세는 단위.〕☞ᄣᅵ. ᄢᅵ ¶ᄒᆞᆫ ᄢᅵ 밥ᄡᆞᆯ과:一頓飯的米(老解上47). ᄒᆞᄅᆞ 세 ᄢᅵ식 뎌ᄅᆞᆯ 주어 밥을 ᄇᆡ브리 먹이고:一日三頓家饋他飽飯喫(朴解上10).

·ᄢᅵ·다 동 ①끼다〔挾. 嵌. 套〕. ☞ᄢᅵ다 ¶누네 ᄢᅵᆫ 씨:籠眼(楞解1:58). 고기 ᄲᅧ에 ᄢᅵᆫ 몰닐오ᄃᆡ 肯이오(楞解4:62). 眞珠로 ᄇᆞᆯ히 ᄢᅵ는 거ᄉᆡ 얼겟도다:眞珠絡臂韝(初杜解16:52). ᄢᅵᆯ 토:套(訓蒙下20). 멍에 ᄢᅵᆯ 가:駕(類合下14). 활집 ᄢᅵᆯ 미:彌(類合下33). 槍을 ᄇᆞᆯ희 ᄢᅵ고 ᄆᆞᆯ ᄃᆞᆯ이더닌 뉘 짓 아ᄃᆞᆯ오:臂槍走馬誰家兒(重杜解4:33). 八寶 ᄢᅵ고 굴근 운문ᄒᆞᆫ 織金羅 比甲:嵌八寶骨朶雲織金羅比甲(朴解上27). 八寶 ᄢᅵᆫ 문:嵌八寶(譯解下4). ᄢᅵᆯ 협:挾(倭解下38. 註千21). ᄢᅵ다:挾着(同文解上30). ᄢᅵ다:夾着(漢淸10:11). 右手로 올흔편을 ᄢᅵ고 바로 셧다가(武藝圖5). 槍을 왼편 녑히 ᄢᅵ고(武藝圖5). ②가두다. 얽매다. ¶ᄒᆞᆫ 釋迦ᄅᆞᆯ 뉘 ᄢᅵ리오:一釋迦誰籠罩(金三2:60).

·ᄢᅵ·다 동 연기나 수증기 따위가 엉기어 흩어지지 아니하다. 먼지나 때 같은 것이 덮여 붙다. ¶天龍八部ㅣ 一時예 圍遶ᄒᆞᅀᆞᄫᅡ ᄃᆞ님ᄋᆡ 구룸 ᄢᅵ돗 ᄒᆞ얫거늘(月釋14:61). 구름 ᄢᅵᆫ 뫼ᄒᆞᆫ ᄀᆞᄅᆞᆷ 北녀긔 어위니:雲嶂寬江北(初杜解7:12). 잇 ᄢᅵᆫ 길헨 ᄀᆞᄅᆞᄆᆞᆯ 디렛ᄂᆞᆫ 대오:苔徑臨江竹(杜解10:3). 煙霧ㅣ ᄢᅧᆺᄂᆞ니(初杜解15:46). ᄂᆡ ᄢᅵ여 잇ᄂᆞᆫ:披煙(飜朴上70). 거우로예 드그리 ᄢᅧ 잇도다:鏡惹塵埃(恩重6).

ᄢᅵᄃᆞᆸ다 동 돕다. 보좌(補佐)하다. ¶번의 ᄢᅵᄃᆞᄂᆞᆫ 배 ᄢᅵᄃᆞ롬올 姿儀로ᄡᅥ ᄒᆞᆫ다 ᄒᆞ니:朋友攸攝攝以姿儀(英小4:43).

ᄢᅵ쌀ᄒᆞ·다 형 깔깔하다. 깔끄럽다. ¶穀賊은 穀食에 몬 내 퓐 이사기 굳고 ᄢᅵ쌀ᄒᆞᆫ 거시니 몰라 ᄲᆞ리라 머그면 목 안히 브ᅀᅥ 通티 아니ᄒᆞᄂᆞ니(救急上46).

ᄢᅵ오다 동 끼우다. ☞ᄢᅵ다. ᄢᅵ우다 ¶門에 쇠야기 ᄢᅵ오다:楔門(譯解上18). 단쵸 ᄢᅵ오다:扣鈕(同文解上57). 계집의 샹토에 ᄢᅵ오는 것:鈿子(漢淸11:22).

ᄢᅵ우다 동 끼우다. ☞ᄢᅵ다. ᄢᅵ오다 ¶단쵸 ᄢᅵ우다:扣上(譯解補28). 쏘야기 ᄢᅵ우고 나모 ᄧᅩ리다:加楔劈木(漢淸12:5).

ᄢᅵ이·다 동 끼이다. ☞끼이다. ᄢᅵ다 ¶소옴 ᄀᆞᄐᆞᆫ ᄢᅵ인 것 업게 ᄒᆞ고 브레 ᄆᆞᆯ외라(瘟疫方13). 안개 ᄢᅵ이다:罩霧(譯解上2). ᄢᅵ이다:碍(同文解下61). ᄢᅵ이다:擠住(漢淸12:2). 池塘에 비 ᄲᅮ리고 楊柳에 ᄂᆡ ᄢᅵ인 제(古時調. 靑丘).

ᄢᅵ이다 동 큰물지다. 범람하다. ☞ᄭᅳ시다. ᄭᅳ이다 ¶ᄀᆞ올히 믈 ᄢᅵ여 田禾를 거두디 몯ᄒᆞ니:秋裏水澇了田禾不收的(老解上48). 田禾에 믈 ᄢᅵ여 ᄒᆞᆫ 불회도 업고:澇了田禾

沒一根兒(朴解上10).

ᄭᅵ치다 동 끼치다. 남기다. ☞기티다 ¶ 반ᄃᆞ시 ᄌᆞ손의게 큰 업을 ᄭᅵ치리라(五倫2:18).

ᄭᅵ치다 동 끼얹다. ☞ᄭᅵ티다. ᄭᅵᆺ티다 ¶ 믈 ᄭᅵ치다:撒水(譯解補6).

ᄭᅵ티다 동 끼얹다. ☞ᄭᅵ치다. ᄭᅵᆺ티다 ¶ 숫블에 초 ᄭᅵ텨 마티라:醋炭熏之(胎要51). 믈 ᄭᅵ티다:潑水(譯解上48).

ᄭᅵᆫ 명 끈. ☞긴 ¶ 인ᄭᅵᆫ 슈:綬(類合下42). 인 ᄭᅵᆫ 조:組(石千31). 신 ᄭᅵᆫ홀 ᄆᆡ욜디니라(宣小2:2). 치마 ᄭᅵᆫ흐로(太平1:56). ᄭᅵᆫ 영:纓(倭解上46. 註千22). ᄭᅵᆫ:纓子(同文解上57). 채 ᄭᅵᆫ:挽手(同文解下20). 치마 ᄭᅵᆫ으로 목을 ᄆᆡ여 옥듕에셔 죽으니라:解裙帶自經獄中死(五倫3:39). 치직 잡는 ᄃᆡ ᄭᅵᆫ:挽手(柳氏物名一 獸族).

ᄭᅵᆷ 명 틈〔隙〕. ☞ᄢᅳᆷ. ᄣᅳᆷ. ᄠᅳᆷ ¶ 볃 난 나래 창ᄭᅵ메 ᄒᆡ 드리비취어든 간ᄃᆞᆯ완ᄃᆞᆯᄒᆞᄂᆞᆫ 드트리라(七大3).

ᄭᅵᆷᄭᅵᆷ이 부 틈틈이. ☞ᄭᅵᆷ ¶ ᄭᅵᆷᄭᅵᆷ이 안자셔(癸丑98).

ᄭᅵᆺ치다 동 끼얹다. ¶ 설 데친 무우남을 清淗醬 ᄭᅵᆺ쳐 넌이(古時調. 엇그제. 海謠).

ᄭᅵᆺ치다 동 끼치다. 남기다. ☞기티다. ᄭᅵ치다 ¶ 은혜 ᄭᅵᆺ친 일이 잇셔 특명으로 먹으려나(萬言詞).

ᄭᅵᆺ티다 동 끼얹다. ☞ᄭᅵ치다. ᄭᅵ티다 ¶ 흙덩이 우희 ᄭᅵᆺ텨 부으되(痘要50).

ᄭᆞ 명 가〔邊〕. ☞ᄀᆞᆺ ¶ 무덤 ᄭᆞ의 ᄣᅥ나디 아니ᄒᆞ야:不離墓側(東新續三綱. 孝1:85). 길ᄭᆞ 나모 밋:路傍樹底下(老解上25). 江南녁 ᄭᆞ 믈딘 갓가이 다ᄃᆞ라셔(三譯7:2).

·ᄭᆞ·다 동 까다. 축나다. ¶ 열 근이 ᄭᆞ도다:折了十斤(飜老下58). 원 수에셔 ᄭᆞ다:虧兌(朴解. 單字解4). 임의 ᄭᆞᆫ 거시 하지 아니ᄒᆞ니:旣少不多也(朴新解1:4).

ᄭᆞ다 동 까다. ☞ᄢᆞ다 ¶ 盤앤 白鴉谷ㅅ 이펫 바ᄆᆞᆯ ᄭᆞ고:盤剝白鴉谷口栗(重杜解7:32). 잣 ᄭᆞ다:劃松子. 슈박ᄡᅵ ᄭᆞ다:嗑西瓜子(譯解上56).

ᄭᆞ다 동 까다〔孵〕. ¶ 보리알 갓튼 수통니 줄인 니 ᄀᆞᆺ ᄭᆞᆫ 니(古時調. 一身이. 海謠).

ᄭᆞ다 동 깔다. ¶ ᄭᆞ다:鋪着(同文解上58).

ᄭᆞ닥 명 까닭. ¶ 상소ᄒᆞᆫ ᄭᆞ닥으로(閑中錄566).

·ᄭᆞ라디·다 동 까라지다. ¶ 내 威嚴이 天下ㅣ ᄭᆞ라디게 호려 ᄒᆞ노니:孤之威教欲令四海風靡(三綱. 烈9 禮宗罵卓). 니피 드믈어늘 ᄇᆞᄅᆞ미 가시야 ᄭᆞ라뎌 불오:葉稀風更落(初杜解14:30). 먼 ᄃᆡ 보내요매 ᄀᆞᅀᆞᆳ ᄇᆞᄅᆞ미 ᄭᆞ라뎌 부ᄂᆞ니:送遠秋風落(初杜解23:29).

ᄭᆞ부다 동 까부르다. 까불다. ☞가볼오다 ¶ ᄭᆞ부다:簸揚(柳氏物名三 草).

ᄭᆞ브다 동 까부르다. 까불다. ☞가볼오다 ¶ ᄭᆞ브다:簸(漢淸10:12).

-ᄭᆞ·장 조 -까지. ☞-ᄭᆞ지 ¶ 이ᄭᆞ자ᄋᆞᆫ 序品이니(釋譜13:37). 數ㅣ 三十ᄭᆞ장이오(月釋17:16). 굼벙의 부리 ᄆᆞᄅᆞᆯᄭᆞ장 ᄯᅮ미 됴ᄒᆞ니라:虫口內乾爲効(救簡6:80). ᄒᆞᆫ ᄀᆞᅀᆞᆯᄭᆞ장 사라 잇ᄂᆞ니:生一秋(飜朴上1).

-ᄭᆞ·장 접미 -껏. ¶ 이제 져믄 저그란 안ᄌᆞᆨ ᄆᆞᅀᆞᆷᄭᆞ장 노다가 ᄌᆞ라면(釋譜6:11). 힘ᄭᆞ장 仔細히 보게 ᄒᆞ시니라:令窮力諦觀(楞解2:34). ᄠᅳᆮᄭᆞ장 ᄀᆞᅀᆞᆳ 하ᄂᆞᆯᄒᆞᆯ 向ᄒᆞ노라:恣意向江天(初杜解10:13). ᄆᆞᅀᆞᆷᄭᆞ장 供養케 ᄒᆞ시니:盡心供養(佛頂下9). 맛당히 힘ᄭᆞ장 쳥ᄒᆞ야 오게 ᄒᆞ며:當極力招致(宣小5:37).

-ᄭᆞ지 조 -까지. ☞-ᄭᆞ장 ¶ ᄆᆞᄋᆞᆷᄭᆞ지 홈ᄋᆞᆯ(明小3:4). 門ᄭᆞ지 왓ᄉᆞᆸᄂᆡ(新語1:1). 닑기ᄅᆞᆯ 어ᄃᆡᄭᆞ지 ᄒᆞ엿ᄂᆞ뇨:讀到那裏也(朴解上44). 잇ᄭᆞ지 ᄆᆞᄋᆞᆷ 쓰게 ᄒᆞᄂᆞᆫ 거시 올흐냐(警民音8). 속ᄭᆞ지 ᄆᆞᄅᆞᆫ ᄯᅡ:乾透地(譯解補4). 그런 긴치 아닌 일ᄭᆞ지(隣語1:13). 釜山ᄭᆞ지 사ᄅᆞᆷ을 보내여 두로 얻ᄉᆞ오되(隣語8:5). 우부터 아래ᄭᆞ지:自上至下(無寃錄1:66). 耳後 髮際예 올나간 ᄃᆡᄭᆞ지 濶狹이며 橫斜ㅣ며 長短을 자히고:量耳後髮際起處濶狹橫斜長短(無寃錄2:7). 불이 ᄇᆞᆰ기ᄭᆞ지 혀엿ᄂᆞᆫ 줄을(閑中錄8).

-ᄭᆞ지란 조 -까지는. ¶ 두어라 百年前ᄭᆞ지란 醉코 놀려 ᄒᆞ노라(古時調. 百年을. 青丘).

ᄭᆞ히다 동 까게 하다. ¶ 깃드린 거ᄉᆞᆯ 업지르며 ᄐᆡᄅᆞᆯ 샹ᄒᆞ이고 알을 ᄭᆞ히며(敬信3).

ᄭᆞᆯ 명 가루. ☞ᄀᆞᄅᆞ ¶ 콩ᄭᆞᆯᄋᆞᆯ 므레 ᄆᆞ라 ᄇᆞᄅᆞ라:大豆黃末水調塗之(救急下19). 됴ᄒᆞᆫ 朱砂 ᄭᆞᆯᄋᆞᆯ ᄒᆞᆫ 량을 ᄆᆞ라:和上色朱砂粉一兩(瘟疫方15).

·ᄭᆞᆯ·다 동 깔다. ¶ 吉祥茅草ᄅᆞᆯ 손ᄋᆞ로 ᄭᆞᄅᆞ 싫 제(月印上24). 黃金을 채 ᄭᆞ로려 ᄒᆞ니(月印上56). 즉자히 다 ᄭᆞᆯ오 아니한 ᄃᆡ 몯다 ᄭᆞ랫거늘(釋譜6:25). 各各 座ᄅᆞᆯ ᄭᆞ니(月釋7:40). 天衣로 ᄭᆞᅀᆞ바ᄂᆞᆯ(月釋21:210). 諸天 寶華ㅣ 그 ᄯᅡ해 ᄀᆞᄃᆞ기 ᄭᆞᆯ어늘:諸天寶華遍布其地(法華4:123). 廟애 돗 ᄭᆞᆯ며 几 노코:筵几於廟(宣賜內訓1:74). 餘殘 수레 돗ᄀᆞᆯ 다시 옮겨 ᄭᆞ라셔 먹노라:殘樽席更移(初杜解7:21). 崔侯의 처엄 돗 ᄭᆞᆯ젯 ᄂᆞᆾ비ᄎᆞᆫ:崔侯初筵色(初杜解22:2). ᄯᅡ해 ᄭᆞᆫ 錦ᄋᆞᆯ:鋪地錦(金三3:59). 즌 길헤 머리 ᄭᆞᄅᆞ샤ᄆᆞᆯ 쁘들 옮기디 아니ᄒᆞ시다(南明上54). 이제ᄂᆞᆫ 다 널 ᄭᆞ라 잇고:如今都是板鞔了(飜老上39). ᄭᆞᆯ애 그ᄌᆞ니 ᄭᆞᆯ오:鋪陳整頓着(飜老下45). 이 세 낫 지즑을 너를 주니 ᄭᆞᆯ라:這的三個藁薦與你鋪(老解上23).
※ᄭᆞᆯ다>깔다

ᄭᆞᆯ애 명 깔개. 포진(鋪陳). ¶ ᄭᆞᆯ애 그ᄌᆞ니 ᄭᆞᆯ

오:鋪陳整頓着(飜老下45).
셜·이·다 동 깔리다. ☞셜다 ¶어누 藏ㅅ金이사 마치 셜이려뇨 호노이다(釋譜6:25). 一切예 ᄀᆞᄃᆞ기 셜이ᄂᆞ니(月釋8:36). ᄀᆞᄃᆞ기 셜이고:遍布(法華4:120).
셜자리 명 깔개. ¶집이 가난ᄒᆞ야 셜자리 업ᄉᆞ니:家貧無好茵席(太平1:33).
셤쟈기다 동 깜작이다. ☞굼ᄌᆞ기다 ¶눈 셤쟈길 슌:瞬(倭解上30).
셤즉 부 깜짝. ☞굼즉 ¶셤즉 놀라다:驚跳(譯解補24). 셤즉 놀라다:吃驚(漢淸7:8).
셤즉셤즉 부 깜짝깜짝. ¶셤즉셤즉:唬一跳(同文解上20). 셤즉셤즉:抽抽搭搭(漢淸8:24).
ᄢᅵ나다 동 깨어나다. ¶쟝녀ㅣ 죽엇다가 ᄢᅵ나니라(女四解4:14).
·ᄢᅵ·다 동 깨다(覺). ¶ᄭᅮ므로셔 ᄢᅵ돗 ᄒᆞ야(釋譜9:31). 넉시 도로 ᄉᆞᆶ 저긔(釋譜9:31). 오라거ᅀᅡ ᄢᅵ요니(月釋10:24). 자거나 ᄢᅵ어나(月釋10:70). 춘믈로 ᄂᆞ치 ᄲᅳ려 ᄢᅵ에 ᄒᆞ고(月釋13:18). ᄌᆞ오롬 ᄭᅮᆷ ᄢᅵ욤 ᄀᆞᆮᄒᆞ시며:如睡夢覺(圓覺上一之二37). ᄢᅵ얀 救호려 ᄒᆞ야도(圓覺上一之二151). 바ᄅᆞ ᄢᅵᆫ 時節에(圓覺上二之一47). ᄢᅵ며 자며 호매 ᄉᆞᆷᄉᆞᆷᄒᆞ야:寤寐惺惺(蒙法42). 믄득 다시 ᄢᅵ야:忽然再甦(蒙法59). 내 ᄒᆞ오ᅀᅡ ᄢᅵ야쇼라:我獨醒(初杜解8:31). 이 모미 ᄢᅵ락 도로 醉ᄒᆞ락ᄒᆞ야:此身醒復醉(初杜解10:3). 시르미 ᄢᅵ디 아니ᄒᆞ니:愁不醒(初杜解10:7). 수리 ᄢᅵ어늘:酒醒(初杜解15:9). 네 醉ᄒᆞᆫ 수리 처섬 ᄢᅵ요ᄆᆞᆯ 더위잡게 호리라:扶汝醉初醒(初杜解21:20). 어듸 가 ᄢᅵᄂᆞᆫ고:醒何處(初杜解21:45). ᄢᅵ야 아로ᄆᆞᆫ 녜브터 오매 刹那에 잇ᄂᆞ니:省覺由來在刹那(南明下1). 아디 몯ᄒᆞ며 ᄢᅵ디 몯ᄒᆞ야:不知不覺(佛頂上3). ᄢᅵᆯ 교:覺. ᄢᅵᆯ 오:寤(訓蒙上30). ᄢᅵᆯ 셩:醒(類合下7). 어미 다시 ᄢᅵ니라:母復甦(東新續三綱. 孝4:38). ᄢᅵ오져 ᄒᆞᆯ 저긔 새뱃 붑소릴 드ᄅᆞ니:欲覺聞晨鍾(重杜解9:27). 첫ᄌᆞᆷ을 ᄢᅵ돗던디(松江. 關東別曲). ᄒᆞ야곰 놀라 ᄢᅵ시게 말고:莫令驚忤(女四解2:18). 술 ᄢᅵ다:酒醒(譯解補3). 혹 ᄢᅵᆫ ᄣᅢ예 잡죄다가도 취ᄒᆞᆫ 후 방일ᄒᆞ여 과로 공을 ᄭᅥᆨ그면(敬信31). ※ᄢᅵ다>깨다
ᄢᅵ닫다 동 깨닫다. ☞ᄢᅵᄃᆞᆮ다 ¶ᄢᅵ다를 각:覺(兒學下11).
ᄢᅵ닷다 동 깨닫다. ☞ᄢᅵᄃᆞᆮ다 ¶용예 몸이 뎐압희 나가믈 ᄢᅵ닷지 못ᄒᆞ여(敬信49).
·ᄢᅵᄃᆞ·라 동 깨달아. ⑦ᄢᅵᄃᆞᆮ다 ¶다시 ᄢᅵᄃᆞ라 世尊올 念ᄒᆞᅀᆞᄫᅳ니 누니 도로 ᄇᆞᆰ거늘(釋譜6:20).
·ᄢᅵᄃᆞᆮ·다 동 깨닫다. ☞ᄢᅵ닷다. ᄢᅵᄃᆞᆺ다 ¶다시 ᄢᅵᄃᆞ라 世尊올 念ᄒᆞᅀᆞᄫᅳ니 누니 도로 ᄇᆞᆰ거늘(釋譜6:20). 부텻 일후므로 들여 ᄢᅵᄃᆞᆮ긔 호리이다(釋譜9:21). 工夫ㅣ 니거 ᄢᅵᄃᆞᄅᆞᇙ 時節이니(蒙法10). ᄢᅵᄃᆞ로믈 어더:得悟(飜朴上74). ᄉᆞ싀로 ᄢᅵᄃᆞᆮ게 ᄒᆞ노라:自警(飜小8:24). ᄢᅵᄃᆞᄅᆞᆯ 각:覺. ᄢᅵᄃᆞᄅᆞᆯ 오:悟(類合下4). 거의 오ᄂᆞᆫ 후엣 사ᄅᆞᆷ을 ᄢᅵᄃᆞᆮ게 ᄒᆞ노니:庶覺來裔(宣小題辭4). ᄢᅵᄃᆞ라도 이믓 뉘웃기 어려우니라:覺已難悔(宣小5:18). 출하리 그 몸을 주겨도 ᄢᅵᄃᆞ롬이 업슴 ᄀᆞᄐᆞ니:寧滅其身而無悟也(宣小5:85). 강졍대왕이 ᄢᅵᄃᆞᄅᆞ샤:康靖大王感悟(東續三綱. 忠3). 드듸여 감동ᄒᆞ여 ᄢᅵᄃᆞ라 송ᄉᆞᄅᆞᆯ 그치고:遂感悟息訟(警民23).
ᄢᅵᄃᆞᆺ다 동 깨닫다. ☞ᄢᅵᄃᆞᆮ다 ¶ᄉᆞᄉᆞ로 ᄢᅵᄃᆞᆺ디 못ᄒᆞ야:自不覺(警民2). 賊人이 이셔 本家東屋 안희 드러오ᄆᆞᆯ ᄢᅵᄃᆞᆺ디 못ᄒᆞ여:不覺有賊人入來本家東屋內(朴解下52). ᄢᅵᄃᆞᆺ다:覺得(同文解上20). ᄢᅵᄃᆞᆺ다:知覺(漢淸6:41). 사ᄅᆞᆷ이 괴로이 ᄉᆞᄉᆞ로 ᄢᅵᄃᆞᆺ지 못ᄒᆞᄂᆞ니라(敬信20).
·ᄢᅵ야·나·다 동 깨어나다. 깨나다. ¶漸漸 ᄢᅵ야나니라(釋譜23:21). 믄득 다시 ᄢᅵ야나ᄆᆞᆫ:忽然再甦(蒙法59). 時節이 危亂ᄒᆞ나 플와 나모ᄂᆞᆫ ᄢᅵ야나놋다:時危草木蘇(初杜解8:44). 그 나그내 ᄢᅧ여 어즐ᄒᆞ얏다가 ᄢᅵ야나니:那客人射的昏了蘇醒廻來(飜老上29).
ᄢᅵ여나다 동 깨어나다. ¶다시 되 ᄢᅵ여난 후에(老解上26).
ᄢᅵ여지다 동 깨어지다. 깨지다. ¶ᄢᅵ여질 파:破(兒學下10).
·ᄢᅵ·오·다 동 깨우다. ¶츤므리 能히 ᄢᅵ오ᄆᆞᆫ 權敎ㅣ 能히 煩惱 다ᄉᆞ료ᄆᆞᆯ 가ᄌᆞᆯ비니라(月釋13:19). 方便으로 구지저 ᄢᅵ와 親厚히 ᄒᆞ야(月釋13:23). 듣ᄌᆞ오시고 ᄢᅵ오ᅀᆞ오시니라(金剛事實3). ᄇᆞᄅᆞ미 수를 ᄢᅵ오ᄂᆞ니:風醒酒(初杜解15:26). 니기 자거든 사ᄅᆞ미 ᄢᅵ오디 몯게 ᄒᆞ면 됴ᄒᆞ리라:驚起(救簡1:110). 내 앗가 ᄀᆞᆺ 좀 ᄢᅵ와다 니러 가져:我恰纔睡覺了起去來(飜老上57). 몬져 술 ᄢᅵ오ᄂᆞᆫ 약 먹고:先喫些箇醒酒湯(飜老下53). 牧童이 牛羊을 모라 좀든 날을 ᄢᅵ와다(古時調. 삿갓세. 靑丘).
ᄢᅵ이다 동 깨다. ¶대풍이 그 눈을 ᄢᅵ이고 그 코를 ᄭᅳᆫ코(敬信21). 쥬인의 의복을 곰탐 슬녀 ᄲᅥᆨ이고 긔명을 닷쳐 ᄢᅵ이지 말며(敬信73).
ᄢᅵ좌반 명 깨자반. ¶ᄢᅵ좌반 나롯 거스리고(古時調. 아바 片 메옷드라. 瓶歌).
ᄢᅵ치다 동 깨치다. 깨달아 알다. ☞ᄢᅵ티다 ¶ᄯᅩᆫ 듸 랑비커나 저도 ᄋᆡ겨 못 쓰ᄂᆞᆫ 쟤 비쇼치 말고 ᄢᅵ쳐 볼지라(敬信79). 선심이 ᄢᅵ치고 닐오시듸:覺(五倫5:27). 聖上이 ᄢᅵ치시면 도라오기 쉬오련니(古時調. 가노

라. 青丘).

ᄭᅵ치다 동 깨뜨리다. ¶오왕 합려ㅣ 초나라를 ᄭᅵ치고(女四解4:19).

·ᄭᅵ티·다 동 숨겼던 일이 드러나다. ¶뵈 일쳔 疋을 바댯더니 일이 ᄭᅵ텨놀:受布千疋事覺(宣小6:39).

ᄭᅵ티다 동 깨치다. 깨닫다. ☞ᄭᅵ치다 ¶弓王이 ᄭᅵ텨 下次人의 오슬 닙고 도망ᄒᆞ야:弓王攪撒了穿着下次人的衣服逃走(朴解下61).

ᄮ 병서 시옷니은. ㅅ, ㄴ의 합용병서(合用並書). ¶남지늬 소리 겨지븨 소리 ᄮᆞᄒᆡ 소리 갓나ᄒᆡ 소리(釋譜19:14). 남지늬 香 겨지븨 香 ᄮᆞᄒᆡ 香 갓나ᄒᆡ 香(釋譜19:17).

ᄮᆞᄒᆡ 명 사내. ☞ᄉᆞ나ᄒᆡ ¶남지늬 소리 겨지븨 소리 ᄮᆞᄒᆡ 소리 갓나ᄒᆡ 소리(釋譜19:14). 겨지븨 香 ᄮᆞᄒᆡ 香(釋譜19:17).

ᄯ 병서 시옷디귿. ㅅ, ㄷ의 합용병서(合用並書). ¶ᄯᅡ 爲地(訓解. 合字). 西夷 ᄯᅩ 모ᄃᆞ니:西夷亦集(龍歌9章). 須彌山 허리예 히 ᄃᆞ리 감ᄯᅩᄂᆞ니(月釋1:29). 열븐 ᄣᅥᆨ ᄀᆞᄐᆞᆫ ᄯᅡᇂ거치 나니(月釋1:42).

·ᄯᅡ 명 ①땅. ☞ᄯᅡᇂ. ᄯᆞ ¶ᄯᅡ 爲地(訓解. 合字). 하늘 ᄯᅡ히 ᄀᆞ장 震動ᄒᆞ니(月印上8). 하ᄂᆞᆯ토 뮈며 ᄯᅡ토 뮈더니(月印上63). 世世예 난 ᄯᅡ마다(釋譜6:8). 하ᄂᆞᆯ 祭ᄒᆞ던 ᄯᅡᄒᆞᆯ 보고(釋譜6:19). 오직 太子祇陁ᄋᆡ 東山이 ᄯᅡ토 平ᄒᆞ며 나모도 盛ᄒᆞ더니(釋譜6:23). ᄯᅡ 허위며 소리ᄒᆞ고 ᄃᆞ라오거늘(釋譜6:32). ᄯᅡᄒᆞᆯ 볼보ᄃᆡ(釋譜6:34). 經卷 잇ᄂᆞᆫ ᄯᅡᄒᆞ란(釋譜19:43). 地ᄂᆞᆫ ᄯᅡ히라(月釋序18). 地ᄂᆞᆫ ᄯᅡ히니 ᄯᅡ해 자본 거시(月釋1:38). ᄯᅡᇂ 마시 ᄢᅮᆯᄀᆞ티 ᄃᆞᆯ오(月釋1:42). 寶土ᄂᆞᆫ 보ᄇᆡ ᄯᅡ히라(月釋8:19). 내 몸도 좃ᄌᆞᄫᅡ 갏 ᄯᅡ힌가 몯 갏 ᄯᅡ힌가(月釋8:94). 坤ᄋᆞᆫ ᄯᅡ히오(楞解6:34). ᄯᅡ해 닶가와 주글 씨라:悶絕於地(楞解8:101). 반ᄃᆞ기 ᄯᅡ호로 圓覺ᄋᆞᆯ 가ᄌᆞᆯ볼디니:應以地喩圓覺(圓覺上二之一49). ᄯᅡ콰 믈와(牧牛訣5). 臺와 亭子왜 ᄯᅡ히 놉ᄂᆞᆺ가오ᄆᆞᆯ 조차 ᄒᆞ니:臺亭隨高下(初杜解6:36). 하ᄂᆞᆶ ᄯᅡᇂ ᄉᆞ시옌:乾坤(初杜解7:14). 하ᄂᆞᆯ콰 ᄯᅡ콧 ᄉᆞ시예 軍中엣 旗麾ㅣ ᄀᆞ독ᄒᆞ얏고:天地軍麾滿(初杜解8:47). 녜로 모ᄃᆞ며 흐트며 ᄒᆞ던 ᄯᅡ해:古來聚散地(杜解9:17). 하ᄂᆞᆯ콰 ᄯᅡ쾌 여러 正ᄒᆞ니:開闢乾坤正(杜解20:14). 어느 ᄯᅡ호로 향ᄒᆞ야 가시ᄂᆞᆫ고:往那箇地面裏去(飜朴上8). 두루 ᄒᆞ녀 下邳랏 ᄯᅡ애 나ᄀᆞ내 ᄃᆞ외여:轉客下邳(飜小9:21). ᄯᅡ 디:地. ᄯᅡ 샹:壤. ᄯᅡ 곤:坤(訓蒙上1). ᄯᅡ 디:地(類合上1. 石千1). ᄯᅡ 곤:坤(類合上1). ᄇᆡᆨ셩이 하ᄂᆞᆯ와 ᄯᅡ희 듕졍ᄒᆞᆫ 거슬 받ᄌᆞ와:民受天地之中(宣小4:50). 올마 下邳 ᄯᅡ히 나그내 되야:轉客下邳(宣小6:18). 눈믈이 ᄯᅡ희 젓더라:淚下沾地(東新續三綱. 孝7:43). 微妙호믄 ᄯᅡᄒᆞᆯ 아아 平히오믈 取ᄒᆞ얘로다:妙取略地平(重杜解5:48). 閣애셔 ᄯᅳᆷ이 일ᄇᆡᆨ 보 ᄯᅡ흔 ᄒᆞᄃᆡ:離閣有一百步地(老解上43). 濂洛群賢이 이 ᄯᅡ희 뫼왓ᄂᆞᆫ ᄃᆞᆺ(蘆溪. 獨樂堂). 뎡덕닌이란 사ᄅᆞᆷ이 당사 ᄯᅡ히 이셔 결레ᄃᆞᆯ히 강하의셔 만히 사ᄂᆞᆫ더라(太平1:1). ᄯᅡ 쓰다:掃地(譯解上8). ᄯᅡ 디:地(兒學上1). ※ᄯᅡ>땅

②곳. ¶句ᄂᆞᆫ 말ᄊᆞᆷ 그츤 ᄯᅡ히라(月釋序8). 阿脩羅와 ᄡᅡ홂 저긔 갈해 헌 ᄯᅡᄒᆞᆯ 栴檀香ᄇᆞᄅᆞ면 즉자히 암ᄀᆞᄂᆞ니라(月釋1:26). 句ᄂᆞᆫ 말 그츤 ᄯᅡ히라(月釋10:72). 기픈 ᄯᅡ해 寂靜이 이셔(永嘉下44). 窮子ㅣ 조ᄒᆞᆫ ᄯᅡᄒᆞᆯ 일흐니:窮子失淨處(杜解9:29). 알ᄑᆞᆫ ᄯᅡ해:患處(救簡1:79). 學校ㅣ란 거ᄉᆞᆫ 禮義로 서르 몬져 ᄒᆞᆯ ᄯᅡ히어ᄂᆞᆯ(飜小9:16).

※'ᄯᅡ'의 첨용: ᄯᅡ / ᄯᅡ히/ᄯᅡ히라/ᄯᅡᄒᆞᆯ/ᄯᅡᄒᆞ로/ᄯᅡ해/ ᄯᅡ콰/ᄯᅡ토…

ᄯᅡ가·다 동 따 가다. 빼앗아 가다. ¶잠 ᄯᅡ간 내 니믈 너겨(樂詞. 履霜曲).

ᄯᅡ다 동 따다[摘]. ☞ᄠᆞ다. ᄯᆞ다 ¶올길헤 ᄲᅩᆼ ᄯᅡ다가 누에 머겨 보ᄌᆞᄉᆞ라(古時調. 오ᄂᆞᆯ도 다 새거다. 青丘). ᄯᅡᆯ 덕:摘(兒學下3).

ᄯᅡ다 동 띄우다. ¶지곡총 비 ᄯᅡ여라 어ᄉᆞ와 돗 다러라(萬言詞答).

·ᄯᅡ·디·다 동 터지다. ¶옷과 치마왜 ᄯᅡ디거든:綻裂紉箴(宣賜內訓1:50). 이제 시리 ᄯᅡ디여:如今線綻(南明上37). ᄯᅡ딜 탄:綻(訓蒙下16).

ᄯᅡ라 부 따라. 따라서. ¶양지를 ᄯᅡ라 안져 옷시 니 쥬어닐 졔(萬言詞).

ᄯᅡ라가다 동 따라가다. ☞ᄯᆞ라가다 ¶구틔야 光明ᄒᆞᆫ 날 빗ᄎᆞᆯ ᄯᅡ라가며 덥ᄂᆞ니(古時調. 李存吾. 구룸이. 青丘).

ᄯᅡ로다 동 따르다. ¶유협경박 다 ᄯᅡ론다(萬言詞).

ᄯᅡ리다 동 때리다. ¶홀로 ᄌᆞ롤 ᄯᅡ려 니마롤 마치며(五倫2:38). 거복을 죽이고 비얌을 ᄯᅡ리면(敬信6).

ᄯᅡ·보 명 따비. ☞ᄯᅡ부. ᄯᅡ뷔. ᄯᅡ븨 ¶ᄯᅡ보 뢰:耒. ᄯᅡ보 ᄉᆞ:耜(訓蒙中17). 비록 잇ᄂᆞᆫ 健壯ᄒᆞᆫ 겨지비 호ᄆᆡ와 ᄯᅡ보롤 자ᄇᆞ나:縱有健婦把鋤犂(重杜解4:2). 압집의 쇼보 잡고 뒷집의 ᄯᅡ보 내니(存齋文集).

ᄯᅡ부 명 따비. ☞ᄯᅡ보 ¶ᄯᅡ부 뢰:耒(類合上28). 서투론 ᄯᅡ부를 눌 마조 자부려뇨(古時調. 趙存性. 아희야 粥. 青丘).

ᄯᅡ뷔 명 따비. ☞ᄯᅡ보. ᄯᅡ부. ᄯᅡ븨 ¶ᄯᅡ뷔 뢰:耒(兒學上11).

ᄯᅡ븨 명 따비. ☞ᄯᅡ보 ¶ᄯᅡ븨 뢰:耒(倭解下2). ᄯᅡ븨 놀:耜(物譜 耕農).

ᄯᅡ신 명 땅의 신. 지신(地神). ¶社稷:社ᄂᆞᆫ

ᄯᅡ신이오 稷은 곡식신이니 나라히 의탁ᄒᆞᆫ 듸라(宣小2:30).

ᄯᅡ쇼아리 명 땅꽈리. ¶ᄯᅡ꼬아리:苦蘵(柳氏物名三 草).

ᄯᅡ옥이 명 따오기. ☞다와기 ¶ᄯᅡ옥이:朱鷺(物譜 羽蟲).

ᄯᅡ외 명 땅외. ¶ᄯᅡ외:王瓜(柳氏物名三 草).

ᄯᅡ올기 명 딸기. ☞ᄲᅡᆯ기 ¶ᄯᅡ올기 ᄆᆡ:苺(倭解下7).

·ᄯᅡ·코 명 땅인고. 독ᄯᅡ ¶다시 後에 會集호ᄆᆞᆫ 아노라 어느 ᄯᅡ코:更爲後會知何地(初杜解23:23).

·ᄯᅡ·콰 명 땅과. 독ᄯᅡ ¶더운 ᄇᆞᄅᆞᆷ 부ᄂᆞᆫ ᄯᅡ콰 北녁 눈 오ᄂᆞᆫ ᄃᆡ 님굼 ᄯᅡ히니:炎風朔雪天王地(杜解5:46). 하ᄂᆞᆯ콰 ᄯᅡ콰 ᄉᆞᅀᅵ예 軍中엣 旗麾ㅣ ᄀᆞ독ᄒᆞ얏고:天地軍麾滿(初杜解8:47).

·ᄯᅡ·토 명 땅도. 독ᄯᅡ ¶오직 太子祇陁ㅅ 東山이 ᄯᅡ토 平ᄒᆞ며 나모도 盛ᄒᆞ더니(釋譜6:23).

·ᄯᅡ·해 명 땅에. 독ᄯᅡ ¶기픈 ᄯᅡ해 寂靜이 이셔:靜處幽居(永嘉下44).

ᄯᅡ해들다 동 땅에 들다. 동면(冬眠)하다. ¶ᄯᅡ해들 팁:蟄(類合下55).

ᄯᅡ흔 명 땅은. 독ᄯᅡ ¶閣애셔 ᄠᅳᆷ이 일ᄇᆡᆨ 보 ᄯᅡ흔 ᄒᆞᆫ ᄃᆡ:離閣有一百步地(老解上43).

ᄯᅡ흘 명 땅을. 독ᄯᅡ ¶ᄯᅡ흘 아오매 두 모히 뷔니라:略地兩隅空(重杜解5:41). 微妙호믄 ᄯᅡ흘 아아 平히오믈 取ᄒᆞ애로다:妙取略地平(重杜解5:48).

ᄯᅡ희 명 땅에. 독ᄯᅡ ☞ᄯᅡ해 ¶濂洛群賢이 이 ᄯᅡ희 뫼왓ᄂᆞᆫ ᄃᆞᆺ(蘆溪. 獨樂堂).

ᄯᅡ희버섯 명 땅버섯. ¶ᄯᅡ희버섯:菌子(柳氏物名三 草).

·ᄯᅡ히 명 땅이. 〔ㅎ 첨용어 'ᄯᅡ'의 주격(主格).〕 독ᄯᅡ ¶또 ᄯᅡ히 져기 平호ᄃᆡ 나ᅀᅡ오라:且就土微平(初杜解7:11).

ᄯᅡ히다 동 때다. ☞다히다 ¶블ᄯᅡ힐 남기며(癸丑188). ᄒᆞᆫ적곳 사 ᄯᅡ혀 보며ᄂᆞᆫ 미양사 ᄯᅡ히쟈 ᄒᆞ리라(古時調. 뒤들에 나모들. 青丘). 불ᄯᅡ히다:燒火(同文解上62). ᄯᅡ힐나모:柴(柳氏物名五 火).

·ᄯᅡ히·오 명 땅이오. 〔ㅎ첨용어 'ᄯᅡ'의 서술격(敍述格).〕 독ᄯᅡ ¶ᄇᆡ를 ᄇᆞ리고 ᄆᆞᆯ 타 가며 兵事 議論ᄒᆞᄂᆞᆫ ᄯᅡ히오:捨舟策馬論兵地(初杜解23:10).

·ᄯᅡᄒᆞ·로 명 땅으로. 독ᄯᅡ ¶반ᄃᆞ기 ᄯᅡᄒᆞ로 圓覺ᄋᆞᆯ 가졸ᄇᆞ디니:應以地喩圓覺(圓覺上二之一49).

·ᄯᅡ·ᄒᆞᆯ 명 땅을. 독ᄯᅡ ¶하ᄂᆞᆯ 祭ᄒᆞ던 ᄯᅡᄒᆞᆯ 보고 절ᄒᆞ다가(釋譜6:19). 窮子ㅣ 조ᄒᆞᆫ ᄯᅡᄒᆞᆯ 일호니:窮子失淨處(杜解9:29).

·ᄯᅡ히 명 ①땅의. 독ᄯᅡ ¶臺와 亭子왜 ᄯᅡ히 놉ᄂᆞᆺ가오ᄆᆞᆯ 조차ᄒᆞ니:臺亭隨高下(初杜解6:36).
②땅에. 독ᄯᅡ ☞ᄯᅡ해 ¶뎡덕닌이란 사ᄅᆞᆷ이 댱사 ᄯᅡ히 이셔 결레ᄃᆞᆯ히 강하의셔 만히 사ᄂᆞᆫ디라(太平1:1).

ᄯᅡᆨ다 동 닭다. ☞닷다 ¶부뫼 경토 ᄯᅡᆨ금을 권ᄒᆞ야(孝養解1).

ᄯᅡᆫ 관 다른. ¶니 가 ᄯᅡᆫ 집의 잇더니 그 집의 ᄂᆞ려오오셔(閑中錄42).

ᄯᅡᆯ 명 딸. ¶두 ᄯᅡᆯ로 사외삼아 萬乘位을 傳ᄒᆞ시고(人日歌).

ᄯᅡᆯ기 명 딸기. ☞ᄲᅡᆯ기 ¶ᄯᅡᆯ기:地椹(同文解下5). ᄯᅡᆯ기:地莓(譯解補31).

ᄯᅡᆯ으다 동 따르다. ¶후인이 능히 ᄯᅡᆯ으지 못ᄒᆞᆷ이 두려울ᄉᆡ(女四解3:3).

ᄯᅡᆯ타 형 다르다. ¶世事ᄂᆞᆫ 갓고 ᄯᅡᆯ코(古時調. 海謠).

ᄯᅡᆷ 명 땀〔汗〕. ☞ᄯᆞᆷ ¶ᄲᅡ진 못한 누비바지 ᄯᅡᆷ이 나고 ᄣᅵ가 올나(萬言詞). ᄯᅡᆷ 한:汗(兒學上3).

ᄯᅡᆷ언티 명 언치. ¶ᄯᅡᆷ언티:汗屜(柳氏物名一 獸族).

·ᄯᅡᆺ겇 명 땅 거죽. 지표(地表). ¶열븐 ᄢᅥᆨ ᄀᆞ톤 ᄯᅡᆺ거치 나니 비치 누르고 마시 香氣젓더니(月釋1:42). ᄯᅡᆺ거치 업거늘 ᄯᅡᆺ술히 나니(月釋1:43).

·ᄯᅡᆺ:님·자 명 땅임자. 지주(地主). ¶속절업시 ᄯᅡᆺ님자와 겨틧 평신을 다가 의심ᄒᆞ야:乾把地主幷左近平人涉疑(飜老上28).

ᄯᅡᆺ둘훔 명 오갈피. ¶ᄯᅡᆺ둘훕:五加皮(東醫湯液三 木部).

ᄯᅡᆺ둘흡 명 멧두릅. ☞ᄯᅡᇰ두룹 ¶ᄯᅡᆺ둘흡:獨活(東醫 湯液二 草部).

ᄯᅡᆺ져구리 명 딱따구리. ☞ᄠᅧᆺ져구리 ¶ᄯᅡᆺ져구리 열:鴷(兒學上7).

ᄯᅡᇰ 명 땅. ☞ᄯᅡ ¶ᄯᅡᇰ을 포고 묻고져 ᄒᆞ더니:掘地欲埋(東新續三綱. 孝1:1 孫順得鍾). ᄯᅡᇰ해 업데여:仆地(東新續三綱. 烈5:27 兪氏投井). 두서 번 ᄯᅡᇰ히 ᄢᅥ러디매 도적이 머리롤 버히고 가니라:再三墮地賊斷頭而去(東新續三綱. 烈5:49 兄弟斷頭). 아비ᄂᆞᆫ 하ᄂᆞᆯ이오 어미ᄂᆞᆫ ᄯᅡᇰ이니(女四解4:7).

ᄯᅡᇰ가싀 명 들장미. ¶ᄯᅡᇰ가싀:牛棘 野薔薇之一種(柳氏物名四 木).

ᄯᅡᇰ두룹 명 땅두릅. ☞ᄯᅡᆺ둘훕 ¶ᄯᅡᇰ두룹:土當歸(柳氏物名三 草).

ᄯᅡᇰᄯᅡᇰ 부 땅땅. ¶두 나리 ᄯᅡᇰᄯᅡᇰ 치며 슬피 울고 가ᄂᆞᆫ 저 외기러가(古時調. 青丘).

ᄯᅡᇰ진의 명 그리마. ¶ᄯᅡᇰ진의:蚰蜒(柳氏物名二 昆蟲).

ᄯᅢ 명 때〔時〕. ☞ᄡᅢ. ᄢᅢ ¶炎涼이 ᄯᅢ롤 아라 가ᄂᆞᆫ ᄃᆞᆺ 고텨 오니(松江. 思美人曲). ᄯᅢ 시:時(倭解上5). ᄯᅢ:時(同文解上4). 순의

셩ᄒᆞᆫ ᄯᅢ에도(百行源11). 檢驗ᄒᆞᆯ ᄯᅢ예 몬져 元由ㅅ ᄃᆞ려 무ᄅᆞ되(無冤錄3:3). 처엄 우물에 들 ᄯᅢ예 긔운이 오히려 ᄭᅳᆺ디 아니ᄒᆞ얀ᄂᆞᆫ디라(無冤錄3:10). 엇더ᄒᆞᆫ ᄯᅢ완ᄃᆡ 이런 오활ᄒᆞᆫ 일을 ᄒᆡᆼᄒᆞᄂᆞᆫ다(五倫2:54). ᄯᅢ 신:辰(註千1). ᄯᅢ 시:時(註千23).
※ᄯᅢ<ᄠᅢ<ᄣᅢ

:ᄯᅢ·다 동 때우다. ☞ᄠᅢ다. ᄯᅢ이다 ¶ᄯᅢᆯ 한:銲(訓蒙下16. 倭解下16). 부러진 활 거거진 통 ᄯᅢᆫ 銅爐口 메고(古時調. 靑丘). ᄯᅢ다:銲了(同文解下18. 譯解補45). ᄯᅢ 다:釬(漢淸12:7).

ᄯᅢ로 명 대로. ¶春風이 몃 날이리 우을 ᄯᅢ로 우어라(古時調. 孝宗. 淸江에. 海謠).

ᄯᅢᄯᅢ 부 그때그때. 때때로. ¶져 나ᄅᆞᆯ ᄯᅢᄯᅢ ᄉᆡᆼ각ᄒᆞ게 ᄒᆞ쟈(三譯2:7).

ᄯᅢᄯᅢ로 부 때때로. ☞ᄠᅢᄠᅢ로 ¶關山을 ᄇᆞ라보며 ᄯᅢᄯᅢ로 ᄆᆞᆫ져 보니(古時調. 十年 ᄀᆞ온. 靑丘). ᄯᅢᄯᅢ로 멀이 들어 北向ᄒᆞ야 우는 ᄯᅳᆺ은(古時調. 綠草 晴江上에. 海謠).

ᄯᅢ알 명 매자기. 삼릉초(三稜草). ☞ᄡᅵ알 ¶ᄯᅢ알:三稜草(柳氏物名三 草).

ᄯᅢ이다 동 때우다. ☞ᄯᅢ다 ¶ᄯᅢ이다:銲(柳氏物名一 獸族).

ᄯᅥ국 명 떡국. ☞ᄯᅥᆨ국 ¶ᄒᆞᆫ 밤 자면 제셕 오니 ᄯᅥ국 먹고 늙 노자니(萬言詞).

ᄯᅥ기ᄯᅥ기 부 덩이덩이. ¶구룸 ᄯᅥ기ᄯᅥ기 니러나다:生雲(漢淸1:9).

ᄯᅥ나가다 동 떠나가다. ¶만니쟝쳔 구름 되여 ᄯᅥ나가셔 보고지고(萬言詞).

ᄯᅥ나다 동 떠나다. ☞ᄠᅥ나다 ¶孔明의게 ᄯᅥ나려 ᄒᆞᆯ 제(三譯4:4). 길 ᄯᅥ나다:起身(同文解上27). ᄯᅥ나다:離了(同文解上29). ᄯᅥ나다:分開(漢淸8:71). ᄯᅥ날 별:別(註千14). ᄯᅥ날 리:離(註千16. 兒學下9).

ᄯᅥ내다 동 떠내다. ¶그믈엣 고기 ᄯᅥ내다:兜網中魚(漢淸10:23). ᄯᅥ내ᄂᆞᆫ 그믈:魚兜子(漢淸10:25).

-·ᄯᅥ니·라 어미 -더니라. ¶諸天을 아니 다 니르샨뎡 實엔 다 왜ᄯᅥ니라(釋譜13:7).

ᄯᅥ다 동 떨다. ☞ᄯᅥᆯ다 ¶셩내여 ᄯᅥ다:怒戰(同文解上33). ᄯᅥ다:打戰(同文解下7). ᄯᅥ다:打顫(漢淸8:6). 사랑 만나 안고 ᄯᅥᆫ나 겁난 ᄭᅳᆺ히 놀나 ᄯᅥᆫ나(萬言詞).

ᄯᅥ드다 동 (덮거나 가린 것을) 떠들다. ¶ᄯᅥ드다:撬起(漢淸7:45).

ᄯᅥ러디다 동 떨어지다. ☞ᄯᅥ러지다 ¶창업지쥬의셔 ᄯᅥ러디시리잇가(癸丑28). 구을너 ᄯᅥ러디거든(武藝圖22).

ᄯᅥ러지다 동 떨어지다. ☞ᄠᅥ러디다. ᄯᅥ러디다 ¶긁쳐 ᄯᅥ러지다(漢淸8:14). ᄯᅥ러질 락:落(兒學下10).

ᄯᅥ루츄다 동 떨어뜨리다. ☞ᄠᅥᄅᆞ티다. ᄯᅥ르치다. ᄯᅥ르티다 ¶ᄲᅨ를 갈여 피를 ᄯᅥ루츄되(女四解4:20).

ᄯᅥ르치다 동 떨어뜨리다. ☞ᄠᅥᄅᆞ티다. ᄯᅥ루츄다. ᄯᅥ르티다 ¶눈믈이 니음ᄃᆞ라 ᄯᅥ르치니(三譯1:9). 軍士ᄅᆞᆯ 쏘와 ᄆᆞᆯ게 ᄯᅥ르치고(淸老2:18).

ᄯᅥ르티다 동 떨어뜨리다. ☞ᄠᅥᄅᆞ티다. ᄯᅥ루츄다. ᄯᅥ르치다 ¶그 緖를 ᄯᅥ르텨:乃墜厥緖(常解18).

ᄯᅥ쥬어리다 동 떠죽거리다. ☞ᄠᅥ져기다 ¶ᄯᅥ쥬어리다:抖抖擻擻(漢淸8:24).

ᄯᅥ지다 동 뒤떨어지다. ☞ᄠᅥ디다 ¶뒤히 ᄯᅥ진 사ᄅᆞᆷ을(三譯9:4).

ᄯᅥ지오다 동 뒤떨어지게 하다. ¶ᄯᅥ지오다:存住(漢淸7:43).

ᄯᅥ지우다 동 뒤떨어지게 하다. ☞ᄯᅥ지오다 ¶ᄒᆞ나ᄒᆞᆯ ᄯᅥ지워 房을 직희오고 우리 다 ᄆᆞᆯ을 모라 가쟈(蒙老2:20).

ᄯᅥ혀 동 떼어. ㉠ᄯᅥ히다 ¶자남은 보라매를 엇ᄭᅵ제 손 ᄀᆞᆺ ᄯᅥ혀(古時調. 海謠).

ᄯᅥ혀먹다 동 떼어먹다. ¶ᄯᅥ혀먹다:吮喫(譯解補38). ᄯᅥ혀먹다:留賺手(漢淸8:45). ᄯᅥ혀먹다:賺喫(同文解下27).

ᄯᅥ흐다 동 떨다. 떨어지게 하다. ¶ᄀᆞ을히 뷔여 ᄯᅥ흐니(癸丑217).

ᄯᅥ히다 동 ①떼다. ☞ᄣᅦ히다. ᄣᅥ이다 ¶글을 바다셔 상에 노코 ᄯᅥ혀 보니(三譯6:7). ᄯᅥ혀 내다:分開(同文解下27). 각지손 ᄯᅥ히다:撒放(漢淸4:41).
②떨어지다. ¶잇다감 ᄯᅡᆷ나 븟닐 제 ᄯᅥ힐 뉘를 모르리라(古時調. 각시늬 玉. 靑丘).

·ᄯᅥᆨ 명 떡. ☞ᄠᅥᆨ ¶열븐 ᄯᅥᆨ ᄀᆞᄐᆞᆫ ᄡᅡᆺ거치 나니(月釋1:42). ᄯᅥᆨ 버혀 주믄 샹녜 ᄉᆞ랑ᄒᆞ논 배니라:裂餠常所愛(初杜解25:8). ᄯᅥᆨ ᄆᆡᆼᄀᆞ라(救簡6:47). ᄯᅥᆨ 병:餠. ᄯᅥᆨ 시:餌. ᄯᅥᆨ 고:餻. ᄎᆞᆺᄯᅥᆨ ᄌᆞ:餈(訓蒙中20). ᄯᅥᆨ 병:餠(類合上29). ᄯᅥᆨ 잇ᄂᆞ냐:餠有了(老解上20). ᄯᅥᆨ:餻(譯解上51). ᄯᅥᆨ 병:餠(倭解上47). ᄯᅥᆨ:餑餑(同文解上59). ᄯᅥᆨ 덩이:糕塊(漢淸12:47). 남산갓치 ᄯᅥᆨ을 ᄒᆞ고 한강채로 술을 비져(扶餘路程). ※ᄯᅥᆨ>떡

ᄯᅥᆨ국 명 떡국. ¶ᄯᅥᆨ국:湯餠(物譜 飮食).

·ᄯᅥᆨ·소 명 떡소. ¶ᄯᅥᆨ소 산:餕. ᄯᅥᆨ소 함:餡(訓蒙中20). ※ᄯᅥᆨ소>떡소

ᄯᅥᆺᄯᅥᆺᄒᆞ다 형 떳떳하다. ¶女人의 ᄯᅥᆺᄯᅥᆺᄒᆞᆫ 道ㅣ며:女人之常道(女四解1:3).

ᄯᅥᆯ기 명 (풀이나 나무의) 떨기. ☞ᄠᅥᆯ기 ¶ᄯᅥᆯ기 총:叢(兒學下10).

ᄯᅥᆯ다 동 ①떨다. ☞ᄯᅥ다 ¶ᄃᆡ답도 아니ᄒᆞ고 하 ᄯᅥᆯ거ᄂᆞᆯ(癸丑122). 隨陪에 다리 ᄯᅥᆯ기 백배나 더ᄒᆞ고나(扶餘路程).
②떨다. 털다. ¶몬지 ᄯᅥᄂᆞᆫ 것:撣箒(譯解補43). ᄯᅥᆯ 진:振(註千22).

썰써리다 동 떨어버리다. ¶친적 권속 활활 이 썰써리고(因果曲7).

썰치다 동 떨치다. ☞썰티다 ¶낙때를 썰쳐 든이 줌든 白鷗 다 놀거다(古時調. 金光煜. 秋江 붉은 돌에. 海謠). 썰칠 분:奮(兒學下13).

썳다 형 떫다. ☞쩗다 ¶썳다:澁(同文解上61. 漢淸12:58).

썻썻이 부 떳떳이. ¶이 ᄆᆞᄋᆞᆷ을 눌러 썻썻이 아는 사ᄅᆞᆷ의게 무러셔(捷蒙1:3). 너희 스승이 썻썻이 오ᄂᆞ냐 아니 오ᄂᆞ냐(捷蒙2:1).

쎄 명 떼. 무리〔群〕. ☞뻬 ¶쉰 비를 쎄 ᄒᆞ여셔(三譯7:19). ᄒᆞᆫ 쎄ᄂᆞᆫ 뒤히 써지고(三譯9:5). 계우와 오리를 쎄를 일위게 ᄒᆞ야:隊(女四解3:23). 쎄 만흔 ᄀᆞᆯ먹이는 오명가명 ᄒᆞ거든(古時調. 海謠).

쎄 명 나무·풀·대 등을 엮어 묶은 단위. ¶산슈병풍 어ᄃᆡ 가고 갈발 ᄒᆞᆫ 쎄 둘러시며(萬言詞).

쎄 명 떼. 뗏목. ☞뻬 ¶쎄 벌:筏(倭解下18. 兒學上10). 쎄:筏子(同文解下18. 漢淸12:20).

쎄구름 명 떼구름. ☞뻬구룸 ¶空山의 싸힌 닙흘 朔風이 거두 부러 쎄구름 거ᄂᆞ리고 눈조차 모라 오니(松江. 星山別曲).

쎄다 동 떼다. 떼어 내다. ¶燕軍의 닷ᄂᆞᆫ 쇼를 쟙ᄋᆞ다가 심을 쎄여(武豪歌). 山陽의 우ᄂᆞᆫ 쮱을 두 날ᄀᆡ 쎄여 내여(武豪歌).

쎄쟝 명 된장. ☞쐬쟝 ¶고사리 닷 丹 쎄醬 직어 먹고(古時調. 歌曲).

쎄접이 명 구경(球莖). 땅속줄기. ¶토란 쎄정이:芋魁(物譜 菜蔬).

쎄치다 동 떨치다. ¶멀리 쎄쳐 와 霽月峯이 되여거놀(宋純. 俛仰亭歌).

·쏘 부 또. ☞뽀 ¶西夷 쏘 모ᄃᆞ니:西夷亦集(龍歌9章). 얼우시고 쏘 노기시니:旣氷又釋(龍歌20章). 쏘 授記ᄒᆞ시니(月印上3). 又ᄂᆞᆫ 쏘 ᄒᆞ논 ᄠᅳ디라(釋譜序5). 쏘 耶輸陀羅ᄅᆞᆯ 달애야(釋譜6:1). 이도 쏘 이 곤ᄒᆞ야(南明上2). 聖境이 쏘 업고(南明上3). 쏘 다 음식 주워 머길 거시라:也都與茶飯喫(飜老上54). 쏘 역:亦(石千21). 쏘 챠:且(類合下29. 石千37). 쏘 우:又(類合下45). 쏘 사년만의(明皇1:30). 쏘 滴水 指南針勢로써(武藝圖1). 쏘 유:有(註千5).

쏘기달 명 조각달. ¶無心ᄒᆞᆫ 쏘기달의 徘徊ᄒᆞᄂᆞᆫ 쓰젼(古時調. 鄭澈. 樓 밧 푸른. 松江).

-쏘다 어미 -구나. ¶황이 홀로 우ᄂᆞᆫ쏘다:凰獨哭(東新續三綱. 烈1:92).

쏘아리 명 따리. ☞쏘애 ¶쏘아리 버서 통조지에 걸고(古時調. 니르랴. 靑丘). 쏘아리:頂圈子(柳氏物名五 水).

쏘애 명 따리. ☞쏘아리 ¶쏘애:頂圈子(同文解下15).

쏘애복쇼와 명 감복숭아. ¶쏘애복쇼와:匾桃(譯解上55).

쏘약이 명 땀띠. ¶紅疫 쓰리 쏘약이 후더침에 自然히 검고(古時調. ᄂᆡ 얼골. 靑丘).

쏘한 부 또한. ☞쏘ᄒᆞᆫ ¶쏘한 섯날 아ᄎᆞᄆᆡ 파와 염규와 마ᄂᆞᆯ와(簡辟15).

쏘ᄒᆞᆫ 부 또한. ☞쏘한 ¶或 다ᄉᆞᆺ 번 도라도 쏘ᄒᆞᆫ 해롭지 아니ᄒᆞ니라(武藝圖67). 계모 쏘ᄒᆞᆫ 감동ᄒᆞ고 뉘웃처:母亦感悔(五倫1:2). 그 안히도 쏘ᄒᆞᆫ 죽어:亦(五倫5:11).

쏙 부 똑. ¶窓前에 언젓더니 ᄃᆡᆨᄃᆡ글 구우러 쏙 나려지거고(古時調. ᄋᆞ자 나. 靑丘).

쏙ᄀᆞᆺ다 형 똑같다. ¶제 밥을 슈라샹과 ᄒᆞᆫ가지로 출혀 쏙ᄀᆞᆺ치 ᄒᆞ야 먹고(閑中錄450).

쏭 명 똥. ¶쏭 무딧 우희 겨를 구버 할커늘(月釋9:35上). 糞은 쏭이라(月釋10:117). 미조차 쏭ᄋᆞᆯ 츠더니(月釋13:21). 드틀와 ᄒᆞᆰ과 쏭과 오좀과:塵土屎尿(楞解8:87). 쏘이 ᄃᆞ외며 오조미 ᄃᆞ외오:爲糞爲尿(楞解8:99). 쏘ᄋᆞᆯ ᄒᆞ마 더러(法華1:4). 쏭 추믄 煩惱 그추믈 가ᄌᆞᆯ비니:除糞譬斷煩惱(法華2:207). 롱담 議論앳 쏭ᄋᆞᆯ ᄉᆞ랑ᄒᆞ야(法華2:229). ᄃᆞᆯᄀᆡ 쏘ᄋᆞᆯ ᄉᆞ라:雞糞燒(救急下45). 쏭잇 眞金이오(圓覺上一之二178). 쏭ᄋᆡ ᄃᆞᆯ며 ᄣᅳ믈 맛보더니(三綱. 孝20). 金이라 ᄒᆞ며 쏭이라 ᄒᆞ논 議論이:金屎之論(金三2:41). 쏭 시:屎. 쏭 분:糞(訓蒙上30). 다ᄆᆞᆫ 쏭이 ᄃᆞᆯ며 ᄡᅳᆷ을 맛볼 거시라 ᄒᆞ야:但嘗糞甜苦(宣小6:28). 션왕 마노라 아ᄃᆞᆯ이나 눈 쏭이나 달마실가(癸丑43). ᄆᆞᆯ 쏭누다:抛糞(譯解下30). 쏭 시:屎(倭解上18). 쏭 시:矢(註千40). 쏭:巴白(同文解上17).

쏭 명 둥. ☞동 ¶우리 사ᄅᆞᆷ이 오ᄂᆞᆯ 죽을 쏭 ᄂᆡ일 죽을 쏭 아디 못ᄒᆞ니:咱人今日死的明日死的不理會得(老解下37). 時節이 하 殊常ᄒᆞᆫ이 쓸 쏭 말 쏭 ᄒᆞ여라(古時調. 金墍. 瀟湘江. 海謠).

쏭개 명 똥집. ¶ᄃᆞᆰ의 쏭개:鷄肫(譯解下25).

쏭누다 동 똥(을) 누다. ¶이런 어두온 ᄃᆡ 廁間에 가기 어려오니 우리 그저 뒷뫼히 가 쏭누미 엇더뇨(蒙老2:25). 길히 쏭누면 사ᄅᆞᆷ의 ᄯᅮ지즈믈 드르리라(蒙老2:25).

쏭무디 명 똥묻이〔糞埋〕. 똥구덩이. ¶이 究羅帝 쏭무딧 우희 줌구려서 겨를 구버 먹거늘 보고(月釋9:35下).

쏭믈 명 똥물. ☞쏭 ¶사ᄅᆞᆷ의 쏭믈은 시병ᄋᆡ 극히 열ᄒᆞ여 미쳐 헤ᄃᆡᄅᆞᄂᆞᆫ 증을 고티ᄂᆞ니(辟新7).

쏭ᄡᆞ기 명 똥싸개. ☞쏭 ¶쏭ᄡᆞ기:屎精(漢淸5:47).

쏭의ᄑᆞ리 명 똥파리. ¶쏭의ᄑᆞ리:赤頭(柳氏物名二 昆蟲).

쏭집 명 똥집. ¶쏭집 두:肚(兒學上2).

쑛그·릇 명 똥그릇. ¶쑛그르슬 더디고:抛糞器(法華序22).

쐬 명 떼. 잔디. ☞뙤. ᄢᅬ ¶쐬:回軍草(柳氏物名三 草). 쐬 사:莎(兒學上5).

쐬덩이 명 뗏덩이. ¶쐬덩이:草根坯(漢淸12:9). 쐬덩이:草坯子(柳氏物名五 土).

쐬야기 명 뙈기. ☞또야기 ¶집안이며 논쐬야기 ᄒᆞ여 준 것도(閑中錄334).

쐬쟝 명 된장. ☞쎄장 ¶고사리 ᄒᆞᆫ 단 쐬쟝 직어 먹고(古時調. 靑丘).

쑤두리다 동 뚜드리다. ☞쓰드리다 ¶쑤싹 쑤두려 방망치 쟝ᄉᆞ(古時調. 밋난편. 靑丘).

쑤러지다 동 뚫어지다. ☞ᄲᅮ러지다 ¶쑤러지다:破透了(同文解上56). 삼시 츌망ᄒᆞᄂᆞᆫ 눈이 쑤러지게 되엿다가(萬言詞答).

쑤르지르다 동 뚫고 들어가다. ¶쑤르지르다:突入(同文解上46).

쑤싹 부 뚜딱. ☞쑤딱 ¶쑤싹 쑤두려 방망치 쟝ᄉᆞ(古時調. 밋난편. 靑丘).

쑤에 명 뚜껑. ☞두에 ¶교ᄌᆞ 쑤에엣 드림:走水(漢淸12:12).

쑤여들다 동 뛰어들다. ¶潘이 블의 쑤여들어 죽으니라(女四解4:26).

쑥딱 부 뚝딱. ☞쑤싹 ¶비목 걸새 쑥딱 박고(古時調. 한숨아. 靑丘).

쑥삼 명 수삼(枲). ☞ᄲᅮᆨ삼 ¶건 삼밧 쑥삼 되야 龍門山 開骨寺에 니 ᄲᅡ진 늘근 즁놈의 들뵈나 되엿다가(古時調. 새악시. 靑丘).

쑬다 동 뚫다. ☞쑯다 ¶두 곳에 굼글 쑤럿ᄂᆞ니라(火砲解9). 궁소에 구무 쑬어 믈 마시ᄂᆞᆫ 활:吸水弓(漢淸5:4).

쑯기 명 뚫기. ☞쑯다 ¶ᄇᆞ람이 ᄉᆞᄆᆞᆺ 쑯기ᄅᆞᆯ 因ᄒᆞ야 致死ᄒᆞᆫ 거시니라:因風透串致死(無冤錄3:22).

쑯다 동 뚫다. ☞쑬다 ¶ᄂᆡ인 측간의 구무 쑯고(癸丑9). 경츈이 ᄌᆞ문 문골희ᄅᆞᆯ 쑯고 바리ᄅᆞᆯ 내여다가(癸丑118). 쥐 구무 쑯다:鼠鑽孔(同文解下39). 남글 쑯디 아니면 ᄉᆞᄆᆞᆺ디 못ᄒᆞᆫ다 ᄒᆞ니라:木不鑽不透(朴新解1:16). 여론 곳 쑯다:薄處穿通(漢淸11:57).

쑴 명 뜸. ¶쑴:篷(物譜 舟車). 쑴 둔:芚(倭解下15).

쑷다 동 뚫다. ☞쑬다 ¶동녁집 뎌 편에 굼글 쑷고:於東屋那邊剜窟(朴解下52).

쑹긔티다 동 퉁겨 치다. ¶乙의 棍을 쑹긔티고 ᄒᆞᆫ 발 믈너가(武藝圖59).

쒸 명 띠. ☞ᄲᅱ. ᄯᅴ ¶흰 쒸 ᄭᅩᆾ:茅香花(東醫湯液三 草部). 쒸 모:茅(倭解下31. 兒學上5). 쒸:茅草(同文解下46. 漢淸13:12). 쒸로 더픈 短簷을 藤蘿로 얼거 매니(草堂曲).

쒸놀다 동 뛰놀다. ☞ᄲᅱ놀다 ¶쒸놀고 달고질ᄒᆞ야(女範1. 모의 추ᄆᆡᆼ모). 쒸놀다:踴躍(漢淸7:29).

쒸다 동 뛰다. ☞ᄲᅱ다. ᄯᅱ다 ¶쒸 약:躍(倭解上31). 쒸다:跳過(同文解上26). ᄀᆞᄅᆞ 쒸고 셰 쒸다:橫跳竪跳(譯解補60). 쒸다:跳(漢淸7:29). 고기 쒸다:魚躍(漢淸14:47). 쒸 약:躍. 쒸 쵸:超(註千38). 쒸 쵸:超(兒學下3). 南山을 엽픠 ᄭᅵ고 北海를 쒸라ᄂᆞᆫ ᄃᆞᆺ(武豪歌).

쒸여나다 동 뛰어나다. ☞ᄲᅱ여나다 ¶큰고기 梁을 쒸여나매(女四解2:17).

쒸여넘다 동 뛰어넘다. ¶쒸여넘다:跳越(同文解上26).

쒸여들다 동 뛰어들다. ☞ᄲᅱ여들다 ¶블의 쒸여드러 죽으니라:跳入(女四解4:21).

쒸여오르다 동 뛰어오르다. ☞ᄲᅱ여오ᄅᆞ다 ¶ᄆᆞᆯ께 쒸여오르다:騙馬(漢淸4:45).

쒸옴 동 뜀. ☞ᄲᅱ옴 ¶쒸옴 굵다:縱頭大(漢淸14:26).

쒸자리 명 띠(茅)로 만든 자리. ¶쒸자리 ᄒᆞᆫ닙 쥬어 쳠하의 거쳐하니(萬言詞).

쒸좃 명 띠(芧)의 싹. ¶쒸좃:茅芽(柳氏物名三 草).

쒸집 명 띳집. 지붕을 띠로 인 집. ¶山水間 바회 알래 쒸집을 짓노라 ᄒᆞ니(古時調. 海謠). 山 됴코 물 죠흔 곳의 바회 지허 쒸집 짓고(古時時. 古歌).

·쓰·다 동 ①뜨다. 그릇에 담긴 물건을 덜어 내거나 또는 퍼내다. ¶바ᄇᆞᆯ ᄌᆞᆷ죽 ᄯᅥ 먹디 말며:毋放飯(宣賜內訓1:3). 바ᄇᆞ란 雲子ㅣ 희니ᄅᆞᆯ ᄀᆞ리 쓰고:飯抄雲子白(初杜解15:54). 술로 ᄯᅥ:用匙攤(救簡1:22). ᄠᅳᆯ 규:斛. ᄠᅳᆯ 읍:挹. ᄠᅳᆯ 요:舀. ᄠᅳᆯ 셔:抒(訓蒙下15). 믈ᄠᅳᆯ 읍:挹(類合下41). 밥을 크게 쓰디 말며:毋放飯(宣小3:23). 믈 쓰다:舀水(同文解上8). 보리 ᄒᆞᆫ 말 ᄶᅧ셔 쥬며(萬言詞).
②(종이를) 뜨다. ¶죠히 쓰다:抄紙(同文解上43). ※쓰다>뜨다

·쓰·다 동 (바느질할 때 한땀 한땀) 뜨다. ¶슈 쓰ᄂᆞᆫ 바ᄂᆞᆯ:繡針(飜老下68). 슈 쓰ᄂᆞᆫ 바ᄂᆞᆯ 일ᄇᆡᆨ 밤:繡針一百帖(老解下61). 슈 쓰ᄂᆞᆫ 바ᄂᆞᆯ:綉針(譯解下7).

·쓰·다 동 뜨다(灸). 뜸을 뜨다. ☞ᄠᅳ다 ¶간ᄉᆞ와 풍디와ᄅᆞᆯ 쓰라:灸…間使風池(救簡1:31). ᄲᆞᆯ리 밠엄지가락 아랫 ᄀᆞ론 금을 나마초 쓰면 됴ᄒᆞ리라:急灸足大趾下橫文隨年壯立愈(救簡1:31). 일ᄇᆡᆨ 붓글 ᄶᅥ도 됴ᄒᆞ리라:灸百壯亦效(救簡1:42). 열네 붓곰 쓰더 됴티 아니커든 다시 열네 붓글 쓰라:各十四壯不愈再灸十四壯(救簡1:50). 일ᄇᆡᆨ 붓곰 쓰더 고티디 몯거든 블독 ᄆᆞ딧 그틀 쓰라:灸之百壯不治者可灸肘椎(救簡2:61). ᄡᅮᆨ 붓글 그 우희 노하 ᄶᅥ:艾炷安在其上灸(救簡6:57). 세 붓식 쓰더:三壯家灸的(飜朴上

38). 머리 갓고 니마 우희 쓰ᄂᆞ니:剃了頭頂上灸(飜朴上57). 각 ᄒᆞᆫ 붓식 쓰되:各一壯(瘟疫方19). 네 모흘 ᄒᆞᆫ 장식 쓰되 병인을 아디 몯ᄒᆞ게 ᄒᆞ라(辟新13).

쓰다 동 뜨다〔浮〕. ☞ᄡᅳ다 ¶峽으로 써 지나가믈:浮峽過(重杜解12:33). 쓰 다:浮(同文解上8. 漢淸1:49). ᄇᆞ롬 믈결과 ᄲᅮᆷᄂᆞᆫ 믈이 쓰락ᄂᆞ즈락ᄒᆞ여도(三譯7:19). 뜰 부:浮(註千18. 兒學下9).

쓰다 동 뜨다〔昇〕. ¶쓰ᄂᆞᆫ ᄃᆞ리:吊橋(同文解上40). 쓰다:飛起(漢淸13:63).

·쓰·다 형 약하다. 세차지 않다. ¶그 므레 약 ᄀᆞ론 ᄀᆞᆯ을 녀허 쓴 브레 여라믄 소솜 글히고:取汁入諸藥末慢火煎十餘沸(救簡1:19). 쓴 브레 ᄃᆞ시ᄒᆞ야:慢火溫(救簡2:23). 쓴 브레 달혀 얼의어든:慢火煎成膏(救簡2:81). 믈 닷 말로 쓴 브레 글혀:以水五斗慢火煮(救簡6:89).

·쓰·다 형 뜨다. 느리다. 둔(鈍)하다. ☞ᄣᅳ다 ¶쓴 ᄆᆞᆯ:鈍馬(飜老下9. 老解下8. 同文解下37). 뜰 만:慢(類合下3). 맛당이 더데 지을 거시 짓디 아니믈 닐온 쓴 쟈기라:當靨不靨謂之慢(痘要上34). 쓴 ᄆᆞᆯ을 ᄐᆞ고 뵈로 기ᄅᆞ마 ᄡᅳ고(家禮6:32). 다만 즌 거름이 쓰니:只是小行上遲些(朴新解2:2). 거름 쓰다:遲鈍(漢淸13:21).
※쓰다>뜨다

쓰드리다 동 뚜드리다. ☞ᄯᅮ두리다 ¶쓰드려 ᄇᆞ아 ᄒᆞᆫ 자내 프러 브스라:搥碎接一盞灌服(救急上42).

쓰리 명 수두(水痘). ☞ᄣᅳ리. 뜰이 ¶쓰리:水痘(同文解下7). 쟉은손님 큰손님에 紅疫 쓰리 또약이 後더침에(古時調. 니 얼굴 검고. 歌曲).

쓰물 명 뜨물. ☞ᄣᅳ믈. 쓰믈 ¶쓰물:瀋 洗米水(柳氏物名三 草).

·쓰·믈 명 뜨물. ☞쓰물 ¶쓰믈와 菜蔬ㅅ 니플 ᄢᅡ해 ᄇᆞ리디 말며(月釋21:110). 쓰므레 ᄌᆞ마 ᄒᆞᄅᆞᆺ밤 재요니와:泔浸一宿(救簡1:8). 쓰므레 좀가 밤자여 브레 ᄆᆞᆯ외야 ᄀᆞ라(簡辟21). 쓰믈 감:泔. 쓰믈 번:潘. 쓰믈 심:瀋. 쓰믈 간:瀾(訓蒙下11). 쓰믈:泔水(同文解上61. 漢淸14:39). 건 쓰믈:泔水底子(漢淸14:39). 건 쓰믈:泔水底子(漢淸14:39).

쓰여 동 띠어〔帶〕. ㉮쓰이다 ¶뫼ᄒᆞᆫ 烏蠻ᄋᆞᆯ 쓰여 어위오:山帶烏蠻濶(重杜解2:5).

쓰이다 동 띠다. ☞ᄯᅴ다 ¶반ᄃᆞ시 ᄯᅴ 쓰여 ᄆᆞᆯ 머리예 마조 기ᄃᆞ우더니:必束帶迎候於馬首(飜小9:105).

쓱ᄒᆞ·다 형 세차지 않다. ¶즈ᄉᆡ 거려 앗고 쓱ᄒᆞᆫ 브레 다시 글혀:濾去滓却於慢火上再煎(救簡6:88).

쓴숫 명 뜬숯. ¶쓴숫:烰炭(物譜. 鼎鐺).

쯛 명 뜻. ☞ᄠᅳᆮ ¶吏로 隱居ᄒᆞ야슈메 쯛데 마ᄌᆞ니:吏隱適情性(重杜解7:24). 쯛 정:情. 쯛 지:志. 쯛 의:意(倭解上22). 헐도이 디내디 말라 ᄒᆞᄂᆞᆫ 쯛이라(女四解2:17). 이 쯛드로 노ᄅᆡ 지어 時時로 諷詠ᄒᆞ니(陶山別曲).

쯛다 동 뜯다. ¶섬거적 쓰더 펴니 션단 뇨히 되엿거ᄂᆞᆯ(萬言詞).

뜰 명 뜰. ☞ᄠᅳᆯ ¶뫼햇 새ᄂᆞᆫ 나조ᄒᆡ 뜰흐로 디나가놋다:山鳥暮過庭(重杜解3:41). 뜰히 박셕돌히(癸丑79). 母子ㅣ 뜰히셔 痛哭ᄒᆞ고(女四解4:11). 뜰 뎡:庭(倭解上33. 註千27). 뜰:庭子(同文解上36). 두 사ᄅᆞᆷ의 뜰을 ᄇᆞᆲ디 아니ᄒᆞ기ᄂᆞᆫ:庭(五倫2:28). 뜰 정:庭(兒學上9).

뜰이 명 수두(水痘). ☞ᄣᅳ리. 쓰리 ¶뜰이 紅疫 또약이 後럿침에(古時調. 내 얼굴 검고. 海謠).

씀 명 뜸〔灸〕. ☞ᄠᅳᆷ ¶막다각 免티 몯ᄒᆞᄂᆞ닌 쓰메셔 더은 거시 업스니:防而不免者莫出於灸(救急下66).

씀 명 뜸. 사이. ☞ᄠᅳᆷ ¶씀이 二十里 ᄶᅡ히 이시니(朴新解1:13).

·씀 명 땀〔汗〕. ☞ᄯᆞᆷ ¶씀 한:汗(訓蒙上30).

씀 명 뜸. ¶씀 봉:篷(兒學上10).

씀단지 명 부항(附缸). ¶씀단지 ᄒᆞ다:拔火罐子(同文解下9). 씀단지 ᄒᆞ다:拔火罐(漢淸9:11).

씀쓰다 동 뜸을 뜨다. ¶씀쓸 구:灸(類合下12). ※씀쓰다>뜸뜨다

씀질 명 뜸질. ¶씀질 구:灸(倭解上52).

씀질ᄒᆞ다 동 뜸질하다. ¶씀질ᄒᆞ다:艾灸(譯解補35). 씀질ᄒᆞ다:灸艾子(漢淸9:11).

씃 명 뜻. 생각. ☞ᄠᅳᆮ ¶가는 씃을 닐러라(古時調. 海謠). 씃:意(漢淸6:11). 씃 경:情. 씃 지:志. 씃 의:意(註千17). 씃 정:情(兒學下7). 씃 지:志(兒學下11).

씃개 명 뜯게. ¶무명자를 가득이 두고 씃개 서답을 ᄒᆞ여야 ᄒᆞ지(浮談).

씃글 명 티끌. ☞ᄠᅴ글 ¶世上애 씃글 ᄆᆞᄋᆞᆷ이 一毫末도 업다(古時調. 權好文. 날이 져믈거ᄂᆞᆯ. 松岩續集).

씃기다 동 (풀을) 뜯기다. ¶풀 씃기다:作齸青(柳氏物名一 獸族).

씃다 동 뜯다. ☞ᄠᅳᆮ다 ¶씃어 먹다:齸喫(同文解上62).

씃듯다 동 (뚝뚝) 듣다. 떨어지다. ☞ᄠᅳᆮ듣다. 씃씃다 ¶새 기ᄉᆡ 흙이 씃듯고(女範2. 변녀 니시옥영).

씃머기다 동 뜯어 먹이다. ¶고동플 씃머기며 깃믈ᄀᆞ ᄂᆞ려갈 제 어듸셔 픔진 벗님 흠ᄭᅴ 가쟈 ᄒᆞᄂᆞᆫ고(古時調. 도롱이예 홈의 걸고. 三足堂歌帖).

쓧쓧다 동 (뚝뚝) 듣다. 떨어지다. ☞쁟듣다 ¶쓧쓧다:滴滴(同文解下56). 비 쓧쓧다:疎雨點點(漢淸1:11).

쓧 명 뜻. ☞쁟. 쁜 ¶네 쓰지 엇뎌훈요(阿彌50). 깁픈 경에 쓰즐 언문으로 써 내야(普勸文20). 호나토 반홀 쓰지 업더라(五倫2:33).

·씌 명 띠〔帶〕. ¶씌예 ᄂ리면 시름 ᄌ고:下於帶則憂(宣賜內訓1:6). 남진의 씌ᄂ 가치오:男鞶革(宣賜內訓3:3). 안녀그로셔 ᄂ화주시ᄂ 금씌 븕고:內分金帶赤(初杜解21:8). 져믄 제 ᄒ마 씌예 서 뒷노라:少壯已書紳(初杜解24:25). 힌 씌 씌고(呂約27). 씌 신:紳. 씌 ᄃ:帶(訓蒙中23. 類合上31. 石千41. 倭解上45). 밤의 씌ᄅ 그르디 아니니이시니:有…夜不解帶者(警民35). ᄉ나희 씌ᄂ 갓ᄎ로 ᄒ고:男鞶革(宣小1:3). 옷 닙고 씌 씌며:衣紳(宣小2:2). 큰 씌ᄅ 밍ᄀ로오:爲大帶(宣小4:45). 녀름에ᄂ 옥으로 씌긋테 갈구리 ᄒ니를 씌오되:夏裏繫玉鉤子(老解下46). 온에 씌ᄅ 그르디 말고(女四解2:14). 씌:帶子(同文解上57). 씌 업슨 손이 오나늘 갓 버슨 主人이 나셔(古時調. 靑丘). 씌 ᄃ:帶(兒學上12). ※씌>띠

씌 명 띠〔茅〕. ☞뛰. 쒸 ¶씻불휘:茅根(方藥8). 씌로 더쓴 短簷 쓧선 藤蘿로 얼거매이(草堂曲).

씌거·리 명 띠걸이. ¶산호로 씌거리 ᄒ야거든 씌예:珊瑚鉤子繫腰(飜朴上27).

씌글 명 티끌. ☞뜻글 ¶씌글:塵(柳氏物名五土). 씌글 ᄋ:埃(兒學上3).

씌·다 동 띠다. 띠를 두르다. ☞쓰이다 ¶寶玉帶 씌샤:寶玉且橫腰(龍歌112章). 果ᄅ 씌여:帶果(法華2:39). 머리 허리예 씌ᄂ니라(宣賜內訓1:61). ᄂ치 듣글와 지ᄅ 씌오:面帶塵灰(南明下18). 힌 씌 씌고(呂約27). 칼 ᄎ고 노홀 씌여셔 밍세ᄒ야 닐오ᄃ:佩刀帶繩以自誓曰(東續三綱. 烈13). 녀름에ᄂ 옥으로 씌 긋테 갈구리 ᄒ니를 씌오되:夏裏繫玉鉤子(老解下46). 가슴의 당ᄒ여 씌면:當心帶(臘藥3). 씔 ᄃ:帶(註千41). ※씌다>띠다

씌다 동 뛰다. ☞뛰다. 쒸다 ¶쟝군의 앏히셔 죽어 쟝군의 싱각을 ᄉ코져 ᄒ노라 ᄒ고 난간을 잡고 년못시 씌려 홀 제(三譯1:16).

씌·다 동 띄우다. ☞쁴다 ¶네짯 句ᄂ 生死애 오ᄋ로 이셔 홀기 그ᄉ며 므를 씌윤 양지니(南明上73).

씌다 동 (그네를) 뛰다. ¶그늬 씌다:打鞦韆(漢淸9:18).

씌돈 명 띠돈. ☞씻돈 ¶빗나미 珊瑚 씌돈 ᄌ도다:文彩珊瑚鉤(重杜解13:11).

씌ㅅ돈 명 띠돈. ☞씌돈. 씻돈 ¶씌ㅅ돈:帶版子(同文解上57). 씌ㅅ돈:帶板(漢淸11:9).

씌엿 명 띠앗. ¶씌엿 턱:惕(類合下37).

씌오다 동 띄우다. 뜨게 하다. ¶씌오다:悶飯(同文解上58). 과실 씌오다:捫熟(漢淸13:8).

씌오다 동 띄우다〔浮〕. ¶이 몸 허러 내여 낸물에 씌오고져(古時調. 鄭澈. 靑丘).

·씌와·치 명 띠바치. 띠 만드는 사람. ☞씌쟝이 ¶이 구란쫄 씌와치 夏五의 메운 거시라:是拘欄衚衕裏帶匠夏五廂的(飜朴上18).

씌우다 동 띄우다〔浮〕. ☞쁴우다 ¶그 아래 비ᄅ 씌워 갈대로 더져 두니(松江. 星山別曲). 금능의 비를 씌워 술집으로 향ᄒᄂ 듯(萬言詞). 上流ᄋ| 미인 비를 下流ᄋ| 씌워 노코(陶山別曲).

씌·이·다 동 띠게 하다. 두르게 하다. ☞씌다 ¶어미 씌 씌이고 슈건 ᄆ오:母施衿結帨(宣小2:46).

씌이다 동 띄우다〔浮〕. ☞씌우다 ¶비에 시러 믈의 씌이고:泛之(五倫3:63).

씌쟝이 명 띠바치. 띠 만드는 사람. ☞씌와치 ¶씌쟝이:帶匠(朴解上18). 씌쟝이:絛匠(同文解上13). 씌쟝이:絛匠(譯解補19).

씌차다 동 띠다. 띠고 차다. ☞씌ᄎ다 ¶風壤ᄋ 三苗 ᄡ홀 씌찻도다:風壤帶三苗(杜解2:21). 믌소리ᄂ 玉琴을 씌찻ᄂ ᄃᄒ니라:泉聲帶玉琴(杜解3:38). 그윗 ᄃ리ᄂ 버듨 ᄀ놀홀 씌찻도다:官橋帶柳陰(杜解3:48).

·씌·ᄎ·다 동 띠다. 띠고 차다. ☞씌차다 ¶犬戎의 비뉘호ᄆ 씌ᄎ디 아니ᄒ얫ᄂ녀:莫帶犬戎羶(初杜解20:4).

·씻:돈 명 띠돈. ☞씌돈. 씌ㅅ돈 ¶소내 마초호ᄆ 씻돈 텨 밍ᄀ로ᄆ 보리로소니:應手看捶鉤(初杜解16:2). 가ᄉ면 짓 珊瑚 씻돈과:豐屋珊瑚鉤(初杜解24:27). 씻돈:帶銙(四解下31 銙字註). 씻돈 과:銙(訓蒙中23). 씻돈:帶版子(譯解補28).

씨 명 바퀴. ☞삐 ¶뫼머리어ᄂ 외ᄡ ᄃᄅ 엿고:山頭夜戴孤輪月(百聯5).

씨ᄂ리다 동 뛰어내리다. ¶ᄡᄂ려 ᄎ다:飛下擊物(漢淸13:64).

씨다 동 찌다. ☞삐다 ¶찔 증:蒸(倭解上48). 밥은 軟케 ᄡ고(女四解2:18).

씨다 형 (살이) 찌다. ¶술찐 이:胖的(同文解上18).

씨더 동 때어. 불을 때어. ㉮찓다 ¶네 블ᄡ더 가매 쓸커든:你燒的鍋滾時(老解上18).

씨드다 동 찌들다. ☞디들다. 지들다 ¶ᄡ드댠케 ᄀ다듬아 煩惱賊을 다 버히고(參禪曲4). 잇히 삼 년 ᄡ든 그릇 ᄒ 번 닥가 광명 날가(勸禪曲3).

ᄯᅵ르·다 [동] 찌르다. ☞ᄠᅵ르다 ¶ᄒᆞᆫ 녁 곳굼긔 ᄯᅵᆯ어 피 나면 됴ᄒᆞ리라(救簡1:48).

ᄯᅵ타 [동] 찧다. ☞디타 ¶ᄯᅩ ᄯᅵ허 散 ᄆᆡᇰᄀᆞ라:及擣爲散(救急下62). ᄯᅵ허 ᄀᆞ라:擣研(救急下67). ᄒᆞᆫᄃᆡ ᄯᅵ허 브레 ᄆᆞᆯ외야:同擣爲劑焙乾(救簡1:10). 이 네 가지 약을 ᄯᅵ허 처:右四味擣節(瘟疫方15).

ᄯᅵᆨ다 [동] 찍다. ☞딕다. ᄢᅵᆨ다 ¶도적이 인ᄒᆞ여 표ᄅᆞᆯ ᄯᅵᆨ으니:賊因斫驃(五倫1:33).

ᄯᅵᆮ다 [동] 불때다. 때다. ☞딛다. ᄯᅵᆺ다 ¶네 블 ᄯᅵ더 가매 ᄭᅳᆯ커든:你燒的鍋滾時(老解上18). 블 ᄯᅵ더 가매 덥거든:燒的鍋熱時(老解上19).

ᄯᅵᆯ리다 [동] 찔리다. ☞ᄠᅵᆯ리다 ¶온 몸이 ᄯᅵᆯ려 샹호ᄃᆡ:遍身刺傷(東新續三綱. 烈2:41).

ᄯᅵᆺ다 [동] 때다. 불때다. ☞딛다. ᄯᅵᆮ다 ¶블ᄯᅵᆺ디 말고:休燒火(老解上18). 네 블ᄯᅵᆺ기ᄒᆞᄂᆞᆫ다 블ᄯᅵᆺ기 못 ᄒᆞᄂᆞᆫ다:你打火那不打火(老解上18). 내 블ᄯᅵᆺ기 못 ᄒᆞ고 ᄇᆞᄅᆞᆷ 마시랴:我不打火喝風那(老解上18). 블ᄯᅵᆺ다:燒火(譯解上54). 칩거든 불을 ᄯᅵᆺ고(女四解2:14).

ᄯᅵᆺ타 [동] 찧다. ¶방하 ᄯᅵᆺ타:擣碓(譯解下8)

ᄯᆞ [명] 땅. ☞ᄯᅡ ¶너의가 여긔셔 二千餘里 ᄯᆞ히나 되ᄂᆞᆫᄃᆡ(釋譜6:23). 너의가 여긔셔 二千餘里 ᄯᆞ히나 되ᄂᆞᆫᄃᆡ:你們離這裏有二千多里地否咧(華解上1). 집의 ᄯᆞ히 언마나 잇ᄂᆞ뇨:家裏有多少地麼(華解上4). ᄯᆞ흔 十成의 지나지 못ᄒᆞ노라:地却是不過十成地咧(華解上4).

-ᄯᆞ·나 (접미) ①이미 있는 사실을 인정하는 어미(語尾) '-거니, -이어니'에 붙어, 그보다 더한 사실을 뜻하는 접미어. ¶그도 제 명이어니ᄯᆞ나:也是他的命也(飜老下42). 우리 사ᄅᆞ미 서르 둘우며 서르 더브사라 ᄃᆞᆫ니면 됴커니ᄯᆞ나:咱們人廝將就附帶行時好(飜老下44).

②-말거나. 〔'-ᄯᆞ나'는 앞 말과 뒷말이 서로 반대되는 뜻을 나타낼 때에 쓰이거니와 어원적으로 보아 '다르다'의 뜻을 지닌 것으로 봄.〕 ¶우리 다시 져기 ᄒᆞ면 곧 긔어니ᄯᆞ나:我再做些箇便是(飜老上40). 가마괴 검으나ᄯᆞ나 희오리 희나ᄯᆞ나 鶴에 목 기나ᄯᆞ나(古時調. 古歌). 기울계 대니거니ᄯᆞ나 ᄌᆞᆨ박귀 업거니ᄯᆞ나(古時調. 鄭澈. 松江).

-ᄯᆞ·녀 [조] -랴. -이랴. -일(ㄹ)까 보냐. ☞-ᄯᆞᆫ여. -이ᄯᆞ녀 ¶ᄒᆞ믈며 사ᄅᆞᆷ애ᄯᆞ녀:而況於人乎(宣小2:18).

-ᄯᆞ·니잇·가 [조] -이겠나이까. ¶ᄒᆞ믈며 그 몰애ᄯᆞ니잇가:何況其沙(金剛上62).

ᄯᆞ:님 [명] 따님. ☞ᄯᆞᆯ ¶仙人이 그 ᄯᆞ니ᄆᆞᆯ 어엿비 너겨(釋譜11:25). ᄒᆞᆫ ᄯᆞ님 나코 그 아비 죽거늘(釋譜11:40).

ᄯᆞ다 [동] 따다〔摘〕. ☞ᄠᆞ다 ¶ᄲᅩᆼ ᄯᆞᄂᆞᆫ 겨집이니:採桑之女(重內訓2:104). ᄯᆞᆯ 뎍:摘(倭解下42). ᄲᅩᆼ ᄯᆞᄂᆞᆫ 계집이 듯고(女四解4:52). ᄯᆞ다:摘了(同文解上2). ᄯᆞ다:搯取(漢清10:10). 후르혀 골희 ᄯᆞ고(古時調. 青丘).

ᄯᆞ·다 [동] 따다〔破〕. ¶바ᄂᆞᆯ로 ᄯᅡ 아ᄉᆞᆯ디니라:以針決去之(救急下56). 침으로 ᄯᅡ ᄇᆞ리라:以針決去之(救簡1:47).

ᄯᆞ다 [형] 다르다. ☞ᄡᅳ다 ¶조브들 독별히 므서시 ᄯᆞ리오:窄時偏爭甚麼(老解下56). ᄯᆞ다:另樣(漢清11:53).

ᄯᆞ라가다 [동] 따라가다. ☞ᄯᅡ라가다 ¶일쳔 군ᄉᆞ 거ᄂᆞ려 조차 ᄯᆞ라가다(三譯10:24). 이에 ᄀᆞ만이 ᄯᆞ라가(女四解4:48). ᄯᆞ라가며 뭇다:赶着問(漢清6:36). 구타야 光明ᄒᆞᆫ 날 빗출 ᄯᆞ라가며 덥ᄂᆞ니(古時調. 李存吾. 구름이. 瓶歌).

ᄯᆞ로 [부] 따로. ☞ᄠᆞ로 ¶房錢은 ᄯᆞ로 잇고:房錢在外(華解上17). ᄯᆞ로 ᄎᆡ오다:另補(譯解補38).

ᄯᆞ로다 [동] 따르다. ☞ᄠᆞ로다. ᄠᆞᆯ오다. ᄯᆞᆯ오다 ¶삼ᄇᆡᆨ 니 남아 ᄯᆞ로니(三譯3:20). 白髮란 날 다 맛지고 少年 ᄯᆞ롸 니거니(古時調. 어우하 날. 青丘). ᄯᆞ로다:追趕. ᄯᆞ롸 밋지 못ᄒᆞ다:趕不上(同文解上46). 만일 이ᄀᆞᆺ티 아니면 후에 누잇처도 ᄯᆞ로기 어려올ᄯᅵ니(普勸文 興律寺板7). ᄯᆞ로다:追趕. ᄭᅳᆺᄀᆞ지 ᄯᆞ로다:追到盡頭(漢清4:38). ᄂᆞᆷ ᄯᆞ롸 ᄒᆞᄂᆞᆫ 이:隨衆(漢清8:27). 乙이 ᄯᆞ로며 텨 가거든(武藝圖62). 닷ᄂᆞᆫ ᄃᆞᆺ ᄯᆞ로ᄂᆞᆫ ᄃᆞᆺ 긴 깁을 치 폇ᄂᆞᆫ ᄃᆞᆺ(宋純. 俛仰亭歌).

ᄯᆞ로이다 [동] 딸리다. ¶부마 ᄉᆞ랑ᄒᆞ시미 옹쥬로 ᄯᆞ로여 특별ᄒᆞ신디라(閑中錄102).

ᄯᆞ르다 [동] 따르다. ☞ᄠᆞ르다. ᄯᆞ로다 ¶누를 ᄯᆞ라 글을 비혼다(老解上2). ᄯᆞ를 슈:隨(倭解上29). 가마귀 가마귀를 ᄯᆞ라 들거고나 뒷東山에(古時調. 瓶歌).

ᄯᆞ름 [명] 따름. ☞ᄯᆞᄅᆞᆷ ¶다만 네 잇든 家產을 직희여 살 ᄯᆞ름이오(捷蒙3:7).

ᄯᆞ리·다 [동] 깨뜨리다. ☞ᄣᆞ리다 ¶ᄯᆞ리면 ᄌᆞᄂᆞᆨᄌᆞᄂᆞᆨ기 주구리라(三綱. 忠25). 솟벼 다 ᄯᆞ리고 ᄌᆞᆨ박귀 다 업괴야(古時調. 鄭澈. 이바 이 집. 松江). ᄡᅡ야기 ᄢᅵ우고 나모 ᄯᆞ리다:加楔劈木(漢清12:5).

ᄯᆞᄅᆞ다 [동] 따르다. ¶ᄯᆞᄅᆞᆯ 진:趁(倭解下37).

ᄯᆞᄅᆞᆷ [명] 따름. 뿐. ☞ᄯᆞᆯᄋᆞᆷ ¶世間앳 數를 브터 어둘 니ᄅᆞᆯ ᄯᆞᄅᆞ미니(釋譜19:10). 耳ᄂᆞᆫ ᄯᆞᄅᆞ미라 ᄒᆞ논 ᄠᅳ디라(訓註3). 이 ᄀᆞᆮᄒᆞ실 ᄯᆞᄅᆞ미라:如此而已(楞解1:28). 發現ᄒᆞᆯ ᄯᆞᄅᆞ미니:發現而已(楞解3:64). 구무 이실 ᄯᆞᄅᆞ미라:有竅而已(楞解4:110). 이에 이실 ᄯᆞᄅᆞ미시니:在此而已(楞解5:70). 알ᄑᆡ 草木 ᄯᆞᄅᆞᆷ 니ᄅᆞ시고:前止言草木(法華3:36). 性에 이실 ᄯᆞᄅᆞ미니:在性之已(圓覺序11).

오직 ᄆᆞᅀᆞᆷ 두매 이실 ᄯᆞᄅᆞ미라:唯在存心耳(宣賜內訓1:15). 너믈 ᄯᆞᄅᆞᆷ 아니니라:不啻過(杜解21:11). 永嘉ㅣ 이ᄅᆞᆯ 得ᄒᆞ실 ᄯᆞᄅᆞ미시니라:永嘉盖得諸此而已(南明序2). 내 이제 ᄒᆞ오ᅀᅡ 알 ᄯᆞᄅᆞᆷ 아니라 ᄒᆞ시니:非但我今獨達了(南明上45). 제 쥬변ᄒᆞᆯ ᄯᆞᄅᆞ미니라:自由耳(金三2:6). 뎌 ᄢᅥ곰 글지ᅀᅴ ᄯᆞᄅᆞᆷ ᄒᆞᄂᆞ니ᄂᆞᆫ 더러오니라:彼以文辭而已者陋矣(飜小8:4). 폐 이실 ᄯᆞᄅᆞᆷ이오(癸丑30). 流蘇 ᄆᆡ즙을 드리올 ᄯᆞᄅᆞ미라(家禮7:31). ᄯᆞᄅᆞᆷ:而已(同文解下49). 부인지도ᄂᆞᆫ ᄒᆞᆫ골ᄀᆞ틀 ᄯᆞᄅᆞᆷ이니(女範3. 뎡녀 녀장부인). 인싱이 ᄒᆞᆫ 번 죽을 ᄯᆞᄅᆞᆷ이니(女範4. 녈녀 식군부인). ᄯᆞᄅᆞᆷ:罷了(漢淸8:70). 그 ᄆᆞᄋᆞᆷ을 극진이 ᄒᆞᆯ ᄯᆞᄅᆞᆷ이라:盡其心(五倫2:57).
※ᄯᆞᄅᆞᆷ>따름

·ᄯᆞ·릐사·회 명 외손서(外孫婿). ¶ᄯᆞ릐사회:外甥女婿(飜老下34).

ᄯᆞᄯᆞ시 부 따뜻이. ¶ᄉᆞᆯ론 한 김을 낸 후의 ᄯᆞᄯᆞ시 덥게 ᄒᆞ야:出其水氣極熱(痘瘡方29).

ᄯᆞᆨ가티 명 때까치. ☞댓가치 ¶ᄯᆞᆨ가티:練鵲(柳氏物名一 羽蟲).

ᄯᆞᆫ 관 딴. 다른. ☞ᄠᆞᆫ ¶내 어듸 ᄯᆞᆫ 간대엣 말 ᄒᆞ리오:我怎麼敢胡說(飜老上18). ᄯᆞᆫ 남진에 난 ᄌᆞ식:私孩子(譯解補33). ᄯᆞᆫ 가ᄃᆞᆰ일:叉股事(漢淸3:6).

ᄯᆞᆫ머리 명 딴머리. ¶紫芝鄕織 져고리 ᄯᆞᆫ머리 石雄黃으로(古時調. 高臺廣室. 靑丘).

-ᄯᆞᆫ여 조 -랴. -겠느냐. -ㄹ까보냐. ☞-ᄯᆞ녀. -이ᄯᆞ녀 ¶ᄒᆞ믈며 人에며 ᄒᆞ믈며 鬼神에ᄯᆞᆫ여:而況於人乎況於鬼神乎(周解1:17).
※-ᄯᆞᆫ여<-ᄯᆞ녀

·ᄯᆞᆯ 명 근원(根源). ¶기픈 ᄯᆞᆯᄒᆞᆯ 펴 뵈신대:宣示深奧(楞解1:29). 반ᄃᆞ기 그 ᄯᆞᆯ해 다ᄃᆞᄅᆞ리라:必臻其奧矣(法華1:16). ᄀᆞᅀᆞᆳ 보비옛 ᄃᆞ리 ᄆᆞᆯᄀᆞᆫ ᄯᆞᆯ해 ᄉᆞᄆᆞᄎᆞ리니:中秋寶月湛徹澄源(法語13).
※'ᄯᆞᆯ'의 첨용 ┌ᄯᆞᆯ
└ᄯᆞᆯ해/ᄯᆞᆯ히/ᄯᆞᆯᄒᆞᆯ…

·ᄯᆞᆯ 명 딸. ☞ᄠᆞᆯ ¶孝道ᄒᆞᇙ ᄯᆞ릐 그를:孝女之書(龍歌96章). ᄯᆞ리 양ᄌᆞ ᄀᆞᄌᆞ니(釋譜6:3). 뉘 ᄯᆞᆯᄋᆞᆯ 골히야ᅀᅡ(月印上14). ᄯᆞᆯ와 고마와 孫女왜 다 조차 들며(三綱. 忠29). 몯아ᄃᆞ른 娑婆ㅣ오 아ᅀᆞ아ᄃᆞ른 跋提오 ᄯᆞ른 甘露味라(月釋2:2). 善覺長者ᄋᆡ 여듧찻 ᄯᆞ리시니(月釋2:23). 아기 일훔을 아ᄃᆞᆯ이 나거나 ᄯᆞᆯ이 나거나 엇데 ᄒᆞ리잇가(月釋8:83). 모ᄃᆞᆫ 사ᄅᆞ미 ᄉᆞ랑ᄒᆞ며 恭敬ᄒᆞᇙ 相 잇ᄂᆞᆫ ᄯᆞᄅᆞᆯ:衆人愛敬有相之女(楞解6:33). 도ᄅᆞ혀 ᄯᆞᆯ 나호미 됴호ᄆᆞᆯ 아노라:反是生女好(杜解4:3). 이ᄂᆞᆫ 아ᄃᆞᆯ ᄯᆞ리 아니라:非是男女(佛頂下11). 帝의 두 ᄯᆞᆯᄋᆞᆯ 안해 삼ᄋᆞ샤ᄃᆡ:妻帝之二女(宣小4:9). 안해 세 ᄯᆞᄅᆞᆯ 거ᄂᆞ리고:妻率三娘(東三綱. 忠1 堤上忠烈). 네 ᄯᆞᆯ 셔방은 언제나 마치ᄂᆞᄉᆞᆫ다(古時調. 네 집 상ᄉᆞ. 松江). ᄯᆞᄅᆞᆯ ᄀᆞᄅᆞ치디 아니ᄒᆞᄂᆞ니:不教女(重內訓2:6). ᄯᆞᆯ:女兒(同文解上10). 밧 가는 아ᄃᆞᆯ 가며 뵈틀에 안즌 아기 ᄯᆞᆯ이 가랴(古時調. 가마귀. 靑丘).
※ᄯᆞᆯ>딸

ᄯᆞᆯ기 명 딸기. ☞ᄡᆞᆯ기. ᄠᆞᆯ기 ¶ᄯᆞᆯ기:草荔枝(漢淸13:6).

ᄯᆞᆯᄅᆞᆯ 명 딸을. 독ᄯᆞᆯ ¶안해 세 ᄯᆞᄅᆞᆯ 거ᄂᆞ리고:妻率三娘(東三續. 忠1 堤上忠烈).

ᄯᆞᆯ보내다 동 딸 시집보내다. ¶ᄯᆞᆯ보낼 녀:女(註千7).

ᄯᆞᆯ아 동 따라. ㉮ᄯᆞᆯ으다 ¶蔡陽으로 ᄯᆞᆯ아 죽여지라(三譯2:4). 우리의 ᄒᆞ올 일은 聖賢師의 말을 ᄯᆞᆯ아(武豪歌).

ᄯᆞᆯ오다 동 따르다. ☞ᄠᆞᆯ오다. ᄯᆞ로다 ¶경ᄒᆞ며 즁ᄒᆞ믈 ᄯᆞᆯ와:隨其輕重(痘瘡方58). 人間의 내려와셔 우리ᄅᆞᆯ ᄯᆞᆯ오ᄂᆞᆫ다(松江. 關東別曲). 아비ᄅᆞᆯ ᄯᆞᆯ와 밧히셔 곡식을 뷔다가:隨父田間穫粟(五倫1:30).

ᄯᆞᆯ오이다 동 쫓기다. ¶도적의게 ᄯᆞᆯ오여 강남을 가려노라 ᄒᆞ시더이다(落泉4:10).

ᄯᆞᆯ으다 동 따르다. ☞ᄯᆞ르다 ¶긔틀을 보아 형셰ᄅᆞᆯ ᄯᆞᆯ아 구을려(武藝圖18).

ᄯᆞᆯ옴 명 따름. ☞ᄯᆞᄅᆞᆷ ¶일이 음식 이받ᄂᆞᆫ ᄉᆞ이예 이실 ᄯᆞᆯᄋᆞᆷ이니라:事在饋食之間而已矣(宣小2:53).

·ᄯᆞᆯ·해 명 근원에. 〔ㅎ 첨용어 'ᄯᆞᆯ'의 부사격(副詞格).〕 독ᄯᆞᆯ ¶반ᄃᆞ기 그 ᄯᆞᆯ해 다ᄃᆞᄅᆞ리라:必臻其奧矣(法華1:16). ᄀᆞᅀᆞᆳ 보비옛 ᄃᆞ리 ᄆᆞᆯᄀᆞᆫ ᄯᆞᆯ해 ᄉᆞᄆᆞᄎᆞ리니:中秋寶月湛徹澄源(法語13).

·ᄯᆞᆯ·ᄒᆞᆯ 명 근원을. 〔ㅎ 첨용어 'ᄯᆞᆯ'의 목적격(目的格).〕 독ᄯᆞᆯ ¶기픈 ᄯᆞᆯᄒᆞᆯ 펴 뵈신대:宣示深奧(楞解1:29).

·ᄯᆞᆷ 명 땀. ¶겯아래 ᄯᆞᆷ 나며 뎡바기옛 光明이 업스며(月釋2:13). 오ᄋᆞᆫ 모매 ᄯᆞ미 흐르거늘(三綱. 孝21). ᄯᆞᆷ과 精과 피와:津液精血(楞解5:72). ᄯᆞᄆᆞᆯ 得ᄒᆞ면(圓覺上一之一115). ᄒᆞ마 피ᄯᆞᄆᆞᆯ 내오:已汗血(初杜解8:30). 오새 ᄯᆞ미 흐르ᄂᆞ니:衣流汗(杜解10:22). 블근 ᄯᆞ미 ᄠᅳ듣고:朱汗落(杜解13:36). ᄌᆞ조 ᄯᆞ미 ᄉᆞᄆᆞ차 나ᄂᆞ니:頻通汗(初杜解22:21). 둘흔 겯아래 ᄯᆞᆷ 날 시오(南明上62). ᄒᆞᆯ리어든 ᄯᆞᆷ 내요미 맛당ᄒᆞ니:一日宜發汗(救簡1:103). ᄯᆞᆷ 한:汗(訓蒙上30. 類合上22). ᄒᆞᆫ가지로 밥먹을 제 손에 ᄯᆞᆷ 잇게 아니ᄒᆞ며:共飯不澤手(宣小3:22). 등의 ᄯᆞᆷ이 ᄉᆞᄆᆞᆺ습더니(癸丑54). ᄯᆞᆷ밧기 젹삼:汗衫(譯解上44). ᄯᆞᆷ 한:汗(倭解上20). 잇다감 ᄯᆞᆷ 나 붓닐 제 ᄡᅥ힐 뉘를 모르리라(古時調. 각시ᄂᆡ 玉. 靑丘). ᄯᆞᆷ:汗(同文解

上17). ※ᄯᆞᆷ>땀

·ᄯᆞᆷ도야기 명 땀띠. ☞ᄯᆞᆷ도약기 ¶ᄯᆞᆷ도야기: 疿 熱生小瘡(四解上17).

ᄯᆞᆷ도약기 명 땀띠. ☞ᄯᆞᆷ도야기. ᄯᆞᆷ도약이. ᄯᆞᆷ도역이 ¶힝역이 ᄀᆞᆺ 도돌 제 ᄯᅳ리과 ᄯᆞᆷ도약기과 ᄀᆞᄐᆞ니:痘瘡初出與痲疹疿瘡略相似(痘要上15).

ᄯᆞᆷ도약이 명 땀띠. ☞ᄯᆞᆷ도야기. ᄯᆞᆷ되야기 ¶ᄯᆞᆷ도약이:汗疿(物譜 氣血).

ᄯᆞᆷ도역이 명 땀띠. ☞ᄯᆞᆷ도약기. ᄯᆞᆷ도약이 ¶ᄯᅳ리과 ᄯᆞᆷ도역이라:痲疹疿瘡也(痘要上15).

ᄯᆞᆷ되 명 땀띠. ☞ᄯᆞᆷ쐬. ᄯᆞᆷ씌 ¶ᄯᆞᆷ되 돗다:起疿子(同文解下8).

ᄯᆞᆷ·되야·기 명 땀띠. ☞ᄯᆞᆷ도야기 ¶ᄯᆞᆷ되야기 불:疿 俗呼疿子(訓蒙中33).

ᄯᆞᆷ밧기 명 땀받이. ¶ᄯᆞᆷ밧기 젹삼:汗衫(譯解上44). ᄯᆞᆷ밧기:汗塌兒(譯解補28).

ᄯᆞᆷᄯᅩ야기 명 땀띠. ☞ᄯᆞᆷ도야기 ¶ᄯᆞᆷᄯᅩ야기:起疿子(譯解上62).

ᄯᆞᆷ쐬 명 땀띠. ☞ᄯᆞᆷ되. ᄯᆞᆷ씌 ¶ᄯᆞᆷ쐬:疿子(漢淸8:10).

ᄯᆞᆷ씌 명 땀띠. ☞ᄯᆞᆷ되. ᄯᆞᆷ쐬 ¶ᄯᆞᆷ씌 불:疿(倭解上51).

·ᄯᆞᆷ어·치 명 말의 등에 덮는 언치. ☞ᄯᆞᆷ엇치 ¶ᄯᆞᆷ어치 갓어치 한어치 다 사다:汗替皮替替子都買了(飜老下30). ᄯᆞᆷ어치:汗替(老解下27). 貅皮心兒에 藍斜皮邊兒ᄒᆞᆫ 가족 ᄯᆞᆷ어치에(朴解上26).

ᄯᆞᆷ엇치 명 말의 등에 덮는 언치. ☞ᄯᆞᆷ어치 ¶ᄯᆞᆷ엇치:汗屜(譯解下19).

ᄯᆞᆺᄯᆞᆺᄒᆞ다 형 따뜻하다. ¶ᄯᆞᆺᄯᆞᆺᄒᆞ다:溫啊(同文解上61).

ᄯᆞᆺ져구리 명 딱따구리. ☞ᄲᆞᆺ져구리 ¶ᄯᆞᆺ져구리:啄木(柳氏物名一 羽蟲).

ᄣᅵ 명 때〔時〕. ☞ᄢᅢ ¶ᄆᆞᄎᆞᆷ 뢰공의 일 알외ᄂᆞᆫ ᄣᅵ를 맛나 명을 밧드러(敬信21). 풍운이 흣터져도 모도힐 ᄣᅵ 이셔스니(萬言詞). ᄣᅵ 시:時(兒學下1).

ᄣᅵ 명 때〔垢〕. ☞ᄣᅴ ¶ᄣᅵ 밀 옥돌을 주어(明皇1:35). 분 ᄣᅵ도 아니 미니(古時調. 鄭澈. 내 양ᄌᆞ. 松江). ᄂᆞᆺ치 ᄣᅵ:垢(同文解上19). ᄣᅵ:瑕垢(同文解下56). ᄣᅵ:髒垢(漢淸11:52). ᄲᅡ진 못한 누비바지 ᄯᆞᆷ이 비고 ᄣᅵ가 올나(萬言詞).

ᄣᅵ다 동 때다. 불을 때다. ¶나무 비혀 불 ᄣᅵ여서 溫宿ᄒᆞ도 天恩이요(萬言詞答).

ᄣᅵ마참 부 때마침. ¶仁山知水 바라보고 ᄣᅵ마참 四月이라(八域歌).

ᄣᅵᄣᅵ 부 때때로. ¶남풍은 ᄣᅵᄣᅵ 부러 보리물결 치ᄂᆞᆫ고나(萬言詞).

ᄣᅵ임질 명 땜질. ¶ᄣᅵ임질:銲(柳氏物名五 金).

ᄣᅵ히다 동 때다. 아궁이에 불을 때다. ¶아침이면 마당쓸기 저녁이면 불ᄣᅵ히기(萬言詞).

ᄡᅢ 병서 시옷비읍. ㅅ, ㅂ의 합용병서(合用並書). ¶二軍鞠手ᄲᅮᆫ 깃그니이다:二軍鞠手獨自悅澤(龍歌44章). 현맛 벌에 비느를 ᄲᅢ라뇨(月釋2:47). ᄲᆞᆯ리 도라오시ᄂᆞᆫ 젼ᄎᆞ로:遞歸故(楞解1:38). ᄲᅩᆼ나모 상:桑(訓蒙上10).

ᄡᅡ 동 빼어. 뽑아. ㉮ᄲᅢ다 ¶汁 ᄡᅡ:取汁(救急上16). 즈블 ᄡᅡ 머그라:絞汁飮之(救急上62). 여러 가짓 방문에 덥단병 고틸 법을 ᄡᅡ:抄(簡辟序2). 온갓 글귀 ᄡᅡ 사긴 거시라:百聯抄解(百聯1).

·ᄡᅡ·나·다 형 빼어나다. ☞ᄡᅡ여나다. ᄡᅡ혀나다 ¶져머셔 나 아로미 ᄡᅡ나샤 비호매 ᄉᆞ랑호ᄆᆞᆯ 더으디 아니터시니:少挺生知學不加思(永嘉序6).

ᄡᅡ다 동 빼다. ☞ᄲᅢ다 ¶歸鞭을 다시 ᄡᅡ와 九硯을 너머 드니(白光弘. 關西別曲). ᄡᅡᆯ 간:揀. ᄡᅡᆯ 선:選(新字典).

·ᄡᅡ디·다 동 빠지다〔拔〕. ☞ᄲᅡ지다 ¶尾閭ᄂᆞᆫ 바ᄅᆞᆯ 믈 ᄡᅡ디ᄂᆞᆫ ᄯᅡ히라(楞解9:34). 세 츼여 ᄡᅡ디며:椽梠差脫(法華2:104). 니 ᄡᅡ디고져 ᄒᆞ니:牙齒欲落(初杜解25:52). 열 번이ᄃᆞ록 아니ᄒᆞ야셔 불휘 즉재 ᄡᅡ디리라:不過十度根卽拔神良(救簡3:15). 니 ᄡᅡ디나:齒落(重杜解19:20).

·ᄡᅡ·디·다 동 빠지다〔沒〕. ☞ᄲᅡ지다 ¶므레 ᄡᅡ디여 橫死ᄒᆞᆯ 씨오(釋譜9:37). 기픈 굴형에 ᄡᅡ디여 주그니(南明下60). 南海예 ᄡᅡ디여 죽고:溺南海(飜小10:11). ᄡᅡ딜 닉:溺(類合下54). ᄡᅡ딜 륜:淪(類合下55). 天下를 더럽고 흐린 ᄃᆡ ᄡᅡ디게 ᄒᆞ니:溺天下於汚濁(宣小5:120). 스스로 십 가온대 ᄡᅡ뎌더니:自投井中(東新續三綱. 烈1:68). 죄예 흘러 ᄡᅡ디거든:流陷於罪辜(警民2). 잇다감 죄예 ᄡᅡ디ᄂᆞ니라:有時陷於罪辜(警民11). 내헤 ᄡᅡ뎌 자최를 업시 ᄒᆞ며:投(女四解4:50). 믈의 ᄡᅡ디려 ᄒᆞ거ᄂᆞᆯ:水死(五倫2:66). ᄡᅡ딜 멸:滅(註千25). ※ᄡᅡ디다>빠지다

·ᄡᅡ:디·다 동 빠뜨리다. ¶치마옛 아기ᄅᆞᆯ ᄡᅡ디오(月釋10:24).

ᄡᅡ디오다 동 빠지게 하다. ¶그 ᄇᆡᆨ셩을 슈화 등의 ᄡᅡ디오미라(山城43). ᄇᆡᆨ셩을 슈화의 ᄡᅡ디온 거시 이 사ᄅᆞᆷ이 아니오(山城80). ᄒᆞ나흘 건디고 ᄇᆡᆨ을 ᄡᅡ디오노라(閑中錄2).

ᄡᅡ디오다 동 빼물다. ¶반ᄃᆞ시 혀를 두어 치나 ᄡᅡ디오고 죽ᄂᆞ니라:必吐舌數寸而死(辟新17).

ᄡᅡ르다 형 빠르다. ☞ᄲᆞᄅᆞ다 ¶ᄡᅡ를 질:疾(兒學下4). ᄡᅡ를 속:速(兒學下9).

ᄡᅡ여나다 형 빼어나다. ☞ᄡᅡ나다. ᄡᅡ혀나다 ¶ᄡᅡ여날 영:英(類合下4). ᄡᅡ여날 쥰:俊. ᄡᅡ여날 예:乂(類合下21). ᄡᅡ여날 영:穎(類合下30). ᄡᅡ여날 슈:秀(類合下55). 눈섭은

垂楊이 싸여난 ᄃᆞᆺᄒᆞ도다:眉秀垂楊(朴解中23). ※싸여나다>빼어나다

싸이다 동 빼다. 빼내다. ☞싸히다 ¶ 싸일 튜:抽(類合上10. 石千32). 지되 살미틀 싸이고 칼을 썰텨 도적을 버히니:載道拔鏃奪劒斬賊(東新續三綱. 孝1:49). 머리터럭을 싸이면 틱 오십 ᄒᆞ고:拔髮則笞五十(警民9). 뎌의 져근 칼을 다가 싸이고:把他的小刀子拔了(朴解中47). 銀針을 싸야 내야(曺友仁. 自悼詞).

싸지다 동 빠지다〔拔〕. ☞싸디다 ¶ 용총도 것고 키도 싸지고(古時調. 나모도. 青丘).

싸지다 동 빠지다〔沒〕. ☞싸디다 ¶ 싸질 닉:溺(倭解上10). 大川 바다 한 가온ᄃᆡ 中針細針 싸지거다(古時調. 青丘). 일문이 다 모시 싸져 죽으니라(五倫2:55). 죠그마ᄒᆞᆫ 실ᄀᆡ천의 발을 싸진 소경놈도(萬言詞).

·싸혀 동 빼어. 빼내어. ㉠싸히다 ¶ 싸혀 더뎌 니ᄅᆞ고져 너기디 아니ᄒᆞ노라:撥棄不擬道(杜解22:4). 長劒을 싸혀 들고 白頭山에 올라 보니(古時調. 南怡. 青丘). 뮈 칼을 싸혀 스스로 먹 디르니:武引刀自刺(五倫2:12).

·싸혀·나·다 형 빼어나다. ¶ 甚히 즈르고 싸혀나(南明下38). 싸혀날 슈:秀(類合下55. 倭解上19). 分ᄋᆞᆯ 닙ᄉᆞ와 싸혀난 材質이(重杜解3:7). 나며 얼골이 싸혀나고(女範3. 뎡녀동셩기녀). 사ᄅᆞᆷ이 되여 衆에셔 싸혀나면(捷蒙1:4). ※싸혀나다>빼어나다

·싸·혀:내·다 동 빼내다. ☞싸히다. 싸혀내다 ¶ 救ᄒᆞ야 싸혀내야(月釋21:130). 싸혀내야 天軍을 돕게 ᄒᆞ신대:拔爲天軍佐(初杜解22:40). 荊은 싸혀내야 보람홀 시라(金三3:62).

·싸혀·다 동 빼다. 빼내다. ☞싸혀다. 빼혀다 ¶ 어려이 싸혈 거신 젼ᄎᆞ로 부톄 싸혀시과뎌 願ᄒᆞ니라:難拔者故願佛與拔之(楞解2:22). 알퓟 三科ᄅᆞᆯ브터 이 어루 싸혀디 몯호미라(圓覺上二之二115). 죡졉개로 싸혀라:以鑷子取之(救急下6). 혀 싸혀ᄆᆞᆯ 블로리라 ᄒᆞ시니:招拔舌(南明上9). 衆生을 救ᄒᆞ야 싸혀ᄃᆡ:拔救衆生(佛頂上1). 龍이 怒ᄒᆞ야 오란 모새셔 싸혀나놋다:龍怒拔老湫(杜解22:38).

싸히다 동 빼다. ☞빼혀다 ¶ 임의셔 굽에 피 싸히리라:就蹄子放血(朴解上38). ᄒᆞᆫ 번에 임이셔 굽에도 피 싸히라:一發就蹄子放血着(朴解上39). 뎌 코궁긔 터럭 싸히고:摘了那鼻孔的毫毛(朴解上40). 내 ᄒᆞᆫ ᄌᆞᄅᆞ 칼을 싸히고:扯了我一把刀兒(朴解中46). 싸힐 발:拔(倭解上39). 長劒을 싸혀 들고(古時調. 南怡. 青丘). 싸히다:抽了(同文解上30). 강휘 빈혀ᄅᆞᆯ 싸히고 죄ᄅᆞᆯ 기ᄃᆞ려(女範1. 셩후 쥬션강후). 박은 나모ᄅᆞᆯ 싸히고(女範2. 변녀 졔샹괴녀). 싸히다:除出(漢清6:51). 두 눈을 싸히고(五倫3:63). 싸힐 츄:抽(註千32).

·쌔·혀나·다 동 빼어나다. ☞싸여나다. 싸혀나다 ¶ 正覺ᄋᆞᆯ 어셔 일워 죽사릿 根源ᄋᆞᆯ 쌔혀나긔 ᄒᆞ쇼셔(月釋8:59).

·쌔·혀:내·다 동 빼내다. ☞싸혀내다. 빼혀내다 ¶ 쌔혀내요미 用이라(月釋9:42). 고티예 그틀 어드면 고팃시ᄅᆞᆯ 다 쌔혀내ᄂᆞ니라(楞解1:5).

·쌔·혀·다 동 빼다. 빼내다. ☞싸혀다. 빼혀다 ¶ 불휘 쌔혀 ᄣᅡ해 다 ᄇᆞᆯ아디니(月印上58). 甲 닙고 갈 쌔혀 들오(釋譜24:28). 두 눈ᄌᆞᄉᆞᄅᆞᆯ 쌔혀 보내라 ᄒᆞ고(釋譜24:51). 拔ᄋᆞᆫ 쌔혈 씨라(月釋序10). 긴 모ᄆᆞᆯ 바ᄀᆞ며 혀 쌔혀 갈며(月釋21:44). 一切 業報衆生ᄋᆞᆯ 救ᄒᆞ야 쌔혀노니(月釋21:48). 갈 쌔혀 둘어 셔라 ᄒᆞ고(三綱. 烈9). 根이 쌔혀고:根拔(楞解5:12). 悲ᄂᆞᆫ 苦 쌔혀샤ᄆᆞᆯ 쓰시고:悲以拔苦(法華7:94). 挺은 쌔혈 씨라:挺拔也(永嘉序7).

쌜나다 형 빠르다. ☞싸르다 ¶ 上弦이 月滿ᄒᆞ니 流星이 쌜나셔라(武豪歌).

쌜·다 동 쏘아보다. ☞쌜아보다 ¶ 王이 듣고 깃거 그 나모 미틔 가 누늘 長常 쌜아 잇더라(釋譜24:42). 그 ᄢᅴ 阿難이 모ᄃᆞᆫ 大衆과 쌜아 아ᄃᆞᆨ히 부텨 보ᅀᆞ와 눈ᄶᆞᅀᅵ 곰ᄌᆞᆨ디 아니ᄒᆞ야:于時阿難與諸大衆瞪瞢瞻佛目睛不瞬(楞解2:15).

쌜·아보·다 동 쏘아보다. 주목(注目)하다. ☞쌜다 ¶ 눈 쌜아보신대 末利花鬘ᄋᆞᆯ 도로 내야ᄇᆞ리니(月印上18). 치운 ᄀᆞᄅᆞ매 누늘 쌜아보고 묏지븨 비겨슈라:注目寒江倚山閣(初杜解17:15). 모ᄆᆞᆯ 기우려 누늘 쌜아보니:側身注目(初杜解17:32).

·쌈 명 뺨. ☞쌈 ¶ 두 싸미 븕고:兩臉赤(救急下50). 노폰 ᄆᆞᄅᆞᆯ 싸ᄆᆞᆯ 티디 말며:高馬勿捶面(初杜解25:14). 쌈 싀:顋. 쌈 관:顴(訓蒙上25). 쌈믈 텨ᄂᆞᆯ(龜鑑上5).

쌔 명 바〔所〕가. ¶ 몸을 업시 ᄒᆞᄂᆞ니 므슴 유의홀 쌔 이시리오(警民16).

쌔깃 명 빼깃. 〔매의 꽁지에 표를 하기 위하여 덧꽂아 맨 새깃.〕 ☞빼짓. ᄲᅢ깃. ᄲᅦ짓 ¶ 쌔깃:飄翎(柳氏物名一 羽蟲).

쌔다 동 빼다. ☞싸다 ¶ 도적기 ᄯᆞᆯ와 미처 칼흘 쌔여:賊追及之拔劒(東新續三綱. 孝1:56). 홍언이 몸ᄋᆞᆯ 쌔야 ᄃᆞ라드러 어미ᄅᆞᆯ ᄀᆞ리와:弘彦挺身蔽母(東新續三綱. 孝6:80). 올흔손을 쌔어 왼손이 아디 못ᄒᆞ기 이ᄶᅳᄂᆞᆫ 법이라(女範2. 변녀 진중공쳐).

쌔ᄭᅩ 명 뼈끝. ☞ᄲᅢᆺ근 ¶ 삭삭ᄒᆞᆫ 쌔ᄭᅩ:脆骨(老解下34).

쌔짓 명 빼깃. ☞쌔깃. 쌰깃. 쎄짓 ¶ 쌔짓체 방울 ᄃ라(古時調. 金昌業. 자 나문. 青丘). 쌔짓:飄翎(同文解下36. 漢淸13:60). 단장고 쌔짓체 방울 쏘릐 더욱 ᄀ다(古時調. 青天에 써는. 海謠).

쌔치다 동 빼다. ☞쌔티다 ¶ 瀟湘班竹 열두 마듸를 블휫재 쌔쳐 집고(古時調. 청울치. 青丘).

·쌔·티·다 동 빼다. ☞쌔치다 ¶ 머릿뎡바기 옛 터럭을 ᄒᆞᆫ 지봄만 샐리 자바 미이 쌔티라:頂心取方寸許急捉痛拔之(救簡2:71). 쌔틸 발:拔(類合下11). 김시 칼을 쌔텨 스스로 멱 디ᄅᆞ니 눌히 술해 믿디 몯ᄒᆞ여셔 도적이 아사놀:金氏抽刀自刎刃未及膚賊奪之(東新續三綱. 烈4:8 金氏抱屍).

쌔하다 동 빼다. ¶ 쌔할 발:拔(兒學下5).

·쌔·혀·다 동 빼다. 빼내다. ☞쌔혀다 ¶ 모로매 ᄒᆞᆫ 機롤 쌔혦디니:要以一機抽(楞解6:74). 죡졉개로 쌔혀라:以鑷子取之(救簡6:26). 그 듕에 ᄒᆞ나 쌔혀:內中撤一箇(飜老上4). 쌔혈 탁:擢(類合下21). 사술 쌔혀:撤簽背(老解上3). 뎌 明珠롤 쌔혀:撮下那明珠(朴解下49).

쌔히다 동 빼다. ☞싸히다. 쌔혀다 ¶ 도적이 관을 ᄢᅵ쳐 모슬 쌔히려 ᄒᆞ거늘(五倫5:25).

·쌔·혀:내·다 동 빼내다. ☞싸혀내다. 싸혀내다 ¶ 難陁롤 쌔혀내오 이제 와 또 生死受苦애 쌔혀내와라(月釋7:19).

·쌔·혀·다 동 빼다. 빼내다. ☞싸혀다. 쌔혀다 ¶ 受苦롤 슬피 너겨 쌔혀고져 호미 그지업슬 씨라(釋譜13:39). 그 나못 불휘롤 쌔혀 그우리 부러(釋譜6:30). 環刀 쌔혀 손바롤 베티고(月釋10:25). 모다 사롤 쌔혀다가 몯ᄒᆞ야(月釋10:29). 여스시 그르면 根이 쌔혀고:六解則根拔(楞解5:12).

쌤 명 빰. ☞쌈 ¶ 쌤 싀:腮(類合上21. 倭解上16). 쌤과 입시울이 블그며:臉赤唇紅(痘要上10). 임덕긔 쌤을 딜러늘:刺任德頰(東新續三綱. 孝1:50). 쌤:腮頰(同文解上14. 譯解補33). 쌤 치다:掌嘴(漢淸3:8).

써즈기 부 비슷이. ¶ 그 能히 써즈기 ᄒᆞ야려:其能髣髴(牧牛訣45).

써·즉ᄒᆞ·다 형 비슷하다. ☞써즛ᄒᆞ다 ¶ 네 社稷을 편안히 ᄒᆞᆯ 신해 잇더니 汲黯 ᄀᆞᄐᆞ닌 써즉ᄒᆞ도다:古有社稷之臣至如汲黯近之矣(飜小9:40). 오줌 똥곳 업스면 써즉ᄒᆞᆫ 머검직ᄒᆞᆫ 거시 이슐 주리 업스리라(七大2).

써즛·ᄒᆞ·다 형 비슷하다. ☞써즉ᄒᆞ다 ¶ 像ᄋᆞᆫ ᄀᆞᄐᆞᆯ 씨니 道理 잇ᄂᆞᆫ 사ᄅᆞᆷ과 써즛ᄒᆞᆯ 씨라(釋譜9:2). 내 모미 써즛ᄒᆞ도다(釋譜11:19). 내 모미 써즛ᄒᆞ도다(月釋21:216). 像ᄋᆞᆫ 써즛ᄒᆞᆯ 씨니 부텨 겨신 적과 써즛ᄒᆞᆯ 씨라(楞解1:2).

써치다 동 뻗치다. ☞벗치다 ¶ 노긔 써치다:怒氣上沖(漢淸7:6).

썻썻 부 빳빳이. ¶ 썻썻 셔다:直站着(漢淸7:28).

·써 명 뼈. ☞쎄. 쎼 ¶ 舍利ᄂᆞᆫ 靈ᄒᆞᆫ 쎄라 혼 마리니(月釋2:66). 써 글희드렛거늘(月釋10:24). 孩ᄂᆞᆫ 써 ᄀᆞᆮ 이렛ᄂᆞ니라(楞解2:5). 써 두드려(牧牛訣2). ᄆᆞᅀᆞ매 사기며 써에 刻ᄒᆞ야:銘神刻骨(宣賜內訓序8). 서늘ᄒᆞᆫ ᄃᆞᆯ비치 흰 써에 비취엿도다:寒月照白骨(杜解1:4). 賈生의 쎄 ᄒᆞ마 서그니:賈生骨已朽(杜解2:22). 能히 駿馬ᄋᆡ 써롤 사미 이시면:有能市駿骨(杜解21:37). 써 사호미 뫼 ᄀᆞᆮᄒᆞ야도:積骨如山(南明上56). 약대 써로 마기 ᄒᆞ고:馬驗骨底子(飜朴上15). 써 히:骸. 써 골:骨. 써 ᄌᆞ:骴. 써 각:骼(訓蒙上28). 닐곱 ᄃᆞ리면 회틔 아기 삼빅여슌 써 ᄆᆞ듸와 팔만ᄉᆞ천 털굼기 나ᄂᆞ니라(恩重5). 써 골:骨(類合上22). 써 골:骨(倭解上18). 써 격:骼(類合下38). 써 히:骸(石千38). 지아븨 쎈 줄 알고:骨(女四解4:25). 써:骨頭(同文解上16). 솔을 버히며 써롤 ᄇᆞ아도(洛城1).

-·써 접미 '따위'와 같은 뜻의 접미사. ☞-벼 ¶ 사발과 그릇써를 슈습ᄒᆞ고:椀子家具收拾了(老解下41).

·써고도·리 명 뼈로 만든 고두리살. ☞쌀고도리 ¶ 써고도리 박:骲(訓蒙中29).

써ᄃᆡ 명 뼈대. 골격(骨格). ¶ 써ᄃᆡ 크다:骨格大(漢淸14:23).

써속 명 뼛속. 골수(骨髓). ¶ 써속 슈:髓(兒學上2).

써코 동 뿌리고. ㉮써타 ¶ 앏 내희 살도 ᄒᆞ며 울 밋희 외씨도 써코(古時調. 李鼎輔. 山家의. 海謠).

써타 동 뿌리다. ☞비타. 썻타. 쎄타 ¶ 씨 써타:撒穀(譯解下8). 앏 내희 살도 ᄒᆞ며 울 밋희 외씨도 써코(古時調. 李鼎輔. 山家의. 海謠).

써ᄒᆞ·다 동 뻐개지다. ¶ 술윗바회롤 ᄒᆞᆫ갓 ᄒᆞ마 써ᄒᆞᆯ 쑤니로다:車輪徒已斮(初杜解16:9).

·썻·긑 명 뼈끝. ☞쌔끗 ¶ 삭삭ᄒᆞᆫ 썻긑:脆骨(飜老下38).

썻타 동 뿌리다. ☞써타. 쎄타 ¶ 씨 썻타:撒種子(同文解下1). 씨 썻ᄂᆞᆫ ᄌᆞ로박:點葫蘆(譯解補41). 씨 썻코 구을리ᄂᆞᆫ 나모:轆子木. 씨 썻ᄂᆞᆫ 그릇:耧斗(漢淸10:7).

쎄 명 ①뼈〔骨〕. ¶ 平原에 사힌 쎄ᄂᆞᆫ 뫼두곤 노파 잇고 雄都巨邑은 豺狐窟이 되얏거놀(蘆溪. 太平詞).
②뼈가. 〔'써'+주격조사 '-ㅣ'〕 ¶ 賈生의 쎄 ᄒᆞ마 서그니:賈生骨已朽(重杜解2:22).
③뼈이-. 〔'써'+서술격조사어간 '-ㅣ-'〕 ¶

舍利는 靈혼 뼤라 혼 마리니(月釋2:66).

·쏘로·디 부 뽀족하게. ☞쏘론다 ¶ 모로매 져근 대롱을 쏘로디 갓가:須尖削小竹管(救簡1:66).

쏘론·다 형 뽀족하다. ☞쏘론호다. 쏘론다 ¶ 거플와 쏘로돈 근과:尖(救急下69). 城이 쏘론고 길히 기울오:城尖徑昃(初杜解14:8). 근 쏘론고 구드니 긔라:尖頭堅者是也(瘟疫方7).

·쏘론·호·다 형 날카롭다. 뽀족하다. ☞쏘론다. 쏘롯호다 ¶머리 쏘론혼 將軍은 오미 엇데 더듸뇨:銳頭將軍來何遲(重杜解5:35). 萬點인 蜀ㅅ뫼히 쏘론호도다:萬點蜀山尖(杜解23:42). 발앖귀머리 쏘론혼 뼈 우희 노코:放在脚內踝尖骨頭上(飜朴上38).

쏘롯호다 형 날카롭다. 뽀족하다. ☞쏘론호다. 쑤롯호다 ¶長陵에 머리 쏘롯혼 男兒ㅣ:長陵銳頭兒(重杜解2:69). 머리 젹고 쏘롯호야(詩解 物名6).

쏘론다 형 뽀족하다. ☞쏘론다 ¶머리 쏘론고 구드니 긔라:尖(簡辟21).

쏘쏘시 부 뽀족하게. 깎은 듯이. ¶ 홀기 쏘쏘시 돈는 거슨:泥笋苞(重杜解2:8). 쏘쏘시 銀漢애 냇도다:剡剡生銀漢(杜解7:37).

쏘족 부 뽀족이. ¶쏘족 털:凸(倭解上8). 쏘족 첨:尖(倭解下32).

쏘족호다 형 뽀족하다. ☞쏘론호다. 쏘족호다 ¶발안뒤머리 쏘족혼 뼈 우희 노하:放在脚內踝尖骨頭上(朴解上35).

쏜받다 동 본받다. ¶一體로 쏜바드면 니 몸에 病이 업고(人日歌).

쏨 명 뼘. ☞봄 ¶그저그저 혼 쏨 기릐롤 견초와 쓴처:比着只一把長短鉸了(朴解上35).

쏨노솟다 동 솟아오르다. ¶믈결 가온대셔 쏨노손는 둧호거놀 도종이 닐오되:波中忽若溢沸者道琮曰(二倫36 道琮尋尸).

쏨놀다 동 뛰놀다. ☞봄놀다 ¶믈결 가온대셔 쏨노손는 둧호거놀 도종이 닐오되 주검곳 잇거든 다시 쏨놀라:波中忽若溢沸者道琮曰若屍在可再沸(二倫36 道琮尋尸).

쏨뇌다 동 뛰놀다. ☞봄뇌다 ¶ 瓦冶ㅅ놈의 아들인지 즌흙의 쏨뇌듯시(古時調. 李鼎輔. 간밤의. 海謠).

쏩내다 동 뽐내다. ¶ 풀 쏩내다:攘臂(同文解下28. 譯解補36).

·쏩·다 동 뽑다. ☞뽑다 ¶곳굼긧 터리 쏩고:摘了那鼻孔的毫毛(飜朴上44). 쏩디 아니 호리라:休鑷(重杜解13:41). 綠楊春三月을 자바미야 둘 거시면 셴 머리 쏘바내여(古時調. 青丘). 쏩다:搌了(同文解下2). 털ㅅ 쏩다:拔鐵絲(譯解補45). 쏩다:拔取(漢淸12:16). 푸른 구실 빅 셔으로 고흔 겨집 쏘바 사고(人日歌).

·쏩:듣·다 동 빠지다(拔落). ¶니 검디 아니호며 누르며 셩긔디 아니호며 이저디며 쏩듣디 아니호며(釋譜19:7).

쏫쏫호다 형 뽀족하다. ¶이 두어 峯이 쏫쏫호며 고와:盖玆數峰嶔岑嬋娟(重杜解13:5).

쏭 명 뽕. ¶쏭 쁘는 겨지비니:採桑之女(宣賜內訓2下68). 쏭 상:桑(詩解 物名6). 올길헤 쏭 빠다가 누에 머겨 보즈스라(古時調. 鄭澈. 오늘도. 松江). 쏭 상:桑(物譜 雜木). 쏭 빠흐는 협도:桑夾(物譜 蠶績). 쏭:桑(柳氏物名四 木).

쏭나모 명 뽕나무. ☞쏭나무 ¶쏭남긧 벌에라:桑蟲(楞解7:91). 쏭나모 八百株와:桑八百株(宣賜內訓3:57). 쏭나못 니피 비오는 둣 호니:桑柘葉如雨(杜解21:36). 뎌 滄海 쏭나모반 드외요몰 므던히 너교리라:任他滄海變桑田(南明下75). 쏭남긧 버스슬:桑木耳(救簡2:94). 쏭나모 팔빅듀와(飜小8:20). 쏭나모 상:桑(訓蒙上10). 쏭나모 상:桑(類合上8. 倭解下27). 쏭나모 八百株와:桑八百株(宣小5:99). 쏭남긔 올라 목미야 드라 주그니:上桑樹縊死(東新續三綱. 烈1:72). 쇠로기는 누른 쏭남긔셔 울오:鴟鳥鳴黃桑(重杜解1:4). 쏭나모 가온대셔 의논호야(女四解4:52). 쏭나모:桑樹(同文解下43). 밧긔 나와 쏭나모 아래(女範2. 효녀 고덕겸처). 쏭나모:桑(漢淸13:21).

쏭나무 명 뽕나무. ☞쏭나모 ¶쏭나무벌에:蠋(詩解 物名8). 쏭나무 상:桑(兒學上6).

쏭나무벌에 명 뽕나무벌레. ¶쏭나무벌에 촉:蠋(詩解 物名8).

쏭남오 명 뽕나무. ☞쏭나모 ¶쏭남오 아래 수러 뼈 죽기롤 기드리더니(女四解4:16).

쏭남우 명 뽕나무. ☞쏭나모 ¶쏭남우 아릐 수러 안져:桑(女四解4:13).

쏭도마 명 뽕 써는 도마. ¶쏭도마:桑礁(物譜 蠶績).

쏭립 명 뽕잎. ¶쏭립을 취호야 밥멕이되:桑葉(女四解3:6).

쏭쏠희 명 뽕나무 뿌리. ¶쏭쏠희:桑白皮(物譜 藥草).

쏭즈치 명 뽕자지. 뽕자지불나방의 유충. ¶쏭즈치:蝎(物譜 蟲豸).

쏘록이 명 벌레 이름. ¶살진 모긔 여윈 모긔 그리마 쏘록이(古時調. 一身이. 歌曲).

쑈족호다 형 뽀족하다. ☞쏘족호다 ¶쑈족호신 싀누의님(古時調. 싀어마님. 青丘). 불이 쑈족혼 목의 달리 기다혼 목의(古時調. 海謠). 쓧 쑈족혼 훠:尖靴(漢淸11:10).

쑤롯호다 형 뽀족하다. ☞쏘롯호다 ¶쑤롯혼 총갓:桃尖椶帽兒(老解下61).

·쑤룬·다 형 뿌루퉁하다. ¶盧都는 쑤룬다 호논 마리니 말 몯 홀 시라(金三3:12).

ᄲᅮ리 명 뿌리. ☞불휘 ¶大川 바다 ᄒᆞᆫ가온ᄃᆡ ᄲᅮ리 업슨 남기 나셔(古時調. 金春澤. 詩歌). ᄲᅮ리 근:根(兒學上6).

ᄲᅮ리다 동 뿌리다. ☞ᄡᅳ리다 ¶細雨 ᄲᅮ리ᄂᆞᆫ 날에 紫的 장옷 뷔혀 잡고(古時調. 靑丘). 물 ᄲᅮ려 ᄡᅳ레질ᄒᆞ며(女四解2:18). ᄲᅮ리다:撒一撒(同文解上29). 천림의 노결ᄒᆞ니 ᄂᆡ 눈물 ᄲᅮ리ᄂᆞᆫ ᄃᆞᆺ(萬言詞).

ᄲᅮ리ᄒᆞ다 동 뿌리하다. 뿌리를 두다. ¶밋부고 구휼ᄒᆞ며 동셩 화목ᄒᆞ고 이셩 화목홈은 효도와 우ᄋᆡ예 ᄲᅮ리ᄒᆞ고:根(女四解4:31).

ᄲᅮ·븨·다 동 비비다. ☞부뷔다 ¶ᄲᅮ븰 번:擷. ᄲᅮ븰 연:撋. ᄲᅮ븰 나:挼. ᄲᅮ븰 사:挱(訓蒙下23).

ᄲᅮ츠·다 동 부치다. ¶ᄂᆞᄆᆡ 是非 ᄲᅮ처 내유ᄆᆞᆯ 마ᄂᆞᆫ다:切忌鼓扇是非麼(龜鑑上20).

ᄲᅮ츠·다 동 부비다. 마찰하다. ☞ᄲᆞ츠다 ¶셰신ᄀᆞᄅᆞᆯ 무텨 그ᅀᅳ려 ᄆᆞᆯ외욘 ᄆᆡ홧여름ᄉᆞᆯ 조쳐 ᄌᆞ조 니예 ᄲᅮ츠면 절로 벙으리리라:細辛末幷爲梅肉頻擦自開(救簡1:3). 〔‘ᄲᅮ츠면’의 ‘ᄲᅮ’는 ‘ᄲᆞ’의 오기(誤記).〕

:ᄲᅮᆫ 명 뿐. ☞분 ¶일훔 念ᄒᆞᆯ ᄲᅮ네 이런 功德 됴ᄒᆞᆫ 利ᄅᆞᆯ 어드리오(釋譜9:27). 제 몸 닷ᄀᆞᆯ ᄲᅮᆫ ᄒᆞ고(釋譜13:36). 表ᄒᆞᆯ ᄲᅮ니디위 ᄒᆞᆫ 모매 어듸 두료(楞解6:41). 맛당호ᄆᆞᆯ 조ᄎᆞ샤 니ᄅᆞ실 ᄲᅮ니어신뎡:隨宜爲說(金剛41). 이ᄂᆞᆫ ᄒᆞ미 아니ᄒᆞᆯ ᄲᅮ니언뎡(宣賜內訓序7). 몸 우흰 오ᄉᆞᆯ 求ᄒᆞ고 ᄇᆡᄅᆞᆯ 브르게 ᄒᆞᆯ ᄲᅮ니로다:身上須繒腹中實(初杜解8:27).

-:ᄲᅮᆫ 조 -뿐. -만. -뿐만. ☞-분 ¶二軍鞠手 ᄲᅮᆫ 깃그니이다:二軍鞠手獨自悅澤(龍歌44章). 세 낱 붚ᄲᅮᆫ ᄢᅦ여디니(月印上15). ᄒᆞᆫ 낱 터럭ᄲᅮ늘(月印上33). 세ᄲᅮᆫ 닐어뇨(釋譜19:13). 하ᄂᆞᆯ 우콰 하ᄂᆞᆯ 아래 나ᄲᅮᆫ 尊호라(月釋2:28). 이ᄲᅮᆫ 아니라 녀나ᄆᆞᆫ 祥瑞도 하며(月釋2:46). 二十五門ᄲᅮᆫ 아니라:不止二十五門(楞解6:41). 오직 새ᄲᅮᆫ 가고:惟鳥去(重杜解5:16). 島中 長感ᄲᅮᆫ이로다(萬言詞). 호부일셩 업더지니 ᄋᆡ고 소ᄅᆡᄲᅮᆫ이로다(萬言詞). 다 사ᄅᆞᆷ의 어미 되여시되 누의ᄲᅮᆫ 무료ᄒᆞ믈 면치 못ᄒᆞ니(落泉5:12).

ᄲᅳᆯ 명 뿔. ☞ᄡᅳᆯ ¶두 ᄲᅳᆯ:額角(訓蒙上24 頲字註). ᄲᅳᆯ 각:角(倭解下24). ᄲᅳᆯ:角(同文解下38. 漢淸14:10). ᄲᅳᆯ 각:角(兒學上8).

ᄲᅳᆯ고긔양 명 뿔심. ¶ᄲᅳᆯ고긔양:鰓 角胎(柳氏物名一 獸族).

ᄲᅳᆯ고도리 명 뿔고도리. ☞ᄲᅧ고도리 ¶ᄲᅳᆯ고도리:骨鈚箭(譯解補16).

ᄲᅳᆯ붓친활 명 각궁(角弓). ¶ᄲᅳᆯ붓친활:角弓(漢淸5:4).

ᄲᅳᆯ·휘 명 뿌리. ☞불휘. ᄲᅳᆯ희. ᄲᅳᆯᄒᆡ ¶ᄡᅳᆫ너삼 ᄲᅳᆯ휘 두 량을 ᄧᅵ허 처:苦蔘二兩右擣篩(瘟疫方22). 病 ᄲᅳᆯ휘 샹해 이셔:病根常在(宣小5:3). ᄲᅳᆯ휘:根(柳氏物名四 木).

ᄲᅳᆯ·희 명 뿌리. ☞불휘. ᄲᅳᆯ휘. ᄲᅳᆯᄒᆡ ¶사ᄅᆞᆷ이 샹해 ᄂᆞᄆᆞᆯ ᄲᅳᆯ희를 너흘면 온갓 일을 可히 일우리라:人常咬得菜根則百事可做(宣小6:133). ᄒᆞᆫ이 ᄲᅳᆯ희 되고 눈물로 가디 삼아(曺偉. 萬憤歌).

ᄲᅳᆯᄒᆡ 명 뿌리. ☞불휘. ᄲᅳᆯ휘. ᄲᅳᆯ희 ¶댓ᄲᅳᆯᄒᆡ ᄯᅡ해 소ᄉᆞ니(百聯4).

ᄲᅳᆷ 명 뼘. ¶ᄒᆞᆫ ᄲᅳᆷ:一扎(同文解下21). ᄒᆞᆫ ᄲᅳᆷ:一札(譯解補35).

·ᄲᅳᆷ·기·다 동 ①뿜어지다. ¶프른 믌겨리 ᄲᅳᆷ겨 尺度ㅣ ᄌᆞ라도다:蒼波噴浸尺度足(初杜解16:56). ᄌᆞ연히 믌 긔운이 ᄒᆞᆰ의 ᄲᅳᆷ겨 드러:自然水氣翕入土中(救簡1:69).
②풍기다. ☞품기다 ¶년곳치 향내 ᄲᅳᆷ기더라:荷花香噴噴(朴解 中33).

·ᄲᅳᆷ·다 동 뿜다. ¶피ᄅᆞᆯ ᄲᅮ므며 죽도록 굴티 아니커늘:噀血而呼至死不屈(三綱. 忠26). ᄆᆡ이 ᄲᅮ모라:猛噀(救急上60). 다른 사ᄅᆞᄆᆡ 머구머 그 듕의 세 버늘 ᄲᅳᆷ고:使人含噀其背上三過(救急上66). ᄂᆞᄎᆡ ᄲᅮ므면 즉재 됸ᄂᆞ니 大凡ᄒᆞᆫ디 닶가와 ᄒᆞ거든 즉자히 ᄲᅮ므라:潠面卽愈凡悶卽潠之(救急下93). 玉ᄋᆞᆯ ᄲᅳᆷᄂᆞᆫ 大宛앳 삿기로다:噴玉大宛兒(初杜解8:26). 피 나ᄂᆞᆫ 사ᄅᆞᄆᆡ ᄂᆞᄎᆡ 믄득 ᄲᅮ모ᄃᆡ(救簡2:114). ᄲᅳᆷ을 분:噴(倭解上49). 피ᄅᆞᆯ ᄲᅳᆷ으며(五倫2:43).

·ᄡᅳ·리·다 동 뿌리다. ☞ᄲᅮ리다. ᄲᅳ리다 ¶甘露ᄅᆞᆯ ᄡᅳ리어늘(月印上69). ᄎᆞᆫ 므를 ᄂᆞᄎᆡ ᄡᅳ리고(釋譜23:21). 믈 ᄡᅳ려 ᄡᅳᆯ오(月釋9:39). 星火ㅣ 흐러 ᄡᅳ려:星火迸灑(楞解8:97). 다시 楊朱의 눈믈ᄋᆞᆯ ᄡᅳ리노라:更洒楊朱泣(重杜解1:42). 믈 ᄡᅳ료미:沾洒(初杜解9:21). 눉므를 ᄡᅳ리게코:濺淚(初杜解10:6). 거츤 ᄯᅡ해 ᄡᅳ릴고(初杜解16:46). 눉믈 ᄡᅳ리고 제여곰 西東ᄋᆞ로 가리라:揮淚各西東(初杜解21:31). 글 封ᄒᆞ고 두ᅀᅥ 줈 눉므를 ᄡᅳ려:封書數行淚(初杜解21:32). 눉므를 흘려 丹極에 ᄡᅳ리니:流涕灑丹極(杜解22:27). 慈悲ㅅ 구루믈 펴 甘露ᄅᆞᆯ ᄡᅳ리실 시라(南明下38). 十方애 ᄡᅳ리에 ᄒᆞ시ᄂᆞ니(眞言). ᄡᅳ릴 옥:沃(訓蒙下11). 믈 ᄡᅳ릴 쇄:灑(類合下8). 믈 ᄡᅳ리고 ᄡᅳᆯ며 應ᄒᆞ며 對ᄒᆞ며:灑掃應對(宣小書題1). 눈믈을 ᄡᅳ리고 의병을 거두어 힝ᄒᆞᆯ시:泣爲發郡中豪傑以烏合萬人赴義(五倫2:57). ᄇᆞ람비 ᄡᅳ린 소ᄅᆡ 님의 귀예 들니기나(曺偉. 萬憤歌). 눈물을 ᄡᅳ리더니 니부샹셔(洛城2).
※ᄡᅳ리다>뿌리다

ᄡᅳ치다 동 붙이다. ¶음식 먹는 곳과 왕니ᄒᆞᄂᆞᆫ 고대 ᄡᅳ쳐 두고:帖(正念解3).

ᄡᅢᆨᄡᅢᆨ·이 부 과감(果敢)히. 결단성 있게. ¶ᄇᆞᆯ기 ᄒᆞ며 ᄲᆞᆯ리 ᄒᆞ며 ᄡᅢᆨᄡᅢᆨ이 결단호ᄆᆞ로ᄡᅥ

올ᄒᆞ며 외요ᄆᆞᆯ 굴히욜디니라:以明敏果斷辨是非(飜小6:34).

·ᄲᅳᆯ 명 ①뿔. ☞ᄲᅳᆯ ¶두 ᄲᅳᆯ이 갈존 놀캅고(月印上56). 다리 굵고 ᄲᅳ리 놀캅더니(釋譜6:32). 角ᄋᆞᆫ ᄲᅳ리오(釋譜13:53). 구븐호미 ᄲᅳᆯ 존ᄒᆞᆯ씨(釋譜13:53). 거부븨 터리와 톳긔 ᄲᅳᆯ 존거니:同於龜毛兎角(楞解1:74). 블거하니ᄂᆞᆫ 집 ᄲᅳ렛 고지오:紅稠屋角花(初杜解22:3). 거싀 머리와 ᄲᅳᆯ왜 나토미오(南明上1). 사ᄅᆞ모로 ᄒᆞ야 面에 올인 ᄲᅳᆯ와 등 우희 ᄶᆞ론 힘 뵈오:教人看了面子上的角背子上鋪的肋(飜老下31). 두 ᄲᅳᆯ:額角(訓蒙叡山本上13 頲字註). ᄲᅳᆯ 각:角(訓蒙下9. 類合上14). 머리 ᄆᆡ기ᄅᆞᆯ ᄲᅳᆯ 나게 ᄒᆞ며:總角(宣小2:4). 뉘 닐오ᄃᆡ 雀이 ᄲᅳᆯ이 업다 ᄒᆞ리오:誰謂雀無角(詩解1:17). 兕ㅣ 九德의셔 나니 ᄲᅳᆯ 기릐 석 자 남고(詩解 物名1). 面에 올인 ᄲᅳᆯ과:面子上的角(老解下28). 니마ㅅ두 ᄲᅳᆯ:額角(譯解上32).
②모퉁이. ¶그 壇 네 ᄲᅳ레 各各 서 되 드릸 華甁을 노코(月釋10:119).
③멧부리. ¶두어 ᄲᅳᆯ 퍼런 뫼히 새지블 對ᄒᆞ얏도다:數朶青山對茅屋(南明上1).
④부리. ¶이 ᄇᆞᄅᆞ믄 ᄯᅩ 袈裟 ᄲᅳ레셔 나녀 虛空애셔 나녀:此風爲復出架娑角發於虛空(楞解3:82). ※ᄲᅳᆯ>뿔

·ᄲᅳᆷ·다 동 뽑다. ¶다른 사ᄅᆞ미 머구미 그 등의 세 번을 ᄲᅳᆷ고(救簡2:118).

·ᄲᅴ·다 동 삐다. 물이 빠지다. ¶건너고져 ᄒᆞ야 므리 ᄲᅴ와뎌여 ᄒᆞ야 願ᄒᆞ노라:欲濟願水縮(杜解13:9). 이 아ᄎᆞᄆᆡ ᄒᆞ마 半만 므리 ᄲᅴ요ᄃᆡ:玆晨已半落(杜解13:20). 므른 魚龍ㅅ 바ᄆᆡ ᄲᅴ오:水落魚龍夜(杜解13:36). 湍流ㅣ ᄀᆞ올히 ᄲᅴ니(杜解14:23). 믌뉘누리의 ᄲᅴ유믈 비루수 기들워:試待盤渦歇(初杜解20:51). ᄀᆞᄅᆞᆷ므리 ᄲᅴ어놀 고래 도라가ᄃᆞᆺ ᄒᆞ놋다:湖落回鯨魚(杜解22:45)

ᄲᅵ로기 명 삘기. ☞ᄲᅵ오기. ᄲᅵ유기 ¶ᄲᅵ로기:茅香花(柳氏物名三 草).

ᄲᅵ·ᄇᆡ·다 동 비비다. 찍어 바르다. ☞비ᄇᆡ다 ¶ᄲᅵᄇᆡ여 일운 젼ᄎᆞ니:捏所成故(楞解2:83). 모ᄃᆞᆫ 智惠 잇ᄂᆞ닌 ᄲᅵᄇᆡ논 根源이 이 얼굴와 얼굴 아니왜며:諸有智者…此捏根元是形非形(楞解2:83). ᄌᆞ조 ᄲᅵᄇᆡ면 절로 열리라:頻擦自開(救急上2). 굴근 마ᄂᆞᄅᆞᆯ 밠바다애 ᄲᅵᄇᆡ여 두루 덥게 ᄒᆞ면 즉재 됴ᄂᆞ니라:用大蒜磨脚心令遍熱卽差(救急上32). 師ㅣ 보고 닐오ᄃᆡ 百年을 녯 죠히ᄅᆞᆯ ᄲᅵᄇᆡᄂᆞ니(法語17). 어르러지예 ᄲᅵᄇᆡ라:擦癜風處(救簡6:90).

ᄲᅵ뚜러지다 형 삐뚤어지다. ¶ᄲᅵ뚜러지다:破透了(譯解補41).

ᄲᅵᄲᅵ름 부 삐뚜름하게. ¶ᄲᅵᄲᅵ름 제급 못고 에에로 제일 ᄒᆞ니(李元翼. 雇工答主人歌).

ᄲᅵ오기 명 삘기. ☞ᄲᅵ로기. ᄲᅵ유기 ¶ᄲᅵ오기 뎨:荑(詩解 物名5).

·ᄲᅵ유·기 명 삘기. ☞ᄲᅵ로기. ᄲᅵ오기 ¶ᄲᅵ유기 뎨:荑(訓蒙上9).

ᄲᅵ·타 동 뿌리다. ☞비타. ᄲᅧ타 ¶허닌 ᄆᆞᄅᆞᆫ닐 ᄲᅵ후미 됴ᄒᆞ니라:破者乾摻神妙(救急上7). ᄯᅩ 브ᅀᅥᆸ 더운 ᄌᆡᄅᆞᆯ 헌 ᄃᆡ ᄲᅵ코 기브로 ᄡᆞᄆᆡ라:又方取竈中熱灰以粉瘡中帛裹繫之(救急下68). 져고매 혀 우희 ᄲᅵ호ᄃᆡ 됴토록 ᄒᆞ라:少許摻在血上以差爲度(救簡2:91). ᄀᆞᄂᆞᆫ 뵈예 처 져기 혀 우희 ᄲᅵᄒᆞ라:用紗羅隔過摻少許於舌上(救簡3:1). ᄡᅵ ᄲᅵ타:撒種(訓蒙下5 種字註). 울밋 陽地편의 외ᄡᅵᄅᆞᆯ ᄲᅵ허 두고(松江. 星山別曲). 젼ᄀᆡᄒᆞ야 발슌ᄒᆞ야ᄃᆡ 곡 ᄲᅵ흔 밧헤 더러 준 곳 외예(綸音89).

ᄲᅵ허 동 뿌리어. ㉠ᄲᅵ타 ¶울밋 陽地편의 외ᄡᅵ를 ᄲᅵ허 두고(松江. 星山別曲).

ᄲᅵ·훔 동 뿌림. ㉠ᄲᅵ타 ¶허닌 ᄆᆞᄅᆞᆫ닐 ᄲᅵ후미 됴ᄒᆞ니라:破者乾摻神妙(救急上7).

ᄲᅵᆯ 명 필(匹). ¶小紅의ᄂᆞᆫ 뵈 닷 ᄲᅵᆯ에 ᄑᆞ라:小紅的賣布五匹(老解上13). 야청의ᄂᆞᆫ 뵈 엿 ᄲᅵᆯ에 ᄑᆞ라:鴉青的賣布六匹(老解上13).

ᄲᅵᆺ기다 동 비끼다. ☞빗기다 ¶나모 ᄀᆞᄂᆞᆯ히 길헤 ᄲᅵᆺ거시니:樹陰斜路(百聯5).

ᄲᅢ깃 명 빼깃. ☞배깃 ¶단쟝고 ᄲᅢ깃체 방올소릐 더욱 갓ᄐᆡ(古時調. 中天에. 靑丘).

ᄲᅢ·다 동 빨다. ☞ᄲᆞᆯ다 ¶피ᄅᆞᆯ ᄲᅢ디 말라(三綱. 忠10). 향덕기 ᄲᅢ니 즉시 우연ᄒᆞ다:向德吮之卽愈(東新續三綱. 孝1:3). 오좀 몯누거놀 ᄲᅢ니:小便不通吮(東新續三綱. 孝2:83). 젓 ᄲᅢ다:咂㜷子(譯解上37). ᄲᅢ다:吮(同文解上62). ᄲᅢ다:咂(漢淸12:49).

ᄲᅢ·다 동 뽑다. ¶三公이 ᄲᅢ 쳔거ᄒᆞᄂᆞᆫ 배 이실 제:三公有所選擧(宣小6:101). 계미년에 군병 ᄲᅢ기놀 보아ᄒᆞᆯ시:癸未年監選兵(東新續三綱. 孝7:32). 그제 사ᄅᆞᆷ ᄲᅢ 군을 내더니:時發民爲軍(重二倫13). 맛당히 ᄲᅢ 드ᄅᆞ실러니:當以選入(重內訓2:55). ᄲᅢ다:選了(同文解上44). ᄲᅢ다:揀選(漢淸2:49). ᄲᅢᆯ 죠:調(註千2). ᄲᅢᆯ 간:簡(註千37).

·ᄲᅢ·다 형 빨다. 뾰족하다. ☞ᄲᆞᆯ다 ¶보리 方正ᄒᆞ샤 獅子ㅣ 양 ᄀᆞᄐᆞ시며 몺골 아라우히 ᄲᅢ디 아니ᄒᆞ샤 ᄒᆞᆫ가지로 充實ᄒᆞ시며(月釋2:41). 부리 ᄲᅢᆫ 훠ᄅᆞᆯ 신고:底尖頭靴(朴新解1:30). 하관 ᄲᅢ다:臉下窄(漢淸6:8).

ᄲᅢ리 부 빨리. ☞ᄲᆞᆯ리 ¶ᄲᅢ리 정각ᄋᆞᆯ 일워 도ᄅᆞ혀 중싱을 졔도호리니:速成正覺還度衆生(野雲79).

ᄲᅢ리·다 동 뿌리다. ☞ᄲᅳ리다. ᄲᅳ리다 ¶慈雲을 펴사 甘露ᄅᆞᆯ ᄲᅢ리시니:布慈雲兮灑甘露(南明下6).

ᄲᆞᄅᆞ·다 형 빠르다. ☞ᄇᆞᄅᆞ다 ¶ᄲᆞᆯ론 주를 니르니라(釋譜6:2). 入聲은 ᄲᆞᆯ리 긋돋ᄂᆞᆫ 소리라 促急은 ᄲᆞᄅᆞᆯ 씨라(訓註14). 速ᄋᆞᆫ ᄲᆞᄅᆞᆯ 씨오(月釋序18). 길며 ᄲᆞᆯ롬과(法華3:189). 그리메도 ᄯᅩ ᄲᆞᆯ라(圓覺下一之二50). 無常이 ᄲᆞᆯ라(牧牛訣43). ᄯᅩ ᄲᆞᄅᆞ도 아니ᄒᆞ며 늦도 아니ᄒᆞ야:却不急不緩(蒙法7). ᄲᆞᄅᆞᆫ 비는 오란 病을 저지ᄂᆞ다:湅雨裛沉綿(重杜解2:13). 妙旨 ᄲᆞᆯ라 눈 ᄀᆞᆷᄌᆞᆨᄒᆞᆯ ᄉᆞ시예 곧 디나가논 ᄠᅳ디라(南明上23). ᄲᆞᄅᆞᆯ 신:迅(類合下20). ᄲᆞᄅᆞᆯ 속:速(類合下57. 倭解下34). ᄲᆞᄅᆞ게 나아게 훌터(武藝圖16). ※ᄲᆞᄅᆞ다>빠르다

ᄲᆞᄅᆞᆫ 형 빠른. ㉠ᄲᆞᄅᆞ다 ¶만일 ᄲᆞᄅᆞᆫ ᄇᆞᄅᆞᆷ과 급ᄒᆞᆫ 울에와 심ᄒᆞᆫ 비 잇거든:若有疾風迅雷甚雨(宣小3:16).

ᄲᆞ이다 동 뽑히다. ☞ᄲᅢ히다 ¶너ᄂᆞᆫ 샹샹에 ᄲᆞ이ᄂᆞᆫ 관원이라:你常選官(朴解中46). ᄲᆞ여 太子宮의 들으시니:選入太子宮(重內訓2:35). 처엄의 ᄲᆞ이여 궁듕의 드러(女範3. 문녀 한반첩여).

ᄲᆞ지다 동 빠지다. 누락(漏落)되다. ☞ᄲᅡ디다 ¶ᄲᆞ진 것슬 도라 보내며(敬信81). 塵臼의 ᄲᆞ진 人生 門庭乙 다일소냐(八域歌).

ᄲᆞ지이다 동 빠뜨리다〔漏落〕. ¶ᄲᆞ지인 것슬 숨기며(敬信84).

ᄲᆞᆯ니 부 빨리. ☞ᄲᆞᆯ리 ¶만일 ᄲᆞᆯ니 ᄆᆞᄋᆞᆷ을 뉘웃츠면(敬信20). 모닷ᄂᆞᆫ 五千 션비 듕에 지조 잇ᄂᆞᆫ 사ᄅᆞᆷ이 잇거든 ᄲᆞᆯ니 나라(八歲兒10). 날을 ᄲᆞᆯ니 죽이라:速殺我(五倫2:50). 그러면 ᄲᆞᆯ니 가쟈:那麼就快些兒走罷(華解上19). 가ᄆᆞ귀 급피 ᄂᆞᆯ고 톳ᄁᆡ 좃ᄎᆞ ᄲᆞᆯ니 가니(古時調. 歌譜).

·ᄲᆞᆯ·다 동 빨다〔吸〕. ☞ᄲᅡᆯ다. ᄲᆞ다 ¶현맛 벌에 비늘을 ᄲᆞ라뇨(月印上11). 현맛 벌에 비ᄂᆞ를 ᄲᆞ라뇨(月釋2:47). 효ᄀᆞᆫ 벌에 나아 모ᄆᆞᆯ ᄲᆞᆯ씨(月釋2:51). 혀근 버레의 ᄲᆞ라 머구미 ᄃᆞ외야:小蟲之所咂食(法華2:166). 절로 그 모딘 긔운을 ᄲᆞᆯ에 ᄒᆞ라:自飮其毒(救簡6:59). ᄲᆞᆯ 삭:嗍. ᄲᆞᆯ 연:吮(訓蒙下14). ᄲᆞᆯ 연:吮(倭解上49). ※ᄲᆞᆯ다>빨다

·ᄲᆞᆯ·다 동 빨다〔洗〕. ☞ᄲᅡᆯ다 ¶오ᄉᆞᆯ ᄲᆞᆯ오져 ᄒᆞ시니(月印上38). 옷 ᄲᆞ론 므를 먹고(釋譜11:25). 左右ㅣ ᄲᆞ로려커늘(三綱. 忠10). 샹시예 ᄲᆞᆫ 오ᄉᆞᆯ 닙으시고:平居服澣濯之衣(宣賜內訓2:90). 옷 ᄲᆞᆯ 한:澣(類合下7). ᄲᆞᆯ 탁:濯(類合下8). 짓믈 ᄲᅡ ᄲᆞᆯ아징이다 請ᄒᆞ며:和灰請澣(宣小2:7). 깁 ᄲᆞᄂᆞᆫ 계집이 밥 그르ᄉᆞᆯ 가져시믈 보고(女四解4:47). ※ᄲᆞᆯ다>빨다

·ᄲᆞᆯ·다 형 빨다. 뾰족하다. ☞ᄲᆞ다 ¶귿 ᄲᆞᆯ 쳠:尖(類合下53).

ᄲᆞᆯ·론 형 빠른〔速〕. ㉠ᄲᆞᄅᆞ다 ¶ᄲᆞᆯ론 주를 니르니라(釋譜6:2).

ᄲᆞᆯ·롬 형 빠름. ㉠ᄲᆞᄅᆞ다 ¶ᄯᅩ 諸方ㅅ 時分의 길며 ᄲᆞᆯ로미 一定 아니ᄒᆞᆯ시:又諸方時分延促不定故(圓覺上一之二33). ᄂᆞ즈며 ᄲᆞᆯ로ᄆᆞᆯ 보아:緩急(宣賜內訓2上15). ᄲᆞᆯ로미 神奇ᄅᆞ외요미 잇도다:捷有神(杜解3:32). 나비 ᄲᆞᆯ로ᄆᆞᆯ 長常 보미 어렵도소니:猿捷長難見(杜解3:44).

ᄲᆞᆯ·리 부 빨리. ☞ᄲᆞᆯ니 ¶得道ᄅᆞᆯ ᄲᆞᆯ리 ᄒᆞ리니(釋譜6:40). ᄲᆞᆯ리 긋돋ᄂᆞᆫ 소리라(訓註14). ᄲᆞᆯ리 몯 고티리로다(月釋1:51). ᄲᆞᆯ리 도라오시ᄂᆞᆫ 젼ᄎᆞ로:遽歸故(楞解1:38). 누네 보ᄆᆞᆯ 뫼호다가 ᄒᆞ다가 ᄲᆞᆯ리 ᄀᆞᆷ게 ᄒᆞ면:聚見於眼若令急合(楞解4:118). ᄲᆞᆯ리 도아:速疾資(楞解7:49). ᄲᆞᆯ리 參究호미 맛당ᄒᆞ니:急宜參究(蒙法33). ᄲᆞᆯ리 가 祭ᄒᆞ라 ᄒᆞ야ᄂᆞᆯ(宣賜內訓序5). 날ᄃᆞ리 ᄲᆞᆯ리 가놋다:日月疾(杜解2:60). 慈尊ᄋᆞᆯ 아디 몯ᄒᆞ닌 모로매 ᄲᆞᆯ리 가라:未識慈尊須急去(南明上5). ᄲᆞᆯ리 도라와 도라보ᄆᆞᆯ 마롤디어다:火急歸來莫廻顧(南明上22). ᄆᆞᅀᆞᄆᆡᆺ 願을 ᄲᆞᆯ리 ᄎᆡ와:速能滿足心願(佛頂上1). ᄲᆞᆯ리 우리 딥퍼 온 막대 가져다가:疾快取將咱們的拄杖來(飜老上33). ᄲᆞᆯ리 수울 둘어 가져오라:疾快旋將酒來(飜朴上7). 말ᄉᆞᄆᆞᆯ ᄲᆞᆯ리 아니 ᄒᆞ며:未嘗疾言(飜小10:1). ᄲᆞᆯ리 잘ᄒᆞᆯ 민:敏(類合下4). 쟉쟉 먹어 ᄲᆞᆯ리 솜ᄭᅵ며:小飯而亟之(宣小3:24). ᄲᆞᆯ리 피ᄒᆞ야 한아비와 아븨 주검을 간슈ᄒᆞ라:速避收祖父之屍(東新續三綱. 孝6:61). ᄲᆞᆯ리 차반 ᄆᆡᆼ글고:疾忙茶飯做着(老解下41). 아ᄎᆞᆷ의 ᄲᆞᆯ리 날을 와 보면(女範4. 녈녀 듀샤방녀). ᄲᆞᆯ리 돌아 숨어 번득이고 구을너(武藝圖21). ※ᄲᆞᆯ리>빨리

·ᄲᆞᆯ먹·다 동 빨아먹다. ¶無量이 ᄲᆞᆯ먹고:無量咂食(楞解8:101).

ᄲᆞᆯ옴 형 빠름. ㉠ᄲᆞᄅᆞ다 ¶彼敵 헤휴믄 살 가ᄆᆡ ᄲᆞᆯ오미라와 더으니라:破敵過箭疾(重杜解1:8).

ᄲᆞᆯ으다 형 빠르다. ☞ᄲᆞᄅᆞ다 ¶칼이 ᄲᆞᆯ으기 급한 우러 곳ᄒᆞ니(武藝圖19).

ᄲᆞᆯ·이·다 동 빨게 하다. 세탁하게 하다. ¶아비 고마ᄅᆞᆯ 아랫옷 ᄲᆞᆯ이디 말며:諸母不漱裳(宣賜內訓1:4).

ᄲᆞᆯ·이·다 동 빨리다. ¶거머리로 피ᄅᆞᆯ ᄲᆞᆯ이면 됴ᄒᆞ리라:水蛭吮血可治(續三綱. 孝5).

ᄲᆞᆯ이다 동 뿌리다. ¶믈 ᄲᆞᆯ이다:灑水(譯解補6).

ᄲᆞᆯ은 형 빠른. ㉠ᄲᆞᄅᆞ다 ¶ᄲᆞᆯ은 말ᄉᆞᆷ을 아니ᄒᆞ며:不疾言(宣小3:13).

ᄲᅢ다 동 빼다. ¶重瞳에 눈믈지고 큰 칼 ᄲᅢ여 니른 말이(古時調. 숣에 項羽. 歌曲).

ᄲᅢ아나다 형 빼어나다. ☞ᄲᅡ혀나다 ¶ᄲᅢ아날

슈:秀(兒學下10).

쎄알 명 매자기. 삼릉초(三稜草). ☞째알 ¶ 쎄알:三稜草(譯解下40).

쎄앗다 동 빼앗다. 앗다. ¶쎄앗슬 탈:奪(兒學下11).

쎄양 명 뺑대쑥. ☞비양 ¶쎄양:牛尾蒿(柳氏物名三 草)

쎄양살 명 뺑대살. ¶쎄양살:蓬矢(漢淸5:8).

쎄짓 명 빼깃. 〔매의 꽁지에 표를 하기 위하여 덧꽂아 맨 새깃.〕☞빼깃. 빼짓 ¶쎄짓체 방울 ᄃᆞ라 夕陽의 밧고 나니(古時調. 金昌業. 자 남은 보라매. 靑丘). 쎄짓:飄翎(漢淸4:57).

쎄치다 동 빼다. ¶龍泉劍 드는 칼을 선뜻 쎄쳐 두러메고(古時調. 南怡. 赤兎馬 술디게 먹여. 花源).

쎄히다 동 뽑히다. ☞쌔이다 ¶삼십여 세에 응당 시랑 중승의 쎄히고(敬信51).

쌕쌕하다 형 빽빽하다. ¶쌕쌕할 밀:密(兒學下8).

ㅆ 병서 쌍시옷. 한글 초성(初聲) 자모(字母)의 하나. 치음(齒音). 잇소리. ㅅ의 각자병서(各自並書). ¶ㅅ. 齒音. 如戌字初發聲. 並書. 如邪字初發聲(訓正). ㄱㄷㅂㅈㅅㆆ. 爲全淸. ㅋㅌㅍㅊㅎ. 爲次淸. ㄲㄸㅃㅉㅆㆅ. 爲全濁(訓解. 制字). 全淸並書則爲全濁. 以其全濁之聲 凝則爲全濁(訓解. 制字). 쏘다 爲射(訓解. 合字). 불휘 기픈 남ᄀᆞᆫ ᄇᆞᄅᆞ매 아니 뮐씨:根深之木風亦不扤(龍歌2章). 天下ᄅᆞᆯ 맛ᄃᆞ시릴씨:將受九圍(龍歌6章). 奉天討罪실씨:奉天討罪(龍歌9章). 請으로 온 예와 싸호샤:見請之倭與之戰鬪(龍歌52章). 싸호ᄂᆞᆫ 한쇼ᄅᆞᆯ 두 소내 자ᄇᆞ시며:方鬪巨牛兩手執之(龍歌87章). ㅅᄂᆞᆫ 니쏘리니 戌슗字ᄍᆞᆼ 처ᅀᅥᆷ 펴아나ᄂᆞᆫ 소리 ᄀᆞᄐᆞ니 ᄀᆞᆯᄫᅡ쓰면 邪썅ㆆ字ᄍᆞᆼ 처ᅀᅥᆷ 펴아나ᄂᆞᆫ 소리 ᄀᆞᄐᆞ니라(訓註7). 並書는 ᄀᆞᆯᄫᅡ쓸 씨라(訓註3). 어울워 ᄡᅮᇙ디면 ᄀᆞᆯᄫᅡ쓰라(訓註12). 製ᄂᆞᆫ 글지ᅀᅳᆯ 씨니(訓註1). ᄒᆞᆫ 싸ᄒᆞ라 딘ᄂᆞᆫ 地獄ᄋᆞᆯ 보니(月釋3:68). 尙썅. 示씽. 上썅. 實씷. 屬쑉(蒙法1). 是씽. 睡쒱(蒙法2). 純쓘. 熟쓕(蒙法3). 時씽(蒙法4).

·싸 동 쌓아. ⓚ싸다 ¶城싸사리ᄅᆞᆯ 始作ᄒᆞ니라(月釋1:44).

싸눈 명 싸라기눈. ☞ᄡᅡ눈. 싸락이눈 ¶싸눈 션:霰(倭解上2).

싸다 형 싸다. (그만한) 값이 있다. ☞ᄉᆞ다. 쓰다 ¶천금 싼 인물이오(敬信29).

싸락이눈 명 싸라기눈. ¶싸락이눈:霰(柳氏物名五 水).

싸리 명 싸리. ☞ᄡᅡ리. 쌰리. 쓰리 ¶싸리 뉴:杻(倭解下28).

:싸롬 명 사람. ☞사름 ¶經 디닐 싸ᄅᆞ미 이어긔 이셔도(釋譜19:17). 이 品 싸ᄅᆞᄆᆞᆫ(釋譜19:25). 父母ㅣ 나ᄅᆞᆯ 北方 싸ᄅᆞᄆᆞᆯ 얼이시니(月釋10:23). 行ᄒᆞᇙ 싸ᄅᆞᄆᆞ로 信을 브터 向ᄒᆞ야(楞解8:22). 보ᅀᆞ올 싸ᄅᆞᄆᆞ로 損홈 업스며(法華2:17). 修行ᄒᆞᇙ 싸ᄅᆞᄆᆞ로 일우게 코져 ᄒᆞ시니(金剛81).

-싸이다 어미 -사이다. ¶ᄀᆞ장 됴ᄊᆞ오니 그리 ᄒᆞ옵싸이다(新語3:10).

싸·타 동 ①쌓다. ☞ᄡᅡ타. 쌋타 ¶疊은 ᄭᅩᆯ포 싸ᄒᆞᆯ 씨니 층이라 ᄒᆞ듯 ᄒᆞᆫ 마리라(釋譜19:11). 須彌山ᄀᆞ티 싸ᄒᆞ며(釋譜23:20). 積은 싸ᄒᆞᆯ 씨라(月釋序23). 부톄 大衆과 ᄒᆞ샤 그 香나모 싸ᄒᆞ시고 棺ᄋᆞᆯ 드러 연ᄌᆞᆸ고(月釋10:13). 기픈 ᄆᆞᅀᆞ미 著ᄒᆞ야 싸ᄒᆞᆫ 것 잇ᄂᆞᆫ ᄃᆞᆯ 表ᄒᆞ시니라(月釋14:15). 즉재 바ᄅᆞᆯ 이녁 ᄀᆞᆺ 旃檀ᄋᆞ로 싸하 부텻 모ᄆᆞᆯ 供養ᄒᆞᅀᆞᄫᅡ(月釋18:38). 穀食을 萬鍾ᄋᆞᆯ 싸ᄒᆞ며(三綱. 孝2). 德 싸ᄒᆞ샤ᄆᆡ 기프샤미오:積德之深(法華1:137). ᄠᅳᆯ헤 섭나모 싸코 퓌우면:積柴於庭燒火(瘟疫方6). 싸하 두ᄃᆡ 能히 흐트며:積而能散(宣小3:3). 이 정셩된 ᄠᅳᆮ을 싸ᄒᆞ면:積此誠意(宣小5:58).
②쌓이다. ¶大衆의 가져온 香木이 須彌山ᄀᆞ티 싸ᄒᆞ니 香내 世界예 차(釋譜23:37).

싸·호·다 동 싸우다. ☞사호다 ¶請으로 온 예와 싸호샤:見請之倭與之戰鬪(龍歌52章). 드르헤 龍이 싸호아:龍鬪野中(龍歌69章). 싸호ᄂᆞᆫ 한쇼ᄅᆞᆯ:方鬪巨牛(龍歌87章). 서르 싸화 저와 ᄂᆞᆷ과ᄅᆞᆯ 어즈려(釋譜9:16). 싸홇 저긔 갈해 헌 ᄲᅡᆯ 旃檀香 ᄇᆞᄅᆞ면(月釋1:26). 스므 디위 싸호더니(三綱. 忠14). 서ᄅᆞ 싸호고 ᄃᆞ토디 말올띠니라:毋相鬪爭(警民6). 싸호다:交手(譯解上65). 싸홀 젼:戰. 싸홀 투:鬪(倭解上39). 싸화 죽어 무덤이 冶城의 잇더니(女四解4:31). 싸호다:攻戰(同文解上45). 서ᄅᆞ 싸호다가 이긔디 못ᄒᆞᄂᆞᆫ 이(武藝圖10). 싸호다:攻伐. 죽도록 싸호다:血戰(漢淸4:34).

싸·홈 명 싸움. ☞사홈 ¶싸호ᄆᆞᆯ 즐겨(釋譜13:9). 여러 가짓 싸호맷 연자ᄋᆞᆯ 가지고(釋譜23:50). 象兵은 ᄀᆞᄅᆞ쳐 싸호매 브리ᄂᆞᆫ 고키리오(月釋1:27). 싸홈 젼:戰. 싸홈 투:鬪(訓蒙下15). 용밍을 됴히 녀겨 싸홈 싸호며 거슯ᄣᅥ:好勇鬪狠(宣小2:34). 싸홈 잘 ᄒᆞᄂᆞᆫ ᄃᆞᆰ:鬪雞(漢淸14:15).

싸·홈ᄒᆞ·다 동 싸움하다. ¶ᄀᆞ장 眞心 닐어 兵馬 니르와다 가 싸홈ᄒᆞᇙ 쩌긔(釋譜13:10). 싸홈ᄒᆞ며 블화ᄒᆞ야:鬪爭不和(警民4).

싸·회 명 사위. ☞사회 ¶어버이 ᄀᆞ장 ᄉᆞ랑ᄒᆞ야 싸회를 ᄀᆞᆯᄒᆞ야:父母鍾愛擇壻(續三綱. 烈7 馬氏投井).

싸흐다 동 썰다. ☞싸흘다. 싸ᄒᆞᆯ다 ¶이 싸흔 딥흘 다가:但滾的一霎兒(老解上18). 약 싸

흐다:剉藥(譯解上63). 딥 싸흐다:鍘草(譯解下34). 조각조각 싸흐다:片片開(同文解上59). 여물 싸흐다:鍘草(同文解下16). ᄌᆞᆫ조각 싸흐다:切小塊. 조각조각 싸흐다:切成塊. ᄀᆞᄂᆞᆯ게 싸흐다:切肉絲(漢淸12:57).

싸흘다 동 썰다. ☞싸ᄒᆞᆯ다 ¶동녁흐로 향ᄒᆞᆫ 복숑아 가지ᄅᆞᆯ ᄌᆞᆯ게 싸흐라 믈 달혀 모욕ᄒᆞ라:又方東向桃枝細剉煮湯浴之(救辟. 辟新5). ᄀᆞ장 ᄀᆞᄂᆞᆯ게 싸흘라:好生細細的切着(老解上17).

싸히·다 동 쌓이다. ☞ᄡᅡ히다. 사히다 ¶싸흠 업수미 이 眞實ㅅ 布施라:無所蘊積是眞布施(金剛25). 싸힐 위:委(註千33).

싸히다 동 싸이다. ¶富貴예 싸혀시며 繁華의 잠겨시라(萬言詞).

싸ᄒᆞᆯ·다 동 썰다. ☞사ᄒᆞᆯ다. 써흘다 ¶ᄒᆞᆫ 싸ᄒᆞ라 ᄃᆞᆫᄂᆞᆫ 地獄ᄋᆞᆯ 보니(月釋23:68). 모ᄆᆞᆯ 즈믄 무저긔 싸ᄒᆞ라 피와 고기왜 너르듣더니(月釋23:78). 솔닙 ᄀᆞᄂᆞ리 싸ᄒᆞ라(瘟疫方9). 반ᄃᆞ시 地獄의 들어 싸ᄒᆞᆯ며 ᄉᆞᆯ며 디흐며 ᄀᆞ라:必入地獄剉燒舂磨(宣小5:55). 주거믈 촌촌이 싸ᄒᆞ니라:寸斬其屍(東新續三綱. 烈5:7). 도적기 싸ᄒᆞᆯ고 가니라:賊斫而去(東新續三綱. 烈8:42). 하나한 딥흘 언제 싸ᄒᆞᆯ뇨:許多草幾時切得了(老解上17). 이 버다 네 싸ᄒᆞᄂᆞᆫ 딥히 너모 굵다:這火伴你切的草忒麤(老解上17).

쌀 명 쌀. ☞ᄡᆞᆯ ¶우흐로서 주신 쌀을 市塵氷淸 모아다가(扶餘路程).

쌀기 명 쌀개. 방아 쌀개. ¶쌀ᄀᆡ:碓柱(柳氏物名三 草).

쌋타 동 쌓다. ☞싸타 ¶쥬겨 쌋타:疊堆. 둥구러케 쌋타:圍堆. 쌋타:畜積(同文解下54). 쥭여 쌋타:硌起(漢淸11:30).

쌍 명 쌍(雙). ¶金榜앤 세 발 가진 가마괴 ᄒᆞᆫ 雙이 횟도랫도다:金榜雙回三足烏(重杜解9:30). 두 쌍 새 훠ᄅᆞᆯ:兩對新靴子(朴解上32). 쌍 쌍:雙(倭解下33). ᄒᆞᆫ 쌍:一雙(同文解下21). 雙으로 ᄂᆞᆯ기ᄂᆞ니라(武藝圖20).

쌍가마 명 쌍가마. ¶쌍가마:馱轎(漢淸12:24).

쌍ᄆᆞᆯ 명 쌍마(雙馬). ¶쌍ᄆᆞᆯ 타다:騈(柳氏物名一 獸族).

쌍블잡기 명 먹국. ¶혹 돈 더ᄂᆞ기ᄒᆞ며 쌍블잡기ᄒᆞ고:或是博錢拿錢(朴解上17).

쌍쌍이 부 쌍쌍(雙雙)이. ¶쌍쌍이:雙雙(同文解下21).

쌍쌍히 부 쌍쌍(雙雙)이. ¶ᄒᆞᆫ 사래 雙雙히 ᄂᆞᄂᆞᆫ ᄂᆞᆯ개 正히 뻐러지더라:一箭正墜雙飛翼(重杜解11:16).

쌍전ᄒᆞ다 형 쌍전(雙全)하다. ¶春秋ㅅ 褒貶ᄒᆞᄂᆞᆫ 例에 일홈과 器具ᄅᆞᆯ 雙全호ᄆᆞᆯ 重히 너기ᄂᆞ니라:春秋褒貶例名器重雙全(重杜解24:53).

쌍챵월아 명 샅이 흰 검은 말. ¶쌍챵월아:驈(柳氏物名一 獸族).

쌍필이 명 상피리. 게르치. ☞상필이 ¶쌍필이:船釘魚(同文解下41). 쌍필이:船矴魚(柳氏物名二 水族).

쌔 명 새〔鳥〕. ☞새 ¶쌔와 쥐와(三綱. 忠14).

쌰리 명 싸리. ☞싸리 ¶쌰리 뉴:杻(兒學上6).

쌰ᄒᆞ다 형 맵싸하다. ¶쌰ᄒᆞᆫ 내:哈辣(漢淸12:58).

써르 부 서로. ☞서르 ¶帝王 써르 니ᅀᅳ시ᄂᆞᆫ 次第 歲와 時와 氣分ᄋᆡ 先後 ᄀᆞᆮᄒᆞ니라(楞解跋2).

·써리 명 사이. 가운데. ☞서리 ¶寂靜ᄒᆞᆫ 무덤 써리예 이숌과(月釋7:31).

써흐레 명 써레. ☞서흐레 ¶써흐레 파:杷(註千32).

써흘다 동 썰다.☞사ᄒᆞᆯ다. 싸ᄒᆞᆯ다 ¶여믈 써흘기ᄅᆞᆯ ᄀᆞᄂᆞᆯ게 ᄒᆞ야:切的草細着(朴解上21).

썩다 동 썩다. ☞ᄡᅥᆨ다. 석다 ¶썩다:爛了(蒙解上48). 싀어미 瘡疾이 썩어 귀덕이 낫거ᄂᆞᆯ(女四解4:15).

쎄 명 쐐기. ¶柱 밧긔 내ᄃᆞ론 ᄃᆡ 다시 쟈근 쎄ᄅᆞᆯ 박고:出柱外者更加小扃(家禮7:30).

-·써 어미 -시오. ¶내 보아져 ᄒᆞᄂᆞ다 ᄉᆞᆯᄫᅡ써(釋譜6:14). 엇뎨 부텨라 ᄒᆞᄂᆞ닛가 그 ᄠᅳ들 닐어써(釋譜6:17).

써흐다 동 썰다. ¶여물 써흐다:斬芻(柳氏物名一 獸族).

쎵·싸사·리 명 성을 쌓고 사는 일. ¶ᄆᆞᆺ 몬져 瞻婆城을 ᄡᆞ니 城싸사리ᄅᆞᆯ 始作ᄒᆞ니라(月釋1:44).

·쏘·다 동 쏘다〔射〕. ☞ᄽᅩ다. 소다 ¶쏘다爲射(訓解. 合字). 길 버서 쏘샤:避道而射(龍歌36章). 활 쏘리 하건마ᄅᆞᆫ:射侯者多(龍歌45章). 세 샐 쏘시니:爰中三雀(龍歌57章). 둘희 쏜 살이 세 낱 붚ᄲᅮᆫ ᄢᅦ여디니(月印上15). ᄒᆞᆫ 번 쏘신 살이(月印上15). 또 쇼와 ᄆᆞᆯ와ᄅᆞᆯ 쏘아ᄂᆞᆯ(月釋10:24). 티며 쏘며:擊射(楞解8:88). 시울 울여 虛히 쏘디 아니ᄒᆞ다라:鳴絃不虛發(杜解10:26). 쏠 샤:射(倭解上40. 註千39). 賊이 怒ᄒᆞ야 어즈러온 살로 쏘아 죽이다(女四解4:27). 쏘다:射箭(同文解上48).

·쏘·다 동 쏘다〔螫〕. ☞ᄽᅩ다. 소다 ¶蝎ᄋᆞᆫ 사ᄅᆞᆷ 쏘ᄂᆞᆫ 벌에라(楞解8:120). 도ᄅᆞ혀 사ᄅᆞᄆᆞᆯ 쏘아ᄃᆞᆫ 사ᄅᆞ미 도ᄅᆞ혀 주기ᄂᆞ니라:復而螫人人得復而殺之(法華2:108). 쏘다:螫了(同文解下42).

쏘·리 명 소리. ☞소리 ¶차반 밍ᄀᆞᆯ 쏘리 워즈런ᄒᆞ거늘(釋譜6:16). 妙法 니를 쏘리ᄅᆞᆯ 行者ㅣ 당다이 드르리니(月釋8:24). 이 디ᄒᆞᆯ 쏘리ᄅᆞᆯ 惑ᄒᆞ야 븝소리라 ᄒᆞ다라:惑此舂

音將爲鼓響(楞解4:130).

·쏘리·라 동 쌓으리라. ㉠쏘다 ¶갑 받디 말오 쏘리라 ᄒᆞ야:不要功錢打(飜朴上10).

쏘아가ᄂᆞᆫ별 명 별똥별. 유성(流星). ¶쏘아가ᄂᆞᆫ별:流星(漢淸1:8).

쏘야기 명 쐐기. ☞쇠야기 ¶쏘야기:木塞子(漢淸13:30).

쏘이다 동 쏘이다. 쐬다. ☞쏘이다 ¶히ㅅ빗쏘이다:暎射(同文解上3).

:쏩 명 속. ☞솝 ¶蠱道ᄂᆞᆫ 비 쏘배 벌에 잇게 홀 씨라(月釋9:35上). 根 쏘배 수멧도소이다:潛伏根裏(楞解1:56). ᄒᆞ다가 또 안해셔 날딘댄 도로 몸 쏘ᄇᆞᆯ 보리옥:若復內出還見身中(楞解1:64). 微塵 쏘배 안자:坐微塵裏(楞解4:45). 녯 廟 쏘뱃 香爐ㅣ ᄀᆞᆮᄒᆞ야:如古廟裏香爐相似(蒙法41).

쏫다 동 쏟다. ¶믈 쏫다:傾水(同文解上8. 譯解補6).

:쐬·다 동 쐬다. ☞쐬다 ¶마ᄂᆞᆯ 氣韻을 쐬니 그 벌에 죽고(釋譜24:50). ᄒᆞᆫ두 時刻을 쐬면:熏一二時(救急上52).

쐬아기 명 쐐기(螄). ☞쐬악이. 쐬야기 ¶쐬아기:蛅螄(柳氏物名二 昆蟲).

쐬악이 명 쐐기(螄). ☞쐬아기. 쐬야기 ¶쐬악이:楊辣子(漢淸14:50).

쐬야기 명 쐐기(螄). ☞쐬아기. 쐬악이 ¶쐬야기:癢癩子(同文解下43).

:쐬쁠 명 쇠뿔. ☞쇠쁠 ¶늘근 쥐 쐬쁘레 드롬 ᄀᆞᆮ틔야:如老鼠入牛角(龜鑑上16).

·쑤·다 동 쑤다. ☞ᄲᅮ다 ¶粥 쑤어 樹神ᄋᆞᆯ 이바도려 ᄒᆞ니(釋譜3:p.158). 如來ᄭᅴ 젓粥 쑤어 받ᄌᆞᄫᆞ니이다(釋譜24:36). 우리 져기 쥭을 쑤워 머기지라:我只熬些粥喫(飜老上53). 쥭 쑤워 아ᄆᆞ라나마나 골픈 ᄃᆡ 머그라:煮粥胡亂充飢(飜老上54). 쥭 쑤어(救荒2). 우리 적이 쥭 쑤어 먹어지라:我只熬些粥喫(老解上48). 쥭을 쑤고(辟新3). 녹두쥭은 시병 열ᄒᆞᆫ믈 고티니 쥭 쑤어 머그라(辟新12). 쥭에 니블지다:起粥皮(譯解上49). 쥭을 쑤고져 ᄒᆞᆫ돌(重內訓3:38).

쑥 명 쑥. ☞ᄡᅮᆨ ¶쑥 애:艾(倭解下31).

쑥갓 명 쑥갓. ☞ᄡᅮᆨ갓 ¶쑥갓:蒿苘(柳氏物名三 草).

쑥누에 명 쑥누에. ¶쑥누에:蚢 食蕭葉者(柳氏物名二 昆蟲).

쑥달힘 명 쑥달임. 화전(花煎)놀이. ☞쑷달힘 ¶崔行首 쑥달힘ᄒᆞ새 趙同甲 쑷달힘ᄒᆞ새(古時調. 金光煜. 海謠).

쑤시다 동 쑤시다. ☞ᄲᅮ시다 ¶닋인 측간의 구멍 뚫고 남그로 쑤시며(西宮日記上1). 귀덕이 쑤신 것:蛆拱的(漢淸7:57).

쑤시다 동 쑤시다. ☞ᄲᅮ시다 ¶눈 쑤시ᄃᆞ시 알타:眼扎着疼(漢淸8:5). 뼈 쑤셔 아프다:刺骨疼. 골마 쑤시ᄃᆞ시 알타(漢淸8:6).

·쓰·다 동 쓰다(書). ☞ᄡᅳ다 ¶太子ㅣ 妃子ㅅ 金像ᄋᆞᆯ ᄆᆡᇰᄀᆞᄅᆞ샤 婦德을 쓰시니이다(月印上14). 譜ᄂᆞᆫ 平生앳 처ᅀᅥᆷ 乃終ㅅ 일ᄋᆞᆯ 다 쓴 글와리라(釋譜序4). 제 지순 罪며 福ᄋᆞᆯ 다 써 琰魔法王ᄋᆞᆯ 맛뎌든(釋譜9:30). 並書는 ᄀᆞᆯᄫᅡ쓸 씨라(訓註3). 첫소리ᄅᆞᆯ 어울워 ᄡᅮᇙ디면 ᄀᆞᆯᄫᅡ쓰라:初聲合用則並書(訓註12). 브텨쓰라:附書(訓註13). 死活字ᄅᆞᆯ 써아 뵈야ᄂᆞᆯ(三綱. 忠21). 海墨으로 써도 다ᄋᆞ디 아니ᄒᆞ며:書海墨而不盡(楞解7:10). 사겨 니ᄅᆞ며 쑤ᄃᆡ:解說書寫(法華4:72). 史官 도라보샤 쓰라:顧謂史書之(宣賜內訓2上28). 쓸 샤:寫(訓蒙下20. 倭解上37). 三月 초ᄒᆞᄅᆞᆫ날 晦菴은 쓰노라:三月朔旦晦菴題(宣小書題3). 그 나믄 ᄆᆞᆯ 글월도 다 써다:其餘的馬契都寫了也(老解下16). 이 글월 써다:這文契寫了(朴解上54). 梁字로도 쓰ᄂᆞ니라(女四解2:13).

·쓰·다 동 쓰다(用). ☞ᄡᅳ다 ¶쓰다:需用(漢淸8:69). 쓸 용:用(註千26). 쓸 용:庸(註千29). 쓰자 ᄒᆞᄂᆞᆫ 열 손가락 ᄱᅡᆷ죽이도 아니하고(萬言詞).

·쓰·다 동 쓰다. ☞ᄡᅳ다 ¶天冠 쓰고 ᄇᆞ야미 몸 가지니(月釋10:95). 거믄 곳갈 쓰고 居喪ᄭᅴ 쐬며(三綱. 孝35). 즉재 七寶冠 쓰고:卽着七寶冠(法華7:176). 冕(벼슬 노픈 사ᄅᆞᄆᆡ 쓰ᄂᆞᆫ 거시라)ᄒᆞ니와 다ᄆᆞᆺ 눈머니ᄅᆞᆯ 보시고:見冕者與瞽者(宣小3:15). 망긴 쓰라:包網兒(譯解上48). 투구 쓰다:戴盔(同文解上47). 帽帶ᄅᆞᆯ 곳쳐 쓰고 畫鶴冠服 다시 입고(쌍벽가).

쓰다 동 쓸다. ☞쓸다 ¶ᄯᅡ 쓰다:掃地(譯解上8). 쓰다:掃了(同文解下16).

쓰다 형 쓰다(苦). ☞ᄡᅳ다 ¶쓸 고:苦(倭解上48). 쓴 ᄂᆞ믈 데온 믈이 고기도곤 마시 이셰 草屋 조븐 줄이 긔 더옥 내 분이라(古時調. 鄭澈. 松江). 쓰다:苦(同文解上61).

쓰러지다 동 쓰러지다. ¶쓰러지다:歪倒(漢淸9:78).

쓰르렁이 명 쓰르라미. ☞실으람이 ¶쓰르렁이:秋涼兒(漢淸14:51).

쓰·이·다 동 씌우다. 쓰게 하다. ☞싀이다 ¶내 옷 니피고 내 冠 쓰이고(釋譜24:27). 冠禮ᄂᆞᆫ 나히 스믈히어든 첫 곳갈 쓰이논 禮라(三綱. 忠23). 蒼頭(ᄉᆞ나히 종을 프른 두건 쓰이ᄂᆞ니라) ᄌᆞᆽ 威福을 쥬댱홀 이 잇거늘(宣小6:116).

쓰·이·다 동 쓰이다(使書). ☞스이다 ¶글워를 눌ᄒᆞ야 쓰이료:文契着誰寫(飜老下15). 글월을 눌로 ᄒᆞ여 쓰이료:文契着誰寫(老解下13).

쓸개 명 쓸개. ☞ᄡᅳᆯ개. 쓸게. 쓸기 ¶쓸개:膽

(漢淸5:57).

쓸게 명 쓸개. ☞쁠게 ¶비록 간과 쓸게 흙에 섯기리라 ᄒᆞ여도 내 ᄆᆞᄋᆞᆷ이 ᄯᅩ 원이 업스리라(三譯5:11). 쓸게:肚子膽(同文解上17).

쓸기 명 쓸개.☞쁠개. 쓸개. 쓸게 ¶쓸기 담:膽(倭解上18).

쓸다 동 슳다. ☞슬타 ¶덜 쓰른 보리밥의 무장 ᄲᅧᆼ이 ᄒᆞᆫ 죵ᄌᆞ라(萬言詞). 마당의 ᄯᅮ드려셔 방아의 쓰러 닉여(萬言詞).

쓸다 동 쓸다〔掃〕. ☞쁠다. 쓰다 ¶珠簾을 고텨 것고 玉階를 다시 쓸며(松江. 關東別曲). 쓸 소:掃(倭解上30). 쓸어 노랴ᄒᆞ야(武藝圖20).

쓸다 동 슬다. ¶後에 濕氣예 쏘이면 곳 동녹 쓰ᄂᆞ니… 거울이 동녹 쓰면 ᄯᅩᄒᆞᆫ 흐리ᄂᆞ니라(捷蒙1:8).

쓸리다 동 쓰러지다. ¶돌 석ᄉᆈ 뫼 쓸리거든 離別인가 ᄒᆞ노라(古時調. ᄇᆞᄅᆞᆷ 부러. 海謠).

쓸믜다 동 싫어 미워하다. ☞슬믜다 ¶쓸믠것:厭物(漢淸7:57). 보아 쓸믜며 變態를 가을ᄒᆞᆯ가(曺友仁. 梅湖別曲).

쓸알히다 형 쓰라리다. ☞쁠알히다 ¶쓸알히다:刺疼(同文解下6).

쓸어기 명 쓰레기. ¶쓸어기로 부억을 향ᄒᆞ며 우견두 고기ᄅᆞᆯ 먹으미니(敬信24).

쓸커디 부 실컷. 싫도록. ☞슬ᄏᆞ지 ¶魑魅魍魎이 쓸커디 저즌 ᄀᆞ의(曺偉. 萬憤歌).

쓸커시 부 실컷. 싫도록. ☞슬커시. 슬ᄏᆞ장. 슬ᄏᆞ지 ¶胸中의 싸힌 말솜 쓸커시 ᄉᆞ로리라(曺偉. 萬憤歌).

쓸타 동 슳다. ☞슬타. 쓸다 ¶쓸타:磋了(同文解下16).

쓸허ᄒᆞ다 동 슬퍼하다. ☞슬타. 슬허ᄒᆞ다 ¶주근 다래 ᄒᆞᆫ갓 ᄆᆞᄋᆞᆷ을 쓸허ᄒᆞ며:傷心(孝養解1).

씀바괴 명 씀바귀. ☞씀박위 ¶씀바괴:苦菜(同文解下4). 씀바괴:曲麻菜(漢淸12:39).

씀박위 명 씀바귀. ☞씀바괴 ¶ᄭᅮᆺᄶᅡ지와 씀박위 쟌다귀라 고돌빡이 둘오 키야 바랑쑥게 녀허 가지 무엇슬 ᄐᆞ고 갈ᄉᆈ(古時調. 李鼎輔. 중놈이. 海謠).

씁다 동 씹다. ¶류시ᄂᆞᆫ 시모의 부럼벌에를 씁고:齧(女四解4:12).

씃·다 동 씻다. 닦다. ☞ᄡᅳᆺ다 ¶쓰슬 온:搵. 쓰쓸 기:揩(訓蒙叡山本下10). 슈건 잡아셔 눈믈 쓰스니(三譯1:6). ᄯᅩᄒᆞᆫ 블이라 ᄒᆞᆫ 지라 그러모로 크게 웃고 다 씃다(三譯5:1). 술병을 싯고 탁ᄌᆞ를 쓰셔:抹光(女四解3:24). 씃다:揩了(同文解下16).

씌오다 동 씌우다. ☞싀이다 ¶칼 씌오다:穿枷(同文解下30).

씍씍이 부 엄하게. 엄숙하게. 장엄하게. ☞싀싀기 ¶文皇이 內治ᄅᆞᆯ 宮闈애 씍씍이 ᄒᆞ실시:文皇肅內治於宮闈(女四解4:7).

씨 명 씨. ☞ᄡᅵ ¶씨 ᄲᅥᆺ다:撒種子(蒙解下1).

·씨 명 것이. 〔'ᄉᆞ'의 주격(主格).〕 ☞시 ¶命終은 목숨 ᄆᆞᆾ출 씨라(釋譜6:3). 므더니 너길 씨 增上慢이라(釋譜9:14). 브레 ᄉᆞ라여 橫死ᄒᆞᆯ 씨오(釋譜9:37). 病이 됴ᄒᆞ실 씨언뎡(釋譜11:20). 學ᄋᆞᆫ 비홀 씨라(釋譜13:3). 製ᄂᆞᆫ 글지슬 씨니(訓註1). 並書는 ᄀᆞᆯᄫᅡ 쓸 씨라(訓註3). 加ᄂᆞᆫ 더을 씨라(訓註13). 信ᄋᆞᆫ 섯근 것 업시 眞實ᄒᆞ야 거츠디 아니ᄒᆞᆯ 씨며(月釋2:60). 다ᄋᆞᆫ 相이 업슬 씨 이 일후미 ᄆᆞᆺ 노ᄑᆞᆫ 法供養이라:而無滅盡相是名最上法之供養(楞解1:4). 長跪ᄂᆞᆫ 두 무루플 다 ᄭᅮᆯ 씨라(楞解1:92). 取著 업슬 씨 이 일후미 摩訶薩이라(金剛14). 처음도 나죵도 모른이 無極일 씨 올토다(古時調. 金壽長. 無極翁은. 海謠).

·씨 명 씨〔緯絲〕. ☞ᄡᅵ. 날 ¶ᄂᆞᆯ와 씨를:經緯(飜朴上14). 씨 위:緯(類合上28). 실을 취ᄒᆞ야 날ᄒᆞ고 씨ᄒᆞ야:緯(女四解3:6). 씨 넛타:打經(同文解下25). 씨 넛타:理堅絲(漢淸10:68).

씨다 동 쓰다. ¶파립을 잣게 씨고 망혜를 죠여 신고(萬言詞).

씨레바지 명 쓰레받기. ☞씨례바지 ¶씨레바지와 비를(女四解1:2).

씨례바지 명 쓰레받기. ☞씨레바지 ¶씨례바지를 밧들고 비를 가져:箕(女四解3:22).

씨름 명 씨름. ☞실홈. 씨ᄅᆞᆷ ¶씨름 탁견 遊山ᄒᆞ기(古時調. 靑丘).

씨ᄅᆞᆷᄒᆞ다 동 씨름하다. ☞실홈. 씨름 ¶칼을 더디고 씨ᄅᆞᆷᄒᆞ야 ᄆᆞᄎᆞ라(武藝圖34).

씨아 명 씨아. ☞ᄡᅵ야 ¶씨아:碾車(柳氏物名三 草). 씨아 가락:木杻(柳氏物名三 草). 씨아 안즐개:跐脚子(柳氏物名三 草).

씨아손 명 씨아손. ¶씨아손:掉拐(柳氏物名三 草).

씨앗 명 씨앗. ¶씨앗:籽粒(漢淸10:3).

씨야시 명 씨아. ¶슈리ᄂᆞᆫ 물닉와 실자시와 씨야시와 돌것이라(女四解3:5).

씨임 명 쓰임. ¶그 씨임이 ᄒᆞ나이라(女四解1:7).

씨ᄒᆞ다 동 씨줄로 삼다. ☞날ᄒᆞ다. 씨 ¶실을 취ᄒᆞ야 날ᄒᆞ고 씨ᄒᆞ야(女四解3:6).

씰다 동 슳다. ☞슬타 ¶씰은 청청둥 청졍미 청차조쌀이(古時調. 져 건너. 南薰).

씰듸업다 형 쓸데없다. ¶씰듸업ᄂᆞᆫ 시비를 닉 문의 듸리지 말라(女四解3:26).

씰음 명 씨름. ☞씨ᄅᆞᆷ ¶암아도 空山에 이 씰음은 즁과 僧과 둘쁜이라(古時調. 둥과 僧과. 靑丘).

씹·다 동 씹다. ☞십다 ¶呵ᄂᆞᆫ 쇠 먹고 도로 내야 씨블 씨라(楞解5:46). 씨블 금:噙(訓

蒙下14. 倭解上49). ᄌᆞ조 씹어 입노롯ᄒᆞ디 말올디니라:數噍毋爲口容(宣小3:24). 무우와 박만 씨블 ᄯᆞ롬이러라:齕蔔匏而已(宣小6:126). 씹어 먹고 ᄯᅮᆯ을 디ᄅᆞ며(女四解4:15). 씹다:嚼了(同文解上62). 씹다:嚼(漢淸12:49).

씹히다 동 씹히다. ¶것만 씹히다:嚼着皮(漢淸12:49).

씻다 동 씻다. ☞싯다 ¶壺와 甁을 물에 나드려 씨스며:滾滌壺甁(女四解2:32). 씻다:洗洗(同文解下55). 믈너 걸어 딜너 씻ᄂᆞ니라(武藝圖19). 三百年 由來 古風 모두 씨셔 웃는 거동(쌍벽가).

씽긔다 동 찡그리다. ☞삥긔다. 삥의다 ¶ᄂᆞᆾ치 근심ᄒᆞ고 눈섭이 씽긔여시면 곳 이 스스로 버힌 형상이니라:面愁而眉皺卽是自割之狀(無冤錄3:33).

ᄊᆞ눈 명 싸라기눈. ☞ᄡᆞ눈 ¶ᄊᆞ눈:米雪(同文解上2. 譯解補2). ᄊᆞ눈:米心雪. ᄊᆞ눈 오다:下米心雪(漢淸1:14).

·ᄊᆞ·다 동 쌓다〔築〕. ☞ᄉᆞ다 ¶轉輪聖王 ᄊᆞ논 法을 브터 ᄒᆞ고(釋譜23:7). 몬져 瞻婆城을 ᄊᆞ니 城ᄊᆞ사리ᄅᆞᆯ 始作ᄒᆞ니라(月釋1:44). 여러 담ᄉᆞ리와 손도으리 블러다가 담ᄊᆞ라:叫幾箇打墻的和坌工來築墻(飜朴上9). 깁흔 히ᄌᆞ 놉흔 담 ᄊᆞ고(三譯8:20). 城 ᄊᆞᆺ던 ᄲᅧᄅᆞᆯ 울며(女四解4:29). 담 ᄊᆞ다:打墻. 토담 ᄊᆞ다:打土墻(同文解上36). 담 ᄊᆞᄂᆞᆫ 장인을 불러와(朴新解1:10). 셩 ᄊᆞ고 노롯ᄒᆞ더니(小兒1). 海水로 城을 ᄊᆞ고 雲山으로 문을 지어(萬言詞).

ᄊᆞ다 형 빠르다. ¶소문에 ᄀᆞᆯ오ᄃᆡ 겨집의 족쇼음ᄆᆡᆨ이 심히 ᄊᆞᄂᆞ니는 ᄌᆞ식 빈 ᄆᆡᆨ이라:素問曰婦人足少陰脈動甚者姙子也(胎要8).

·ᄊᆞ·다 형 ①비싸다. ¶빗 갑슨 ᄊᆞ던가 디던가:布價高低麼(飜老上9). 빗 갑시 ᄊᆞ던가 디던가:布價高低麼(老解上8).
②싸다. (그만한) 값이 있다. ☞ᄡᆞ다. ᄉᆞ다 ¶일홈난 됴ᄒᆞᆫ 오시 비디 千萬이 ᄊᆞ며(釋譜13:22). ᄯᅩ 바ᄅᆞᆳ 이녁 ㄱ 旃檀香ᄋᆞᆯ 비ᄒᆞ니 이 香六銖ㅣ 갑시 娑婆世界 ᄊᆞ더니 부텨를 供養ᄒᆞᅀᆞᆸ고(月釋18:28). 갑시 百千이 ᄊᆞᆫ 瓔珞ᄋᆞ로 釋迦牟尼佛ᄭᅴ 가지 드르샤 머리 조ᅀᆞ 禮數ᄒᆞᅀᆞᆸ고(月釋18:78). 갑시 千萬 ᄊᆞ니와:價直千萬(法華1:82). ᄀᆞᄂᆞᆫ 氈이 갑시 千億이 ᄊᆞ:細氎價直千億(法華2:140). 갑시 千萬 ᄊᆞ니로 그 모ᄆᆞᆯ 莊嚴ᄒᆞ며:價直千萬莊嚴其身(法華2:194). 家書ㅣ 萬金 ᄊᆞ다 ᄒᆞᄂᆞ니라:家書直萬金(老解下4). 은 셜흔 냥 ᄊᆞᆫ ᄒᆞᆫ 필:三十兩一匹(老解下45). 만히 ᄊᆞ야 ᄒᆞᆫ 냥 銀이 잇긋 유여ᄒᆞ거늘:多直的一兩銀儘勾也(朴解中3).

ᄊᆞ덥다 동 덮어 싸다. 싸고 덮다. ¶ᄊᆞ덥다:幪盖(漢淸11:19).

ᄊᆞ리 명 싸리. ☞ᄡᆞ리 ¶ᄊᆞ리:荊條(同文解下44). ᄊᆞ리 광지:荊條筐(漢淸11:44). ᄊᆞ리:牡荊(柳氏物名四 木).

ᄊᆞ·ᅀᅵ 명 사이. ☞ᄉᆞᅀᅵ. ᄊᆞ이 ¶펴엣던 불ᄒᆞᆯ 구필 ᄊᆞᅀᅵ예(釋譜6:2). 舍衛國에 올 ᄊᆞᅀᅵᆺ 길헤(釋譜6:23). 두 ᄂᆞᆯ개 ᄊᆞᅀᅵ 三百三十六萬里오(月釋1:14). 成은 일 씨니 처섬브터 다 일 ᄊᆞᅀᅵ 成劫이라(月釋1:47). 아로미 몸 ᄊᆞᅀᅵ예 이슘딘댄:覺在身際(楞解1:55). ᄒᆞᆫ 彈指ᄒᆞᆯ ᄊᆞᅀᅵ도 世間앳 五欲ᄋᆞᆯ 念호미 몯ᄒᆞ리라:不得一彈指間念世五欲(楞解5:88). 구브며 울월 ᄊᆞᅀᅵ예:俛仰之間(法華6:31). 十年 ᄊᆞᅀᅵ예(金剛後序14). 젓 머기노라 삼 년 ᄊᆞᅀᅵ예:乳哺三年(飜朴上57).

ᄊᆞ·이 명 사이. ☞ᄉᆞ이. ᄉᆞᅀᅵ. ᄊᆞᅀᅵ ¶동관 즈음과 교ᄃᆡ ᄊᆞ이:同僚之契交承之分(宣小5:78). 옷ᄯᅴ ᄊᆞ이예 두더라:置衣帶間(東新續三綱. 烈7:14). 이 ᄇᆞᄅᆞᆷ ᄊᆞ잇집 도마엣 猪肉을 사라 가라:這間壁肉案上買猪肉去(老解上18).

ᄊᆞ·이·다 동 쌓게 하다. ¶은 두 돈 반애 ᄒᆞᆫ 판식 혜여 ᄊᆞ일 거시라:二錢半一板家(飜朴上10). 이러ᄐᆞ시 저ᄃᆞ려 글월 받고 ᄊᆞ이면 쉰 히라도 믈어디디 아니ᄒᆞ리라:這般要他文書打了時五十年也倒不得(飜朴上10).

ᄊᆞ홈 명 싸움. ☞싸홈 ¶ᄭᅩᆺ 따셔 비교ᄒᆞ기 풀겨기 ᄊᆞ홈ᄒᆞ기(答思鄕曲). 父子의 ᄊᆞ홈이요 男女를 不分ᄒᆞ니(萬言詞).

ᄊᆞ흘다 동 썰다. ☞사ᄒᆞᆯ다 ¶ᄆᆞ르 ᄊᆞ흔 고기:橫剌的肉(漢淸12:29).

ᄊᆞᆯ 명 쌀. ☞ᄡᆞᆯ ¶죠흔 ᄊᆞᆯ:粳米(譯解補42). ᄊᆞᆯ 씻타:擣米. ᄊᆞᆯ 졍실ᄒᆞ다:串米. ᄊᆞᆯ ᄀᆞ다:礖米(漢淸10:12). ᄊᆞᆯ:米. 창에 녀흔 ᄊᆞᆯ:倉米(漢淸12:63). 됴흔 ᄊᆞᆯ을 今明間 드려 주ᄋᆞᆸ소(隣語1:3). 一分은 밥 ᄊᆞᆯ ᄒᆞ고 일분은 술 ᄊᆞᆯ ᄒᆞ여(萬言詞).

·ᄊᆞᆯ 명 것을. ☞ᄉᆞᆯ ¶부톄 法 ᄀᆞᄅᆞ치샤 煩惱 바ᄅᆞ래 건내야 내실 ᄊᆞᆯ 濟渡ㅣ라 ᄒᆞᄂᆞ니라(月釋1:11). 겨ᄌᆞ 즁이 드러내에 ᄒᆞᆯ ᄊᆞᆯ 닐온 自恣ㅣ라:恣任僧擧曰自恣(楞解1:29). 能히 一切예 性 ᄃᆞ욀 ᄊᆞᆯ 닐오ᄃᆡ 性覺이니:能性一切曰性覺(楞解4:10). 업슨 게 믄득 이실 ᄊᆞᆯ 닐오ᄃᆡ 生이오:無而忽有曰生(楞解7:75). ᄂᆞᄆᆞᆯ 업시울 ᄊᆞᆯ 닐오ᄃᆡ 增上慢이라(法華1:172). 塵ᄋᆞᆯ 여흴 ᄊᆞᆯ 禪이오(蒙法63). 道를 닷글 ᄊᆞᆯ 닐온 教ㅣ니라:修道之謂教(宣中1).

ᄊᆞᆯ고치 명 쌀고치. ¶ᄊᆞᆯ고치 무리고치 누른 고치 흰고치를(農月 五月令).

ᄊᆞᆯᄊᆞᆯ이 부 살뜰히. ¶ᄊᆞᆯᄊᆞᆯ이 그리다가 骨髓에 病이 드러(古時調. 歌曲).

ᄊᆞᆯ아기 명 싸라기. ☞ᄉᆞ라기. ᄊᆞᆯ악이 ¶ᄊᆞᆯ아

기:碎米(譯解補42). 쏠아기:碎米渣子(漢淸12:65).

쏠악이 명 싸라기. ☞ᄉᆞ라기. 쏠아기 ¶쏠악이:碎米(同文解下3).

쏠알 명 쌀알. ¶쏠알:米粒子(同文解下3). 쏠알:米粒(漢淸12:65).

쏠죽 명 쌀죽. ¶쏠죽을 쑤어 녀흐되:入米粥(救荒7).

쏨 명 쌈. ☞뽐 ¶一百兩을 ᄒᆞᆫ 쏨 ᄆᆡᆫ들고(淸老8:14). ᄒᆞᆫ 쏨:一包(漢淸11:30).

·씨 명 것이. ☞ᄼ ¶無邊ᄒᆞᆯ 씨니라(月釋21:142). 愛 믄득 ᄇᆞ료미 어려울 씨라(法華3:97). ᄒᆞ마 如來ㅅ 全身이 이실 씨니라:已有如來全身(法華4:89).

씌오다 동 (북을) 두드리다. ¶닐온 씌오ᄂᆞᆫ 붑이니:擂鼓(兵學1:16).

ᄶ 병서 시옷지읒. ㅅ, ㅈ의 합용병서(合用並書). ¶쫄 함:鹹(倭解上48).

싸다 동 짜다(織). ☞ᄧᆞ다 ¶쌀 직:織(兒學下5).

싸다 형 짜다(鹹). ☞ᄧᆞ다 ¶쉰 거슨 梅常이오 싼 거슨 소금이라(古時調. 검은 거슨. 海謠).

싹 명 짝. ☞ᄧᅡᆨ ¶싹 척:隻(倭解下33). 싹 반:伴. 싹 려:侶(兒學下11). 싹 필:匹(兒學下12).

싹등상 명 짝등상. ¶싹등상:娉凳(漢淸11:34).

싹ᄉᆞ랑 명 짝사랑. ☞ᄧᅡᆨᄉᆞ랑 ¶싹ᄉᆞ랑 외즐김ᄒᆞᄂᆞᆫ 뜻을 하놀이 아르셔(古時調. 나ᄂᆞᆫ 님 혜기를. 瓶歌).

싹싹이 명 짝짝이. ☞ᄧᅡᆨᄧᅡᆨ이 ¶싹싹이:隻隻(同文解下21).

싹짓다 동 짝짓다. ¶싹짓다:結配耦(同文解上52).

싹평상 명 짝평상. ¶싹평상:娉狀(漢淸11:33).

-쌔 접미 -째. ☞-ᄢᅢ ¶ᄒᆞᆫ 번쌔 부로믄(兵學1:3).

쌱 명 짝. ☞싹 ¶가락디 쌱을 닐코 네 홀로 날 ᄯᆞ로니(古時調. 歌曲).

썌다 동 째다. ¶細細히 썌여 내여 공교히 뒤를 늣코(武豪歌).

쏘ᄀᆡ다 동 쪼개다. ☞ᄧᅩᄀᆡ다 ¶왕응의 아닉ᄂᆞᆫ 팔을 잇글미 손을 쏘ᄀᆡ여 써 뜨슬 밝히니라:劈(女四解4:18). 쏘ᄀᆡ다:斯(柳氏物名四 木).

쏙 명 쪽. ☞ᄧᅩᆨ ¶ᄒᆞᆫ 쏙:一瓣(同文解下58).

쏙 명 쪽. ☞족 ¶쏙:藍(物譜 雜草). 쏙:蓼藍(柳氏物名三 草). 쏙 람:藍(兒學上5).

쏙나모 명 감탕나무. ¶쏙나모:杻(柳氏物名四 木).

쏙청대 명 청대(靑黛). 쪽물. ¶쏙청대:靑黛(柳氏物名三 草).

쏫다 동 쫓다. ☞ᄶᅩᆽ다 ¶嫡母ᄅᆞᆯ 쏫고 大倫을 犯ᄒᆞᆷ이라(女四解4:43).

쏫치이다 동 쫓기다. ¶거즛 쏫치이고 ᄢᅬ와 속여(武藝圖20).

쏯다 동 쫓다(逐). ☞ᄧᅩᆽ다. 쏫다 ¶쏘출 츅:逐(倭解上29). 呂布ᄅᆞᆯ 쏘차 내치니(三譯1:10). 쏘차 내치다:趕出去(同文解上30). 甲이 乙을 쏘차 서ᄅᆞ 싸호다가(武藝圖10).

쐬다 동 쬐다(曝. 焙). ☞ᄧᅬ다 ¶쐬야 ᄆᆞᆯ뢰오다:烤烘(同文解上60). 불 쐬다:向火(同文解上63). 블 쐬여 휘우다:煨彎(譯解補45). 쐬다:炙(柳氏物名五 火).

쑈각 명 조각. ☞ᄧᅩ각. 조각 ¶눈물 흘려 벼ᄀᆡ 져져 어름 쑈각 버셔인가(萬言詞).

쏙직쌔 명 족집게. ☞족집게 ¶鑷摘髮之具俗名 쏙직쌔(靑莊館七).

쏙파 명 쪽파. ¶쏙파:胡葱(柳氏物名三 草).

-쓰음 접미 -쯤. ☞-즈음 ¶모뢰쓰음 드리려니와(新語4:7).

쓰음ᄒᆞ다 동 즈음하다. ¶已時 쓰음ᄒᆞ여(隣語6:7).

쓱기 명 찌꺼기. ☞즛의 ¶쓰물 쓱기:澱(柳氏物名三 草).

쓴더이 부 찐덥게. ¶쓴더이 너기지 아니타:不嫌(同文解上33).

쓴덥다 형 찐덥다. ☞ᄣᅳᆫ덥다 ¶쓴덥지 못ᄒᆞ다:敎人吊味兒(漢淸7:3).

쏫다 동 씻다. ¶瓶부리 쏫고 술을 注의 다마든(家禮10:15).

씌다 동 찢다. ☞ᄢᅴ다 ¶씔 렬:裂(倭解下37).

씌여디다 동 찢어지다. ☞ᄢᅴ여디다. 씌여지다 ¶惑 씌여디며 터디고:或裂拆(無寃錄3:56). 눈ᄌᆞ이 씌여디고 낫치 피 나며:輒眦裂血面(五倫2:30).

씌여지다 동 찢어지다. ☞ᄢᅴ여지다. 씌여디다 ¶씌여지다:裂了(同文解上56). 씌여지다:破裂(漢淸11:54).

씌오다 동 찌우다. ¶씌오다:瀝溜(同文解上61). 씌오다:涳淋(漢淸12:62).

씨다 동 (살이) 찌다. ☞찌다 ¶술 씬 사ᄅᆞᆷ:胖子(譯解上29). 술 씨고 여위기를 보고(字恤8).

씨다 동 찌다. ☞ᄣᅵ다. ᄧᅵ다 ¶씨다:蒸了(同文解上59). 씨다:蒸(柳氏物名五 火). 씔 증:蒸(兒學下6).

씨다 동 끼다. ¶南山을 엽픠 씨고 北海를 쒸라ᄂᆞᆫ 듯(武豪歌).

-씨다 접미 -스럽다. ¶요란씨다:嚷鬧(漢淸8:34).

씨여지다 동 찢어지다. ☞씌여지다 ¶쟝막이 씨여지거ᄂᆞᆯ:裂(女四解4:35).

씬밥 명 찐 밥. ¶씬밥:蒸飯(同文解上58).

씻타 동 찧다〔擣〕. ☞삣타 ¶ 씻타:搗擣(同文解下2).

씽긔다 동 찡그리다. ☞삥긔다. 찡기다 ¶ 우는 듯 씽긔는 듯(古時調. 海謠). 문득 씽긔여 줄오ᄃᆡ(敬信31). 씽길 빈:嚬(兒學下3).

ᄶᅡ다 동 짜다〔織〕. ☞ᄧᅡ다. 짜다 ¶ 망뇽으로 ᄶᆞᆫ 옷 닙고(三譯8:9). 妻ㅣ ᄇᆡ야흐로 뵈ᄶᆞ더니(女四解4:57). ᄶᆞ다:織(漢清10:68).

ᄶᆞ다 동 짜다〔搾〕. ☞ᄧᆞ다 ¶ 젓 ᄶᆞ다:擠妳子(同文解上16). 믈 ᄶᆞ다:擠水(同文解上57).

ᄶᆞ다 동 쫒다. (머리를) 틀다. ☞ᄧᆞ다 ¶ 샹토 ᄶᆞ다:綰頭髮(同文解上54).

ᄶᆞ다 형 짜다〔鹹〕. ☞짜다 ¶ ᄶᆞᆯ 함:鹹(倭解上48). ᄶᆞ다:鹹(同文解上61. 漢清12:58).

ᄷᆞ다 동 짜다〔織〕. ☞ᄧᆞ다. ᄶᆞ다 ¶ 機ᄂᆞᆫ 뵈ᄷᆞᄂᆞᆫ 틀이라(女四解2:4).

ᄸᆡᆼᄒᆞ다 동 쨍하다. ☞ᄢᆡᆼᄒᆞ다 ¶ 귀에 ᄸᆡᆼᄒᆞᄂᆞᆫ 우릐:灌耳雷(譯解補2).

ᄹᅧ다 동 타다〔彈〕. ☞ᄩᅧ다 ¶ 匣 ᄹᅧᄂᆞᆫ 거믄고애 흐르ᄂᆞᆫ 믈을 내 모로매 ᄹᅧ노라:匣琴流水自須彈(重杜解11:8).

ᄻᅧ다 동 끌다〔引〕. 다리다. ☞ᄻᅧ다 ¶ 대형이 화ᄅᆞᆯ ᄻᅧ 도적을 ᄡᅩ다가 마치디 몯ᄒᆞ니:大亨彎弓射賊不中(東新續三綱. 烈4:70). 法을 ᄻᅧ:引法(警民3). 나ᄅᆞᆯ ᄻᅧ 거즛 패ᄒᆞᆫ 톄로 ᄒᆞ고 가거든:引我佯退而去(練兵9).

ᅀ 자모 한글 초성(初聲) 자모(字母)의 하나. 반치음(半齒音). 반잇소리. 〔모음(母音)과 모음 사이 등 유성음(有聲音)과 유성음 사이에 쓰인 소리. ㅅ이 약화하여 발음되는 소리.〕 ¶ ᅀ. 半齒音. 如穰字初發聲(訓正). 半舌音ㄹ. 半齒音ᅀ. 亦象舌齒之形而異其體. 無加畫之義焉(訓解. 制字). ㆁㄴㅁㅇㄹᅀ. 爲不淸不濁(訓解. 制字). 所以ㆁㄴㅁㅇㄹᅀ六字爲平上去聲之終. 而餘皆爲入聲之終也. 然ㄱㆁㄷㄴㅂㅁㅅㄹ八字可足用也. 如빗곶爲梨花. 엿의 갗 爲狐皮. 而ㅅ字可以通用. 故只用ㅅ字(訓解. 終聲). 五音之緩急. 亦各自爲對. 如牙之ㆁ與ㄱ爲對. 而ㆁ促呼則變爲ㄱ而急. ㄱ舒出則變爲ㆁ而緩. …齒知ᅀㅅ…其緩急相對. 亦猶是也(訓解. 終聲). ᅀ. 如아ᅀᆞ爲弟. 너ᅀᅵ爲鴇(訓解. 用字). 님긊 ᄆᆞᅀᆞ미:維君之心(龍歌39章). ᅀᆞᆫ 半니쏘리니 穰ᅀᅣᇰㄱ字ᄍᆞᆼ 처ᅀᅥᆷ 펴아나ᄂᆞᆫ 소리 ᄀᆞᄐᆞ니라(訓註9). 而ᅀᅵᆼ 然ᅀᅧᆫ 耳ᅀᅵᆼ 日ᅀᅵᇙ(訓註). 連ᄋᆞᆫ 니ᅀᅳᆯ 씨라(訓註11). ᅀᅡᇰ양지:顏貌(楞解2:6). 뉘 지ᅀᅳ며 뉘 받ᄂᆞᆫ고 호리라:誰作誰受(楞解4:91). ᄂᆞᆾᄂᆞ치 發明ᄒᆞ시니:一一發明(法華6:68). 여러 가짓 香油 브ᅀᅳ시고:灌諸香油(法華6:144). 滅ᄋᆞᆯ 닛ᄂᆞ니:續滅(永嘉上69). 活潑潑ᄋᆞᆫ 설설 흐르는 믌겨레 비췬 ᄃᆞᆯ비ᄎᆞᆯ 닐온 마리니(蒙法43). 人ᅀᅵᆫ(蒙法44). 辱ᅀᅭᆨ(蒙法46). 若ᅀᅣᆨ(蒙法47). 入ᅀᅵᆸ(蒙法49). 日ᅀᅵᇙ(蒙法51). ᅀ而(訓蒙 凡例). ᄀᆞᅀᆞᆯ 츄:秋. 어ᅀᅳ름 혼:昏(訓蒙上1).

-ᅀ 조 -의. 〔사잇소리〕 ☞-ㅅ ¶ 漆沮 ᄀᆞᅀᆡᆼ 움흘 後聖이 니ᄅᆞ시니:漆沮陶穴後聖以矢(龍歌5章). 英主ᅀ 알ᄑᆡ 내내 붓그리리:英主之前曷勝其羞. 오ᄂᆞᆳ나래 내내 웃ᄫᅳ리:當今之日曷勝其哂(龍歌16章). 이곧 뎌고대 後ᅀ날 다ᄅᆞ리잇가:於此於彼寧殊後日(龍歌26章). 바ᄅᆞᆳ 우희 金塔이 소ᄉᆞ니:肆維海上迺湧金塔(龍歌83章). 나랑 일훔 ᄀᆞᄅᆞ시니:聿改國號. 天子ᅀ ᄆᆞᅀᆞᆷ ᄆᆞᆯ:維帝之衷(龍歌85章). 집 우흿 龍이:殿上之龍(龍歌100章).

-·ᅀᅡ 조 -야. 〔강세(强勢)의 조사(助辭).〕 ¶ 오샤ᅀᅡ 사ᄅᆞ시릴씨:來則活已. 가샤ᅀᅡ 이기시릴씨:往則莫抗(龍歌38章). 天縱之才ᄅᆞᆯ 그려ᅀᅡ 아ᅀᆞᄫᆞᆯ까:天縱之才豈待畫識(龍歌43章). 나거ᅀᅡ ᄌᆞᄆᆞ니이다:迨其出矣江沙迺沒(龍歌67章). 敬天勤民ᄒᆞ샤ᅀᅡ 더욱 구드시리이다:敬天勤民迺益永世(龍歌125章). 두 글을 비화ᅀᅡ 알씨 太子ㅅ긔 말ᄋᆞᆯ 몯 ᄉᆞᆯᄫᆞ니(月印上13). 뉘 ᄯᆞᆯᄋᆞᆯ ᄀᆞᆯᄒᆡ야ᅀᅡ 며ᄂᆞ리 ᄃᆞ외야 오리야(月印上14). 梵天의 비촐 듣ᄌᆞᆸ고ᅀᅡ 實ᄋᆞᆯ 아ᅀᆞᄫᆞ니(月印上38). 慈悲 ᄒᆡᆼ뎌글 ᄒᆞ야ᅀᅡ ᄒᆞ릴씨 沙彌라 ᄒᆞᄂᆞ니라(釋譜6:2). 道理 일워ᅀᅡ 도라 오리라(釋譜6:4). 이런 變化ᄅᆞᆯ 뵈오ᅀᅡ 神足ᄋᆞᆯ 가다 도로 本座애 드러 안ᄌᆞ니라(釋譜6:34). 衆生이 업거ᅀᅡ 菩提心ᄋᆞᆯ 發호리라(釋譜6:46). 乃ᄂᆞᆫ ᅀᅡ ᄒᆞ논 겨치라(月釋序13). ᄉᆞᆯ보ᄃᆡ 情欲앳 이른 ᄆᆞᅀᆞ미 즐거ᄫᅥᅀᅡ ᄒᆞᄂᆞ니(月釋2:5). 來日ᅀᅡ 보내요리라(月釋7:16). 이 想 일어든 버거 無量壽佛ㅅ 身相光明을 다시 보ᅀᆞᄫᅡᅀᅡ ᄒᆞ리니(月釋8:26). 시름으로 사니거늘ᅀᅡ(月釋8:86). 어우러ᅀᅡ 소리 이ᄂᆞ니(訓註13). 이대 길어 ᄌᆞ라거든ᅀᅡ 네 다른 남진 어르라(三綱. 烈26). 對答ᄒᆞ야ᅀᅡ ᄒᆞ리라(楞解1:44). 오ᄂᆞᆯᅀᅡ 眞實ㅅ 이 佛子ㅣ라(法華2:8). 이 苦ㅣ 이슈미 어렵거늘ᅀᅡ ᄒᆞᄆᆞᆯ며 ᄯᅩ 큰 브리ᄯᅩᆫ녀(法華2:134). 이 ᄀᆞᆮᄒᆞᆫ 사ᄅᆞᆷ에ᅀᅡ 어루 爲ᄒᆞ야 닐올띠며(法華2:172). 너희 行호미ᅀᅡ 이 菩薩道ㅣ니(法華3:51). 不見佛性을ᅀᅡ 是名衆生이라(金剛序3). ᄇᆞᆯ써 迷惑ᄒᆞᆫ ᄆᆞᅀᆞ미어늘ᅀᅡ:早是迷心(金剛138). 智사ᄆᆞᆫ 後에ᅀᅡ(圓覺序4). 됴커ᅀᅡ 마롤디니 ᄯᅩ 피 흘려 어즐홈도 고티ᄂᆞ니라:差乃止亦治血暈(救急下93). 이러ᄒᆞᆫ 時節에ᅀᅡ:如是知時에ᅀᅡ(蒙法9). 알오ᅀᅡ:悟了코ᅀᅡ(蒙法10). 行과 解왜 서르 마자ᅀᅡ:行解相應(蒙法49). ᄀᆞᄅᆞ쵸ᄆᆞᆯ 기드린 後에ᅀᅡ 行ᄒᆞ리오(宣賜內訓序6). 네ᄀᆞ티 ᄒᆞ신 後에ᅀᅡ(宣賜內訓1:40). 어디로미ᅀᅡ 어딜어니와:賢則賢矣(宣賜內訓2上22). 즐거우미

사 즐겁거니와:樂則樂矣(宣賜內訓2上28). 어느 저긔사 ᄆᆞᄎᆞ미 이시려노:何時有終極(初杜解9:16). 實로 ᄒᆞ마 크거늘사 또 能히 住 업스니(金三2:16). 둘 업슨 고디 또 업서사 本來ㅅ 사ᄅᆞᆷ 보리니(南明上4). 노피 머거사 아니 ᄒᆞ리라(飜小8:18). 여러 날 차반을 어더 뫼혼 후에사:數日營聚然後(飜小10:32). 가문이 업게사 너출시(瘟疫方1). 性이 나타사(龜鑑上10). 어듸 가 ᄃᆞᆫ니다가 이제사 도라온고(古時調. 李滉. 當時예 녀던. 陶山六曲板本). ※ 사>아>야

삼·다 동 삼다. ☞삼다 ¶ᄒᆞᆫ 양의 얼굴 사다가 ᄉᆡᆼ졍 사마 가 저 주워 ᄉᆡᆼ실 단ᄉᆞ리ᄒᆞᆫ돌 므슴 느즌 고디 이시료:買一箇羊腔子做人情去饋他補生日有甚麼遲處(飜朴上67).

삼삼·ᄒᆞ·다 형 암암하다. ☞암암ᄒᆞ다 ¶苑밧 ᄀᆞᄅᆞᆷ 그테 안자셔 도라오디 아니호니 水精 ᄀᆞᄐᆞᆫ 봆 殿ㅅ 비치 ᄀᆞ장 삼삼ᄒᆞ도다:苑外江頭坐不歸水精春殿轉霏微(初杜解11:20).

·샤간 명 약간(若干). ☞약간 ¶若干ᄋᆞᆫ 一定티 아니ᄒᆞᆫ 數ㅣ니 몯 니르혈 씨라(釋譜13:8). 若干은 곧 一定티 아니ᄒᆞᆫ 數ㅣ니 니ᄅᆞ 혜디 몯호ᄆᆞᆯ 니ᄅᆞ니라(法華1:48). 衆生ᄋᆡ 若干 가짓 ᄆᆞᅀᆞᄆᆞᆯ 如來 다 아ᄅᆞ시ᄂᆞ니(金三4:26). 若干ᄋᆞᆫ 一定티 아닌 數ㅣ니 ᄒᆞ나ᄒᆞ로셔 열헤 니르러 百千萬億히 다 若干이라 ᄒᆞᄂᆞ니라(金三4:26).

·샥ᄒᆞ·다 형 약(弱)하다. ☞약ᄒᆞ다 ¶脉이 弱ᄒᆞ야 ᄀᆞ장 虛弱ᄒᆞᆫ 等엣 證을 고티ᄂᆞ니:脉弱大段虛怯等證(救急上14). 겨지븐 弱ᄒᆞ요ᄆᆞ로 뻐 아ᄅᆞᆷ다오ᄆᆞᆯ 삼ᄂᆞ니:女以弱爲美(宣賜內訓2上8). 샥ᄒᆞᆯ 샥:弱(訓蒙下30).

샹하 명 양하(蘘荷). ¶ᄂᆞᆯ 샹하 ᄲᅮᆯ휘와 닙과ᄅᆞᆯ ᄶᅵ허:生蘘荷根葉擣(瘟疫方25).

설설 부 설설. ¶活潑潑ᄋᆞᆫ 설설 흐르는 믌겨레 비취 ᄃᆞᆯ비츨 닐온 마리니 ᄆᆞᅀᆞ미 聲色애 번드호ᄆᆞᆯ 가ᄌᆞᆯ비니라(蒙法43).

섬섬 부 아른아른. 아물아물. ¶陽燄ᄋᆞᆫ 陽氣 섬섬 노ᄂᆞᆫ 거시니 거즛 거시라(金三5:27).

셔·실·히 부 여실(如實)히. ¶또 如實히 空ᄒᆞ며 如實히 不空ᄋᆞᆯ 니ᄅᆞ니 ᄠᅳ디 오로 이와 ᄀᆞᄐᆞ니라(圓覺上一之二182).

셔·실ᄒᆞ·다 형 여실(如實)하다. ¶如實ᄒᆞᆫ 마ᄅᆞᆫ 能히 거즛마ᄅᆞᆯ 더ᄂᆞ니라(永嘉上46).

셔·의·ᄒᆞ·다 형 여의(如意)하다. ¶阿彌陁佛이 神通이 如意ᄒᆞ샤(月釋8:45).

:션:좌ᅀᆞ 명 푹신한 좌석. ☞연좌ᅀᆞ. 연좌ᄋᆞ ¶누른 뎐피로 션좌ᅀᆞ애:黃猠皮軟座兒(飜朴上28).

션:후 명 연후(然後). ¶내ㅣ 衛로브터 魯애 도라온 然後에 樂이 正ᄒᆞ야(宣論2:44). 權ᄒᆞᆫ 然後에 輕重을 알며(宣孟1:26).

·셜·독 명 열독(熱毒). ¶셜독으로 허러 암ᄀᆞᆫ 후에 허므리 업디 아니커든:熱毒瘡差後瘢痕不滅(救簡6:94).

·셜:병 명 열병(熱病). ¶치위 드려 샹ᄒᆞᆫ 시긔옛 셜병이라:傷寒時疫(救簡1:99). 약 머글 주ᄅᆞᆯ 몰라 졈졈 셜병이 ᄃᆞ외ᄂᆞ니:不知服藥漸成瘟疫(救簡1:102). 셜병ᄒᆞ야 미친 말 ᄒᆞ며:熱病狂言(救簡1:111).

·셜사 명 열사(熱沙). ¶血河와 灰河와 熱沙와:血河灰河熱沙(楞解8:83).

·셜ᄒᆞ·다 동 열(熱)하다. 열(熱)이 나다. ¶과ᄀᆞᆯ이 죽고 壯히 熱ᄒᆞ닐 白礬 半斤ᄋᆞᆯ 믈두 마래 글혀 노겨 허튀ᄅᆞᆯ ᄃᆞᆷ면 즉재 사ᄂᆞ니라(救急上26).

·셜ᄒᆞ·다 형 열(熱)이 있다. ¶믈읫 ᄇᆞᄅᆞᆷ마ᄌᆞᆫ 사ᄅᆞ미 긔운이 ᄂᆡᆼᄒᆞ며 셜ᄒᆞ며 긔운 사오나옴 됴호ᄆᆞᆯ 혜디 말오 다 머고미 맛당ᄒᆞ니:凡中風無問冷熱虛實皆可服(救簡1:5). 사ᄅᆞ미 그 병증의 경ᄒᆞ며 듕ᄒᆞ며 ᄅᆡᆼᄒᆞ며 셜호ᄆᆞᆯ 짐쟉ᄒᆞ야 ᄡᅳ라:在人斟酌輕重冷熱而投之(救簡1:68).

-·ᅀᆞᆸ- 어미 -옵-. ☞-ᅀᆞᆸ- ¶또 다시곰 소기ᅀᆞᆸ디 몯ᄒᆞᆯ 거시라 ᄒᆞ고:不可重爲欺罔也(飜小9:43). 나ᄅᆞᆯ 에엿비 너기샤 내 사로믈 비ᅀᆞᆸ고져 ᄒᆞ실 ᄲᅮᆫ이언뎡:哀臣欲丐其生耳(飜小9:46).

-·ᅀᆞᆸ·고져 어미 -옵고자. ¶나ᄅᆞᆯ 에엿비 너기샤 내 사로믈 비ᅀᆞᆸ고져 ᄒᆞ실 ᄲᅮᆫ이언뎡:哀臣欲丐其生耳(飜小9:46).

-·ᅀᆞᆸ디 어미 -옵지. ☞-ᅀᆞᆸ- ¶또 다시곰 소기ᅀᆞᆸ디 몯ᄒᆞᆯ 거시라 ᄒᆞ고:不可重爲欺罔也(飜小9:43).

쇼 명 요. ¶지블 빙이샤ᄃᆡ 七寶로 ᄭᅮ미시며 錦繡 쇼ᄒᆞᆯ 펴고 앉더시니(月印上42). 오시며 차바니며 니블 쇼히며(釋譜11:22). 쇼ᄒᆞᆯ 포 셜오 안ᄌᆞ며:累裀而坐(三綱. 孝2). 깁소옴 쇼ᄒᆞᆯ 가ᄌᆞᆯ볼ᄯᅵ라:則譬繒纊絪褥(法華2:243). 帳이며 니블 쇼히 빗난 거슬 거더 아ᅀᆞᆯ디니라:撤去帷帳衾褥華麗之物(宣賜內訓1:61). 手巾과 쇼ᄒᆞᆯ ᄆᆡᆼᄀᆞ라:爲巾褥(宣賜內訓2下51).

·쇼·ᄒᆞ·다 동 용서(容恕)하다. ¶願ᄒᆞᆫᄃᆞᆫ 우리 罪ᄅᆞᆯ 쇼ᄒᆞ샤 뎌와 겻구아 맛보게 ᄒᆞ쇼셔(月釋2:70).

쇼·ᄒᆞᆯ 명 요를. 독쇼 ¶錦繡 쇼ᄒᆞᆯ 펴고 앉더시니(月印上42). 쇼ᄒᆞᆯ 포 셜오 안ᄌᆞ며:累裀而坐(三綱. 孝2). 깁소옴 쇼ᄒᆞᆯ 가ᄌᆞᆯ볼ᄯᅵ라:則譬繒纊絪褥(法華2:243).

쇽 명 욕(辱). ¶구짓ᄂᆞᆫ 辱ᄋᆞᆯ 구디 ᄎᆞᄆᆞ샤(釋譜19:36). 榮華와 辱괏 지두릿 조가기며:榮辱之樞機(宣賜內訓1:1).

·쇽ᄃᆞᄫᆡ·다 형 욕되다. ☞욕ᄃᆞ외다 ¶辱ᄃᆞᄫᆡᆫ 일와(釋譜9:8). 忍辱ᄋᆞᆫ 辱ᄃᆞᄫᆡᆫ 일 ᄎᆞᆷᄋᆞᆯ 씨

오(月釋2:25).

·욕ᄃᆞ빈 형 욕된. ㉠욕ᄃᆞᄫᆡ다. 욕ᄃᆞᆸ다 ¶忍辱ᄋᆞᆫ 辱ᄃᆞ빈 일 ᄎᆞᆷᄋᆞᆯ 씨오(月釋2:25).

·욕ᄃᆞ외·다 형 욕(辱)되다. ☞욕ᄃᆞᄫᆡ다. 욕ᄃᆞᆸ다 ¶붓그러오며 욕ᄃᆞ왼 일 멀에호ᄆᆞᆯ:遠恥辱(飜小6:22).

·욕ᄃᆞ·이 부 욕되게. ¶처ᅀᅥᄆᆡ 辱ᄃᆞ이 더러이 아니 너겨(法華序21).

·욕ᄃᆞᆸ·다 형 욕되다. ☞욕ᄃᆞᄫᆡ다. 욕ᄃᆞ외다 ¶녀나ᄆᆞᆫ 그지업슨 어려ᄫᅳᆫ 일와 辱ᄃᆞ빈 일와 슬픈 일와(釋譜9:8). 父母ᄭᅴ 붓그러우며 辱ᄃᆞ왼 일 긷틸가 ᄉᆞ랑ᄒᆞ야:思貽父母羞辱(宣賜內訓1:58). 너희 붓그러오며 욕ᄃᆞ왼 일 멀에호ᄆᆞᆯ 警戒ᄒᆞ노니:戒爾遠恥辱(飜小6:22).

·욕·ᄒᆞ·다 동 ①욕(辱)하다. ¶三寶ᄅᆞᆯ 허러 辱ᄒᆞ거나(釋譜9:38). 할아디 아니ᄒᆞ며 辱ᄒᆞ디 아니ᄒᆞ며(金剛36).
②욕(辱)보이다. 능욕(凌辱)하다. ¶魏氏 목되와 닐오ᄃᆡ 狗盜아 사ᄅᆞᆷ 辱호려 ᄒᆞᄂᆞ니 셜리 주구미 내 ᄠᅳ디라(三綱. 烈15).

·욕:히·다 동 욕되게 하다. ¶네 아바니미 萬國에 尊히 디러 겨샤 모매 太平ᄋᆞᆯ 닐위샤ᄆᆞᆫ ᄯᅩ 學文ᄒᆞ야 뫼호ᄆᆞᆯ 브테시니 너 小子ᄂᆞᆫ 반ᄃᆞ기 니수ᄆᆞᆯ ᄉᆞ랑ᄒᆞ야 나혼바ᄅᆞᆯ 辱히디 마롤디니라:汝父尊臨萬國身致大平亦由學以聚之爾小子當思繼繼繩繩以不辱所生(宣賜內訓2下56).

슛 명 윷. ☞슞 ¶슛 뎌:摴. 슛 포:蒱(訓蒙東中本下22).

슛:놀·다 동 윷놀다. ☞슞놀다 ¶슛놀 탄:攤(訓蒙東中本下22).

:슈·락 명 유락(乳酪). ¶權教애 乳酪ᄋᆞᆯ 여러 許ᄒᆞ시고:權教開許乳酪(楞解7:16).

슈:슌·히 부 유순(柔順)히. ¶童氏 柔順히 셤겨 잠간도 ᄠᅳ데 거슬ᄩᅳᆫ 일 업더니(三綱. 烈25).

슈·슌ᄒᆞ·다 형 유순(柔順)하다. ¶端正 福德 柔順ᄒᆞ야 모ᄃᆞᆫ 사ᄅᆞ미 ᄉᆞ랑ᄒᆞ며:端正福德柔順衆人愛(楞解6:33). 承順은 곧 坤儀ㅅ 柔順ᄒᆞᆫ 德이시고:承順卽坤儀柔德(楞解6:34).

슈화ᄒᆞ·다 형 유화(柔和)하다. ¶ᄯᅩ 能히 淸淨히 戒ᄅᆞᆯ 디니며 柔和ᄒᆞ니와 ᄒᆞᆫᄃᆡ 이셔 忍辱ᄒᆞ야:復能淸淨持戒與柔和者而共同止忍辱(法華5:206).

·슉신 명 육신(肉身). ¶三界 救호려 ᄒᆞ샤 肉身 일우신돌(月印上45). 네 이 肉身이 金剛 ᄀᆞᆮᄒᆞ야:汝此肉身爲同金剛(楞解2:4). 父母ㅅ 肉身에 天眼ᄋᆞᆯ 기드리디 아니ᄒᆞ야:父母肉身不須天眼(楞解8:8).

·슉:안 명 육안(肉眼). ¶善男子 善女人이 父母 나ᄒᆞ샨 淸淨ᄒᆞᆫ 肉眼ᄋᆞ로 三千大千世界 안팟긔 잇ᄂᆞᆫ 뫼히며 수프리며 ᄀᆞᄅᆞ미며 바ᄅᆞ리며…우흐로 有頂에 니르리 보며(釋譜19:13). 色身은…父母ㅅ 나ᄒᆞᆫ 거시라 肉眼ᄋᆡ 보ᄂᆞᆫ 고디오 法身은…肉眼의 能히 볼 껏 아니라(金剛29).

슌·돌 명 윤(閏)달. ¶氣盈朔虛ㅣ 어우러 閏ᄃᆞ리 나ᄂᆞ니라(楞解6:17).

·슌·퇵 명 윤택(潤澤). ¶潤澤ᄋᆞᆫ 흐웍흐웍ᄒᆞᆯ 씨라(楞解2:5).

:슌·퇵ᄒᆞ·다 형 윤택(潤澤)하다. ¶이 그 大略이니 만일에 潤澤홈인則(宣孟5:16).

슞 명 윷. ☞슛 ¶슞 뎌:摴. 슞 포:蒱(訓蒙叡山本下10).

슞:놀·다 동 윷놀다. ☞슛놀다 ¶슞놀 탄:攤(訓蒙叡山本下10).

슴겁·다 형 싱겁다. ¶다 업순 고디 이슬오 슴거워 寂滅ᄒᆞᆯ시(南明上71).

:ᅀᅵ근 명 이근(耳根). 귀뿌리. ¶動과 靜과 有와 無와ᄂᆞᆫ 다 聲塵에 屬ᄒᆞ니 耳根ᄋᆞᆫ 두려이 여희여 生滅을 좃디 아니ᄒᆞᄂᆞ니:動靜有無皆屬聲塵耳根圓離不隨生滅(楞解6:68). 드로ᄆᆞᆯ 닐오ᄃᆡ 耳根에 識 내요미니(圓覺上一之二30).

:ᅀᅵ·륙시 명 이륙시(二六時). 열두 때. ¶二六時ᄂᆞᆫ 열둘 ᄢᅵ라(蒙法15).

:ᅀᅵ·ᄇᆡᆨ 수 이백(二百). ¶녯 늘그니 서르 傳호ᄃᆡ 二百 ᄒᆡ라 ᄒᆞᄂᆞ다:故老相傳二百年(初杜解6:40). ᄇᆡ야ᄆᆡ 헝우ᄅᆞᆯ 봇가 어르러지예 ᅀᅵᄇᆡᆨ번을 ᄡᅮᆺ고 프ᅀᅥ리예 ᄇᆞ리라:蛇蛻皮熬摩數百過棄置草中(救簡6:85). 대되 ᅀᅵᄇᆡᆨ 량 은이니:共有二百兩銀子(飜朴上20).

:ᅀᅵ삼·ᄇᆡᆨ 수 이삼백(二三百). ¶ᅀᅵ삼ᄇᆡᆨ 번을 닐거:讀取二三百遍(飜小8:35).

:ᅀᅵ·십 수 이십(二十). ¶ᄒᆞᄅᆞ 二十里ᄅᆞᆯ 녀시ᄂᆞ니(釋譜6:23). 뎌녀긔 ᅀᅵ십 릿 ᄯᅡ해:那邊有二十里地(飜老上10). 平則門이 이 廣豊倉의셔 ᄉᆞ이 ᄠᅳ미 ᅀᅵ십 릿 ᄯᅡ히니:平則門離這廣豊倉二十里地(飜朴上11).

:ᅀᅵ쳔 수 이천(二千). ¶왕릿 ᅀᅵ쳔 리 ᄯᅡ해:往廻二千里田地(飜朴上53).

ᅀᅵᆫ가 명 인가(人家). ¶人家ㅣ 업스니라:沒人家(飜老上10). 우리 그저 뎌 ᅀᅵᆫ가의 가 ᄡᆞᆯ 밧고와:咱們只投那人家糴些米(飜老上39). 뎌 人家ㅣ 사ᄅᆞ미 만ᄒᆞᆫ 주를 보면:那人家見人多時(飜老上46).

ᅀᅵᆫ간 명 인간(人間). ¶罪人ᄃᆞᆯ히 人間애 나니(月印上27). 人間이며 天上이며 一切 모딘 귓거시 다 모다 부텻 付囑ᄋᆞᆯ 드러(釋譜6:46). 그 하ᄂᆞᆯ 목숨 다 사ᄅᆞ시고 人間애 ᄂᆞ리샤:人間ᄋᆞᆫ 사ᄅᆞᆷ서리라(月釋1:19). 七寶ᄂᆞᆫ 人間世예 重히 ᄒᆞ논 배라(金三 宗序4). 이 ᅀᅵᆫ간앳 도솔텬이러라:只此人間兜率(飜朴上71).

:ᅀᅵᆫ동·초 명 인동초(忍冬草). ¶버슷 毒 마ᄌᆞ닐 고튜ᄃᆡ 忍冬草 가지와 불휘와ᄅᆞᆯ 달혀 汁을 取ᄒᆞ야 머그라(救急下47).

ᅀᅵᆫ듕 명 인중(人中). ¶또 間使ᄅᆞᆯ 針호ᄃᆡ 一百 숨 남ᄌᆞᆨ기 ᄒᆞ고 또 人中을 ᄯᅳ라: 又針間使各百餘息又灸鼻下人中(救急上25).

ᅀᅵᆫ·력 명 인력(人力). ¶舟車의 니ᄅᆞᄂᆞᆫ 바와 人力의 通ᄒᆞᄂᆞᆫ 바와(宣中50). 五旬에 擧ᄒᆞ니 人力으로 이예 至티 몯ᄒᆞᆯ 꺼시니(宣孟2:29).

ᅀᅵᆫ륜 명 인륜(人倫). ¶契을 ᄒᆡ여 司徒ᄅᆞᆯ 사마 ᄀᆞᄅᆞ쵸ᄃᆡ 人倫을 ᄡᅧ ᄒᆞ게 ᄒᆞ시니(宣賜內訓1:21). 夫婦ᄂᆞᆫ 人倫의 큰 綱領이니 短命ᄒᆞ며 長壽홈 萌芽ㅣ라(宣賜內訓1:78). 다 ᄡᅧ 人倫을 明ᄒᆞᄂᆞᆫ 배라(宣孟5:12).

ᅀᅵᆫ민 명 인민(人民). ¶그 ᄯᅡ 人民이 다 寶臺와 珎妙樓閣애 이시며(月釋13:66). 土地와 人民과 政事ㅣ니(宣孟14:18).

ᅀᅵᆫ:셰 명 인세(人世). ¶七寶ᄂᆞᆫ 人世예 重히 너기논 배오(金三2:47).

ᅀᅵᆫ심 명 인심(人心). ¶大勳이 이ᄅᆞ시릴씨 人心이 몯ᄌᆞᆸ더니: 大勳將成人心斯聚(龍歌66章). 人心ᄋᆞᆯ 뫼호게 ᄒᆞ쇼셔(釋譜24:49). 大覺尊이 本來 ᄒᆞᆫ 字도 세디 아니ᄒᆞ샤 人心ᄋᆞᆯ 바ᄅᆞ ᄀᆞᄅᆞ치거시ᄂᆞᆯ(金三3:15). 이 土애 오샤 人心을 바ᄅᆞ ᄀᆞᄅᆞ쳐(六祖序4). 그런 後에 人心에 盡ᄒᆞᆯ씨니라(宣孟4:19).

ᅀᅵᆫ:ᄉᆞ 명 인사(人事). ¶雨露의 養홈과 人事의 齊티 몯홈이니라: 雨露之養人事之不齊也(宣孟11:14).

ᅀᅵᆫ솜 명 인삼(人蔘). ☞인솜 ¶人參과 乾薑과 白朮와 甘草ᄅᆞᆯ(救急上6). 화졔방애 ᅀᅵᆫ솜 패독산: 和劑方人參敗毒散(救簡1:100). 내 또 人蔘과 모시뵈 이셰라: 我又有人蔘毛施布(飜老上70). 人蔘은 졍히 그처 시니: 人蔘正缺着裏(飜老下2). 내 이 ᅀᅵᆫ솜 모시뵈 ᄑᆞᆯ면: 我賣了這人蔘毛施布時(飜老下56). 人蔘 두 량 머리 업게 ᄒᆞ라(瘟疫方13).

ᅀᅵᆫᄉᆡᆼ 명 인생(人生). ¶人生ᄋᆞᆯ 즐기리잇가(月印上52). 人生 즐거본 ᄠᅳ디 업고(釋譜6:5). 人生이 아ᄎᆞᆷ 이슬 ᄀᆞᆮᄒᆞ니(三綱. 忠6). 人生애 녯 거슬 感傷ᄒᆞ논 거시라: 人生感故(初杜解6:44). 닐오ᄃᆡ ᅀᅵᆫᄉᆡᆼ애 닐흔 사ᄅᆞ미 녜브터 드므다 ᄒᆞᄂᆞ니: 說道人生七十古來稀(飜朴下65).

ᅀᅵᆫ·ᄉᆡ 명 인사(人事). 인기척. ¶과ᄀᆞ리 ᄇᆞᄅᆞᆷ 마자 추미 올아 다와텨 아ᄃᆞᆨᄒᆞ야 ᅀᅵᆫᄉᆡ 모ᄅᆞ거든: 卒中風涎潮昏塞不知人(救簡1:4). 오래 ᄯᆞᆷ 나디 아니ᄒᆞ며 ᅀᅵᆫᄉᆡᄅᆞᆯ 모ᄅᆞ거든: 久不得汗不知人事(救簡1:112). 답답ᄒᆞ고 갈ᄒᆞ야 ᅀᅵᆫᄉᆡ를 몯 ᄎᆞ리거든: 煩渴不省人事(救簡2:46). 미친 가히 믈인 도기 ᄆᆞᅀᆞ매 드러 답답ᄒᆞ야 ᅀᅵᆫᄉᆡ 몯 ᄎᆞ리거든: 狂犬咬毒入心悶絕不識人(救簡6:39).

:ᅀᅵᆫ·욕 명 인욕(忍辱). 욕됨을 참음. ¶이 太子ㅣ 端正ᄒᆞ고 性이 됴하 嗔心ᄋᆞᆯ 아니 ᄒᆞᆯ씨 일호믈 忍辱이라 ᄒᆞ시니라(釋譜11:18). 布施와 持戒와 忍辱과 精進과ᄂᆞᆫ 福이오(釋譜13:50). 忍辱ᄋᆞᆫ 辱ᄃᆞᄫᆡᆫ 일 ᄎᆞᆷ몰 씨오(月釋2:25). 忍辱ᄋᆞᆯ 行ᄒᆞ야(金剛33).

ᅀᅵᆫ졍 명 인정(人情). ¶하며 져근 그지ᄂᆞᆫ 오직 人情의 거츠리 셜 ᄯᆞᄅᆞ미라: 多寡之限特人情妄立耳(法華5:85). 人情에 맛디 아니타 ᄒᆞ시고(宣賜內訓2下19). 오래 나그내 ᄃᆞ외야쇼매 人情을 앗기노니 엇데 이우젯 한아비ᄅᆞᆯ 믈리와ᄃᆞ리오: 久客惜人情如何拒隣叟(初杜解15:43). 人情에 갓갑디 아니ᄒᆞ니 聖人ᄭᅴ 벙으로미 더욱 멀면(金三2:26). ᄒᆞᆫ 양의 얼굴 사다가 ᅀᅵᆫ졍 ᄉᆞ마 가져 주워 ᄉᆡᆼ싈 단ᅀᆞ리ᄒᆞᆫ달 므슴 느즌 고디 이시료: 買一箇羊腔子做人情去饋他補生日有甚麼遲處(飜朴上67).

ᅀᅵᆫ:품 명 인품(人品). ¶모로매 ᅀᅵᆫ품의 놉ᄂᆞ가이ᄅᆞᆯ ᄀᆞᆯᄒᆡ욜디니: 要分別人品之上下(飜小6:8).

·ᅀᅵᆯ듕 명 일중(日中). 오정때. ¶부톄 日中으로 바볼 바ᄃᆞ실씨(楞解7:17).

·ᅀᅵᆯ륜 명 일륜(日輪). 해. ¶日輪이 하ᄂᆞᆯ해 오ᄅᆞ면 블ᄀᆞᆫ 비치 잇고(楞解2:28). 日輪이 비취요미 無心홈 ᄀᆞᆮᄒᆞ니라(金三4:36).

·ᅀᅵᆯ·식 명 일식(日蝕). ¶阿脩羅ㅣ 소ᄂᆞ로 ᄒᆡᄅᆞᆯ ᄀᆞ리와ᄃᆞᆫ 日蝕ᄒᆞᄂᆞ니라(釋譜13:10).

·ᅀᅵᆯ:야 명 일야(日夜). ¶일로 日夜애 이 ᄀᆞᆮᄒᆞᆫ 이ᄅᆞᆯ 혜아리다니(法華2:21). 日夜 劫數에 샹녜 노니다 ᄒᆞ시니라(法華2:148). 日夜애 分別ᄒᆞ며 브즈런ᄒᆞ샤 天下ᄅᆞᆯ 다ᄉᆞ리시니: 日夜憂勤以治天下(宣賜內訓2下57). 하ᄂᆞᆯ콰 ᄯᅡ콰ᄂᆞᆫ 日夜애 ᄠᅥᆺ도다: 乾坤日夜浮(初杜解14:13).

ᅀᆞ·녀 명 아녀(兒女). ¶ᄆᆞᅀᆞᆯ히 兒女ᄃᆞᆯ히 밧과와 놀애 추믈 歲時예 새로이 ᄒᆞᄂᆞᆺ다(初杜解6:31).

ᅀᆞ동 명 아동(兒童). ¶兒童이 騎竹馬ᄒᆞ야(初杜解15:36).

-·ᅀᆞ·ᄫᅡ 어미 -와. -사와. ¶一夫ㅣ 流毒ᄒᆞᆯ씨 我后를 기드리ᅀᆞᄫᅡ: 一夫流毒爰徯我后(龍歌10章). 燕人이 向慕ᄒᆞᅀᆞᄫᅡ: 燕人向慕. 北人이 服事ᄒᆞᅀᆞᄫᅡ: 北人服事(龍歌55章). 威武를 니기 아ᅀᆞᄫᅡ: 熟知威武. 智勇ᄋᆞᆯ 니기 아ᅀᆞᄫᅡ: 熟知智勇(龍歌59章). 左右ㅣ 하ᅀᆞᄫᅡ: 左右訴止(龍歌91章). 賣花女 俱夷 善慧ㅅ ᄠᅳ들 아ᅀᆞᄫᅡ 夫妻願으로 고ᄌᆞᆯ 받ᄌᆞᄫᆞ니(月印上3). 妻眷이 ᄃᆞ외ᅀᆞᄫᅡ 하ᄂᆞᆯ ᄀᆞᆮ 셤기ᅀᆞᆸ다니(月印上51). 涅槃光 맛나ᅀᆞᄫᅡ(釋譜23:12). 賣花女 俱夷 善慧ㅅ ᄠᅳᆮ 아ᅀᆞᄫᅡ(月釋1:3). 普光佛을 請ᄒᆞᅀᆞᄫᅡ(月釋1:9). 大闕에 보내

ᅀᆞᄫᅡ(月釋1:10). 우리도 眷屬 ᄃᆞ외ᅀᆞᄫᅡ(月釋2:23). 萬象이 뮈여나 各各 ᄀᆞᆮ디 아니ᄒᆞ야셔 제여곰 소리로 브르ᅀᆞᄫᅡ도(月釋8:16). 고ᄫᆞᆫ님 몯 보ᅀᆞᄫᅡ ᄉᆞᆯ읏 우니다니(月釋8:87). 大王ㅅ 善心ᄋᆞᆯ 드르시고 찻믈 기릃 婇女를 비ᅀᆞᄫᅡ 오라 ᄒᆞ실ᄊᆡ 오ᅀᆞᄫᅩ이다(月釋8:91). 처ᅀᅥᆷ ᄇᆞ라ᅀᆞᄫᅡ 涅槃ᄋᆞᆯ 듣ᄌᆞᄫᆞ시고(月釋21:2). 康靖大王 위ᄒᆞᅀᆞᄫᅡ 心衷三年ᄒᆞᆫ대(續三綱. 孝. 鄭門世孝).
※-ᅀᆞᄫᅡ>-ᅀᆞ와>-ᄋᆞ와>-와

-ᅀᆞ·ᄫᅡ·니 어미 -옵거니. ☞-ᅀᆞᄫᆞ- ¶突厥이 놀라ᅀᆞᄫᅡ니:突厥驚懾. 島夷 놀라ᅀᆞᄫᅡ니:島夷驚畏(龍歌47章).

-ᅀᆞ·ᄫᅡ·ᄂᆞᆯ 어미 -옵거늘. ☞-ᅀᆞᄫᆞ- ¶일후믈 놀라ᅀᆞᄫᅡᄂᆞᆯ:旣驚名號(龍歌61章). 내 모ᄆᆞᆯ 救ᄒᆞᅀᆞᄫᅡᄂᆞᆯ:以救我身. 내 命을 거스ᅀᆞᄫᅡᄂᆞᆯ:以拒我命(龍歌105章). 부톄 成道ᄒᆞ야시ᄂᆞᆯ 梵天이 轉法ᄒᆞ쇼셔 請ᄒᆞᅀᆞᄫᅡᄂᆞᆯ(釋譜6:18). ᄯᅩ 出家ᄅᆞᆯ 請ᄒᆞᅀᆞᄫᅡᄂᆞᆯ 부톄 ᄯᅩ 듣디 아니ᄒᆞ신대(月釋10:17). 忉利天王이 天衣로 師子座애 ᄭᆞᅀᆞᄫᅡᄂᆞᆯ(月釋21:210).

-ᅀᆞᄫᅡ·ᄃᆞᆫ 어미 -옵거든. ☞-ᅀᆞᄫᆞ- ¶金銀七寶 一切 됴ᄒᆞᆫ 거스로 如來ᄭᅴ 布施ᄒᆞᅀᆞᄫᅡᄃᆞᆫ(釋譜23:3).

-ᅀᆞ·ᄫᅡ이·다 어미 -옵니다. ☞-ᅀᆞᄫᅡ-. -이다 ¶阿難이 ᄉᆞᆯᄫᅩᄃᆡ 大王하 나도 如來 겨신 ᄃᆡᆯ 모ᄅᆞᅀᆞᄫᅡ이다(釋譜11:10). 나도 如來 겨신ᄃᆡᄅᆞᆯ 모ᄅᆞᅀᆞᄫᅡ이다(月釋21:192).

-ᅀᆞ·ᄫᅡ·지이·다 어미 -옵고자 하나이다. ☞-ᅀᆞᄫᅡ-. -지이다 ¶弟子 ᄒᆞ나ᄒᆞᆯ 주어시든 말 드러 이ᄅᆞᅀᆞᄫᅡ지이다(釋譜6:22).

-·ᅀᆞᄫᆞᆫ·디 어미 -온 지. ¶그ᄢᅴ 人間애 이셔 부텨 몯 보ᅀᆞᄫᆞᆫ디 오라더니(釋譜11:10). 보ᅀᆞᄫᆞᆫ디 오라더니(月釋21:191).

-ᅀᆞ·ᄫᆡᆺ거·늘 어미 -와 있거늘. -옵거늘. ☞-ᄉᆞᄫᆞ- ¶天龍夜叉 人非人等 無量大衆이 恭敬ᄒᆞ야 圍繞ᄒᆞᅀᆞᄫᆡᆺ거늘(釋譜9:1. 月釋9:5). 一切 大衆ᄃᆞ히 울워러 과ᄒᆞᅀᆞᄫᆡᆺ거늘(釋譜23:9).

-ᅀᆞ·ᄫᆡᆺ더·니 어미 -와 있더니. -옵더니. ☞-ᄉᆞᄫᆞ- ¶ᄒᆞᆫ ᄆᆞᅀᆞᄆᆞ로 부텨를 보ᅀᆞᄫᆡᆺ더니(釋譜13:13). 그ᄢᅴ 四衆이 圍繞ᄒᆞᅀᆞᄫᆡᆺ더니(月釋21:5).

-ᅀᆞ·ᄫᅩ- 어미 -오-. -옵-. ¶아ᅀᆞᄫᅩᄃᆡ 나ᅀᅡ오니:知亦進當(龍歌51章). 護彌 닐오ᄃᆡ 그리 아니라 부텨와 즁과ᄅᆞᆯ 請ᄒᆞᅀᆞᄫᅩ려 ᄒᆞᄂᆞᆼ다(釋譜6:16). 占者ㅣ 判ᄒᆞᅀᆞᄫᅩᄃᆡ 聖子ㅣ 나샤(月釋2:17). 우리도 眷屬 ᄃᆞ외ᅀᆞᄫᅡ 法 비호ᅀᆞᄫᅩ리라 ᄒᆞ고(月釋2:24). 내 아래 부텨 供養ᄒᆞᅀᆞᄫᅩᄆᆞᆫ(月釋18:34). 如是 我聞ᄒᆞᅀᆞᄫᅩ니(阿彌1).

-ᅀᆞ·ᄫᅩ·니 어미 -오니. ☞-ᅀᆞᄫᆞ- ¶如是 我聞ᄒᆞᅀᆞᄫᅩ니(阿彌1).
※-ᅀᆞᄫᅩ니>-ᅀᆞ오니>-ᄋᆞ오니>-오니

-·ᅀᆞᄫᅩ·ᄃᆡ 어미 -옵되. ☞-ᅀᆞᄫᆞᆫ- ¶아ᅀᆞᄫᅩᄃᆡ 나ᅀᅡ오니:知亦進當(龍歌51章). 占者ㅣ 判ᄒᆞᅀᆞᄫᅩᄃᆡ 聖子ㅣ 나샤(月釋2:17).

-·ᅀᆞᄫᅩ·라 어미 -오라. ☞-ᅀᆞᄫᆞ- ¶부텨ᄭᅴ 歸依ᄒᆞᅀᆞᄫᅩ라 ᄒᆞ더라(月釋2:64).

-ᅀᆞ·ᄫᅩ려·뇨 어미 -올 것이뇨. ☞-ᅀᆞᄫᆞ- ¶부텻긔 發心ᄋᆞᆯ 니ᄅᆞ와다 언제 새어든 부텨를 가 보ᅀᆞᄫᅩ려뇨 ᄒᆞ더니(釋譜6:18).

-ᅀᆞ·ᄫᅩ리·니 어미 -오리니. ☞-ᅀᆞ오리니 ¶부텨ᄭᅴ 와 ᄉᆞᆯᄫᅩᄃᆡ 舍衛國에 도라가 精舍 이ᄅᆞᅀᆞᄫᅩ리니(釋譜6:22).
※-ᅀᆞᄫᅩ리니>-ᅀᆞ오리니>-ᄋᆞ오리니

-ᅀᆞ·ᄫᅩ리·라 어미 -오리라. ☞-ᅀᆞᄫᆞ- ¶ᄒᆞ오ᅀᅡ 供養ᄒᆞᅀᆞᄫᅩ리라 ᄒᆞ야(釋譜23:23). 우리도 眷屬 ᄃᆞ외ᅀᆞᄫᅡ 法 비호ᅀᆞᄫᅩ리라 ᄒᆞ고(月釋2:24). 維那ᄅᆞᆯ 삼ᅀᆞᄫᅩ리라 王ᄋᆞᆯ 請ᄒᆞᅀᆞᆸ노이다(月釋8:79).
※-ᅀᆞᄫᅩ리라>-ᅀᆞ오리라>-ᄋᆞ오리라

-ᅀᆞ·ᄫᅩ·리이·다 어미 -올 것입니다. ☞-ᅀᆞ오리이다 ¶ᄌᆞ라면 어루 法을 비호ᅀᆞᄫᅩ리이다(釋譜6:11). 諸佛을 좃ᄌᆞᄫᅡ 비호ᅀᆞᄫᅩ리이다(月釋10:31).
※-ᅀᆞᄫᅩ리이다>-ᅀᆞ오리이다

-ᅀᆞ·ᄫᅩᆷ 어미 -옴. ☞-ᅀᆞᄫᆞ- ¶菩薩이 부텻 法 므르ᅀᆞᄫᅩ미 아ᄃᆞ리 쳔량 믈러 가쥬미 ᄀᆞᄐᆞᆯ씨(釋譜13:18). 뫼ᅀᆞᄫᅩᄆᆞᆯ 請ᄒᆞ시니(月釋8:80). 阿彌陀佛ㅅ 不可思議 功德之利ᄅᆞᆯ 讚歎ᄒᆞᅀᆞᄫᅩᆷ ᄀᆞᆮᄒᆞ야:讚歎阿彌陀佛不可思議功德之利(阿彌18).

-·ᅀᆞᄫᆞ- 어미 -오-. ㉮-ᅀᆞᆸ다 ☞-ᅀᆞᆸ- ¶모다 平等王ᄋᆞᆯ 세ᅀᆞᄫᆞ니(月釋1:45). 釋迦 菩薩이 藥 ᄏᆡ라 가 보ᅀᆞᄫᆞ시고(月釋1:52). 밤낫 닐웨ᄅᆞᆯ 곰ᄌᆞᆨ도 아니ᄒᆞ야 보ᅀᆞᄫᆞ시며(月釋1:52). 偈로 讚歎ᄒᆞᅀᆞᄫᆞ샤ᄃᆡ(月釋1:52). 제 가져 가아 ᄇᆞᄅᆞᅀᆞᄫᆞ니이 둘찻 阿僧祇劫이오 됴커시ᄂᆞᆯ(月釋2:9). 七萬六千佛을 맛나ᅀᆞᄫᆞ시니 이 둘찻 阿僧祇劫이오(月釋2:9). 花香이며 풍류며 차반 가져와 夫人ᄭᅴ 供養ᄒᆞᅀᆞᄫᆞ며(月釋2:30).
※-ᅀᆞᄫᆞ->-ᅀᆞ오->-ᄋᆞ오->-오-

-·ᅀᆞᄫᆞ·니 어미 -오니. ☞-ᅀᆞᄫᆞ- ¶帝祐ᄅᆞᆯ 뵈ᅀᆞᄫᆞ니:爰示帝祐(龍歌7章). 길헤 ᄇᆞ라ᅀᆞᄫᆞ니:于路望來(龍歌10章). 邊人이 拜伏ᄒᆞᅀᆞᄫᆞ니:邊人拜伏. 北人이 稱頌ᄒᆞᅀᆞᄫᆞ니:北人稱頌(龍歌23章). 黃袍 니피ᅀᆞᄫᆞ니:黃袍用被(龍歌25章). 東ᄋᆡ 니거시든 西夷 ᄇᆞ라ᅀᆞᄫᆞ니:我東曰徂西夷苦徯. 西예 오나시든 東鄙 ᄇᆞ라ᅀᆞᄫᆞ니:我西曰來東鄙竚望(龍歌38章). 다 놀라ᅀᆞᄫᆞ니:悉驚讚揚(龍歌44章). 오ᄂᆞᆯ 尊者 보ᅀᆞᄫᆞ니 깃부미 그지업서이다(釋譜24:34). 男女를 내ᅀᆞᄫᆞ니(月釋1:2). 天龍八部ㅣ 讚嘆ᄒᆞᅀᆞᄫᆞ니(月釋1:4). 廣熾

짓거 제 가져 가아 ᄇᆞᄅᆞᅀᆞᄫᆞ니(月釋2:9). 고지 프고 여름 여ᅀᆞᄫᆞ니(月釋21:2).
※-ᅀᆞᄫᆞ니>-ᄋᆞ오니>-오니

-ᅀᆞ·ᄫᆞ니·라 어미 -오니라. ☞-ᅀᆞᄫᆞ- ¶모다 짓거 各各 金甖애 담ᅀᆞᄫᆞ니라(釋譜23:56). 사ᄅᆞᆷ 브려 ᄡᅩ아 주기ᅀᆞᄫᆞ니라(月釋1:7).

-·ᅀᆞᄫᆞ·라 어미 -오려.-오려고. ☞-ᅀᆞᄫᆞ- ¶목수미 몯 이실까 너겨 여희ᅀᆞᄫᆞ라 오니(釋譜11:20). 너희 ᄆᆞᅀᆞ매 ᄀᆞ장 隨喜ᄒᆞ고 釋迦牟尼佛ᄭᅴ 저ᅀᆞᄫᅡ 供養ᄒᆞᅀᆞᄫᆞ라(釋譜19:41). 比丘ㅣ ᄉᆞᆯᄫᅩᄃᆡ 나ᄂᆞᆫ 齋米ᄅᆞᆯ 어드라 온디 아니라 大王ᄋᆞᆯ 보ᅀᆞᄫᆞ라 오이다(月釋8:92). 一切衆生喜見菩薩이…一切大衆ᄃᆞ려 닐오ᄃᆡ 너희 一心ᄋᆞ로 念ᄒᆞᅀᆞᄫᆞ라 내 이제 日月淨明德佛 舍利ᄅᆞᆯ 供養ᄒᆞᅀᆞᄫᅩ리라(月釋18:41).

-ᅀᆞ·ᄫᆞ란ᄃᆡ 어미 -올진대.-ㄹ진대. ☞-란ᄃᆡ ¶天宮에 몯 보ᅀᆞᄫᆞ란ᄃᆡ 地獄애 겨싫가 ᄒᆞ니(月釋23:81).

-ᅀᆞ·ᄫᆞ·려 어미 -오료.-올 것인가. ¶四生ᄋᆞᆯ 거려 濟度ᄒᆞ신 功德을 어루 이긔여 기리ᅀᆞᄫᆞ려:濟四生功德可勝讚哉(月釋序9).

-ᅀᆞ·ᄫᆞ·리 어미 -오리. ☞-ᅀᆞᄫᆞ- ¶뉘 아니 ᄉᆞ랑ᄒᆞᅀᆞᄫᆞ리:孰不思懷(龍歌78章). 하ᄂᆞᆳ ᄆᆞᅀᆞᄆᆞᆯ 뉘 고티ᅀᆞᄫᆞ리:維天之心誰改誰易(龍歌85章). 뉘 달애ᅀᆞᄫᆞ리:誰誘誰導(龍歌85章). 뉘 아니 오ᅀᆞᄫᆞ리 (龍歌99章).
※-ᅀᆞᄫᆞ리>-ᅀᆞ오리>-ᄋᆞ오리>-오리

-·ᅀᆞᄫᆞ·며 어미 -오며. ☞-ᅀᆞᄫᆞ- ¶차반 가져와 夫人ᄭᅴ 供養ᄒᆞᅀᆞᄫᆞ며(月釋2:30).

-·ᅀᆞᄫᆞ·면 어미 -오면. ☞-ᅀᆞᄫᆞ- ¶모딘 사ᄅᆞᆷ 보ᅀᆞᄫᆞ면 降服ᄒᆞ야 저ᅀᆞᆸ고(月釋2:59). 形像ᄋᆞᆯ 塑畫ᄒᆞᅀᆞᄫᆞ면 存亡이 報ᄅᆞᆯ 어드리라(月釋21:54).

-ᅀᆞ·ᄫᆞ쇼·셔 어미 -오소서.-옵소서. ☞-ᅀᆞᄫᆞ- ¶귀예 듣논가 너기ᅀᆞᄫᆞ쇼셔(月釋1:2).

-ᅀᆞ·ᄫᆞ시·고 어미 -옵시고.-오시고. ☞-ᅀᆞᄫᆞ- ¶釋迦 菩薩이 藥 ᄏᆡ라 가 보ᅀᆞᄫᆞ시고(月釋1:52).

-·ᅀᆞᄫᆞᆫ 어미 -온.-시온. ☞-ᅀᆞᄫᆞ- ¶부텨 울워러 보ᅀᆞᄫᆞᆫ 사ᄅᆞ미(釋譜23:12). 各各 뫼ᅀᆞᄫᆞ니 보내샤 世尊ᄭᅴ 安否 묻ᄌᆞᄫᆞ시더니(月釋21:9).

-·ᅀᆞᄫᆞᆫ·대 어미 -온대. ¶摩騰이 大闕에 드러 進上ᄒᆞᅀᆞᄫᆞᆫ대(月釋2:67).

-ᅀᆞ·ᄫᆞᆫ·ᄃᆞᆯ 어미 -온들. ☞-ᅀᆞᄫᆞ- ¶하리로 말이ᅀᆞᄫᆞᆫᄃᆞᆯ:沮以讒說(龍歌26章).
※-ᅀᆞᄫᆞᆫᄃᆞᆯ>-ᅀᆞ온ᄃᆞᆯ>-ᄋᆞ온ᄃᆞᆯ>-온들

-ᅀᆞᄫᆞᆯ 어미 ①-올. ☞-ᅀᆞᄫᆞ- ¶衆生이 처ᅀᅥᆷ 乃終을 보ᅀᆞᄫᆞᆯ분뎡(釋譜23:44).
②-사올.-사옵는. ☞-ᅀᆞᄫᆞ ¶推戴ᄂᆞᆫ 님금 삼ᅀᆞᄫᆞᆯ 씨라(三綱. 忠33 夢周隕命).

-·ᅀᆞᄫᆞᆯ·까 어미 -올까. ☞-ᅀᆞᄫᆞ- ¶그려ᅀᅡ 아ᅀᆞᄫᆞᆯ까:豈待畫識(龍歌43章).
※-ᅀᆞᄫᆞᆯ까>-ᅀᆞ올까>-ᄋᆞ올까>-올까

-ᅀᆞ·ᄫᆞᆯ·따 어미 -올 것인가. ¶너희 어느 드ᅀᆞᄫᆞᆯ따(釋譜23:23).

-ᅀᆞ·ᄫᆞᇙ 어미 -올.-옵는. ☞-ᅀᆞᄫᆞ- ¶種種 香木ᄋᆞᆯ 가려 ᄉᆞᅀᆞᄫᆞᇙ ᄡᅡ해 왯더니(釋譜23:26). 讚歎ᄒᆞᅀᆞᄫᆞᇙ 소리 天地 드러치며 하ᄂᆞᆳ 香이 섯버므러(月釋2:52).

ᅀᆞ손 명 아손(兒孫). ¶모도고 여디 아니ᄒᆞ면 곧 後代옛 兒孫이 바ᄅᆞᆯ 드러 니디 몯ᄒᆞ야(金三5:33).

-ᅀᆞ·오니 어미 -오니. ☞-ᅀᆞᄫᆞ니.-ᅀᆞᆸ- ¶拾遺로 일즉 두ᅀᅥ 줈 그를 올이ᅀᆞ오니:拾遺曾奏數行書(初杜解22:13). 녜 글와 그륜圖ᄅᆞᆯ 올이ᅀᆞ오니:昔獻書畫圖(初杜解24:37). 聖子 革命에 帝祜ᄅᆞᆯ 뵈ᅀᆞ오니(樂範5:6. 與民樂 블근새章).
※-ᅀᆞ오니<-ᅀᆞᄫᆞ니

-ᅀᆞ·오니·라 어미 -오니라. ☞-ᅀᆞᆸ- ¶이에 모도아 讚歎ᄒᆞ고 아래 ᄂᆞᆫ화 讚歎ᄒᆞᅀᆞ오니라:此摠歎下別歎(永嘉序6). 信受ᄒᆞ야 奉行ᄒᆞᅀᆞ오니라:信受奉行(圓覺下三之二93).
※-ᅀᆞ오니라<-ᅀᆞᄫᆞ니라

-·ᅀᆞ오·ᄃᆡ 어미 -옵되. ☞-ᅀᆞᆸ- ¶偈로 부텨 讚歎ᄒᆞᅀᆞ오ᄃᆡ:以偈讚佛(法華6:150). 一切 功用ᄋᆞᆯ 보ᅀᆞ오ᄃᆡ:覩見…一切 功用ᄒᆞᅀᆞ오ᄃᆡ(圓覺下三之一3). 恭敬ᄒᆞ야 請ᄒᆞᅀᆞ오ᄃᆡ:敬請(圓覺下三之二36). 對答ᄒᆞᅀᆞ오ᄃᆡ(宣賜內訓2上27). 小人이 예 와 널이ᅀᆞ오ᄃᆡ:小人這裏攪擾了(飜老上44).
※-ᅀᆞ오ᄃᆡ<-ᅀᆞᄫᅩᄃᆡ

-ᅀᆞ·오리·라 어미 -오리라. ¶如來ᄅᆞᆯ 보ᅀᆞ오리라 ᄒᆞ시니(金剛後序13).

-·ᅀᆞ오·리이·다 어미 -ㄹ 것입니다. ¶우리 듣ᄌᆞ오면 다 닷가 ᄇᆡ호ᅀᆞ오리이다(法華3:144). 世尊하 身相ᄋᆞ로 如來ᄅᆞᆯ 서리(시러) 보ᅀᆞᆸ디 몯ᄒᆞᅀᆞ오리이다 ᄒᆞ니라:不也世尊不可以身相得見如來(金剛30).

-ᅀᆞ·오릴·ᄊᆡ 어미 -올 것이므로. ¶ᄒᆞ다가 아릿 慧 업수면 讀誦호미 비록 하나 부텻 ᄠᅳᆮ 아디 몯ᄒᆞᅀᆞ오릴ᄊᆡ(金剛序6).

-ᅀᆞ·오·며 어미 -오며. ☞-ᅀᆞᆸ- ¶님금 셤기ᅀᆞ오며:事君(宣賜內訓序3). 님굼ᄭᅴ 진심ᄒᆞ야 셤기ᅀᆞ오며:忠君(飜朴上50).

-ᅀᆞ·오·ᄆᆞᆫ 어미 -옴은. ☞-ᅀᆞᆸ- ¶묻ᄌᆞ와 詰難ᄒᆞᅀᆞ오ᄆᆞᆫ 諸法을 ᄒᆞ마 ᄇᆞᆯ기면:問難者諸法既明(楞解4:65).

-ᅀᆞ오·ᄆᆞᆯ 어미 -옴을. ☞-ᅀᆞᆸ- ¶그듸의 能히 님금 ᄉᆞ랑ᄒᆞᅀᆞ오ᄆᆞᆯ 嗟嘆ᄒᆞ고:嘆君能戀主(初杜解23:42).

-ᅀᆞ·오이·다 어미 -옵니다. ¶셔신 像ᄋᆞᆯ 보ᅀᆞ오이다 ᄒᆞ야시ᄂᆞᆯ(金剛事實3).

-ᅀᆞ·온 어미 -온. ☞-ᅀᆞᆸ- ¶牒ᄒᆞ야 詰難ᄒᆞᅀᆞ

온 젼ᄎᆞ로:牒難故(楞解4:132). 和帝 葬ᄒᆞᅀᆞ온 後에:和帝葬後(宣賜內訓2下17). 우리 本師 阿彌陁佛을 專一히 念ᄒᆞᅀᆞ온 後에(靈驗2). 三處ᄂᆞᆫ 부텨ᄭᅴ 迦葉이 傳心ᄒᆞᅀᆞ온 고디니(龜鑑上4).

-·ᅀᆞ온·대 어미 -온대. -오니까. -온즉. ☞ -숩- ¶부텻긔 가ᅀᆞ온대 그ᄢᅴ 世尊이 金色 볼홀 펴샤(靈驗18).

-ᅀᆞ·온ᄃᆞᆫ 어미 -온댄. ☞-숩- ¶오직 願ᄒᆞᅀᆞ온ᄃᆞᆫ:但願(宣賜內訓2下48). ᄇᆞ라ᅀᆞ온ᄃᆞᆫ 和尙이 慈悲로 弟子ᄋᆡ 죠고맛 智慧 잇ᄂᆞᆫ돌 뵈시ᄂᆞ니잇가:望和尙慈悲看弟子有少智慧否(六祖上19). 비ᅀᆞ온ᄃᆞᆫ 和尙이 여러 뵈쇼셔:乞和尙開示(六祖中80).

-ᅀᆞ·온·ᄃᆞᆫ 어미 -온댄. -오니까는. -온즉슨. ☞-숩- ¶願ᄒᆞᅀᆞ온ᄃᆞᆫ 慈悲로 어엿비 너기샤 드르쇼셔:唯願慈悲哀愍聽許(佛頂上1). 오직 願ᄒᆞᅀᆞ온ᄃᆞᆫ 爲ᄒᆞ샤 一定히 成佛홀 法을 니ᄅᆞ쇼셔(靈驗6). 願ᄒᆞᅀᆞ온ᄃᆞᆫ 如來ㅣ 우리ᄅᆞᆯ 爲ᄒᆞ샤 陁羅尼 디ᄂᆞᆫ 法을 너비 니ᄅᆞ쇼셔(靈驗17).

-ᅀᆞ·올 어미 -올. ☞-숩- ¶보ᅀᆞ올 ᄯᆞᄅᆞ니언뎡(楞解1:109). 福 비ᅀᆞ올 ᄯᅡ홀 삼고져 ᄒᆞ숩다소니:以爲祝釐之所(勸善文).

-·ᅀᆞ옴 어미 -옴. ☞-숩- ¶부텨 보ᅀᆞ옴도 ᄯᅩ 그러니라 ᄒᆞ시니라:觀佛亦然(圓覺下二之一23). 佛의 어루 禮ᄒᆞᅀᆞ오ᄆᆞᆯ 봄도:見佛可禮(圓覺下三之二21). 身의 實相 봄과 부텨 보ᅀᆞ오미:觀身實相觀佛(圓覺下三之二21). 所觀 업스샤ᄆᆞᆯ 敬禮ᄒᆞᅀᆞ옴 ᄃᆞᆯ히라(圓覺下三之二21). 養ᄒᆞᅀᆞ오ᄆᆞ란 즐거우샤ᄆᆞᆯ ᄀᆞ장 ᄒᆞ며(宣賜內訓1:46).

-ᅀᆞ·와 어미 -사와. ☞-ᅀᆞᄫᅡ ¶靑蓮華眼ᄋᆞᆯ ᄇᆞᅀᆞ와도 ᄯᅩ 부텻 ᄂᆞ치 겨시며(楞解1:47). 부텻 ᄠᅳ들 恭敬ᄒᆞᅀᆞ와 順ᄒᆞ샤(法華5:3). 부텨를 그리ᅀᆞ와:戀慕於佛(法華6:153). 이 ᄅᆞᆫ 經을 시러 듣ᄌᆞᆸ디 몯ᄒᆞᅀᆞ왯다니(金剛72). 無量劫 中에 한 聖人을 섬기ᅀᆞ와(牧牛訣45). 비록 能히 보ᅀᆞ와도 오직 이 化身이라(金剛125). 부텨ᄅᆞᆯ 向ᄒᆞᅀᆞ와 香 ᄘᅱ우고(佛頂上3). 溫公을 보ᅀᆞ와:見溫公(宣賜內訓1:16).

-:숩- 어미 ①-옵-. ☞-ᄉᆞᄫᆞ- ¶아숩고 믈러가니:識斯退歸(龍歌51章). 弓劍 ᄎᆞ숩고:常佩弓劍(龍歌55章). 舍利供養ᄒᆞ숩던 사ᄅᆞ미(釋譜13:51). ᄒᆞᆫ낫 고ᄌᆞ로 그륜 像ᄋᆞᆯ 供養ᄒᆞ숩거나 저숩거나 合掌ᄒᆞ숩거나 ᄒᆞᆫ 소ᄂᆞᆯ 드숩거나(釋譜13:53). 畫師ᄃᆞᆯ히 ᄒᆞ나토 몯 그리숩거늘(釋譜24:10). 諸天이 佛影을 供養ᄒᆞ숩거든 佛影도 說法ᄒᆞ더시다(月釋7:55). 첫 放光 보숩고 百姓ᄃᆞᆯ히 우숩거늘 生死受苦ᄅᆞᆯ 如來 니ᄅᆞ시니(月釋10:1). 城中에 ᄯᅩ 長者와 居士왜 ᄒᆞᆫᄢᅴ 중 이바도리라 부톄와 應ᄒᆞ샤ᄆᆞᆯ 기드리숩거늘(楞解1:31). 禮數ᄒᆞ숩고(法華6:150).

②-삽-. ¶그 舍利ㅅ 筒ᄋᆞᆯ 담숩고(釋譜24:24). 하ᄂᆞᆶ 기ᄇᆞ로 안ᅀᆞᄫᅡ(月釋2:39). ᄡᅥ를 金函애 담ᅀᆞᄫᅡ(月釋10:14).

-숩·고 어미 -옵고. ☞-숩- ¶아숩고 믈러가니:識斯退歸(龍歌51章). 弓劍 ᄎᆞ숩고:常佩弓劍(龍歌55章). 블에 ᄉᆞ숩고 부톄 法 니ᄅᆞ시니(月釋10:3). 禮數ᄒᆞ숩고 ᄯᅩ 出家ᄅᆞᆯ 請ᄒᆞᅀᆞᄫᅡ늘(月釋10:17). 頭面으로 바래 禮數ᄒᆞ숩고:頭面禮足(法華6:150). 내 녜 아리 供養ᄒᆞ숩고:我適曾供養(法華6:150). 부텨 滅度ᄅᆞᆯ 보숩고:見佛滅度(法華6:153). 禮數ᄒᆞ숩고 가니라:作禮而去(阿彌29). 后ᄅᆞᆯ 보숩고 ᄀᆞ장 놀라 닐오ᄃᆡ:見后大驚曰(宣賜內訓2上41).

-·숩노·니 어미 -옵나니. ☞-숩- ¶내 如來 니ᄅᆞ샨 經에 疑心ᄋᆞᆯ 아니 ᄒᆞ숩노니(釋譜9:26. 月釋9:46). 世尊하 ᄉᆡᆼ각ᄒᆞ숩노니 내 녜 數업슨 恒河沙劫에 그ᄢᅴ 부톄 世예 나시니:世尊憶念我昔無數恒河沙劫於時有佛出現於世(楞解6:1). 恭敬ᄒᆞ야 너기숩노니 이 經이 世間에 盛히 行ᄒᆞ야(法華1:8). 三月 安居ᄒᆞ숩노니(圓覺下三之二36).

-숩·노이·다 어미 -옵나이다. -옵니다. ☞ -숩- ¶이제 부텨셔 半身舍利ᄅᆞᆯ 請ᄒᆞ숩노이다(釋譜23:7). 唯然 世尊하 듣ᄌᆞᆸ고져 願樂ᄒᆞ숩노이다:唯然世尊願樂欲聞(金剛13). 奏明君ᄒᆞ숩노이다(鄕樂. 橫殺門).

-·숩ᄂᆞ·니 어미 -옵느니. ☞-숩- ¶赤島 안행 움홀 至今에 보숩ᄂᆞ니(龍歌5章). 佛壽無量 듣ᄌᆞᆸ고 一切 다 歡喜ᄒᆞ숩ᄂᆞ니(法華5:186).

-·숩ᄂᆞᆫ 어미 -옵는. ☞-숩- ¶須達이 몯내 ᄇᆞ라숩고 과ᄒᆞᅀᆞᄫᅡ 호ᄃᆡ 부텨 뵈숩ᄂᆞᆫ 禮數를 몰라 바ᄅᆞ 드러 묻ᄌᆞᄫᆞᄃᆡ(釋譜6:20). 소리 分別ᄒᆞᄂᆞᆫ ᄆᆞᅀᆞᄆᆞᆫ 소리 우흿 緣心을 ᄀᆞᄅᆞ치시니 곧 부텻 法度 아숩ᄂᆞᆫ 거시라(楞解2:25). 唯然은 對答ᄒᆞ숩ᄂᆞᆫ 마리오(金剛13).

-·숩더·니 어미 -옵더니. ☞-숩- ¶侯國이 오숩더니:侯國斯來(龍歌66章). 오직 그리ᅀᆞᄫᅡ 슬허 우니숩더니(釋譜23:37). 養ᄒᆞ숩더시니(宣賜內訓1:41).

※-숩더니>-옵더니

-숩·사이·다 어미 -옵사이다. -옵십니다. ☞ -숩-¶일후믈 薩婆悉達이라 ᄒᆞ숩사이다(釋譜3:p. 10).

ㆁ 자모 이응. 한글 초성(初聲) 자모(字母)의 하나. 아음(牙音). 어금닛소리. 〔초성 또는 종성에서 [ŋ] 음가(音價)로 쓰였음. 오늘날에는 ㆁ 자체(字體)는 쓰이지 않고 그 [ŋ] 음가(音價)만이 종성으로 남아 ㅇ자로 표기됨.〕 ¶ㆁ. 牙音. 如業字初發聲(訓正). 牙音ㄱ. 象舌根閉喉之形. …ㅋ比ㄱ. 聲出稍厲. 故加畫. ㄴ而ㄷ. ㄷ而ㅌ. …其因聲加畫之義皆同. 而唯ㆁ爲異(訓解. 制字). ㆁㄴㅁㅇㄹㅿ. 爲不淸不濁. ㄴㅁㅇ. 其聲最不厲. 故次序雖在於後. 而象形制字則爲之始. ㅅㅈ雖皆爲全淸. 而ㅅ比ㅈ. 聲不厲. 故亦爲制字之始. 唯牙之ㆁ. 雖舌根閉喉聲氣出鼻. 而其聲與ㅇ相似. 故韻書疑與喩多相混用. 今亦取象於喉. 而不爲牙音制字之始. 蓋喉屬水而牙屬木. ㆁ雖在牙而與ㅇ相似. 猶木之萌芽生於水而柔軟. 尙多水氣也(訓解. 制字). 洪字終聲是ㆁ. ㆁ居ᅘᅩ終而爲 ᅘᅩᇰ之類. …所以ㆁㄴㅁㅇㄹㅿ 六字爲平上去聲之終. 而餘皆爲入聲之終也. 然ㄱㆁㄷㄴㅂㅁㅅㄹ八字可足用也(訓解. 終聲). 五音之緩急. 亦各自爲對 如牙之ㆁ與ㄱ爲對. 而ㆁ促呼則變爲ㄱ而急. ㄱ舒出則變爲ㆁ而緩(訓解. 終聲). 코ᇰ爲大豆. ㆁ. 如러ᇫ울爲獺. 서ᅀᅦ爲流澌(訓解. 用字). 願ᅌᅯᆫ(釋譜6:8). 王ᅌᅪᆼ(釋譜6:9). 衛ᅌᅱᆼ(釋譜6:13). 玉ᅌᅩᆨ. 嚴ᅌᅥᆷ(釋譜6:31). 圍ᅌᅱᆼ(釋譜6:38). 光광. 明명. 病뼝. 祥썅(釋譜6:39). 比丘는 즁이라(月釋1:18). 너느 거스란 마오 그릇분 쟝망ᄒᆞ라(月釋7:41). 糞은 ᄯᅩᇰ이라(月釋10:117). ㆁ는 엄쏘리니 業업字ᄍᆞᆼ 처ᅀᅥᆷ 펴아나ᄂᆞᆫ 소리 ᄀᆞᄐᆞ니라(訓註4). ㆁ異凝(訓蒙凡例2). 唯ㆁ之初聲與ㅇ字音俗呼相近 故俗用初聲則皆用ㅇ音 若上字有ㆁ音終聲則下字必用ㆁ音爲初聲也 ㆁ字之音 動鼻作聲ㅇ字之音發爲喉中輕虛之聲而已 故初雖稍異而大體相似也 漢音 ㆁ音初聲 或歸於尼音 或ㆁㅇ相混無別(訓蒙凡例3).

ㅇ 자모 이응. 한글 초성(初聲) 자모(字母)의 하나. 무음자(無音字). 후음(喉音). 목구멍소리. ¶ㅇ. 喉音. 如欲字初發聲(訓正). ㅇ連書脣音之下則爲脣輕音(訓正). 喉音ㅇ. 象喉形. ㅋ比ㄱ. 聲出稍厲. 故加畫. ㄴ而ㄷ… ㅇ而ㆆ. ㆆ而ㅎ. 其因聲加畫之義皆同(訓解. 制字). ㆁㄴㅁㅇㄹㅿ. 爲不淸不濁. ㄴㅁㅇ. 其聲最不厲. 故次序雖在於後. 而象形制字則爲之始(訓解. 制字). 唯牙之ㆁ. 雖舌根閉喉聲氣出鼻. 而其聲與ㅇ相似. 故韻書疑與喩多相混用(訓解. 制字). 所以ㆁㄴㅁㅇㄹㅿ六字爲平上去聲之終. 而餘皆爲入聲之終也. 然ㄱㆁㄷㄴㅂㅁㅅㄹ八字可足用也. …且ㅇ聲淡而虛. 不必用於終(訓解. 終聲). 五音之緩急. 亦各自爲對如牙之ㆁ與ㄱ爲對. 而ㆁ促呼則變爲ㄱ而急. ㄱ舒出則變爲ㆁ而緩. 舌之ㄴㄷ. …喉之ㅇㆆ. 其緩急相對. 亦猶是也(訓解. 終聲). ㆆ與ㅇ相似. 於諺可以通用也(訓解. 合字). ㅇ는 목소리니 欲욕字ᄍᆞᆼ 처ᅀᅥᆷ 펴아나ᄂᆞᆫ 소리 ᄀᆞᄐᆞ니라(訓註8). ㅇ伊(訓蒙凡例2). ㆁ之初聲與ㅇ字音俗呼相近 故俗用初聲則皆用ㅇ音…ㅇ字之音 發爲喉中輕虛之聲而已 故初雖稍異而大體相似也(訓蒙凡例3). 緣원(釋譜6:6). 野양(釋譜6:18). 閻염. 浴욕(釋譜6:27). 夜양(釋譜6:32). 位윙(釋譜6:36). 舍샹(釋譜6:36). 尸싱. 棄킹. 拘궁(釋譜6:37).

ㅇ 접미음 성조(聲調)를 부드럽게 하기 위하여 붙이는 접미소(接尾素). ¶멀위랑 ᄃᆞ래랑 먹고 靑山애 살어리랏다(樂詞. 靑山別曲). 이링공 뎌링공 ᄒᆞ야 나즈란 디내와손뎌(樂詞. 靑山別曲). ᄌᆞ조 오명가명호미:數數往還(野雲80). 뻬 만흔 ᄀᆞᆯ며기ᄂᆞᆫ 오명가명ᄒᆞ거든(古時調. 李滉. 山前에. 靑丘). 紅蓼花白蘋洲渚의 오명가명ᄒᆞ노라(古時調. 鄭澈. 새원 원쥐 되여. 松江).

ㆀ 병서 쌍이응. ㅇ의 각자병서(各自並書). ¶괴여爲我愛人而 괴ᅇᅧ爲人愛我(訓解. 合字). ᄆᆞᅀᆞ미 自得ᄒᆞ야 ᄃᆞ트릐 얽ᄆᆡᅇᅲ미 아니 ᄃᆞ욀 씨라(釋譜6:29). 婆稚ᄂᆞᆫ 얽ᄆᆡᅇᅵ다 혼 마리니 싸호ᄆᆞᆯ 즐겨 제 軍 알ᄑᆡ 가다가 帝釋손ᄃᆡ ᄆᆡᅇᅵᄂᆞ니라(釋譜13:9). 네 ᄆᆞᆯ 메ᅇᅲᆫ 寶車와(釋譜13:19). 使ᄂᆞᆫ ᄒᆡᅇᅧ ᄒᆞ논 마리라(訓註3). 長常 業報애 ᄆᆡᅇᅧ(月釋序3). 和沙大國은 王이 威嚴이 업서 ᄂᆞᄆᆡ 소내 쥐ᅇᅧ 이시며(月釋2:11). 뮈ᅇᅯ내야 싸호미 업스면(月釋14:14). 生死ㅅ ᄆᆡᅇᅭᄆᆞᆯ 그르게 ᄒᆞᄂᆞ니라(月釋18:52). 간대로 愛想애 ᄆᆡᅇᅩᆫ 다시니:妄纏愛想(楞解1:43). 이제 二障애 ᄆᆡᅇᅭᄆᆞᆫ 괴외ᄒᆞ며 덛덛ᄒᆞᆫ 心性 아디 몯호ᄆᆞᆯ 브테니:今者二障所纏良由不知寂常心性(楞解1:94). 妄ᄋᆡ ᄆᆡᅇᅭ미 절로 그트리라:妄纏自釋矣(楞解1:95). 趙州의 사ᄅᆞᄆᆡ게 ᄆᆡᅇᅵᆫ

고돌 긋 아라:勘破趙州得人憎處(蒙法19).

:아 명 아(我). 나. ¶내 이 衆生이라 ᄒᆞ면 뎌 사ᄅᆞ미 衆生ᄋᆞᆯ 니ᄅᆞᄂᆞ니 我 아니며 彼 아닐 돌 아롤디니(圓覺下三之一31).

-아 조 ①-아. 호격조사(呼格助辭). ¶瞿曇아 나ᄂᆞᆫ 一切衆生이 다 부톄 ᄃᆞ외야(釋譜6:46). 阿難아 부텨 滅度ᄒᆞᆫ 後에(釋譜23:5). 큰 兄아 네 어ᄃᆡ셔 온다(蒙老1:1). 이 버다 네 사ᄒᆞ논 딥피 너므 굵다:火伴你切的草忒麤(飜老上19).

②-야. 호격조사(呼格助辭). ☞-야 ¶佛子文殊아 모ᄃᆞᆫ 疑心ᄋᆞᆯ 決ᄒᆞ고라(釋譜13:25). 比丘아 알라(月釋17:14). 善男子아(月釋21:118. 圓覺序53. 圓覺上一之二134). 딘션남ᄌᆞ아 ᄒᆞᆫ ᄆᆞᄋᆞᆷᄋᆞ로 고요히 ᄒᆞ야 내 니르ᄂᆞᆫ 바를 드르라(普勸文 興律寺板5).

-·아 조 'ㄹ' 자음이나 'ㅣ' 모음 뒤에 붙어 '-인가', '-ㄴ가', '-냐' 등 의문의 뜻을 나타내는 조사(助辭). ☞-가 ¶이ᄂᆞᆫ 賞가 罰아:是賞耶罰耶(蒙法53). 네 眼根ᄋᆞ로 내 주머귀 理ᄅᆞᆯ 견주건댄 그 ᄠᅳ디 ᄒᆞᆫ가지아 아니아:以汝眼根例我拳理其義均不(楞解1:99). 阿難ᄃᆞ려 무러 니ᄅᆞ샤ᄃᆡ 네 이제 소리아 아니아:問阿難言汝今聲不(楞解4:126). 이 몸이 크녀 아니녀:是身爲大아 不아(金剛61).

-아 조 -야. ¶네 아ᄎᆞᆷ의 나가 늣게아 오면:女朝去而晩來則(宣小4:33). 샹녜 여러 날 경영ᄒᆞ야 모ᄃᆞᆫ 후에아:常數日營聚然後(宣小6:131). 어느 나래아 軍卒을 習호믈 말려뇨:幾日休練卒(重杜解1:7).

-·아 어미 ①-아. ¶一千青蓮이 도다 펫더니(月印上4). 부텻 말ᄊᆞᄆᆞᆯ 바다 精進ᄋᆞ로 道行ᄋᆞᆯ ᄉᆞ랑ᄒᆞ라(釋譜23:12).

②-어. ¶一間茅屋도 업사 움 무더 사ᄅᆞ시니이다:茅屋無一間陶穴經艱難(龍歌111章). 舍利弗의그에 무라 두 즘겟 길마다 亭舍ᄅᆞᆯ 세콤 지ᄉᆞ니(月印上56). 三昧예 드라 諸佛ㅅ 말ᄋᆞᆯ 다 듣ᄌᆞᄫᆞ니(月釋7:26). 사ᄅᆞᆷᄋᆡ 지블 어다 내 몸ᄋᆞᆯ ᄑᆞ라지이다(月釋8:80).

아가비 명 아가위. ☞아가외 ¶아가비:山樝(物譜 木果).

아·가외 명 아가위. ☞아가비 ¶아가외 당:棠. 아가외 톄:棣 俗呼 山梨紅(訓蒙上11). 아가외 당:棠(石千14). 힌 아가외 당:棠(詩解 物名3). 아가외 두:杜(詩解 物名10). 아가외:山裡紅(譯解上55). 아가외:山樝(柳氏物名四 木). 아가외:山査(方藥40). 아가외 당:棠(兒學上6).

아감이 명 아가미. ¶고기 아감이:魚腮顋(譯解下38). 고래 아감이 뼈로 ᄆᆡᆫ든 활:魚腮弓(漢淸5:4).

아공 명 악공(樂工). 음악을 연주하는 사람. ¶아공:樂工(同文解上13).

아괴 명 아귀. 입아귀. 아관(牙關). ☞아귀 ¶인ᄉᆞᄅᆞᆯ 출히디 못ᄒᆞ며 아괴를 버리디 못ᄒᆞ거든:不省牙關不開(臘藥22).

아교 명 아교. ¶아교:皮膠 阿膠(譯解補44).

아국 명 아국(我國). ¶아국 인심이 요동ᄒᆞ기 쉬워(經筵).

아귀 명 아귀. 입아귀. ☞아괴 ¶아귀 므른 ᄆᆞᆯ:口軟馬. 아귀 센 ᄆᆞᆯ:口硬馬(老解下8). 아귀 세다:口硬(同文解下37). 아귀 세다:嘴硬(漢淸14:27).

아귀 명 아궁이. ¶부억 아귀:竈火門(譯解上18). 솟 아귀:竈口(同文解上35). 솟 아귀:竈門(譯解補14. 漢淸9:74).

:아:귀 명 아귀(餓鬼). ¶이런 有情돌ᄒᆞᆫ 이에셔 주그면 餓鬼어나 畜生이어나(釋譜9:12). 餓鬼ᄂᆞᆫ 주으린 귓거시라(月釋1:46). 닐온 地獄과 餓鬼와 畜生과 눈머니와 귀머그니와 입버우니와(楞解7:43). 餓鬼ᄂᆞᆫ 기리 餓鬼 ᄃᆞ외야(金三2:12).

아금니 명 어금니. ¶아금니:大牙(漢淸5:51). 上下 아금니 불휘 속뼈에 드러나ᄃᆡ:上下牙根裏骨(無冤錄1:30). 牙ᄂᆞᆫ 아금니오(無冤錄1:62).

아긔 명 아기의. 〔'아기'+관형격조사 '-의'〕 ⓢ아기 ¶ᄒᆞᆫ 올 피주리 되여 아긔 이븨 흘러드ᄂᆞ니라:化爲一條疑血流入孩兒口中(恩重5). 아긔 머리 숫구무 우희 브티라:貼顖上(胎要76). 아긔 깃:襁子(譯解上37).

·아·기 명 아기. ¶겨지비 아기 나ᄒᆞᇙ 時節을 當ᄒᆞ야(釋譜9:25). 아기 나ᄒᆞ리 다 아ᄃᆞᄅᆞᆯ 나ᄒᆞ며(月釋2:33). 아기 일훔을 아ᄃᆞᆯ이 나거나 ᄯᆞᆯ이 나거나 엇데ᄒᆞ리잇가(月釋8:83). 아기 하딕ᄒᆞ샤 아바님 여희싫 제 눉믈을 흘리시니(月釋8:86). ᄒᆞᆫ 아기란 업고(月釋10:24). 아기 ᄇᆡᆫ 사ᄅᆞ미(法華6:47). 아기 울어든 보고 ᄃᆞᆯ고지를 이아면 믄득 그치ᄂᆞ니라:見孩兒啼哭時把搖車搖一搖便住了(飜朴上56). 아기 깃:褯子(四解下32 褯字註). 아기 디다:半產(訓蒙上33 產字註). 아기 ᄇᆡᆯ ᄇᆡ:胚(類合下16). 아기 ᄇᆡ다:懷身(譯解上36). 등뎐이 아기 겨시다 ᄒᆞ다 ᄒᆞ니(西宮日記上1). 져 아기 하 걱졍 마스라(古時調. 어이려뇨. 靑丘). 아기 ᄇᆡᆯ 잉:孕(兒學下5).

·아·기나·히 명 아기를 낳는 일. ¶집지ᅀᅵᄅᆞᆯ 처ᅀᅥᆷ ᄒᆞ니 그제ᅀᅡ 아기나히ᄅᆞᆯ 始作ᄒᆞ니라(月釋1:44).

·아기·네 명 아기들. ¶말ᄉᆞᆷᄋᆞᆯ 브텨 여러 아기네ᄃᆞ려 니ᄅᆞ노니:寄語謝諸郞(宣小5:26).

아기바톨 명 아기바톨〔阿其拔都〕. 〔인명(人名)〕 ¶我軍稱阿其拔都 아기바톨 爭避之(阿其方言小兒之稱也拔都或作拔突蒙古語勇

敢無敵之名也)(龍歌7:10).

아기시 명 아기씨. ¶우리 업서도 아기시 즐기시던 실과나 명일이어든 싱각ᄒᆞ야 놋ᄌᆞ와라(癸丑1:121). 이 아기시ᄂᆞᆫ(閑中錄62). 少婦女曰 아기시(東言).

아기·ᄯᆞᆯ 명 아기딸. 막내딸. ¶아기ᄯᆞᆯ이 布施ᄒᆞ게 ᄒᆞ니(月印上54). 後漢ㅅ 明德馬皇后ᄂᆞᆫ 伏波將軍 援ᄋᆡ 아기ᄯᆞ리시니라:後漢明德馬皇后伏波將軍援之少女也(宣賜內訓2上40). 昷之의 아기ᄯᆞ리니:昷之之妫女也(飜小9:6). 뵈틀에 안즌 아기ᄯᆞᆯ이 가랴(古時調. 가마귀 짝짝. 靑詠).

아·기씨 명 아기씨. ¶그 어믜그에 닐오ᄃᆡ 아기씨 오시ᄂᆞ이다(月釋23:74).

·아·기아·ᄃᆞᆯ 명 아기아들. 막내아들. ¶아기아ᄃᆞᆯᄋᆡ 각시를 求ᄒᆞ더니(月印上54). 給孤獨長者ㅣ 닐굽 아ᄃᆞ리러니 여슷 아ᄃᆞᆯ란 ᄒᆞ마 갓 얼이고 아기아ᄃᆞ리 양지 곱거늘(釋譜6:13). 아비 일즉 아기아ᄃᆞᆯ 순이 뎐디집 업ᄉᆞ믈 민망히 너기거늘:父嘗悶季子純無田廬(東新續三綱. 孝1:45).

아기초 명 애기풀. 원지(遠志). ☞아기플 ¶우븨ᄌᆞ 반 량과 아기초불휘 솝 아ᅀᆞ니 반 량과를 ᄒᆞᆫᄃᆡ ᄀᆞ라:五倍子半兩遠志去心半兩同研(救簡3:1).

아기플 명 애기풀. 원지(遠志). ☞아기초 ¶아기플:苦葽…一名狗尾草 今遠志(四解下16 葽字註). 아기플:狗尾草(譯解下41).

·아·기 명 아기의. 〔'아기'+관형격조사 '-ᄋᆡ'〕 ⓢ아기 ¶아기 일훔을 아ᄃᆞᆯ이 나거나 ᄯᆞᆯ이 나거나 엇데ᄒᆞ리잇가(月釋8:83). 아기 깃:褯子(四解下32 褯字註).

아내 명 아래. ☞아래 ¶제텽 아내 일즉 슈박을 심것더니:於廬下嘗種西果(東新續三綱. 孝5:41).

아냐 조동 아니하여. ☞아녀 ¶못ᄎᆞᆷ내 즐겨아냐(女範1. 셩후 황명고후).

아·녀 조동 아니하여. ☞아냐 ¶머므디 아녀 누어 구을오:不住的臥倒打滾(飜朴上42). 만일 자시디 아녀 겨시거든:若未食則(宣小2:4).

아·녀 형 아니고. ㉮아니다 ¶너 아녀 뉘류:非汝而誰(楞解2:30). 견딜 ᄲᅮᆫ 아녀(救荒5). 오가가 아녀 넘별좌라(癸丑77).

아·녀 조형 아니하여. ㉮아니다 ¶오라디 아녀 병환이 듕ᄒᆞ시니(仁祖行狀3).

아·놈 명 아름. ☞아눔. 아름. 아롬 ¶서리 마준 거프리 비 저저 마순 아노미오:霜皮溜雨四十圍(初杜解18:12).

-아·뇨 어미 -거뇨. -뇨. -습니까. -ㅂ니까. ☞-어뇨 ¶현맛 衆生이 머리 좃ᄉᆞᄫᅡ뇨(月印上11). 여윈 못 가온ᄃᆡ 몸 커 그우닐 龍ᄋᆞᆯ 현맛 벌에 비늘을 ᄲᅡ라뇨(月釋2:47). 如來ㅅ긔 현맛 衆生이 머리 좃ᄉᆞᄫᅡ뇨(月釋2:48). 현맛 供養이 祥瑞ᄅᆞᆯ 펴아뇨(月釋17:23). 몃 싸해 수픐 서리예 지블 여희아뇨:幾地別林廬(初杜解15:16). 몃마 衡岳ᄋᆞᆯ 돌며 瀟湘ᄋᆞᆯ 건나아뇨:幾迴衡岳渡瀟湘(金三3:17). 엇데라 오래 예 와 머믈아뇨:胡爲淹此留(重杜解12:27).

-·아·늘 어미 -거늘. ☞-아놀 ¶남지늬 거상ᄆᆞ차늘 어버이 다ᄅᆞᆫ 남진 얼요려 ᄒᆞ더니:及夫喪畢父母欲奪志(續三綱. 烈22).

아·니 명 아닌 것. ¶솑가락과 솑가락 아니예 나ᄆᆞᆫ 이와 아니왜 둘히 업수믈 니ᄅᆞ시니라:出指非指言是非雙泯也(楞解2:61). 모ᄃᆞᆫ 智慧 잇ᄂᆞ닌 ᄡᅥ 비논 根元이 이 얼굴와 얼굴 아니왜며:諸有智者不應說言此揑根元是形非形(楞解2:83). 生이며 生 아니를 ᄀᆞᆯ히ᄂᆞ니:分別…是生非生(法華5:30). 須菩提여 더 衆生 아니며 衆生 아니도 아니니 엇뎨어뇨(金剛128).

아니 감 아니. ¶아니 이 行者 아니아(六祖上41).

아·니 부 아니. ¶불휘 기픈 남ᄀᆞᆫ ᄇᆞᄅᆞ매 아니 뮐ᄊᆡ:根深之木風亦不扤(龍歌2章). ᄀᆞᄆᆞ래 아니 그츨ᄊᆡ:旱亦不竭(龍歌2章). 바ᄂᆞᆯ 아니 마치시면:若不中針(龍歌52章). 高平에 아니 가시면:高平不赴(龍歌93章). 臣下ㅣ 말 아니 드러:弗聽臣言(龍歌98章). 뉘 아니 오ᅀᆞᄫᆞ리:孰不來至(龍歌99章). 아니 앗기시니:曾是不惜(龍歌106章). 아니 오리라 盟誓ᄒᆞ시니이다(月印上19). 不壞ᄂᆞᆫ 아니 헐 ᄡᅵ라(釋譜23:11). 부텨 미처 보ᅀᆞᄫᆞᆫ 사ᄅᆞ미 아니 잇ᄂᆞ니(釋譜24:18). 不은 아니 ᄒᆞ논 ᄠᅳ디라(訓註1). 아니 드롤 마리 업서(宣賜內訓序3). 좀 아니 머그니:不曾蛀者(救簡1:5). 밥 아니 머거셔:食前(救簡1:10). 여러 가짓 아니 뷘 실:諸般絨線(飜朴上47). 아니 뷘 니근 실:布縷又絨綫(訓蒙中24 縷字註). 아니 갈 길 되올소냐(萬言詞).

-·아·니 어미 -거니. -니. ☞-어니 ¶大箭 ᄒᆞᆫ 나태 突厥이 놀라ᅀᆞᄫᆞ니 어듸 머러 威不及ᄒᆞ리잇고:大箭一發突厥驚懾何地之逖而威不及(龍歌47章). 片箭 ᄒᆞᆫ 나태 島夷 놀라ᅀᆞᄫᆞ니 어늬 구더 兵不碎ᄒᆞ리잇고:片箭一發島夷驚畏何敵之堅而兵不碎(龍歌47章). 네 ᄒᆞ마 맛나ᅀᆞᄫᆞ니 前生ㄱ 罪業을 어루 버스리라(月釋2:62). 녜 祿山ᄋᆡ 亂ᄒᆞᆯ 고ᄃᆞᆯ 몰라니 오ᄂᆞᆯ 서르 볼 주를 엇디 알리오(重杜解15:47).

아니가 형 아닌가. ☞아니다 ¶哀홉다 우리 征夫ㅣ 홀로 民이 아니가:哀我征夫獨爲匪民(詩解15:15). 뎡묘년의 네 셤 가온대 ᄃᆞ라나실 적 텬지 왕니ᄒᆞᆫ 거시 데왕이 아니

가(山城40).

아·니·다 [조동] 아니하다. ☞아니ᄒᆞ다 ¶엇데 모ᄆᆞᆯ 觸디 아닌ᄂᆞ뇨:何不觸身(楞解2:114). 부모의 큰 은덕을 ᄉᆞ랑티 아니며:不思爺孃有大恩德(恩重12). 僧堂 여희디 아냐 節介ᄅᆞᆯ 디니ᄂᆞ다:不離僧堂守節麼(龜鑑上20). 諫ᄒᆞ다가 듣디 아녀늘:諫不聽(宣小4:26). 모시디 아냐ᄂᆞᆫ 못홀 일이어니와(新語1:7). 휘 여러 번 말리시되 듯디 아니시더니(女範1. 셩후 션인고후).

아·니·다 [형] 아니다. ¶赤脚仙人 아닌ᄃᆞᆯ:匪赤脚仙(龍歌21章). 큰 화리 常例 아니샤:大弧匪常(龍歌27章). 護彌 닐오ᄃᆡ 그리 아닝다(釋譜6:16). 法華앳 果記 아닌가 ᄒᆞ노라(楞解1:17). 阿難이 對答ᄒᆞᅀᆞ오ᄃᆡ 아니이다 世尊하:阿難答言不也世尊(楞解1:54). 이ᄂᆞᆫ 우리 허므리라 世尊ㅅ 다시 아니시다ᄉᆞ이다:是我等咎非世尊也(法華2:5). 뎌ᄂᆞᆫ ᄒᆞ오ᅀᅡ 사ᄅᆞᆷ 아니가:彼獨非人(宣賜內訓2上16). 이 說法가 이 說法 아니아(金三4:37). 定과 慧왜 ᄒᆞᆫ 體라 이 둘 아니니:定慧一體無是二(六祖中2). 師의 功이 아니아:非師之功耶(勸善文).

아니다 [조형] 아니하다. ☞아니ᄒᆞ다 ¶편티 아냐 ᄒᆞ시더니(新語1:26). 얼운답디 아녜라(古時調. 鄭澈. 됴즘. 松江). 그런 긴치 아닌 일ᄶᆞ지(隣語1:13). 약을 먹어 됴티 아니면(女範1. 셩후 황명고후).

아·니머·리 [부] 멀지 않게. ¶城 아니머리 뫼히 이쇼ᄃᆡ(釋譜11:24). 法座 아니머리 八萬四千衆寶蓮華ᄅᆞᆯ 지ᅀᆞ시니(月釋18:73). 앏뫼 아니머리:前頭不遠(飜老上62).

아니쇠 [명] 삼발이. ☞아리쇠 ¶아니쇠:鍋撑子(譯解補42).

아니ᄭᅩᆸ다 [형] 아니꼽다. ☞아닉ᄭᅩᆸ다. 아닛곱다 ¶그저 아니ᄭᅩᆸ다:只管惡心(漢淸8:3). 니거동이 아니ᄭᅩᆸᄉᆞ오시던지 엄쉭이 아니 겨오셔(閑中錄196).

아·니오·란·요ᄉᆞ·ᅀᅵ [명] 저번. 며칠 전. ¶向ᄋᆞᆫ 아니오란요ᄉᆞᅀᅵ라(月釋序26).

아니옷 [부] '아니'의 힘줌말. ☞-옷 ¶아니옷 머그면 네 머리ᄅᆞᆯ 버효리라(月釋10:25). 썔리 나 내 신고홀 ᄆᆡ야라 아니옷 ᄆᆡ시면 나리어다 머즌말(樂範. 處容歌).

-아니와 [어미] -거니와. ☞-어니와 ¶五教ㅣ ᄒᆞᆫ 詮에 ᄢᅦ요ᄆᆞᆯ ᄒᆞ마 아라니와:已知五教貫於群詮(圓覺上一之一76). 내 眞實로 宮中에 사ᄅᆞᆷ 잇ᄂᆞᆫ 주ᄅᆞᆯ 알아니와:吾固知宮中有人(宣賜內訓2下48).

아·니완츨ᄒᆞ·다 [형] 악하다. 나쁘다. 사납다. ☞아니완출ᄒᆞ다 ¶간곡ᄒᆞ고 아니완츨ᄒᆞ고 게으르기ᄅᆞᆯ 말라:休姦猾懶惰(飜老下43).

아·니완·출·ᄒᆞ·다 [형] 악하다. 나쁘다. 사납다. ☞아니완츨ᄒᆞ다 ¶ᄒᆞ마 이리 아니완출ᄒᆞ거든 노의란 지달ᄡᅥ라:既這般歹時再來着絆着(飜老上45). 얼굴 가죰애 이예 아니완출ᄒᆞ며 헤펄러홈ᄋᆞᆯ 멀이ᄒᆞ며:動容貌斯遠暴慢矣(宣小3:6).

아·니·완ᄒᆞ·다 [형] 악하다. 나쁘다. 사납다. ☞아니완출ᄒᆞ다. 아니환ᄒᆞ다 ¶엇디ᄒᆞ야 이런 아니완ᄒᆞᆫ 사ᄅᆞ미 잇ᄂᆞᆫ고:爲甚麼有這般的歹人(飜老上26). 아니완ᄒᆞᆫ 사람이 낫ᄂᆞ니라:生出歹人來(飜老上27). 엇디 이 됴ᄒᆞᆫ 사ᄅᆞᆷ 아니완ᄒᆞᆫ 사ᄅᆞᆷ인 줄을 아라:怎知是好人歹人(老解上43). 우리 아니완ᄒᆞᆫ 사ᄅᆞᆷ이 아니라:我不是歹人(老解上43). ᄂᆞᆺ선 아니완ᄒᆞᆫ 사ᄅᆞᆷ을 브티디 못ᄒᆞ게 ᄒᆞᄂᆞ니:不得安下面生歹人(老解上45). 아니완ᄒᆞᆫ 놈:生分忤逆(譯解上31).

아니타 [조동] 아니하다. 않다. ☞아니ᄒᆞ다 ¶존졀치 아니타:不撙節(同文解上31). 이 ᄃᆞᆯ도 ᄆᆞᄌᆞ막 되도록 오지 아니타만 ᄒᆞ시니(隣語1:26).

아·니·타 [조형] 아니하다. ☞아니ᄒᆞ다 ¶뷔디 아니며 잇디 아니타 니ᄅᆞ시니:說不空不有(金三5:35). ¶ᄒᆞᆫ간 前例가 分明치 아니타 ᄒᆞ시고(隣語1:24).

아·니한 [관] 많지 않은. 적은. 〔부정(否定)의 부사(副詞) '아니'에 '많다, 크다'의 뜻인 '한'이 합친 말.〕 ¶象애 金을 시러 여든 頃 ᄯᅡ해 즉자히 다 ᄭᆞᆯ오 아니한 ᄃᆡ 몯 다 ᄭᆞ랫거늘(釋譜6:25).

아·니한·덛 [명] 잠시(暫時). ¶ᄂᆞᆷ 爲ᄒᆞ야 닐오ᄆᆞᆯ 깃그며 ᄀᆞᄅᆞ쵸ᄆᆞᆯ 조차 아니한덛 드로ᄆᆞᆯ 깃거도(月釋17:44). 아니한덛 드르면 즉재 菩提ᄅᆞᆯ 得ᄒᆞ릴ᄊᆡ(法華4:84). 아니한 더데 境界 自然히 ᄆᆞᆯᄀᆞ리라:倏忽境界自淸(蒙法26). 斯須ᄂᆞᆫ 아니한더디라(重杜解2:8). 아니한더데 尊과 親과ᄅᆞᆯ ᄀᆞᆯ히야:俄頃辨尊親(重杜解3:66). 곧 고ᄌᆞ로 ᄒᆡ여 픠게 호ᄆᆞᆯ 아니한더데 기피ᄒᆞ고:卽遣花開深造次(重杜解10:7). 목수미 아니한더데 이셔:命在須臾(佛頂下9).

아·니한·ᄢᅴ [명] 잠시(暫時). ¶모ᄃᆞ락 흐트락 호미 ᄯᅩ 아니한ᄢᅴ로다:聚散亦暫時(初杜解22:22).

아·니한·ᄉᆞ·ᅀᅵ [명] 잠시(暫時). ☞아니한ᄉᆞ이 ¶어버ᅀᅵ 子息 ᄉᆞ랑호ᄆᆞᆫ 아니한ᄉᆞᅀᅵ어니와(釋譜6:3). 아니한ᄉᆞᅀᅵ예 다 일워내ᄂᆞ니(月釋1:27). 아니한ᄉᆞᅀᅵ예:少選之間(楞解9:53). ᄡᆞᆯ 글힌 므레 프러 머교ᄃᆡ 아니한ᄉᆞᅀᅵ예 서너 번 ᄒᆞ라:漿水和飲之須臾三四(救簡1:54). 아니한ᄉᆞᅀᅵ예:頃刻(眞言42). ※아니한ᄉᆞᅀᅵ>아니한ᄉᆞ이

아니한ᄉᆞ이 [명] 잠시(暫時). ☞아니한ᄉᆞᅀᅵ ¶주글 ᄯᅡ홀 아니한ᄉᆞ이예 버서나롸:死地脫

斯須(重杜解2:8).

아니환히 부 나쁘게. 사납게. 못되게. ¶실의 노는 아히 아니환히 누워 안홀 불와 믜여 ᄇᆞ리ᄂᆞ다:嬌兒惡臥踏裏裂(重杜解6:42).

아·니환·ᄒᆞ·다 형 나쁘다. 악하다. 사납다. ☞아니완ᄒᆞ다 ¶伊蘭은 내 아니환ᄒᆞᆫ 남기라(楞解3:45). 產後에 아니환ᄒᆞᆫ 피 ᄆᆞᅀᆞ매 다딜어:產後敗血衝心(救急下89). 아니환ᄒᆞᆫ 소리ᄒᆞ고:惡聲(救簡1:94). 南으로 녀오니 길히 더옥 아니환ᄒᆞ도다:南行道彌惡(重杜解1:20). 아니환ᄒᆞᆫ 氣運은 ᄆᆞᄎᆞ매 ᄢᅳ디 아니ᄒᆞ도다:沴氣終不滅(重杜解12:10).

아·니ᄒᆞ·다 조동 아니하다. ☞아니다 ¶ᄆᆞᅀᆞᆫ 아ᄒᆞ래ᄅᆞᆯ 光明이 긋디 아니킈 ᄒᆞ고(釋譜9:32). 가린 길홀 맛나디 아니콰뎌 ᄒᆞ실씨(楞解1:22). ᄯᅩ 어드움과 솜디 아니ᄒᆞ려니ᄯᆞᆫ(楞解2:100). 水火性이 서르 侵勞ᄒᆞ야 滅티 아니ᄒᆞ류 疑心ᄒᆞ며(楞解4:39). ᄆᆞᅀᆞ미 오히려 色香味觸애 緣티 아니콘 一切魔事ㅣ 엇데 나료(楞解7:1). 胎ᄒᆞ마 이러 사ᄅᆞᄆᆡ 相이 이저디디 아니ᄒᆞ호미:如胎已成人相不缺(楞解8:24). 올ᄆᆞ며 올모매 이 道애 여희디 아니ᄒᆞ니 니ᅀᅥ 업디 아니콰뎌 ᄒᆞ실씨:展轉不離是道欲續而不泯故(法華2:40). 앉 經을 디니디 아니홀까 저허(金剛序6). 生티 아니커니(圓覺序27). 됫오디 아니커늘(圓覺上一之二25). 달이 너기디 아니캣고 ᄇᆞ라노라:望不爲異(宣賜內訓1:67). 됴ᄒᆞᆫ 귀句ᄂᆞᆫ ᄌᆞᆺ디 아니ᄒᆞ니아:佳句莫頻頻(初杜解15:25). 妄想 더디 아니ᄒᆞ며:不除妄想(南明上3). 慈尊ㅅ 面目이 當ᄒᆞᆫ 고ᄃᆞᆯ 여희디 아니ᄒᆞ야(南明上6). ᄒᆞᆫ숨도 딥 먹디 아니ᄒᆞᄂᆞ매라:一宿不喫草(飜朴上42). 문젼을 ᄇᆞᆲ디 아니ᄒᆞ더시다:不履閾(宣小2:39). 可히 저투리디 아니콰다 홈이니라:不可恐懼也(宣小5:107). 술을 두디 아니티 아니터시니:未嘗不置酒(宣小6:130). 일즙 믈 머기디 아닛더니:不曾飮水裏(老解上28). 사ᄅᆞᆷ 죽이디 아니키로 근본을 삼아(女範1. 셩후 황명고후).

아·니ᄒᆞ·다 조형 아니하다. ☞아니다. 아니타 ¶一切有情이 나와 다ᄅᆞ디 아니케 호리라(釋譜9:4). 至極디 아니ᄒᆞᆫ ᄃᆡ 업거시ᄂᆞᆯ:靡所不至(楞解1:3). 실와 帛괘 업디 아니컨마ᄅᆞᆫ:不無絲帛(楞解6:97). 文勢ㅣ 그러티 아니타:文勢不然(法華5:213). 가히 슬프도다 볼셔 가지와 너출왜 다ᄅᆞ디 아니칸마ᄅᆞᆫ:可憐先不異枝蔓(初杜解15:21). 그 중이 ᄇᆞᄅᆞᆷ마ᄌᆞ니와 다ᄅᆞ디 아니호ᄃᆡ:其狀與中風無異(救簡1:38). 잠싼 쉬여 가미 해롭디 아니ᄒᆞ링이다 ᄒᆞ고 치 ᄆᆞᆯ 견마ᄅᆞᆯ 븟드러 ᄂᆞ리오고(太平1:47). 다ᄅᆞ니ᄂᆞᆫ 다 됴티 아니타:別箇的都不好(老解上11). 죽이디 아니코 노흐시미 올티 아니홀 ᄲᅮᆫ 아니라(明皇1:31).

아닉곱다 형 아니꼽다. ☞아닉쏩다. 아닛곱다 ¶아닉곱다:惡心(譯解上37. 同文解上19).

아닉쏩다 형 아니꼽다. ☞아닉곱다. 아닛곱다 ¶아닉쏩다:惡心(漢淸8:3).

아닌밤 명 한밤. ¶이 아닌밤에 날 ᄇᆞ리고 져 어ᄃᆡ로 가리(古時調. 콩밧틔. 靑丘).

아닛곱다 형 아니꼽다. ☞아니쏩다. 아닉곱다. 아닉쏩다 ¶아닛고오미 올라 뉘웃춤이나 당티 못ᄒᆞ니:惡心上來冷疾發的當不的(朴解下2).

아·닝·다 형 아닙니다. 아니옵니다. ☞-니이다 ¶護彌 닐오ᄃᆡ 그리 아닝다(釋譜6:16).

-아·놀 어미 -거늘. ☞-아늘. -어놀 ¶일후믈 저ᅀᆞᄫᅡ놀:旣畏名號(龍歌61章). 花鬘ᄋᆞᆯ ᄆᆡᇰᄀᆞ라 尊者ㅅ 머리에 연자놀(月印上28). 須達이 禮ᄅᆞᆯ 몰라 ᄒᆞᆫ 번도 아니 도라놀(月印上55). 太子ㅣ 구쳐 프라놀 須達이 깃거 象에 金을 시러(釋譜6:25). 이틄날 世尊ㅅ 긔 ᄉᆞᆯᄫᅡ놀(月釋7:6). 祭 ᄆᆞ차놀 使者 브려 보내 오라 ᄒᆞ야놀(月釋7:15). 올ᄒᆞᆫ 소냇 고졸 노하놀(月釋7:54之1). 黃檗이 百丈ᄋᆞᆯ 보아놀:黃檗見百丈(蒙法31). 그 아ᄃᆞᆯ 伯服으로 太子ᄅᆞᆯ 사마놀(宣賜內訓序4). 마자 나ᅀᅡ아놀:迎進之(宣賜內訓2:21). ᄲᅳᆯ 안해 사하놀:委積庭內(杜解25:1). 戴嬀ㅣ 桓公ᄋᆞᆯ 나하놀:戴嬀生桓公(宣小4:47). 즉시 안해ᄅᆞᆯ 삼고 ᄌᆞ식을 나하놀 하놀히 주다 ᄒᆞ야 일홈을 텬ᄉᆡ라 ᄒᆞ더라(太平1:39). 의뎍이 술을 ᄆᆡᆼ그라놀(十九史略1:8).

아놈 명 아름. ☞아놈. 아름. 아롬 ¶서리 마존 거프리 비 저저 마ᄋᆞᆫ 아ᄂᆞ미오:霜皮溜雨四十圍(重杜解18:12).

아ᄂᆡ 명 아내. ☞안해 ¶틔고ㅣ 골오ᄃᆡ 쳡은 어진 사ᄅᆞᄆᆡ 아ᄂᆡ오:妻(女四解3:2).

아ᄂᆡᄒᆞ다 동 아내로 삼다. ¶뎍의 ᄯᆞᆯ 숙외를 아ᄂᆡᄒᆞ야:娶(女四解4:32).

아다 동 알다. ☞알다 ¶아다:知道(同文解上20).

-·아·다 어미 -았다. ☞-어다 ¶관원ᄃᆞᆯ히 다 오나다:官人們都來了(飜朴上5). 고티기 ᄆᆞ차다:醫了(飜朴上43).

-·아다가 어미 -아다가. ¶뫼ᅀᆞᄫᅡ다가 果實 ᄲᅡ 머겨 기르ᅀᆞᄫᆞ니(釋譜11:25).

아다개 명 아다개(阿多介). 털깔개〔毛褥〕. ¶賜領事豹皮茵俗名阿多介(中宗實錄12:44). 命賜…直提學金安老毛褥俗云阿多介也(中宗實錄23:55).

아달 명 아들. ☞아들 ¶어린 아달 쓰다드머 눈물 흘려 ᄒᆞᄂᆞᆫ 말이(萬言詞答).

아담ᄒᆞ다 형 아담하다. ¶ᄒᆞᆫ 사ᄅᆞᆷ이 얼굴이 아담ᄒᆞ고 ᄐᆡ되 단졍ᄒᆞ야(太平1:18). 셩되

온슌ᄒᆞ며 아담ᄒᆞ고:性度溫雅(東新續三綱. 烈8:26). 循循히 아담ᄒᆞ고 조심ᄒᆞ니:循循雅飭(英小6:8). 지현 왈 쥬복의 아담ᄒᆞ미 자못 ᄀᆞᆺᄒᆞ니 더욱 ᄉᆞ랑ᄒᆞᄂᆞᆫ또다(落泉2:6).

아답개 명 깔개. 방석. ☞아잣깨 ¶아답개와 가족 대련을 민들려 ᄒᆞ노라:做坐褥皮搭連(朴解上29).

아당 명 아첨. ¶아당 유:諛. 아당 령:佞(類合下25). 아당 아:阿. 아당 텸:諂(類合下44). 아당:諂(同文解上25).

아·당도의·다 형 아첨하는 태도가 있다. ☞아당ᄃᆞ외다 ¶말ᄒᆞᄂᆞᆫ 이비 아당도의고 말 잘ᄒᆞ고 仁義 업슨 사ᄅᆞ미니:說口諂佞不得仁義的人(飜朴上25).

아·당ᄃᆞ외·다 형 아첨하는 태도가 있다. ☞아당도의다 ¶잠간도 對答ᄒᆞᄂᆞᆫ 마ᄅᆞᆯ 犯觸ᄒᆞ며 아당ᄃᆞ왼 말 내디 아니ᄒᆞ며:未嘗觸應答之語發諂諛之言(宣賜內訓1:2).

아·당ᄒᆞ·다 동 아첨하다. ¶虢石父와 阿黨ᄒᆞ야(宣賜內訓序4). 그러나 求ᄒᆞᄂᆞᆫ 배 阿黨ᄒᆞ며(宣賜內訓2上11). 諂曲ᄒᆞ며 아당ᄒᆞ며(六祖上72). 엇디 아당ᄒᆞ여 ᄠᅳᆮ을 받조아:寧令從諛承意(飜小9:39). 아당ᄒᆞᆯ 텸:諂. 아당ᄒᆞᆯ 유:諛(訓蒙下29). 이제 아당ᄒᆞᄂᆞᆫ 신하의 훼호미 되야:今爲佞臣之毁(東新續三綱. 忠1:5). 번이 아당ᄒᆞ기 잘ᄒᆞ며:友善柔(英小2:74). 잡은 거슬 만히 주고 아당ᄒᆞ니(明皇1:32). 아당ᄒᆞ다:行諂(同文解上25). 아당ᄒᆞ다:諂媚(漢淸8:41). 아당ᄒᆞᄂᆞᆫ 지 이셔 닐오ᄃᆡ(落泉1:1).

아뎍 명 아침(朝). ¶그나믄 아뎍의 어더 뎌녁의 일언 쟈ᄂᆞᆫ(經筵).

-·아·도 어미 -아도. ☞-어도 ¶永世快樂ᄋᆞᆯ ᄀᆞ장 ᄉᆞᆯᄫᅡ도(月印上50). 城 안햇 사ᄅᆞ미 다 와도(釋譜23:23). 비록 브를 몯 보아도 말ᄉᆞ미 虛티 아니ᄒᆞᆫ 전ᄎᆞ라(圓覺序64).

·아·득·아·득ᄒᆞ·다 형 매우 아득하다. 우매하다. ☞아독아독ᄒᆞ다 ¶아득아득ᄒᆞᆫ 사ᄅᆞ믈:迷暗(飜小8:41).

·아·득ᄒᆞ·다 형 아득하다. 어둡다. 우매하다. ☞아독ᄒᆞ다 ¶네 사ᄅᆞᆷ을 惑게 홈ᄋᆞᆫ 그 미렬코 아득ᄒᆞᆫ 이를 타셔 ᄒᆞ더니:昔之惑人也乘其迷暗(宣小5:119). 어린아이 이셔 아득히여 피ᄒᆞᆯ 주ᄂᆞᆯ 아디 몯ᄒᆞ거ᄂᆞᆯ:有弱妹茫不知避(東新續三綱. 孝4:87).

아든 동 알지는. ㉮아다 ¶드러 아든 몯ᄒᆞ여도(新語9:18).

아들 명 아들. ☞아ᄃᆞᆯ ¶아들 ᄌᆞ:子(倭解上12). 아들을 티며 ᄯᆞᆯ을 ᄭᅮ지즈며(女四解2:33). 아들 ᄌᆞ:子(兒學上1).

아듭다 형 어둡다. ¶南녃 하ᄂᆞᆯ히 아듭고:南天黑(重杜解14:4).

:아·디 동 알기. ㉮아다 ☞-디 ¶第一엣 쉽디 몯ᄒᆞᆫ 아디 어려ᄫᅳᆫ 法은 부톄ᅀᅡ 諸法의 實相ᄋᆞᆯ ᄉᆞᄆᆞᆺ 아ᄂᆞ니라(釋譜13:40). 아디 어려ᄫᅳᆫ 法을 ᄇᆞᄌᆞ러니 讚嘆ᄒᆞ시ᄂᆞ니잇고(釋譜13:44).

-아디라 어미 -고 싶도다. ¶쳡을 삼아디라 ᄒᆞ거ᄂᆞᆯ(十九史略1:27). 대뎐 형님 보아디라(癸丑34).

아·딕 부 아직. ☞아직 ¶아딕 보매 흥ᄒᆞᆫ 일은 아닛ᄂᆞᆫ가 넉이오시더니(癸丑118).

아ᄃᆞ 명 아들. 남자. (‘아ᄃᆞᆯ’의 ‘ㄹ’이 ㄴ 소리 앞에서 탈락한 형태.) ☞아ᄃᆞᆯ ¶아ᄃᆞ 남:男(訓蒙上31).

아·ᄃᆞ기 부 아득히. 어둡게. ☞아독. 아독히 ¶어리 迷惑ᄋᆡ 아ᄃᆞ기 ᄀᆞ린 三毒 브레:愚癡暗蔽三毒之火(法華2:83). 어리 迷惑ᄋᆡ 아ᄃᆞ기 ᄀᆞ료ᄆᆞᆯ 濟度코져 ᄒᆞ시고:欲度…愚癡暗蔽(法華2:83). 至極ᄒᆞᆫ 精誠이 웃듬인 고ᄃᆞᆯ 甚히 아ᄃᆞ기 모ᄅᆞ놋다:甚昧至精主(初杜解25:13).

·아ᄃᆞ기ᄒᆞ·다 동 어둡게 하다. 우매(愚昧)하게 하다. ¶뵈ᄧᆞᄂᆞᆫ 功ᄋᆞᆯ 구틔여 아ᄃᆞ기 ᄒᆞ리아:敢昧織作功(初杜解11:24).

아·ᄃᆞ:님 명 아드님. ☞아ᄃᆞ. 아ᄃᆞᆯ님 ¶淨飯王 아ᄃᆞ님 悉達이라 ᄒᆞ샤리(釋譜6:17). ᄆᆞᆮ아ᄃᆞ니ᄆᆞᆫ 釋迦如來시고 아ᅀᆞ아ᄃᆞ니ᄆᆞᆫ 難陁ㅣ라(月釋2:1). 大善生ㅅ 아ᄃᆞ님…懿摩王ㅅ 아ᄃᆞ님(月釋2:4). 明帝ㅅ 아ᄃᆞ님(宣賜內訓2上42).

아독 부 아득히. ¶아독 혼:惛. 아독 몽:懵(類合下12). 아독 묘:渺. 아독 망:茫(類合下53).

·아독·다 형 아득하다. ☞아독ᄒᆞ다 ¶훤ᄒᆞ야 브튼 ᄃᆡ 업서 새 길히 아독도다:蕩蕩無依鳥道玄(金三4:34).

아독아ᄃᆞ기 부 아득아득히. ☞아독아독히 ¶아독아ᄃᆞ기 보미 남ᄀᆞᆯ 말오 가놋다:漠漠春辭木(杜解6:52).

아독아독 부 아득아득히. ☞아독아독히 ¶나리 ᄆᆞᆺᄃᆞ록 비 아독아독 오ᄂᆞ니:竟日雨冥冥(初杜解3:41).

아독아독히 부 아득아득히. ☞아독아ᄃᆞ기. 아독아독 ¶ᄀᆞᄅᆞᇝ 가온ᄃᆡ ᄇᆞᄅᆞᆷ 부ᄂᆞᆫ 믌겨레 비 아독아독히 오놋다:江中風浪雨冥冥(初杜解3:37).

·아·독·아·독·ᄒᆞ·다 형 매우 아득하다. ☞아득아득ᄒᆞ다 ¶末學이 예 니르러 다 아독아독ᄒᆞᄂᆞ니라:末學至此皆冥冥然也(楞解2:26). 시름 그티 날로 아독아독ᄒᆞ도다:愁緖日冥冥(初杜解3:36).

·아·독히 부 아득히. ☞아ᄃᆞ기 ¶아독히 노니ᄂᆞᆫ 神이(月釋21:109). 아독히 醉ᄒᆞ야 ᄭᆡ디 아니ᄒᆞᄂᆞ다:昏昏醉未醒(南明下44).

·아·독ᄒᆞ·다 형 아득하다. 어둡다. 우매(愚

昧)하다. ☞아득ᄒᆞ다. 아ᄃᆞᆨ다 ¶아ᄃᆞᆨᄒᆞᆫ 後世예(月印上2). 恩愛ᄅᆞᆯ 머리 여희여 어즐코 아ᄃᆞᆨᄒᆞ야(釋譜6:3). 障子애 솘수프리 寂靜ᄒᆞ야 아ᄃᆞᆨᄒᆞ니:障子松林靜杳冥(重杜解16:32). 아ᄃᆞᆨᄒᆞ야 지븨 도라갈 길ᄒᆞᆯ 아디 몯ᄒᆞ야:冥然不記還家路(南明上56). 내 몸 짐쟉ᄒᆞ야 보ᄆᆞᆫ 아ᄃᆞᆨᄒᆞ니:恕已則昏(飜小8:13). 아ᄃᆞᆨᄒᆞᆯ 만:瞞. 아ᄃᆞᆨᄒᆞᆯ ᄆᆡ:昧. 아ᄃᆞᆨᄒᆞᆯ 암:暗. 아ᄃᆞᆨᄒᆞᆯ 명:瞑(訓蒙下1). 아ᄃᆞᆨᄒᆞᆯ 표:縹(類合上6). 아ᄃᆞᆨᄒᆞᆯ 료:窈(類合下55). 아ᄃᆞᆨᄒᆞᆯ 막:漠(石千26). 아ᄃᆞᆨᄒᆞᆯ 명:冥(石千28). 녯 經을 아ᄃᆞᆨ호ᄃᆡ 븟그리디 아니ᄒᆞ고:懵前經而不恥(宣小5:17). ᄒᆞᄅᆞᆫ 지비 블라 아ᄃᆞᆨᄒᆞ여 ᄃᆞ라나 피ᄒᆞᆯ 제:一日家失火蒼黃奔避(東新續三綱. 孝6:48).

-아·ᄃᆞᆫ (어미) -거든. ☞-어든 ¶길헤 艱難ᄒᆞᆫ 사ᄅᆞᆷ 보아ᄃᆞᆫ 다 布施ᄒᆞ더라(釋譜6:15). 如來ᄭᅴ 布施ᄒᆞᅀᆞᄫᅡᄃᆞᆫ 어듸 두리잇고(釋譜23:3). 솑바다ᄋᆞᆯ 드러 ᄒᆡᄃᆞᄅᆞᆯ ᄀᆞ리와ᄃᆞᆫ 日月食ᄒᆞᄂᆞ니라(月釋2:2). 시혹 이 經을 恭敬ᄒᆞ리 보아ᄃᆞᆫ 네 모로매 百千方便으로(月釋21:94). 男이어나 女ㅣ어나 보아ᄃᆞᆫ(月釋21:119). 無禮ᄒᆞᆫ 사ᄅᆞᄆᆞᆯ 보아ᄃᆞᆫ 매 새 ᄧᅩᆺ더시 ᄒᆞᇙ디니(三綱. 忠12). ᄀᆞᆺ 눉두베 므거본 ᄃᆞᆯ 아라ᄃᆞᆫ:纔覺眼皮重(蒙法2). 趙州의 올긔ᄅᆞᆯ 자바ᄃᆞᆫ:捉敗趙州(蒙法12). 길헤 누룩 시른 술위ᄅᆞᆯ 맛보아ᄃᆞᆫ:道逢麴車(初杜解15:40). 가ᄇᆡ야온 것 보아ᄃᆞᆫ 새 터리ᄅᆞᆯ 불오:見輕吹鳥毳(初杜解15:48). ᄒᆞ다가 그ᄢᅴ ᄧᅩᆺ던 사ᄅᆞᄆᆞᆯ 보아ᄃᆞᆫ:若見當年奔逐者(南明上50).

아·ᄃᆞᆯ 명 아들. ☞아들 ¶어비 아ᄃᆞ리 사ᄅᆞ시리잇가:父子其生(龍歌52章). 孝道ᄒᆞᇙ 아ᄃᆞᆯ 우루믈:孝子之哭(龍歌96章). 아기아ᄃᆞᆯ의 각시ᄅᆞᆯ 求ᄒᆞ더니(月印上54). ᄒᆞᆫ 아ᄃᆞᆯ옴 내야 내 孫子 조차 가게 ᄒᆞ라(釋譜6:9). 아ᄃᆞ리나 ᄯᆞ리어나(月釋21:97). 長者ㅣ 헌 ᄣᅵ 무든 옷 닙고 ᄯᅩᇰ ᄎᆞᆯ 그릇 자바 아ᄃᆞᄅᆡ게 가:長者著弊垢衣執除糞器往到子所(法華2:242). 一千 아ᄃᆞᆯ 中에 嫡夫人ㅅ 나ᄒᆞᆫ 나히 ᄆᆞᆺ 하니(圓覺序75). 아비와 아ᄃᆞᆯ왜 親호미 이시며(宣賜內訓序3). 진실로 아ᄃᆞᆯ 나호ᄆᆞᆫ 사오납고:信知生男惡(重杜解4:3). 서르 도라본ᄃᆡᆫ 아ᄃᆞᆯ 업소ᄆᆞᆯ 免콰소라:相顧免無兒(初杜解21:31). 오직 ᄒᆞᆫ 아ᄃᆞ리러니:只有一男(佛頂下9). 이ᄂᆞᆫ 아ᄃᆞᆯ ᄯᆞ리 아니라:非是男女(佛頂下11). 아ᄃᆞᆯ ᄌᆞ:子. 아ᄃᆞᆯ 견:囝(訓蒙上32). 밧 가ᄂᆞᆫ 아ᄃᆞᆯ 가며 뵈틀에 안즌 아기ᄯᆞᆯ이 가랴(古時調. 가마귀 ᄭᅡᆨᄭᅡᆨ. 靑詠). 현종의 아ᄃᆞᆯ 슈왕의 안해 되엿더니(明皇1:34). 불효의 ᄌᆞ식은 내 아ᄃᆞᆯ이 아니라(女範1. 모의 졔뎐직모). 당시 세 아ᄃᆞᆯ을 나하:張生三子(五倫1:47). 슈원 아젼 샹쟈의 아ᄃᆞᆯ이니:水原吏尙翥之子(五倫1:60). 셕쟈의 아ᄃᆞᆯ:石碏子(五倫2:5). 그 아ᄃᆞᆯ 후를 죽이니:殺厚(五倫2:6).
※아ᄃᆞᆯ>아들

아·ᄃᆞᆯ:님 명 아드님. ☞아ᄃᆞ님. 아ᄃᆞᆯ ¶아ᄃᆞᆯ님 誕生ᄒᆞ시고(月印上12). 아ᄃᆞᆯ님이 나샤 나히 닐구비어늘(月釋8:84). 아ᄃᆞᆯ님이 나ᅀᆞ오샤(月釋14:2).

아·라 명 아래. ☞아래. 아ᄅᆡ ¶바ᄅᆞ 아라 맛당히 니ᄅᆞ면:直下悟徹道得諦當(蒙法21).

-아·라 (어미) -아라. -거라. ☞-거라. -어라 ¶부텻 양ᄌᆞᄅᆞᆯ 보아라(釋譜23:13). 네나 살아라 ᄒᆞ고 ᄣᅡ해 앉거늘:汝走可脫幸勿俱死驟困乏坐地(三綱. 孝20). 이ᄂᆞᆫ 恩ᄋᆞᆯ 알아라 ᄒᆞ니야 恩ᄋᆞᆯ 갑가라 ᄒᆞ니야:是知恩耶報恩耶(蒙法31).

아·라듣·다 동 알아듣다. ¶그듸 가아 아라듣게 니르라(釋譜6:6).

아라들·에 동 알아들게. 깨닫게. ☞-에 ¶부텨 여러 뵈샤 다 아라들에 ᄒᆞ시니라:佛開示皆令悟入(圓覺上一之一59).

아·라·보·다 동 알아보다. ¶한 부텻 서리예 아바님 아라보실씨(月印上50). 아ᄃᆞᄅᆞᆯ 보고 아라보아(月釋13:14).

·아라우 명 아래위. ☞아래우 ¶아라우히 다 큰 브리어든(月釋1:29). ᄆᆞᇝ골 아라우히 ᄲᅥ디 아니ᄒᆞ샤(月釋2:41). 아라우 업슨 道理ㅅ ᄆᆞᅀᆞᄆᆞᆯ 發ᄒᆞ야(月釋8:71). 아라우히 몰애 잇고:上下有沙(救急上72). 아라우희 븓디 아니ᄒᆞᄂᆞ니(南明上3). 아라우히 悠悠ᄒᆞ야:上下悠悠(南明上45). 縱ᄋᆞᆫ 아라우히오(南明下6). 입 기운 ᄃᆡ ᄇᆞᄅᆞ고 아라웃니ᄅᆞᆯ 두드려 보ᄃᆡ:摩其偏急處叩齒(救簡1:22). 아라우희 막딜여 긔우니 수이 통티 몯ᄒᆞ거든:上下關格氣不能通(救簡1:65).

아라출히다 동 알아차리다. ¶샹의 뜻을 잘 아라출히며 맛당이 ᄃᆞᆫ니니(明皇1:36).

아·란·다 동 알았는가. ☞-ㄴ다 ¶能히 아란다 몰란다:能悟徹也未(蒙法21).

아랑곳 명 아랑곳. ☞아롱곳 ¶浮生이 ᄭᅮᆷ이여늘 功名이 아랑곳가(古時調. 海謠). 네 아랑곳가:管你麼(同文解下49).

아·래 명 아래. ☞아라. 아ᄅᆡ ¶城 아래 닐흔 살 쏘샤:維城之下矢七十發(龍歌40章). 나모 아래 안ᄌᆞ샤(月印上43). 하ᄂᆞᆯ 우 하ᄂᆞᆯ 아래 나뿐 尊호라(釋譜6:17). 〔'나뿐'은 '나ᄲᅮᆫ'의 오기(誤記).〕 下ᄂᆞᆫ 아래라(訓註12). 아래 ᄃᆞ외야도 어즈럽디 말며:爲下不亂(宣賜內訓1:46). 고기 ᄌᆞᄇᆞᆯ 사ᄅᆞᄆᆡ 그므른 ᄆᆞᆯᄀᆞᆫ 못 아래 모댓고:漁人網集澄潭下(初杜解7:3). ᄇᆞᄅᆞᆷ 아래 셔도다(金三3:54). 아래 하:下(訓蒙下34. 類合上2). 고과 고 아래과(瘟疫方15). 그 어미로 더브러 수플 아래

업데엿더니:與其母伏林下(東新續三綱. 孝7:44). 쏭남오 아래 ᄯᅳ러 ᄲᅧ 죽기ᄅᆞᆯ 기ᄃᆞ리더니(女四解4:16).

아래 명 하문(下門). ¶각시 더러ᄫᅳᆫ 아래 ᄀᆞ린 거시 업게 ᄃᆞ외니(月印上25).

:아·래 명 ①전일(前日). 예전. ☞아리 ¶아래브터 ᄆᆞᅀᆞ매 아ᅀᆞᄫᆞᆫ디(月印上39). 아랫 恩惠ᄅᆞᆯ 니저 ᄇᆞ리샤(釋譜6:4). 이런 고지 아래 업더니라 ᄒᆞ시고(釋譜11:32). 아래 네 어미 나ᄅᆞᆯ 여희여(月釋8:86). 아래 나ᄅᆞᆯ 됴ᄒᆞᆫ ᄆᆞᄅᆞᆯ 줄 사ᄅᆞ미 잇거늘:昔人有與吾千里馬者(飜小10:1).
②뒤. 뒷날〔後日〕. 나중. ¶宗室에 鴻恩이시며 모딘 相ᄋᆞᆯ 니ᄌᆞ실씨 千載 아래 盛德을 ᄉᆞᆯᄫᆞ니:宗室鴻恩且忘反相故維千載盛德稱仰(龍歌76章).

:아·래 부 일찍이. ☞아리 ¶아래 잇디 아니ᄒᆞᆫ 이ᄅᆞᆯ 得과라 ᄒᆞ더니:得未曾有(楞解1:29). 아래 모딘 藥을 두어 ᄂᆞᄆᆡ 命을 주기니:曾置毒藥殺害他命(佛頂下10).

아래우 명 아래위. ☞아라우 ¶아래옷 골이다 업ᄉᆞ니:上下衚都沒有(老解下7). 아래우히 화동ᄒᆞ여:上下姻睦(重二倫28).

아래위 명 아랫자리. 하위(下位). ¶아래位예 이셔 우흘 援티 아니ᄒᆞ고(宣中13).

아랜목 명 아랫목. ☞아ᄅᆞᆷ목. 아랪목 ¶아랜목 ᄡᅧ는 子息 ᄇᆡ고프다 보채ᄋᆞᆸ니(愁州曲).

:아·랫:뉘 명 전세(前世). ¶前世生ᄋᆞᆫ 아랫뉘옛 生이라(月釋1:6).

아랫동 명 아랫동☞아랪동 ¶옷 아랫동:下身(譯解下6).

:아·랫:사ᄅᆞᆷ 명 아랫사람. ¶아랫사ᄅᆞᆷ 더브러 닐오ᄃᆡ:謂其下曰(三綱. 忠20).

아·랫·옷 명 아래옷. 아랫도리옷. 치마. ¶아ᄇᆡ 고마ᄅᆞᆯ 아랫옷 ᄲᅡᆯ이디 말며:諸母不漱裳(宣賜內訓1:4).

아레ᄃᆡ 명 아래대.〔서울 성내(城內)의 동대문(東大門)과 광희문(光熙門) 지역을 이르던 말.〕¶우ᄃᆡ 밍쑹이 다섯 아레ᄃᆡ 밍쑹이 다섯(古時調. 져 건너. 南薰).

아련 형 어리고 아름다운. ¶올하 올하 아련 비올하(樂詞. 滿殿春別詞).

아·롬 명 앎. ¶키 아로미 갓가ᄫᆞ리라:大悟近矣(蒙法4). 또 ᄆᆞᅀᆞᄆᆞᆯ 가져 아로ᄆᆞᆯ 기들우디 마롫디니라:却不得將心待悟(蒙法5). 또 ᄆᆞᅀᆞᆷ 가져 아롬 기드료미 몯ᄒᆞ리며:却不得將心待悟(蒙法14). 뎐뎐ᄒᆞᆫ 體相 아로ᄆᆞᆯ 니ᄅᆞ시니라(南明上7).

아롬답다 형 아름답다. ☞아ᄅᆞᆷ답다 ¶엇디 法이 아롬답디 아니홈이리오:豈法弗美也(常訓12). 거울을 ᄆᆡᆫ드라 아롬답고 극히 조코 ᄇᆞᆰ으되(捷蒙1:8).

아롱 명 아롱. 아롱이. 얼룩. ¶감찰 아롱 ᄯᅴᄌᆞ:茶褐欒帶(老解下62). 아롱 바디예 거믄 훠 신은 勇士ㅣ:穿着花袴皁靴的勇士(朴解下30). 아롱 ᄯᅴ:欒帶(譯解上45). 다ᄉᆞᆺ 빗체 아롱 오ᄉᆞᆯ 닙으며:着五色斑之衣(英小4:13). 아롱 묏비둘기:斑鵃(柳氏物名一 羽蟲). 노리자의 아롱 오ᄉᆞᆯ 우흐로셔 쥬시도다(쌍벽가).

아롱곳 명 아랑곳. ☞아랑곳 ¶네 아롱곳가:你管他麼(譯解下53).

아뢰다 동 아뢰다. ¶御案內 아뢰ᄂᆞᆸ이다(新語8:23). 안노슈의 젼ᄒᆞ야 아뢰쇼셔(桐華寺 王郞傳7).

아르사기다 동 아로새기다. ☞아ᄅᆞ사기다 ¶穿鑿은 아르사기단 말이라(家禮1:42).

아른아른 부 아른아른. ¶아른아른 ᄉᆡ벽별은 은하열슈 썩 돗앗다(皆岩歌).

아름 명 아름〔抱〕. ☞아놈. 아ᄅᆞᆷ ¶네 아름:四摟(譯解補36).

아름다옴 명 아름다움. ¶문왕의 일ᄇᆡ 아달은 티강과 티임과 티ᄉᆞ의 아름다옴을 이엇도다(女四解4:4).

아름다히 부 아름다이. ☞아ᄅᆞᆷ다이 ¶인군이 그 ᄯᅳᆺ을 아름다히 녀겨:嘉(女四解3:2).

아름답다 형 아름답다. ☞아ᄅᆞᆷ답다 ¶아름답다:美(漢淸6:2). 아름다온 텬명을 맛ᄌᆞ와 닛ᄉᆞ올 도리 진실노 이에 잇ᄉᆞᆸᄂᆞᆫ지라:迓續休命之方亶在於斯矣(字恤4).

아름뎌 부 사사로이. ☞아름뎌이. 아ᄅᆞᆷ뎌 ¶집 안해 ᄒᆞᆫ 말 ᄡᆞᆯ ᄒᆞᆫ 잣 깁블 아름뎌 아니ᄒᆞ더라:門內斗粟尺帛無所私(二倫26).

아름뎌이 부 사사로이. ☞아름뎌. 아ᄅᆞᆷ도이 ¶ᄒᆞᆫ 말 ᄡᆞᆯ ᄒᆞᆫ 잣 깁블 아름뎌이 아니 ᄒᆞ더라:斗粟尺帛無所私(重二倫26).

아름뎨 명 아람치〔私有〕. ☞아ᄅᆞᆷ뎨 ¶ᄒᆞᆫ 낫 돈 ᄒᆞᆫ 잣 깁도 아름뎨로 아니 ᄒᆞ더라:一錢尺帛不敢私(重二倫31 文王十世).

아름묵 명 아랫목. ☞아랜목. 아랪목 ¶다ᄉᆞᄒᆞᆫ 아름묵과(古時調. 閣氏네. 靑丘).

아름저울 명 사사로 만든 저울. ☞아ᄅᆞᆷ저울 ¶뉘 감히 아름저울 ᄡᅳ리오:誰敢使私稱(老解下51).

아리 명 다리. ¶小 아리 八足 大 아리 二足 靑醬 ᄋᆞ스슥ᄒᆞᄂᆞᆫ 동난지이 사오(古時調. 되들에. 靑丘).

아리 감 아리.〔양을 부르는 소리.〕¶喚羊曰 아리(華方).

아리답다 형 아리땁다. ☞아ᄅᆞᆺ답다 ¶고지 아리다온 雜남기 迎逢ᄒᆞ고:花嬌迎雜樹(重杜解6:12).

아·리:새 명 꾀꼬리. ☞알이새 ¶아리새 창:鶬. 아리새 경:鶊(訓蒙上16). 아리새:鶬鶊(東醫 湯液一 禽部). 아리새:倉庚(詩解 物名13). 鶯 ᄭᅬ고리 黃鳥…故東醫以爲 아리

새(柳氏物名一 羽蟲).

아·리·쇠 명 삼발이. ☞아니쇠 ¶아리쇠:三脚(飜老下33. 老解下30). 아리쇠:三脚(朴解中11). 아리쇠:鍋撑子(同文解下14). 아리쇠:鍋撑(漢淸11:38).

-·아리·아 어미 -랴. -리오. -ㄹ 것인가. ☞-아리여 ¶四座ㅣ 敢히 喧笑호ᄆᆞᆯ 마라리아:四座敢辭喧(初杜解8:25).

-아리·여 어미 -랴. -리오. -ㄹ 것인가. ☞-아리아 ¶能히 玉 ᄀᆞᆮᄒᆞᆫ ᄆᆞᅀᆞᄆᆡᆺ 며ᄂᆞ리ᄅᆞᆯ 보아리여:能見玉心之婦耶(宣賜內訓序8).

-·아·리잇·가 어미 -리이까. ¶枯樹에 여름 열며 竭川에 심이 나니 그 낤 祥瑞ᄅᆞᆯ 다 ᄉᆞᆯᄫᆞ리잇가(月印上46).

아·릴·시 형 아니므로. ¶안ᄒᆞ로 저호ᄃᆡ 道士ᄋᆡ 무리 아릴ᄉᆡ 幽隱ᄒᆞᆫ 사ᄅᆞ미 허므를 본가 ᄒᆞ노라:內懼非道流幽人見瑕庇(初杜解9:3).

아릿답다 형 아리땁다. ☞아ᄅᆞᆺ답다 ¶아릿다올 교:嬌(類合下31). 아릿다온 얼굴을 지으면:作嬌小之容(重內訓1:24).

아ᄅᆞ라히 부 아득히. ☞아ᅀᆞ라히 ¶시름도이 絶境을 ᄇᆞ리고 아ᄅᆞ라히 ᄯᅩ 머리 가노라:忡忡去絶境杳杳更遠適(重杜解1:26).

아ᄅᆞ사기다 동 아로새기다. ☞아르사기다 ¶아ᄅᆞ사긴 반의 긔이ᄒᆞᆫ 음식을 다마 노하시니:雕盤珍膳(太平1:23).

아·ᄅᆞᆷ 명 ①아람치〔私有〕. ☞아름데. 아ᄅᆞᆷ뎌 ¶妾이 아ᄅᆞᆷᄋᆞ로 ᄡᅥ 公反ᄃᆞ외요ᄆᆞᆯ 蔽티 몯ᄒᆞ야:妾不能以私蔽公(宣賜內訓2上22). 아ᄅᆞᆷ 업슨 一著子ㅣ 오ᄋᆞ로 一切處에 ᄀᆞᄌᆞ니라:無私一著子全該一切處(金三3:11). 그위門엔 아ᄅᆞᄆᆞᆯ 容納 몯거니와:公門不容私(金三4:33). 하ᄂᆞᆯ 큰 德ᄋᆞ로 아ᄅᆞᆷ 업슨 큰 道ᄅᆞᆯ 가졸비시니라(南明上39). 아ᄅᆞᆷ ᄉᆞ:私(類合下4).
②백성(百姓). ¶이런 아ᄅᆞ믄 불회 업슨 남기며:如此之民如無根之木(正俗21).

아ᄅᆞᆷ 명 아름〔抱〕. ☞아놈. 아름 ¶허리 너ᄅᆞ기 세 아ᄅᆞᆷ이나 ᄒᆞ니 안아 두로디 못ᄒᆞ고:腰濶三圍抱不匝(朴解下31).

아·ᄅᆞᆷ다·ᄫᅵ 부 아름다이. 아름답게. ☞아ᄅᆞᆷ다이 ¶如來 즈재 神力 나토샤 經ㅅ 德을 아ᄅᆞᆷ다ᄫᅵ 讚歎ᄒᆞ샤 한 ᄆᆞᅀᆞᄆᆞᆯ 니ᄅᆞ와ᄃᆞ샤 너비 流布케 ᄒᆞ실씨(月釋17:93).
※아ᄅᆞᆷ다ᄫᅵ>아ᄅᆞᆷ다이

아·ᄅᆞᆷ다·ᄫᆞᆫ 형 아름다운. ㉮아ᄅᆞᆷ답다 ¶嘉瑞ᄂᆞᆫ 아ᄅᆞᆷ다ᄫᆞᆫ 祥瑞라(月釋2:47).
※아ᄅᆞᆷ다ᄫᆞᆫ>아ᄅᆞᆷ다온>아름다운

아·ᄅᆞᆷ다·온 형 아름다운. ㉮아ᄅᆞᆷ답다 ¶ᄒᆞ마 아ᄅᆞᆷ다온 會예 當ᄒᆞ샤:旣當嘉會(圓覺上一之二96). 世世로 絲綸 ᄀᆞᅀᆞᆷ아로ᄆᆡ 아ᄅᆞᆷ다오ᄆᆞᆯ 알오져 홀뎬:欲知世掌絲綸美(初杜解6:4). 아ᄅᆞᆷ다온 일후믈 사ᄅᆞ미 밋디 몯ᄒᆞᄂᆞ니:美名人不及(初杜解21:23). 이 아ᄅᆞᆷ다온 德을 됴히 너긴다 ᄒᆞ야ᄂᆞᆯ:好是懿德(宣小5:1). 다 아ᄅᆞᆷ다온 일이 아니라:皆非美事(警民25).
※아ᄅᆞᆷ다온<아ᄅᆞᆷ다ᄫᆞᆫ

아·ᄅᆞᆷ다·이 부 아름다이. ☞아ᄅᆞᆷᄃᆞ비 ¶아ᄅᆞᆷ다이 微妙ㅣ ᄀᆞᄌᆞ샤(法華2:16). 和帝 기피 아ᄅᆞᆷ다이 너겨:和帝深嘉愛焉(宣賜內訓2下11). 그 ᄆᆞᅀᆞᆷ 더러운 겨지비 보고 아ᄅᆞᆷ다이 너겨(南明下74). 그 뎡절을 아ᄅᆞᆷ다이 너겨:嘉其貞烈(飜小9:66). 됴뎡이 아ᄅᆞᆷ다이 너겨 졍녀ᄒᆞ시니라:朝廷嘉之旌閭(東新續三綱. 孝1:25). 그 절의ᄅᆞᆯ 아ᄅᆞᆷ다이 너겨 비ᄅᆞᆯ 세여 ᄡᅥ 정표ᄒᆞ니라:嘉其節義立碑以旌之(東新續三綱. 烈1:17). 국인이 아ᄅᆞᆷ다이 너겨(女範1. 모의 노모ᄉᆞ).

아·ᄅᆞᆷ·답·다 형 아름답다. ☞아롬답다. 아름답다 ¶美ᄂᆞᆫ 아ᄅᆞᆷ다ᄫᆞᆯ 씨니(釋譜13:9). 嘉瑞ᄂᆞᆫ 아ᄅᆞᆷ다ᄫᆞᆫ 祥瑞라(月釋2:47). 겨지븐 弱호모로 ᄡᅥ 아ᄅᆞᆷ다오ᄆᆞᆯ 삼ᄂᆞ니:女以弱爲美(宣賜內訓2上8). 아ᄅᆞᆷ다온 일후믈 사ᄅᆞ미 밋디 몯ᄒᆞᄂᆞ니:美名人不及(初杜解21:23). 저히며 아ᄅᆞᆷ답도다:威美(南明下14). 두 舍人의 비ᅀᅥ 이쇼미 ᄀᆞ장 아ᄅᆞᆷ다오니:兩箇舍人打扮的風風流流(飜朴上30). 아ᄅᆞᆷ다올 언:彥(類合下5). 아ᄅᆞᆷ다올 미:美(石千13). 아ᄅᆞᆷ다올 가:嘉(石千30). 아ᄅᆞᆷ다올 가:佳(石千40). 아ᄅᆞᆷ답ᄉᆞ외 여긔 오ᄅᆞᄋᆞᆸ소(新語1:2). 아ᄅᆞᆷ다오믈 못 ᄎᆞᆷ아(明皇1:38). 신명이 완젼ᄒᆞ면 ᄯᅩᄒᆞᆫ 아ᄅᆞᆷ답디 아니ᄒᆞ랴:身命俱全不亦優乎(五倫2:20). 부귀ᄅᆞᆯ 기리 누릴 거시니 ᄯᅩᄒᆞᆫ 아ᄅᆞᆷ답디 아니ᄒᆞ랴:長享富貴不亦美乎(五倫2:36).
※아ᄅᆞᆷ답다>아름답다
※'아ᄅᆞᆷ답다'의 활용 ┌아ᄅᆞᆷ답고/아ᄅᆞᆷ답게…
└아ᄅᆞᆷ다ᄫᆞᆫ/아ᄅᆞᆷ다ᄫᅡ…

아·ᄅᆞᆷ·뎌 명 아람치〔私有〕. ☞아름데. 아ᄅᆞᆷ데 ¶아ᄅᆞᆷ뎌ᄂᆞᆫ 車馬ᄅᆞᆯ 通ᄒᆞᄂᆞ니라:私通車馬(金三4:33).

아·ᄅᆞᆷ·뎌 부 사사로이. 사사롭게. ☞아름뎌 ¶愚ㅣ 아ᄅᆞᆷ뎌 疑心ᄒᆞ노니:愚竊疑焉(楞解1:16). 各各 아ᄅᆞᆷ뎌 受ᄒᆞ니잇가:各各私受(楞解8:66). 君子ᄭᅴ 아ᄅᆞᆷ뎌 뫼셔 밥 머글 저기어든 몬져 먹고 後에 말며:侍燕於君子則先飯而後已(宣賜內訓1:8). 곳과 버드른 ᄯᅩ 아ᄅᆞᆷ뎌 호미 업도다:花柳更無私(初杜解9:35). 君子ᄅᆞᆯ 아ᄅᆞᆷ뎌 뫼셔실 적이어든:侍燕於君子則(宣小3:24). 니건 나랜 돈 ᄡᅳ믈 아ᄅᆞᆷ뎌 디릴 잡더니:往日用錢捉私鑄(重杜解4:29).

아·ᄅᆞᆷ·뎟 형 아람치로 된. 사사로운. ¶아ᄅᆞᆷ뎟 飮食을 ᄆᆞᆫᄃᆞ라 먹게 ᄒᆞ야:私作飮食(飜

小9:7). 公도 아ᄅᆞᆷ뎃 ᄆᆞᅀᆞ미 잇ᄂᆞᆫ가:公有私乎(飜小10:1). 엇디 아ᄅᆞᆷ뎃 ᄆᆞᅀᆞ미 업다 니ᄅᆞ리오:豈可謂無私乎(飜小10:2).

아ᄅᆞᆷ·뎨 명 아람치〔私有〕. ☞아름뎨. 아ᄅᆞᆷ뎌 ¶ᄯᅩ 아ᄅᆞᆷ뎨로 됴뎡과 각 ᄀᆞ올 공ᄉᆞ 잘 ᄒᆞ며 몯 ᄒᆞᄂᆞᆫ 일와:及私議朝廷州縣政事得失(呂約41).

아·ᄅᆞᆷ도·이 부 사사로이. ☞아ᄅᆞᆷ뎌. 아름뎌이 ¶아ᄅᆞᆷ도이 고비 마초며:私曲會(永嘉下71). 아ᄅᆞᆷ도이 밧글 ᄒᆡ여 ᄉᆞᆯ진 고기와 보ᅀᅲᆨ과 젓과ᄅᆞᆯ 가져다가:而私令外取肥肉脯鮓(宣賜內訓1:67). 늘근 사ᄅᆞᆷᄃᆞᆯ히 아ᄅᆞᆷ도이 우니라:私泣百歲翁(重杜解4:21). 아ᄅᆞᆷ도이 간슈 아니 ᄒᆞ더라:無私藏重(二倫32 元伯同爨).

아·ᄅᆞᆷᄃᆞ외·다 형 사사롭다. ¶괴외ᄒᆞᆫ 보미 將次ㅅ 나조ᄒᆡ 깃거ᄒᆞᄂᆞᆫ 萬物은 제여곰 아ᄅᆞᆷᄃᆞ외도다:寂寂春將晩欣欣物自私(初杜解14:38).

아ᄅᆞᆷ목 명 아랫목. ☞아ᄅᆡᆺ목 ¶ᄃᆞ스ᄒᆞᆫ 아ᄅᆞᆷ목과 둣거온 니블 속에(古時調. 閣氏네. 蓬萊樂府).

아·ᄅᆞᆷ방 명 사삿방〔私室〕. ¶아ᄅᆞᆷ방의 가라 命티 아니커시든:不命適私室(宣小2:20).

아ᄅᆞᆷ밭 명 사삿밭〔私田〕. ¶ᄆᆡ햇 門ㅅ 부체여 내 아ᄅᆞᆷ바ᄐᆡ 미ᄎᆞ니:郊扉及我私(重杜解12:18).

아ᄅᆞᆷᄠᅳᆮ 명 사의(私意). ¶부텻 아ᄅᆞᆷᄠᅳ디 아니샤 허므리 實로 내게 잇닷다:非佛所私咎實在我(法華2:6).

아ᄅᆞᆷ저·울 명 사사로 만든 저울. ☞아름저울 ¶내 해 구윗 저우리라 인텻ᄂᆞ니 뉘 아ᄅᆞᆷ 저울 브리료:我的是官稱放着印子裏誰敢使私稱(飜老下57).

아ᄅᆞᆷ집 명 사삿집. 사삿방. ☞아ᄅᆞᇝ집 ¶그 子孫이 爲ᄒᆞ야 祠堂을 아ᄅᆞᆷ지ᄇᆡ 세여(家禮1:12). 아ᄅᆞᆷ지ᄇᆡ 命ᄒᆞ야 가라 ᄒᆞ디 아니커시ᄃᆞᆫ:不命適私室(重內訓1:51).

아·ᄅᆞᇝ것 명 아람치〔私有〕. 사유물(私有物). ¶그윗것과 아ᄅᆞᇝ거시 제이곰 ᄡᅡ해 브터셔:公私各地著(初杜解7:36).

아·ᄅᆞᇝ:일 명 사삿일. 사사(私事). ¶ᄂᆞᄆᆡ 아ᄅᆞᇝ일 發호ᄆᆞᆯ 닐오ᄃᆡ 訐露ㅣ라:發人私事曰訐露(楞解9:103).

아ᄅᆞᇝ집 명 사삿집. 사삿방. ☞아ᄅᆞᆷ집 ¶믈읫 며느리 아ᄅᆞᇝ지ᄇᆡ 命ᄒᆞ야 가라 ᄒᆞ디 아니커시ᄃᆞᆫ 잢간도 믈러오디 마롤 디니라:凡婦不命適私室不敢退(宣賜內訓1:57).

아·ᄅᆞᆺ답·다 형 아리땁다. ☞아릿답다 ¶溫和ᄒᆞ며 부드러운 顏色ᄋᆞᆯ ᄇᆞ리고 아ᄅᆞᆺ다온 양ᄌᆞᆯ 지ᅀᅳ면:棄和柔之色作嬌小之容(宣賜內訓1:30). 아ᄅᆞᆺ다온 져비ᄂᆞᆫ 집기슭게 드러 횟도놋다:嬌燕入簷廻(初杜解7:33).

:아ᄅᆡ 명 전일(前日). 예전. ☞아래 ¶아ᄅᆡᆺ 殃報ᄅᆞᆯ 곧 ᄲᅥ서 安樂ᄒᆞ야(月釋21:97). 아ᄅᆡᆺ 因ᄋᆞᆯ 아라(楞解1:17). 아ᄅᆡ:向來(圓覺上一之二15). 아ᄅᆡ 오래 病ᄒᆞ얫거시ᄂᆞᆯ:嘗久疾(宣賜內訓2上41). 아ᄅᆡ브터 바다 ᄡᅳ논 家風이며:依前受用家風(金三2:19). 涅槃會上애 아ᄅᆡ 親히 付屬ᄒᆞ시다(南明上1). 아ᄅᆡ 萬年天子ㅅ 목수믈 비ᅀᆞᆸ고:曾祝萬年天子壽(眞言41). 아ᄅᆡ 치와 건조면 너므 굳다:比在前忒牢壯(飜老上39). 네 아ᄅᆡ 일즉 셔울 녀러 오나시니:你在先也曾北京去來(飜老上60). 아ᄅᆡ 낭:曩(訓蒙下2). 아ᄅᆡ 소:素(類合下29). 내 아ᄅᆡ 적딘의 드러가 능히 쟝수 버히며 긔 걷디 몯ᄒᆞ니:向吾入賊陣不能斬將搴旗(東新續三綱. 忠1:8). 아ᄅᆡᄂᆞᆫ 지달ᄊᆞ더니:我在前絆着來(老解上41).

아ᄅᆡ 명 아래. ☞아래 ¶열두 ᄉᆞᆯ로셔 아ᄅᆡ로 어린 겨집을:十二歲以下幼女(警民15). 아ᄅᆡ:下頭(同文解上9). 아ᄅᆡ:下(漢淸1:49). 하늘 아ᄅᆡ 업ᄉᆞ오미 ᄯᆞ히런가(萬言詞). 우흐로 도도고 아ᄅᆡ로 눌너(武藝圖16). 아ᄅᆡ 하:下(兒學下2).

:아·ᄅᆡ 부 일찍이. ☞아래 ¶아ᄅᆡ 드렛던 險道ㅣᆫ 돌 아디 몯ᄒᆞ야(月釋21:120). 아ᄅᆡ 묻ᄌᆞ온대:嘗問(楞解1:3). 仙源이 아ᄅᆡ 닐오ᄃᆡ:仙源嘗言(宣賜內訓2上19). 아ᄅᆡ 티매 아ᄃᆞᆯ이 일즉 우디 아니ᄒᆞ다가:他日笞子未嘗泣(宣小4:19).

아ᄅᆡ녁 명 아래쪽. ☞아ᄅᆡㅅ녁 ¶아ᄅᆡ녁:下首(漢淸1:49).

아ᄅᆡㅅ녁 명 아래쪽. ☞아ᄅᆡ녁. 우ㅅ녁 ¶아ᄅᆡㅅ녁:下巴剌(同文解上9).

아ᄅᆡᆺ동 명 아랫동. ☞아랫동 ¶갑옷 아ᄅᆡᆺ동:甲裙(譯解補15).

아ᄅᆡᆺ목 명 아랫목. ☞아ᄅᆞᆷ목 ¶구돌 아ᄅᆡᆺ목:炕頭(譯解補13).

아ᄅᆡᆺᄇᆡ 명 아랫배. ¶아ᄅᆡᆺᄇᆡ:小肚(譯解補22. 漢淸5:53).

아마 부 아마. ¶졈으신니만 이셔셔ᄂᆞᆫ 아마 어긔여지기 긔이치 아니ᄒᆞ오매(隣語1:8). 日本말 ᄇᆡ호ᄂᆞᆫ 칙이 읻ᄉᆞᆸ더니 아마 그ᄅᆞᆫ ᄃᆡ가 읻ᄂᆞᆫ가 시보오매(隣語1:29).

:아마·도 부 아마도. ¶아마도 福이 조ᅀᆞᄅᆞᄫᅵ니(釋譜6:38). 아마도 고기만 자시고 즌 광어과 즌 여술 즐기더라(癸丑46). 아마도 녈구롬이 근쳐의 머믈셰라(松江. 關東別曲). 아마도 劉伶 李白이 내 벗인가 ᄒᆞ노라(古時調. 큰 盞에. 靑丘). 아마도 이 다리ᄂᆞᆫ 실족ᄒᆞ여 병든 다리(萬言詞).

:아·마커·나 부 아무렇거나. ☞아모커나. 아ᄆᆞ커나 ¶내 이제 塵俗앳 여러 이ᄅᆞᆯ 아마커나 가져:吾今試將塵俗諸事(楞解4:124). 아마커나 仔細히 보아 올ᄒᆞ며 외요ᄆᆞᆯ ᄒᆞᆫ

디위 校正홀띠어다:試詳覽之一校其當否(法華1:10). 아마커나 추자 보라:試尋看(南明下56). 눈 ᄀᆞ존 어딘 무른 아마커나 누늘 두어 보라:具眼勝流試著眼看(金三2:2). 네 아마커나 經 가져다가 ᄒᆞᆫ 偏 외오라 내 반ᄃᆞ기 너 爲ᄒᆞ야 사겨 닐오리라:汝試取經誦之一徧吾當爲汝解說(六祖中58). 네 아마커나 드러 뵈라:汝試擧者(六祖中78).

:아:만 명 아만(我慢). 만심(慢心). ¶畢陵蹉ᄂᆞᆫ 닐오매 나ᄆᆞᆫ 習이니 我慢이 한 習이라(楞解5:49). 我慢은 내로라 자바 제 노폰 양홀 씨라(法華1:195). 키 我慢을 내ᄂᆞ뇨(六祖中101).

:아모 대 아무[某]. ☞아ᄆᆞ. 아믜 ¶아모 爲ᄒᆞ다 ᄒᆞ시니:曰爲某焉(龍歌39章). 아뫼나 이 藥師瑠璃光如來ㅅ 일후믈 듣ᄌᆞᄫᆞ면(釋譜9:17). 아뫼어나 金銀七寶와 집과 妻子와(釋譜23:3). 乎ᄂᆞᆫ 아모그에 ᄒᆞᄂᆞᆫ 겨체 ᄡᅳ는 字ㅣ라(訓註1). 아뫼어나 와 내 머릿바기며(月釋1:13). 아모거긔도 제 무레 위두ᄒᆞᆫ 거슬 王이라 ᄒᆞᄂᆞ니라(月釋1:24). 나랏 일후믄 아뫼오(楞解1:17). 그 本來ㅅ 일후믄 아뫼오 내 일후믄 아모 甲이로니:其本字某我名某甲(法華2:222). 아뫼 칫 門의 길ᄒᆞᆯ 몰로라:未知適誰門(初杜解8:32). 아모도 잡디 몯ᄒᆞᄂᆞᆫ 거셔:任誰不敢拿他(飜朴上41). 아모 저라 업시 사름 도의리라:不揀幾時成得人了(飜老下43). 아못 모:某(訓蒙下24). 아모 모:某(類合下6). 引進ᄒᆞᆫ 사름 아모ㅣ라:引進人某(朴解中10). 아모도:任誰(譯解下49). 아모도 당ᄒᆞ리ᄂᆞᆫ 업ᄉᆞ오리(隣語1:4). ※ 아모>아무

아모가히 대 아무개. ☞아ᄆᆞ가히 ¶죠ᄒᆞᆫ 벗 가즌 嵇笛 아름다 아모가히 第一名들이 次例로 벌어 안ᄌᆞ(古時調. 노리갓치. 海謠).

아모개 대 아무개. ☞아ᄆᆞ가히 ¶아모개 샹소ᄒᆞ려 ᄒᆞ니(癸丑40).

:아·모거긔 대 아무에게. [‘아모’ + 부사격조사 ‘-거긔’] 독아모 ¶아모거긔도 제 무레 위두ᄒᆞᆫ 거슬 王이라 ᄒᆞᄂᆞ니라(月釋1:24).

·아·모그에 대 아무에게. [‘아모’ + 부사격조사 ‘-그에’] 독아모 ¶乎ᄂᆞᆫ 아모그에 ᄒᆞᄂᆞᆫ 겨체 ᄡᅳ는 字ㅣ라(訓註1).

:아모·ᄃᆞ 대 아무데[何處]. ☞아모ᄃᆡ. 아무ᄃᆡ. 아ᄆᆞᄃᆞ ¶하ᄂᆞᆯ해셔 飮食이 自然히 오나ᄃᆞᆫ 夫人이 좌시고 아모ᄃᆞ라셔 온동 모ᄅᆞ더시니(月釋2:25).

:아모·ᄃᆡ 대 아무데[何處]. ☞아모ᄃᆞ. 아무ᄃᆡ ¶解脫은 버슬 씨니 아모ᄃᆡ도 마곤 ᄃᆡ 업서(月釋序8).

아모·라 명 지명(地名). ¶아모라 阿木剌 地名 自慶源北行一日…(龍歌7:23).

아모라타 형 아무렇다. ☞아ᄆᆞ라타 ¶아모란 ᄀᆞ만ᄒᆞᆫ 보람이 잇고 인은 업ᄂᆞ니:有甚暗記沒印(朴解下55).

아모란 형 아무런. 아무러한. ㉮아모라타 ☞아ᄆᆞ란 ¶아모란 ᄀᆞ만ᄒᆞᆫ 보람이 잇고 인은 업ᄂᆞ니:有甚暗記沒印(朴解下55).

아모리 부 아무리. ☞아ᄆᆞ리 ¶오래 도적의게 ᄲᅡ힌 배 되면 아모리 될 줄 모ᄅᆞᆯ러라(山城58). 아모리 ᄒᆞ여도 좃디 몯ᄒᆞᆯ 일이로송이다(新語8:21). 가마귀 ᄶᅡᆨᄶᅡᆨ 아모리 운들(古時調. 靑丘). 아모리 絶景이라 ᄒᆞ여도(隣語1:10). 아모리 換此ᄒᆞᆫ들 이 溪山을 許諾ᄒᆞᆯ가(草堂曲). 아모리 ᄂᆡ 일이나 ᄂᆡ 역시 ᄂᆡ 몰ᄂᆡ라(萬言詞).

:아·모·만 부 ①얼마큼. ¶아모만도 묻디 아니ᄒᆞ고 저를 져그나 주면 곧 ᄒᆞ리라:不問多少與他些箇便是(飜朴上43). 아모만도 다긴티 아니ᄒᆞ니라:多少不打緊(飜朴上43). ②암만. 아무리. ☞아무만 ¶이런 公木은 아모만 드려도 잘 잡디 몯ᄒᆞᆯ 거시니(新語4:11). 冬섯달 바ᄅᆞᆷ 비 눈 셔리ᄅᆞᆯ 아모만 마즌들 푸러질 줄 이시랴(古時調. 李鼎輔. 님으란. 靑丘).

아모ᄧᅩ로나 부 아무쪼록. ☞아모ᄶᅩ로나. 아모죠로나 ¶그는 아모ᄧᅩ로나 견듸려니와 아마도 님 외오 살라면 그ᄂᆞᆫ 그리 못 ᄒᆞ리라(古時調. 가슴에. 靑丘).

아모ᄶᅩ로나 부 아무쪼록. ☞아모ᄧᅩ로나. 아모죠로나 ¶그ᄂᆞᆫ 아모ᄶᅩ로나 견듸려니와 아마도 님 외오 살나 ᄒᆞ면 그ᄂᆞᆫ 그리 못 ᄒᆞ리라(古時調. 가슴에. 甁歌).

아모제 명 아무 때. ☞아모. 아ᄆᆞ제 ¶아모제라 업시 밧고리라:不揀幾時要換(老解下13). 아모제라 업시:不揀幾時(老解下39).

아모조록 부 아무쪼록. ☞아모ᄧᅩ로나. 아모죠로나 ¶아모조록 낙티ᄅᆞᆯ 시기고져 ᄒᆞ시더니(閑中錄144).

아모죠로나 부 아무쪼록. ☞아모ᄧᅩ로나. 아모ᄶᅩ로나 ¶나의 所幹事ᄅᆞᆯ 宣力 周旋ᄒᆞ시고 아모죠로나 成功ᄒᆞ게 ᄒᆞ여 주ᄋᆞᆸ소(隣語3:19). 일은 아모죠로나 好樣變通ᄒᆞ오시고(隣語4:26).

아모커나 부 아무렇거나. ☞아마커나. 아ᄆᆞ커나 ¶아모커나 極力 周旋ᄒᆞ여 주ᄋᆞᆸ소(隣語1:17). 아모커나 수이 주ᄋᆞᆸ시고져 ᄒᆞᄋᆞᆸᄂᆡ(隣語1:33). 아모커나 廣求ᄒᆞ시고(隣語2:10).

아모토록 부 아무쪼록. ¶아모토록 ᄂᆡ 집을 업시 ᄒᆞ랴 ᄒᆞ니(閑中錄558).

아몹ᄢᅴ 명 아무 때. ☞아모 ¶내 아모 날 죽어 아몹ᄢᅴ 송장ᄒᆞᄂᆞ니:吾以某日死某時葬子(重二倫33).

:아·못 관 아무. ¶아못 이리어나 잢간 니러날 씨 作이오(釋譜13:41). 아못 일뢰나 ᄀᆞ

장 노ᄒᆞᆫ 긔운을 펴디 몯ᄒᆞ야(救簡1:38). 아못 거소뢰나 두 귀ᄅᆞᆯ 막고:以物塞兩耳(救簡1:61). 아못 거ᄉᆞ뢰나 ᄆᆡ야 둣다가:用物繫定(救簡2:100).

아못됴로나 부 아무쪼록. ☞아모됴로나 ¶ 아못됴로나 됴ᄒᆞᆯ 양으로(新語4:27).

아못조로나 부 아무쪼록. ☞아모죠로나 ¶ 너 아못조로나 擔當ᄒᆞ읍ᄉᆡ(古時調. 金約正 자네ᄂᆞᆫ. 歌曲).

아무ᄃᆡ 대 아무데. ☞아모ᄃᆞ. 아모ᄃᆡ. 아므드 ¶아무ᄃᆡ 간 줄 몰래라(三譯1:20).

아무리 부 아무리. ☞아ᄆᆞ리 ¶아무리 ᄇᆞᆲ다 발자최 나며(古時調. 물 아래. 青丘). 아무리 ᄒᆞ거니:無論怎麼罷(漢淸8:61).

아무만 부 암만. 아무리. ☞아모만 ¶이 後야 아무만 ᄎᆞ즌들 다시 보기 쉬오랴(古時調. 아쟈 너. 歌曲).

아문 명 아문(衙門). 관아(官衙). ¶ 아문에 가다:上衙門(新語79). 아문 령ᄉᆞ들히:衙門令史們(朴解中46).

아므 대 아무〔某〕. ☞아모 ¶御使ᄂᆞᆫ 아ᄆᆡᄋᆞᆸ도 ᄉᆈ(新語5:1). 아므나 이놈을 ᄃᆞ려다가 百年同住ᄒᆞ고(古時調. 얽고 검고. 青丘).

아므가히 대 아무개. ☞아모가히 ¶ 아므가히 이리 오라(新語1:1). 大坂 留守 아므가히 아므가히 兩人의셔(新語8:9).

아므드 대 아무데. ☞아모ᄃᆡ. 아무ᄃᆡ ¶ 다ᄅᆞᆫ 남은 ᄇᆡ 아므드러나 흣터지리라(三譯7:3). 이제 네 아므드러 가도 내 조츰을 원ᄒᆞ노라(三譯10:15).

아므라나 부 아무렇든. 아무튼. ☞아ᄆᆞ라나 ¶아므라나 골히디 말고 네 날를 져기 쥭 쑤어 줌이 엇더ᄒᆞᄂᆈ:不揀怎麼你與我做些箇粥如何(老解上49).

아므라타 형 아무렇다. ☞아ᄆᆞ라타 ¶ 쏘 아므란 쳔도 업ᄉᆞ니:又沒甚麼錢本(老解上24). 孫權이 아므라타 ᄒᆞ여 ᄃᆡ답지 아니ᄒᆞ고(三譯3:23).

아므라타 부 아무렇다 할 바. ☞아ᄆᆞ라타 ¶ 쳔만 의외예 상시 나오니 경통 참절ᄒᆞ오미 아므라타 업ᄉᆞ온 둥(諺簡43 肅宗諺簡).

아므란 형 아무런. 아무러한. ㉠아므라타 ☞아모란 ¶아므란 딥지즑 잇거든:有甚麼藁薦(老解上23). 쏘 아므란 쳔도 업ᄉᆞ니:又沒甚麼錢本(老解上24). 우리 쏘 아므란 밧븐 일이 업ᄉᆞ니:咱們又沒甚麼忙句當(老解上27). 이런가 져런가 ᄒᆞ니 아므란 줄 몰래라(古時調. 어리거든. 青丘).

아므려나 부 아무렇든. 아무튼. ☞아ᄆᆞ려나 ¶아므려나 져기 ᄡᆞᆯ 밧괴여 주어든:怎生糶與些米(老解上36). 님다히 消息을 아므려나 아쟈 ᄒᆞ니 오ᄂᆞᆯ도 거의로다(松江. 續美人曲).

아므리 부 아무리. ☞아ᄆᆞ리 ¶그 겨집이 두려 아므리 ᄒᆞᆯ 줄을 몰라 제 집으로 ᄃᆞ라나왓더니(太平1:9). 雲長이 아므리 ᄒᆞ여도 머무지 아니리라(三譯2:7). 아므리 ᄆᆡ인 새 노히다 이대도록 싀훤ᄒᆞ랴(古時調. 金光煜. 혓글고. 青丘).

아므제 명 아무 때. ☞아모. 아모제 ¶아므제나 일뎡 죽글 거시니:早晩必死(東新續三綱. 烈7:47).

아믈다 동 아물다. ☞암으다 ¶뒤은 ㄱ 코둥이 아믈 쎄 업다(東韓).

아믜 대 아무. ☞아모 ¶아믜나 ᄒᆞᆫ 말을 무러든:有人問着一句話(老解上5).

아믜 관 아무. 아무런. ☞아ᄆᆡ ¶아믜 습작을 밧디 못ᄒᆞ고(仁祖行狀11).

아미 명 아미(蛾眉). ¶깁히 념녀ᄒᆞᄂᆞᆫ 빙심이 녹고 옥당이 부어지니 아미ᄅᆞᆯ 나초고 사견을 슈겨시니(落泉3:7).

아ᄆᆡ 관 아무. 아무런. ☞아믜 ¶겨지븨 말란 아ᄆᆡ 일도 의종ᄒᆞ고:妻妾約束每事依從(恩重16). 아ᄆᆡ 빼 현 刻에 立春ᄒᆞᆫ다 ᄒᆞ면:甚時幾刻立春(朴解下48).

아ᄆᆡ것 대 아무것. ¶닐오ᄃᆡ 아ᄆᆡ거시 아ᄆᆡ만이오 아ᄆᆡ거시 아ᄆᆡ만이라 ᄒᆞ야:云某物若干某物若干(家禮4:10).

:아ᄆᆞ라·나 부 아무렇든. 아무튼. ☞아므라나. 아ᄆᆞ려나 ¶아ᄆᆞ라나 마나 헤디 말오:不揀怎生(飜老上49). 아ᄆᆞ라나 헤디 말고:不揀怎生(老解上44).

아ᄆᆞ라·타 형 아무렇다. ☞아므라타 ¶菩薩이 ᄃᆞᆫ니시며 셔 겨시며 안ᄌᆞ시며 누ᄫᅳ샤매 夫人이 아ᄆᆞ라토 아니ᄒᆞ더시니(月釋2:26). 아ᄆᆞ라토 아니코 잇거늘:不動(三綱. 忠6). ᄂᆞᆷ도 쏘 아ᄆᆞ라토 아니ᄒᆞ야 달이 너기디 아니ᄒᆞ야:人亦恬不爲怪(宣賜內訓1:68). 何有鄕ᄋᆞᆫ 아ᄆᆞ라타 몯ᄒᆞᆯ 고디니(金三2:21).

아ᄆᆞ라·타 부 아무렇다 할 바. ☞아므라타 ¶힝혀 텸상ᄒᆞᄋᆞᆸ실가 념녀 아ᄆᆞ라타 업ᄉᆞ와 ᄒᆞ오며(諺簡47 肅宗諺簡). 나도 못 뵈완디 ᄃᆞᆯ포 되오니 섭섭ᄒᆞ오미 아ᄆᆞ라타 업ᄉᆞ와 ᄒᆞᄋᆞᆸᄂᆞ이다(諺簡49 肅宗諺簡).

:아ᄆᆞ·란 형 아무런. ㉠아ᄆᆞ라타 ¶아ᄆᆞ란 ᄆᆞᅀᆞᆯ히어나 자시어나(釋譜9:40). 아ᄆᆞ란 偈ᄅᆞᆯ 니르시니라(釋譜23:30). 아ᄆᆞ란 사ᄅᆞ미 비록 能히 命을 ᄇᆞ려 아라도:忽有人雖能捨命承當(金三5:48). 아ᄆᆞ란 일 인ᄒᆞ야:因事(飜老上44). 아ᄆᆞ란 헌ᄃᆡᆫ동 몰래라:不知甚麼瘡(飜朴上13). 다 아ᄆᆞ란 ᄉᆞᆯ집이 업ᄉᆞ니:都沒甚麼膘(老解上63). 셔울도 아ᄆᆞ란 買賣ㅣ ᄒᆞᆯ 거시 업드라:京都也沒甚麼買賣(朴解上48).

:아·ᄆᆞ려:나 부 아무렇든. 아무튼. ☞아므려나. 아ᄆᆞ라나 ¶아ᄆᆞ려나 져기 ᄡᆞᆯ 밧괴여

주어든 밥지어 머거지라:怎生糶與些米做飯喫(飜老上40).

아므·례 부 아무렇게. 어떠어떠하게. ¶付囑ᄋᆞᆫ 말ᄊᆞᆷ 브터 아므례 ᄒᆞ고라 請홀 씨라(釋譜6:46).

아·므례·나 부 아무렇든. 아무튼. ☞아ᄆᆞ리나 ¶아기아ᄃᆞ리 양지 곱거늘 各別히 ᄉᆞ랑ᄒᆞ야 아므례나 됴ᄒᆞᆫ 며느리ᄅᆞᆯ 어두리라 ᄒᆞ야(釋譜6:13).

:아·ᄆᆞ리 부 아무리. 암만. ☞아모리. 아무리. 아므리 ¶則은 아ᄆᆞ리 ᄒᆞ면 ᄒᆞᄂᆞᆫ 겨체 ᄡᅳᄂᆞᆫ 字ㅣ라(訓註12). 사ᄅᆞᆷ 求호ᄆᆞᆯ 아ᄆᆞ리 호ᄆᆞᆯ 몯ᄒᆞ야:求人不奈何(金三3:8). 아ᄆᆞ리 홀 주를 몯거든:無奈何(救簡2:55).
※아ᄆᆞ리>아무리

아ᄆᆞ리나 부 아무렇든. 아무튼. ☞아므려나. 아ᄆᆞ려나. 아ᄆᆞ례나 ¶대군을 ᄃᆞ려다가 아ᄆᆞ리나 쳐치ᄒᆞ고 아바님과 동싱을 노흐쇼셔(癸丑79).

아ᄆᆞ리커나 부 아무렇거나. ☞아모커나 ¶아ᄆᆞ리커나 니ᄅᆞ라:且道(語錄21).

아ᄆᆞ만 명 암만. ¶닐오ᄃᆡ 아ᄆᆞ거시 아ᄆᆞ만이오 아ᄆᆞ거시 아ᄆᆞ만이라 ᄒᆞ야:云某物若干某物若干(家禮4:10).

:아ᄆᆞ커·나 부 아무렇거나. ☞아마커나. 아모커나. 아ᄆᆞ리카나 ¶아ᄆᆞ커나 金ᄉᆞ라기ᄅᆞᆯ 가져:試將金屑(南明上71).

아몰 명 암말. ☞암ᄆᆞᆯ ¶아ᄆᆞᆯ:騍馬(飜老下9). 아ᄆᆞᆯ 과:騍(訓蒙下7).

아몰다 동 아물다. 여물다. 온전해지다. ☞암ᄝᆞᆯ다. 암ᄆᆞᆯ다 ¶農器ᄂᆞᆫ 오히려 아ᄆᆞ라 구텟도다:農器尙牢固(重杜解1:49).

아바 명 ①아비. ☞아비 ¶아바 어마 昭昭ᄒᆞ고(普勸文19).
②아비여. ¶天下大平 羅候德 處容 아바(樂範. 處容歌).

아바니 명 아버지. ¶왕의 아바니 무숙왕의게 청ᄒᆞ야:父(女四解4:31).

아·바:님 명 아버님. ¶아바님 뒤헤 셔샤:立在父後(龍歌28章). 아바님 지ᄒᆞ신 일훔:厥考所名(龍歌90章). 아바님 일ᄏᆞᄅᆞ시니:父王稱謂(龍歌91章). 靑衣 긔별을 ᄉᆞᆯᄫᆞ바ᄂᆞᆯ 아바님 깃그시니(月印上9). 아바닚긔와 아ᄌᆞ마닚긔와(釋譜6:1). 그 ᄯᆞᆯᄃᆞ려 무로ᄃᆡ 그ᄃᆡ 아바니미 잇ᄂᆞ닛가(釋譜6:14). 아바님이 손 드르샤 부텻 발 ᄀᆞᄅᆞ치샤 셜ᄫᅳᆫ ᄠᅳᆮ 업다 ᄒᆞ시니(月釋10:2). 아바님도 어이어신 마ᄅᆞᄂᆞᆫ(樂詞. 思母曲). 아바님이 할마님 ᄭᅥ나기ᄅᆞᆯ 몯ᄒᆞ시니:父不離祖母(東新續三綱. 孝6:8). 아바님 언제 올고(萬言詞答).

아바아ᄌᆞ비 명 큰아버지. ¶아바아ᄌᆞ비:老子伯伯阿(朴解中56).

아버님 명 아버님. ☞아바님 ¶아버님 업ᄉᆞ신 일은 간댱이 버히ᄂᆞᆫ ᄃᆞᆺᄒᆞ나(癸丑88).

아븨 명 아비의. 아버지의. 독아비 ☞아뷔 ¶어와 아븨 즈ᅀᅵ여 處容 아븨 즈ᅀᅵ여(樂範. 處容歌). 아븨몯형:伯伯(老解下30). 아븨아ᄋᆞ:叔叔(老解下30). 아븨동싱누의:姑姑(老解下31). 아븨동싱누의남진:姑夫(老解下31). 반ᄃᆞ시 아븨게 請ᄒᆞ야 責正ᄒᆞ고(女四解4:11). 엇디 아븨 명을 져ᄇᆞ리고:負父命(五倫2:75).

아·븨누의 명 고모(姑母). ☞아븨동싱누의 ¶누구ᄂᆞᆫ 아븨누의게 난 ᄌᆞ식고:誰是姑姑上孩兒(飜老上16). 이ᄂᆞᆫ 小人의 아븨누의 어믜오라븨게 난 형이오:是小人姑舅哥哥(老解上14). 아븨누의:姑(譯解上56).

아븨동싱누의 명 고모(姑母). ☞아븨누의 ¶아븨동싱누의:姑姑(老解下31).

아·븨동싱누의남진 명 고모부(姑母夫). ¶아븨동싱누의남진:姑夫(飜老上15. 飜老下34). 아븨동싱누의남진:姑夫(老解下31).

아븨몯누의 명 큰고모. ¶아븨몯누의:大姑娘(譯解上56).

아븨몯형 명 큰아버지. ¶아븨몯형:伯伯(老解下30).

아븨아ᄋᆞ 명 작은아버지. ¶아븨아ᄋᆞ:叔叔(老解下30).

아븨아ᄋᆞ누의 명 작은고모. ¶아븨아ᄋᆞ누의:小姑娘(譯解上56).

아·비 명 ①아버지. ¶그 아비 ᄉᆞ랑ᄒᆞ야 샹녜 블브틀 ᄌᆞ비ᄅᆞᆯ 시기ᅀᆞᄫᅢᆺ더니(釋譜11:26). 父ᄂᆞᆫ 아비오(月釋序14). 考ᄂᆞᆫ 아비라(月釋序15). 아비옷 이시면 우리ᄅᆞᆯ 어엿비 너겨 能히 救護ᄒᆞ려늘(月釋17:21). 아비 미샹 아ᄃᆞᆯ 念호ᄃᆡ:父每念子(法華2:189). 아비 미샹 아ᄃᆞᆯ 念홈 ᄃᆞᆯ혼:父每念子等者(法華2:190). 아비어미 날 기ᄅᆞᆯ 저긔:父母養我時(初杜解8:67). 아비 부:父(訓蒙上31. 類合上19). 혹 아비 구실 ᄃᆞᆫ니ᄂᆞᆫ 양을 보ᄃᆡ(癸丑116). 아비:父親(老解下30). 제 아비 죽거ᄂᆞᆯ 어미 안가의 겨집이 되니(明皇1:32). 어려 아비 죽고 어미ᄅᆞᆯ 셤기되:幼喪父奉母(五倫1:62).
②남자의 범칭(汎稱). ¶반 가ᄂᆞᆫ 아비 眞實로 이우지 ᄃᆞ외옛도다:田父實爲隣(初杜解7:18). 그 아비ᄂᆞᆫ 올히 나히 열아호비오:那官人是今年十九歲(飜朴上46). 그 아비 文淵閣애셔:官人在文淵閣(飜朴上64). 아비 야:爺(訓蒙上31). 回回 아비 내 손모글 주여이다(樂詞. 雙花店).

아·비·어미 명 어버이. ¶아비어미 날 기ᄅᆞᆯ 저긔 밤나지 날로 히여 ᄀᆞ초더니:父母養我時日夜令我藏(初杜解8:67).

아·빅 명 아비의. 아버지의. 독아비 ☞아븨 ¶아ᄃᆞ리 아비 쳔량 믈려 가쥬미 ᄀᆞ홀씨(釋

譜13:18). 아ᄇᆡ 나해서 곱ᄀᆡ곰 사라(月釋1:47). 제 아ᄇᆡ 잇논 城에 다ᄃᆞᄅᆞ니:遂到其父所止之城(法華2:188). 그 아ᄇᆡ 잇논 ᄃᆡ:其父所止(法華2:188). 아ᄇᆡ 지븨 마초아 다ᄃᆞ라:遇到父舍(圓覺序47). 아ᄇᆡ 고마ᄅᆞᆯ 아랫옷 ᄲᆞᆯ이디 말며:諸母不漱裳(宣賜內訓1:4). 아ᄇᆡ 거상애 소니 오ᄃᆡ:父喪致客(宣賜內訓1:38). 그 아ᄇᆡ 門庭이 놉거늘:其父門庭高峻(金三3:25). 아ᄇᆡ ᄎᆡᆨ을 닑디 몯홈ᄋᆞᆫ:不能讀父之書(宣小2:16). 아ᄇᆡ 道애 고팀이 업세ᅀᅡ:無改於父之道(宣小2:24). 怡然히 아ᄇᆡ 버들 恭敬ᄒᆞ야:怡然敬父執(重杜解19:43).

아·ᄇᆡ게 [명] 아비에게. 〔'아비' + 부사격조사 '-ᄋᆡ게'〕 (독)아비 ¶諸子ㅣ 지븨 나 아ᄇᆡ게 나ᅀᅡ가:諸子出宅就父(法華2:70). 곧 아ᄇᆡ게 倍ᄒᆞ야(圓覺上二之二160).

아·ᄇᆡ그에 [명] 아비에게. 〔'아비' + 부사격조사 '-ᄋᆡ그에'〕 (독)아비 ¶다ᄉᆞᆷ어미 朱氏 아ᄇᆡ그에 하라 每常 쇠똥 ᄎᆞ이거늘(三綱. 孝17 王祥).

아·ᄇᆡ동ᄉᆡᆼ몯형 [명] 큰아버지. 백부(伯父). ¶아ᄇᆡ동ᄉᆡᆼ몯형:伯伯(飜老下34).

아·ᄇᆡ동ᄉᆡᆼ아ᅀᆞ [명] 작은아버지. 숙부(叔父). ¶아ᄇᆡ동ᄉᆡᆼ아ᅀᆞ:叔叔(飜老下34).

아사 [동] 빼앗아. (기)앗다 ¶부뫼 그 뜻을 아사 ᄀᆡ가코져 ᄒᆞ니(女範3. 뎡녀 위공ᄇᆡᆨ쳐).

아사가다 [동] 빼앗아가다. ☞앗다 ¶아사가다:搶去(譯解補36).

아사라 [동] 빼앗아라. 꺼라. (기)앗다 ¶ᄇᆞ람 분다 지게 다다라 밤들거다 블 아사라(古時調. 尹善道. 孤遺).

아사오다 [동] 빼앗아오다. ☞앗다 ¶아비 신톄를 아사오나늘:得父屍而還(東續三綱. 孝6 延守劫虎).

아삭아삭ᄒᆞ다 [형] 아삭아삭하다. ¶아삭아삭ᄒᆞᆫ 것:脆(漢淸12:60).

아·샤 [명] 아사(阿沙). 〔지명(地名)〕 ¶阿沙 아샤…阿沙卽今利城縣也(龍歌7:23).

-·아·셔 어미 -아서. -어서. -서. ¶眷屬ᄃᆞ외ᅀᆞᄫᅡ셔 셜븐 일도 이러ᄒᆞᆯ써(釋譜6:5). 지블 占卜ᄒᆞ야 예ᄅᆞᆯ 조차셔 늘구리니:卜宅從茲老(初杜解7:5). 발 뒤헤 안자셔 오ᄉᆞ로 바ᄅᆞᆯ ᄡᅡ:坐於脚後用脚裹衣(救簡1:60). 두 사ᄅᆞᆷ으로 두 녁 귀ᄅᆞᆯ 각각 자바셔 두 귀ᄅᆞᆯ 불면 즉재 ᄂᆞ리리라:使兩人各提耳吹兩耳即下(救簡2:83).

아소 [감] 아서. 아서라. 마오. 마시오. 마십시오. 〔금지의 감탄사〕 ¶니미 나ᄅᆞᆯ ᄒᆞ마 니ᄌᆞ시니잇가 아소 님하 도람 드르샤 괴오쇼셔(樂範. 鄭瓜亭). 아소 님하 어마님ᄀᆞ티 괴시리 업세라(樂詞. 思母曲). 아소 님하 ᄒᆞᆫᄃᆡ 녀젓 期約이이다(樂詞. 履霜曲).

아ᄉᆞᆸ다 [형] 아쉽다. ☞아숩다 ¶그립고 아ᄉᆞ온 ᄆᆞ음의 항혀 긘가 ᄒᆞ노라(古時調. 雪月이. 靑丘).

아쇠이 [부] 아쉽게. ¶ᄎᆞᄃᆡ도 ᄒᆞ시고 강연도 ᄒᆞ오시니 아쇠이 진졍ᄒᆞ오실가 ᄇᆞ라던 ᄆᆞ음이(閑中錄226).

아숩다 [형] 아쉽다. ☞아ᄉᆞᆸ다 ¶니 ᄆᆞᄋᆞᆷ 아수온 젼ᄎᆞ로 님의 타슬 삼노라(古時調. 가더니 이즈양ᄒᆞ여. 甁歌).

-아스라 어미 -아라. -려무나. ☞-어ᄉᆞ라 ¶져 아희 입이 보도라와 거즛말 마라스라(古時調. 니르랴보자. 靑丘).

-·아시·나 어미 -아 있으나. ¶두 셔욼 셜흔 사ᄅᆞ미 비록 사라시나:兩京三十口雖在(初杜解8:36).

-·아시·뇨 어미 -으시뇨. -으시냐. -으시었느냐. ☞-아뇨 ¶四祖ㅣ 便安히 몯 겨샤 현 고ᄃᆞᆯ 올마시뇨 몃 間ㄷ 지븨 사ᄅᆞ시리잇고:四祖莫寧息幾處徙厥宅幾間以爲屋(龍歌110章).

-·아시·니 어미 -으시니. 〔'-ᄋᆞ시니'보다 강조된 어형.〕 ☞-ᄋᆞ시니 ¶빗근 남ᄀᆞᆯ ᄂᆞ라나마시니:于彼橫木又飛越兮(龍歌86章). 오래 안자시니 ᄇᆞᄅᆞ미 ᄀᆞ장 怒ᄒᆞᄂᆞ니:坐久風頗怒(初杜解7:24). 앗가ᄂᆞᆫ 서르 멀리 안자시니(新語3:10).

-·아시·ᄂᆞᆯ 어미 -시거늘. -으시거늘. ☞-어시ᄂᆞᆯ ¶옷과 마리ᄅᆞᆯ 路中에 펴아시ᄂᆞᆯ(月印上3. 月釋1:4). 偈 지ᅀᅥ ᄉᆞᆯᄫᅡ시ᄂᆞᆯ(釋譜11:12). 부톄 구브샤 바리로 바다시ᄂᆞᆯ(釋譜24:8). ᄒᆞ마 ᄀᆞᆯᄒᆡ야 마ᄀᆡ와시ᄂᆞᆯ(楞解2:96). 臺 ᄆᆡᇰᄀᆞ라시ᄂᆞᆯ(法華7:14). 配匹ᄋᆞᆯ 사마시ᄂᆞᆯ(宣賜內訓2上5).

-·아시·든 어미 -시거든. -시면. ☞-어시든 ¶닐굽차힌 사ᄅᆞᄆᆞᆯ 보아시든 몬져 말ᄒᆞ시며(月釋2:58).

아시새 [명] 봉(鳳). ¶鳳 今只曰 새 或曰新羅古語 아시새 卽 어시새(華方).

-·아신 어미 -아 있은. ¶사라신 저긔 서르 마조 보매 술ᄋᆞᆯ 머굴디니라:生前相遇且銜盃(初杜解15:38).

아ᄉᆞ [명] 아우. ☞아ᅀᆞ ¶세 아ᄉᆞᄅᆞᆯ ᄀᆞᄅᆞ쳐(重三綱. 孝27).

아ᅀᆞᆷ [동] 빼앗음. (기)앗다 ¶그저긔 써 준 글을 올려 보고 오래 ᄉᆡᆼ각다가 닐오ᄃᆡ 말이 바ᄅᆞ니 아ᄉᆞ미 가티 아니ᄒᆞ다 ᄒᆞ고 만히 주어 보내고(太平1:14).

아ᄭᅵ·다 [동] 아끼다. ¶브즈러니 布施 行ᄒᆞ야 ᄆᆞᅀᆞ매 아ᄭᅳᆷ 업서:勤行布施心無悋惜(法華4:153).

아·ᅀᅡ [동] 빼앗아. (기)앗다 ¶이 藥이 色味香美ᄒᆞᆫᄃᆞᆯ 아라 즉재 아ᅀᅡ 머그니 毒病이 다 됴커늘(月釋17:21). 主人이 잔을 아ᅀᅡ 친히

싯거든:主人取杯親洗(呂約24). 말ᄉᆞᄆᆞᆯ 아ᅀᅡ ᄒᆞ디 말며:毋勦說(宣小2:60).

아·ᅀᅡ 동 향하여. ¶무틔 올아 將次ㅅ 길흘 아ᅀᅡ 가ᄂᆞ니:登陸將首途(初杜解8:53).

-·아·ᅀᅡ 어미 -어야. ☞-어ᅀᅡ ¶두 글을 ᄇᆡ화ᅀᅡ 알씨(月印上13). 우리ᄃᆞᆯ히 父王ㅅ 棺ᄋᆞᆯ 메ᅀᆞᄫᅡᅀᅡ ᄒᆞ리이다(月釋10:12). ᄌᆞ셕 나하ᅀᅡ ᄀᆞᆺ 부모의 은혜를 안다 ᄒᆞᄂᆞ니라:養子方知父母恩(飜朴上58).

아·ᅀᅩᆷ 동 빼앗음. ㉮앗다 ¶듣글ᄢᅴ 아ᅀᅩᆷ ᄀᆞᆮᄒᆞ야:如去塵垢(楞解9:85). 王師ㅣ 東郡 아ᅀᅩᄆᆞᆯ 알외디 몯ᄒᆞ야시니:王師未報收東郡(初杜解7:3). 區區히 ᄃᆞ토와 아ᅀᅩ미 하도다:區區爭奪繁(初杜解16:4). 더운 것 아ᅀᅩᄆᆡᆫ:除熱(眞言19).

아·ᅀᅵ 명 처음. 애벌〔初回〕. ☞아이 ¶아ᅀᅵ 삘 분:饙(訓蒙下12). ※아ᅀᅵ>아이

·아·ᅀᆡ 명 아우가. 독아ᅀᆞ ¶두 아ᅀᆡ ᄯᅩ 山東애 잇도다:兩弟亦山東(初杜解8:38). 형과 아ᅀᆡ 서르 ᄉᆞ랑ᄒᆞ고:兄及弟矣式相好矣(飜小7:44).

아·ᅀᆡ·며 명 아우며. 독아ᅀᆞ ¶아ᅀᆡ며 누의를:弟妹(飜小9:36).

아ᅀᆡ져네 명 초저녁에.〔'아ᅀᆡ'는 '初', '져네'는 '前에'로 짐작됨.〕¶잇 양ᄌᆞ로 두ᅀᅥ 힐 ᄅᆞᆯ 子息 나코 後에 ᄯᅩ ᄇᆡ야 남진과 ᄒᆞ야 父母ㅅ 지븨 오다가 길헤 ᄀᆞᄅᆞ미 잇더니 므리 만코 길흔 멀오 도ᄌᆞᄀᆞᆫ 하고 건나디 몯ᄒᆞ야 ᄀᆞᅀᅢ셔 자다니 아ᅀᆡ져네 과글이 ᄇᆡᄅᆞᆯ 알하 믄득 니러 안자 아니오라아 ᄑᆞᅀᅥ리예 아ᄃᆞᄅᆞᆯ 나호니(月釋10:23).

아ᅀᆞ 명 아우. ☞아ᄉᆞ. 아ᄋᆞ. 앗. 앙 ¶아ᅀᆞ爲弟(訓解. 用字). 靈鷲山애 겨샤 아ᅀᆞ와 아ᄃᆞᆯ ᄃᆞ리샤(月釋10:1). 아ᅀᆞ 이바도ᄆᆞᆯ 난븐 일 업더니:養弟勤劇無所不至(三綱. 孝24 不害捧屍). 王이 卽時예 나라ᄒᆞ로 아ᅀᆞ 맛디고(法華7:144). 아ᅀᆞ와 겨집과 子息괘라(宣賜內訓1:2). 王의 아ᅀᆞ:王弟(宣賜內訓2上32). 아ᅀᆞ와 누의와ᄂᆞᆫ 各各 어드러 가니오:弟妹各何之(初杜解8:25). 내 ᄒᆞ마 아ᅀᆞ와 누위를 ᄎᆞ자볼 지비 업수니:我已無家尋弟妹(初杜解23:46). 제 아ᅀᆞ 云山이ᄂᆞᆫ 나히 여ᄃᆞᆲ이러니:其弟云山年八(續三綱. 孝19). 오나라 아ᅀᆡ여:來麼兄弟(飜朴上24). 아ᅀᆞ 뎨:弟(訓蒙上32). 아ᅀᆞ 뎨:弟(類合上19). 아ᅀᆞ 사모리라:弟(誡初2). 弟曰 了兒(雞類). 弟阿自(譯語. 人物門).
※앙>아ᅀᆞ>아ᄋᆞ>아우

아ᅀᆞ누의 명 누이동생. ☞아ᄋᆞ누의 ¶妹ᄂᆞᆫ 아ᅀᆞ누의라(月釋21:162). ᄆᆞᆮ누의와 아ᅀᆞ누의와:姊妹(宣賜內訓1:5). 아ᅀᆞ누의남진:妹夫(飜老下34). 아ᅀᆞ누의 ᄆᆡ:妹(訓蒙上32. 類合上19).

아ᅀᆞ:님 명 아우님. ¶淨飯王ㅅ 아ᅀᆞ니ᄆᆞᆫ 白飯王과 斛飯王과 甘露飯王이라(月釋2:1).

·아·ᅀᆞ라·이 부 아득히. ☞아ᅀᆞ라히 ¶正ᄒᆞᆫ 길히 아ᅀᆞ라이 ᄀᆞ리오(南明上76).

·아·ᅀᆞ라·히 부 아득히. 까마아득히. ☞아ᄋᆞ라히 ¶平陰엣 音信이 갓가이 이시니 앗ᄋᆡ 사라슈믈 아ᅀᆞ라히 ᄃᆞᆺ노라:近有平陰信遙憐舍弟存(初杜解8:35). 아ᅀᆞ라히 훤ᄒᆞᆫ ᄣᅡ해:莽空濶(初杜解9:5). 錦水ㅅ 믌겨레 아ᅀᆞ라히 더으노라:遙添錦水波(初杜解21:12). 네의 葛强 ᄀᆞᆮ호ᄆᆞᆯ 아ᅀᆞ라히 ᄃᆞᆺ노라:遙憐似葛强(初杜解23:21). 아ᅀᆞ라히 荊州衡山애 누어쇼라:渺渺臥荊衡(初杜解23:34). 하ᄂᆞᆯ해 다ᄃᆞᆫᄂᆞᆫ 고히ᅀᅡ 다 아ᅀᆞ라히 듣ᄂᆞ니:撩天鼻孔悉撩聞(眞言9). 아ᅀᆞ라히 하ᄂᆞᆯ햇 므레 ᄌᆞᆷ겻ᄂᆞ니:遠浸碧漢(飜朴上68).
※아ᅀᆞ라히>아ᄋᆞ라히

·아ᅀᆞ라·ᄒᆞ·다 형 아득하다. 까마아득하다. ☞아오라ᄒᆞ다. 아ᄋᆞ라ᄒᆞ다 ¶消息은 둘히 다 아ᅀᆞ라ᄒᆞ더라:消息兩茫然(初杜解23:23). 妖恠로왼 氣運ㅣ 믄듯 아ᅀᆞ라ᄒᆞ도다:妖氣忽杳冥(初杜解24:5). 범 말인 막대ᄂᆞᆫ 소리 虛空애 아ᅀᆞ라ᄒᆞ니:解虎錫響遙空(南明上69).

·아ᅀᆞ란 형 아득한. ☞아ᄋᆞ란 ¶아ᅀᆞ란 東山애 漢ㅅ 女妓ᄅᆞᆯ 자바 갯ᄂᆞ니:杳杳東山携漢妓(初杜解8:15). 아ᅀᆞ란 南國에 旌旗ㅣ 하도다:杳杳南國多旌旗(初杜解25:28).
※아ᅀᆞ란>아ᄋᆞ란

아ᅀᆞ로의·다 형 공손하다. ☞아ᅀᆞᄅᆞ외다 ¶아ᅀᆞ로욀 뎨:悌(訓蒙下25).

아ᅀᆞᄅᆞ외·다 형 공손하다. ☞아ᅀᆞ로의다 ¶비록 아ᅀᆞᄅᆞ외오져 ᄒᆞᆫᄃᆞᆯ 누를 爲ᄒᆞ야 아ᅀᆞᄅᆞ외리오:雖欲悌誰爲悌(宣賜內訓3:42).

아ᅀᆞ며·느·리 명 작은며느리. ¶娣ᄂᆞᆫ 아ᅀᆞ며느리라(宣賜內訓3:40).

:아ᅀᆞ·샤 동 빼앗으시어. ㉮앗다 ¶東寧을 ᄒᆞ마 아ᅀᆞ샤:東寧旣取(龍歌42章).

아ᅀᆞ아·ᄃᆞ:님 명 작은아드님. ¶아ᅀᆞ아ᄃᆞ니ᄆᆞᆫ 難陀ㅣ라(月釋2:1).

아ᅀᆞ아·ᄃᆞᆯ 명 작은아들. ¶白飯王ㅅ ᄆᆞᆮ아ᄃᆞᄅᆞᆫ 調達이오 아ᅀᆞ아ᄃᆞᄅᆞᆫ 阿難이라 斛飯王ㅅ ᄆᆞᆮ아ᄃᆞᄅᆞᆫ 摩訶男이오 아ᅀᆞ아ᄃᆞᄅᆞᆫ 阿那律이라 甘露飯王ㅅ ᄆᆞᆮ아ᄃᆞᄅᆞᆫ 娑婆ㅣ오 아ᅀᆞ아ᄃᆞᄅᆞᆫ 跋提오(月釋2:1).

아ᅀᆞ아자·븨:겨·집 명 숙모(叔母). 작은어머니. ☞아ᅀᆞ아자비겨집. 아ᄋᆞ아자븨겨집 ¶아ᅀᆞ아자븨겨집:嬸母(飜老下34).

아ᅀᆞ아자·비 명 숙부(叔父). 작은아버지. ☞아ᄋᆞ아자비. 아ᄋᆞ아ᄌᆞ비 ¶아ᅀᆞ아자비 슉:叔(訓蒙上31).

아ᅀᆞ아자·비:겨·집 명 숙모(叔母). 작은어머니. ☞아ᅀᆞ아자븨겨집 ¶아ᅀᆞ아자비겨

집:嬸子(飜老下4).

아ᅀᆞ아ᄌᆞ·바·님 명 작은아버님. ¶아ᅀᆞ아ᄌᆞ바님:叔父(飜老下3).

아ᅀᆞ·오라·비 명 작은오라비. ¶그 시절의 太后의 아ᅀᆞ오라비 武安侯 田蚡이 丞相 ᄡᅥ슬 ᄒᆞ엿더니:是時太后弟武安侯田蚡爲丞相(飜小9:38).

아·ᅀᆞᆯ 동 빼앗을. ㉮앗다 ¶소겨 아ᅀᆞᆯ 편:騙(訓蒙下20). 아ᅀᆞᆯ 탈:奪. 아ᅀᆞᆯ 샹:攘(訓蒙下25).

아·ᅀᆞᆷ 명 겨레. 친족(親族). 친척(親戚). ☞아ᅌᆞᆷ ¶아ᅀᆞ미 오나ᄃᆞᆫ 이바도려 ᄒᆞ노닛가(釋譜6:16). 戚ᄋᆞᆫ 아ᅀᆞ미오(月釋序24). 釋種 아ᅀᆞᆷ돌히 모다 議論호ᄃᆡ(月釋2:2). 宗族ᄋᆞᆫ 아ᅀᆞ미라(月釋2:11). 아ᅀᆞᆷ돌히 孝道ᄅᆞᆯ 感動ᄒᆞ야 廬 도로 지ᅀᅥ 주어늘:姻戚感孝誠爲復結廬以與之(三綱. 孝33). 王ㅅ 아ᅀᆞ미오:王族(楞解1:33). 族ᄋᆞᆫ 아ᅀᆞ미라(楞解3:75). 아ᅀᆞᄆᆡᆺ 兄弟오:族昆弟(宣賜內訓2上23). 外戚은 어믜녁 아ᅀᆞ미라(宣賜內訓2上49). 어느 제 太夫人ㅅ 堂 우희 아ᅀᆞᆷ돌ᄒᆞᆯ 뫼홀다:何時太夫人堂上會親戚(初杜解8:20). 이 骨肉 아ᅀᆞ미게 더 ᄒᆞ더시니라:倍此骨肉親(初杜解24:23). ᄆᆞᅀᆞᆷ 곧호미 骨肉 아ᅀᆞ매 디디 아니ᄒᆞ니:同心不減骨肉親(初杜解25:31). 아ᅀᆞᆷ 眷屬이 命終ᄒᆞᆯ 제 니르러(佛頂7). 만이레 아ᅀᆞᆷ이 왯거든 각별이 ᄎᆞ셔ᄒᆞ야 안치고:若有親則別序(呂約9:24). 아ᅀᆞᆷ 족:族(訓蒙上31). 아ᅀᆞᆷ 친:親. 아ᅀᆞᆷ 쳑:戚(訓蒙上32). ※아ᅀᆞᆷ>아ᅌᆞᆷ

아·ᅀᆡ아·ᄃᆞᆯ 명 아우의 아들. 조카. ☞아ᄎᆞᆫ아ᄃᆞᆯ ¶제 ᄌᆞ식과 아ᅀᆡ아ᄃᆞᆯ 綏를 메오 가더니:擔其兒及其弟子綏(飜小9:71).

아아라 부 겨우. ☞아야라 ¶이제 나히 아아라 열여닐구비니:只今年纔十六七(重杜解8:30).

아아ᄒᆞ·다 형 아아(峩峩)하다. 산이 높다. ¶峩峩ᄒᆞᆫ 노ᄑᆞᆫ 묏부리예:峩峩ᄂᆞᆫ 노ᄑᆞᆫ 양이라(永嘉下113).

아야라 부 겨우. ☞아아라 ¶아야라 ᄒᆞᆫ 盞ᄋᆞᆯ 기우리면 곳 사ᄅᆞ미 醉ᄒᆞᄂᆞ니라:纔傾一盞卽醺人(初杜解3:32). 鳳翔앳 千官ㅣ 밥ᄋᆞᆫ 아야라 ᄇᆡ브르 먹거니와:鳳翔千官且飽飯(重杜解1:10). 山城ᄋᆞᆫ 아야라 온 層이로다:山城僅百層(重杜解2:17). 虛空애 드러 아야라 漠漠ᄒᆞ더니:入空纔漠漠(重杜解12:26). 雲霧ㅣ 섯거 아야라 ᄡᅡ해 ᄲᅳ리더니:霧交纔洒地(重杜解12:32).

아야로시 부 겨우. ☞애야로시. 애야ᄅᆞ시 ¶니븐 누비오시 아야로시 무루페 디날만 ᄒᆞ도다:補綻纔過膝(重杜解1:5).

아야·오ᄅᆞ시 부 겨우. ☞아야로시 ¶廳 알ᄑᆡ 아야오ᄅᆞ시 ᄆᆞᆯ 돌만 ᄒᆞ더니:廳事前僅容旋馬(宣賜內訓3:66).

아오님 명 아우님. ¶당신 아오님을 먼니 ᄉᆞ랑ᄒᆞ오시는 ᄯᅳᆺ이오(閑中錄6).

아오다 동 아우르다. ☞아올다 ¶아오다:並(同文解下58).

아오라ᄒᆞ다 형 아득하다. ☞아ᅀᆞ라ᄒᆞ다 ¶아오라ᄒᆞᆫ 遼西ㄷ 길을 ᄭᅮᆷ 아니면 못 가려니(古時調. 綠柳間. 歌曲).

아·오·로 부 아울러. ☞아오ᄅᆞ ¶國王과 刹利와 居士와 아오로 뫼화 다 ᄒᆞ마 몯거늘:國王刹利居士皆悉已集(法華2:222). 그 ᄃᆞ린 바 죵 아오로 주기다:幷其所率婢殺之(東新續三綱. 孝6:59). 홍공과 아오로 삼ᄒᆞᆨᄉᆞ뎐을 지으니라(山城122). 隣人과 巡宿ᄒᆞᄂᆞᆫ 總甲人等을 아오로 블러:到隣人幷巡宿總甲人等(朴解下52). 아오로 七章을 일우샤:捴成七章(重內訓跋4). 字 ᄠᅳᆮ 밧긔 註엣 말을 아오로 드려 사겨시모로:字義之外幷入註語爲解故(英小凡例1). 左手의 두 칼을 아오로 잡으되(武藝圖43).

아오ᄅᆞ 부 아울러. ☞아오로 ¶너희 너인녀 겨레 아오ᄅᆞ 죽을 거시니 알라(癸丑95).

아오셩ᄒᆞ다 동 아우성치다. ¶비 우희셔 북치고 아오셩ᄒᆞ니(三譯4:13). 아오셩ᄒᆞ다:吶喊(同文解上45. 漢淸4:34).

아·옥 명 아욱. ☞아혹 ¶ᄀᆞᅀᆞᆳ 아오글 글히니 ᄯᅩ 새롭도다:秋葵煮復新(初杜解7:38). 아옥 바티 거츨시 내 ᄆᆡ오져 ᄒᆞ노라:葵荒欲自鋤(初杜解10:31). 아오ᄀᆞᆯ 힘ᄡᅥ ᄆᆡ던 밧긔 ᄡᆞᄅᆞᆯ 지고:負米力葵外(初杜解21:33). 아옥 규:葵(訓蒙上15). 내 동산 아옥을 불ᄋᆞ니(女四解4:58). 아옥:冬葵(物譜 蔬菜). 아옥:露葵(柳氏物名三 草). 아옥 규:葵(兒學上5).

아·올·다 동 아우르다. ☞아오다 ¶兼은 아올 씨라(月釋序18). 아올 병:幷(類合下48). 아올 병:幷(石千26). 아올나 귀ᄆᆡ까지 엇고쟈 ᄒᆞ거ᄂᆞᆯ:幷(女四解4:20).

아옴 동 빼앗음. ㉮앗다 ☞아ᅀᆞᆷ ¶도ᄅᆞ혀 恒山碣石 녀클 아오ᄆᆞᆯ 보리로다:旋瞻略恒碣(重杜解1:8). 아오ᄆᆞᆯ 고기 잡ᄃᆞᆺ ᄒᆞ야 百姓ㅣ 逃亡호ᄆᆞᆯ 일우ᄂᆞ니오:漁奪成逋逃(重杜解2:61). 모믈 구버 旗 아오ᄆᆞᆯ ᄒᆞ야 보노라:俯身試搴旗(重杜解5:26). 王師ㅣ 東郡 아오ᄆᆞᆯ 알외디 몯ᄒᆞ야시니:王師未報收東郡(重杜解7:3). 區區히 ᄃᆞ토아 아오미 하도다:區區爭奪繁(重杜解16:4).

아우 명 아우. ☞아ᅀᆞ. 아ᅌᆞ ¶아우 데:弟(兒學上1).

아으 명 아우. ☞아ᅀᆞ ¶오라 아으야:來麼兄弟(朴解上23). 兄아 아으야 네 ᄉᆞᆯ을 ᄆᆞᆫ져 보아(古時調. 鄭澈. 靑丘).

아으 감 아. ¶德으란 곰ᄇᆡ예 받ᄌᆞᆸ고 福으란 림비예 받ᄌᆞᆸ고 德이여 福이라 호ᄂᆞᆯ 나ᅀᆞ라 오소이다 아으 動動다리. 正月ㅅ 나릿ᄆᆞᄅᆞᆫ 아으 어져 녹져 ᄒᆞ논ᄃᆡ(樂範. 動動). 六月ㅅ 보로매 아으 별해 ᄇᆞ룐 빗 다호라(樂範. 動動). 아으 殘月曉星이 아ᄅᆞ시리이다(樂範. 鄭瓜亭). 아으 다롱디리(樂範. 井邑詞). 아으 熱病大神의 發願이샷다(樂詞. 處容歌).

아으라이 [부] 아득히. ☞아ᄋᆞ라히 ¶ 션친은 관셔의 아으라이 겨시고(閑中錄164).

아의 [명] 아우의. ¶ 아의 지아비 ᄒᆡ여곰 ᄀᆡ가 코져 ᄒᆞᆫ대:弟夫欲令改嫁(東新續三綱. 烈1:83). 약불위지 형이러면 아의 ᄆᆞ음 질거우며(쌍벽가).

아·의·게 [명] 아우에게. ¶ 아의게 求ᄒᆞᄂᆞᆫ 바로ᄡᅥ(宣中12). 세 아의게 ᄉᆞ양ᄒᆞ신대 세 아이 듣디 아니ᄒᆞ니라(重內訓2:26).

아 이 [명] 아우이-. 〔'아ᄋᆞ'의 서술격(敍述格).〕 ☞아ᄋᆞ ¶ 어믜동ᄉᆡᆼ의게 난 아이오:兩姨兄弟(老解上14). 우리 母親은 형이오 뎌의 母親은 아이라:我母親是姐姐他母親是妹子(老解上15). ᄒᆞ나흔 兩姨의게셔 난 아이라:一箇是兩姨兄弟(老解下5). 文王의 아ᄃᆞᆯ이오 武王의 아이로듸(古時調. 周公도. 靑丘). 아이며 며ᄂᆞ리ᄃᆞᆯ히:弟婦等(重內訓3:36). 아비며 아ᄃᆞᆯ이며 형이며 아이며:父子兄弟(英小4:61).

아이 [명] 처음. 최초(最初). ☞아ᅀᅵ ¶ 아이부터 말을 그리 ᄒᆞ시더면 인역인들 ᄉᆡᆼ각이 인ᄉᆞ올ᄃᆡ 到今ᄒᆞ여 그리ᄒᆞᄋᆞᆸ셔ᄂᆞᆫ 登樓去梯 ᄀᆞᆫᄒᆞ여 어렵ᄉᆞ외(隣語3:15). 모년은 아이의 당토 아니ᄒᆞᆫᄃᆡ(閑中錄438).

아·이·다 [동] 앗기다. 빼앗기다. ☞앗이다 ¶ 쇠며 ᄆᆞᆯ을 아이고 거러 ᄃᆞᄅᆞᆯ 제:掠其牛馬步走(飜小9:71). 내 兵이 블셔 긔운을 아이ᄂᆞ니라:我兵已奪氣矣(武藝諸44). 이 일이 힝혀 마ᄌᆞ면 내 돈 오쳔을 그ᄃᆡ의게 아이고 말이 맛디 아니ᄒᆞ면 그ᄃᆡ의게 벌이 이시리니(太平1:5). 믄득 왜적을 만나 다 의복을 아여ᄂᆞᆯ:猝遇倭賊盡奪衣服(東新續三綱. 烈6:32). 넉슬 아여 ᄠᅳᆷᄯᅳ믈 ᄌᆞ조 호라:魄奪針灸屢(重杜解2:57). 호조 긔물을 삼각산의 두덧다가 도적의게 다 아이고(山城35). 아이다:喫奪了(譯解上65). 십오만남아 아여시니(三譯4:22). 살 만히 아인가 ᄒᆞ여 속으로 심심ᄒᆞ여 이실 제(三譯5:2).

아이에 [부] 아예. 애초에. ☞아이예 ¶ 아이에 건너지 마던들 ᄡᅦᆫ질 줄이 이실야(古時調. 李鼎輔. 宵鏡이 야밤. 海謠).

아이예 [부] 아예. ☞아이에 ¶ 만일 아이예 訟官티 아니코:若初不訟官(無寃錄1:8).

아이의 [부] 아예. ☞아이예 ¶ 모년은 아이의 당토 아니ᄒᆞᆫᄃᆡ(閑中錄438).

아ᄋᆞ [명] 아우. ☞아ᅀᆞ ¶ 아ᄋᆞ 뎨:弟(石千15). 兄은 ᄉᆞ랑ᄒᆞ고 아ᄋᆞᆫ 공슌ᄒᆞ며:兄友弟恭(宣小5:34). 어미 아ᄋᆞ로 극형ᄒᆞ고(癸丑144). 故鄕애 아ᄋᆞ와 누의왜 잇ᄂᆞ니:故鄕有弟妹(重杜解1:31). 아ᄋᆞᆯ ᄉᆞ랑ᄒᆞ야 구르믈 보고:憶弟看雲(重杜解2:2). 노라치 점점 강셩ᄒᆞ야 제 아ᄋᆞ 속기합치ᄅᆞᆯ 죽이고(山城2). 아ᄋᆞ들히:兄弟們(老解下3). 아ᄋᆞ:兄弟(老解下30). 同姓六寸형 아ᄋᆞ:房親哥哥兄弟(老解下31). ᄆᆞᄋᆞᆷ 됴흔 형 아ᄋᆞ들 듕에:好哥哥弟兄們裏頭(朴解上63). 아ᄋᆞ 셔셔:弟立(十九史略1:12). 아ᄋᆞ 불령이 또ᄒᆞᆫ 효힝이 지극하여:弟不佞亦至孝(五倫1:42). 그 아ᄋᆞ 악슈ᄃᆞ려 닐너 ᄀᆞᆯ오ᄃᆡ:謂其弟岳秀曰(五倫2:55). 판셔의 아ᄋᆞ로셔 나라의 득죄ᄒᆞ고(萬言詞).

아ᄋᆞ누의 [명] 누이동생. ☞아ᅀᆞ누의 ¶ 아ᄌᆞ미며 ᄆᆞᆫ누의며 아ᄋᆞ누의며 아ᄎᆞᆫ ᄯᆞᆯ이:姑姊妹姪(宣小6:96). 아ᄋᆞ누의:妹子(老解下30. 譯解上57. 同文解上10).

아ᄋᆞ누의남진 [명] 매부(妹夫). ☞아ᄋᆞ누의남편 ¶ 아ᄋᆞ누의남진:妹夫(老解下31).

아ᄋᆞ누의남편 [명] 매부(妹夫). ☞아ᄋᆞ누의남진 ¶ 아ᄋᆞ누의남편:妹夫(譯解上57).

·아ᄋᆞ라·이 [부] 아득히. ☞아ᅀᆞ라히. 아ᄋᆞ라히 ¶ 동녁크로 ᄃᆞᆯ리기를 아ᄋᆞ라이 ᄒᆞ야:東馳遙遙(宣小6:91).

아ᄋᆞ라ᄋᆞ다 [형] 아득하다. ☞아ᄋᆞ라ᄒᆞ다 ¶ 아ᄋᆞ라ᄋᆞᆯ 쇼:逍(千字13 安心寺板).

아ᄋᆞ라히 [부] 아득히. ☞아ᅀᆞ라히 ¶ 아ᄋᆞ라히 지블 무로라:蒼茫問家屋(重杜解1:1). 아ᄋᆞ라히 구룸과 안개ᄂᆞᆫ 데뻣도다:蒼茫雲霧浮(重杜解1:15). 아ᄋᆞ라히 녯 셔울히 머니:漢漢舊京遠(重杜解2:22). 萬里예 아ᄋᆞ라히 셔르 ᄇᆞ라시니라:萬里遙相望(重杜解2:42). 아ᄋᆞ라히 너ᄂᆞᆯ 愛憐ᄒᆞ노니:遙憐汝(重杜解3:32). 故人ᄋᆡ 故鄕 ᄉᆞ랑호ᄆᆞᆯ 아ᄋᆞ라히 슬노라:遙憐故人思故鄕(重杜解11:4). 아ᄋᆞ라히 月峽으로브터 傳ᄒᆞ야 오도다:遙從月峽傳(重杜解21:23).
※아ᄋᆞ라히<아ᅀᆞ라히

아ᄋᆞ라ᄒᆞ다 [형] 아득하다. ☞아ᅀᆞ라ᄒᆞ다. 아ᄋᆞ라ᄋᆞ다 ¶ 蒼茫은 荒寂兒ㅣ니 아ᄋᆞ라ᄒᆞᆯ 시라(重杜解1:1). 中原ᄋᆞᆫ 머러 아ᄋᆞ라ᄒᆞ도다:中原杳茫茫(重杜解1:38). 아ᄋᆞ라ᄒᆞᆫ 阮籍ᄋᆡ 길헤:茫然阮籍途(重杜解1:42). 녜 사괴던 이리 키 아ᄋᆞ라ᄒᆞ도다:宿昔浩茫然(重杜解22:24).
※아ᄋᆞ라ᄒᆞ다<아ᅀᆞ라ᄒᆞ다

아ᄋᆞ란 [형] 아득한. ☞아ᅀᆞ란 ¶ 아ᄋᆞ란 東山애 漢ㅅ 女妓ᄅᆞᆯ 자바갯ᄂᆞ니(重杜解8:15). 아ᄋᆞ란 南國에 旌旗ㅣ 하도다:杳杳南國多旌旗(重杜解25:28).

※아ᄋᆞ란<아ᅀᆞ란

아ᄋᆞ리로다 동 빼앗으리로다. ㉮앗다 ¶西京은 이로이 아니 싸혀 아ᄋᆞ리로다:西京不足拔(重杜解1:8).

아ᄋᆞᄆᆡ부 명 작은매부. ¶아ᄋᆞᄆᆡ부:妹夫(同文解上10).

아ᄋᆞ싀누의 명 작은시누이. ¶아ᄋᆞ싀누의:小姑(同文解上11. 譯解補32).

아ᄋᆞ싀아자비 명 작은시동생. ☞아ᄋᆞ싀아ᄌᆞ비 ¶아ᄋᆞ싀아자비:小叔(譯解補32).

아ᄋᆞ싀아ᄌᆞ비 명 작은시동생. ☞아ᄋᆞ싀아자비 ¶아ᄋᆞ싀아ᄌᆞ비:小叔(同文解上11).

아ᄋᆞ아자븨겨집 명 숙모(叔母). 작은어머니. ☞아ᅀᆞ아자븨겨집. 아ᄋᆞ아ᄌᆞ븨쳐 ¶아ᄋᆞ아자븨겨집:嬸子(老解下3). 아ᄋᆞ아자븨겨집:嬸母(老解下31).

아ᄋᆞ아자비 명 숙부(叔父). 작은아버지. ☞아ᅀᆞ아자비. 아ᄋᆞ아ᄌᆞ비 ¶아ᄋᆞ아자비:叔父(老解下3).

아ᄋᆞ아ᄌᆞ븨쳐 명 숙모(叔母). 작은어머니. ☞아ᄋᆞ아자븨겨집 ¶아ᄋᆞ아ᄌᆞ븨쳐:嬸娘(譯解上56).

아ᄋᆞ아ᄌᆞ비 명 숙부(叔父). 작은아버지. ☞아ᅀᆞ아자비. 아ᄋᆞ아자비 ¶아ᄋᆞ아ᄌᆞ비:叔叔(譯解上56).

아ᄋᆞ오라바님 명 작은오라버님. ¶아ᄋᆞ오라바님은 황문 시랑 벼슬을 ᄒᆞ야(女範1. 셩후 명덕마후).

아ᄋᆞ쳐남 명 작은처남. ¶아ᄋᆞ쳐남:小舅子(同文解上11). 아ᄋᆞ쳐남:妻弟(漢淸5:41).

아ᄋᆞᆯ 명 아우를. 〔'아ᄋᆞ'+목적격조사(目的格助辭) '-ㄹ'〕 통아ᄋᆞ ¶江東애 갓ᄂᆞᆫ 아ᄋᆞᆯ 보ᄃᆡ 몯ᄒᆞ야:不見江東弟(重杜解11:3). 노모ᄅᆞᆯ 셤기며 어린 아ᄋᆞᆯ 양휵ᄒᆞ여:事老母養小弟(五倫1:41).

아ᄋᆞᆷ 명 겨레. 친척(親戚). ☞아ᅀᆞᆷ ¶열 ᄒᆡᄅᆞᆯ 아ᄋᆞᄆᆡ 消息이 업도다:十年骨肉無消息(重杜解4:32). 公主ㅅ 아ᄋᆞᄆᆞᆯ 슬쳘업시 슬케 ᄒᆞ니라:虛悲公主親(重杜解5:20). 아ᄋᆞᆷ ᄃᆞᆯ히 깊구븨예 ᄣᅡ롓도다:親戚擁道周(重杜解5:30). 그 中에 구룸 ᄀᆞᆮᄒᆞᆫ 지븐 椒房애 아ᄋᆞ미니:就中雲幕椒房親(重杜解11:17). 義ㅣ 아ᄋᆞᆷ과 ᄀᆞᆯ온 ᄯᅡ해:義均骨肉地(重杜解22:24). 아ᄋᆞᆷ 쳑:戚(石千35). ᄆᆞ올히며 아ᄋᆞᆷᄃᆞᆯ히 닐오ᄃᆡ:鄕中親戚皆言(東續三綱. 孝31).
※아ᄋᆞᆷ<아ᅀᆞᆷ

아자바 명 아재비여. ¶어와 져 아자바 옷 업시 엇지 ᄒᆞᆯ고(古時調. 어와 져. 青丘).

아자·바:님 명 아주버님. ☞아ᄌᆞ반이 ¶아자바님 내의 다 安否ᄒᆞᅀᆞᆸ고(釋譜6:1). 아자바닚 棺ᄋᆞᆯ 메ᅀᆞᄫᅡ지이다(月釋10:10).

아자버이 명 숙부모(叔父母). ☞아ᄌᆞ버이 ¶삼촌 아자버이ᄅᆞᆯ ᄭᅮ지ᄌᆞ면:三寸叔父母罵言則(警民13).

아자·비 명 아재비. 아저씨. ☞아잡이. 아ᄌᆞ비 ¶ᄒᆞ오ᅀᅡ 세 아자비거긔 恩惠ᄅᆞᆯ 더으디 아니케 ᄒᆞ시ᄂᆞ니잇고:獨不加恩三舅乎(宣賜內訓2上52). 아자비ᄂᆞᆫ 블근 門의 사ᄂᆞᆫ 貴ᄒᆞ니오:叔父朱門貴(初杜解7:30). 아자비 구:舅. ᄆᆞᆮ아자비 ᄇᆡᆨ:伯(訓蒙上31). 아자비 슉:叔(類合上20. 石千15). 令女의 아자비 글월을 올려:令女叔父上書(宣小6:56). 내 아자비 符節ᄋᆞᆯ ᄲᅢ혀 가져 갯ᄂᆞᆫ ᄯᅡ히 갓가오니:諸舅剖符近(重杜解1:56). 아자비ᄂᆞᆫ 아븨 항녈이라:叔父行也(五倫4:57). 伯叔亦皆曰了査秘(雞類).

아잡이 명 아재비. 아저씨. ☞아자비 ¶그 아잡이 졸연히 현혼증을 어더놀:其叔卒得眩(東新續三綱. 孝8:41).

아잣·ᄭᅢ 명 깔개. ☞아답개 ¶아잣ᄭᅢ와 결남나개 호리라:做坐褥皮搭連(飜朴上31).

-아·져 어미 -고자. ¶婆羅門이 닐오ᄃᆡ 내보아져 ᄒᆞᄂᆞ다 ᄉᆞᆯᄫᅡ써(釋譜6:14).

아적 명 아침. ☞아ᄎᆞᆷ ¶아적을 기드리더라:待朝(東新續三綱. 孝4:28 佛山廬墓). 아적두 번 ᄐᆞᆫ닛노라 ᄏᆞ니와 대단티 아니ᄒᆞ니(諺簡. 仁宣王后諺簡). 梅窓 아적 벼티 香氣예 좀을 ᄭᆡ니(松江. 星山別曲). 이튼날 아적의 위싱의 비 ᄯᅥ나매 덕닌이도 비ᄅᆞᆯ 글러(太平1:2). 이튼날 고기 잡ᄂᆞᆫ 사ᄅᆞᆷ이 서ᄅᆞ 던ᄒᆞ야 닐오ᄃᆡ 아적의 당ᄉᆞ의 큰 비 동뎡의셔 배야(太平1:3). 아져긔 닛다가 나죄 주그니:朝存夕亡(普勸文11). 이튼 아적:早朝(臘藥3). 아적밥을 먹지 못ᄒᆞ고 져물기ᄅᆞᆯ 기ᄃᆞ리더라(落泉2:4).

아젼 명 아전(衙前). ¶아젼 ᄃᆡ졉호믈 내 종ᄀᆞ티 ᄒᆞ며:待群吏如奴僕(飜小7:24). 아젼과 군ᄉᆞᄃᆞᆯ히:吏將(飜小10:10). 아젼 셔:胥(類合上17). 만히 간활ᄒᆞᆫ 아젼의게 미ᄭᅵᆫ 배 되여:多爲猾吏所餌(宣小5:60). 아젼 강티 등의 겨집이라:縣吏康致中妻也(東新續三綱. 烈1:91). 아젼이 搜索ᄒᆞ야:關候士吏搜索(重內訓3:30). 한 나라히 아젼 다ᄉᆞ리기ᄅᆞᆯ 슝상ᄒᆞᄂᆞᆫ 고로(女範1. 모의 쥰블의모). 司吏 아젼이라(無寃錄1:17). 아젼 리:吏(兒學上2).

아:젼 명 구전(口錢). 구문(口文). ¶牙錢 稅錢이 언메나 ᄒᆞᆫ뇨:該多少牙稅錢(飜老下18). 牙錢 稅錢을 다 혜어다:牙稅錢都算了(飜老下18).

아조 부 아주. ☞아죠 ¶아조 슈:殊(類合下61). 오좀ᄭᅢ 줄기 트러디여 아조 누디 몯ᄒᆞᄂᆞ니ᄅᆞᆯ 닐온 뎐푀니:胞絲轉戾小便不通謂之轉胞(胎要41). 아조 돋디 아니ᄒᆞᄂᆞ니라:全不出痘(痘要上9). 아조 믈 마시기도 폐ᄒᆞ고:全廢水飮(東新續三綱. 孝6:71). 아조

죠흔 貨物 업스니 그 盜賊놈이 우리를 어이ᄒᆞ리오(淸老5:14). 아조 쉽ᄉᆞ오되(隣語1:14). 아조 니룰 말이 업ᄉᆞᆫ듸 므어슬 말ᄒᆞ리오(捷蒙1:4).

아족가리 명 아주까리. ☞아좃가리 ¶ 아족가리:蓖麻(柳氏物名三 草).

아죠 부 아주. ☞아조 ¶ 그도 져도 아죠 업셔 굴물 적이 간간이라(萬言詞).

아즈랑이 명 아지랑이. ¶ 아즈랑이 애:靄(倭解上2). 눈에 아즈랑이 나다:眼生花(同文解上28). 눈에 아즈랑이 나다:看的眼生花(漢淸6:40).

아즈뷔 명 아저씨의. ¶ 황대 아즈뷔 부인이라(三譯2:17).

아즐가 감 감탄하는 소리. 악음(樂音)에 맞추기 위한 소리. ¶ 西京이 아즐가 西京이 셔울히 마르는…닷곤듸 아즐가 닷곤듸 쇼셩경 고외마른…여ᄒᆡ므론 아즐가 여ᄒᆡ므논 질삼뵈 ᄇᆞ리시고…괴시란듸 아즐가 괴시란듸 우러곰 좃니노이다(樂詞. 西京別曲).

·아즐ᄒᆞ·다 형 아찔하다. ¶ ᄇᆞᄅᆞᆷ마자 아즐ᄒᆞ며:風昏(救急上2).

아·지 명 아기. ¶ 不知其首尾只聞阿只方言小兒之稱(中宗實錄28:28). 아지者獸子之名(雅言一). 閼智卽鄕言小兒之稱也(三遺一).

아지 명 유모(乳母). ¶ 대군 아지 네히니(癸丑74). 닉 드러올 적 유모로 아지와 시비ᄒᆞ나흘 ᄃᆞ리고 드러오니(閑中錄44).

-아지 접미 '짐승의 어린 것'을 뜻함. ¶ 숑아지 독:犢(訓蒙上18).

아직 부 아직. ¶ 네 神奇룰 내요려 ᄒᆞ거든 아직 내 밥 머글 쓰실 기드리라(釋譜24:22). 아직 本來ㅅ ᄆᆞᅀᆞ매 맛게 ᄒᆞ시다가:且稱本懷(法華1:14). 이ᄂᆞᆫ 冰雪이 이셔 遠梅룰 몯 보릴ᄉᆡ 아직 수룰 먹노라 ᄒᆞ다(初杜解15:38). 福과 德과 難量호미 어려우ᄆᆞ란 아직 둘디어니와:福德難量且置(金三2:20). 네 아직 가 ᄒᆞᆫ두 나룰 혜아려:汝且去一兩日思惟(六祖上19). 아직 챠:且(類合下29). 아직 주어 아직 시기다가:姑與之而姑使之(宣小2:12). 아직 조초미 ᄯᅩᄒᆞᆫ 害 업ᄉᆞ니라(家禮9:43).

아질개몰 명 망아지. ☞아질게몰 ¶ 아질개몰:兒馬(譯解下28).

아질개양 명 새끼양. ☞아질게양 ¶ 아질개양:臊胡羊(老解下19).

아·질·게몰 명 망아지. ☞아질개몰 ¶ 이 아질게몰:這兒馬(飜老下8). 아질게몰:兒馬(訓蒙上19 馬字註). 이' 아질게몰:這兒馬(老解下8).

아질게양 명 새끼양. ☞아질개양 ¶ 아질게양:臊胡羊(飜老下21).

:아·집 명 아집(我執). ¶ 혜면 곧 이 我執免티 몯호미니(圓覺上一之二156).

아·ᄌᆞ마:님 명 아주머님. ¶ 아바닚긔와 아ᄌᆞ마닚긔와(釋譜6:1). 아ᄌᆞ마니ᄆᆞᆫ 大愛道룰 니르시니(釋譜6:1).

아ᄌᆞ믜 명 아주머니의. 아주미의. 〔'아ᄌᆞ미'+관형격조사 '-의'〕 통아ᄌᆞ미 ¶ 이윽ᄒᆞ야 ᄒᆞᆫ 쳥의 아ᄌᆞ믜 말로 뎐ᄒᆞ야 닐오듸 최싱의 모부인이 의심ᄒᆞ니 일이 맛당이 긋처ᄇᆞ리고 서ᄅᆞ 보디 아념즉호듸(太平1:48).

아·ᄌᆞ미 명 아주머니. 아주미. ☞아좀 ¶ 아ᄌᆞ미를 저ᄒᆞ샤:載畏嬸氏(龍歌99章). 아ᄌᆞ미 劉氏ᄃᆞ려 닐어늘(三綱. 烈28). 아ᄌᆞ미와 몯누의와 아ᅀᆞ누의와 ᄯᆞᆯ왜:姑姊妹女子子(宣賜內訓1:5). 여러 아ᄌᆞ미 이제 바룻 ᄀᆞᅀᆡ 갯고:諸姑今海畔(初杜解8:38). 아ᄌᆞ미 금:妗. 아ᄌᆞ미 수:嫂. 아ᄌᆞ미 심:嬸. 아ᄌᆞ미 고:姑(訓蒙上31). 아ᄌᆞ미 이:姨(訓蒙上32). 아ᄌᆞ미 고:姑(類合上20). 모ᄃᆞᆫ 아ᄌᆞ미며 넛할미 남편으란:諸姑尊姑之夫(宣小6:74). 이윽하야 ᄒᆞᆫ 쳥의 아ᄌᆞ믜 말로(太平1:48). 과부 아ᄌᆞ미게 길닌 배 되야(女四解4:41). 아ᄌᆞ미와 ᄌᆞ미ᄂᆞᆫ 문 안히 가 경계ᄒᆞ니(女範3. 뎡녀 졔효밍희). 叔伯母皆曰了子彌. 姨妗亦皆曰了子彌(雞類).

아·ᄌᆞᄆᆡ 명 아주머니의. 〔'아ᄌᆞ미'+관형격조사 '-ᄋᆡ'.〕 통아ᄌᆞ미 ¶ 모ᄃᆞᆫ 아ᄌᆞᄆᆡ손듸 드로니:聞之諸姑(宣賜內訓2上29).

아ᄌᆞ반이 명 아주버님. ☞아자바님 ¶ 嫂者兄妻也 東俗弟妻亦謂之弟嫂 叔者夫弟也 東俗夫兄亦謂之叔氏(呼之曰 阿自般伊). 妹者女弟也 東俗姊夫亦謂之妹夫皆誤(雅言二 嫂者).

아ᄌᆞ버이 명 숙부모(叔父母). ☞아자버이 ¶ 삼촌 아ᄌᆞ버이ᄂᆞᆫ:三寸叔父母(警民12).

아ᄌᆞ븨쳐 명 작은어머니. ¶ 아ᄌᆞ븨쳐:叔母(同文解上10).

아ᄌᆞ비 명 아재비. 아저씨. ☞아자비 ¶ 異姓아ᄌᆞ비:舅父(譯解上57). 아ᄌᆞ비 현요의 집의셔 길러낫더니(明皇1:34). 아ᄌᆞ비:叔父(同文解上10).

아ᄌᆞ아ᄌᆞ 감 아차아차. ¶ 아ᄌᆞ아ᄌᆞ 나 쓰든 되 黃毛試筆(古時調. 歌曲).

아·존아ᄃᆞᆯ 명 조카. ☞아ᄎᆞᆫ아ᄃᆞᆯ ¶ 아존아ᄃᆞᆯ 杲ㅣ 엳ᄌᆞ와 벼슬 올오ᄆᆞᆯ 求ᄒᆞᆫ대:從子杲嘗求奏遷秩(飜小6:21).

아졸아졸히 부 아질아질하게. 혼미(昏迷)하게. ☞아졸히 ¶ 머리 셰오 아졸아졸히 오직 醉ᄒᆞ야셔 ᄌᆞ오ᄂᆞ다:頭白昏昏只醉眠(重杜解9:27).

·아·졸히 부 혼미(昏迷)하게. ¶ 다 疑惑 내야 아졸히 醉ᄒᆞᆫ ᄃᆞᆺ호ᄆᆞᆯ 가졸비ᅀᆞ오니라:譬…皆生疑惑昏昏如醉也(法華4:38). 괴외히 아졸히 住ᄒᆞᆯ 씨라:閒爾昏住(永嘉上73). ᄇᆞᄅᆞᆷ비 오ᄂᆞᆫ 새배도 우루믈 아졸히 아니 ᄒᆞ

야:不昧風雨晨(初杜解17:14).

·아·ᄌᆞᆯᄒᆞ·다 형 아질아질하다. 혼미(昏迷)하다. ☞어즐ᄒᆞ다 ¶外道ㅣ 아ᄌᆞᆯᄒᆞ야 冥諦를 사ᄆᆞᆯ ᄯᆞᄅᆞ미 아니라:匪唯外道昧爲冥諦(楞解2:25). ᄯᅩ 모ᄃᆡ ᄉᆞᆲᄉᆞᆯ비 ᄒᆞ야 아ᄌᆞᆯ티 아니호리라:却要惺惺不昧(蒙法26). 無記ᄂᆞᆫ 아ᄌᆞᆯ홀 씨라(蒙法70). 아ᄌᆞᆯᄒᆞ야 오래 머므디 몯ᄒᆞ리로다:惘然難久留(杜解1:15). 我慢이 얼거 眞佛을 아ᄌᆞᆯᄒᆞᄂᆞ다:我慢纏綿昧眞佛(南明下31). 졈그ᄃᆞ록 아ᄌᆞᆯᄒᆞ야:終日冥冥(佛頂上3).

아·ᄌᆞᆷ 명 아주미. 아주머니. ☞아ᄌᆞ미 ¶아ᄌᆞᆷ이며 넛할ᄆᆡ 남진으란 반ᄃᆞ시 닐오ᄃᆡ 아모셩 아ᄌᆞᆷ의 남진이며 아모셩 할ᄆᆡ 남진이라 ᄒᆞ야:諸姑尊姑之夫必曰某姓姑夫某姓尊姑夫(飜小9:81). 진실로 신의 아ᄌᆞᆷ의 남진이니:實臣姑夫(東續三綱. 忠3).

아ᄌᆞᆺ가리 명 아주까리. ¶아ᄌᆞᆺ가리:萆麻子(東醫 湯液三 草部).

아지비 명 아재비. 아저씨. ¶아지비 슉:叔(兒學上1).

아징 명 아쟁. ¶아징 징:箏(訓蒙中32).

아·첟·다 동 싫어하다. ☞아쳗다 ¶妄心으로 生死苦를 아첟고:則令妄厭生死苦(圓覺上二之一37).

아쳐 동 싫어함. ☞아쳐ᄒᆞ다 ¶아쳐 오:惡(類合下2). 네 츤 ᄃᆡ를 아쳐 아니커든:你不嫌冷時(老解上47). 惡曰 아쳐(東言).

아쳐다 동 싫어하다. ☞아첟다 ¶成都애 나아가셔 占卜호믈 아쳐노니:厭就成都卜(重杜解2:2).

아·쳐·라 동 싫어하여. ☞아쳐라ᄒᆞ다 ¶ᄒᆞ다가 몬졋 ᄆᆞᅀᆞ매 苦와 樂과 둘흘 아쳐라:若於先心雙厭苦樂(楞解9:15). 聲聞은 生死苦를 아쳐라 滅諦 죠고맛 果를 가질씨:聲聞厭生死苦取滅諦小果故(法華1:97).

아·쳐·라ᄒᆞ·다 동 싫어하다. ☞아쳐러ᄒᆞ다 ¶이 녀매 더위옛 비를 아쳐라ᄒᆞ노니:此行厭暑雨(杜解1:56). 사ᄅᆞ미 내의 眞淳호ᄆᆞᆯ 아쳐라홀가 저헤니라:畏人嫌我眞(初杜解16:69). 俗人ᄋᆡ 양ᄌᆡ 오히려 아쳐라ᄒᆞᄂᆞ니:俗態猶猜忌(初杜解24:5).

아·쳐·러 동 싫어하여. ☞아쳐러ᄒᆞ다 ¶아쳐러 게으른 ᄠᅳ들 머거(月釋17:14). 키 아쳐러 여희요려 호ᄆᆞᆯ 내야:生大厭離(楞解5:34). 샹네 아쳐러 여희오져 너기며:常懷猒離(永嘉下40). 旌旗ㅅ 비치 블구믈 아쳐러 보노라:厭見旌旗紅(杜解5:50).

아·쳐·러·ᄒᆞ다 동 싫어하다. ☞아쳐라ᄒᆞ다 ¶塞外예 와 甚히 뫼홀 아쳐러ᄒᆞ더니:塞外苦厭山(杜解1:20). 센 머리예 고기 잡ᄂᆞᆫ 사ᄅᆞᆷ과 번ᄒᆞ야 자ᄆᆞᆯ 아쳐러ᄒᆞ노니:白頭厭伴漁人宿(杜解1:44). 저두군 더으니를 아쳐러ᄒᆞ고:勝己者厭之(飜小6:18).

아·쳐로·이 부 싫게. ¶鄭伯이 듣고 아쳐로이 너겨:鄭伯聞而惡之(宣小4:43).

아·쳐·롬 동 싫어함. ☞아쳐라ᄒᆞ다 ¶이쇼ᄆᆞᆯ 아쳐로미 眞實ㅅ 여희요미 아니며:厭有非眞離(楞解6:61). ᄆᆞ던히 너기며 아쳐로ᄆᆞᆯ 내디 아니ᄒᆞ며:不生輕厭(金剛上35).

아쳐롭다 형 애처롭다. ¶찬바ᄅᆞᆷ 지나칠 제 벗찰 가려 아쳐롭다(萬言詞). ᄎᆞ마 아쳐로와 위로ᄒᆞ여(閑中錄290).

아쳐온 동 싫어하는. ¶사오나온 거슬 보고도 아쳐온 ᄆᆞᅀᆞᆷ 업슨 양ᄌᆡ(七大19).

아·쳐ᄒᆞ·다 동 싫어하다. ☞아쳐러ᄒᆞ다 ¶아쳐티 아니ᄒᆞ며 가ᄉᆡ디 아니ᄒᆞ야:不厭不改(飜小6:10). 아니호ᄆᆞᆯ 아쳐ᄒᆞ거든(修行章32). ᄂᆞᄆᆡ 비호ᄆᆞᆯ 이심을 아쳐ᄒᆞᄂᆞ니라:惡人有學(宣小5:17). 그 ᄆᆞᄋᆞᆷ의 됴히 녀기시ᄂᆞᆫ 바와 아쳐ᄒᆞ시ᄂᆞᆫ 배 어듸 잇ᄂᆞᆫ고(家禮2:14). 莊姜이 아쳐ᄒᆞ더라:莊姜惡之(英小4:54). 다만 폐하의 아쳐홀 쁜 아니라(山城101). 텬명의 아쳐ᄒᆞᄂᆞᆫ 배라(女範1. 셩후 황명고후). ᄉᆞ랑ᄒᆞ고 아쳐ᄒᆞᄂᆞᆫ 바를 ᄒᆞᆫᄀᆞᆯᄀᆞ치 그 욕심대로 ᄒᆞ면(百行源15). 젼민 샤급ᄒᆞᆫ 줄 아쳐ᄒᆞ야(落泉4:11).

아:쳗·다 동 싫어하다. ☞아첟다. 아쳐다 ¶비호ᄃᆡ 아쳗디 아니호미:學之不厭(永嘉上17). 三界 生死를 아쳗ᄂᆞ니:惡三界之生死(永嘉下40). 몬져 드르샤 아쳗게 ᄒᆞ시고:先擧令厭(心經51). 아쳗ᄂᆞᆫ 사ᄅᆞᄆᆞ란 주기더니(宣賜內訓序3). 兵家ㅣ 間諜ᄒᆞ리를 아쳗ᄂᆞ니:兵家忌間諜(初杜解7:27). ᄀᆞᄅᆞᇝ 지븨셔 ᄂᆞᄅᆞᆺ 버드를 아쳗고:江閣嫌津柳(初杜解8:39). 北山앳 고사리를 아쳗디 아니ᄒᆞ노라:不厭北山薇(杜解10:31). ᄒᆞ오ᅀᅡ ᄭᆡ야쇼ᄆᆞᆫ 時節ㅅ 사ᄅᆞᄆᆡ 아쳗ᄂᆞᆫ 배니:獨醒時所嫉(初杜解21:35). 프를 아쳗디 아니ᄒᆞ시ᄂᆞᆫ 젼ᄎᆞ로:不厭草故(金三3:8). 오직 如來ㅣ 世間 아쳗디 아니ᄒᆞ샤:惟如來不厭世間(南明序2). 生死를 아쳗ᄂᆞ다:厭生死(南明上48). 女人 모ᄆᆞᆯ 아쳗고:厭其女人身(佛頂上4). 이 내ᄋᆡ 키 아쳗ᄂᆞᆫ 배니:此吾所大惡也(飜小6:13).

아·쳗·붐 형 싫음. ㉮아쳗브다 ¶겨로 癡예 가ᄌᆞᆯ비샤ᄆᆞᆫ 겨는 고ᄌᆡ 盛ᄒᆞ고 이우러 어루 貪ᄒᆞ며 어루 아쳗붐 ᄀᆞᆮ디 아니ᄒᆞ야:比以穅癡不同華之榮萎可貪可厭(圓覺上一之二178). 이젠 欲ᄋᆡ 어루 아쳗부믈 알ᄉᆡ:今知欲可厭故(圓覺下一之一29).

아·쳗브·다 형 싫다. ☞아치얻브다 ¶믈읫 이 아쳗부매:凡是可惡(永嘉下135). 믈읫 아쳗븐 相ᄋᆞᆯ 다 업고져 願ᄒᆞᄉᆞᆸ다:凡可惡相願皆無之(永嘉下136). ᄉᆡᄂᆞᆫ 그릇과 ᄉᆡᄂᆞᆫ 집 ᄀᆞᆮᄒᆞ야 기피 아쳗브며 ᄒᆞ야ᄇᆞ리며 더러

이ᄂᆞᆫ 고디 너블시:如漏器漏舍深可厭惡損汚處廣(圓覺上一之二107). 生死와 涅槃괘 어루 아쳗브며:生死涅槃可厭(圓覺上二之二169). 사ᄅᆞ미게 아쳗브디 아니호미 이 닐온 겨지븨 마리라:不厭於人是謂婦言(宣賜內訓1:14). 치운 저긔 軟ᄒᆞᆫ 브리 어루 아쳗브디 아니ᄒᆞ도다:寒時軟火不是可厭(金三4:18).

아·쳗비 부 싫게. 밉게. ☞아쳗브다 ¶父母ㅣ 아쳗비 너기면:父母惡之(飜小6:32).

아·쳘·다 동 싫어하다. ☞아쳗다 ¶아쳘며 求ᄒᆞ욜 ᄆᆞᅀᆞᄆᆞᆯ 니르와ᄃᆞ며:起厭求心(圓覺下一之二16). ᄆᆞᅀᆞ매 아쳘며 求호ᄆᆞᆯ 니르왇ᄂᆞ니:心起厭求(圓覺下一之二20). ᄂᆞ미 비홈 이쇼ᄆᆞᆯ 아쳘 시라:惡人有學(宣賜內訓1:32). 도ᄅᆞ혀 瀰衡을 아쳘가 疑心ᄒᆞ노라:還疑厭瀰衡(杜解23:4).

아쳠ᄒᆞ다 동 아첨하다. ☞아텸ᄒᆞ다 ¶아쳠코져 ᄒᆞ되 두려ᄒᆞ다:欲逢迎又畏懼(漢淸8:27). 방샹이 엄슉의게 아쳠ᄒᆞ야 벼슬을 엇고(落泉1:1).

아쳥 명 반물. 짙은 남빛. ☞야쳥 ¶아쳥:靑(漢淸10:65).

아·쳬·러ᄒᆞ·다 동 싫어하다. ☞아쳐러ᄒᆞ다 ¶사ᄅᆞ미 비홈 이쇼ᄆᆞᆯ 아쳬러홀 시라:惡人有學(飜小6:18).

아촌선날 명 작은설날. 섣달 그믐날. ☞아촌설. 아촌설날 ¶아촌선날의 형과 아ᄌᆞ미ᄅᆞᆯ 청하야 술 먹이며:除夕置酒兄嫂(二倫21 彥霄析籍)

아촌설날 명 작은설날. 섣달 그믐날. ☞아촌설. 아촌설날 ¶아촌설날 밤의 대를 ᄠᅳᆯ 가온ᄃᆡ 틔오면 됴ᄒᆞ니라:除夜爆竹庭中辟疫(辟新15).

아촌아ᄃᆞᆯ 명 조카. ☞아ᄎᆞᆫ아ᄃᆞᆯ ¶오라비과 아촌아ᄃᆞᆯ과(癸丑144).

아촌아바 명 숙부(叔父). ¶叔父 本呼 아촌아바(華方).

아츰 명 아침. ☞아ᄎᆞᆷ ¶엇그제ᄂᆞᆫ 부귀자요 오늘 아츰 빈쳔지라(萬言詞). 아츰 조:朝(兒學下1).

아치 명 어치. ¶닷 말 아치나 샤쟈(古時調. 宅쓰레 臙脂粉. 靑丘).

아·치얻브·다 형 싫다. ☞아쳗브다 ¶입시우리 드리디 아니ᄒᆞ며 윤디 아니ᄒᆞ며 디드디 아니ᄒᆞ며 헐믓디 아니ᄒᆞ며 이저디디 아니ᄒᆞ며 기우디 아니ᄒᆞ며 두텁디 아니ᄒᆞ며 크디 아니ᄒᆞ며 검디 아니ᄒᆞ야 믈읫 아치얻븐 야이 업스며(釋譜19:7).

아침 명 아침. ☞아ᄎᆞᆷ ¶아침과 전역을 아지 못ᄒᆞ고(女四解3:9).

아·ᄎᆞ나ᄃᆞᆯ 명 조카. ☞아ᄎᆞᆫ아ᄃᆞᆯ ¶아ᄎᆞ나ᄃᆞᆯ 딜:姪. 아ᄎᆞ나ᄃᆞᆯ 싱:甥(訓蒙上32).

아·ᄎᆞ니·라 형 드무니라. ㉮아ᄎᆞ다 ¶衆人이 怒ᄒᆞ며 물 사ᄅᆞ미 믜여 두리 아ᄎᆞ니라:衆怒群猜鮮有存者(宣賜內訓1:33).

아·ᄎᆞ·다 형 드물다. ¶衆人이 怒ᄒᆞ며 물 사ᄅᆞ미 믜여 두리 아ᄎᆞ니라:衆怒群猜鮮有存者(宣賜內訓1:33).

·아ᄎᆞᆫ 명 까닭은. ㉢앛 ¶善現이 奇特ᄒᆞᆫ 아ᄎᆞᆫ:善現之所以奇哉者. 慈尊이 希有ᄒᆞ샨 아ᄎᆞᆫ:慈尊之所以希有者(金三2:8). 그러ᄒᆞᆫ 아ᄎᆞᆫ:所以然者(金三3:34).

아ᄎᆞᆫ설 명 작은설. 섣달 그믐. ☞아ᄎᆞᆫ설날 ¶아ᄎᆞᆫ설:暮歲. 아ᄎᆞᆫ설밤:除夜(譯解上4).

아ᄎᆞᆫ설날 명 작은설날. 섣달 그믐날. ☞아츤설날 ¶아ᄎᆞᆫ설날 ᄉᆞ경의:歲暮夕四更中(瘟疫方4).

아ᄎᆞᆫ설밤 명 제야(除夜). 제석(除夕). 섣달 그믐날 밤. ☞아ᄎᆞᆷ설밤 ¶아ᄎᆞᆫ설밤:除夜(譯解上4).

아ᄎᆞᆫ섯날 명 작은설날. 섣달 그믐날. ☞아츤설날. 아ᄎᆞᆫ설날 ¶또 아ᄎᆞᆫ섯날 바미 ᄠᅳᆯ헤 섭나모 싸코 퓌우면:又方歲除夜積柴於庭燒火(瘟疫方6).

아·ᄎᆞᆫ·ᄯᆞᆯ 명 조카딸. ¶아ᄌᆞ미며 몯누의며 아ᄋᆞ누의며 아ᄎᆞᆫᄯᆞᆯ이 아비 업슨 이와 남진 업슨 이 잇거든:姑姊妹姪有孤嫠者(宣小6:96). 아ᄎᆞᆫᄯᆞᆯ 빅비 나히 아홉이러니:姪女白飛年九(東新續三綱. 孝2:69). 동싱 형뎨게 난 아ᄎᆞᆫᄯᆞᆯ:姪女(老解下30). 아ᄎᆞᆫᄯᆞᆯ:姪女(譯解上57).

아·ᄎᆞᆫ아·ᄃᆞᆯ 명 ①조카. ☞아ᄎᆞ나ᄃᆞᆯ ¶아ᄎᆞᆫ아ᄃᆞᆯ 警戒ᄒᆞᆫ 詩예 닐오ᄃᆡ:戒從子詩曰(宣賜內訓1:12). 우리 아ᄎᆞᆫ아ᄃᆞᆯ 李潮ㅣ 글수미 親近ᄒᆞ도다:吾甥李潮下筆親(初杜解16:15). 어딘 아ᄎᆞᆫ아ᄃᆞ리 지죄 俊茂ᄒᆞ니:令姪才俊茂(初杜解22:38). 아ᅀᆞ와 아ᄎᆞᆫ아ᄃᆞᄅᆞᆯ 므슴 슬허 눉므를 비ᄀᆞ티 흘리가니오:弟姪何傷淚如雨(初杜解25:14). 아ᄎᆞᆫ아ᄃᆞᆯ 딜:姪(類合上20). 아ᄎᆞᆫ아ᄃᆞᆯ 杲ㅣ:從子杲(宣小5:19). 아ᄋᆞ와 아ᄎᆞᆫ아ᄃᆞᆯ왜 비록 이시나:弟姪雖存(重杜解11:13). 아ᄎᆞᆫ아ᄃᆞᆯ:姪(譯解上57). ᄌᆞ식이며 아ᄎᆞᆫ아ᄃᆞᆯᄃᆞᆯ히 섬 아래 르러니 셔 잇써니:子姪羅列階下(重二倫15). ②손자. ¶孫曰了寸了姐(雞類).

아·ᄎᆞᆷ 명 아침. ☞아젹. 앗ᄎᆞᆷ ¶ᄒᆞᄅᆞᆺ 아ᄎᆞ미 命終ᄒᆞ야(釋譜6:3). 그저긔 粳米ᄅᆞᆯ 아ᄎᆞᆷ 뷔여든 또 나조ᄒᆡ 닉고(月釋1:45). ᄒᆡ 東녀긔 이시면 아ᄎᆞ미오(月釋2:50). 卯發이 아ᄎᆞᄆᆡ 니러(三綱. 烈20). 代ᄇᆞ료미 어루 아ᄎᆞᆷ 나죄 ᄯᆞᄅᆞ미어니ᄯᆞ녀:代謝可唯旦暮(楞解1:16). 밤 아ᄎᆞᆷ ᄀᆞᆮᄒᆞ샷다:如夜旦(法華6:146). ᄒᆞᄅᆞᆺ 아ᄎᆞᄆᆡ 믄득 貴히 ᄃᆞ외면:而一旦遽貴(宣賜內訓序6). 아ᄎᆞ미 오매 몰앳 그티 다 ᄃᆞᆷ기니:朝來沒沙尾(杜解10:6).

ᄒᆞ마 奇特이 업스면 아ᄎᆞᆷ 오며(南明上10). 날마다 아ᄎᆞᄆᆡ:每日於晨朝(佛頂上3). 아ᄎᆞᆷ에 採山ᄒᆞ고 나조ᄒᆡ 釣水ᄒᆞ새(丁克仁. 賞春曲). 이튿날 아ᄎᆞᄆᆡ:旦日(飜小10:6). 아ᄎᆞᆷ 단:旦. 아ᄎᆞᆷ 됴:朝(訓蒙上2). 아ᄎᆞᆷ 흔:昕(訓蒙下2). 아ᄎᆞᆷ 됴:朝. 아ᄎᆞᆷ 단:旦(類合上3). ᄆᆡ일 아ᄎᆞᄆᆡ 머리 비서:每旦櫛縱笄(宣小6:26). ᄡᅧ 이 아ᄎᆞᆷ을 기리ᄒᆞ야:以永今朝(詩解11:2). 아ᄎᆞᄆᆡ 니러나:早晨(老解下48). 아ᄎᆞᆷ 노을:早霞(譯解上2). 암ᄃᆞᆯ기 아ᄎᆞᄆᆡ 우러:牝雞晨鳴(重內訓2:16). ᄆᆡ양 아ᄎᆞᆷ의 일 니러나:每朝早起(女四解2:14). 오ᄂᆞᆯ 아ᄎᆞᆷ:今朝(同文解上3). 네 아ᄎᆞᆷ의 나가 늣게야 오면(女範1. 모의 왕손가모). 인ᄉᆡᆼ이 아ᄎᆞᆷ 이슬 ᄀᆞᄐᆞ니:人生如朝露(五倫2:12). 눈물로 밤을 ᄉᆡ와 아ᄎᆞᆷ의 죠반 드니(萬言詞). 旦曰阿慘(雞類). ※아ᄎᆞᆷ>아침

아·ᄎᆞᆷ나조 명 아침저녁. 조석(朝夕). ☞아ᄎᆞᆷ나죄 ¶아ᄎᆞᆷ나조ᄒᆡ 守護ᄒᆞ야:晨夕守護(圓覺下三之二88). 아ᄎᆞᆷ나조ᄒᆡ 보아 警戒ᄒᆞ노라:朝夕視爲警(宣賜內訓1:27). 아ᄎᆞᆷ나조ᄒᆡ:早起晚夕(飜老下47). 아ᄎᆞᆷ나조ᄒᆞ로:朝夕(飜小9:13).

아·ᄎᆞᆷ나죄 명 아침저녁. 조석(朝夕). ☞아ᄎᆞᆷ나조 ¶匿王ᄋᆡ 代 ᄇᆡ료미 어루 아ᄎᆞᆷ나죄 ᄡᅳ르미어니ᄯᆞ녀:匿王代謝可唯旦暮(楞解1:16). 아ᄎᆞᆷ나죄 侍衛ᄒᆞ야 믈러 굽디 아니케 ᄒᆞ며:朝夕侍衛令不退屈(圓覺下三之二92). 아ᄎᆞᆷ나죄로 보와 경계ᄒᆞ다:朝夕視爲警(飜小8:17).

아ᄎᆞᆷ·밥 명 아침밥. ¶이 느즌듸 일즉 아ᄎᆞᆷ밥을 몯 머거 잇고:這早晚不曾喫早飯(飜老上40).

아ᄎᆞᆷ설밤 명 제야(除夜). 제석(除夕). 섣달그믐밤. ☞아ᄎᆞᆫ설. 아ᄎᆞᆫ설밤 ¶아ᄎᆞᆷ설밤:除夕(譯解補3).

아텨롭다 형 싫다. ☞아텯다 ¶모딘 이로 더부러 아텨로온 일ᄅᆞᆯ ᄒᆞᆫ가지로 ᄒᆞ면:與衆同惡(三略上1).

아텸ᄒᆞ다 동 아첨하다. ☞아쳠ᄒᆞ다 ¶진실로 이 니ᄅᆞᆯ ᄇᆞᆯ기 알면 즁과 승을 아텸ᄒᆞ야 위와드며:苟明此理則諂奉僧尼(警民36).

아푸다 형 아프다. ☞아ᄑᆞ다 ¶ᄆᆡ양 ᄉᆡᆼ각ᄒᆞ면 눈물이 흘너 ᄆᆞ음이 아푸더라(閑中錄6).

아프다 형 아프다. ☞아ᄑᆞ다 ¶머리 아프고 열ᄒᆞ여 대변을 통티 몯ᄒᆞ믈 고티ᄂᆞ니(辟新4). 아프게 ᄒᆞ다:教疼(同文解下30).

아ᄑᆞ기 명 아픈 증세. 통증(痛症). ¶목 아ᄑᆞ기라:咽喉痛(痘要上59).

아ᄑᆞ다 형 아프다. ☞알ᄑᆞ다 ¶ᄇᆡ ᄀᆞ장 아ᄑᆞ고 허리 마즌 ᄃᆞ시 아ᄑᆞ고:腹中大痛腰如被杖(痘要上61). ᄇᆡ ᄀᆞ장 아ᄑᆞ면 티오 아니 아ᄑᆞ면 티 아니라:腹中大痛是孕不痛爲無孕(胎要10). 가ᄉᆞᆷ ᄇᆡ 알ᄑᆞ며 피 나ᄂᆞ니ᄂᆞᆫ 티동이오 아니 아ᄑᆞ고 피만 나ᄂᆞ니ᄂᆞᆫ 티뤼라 ᄒᆞᄂᆞ니라:心腹痛而下血者爲胎動不痛者爲胎漏(胎要17). 허리ᄂᆞᆯ 아ᄑᆞ디 아니케 ᄒᆞᄂᆞ니(馬解上53). 저려 아ᄑᆞ고(痘瘡方6).

아함이 명 인기척. ¶큰 기ᄎᆞᆷ 아함이ᄅᆞᆯ 良久토록 ᄒᆞ온 後에(蘆溪. 陋巷詞).

아함ᄒᆞ다 동 인기척하다. ¶門 밧긔 뉘 아함ᄒᆞ고 낫시 가쟈 ᄒᆞ는 이(古時調. 金光煜. 茅簷 긴아긴. 海謠).

아혹 명 아욱. ☞아옥 ¶아혹 글힌 므ᄅᆞᆯ:煮葵菜汁(救簡6:18). 아혹 규:葵(類合上10). 아혹:葵(詩解 物名13). 아혹ᄋᆞᆯ 부유ᄃᆡ 소ᄂᆞᆯ 노치 말라 소ᄂᆞᆯ 노ᄒᆞ면 아혹 불휘 傷ᄒᆞ리라:刈葵莫放手放手傷葵根(重杜解8:32). 아혹과 양의 고기를 다 먹디 말라:葵菜羊肉等物皆不可食(辟新18). 아혹:葵菜(朴解中33). 아혹:葵菜(譯解下10).

아·홉 수 아홉. ¶나히 ᄒᆞ마 아호빌씨(釋譜6:3). 九는 아호비라(月釋1:32). 아홉 ᄒᆡᆺ 믈와 닐굽 ᄒᆡᆺ ᄀᆞᄆᆞ리 이시면:有九年之水七年之旱(宣賜內訓2下59). 아홉 ᄒᆡᄅᆞᆯ 외ᄅᆞ이 안자:九年孤坐(南明下23). 아홉 구:九(訓蒙下34. 類合上1). 아홉 계집을 나오니(女四解4:56).

아·회 명 아이. ☞아ᄒᆡ ¶얼운과 아회 ᄎᆞ례ᄅᆞᆯ ᄇᆞᆯ키니라:明長幼之序(宣小2:65). ᄒᆞᆫ 집의 잇ᄂᆞᆫ 아회들을 친이 ᄒᆞ고(女四解2:35). 아회 보숣피다:保赤子(同文解上53). 아회 깃:襁褓(同文解上54). 지아비 녕혼이 ᄒᆞᆫ 아회게 ᄂᆞ려:童(五倫3:50).

아·히 명 아이. ☞아회. 아ᄒᆡ ¶비록 져젯 아히도히 과ᄒᆞ여 ᄒᆞ나:雖得市童憐(飜小6:26).

아·ᄒᆞ래 명 아흐레. ¶마ᅀᆞᆫ아ᄒᆞ래ᄅᆞᆯ 光明이 긋디 아니킈 ᄒᆞ고(釋譜9:32). 모미 마ᅀᆞᆫ아ᄒᆞ래:身四十九日(佛頂中7).

아·ᄒᆞᆫ 수 아흔. ¶처ᅀᅥᆷ 이에셔 사던 저그로 오ᄂᆞᆳ낤ᄀᆞ장 혜면 아ᄒᆞᆫ ᄒᆞᆫ 劫이로소니(釋譜6:37). 아ᄒᆞᆫ네찻 王이 大善生이시고(月釋2:4). 耄ᄂᆞᆫ 아ᄒᆞ니라(法華5:116). 나히 아ᄒᆞᆫ닐구베 니르러:年至九十七歲(佛頂下12). 아ᄒᆞᆫ 량이 왓ᄂᆞᆫ ᄃᆞᆺᄒᆞ다:敢只到的九十(飜老下63). 九十曰鴉順(雞類).

아·ᄒᆡ 명 아이. ☞아회 ¶앒뒤헨 아ᄒᆡ 할미러니(月印上25). 즉자히 쉰 아ᄒᆡ 몯거늘(釋譜6:9). 兒ᄂᆞᆫ 아ᄒᆡ라(月釋序18). 얻우니며 아ᄒᆡ며(月釋21:99). ᄯᅩ ᄒᆞᆫ 눈 업서 모ᄃᆞᆫ 아ᄒᆡᄋᆡ 튜미 ᄃᆞ외야:又無一目爲諸童子之所打擲(法華2:165). 일후믈 아ᄒᆡ라 ᄒᆞ니:名之爲兒(法華2:213). 이삭 주ᅀᅳ므란 ᄆᆞᅀᆞᆳ 아ᄒᆡᄅᆞᆯ 許ᄒᆞ노라:拾穗許村童(初杜解7:18). 아ᄒᆡ 井華水ᄅᆞᆯ 긷ᄂᆞ니:兒童汲井華(杜解9:

21). 아히돌히 俗客 혀 드료믈 恠異히 너기디 아니ᄒᆞ곡:休恠兒童延俗客(初杜解21:3). 아히 겨집돌 만ᄒᆞ고:老少又多(飜老上52). 남진 겨지비 아히쁴브터 곧 교만ᄒᆞ며:男女從幼便驕(飜小6:3). 아히 ᅀᆞ:兒. 아히 동:童. 아히 영:孾. 아히 히:孩(訓蒙上32). 아히:小厮(訓蒙下24. 厮字註). 아히 ᅀᆞ:兒(類合上17). 아히 영:嬰. 아히 유:孺(類合下9). 아히 티:稚(類合下16). 아히 ᄋᆞ:兒(石千15). 져근 아히 비홀 글월의(宣小書題1). 얼운과 아히롤 和케 ᄒᆞᄂᆞ니:和長幼(宣小3:9). 네 아히 ᄠᅳᆮ을 ᄇᆞ리고 네 인 德을 順ᄒᆞ면:棄爾幼志順爾成德(宣小3:19). 아히아 뎌 듀방에 협판을 가져다가:小厮將那厨裏夾板來(朴解中37). 아히놈:小厮(譯解上27). 아히 치ᄂᆞᆫ 節은 敎ㅣ 飮食애 비롣ᄂᆞ니:養蒙之節敎始於飮食(女四解4:3). 아히 적 일홈은 옥환이니(明皇1:33). 아히들:孩子們(同文解上12). 아히로 ᄒᆞ여곰 벼솔을 ᄒᆞ고(女範1. 모의 노희경강). 閑暇ᄒᆞᆫ 져 老人은 아히 불너 ᄯᅳᆺ 심의고(草堂曲). 이바 아히들아 쇼 죠히 머겨스라(辛啓榮. 月先軒十六景歌). 철 업슨 어린 아히 소 갓튼 절문 계집(萬言詞). 아히아:兒(兒學上1). 角干金氏之長子曰庾信弟曰欽純姊曰寶姬小名曰阿海妹曰文姬小名曰阿之(三遺一 金庾信條).

아·히어·리니 명 어린이. 동몽(童蒙). ¶ 이제 ᄌᆞ못 어더 모도와 ᄡᅥ 이 글을 ᄆᆡᆼᄀᆞ라 아히어리니를 주어:今頗蒐輯以爲此書授之童蒙(宣小書題2).

·악 명 악(樂). 풍류(風流). 음악(音樂). ¶ 樂ᄋᆞᆫ 풍류니 놀애 춤 트렛 지죄라 樂音은 풍륫 소리니(釋譜13:9).

악 명 악. ¶ 하 악을 ᄡᅳ거ᄂᆞᆯ(癸丑 159).

·악 명 악(惡). ¶ 邪ᄅᆞᆯ 것고 正을 세며 惡ᄋᆞᆯ 滅ᄒᆞ고:摧邪立正殄惡(楞解7:41). 果然 惡으로 天下ᄅᆞᆯ 놀래긔러니와 ᄒᆞᆫ디 이슈믈돌 몯ᄒᆞ야(法華2:28). 惡ᄋᆞᆯ 길우미 몯ᄒᆞᆯᄯᆞᆯ 반ᄃᆞ기 아롤띠니(永嘉上5). 世間앳 善과 惡과 됴홈과 구줌과(六祖中8). 子ㅣ ᄀᆞᆯᄋᆞ샤ᄃᆡ 진실로 仁에 志ᄒᆞ면 惡이 업ᄂᆞ니라(宣論1:31). 善을 勸ᄒᆞ고 惡을 懲계 호미니(家禮5:23).

·악공 명 악공(樂工). ¶ 教坊읫 여라믄 樂工과 읏듬 뎡지ᄋᆡᆫ과(飜朴上5).

·악:귀 명 악귀(惡鬼). ¶ 아기 나ᄒᆞᆯ 제 無數 惡鬼와 魍魎精魅 비린 피ᄅᆞᆯ 먹고져 컨마ᄅᆞᆫ(月釋21:124).

악긔 명 악기(惡氣). ¶ 악긔:瘆氣(譯解補31).

악·대 명 악대. 불깐 짐승. ¶ 암ᄒᆞ란 사디 말오 다 악대로 ᄒᆞ라:休買母的都要羯的(飜朴上2). 악대 건:犍. 악대 계:犗 犍犗 去勢畜(訓蒙下7).

악·대돋 명 악대 돼지. 불깐 돼지. ¶ 악대돋 분:豶(訓蒙下7).

악대ᄆᆞᆯ 명 악대말. 불깐 말. ¶ 악대ᄆᆞᆯ:騸馬(飜老下8. 老解下8. 譯解下28).

악대쇼 명 악대소. 불깐 소. ☞악ᄃᆡ쇼 ¶ 악대쇼:犍牛(譯解下30. 同文解下38).

악·대양 명 악대양. 불깐 양. ¶ 악대양:羯羊(飜老下22). 악대양 갈:羯(訓蒙下7). 악대양:羯羊(老解下19. 譯解下32).

악·대·한·쇼 명 악대소. 불깐 소. ¶ 악대한쇼:犍牛(訓蒙下7 犍字註).

악댱 명 악장(岳丈). 장인(丈人). ¶ 그 악댱의 디인지감이 과인ᄒᆞ믈 몬내 항복ᄒᆞ더라(洛城2).

·악·독ᄒᆞ·다 형 악독(惡毒)하다. ¶ 前後 父母의게 惡毒ᄒᆞ릴 맛나든 매 마졸 이ᄅᆞᆯ 내야(月釋21:66). 악독ᄒᆞ다:利害(漢淸8:34).

악ᄃᆡ쇼 명 악대소. 불깐 소. ☞악대쇼 ¶ 악ᄃᆡ쇼:騸牛(漢淸14:36).

악몽 명 악몽(惡夢). ¶ 내 ᄯᅩ 근내에 악몽이 자자니 ᄯᅩ 무숨 환난이 이셔(落泉3:7).

악머구리 명 악머구리. ¶ 악머구리:黽(物譜水族).

악보 명 악보(樂譜). ¶ 목계가ᄅᆞᆯ 지어 일홈을 오관산곡이라 ᄒᆞ니 악보의 뎐ᄒᆞ니라:作木鷄歌名曰五冠山曲傳于樂譜(東新續三綱. 孝1:63).

악ᄡᅳ다 동 악쓰다. ☞악쓰다 ¶ 악ᄡᅳ다:撒潑(譯解補21. 漢淸3:4).

·악·습 명 악습(惡習). ¶ 惡習으로 業을 ᄆᆡᄌᆞ며(月釋21:48).

악쓰다 동 악쓰다. ☞악ᄡᅳ다 ¶ 악쓰다:用强(同文解上32). 악쓰다:强梁(漢淸8:25).

·악신 명 악인(惡人). ¶ 衛예 惡人이 이쇼ᄃᆡ:惡人은 양지 골업슨 사ᄅᆞ미라(法華2:28). 能이 後에 曹溪예 가 ᄯᅩ 惡人의 ᄎᆞ자ᄧᅩ초ᄆᆞᆯ 니버(六祖上39).

악연ᄒᆞ다 동 악연(愕然)하다. ¶ 악연ᄒᆞ야 바라보니(洛城2).

·악음 명 악음(樂音). ¶ 樂音은 풍륫소리니 붑 티ᄂᆞᆫ ᄆᆞ디며 시우대ᄅᆞᆯ 니르니라(釋譜13:9).

악질 명 악질(惡疾). 악병(惡病). ¶ 악질이 잇거ᄂᆞᆯ(五倫3:7).

·악:취 명 악취(惡臭). ¶ 닐온밧 그 意ᄅᆞᆯ 誠ᄒᆞ다 홈은 스스로 소기디 마로미니 惡臭ᄅᆞᆯ 아쳐홈 ᄀᆞᆮ티 ᄒᆞ며(宣大11). 악취:瘆氣(同文解上62).

·악ᄒᆞ·다 형 악(惡)하다. ¶ 善ᄒᆞ면 樂ᄋᆞᆯ 受ᄒᆞ고 惡ᄒᆞ면 苦ᄅᆞᆯ 受ᄒᆞᄂᆞ니라(永嘉上113).

·악:ᄒᆡᆼ 명 악행(惡行). ¶ 一切 惡事ᄅᆞᆯ ᄉᆞ랑

ᄒᆞ면 곧 惡行이 나고(六祖中38).

안 명 ①안〔內〕. ¶赤島 안햇 움흘 至今에 보ᅀᆞᆸᄂᆞ니:赤島陶穴今人猶視(龍歌5章). 셤 안해 도ᄌᆞ기 니저니:島不警賊(龍歌53章). 城 안ᄒᆞᆯ 재요리라(月印上18). 몯 처ᅀᅥᄆᆡ 뉘 몬져 이 門 안해 드뇨(釋譜24:18). 色身 안ᄒᆞᆯ 삼고(月釋9:21). 안팟과 밧과 中間과 세 고ᄃᆡ:內外中間三處(楞解1:63). ᄯᅩ 안해셔 나ᄂᆞ녀(楞解1:64). 蟯蛔ᄂᆞᆫ ᄇᆡ 안햇 벌에라(楞解8:120). 그 안ᄒᆞᆫ 關膈府藏이 횟두루 막고 고ᄇᆞᆫᄃᆡ:其內則關膈府藏周障屈曲(法華2:105). 안ᄒᆞᆫ 오직 내 나며 더러우니:內唯臭穢(永嘉上35). 소ᄂᆞᆫ 本來 안해 잇ᄂᆞ니:手本內有(永嘉上66). 닐오ᄃᆡ 안콰 밧괘니:謂內及外(圓覺上二之二81). 밧고로 도 노하 드리디 아니ᄒᆞ며 안ᄒᆞ로도 노하 내디 아니ᄒᆞᆯᄊᆡ:外不放入內不放出(蒙法64). 消渴ㅅ病이 안ᄒᆞ로 서르 모ᄃᆡ도다:消中內相毒(杜解6:51). 忠州ᄂᆞᆫ 세 峽ㅅ 안히니:忠州三峽內(初杜解7:10). 안콰 밧기 貴賤이 다ᄅᆞ나:中外貴賤殊(初杜解8:5). 안ᄒᆞ로 붓그료ᄃᆡ:內愧(初杜解22:50). ᄆᆞᅀᆞ믄 모로매 내 몸얼굴 안히 이실 거시니라:心要在腔子裏(飜小8:5). 안 ᄂᆡ:內(訓蒙下34. 類合上2). 어려실 ᄞᅢᄂᆞᆫ 안히 居處ᄒᆞᄂᆞᆫ고로(女四解2:24). 안흐로:從內(同文解上9).
②마음속. ¶王이 안ᄒᆞᆯ 답껴 ᄒᆞ더니(釋譜24:20). 안히 답쌉거늘(月釋2:51). 어마니미 드르시고 안답ᄭᅵ샤(月釋21:217). 안 ᄠᅳ디 正ᄒᆞ고 밧 얼굴이 고ᄃᆞᆫ 然後에:內志正外體直然後(宣小3:19). 뎌 놈아 어ᄂᆡ 안흐로 계집되라 ᄒᆞᄂᆞᆫ다(古時調. 鄭澈. 남진 죽고. 松江). 져 물도 내 안 ᄀᆞᆮ도다 우러 밤길 녜놋다(古時調. 王邦衍. 千萬里. 靑丘).
※'안'의 ┌ 안
  첨용 └ 안히/안ᄒᆞᆫ/안ᄒᆞᆯ/안ᄒᆞ로…

:안·개 명 안개. ☞안ᄀᆡ ¶비 ᄃᆞ외며 안개 ᄃᆞ외며:爲雨爲霧(楞解8:99). 后ㅣ 곧 ᄇᆞᄅᆞᆷ과 邪氣와 이슬와 안개로ᄡᅥ:后輒以風邪露霧(宣賜內訓2上45). 긴 수프레 안개 거두미 ᄀᆞᄌᆞᆨᄒᆞ도다:長林卷霧齊(初杜解15:17). 안개 무:霧(訓蒙上2. 類合上4). 안개:霧(同文解上1). 안개가 대단이 ᄭᅵ여지매(隣語1:5).

안거 명 안거(安居). ¶셩뎐과 안거 안ᄂᆞᆫ 집과 즁돌 음식ᄒᆞᄂᆞᆫ 집과:金堂禪堂齋堂(飜朴上69).

안거·ᄒᆞ·다 동 안거(安居)하다. ¶端正히 안자 安居ᄒᆞ야(楞解7:25). 安居ᄒᆞ욤애 天下ㅣ 熄ᄒᆞ니라(宣孟6:5). 방등의 안거ᄒᆞ나 바늘 방셕의 안잔 듯ᄒᆞ여(落泉1:3).

안고다 동 안기게 하다. ¶碧波江流에 돌 안고아 너헛시니(古時調. 시름을. 歌曲).

안ᄀᆡ 명 안개. ☞안개 ¶안ᄀᆡ ᄭᅵ이다:罩霧(齊諧物名 天文類). 안ᄀᆡ 무:霧(兒學上3).

안날 명 안날. 전날. ¶안날 밤 잘 ᄢᅢ예:隔夜臨睡(臘藥26).

·안녁 명 안쪽. ¶內族ᄋᆞᆫ 안녁 아ᅀᆞ미라(三綱. 忠27). 안녁 고존 顯이라와 하고:內藥繁於顯(初杜解20:17). 두 발 엄지가락톱 안녁 ᄀᆞᅀᆞ로:兩脚大母趾內離(救簡1:77).

안녕ᄒᆞ다 형 안녕(安寧)하다. ¶天下ㅣ 오히려 安寧티 몯ᄒᆞ니(初杜解6:40).

안니기 명 안걸이. 안낚걸이. ¶안니기:裏勾子(漢淸4:48).

안니다 동 앉곤 하다. 〔'안〈坐〉'과 '니〈行〉'의 합성어(合成語)〕. ¶곳나모 가지마다 간ᄃᆡ 족족 안니다가(松江. 思美人曲).

:안·다 동 안다〔抱〕. ¶婇女ㅣ 기베 안ᅀᆞᄫᅡ 어마님ᄭᅴ 오ᅀᆞᆸ더니 大神ᄃᆞᆯ히 뫼시ᅀᆞᄫᆞ니(月印上9). 妃子ㅣ 보시고 고갤 안아 우르시니(月印上21). 그저ᄭᅴ 四天王이 하ᄂᆞᆶ 기ᄇᆞ로 안ᅀᆞᄫᅡ(月釋2:39). 婇女ㅣ 기베 안ᅀᆞᄫᅡ 어마님ᄭᅴ 오ᅀᆞᆸ더니(月釋2:43). 上ᄋᆞᆯ 안ᅀᆞ와 痛哭ᄒᆞ야시ᄂᆞᆯ(金剛事實3). 夜摩ᄂᆞᆫ 서르 안고(圓覺下一之一23). ᄇᆞᄅᆞᆷ비 ᄠᅵᆯ 저기면 남ᄀᆞᆯ 안고 우더라:每風雨輒抱樹而泣(三綱. 孝17). ᄆᆞᆯᄀᆞᆫ ᄀᆞᄅᆞᇝ ᄒᆞᆫ 고ᄇᆡ ᄆᆞᅀᆞᆯᄒᆞᆯ 아나 흐르ᄂᆞ니:淸江一曲抱村流(初杜解7:3). 孔子와 부텨왜 親히 아나 보내니:孔子釋氏親抱送(杜解8:24). 혜아려 어믜 心肝을 아나 그 어미로 千生萬死ᄒᆞ야(佛頂10). 알 아ᄂᆞᆯ 포:菢(訓蒙下7). 아ᄂᆞᆯ 루:摟(訓蒙下23). ᄃᆞᆯ기 알 안ᄃᆞᆺ ᄒᆞ며(龜鑑上13). 아ᄂᆞᆯ 포:抱(類合下46). 아븨 주검을 안고 ᄠᅥ나오니라(女四解4:17). 안다:抱着(譯解補26). 알 안다:伏(柳氏物名一 羽蟲).

안다 동 앉다. ☞안ㅅ다 ¶아모 ᄝᅳᆺ치나 안거든(明皇1:33).

-·안·다 어미 -느냐. ☞-언다 ¶모ᄃᆡ 杜撰ᄋᆞᆯ 마롫디니 아란다:切忌杜撰會麼(蒙法20). 惟正 上座ᄂᆞᆫ 能히 아란다 몰란다:惟正上座能悟徹也未(蒙法21). 하ᄂᆞᆯ ᄀᆞᄅᆞ치시며 ᄯᅡ ᄀᆞᄅᆞ치샤ᄆᆞᆯ 아란다 모ᄅᆞᄂᆞᆫ다:指天指地會也未(金三2:60). 허믈 자반다(龜鑑上21).

·안·답·ᄭᅵ·다 동 답답해하다. 안타까워하다. ☞안닶기다 ¶어마니미 드르시고 안답ᄭᅵ샤 낫ᄃᆞ라 아ᄂᆞ샤 것ᄆᆞᄅᆞ 주거시ᄂᆞᆯ(釋譜11:20). 迦尸王이 안답껴 惑心ᄋᆞᆯ 니ᄅᆞ와다(月釋7:16). 어마니미 드르시고 안답ᄭᅵ샤(月釋21:217).

·안·닶·기·다 형 속이 답답하다. 안타깝다. ☞안답ᄭᅵ다 ¶太子ㅣ 듣고 안닶겨 ᄡᅡ해 그우러 디옛더라(釋譜11:18). ᄂᆞᄆᆡ 毒ᄒᆞᆫ 藥 먹고 藥이 發ᄒᆞ야 안닶겨 ᄡᅡ해 그우더니:飮他毒藥藥發悶亂宛轉于地(法華5:151).

안뎡 명 안정(安定). ☞안뎡ᄒᆞ다 ¶안뎡 유:

綏(類合下22).

안:뎡·히 부 안정(安定)히. ¶말ᄉᆞᄆᆞᆯ 安定히 ᄒᆞ면 百姓을 便安케 ᄒᆞ린더:安定辭安民哉(宣賜內訓1:7).

안:뎡ᄒᆞ다 동 안정(安定)하다. ¶사호던 ᄡᅡ히 이제 비르서 安定ᄒᆞ니 옮겨심곤 버드른 ᄯᅩ 能히 잇ᄂᆞ가:戰場今始定移柳更能存(初杜解14:17).

안도ᄒᆞ다 동 안도(安堵)하다. ¶너희 등이 안도ᄒᆞ믈 드르면 내 눈섭이 가히 펴일 ᄶᅥ시오(綸音94).

안동ᄒᆞ다 동 안동(眼同)하다. ¶즈름과 眼同ᄒᆞ여 보라:牙家眼同看(老解下58).

안·득 부 아니. ¶욀 비 又 안득 비:非(訓蒙下29).

:안디·시 동 안 듯이. 알아차린 듯이. ¶주근 벌에 ᄃᆞ외야ᄂᆞᆯ 보시고ᅀᅡ 안디시 ᄒᆞ시니(月印上16).

안딕 부 가장. ☞안직. 안즉 ¶이ᄂᆞᆫ 眞實로 모딘 새거긔 안딕 ᄒᆞᆫ 거시니:茲實鷙鳥最(重杜解17:8).

안·락 명 안락(安樂). ¶내 녜 너를 安樂 得ᄒᆞ야(法華4:39). 憂患애 生ᄒᆞ고 安樂애 死홈을 알띠니라:知生於憂患而死於安樂也(宣孟12:38).

안·락ᄒᆞ·다 형 안락(安樂)하다. ¶一切 有情을 利益ᄃᆞᄫᅵ며 安樂긔 ᄒᆞ라(釋譜9:41). 부톄 니ᄅᆞ샤ᄃᆡ 잇ᄂᆞᆫ 고ᄃᆞᆯ 조차 恒常 安樂다 ᄒᆞ시니라(六祖上92). 다 安樂ᄒᆞ더라(老解下4). 〔飜老下4에는 '다 이대 잇더라'로 기록되어 있음.〕

:안·롱 명 안롱(鞍籠). ¶우희 안롱으로 둡고:上頭着披氈盖着(飜老下45). 우희 안롱으로 덥고:上頭着披氈盖着(老解下41). 안롱:鞍籠(譯解下20).

:안:마 명 안마(鞍馬). ¶鞍馬로 거츤 수프레 왯도다(初杜解15:53). 안마 ᄐᆞ고 반당 ᄃᆞ리고:騎着鞍馬引着伴儻(老解下48).

-안마ᄂᆞᆫ 어미 -건마는. ☞-안마론 ¶술을 남기시믈 아란마ᄂᆞᆫ(新語3:10).

-·안마·론 어미 -건마는. ☞-안마ᄂᆞᆫ ¶ᄌᆞ조 듣ᄌᆞᄫᆞ마론 즉자히 도로 니저 ᄌᆞᄫᆞᆯ ᄲᅮ니니(釋譜6:11). 이제 믄득 본바다 이 解ᄅᆞᆯ 밍ᄀᆞᆯ안마론:今輒效爲斯解(法華1:9).

안머 명 얼마. ☞언마 ¶ᄯᅩ 안머의 ᄑᆞᆯᄶᅡ:却賣多少(老解下25).

:안·목 명 안목(眼目). ¶ᄒᆞᆫ 經엣 眼目ᄋᆞᆯ 훤케 ᄒᆞ시니(金三2:51).

안문재 명 내수재(內水岾). 〔지명(地名)〕 ¶摩訶衍 妙吉祥 안문재 너머디여 외나모 ᄡᅥ근 ᄃᆞ리 佛頂臺 올라ᄒᆞ니(松江. 關東別曲). 안문재:內水岾(輿地勝覽 淮陽. 校註歌曲6:56).

안문젼 명 문지방(門地枋). ¶안문젼 곤:閫(類合下38).

안ᄆᆞᅀᆞᆷ 명 속마음. ¶合掌ᄒᆞ샤 안ᄆᆞᅀᆞᄆᆞ로 世尊ㅅ 바래 禮數ᄒᆞ더시니(月釋10:9).

안ᄆᆞ옴 명 속마음. ☞안ᄆᆞᅀᆞᆷ ¶말만 곱게 ᄒᆞ고 안ᄆᆞ옴은 謀陷ᄒᆞ려 ᄒᆞᄂᆞᆫ ᄠᅳᆮ이 이시니(隣語3:4).

안반여·흘 명 지명(地名). ¶至京畿加平縣東爲按板灘안반여흘(龍歌3:13).

안밧 명 안팎. ☞안팟 ¶안밧 大小佛殿과:內外大小佛殿(朴解上61). 上位ㅣ 一百錠鈔와 두 안밧 비단을 샹ᄒᆞ시니라:上位賞了一百錠鈔兩表裏段子(朴解中53).

안방 명 안방. ¶안밠의 날 저기어든 씌 아니 ᄯᅴᆫ 저기 업스며:出內齊未嘗不束帶(飜小10:13).

안보 명 안보(安保). 편안히 보전함. ¶안봇 보:保(類合下56).

안:보·ᄒᆞ·다 동 안보(安保)하다. ¶僧이 닐오ᄃᆡ 엇뎨 安保ᄒᆞ야 가져시리잇고(牧牛訣7). 비록 그 모미나 ᄯᅩ 安保호미 어려우니이다:雖其身亦難保也(宣賜內訓2下36). 天下ᄅᆞᆯ 모다 安保호미 곧 大寶ㅣ며 萬世예 일훔 나긔 ᄒᆞ요미 곧 大寶ㅣ니:共保天下卽大寶也顯名萬世卽大寶也(宣賜內訓2下47). 公이 위와도ᄃᆡ 아바님ᄀᆞ티 ᄒᆞ고 安保호ᄃᆡ 져믄 아히ᄀᆞ티 ᄒᆞ야:公奉之如嚴父保之如嬰兒(宣賜內訓3:45). 쇼져 일신이 ᄯᅩᄒᆞᆫ 규늬ᄅᆞᆯ 안보치 못ᄒᆞ실가 ᄒᆞᄂᆞ니(落泉1:2).

안:부 명 안부(安否). ¶安否를 묻ᄌᆞᆸ고 飯좌쇼셔 請커늘(月印上36). 瞿曇 安否ㅣ 便安ᄒᆞ시니잇가 ᄒᆞ더니(釋譜6:20). 安否 묻ᄌᆞᄫᆞᆫ대(月釋10:90). 省ᄋᆞᆫ 安否 무를 씨오(永嘉上16). 안부를 묻더라:承候安否(飜小9:75). 안부도 묻디 아니며(恩重16). 오ᄂᆞᆯ 安否ㅣ 엇더ᄒᆞ시뇨:今日安否何如(宣小4:11). 龍樓ㅅ 새배로셔 寢門에 가샤 安否를 믓ᄌᆞᆸᄂᆞ다:問寢龍樓曉(重杜解4:17). 侍者ᄃᆞ려 밤의 安否ㅣ 엇더신고 무러(家禮2:5). 뎨졀과 모부인 안부ᄅᆞᆯ 뭇거ᄂᆞᆯ(引鳳簫2).

안:부·ᄒᆞ·다 동 안부(安否)하다. ¶아자바님내ᄭᅴ 다 安否ᄒᆞᄉᆞᆸ고 ᄯᅩ 耶輪陁羅ᄅᆞᆯ 달애야(釋譜6:1). 各各 뫼ᅀᆞᄫᆞ니 ᄇᆞ리샤 安否ᄒᆞ더시니:安ᄋᆞᆫ 便安ᄒᆞᆯ 씨오 否ᄂᆞᆫ 便安티 아니ᄒᆞᆯ 씨니 安否는 便安ᄒᆞ신가 아니ᄒᆞ신가 ᄒᆞᄂᆞᆫ 마리라(釋譜11:4).

·안·뜰 명 안뜰. ☞안ᄠᅳᆯ ¶宮掖ᄋᆞᆫ 王ㅅ 안ᄠᅳᆯ히라:宮掖王之內庭也(楞解1:31).

안ᄧᅣᆼ죠알이 명 안짱다리. ☞안ㅅ쟝죠아리 ¶안ᄧᅣᆼ죠알이:鴨脚(譯解補20).

안ㅅ다 동 앉다. ☞안다 ¶안ㅅ다:坐(同文解上25).

안ㅅ손님 명 안손님. 여자 손님. ☞안악손 ¶

안ㅅ손님:堂客(譯解補33).

안ㅅ쟝죠아리 [명] 안짱다리. ☞안ᄧᅣᆼ죠알이 ¶ 안ㅅ쟝죠아리:羅圈腿(漢淸8:16).

안ㅅ집 [명] 안찝. ☞안집 ¶안ㅅ집 모도 브튼 피ㅅ대:總血管(漢淸12:30).

:안·샹 [명] 안상(眼相). ¶眼相이 길오 너브샤 靑蓮花葉 ᄀᆞᆮᄒᆞ샤미(法華2:16).

안샹·히 [부] 안상(安詳)히. ¶理ㅣ 모로매 靜을 取ᄒᆞ야 安詳히 ᄒᆞ야ᅀᅡ 비르서 能히 照ᄅᆞᆯ 펴리라 ᄒᆞ며:理宜取靜安詳方能展照(圓覺下二之一17). 數中엣 닷고ᄆᆞᆫ 수믈 調和ᄒᆞ야 澁디 아니ᄒᆞ며 滑티 아니ᄒᆞ야 安詳히 날호야 혜여(圓覺下三之二47).

안셔·히 [부] 안서(安徐)히. ¶寬이 神色이 다ᄅᆞ디 아니ᄒᆞ야 安徐히 닐오ᄃᆡ 羹애 네 소니 데어녀 ᄒᆞ니:寬神色不異乃徐言曰羹爛汝手乎(宣賜內訓1:18). 모로매 안셔히 샹심ᄒᆞ야 ᄒᆞ며:必安詳(飜小8:16).

안셔ᄒᆞ다 [동] 안서(安徐)하다. ¶반ᄃᆞ시 안셔코 샹심ᄒᆞ야 ᄒᆞ며:必安詳(宣小5:96).

안셕 [명] 안석(案席). ¶안셕:靠墩(譯解下15). 안셕 隱囊(物譜 几案).

안셥 [명] 안섶. ¶깁 젹삼 안셥히 되여 존득존득 대히고지고(古時調. 각시ᄂᆡ. 靑丘).

안셩 [명] 내성(內城). ¶지물을 ᄂᆡ어 안셩을 싸어:內城(女四解4:27).

안·식ᄒᆞ·다 [동] 안식(安息)하다. ¶宮室을 壞ᄒᆞ야 ᄡᅥ 汙池ᄅᆞᆯ 삼아 民이 安息ᄒᆞᆯ ᄈᆡ 업스며:壞宮室以爲汙池民無所安息(宣孟6:27).

안심 [명] 안심(安心). ☞안심ᄒᆞ다 ¶안심 념:恬(類合下30).

안심ᄒᆞ다 [동] 안심(安心)하다. ¶安심티 아니호믈 ᄭᅵᄃᆞ라 드ᄃᆡ여 그치고(家禮10:41). 안심치 아니타:生受(同文解上51).

:안·ᄉᆡᆨ [명] 안색(顔色). ¶노ᄅᆞᆺᄃᆞ왼 顔色 말며:不戲色(宣賜內訓1:9). 溫和ᄒᆞ며 부드러운 顔色ᄋᆞᆯ ᄇᆞ리고:棄和柔之色(宣賜內訓1:30). 노니ᄂᆞᆫ 아ᄃᆞ리 옷곳호ᄆᆞᆯ 조차 紅塵이 顔色ᄋᆞᆯ 좀먹ᄂᆞᆫ ᄃᆞᆯ 아디 몯ᄒᆞᄂᆞ다(南明上23). 거우룻 가온ᄃᆡᆺ 늘근 顔色ᄋᆞᆯ:鏡中衰謝色(重杜解3:43). 안ᄉᆡᆨ 변ᄒᆞ다:顔色改變了(漢淸6:9). 쇼졔 목의 나건을 걸고 ᄉᆞᆯ히 임의 프ᄅᆞ러 안ᄉᆡᆨ이 업ᄂᆞᆫ지라(落泉1:2).

안ᄶᅡᆫ [명] 안채. ¶안ᄶᅡᆫ 탕ᄌᆞ애 드러가:到裏間湯池裏(飜朴上52).

안ᄶᅢ [명] 포의(胞衣). ¶안ᄶᅢ예 흘러 드루모로:流入胞中(胎要35). ᄌᆞ식 나ᄒᆞᆫ 안ᄶᅢ:婦人胞衣(東醫 湯液一 人部).

안ᄶᅵᆸ [명] 안을 받치는 비단. ¶小紅 드려 안ᄶᅵᆸ 삼고:染做小紅裏絹(老解上12).

안·ᄶᅡ [동] 앉다〔坐〕. ☞안다. ¶안ᄶᅡ:坐的(老朴集. 單字解3).

안ᄹᅳᆯ [명] 안뜰. 내정(內庭). ☞안ᄠᅳᆯ ¶안ᄹᅳᆯ:屋內地(漢淸9:73).

안:ᅀᅵᆫᄒᆞ다 [동] 안인(安忍)하다. ¶一生ᄋᆞᆯ 安忍ᄒᆞ야 相 업슬 ᄯᆞᄅᆞ미 아니라(金三3:30).

:안ᅀᆞ·ᄫᅡ [동] 안사와〔抱〕. ㉮안다☞-ᅀᆞᄫᅡ ¶그저긔 四天王이 하ᄂᆞᆳ 기ᄇᆞ로 안ᅀᆞᄫᅡ(月釋2:39). 婇女ㅣ 기베 안ᅀᆞᄫᅡ 어마닚긔 오ᅀᆞᆸ더니(月釋2:43).

·안아·ᄒᆡ [명] 궁중(宮中)의 사환. ¶안아ᄒᆡ 뫼셧ᄂᆞᆫ 이ᄃᆞ려 무러 ᄀᆞᆯᄋᆞ샤ᄃᆡ:問內豎之御者曰(宣小4:11).

안악손 [명] 안손님. 여자 손님. ☞안ㅅ손님 ¶안악손이 오시거든 안질 ᄌᆞ리를 베풀며:女客(女四解3:8).

안연이 [부] 안연(晏然)히. ¶공ᄌᆞᄂᆞᆫ 안연이 닐오ᄃᆡ 내 일즉 네 노야ᄅᆞᆯ 보지 못ᄒᆞ얏고(落泉1:1).

안연ᄒᆞ다 [형] 안연(晏然)하다. ¶동지 안연ᄒᆞ야 상시와 다ᄅᆞ미 업ᄉᆞ니(落泉2:4).

안:온 [명] 안온(安穩). ¶큰 安穩을 어드며(楞解6:89).

안:온·ᄒᆞ·다 [형] 안온(安穩)하다. ¶安穩호ᄆᆞ로 勝ᄒᆞ며(楞解10:39).

·안·옷 [명] 속옷. ¶값업슨 寶珠로 안옷 소배 ᄆᆡ야:以無價寶珠繫著內衣裏(法華4:43).

안위ᄒᆞ다 [동] 안위(安慰)하다. ¶내 늘그믈 安慰호리라:慰遲暮(重杜解2:67).

안이 [부] 아니. ¶ᄂᆡ 안이 아져거든 님이 혈마 이젓ᄉᆞ랴(萬言詞).

안일 [명] 안일(安逸). ¶네 안일을 엇지 어더 알리(三譯1:2).

안일ᄒᆞ다 [형] 안일(安逸)하다. ¶안일ᄒᆞ다:安歇(漢淸6:56).

안장 [명] 안장(鞍裝). ☞안쟝 ¶안장에 物件 싯다:鞍橋拴攬物件(漢淸14:31). 가을 히 흿듯 언마ᄂᆞ ᄆᆞ리 나귀 등에 鞍裝으란 출으지 마라(古時調. 花源). 안장 안:鞍(兒學上10).

안·잿·더시·니 [동] 앉아 있으시더니. ㉮앉다 ¶님금 位ㄹ ᄇᆞ리샤 精舍애 안잿더시니(月印上1).

안쟈락 [명] 안자락. ¶안쟈락:底襟(譯解下6. 漢淸11:7).

안쟝 [명] 안장(鞍裝). ☞안장 ¶안쟝:鞍(柳氏物名一 獸族).

안쟝거리 [명] 안장걸이. ¶안쟝거리:鞍架(柳氏物名一 獸族).

안젼 [명] 안전(眼前). 눈앞. ¶듀야 안젼의 ᄠᅥ나디 아니턴 죵을 잡아내여 가고(癸丑84).

안졉ᄒᆞ·다 [동] 안접(按接)하다. ¶사ᄅᆞᄆᆞᆯ 안졉ᄒᆞ게 ᄒᆞ다:安挿(老朴集. 單字解1).

안졍 [명] 안정(安靜). ¶안졍 념:恬(石千39).

안졍보다 [동] 눈치보다. 기색을 살피다. ¶안졍보다:看情面(漢淸3:7).

안정이 부 안정(安靜)히. ¶쇼계 눈물을 흘니고 탄ᄒᆞ야 니ᄅᆞᄃᆡ 안졍이 지ᄂᆡ면(落泉1:2).

안:졍ᄒᆞ·다 형 안정(安靜)하다. ¶또 처ᅀᅥᆷ 安靜호미 아닌ᄃᆞᆯ 아라(圓覺下一之二37). 緣을 應ᄒᆞ야 幻을 니르왇고 도로 安靜ᄒᆞ샴 ᄀᆞᆮᄒᆞ니라(圓覺下二之二36). 술위ᄅᆞᆯ 미러와 몃 ᄒᆡᄅᆞᆯ 오직 눌러 安靜ᄒᆞ니오:推轂幾年唯鎭靜(初杜解14:11). 몬져 모로매 안졍ᄒᆞ고 샹심ᄒᆞ며 공경케 홀디니:先要安詳恭敬(飜小6:2). ᄇᆡ호ᄆᆞᆫ 모롬애 안졍ᄒᆞ야ᅀᅡ 홀 거시오:夫學須靜也(宣小5:15). 郴州ㅅ 江岸이 安靜ᄒᆞᆫᄃᆡ(重杜解1:58). 뷘 흰 지븨 노ᄑᆞᆫ 사ᄅᆞ미 安靜히 잇거ᄂᆞᆯ:虛白高人靜(重杜解3:35).

안졍ᄒᆞ다 동 안정(安定)하다. ¶안졍ᄒᆞᆫ 믈 담:湛(類合下31).

안·조·ᄃᆡ 동 앉되. ㉮앉다 ¶다시 모ᄃᆡ 안조ᄃᆡ 端正히 호리라:更要坐得端正(蒙法2).

안·좀 동 앉음. ㉮앉다 ¶樓殿이 일어늘 안좀 걷뇨매 어마님 모ᄅᆞ시니(月釋2:24). 샹녯 양ᄋᆞ로 안조미 맛당ᄒᆞ니라:可如常坐(蒙法3). 안조매 ᄀᆞᆺ지디 아니ᄒᆞ며:坐不邊(宣小1:2). 안좀ᄋᆞᆯ 尸ᄀᆞᆮ티 ᄒᆞ며:坐如尸(宣小3:12). 안좀을 定커늘:坐定(宣小6:72).

:안:좌ᅀᅵ 명 안장(鞍裝). ☞안ᄌᆞ ¶금ᄉᆞ로 가품 ᄒᆡ욘 안좌ᅀᅵ오:金絲夾縫的鞍座兒(飜朴上28). 쳥셔피 변ᅀᅳ앳 안좌ᅀᅵ오:藍斜皮邊兒的座兒(飜朴上30).

안·쥬 명 안주(按酒). ¶안쥬란 脯肉과 젓과 ᄂᆞᄆᆞᆯ국만 ᄒᆞ고:肴止於脯醢菜羹(宣賜內訓3:61). 안쥬를 포육과 젓과 ᄂᆞᄆᆞᆯ호로 ᄒᆞᆫ 킹과ᄊᆞᆫᄒᆞ고:肴止脯醢菜羹(飜小10:32). 안쥬 효:餚(訓蒙中20). 이 안쥬ᄂᆞᆫ:這按酒(老解下34). 안쥬 자오:請菜(譯解上60). 안쥬:酒菜(同文解上60).

안즈다 동 앉다. ¶안즈다:坐着. 안즈쇼셔:請坐(同文解上25).

·안·즉 부 아직. 또한. ☞안직 ¶안즉 ᄀᆡ욤만 ᄀᆞᆮ디 몯ᄒᆞ니라(飜小9:43). 안즉 내 닐온 대로 ᄒᆞ라:但依吾語(飜小9:44).

안즉 부 가장. ☞안직 ¶ᄀᆞᄋᆞᆯ히 오니 안즉 分明ᄒᆞ도다:秋至最分明(重杜解12:9).

안즐셩 명 참을성. 인내성(忍耐性). ¶안즐셩 업다:沒坐性(譯解補57).

안직 부 가장. ☞안즉. 안ᄌᆞᆨ ¶熊兒ㅣ 幸혀 病이 업스니 驥子아 안직 너를 憐愛ᄒᆞ노라:熊兒幸無恙驥子最憐渠(初杜解8:48). 龍ᄋᆡ 비느리 저즌 ᄃᆞᆺ호ᄆᆞᆯ 안직 알리로다:最覺潤龍鱗(杜解9:23). 안직 貧困ᄒᆞ니ᄂᆞᆫ 머리 셴 拾遺ㅣ 니러가노라:最困者白頭拾遺徒步歸(重杜解1:11). 외로온 城이 안직 怨望ᄒᆞ야 ᄉᆞ랑ᄒᆞᄂᆞᆺ다:孤城最怨思(重杜解3:5).

안·직 부 아직. 또한. ☞안즉. 안ᄌᆞᆨ ¶안직 가디 말라:且休去(飜老上26). 안직 삭슬 혜아리져:且商量脚錢着(飜朴上11). 안직:且姑也(老朴集. 單字解2). 믈읫 論語와 孟子 보매 안직 모로매 니기 닑고 맛드려:凡看語孟且須熟讀玩味(飜小8:31). 안직:且(朴解. 單字解1).

안진검듸양 명 앉은검댕. ¶안진검듸양:釜底墨(柳氏物名五 土).

안질 명 안질(眼疾). ¶眼疾이 나ᄋᆞᆸᄂᆞ니(隣語1:13).

·안집 명 ①관(棺). ¶안집 친:櫬. 안집 관:棺(訓蒙中35).
②내실(內室). ¶안집 실:室(類合上22).
③안찝. 소나 돼지의 내장(內臟). ☞안ㅅ집 ¶안집:雜碎(漢淸12:30).

안ᄌᆞ 명 안장(鞍裝). ☞안좌ᅀᅵ ¶안ᄌᆞ:鞍座子(漢淸5:24).

안·ᄌᆞᆨ 부 가장. ☞안직 ¶이제 져믄 저그란 안ᄌᆞᆨ ᄆᆞᅀᆞᆷᄭᆞ장 노다가 ᄌᆞ라면(釋譜6:11). 摩耶夫人이 菩薩ᄭᅴ 다시 ᄉᆞᆯᄫᆞ샤ᄃᆡ 안ᄌᆞᆨ 閻浮罪報로 感ᄒᆞᆫ 惡趣를 듣고져 願ᄒᆞ노이다(月釋21:38).

안·ᄌᆞᆨ 부 ①아직. 또한. ☞안직 ¶우리 이제 안ᄌᆞᆨ 出家 말오(月釋7:1). 다 안ᄌᆞᆨ 이ᄅᆞᆯ ᅘᅧ ᄀᆞᆯᄒᆡ야:皆且引事辯(楞解1:49). 안ᄌᆞᆨ 그리 호려 ᄒᆞ야 닐오ᄃᆡ:且(三綱. 烈5).
②잠시. 한동안. ¶안ᄌᆞᆨ 쉬에 호ᄆᆞᆫ:令姑息之(法華2:203). ᄭᅩᆯᄂᆞᆫ 돗ᄀᆞᆮ 小乘의 여러 가짓 定 안ᄌᆞᆨ 쉬ᄂᆞᆫ 法을 가ᄌᆞᆯ비니:薦席譬小乘諸定姑息之法(法華2:243). 안ᄌᆞᆨ으로 ᄆᆞᅀᆞᆷ을 노화:姑息放心(警民12).

안즌방이 명 앉은뱅이. ¶안즌방이 엇디 갈고(普勸文 海印板43. 淸虛尊者 回心歌. 新編普勸 海印板18).

안즌방이 명 민들레. ¶안즌방이:蒲公草 又名 므음드레(東醫 湯液三 草部). 안즌방이 又名 므음둘네:潰堅(方藥19).

안:좀 동 앉음. ¶椿이 안좀을 命티 아니커든:椿不命坐(宣小6:70).

안챵 명 속창. ¶안챵:沿條(漢淸11:13).

안·초·다 동 앉히다. ☞안치다 ¶ᄎᆞᆫ 므레 ᄃᆞᆷ가 안초아 ᄆᆞᆯ겨:冷水淬之良久澄清(救急上33). 놀란 것 안초다:壓驚(譯解補56).

안·치·다 동 앉히다. ☞안초다 ¶世尊이 방셕 주어 안치시니라(釋譜6:20). 세흘 ᄃᆞ려 드려오라 ᄒᆞ야 ᄠᅳᆯ헤 안치ᅀᆞᆸ고(月釋8:94). 諸佛 안촘 爲ᄒᆞ야:爲坐諸佛(法華4:137). 내 사오나온 돗귓 드트를 ᄢᅥ러 안치고:振我麤席塵(初杜解22:20). 병ᄒᆞᆫ 사ᄅᆞᄆᆞᆯ 문바ᄅᆞ 안쵸ᄃᆡ:病人當戶以坐(救簡2:29). 안치다:教坐(同文解上25).

·안·콰 명 안과. ㉕안 ¶닐오ᄃᆡ 안콰 밧괘

니:謂內及外(圓覺上二之二81).

안타 형 아니하다. ¶뎡판셔 창슌씨ᄂᆞᆫ 협션 쳠소 점지 안타(빅화당가).

안탁갑이 명 안타깨비쐐기. ¶안탁갑이:花毛蟲(漢淸14:49).

안탓갑다 형 안타깝다. ¶하 안탓가오니 아ᄂᆞᆫ 일을 아니 알외디 못ᄒᆞ야(閑中錄182).

안티ᄒᆞ다 동 안치(安置)하다. ¶神座 알ᄑᆡ 安置ᄒᆞ고(家禮7:9).

안팓 명 안팎. ☞안팟 ¶년ᄒᆞ여 안팓 상ᄉᆞᄂᆞᆯ 만나:連遭內外喪(東新續三綱. 孝5:20).

·안팟 명 안팎. ☞안밧. 안팓 ¶大目犍連이 안자 瑠璃 ᄀᆞᆮᄒᆞ야 안팟기 비취니(月印上67). 안팟기 ᄉᆞᄆᆞᆺ ᄆᆞᆯ가(釋譜9:4). 안팟긔 잇ᄂᆞᆫ 뫼히며(釋譜19:13). ᄆᆞᅀᆞ미 ᄆᆞᆯ가 안팟기 훤ᄒᆞ야(月釋2:64). 안팟기 다 조호ᄆᆞᆯ 表ᄒᆞ시고:表內外俱淨也(法華6:144). 안팟 動作이 다 性을브터 一切ᄅᆞᆯ 다 드를씨:內外動作皆由於性一切盡聞(金剛1). 안팟긔 救ᄒᆞ야도 ᄆᆞᄎᆞ매 得디 몯ᄒᆞ리오:內外求之了不可得(圓覺上一之二150). 안팟 根과 塵괘:內外根塵(圓覺上二之二34). 세흔 안팟 四大오:三內外四大(圓覺上二之二80). 안팟기 淸淨ᄒᆞ며:內外淸淨(圓覺下三之二11). 안팟기 듣ᄌᆞ와호ᄃᆡ:內外諮禀(宣賜內訓2上40). 法身ᄋᆞᆯ 알면 안팟기 업스니라:若了法身無內外(南明上4). 곧 이 안팟글 迷티 아니호미니:卽是內外不迷(六祖中60). 안팟ᄀᆞᆯ 분변ᄒᆞ야:辨內外(宣小2:50). 독긔 안팟그로 두루 흘러:毒氣內外灌注(痘要上31). 안팟 보션 어ᄃᆡ 가고 사목발이 별거하며(萬言詞).

※'안팟'의 ┌ 안팟
첨용 └ 안팟기/안팟긔/안팟ᄀᆞᆯ…

안편 명 안쪽. ¶안편:內面(同文解上9). 기르마 안편 뷘 곳:鞍縟(漢淸5:23).

안평히 부 안평(安平)히. ¶져 곳의 드러가 쇼져와 동쳐ᄒᆞ면 안평히 당신ᄒᆞᆯ 거시오(落泉2:61).

안·해 명 아내. ☞안ᄒᆡ ¶帝의 두 ᄯᆞᆯ올 안해 삼ᄋᆞ샤ᄃᆡ:妻帝之二女(宣小4:9). 蔡ㅅ 사ᄅᆞᆷᄋᆡ 안해ᄂᆞᆫ 宋 사ᄅᆞᆷᄋᆡ ᄯᆞᆯ이라:蔡人妻宋人之女也(宣小4:36). 안해 세 ᄯᆞᆯᄅᆞᆯ 거ᄂᆞ리고:妻率三娘(東三綱. 忠1 堤上忠烈). 뉴ᄌᆞ신 안해 뎡시(癸丑57). 안해:正娘子(譯解上26). 슈왕의 안해 되엿더니(明皇1:34).

안·해 명 안에. 〔ㅎ 첨용어 '안'의 부사격(副詞格).〕 ㉻안 ¶셤 안해 자싫 제:宿于島嶼(龍歌67章). 소ᄂᆞᆫ 本來 안해 잇ᄂᆞ니:手本內有(永嘉上66). 밧긧 말ᄉᆞ미 門 안해 드리디 말오:外言不入於梱(宣賜內訓1:4).

안해가비 명 속고의. ¶裩曰安海珂背(雞類).

안·햇 명 안에 있는. ㉻안☞해 ¶赤島 안햇 움흘 至今에 보ᅀᆞᆸᄂᆞ니:赤島陶穴今人猶視(龍歌5章).

안:향·ᄒᆞ·다 동 안향(安享)하다. ¶그 주신 거슬 ᄒᆞᆫ가지로 안향ᄒᆞ야:共享其賜(宣小6:84).

안후ᄒᆞ다 형 안후(顔厚)하다. 후안(厚顔)하다. ¶안후ᄒᆞ다:面厚(同文解上32). 안후ᄒᆞ다:臉厚(漢淸8:33).

안흐로 명 안으로. ㉻안☞안ᄒᆞ로 ¶안흐로:從內(同文解上9).

·안·ᄒᆞ로 명 안으로. 〔ㅎ 첨용어 '안'의 부사격(副詞格).〕 ㉻안☞안흐로 ¶밧고로도 노하 드리디 아니ᄒᆞ며 안ᄒᆞ로도 노하 내디 아니ᄒᆞᆯ씨:外不放入內不放出(蒙法64). 消渴ㅅ病이 안ᄒᆞ로 서르 모디도다:消中內相毒(杜解6:51).

·안ᄒᆞᆫ 명 안은. ㉻안 ¶안ᄒᆞᆫ 오직 내 나며 더러우니:內唯臭穢(永嘉上35).

·안·ᄒᆞᆯ 명 안을. 〔ㅎ 첨용어 '안'의 목적격(目的格).〕 ㉻안 ¶惑ᄒᆞ야 色身 안ᄒᆞᆯ 삼고 色身이 밧그로 뫼히며(月釋9:21).

안히 명 아내〔妻〕. ☞안해 ¶ᄂᆞᆷ의 안히 공경ᄒᆞᄂᆞᆫ 말:貴眷 寶眷(譯解上30). 어버이 업ᄉᆞ면 엇지 ᄡᅧ 안히 이시며:妻(百行源14). 안히:妻(漢淸5:37). 규리 홍안 절문 안히 그도 아니 가련ᄒᆞᆫ가(萬言詞答). 안히 쳐:妻(兒學上1).

ᄋᆞᇇ기·슭 명 안자락. ¶俗呼底襟 ᄋᆞᇇ기슭(訓蒙中24).

ᄋᆞᇇ다 동 앉다. ☞앉다 ¶큰 德을 새오ᅀᆞᄫᅡ ᄋᆞᇇ디 몯ᄒᆞ야 시름ᄒᆞ더니(月印上9). 쇼ᄒᆞᆯ 펴고 ᄋᆞᇇ더시니(月印上42). 金床애 迦葉이 ᄋᆞᇇ고(月印上67). 노ᄑᆞᆫ 平床애 안ᄶᅥ 마롬과(釋譜6:10). 세 ᄇᆞᆯ 값도ᅀᆞᆸ고 ᄒᆞᆫ녀긔 ᄋᆞᇇ거늘(釋譜6:21). 쥬이 四月ㅅ 열다쐣날 비르서 더레 드러 안ᅀᅩ(釋譜11:1). 坊의 가 안ᄶᅥ나 셔거나(釋譜19:5). 안자 듣게 호ᄃᆡ 座ᄅᆞᆯ ᄂᆞᆫ호아 ᄋᆞᇇ긔 ᄒᆞ면(月釋17:51). 座ᄅᆞᆯ 펴샤 ᄋᆞᇇ거시ᄂᆞᆯ(金剛4). 남진과 겨집괘 섯거 ᄋᆞᇇ디 말며:男女不雜坐(宣賜內訓1:4). 도ᄐᆡ랏 平床을 어더 ᄋᆞᇇ고:藜床坐(初杜解15:15). 閻羅殿에 端正히 ᄋᆞᇇᄂᆞ다:端坐閻羅殿(金三4:46). 寶蓮花애 ᄋᆞᇇ거든:坐寶蓮花(佛頂上4). 그 우희 안ᅀᅩ:坐其上(辟新3).

·ᄋᆞᇇ·법 명 안 법(法). 내 법(內法). ¶이젯 士大夫의 지븐 수리 ᄋᆞᇇ法이 아니며 果實이 먼ᄃᆡᆺ 貴ᄒᆞᆫ 거시 아니며 飮食이 가지 하디 아니ᄒᆞ며:近日士大夫家酒非內法果非遠方珍異食非多品(宣賜內訓3:61).

앉다 동 앉다. ☞ᄋᆞᇇ다. ¶블근 새 그를 므러 寢室 이페 안ᄌᆞ니:赤爵銜書止室之戶(龍歌7章). 精舍애 안잿더시니(月印上1). 太子ㅅ 겨틔 안ᄍᆞᄫᆞ시니(月印上17). 樓殿이 일어

늘 안좀 걷뇨매 어마님 모ᄅᆞ시니(月釋2:24). 다시 모딕 안조딕 端正히 호리라:更要坐得端正(蒙法2). 샹녯 양ᄋᆞ로 안조미 맛당ᄒᆞ니라:可如常坐(蒙法3). 安車ᄂᆞᆫ 안자ᄐᆞᄂᆞᆫ 술위오(宣賜內訓2上47). 잠간 안ᄌᆞ락ᄂᆞᄂᆞᆫ 가마괴ᄂᆞᆫ:暫止飛烏(杜解7:1). 病을 견듸여 ᄆᆞᆯᄀᆞᆫ 새배 안자쇼니:力疾坐淸曉(杜解10:2). 안즌 젠 안잿도다:坐時坐(南明上67). 혼자 ᄶᅮ러안자:獨危坐(飜小10:6). 안졸 좌:坐(訓蒙下27. 類合下5). 새 안즌 ᄃᆡ드러 ᄢᅥ러딘 눈므를 바다 먹고:鳥入座隅飮滴淚(東新續三綱. 烈2:75). 편히 안즈소(新語1:2).

앋가 부 아까. ¶공ᄉᆞ 오로 ᄒᆞᆯ 제 앋가텨로 니ᄅᆞ시고(新語4:12). 앋가 撥軍을 ᄑᆞᆯ 줄나 보내엳ᄉᆞ오매(隣語1:14).

앋갑다 형 아깝다. ☞앗갑다 ¶내 죽기ᄂᆞᆫ 족히 앋갑디 아니커니와:奴死不足惜(東續三綱. 忠2). 구경ᄒᆞᆯ ᄣᅢ예 혼자 보ᄋᆞᆸ기ᄂᆞᆫ 앋갑ᄉᆞ오매(隣語2:4).

앋기다 동 아끼다. ☞앗기다 ¶무슴 앋기올 고마ᄂᆞᆫ(隣語1:17).

앋다 동 앗다. 빼앗다. ☞앗다 ¶구의도 앋디 말며 사ᄅᆞᆷ도 가지디 말라 ᄒᆞ야 잇더라:官不得奪人不得取(三綱. 郭巨). 다 ᄠᅳ들 앋ᄂᆞ니:皆奪志(宣小5:6). 죠고만 아ᄒᆡ 이셔 ᄆᆡ양 어미 밥블 앋거ᄂᆞᆯ:有小兒每奪母食(東新續三綱. 孝1:1). ᄠᅳ들 앋디 몯ᄒᆞ야 쉰ᄒᆞ나희 주그니라:不克奪志五十一而歿(東新續三綱. 烈1:23).

앋죵 명 원이 사사로이 부리던 사내종. ¶앋죵노미 어버 ᄃᆞ라나고져 ᄒᆞ거ᄂᆞᆯ:衙奴欲負而逃(東新續三綱. 烈6:27).

알 명 ①알〔卵〕. ¶阿脩羅ᄂᆞᆫ 알 ᄢᅡ 나ᄂᆞ니라(釋譜13:10). 알 ᄢᅡ며 젓 머겨 나하:孚乳產生(法華2:116). 㲉ᄋᆞᆫ 이 알히라:㲉是卵(圓覺下一之一22). 啐ᄋᆞᆫ ᄃᆞᆯᄀᆡ 알히 이러 ᄌᆞᆺ 낧 젯 우루미라(蒙法44). ᄀᆞᅀᆞᆳ 알ᄒᆞᆯ 뵈야ᄒᆞ로 ᄒᆞᆫ갓 먹노라:秋卵方漫喫(杜解17:12). 나셔 이ᄂᆞᆫ 거슬 오히려 알ᄒᆞᆯ ᄌᆞᆺᄂᆞ니:生成猶拾卵(杜解17:39). 그 알히 석ᄂᆞ니 이ᄂᆞᆫ 工夫예 始終 間斷 업수믈 가ᄌᆞᆯ비시니라(龜鑑上13).
②알. 톨. ¶ᄯᅩ 굴근 마ᄂᆞᆯ 두어 알ᄒᆞᆯ ᄂᆞ로니 십고:又方用大蒜三兩辨細嚼(救急上10). 마ᄂᆞᆯ 큰 ᄒᆞᆫ 알ᄒᆞᆯ 십고:嚼大蒜一大辨(救簡1:35). 芌㜷알 俗作芋(訓蒙上14. 芌字註).

※'알'의 첨용[알
알히/알히라/알ᄒᆞᆯ…

-·알 어미 -을. ¶모로매 風化앳 위두ᄒᆞ니ᄅᆞᆯ 아랄디로다:須知風化首(初杜解15:42). 곧 公孫ᄋᆞᆫ 可히 아랄디니라:卽公孫可知矣(重杜解16:48).

알간나히 명 창기(娼妓). ¶아랫녁 酒湯들과 알간나히며(古時調. 갓 스물. 靑丘).

알강이 명 알갱이. ¶알강이:仁 核中有生氣者(柳氏物名四 木).

알겻다 동 알곁다. ¶알겻다:雞嘎蛋(同文解下35). 알겻다:鷄嘎蛋(譯解補47). 알겻다:噶蛋(漢淸14:15). 알겻다:嘎蛋(柳氏物名一 羽蟲).

:알·과·다 동 알고자. ¶사ᄅᆞᆷ이 수이 알과다 ᄒᆞ야:欲人易曉(宣小凡例1).

알괘라 동 알겠구나. 알겠노라. ☞-괘라 ¶風霜이 섯거친 날에 ᄀᆞᆺ 픠온 黃菊花를 金盆에 ᄀᆞ득 다마 玉堂에 보내오니 桃李야 곳이오냥 마라 님의 ᄠᅳᆺ을 알괘라(古時調. 稀本靑丘). 長空 九萬里에 구름이 쓰러 예고 두려시 굴러올라 中央에 밝앗스니 알괘라 聖世 上元은 이 밤인가 ᄒᆞ노라(古時調. 安玟英. 時調類). 東閣에 숨은 ᄭᅩᆺ치 躑躅인가 杜鵑花ㅣ가 乾坤이 눈이어ᄂᆞᆯ 제 엇지 敢히 픠리 알괘라 白雪陽春이 梅花밧게 뉘 잇스리(古時調. 安玟英. 時調類).

:알·다 동 알다. ¶天縱之才ᄅᆞᆯ 그려ᅀᅡ 아ᅀᆞᄫᆞᆯ까:天縱之才豈待畫識(龍歌43章). 아래브터 ᄆᆞᅀᆞᄆᆡ 아ᅀᆞᄫᆞ디(月印上39). 비록 알오져 ᄒᆞ리라도:雖欲知者(釋譜序3). 法을 ᄇᆞᆯ기샤 衆生ᄋᆞᆯ 알에 ᄒᆞ시며(釋譜13:17). 부텨ᅀᅡ 諸法의 實相ᄋᆞᆯ ᄉᆞᄆᆞᆺ 아ᄂᆞ니라(釋譜13:40). 正音으로 飜譯ᄒᆞ야 사ᄅᆞᆷ마다 수ᄫᅵ 알에 ᄒᆞ야(月釋序12). 滅 아니ᄒᆞ시ᄂᆞᆫ ᄃᆞᆯ 聖人ㅅ ᄠᅳ데 알어신마ᄅᆞᆫ(月釋18:39). 며치 能히 迷惑ᄒᆞᆫ 고대 나ᅀᅡ가 알어뇨:幾能卽迷處而悟哉(楞解1:113). 能히 너비 아다니:能徧知(楞解5:37). 부텻 ᄆᆞᅀᆞ미 本來 大로 化ᄒᆞ샤ᄆᆞᆯ 足히 아ᅀᆞ오리로다:足知佛心本以大化(法華2:232). 아리 시믄 上根은 ᄒᆞᆫ 번 듣고 곧 알어니와(金剛序6). 알오ᅀᅡ 다시 안 後ㅅ 일ᄃᆞᆯᄒᆞᆯ 무르라:悟了更問悟後事件(蒙法10). 내 眞實로 宮中에 사ᄅᆞᆷ 잇ᄂᆞᆫ 주를 알아니와:吾固知宮中有人(宣賜內訓2下49). 賢ᄒᆞᆫ 主人이 이ᄅᆞᆯ 주어 시르믈 보내에 호ᄆᆞᆯ 비루수 알와라:始知賢主人贈此遣愁寂(初杜解7:23). ᄯᅩ 아던 사ᄅᆞᄆᆞ로 ᄒᆡ여 오래 슬케 ᄒᆞᄂᆞ다:復令識者久嘆嗟(初杜解16:39). ᄇᆞᆯ셔 이 ᄀᆞᆮ호ᄆᆞᆯ 알시:早知如是(金三2:2). ᄆᆞᅀᆞᄆᆞᆯ 기우려 나토아 그듸를 알의 ᄒᆞ노니:傾心吐露報君知(金三4:54). 사ᄅᆞᄆᆞᆯ 아디 몯ᄒᆞ거든:不識人(救簡2:56). 나ᄂᆞᆫ 그ᄃᆡᄅᆞᆯ 알어ᄂᆞᆯ:故人知君(飜小10:5). 알오쟈 ᄒᆞ면(恩重11). 알 디:知(類合上1). 병을 알고 약을 ᄆᆡᆼᄀᆞ노니:知病設藥(野雲44). 다 근본 갑픔을 알거ᄂᆞᆯ:皆知報本(宣小5:40). 來者를 알오녀(宣論1:9). 天理ᄅᆞᆯ 알쟈시면 天道ㅣ라타 뉘 모르리(古時調.

靑丘). ᄒᆞ게 ᄒᆞ라 ᄒᆞ시니 그리 아ᅀᆞ소(隣語1:3).

알뢰다 동 알리다. ☞알외다 ¶뒤히 인ᄂᆞᆫ 쵸탐마 긔롤 흔드러 경을 알뢰라:在後哨探馬搖旗報警(練兵22).

알마초 부 알맞추. ¶보리밥 픗ᄂᆞ몰을 알마초 머근 後에(古時調. 尹善道. 孤遺). 알마초 브리다:調膔(漢淸14:33).

알맛다 형 알맞다. ☞알맞다 ¶갑 알맛다:價相等(同文解下26. 譯解補37).

알맞다 형 알맞다. ☞알맛다 ¶이 비단이 알마즈니:這箇段子中中的(朴解中37).

알ᄧᅵ근ᄒᆞ다 형 알찌근하다. 알짝지근하다. ¶절어 알ᄧᅵ근ᄒᆞ다:油辣(譯解補32).

알살픠다 형 앙상하다. ☞앙살픠다 ¶밤나모 서근 들걸에 휘초리 나니ᄀᆞᆺ치 알살픠신 싀아바님(古時調. 싀어마님. 靑丘).

알슬히다 형 아리고 쓰리다. ¶가도여 ᄆᆡ여 매마자 알슬혀 辛苦ᄒᆞ며:囚繫栲掠痛楚辛苦(警民16).

알ᄯᅳ리 부 간절히. ¶알ᄯᅳ리 그리울 제 九回肝腸 셕을노다(古時調. 두고 가는. 靑丘).

:알·에 동 알게. ㉮알다 ¶正音으로 飜譯ᄒᆞ야 사ᄅᆞᆷ마다 수ᄫᅵ 알에 ᄒᆞ야(月釋序12). 몬져 業因을 뵈샤 오ᄂᆞᆫ 報ᄅᆞᆯ 알에 ᄒᆞ시니:先示業因令知來報(永嘉上6). 教 니ᄅᆞ와ᄃᆞ샤ᄆᆞᆯ 알에 ᄒᆞ노라:令知教興(心經12). 모로기 알에 호미 師의 주샤미니라:頓以悟乃師之賜也(南明下77). 이 篇을 ᄆᆡᇰᄀᆞ라 ᄒᆡ여곰 스승되니로ᄡᅥ ᄀᆞᄅᆞ칠 바ᄅᆞᆯ 알에 ᄒᆞ며:俾爲師者知所以教(宣小1:1).

알오·다 형 길다. ¶알온 거스란 그 알오ᄆᆞᆯ 므더니 너기고:長者任其長(金三4:45).

:알오·사 동 알고야. 알고서야. ㉮알다☞-사 ¶알오ᅀᅡ 다시 안 後ㅅ일ᄃᆞᆯ홀 무르라:悟了更問悟後事件(蒙法10).

:알오·져 동 알고자. ㉮알다 ¶비록 알오져 ᄒᆞ리라도:雖欲知者(釋譜序3). 其中에 알오져 ᄒᆞ리 비록 이셔도 子細히 모ᄅᆞᆯᄊᆡ(釋譜序3).

알·외·다 동 ①알리다. 고(告)하다. ☞알뢰다. 알위다 ¶ᄭᅮ므로 알외시니:昭玆吉夢帝迺報之(龍歌13章). 神婆ㅣ 알외ᅀᆞᄫᆞ니:神婆告止(龍歌22章). 큰 命을 알외요리라:大命將告(龍歌83章). 天神이 ᄯᅩ 우희 알외니(月印上30). 부텻 知見으로 衆生ᄋᆞᆯ 알외오져 ᄒᆞ시며(釋譜13:55). 터럭만 이ᄅᆞᆯ 모로매 알외욜디니:纖毫之事必當稟聞(宣賜內訓2上3). 새로브터 더 알외욜 주리 업슬시(金三2:2). 이ᄂᆞᆫ 비밀ᄒᆞᆫ 방문이라 ᄂᆞᄆᆞᆯ 알외디 몯ᄒᆞ리니:此祕方不傳(救簡1:27). 알욀 유:諭. 알욀 고:誥(訓蒙上35). 길 알욀 도:導(類合下8). 알욀 풍:諷. 알욀 유:諭(類合下19). 天下애 알외시ᄂᆞᆫ 글월:詔書(譯解上10). 아ᄇᆡ게 사회 ᄀᆞᆯᄒᆡ기ᄅᆞᆯ 알외야:喩父擇壻(女四解4:60). 외쳑이 방ᄌᆞᄒᆞᆫ 연고로ᄡᅥ 알외고(女範1. 셩후 명덕마후). 수루룩 소사올나 玉皇긔 알왼 말이(古時調. 君山을. 槿樂).
②아뢰다. ¶님군긔 알외며 그 아비ᄅᆞᆯ 노핫더니(五倫1:40). 내 말ᄉᆞᆷ으로 알외ᄃᆡ:我言以告(五倫2:47).

알·외·욤 동 알림. ㉮알외다 ¶種種 因緣과 그지업슨 알외요ᄆᆞ로(釋譜13:17).

알·위·다 동 알리다. ☞알외다 ¶알위다:省會(老朴集. 單字解9).

알·이:새 명 꾀꼬리. ☞아리새 ¶鳳ᄋᆡ 양ᄌᆞ 알이새의 이우즌 아니로다:鳳態非是倉庚隣(初杜解16:34). 알이새:鶬鶊(譯解下27).

알·타 동 앓다. ¶허튀 알하 거르믈 몯 거르실씨(月釋8:100). 과글이 ᄇᆡᄅᆞᆯ 알하 믄득 니러안자 아니오라아 ᄑᆞᅀᅥ리예 아ᄃᆞᄅᆞᆯ 나호니(月釋10:24). 定에 나 머리 알ᄒᆞ니:而出定頭痛(楞解5:74). 가ᄉᆞ미 츰ᄃᆡ 몯게 알호ᄆᆞᆯ 열 ᄒᆡ어나 다ᄉᆞᆺ ᄒᆡ어나:心痛不可忍十年五年(救簡2:36). 아비 죵긔ᄅᆞᆯ 알커ᄂᆞᆯ:父患腫(東新續三綱. 孝2:11). 알ᄒᆞ며셔 손가락을 근처 ᄡᅥ 받조오니:痛斷指以進(東新續三綱. 孝5:58). 어미 하혈증을 어더 여러 ᄃᆞᆯ 놀고 극히 알커ᄂᆞᆯ:母得下血證累月苦痛(東新續三綱. 孝8:71).

알파 형 아파. ㉮알ᄑᆞ다 ¶내 옴 알파 ᄀᆞ려옴을 당티 못ᄒᆞ니:我害疥痒當不的(朴解下6). 니 알파 당티 못ᄒᆞ여라:牙疼的當不的(朴解下44). 거믄고 ᄐᆞ쟈 ᄒᆞ니 손이 알파 어렵거늘(古時調. 松桂煙月翁. 古歌).

알·파·ᄒᆞ·다 동 아파하다. ☞알ᄑᆞ다 ¶알파ᄒᆞ시며 ᄀᆞ라와ᄒᆞ심애:疾痛苛癢(宣小2:3). 어ᄃᆡᄅᆞᆯ 알파ᄒᆞ시던고(新語3:2).

알·폼 형 아픔. ㉮알ᄑᆞ다 ¶이 기픈 알포ᄆᆞᆯ 아ᄂᆞ니라 ᄒᆞ야:知此深痛(楞解5:48). 엇뎨 오ᄂᆞᆯ 믄득 ᄆᆞᅀᆞᆷ 알포미 나거뇨:云何今日忽生心痛(楞解5:72). 苦로왼 알포ᄆᆞᆯ 受호ᄃᆡ:受其苦楚(佛頂上3).

알프·다 형 아프다. ☞알ᄑᆞ다 ¶츤 긔운 ᄉᆞ외 드러 ᄇᆡ 알프거든:中寒腹痛(救簡1:32). 알ᄑᆞ며 ᄀᆞ랴오미 서르 관계ᄒᆞ야:痛痒相關(警民28). 긁빗기기ᄅᆞᆯ 만히 ᄒᆞ면 머리 알프ᄂᆞ니라:刮的多頭疼(朴解上40). 가슴 알프다:胸痛(譯解上61). 그 몸이 알픈 줄을 아디 못ᄒᆞ고(女範2. 변녀 됴진녀연).

알·픠 명 앞에. ㉯앒☞알퓌 ¶ᄀᆞ릴 거시 알픠 와 섯그면:蔽交於前(宣小5:89). 古人을 못 봐도 녀ᄃᆞᆫ 길 알픠 잇ᄂᆡ(古時調. 李滉. 古人도. 靑丘). 알픠 갓가이 나아가 듣ᄌᆞ와 取ᄒᆞ야:近前聽取(女四解2:14).

알·피 부 아프게. ¶알피 티며 싀서늘호미 百萬 가지니:痛楚酸寒百萬般(南明下32).

-알·피 접미 -앓이. ¶ᄒᆞ다가 善男子 善女人이 과글이 가ᄉᆞᆷ알ᄑᆡ를 어더:若諸善男子善女人卒患心痛(佛頂中7).

알ᄑᆞ·다 형 아프다. ☞알프다 ¶발ᄋᆞᆯ 바사매 아니 알ᄑᆞ시리(月印上43). 갈ᄒᆞ로 바히ᄂᆞᆫ ᄃᆞᆺ 알ᄑᆞ거시ᄂᆞᆯ(釋譜23:26). 苦ᄂᆞᆫ 몸 알ᄑᆞᆯ 씨오(月釋2:22之1). 긼 가온ᄃᆡ 毒ᄒᆞᆫ 가ᄉᆡ 발 허료ᄆᆞᆯ 아디 몯ᄒᆞ야 온 모미 알파:不覺路中毒刺傷足擧身疼痛(楞解5:48). 니ᄅᆞ건댄 ᄆᆞᅀᆞ미 알ᄑᆞ니:言之痛心(宣賜內訓1:34). 苦로왼 알포ᄆᆞᆯ 受호ᄃᆡ ᄒᆞᄅᆞᆺ바ᄆᆡ 萬死萬生ᄒᆞ야:受其苦楚一日一夜萬死萬生(佛頂3). 피 안ᄒᆞ로 디여 얼의여 알ᄑᆞ거든:血瘀痛(救簡1:78). 알ᄑᆞᆯ 통:痛. 알ᄑᆞᆯ 동:疼(訓蒙中32). 가ᄉᆞᆷ 알ᄑᆞᆯ 달:怛(類合下18). 兪ㅣ 罪를 어드매 티심이 샹해 알ᄑᆞ더니:兪得罪笞常痛(宣小4:19). 내 져기 골치 알ᄑᆞ고 머리도 어즐ᄒᆞ니:我有些腦病頭眩(老解下35). ᄃᆡ골이 알ᄑᆞ고 머리 어즐ᄒᆞ고:腦痛頭眩(老解下36). 더옥 알ᄑᆞ믈 당티 못ᄒᆞ여라:越疼的當不的(朴解下7). 가ᄉᆞᆷ ᄇᆡ 알ᄑᆞ며:心腹痛(臘藥2).

알ᄑᆞ로 명 앞으로. 독앒 ¶최싱이 아희좃으로 ᄒᆞ여곰 알ᄑᆞ로 나아가 보라 ᄒᆞ니(太平1:17). 알ᄑᆞ로 寒山이 重疊ᄒᆞᆫ ᄃᆡ로 올라가ᄆᆞᆯ:前登寒山重(重杜解1:3). 알ᄑᆞ로 올아가니 오직 뫼ᄀᆞᆫ쁘니로다:前登但山椒(重杜解1:34).

알·ᄑᆡ 명 앞에. 독앒☞알ᄑᆡ. 앏ᄑᆡ ¶英主△ 알ᄑᆡ:英主之前(龍歌16章). 알ᄑᆡᄂᆞᆫ 어드ᄫᆞᆫ 길헤:前有暗程(龍歌30章). 알ᄑᆡ 닐오ᄃᆡ:前云(楞解1:58). 브즈러니 ᄀᆞᄅᆞ치시논 알ᄑᆡ도:孜訓之前(宣賜內訓序8). 圓通골 ᄀᆞᄂᆞᆫ 길로 獅子峯을 ᄎᆞ자가니 그 알ᄑᆡ 너러바회 化龍쇠 되여셰라(松江. 關東別曲). 모딘 범이 내 알ᄑᆡ 셔 이시니:猛虎立我前(重杜解1:3). 崔大夫의 알ᄑᆡ 더디니라:擲還崔大夫(重杜解5:40). 집 알ᄑᆡ 풀 ᄒᆞᆫ 퍼귀 나셔 줄기와 닙히 심히 무셩ᄒᆞ니(五倫1:44). 바로 알ᄑᆡ ᄃᆞ라드러:直前(五倫1:60). 무덤 알ᄑᆡ 사흘을 업ᄃᆡ여:伏塚三日(五倫1:62). 쳥컨대 알ᄑᆡ셔 죽으리라:請効死於前(五倫2:13).

알·홈 동 앓음. ¶肺氣를 알호미 時ㅣ 디나오라니:患氣經時久(初杜解22:11).

알·히 명 알이. 〔ㅎ 첨용어 '알'의 주격(主格).〕 독알 ¶啐ᄋᆞᆫ ᄃᆞᆯᄀᆡ 알히 이러 ᄌᆞᆺ ᄂᆞᆲ젯 우루미라(蒙法44). 그 알히 석ᄂᆞ니 이ᄂᆞᆫ 工夫예 始終 間斷 업수ᄆᆞᆯ 가ᄌᆞᆯ비시니라(龜鑑上13). 알ᄒᆞᆯ 스러ᄃᆞᆫ 그 알히 이듬ᄒᆡᆺ 보ᄆᆡ ᄲᆞ(七大6).

알·히·다 형 아리다. 아프다. ☞알ᄒᆞ다 ¶信티 아니ᄒᆞ면 제 몸 알효ᄆᆞᆯ 사ᄆᆞᆯ씨 ᄢᅵᆼ의오:未信則以爲厲己故顰蹙也(法華2:162). 어러 밠츠기 ᄲᅥ디어 피 나고 알히ᄂᆞ닐 고툐ᄃᆡ:治寒凍足跟開裂血出疼痛(救急上7). 믄득 귓것 티인 병을 어더 졈졈 알히디 아니ᄒᆞ야(救簡1:56). 그 후에 알히ᄂᆞᆫ 귓거시 가ᄉᆞ면 사ᄅᆞᆷᄃᆞ려 무러ᄂᆞᆯ:疫鬼(簡辟6). 알히기 절로 긋고:疼痛自止(痘要下52). 눈이 브어 알히며:眼腫痛(痘要下53).

·알히·라 명 알이라. 독알 ¶觳ᄋᆞᆫ 이 알히라:觳是卵(圓覺下一之一22).

알ᄒᆞ다 형 아리다. 아프다. ☞알ᄑᆞ다. 알히다 ¶그 증은 담이 셩ᄒᆞ며 답답ᄒᆞ며 머리 알ᄑᆞ며 몸이 알ᄑᆞ며 치우락더우락ᄒᆞ며 목이 고ᄃᆞ며 눈망올이 알ᄒᆞ며 목이 쉬며:其證使人痰盛煩熱頭痛身疼寒壯熱頂强睛疼甚至聲啞(辟新1).

·알ᄒᆞᆯ 명 알을. 〔ㅎ 첨용어 '알'의 목적격(目的格).〕 독알 ¶ᄀᆞᅀᆞᆳ 알ᄒᆞᆯ 뵈야ᄒᆞ로 ᄒᆞᆫ갓 먹노라:秋卵方漫喫(初杜解17:12). 나셔 이ᄂᆞᆫ 거슬 오히려 알ᄒᆞᆯ 줏ᄂᆞ니:生成猶拾卵(初杜解17:39). 알ᄒᆞᆯ 스러ᄃᆞᆫ 그 알히 이듬ᄒᆡᆺ 보ᄆᆡ ᄲᆞ(七大6).

앏 명 ①앞. ☞앒 ¶앏 ᄆᆞᅀᆞᆯ히 묏길히 險컨마ᄅᆞᆫ:前村山路險(杜解9:13). 수를 노코 앏 階除를 디렛도다:置酒臨前除(杜解22:52). 앏 젼:前(訓蒙下34). 술위 앏히 ᄀᆞᄅᆞᆫ 남글 고마온 일 잇거든 굽어 딥퓸이라(宣小3:16). 글 읇기 ᄆᆞᆺ고 스승 앏픠셔 글을 강ᄒᆞ노라:吟詩罷師傅前講書(老解上3). 스승 앏픠셔 사슬 ᄲᅢ혀 글 외오기 ᄒᆞ야:師傅前撤簽背念書(老解上3). 앏흐로 村애 다ᄃᆞᆺ디 못ᄒᆞ고:前不着村(老解上9). 관원 앏픠 ᄃᆞ니다가:官人前面行着(老解下38). 門 앏희 기ᄅᆞ마지은 白馬를 ᄆᆡ엿더니:門前絟着帶鞍的白馬來(朴解下55). 後를 혜아리며 앏을 싱각홀 ᄶᅵ어다:量後思前(女四解2:36). 앏:前(同文解上9). 앏흐로 ᄒᆞᆫ 번 ᄃᆡᄅᆞ고(武藝圖4). 네 이 앏부터ᄂᆞᆫ 알며 아지 못ᄒᆞ믈 헤아리지 말고(捷蒙1:6). 허물며 端粧ᄒᆞ고 님의 앏히 뵐 적이랴(古時調. 거울에 빗친. 歌曲).

②남쪽. ¶앏 남:南(訓蒙下34).

앏거티다 동 앞발을 절다. ☞앏거치다 ¶앏거티ᄂᆞᆫ ᄆᆞᆯ:前失的馬(老解下8). 앏거티ᄂᆞᆫ ᄆᆞᆯ:前失馬(譯解下29).

앏·니 명 앞니. ¶앏니曰 板齒(訓蒙上26 齒字註). 앏니:門牙(譯解上33. 漢淸5:51).

앏다리 명 앞다리. ¶앏다리:前腿上節(漢淸14:23).

앏:뒤 명 앞뒤. ☞앏뒤 ¶앏뒤헤 圍繞ᄒᆞ얫더니(釋譜11:21). 어듸썬 앏뒤히 이시리오

(月釋8:32). 조ᄒᆞ야 ᄉᆞᄆᆞᄎᆞᆫ 光明이 앏뒤 업도다:瑩徹光明無背面(南明下67). 앏뒤 도라보디 아니ᄒᆞ야:不顧前後(飜小10:13). 옷 앏뒤히 ᄀᆞ족ᄒᆞ더시다:衣前後襜如也(宣小2:38). 앏뒤흘 도라보디 아니ᄒᆞ고:不顧前後(重內訓1:32).

앏발 명 앞발. ¶앏발 구루다:雙蹄拍(漢淸14:28).

앏·셔·다 동 앞서다. ☞앒셔다 ¶앏셔 길자바 墓所로 가시니라(月釋10:13).

앏세우다 동 앞세우다. ☞압세다 ¶도적기자바 박협ᄒᆞ야 ᄆᆞᆯ을 틔와 앏세워 가더니:賊獲之迫脅騎馬前行(東新續三綱. 烈3:13).

앏솟동 명 가슴걸이. ☞압솟등 ¶앏솟동:鼻花(譯解補46).

앏엇·게 명 앞어깨. ¶앏엇게:前膊(飜老下38).

앏프·다 형 아프다. ☞알ᄑᆞ다. 앏ᄑᆞ다 ¶긁빗기기 너므면 머리 앏프리라:刮的多頭疼(飜朴上59). 적병을 알하 불시의 발ᄒᆞ면 앏품이 심ᄒᆞ더니(敬信56).

앏·픠 명 앞에. 독앏 ☞알ᄑᆡ ¶앏픠:根底(老朴集. 單字解1). 根前鄕言 그 앏픠(吏文2:5). 관원 앏픠 ᄃᆞᆫ니다가:官人前面行着(老解下38). 數間 茅屋을 碧溪水 앏픠 두고(丁克仁. 賞春曲).

앏ᄑᆞ다 형 아프다. ☞앏프다 ¶내 오ᄂᆞᆯ 골치 앏파 머리 어즐ᄒᆞ고:我今日腦疼頭旋(朴解中14). 앏파 견ᄃᆡᆯ 길 업도다(敬信57).

앏흐로 명 앞으로. 〔ㅎ 첨용어(添用語) '앏'의 부사격(副詞格).〕 독앏 ¶앏흐로:向前(同文解上9).

앏희 명 앞에. 〔ㅎ 첨용어(添用語) '앏'의 부사격(副詞格).〕 독앏 ¶門 앏희 기ᄅᆞ마 지은 白馬ᄅᆞᆯ ᄆᆡ엿더니:門前絟着帶鞍的白馬來(朴解下55).

앏ᄒᆞ다 동 앞으로 가다. ¶ᄀᆞᄅᆞ쳐 ᄒᆞ여곰 앏ᄒᆞ라 ᄒᆞᆯ딘대(兵學1:1).

앒 명 앞. ☞앏 ¶英主△ 알ᄑᆡ 내내 븟그리리:英主之前曷勝其羞(龍歌16章). 도ᄌᆞᄀᆡ 알ᄑᆞᆯ 디나샤:賊前是歷(龍歌60章). 耶輸ㅅ 알ᄑᆡ 가 셔니(釋譜6:3). 오직 舍利弗ㅅ 알ᄑᆡ옷 브리 업슬씨(釋譜6:33). 알ᄑᆞᆫ 고ᄃᆞᆫ 말도 ᄒᆞ시며 雜말도 ᄒᆞ샤(月釋9:11). 地ᄅᆞᆺ 알피 아닌ᄃᆞᆯ 分揀ᄒᆞ니라:揀非地前也(法華1:38). 네 와 눈 알ᄑᆡ셔 慰勞ᄒᆞᄂᆞ다:君來慰眼前(初杜解8:51). 봆비츤 ᄇᆞᆯ 자밧ᄂᆞᆫ 알ᄑᆡ 기펫더니라:春深把臂前(杜解21:13). 杜陵과 韋曲괘 未央宮ㅅ 알피니라:杜陵韋曲未央前(初杜解21:21). ᄀᆞ릴 거시 알픠 와 섯거시면:則蔽交於前(飜小8:9). ᄭᅳ어 내야 모라 ᄧᅩ차 ᄡᅧ 알프로 갈시:曳出之驅迫以前(宣小6:61). 알ᄑᆞ로 寒山이 重疊ᄒᆞᆫ ᄃᆡ로 올라가ᄆᆞᆯ:前登寒山重(重杜解1:3). 알ᄑᆞ로 올아가니 오직 묏근ᄲᅮᆫ니로다:前登但山椒(重杜解1:34). 또 샹의 알ᄑᆡ ᄃᆞᆫ니ᄂᆞᆫ 사ᄅᆞᆷ들을 잡은 거슬(明皇1:32).

앒:뒤 명 앞뒤. ☞앏뒤 ¶앒뒤헨 아ᄒᆡ 할미러니(月印上26).

앒·셔·다 동 앞서다. ☞앏셔다 ¶墓애 가싫 제 부텨 앒셔시니(月釋10:3).

·암 명 암컷. 계집. ¶이 암ᄒᆞᆫ 모다 뒷논 거시어늘 엇데 ᄒᆞ오ᅀᅡ 더브러 잇ᄂᆞ다(月釋7:16). 제 겨지비 죽거늘 다ᄅᆞᆫ 암ᄒᆞᆯ 어른대(月釋7:16). 네 엇디 암ᄒᆞᆯ 내야 주디 아니ᄒᆞᄂᆞ다(月釋7:17). 鳳ᄋᆞᆫ 그 암ᄒᆞᆯ 조차니거ᄂᆞᆯ:鳳隨其凰去(杜解6:50). 암히 수흘 좃놋다:雌隨雄(初杜解17:5). 암ᄒᆞ란 사디 말오:休買母的(飜朴上2). 암 ᄌᆞ:雌(訓蒙下7. 類合上12). 암:母的(同文解下36).

※ '암'의 첨용 ⌈ 암 / ⌊ 암히/암ᄒᆞᆫ/암ᄒᆞᆯ…

암개 명 암캐. ☞암ᄀᆡ. 암카히 ¶암개:騲狗(譯解下32). 암개:母狗(漢淸14:14).

암거ᄉᆞ 명 여자. 〔'암'은 '암컷<雌>'의 '암', '거ᄉᆞ'는 '乞士' 또는 '居士'로, 비구(比丘) 곧 중의 별칭임. 후에 '居士'는 수양하는 처사(處士)를 뜻하게 되었음.〕 ¶밤中만 암거ᄉᆞ의 품에 드니 念佛景이 업세라(古時調. 長衫 ᄯᅳ더. 詩謠).

암게 명 암게. ¶암게:團臍(譯解下38).

암고래 명 암고래. ☞수고래 ¶암고래 예:鯢(類合上15).

암괴 명 암고양이. ¶암괴:女猫(譯解下32).

암·근 동 아문. ㉠암글다 ¶몸 우희 암근 ᄉᆞᆯ콰 갓괘 잇디 아니토다:身上無有完肌膚(初杜解8:2).

암·글·다 동 아물다. ☞암ᄀᆞᆯ다 ¶몸 우희 암근 ᄉᆞᆯ콰 갓괘 잇디 아니토다:身上無有完肌膚(初杜解8:2). 내 올 제 다 됴하 암그랏더라:我來時都完痊痾了(老解下4). 암글 젼:痊(倭解上51). 창 암그다:瘡口平(譯解補34).

암·ᄀᆞᄂᆞ니·라 동 아무느니라. ㉠암ᄀᆞᆯ다 ☞암글다 ¶旃檀香 ᄇᆞᄅᆞ면 즉자히 암ᄀᆞᄂᆞ니라(月釋1:27).

암·ᄀᆞᆯ·다 동 아물다. ☞암글다 ¶旃檀香 ᄇᆞ라면 즉자히 암ᄀᆞᄂᆞ니라(月釋1:27). 五百 사ᄅᆞ미 法 듣ᄌᆞᆸ고 깃거ᄒᆞ니 모미 암ᄀᆞᆯ오(月釋10:31). 萬姓의 헐므수미 암ᄀᆞ라 가ᄂᆞ니:萬姓瘡痍合(初杜解24:49).

암·ᄀᆞᆯ·오 동 아물고. ㉠암ᄀᆞᆯ다 ☞-오 ¶五百 사ᄅᆞ미 법 듣ᄌᆞᆸ고 깃거ᄒᆞ니 모미 암ᄀᆞᆯ오 피 져지 ᄃᆞ외어ᄂᆞᆯ(月釋10:31).

암ᄀᆡ 명 암캐. ☞암개 ¶암ᄀᆡ:母狗(華類55).

암내 명 암내. ☞암ᄂᆡ ¶겨ᄃᆞ랑의 암내 나ᄂᆞ

니며:狐臭漏腋(痘要下42). 암내:狐臊氣(譯解補35).

암내내다 동 암내 내다. ¶암내내다:求子(柳氏物名一 獸族).

암노로 명 암노루. ☞노로. 암 ¶암노로:麞獐(譯解下33). 암노로와 고란이:母麞麀(漢淸14:5).

암노새 명 암노새. ☞암 ¶암노새:騍騾(譯解下31).

암눈비앗 명 암눈비앗. ¶암눈비앗:茺蔚(柳氏物名三 草).

암닉 명 암내. ☞암내 ¶암닉:狐臊(漢淸8:2).

암단쵸 명 암단추. ☞암돌마기 ¶암단쵸:鈕扣(同文解上57. 漢淸11:8). 암단쵸:紐口(譯解補28).

암돌져귀 명 암톨쩌귀. ¶암돌져귀 수돌져귀 비목 걸새 크나큰 쟝도리로(古時調. 窓 내고쟈. 靑丘).

암돗 명 암퇘지. ☞암돝 ¶암돗:母猪(譯解下31). 암돗:母猪(漢淸14:13).

암돝 명 암퇘지. ☞암돗 ¶암도틱 꼬릿 그틀 버혀 피 내야 이베 쁟들이면:割母猪尾頭瀝血着口中(救簡6:49). 암도틱 똥 혼 되:母猪(簡辟21).

:암:둔ᄒᆞ·다 형 암둔(暗鈍)하다. 어리석다. 우둔하다. ¶시혹 暗鈍ᄒᆞ니ᄂᆞᆫ 오래 敎化ᄒᆞ야사 歸依ᄒᆞ고(月釋21:32).

·암디새 명 암키와. ☞암지새 ¶니여 잇ᄂᆞᆫ 거시 다 룡봉 도틴 막새 수디새 암디새:蓋的都是龍鳳凹面花頭筒瓦和仰瓦(飜朴上68). 암디새:仰瓦(譯解上17).

·암돌마·기 명 암단추. ☞돌마기. 암단쵸 ¶암돌마기 구:紐(訓蒙中23). 암돌마기:紐子(譯解上45).

암돍 명 암탉. ☞암톩 ¶반ᄃᆞ시 암돍이 새배 울어 써 지화롤 닐위욤이 업스리니라:必無牝雞晨鳴以致禍也(宣小5:68). 암돍:母鷄(譯解下24). 반ᄃᆞ시 암돍이 새배 우러:必…牝雞晨鳴(重內訓2:14). 암돍과 꿩 우다:母鷄野鷄鳴(漢淸7:23).

·암룡 명 암용(龍). ¶다ᄉᆞᆺ 羅刹이 이셔 암龍이 ᄃᆞ외야 毒龍올 얻더니(月釋7:27).

:암림·곶 명 지명(地名). ¶西爲鴨綠江過暗林串 암림곶. 入海水色似鴨頭故名之爲鴨綠(龍歌1:36).

암만 부 아무리. ¶암만 쁜들 다홀손가(普勸文附16).

암무디기 명 암무지개. ☞암므지게 ¶암무디기 예:霓(兒學上3).

·암·므지·게 명 암무지개. ☞암무디기 ¶虹온 수므지게오 霓ᄂᆞᆫ 암므지게라(楞解2:87).

암믄 형 완전한. 온전한. ㉠암몰다☞암온 ¶드나드로매 암믄 ᄀᆞ외도 업스니라:出入無完裙(重杜解4:8).

·암몰 명 암말. ☞아몰 ¶암몰:騍馬(老解下8. 譯解下28).

암몰다 형 완전하다. 온전하다. ☞아몰다 ¶드나드로매 암믄 ᄀᆞ외도 업스니라:出入無完裙(重杜解4:8).

암벌 명 암벌. ☞벌 ¶암벌:相蜂(柳氏物名二 昆蟲).

암범 명 암범. ¶암범:母虎(漢淸14:3).

암봉 명 암봉. ¶암봉 황:凰(類合上11).

·암사솜 명 암사슴. ¶혼 암사ᄉᆞ미 와 옷 ᄲᅥ론 므를 먹고(釋譜11:25). 암사솜:麋鹿(譯解下33). 암사솜:母鹿(漢淸14:4).

암산졔 명 암멧돼지. ¶암산졔:母野猪(漢淸14:6).

암솟 명 암솥. ¶암솟 덕다 신다 슈솟 덕다 우는 신다(古時調. 草堂 뒤헤. 歌曲).

암쇼 명 암소. ¶암쇼:牡牛(譯解下30). 〔'牡'는 '牝'의 오기(誤記).〕 암쇼 등에 언치 노하(古時調. 중놈이. 海謠). 암쇼:乳牛(柳氏物名一 獸族).

암수 명 암수. 자웅(雌雄). ¶암수히 알퍼셔 어우ᄂᆞ니(法華2:28). 關온 암수히 서르 和히 우는 소리오(宣賜內訓2上5).

·암·수·갈 명 암수칼. ¶匣 안햇 암수갈히:匣裏雌雄劒(初杜解23:45).

암시 명 암새. ¶암시 ᄌᆞ:雌(兒學上8).

암암이 부 암암(暗暗)이. ¶언언이 됴리 이 시믈 보고 암암이 칭ᄀᆞᄒᆞ야 닐오딕(落泉2:4).

암암ᄒᆞ다 형 암암하다. ¶고은 님 옥 ᄀᆞᆺ튼 양지 눈의 암암ᄒᆞ여라(古時調. 鄭澈. 신군망. 松江).

암양 명 암양. ¶암양:母羊(譯解下32).

·암·염·쇼 명 암염소. ¶염쇠 삿기 암염쇼 모도와 언머만 갑새 풀오져 ᄒᆞᄂᆞ다:羖䍽羔兒母羖䍽共通要多少價錢(飜老下22).

암으다 동 아물다. ☞아믈다 ¶瘡口ㅣ 이윽고 암으니(女四解4:17).

암으만 부 아무리. ☞암은만 ¶冬섯ᄃᆞᆯ 바롬 비 눈 설이를 암으만 맛즌들 썰어질 쫄 이 실야(古時調. 李鼎輔. 님으람. 海謠).

암은만 부 아무리. ☞암으만 ¶암은만 玉斗를 찟치고 疽發背ᄒᆞ도록 뉘웃친들 어이리(古時調. 李鼎輔. 누구셔. 海謠).

암·온 형 완전(完全)한. 온전한. ☞암믄 ¶몸애 샹녜 암온 옷시 업소딕:體常無全衣(宣小6:25).

암죵다리 명 암종다리. ¶쏘 혼 부리 노론 수죵다리 부리 프른 암죵다리 노롯호딕:又是一箇銅觜鑞觜造化(朴解中1). 암죵다리:蠟觜(譯解下27).

암쥭 명 암죽. ¶암쥭 먹이다:嚼喂食物(漢淸6:54).

암즘승 명 암짐승. ¶암즘승 빈:牝(兒學上8).

암징경이 명 암원앙새. ¶암징경이 원:鴛(類合上12).

암지새 명 암키와. ☞암디새 ¶암지새:仰瓦(同文解上36). ᄭᅳᆺ 져즌 암지새:滴水(漢淸12:11).

암·ᄌᆞ 명 암자(庵子). ¶ᄒᆞ마 正受ᄅᆞᆯ 得호라 ᄒᆞ고 庵子애 사라 댱샹 안자 스믈 ᄒᆡ러니(六祖中103). 더 조ᄒᆞᆫ 묏 암ᄌᆞ ᄀᆞᆯᄒᆡ여 가:揀那淸淨山庵裏(飜朴上36).

·암카·히 명 암캐. ☞암개. 암킈 ¶王舍城中에 암카히 ᄃᆞ외야 냇ᄂᆞ니라(月釋23:90).

암킈 명 암캐. ☞암카히 ¶죠 노랑 암킈ᄀᆞᆺ치 얄믜오랴(古時調. 키를 여라문이나. 海謠).

·암·ᄐᆞᆰ 명 암탉. ☞암ᄃᆞᆰ ¶남지ᄂᆞᆫ 암ᄐᆞᆯᄀᆞ로 코 겨지븐 수ᄐᆞᆯᄀᆞ로 ᄒᆞ라:男雌女雄(救急上75). 모로매 암ᄐᆞᆯ기 아ᄎᆞᄆᆡ 우러 ᄡᅧ 災禍ᄅᆞᆯ 닐위요미 업서ᅀᅡ ᄒᆞ리라:必無牝雞晨鳴以致禍也(宣賜內訓2上17). 남지니어든 암ᄐᆞᆰ 겨지비어든 수ᄐᆞᆰ으로 ᄒᆞ라:男雌女雄(救簡1:60).

암합ᄒᆞ다 동 암합(暗合)하다. ¶祭 이시리라 ᄒᆞᄂᆞᆫ 者로 더브러 ᄯᅩᄒᆞᆫ 暗合ᄒᆞᆫ ᄃᆞᆺᄒᆞ다(家禮9:26). 이제 딘달ᄒᆞᆫ 배 졍히 내 ᄠᅳᆺ과 암합ᄒᆞ다(經筵).

·암히 명 암컷이. 계집이. 〔ㅎ 첨용어 '암'의 주격(主格).〕 독암 ¶암히 수ᄒᆞᆯ 졷놋다:雌隨雄(初杜解17:5).

·암ᄒᆞᆫ 명 암컷은. 계집은. 독암 ¶이 암ᄒᆞᆫ 모다 뒷논 거시어늘 엇데 ᄒᆞ오ᅀᅡ 더브러 잇ᄂᆞᆫ다(月釋7:16).

·암·ᄒᆞᆯ 명 암컷을. 계집을. 〔ㅎ 첨용어 '암'의 목적격(目的格).〕 독암 ¶제 겨지비 죽거늘 다ᄅᆞᆫ 암ᄒᆞᆯ 어른대 한 獼猴ᄃᆞᆯ히 怒ᄒᆞ야 닐오ᄃᆡ(月釋7:16). 鳳ᄋᆞᆫ 그 암ᄒᆞᆯ 조차 니거ᄂᆞᆯ:鳳隨其凰去(杜解6:50).

압 명 앞. ☞앒 ¶城中 貢院 압ᄒᆡ 흘러들어와(女四解4:34). 부모 압ᄒᆡ 어린 체로 시름 업시 ᄌᆞ라더니(萬言詞). 눈물이 압흘ᄒᆞ여 월월일일 시시간간의(思鄕曲).

압거치다 동 앞발을 절다. ☞앏거티다 ¶압거치다:前失(柳氏物名一 獸族).

압닐다 형 친압(親狎)하다. ¶압닐 압:狎(類合下26).

·압·닐·히 부 친압하게. ¶침노ᄒᆞ며 업슈이 너기기를 아니 ᄒᆞ며 압닐히 홈을 즐기디 아니ᄒᆞᄂᆞ니:不侵侮不好狎(宣小3:6).

압다리 명 앞다리. ¶압다리:前腿(同文解上59). ᄌᆞ믌쇠 압다리:鎖穿條(譯解補45).

압두록빗 명 녹색의 한 가지. ☞야투루빗 ¶압두록빗체 벽드르헤 운문ᄒᆞᆫ 비단:鴨綠界地雲(老解下21).

압뒷집 명 앞뒷집. ¶곧 압뒷집이나 東西 집이오(家禮5:4).

압셔다 동 앞서다. ¶싀어미ᄅᆞᆯ 죽이고 겁틱ᄒᆞ여 압셔 가쟈 ᄒᆞ니:殺其姑劫令前去(東新續三綱. 孝8:23).

압셥 명 앞섶. ¶압셥:衣前襟(漢淸11:7).

압셰다 동 앞세우다. ☞앏셰우다 ¶니시ᄅᆞᆯ 저혀 ᄒᆡ여곰 압셰여 가더니:脅李氏使之前行(東新續三綱. 烈8:17). 이 녀ᄅᆞᆯ 어더 구박ᄒᆞ여 압셰니(女範4. 녈녀 두시이녀).

압숏등 명 가슴걸이. ☞앏숏동 ¶압숏등:鼻花 前纓(柳氏物名一 獸族).

압엇게 명 팔뚝. 전박(前膊). ¶압엇게:前膊(老解下35).

압쟈락 명 앞자락. ¶압쟈락:前襟(譯解下6).

압지동 명 앞기둥. ¶압지동:楹(物譜 第宅).

압코 명 앞코. ¶평격지 압코:屐屧鼻繩(東醫湯液三 草部).

압푸다 형 아프다. ☞압프다 ¶압풀 통:痛(兒學下4).

압프다 형 아프다. ☞압푸다 ¶압프게 치다:痛責打(漢淸3:11).

압픠 명 앞에. ¶부모 ᄭᅮ짓거시든 황망이 말고 압픠 각가이 가셔:前(女四解3:12).

압희셔 명 앞에서. ¶뒤희셔 당기ᄂᆞᆫ 듯 압희셔 미ᄋᆞᆸᄂᆞᆫ 듯(萬言詞).

앗 명 아우. ☞아ᅀᆞ ¶伽耶迦葉과 那提迦葉과ᄂᆞᆫ 優樓頻羅迦葉의 앗이라(釋譜13:2). 飛燕의 앗이 양ᄌᆡ 됴커ᄂᆞᆯ(宣賜內訓序5). ᄯᅩ 兄 주기고 앗ᄋᆞᆯ 사ᄅᆞ면:且殺兄活弟(宣賜內訓3:21).

앗·가 부 아까. ☞앗ᄭᅡ ¶내 앗가 이 구ᅀᅴ 안해 두 드렛 믈 기러 잇다:我恰纔這槽兒裏頭拔上兩洒子水也(飜老上35). 앗가 ᄡᅩ ᄆᆞᆯ 기우로 ᄒᆞ야다:纔射的歪了(飜老下37). 내 앗가 이 귀유 안해 두 드렛 믈 기러시니:我恰纔這槽兒裏頭拔上兩洒子水也(老解上31). 내 앗가 ᄀᆞᆺ ᄡᆞᆯ 밧고라 갓더니:我恰纔糴米去來(老解上40). 앗가 達見으로셔 안ᄡᅡ다히 日本 ᄇᆡ 뵌다 니르니(新語1:9). 앗가 여긔 와 잇더니 아무ᄃᆡ 간 줄 몰래라(三譯1:20).

앗가·ᄫᆞᆫ 형 아까운. 기앗갑다 ¶太子ㅣ 무로ᄃᆡ 앗가ᄫᆞᆫ ᄠᅳ디 잇ᄂᆞ니여(釋譜6:25). 앗가ᄫᆞᆫ ᄆᆞᅀᆞᄆᆞᆯ 머거(釋譜9:11).

앗가·ᅀᅡ 부 아까서야. 이제 겨우. ☞앗가. 앗가야 ¶네 엇디 앗가ᅀᅡ 온다:你怎麼纔來(飜朴上64).

앗가야 부 아까서야. 이제 겨우. ☞앗가ᅀᅡ ¶앗가야 사ᄅᆞᆷ되랴 온 몸에 짓치 도쳐(古時調. 靑丘).

앗가·이 부 아깝게. ¶내 ᄆᆞᅀᆞ매 앗가이 너

겨:初心惜之(宣賜內訓3:37).

앗갑·다 형 아깝다. ¶太子ㅣ 무로ᄃᆡ 앗가ᄫᆫ ᄠᅳ디 잇ᄂᆞ니여(釋譜6:25). 앗가ᄫᆫ ᄆᆞᅀᆞᄆᆞᆯ 머거(釋譜9:11). 앗가ᄫᆫ ᄠᅳ디 업더녀(月釋8:91). 오색 구스를 得호ᄃᆡ 醉ᄒᆞ야 ᄂᆞᄫᆞᆯ ᄣᅳᄅᆞ미니 앗가ᄫᆞᆯ써(月釋17:34). 天下애 앗가ᄫᆫ 거시 몸 ᄀᆞᄐᆞ니 업스니이다(月釋21:216). 衣珠를 得ᄒᆞ야도 醉ᄒᆞ야 누을 ᄣᅳᄅᆞ미니 앗가올써:得衣珠而醉臥耳惜哉(法華5:197). 앗가올셔 宿瘤여:惜哉宿瘤(宣賜內訓2下69). 닐오ᄃᆡ 내 주구믄 벌에 즘승 ᄀᆞᄐᆞ야 앗갑디 아니커니와:曰奴死有同虫獸不足惜(續三綱. 忠5). 진실로 可히 앗가오니라:良可惜也(宣小5:61). 忠치 몯ᄒᆞᆫ 줄이 앗가온디라(女四解4:56). 가히 앗갑기를 이긔랴:惜(百行源17). 앗갑다:可惜(同文解上34). 이 사ᄅᆞᆷ이 어디나 앗갑다(女範1. 셩후 션인고후). 앗갑다 ᄂᆡ 일이야 애돏다 ᄂᆡ 일이야(萬言詞).

※'앗갑다'의 활용 ┌ 앗갑고/앗갑디/앗갑게… └ 앗가ᄫᆫ/앗가ᄫᆞᆯ…

앗구려 감 아서라. ¶앗구려 功名도 말고 너를 조차 놀리라(古時調. 冊 덥고. 青丘).

앗·기·다 동 아끼다. ☞앗끼다 ¶禮義를 앗기샤:惜其禮義. 才勇ᄋᆞᆯ 앗기샤:愛其才勇(龍歌54章). 千金을 아니 앗기샤:不吝千金(龍歌81章). 엇데 羅睺羅를 앗기ᄂᆞ다(釋譜6:9). 太子ㅣ 앗겨 ᄆᆞᅀᆞ매 너교ᄃᆡ(釋譜6:24). 이 사ᄅᆞ미 보ᄇᆡ를 더리도록 아니 앗기놋다 ᄒᆞ야(釋譜6:26). 모ᄆᆞᆯ 아니 앗교리이다(釋譜23:54). 두 가짓 말 아니 ᄒᆞ며 앗기고 貪티 아니ᄒᆞ며(月釋1:25). 앗굠 업스며 ᄯᅩ 저홈 업서(月釋18:16). 애와터 앗겸 직ᄒᆞ두다:爲可歎惜矣(楞解3:116). 아릿 法 앗교ᄆᆞ로 報性이 散亂ᄒᆞ며 鈍터니:宿以悋法報性散鈍(楞解5:45). 앗굠 내디 마롤띠니라:勿生慳悋(法華6:122). 앗기디 아니호ᄆᆞᆯ 니ᄅᆞ니라(宣賜內訓2下34). 時節 거리추메 敢히 주구믈 앗기려마ᄅᆞᆫ:濟時敢愛死(初杜解10:47). ᄉᆞ랑ᄒᆞ야 앗교ᄆᆞᆯ 芝草ᄀᆞ티 ᄒᆞ노라:愛惜如芝草(初杜解15:18). 鄒生은 옷기슭 긋우믈 앗기니라:鄒生惜曳裾(初杜解20:34). 有志ᄒᆞᆫ 士ᄂᆞᆫ 간대로 뮈요ᄆᆞᆯ 앗기건마ᄅᆞᆫ:志士惜妄動(初杜解23:33). 有志ᄒᆞᆫ 士ㅣ 白日을 앗기곡:志士惜白日(初杜解25:5). 취ᄒᆞᆫ 사ᄅᆞᄆᆞᆯ 앗기ᄂᆞ니라:惜醉人(飜老上42). 엇디 네게 앗기리오:豈於女惜(飜小10:16). 앗길 한:慳. 앗길 린:悋(訓蒙下30). 앗길 석:嗇(類合下3). 앗길 셕:惜(類合下26). 孝子ᄂᆞᆫ 날을 앗기ᄂᆞ니라:孝子愛日(宣小4:10). 취ᄒᆞᆫ 사ᄅᆞᆷ을 앗기ᄂᆞ니라:惜醉人(老解上37). 앗기다:愛惜(同文解上22). 녹산의 지조를 앗기샤 죽이디 아니코(明皇1:31).

앗기이다 동 앗기다. 빼앗기다 ¶앗기이다:被搶了(同文解下30).

:앗·다 동 빼앗다. ☞앗다 ¶東寧을 ᄒᆞ마 아ᅀᆞ샤:東寧旣取(龍歌42章). 비록 아ᅀᅡ도 도로 녜 ᄀᆞᆮᄒᆞ야(釋譜9:22). 귓거시 精氣를 아ᅀᅡ 橫死ᄒᆞᆯ 씨오(釋譜9:37). ᄂᆞᄆᆡ 지손 거슬 아ᅀᅡ 제 즐기ᄂᆞ니(月釋1:32). 네 내 利益을 앗ᄂᆞ나 내 네 나라ᄒᆞᆯ 배요리라(月釋7:46). ᄇᆞᆯᄀᆞ며 어드우미 제 아ᅀᆞᆯ ᄲᅮ니언뎡:明暗自奪(楞解2:73). 듣글ᄢᅥ 아ᅀᅩᆷ ᄀᆞᆮᄒᆞ야:如去塵垢(楞解9:85). 어즈러우믈 앗고 實을 올여:削繁錄實(法華1:10). 志를 앗디 몯ᄒᆞ야ᅀᅡ:志不可奪(永嘉上3). 病 앗고 藥이 잇거늘:病去藥存(永嘉上27). 이 執을 아ᅀᆞ리라:方袪斯執(永嘉下28). 일즉 글월 앗고 ᄆᆞᅀᆞ매 서늘히 너기디 아니ᄒᆞᆫ 아니ᄒᆞ노라:未嘗不廢書寒心(宣賜內訓序6). 吳松ㅅ 半江ㅅ 므를 버혀 아ᅀᆞ려뇨:翦取吳松半江水(初杜解16:32). 큰 지븨 노ᄑᆞᆫ ᄆᆞᄅᆞᆯ 아ᅀᆞᆫ ᄃᆞᆺᄒᆞ며:大屋去高棟(初杜解24:17). 계피 웃거플 아ᅀᆞ니 반 량과(救簡6:9). 中原 싸호ᇙ 히믈 드려 도로 앗고져 ᄒᆞ노니:方致力中原(飜小10:7). 主人이 잔을 아ᅀᅡ 친히 싯거든:主人取杯親洗(呂約24). 아ᅀᆞᆯ 샹:攘(訓蒙下25). ᄋᆞᅀᆞᆯ 탈:奪(訓蒙下25). 오직 이 妄을 아소미라 ᄒᆞ시다:只是遣妄(龜鑑上29). 아ᅀᆞᆯ 탈:奪(類合下19). 아ᅀᆞᆯ 취:取(石千12). 父母ㅣ 아사(뜨을 앗단 말이라) 남진 븓티고져 ᄒᆞ거늘:父母欲奪而嫁之(宣小4:36). 김시 칼을 빼텨 스스로 멱 디ᄅᆞ니 놀히 솔해 믿디 몯ᄒᆞ여셔 도적이 아사놀:金氏抽刀自剄刃未及膚賊奪之(東新續三綱. 烈4:8 金氏抱屍). 김시 칼로ᄡᅥ 스스로 빋복 아래를 딜러 피를 아아 ᄡᅥ 머기니:金氏以刀自刺臍下取血以服之(東新續三綱. 烈4:49 金氏刺臍). 西京은 이로이 아니 ᄲᅡ혀 아ᄋᆞ리로다:西京不足拔(重杜解1:8). 날로 되ᄆᆞᆯ 무를 아ᄋᆞ며:日收胡馬群(重杜解5:31). 하ᄂᆞᆳ ᄀᆞᅀᆡ 城을 앗고져 ᄒᆞ놋다:欲奪天邊城(重杜解5:48). 번신의 장계ᄂᆞᆫ 적이 다 아사 가진고로(山城17). 술란 ᄒᆞ마 마ᄋᆸ소하 마다 니르시니 아직 앗즙새(新語1:20). 다 앗고:都奪了(朴解中13). 창을 아스려 ᄒᆞᆯ 제(三譯1:21). 王이 앗고져 ᄒᆞᆫ대(女四解4:24). 앗다:搶了(同文解下30). 벼슬을 아ᄉᆞ시니라(明皇1:30). 비록 못 니버도 ᄂᆞᄆᆡ 오슬 앗디 마라(古時調. 鄭澈. 警民編). 그 뜻을 ᄆᆞᄎᆞᆷ내 앗디 못ᄒᆞ엿더니:奪(五倫3:28). ᄇᆞ람 분다 지게 다다라 밤들거다 블 아사라(古時調. 尹善道. 孤遺).

※'앗다'의 활용 ┌ 앗고/앗게/앗디… └ 아ᅀᆞ샤/아ᅀᅡ/아ᅀᆞᆯ/아ᅀᆞᆫ…

앗·다 동 앉다. ☞앉다 ¶이 사르미 功德이 後生애 帝釋 앗는 싸히어나 梵王 앗는 싸히어나 轉輪聖王 앗는 싸흘 得ᄒ리라(釋譜19:6). 계우 앗다:剛 僅也 剛坐(老朴集. 單字解1). 됴흔 나모 굴히야 앗는 鸞凰ᄋᆯ 붓그려 ᄒ노라:擇木羞鸞凰(重杜解1:57).

앗ᄃ라 동 나아가. ¶앗ᄃ라 사화:進戰(練兵7). 〔'앗ᄃ라'는 '낫ᄃ라'의 오기(誤記).〕

앗보치 명 조카. ¶모ᄃᆫ 앗보치들히 ᄆ못ᄉᆞ 줄 혀:群從子皆盛衣服鴈行(二倫31 文嗣十世).

앗싸 부 아까. ☞앗가. 앳가 ¶앗싸 ᄌ 이 店엣 뎌 나그내도 이리 니ᄅ더라:恰纔這店裏那客人也這般說(老解下4).

앗·씨·다 동 아끼다. ☞앗기다 ¶오래 안자셔 곳다온 뻘 앗씨노라:久坐惜芳辰(初杜解23:32).

:앗아·라노·타 동 풀어 놓다. ¶撒 散之也 撒了 헤티다 又覺也 覺撒了아다 又放也 撒放 罪人 죄신을 앗아라노타(老朴集. 單字解1).

앗·외·다 동 알리다. 이끌다. ¶導師는 法 앗외는 스스이니 如來를 ᄉᆞᆯᄫᆞ시니라(釋譜13:16). 大導師는 크신 길 앗외시는 스스이라 혼 마리라(月釋9:12).

앗·이·다 동 앗기다. 빼앗기다. ☞앗이다 ¶나라ᄒᆞᆯ 앗이리니 王이 네 아ᄃᆞᆯ 내티쇼셔(月釋2:5).

앗·ᄋᆞᆯ 명 아우를. 〔'앗' + 목적격조사 '-ᄋᆞᆯ'〕 ⓢ아ᅀᆞ ¶兄 주기고 앗ᄋᆞᆯ 사ᄅ면:殺兄活弟(宣賜內訓3:21).

앗·쳐·러ᄒ·다 동 싫어하다. ☞아쳐라ᄒ다. 아쳐러ᄒ다 ¶츤 이ᄅ 써려ᄒ며 ᄀ득흔 일ᄋᆯ 앗쳐러ᄒ며:忌盈惡滿(飜小8:27).

앗·첫·다 동 싫어하다. ☞아쳗다 ¶다ᄉᆺ재는 천량 하며 져곰과 가난호믈 앗첫고 가ᅀᆞ며루믈 구호믈 니ᄅ디 말며:五不言財利多少厭貧求富(飜小8:21).

앗춤 명 아침. ☞아춤 ¶오ᄂᆯ 앗춤 밥 먹은 곳에셔:今早起喫飯處(老解上59).

앗 명 아우. ☞아ᅀᆞ ¶앗ᄋᆞᆫ ᄠᅳ 다ᄅ거늘:弟則意異(龍歌24章). 앗이 모딜오도:弟雖傲矣(龍歌103章). 부텻 親ᄒ 앗이라:佛親弟也(楞解5:57). 平陰엣 音信이 갓가이 이시니 앗ᄋᆡ 사라슈믈 아ᅀᆞ라히 ᄃ노라:近有平陰信遙憐舍弟存(初杜解8:35). 어딘 앗이 오히려 蒼水使ㅣ ᄃ외얫도소니:令弟尙爲蒼水使(初杜解23:10). ᄉ랑ᄒ는 앗이 글워를 傳호매:愛弟傳書(初杜解23:20). 사ᄅ미 지조ᄅ 앗ᄋᆡ 어위쿠믈 아노라:人才覺弟優(初杜解23:34).

앗·노·라 동 앉노라. ☞앉다 ¶黃卷ㅅ 가온ᄃᆡ 聖賢과 마조 앗노라 ᄒ니라(楞解1:3).

앗·이 명 아우가. ⓢ아ᅀᆞ ¶앗이 모딜오도 無相猶矣실씨:弟雖傲矣無相猶矣(龍歌103章).

앗·이·다 동 앗기다. 빼앗기다. ☞앗이다 ¶桓彝도 城 앗이여 자펴 가아 주그니라:城陷執彝殺之(三綱. 忠12). 城을 ᄒ마 앗잃저긔:城將陷(三綱. 忠23).

앗·ᄋᆞᆫ 명 아우는. ⓢ아ᅀᆞ ¶앗ᄋᆞᆫ ᄠᅳᆮ 다ᄅ거늘:弟則意異(龍歌24章).

앗·ᄋᆡ 명 아우의. ⓢ아ᅀᆞ ¶平陰엣 音信이 갓가이 이시니 앗ᄋᆡ 사라슈믈 아ᅀᆞ라히 ᄃ노라:近有平陰信遙憐舍弟存(初杜解8:35).

앙감장감 부 아장아장. ¶외나무 석은 다리로 막대 업시 앙감장감 건너가니(古時調. 소경이. 歌曲).

앙금 명 앙금. ¶앙금:藍澱(柳氏物名三 草).

앙마고리 명 악머구리. ¶앙마고리:蝦蟆小者(柳氏物名二 昆蟲).

앙살픠다 형 앙상하다. ☞알살픠다 ¶앙살픠신 싀아바님 볏뵌 쉬똥ᄌ치 되종고신 싀어마님(古時調. 싀어마님. 瓶歌).

앙앙ᄒ다 형 앙앙(怏怏)하다. ¶심니의 앙앙ᄒ야 젼일 셩친을 쾌히ᄒ미 소긴 줄 씨ᄃ고(落泉2:6). 형이 ᄆ양 앙앙ᄒ야 ᄒ니 내 스ᄉ로 지고져 ᄒᄃᆡ(洛城2).

앙·얼 명 앙얼(殃孽). 앙화(殃禍). ¶이 命終흔 사ᄅ미 殃孽에 버므러(月釋21:105). 모로미 나믄 앙얼이 잇ᄂ니라 ᄒ두다:必有餘殃伊羅爲豆多(正俗30). 앙어렛 귓거슬:殃鬼(瘟疫方25). 믄득 그믈에 버믈 앙어리 잇고;忽有羅網之殃(野雲56). 앙얼 닙다:現世報(譯解下51).

앙이 명 아우가. ¶어딘 앙이 草萊ㅅ 소ᄀ로셔 오니:令弟草中來(重杜解22:34).

앙쥬아리다 동 앙알거리다. 종알거리다. ¶琵琶야 너는 어이 간 듸 넨 듸 앙쥬아리는(古時調. 靑丘).

앙화 명 앙화(殃禍). ¶湖南앳 殃禍를 키 ᄂ리오니라:大降湖南殃(重杜解1:53). 앙화를 밧는다 ᄒ니:受其殃(朴解中28). 후가 독슈의 써러젓거ᄂᆯ 쳔명의 도망ᄒ니 엇지 앙화ㅣ 업ᄉ리오(落泉2:4).

·앛 명 까닭. 소이(所以). ¶善現ᄋᆡ 奇特흔 아촌:善現之所以奇哉者. 慈尊이 希有ᄒ샨 아촌:慈尊之所以希有者(金三2:8). 이엔 經의 勝흔 아촐 나토시니:此顯經勝之所以(金三3:2). 그러흔 아촌:所以然者(金三3:34). 相ᄋᆯ 여희여 發心호ᄆᆯ 勸ᄒ샨 아치니라:所以勸離相發心也(金三3:36).

앛·다 동 적다. 드물다. ¶물 사ᄅ미 믜여 두리 아ᄎ니라:群猜鮮有存者(宣賜內訓1:33).

앞 명 앞. ☞압. 앒 ¶아프로 옷기슬 ᄃ리고 뒤후로 옷기슬글 잇그러:前襟後裾(宣小5:70). 귀 아ᄑ로셔:耳前(痘要下35). 어미 아프로 향ᄒᆞ거ᄂᆞᆯ(東新續三綱. 孝6:11). 祠堂 아픠 니르러(家禮8:4). 즘싱으로 ᄒᆞ여곰 아프로 힝ᄒᆞ고:令獸前行(馬解下74). 笛童을 아픠 세고(古時調. 朗原君. 青丘).

:애 명 ①창자. ¶둥이 누르며 애 믈어 피와 ᄉᆞᆯ쾌 헤여디여:燋背爛腸血肉糜潰(永嘉上34). ᄇᆞᆷ ᄀᆞᄅᆞ미 다ᄋᆞ고져 ᄒᆞᄂᆞᆫ 그테셔 애ᄅᆞᆯ 긋노니:腸斷春江欲盡頭(初杜解10:8). ᄒᆞᆫ갓 애ᄅᆞᆯ 긋놋다:空斷腸(初杜解11:4). 뉘 지븨셔 애긋ᄂᆞᆫ 소리ᄅᆞᆯ 工巧히 짓ᄂᆞ니오:誰家巧作斷腸聲(初杜解16:51). ᄇᆞ르게 머근 애ᄂᆞᆫ:飽腸(初杜解17:7). 애 댱:腸(訓蒙上27). 어듸셔 一聲 胡笳ᄂᆞᆫ ᄂᆞᆷ의 애ᄅᆞᆯ 긋ᄂᆞ니(古時調. 閑山셤. 青丘).

②쓸개. ¶눈 ᄇᆞ틴 사ᄅᆞ미 애ᄅᆞᆯ 일코 넉시 업스며:寓目者喪膽亡魂(金三5:32). 일즉 天魔ᄋᆡ 애ᄅᆞᆯ 빠러 ᄇᆞ리시니:早曾落却天魔膽(南明下4).

·애 감 아아. ☞이 ¶애 또 王가 형님이로괴여:嗳却是王大哥(飜老上17). 애 丈夫ㅣ여 머리ᄅᆞᆯ 가져 머리ᄅᆞᆯ 어더:咄哉丈夫將頭覓頭(龜鑑上5). 애 진실로 ᄀᆞ장 영노ᄉᆞᆯ갑다:咳眞箇好標致(朴解上14). 애 쉽다 쉽다:咳苦哉苦哉(朴解下43). 애 春奴ㅣ아:咳春奴(朴解下43). 애 즘승이 업ᄉᆞ니 엇디ᄒᆞ여 됴흐료:咳沒頭口却怎的好(朴解下57). 애 惶恐惶恐ᄒᆞ여라:咳惶恐惶恐(朴解下58). 애 아ᄅᆞᆷ답다:咳美哉(朴解下61).

-·애 조 -에. ☞-에 ¶ᄇᆞᄅᆞ매 아니 뮐ᄊᆡ:風亦不扤(龍歌2章). 豳谷애 사ᄅᆞ샤:于豳斯依(龍歌3章). 洛陽애 올ᄆᆞ니이다:洛陽是徙(龍歌14章). 逃亡애 命을 미드며:恃命於逃(龍歌16章). 東都애 보내어시ᄂᆞᆯ:遣彼東都(龍歌26章). 前世劫에 님금 位ㄹ ᄇᆞ리샤 精舍애 안잿더시니(月印上1). 世尊이 象頭山애 가샤(釋譜6:1). 두 사ᄅᆞᄆᆡ 福德 어두미 ᄒᆞᆫ가지니(釋譜23:4). 우리 나랏 常談애 江南이라 ᄒᆞᄂᆞ니라(訓註1). 人間애 ᄂᆞ리샤(月釋1:19). ᄆᆞᅀᆞ매 사기며(宣賜內訓序8). 人間애 能得幾時間고(鄕樂. 横殺門). 平生애 景慕홈은 白香山에 四美風流 駿馬佳人은(古時調. 青丘). ※-애>-에

-·애 조 -보다. ¶제 모매 는ᄒᆞᆫ닐 아쳗고 제 모매 諂ᄒᆞ릴 깃그며:勝己者厭之佞己者悅之(宣賜內訓1:32).

-:애 접미 -애. 〔용언 어근에 붙어 명사를 만드는 접미사.〕☞-에. -의. -ᄋᆡ ¶如意ᄂᆞᆫ 며개예 如意珠 이실 씨라(釋譜13:11). 콩 ᄲᅡ개ᄅᆞᆯ ᄂᆞᆫ호아 먹고:分半菽(初杜解24:5). 모개 관:關. 모개 ᄋᆡ:隘(訓蒙上6).

애·갓상 명 술상. ¶앏픠 ᄒᆞᆫ 옥돌호로 설픠에 사긴 애갓상 노핫고:前面放一箇玉石玲瓏酒卓兒(飜朴上69).

:애굳·다 형 굳세다. 꿋꿋하다. ¶男子ㅣ 애구드니 멋 사ᄅᆞ미 能히 婦人의 마릐 惑홀 배 아니 ᄃᆞ외ᄂᆞ뇨:男子剛腸者幾人能不爲婦人言所惑(宣賜內訓3:44).

:애긋·다 동 애끊다. ¶뉘 지븨셔 애긋ᄂᆞᆫ 소리ᄅᆞᆯ 工巧히 짓ᄂᆞ니오:誰家巧作斷腸聲(初杜解16:50). 밤듕만 굴근 비 소릐 애긋ᄂᆞᆫ 듯ᄒᆞ여라(古時調. 뉘라서. 古歌).

애긋브다 형 애끊는 듯하다. ¶애긋븐 소릐를 므더니 너기고져 ᄒᆞ간마ᄂᆞᆫ:欲輕腸斷聲(重杜解5:26). 어루 애긋브니:可腸斷(重杜解13:32).

-·애·ᄂᆞᆫ 조 -에는. ☞-ᄋᆡᄂᆞᆫ ¶市橋애ᄂᆞᆫ 그윗 버드리 ᄀᆞᄂᆞᆯ오:市橋官柳細(初杜解7:6).

-·애다 조 -에다. ¶가ᄉᆞᆷ애다 텨 듯다가(救簡1:56).

-애다·가 조 -에다가. ¶엇데 시러곰 나ᄅᆞᆯ 보내야 네 ᄀᆞᅀᆡ다가 두려뇨:安得送我置汝傍(初杜解25:27). 평ᄒᆞᆫ ᄯᅡ해다가 그우료ᄃᆡ:就平地上袞轉(救簡1:67).

-·애·도 조 -에도. ☞-에도. -ᄋᆡ도 ¶六合애도 精卒ᄋᆞᆯ 자ᄇᆞ시니:于彼六合又殲精卒(龍歌24章). 이 ᄀᆞ올히 承平ᄒᆞᆫ 나래도:此邦承平日(杜解22:37). ᄯᅩ 츤 긔운 업게 호매도 ᄌᆞ모 됴ᄒᆞ니라(救簡2:85).

애도래라 형 애달파라. 애달프구나. ㉮애돌다 ¶그려도 하 애도래라 가는 뜻을 닐러라(古時調. 成宗. 이시렴. 海謠).

애돌다 형 애달프다. ☞애둛다. ᄋᆡ둛다 ¶내 안흐로 거륵이 애돌라 ᄒᆞ노라(三譯6:21). 그려도 하 애도래라 가는 뜻을 닐러라(古時調. 成宗. 이시렴. 海謠). 百年을 못 살면 긔 아니 애도론가(古時調. 一定. 青丘).

:애·ᄃᆞ·다 동 애달파하다. ☞애ᄃᆞᆯ다 ¶알퓟 외요ᄆᆞᆯ 애ᄃᆞ니라:慨前之失也(楞解1:93). 비록 般若ᄅᆞᆯ 듣ᄌᆞ오나 제 求티 아니호ᄆᆞᆯ 애ᄃᆞ니라:慨雖聞般若自不希求(法華2:248). 애ᄃᆞ다:氣不噴(訓蒙上29 噴字註). 도ᄅᆞ혀 제 애ᄃᆞᄂᆞ니:還自懊(六祖上80). 咄者ᄂᆞᆫ 애ᄃᆞᄂᆞᆫ 소리라(龜鑑上6).

:애ᄃᆞᆯ·다 동 애달파하다. ☞애ᄃᆞ다. 애둛다 ¶그 아비 애ᄃᆞ라 닐오ᄃᆡ(釋譜11:29). 道力ᄋᆞᆯ 올오디 몯 호ᄆᆞᆯ 애ᄃᆞ라:恨…未全道力(楞解1:39). 方寸을 다ᄋᆞ디 몯ᄒᆞ야셔 ᄲᆞᆯ리 京畿예 가ᄆᆞᆯ 애ᄃᆞ로니:恨未盡於方寸俄赴京畿(永嘉序13). 샹녜 애ᄃᆞ라 天下애 ᄠᅳ들 두더니:而慨然有志於天下(飜小10:20). 애ᄃᆞᆯ 앙:怏(類合下15). 애ᄃᆞᆯ ᄒᆞᆫ:恨(類合下35). 애ᄃᆞᆯ고 能히 ᄌᆞ듕ᄒᆞ리 젹으니이다:憾而能眕者鮮矣(宣小4:48). 홀로 애ᄃᆞ라 밍세호ᄃᆡ:獨慨然誓(東新續三綱. 烈6:80). 미양 죄인 결단ᄒᆞ기예 當ᄒᆞ야 일즉이 예 기픠 애ᄃᆞ라 아닐 적이 업ᄂᆞ니:每當斷獄未嘗

不深嗗於斯(警民序2).

애돌옴 형 애달픔. ⑦애돏다 ¶모롤 일도 하거니와 애돌옴도 그지업다(松江. 星山別曲).

애돏다 동 애달파하다. ☞애돌다 ¶셜워 애돏기롤 뼈예 들게 ᄒᆞ더니:痛慨入骨(東新續三綱. 忠1:61). 디나간 휘면 애돏다 엇디ᄒᆞ리(古時調. 鄭澈. 어버이. 松江).

애돏다 형 애달프다. ☞애돌다 ¶애돏다:氣不忿(譯解上38). 어우하 楚霸王이야 애돏고도 애들애라(古時調. 靑丘).

-애·라 어미 -도다. -구나. ☞-에라 ¶目連이 닐오ᄃᆡ 몰라 보애라(月釋23:86). 어버이를 몯 보애라 ᄒᆞ야(續三綱. 孝6). 져기 됴해라:較好些了(老解下37). 범식을 못 보애라(重二倫33).

애래 명 아래. ☞아래 ¶섬 애래셔 절ᄒᆞ더라:拜于階下(東新續三綱. 孝7:22).

애·막 명 움막. 움집. ¶애막 曰窩鋪(訓蒙中9 窩字註).

애쓰다 동 애쓰다. ☞애쓰다 ¶애쓰다:淘氣(譯解上38). 애뻐 목ᄆᆞᄅᆞ다:喉急了(譯解上38). 애뻐 죽다:氣死(譯解下47).

애쁴오다 동 애쓰우다. 애쓰게 하다. ¶진실로 날을 애쁴오ᄂᆞ니라:眞箇氣殺我(朴解上32). 날을 애쁴온다:氣殺我也(朴解中18).

:애ᄫᆞᆯ브·다 형 슬프다. 원통스럽다. 한탄스럽다. ☞애왇브다 ¶셟고 애ᄫᆞᆯ븐 ᄠᅳ디여(月印上52).

-애·셔 조 ①-에서. ☞-애이셔. -에셔 ¶虛空애셔 耶輸의 니ᄅᆞ샤ᄃᆡ(釋譜6:8). 또 虛空애셔(月釋1:40). 天子ᄂᆞᆫ 하ᄂᆞᆶ 아ᄃᆞ리니 東土애셔 皇帝를 天子ㅣ시다 ᄒᆞᄂᆞ니라(月釋2:69). 길헤 ᄀᆞᄅᆞ미 잇더니 ᄆᆞ리 만코 길 흔 멀오 도ᄌᆞᄀᆞᆫ 하고 건나ᄃᆡ 몯ᄒᆞ야 ᄀᆞ새셔 자다니(月釋10:23). 또 唐애셔(圓覺序11). ᄯᅡ해셔 닐락 업더디락 ᄒᆞ야:在地或起或仆(救簡2:46).

②-보다. ¶이 經엣 量애셔 너믄 數ㅣ 다 ᄋᆞᆫᄒᆞ니라(月釋18:27). 無ㆆ字애셔 너므니 잇ᄂᆞ니야:過此無者否(蒙法62). 福이 바ᄅᆞ래셔 깁도다:福深於海(金三3:53).

애숙ᄒᆞ다 형 야속하다. ¶니계는 쑴됴차 애숙ᄒᆞ니 그를 셔러(古時調. 쑴아 여럽슨 쑴아. 南薰).

애쑻다 형 애꿎다. ¶ᄇᆞ려 두엇다가 애ᄶᆞ즌 부모 동싱 시기려느냐(要路院).

애쓰다 동 애쓰다. ☞애쓰다 ¶闕澤이 니로되 우리 비속에 애씀을 네 어이ᄒᆞ여 어더 알리오(三譯6:22).

-애·사 조 -에야. ¶이 날애ᅀᅡ 머리 조ᄉᆞᄫᆞ니(月印上40). 河陽縣ㅅ 안해ᅀᅡ 비록 數업시 이시나(初杜解15:24).

애아라이 부 겨우. 애오라지. ☞애야ᄅᆞ시 ¶애아라이 뻐 國애 行ᄒᆞ라:聊以行國(詩解5:16).

애야라 부 겨우. 애오라지. ☞애여러 ¶지븐 애야라 稻粱이 足ᄒᆞᆯ 만ᄒᆞ도다:家纔足稻粱(初杜解15:13). 니 더으니 애야라 비치 잇고:烟添纔有色(重杜解12:23).

애야로시 부 겨우. 애오라지. ☞애야ᄅᆞ시 ¶애야로시 子로 더브러 ᄒᆞᆫ가지로 歸ᄒᆞ리라:聊與子同歸兮(詩解7:11).

애야ᄅᆞ시 부 겨우. 애오라지. ☞애아라이. 애야로시 ¶ᄀᆞᅀᆞᆳ 므른 애야ᄅᆞ시 너덧 자ᄒᆞᆫ 깁고:秋水纔深四五尺(初杜解7:22).

·애여·러 부 겨우. 애오라지. ☞애야라 ¶戎衣를 ᄒᆞᆫ번 니버 애여러 ᄆᆞᄅᆞᆯ ᄯᅩᆷ 내니:一戎纔汗馬(初杜解20:42).

:애연히 부 애연(藹然)히. 많고 성하게. ¶藹然(만코 셩ᄒᆞᆫ 양이라)히 네 그티(仁義禮智의 그티라) 감동홈을 조차 나타나ᄂᆞ니라(宣小題辭1).

애와쳐ᄒᆞ다 동 분해하다. 슬퍼하다. 한탄하다. ☞애와텨ᄒᆞ다 ¶거믄고앳 烏曲 소리 애와쳐ᄒᆞ니:琴烏曲怨憤(重杜解3:8). 애와쳐 호믈 쏘 엇데 두리오:憤惋復何有(重杜解5:27). ※애와텨ᄒᆞ다>애와쳐ᄒᆞ다

:애와·텨·ᄒᆞ·다 동 분해하다. 슬퍼하다. 한탄하다. ☞애와쳐ᄒᆞ다 ¶내 ᄆᆞᆺ 애와텨ᄒᆞ논 배니라:吾所最恨者(宣賜內訓3:50). 애와텨 호ᄆᆞᆯ 더으노라:增憤惋(重杜解2:53).

애와톰 동 분해함. 슬퍼함. 한탄함. ⑦애와티다 ¶이 내이 애와토ᄆᆞᆯ ᄀᆞ장ᄒᆞ논 고디라:臣甫憤所切(重杜解1:2).

:애와·툠 동 분해함. 슬퍼함. 한탄함. ⑦애와티다 ¶大師ㅣ ᄒᆞ마 가시니 기리 애와툐미 이에 잇도다:大師旣逝永慨在玆(永嘉序14). ᄲᅧ예 刻ᄒᆞᆫ 애와툐ᄆᆞᆯ 기리 머거시리니:長抱刻骨之恨(宣賜內訓2上52).

:애와·티·다 동 분해하다. 슬퍼하다. 한탄하다. ¶慨ᄂᆞᆫ 애와틸 씨라(月釋序15). 霜露애 애와텨 더욱 슬허ᄒᆞ노라(月釋序16). 楮善信은 애와텨 죽고(月釋2:76). 이젯 機 큰게 믈로ᄆᆞᆯ 애와티샤미라(月釋13:10). 애와텨 앗겸 직ᄒᆞ두다(楞解3:116). 嗚呼ᄂᆞᆫ 애와티논 마리라(法華2:9). 智慧ㅅ 비치 ᄲᅡᆯ리 ᄃᆞ모ᄆᆞᆯ 기리 애와티노라:永慨…溘沈智楫(永嘉序14). 噫ᄂᆞᆫ 애와텨 ᄒᆞᄂᆞᆫ 소리라(圓覺序12). 이 내의 날로 애와티논 이리라:是余之日恨也(宣賜內訓序6). 賈至 부든 외ᄅᆞ왼 애와튜믈 議論ᄒᆞᄂᆞ니:賈筆論孤憤(初杜解20:18). 슬프다 글ᄒᆞᄂᆞᆫ 션비 애와텨:傷哉文儒士(杜解22:38). 忠臣의 말ᄉᆞ믄 애와텨 ᄆᆞᅀᆞ미 니르왇고:忠臣辭憤激(初杜解24:8). 시름ᄒᆞ며 애와텨 ᄆᆞᅀᆞ미 놀읏ᄂᆞ

다:憂憤心飛揚(重杜解2:43). 사호던 싸햇 애와티는 넉시 밤마다 우ᄂᆞ니:戰場冤魂每夜哭(重杜解4:33).

·애왇·봄 형 슬픔. 원통함. ㉠애왇브다 ¶函關앳 애왇보ᄆᆞᆯ ᄒᆞ마 펴니라:函關憤已攄(初杜解20:33).

:애왇브·다 형 슬프다. 원통하다. 한탄스럽다. ☞애받브다 ¶손소 죽디 몯ᄒᆞ야 섧고 애왇븐 ᄠᅳ들 머거(釋譜6:5). 南녀긧 한아비 애왇븐 ᄆᆞᄉᆞᄆᆞᆯ 비릇 펴도다:南翁憤始攄(初杜解20:44).

애우려 부 아울러. ¶애우려 춤곡 춤아든 날 속일까 ᄒᆞ노라(古時調. 酒色을. 海謠).

-·애이·셔 조 -에서. ☞-애셔 ¶이ᄐᆞᆫ나래 나라해이셔 도ᄌᆞᄀᆡ 자최 바다 가아 그 菩薩ᄋᆞᆯ 자바(月釋1:6).

애케이다 동 애쓰이다. ☞애혀이다 ¶애케이다:揪心(譯解補54).

애혀·이·다 동 애쓰이다〔奪志〕.〔'혀'는 '引'의 뜻.〕☞애케이다 ¶ᄌᆞ뎨ᄋᆡ 믈읫 온가짓 맛드러 ᄒᆞ논 이리 다 ᄠᅳ들 애혀이ᄂᆞ니:子弟凡百玩好皆奪志(飜小6:6).

-·앤 조 -에는. ☞-엔. -인 ¶東方앤 持國天王(月釋1:30). 야쳥앤 세 돈이오:鴉青的三錢(飜老上14).

-·앳 조 ①-에 있는. ¶鴨江앳 將軍氣를:鴨江將氣(龍歌39章). 긼ᄀᆞᆺ앳 百姓이:路傍田叟(龍歌57章). 東都앳 도ᄌᆞ기:東都之賊(龍歌59章). 모맷 病 업스샤ᄃᆡ:身無恙矣(龍歌102章). 몸앳 필 뫼화(月印上2). 내 바랫 ᄒᆞᆫ 터리를 몯 무우리니(釋譜6:27). 도와리 ᄒᆞᆫ 후에 가ᄉᆞᆷ앳 긔운이(救簡2:60).
②-에 쓰는. ¶노ᄅᆞ샛 바오리실씨:嬉戲之毬(龍歌44章).

앳·가 부 아까. 앞서. ☞앗까 ¶모딘 이브로 구지저 비우ᅀᅳ면 큰 罪報 어두미 몬져 니르듯 ᄒᆞ며 得혼 功德도 앳가 니르듯 ᄒᆞ야(釋譜19:26).〔※原經文에는 '惡口罵詈誹謗獲大罪報如前所說其所得功德如向所說'로 되어 있어 '앳가'는 '向'에 해당하며, 月印釋譜17:78에는 '모딘 이브로 구지드며 비우ᅀᅳ면 큰 罪報 어두미 알ᄑᆡ 니ᄅᆞ듯 ᄒᆞ며 得혼 功德도 몬져 니ᄅᆞ듯 ᄒᆞ야'로 되어 있으니 '앳가'가 '몬져'와 같은 뜻으로 쓰였음을 알 수 있음.〕

-·앳거·니와 어미 -았거니와. ¶네 모매ᄂᆞᆫ ᄒᆞ마 바톤 추미 구슬 ᄃᆞ외요ᄆᆞᆯ 보앳거니와:汝身已見唾成珠(初杜解8:31).

-·앳거·든 어미 -았거든. ¶萬億衆이 ᄆᆞ레 ᄌᆞ맷거든(月釋10:5).

-·앳·고 어미 -았고. ¶그므른 ᄆᆞᆯᄀᆞᆫ 못 아래 모댓고(初杜解7:3).

-·앳ᄂᆞ·니 어미 -았느니. ¶野老의 욼 알ᄑᆡ ᄀᆞᄅᆞᆷ 두들기 횟도랫ᄂᆞ니:野老籬前江岸廻(初杜解7:3).

-·앳ᄂᆞ·니·오 어미 -았느뇨. ¶므슴 ᄠᅳ드로 琴臺ᄅᆞᆯ 바랫ᄂᆞ니오(初杜解7:3).

-·앳ᄂᆞᆫ·다 어미 -았느냐. ¶아홉 橫死ᄅᆞᆯ 몯 듣ᄌᆞ뱃ᄂᆞᆫ다(釋譜9:35).

-·앳·다 어미 ①-아 있다. ¶셔블 도ᄌᆞ기 드러 님그미 나갯더시니:寇賊入京天子出外(龍歌49章). 精舍애 안잿더시니(月釋1:2). 福ᄋᆞᆯ 닷가 하ᄂᆞᆯ해 나앳다가(月釋1:42). ᄒᆞᆫ 번 주거 하ᄂᆞᆯ해 갯다가(月釋2:19).
②-어 있다. ¶가도앳던 사ᄅᆞᆷ 노코(釋譜9:33). 會中은 모댓ᄂᆞᆫ 中이라(釋譜13:12).

-·앳 조 -에 있는. ¶漆沮 ᄀᆞᇫ앳 움흘 後聖이 니ᄅᆞ시니:漆沮陶穴後聖以矢. 赤島 안햇 움흘 至今에 보ᅀᆞᆸᄂᆞ니:赤島陶穴今人猶視(龍歌5章). 百步앳 ᄆᆞᆯ채 쏘샤:射鞭百步. 百步앳 여름 쏘샤:射果百步(龍歌63章).

-·야 조 -야. ☞-아 ¶阿逸多야 내 이 如來ㅅ 壽命 長遠 니ᄅᆞᇙ 저긔(月釋17:24). 得大勢야 이 威音王佛이 목수미 四十萬億那由他恒河沙劫이러시니(月釋17:81). 須菩提야 옷 니브며 밥 머구미 샹녯 이리어늘:須菩提著衣喫飯尋常事(金三2:32). 살 님재야 네 갑슬 더으디 아니ᄒᆞ야도:買主你不添價錢(飜老下13).

-야 조 -야.〔강조(强調)의 뜻을 가진 보조사.〕¶이러틋 ᄒᆞ기ᄂᆞᆫ 네야 스ᄉᆞ로 고명ᄒᆞ라 ᄒᆞ미로다(山城64). 귀느리여 더 소곰 실라 갈쟉신돌 필연 千里馬ᄅᆞᆯ 몰라야 보랴 마ᄂᆞᆫ(古時調. 鄭澈. 松江). 혼이 이제야 마텬의 난지라(桐華寺 王郞傳7). 나의 風度야 업다야 ᄒᆞᆯ야마ᄂᆞᆫ(古時調. 海謠). 네 엇지 잇쌔예야 오ᄂᆞᆫ다(捷蒙4:9).

-·야 조 ①-이여. ¶나쟈 바마 셔긔 나ᄂᆞ니:白日夜瑞雲生(飜朴上68).
②-냐. ¶이 진실로야:是眞箇麼(老解上16).

-·야 어미 ①-어. ☞-여 ¶姓 ᄀᆞᆯᄒᆡ야 員이 오니:擇姓以尹(龍歌16章). 胎生ᄋᆞᆫ 비야 날씨오(釋譜19:2). 王 ᄃᆞ외야 겨샤(月釋1:5). 몸 내야 이시며(月釋2:31). 現量ᄋᆞᆫ 親히 제 現ᄒᆞ야 뵈야 推尋ᄒᆞ야(月釋9:8). 有情ᄃᆞᆯᄒᆞᆯ 魔그므레 내야(月釋9:19). 命終ᄒᆞᆫ 後에 ᄀᆞᆯ ᄉᆞᄎᆞ로 ᄆᆡ야(月釋9:35下). 내 心肝이 ᄲᅡ야디여(月釋10:24). 無量供養 海雲을 지ᅀᅥ내야 十方애 ᄀᆞᄃᆞᆨ게 ᄒᆞ야(月釋10:46). 히 甘蔗ᄅᆞᆯ ᄢᅵ야(楞解3:76). 새배 새야 오ᄆᆞᆯ 알오:曉知曙(杜解6:17). 프를 ᄆᆡ야:除草(杜解7:34).
②-여. ☞-여 ¶五年을 改過 몯 ᄒᆞ야 虐政이 날로 더을씨:五年罔悛虐政日深(龍歌12章). 디나건 일로 혜야 一千世尊이 나싫ᄃᆞᆯ

아니(月印上4). 곧 因ᄒᆞ야 더 翻譯ᄒᆞ야 사기노니(釋譜序6). 鬼神과 위ᄒᆞ야 說法ᄒᆞ더시다(釋譜6:1).

야감좃다 동 앙감질로 달리다. ¶야감좃다:單腿走(同文解上26). 야감좃다:格蹬(漢淸6:60).

야견ᄉᆞ 명 야견사(野繭絲). ¶야견ᄉᆞ:繭紬(譯解補40).

야광쥬 명 야광주(夜光珠). ¶야광쥬:猫睛(同文解下22).

-야괴야 어미 -었구나. ¶덧업시 볼가지니 새 날이 되야괴야(古時調. 히져 어둡거ᄂᆞᆯ. 靑丘).

:야·긔 명 야기(夜氣). ¶夜氣ㅣ 足히 ᄡᅥ 存히오디 몯ᄒᆞ면(宣孟11:20).

야긔ᄡᅳ다 동 야기부리다. ¶야긔ᄡᅳ다:刁譎(譯解下43).

야기 명 악어. ¶야기 타:鼉(類合上15).

-야·뇨 어미 -뇨. -ㅂ니까. ☞-거뇨. -아뇨. -어뇨 ¶엇던 因緣으로 일후믈 常不輕이라 ᄒᆞ야뇨(釋譜19:29). 내 모ᄆᆞᆯ 엇데 드틀ᄀᆞ티 ᄇᆞᅀᆞ디 몯관대 내 아ᄃᆞ리 목수믈 일케 ᄒᆞ야뇨(月釋21:219).

-야·니 어미 -거니. -니. ☞-어니 ¶供養功德에 涅槃ᄋᆞᆯ 得ᄒᆞ야니(月印上33). 戎馬ᄅᆞᆯ 나리라 너기디 몯ᄒᆞ야니 어느 盞잔ᄋᆞᆯ 다ᄆᆞᆺ홀 고ᄃᆞᆯ 알리오:不謂生戎馬何知共酒盃(杜解15:47).

-야니·와 어미 -거니와. ☞-어니와 ¶이 聽慧ᄒᆞᆫ 노ᄑᆞᆫ 德이라 듣디 아니ᄒᆞ야 講ᄒᆞ야니와:是聽慧上德不聽而講(圓覺序74).

-야·ᄂᆞᆯ 어미 -거늘. ☞-어늘 ¶角端이 말ᄒᆞ야ᄂᆞᆯ 術士ᄅᆞᆯ 從ᄒᆞ시니:角端有語術士之請(龍歌42章). 네 내 마ᄅᆞᆯ 다 드를따 ᄒᆞ야ᄂᆞᆯ(釋譜6:8). 이제 부텨 나아 겨시니라 ᄒᆞ야ᄂᆞᆯ(釋譜6:12). 닐오ᄃᆡ 그리호리라 ᄒᆞ야ᄂᆞᆯ(釋譜6:15). 迦尸王이 보내야ᄂᆞᆯ 祭 ᄆᆞ차ᄂᆞᆯ 使者브려 보내오라 ᄒᆞ야ᄂᆞᆯ 對答호ᄃᆡ 來日 보내요리라(月釋7:15). 네 福力ᄋᆞᆯ 니버 受生ᄒᆞ야ᄂᆞᆯ(月釋21:56). 喩品 처ᅀᅥᄆᆡ 領悟ᄒᆞ야ᄂᆞᆯ:於喩品之初領悟(法華2:175). 창을 텨 닐오ᄃᆡ 왕랑아 자ᄂᆞᆫ야 아니 자ᄂᆞᆫ야 ᄒᆞ야ᄂᆞᆯ(王郞傳1).

-·야·다 어미 -였다. ☞-아다 ¶짐시리 다 ᄒᆞ야다:駝馱都打了也(飜老上46). 마초 ᄒᆞ야다:着了(老朴集. 單字解3). 짐싯기 다 ᄒᆞ야다:駝馱都打了也(老解上41).

야단 명 야단. ¶큰 야단이 날 터히면(閑中錄406).

-야·도 어미 ①-여도. ☞-여도 ¶六師ᄋᆡ 무리 閻浮提예 ᄀᆞ득ᄒᆞ야도(釋譜6:27). 내 비록 이 供養ᄋᆞᆯ ᄒᆞ야도(月釋18:40). 故로 愚民이 有所欲言ᄒᆞ야도(訓註1). 머리ᄅᆞᆯ 울월에 ᄒᆞ야도 어로 살리라:令頭仰亦可活(救簡1:71).
②-어도. ☞-어도 ¶種種 音聲을 ᄀᆞᆯ히야도 耳根이 허디 아니ᄒᆞ리라(月釋17:62). 아래 ᄃᆞ외야도 어즈럽디 말며:爲下不亂(宣賜內訓1:46).

-야·두 어미 -여도. ☞-야도 ¶저를 ᄒᆞᆫ 번 ᄒᆞ야두 무던ᄒᆞ니라:一拜似可(呂約21). ᄀᆞᆺ드리 ᄆᆞᆯ 브리디 아니ᄒᆞ야두 무던ᄒᆞ니라:不必下馬可也(呂約23).

-야든 어미 -거든. -니. ☞-야ᄃᆞᆫ. -여든 ¶열병ᄒᆞ야 미친 말 ᄒᆞ며 황병ᄒᆞ야든:熱病狂言及諸黃(救簡1:111). 水火를 求ᄒᆞ야든 與티 아닐 者ㅣ 업슴은 지극히 足홀ᄊᆡ니:求水火無弗與者至足矣(宣孟13:19). ᄒᆞᆫ 디위 쉬요믈 잇긋 ᄒᆞ야든 기ᄃᆞ려 머기러 가쟈:等一會控到時飮去(老解上28). ᄯᅩ 주글 ᄢᅢ예 불법 아ᄂᆞᆫ 즁을 만나 념불ᄒᆞ라 ᄒᆞ야든(普勸文 海印板2).

-야·ᄃᆞᆫ 어미 -거든. -니. ☞-야든. -여든 ¶比丘ᄃᆞᆯ하 如來 시러 보미 어려ᄫᅳ니라 ᄒᆞ야ᄃᆞᆫ(月釋17:15). 소ᄂᆞ로 ᄃᆞᄅᆞᆯ ᄀᆞᄅᆞ쳐 사ᄅᆞᆷ 뵈여ᄃᆞᆫ:以手指月示人(楞解2:23). 모다 가 드러ᅀᅡ ᄒᆞ리라 ᄒᆞ야ᄃᆞᆫ:可共往聽(法華6:12). 너희 다 반ᄃᆞ기 슬ᄒᆞ야 여희오젓 ᄆᆞᅀᆞᄆᆞᆯ ᄲᆞᆯ리 내라 ᄒᆞ야ᄃᆞᆫ:汝等咸應當疾生厭離心(法華6:17). 맛나미 어려우니라 ᄒᆞ야ᄃᆞᆫ:難遇(法華6:18). 아ᅀᆞ 勸ᄒᆞ야ᄃᆞᆫ 兄이 가파 서르 머그면:弟勸兄酬(初杜解8:42). 내 너를 金 주료 ᄒᆞ야ᄃᆞᆫ(南明上44). 믈옷 토ᄒᆞ야ᄃᆞᆫ:水下因(救簡1:72).

-야·려 어미 -랴. -리요. -ㄹ 것인가. ¶노하 날혹즈ᄂᆞ기 ᄒᆞ야 아릿 殃孽ᄋᆞᆯ 다시 受ᄒᆞ야려:其可放緩再受前殃(牧牛訣43). 녀느 이론 시혹 쉽거니와 겨지비 ᄃᆞ외요미 어려우니 겨지비 ᄃᆞ외요미 어려우니 어루 힘 ᄡᅳ디 아니ᄒᆞ야려:他事或易爲婦最難爲婦最難可不勉旃(宣賜內訓2上16).

야로제라 형 얄궂어라. ¶平生의 쳐음이오 凶憎코도 야로제라(古時調. 간밤의. 靑丘).

-야리아 어미 -랴. -리요. -ㄹ 것인가 ☞-리아 ¶곳다온 수를 다시 사ᄆᆞᆯ 게을이 ᄒᆞ야리아:香醪懶再沽(杜解15:48). 비ᄅᆞᆯ 구틔여 ᄆᆡ디 아니ᄒᆞ야리아:舟楫敢不繫(重杜解1:44). 世ㅣ 어즈러운 제 구틔여 便安히 이쇼ᄆᆞᆯ 救ᄒᆞ야리아:世亂敢求安(重杜解2:12).

:야:마 명 ①야마(野馬). 야생마(野生馬). ¶ᄒᆞᆫ가지로 난 터희 野馬 ᄀᆞᄐᆞ야(楞解10:2).
②아지랑이. ¶野馬ᄂᆞᆫ 힛비쳇 듣그리라(楞解10:2).

-야마ᄂᆞᆫ 어미 -건마는. ☞-언마ᄅᆞᆫ ¶내 몸이 閑暇ᄒᆞ야마ᄂᆞᆫ 술 못 진들 엇ᄃᆞ리(古時調.

쥐 춘 쇼로기들아. 靑丘).
:야:반 명 야반(夜半). 한밤중. ¶夜半이 正히 볼고믄 도르혀 어듸 잇ᄂᆞ뇨(金三4:51).
야밤 명 한밤. ¶宵鏡이 야밤 中에 두 눈 먼 말을 ᄐᆞ고 大川을 건너다가(古時調. 李鼎輔. 海謠).
야붓그리다 동 비웃다. ¶ㄴ인이 야붓그려 닐오ᄃᆡ(癸丑35).
야ᄇᆡ아온 형 얇은. 가벼운. ㉮야ᄇᆡ압다 ¶ᄆᆞᄂᆞᆫ 쉼이 야ᄇᆡ아온 어름과 兼ᄒᆞ얏ᄂᆞ니:細泉兼輕氷(重杜解1:22).
야ᄇᆡ압다 형 가볍다. ☞가ᄇᆡ얍다 ¶ᄆᆞᄂᆞᆫ 쉼이 야ᄇᆡ아온 어름과 兼ᄒᆞ얏ᄂᆞ니:細泉兼輕氷(重杜解1:22).
-야사 어미 -여야. -여서야. ☞-야ᅀᅡ ¶ᄒᆞ야사 내:乃(類合上16). 精ᄒᆞ여 一ᄒᆞ야사 진실로 그 中을 執ᄒᆞ리라:惟精惟一允執厥中(書解1:31).
-야·셔 어미 ①-어서. ☞-어셔 ¶導師ㅣ ᄃᆞ외야셔(法華3:197).
②-여서. ¶두 복애 넘디 아니ᄒᆞ야셔 즉재 ᄭᆡᄂᆞ니:不過二服卽醒(救簡1:53).
:야·쇽ᄒᆞ·다 형 상스럽고 속되다. ¶희롱앳 우숨과 야쇽ᄒᆞᆫ 말ᄉᆞ믈 입 밧긔 내디 아니ᄒᆞ며:嬉笑俚近之語未嘗出諸口(飜小10:23). 이예 야쇽ᄒᆞ며 거슯즘을 멀이홀디니라:斯遠鄙倍矣(宣小3:6). 야쇽고 샹된 말숨ᄋᆞᆯ:俚近之語(重內訓1:23).
-·야시·늘 어미 -시거늘. ☞-야시ᄂᆞᆯ ¶네 教化ᄒᆞ야시늘 後에 도로 믈러듀믈 가줄비니라:譬昔曾教化後還退墮也(法華2:187).
-·야시·ᄂᆞᆯ 어미 -시거늘. ☞-야시늘. -여시늘 ¶부텨 成道ᄒᆞ야시ᄂᆞᆯ(釋譜6:18). 翻譯호미 맛당ᄒᆞ니라 ᄒᆞ야시ᄂᆞᆯ(月釋序11). 반ᄃᆞ기 시러 부텨 ᄃᆞ외리라 ᄒᆞ라 ᄒᆞ야시ᄂᆞᆯ:當得成佛(法華2:247). 佛이 初成道ᄒᆞ샤 先說華嚴ᄒᆞ야시ᄂᆞᆯ(永嘉序3). 巫蠱ㅅ 일로 廢ᄒᆞ야시ᄂᆞᆯ(宣賜內訓2下15). 有墨制로 許自省視ᄒᆞ야시ᄂᆞᆯ(重杜解1:1). 佛法이ᅀᅡ 내 이어긔도 죠고마치 잇다 ᄒᆞ야시ᄂᆞᆯ(南明上14). 孟子ㅣ 일즉 날로 더브러 宋에 言ᄒᆞ야시ᄂᆞᆯ:孟子嘗與我言於宋(宣孟5:3).
-·야시·든 어미 -시거든. -시면. ☞-어시든 ¶罪 스러딜씨와 맛노라 ᄒᆞ야시든 行者ㅣ 즉자히 化佛ㅅ 光明이 제 지븨 ᄀᆞᄃᆞᆨ거든(月釋8:71). 이 부텻 일훔 듣ᄌᆞᄫᆞᆫ 사ᄅᆞ믄 恒河沙佛을 맛나ᅀᆞᄫᅡ 너비 爲ᄒᆞ야 說法ᄒᆞ야시든 반ᄃᆞ기 菩提ᄅᆞᆯ 일우리이다(月釋21:135). 어딋던 이런 주리 이시리오 ᄒᆞ야시든:寧有是耶(宣賜內訓3:44).
-야·신·마·ᄅᆞᆫ 어미 -시건마는. ☞-어신마ᄅᆞᆫ ¶八萬四千塔ᄋᆞᆯ 세리라 ᄒᆞ야신마ᄅᆞᆫ(釋譜24:17). 처ᅀᅥᆷ 아ᅀᆞ오ᄃᆡ 般若時예 ᄒᆞ마 오로 맛디고져 ᄒᆞ야신마ᄅᆞᆫ:般若之時已欲全付(法華2:232). 圓覺ᄋᆞᆯ 나토려 ᄒᆞ야신마ᄅᆞᆫ:欲顯圓覺(圓覺上一之二74).
야심ᄒᆞ다 형 야심(夜深)하다. ¶싱이 야심ᄒᆞᆫ 후 ᄭᆡ야 월하의 ᄇᆡ회ᄒᆞ야(落泉1:3).
-야·ᅀᅡ 어미 ①-어야. ☞-어ᅀᅡ ¶뉘 ᄯᆞᆯᄋᆞᆯ 골히야ᅀᅡ 며ᄂᆞᆯ이 ᄃᆞ외야 오리야(月印上14).
②-여야. ☞-야사. -야야 ¶힝뎌글 ᄒᆞ야ᅀᅡ ᄒᆞ릴씨(釋譜6:2). 죠고맛 ᄃᆞ틀도 업게 ᄒᆞ야ᅀᅡ 妙覺애 들리라(月釋2:62). 모로매 오래 一切 受苦衆生ᄋᆞᆯ 度脫ᄒᆞ야ᅀᅡ ᄒᆞ리라 ᄒᆞ야시ᄂᆞᆯ(月釋21:18).
:야ᅀᅵᆫ 명 야인(野人). ¶野人ㅅ 서리예 가샤:野人與處(龍歌4章). 子ㅣ ᄀᆞᄅᆞ샤ᄃᆡ 先進이 禮와 樂애 野人이오(宣論3:1). 쟝ᄎᆞᆺ 君子ㅣ 되며 쟝ᄎᆞᆺ 野人이 되리니:將爲君子焉將爲野人焉(宣孟5:14).
야ᅀᅵᆫ간 명 야인건(野人乾). 사람의 마른 똥. ☞야인간 ¶野人乾은 소 서리예 치ᅀᅡ 됴ᄒᆞ니라(簡辟17). 人屎汁 야ᅀᅵᆫ간은 소 서리예 치ᅀᅡ 됴ᄒᆞ니라:人屎汁卽野人乾松間者佳(瘟疫方22).
-야야 어미 -여야. ☞-야ᅀᅡ ¶셰샹 마세 談薄ᄒᆞ야야 보야호로 됴ᄒᆞ니(英小5:78).
야외다 형 여위다. ☞여외다. 여위다 ¶야윈 목의 솔진 목의(古時調. 一身이. 海謠).
-·야이·다 어미 -니이다. ☞-어이다. -여이다 ¶이 어늬 作用인고 내 이제 보디 몯ᄒᆞ야이다:是何作用我今不見(牧牛訣6). 아디 몯ᄒᆞ야이다(六祖上89). 당티 몯ᄒᆞ야이다:不當(飜老下35).
야인간 명 야인건(野人乾). 사람의 마른 똥. ☞야ᅀᅵᆫ간 ¶우믈 믈을 브어 ᄆᆞᆰ게 ᄒᆞ여 머그라 ᄒᆞᆫ 일홈은 야인간이라(辟新7).
·야·ᄌᆞ 명 중개인(仲介人). 거간(居間)꾼. ¶이러커든 야ᄌᆞ의 마를 조차 ᄒᆞ져:這般時依着牙家話(飜老下58).
야찬 명 야찬(夜餐). ¶제 삼일의ᄂᆞᆫ 야찬을 먹고 마춤 창을 여러 보니(落泉2:6).
·야쳥 명 반물. 짙은 남빛. ☞아쳥 ¶야쳥 비단으로 좀보기 치질 고이 ᄒᆞᆫ 후시 ᄆᆡ엿고:絟着一副鴉青段子滿刺嬌護膝(飜朴上26). 야쳥과 쇼홍 드리노라:染做鴉青和小紅(飜老上13). 보ᄆᆡᄂᆞᆫ 됴ᄒᆞᆫ 야쳥 로 이삭딕녕에:春間好青羅曳撒(飜老下50). 야쳥앤서 돈이오:鴉青的三錢(老解上12). 야쳥의ᄂᆞᆫ 뵈 엿 ᄢᅦᆯ에 ᄑᆞ라:鴉青的賣布六匹(老解上13). 야쳥 노 이삭딕녕:青羅衣撒(老解下45). 거믄 야쳥 비단:黑青(譯解下4). 야쳥:鴉青(同文解下29). 야쳥 드리다:染青(漢淸8:52).
야·쳥·빛 명 반물빛. 짙은 남빛. ☞야쳥 ¶야쳥비체 구룸 여슷곰 문 둔 비단 한옷:青六

雲襖子(飜老下50).

야촘 명 밤참. 야찬(夜餐). ¶신실텽 야촘 ᄒᆞ오신 불긔(불긔).

야토로 명 초록의 한 가지. ☞야토록. 야투로. 야투루빗 ¶야토로 사 딕녕이오:鴨綠紗直身(老解下45).

야토록 명 초록의 한 가지. ☞야토로. 야투로 ¶야토록 비단:鴨頭綠(譯解下4).

·야투·로 명 초록의 한 가지. ☞야토로. 야토록 ¶야투로 노애:鴨綠羅(飜朴上29). 야투로 사 딕녕이오:鴨綠紗直身(飜老下50).

·야투·루빛 명 초록의 한 가지. ☞압두록빗. 야투로 ¶야투루비쳇 벽드르헤 운문 ᄒᆞ욘 비단:鴨綠界地雲(飜老下24).

야·튼 명 지명(地名). ¶太祖至也頓야튼村平安道渭原郡西越江三十里有一洞洞內平衍名曰也頓村北距兀剌城一日程(龍歌5:48).

·약 명 양념. ☞약념 ¶다 조ᄒᆞᆫ 각ᄉᆡᆨ 약 드려 ᄆᆡᆼ근 교토 두라:都着些細料物(飜朴上6). 쟝믈와 파와 약돌 ᄲᅡ 노하 젓고:調上些醬水生葱料物拌了(飜老上22).

약 명 바다거북. ¶약爲龜鼊(訓解. 用字). 야긔 겁질:瑇瑁(東醫 湯液二 蟲部).

·약 명 약(藥). ¶藥이 하ᄂᆞᆯ 계우니:藥不勝天(龍歌90章). 醫와 藥과 病 간슈ᄒᆞ리 업거나(釋譜9:36). 藥을 녀허 받ᄌᆞᆸ고(宣賜內訓序5). 이 약ᄋᆞᆫ ᄂᆞᆼ히 긔운을 고티며:此藥能正氣(救簡1:5). 삼 년 무근 수ᄃᆞᆰ의 머리 벼셋 피를 약애 ᄆᆞ라:三年雄鷄冠血和藥(救簡1:25). 이베 ᄡᅳ닌 마치 이 됴ᄒᆞᆫ 藥이오(六祖上101). ᄯᅩ 醫官을 藥 가지여 分ᄒᆞ야 보내샤(簡辟序2). 모로매 미리 약도 머그며 방법ᄒᆞ야 마ᄀᆞ라(瘟疫方1). 약 약:藥(類合上7). 미치ᄂᆞᆫ 藥이오 아롬다온 마시 아니라:狂藥非佳味(宣小5:22). 康子ㅣ 藥을 饋ᄒᆞ야ᄂᆞᆯ 拜ᄒᆞ고 受ᄒᆞ샤(宣論2:59). 親히 藥을 지어 맛보아 밧ᄌᆞᆸ고 父母ㅣ 병ㅣ 잇거시든(家禮2:11). 藥ᄋᆞᆯ 부븨유니 ᄂᆞ라가ᄂᆞᆫ 곳고리 우ᄂᆞ다:丸藥流鶯囀(重杜解14:3). 이 약을 ᄡᅡ흐라 ᄒᆞᆫ 복을 ᄆᆡᆼ그라 믈 한 되 다ᄉᆞᆸ 브어(辟新2).

-·약 어미 -어. -어서. ☞-ㄱ. -곡 ¶여러 法緣을 여희약 分別性이 업ᄉᆞᆫ딘댄:離諸法緣無分別性(楞解2:26). 네 子細히 ᄉᆞ랑ᄒᆞ약 哀慕ᄅᆞᆯ 忝히 말라:汝諦思惟無忝哀慕(楞解2:54). 工夫ᄅᆞᆯ ᄒᆞ약 ᄆᆞᅀᆞᄆᆞᆯ ᄡᅥ(蒙法4). 幸혀 爲ᄒᆞ약 어딘 府主ᄭᅴ 내 글워를 通達ᄒᆞ라:幸爲達書賢府主(初杜解25:56).

약간 부 약간. ¶약간:小些(同文解下22). 구룸 약간 잇다:天帶微雲(漢淸1:9). 약간 녯 법을 의빙ᄒᆞ야(字恤2). 제 ᄉᆞ혐도 약간 잇고(閑中錄580). 약간 모ᄒᆞᆫ 지물이 이셔 알니 업시 간슈ᄒᆞ야시니(落泉1:1).

약골 명 약골(弱骨). ¶혹 마즈면 약골이 어이 견ᄃᆡ올고(隣語9:17).

약내 명 향내. ¶오히양의 됴ᄒᆞᆫ ᄆᆞ리 업스며 옷술 약내 내디 아니ᄒᆞ며:廐無良馬衣不熏香(飜小10:13).

약념 명 양념. ☞약 ¶약념:和(物譜 飮食).

:약·대 명 낙타. 약대. ¶쇠어나 ᄆᆞ리어나 약대어나 라귀어나(釋譜9:15). 약대와 라귀와 象과 ᄆᆞᆯ왜 뫼히며 드르헤 ᄀᆞᄃᆞᆨᄒᆞ고(月釋23:72). 블근 약대의 고기ᄅᆞᆯ 프른 가매애 ᄉᆞᆯ마 내오:紫駝之峯出翠釜(杜解11:17). 약대 등어리옌 錦이 얼의옛도다:駝背錦模糊(初杜解23:22). 약대:駱駝(四解下25 駝字註). 약대 탁:驝. 약대 타:駝(訓蒙上19). 약대 탁:槖(類合上13). 약대 ᄲᅧ 밋히:駝骨底子(朴解上15). 약대:駱駝(譯解下33).

·약·밥 명 약밥. ¶穆姜이 손소 藥밥 ᄒᆞ야 머기더니(三綱. 烈7).

약방 명 약방(藥房). ¶약방이 경연 긋치시믈 쳥ᄒᆞᆫ대(仁祖行狀16).

약사발 명 약사발. ¶김샹궁 죠히 잇는가 약사발 븟들 날 이시리(癸丑51).

·약·속 명 약속(約束). ¶허믈이 이시며 믿 약속을 어그릇ᄂᆞᆫ 이ᄅᆞᆯ ᄯᅩ ᄡᅥ:有過若違約者亦書之(宣小6:16). 약속을 드ᄅᆞ:聽約束(練兵30).

·약·속ᄒᆞ·다 동 약속(約束)하다. ¶믈읫 ᄒᆞᆫ 가지로 약속ᄒᆞᆫ 이ᄂᆞᆫ 德이며 ᄒᆞ욜 일로 서르 勸ᄒᆞ며:凡同約者德業相勸(宣小6:16).

약의 명 약의(藥醫). 내과의(內科醫). ¶약의:內科(譯解補19).

약젼국 명 약전국. ☞약쳥국 ¶약젼국:豉(東醫 湯液一 土部).

약진아비 명 담쟁이. ¶약진아비:地錦(柳氏物名三 草).

·약지 명 약재(藥材). ¶됴ᄒᆞᆫ 차반과 온가짓 藥材로 부텨와 즁괏그에 布施ᄒᆞ며(釋譜13:22). 샹휘 미령ᄒᆞ시니 ᄂᆡ국이 가져온 약지 다만 경긔산 열 텹 소입이라(山城99). 내 표풍ᄒᆞ야 탁나국의 드러가 이 약지 규구ᄅᆞᆯ 비화 오니(落泉1:3).

약쳥국 명 약전국. ☞약젼국 ¶약쳥국:香鼓(柳氏物名三 草).

·약·초 명 약초(藥草). ☞약플 ¶藥草ᄂᆞᆫ 藥프리오(月釋10:69). 해 藥草ᄅᆞᆯ 먹고(楞解9:106).

·약·플 명 약풀. 약초(藥草). ☞약초 ¶藥草ᄂᆞᆫ 藥프리오(月釋10:69).

약황토 명 고운 황토(黃土). ¶약황토:好黃土色如雞子黃無一粒細沙(柳氏物名五 土).

약ᄒᆞ·다 형 약(弱)하다. ¶긔운 약ᄒᆞᆫ 사ᄅᆞᄆᆞᆫ:羸者(救簡2:57). 약ᄒᆞᆯ 약:弱(類合下2. 石千24). 만일 허ᄒᆞ고 약ᄒᆞᆫ 사ᄅᆞᆷ이어든 슌

마다 닷 돈식 ᄡᅳ라(辟新5).

·약ᄒᆞ·다 [동] 약(藥)하다. 약을 쓰다. 약에 쓰다. ¶藥ᄒᆞ야 머구므란 冥搜호매 브텃노라:服食寄冥搜(初杜解14:21).

-얀 [어미] -여서는. ¶보디 몯ᄒᆞ얀 ᄆᆞᅀᆞ매 일흔 ᄃᆞᆺᄒᆞ더니(初杜解7:29). 上智를 爲ᄒᆞ얀 곧 올커시니와(金三2:9).

-얀ᄂᆞ니 [어미] -였나니. ¶내게 備ᄒᆞ얀ᄂᆞ니(宣孟13:3).

-·얀마·ᄅᆞᆫ [어미] -건마는. ☞-언마ᄅᆞᆫ ¶두 버디 ᄇᆡ 배얀마ᄅᆞᆫ:兩朋舟覆(龍歌90章). 녯 科애 논호디 아니ᄒᆞ얀마ᄅᆞᆫ:舊科不分(楞解9:90).

얄기동 [부] 얄기둥. ¶다리를 얄기동 ᄒᆞ더니 천동 ᄀᆞᄐᆞᆫ 소릐 나옵더이다(要路院).

얄밉다 [형] 얄밉다. ☞양밉다 ¶개를 여라믄이나 기르되 요 개ᄀᆞ치 얄믜오랴 뮈온 님 오며는 ᅂ리를 홰홰 치며(古時調. 青丘).

암신젓다 [형] 암심스럽다. ¶하 보채니 암신저으니 이 ᄢᅢ 즉시 아라 회셔ᄒᆞᄋᆞᆸ쇼셔(諺簡. 顯宗諺簡).

-·얏- [어미] -였-. ☞-얫- ¶ᄆᆡ얏던 노ᄒᆞᆯ 세 소ᇇ가락으로 자보니(救急上78). ᄂᆞᆯ개 ᄆᆞᆯ외노라 고기 잡는 돌해 ᄀᆞᄃᆞᆨᄒᆞ얏도다:曬翅滿漁梁(初杜解7:5). ᄀᆞᄅᆞᇝ맷 고지 디디 아니ᄒᆞ얏거든 成都애 도라오리니:江花未落還成都(初杜解8:23). 將次ㅅ 衰老호매 大乘에 棲止ᄒᆞ얏고져 ᄒᆞ노라:將衰棲大乘(初杜解22:26). ᄒᆞ마 得ᄒᆞ얏노이다(南明上53). 주근 사ᄅᆞ미 가ᄉᆞ미 ᄃᆞᆺᄒᆞ얏ᄂᆞ닌 다 사ᄅᆞᆯ 거시라(救簡1:41). 내 아릐 가디 아니ᄒᆞ얏다니:我不曾到來(飜朴上67). 사ᄅᆞᄆᆡ ᄌᆞ식 되얏는 재(百行源14). 죽긔 되얏거ᄂᆞᆯ(女範1. 부계모 위망ᄌᆞ모).

얏다 [형] 얕다. ¶얏틀 천:淺(兒學下8).

:양 [명] 양. 체. ¶거슬쁜 양 말라(釋譜24:12). ᄀᆞ장 빌어 됴ᄒᆞᆫ 양ᄒᆞ고(月釋2:5). ᄌᆞ갸 나라해셔 거슬쁜 양ᄒᆞ는 難이어나(月釋9:54). 거즛 尊코 큰 양 말며:毋妄尊大(宣賜內訓2上2). 너희 손 되윈 양 말고:你休做客(老解上38).

:양 [명] 모양. ¶가시 樣 무르시고(月印上65). 王이 罪ᄋᆡ 야ᅌᆞ로 詳考ᄒᆞ야(釋譜9:38). 行ᄒᆞ시논 양도 보며(釋譜13:14). 이 양ᄋᆞ로 날數를 漸漸 조려(釋譜24:15). 네 죽사릿 바ᄅᆞ래 잇논 야이오(月釋1:17). 摩耶夫人ㅅ ᄭᅮ메 그 야ᅌᆞ로 ᄒᆞ샤 올ᄒᆞᆫ 녀브로 드르시니(月釋2:22之2). 히 디논 야이 ᄃᆞ론 붑 ᄀᆞᆮ거든(月釋8:6). 그 야이 ᄂᆡ ᄀᆞᆮᄒᆞ니라:其狀如烟(楞解5:57). 샹녯 양ᄋᆞ로 안조미 맛당ᄒᆞ니라:可如常坐(蒙法3). 또 迦葉의 녜 ᄢᅧᆺ 양ᄋᆞᆯ 보라:更看迦葉古時樣(南明上70). 엇던 양ᄋᆞᆯ 지ᅀᅦᆺᄂᆞ뇨(金三3:19). 열세헤 어미 죽거늘 또 그 양오로 ᄒᆞ더니:十三歲母歿亦如之(續三綱. 孝16). 네 게으른 양 ᄡᅳ기 말며:你休撒懶(飜朴上50). 가ᄉᆞ면 사ᄅᆞᆷ이 올ᄒᆞᆫ 양으로 닐어ᄂᆞᆯ(簡辟6). 그런 故로 ᄒᆞᆫ 양을오 셤겨:故一事之(宣小2:73). 열세헤 어미 죽거늘 또 그 양으로 ᄒᆞ더니:十三歲母歿亦如之事(東續三綱. 孝13). 됴ᄒᆞᆫ 양오로 ᄒᆞ다:行方便(朴解. 單字解3). 문득 눈을 드러 뎐치의 우는 양을 보고 눈물을 먹음으ᄆᆡ(落泉1:2).

양 [명] 양(羊). ¶쇼와 양과(月印上9). 象과 쇼와 羊과(月釋2:44). 사ᄅᆞ미 주거 羊 ᄃᆞ외야(楞解4:30). 삿기 범과 ᄆᆡ햇 羊이 다 므르ᄃᆞᆮ놋다:孩虎野羊俱辟易(初杜解17:10). 흰 양의 눈 ᄀᆞᄐᆞᆫ ᄢᅵ모롭 불휘ᄅᆞᆯ:白羊眼半夏(救簡1:2). 돈 셜흔 나챗 양의 고기 봇고:炒着三十箇錢的羊肉(飜老上60). 스므 낫 됴ᄒᆞᆫ 양을 사게 ᄒᆞ라:買二十箇好肥羊(飜朴上2). 양 염 흘워 나ᄒᆞᆫ 것:羖羅(老朴集下1). 양이며 도티며 서ᄅᆞ 뎐염ᄒᆞ는 병 고티는 방문이라(牛疫方1). 양 양:羊(訓蒙上19). 양 양:羊(類合上14). 쇼와 양과 돋티라(宣小2:33). 羊을 죽이디 아니ᄒᆞ며:不殺羊(宣小3:26). 賜아 너는 그 羊을 愛ᄒᆞ는다 나는 그 禮를 愛ᄒᆞ노라(宣論1:25). 양의 고기를 다 먹디 말라(辟新18).

:양 [명] 위장(胃腸). ¶양 위:胃(訓蒙上27). 양 위:胃(類合上22. 倭解上18). 양:肚(東醫 湯液一 獸部). 양:肚兒(老解下34). 양:胃(同文解上17). 양부리:胃口(漢清5:58). 양:膍析(柳氏物名一 獸族). 東俗牛胃曰[illegible]吾東之造字也去聲(雅言三 牛胃).

양 [명] 양(陽). ¶聞波ㅣ 陰이오 見火ㅣ 陽이니 陰陽이 서르 다와다(楞解8:100). 陰陽이 性이 다ᄅᆞ고 男女ㅣ ᄒᆡᇰ뎌기 다ᄅᆞ니 陽ᄋᆞᆫ 剛으로ᄡᅥ 德을 삼고(宣賜內訓2上8).

양간 [명] 양간(陽乾). 양건(陽乾). ☞음간 ¶ᄆᆞ를 ᄆᆞᄃᆡ 陰乾을 아니ᄒᆞ고 陽乾을 ᄒᆞ여(隣語1:2).

양고미 [명] 양귀비. ☞양귀비 ¶양고미 ᄡᅵ:罌子粟(東醫 湯液一 土部). 양고미 여르메 진:鴉片(東醫 湯液一 土部).

양고미ᄡᆞᆯ [명] 양귀비의 씨. ¶양고미ᄡᆞᆯ 든 겁질:殼(東醫 湯液一 土部 罌子粟項).

양고·밋당아·리 [명] 앵속각(罌粟殼). ¶양고밋당아리:鶯粟殼(救簡2:13).

양구빗곳 [명] 양귀비꽃. ☞양귀비ᄭᅩᆺ ¶양구빗곳:蘡粟花(譯解下39).

양귀 [명] 귀가 굽은 말. ¶양귀:駆 曲耳(柳氏物名一 獸族).

양귀비 [명] 양귀비. ☞양고미 ¶양귀비:罌子粟(東醫 湯液一 土部). 양귀비ᄭᅩᆺ:罌子粟(柳氏物名三 草).

양귀비ᄭᅩᆺ 명 양귀비꽃. ☞양구빗곳 ¶ 양귀비ᄭᅩᆺ:罌子粟(柳氏物名三 草).

양·긔 명 양기(陽氣). ¶乾은 周易 卦ㅅ 일후미니 이 卦ᄂᆞᆫ 하ᄂᆞᆯᄒᆞᆯ 象ᄒᆞ니 이 卦ㅅ 德이 純ᄒᆞᆫ 陽性이 이셔 自然히 能히 陽氣로 萬物을 비르서 내야 亨通케 ᄒᆞ고(圓覺序18). 어름 모시 오ᄋᆞᆫ ᄆᆞ린ᄃᆞᆯ 아나 陽氣ᄅᆞᆯ 비러 노기며(牧牛訣10). 陽燄ᄋᆞᆫ 陽氣 섬섬 노ᄂᆞᆫ 거시니 거즛 거시라(金三5:27). 災厄을 업게 ᄒᆞ며 陽氣를 돕ᄂᆞ니라(簡辟19). 지ᄋᆡ 업게 ᄒᆞ고 양긔 돕ᄂᆞ니라:辟災而助陽氣(瘟疫方7). 후션이 셔역의 가 효약을 어더 오니 양긔ᄅᆞᆯ 돕ᄂᆞᆫ지라(落泉1:1).

양긔 명 바다거북. ☞약 ¶ 양긔 겁딜:瑇瑁(柳氏物名二 獸族).

:양노·ᄒᆞ·다 형 슬기롭다. 영리하다. ☞영노ᄒᆞ다 ¶客卿이 양노ᄒᆞ더니:客卿敏慧(宣賜內訓2上40).

양동 명 양동(洋銅). ¶洋銅은 노근 구리라(月釋21:75).

양략 명 양념. ☞약. 약념 ¶ 양략 제:齏(兒學上13).

양:류 명 양류(楊柳). ¶그듸ᄂᆞᆫ 楊柳에 녀거든:君行楊柳(金三4:5).

양마 명 날밑. ☞양마쇠 ¶ 환도 양마:刀隔手(譯解補16).

양마쇠 명 날밑. ☞양마 ¶ 양마쇠:刀護手(漢淸5:20).

양밉다 형 얄밉다. ☞얄밉다 ¶밤즁마치 부헝이 울면 녯사ᄅᆞᆷ 니론 말이 ᄂᆞᆷ의 싀앗 되야 줏밉고 양믜와(古時調. 져 건너. 青丘).

양반 명 양반(兩班). ¶당나라 어진 양반 일홈은(普勸文17).

양병 명 양병(佯病). 꾀병. ¶양병이라ᄂᆞᆫ 녀기디 아니ᄒᆞ실 거시니(新語1:31).

양부리 명 분문(噴門). ¶ 양부리:胃口(漢淸5:58).

양ㅅ깃 명 깃머리. ¶곰의 양ㅅ깃:熊肚領(漢淸12:32).

양:시져제 명 양시장(羊市場). ☞양져제 ¶羊市져제 거릿 븍녁의셔:羊市角頭街北(飜老下16).

양식 명 양식(糧食). ☞량식 ¶양시기 그처디다:缺少口粮(老朴集. 單字解6). 모로매 妖氛이 安靜호ᄆᆞᆯ 기들워 잢간 粮食 ᄡᅡ 가 글 議論호리라(重杜解20:39).

양·슉 명 양육(羊肉). ☞양육 ¶ 양슉 고ᅀᅳ며:熬羊肉(飜老下53).

양애 명 양하(蘘荷). ¶ 양애:蘘荷(柳氏物名三 草).

양양ᄒᆞ다 형 양양(揚揚)하다. ¶아래로 드리워 揚揚홈을 니ᄅᆞ더(武藝圖68).

양:염 명 양염(陽焰. 陽炎). 아지랑이. ¶幻人과 陽焰과:ᄇᆞᄅᆞ맷 듣그리 ᄒᆡᆺ비체 섯근 거시라(楞解8:55). 므렛 모ᄃᆞᆫ 더품과 ᄠᅳᆫ 바올와 陽焰과:陽焰은 ᄇᆞᄅᆞ맷 듣그리 ᄒᆡᆺ비체 섯근 거시라(永嘉上40).

양·육 명 양육(羊肉). ☞양슉 ¶두 푼 은에 ᄒᆞᆫ 근 양육이라 ᄒᆞ더라:二分銀子一斤羊肉(飜老上9).

양져·제 명 양시장(羊市場). ☞양시져제 ¶羊져제 가니라:往羊市角頭去了(飜老下1). 羊져제 모롱이를 향ᄒᆞ야 가니라:往羊市角頭去了(老解下1).

양지머리 명 양지머리. ¶ 양지머리:胸岔骨(漢淸12:30).

양지믈ᄒᆞ다 동 양치질하다. ☞양지ㅅ믈ᄒᆞ다. 양짓믈ᄒᆞ다 ¶ 양지믈ᄒᆞ다:漱口(譯解上47).

양지ㅅ·믈ᄒᆞ·다 동 양치질하다. ☞양지믈ᄒᆞ다. 양짓믈ᄒᆞ다 ¶양지ㅅ믈호려 ᄒᆞ시니(月印上38).

양지·옥 명 양지옥(羊脂玉). ¶ 양지옥 딩ᄌᆞ 브텨시니:羊脂玉頂子(飜老下52). ᄀᆞ장 놉ᄑᆞ니ᄂᆞᆫ 羊脂玉이오:最高的是羊脂玉(老解下46).

양지질ᄒᆞ다 동 양치질하다. ☞양지ᄒᆞ다. 양치질ᄒᆞ다 ¶져기 믈 가져오라 내 양지질ᄒᆞ쟈:拿些水來我漱口(朴解下2).

:양·지ᄒᆞ·다 동 양치질하다. ☞양지질ᄒᆞ다. 양치ᄒᆞ다 ¶내야 ᄃᆞ시 ᄒᆞ야 양지ᄒᆞ야 ᄉᆞᆷᄭᅵ라:取出放溫漱嚥下(救急上51). 더운 믈로 양지ᄒᆞ고:熱水漱口(救簡1:102). ᄃᆞᄉᆞ닐 양지ᄒᆞ야 ᄉᆞᆷᄭᅵ라:溫漱嚥下(救簡6:12). 양지ᄒᆞᆯ 수:漱(訓蒙下11). 齒刷曰養支(雞類).

양짓·믈ᄒᆞ·다 동 양치질하다. ☞양지ㅅ믈ᄒᆞ다. 양치믈ᄒᆞ다 ¶초애 달혀 ᄉᆞᆷᄭᅵ며 양짓믈ᄒᆞ면 제 ᄂᆞ리리라:米醋煎灌漱自下(救簡6:7). 셰슈ᄒᆞ고 양짓믈ᄒᆞ며:盥漱(宣小2:2).

양·ᄌᆞ 명 양자(樣子. 樣姿). ☞양지 ¶衆兵을 뫼화 온 양ᄌᆡ ᄃᆞ외야 淨瓶을 무우려 ᄒᆞ니(月印上25). 相ᄋᆞᆫ 양지라(釋譜序1). 양지 摩耶夫人만 몯ᄒᆞ실ᄊᆡ(釋譜6:1). 부텻 양ᄌᆞᄅᆞᆯ 보아라(釋譜23:13). 悽愴ᄋᆞᆫ 슬허ᄒᆞᄂᆞᆫ 양지라(月釋序16). 相好ᄂᆞᆫ 양ᄌᆞ 됴ᄒᆞ샤미라(月釋2:10). 양ᄌᆡ 싁싁ᄒᆞ샤미 獅子ㅣ ᄀᆞᄐᆞ시며(月釋2:57). 弘範이 樣子ᄅᆞᆯ 고텨 가지고 燕에 보내야ᄂᆞᆯ(三綱. 忠24). 아비 樣子ᄅᆞᆯ 어미ᄃᆞ려 무러(三綱. 孝26). 그릇 양ᄌᆡ 달오ᄆᆞᆯ브터 일후믈 다ᄅᆞᆫ 虛空이라 ᄒᆞ고:由器形異名之異空(楞解4:107). 또 양지 업스며:亦無相貌(牧牛訣19). 겨지븨 양ᄌᆞᄂᆞᆫ:婦容(宣賜內訓1:14). 微妙히 ᄀᆞᆯᄒᆡ요ᄆᆞᆫ 노ᄑᆞᆫ 양지 다ᄅᆞ도다:妙選異高標(初杜解20:45). ᄂᆞᆾ 양ᄌᆞᄂᆞᆫ 늘근 한아비 ᄃᆞ외옛도다:顏狀老翁爲(初杜解21:31). 山ᄋᆡ 양지 티와ᄃᆞᆫ ᄃᆞᆺᄒᆞ고:山勢聳(眞言9). 게으른 양

지 업스며:無惰容(飜小10:23). 양ᄌᆞᆺ ᄌᆞ:姿. 양ᄌᆞᆺ 틱:態(訓蒙下26). 양ᄌᆞ ᄌᆞ:姿(類合下44). 양ᄌᆞ 됴ᄒᆞᆯ 염:豔 艷(類合下54). 양ᄌᆞᆫ 모:貌(石千30). 양ᄌᆞ조차 ᄀᆞᆺ트ᄉᆞᆫ다(古時調. 鄭澈. 兄아. 青丘). ᄶᅵᆺᄶᅵᆺ로 싱각ᄒᆞ며 우ᄂᆞᆫ 양ᄌᆞ 보기 슬희(古時調. 가면 아니. 青丘).

양ᄌᆞ 명 안좌(鞍座). 안장(鞍裝). ¶ 양ᄌᆞ:鞍座兒(柳氏物名一 獸族).

양·ᄌᆞ·ᄒᆞ·다 동 모습 짓다. ☞양ᄌᆞ ¶ 양ᄌᆞᄒᆞ요미 ᄌᆞ모 수ᅀᅳ워리놋다:爲態何喧喧(初杜解16:68).

양·ᄌᆞᆺ골 명 용모. ¶ 양ᄌᆞᆺ고를 모로매 단졍ᄒᆞ고 엄졍히 ᄒᆞ며:容貌必端莊(飜小8:16).

양지 명 양자(樣子). ☞양ᄌᆞ ¶ 뷘 ᄶᅡ 업시 잇ᄂᆞᆫ 므릐 양지를 보건댄(七大5).

양지ᄒᆞ·다 동 양재(禳災)하다. ¶ 양지ᄒᆞᆯ 양:禳(訓蒙下32). 大歲 六合ᄋᆞᆫ 歲ㅅ 긔운 泄호미 인ᄂᆞᆫ 딜시 양지ᄒᆞᄂᆞ니라(簡辟3. 瘟疫方3). 시병의 양지ᄒᆞᄂᆞᆫ 법이라(辟新2).

양츈 명 양춘(陽春). ¶ 雪曲ᄋᆞᆫ 陽春 白雪 놀애니 소리 노파 和호미 어려울시(圓覺序65). 陽春ㅅ ᄒᆞᆫ 놀애ᄅᆞᆯ 和答호미 다 어렵도다:陽春一曲和皆難(初杜解6:6).

양취ᄒᆞ다 동 양취(佯醉)하다. ¶ 佯醉ᄒᆞ여 졸든 체ᄒᆞ여도(隣語1:14).

양치믈ᄒᆞ다 동 양치질하다. ☞양짓믈ᄒᆞ다 ¶ 양치믈ᄒᆞ다:漱口(譯解上47. 同文解上54).

양치질ᄒᆞ다 동 양치질하다. ☞양지질ᄒᆞ다 ¶ 양치질ᄒᆞᆯ 수:漱(倭解上44). 양치질ᄒᆞ다:漱口(漢淸11:21).

양치ᄒᆞ다 동 양치하다. ☞양지ᄒᆞ다 ¶ 셔슈ᄒᆞ고 양치홈을(女四解3:10).

양친ᄒᆞ다 동 양친(養親)하다. ¶ 양친ᄒᆞ기ᄅᆞᆯ 지극ᄒᆞᆫ 졍셩으로 ᄒᆞ더니:至誠養親(東新續三綱. 孝1:74). 노친이 잇ᄂᆞ니어든 보비옛 실과와 의ᄌᆞᄅᆞᆯ 주시고(仁祖行狀26).

양피 명 양피(羊皮). ¶ 검은 양피 옷과 검은 冠으로:羔裘玄冠(宣小3:22).

양하 명 양하(蘘荷). ☞양화 ¶ 양핫 양:蘘(訓蒙上14).

양핫ᄀᆞᆫ 명 양하(蘘荷)의 뿌리. ¶ 양핫ᄀᆞᆫ을 즙 ᄧᅡ 머그면:蘘荷根汁服(救簡2:84).

양화 명 양하(蘘荷). ☞양하 ¶ 양화:蘘荷(物譜 蔬菜).

:양·ᄒᆞ·다 동 양(養)하다. 기르다. ¶ 光ᄋᆞᆯ ᄀᆞ초며 자최ᄅᆞᆯ ᄀᆞ초아 便安히 養ᄒᆞ야 力量이 오ᄋᆞᆯ며 ᄀᆞ자(蒙法46). ᄆᆞᅀᆞᄆᆞᆯ 다ᄉᆞ리며 性을 養호ᄆᆞ로 根源을 삼더니(宣賜內訓1:28). 踈拙ᄒᆞᆫ 몸 養호ᄆᆞᆯ 다시 어느 鄕애 가ᄒᆞ리오(初杜解6:28). 恩ᄒᆞ면 父母ᄅᆞᆯ 親히 養ᄒᆞ고(六祖上101). 犬과 馬애 니르러도 다 能히 養홈이 인ᄂᆞ니(宣論1:12). 이ᄂᆞᆫ 民으로 ᄒᆡ여곰 生을 養ᄒᆞ며 死ᄅᆞᆯ 喪홈애(宣孟1:8).

얃다 형 얕다. ¶ 야ᄐᆞ며 기푸믈(痘要上23). 야ᄐᆞᆫ 믈 가온대셔 뒷발을 드러 옥 ᄀᆞᆺᄐᆞᆫ 손으로 년고즐 것그니(太平1:19).

-애 어미 -노라. ¶ 이 중에 彼美一人을 더옥 닛디 못ᄒᆞ애(古時調. 幽蘭이. 青丘).

-·애·라 어미 -였노라. -여라. ¶ ᄎᆞ마 몯ᄒᆞ애라(續三綱. 孝6). ᄇᆞ라와 견듸디 몯ᄒᆞ애라:痒的當不得(飜朴上13). 江湖에 月白ᄒᆞ거든 더옥 無心ᄒᆞ애라(古時調. 굽어보니. 青丘).

-앳- 어미 -여 있-. -였-. ☞-얏- ¶ 年月을 스디 아니ᄒᆞ앳ᄂᆞ니:不載年月(圓覺上一之二20). ᄆᆡ햇쥐ᄂᆞᆫ 어즈러운 굼긔셔 拱手ᄒᆞ앳도다:野鼠拱亂穴(重杜解1:4).

-·앳거·든 어미 -였거든. ¶ 香 ᄇᆞᄅᆞ고 빗어 莊嚴ᄒᆞ앳거든(月釋10:21). 두 物이 오디 아니ᄒᆞ앳거든(楞解3:45). ᄆᆞᆯᄀᆞᆫ 門關애 드트리 섯디 아니ᄒᆞ앳거든:清關塵不雜(初杜解8:8).

-앳·다 어미 -였다. ¶ 돗기 그딋 臥床애 덥디 아니ᄒᆞ앳다:席不暖君床(初杜解8:67).

-·앳다·니 어미 -였더니. ¶ 니ᄅᆞ디 아니ᄒᆞ앳다니(圓覺上一之一44).

-·앳도·다 어미 -였도다. ¶ 그츤 빙애ᄂᆞᆫ 白鹽ᄋᆞᆯ 當ᄒᆞ앳도다:斷崖當白鹽(初杜解7:11).

-·어 어미 -어. ¶ 내히 이러 바ᄅᆞ래 가ᄂᆞ니:流斯爲川于海必達(龍歌2章). 블근 새 그를 므러:赤爵銜書(龍歌7章). 쳔나래 讒訴ᄅᆞᆯ 드러 兇謀ㅣ 날로 더을ᄊᆡ:始日聽讒兇謀日熾(龍歌12章). 길 버서 쏘샤:避道而射(龍歌36章). 同志ᄅᆞᆯ �터 오니:因友以攀(龍歌97章). 제 님금 아니 니저:不遺其君(龍歌105章). 처ᅀᅥᆷ 佛法에 드러(釋譜6:2). ㅇᄅᆞᆯ 입시울쏘리 아래 니ᅀᅥ 쓰면(訓註12). 如來ㅣ 藏心에 수머 잇ᄂᆞ니:如來隱於藏心(楞解1:8).

어강됴리 감 노래의 가락을 맞추는 소리. 여음(餘音). ¶ 어긔야 어강됴리 아으 다롱디리(樂範. 井邑詞).

어거하다 동 어거(馭車)하다. ☞어거ᄒᆞ다 ¶ 어거할 어:御(兒學下6).

:어거ᄒᆞ·다 동 어거(馭車)하다. ☞어거하다 ¶ 활 쏘기와 어거ᄒᆞ기를 비홀디니라:學射御(宣小1:5). 례절과 음악과 활 쏘기와 어거ᄒᆞ기와:禮樂射御(宣小1:11).

-어고 어미 -었도다. -었구나. ¶ 어듸셔 急ᄒᆞᆫ 비 ᄒᆞᆫ 줄기에 出塵 行裝 시서고(古時調. 벼슬이. 青丘). 어우하 날 소겨고 秋月 春風 날 소겨고(古時調. 青丘).

어괴 명 어귀. ☞어귀 ¶ 브억 머리과 어괴예 ᄻᅧ 두면 수이 난ᄂᆞ니:以籠竈頭及竈口則易

產(胎要31).

어귀 명 ①입아귀. 아관(牙關). ¶어귀 굳ㅂ ᄅ고 누늘 티ᄩ고:牙關緊急眼目上視(救簡1:7). 어귀 세여 혀를 놀이디 몯ᄒ거든:牙車急舌不得轉(救簡1:24). 어귀와 입쾌:牙關口(救簡6:81).
②어귀. ☞어괴 ¶삼 년을 골 어귀예 나디 아니ᄒ니라:三年不出洞口(東新續三綱. 孝3:21). 袪ᄂ 소매 어귀니 자 두 치오(家禮圖2). 어귀예 ᄂᄅ ᄀᄋ아ᄂ 구의:守口子渡江處的官司(老解上46). 遷民鎭 어귀예 다ᄃ라:到遷民鎭口子裏(朴解中13). 강 어귀예 니ᄅ러셔(三譯5:5). 막힌 어귀:隘口(同文解上40). 좁은 어귀:隘口(譯解補10). ᄀ톰길 어귀:岔路口(漢淸9:23).

어귀다 동 어기다. ¶아비 그 령을 어귐으로 베이고자 ᄒ더:違(女四解4:29).

어그럽·다 형 ①너그럽다. ☞어ᄀ롭다 ¶어그러오디 싁싁게 ᄒ며:寬嚴(宣小1:10). 順ᄋ 달은 거시 아니라 어그러오며 넉넉호ᄆ 니롬이니:夫順非他寬裕之謂也(重內訓2:7). 오직 어그러옴과 어딜기와:惟寬與慈(重內訓2:13). 형벌을 어그러히 ᄒ고 衆을 살으니:寬刑活衆(女四解4:12). 그 어그럽고 누그러오며 ᄌ샹ᄒ고 인혜로오며:其寬裕慈惠(英小1:3). 다ᄉ 가지 ᄀᄅ침을 공경ᄒ야 베프되 어그러우매 이셔 ᄒ라:敬敷五教在寬(英小1:10).
②널찍하다. ¶하ᄂ ᄡ히 어그러워도 다 虛空애 모도 자펴 잇ᄂ니(七大14). 그 뫼를 어그러이 ᄒ야 뼈곰 바놀로 홀 ᄃ ᄡ믈 삼을디니라(家禮6:8).

어그로춤 동 어김. 어긋나게 함. ¶어버이 셤기기ᄅ 어그로춤이 업더니:事親無違(東新續三綱. 烈4:4 李氏溢海).

어그롯다 동 어기다. 어긋나게 하다. ☞어그롣다 ¶딘의 다ᄃ라 거동을 녕의 어그롯거나:臨陣擧動違令(練兵19). 그 ᄠ들 어그롯디 말며:不違其志(家禮2:13).

어그롣다 동 어기다. 어긋나게 하다. ☞어그롯다. 어그릇다 ¶가히 어그롣디 몯ᄒ리라 ᄒ여ᄂ:不可違也(重內訓3:49).

어그르츠·다 동 어기다. 어긋나게하다. ☞어그른츠다. 어그리츠다 ¶政化ㅣ 어그르처 큰 읏드메 외어든:政化錯迕失大體(初杜解3:70). 일즉 願이 어그르츠니 슬픈 ᄆᄉᄆ 머거셔:違夙願含悽(杜解9:1). 仙賞홀 ᄆᄉ미 어그르츨시 ᄂ므를 섯흘류라:仙賞心違淚交墮(杜解9:5).

어그르·치 부 어그러지게. 어긋나게. ☞어그르치 ¶生植ᄒ엿ᄂ 萬物이 半만 어그르치 ᄃ외니:植物半蹉跎(初杜解16:65).

어그른츠다 동 어기다. 어긋나게 하다. ☞어그르츠다 ¶조모ᄂ 셤기믈 순히 ᄒ여 어그른츠미 업더니:事祖母承順無違(東新續三綱. 孝5:70 德隣斷指).

어그릇·다 동 어기다. 어긋나게 하다. ☞어그롣다. 어그롯다 ¶아니한덛 서르 賞玩호ᄆ 서르 어그릇디 마롤디니라:暫時相賞莫相違(初杜解11:20). 허므를 다시 아니ᄒ며 석ᄃ를 仁에 어그릇디 아니ᄒ니라:不貳過三月不違仁(飜小8:3). 지극히 효도ᄒ야 승순호믈 어그릇디 아니ᄒ고:至孝承順無違(東新續三綱. 孝5:26 餘慶誠孝). 의를 어그릇고 사ᄂ 거ᄉ:越義而生(五倫3:2).

어·그리·츠·다 동 어기다. 어긋나게 하다. ☞어그르츠다 ¶미해 와 이쇼니 ᄆᄉ매 어그리춘 배 업도다:在野無所違(初杜解15:4). 이거시 더듸 뻐러딜ᄉ 아니 時節이 어그리츤가 ᄒ니라(初杜解18:10).

어그롯다 동 어기다. 어긋나게 하다. ☞어그롯다. 어그릇다 ¶朝會호ᄆ 게을이 호니 眞實로 世와 ᄒ야 서르 어그롯도다:懶朝眞與世相違(重杜解11:20). ᄌᄌ 손손이 신의ᄅ 어그롯디 말라(山城119). 빅희 부모의 명을 어그롯디 못ᄒ야(女範4. 녈녀 송공빅희). 명이 계시니 어그롯기 황공ᄒ여 ᄒᄂ이다(落泉5:12).

어근버근 부 어근버근. ¶이셩져셩 다 지내고 흐롱하롱 인 일 업ᄂ 功名도 어근버근 世事도 싱숭상숭(古時調. 靑丘).

어글우츠다 동 어기다. 어긋나게 하다. ☞어그르츠다 ¶어버이 셤기믈 니어 순히 ᄒ야 어글우츠미 업고:事親承順無違(東新續三綱. 孝1:66 希道負土). 승순ᄒ야 어글우츠미 업더라:承順無違(東新續三綱. 孝3:72 仁智至孝).

어글우춤 동 어김. 어긋나게 함. ㉮어글우츠다 ¶어버이 셤기믈 니어 순히 ᄒ야 어글우츠미 업고:事親承順無違(東新續三綱. 孝1:66 希道負土).

어·글우치·다 동 어기다. 어긋나게 하다. ☞어글우츠다 ¶ᄆᄋ믈 어글우처 구차히 免홈은 臣의 願ᄒᄂ 배 아니ᅌᅵ다:違心苟免非臣所願也(宣小6:44).

어글운·다 동 어기다. 어긋나게 하다. ☞어그룯다. 어글웃다 ¶어미 셤기믈 승순ᄒ야 어글운디 아니ᄒ고:事母承順無違(東新續三綱. 孝1:33 全謹居廬).

어글웃·다 동 어기다. 어긋나게 하다. ☞어글운다 ¶일 졈을이 ᄒ야 命을 어글웃디 말라:夙夜無違命(宣小2:46). 님금은 긔걸호디 어글웃게 아니ᄒ며:君令而不違(宣小2:74). 계모ᄅ 잘 셤겨 순히 ᄒ야 어글웃디 아니ᄒ고:善事繼母承順無違(東新續三綱. 孝5:5 全燁居廬).

어금니 명 어금니〔牙〕. ¶어금니:腮牙(譯解補21).

어금맛기다 동 어긋매끼다. ¶어금맛겨 놋타:隔着放(漢淸10:15).

어긋나다 동 어긋나다. ¶히여곰 서르 어긋나디 몯ᄒᆞ게 ᄒᆞ고(火砲解16). 어긋나ᄂᆞᆫ 고ᄃᆞᆯ 내 모로ᄂᆞᆫ 곳이 업ᄉᆞ되(捷蒙1:7).

어·긔·다 동 어기다. ¶ᄲᅥ러디디 아니ᄒᆞ며 어긔디 아니ᄒᆞ며(月釋17:52). 念을 動ᄒᆞ면 어긔ᄂᆞ니(楞解3:73). 공번히 조ᄒᆞᆫ ᄀᆞᄅᆞ치샤매 어긔디 마롤디어다:勿公違淨誨(楞解6:99). 念念이 어긔욤 업수미 곧 이 그 ᄆᆞᅀᆞᆷ 降伏히요미라:念念無差卽是降伏其心也(金剛15). 곧 本性에 어긔리니:卽乖本性(圓覺上一之二160). 그 ᄠᅳ데 어긜가 저ᄒᆞᆯ디니라:稍違其意(宣賜內訓1:47). 죠고맛 利ᄅᆞᆯ ᄃᆞ토와 至親ᄋᆞᆯ 어긔에 마롤디어다:毋競小利以乖至親(宣賜內訓3:41). 實로 샹녯 ᄠᅳ데 어긜시(南明上10). 드트를 여희오 性에 도라가ᄂᆞᆫ 보매 어긔니:違於離塵復性之觀(金三4:58). 道와 어긔여 背叛ᄒᆞᄂᆞ니라:與道違背叛(六祖中18). 어긜 위:違(類合下19). 어긜 천:舛(類合下22). 어긜 괴:乖(類合下49). 어긜 려:戾(類合下59). 가거나 잇거나 호매 내 ᄠᅳᆮ과 어긔여 奔走無定호니:去住與願違(重杜解1:26). 그 令을 어긔기로ᄡᅥ 베히고져 ᄒᆞ거ᄂᆞᆯ(女四解4:37). 어긜 위:違(兒學下9).

어긔로다 동 어기다. 어긋나게 하다. ☞어긔로오다 ¶죠곰도 어긔로며 거스리디 말올 ᄡᅵ니라:毋或違逆(警民7).

어긔로오다 동 어기다. ☞어긔로다 ¶내 太師의 몸이오니 엇지 싱심이나 어긔로오리 ᄒᆞ고(三譯1:3).

어긔로ᄎᆞ다 동 어기다. 어긋나게 하다. ☞어긔롯ᄎᆞ다 ¶어긔로ᄎᆞ며 나오미 업ᄉᆞ며(三略上35).

어긔롭다 동 어기다. ☞어긔롯다 ¶法을 어긔롭고 형벌을 犯홈이 ᄀᆞ장 ᄒᆞ염즉디 아니니:違法犯刑最不可作(警民30).

어긔롭다 형 너그럽다. ☞어그럽다 ¶어긔롭다:魁偉(同文解上18). 어긔롭다:大方(漢淸6:2).

어긔롯다 동 어기다. 어긋나게 하다. ☞어긔롭다. 어긔릇다 ¶죠고만 어긔롯ᄂᆞᆫ 일란:小小乖忤(警民25). 집 일을 어긔롯디 말라:無違宮事(重內訓1:68).

어긔롯ᄎᆞ다 동 어기다. 어긋나게 하다. ☞어긔르ᄎᆞ다 ¶敢히 어긔롯처 비반티 말올ᄶᅵ니:不敢違背(重內訓2:2). 힝실이 神祇ᄭᅴ 어긔롯ᄎᆞ면:行違神祇(重內訓2:9).

어·긔르·춤 동 어김. 어긋나게 함. ㉠어긔르ᄎᆞ다 ¶녀ᄃᆞᆫ뇨매 ᄆᆞᅀᆞ매 어긔르추미 하니:行邁心多違(初杜解7:27).

어·긔르ᄎᆞ·다 동 어기다. 어긋나게 하다. ☞어긔롯ᄎᆞ다 ¶賦稅ᄅᆞᆯ 골오호매 어긔르ᄎᆞᆫ가 전노니:恐乖均賦斂(初杜解3:4). 녀ᄃᆞᆫ뇨매 ᄆᆞᅀᆞ매 어긔르추미 하니:行邁心多違(初杜解7:27). 구룸 ᄢᅵᆫ 하ᄂᆞᆯ해 오히려 어긔르ᄎᆞ니 곳부리 오히려 섯긔도다:雲天猶錯莫花萼尙蕭疎(初杜解8:43).

어·긔르·치 부 어그러지게. 어긋나게. ☞어그르치 ¶禮ᄅᆞᆯ 어긔르치 아니ᄒᆞ놋다:禮無違(初杜解24:48).

어긔·릇·다 동 어기다. 어긋나게 하다. ☞어긔롯다 ¶이 나래 더욱 ᄠᅳ디 해 어긔릇도다:玆日倍多違(初杜解23:19).

어·긔리ᄎᆞ·다 동 어기다. 어긋나게 하다. ☞어긔르ᄎᆞ다 ¶ᄀᆞᄅᆞ매셔 이에여 ᄢᅥ러듀미 後에 ᄒᆞᄂᆞ니 ᄯᅩ히 어긔리ᄎᆞᆫ가 전노라:江湖後搖落亦恐歲蹉跎(初杜解18:10).

어·긔릿·다 동 어긋나다. ¶글 스ᄂᆞᆫ 소ᄂᆞᆫ 興心이 어긔릿디 아니ᄒᆞ도다:墨客興無違(初杜解15:49).

어긔야 감 아아. ¶어긔야 머리곰 비취오시라(樂範. 井邑詞). 어긔야 즌 ᄃᆡᄅᆞᆯ 드ᄃᆡ욜셰라(樂範. 井邑詞).

어긔여지다 동 어기어지다. ¶아마 어긔여지기 긔이치 아니ᄒᆞ오매(隣語1:8).

어·긔·오·다 동 어기다. ☞어긔우다 ¶엇디 능히 어긔오료:怎生能勾到這裏來(飜老上51). 감히 姐姐의 말을 어긔오디 말고:不敢違了姐姐的言語(朴解中50).

어긔우다 동 어기다. ☞어긔오다 ¶법을 어긔워 기리믈 구티 말며(仁祖行狀39).

어·긔으르치·다 동 어기다. 어긋나게 하다. ☞어긜읏다 ¶날호야 녀 죠고맛 ᄆᆞᅀᆞ매 어긔으르체라:遲回違寸心(初杜解6:14).

어긔음 동 어김. ㉠어긔다 ¶효도ᄒᆞ고 슌ᄒᆞ야 어긔음이 업ᄉᆞ면:孝順無違(警民1).

어긔치다 동 어기다. ☞어긔르ᄎᆞ다 ¶雲長이 의ᄅᆞᆯ 어긔쳐 변ᄒᆞᆯ 사ᄅᆞᆷ이 아니라(三譯2:6). 적이 내 말을 어긔치면 죽이리라(三譯9:3). 내 녕을 어긔치리오(三譯10:23). 어긔치다:違瞞(同文解上33). 어긔치다:違悖(漢淸7:58).

어긜읏다 동 어기다. 어긋나게 하다. ☞어긔으르치다 ¶그 ᄠᅳᆮ들 어긜읏디 아니ᄒᆞ고:不違其志(東新續三綱. 孝7:61).

어ᄭᅵ 명 어깨. ¶두 어ᄭᅵ 무어지고 팔과 목이 부러진다(萬言詞).

어나 관 어느. ☞어느 ¶그렁져렁 어든 보리 들고 가기 어려우니 어나 노비 슈운ᄒᆞ리(萬言詞). 날이 가고 밤이 ᄉᆡ니 어나 시절 되엿ᄂᆞᆫ고(萬言詞).

-어·나 조 -거나. ¶강아지어나 ᄃᆞᆰ이어나 가

ᄉᆞ매 다혀 ᄃᆞ시 ᄒᆞ라:抱狗子若雞着心上熨之(救簡1:35). 술 ᄒᆞᆫ 되어나 두 되어나 덥게 ᄒᆞ고:溫酒一二升(救簡2:57).

-어·나 어미 -거나. ☞-거나 ¶經을 디녀 ᄂᆞᆷ ᄃᆞ려 ᄆᆞᆯ어 닐어 여러 뵈어나 제 쓰거나(釋譜9:21). 後生애 됴ᄒᆞᆫ 몸 ᄃᆞ외어나 주근 몸 ᄃᆞ외어나 호미 ᄀᆞᄐᆞᆯ씨(月釋1:12). 禁戒ᄅᆞᆯ 헐어나 소겨(楞解8:77). 독을 업거나 실을 세어나 ᄒᆞ야(救簡1:68).

어나닷 부 어느덧. ☞어느덧 ¶어나닷 환절ᄒᆞ야 봄빗츨 지촉ᄂᆞᆫ다(思鄕曲).

어나모 명 엄나무. ☞엄나모 ¶어나모 겁질:海桐皮(物譜 雜木).

어내 부 매우. 자못. ¶어내 잘 ᄒᆞ시ᄂᆞᆫ 술이ᄋᆞᆸ도쇠(新語3:6).

-·어·냐 어미 -느냐. -는가. ☞-어녀 ¶날회여 닐오ᄃᆡ 羹애 네 소니 데어냐 ᄒᆞ니:乃徐言曰羹爛汝手乎(飜小10:3).

-어·녀 어미 -느냐. -는가. ☞-어냐 ¶安徐히 닐오ᄃᆡ 羹애 네 소니 데어녀 ᄒᆞ니:乃徐言曰羹爛汝手乎(宣賜內訓1:18).

어녑다 형 어렵다. ¶믈 긷ᄂᆞᆫ 길히 심히 어녑거ᄂᆞᆯ:汲道甚艱(東新續三綱. 孝3:77).

-·어·뇨 어미 -뇨. -으뇨. -느냐. -ㅂ니까. -습니까. ☞-아뇨 ¶疊을 엇데 세쁜 닐어뇨 ᄒᆞ란ᄃᆡ(釋譜19:13). 엇데 아ᄃᆞ리 藥ᄋᆞᆯ 머거뇨(月釋21:219). 崔九의 집 알ᄑᆡ 몃 디윌 드러뇨:崔九堂前幾度聞(初杜解16:52).

어·누 관 어느. 무슨. 어떤. ☞어느 ¶내 ᄉᆞ랑호ᄃᆡ 어누 藏ㅅ 金이ᅀᅡ 마치 ᄡᅥ이려뇨 ᄒᆞ노이다(釋譜6:25). 어누 나라해 가샤 나시리잇고(月釋2:11).

어·누 부 어찌. ☞어느 ¶엇데 ᄒᆞ마 다ᄋᆞᆫ 목수미 어누 더으리잇고(釋譜9:35).

어눅다 동 어리눅다. ¶흐리누거 괴ᄋᆞ시든 어누거 좃니읍시(古時調. 靑丘).

어·느 대 어느것. 무엇. ☞어ᄂᆞ ¶어늬 구더 兵不碎ᄒᆞ리잇고:何敵之堅而兵不碎(龍歌47章). 이런 일이 慈悲 어늬신고(月印上52). 어늬ᅀᅡ ᄆᆞᆺ 됴ᄒᆞ니잇가(釋譜6:35). 國王ᄋᆞᆫ 오쇼셔 龍王ᄋᆞᆫ 겨쇼셔 이 두 말ᄋᆞᆯ 어늘 從ᄒᆞ시려뇨(月釋7:26). 妙道는 어느고:妙道者何(永嘉下122). 어늬 이 道理오:怎生是道理(金三2:20).

어·느 관 어느. 무슨. 어떤. ☞어누. 어늬. 어ᄂᆞ ¶어느 뉘 請ᄒᆞ니:誰其請爾(龍歌18章). 어느 누를 더브르시려뇨(月印上19). 菩薩이 어느 나라해 ᄂᆞ리시게 ᄒᆞ려뇨(月釋2:10). 여듧 座ᄂᆞᆫ 어느 ᄢᅴ 除授ᄒᆞ니오:八座幾時除(初杜解20:32). 어느 緣으로 能히 여희여 나리오:何緣能出離(南明上9). 어느 餘暇애 서르 더위자ᄫᆞ리오:豈暇相扶持(重杜解2:55).

어·느 부 어찌. ☞어누. 어늬. 어ᄂᆞ ¶國人 ᄠᅳ들 어느 다 ᄉᆞᆯᄫᆞ리:何論國人意(龍歌118章). 迷惑 어느 플리(月印上27). 法이 精微ᄒᆞ야 져믄 아ᄒᆡ 어느 듣ᄌᆞᄫᆞ리잇고(釋譜6:11). 巍巍 釋迦佛 無量無邊 功德을 劫劫에 어느 다 ᄉᆞᆯᄫᆞ리(月釋1:1). 섭 門에 어느 다시 디나가리오:柴門豈重過(初杜解7:9). 더위ᄅᆞᆯ 자뱃ᄂᆞᆫ 어즈러운 ᄆᆞᅀᆞ미 어느 이시리오:執熱煩何有(初杜解9:22). 니 ᄡᅡ디거ᅀᅡ 일후미 어딘 사ᄅᆞᆷ 擧薦ᄒᆞᄂᆞᆫ 中에 더러욤 고ᄃᆞᆯ 어느 알리오:豈知牙齒落名玷薦賢中(初杜解10:14). 李廣의 諸侯 封ᄒᆡ이디 몯호ᄆᆞᆯ 어느 알리오:焉知李廣未封侯(初杜解21:16). 사롬사리아 어느 시러곰 니ᄅᆞ리오:生理焉得說(重杜解1:7). 이제 侯伯ᄋᆞᆯ 아노라 어느 니ᄅᆞ 혜리오마ᄅᆞᆫ:侯伯知何算(重杜解19:11).

어느덧 부 어느덧. ☞어나닷 ¶일ᄃᆡ 쟝강이 어느덧 가로셔라(萬言詞).

어느믄지다 동 어루만지다. ☞어르ᄆᆞᆫ지다 ¶도적이 두서 번 등을 어느믄지고 둘흘 다 노ᄒᆞ니라:賊再三撫背兩釋之(東新續三綱. 孝7:84).

어느이다 부 어디에다. ¶어느이다 노코시라(樂範. 井邑詞).

어·느적 대 어느 때. 언제. ☞어느제 ¶東녁 ᄆᆡᄒᆞᆫ 어느저긔 열려뇨:東郊何時開(初杜解7:25). 어느저긔ᅀᅡ 急難ᄋᆞᆯ 救ᄒᆞᆯ다:何時救急難(初杜解21:19).

어·느제 대 어느 때. 언제. ☞어느적. 어늬제. 어닉제 ¶어느제 다시 山河大地ᄅᆞᆯ 내다 ᄒᆞ던다:何當更出山河大地(楞解4:37). 어느제 太夫人ㅅ 堂 우희 아ᅀᆞᆷᄃᆞᆯᄒᆞᆯ 뫼호ᄅᆞ다:何時太夫人堂上會親戚(初杜解8:20). 부텻 求ᄒᆞ야 功 드리면 어느제 일우리오(南明上18). 하나한 디플 어느제 사ᄒᆞᆯ뇨:許多草幾時切得了(飜老上19). 어느제 내 몸이 ᄂᆞᆯ개 이셔:何當有翅翎(重杜解1:14).

어·늘 대 어느것을. 〔'어느'+목적격(目的格) 조사 '-ㄹ'〕 ⓔ어느 ☞어늬 ¶國王ᄋᆞᆫ 오쇼셔 龍王ᄋᆞᆫ 겨쇼셔 이 두 말ᄋᆞᆯ 어늘 從ᄒᆞ시려뇨(月釋7:26).

-어·늘 어미 -거늘. ☞-거늘 ¶狄人이 ᄀᆞᆯ외어늘:狄人于侵. 野人이 ᄀᆞᆯ외어늘:野人不禮(龍歌4章). 西征에 功이 일어늘:西征建功(龍歌41章). 다ᄉᆞᆺ 곳 두 고지 空中에 머믈어늘(月印上3). 龍ᄋᆞᆯ 자바머거늘 모다 닐오ᄃᆡ 舍利弗이 이긔여다(釋譜6:32). 詳略이 ᄒᆞᆫ가지 아니어늘(月釋序12). 空中에 머믈어늘(月釋1:4). 女子ㅣ ᄃᆞ외어늘(月釋1:8). 곳 臺 ᄃᆞ외어늘(月釋1:14). 부텨 가시논 ᄡᅡ히 즐어늘(月釋1:16). 阿難이ᄅᆞᆯ 주어늘 阿難이도 아니 받고(月釋7:8). 寒山이

올 時節ㅅ 길흘 니저늘(金三3:23).

어·늬 대 어느것이. 무엇이. 〔'어느'+주격조사 '-이'〕 동어느 ¶어늬 구더 兵不碎ᄒᆞ리잇고:何敵之堅而兵不碎(龍歌47章). 어늬뎌의 바ᄃᆞ며 누르논 곧고:那裏是他撞搦處(蒙法32).

어·늬 관 어느. 무슨. 어떤. ☞어느 ¶ᄯᅩ 어늬이 ᄇᆞ리며 어늬 지비며 어늬 왼돌 아디 몯고:亦復不知何者是火何者爲舍云何爲失(法華2:64). 어늬 代예 賢人이 업거뇨 ᄒᆞ니:何代無賢(宣賜內訓1:68). 어늬 時節에 시름과 受苦ᄅᆞᆯ 免ᄒᆞ려뇨:何時免愁苦(重杜解1:44). 어늬 歡陽의 ᄯᆞᆯ년이(古時調. 고ᄉᆞ리닷. 歌曲).

어·늬 부 어찌. ☞어느 ¶艱虞ᄅᆞᆯ 마고매 예셔어늬 미츠리오:防虞此何及(重杜解1:22). 어늬 오로 通達ᄒᆞ리오:豈專達(重杜解1:37). 이졔 누어신들 어늬 잠이 ᄒᆞ마 오리(古時調. 누은들 잠이 오며. 海謠).

어·늬제 대 어느 때. 언제. ☞어느제 ¶어늬제:幾會(老朴集. 單字解6). 이 日은 어늬제 喪ᄒᆞᆯ고:時日害喪(宣孟1:5).

어니 대 어디. ¶어니ᄂᆞᆫ 멀며 어니ᄂᆞᆫ 갓가오리오(綸音72).

-·어·니 조 -니. ¶逾十載어니(永嘉下107).

-·어·니 어미 -거니. -으니. -니. ☞-아니 ¶四海ᄅᆞᆯ 平定ᄒᆞ샤 길 우희 糧食 니저니 塞外北狄인돌 아니 오리잇가:平定四海路不齎糧塞外北狄寧不來王(龍歌53章). 四境을 開拓ᄒᆞ샤 셤 안해 도ᄌᆞㄱ 니저니 徼外南蠻인돌 아니 오리잇가:開拓四境島不警賊徼外南蠻寧不來格(龍歌53章). 비ᄂᆞᆫ 사ᄅᆞ몰 주리어니 ᄒᆞ몰며 녀나ᄆᆞᆫ 천랴이ᄯᆞ녀(釋譜9:13). ᄒᆞ마 주글 내어니(月釋1:7). 識이 ᄒᆞ마 드로몰 니버니 뉘 識 드로몰 알리오:識已被聞誰知聞識(楞解3:41). 佛祖도 오히려 머구므믈 니버니(金三2:60).

-어·니·라 어미 -다. -는구나. ¶봄 나래 새도로 ᄂᆞᆯ어니라:春日鳥還飛(初杜解8:34).

-·어니·와 조 -거니와. ☞-거니와 ¶아ᄋᆞ 둘흔 내해어니와(樂範. 處容歌).

-·어니·와 어미 -거니와. ☞-거니와 ¶蓮ㅅ고지 안자 뵈실씨 國人ㅅ 疑心이 ᄒᆞ마 업서니와(月印上50). 마초 아디 아니ᄒᆞ리 업서니와:無不契悟(金剛76). 아로몰 因ᄒᆞ야 다 ᄉᆞᆯ어니와(牧牛訣10). 알피 ᄒᆞ마 닐어니와:前已說之(圓覺上二之二124). 能히 漏果ㅅ 緣이 ᄃᆞ외어니와:能爲漏果之資(圓覺下三之二82). 어디로미ᅀᅡ 어딜어니와:賢則賢矣(宣賜內訓2上22).

어ᄂᆞ 대 어느것. ☞어느. 어늬 ¶東山 泰山이 어ᄂᆞ야 놉돗던고(松江. 關東別曲).

어ᄂᆞ 관 어느. ☞어느. 어늬 ¶어ᄂᆞ 后ㅣ 뭇어딜며:何后最賢(宣賜內訓2下42). 어ᄂᆞ 나래 비 개야:何日雨晴(重杜解12:34). 紅蓼花白蘋洲 어ᄂᆞ ᄉᆞ이 디나관ᄃᆡ(松江. 星山別曲). 어ᄂᆞ 결을에 네 님군의 ᄒᆡ골을 무드리오:能瘞而君邪(五倫2:65). 소안의 봉ᄉᆞᄒᆞ야 어ᄂᆞ ᄉᆞ이 ᄇᆡᆨ발인고(쌍벽가).

어·ᄂᆞ 부 어찌. ☞어느 ¶聖人 神力을 어ᄂᆞ다 ᄉᆞᆯᄫᆞ리:聖人神力奚罄說之(龍歌87章).

-·어ᄂᆞᆫ 어미 -어서는. ¶뫼해 이셔ᄂᆞᆫ 쉾므리 ᄆᆞᆰ고:在山泉水淸(初杜解8:66). 주구매 미처ᄂᆞᆫ 과연히 그 말와 ᄀᆞᄐᆞ니:及卒果如其言(飜小8:20).

-어·ᄂᆞᆯ 어미 -거늘. ☞-어늘 ¶師ㅣ 正히 와 두어 ᄃᆞ래 일어ᄂᆞᆯ(楞解跋4). 長史 劉湛이 들어ᄂᆞᆯ:長史劉湛入(宣賜內訓1:66). 城郭ᄋᆞᆯ 졋ᄂᆞᆫ 지비 일어ᄂᆞᆯ:背郭堂成(初杜解7:1). 죠히ᄅᆞᆯ 그려 쟝긔파ᄂᆞᆯ ᄆᆡᆼᄀᆞᆯ어ᄂᆞᆯ:畫紙爲碁局(初杜解7:4). 나라 니ᅀᅳ리ᄅᆞᆯ 처ᅀᅥᄆᆡ 가져 諸武에 브텨ᄂᆞᆯ:國嗣初將付諸武(初杜解8:17). 그리 머리 좃고 절ᄒᆞ고 날ᄃᆞ려 비러ᄂᆞᆯ:那般磕頭禮拜央及我(飜朴上34). 參差히 뫼고래셔 새 울어ᄂᆞᆯ:參差谷鳥吟(重杜解1:11). 녯 버든 이대 ᄀᆞᄅᆞ쵸몰 알어ᄂᆞᆯ:故人知善誘(重杜解2:48). 내 친속이 아니어ᄂᆞᆯ:非親屬(五倫2:12).

어ᄂᆡ 대 어느것. 무엇. ☞어느 ¶왕이 어믜 어ᄂᆡᄅᆞᆯ 죽이고 어ᄂᆡᄅᆞᆯ 살오고져 ᄒᆞ믈 무로시니라(女範1. 부계모 졔의계모). 어ᄂᆡ의게:向那箇(漢淸8:59).

어ᄂᆡ 관 어느. 무슨. ☞어느 ¶어ᄂᆡ 거시 精티 아니료(龜鑑上4). 어ᄂᆡ 代예 어딘 사ᄅᆞᆷ이 업스리오(宣小5:48). 어ᄂᆡ 날 하ᄂᆞᆯ ᄯᅡ ᄒᆞᆯ 정히 ᄒᆞ여:何日乾坤整(東新續三綱. 忠1:26). 어ᄂᆡ ᄯᅡ홀 향ᄒᆞ여 가ᄂᆞ뇨:往那箇地面裏去(朴解上8). 茶禮ᄂᆞᆫ 어ᄂᆡ ᄢᅴ ᄒᆞ올고(新語1:26). 어ᄂᆡ 길로 온다:打那路來(譯解上24). 막대 멘 늘근 즁이 어ᄂᆡ 뎔로 간닷 말고(松江. 星山別曲). 뎌놈아 어ᄂᆡ 안흐로 계집되라 ᄒᆞᄂᆞᆫ다(古時調. 鄭澈. 남진죽고. 松江). 一般 淸意味ᄅᆞᆯ 어ᄂᆡ 分이 아ᄅᆞ실고(古時調. 李賢輔. 靑荷에. 靑丘). 鄕黨은 禮 ᄇᆞ르니 어ᄂᆡ 사ᄅᆞᆷ 無禮ᄒᆞ리(古時調. 朗原君. 靑丘). 夫의 ᄂᆞᆺ촌 아디 못게라 어ᄂᆡ 날 볼고(女四解4:27). 大人이 어ᄂᆡ 마ᄋᆞᆯ에셔 일을 쥬관ᄒᆞᄂᆞ뇨:大人在那部裏管事麼(華解上2).

어ᄂᆡ제 대 어느 때. 언제. ☞어느제 ¶어ᄂᆡ제 이 두 글 비화 어딜거든 보려뇨(古時調. 鄭澈. 네 아들. 松江).

:어·다 동 얻어. ⑦얻다 ¶딕ᄒᆞᆫ 사ᄅᆞ미 느읅ᄒᆞᆫ ᄉᆞᅀᅵ 어다:待守者少懈(三綱. 烈21). 사ᄅᆞᆷᄋᆡ 지블 어다 내 몸ᄋᆞᆯ ᄑᆞ라지이다(月釋8:80).

어다 동 얼다(凍). ☞얼다 ¶어다:凍了(同文解上5).

-어·다 어미 -었다. ¶벼개예 기우렛ᄂᆞᆫ 江湖앳 나그내 잡드런 디 나ᄃᆞ리 길어다:欹枕江湖客提携日月長(初杜解15:23). 다 ᄃᆞᆫ녀 해야ᄇᆞ려다:都走破了(朴新解1:35).

어더러 부 어디로. ☞어드러. 어드로 ¶消渴ㅅ病ᄒᆞᆫ 모ᄆᆞᆫ 어더러 가리오:病渴身何去(重杜解2:19).

:어·더먹·다 동 얻어먹다. ¶구틔여 어더머구려 말며:毋固獲(宣賜內訓1:3). 堦砌에 바블 어더머거 새 질드렛도다:得食堦除鳥雀馴(初杜解7:21).

:어·더·보·다 동 찾아보다. ¶네 어더보아 자바다가 다고려:你饋我尋見了拿將來(飜朴上33). 어버이 황당이 녀겨 가 어더보니:父母怪而尋之(東續三綱. 烈10).

:어·뎃·다 동 얻었다. ㉠얻다 ¶忽然囫地:囫地ᄂᆞᆫ 몰 어뎃던 거슬 어더셔 화 ᄒᆞ논 소리라(蒙法18).

-·어·도 어미 -어도. ¶期約올 니저도 尊者ㅅ말 降服ᄒᆞ야(月印上29). 시혹 ᄯᅩᆼ과 오좀과 酒肉돌ᄒᆞᆯ 머거도 ᄒᆞᆫ가지로다(楞解9:80). ᄯᅩ 병ᄒᆞᆫ 녀긔 브텨도 됴ᄒᆞ니라:病處貼亦可(救簡1:20).

어도록 부 얼마나. 얼마만큼. ☞어드록 ¶네 아ᄃᆞᆯ 孝經 닑더니 어도록 ᄇᆡ홧ᄂᆞ니(古時調. 鄭澈. 松江). 네 집 상ᄉᆞ돌흔 어도록 출호ᄉᆞᆫ다(古時調. 鄭澈. 松江). 엇그제 비존 술이 어도록 니건ᄂᆞ니(松江. 星山別曲).

어돕다 형 어둡다. ☞어둡다. 어듭다 ¶어도온 ᄃᆡ 이실 적과 혼자 ᄃᆞᆫ닐 제:暗居獨行(東新續三綱. 烈3:46). 寸心이 어돕디 아니ᄒᆞ면 萬法이 다 ᄇᆞᆰᄂᆞ니라:寸心不昧萬法皆明(朴解下27).

어되 대 어디. ☞어ᄃᆡ ¶어되셔 식녹지신이 되짓ᄌᆞ ᄒᆞ랴마ᄂᆞᆫ(萬言詞).

어두 대 어디. ☞어ᄃᆡ ¶아희야 구렁망티 어두 西山에 날 늣거다(古時調. 青丘).

:어·두리·라 동 얻으려고. ㉠얻다 ¶몯 ᄃᆞᆰᄒᆞᆫ 며느리를 어두리라 ᄒᆞ야(釋譜6:13).

어두·워 명 지명(地名). ¶阿都哥 어두워 自移闌豆漫東行四日而至(龍歌7:22).

어두이 부 어둡게. ¶ᄌᆞ개 無明 어두이 ᄀᆞ료몰 기리 다ᄋᆞ실씨:以自永盡無明暗蔽故(法華2:83).

어·두이·다 동 어둡게 하다. ¶모ᄃᆞᆫ 어드운 相이 永히 能히 어두이디 몯ᄒᆞᄂᆞ니:諸暗相永不能昏(楞解4:118). ᄃᆞᄅᆞᆯ ᄲᅧ 어두이니(野雲62).

:어둑 부 크게. 많이. ¶中下ᄂᆞᆫ 만히 듣ᄃᆞ록 어둑 信티 아니ᄒᆞᄂᆞ니:中下多聞多不信(南明上36). 明州布袋ᄂᆞᆫ 어둑 미치고 怪異ᄒᆞ샤:明州布袋多狂怪(南明下13). 어둑 모ᄅᆞ고 거츠러:多迷妄(南明下41).

어둔ᄒᆞ다 형 어둔(語鈍)하다. ¶샹셔를 알되 말이 어둔ᄒᆞ고:佶倔(女四解4:53).

·어·둘 부 대강. 대충. ¶이 如來 어둘 니르시는 아홉 가짓 橫死ㅣ니(釋譜9:37). 仁者하 내 이제 부텻 威神과 大士ㅅ 히믈 바다 地獄 일훔과 罪報 惡報앳 이ᄅᆞᆯ 어둘 닐오리니(月釋21:74). 이제 부텻 威力을 받ᄌᆞᄫᅡ 地獄 罪報앳 이ᄅᆞᆯ 어둘 니르노니(月釋21:79). 내 이제 부텻 威神과 仁者ㅅ 무루믈 바다 어둘 니르노니(月釋21:81). 내 너 爲ᄒᆞ야 地藏菩薩ᄋᆡ 人天利益ᄒᆞᄂᆞᆫ 福德 이ᄅᆞᆯ 어둘 닐오리라(月釋21:84).

·어·둡·다 형 어둡다. ☞어듭다 ¶迷惑ᄒᆞᆫ 사ᄅᆞᄆᆡ 그ᄉᆞ기 어두워 머굴위여:癡者陰昧濡滯(法華2:109). 아라우히 悠悠ᄒᆞ야 어둘고디 업도다(南明上45). 우흔 ᄇᆞᆰ고 아래 어둡다가:上明下暗(六祖中38). 이런 어두운 ᄯᅡ해:這般黑地裏(飜老上37). 住 업슨 ᄆᆞᅀᆞᄆᆡ 體ㅣ 靈知ᄒᆞ야 어둡디 아니ᄒᆞ야:無住心體靈知不昧(龜鑑上25). 어두을 암:暗(類合上3). 어두울 유:幽(類合下17). 어두을 ᄆᆡ:昧(類合下42). 어두을 엄:晻(類合下49). 어두을 명:冥(類合下55). 山川이 어둡거니 日月을 엇디 보며(松江. 續美人曲). 눈 어둡다:眼昏(譯解下6). 어두운 가온대 出入홈은:暗中出入(女四解2:38). 어둡다:昏了(同文解上5).

어둥정 부 어리둥절. ¶ᄇᆞ람이야 믈결이야 어둥정 된뎌이고(松江. 續美人曲).

어·드·러 부 어디로. 어느 곳으로. ☞어드러로. 어드로 ¶王이 어드러 가시니잇고(月釋10:14). 다시 묻노라 네 어드러 가ᄂᆞ니오:重問子何之(初杜解8:6). 몰 타 어드러 가실고:上馬往那裏去(飜朴上64). 이 됴ᄒᆞᆫ 뫼ᄒᆞᆯ 對ᄒᆞ야셔 어드러 가리라 ᄒᆞᄂᆞ뇨:對此欲何適(重杜解1:28). 몸올 기우려 어드러 가려뇨 ᄒᆞ야 川梁올 ᄇᆞ라노라:側身望川梁(重杜解1:38). ᄯᅩ 어드러 가고져 커뇨:更欲投何處(重杜解2:15). 어러이 ᄃᆞ라 ᄆᆞᄎᆞ매 어드러 가리오:狂走終奚適(重杜解3:15). 돗글 밧드러 어드러 향ᄒᆞ실고 請ᄒᆞ며:奉席請何鄕(英小2:5). 네 어드러 도라 가리오(女範1. 모의 왕손가모).

어드러로 부 어디로. 어느 곳으로. ☞어드러. 어드로 ¶형아 네 어드러로셔브터 온다:大哥你從那裏來(老解上1). 昭陽江 ᄂᆞ린 믈이 어드러로 든단 말고(松江. 關東別曲). 어드러로 가쟈 말고 잡거니 밀거니 놉픈 뫼희 올라가니(松江. 續美人曲). 風波의 일니던 ᄇᆡ 어드러로 가단 말고(古時調.

鄭澈. 松江). 원슈 白髮이 어드러로 온 거이고(古時調. 남도준. 青丘). 이 님을 ᄇᆞ리고 어드러로 가잔말고(古時調. 늙거다. 青丘). 부모쳐자 다 바리고 어드러로 혼자가노(萬言詞).

어·드러·셔 早 어느 곳에서. 어느 곳으로부터. ¶比丘ㅣ 어드러셔 오뇨(釋譜19:30). 무르샤ᄃᆡ 어드러셔 오시니잇고(月釋8:91). 어드러셔 오니잇고 ᄒᆞ샤ᄆᆞᆯ 結ᄒᆞ야 묻ᄌᆞ오시니라:結問何來也(法華5:100). 어드러셔 오뇨:從何所來(法華6:80). 이거슨 어드러셔 오뇨:此物從何來(宣賜內訓3:29). 節 아ᄂᆞᆫ 괴ᄭᅩ리ᄂᆞᆫ 어드러셔 오돗던고(松江. 星山別曲).

어드로 早 어디로. 어느 곳으로. ☞어드러 ¶플덕플덕 프드덕이니 놀다 길다 네 어드로 갈다(古時調. ᄇᆞ른갑이라. 青丘). 내 어드로 가 도라오리오(十九史略1:19).

어드록 早 얼마나. 얼마만큼. ☞어도록 ¶네 아들 孝經 닑ᄃᆞ니 어드록 ᄇᆡ환ᄂᆞ니(古時調. 青丘). 어드록 ᄒᆞ엿ᄂᆞ니(癸丑197).

어·드록·고 형 어떠하냐. ¶ᄂᆞᆯ 아ᄎᆞᄆᆡ 封事ㅣ 이실시 ᄌᆞ조 바미 어드록고 묻노라:明朝有封事數問夜如何(初杜解6:14). 바미 어드록고 처엄 무루플 다혀 안조라:夜如何其初促膝(初杜解25:30).

어·드·리 早 어떻게. 어찌. ¶그에 精舍ㅣ 업거니 어드리 가료(釋譜6:22). 네 브즈러니 세 버늘 請ᄒᆞ거니 어드리 아니 니르료(釋譜13:46). 네 아ᄃᆞ리 孝道ᄒᆞ고 허믈 업스니 어드리 내티료(月釋2:6). 어드리 아니 기쎠 머릴 내와다 바ᄃᆞ료(月釋10:22). 나ᄆᆡ그에 오녀 ᄒᆞ고 고티면 어드리 世間애 ᄃᆞᆫ니리오:許人以諾而不能信將何以立於世(三綱. 孝5). 어드리 시러 어엿비 너기디 아니ᄒᆞ리오:安得不恤也(宣賜內訓3:51).

어드매 대 어느 곳. 어디. ☞어드메. 어드ᄆᆡ ¶桃源은 어드매오 武陵이 여긔로다(松江. 星山別曲).

어·드·메 대 어느 곳. 어디. ☞어드매. 어드ᄆᆡ ¶이 ᄯᅡ히 어드메 잇고(月釋8:94). 齊州ᄂᆞᆫ 어드메 잇ᄂᆞ니오:齊州安在哉(初杜解8:37). 어드메 닑거 갓ᄂᆞ다:讀到那裏也(飜朴上49). 네 집이 어드메오 이 뫼 넘어 긴 江 우희(古時調. 歌曲).

어드ᄆᆡ 대 어느 곳. 어디. ☞어드매. 어드메 ¶草河口 어드ᄆᆡ오(古時調. 海謠).

어·드봄 형 어두움. 어둠. ⑦어듭다 ¶諸經에 法 펴샤ᄆᆞᆫ 어드봄 ᄒᆞ야ᄇᆞ료ᄆᆞᆯ 爲ᄏᆞ신마ᄅᆞᆫ(月釋18:48). ᄯᅩ 日天子ㅣ 여러 어드ᄫᅮᄆᆞᆯ 能히 더ᄃᆞᆺ ᄒᆞ야 이 經도 一切 됴티 몯ᄒᆞᆫ 어드ᄫᅮᄆᆞᆯ 能히 ᄒᆞ야ᄇᆞ리ᄂᆞ니라(月釋18:48). 日光 낤 저긔 어드봄과 어우디 아니ᄒᆞᄂᆞ니 사ᄅᆞ미 正智ᄅᆞᆯ 得ᄒᆞ면 어드ᄫᅮ미 절로 덜리라(月釋18:48).

어·드ᄫᅳᆫ 형 어두운. ⑦어듭다 ¶알ᄑᆡᄂᆞᆫ 어드ᄫᅳᆫ 길헤:前有暗程(龍歌30章). 오래 어드ᄫᅳᆫ ᄃᆡ 잇다니(月釋21:55). 어드ᄫᅳᆫ ᄃᆡ 비취면 ᄇᆞᆯ고미 日月에셔 더으고:燭幽則日月愈明(蒙法65).

어·드움 형 어두움. 어둠. ⑦어듭다 ¶한 어드우믈:群昏(圓覺序3). 심셩이 본ᄅᆡ ᄇᆞᆰ거늘 몰라 어드움 ᄀᆞᆮᄒᆞ니:性本明迷之似闇(圓覺上一之二48).

어득어드기 早 어둑어둑히. ☞어득어득기 ¶어득어드기 구룸 ᄢᅵᆫ ᄆᆞ레 阻隔ᄒᆞ야 가ᄂᆞ니:昏昏阻雲水(初杜解8:62).

어득어득기 早 어둑어둑히. ☞어득어드기 ¶어득어득기 闇闇애 妖怪ᄅᆞ왼 氣運이 다티옛ᄂᆞ니:昏昏闇闇閉氛祲(重杜解5:37).

어득어득ᄒᆞ다 형 어둑어둑하다. ¶어득어득ᄒᆞᆫ 비ᄂᆞᆫ 오래 오놋도다:濛濛雨滯淫(重杜解3:14).

·어득·히 早 어득히. 까마아득히. ¶어득히 世界ㅣ 거므니:漠漠世界黑(初杜解16:4).

·어·득·ᄒᆞ·다 형 어둑하다. ☞어득ᄒᆞ다 ¶어득ᄒᆞ야 보ᄃᆡ 몯ᄒᆞ야(釋譜13:57). 罔ᄋᆞᆫ 어득ᄒᆞ야 모ᄅᆞᄂᆞᆫ 양지라(月釋21:105). 風水ㅅ 氣運의 어득ᄒᆞᆫ ᄃᆡ ᄌᆞ조 구펴 ᄃᆞᆫ뇨라:屢跼風水昏(重杜解1:27). 나죗 어득ᄒᆞᆫ 비츤 遠客이게 ᄢᅴ엿도다:瞑色帶遠客(重杜解1:33). 錦城은 ᄒᆡ 어득ᄒᆞ야 누르렛ᄂᆞ니라:錦城曛日黃(初杜解7:10). ᄇᆞᆯ곰 여다 호ᄆᆞᆫ 어득ᄒᆞᆫ ᄃᆞᆯ 여러 낼 시라(南明下46). 힝지 어득ᄒᆞ고 싀험ᄒᆞ며:動止陰險(宣小5:28). 어득ᄒᆞ다:黑(譯解上2). 어득ᄒᆞ다:憒憒(同文解上23). 처엄은 어득ᄒᆞ야 다 죽엇다가 다시 사니(女範2. 효녀 당이량). 어득ᄒᆞᆫ 人事를 義理로 ᄇᆞᆰ키신이(古時調. 金壽長. 孔夫子. 海謠). 私欲에 ᄀᆞ리여 ᄆᆞᄋᆞᆷ이 어득ᄒᆞᆫ지라(捷蒙1:7). 경신이 어득ᄒᆞ니 운무의 ᄊᆞ혀ᄂᆞᆫ가(萬言詞).

-어·든 조 -거든. ¶됴ᄒᆞᆫ 술 ᄒᆞᆫ 되예 글혀 반 되어든 ᄂᆞᆫ화 ᄃᆞ시닐 머그라(救簡1:15). 병ᄒᆞ얀 디 다ᄉᆞᆺ 히어든 열다ᄉᆞᆺ 환곰 먹고 열 히어든 스믈 환곰 먹고(救簡1:93).

-어·든 어미 -거든. -니. -으니. ☞-어ᄃᆞᆫ ¶언제 새어든 부텨를 가 보ᅀᆞᄫᆞ려뇨(釋譜6:19). 돌ᄒᆞ로 텨든 조치여 ᄃᆞ라 머리가 셔아셔(釋譜19:31). 草木이 이울어든(月釋序16). 네 누는 ᄒᆞ마 알어든 모ᄆᆞᆫ 당다이 아디 몯ᄒᆞ리로다:汝眼已知身合非覺(楞解1:61). 돌씨어든 그 ᄃᆞᄅᆞᆯ 내내 우더라:每至忌月則悲啼三旬(三綱. 孝19 王延). 善이 아니어든 사괴디 아니ᄒᆞ고(宣賜內訓1:24). 혓불휘 굳세어든:舌根强(救簡1:18). 이비

왼녁으로 기울어든 올혼녁 오목혼 디 뜿고:口向左摩右穴(救簡1:19). 디혀 처 골이 드외어든 술 혼 되예 계피롤 프러:擣羅爲末酒一大盞調肉桂令勻(救簡1:21). 뫌을 어더든:得了馬時(朴解下56). 힝혀 옥환을 어더든 내 아돌의게 보내라(太平1:56). 텬아 혼 소릐롤 부러든(兵學1:2).

어든다 동 얻었느냐. ¶어디 가 이를 어든다(女範1. 모의 졔뎐직모).

어들로 부 어디로. 어느 곳으로. ☞어드러. 어드로 ¶胸中에 희묵은 시름이 어들로 니거다(古時調. 金壽長. 淸秋節. 海謠).

:어·듬 동 얻음. ㉠얻다 ¶어듬을 보매 맛당 홈을 싱각홀디니라:見得思義(宣小3:5).

어·듭·다 형 어둡다. ☞어둡다. 어둡다 ¶알퓌는 어드본 길헤:前有暗程(龍歌30章). 祭壇올 보다가 제 눈이 어듭거늘(月印上55). 누니 도로 어듭거늘(釋譜6:19). 昧는 어드볼 씨라(月釋序3). 眞實ㅅ 覺올 긴 바미 어듭게 호며:遂昧眞覺於長夜(月釋序4). 어드부믜 始作올 스뭇 아라(月釋14:39). 魅는 돗가비니 性覺이 本來 볽거늘 볼고몰 여희여 어드볼씨(月釋21:19). 오래 어드본 디 잇다니(月釋21:55). 어드워 空이 드외야 空과 어드움괏 中에 어드우미 믹자:晦昧爲空空晦暗中結暗(楞解2:18). 日月光明의 能히 여러 가짓 어드움 더둣 호야:如日月光明能除諸幽冥(法華6:114). 어드본 디 비취면 볼고미 日月에셔 더으고:燭幽則日月愈明(蒙法65). 靈혼 아로미 어듭디 아니혼 돌 알리로라:靈知不昧(圓覺上二之二57). 意識이 샹녜 어듭거든:意識常昏(圓覺上二之二83). 나히 늘거 눈 어드워:年高目冥(宣賜內訓2下7). 巫峽엔 千山이 어드우니:巫峽千山暗(初杜解8:39). 어드운디 돌미틧 우믌므를 긷놋다:暗汲石底井(初杜解9:14). 須菩提옷 아니면 뉘 어드운 가온디 볼고몰 알리오:不有須菩提誰知暗中明(金三2:2). 漸漸 어드워 검도다(南明上15). 燈 업스면 곧 어듭느니(六祖上6).

※'어듭다'의 ┌ 어듭고/어듭게/어듭디…
활용 └ 어드본/어드볼…

어·듸 대 어디. ☞어디 ¶어듸 머러 威不及호리잇고:何地之邈而威不及(龍歌47章). 어듸사 됴혼 ᄯᅩ리 양ᄌᆞ ᄀᆞᄌᆞ니 잇거뇨(釋譜6:13). 이 ᄇᆞ리고 어듸 브트리오:捨此何依(月釋序15). 趙州는 어듸롤 因호야 업다 니르뇨:趙州因甚道無(蒙法13). 녜 여희요믄 이 어듸리뇨:昔別是何處(初杜解21:30). 구룸의 자최며 鶴의 양지어니 어듸 브트리오(南明上3). 네 이제 어듸 가는다:你如今那裏去(飜老上7). 어듸라 더디던 돌코 누리라 마치던 돌코(樂範. 靑山別曲). 우리 오놀 밤의 어듸 자고 가료:咱們今夜那裏宿去(老解上9). 어듸로 가잔 말고 뉘집으로 가잔 말고(萬言詞).

어듸메 대 어디. ☞어드메. 어듸믜 ¶蟾江은 어듸메오 雉岳은 여긔로다(松江. 關東別曲). 一曲 어듸메오 冠巖에 히 비최다(古時調. 李珥. 靑丘). 네 집이 어듸메오 이 뫼 넘어 긴 江 우희(古時調. 靑丘).

어듸믜 대 어디. ☞어드메. 어듸메 ¶나귀 목에 돈을 걸고 酒家ㅣ 어듸믜오 뭇노라 牧童들아(古時調. 淸明時節. 靑丘).

어·듸쎤 부 어찌. ☞어듸쁜. 어뒷던 ¶어듸쎤 藥師瑠璃光如來 혼 부텻 일홈 念홀 뿌네 이런 功德 됴혼 利롤 어드리오 호야(釋譜9:27). 곧 이 眞空이어니 어듸쎤 앏뒤히 이시리오(月釋8:32). 어듸쎤 즈슴츠리오:何曾間(金三2:24).

어·듸·쁜 부 어찌. ☞어듸쎤. 어듸ᄯᅡᆫ. 어뒷던 ¶네 어듸쁜 나를 이긜다:你那裏贏的我(飜朴上22).

어·듸ᄯᅡᆫ 부 어찌. ☞어듸쁜 ¶내 어듸ᄯᅡᆫ 잠간이나 對答호며:我焉敢答(宣賜內訓2上3). 어듸ᄯᅡᆫ 샹급호시기를 ᄇᆞ라리잇가:豈可望賞(飜朴上60).

어·뒷·던 부 어찌. ☞어뒷쎤 ¶人生이 어뒷던 이 ᄀᆞᄐᆞ니 이시리잇고(釋譜6:5). 癡愛病이 덜면 生死緣이 그쳐 眞常올 頓證호면 어뒷던 또 늘거 주그리오(月釋18:59). 어뒷던 魔事ㅣ 이시리오:烏有魔事耶(法華7:106). 다룬 나래 分別 드외요미 어뒷던 그지 이시리오:異日爲患庸有極乎(宣賜內訓1:81). 이에 니르러 어뒷던 쥬변드외요몰 得호리오:到此何嘗得自由(南明上62).

어·뒷쎤 부 어찌. ☞어듸쎤. 어듸쁜. 어뒷던 ¶가졸비건댄 져비 遮日에 삿기치둣 호니 어뒷쎤 오래 便安호료:譬如燕巢于幕豈能久安(三綱. 忠15).

·어디·롬 형 어짊. ㉠어딜다 ¶어디롬과 어류미 ᄀᆞᄌᆞ디 아니홀시:賢愚不齊故(圓覺序74). 어디로미사 어딜어니와:賢則賢矣(宣賜內訓2上22). 믜여호는디 그 어디롬을 알며:憎而知其善(宣小3:3).

·어디·리 부 어질게. ☞어딜이 ¶어디리 護持홀 씨라:賢護(楞解5:40). 이런드로 일후미 어디리 護持라:故名賢護(楞解5:40). 어디리 도외게 호는 도리 다 졀치 잇느니라:成就之道皆有節序(飜小9:14). 말ᄉᆞ몰 어디리 호거늘:讜言正色(續三綱. 忠3). 그 졀의 잇는 줄 어디리 너겨(女範3. 뎡녀위셔부인).

·어딜·다 형 어질다. ☞어질다 ¶士는 어딘 남지니니(釋譜9:3). 大王이 어디르샤 正法으로 나라홀 다ᄉᆞ리더시니(釋譜11:17). 跋

ᄋᆞᆫ 어디다 ᄒᆞ논 마리니(釋譜13:7). 千子ᄂᆞᆫ 즈믄 아ᄃᆞ리니 ᄒᆞ나히 어디러 즈믄 사ᄅᆞᆷ 당ᄒᆞ실씨(月釋1:28). 네 아ᄃᆞ론 어딜어늘(月釋2:5). 네 아ᄃᆞ리 어딜쎠 ᄒᆞ시니(月釋2:7). 하ᄂᆞᆫ 도ᄌᆞᄀᆡᆺ 사ᄅᆞ미 어디닐 다와다 구피ᄃᆞᆺ ᄒᆞ니:如讒賊人逼枉良善(楞解8:92). 어딜오 貴코 노ᄑᆞᆫ 양ᄒᆞᆯ씨:豪貴矜高(法華1:196). 어디러 ᄠᅥ 업슨 香이오:賢無垢香(法華6:41). 어디롬과 어류미 ᄀᆞᄌᆞᆨ디 아니ᄒᆞᆯ시:賢愚不齊故(圓覺序74). 오히려 어디디 몯ᄒᆞᆫ 子息이 잇곤 ᄒᆞᄆᆞᆯ며 나ᄂᆞᆫ ᄒᆞ올어미라:尙有不淑之子況余寡母(宣賜內訓序8). 맛볼 사ᄅᆞᄆᆞᆫ 묻노라 몃 어디니오:逢人問幾賢(初杜解7:32). ᄀᆞ장 어디니 後子孫이 ᄆᆞᄎᆞ매 陵遲ᄒᆞ니:大賢之後竟陵遲(初杜解8:16). 陳留엣 阮瑀ᄅᆞᆯ 뉘 어디로ᄆᆞᆯ ᄃᆞ토리오:陳留阮瑀誰爭長(初杜解21:24). 어딜 현:賢. 어딜 쥰:俊. 어딜 호:豪. 어딜 ᄂᆞᆼ:能(訓蒙下25). 어딜 덕:德(類合下1). 어딜 현:賢. 어딜 션:善(類合下2). 어딜 장:臧(類合下19). 어딘 말ᄉᆞᆷ 모:謨(類合下24). 어딜 슉:淑(類合下30). 어딜 량:良(類合下56). 어딜 냥:良(石千8). 어딜 션:善(石千10). 上品엣 사ᄅᆞᄆᆞᆫ ᄀᆞᄅᆞ치디 아니ᄒᆞ야셔 어딜고:上品之人不敎而善(宣小5:26). ᄀᆞᄅᆞ치디 아니ᄒᆞ야셔 어디롬이 聖人 아니오:不敎而善非聖(宣小5:27). 어딘 男子ㅣ 어니ᄯᅧ:卓立的男子(老解下43). 아ᄃᆞᆯ 계 어딜러(十九史略1:9). 황쵹의 어딜믈 듯고 군듕에 녕ᄒᆞ여:王蠋賢令軍中(五倫2:7). 업의 어딜믈 듯고 불려:素聞業賢徵之(五倫2:20). ※어딜다>어질다

·어딜·에 형 어질게. 착하게. ㉮어딜다 ☞-에 ¶敎化ᄂᆞᆫ ᄀᆞᄅᆞ쳐 어딜에 ᄃᆞ외올 씨라(月釋1:19).

어딜우 부 어질게. ☞어딜이 ¶世예션 張子房ᄋᆞᆯ 어딜우 너겨 ᄒᆞᄂᆞ다:世賢張子房(重杜解1:57).

·어딜·이 부 어질게. ☞어디리. 어딜우 ¶了翁이 듣고 어딜이 너겨 닐오ᄃᆡ:了翁聞而善之曰(飜小7:5). 어딘 일을 어딜이 너교ᄃᆡ 色 됴히 너김으로 밧고아 ᄒᆞ며:賢賢易色(宣小1:15). 어딘 이를 어딜이 너교ᄃᆡ 色을 밧고며:賢賢易色(宣論1:4). 주그매 거상을 어딜이 ᄒᆞ고:歿善居喪(東新續三綱. 孝8:51).

어ᄃᆞ러 부 어디로. ☞어드러. 어드로 ¶어ᄃᆞ러 向ᄒᆞ노라 뫼얏비 가ᄂᆞᄉᆞ다(辛啓榮. 月先軒十六景歌).

어ᄃᆞ메 대 어느 곳. 어디. ☞어드메 ¶南山 뫼 어ᄃᆞ메만 高學士 草堂 지어(古時調. 鄭澈. 松江).

어독ᄒᆞ다 형 어둑하다. ☞어득ᄒᆞ다 ¶하ᄂᆞᆯ히 ᄎᆞ고 어독ᄒᆞ야 힛비치 업스니:天寒昏無日(重杜解1:23).

-·어·둔 어미 -거든. ☞-어든 ¶돌ᄒᆞ로 텨ᄃᆞᆫ 避ᄒᆞ야 ᄃᆞ라(月釋17:85). 뎌 사ᄅᆞ미 體ᄅᆞᆯ ᄇᆞ려ᄃᆞᆫ:去彼人體(楞解9:89). 가히ᄂᆞᆫ 사ᄅᆞ미 ᄒᆞᆰ무저그로 텨ᄃᆞᆫ ᄒᆞᆰ무저글 므너흘오(金三2:21). 어드운 ᄃᆡ셔 ᄀᆞ오눌여ᄃᆞᆫ 블 혀디 말오:暗中着魘不得以火照之(救簡1:82).

어ᄃᆡ 대 어디. ☞어듸 ¶내 어ᄃᆡ 가리오:吾何歸矣(三綱. 烈3). 어ᄃᆡ 그 民의 父母ㅣ 되얀ᄂᆞᆫ 주리 이시리오:惡在其爲民父母也(宣孟5:11). 할미 어ᄃᆡ 의뢰ᄒᆞ리오:祖母何賴(東新續三綱. 孝8:70). 어ᄃᆡᄅᆞᆯ 조차 善을 擇ᄒᆞ며:何從擇善(女四解4:3). 어ᄃᆡ셔 슬푼 소ᄅᆡ 닉 근심 더 ᄒᆞᄂᆞᆫ고(萬言詞).

어ᄃᆡ미 대 어느 곳. 어디쯤. ☞어드메. 어ᄃᆞ메 ¶풍도섬이 어ᄃᆡ미뇨 디옥이 여긔로다(萬言詞).

-·어·라 어미 -어라. ☞-거라 ¶네 바리ᄅᆞᆯ 어듸 가 어든다 도로 다가 두어라(月釋7:8). 머리 헤혀 얼에비소로 비서라:撒開頭髮梳(飜朴上44).

어러가다 동 시집가다. ¶제 어미ᄂᆞᆫ 하양의 잇ᄂᆞᆫ 젼시를 어러가고:其母改適河陽錢氏(二倫19 杜衍待兄).

어러미 명 어레미. ¶모로미 어러미로 츤 細沙로ᄡᅥ 섯글디니:須雜以篩過細沙(家禮7:24). 어러미 라:籮(兒學上11).

·어러·운 형 미친 듯한. ㉮어럽다 ¶盜賊ᄋᆞᆫ 어러운 놀앳 밧긔 잇ᄂᆞ니:寇盜狂歌外(初杜解14:12). 녜 어러운 客이 잇더니:昔年有狂客(初杜解16:5).

·어러·이 부 미친 듯이. ¶어러이 ᄃᆞ라 ᄆᆞᄎᆞ매 어드러 가리오:狂走終奚適(初杜解3:15). 어러이 놀애 블러 聖朝애 브텃노라:狂歌託聖朝(初杜解3:22). 오직 어러이 도라보놋다:但狂顧(初杜解21:38).

·어럽·다 형 미친 듯하다. ¶盜賊ᄋᆞᆫ 어러운 놀앳 밧긔 잇ᄂᆞ니:寇盜狂歌外(初杜解14:12). 녜 어러운 客이 잇더니 너를 일훔호ᄃᆡ 귀향왯ᄂᆞᆫ 仙人이라 ᄒᆞ더니라:昔年有狂客號爾謫仙人(初杜解16:5). 어러운 ᄇᆞᄅᆞ미 兼ᄒᆞ얏ᄂᆞ니라:狂風兼(重杜解19:46).

어렁구러 부 이렁저렁. ¶漁父 生涯ᄂᆞᆫ 어렁구러 디낼로다(古時調. 尹善道. 來日이 또. 孤遺).

어레 명 얼레. ☞어르. 얼에 ¶西風이 고이 불제 올白絲 ᄒᆞᆫ 어레ᄅᆞᆯ ᄯᅮᆺ가지 푸러 씌올제(古時調. 이 시름 져 시름. 青丘). 어레:縱線籰子(漢淸10:69). 어레:籰子(柳氏物名三 草).

어레빋 명 얼레빗. ☞어레빗. 얼에빗 ¶어레빋 즐:櫛(倭解上44).

어레빗 [명] 얼레빗. ☞어레빋. 얼에빗 ¶대쵸나모 어레빗:棗木梳子(老解下61). 어레빗:梳(物譜 服飾). 어레빗 소:梳(兒學上12).

어레잇 [명] 얼레빗. ☞얼에빗 ¶니 ᄲᅠ진 늘근 중놈의 ᄉᆞᆯ 성긘 어레잇시로다(古時調. 나는 님 헤기를. 歌曲).

어·려ᄫᅮᆷ [형] 어려움. ㉮어렵다 ¶이 사ᄅᆞᆷᄀᆞ티 거스디 어려ᄫᅮ미 녜로브터 업스니라(月釋10:29). 세ᄒᆞᆫ 저품 업스신 行이니 어즈러ᄫᅳ며 어려ᄫᅮ믈 ᄢᅥ리디 아니ᄒᆞ실 씨라(月釋18:17).

어·려ᄫᅳ·니 [형] 어려우니. ㉮어렵다 ¶比丘아 알라 諸佛이 世間애 나미 맛나미 어려ᄫᅳ니 엇뎨어뇨 ᄒᆞ란ᄃᆡ 德 열ᄫᅳᆫ 사ᄅᆞᆷ돌히 無量百千萬億劫을 디나 시혹 부텨 보리도 이시며(月釋17:14).

어·려·ᄫᅳᆫ [형] 어려운. ㉮어렵다 ¶이 衆生돌히 이런 말 드르면 당다이 맛나미 어려ᄫᅳᆫ 想ᄋᆞᆯ 내야 ᄆᆞᅀᆞ매 그리ᄫᅳᆫ ᄠᅳ들 머거(月釋17:15). 이러ᄐᆞᆺᄒᆞᆫ 化티 어려ᄫᅳᆫ 剛强ᄒᆞᆫ 罪苦衆生ᄋᆞᆯ 度脫ᄒᆞ거든 보ᄂᆞ니(月釋21:34).

어·려ᄫᅳᆯ [형] 어려울. 어려운. ㉮어렵다 ¶難은 어려ᄫᅳᆯ 씨라(月釋序23).

어·려·ᄫᅵ [부] 어려이. 어렵게. ☞어려이 ¶讀誦ᄋᆞᆯ 어려ᄫᅵ 너기거니와(月釋序23). 어려ᄫᅵ 닷골 行이:難修之行(牧牛訣44). 어려ᄫᅵ 너교ᄆᆞᆯ 내야:生艱阻之想(牧牛訣45).

어려온 [형] 어려운. ¶세간에 엇기 어려운 거슨 형데라:難(百行源15).

어려워ᄒᆞ다 [동] 어려워하다. ¶우리 ᄒᆞᆫ 번 먹어심으로 므슴 어려워ᄒᆞᆯ 곳 이시리오(淸老3:10). 어려워ᄒᆞ다:作難(同文解上20. 譯解補24).

어·려·이 [부] 어려이. 어렵게. ☞어려ᄫᅵ ¶一切ㅅ 어려이 行홇 法엣 일 行호매:行諸一切難行法事(楞解1:86). 어려이 낫고 수이 믈루믈:難進易退(法華3:174). 後에 서르 미더 드나ᄃᆞ로ᄆᆞᆯ 어려이 아니ᄒᆞ나(圓覺序47). 너희돌희 어려이 홀 배 아니라:非若等所難也(宣賜內訓序7). 다 츌히기 어려이 되얏ᄂᆞ이다(女範2. 변녀 쥬시ᄃᆡ부).

어려히 [부] 어려이. 어렵게. ☞어려ᄫᅵ. 어려이 ¶너모 어려히 ᄒᆞ면 議論이 俱一치 몯ᄒᆞ여(隣語3:30).

어렴프시 [부] 어렴풋이. ¶어렴프시 아다:影影知道(譯解下53).

어렴픗ᄒᆞ다 [형] 어렴풋하다. ¶뎌리 어렴픗ᄒᆞ고 이시니(諺簡. 仁宣王后諺簡). 두 ᄌᆞ는 어렴픗ᄒᆞ여(仁祖行狀1).

어·렵·다 [형] 어렵다. ¶부텨 맛나미 어려ᄫᅳ며(釋譜6:10). 法 드로미 어려ᄫᅳ니(釋譜6:11). 正ᄒᆞᆫ 法 ᄀᆞᄅᆞ쵸미 어렵더니(釋譜6:21). ᄆᆞᅀᆞᆯ히 멀면 乞食ᄒᆞ디 어렵고(釋譜6:23). 難은 어려ᄫᅳᆯ 씨라(月釋序23). 큰 法證티 어려ᄫᅮᄆᆞᆯ 가ᄌᆞᆯ비고(月釋13:14). 이러ᄐᆞᆺᄒᆞᆫ 化티 어려ᄫᅳᆫ 剛强ᄒᆞᆫ 罪苦衆生ᄋᆞᆯ 度脫ᄒᆞ거든 보ᄂᆞ니(月釋21:34). 信호미 어려운 기픈 經은(楞解1:3). 正定에 드로미 어려ᄫᅮᆯ가 저혼 젼ᄎᆞ로:而恐…難入正定故(楞解6:83). 이 苦ㅣ 이슈미 어렵거늘사 ᄒᆞᄆᆞᆯ며 ᄯᅩ 큰 브리ᄯᆞ녀(法華2:134). ᄀᆞ티 호미 어려우나(圓覺下二之一62). 眞實로 世예 셔며 사ᄅᆞ미게 맛숌호미 어려우니:固難立之於世語之於人(宣賜內訓序7). 아라도 ᄒᆞ마 뉘으초미 어려오니라:覺已難悔(宣賜內訓1:33). 山陰ㅅ ᄆᆡ햇 누네 興心을 토미 어려웨니라:山陰野雪興難乘(初杜解10:24). ᄒᆞᄆᆞᆯ며 나ᄃᆞᄅᆞᆯ 머믈오미 어려오미ᄯᆞ녀:況難仕義和(初杜解22:47). 微妙ᄒᆞᆫ 體 보미 어렵도소니:妙體難覩(金三2:7). 디나가리 어렵도다:過者難(南明上14). 어려울 란:難(石千9). 반ᄃᆞ시 곰기며 더데 짓기 어렵ᄂᆞ니(痘要下8). 밋기야 어려와마는 아니 밋고 어이리(古時調. 님을. 靑丘). 恩德을 닏기 어려올시:恩德難忘(女四解2:15).
※'어렵다'의 활용┌어렵고/어렵더니…
　　　　　　　└어려ᄫᅳ며/어려ᄫᅳ니/어려ᄫᅳᆯ…

어렵사리 [부] 어렵사리. 조심스럽게. ☞어렵소이 ¶이 므스일이ᄋᆞᆸ관ᄃᆡ 이대도록 어렵사리 니ᄅᆞᄋᆞᆸ시ᄂᆞᆫ고(新語5:21).

어·렵·살·ᄒᆞ·다 [형] 매우 어렵다. ¶어렵살ᄒᆞ야 몸ᄋᆞᆯ ᄆᆞᄎᆞ니:坎坷終身(宣小5:53). 革이 어미를 업고 환난을 도망ᄒᆞ야 어렵살ᄒᆞᆫ ᄃᆡᄅᆞᆯ ᄀᆞ초 디내여:革負母逃難備經險阻(英小6:20).

어렵소이 [부] 어렵사리. 조심스럽게. ☞어렵사리 ¶도로쳐 어렵소이 녀기오와 延引ᄒᆞ오니 허믈 마ᄅᆞ시고(新語8:17).

어렷두렷 [부] 어릿어릿. ¶半여든에 쳣계집을 ᄒᆞ니 어렷두렷 우벅주벅(古時調. 靑丘).

어·로 [부] 가(可)히. ☞어루 ¶ᄆᆞᅀᆞ매 서르 體信ᄒᆞ면 어로 맛나 어더 어려ᄫᅮ미 업스리어늘(月釋13:32). 집 아래 어로 온 사ᄅᆞ미 들리로소니:下可容百人(初杜解6:22). 마ᅀᆞ론 어로 그듸와 니스리로다:官曹可接聯(初杜解21:8). 어로 ᄇᆞᄅᆞ미 업스며 긔운이 편안ᄒᆞ리니:可使風退氣和(救簡1:3). 어로 思量티 몯ᄒᆞᆯ 고대(龜鑑上16).

어로신닉 [명] 어르신네. ¶이 보시소 어로신닉(普勸文15).

어록 [명] 얼룩. ☞어롱 ¶어록 반:斑(倭解下12).

어론 [명] 어른. ☞어룬. 얼운 ¶모롬이 어론을 ᄉᆞ랑ᄒᆞ야 공경ᄒᆞ며:須愛敬尊長(警民6). 어론이며 늘근이ᄅᆞᆯ 능욕ᄒᆞ디 말고:毋淩辱尊老(警民14). 어론님 오신 날 밤이여든 구뷔구뷔 펴리라(古時調. 冬至ㅅ 돌 기나긴 밤을. 青丘). 草野에 뭇친 어론 消息이 엇더ᄒᆞᆫ고(古時調. 海謠).

어롱 명 얼룩. ☞어록 ¶어롱:斑(同文解下36). 어롱:斑紋(漢淸14:10).

어롱가릐 명 가뢰의 한 가지. ¶어롱가릐:斑蝥(物譜 飛蟲).

어롱개 명 얼룩개. ¶어롱개:花狗(譯解下32). 어롱개:黎狗(漢淸14:14).

어롱괴 명 얼룩 고양이. ¶내 이 암 어롱괴를 사려 ᄒᆞ노라:我要這女花猫兒(朴解中56). 어롱괴:花猫(譯解下32).

어롱더롱ᄒᆞ다 형 어룽더룽하다. ¶분성적을 어롱더롱ᄒᆞ게 칠ᄒᆞ야 절을 시기니(要路院).

어롱ᄆᆞᆯ 명 얼룩말. ☞어룽ᄆᆞᆯ ¶어롱ᄆᆞᆯ:花馬(漢淸14:22).

어롱쇼 명 얼룩소. ☞어룽쇼 ¶어롱쇼:花牛(譯解下30. 物譜 毛蟲).

어롱지다 동 어룽지다. ☞어룽지다 ¶어롱진 빗:斑爛(漢淸10:66).

어·룜 형 어리석음. ㉮어리다 ☞어륨 ¶이 미치며 이 어료미오:是狂是愚(圓覺上一之一110). 法에 비록 어료ᄆᆞᆯ 여희디 몯ᄒᆞ나:於法雖未離愚(圓覺下一之一43). 잇ᄂᆞᆫ 아ᄃᆞ리 어딜며 다ᄆᆞᆺ 어료ᄆᆞᆯ:有子賢與愚(重杜解3:58).

어·룜 동 미혹(迷惑)됨. ¶엇데 너희 等이… 아ᄂᆞᆫ 中엣 어료ᄆᆞᆯ 잡ᄂᆞᆫ다:云何汝等…認悟中迷(楞解2:16).

어·루 부 가(可)히. ☞어로 ¶어루 法을 ᄇᆡ호ᅀᆞᄫᆞ리이다(釋譜6:11). 可ᄂᆞᆫ 어루 ᄒᆞᄂᆞᆫ 마리오(月釋序9). 清淨ᄒᆞᆫ 法을 어루 ᄇᆡ호리어며(月釋2:12). 前生 罪業을 어루 버스리라 ᄒᆞ실쎠(月釋2:63). 갓ᄀᆞᆫ 거츠루믈 어루 스러ᄇᆞ리며(楞解1:37). 龍神ᄃᆞᆯ히 恭敬ᄒᆞ야ᅀᅡ 이제ᅀᅡ 어루 기리 滅ᄒᆞ야 나ᄆᆞᆫ 것 업다 니ᄅᆞ리로소이다(法華2:23). 如來 니ᄅᆞ시ᄂᆞᆫ 我人ᄃᆞᇙ 相이 ᄆᆞᄎᆞ매 어루 허롤ᄯᅵ라(金剛85). 어루 모ᄆᆞᆯ 가지리어니(宣賜內訓序6). 어루 ᄡᅥ곰 새 그를 지ᅀᅳ리로다:可以賦新詩(初杜解9:25). ᄠᅴᄅᆞᆯ 어루 뷔욜디로다:茅可誅(杜解9:30). 집 西ㅅ녀긧 보ᄃᆞᄅᆞ온 ᄲᅩᇰ니픈 어루 자바 ᄣᅡ리오:舍西柔桑葉可拈(初杜解10:8). 두 지븐 어루 머므럼 직ᄒᆞ도다:二宅可淹留(初杜解22:1). 어루 자바 닐올디니라(南明上5). 어루 又 유여히:能勾(老朴集. 單字解3). 어루 이긔여(野雲41). 어루 맛당ᄒᆞ니이다(王郎傳7).

어루다 동 성교(性交)하다. ¶겨지블 ᄃᆞ려다가 구틔여 어루려 커늘:引其婦强欲淫之(三綱. 都彌妻).

어루러기 명 어루러기. ☞어루러지. 어르러지 ¶어루러기:癜疾(譯解上62).

어루러지 명 어루러기. ☞어루러기. 어르러지 ¶어루러지 뎐:癜(訓蒙叡山本中16).

어루록 명 어루러기. ☞어루러기. 어루러지 ¶어루록 지고 돈ᄂᆞᆫ 독ᄒᆞᆫ 병은:瘢駁疹毒之病(痘要下71).

어루신 명 어르신. 어르신네. 어른. ☞얼우신 ¶어루신이 나ᄅᆞᆯ ᄒᆞ야 아기ᄅᆞᆯ 뫼ᅀᆞ와:大人令我奉阿郞(三綱. 丕寧). 어루신하 허믈 마ᄅᆞ쇼셔:大舍休怪(飜朴上58). 됴뎡 어루신ᄂᆡ며(癸丑54).

어룬 명 어른. ☞어론. 얼운 ¶아희 어룬 업시 증세 ᄒᆞᆫ골ᄀᆞ티여:無少長率皆相似(辟新1). 놉고 어룬으란 등수ᄅᆞᆯ 덜고:尊者減等(警民13). 어룬 공경ᄒᆞ다:敬長(同文解上30). 내 아희 어ᄃᆡ 가 어룬의 공ᄉᆞᄅᆞᆯ 드ᄅᆞᆫ다(落泉1:1).

어룬사ᄅᆞᆷ 명 어른. ☞얼운사ᄅᆞᆷ ¶늘근 어룬사ᄅᆞᆷᄃᆞᆯ히 만히 업ᄉᆞ니(仁祖行狀43). 믈읫 어룬사ᄅᆞᆷ으로 더브러 말ᄉᆞᆷ홈애:凡與大人言(英小2 明倫).

어룬스럽다 형 어른스럽다. ¶어룬스러온 쳬:粧體面(譯解補56).

어룬ᄌᆞ 감 얼씨구. 지화자. 얼싸. ¶어룬ᄌᆞ 박국기ᄅᆞᆯ 쓰렝둥 덩지동 씌여두고 아희야 져리김칠만졍 업다 말고 ᄂᆡ여라(古時調. 다나 쓰나. 青丘). 어룬ᄌᆞ 박너출이야 에어룬ᄌᆞ 박너출이야(古時調. 青丘).

어룽ᄆᆞᆯ 명 얼룩말. ☞어롱ᄆᆞᆯ ¶어룽ᄆᆞᆯ 박:駮(類合下55).

어룽·쇼 명 얼룩소. ☞어롱쇼 ¶어룽쇼:花牛(訓蒙上19 牛字註).

어룽지다 형 어룽지다. ☞어롱지다 ¶어룽지다:起瘢(漢淸11:52).

어륨 형 어리석음. ㉮어리다 ¶어딜며 어류미 진실로 差等ㅣ 잇ᄂᆞ니:賢愚誠等差(重杜解2:57). 어륨이 ᄒᆞᆫ골ᄀᆞᆮᄒᆞ니:愚騃如一(宣小5:42).

어르 명 얼레. 자새. ☞어레 ¶어르:籰子(四解下46 籰字註). 어르 원:檴. 어르 약:籰(訓蒙中18).

어르누·기 부 얼룩지게. ¶어르누기 셴 머리예 ᄒᆞᆫ갓 녯 이ᄅᆞᆯ ᄉᆞ랑ᄒᆞ노라:斑白徒懷曩(初杜解24:39).

어르·눅·다 형 얼룩얼룩하다. 무늬지다. ¶거프른 모ᄅᆞ매 어르누근 이슬 갓가 ᄇᆞᄅᆞᆯ디로다:皮須截錦苔(重杜解2:24). 어르누근 구미테 ᄀᆞᄆᆞ니 안자셔 숤盞ᄋᆞᆯ 드노라:斑鬢兀稱觴(重杜解2:41). 눈서베 디나ᄂᆞᆫ 디픈 막대 어르눅도다:過眉拄杖斑(初杜解7:12). 내 어르누근 귀미티 다 銀ㅅ빗 ᄀᆞᆮ호ᄆᆞᆯ 아ᄂᆞ니라:知吾斑鬢揔如銀(初杜解23:21). ᄯᅩ 더욱 귀믿터리 어르누그리로다:更益鬢毛斑

(重杜解23:48). 어르누글 문:紋(訓蒙下20). 몸애 다숫 빗체 어르누근 오술 니브며:身着五色斑爛之衣(明小4:16).

어르다 동 혼인(婚姻)하다. ☞얼우다 ¶롱담ᄒᆞ야 남진 어르기를 ᄒᆞ며(月釋1:44). 겨집도 다ᄅᆞᆫ 남진 어르니:婦亦更嫁(三綱. 忠6). 嫁ᄂᆞᆫ 겨지비 남진 어를 시오 娶ᄂᆞᆫ 남진이 겨집 어를 시라(宣賜內訓1:70). ᄇᆡᆨ셩의 지븨 가 남진 어럿거늘:嫁民間(飜小9:34). 어를 취:娵(訓蒙上33).

어르더듬다 동 어루만져 더듬다. ¶자리를 어르더듬고:摸床(痘要下70).

어르·러·지 명 어루러기. ☞어루러지 ¶블근 어르러지 힌 어르러지예 ᄇᆡᆨ부ᄌᆞ와 셔류황 과를 ᄀᆞᄂᆞ리 ᄀᆞ라:紫白癜白附子硫黃細末(救簡6:90). 어르러지 뎐:癜(訓蒙中33).

어르몰·아 동 어루만져. ¶后ㅣ 그제 ᄆᆞᅀᆞᆷᄶᅡᆼ 어르몰아 기르샤 受苦ᄅᆞ이 ᄒᆞ샤미 나호니예 더ᄒᆞ더시니:后於是盡心撫育勞悴過於所生(宣賜內訓2上42).

어르문지다 동 어루만지다. ☞어ᄅᆞ문지다 ¶어르ᄆᆞᆫ질 무:撫(類合下13). 어르ᄆᆞᆫ지다:撫摩(同文解上29). 어르ᄆᆞᆫ지다:撫育(漢淸6:55). 형의 관을 어르ᄆᆞᆫ져 슬피 우니:撫柩哀臨不輟(五倫4:19).

어른 부 얼른. 빨리. ¶瞥은 누네 어른 디날 ᄊᆞᅀᅵ오(月釋序2).

어른어른 부 얼른얼른. ¶時節이 어른어른가 百工이 쉬면:荏苒百工休(初杜解7:36).

어른어른·ᄒᆞ·다 동 어른어른하다. ¶어른어른ᄒᆞᄂᆞᆫ 버듨 가지ᄂᆞᆫ 프르고:冉冉柳枝碧(初杜解21:15). 가온대 므어시 드러시되 어른어른ᄒᆞ야 거믜 형상 ᄀᆞᆺ더라:中有物隱隱若蜘蛛形狀(太平1:56).

-·어를 어미 -거늘. ¶마초와 사ᄉᆞ미 門의 들어를 자바 쓰니라:忽有鹿至門獲以供之(續三綱. 孝27).

어·름 명 얼음. ☞어름 ¶열븐 어르믈 하ᄂᆞᆯ히 구티시니:有薄之氷天爲之堅(龍歌30章). 어름爲氷(訓解. 用字). 曾曾인 어르미 서ᄂᆞᆯ호ᄆᆞᆯ 내ᄂᆞ다:曾氷生淅瀝(初杜解7:23). 어르미 덥디 아니ᄒᆞ며:氷不熱(金三3:21). 믌겨리 어름 어러 니롬 ᄀᆞᆮᄒᆞ니라:如波結氷起(南明下58). 어름 빙:氷(訓蒙上2). 어름 빙:氷(類合上4). 열운 어름을 ᄇᆞᆯ옴ᄀᆞᆮ티 ᄒᆞ라 ᄒᆞ니:如履薄氷(宣小4:24). ᄂᆡᆼ슈과 어름ᄲᅮᆫ 마시오시고(癸丑106). 어름 조각:氷牌(譯解上7). 눈물 흘려 벼ᄀᆡ 져져 어름 ᄶᅩ각 버셔인가(萬言詞).

어름것기 명 올벼의 한 품종. ¶어름것기:氷折稻(衿陽).

어릐 명 얼레. 자새. ☞어레. 어르 ¶어릐:籰子(譯解下3).

어릐다 동 어리다. 엉기다. ☞얼의다 ¶어릐다:凝了(同文解上59). 어릐다:凝定(漢淸12:54). 萬重烟柳ᄂᆞᆫ 上下의 어릐엿다(白光弘. 關西別曲).

어·리 명 어리. 우리. 권내(圈內). ¶죽사릿 어리예 버서난 이ᄅᆞᆯ 알와이다(釋譜11:3). 죽사릿 어리예 解脫ᄋᆞᆯ ᄒᆞ마 證ᄏᆞ이다(月釋21:8). 어리ᄅᆞᆯ 아쳗고 籠ᄋᆞᆯ 즐교미라:厭檻忻籠也(永嘉下121). 어리 권:圈(訓蒙下8). 죽사리ᄂᆞᆫ 어리에 하타을 ᄒᆞ마 중괘다(地藏解上3). 어리 로:牢(類合下28).

어리 명 어리. 볏단을 말리는 기구. ¶어리:喬扞三木東頭闊開其根以積穀者(柳氏物名三草).

어·리 부 어리석게. ☞어리다 ¶우리ᄃᆞᆯ히 어리 迷惑ᄒᆞ야 毒藥ᄋᆞᆯ 그르 머구니 願ᄒᆞᆫᄃᆞᆫ 救療ᄒᆞ샤 목수믈 다시 주쇼셔(月釋17:17). 사ᄅᆞ미 어리 迷惑ᄒᆞ야(楞解9:88).

어리다 동 마비시키다. ¶다리를 어리고:腿瘓(馬解上. 諸脈).

어·리·다 형 어리석다. ¶님굼 ᄆᆞᅀᆞ미 긔 아니 어리시니:維君之心不其爲癡(龍歌39章). 이런 젼ᄎᆞ로 어린 百姓이 니르고져 홇 배 이셔도:故愚民有所欲言(訓註2). 愚ᄂᆞᆫ 어릴 씨라(訓註2). 어류므로 어디니 ᄢᅴ며:以愚嫉賢(法華4:196). 어린 거시 아니라 엇더니리오:非愚而何(宣賜內訓1:24). 어린 ᄯᆞ리 굴머셔 나ᄅᆞᆯ 너흐러ᄂᆞᆯ:癡女飢我咬(重杜解1:12). 네ᄂᆞᆫ 엇데 ᄂᆞᆯ나더니 이제ᄂᆞᆫ 엇데 어리뇨:昔何勇銳今何愚(重杜解8:2). 어린 ᄠᅳ데 마초아 마존 배 잇ᄂᆞ니:愚意會所適(重杜解9:23). 어린 사ᄅᆞᆷ과 어딘 사ᄅᆞ미:愚人智人(六祖上64). 나ᄂᆞᆫ 어리고 미혹ᄒᆞᆫ 사ᄅᆞ미라:我是愚魯之人(飜朴上9). 沒黯의 어림이여:汲黯之戇也(飜小9:39). 어릴 우:愚. 어릴 애:騃. 어릴 티:癡. 어릴 함:憨(訓蒙下30). 어릴 우:愚(類合下2). 어릴 티:癡(類合下4). 어릴 당:戇(類合下33). 어릴 우:愚(石千42). 무디ᄒᆞ고 어린 ᄇᆡᆨ셩:蠢愚之民(警民2). 이 어리고 미혹ᄒᆞᆫ 즘싱 ᄀᆞᆺᄌᆞ온 쇼견의도 이러ᄒᆞ오니(癸丑106). 無之ᄒᆞᆫ 어린 사람 自暴自棄ᄒᆞ고 만다(人日歌). 어린 이도 브린다 ᄒᆞ니:使愚(三略中4). 어린 이:癡厮(同文解上23). 어리다:呆了(同文解下7). 지극히 어리고도 신긔ᄒᆞᆫ 재ᄇᆡᆨ셩이라(綸音25).

어·리·다 형 어리다[幼]. ¶디낸 나히 닐흔에 어린 아히 노ᄅᆞᆺ 호야:行年七十作嬰兒戲(宣小4:16). 그 아비 일 죽거ᄂᆞᆯ 어려시모로 ᄲᅧ 거상을 힝호믈 득디 몯ᄒᆞ엳더니:其父早死以幼未得行喪(東新續三綱. 孝3:20). 어려셔 글 잘ᄒᆞ야(女四解4:2). 어리다:幼(同文解上18). 늘그며 어리며 병들며 부녀 능히 오지 못ᄒᆞᄂᆞᆫ 이ᄂᆞᆫ(敬信78). 향리 사ᄅᆞᆷ이 내 어려서브터 자라나 벼슬ᄒᆞ믈 보고:幼(五倫4:51). 철 업슨 어린 아희 소갓튼 절문 계집(萬言詞).

어리롭다 형 철없다. 어리다. ¶또ᄂᆞᆫ 어리로온 아희ᄃᆞᆯ의 ᄲᅬ노ᄂᆞᆫ 양과 놀래 ᄠᅳᆺ은 모로거니와(新語6:8). 다만 우리ᄂᆞᆫ 어리로온 얼굴과 놀래ᄅᆞᆯ 듯고(新語9:6).

어리셕다 형 어리석다. ¶어리셕은 겨집의 화를(女四解3:17).

-·어리·아 어미 -으랴. ☞-어리여. -여리아 ¶싀오져 ᄒᆞᆯ 저긔 能히 니저리아:能忘欲漏時(初杜解7:20). 鞭轡ᄅᆞᆯ 날호야 돌아와 노폰 이바디ᄅᆞᆯ 일워리아(初杜解15:45).

-·어리·여 어미 -으랴. ☞-어리아 ¶어루 크게 맛나다 아니 닐어리여:可不謂之大遇乎(金三3:5).

어·리욤 동 홀림. 미혹(迷惑)됨. ㉮어리이다 ¶도ᄅᆞ혀 定의 어리요ᄆᆞᆯ 니버:反被定迷(蒙法25).

어·리우·다 동 홀리다. 잘못에 집착하다. ☞어리이다 ¶손지 客塵의 어리워 ᄀᆞ료미 ᄃᆞ왼 젼ᄎᆞᆯ씨:尙爲客塵迷障故也(楞解1:104). ᄆᆞᅀᆞᄆᆞᆯ 어리워 가지고셔 ᄃᆡ답ᄒᆞ여 니로ᄃᆡ:執迷着心廻言道(老解下44).

어·리이·다 동 홀리다. 미혹(迷惑)되다. ☞어리우다 ¶도ᄅᆞ혀 定의 어리요ᄆᆞᆯ 니버:反被定迷(蒙法25).

어리잇 명 얼레빗. ☞얼에빗 ¶니ᄲᅡ진 늘근 중놈에 살 셩 어리이시로다(古時調. 나ᄂᆞᆫ 님혜기를. 靑丘).

어리쳑쳑ᄒᆞ다 형 어리칙칙하다. 어리석다. ¶ᄭᅮᆷ아 ᄭᅮᆷ아 어리쳑쳑ᄒᆞᆫ ᄭᅮᆷ아 왓ᄂᆞᆫ 님을 보닋넌 것가(古時調. 靑丘).

어린이 명 어린이. ¶늙은이ᄅᆞᆯ 공경ᄒᆞ고 어린이ᄅᆞᆯ ᄉᆞ랑ᄒᆞ며(敬信1).

어·림:업·다 형 미혹됨이 없다. ¶비취유미 어림업서 本來ㅅ 아로매 마자:照鑑無惑契乎本知(牧牛訣30).

어림쟝이 명 어림쟁이. 어리석은 사람. ¶이제는 어림쟝이 발노군에 들거고나(古時調. 지 넘어. 靑丘). 어림쟝이:獃(漢淸8:30).

어릿어릿 부 멍하니. 멍하게. ¶어릿어릿:獃頭獃腦(漢淸8:27).

어·ᄅᆞ·다 동 어르다. 희롱하다. ¶남지니 ᄒᆞᄅᆞᆫ 도라와 다ᄅᆞ니 어ᄅᆞ라 뵈아거늘:夫一日還迫使他適(續三綱. 烈. 白氏晝姑). ᄒᆞᆫ 중이 놈의 겨집을 도적ᄒᆞ여 어ᄅᆞ노라:一箇和尙偷弄別人的媳婦(朴解上32).

어ᄅᆞᄆᆞᆫ지다 동 어루만지다. ☞어르ᄆᆞᆫ지다. 어ᄅᆞᄆᆞᆫ치다 ¶관원이 허락ᄒᆞ여ᄂᆞᆯ 바ᄅᆞ 그 집의 가 시신을 어ᄅᆞᄆᆞᆫ지고 통곡ᄒᆞ야 닐오ᄃᆡ(太平1:9). 한시 곽글 어ᄅᆞᄆᆞᆫ지고 슬피 브ᄅᆞ지져 듀야ᄅᆞᆯ 그치디 아니ᄒᆞ고:韓氏撫柩悲號晝夜不輟(東新續三綱. 烈1:39). 거믄고 ᄒᆞᆫ 곡됴ᄅᆞᆯ 어ᄅᆞᄆᆞᆫ져:撫琴一操(朴解中44). 어ᄅᆞᄆᆞᆫ지다:摸揉(語錄12). ᄉᆞ랑ᄒᆞ시며 어ᄅᆞᄆᆞᆫ지시니:撫(百行源11). 두 아ᄃᆞᆯ의 주검을 어ᄅᆞᄆᆞᆫ지며 우러 ᄀᆞᆯ오ᄃᆡ:撫二子尸哭曰(五倫2:25). 두 아ᄃᆞᆯ을 어ᄅᆞᄆᆞᆫ지며 울거ᄂᆞᆯ:撫二子而泣(五倫3:38). 니마를 어ᄅᆞᄆᆞᆫ지시며 우셔 갈오샤ᄃᆡ(閑中錄6).

어ᄅᆞᄆᆞᆫ치다 동 어루만지다. ☞어ᄅᆞᄆᆞᆫ지다 ¶싀부뫼 며ᄂᆞ리게ᄂᆞᆫ 어ᄅᆞᄆᆞᆫ치고 형弟의게ᄂᆞᆫ 븟자블더니(家禮5:29).

어름 명 얼음. ☞어름 ¶하ᄂᆞᆯ이 차 어름이 어럿거ᄂᆞᆯ:天寒氷凍(宣小6:22). 겨울의 니ᄅᆞ러 어름이 얼면(經筵). 어름에 치오다:拔氷(譯解下47). 어름의 마킨 믈 여흘ᄋᆡ셔 우니ᄂᆞᆫ ᄃᆞᆺ(古時調. 鄭澈. 거믄고 大絃 올나. 松江). 어름 눈 다 녹고 봄 곳치 픠도록애(古時調. 鄭澈. 나올 적. 松江). 낭군의 은혜ᄂᆞᆫ 닙ᄀᆞᆺ티 엷고 쳡은 어름ᄀᆞᆺ티 ᄆᆞᆰ으니(女範4. 녈녀 노츄호쳐). 믈에 가서 어름을 두ᄃᆞ리며 우니(五倫1:29). 고기 길히 다ᄉᆞᆺ 자히나 ᄒᆞ여 어름 우희 ᄯᅱ여나거ᄂᆞᆯ(五倫1:29). 이에 ᄲᅡ힌 어름 우희 누어 ᄆᆡᆼ셰ᄒᆞ여 ᄀᆞᆯ오ᄃᆡ:乃臥積氷上誓曰(五倫3:50).

어릐빗 명 얼레빗. ☞얼에빗 ¶어릐빗:梳子(同文解上54).

어마네 명 어머니. ¶재 넘어 莫德의 어마네 莫德이 쟈랑 마라(古時調. 靑丘).

어마니 명 어머니. ¶이웃집의 돗 죽임을 무른ᄃᆡ 어마니 ᄀᆞᆯ오ᄃᆡ:母(女四解4:8). 그 어마니ᄂᆞᆫ 념불 아니ᄒᆞ더니(普勸文14).

·어마:님 명 어머님. ☞어머님 ¶어마님 드르신 말 엇더ᄒᆞ시니:維母所聞果如何焉(龍歌90章). 안좀 걷뇨매 어마님 모ᄅᆞ시니(月印上6). 어마닚긔 오ᅀᆞᆸ더니(月印上9). 어마니ᄆᆞᆯ 濟渡ᄒᆞ야 네 가짓 受苦ᄅᆞᆯ 여희여(釋譜6:3). 菩薩ㅅ 어마니미 사라이셔 엇던 行業을 니기더니잇고(月釋21:27). 菩薩ㅅ 어마니미 姓이 므스기러니잇고(月釋21:28). 이제 어마닚 히미 能히 알ᄑᆞ게 몯ᄒᆞ실시:今母之力不能使痛(宣賜內訓1:54). 어마님ᄀᆞ티 괴시리 업세라 아소 님하 어마님ᄀᆞ티 괴시리 업세라(樂詞. 思母曲). 太任은 文王 어마님이시니:太任文王之母(宣小4:2). 孟軻ㅅ 어마님이 그 집이 무덤에 갓갑더니:孟軻之母其舍近墓(宣小4:3).

-·어마·ᄂᆞᆫ 어미 -건마는. ☞-언마ᄂᆞᆫ. -언마른 ¶是非榮辱을 오로 다 니저마ᄂᆞᆫ 다만지 淸閑一癖이매 부르기 죠해라(古時調. 내 몸에. 靑丘).

·어·머·님 명 어머님. ☞어마님 ¶우리 아바님 어머님 ᄆᆞᆮ아ᄌᆞ바님 아ᅀᆞ아ᄌᆞ바님:我父

親母親伯父叔父(飜老下3).

·어머·리 [부] 아주. 많이. ¶頓과 漸괘 어머리 달아 優와 劣왜 ᄅᆞᆰ도다:頓漸懸殊優劣皎然(金三4:49). ᄒᆞᆫ 발도 ᄂᆞᆷ과 견조면 어머리 너므리라:一托比別人爭多(飜老下29).

-·어·며 [어미] -며. ☞-으며 ¶부텨를 念ᄒᆞ야 恭敬ᄒᆞᅀᆞᄫᆞ면 다 버서 나리어며(釋譜9:24). 机를 보고 도ᄌᆞ긴가 너겨며 모딘 귓거신가 너겨(釋譜11:34).

·어믜 [명] 어미의. 〔'엄'+관형격조사 '-의'〕 [독]엄 ¶어믜 바ᄇᆞᆯ 앗ᄂᆞ니(三綱. 孝10). 어믜 ᄉᆞ랑홈 時節ᄀᆞ티 ᄒᆞ면(楞解5:85). 아ᄃᆞ론 어믜 일후믈 니ᄉᆞ니라:子連母號(心經25). 어믜 거상애 그우시를 ᄇᆞ리고:母喪去官(宣賜內訓1:72). 어믜 恩慈를 울워렛ᄂᆞ니라:仰母慈(初杜解8:47). 제 어믜 할린 배 되여ᄂᆞᆯ:爲母所訟(警民23).

·어·믜게·셔 [명] 어미에게서. [독]엄 ¶우리 일록 후에 ᄒᆞᆫ 어믜게셔 난 동싱 형뎨와 므스거시 ᄠᅳ리오:咱從今已後爭甚麼一母所生親弟兄(飜朴上72).

·어·믜:겨·집동·싱 [명] 이모(姨母). ¶어믜겨집동싱:姨姨(老解下31). 어믜겨집동싱의 남진:姨夫(老解下31).

어믜동싱 [명] 이모(姨母). ¶어믜동싱의게 난 아이오:兩姨兄弟(老解上14).

·어믜·오라·븨:겨·집 [명] 외숙모(外叔母). ☞어믜오라비겨집. 어믜오라븨쳐 ¶어믜오라븨겨집:妗子(飜老下34).

어믜오라븨쳐 [명] 외숙모(外叔母). ☞어믜오라븨겨집 ¶어믜오라븨쳐:妗子(老解下31).

어믜오라비 [명] 외숙(外叔). ¶어믜오라비:舅舅(老解下31).

어믜오라비겨집 [명] 외숙모(外叔母). ☞어믜오라븨겨집. 어믜오라븨쳐 ¶어믜오라비겨집:妗(四解下72).

어믜형 [명] 큰이모(姨母). ¶어믜형:大姨娘(譯解上57).

·어·미 [명] 어미. 어머니. ☞엄 ¶어미를 濟渡ᄒᆞ야 涅槃 得호ᄆᆞᆯ 나 곧게 ᄒᆞ리라(釋譜6:1). 母ᄂᆞᆫ 어미라(月釋序14). 내 어미 邪見ᄒᆞ야 三寶를 議弄ᄒᆞ야 헐며(月釋21:27). 어미 子息 ᄉᆞ랑톳 ᄒᆞ시ᄂᆞ니:如母憶子(楞解5:85). 그 사ᄅᆞ미 어미 영노ᄒᆞ며 ᄲᆞᆯ로미:其人母聰悟迅疾(心經25). 六親은 아비와 어미와 兄과 아ᅀᆞ와 겨집과 子息괘라(宣賜內訓1:2). 아비 어미 날 기를 저긔:父母養我時(初杜解8:67). 어미 나ᄒᆞᆫ ᄀᆞ외ᄂᆞᆫ:孃生袴子(金三2:61). 어미 비:妣. 어미 모:母. 어미 냥:孃(訓蒙上31). 어미 모:母(類合上19). 그 어미씌 뵈ᄋᆞ올시:朝其母(宣小4:44). ᄂᆞᆷ의 어미 공경ᄒᆞᄂᆞᆫ 말:令堂(譯解上30). 國君의 어미를 屠戮ᄒᆞ고(女四解4:23). 어미 안가의 겨집이 되니(明皇1:32). 아비 죽고 어미를 셤기되:喪父奉母(五倫1:62). 어미 두 아ᄃᆞᆯ의 죽엄을 어ᄅᆞ문지며:母撫二子尸(五倫2:25).

:어미 [명] 움〔芽〕이. 〔'엄'+주격조사 '-이'〕 [독]엄 ¶豐盛ᄒᆞᆫ 어미 ᄯᅩ ᄒᆞ마 하니:豐苗亦已穊(初杜解7:35). 믌ᄀᆞᆺ 줄ᄑᆡᆯ 어미 ᄒᆡ오:渚蒲牙白(初杜解8:31).

어버·시 [명] 어버이. ☞어버ᅀᅵ ¶어버싯 ᄃᆞᆫ 차바ᄂᆞᆯ 아릐 充足게 몯 ᄒᆞ더니:親甘旨未嘗充也(宣賜內訓3:50). 머글 것 ᄈᆞ다가 어버시 머기ᄆᆞᆯ 붓그레 너기니:應齋饌物供養尊親每詐羞慙(恩重16). 어버시ᄂᆞᆫ 애ᄃᆞ라ᄒᆞ며 고리나 보고쟈 호ᄆᆞᆯ(恩重17). 어버시도 不孝ᄒᆞ며(七大21).

어버·ᅀᅵ [명] 어버이. ☞어버시. 어버이 ¶어버ᅀᅵ 여희ᅀᆞᆸ고 ᄂᆞᆷ올 브터 이쇼ᄃᆡ 어ᅀᅵ아ᄃᆞᆯ이 입게 사노이다(月印上52). 어버ᅀᅵ 子息 ᄉᆞ랑호ᄆᆞᆫ 아니 ᄒᆞᆫᄉᆞᅀᅵ어니와(釋譜6:3). ᄒᆞ물며 어버ᅀᅵᆫᄃᆞᆯ 내야 주며(釋譜9:12). 제 어버ᅀᅴ 말 니르리 거스더니(釋譜24:13). 時節이 ᄀᆞᆯ어든 어버ᅀᅵ를 일흔 ᄃᆞᆺᄒᆞ니라(月釋序16). 네 아래 어버ᅀᅵ 孝道ᄒᆞ며 님금ᄭᅴ 忠貞ᄒᆞ고(月釋2:63). ᄒᆞ물며 어버ᅀᅵᆫᄃᆞᆯ 내야주며(月釋9:29). 어버ᅀᅴ그에 갈 사ᄅᆞ미:歸養親者(三綱. 孝4). 先人은 어버ᅀᅵᆯ 니ᄅᆞ니라(三綱. 忠23). 내 어버ᅀᅴ 놀곤 지비(三綱. 烈3). 어버ᅀᅴ게 請호ᄃᆡ ᄂᆞᄆᆡ 겨집 ᄃᆞ외노니 출히 더 고마 ᄃᆞ외아지라(法華2:28). ᄒᆞᆫ갓 어버ᅀᅴ 시르믈 기티논디라:徒貽親憂(宣賜內訓2上3). 어버ᅀᅵᆯ 이바도ᄃᆡ 오직 져고맛 위안ᄒᆞ로 ᄒᆞ놋다:養親唯小園(初杜解21:33). 그듸 가매 늘근 어버ᅀᅵᆯ 여희ᄂᆞ니:君行別老親(初杜解23:40). 尊堂ᄋᆞᆫ 어버ᅀᅵ라(金三4:54). 곧 어버ᅀᅵ 여희오:卽便辭親(六祖上22). 우리 어버ᅀᅵ네 다 모미 편안ᄒᆞ시던가:我父母都身已安樂麼(飜朴上51). 녯 사ᄅᆞᄆᆡ 어버ᅀᅴ ᄠᅳ들 몬져 아라 ᄒᆞ며(飜小8:25). 오래 어버ᅀᅵ를 아니 가 뵈니 잇ᄂᆞ냐:有久不省親者乎(飜小9:8). 어버ᅀᅵ 업슨 사ᄅᆞᆷ 에엿비 너규믈 시급히 ᄒᆞ며:急於…卹孤(飜小10:14). 어버ᅀᅴ 샹녜 안썬 듸를(續三綱. 孝6). 어버ᅀᅵ도 슈욕ᄒᆞ야 녜되 업스니:毁辱親情無有禮義(恩重13).
※어버ᅀᅵ>어버이

어버이 [명] 어버이. ☞어버ᅀᅵ ¶어버이 두어 날 ᄉᆞ이예 니어 죽거늘(續三綱. 孝. 得平居廬). 져믄 제브터 어버일 효도ᄒᆞ야(續三綱. 孝. 自華盡孝). 어버이 셤기ᄂᆞᆫ 배 아니니라:非所以事親也(宣小2:9). 어버의 속우티를 가져다가:取親中帬廁牏(宣小6:79). ᄌᆞ식은 어버의 거슬 ᄡᅳ고:孩兒使爺娘的(朴解下37). 네 어버이 널로 ᄒᆞ야:你的爺娘教

你(老解上5). 어버이:親(同文解上10). ※어버이<어버ᅀᅵ

어·부 명 어부(漁夫. 漁父). ¶漁父ㅣ 問之ᄒᆞ니(杜解14:14). 漁夫ㅣ 이 말 듯고 낙ᄃᆡ를 둘너메고(曺友仁. 出塞曲).

어·비 명 아비. 아버지. ¶어비아ᄃᆞ리 사ᄅᆞ시리잇가:父子其生(龍歌52章).

어·비몯 명 족장(族長). ☞몯. 어비. 어비몯내 ¶깁ᄀᆞ새 울며 어비몯ᄋᆡ 발괄ᄒᆞ거든(三綱. 孝23). 軒은 어비몯 ᄐᆞᄂᆞᆫ 술위오:軒大夫以上車也(法華1:77).

어·비몯·내 명 족장(族長). ☞몯내. 어비몯 ¶어비몯내 ᄃᆞ토아 어로려 호ᄃᆡ 몯 ᄒᆞ야 잇더니:梁貴人爭欲娶之不能得(三綱. 烈6). 즉자히 나랏 어비몯내ᄅᆞᆯ 모도아 니ᄅᆞ샤ᄃᆡ(釋譜6:9).

어·비아·ᄃᆞᆯ 명 아버지와 아들. 부자(父子). ¶어비아ᄃᆞ리 사ᄅᆞ시리잇가:父子其生(龍歌52章). 어비아ᄃᆞᆯ 제물 열여슷 大龍이(月釋7:35).

어뻬라 형 없구나. ¶호미도 ᄂᆞᆯ히어신마ᄅᆞᄂᆞᆫ 낟ᄀᆞ티 들리도 어ᄡᅳ새라 아바님도 어ᅀᅵ어신마ᄅᆞᄂᆞᆫ 위 덩더둥셩 어마님ᄀᆞ티 괴시리 어뻬라 아소 님하 어마님ᄀᆞ티 괴시리 어뻬라(鄕樂. 思母曲).

어ᄡᅵ 부 없이. ¶바늘도 실도 어ᄡᅵ 바늘도 실도 어ᄡᅵ(樂範. 處容歌).

-어사 어미 -어야. ¶서르 倫을 奪홈이 업서사 神人이 ᄡᅧ 和ᄒᆞ리라:無相奪倫神人以和(書解1:8 舜典).

어살 명 어(魚)살. ¶어살:魚梁(同文解下12. 譯解補17). 어살:攔魚箔子(漢淸10:27).

:어:선 명 어선(御膳). 수라상. ¶帝ㅅ 믈읫 御膳을 后ㅣ 반ᄃᆞ기 親히 ᄉᆞᆯ펴보더시니(宣賜內訓2下48).

어섯기다 동 뒤섞이다. ¶月色溪聲 어섯겨 虛亭의 오나ᄂᆞᆯ(古時調. 松巖續集).

어셔 부 어서. ¶涅槃애 어셔 드사 ᄒᆞ리로다(釋譜13:58). 부텨 어셔 ᄃᆞ외샤 衆生ᄋᆞᆯ 濟渡ᄒᆞ쇼셔(月釋2:42). 正覺ᄋᆞᆯ 어셔 일워 죽사릿 根源을 ᄲᅢ혀나긔 ᄒᆞ쇼셔(月釋8:59). 나랏 百姓이 부텨 오시거늘 ᄇᆞ라ᅀᆞᆸ고 울며 ᄉᆞᆯᄫᅩᄃᆡ 어셔 드르샤 미처 보쇼셔 ᄒᆞ고(月釋10:6). ᄒᆞᆫ 王ᄋᆞᆫ 發願호ᄃᆡ 佛道ᄅᆞᆯ 어셔 일워(月釋21:51). 七日 中에 어셔 이 不思議經典을 닑고(月釋21:97). 옷 밧고 곳갈 ᄣᅵ텨 ᄇᆞ리고 어셔 죽가지라거늘:裂巾褫衣以祈速死(三綱. 忠21). 이 인간을 어셔 여희고져 ᄒᆞ야(癸丑106).

-·어·셔 어미 -어서. ☞-야셔 ¶衛護ᄂᆞᆫ 들어 더브러셔 護持홀 ᄊᆞ라(月釋9:62). 거우루 가져셔 보ᄃᆡ:持鏡(救簡1:25). ᄇᆡ번을 져고매 ᄀᆞ라 소오매 ᄡᅡ 머구머셔 춤을 ᅀᆞᆷᄭᅵ면 즉재 됴ᄒᆞ리라:白礬少許研碎以緜裹含嚥津卽差(救簡2:68). 그윗것과 아롮거시 제여곰 ᄡᅡ해 ᄇᆞ터셔:公私各地着(重杜解7:36).

-·어셔·도 어미 -어서도. ¶ᄆᆞᅀᆞ매 수머셔도 어듭디 아니타(牧牛訣20).

-·어·쇼·ᄃᆡ 어미 -어 있으되. ¶쥬역에 닐어쇼ᄃᆡ:易經云(飜朴上31).

-·어·슈·라 어미 -어 있도다. ¶노폰 石壁을 디러슈라:俯峭壁(初杜解7:23).

-·어·슘 어미 -어 있음. ¶王粲의 지비 峴山 알ᄑᆡ 우므를 머믈워슘과 당다이 ᄅᆞᆫᄒᆞ리로다:應同王粲宅留井峴山前(初杜解7:4).

-어스라 어미 -어라. ¶져 아자바 옷 업시 엇지홀고 머흔 일 다 닐러스라 돌보고쟈 ᄒᆞ노라(古時調. 어와 져 族下야. 靑丘).

어슨듯 부 얼른. 어느덧. ¶夢裡 靑春이 어슨듯 지나느니(古時調. 三萬六千日을. 海謠).

어슨 체 구 잘난 체. ¶閣氏닉 玉貌花容 어슨 체 마쇼 東園 桃李 片時春이라도 秋風이 것듯 불면(古時調. 靑丘). 閣氏네 하 어슨 체 마쇼 고와로라 ᄌᆞ랑 마쇼(古時調. 靑丘).

어슬음 명 어스름(黃昏). ☞어ᄉᆞ름 ¶히 어슬음:日曛(譯解補1).

-·어시·늘 어미 -시거늘. ☞-어시ᄂᆞᆯ ¶世子ᅀ 位 뷔어시늘:儲位則虛(龍歌101章).

-·어시·니 조 -시니. ¶天威어시니 드러오리잇가:維其天威彼何敢入(龍歌62章).

-·어시·니 어미 -으시니. -시니. ☞-아시니 ¶兵馬ᄅᆞᆯ 머추어시니(龍歌54章).

-·어시·니·와 어미 -시거니와. ¶묻ᄌᆞ오ᄆᆞᆯ 對答 아니어시니와:未爲酬問(圓覺上一之二125).

-·어시·ᄂᆞᆯ 어미 -시거늘. -으시거늘. ☞-아시ᄂᆞᆯ ¶太子ᄅᆞᆯ 하ᄂᆞᆯ히 ᄀᆞᆯᄒᆡ샤 兄ㄱ ᄠᅳ디 일어시ᄂᆞᆯ:維周太子維天擇兮兄讓旣遂(龍歌8章). 帝命이 ᄂᆞ리어시ᄂᆞᆯ:帝命旣降(龍歌8章). 東都애 보내어시ᄂᆞᆯ:遣彼東都(龍歌26章). 北道에 보내어시ᄂᆞᆯ:遣彼北道(龍歌26章). 님그미 울어시ᄂᆞᆯ:天子泣涕(龍歌33章). 羅雲이 ᄀᆞᆯ외어시ᄂᆞᆯ 다시 說法ᄒᆞ시니(月印上53). 鹿皮 오ᄉᆞᆯ 바사 ᄡᅡ해 ᄭᆞᄅᆞ시고 마리ᄅᆞᆯ 펴 두퍼시ᄂᆞᆯ 부텨 ᄇᆞᆯᄫᅡ 디나시고(月釋1:16). 淨飯王이 무러시ᄂᆞᆯ 占者ㅣ 判ᄒᆞᅀᆞᄫᅩᄃᆡ(月釋2:17). ᄡᅡ히 골 업스며 됴호ᄆᆞᆯ 닐어시ᄂᆞᆯ 法藏比丘ㅣ 듣ᄌᆞᄫᆞ시고(月釋8:59). 몬져 華嚴 닐어시ᄂᆞᆯ:先說華嚴(永嘉序4). 玉毫애 비츨 거두어시ᄂᆞᆯ:玉毫收彩(永嘉序6).

-·어시·든 어미 -시거든. -시면. ☞-아시든 ¶弟子 ᄒᆞ나ᄒᆞᆯ 주어시든 말 드러 이ᄅᆞᅀᆞᄫᅡ지이다(釋譜6:22). 나ᄅᆞᆯ 죠고맛 거슬 주어시든 샹녜 供養ᄒᆞᅀᆞᄫᅡ지이다(釋譜6:44).

님금이 바볼 주어시든 모로매 돗굴 正히 ᄒᆞ고 몬져 맛보시며:君賜食必正席先嘗之(宣賜內訓1:9). ᄉᆞ랑혼딘 녜 門下省애셔 주어시든 霑恩ᄒᆞ야 朝會를 믈러 大明宮으로셔 바다 나오다라:憶昨賜霑門下省退朝擎出大明宮(初杜解15:23).

-·어시·며 어미 -어 있으며. -으며. ¶또 고 아래 입시울 우희 오목ᄒᆞᆫ 듸 손톱으로 오래 찔어시며 또 고 아래 입시울 우희 오목ᄒᆞᆫ 듸 침호듸:又云爪刺人中良久又針人中(救簡1:55).

-·어시·면 어미 -어 있으면. -면. ¶두 녁 엄지밠가락을 구디 주여시면 즉재 살리라(救簡1:46). 초애 담번을 ᄀᆞ라 져고매 이베 머구머시면 져근덛 춤 나면 즉재 됴ᄒᆞ리라:醋磨膽礬少許口噙片時涎出立愈(救簡2:77).

-어신 어미 -으신. -신. 〔ㄹ 또는 ㅣ 소리 뒤에서 '-거신'의 ㄱ 생략형(省略形).〕 ☞-으신 ¶愛人 相見ᄒᆞ샤 오ᄉᆞᆯ어신 누네 風入盈庭ᄒᆞ샤 우글어신 귀예 紅桃花ᄀᆞ티 븕거신 모야해 五香 마ᄐᆞ샤 웅긔어신 고해 아으 千金 머그샤 어위어신 이베 白玉琉璃ᄀᆞ티 히여신 닛바래…吉慶 계우샤 늘의어신 ᄉᆞ맷길헤…同樂太平ᄒᆞ샤 길어신 허튀예(樂範. 處容歌).

-어신마ᄅᆞᄂᆞᆫ 조 -시건마는. ☞-어신마ᄅᆞᆫ ¶아바님도 어이어신마ᄅᆞᄂᆞᆫ 위 덩더둥셩 어마님ᄀᆞ티 괴시리 업세라(樂詞. 思母曲).

-·어신마·ᄅᆞᆫ 어미 -시건마는. ☞-어신마ᄅᆞᄂᆞᆫ ¶耶輸ㅣ 울어신마ᄅᆞᆫ 帝釋은 ᄠᅳᆮ 달아(月印上20).

:어:ᄉᆞ 명 어사(御史). ¶모로매 주규리니 御史ㅣ 긇어 ᄂᆞ리오라(三綱. 忠7).

-·어ᄉᆞ·라 어미 -어라. -려무나. ☞-아ᄉᆞ라 ¶너희돌히 힘ᄡᅥᄉᆞ라 바미 ᄒᆞ마 半이어다(釋譜23:13).

어ᄉᆞ와 감 어여차. ¶혈믈의 東湖 가쟈 至匊悤 至匊悤 於思臥 白蘋紅蓼ᄂᆞᆫ 곳마다 景이로다(古時調. 白雲이 니러. 孤遺). 디곡총ᄒᆞᆫ 곡됴를 어ᄉᆞ와로 화답ᄒᆞ니(萬言詞).

:어·ᄲᅦ 부 어찌. ☞어ᄶᅴ. 엇뎨 ¶一切 百姓이 王ᄋᆞᆯ 울워ᅀᆞᄫᅡ 살어늘 어ᄲᅦ ᄒᆞᆫ 婬女 爲ᄒᆞ야 다 ᄇᆞ리고 가시ᄂᆞ니잇가(月釋7:17).

어ᄶᅴ 부 어찌. ☞엇디 ¶내 다ᄅᆞᆫ ᄆᆞᄋᆞᆷ곳 머그면 어ᄶᅴ 남진늘 ᄯᅡ 아래 가 보료:我若有他將何以見亡人於地下(東續三綱. 烈16).

-·어·쎠 어미 -으시오. ¶엇데 부톄라 ᄒᆞᄂᆞ닛가 그 ᄠᅳ들 닐어쎠(釋譜6:17).

-어·ᅀᅡ 어미 -어야. -어서야. ☞-거ᅀᅡ ¶뷔어ᅀᅡ ᄌᆞᄆᆞ니이다:迨其空矣島嶼迺沒(龍歌67章). 道理 일워ᅀᅡ 도라오리라(釋譜6:4). 믈읫 字ㅣ 모로매 어우러ᅀᅡ 소리 이ᄂᆞ니:凡字必合而成音(訓註13). 말과 ᄠᅳᆮ과 둘흘 니저ᅀᅡ(南明上1). ᄀᆞ장 점글어ᅀᅡ 자새 드러오시리라:儘晩入城來(飜朴上65).

어·ᅀᅲᆨ 명 어육(魚肉). ¶衆生 주기디 아니ᄒᆞ며 魚肉 먹디 아니ᄒᆞ고(永嘉下137).

어스름 명 어스름. ☞어으름 ¶어ᅀᅳ름 밤이라 알리 업스니이다:莫夜無知者(宣賜內訓3:58). 鬼物은 어ᅀᅳ르메 바라ᄃᆞᆫ니ᄂᆞ다:鬼物傍黃昏(初杜解8:12). 어ᅀᅳ름 혼:昏(訓蒙上1). ※어ᅀᅳ름>어으름

어ᅀᅳᆯ 명 어스름. ☞어ᅀᅳ름 ¶새배며 어ᅀᅳ메 어버ᅀᅵ게 문안홈을 마디 아니ᄒᆞ더니:晨昏不廢(飜小9:22). 새배며 어ᅀᅳᆯ믈 廢티 아니ᄒᆞ더니:晨昏不廢(宣小6:19).

어·ᅀᅵ 명 ①어버이. ¶鸚鵡ㅣ 이쇼듸 어ᅀᅵ 다 눈멀어든…穀食을 주ᅀᅥ 어ᅀᅵ를 머기거늘(月釋2:12). 鸚鵡는 如來시고…눈먼 어ᅀᅵ는 淨飯王과 摩耶夫人이라(月釋2:13). 對答호듸 눈먼 어ᅀᅵ를 이받노라 받 님자히 과ᄒᆞ야(月釋2:13).
②어미. ¶어ᅀᅵ 도ᄐᆡ ᄭᅩ릿 그틀:母猪尾頭(救急下79).

어·ᅀᅵ·ᄯᆞᆯ 명 모녀(母女). ¶이윽고 도ᄌᆞ기 한 겨집 모라와 朱氏의 어ᅀᅵᄯᆞᆯ ᄀᆞᄅᆞ쳐 닐오듸 딕희라:俄而賊驅諸婦至其家且指朱氏母子曰爲我看守(三綱. 烈27).

어·ᅀᅵ아·ᄃᆞᆯ 명 모자(母子). ¶우리 어ᅀᅵ아ᄃᆞ리 외ᄅᆞᆸ고 입게 ᄃᆞ외야(釋譜6:5). 이제 도ᄅᆞᄒᆞᅧ ᄂᆞᄆᆡ 어ᅀᅵ아ᄃᆞᄅᆞᆯ 여희에 ᄒᆞ시니(釋譜6:5).

어양쓰다 동 떼쓰다. ¶젹은 거시 만흔 거슬 싸호지 못ᄒᆞ고 약ᄒᆞᆫ 거시 강ᄒᆞᆫ 듸 어양쓰지 못ᄒᆞᆫ다 ᄒᆞᄂᆞᆫ 거시 이 오로 올흐니라(三譯3:12). 져의 곡식과 군ᄉᆡ 만코 위엄난 일홈이 크게 소문나니 엇지ᄒᆞ여 어양쓴들 되리오(三譯3:23).

어어리나모 명 어아리나무. 개나리. ¶어어리나모 여름:連翹(方藥18). 어어리나모 여름:連翹(東醫 湯液三 草部).

:어언문·ᄌᆞ 명 어언문자(語言文字). ¶믈읫 語言文字애 브트닌 다 方便이 ᄃᆞ욀ᄊᆡ(法華1:133).

어여·가·다 동 에워가다. 둘러가다. 비켜가다. ☞어여려다. 어이다 ¶녀르멘 벌어지 어여가고:夏蟲避(初杜解18:11). 사ᄅᆞᆷ을 어여가:避人(重杜解6:15).

어여려다 동 비켜가다. ☞어여가다. 어이다 ¶處容 아비를 어여려거져(樂範. 處容歌).

:어여·ᄢᅴ 부 가엾이. 불쌍히. ☞어엿비 ¶衆生ᄋᆞᆯ 골오 어여ᄢᅴ 너기더니(釋譜11:18). 衆生ᄋᆞᆯ 어여ᄢᅴ 너겨(釋譜24:39). 文은 ᄂᆞᆷ 어여ᄢᅴ 너기시ᄂᆞ다 혼 ᄠᅳ디라(月釋2:52).

어엳부다 형 ①가엾다. 불쌍하다. ☞어엿브

다 ¶어엳불 련:憐(倭解上21).
②어여쁘다. 예쁘다. ¶이 小童은 人物도 어엳부고(隣語2:6).

어엳비 부 가엾이. 불쌍히. ☞어엿비 ¶샹이 어엳비 너기샤:上憫(東新續三綱. 烈1:32).

어엿 명 둘레. ¶터 어엿:院圈子(譯解補14). 그릇 부리 어엿:口面(漢淸11:59).

어엿부다 형 가엾다. 불쌍하다. ☞어엿브다 ¶귓도리 뎌 귓도리 어엿부다 뎌 귓도리(古時調. 歌曲). 어엿불 련:憐(兒學下11).

:어·엿브·다 형 가엾다. 불쌍하다. ☞어엿부다. 에엿브다 ¶어엿브신 命終에 甘蔗氏 니ᅀᆞ샤ᄆᆞᆯ 大瞿曇이 일우니이다(月印上2). 光明을 보ᅀᆞᆸ고 몰라 주구려 ᄒᆞ니 긔 아니 어엿브니잇가(月印上37). 어엿븐 사ᄅᆞᄆᆞᆯ 쥐주어(釋譜6:13). 아비 너교ᄃᆡ 이 아ᄃᆞ리 어엿브다(月釋17:20). 如來 닐오ᄃᆡ 어엿브니라 ᄒᆞᄂᆞ니:如來說爲可哀憐者(楞解9:38). 어루 어엿브게 호미 上이라:使可哀憐上(宣賜內訓1:54). 어엿브다 집 일흔 가히:可憐…喪家狗(南明上76). 어엿블 휼:恤(訓蒙下32). 어엿븐 말 ᄒᆞ고 ᄀᆞᆫ절히 비러 면호믈 엇다:哀辭懇乞獲免(東新續三綱. 孝8:9). 어엿븐 그림재 날 조찰 ᄲᅮᆫ이로다(松江. 續美人曲). 혁혁ᄒᆞ신 일이삼의 오가소년 더 어엿버(쌍벽가).

:어엿·비 부 가엾이. 사랑스럽게. ☞어엿씨. 에엿비 ¶내 百姓 어엿비 너기샤:我愛我民(龍歌50章). 一切 衆生ᄋᆞᆯ 어엿비 너기샤(釋譜24:17). 憫然은 어엿비 너기실 씨라(訓註2). 釋迦ᄂᆞᆫ 어딜며 ᄂᆞᆷ 어엿비 너기실 씨니(月釋1:15). ᄀᆞ장 어엿비 너기시더니(宣賜內訓序5). 어엿비 너기샤 드르쇼셔:愛愍聽許(佛頂上1). 有情을 어엿비 너기샤:哀憫有情(眞言25). 어엿비 너길 ᄌᆞ:慈(類合下3). 폐하의 어엿비 너기ᄂᆞᆫ 본심이 아니라(山城85). 싀엄이 그 졈은 줄을 어엿비 넉겨(女四解4:14). 아비 어엿비 너겨(女範2. 변녀 니시옥영). 어버이 어엿비 녀겨 허ᄒᆞ니:親憐而聽之(五倫1:66).

어엿쁘다 형 어여쁘다. 예쁘다. ☞어엿부다 ¶어엿ᄲᅳᆯ 연:姸(兒學下8).

어엿씨 부 가엾이. 사랑스럽게. ☞어엿비 ¶족하ᄅᆞᆯ 어엿씨 너기며:撫諸姪(東新續三綱. 烈3:58).

어영가시 명 사마귀. 버마재비. ¶어영가시:螳螂(漢淸14:50).

:어옛·비 부 가엾이. 사랑스럽게. ☞어엿비 ¶외ᄅᆞ이 가난ᄒᆞ닐 어옛비 너교미:矜恤孤貧(六祖中21).

어옥새 명 억새. ☞어욱새 ¶어옥새 속새 덥가나무(古時調. 靑丘).

어와 감 아아. ¶어와 아븨 즈ᅀᅵ여 處容 아븨 즈ᅀᅵ여(樂範. 處容歌). 어와 聖恩이야 가디록 罔極ᄒᆞ다(松江. 關東別曲). 어와 져 族下야 밥 업시 엇디ᄒᆞᆯ고(古時調. 鄭澈. 靑丘). 어와 져므러 간다 宴食이 맏당토다(古時調. 尹善道. 孤遺). 어와 설운지고 이 행차 무사일고(宋疇錫. 北關曲). 어와 벗님이뇌 말씀 드러 보소(萬言詞).

어·우·다 동 어우르다. ☞어울다 ¶그 뫼히 도로 어우니라(釋譜24:7). 힛 光明 날 쩬 어드움과 어우디 아니코:日光出時不與冥合(法華6:166). 境과 智왜 ᄒᆞᆫᄃᆡ 어우니:境智冥一(永嘉上118). 觀ᄋᆞᆫ 神ᄋᆞ로 알오 智ᄂᆞᆫ 境ᄋᆞ로 어우ᄂᆞ니:觀以神會智以境冥(永嘉下30). 智ㅣ 法界예 어우니:智冥法界(永嘉下128).

어우러이 명 두 쪽으로 된 씨. 쌍인(雙仁). ☞어우렁 ¶어우러이ᄅᆞᆯ 앗고:去…雙仁(救急上85). 桃仁을 더운 므레 것과 부리와 어우러이 앗고:桃仁湯去皮尖雙仁(救急下18). 것과 부리와 어우러이ᄅᆞᆯ 앗고:去皮尖雙仁(救急下19).

어·우·러·코·져 동 어울러 하고자. 어울리고자. ☞어울다 ¶ᄠᅳᆮ ᄀᆞᄐᆞ니와 어우러코져 ᄉᆞ랑ᄒᆞ야:思與同志共(楞解1:3).

어우렁 명 두 쪽으로 된 것. ☞어우러이 ¶것과 부리와 어우렁 ᄌᆞᅀᆞᄅᆞᆯ 앗고 ᄀᆞ라:去皮尖雙仁研(救急上70). 복셩화씨 숩 셜흔낫 거플와 ᄀᆞᆮ과 어우렁씨 앗고 ᄇᆞᄉᆞ니와ᄅᆞᆯ:桃仁三十枚去皮尖雙仁碎(救簡3:70). 어우렁 술고씨ᄅᆞᆯ 므르디허:雙杏仁擣爛(救簡6:21).

어우렁이 명 쌍꽃받침. ¶어우렁이:並蒂子(同文解下6). 어우렁이:並蒂(漢淸11:47).

어우리 명 소작(小作). 소작인. ☞어울 ¶받 님재 그우일 근심호미 곧 어우리의 공셰 근심호미라:主之憂役卽佃之憂租(正俗23).

어우리ᄒᆞ다 동 소작(小作)하다. ¶뎐답 업ᄉᆞ 재 시러곰 어우리ᄒᆞ야(經筵). 받 님재 이시면 받 어우리ᄒᆞ리 잇ᄂᆞᆫ 거시니:有主則有佃(正俗23).

어우와 감 아아. ☞어우화 ¶어우와 날 속여다 秋月春風이 날 속여다(古時調. 靑丘). 어우와 벗님네야 錦衣玉食 ᄌᆞ랑 마소(古時調. 靑丘).

어우화 감 아아. ☞어우와 ¶어우화 벗님네야 님의 집에 勝戰 가세(古時調. 靑丘).

어욱새 명 억새. ☞어옥새. 어웍새 ¶어욱새 속새 덥가나무 白楊 수페(松江. 將進酒辭).

어울 명 소작인. ☞어우리 ¶님자희 구실 근심이 곳 어울의 소츌 근심과 ᄀᆞᄐᆞ니라:主之憂役卽佃之憂租(正俗38).

어·울·다 동 어우르다. 합하다. ☞어우다. 어울오다 ¶둘히 어우러 精舍 밍ᄀ라(釋譜6:26). 合ᄋᆫ 어울 씨라(訓註12). 氣分이 서르 어우루미:氣分交接(楞解8:18). 모ᄆᆞᆫ 어우러든 能히 알오:身合能覺(法華6:26). 緣이 어울어든 곧 잇고:緣合卽有(圓覺上二之二34). 엇데 覺體예 어울리오:焉冥覺體(圓覺下三之一103). 바볼 어우러 먹디 아니홀디니라:不共食(宣賜內訓3:2). 智ㅣ 眞境에 어우러(南明上4). 믈 어울 혼:混(類合下53). 힘을 어우러 ᄆᆡᆼ셔히여 살기ᄅᆞᆯ 도모히여 아니 ᄒᆞ려타가:協力矢不偸生(東新續三綱. 忠1:62).

어·울·오·다 통 어우르다. 어우르게 하다. ☞어울다. 어울우다 ¶엇데 어울오ᄆᆞᆯ 기드려 아라ᅀᅡ 모로매 일후믈 觸이라 ᄒᆞ리오(楞解2:114).

어·울우·다 통 어우르다. 어우르게 하다. ☞어울오다 ¶千萬 가짓 어울운 香抹香丸香(釋譜19:17). 百千萬月을 어울워도 그 ᄂᆞ치 端正이 ᄯᅩ 예셔 더으시며(月釋18:77). 첫소리ᄅᆞᆯ 어울워 ᄡᅮᇙ 디면 ᄀᆞᆯᄫᅡ쓰라:初聲合用則並書(訓註12). 諸佛ㅅ 智行ᄋᆞᆯ 어울우신 後에ᅀᅡ:合法佛智行(法華7:156). ᄆᆞᅀᆞᄆᆞᆯ 聖人 ᄠᅳ데 어울우며:冥心聖旨(圓覺序81). 覺心에 어울우시니:冥合覺心(圓覺上一之二188). ᄀᆞᅀᆞᆯ히 菰ㅣ 거믄 ᄡᆞ리 ᄃᆞ외어든 精히 디허 힌 ᄡᆞ래 어울우리라:秋菰成黑米精鑿傳白粲(初杜解7:37). 곳다오ᄆᆞᆫ 프른 아오개 어울워 머구미 맛당ᄒᆞ니라:香宜配綠葵(初杜解7:39). ᄌᆞ셔피로 다하 두 ᄣᅡᆨ 어울운 굴에예:大紅斜皮雙條轡頭(飜朴上28).

어울ᄐᆞ다 통 어울러 타다. 같이 타다. ☞얼울타다 ¶어울ᄐᆞ다:疊騎(譯解下20. 同文解下37. 漢淸14:30). 상지야 암쇠 등에 언치 언져 싀 삿갓 모시 長衫 곳갈에 念珠 밧쳐 어울ᄐᆞ고 가리라(古時調. 둥놈이. 靑丘).

어웍새 명 억새. ☞어욱새 ¶어웍새:罷王根草(譯解下40).

:어·월 명 응어리. ☞엉얼 ¶외 어월:瓜瓤(四解下45 瓤字註). 어월 양:瓤 又 瓜子也(訓蒙叡山本下3).

어위 명 흥(興). ¶쇼머기ᄂᆞᆫ 아히들이 夕陽의 어위 계워(松江. 星山別曲). 헌ᄉᆞᄒᆞᆫ 믈 방올론 어위 계워 ᄒᆞᄂᆞᆫ다(古時調. 鄭澈. 明珠 四萬斛을. 松江).

어·위·다 형 ①넓다. ¶東山에 祥瑞 나니 좁던 東山이 어위며(月釋2:28). 迂闊ᄋᆞᆫ 멀며 어월 씨라(楞解8:44). 구름 ᄭᅵᆫ 뫼ᄒᆞᆫ ᄀᆞᄅᆞᇝ 北녀긔 어위니:雲嶂寬江北(初杜解7:13). ᄀᆞᄅᆞ미 어위니:湖潤(初杜解14:14). 樽 알ᄑᆡ 江漢이 어위니:樽前江漢潤(初杜解23:9). 어위며 커 靈ᄒᆞ야 通ᄒᆞᆫ 거시:廣大靈通者(金三2:33). 초 두 되를 부리 어윈 병의 녀코:醋二升置於大口缾中(救簡6:24). 어월 활:潤(類合下62).
②너그럽다. 넉넉하다. ¶즐거워 번 어드시며 어위여 衆 어드시리라:樂而得朋寬而得衆(法華5:47). 다시 댓그테 어윈 거르믈 나소 드듸여ᅀᅡ:更進竿頭闊步(蒙法21). 너모 어위여 게을오매 니르디 마롤디니라:毋太寬以至懈弛(宣賜內訓2上16). 치위옛 오시 어위오 다 기도다:寒衣寬揔長(初杜解23:47). 어월 관:寬(類合下3). 어월 작:綽(類合下30). ᄯᅡᄒᆞᆫ 平ᄒᆞᆫ 몰애 두들기 어위오:地潤平沙岸(重杜解3:11).

어·위욤 형 너그러움. ㉮어위다 ¶조보ᄅᆞᆯ브터 어위요메 니르르시니라:從陿至寬(圓覺下三之二41).

어위ᄎᆞ다 형 도량이 넓고 크다. 크고 훌륭하다. ☞어위크다 ¶봉님대군이 인효ᄒᆞ고 어위ᄎᆞ며:豁達(仁祖行狀51). 등홍ᄒᆞ오신 어위ᄎᆞᆫ 공녈:偉烈(仁祖行狀58).

어·위쿰 형 넓고 큼. ㉮어위크다 ¶사ᄅᆞᄆᆡ 지조ᄅᆞᆯ 앗ᄋᆡ 어위쿠믈 아노라:人才覺弟優(初杜解23:34).

어·위·크·다 형 넓고 크다. 관대(寬大)하다. ☞어위ᄎᆞ다 ¶恢ᄂᆞᆫ 어위크며 먼 양이오(圓覺序40). 오직 어위쿰과 慈悲와 偏頗 업수미 이 有德ᄒᆞᆫ ᄆᆞᅀᆞ미니:唯寬興慈及無偏頗此謂德懷(宣賜內訓2上15). 諸公ᄋᆡ 德業이 어위크도다:諸公德業優(初杜解23:37). 가ᄉᆞ야 어위큰 恩惠ᄂᆞᆫ 업고:更無寬大恩(初杜解25:37). 浩浩ᄂᆞᆫ 어위큰 양ᄌᆡ라(金三3:8). 어위크고 통달호라 ᄒᆞ리오:自謂弘達耶(飜小10:10). 그 어위크고 누그러오며 ᄌᆞ샹ᄒᆞ고 인혜로오며 온화ᄒᆞ고:其寬裕慈惠溫(宣小1:3). ᄯᅡᄒᆞᆫ 望仙臺예 어위크도다:地潤望仙臺(重杜解5:1).

어·위·키 부 관대하게. 너그럽게. ¶어위키 부드러이 ᄒᆞ야:優而柔之(永嘉上47). 어위키 后土ㅣ 저젓도다:泱莽后土濕(初杜解22:51). 어디러 人士 待接호ᄆᆞᆯ 어위키 ᄒᆞᄂᆞ다:惟良待士寬(初杜解23:29). 늘거가매 ᄀᆞᅀᆞᆯᄒᆞᆯ 슬허셔 고ᄃᆞᆯ파 내 ᄆᆞᅀᆞᄆᆞᆯ 어위키 ᄒᆞ노니:老去悲秋强自寬(重杜解11:33).

어유아리 명 바리때. 바리. ☞에우아리 ¶굴갓과 어유아리ᄅᆞᆯ 准備ᄒᆞ야:准備箬笠瓦鉢(朴解上34).

어으름 명 어스름(黃昏). ☞어스름 ¶어으름 혼:昏(類合上3). 어으름 새배로 분묘애 셩분ᄒᆞ더라:晨昏省墓(東新續三綱. 孝6:84). 첫 어으르매 큰 불무ᄅᆞᆯ 부ᄂᆞᆫ ᄃᆞᆺᄒᆞ도다:初宵鼓大鑪(重杜解2:23). 어으르메 새 수플로 가매 ᄂᆞᆯ개 가비야오ᄆᆞᆯ 울어러 브러 보노다:仰羨黃昏鳥投林羽翮輕(重杜解3:45). 어으르메 甲 니븐 ᄆᆞ리 버렛고:合昏排鐵騎

(重杜解4:20). 鬼物은 어스르메 바라돈니ᄂᆞ다:鬼物傍黃昏(重杜解8:12). 밥 머그믈 어스름과 나죨 그르ᄒᆞ노라:飯食錯昏晝(重杜解11:25). 楚王ㅅ宮ㅅ 北녀긔 正히 어스르미로소니:楚王宮北正黃昏(重杜解12:38). 어스르메 主人의 門을 비릇 두드료니:黃昏始扣主人門(重杜解25:30). 어스름 혼:昏(倭解上6).

어슮 명 어스름(黃昏). ☞어ᄉᆞ름. 어스름. 어옮 ¶새배 어슬믜 문안ᄒᆞ며:晨昏定省(東新續三綱. 孝1:9). 어슬미어든 定ᄒᆞ고 새배어든 슬피며:昏定而晨省(英小2:9).

어읍다 형 어이 없다. 틈 없다. ¶쳔장은 나라 이리 하 어읍ᄉᆞ니 이제 어ᄂᆞ 겨르레 ᄒᆞ며(諺簡10 宣祖諺簡).

어이 명 어버이. ☞어ᅀᅵ ¶아바님도 어이어신 마ᄅᆞᄂᆞᆫ 어마님ᄀᆞ티 괴시리 업세라(樂詞. 思母曲). ※어이<어ᅀᅵ

어이 부 어이. 어찌. ☞엇디 ¶샹이 졀ᄋᆞ샤ᄃᆡ 어이 절로 드나 다ᄅᆞ디 아니ᄒᆞ리오(仁祖行狀19). 어이 ᄌᆞ세 아올고(新語1:10). 衣裳을 호다 ᄒᆞᄂᆞᆫ 縫字를 어이 쓰ᄂᆞ뇨:縫衣裳的縫字怎麼寫(朴解中41). 진실로 가면 뚤오리 어이 이시리(三譯2:7). 대쵸볼 불근 골에 밤은 어이 뜻드르며(古時調. 青丘). 才 읻ᄂᆞᆫ 者가 어이 보디 아니ᄒᆞᄂᆞ뇨(女四解4:72). 나는 시도 못 넘을 던 졔를 어이 가잔 말고(萬言詞).

어이구러 부 어떻게. ¶滿江紅子들이 어이구러 지내연고(古時調. 엇그제. 青丘).

어이·다 동 피(避)하다. 에돌다. ☞어여가다. 에다 ¶마시 쓰니 녀르멧 벌어지 어여가고:味苦夏蟲避(初杜解18:11). 處容 아비를 어여려거져(樂詞. 處容歌).

-·어이·다 어미 -니이다. ☞-야이다. -여이다 ¶깃부미 그지 업서이다 ᄒᆞ고(釋譜24:34). 하ᄂᆞᆳ 香이 섯버므러 곧곧마다 봆비치 나더라 나도 머릴 울워러 셜버이다 救ᄒᆞ쇼셔 비ᅀᆞᄫᆞ니(月釋2:52). 地獄이 變ᄒᆞ야 蓮모시 ᄃᆞ외어이다(靈驗8).

어이리 동 어이하리. ¶여러 날 주렷ᄃᆞᆫ 입이니 ᄃᆞ나 쓰나 어이리(古時調. 뒷집의. 青丘). 그런들 어이리 절ᄒᆞᄂᆞᆫ 거시 극ᄒᆞᆫ 道理라(捷蒙4:6) 그 盜賊이 우리ᄅᆞᆯ 어이리(蒙老2:11).

어·이밠가락 명 엄지발가락. ☞엄지발. 엄지밠가락 ¶어이밠가락 첫ᄆᆞᄃᆡ 뒤헤 오목ᄒᆞᆫ 가온ᄃᆡᄅᆞᆯ 나 마초 ᄯᅳ라:灸足大都隨年壯(救簡3:75).

어이숭 명 여자 중. 비구니(比丘尼). ¶어이즁 어이숭 師僧尼(經國).

어이즁 명 남자 중. 비구(比丘). ¶어이즁 어이숭 師僧尼(經國).

어인 관 어찌된. ¶귓도리 뎌 귓도리 어엿브다 뎌 귓도리 어인 귓도리 지ᄂᆞᆫ 달 새ᄂᆞᆫ 밤에 긴 소릐 저른 소릐 切切히 슬픈 소릐 뎌 혼ᄌᆞ 울어 예여 紗窓 여윈 잠을 살뜰이 ᄭᆡ오ᄂᆞᆫ제고(古時調. 時調類). 어른자 박 너츨이야 에 어른자 박 너츨이야 어인 너출이 담을 넘어 손을 주노(古時調. 時調類). 처음에 모르드면 모르고나 잇슬 것을 어인 사랑이 싹 나며 움 돗ᄂᆞᆫ가(古時調. 金友奎. 時調類).

어옮 명 어스름(黃昏). ☞어슮 ¶새베 어올메 반ᄃᆞ시 ᄉᆞ당의 가 뵈고:晨昏參廟(東新續三綱. 孝6:21).

어자괴 명 어저귀. ☞어저귀. 어ᄌᆞ귀 ¶어자괴:白麻(物譜 雜草).

어재 명 어제. ☞어제 ¶어재도 가 뵈올 거슬(新語8:20).

·어·저·귀 명 어저귀. ☞어ᄌᆞ귀 ¶어저귀 경:䔛(訓蒙上9). 어저귀:䔛麻(譯解下41. 同文解下46. 漢清13:11).

어·저·ᄭᅴ 명 어저께. ☞어젓긔 ¶내 어저ᄭᅴ 다ᄉᆞᆺ 가짓 ᄭᅮ믈 ᄭᅮ우니(月釋1:17).

어·젓긔 명 어저께. ☞어저ᄭᅴ ¶어젓긔 봆비ᄅᆞᆯ 시름호매 다ᄃᆞ랫더니:昨屬愁春雨(初杜解7:20).

어·제 명 어제. ☞어재 ¶ᄆᆞᅀᆞ미 훤ᄒᆞ야 前生앳 이리 어제 본 ᄃᆞᆺᄒᆞ야(釋譜6:9). 涅槃이 어젯 ᄭᅮ미며:涅槃昨夢(圓覺上一之二15). 어제 그ᄃᆡᆺ 마ᄅᆞᆯ 드로니:昨聞爾言(宣賜內訓2下37). 보믜 나던 ᄠᅳ디 어제 ᄀᆞᄐᆞ니:生意春如昨(初杜解16:74). 어제 작:昨(訓蒙下2. 類合上3). 어제:昨日(同文解上3). 강호 ᄉᆞ십 년이 어제런 ᄃᆞᆺ 그제런 ᄃᆞᆺ(쌍벽가).

어져 감 아. 어. ¶어져 내 말 듯소 君子工夫 다ᄒᆞᆫ 後에(古時調. 朗原君. 青丘). 어져 世上 사람들이 올흔 일도 못다 ᄒᆞ고(古時調. 青丘). 어져 可憐ᄒᆞ다 宇宙ㅣ 어이 忽忙턴고(古時調. 青丘). 어져 내일이여 그릴 쥴을 모르든가(古時調. 黃眞伊. 海謠). 어져 이 어인 일고(捷蒙3:6).

어져녹져 구 얼고자 녹고자. 얼려 녹으려. ¶正月 나릿 므른 아으 어져녹져 ᄒᆞ논ᄃᆡ(樂範. 動動).

어졈다 형 어리고 어리석다. ¶어져믈 ᄋᆡ:騃(類合下4).

:어:졔 명 어제(御製). ¶御製ᄂᆞᆫ 님금 지ᅀᅳ샨 그리라(訓註1).

어졔 명 어제. ☞어제 ¶어졔ᄂᆞᆫ 올턴 일이 오날이야 왼 걸 아니(萬言詞). 어졔 작:昨(兒學下1).

·어·즈러·비 부 어지러이. 어지럽게. ☞어즈러비. 어즈러이 ¶또 어즈러비 ᄉᆞ랑ᄒᆞ며 어즈러비 혜아리며:又且胡思亂想(法語10).

곧 사ᄅᆞᆷ과 어즈러비 사괴ᄂᆞ니:便與人打雜交(法語10). 念이 어즈러비 ᄂᆞ라 닐 ᄢᅴ:恐雜念紛飛起時(法語11). 모로매 어즈러비 ᄂᆞ라 니ᄂᆞᆫ 고ᄃᆞᆯ 向ᄒᆞ야:須向紛飛起處(法語13). ※어즈러비>어즈러ᄫᅵ>어즈러이>어지러이

·어·즈러·ᄫᅮᆷ 형 어지러움. ㉮어즈럽다 ¶ᄌᆞ오롬과 뮈여 어즈러ᄫᅮᆷ과 疑心괘라(月釋7:43). 寂靜도 업스며 어즈러ᄫᅮᆷ도 업스며:無靜無動(蒙法67).

·어·즈러·ᄫᅵ 부 어지러이. 어지럽게. ☞어즈러비. 어즈러이 ¶羅刹도 어즈러ᄫᅵ ᄃᆞᆫ닐씨(月釋7:27). 모ᄃᆞᆫ 뉘예 病이 만ᄒᆞ며 왼 法이 어즈러ᄫᅵ ᄃᆞᆫ녀 百姓ᄃᆞᆯ히 두리여ᄒᆞ며(月釋10:84). 虛空앳 고지 어즈러ᄫᅵ 디ᄂᆞ니라:空花亂墜(牧牛訣7).

어즈러이 부 어지러이. 어지럽게. ☞어즈러비. 어즈러ᄫᅵ ¶엇데 어즈러이 重疊 아니ᄒᆞ리오:豈非繁重(圓覺上一之二18). 어즈러이 ᄒᆞ면 ᄆᆞ쇼만도 몯ᄒᆞ니라:紛紜馬牛不如(宣賜內訓2上3). 勇猛ᄒᆞᆫ 將軍이 어즈러이 며엣ᄂᆞ니:猛將紛塡委(初杜解7:25). 가ᄉᆞ매 칙칙기 어즈러이 담겨셰라:側塞煩胷襟(初杜解15:3). 大用ᄋᆞᆯ 어즈러이 니ᄅᆞ와도미니(南明上71). ᄀᆞ득 노ᄒᆞᆫ 고래 뉘라셔 놀내관ᄃᆡ 블거니 ᄲᅮᆷ거니 어즈러이 구ᄂᆞᆫ디고(松江. 關東別曲). 그 머리ᄅᆞᆯ 수러 우히 ᄃᆞᆯ고 어즈러이 티니(女四解4:21). 져믄 션ᄇᆡ들이 어즈러이 말ᄒᆞ여:新學小生亂(五倫2:15). ※어즈러이<어즈러ᄫᅵ

·어·즈러·이·다 동 어지럽히다. ☞어즈리다 ¶巴山ㅅ 소개 ᄆᆞᆯᄀᆞᆫ 나비 ᄭᅮᆷ멧 ᄉᆞ랑호ᄆᆞᆯ 어즈러유믈 안직 슬노라:最悵巴山裏淸猿惱夢思(初杜解22:18). 淖齒ㅣ 齊ㅅ나라ᄒᆞᆯ 어즈러여:淖齒亂齊國(宣小4:33). 텬하ᄅᆞᆯ 어즈러이거늘(女範1. 셩후 션인고후). ᄉᆞ의 가온대 어즈러여(百行源12).

·어·즈럽·다 형 어지럽다. 번거롭다. ☞어즐업다 ¶亂ᄋᆞᆫ 어즈러ᄫᅳᆯ 씨라(釋譜13:22). 뮈여 어즈러ᄫᅮᆷ과 疑心괘라(月釋7:43). 時節이 어즈러ᄫᅥ 어미ᄅᆞᆯ 일코(三綱. 孝24). 어즈러ᄫᅳᆫ 軍ㅅ 서리예 주그면 ᄂᆞᄆᆡ 나ᄅᆞᆯ 나라ᄒᆞᆯ 背反타 ᄒᆞ릴씨(三綱. 忠26). 靑黃赤白이 섯거 어즈러우며:靑黃赤白間錯紛糅(楞解6:47). 허도 아니ᄒᆞ며 어즈럽도 아니ᄒᆞ야:無壞無雜(蒙法70). 다ᄉᆞ리며 어즈러우며 니러나며:治亂興(宣賜內訓序6). 어즈러운 고ᄌᆞᆫ 能히 몃맛 ᄢᅵ니오:繁花能幾時(初杜解7:14). 어즈러우믈 우리 敢히 取ᄒᆞ리아:冗長吾敢取(初杜解8:4). 長安애 ᄒᆞ마 兵戈ㅣ 어즈러웻도다:長安已亂兵(初杜解8:15). ᄠᅳ락 ᄃᆞᄆᆞ락 호미 水玉이 어즈러오니:浮沈亂水玉(初杜解15:18). 어즈러운 뫼히 ᄀᆞ리리라:隔亂山(南明上1). 어즈러운 듣글ᄅᆞᆯ 여희여:避擾塵(眞言21). 어즈러이 빗난 일와:紛華(飜小10:23). 어즈러울 번:煩(類合下20. 石千25). 어즈러울 운:紜. 어즈러울 분:紛(類合下48). 이 닐온 어즈럽ᄂᆞᆫ 근본이라 ᄒᆞ니라:是謂亂根(三略上32). 어즈럽다:亂(同文解上50). 이제 텬해 어즈러오니 뉘 시비ᄅᆞᆯ 알리오:方今天下分崩孰知是非(五倫2:20).

·어·즈·리·다 동 어지르다. 어지럽게 하다. ☞어즈러이다 ¶서르 싸화 저와 ᄂᆞᆷ과ᄅᆞᆯ 어즈려(釋譜9:16). 惱ᄂᆞᆫ 어즈릴 씨라(月釋1:16). 이제 되 中國ᄋᆞᆯ 어즈리거늘(月釋2:74). 긔저러 어즈리ᄂᆞ닌 다 ᄃᆞ트리라:汨亂澄寂皆塵也(楞解1:106). 여슷 用ᄋᆡ 어즈료ᄆᆞᆯ 두르혀:反六用之擾(楞解8:10). 거즛 어즈룜 ᄃᆞ욀가 저흐니라:恐成矯亂(楞解10:24). 모ᄃᆞᆫ 中엣 糟糠ᄋᆞᆫ 淳을 어즈리며 ᄆᆞᆯᄀᆞ닐 흐리우믈 니ᄅᆞ시니라:衆中糟糠謂亂淳混粹也(法華1:196). 어즈류믈 수이 닐위여 安樂行ᄋᆞᆯ 마ᄀᆞ리라:易致擾惱妨安樂行(法華5:18). 三昧時예 모다 와 어즈리ᄂᆞ니라:三昧時僉來惱亂(法華7:107). 아ᄅᆞᆷ다온 소ᄂᆞᆯ 어즈리고:煩佳客(初杜解20:45).

어즈버 감 아아. 아아 슬프다. ¶어즈버 太平烟月이 ᄭᅮᆷ이런가 ᄒᆞ노라(古時調. 吉再. 五百年. 靑丘). 어즈버 江山風月을 눌을 주고 갈소니(古時調. 金光煜. 靑丘). 紫陽雲谷도 어즈버 여긔로다(蘆溪. 獨樂堂). 어즈버 이 몸이 周界예 드러온 ᄃᆞᆺ(蘆溪. 嶺南歌). 어즈버 이 몸이 아마도 怪異코야(蘆溪. 蘆溪歌). 어즈버 ᄇᆡᆨ만억 창ᄉᆡᆼ을 어ᄂᆡ 결의 무르리:吁嗟乎萬億蒼生問何由(孤遺. 夢天謠).

어즐러이 부 어지럽게. ☞어즈러ᄫᅵ. 어즈러이 ¶집 웃 기슬겟 비ᄂᆞᆫ 어즐러이 帳ᄋᆞᆯ 저지고:簷雨亂淋幔(重杜解13:42).

어즐병 명 어질병. ¶어즐病 어더셔 갓과 ᄲᅧ만 나마(古時調. 靑丘).

어즐어이다 동 어지럽히다. ¶덕을 어즐어이니:亂德(十九史略1:4).

·어·즐업·다 형 어지럽다. ☞어즈럽다 ¶구챠히 어즐업게 아닐 거시라 ᄒᆞ더라:無苟亂也(宣小6:89).

·어즐·ᄒᆞ·다 형 어질어질하다. 황홀하다. 어뜩어뜩하다. 희미하다. ☞아즐ᄒᆞ다 ¶어즐코 아ᄃᆞᆨᄒᆞ야 어미도 아ᄃᆞᄅᆞᆯ 모ᄅᆞ며(釋譜6:3). 命終ᄒᆞᇙ 저긔 ᄆᆞᅀᆞ미 어즐티 아니ᄒᆞ야(月釋7:71). 神識이 어즐ᄒᆞ야(月釋21:126). 中이 반ᄃᆞ기 어즐티 아니ᄒᆞ야:中心不迷(楞解1:69). 蚩尤ㅣ 만ᄒᆞᆫ 안개ᄅᆞᆯ ᄆᆡᆼᄀᆞ라 軍士ㅣ 어즐커늘(法華1:9). 제 몸 져보ᄆᆞ란 어즐ᄒᆞᄂᆞ니:恕己則昏(宣賜內訓1:35).

늙고 센 머리에 뜨디 다 어즐호라:衰白意都迷(初杜解8:37). 노폰 뫼해 올아 도라보니 누니 어즐ᄒᆞ도다:陟巘眩反顧(初杜解9:13). ᄒᆞᆫ갓 사ᄅᆞᄆᆡ 귀누늘 어즐케 ᄒᆞ야:徒眩人之耳目(金三2:19). 답답ᄒᆞ고 어즐ᄒᆞ거든(救簡2:58). 어즐 황:恍. 어즐 홀:惚(類合下12). 어즐 현:眩(類合下35). 아ᄃᆞᆨᄒᆞ고 어즐ᄒᆞ야:迷亂(宣小6:42). 恍惚ᄋᆞᆫ ᄆᆞᄋᆞ매 시름ᄒᆞ야 어즐ᄒᆞᆯ 시라(重杜解1:2). 그 客人이 쏘여 어즐ᄒᆞ엿다가:那客人射的昏了(老解上26). 마리 어즐ᄒᆞ다:頭暈(同文解下7). 어즐ᄒᆞᆫ 人世를 돌아본이 머도록 더욱 죠쾌라(古時調. 水國이. 海謠). 등풍으로 말 못ᄒᆞ며 어즐코 답답ᄒᆞ며(臘藥1).

어지게 감 어찌하랴. ¶어지게 엇그제 ᄒᆞ던 일이 다 왼 줄 알과라(古時調. 말리말리. 松岩續集).

-·어지·라 어미 -고자 하노라. -고 싶어라. ☞-지라 ¶내 獄애 드러 어믜 갑새 罪ᄅᆞᆯ 니버지라(月釋23:87). 어미 목ᄆᆞ른 病ᄒᆞ야 겨스레 외ᄅᆞᆯ 머거지라 ᄒᆞ거늘 두루 얻다가 몯ᄒᆞ야(三綱. 孝30). 困苦ᄒᆞᆯ시 종 ᄃᆞ외어지라 ᄒᆞᄂᆞ다:困苦乞爲奴(初杜解8:1). 내 너 ᄃᆞ려 말솜 무러지라:我問你些話(飜老上26). 홋근심을 끈흐려 ᄒᆞ면 蔡陽으로 ᄯᆞᆯ아 죽여지라(三譯2:4).

어질다 형 어질다. ☞어딜다 ¶어닉 제 이 두글 비화 어질거든 보려뇨(古時調. 鄭澈. 네 아ᄃᆞᆯ. 松江). 어질 인:仁(兒學下1).

어짊 형 어짊. ㉠어질다 ¶승샹의 큰 어질믈 닛고(三譯2:4).

어ᄌᆞ귀 명 어저귀. ☞어저귀 ¶어ᄌᆞ귀:苘麻(柳氏物名三 草).

어ᄌᆞ러여 동 어지럽혀. ¶뇨치란 놈이 제국을 어ᄌᆞ러여 민왕을 죽이니(女範1. 모의 왕손가모).

어ᄌᆞ러이 부 어지러이. 어지럽게. ☞어즈러이 ¶이러야 교틔야 어ᄌᆞ러이 ᄒᆞ돗쎤디(松江. 續美人曲).

어·치 명 언치. ☞언치. 언티 ¶사ᄅᆞᄆᆞᆫ 와 ᄆᆞᆯ 어치예 앉놋다:人來坐馬韉(初杜解20:9). 청셔피 변ᅀᆞ앳 어치오:藍斜皮邊兒的皮汗替(飜朴上28). 어치 텨:韂(訓蒙中27). 갓어치:皮替(老解下27). 핫어치:替子(老解下27). 藍斜皮邊兒ᄒᆞᆫ 가족 쏨어치에:藍斜皮邊兒的皮汗替(朴解上26).

어·타 동 언청이가 되다. ¶입시우리 아래로 드리디 아니ᄒᆞ며 ᄯᅩ 우흐로 거두쥐디 아니ᄒᆞ며 디드러 직브드티 아니ᄒᆞ며 허디 아니ᄒᆞ며 ᄯᅩ 어티 아니ᄒᆞ며 ᄯᅩ 기우디 아니ᄒᆞ며 둗겁디 아니ᄒᆞ며 크디 아니ᄒᆞ며 ᄯᅩ 검디 아니ᄒᆞ야 여러 가짓 골 업수미 업스며(月釋17:53).

어틀머틀 부 우툴두툴. ¶부헝이 방귀 뀐 殊常ᄒᆞᆫ 옹도라지 길쥭 넙쥭 어틀머틀 믜뭉슈로 ᄒᆞ거라 말고(古時調. 白華山 上上峯에. 靑丘).

어티이다 동 얻은 바 되다. 잡히다. ¶일즉예 도적의 어티인 배 되여:嘗爲倭賊所獲(東新續三綱. 孝1:30).

어포 명 어포(魚脯). ¶어포:鮿(柳氏物名二 水族).

어피·다 동 엎드리게 하다. ☞업히다 ¶딕실션비 ᄒᆞ야 어피고:敎當直的學生背起(飜老上3).

어한ᄒᆞ다 동 어한(禦寒)하다. 추위를 막다. ¶혹 비단과 면듀ᄅᆞᆯ 주시며 혹 어한ᄒᆞᆯ 거ᄉᆞᆯ 주시고(仁祖行狀31).

어험 명 어음. ¶어험 계:契(類合下36).

어혈 명 어혈(瘀血). ☞에헐 ¶어혈로 그러ᄒᆞ니:瘀血(痘瘡方62).

어훈 명 말소리. ¶어훈:語音(同文解上24). 내 닑ᄂᆞᆫ 어훈이 죠치 아니ᄒᆞ니(捷蒙4:9).

어흐리들다 동 붙잡다. ¶어흐리들 박:搏(類合下33).

어흘ᄒᆞ다 동 잡다. ¶어ᄃᆡ 어흘ᄒᆞ여 말을 ᄒᆞ리잇가(癸丑93).

어히 부 얼른. ¶나ᄂᆞᆫ 문안의만 와셔 어히 ᄃᆞ녀가니 무어ᄉᆞᆯ 알니오(閑中錄394).

어·히·다 동 새기다. 베다. 에다. ¶비 어혀 갈 어두미며:刻舟求劍(金三5:38). 비 타 가다가 갈 일코 비ᄅᆞᆯ 어히고 닐오ᄃᆡ(南明上36). 갈ᄒᆞ로 ᄇᆡ얌의 ᅀᅩ리ᄅᆞᆯ 어히고:以刀破蛇尾(救簡6:48). ᄯᅩ 베올 남오 다ᄉᆞᆺ 오리ᄅᆞᆯ ᄲᅧ 每 오리에 다ᄉᆞᆺ 쏫을 어히되:又用枕木五條每條刻五處(火砲解26). 몬져 다ᄉᆞᆺ ᄌᆞᄅᆞᄅᆞᆯ ᄒᆞᆫ 베올 남우 어힌 곳에 버려:先列五柄於一枕木刻處(火砲解26). 가리 어혀내다:劈肋條. 어히다:剌(漢淸12:57).

어히업다 형 어이없다. ¶어히업고 셜우셔(閑中錄236).

어히업시 부 어이없이. ¶어와 어와 어히업시 나ᄅᆞ심이야(新語4:11). 어와 어와 어히업시 아라 계시외(新語4:23).

·억 수 억(億). ¶억 억:億(訓蒙下34).

-억 어미 -어. ☞-어 ¶범믄 사ᄅᆞᄆᆞᆫ 오직 수를 마셔 댱샹 ᄀᆞ장 醉케 ᄒᆞ면:虎傷人但飮酒常令大醉(救急下64). 곧 巾几ᄅᆞᆯ 옮겨오ᄆᆞᆯ 지셔 ᄀᆞᅀᆞᆶ 빗돗ᄀᆞᆯ 내 헌 지브로셔 나가라:直作移巾几秋帆發弊廬(初杜解20:51).

억게 명 어깨. ☞억개. 엇게 ¶억게를 當ᄒᆞ야 서ᄅᆞ 對호미 이시니(家禮6:6).

억기 명 어깨. ☞억게. 엇게 ¶억기 견:肩(兒學上2).

·억:념ᄒᆞ·다 동 억념(憶念)하다. ¶能히 至心ᄋᆞ로 이 呪를 憶念커나(楞解7:55). 本來

ᄉ 願에 行ᄒᆞ던 道ᄅᆞᆯ 憶念케 코져 ᄒᆞᆯᄊᆡ:憶은 ᄉᆞ랑ᄒᆞᆯ 씨라(法華2:31). 여러 經典에 닐거 외와 通利ᄒᆞ야 ᄉᆞ랑ᄒᆞ야 ᄀᆞᆯ히야 正히 憶念ᄒᆞᄂᆞ니라(法華5:108).

억딕다 동 어긋 찍다. ¶억디길 호:互(類合下44).

억머구릐 명 악머구리의. ¶오뉵월 가온대 억머구릐 소릐로다(普勸文32).

억쎄ᄒᆞ·다 형 숙친(熟親)하다. 친압(親狎)하다. ¶겨틧 사ᄅᆞ미게 억쎄ᄒᆞᆫ 양 말며:不旁狎(宣賜內訓1:9).

·억조 명 억조(億兆). 백성(百姓). ¶오ᄂᆞᆳ나래 陛下ㅣ 億兆 主ㅣ ᄃᆞ외시고:億兆ᄂᆞᆫ 百姓을 니ᄅᆞ니라(宣賜內訓2下63).

억지내다 동 억지 부리다. ¶억지내다:覇佔(同文解上32. 漢淸8:26).

·억·탁 명 억탁(臆度). 억측(臆測). ¶臆度앳 議論 업서(圓覺序10). 그 도적이 제 살 억탁으로(癸丑58).

·언 명 ①언막이. ¶언 데:堤. 언 패:壩. 언 언:堰(訓蒙上6). 잡돌로 쓴 언:亂石壩. 어귀 튼 언:龍門壩(漢淸15:6).
②언덕. ¶닐굽차힌 뫼 언헤 ᄢᅥ디여 橫死ᄒᆞᆯ 씨오(釋譜9:37). 북녁 언 우희 ᄒᆞᆫ 큰 뎔 ᄒᆞᆫ 좌 잇ᄂᆞ니:北岸上有一座大寺(飜朴上69). 아히 손ᄌᆞᄅᆞᆯ 업고 언의 ᄂᆞ려뎌 죽다:負兒孫墜崖而死(東新續三綱. 烈3:31).

-언 어미 -ㄴ. -은. ☞-건 ¶죽다가 살언 百姓이:其蘇黎庶(龍歌25章). 수먼 煩惱ㅅ 根本이 ᄃᆞ외오:潛爲煩惱根本(楞解4:92). 聖人 버으로미 더욱 머런 사ᄅᆞ미:去聖逾遠人(法華2:41). 色心을 처엄 허런 萬法이 다 뷔다가:色心初破萬法皆空(法華3:67). 甲兵 닐언 ᄒᆡ 數이 하니:甲兵年數久(初杜解11:45). 녯 버디언 孫宰ㅣ:故人有孫宰(重杜解1:13).

-언간만 어미 -었건만. ¶七寶 지여 살언간만(鄕樂 雜處容).

언·구 명 언구(言句). 어구(語句). ¶ᄒᆞ다가 言句에 疑心 아니호미 이 큰 病이니라(蒙法34). 師ㅣ 니ᄅᆞ샤ᄃᆡ 뎨 엇던 言句ㅣ 잇더뇨(六祖中78).

언·극ᄃᆞᄫᆡ·다 형 언극(堰棘)되다. 궁하다. ¶艱難코 언극ᄃᆞᄫᆡ야 福과 智慧왜 업서:貧窮無福慧(釋譜13:56).

언근 명 언근(言根). ¶언근 업ᄉᆞᆫ 말을 내엿디 갈모리(癸丑59).

언논 명 언론(言論). ¶형의 언논의 상쾌ᄒᆞ믈 드ᄅᆞ니 진짓 호걸지시로다(落泉2:4).

-·언·다 어미 -었느냐. ☞-안다 ¶이 ᄒᆞᆫ 報ㅅ 모매 一定 輪廻ᄅᆞᆯ 버서ᄂᆞᆫ다:此一報身定脫輪廻麼(龜鑑上21).

-언·댄 어미 -건댄. ☞-언든 ¶뎌 모ᄃᆞᆫ 盲人과 두 거무믈 마초아 혜언댄:與彼群盲二黑校量(楞解1:101).

언덕 명 언덕. ☞언턱 ¶뫼 언덕 애:崖. 믈 언덕 안:岸(訓蒙上3). 언덕 감:𡎺(訓蒙上4). 믈 언덕 안:岸(類合上5). 북편 언덕 우희:北岸上(朴解上61). 언덕 문희여 조븐 길 메오거라 말고(古時調. 靑丘). 언덕:岸頭(同文解上7). 마존 언덕:對岸(譯解補5). 언덕 능:陵(兒學上3).

-언·든 어미 -건댄. ☞-언댄 ¶네 그리도록 ᄎᆞᆫᄎᆞᆫᄒᆞᆫ 양을 혜언든 ᄆᆞᄅᆞᆯ 사디 몯ᄒᆞ리로다:料着你那細詳時是買不得馬(飜朴上64).

언론 명 언론(言論). ¶言論이 몯 ᄆᆞᄎᆡᆺ거시ᄂᆞᆯ 그제 龍王女ㅣ 믄득 알ᄑᆡ 現ᄒᆞ야 머리 ᄂᆞᄎᆞ로 禮敬ᄒᆞᅀᆞᆸ고(法華4:174).

:언마 명 얼마. ☞언머. 얼머 ¶深谷 深山애 언마 저프거시뇨(月印上44). 언맛 福ᄋᆞᆯ 어드리잇고:爲得幾所福(法華6:3). 또 아디 몯게라 언마오:又不知幾何(牧牛訣43). 人生ᄋᆞᆯ 잇비 ᄃᆞᆫ뇨ᄆᆞᆫ 다ᄆᆞᆺ 언마만고:勞生共幾何(初杜解22:26).

언마 부 얼마나. ☞언머. 얼머 ¶가을비 긔똥 언마 오리(古時調. 靑丘).

-·언마·ᄂᆞᆫ 어미 -건마는. ☞-건마ᄅᆞᆫ. -언마ᄅᆞᆫ ¶알ᄑᆞ디 아니호ᄆᆞᆫ 주리 아니언마ᄂᆞᆫ:非不痛也(宣賜內訓2下7). 子의 道를 說티 아니홈이 아니언마ᄂᆞᆫ 힘이 足디 몯호이다:非不說子之道力不足也(宣論2:6). ᄉᆞ랑티 아닌ᄂᆞᆫ 줄이 아니언마ᄂᆞᆫ(女四解4:37).

-·언마·ᄅᆞᆫ 어미 -건마는. ☞-건마ᄅᆞᆫ. -언마ᄂᆞᆫ ¶내그에 모딜언마ᄅᆞᆫ:於我雖不軌(龍歌121章). 理와 智와ᄂᆞᆫ 行이 아니언마ᄅᆞᆫ:理智非行(永嘉下29). 믈와 재 아니언마ᄅᆞᆫ:非水灰(永嘉下88). 업슨 ᄃᆞᆯ 알언마ᄅᆞᆫ(圓覺上一之一42). 또 本鄕앳 즐거우미ᅀᅡ 알언마ᄅᆞᆫ:亦知故鄕樂(初杜解7:26). 사ᄅᆞᄆᆡ 누늘 놀래언마ᄅᆞᆫ:驚人眼(初杜解25:17).

:언·맛 명 얼마의. 독언마 ¶이 法華經 듣고 隨喜ᄒᆞᇙ 사ᄅᆞ미 언맛 福ᄋᆞᆯ 得ᄒᆞ리잇고(月釋17:44).

:언매·나 부 얼마나. ☞언머나. 언메나. 얼머나 ¶이 法華經 듣고 隨喜ᄒᆞᆫ 사ᄅᆞᄆᆞᆫ 福ᄋᆞᆯ 언매나 得ᄒᆞ리잇고(釋譜19:1). 大學生이 언매나 ᄒᆞ니잇고:大學生幾何(宣賜內訓2下61). 사라슈믄 能히 언매나 ᄒᆞ니오:生涯能幾何(初杜解6:53). 버ᄆᆡ 갓과 羊ᄋᆡ 얼굴와ᄂᆞᆫ 모ᄅᆞ리로다 언매나 ᄒᆞ뇨:虎皮羊質知多小(南明下21). 十丈紅塵이 언매나 ᄀᆞ렷ᄂᆞᆫ고(古時調. 李賢輔. 구버ᄂᆞᆫ. 靑丘).

:언머 명 얼마. ☞언마. 얼머 ¶겨집죵ᄋᆡ 비디 언메잇가(月釋8:81). ᄆᆞᅀᆞᆷ과 相괘 서르 벙으로ᄆᆞᆫ 언머고:心與相相去多少(金三3:32). 네 언머를 줄다:你與多少(飜老下27).

제 슈공을 언머옴 받ᄂᆞᆫ고:他要多少功錢(飜朴上43). 일싱이 언메완ᄃᆡ(野雲39). 언머ᄂᆞᆫ 漢ㅅ 사ᄅᆞᆷ이며 언머ᄂᆞᆫ 高麗ㅅ 사ᄅᆞᆷ고:多少漢兒人多少高麗人(老解上6). 언머에 ᄒᆞᆫ 판고:多少一板(朴解上10). 거믄 콩은 언머의 ᄒᆞᆫ 말이며:黑豆多少一斗(老解上16). 언머치:能幾何(同文解下47). 언머 치리:能幾何(漢淸11:49). 사ᄅᆞᆷ이라 ᄒᆞ여 世上에 난 거시 언머 치 오래리오(捷蒙1:16).

·언머 부 얼마나. ☞언마. 얼매. 얼머 ¶사ᄅᆞ미 사라쇼ᄆᆞᆫ 언머 만ᄒᆞ니오 보미 ᄒᆞ마 녀르미 ᄃᆞ외노소니:人生幾何春已夏(初杜解10:9). 네 비환 디 언머 오라뇨:你學了多少時節(老解上5).

언머나 부 얼마나. ☞언매나. 얼머나 ¶대되 언머나 잇ᄂᆞ뇨(三譯3:5). 무러 골오ᄃᆡ 비혼 배 언머나 ᄒᆞ뇨(女範1. 모의 추밍모). 시방 제게 글 닑ᄂᆞᆫ 弟子들이 언머나 잇ᄂᆞ뇨(捷蒙3:7).

언먹다 동 얻어먹다. ¶식궁치 뒤져 언먹ᄂᆞᆫ 오리ᄂᆞᆫ(古時調. 靑天 구름. 靑丘).

언멋 명 얼마. 얼마의. ☞엇멋 ¶王京의 가 언멋 갑시 ᄑᆞᄂᆞᆫ다:到王京多少價錢賣(老解上12).

:언·메·나 부 얼마나. ☞언매나. 얼머나 ¶나히 언메나 ᄒᆞ뇨:多少年紀(飜老上6). 언메나 갓가온가 먼가:有多少近遠(飜老上48). 언메나 받고져 ᄒᆞᄂᆞ뇨:要多少(老朴集. 單字解1). 대되 돈이 언메나 ᄒᆞᆫ고:通該多少錢(老解上10). 前後에 언메나 오래 머믈러뇨:前後住了多少時(老解上13). 前例대로 ᄒᆞ면 언메나 주엄 즉ᄒᆞ관ᄃᆡ:照依前例該與多少(朴解上3).

언문 명 언문(諺文). ¶언문으로 번역ᄒᆞ야 바가 中外예 頒포ᄒᆞ샤(簡辟序2). 언문으로 ᄡᅥ 셜운 졍을 서셔 벼개 가온대 녀코:諺字書哀痛之情藏于枕中(東新續三綱. 烈2:81). 언문으로 ᄡᅥ(普勸文23).

언변 명 언변(言辯). ¶네의 쇼통 영민ᄒᆞᆫ 셩경으로 언변의 교활ᄒᆞ미 이러틋 ᄒᆞ야(落泉2:4).

언·셜 명 언설(言說). ¶비록 ᄯᅩ 言語道애 븓디 아니ᄒᆞ나 ᄯᅩ 言說 업소매 븓디 아니타 ᄒᆞ니(金三3:8).

언ᄉᆞ 명 언사(言辭). ¶셩질이 노무ᄒᆞ고 언시 무디ᄒᆞ니(引鳳簫1). 쇼졔 숙부의 언ᄉᆡ 무륜ᄒᆞ믈 보고 오장이 분붕ᄒᆞ여(落泉1:2).

언·약 명 언약(言約). 약속. ¶허믈 잇거나 ᄯᅩ 언약올 어그릇치 ᄒᆞ리를:有過若違約者(飜小9:18). 언약 약:約(石千25). ᄉᆞᄉᆞᄂᆞᆫ 언약을 미들 ᄲᅥ시니:私憑要約(老解下17). 언약:定約(同文解下56).

언·약ᄒᆞ·다 동 언약(言約)하다. ¶오ᄂᆞᆯ 언약ᄒᆞᄂᆞᆫ 이바디 ᄒᆞ더라:今日做筵席(飜朴上45). 장슈로 더브러 주그모로ᄡᅥ 언약ᄒᆞ야:與諸將約以死(東新續三綱. 忠1:47). 더브러 언약호ᄃᆡ(女四解4:49). ᄯᅩ 후마의 언약ᄒᆞ여 가마니 와 여어보게 ᄒᆞ니(落泉1:2).

언:어 명 언어(言語). ¶言語ᄂᆞᆫ 바ᄅᆞ 닐오ᄆᆞᆯ 닐오ᄃᆡ 言이오 힐훠 議論호ᄆᆞᆯ 닐온 語ㅣ니 이 中엣 言語ᄂᆞᆫ 그릐 便安호ᄆᆞᆯ 取ᄒᆞ니(永嘉上51). ᄒᆞᆫ갓 言語ㅅ 길히 그츨 ᄯᆞᄅᆞ미리오 ᄯᅩ 心行ㅅ 고디 업스니라(永嘉下104). 言語애ᄂᆞᆫ 宰我와 子貢이오(宣論3:1). 言語ᄅᆞᆯ 반ᄃᆞ시 信홈이 ᄡᅥ 行을 正홈이 아니니라(宣孟14:23). 능셔 장시 병든 임무ᄅᆞᆯ ᄑᆞ니 비록 병드나 언어ᄅᆞᆯ 긔묘히 ᄒᆞ거ᄂᆞᆯ(落泉1:2).

언연ᄒᆞ다 형 언연(偃然)하다. ¶싱이 동쇼져ᄅᆞᆯ 보ᄆᆡ 언연ᄒᆞᆫ 슈지니(落泉2:4).

언월도 명 언월도(偃月刀). ¶언월도:大刀(同文解上48).

언이 관 어느. ☞어느 ¶언이 ᄉᆞ이예 ᄂᆞᆷ을 근심ᄒᆞ리오:遑恤乎他(重內訓3:33).

:언제 대 언제. ☞언지 ¶일즉 언제우터 죽 먹ᄂᆞ뇨:曾幾時喫粥來(飜朴上55).

:언제 부 언제. ☞언지 ¶언제 새 어든 부텨를 가 보ᅀᆞᄫᆞ려뇨 ᄒᆞ더니(釋譜6:19). 내 언제 사라 셔ᄅᆞ 가히와 ᄒᆞᆫᄃᆡ 비브르 사ᄅᆞ미리오(三綱. 忠21). 언제 니ᄶᅩ오료(楞解跋2). 언제ᅀᅡ 반ᄃᆞ기 父子ᄅᆞᆯ 一定ᄒᆞ야:何當一定父子(法華2:244). 錫杖 디퍼 언제 예 오니오:杖錫何來此(初杜解9:24). 네 언제 王京의셔 ᄯᅥ난다:你幾時離了王京(飜老上1). 네 언제 ᄂᆞ려완노(쌍벽가).

언지 대 언제. ☞언제 ¶언지:幾時(譯解上5. 同文解下47).

언지 부 언제. ☞언제 ¶언지 온다:多咱來(譯解補58). 네 언지 王京셔 ᄯᅥ난다(蒙老1:1).

언청이 명 언청이. ¶언청이:豁唇子(同文解下8). 언청이:豁唇(漢淸8:16).

언치 명 언치. ☞어치 ¶언치 쳔:韉(倭解下17). 누은 쇼 발로 박차 언치 노하 지즐ᄐᆞ고(古時調. 鄭澈. 재 너머. 靑丘). 언치 놋타:搭屜(漢淸14:30).

언턱 명 언덕. ¶지아비 왜적 만나 굴티 아니ᄒᆞ고 언턱의 ᄡᅥ러뎌 죽거ᄂᆞᆯ 신시 그 죵 복 분이로 ᄃᆞ려 ᄯᅩ 언턱의 ᄡᅥ러뎌 주그니라(東新續三綱. 烈4:67 申氏墜崖).

언티 명 언치. ☞어치 ¶언티:鞍屜(柳氏物名一 獸族).

언·헤 명 언덕에. 〔ㅎ 첨용어 '언'의 부사격.〕 독언 ¶닐굽차힌 뫼 언헤 ᄡᅥ디여 橫死ᄒᆞᆯ 씨오(釋譜9:37). 닐구븐 뫼 언헤 ᄡᅥ디여 橫死ᄒᆞᆯ 씨오(月釋9:58).

얹·다 동 얹다. ☞엱다. 엺다 ¶가슴과 비예

얹고:頓其胸前幷腹肚上(救急上34). 술고조에 언짜:上槽(譯解上49). 屈原 忠魂 비에 너흔 고기 采石江에 긴 고래 되야 李謫仙 등에 언쏘(古時調. 靑丘).

얺다 동 얹다. ☞얹다. 엱다 ¶又 언즌 화를:新上了的弓(飜老下30). ᄆᆞᆯ게 언저 븓드러 가거ᄂᆞᆯ:上馬扶行(東新續三綱. 烈3:85). 님히 죽일 제 대군을 흠긔 잡으려 ᄒᆞᆫ 번의 소계 언ᄌᆞ니(癸丑27). 거문고 시욹 언저 風入松이야고야(松江. 星山別曲).

얻게 명 어깨. ☞엇게 ¶도적기 살을 발ᄒᆞ야 얻게를 마치고:賊發矢中肩(東三綱. 烈3).

:얻·녀 동 얻으러 다니어. ㉠얻니다 ¶心外예 부텨를 얻녀 쇽절업시 ᄃᆞᆫ니다가:心外覓佛(牧牛訣12).

:얻·니·다 동 얻으러 다니다. 찾아다니다. 얻는 행동을 계속하다. ☞엇니다 ¶婆羅門이 그 말 듣고 고ᄫᆞᆫ ᄯᆞᆯ 얻니노라 ᄒᆞ야(釋譜6:13). 婆羅門이 보고 깃거 이 각시ᅀᅡ 내 얻니논 ᄆᆞᅀᆞ매 맛도다 ᄒᆞ야(釋譜6:14). 눈 우희 우녀 주검 서리예 어미 얻녀 모미 어러(三綱. 孝24). 心外예 부텨를 얻녀 쇽절업시 ᄃᆞᆫ니다가:心外覓佛(牧牛訣12). 사ᄅᆞᄆᆡ 지븨 이셔 사ᄅᆞᄆᆡ ᄉᆞᅀᅵ 얻니거든(佛頂8).

:얻·다 동 ①얻다. ☞엇다 ¶큰 화리 常例 아니샤 얻ᄌᆞᄫᅡ ᄀᆞ초ᅀᆞᄫᅡ:大弧匪常得言藏之(龍歌27章). 太子ᄅᆞᆯ 몯 어드실ᄊᆡ:靡有太子(龍歌84章). 녯날애 바리ᄅᆞᆯ 어더(月印上32). 夫人이 며느리 어드샤ᄆᆞᆫ(釋譜6:7). 녜 업던 이ᄅᆞᆯ 얻ᄌᆞᄫᆞ뇨(釋譜13:16). 암龍이 ᄃᆞ외야 毒龍ᄋᆞᆯ 얻더니(月釋7:27). ᄯᅩ 우리ᄃᆞᆯ히 善利ᄅᆞᆯ 얻ᄌᆞᄫᆞᆫ 젼ᄎᆞ니(月釋21:115). 그 히믈 그ᅀᆞ기 얻ᄌᆞ오나:冥獲其力(楞解7:27). 道場애 果 일우ᄆᆞᆯ 어두니 내 ᄒᆞ마 다 아노라:道場得成果我已悉知見(法華1:150). 그 어둔 福德이 十方虛空 ᄀᆞᆮᄒᆞ야:其所獲福德如十方虛空(金剛24). 因地ᄂᆞᆫ 몯 어뎃던 거슬 어더셔 화 ᄒᆞ논 소리라(蒙法18). 가ᅀᆞ멸며 貴호ᄆᆞᆫ 반ᄃᆞ기 브즈런ᄒᆞ며 辛苦호ᄆᆞᆯ브터 얻ᄂᆞ니:富貴必從勤苦得(初杜解7:31). 그지업슨 福德 어두ᄆᆞᆫ 證이라 이에 알리로다:得無量福德證也是知(金三2:26). 아비 즈ᄎᆡ욤 어더늘:父得泄痢(續三綱. 孝16). 어들 획:獲(類合下12). 어들 득:得(類合下57). 지즈로 文公ᄋᆡ 지블 어두라:遂得文公廬(重杜解9:18). 뇽이 믈 어돔 ᄀᆞᄐᆞ며:如龍得水(野雲41). 혀ᄌᆞ온 니쳔을 어들러라:尋了加五利錢(老解上13).
②찾다. ¶어마님 어드라 오라(月釋23:84). 다ᄃᆞᄅᆞᆫ ᄯᅡ해 丹梯ᄅᆞᆯ 얻노라:著處覓丹梯(初杜解7:12). 도ᄂᆞᆯ 어더든 곧 서르 어더:得錢卽相覓(初杜解15:37). 거우룻 소배 머리 어두미며:鏡裏尋頭(金三5:38). 어들 멱:覓(類合下32). 도적이 어더내여 오욕ᄒᆞ고져 ᄒᆞ여:賊搜出欲汚(東新續三綱. 烈6:85). 아ᄃᆞᆯ은 도망ᄒᆞ야 수머 나가거ᄂᆞᆯ 왕밀이 그 아ᄃᆞᆯ 어더 더블고 도적의게 가(二倫奎章本12).
③구(求)하다. ¶石珍이ᄂᆞᆫ 밤낫 겨틔 이셔 하ᄂᆞᆯ 블러 울며 두루 藥 얻더니(三綱. 孝石珍斷指).

얻더ᄒᆞ다 형 어떠하다. ¶宴享을 바로 乾物로 받기ᄂᆞᆫ 事體 얻더ᄒᆞ오매(隣語1:3).

얻디 부 어찌. ☞엇디 ¶얻디 ᄀᆞ마니 왕ᄌᆞᄅᆞᆯ 보내뇨:何竊遣王子(東三綱. 忠1).

얻지 부 어찌. ☞엇지 ¶얻지 가히 받긔 낫타내여(女四解2:35). 얻지 無事이 도라가온지 모로와 념녀롭ᄉᆞ외(隣語2:10).

:얻ᄌᆞᄫᆞᆫ 동 얻자온. ㉠얻ᄌᆞᆸ다 ¶ᄯᅩ 우리ᄃᆞᆯ히 善利ᄅᆞᆯ 얻ᄌᆞᄫᆞᆫ 젼ᄎᆞ니(月釋21:115).

:얻ᄌᆞᆸ·다 동 얻잡다. ¶얻ᄌᆞᄫᅡ ᄀᆞ초ᅀᆞᄫᅡ:得言藏之(龍歌27章). ᄯᅩ 우리ᄃᆞᆯ히 善利ᄅᆞᆯ 얻ᄌᆞᄫᆞᆫ 젼ᄎᆞ니(月釋21:115).
※'얻ᄌᆞᆸ다'의 활용 ┌얻ᄌᆞᆸ고/얻ᄌᆞᆸ게/얻ᄌᆞᆸ디…
└얻ᄌᆞᄫᅡ/얻ᄌᆞᄫᆞᆫ……

얼 명 딸국질. ¶얼:噦(物譜 氣血).

-·얼 어미 -을. ☞-ᄋᆞᆯ. -을 ¶어루 千金으로도 갑디 몯다 닐얼디로다:可謂千金不償矣(宣賜內訓序7). 어루 人과 天괏 調御師ㅣ라 닐얼디로다:可稱人天調御師(金三4:39). 眞樂ㅣ라 닐얼디로다(龜鑑上5).

얼·거 동 얽혀. ㉠얼기다 ¶氣運이 서릿 匣애 얼거 ᄀᆞᄃᆞᆨᄒᆞᆫ ᄃᆞᆺ고:氣纏霜匣滿(初杜解23:18).

얼거매다 동 얽어매다. ¶쇠로 더픈 短簷을 藤蘿로 얼거매니(草堂曲).

얼거미골 명 석룡추(石龍芻). 골풀. ¶얼거미골:石龍芻(柳氏物名三 草).

얼골 명 ①얼굴. ☞얼굴 ¶업숭은 얼고리 ᄀᆞ장 곱고:業崇容姿絕美(東新續三綱. 烈3:40). 반ᄃᆞ시 반ᄒᆞᆯ 얼골이니 죽이디 아니시면(明皇1:31). 그ᄃᆡ 얼골의 회쇠이 이시믄(女範2. 현녀 진ᄇᆡᆨ종쳐). 니 얼골 ᄂᆡ 못 보니 보ᄋᆞᆷ즉다 ᄒᆞᆯ가ᄆᆞᄂᆞᆫ(曺友仁. 自悼詞). 져놈은 얼골은 저리 모지러 뵈도(隣語8:16). 보고지고 보고지고 님의 얼골 보고지고(萬言詞).
②형상(形狀). ☞얼굴 ¶ᄉᆞ나히 겨집 얼골이 이ᄂᆞ니 닐운 ᄐᆡ오:成男女形影謂之胎(胎要8). 밧글 보미 반다시 얼골을 감추며:形(女四解3:4).

얼골ᄒᆞ다 동 형상(形象)을 하다. ¶하ᄂᆞᆯ은 양을 얼골ᄒᆞ고 ᄯᅡᆼ은 음을 얼골ᄒᆞ니:象(女四解4:2). ᄆᆞᄋᆞᆷ의 늣겨 붓 긋티 얼골ᄒᆞᆫ 말이니(女範2. 변녀 니시옥영).

얼·곰 동 얽힘. ㉠얼기다 ¶業行애 얼교미 일후미 解脫이라 얼곰 그추믈 解脫이라 일훔홀ᄯᅵ 아니니:業行繫縛名爲解脫非斷縛名解脫(永嘉下15).

얼굴 명 ①형상(形狀. 形相. 形象). 형체(形體). ¶얼구를 ᄆᆡᇰᄀᆞ라 모든 呪術로 빌며(釋譜9:17). 相ᄋᆞᆫ 얼구리라(月釋序1). 이 얼굴와 얼굴 아니왜며:是形非形(楞解2:83). 法法이 므슴 얼굴오:法法何狀(楞解3:59). 서르 對ᄒᆞ야 얼굸 그리메로 重重히 서르 들에 ᄒᆞ고:相對使其形影重重相涉(楞解7:21). ᄆᆞᅀᆞ미 그 얼굴 여희요미:心離其形(楞解9:84). 다 能히 얼구를 밧 사ᄆᆞ며:皆能外形骸(法華6:144). 얼구른 그리메 逼近ᄒᆞ니:形象丹青逼(初杜解8:25). 지죄 업고 얼굴 늘구믈 슬노니:才盡傷形體(初杜解16:18). 얼굴 형:形(訓蒙上24. 石千10). 얼굴 장:狀(訓蒙上35). 얼굴 형:形(類合上1. 倭解上19). 얼굴 형:形(註千10). 얼굴 상:狀(類合上15). 얼굴 톄:體(類合上22). 얼굴 샹:象(類合下51). 옹쥬 얼굴의 의탁ᄒᆞ야:形(桐華寺 王郎傳7).

②형색(形色). ¶色ᄋᆞᆫ 비치니 얼구를 니ᄅᆞ니라(月釋1:34).

③본질(本質). 본체(本體). ¶뉘 空ᄋᆡ 얼구를 ᄇᆞᆯ기리오:誰明空質(楞解3:20).

④본보기. 모형(模型). ¶얼굴 형:型. 얼굴 모:模(訓蒙下16).

⑤양식(樣式). 법식(法式). ¶얼굴 식:式(訓蒙下21).

⑥몸뚱이. ¶ᄒᆞᆫ 양의 얼굴 사다가:買一箇羊腔子(飜朴上67).

⑦얼굴. 용모(容貌). ¶얼굴:容顏(同文解上18). 얼굴 ᄉᆞᆯ져 펀펀ᄒᆞ다:臉胖平了(漢清6:7). 얼굴 용:容(註千12). 얼굴 안:顏(兒學下13).

얼·기·다 동 얽히다. ☞얼키다 ¶시혹 얼교매 나며:或得出纏(楞解4:73). ᄋᆡ 슬프다 셜우믈 ᄆᆞᅀᆞ매 얼규니:嗚呼哀哉痛纏心腑(永嘉序15). 暗과 動애 서르 얼기니라:相纏於暗動(永嘉下4). 業行애 얼교미 일후미 解脫이라 얼곰 그추믈 解脫이라 일훔홀ᄯᅵ 아니니:業行繫縛名爲解脫非斷縛名解脫(永嘉下15). 連環이 얼겨실ᄉᆡ(圓覺上二之三31). 氣運이 서릿 匣애 얼거 ᄀᆞᄃᆞᆨᄒᆞᆫ ᄃᆞᆺ고:氣纏霜匣滿(初杜解23:18). 如來藏이 얼긴 ᄃᆡ 이시며(南明上24). 얼긴 ᄃᆡ 업슨ᄃᆞᆯ:無羈絆(南明下52).

얼넉쇼 명 얼룩소. ☞어룽쇼 ¶얼넉쇼:犂(柳氏物名一 獸族).

얼넌덧 부 어느덧. ☞얼런덧 ¶얼넌덧:不覺的(同文解下50).

:얼·다 동 얼다. ☞어다 ¶므리 어렛다가 더 ᄫᅳ면 노가 므리 ᄃᆞ외ᄂᆞ니라(月釋9:23). 凍ᄋᆞᆫ 얼 씨오(楞解8:82). ᄒᆞ나ᄒᆞᆫ ᄃᆞ리ᅘᅧᄂᆞᆫ 氣니 寒氷이 ᄆᆡ자 이러 身肉이 어러 ᄣᅥ야 딜 씨오:一者吸氣結成寒氷凍裂身肉(楞解8:103). 언 ᄉᆡᄆᆞᆫ ᄀᆞᄂᆞᆫ 돌해 브텟고:凍泉依細石(初杜解9:25). ᄆᆞᆯᄀᆞᆫ 서리예 큰 모시 어니:清霜大澤凍(初杜解21:36). 얼 동:凍(訓蒙下2). 얼 동:凍(類合下50). 머리 누르고 ᄂᆞᆺ치 언 ᄇᆡ ᄀᆞᆮᄒᆞ야 ᄀᆞ이 업서:黃耇無疆(宣小3:20).

얼·다 동 교합(交合)하다. 성교(性交)하다. ¶즁과 숭과 어러 子息 나하(釋譜23:35). 남진 어러 ᄒᆞ마 도라간:嫁既曰歸(宣賜內訓2上3). 뎌 나괴 어러 나ᄒᆞᆫ 노미:那驢養下來的(飜朴上34). 겨집 子息ᄋᆞᆫ 제 ᄆᆞᅀᆞᄆᆞ로 ᄃᆞᆫ니다가 이븟짓 머섬과 사괴야 남진도 어러 家門도 더러이며(七大21).

얼러 동 교합(交合)하여. ㉠얼다 ¶뎌 나귀 얼러 나흔 놈이 그저 날을 수머 ᄃᆞᆫ니고:那驢養下來的只趕着我走(朴解上31).

얼럭ᄆᆞᆯ 명 얼룩말. ☞어룽ᄆᆞᆯ ¶얼럭ᄆᆞᆯ:花馬(蒙解下30).

얼런덧 부 어느덧. ☞얼넌덧 ¶얼런덧:不覺的(譯解補58). 얼런덧:不覺(漢清8:36). 얼런덧 ᄯᅩ ᄒᆞᆫ ᄒᆡ 되여 正月에 니ᄅᆞ럿ᄂᆞᆫ지라(捷蒙2:7).

얼레 명 얼레. ¶올 白絲 ᄒᆞᆫ 얼레를 ᄉᆞᆺ가지 프러 ᄯᅴ울 ᄌᆡ(古時調. 이 시름. 海謠).

얼:리·다 동 시집보내다. 장가들이다. ☞얼이다 ¶쟝ᄎᆞᆺ ᄃᆞ려다가 남진 얼리려 ᄒᆞ더니:將取嫁之(宣小6:52).

얼리다 형 어리다. ¶얼릴 유:幼(兒學下8).

얼매 부 얼마나. ☞언마. 언머. 얼머 ¶사ᄅᆞᆷ이 얼매 오랜고(普勸文11).

얼머 명 얼마. ☞언머 ¶이 비단을 얼머에 ᄑᆞᆯ려 ᄒᆞᄂᆞᆫ다:這緞子多小賣(朴解中37).

얼머 부 얼마나. ☞언마. 언머. 얼매 ¶얼머 슈굴리 ᄒᆞ시니:多少艱辛(警民28).

얼머나 부 얼마나. ☞언매나. 언머나 ¶너를 얼머나 주어야 올ᄒᆞᆯ고:與你多少的是(老解上48). 히오니 ᄌᆞ름쌉 글월 벗기ᄂᆞᆫ 갑시 얼머나 ᄒᆞ뇨:該多少牙稅錢(老解下16).

얼멍이 명 체. ¶얼멍이:篩子(朴解中11). 얼멍이:竹篩子(譯解下13).

얼·믜·다 형 ①성기다. 설피다. ¶얼믠 그므를 디허도 ᄉᆡ디 아니ᄒᆞ며(月釋13:59). 后ㅅ 오시 얼믜오 굴구믈 ᄇᆞ라고:望見后布疎麤(宣賜內訓2上44). 몬져 얼믠 ᄎᆞᆷ비소로 빗기고:先將那稀篦子批了(飜朴上44). 얼믤 소:踈(類合下57). 얼믠 뵈 이운 ᄲᅧ 가맛ᄂᆞ니:疎布纏枯骨(重杜解2:65). 얼믠 깁과:謙涼絹(老解下23). 네 날을 얼믠 뵈로 ᄒᆞᆫ 모괴댱을 사다가 주고려:你饋我買將草布蚊帳

來(朴解中58). 훈 번에 얼믠 뵈로 ᄇᆞ른라:一發着草布糊了(朴解中58). 얼믠 뵈:稀糲布(譯解下5).
②희미하다. ¶또 기튼 ᄠᅳ디 얼믜여 ᄒᆞ도다:亦髣髴遺意矣(楞解1:16). 依俙ᄂᆞᆫ 얼믜여ᄒᆞᆯ 시라(金三2:40).

얼ᄆᆞ이다 동 얽매이다. ☞얼ᄆᆡ이다 ¶얼ᄆᆞ여 답가와 門의 나 노로니:拘悶出門遊(重杜解12:19).

얼ᄆᆡ이다 동 얽매이다. ☞얼ᄆᆞ이다 ¶뉘 能히 ᄯᅩ 얼ᄆᆡ여시리오:誰能更拘束(重杜解11:37).

얼ᄆᆡ히다 동 얽매이다. ☞얼ᄆᆡ이다 ¶이 몸이 괴롭기ᄂᆞᆫ 모진 아업이 얼ᄆᆡ힌 타시니:交縛(正念解1).

얼아ᄃᆞᆯ 명 서자(庶子). ¶박질의 얼아ᄃᆞᆯ 평손이 군법을 범ᄒᆞ야:朴礩孼子平孫犯軍律(東新續三綱. 忠1:81).

얼아ᄋᆞ 명 서제(庶弟). 〔'얼'은 '孼', '아ᄋᆞ'는 '아우'.〕 ¶얼아ᄋᆞ:庶弟(十九史略1:32).

얼에 명 얼레. ☞어레 ¶얼에:籰(物譜 蠶績).

얼·에·빗 명 얼레빗. ☞어리잇. 어러빗 ¶기름 무든 얼에비솔 브레 ᄢᅧ야:油木梳火上炙(救簡6:66). 머리 헤혀 얼에비소로 비서라:撒開頭髮梳(飜朴上44). 얼에빗 즐:櫛. 얼에빗 소:梳(訓蒙中14). 얼에빗:梳子(譯解下19).

얼우다 동 얼리다. ¶얼우시고 ᄯᅩ 노기시니:旣氷又釋(龍歌20章).

얼우다 동 ①시집보내다. 혼인(婚姻)하다. ☞얼이다 ¶父母ㅣ 굿 얼우려커늘:父母欲嫁强之(三綱. 烈12 李氏感燕).
②아양부리다. 아첨하다. ¶얼울 교:嬌(訓蒙下33). 얼울 미:媚(類合下31).

:얼·우·신 명 어르신. 어르신네. ☞어루신 ¶ᄆᆞᅀᆞᆷ 됴ᄒᆞ신 얼우신하:好大舍(飜朴上58). 얼우신하 허물 마ᄅᆞ쇼셔:大舍休恠(飜朴上58). 날마다 반ᄃᆞ시 冠帶ᄒᆞ야 ᄢᅧ 얼우신ᄭᅴ 뵈ᄋᆞ오며:日必冠帶以見長者(宣小6:2).

:얼·우신·네 명 어르신네. ☞얼우신니 ¶얼우신네ᄅᆞᆯ 인ᄒᆞ야 어버싀긔 권ᄒᆞ여:宜從丈人所勸說君(飜小9:88).

얼우신니 명 어르신네. ☞얼우신네 ¶얼우신니라 ᄒᆞ야:爲丈(飜小10:12).

:얼운 명 어른. ☞어론 ¶智慧ᄅᆞᄫᅵᆫ 사ᄅᆞ미 얼우니며 져므니 이 經 듣고(釋譜19:1). 얼우넷 늘근 婆羅門ᄃᆞᆯ히 어엿비 너겨(月釋10:25). 녀나ᄆᆞᆫ 智慧옛 사ᄅᆞ미 얼우니어나 아히어나 이 經 듣고 隨喜ᄒᆞ야(月釋17:45). 이 지븨 사ᄂᆞᆫ 얼우니며 아히며(月釋21:99). 얼운과 아히왜 次序ㅣ 이시며(宣賜內訓序3). 얼우넷 사ᄅᆞ미 와 門ᄋᆡ 이시니:長者來在門(初杜解8:54). 얼우ᄂᆡ 술윗자최ᄅᆞᆯ 도로 ᄉᆞ랑ᄒᆞ간마ᄅᆞᆫ:還思長者轍(初杜解21:6). 몬져 얼운이 일즉 닐오ᄃᆡ:前輩嘗說(飜小8:37). 얼운 아히 업시 다 ᄀᆞᄐᆞ야:無長少率皆相似(瘟疫方1). 솔 알ᄋᆡ 아히들아 네 얼운 어ᄃᆡ 가뇨(古時調. 蘆溪). 얼운은 막대 집고 아히ᄂᆞᆫ 술을 메고(丁克仁. 賞春曲). 의식 ᄆᆞᄋᆞᆯ 얼운을 청ᄒᆞ야다가 어버의게 헌슈ᄒᆞ더니:必上壽邀鄕黨父老以助歡(東續三綱. 孝24). 저는 그저 얼운다이 경면으로 안자:他只粧孤正面兒坐着(老解下49). 얼운:尊長(譯解上26).

:얼운:사ᄅᆞᆷ 명 어른. ¶솔 아랫 얼운사ᄅᆞ미 頭巾과 신괘 ᄒᆞᆫ가지니:松下丈人巾屨同(初杜解16:33). 얼운사ᄅᆞᆷ으란 ᄒᆞᆫ 되옴 ᄒᆞᄅᆞ 세 번 머기고:大人服一升日三(救簡1:14).

얼운털 명 솜털. ¶얼운털:寒毛(譯解上48).

얼울타다 동 어울러 타다. 함께 타다. ☞어울ᄐᆞ다 ¶얼울타다:累騎(柳氏物名一 獸族).

얼음 명 얼음. ☞어름 ¶祥이 얼음에 가 누어(女四解4:42).

얼·의·다 동 엉기다. ☞어릐다. 엉긔다 ¶骨髓옌 효ᄀᆞᆫ 벌에 미틔ᄂᆞᆫ 얼읜 벌에러니(月印上25). 凝ᄋᆞᆫ 얼읠 씨라(月釋2:21之2). 얼읜 피 누이며 서근 것 무두미 火化ᄒᆞ니만 몯ᄒᆞ니라(月釋18:40). 分身地藏이 ᄒᆞᆫ 몸에 얼의샤(月釋21:3). 凝然은 얼의욘 양ᄌᆡ라(楞解2:18). 寂妙ㅣ 샹네 얼의유미 일후미 定心住ㅣ라(楞解8:17). 구디 얼의여 ᄆᆞᅀᆞ미 正ᄒᆞ야:堅凝正心(楞解10:19). 얼읜 피ᄅᆞᆯ 누이며:臥淤膿(法華6:154). 城엔 프른 남긧 ᄂᆡ 얼의엿도다:城凝碧樹烟(杜解20:16). 나그내 시르미 얼의여슈믈 더옥 헤튜리라:益破旅愁凝(初杜解20:23). 앉 智慧ᄆᆞᆯ가 샹네 얼의니:內智湛尒常凝(金三3:30). 얼읜 어르미:凝氷(南明下58). 글혀 얼의어든 사그르세 다마 두고:煎爲膏盛於瓷器中(救簡1:19). 얼읠 응:凝(類合下60). 얼의다:凝了(譯解補31).

얼·의·다 형 어뜩하다. ¶얼읠 돈:沌(訓蒙下1). 얼읠 혼:渾. 얼읠 륜:淪(訓蒙下35).

얼·의·우·다 동 엉기게 하다. ¶能히 그 ᄆᆞᅀᆞᄆᆞᆯ ᄆᆞᆯ기 얼의워:能澄凝其心(楞解9:6).

얼·읜기·름 명 지방(脂肪). ¶脂ᄂᆞᆫ 얼읜기르미오(楞解6:99).

얼·읜피 명 엉긴 피. 응혈(凝血). ¶얼읜피ᄅᆞᆯ ᄂᆞ리우면:取下瘀血(救急下30).

얼·이·다 동 ①시집보내다. 장가들이다. ☞얼리다. 얼우다 ¶아ᄃᆞᄅᆞᆯ ᄯᆞᄅᆞᆯ 얼유려 터니(月印上54). 여슷 아ᄃᆞᆯ란 ᄒᆞ마 갓 얼이고(釋譜6:13). 남진 얼유려 커늘(三綱. 孝5). 그럴시 ᄯᆞᆯ로 얼이니라:以女妻之(宣賜內訓2下75). ᄯᆞᄅᆞᆯ 얼여 征夫ᄅᆞᆯ 주미:嫁女與征夫

(初杜解8:67). 겨집 남진 얼이며:嫁女(佛頂上3). 얼일 가:嫁(訓蒙上33). 어버이 다른 남진 얼유려 ᄒᆞ더니 우시 닐오ᄃᆡ:父母欲奪志禹曰(東續三綱. 烈14). ᄯᅩᄂᆞᆫ 나하 오히려 시러곰 이우제 얼여 이시려니와:生女猶得嫁比鄰(重杜解4:3). 구틔여 얼이디 아니ᄒᆞ야:不敢嫁之(英小6:57).

②어우르다. ¶니믜 알ᄑᆡ 드러 얼이노니 소니 가재다 므ᄅᆞᄉᆞᆸ노이다(樂範. 動動).

얼이북이 명 어리보기. ¶이제는 얼이북이 叛奴軍에 들거곤아(古時調. 지 넘어. 青謠).

·얼·ᄌᆞ 명 얼자(孼子). 서자(庶子). ¶오직 孤臣과 孼子ᄂᆞᆫ 그 心을 操홈이 危ᄒᆞ며(宣孟13:12). 병ᄉᆞ 니거인의 얼ᄌᆡ라:兵使李居仁孼子也(東新續三綱. 孝5:25).

얼ᄎᆺ 부 언뜻. ☞얼픗 ¶겻눈으로 얼ᄎᆺ 보니 님은 아니 오고(古時調. 져 건너. 花源).

얼킈다 동 얽히다. ☞얼기다. 얼키다 ¶올 적의 비슨 머리 얼킈연 디 三年이라(松江. 思美人曲). 실 얼킈다:絲亂(同文解下24. 譯解補39).

얼·키·다 동 얽히다. ☞얼킈다 ¶그러나 ᄯᅩ 시브며 볿와 얼켜 着ᄒᆞ니:然且咀踐纏着(法華2:111). 어려운 이리 모매 얼켯ᄂᆞ니라:纏其身(初杜解16:28). 妄 ᄃᆞᆺ오미 ᄆᆞᅀᆞ매 얼켜 제 아디 몯ᄒᆞ도다:愛妄纏心不自知(南明上80). 一切 얼쿄ᄆᆞᆯ 그츠며:能斷一切繫縛(佛頂上1). 妄想애 얼키여 ᄡᅵ디 몯ᄒᆞ며:妄想之所纏(眞言41). ᄯᅩ 노히 얼킬가 저페라:又怕繩子紐着(老解上34). 여러 가짓 남게 굽결온 藤이 얼켯고:諸雜樹木上纏着乞留曲葎藤(朴解中32).

얼텁다 형 거칠다. ☞멀텁다 ¶吐蕃ㅣ 憑陵ᄒᆞ야 氣運ㅣ ᄌᆞ모 얼터우니:吐蕃憑陵氣頗麤(重杜解8:22).

얼픗 부 얼른. 언뜻. ☞얼ᄎᆺ. 얼픗 ¶얼픗 와 얼픗 가다:忽來忽去(漢淸7:37). 션경을 얼픗 보아 부아로 도라드니(扶餘路程記).

얼프시 부 어렴풋이. ☞얼픠시 ¶祭ᄒᆞᄂᆞᆫ 날애 집의 들어 얼프시 반ᄃᆞ시 그 위예 보ᄋᆞ옴이 이시며:祭之日入室僾然必有見乎其位(英小2:29). 얼프시라도 뵈면(閑中錄208).

얼픗 부 언뜻. ☞얼픗 ¶羲皇 벼개 우희 픗ᄌᆞᆷ을 얼픗 ᄭᅵ니(松江. 星山別曲). 믈레 도ᄃᆞᆺ ᄒᆞ야 얼픗 ᄡᅡ히 ᄂᆞ려셔고(武藝圖56).

얼픠·시 부 어렴풋이. ☞얼프시 ¶얼픠시 自己ᄅᆞᆯ 소길시(龜鑑上22).

얼핏 부 언뜻. ☞얼픗 ¶얼핏 보다:瞥看(譯解補24).

얼혀니 부 함부로. 소홀(疏忽)히. ☞얼현이. 얼현히 ¶얼혀니 구:苟(類合下61).

얼현이 부 함부로. 소홀(疏忽)히. ☞얼혀니. 얼현히 ¶얼현이 대군을 ᄡᅳᆯ이리잇가(癸丑89). 이 나라 臣下ㅣ 되엿ᄉᆞ오니 므릇 일을 엇디 얼현이 ᄒᆞ리잇가(新語3:15). 우리도 얼현이ᄂᆞᆫ 아디 아니ᄒᆞᄋᆞᆸᄂᆡ(新語4:3). ᄉᆞ연은 ᄌᆞ시 아와ᄉᆞ오니 얼현이 ᄒᆞ오리잇가(諺簡49 肅宗諺簡).

얼현히 부 함부로. 소홀(疏忽)히. ☞얼혀니. 얼현이 ¶얼현히 마ᄅᆞ시고 ᄂᆡ일 早早 ᄎᆞᄌᆞ쇼셔(新語1:14). ᄯᅩ 아니 니ᄅᆞ셔도 얼현히 아니 ᄒᆞ오리(新語1:21). 당부 아니 ᄒᆞᄋᆞᆸ셔도 얼현히 ᄒᆞ올가 념녀 마ᄋᆞᆸ소(隣語4:8).

얼현ᄒᆞ다 형 어련하다. ¶重其事ᄒᆞᄂᆞᆫ 도리의 얼현치 아니케 ᄌᆞ세히 니ᄅᆞ시ᄂᆞᆫ 거시(隣語4:9).

얼형 명 얼형(孼兄). 서형(庶兄). ¶얼형:庶兄(十九史略1:15).

얽·다 동 얽다. ¶叢林ᄋᆞᆫ 얼근 수프리라(釋譜19:17). 이 네 얼구믈 브터:由此四纏(楞解4:81). 보ᄇᆡ 노ᄒᆞ로 섯얽고:寶繩交絡(法華2:72). 비예ᄂᆞᆫ 쇠로 얼군 甲이 ᄇᆞ렛고:雨拋金鏁甲(初杜解15:12). 書册앳 사슬와 藥 ᄡᅮᆫ 딘 거믜줄이 얼것고:書籤藥裹封蛛網(初杜解21:4). 얽디 아니며 벗디 아니ᄒᆞ야:不縛不脫(南明下76). 얼글 유:維(類合下16). 얼글 뎐:纏. 얼글 락:絡(類合下54). 얼글 유:維(石千9). 얼글 미:縻(石千18). 얽어 깁다:縫聯(漢淸11:27). ᄋᆡ구즌 실이로다 이리 얽고 저리 얽고(萬言詞).

얽다 형 (얼굴이) 얽다. ¶얽다:面麻(同文解上18). 바독 결쇠갓치 얽은 놈아(古時調. 金壽長. 海謠).

얽동히다 동 얽어 동이다. ¶ᄉᆞ랑을 찬찬 얽동혀 뒤설머지고(古時調. 歌曲).

얽머흘다 형 얽고 험하다. ¶娑婆世界라 호ᄆᆞᆫ 얽머흔 몰애 돌히라 ᄒᆞ며(七大1).

얽ᄆᆡ·다 동 얽매다. ¶煩惱와 業이 더러이며 얽ᄆᆡᆯ씨(楞解1:24). 사ᄅᆞ미 얽ᄆᆡ리 업거니:無人縛(金三57).

얽ᄆᆡ·욤 동 얽매임. ㉠얽ᄆᆡ이다 ☞얽ᄆᆡ욤 ¶한 얽ᄆᆡ욤 여희요미 安이오(月釋13:49).

얽ᄆᆡ·윰 동 얽매임. ㉠얽ᄆᆡ이다 ☞얽ᄆᆡ욤 ¶受苦 얽ᄆᆡ유ᄆᆞᆯ 사ᄆᆞᆯ씨(月釋13:17).

얽ᄆᆡ이·다 동 얽매이다. ☞얽ᄆᆡᅇᅵ다 ¶한 煩惱애 얽ᄆᆡ일 씨오(釋譜11:3). 受苦 얽ᄆᆡ유ᄆᆞᆯ 사ᄆᆞᆯ씨(月釋13:17). 한 얽ᄆᆡ욤 여희요미 安이요(月釋13:49). 이런ᄃᆞ로 生死애 얽ᄆᆡ이ᄂᆞ니:故纏生死(楞解6:86). 이믜셔 世間애 얽ᄆᆡ여슈믈 免티 몯홀시:旣未免羈絆(初杜解9:22). 거믄 머릿 百姓이 지즈로 얽ᄆᆡ이니라:黔首遂拘攣(初杜解20:5). 縱橫애 自在ᄒᆞ야 얽ᄆᆡ이디 아니ᄒᆞ도다:自在縱橫勿羈絆(南明下6).

얽ᄆᆡ·ᅇᅭᆷ 동 얽매임. ㉠얽ᄆᆡᅇᅵ다 ☞얽ᄆᆡ욤 ¶受苦 얽ᄆᆡᅇᅭᄆᆞᆯ 여희여(月釋13:5).

얽ᄆᆡ·ᅇᅲᆷ 동 얽매임. ㉮얽ᄆᆡᅇᅧ다☞얽ᄆᆡᅇᅲᆷ ¶ 解脫ᄋᆞᆫ 버서날 씨니 變化ᄅᆞᆯ ᄆᆞᅀᆞᆷ조초 ᄒᆞ야 ᄆᆞᅀᆞ미 自得ᄒᆞ야 드트릐 얽ᄆᆡᅇᅲ미 아니 ᄃᆞ욀 씨라(釋譜6:29).

얽ᄆᆡ·ᅇᅧ·다 동 얽매이다. ☞얽ᄆᆡ이다 ¶ 解脫ᄋᆞᆫ 버서날 씨니 變化ᄅᆞᆯ ᄆᆞᅀᆞᆷ조초 ᄒᆞ야 ᄆᆞᅀᆞ미 自得ᄒᆞ야 드트릐 얽ᄆᆡᅇᅲ미 아니 ᄃᆞ욀 씨라(釋譜6:29). 婆稚ᄂᆞᆫ 얽ᄆᆡᅇᅧ다 ᄒᆞᆫ 마리니 싸호ᄆᆞᆯ 즐겨 제 軍 알ᄑᆡ 가다가 帝釋손ᄃᆡ ᄆᆡᅇᅧᄂᆞ니라(釋譜13:9). 空寂에 얽ᄆᆡᅇᅧ 잇다가(月釋13:52).

얽은이 명 얼굴이 얽은 사람. ¶ 얽은이:麻子(譯解補19).

얽·키·다 동 얽히다. ☞얼기다 ¶ 苦患은 곧 妄量ᄋᆞ로 惡業에 얽큐미오:苦患卽妄纏惡業(法華5:168). 그 殿은 ᄆᆡ오로시 룡 사겨 얽키고 금 올욘 木香 기동이오:那殿一劃是纏金龍木香停柱(飜朴上68).

-·얾 어미 -을. ☞-얼 ¶ 마ᄀᆞᆫ 것 업슨 智慧라 닐얾 디로다(月釋8:16).

얾키·다 동 얽히다. ☞얼기다 ¶ 시혹 얾쿄매 나ᄆᆞᆯ 得ᄒᆞ며:或得出纏(楞解1:17). 얾큐메 잇ᄂᆞ니 다 ᄀᆞᆺ건마ᄅᆞᆫ:在纏皆具(楞解2:3).

·엄 명 어미〔母〕. ☞어미 ¶ 아ᄃᆞᄅᆞᆫ 어믜 일후믈 니ᅀᅳ니라:子連母號(心經25). 엄ᄋᆡ ᄆᆞᄋᆞᆷ ᄋᆞᆯ 慰티 몯ᄒᆞᄂᆞ냐:莫慰母心(詩解2:12). 이제 엄의 힘이 能히 ᄒᆞ여곰 알ᄑᆞ게 몯 ᄒᆞ시ᄂᆞᆫ디라:今母之力不能使痛(英小4:32). 엄이 과히 ᄉᆞ랑ᄒᆞ야 노하 볼인 타시라(女四解2:25).

:엄 명 어금니. ¶ 톱 길며 엄이 길오(月印上60). 六牙ᄂᆞᆫ 여ᄉᆞᆺ 어미라 엄마다 닐굽 蓮花ㅣ오(釋譜6:31). 牙ᄂᆞᆫ 어미라(訓註3). ㄱᄂᆞᆫ 엄쏘리니(訓註4). 여ᄉᆞᆺ 엄 가지고 어미 七寶ㅅ 비치오(月釋1:28). 香象ᄋᆞᆫ ᄀᆞᆺ 힘센 象이니 열네 엄 가진 象ᄋᆡ 히미 雪山앳 ᄒᆞᆫ 白象만 몯ᄒᆞ고(月釋2:38). 여ᄉᆞᆺ 엄 가진 象ᄋᆞᆯ 타:乘六牙象(楞解5:54). 엄 아:牙(訓蒙上26).

:엄 명 움〔芽〕. ☞움 ¶ 萌은 픐 어미니(法華3:125). 神足ᄋᆞᆫ 엄 나미 ᄀᆞᆮ고:神足如抽芽(法華7:129). 豐盛ᄒᆞᆫ 어미:豐苗(杜解7:35). 믌ᄀᆞᆺ 줄풄 어미 히오:渚蒲牙白(杜解8:31). 봆 어미 이르고:春苗早(杜解18:10). 픐 어미 ᄒᆞ마 퍼러히 나고:草芽旣靑出(杜解22:2). 어미 뷘 뫼해 ᄀᆞ독ᄒᆞ시니:苗滿空山(初杜解25:20). 엄ᄋᆞᆯ 시서 내여:洗出萠芽(南明下6). 엄 아:芽(訓蒙下3). 엄나다:出苗(譯解下8). 뒷 뫼헤 엄 기는 藥을 언제 ᄏᆡ랴 ᄒᆞᄂᆞ니(古時調. 田園의 봄이. 靑丘). 陽坡 ᄀᆞᄂᆞᆫ 풀이 새 엄이 푸ᄅᆞ럿고(辛啓榮. 月先軒十六景歌).

엄공ᄒᆞ·다 형 엄공(嚴恭)하다. ¶ 居處홈애 엄공ᄒᆞ며:居處恭(英小3:4).

엄근ᄒᆞ·다 형 엄근(嚴謹)하다. 근엄(謹嚴)하다. ¶ 이제 구의 ᄀᆞ장 嚴謹ᄒᆞ야(飜老上49). 이제 구의 ᄀᆞ장 嚴謹ᄒᆞ야(老解上44).

엄금ᄒᆞ다 동 엄금(嚴禁)하다. ¶ 옥듕의 드러가 문후코져 ᄒᆞᄃᆡ 형관이 엄금ᄒᆞ더니(落泉1:1).

엄나모 명 엄나무. ¶ 엄나모:刺楸樹(譯解下42). 엄나모:刺楸樹(同文解下44). 엄나모:刺楸(柳氏物名四 木).

엄노로 명 사향노루. 아장(牙獐). ¶ 엄노로:牙獐(譯解下33).

엄눌리다 동 엎눌리다. ¶ 그 아비 뫼히 드러가 범의게 엄눌린 배 되니:其父入山爲虎所壓(東新續三綱. 孝8:66).

:엄·니 명 엄니. 어금니. ☞엄 ¶ 帝釋이 부텻 엄니ᄅᆞᆯ 가지ᅀᆞᄫᅡ려 ᄒᆞ더니(釋譜23:47). 네 엄니 히오 ᄂᆞ피시며(月釋2:41). 엄니 밧긔 내와ᄃᆞ니 ᄂᆞᆯ카ᄫᆞᆫ ᄂᆞᆯ히 갈 ᄀᆞᆮᄒᆞᆫ 것ᄃᆞᆯ히(月釋21:23). 네 엄니 조히 히시고(法華2:13). 幸혀 잇ᄂᆞᆫ 엄니 잇ᄂᆞ니:幸有牙齒存(重杜解4:9). 엄니 아:牙(倭解上16). 엄니:齙牙(譯解補21). 엄니:包牙(漢淸5:51). 엄니:齙牙(柳氏物名一 獸族).

엄동 명 엄동(嚴冬). ¶ 엄동이어ᄃᆞᆫ 치위 덥게 홀 긔구ᄅᆞᆯ 주시더라(仁祖行狀27).

:엄삿 명 움. 싹. ¶ 말ᄉᆞᄆᆞᆫ 이 ᄆᆞᅀᆞᄆᆡ 엄삭시니 엇뎌 짐쟉으로 放恣히 ᄒᆞ리오:語是心苗豈恣胸臆(龜鑑下56).

엄숙ᄒᆞ다 형 엄숙(嚴肅)하다. ¶ 괴요히 안ᄌᆞ오셔 엄숙ᄒᆞ시고(仁祖行狀16). 즉시 삼군을 거ᄂᆞ려 나아갈ᄉᆡ 긔률이 엄숙ᄒᆞ야 군융의 정졔ᄒᆞ니(落泉3:7).

·엄·스시·고 동 없으시고. ¶ 父母ㅣ ᄒᆞ마 다 엄스시고(月釋23:76).

엄습ᄒᆞ다 동 엄습(掩襲)하다. ¶ 제 지블 엄습ᄒᆞ거ᄂᆞᆯ:襲其家(東新續三綱. 忠1:64). 이 밤의 의쉬ᄅᆞᆯ 엄습ᄒᆞ니 부윤 판관이 다 죽고(山城5).

:엄쏘·리 명 훈민정음의 아음(牙音). 곧 ㄱ, ㄲ, ㅋ, ㆁ 들의 소리. ¶ ㄱᄂᆞᆫ 엄쏘리니 君군ㄷ字ᄍᆞᆼ 처ᅀᅥᆷ 펴아나ᄂᆞᆫ 소리 ᄀᆞᄐᆞ니 ᄀᆞᆯᄫᅡ 쓰면 虯끃ᇦ字ᄍᆞᆼ 처ᅀᅥᆷ 펴아나ᄂᆞᆫ 소리 ᄀᆞᄐᆞ니라:ㄱᄂᆞᆫ 牙音이니 如君ㄷ字 初發聲ᄒᆞ니 並書ᄒᆞ면 如虯ᇦ字 初發聲ᄒᆞ니라(訓註3). ㅋᄂᆞᆫ 엄쏘리니 快쾡ᅙ字ᄍᆞᆼ 처ᅀᅥᆷ 펴아나ᄂᆞᆫ 소리 ᄀᆞᄐᆞ니라(訓註4). ㆁᄂᆞᆫ 엄쏘리니 業업字ᄍᆞᆼ 처ᅀᅥᆷ 펴아나ᄂᆞᆫ 소리 ᄀᆞᄐᆞ니라(訓註4).

:엄션히 부 엄연(儼然)히. ☞엄연히 ¶ 구룸 ᄀᆞᄐᆞᆫ 귀미ᄐᆞᆫ 儼然히 行列을 ᄂᆞᆫ횟도다(初杜解15:29). 그 瞻視ᄅᆞᆯ 尊히 ᄒᆞ야 儼然히 人이 望ᄒᆞ고(宣論4:71).

:엄션ᄒᆞ·다 형 엄연(儼然)하다. ☞엄연ᄒᆞ다 ¶兵衞 儼然커든 垂拱臨朝ᄒᆞ샤:儼然兵衞陳垂拱臨朝臣(龍歌114章). 望홈애 儼然ᄒᆞ고 卽홈애 溫ᄒᆞ고(宣論4:58).

엄엄·히 부 엄엄(嚴嚴)히. 매우 엄하게. ¶아바님이 집 다ᄉᆞ리샤ᄃᆡ 효도롭고 엄엄히 ᄒᆞ더시니:皇考治家孝且嚴(飜小7:41).

엄엄ᄒᆞ·다 형 엄엄(嚴嚴)하다. 매우 엄하다. ¶엄엄ᄒᆞᆯ 엄:嚴(訓蒙下31). 그 제 단상ᄒᆞᆯ 법이 엄엄ᄒᆞ니 사ᄅᆞ미 거스디 몯ᄒᆞ거늘:時短喪法嚴人不敢違(東續三綱. 孝31).

:엄연·히 부 엄연(儼然)히. ☞엄연히 ¶엄연히 ᄉᆡᆼ각ᄒᆞᄂᆞᆫ ᄃᆞᆺ ᄒᆞ며:儼若思(宣小3:2).

엄연ᄒᆞ다 형 엄연(儼然)하다. ☞엄션ᄒᆞ다 ¶엄연ᄒᆞᆯ 엄:儼(類合下51).

·엄·의 명 어미의. ¶엄의 거상애 벼슬 더디고:母喪去官(宣小6:29).

엄의계집동싱 명 이모(姨母). ¶엄의계집동싱:姨姨(譯解上57).

엄의아ᄋᆞ 명 이모(姨母). ¶엄의아ᄋᆞ:小姨娘(譯解上57).

엄이 명 어미. ¶그 엄이 도로 사라나다:其母復甦(東新續三綱. 孝6:73).

엄·재가락 명 엄지가락. ¶엄재가락:大拇指(救急上24).

엄절히 부 엄절(嚴切)히. ¶어시 조곰도 요동치 아니ᄒᆞ고 의리ᄅᆞᆯ 인ᄒᆞ야 엄절히 믈리치니(落泉3:7).

엄·정·히 부 엄정(嚴正)히. ¶양ᄌᆞᆺ 고ᄅᆞᆯ 모로매 단졍ᄒᆞ고 엄졍히 ᄒᆞ며:容貌必端莊(飜小8:16).

엄·정·ᄒᆞ·다 형 엄정(嚴正)하다. ¶우리 예 ᄒᆞᆫ 가지로 엄졍ᄒᆞ야:比咱們這裏一般嚴(飜老上51). 샹해 이숌애 엄졍티 아니홈이 효도ㅣ 아니며:居處不莊非孝也(宣小2:35).

엄·지가락 명 엄지가락. ☞엄지ᄀᆞ락 ¶쌜리 밠 엄지가락 아랫 ᄀᆞ론 그믈 뚜ᄃᆡ:急灸足大趾下橫文(救急上2). 밠 엄지가락 아랫 ᄀᆞ론 금을 나 마초 ᄠᅳ면:灸足大趾下橫文隨年壯(救簡1:31). 엄지가락 모:拇(訓蒙上29). 엄지가락:拇指(同文解上16).

엄·지가락·톱 명 엄지손톱. 엄지발톱. ¶두 발 엄지가락톱 뒷 털 난 ᄡᅡᄒᆞᆯ 열네 붓곰 ᄯᅳᄃᆡ:灸足兩大蹋趾上甲後聚毛中各十四壯(救急上20). 두 밠 엄지가락톱 뒤흐로셔 부칫 닙 너븨만ᄒᆞᆫ ᄃᆡ:兩脚大母指甲離甲一薤葉許(救簡1:42).

엄지ᄀᆞ락 명 엄지가락. ☞엄지가락 ¶오직 이 엄지ᄀᆞ락이 둘재ᄀᆞ락으로 더브러 ᄒᆞᆫ 에 움이오(家禮圖11).

엄지발 명 엄지발. ¶게 엄지발:蟹鉗(同文解下42). 게 엄지발:蟹鉗(譯解補50). 게 엄지발:螃蟹夾子(漢淸14:47).

엄·지·밠가락 명 엄지발가락. ☞어이밠가락 ¶騈ᄒᆞᆫ 엄지밠가락과 枝ᄒᆞᆫ 손가라기 性에셔 나ᄃᆡ(法華1:9). 두 녁 엄지밠가락을 구디 주여시면 즉재 살리라:握兩大拇指令固卽活(救簡1:46).

엄·짓가락 명 엄지가락. ☞엄지가락. 엄지ᄀᆞ락 ¶또 네 활기옛 큰 ᄆᆞ딋 우무근 ᄃᆡ와 엄짓가락 미틧 그믈 일후믈 地袖ㅣ라 ᄒᆞᄂᆞ니 各 닐굽 壯을 ᄯᅳ라:又方灸四肢大節陷大指本文名曰地袖各七壯(救急上76).

엄친 명 엄친(嚴親). ¶일즙 엄친을 일습고(仁祖行狀8).

엄파 명 움파. ¶엄파:芽葱(胎要14). 엄파 ᄀᆞᆺ튼 손으로 비를 잡아 ᄯᅳᆺ거든(古時調. 琵琶야. 靑丘).

엄히 부 엄(嚴)히. ¶엄히 ᄒᆞ다:嚴緊(同文解上45). 뎌 왕랑을 엄히 ᄆᆡ여 ᄀᆞ져오라 ᄒᆞ시니(桐華寺 王郞傳3). 우리 舘所ᄭᆞ지 ᄭᅳ어가게 엄히 신칙ᄒᆞ여 주ᄋᆞᆸ쇼서(隣語4:2).

엄ᄒᆞ·다 형 엄(嚴)하다. ¶中國夫人이 性이 嚴ᄒᆞ고 法度ㅣ 이셔:中國夫人性嚴有法(宣小6:1). 嚴ᄒᆞᆫ 諸侯ㅣ 업서 惡聲이 니르거든 반ᄃᆞ시 反ᄒᆞ니라(宣孟3:10). 曾子ㅣ ᄀᆞᆯᄋᆞ샤ᄃᆡ 十目의 보ᄂᆞᆫ 배며 十手의 ᄀᆞᄅᆞ치ᄂᆞᆫ 배니 그 嚴ᄒᆞᆫ뎌(宣大12). ᄒᆞᆫ가지로 엄ᄒᆞ여:一般嚴(老解上46). 금령이 비록 엄ᄒᆞ나 엇지 늙을 날이 업스랴 ᄒᆞᄂᆞ니(綸音26). 엄ᄒᆞᆯ 엄:嚴(兒學下12).

·업 명 업(業). ¶一切 如來ㅅ 몸과 말ᄊᆞᆷ과 ᄠᅳ뎃 業업이 다 淸淨ᄒᆞ시니(釋譜9:26). 業업은 이리니 됴ᄒᆞᆫ 일 지ᅀᅳ면 됴ᄒᆞᆫ 몸 ᄃᆞ외오 사오나ᄫᆞᆫ 일 지ᅀᅳ면 사오나ᄫᆞᆫ 몸 ᄃᆞ외요미 業업果과ㅣ라(月釋1:37). 業ᄋᆞᆫ 이리니 제 지ᅀᅳᆫ 이리 됴ᄒᆞ면 됴ᄒᆞᆫ ᄃᆡ 가고 구즈면 구즌 ᄃᆡ 가ᄂᆞ니라(金三1:1). 세 障은 煩惱와 業과 報왜니(六祖上79). 업 업:業(石千13). 經業:실혹을 업 삼ᄋᆞᆷ이라(宣小6:8). 진실로 집의 名分을 디킈여 ᄡᅥ 業을 열며(家禮1:7). ᄆᆡ월 보로매 미타불 념ᄒᆞ기를 일만 편으로 업을 ᄒᆞ거ᄂᆞᆯ(桐華寺 王郞傳2).

:업 명 엄니〔牙〕. 어금니. ☞엄 ¶업 아:牙(訓蒙上26).

업눌으다 동 엎누르다. ¶업눌으다:强壓住(譯解補58).

업·다 동 업다〔負〕. ¶一切 有情을 어버 ᄃᆞ녀(月釋9:61). ᄒᆞᆫ 아기란 업고 새 나ᄒᆞ니란 치마예 다마 이베 믈오(月釋10:24).

:업·다 형 없다. ¶ᄀᆞᄅᆞ매 ᄇᆡ 업거늘:河無舟矣(龍歌20章). 업던 번게를 하ᄂᆞᆯ히 ᄇᆞᆯ기시니:有爗之電天爲之明(龍歌30章). 시름 ᄆᆞᅀᆞᆷ 업스샤ᄃᆡ:心無憂矣(龍歌102章). 一間茅屋도 업사:茅屋無一間(龍歌111章). 버릇

업숩던 일올 魔王이 뉘으츠니이다(月印上27). 므점 머근 ᄆᆞᅀᆞᆷ온 ᄒᆞᆫ 福도 업ᄂᆞ니(月印上48). 須達이 버릇업순 주를 보고(釋譜6:21). 一切 衆生이 다 부텨 ᄃᆞ외야 衆生이 업거ᅀᅡ 菩提心올 發호리라 ᄒᆞ더라(釋譜6:46). 無는 업슬 씨라(訓註12). ᄂᆞ외 즐거ᄫᅳᆫ ᄆᆞᅀᆞ미 업스례이다(月釋2:5). 假ᄂᆞᆫ 빌씨니 本來 업슨 거긔 法 이슈미 비룜 ᄀᆞᆮᄒᆞ니라(月釋7:69). 측ᄒᆞᆫ ᄆᆞᅀᆞ미 업거이다(月釋10:8). 能히 林泉 보미 이런 고디 업스이다(楞解1:50). 가ᄌᆞᆯ비리 업스샤미시고(金剛7). 一三이 本來 업서 업숨도 ᄯᅩ 업스며(永嘉下58). 더룸 업스샴 ᄀᆞᆮᄒᆞ니(圓覺上一之二89). 가히ᄂᆞᆫ 佛性이 잇ᄂᆞ니잇가 업스니잇가(蒙法11). 理ㅣ 玉과 돌콰이 달오미 업수ᄃᆡ:理無玉石之殊(宣賜內訓序3). 일훔 업슨 고대 구틔여 일훔 셸 시라(南明上4). 나몸 업긔 ᄒᆞ고:無餘(金三5:40). 업슬 망:罔(類合下9). 셰ᄃᆡ 멀고 셩인이 업서:世遠人亡(宣小題辭3). 시저릐 더음이 업스먀:無益於時(宣小6:109). 할ᄂᆞᆯ ᄀᆞᆺ티 ᄀᆞ이 업도다:昊天罔極(警民1). 톄면 업다:體面吊(同文解上32). 입맛 업다:口不饞(同文解上62). 믈드레 잇ᄂᆞ냐 업ᄂᆞ냐(清老2:20). 됴흔 음식 맛시 업닉(萬言詞).

업더눕다 동 엎드리다. ¶업더눕다:俯臥(同文解上27).

업·더디·다 동 엎어지다. 엎드러지다. ☞업더지다. 업더러디다 ¶부텻 智力으로 魔王이 업더디니(月印上27). 降服ᄒᆞ야 업더디여 사ᄅᆞᆷ쇼셔 비니(釋譜6:33). 大衆돌히 ᄒᆞᆫᄢᅴ ᄡᅡ해 업더디여(釋譜23:21). 顚온 업더딜 씨오(楞解5:32). 顚은 업더딜 씨오(法華1:223). 업더디거든 더위자보미 기리 蕭條히 ᄃᆞ외니:扶顚永蕭條(初杜解24:18). 업더딜 뎐:顚(類合下17). 업더딜 궤(一音 궐):蹶(類合下55). 거즛 거텨 업더뎌 ᄡᅡ해 누어셔:詐跌仆臥地(宣小4:16). 지아븨 신쥬를 안고 나디 몯ᄒᆞ야 업더디거ᄂᆞᆯ:抱夫神主未出而仆(東新續三綱. 孝2:7). 업더디며 갓ᄀᆞ로디여 뎌른 오새 누비엿도다:顚倒在短褐(重杜解1:6). 업더디다:顚倒(同文解上26). 업더디ᄂᆞ니를 븟들고 위틱ᄒᆞ니를 구ᄒᆞ야(女範1. 셩후 황명고후).

업·더·리·다 동 엎드리다. ☞업더이다. 업데다. 업듣다 ¶香 머굼ᄂᆞᆫ 지비 머니 머므러 벼개예 업더렷ᄂᆞᆫ ᄢᅵ로다:曠絕含香舍稽留伏枕辰(初杜解20:41).

업더·리왇·다 동 엎치다. ☞업더리티다 ¶病ᄒᆞᆫ닐 업더리와다 뉘이고:捧病覆臥之(救急上36). 크면 宗族을 업더리와다 繼嗣를 긋게 ᄒᆞᄂᆞ니:大則覆宗絕嗣(宣賜內訓1:25).

업더·리티·다 동 엎치다. ☞업더리왇다 ¶자바 업더리텨든 닚더셔아 乃終내 屈티 아니ᄒᆞᆫ대:或抑捽使伏地公植立衣冠顚頓終不屈(三綱. 忠20). 크면 宗族올 업더리텨 조샹니ᅀᅮ믈 긋게 ᄒᆞᄂᆞ니:大則覆宗絕嗣(飜小6:31).

업더이·다 동 엎드리다. ☞업데다 ¶그 남지니 뉘으처 ᄡᅡ해 업더옛거늘(月釋1:44). 주근 사ᄅᆞᄆᆡ 비를 독 우희 업더이고:死人腹伏甕上(救簡1:70). 반ᄃᆞ시 머리를 ᄡᅡ해 두드리고 업더여셔 머구믈 샹위 알픠 이숌ᄀᆞ티 ᄒᆞ며:必稽首俯伏而食如在上前(飜小9:84). 길 왼겨틔 업더엿거ᄂᆞᆯ:伏于路左(東新續三綱. 孝5:15).

업더지다 동 엎어지다. 엎드러지다. ☞업더디다 ¶업더지다:倒了(譯解補26). ᄯᅡ히 업더져 우니(女範3. 뎡녀 늘양ᄉᆞ여). 호부일셩 업더지니 ᄋᆡ고 소릐 ᄲᅮᆫ이로다(萬言詞). 업더질 뎐:顚(兒學下4).

업:데·다 동 엎디다. 엎드리다. ☞업더이다. 업듸다 ¶摩耶ㅣ ᄡᅡ해 업데샤 ᄆᆞᅀᆞᄆᆞᆯ 고ᄌᆞ기 너기시니(釋譜11:3). ᄡᅡ해 업데여 그울며 술하디여 우니(月釋8:102). 潘綜이 아비를 안고 업데어늘:綜抱父於腹下(三綱. 孝20). 墓ㅅ 겨틔 업데여 이셔 소릐 그치디 아니ᄒᆞ야:伏墓側哭不絕(三綱. 孝28). 주근 사ᄅᆞᄆᆞᆯ 시르 우희 업데요ᄃᆡ 머리를 져기 드리디게 ᄒᆞ고:死者伏於甑上使頭小垂下抄(救簡1:72). 굿 ᄲᅥᆯ텨 도라가아 사ᄒᆞᆯ를 업데엿거ᄂᆞᆯ:力排還歸伏塚下三日(東三綱. 孝2). 머리를 조고 업더여셔 먹어:稽首俯伏而食(宣小6:78). 그 어미로 더브러 수플 아래 업데엿더니:與其母伏林下(東新續三綱. 孝7:44).

업데·우·다 동 엎디게 하다. 엎드리게 하다. ¶므레 ᄲᅡ딘 사ᄅᆞᄆᆞ로 시르 우희 업데우고:令溺人伏於甑上(救急上71).

업듣·다 동 엎드리다. ☞업더리다 ¶님굾 命에 오래 업드러 ᄃᆞᆫ니놋다:王命久崩奔(初杜解8:59). 다 그ᄃᆡ를 ᄉᆞ맛ᄒᆞ야셔 醉ᄒᆞ야 업드로니:盡憐君醉倒(初杜解15:53). 平ᄒᆞᆫ ᄯᅡ해도 젼혀 기우러 업듣고:平地專欹倒(初杜解19:8). 越에 가도 ᄒᆞᆫ갓 업듣고:適越空顚躓(初杜解19:15). 깃거 ᄆᆡ샹 업듣ᄂᆞ다:歡喜每傾倒(初杜解22:3). 어러운 ᄇᆞᄅᆞ미 키 업듣게 부놋다:狂風大放顚(初杜解25:21). 生死ㅅ 어드운 바ᄆᆞᆯ 向ᄒᆞ야 이 막대 맛뎌 업듣디 아니케 ᄒᆞᆯ 시라(南明下23). ᄲᆞᆯ리 ᄃᆞᄅᆞ면 업드로미 하ᄂᆞ니라:亟走多顚躓(飜小6:28). 업드를 븍:踣(訓蒙下27). ᄉᆡ훼히여 업듣고 머리 빋고 세슈ᄒᆞᄃᆡ 아니ᄒᆞ고:柴毀顚仆不梳洗(東新續三綱. 烈5:45).

업듸다 동 엎디다. 업드리다. ☞업데다 ¶업듸 복:伏(倭解上31). 업듸다:俯着(漢清7:

28). 종이 아비를 안고 업된대(五倫1:33).

업디·러디·다 동 엎드러지다. ☞업더디다 ¶金ㅅ 사ᄅᆞ미 ᄀᆞᆫ어내야 ᄂᆞ치 헐에 티니 설워 업디러디니라(三綱. 忠18).

업디ᄅᆞ·다 동 엎지르다. 엎다. ¶쟝ᄎᆞᆫ 샤직을 업디ᄅᆞ려 ᄒᆞ거ᄂᆞᆯ:將覆社稷(東新續三綱. 忠1:17). 참소ᄒᆞᄂᆞᆫ 쟈ᄅᆞᆯ 업디ᄅᆞ고:讒者覆之(三略上9).

업·ᄃᆞᆯ·다 동 엎어 달다. ¶虛空애 업ᄃᆞ라:覆懸虛空(楞解7:21).

업되다 동 엎디다. ☞업데다 ¶업되여 겨오셔(癸丑72). 업되다:伏者(譯解上40). 이에 칼에 업되여 죽다(女四解4:33). 숙겸이 믄득 절ᄒᆞ고 업되여 눈믈을 흘리며:叔謙便拜伏流涕(五倫1:37).

업살다 동 없이살다. ¶네 업사랏ᄂᆞᆫ 거시 죽을만 ᄀᆞᆺ디 못ᄒᆞ니라(女範3. 뎡녀 제효밍희).

:업서·가·다 동 없어져 가다. ¶殘花ᄂᆞᆫ ᄒᆞ마 업서가ᄂᆞᆫ 고지라(南明上5). 업서갈 모:耗(類合下60).

업서겨옵시다 동 세상을 떠나시다. ¶츈취 만하 업서겨ᄋᆞᆸ시니(癸丑37).

업서디다 동 없어지다. ¶업서디거든 ᄆᆞᆯ을 몰아 뻐 니우더라:乏則驚馬以繼(東新續三綱. 孝5:49).

업쇼이너기다 동 업신여기다. ☞업쇼이녀기다. 업슈의다. 업슈이너기다 ¶사오나옴으로써 어딘 이ᄅᆞᆯ 업쇼이너기디 말며:無以惡陵善(警民20).

업쇼이녀기다 동 업신여기다. ☞업쇼이너기다. 업슈의다. 업슈이너기다 ¶지아비 업쇼이녀기ᄂᆞᆫ ᄆᆞᄋᆞᆷ이 나ᄂᆞ니:侮夫之心生矣. 지아비 업쇼이녀기믈 짐작 아니ᄒᆞ면:侮夫不節(重內訓2:8).

:업숨 형 없음. ㉠업다 ¶一三이 本來 업서 업숨도 ᄯᅩ 업스며 업숨 업숨도 本이 업슬씨(永嘉下58). 般若ㅣ ᄀᆞᆺ 업수믄:般若無際者(永嘉下82). 人 업수ᄆᆞᆯ 일후미 蘊空이디위(心經27).

업슈의다 동 업신여기다. ☞업슈이너기다 ¶업슈읠 모:侮(類合下26).

:업·슈·이너·기·다 동 업신여기다. ☞업쇼이너기다. 업슈이녀기다 ¶사오나옴오로뻐 어딘 이ᄅᆞᆯ 업슈이너기디 말며:無以惡陵善(宣小5:34). 놉흔 어론을 업슈이너겨 침범ᄒᆞ면:凌犯尊屬(警民8). 도로혀 업슈이너기고 보채기ᄅᆞᆯ 심히 ᄒᆞ여(仁祖行狀18). ᄀᆞ장 사ᄅᆞᆷ 업슈이너긴다:好小看人(朴解下26). 업슈이너기다:小看(譯解上31). 관원을 죽이려 ᄒᆞᄂᆞᆫ 거슨 나라 법을 업슈이너기미니(三譯2:3). 업슈이너기다:小看(同文解上32). 업슈이너기다:欺凌(漢淸8:26).

:업·슈·이녀·기·다 동 업신여기다. ☞업슈이너기다 ¶침노ᄒᆞ며 업슈이녀기기를 아니ᄒᆞ며:不侵侮(宣小3:6).

:업·스·라 동 없어라. ¶일 져므리 ᄒᆞ야 허므리 업스라 ᄒᆞ고:夙夜無愆(宣賜內訓1:84).

:업·스시·다 동 세상을 떠나시다. ☞업서겨ᄋᆞᆸ시다. 업ᄉᆞ시다. 업ᄉᆞ오시다 ¶부텨 업스신 後에 後世예 펴디게 호미 이 大迦葉의 히미라(釋譜16:12). 님금이 예셔 업스시니:終于是(三綱. 忠27). 쟝ᄎᆞ 업스실 제:將終(宣賜內訓1:34).

:업시너·기·다 동 업신여기다. ☞업시녀기다 ¶ᄠᅳ데 流沙磧ㅅ녀글 업시너기더라:意無流沙磧(初杜解24:11).

업시녀기다 동 업신여기다. ☞업시너기다 ¶셔로 소기고 업시녀김을 비우지 말라:侮(女四解3:8).

업시다 동 없애다. ¶거울 동녹을 닥가 업시치 아니ᄒᆞ면(捷蒙1:9).

:업시·바 동 업신여겨. ㉠업시ᄇᆞ다 ☞업시버 ¶舍利弗을 업시바 새집 지ᅀᅳᆯ 몯게 호려터니(月印上57).

:업시·버 동 업신여겨. ㉠업시ᄇᆞ다 ☞업시바 ¶모디로ᄆᆞᆯ 븟그려 업시버 거스로미 愧오(釋譜11:43).

:업시·ᄇᆞ·다 동 업신여기다. ☞업시우다 ¶舍利弗을 업시바 새집 지ᅀᅳᆯ 몯게 호려터니(月印上57). 모디로ᄆᆞᆯ 븟그려 업시버 거스로미 愧오(釋譜11:43). 常不輕 업시ᄇᆞᅀᆞ바 阿鼻地獄애 드라(月釋17:77).

:업시·ᄇᆞᅀᆞ·바 동 업신여기와. ㉠업시ᄇᆞ다 ¶常不輕 업시ᄇᆞᅀᆞ바 阿鼻地獄애 드라 즈믄 劫을 몯 나니이다(月釋17:77).

:업·시오·다 동 업신여기다. ☞업시우다 ¶내 너희ᄃᆞᆯᄒᆞᆯ ᄀᆞ장 恭敬ᄒᆞ야 업시오ᄃᆞᆯ 아니ᄒᆞ노니(釋譜19:29). 놈 업시오ᄆᆞᆫ 일후미 我慢이오(楞解9:78). 傲ᄂᆞᆫ 놈 업시올 씨라(楞解8:115).

:업·시우·다 동 업신여기다. ☞업시오다 ¶너희ᄃᆞᆯᄒᆞᆯ 업시우디 아니ᄒᆞ노니(釋譜19:30). 後에ᄂᆞᆫ 서르 놈 업시울 이리 나니라(月釋1:43). 瞋恚ᄒᆞᆫ ᄠᅳ드로 나ᄅᆞᆯ 업시운 젼ᄎᆞ로(月釋17:91). 네 더 나라ᄒᆞᆯ 업시워 下劣想ᄋᆞᆯ 내디 말라(月釋18:70). 업시우디 아니ᄒᆞ노니:不敢輕慢(法華6:77). 내 너희 업시우디 아니ᄒᆞ노니:我不敢輕於汝等(法華6:79). 내 너를 업시우디 아니ᄒᆞ노라코:我不輕汝(法華6:80). 그 ᄢᅴ 四衆이 이 菩薩샹녜 업시우더닌:爾時四衆常輕是菩薩者(法華6:89). 傲ᄂᆞᆫ 놈 업시울 씨라(法華6:176). 사ᄅᆞ미 現世예 白癩病을 得고 ᄒᆞ다가 업시워(法華7:184). 傲ᄂᆞᆫ 업시울 시오

(宣賜內訓1:6). 효근 션비도 董卓을 업시우고:小儒輕董卓(杜解20:15). 업시울 홀:忽(類合下3).

:업시·워 동 업신여기어. ㉠업시우다 ¶네 더 나라ᄒᆞᆯ 업시워 下劣想ᄋᆞᆯ 내디 말라(月釋18:70). 이럴씨 네가 더 나라ᄒᆞᆯ 업시워 佛菩薩이어나 國土애 下劣想ᄋᆞᆯ 내디 말라(月釋18:71).

업시위너기다 동 업신여기다. ☞업슈이너기다 ¶얼우늬 마ᄅᆞᆯ 거스려 ᄃᆡ답ᄒᆞ며 족댱도 소겨 업시위너기며:尊親共語應對惝悻拗眼戾睛欺凌伯叔(恩重13).

:업·시ᄒᆞ·다 동 없이하다. ¶名利 ᄇᆞ라ᄂᆞᆫ ᄣᅵ 업시ᄒᆞ야 法으로 ᄂᆞ미게 布施ᄒᆞᆯ 시라:無希名利之垢以法施他(圓覺序77). 그 졍ᄒᆞᆫ 이를 업시ᄒᆞᄂᆞ니라:遂亡其正(飜小8:9). 그즈싀ᄅᆞᆯ 사ᄒᆞᆯ 후에 도로 우므레 드리티면 덥단병긔ᄅᆞᆯ 크게 업시ᄒᆞᄂᆞ니라:無(簡辟10). 도로혀 그 소근 배 되여 ᄆᆞ춤내 업시티 못ᄒᆞ기ᄅᆞᆯ 면티 못ᄒᆞᄂᆞ니라 ᄒᆞ시더라(仁祖行狀17). 패ᄒᆞ야 군ᄉᆞᄅᆞᆯ 다 업시ᄒᆞ니 죽이디 아니코(明皇1:31).

업ᄉᆞ시다 동 세상을 떠나시다. ☞업스시다. 업ᄉᆞ오시다 ¶대군 업ᄉᆞ시다 쇼문 업시셔(癸丑163).

업ᄉᆞ오시다 동 세상을 떠나시다. ☞업스시다. 업ᄉᆞ시다 ¶영경 대왕 업ᄉᆞ오시니 삼년을 쥭만 머그니라:榮靖大王賓天啜粥三年(東新續三綱. 孝3:82).

업씌다 동 엎디다. ☞업데다 ¶놀라 업씌다:驚伏(漢淸13:64).

:업숨 형 없음. ㉠업다 ¶跡 업수믄 聖行이 ᄒᆞ마 셔샤:跡晦則聖行已立(永嘉序3).

업지운 명 등가죽. ¶목장쎠 업지운(淸老7:5).

업치다 동 엎치다. ☞업티다 ¶시자를 ᄃᆡᄒᆞ야 칼의 업치고:伏(女四解4:26). 업칠 복:覆(兒學下9).

업·티·다 동 엎치다. ☞업치다 ¶엇데 시러곰 八方ㅅ 바ᄅᆞᆺ므를 업텨:安得覆八溟(初杜解6:50). 기리 모라가미 호병엣 믈 업튜미라와 甚ᄒᆞ도다:長驅甚建瓴(初杜解24:6). 고깃 羹을 드러 가다가 관딧옷새 업텨 더러이고:奉肉羹飜汚朝衣(飜小10:2). 업틸 강:僵(類合下54). ᄢᅧ 업텨 ᄢᅥ러ᄇᆞ리디 아니리 업ᄂᆞ니:以覆墜之(宣小5:19). 쟝ᄎᆞᆺ 업티게 되니:將覆(東新續三綱. 烈4:10). ᄆᆞ춤내 나라ᄒᆞᆯ 업티매 니ᄅᆞᄂᆞ니(仁祖行狀18). 믈 업티다:水撒了(同文解上8).

업히다 동 업드리게 하다. ☞어피다 ¶當直 선븨 ᄒᆞ여 업히고:教當直的學生背起(老解上3).

엇 명 어미[母]. ☞어ᅀᅵ ¶思母曲 俗稱 엇노리 界面調(鄕樂. 思母曲).

-·엇- 어미 -었-. ¶너비 國土ᄅᆞᆯ 머겟다 ᄒᆞ시니:徧含國土(楞解2:63). 브텃ᄂᆞᆫ 모ᄃᆞᆫ 有를 得디 몯ᄒᆞᇙ디라:所依諸有遂不可得(楞解6:53). 버렛ᄂᆞᆫ 萬像이 다 곧 實相이오(法華1:227).

엇개 명 어깨. ☞엇게 ¶너희들은 그 능히 환자ᄅᆞᆯ 창의다 바티고 엇게ᄅᆞᆯ 집의 쉬여(綸音82).

엇·게 명 어깨. ☞엇개. 엇기 ¶엇게옌 ᄇᆞ얌 여ᅀᆞ 앒뒤헨 아히 할미러니(月印上25). 尼師檀ᄋᆞᆯ 왼녁 엇게예 엱고(釋譜6:30). 엇게와 목과 손과 발왜 두루 염그러 됴ᄒᆞ시며(月釋2:41). 엇게 우희 金鑵子 메샤(月釋8:84). 올ᄒᆞᆫ 엇게 메왓고:偏袒右肩(楞解4:2). 袒ᄋᆞᆫ 엇게 낼 시오(宣賜內訓1:72). 엇게와 등이 고즉ᄒᆞ며:肩背竦直(飜小10:26). 엇게 견:肩. 엇게 뇨:臑. 엇게 우:髃. 엇게 갑:胛(訓蒙上25). 엇게 견:肩(類合上21). 다ᄉᆞᆺ 히로 ᄲᅧ ᄌᆞ라거든 엇게로 조ᄎᆞᆯ디니라:五年以長則肩隨之(宣小2:57). 엇게:肩膀(同文解上15). 엇게:膀子(譯解補21).

엇게즛ᄒᆞ다 동 어깻짓하다. ¶엇게즛ᄒᆞ고 가ᄂᆞᆫ 모양:蹁躚(漢淸7:34).

엇걷다 동 엇걷다. ¶次例로 벌어 안ᄌᆞ 엇결어 불을 쩍에(古時調. 노ᄅᆡ갓치. 海謠).

엇결리다 동 엇결리다. ¶엇결리어 난 슈목:枝柯叢生樹(漢淸13:26).

엇굿ᄒᆞ다 형 향기롭다. 향긋하다. ☞옷곳ᄒᆞ다 ¶고저셔 글 음ᄂᆞᆫ 공ᄌᆞᄂᆞᆫ ᄒᆞᆫ 입시우리 엇굿ᄒᆞ도다:詠花公子一唇香(百聯解18).

엇그제 명 엊그제. ¶자 나믄 보라매를 엇그제 ᄀᆞᆺ 손 ᄲᅥ혀 ᄢᅢ짓체 방올 ᄃᆞ라(古時調. 金昌業. 靑丘).

엇기다 동 에끼다. ¶곳 功을 다가 過에 엇겨:便將功折過(老解上4).

엇기 명 어깨. ☞엇게 ¶閣氏님 손목을 쥐니 당싯당싯 웃ᄂᆞᆫ고나 엇기너머 등 글그니 점점 나ᄉᆞ 나를 안늬(古時調. 靑丘). 엇기:肩胛(物譜 形體). 올흔편 칼을 올흔 엇기예 디고(武藝圖41).

엇니·다 동 얻으러 다니다. ☞얻니다 ¶의원 ᄃᆞ려 무르니 다 모르거ᄂᆞᆯ 두루 가 엇니더니:即訪醫及本草皆無識者乃求訪至宜都郡(三綱. 孝22).

엇다 동 얻다. ☞얻다 ¶약의 ᄲᅡ ᄲᅧ 받ᄌᆞ오니 됴ᄒᆞᆷ을 엇다:和藥以進得瘳(東新續三綱. 孝5:68). 엇다:得了(同文解上29).

엇다가 부 어디다가. ¶엇그제 님 여흰 내 안히야 엇다가 ᄀᆞ을ᄒᆞ리오(古時調. 나모도. 靑丘).

엇다ᄒᆞ다 형 어떠하다. ☞엇더ᄒᆞ다 ¶이런ᄃᆞᆯ 엇다ᄒᆞ며 더런ᄃᆞᆯ 엇다ᄒᆞ료(古時調. 李滉).

엇단 관 어떤. ☞엇던 ¶엇단 盜賊이 내 衣服 假借ᄒᆞ야:云何賊人假我衣服(龜鑑下51).

:엇·더 부 어찌. ☞엇더. 엇데 ¶네 엇더 암ᄒᆞᆯ 내야주디 아니ᄒᆞᄂᆞ다(月釋7:17). 百姓을 어엿비 너기실ᄊᆡ 十方앳 사ᄅᆞ미 다 아ᅀᆞᆸᄂᆞ니 오ᄂᆞᆳ나래 엇더 시르믈 ᄒᆞ시ᄂᆞ니잇고(月釋10:4). 世尊하 내 어미 五百僧齋호ᄃᆡ 化樂天에 엇더 업스니잇가(月釋23:68). 엇더:怎麼(老朴集. 單字解4).

엇더다 부 어쩌다. ¶엇더다 別大王 들러신ᄃᆡ 瘴難을 아니 져차실가(鄕樂. 大國).

엇더타 감 '어찌하여'를 감탄적으로 나타낸 말. ☞엇덧타 ¶제 우는 더 ᄢᅬᆯ이 綠陰芳草 興을 겨워 雨後淸風에 碎玉聲 조타마ᄂᆞᆫ 엇더타 一枕江湖夢을 ᄭᆡ올 쭐이 잇스료(古時調. 金振泰. 時調類). 落日은 西山에 져서 東海로 다시 나고 가을 이운 풀은 ᄒᆡ마다 푸르거ᄂᆞᆯ 엇더타 오즉 사람은 歸不歸ᄅᆞᆯ ᄒᆞᄂᆞ니(古時調. 李鼎輔. 時調類).

:엇더ᄒᆞ·다 형 어떠하다. ☞엇다ᄒᆞ다 ¶員의 지븨 가샤 避仇ᄒᆞᇙ 소니 마리 兩漢 故事애 엇더ᄒᆞ니잇고:適彼令舍避仇客辭兩漢故事果何如其(龍歌28章). 蓋世氣象이 엇더ᄒᆞ시니:蓋世氣象固如何云(龍歌65章). 敬儒之心이 엇더ᄒᆞ시니:敬儒之心云如何已(龍歌82章). 어ᅀᅵ아ᄃᆞᆯ 離別이 엇던고(月印上52). 네 ᄠᅳ데 엇더뇨(釋譜19:4). 엇더콴ᄃᆡ 뒤ᄒᆞ로 ᄃᆞᆯ요매 제 일흐며(月釋13:32). ᄯᅩ 니ᄅᆞ라 ᄆᆞᄎᆞ매 엇더ᄒᆞ도소뇨(蒙法52). 그 집法이 엇던고 ᄒᆞ야:及家法何如(宣賜內訓1:80). 내 音信을 무로ᄃᆡ 이제 엇더ᄒᆞᆫ고 ᄒᆞ더라:道甫問訊今何如(初杜解22:52). 罪와 福괘 비록 靈ᄒᆞᆫᄃᆞᆯ 네게 엇더료(南明上63). 가문을 빗내요미 엇더ᄒᆞᆯ고:光顯門閭時如何(飜朴上50). 世路 엇더콴ᄃᆡ 流落ᄒᆞ여 ᄃᆞᆫ니ᄂᆞᆫ다(曺友仁. 關東續別曲).

:엇·던 관 어떤. 어떠한. ☞엇단 ¶엇던 德으로 降服히려뇨(釋譜6:28). 엇던 젼ᄎᆞ로 나ᄅᆞᆯ 어리다 ᄒᆞ샤(月釋9:35中). 이 眞實로 엇던 ᄆᆞᅀᆞᆷ고:是誠何心哉(楞解6:99). 엇던 사ᄅᆞᆷ고(法華2:28). 이 엇던 ᄂᆞᆾ고:是何顏(南明上2). 네 스승이 엇던 사ᄅᆞᆷ고:你的師傅是甚麼人(飜老上6).

-·엇던 어미 -었던. ¶반날 주것던 사ᄅᆞ미 곧 숨 쉬리니(救簡1:61). ᄡᅡ해 딘 빗복애 브텃던 ᄯᅩᇰ을 벼틔 ᄆᆞᆯ외야 ᄀᆞ라:墮地臍屎曝乾爲末(救簡2:113).

엇덧타 감 '어찌하여'를 감탄적으로 나타낸 말. ☞엇더타 ¶엇덧타 麟閣畫像을 누고 몬져 ᄒᆞ리오(古時調. 長白山에. 青丘). 엇덧타 叔孫通은 오라 말라 ᄒᆞᄂᆞᆫ고(古時調. 兩生이. 青丘).

:엇·뎌 부 어찌. ☞엇더 ¶양지 엇뎌 그리ᄃᆞ록 여위시니잇고(月釋23:87). 釋迦도 외히려 아디 몯ᄒᆞ시곤 迦葉ㅣ 엇뎌 傳得ᄒᆞ료(龜鑑上1). 네 엇뎌 本源ㅣ니 佛性ㅣ니 구러 일훔 진ᄂᆞ다 ᄒᆞ시니(龜鑑上1). 各別히 見性 神通을 求ᄒᆞ면 엇뎌 休歇ᄒᆞᆯ 時節이 이시리오:別求見性神通則豈有休歇時(龜鑑上7).

:엇·데 부 어찌하여. 어째서. ☞엇더. 엇뎌 ¶누비옷 니브샤 붓그료미 엇데 업스신가(月印上44). 이제 엇데 羅睺羅ᄅᆞᆯ 앗기ᄂᆞᆫ다(釋譜6:9). 何ᄂᆞᆫ 엇데라 ᄒᆞᄂᆞᆫ 마리라(月釋序14). 엇데 能히 내 性을 더러이리오:何能累我性哉(金剛後序12). 엇데 머리 어ᄃᆞ료(牧牛訣2). 엇데 法器 ᄃᆞ외리오(蒙法20). 엇데 시러곰 八方ㅅ 바ᄅᆞᆯ므를 업더:安得覆八溟(初杜解6:50). 엇데 세유믈 잇비ᄒᆞ리오:何勞白(杜解9:7). 엇데 하:何(類合下26). 엇데 그 블으지져 우르시니잇고:何爲其號泣也(宣小4:7). 兪ㅣ라 엇데오:兪如何(書解1:36). 뎌 ᄢᅴ 敗散호ᄆᆞᆯ 엇데 ᄲᆞᆯ리 ᄒᆞ뇨:往者散何卒(重杜解1:4).

:엇·데어·뇨 부 어째서냐. ¶시혹 다ᄅᆞ니 이ᄅᆞᆯ 뵈야 믈읫 닐온 마리 다 實ᄒᆞ야 虛티 아니ᄒᆞ니라 엇데어뇨 ᄒᆞ란ᄃᆡ 如來 三界相ᄋᆞᆯ 實다ᄫᅵ 아라 보아 生死ㅣ 므르며 나니 업스며(月釋17:11). 如來 이 方便으로 衆生ᄋᆞᆯ 教化ᄒᆞᄂᆞ니라 엇데어뇨 ᄒᆞ란ᄃᆡ ᄒᆞ다가 부톄 世間애 오래 住ᄒᆞ면 德 열ᄫᅳᆫ 사ᄅᆞ미 善根ᄋᆞᆯ 시므디 아니ᄒᆞ야(月釋17:13).

:엇·데ᄒᆞ·다 동 어찌하다. ☞엇디ᄒᆞ다 ¶供養ᄒᆞᅀᆞᄫᅩᄆᆞᆯ 엇데ᄒᆞ며(月釋9:52). 이제 엇데ᄒᆞ야ᅀᅡ 地獄 잇ᄂᆞᆫ ᄡᅡ해 가리잇고(月釋21:25). 그러면 엇데ᄒᆞ야ᅀᅡ 어루 得ᄒᆞ료(楞解10:68). 엇데ᄒᆞ야 西ㅅ녁 지빗 王給事ᄂᆞᆫ 柴門을 쇽절업시 다다 솔와 댓서리예 ᄌᆞᆷ갯ᄂᆞᆫ고:何爲西莊王給事柴門空閉鎖松筠(初杜解7:33).

엇디 부 어찌. ☞어ᄶᅵ ¶가시야 엇디 술 버리고:更安忍置酒(宣賜內訓1:58). 서르 볼 주ᄅᆞᆯ 엇디 알리오(初杜解15:47). 엇디 樂디 아니ᄒᆞ뇨:何爲不樂(佛頂9). 엇디 내 남지ᄂᆡ 淸白을 더러이료 ᄒᆞ고:何敢累吾夫淸德(續三綱. 孝26). 져젯 수를 ᄒᆞ야 온ᄃᆞᆯ 엇디 머글고:街市酒打將來怎麼喫(飜朴上2). 엇디 다ᄅᆞᆫ 사ᄅᆞᆷ 혜아려 검찰ᄒᆞᆯ 공뷔 이시리오(飜小8:15). 엇디 긔:豈(類合上26. 石千7). 엇디 하:何(石千25). 내의 囊中엣 布帛ㅣ 너희 치위 救ᄒᆞᆯ 거시 엇디 업스리오:那無囊中帛救汝寒凜慄(重杜解1:6). 엇디 예 일과 다ᄅᆞ미 이러ᄐᆞᆺ ᄒᆞ시니잇고(明皇1:30). 엇디 ᄒᆞᆫ 몸으로 두 님군을 섬기고:豈以一身事二姓(五倫2:18). 댱뷔 ᄆᆞᄋᆞᆷ의 결단 ᄒᆞ연 지 오란ᄃᆡ 엇디 쳐ᄌᆞ와 ᄢᅵᄒᆞ리

오:丈夫斷之於心久矣何妻子之爲(五倫2:21). 엇디 븟그러오믈 ᄎᆞ마:能忍恥與醜(五倫2:27).

엇디라 부 어쩌라고. 어쩌자고. ¶내 엇디라 物累에 逼迫ᄒᆞ야:奈何迫物累(重杜解1:25).

엇디ᄒᆞ·다 동 어찌하다. ☞엇데ᄒᆞ다 ¶조롱곳 누로기 미와 잡ᄉᆞ와니 내 엇디ᄒᆞ리잇고(樂詞. 靑山別曲). 오리도 가리도 업슨 바므란 ᄯᅩ 엇디호리라(樂詞. 靑山別曲). 현령이 或 좃디 아니커든 엇디ᄒᆞ료:令或不從奈何(宣小5:57). 그 할미 닐오ᄃᆡ 힝혀 실신ᄒᆞ시면 맛당이 엇디ᄒᆞ링잇가(太平1:13). 上墳ᄒᆞ고 도라올러냐 엇덜러뇨:上了墳迴來怎的(朴解上57). 엇디ᄒᆞ여 이 오ᄉᆞᆯ 닙엇ᄂᆞ뇨:何爲著此履(五倫2:29).

엇딘디 부 어쩐지. ¶엇딘디 날 보시고 네로다 너기실ᄉᆡ(松江. 續美人曲).

엇ᄃᆞᆫ 관 어떤. ☞엇던 ¶엇ᄃᆞᆫ 老少 이시리(古時調. 靑丘).

엇마·기 명 엇막이. 〔격구 용어(擊毬用語)〕 ¶擊毬之法… 太祖脫右鐙 飜身而 下足不至地 擊而中之 卽還騎 復擊而出門 時人謂之橫防 엇마기(龍歌6:40).

엇막·다 동 엇비슷이 막다. ¶ᄆᆞᆯ 겨틔 엇마ᄀᆞ시니:馬外橫防(龍歌44章).

엇먹다 동 얻어먹다. ¶싀궁츼 디져 엇먹ᄂᆞᆫ 올히ᄂᆞᆫ(古時調. 靑天 구룸. 靑丘).

엇멋 명 얼마. 얼마의. ☞언마. 언멋 ¶밋ᄶᅡ히 셔 엇멋 갑스로 사:就地頭多少價錢買來(老解上12).

엇ᄆᆞᄅᆞ다 동 엇마르다. 비뚤어지게 마르다. ¶엇ᄆᆞᄅᆞ다:顚倒裁(譯解下6).

엇미나 부 얼마나. ☞얼머나 ¶十丈紅塵이 엇미나 ᄀᆞ렷는고(古時調. 李賢輔. 굽어는. 海謠).

엇브시 부 엇비슷이. 방불하게. ☞엇ᄲᅳ시 ¶五月에 엇브시 찬 ᄆᆡ야ᄆᆡ 소릴 든논 ᄃᆞᆺᄒᆞ다라:五月髣髴聞寒蟬(初杜解6:40). 집의 들어 엇브시 반ᄃᆞ시 그 위예 보ᄋᆞ옴이 이시며:入室僾然必有見乎其位(宣小2:27).

엇ᄢᅵ다 동 엇째다. 비스듬히 째다. ¶오직 深衣예 裳은 열두 幅을 엇ᄢᅵ여 ᄆᆞᆯ나 다 일홈을 衽이라 ᄒᆞᄂᆞ니:惟深衣裳十二幅交裂裁之皆名爲衽(家禮1:42).

엇ᄶᅵ 부 어찌. ☞엇디 ¶내 엇ᄶᅵ 즉제 죽디 아니ᄒᆞ리오마ᄂᆞᆫ:我豈不能卽死(東續三綱. 烈19).

엇ᄲᅳ시 부 엇비슷이. 방불하게. ☞엇브시 ¶이운 남기 엇ᄲᅳ시 어믜 얼굴이 ᄌᆞᆫ거ᄂᆞᆯ:忽見枯木宛似母形(東新續三綱. 孝1:6).

엇쏩다 동 여쭙다. ¶시문을 두다리니 동지나와 엇쏩ᄂᆞᆫ 말이(古時調. 각셜 현덕이. 南薰).

:엇웁·다 형 어슷하다. 어슷하게 구붓하다. ¶네차힌 눈서비 놉고 기르시고 初生ㅅᄃᆞᆯ ᄀᆞᄐᆡ 엇우브시고 감ᄑᆞ른 瑠璃ㅅ빗 ᄀᆞᄐᆞ시며(月釋2:55).

엇일다 형 어질다. ☞어딜다 ¶너 사오나오며 나 엇일롸 니ᄅᆞ디 말고:休說你歹我好(老解下41). 〔飜老下46에는 '너 사오나오니 나 어디로니 니ᄅᆞ디 말며'로 기록되어 있음.〕

엇접 명 접(椄)붙이기의 한 가지. ¶엇접 피접 도마접이 힝ᄎᆞ접이 잘 ᄉᆞᄂᆞ니(農月 三月令).

엇제 부 어찌. ☞엇데 ¶엇제 시러곰 글월 브텨:焉得附書(重杜解4:4). 도라올 期約은 엇제 오라리오 마ᄂᆞᆫ:歸期豈爛慢(重杜解8:20).

엇지 부 어찌. ☞엇디 ¶네 前에 北京에 ᄃᆞᆫ녓노라 ᄒᆞ며 엇지 모ᄅᆞᄂᆞᆫ다(蒙老4:7). 이 향사군 아니러면 임의 엇지 모라시니(쌍벽가). 만일 그 어버이 업ᄉᆞ면 엇지 ᄲᅧ 안히 이시며:何(百行源14).

엇지타 감 '어찌', '어찌하여'를 감탄적으로 이른 말. ☞엇더타 ¶靑山에 눈이 오니 峯마다 玉이로다 뎌 산 푸르기ᄂᆞᆫ 봄비에 잇거니와 엇지타 우리의 白髮은 검겨 볼 줄 잇스랴(古時調. 時調類). 말 타고 ᄭᅩᆺ바테 드니 말굽 아릐 香닉 난다 酒泉堂 도라드니 아니 먹은 술닉 난다 엇지타 눈 情에 거론 님은 말이 몬저 아나니(古時調. 時調類).

엇지ᄒᆞ다 동 어찌하다. ☞엇디ᄒᆞ다 ¶엇지ᄒᆞ야 秋風落葉을 虛ㅅ도이 좃져 ᄂᆞᆯ를 놀래는다(古時調. 柴扉에 개. 靑丘). ᄯᅩ 이 ᄆᆞᆯ을 엇지ᄒᆞ리(蒙老4:1). ᄌᆞ리치기 신삼기ᄂᆞᆫ 모ᄅᆞ거든 엇지ᄒᆞ리(萬言詞).

엇텽이 명 언청이. ¶엇텽이:豁脣子(譯解上29).

엉것귀 명 엉겅퀴. ☞엉경퀴 ¶엉것귀:野紅花(譯解下39).

엉경퀴 명 엉겅퀴. ☞엉것귀 ¶엉경퀴:大薊(柳氏物名三 草).

엉긔다 동 엉기다. ☞얼의다. 엉기다 ¶희 곳오라면 엉긔여 金石이 되어(家禮7:23). 유입은 엉긔여 들미라(家禮7:24). 물 엉길 응:凝(倭解上10). 엉길 응:凝(兒學下10).

엉긧엉긧 부 엉금엉금. ¶엉긧엉긧 ᄒᆞ여 가다:岔腿走(漢淸7:33).

엉기다 동 엉기다. ☞엉긔다 ¶구술ᄀᆞ치 엉긘 그으름:焦烟釉子(漢淸10:52).

엉덩이 명 엉덩이. ¶以前에 업던 ᄲᅢ시바회 엉덩이 울근불근(古時調. 제 얼골 제 보아도. 靑丘).

엉동ᄒᆞ다 형 엉뚱하다. ☞엉ᄯᅩᆼᄒᆞ다 ¶네 엇디 도로혀 엉동ᄒᆞᆫ 사ᄅᆞᆷ쳐로(山城61).

엉뚱ᄒᆞ다 형 엉뚱하다. ☞엉동ᄒᆞ다 ¶여긔셔 엉뚱ᄒᆞᆯ 일은 업ᄉᆞ오니(新語4:16).

엉얼 명 응어리. ☞어월 ¶과실 엉얼:果渣子(漢淸13:8).

엎·다 동 엎다. ¶어푼 손과 뮛믜즌 마치로 갈ᄒᆞᆯ 밧고디 아니ᄒᆞ야도:伏手滑槌不換劍(金三3:14). 두 디새 마고 어픈 안해 숫블로 ᄉᆞ라:於一仰一合瓦內炭火燒(救簡6:79).

:에 명 왜(倭). ¶얼믠 깁과 易州셔 난 조븐 깁과 에깁과 蘇州ㅅ 깁과:謙涼絹易州絹倭絹蘇州絹(飜老下26).

에 명 틈. ¶여가 잇거든 에 보와 못 오시리잇가(諺簡34 顯宗諺簡). 믈러나 飮食 쟝만ᄒᆞ고 에나거든 세답ᄒᆞ며 바ᄂᆞ질호ᄃᆡ:退而具飮食得間則浣濯紉縫(家禮2:28).

-에 조 -에. ☞-에 ¶눈에 보논가 너기ᅀᆞᄫᆞ쇼셔(月印上1). 說法호ᄃᆞᆯ ᄒᆞᆫ 그에 브터 아니ᄒᆞ시며(月釋2:58). 다 이에 性ᄋᆞᆯ ᄐᆞᄂᆞ니라:皆受性於此(楞解1:89). 이에 주거 뎌에 나:死此生彼(心經40). 이에 다시 議論 아니 ᄒᆞ노라:此不復論(宣賜內訓1:70). 이에 다ᄃᆞ란 見과 聞과 覺知왜:到這裏見聞覺知(金三2:19).

-·에 조 -에. ☞-애. -에 ¶우리 始祖ㅣ 慶興에 사ᄅᆞ샤(龍歌3章). 블근 새 그를 므러 寢室 이페 안ᄌᆞ니(龍歌7章). 行宮에 도ᄌᆞ기 둘어(龍歌33章). 굴허에 ᄆᆞᄅᆞᆯ 디내샤(龍歌48章). 처엄 佛法에 드러 世俗앳 ᄠᅳ디 한 젼ᄎᆞ로(釋譜6:2).

-·에 조 -에게. ¶뎌 王ᄃᆞᆯ히 一切 有情에 慈悲心ᄋᆞᆯ 내야 가도앳던 사ᄅᆞᆷ 노코(月釋9:54).

-·에 조 -과. ¶나랏 말ᄊᆞ미 中國에 달아(訓註1). 다 性 업수메 ᄀᆞᆮᄒᆞ니라:皆同無性(永嘉下7).

-에 조 -의. ¶ᄆᆞᆯ톤 이와 믈에 군싀 빅만이라(三譯3:6).

-·에 어미 -게. ¶羅睺羅ᄅᆞᆯ 노하 보내야 샹재 ᄃᆞ외에 ᄒᆞ라(釋譜6:1). 사ᄅᆞᆷ ᄃᆞ외에 ᄒᆞ시리라(月釋1:8). 衆生 濟渡호ᄃᆞᆯ 몬 니ᄅᆞ혜에 ᄒᆞ시고(月釋1:19). 敎化ᄂᆞᆫ ᄀᆞᄅᆞ쳐 어딜에 ᄃᆞ외올 씨라(月釋1:19). ᄂᆞ치 헐에 티니:擊之敗面(三綱. 忠18 若水効死). 魔ㅅ 이ᄅᆞᆯ 여희에 ᄒᆞᄂᆞ니(楞解1:3). 고햇 수미 희에 ᄃᆞ외어늘:鼻息成白(楞解5:56). 여러 알에 호ᄃᆞᆯ 맛니며(圓覺序57). 歲月이 늣고 ᄇᆞᄅᆞ미 ᄉᆞᆯᄒᆞᆯ 헐에 부ᄂᆞ니:歲晏風破肉(杜解9:29). 소리 나ᄂᆞ닐 信州ᄅᆞᆯ ᄀᆞᅀᆞᆷ알에 ᄒᆞ도다:傳聲典信州(初杜解23:14). 大慈大悲로 내 迷雲을 여르샤 나ᄅᆞᆯ 시러들에 ᄒᆞ야지이다(南明下4). 주거 귓거시 ᄃᆞ외에 ᄒᆞ도다:殘害爲異物(重杜解1:4).

-·에 접미 -되게. ¶天下앳 치운 사ᄅᆞᄆᆞᆯ 키 그늘워 다 깃븐 ᄂᆞ치에 ᄒᆞ야:大庇天下寒士俱歡顔(初杜解6:43).

-에 접미 -에.〔용언 어근에 붙어 명사를 만드는 접미사.〕☞-애. -ᄋᆡ ¶ㅈ 눉두베 므거븐 ᄃᆞᆯ 아라ᄃᆞᆫ:纔覺眼皮重(蒙法2). 글게로 글거 조히 ᄒᆞ야:着抱子刮的乾淨着(飜朴上21). 그르메 기우니 ᄃᆞᆯ에 便安티 아니ᄒᆞ도다:影斜輪未安(重杜解12:1).

:에굳·다 형 매우 굳다. ¶知慧 神通力으로 에구든 모딘 衆生ᄋᆞᆯ 降服히시ᄂᆞ다(釋譜11:4). 剛强ᄋᆞᆫ 세여 에구들 씨라(月釋21:9). 에구들 료:拗(類合下32).

에굽다 형 굽다. 에워 굽다. ¶목은 기되 에굽고:項長彎曲(馬解上3). 바회 우희 에구븐 길 솔 아래 빗겨 잇다(古時調. 尹善道. 夕陽이. 孤遺).

:에:깁 명 왜견(倭絹). ☞에. 왜깁 ¶에깁:倭絹(飜老下26).

-에·나 조 -에나. ☞-ᄋᆡ나 ¶ᄭᅮ메나 趙州ᄅᆞᆯ 본다(蒙法58).

에나다 동 틈나다. ☞에 ¶에나거든 세답ᄒᆞ며:得間則浣濯(家禮2:28).

-에·ᄂᆞᆫ 조 -에는. ☞-애ᄂᆞᆫ. -ᄋᆡᄂᆞᆫ ¶九百 힛 後에ᄂᆞᆫ 남진죵ᄋᆞᆫ 沙門이 ᄃᆞ외오(釋譜23:34). 北에ᄂᆞᆫ 虎溪 잇도다(初杜解8:33).

:에·다 동 돌다. 돌아서 가다. ☞에이다 ¶모미 죽도록 길흘 ᄉᆞ양ᄒᆞ야도 일빅 거르미도록 에디 아니ᄒᆞ며:終身讓路不枉百步(飜小8:2). 일빅 거름을 에디 아니ᄒᆞ며:不枉百步(宣小5:83).

·에·다 동 피하다. ☞어이다. 에이다 ¶네 내게 절 아니 ᄒᆞᆯ다 더브러 에라 ᄒᆞ야ᄂᆞᆯ:爾不拜我邪麾令去(三綱. 忠20). 어러운 ᄡᆞᄒᆞᆯ 에여 ᄃᆞ니고:避地適(重杜解2:26).

-·에·도 조 -에게도. ¶ᄯᅩ 뎌에도:亦於彼(圓覺上一之二130).

-·에·도 조 -에도. -에서도. ☞-애도. -ᄋᆡ도 ¶雙城에도 逆徒ᄅᆞᆯ 平ᄒᆞ시니:于彼雙城又平逆賊(龍歌24章). 셜븐 잀 中에도 離別 ᄀᆞᄐᆞ니 업스니(釋譜6:6).

:에돌·다 동 에돌다. 돌아서 가다. 피하다. ¶병ᄒᆞ야 잇거든 에도디 말오:有些病疾時休廻避(飜老下47). 나ᄅᆞᆯ 에도라 ᄃᆞ니니:只趓着我走(飜朴上35). 에도라 ᄃᆞᆫ닌다:趓着走(老朴集. 單字解7). 병드러 잇거든 에도디 말고:有些病疾時休廻避(老解下42). 간나히 가는 길ᄒᆞᆯ ᄉᆞ나히 에도ᄃᆞ시(古時調. 鄭澈. 松江).

에둥실ᄒᆞ다 형 둥그스름하다. ¶ᄀᆞ슴에 굼글 에둥실ᄒᆞ게 ᄯᅮᆯᄀᆞ고(古時調. 歌曲).

-에·라 어미 -도다. -구나. ☞-애라 ¶셴 머리예 비치 업세라:白首缺輝光(初杜解8:

70). ᄇᆞ릴 ᄃᆡ 업세라:沒處安下(飜老上47).

-·에브·터 조 -에서부터. ¶내 젼년 正月에 브터:我從年時正月裏(飜老上15).

-·에·셔 조 -에서. ☞-애셔. -의셔 ¶ᄒᆞᆫ 몰며 會中에셔 듣고 隨喜ᄒᆞᄂᆞ니ᄯᆞ녀(釋譜19:5). 누네셔 나디 아니ᄒᆞ도다(楞解2:111). 져근 아ᄒᆡ 幽園에셔 오니(初杜解15:23). 이 친 동ᄉᆡᆼ 兩姨에셔 난 형뎨로니:是親兩姨弟兄(飜老上16).

-·에·셔 조 -보다. ☞-의셔 ¶善男子ᄃᆞᆯ하 내 本來 菩薩道行ᄒᆞ야 일운 壽命이 이제 오히려 몯 다아 ᄯᅩ 웃 數에셔 倍컨마ᄅᆞᆫ(月釋17:13). ᄇᆞᆯ고미 日月에셔 더으고:明愈日月(蒙法65). 그려긔 지체셔 가ᄇᆡ얍고(南明下25). 뉘 이에셔 크리오(宣孟13:26).

-에·셔 어미 -어 있어. -어서. ¶수메셔 드르시고:潛身以聽(龍歌108章).

-·에·션 조 -에서는. ¶中國에션 中國을 하ᄂᆞᆯ 가온ᄃᆡ라 ᄒᆞ고(月釋1:30).

-·에·ᅀᅡ 조 -에야. ☞-에아. -에야 ¶그 머근 後에ᅀᅡ 모보기ᄅᆞᆯ ᄒᆞ니(月釋1:43). 智 사ᄆᆞᆫ 後에ᅀᅡ(圓覺序4). ᄒᆞᆫ ᄢᅴ 닷ᄀᆞᆫ 後에ᅀᅡ(牧牛訣35). 이러ᄒᆞᆫ 時節에ᅀᅡ(蒙法9). 어늬 내의 ᄀᆞᄅᆞ쵸ᄆᆞᆯ 기드린 後에ᅀᅡ 行ᄒᆞ리오:何待我教而後行也(宣賜內訓序6).

-에아 조 -에야. ☞-에ᅀᅡ. -에야 ¶이 즈음에아 ᄀᆞᆺ 온다:這時間纔來到(老解下3).

-에야 조 -에야. ☞-에ᅀᅡ. -에아 ¶써셔 극진히 닉인 후에야 글 묘리를 낫낫치 긔록ᄒᆞ며(捷蒙1:1).

-에어·나 조 -에거나. ¶더운 므레어나 수레어나 ᄒᆞᆫ 돈만 프러 머고미 ᄀᆞ장 됴ᄒᆞ니라:湯或酒服一錢神驗(救簡1:109).

에여쁜 형 어여쁜. 예쁜. ☞에엿부다 ¶에여쁜 양과 어리셕은 짓 말게 ᄒᆞ라:嬌(女四解3:20).

에엳비 부 가엾이. 불쌍히. ☞어엿비. 에엿비 ¶허공애 ᄉᆞᄅᆞ되 원ᄒᆞᄂᆞᆫ 부텨 에엳비 너기샤 내 엄의 간 ᄯᅡ홀 ᄲᆞᆯ리 니르쇼셔(地藏解上10).

에염이 명 아얌. ¶니마 앏희 붓치ᄂᆞᆫ 에염이:額箍(漢淸11:22).

에엿부다 형 ①가엾다. 불쌍하다. ☞에엿브다 ¶北扉下 져믄 날에 에엿불슨 文天祥이여(古時調. 金天澤. 靑丘). 에엿분 네 님금을 싱각하고 절로 운이 하늘이 식엿거든(古時調. 李渘. 海謠).
②어여쁘다. 예쁘다. ¶에엿분 얼골이 냇ᄀᆞ에 셧ᄂᆞᆫ 垂楊버드나모 광대등걸이 되연제고(古時調. 져멋고쟈. 靑丘).

·에·엿브·다 형 가엾다. 불쌍하다. ☞어엿브다 ¶에엿븐 뎌 말 모로ᄂᆞᆫ 즘싱ᄃᆞᆯ히:可憐見那不會說話的頭口們(飜朴上21). 에엿블 궁:矜. 에엿블 련:憐(訓蒙下33). 에엿블 민:愍(類合下23). 애 뎌 어린아ᄒᆡ 에엿블샤:咳那小孩兒可憐見(朴解下42).

:에엿·비 부 가엾이. 불쌍히. ☞어엿비 ¶네 에엿비 너기고라:你可憐見(飜老上49). 江革이 믄득 울오 에엿비 너기고라 비러:革輒涕泣求哀(飜小9:20). 에엿비너길 련:憐. 에엿비너길 민:憫(類合下13). 에엿비너길 측:惻(類合下18). ᄒᆞ여곰 可히 에엿비 너기시게 ᄒᆞ욤이 읏듬이오:使可哀憐上也(宣小4:20). 낭군이 우리 쇼량ᄌᆞ의 길 일흐믈 에엿비 너기샤 ᄐᆞᆫ ᄆᆞᆯ을 보내야 곤ᄒᆞᆫ 거술 건뎌 내시니(太平1:17). 나그내ᄅᆞᆯ 에엿비 녀기고:憐客(老解上37). 네 에엿비 너기라:你可憐見(老解上44). 가난홈을 에엿비 너겨(女四解4:56).

:에·옛·비 부 가엾이. 불쌍히. ☞어엿비. 에엿비 ¶어버ᅀᅵ 업슨 사ᄅᆞᆷ 에옛비 너규믈 시급히 ᄒᆞ며:急於濟貧郵孤(飜小10:14).

에오다 동 에우다. 둘러싸다. ☞에우다 ¶대엿 賊船이 ᄒᆞᆫ 西京으로셔 오ᄂᆞᆫ 黃豆 시ᄅᆞᆫ 비ᄅᆞᆯ 에오고:五六箇賊船圍着一箇西京來的載黃豆的船(朴解中13). 에오다:打圍(譯解補11).

에옴길 명 에움길. ☞에음길. 엔길 ¶에옴길:彎路(譯解上6). 에옴길:彎子(漢淸9:74).

-·에와 조 -에와. ☞-의와 ¶이베와 곳굼긔 브스면 즉재 살리라:灌之瀝入口鼻卽活(救簡1:47).

에·우·다 동 에우다. 두르다. ☞에오다 ¶에움과 자봄과:圍繞執捉(永嘉下140). 밀ᄀᆞᄅᆞᆯ ᄆᆞ라 ᄀᆞᅀᆞ로 에워:以麵圍之(救簡3:16). 그 도ᄌᆞ글 ᄒᆞᆫ 산고래 에워:把那賊圍在一箇山峪裏(飜老上30). 주기린 주기고 드리린 드리고 몰린 모라 에워다가:殺一殺入一入赶一赶扭將去(飜朴上23). 에울 위:圍(類合下26). 에울 잡:匝(類合下52). 에울 요:遶(類合下54). 그 도적을 다가 ᄒᆞᆫ 뫼골의 에워:把那賊圍在一箇山峪裏(老解上27). 에울 위:圍(倭解上36). 에우다:圍着(譯解補15). 白登에 에운 城을 뉘라셔 풀러넘여(古時調. 漢高祖의. 海謠).

에·우·다 동 긋다. 지우다. ☞에우치다 ¶ᄒᆞᆫ 부드로 에워 ᄇᆞ룔디며:一筆句下(金三5:38). 붇 가져다가 에우라:將筆來抹了着(飜朴上25). 에우다:勾了(老朴集. 單字解4).

에우디 명 올벼의 한 품종. ¶에우디:於伊九智(衿陽).

에우아리 명 바리때. ☞에유아리 ¶누비옷 닙고 에우아리 가지고:穿着衲襖將着鉢盂(朴解上33). 唐僧을 金돈 三百貫과 金에우아리 ᄒᆞ나ᄒᆞᆯ 주고:賜唐僧金錢三百貫金鉢盂

一箇(朴解下25).

에우치다 동 지우다. ☞에우다 ¶에우치다:勾抹(漢淸4:10).

에우티다 동 에우다. 〔힘줌말〕 ¶에우티다:打圈(同文解上43).

에워가다 동 피해 가다. ¶에워가다:遠走(同文解上26). 에워가다:遶彎(漢淸7:31).

에워리·다 동 에워앉다. 둘러앉다. ☞에우다 ¶이는 몸채라 이는 翼廊이라 이는 庫房이라 ᄒᆞ고 ᄯᅩ 이는 천랴이라 이는 穀食이라 ᄒᆞ야 에워려 노다가(釋譜24:7).

에워ᄡᅡ다 동 에워싸다. ☞에워싸다 ¶군ᄉᆞ를 거ᄂᆞ려 요양을 에워ᄡᅡ니 셩이 적고:引衆傅城(五倫2:35). 모든 군ᄉᆞ로 ᄒᆞ여곰 에워ᄡᅡ고:使侍者拔刀圍之(五倫3:17).

에워싸다 동 에워싸다. ☞에워ᄡᅡ다 ¶에워싸다:圍着(同文解上45). 에워싸다:圍困(漢淸4:33).

에·위·다 동 둘러싸이다. ☞에우다 ¶交趾 반커늘 忠이 에위엿더니:交趾叛忠在圍中(續三綱. 忠3).

에유아리 명 바리때. ☞에우아리 ¶에유아리:鉢盂(譯解下13). 누비 옷 닙고 에유아리 가지고:穿着衲襖捧着鉢盂(朴新解1:35).

에으다 동 두르다. ¶멍에 에으다:駕轅子(譯解下31).

에음 명 둘레. ☞둘에. 어엿 ¶터 에음:院圈子(同文解上36). 기릐와 너븨와 깁흠 엿틈과 에음과:長濶深淺圍圓(無寃錄1:24). 에음과 기릐와 너븨:圍長濶(無寃錄1:54).

에음길 명 에움길. ☞에옴길. 엔길 ¶에음길:彎路(同文解上41).

에이·다 동 피하다. 돌아가다. ☞에다 ¶기리 어려운 ᄡᅡ홀 에여 ᄃᆞᆫ니고:長避地(重杜解2:26). 陶潛ᄋᆞᆫ 世俗ᄋᆞᆯ 에여 ᄃᆞᆫ니ᄂᆞᆫ 한아비니 반ᄃᆞ기 能히 道理ᄅᆞᆯ 아디 몯ᄒᆞ니라:陶潛避俗翁未必能達道(初杜解3:58). ᄂᆞᄂᆞᆫ 새ᄂᆞᆫ 轅門을 에여 가ᄂᆞᆺ다:飛鳥避轅門(重杜解5:53).

에헐 명 어혈(瘀血). ☞어혈 ¶모쳐라 놀낸 낼싀만졍 에헐질 번ᄒᆞ괘라(古時調. 두터비. 靑丘).

에후로혀다 동 에둘러 당기다. 둥글게 휘어 당기다. ☞에후르혀다 ¶힝금ᄒᆞᆫ 목을 에후로혀 안고(古時調. 琵琶야. 靑丘).

에후르혀다 동 에둘러 당기다. 둥글게 휘어 당기다. ☞에후로혀다 ¶대쵸볼 불근 가지 에후르혀 훌터 ᄡᅡ 담고(古時調. 海謠).

에·ᄒᆞ·다 동 에워싸다. ¶버디며 아로리며 두루 에ᄒᆞ야셔 울어든 제 모미 누븐 자히셔 보ᄃᆡ(釋譜9:29). 쇠갈 메오고 갈잠개 자바 에ᄒᆞ야 내야다가 目連일 뵈니라(月釋23:86).

-·엔 조 -에는. ☞-옌. -읜 ¶屛風엔 金孔雀이 여렛고(初杜解7:33). ᄒᆞᆫ 법엔 팀향 ᄒᆞᆫ 돈을 더 녀코:一法加沈香一錢(救簡1:4).

엔길 명 에움길. 에워 가는 길. 둘러가는 길. ☞예옴길. 에음길 ¶엔길 오:迂(類合下62).

엔담 명 두른 담. ¶萬里長城 엔담 안의 阿房宮을 놉히 짓고(古時調. 靑丘).

엔두루 부 두루두루. ¶됴ᄒᆞᆫ 먹을 ᄀᆞ라 엔두루 ᄇᆞᄅᆞ면 즉재 됴ᄒᆞ리라:仍磨好墨圍塗卽效(救簡3:30).

-·엣 조 ①-에 있는. ☞-엣. -읫 ¶楚國엣 天子氣를 行幸ᄋᆞ로 마ᄀᆞ시니:楚國王氣遊幸厭之(龍歌39章). 苑囿엣 도톨 티샤:斬豕苑囿(龍歌65章).

②-에 의한. ¶君命엣 바오리어늘 ᄆᆞᆯ 겨틔 엇마ᄀᆞ시니:君命之毬馬外橫防(龍歌44章).

-엣·다 어미 -어 있다. -었다. ☞-앳다 ¶石壁에 수멧던 녜뉫글 아니라도:岩石所匿古書縱微(龍歌86章). 그 뫼히 ᄒᆞ마 어우렛더라(釋譜24:6). 一千 靑蓮이 도다 펫더니(月釋1:21). ᄃᆞᆯᄀᆡ 소리 서르 들여 ᄒᆞᆫ ᄀᆞ새니엣고(月釋1:46). 오ᄂᆞᆳ날애 넉시라 마로렛다(月釋8:87). 잠간 머므렛다가 곧 가:暫止便去(楞解2:24). 城中에 밥 아니 머겟ᄂᆞᆫ 지블 네 보라:汝觀城中未食之家(楞解3:74). 이피 여렛거든 ᄯᅩ 열오(宣賜內訓1:6). 잠간 안ᄌᆞ락 ᄂᆞᄂᆞᆫ 가마괴ᄂᆞᆫ 두어 삿기ᄅᆞᆯ 더브렛고:暫止飛烏將數子(重杜解7:1).

·엣데 부 어찌. 어째서. ☞엇데 ¶功課ᄅᆞᆯ 사ᄆᆞ면 엣데 犛牛의 ᄭᅩ리 ᄃᆞ솜과 다ᄅᆞ리오:以爲功課者何異犛牛愛尾(六祖中64).

-·엣 조 -에 있는. ☞-엣. -읫 ¶府中엣 遼使ㅣ 奇才ᄅᆞᆯ 과ᄒᆞᅀᆞᄫᆞ니:府中遼使奇才是服(龍歌57章).

엥 감 참으로. 아아. ¶舍利弗이 ᄉᆞᆯᄫᅩᄃᆡ 엥 올ᄒᆞ시이다(釋譜13:47). 〔法華經에는 '엥 올ᄒᆞ시이다'가 '唯然'으로 기록되어 있음.〕

엥엇 명 둘레. ☞엥엇. 엥엊 ¶엥엇 역:域(訓蒙上6). 엥엇 밧글 굴온 ᄡᅡ히니:圈暈外曰地(痘要上52). 두 눈 엥엇즈로:兩眼四畔(痘要下35).

엥엇 명 둘레. ☞엥엇. 엥엊 ¶불휘ᄂᆞᆫ 곧 두렫ᄒᆞᆫ 엥어지오:根卽圓暈(痘要上52).

엥엊 명 둘레. ☞엥엇. 엥엊 ¶首絰은 ᄡᅵ 인ᄂᆞᆫ 뚝삼으로ᄡᅥ 호ᄃᆡ 그 두른 엥어치 아홉치오:首絰以有子麻爲之其圍九寸(家禮6:3).

-·여 조 -이며. ¶내 이제 나져 바며 시름ᄒᆞ노니:我今日夜憂(初杜解8:29). 나져 바며 ᄆᆞᅀᆞ미 허손ᄒᆞ야 자디 몯ᄒᆞ거든:晝夜虛煩不得睡(救簡1:114). 나져 바며 머므디 말오 ᄇᆞᄅᆞ라:白日黑夜不住的搽(飜朴上13). 나져 바며 혜아려 ᄉᆞᆯ펴:日夜且自點檢(飜小8:15).

-여 조 -여. ☞-이여 ¶文殊師利여 믈읫 有情이 貪ᄒᆞ고 새옴ᄇᆞᆯ라(釋譜9:15). 得大勢여 아라라(釋譜19:35). 아기씨여 알퓌 부텨 업스시고 뒤헤 즁님 업거늘 뉘게 절ᄒᆞᄂᆞᆫ다(月釋23:75). 우리 지븻 姪子여:吾家姪(初杜解8:50). 大同江 건넌편 고즐여(樂詞. 西京別曲).

-여 어미 -어. ¶兄이 디여 뵈니(龍歌36章). 城 밧긔 브리 비취여:火照城外(龍歌69章). 남기 빼여 性命을 ᄆᆞᄎᆞ시니(月印上2). 長常 므거븐 거슬 지여 길흘 조차 ᄃᆞ니다가(釋譜9:15). 모딘 길헤 떠러디여 그지업시 그우니ᄂᆞ니이다(釋譜9:27). ᄢᅥ리여 棺애 녀ᅀᆞᆸ고(月釋1:7). 金剛神 보고 ᄀᆞ장 두리여 부텨의 禮數ᄒᆞᅀᆞᄫᆞ며(月釋7:36). 道術이 ᄒᆞ마 ᄢᅦ야디여 ᄆᆞᅀᆞᆷ ᄇᆞᆰ깂 사ᄅᆞ미:道術旣製明心之士(楞解1:2). 네 활기 알파 글희여디ᄂᆞᆫ ᄃᆞᆺ거든:四肢疼痛如解落(救簡1:91). 브레 ᄧᅬ여 디허:炙搗(救簡2:44).

-여 접미 -여(餘). ¶儒宗學士 三十餘人과 僧尼道俗 一千餘人괘 ᄒᆞᆫᄢᅴ 저ᅀᆞᆸ고(六祖上1:1). 이ᄇᆡᆨ여 신(飜小8:18).

여:가 명 여가(餘暇). ¶괴외ᄒᆞᆫ 餘暇애 時예 잠간 ᄉᆞ랑ᄒᆞ라(永嘉下128). 셔욼 淸祥寺애 經 飜譯 餘暇애(心經66). 구윗일 ᄒᆞ다가 한 餘暇애 參佐ᄅᆞᆯ 延引ᄒᆞ시니:自公多暇延參佐(初杜解14:11). 侍衆 거느리신 餘暇애(南明下77). 모든 미네 더긔 여가의 ᄃᆞ토아 희학ᄒᆞ야(落泉1:2).

여:가·ᄒᆞ·다 형 여가(餘暇)하다. ¶征役ᄒᆞᆯ 사ᄅᆞ미 餘暇ᄒᆞ야 쉬돌 몯ᄒᆞ니:征夫不遑息(初杜解6:21).

여·긔 대 여기. ☞이어긔 ¶내 여긔 갈 일호니 後에 예와 어두리라(南明上36). 여긔도 虛空이오 뎌도 虛空이니(南明上50). 내 여긔 갈ᄒᆞᆯ 일호니 後에 예 와 어두리라(金三4:28). 여긔 ᄆᆞᆯ 고티ᄂᆞᆫ 사ᄅᆞᆷ 잇ᄂᆞ녀:這裏有獸醫家麼(飜朴上42). 다 여긔셔 먹으며 마시리라(捷蒙3:13). 여긔 事情이 극히 어려워 뵈오니(隣語1:11). 여긔 가도 손을 잡고 져긔 가도 반겨ᄒᆞ니(萬言詞).

여기다 동 여기다. ¶나ᄅᆞᆯ 어엿비 여기셔 동일이 된다 신기타(閑中錄516).

-여나 어미 -어나. ¶고온님 계신 고ᄃᆡ 가비최여나 보리라(古時調. 내 ᄆᆞ음. 靑丘).

여나모 관 여남은. ☞여나믄 ¶여나모 亭子에 박將碁 버려 노코(古時調. 씌 업슨. 靑丘).

여나믄 관 여남은. ☞여나모 ¶그를 보내요ᄆᆞ로브터 ᄒᆞ마 여나믄 ᄒᆡ오:自枉詩已十餘年(重杜解11:5).

여남은 관 그 밖의 다른. 나머지. ¶허물며 여남은 少丈夫ㅣ야 닐너 무슴ᄒᆞ리오(古時調. 項羽ㅣ 쟉ᄒᆞᆫ. 靑丘).

여느 관 여느. ¶오히려 여느 겨를이 이셔 조와 쌀을 내여 뻐 공셰와 다뭇 관젹을 응ᄒᆞ리오(綸音87).

-여·늘 어미 -거늘. -이거늘. ☞-어늘 ¶구루미 비취여늘:赤氣照營(龍歌42章). 忠臣을 외오 주겨늘 惡惡 ᄆᆞᅀᆞ미 크샤 節鉞을 아니 주시니(龍歌106章). ᄡᅡ해 살이 ᄲᅦ여늘 醴泉이 소사나아 衆生ᄋᆞᆯ 救ᄒᆞ더시니(月印上15).

여닐·굽 수 예닐곱. ¶여닐굽 가짓 연 잇ᄂᆞ니:有六七等鶴兒(飜朴上17).

-여놀 어미 -이거늘. ☞-이어ᄂᆞᆯ ¶滄海水 부어내여 저 먹고 날 머겨ᄂᆞᆯ 서너 잔 거후로니(松江. 關東別曲).

여·다 동 ①열다. ☞열다 ¶이 寶塔을 ᄒᆞᆫ가지로 여ᅀᆞᆸ고져 ᄒᆞ시ᄂᆞ이다:與欲開此寶塔(法華4:129). 섭과 가ᄉᆡ로 혼 門으란 쇽절업시 여디 말라:柴荊莫浪開(初杜解7:9). 졍이 여ᄂᆞᆺ도다:精開(恩重6). 믄득 가며 일닐어 門을 여되:便去早起開門(女四解2:18). 여다:開了(同文解上35).
②열리다. ¶ᄆᆞᅀᆞ미 오히려 여디 몯거늘:心猶未開(楞解2:77).

-여·다 어미 -였다. -었다. ¶舍利弗이 神力으로 旋嵐風ᄋᆞᆯ 내니 그 나못 불휘ᄅᆞᆯ ᄲᅢᅘᅧ 그우리 부러 가지 것비쳐 드트리 ᄃᆞ외ᅌᅵ ᄇᆞᆺ아디거늘 모다 닐오ᄃᆡ 舍利弗이 이긔여다…舍利弗이 큰 六牙白象ᄋᆞᆯ 지ᅀᅥ내니 엄마다 닐굽 蓮花ㅣ오 곳 우마다 닐굽 玉女ㅣ러니 그 못므를 다 마시니 그 모시 다 스러디거늘 모다 닐오ᄃᆡ 舍利弗이 이긔여다(釋譜6:31). 어우와 날 속여다 秋月春風이 날 속여다(古時調. 靑丘). 간밤에 지게 여던 ᄇᆞ롬 살ᄯᅳ리도 날 속여다(古時調. 靑丘). 風霜이 섯거친 날에 草木이 성긔여다(古時調. 海謠). 다 이믜 쟝만ᄒᆞ여 停妥完備ᄒᆞ여다:都已辨停妥完備了(朴新解1:5). ᄡᆞᆯ를 다 타 내여다:米都關出來了(朴新解1:14).

여다지 명 여닫이. ¶가로다지 여다지에 암돌져귀 수돌져귀(古時調. 한숨아. 靑丘).

여다지다 동 여닫다. ¶잇다감 하 답답ᄒᆞᆯ 제면 여다져 볼가 ᄒᆞ노라(古時調. 窓 내고쟈. 靑丘).

여다·홉 수 엳아홉. 팔구(八九). ¶江村애 여다홉 지비로다:江村八九家(初杜解7:5). 여다홉 히ᄅᆞᆯ ᄠᅳ데 훤히 노다가:快意八九年(重杜解2:41).

여덜 수 여덟. ☞여듧. 여둛 ¶여덜 팔:八(兒學下12).

여드레 명 여드레. ☞여ᄃᆞ래 ¶여드레 만의 東萊府에 드시ᄋᆸᄂᆡ(隣語1:6).

여드름 명 여드름. ¶여드름:熱疙疸(漢淸8:9). 여드름은 점은 사룸이야 나읍지(隣語9:15).

여·든 수 여든. ☞여둔 ¶象애 金을 시러 여든 頃 짜해 즉자히 다 설오(釋譜6:25). 여든차힌 손바래 德字 겨샤미라(月釋2:59). 나히 장춧 여드니어늘:年將八十(宣賜內訓3:45). 여든:八十(同文解下20. 漢淸4:26). 八十日逸頓(雞類).

-여·든 어미 -거든. -면. ☞-어든 ¶그저긔 粳米를 아춤 뷔여든 또 나조히 닉고(月釋1:45). 호다가 외오디 못호여든:若背不過時(老解上3).

여·듧 수 여덟. ☞여돏 ¶여듧 나랏 王이 난겻기로 드토거늘(釋譜6:7). 여듧곰 버러 잇거든(月釋1:31). 여듧 마솔:八味(楞解7:16). 여들비 現前에 다와다 보찰 씨:八現前逼惱(法華3:133). 여듧 쁘디 잇느니:有其八意(圓覺上一之一23). 여듧 나토몰(牧牛訣6). 여듧 자만호 모미로다:八尺身(初杜解21:20). 닐굽 손 여듧 바리오:七手八脚(金三2:7). 여듧 팔:八(訓蒙下34). 여듧자 인:仞. 자 여듧 치 지:咫(類合下49). 여듧:八(譯解上64). 여듧 서레:八歲(重內訓2:6). 八曰逸答(雞類).

여·두남·은 명 여든 남짓. ¶싀어미 여두남은이라:姑八十餘(宣小6:52).

여·두라·예 명 여드레에. ☞여드레. 여두래 ¶兵馬 니르와돈 여두라예:起兵纔八日(三綱. 忠13).

여·두래 명 여드레. ☞여두라예 ¶八日은 여두래니(月釋2:35).

여둔 수 여든. ☞여든 ¶여둔 나래사 斂호니 눗치 산 둧호더라:凡八十日乃就斂顏色如生(三綱. 忠19). 나히 여두니 남도록:年過八十(續三綱. 孝35). 伯康이 나히 장춧 여둔이라:伯康年將八十(宣小6:73). 그 여둔 올로써 一升을 삼으니라(家禮6:13).

여둛 수 여덟. ☞여덜. 여듧. 여돏 ¶미 호 필의 여둛 냥 은식호면:每一匹八兩銀子(老解下11).

여돏 수 여덟. ☞여듧 ¶제 아수 云山이는 나히 여돏이러니:其弟云山年八(續三綱. 孝19). 여돏 섬 토리라:闊八擔(飜朴上11). 여돏 팔:八(類合上1. 石千21). 다 닐곱여돏자 깁픠라:都是七八尺來深(老解上32). 히오니 은 여돏 냥 갑시니:該着八兩銀價錢(老解下18). 여 돏:八箇(同文解下20). 여돏:八(漢淸4:26).

여·라 관 여러. ☞여러 ¶처엄브터 여라 地位를 다시 디내야(月釋2:62).

여라문 명 여남은. ☞여라믄. 여라믄 ¶삼공눅경과 소태우들 여라문이 장춧 도적으로 더브러(山城140).

여라·믄 명 여남은. ☞여라문. 여라믄 ¶도적을 여라믄을 쏘와 주기고:射殺賊十餘(東新續三綱. 忠1:73).

여라·믄 관 여남은. ☞여라믄 ¶우리 대되 여라믄 사루미:咱們通是十數箇人(飜老下39). 됴호 수울 여라믄 병만 어더 오디 엇더호뇨:好酒討十來瓶如何(飜朴上2). 여라믄 날:十來日(老朴集. 單字解4). 여라믄 거롬은 가더니(太平1:17). 여라믄 병을 어더오미 엇더호뇨:討十來瓶如何(朴解上2). 여라믄 몰톤 이룰(三譯2:7).

여라·몬 명 여남은. ☞여라믄 ¶호다가 브스름 부리 여라모니 호 고대 나거든:若有十數頭作一處(救簡3:47).

여라·몬 관 여남은. ☞여라믄 ¶여라몬 저글 싯고:洗十數偏(救急下62). 楚룰 도오미 여라몬 히니:相楚十餘年(宣賜內訓2上22). 婚姻호 집이 或 여라몬 힛 소이예:婚姻之家或十數年間(宣小5:68). 여라몬 열흘에:十有餘旬(重內訓3:39).

여·러 명 여럿. ¶여러히 다 道룰 窮究호디:諸皆窮道(楞解10:23). 여러히 다 德을 讚歎호니라:諸皆歎德也(法華1:39). 여러흘 다 量애 너믄 이룰 구장 드러 니르샤몬:諸皆縱擧過量之事(法華5:203). 호나홀 드르샤 여러흘 例호시니라:擧一例諸(永嘉上112). 妾은 드로니 지븨 겨지블 여러홀 두몬:妾聞堂上兼女(宣賜內訓2上22). 호나콰 여러쾌 구롬 업서(南明上75). 여러의 손에 장기 업습을 보고(三譯2:11). 여러히 안스다:打夥兒坐(同文解上25). 여러히 밧비 호다:一齊趲做(漢淸12:2).

여러 관 여러. ☞여라 ¶여러 말 솔보며(月印上25). 諸根은 여러 불휘니(釋譜6:28). 여러 가짓 相이 구조샤(釋譜6:41). 諸小王온 여러 혀근 王이라(釋譜13:13). 여러 번 고텨 드외야사 호 적곰 고텨 드욀씨(月釋1:38). 그 야으로 여러 날 아니 보낼씨(月釋7:16). 여러 가짓 三昧ㅅ 行相과(楞解1:4). 여러 方앳 마룰 굿 누르리니(蒙法32). 여러 翁의 서리예 仙人에 위두호 둧도다:諸翁乃仙伯(初杜解7:24). 여러 사루미 놋알풀 向호샤(金三2:2). 몃 디위룰 江風이 여러 날 닐어뇨:幾度江風連日起(南明上40). 네 이 여러 번돌히 양지:你這幾箇火伴的模様(飜老上50). 여러 류:累. 여러 불듕:重(類合下48). 내 이 여러 몰 가져 풀라 가노라:我將這幾箇馬賣去(老解上7). 여러 가지로 藥을 물오며:多(女四解2:22).

여·러·흘 명 여럿을. 〔ㅎ 첨용어 '여러'의 목적격(目的格).〕 ⑤여러 ¶여러흘 다 量애 너믄 이룰 구장 드러 니르샤몬:諸皆縱擧過

量之事(法華5:203). ᄒᆞ나ᄒᆞᆯ 드르샤 여러흘 例ᄒᆞ시니라:擧一例諸(永嘉上112).

여·러·히 명 여럿이. 〔ㅎ 첨용어 '여러'의 주격(主格).〕 ¶여러히 다 道ᄅᆞᆯ 窮究호ᄃᆡ:諸皆窮道(楞解10:23). 여러히 다 德을 讚歎ᄒᆞ니라:諸皆歎德也(法華1:39). 여러히 안ᄉᆞ다:打夥兒坐(同文解上25).

여러ᄒᆞ니 동 여니. ㉠여러ᄒᆞ다☞-ᄒᆞ니 ¶西窓을 여러ᄒᆞ니 桃花ㅣ 發ᄒᆞ두다(樂詞. 滿殿春別詞).

여러ᄒᆞ다 동 열다. ¶西窓을 여러ᄒᆞ니 桃花ㅣ 發ᄒᆞ두다(樂詞. 滿殿春別詞).

여럽시 부 열없이. ¶여럽시 싱긴 烏賊魚 둥ᄀᆡᄂᆞᆫ고나(古時調. 바독바독. 靑丘).

-여·려 어미 -겠는가. ¶그 功은 思議ᄒᆞ여려:其功可思議乎哉(金剛後序15).

여롬 명 여름〔夏〕. ☞녀름. 여름 ¶봄과 여롬과 ᄀᆞ을과 겨을과(普勸文4).

여롬 형 엷음. ¶北녀크로 崆峒山의 여로믈 아로라:北知崆峒薄(重杜解1:21).

여롬진ᄂᆞᆫ 동 농사짓는. ☞여름짓다 ¶장ᄉᆡ나 여롬진ᄂᆞᆫ 사ᄅᆞᆷ이나 듕과 거ᄉᆞ나 아모 사ᄅᆞᆷ미라도 념불ᄒᆞ미 올타 ᄒᆞ시니(普勸文12).

여·름 명 열매. ☞여ᄅᆞᆷ ¶곶 됴코 여름 하ᄂᆞ니:有灼其華有蕡其實(龍歌2章). 百步앳 여름 쏘샤:射果百步(龍歌63章). 곳과 여름괘(釋譜6:30). 果ᄂᆞᆫ 여르미오(月釋1:12). 너추렛 여르미 나니(月釋1:43). 惡叉果ᄂᆞᆫ ᄒᆞᆫ 가지예 세 여르미니:惡叉果一枝三子(楞解1:82). 여름 열며(法華1:3). 다시 여름 연 남기:猶再實之木(宣賜內訓2上53). 나못 가지예 흘러 프른 여르믈 혜옥:條流數翠實(初杜解15:4). 블근 머지 여름 ᄆᆡ잣거늘:丹柰結實(飜小9:25). 여름 과:菓. 여름라:蓏(訓蒙下3). 여름 과:果(類合上10). 닥나모 여름:楮實(東醫 湯液三 木部). 블그니란 ᄇᆞᄅᆞᆷ과 서리예 여르믈 ᄠᅡ고:紅取風霜實(重杜解18:3). 무쇠 기동에 ᄭᅩᆺ 픠여 여름이 여러 ᄡᅡ 드리도록 누리소셔(古時調. 千歲ᄅᆞᆯ 누리소셔. 瓶歌). 여름 여다:結子(譯解補52).

여름 명 여름〔夏〕. ☞여롬 ¶지ᄂᆞᆫ 여름 낙던 고기 이 여름의 ᄯᅩ 낙그기(萬言詞).

여름옷 명 여름옷. ¶여름오슬 ᄒᆞ거니와(重二倫13).

여름짓다 동 농사짓다. ¶저희마다 여름지어 가ᄋᆞᆯ여리 사던 것슬(許墺. 雇工歌).

여·리·다 형 여리다. ¶여린ᄒᆞᆯᄀᆞᆯ 하ᄂᆞᆯ히 구티시니:泥淖之地天爲之凝(龍歌37章). 邦本이 곧 여리ᄂᆞ니:邦本卽杌隉(龍歌120章).

-여 리·아 어미 -으랴. ☞-어 리 아 ¶國體의 安危ᄅᆞᆯ 구틔여 혜여리아:敢料安危體(初杜解10:12).

여·린ᄒᆞᆰ 명 여린 흙. 진흙. ¶여린ᄒᆞᆯᄀᆞᆯ 하ᄂᆞᆯ히 구티시니:泥淖之地天爲之凝(龍歌37章).

여ᄅᆞᆷ 명 열매. ☞여름 ¶蕡ᄒᆞᆫ 그 여ᄅᆞᆷ이로다:蕡其實(詩解1:7). 여ᄅᆞᆷ 여ᄂᆞᆫ 거시여:結子(朴解上36). 밋친 ᄇᆞᄅᆞᆷ이 깁피 블근 빗출 ᄲᅥ러ᄇᆞ려 진ᄒᆞ니 프른 닙피 그ᄂᆞᆯ이 일고 여ᄅᆞᆷ이 가지예 ᄀᆞ독ᄒᆞ엿도다(太平1:14). 나모 여ᄅᆞᆷ을 먹더니(十九史略1:1).

여ᄅᆞᆷ 명 여름〔夏〕. ☞녀름 ¶여ᄅᆞᆷ이면 벼개와 자리에 부치딜ᄒᆞ며(五倫1:29). 이ᄒᆡ 여ᄅᆞᆷ에 바람 블고 물의 오니(五倫1:44). 여ᄅᆞᆷ날 긴긴 날의 ᄇᆡ곱파 어려웨라(萬言詞).

여무다 동 여물다. ☞여므다. 여믈다 ¶여무다:實了(同文解下1). 곡식 여무다:長成(漢淸10:4).

여무둑 명 여물죽. ¶여무둑 아니 먹여도 크고(古時調. 불 아니. 歌曲).

여물 명 여물. ☞여믈 ¶여물:莝(物譜 牛馬). 여물 써흐다:斬芻(柳氏物名一 獸族).

여물 명 알맹이. ¶ᄇᆡ곡의 이삭 ᄑᆡ고 여물 들어 고ᄀᆡ 숙어(農月 八月令).

여·므·다 동 여물다. ☞여무다. 여믈다 ¶나기로ᄆᆞᆯ 得ᄒᆞ야 곳과 果實왜 프며 여므ᄂᆞ니:而得生長華果敷實(法華3:11).

여믈 명 여물. ☞여물 ¶홈ᄭᅴ 구ᅀᅵ예 ᄀᆞᄃᆞ기 여믈 주고:一發滿槽子饋草(飜朴上21). ᄆᆞᆯ도 밤 여믈 몯 어드면 지디 몯ᄒᆞᄂᆞ니라:馬不得夜草不肥(飜朴上22). ᄯᅩ ᄒᆞᆫ 방문네 ᄇᆞᆰ나모 닙플 ᄀᆞᄂᆞ리 사ᄒᆞ라 여므레 섯거 머기라(牛疫方4). ᄆᆞᆯ이 밤 여믈을 엇디 못ᄒᆞ면 ᄉᆞᆯ지디 못ᄒᆞ고:馬不得夜草不肥(老解上29). 여믈 써흘기ᄅᆞᆯ ᄀᆞᄂᆞᆯ게 ᄒᆞ라:切的草細着(朴解上21). 여믈 담다:撮草(譯解下34). 여믈 싸흐다:劗草(同文解下16). 여믈 먹이다:喂養(漢淸14:32).

여·믈·다 동 여물다. ☞여무다. 여므다 ¶곳ᄃᆞ외리로 프며 여름 ᄃᆞ외리로 여믈에 ᄒᆞ야:使爲花者敷爲果者實(法華3:12). 여믈 실:實(類合上10).

여:믓 부 진실로. 본디. ☞여ᄆᆞᆺ ¶여믓 시혹 그리 아니 ᄒᆞ면:苟或不然(宣賜內訓3:62).

여·ᄆᆞᆺ 부 진실로. 본디. ☞여믓 ¶냇ᄂᆞᆫ 거시 여ᄆᆞᆺ 너추러 가ᄂᆞ니:有生固蔓延(初杜解7:35). ᄆᆞᅀᆞᆳ 門을 지여셔 여ᄆᆞᆺ ᄇᆞ라오미 이실시:倚閭固有望(初杜解8:19). 經術을 傳ᄒᆞ요ᄆᆞᆫ 여ᄆᆞᆺ 무레 그츠리로다:傳經固絶倫(初杜解19:4). 니슨 지븨 豪華호ᄆᆞᆯ 여ᄆᆞᆺ 혜요미 어렵더니라:比屋豪華固難數(初杜解25:14). 物性ᄋᆞᆯ 여ᄆᆞᆺ 앗디 몯ᄒᆞᆯ 거시라:物性固莫奪(重杜解2:33). 샹녜 사ᄅᆞᄆᆞᆫ 여ᄆᆞᆺ 騷屑ᄒᆞ리로다:平人固騷屑(重杜解2:37).

여복 명 여북. ¶여복 掣肘ᄒᆞᆫ 일이 이실ᄊᆡ(隣語5:4).

여부 명 여부(與否). ¶잠간 기ᄃᆞ리시면 與否가 잇ᄉᆞ오리(隣語1:14).

:여:비·ᄒᆞ·다 동 예비(預備. 豫備)하다. ¶우희 모ᄃᆞᆫ 趣를 뵈기샤 글우믈 警戒ᄒᆞ야 預備ᄒᆞ시고 三惑ᄋᆞᆯ 勸ᄒᆞ샤 더로매 ᄆᆞᄎᆞ시니 警戒ᄒᆞ야 預備ᄒᆞ시ᄂᆞᆫ 眞要ㅣ시니라(楞解9:39).

여·ᄇᆡᆨ 명 여백(餘白). ¶혹 餘白 두 ᄌᆞ 쓰ᄂᆞ니라:或寫餘白兩字着(飜朴上62).

여샹ᄒᆞ다 형 여상(如常)하다. ¶윤오공이 쟝ᄎᆞᆺ 적진의 나갈시 긔ᄉᆡᆨ이 죵니 여샹ᄒᆞ더라샹이 인견ᄒᆞ시고(山城122). 갑시 如常호ᄃᆡ:價錢如常(老解下2). 〔飜老下2에는 '갑시 샹녜 ᄀᆞᆮ다'로 기록되어 있음.〕

여섯 수 여섯. ☞여슷. 여ᄉᆞᆺ ¶여섯 쌍:六對(譯解補36).

여셧 수 여섯. ☞여섯. 여슷. 여ᄉᆞᆺ ¶여셧 육:六(兒學下12).

여·쇄 명 엿새. ☞여쐐 ¶二月ㅅ 여쇗 바ᄆᆡ 봄므리 나니:二月六夜春水生(初杜解10:4). 낫 여쇄 밤 여쇄를 치와(靈驗18).

-·여·쇼매 어미 -였음에. ¶힌머리 드리여쇼매 南녁 늘그늬게 섯겟노니:垂白亂南翁(初杜解8:4).

여·수 명 우수리. ¶실 ᄀᆞᄂᆞᆫ 시푼 구의나깃은 쉰 량 여수 업시 빋내여:借到細絲官銀五十兩整(飜朴上61).

여쉰 수 예순. ☞여쉰. 예슌 ¶ᄒᆞᆫ ᄃᆡ 사로미 여쉰 ᄒᆡ예:相處六十年(宣賜內訓2上19). ᄡᆞᆯ 글힌 므레 쉰 환이어나 여슌 환이어나 머그면:米飮下五六十丸(救簡2:116). 여슌 말 너 되 죵:鍾(類合下58). 여쉰:六十(同文解下20. 漢淸4:26). 여슌 ᄒᆡ올 더ᄒᆞ야(桐華寺王郎傳6).

여:쉰 수 예순. ☞여슌. 예슌 ¶여쉰ᄒᆞ나차힌 衆生ᄋᆞᆯ 다 ᄒᆞᆫ가지로 어엿비 너겨 보시며(月釋2:58). 내 요ᅀᆞᅀᅵ예 여쉰 小國에 가 藥ᄋᆞᆯ 얻다가 몯 호이다(月釋21:215). 이제 여쉬니오:于今六十(楞解2:6). 六十曰逸舜(雞類).

여·슷 수 여섯. ☞여ᄉᆞᆺ ¶여슷 놀이 디며:六纛毙兮(龍歌86章). 여슷 아ᄃᆞᆯ만 ᄒᆞ마 갓 얼이고(釋譜6:13). 六道ᄂᆞᆫ 여슷 길히라(月釋序4). 外道ᅌᅴ 스승이 여슷 가지라(月釋1:20). 이 여슷 하ᄂᆞᆳ ᄀᆞ자이 欲心을 몯 여흰 ᄀᆞᆯ비니(月釋1:32). 두 여슷 ᄢᅵ:二六時中(蒙法34). 여슷 륙:六(訓蒙下33). 닐온 밧 여슷 거슬즘이오:所謂之逆也(宣小4:49). ᄠᅳᆯ히 뷘 ᄃᆡ 여슷 ᄆᆞ리 드러오니:庭空六馬入(重杜解5:48). 여슷 ᄢᅢ예 하ᄂᆞᆳ 音樂이 香爐에 오ᄂᆞ다:六時天樂朝香爐(重杜解9:30). 六曰逸戍(雞類).

여·슷·재 수 여섯째. ☞여슷차. 여슷차히 ¶여슷재ᄂᆞᆫ ᄀᆞᆯ온 가난ᄒᆞ니 어엿비 너기디 아니ᄒᆞᄂᆞᆫ 형벌이오:六曰不恤之刑(宣小1:12).

여·슷차 수 여섯째. ☞여슷차히 ¶穆王 여슷찻 ᄒᆡ 乙酉ㅣ라(釋譜6:1).

여·슷차·히 수 여섯째. ☞여슷차 ¶여슷차힌 곳 ᄆᆞᆯ리 놉고 두렵고 고ᄃᆞ시고 굼기 아니 뵈시며(月釋2:55).

-·여시·늘 어미 -시거늘. ☞-어시ᄂᆞᆯ. -여시ᄂᆞᆯ ¶群豪ᄅᆞᆯ 뵈여시늘:示彼豪帥. 衆賓을 뵈여시늘:示我諸客(龍歌63章).

-·여시·니 어미 -시거니. -시니. ☞-어시니 ¶才勇ᄋᆞᆯ 앗기샤 金刀을 ᄇᆞ려시니 塞外北狄인ᄃᆞᆯ 아니 오리잇가:愛其才勇載捨金刀塞外北狄曷不來順(龍歌54章). 道上애 僵尸ᄅᆞᆯ 보샤 寢食을 그쳐시니 旻天之心애 긔 아니 ᄠᅳ디시리:僵尸道上見爲之廢寢饍旻天寧不眷(龍歌116章).

-·여시ᄂᆞᆯ 어미 -시거늘. ☞-어시ᄂᆞᆯ. -여시늘 ¶十方世界ᄅᆞᆯ 다 비취여시ᄂᆞᆯ:皆悉遍照十方世界(法華6:99). 三千界ᄅᆞᆯ 비취여시ᄂᆞᆯ(圓覺序23). 부톄 광명을 도ᄅᆞ혀샤 보히 즁의 모매 비취여시ᄂᆞᆯ:廻光反照(飜朴上74).

여ᄉᆞᆺ 수 여섯. ☞여슷 ¶侍墓를 여ᄉᆞᆺ ᄒᆡ를 ᄒᆞ니라:前後廬墓六年(續三綱. 孝10). 여ᄉᆞᆺ 눅:六(類合上1). 여ᄉᆞᆺ ᄒᆡ어든 혬과 다ᄆᆞᆺ 방소 일후믈 ᄀᆞᄅᆞ칠 디니라:六年敎之數與方名(宣小1:4). 거상 닙기ᄅᆞᆯ 여ᄉᆞᆺ ᄒᆡ를 ᄒᆞ니라:服喪六年(東新續三綱. 孝7:45).

여ᅀᅵ 명 여우의. ⑤엿 ¶외히려 비ᄅᆞ머근 여ᅀᅵ 몸도 얻디 몯ᄒᆞ리온:尙不得疥癩野于之身(龜鑑下36).

여·쐐 명 엿새. ☞여쇄 ¶나ᄅᆞᆯ 밍ᄀᆞᆯ면 여쐐 ᄒᆞ고 나ᄆᆞ니(楞解6:17). ᄒᆞᄅᆞ리어나 이트리어나 사ᄋᆞ리어나 나ᄋᆞ리어나 다쐐어나 여쐐어나 닐웨어나:若一日若二日若三日若四日若五日若六日若七日(阿彌17).

여ᅀᅥ보다 동 엿보다. ☞여어보다. 엿다 ¶雪山애셔 盜賊 여ᅀᅥ보매 兵馬ᄂᆞᆫ 업고:雪山斥候無兵馬(初杜解21:3). 象王도 ᄯᅩ 여ᅀᅥ보디 몯ᄒᆞᆯ 시라(南明下36). 사ᄅᆞᄆᆡ 아ᄅᆞᆷ뎌 유무를 여ᅀᅥ보미 아니ᄒᆞᆯ디니라:不可窺人私書(飜小8:22). ※여ᅀᅥ보다>여어보다

여ᅀᅳ 명 여우. ☞여ᅀᆞ. 여으. 여희 ¶여ᅀᅳ 벋 지ᅀᅳ머 가히와 물 지ᅀᅥ:狐朋狗黨(飜老下48). 여ᅀᅳ 호:狐(訓蒙上19). ※여ᅀᅳ<엿

여ᅀᆞ 명 여우. ☞여ᅀᅳ. 여으. 여희 ¶엇게 옌 ᄇᆞ욤 여ᅀᆞ 앏뒤헨 아ᄒᆡ 할미러니(月印上25). 여ᅀᆞ와 狼과(法華2:110). 여ᅀᆞ와 ᄉᆞᆯ 괴:狐狸(宣賜內訓2上31). 여ᅀᆞ와 ᄉᆞᆰ과ᄂᆞᆫ 足히 議論티 몯ᄒᆞ리로다:狐狸不足論(初杜解8:12). 殘廢ᄒᆞᆫ ᄀᆞ올힌 여ᅀᆞ ᄉᆞᆯ기셔 말ᄒᆞ고:廢邑狐狸語(初杜解23:4). 무더미 오래 여ᅀᆞ 톳기 이우지 ᄃᆞ외얏도다:墓久狐兎隣

(初杜解24:25). 여ᅀᆞ:狐(四解下41). 여ᅀᆡ 똥 ᄉᆞᆯ면:狐糞燒之(瘟疫方7).

:여·ᅀᆞᄫᆞ·니 동 여오니. ☞여ᅀᆞᆸ다 ¶고지 프고 여름 여ᅀᆞᄫᆞ니(月釋21:2).
※여ᅀᆞᄫᆞ니>여ᅀᆞ오니>여ᄋᆞ오니>여오니

:여·ᅀᆞᆸ·다 동 여옵다. ㉮열다 ¶고지 프고 여름 여ᅀᆞᄫᆞ니(月釋21:2).

여·어보·다 동 엿보다. ☞여ᅀᅥ보다 ¶여어볼 쳐:覰(類合下20). 可히 사ᄅᆞᄆᆡ ᄉᆞᄉᆞ 유무를 여어보디 아닐 거시며:不可窺人私書(宣小5:101). 사ᄅᆞᆷ이 그 나아간 ᄃᆡ 깁픈 거ᄉᆞᆯ 여어보디 몯ᄒᆞ더라:人莫窺其造詣之深(東新續三綱. 忠1:72). 디나텨 ᄃᆞ니ᄂᆞᆫ 양을 틈으로 여어보고(癸丑127). 져 주우메 그으기 두어 公ᄋᆞᆯ 여어보니:向竊窺數公(重杜解8:55). 시름ᄒᆞ야셔 노ᄑᆡ 새 디나가ᄆᆞᆯ 여어보ᄂᆞ니:愁窺高鳥過(重杜解10:36). 여어보다:覷(語錄5). ᄯᅩ 창굼그로 여어볼가 저페라:又怕窓孔裏偸眼兒看(朴解中18). 屛風을 隔ᄒᆞ야 손을 여어보아:隔屛窺客(女四解4:60). 여어보다:偸看(同文解上28). 명뷔 그 남진을 여어보니(女範2. 현녀 제샹어쳐).
※여어보다<여ᅀᅥ보다

여·외·다 형 여위다. 수척(瘦瘠)하다. ☞여위다 ¶여외오 힘 업거든:瘦損無力(救簡3:120). 내 지아비 여외여 ᄉᆞᆯ이 업고(女四解4:27). 병들어 여외다:黃瘦(譯解補34). ᄠᅴ 일척이나 주도록 여외여(女範1. 부계모 위망ᄌᆞ모).

여윈ᄌᆞᆷ 명 여윈잠. 선잠. ¶沙窓 여윈ᄌᆞᆷ을 ᄉᆞᆯ드리도 ᄭᅵ오ᄂᆞᆫ고야(古時調. 귓도리 져 귓도리. 靑丘).

여·위·다 동 ①여위다. ¶ᄉᆞᆯ히 여위신ᄃᆞᆯ 金色 잇ᄃᆞᆫ 가ᄉᆡ시리여(月印上23). ᄉᆞᆯ히 지도 여위도 아니ᄒᆞ니라(月釋1:26). 여위여 녯 양지 업거시ᄂᆞᆯ:憔悴毁容(宣賜內訓2下8). 衰老ᄒᆞᆫ 나해 病ᄒᆞ야 오직 여위유니:衰年病秖瘦(初杜解16:72). ᄉᆞᆯ히 여위니 豺狼ᄋᆞᆯ 젇노라:肉瘦怯豺狼(初杜解20:37). 양지 여위여 시들오 ᄲᅨ 브르도다:貌顇骨剛(南明上29). ᄇᆡ 븓고 여위어든:腹脹羸瘦(救簡2:84). 여윌 구:臞(訓蒙上29). 여윌 븨:㥾. 여윌 리:羸. 여윌 수:瘦. 여윌 구:癯. 여윌 쳑:瘠(訓蒙中33). 여윌 수:瘦(類合下2). 여윌 리:羸. 여윌 쳑:瘠(類合下17). 슬허 여위여 녜를 다ᄒᆞ고:哀毁盡禮(東續三綱. 孝29). 여위다:瘦(同文解上18).
②마르다〔渴〕. ¶여윈 못 가온ᄃᆡ 몸 커 그우닐 龍ᄋᆞᆯ 현맛 벌에 비늘을 ᄲᅡ라뇨(月印上11). ᄆᆞ리 다 여위오(釋譜23:19). 渴ᄋᆞᆫ 믈 여윌 씨라(楞解9:71). 藪ᄂᆞᆫ 믈 여윈 모시라(法華4:119). 믈 여윌 확:涸(類合下50). 黃河水 다 여위여 ᄯᅴ만치 되올지나 (古時調. 泰山이. 古歌).

여·위·다 형 여위다. 수척(瘦瘠)하다. ☞여외다 ¶어마님 양지 엇뎌 그리ᄃᆞ록 여위시니잇고(月釋23:87). 내 남지ᄂᆞᆫ 여위오 젹거니와(三綱. 烈28). 그ᄃᆡ의 苦로온 ᄠᅳ디 글 딧ᄂᆞᆫ 젼ᄎᆞ로 여위온 고ᄃᆞᆯ 아노니:知君苦思緣詩瘦(重杜解9:39). 엇디 이리 누르고 여위뇨:怎麼這般黃瘦(飜朴上37).

여·위ᄆᆞᄅᆞ·다 동 여위고 마르다. ¶ᄲᅧ와 ᄉᆞᆯ쾌 여위ᄆᆞᆯ라 사라셔 알ᄑᆞᆫ 毒ᄋᆞᆯ 受ᄒᆞ다가:骨肉枯竭生受楚毒(法華2:164).

여·위시·들·다 동 여위고 시들다. ¶양지 여위시들오 뵈오시 다 ᄣᅥ러디고 봇 거플로 곳갈 ᄒᆞ고(南明下8).

여위에 동 여위게. ¶머리 놀오매 사ᄅᆞᄆᆞ로 ᄒᆞ여곰 여위게 ᄒᆞᄂᆞ니:遠遊令人瘦(重杜解1:30).

여·위·우·다 동 여위게 하다. ¶煩惱 바ᄅᆞᄅᆞᆯ 여위우샤미 ᄌᆞᆫᄒᆞ니라(月釋2:16).

여·윈·놈 명 말라깽이. ¶여윈놈:瘦子(訓蒙上29 臞字註. 訓蒙中33 瘦字註).

여·윈·밥 명 마른밥. ¶안직 여윈밥과 고깃국으로 날회여 됴리호ᄃᆡ:且着乾飯肉湯慢慢的將息(飜朴上38).

여으 명 여우. ☞여ᅀᆞ. 여ᄋᆞ ¶여으 호:狐(訓蒙叡山本上10. 類合上13. 倭解下23). 픐 소갯 여으와 톳기ᄂᆞᆫ:草中狐兎(重杜解5:50). 날이 져믄 ᄢᆡ예 모딘 즘싱과 요괴로온 여을 만나면 므어시 해되디 아니ᄒᆞ리오(太平1:18). 여으:狐(物譜 毛蟲). ※여으<여ᅀᅳ

여을 명 여우를. 〔'여으'+목적격조사 '-을'〕 독여으 ¶모딘 즘싱과 요괴로온 여을 만나면(太平1:18).

여·의 명 꽃술. ☞여희 ¶芍藥金 여의ᄂᆞᆫ 體ㅣ 옷곳ᄒᆞ도다:芍藥金蕊體芬芳(眞言13). 여의:蕊(柳氏物名四 木).

-여이고 조 -로구나. ¶어와 너여이고 너 ᄀᆞᄐᆞ니 ᄯᅩ 잇ᄂᆞᆫ가(松江. 關東別曲).

-여이다 어미 -나이다. ☞-어이다 ¶回回아비 내 손모글 주여이다(樂詞. 雙花店). 예 와 슈페ᄒᆞ여이다:這裏定害(老解上39). 感激君恩ᄒᆞ여이다(古時調. 靑丘).

여ᄋᆞ 명 여우. ☞여ᅀᆞ ¶여ᄋᆞ ᄉᆞᆯ기(三綱. 孝27). 여ᄋᆡ 챵ᄌᆞ:狐腸(牛疫方1). 여ᄋᆞ와 ᄉᆞᆯᄀᆞᆯ 엇디 足히 니ᄅᆞ리오:狐狸何足道(重杜解2:27). 여ᄋᆞ와 다ᄆᆞᆺ ᄉᆞᆯ기:狐與狸(重杜解4:11). 여ᄋᆞ 호:狐(詩解 物名4). 여ᄋᆞ 벗 지으며 가히와 무리 지어:狐朋狗黨(老解下44). 여ᄋᆞ ᄭᅩ리:野狗尾(朴解上28). 여ᄋᆞ:狐狸(譯解下33. 同文解下39). 狐貉:여ᄋᆞ와 너구리 가족 오시라(英小4:48). 여ᄋᆞ:狐(漢淸14:7. 柳氏物名一 獸族).

여ᄋᆞᆺ 수 여섯. ☞여슷 ¶세온 筒ㅅ 길이 여ᄋᆞᆺ

치 네 分이오:立筒長六寸四分(火砲解25).

여·저두·다 동 얹어 두다. ¶典은 尊ᄒᆞ야 여저둘 씨니 經을 尊ᄒᆞ야 여저뒷ᄂᆞᆫ 거실씨 經典이라 ᄒᆞᄂᆞ니라(釋譜13:17).

여즈러디다 동 이지러지다. ☞여즈러지다 ¶닐굽 술은 ᄀᆞᆺ 줌피 여즈러디고:七歲角區缺(馬解上 13).

여즈러지다 동 이지러지다. ☞여즈러디다 ¶藥山 東臺 여즈러진 바회 틈에(古時調. 歌曲).

여ᄌᆞ 명 여자(女子). ¶ᄒᆞ물며 여ᄌᆞ 몸이 그 더분 아니여날(答思鄕曲).

여탑·다 형 열다. ¶요ᄉᆞ이예 풍쇽이 여타오며 열워:近世淺薄(飜小7:45). 요ᄉᆞ이 세쇽이 여타오며 열워:近世淺薄(宣小5:76).

여태 부 여태. ¶쇼칠 아히ᄂᆞᆫ 여태 아니 니러ᄂᆞ냐(古時調. 南九萬. 東窓이. 青丘).

여토다 동 여투다. 저축하다. ☞여투다 ¶오ᄂᆞᆯ 차반 여토와 우리 모든 권당을 쳥ᄒᆞ야 힘힘이 안젓쟈:今日備辦了些箇茶飯請咱們衆親眷閑坐的(老解下30). 우리 젹이 盤纏을 여토아:咱兌付些盤纏(朴解中20).

여·투·다 동 여투다. 저축하다. ☞여토다 ¶오ᄂᆞᆯ 차반 여투워 우리 모ᄃᆞᆫ 아ᅀᆞᆷᄃᆞᆯ 청ᄒᆞ야 안자셔 말ᄒᆞ져:今日備辦了些箇茶飯請咱們衆親眷閑坐的(飜老下33). 여툴 더:儲(訓蒙中1).

여·틔 명 얕기(淺度). ¶기픠 여틔 기니 뎌ᄅᆞ니 되디 몯ᄒᆞ리라:深淺長短不可量(飜朴上67).

여티 부 열게(淺). ☞녀티 ¶져고매 흐르ᄂᆞᆫ 수를 여티 자바:淺把涓涓酒(重杜解7:8).

:여·허ᄒᆞ·다 동 여허(與許)하다. 허여(許與)하다. ¶서르 여허ᄒᆞ야 엇게를 티며:相與拍肩(宣小5:77).

여회·다 동 여의다. ☞여희다 ¶집사ᄅᆞᆷ ᄃᆞ려 여휠 저긔 ᄆᆡᆼ셰호ᄃᆡ:與家人訣(飜小9:34).

여·흘 명 여울. ☞여ᄒᆞᆯ ¶岐灘:가린 여흘(龍歌1:44). 여흘 믌결 中에 이셔:在灘浪中(蒙法43). 門 알퓟 죠고맛 여흐리 다 平코져 ᄒᆞ놋다:門前小灘渾欲平(初杜解10:4). 므거운 ᄇᆡᄂᆞᆫ 엳가온 여흐레 브텃고:重船依淺瀨(初杜解14:15). 여흘 너튼 ᄃᆡ 正히 서르 브텃도다:灘淺正相依(初杜解15:27). 여흘 소리 옮고:灘聲轉(初杜解23:46). 여흘 탄:灘. 여흘 뢰:瀨(訓蒙上5). 여흘란 어듸 두고 소해 자라 온다(樂詞. 滿殿春別詞). 간밤의 우던 여흘 슬피 우러 지내여다(古時調. 青丘). 여흘:灘裏(同文解上7). 옥 ᄀᆞᄐᆞᆫ 여흘은 깁 편 ᄃᆞᆺ 흘러 잇다(曺友仁. 梅湖別曲). 황시 여흘 우러오고(皆岩歌). 여흘 탄:灘(兒學上4).

여흘목 명 여울목. ¶여흘목으로 ᄃᆞ니며 ᄂᆞ리 두져 먹고(古時調. 언덕 문희여. 青丘).

여흘티 명 석반어(石斑魚). ¶여흘티:石斑(柳氏物名二 水族).

여·희 명 꽃술. ☞여의 ¶여희 예:蘂 花心鬚(訓蒙下4).

여희 명 여우(狐). ☞여ᅀᅳ. 여ᅀᆞ ¶여희 호:狐(兒學上7).

여·희·다 동 여의다. 이별하다. ☞여회다. 여히다. 여ᄒᆡ다 ¶어마님 여희신 눉므를 左右ㅣ 슬ᄊᆞᄫᅡ:戀母悲淚左右傷止(龍歌91章). 사로미 이러커늘ᅀᅡ 아ᄃᆞᆯ올 여희리잇가(月印上52). 離別은 여흴 씨라(釋譜6:6). 죽사릿 法은 모댓다가도 모미 여희ᄂᆞ니이다(釋譜11:12). 離ᄂᆞᆫ 여흴 씨라(月釋序14). 卽을 여희며 非를 여희며:離卽離非(楞解4:53). 能히 欲ᄋᆞᆯ 여희디 몯ᄒᆞ야도:未能離欲(楞解8:134). 相ᄋᆞᆯ 여흰 ᄃᆞᆯ 아롤 띠니:知離相(永嘉下9). 五陰을 여희샾덴(圓覺上一之一63). 아래 少城을 여희요니:昨離少城(初杜解6:51). ᄒᆞ마 蘊이 뷔면 生死를 여희시니 對答호ᄃᆡ ᄒᆞ마 여희요이다(南明上53). 다 苦를 여희여 버스리이다:悉能離苦解脫(佛頂上1). 곧 어버ᅀᅵ 여희오:卽便辭親(六祖上6). 부모도 ᄇᆞ리며 집도 여희오:違背爺孃離家別貫(恩重24). 실샹ᄋᆞᆫ 말ᄉᆞᆷ을 여희고:實相離言(野雲56). 여흴 리:離(類合下43. 石千16). 첫 ᄀᆞᅀᆞᆯ히 이 亭子를 여희요라:初秋別此亭(重杜解3:35). 暫 보고 여흰 情은 ᄆᆡᆺ치거다 九曲肝腸(古時調. 그리고. 歌曲). 늙ᄭᅡ야 맛난 님을 덧업씨도 여희건져(古時調. 海謠). ※ 여희다>여의다

여·희욤 동 이별함. ㉮여희다 ¶ᄆᆞᅀᆞ미 그 얼굴 여희요미 새 籠애 나ᄃᆞᆺ ᄒᆞ야:心離其形如鳥出籠(楞解9:84). 엇데 이 여희요ᄆᆞᆯ ᄒᆞ거뇨:那此別(初杜解23:4). 戎馬애 물 여희요ᄆᆞᆯ 슬노라:戎馬惜離群(初杜解23:7). 여희요ᄆᆞᆯ ᄆᆞᅀᆞᆷ애 열우며 둗거우믈 조차 ᄒᆞ노라:取別隨薄厚(重杜解1:39).

여히·다 동 여의다. 이별하다. ☞여희다 ¶아소 님하 遠代 平生애 여힐 술 모ᄅᆞᄋᆞᆸ새(樂詞. 滿殿春別詞).

여ᄒᆞᆯ 명 여울. ☞여흘 ¶어룸의 마킨 믈 여ᄒᆞᆯ에셔 우니ᄂᆞᆫ ᄃᆞᆺ(古時調. 鄭澈. 거믄고 大絃 올나. 松江).

여ᄒᆡ다 동 여의다. 이별하다. ☞여희다 ¶여러 法緣을 여ᄒᆡ야 分別性이 업슳딘댄:離諸法緣無分別性(楞解2:26). 여ᄒᆡ므론 아즐가 여ᄒᆡ므론 질삼뵈 ᄇᆞ리시고(樂詞. 西京別曲). 有德ᄒᆞ신 님 여ᄒᆡᄋᆞ와지이다(樂詞. 鄭石歌). 집사ᄅᆞᆷ 더블어 여ᄒᆡ오되:與家人訣(宣小6:31).

·역 명 역(驛). ¶역에셔 ᄲᆞᄅᆞᆫ 符牒ᄋᆞᆯ 傳ᄒᆞ니:郵亭傳急符(初杜解25:37). 손 드ᄂᆞᆫ 집

과 역을 다 됴히 ᄭᅮ며 두며:舘傳必增飾(飜小10:14). 역 역:驛. 역 참:站. 역 프:鋪(訓蒙中9). 역 역:驛(類合上19). 역:舘驛(同文解上40).

·역 명 역(譯). 번역(飜譯). ¶譯은 飜譯이니 ᄂᆞᄆᆡ 나랏 그를 제 나랏 글로 고텨 쓸 씨라(釋譜序6).

역거 동 엮어. ㉮역다 ¶초개집의 역거 ᄢᅴ워 ᄶᅥᆫ 반ᄌᆞ:浮篷(譯解上19).

역경 명 역경(逆境). ¶逆境과 順境과애 흘루믈 조차 妙ᄅᆞᆯ 得ᄒᆞ면 고기 잡ᄂᆞᆫ ᄇᆡ 믌겨ᄅᆞᆯ 타 노ᄑᆞᆫ ᄃᆡᆯ 조ᄎᆞ며(南明上40).

역괴 명 여뀌. ☞엿괴. 엿귀 ¶역괴:蓼子(朴解中33). 역괴:蓼莪菜(同文解下4). 역괴:苦蓼(物譜 菜蔬).

역녀 명 역려(疫癘). 시병(時病). ☞역려 ¶모딘 귓거싀 긔운 ᄀᆞᄐᆞᆯ시 疫癘ㅅ 병이라 ᄒᆞᄂᆞ니(簡辟1). 역녀의 병은 다 ᄒᆞᆫ ᄒᆡ 안ᄒᆡ 시절 긔운이 사오나와(辟新1).

역다 동 엮다. ☞엿다 ¶역글 편:編(兒學上1). 역을 칙:策(兒學上10).

역드다 동 역성들다. 편들다. ¶역드다:偏護(漢淸8:40).

·역:려 명 역려(疫癘). 시병(時病). ☞역녀 ¶疫癘는 時病이라(楞解7:56). 疫癘ㅅ 긔운이 보야ᄒᆞ로 盛ᄒᆞᆯ시(宣賜內訓3:47).

역력히 부 역력(歷歷)히. 분명히. ¶人間 萬事를 歷歷히 셰어 보니(武豪歌).

역마 명 역마(驛馬). ¶강경 대왕이 드르시고 역마로 블러 보시고:康靖大王驛召引見(東續三綱. 孝23). 역마로 블리실시 특별이 가교ᄅᆞᆯ 타오라 ᄒᆞ시고(仁祖行狀25). 역마ᄐᆞ다:馳驛(漢淸9:22).

·역:병 명 역병(疫病). ¶永히 災障 업스며 疫病이 銷滅호매 니르고:乃至永無災障疫病銷滅(圓覺下三之二89).

역시 부 역시(亦是). ¶貴國 分付가 重ᄒᆞ면 내 나라 申飭도 亦是 重ᄒᆞ오니(隣語1:1).

역ᄉᆞ 명 역사(役事). ☞역ᄉᆞᄒᆞ다 ¶역ᄉᆞ 역:役(類合下21). 長城 ᄡᆞᆺᄂᆞᆫ 역ᄉᆞ의 갓더니(女四解4:25).

역ᄉᆞᄒᆞ다 동 역사(役事)하다. ¶나지어든 고올희 역ᄉᆞᄒᆞ고 밤이어든 어미 가 보더라:晝役于官夜往省母(東新續三綱. 孝4:79).

역쇠 명 여뀌. ☞역괴. 엿괴. 엿귀 ¶역쇠:蓼芽菜(漢淸12:36).

역ᄭᅳᆯ 동 엮을. ¶역ᄭᅳᆯ 편:編(倭解下43).

역정 명 역정(逆情). ¶함박 죡박 드더지며 逆情 ᄂᆡ여 니른 말이(古時調. 달바ᄌᆞᄂᆞᆫ. 靑丘). 셰간 그릇 드던지며 역경 ᄂᆡ여 ᄒᆞᄂᆞᆫ 말이(萬言詞).

역질 명 역질(疫疾). 천연두(天然痘). ¶역지릐 죽거ᄂᆞᆯ:死於疫(東新續三綱. 烈1:39). 역질 두:痘(兒學下5).

역질돗다 동 역질(疫疾)돋다. 발진(發疹)하다. ¶역질돗다:出花(漢淸8:12).

역질ᄒᆞ다 동 역질(疫疾)을 앓다. ¶역질ᄒᆞ다:出花兒(同文解下7).

역풍 명 역풍(逆風). ¶역풍의 환질ᄒᆞ다:折搶(譯解補46). 역풍에 환질ᄒᆞ다:折檣(漢淸12:23).

·역힝ᄒᆞ·다 동 역행(逆行)하다. ¶水ㅣ 逆行홈을 洚水ㅣ라 니ᄅᆞᄂᆞ니(宣孟12:31).

연 명 연. ¶팔워릐 연노히 ᄒᆞᄂᆞ니 여러 가짓 연이 잇ᄂᆞ니라:八月裏却放鶴兒有幾等鶴兒(飜朴上17). 연 놀리다:放鶴兒(譯解下23). 연:風箏(同文解下33. 漢淸9:18).

연 명 연자매. ¶연:輾(物譜 筐筥).

연 명 연(鉛). ¶鐵과 鉛과 錫과:세 거시 ᄌᆞᆫᄒᆞᆫ ᄃᆞᆺ호ᄃᆡ 實엔 다ᄅᆞ니 鐵은 ᄆᆞᆺ ᄒᆡ오 鉛은 누르고 ᄒᆡ오 錫은 프르고 거므니라(法華1:219). 연 연:鉛(訓蒙中31).

연 명 연(緣). 인연(因緣). ¶因ᄋᆞᆯ 도ᄫᆞᆯ씨 緣이오 緣이 니그면 果ㅣ오(釋譜13:41). 緣ᄋᆞᆫ 브틀 씨오(楞解1:3). 緣을 應ᄒᆞ야 幻을 니르왇고 도로 安靜ᄒᆞ샴 ᄌᆞᆫᄒᆞ니라(圓覺下二之二36). 衆을 爲ᄒᆞ야 緣을 여르샤 摩訶般若婆羅蜜法을 니ᄅᆞ쇼셔 ᄒᆞᆫ대(六祖上1).

-연 어미 ①-ㄴ. ☞-언. -건 ¶十月애 아으 져미연 ᄇᆞᄅᆞᆺ 다호라 것거 ᄇᆞ리신 後에 디니실 ᄒᆞᆫ 부니 업스샷다 아으 動動다리(樂範. 動動).
②-은. ¶이 집 지연 지 旣至 三十年이오매(隣語1:11).

연가싀 명 연가시. ¶연가싀:桑螵蛸(物譜 飛蟲). 연가싀:蟷蠰(柳氏物名二 昆蟲).

연계 명 연계(健鷄). 영계. ¶연계:笋鷄(譯解下24). 연계:笋鷄(同文解下35. 漢淸14:15). ᄭᅩ리 업손 연계:禿尾小鷄(漢淸14:15).

연:고 명 연고(緣故). ¶모딘 病ᄋᆞᆯ 맛날쁜뎡 큰 연고 업고(三綱. 烈4). 이 사ᄅᆞ미 ᄆᆞᅀᆞ미 미츄더라 ᄂᆞ외야 다ᄅᆞᆫ 緣故ㅣ 업스니이다(楞解4:57). 겨지비 婚姻ᄒᆞ얫거든 큰 緣故ㅣ 잇디 아니커든 그 門의 드디 말며(宣賜內訓1:5). 므슴 연고로 아니 온다:何故不來(飜朴上66). 그 연고ᄅᆞᆯ 무른대:問其故(飜小9:49). 연고 고:故(類合下17). 연고 잇거든:有故(宣小1:7). 세히 칼 가지고 와셔 그 연고ᄅᆞᆯ 묻거ᄂᆞᆯ:三人持刀來問其故(東新續三綱. 孝1:31). 李 그 연고ᄅᆞᆯ 알고(女四解4:22). 그 연고ᄅᆞᆯ 무ᄅᆞ신대(明皇1). 션비들과 ᄒᆞᆫ 곳에 이셔 글 ᄇᆡ혼 緣故로 적이 아노라(蒙老1:8). 무슴 緣故로 그대지 失約을 ᄒᆞ시ᄋᆞᆸ던고(隣語1:22). 믄득 념녀를 드리오ᄂᆞᆫ 연고로쎄라(綸音73). 무슴 연고로 날을 쇽여 내여보ᄂᆡ고 ᄌᆞ결ᄒᆞ엿ᄂᆞ이다

(落泉1:2).

연낙ᄒᆞ다 동 연락(宴樂)하다. ¶반ᄃᆞ시 차반을 ᄀᆞ초와 서르 宴樂ᄒᆞ고(家禮1:30).

연남 명 연람(軟藍). 연한 남빛. ☞연람 ¶연남 비단:月白(譯解下4).

연노·히 명 연날리기. ¶팔워린 연노히 ᄒᆞᄂᆞ니:八月裏却放鶴兒(飜朴上17).

연뉴황빗 명 연한 유황(硫黃)빛. ☞연류황빗 ¶연뉴황빗체 븟곳 문ᄒᆞᆫ 비단:閃黃筆管花(老解下22).

:연·ᄂᆞᆫ 동 여쭙는. ㉮엳다 ¶그 연ᄂᆞᆫ 공ᄉᆞ를 올타 ᄒᆞ시니:可其奏(飜小9:42).

-·연·뎌 어미 -한 것이여. -였구나. ¶너 슈고ᄒᆞ연뎌:生受你(飜老上46).

연뎍 명 연적(硯滴). ¶연뎍:硯水甁(譯解下19).

연도홍 명 연도홍(軟桃紅). 연한 도홍빛. ¶연도홍:淡紅(譯解補40).

연두록 명 연두록(軟豆綠). 연둣빛. ¶연두록:沙綠(漢淸10:65).

연듕 명 연중(筵中). ¶미양 연듕의 조하들을 칙ᄒᆞ여 ᄀᆞᆯᄋᆞ샤ᄃᆡ(仁祖行狀28).

연등 명 연등(燃燈). ¶顯宗庚戌 元年 閏二月 甲子 復燃燈會(高麗史卷四). 顯宗元年春閏二月 復燃燈會 國俗 自王宮國都 以及鄕邑 以正月望 燃燈二夜 自成宗以來 廢而不擧 至是復之(東國通鑑卷十五). 高麗使郭元自言…二月望 僧俗燃燈 如中國 上元節(宋史). 按麗史 國俗 本以正月望燃燈 成宗以煩擾罷之. 顯宗元年閏二月 復燃燈會 是後例以二月望日行之. 至恭愍王二十三年正月壬午燃燈 有司以正月望日公主忌日 諸復用正月(海東繹史卷二十八. 雜俗). 按高麗史王宮國都 以至鄕邑 正月望 燃燈二夜 崔怡於四月八日燃燈…必以八日 肇自崔怡也(東國歲時).

연ᄃᆡ 명 돈대(墩臺). ¶연ᄃᆡ:墩臺(同文解上40).

연람 명 연람(軟藍). 연한 남빛. ☞연남 ¶연람:翠藍(漢淸10:65).

연로 명 연로(沿路). ¶내연 沿路에 모다 번ᄒᆞ야 北京에 가노라(蒙老1:22).

:연류·황빗 명 연한 유황(硫黃)빛. ☞연뉴황빗 ¶연류황비체 분곳 문ᄒᆞᆫ 비단:閃黃筆管花(飜老下24).

연명ᄒᆞ다 동 연명(延命)하다. ¶연명ᄒᆞ다:度命(漢淸6:63).

연목이 명 열목이. ¶연목이:橡木魚(柳氏物名二 水族).

연못 명 연못. ¶연못:塘(柳氏物名五 水).

연무 명 연무(烟霧). ¶묻노라 ᄇᆡ ᄢᅴ워 가ᄂᆞᆫ 사ᄅᆞᄆᆞᆫ 므스그라 烟霧로 드러가ᄂᆞ뇨:借問泛舟人胡爲入烟霧(重杜解22:39).

연반물 명 연한 반물. ¶唐多紅 眞粉紅에 연반물도 아니왼ᄂᆡ(古時調. 藍色도. 靑丘).

연보라ㅅ빗 명 연보랏빛. ¶연보라ㅅ빗:藕荷色(漢淸10:64).

연분 명 연분(緣分). ¶부쳐ᄂᆞᆫ 연분을 ᄆᆡ자 百年을 ᄒᆞᆫ듸 사ᄂᆞ니(警民2).

연빗 명 담색(淡色). ¶연빗:淡色(同文解下26).

연셕 명 연석(宴席). ¶냥현 틱슈 셔로 ᄒᆞᆫ 곳의 모다 연셕을 베퍼(落泉3:7).

연숑화식 명 연한 송홧빛. ¶연숑화식:南松(譯解補40).

연애 명 이내. 남기(嵐氣). ¶연애 남:嵐(訓蒙上2).

연야토룩빗 명 흑록색(黑綠色). ☞연야투루빗 ¶연야토룩빗체 텬화의 팔보 ᄲᅧᄒᆞᆫ 문엣 비단:黑綠天花嵌八寶(老解下22).

:연야투·루빛 명 흑록색(黑綠色). ☞연야토룩빗 ¶연야투루비체 텬화의 팔보 ᄲᅧ ᄒᆞᆫ 문앳 비단:黑綠天花嵌八寶(飜老下24).

연약ᄒᆞ다 형 연약(軟弱)하다. ¶연약ᄒᆞ다:綃薄(漢淸12:1).

연연ᄒᆞ다 형 연연(戀戀)하다. ¶쳡을 연연ᄒᆞ야 지빅을 다 창모의게 맛지고(落泉1:2).

연유 명 연유(緣由). ¶그 緣由를 히비이 니ᄅᆞ쇼셔(隣語1:21).

연육 명 연육(軟肉). 연한 고기. ¶연육 소ᄒᆞᆫ 박병과:軟肉薄餠(朴解下32).

연장 명 연장. 도구. ¶여러 가짓 싸호맷 연자ᅌᆞᆯ 가지고(釋譜23:50). 그 안해 사ᄅᆞᆷ 罪 줄 연자ᅌᆞᆯ 地獄ᄀᆞ티 밍ᄀᆞ니라(釋譜24:14). 또 조ᄇᆡᆫ 受苦ㅅ 연장애:又於迫隘苦具(楞解8:93). 화살 연장 가지고 그 도ᄌᆞᄀᆞᆯ ᄒᆞᆫ 산고래 에워:將着弓箭器械把那賊圍在一箇山峪裏(飜老上30). 연장 계:械(類合上29). 화살 연장 가지고 그 도적을 다가 ᄒᆞᆫ 뫼ᄲᅳᆯ의 에워:將着弓箭器械把那賊圍在一箇山峪裏(老解上27). 마히 미양이라 잠기 연장 다스려라(古時調. 비 오ᄂᆞᆫ ᄃᆡ. 孤遺).

연장 명 행장(行裝). 치장(治裝). ¶象ᄋᆡ 연자이 純ᄒᆞᆫ 七寶ㅣ라(月釋10:28). 비르서 연장 ᄒᆞ야 길 나ᅀᅡ가매:假裝前途(楞解1:105). 연장과 천량이 ᄀᆞ장 盛ᄒᆞ더니:裝送資賄甚盛(宣賜內訓2下75). 저허셔 녀ᄂᆞᆫ 緣裝ᄋᆞᆯ ᄌᆞ조 ᄒᆞ고:恐懼行裝數(初杜解20:27).

:연:좌ᅀᆞ 명 푹신한 좌석. ☞연좌ᅀᆞ. 연좌ᄋᆞ ¶연좌ᅀᆞ 덤:韉(訓蒙中27).

연좌ᄋᆞ 명 푹신한 좌석. ☞연좌ᅀᆞ. 연좌ᅀᆞ ¶연좌ᄋᆞ:軟座兒(譯解下19).

연쥬황빗 명 연한 주황빛. ¶연쥬황빗:杏黃(漢淸10:63).

연지 명 연지(臙脂). ¶粉 燕脂와 고ᄌᆞ로 비ᅀᅳᆫ 각시(月印上18). 미레 든 연지 일빅

근:蠟臙脂一百斤(飜老下68). 연지 연:臙. 연짓 지:赦(訓蒙中25). 녀이ᄂᆞᆫ 분 ᄇᆞᄅᆞ고 연지 딕고 샤향 ᄎᆞ고 단장ᄒᆞ여 이실시:女人在世濃塗赤硃臙脂蘭麝裝裹(恩重2). 朱ᄂᆞᆫ 臙脂ㅅ 類ㅣ라(重杜解1:6). 연지도 ᄇᆞ려 잇고 분ᄯᅵ도 아니 미니(古時調. 鄭澈. 내 양ᄌᆞ. 松江). 연지:臙脂(柳氏物名三 草). 연지 연:臙(兒學上13).

연ᄌᆞ·니 동 얹으니. ㉮엱다 ¶ ᄇᆞ야ᄆᆡ 가칠 므러 즘겟 가재 연ᄌᆞ니:大蛇銜鵲寘樹之揚(龍歌7章).

연ᄌᆞ·샤·도 동 얹으셔도. ㉮엱다 ¶ 아바님 가슴 우희 부텻 손 연ᄌᆞ샤도(月釋10:2).

연·쳐 동 얹히어. ㉮연치다 ¶ 藥 ᄡᅳᆫ 거시 ᄆᆞᅀᆞ매 연쳐시니:藥裹關心(初杜解22:16).

:연·초·록 명 연초록(軟草綠). ¶ 연초록 비체 보샹화문 ᄒᆞᆫ 비단:鸚哥綠寶相花(飜老下24). 연초록:鸚哥綠(漢淸10:65).

연취 명 참취. ¶ 연취:香蘇(物譜 蔬菜).

연치 명 여치. ¶ 蠜之屬曰 연치(東言解).

연치·다 동 얹히다. ¶ 阻雨ᄒᆞ야 가보디 몯ᄒᆞᆯ 시 뎌 남기 내 ᄆᆞᅀᆞ매 연쳐세라 ᄒᆞ니라(初杜解15:3). 藥 ᄡᅳᆫ 거시 ᄆᆞᅀᆞ매 연쳐시니 그를 다 廢ᄒᆞ다니:藥裹關心詩捴廢(初杜解22:16).

연향 명 연향(宴享). ¶ 宴享을 바로 乾物로 받기ᄂᆞᆫ 事體 언더ᄒᆞ오매(隣語1:3).

연황식 명 연황색(軟黃色). ¶ 연황ᄉᆡᆨ:葵黃(漢淸10:63).

연:후에 부 연후(然後)에. ☞련후에 ¶ 밧 얼굴이 고ᄃᆞᆫ 然後에 화살 잡오ᄆᆞᆯ ᄌᆞ셔히 ᄒᆞ며:外體直然後持弓矢審固(宣小3:19).

:연ᄒᆞ·다 형 연(軟)하다. ¶ 그 ᄲᅧ 연ᄒᆞ야 노가디리라:其骨輭漸消(救簡6:9). ᄃᆞᆯ며 연ᄒᆞᆫ 음식을 어더:以致甘腝(飜小8:25). ᄆᆞᆰ고 희여 허ᄒᆞ고 연ᄒᆞ면:淡白虛軟則(痘瘡方25). 연ᄒᆞ다:嫩(漢淸12:50). 사ᄉᆞᆷ의 고기가 아모리 軟ᄒᆞ고 죠타 ᄒᆞ여도(隣語2:2). 연할 연:軟(兒學下8).

연히 명 연해(沿海). ¶ ᄉᆞᄌᆞ로 일홈ᄒᆞᆫ 쟈ᄂᆞᆫ 히ᄅᆞᆯ ᄒᆞᆫ치 말고 연히예 귀향보내고(綸音33).

엳·다 동 얹다. ☞엿다. 엱다 ¶ 그 七寶壜ᄋᆞᆯ 師子座ㅅ 우희 ᄒᆞ나콤 엳줍고(釋譜23:49). 棺ᄋᆞᆯ 우희 엳줍고(月釋10:10).

엿·다 동 얹다. ☞엱다 ¶ 尼師檀ᄋᆞᆯ 왼녁 엇게예 엿고(釋譜6:30). 아홉 卷을 자바 西ㅅ녁 壇 우희 엿고(月釋2:73). 왼녁 밠둥을 올ᄒᆞᆫ녁 무루페 엿고(法華1:55). 숫블 우희 엿고(宣賜內訓序4). ᄆᆞᄉᆡ여운 화ᄅᆞᆯ 能히 시울 엿디 몯ᄒᆞ니:威孤不能紘(初杜解22:32). 산 사ᄅᆞᄆᆡ 엇게 우희 엿고:置生人肩上(救簡1:65).

엱·다 동 얹다. ☞엿다 ¶ ᄇᆞ야ᄆᆡ 가칠 므러 즘겟 가재 연ᄌᆞ니:大蛇銜鵲寘樹之揚(龍歌7章). 尊者ㅅ 머리예 연자ᄂᆞᆯ(月印上28). 노ᄑᆞᆫ 座 ᄆᆡᆼᄀᆞᄅᆞ오 便安히 연ᄌᆞ면(釋譜9:21). 金几 우희 연ᄍᆞᆸ고(月釋2:39). 아바닚 가ᄉᆞᆷ 우희 부텻 손 연ᄌᆞ샤도(月釋10:2). 學ᄂᆞᆫ ᄆᆞᅀᆞ매 연저 가져실 씨라(蒙法2). ᄭᅮ메도 ᄯᅩ 話頭ᄅᆞᆯ 연즈리니:夢中亦記得話頭(蒙法4). 글 ᄒᆞ기란 그듸의 ᄆᆞᅀᆞ매 연저슈믈 붓그리로라:詞場愧服膺(初杜解20:25). 깃거 信受ᄒᆞ야 머리예 연ᄍᆞ와 奉行ᄒᆞᆯ 디니라(佛頂13). 뷔ᄅᆞᆯ 키 우희 연ᄌᆞ며:加帚於箕上(宣小2:59). ᄀᆞᆺ 연즌 활이니:新上了的弓(老解下27).

:엳 명 이제. ¶ 엳 닷쇄만 두면 가리라:再着五箇日頭到了(飜老上11). 엳 금:今 當時(訓蒙下2).

엳가·온 형 옅은〔淺〕. ㉮엳갑다 ☞ᄂᆞᆺ가온 ¶ 므거운 ᄇᆡᄂᆞᆫ 엳가온 여흐레 브텃고:重船依淺瀨(初杜解14:15). 엳가온 우므레 노호로 믈 기러 내ᄂᆞ니라:淺淺的井兒只着繩子拔水(飜老上31).

엳:갑·다 형 옅다. ¶ 므거운 ᄇᆡᄂᆞᆫ 엳가온 여흐레 브텃고:重船依淺瀨(初杜解14:15). 너 ᄒᆞᆫ가짓 보미 엳갑고 아논 일 져근 사ᄅᆞ미:你一般淺見薄識的人(飜朴上23). 비록 글 지죄 이시나 부경ᄒᆞ고 조급ᄒᆞ고 엳가와 드러나니:雖有文才而浮躁淺露(宣小6:110).

:엳·다 동 여쭙다. ☞엳줍다 ¶ 그 엳ᄂᆞᆫ 공ᄉᆞᄅᆞᆯ 올타 ᄒᆞ시니:可其奏(飜小9:42).

엳다 형 옅다〔淺〕. ¶ 엳틀 쳔:淺(倭解上10).

엳아·홉 수 엳아홉. 팔구(八九). ¶ 네 아ᄃᆞ리 나히 엳아홉만 ᄒᆞ면(月釋8:97). 새지븐 엳아홉 낫 세로다:茅齋八九椽(杜解20:9). 열 사ᄅᆞ매 오히려 엳아홉곰 나모 져 오나니:十猶八九負薪歸(杜解25:46).

:엳·줍·다 동 여쭙다. ☞엳다 ¶ 말ᄊᆞ미 엳줍고 천량 만히 시러(釋譜6:15). 오ᄂᆞᆯ 朝集을 因ᄒᆞ야 엳줍져 ᄒᆞ고 表 지ᅀᅥ 엳ᄌᆞᄫᆞ니(月釋2:69). 내 너를 엳ᄌᆞ바 判官 ᄆᆡᆼᄀᆞ라:我奏汝爲判官(三綱. 忠13). 法度ㅣ 엳ᄌᆞᄫᆞᆫ대 아비ᄅᆞᆯ 赦ᄒᆞ시니라(三綱. 孝23). 내 이제 如來ᄭᅴ 엳줍노니:我今啓如來(楞解6:67). 長秋宮 세요ᄆᆞᆯ 엳ᄌᆞ와ᄂᆞᆯ:奏立長秋宮(宣賜內訓2上43). 이 行애 드러가 엳줍ᄂᆞᆫ 혜아료미 적디 아니ᄒᆞ니:此行入奏計未小(杜解8:23). 雲이 도라와 이 이ᄅᆞᆯ 엳ᄌᆞ온대(南明上52). 두리ᅀᆞ와 그르 엳조ᄋᆞᆫ 주리 아니이다:不敢迷亂(飜小9:46). 祥瑞로온 거슬 님금ᄭᅴ 엳줍디 말며:不奏祥瑞(飜小10:14). 엳ᄌᆞ바ᄂᆞᆯ 紅門 세니라:事聞旌閭(續三綱. 烈2). 엳ᄌᆞ올 주:奏(訓蒙上35). 엳ᄌᆞ올 계:啓(類合下8). 곧 안아히 ᄡᅥ 文王ᄭᅴ 엳ᄌᆞ와

ᄃᆞ:則內豎以告文王(宣小4:12). 달이 엳ᄌᆞ와 ᄀᆞᆯ오ᄃᆡ:達奏曰(東新續三綱. 忠1:13).
※'엳ᄌᆞᆸ다'의 활용 ┌엳ᄌᆞᆸ고/엳ᄌᆞᆸ디/엳ᄌᆞᆸ져… └엳ᄌᆞᄫᆞ니/엳ᄌᆞᄫᆞᆫ/엳ᄌᆞᄫᆞᆯ…

엳탑·다 형 엳다. ¶비록 글ᄒᆞᄂᆞᆫ 지죄 이셔도 그랑이 ᄡᅥᄅᆞ고 엳타오니:雖有文才而浮躁淺露(飜小10:11).

:엳트·다 동 여쭙다. ☞엳ᄐᆞ다 ¶사ᄅᆞᆷ으로 ᄒᆡ여곰 그 엳틈을 可타 ᄒᆞ시니:使人可其奏(宣小6:38).

:엳ᄐᆞ·다 동 여쭙다. ☞엳트다 ¶엳톨 계:啓(訓蒙上35).

엳틔 부 여태껏. ¶엳틔 드려 주지 아니 ᄒᆞ시니(隣語1:27).

·열 명 삼〔麻〕. ¶ᄒᆞᄅᆞ ᄒᆞᆫ 열콰 ᄒᆞᆫ 밀홀 머거도:日餐一麻一麥(楞解9:106). 열ᄡᅵ:麻子(瘟疫方4). 麻子 삼ᄡᅵ 或云 열ᄡᅵ(東醫 湯液一 土部).

열 명 열(熱). ¶열이 만하 답답ᄒᆞ여 목이 ᄆᆞᄅᆞ고 혜 누로며(辟新5).

열 명 쓸개. ¶고미열 콩낫만ᄒᆞ니롤 ᄀᆞᄂᆞ리 가라:熊膽如大豆許細研(救簡2:38). 고미열와 샤향과롤 ᄌᆞ게 ᄂᆞᆫ화:熊膽麝香等分(救簡3:39).

·열 수 열. ¶열희 ᄆᆞᅀᆞᄆᆞᆯ 하ᄂᆞᆯ히 달애시니:維十人心天實誘他(龍歌18章). 안햇 業이 열히 이쇼ᄃᆡ:內業有十(楞解6:31). 이 ᄀᆞᆮᄒᆞᆫ 열 가짓 禪那:如是十種禪那(楞解9:83). 열흔 기픈 根源에 微妙히 마조미라:十則妙契玄源(永嘉下10). 져기 이 열흘 닐어:略說此十(心經12). 禽獸ㅣ ᄒᆞ마 열헤 닐여들비 주그니:禽獸已斃十七八(重杜解5:49). 마치 열다ᄉᆞ신 져믄 겨지븨 허리 ᄀᆞᆮ도다:恰似十五兒女腰(杜解10:9). 양 열콰 수울 열 항을 보내더라:十羊十酒裏(飜朴上45). 열 십:十(訓蒙下34). 열 자 댱:丈(類合下49). 十曰噎(雞類)
※'열'의 첨용 ┌열 └열히/열흔/열흘……

열구름 명 떠 가는 구름. ¶七年之旱에 열구름에 비ㄷ발 본 듯(古時調. 於臥 보완제고. 花源). 우스름 달빗체 열구름이 날 속겨다(古時調. 窓 밧기 엇득. 青丘).

·열나·ᄆᆞᆫ 관 여남은. ☞여나ᄆᆞᆫ ¶그제 公이 ᄀᆞᆺ 열나ᄆᆞᆫ 서리러니:時公方十餘歲(宣賜內訓3:18). 南녀긔 열나ᄆᆞᆫ ᄒᆡ롤 수멋더시니:南遯十餘年(六祖序4). 어미 열나ᄆᆞᆫ ᄒᆡ롤 병ᄒᆞ거ᄂᆞᆯ:母病十餘年(東新續三綱. 孝4:19 成允廬墓).

·열남·은 관 여남은. ☞여나ᄆᆞᆫ. 열나ᄆᆞᆫ ¶보야호로 열남은 설이러니:方十餘歲(宣小6:4). 이러ᄐᆞ시 ᄒᆞ기를 열남은 旬에:如此十有餘旬(宣小6:67).

·열닐·웨 명 열이레〔十七日〕. ¶열닐웻 날 孝寧이(楞解跋3).

:열·다 동 ①열다. ¶帝業을 여르시니:肇造丕基(龍歌3章). 啓ᄂᆞᆫ 열 씨라(月釋序7). 내 ᄉᆞ랑호ᄃᆡ 三途ㅅ 受苦애 열오져 ᄒᆞ며:予惟欲啓三途之苦(月釋序14). 衆生ᄋᆞ로 부텻 知見을 열에코:欲令衆生開佛知見(法華1:133). 입 여룰 고디 업스련마ᄅᆞᆫ:無開口處(金三4:36). 열 ᄀᆡ:開. 열 벽:闢(訓蒙下1). 문과 지게롤 열오(瘟疫方18). 열 계:啓(類合下8). 열 거:袪(類合下14). 열 벽:闢(類合下53). 열 ᄀᆡ:開(類合下62). 門을 반만 열고 더블어 말ᄉᆞᆷᄒᆞ고:闔門而與之言(宣小4:35).
②열리다. ¶名賢劫이 엻 제 後ㅅ일ᄋᆞᆯ 뵈요리라(月印上4). 瓶읫 믈이 ᄢᅵ며 다돈 이피 열어늘(月印上65). 東門이 열어든 보고 東門ᄋᆞ로 허위여 ᄃᆞᄅᆞ면 東門이 도로 다티고(月釋23:80).

:열·다 동 열다〔結實〕. ¶여름 열며 竭川에 심이 나니(月印上46). 여름도 여러 닉더라(釋譜11:2). 곳 우희 七寶 여르미 여느니(月釋8:12). 엇데 空華ㅣ 여름 여로매 다ᄅᆞ리오:何異空華結果(圓覺上二之三43). 다시 여름 연 남기:再實之木(宣賜內訓2上53). 여름 열 시니 本分ᄋᆞᆯ 니ᄅᆞ시니라(南明上37).

열다 형 엷다. 얇다. ☞엷다 ¶법 듣ᄌᆞ올 제 여론 어름 ᄇᆞᆲ듯 ᄒᆞ야:聞法之次如履薄氷(誡初17). 여론 식칼:薄刀(譯解下17). 비록 강노의 살밋치라도 여론 비단을 ᄢᅦ지르기 이로지 못ᄒᆞᄂᆞ니(三譯3:20).

·열다·쐐 명 열닷새. ¶四月 열다쐣날(釋譜11:1). 七月 열다쐣날(月釋2:18).

·열·다엿 관 열대엿〔十五六〕. ¶사오나온 받티 열다엿 頃이 이시니:有…薄田十五頃(飜小8:20).

·열닷 관 열닷〔十五〕. ¶ᄒᆞᆫ 사ᄅᆞ미 열닷 량 은을 내더라:有人出十五兩銀子(飜朴上63). 이 ᄒᆞᆫ 둥엣 ᄆᆞᄅᆞᆫ 열닷 량 우후로 ᄑᆞᆯ오:似這一等的馬賣十五兩以上(飜老上9).

·열:두 관 열두. ¶열두 ᄒᆡ 그리다가(月印上42). 열두 夜叉(釋譜9:38).

·열두을 수 열둘. ☞열둘 ¶열두을 ᄂᆞ랫 지치여:十二翮(初杜解17:10).

·열:둘 수 열둘. ☞열두을 ¶二六時ᄂᆞᆫ 열둘 ᄢᅵ라(蒙法15).

·열라·믄 관 여남은. ☞여라믄 ¶맛치 열라믄 서를 머것더니:方十餘歲(飜小9:5).

열리다 형 여리다. ¶長沙王 賈太傅는 눈물도 열릴 씨고(古時調. 李恒福. 海謠).

열리이다 동 열리다. ¶나죵내 열리이ᄂᆞᆫ 거시 업고(捷蒙1:9).

·열릴·굽 수 열일곱. ¶나히 열릴구베(續三綱. 孝29). 나히 열릴구베 어미 병ᄒᆞ야:年十七母遘疾(東續三綱. 孝26).

열명길 명 십분노명왕(十忿怒明王)길〔양주동 설(梁柱東說)〕. 박명한 길〔이병기 설(李秉岐說)〕. ¶잠 ᄶᅡ간 내 니믈 너겨 깃ᄃᆞᆫ 열명길헤 자라오리잇가(樂詞. 履霜曲).

열무우 명 열무. ¶오려 고개 속고 열무우 ᄉᆞᆯ젓ᄂᆞᆫ듸(古時調. 靑丘). 열무우:再生草(柳氏物名三 草).

열미 명 열매. ☞여름 ¶열ᄆᆡ 실:實(倭解下6). 열ᄆᆡ:實(柳氏物名三 草).

열병 명 열병(熱病). ¶열병이 ᄀᆞᆺ ᄒᆞ린 후에 밥과 기ᄅᆞᆷ진 것과 구은 음식을 ᄀᆞ장 금긔ᄒᆞ라(辟新17).

·열·빅 명 천(千). ¶열百이 千이오 열千이 萬이라(月釋1:15).

열·씨 명 삼씨. ☞열〔麻〕 ¶열ᄡᅵ ᄀᆞ라 바ᄐᆞᆫ 즙으로 쥭 수어:研濾子取汁煮粥(救簡1:11). 열ᄡᅵ 져:苴(詩解 物名13). 열ᄡᅵ 두닐굽 낫출:麻子二七箇(瘟疫方4).

열·븐 형 얇은. ㉠엷다 ¶열븐 어르믈 하ᄂᆞᆯ히 구티시니:有薄之氷天爲之堅(龍歌30章).

·열사·올 명 열사흘. ¶五月 열사ᅀᆞᆯ날(楞解跋2).

:열·쇠 명 열쇠. ☞얈쇠 ¶열쇠라 ᄒᆞᄂᆞ니:鑰匙(蒙法53). 열쇠:鑰鍉(四解上20 鍉字註). 열쇠:鑰匙(四解下44 鑰字註). 열쇠 시:鍉. 열쇠 약:鑰(訓蒙中16). 열쇠 약:鑰(兒學上9).

:열실 명 핵실(覈實). ¶열실 힉:覈(類合下21).

열싸지다 동 얼빠지다. ¶열ᄡᅡ지다:迷透了(漢淸8:30).

열아믄 관 여남은. ☞열아믄 ¶每日 열아믄 노롯바치 집의:每日十數箇幇閑的家裏(老解下44).

·열·아·믄 관 여남은. ☞여라믄. 여라믄. 열아믄 ¶영장 몯 ᄒᆞᆫ 열아믄 상ᄉᆞᄅᆞᆯ 영장ᄒᆞ니:葬其不能者十餘喪(飜小9:36).

열업다 형 열없다. ¶열업시 숨긴 烏賊魚 둥겨ᄂᆞᆫ고나(古時調. ㅂ독ㅂ독. 海謠). 열업시 안ᄉᆞ다:獃坐(漢淸7:26). 癡人 多笑ㅣ라 ᄒᆞ니 열업시 ᄌᆞ로 우ᄉᆞ면(隣語3:5).

·열여닐·굽 수 열예닐곱. ¶이제 나히 아야라 열여닐구비니:只今年纔十六七(初杜解8:30).

열여슷 수 열여섯. ¶열여슷 설인 적의:十六歲時(東新續三綱. 孝4:87).

·열열아·홉 수 열여아홉. ¶龍의 잆거웃 ᄀᆞᆮᄒᆞᆫ 나히 열열아호비러라:虯髥十八九(初杜解8:55).

·열열흘 명 십순(十旬). ¶눈ᄀᆞᆷ고 누워쇼미 열열흐리 남더니:閉目逾十旬(初杜解10:25).

:열오·져 동 열고자. ㉠열다 ¶내 ᄉᆞ랑호ᄃᆡ 三途ㅅ 受苦애 열오져 ᄒᆞ며:予惟欲啓三途之苦(月釋序14).

열온 형 엷은. ㉠엷다 ¶아비 간이 겨ᅌᆞᆯ돌애 열온 어름에셔 고기ᄅᆞᆯ 디ᄅᆞ더니:父侃冬月叉魚薄冰(東新續三綱. 孝3:56). 열온 祿ᄋᆞᆯ 資賴ᄒᆞ요라:資薄祿(重杜解6:52).

열·우·다 동 열게 하다. ¶空앳 果實을 열우려ᄐᆞᆺ ᄒᆞ니:結爲空果(楞解4:41).

열·운 형 엷은. ㉠엷다 ¶열운 갓과 두터운 갓과:薄皮厚皮(永嘉上35). 기픈 못과 다ᄆᆞᆺ 열운 어름을:深淵與薄冰(宣小5:25).

열·움 형 엷음. ㉠엷다 ¶匾匠ᄂᆞᆫ 平코 열우믈 니ᄅᆞ시고:匾匠謂平薄(法華6:14). 煩惱ㅣ 두터우며 열움과:煩惱厚薄(圓覺下二之一10). 世間ㅅ 길헤 버듸 ᄆᆞᅀᆞᆷ 열우믈 아노니:世路知交薄(初杜解7:18).

열워써니 형 엷더니. ㉠엷다 ¶煙塵이 아득ᄒᆞ야 日色이 열워ᄡᅥ니(蘆溪. 太平詞).

열은 형 엷은. ㉠엷다 ¶둗거우며 열은 나못비츤 닙 픠니와 이우니로다:濃淡樹榮枯(重杜解2:7).

열음 명 열매. ☞여름 ¶조리참나모 열음:橡實(柳氏物名四 木).

열·이 부 엷게. ¶ᄒᆞᆫ 알힌 마ᄂᆞᆯ 열이 버혀:獨顆蒜薄切(救急下75). 滋味ᄅᆞᆯ 열이 ᄒᆞ며:薄滋味(宣賜內訓1:28). 郎官 ᄃᆞ외요매 열이 노로ᄆᆞᆯ 더러이노라:爲郎忝薄遊(重杜解12:27).

열·이·곰 동 열리고는. ¶ᄒᆞᆫ 부체ᄅᆞᆯ 다ᄃᆞ니 ᄒᆞᆫ 부체 열이곰 홀ᄊᆡ(月釋7:9).

열·이·다 동 열리다. ¶地獄門이 절로 열이고(月釋23:84).

열장지 명 열장지문. ¶고모장지 세살장지 들장지 열장지에 암돌져귀 수돌져귀(古時調. 窓 내고쟈. 靑丘).

·열쳔 명 만(萬). ¶열百이 千이오 열千이 萬이라(月釋1:15).

열치다 동 열치다. ☞열티다 ¶東窓을 열쳐 보니(古時調. 窓 밧긔. 靑丘). 눈 씻고 이러 안져 긱창을 열쳐 보니(萬言詞).

:열·티·다 동 열치다. ☞열치다 ¶그 ᄢᅴ 世尊이 棺ㅅ 둡게ᄅᆞᆯ 열티게 ᄒᆞ시고(釋譜23:28). 우스며 춤처셔 ᄀᆞᅀᆞᆳ 窓ᄋᆞᆯ 열티노라:笑舞拓秋窓(初杜解15:53).

열헤 수 열에. 열 중에. ㉢열 ¶禽獸ㅣ ᄒᆞ마 열헤 닐여들비 주그니:禽獸已斃十七八(重杜解5:49).

:열흔 수 열은. ㉢열 ¶열흔 기픈 根源에 微妙히 마조미라:十則妙契玄源(永嘉下10).

열·흘 명 열흘. 순(旬). ¶ᄒᆞ나흘 어더다 가두니 열흐리로ᄃᆡ 우루믈 아니 울ᄊᆡ(釋譜

24:20). 열흐레 ᄒᆞᆫ 믈 그리고:十日畫一水(初杜解16:31). 열흘 슌:旬(訓蒙上2. 類合上3). 셔방 마잔 디 열흘이 몯 ᄒᆞ야(女四解4:16).

·열·흘 수 열을. 〔ㅎ 첨용어 '열'의 목적격(目的格).〕 독열 ¶져기 이 열흘 닐어:略說此十(心經12).

·열희 수 열의. 〔ㅎ 첨용어 '열'의 관형격(冠形格).〕 독열 ¶열희 ᄆᆞᅀᆞᄆᆞᆯ 하ᄂᆞᆯ히 달애시니:維十人心天實誘他(龍歌18章).

열히 수 열이. 〔ㅎ 첨용어 '열'의 주격(主格).〕 독열 ¶이 시름 닛쟈 ᄒᆞ니 ᄆᆞᄋᆞᄆᆡ ᄆᆡ쳐 이셔 骨髓의 ᄢᅦ텨시니 扁鵲이 열히 오나 이 병을 엇디ᄒᆞ리(松江.思美人曲).

·열ᄒᆞ다 형 뜨겁다. ¶머리 알프며 극히 열ᄒᆞᆫ 증을 고티ᄂᆞ니(辟新3).

열·ᄒᆞᆯ 명 열흘. ☞열흘 ¶고ᄋᆞᆯ히 니르런 디 열ᄒᆞᆯ이 몯 ᄒᆞ여실 제:到縣未旬(宣小6:27).

엷·다 형 엷다. ☞열다 ¶열ᄫᅳᆫ 어르믈 하ᄂᆞᆯ히 구티시니:有薄之氷天爲之堅(龍歌30章). 勞度差ㅣ 열ᄫᅳᆫ ᄠᅳ디라 ᄒᆞᆫ 남ᄀᆞᆯ 내니(月印上58). 고히 平ᄏᆞ 엷디 아니ᄒᆞ며(釋譜19:7). 이 소리ᄂᆞᆫ 우리 나랏 소리예셔 열ᄫᅳ니(訓註15). 열ᄫᅳᆫ ᄡᅥᆨ ᄀᆞᄐᆞᆫ ᄯᅡᆺ거치 나니(月釋1:42). 혜 열ᄫᅳ시며(月釋2:58). 고히 平ᄏᆞ 엷디 아니ᄒᆞ며 또 고ᄫᆞ며 뷔트디 아니ᄒᆞ며(月釋17:53). 열운 風俗 업수믈 니르시니라:言無薄俗也(法華3:72). 이ᄂᆞᆫ 녇가온 열우ᄂᆡ 能히 홀ᄯᅵ 아닐ᄊᆡ:非淺薄所能故(法華6:158). 열운 갓과 두터운 갓과:薄皮厚皮(永嘉上35). ᄒᆞᆫ 머릴 엷게 갓가 두드려 부드럽고 밋밋게 ᄒᆞ야:削一頭令薄搥令軟滑(救急下39). 오시 아니 열우니여 ᄒᆞ더라:衣得無薄乎(宣賜內訓3:45). 치운 城에 아ᄎᆞᆷ 닛 열우니:寒城朝烟淡(初杜解7:26). 時俗이 열우나 ᄀᆞᄅᆞᆷ과 뫼콰ᄂᆞᆫ 됴코:俗薄江山好(初杜解8:44). ᄠᅳᆫ 구루미 열워:浮雲薄(初杜解15:52). 果ㅣ 羅漢ᄋᆡ 供養 應호미 열오ᄆᆞᆯ 어드리니:果招羅漢應供薄(金三4:30). 열울 박:薄(類合下48). 여희요ᄆᆞᆯ ᄆᆞᅀᆞᆷ이 열우며 둗거우믈 조차ᄒᆞ노라:取別隨薄厚(重杜解1:39). 복이 열으니 후일의 나라 ᄉᆞ변이 이시면(女範1. 셩후 션인고후).

※'엷다'의 활용 ┌엷고/엷게/엷디…
└열ᄫᅳᆫ/열ᄫᅳ며…>열운/열우며…

엸쇠 명 열쇠. ¶엸쇠:鑰匙(譯解上14).

·염 명 염소. ☞염쇼 ¶양 염 흘워 나ᄒᆞᆫ 것:羖攊(老解集覽下1). 염 고:羔(石千9). 염 고:羔. 염 양:羊(光千9). 나ᄅᆞᆯ 프른 염의 갓오ᄉᆞᆯ 주ᄂᆞ다:贈我靑羔裘(重杜解19:26).

·염교 명 염교. ☞염규 ¶서리옛 염괴 허여호ᄆᆞᆯ 甚히 듣노니:甚聞霜薤白(初杜解7:40). 염교 구:韮(訓蒙上13). 염교:薤(物譜 蔬菜).

·염괴 명 염교가. 〔'염교'+주격조사 '-ㅣ'〕 독염교 ¶서리옛 염괴 허여호ᄆᆞᆯ 甚히 듣노니:甚聞霜薤白(初杜解7:40).

·염규 명 염교. ☞염교 ¶외와 염굿 ᄉᆞᅀᅵ예 더 버리니:加點瓜薤間(初杜解16:72). 파와 마ᄂᆞᆯ와 염규와 부치와 ᄉᆡᇰ강과:葱蒜韭薤薑(瘟疫方4). 염규 구:韭(詩解 物名13). 바고니예 ᄀᆞᄃᆞᆨᄒᆞᆫ 이슬 마ᄌᆞᆫ 염규를:盈筐承露薤(重杜解16:73). 염규:韭菜(譯解下10).

염·글·다 동 여물다. ☞염ᄀᆞᆯ다 ¶손 바리 염그르시며(月釋2:59). 엇게와 목과 손과 발왜 두루 염그러 됴ᄒᆞ시며(月釋2:41). 여름 열리도 염글에 ᄒᆞ야(月釋13:47). ᄉᆞᆯ지고 염글오 좀 아니 머그니 네 나ᄎᆞᆯ 거믄 거플 앗고 ᄀᆞᄂᆞ리 ᄀᆞ라:四箇肥實幷不曾蛀者去黑皮細末硏(救簡1:5).

염·글·우·다 동 여물게 하다. ¶이 우ᄒᆞᆫ 人倫 ᄇᆞᆯ규ᄆᆞᆯ 염글우니라:右實明倫(飜小9:108). 이 우ᄒᆞᆫ 몸 공경호믈 염글우니라:右實敬身(飜小10:35). 四方이 ᄃᆞ외야 내며 길우며 염글우며 ᄀᆞ초와(七大14).

염ᄀᆞᆯ다 동 여물다. ☞염글다 ¶염ᄀᆞᆯ 실:實(石千22).

염병 명 염병(染病). ¶염병:瘟疫(同文解下6. 漢淸8:1). 염 병:瘟病(譯解 補33). 염병 려:癘(兒學下4).

염불ᄒᆞ다 동 염불(念佛)하다. ¶염불ᄒᆞ야 극낙 왕ᄉᆡᆼᄒᆞᆯ 법은:念佛(正念解1).

·염·쇼 명 염소〔山羊〕. ¶염쇼:羖 又曰 山羊(四解上36). 염쇼 고:羖. 염쇼 력:攊(訓蒙上19). 염쇼 고:羖(類合上14). 염쇼:山羊(漢淸14:13). 염쇼:羖攊(柳氏物名一 獸族). 羔是羊子而冒干羖攊方言云髥昭(雅言三). 염쇼 고:羖(兒學上7).

염의다 동 여미다. ¶여러 번 염의온 가슴이 산득산득ᄒᆞ여라(古時調. 天寒코. 靑丘).

염쵸 명 염초(焰硝). ¶가족 닉이ᄂᆞᆫ 염쵸:皮硝(漢淸11:17). 염쵸 쵸:硝(兒學上5).

염치 명 염치(廉恥). ¶염치 업ᄂᆞᆫ 돈ᄒᆞ매(隣語9:8).

염통 명 염통. 심장. ☞념통 ¶염통 심:心(兒學上2).

:염ᄒᆞ·다 동 염(厭)하다. 싫어하다. ¶論語에 ᄀᆞᆯ오ᄃᆡ 밥을 精호믈 厭ᄒᆞ디 아니ᄒᆞ시며 膾ᄅᆞᆯ ᄀᆞᄂᆞᆯ옴ᄋᆞᆯ 厭ᄒᆞ디 아니ᄒᆞ시며(宣小3:24).

엽 명 옆. ¶공명인들 ᄭᅳᆫ을 다라 엽희 치워 잇슬손가(萬言詞).

·엿 명 엿. ¶엿爲飴(訓解. 用字). 나ᄂᆞᆫ 오직 여슬 머구머 孫子ᄅᆞᆯ 놀이고:吾但當含飴弄孫(宣賜內訓2上55). 엿:飴糖(救簡6:5). 엿 이:飴. 엿 당:糖(訓蒙中21). 엿 당:糖(類合上29). 엿:糖餻(譯解上51). 엿:白糖(同文解

上61).

옛 명 여우. ☞여ᅀᆞ. 엳 ¶옛이 獅子ㅣ 아니며 燈이 日月이 아니며(月釋2:76). 외히려 비ᄅᆞ머근 여ᅀᅵ 몸도 얻디 몯ᄒᆞ리온:尙不得疥癩野干之身(龜鑑下36).
※옛>엳>여ᅀᆞ>여ᄋᆞ>여우

옛 관 엿〔六〕. ¶옛 홉이 ᄃᆞ외어든 머고ᄃᆡ:六合飮之(救簡2:5). 믈 옛 되예 세 소솜 글혀 다 머고ᄃᆡ:以水六升煮三沸頓服(救簡2:57). 믈 옛 되예 달혀:以水六升煮(救簡3:71). 고디시근 갑슨 옛 량 은이라:老實價錢六兩銀子(飜朴上73). 야쳥의ᄂᆞᆫ 뵈 옛 비레 ᄑᆞ라:鴉青的賣布六匹(飜老上14). 뵈 옛 쎌에:布六匹(老解上13).

-옛 조 -에 있는. ☞-엣 ¶뻘기옛 대ᄂᆞᆫ:叢篁(重杜解13:38). 샹셰옛 쑿나모과(十九史略1:1).

옛괴 명 여뀌〔蓼〕. ☞역괴. 역ᅀᅱ. 엿귀 ¶옛괴 료:蓼(類合上8).

옛·귀 명 여뀌. ☞엿괴 ¶뉘 엿귀ᄅᆞᆯ 쓰다 니ᄅᆞᄂᆞ뇨 ᄃᆞ로미 나ᄉᆡ ᄀᆞᆮ도다:誰謂荼苦甘如薺(初杜解8:18). 엿귀 료:蓼(訓蒙上13). 엿귀:蓼(柳氏物名三 草).

엿기 명 얹기. ¶내 몸 엿기ᄅᆞᆯ 원ᄒᆞᄂᆞ냐:願戴己歟(十九史略1:5).

엿기름 명 엿기름. ¶엿기름:糖芽子(譯解補30). 엿기름:麥芽(柳氏物名三 草).

엿·다 동 엿보다. ¶窓ᄋᆞ로 여ᅀᅥ 지블 보니:窺窓觀室(楞解5:72). 그 便을 여ᅀᅥ 求ᄒᆞ야 得ᄒᆞ리 업게 ᄒᆞ리니:使無伺求得其便者(法華7:167). 믓ᄀᆞᅀᅢ 고기 엿ᄂᆞ니ᄂᆞᆫ 수업슨 가마오디오:河邊兒窺魚的是無數目的水老鴉(飜朴上70). 여ᅀᅳᆯ 규:窺. 여ᅀᅳᆯ ᄉᆞ:伺(類合下34). ᄅᆞᆯ숩흐로 바자니며 고기 엿기 ᄒᆞᄂᆞᆫ 괴야(古時調. 金光煜. 어와 더 白鷗야. 瓶歌). 집압 논 무살미예 고기 엿ᄂᆞᆫ 白鷺ㅣ로다(古時調. 목 블근 山上雉와. 青丘). 漁父 돌아간 後 엿는 이 白鷺ㅣ로다(古時調. 江湖에 노ᄂᆞᆫ. 海謠). 믈ᄭᅵ의 고기 엿ᄂᆞᆫ 거슨 이 수 업슨 가마오디오:河邊兒窺魚的是無數目的水老鴉(朴解上62).
※'엿다'의 ┌엿기/엿ᄂᆞᆫ…
활용 └여ᅀᆞ니/여ᅀᅥ/여ᅀᅳᆯ…

엿·다 동 엮다. ☞역다 ¶簫ᄂᆞᆫ 효ᄀᆞᆫ 대ᄅᆞᆯ 엿거 부는 거시라(釋譜13:53). 西天에셔 고졸 느러니 엿거 남진 겨지비 莊嚴에 ᄡᅳᄂᆞ니 긔 花鬘이라(月釋2:29). 簡ᄋᆞᆫ 글 ᄡᅳᄂᆞᆫ 대오 策ᄋᆞᆫ 簡 엿근 거시오(楞解9:105). ᄑᆞ른 글워ᄅᆞᆫ 누를 爲ᄒᆞ야 엿ᄂᆞᆫ고:青簡爲誰編(杜解20:11). 諸侯 封히욜 ᄡᅳ디 踈闊ᄒᆞ니 엿것ᄂᆞᆫ 簡册은 누를 爲ᄒᆞ야 ᄑᆞ르렛ᄂᆞᆫ고:封侯意踈闊編簡爲誰青(初杜解24:62). 엿글 편:編(類合下37).
※'엿다'의 ┌엿고/엿디/엿ᄂᆞᆫ…
활용 └엿거/엿글…

엿·다 동 얹다. ☞얹다 ¶아기ᄅᆞᆯ 다가 ᄃᆞᆯ고지예 엿ᄂᆞ니라:把孩兒上搖車(飜朴上56).

엿다 형 얕다. ¶쥬량 엿다:量淺(譯解上59). 엿다:淺(同文解上8. 漢淸1:12).

:엿·보·다 동 엿보다. ☞엿다 ¶그슥ᄒᆞᆫ 이ᄅᆞᆯ 엿보디 말며:不窺密(宣賜內訓1:9). 새ᄂᆞᆫ 새 거든 바ᄅᆞᆯ 엿보ᄂᆞ다:鳥窺新卷簾(初杜解7:11). ᄆᆡ햇 매ᄂᆞᆫ 두위텨 프를 엿보고:野鶻翻窺草(初杜解25:23). 엿볼 규:窺(訓蒙下27). 엿볼 뎡:偵(類合下42). ᄂᆞᆺ가온 ᄃᆡ 이셔 놉픈 ᄃᆡᄅᆞᆯ 엿보ᄂᆞᆫ디라:處下而闚高(宣小6:17). 엿보다:窺探(譯解補24).

엿새 명 엿새. ☞엿쇄 ¶혹 엿새 닐웬 만이 나ᄂᆞ니ᄂᆞᆫ:或六七日乃出者(痘瘡方21).

엿·쇄 명 엿새. ☞여쐐. 엿새 ¶엿쇄ᄅᆞᆯ 날마다 가 그 양ᄋᆞ로 니르게 ᄒᆞ고(釋譜24:28). 姬ㅣ 大闕에 엿쇄ᄅᆞᆯ 뒷더니(宣賜內訓序5). 七月ㅅ 엿쇗날 더운 氣運이 ᄠᅵᄂᆞᆫ ᄃᆞᆺ호미:七月六日苦炎蒸(初杜解10:28). 石今이 엿쇄ᄅᆞᆯ 飮食 아니 먹고:石今六日不食(續三綱. 烈13).

-엿스라 어미 -어 있으라. -어라. ¶小船에 그믈 실흘 제 酒樽 행혀 니즐세라 東嶺에 달 도닷다 어서 배를 ᄯᅴ엿스라 아희야 盞자로 부어라 李白 본 듯ᄒᆞ여라(古時調. 時調類).

:엿오·다 동 엿보다. ☞엿우다. 엳오다 ¶그 ᄢᅴ 天魔ㅣ 엿와 그 便을 得ᄒᆞ야:爾時天魔候得其便(楞解9:87). 窓牖ᄅᆞᆯ 엿오더니:窺看窓牖(法華2:123). 무를 뫼호디 말며 이페 엿오디 마롬 ᄀᆞᆮᄒᆞ니 업스니:無聚會群輩無看視門戶(宣賜內訓2上12). 비록 ᄇᆞᆯᄀᆞ시나 엿와도 보디 몯ᄒᆞ시ᄂᆞ니라:雖明覰不見(金三4:20).

:엿우·다 동 엿보다. ☞엿오다. 엳오다 ¶專혀 엿워 觀照ᄋᆡ ᄇᆞᆯ고미 낫ᄀᆞᆮᄒᆞᆫ 時節엔:專伺候觀照明顯如晝日時(圓覺下三之一54). 朝會예 當호ᄆᆞᆯ 엿워 裝嚴을 ᄒᆞ마 ᄆᆞᆺ챗거늘:伺當朝會裝嚴已訖(宣賜內訓1:17). 됴ᄒᆞᆫ ᄆᆞ리 그스기 채 엿우미 ᄀᆞᆮ호ᄆᆞᆯ 免ᄒᆞ리라:免同良馬暗窺鞭(金三2:2).

엿·이 명 여우가. 〔'엿'+주격조사 '-이'〕 (통)엿 ¶엿이 獅子ㅣ 아니며(月釋2:76).

엿좁다 동 여쭙다. ☞엿줍다 ¶예 브린 현소와 평의디 와신 제 베혀 텬도의 엿조와지라 쳥ᄒᆞ더니:倭使玄蘇平義智來也請斬以聞天朝(東新續三綱. 忠1:36).

엿줍다 동 여쭙다. ☞엳줍다. 엿좁다 ¶이리 하ᄂᆞᆫ 일을 엿줍거나 아니 주거나 ᄒᆞ면(癸丑23). 將軍이 엿ᄌᆞ와 닐오ᄃᆡ:將軍奏道(朴解下23). 오래 셔디 못ᄒᆞ올가 엿줍습ᄂᆡ(新

語3:7). 朝廷의도 ᄌᆞ셔히 엿ᄌᆞ오링이다(新語8:32). 엿좁ᄂᆞᆫ 글월 드리ᅀᆞᆸ다:題本(譯解上11). 범신이 엿ᄌᆞ오ᄃᆡ 알퓌ᄂᆞᆫ 구슬과 옥과 금션과 귀ᄒᆞᆫ 보비ᄅᆞᆯ(明皇1:30).

엿치 부 얃게. ☞녀티 ¶엿치 세워 싱각이 기우러 아지 못ᄒᆞᆷ이라(三譯6:9). 夫人의 어엿비 너김을 엿치 싱각지 아니리라(三譯10:16).

엿태 부 여태. ☞엿틔 ¶쇼 칠 아희는 엿태 안이 닐엇는야(古時調. 東牕이. 海謠).

엿트다 형 열다. 얃다. ☞엳다 ¶엿트나 엿튼 우믈이니:淺淺的井兒(老解上28).

엿틔 부 여태. ☞엿태. 엿해 ¶엿틔:至今(漢淸1:21).

엿해 부 여태. ☞엿태. 엿틔. 엿히 ¶엿해 아춤 밥 먹디 못ᄒᆞ엿고(淸老3:6).

엿히 부 여태. ☞엿해 ¶엿히 엇지 보내지 아니ᄒᆞᄂᆞᆫ다(捷蒙1:19).

여ᇫ 명 여우. ☞엿 ¶여ᇫ의 갓 爲狐皮(訓解). 狐ᄂᆞᆫ 여ᇫ이니 그 性이 疑心 하니라(楞解2:2). 해 여ᇫᄋᆡ 類 ᄃᆞ외ᄂᆞ니라:多爲狐類(楞解8:120). 여ᇫ이 師子 우루믈 엇데 能히 ᄒᆞ료:野干何能師子之吼(牧牛訣45). 여ᇫᄋᆡ 힌 갓오ᄉᆞᆯ:狐白裘(初杜解25:42). 狐ᄂᆞᆫ 여ᇫ이니 疑心 한 거시라(金三3:61).
※여ᇫ>여ᅀᆞ>여ᄋᆞ>여우

:여ᇫ·오·다 동 엿보다. ☞엿오다 ¶天魔ㅣ 여ᇫ와 그 便을 得호미오:乃天魔候得其便(楞解10:41). 佛祖도 여ᇫ올 分이 업스시니라(南明上3). 눈이 이시면 이셔지 여ᇫ옴도 能히 몯ᄒᆞ려니와:有眼不能窺髣髴(南明上65).

:여ᇫ·와 동 엿보아. ㉠여ᇫ오다 ¶天魔ㅣ 여ᇫ와 그 便을 得호미오:乃天魔候得其便(楞解10:41).

여ᇫ·이니 명 여우이니. 〔'여ᇫ'+서술격조사 '-이니'〕 ㉮여ᇫ ¶狐ᄂᆞᆫ 여ᇫ이니 疑心 한 거시라(金三3:61).

여ᇫ·ᄋᆞᆫ 명 여우는. 〔'여ᇫ'+보조사 '-ᄋᆞᆫ'〕 ㉮여ᇫ ¶힌 여ᇫᄋᆞᆫ ᄠᅱ놀오 누른 여ᇫᄋᆞᆫ 셋도다:白狐跳梁黃狐立(初杜解25:28).

:영가 명 영가(詠歌). ¶梵唄 詠歌ㅣ 自然히 펴 奏ᄒᆞ더라:詠歌ᄂᆞᆫ 놀애오 奏ᄂᆞᆫ 풍류ᄒᆞᆯ 씨라(楞解6:47).

영결ᄒᆞ다 동 영결(永訣)하다. ¶주글 제 안해 영결ᄒᆞ고(東新續三綱. 孝6:20). 공의 벗ᄒᆞᆫ 사ᄅᆞᆷ이 울며 영결ᄒᆞ고(落泉1:1).

영노 명 슬기. 지혜(知慧). ¶영노 혜:慧(類合下33).

:영·노ᄉᆞᆯ갑·다 형 영리(怜悧)하고 슬기롭다. ¶해 진실로 영노ᄉᆞᆯ갑고 ᄉᆞ뭿가올셔:咳眞箇好標致(飜朴上15). 애 진실로 ᄀᆞ장 영노ᄉᆞᆯ갑다:咳眞箇好標致(朴解上14). 이 두 夫妻ㅣ ᄀᆞ장 영노ᄉᆞᆯ갑더라:這兩口兒夫妻好爽利(朴解上42). 뎨 영노ᄉᆞᆯ가오니:他標致(朴解下40).

:영노·ᄒᆞ·다 형 슬기롭다. 영리하다. ¶영노ᄒᆞ며 ᄲᆞᆯ로미 뎌 새 눈 ᄀᆞᄐᆞᆯ씨:聰悟迅疾如彼鳥眼(心經25). 영노ᄒᆞᆯ 혜:慧(訓蒙下25). 영노ᄒᆞᆫ 이:爽利的(譯解上28). 客卿이 영노ᄒᆞ더니:客卿敏慧(重內訓2:37).

영문 명 영문(營門). ¶영문 영:營(兒學下6).

영민ᄒᆞ다 형 영민(英敏)하다. ¶셩이 영민ᄒᆞ고 혜힐ᄒᆞ야:性敏慧(東新續三綱. 烈3:92). 하 영민ᄒᆞ니 어엿브이다(癸丑34). 네의 쇼통 영민ᄒᆞᆫ 셩경으로 언변의 교활ᄒᆞ미 이러ᄐᆞᆺ ᄒᆞ야(落泉2:4).

영봉·ᄒᆞ·다 동 영봉(迎逢)하다. 맞이하다. ¶護彌 깃거 나아 迎逢ᄒᆞ야 지븨 드려 재더니(釋譜6:15). 고지 아ᄅᆞᆺ다온 雜남기 迎逢ᄒᆞ고:花嬌迎雜樹(初杜解6:12).

:영셰 명 영세(永世). ¶뫼해 살이 박거늘 天上塔애 ᄀᆞ초아 永世ᄅᆞᆯ 流傳ᄒᆞᅀᆞᄫᆞ니(月印上15).

영싱 명 영생이. 박하. ¶영싱:蔢(訓蒙上15 蔢字註). 薄荷鄕名英生(集成方).

영싱이 명 영생이. 박하. ☞영싱 ¶영싱이:蕳(四解下27). 영싱이:薄荷(方藥12). 영싱이:薄荷(柳氏物名三 草).

영·쇽 명 영욕(榮辱). ¶諸榮辱애 므스기 시르미며 깃부미리오 ᄒᆞ시니라(永嘉下17). 榮辱 是非ᄅᆞᆯ 듣디 아니코(永嘉下109).

영·양 명 영양(榮養). ¶榮養은 榮華ㅅ 供養이라(月釋序10). 昭惠王后ㅣ 榮養ᄋᆞᆯ ᄲᆞᆯ리 ᄇᆞ려시ᄂᆞᆯ(月釋序10).

영영 부 영영(永永). 영원히. ☞영영히 ¶영영 ᄉᆞ렴ᄒᆞ야(恩重14). 영영 니별코 가니:永訣而去(東新續三綱. 忠1:23).

:영:영히 부 영원히. 영영. ☞영영 ¶영영히 그 집 ᄉᆞ나히 구실을 더르시다:永蠲其家丁役(宣小6:61). 슌이 영영히 다ᄅᆞᆫ ᄃᆡ 아니 가ᄆᆞᆯ ᄆᆡᆼ세ᄒᆞ여(東新續三綱. 烈2:13). 대국을 밧들게 ᄒᆞ미 쇼방군신의 ᄌᆞ손의 니ᄅᆞ히 영영히 닛디 못ᄒᆞᆯ 거시오(山城56). 再犯은 왼ᄑᆞᆯ의 刺字ᄒᆞ야 絶島에 영영히 뎡쇽ᄒᆞ야 爲奴ᄒᆞ고(警民16).

영웅 명 영웅(英雄). ¶草昧예 英雄이 니러나니:草昧英雄起(初杜解6:25). 英雄ᄋᆞᆯ 비호디 아니ᄒᆞ며 그를 닑디 아니ᄒᆞ야(金三3:50). 비록 영웅이라 닐러도(三譯2:26). 영웅 영:英(兒學下1).

영원히 부 영원히. ¶永遠히 님자 삼아:永遠爲主(老解下15). 〔飜老下16에는 '니르리 님자 도의여'로 기록되어 있음.〕

-·영·이·다 어미 -ㅂ니다. ☞-여이다 ¶臣이 罪ㅣ 맛당히 결에를 滅ᄒᆞᆯ디라 敢히 거즛되며 망녕되이 몯 ᄒᆞ영이다:臣罪當滅族不敢

虛妄(宣小6:42).

:영·장 명 영장(營葬). 장사(葬事). ¶ 여듧 히도록 영장을 몯 ᄒᆞ야:八年不得營葬(飜小9:32).

:영:장ᄒᆞ·다 동 영장(營葬)하다. 장사(葬事)하다. ¶그 아비 武穆王 영장ᄒᆞᄂᆞᆫ 날애:葬其父武穆王之日(宣小5:48). 주검을 구ᄒᆞ야 부곡의 영장ᄒᆞ고:求屍葬于釜谷(東新續三綱. 孝1:15). 卿禮로ᄡᅥ 영장ᄒᆞ고(女四解4:36). 영장ᄒᆞ다:下葬(同文解下10). 집 사ᄅᆞ미 영장ᄒᆞ고져 ᄒᆞᆯ ᄯᅢ애(桐華寺 王郎傳8).

영·졉·ᄒᆞ·다 동 영접(迎接)하다. ¶諸菩薩ᄃᆞᆯ콰로 소ᄂᆞᆯ 심겨 迎接ᄒᆞ시거든:迎은 마ᄌᆞᆯ 씨라(月釋8:48).

영ᄌᆡ 명 영재(英才). ¶ᄀᆞᄉᆡ 나거든 沙塞 괴외ᄒᆞ고 나라해 들어든 英才예 ᄲᅦ도다(金三3:48). 天下앳 英才ᄅᆞᆯ 得ᄒᆞ야 教育홈이 세 樂이니(宣孟13:14).

영합ᄒᆞ다 동 영합(迎合)하다. ¶영합ᄒᆞᄂᆞᆫ 이:迎合的(漢淸8:41).

:영:향 명 영향(影響). ¶ᄆᆞᅀᆞᄆᆞᆫ 萬形의 模範이오 業은 一心의 影響이니(法華2:162). 二十年 得혼 ᄆᆞᅀᆞ미 다 影響이 업스니(六祖中107).

영화 명 영화(榮華). ¶諸佛이 다 王子 ᄃᆞ외샤 나라 ᄇᆞ리샤 榮華 ᄇᆞ료ᄆᆞᆯ 뵈샤(法華2:43). 님금의 得寵을 더으고 苟且히 그ᄉᆞ기 주구ᄆᆞᆯ 조ᄎᆞᄆᆞ로 榮華 삼ᄂᆞ다 듣디 아니호니(宣賜內訓2上29). 영화 영:榮(類合上8). 영화 영:榮(石千13). 주그미 ᄯᅩᄒᆞᆫ 영홰라 ᄒᆞ얏더라:死亦榮(東新續三綱. 忠1:86). 영화 영:榮(兒學下9).

영화로이 부 영화(榮華)로이. 영화롭게. ¶ᄆᆞᅀᆞᆯ 사ᄅᆞᆷ이 영화로이 너기거ᄂᆞᆯ:鄕人榮之(宣小5:30). 경 등이 다 노친이 이셔 영화로이 치ᄆᆞᆯ 극진이 ᄒᆞ니(仁祖行狀30).

영화롭·다 형 영화(榮華)롭다. ☞영화ᄅᆞᆸ다 ¶길ᄒᆞ며 흉ᄒᆞ며 영화로온 이리며 욕도왼 이리 블른 대로 ᄒᆞᄂᆞ니:吉凶榮辱惟其所召(飜小8:10). 죽으며 살며 영화로으며 辱도욤애:死生榮辱(宣小6:44).

영화ᄅᆞᆸ·다 형 영화(榮華)롭다. ☞영화롭다 ¶ᄯᅩ 參預ᄒᆞ야 榮華ᄅᆞ외요미 이시리이다(宣賜內訓2下44).

영화·히 부 영화(榮華)히. 영화롭게. ¶榮華히 ᄃᆞᆫ니ᄂᆞ닌 올ᄒᆞ며 외니 잇ᄂᆞ니라:榮華有是非(初杜解10:31).

:영·히 부 영(永)히. 길이. ¶貪求ㅣ 永히 긋고 財寶로 주어 濟度ᄒᆞ리라(永嘉下19). 세 類ㅣ 一定히 佛性이 업서 永히 부텨 ᄃᆞ외디 몯ᄒᆞᆯ시(圓覺上一之一49). 永히 긋게 ᄒᆞ시니(金剛序6). 열네 붓만 쓰면 즉재 됴하 영히 발티 아니ᄒᆞᄂᆞ니라:灸十四炷卽愈永不發(救簡6:40). 그 집 구실을 영히 덜라 ᄒᆞ시니라:永蠲其家丁役(飜小9:67). 병이 영히 됴ᄒᆞ니라:病永愈(東新續三綱. 孝2:47).

엱·다 동 얹다. ☞엸다. 엿다 ¶典은 尊ᄒᆞ야 여저 둘 씨니 經을 尊ᄒᆞ야 여저 뒷ᄂᆞᆫ 거실씨(釋譜13:17).

옅·다 형 옅다. ☞녙다 ¶여톨 쳔:淺(類合下48). 天下엣 學이 여트며 좁으며 고집ᄒᆞ며 거리낀이 아니면 반ᄃᆞ시 이예 드ᄂᆞ니라:天下之學非淺陋固滯則必入於此(宣小5:120). 여ᄐᆞ면 사ᄅᆞᄆᆡ ᄑᆞ인 배 되고(家禮7:15).

:예 명 왜(倭). ¶請으로 온 예와 싸호샤:見請之倭與之戰鬪(龍歌52章). 예ᄃᆞᆯ히 싸홈 계워(三綱. 忠35). 예 와:倭(訓蒙中4). 내믈왕의 아ᄃᆞᆯ 말ᄉᆞ흔이 예게 볼모 되엿더니:奈勿王子末斯欣質倭(東三綱. 忠1).

예 대 이에. 여기. ☞이어긔 ¶이 經 디닗 사ᄅᆞ미 비록 예 이셔도(釋譜19:18). 곧 두리 본 ᄆᆞᅀᆞᄆᆞᆯ 머거 예 온 이ᄅᆞᆯ 뉘우처(月釋13:12). 예 니르런 塵劫因緣을 드러 니ᄅᆞ시니(月釋14:10). 님금 셤기ᅀᆞ오며 남진 셤교미 뉘 예셔 더으리오:事君事夫孰勝於此(宣賜內訓序3). 亂ᄒᆞᆫ 代예 飄零ᄒᆞ야 내 예 왯노니:亂代飄零予到此(初杜解7:28). 後에 예 와 어두리라(南明上36). 엇디 앗가사 예 오뇨:怎麼纔到的這裏(飜老上1). ᄆᆞᆯ란 옛 사ᄅᆞᄆᆡ 지븨 쥬신 브텨 두고:馬只寄在這人家裏(飜朴上11). 편지 쓰고 전갈ᄒᆞ여 예 보ᄂᆡ고 졔 보ᄂᆡ니(빅화당가). 너 조차 예 왓노라(萬言詞).

예 명 예〔古〕. ☞네 ¶예 고:古(兒學下7). 예 구:舊(兒學下10).

-·예 조 -에. ☞-에 ¶狄人ㅅ 서리예 가샤:狄人與處(龍歌4章). 놀애예 일훔 미드니:信名於謳(龍歌16章). 西예 오나시든:我西曰來(龍歌38章). 귀예 듣논가 너기ᅀᆞᄫᆞ쇼셔(月印上1). 沙婆世界內예(月釋1:21). 닐웻 ᄉᆞᅀᅵ예 五欲ᄋᆞᆯ ᄆᆞᅀᆞᆷᄀᆞ장 펴고(月釋7:2). 귀예 이션 圓通ᄒᆞ니라(月釋17:60). 飛燕의 하리예 니르러:於(宣賜內訓序3). 시귓병 ᄒᆞᆫ 엿쇄닐웨예 덥다라 ᄆᆞᅀᆞ미 답답ᄒᆞ고:天行病六七日熱盛心煩(救簡1:108). 녈비예 연즌다 샤공아(樂詞. 西京別曲). 德으란 곰비예 받ᄌᆞᆸ고 福으란 림비예 받ᄌᆞᆸ고(樂範. 動動). 부귀예 싸혀시며(萬言詞).

-·예 조 -와. ¶特은 ᄂᆞᄆᆡ 므리예 ᄲᅡ로 다ᄅᆞᆯ 씨라(釋譜6:7).

예거ᄒᆞ다 동 예거(例擧)하다. ¶흉년 경ᄉᆞ에 경부를 박히 ᄒᆞ미 ᄎᆞ례로 둘재 예거ᄒᆞ야시니(綸音83).

예고쵸 명 고추. ☞고쵸. 호쵸 ¶예고쵸:秦椒(譯解上52).

예긔 명 예기(銳氣). ¶예긔 ᄶᅥᆨ기이다:折了

銳氣(漢淸8:28).

예난 명 왜란(倭亂). ☞예 ¶南의ᄂᆞᆫ 예난 나고 北의ᄂᆞᆫ 되난 ᄂᆞ고(古時調. 淸溪).

-·예니·라 어미 -여이니라. ¶ᄆᆞᅀᆞ믈 열며 눈을 ᄇᆞᆯ겨 힝ᄒᆞ요매 리콰댜 ᄒᆞ예니라(飜小8:25). 져근 거슬 쳐 ᄡᅧ 큰 거슬 일홈을 爲ᄒᆞ예니라(宣小3:27).

예닐굽 수 예닐곱. 육칠(六七). ¶그리 이시며 업수믈 記錄 아니ᄒᆞ얀 지 ᄯᅩ 예닐굽 ᄒᆡ니:莫記存沒又六七年矣(重杜解11:5).

예다 동 가다. ¶ᄒᆞ나 둘 세 기러기 西南北 난호여셔 晝夜로 우러 예니(古時調. 靑丘). 시벽 셔리 지신 달의 외기러기 우러 옌다(古時調. 靑丘). 古人도 날 못 보고 나도 古人 못 뵈 古人 못 보아도 예든 길 앏히 잇ᄂᆡ(古時調. 李滉. 靑丘).

예무우 명 왜무. ¶예무우:葍(詩解 物名16).

예ᄆᆡᆨ 명 예막(瞖膜). ¶예ᄆᆡᆨ ᄢᅵ이다:瞖矇(漢淸8:15).

예방ᄒᆞ다 동 예방(豫防)하다. ¶약을 ᄡᅥ 예방ᄒᆞ라(痘要上35).

예비ᄒᆞ·다 동 예비(豫備)하다. ¶賑恤ᄒᆞᆯ 法이슈미 儲蓄ᄋᆞᆯ 몬져 預備홈 ᄀᆞᆮ디 몯ᄒᆞ니 ᄆᆞᄎᆞ매 不幸ᄒᆞ야(宣賜內訓2下58). 시긧병이 흔커든 미리 예비호미 됴ᄒᆞ니:疫疾流行可預備之(救簡1:109). 너기디 아니턴 일 나거든 ᄡᅮ믈 예비홀디니라:以備不虞(飜小7:50). 차 예비ᄒᆞ다:看茶(譯解上58).

예셔 대 여기서. ☞예 ¶님금이 예셔 업ᄉᆞ시니(三綱. 忠27). 釋迦ᄅᆞᆯ 예셔 닐오매 能仁이라(金三2:44). 예셔 하뎜에 가매:這裏到夏店(飜老上59). 예셔 셔울 가기:這裏到京裏(老解上9).

예·셔 대 이보다. ¶이 菩薩이 누니 넙고 큰 靑蓮華葉이 ᄀᆞᆮᄒᆞ샤 百千萬月을 어울워도 그 ᄂᆞ치 端正이 ᄯᅩ 예셔 더으시며(月釋18:77). 예셔 더 어려우니라(圓覺序70). 엇뎨 能히 디나료 호ᄆᆞᆫ 예셔 더으니 업슬 시라(南明上34).

-예·셔 조 ①-에서. ☞-에셔 ¶그 붑소리예셔 마ᄅᆞᆯ 닐오ᄃᆡ 부텻 無學弟子 一千이 摩竭提國 上茆城畢鉢羅堀로 모다 오라 ᄒᆞ더라(釋譜24:1).
②-보다. ¶이 소리ᄂᆞᆫ 우리 나랏 소리예셔 열ᄫᆞ니(訓註15). 이 소리ᄂᆞᆫ 우리 나랏 소리예셔 두터ᄫᆞ니(訓註15). 變은 常例예셔 다ᄅᆞᆯ 씨오(月釋1:15).

예·슌 수 예순. ¶쉰 예슌 발 굴근 삼실로도 노호매 모ᄌᆞ라 ᄒᆞᄂᆞ니라:五六十托麁麻線也放不勾(飜朴上18). 대되 예슌 량이라:通該六十兩(飜老下12). 내 혜옴은 예슌 냥이오:我算的該六十兩(老解下10).

-예·ᅀᅡ 조 -에야. ☞-에ᅀᅡ ¶어느 ᄒᆡ예ᅀᅡ 내게 空中엣 글워ᄅᆞᆯ 브텨 보낼다:幾歲寄我空中書(初杜解2:52). 德을 ᄡᅡ흔 일ᄇᆡᆨ 나ᄆᆞᆫ ᄒᆡ예ᅀᅡ 비로소 내 거긔 나타나 시러곰 큰 벼슬에 니르런ᄂᆞ니:積德百餘年而始發於吾得至大官(宣小5:80).

-·예·와 조 -에와. ¶머리예와 ᄂᆞ치 ᄯᆞᆷ 나거든:頭面汗出(救簡1:26). 귀예와 고해 들에 ᄒᆞ야:入耳鼻(救簡1:60).

예적 명 옛적. ¶예저긔 념불ᄒᆞ야 극낙 간 열 사ᄅᆞᄆᆡ 뎐긔을 ᄒᆞᆫ ᄌᆞ도 곳치지 아니ᄒᆞ고 ᄡᅥ 내야:昔日念佛往西方十人傳記一字不改專出寫示(普勸文13).

예지이 대 여기까지. ¶金子ᄅᆞᆯ 예지이 보내노라(新語8:4).

예초 명 멧대추. ¶예초 ᄉᆞ히디 아니케 ᄉᆞ론 지ᄅᆞᆯ ᄃᆞ순 수레 프러 머그라:酸棗燒灰存性溫酒送下(救簡6:20).

:예·초·ᄡᅵ 명 멧대추씨. 산조인(酸棗仁). ☞예촛ᄡᅵ ¶예초ᄡᅵ 솝 반 량을 누르게 봇가:酸棗仁半兩炒令黃(救簡1:13).

:예·촛·ᄡᅵ 명 멧대추씨. 산조인(酸棗仁). ☞예초ᄡᅵ ¶그 예촛ᄡᅵ 즙을 녀허:下酸棗仁汁(救簡1:13). 예촛ᄡᅵ:酸棗仁(救簡1:114).

-·옌 조 -엔. -에는. ☞-엔 ¶비옌 큰 벌에(月印上25). ᄀᆞᄂᆞᆫ 비옌 고기 므레 냇고:細雨魚兒出(初杜解7:7).

옛 대 여기의. (독)예 ¶옛 사ᄅᆞᄆᆡ 지븨 쥬인 브텨 두고:寄在這人家裏(飜朴上11).

-·옛 조 -에 있는. ¶東海옛 도ᄌᆞ기 智勇ᄋᆞᆯ 니기 아ᅀᆞᄫᅡ:東海之賊孰知智勇(龍歌59章). 未來옛 衆生ᄃᆞᆯᄒᆞᆯ 精進을 뵈시릴ᄊᆡ(月印上53). 三世옛 이ᄅᆞᆯ 아ᄅᆞ실ᄊᆡ(釋譜6:18). 엄과 혀와 입시울와 목소리옛 字ᄂᆞᆫ(訓註15). 前世生ᄋᆞᆫ 아랫 뉘옛 生이라(月釋1:6). 範은 쇠디기옛 소히오(楞解2:20). 누네 非禮옛 비츨 보디 아니ᄒᆞ며:目不觀非禮之色(宣賜內訓1:24). 치위옛 고기ᄂᆞᆫ 칙칙ᄒᆞᆫ 말와매 브텟고:寒魚依密藻(初杜解7:7). 蓮ㅅ 줄기옛 실 그츨 ᄉᆞᅀᅵ라(南明上9). 옷 ᄉᆞᅀᅵ옛 반대좀:衣中白魚(救簡1:19).

-옛다 어미 -어 있다. -었다. ¶사ᄅᆞ미 ᄡᅥ 사ᄅᆞᆷ ᄃᆞ외옛논 바ᄂᆞᆫ:人之所以爲人者(宣賜內訓1:20). 거츤 ᄠᅳᆯ헤 橘柚ㅣ 드리옛고:荒庭垂橘柚(杜解6:26). 뷘 뫼해 鬼神을 세옛도다:空山立鬼神(杜解6:30). 諸葛의 큰 일후미 宇宙에 드리옛ᄂᆞ니:諸葛大名垂宇宙(杜解6:32). 늘근 남근 ᄀᆞ장 서리ᄅᆞᆯ 디내옛ᄂᆞ니라:老樹飽經霜(初杜解7:10). ᄒᆞ다가 십디 몯게 ᄃᆞ외옛거든(救簡1:35).

-·오 조 -고. -요. ¶訓은 ᄀᆞᄅᆞ칠 씨오(訓註1). 왼녀긔 ᄒᆞᆫ 點을 더으면 ᄆᆞᆺ노ᄑᆞᆫ소리오(訓註13).

-·오 조 -인고. -요. ☞-고 ¶法法이 므슴 얼

굴오(楞解3:59). 엇데 일후미 般若오(金剛序8). 대 버히ᄂᆞ닌 뉘 아ᄃᆞᆯ오:伐竹者誰子(重杜解1:23). 뉘 이 青雲 서리옛 器具오(初杜解16:18). 이 엇던 境界오(金三2:3). 므슴 말오:甚麼言語(飜老上18).

-오 조 -나. ¶져 님아 헤여 보소라 네오 긔오 다르랴(古時調. 梨花에. 青丘).

-·오 어미 -고. ¶漢字로 몬져 그를 ᄆᆡᆼᄀᆞᆯ오(釋譜序5). 부텨 命ᄒᆞ야 舍利弗을 和尙이 ᄃᆞ외오(釋譜6:10). 精舍 ᄆᆡᆼᄀᆞᆯ오(月釋1:6). 넘ᄹᅵ미 ᄃᆞ외며 글호미 ᄃᆞ외오:爲洋爲沸(楞解8:101). 알오ᅀᅡ 다시 안 後ㅅ 일ᄃᆞᆯᄒᆞᆯ 무르라:悟了更問悟後事件(蒙法10). 쇠로기ᄂᆞᆫ 누른 ᄲᅩᆼ남긔셔 울오:鴟鳥鳴黃桑(重杜解1:4). 同家窪애 져근덧 머믈오:小留同家窪(重杜解1:12). 옷깃 녀ᄆᆡ오 길 녀매 나ᅀᅡ가놋다:斂衽就行役(初杜解8:20). 〔'斂'은 '斂'의 오기(誤記).〕ᄃᆞᆯᄀᆡ 울오 ᄇᆞᄅᆞᆷ과 비왜 섯그니:鷄鳴風雨交(杜解22:3). ᄢᅵ니 혜디 말오:不計時候(救簡1:19). 감초 반 량 반만 브레 ᄧᅬ오:甘草半兩半炙(救簡2:24). 암ᄒᆞ란 사디 말오:休買母的(飜朴上2). 일닐오 밤 들어든:夙興夜寐(宣小1:14).

오가리 명 왜가리. ☞오과리 ¶오가리:青鶺(四解下38 鶺字註. 譯解下27).

오가피 명 오가피. ¶오가피:五加皮(物譜 藥草). 오가피:五加(柳氏物名四 木).

오·개 명 고개〔峴〕. 〔'오개'는 '고개'의 'ㄱ'이 'ㅣ' 모음 뒤에서 탈락한 형태.〕¶몰애오개:沙峴(龍歌9:49).

:오경 명 오경(五更). ¶이웃집 ᄃᆞᆯᄀᆡ 五更에 ᄂᆞ료ᄆᆞᆯ 므던히 너기노라:遮莫鄰鷄下五更(初杜解15:49). 바ᄅᆞ 五更에 니르러(六祖上17). 내 ᄂᆡ실 오경 두에 일 가리라:我明日五更頭早行(飜老上22). 한선날 오경의 조심ᄒᆞ야 빌오:每歲旦五更初虔心祈告(瘟疫方13). 五更의 다ᄃᆞ라:到五更(老解上22).

오계ᄃᆞᆰ 명 오계(烏雞). ¶오계ᄃᆞᆰ기면 됴ᄒᆞ니라:得烏雞可矣(救簡1:56). 오계ᄃᆞᆰ의 간을 아ᅀᅡ:破烏雞取肝(救簡6:72).

:오·곡 명 오곡(五穀). ¶四體를 勤티 아니ᄒᆞ며 五穀을 分티 몯ᄒᆞᄂᆞ니(宣論4:50). 五穀이 登티 몯ᄒᆞ며(宣孟5:23). 만일 五穀이며 百果ㅣ며 一應 새로 니근 거ᄉᆞᆯ 만나면(家禮7:4).

오골아지다 동 오그라지다. ¶오골아질 구:拘. 오골아질 연:攣(兒學下3).

오·곰 명 오금. ¶오곰 곡:朏. 오곰 추:脷(訓蒙上28). ※오곰>오금

오곳ᄒᆞ다 형 오긋하다. ¶오곳ᄒᆞ다:略收些(漢淸11:61).

오·과·리 명 왜가리. ☞오가리 ¶오과리 쟝:鶺(訓蒙上15).

·오나·놀 동 오거늘. ☞-나놀 ¶馬厩에 드러 오나ᄂᆞᆯ:于厩猝來(龍歌109章). 그 짓 ᄡᆞ리ᄡᆞᆯ 가져 오나ᄂᆞᆯ(釋譜6:14). 그 겨집이 의심ᄒᆞ야 이튼날 ᄯᅩ 오나ᄂᆞᆯ(太平1:9). ᄡᅴ 업슨 손이 오나ᄂᆞᆯ 갓 버슨 主人이 나셔(古時調. 青丘).

·오나·ᄃᆞᆫ 동 오거든. ☞-나ᄃᆞᆫ ¶ᄯᅩ 사ᄅᆞ미 오나ᄃᆞᆫ:更有人來(法華6:12). 第一엔 ᄌᆞ오로미 오나ᄃᆞᆫ:一者睡魔來(蒙法2).

·오·나시·놀 동 오시거늘. ☞-나시ᄂᆞᆯ ¶分身地藏이 다 오나시ᄂᆞᆯ(月釋21:3). 世尊ㅅ긔 오나시ᄂᆞᆯ 世尊이 ᄇᆞ라시니(月釋21:7).

오·나시·든 동 오시거든. ☞-나시든 ¶西예 오나시든 東鄙 ᄇᆞ라ᅀᆞᄫᆞ니:我西曰來東鄙竚望(龍歌38章).

오·내 부 오래. 길이. ☞오래 ¶오내 富貴 누룸과:長享富貴(三綱. 忠15).

오냐 감 오냐. ☞오녀 ¶魯肅이 오냐 ᄒᆞ고 믈러가셔(三譯4:12). 오냐 아노라(捷蒙3:10). 오냐 그리ᄒᆞ쟈(清老2:12).

오녀 감 오냐. ☞오냐 ¶그라 오녀 호ᄆᆞᆯ 모로매 므거이 맛ᄀᆞᆯᄆᆞ며:然諾必重應(宣賜內訓1:27).

오누의 명 오누이. ¶닌샹의 오누의ᄂᆞᆫ 드러오니 너희ᄅᆞᆯ 보ᄂᆞᆫ ᄃᆞᆺ 든든ᄒᆞ여 ᄒᆞ며(仁宣王后諺簡). 오누의계 난 형:姑舅哥哥(譯解上57).

오뉵월 명 오뉴월〔五六月〕¶아야아야 우ᄂᆞᆫ 소릐ᄂᆞᆫ 오뉵월 가온대 억머구릐 소릐로다(普勸文32).

오니 명 온전한 것. ¶ᄇᆡ아ᄆᆡ 헝울 오니 ᄒᆞᆫ 나:蛇退全者一條(胎要29).

-오·니 어미 -으니. ☞-우니 ¶이제 ᄒᆞ오ᅀᅡ 무덤 서리옛 나모 아래 이셔도 두려ᄫᅮ미 업소니 世間 여흰 樂ᄋᆞᆯ 念ᄒᆞ고 그리타이다(月釋7:5). 져근 제브터 비혼 性이 게을오니 늘근 時節에 게을오미 ᄀᆞ장 甚ᄒᆞ도다:小來習性嬾晚節慵轉劇(重杜解8:20).

-오니 어미 -오니. ☞-ᅀᆞᄫᆞ니. -ᅀᆞ오니. -ᅌᆞ오니 ¶食後 風景이라 ᄒᆞ오니 아모리 絕景이라 ᄒᆞ여도(隣語1:10). 됴뎡 대신이 다 녹만 먹고 제 딕칙을 출히디 못ᄒᆞ오니(五倫2:15). ※-ᅀᆞᄫᆞ니>-ᅀᆞ오니>-ᅌᆞ오니

·오ᄂᆞᆫ:뉘 명 내세(來世). ¶네 오ᄂᆞᆫ뉘예 佛事ᄅᆞᆯ ᄀᆞ장 ᄒᆞ리니(釋譜11:14).

·오ᄂᆞᆫ·ᄒᆡ 명 명년(明年). 내년(來年). ¶오ᄂᆞᆫᄒᆡ예 봄 믈로 ᄂᆞ려가:明年下春水(初杜解8:46).

오·ᄂᆞᆯ 명 오늘. ¶가샴 겨샤매 오ᄂᆞᆯ 다ᄅᆞ리잇가:載去載留豈異今時(龍歌26章). 光明도 하시나 ᄀᆞᇫ업스실ᄊᆡ 오ᄂᆞᆯ 몯 ᄉᆞᆲᄂᆡ(月印上10). 오ᄂᆞᆯᅀᅡ 드르샨ᄃᆞᆯ 아바님이 니ᄅᆞ시니이다(月印上42). 오ᄂᆞᆯ 모댓ᄂᆞᆫ 한 사ᄅᆞ미

(釋譜6:28). 오ᄂᆞᆯ록 後에 이 길흘 ᄇᆞᆲ디 말라(月釋21:119). 오ᄂᆞᆳ 安否ㅣ 엇더ᄒᆞ시뇨: 今日安否何如(宣賜內訓1:40). 어제와 오ᄂᆞᆯ왜 다 하ᄂᆞᆳ ᄇᆞᄅᆞᆷ 부놋다:昨日今日皆天風(初杜解16:60). 오ᄂᆞᆳ 새배 내 머리ᄅᆞᆯ 비소라:今晨梳我頭(杜解22:1). 오ᄂᆞᆯ:今日(同文解上3). ᄋᆞ시의 ᄒᆞ던 일을 오ᄂᆞᆯ 와 다시 ᄒᆞᆫ가(ᄇᆡᆨ화당가). 오ᄂᆞᆯ 더ᄅᆞᆯ 슌죵ᄒᆞ면:今日順從(五倫2:42). 今日曰烏捺(雞類).
※오ᄂᆞᆯ>오늘

오·ᄂᆞᆯ·날 [명] 오늘날. ☞오ᄂᆞᆳ날 ¶오ᄂᆞᆯ나래 우리 형뎨ᄃᆞᆯ히 화슌ᄒᆞᆫ 젼ᄎᆞ로:今日箇日頭咱弟兄們和順的上頭(飜朴上7). 오ᄂᆞᆯ나래 ᄒᆞᆫ 이ᄅᆞᆯ 긔디ᄒᆞ고:今日記一事(飜小8:36).

·오·ᄂᆞᆳ·날 [명] 오늘날. ☞오ᄂᆞᆯ날 ¶오ᄂᆞᆳ날 ᄡᅳ들 몯 일워(月印上32). 오ᄂᆞᆳ낤 ᄀᆞ장 혜면(釋譜6:37). 오ᄂᆞᆳ날 世尊이 地藏菩薩이 이런 不可思議 大威神德 겨신ᄃᆞᆯ 讚歎ᄒᆞ거시ᄂᆞᆯ(月釋21:83). 오ᄂᆞᆳ날 南湖애셔 고사리ᄅᆞᆯ ᄏᆡ노니:今日南湖采薇蕨(初杜解15:20). ᄒᆞ다가 오ᄂᆞᆳ날 이ᄅᆞᆯ ᄇᆞᆯ기면:若明今日事(金三2:5). 엣데 오ᄂᆞᆳ날 始大平慶賀ᄅᆞᆯ ᄡᅳ리오(南明上4). 오ᄂᆞᆳ날:今日(重內訓2:88).

오·ᄂᆞᆳ·밤 [명] 오늘밤. ¶이스른 오ᄂᆞᆳ바ᄆᆡ 조차 ᄒᆡ니:露從今夜白(初杜解8:36).

오·ᄂᆞᇗ날 [명] 오늘날. ☞오ᄂᆞᆯ날. 오ᄂᆞᆳ날 ¶오ᄂᆞᇗ나래 내내 우ᇫᄫᅳ리:當今之日曷勝其哂(龍歌16章).

오ᄂᆞᆺ날 [명] 오늘날. ☞오ᄂᆞᆳ날 ¶姓 ᄀᆞᆯᄒᆡ야 員이 오니 오ᄂᆞᆺ나래 내내 우ᇫ우리(樂範5:7. 與民樂 逃亡章).

오ᄂᆡ [명] 오늬〔筈〕. ☞온ᄂᆡ ¶오ᄂᆡ 괄:筈(倭解上40). 오ᄂᆡ 픠다:挑箭扣(漢淸5:17).

오ᄂᆡ [명] 오뇌(懊惱). ¶이ᄣᅢ 쇼졔 오ᄂᆡ ᄶᅵᆺᄂᆞᆫ ᄃᆞᆺᄒᆞ야 쳔지 아득ᄒᆞ나(落泉3:7).

오ᄂᆡ칼 [명] 오늬칼. ☞오ᄂᆡ ¶오ᄂᆡ칼:剔箭刀(漢淸10:35).

·오·다 [동] 오다. ¶姓 ᄀᆞᆯᄒᆡ야 員이 오니:擇姓以尹(龍歌16章). 婇女ㅣ 기베 안ᅀᆞᄫᅡ 어마닚긔 오ᅀᆞᆸ더니(月印上9). 구즌 相ᄋᆞᆯ 보거나 妖怪ᄅᆞᄫᆡᆫ 새 오거나(釋譜9:24). 來ᄂᆞᆫ 올 씨라(月釋序2). 아비 오거늘 보고(月釋17:19). 엇던 젼ᄎᆞ로 이에 오나뇨 ᄒᆞ고(法華2:239). 軍이 미처 오거ᄂᆞᆯ:軍且及之(宣賜內訓3:52). 나갈 저긔 告ᄒᆞ고 도라와 뵛노이다 ᄒᆞ며:出告反面(三綱. 孝27). 二月이 ᄒᆞ마 헐오 三月이 오ᄂᆞ니:二月已破三月來(杜解10:7). 머리 ᄂᆞᆺ출 對ᄒᆞ야 오거ᄃᆞᆫ(金三3:27). 東土애 오나시ᄂᆞᆯ(眞言18). 네 언제 온다:你幾時來(飜朴上51). 왕개 오나다 령공하 왕오 왓ᄂᆞ이다:王舍來了相公王五來(飜朴上59). 만이레 아ᅀᆞᆷ이 뵛거든:若有親則(呂約24). 브ᄅᆞ라 ᄒᆞ고 오나든 주기려 ᄒᆞ니(太平1:51). 블이 ᄃᆞ려여 오나든 나려 ᄒᆞ오시더니(癸丑193). 우리 뎌긔 오나든:到我那裏(老解上40). 뎌러로 오나라:來那裏(老解上52). 수이 가지여 오ᄋᆞᆸ소(新語5:10). 오다:來了(同文解上27). 하고한 밤이 오고 밤마다 잠 못 들어(萬言詞).

오뎐된 [형] 방정맞은. ¶오뎐된 雞聲의 ᄌᆞᆷ은 엇디 ᄭᆡ돗던고(松江. 續美人曲).

오뎐ᄒᆞ다 [동] 오전(誤傳)하다. ¶오뎐ᄒᆞ야 대군이라 듯고(癸丑9).

오도 [명] 오디. ☞오듸 ¶오도 블거ᄒᆞ니ᄅᆞᆯ 하나 져그나 ᄂᆞ로니 시버:椹子將紅者不拘多少細嚼(救簡6:8).

-·오·도 [어미] -어도. ☞-고도 ¶앗이 모딜오도 無相猶矣실씨:弟雖傲矣無相猶矣. 兄이 모딜오도 不宿怨焉이실씨:兄雖悖焉不宿怨焉(龍歌103章). 시혹 사ᄅᆞ미 ᄃᆞ외오도 ᄂᆞᆽ가ᄫᆞᆫ ᄂᆞ미 죠이 ᄃᆞ외야(釋譜9:16). 旃檀香ᄋᆞᆫ 모매 ᄇᆞᄅᆞ면 브레 들오도 브리 몯 ᄉᆞᆯ며(月釋1:26). 中根ᄋᆞᆫ 다 알오도 반ᄃᆞ기 漸漸 닷고ᄆᆞᆯ 븓ᄂᆞ니:中根頓悟必假漸修也(楞解10:88).

오도새 [명] 오디새. ☞오도ᄋᆡ ¶오도새 효:鴞(詩解 物名12).

오도ᄋᆡ [명] 오디새. ☞오도새 ¶오도ᄋᆡ:青鶶(柳氏物名一 羽蟲).

오·도·잣 [명] 오도성(烏島城). 〔성명(城名)〕 ¶至交河縣西烏島城 오도잣(龍歌3:13).

오독독이 [명] 오독도기. ☞오독ᄯᅩ기 ¶오독독이:狼毒(柳氏物名三 草).

오독ᄯᅩ기 [명] 오독도기. ☞오독독이 ¶오독ᄯᅩ기:狼毒(東醫 湯液三 草部).

오·동 [명] 알동(斡東). 〔지명(地名)〕 ¶移居斡東 오동之地 在慶興府東三十里(龍歌1:6).

오동 [명] 오동(梧桐). ¶오동:梧桐(柳氏物名四 木).

오동 [명] 오동(烏銅). ¶오동:烏銅(柳氏物名五 金).

-오되 [어미] -되. -오되. ☞-ᅀᆞᄫᅩᄃᆡ. -ᅀᆞ오ᄃᆡ. -ᄋᆞ오ᄃᆡ ¶料米ᄂᆞᆫ 먹을 만ᄒᆞ오되(隣語1:3). ᄇᆞᆯ셔부터 기ᄃᆞ리오되(隣語1:4). 飮食도 먹들 몯 ᄒᆞ오되(隣語1:5).

오듁 [명] 오죽(烏竹). ¶오듁:苦竹葉(東醫 湯液三 木部).

오드애 [명] 오디새. ☞오도ᄋᆡ ¶오드애:鳲鳩(物譜 羽蟲).

오듸 [명] 오디. ☞오도 ¶오듸:桑椹(物譜 木果). 오듸:葚(柳氏物名四 木).

오디 [명] 오지그릇. ¶븕은 오디:紅磁器(柳氏物名五 石).

오·딕 [부] 오직. ☞오직 ¶오딕 얼굴 여위시드로ᄆᆞᆯ 고텨 도업 일우ᄆᆞᆯ 위ᄒᆞ며:但療形枯爲成道業(誡初7).

오·ᄃᆡ 명 오디. ☞오도 ¶오ᄃᆡ 심:葚(訓蒙上12). 오ᄃᆡ:桑椹子(方藥32). 오ᄃᆡ:桑椹(譯解下42. 同文解下5). ※오ᄃᆡ>오듸>오디

-·오·ᄃᆡ 어미 -으되. ☞-우ᄃᆡ ¶아ᅀᆞᄫᆞᄃᆡ 나ᅀᆞ오니:知亦進當(龍歌51章). ᄒᆞᆫ녁ᄑᆡ 닫 다마 두고 닐오ᄃᆡ(月釋1:7). 도로 블로ᄃᆡ(月釋7:15). 몸 아래셔 므리 나아 곳 ᄉᆞᄉᆡ예 흘로ᄃᆡ ᄯᅡ해 처디디 아니코(月釋7:33). 소옴애 ᄡᅡ 귀예 고조ᄃᆡ ᄒᆞᄅᆞ 세 번곰 ᄀᆞ라 ᄒᆞ라:綿裹塞耳中日三易之(救簡1:29).

:오·라 동 왔노라. ¶그저 긃픠 오라:大前日來了(飜朴上51). 내 高麗 王京으로셔브터 오라:我從高麗王京來(飜老上1).

-·오라 어미 ①-어라. -노라. 〔감탄종지형(感歎終止形)〕 ☞-우라 ¶瀼西ㅅ 구루메 나그내로 밥 머고라:旅食瀼西雲(初杜解7:14). 가다가 가다가 드로라 에정지 가다가 드로라(樂詞. 青山別曲). 내 쟝ᄎᆞᆺ 北으로 갈 제 아ᄋᆞ라히 지블 무로라:杜子將北征蒼茫問家室(重杜解1:1).
②-었노라. ¶내 게으르디 아니호ᄆᆞ로 正覺ᄋᆞᆯ 일우오라(釋譜23:13).

-오·라 어미 -어라. ☞-어라 ¶모로매 願이 이디 말오라 ᄒᆞ더니(釋譜11:30). 使者 브려 보내오라 ᄒᆞ야ᄂᆞᆯ(月釋7:15).

-·오·라 어미 -으러. ¶셔편으로 사술 마초라 가라:西邊對籌去(飜朴上12).

오·라·다 형 오래다. ☞오러다 ¶聖化ㅣ 오라샤:聖化既久(龍歌9章). 나라히 오라건마ᄅᆞᆫ:維邦雖舊(龍歌84章). 오라건 먼 劫브터(釋譜13:59). 久는 오랄 씨오(月釋序14). 여슷 ᄒᆡ 너무 오라다 사ᄅᆞᄆᆡ 목수미 無常ᄒᆞᆫ 거시라(月釋7:2). 擁護컨디 오라거다 ᄒᆞ니라(楞解7:62). 그러나 오라디 몯ᄒᆞ니이다:然不可久也(宣賜內訓2上28). 젓ᄉᆞ와 오라ᄃᆞ록 몯 나오라:怵惕久未出(重杜解1:1). 네 한아빈 게을오미 오라오니:阿翁懶惰久(初杜解8:32). 뫼ᅀᆞ오미 ᄀᆞᆺ 오라:執侍最久(六祖5). 오랄 구:久(類合下59). 오라며 오라셔 이러 니그면:久久成熟(宣小5:5). 제 집 사ᄅᆞᆷ 블러 건뎌 내여ᄂᆞᆯ 오라게야 사라나:其家人拯出良久乃甦(東續三綱. 烈20). ᄀᆞ장 오라거야 쥬인이 나와 닐오ᄃᆡ(太平1:45). 오라디 아녀셔:不多時(警民16). 오라디 아니ᄒᆞ야 도라왓거ᄂᆞᆯ(女四解4:57).

오라바님 명 오라버님. ¶큰오라바님 교훈ᄒᆞ오시미(閑中錄4).

오라비 명 오라비. ¶오라비 殺戮을 맛나니라:兄弟遭殺戮(初杜解8:65). 모ᄃᆞᆫ 오라비 이시니:諸娚在(東新續三綱. 烈6:36). 文帝 皇后ㅅ 四寸 오라비 아ᄃᆞ리라(重內訓2:46). 大抵女子婦人謂其兄弟曰娚方言兀阿非无攸據矣(雅言二).

오라븨 명 오라비의. 〔'오라비'+관형격조사 '-의'〕 통오라비 ¶文帝 皇后ㅅ 四寸 오라븨 아ᄃᆞ리라(重內訓2:46).

오·라·ᅀᅡ 부 오랜 뒤에야. ☞오라아 ¶오라ᅀᅡ 니ᄅᆞ샤ᄃᆡ:久乃曰(金剛下4).

오·라·아 부 오랜 뒤에야. ☞오라ᅀᅡ ¶오ᄂᆞᆯ 모댓ᄂᆞᆫ 한 사ᄅᆞ미 邪曲ᄒᆞᆫ 道理 비환 디 오라아 제 노포라 ᄒᆞ야(釋譜6:28).

:오·락 명 오락(娛樂). ¶諸佛ㅅ 禪定 解脫 娛樂앳 ᄀᆞᅀᆞ미 一相一種인 淨妙ᄒᆞᆫ 樂ᄋᆞᆯ 주시ᄂᆞ니(法華2:100).

오·락가·락ᄒᆞ·다 동 오락가락하다. ¶사ᄅᆞ미 오락가락호ᄆᆞᆯ 알 리 업스니:無人覺來往(初杜解7:6). 둘잿 형은 오락가락ᄒᆞ고:二哥來來去去(飜朴上39).

오·락ᄒᆞ·다 동 오락(娛樂)하다. ¶ᄉᆞᄉᆡ로 娛樂호ᄆᆞᆯ 어두라(初杜解15:48).

오란 형 오랜. ¶어미 거즛 허ᄒᆞ고 오란 후의 가히 셩녜ᄒᆞᆯ가 ᄒᆞ더니(女範3. 뎡녀 노진ᄉᆞ쳐).

오·란·비 명 장마〔霖雨〕. ¶오란비 림:霖(訓蒙上3).

오·랑 명 뱃대끈. ☞빗대 ¶두 그테 거믄 구슬로 ᄆᆡ자 ᄢᅦ욘 약대 터리로 ᄧᆞᆫ 오랑 드리웟고:垂下着兩頭青珠兒結串的駝毛肚帶(飜朴上30). 오랑 느추고:鬆了肚帶(老解上35). ᄆᆞᆯ돌 다 오랑을 서오니 ᄒᆞ고:把馬們都鬆了(老解上62).

오랑·캐 명 오랑캐. ☞오랑ᄏᆡ ¶我國之俗通稱斡東等處兀良哈 오랑캐 兀狄哈 우디거 及女眞諸種爲野人(龍歌1:7). 계미년 오랑캐 난의 살마자 ᄣᅡ히 업더뎌거ᄂᆞᆯ:癸未胡亂中箭仆地(東新續三綱. 孝5:45). 財物의 論호ᄆᆞᆫ 오랑캐 道ㅣ라(家禮4:10). 오랑캐 호:胡(倭解下2). 오랑캐 나라히 드러와(十九史略1:3). 양 먹이는 오랑캐로(五倫2:30).

오랑ᄏᆡ 명 오랑캐. ☞오랑캐 ¶갑국이 오랑ᄏᆡ의게 멸ᄒᆞ니:戎(女四解4:25).

오·래 명 문(門). ☞문오래 ¶오래 ᄠᅳᆯ ᄡᅳ서르믈 게을이 호미오:不掃除門庭(呂約9). 오래문:門子(訓蒙中7 門字註). 오래 문:門(石千27). 문오래며 과실 남글:門巷果木(宣小6:88). 曾見嶺南印本千字文諺解以烏羅釋門字全州兒童指客舍大門謂之烏羅也(頤齋25:23).

오·래 부 오래. ☞오ᄅᆡ ¶여러 나라해 두루 ᄃᆞᆫ니샤 舍衛國에 오래 아니 왯더시니(釋譜6:44). 부텻 淸淨ᄒᆞᆫ 道理 오래 盛티 몯ᄒᆞ리니(月釋10:18). 委曲ᄒᆞᆫ ᄠᅳ들 오래 갑디 몯호라 ᄒᆞ샤:厚意久不報(宣賜內訓2下39). 오래 나그내 ᄃᆞ외야쇼미 당당이 우리 道ㅣ니:久客應吾道(初杜解7:9). 能히 오래 住

티 몯ᄒᆞ리라 ᄒᆞ시니(南明上42). 언메나 오래 머므ᄂᆞᆫ다:住了多少時(飜老上15).

오래건만 명 오래간만. ¶오래건만의 이리 뵈오니 든든ᄒᆞ외(隣語10:16).

오래다 형 온전(穩全)하다. ☞오ᄋᆞᆯ다 ¶封疆이 상녜 오래디 몯ᄒᆞᄂᆞᆺ다:封疆不常全(重杜解5:34).

오려 명 올벼. 이른 벼. ¶ᄃᆞᆰ찜 게찜 오려 點心 날 시기소(古時調. 金光煜. 崔行首 쑥. 靑丘). 오려 고개 속고 열무우 ᄉᆞᆯ졋ᄂᆞᆫ듸(古時調. 靑丘).

-·오·려 어미 ①-으려고. -고자. ☞-우려 ¶올모려 님금 오시며:欲遷以幸(龍歌16章). 衰職 돕ᄉᆞᄫᆞ려 面折廷爭커든(龍歌121章). 八部鬼神이 波旬의 말 드러 와 모딘 ᄠᅳ들 일우오려 터니(月印上26). 妙法을 닐오려 ᄒᆞ시ᄂᆞᆫ가 授記를 호려 ᄒᆞ시ᄂᆞᆫ가(釋譜13:26). 俱夷 묻ᄌᆞᄫᆞ샤ᄃᆡ 부텻긔 반ᄌᆞᄫᅡ 므슴호려 ᄒᆞ시ᄂᆞ니(月釋1:10). 곳 것고려 ᄒᆞ신대(月釋2:36). 難陀ㅣ 부톄 門의 와 겨시다 듣고 보ᅀᆞᄫᆞ려 나올 쩌긔(月釋7:7). 네 이제 갓고려 ᄒᆞᄂᆞᆫ다(月釋7:8). 道理 마로려 ᄒᆞ단 젼ᄎᆞ로(月釋7:13).
②-고 싶은 것이여. ☞-고려 ¶이믜셔 발조쳐 피 내오려 고티기 ᄆᆞ차다:一發就蹄子放血着醫了(飜朴上43).

-·오·련마·론 어미 -으련마는. ¶닐굽 량 은을 바도련마론:要七兩銀(飜朴上73).

:오·로 부 온전히. ☞오ᄋᆞ로 ¶오직 오로 體ᄒᆞ야 뮈워 ᄡᅳᄅᆞ미라(月釋18:14). 그 어미 오로 信ᄋᆞᆯ 내디 몯ᄒᆞ더니(月釋21:20). 그 마ᄅᆞᆯ 오로 牒ᄒᆞ샤:全牒其言(楞解4:32). ᄒᆞᆫ 觀ᄋᆞᆯ 오로 ᄒᆞ시고:專於一觀(楞解5:74). 智境이 오로 나ᄐᆞ시고(法華1:4). 온 體ㅣ 오로 업스며:擧體全無(圓覺上一之二140). 風化 베푸믈 어늬 오로 通達ᄒᆞ리오:宣風豈專達(重杜解1:37). 鴻寶를 엇데 오로 祕密히 ᄒᆞ리오:鴻寶寧全祕(初杜解8:10). 괴 머리 ᄒᆞ나 오로 ᄉᆞ론 지를 ᄀᆞᄅᆞᆯ이 ᄃᆞ외에 ᄒᆞ야:猫頭一枚全燒爲末(救簡6:76). ᄯᅩ 블근 수ᄐᆞᆰ글 동짓날 자바 오로 ᄆᆞᆯ외여 두다가:又方雄赤雞冬至日作腊(瘟疫方5). 오로 제 단ᄒᆞᆯ 義 업고:無專制之義(宣小2:53). 오로 겨집으로ᄡᅥ 집을 잡피여:專以婦持門戶(宣小5:69). 이ᄋᆞ고 힌 ᄲᅧᆯ이 몸애 오로 나고:俄而白毛遍體(東新續三綱. 烈2:11). 世上 煩憂ᄒᆞᆫ 일을 오로 다 이젓노라(古時調. 金光煜. 功名도. 靑丘). 오로:全(同文解下48. 漢淸8:55).

-·오·로 조 -으로. ☞-으로 ¶草木이어나 부디어나 손토보뢰어나(釋譜13:52). ᄒᆞ녀고로 누웻디 아니케(救急下77). 延守ㅣ 왼소노로 아비 발 잡고(續三綱. 孝9). 추모로:着唾沫(飜朴上13). ᄯᅩ 두루믜 지초로 살픠고잣고:又是箇鵰鵰翎兒(飜朴上27). 세 올 노히 ᄆᆞᅀᆞ모로 ᄶᅳᄉᆞ니ᄂᆞᆫ 거셔:三條繩子由你曳(飜朴上42). 머리 헤혀 얼에비소로 비서라:撒開頭髮梳(飜朴上44). 맛ᄶᅡ해셔 언멋 갑소로 사:就地頭多小價錢買來(飜老上13). ᄉᆞᆫᄀᆞ라고로 ᄇᆞ비다:指捻(四解下82 捻字註). 벋의게 죽으모로ᄡᅥ 許티 아니ᄒᆞᆯ디니라:不許友以死(宣小2:11).

오로ᄂᆞ리다 동 오르내리다. ☞오ᄅᆞᄂᆞ리다 ¶어와 ᄌᆞ로 우다히 오로ᄂᆞ리기 御大儀ᄒᆞᆫ 일이ᄋᆞᆸ도쇠(新語3:14).

-·오로·도 조 -으로도. ¶밧고로도 노하 드리디 아니ᄒᆞ며 안ᄒᆞ로도 노하 내디 아니ᄒᆞᆯ 씨:外不放入內不放出(蒙法64).

오로디 부 오로지〔專〕. ¶訓誨ᄒᆞᄂᆞᆫ 權이 실로 어믜게 오로디 읻ᄂᆞᆫ이라:訓誨之權實專於母(女四解2:25).

오로디ᄒᆞ다 동 오로지하다. ☞오로ᄒᆞ다 ¶몸을 오로디ᄒᆞᆫ즉 아래사ᄅᆞᆷ이 허믈을 도라보내고:專己則下歸咎(三略上24).

-·오로·ᄡᅥ 조 -으로써. ☞-오로셔. -으로ᄡᅥ. -ᄋᆞ로ᄡᅥ ¶집 다ᄉᆞᆯ요ᄆᆞᆯ 네 가짓 ᄀᆞᄅᆞ침오로ᄡᅥ ᄒᆞ니:御家以四敎(宣小6:88). 社稷을 安ᄒᆞ욤오로ᄡᅥ 悅을 삼ᄂᆞᆫ 者ㅣ니라:以安社稷爲悅者也(宣孟13:13).

-·오로·셔 조 -으로써. ☞-오로ᄡᅥ. -으로ᄡᅥ. -ᄋᆞ로ᄡᅥ ¶相이 밧고로셔 오ᄂᆞᆫ 디 아니라 이제 ᄆᆞᅀᆞ미 起用이니(金三3:32). 각 압믈 우희 제 ᄆᆞᅀᆞᄆᆞ로셔 즐기ᄂᆞᆫ 거슨:閣前水面上自在快活的(飜朴上70).

오로시 부 완전히. ¶스스로 목ᄆᆡ여 써 경절을 오로시 ᄒᆞ고:全(女四解4:20).

오로지 부 오로지. ¶오로지 ᄉᆞ뎨의게 무르시고(閑中錄480).

:오·로ᄒᆞ·다 동 오로지하다. 전일(專一)하게 하다. ☞오로디ᄒᆞ다 ¶ᄒᆞᆫ 觀ᄋᆞᆯ 오로ᄒᆞ시고:專於一觀(楞解5:74).

오록ᄒᆞ다 형 오롯하다. ☞오롯ᄒᆞ다 ¶오록ᄒᆞᆯ 혼:渾(類合下49).

-·오·론 조 -으로는. ¶ᄒᆞ녀고론 깃그시고 ᄒᆞ녀고론 두리여(月釋2:44).

:오롬 형 완전함. 온전함. ☞오로. 오록ᄒᆞ다 ¶오로ᄆᆞᆯ 求컨댄 어드며 일후미 서르 잇ᄂᆞ니:求全互有得失(法華序21). 그 오로미 物의 것구미 ᄃᆞ외디 아니ᄒᆞ야:其完不爲物挫(法華5:3). 시혹 無常과 眞常과로 半과 오롬과를 삼ᄂᆞ니라:或無常眞常爲半及全(圓覺下三之二84).

오롯이 부 오롯이. 온전히. ☞오로. 오ᄋᆞ로 ¶그 本은 오롯이 誠홈애 이시니:本專在乎誠事(常訓13).

오롯ᄒᆞ다 형 오롯하다. 온전하다. ☞오록ᄒᆞ

다 ¶네 가지 덕이 계우 오롯ᄒᆞ고:全(女四解3:2).

-·오뢰·나 조 -으로나. ☞-오뢰어나 ¶아못거소뢰나 두 귀를 막고(救簡1:61).

-·오·뢰어·나 조 -으로나. ☞-오뢰나 ¶부디어나 손토보뢰어나(釋譜13:52).

오류·마 명 털 빛깔이 검고 푸른 빛이 나는 말. ☞오류ᄆᆞᆯ ¶오류마:燕色馬(飜老下9. 老解下8).

오류ᄆᆞᆯ 명 털 빛깔이 검고 푸른 빛이 나는 말. ☞오류마 ¶오류ᄆᆞᆯ:棗騮(漢淸14:22).

오르다 동 오르다〔登〕. ☞오ᄅᆞ다. 올오다 ¶오르다:登上(同文解上27). 다 오르면 나려오고(萬言詞).

오르·다 동 올리다. ¶진지 오를 제 반ᄃᆞ시 시그며 더운 절ᄎᆞᄅᆞᆯ ᄉᆞᆯ펴보시며:食上必在視寒暖之節(宣小4:12).

오·리 명 오리〔條〕. ☞올 ¶ᄒᆞᆫ 오릿 ᄀᆞᄂᆞᆫ 노ᄒᆞᆯ 미얏ᄂᆞ니:絟着一條細繩子(飜老上36). 오리 됴:條(倭解下39). 가족 오리:條(同文解下40. 漢淸11:16). 오리:條子(漢淸11:47).

오리 명 오리. ☞올 ¶오리 압:鴨(倭解下21). 오리 부:鳧. 오리 압:鴨(兒學上7).

-오리 어미 -리다. 〔'-오리이다'의 준말.〕 ¶놈의 危急ᄒᆞᆫ 때예ᄂᆞᆫ 부ᄃᆡ 救ᄒᆞ여야 信義 잇ᄂᆞᆫ 사ᄅᆞᆷ이라 ᄒᆞ오리(隣語1:9).

오리나모 명 오리나무. ¶오리나모:榆理木(譯解下42). 金城 오리남기 되고(古時調. 海謠). 오리나모:榆理木(柳氏物名四 木).

-·오리·니 어미 -으리니. ☞-으리니 ¶世尊ㅅ말 ᄉᆞᆯᄫᆞ리니(月印上1). 녀나ᄆᆞᆫ 飮食에 니르리 佛僧ᄭᅴ 받ᄌᆞᆸ디 몯ᄒᆞ야셔 몬져 먹디 마로리니(月釋21:111). 江漢에셔 내 늘구믈 ᄆᆞ초리니:江漢終吾老(初杜解7:30).

오리다 동 오리다. ¶오리다:劃開(同文解上59. 漢淸12:57).

-·오리·라 어미 -으리라. ☞-우리라. -으리라 ¶내 이제 무로리라(釋譜13:15). ᄌᆞ개 손ᅀᅩ 메ᅀᆞᄫᆞ리라 ᄒᆞ더시니(月釋10:10). 또 長者와 居者와 居士왜 ᄒᆞᆫᄢᅴ 즁 이바도리라(楞解1:31). 반ᄃᆞ기 趙州ㅣ 엇던 面目인돌 아로리라(蒙法13). 이런ᄃᆞᆯ 아로리라(牧牛訣44). 녯 수픐 기세 도로 드로리라:還入故林棲(初杜解7:8).

-·오·리이·다 어미 -리이다. ¶내 부텨옷 許ᄒᆞ시면 묻ᄌᆞᄫᆞ리이다(月釋8:60). 聖母하 願ᄒᆞᆫᄃᆞᆫ 드르쇼셔 내 멀톄로 닐오리이다(月釋21:38).

오ᄅᆞ 부 오로지. ☞오로디. 오로지 ¶우리 던 의셔ᄂᆞᆫ 쟝만ᄒᆞᆫ 거ᄉᆞᆯ 오ᄅᆞ 다 ᄇᆞ리고 새로 쟝만ᄒᆞ니라(癸丑30).

오ᄅᆞᄂᆞ·리·다 동 오르내리다. ☞오로ᄂᆞ리다 ¶이 양ᄋᆞ로 세 번 오ᄅᆞᄂᆞ리샤(釋譜23:11). 各各 셜흔여슷 디위를 오ᄅᆞᄂᆞ리시니(月釋1:20). 즘게ᄅᆞᆯ 조차 오ᄅᆞᄂᆞ리니(月釋8:13). 六道애 오ᄅᆞᄂᆞ려(永嘉上112). 방하 오ᄅᆞᄂᆞ롬 ᄀᆞᆮ호미라(圓覺下三之二21). 數 업슨 존자리ᄂᆞᆫ ᄀᆞᄌᆞ기 오ᄅᆞᄂᆞ리거ᄂᆞᆯ:無數蜻蜓齊上下(初杜解7:2). 班固ᄂᆞᆫ 作東都西都賦ᄒᆞ고 張衡ᄂᆞᆫ 作東京西京賦ᄒᆞ니 此ᄂᆞᆫ 言京洛을 보ᄃᆡ 몯ᄒᆞᆯ시 賦 지ᅀᅳᆫ 사ᄅᆞᄆᆡ 넉시나 사괴오져 ᄒᆞ며 또 望鄕臺예 오ᄅᆞᄂᆞ리니라(重杜解3:28).

오ᄅᆞ·다 동 오르다. ☞오르다 ¶山脊에 몯 오ᄅᆞ거늘:于岡靡陟(龍歌109章). 또 命終ᄒᆞ샤 올아 忉利天에 나샤(月釋1:20). 우희 오ᄅᆞ거늘(三綱. 忠14). 사ᄅᆞᆷ 업슨 後에ᅀᅡ ᄂᆞ려 아니한더데 또 오ᄅᆞ곰 ᄒᆞᆯ씨(法華1:164). 쟝ᄎᆞ 堂이 오ᄅᆞᆯ 제:將上堂(宣賜內訓1:5). 돌히 어즈러운 ᄡᅡ헤 구룺 氣運이 올앳고:石亂上雲氣(杜解6:48). 더위자바 올오ᄆᆞᆯ 더른 나래 ᄀᆞᆺ바ᄒᆞ다니:躋攀倦日短(杜解9:14). 황뎨 룡션의 오ᄅᆞ시거든:官裏上龍舩(飜朴上70). 오ᄅᆞᆯ 등:登(類合下5). 오ᄅᆞ디 못ᄒᆞ거니 ᄂᆞ려가미 고이ᄒᆞᆯ가(松江. 關東別曲). 오ᄅᆞ고 또 오ᄅᆞ면 못 오를 理 업건마ᄂᆞᆫ(古時調. 泰山이. 槿樂). 불시의 셩비ᄒᆞᄃᆡ 팔도 찬물 다 오ᄅᆞ고(빅화당가).

※오ᄅᆞ다>오르다

※'오ᄅᆞ다'의 활용 ┌ 오ᄅᆞ고/오ᄅᆞ면/오ᄅᆞ디…
└ 올아/올옴…

오ᄅᆞᆯ 명 오늘. ¶오ᄅᆞᆯᅀᅡ:今日(龜鑑上33).

오ᄅᆡ 부 오래. ☞오래 ¶오ᄅᆡ 동당이틴 물:甘爛水(柳氏物名五 水).

오ᄅᆡ다 형 오래다. ☞오라다 ¶사ᄅᆞᆷ의 善惡을 반ᄃᆞ시 날이 오ᄅᆡᆫ 후에야 안다 ᄒᆞ랴(捷蒙4:15).

-·오·마 어미 -마. -으마. 〔'-오-'는 삽입모음(揷入母音).〕 ¶네 손ᄃᆡ ᄑᆞ로마:賣與你(飜老下28). 내 너ᄃᆞ려 닐오마:我說與你(飜朴上32).

:오:만 명 오만(傲慢). ¶믈읫 봄이 ᄂᆞᆺ치 올이면 오만이오:凡視上於面則敖(宣小3:13).

:오:만ᄒᆞ·다 형 오만(傲慢. 敖慢)하다. ¶믈읫 보ᄆᆞᆯ ᄂᆞ치 오ᄅᆞ면 傲慢ᄒᆞ고:傲ᄂᆞᆫ 업시울시오 慢ᄋᆞᆫ ᄆᆞ던히 너길 시라(宣賜內訓1:6). 이베 敖慢ᄒᆞᆫ 말ᄉᆞᄅᆞᆯ 내디 아니ᄒᆞ더시니:口不出敖言(宣賜內訓3:9). ᄌᆞ손이 모딜며 경박ᄒᆞ며 샤치ᄒᆞ며 오만호ᄆᆞ로 업더디디 아니ᄒᆞ리 업ᄂᆞ니:莫不由子孫頑率奢傲以覆墜之(飜小6:20).

-오매 어미 -매. ¶事體 언더ᄒᆞ오매 排床으로 入送ᄒᆞ게 ᄒᆞ라 ᄒᆞ시니(隣語1:3). 이 老炎의 三十里 程道ᄅᆞᆯ ᄂᆞ려오시다 ᄒᆞ오매(隣語1:5).

오·명가·명 부 오면가면. ¶ᄌᆞ조 오명가명

호미(野雲80). 白髮漁翁 되야 이셔 白日이 照滄浪훈 제 오명가명 ᄒᆞ리라(古時調. 功名도. 靑丘). 白蘋洲渚의 오명가명 ᄒᆞ노라(古時調. 새원. 松江).

오목 부 오목. ¶오목 오:凹(倭解上8).

오목ᄒᆞ·다 형 오목하다. ¶니은 오목훈 ᄃᆡ 제여곰 머글 다ᄋᆞᄂᆞ니:聯坳各盡墨(初杜解16:53). 左ᄂᆞᆫ 오목ᄒᆞ고 右ᄂᆞᆫ 블어나ᄆᆞᆯ 뉘 서르 알리오:左凹右凸誰相委(南明下22). 반대좀을 귀 아래 오목훈 ᄃᆡ 뿌초ᄃᆡ:白魚摩耳下穴口(救簡1:19).

오미·뇌 명 꽁무니. ☞옹미니 ¶오미뇌 고:尻. 오미뇌 슈:脽(訓蒙上27).

오미자 명 오미자(五味子). ☞오미ᄌᆞ ¶오미자:五味子(柳氏物名三 草).

:오·미·ᄌᆞ 명 오미자(五味子). ☞오미자 ¶리듕탕애 오미ᄌᆞᄅᆞᆯ 더 드려 머고미 맛당ᄒᆞ니라:宜理中湯加五味子(救簡2:9). 오미ᄌᆞ:五味子(物譜 藥草).

:오:빅ᄌᆞ 명 오배자(五倍子). ¶또 五倍子ᄅᆞᆯ 솝 앗고 ᄡᆞᆯ醋애 훌ᄅᆞᆯ ᄃᆞ마(救急下24).

오샤 명 오사(烏蛇). 먹구렁이. ¶오샤:烏蛇(柳氏物名二 水族).

오:셔 명 오서(鼯鼠). 날다람쥐. ¶鼯鼠ㅣ 사ᄅᆞᆷ 브르며(楞解8:119). 鼯ᄂᆞᆫ ᄂᆞᆯᄃᆞ라미오 鼠ᄂᆞᆫ 쥐라(楞解8:119).

-오셔 어미 -시어. ¶겨유 기ᄃᆞ리오셔(癸丑29).

오셔각 명 오서각(烏犀角). 무소의 뿔. ¶또 총ᅀᅮ무 잇ᄂᆞᆫ 烏犀角으로 밍근 띄를 띄엿고:又繫有鬢眼的烏犀繫腰(飜老下51). 오셔각으로 밍근 띄를 띄엿드라:烏犀繫腰(老解下46).

-오·소·라 어미 -으도다. ¶忽然히 臺예 오로소라:忽登臺(初杜解15:48).

오소리 명 오소리. ☞오쇼리 ¶오소리 단:猯(倭解下23). 오소리:猯(物譜 毛蟲).

오쇼리 명 오소리. ☞오소리 ¶오쇼리:猯(柳氏物名一 獸族).

오슈유 명 오수유. ¶젼국 닷 되와 오슈유 훈 되ᄅᆞᆯ:豉五升吳茱萸一升(救簡1:15).

-·오시·니 어미 -시오니. ¶天爲建國ᄒᆞ샤 天命을 ᄂᆞ리오시니:天爲建國天命斯集(龍歌32章). 天爲拯民ᄒᆞ샤 天才ᄅᆞᆯ ᄂᆞ리오시니:天爲拯民天才是出(龍歌32章). 하ᄂᆞᆯ히 病을 ᄂᆞ리오시니:維皇上帝降我身疾(龍歌102章).

-오시라 어미 -으시오라. -시오라. -으시오. -시오. 〔원망(願望)의 뜻을 아울러 가진 존칭명령형(尊稱命令形). -'고시라'의 'ㄱ' 생략(省略).〕 ☞-고시라 ¶어긔야 머리곰 비취오시라(樂範. 井邑詞). 혀고시라 밀오시라 鄭少年하(樂詞. 翰林別曲).

·오·시릴·씨 동 오실 것이매. 오실 것이므로. ☞-시릴씨 ¶장ᄎᆞ 八萬菩薩와 훈ᄢᅴ 오시릴 씨 몬져 이 祥瑞ᄅᆞᆯ 나토시니라(月釋18:73).

오ᄉᆞ리 명 오소리. ☞오ᄉᆞ리 ¶오ᄉᆞ리 고기:猯肉(東醫 湯液一 獸部). 오ᄉᆞ리:貛子(同文解下39). 오ᄉᆞ리:貛(漢淸14:7).

:오·ᄉᆡᆨ 명 오색(傲色). 오만한 얼굴 빛. ¶처ᅀᅥᆷ 와 傲色 잇더니:初附之時尙有傲色(龍歌95章).

오ᄉᆡᆨ갈외 명 오색(五色)가뢰. ¶오ᄉᆡᆨ갈외:斑猫(柳氏物名二 昆蟲).

오ᄉᆡᆨ당비름 명 오색(五色)당비름. ¶오ᄉᆡᆨ당비름:錦莧(物譜 花卉).

오ᄉᆡᆨ션 명 오색선(五色線). 오색(五色)실. ¶鴛鴦錦 버혀 노코 五色線 플텨 내여(松江. 思美人曲).

오ᄉᆡᆨ쟈개 명 오색(五色) 자개. ¶오ᄉᆡᆨ쟈개:九孔螺(柳氏物名二 水族).

-오·ᅀᅡ 어미 -고야. ¶이런 變化ᄅᆞᆯ 뵈오ᅀᅡ 神足ᄋᆞᆯ 가다 도로 本座애 드러 안ᄌᆞ니라(釋譜6:34). 半劫 디내오ᅀᅡ 阿羅漢ᄋᆞᆯ 일우리니(月釋8:58). 알오ᅀᅡ 다시 안 後ㅅ 일 ᄃᆞᆯ훌 무르라:悟了更問悟後事件(蒙法10).

오ᄉᆞ리 명 오소리. ☞오ᄉᆞ리 ¶오ᄉᆞ리:貒(四解下40). 오ᄉᆞ리 단:猯(訓蒙上19). 오ᄉᆞ리:貛子(譯解下33).

오ᄋᆞᆯ다 형 온전하다. ☞오ᄋᆞᆯ다 ¶山象 이슷 깅어신 눈섭에 愛人 相見ᄒᆞ샤 오ᄋᆞᆯ어신 누네(樂範. 處容歌).

오ᄋᆞᆯ오·다 동 온전히 하다. ☞오ᄋᆞᆯ오다. 오올오다 ¶道ᄂᆞᆫ 本來 生ᄋᆞᆯ 오ᄋᆞᆯ오미라:道本全生(龜鑑下49).

오·얏 명 오얏. ☞오얒. 외얏. 외얒 ¶오얏닙과 대촛닙 디혀 쫀 므를 디그면 즉재 됴ᄒᆞ리라:李葉棗葉擣絞取汁點上卽效(救簡6:29). 오얏 니:李(類合上9).

오·얏나모 명 오얏나무. ¶아마커나 ᄠᅳᆯ 알ᄑᆡ 복셩화 오얏나모ᄃᆞ려 묻노라:試問庭前桃李樹(南明上57).

오양 명 외양간. ☞오히양 ¶븕나모ᄅᆞᆯ 버혀 다가 오양의 ᄢᅵ려 두라(牛疫方3).

오·얒 명 오얏. ☞오얏. 외얏. 외얒 ¶블근 오야지 므레 ᄃᆞ마도 ᄎᆞ디 아니ᄒᆞ고:朱李沈不冷(初杜解10:23).

오얼 명 앙얼(殃孽). 앙화(殃禍). ¶오얼:孽(類合下51).

오열ᄒᆞ다 동 오열(嗚咽)하다. ¶좌우 이목이 만흐믜 훈 말도 답지 못ᄒᆞ고 오열ᄒᆞ야(落泉1:1).

오오라 형 온전하게. ㉠오올다 ☞오오로 ¶엇데 뼈 내 모미 ᄒᆞ오아 오오라 이시리오:焉用身獨完(重杜解4:9).

오·오·로 부 온전히. 오로지. ☞오ᄋᆞ로 ¶오오로 이 ᄒᆞᆫ 뎡이 화ᄒᆞᆫ 긔운이러시다:則渾是一團和氣(宣小6:122). 楚와 蜀애 戎事 総領호ᄆᆞᆯ 당당이 오오로 몯 ᄒᆞᆫ가:総戎楚蜀應全未(重杜解21:11).

오온 관 온. 모든. ☞오ᄋᆞᆫ. 온 ¶또 오온 城을 ᄢᅵ려 사니라:亦擁專城居(杜解6:38). 이제 그 오온 글월을:今其全書(宣小書題2). 오온 蜀애 일홈난 士ㅣ 하니:全蜀多名士(重杜解2:3).

오올다 형 온전하다. ☞오ᄋᆞᆯ다 ¶子孫이 軍陣에 주거 다 업스니 엇데 뼈 내 모미 ᄒᆞ오아 오오라 이시리오:子孫陣亡盡焉用身獨完(重杜解4:9).

오·올·오·다 동 온전히 하다. ☞오ᄋᆞᆯ오다 ¶微ᄒᆞᆫ 班列에 목수믈 오올와 이슈라:微班性命全(初杜解20:18). 시러곰 그 집을 오올완노소라:得全其家云(宣小5:73).

-오 와 어미 -와. -여. ☞-ᅀᆞ 바. ᅀᆞ 와 ¶本是稀貴ᄒᆞ오와 당초 싱각과 달나(隣語8:1).

오욕ᄒᆞ다 동 오욕(汚辱)하다. ¶쟝ᄎᆞᆺ 오욕ᄒᆞ고져 ᄒᆞ거ᄂᆞᆯ:將汚之(東新續三綱. 烈3:44). 도적이 승허ᄒᆞ여 오면 네 오욕ᄒᆞ믄 니ᄅᆞ지 말고(落泉1:2).

오·욤 형 그릇됨. 잘못됨. ㉮오이다 ¶迷ᄒᆞ야 오요미 이에 니르도다:迷謬至此(楞解10:23). 그 오요ᄆᆞᆯ 아디 몯ᄒᆞᆯᄊᆡ:不知其非(楞解10:61).

:오·월 명 오월(五月). ¶五月에 엇브시 츤미야미 소릴 듣논 ᄃᆞᆺᄒᆞ다라(初杜解6:40). 五月에 高唐의 가:五月裏到高唐(飜老上15). 오월 오일에:五月五日(瘟疫方7). 지최五月이며(家禮6:20).

오월잡이 명 오사리. ¶오월잡이:梅鰕(柳氏物名二 水族).

:오이·다 동 왔나이다. ㉮오다 ¶方辯이 머리셔 오이다:方辯遠來(六祖中110).

-·오이·다 어미 -나이다. ☞-옹이다 ¶치움과 더움괘 올마 흘러 漸漸 이에 니르로이다(楞解2:6). 머리셔 드로이다 ᄒᆞ시니라(法華7:163).

오이다 동 외다. ¶오일 송:誦(兒學下6).

오·이·다 형 그릇되다. 잘못되다. ☞외다 ¶迷ᄒᆞ야 오요미 이에 니르도다:迷謬至此(楞解10:23). 그 오요ᄆᆞᆯ 아디 몯ᄒᆞᆯᄊᆡ:不知其非(楞解10:61).

오·ᄋᆞ·로 부 온전히. 전혀. ☞오오로 ¶오ᄋᆞ로 섯근 거시 업서 淸白ᄒᆞ고(釋譜13:28). ᄒᆞ나히 ᄠᅳ로 달아 비치 오ᄋᆞ로 히오(月釋2:46). 몸 오ᄋᆞ로 도라보샤미 象이 ᄀᆞᄐᆞ시며(月釋2:56). 이 모미 주근 後에 오ᄋᆞ로 滅ᄒᆞᄂᆞ다(楞解2:10). 오ᄋᆞ로 制斷ᄒᆞ논 ᄠᅳ디 업고:無專制之義(宣賜內訓1:85). 위안해 토란과 바ᄆᆞᆯ 거두워 드릴ᄉᆡ 오ᄋᆞ로 가난티 아니ᄒᆞ도다:園收芋栗不全貧(杜解7:21). 將軍ᄋᆞᆫ ᄢᅬᄅᆞᆯ 오ᄋᆞ로 ᄒᆞ고:將軍專策略(杜解23:55). 烽燧ㅅ 브리 오ᄋᆞ로 긋디 아니ᄒᆞ도다:烽火未全停(杜解24:8). 이 ᄆᆞᆺ 처섬 緊히 오ᄋᆞ로 자바(南明上2). 十方世界 오ᄋᆞ로 다 이 구무 업슨 쇠마치라:盡十方世界都盧是無孔鐵鎚(金三2:12).

오·ᄋᆞᆫ 관 온. 모든. ☞오온 ¶오ᄋᆞᆫ 므린 겨리 겨리 샹녜 믈 아뇸 ᄀᆞᆮᄒᆞᆺ ᄒᆞ니:如全水之波波恒非水(永嘉下100). 니라샤ᄃᆡ 어름 모시 오ᄋᆞᆫ 므린 ᄃᆞᆯ 아나:曰識氷池而全水(牧牛訣10). 오ᄋᆞᆫ 모미 자최 브투미 업도다:通身沒蹤由(金三2:20).

오·올·다 형 온전하다. ☞오올다 ¶敬心이 몯 오ᄋᆞ더시니(月印上46). 善心이 오ᄋᆞᆯ면 안존 고대셔 말가히 보리니(月釋8:1). 力量이 오ᄋᆞᆯ며 ᄀᆞ자:力量全備(蒙法46). 히미 제 오ᄋᆞ도다:力自全(南明上46). 오ᄋᆞᆯ 젼:全(類合下47). 뻐 사괴욤을 오ᄋᆞᆯ게 ᄒᆞᄂᆞ니라:以全交也(宣小2:67). 愛人 相見ᄒᆞ샤 오ᄋᆞᆯ어신 누네(樂詞. 處容歌). 幽人의 貞正호ᄆᆞᆯ 둘흘 오ᄋᆞᆯ에 호ᄆᆞᆯ 븟그리노라:幽貞愧雙全(重杜解6:37).

오올에 형 온전하게. ㉮오ᄋᆞᆯ다 ¶둘흘 오ᄋᆞᆯ에 호ᄆᆞᆯ 븟그리노라:愧雙全(重杜解6:37).

오·올·오·다 동 온전히 하다. 오로지하다. ☞오ᅀᆞᆯ오다. 오올오다 ¶貞信ᄒᆞᆫ 節介ㅣ를 오ᄋᆞᆯ오ᄂᆞ니:全貞信之節(三綱. 烈6). 功이 일면 根마다 各各 ᄡᅳ믈 오ᄋᆞᆯ올ᄊᆡ(釋譜19:10). 衆生ᄃᆞᆯ히 ᄆᆞᅀᆞᄆᆞᆯ 오ᄋᆞᆯ와 ᄒᆞᆫ 고대 고ᄌᆞ기 머거(月釋8:5). 鏌鎁ᄅᆞᆯ 빗기 자바 正令ᄋᆞᆯ 오ᄋᆞᆯ와(南明下70).

:오장 명 오장(五臟). ☞오쟝 ¶五臟ᄋᆞᆫ 肝과 心과 肺와 腎과 脾왜라(楞解1:60). 理中湯은 五臟이 中寒ᄒᆞ야 입 마고 므러 소리 몯ᄒᆞ며:理中湯治五臟中寒口噤失音(救急上6). 오장 장:臟(類合上22).

오장늌부 명 오장육부(五臟六腑). ¶오장늌부:臟腑(同文解上17).

오쟈락 명 옷자락. ☞오ᄌᆞ락. 옷쟈락 ¶오쟈락 뷔혀 잡고 가지 마소 ᄒᆞᄂᆞᆫ듸(古時調. 梨花에. 靑丘).

오쟝 명 오장(五臟). ☞오장 ¶오쟝 장:臟(兒學上2).

-·오·져 어미 -고자. ☞-고져 ¶오ᅀᆞᆯ ᄲᆡᆺ오져 ᄒᆞ시니(月印上38). 病ᄒᆞᆫ 사ᄅᆞ미 病을 여희오져 ᄒᆞ거든(釋譜9:32). 됴ᄒᆞᆫ 飮食 ᄆᆡᆼᄀᆞᆯ오져 홈 ᄀᆞᆮᄒᆞ야(楞解1:81). 거의 平生애 됴ᄒᆞᆫ ᄃᆡ 놀오져 ᄒᆞ던 이ᄅᆞᆯ 이루리로다:庶遂平生游(重杜解1:14). ᄭᆡ오져 ᄒᆞᆯ 저긔 새뱃 붑소릴 드로니:欲覺聞晨鍾(杜解9:27). 男子ㅣ 몸 ᄃᆞ외오져 ᄒᆞ리와:欲得成男子身者(佛頂上4). 우리 이 官人이 ᄒᆞᆫ 붓 갈흘 ᄆᆡᆼ

ᄀᆞᆯ오져 ᄒᆞᄂᆞ니:咱這官人要打一副刀子(飜朴上16). 힝뎍은 모나 프러디디 말오져 싣븐 거시라:行欲方(飜小8:1).

오존ᄒᆞ다 형 똑똑하다. ¶힝지 오존ᄒᆞ면 그러나 아니 어엿브랴마ᄂᆞᆫ(癸丑189).

오·좀 명 오줌. ¶오좀 누는 ᄡᅡ홀 할ᄒᆞ니(釋譜11:25). ᄯᅩ이 ᄃᆞ외며 오조미 ᄃᆞ외오:爲糞爲尿(楞解8:99). ᄯᅩᇰ과 오좀과:屎尿(永嘉上36). ᄃᆞᄉᆞᆫ 오조매 돔가시라:溫小便漬之(救簡6:27). 오좀 뇨:尿(訓蒙上28). 오좀 수:溲. 오좀 편:便(訓蒙上30). 그 머리ᄅᆞᆯ 漆ᄒᆞ야 ᄡᅥ 오좀 누ᄂᆞᆫ 그르슬 ᄆᆡᇰ그랏더니:漆其頭以爲飮器(宣小4:30). ᄆᆞᆯ 오좀 누다:馬溺(譯解下30). 오좀:尿(同文解上17). 오좀 뇨:溺(兒學上3). ᄉᆞ나히 아희 오좀으로 ᄡᅥ 프러 ᄂᆞ리오면:以童便化下則(臘藥3).

오좀개 명 오줌통〔膀胱〕. ☞오좀ᄲᅢ ¶오좀개:脬(物譜 飮食).

오·좀·ᄲᅢ 명 오줌통〔膀胱〕. ☞오좀개. 오좀ᄶᅢ ¶오좀ᄲᅢ 뷔트러 져근ᄆᆞᆯ 몯 보거든:胞轉小便不得(救簡3:86).

오·좀·ᄶᅢ 명 오줌통〔膀胱〕. ☞오좀개. 오좀ᄲᅢ ¶오좀ᄶᅢ 포:脬 或作 胞. 오좀ᄶᅢ 방:膀. 오좀ᄶᅢ 광:胱(訓蒙上28). 혹 오좀ᄶᅢᄅᆞᆯ 헐워 죵신토록 해 되ᄂᆞ니:或損溺胞致終身之害(胎要36).

오·좀ᄯᅩᇰ 명 오줌똥. ¶便利ᄂᆞᆫ 오좀ᄯᅩᇰ이라(月釋13:62).

오좀통 명 오줌통〔膀胱〕. ¶오좀통:水脬(譯解上35). 오좀통:尿胞(同文解上17).

오죠 명 오조. ¶시 만코 쥐 ᄧᅵ인 東山에 오죠 간 듯ᄒᆞ여라(古時調. 눈 넙고. 歌曲).

오즉 부 오직. ☞오직 ¶오즉 인군 사랑ᄒᆞ기로 직업을 삼아(女四解2:40).

오즉어 명 오징어. ☞오중어 ¶오즉어:烏鰂(物譜 水族).

오중어 명 오징어. ☞오즉어 ¶오중어:烏鰂魚(四解下60). 오중어 뼈:烏賊魚骨(東醫湯液二 魚部). 오중어:烏賊魚(譯解下36). 오중어:烏賊魚(柳氏物名二 水族).

오지쟝갑 명 오지장갑(五指掌甲). ¶오지쟝갑:五指把掌(漢淸4:57).

오·직 부 오직. 다만. ☞오딕. 오즉 ¶오직 舍利弗ㅅ 알ᄑᆡ옷 브리 업슬씨(釋譜6:33). 只ᄂᆞᆫ 오직 ᄒᆞ논 ᄠᅳ디오(月釋序1). 涅槃 妙心을 일훓뎬 오직 耳根이 ᄀᆞᆺ 爲頭ᄒᆞ고(楞解6:78). 오직 世人이 제 性 보디 몯호ᄆᆞᆯ 爲ᄒᆞ샤(金剛序5). 오직 ᄆᆞᅀᆞᆷ 두매 이실 ᄯᆞᄅᆞ미라:唯在存心耳(宣賜內訓1:15). 오직 그 病을 덜오(南明上7). 오직 유:唯(類合上16). 오직 유:惟(類合下17. 石千7).

오ᄌᆞ·락 명 옷자락. ☞옷자락. 옷쟈락 ¶衣裓은 곳 담ᄂᆞᆫ 거시니 오ᄌᆞ락 ᄀᆞᄐᆞᆫ 거시라(月釋7:65).

오죽ᄒᆞ다 형 오죽하다. ¶어이 오죽ᄒᆞ시리오(閑中錄212).

오줌ᄯᅩᇰ 명 오줌똥. ☞오좀ᄯᅩᇰ ¶오좀ᄯᅩᇰ 눌 제 반ᄃᆞ시 븓자바:旋便必奉持之(東新續三綱. 孝7:19).

오챠ᄒᆞ다 동 능지(陵遲)하다. ¶오챠ᄒᆞ여 죽이다:陵遲(譯解上67).

오·칠 명 옻칠. ☞옷칠 ¶오칠 칠:漆(訓蒙中14).

:오·치 명 오채(五彩). ¶오치 실로 슈질ᄒᆞᆫ 텰릭과:五彩綉帖裏(飜朴上72).

오합 명 찬합처럼 만든 합(盒). ¶오합:套盒(漢淸11:32).

오향 명 외양간. ☞오희양 ¶ᄆᆞᆯ 오향:馬房(譯解上19).

오호 감 오호(嗚呼). ¶嗚呼ᄂᆞᆫ 한숨 디ᄐᆞᆺ ᄒᆞᆫ 겨치라(月釋序23). 嗚呼ㅣ라 ᄠᅳᆫ 어드우미 바ᄆᆡ 노ᄂᆞ미어니 엇데 能히 諦예 니르리오(永嘉下72). 嗚呼ᄂᆞᆫ 애와티ᄂᆞᆫ 마리라(圓覺序13).

오·활ᄒᆞ·다 형 오활(迂闊)하다. ¶이런 오활ᄒᆞᆫ 일 ᄒᆞᄂᆞᆫ다:行此迂闊事(三綱. 忠23). 名相이 어즈러우며 말ᄡᅳ디 迂闊ᄒᆞᆯᄊᆡ:迂闊ᄋᆞᆫ 멀며 어윌 씨라(楞解8:44). 오활ᄒᆞ다:迂浮(同文解上33). 계집이 게으르고 오활ᄒᆞ다:婦人懶散(漢淸8:36). 젼치ᄂᆞᆫ 위인이 오활ᄒᆞ고 힝시 츄피ᄒᆞ니(落泉1:2).

오후 명 오후(午後). ¶십이일 오후의 비로소(山城17). 오후:後晌(譯解上5).

오흡다 감 오흡다. 〔'於乎(오호)'에 '-ㅂ다'가 붙은 형태.〕 ¶오흡다 우리 先生 니 곳이 藏修ᄒᆞ니(陶山別曲).

오희양 명 외양간. ☞오희양 ¶오희양에 ᄲᅧ려 두라:馬廐(牛疫方3). 양의 오희양:羊廐(牛疫方14).

오힐다 형 같다. ¶오힐 유:猶(光千15). 오힐 동:同(光千16).

오히녀 부 오히려. 도리어. ☞오히려 ¶ᄑᆞᆯ이 오히녀 어믜 주검을 안고 잇더라:臂猶抱母屍(東新續三綱. 孝8:15).

·오히·려 부 오히려. 도리어. ☞외히려 ¶ᄯᅩ 貪ᄒᆞᆫ 無量有情이 쳔랴ᇰᄋᆞᆯ 모도아 두고 제 ᄡᅳ도 오히려 아니ᄒᆞ거니(釋譜9:12). 猶는 오히려 ᄒᆞ논 마리라(月釋序23). 甚ᄒᆞᆫ 報스롬도 오히려 녀트며(楞解10:92). 오히려 堯舜을 ᄆᆡᇰᄀᆞᆯ리어니(法華2:28). 오히려 어디디 몯ᄒᆞᆫ 子息:尙有不淑之子(宣賜內訓序8). 오히려 蜀앳 늘그니ᄃᆞᆯ히 舜을 닛ᄃᆞᆯ 몯ᄒᆞ야 놀애 브르ᄂᆞ다 듣노라:猶聞蜀父老不忘舜謳歌(初杜解7:9). 오히려 기픈 教化ᄅᆞᆯ 맛나디 몯ᄒᆞ야:尙未遇玄化(金三2:9). 眞과 妄과 둘히 업슨 고디 오히려 이 虛空光影

이니(南明上3). 오히려 요동을 아니ᄒᆞ니 범이 이웃고 가니라:猶不動虎尋去(東新續三綱. 孝1:21). 오히려 집의 도라오디 아니ᄒᆞ여 닐오ᄃᆡ:猶不還家乃曰(東新續三綱. 孝8:47). 오히려:尙且(同文解下49).

오힐여 부 오히려. ☞오히려 ¶오힐여 소ᄒᆞ고 흰 옷 닙고 됴셕에 졔ᄒᆞ기를 스므 히를 폐티 아니ᄒᆞ니라:猶素食白衣朝夕設奠數十年不廢(東新續三綱. 孝8:74).

오·히·양 명 외양간. ☞오양. 오희양 ¶馬廐는 오히야이라(月釋2:46). 오히양앳 ᄆᆞ리 神仙 ᄃᆞ외요ᄆᆞᆯ 아더라:廐馬解登仙(杜解20:16). 오히양의 됴ᄒᆞᆫ ᄆᆞ리 업스며:廐無良馬(飜小10:13). 오히양 구:廐(訓蒙中19). 오히양의 됴ᄒᆞᆫ ᄆᆞᆯ이 업스며:廐無良馬(宣小6:112).

·옥 명 옥(獄). ¶매 마자 獄애 가도아(釋譜9:8). 獄ᄋᆞᆫ 罪 지ᅀᅳᆫ 사ᄅᆞᆷ 가도ᄂᆞᆫ ᄯᅡ히니 ᄯᅡ 아랫 獄일ᄊᆡ 地獄이라 ᄒᆞᄂᆞ니라(月釋1:28). 올히 옥애셔 주그니라(飜老上28). 옥 옥:獄(訓蒙中9. 類合下21). 옥 뢰:牢. 옥 령:囹. 옥 어:圄(訓蒙中9).

옥 명 옥(玉). ¶玉과 돌콰ᄋᆡ 달오미:玉石之殊(宣賜內訓序3). 도로혀 玉 ᄀᆞᆮᄒᆞᆫ 지츨 두위티고져 ᄉᆞ랑ᄒᆞ고:却思翻玉羽(初杜解17:23). 玉이 허므리 업거늘(金三涵序10). 샹등 됴ᄒᆞᆫ 옥으로 령롱히 설픠에 사긴 주지 브텻ᄂᆞᆫᄃᆡ:綴着上等玲瓏羊脂玉頂兒(飜朴上27). 옥 옥:玉(訓蒙中31. 類合上25). 옥 ᄀᆞᆯ 탁:琢. 옥 ᄀᆞᆯ 차:磋(類合下38). 子貢이 ᄀᆞᆯ오ᄃᆡ 美ᄒᆞᆫ 玉이 이에 이시니(宣論2:43). 玉을 彫琢홈애 달ᄋᆞ니잇고(宣孟2:28).

-·옥 어미 -고서. ¶一萬 디위 죽고 一萬 디위 살옥 ᄒᆞ더라(月釋22:78). 블곰과 어드움과 虛空ᄋᆞᆯ 여희옥 見元을 논호아 ᄲᅢ혀라(楞解3:95). 모ᄃᆡ 아로ᄆᆞᆯ 求티 말옥 오직 話頭ᄅᆞᆯ 擧ᄒᆞ야 보리라:不要求解會但提話頭看(蒙法28). 나못가지예 흘려 프른 여르믈 혜옥 프른 믌ᄀᆞᅀᅢ 가 히즈려셔 쉬요리라:條流數翠實偃息歸碧潯(初杜解15:4).

옥경 명 옥경(玉磬). ¶옥경 경:磬(兒學上13).

·옥:돌 명 옥돌. ¶옥돌 룡상 우희 안ᄌᆞ샤:玉石龍床上坐的(飜朴上71). 옥돌:磬石(柳氏物名五 石).

·옥바·치 명 옥바치. 옥공(玉工). 옥장(工匠). ¶옥바치 ᄒᆞᆫ 빈혀ᄅᆞᆯ ᄑᆞᄂᆞ니:玉工貨一釵(飜小10:15). 玉바치 ᄒᆞᆫ 빈혀ᄅᆞᆯ ᄑᆞ니:玉工貨一釵(宣小6:114).

옥병 명 옥병(玉病). 옥의 티. ¶옥병 하:瑕(類合下60).

옥빈 명 옥배(玉盃). ¶옥빈예 향온을 부어 주샤(洛城1).

옥슈슈 명 옥수수. ¶옥슈슈:玉薥薥(譯解下9). 옥슈슈:玉秫(漢淸12:64). 옥슈슈:玉蜀黍(物譜 禾穀. 柳氏物名三 草).

옥ᄉᆞ 명 옥사(獄事). ¶그 옥ᄉᆞ 후의 됴뎡 어루신ᄂᆡ며(癸丑53). 무신 후로브터 얼거 ᄆᆡᆫ돈 옥ᄉᆞ와(仁祖行狀6).

옥ᄉᆡᆨ 명 옥색(玉色). ☞옥ᄉᆡᆨ빗 ¶옥ᄉᆡᆨ 비단:葱白(譯解下4). 옥ᄉᆡᆨ:魚白(同文解下25).

·옥·ᄉᆡᆨ빛 명 옥색(玉色). ☞옥ᄉᆡᆨ ¶옥ᄉᆡᆨ비체 굴근 빼구룸 문ᄒᆞ욘 비단:葱白骨朶雲(飜老下24).

·옥잔 명 옥잔(玉盞). ¶玉잔을 ᄆᆡᆼᄀᆞᆯ면:爲玉杯則(宣小4:24)

옥잠화 명 옥잠화(玉簪花). ☞옥좀 ¶옥잠화:玉簪花(柳氏物名三 草).

옥좀 명 옥잠화(玉簪花). ☞옥잠화 ¶옥좀:玉簪(物譜 花卉).

옥지지·다 동 옥쪼다. ¶옥지질 탁:琢(類合下38).

옥톄 명 옥체(玉體). ¶실 ᄀᆞᆽᄌᆞ오신 옥톄ᄅᆞᆯ 힝혀 블힝ᄒᆞᆫ 일을 보아도(癸丑99).

·온 수 백. ¶온 사ᄅᆞᆷ ᄃᆞ리샤 기ᄅᆞ말 밧기시니:遂率百人解鞍而息(龍歌58章). 百ᄋᆞᆫ 오니라(月釋1:6). 온 번 사호매 이제 뉘 잇ᄂᆞ니오:百戰今誰在(初杜解8:34). 온 ᄇᆡᆨ:百(訓蒙下34). ᄆᆞᄋᆞ매 온 혜아룜과 ᄯᅩ 즈믄 혜아룜ᄋᆞᆯ 머겟도다:心懷百憂復千憂(重杜解11:4). 百日醞(雞類).

·온 관 ①온. 모든. ☞왼 ¶온 내히 나날 東ᄋᆞ로 흘러가ᄂᆞ니:百川日東流(杜解9:16). 믄득 ᄆᆞᅀᆞ미 놀라 온 몸애 ᄯᆞᆷ이 흐르거늘:忽心驚擧身流汗(宣小6:27). 온:渾普(同文解下58).
②여러. ¶온 金으로 갌머리를 ᄭᅮ뮤리:百金裝刀頭(重杜解5:30). 온 조가개 ᄲᅡ리도다:百雜碎(金三2:72).

:온 관 온전한. ¶온 ᄒᆞᆫ:全一(楞解3:63). 몸과 손과ᄂᆞᆫ 온 體니:身手全體(法華2:62). 本性이 온 眞이니:本性全眞(永嘉上91). 온 體ㅣ 오로 업스며:擧體全無(圓覺上一之二140). 가히 고기 온 편이:狗肉完片(救急下61).

-·온 어미 ①-거든. -니. 〔'ㅣ' 뒤의 'ㄱ' 생략형(省略形).〕 ☞-곤 ¶마아만 마아만ᄒᆞ니여 十二諸國이 모다 지ᅀᅥ 세온 아으 處容아비ᄅᆞᆯ 마아만ᄒᆞ니여 머자 외야자 綠李야 ᄲᆞᆯ리 나 내 신고ᄒᆞᆯ ᄆᆡ야라(樂範. 處容歌). 너비 善根 시므디 아니ᄒᆞ닌 일홈도 듣디 몯ᄒᆞ리온 ᄒᆞ믈며 보미ᄯᆞ녀(靈驗5). 외히려 비ᄅᆞ머근 여시 몸도 얻디 몯ᄒᆞ리온:尙不得疥癩野干之身(龜鑑下36). ᄆᆞᄋᆞᆯ히 急홈이 이셔도 오히려 서르 ᄃᆞ라가 救ᄒᆞᆯ ᄶᅥ시온 ᄒᆞ믈며 싀엄의게 이셔 可히 ᄇᆞ릴 썻가:鄰

里有急尙相赴救況在於姑而可委棄乎(英小6:67). 神의 格호미 可히 度디 몯홀 거시온 ᄒᆞ믈며 可히 射홀 것가 ᄒᆞ니:神之格思不可度思矧可射思(宣中栗18). 오히려 情款을 變亂ᄒᆞ기예 免티 몯홇 거시온:猶不免變亂情款(無寃錄1:7).

②-은.〔삽입모음(插入母音)이 들어간 형태.〕 ☞-은 ¶舍利弗이 須達이 밍ᄀᆞ론 座애 올아앉거늘(釋譜6:30). 筌ᄋᆞᆫ 고기 잡ᄂᆞᆫ 대로 밍ᄀᆞ론 거시라(月釋序22). 前生애 지손 罪(月釋1:6). ᄃᆞ룰 자본 이론(月釋1:18). 안존 자히 겨샤ᄃᆡ(月釋7:52). 구븐 남그로 밍ᄀᆞ론 그릇(宣賜內訓1:16).

③-ㄴ. ¶ᄆᆞᆯ 톤 자히 ᄂᆞ리시니이다:躍馬下馳(龍歌34章). 出家혼 功德(月釋7:13).

·온가·지 명 가지가지. 여러 가지. ¶겨지븨 온가짓 어려ᄫᅳᆫ 이리 다와다 ᄀᆞ장 싀틋ᄒᆞ야(釋譜9:7). 온가짓 보ᄇᆡ라(月釋8:7). 徐公이 온가짓 이룰 시름 아니 ᄒᆞ요ᄆᆞᆯ 내 아노니:吾知徐公百不憂(杜解8:24). 諸天이 밥 보내며 온가짓 새 곳 므러 供養ᄒᆞ다가(南明上3). 온가짓 藥으로:百藥(佛頂下9). 온가지로 지조 재오 온 공교ᄒᆞ더라:百能百巧(飜朴上45). 온가짓 일 나미:百事之生(重內訓2:14). 온가지로:千般萬次(同文解下49). 온가지로:儘着(漢淸8:64).

온각 관 온갖. ☞온갓 ¶온각 것슬 공연이 헤피 업시치 말난 말(敬信74).

온갇 관 온갖. ☞온갓 ¶아비 병이 극ᄒᆞ여 온갇 약기 효험 업거ᄂᆞᆯ:父病劇百藥無效(東新續三綱. 孝8:48).

·온·갓 관 온갖. ☞온갇 ¶온갓 고지 옷곳호ᄆᆞᆯ 샹녜 ᄉᆡᆼ각ᄒᆞ노라(南明上8). 온갓 거슬(六祖上10). 귀와 눈과 코와 입과 ᄆᆞᄋᆞᆷ의 알옴과 온갓 얼굴로 ᄒᆡ여곰:使耳目鼻口心知百體(宣小3:7). 상ᄉᆞ와 영장 온갓 이룰 모돈 형의게 미디 아니코:喪葬諸事不煩諸兄(東新續三綱. 孝3:33). 온갓 곧의 神을 求ᄒᆞ야:遍處求神(女四解2:22). 쥬인의 나모와 ᄡᆞᆯ과 물료(온갓 지료)룰 허비치 말며(敬信73). 寒溫을 헐덧 말덧 온갓 노림 재촉홀 제(人日歌). 온갓 병의 열나ᄂᆞᆫ 증들:一切病發熱等症(臘藥1).

온공 명 온공(溫恭). ¶온곲 공:恭(訓蒙下25). 온공 공:恭(石千7).

온공히 부 온공하게. ¶듣기룰 반ᄃᆞ시 온공히 ᄒᆞ며:聽必恭(宣小2:60).

온공·ᄒᆞ·다 형 온공(溫恭)하다. ¶모로매 溫恭ᄒᆞ야 제 몸 어디론가 믿디 말오(宣賜內訓1:48). 溫和ᄒᆞ고 어딜며 溫恭ᄒᆞ고 조심ᄒᆞ며(宣賜內訓3:2). 녯 사ᄅᆞᄆᆡ 온공ᄒᆞ고 검박ᄒᆞ며:古人之恭儉(飜小8:26).

온놈 명 온 놈. 온갖 놈. ¶님아 님아 온놈이 온말을 ᄒᆞ여도 님이 짐쟉ᄒᆞ쇼셔(古時調. 鄭澈. 심의산. 松江).

·온:뉘 명 백세(百世). 백대(百代). ☞온〔百〕 ¶淨飯王ㅅ 우흐로 온뉘짜히 鼓摩王이러시니(月釋2:2).

온닉 명 오늬. ☞오닉 ¶온닉 적고 고재 뎌ᄅᆞ니:弧子小些箇弰兒短(老解下28).

온·당ᄒᆞ·다 형 온당(穩當)하다. 온편(穩便)하다. ¶온당ᄒᆞ다:穩便(老朴集. 單字解5). 哭혼 後애 畢ᄒᆞ여 사일이 뵈야흐로 穩當ᄒᆞ니라(家禮10:47).

온돌 명 온돌(溫突). 방구들. ¶온돌을 달오고(癸丑81).

온돋 명 통돼지. 잡아서 각을 뜨지 아니한 통째로의 돼지. ☞온 ¶特豚은 온도티라(家禮4:24).

온되콩 명 온디콩. ¶百升太:온되콩(衿陽. 穀品).

-온딕 어미 -온데. -ㄴ데. ☞-ㄴ딕 ¶극진이 대접ᄒᆞ섬 즉ᄒᆞ온딕(隣語6:17).

온말 명 온갖 말. ¶님아 님아 온놈이 온말을 ᄒᆞ여도 님이 짐쟉ᄒᆞ쇼셔(古時調. 鄭澈. 심의산. 松江).

온ᄆᆞ돕 명 마디풀. ¶온ᄆᆞ돕:萹蓄(東醫 湯液三 草部).

온반 명 온반(溫飯). ☞온밥 ¶온반을 먹드라:喫和和飯(朴解下42).

온밤 명 온밤. 온 하룻밤. ☞왼밤 ¶온밤:整夜(同文解上5).

온밥 명 온반(溫飯). ☞온반 ¶온밥:和和飯(譯解上49).

온·슈 명 온수(溫水). ¶溫水 冷水로 左右에 ᄂᆞ리와(月印上8). 溫水 冷水로 左右에 ᄂᆞ리와 九龍이 모다 싯기ᅀᆞᄫᆞ니(月釋2:34).

온·슌ᄒᆞ·다 형 온윤(溫潤)하다. ¶도ᄅᆞ혀 됴혼 玉의 溫潤혼 德을 ᄒᆞ야ᄇᆞ리ᄂᆞ니(金三涵序10).

온역 명 온역(瘟疫). ¶香蘇散은 四時예 瘟疫이며 傷寒ᄋᆞᆯ 고티ᄂᆞ니라(簡辟6).

온역ᄒᆞ·다 동 온역(瘟疫)을 앓다. ¶瘟疫혼 지븨 드러가ᄃᆡ 몬져 문ᄋᆞᆯ 열오(簡辟4).

온재 부 통째. 온새미로. ¶혼 자 여슷 치를 온재 ᄆᆞᄅᆞ디 아니ᄒᆞ야 뵈 가온대로 뼈 項上을 조차 左右를 分ᄒᆞ야(家禮6:7).

-온쟈 어미 -온 것이로다. -온 것이로구나. -온 것이여. ¶樂只쟈 오놀이여 즐거온쟈 今日이야(古時調. 金玄成. 靑丘).

온젼 명 온전함. ¶온젼 전:全(倭解下31).

온젼ᄒᆞ다 형 온전하다. ¶기룸과 밀을 쓰면 松脂 시러곰 그 性을 온全티 못ᄒᆞ리라(家禮5:7). 앗가올샤 다만 온젼치 못홀까 ᄒᆞ노라(三譯7:17). 아비와 다뭇 지아비 다 온젼홈을 엇다(女四解4:18). 온젼혼 것:完

全(漢淸11:58).

온졍 명 온정(溫井). 온천(溫泉). ¶온졍:溫泉(柳氏物名五 水).

온죠롱 명 새박뿌리〔何首烏〕. ¶온죠롱:何首烏(東醫 湯液三 草部). 온죠롱:何首烏(柳氏物名三 草).

-온지 어미 -온지. -ㄴ지. ☞-온디 ¶나도 요ᄉᆞ이 더워가 드러 이러ᄒᆞ온지(隣語1:8).

온집 명 온 집안 식구. 합가(闔家). ¶온집:闔家(同文解上34).

온편ᄒᆞ다 형 온편(穩便)하다. ¶내 엇지 참아 좀이 편안ᄒᆞ며 음식이 온편ᄒᆞ리오(綸音101).

온화이 부 온화(溫和)히. ☞온화히 ¶무궁ᄒᆞᆫ 경흥을 일시의 흐터 ᄇᆞ리고 온화이 이ᄅᆞ디(落泉1:2).

온화·히 부 온화(溫和)히. ☞온화이 ¶溫和히 사라(釋譜6:7). 보비옛 바오리 溫和히 울며(釋譜13:24). ᄂᆞᆺ빗촐 온화히 ᄒᆞ며:且溫顔色(宣小6:86).

온화ᄒᆞ·다 형 온화(溫和)하다. ¶溫和ᄒᆞ며 부드러운 顔色ᄋᆞᆯ ᄇᆞ리고 아ᄅᆞᆷ다온 양ᄌᆞᆯ 지ᄉᆞ면:棄和柔之色作嬌小之容(宣賜內訓1:30). 우리 스승이 셩이 온화ᄒᆞ야 ᄀᆞ장 즐겨 ᄀᆞᄅᆞ치ᄂᆞ다:我師傅性兒溫克好生耐繁敎(飜老上6). 셩이 온화ᄒᆞ여:性兒溫克(老解上6).

온:후ᄒᆞ·다 형 온후(溫厚)하다. ¶말ᄉᆞᆷ이 온후ᄒᆞ고 긔운이 화평ᄒᆞ면:言溫而氣和則(宣小5:9).

온히 명 만 일 년. 일 년 내내. ¶온히:整年(同文解上4. 漢淸1:22).

옫 명 옷. ☞옷 ¶ᄉᆞ시예 옫과 ᄯᅴᄅᆞᆯ ᄀᆞ초와 ᄲᅧ 니피더라:備四時衣帶以服之(東新續三綱. 烈1:57). 옫과 밥:衣食(警民2). 옫과 치마ᄅᆞᆯ ᄆᆞᄃᆞ라:做造衣裳(女四解2:14).

옫가이 부 난폭(亂暴)히. ¶아랫 비를 ᄲᅡᆯ리 옫가이 오ᄆᆞᆯ 슬타니:前雨傷卒暴(重杜解12:17).

옫거리 명 옷걸이. ¶오ᄉᆞᆯ 지어 옫거리 우희 두며:衣置架上(東新續三綱. 烈7:15).

옫골홈 명 옷고름. ☞옷고홈 ¶안팟 옫골홈의 ᄎᆞ고 닐오ᄃᆡ:佩內外衣紐曰(東新續三綱. 烈4:53).

옫·바미 명 올빼미. ☞올바미 ¶賈生이 옫바밀 對ᄒᆞ야:賈生對鵩(杜解21:40). 옫바미 효:梟(訓蒙上17. 倭解下21). 아쳐홈을 쇼로개와 옫바미ᄀᆞ티 너기ᄂᆞ니:惡之如鴟梟(英小5:122).

옫밤의 명 올빼미의. ☞옫바미 ¶옫밤의 눈:鴞目(東醫 湯液一 禽部).

옫·칠·하·다 동 옻칠하다. ☞옷칠ᄒᆞ다 ¶ᄯᅩ 몸을 옫칠ᄒᆞ야 라질을 ᄆᆡᆼ글며:又漆身爲癩(宣小4:31).

올 명 오리. ☞올히 ¶올하 올하 아련 비올하(樂詞. 滿殿春別詞). ※올>올히>오리

:올 명 올〔條〕. ☞오리 ¶一千 올 一萬 오리(圓覺上一之一114). ᄒᆞᆫ 올ᄒᆡ 구룸 누비:一條雲衲(南明上59). ᄒᆞᆫ 막다히예 ᄒᆞᆫ 올ᄒᆡ 허므리오:一棒一條痕(金三3:46). 세 올 노히 ᄆᆞᅀᆞ모로 ᄡᅳᄉᆞ니ᄂᆞᆫ 거셔:三條繩子由你曳(飜朴上42). 올 루:縷(類合上28). 올 됴:條(石千32).

올 명 올해. ¶올ᄒᆡ 보미(三綱. 烈12). 올ᄒᆡ 보미 본ᄃᆡᆫ ᄯᅩ 디나가ᄂᆞ니:今春看又過(初杜解10:17). 올ᄒᆡ 가난이ᅀᅡ 實로 가난토다(南明上8). 진실로 올히 간난ᄒᆞ애라:其實今年艱難(飜老上54). 올히 ᄀᆞᆺ 열여스신 숟갇나히라:今年纔十六歲的女孩兒(飜朴上45). 진실로 올히 가난ᄒᆞ여라:其實今年艱難(老解上49). 올흔 ᄀᆞ장 쳔ᄒᆞ더라:今年好生賤了(朴解中14).

:올 부 오로지. ¶올 일:壹(訓蒙下33).

:올- 접두 올-. ¶올벼딥:早禾稈(救急下50). 올밤 닉어 벙그러진 柯枝(古時調. 大棗볼. 靑丘).

-:올 접미 -골〔洞〕. ¶太宗在松都楸洞 ᄀᆞ래올 潛邸(龍歌10:19).

-·올 어미 -을. ¶몸 닷골 道ᄅᆞᆯ 다ᄒᆞ며:在於修身之道(宣賜內訓序3). 主人이 수플와 못과 幽深ᄒᆞᆫ ᄃᆡ 爲ᄒᆞ야 사ᄅᆞᆯ ᄃᆡᄅᆞᆯ 占卜ᄒᆞᄂᆞ다:主人爲卜林塘幽(初杜解7:2).

올감이 명 올가미. ☞올긔 ¶올감이:活扣子(同文解下12). 긜즘싱 잡ᄂᆞᆫ 올감이:打獸的套子(漢淸10:31).

올곳다 형 올곧다. 정직하다. 옳고 곧다. ¶암아도 올곳은 마음은 孔夫子ㅣ가 ᄒᆞ노라(古時調. 金壽長. 七竅는. 海謠).

올긔 명 올가미. ☞올감이 ¶趙州의 올긔ᄅᆞᆯ 자바ᄃᆞᆫ:捉敗趙州(蒙法12).

올ㅋ잡다 동 옭아잡다. ¶사ᄅᆞ미게 믜왼 고ᄃᆞᆯ 올ㅋ자보리니:捉敗得人憎處(法語5).

올나ᄒᆞ니 동 오르니. 오른즉. ☞올라ᄒᆞ니 ¶北寬亭의 올나ᄒᆞ니 三角山 第一峰이 ᄒᆞ마면 뵈리로다(松江. 關東別曲). 籃輿緩步ᄒᆞ야 山暎樓의 올나ᄒᆞ니(松江. 關東別曲).

올니다 동 올리다. ¶표문을 ᄀᆞᆫ측히 지어 올니니(癸丑10).

:올·다 형 온전하다. ☞오ᄋᆞᆯ다 ¶律이 올면 決定히 果感ᄋᆞᆯ 어드리라:律完決獲果感(楞解7:26). 모로매 모ᄆᆡ 德行의 올며 이저듀믈:(法華1:26). 미티 올면 道ㅣ 오ᄂᆞ니:本全則道全(法華2:79). 몸 올에 호ᄆᆞ란 ᄆᆞᆯ바ᄅᆞᆯ 비호노라:全身學馬蹄(初杜解15:17). 셤기ᄂᆞᆫ 바의 ᄆᆞᅀᆞᄆᆞᆯ 올게 ᄒᆞ야 그 졀조ᄅᆞᆯ 두 가지로 아니 ᄒᆞᆫ다 ᄒᆞ샤:以專心所事不貳

其操(東三綱. 忠4. 夢周隕命).

-·올·디·니 어미 -ㄹ지니. ☞-ㄹ디니 ¶幻ᄋᆞᆯ 더롤디니: 以除諸幻(圓覺上一之一7). ᄒᆞᆫ가지로 즐골디니:同樂(飜朴上72).

-·올·디니·라 어미 -ㄹ지니라. ☞-ㄹ디니라 ¶疑心 마롤디니라(圓覺上二之一32). 求티 마롤디니라(牧牛訣3).

올라ᄒᆞ니 동 오르니. 오른즉. ㉮올라ᄒᆞ다☞올나ᄒᆞ니 ¶외나모 뻐근 ᄃᆞ리 佛頂臺 올라ᄒᆞ니(松江. 關東別曲). 叢石亭 올라ᄒᆞ니(松江. 關東別曲).

올라ᄒᆞ다 동 오르다. ¶東州 밤 계오 새와 北寬亭의 올라ᄒᆞ니(松江. 關東別曲).

올:리·다 동 올리다. 드리다. ☞올이다 ¶벼슬ᄒᆞᆫ 이 쳔량읫 거슬 가져다가 그 父母ㅅ긔 올려든:仕宦者將錢物上其父母(宣小6:47). 표 올리다:上表(同文解上44).

올리다 동 ①〔등급 따위를〕 올리다. ¶니딕언이란 사ᄅᆞᆷ은 나히 만ᄒᆞ되 쳥념호미 아ᄅᆞᆷ다온고로 올려 우찬셩 ᄒᆞ이시고(仁祖行狀29). 中官 以下란 올리디 말미 엇더ᄒᆞ올고(新語6:20).
②〔위로〕 올리다. ¶ᄂᆞ려오거든 차 올려: 吊下來踢上去(朴解中1).

올·맘 부 옮아. ¶올맘 비겨셔 王室을 보고: 徙倚瞻王室(初杜解23:16).

올·맘올·맘 부 옮고 옮아. ¶올맘올맘 디나며(修行章37).

올모 명 올무. ¶올모:絹(柳氏物名一 羽蟲).

올·몸 동 옮음. ㉮옮다 ☞올믐 ¶眞이 妄ᄋᆞᆯ 조차 올모미오:眞隨妄轉(圓覺上二之三15). 이 中에 세 ᄀᆞᆲ 올ᄆᆞ며 올모미 이셔:此中有三重展轉(圓覺上二之三19). 둘흔 眞이 妄ᄋᆞᆯ 조차 올모미니:二眞隨妄轉(圓覺上二之三21).

올·믐 동 옮음. ㉮옮다 ☞올몸 ¶세 적 올믐애 니ᄅᆞ신 줄ᄋᆞᆯ:至於三遷(宣小5:9).

올·미 명 올미. ¶올미:葶薺(四解上13 茈字註). 올미 볼:葧. 올미 제:薺(訓蒙上14).

:올·ᄆᆞ샴 동 옮으심. ㉮옮다 ¶岐山 올ᄆᆞ샴도:岐山之遷. 德源 올ᄆᆞ샴도:德源之徙(龍歌4章).

올ᄆᆡ 명 올방개. ¶올ᄆᆡ:烏芋(東醫 湯液二 菜部). 올ᄆᆡ:烏芋(柳氏物名三 草部).

올바미 명 올빼미. ☞온바미 ¶올바미 효:鴞(詩解 物名12).

올밤 명 올밤. ¶올밤 닉어 벙그러진 柯枝 휘두드려 발나 주어 담고(古時調. 大棗 볼 불근. 青丘).

:올·벼 명 올벼. ☞오려 ¶올볏딥 ᄉᆞ론 ᄌᆡ롤 새 기론 므레 프러:早禾稈燒灰新汲水淋灰汁(救急下50). 올벼 고개 숙고 열무우 잘 지거다(古時調. 青丘).

올ᄉᆞ외다 형 옳소이다. ¶올ᄉᆞ외다:嗻(同文解上25).

올·아 동 올라〔登. 上〕. ㉮오ᄅᆞ다 ¶樓 우희 ᄂᆞ라 올아(釋譜6:3). 또 命終하샤 올아 忉利天에 나샤(月釋1:20). 또 梵天에 올아(月釋1:20). 城의 올아 ᄀᆞᄅᆞ치디 말며:登城不指(宣賜內訓1:5). 님금 白玉堂애 올아 님금 金華省애 지이니라:上君白玉堂倚君金華省(杜解24:41). 맏ᄐᆞ면 즉재 숫굼그로 올아:聞之卽上泥丸(瘟疫方18).

올·아·가·다 동 올라가다. ¶兜率天에 올아가 몸이 天下ㅣ ᄃᆞ외오(月印上64). 神靈이 香내 맏고 올아가ᄂᆞ니라(月釋1:14). 虛空ᄋᆞ로 올아가니라:騰空而去(三綱. 董永).

올아바 명 오라비. ¶올아바:東俗女弟呼男兄(華方).

올·아오·다 동 올라오다. ¶崆峒애 使節이 하ᄂᆞᆯ해 올아오니:崆峒使節上青霄(初杜解21:24).

올·앳·다 동 올라 있다. 올랐다. ㉮오ᄅᆞ다 ¶돌히 어즈러운 ᄡᅡ헤 구룸 氣運이 올앳고:石亂上雲氣(初杜解6:48).

올여논 명 올벼논. ¶올여논 물 실어 녹코(古時調. 海謠).

:올오·다 동 온전하게 하다. ☞오ᄋᆞᆯ오다 ¶道力을 올오디 몯ᄒᆞ야:不全道力(楞解1:3). 半分微細ᄅᆞᆯ 올오닌:全於半分微細(楞解9:26). 목숨 올오게 ᄒᆞ야도:全命(法華2:78). 닐온 ᄆᆞᅀᆞᄆᆞᆯ 올오며 顔色을 正히 ᄒᆞ요미라:此則謂專心正色矣(宣賜內訓2上12). 孿孽ㅣ 能히 사로ᄆᆞᆯ 올왓도다:孿孽能全生(重杜解2:63). 麋鹿 뭀 서리예 사라쇼ᄆᆞᆯ 올왯노라:全生麋鹿群(杜解7:14).

올·오·다 동 오르다〔登. 上. 昇〕. ☞오ᄅᆞ다 ¶모로매 山陰을 向ᄒᆞ야 져근 ᄇᆡ예 올오리라:須向山陰上小舟(初杜解7:2). 元輔애 올올 고ᄃᆞᆯ 每常 알며:每覺昇元輔(初杜解20:17). 나조ᄒᆡ 單父臺예 올오라:晚登單父臺(初杜解21:36). 智慧ㅅ 히 ᄀᆞᆺ 올오매:慧日才昇(南明上8). 어딘 일 조초미 노ᄑᆞᆫ ᄃᆡ 올옴 ᄀᆞᆮ고:從善如登(飜小8:2).

:올:오·리 부 올올이. ☞올 ¶金翅鳥ㅣ 나니 그 龍ᄋᆞᆯ 자바 올오리 ᄧᅴ저 다 머거 ᄇᆞ리니(月印上59).

올올히 부 올올(兀兀)히. ¶亭子 압 너븐 들히 兀兀히 펴진 드시(宋純. 俛仰亭歌).

올올ᄒᆞ다 형 올올(兀兀)하다. ¶層巒이 兀兀ᄒᆞ니 富春箕山 아닌 게오(蘆溪. 莎堤曲).

올·옴 동 오름. ㉮오ᄅᆞ다 ¶이러셔미 어려우믄 하ᄂᆞᆯ해 올옴 ᄀᆞᆮ고:成立之難如升天(宣賜內訓1:34). 더위자바 올오ᄆᆞᆯ 뎌ᄅᆞᆫ 나래 ᄀᆞᆺ바ᄒᆞ다니:躋攀倦日短(杜解9:14).

올옷 부 오로지. ☞오로디. 오로지 ¶올옷

젼:專(兒學下9).

올외얏 명 올오얏. ☞외얏 ¶올외얏:麥李(柳氏物名四 木).

올이 명 오리. ☞오리. 올. 올히 ¶올이:鴨子(蒙解下28).

올·이·다 동 ①올리다. 올라가게 하다. ¶石壁에 ᄆᆞᄅᆞᆯ 올이샤:絶壁躍馬(龍歌48章). 尊者 올여 안치고(釋譜24:34). 烈女傳을 닑다가 두 남진 아니ᄒᆞᆫ 일 올옛거늘 보고 닐오ᄃᆡ 겨지븨 샹녯 이리어니 엇데 올이돗던고 ᄒᆞ더라(三綱. 烈14). 오직 부ᅀᅮᆺ그려 하ᄂᆞᆯ로 올여 보내요ᄆᆞᆯ 기들오노라:唯待吹噓送上天(初杜解21:11). 白玉盤애 올이오(重杜解16:68). 미리 나ᄂᆞᆫ ᄯᅡ히 이쇼ᄆᆞ로 죠쳐 올이노라:黃蠟白蠟或有多產之地故並錄之(救荒7). 올일 쳑:陟(兒學下7).
②올리다. 드리다. ☞올리다 ¶進은 올일 씨라(月釋序13). 힘뻐 肝膽을 님굼ᄭᅴ 올이ᅀᆸ고:努力輸肝膽(初杜解20:35). 幽ᄒᆞᆫ 이리 노피 누워쇼매 올일ᄂᆞ다:幽事供高臥(重杜解2:64). 셴 머리예 便安ᄒᆞᆫ 말ᄉᆞᄆᆞᆯ 올요니:白頭供宴語(初杜解20:54). 拾遺로 일즉 두어 줈 그를 올이ᅀᆞ오니:拾遺曾奏數行書(初杜解22:13). 네 글와 그림圖ᄅᆞᆯ 올이ᅀᆞ오니:昔獻書畫圖(初杜解24:37).
③추천(推薦)하다. 천거(薦擧)하다. ¶薦은 올일 씨라(月釋序10). 士를 ᄀᆞᆯᄒᆡ여 學애 드료ᄃᆡ 縣이 州에 올여든 州ㅣ 손녜로 대ᄒᆨ관ᄋᆡ 올여든 대ᄒᆨ관이 몯토아셔 ᄀᆞᄅᆞ쳐:擇士入學縣升之州州賓興於大學大學聚而教之(飜小9:15). 올일 쳔:薦(類合下14).

올ᄋᆞ·기 동 오르기. ¶손과 더블어 올ᄋᆞ기를 ᄉᆞ양ᄒᆞ야 主人이 몬져 올ᄋᆞ거든:與客讓登主人先登(宣小2:69).

-올지라도 어미 -을지라도. -ㄹ지라도. ☞-ㄹ지라도 ¶備償툰 몯ᄒᆞ올지라도 되ᄂᆞᆫ ᄃᆡ로 갑게 ᄒᆞ오리(隣語6:18).

·올창 명 올챙이. ☞올창이. 올챵이. 올턍이 ¶올창爲蝌蚪(訓解. 用字).

·올창·이 명 올챙이. ☞올창. 올챵이 ¶올창이:今俗呼蝌蚪虫(四解上1蟁字註). 올창이 과:蝌. 올창이 두:蚪. 올창이 활:蛞. 올창이 동:蝩(訓蒙上24). 올창이 과:蝌. 올창이 두:蚪(類合上15).
※올창>올창이>올챙이

올챵이 명 올챙이. ☞올창. 올창이 ¶올챵이:蝌蚪(物譜 水族).

·올·타 형 옳다. ¶님굼 말ᄊᆞ미 긔 아니 올ᄒᆞ시니:維王之言不其爲然(龍歌39章). 義士ᄅᆞᆯ 올타 과ᄒᆞ샤:深獎義士(龍歌106章). 아바님이 나ᄅᆞᆯ 올타 ᄒᆞ시니(月印上5). 제 올호라 ᄒᆞ고 ᄂᆞᄆᆞᆯ 외다 ᄒᆞ야(釋譜9:14). 부톄 니ᄅᆞ샤ᄃᆡ 올타 올타 네 말 ᄀᆞᄐᆞ니라(釋譜9:22). 그 後에ᅀᅡ 외니 올ᄒᆞ니 이긔니 계우니 ᄒᆞᆯ 이리 나니라(月釋1:42). 제 道理 올호라 ᄒᆞ야 ᄂᆞᆷ 업시우는 사ᄅᆞ미라(月釋2:46). 니ᄅᆞ샤ᄃᆡ 올ᄒᆞ샷다(法華3:146). 害ᄒᆞ료 호미 올ᄒᆞ료(圓覺上二之二28). 妄量으로 正ᄒᆞᆫ 法을 외니 올ᄒᆞ니 호미:妄是非正法(宣賜內訓1:37). 비록 올ᄒᆞ야도 올타 아니 ᄒᆞ야:雖直不右(宣賜內訓3:34). 올ᄒᆞ면 올호미 미틔 니를오(南明下39). 됴ᄀᆞᄅᆞ치ᄂᆞᆫ 솑가락 ᄀᆞᆮ다 니ᄅᆞ면 곧 올커시니와(金三2:9). ᄯᅩ 이 ᄒᆞᆫ 디위 마조믈 니버도 올토다:却喫這一頓打也是(飜朴上36). 올ᄒᆞᆯ 시:是(訓蒙下29. 類合上16). 올ᄒᆞᆫ 말ᄉᆞᆷ 당:讜(類合下25). 올ᄒᆞᆯ 가:可(石千8). 올ᄒᆞᆯ 우:右(石千20). 올ᄒᆞᆫ 일이 욕심을 이긔ᄂᆞᆫ 이ᄂᆞᆫ:義勝欲者(宣小3:2). 公이 ᄀᆞᆯ오ᄃᆡ 올타:公曰善哉(宣小4:53). 사ᄅᆞᆷ이 되여 나셔 올티곳 못ᄒᆞ면(警民40). 五分 됴ᄒᆞᆫ 은을 밧고와 줌이 곳 올커니ᄯᆞ냐:換與五分好的銀子便是(老解上59). 올흠:是的(同文解下29). 어졔ᄂᆞᆫ 올턴 일이 오날이야 왼 걸 아니(萬言詞).

올턍이 명 올챙이. ☞올창이. 올챵이 ¶올턍이:蝌蚪(柳氏物名二 昆蟲).

올ᄑᆞᆺ 명 올팥. ¶올ᄑᆞᆺ:早小豆(衿陽).

올흔 관 오른. ☞올ᄒᆞᆫ ¶올흔 주먹으로 앏흘 티고(武藝圖5).

올흔녁 명 오른녘. 오른편. ☞올ᄒᆞᆫ녁 ¶ᄉᆞ나히ᄂᆞᆫ 왼녁 계집은 올흔녁히 ᄎᆞ라(辟新14).

올흔손 명 오른손. ☞올ᄒᆞᆫ손 ¶올흔손은 나모가지ᄅᆞᆯ 잡ᄃᆞᆺ ᄒᆞ야(女範2. 변녀 진중공쳐).

올흔ᄑᆞᆯ 명 오른팔. ☞올ᄒᆞᆫᄑᆞᆯ ¶도적이 혀와 올흔ᄑᆞᆯ을 버히고 가니라:賊斷舌及右臂而去(東新續三綱. 孝8:24). 초범은 올흔ᄑᆞᆯ의 ᄌᆞᄌᆞᄒᆞ고:初犯則右臂刺字(警民16).

올흔활 명 우궁(右弓). ¶올흔활:右弓(同文解上47).

·올히 명 오리. ☞올 ¶도티며 羊이며 거유 올히며 ᄃᆞᆰ 가히(月釋23:73). 오히려 올히 ᄀᆞᆮ다 호미라:尙類鶩者也(宣賜內訓1:38). 사ᄅᆞᆷ이 머니 올히 어즈러이 잇도다:人遠鳧鴨亂(重杜解1:42). 그려기 올히ᄂᆞᆫ 기리 혜요미 맛당ᄒᆞ니:鵝鴨宜長數(初杜解7:9). 沐浴ᄒᆞᄂᆞᆫ 올히와 ᄂᆞᄂᆞᆫ 하야로비ᄂᆞᆫ 나조ᄒᆡ 悠悠ᄒᆞ도다:浴鳧飛鷺晚悠悠(杜解9:38). 變化ᄒᆞ야 힌 올히 ᄃᆞ외니:化爲白鳧(杜解17:18). 그력 올히로 ᄒᆡ여 갓가온 이우즐 어즈러이디 아니호리다:不敎鵝鴨惱比隣(杜解21:3). 올히 압:鴨(訓蒙上16. 類合上12). 아비 병ᄒᆞ야 올히ᄅᆞᆯ 맛보고져 ᄒᆞ거ᄂᆞᆯ:父病欲嘗鴨(東新續三綱. 孝3:84). 올히알:鴨卵(痘瘡方14). 淸江의 ᄯᅥᆺᄂᆞᆫ 올히 白沙의 올마 안자(松江. 星山別曲). 돋과 ᄃᆞᆰ과 게유

와 올히 隊 일고 무리 일면:雞豬鵝鴨成隊成羣(女四解2:30). 올히:鴨子(同文解下34). 올히:鴨(漢淸14:14. 物譜 羽蟲). 거유 형용과 올히 거름으로(武藝圖18).

올히 명 올해가. 〔ᄒᆞ 첨용어 '올'의 주격(主格).〕 동올 ¶진실로 올히 가난ᄒᆞ여라:其實今年艱難(老解上49). 올히 又 三十七歲라:今年纔三十七歲(朴解下41).

·올·히 부 옳게. 바르게. 정히. ¶ᄠᅳ들 올히 너기샤(月印上33). 正音은 正ᄒᆞᆫ 소리니 우리 나랏 마ᄅᆞᆯ 正히 반ᄃᆞ기 올히 쓰논 그릴씨 일후믈 正音이라 ᄒᆞᄂᆞ니라(釋譜序5). 빗보기 깁고 둗겁고 ᄇᆞ얌 서린 ᄃᆞᆺᄒᆞ야 두려ᄫᅥ 올히 도ᄅᆞ시며(月釋2:58). 邪曲ᄒᆞᆫ 마ᄅᆞᆯ 올히 드르시ᄂᆞ니(月釋2:74). ᄒᆞ다가 無知ᄅᆞᆯ 올히 너기면(南明上17). 아비ᄂᆞᆫ 올히 ᄒᆞ고:父義(警民18). 올히 듯기로ᄡᅥ 슌을 삼ᄂᆞ니(女範2. 현녀 표쳐녀종).

·올ᄒᆞᆫ 형 옳은. ㉮올타 ¶올ᄒᆞᆫ 일 ᄒᆞ기예ᄂᆞᆫ 즐기ᄃᆞᆺ ᄒᆞ며 탐ᄒᆞᆫᄃᆞᆺ ᄒᆞ야:於爲義若嗜欲(飜小10:12). 이제 니ᄅᆞ히 일ᄏᆞ라 올ᄒᆞᆫ 가문이라 ᄒᆞ고:至今稱爲義門(警民25).

·올·ᄒᆞᆫ 관 오른. ☞올흔 ¶올ᄒᆞᆫ 엇게ᄅᆞᆯ 메왓고:偏袒右肩(初杜解16:34). 올ᄒᆞᆫ 손가락을 근처 드리니 즉시 도로 사니라:斷右手指進之卽生(東新續三綱. 孝8:31).

·올ᄒᆞᆫ녁 명 오른녘. 오른편. 오른쪽. ☞올흔녁 ¶右ᄂᆞᆫ 올ᄒᆞᆫ녀기라(訓註13). 올ᄒᆞᆫ녀그로 도ᄅᆞ샤 세 번 값도ᄅᆞ시고:右繞三帀(圓覺下一之二2). 앉ᄂᆞᆫ 올ᄒᆞᆫ녀긧 銘:座右銘(宣賜內訓1:26). 올ᄒᆞᆫ녁으로 기울어든 왼녀긔 ᄇᆞ티라:患右貼左(救簡1:22). 올ᄒᆞᆫ녁 우:右(類合上2). 곧 왼녁키며 올ᄒᆞᆫ녁크로 ᄎᆡ여셔 기ᄃᆞᆯ올디니라:則左右屛而待(宣小2:62). 올ᄒᆞᆫ녁킈ᄂᆞᆫ 徵와 角을 ᄒᆞ고:右徵角(宣小3:17).

올ᄒᆞᆫ넙 명 오른 옆구리. ¶올ᄒᆞᆫ녀브로 누ᄫᅳ샤(釋譜23:17). 올ᄒᆞᆫ녀브로 드르시니(月釋2:22之2止). 菩薩이 올ᄒᆞᆫ녀브로 나샤(月釋2:36).

·올ᄒᆞᆫ손 명 오른손. ☞올흔손 ¶올ᄒᆞᆫ소ᄂᆞ로 하ᄂᆞᆯ ᄀᆞᄅᆞ치시며(月釋2:38). ᄀᆞᄅᆞ쵸ᄃᆡ 올ᄒᆞᆫ 소ᄂᆞ로ᄡᅥ ᄒᆞ며:敎以右手(宣賜內訓3:2). ᄀᆞᄅᆞ츄ᄃᆡ 올ᄒᆞᆫ손으로ᄡᅥ ᄒᆞ게 ᄒᆞ며:敎以右手(宣小1:3).

·올·ᄒᆞᆫ풀 명 오른팔. ☞올흔풀 ¶날로 더블어 齒를 티고져 ᄒᆞᄂᆞᆫ 이ᄂᆞᆫ 올ᄒᆞᆫ풀을 메와ᄉᆞ라 ᄒᆞᆫ대:欲與我誅齒者袒右(宣小4:33).

올ᄒᆡ 명 올해. 금년(今年). ¶올ᄒᆡ 난 회홧가지:新生槐枝(救急上30).

올ᄒᆡ 명 오리의. 〔'올히'+관형격조사 '-ᄋᆡ'〕 동올히 ¶올ᄒᆡ 알만 ᄒᆞ니:如鴨子(救急上17). 올ᄒᆡ 삿기ᄂᆞᆫ:鳧雛(初杜解10:8). 올ᄒᆡ 댤은 다리 학긔 다리 되도록애(古時調. 金絿. 自菴集).

·올힝·다 형 옳다. 옳으이. 〔'올ᄒᆞ이다'의 축약형(縮約形).〕 ¶帝 니ᄅᆞ샤ᄃᆡ 올힝다:帝曰然(宣賜內訓2下50).

옮·기·다 동 옮기다. ☞옴기다 ¶네 업던 돌ᄒᆞᆯ 帝釋이 옮겨 오니(月印上38). 주를 다ᄅᆞᆫ ᄃᆡ 옮겨 터 되더니(釋譜6:36). 謄은 옮길 씨오(月釋序23). 곧 옮겨 ᄀᆞᄅᆞ치논 이리라(月釋13:28). 轉ᄋᆞᆫ 옮길 씨오(楞解1:4). 眞心이 妄ᄋᆡ 옮곰 ᄃᆞ외요미 나라히 도ᄌᆞᄀᆡ 侵勞 니부미 ᄀᆞᆮ고(楞解1:46). 오ᄂᆞᆯ 또 우 업슨 ᄆᆞᆺ 큰 法輪을 옮기시노소이다:今乃復轉無上最大法輪(法華2:47). 뮈워 옮교ᄆᆞᆫ 風에 가ᄂᆞ니:動轉歸風(圓覺上二之二28). 聲과 色과의 옮교ᄆᆞᆯ 닙디 아니호ᄆᆞᆯ 坐ㅣ오:不爲聲色轉謂之坐(蒙法65). 고존 옮기고져 ᄒᆞᄂᆞᆫ 대예 기우렛고:花亞欲移竹(初杜解7:11). 먼딋 梅花ᄅᆞᆯ 옮겨다가:移遠梅(初杜解15:38). 詩예 닐오ᄃᆡ 내 ᄆᆞᅀᆞ미 돌 아니라 옮기디 몯ᄒᆞ리며(南明上26). ᄒᆞ다가 옮기ᄂᆞᆫ 고대 情을 두디 아니ᄒᆞ면:若於轉處不留情(六祖中75). 그 아븨 무덤을 어미 무든 ᄃᆡ 옮기고:遷其父墓於母塋(東新續三綱. 孝2:30).

옮기힐후·다 동 옮김질하다. ☞옴기힐후다 ¶옮기힐후미 몯 ᄒᆞ리라:不可改移(法語4).

:옮·다 동 옮다. ☞옮다. 옴다 ¶岐山 올ᄆᆞ샴도:岐山之遷. 德源 올ᄆᆞ샴도:德源之徙(龍歌4章). 漢陽애 올ᄆᆞ니이다:漢陽是遷(龍歌14章). 올모려 님금 오시며:欲遷以幸(龍歌16章). 時節이 올마 흘러가면(釋譜19:11). 옮ᄂᆞ니로 滅 사ᄆᆞ니라:遷者爲滅(楞解10:19). 이ᄀᆞ티 올ᄆᆞ며 올ᄆᆞ샤 三千大千世界예 ᄀᆞ득ᄒᆞ샤ᄃᆡ:如是展轉遍滿三千大千世界(法華4:121). 前後에 고텨 옮거든(圓覺上一之二62). 眞이 妄ᄋᆞᆯ 조차 올모미오:眞隨妄轉(圓覺上二之三15). 이 中에 세 겹 올ᄆᆞ며 올모미 이셔:此中有三重展轉(圓覺上二之三19). 便安ᄒᆞᆫ ᄃᆡᆯ 便安히 너교ᄃᆡ 能히 옮ᄂᆞ니라:安安而能遷(宣賜內訓1:7). 사ᄅᆞᄆᆡ 이ᄅᆞᆯ 다봇 옮ᄃᆞᆺ 호ᄆᆞᆯ 슬노니:人事傷蓬轉(初杜解7:16). 文殊 普賢이 왼녀그로 돌며 올ᄒᆞᆫ녀그로 옮거늘:文殊普賢左旋右轉(金三3:24). 그 안 ᄆᆞᅀᆞ미 조차 옮ᄂᆞ니:其中則遷(飜小8:9). 올믈 뎐:轉(訓蒙下1). 올ᄆᆞᆯ ᄉᆞ:徙(類合下37). 올마 ᄒᆞᆨ당 겯틔 가 집ᄒᆞ니:乃徙舍學宮之旁(宣小4:4). 대개 셧녁크로 올ᄆᆞ신 긔별 듣고:聞大駕西遷(東新續三綱. 忠1:61).

·옮ᄃᆞᆫ·니·다 동 옮아 다니다. ☞옮ᄃᆞᆫ니다 ¶두루 옮ᄃᆞᆫ뇨ᄆᆞᆯ ᄠᅳᆫ 人生ᄋᆞᆯ 므던히 너굘 디로다:飄轉任浮生(初杜解7:12). ᄇᆡ호 픔병

이 옮ᄃᆞ녀:白虎風走轉(救簡1:89). 하며 져근 衰殘ᄒᆞᆫ 사ᄅᆞᆷᄂᆞᆫ 이레 飄零호미 옮ᄃᆞ니ᄂᆞᆫ 다봇 ᄀᆞᆮ호라:多少殘生事飄零似轉蓬(重杜解2:28).

옮ᄃᆞ니다 동 옮아 다니다. ☞옮ᄃᆞ니다 ¶옮ᄃᆞ녀 나조ᄒᆡ 도라가ᄂᆞᆫ 시르미로다:漂轉暮歸愁(杜解9:35).

옮이다 동 옮기다. ☞옮기다 ¶ᄒᆞᆫ 거름 올미고 또 ᄒᆞᆫ 거름 다시 올며(曺友仁. 關東續別曲).

:옮·다 동 옮다. ☞옮다. 옴다 ¶편안ᄒᆞᆫ ᄃᆡ를 편안히 너교ᄃᆡ 能히 옮ᄂᆞ니라:安安而能遷(宣小3:3). 그 가온ᄃᆡ 곧 옮ᄂᆞ니:其中則遷(英小5:71).

옮ᄃᆞ록 동 옮도록. ¶어ᄃᆡ셔 곳고리 우루미 淸切ᄒᆞ니오 ᄣᅢ 옮ᄃᆞ록 ᄒᆞ올로 마디 아니ᄒᆞᄂᆞ다:何處鶯啼切移時獨未休(重杜解9:36).

:옴 명 옴. ¶브레 옴ᄋᆞᆯ 글그며 渴ᄒᆞᆫ 제 ᄧᅡᆫ 믈 먹듯 ᄒᆞ야(月釋7:18). 疥癬은 옴 버즈미라(法華2:15). 옴 개:疥(訓蒙中33). 내 옴 알파 ᄀᆞ려옴을 당티 못ᄒᆞ니:我害疥痒當不的(朴解下6). 옴:疥瘡(譯解上61).

-·옴 어미 〔명사형 어미의 하나.〕①-음. ☞-움 ¶안좀 걷뇨매 어마님 모ᄅᆞ시니(月印上6). 供養 바도미 맛당ᄒᆞᆯ 씨라(釋譜9:3). 됴ᄒᆞᆫ 法 닷고ᄆᆞᆯ 몯ᄒᆞ야(釋譜9:14). 아로미 어려ᄫᅳ니(釋譜9:26). 안좀 걷뇨매 어마님 모ᄅᆞ시니(月釋2:24). 머굻 제 ᄇᆡ골폼과 목ᄆᆞᆯ롬과(月釋2:42). 百神 이바도ᄆᆞ란 東녁 壇우희 엱고(月釋2:73). 엇뎨 오ᄂᆞᆯ 믄득 ᄆᆞᅀᆞᆷ 알포미 나거뇨:云何今日忽生心痛(楞解5:72). 또 소합원 머고미 됴ᄒᆞ니라:更與蘇合香圓(救簡1:39). 또 쇠 ᄃᆞ마 우러난 므를 머고미 됴ᄒᆞ니라:又鐵漿服之宜(救簡1:98). 과ᄀᆞᆯ이 허리 알포ᄆᆞᆯ 춤디 몯ᄒᆞ거든:卒腰痛不可忍(救簡2:41). ᄇᆡ 안해 이쇼ᄆᆞᆫ 이 모딘 긔운 마조미 기퍼:在腹此是中毒之深(救簡2:46).
②-암(함). ☞-움. ¶天人 濟渡호ᄆᆞᆯ 쎨ᄇᆡ 아니 호미 당다이 이 ᄀᆞᆮᄒᆞ리라(月釋1:17). 포ᄆᆞᆯ 因ᄒᆞ야 잇ᄂᆞᆫ 것가:因鑿所有(楞解3:87). ᄒᆞ마 楚ㅅ 뫼ᄒᆡ 퍼러호ᄆᆞᆯ 보리로다:已見楚山碧(杜解8:20).

-·옴 접미 -씩. 〔모음이나 'ㄹ' 뒤의 '-곰'의 'ㄱ' 생략형(省略形).〕☞-곰 ¶五百 比丘옴 ᄃᆞ려(月印上68). 그ᄃᆡ 내 各各 ᄒᆞᆫ 아ᄃᆞᆯ옴 내야(釋譜6:9). 二十里예 ᄒᆞᆫ 亭舍옴 짓게 ᄒᆞ야(釋譜6:23). 四王天 목수미 人間앳 쉰 ᄒᆡ를 ᄒᆞᄅᆞ옴 혜여 五百 ᄒᆡ니(月釋1:37). 우믌므를 ᄒᆞᄅᆞ 五百 디위옴 길이더시니(月釋8:91). 三十日옴 혜면(楞解6:17). 各 ᄒᆞᆫ ᄇᆞᆯ옴 더 주시다:加賜各一具(宣賜內訓2下18). 얼운 사ᄅᆞᆷ으란 ᄒᆞᆫ 되옴 ᄒᆞᄅᆞ 세 번 머기고:大人服一升日三(救簡1:14). ᄃᆞ순 수레 반 술옴 프러 머그라:溫酒調下半匙頭(救簡1:19). ᄒᆞᄅᆞ ᄒᆞᆫ 제옴 머그면 됴ᄒᆞ리라:日服一劑常用效(救簡1:26). 제 슈공을 언머옴 받ᄂᆞᆫ고:他要多少功錢(飜朴上43).

옴·기·다 동 옮기다. ☞옮기다 ¶만 리예 일후믈 옴뀰디니라:萬里要傳名(飜老上44). 나조ᄒᆡ 도로 드려 집 안해 옴기더니:暮運於齋內(飜小10:7). 옴겨 시믈 시:蒔(訓蒙下5). 옴길 슈:輸(訓蒙下22). ᄒᆞᆫ 발 옴길 규:跬(訓蒙下27). 옴길 운:運(類合下13). 옴기유ᄆᆞᆯ 免티 몯ᄒᆞ리라(龜鑑上23). 帝 쟝ᄎᆞᆺ 天下ᄅᆞᆯ 보와 옴기려 ᄒᆞ더시니:帝將胥天下而遷之焉(宣小4:8). 겯팃 사ᄅᆞᆷ의 옴기ᄂᆞᆫ 배 되디 아닌ᄂᆞᆫ 이ᅀᅡ:不爲傍人之所移者(宣小5:72). 그 어미ᄅᆞᆯ 아븨 겨ᄐᆡ 옴겨 영장ᄒᆞ고:移葬其母於父側(東新續三綱. 孝1:22). ᄒᆞᆫ번 더부러 醮ᄒᆞ면 몸이 ᄆᆞᆺ도록 옴기디 아니ᄒᆞᄂᆞ니:一與之醮終身不移(女四解4:28). 옴기다:搬移了(同文解上29). 이 졍의 깁흔 졍을 만의 ᄒᆞ나 옴기시면(萬言詞). ᄒᆞᆫ 거ᄅᆞᆷ 옴겨 나아가(武藝圖8).

옴·기힐·후·다 동 옮김질하다. ☞옮기힐후다 ¶벼개와 几ᄅᆞᆯ 옴기힐후디 아니ᄒᆞ며:枕几不傳(宣小2:6).

:옴·다 동 옮다. ☞옮다 ¶斗柄 횟도ᄂᆞᆫ 보미 세 번 옴도다:三移斗柄春(初杜解20:26). 얼굴이 福을 조차 옴ᄂᆞ니라:貌隨福轉(朴解中31). 자리 옴다:挪席(譯解下47). 옴다:搬移(同文解上29).

옴두터비 명 옴두꺼비. ☞옴둗거비 ¶옴두터비:癩蝦蟆(同文解下42).

:옴둗거·비 명 옴두꺼비. ☞옴두터비 ¶옴둗거비:癩蝦蟆(四解下31 蝦字註).

옴둣터비 명 옴두꺼비. ☞옴둗거비 ¶옴둣터비:癩蝦蟆(譯解下36).

-옴새 어미 -음세. -ㅁ세. ☞-ㅁ새. -옴시 ¶이러나 뎌러나 니ᄅᆞ시ᄂᆞᆫ 대로 ᄒᆞ옴새(新語1:17). 草堂에 곳 픠거든 나도 잔에 請ᄒᆡ옴새(古時調. 金堉. 잔에 집의. 海謠).

옴쇽달이 명 웅덩이. ¶옴쇽달이:科坳堂 수坎(柳氏物名五 水).

옴쇽ᄒᆞ다 형 옴쏙하다. 오목하다. ¶가온ᄃᆡ 옴쇽ᄒᆞ여 바ᄂᆞᆯ 디ᄅᆞᆫ ᄃᆞᆺᄒᆞ면:其中有眼如鍼孔者(痘要上26).

-옴시 어미 -음세. -ㅁ세. ☞-옴새 ¶내 집의 곳 피여든 나도 좌내 請ᄒᆞ옴시(古時調. 金堉. 좌내 집의. 靑丘).

옴족옴족ᄒᆞ·다 동 옴죽옴죽하다. ¶머리예 ᄇᆞᄅᆞᆷ드러 놀라 옴족옴족ᄒᆞ거든:頭風驚悸(救簡1:13).

-옵 어미 -옵소서. ¶술 다 자옵:請乾(譯解上59).

-옵고 어미 -옵고. ¶堂의 位牌를 두옵고(家禮1:9).

-옵시 어미 -옵세. -옵사이다. ☞-읍새 ¶塵世에 難逢開口唉라 굿지 말고 노옵시(古時調. 金壽長. 人間이. 海謠).

·옷 명 옷. ☞옫 ¶ᄂᆞᄆᆞᆫ 밧ᄂᆞᆫ 오ᄉᆞᆯ 아니 바사:人脫之衣我獨不脫(龍歌92章). 보ᄇᆡ옷 니브샤(月印上35). ᄠᅴ 무든 옷 닙고 시름ᄒᆞ야 잇더니(釋譜6:27). 옷 허롬 모ᄅᆞ시며(月釋8:82). 새 조ᄒᆞᆫ 옷 닙고:著新淨衣(楞解7:6). 오ᄉᆞᆯ 들오 모ᄒᆞ로 ᄃᆞ라가:樞衣趨隅(宣賜內訓1:6). 나조ᄒᆡ 東皇ㅅ 오ᄉᆞᆯ 잡놋다:暮把東皇衣(杜解9:4). 오ᄉᆞᆫ 봆비예 젓ᄂᆞᆫ ᄢᅴ로다:衣霑春雨時(杜解9:22). 옷의:衣. 옷 복:服(訓蒙下18). 옷 헐 람:襤. 옷 헐 루:褸(訓蒙下20). 옷 의:衣(類合上30). 옷:衣裳(同文解上55). 노리자의 아롱오ᄉᆞᆯ 우흐로셔 쥬시도다(쌍벽가).

옷 명 옻. ☞옺 ¶갓블와 옷과 뵈와로(釋譜13:52). 各別히 法愛를 내야 브토미 플와 옷과 ᄀᆞᆮᄒᆞ야:別生法愛黏如膠漆(楞解9:100). 시혹 거므니ᄂᆞᆫ 디근 옷 ᄀᆞᆮ도소니:或黑如點漆(重杜解1:3). 어느 말미로 머리터리 옷 ᄀᆞᄐᆞ리오:何由髮如漆(初杜解8:31). 옷 칠:漆(類合上26). 옷 칠:漆(石千21). 글으슨 사긔와 옷거슬 ᄡᅳ더니:器用甆漆(宣小6:130). 옷 칠:漆(詩解 物名5). 옷:漆樹(物譜 雜木).

-·옷 조 -곧. -만. ☞-곳 ¶우리 모다 지조ᄅᆞᆯ 겻고아 더옷 이긔면 짓게 ᄒᆞ고(釋譜6:26). 나옷 無數ᄒᆞᆫ 劫에 父母 孝道ᄒᆞ고(釋譜6:29). 블옷 얻고져 ᄒᆞ거든 네 올ᄒᆞᆫ녀그로 내 堀ᄋᆞᆯ 닐굽 번 감돌라(釋譜11:26). 일옷 니르면 一切 天人이 다 놀라아 疑心ᄒᆞ리라(釋譜13:44). 부텨옷 죽사릴 여희샤 娑婆世界 밧긔 버서 나시니라(月釋1:21). 오직 如來옷 우리 가ᄉᆞ올 떠시니이다:唯有如來我等所歸(法華4:48). 文字옷 아니면(金剛後序15). ᄒᆞ다가 話頭옷 니즈면:若忘却話頭(蒙法18). 老成ᄒᆞᆫ 臣下옷 아니면:非老臣(重杜解1:37). 오직 젓 먹ᄂᆞᆫ 孫子옷 잇ᄂᆞ니:惟有乳下孫(重杜解4:8). 處士옷 깂 가온ᄃᆡ 이퍼(南明下11). 菩提옷 아니면(金三2:2). 이런 저긔 處容 아비옷 보시면 熱病神이ᅀᅡ 膾ㅅ가시로다(樂範. 處容歌). 다믄 저린 외옷 잇다:只有塩瓜兒(飜老上41). 너옷 사고져커든:你要買時(飜老下21). 이옷 디나면(續三綱. 烈5). 업보옷 좃ᄂᆞ니라(野雲53). 衆이 元后옷 아니면:衆非元后(書解1:32). 사ᄅᆞᆷ이 되여나셔 올티옷 못ᄒᆞ면(古時調. 鄭澈. ᄆᆞ올. 松江).

·옷가·ᄉᆞᆷ 명 옷가슴. ¶옷가ᄉᆞᄆᆞᆯ 헤여셔 鄭僑를 어도라:披襟得鄭僑(初杜解20:45).

옷거·리 명 옷걸이. ¶옷거리ᄅᆞᆯ ᄒᆞᆫᄃᆡ 말며:不同椸枷(宣賜內訓1:4). 敢히 남진의 옷거리와 홰예 ᄃᆞ디 아니ᄒᆞ며:不敢縣於夫之楎椸(宣小2:50). 옷거리:衣架(同文解下15). 옷거리 이:椸(兒學上10).

옷거족 명 옷거죽. ☞옷것 ¶옷거족:衣面(譯解補40).

옷것 명 옻칠한 것. ¶글으슨 사긔와 옷거슬 ᄡᅳ더니:器用甆漆(宣小6:130).

옷것 명 옷거죽. ☞옷거족 ¶옷것:衣面(同文解上56. 漢淸11:6).

옷것셥 명 옷의 겉섶. 웃옷의 겉자락에 붙인 섶. ¶옷것셥:大襟(譯解補40).

옷고시 부 향기롭게. 정중하게. ☞옷곳ᄒᆞ다 ¶俗ᄋᆞᆫ 옷고시 조ᄒᆞᆫ 거슬 삼ᄂᆞ니라:俗以爲香潔(法華2:111). 宗廟애 恭敬ᄒᆞ야 옷고시 祭ᄒᆞ놋다:淸廟肅惟馨(杜解24:6).

옷고ᄉᆞ·다 형 향기롭다. ☞고ᄉᆞ다. 옷곳ᄒᆞ다 ¶사ᄅᆞᆷ 브려 져재 가 옷고ᄉᆞᆫ ᄡᆞᄅᆞᆯ 사고:遣人向市賒香粳(杜解3:50). 옷고ᄉᆞᆫ 벼ᄂᆞᆫ 鸚鵡의 딕먹던 ᄡᆞᆯ 나치 나맷고:香稻啄餘鸚鵡粒(初杜解6:10). 옷고ᄉᆞᆫ 베 三秋ㅅ 그테:香稻三秋末(初杜解7:37)

옷고외 명 옷. 의상(衣裳). ☞옷고의. 옷ᄀᆞ외 ¶내 眞實로 옷고외 ᄒᆞ오치로다:我實衣裳單(重杜解1:19). 繡ᄒᆞᆫ 노 옷고외 暮春에 비취엿ᄂᆞ니:繡羅衣裳照暮春(重杜解11:17).

·옷고의 명 옷. 의상(衣裳). ☞옷고외. 옷ᄀᆞ외 ¶옷고의:衣裳(飜朴上52).

옷고홈 명 옷고름. ☞옷골홈 ¶옷고홈:衣糸(四解上77 襻字註).

옷골홈 명 옷고름. ☞옷고홈 ¶오히려 옷골홈의 ᄆᆡ이엿더라:猶在衣帶(太平1:19).

옷곳ᄒᆞ·다 형 향기롭다. ☞옷고ᄉᆞ다 ¶香ᄋᆞᆫ ᄒᆞᆫ갓 옷곳ᄒᆞᆫ 것분 아니라 고ᄒᆞ로 맏ᄂᆞᆫ 거슬 다 니르니라(釋譜13:39). 香潔은 옷곳ᄒᆞ고 조ᄒᆞᆯ 씨라(月釋7:65). 巾拂에ᄂᆞᆫ 옷곳ᄒᆞᆫ 내 藥 디턴 드트리 기텻고:巾拂香餘擣藥塵(杜解9:5). 늘거 석밴 게 다시 옷곳ᄒᆞ리로다:衰朽再芳菲(杜解24:50). 녜ᄅᆞᆯ 브터 온가짓 고지 옷곳ᄒᆞ리라:依舊百花香(金三2:18). 곳가지ᄂᆞᆫ 이슬 가져 옷곳ᄒᆞ얏도다:花枝帶露香(南明上20). 芍藥金 여의ᄂᆞᆫ 體ㅣ 옷곳ᄒᆞ도다:芍藥金蕊體芬芳(眞言14).

옷긋 명 옷자락. ¶옷긋 거:裾(類合下16).

:옷·긔 명 객오(客忤). ¶모딘 긔운 마자 옷긔 드러:中惡客忤(救簡1:50). 옷긔 드닌 모딘 긔운 마ᄌᆞ니와:客忤者中惡之類也(救簡1:51).

옷기슭 명 옷의 가장자리. 옷자락. ☞옷기숡 ¶鄒生은 옷기슭 글우믈 앗기니라:鄒生惜曳裾(初杜解20:34). 옷기슭 예:裔(類合下57). 옷기슭을 거두들어 堂이 오ᄅᆞ실시:攝

齊升堂(宣小2:39). 醴酒 둣ᄂᆞᆫ ᄯᅡ해 옷기슬글 그ᅀᅳ고:曳裾置醴地(重杜解2:41). 옷기슬글 둘ᄋᆡ여 魏ㅅ 님그믈 놀래니:牽裾驚魏帝(重杜解3:15). ᄂᆞᄌᆞ기 도라 옷기슬게 드ᄂᆞ다:低徊入衣裾(重杜解6:40). 옷기슭:衣邊(同文解上56. 漢淸11:7).

옷기ᄉᆞᆰ 명 옷의 가장자리. 옷자락. ☞옷기슭 ¶아프로 옷기슬 ᄀᆞ리고 뒤후로 옷기ᄉᆞᆯ글 잇그러:前襟後裾(宣小5:70).

옷기장 명 옻기장. ¶옷기장:漆黍(衿陽).

옷길 명 옷의 기장. ¶옷길:身子(譯解下6).

·옷·깃 명 옷깃. ☞옷깇 ¶옷깃 녀미오 길녀매 나ᅀᅡ가놋다:歛衽就行役(初杜解8:20). 〔'歛'은 '斂'의 오기(誤記)인 듯.〕 옷깃 령:領. 옷깃 극:襋. 옷깃 금:襟(訓蒙中24). 옷깃 금:襟(類合下16). 아프로 옷기슬 ᄀᆞ리고:前襟(宣小5:70). 옷깃:衣領(同文解上56). 털 두론 옷깃:風領(譯解補28). 옷깃:領子(漢淸11:6).

·옷·깇 명 옷깃. ☞옷깃 ¶領은 옷기지라(圓覺上一之二76). 우러 옷기지 저즌대:泣下沾襟(宣賜內訓3:21). 먼 듸 가매 다시 옷기즐 눉믈로 저지노라:適遠更霑襟(重杜解2:26). 仲宣의 옷기즐 지엿ᄂᆞᆫ ᄃᆞᆺ호라:若倚仲宣襟(杜解3:14). 눉므를 스주니 옷기제 젓ᄂᆞᆫ 피오:拭淚霑襟血(初杜解8:28). 여희오져 ᄒᆞᄂᆞᆫ 옷기즐 도로 對호라:還對欲分襟(初杜解23:55). 邦乂 아래 피 딜어 옷기제 ᄡᅳ듸:是邦乂刺血書襟(三綱. 忠21).

·옷ᄀᆞ외 명 옷. 의상(衣裳). ☞옷고외. 옷고의 ¶ᄯᅡ히 幽僻ᄒᆞᆯᄉᆡ 옷ᄀᆞ외 니부믈 게을이 ᄒᆞ노라:地僻嬾衣裳(初杜解7:5). 구루메 누어슈멘 옷ᄀᆞ외 서늘ᄒᆞ도다:雲臥衣裳冷(初杜解9:27). 碧海ㅣ 내 옷ᄀᆞ외ᄅᆞᆯ 부더라:碧海吹衣裳(初杜解25:5). 니벳ᄂᆞᆫ 옷ᄀᆞ외로 두프면:可以着衣裳蓋覆(佛頂中7).

옷ᄀᆞ옴 명 옷감. ¶새히 처음이면 뭇ᄌᆞ오시고 옷ᄀᆞ옴으로ᄡᅥ 주오시더라(仁祖行狀29). 옷ᄀᆞ옴:衣料(譯解補40).

옷나모 명 옻나무. ☞옷나무 ¶옷나모 칠:桼(訓蒙上10).

옷나무 명 옻나무. ☞옷나모 ¶옷나무 칠:桼(兒學上5).

옷단 명 옷단. ¶옷단:衣貼襬(漢淸11:7). 옷단 연:緣(兒學上12).

옷ᄆᆡ듭 명 마디풀. ¶옷ᄆᆡ듭:萹蓄(柳氏物名三 草).

옷바미 명 올빼미. ☞옷밤이 ¶옷바미 휴:鵂. 옷바미 류:鶹(類合上12). 옷바미 효:梟(兒學上7).

옷밤이 명 올빼미. ☞옷바미 ¶뎌놈들은 그저 옷밤이오:那廝們只是夜猫(朴解中35). 옷밤이:夜猫(譯解下28). 옷밤이:夜猫(同文解下34). 옷밤이:夜猫兒(漢淸13:51). 옷밤이:梟(物譜 羽蟲). 옷밤이:鴞(柳氏物名一 羽蟲).

·옷·밥 명 옷밥. 의식(衣食). ¶우리ᄃᆞᆯ히 이 노ᄅᆞᆯ 자ᄇᆞ면 사ᄅᆞᆷ 옷바비ᅀᅡ 닐굽 뉘라도 긋디 아니ᄒᆞ리로소이다(月釋10:28). 더욱 窮困ᄒᆞ야 四方애 ᄃᆞᆫ녀 옷밥 求ᄒᆞ야(月釋13:6). 四方애 ᄃᆞᆫ녀 옷밥 求ᄒᆞ다가 漸漸 노녀 ᄃᆞᆫ녀 믿나라해 마초아 向ᄒᆞ니:馳騁四方以求衣食漸漸遊行遇向本國(法華2:183). ᄒᆞ논 이리 옷밥 ᄉᆞ이와 노ᄅᆞᆷ노리ᄒᆞ야 즐기매 넘디 아니ᄒᆞ니라:所事不踰衣食之間燕遊之樂耳(飜小8:13).

옷섭 명 옷섶. ¶옷섭 금:衿(兒學上12).

옷솔 명 솔기. ¶옷솔 봉:縫(兒學上12).

옷ᄉᆞ매 명 옷소매. ¶옥ᄇᆡ 지아븨 옷ᄉᆞ매ᄅᆞᆯ 잡고:玉杯執夫衣裾(東新續三綱. 烈2:48).

옷자락 명 옷자락. ☞오ᄌᆞ락. 옷쟈락 ¶옷자락 거:裾(兒學上12).

옷쟈락 명 옷자락. ☞오ᄌᆞ락. 옷자락 ¶여믈 옷쟈락에 담다:逗草(譯解下34). 옷쟈락 ᄡᅡ지다:衣邊搭拉(漢淸11:8).

옷칠 명 옻칠. ¶옷칠:漆(同文解下26).

옷·칠ᄒᆞ·다 동 옻칠하다. ¶그르슨 사긔와 옷칠ᄒᆞᆫ 것ᄲᅮᆫ ᄡᅳ듸:器用甆漆(飜小10:32). 옷칠ᄒᆞ다:上漆(漢淸12:14). 옷칠ᄒᆞ다:漆物(同文解下26).

·옷·홰 명 옷홰. ¶ᄉᆞ나ᄒᆡ와 겨집이 옷홰며 시렁을 ᄒᆞᆫ듸 아니 ᄒᆞ야:男女不同椸枷(宣小2:50).

·옹도 명 옹두리. ☞옹도라지 ¶柳瘿은 버드나모 브르도ᄃᆞᆫ 옹되니(初杜解20:30).

옹도라지 명 옹두라지. ☞옹도 ¶落落長松 휘여진 柯枝 우희 부헝 放氣 ᄲᅵᆫ 殊常ᄒᆞᆫ 옹도라지(古時調. 白華山. 靑丘).

옹문이 명 꽁무니. ☞옹미니 ¶옹문이 두편:尾骨兩旁(漢淸5:54). 옹문이 ᄲᅩᆺ:尾骨尖(漢淸5:55).

옹미니 명 꽁무니. ☞옹문이 ¶옹미니 고:尻(倭解上17).

옹민이 명 꽁무니. ☞옹미니 ¶새 옹민이:臊尖(漢淸13:61).

옹솟 명 옹솥. ¶옹솟:土銼(物譜 鼎鐺).

옹위ᄒᆞ다 동 옹위(擁衛)하다. ¶옥녜 금뎡을 옹위ᄒᆞ야시니(洛城2).

-옹·이·다 어미 -오이다. -나이다. ¶臣이 浩의게셔 하옹이다:臣多於浩(宣小6:42).

옹자 명 옹자(翁者). 노인. ¶기 옹재 모ᄅᆞᄂᆞᆫ다(洛城1).

옹졸이 부 옹졸(壅拙)히. ¶혀아림을 옹졸이 ᄒᆞ야(落泉5:11).

옹ᄌ 명 옹자배기. ¶프른 玉瓶은 茶 다리ᄂᆞᆫ 옹지오(眞言49).

:옹:호·ᄒᆞ·다 동 옹호(擁護)하다. ¶國王이 付囑받ᄌᆞᄫᅡ 擁護ᄒᆞᄂᆞᆫ 배니(月釋序9). 善男子 善女人ᄋᆞᆯ 擁護ᄒᆞᄂᆞ니(月釋21:123).

옺 명 옻. ☞옷 ¶ᄆᆞᄅᆞᆫ 오출 블에 ᄉᆞ라:乾漆燒(胎要53).

-·와 조 ①-와. ¶請 드른 다대와 노니샤:受賂之胡與之遊行(龍歌52章). 솘바올 닐굽과 이본 나모와 투구 세 사리 녜도 ᄯᅩ 잇더신가:松子維七與彼枯木兜牟三箭又在于昔(龍歌89章). 아바님긔와 아ᄌᆞ마님긔와(釋譜6:1). 부텨와 즁과ᄅᆞᆯ 請ᄒᆞᅀᆞᄫᆞ려 ᄒᆞᄫᆞᆼ다(釋譜6:16). 七寶로 이러 이쇼미 ᄯᅩ 西方極樂世界와 ᄀᆞᆮᄒᆞ야(釋譜9:11). 與는 이와 뎌와 ᄒᆞᄂᆞᆫ 겨체 ᄡᅳᄂᆞᆫ 字ㅣ라(訓註1). ᄀᆞᄅᆞᄆᆞᆫ 논ᄂᆞᆫ 비와 다ᄆᆞᆺ 몱도다:江與放船清(初杜解7:11).
②-과. ¶三寶ᄂᆞᆫ 佛와 法과 僧괘라(釋譜序6). 엄과 혀와 입시울와(訓註15). 果實와 믈와 좌시고(月釋1:5). 믈와 묻과(楞解1:74). 智者 보ᄃᆡ 오직 머리터리와 톱과 니와 열운 갓과 두터운 갓과 ᄉᆞᆯ콰 피와 ᄯᆞᆷ과 ᄂᆞᆫ믈와 곳믈와:智者觀之但見髮毛爪齒薄皮厚皮肉血汗淚涕(永嘉上35). 살와 살와 놀히 맛ᄃᆞᄅᆞ면:箭箭柱鋒(蒙法19). 主人이 수플와 못과 幽深ᄒᆞᆫ ᄃᆡ 爲ᄒᆞ야 사ᄅᆞᆯ ᄃᆡᄅᆞᆯ 占卜ᄒᆞᄂᆞ다:主人爲卜林塘幽(杜解7:1). ᄀᆞᅀᆞᆯ와 겨슬왓 ᄉᆞᅀᅵ로서니(初杜解8:59). ᄀᆞᅀᆞᆳ 돌와 ᄇᆞᆷ고지:秋月春花(金三2:6). 王勃와 楊烱과(飜小10:11). 너브신 복이 하ᄂᆞᆯ와 ᄀᆞᄐᆞ샤:洪福齊天(飜朴上1). ᄂᆞᄆᆞᆯ와 과실을 먹디 아니ᄒᆞ며:不食菜果(宣小5:44).

-와 어미 -고. ☞-ᅀᆞ바. -ᅀᆞ와 ¶쥬운이 텬ᄌᆞ긔 뵈와 ᄀᆞᆯ오ᄃᆡ(五倫2:15).

와가리 명 왜가리. ☞오과리 ¶와가리:青鶴(物譜 羽蟲).

:와:구 명 와구(臥具). ¶臥具ᄂᆞᆫ 눕ᄂᆞᆫ 거시니 니블 트렛 거시라(法華1:83).

-·와·니 어미 -았으니. ☞- 가니. -아니 ¶네 다 보와니 녜 졍히 므슴 비단 ᄒᆞ고져 ᄒᆞᄂᆞᆫ다:你端的要買甚麼段子(飜老下26).

-·와ᄂᆞᆫ 조 -와는. -과는. 〔'-와'와 '-ᄂᆞᆫ'의 복합조사〕☞-와란 ¶곳과 果實와ᄂᆞᆫ 祇陁ᅵ 뒷논 거시니(釋譜6:40). 正智와 如如와ᄂᆞᆫ 이 圓成이라(圓覺上一之一73).

-와ᄂᆞᆫ 어미 -아서는. ¶걷흐로만 보와ᄂᆞᆫ 모로올쇠(隣語3:6).

-와댜 어미 -고자. -고 싶어. ☞-과댜. -와뎌 ¶이러ᄐᆞ시 쳐 일 사ᄅᆞᆷ 되와댜 원ᄒᆞᄂᆞ니라:如斯養育願早成人(恩重12).

-와뎌 어미 -고자. -고 싶어. ☞-과뎌. -와댜 ¶번드기 쉬이 알와뎌 ᄇᆞ라노니:庶…煥然易悟耳(楞解8:44). 佛乘에 들와뎌시니:意欲入佛乘(永嘉下71). 親友ㅣ ᄃᆞ외와뎌(永嘉下142). 나랏일 시름ᄒᆞ야 ᄒᆡ 가ᅀᆞ멸와뎌 願ᄒᆞᄂᆞ다:憂國願年豐(初杜解8:52). 父母ㅣ 어딜와뎌 ᄒᆞ며(飜小6:33).

와:뎜 명 와점(瓦店). ¶일호믈 瓦店이라 ᄒᆞ야 브르ᄂᆞ니:名喚瓦店(飜老上10). 뎌 뎜이 곧 瓦店이니:那店子便是瓦店(飜老上17). 瓦店이라 브르ᄂᆞ니:名喚瓦店(老解上9).

-와·ᄃᆞᆫ 어미 -거든. -니. ¶帝釋의 알핏 軍이 몬져 ᄒᆡᆺ光ᄋᆞᆯ 펴아 阿脩羅ᅵ ᄂᆞᆫ늘 쏘아 몯 보게 ᄒᆞ야ᄃᆞᆫ 阿脩羅ㅣ 소ᄂᆞ로 ᄒᆡᄅᆞᆯ ᄀᆞ리와ᄃᆞᆫ 日蝕ᄒᆞᄂᆞ니라(釋譜13:10). 숑바다ᄋᆞᆯ 드러 ᄒᆡ ᄃᆞᄅᆞᆯ ᄀᆞ리와ᄃᆞᆫ 日月食ᄒᆞᄂᆞ니라(月釋2:2). 父母의 받ᄌᆞ와ᄃᆞᆫ:上其父母(宣賜內訓3:29).

-와ᄃᆡ여 어미 -고자. -고 싶어. ☞-과ᄃᆡ여 ¶건너고져 ᄒᆞ야 므리 씌와ᄃᆡ여 ᄒᆞ야 願ᄒᆞ노라:欲濟願水縮(重杜解13:9).

-·와·라 어미 -았(-었)노라. -았(-었)도다. ☞-과라 ¶ᄒᆞ마 알와라 ᄒᆞ고(宣賜內訓3:49). 비르서 알와라:始知(重杜解1:27). 賢ᄒᆞᆫ 主人이 이ᄅᆞᆯ 주어 시르믈 보내에 호ᄆᆞᆯ 비루수 알와라:始知賢主人贈此遣愁寂(初杜解7:23). 두워두워 내 알와라:罷罷我知道(飜朴上33). 님 싱각 시로와라(萬言詞). 셩은이 지듕ᄒᆞ시니 도보무지ᄒᆞ와라 ᄒᆞ시더니라(閑中錄50).

와락 부 와락. ¶와락 부억의 드러(女四解3:10).

-·와·란 조 -와는. ☞-와ᄂᆞᆫ ¶ㆍ와 ㅡ와 ㅗ와 ㅜ와 ㅛ와 ㅠ와란(訓註12). ㅣ와 ㅏ와 ㅓ와 ㅑ와 ㅕ와란(訓註13). 四天王ᄃᆞᆯ콰 頻那와 夜迦와란 門 겨틔 펴 左右에 두고(楞解7:19).

:와·력 명 와력(瓦礫). ¶더러븐 瓦礫이며 荊棘이며:荊棘은 가시남기라(月釋13:61). 瓦礫 荊棘은 雜 ᄆᆞᅀᆞ미 感이오(法華3:59). 瓦礫은 알핏 五와 六괏 두 그틀 가졸비시고(永嘉上105).

-·와·로 조 -와 더불어. 〔'-와'와 '-로'의 복합조사.〕¶옷과 뵈와로 佛像ᄋᆞᆯ ᄆᆡ미ᅀᆞᄫᅡ도(釋譜13:52). 나랏 말ᄊᆞ미 中國에 달아 文字와로 서르 ᄉᆞᄆᆞᆺ디 아니ᄒᆞᆯᄊᆡ(訓註1). 블로 그 모ᄆᆞᆯ ᄢᅬ면 ᄎᆞᆫ 긔운이 블와로 서르 다이저 사디 몯ᄒᆞ리라:火炙其身冷氣與火相搏急卽不活也(救簡1:88). 내 이 法門은 定과 慧와로 根本 삼노니(六祖中1). 그ᄃᆡ와 나와로 ᄆᆡ상애 비방ᄒᆞ더니(桐華寺 王郎傳2). 그림재 벗을 삼고 새와로 ᄒᆞᆷ끠 가니(松江. 星山別曲).

-·와·ᄅᆞᆯ 조 ①-과를. ¶종과 ᄆᆞᆯ와ᄅᆞᆯ 현맨ᄃᆞᆯ 알리오(月印上19). 起와 滅와ᄅᆞᆯ 니저:忘起滅(圓覺序57). 세흔 權과 實와ᄅᆞᆯ 마초아 ᄀᆞᆯᄒᆡ요미오:三權實對辨(圓覺上一之一2).

權과 實와롤 아디 어려우미라:權實難測(圓覺上二之三6). 길헷 더운 흙과 마놀와롤 골게 논화:道上熱土大蒜略等(救簡1:33). ②-와를. ¶오직 頓覺혼 사롬과 法을 隨順아니 호리와롤 조쳐 더니라:唯除頓覺人幷法不隨順(圓覺下二之二44). 自와 他와롤 아디 몯호야 닐오디 無我롤 證호라 호다가:不覺自他謂證無我(圓覺下三之一25). 니싯움과 불휘와롤 즛두드려(救簡1:113).

와병ᄒᆞ다 동 와병(臥病)하다. ¶蜀江애 니르러 臥病호야 누어셔(重杜解6:36).

와상 명 와상(臥牀. 臥床). ¶牀온 臥牀ㅣ라(重杜解1:5).

-와·애 조 -과에. 〔'ㄹ' 뒤의 'ㄱ' 생략형(省略形).〕¶虛空과 믈와애 가줄비건댄(楞解2:108).

와양ᄒᆞ다 형 거칠다. ☞왜양ᄒᆞ다 ¶本性이 와양호건이 이실 쏠이 이실야(古時調. 굴레 버슨. 海謠).

-·와·의 조 -와의. ☞-와ᄋᆡ ¶文殊와 阿難海와의 五蘊올(圓覺上一之二30).

-와이·다 어미 -나이다. ☞-과이다 ¶부텻긔 솔ᄫᆞ샤디 죽사릿 어리예 버서난 이롤 알와이다(釋譜11:3). 내 ᄆᆞᅀᆞ미 實로 몸 밧긔 이쇼몰 알와이다:悟知我心實居身外(楞解1:53). 帝 니ᄅᆞ샤디 皇后ㅅ 뜨들 내 알와이다:帝曰皇后之意朕知之矣(宣賜內訓2下45).

-·와·ᄋᆡ 조 -와의. ☞-와의 ¶名과 句와ᄋᆡ(圓覺上一之一32).

-와·치 접미 -바치. ¶뎌 눈브쉰 활와치 왕오를 블러오라:叫將那斜眼的弓匠王五來(飜朴上59).

왁대콩 명 콩의 한 품종. ¶왁대콩:臥叱多太(衿陽).

왁ᄃᆡ쇼 명 불친소. ¶왁ᄃᆡ쇼:閹牛(柳氏物名一 獸族).

완 명 완(椀). 주발. ¶발 두 되 시서 椀애 담으라(家禮圖7). 나모 완:大木碗(漢淸11:36).

:완:구 명 완구(玩具). ¶다시 香花 衣服 飮食 一切 玩具로 菩薩올 供養호고(月釋21:168).

-완ᄃᆡ 조 -이기에. ¶이 엇더혼 ᄊᆡ완ᄃᆡ 이런 오활혼 일을 힝ᄒᆞᄂᆞ다(五倫2:54).

-완·ᄃᆡ 어미 -건대. -기에. 〔'ㅣ' 모음 뒤의 'ㄱ' 생략형(省略形).〕☞-관ᄃᆡ ¶엇던 行올 지스며 엇던 願을 세완ᄃᆡ 不思議옛 이롤 能히 일우니잇고(月釋21:15). 어로 著호리완ᄃᆡ 著디 아니타 니ᄅᆞ료(楞解1:75).

완만ᄒᆞ·다 형 완만(頑慢)하다. ¶명을 거ᄉᆞ리ᄂᆞᆫ 쟈ᄂᆞᆫ 죄 주고 완만호야 슌티 아닌 쟈ᄂᆞᆫ 사ᄅᆞ잡아(山城66).

완미ᄒᆞ·다 동 완미(玩味)하다. ¶안직 모롬애 니기 닑고 玩味호야:且須熟讀玩味(宣小5:110).

완상ᄒᆞ다 동 완상(玩賞)하다. ¶싱이 쇼져로 더브러 경긔롤 완상호고(落泉1:2). 미션이 두로 완상호더니(引鳳簫1).

완슌 명 완순(婉順). ☞완슌ᄒᆞ다 ¶완슌 완:婉(類合下33).

완슌ᄒᆞ다 형 완순(婉順)하다. ¶완슌호신 얼골과 화혼 비ᄎᆞ로(仁祖行狀7).

완악하다 형 완악(頑惡)하다. ☞완악ᄒᆞ다 ¶완악할 완:頑(兒學下12).

완·악ᄒᆞ·다 형 완악(頑惡)하다. ☞완악하다 ¶아비ᄂᆞᆫ 완악호고 어미ᄂᆞᆫ 몹쓸 말 호야:爲父頑母嚚(宣小5:36).

완연이 부 완연(宛然)히. ☞완연히 ¶암석이 녕능호야 완연이 둘넛고(引鳳簫1).

완연히 부 완연(宛然)히. ☞완연이 ¶슬프다 부옥엣 질고ᄂᆞᆫ 완연히 내 몸소 당혼 듯혼 지라(綸音94).

완연ᄒᆞ다 형 완연(宛然)하다. ¶빙물 허비혼 거시 다 완연혼지라(落泉1:2).

완완이 부 완완(緩緩)히. 느릿느릿하게. ☞완완히 ¶완완이:緩(漢淸6:43).

완완히 부 완완(緩緩)히. 느릿느릿하게. ☞완완이 ¶힝노를 완완히 호야(引鳳簫1).

완자창 명 완자창(卍字窓). ¶고모 창ᄌᆞ 세살 창ᄌᆞ 완자창을 갓초 내여(萬言詞).

-완쟈 어미 -았구나. ¶느저 날셔이고 太古ㅅ 적을 못 보완쟈(古時調. 申欽. 靑丘).

완젼 명 완전(完全). ☞완젼ᄒᆞ다 ¶완젼 완:完(兒學下8).

완젼ᄒᆞ다 동 완전(完全)하다. ¶ᄆᆞ춤내 사라나 완젼호기롤 어드니라:竟得生全(東新續三綱. 烈4:52). 能히 굿고 完젼티 몯홀가 호고(家禮5:8).

:완:호 명 완호(翫好. 玩好). ¶諸子ㅣ 各各 種種 珍異 翫好앳 거슬 뒷더니(月釋14:14). 智勝 아ᄃᆞ래 各各 種種 玩好 뒷다 호샤몬(月釋14:14).

:완:호·ᄒᆞ·다 동 완호(玩好)하다. ¶너희의 어루 玩好홀 꺼시 希有호야(法華2:67).

-왇·다 접미 강세접미사(强勢接尾辭). ☞-받다 ¶부텻긔 發心올 니ᄅᆞ와다(釋譜6:19). 阿脩羅ㅣ 소ᄂᆞ로 히롤 가리와ᄃᆞᆫ 日蝕ᄒᆞᄂᆞ니라(釋譜13:10). 거레 다와ᄃᆞ면:衝渠(永嘉下85). 여듧 苦ㅣ 서르 글허 다왇ᄂᆞ니:八苦相煎迫(永嘉下146). ᄀᆞ마니 니르왇고 그ᅀᅳ기 應호며:潛興密應(圓覺上一之二15). 니르와ᄃᆞ샨 行이:所起行(圓覺下二之二20). 巾과 几왜 오히려 믈리왇디 아니호얏도다:巾几猶未却(初杜解9:1). 坐禪호몰 버으리왇디 아니호놋다:不離禪(初杜解9:24).

ᄆᆞᅀᆞᄆᆞᆯ 닐와다 노피 머거ᅀᅡ:激昻(飜小8:18). ※-왇다<-받다

·왈 동 왈(曰). 가로되. ¶名之曰 釋譜詳節이라 ᄒᆞ고:名은 일후미니 名之는 일훔 지ᅙᆞᆯ 씨라 曰은 ᄀᆞ로ᄃᆡ ᄒᆞ논 ᄠᅳ디라(釋譜序4). 스스로 닐ᄏᆞ러 왈(敬信21).

-·왓 조 -와의. ☞-와의 ¶客과 드틀왓 가ᄌᆞᆯ뵤미 通이 이시며(楞解1:107). 엇데 五와 一왓 定이 이시료:何有五一之定(圓覺上一之一66). 二와 三과 四왓 種類 또 다 이에 자피니:二三四種亦皆此攝(圓覺上一之二117). 自와 他왓 믜움과 ᄃᆞᅀᅩ믈:自他憎愛(圓覺下三之一123). 喜와 捨왓 頓悟와 漸修왓 두 門이(牧牛訣12). 뎌와 니왓 相이(金三5:4).

왕거뮈 명 왕거미. ¶왕거뮈 덕거뮈들아 진지 東山 진거뮈 납거뮈들아 줄을 느루느니(古時調. 青丘).

왕경 명 왕경(王京). 왕도(王都). 서울. ¶내 高麗 王京으로셔브터 오라:我從高麗王京來(飜老上1). 내 朝鮮 王京셔 왓노라(蒙老1:1).

왕골 명 왕골. ¶왕골:莞草(柳氏物名三 草).

왕년 명 왕년(往年). ¶往年 갑과 ᄒᆞᆫ가지라 ᄒᆞ더라:如往年的價錢一般(老解上8). 〔飜老上9에는 '니건 ᄒᆡᆺ 갑과 ᄒᆞᆫ가지라 ᄒᆞ더라'로 기록되어 있음.〕

왕닋 명 왕래(往來). ☞왕릐 ¶그 집의 그쳐 왕닋 아니 ᄒᆞ니라:其家絕不來往(東新續三綱. 孝2:18). 島中 왕닋예:往來(新語3:15). 왕닋 더욱 빈삭ᄒᆞ며(引鳳簫1). 셩친ᄒᆞᆫ 후 왕닋 임편홈만 ᄀᆞᆺ지 못ᄒᆞ고(落泉2:6).

왕닋ᄒᆞ다 동 왕래(往來)하다. ☞왕릐ᄒᆞ다 ¶뎡묘년의 네 섬 가온대 ᄃᆞ라나실 적 편지 왕닋ᄒᆞᆫ 거시(山城40). ᄆᆞ을헤 즐거오믈 둣거이 ᄒᆞ여 時節로 往來ᄒᆞ야(警民25). 낙양이실 졔는 화연이 왕닋ᄒᆞ여 이목 슈죡이 되얏고(落泉1:3).

왕대 명 왕대. ¶나모 구무과 왕대 그르해 고인 빋믈:半天河水(東醫 湯液一 水部). 왕대:篁竹(柳氏物名三 草).

왕듸 명 매자기. 삼릉초(三稜草). ¶왕듸:莿三稜(柳氏物名三 草).

:왕릐 명 왕래(往來). ☞왕닋. 왕릐ᄒᆞ다 ¶왕릐 ᄉᆡ쳔 리 ᄡᅡ해:往廻二千里田地(飜朴上53). 왕릐 긋치 아니타:往來不絕(漢淸7:37). 人馬 往來가 斷絕ᄒᆞ다 ᄒᆞ오니 아니 답답ᄒᆞ온가(隣語1:27).

왕릐ᄒᆞ다 동 왕래(往來)하다. ☞왕닋ᄒᆞ다 ¶ᄯᅩ ᄆᆞᅀᆞᆷ 가온대 왕릐홈을 이긔지 못ᄒᆞ야(綸音21).

왕반 명 왕반(往返). ☞왕반ᄒᆞ다 ¶왕반:來回(譯解補25).

왕반ᄒᆞ다 동 왕반(往返)하다. ¶왕반ᄒᆞ다:來回(同文解上26).

왕밥 명 밥. ¶前朝人稱飯曰 왕밥(東言).

왕방울 명 왕방울. ¶왕방울로 솟 싯단 말이라(東韓).

왕셩ᄒᆞ다 형 왕성(旺盛)하다. ¶왕셩ᄒᆞ다:興旺(漢淸6:15).

:왕ᄉᆡᆼ 명 왕생(往生). ¶오직 十善을 行ᄒᆞ면 엇데 다시 往生을 願ᄒᆞ리오(六祖上94).

왕양ᄒᆞ·다 형 왕양(汪洋)하다. ¶淸淨 戒聖衆ㅅ 道ㅣ ᄀᆞ자 그 德이 汪洋ᄒᆞ리라:汪洋ᄋᆞᆫ 깁고 클 씨라(月釋23:95).

:왕:왕애 부 왕왕(往往). 때때로. ☞왕왕의 ¶往往애 疆域을 侵勞ᄒᆞ야(圓覺下三之一52). 須溪云其浴之時예 感龍精氣ᄒᆞ야 往往애 與龍交也ㅣ라(初杜解17:26).

왕왕의 부 왕왕(往往). 때때로. ☞왕왕애 ¶往往의 親홈이 그처디디 아녀셔(家禮1:12). 구티 못ᄒᆞᄂᆞᆫ 재 왕왕의 이시니:以至難救者往往有之(痘瘡方54).

왕왕ᄒᆞ·다 형 왕왕(汪汪)하다. ¶ᄡᅥ 君子의 ᄆᆞᄋᆞᆷ이 汪汪ᄒᆞ야 ᄆᆞᆰ옴이 믈 ᄀᆞᄐᆞᆫ 배니라:所以君子心汪汪淡如水(宣小5:23).

왕통이 명 왕퉁이. 〔벌의 한 가지.〕 ¶왕통이:大黃蜂(柳氏物名二 昆蟲).

:왕ᄒᆞ·다 동 왕(王) 노릇 하다. ¶地ㅣ 方이 百里라도 可히 ᄡᅥ 王ᄒᆞ리이다(宣孟1:13). 大王과 王季를 조초 王ᄒᆞ시고(宣中20). 天下를 王홈이 세 重ᄒᆞᆫ 거시 이시니(宣中45). 그 ᄇᆡᆨ셩을 슈고롭긔 ᄒᆞ야 쁜 고로 기리 텬하의 왕ᄒᆞ니(女範1. 모의 노희경강).

-·왜 조 ①-와가. 〔'-와'+'-이'의 복합조사.〕 ¶菩薩이 오시며 天과 鬼왜 듣ᄌᆞᆸ거늘(月印上6). ᄒᆞ다가 모딘 사ᄅᆞᆷ과 모딘 神과 모딘 鬼왜(月釋21:89). 너와 나왜 同氣라(楞解1:41). 罪와 ᄣᅥ왜 다 덜리라:罪垢悉除矣(金剛上5). 니블와 벼개왜 저즈시니라:衾枕露濕(金剛下4). 悲와 智왜 서르 도ᄋᆞ며(牧牛訣15). 겨집과 아ᄒᆡ왜 ᄡᆞᆯ 기들울시 ᄯᅩ 가노니:妻兒待米且歸去(初杜解7:29). 솔와 대왜 오래 거츠러슈믈:松竹久荒蕪(杜解21:3). ᄇᆞᄅᆞᆷ과 비왜 섯그니:風雨交(杜解22:3). 훤히 기릐와 너븨왜:廓尔縱橫(金三2:20). ᄇᆞᄅᆞᆷ마자 힘과 ᄲᅧ왜 슬혀 범븨오:中風筋骨風冷頑痺(救簡1:12).

②-과가. 〔'ㄹ' 뒤의 'ㄱ' 생략형(省略形).〕 ¶無明과 生死왓 本과 末왜 一切 다 업거늘:無明及與生死本末一切俱無(圓覺上一之二153). 아비와 아ᄃᆞᆯ왜 親호미 이시며(宣賜內訓序3). 가히와 ᄆᆞᆯ왜 진실로 思戀ᄒᆞᄂᆞ니:犬馬誠爲戀(初杜解8:12). 쇼와 ᄆᆞᆯ왜 터리 치워 움치혀 고슴돋 ᄃᆞᆮ더니라:牛馬毛寒縮如蝟(杜解10:40). 일훔과 얼굴왜 다ᄅᆞ다

(南明上6). ᄇᆞᄅᆞᆷ마자 손과 ᄇᆞᆯ왜 ᄂᆞ미 슬ᄒᆞ고:中風手臂不仁(救簡1:29).

-·왜 (어미) -았네. ¶애 또 王가 형님이로괴여 오래 몯 보왜:嗳却是王大哥多時不見(飜老上17).

왜가리 명 왜가리. ☞왜갈이. 왜거리 ¶왜가리:靑鶬(物譜 羽蟲).

왜각데걱 부 왜각대각. ¶泰山이 발ᄭᅳᆺ헤 차이여 왜각데걱 ᄒᆞ더라(古時調. 大鵬을 손으로 잡아. 靑丘).

왜갈이 명 왜가리. ☞왜가리. 왜거리 ¶왜갈이:鶬鴰(柳氏物名一 羽蟲).

왜거리 명 왜가리. ☞왜가리. 왜갈이 ¶왜거리:莊(漢淸13:48).

왜걸이 명 밭장다리. ¶왜걸이:羅圈腿(譯解補20).

왜깁 명 왜견(倭絹). ☞에깁 ¶왜깁과 蘇州깁과:倭絹蘇州絹(老解下23).

-·왜·니 조 ①-와이니. ¶三世ᄂᆞᆫ 過去와 未來와 現在왜니(釋譜13:50). 緊那羅와 摩睺羅伽왜니(月釋1:14). 西天엔 ᄒᆞᆫ ᄒᆡᄅᆞᆯ 세 ᄀᆞᄉᆡ 논호니 雨際와 熱際와 寒際왜니(法華6:63). 苦 아니며 樂 아닌 受왜니:不苦不樂受(圓覺上二之二105). 五根은 信과 進과 念과 定과 慧왜니(圓覺上二之二115). 眼과 目과 구룸과 ᄇᆡ왜니:眼目雲舟也(圓覺上二之三23).

②-과이니. 〔'ㄹ' 뒤의 'ㄱ' 생략형(省略形).〕 ¶아릿 住는 過去엣 本來ㅅ 生과 本來ㅅ 일왜니:宿住者過去本生本事(圓覺上二之二94).

-·왜·라 조 ①-와이라. ¶受苦ᄂᆞᆫ 生과 老와 病과 死왜라(釋譜6:4). 四衆은 比丘와 比丘尼와 優婆塞과 優婆夷왜라(月釋序24). 네 百性ᄋᆞᆫ 그위실ᄒᆞ리와 녀름지ᅀᅳ리와 셩냥바지와 흥졍바지왜라:四民士農工商(楞解3:88). 業ㅅ 그르슨 身과 口와 意왜라:業具者身口意也(圓覺上二之三13).

②-과이라. 〔'ㄹ' 뒤의 'ㄱ' 생략형(省略形).〕 ¶닐오ᄃᆡ 作과 止와 任과 滅왜라:謂作止任滅이라(圓覺下三之一133).

왜바람 명 대풍(大風). 큰바람. ¶大風曰 왜바람(東言).

왜벼록 명 왜벼룩. ¶강벼록 倭벼록(古時調. 一身이. 海謠).

왜빅이 명 큰 것. ¶大物曰 왜빅이(東言).

왜양ᄒᆞ다 형 거칠다. ☞와양ᄒᆞ다 ¶本性이 왜양ᄒᆞ거니 이실 줄이 이시랴(古時調. 구레 버슨. 靑丘).

-·왜·오 조 ①-와이요. ¶死魔와 天魔와 鬼魔왜오(楞解9:40). 身ᄋᆞᆫ 法과 報와 化왜오:身謂法報化(圓覺上二之二119). ᄒᆞ나ᄒᆞᆫ 廣大와 第一왜오:一廣大第一(圓覺下三之一129).

②-과이요. 〔'ㄹ' 뒤의 'ㄱ' 생략형(省略形).〕 ¶닐구븐 宗趣의 通과 別왜오:七宗趣通別(圓覺上一之一2).

왜요 명 질그릇을 굽는 가마의 한 가지. 〔'요'는 가마 요:窯〕 ¶왜욧 요:窯 俗稱黑窯(訓蒙中9).

왜지글·다 동 외틀어지고 일그러지다. ¶ᄇᆞᄅᆞᆷ마자 왜지그라 네 활개ᄅᆞᆯ 거두디 몯ᄒᆞ야:中風角弓反張四肢不收(救急上5).

왜진쥬 명 왜진주. 명주(明珠). ¶왜진쥬:東珠(同文解下22. 漢淸10:41).

왜·틀·다 동 외틀리다. 비틀리다. ¶또 金瘡ᄋᆡ ᄇᆞᄅᆞᆷ마자 왜트닐 고툐ᄃᆡ:又方治金瘡中風痙角弓反張(救急上88). 발와 손괘 왜트러 차 주거 가거든:四肢逆冷命在須臾(救急下49).

·왯·다 동 와 있다. 왔다. ¶하ᄂᆞᆳ 一萬 玉女ᄂᆞᆫ 孔雀拂 자바 담 우희 왯고(月釋2:32). 蜀道애 왯더니 도라가ᄂᆞᆫ 車盖ᄅᆞᆯ 荊門에셔 가지놋다:來蜀道歸盖取荊門(杜解8:11). 픐 너추렌 ᄒᆞ마 이스리 해 왯도다:草蔓已多露(杜解9:14). 다 다ᄅᆞᆫ ᄯᅡ해 왯노라 니ᄅᆞ디 말라:勿云俱異域(杜解21:32). 나ᄂᆞᆫ 녀 블셔 믌ᄀᆞᅀᅢ 왯거ᄂᆞᆯ:我行已水濱(重杜解1:4).

:외 명 외. 오이. ¶어미 목ᄆᆞᄅᆞᆫ 病 ᄒᆞ야셔 겨ᅀᅳ레 외ᄅᆞᆯ 머거지라 ᄒᆞ거ᄂᆞᆯ:母沈氏病渴語鷹曰得瓜以啖我渴可止時冬月(三綱. 孝30). 차와 외와로 소ᄂᆞᆯ 오래 머물우ᄂᆞ다:茶瓜留客遲(杜解9:25). ᄀᆞᅀᆳ 외ᄅᆞᆯ 보고:見秋瓜(初杜解15:20). 외ᄅᆞᆯ 심거 외ᄅᆞᆯ 得고:種瓜得瓜(金三2:32). 외:葫(四解上41). 외과:瓜(訓蒙上13). 외 과:菰(類合上11). 외:黃瓜(老解下34). 외:黃瓜(物譜 草果). 외 과:瓜(兒學上5).

·외 명 베〔布〕. 〔'ㅣ' 모음 뒤의 'ㅂ' 탈락형(脫落形).〕 ¶누른 모시외:黃毛施布(飜朴上51).

:외 명 외(外). 밖. ¶오직 一生 補處 菩薩 外예ᄂᆞᆫ 一切 聲聞이며(釋譜9:28). 부텨 供養ᄒᆞ기 外예 년듸 몯 ᄡᅳ리니(釋譜23:3). 그 外옛 녀나ᄆᆞᆫ 것과(釋譜24:47). 내 몸 外예ᅀᅡ 므스글 앗기료(月釋7:28). ᄌᆞᆯᄇᆞᆺ갑과 세무논 겻됫 마ᄅᆞᆯ와 헤니 말오 그 외예:除了牙稅繳計外(飜老上14).

·외 관 외〔獨〕. ¶여스슨 외 바랫 두 머린 觀이니:六獨足雙頭觀(圓覺下二之二21).

-외 (어미) -외다. -오이다. ¶고디 듧든 아니ᄒᆞ외(新語1:19). ᄀᆞ장 섭섭ᄒᆞ외(新語2:2). ᄒᆞᆫ 몸으로셔ᄂᆞᆫ 논호ᄃᆡ 못ᄒᆞ여 민망ᄒᆞ외(新語2:13). 예ᄂᆞᆫ ᄒᆞᆫ 번이나 뵈와시니 그러ᄒᆞ외(新語2:14). 이리 보오니 귀ᄒᆞ외(新語3:1). 념불소리 요요ᄒᆞ외(普勸文30).

:외가 명 외가(外家). ¶外家의 安否 무를 사르믈 보니 술위는 흐르는 믈 곧ᄒᆞ며(宣賜內訓2上51).

외골희 명 외고리눈이. ¶외골희:瞷(柳氏物名一 獸族).

외나모ᄃᆞ리 명 외나무다리. ¶외나모ᄃᆞ리:獨木橋(譯解上14. 同文解上41).

외노되오리 명 올벼의 한 품종. ¶외노되오리:所老狄所里(衿陽)

외ᄂᆞ몰 명 외나물. ¶외ᄂᆞ믌 불휘 디허 뽄 즙을 헌 ᄃᆡ ᄇᆞᆯ로ᄃᆡ:擣地榆絞取汁塗瘡(救簡6:35). 외ᄂᆞ몰 불휘:地榆(東醫 湯液三 草部).

:외·다 동 멀리하다. ¶毫釐만 그르면 千里 외ᄂᆞ니(毫釐는 열 絲毫ㅣ오):差之毫釐失之千里(圓覺上二之二19).

외·다 동 오비다. 우비다. ¶穿鑿ᄋᆞᆫ 욀 씨라(蒙法28).

외·다 형 그르다. ☞오이다 ¶滿國히 즐기거늘 聖性에 외다 터시니:滿國酷好聖性獨闢(龍歌107章). 醫를 맛나고도 왼 藥ᄋᆞᆯ 머겨 아니 주긇 저긔 곧 橫死ᄒᆞ며(釋譜9:36). 외니 올ᄒᆞ니 이긔니(月釋1:42). 또 미친 어즈러운 왼 相이 이시리여:復有狂亂非相(楞解2:109). 涅槃이 能히 見思의 외요믈 마ᄀᆞ니(法華1:6). 왼가 너기노니:恐大悞(永嘉下16). 올ᄒᆞ며 외요믈 간대로 보아(金剛16). 둘흔 毗奈耶ㅣ니 예셔 닐오맨 調伏이니 三業을 고티며 외요믈 降伏힐 시라(圓覺上一之一17). 키 날회야 호미 외니:不可大緩(蒙法23). 字를 일워도 닐구매 또 외도다:成字讀亦誤(杜解22:41). 엇뎨 외디 아니ᄒᆞ리오(南明序2). 올커나 외어나 호매(南明下20). 올ᄒᆞ니 외니 크니 져그니 ᄒᆞ야 差別 이실 시라(金三2:3). ᄒᆞ다가 시혹 왼 ᄃᆞᆯ 아라도:脫或知非(金三2:34). ᄂᆞ미 올ᄒᆞ며 왼 이를 잘 결단ᄒᆞ며:能決是非(呂約4). 욀 비:非(訓蒙下29). 외다 ᄒᆞᆯ 뎌:詆(類会下18). 외다 ᄒᆞᆯ 폄:貶(類合下19) 외다 ᄒᆞᆯ 견:譴(類合下26). 외다 ᄒᆞᆯ 쵸:誚(類合下27). 외다 ᄒᆞᆯ 긔:譏(類合下34). 이러모로 ᄢᅥ 외며 샤벽ᄒᆞᆫ ᄆᆞᄋᆞᆷ이 븓터 들미 업ᄉᆞ니라:是以非辟之心無自入也(宣小3:18). 風紙 소릐에 님이신가 나가본나도 외다마는(古時調. 간밤에 지게. 青丘). 그 겻틔 귀먹은 벙어리는 외다 올타 ᄒᆞ더라(古時調. 듕놈은 승년의. 青丘). 놈으로 삼긴 듕의 벗ᄀᆞᆺ티 有信ᄒᆞ랴 내의 왼 일을 다 닐오려 ᄒᆞ노매라(古時調. 鄭澈. 松江). 왼 셩품:左性(漢淸8:42).

외다디 명 외문. ¶외다디:單扇(朴解下12. 譯解上18).

외동이 명 외둥이. 〔한배에 한 마리만 태어난 강아지.〕☞섬귀. 솔발이 ¶외동이:犬生一子(柳氏物名一 獸族).

외ᄃᆡᄒᆞ다 동 외대(外待)하다. 푸대접하다. ¶문병ᄒᆞ미 무방ᄒᆞ거ᄂᆞᆯ 엇지 이ᄃᆡ도록 외ᄃᆡᄒᆞᄂᆞ뇨(落泉4:9).

외람이 부 외람(猥濫)스레. ☞외람히 ¶대국 은혜를 닙어 외람이 형데의 의탁ᄒᆞ야 ᄇᆞᆰ이 텬디긔 ᄆᆡᆼ셰ᄒᆞ야시니(山城51).

외람히 부 외람스레. ☞외람이 ¶내 외람히 陜 근심을 논화 맛디시므로브터:余自叨分陜憂(警民序2).

외람ᄒᆞ다 형 외람(猥濫)하다. ¶과연 동가의 친싱 쇼져면 더욱 외람ᄒᆞ니 엇지 다른 의논이 이시리오(落泉1:2).

·외로외·다 형 외롭다. ☞외ᄅᆞ외다 ¶외로왼 자샌 일 門을 단놋다:孤城早閉門(重杜解7:10). 막대를 지여셔 외로왼 돌ᄒᆞᆯ 보고:倚杖看孤石(初杜解10:3). 외로왼 ᄇᆞᆯ고미 ᄒᆞ오사 나ᄐᆞ니:孤明獨露(南明下29). 외로욀 고:孤(訓蒙下33. 類合下44).

·외로왼 형 외로운. ㉮외로외다 ¶회로리ᄇᆞᄅᆞ미 외로왼 남ᄀᆞᆯ 부ᄂᆞ니:回風吹獨樹(初杜解22:33).

·외로·이 부 외로이. ☞외ᄅᆞ이 ¶늘구믈 臨ᄒᆞ야셔 나그내로 외로이 이슈미 ᄀᆞ장ᄒᆞ니:臨老羈孤極(初杜解8:48).

·외롭·다 형 외롭다. ☞외ᄅᆞᄫᅵ다. 외ᄅᆞᆸ다 ¶먼 셔믜 외로오믈사 貪ᄒᆞ야 보노라:貪看絕島孤(初杜解16:43). 외롭고 더러워 그텟 아ᅀᆞ믈 더레요니:孤陋忝末親(初杜解22:53). 외로올 고:孤(類合下44). 외로ᄋᆞᆯ 고:孤(石千42). 或 외로온 홀어미 이셔:或有孤孀(宣小5:67). 이제 외로온 셩이 구완ᄒᆞ리 업서:今孤城無援(東新續三綱. 忠1:2). 외로올샤 穴望峰이 하ᄂᆞᆯ의 추미러 므ᄉᆞ 일을 ᄉᆞ로리라(松江. 關東別曲).

·외ᄅᆞᄫᅵ·다 형 외롭다. ☞외롭다. 외ᄅᆞ외다. 외ᄅᆞᆸ다 ¶艱難ᄒᆞ고 외ᄅᆞᄫᅵ니(月釋9:22).

·외ᄅᆞ외·다 형 외롭다. ☞외로외다. 외ᄅᆞᄫᅵ다 ¶孤는 외ᄅᆞ욀 씨오(楞解5:29). 제 외ᄅᆞ왼 ᄃᆞᆯ ᄉᆞ랑ᄒᆞ야:自惟孤露(法華5:158). 외ᄅᆞ외며 늘그니를 주시며:孤(宣賜內訓2下51). 드믄 븘비츤 외ᄅᆞ왼 ᄇᆡ예셔 자믈 제 비취옛고:疎燈自照孤帆宿(初杜解11:48). 늘구메 다ᄃᆞ라 탓는 외ᄅᆞ왼 빗돗 비치:垂老孤帆色(杜解11:50). 므리 외ᄅᆞ외디 아니ᄒᆞ도다:水不孤(南明下10). 묻ᄌᆞ온 고디 외ᄅᆞ외며 놉고:問處孤高(金三2:9).

·외ᄅᆞ·이 부 외로이. 외롭게. ☞외로이 ¶伽陀는 닐오매 외ᄅᆞ이 닌 頌이시고:伽陀云孤起頌(法華1:199). 願ᄒᆞᆫᄃᆞᆫ 노피 예 자만ᄒᆞᆫ ᄆᆞ리 둥어리 외ᄅᆞ이 녀는 그려기 ᄀᆞᄐᆞ니를 ᄃᆞ려가:願騰六尺馬背若孤征鴻(初杜解12:

16). 아홉 히롤 외ᄅᆞ이 안자 고히 하ᄂᆞᆯ홀 디ᄅᆞ시니라:九年孤坐鼻撩天(南明下23). 외ᄅᆞ이 가난ᄒᆞᆫ닐 어엿비 너교미:矜恤孤貧(六祖中21).

·외롭·다 형 외롭다. ☞외롭다 ¶어ᅀᅵ 아ᄃᆞ리 외롭고 입게 ᄃᆞ외야(釋譜6:5). 艱難ᄒᆞ고 외ᄅᆞᄫᅵ니(月釋9:22). 이 ᄢᅴ 아ᄃᆞᆯ돌히 아비 죽다 듣고 ᄆᆞᅀᆞ매 ᄀᆞ장 셟버 너교ᄃᆡ 아비옷 이시면 우리ᄅᆞᆯ 어엿비 너겨 能히 救護ᄒᆞ려늘 이제 날 ᄇᆞ리고 다ᄅᆞᆫ 나라○○○가 주그니 우리 외ᄅᆞᄫᅵ야 ᄂᆞ외야 미듫 ᄃᆡ 업도다 ᄒᆞ야(月釋17:21). 외ᄅᆞᄫᆡᆫ 城을 구디 守ᄒᆞ야:堅守孤城(三綱. 忠28).
※'외롭다'의 활용 ┌외롭고/외롭게/외롭디… └외ᄅᆞᄫᅵ니/외ᄅᆞᄫᅵ야…

외밤이 명 외따로 떨어져 있는 논. ¶閣氏ᄂᆡ 외밤이 오려논이 두던 놉고 물도 만코 ᄃᆡ지고 거지다 ᄒᆞᄃᆡ(古時調. 海謠).

:외·방 명 외방(外方). ¶독버리 내라 ᄒᆞ야 외방의 나ᄃᆞ리 아니홀가:偏我不出外(飜老上41). 이 비단은 南京 치오 외방 치 아니니:這段子是南京的不是外路的(飜老下29). 외방의 나가디 아니랴:不出外(老解上37). 외방 치 아니니:不是外路的(老解下26). 외방 큰 마ᄋᆞᆯ:府(同文解上40).

외불 명 수종(水宗). 물마루. ¶외불:潮毬(譯解上62).

·외·ᄧᅡ·로 부 외따로. ¶萬物을 敎化ᄒᆞ샤ᄃᆡ 모디디 아니ᄒᆞ시며 외ᄧᅡ로 나샤 구피디 아니ᄒᆞ실씨(月釋9:11).

·외ᄧᅡᆨ 명 외짝. ¶외ᄧᅡᆨ 척:隻(訓蒙下33). 외ᄧᅡᆨ 척:隻(類合下47).

외ᄉ손 명 외의 덩굴손[卷鬚]. ¶외ᄉ손:瓜蔓(譯解補50).

외사립 명 외쪽 사립문. ¶竹林 푸른 곳에 외사립 다든 집이(古時調. 네 집이 어드메오. 靑丘). 萬壑千峰에 외사립 다단ᄂᆞᆫᄃᆡ(古時調. 내 집이. 東歌選).

외삼촌 명 외삼촌(外三寸). ¶외삼촌 구:舅(類合上20). 외삼촌 : 母舅(同文解上11).

외상 명 외상. 독상(獨床). ¶약방 삼뎨됴 외상 ᄉ관이 겸상(볼긔 2004).

외상 명 외상. ¶아희야 點心도 ᄒᆞᆯ연이와 外上 濁酒 내여라(古時調. 金昌業. 검은고. 海謠).

:외·셜 명 외설(猥褻). ¶猥褻은 婬ᄒᆞᆫ 더러운 이리라(楞解9:110). 다ᄉᆞᆺ 가지ᄂᆞᆫ 猥媟ᄒᆞ야:猥ᄂᆞᆫ 더러울 씨라(法華5:17).

·외:셤 명 지명(地名). ¶㺚川 달내 在今隨川郡東北二十五里許流至孤島 외셤 入于海(龍歌5:42).

외셩 명 외성(外城). ¶외셩곽:郭(兒學上4).

외손녀 명 외손녀. ¶윤현의 외손녜라:尹晛之外孫女(東新續三綱. 烈2:88).

:외시ᄒᆞ·다 동 외시(外施)하다. 외척에게 은혜를 베풀다. ¶엇뎨 ᄒᆞᆫ갓 謙讓ᄒᆞ닷 일후믈 얻고져 ᄒᆞ야 帝로 外施티 아니ᄒᆞᆫ 嫌疑ᄅᆞᆯ 가지게 ᄒᆞ리오:外施ᄂᆞᆫ 外戚에 恩惠ᄅᆞᆯ 더을 시라(宣賜內訓2上53).

:외:신 명 외신(外腎). 불알. ¶外腎이 움치들오 ᄂᆞ치 검고(救急上54).

외ᄭᅩᆨ지 명 외의 꼭지. ¶외ᄭᅩᆨ지:瓜蔕(譯解補50).

외션히 부 외연(巍然)히. ¶여러 公이 巍然히 나(六祖序6).

외아자비 명 외아재비. 외숙(外叔). ¶외아자비:母舅(譯解補32).

외알녜다 동 외알제기로 걷다. ☞외알ᄃᆡᆨ이다 ¶외알녜다:單蹄撣(同文解下37). 외알녜다:單蹄彈(漢淸14:28).

외알ᄃᆡᆨ이다 동 외알제기로 걷다. ☞외알녜다 ¶외알ᄃᆡᆨ이다:單蹄撣(譯解補48).

외알적이 명 외알제기. ¶외알적이:單蹄撣(柳氏物名一 獸族).

외앗 명 오얏. ☞외얏. 외얒 ¶외앗:李子(老解下35). 유황 외앗시오:玉黃李子(朴新解1:4). 복숑아와 외앗과 춤새와:桃李雀(臘藥1). 외앗:李(物譜 木果). 외앗:李(柳氏物名四 木). 외앗 니:李(兒學上6).

외앗나모 명 오얏나무. ¶외앗나모 밋틀 디나매(女範2. 변녀 제위우희).

외·야가·다 동 그릇되어 가다. ¶勞度差ㅣ 幻術이 漸漸 외야갈씨(月印上59).

외·얏 명 오얏. ☞외앗. 외엿 ¶외얏 션 길히 비록 오라나:李徑年雖故(初杜解15:15). 프른 외얏과 누른 梅花ᄅᆞᆯ 골히야 묻디 아니ᄒᆞ노라:不問綠李與黃梅(初杜解15:19). 외얏 곤호ᄃᆡ 외얏 아닌 거시라(南明上26). 외얏 니:李(石千3). 외얏 리:李(詩解 物名3). 굴근 외얏이오:虎剌賓(朴解上4). 외얏:李子(譯解上55). 외얏:李子(同文解下5. 漢淸13:2).

외양 명 외양간. ¶외양 구:廐(倭解上32). 양 일코 외양 곳치다:亡羊修牢(譯解補61). 외양 로:牢(兒學上9).

외양집 명 외양간. ¶千金駿馬 일흔 후의 외양집을 고치미라(萬言詞).

외얒 명 오얏. ☞외앗. 외얏 ¶복셩화와 외야지 니구메 後호ᄃᆡ:後於桃李熟(初杜解15:20). 머자 외야자 綠李야 쌀리 나 내 신고홀 ᄆᆡ야라(樂範. 處容歌). 짐즛 ᄡᅳᆫ 외야지나 어더먹놋다:故索苦李飡(重杜解1:12).

:외·에 형 외게. 그릇되게. [‘-에’는 ‘ㅣ’모음 뒤의 ‘ㄱ’ 생략형(省略形).] ㉮외다. ¶덛더디 너를 외에 아니 ᄒᆞ노니라:斷不誤你(法語4).

외·엿 명 오얏. ☞외얏. 외앗 ¶외엿 니:李(訓蒙上11).

외·오 부 그릇. 잘못. ¶忠臣을 외오 주겨늘:擅殺忠臣(龍歌106章). 悔ᄂᆞᆫ 뉘으츨 씨니 아랫 이ᄅᆞᆯ 외오 호라 ᄒᆞᆯ 씨라(釋譜6:9). 외오 제 기리ᄂᆞ다:謬自褒揚(永嘉下75). ᄀᆞᇫ 사ᄅᆞ미 외오 楊雄의 집과 가ᄌᆞᆯ비ᄂᆞ니:旁人錯比楊雄宅(初杜解7:1). 나ᄅᆞᆯ 외오 혀다가 ᄧᆞᆨ 삼게 ᄒᆞ가뇨:謬引爲匹敵(初杜解16:1). 디나ᄂᆞᆫ 그려기와 가ᄂᆞᆫ 가마괴예 외오 머리ᄅᆞᆯ 도로혀 보놋다:過鴈歸鴉錯回首(初杜解17:9). 외오 ᄒᆞᆫ 번 업더디니:誤一蹶(初杜解17:27). ᄒᆞ올 鶴이 외오 ᄒᆞᆫ 번 소리ᄒᆞ니라:寡鶴誤一響(杜解24:38). 외오 ᄃᆞ외리랏 ᄣᅳ드로(南明上17). 엇데 다ᄅᆞᆫ 사ᄅᆞᄆᆞᆯ 외오 너기리오:爭恠得別人(金三3:50). 父母ㅣ 외오 녀기거시든:父母惡之(宣小2:21). 너모 우다 외오 넉이실가 ᄒᆞ더라(癸丑49). 和親ᄒᆞ던 이리 도ᄅᆞ혀 외오 ᄃᆞ외도다:和親事却非(重杜解5:17).

외·오 부 왼쪽으로. ¶외오 ᄭᅩᆫ 죠히 노ᄒᆞ로 손 네 가라ᄅᆞᆯ ᄆᆡ오:以左撚紙索子繫手四指(救急上61). 칼을 들어 외오 두루며 나가:擧刀左揮出(武藝圖45).

외오 부 외우. 멀리. 외따로. ¶즈믄 ᄒᆡ를 외오곰 녀신ᄃᆞᆯ 信잇ᄃᆞᆫ 그츠리잇가(樂詞. 西京別曲). 늙거야 므ᄉᆞ 일로 외오 두고 그리ᄂᆞᆫ고(松江. 思美人曲). 아마도 님 외오 살라면 그ᄂᆞᆫ 그리 못 ᄒᆞ리라(古時調. 가슴에. 青丘).

외·오·다 동 에우다. ¶한비ᄅᆞᆯ 아니 그치샤 날므를 외오시니:不止霖雨迺回潢洋(龍歌68章). 외온 길로 가다:外路走(譯解補5).

외·오·다 동 외우다〔誦〕. ☞외요다 ¶和尙ᄋᆞᆫ 갓가비 이셔 외오다 ᄒᆞᄂᆞᆫ 마리니 弟子ㅣ 샹녜 갓가비 이셔 經 비호아 외올 씨니(釋譜6:10). 닐그며 외오라(釋譜23:36). 誦은 외올 씨라(月釋序23). 외녁 손ᄋᆞ로 往生偈 자ᄇᆞ샤 길 우희 외오더시니(月釋8:84). 이 呪心을 외오샤ᅀᅡ 우 업슨 覺ᄋᆞᆯ 일우샤:誦此呪心成無上覺(楞解7:43). 法華身根功德을 외오고 그 ᄠᅳ들 드로ᄃᆡ(法華6:61). 바미 날뎬 ᄇᆞᆯᄀᆞᆫ 燭ᄋᆞᆯ 자ᄇᆞ라 호ᄆᆞᆯ 외오고:夜出秉明燭(宣賜內訓1:29). 글 외오미 다 遊衍ᄒᆞ니:誦詩渾遊衍(初杜解16:1). 篇마다 이퍼 외왐 즉ᄒᆞ도소니:每篇堪諷誦(初杜解21:18). 白頭吟을 외오도다:誦白頭吟(初杜解21:21). 이 經을 외오오미 功德이 勝ᄒᆞ야 가ᄌᆞᆯ뵤미 밋디 몯ᄒᆞ리로다:誦此經功德勝而喩莫及(金三3:63). 외올 풍:諷. 외올 송:誦(訓蒙下32). 외올 송:誦(類合下8). 모시 외오며 샹셔 닐그며:誦詩讀書(宣小題辭3). 아ᄒᆡ 비홈은 긔디ᄒᆞ며 외올 만ᄒᆞᆯ 줄이 아니라:童穉之學不止記誦(宣小5:4). 글 외오기ᄒᆞ야:背念書(老解上3). 글 외오다:念書(譯解上15). 외오다:背念(同文解上43). ※외오다>외우다

외·오이·다 동 외우게 하다. ¶后ㅣ 小學書ᄅᆞᆯ 외오이시고:后令誦小學書(宣賜內訓2下50). 그를 지ᅀᅥ 宗武를 뵈여 외오이노라:作詩示宗武誦(初杜解25:2).

외외ᄒᆞ·다 형 외외(巍巍)하다. ¶威神力이 巍巍호미 이 ᄀᆞᆮᄒᆞ니라:巍巍ᄂᆞᆫ 놉고 크실 씨라(法華7:59). 巍巍ᄒᆞ야 ᄀᆞᆯ오리 업스니(金三涵序3). 巍巍ᄒᆞ다 舜과 禹의 天下ᄅᆞᆯ 두시되 與티 아니ᄒᆞ심이여(宣論2:35).

외요다 동 외우다. ☞외오다 ¶동몽을 힘ᄡᅥ ᄀᆞᄅᆞ치고 능히 외요ᄂᆞᆫ 재어든 싱진초시ᄅᆞᆯ 주라 ᄒᆞ샤(仁祖行狀24).

외·욤 형 그릇됨. 잘못. ㉮외다 ¶邪ᄒᆞᆫ 외요ᄆᆞᆯ 기피 마ᄀᆞ샤미니:深防邪誤(楞解9:83). 둘흔 毗奈耶ㅣ니 예셔 닐오맨 調伏이니 三業을 고티며 외요ᄆᆞᆯ 降伏힐 시라:二毗奈耶此云調伏謂調鍊三業制伏過非(圓覺上一之一17). 邪ᄒᆞᆫ 스승의 허믈 외요미언뎡:邪師過謬(圓覺下一之一56). ᄒᆞᆫ갓 겨지블 거느리디 아니호미 외욤과 威儀 整齊 아니호미 왼 주를 알ᄉᆡ:徒知妻婦之不可不御威儀之不可不整(宣賜內訓2上6).

외용지용 부 윙윙 우는 소리. ¶三年 묵은 ᄆᆞᆯ가족은 외용지용 우지ᄂᆞᆫ듸(古時調. 달바ᄌᆞᄂᆞᆫ. 青丘).

외이이다 동 외우게 하다. ☞외오이다 ¶그 中에셔 ᄒᆞ나흘 ᄲᅡ혀 ᄲᅡ힌 사ᄅᆞᆷ으로 글 외이이고(蒙老1:5).

외입ᄒᆞ다 동 외입(外入)하다. 오입(誤入)하다. ¶세손 외입ᄒᆞ실가 념녀가 급ᄒᆞ여(閑中錄400).

외ᄋᆞᆫ 명 오얏. ☞외앗. 외얏. 외엿 ¶외ᄋᆞᆫ 리:李(倭解下7).

외자 명 외상. ¶외자 내다:賒者來(譯解下50). 아ᄒᆡ야 點心도 ᄒᆞ려니와 외자 濁酒 내여라(古時調. 金昌業. 거믄고. 青丘). 외자 내다:賒着來(同文解下27).

외자ㅅ쟝 명 외상 장부(帳簿). ¶외자ㅅ쟝:賒帳(譯解補38).

외조모 명 외조모(外祖母). ¶외조뫼 오래 미친병ᄒᆞ거ᄂᆞᆯ:外祖母久嬰狂疾(東新續三綱. 孝4:14). 或 ᄀᆞᆯ오ᄃᆡ 外祖母 爲ᄒᆞ야 홈을 添입ᄒᆞ암즉(家禮6:22).

외즐김 명 홀로 즐김. ¶ᄧᅡᆨᄉᆞ랑 외즐김ᄒᆞᄂᆞᆫ ᄠᅳᆺ을 하ᄂᆞᆯ이 아르셔(古時調. 나ᄂᆞᆫ 님 혜기. 青丘).

외짐ᄎᆡ 명 오이김치. ¶외짐ᄎᆡ 연ᄒᆞᆫ 흰밥:苽菹軟白飯(痘瘡方13).

외ᄌᆞ 명 외상. ¶외ᄌᆞ 사:賒(兒學下5).

:외·쳑 명 외척(外戚). ¶外戚을 封티 아니ᄒᆞᆫ 젼ᄎᆞ라 하더니:外戚은 어믜녁 아ᅀᆞ미라(宣賜內訓2上49).

외·촘 명 침실(寢室). 궁중(宮中)의 침소(寢所). ¶집 외촘 믈디ᄂᆞᆫ 뒷 ᄒᆞᆰ:屋霤中泥(救簡6:74). 외촘 구:菁 舍之隱奧處(訓蒙下18).

외톨이 명 외톨밤. ☞외트리밤 ¶외톨이:天師栗(柳氏物名四 木).

·외·트리:밤 명 외톨밤. ☞외톨이 ¶외트리밤 ᄉᆞ론 지ᄅᆞᆯ 믈인 ᄃᆡ ᄇᆞᄅᆞ면:燒獨顆栗子灰貼瘡(救簡6:71).

:외ᄑᆞ·다 동 새기다〔彫刻〕. ¶외ᄑᆞᆯ 국:刻(訓蒙上2).

외향 명 외양간. ☞오히양 ¶물읫 외향 됴ᄒᆞᆫ ᄆᆞᆯ이:凡廐驥(馬解上 52).

·외·히려 부 오히려. ☞오히려 ¶외히려 비ᄅᆞ머근 여싀 몸도 언디 몯ᄒᆞ리온:尙不得疥癩野干之身(龜鑑下36). 외히려 머리털을 근고 고기ᄅᆞᆯ 먹디 아니ᄒᆞ며:猶斷髮不食肉(東新續三綱. 烈1:68).

:왼 형 그릇된. 잘못된. ㉮외다 ¶醫ᄅᆞᆯ 맛나고도 왼 藥ᄋᆞᆯ 머겨 아니 주긇 저긔 곧 橫死ᄒᆞ며(釋譜9:36). ᄒᆞᆫ갓 겨지블 거느리디 아니호미 외욤과 威儀 整齊 아니호미 왼 주를 알쇠:徒知妻婦之不可不御威儀之不可不整(宣賜內訓2上6). 그 왼 일란 졍ᄒᆞ야 救ᄒᆞᄂᆞ니:匡救其惡(宣小2:42). 내의 왼 이ᄅᆞᆯ 다 닐오려 ᄒᆞ노매라(古時調. 鄭澈. ᄂᆞᄆᆞ로. 警民編).

:왼 관 왼. ¶수히 왼 ᄂᆞᆯ개 드르옛ᄂᆞ니:雄者左翮垂(初杜解16:70).

왼 관 온. ☞온 ¶왼 골에 杏花 져 ᄡᅡ히니(古時調. 세버들 柯枝 것거. 靑丘). 왼 셩이 함ᄭᅴ 면ᄒᆞ기ᄅᆞᆯ 원ᄒᆞ니라(女四解4:29). 왼 것:整的(譯解補55). 왼 ᄒᆡ:整年(蒙解上3). 왼 ᄒᆡ를 이런 좀말ᄅᆞᆯ ᄀᆞᄅᆞ쳐 므슴 ᄒᆞ리오(捷蒙2:2).

왼날 명 온 날. 종일(終日). ☞왼 ¶왼날:整日家(譯解補3).

:왼녁 명 왼녘. 왼편. ¶尼師檀ᄋᆞᆯ 왼녁 엇게예 엱고(釋譜6:30). 왼녁 피 담 담고 올ᄒᆞᆫ녁 피 담 다마 두고(月釋1:7). 左ᄂᆞᆫ 왼녀기라(訓註). 왼녀근 거슬오:左逆(法華2:210). 왼녁 엇게 버효미오(圓覺上二之二148). 왼녁 누ᄂᆞᆫ 用이오(金三2:13). 왼녀기 기울어든:左歪(救簡1:21). 왼녁 좌:左(類合上2). 올ᄒᆞᆫ녁킈ᄂᆞᆫ 徵와 角을 ᄒᆞ고 왼녁킈ᄂᆞᆫ 宮과 羽를 ᄒᆞ야:右徵角左宮羽(宣小3:17). 왼녁 귀ᄅᆞᆯ 버혀 무덤 ᄶᅴ의 무더셔:左耳埋于墓(東新續三綱. 烈3:34).

왼몸 명 온몸. ¶왼몸:原身(漢淸5:47).

왼밤 명 온밤. 온 하룻밤. ☞온밤 ¶왼밤:整夜(譯解補4).

:왼빋 명 세. 셋돈. ¶왼빋 샤:賒. 왼빋 셰:貰(訓蒙下21).

왼숫기 명 왼새끼. ¶왼숫기를 눈 길게 너슷너슷 ᄭᅩ와(古時調. 가슴에. 靑丘).

왼이로 부 통채로. ¶왼이로 ᄉᆞᆷᄭᅵ다:囫圇呑(譯解補32).

왼편 명 왼편. ¶왼편으로 弄ᄒᆞ기ᄅᆞᆯ 세 번 ᄒᆞ고(武藝圖4).

왼활 명 왼활. ¶왼활:左弓(同文解上47). 왼활:左手射(漢淸4:41).

욀 형 그를. ☞외다 ¶욀 좌:左(訓蒙下34).

욋고지조 명 외꼬지. 〔조의 한 품종.〕 ¶욋고지조:瓜花粟(衿陽).

요 명 요. ☞쇼 ¶요 욕:褥(訓蒙中11). 요 욕:褥(類合上24). 캉 우희 청금 요 ᄭᆞᆯ고:炕上鋪着青錦褥子(朴解中44). 요:褥子(譯解下15. 同文解上58). 나ᄆᆞᆫ 깁을 니어 手巾과 요ᄒᆞᆯ ᄆᆡᆼᄀᆞ라 니ᄅᆞ샤ᄃᆡ 몸이 富貴에 이셔:餘帛緝爲巾褥曰身處富貴(重內訓2:89). 요헤 빗난 거슬 거더 업시홀ᄯᅵ니라:撤去帷帳衾褥華麗之物(英小5:58). 요 우희 골 난다(小兒8). 골이라 홈은 요히 ᄰᅵᆫ 돗기오(小兒9). 요:褥(漢淸11:19).

※쇼>요

※'요'의 ┌요
첨용 └요ᄒᆞᆯ/요히/요ᄒᆞᆫ/요히라/요콰…

·요 관 요 ¶요 一喝이 곧 이 拈花ᄒᆞ샨 消息ㅣ시며:這一喝便是拈花消息(龜鑑下63).

요강 명 요강. ¶요강:夜壺(同文解下15. 譯解補43).

요공ᄒᆞ다 동 요공(要功)하다. 남에게 들인 공을 스스로 자랑하다. ¶방동냥이 요공ᄒᆞ려 거즛 유릉 방졍을 거ᄃᆞ라(癸丑62).

요:괴 명 요괴(妖恠. 妖怪). ¶變怪ᄂᆞᆫ 常例ᄅᆞᆸ디 아니ᄒᆞᆫ 妖怪라(釋譜9:33). 氛ᄋᆞᆫ 妖恠엣 氣分이라(楞解2:29). 魔ㅣ 제 기픈 妖恠ᄅᆞᆯ 니ᄅᆞ와도미니(楞解10:41). 요괴 요:妖(類合下58). 요괴:妖精(同文解下12).

요괴로왼 형 요괴(妖怪)스러운. ㉮요괴롭다 ☞요괴로ᄋᆞᆫ ¶戎狄ㅣ 妖恠로왼 氣運을 타셔 ᄀᆞ외니:戎狄乘妖氣(重杜解24:49).

요괴로이 부 요괴스레. ¶요괴로이 구다:作怪(漢淸8:25).

요·괴로ᄋᆞᆫ 형 요괴스러운. ㉮요괴롭다☞요괴로왼. 요괴ᄅᆞ왼 ¶이ᄂᆞᆫ 요괴로ᄋᆞᆫ 거시라:此妖物也(飜小10:16).

요·괴·로ᄋᆡ·다 형 요괴스럽다. ☞요괴ᄅᆞ외다 ¶샤특ᄒᆞ며 허탄ᄒᆞ며 요괴로ᄋᆡ며 망녕도왼 말ᄉᆞ미 ᄃᆞ토와 니러나:邪誕妖妄之說競起(飜小8:42).

·요·괴:롭·다 형 요괴(妖怪)스럽다. ☞요괴ᄅᆞᆸ다 ¶요괴롭고 망녕도왼 이를 ᄒᆞ디 말

라:勿爲妖妄(飜小7:23).

요·괴ᄅᆞ왼 형 요괴(妖怪)스러운. ㉮요괴ᄅᆞᆸ다 ☞요괴로온 ¶요괴ᄅᆞ왼 ᄭᅮ미 하거니:多饒怪夢(佛頂上5).

요·괴ᄅᆞᆸ·다 형 요괴(妖怪)스럽다. ☞요괴롭다 ¶相ᄋᆞᆯ 보거나 妖怪ᄅᆞᄫᆡᆫ 새 오거나(釋譜9:24). 요괴ᄅᆞ왼 ᄭᅮ미 하거니:多饒怪夢(佛頂上5).

요괴ᄒᆞ다 형 요괴(妖怪)하다. ¶妖恠ᄒᆞᆫ 노미 허리와 逆亂ᄒᆞᄂᆞᆫ 사ᄅᆞ미 모ᄀᆞᆫ 敢히 깃거ᄒᆞ리아:妖腰亂領敢欣喜(重杜解16:57).

요구ᄒᆞ·다 동 요구(要求)하다. ¶言說波瀾ᄋᆞᆯ 만히 니르와ᄃᆞ샤미 要求ᄒᆞ야 보건댄(金三1:33). 부귀ᄒᆞᆫ 샹 두믈 요구티 아니ᄒᆞᆯ 거시라:不要有富貴相(飜小8:18). 구틔여 됴ᄒᆞᆫ 긄句ᄅᆞᆯ 要求ᄒᆞ논 디 아니라 시름 오매 여희여쇼ᄆᆞᆯ 짓노라:不敢要佳句愁來賦別離(重杜解16:11). 다만 받긔 나가 일을 다ᄉᆞ리믈 要구ᄒᆞ면 오직 시러곰 服ᄒᆞᆯ 거시니라(家禮6:34).

요·긔 명 요기(妖氣). ¶ᄯᅩ 대ᄅᆞᆯ 티오면 요긔를 업게 ᄒᆞᄂᆞ니라:又方爆竹辟妖氣(瘟疫方4). 요긔 려:沴(類合下49).

요긔 명 요기(療飢). ¶空腹의 술을 먹ᄉᆞᆸ기의 비속이 조여미오 醉ᄒᆞ여 어렵기ᄂᆞᆫ 어렵ᄉᆞ오나 요긔ᄂᆞᆫ 족히 ᄒᆞ올만ᄒᆞᆸ더이다(隣語1:10).

요·긔로외·다 형 요기스럽다. ¶네 ᄌᆞᄂᆞᆫ 요긔로왼 빌믜 븓들인 병 방졍ᄒᆞᄂᆞ니:四字治禳妖邪祟(瘟疫方17).

-요·니 어미 -니. ☞-오니. -우니 ¶내 것ᄆᆞᄅᆞ 주거 ᄲᅡ해 디옛다가 오라거ᅀᅡ ᄭᅢ요니(月釋10:24). 이제 여쉬니오 ᄯᅩ 둘흘 디내요니 쉬닌 時節을 보건댄(楞解2:6). 소ᄂᆞᆯ 依憑ᄒᆞ야 브텨 보내요니(初杜解8:48). 나ᄂᆞᆫ 衰老ᄒᆞ야 自得디 몯ᄒᆞ요니:吾衰未自由(重杜解1:33). 洛城을 ᄒᆞᆫ 번 여희요니 머로미 四千里로소니:洛城一別四千里(重杜解2:1). 빗주ᄅᆞᆯ ᄆᆡ요니 고기 잡ᄂᆞᆫ 그므리 버렷고:結纜排魚網(重杜解2:26).

요·동 명 요동(搖動). ¶내의 ᄆᆞᅀᆞᆷ 요동 아니호미 ᄯᅩ 가히 孟子 ᄀᆞᆮᄒᆞ리라:我之不動心亦可以如孟子矣(飜小5:9). 오히려 요동을 아니 ᄒᆞ니 범이 이윽고 가니라:猶不動虎尋去(東新續三綱. 孝1:21).

요:동ᄒᆞ·다 동 요동(搖動)하다. ¶性이 搖動호미 업게 ᄒᆞ며(楞解6:27). 搖動ᄒᆞᄂᆞᆫ ᄆᆞᅀᆞ미 니루미 飄風 ᄀᆞᆮᄒᆞ야(金剛11). 搖動ᄒᆞ기 쉬오니 口鼻 우희 두어셔(家禮5:2). 아국 인심이 요동ᄒᆞ기 쉬워 뎌기 ᄒᆞᄂᆞᆫ 일이 이셔ᄃᆞ(經筵).

요ᄃᆡ 명 요대(腰帶). 허리띠. ¶요ᄃᆡ:男戰腰(漢淸11:5).

-요·ᄃᆡ 어미 -되. ☞-오ᄃᆡ. -우ᄃᆡ ¶세닐웻 ᄉᆞᅀᅵᄅᆞᆯ ᄉᆞ랑ᄒᆞ요ᄃᆡ(釋譜13:57). 이러트시 種種 音聲을 ᄀᆞᆯᄒᆞ요ᄃᆡ 耳根ᄋᆞᆫ 허디 아니ᄒᆞ리라(釋譜19:16). ᄲᅩᆼ바티 가ᅀᅵ요ᄃᆡ ᄆᆞᅀᆞ믄 改易 업스며:桑田改而心無易(永嘉下78). 平生에 願ᄒᆞ요ᄃᆡ ᄒᆞᆫᄃᆡ 녜자 ᄒᆞ얏더니(松江. 思美人曲).

요ᄃᆡᄒᆞ다 동 요대(饒貸)하다. 너그럽게 용서하다. ¶혹 범법ᄒᆞ면 훈귀로ᄡᅥ 조곰도 요ᄃᆡ티 아니ᄒᆞ시더라(仁祖行狀28).

-요·라 어미 -라. -노라. ☞-오라. -우라 ¶두듥 우희 急難ᄋᆞᆯ 일즉 디내요라:原上急曾經(初杜解8:39). 다 蜀ㅅ 使臣이 ᄃᆞ외요라:俱爲蜀使臣(初杜解20:39). ᄀᆞᄂᆞᆫ 빗주를 ᄯᅩ 긴 두들게 ᄆᆡ요라:弱纜且長堤(重杜解3:19). 첫 ᄀᆞᅌᆞᆯ히 이 亭子를 여희요라:初秋別此亭(重杜解3:36).

요란 명 요란. ¶요란 요:擾(類合下31).

요란씨다 형 요란스럽다. ¶요란씨다:嚷鬧(漢淸8:34).

요란ᄒᆞ다 형 요란하다. ¶드러 겨오신 ᄃᆡᄂᆞᆫ ᄌᆞ비 갓가오니 더럽고 요란ᄒᆞ매(癸丑127). 이리 요란ᄒᆞ여:這般鬧起來(朴解下49). 놀라 요란ᄒᆞ다:驚亂(漢淸4:37).

-요·려 어미 -려. -으려. ☞-오려. -우려 ¶聲聞 緣覺 모ᄃᆞᆫ 小乘法을 아쳐러 여희요려 ᄒᆞ야:厭離聲聞緣覺諸小乘法(楞解3:65). 시혹 人法에 이긔요려 ᄒᆞ며:或擬違背人法(圓覺下三之一55).

요령 명 요령(鐃鈴). ¶요령 요:鐃. 요령 탁:鐸(訓蒙中16).

-요·리 어미 -리. ¶모딘 일 ᄒᆞ시단딘댄 어마님 爲ᄒᆞᅀᆞᄫᅡ 이 돈ᄋᆞᆯ 布施ᄒᆞ요리(月釋23:65).

-요리·라 어미 -려고. ☞-오리라. -우리라 ¶賢君을 내요리라:將降賢君. 聖武를 뵈요리라:欲彰聖武(龍歌46章). 名賢劫이 엻제 後ㅅ 일ᄋᆞᆯ 뵈요리라 一千 靑蓮이 도다 펫더니(月印上4). 褒姒ᄅᆞᆯ 웃요리라 ᄒᆞ야(宣賜內訓序4).

요ㅅ소 명 욧속. ☞요 ¶요ㅅ소:褥托子(漢淸11:19).

요샤 명 요사(妖邪). ¶해 이 妖邪ㅣ 世間애 熾盛ᄒᆞ야:多此妖邪熾盛世間(楞解6:101).

·요ᄉᆞ·ᅀᅵ 명 요사이. 요새. ☞요ᄉᆞ이 ¶내 요ᄉᆞᅀᅵ예 여쉰 小國에 가 藥ᄋᆞᆯ 얻다가 몯호이다(釋譜11:19). 向ᄋᆞᆫ 아니오란 요ᄉᆞᅀᅵ라(月釋序26). 요ᄉᆞᅀᅵ예 보니:比見(宣賜內訓3:29). 요ᄉᆞᅀᅵ예 幽深ᄒᆞᆫ 興이 ᄀᆞ장ᄒᆞᆯ시:向來幽興極(初杜解15:12). 요ᄉᆞᅀᅵ 相國이 조쳐 蜀ᄋᆞᆯ 便安케 ᄒᆞ고:比來相國兼安蜀(初杜解23:10). 王室이 요ᄉᆞᅀᅵ에 兵難이 하니:王室比多難(初杜解23:11). 요ᄉᆞᅀᅵ예 듣

글 무든 거우루를 닷디 아니ᄒᆞ니(南明上15). 내 요ᄉᆞᅀᅵ예 구윗 브리신 일로 나가노니:我這幾日差使出去(飜朴上47).

·요ᄉᆞ·이 명 요사이. 요새. ☞요ᄉᆞᅀᅵ ¶요ᄉᆞ이예 刺史 除授호ᄆᆞᆯ 보고:近看除刺史(初杜解23:10). 요ᄉᆞ이 ᄆᆞᆯ보기 어더셔:我這幾日害痢疾(飜朴上37). 요ᄉᆞ이:近日(飜小10:31). 요ᄉᆞ이 ᄃᆡᄉᆞ의 지븨셔:近日士大夫家(飜小10:33). 요ᄉᆞ이:近者(警民25). 요ᄉᆞ이 서ᄅᆞ 아ᄂᆞᆫ 사ᄅᆞᆷ이 와 니ᄅᆞ되:近有相識人來說(老解上8). 東萊가 요ᄉᆞ이 편티 아냐 ᄒᆞ시더니(新語1:26).

요약ᄒᆞ다 동 요약(要約)하다. ¶富ᄒᆞ되 能히 儉ᄒᆞ면 딕킈미 요약ᄒᆞ고:富而能儉則守約(女四解4:65).

요언 명 요언(妖言). ¶요언을 던파ᄒᆞ리 하만ᄒᆞ니(癸丑53).

요얼 명 그루터기에서 돋는 싹. 움. ¶요얼 얼:蘖(類合下51).

요요ᄒᆞ·다 형 요요(夭夭)하다. ¶申申ᄐᆞᆺ ᄒᆞ시며 夭夭ᄐᆞᆺ ᄒᆞ더시다:申申如也夭夭如也(宣小3:16).

요요·ᄒᆞ·다 동 요요(搖搖)하다. ¶이제 두ᅀᅥ힐 디내요니 ᄆᆞᅀᆞ미 搖搖ᄒᆞ야 ᄉᆞ랑ᄒᆞ야(永嘉下107).

-요이다 어미 -오이다. ☞-오이다. -우이다 ¶山 접동새 난 이슷ᄒᆞ요이다(樂範. 鄭瓜亭).

요정 명 요정(妖精). ¶鬼神과 모ᄃᆞᆫ 天魔와 魍魎 妖精이 三昧時예 모다 와 너를 惱ᄒᆞ리라:鬼神及諸天魔魍魎妖精於三昧時僉來惱汝(楞解9:47).

·요조·ᅀᅩᆷ 명 요즈음. 이즈음. ☞요조ᅀᆞᆷ ¶요조ᅀᅩᆷ 아자비 마ᅀᆞᆫ 사ᄅᆞᄆᆞᆯ 보니(初杜解8:16). 요조ᅀᅩᆷ 아ᅀᆞᆷ 청ᄒᆞ야 이바디ᄒᆞ노라 ᄒᆞ며:這幾日爲請親眷筵席(飜老下56).

·요조·ᅀᅮᆷ 명 요즈음. 이즈음. ☞요조ᅀᆞᆷ ¶요조ᅀᅮᆷ 누네 보니 眞實로 徵驗호미 잇도다:頃來目擊信有徵(初杜解25:47).

·요조·ᅀᆞᆷ 명 요즈음. 이즈음. ☞요조ᅀᅩᆷ. 요조ᅀᅮᆷ ¶요조ᅀᆞᆷ브터 오매 ᄒᆞᆫ 줈 글도 받디 몯ᄒᆞ요라:從來不奉一行書(初杜解21:25). 요조ᅀᆞᆷ 이른 뉘 그 허믈 맛ᄃᆞᆯ고 ᄒᆞ여ᄂᆞᆯ:近日之事誰任其咎(飜小9:26).

요조·옴 명 요즈음. 이즈음. ☞요ᄌᆞᄋᆞᆷ ¶요조옴 일을 뉘 그 허믈을 맛ᄃᆞ료:近聞之事誰任其咎(宣小6:23). 요조옴 아자비 마ᅀᆞᆫ 사ᄅᆞᄆᆞᆯ 보니:比看伯叔四十人(重杜解8:16). 요조옴브터 오매 ᄒᆞᆫ 줈 글도 받디 몯ᄒᆞ요라:從來不奉一行書(重杜解21:25).
※요조ᅀᆞᆷ>요조옴

·요주·ᅀᅮᆷ 명 요즈음. ☞요조ᅀᆞᆷ ¶요주ᅀᅮᆷ 누넷 가시 아ᅀᅡ ᄇᆞ리ᄃᆞ시 그 샤옹ᄋᆞᆯ 벙으리와ᄃᆞ니:近者抉眼去其夫(初杜解25:9).

요ᄌᆞᄋᆞᆷ 명 요즈음. 이지음. ☞요조옴 ¶요ᄌᆞᄋᆞᆷ 드로니 韋氏ㅅ 누의:近聞韋氏妹(重杜解11:2).

요청ᄒᆞ다 동 요청(要請)하다. ¶幕府에셔 要請호ᄆᆞᆯ 더러여 뫼ᄋᆞ오니라:叨陪幕府要(重杜解24:56).

요츙 명 요충(要衝). ¶뼈 냥산이 도적의 요충이라 ᄒᆞ야:以梁爲賊衝(東新續三綱. 孝1:30). 원침을 밧드ᄋᆞᆸ고 보쟝을 버려 물과 뭇헤 요충이오(綸音85).

요향 명 왕골. ☞뇨향 ¶요향 관:莞(訓蒙上8). 요향:水葱草(譯解下40). 요향:水葱(物譜 雜草).

요ᄒᆞᆯ 명 요를. 〔ㅎ 첨용어 '요'의 목적격(目的格).〕 독요 ¶나ᄆᆞᆫ 깁을 니어 手巾과 요ᄒᆞᆯ ᄆᆡᆼᄀᆞ라:餘帛緝爲巾褥(重內訓2:89).

요ᄒᆡ 명 요에. 〔ㅎ 첨용어 '요'의 부사격(副詞格).〕 독요 ¶골이라 ᄒᆞᆷ은 요ᄒᆡ ᄭᅧᆫ 돗기오(小兒論9).

요:ᄒᆡᆼ 명 요행(僥倖). ¶僥倖ᄋᆞᆫ ᄇᆞ라디 몯ᄒᆞᇙ 福ᄋᆞᆯ 求ᄒᆞᆯ 씨라(楞解9:113). 요ᄒᆡᆼ 요:僥. 요ᄒᆡᆼ ᄒᆡᆼ:倖(類合下30). 요ᄒᆡᆼ으로 시러곰 사라나니라:幸而得生(東新續三綱. 烈4:81). 요ᄒᆡᆼ으로 장군을 어더(三譯1:16). 혹 요ᄒᆡᆼ으로 죄를 면ᄒᆞ나 호을로 ᄆᆞᄋᆞᆷ에 븟그럽지 아니ᄒᆞ랴(綸音107).

욕 명 욕(辱). ¶욕 욕:辱(類合下32).

·욕·긔 명 욕기(欲氣). ¶欲氣ᄂᆞᆫ 멀텁고 흐리여 微妙히 ᄇᆞᆰ고ᄆᆞᆯ 더러이며(楞解6:88).

욕도이 부 욕되게. ☞욕되이. 욕저이 ¶ᄒᆞᆫ번 즌ᄒᆞᆰ 길헤 辱도이 잇다니 느저ᅀᅡ ᄡᅳ시니라:一辱泥塗遂晩收(杜解23:47). 주근 어버이ᄅᆞᆯ 욕도이 ᄒᆞ며:辱先喪(飜小6:17). 비 行宮의 비취엿거늘 글 주믈 辱도이 ᄒᆞ니:雨映行宮辱贈詩(重杜解12:34).

·욕도·이·다 형 욕되다. ☞욕도ᄋᆡ다 ¶주그며 살며 영화로ᄋᆡ며 욕도요매:死生榮辱(飜小9:48).

·욕·도ᄋᆡ·다 형 욕되다. ☞욕도이다 ¶길ᄒᆞ며 흉ᄒᆞ며 영화로ᄋᆞᆫ 이리며 욕도ᄋᆡᆫ 이리 그 블른 대로 ᄒᆞᄂᆞ니:吉凶榮辱惟其所召(飜小8:10).

욕되다 형 욕되다. ☞욕도이다 ¶욕될 욕:辱(兒學下7).

·욕·되·이 부 욕되이. ☞욕도이 ¶님금 말ᄉᆞᆷ이 더러운 ᄃᆡ 욕되이 오심이라(宣小2:37).

·욕심 명 욕심. ¶내 몸애 欲心 업거늘(月印上40). 欲心에 足ᄒᆞᆫ 고ᄃᆞᆯ 아ᄂᆞ니라(月釋1:31). 欲心이 盛호미 五欲앳 머리 ᄃᆞ욀ᄊᆡ(法華2:131). 리예 슌케 ᄒᆞ면 편안ᄒᆞ고 욕시믈 조ᄎᆞ면 바ᄃᆞ랍ᄂᆞ니:順理則裕從欲惟危(飜小8:11). 욕심 욕:欲(類合下4). 욕심:欲

(漢淸6:56).

욕욕ᄒᆞ·다 동 욕지기하다. ¶욕욕ᄒᆞ며 토ᄒᆞ야 답답ᄒᆞ고 어즐ᄒᆞ거든:嘔吐煩悶及霍亂(救簡2:58). 손으로 입에 녀허 욕욕ᄒᆞ면 포의 즉시 나ᄂᆞ니라:仍探喉中令嘔胞衣卽下(胎要38).

욕저이 부 욕되게. ☞욕도이 ¶他人所視의 욕저이 구니(隣語5:6).

욕쬭이 명 욕지기. ¶욕쬭이:噦(物譜 氣血).

·욕·ᄒᆞ·다 동 욕(辱)하다. ¶종노미 師傅를 辱ᄒᆞᄂᆞ다(三綱. 忠7). 욕ᄒᆞᆯ 욕:辱(石千30). 그 몸을 辱디 아니홈은 伯夷와 叔齊ㄴ뎌:不辱其身伯夷叔齊與(宣論4:52).

-·욘 어미 -ㄴ.〔'ㅣ' 모음이나 'ᄒᆞ' 뒤에 쓰임.〕☞-온 ¶부텻모매 피 내어나 ᄒᆞ욘 業이라(月釋9:6). 傳ᄒᆞ욘(楞解1:36). 얼의욘 양지라(楞解2:18). ᄃᆞ외욘디라(楞解2:83). 巖頭ㅣ 그 말 對答ᄒᆞ욘 마리라(蒙法32). 삽듯 불휘 닉 량을 ᄡᅳ므레 ᄌᆞ마 ᄒᆞᄅᆞᆺ밤 재요니와(救簡1:8). 구슬로 ᄆᆡ자ᄢᅦ욘 약대 터리로(飜朴上30).

-·욜 어미 -ㄹ.〔'ㅣ' 모음이나 'ᄒᆞ' 뒤에 쓰임.〕¶몸 셰욜 事業 ᄆᆡᆼᄀᆞ로오:以爲立身事業(圓覺序65). 부텨 ᄃᆞ외욜 正ᄒᆞᆫ 因ᄋᆞᆯ 일티 아니ᄒᆞᄂᆞ니:不失成佛之正因(牧牛訣43).

-·욜·뎬 어미 -ㄹ진대〔'ㅣ' 모음이나 'ᄒᆞ' 뒤에 쓰임.〕. ¶五陰이 如來를 여희욜뎬 五陰이 곧 本來 업스리니:五陰離如來五陰卽本無(圓覺上一之一63).

-욜셰라 어미 -올세라.〔'ㅣ' 모음이나 'ᄒᆞ' 뒤에 쓰임.〕¶즌 뒤를 드디욜셰라(樂範. 井邑詞).

-·욞 어미 -ㄹ.〔'ㅣ' 모음이나 'ᄒᆞ' 뒤에 쓰임.〕☞-옮 ¶거두며 줏ᄂᆞᆫ ᄉᆞᅀᅵ예 ᄯᅩ ᄆᆡ욞디 아니며:不應穫拾之中又耘耨也(楞解1:19).

-·욤 어미 〔명사형 어미. 'ㅣ' 모음이나 'ᄒᆞ' 뒤에 쓰임.〕☞-옴 ①-ㅁ. ¶ᄆᆞᅀᆞᄆᆡᆺ 行ᄒᆞ욤과 ᄆᆞᅀᆞᄆᆡᆺ 動作ᄒᆞ욤과(釋譜19:24). 行ᄒᆞ요ᄆᆞᆫ 샹녯 이ᄅᆞᆯ 조차 ᄒᆞᄂᆞᆫ ᄆᆞᅀᆞ미오(釋譜19:25). ᄃᆞ리 즈믄 ᄀᆞᄅᆞᄆᆡ 비취요미 ᄀᆞᆮᄒᆞ니라(月釋1:1). 므싀욤 ᄐᆞᄂᆞᆫ 사ᄅᆞᄆᆞᆫ(月釋2:59). 고해셔 나ᄂᆞ니라 혜요미 妄이라:計鼻生者妄也(楞解3:24). 念念이 어긔욤 업수미:念念無差(金剛15). 등어리 ᄢᅧ요ᄆᆞᆯ 可히 ᄡᅥ 天子ᄭᅴ 받자왐직ᄒᆞ니:炙背可以獻天子(初杜解7:13). 서르 븓돋게 ᄒᆞ요ᄆᆞᆯ 반날만 ᄒᆞ야(救簡1:66). 이ᄂᆞᆫ 져믄 젯 ᄆᆞᆯ ᄐᆞ요ᄆᆞᆯ ᄉᆞ랑ᄒᆞ야 오ᄂᆞᆯ ᄯᅩ ᄃᆞᆯ여(重杜解3:51). ②-음. ¶世間애 이쇼ᄆᆞᆫ 劫數ㅣ 四天下 微塵만 ᄒᆞ더니(釋譜19:28). ᄒᆞ논 일 이쇼미 비록 거츠나(月釋8:31).

용·납ᄒᆞ·다 동 용납(容納)하다. ¶그윗지븨 ᄀᆞ含 반되를 容納ᄒᆞ야 뒷다:廨宇容秋螢(初杜解6:20). 妙喜론 엇데 無者의 무르믈 容納ᄒᆞ며(金三1:26). 堂守ㅣ 조바 足히 衆을 容納디 몯호ᄆᆞᆯ 보시고(六祖略序7). 어딘 사ᄅᆞᄆᆞᆯ 위ᄒᆞ며 모ᄃᆞᆫ 사ᄅᆞᄆᆞᆯ 용납ᄒᆞᄂᆞᆫ:尊賢容衆(飜小8:28). 내의 가져옴 ᄉᆞ이ᄂᆞᆯ 용납ᄒᆞ라:容我持還(東新續三綱. 烈7:64). 착ᄒᆞ니ᄅᆞᆯ 놉히고 직신을 용납ᄒᆞ고(經筵). 셩지ᄅᆞᆯ 바드므로브터 텬디의 용납ᄒᆞᄂᆞᆫ 큰 덕을 감사ᄒᆞ야(山城109). 血脈이 서ᄅᆞ 通ᄒᆞ니 엇디 間隔 ᄒᆞ기ᄅᆞᆯ 용납ᄒᆞ리오(警民24). 天地 용납디 아니ᄒᆞ며:天地不容(女四解2:19). 용납ᄒᆞ다:容他(同文解上31). 용납지 못ᄒᆞ다:容不下(漢淸8:21). 쳡을 인ᄒᆞ여 옥이 부어지며 어름이 ᄶᅵ여지듯 ᄒᆞ니 쳡의 죄 용납지 못ᄒᆞᆯ지라(落泉1:2).

용내다 동 힘내다. ¶용내다:奮勇(同文解上23). 용내다:勇往(漢淸6:32).

용녈ᄒᆞ다 형 용렬(庸劣)하다. ☞용렬ᄒᆞ다 ¶우리들이 용녈ᄒᆞᆫ 타ᄉᆞ로(隣語7:16). 현미ᄂᆞᆫ 슈이 드러가고 당부의 긔운을 용녈케 말나(落泉2:6).

용려 명 용려(用慮). 마음을 씀. ¶하 그리 깁히 用慮 마ᄋᆞᆸ소(隣語3:3).

용렬ᄒᆞ다 형 용렬(庸劣)하다. ☞용녈ᄒᆞ다 ¶용렬ᄒᆞᆫ 이:庸碌的(同文解上23). 내 비록 庸劣ᄒᆞ나 兄의 ᄀᆞᄅᆞ침을 긔록ᄒᆞ쟈(捷蒙1:7). 용렬ᄒᆞᆯ 렬:劣(兒學下9).

용·모 명 용모(容貌). ¶容貌ㅣ 밧ᄀᆞ로 ᄀᆞᆮᄒᆞ야도 心相이 안ᄒᆞ로 다ᄅᆞ면 正心이 아니라:容止外同心相內異非正心也(楞解8:25). 容貌ᄅᆞᆯ 모로매 端正ᄒᆞ고 싁싁히 ᄒᆞ며:容貌必端莊(宣賜內訓1:26). 容貌를 動ᄒᆞ욤애 이예 暴慢을 멀리ᄒᆞ며(宣論2:30). 용모와 위의 단졍ᄒᆞ고 싁싁ᄒᆞ오셔(仁祖行狀16).

:용:ᄆᆡᆼ·히 부 용맹(勇猛)히. ¶覺心에 勇猛히 煅煉ᄒᆞ야(楞解7:18). 諸佛ㅅ 그지업슨 道法을 다 行ᄒᆞ야 勇猛히 精進ᄒᆞ야(釋譜13:37).

:용:ᄆᆡᆼᄒᆞ·다 형 용맹(勇猛)하다. ¶智慧ᄅᆞᄫᅵ며 勇猛코 게여ᄫᅳ미 큰 力士 ᄀᆞᄐᆞ니도 이시며(釋譜9:20). 勇猛ᄒᆞᆫ 將軍이 어즈러이 며옛ᄂᆞ니:猛將紛塡委(初杜解7:25). 훤ᄒᆞᆫ 그 혜 勇猛ᄒᆞᆫ 듣겨리 能히 노ᄑᆞ며 ᄂᆞᆺ갑도다(金三2:44). 모칙을 내고 용ᄆᆡᆼᄒᆞᆫ 사ᄅᆞᆷ으로 ᄒᆞ여곰(山城39). 勇猛ᄒᆞᆫ 謀略ᄋᆞᆫ 이제 어듸 잇ᄂᆞ니오 그저기 ᄯᅩ 壯盛ᄒᆞ닷다:勇略今何在當時亦壯哉(重杜解14:6).

용샹 명 용상(庸常). 대수롭지 아니함. ¶용샹 용:庸(類合下2).

용셔하다 동 용서(容恕)하다. ☞용셔ᄒᆞ다 ¶용셔할 셔:恕(兒學下12).

용셔ᄒᆞ다 동 용서(容恕)하다. ☞용셔하다 ¶

僕妾 ᄃᆡ졉ᄒᆞ기에 니ᄅᆞ러ᄂᆞᆫ 용셔ᄒᆞ고 은혜 이셔(女四解4:11).

용쇽히 부 용속(庸俗)히. ¶지현이 우음을 먹음고 ᄀᆞᆯ오ᄃᆡ 인형이 쇼졔 보기ᄅᆞᆯ 용쇽히 ᄒᆞ나(落泉2:6).

용·쇽ᄒᆞ·다 형 용속(庸俗)하다. ¶호바니며 용쇽ᄒᆞᆫ 사ᄅᆞ미 모다 우스며:武人俗吏共噎(飜小8:29). 별호ᄅᆞᆯ 산이라 ᄒᆞ니 얼골이 용쇽지 아니ᄒᆞ고(落泉2:4).

용수 명 용수. 추자(篘子). ☞용슈 ¶용수 추:篘(兒學上11).

용슈 명 용수. 추자(篘子). ☞용수 ¶용슈:揷篘(鄕藥月令).

용심 명 용심. ¶용심이 읻ᄉᆞ오면 실노 天罰이 읻ᄉᆞ오리이다(隣語8:15).

용심 명 용심(用心). ¶더옥 孝子의 安厝ᄒᆞᄂᆞᆫ 用心이 아니라(家禮7:18).

:용심·ᄒᆞ·다 동 용심(用心)하다. ¶네 용심ᄒᆞ야 공부드려 ᄆᆡᆼᄀᆞ라:你用心下功夫打(飜朴上17). 용심ᄒᆞ여 간슈ᄒᆞ라:用心看守(朴解中48). 뉴즈신 집의셔 머리 빠 용심ᄒᆞ며(西宮上1). 촉풍ᄒᆞ야 알ᄂᆞᆫ 양ᄒᆞ야 져리 용심ᄒᆞ니 잠이 깁지 아닐지라(落泉2:5).

용심ᄒᆞ다 동 용심부리다. ¶니 ᄀᆞᆯ고 용심ᄒᆞᆯ 제(三譯6:22).

용안 명 용안(容顏). 얼굴. ¶容顏이 甚히 奇妙ᄒᆞ시며(法華6:150).

:용·약ᄒᆞ·다 동 용약(踊躍)하다. ¶一切衆生ᄋᆡ 여러 가짓 重ᄒᆞᆫ 罪業을 ᄲᆞᆯ리 能히 업긔 ᄒᆞ야 踊躍게 ᄒᆞ라(月釋10:102).

용잡ᄒᆞ·다 형 용잡(冗雜)하다. ¶번거코 용잡ᄒᆞᆫ 곧이 이심을:有繁冗處(英小凡例1).

용총 명 용총줄. ¶닷도 근코 용총도 것고 키도 빠지고(古時調. 나모도. 靑丘).

용·허ᄒᆞ·다 동 용허(容許)하다. ¶긴 나ᄅᆞᆫ 술 머구믈 容許ᄒᆞᄂᆞ니(初杜解15:31).

용히 부 용하게. ¶너모 용히 굴면 놈이 슈일 업시 아ᄋᆞᆸᄂᆞ니(隣語9:21).

:용ᄒᆞ·다 형 용하다. 능(能)하다. ¶사ᄅᆞᄆᆡ 용ᄒᆞᆫ 곧과 난븐 곧을 즐겨 議論ᄒᆞ며:好議論人長短(宣小5:12). 침실 샹궁이 용타 엿ᄌᆞᆸ고 드렷더니(癸丑1177). 셰되 점점 쇠ᄒᆞ야 힘실이 업고 용티 못ᄒᆞᆫ 재 만ᄒᆞ며(仁祖行狀23).

용ᄒᆞ다 형 순(順)하다. ¶처엄 말이라 슌히 듯고 용ᄒᆞᆫ가 ᄒᆞ더니(癸丑45). 용ᄒᆞᆫ 사ᄅᆞᆷ:好人(譯解上27). 용ᄒᆞᆫ ᄆᆞᆯ:老實馬(同文解上37).

우 명 위. ¶城 우희 닐흔 살 쏘샤:維城之上矢七十射(龍歌40章). ᄆᆞᆯ 우희 니어 티시나:馬上連擊(龍歌44章). ᄆᆞᆯ 우흿 대버믈:馬上大虎(龍歌87章). 하ᄂᆞᆯ 우 하ᄂᆞᆯ 아래 나ᄲᅮᆫ 尊호라(釋譜6:17). 더은 우히 업스신 士ㅣ라(釋譜9:3). 上ᄋᆞᆫ 우히라(月釋序17). ᄇᆞᄅᆞ미 믈 우흘 브러(月釋1:39). ᄯᅩ 우희셔 더을ᄊᆡ(月釋17:36). 우 ᄌᆞᆫ다 ᄒᆞ샤ᄆᆞᆫ 隨喜品을 니ᄅᆞ시니라(月釋18:58). 우 업슨 그테 微妙히 다ᄃᆞᆫ게 ᄒᆞ시며(楞解1:8). 우흘 마초아 ᄉᆞ랑ᄒᆞ라:準上思之(永嘉上31). 우흔 所忘ᄋᆞᆯ 結ᄒᆞ실ᄊᆡ:上結所忘(永嘉上62). 우흐로 如理예 어우르시고:上冥如理(永嘉上88). 우브터 如來ㅅ 니ᄅᆞ샨 善法은(金剛序6). 男子아 우 업슨 法王이(圓覺序53). 우희ᄂᆞᆫ ᄆᆞᅀᆞᆷ 업슨 구루미 잇고:上有無心雲(初杜解7:23). 白日 中原 우콰 ᄆᆞᆯᄀᆞᆫ ᄀᆞᅀᆞᆳ 大海ㅅ 모해:白日中原上清秋大海隅(初杜解24:58). 술위 우희 ᄀᆞ리우다:打篷(四解上3 篷字註). 이 우흔 몸 공경ᄒᆞᆯ 이ᄅᆞᆯ 너비 니ᄅᆞ니라:右廣敬身(飜小8:43). 웃샹:上(類合上21. 石千14. 兒學下2). 우희셔 줄 ᄉᆞ:賜(類合下40). 스스로 能히 우후로 ᄎᆞ자 向ᄒᆞ야 가 아래로 ᄇᆡ화 우후로 통달ᄒᆞᄂᆞ니라:自能尋向上去下學而上達也(宣小5:86). 孤舟 解纜ᄒᆞ야 亭子 우ᄒᆡ 올나가니(松江. 關東別曲). 珊瑚樹 지게 우ᄒᆡ 白玉函의 다마 두고 님의게 보내오려. 樓 우ᄒᆡ 거러 두고 八荒의 다 비최여(松江. 思美人曲). 上曰頂(雞類).

※'우'의 ┌우
첨용 └우희/우히라/우흔/우흘/우콰…

-우- 접미 -우-. ¶얼우시고 ᄯᅩ 노기시니:旣氷又釋(龍歌20章). 굳 ᄑᆞ고 블 퓌우니(月印上22). 種種ㄱ 香 퓌우고(釋譜9:22). 甘蔗氏 니ᅀᆞ샤ᄆᆞᆯ 大瞿曇이 일우니이다(月釋1:3). 목수믈 머믈우들 몯ᄒᆞ시니(月釋10:15). 四海ᄅᆞᆯ 비리우니:腥四海(初杜解23:55). 우리 시르믈 슬우며:咱們消愁(飜朴上1). 교훈을 어긔우며(敬信5).

우각뜸 명 우각뜸. 〔뜸 자국이 나지 않게 뜨는 뜸.〕 ☞우각ᄯᅳᆷ. 진짓ᄯᅳᆷ ¶우각뜸:虛灸(譯解上63).

우·각·ᄯᅳᆷ 명 우각뜸. 〔뜸 자국이 나지 않게 뜨는 뜸.〕☞우각뜸 ¶우각ᄯᅳᆷ ᄒᆞᆫ가 진짓ᄯᅳᆷ ᄒᆞᆫ가:虛灸那實灸(飜朴上38). 우각ᄯᅳᆷ을 ᄒᆞ냐 실ᄯᅳᆷ을 ᄒᆞ냐:虛灸那實灸(朴解上35).

우거 명 우차(牛車). ¶種種앳 羊車 鹿車 牛車ㅣ 이제 門 밧긔 잇ᄂᆞ니(法華2:67).

우거지 명 우거지. ¶콩기름 우거지로 죠반 셕쥭 다힝ᄒᆞ다(農月 十一月令).

우거지다 동 우거지다. ☞욱어지다 ¶靑草 우거진 골에 자ᄂᆞᆫ다 누엇ᄂᆞᆫ다(古時調. 林悌. 靑丘).

우거ᄒᆞ다 동 우거(寓居)하다. ¶셔천 ᄯᅡ히 우거ᄒᆞ더니:寓居舒川地(東新續三綱. 烈3:63). 或 나그내로 벼ᄉᆞᆯᄒᆞ야 他邦의 寓거ᄒᆞ야(家禮10:48).

우격으로 [부] 우격으로. ¶우격으로 식이다: 壓派(譯解補9). 그리 醉ᄒᆞᆫ 사ᄅᆞᆷᄃᆞ려 우격으로 부ᄃᆡ 권ᄒᆞ려 ᄒᆞ다가ᄂᆞᆫ(隣語1:4).

우골우골 [부] 우글우글. ¶우골우골:詼詼滾滾(同文解下57).

우그러디다 [동] 우그러지다. ☞우그러지다 ¶그릇 우그러디다:匾了(譯解下47).

우그러지다 [동] 우그러지다. ☞우그러디다 ¶ᄭᅥ지다 又 우그러지다:塌陷(漢淸11:57).

우글다 [형] 우글다. ¶風入盈庭ᄒᆞ샤 우글어신 귀예(樂範. 處容歌).

우금 [부] 우금(于今). 이제까지. ¶其在于今ᄒᆞ야 崇奉ᄋᆞᆯ 曷弛리오:于ᄂᆞᆫ 於ㆆ字 ᄒᆞᆫ가지오 今은 이제라(月釋序13).

우·기누·르·다 [동] 우겨 누르다. ¶ᄒᆞ다가 이에 오래 이시면 시혹 우기눌러 일 시기리로다 ᄒᆞ고(月釋13:13). 시혹 우기누르리라 호ᄆᆞᆫ 佛道ㅣ 길오 머러 오래 브즈러니 受苦ᄒᆞᇙ가 分別호ᄆᆞᆯ 가ᄌᆞᆯ비니라(月釋13:15). 山僧이 良人ᄋᆞᆯ 우기눌러 賤人 삼논디 아니언마ᄅᆞᆫ:山僧不是壓良爲賤(金三3:52).

우·기·다 [동] 우기다. ☞욱이다 ¶모ᄃᆞᆫ 父兄이 우긴대:諸父兄强之(宣小6:67). 우기ᄂᆞᆫ 이:執繆人(同文解上13). 우기다:執繆(漢淸8:50). 마다 ᄒᆞ오시ᄃᆡ 우겨 타오시게 ᄒᆞ고(閑中錄248).

우기·다 [동] 소복이 덮다. ¶더운 ᄒᆞᆰ으로 비우희 노하 우기고:以熱土壅臍上(救簡1:33). 더운 ᄒᆞᆰ과 ᄌᆡ를 봇가 빗복 우희 우겨 두미 됴ᄒᆞ니라:以熱土及熬灰土壅臍上佳(救簡1:33).

우김질 [명] 우격다짐. 강제(强制). ¶ᄯᆞᆯ을 우김질로 도적ᄒᆞ야 가니:强竊女去矣(太平1:20). 우김질로 통간ᄒᆞ면 絞ᄒᆞ고:强奸則絞(警民15). 모든 사ᄅᆞᆷ으로 ᄒᆞ여곰 우김질로 필시ᄅᆞᆯ 술위예 올리니(女範4. 녈녀 필시절).

-우·니 [어미] -니. -으니. ☞-오니 ¶내 어저ᄭᅴ 다ᄉᆞᆺ 가짓 ᄭᅮ믈 ᄭᅮ우니(月釋1:17). 나ᄂᆞᆫ 이제 시르미 기퍼 넘난 ᄆᆞᅀᆞ미 업수니(月釋2:5).

우니·다 [동] 계속하여 울다. 〔‘우〈泣〉’+‘니〈行〉’로 행동의 계속 진행을 뜻함.〕 ¶고ᄫᆞᆫ님 몯 보ᅀᆞᄫᅡ 술웃 우니다니(月釋8:87). 네 어마니미 날 여희오 시르ᄆᆞ로 사니다가 이제 ᄯᅩ 너를 여희오 더욱 우니ᄂᆞ니(月釋8:101). 어미ᄅᆞᆯ 일코 눈 우희 우녀 주검 서리예 어미 얻녀(三綱. 孝23). 내 님믈 그리ᅀᆞ와 우니다니(樂範. 鄭瓜亭). 널라와 시름한 나도 자고 니러 우니로라(樂詞. 靑山別曲).

우다 [동] 울다. ¶우다:啼哭(譯解上42).

우다히 [명] 우대. 〔지난날, 서울 성내(城內)의 서북(西北) 지역을 이르던 말.〕 ¶信使 우다히 디나실 제 이ᄐᆞᆯ 사홀 길흐로셔도 구경ᄒᆞᆯ 사ᄅᆞᆷ들 모다셔(新語5:23).

우던우던 [부] 드문드문. ¶曹操ㅣ 그 ᄣᅢ예 믈 군ᄉᆞᄅᆞᆯ 경제치 못ᄒᆞᆷ이 되여셔 제 몸이 강ㅉ의 와셔 군ᄉᆞᄅᆞᆯ 다 우던우던 버려 세워(三譯4:16).

우데 [명] 떼. ¶우데 부:部(類合下37).

우두월·다 [동] 뽐내다. ☞뒤우들다. ᄒᆞ거냥ᄒᆞ다 ¶세쇽이 다 위와됴ᄆᆞᆯ 즐겨 우두워러 ᄒᆞ거냥호ᄆᆞᆯ 더으ᄂᆞ니:擧世好承奉昂昂增意氣(飜小6:25).

우두쟈 [명] 위두자(爲頭者). 우두머리. ¶겟니인 우두쟈 너덧 사ᄅᆞᆷ을(癸丑95).

우둑 [부] 우뚝. ¶鍮店절 뒤헤 우둑 션 전나모 긋테(古時調. 江原道. 靑丘).

우둑ᄒᆞ다 [형] 우뚝하다. ¶우둑ᄒᆞᆯ 두:陡(類合下56). 우둑ᄒᆞᆯ 티:峙(類合下59).

우:둔 [명] 우둔(愚鈍). ¶世界옛 愚鈍ᄋᆞ로 輪廻ᄒᆞᄂᆞᆫ(楞解7:87). 愚鈍이 至極호매 迷惑ᄒᆞ야(楞解7:88).

우둥블 [명] 화톳불. ☞우둥ㅅ불 ¶우둥블:堆火(漢淸10:50).

우둥ㅅ불 [명] 화톳불. ☞우둥블 ¶우둥ㅅ불:堆柴火(同文解上63).

:우:듀 [명] 우주(宇宙). ¶노ᄑᆞᆫ 놀애 宇宙에 激發ᄒᆞᄂᆞ니 믈읫 사ᄅᆞ미 失墜호ᄆᆞᆯ 삼갈디어다:高歌激宇宙凡百愼失墜(初杜解6:23). 宇宙ㅣ 엇데 能히 갈ᄆᆞ리오:宇宙豈能藏(金三2:55). 큰 일후미 宇宙에 드리엣ᄂᆞ니:大名垂宇宙(重杜解6:32).

우득산도 [명] 늦벼의 한 품종. ¶우득산도:牛得山稻 亦名 두이라(衿陽).

우득ᄒᆞ·다 [형] 우뚝하다. ¶우득ᄒᆞᆯ 티:峙(類合下59).

우ᄃᆡ [명] 우대. ¶우ᄃᆡ 밍쫑이 다ᄉᆞᆺ 아레ᄃᆡ 밍쫑이(古時調. 져 건너. 南薰).

-우·ᄃᆡ [어미] -으되. ☞-오ᄃᆡ ¶ᄒᆞᆫ두 句ᄅᆞᆯ 더으며 더러ᄇᆞ리며 ᄲᅮᄃᆡ ᄆᆞᅀᆞᆷ다보ᄆᆞᆯ 닐웛ᄀᆞ장 ᄀᆞ지ᄒᆞ야:增減一兩句之去取期致盡心(月釋序20). 四禪天으롯 우흔 세 災 업수ᄃᆡ 그엣 宮殿과 諸天괘(月釋1:50). 銅ᄋᆞᆫ 구두ᄃᆡ 能히 ᄀᆞᆮᄂᆞ니:銅剛而能同(楞解7:13). 玉과 돌콰ᄋᆡ 달오미 업수ᄃᆡ:無玉石之殊(宣賜內訓序3). 더운 ᄌᆡ예 무두ᄃᆡ:埋…暖灰中(救簡1:70). 세 븟식 ᄯᅳᄃᆡ 긋 지 도의게 ᄒᆞ니:三壯家灸的直到做灰(飜朴上38).

-우·라 [어미] -어라. -노라. 〔감탄종지형(感歎終止形).〕 ☞-오라 ¶내 이것 업수라 터니:我無此物(法華2:244). 浩蕩ᄒᆞ야 다ᄆᆞᆺ 갈 ᄃᆡ 업수라:浩蕩無與適(初杜解7:23). 구룸 ᄢᅵᆫ 수프레 너희 무를 어두라:雲林得爾

曹(初杜解7:30).

우러·곰 부 울어. ☞-곰 ¶아라녀리 그츤 이런 이본 길헤 눌 보리라 우러곰 온다(月釋8:87). 괴시란듸 우러곰 좃니노이다(樂詞.西京別曲).

우·러나·다 동 우러나다. ¶쇠 ᄃᆞ마 우러난 믈:鐵漿(救簡1:98). 쳥믈 든 뵈 즙가 우러난 즙 서 되ᄅᆞᆯ 머그라:靑布浸汁服三升(救簡6:36).

우러러보다 동 우러러보다. ¶우러러보다:仰看(同文解上28).

우러르다 동 우러르다. ☞울월다 ¶하ᄂᆞᆯ ᄒᆞᆯ 우러러 셔리 울며 니로듸:仰天慟哭曰(東新續三綱.烈8:56). 우러러 하늘로 춤 밧다:仰面唾天(譯解下53). 하ᄂᆞᆯ을 향ᄒᆞ여 우러러보고 크게 운대(三譯9:15). 하ᄂᆞᆯ을 우러러 크게 울고(女四解4:25). 우러러 쏘고(十九史略1:14).

우러리창 명 천창(天窓). 보꾹에 낸 창(窓). ☞울어리창 ¶우러리窓:天窓(譯解上17). 우러리창:天窓(漢淸9:29).

우럴다 동 우러르다. ☞울얼다 ¶天下ㅣ 그 高明홈을 우럴고:天下仰其高明(女四解3:46). 우럴 앙:仰(兒學下2).

우렁 명 우렁이. ☞우렁이. 우롱이 ¶우렁:田螺(物譜 介蟲).

우렁이 명 우렁이. ☞우렁. 우롱이 ¶우렁이:田螺(柳氏物名二 水族).

우레 명 우레. 천둥. ☞우릐. 울에 ¶우레 티며(恩重23). 미양 우레ᄅᆞᆯ 만나면:每値震雷(東新續三綱.孝6:81). 우레:雷(同文解上2). 급ᄒᆞᆫ 우레예(十九史略1:14). 들을 제ᄂᆞᆫ 우레러니 보니ᄂᆞᆫ 눈이로다(松江.關東別曲). 급ᄒᆞᆫ 우레:焦雷(漢淸1:10). 우레 뢰:雷(兒學上3).

우레소릐 명 우렛소리. 천둥소리. ¶시베 우레소릐를 듯고:雷聲(女四解4:13). 우레소릐예 놀라면(女範2.효녀 고덕겸쳐).

-우·려 어미 -으려고. -고자. ☞-오려 ¶ᄂᆞ믄 주규려 커늘 天地之量이실씨 다시 사ᄅᆞ샤 爵祿ᄋᆞᆯ 주시니:人欲誅矣天地量廓迺復生之爵祿是錫(龍歌77章). 龍ᄋᆞᆯ 자바 머구려 ᄒᆞᆯ씨(月釋7:39). 究竟ᄒᆞ야 내종내 믈러듀미 업수려 제 盟誓ᄒᆞ니:自誓究竟畢無退墮(楞解3:117). 보빌 어두려 ᄒᆞᆯ딘댄(牧牛訣46). 구틔여 어더머구려 말며:毋固獲(宣賜內訓1:3).

우·렬 명 우열(優劣). ¶ᄯᅩ 그 中에 긋 優劣ᄋᆞᆯ 一定홀딘댄:優ᄂᆞᆫ 할 씨오 劣ᄋᆞᆫ 져글 씨라(楞解4:96). 그러나 ᄯᅩ 그 中에 優劣을 一定홀뗀댄:然復於中剋定優劣(法華6:26). 有爲와 無爲왜 優劣이 ᄀᆞᆮ도다(金三3:13). 우렬 ᄃᆞ토다:爭短長(譯解補47).

우렛도다 동 울려 있도다. ㉮우리다 ¶붑소리 다ᄋᆞ니 지즈로 坐床애 우렛도다:鐘殘仍殷床(杜解9:21).

:우:로 명 우로(雨露). ¶雨露ㅣ 한 프를 저지ᄃᆞᆺ ᄒᆞ샤:雨露之滋衆卉(法華3:25).

우롬 명 울음. ☞우룸 ¶난편이 죽거ᄂᆞᆯ 우롬소릐 그치디 아니코:夫歿哭不絶聲(東新續三綱.烈2:11).

우롱이 명 우렁이. ☞우렁이 ¶우롱이:土螺(譯解下38). 이튼날 ᄢᅵ야 보니 몸이 밧 가온대 누이엇고 겻틔 우롱이 이시되 크미 말만ᄒᆞ더라(太平1:34). 우롱이:田螺(東醫湯液二 蟲部).

우루다 동 울다. ☞울다 ¶먹고 우루듸 엇더ᄒᆞᄂᆞ:食而哭於義何害(東三綱.烈6).

우루루 부 우르르. ¶우루루:擁擠貌(同文解下57).

우·룸 명 울음. ☞우롬. 우룸 ¶孝道ᄒᆞᆯ 아ᄃᆞᆯ 우루믈 슬피 너겨 드르샤:孝子之哭聽之傷歎(龍歌96章). 우룸 소릐 즘게 나마 가며(月釋1:27). 驪姬의 우룸과:驪姬之泣(宣賜內訓序3). 鵂鶹 우루믈:鵂鶹啼(南明上7). 朝陽 碧梧ㅅ 鳳이 當今에 우루믈 우러(樂詞.儒林歌). 우룸 명:鳴(訓蒙下8). 효근 아희 우룸을 ᄒᆞ며:爲小兒啼(宣小4:16).

·우르·다 동 부르짖다. 울부짖다. ☞우ᄅᆞ다 ¶呌喚ᄋᆞᆫ 우를 씨니(月釋1:29). 大龍이 큰 구룸과 霹靂 니르와다 우르고(月釋7:35). 된소리로 ᄀᆞ장 우르며:高聲大叫(楞解6:95). 鬼神ᄃᆞᆯ히 소리ᄒᆞ야 ᄀᆞ장 우르며(法華2:124). 긴 ᄇᆞᄅᆞᄆᆞᆫ 閣中에셔 怒ᄒᆞ야 우르놋다:長風中怒號(重杜解1:30). ᄇᆞᄅᆞ매 우르는 소리란 버믈 드르리로소니:風號聞虎豹(重杜解3:20). 窮迫ᄒᆞᆫ 나비 우르놋다:窮猿呼(重杜解8:22). 우르고 怒ᄒᆞ야 밥 달라 ᄒᆞ야 門ㅅ 東녀긔셔 우ᄂᆞ다:叫怒索飯啼門東(重杜解25:52). 師子 삿기 오ᄋᆞᆫ 威嚴으로 우르니:師子兒全威哮吼(金三3:3). 네 활기 ᄎᆞ고 신ᅀᅴ ᄎᆞ리디 몯ᄒᆞ고 븨 안히 우르거든:四肢逆冷不省人事腹中氣走如雷鳴(救簡1:53). 우를 포:咆. 우를 호:嘷. 우를 후:吼(訓蒙下8).

우르적시·다 동 ①지저귀다. ¶우르적시ᄂᆞᆫ 黃雀이 딕주리ᄂᆞ니 서ᄂᆞᆯᄒᆞᆫ 다보지 ᄃᆞ로ᄆᆞᆯ 기우려 보놋다:啾啾黃雀啅側見寒蓬走(初杜解18:18).

②울부짖다. ¶가시 든 독으로 브ᅀᅥ 알파 우르적시며:刺毒腫痛叫聲寃(救簡6:29).

우를다 동 울다. ☞울다 ¶三峽ㅣ ᄒᆞᆫ갓 우레 우르럿거니와:三峽徒雷吼(重杜解1:40).

우름쟈이 명 울음쟁이. 울보. ¶우름쟈이:肯哭(漢淸5:47).

·우·리 명 우리. ¶우리 始祖ㅣ 慶興에 사ᄅᆞ

샤:今我始祖慶興是宅(龍歌3章). 正音은 正훈 소리니 우리 나랏 마룰 正히 반두기 올히 쓰논 그럴씨 일후믈 正音이라 호느니라(釋譜序5). 우리 어싀아드리 외롭고 입게 드외야(釋譜6:5). 우리옷 계우면 큰 罪룰 닙숩고(月釋2:72). 우리 丈은 當時옛 英特이니:我丈時英特(初杜解8:3). 우리 스승님이 然燈佛을 보수오샤:我師得見然燈佛(南明上54). 완포호미 심호니 우리게 향호야 엇디 또 지극호리오(癸丑49). 하늘이 우리게 도와준 거시라(三譯6:24). 우리 집이 戶ㅣ 크고(女四解4:54).

우·리 명 (짐승의) 우리. ¶우리 립:苙. 우리 잔:棧(訓蒙下8). ㄱ 우리:邊框(漢淸9:72). 늘ㅅ즘싱 녓는 우리:串籠(漢淸10:29).

-·우리·니 어미 -으리니. ☞-오리니 ¶지블 占卜호야 예룰 조차셔 늘구리니:卜宅從玆老(初杜解7:5).

우리·다 동 울리다. ☞울리다 ¶붑소리 다ᄋ니 지즈로 坐床애 우렛도다:鍾殘仍殷床(杜解9:21). ᄀ올히 짜해 우려 나는 소리룰 드르니:秋聽殷地發(重杜解13:36).

우리·다 동 어리다. ¶붉 宮殿에 갠 비치 블근 지츠로 흔 旗예 우렛도다:春殿晴曛赤羽旗(初杜解6:6). 갠 비츤 太白ㅅ 뫼그테 우렷도다:晴曛太白巔(初杜解20:16).

우·리·다 동 우리다. ¶프른 물 든 뵈룰 므레 좀가 우려 그 므를 머그라:青布水漬服之(瘟疫方27). 무쇠 돔가 우린 믈:鐵漿(東醫 湯液三 金部). 볼기 나그내 오슬 우려 조코:明涵客衣淨(重杜解13:21). 七十載ᄋ 우려 어든 거시 一長歌인가 호노라(古時調. 金壽長. 心性이. 海謠).

-·우리·라 어미 -으리라. ☞-오리라 ¶元良ᄋᆯ 무우리라 垂象ᄋ로 하수ᄫᆞ니:欲搖元良譖用妖星(龍歌71章). 굴헝에 뎟귀여 주구리라 호매 오직 踈放홀 ᄯᆞᄅᆞ미로소니:欲塡溝壑唯踈放(初杜解7:3).

우리안치 명 위리안치(圍籬安置). ¶교동의 보내여 우리안치 호엿더니(癸丑27).

우리치다 동 호통치다. ☞우리티다 ¶우리쳐 물리치다:喝退(譯解補20).

우리·티·다 동 호통치다. ☞우리치다 ¶喝온 우리티시는 소리라(月釋10:93). 喝온 혜홀 씨니 비흘 사ᄅᆞ미 혜아료미 다 뻐러디긔 우리틸 씨라(蒙法31).

우ᄅ다 동 ①울부짖다. ☞우르다 ¶虎와 豹와는 내 西ㅅ녀킈셔 우ᄅ고:虎豹號我西(重杜解1:22).
②울다. ¶태종이 ᄀ장 셜워 우ᄅ시거늘(女範1. 셩후 당문덕후).
③울리다. 메아리치다. ¶새뱃 시내 뷘 ᄲᅧ른 소리 우ᄅᄂ니:晨溪嚮虛駛(重杜解9:2).

우롬 명 울음. ☞우룸 ¶우롬을 그치디 아니호고:哭泣不輟(東新續三綱. 孝8:61). 우롬 우러 ᄢᅦ는 님을(萬言詞).

우릐 명 우레. 천둥. ☞우레 ¶우릐ㅅ 소릐:雷響(譯解上2). 몸과 거롬과 손과 칼이 썔으기 급훈 우릐 ᄀᆞᆺ호니(武藝圖19).

우릐ᄒ다 동 천둥치다. ¶우릐ᄒ다:雷鳴(譯解補2).

우목ᄒ·다 형 우묵하다. ☞우묵ᄒ다 ¶우목훈 될 쓰라(救急上61). 우목훈 디:凹子(譯解上6). ᄯᅡ 우목ᄒ다:地凹(同文解上6).

우무 명 우무. 한천(寒天). ¶우무:海凍(譯解上62).

우무가스리 명 우뭇가사리. ☞우무가ᄉ리 ¶우무가스리:牛毛菜(柳氏物名三 草).

우무가ᄉ리 명 우뭇가사리. ☞우무가스리 ¶우무가ᄉ리:鹿角菜(物譜 蔬菜).

우묵기다 동 음각(陰刻)하다. ¶넨 거슨 다 龍鳳을 우묵겨 면 돗게 훈 막새와 수디새와 암디새오:蓋的都是龍鳳凹面花頭筒瓦和仰瓦(朴解上60).

우묵·다 형 우묵하다. ☞우묵ᄒ다 ¶빗보기 둗거우시고 우묵디 아니ᄒ시고(法華2:15). 또 네 활기옛 큰 ᄆ딋 우무근 디와:又方…四肢大節陷(救急上76).

우묵ᄒ·다 형 우묵하다. ☞우목ᄒ다. 우묵다 ¶ᄂᆞᆺ가오닌 불여 올마 가 못 우묵훈 디 돔기놋다:下者飄轉沈塘坳(初杜解6:42). 곡뒤 우묵훈 디룰 ᄆ이 두드리며:叩腦後風府穴(瘟疫方22). 우묵홀 요:坳(訓蒙下17). 우묵훈 ᄯᅡ:窪地(漢淸1:35).

우물 명 우물. ☞우믈. 우믓 ¶우물 졍:井(兒學上4).

우물고노 명 우물고누. ¶우물고노:格五. 우물고노:博塞(物譜 博戲).

우물우물ᄒ다 동 우물우물하다. ¶고기 우물우물ᄒ다:活跳(漢淸14:48).

우·믈 명 우물. ☞우물. 우믓 ¶井은 우므리라(月釋21:33). 제 겨집도 아ᄃᆞᆯ 안고 집 뒷 우므레 들며(三綱. 忠29). 우믈 파 믈 求홇 제:鑿井求水(楞解3:87). ᄆᆞᆯᄀᆞᆫ ᄀᆞᅀᆞᆳ 幕府에 우므렛 머귀 서늘ᄒ니:清秋幕府井梧寒(初杜解6:15). 벼로앤 쇠우므렛 므리 ᄎ고:硯寒金井水(杜解8:9). 우므레 뻐러디니라(南明上27). 아히 우므레 들어든 보고 다 어엿비 너기ᄂ니(金三4:39). 우믈 졍:井(訓蒙上5). 우믈 졍:井(類合上18). 어듸 우믈 잇ᄂ뇨:那裏有井(老解上28). 우믈 츠다:淘井(譯解上8). 아ᄃᆞᆯ을 안고 우믈에 ᄲᅡ질ᄉᆡ:抱其子投舍北井(五倫2:70).
※우믈>우물

우·믌·믈 명 우물물. ¶四月ㅅ 八日에 ᄀᆞᄅᆞᆷ과 우믌므리 다 넚디고(月釋2:48). 우믌므를 ᄒᆞᄅᆞ 五百 디위옴 길이더시니(月釋8:91). 우믌믈 기루ᄆᆞᆯ 히마다 힘뻐 ᄒᆞ니:汲井歲搰搰(重杜解1:18). 우믌믈 글혀 소곰 ᄆᆡᆼᄀᆞ로ᄆᆞᆯ ᄲᆞᆯ리 ᄒᆞ고:煮井爲鹽速(初杜解20:2). 비마ᄌᆞ ᄡᅵ 쉰 나출 거플 밧겨 우믌므레 ᄀᆞ라 고리 ᄃᆞ외어든:萆麻子五十粒去殼井水研成膏(救簡6:46).

우믓 명 우물.〔'믈'의 'ㄹ'이 복합어 앞에서 촉음(促音)이 됨.〕☞우믈 ¶우믓 龍이 내 손모글 주여이다 이 말ᄉᆞ미 이 우믈 밧ᄭᅴ 나명들명(樂詞. 雙花店).

우믜·여들·다 동 우므러들다. ¶陰根이 우믜여드르샤 龍馬 ᄀᆞᆮᄒᆞ시며(月釋2:40).

우벅주벅 부 우적우적. ¶半 여든에 첫 계집을 ᄒᆞ니 어렷두렷 우벅주벅(古時調. 靑丘).

우뷔다 동 우비다. ☞우븨다. 우의다 ¶우뷔다:摳抠(同文解下18). 우뷔다:摳去(漢淸12:6).

우븨다 동 우비다. ☞우뷔다 ¶우븨ᄂᆞᆫ 칼:剜刀(譯解補45). 우븨다:挖摳(譯解補45). 고기 우븨여 내다:剜取肉(漢淸12:57).

:우비·ᄌᆞ 명 오배자(五倍子). ¶우비ᄌᆞ:五倍子(救簡3:1).

:우ㅅ녁 명 오른편. ¶머리 도ᄅᆞ혀 右ㅅ녀글 보아놀:廻首右盼(楞解1:110).

우ㅅ녁 명 위쪽. ☞아러녁. 아러ㅅ녁 ¶우ㅅ녁:上巴剌(同文解上9).

:우·산 명 우산. ¶ᄇᆞᄅᆞᆷ ᄌᆞᆷ겨든 여름 맷ᄂᆞᆫ 거셔 이ᄂᆞᆫ 우산:刮風結子這的是傘(飜朴上40). 우산 산:傘(訓蒙中13). 못 가온ᄃᆡ 년니픈 고기의 우사니오:池中荷葉魚兒傘(百聯6). 져근 우산:老鸛傘(譯解下16). 우산:油單傘(漢淸11:34).

우산각 명 우산 모양의 정자. ¶우산각:團瓢(漢淸9:68).

우삼 명 웃음. ☞우숨 ¶우롬 우러 쎠난 님을 우삼 우셔 만나고져(萬言詞).

우석구석 명 구석구석. ¶우석구서긔셔 두르면 우석구서긔셔 나(七大7).

우·솜 명 웃음. ☞우숨 ¶말ᄉᆞᆷᄒᆞᆯ ᄎᆞ의 노픈 소리로 우솜 낙다 말며:言談次不得高聲戲笑(誡初5). 닐온 우소믈 잠깐 호미라:言笑之微(家禮9:37).

우솜ᄀᆞ옴 명 웃음거리. ☞우숨ᄶᅥ리 ¶ᄂᆞᆷ의 우솜ᄀᆞ옴 供ᄒᆞ믈 비호ᄃᆡ 말올ᄶᅵ니:莫學…供他笑具(女四解2:9).

우솝다 형 우습다. ¶노ᄒᆞ여도 몯ᄒᆞ고 거르기 우소온 일이옵도쇠(新語9:21).

우수름달빗 명 으스름한 달빛. ¶우수름달빗체 열구름이 날 속겨다(古時調. 窓 밧기. 靑丘).

우수이 부 우수(優數)이. 넉넉히. ¶銀貨ᄂᆞᆫ 優數이 辦備ᄒᆞ여 두언ᄉᆞ오니(隣語1:24).

우숨 명 웃음. ☞우숨. 우슴. 우ᅀᅮᆷ ¶말ᄒᆞ며 우숨 우스며셔 주규믈 行ᄒᆞ니:談笑行殺戮(重杜解6:39).

:우:슈 명 우수(右手). 오른손. ¶右手 左手로 天地 ᄀᆞᄅᆞ치샤(月印上8. 月釋2:34). 우슈의 아홉을 쥐여시며(洛城2). 右手로 앏흘 잡고(武藝圖4).

:우·슈 명 우수(雨水). 빗물. ¶가졀비건댄 雨水ㅣ 하ᄂᆞᆯ홀브터 잇ᄂᆞᆫ 디 아니라(六祖上64).

우숩 명 웃음. ☞우숨. 우슴. 우ᅀᅮᆷ ¶우숩을 흔흔히 ᄒᆞ라:笑(女四解3:23).

우숩말 명 웃으며 하는 말. ¶한 그릇 차와 한 잔 물이라도 우숩말노 흔연이 ᄒᆞ야:笑語(女四解3:26).

우숩ᄶᅥ리 명 웃음거리. ☞우솜ᄀᆞ옴 ¶다른 사ᄅᆞᆷ의 우숩ᄶᅥ리 장만홈을 비우지 말라:笑具(女四解3:8).

우·슬 명 우슬(牛膝). 쇠무릎지기. ¶牛膝을 닙조쳐 수레 글혀 머그면:牛膝幷葉不以多少酒煮飮之(救急上69).

우슬부슬 부 부슬부슬. ¶우슬부슬 雨滿空이요 옭웃붉웃 楓葉紅이로다(古時調. 歌曲).

우슭 명 담비. ¶우슭 학:貉(訓蒙上19).

우슴 명 웃음. ☞우솜. 우숨. 우ᅀᅮᆷ. 우숨 ¶우슴 쇼:笑(兒學下3).

우심ᄒᆞ다 형 우심(尤甚)하다. ¶우심 읍면과 니 가온대도 더 우심ᄒᆞᆫ 곳은 구실 감ᄒᆞ기를 엇지 삼분 일에 구애ᄒᆞ리오(綸音89).

우ᅀᅮᆷ 명 웃음. ☞우숨 ¶도로혀 싱각ᄒᆞ니 어이업셔 우ᅀᅮᆷ ᄂᆞᆫ다(萬言詞). 네 우ᅀᅮᆷ 듯기 슬고 만흔 밥도 먹기 슬다(萬言詞).

우·ᅀᅥ·늘 동 웃거늘. ㉮웃다 ¶舍利弗이 젼ᄎᆞ 업시 우ᅀᅥ늘(釋譜6:35).

:우연·히 부 우연(偶然)히. ¶偶然히 늘근 겨지블 ᄃᆞ려와 슬피 風烟을 陵犯ᄒᆞ얫노라:偶携老妻去慘澹陵風烟(初杜解6:37).

우연·ᄒᆞ·다 동 미소(微笑) 짓다. ¶부톄 우연ᄒᆞ시고 이베셔 그지업슨 百千光明을 내시니(月釋7:50). 그ᄢᅴ 如來 우연ᄒᆞ샤 百千萬億 大光明雲을 펴시니(月釋21:9). 世尊이 그 고ᄃᆞᆯ 드르샤 大衆ᄋᆞᆯ 뵈신대 人天百萬億이 다 모ᄅᆞᄉᆞᆸ거늘 金色頭陀ㅅ 우연ᄒᆞ신대(南明上1).

:우·연ᄒᆞ·다 형 우연(偶然)하다. ☞우연ᄒᆞ다 ¶그럴ᄊᆡ 아릿 因을 마초건댄 ᄯᅩ 우연ᄒᆞᆫ 사ᄅᆞᆷ 아니로다:故驗宿因亦非聊爾人耳(圓覺下三之二86). 오ᄂᆞᆳ날 皇后 ᄃᆞ외요미 偶然티 아니ᄒᆞ니라:今日爲后非偶然也(宣賜內訓2下56). 이리 偶然ᄒᆞ니라 너기디 마롤디니네 잢간도 닛디 말라:不可…謂事有偶然也汝切識之(宣賜內訓2下57). 이 싸해 드르샤 機緣ᄋᆞᆯ 아ᄅᆞ시니 다ᄉᆞᆺ 닙 곳 푸미 엇데 偶

然ᄒᆞ리오:入此土信機緣五葉花開豈偶然(南明下23).

우션ᄒᆞ·다 형 우연만하다. ☞우연ᄒᆞ다 ¶衰老ᄒᆞᆫ 病은 보야ᄒᆞ로 져기 우션ᄒᆞ리로다:衰疾方少寬(初杜解6:46). 그 독이 ᄡᅡ해 드러 이슥ᄒᆞ야 알포미 우션커든 내라:毒卽入土中須臾痛緩乃出(救簡6:52).

우·ᅀᅮᆷ 명 웃음. ☞우숨. 우슴. 우움. 우음 ¶ᄒᆞ오ᅀᅡ 우ᅀᅮ믈 우ᅀᅡ(月印上61). ᄆᆞᅀᆞᄆᆞᆯ ᄂᆞᄌᆞ기ᄒᆞ야 우ᅀᅮᆷ 머거(月釋21:139). 妲己의 우ᅀᅮᆷ과:妲己之笑(宣賜內訓序3). 말ᄉᆞᆷ과 우ᅀᅮ메도 通ᄒᆞ고:通談笑(初杜解8:9). 말ᄉᆞᆷ과 우ᅀᅮ믈 넌즈시 ᄒᆞᆫᄃᆡ 호라:談笑偶然同(初杜解9:6). 말ᄉᆞᆷᄒᆞ며 우ᅀᅮᆷ 우ᅀᅥ셔 諸侯 封ᄒᆞᆯ 이ᄅᆞᆯ 얻ᄂᆞ다:談笑覓封侯(初杜解25:25). 金色 頭陀ㅣ 우ᅀᅮᆷ 마디 아니ᄒᆞ시니:金色頭陀笑不休(南明上1). 우ᅀᅮᆷ 쇼:笑(訓蒙上29). 우ᅀᅮᆷ 우ᅀᅥ 말ᄉᆞ믈 친친히 ᄒᆞ디 몯게 ᄒᆞ더라:未嘗笑語款洽(飜小10:12). 우ᅀᅮᆷ을 닛ᄆᆡ윰 남애 니르게 아니ᄒᆞ며:笑不至矧(宣小2:23). 笑曰胡臨(雞類).

우·ᅀᅮᆷ우·ᅀᅵ 명 웃음웃기. 웃는 일. ¶그 머근 後에 우ᅀᅮᆷ우ᅀᅵ 나니라(月釋1:43).

우아·래 명 위아래. ¶우아래ᄅᆞᆯ 드러 가온ᄃᆡᆯ ᄡᅵ리니라:擧上下以該中也(法華1:46). 네ᄒᆞᆫ 根力이니 부텨 다ᄅᆞᆫ 衆生ᄋᆡ 여러 根의 우아랠 아ᄅᆞ실 씨오:四根力佛知他衆生諸根上下(法華1:141).

우어 동 웃어〔笑〕. ㉮웃다 ¶놀애 브ᄅᆞ며 우음 우어 믌겨를 므던히 너기놋다:謌笑輕波瀾(重杜解1:29). 말ᄒᆞ며 우음 우어셔 河北을 업시너기고:談笑無河北(重杜解5:53). 두어라 春風이 몃 날이리 우을 ᄡᅥ로 우어라(古時調. 孝宗大王. 淸江에. 靑丘). 묘발이 우어 ᄀᆞᆯ오ᄃᆡ:卯發笑曰(五倫3:41).

:우여량 명 우여량. ¶우여량과 ᄢᅴ모롭 불휘와 ᄀᆞᆮ게 ᄂᆞᆫ화 ᄀᆞ라:禹餘糧半夏等分爲末(救簡6:92).

우연만 부 웬만큼. ¶우연만 느저도 념녀 마ᄋᆞᆸ쇼셔(隣語7:3).

우연이 부 우연(偶然)히. ☞우연히 ¶일이 우연이 심ᄉᆞ의 마ᄌᆞ니 크게 깃거 이 밤의 가마니 일오ᄃᆡ(落泉2:6).

우연히 부 우연(偶然)히. ☞우연이 ¶偶然히 홈이 아니니라:非偶然也(宣小5:115). 저ᄒᆞᆫ 던 이런 사ᄅᆞᆷ이 ᄯᅩ 偶然히 이실가 ᄒᆞ야:恐此復偶然(重杜解1:36). 衰老ᄒᆞᆫ ᄂᆞᄎᆞᆯ 偶然히 ᄒᆞᆫ번 허러:衰顏偶一破(重杜解1:42).

:우연ᄒᆞ·다 형 우연(偶然)하다. ☞우션ᄒᆞ다 ¶오라면 스싀로 득ᄒᆞᆯ 거시라 우연ᄒᆞᆫ 이리 아니라:久自得之非偶然也(飜小8:37).

우연ᄒᆞ다 형 우연만하다. ☞우션ᄒᆞ다 ¶오란 셕회ᄅᆞᆯ ᄇᆞᆺ가 우연히 알ᄂᆞ니란 반 돈:多年石灰每服輕者半錢(救簡2:30). 아비 우연ᄒᆞ야 ᄒᆞ여곰 다시 녀막으로 도라가라 ᄒᆞ다:父愈令復歸廬(東三綱. 孝4 殷保感烏). ᄐᆡ긔 동키 급거든 ᄒᆞᄅᆞ 세 번 먹고 우연커든 사ᄒᆞᆯ애 ᄒᆞᆫ 번 머그라:胎動急則一日三服緩則三日一服(胎要33). 衰老ᄒᆞᆫ 病은 보야ᄒᆞ로 져기 우연ᄒᆞ리로다:衰疾方少寬(重杜解6:46). 병 우연ᄒᆞ다:病少間(同文解下9).
※우연ᄒᆞ다<우션ᄒᆞ다

우왕 명 우엉. ☞우웡 ¶우왕:牛蒡菜(四解下36 蒡字註). 우왕 방:蒡(訓蒙上14).

우·움 명 웃음. ☞우ᅀᅮᆷ. 우음 ¶우움 웃고 안암ᄌᆞᆨᄒᆞᆫ 아ᄒᆡ:孩提之童(宣小2:56). 놀애 브ᄅᆞ며 우움 우어 믌겨를 므던히 너기놋다:謌笑輕波瀾(重杜解1:29). 우우믈 머거셔 吳鉤를 보노라:含笑看吳鉤(重杜解5:30). 알 사ᄅᆞᄆᆡ 우우믈 기칠가 전노라:恐貽識者嗤(重杜解6:44). 말ᄉᆞᆷ과 우우메도 通ᄒᆞ고:通談笑(重杜解8:9). 眞實로 楊雄ᄋᆞᆯ 우우믈 怯ᄒᆞ노라:眞怯笑楊雄(重杜解21:2). 말ᄉᆞᆷ도 우움도 아녀도 몯내 됴하ᄒᆞ노라(古時調. 昨日에. 海謠).

우웡 명 우엉. ☞우왕 ¶ᄂᆞᆯ우웡 불휘 디허 ᄧᅩᆫ 즙 닷 홉을 공심에 머고ᄃᆡ:生牛蒡根搗取汁五大合空腹…服(救簡1:106). 우웡 ᄡᅵ 석 량 디호니와:牛蒡子三兩搗碎(救簡2:63).

우웡 명 우엉. ☞우웡 ¶우웡:牛蒡菜(譯解下10).

우육 명 우육(牛肉). 쇠고기. ¶牛肉은 아모내도 업고(隣語2:2).

우음 명 웃음. ☞우ᅀᅮᆷ. 우움 ¶우음 쇼:笑(類合下7). 우음이 ᄌᆞ약ᄒᆞ고(癸丑37). 말ᄒᆞ며 우음 우어셔 河北을 업시너기고:談笑無河北(重杜解5:53). 우음을 됴히 너기디 말고:不好戲笑(女四解1:12). 우음:笑(同文解上25). 희의 우으믄 엇디니잇고(女範2. 현녀 초장번희).

우음바탕 명 웃음거리. ¶우음바탕으로도 회ᄎᆞ 振舞ᄅᆞᆯ ᄒᆞ고져 ᄒᆞ오니 엇더ᄒᆞ올고(新語9:1). 이러ᄐᆞᆺᄒᆞᆫ 우음바탕을 니르디 아니면(新語9:11). 날마다 와셔 우음바탕으로도 ᄉᆡᆼ각ᄒᆞ올 ᄶᅥ시니(新語9:16).

우읍다 형 우습다. ☞우ᄋᆞᆸ다 ¶우읍다 ᄆᆡ양 살냐(癸丑 37). 淸江에 비 듯ᄂᆞᆫ 소ᄅᆡ 긔 무어시 우읍관ᄃᆡ(古時調. 孝宗大王. 靑丘). 갓스믈 선머슴 ᄶᅧᆨ에 ᄒᆞ던 일이 다 우읍다(古時調. 靑丘).

우·의·다 동 우비다. ☞위우다 ¶ᄲᅧ를 그쳐 骨髓 내오 두 눈ᄌᆞᅀᆞᄅᆞᆯ 우의여 내니라(釋譜11:21). 造化의 굼글 工巧히 우의여:巧刮造化窟(初杜解16:37).

우이 부 우습게. ¶드르매 우이 너기더니(癸丑126). 부모 효양 념불 동참 불공 보시우이 너겨 불연 못 믿 사룸드라(普勸文海印板31). 우이 녀긴다:冷着(語錄24).

우이다 동 웃기다. 웃음을 사다. ☞웃이다 ¶ 늬 몸에 病이 업고 남 아니 우이ᄂᆞ니(古時調. 言忠信. 靑丘). ᄆᆞᆺ쵸아 밤일세만졍 힝혀 낫지런들 남 우일 번ᄒᆞ여라(古時調. 碧紗窓이 어른어른커늘. 靑丘). 아마도 너 좃녀든 니다가 놈 우일가 ᄒᆞ노라(古時調. ᄆᆞ음아 너는. 靑丘). 희롱에 말로 우이다:鬪笑(漢淸6:60). 이리 광망히 굴면 놈의게 우일셰라(捷蒙3:11).

우이이다 동 웃음거리가 되다. ¶우이이다:被笑話(漢淸7:52).

우임 명 웃음거리. ¶길히 일뎡 놈의 우임을 니브리라:路上必定喫別人笑話(朴解中47). 만일에 鳳凰을 맛나면 우임 될가 ᄒᆞ노라(古時調. 金振泰. 長空에. 靑丘). 몸이 죽으며 나라히 亡ᄒᆞ야 天下애 우이미 되오니:身死國亡爲天下笑御(重內訓2:107).

우임보다 동 웃음거리가 되다. ¶속절업시 우임보다:空喫見笑(譯解補60).

우읍다 형 우습다. ☞우읍다 ¶長沙王 賈太傅 혜어든 우읍고야(古時調. 鄭澈. 松江).

우ᄋᆡᄒᆞ다 동 우애(友愛)하다. ¶효도와 공경을 이 몬져 홀찌니 그 버금은 友愛ᄒᆞ야 兄弟 화동홀찌라(警民28). 그 돈목ᄒᆞ고 우ᄋᆡᄒᆞ시미 본ᄃᆡ 텬셩이시더라(仁祖行狀15).

우정워정 부 어정어정. ¶우정워정ᄒᆞ며 歲月이 거의로다(古時調. 鄭澈. 松江).

우졉ᄒᆞ다 동 우접(寓接)하다. ¶성의예 우졉ᄒᆞ야 녀환ᄒᆞᄂᆞ이다(經筵).

:우·족 명 우족(羽族). ¶가비야오닌 羽族이 ᄃᆞ외ᄂᆞ니라:輕爲羽族(楞解8:74).

우즐기다 동 우줄거리다. ¶움작이고 우즐겨 즐거온 거동(敬信37).

우즑우즑ᄒᆞ다 동 우줄우줄하다. ¶聰 밧게 셧는 鶴 우즑우즑ᄒᆞ는고나(古時調. 술 ᄭᅵ여. 靑丘). 두 ᄉᆞ매 늘이치고 우즑우즑ᄒᆞ는 뜻은(古時調. 梁應鼎. 海謠).

우지·지·다 동 우짖다. ¶우지질 조:噪(訓蒙下8). 東窓이 볼갓ᄂᆞ냐 노고지리 우지진다(古時調. 靑丘).

우·케 명 벼. 메벼. ☞욱케 ¶우케爲未舂稻(訓解. 用字). 우케는 하ᄂᆞᆳ ᄇᆞᄅᆞ매 니겟도다:杭稻熟天風(初杜解7:16). 半만 저즌 곳다온 우케를 딘놋다:半濕擣香杭(重杜解12:28).

-우·터 조 -부터. 〔'ㅣ' 모음이나 'ㄹ' 소리 뒤에서 'ㅂ' 탈락.〕☞-브터 ¶언제우터 나뇨:從幾時出來. 그제우터 나니:從前日箇出來(飜朴上13). 일즉 언제우터 쥭 먹ᄂᆞ뇨:曾幾時喫粥來(飜朴上55). 오ᄂᆞᆯ우터 알와라:從今日理會得了(飜老上35).

우·틔 명 치마. 아랫도리옷. ¶다른 뵈우틔를 ᄀᆞ라닙고:更著短布裳(飜小9:59). 친히 자는 겯방의 드러 뫼셔 잇는 사룸ᄃᆞ려 ᄀᆞ마니 무러 어버ᅀᅴ 솝우틔를 가져다가 친히 제 ᄲᅳ라:親入子舍竊問侍者取親中帬厠牏身自浣滌(飜小9:85). 어버의 속우틔를 가져다가:取親中帬厠牏(宣小6:79).

우티ᄒᆞ·다 형 우치(愚癡)하다. 어리석다. ¶愚癡ᄒᆞᆫ 사ᄅᆞᄆᆡ 알ᄑᆡ 숨 니르디 마롫디니라:癡人面前不得說夢(蒙法55).

우편 명 우편(右便). ¶좌편으로 건디려 ᄒᆞ면 우편으로 숨고(朴解下23).

우형 명 우형(愚兄). ¶愚兄의 삼가 보내는 글이라(捷蒙1:18).

우홈 명 움큼. ☞우홈. 우흠 ¶ᄆᆞᆯ 미엿든 갑슬 더를 ᄒᆞᆫ 우홈 ᄡᆞᆯ을 줌이 곳 올타:絟馬錢與他一捧兒米便是(朴解上11).

우:환·ᄒᆞ·다 동 우환(憂患)하다. 근심하다. ¶憂患ᄒᆞ논 바를 두면 그 正을 得디 몯ᄒᆞᄂᆞ니라(宣大13).

우황 명 우황(牛黃). ¶牛黃과 雄黃 各 ᄒᆞᆫ 돈과 朱砂 半 돈올 各各 ᄀᆞ라(救急上21).

우·후·로 명 위로. 독우 ¶스스로 能히 우후로 ᄎᆞ자 向ᄒᆞ야 가 아래로 ᄇᆡ화 우후로 통달ᄒᆞᄂᆞ니라:自能尋向上去下學而上達也(宣小5:86).

우훔 명 웃음. ☞우솜 ¶아침의 우훔터니 저력의 셜은 곡셩(修善曲1).

우·훔 명 움큼. ☞우흠. 우흠 ¶各各 보ᄇᆡ 곳 우훔 ᄎᆞ게 가지샤:各齎寶華滿掬(法華4:129). ᄒᆞᆫ 우훔 조ᄒᆞᆫ ᄒᆞᆯᄀᆞᆯ 셜리 가져다가:速取一掬淨土(佛頂中7). 더를 ᄒᆞᆫ 우훔 ᄡᆞᆯ만 주미 올ᄒᆞ니라:與他一捧兒米便是(飜朴上11). 우훔 봉:捧(訓蒙下22).

우휘다 동 움키다. ☞우희다 ¶우휠 국:掬(兒學下3).

우·흐·로 명 위로. 〔ㅎ 첨용어 '우'의 부사격(副詞格).〕독우 ¶우흐로 如理예 어우르시고:上冥如理(永嘉上88).

우·흔 명 위는. 독우 ¶우흔 所忘올 結ᄒᆞ실씨:上結所忘(永嘉上62).

우·흘 명 위를. 〔ㅎ 첨용어 '우'의 목적격(目的格).〕독우 ¶우흘 마초아 ᄉᆞ랑ᄒᆞ라:準上思之(永嘉上31). ᄒᆞ녀고론 우흘 恭敬ᄒᆞ야:一以敬上(宣賜內訓2下49).

우흠 명 움큼. ☞우홈. 우훔 ¶큰 우흠이어놀(十九史略1:13). ᄒᆞᆫ 우흠:一掬(同文解下21). 세 우흠:三掬(譯解補36). 뉴쇠 보를 헷치고 ᄒᆞᆫ 우흠을 쥐여 증인을 쥬며(引鳳簫3).

우·희 명 위에. 독우 ¶城 우희:維城之上(龍歌40章). ᄆᆞᆯ 우희 니ᅀᅥ 티시나:馬上連擊(龍歌44章). ᄆᆞᆯ 우흿 대버믈:馬上大虎(龍

歌87章). 다 이 하놃 우흿 麒麟의 삿기로다:並是天上麒麟兒(初杜解8:24). 밥 우희 보리 술은 멋 그릇 먹어나냐(萬言詞).

우·희·다 동 움키다. ☞우휘다 ¶ᄒᆞᆯᄀᆞᆯ 우희여 부텨의 받ᄌᆞᄫᅡ려 ᄒᆞ니(釋譜24:8). 길헷 더운 ᄒᆞᆯᄀᆞᆯ 우희여:掬路上熱土(救急上11). ᄒᆞ다가 사ᄅᆞ미 香花ᄅᆞᆯ 우희여:若人以掬香花(佛頂上5). 曹溪ㅅ 洞口 디나다가 므를 우희여 마시니:經曹溪口掬水而飮(六祖序18). 우흴 와:撓. 우흴 부:抔. 우흴 국:掬(訓蒙下22). 우믈 므ᄅᆞᆯ 우희여 마시기ᄅᆞᆯ ᄆᆞᆺ고:掬井水飮訖(東新續三綱. 忠1:8). 우희여 쥐다:兩手掬(同文解上29). 두 손으로 우희다:兩手掬(譯解補25). 모래와 흙을 우희여 어즈러이 더지며(武藝圖69).

우·희셔 명 위에서. 독우 ¶우희셔 줄 ᄉᆞ:賜(類合下40). 城 우희셔 블으지지디 아니ᄒᆞ며:城上不呼(宣小3:10).

우희욤 명 움큼. ☞우희다. 우희음 ¶ᄒᆞᆰ ᄒᆞᆫ 우희요매 이 陀羅尼 스믈ᄒᆞᆫ 遍을 외와(靈驗17).

우·희윰 명 움큼. ☞우희다. 우희음 ¶회홧가지 ᄒᆞᆫ 우희윰을:槐枝一握(救急上30).

우히 명 위에. 〔ㅎ 첨용어 '우'의 부사격(副詞格).〕 독우 ¶孤舟 解纜ᄒᆞ야 亭子 우히 올나가니(松江. 關東別曲). 珊瑚樹 지게 우히 白玉函의 다마 두고 님의게 보내오려… 樓 우히 거러 두고 八荒의 다 비최여(松江. 思美人曲). 그 머리ᄅᆞᆯ 수릐 우히 ᄃᆞᆯ고(女四解4:21).

욱다 형 욱다. ¶혓가래 긴아 절은아 기棟이 욱은아 튼아(古時調. 申欽. 海謠).

욱어지다 동 우거지다. ☞우거지다 ¶青草 욱어진 골에 자는다 누엇는다(古時調. 海謠). 녹음은 욱어지고 두견이 졔혈ᄒᆞ니(萬言詞).

욱여드다 동 욱여들다. ¶욱여드다:凹進(譯解補17).

욱욱ᄒᆞ다 형 욱욱(郁郁)하다. ¶崖芝汀蘭은 淸香이 郁郁ᄒᆞ야 遠近에 이어 잇고(蘆溪. 莎堤曲).

욱이다 동 우기다. ☞우기다 ¶다시곰 욱이더(癸丑77). 국영이를 욱여 졔쥐를 보니지(閑中錄424).

욱케 명 벼. 메벼. ☞우케 ¶노내 욱케ᄂᆞᆫ 집마다 이받놋다:秔稻供比屋(重杜解13:15).

운 명 몫. ¶이 심을 다ᄉᆞᆺ 운에 ᄂᆞᆫ화 ᄒᆞ나히 스므 근식 ᄒᆞ야:這蔘做了五分兒分了一箇人二十斤家(老解下53).

:운 명 운(運). ¶十方애 現身ᄒᆞ야 說法ᄒᆞ샤ᄃᆡ 運이 다ᄃᆞ라 올씨:運은 時節이라 ᄒᆞᄃᆞᆺ ᄒᆞᆫ 마리라(月釋2:10). 無始ㅅ 愛의 習氣ㅣ 運을 조차 흘러 서르 니어 긋디 아니호미라(圓覺下一之一16). 運이 漢ㅅ 福을 옮겨 ᄆᆞᄎᆞ매 興復호ᄆᆞᆯ 어려이 ᄒᆞ니:運移漢祚終難復(初杜解6:32).

-·운 어미 -은. ☞-은 ¶제 모미 누분 자히셔 보ᄃᆡ(釋譜9:30). 제 머군 ᄠᅳ드로(月釋1:32). 五淨 비룬 일후믈 자바:執五淨假名(楞解6:100). 돌 ᄢᅵᆷ에 지순 ᄢᅮᆯ:崖蜜(救簡2:84). 긔운이 미쳐 머군 거시 ᄂᆞ리디 아니커든(救簡2:85).

:운·다:마·다 동 울자마자. ¶슬피 운다마다 鳥獸ㅣ 모다 오더라(三綱. 孝18).

:운:동 명 운동(運動). ¶能히 運動 몯ᄒᆞᆺ ᄒᆞ니:而不能運動(楞解9:66).

운동ᄒᆞ다 동 운동(運動)하다. ¶動ᄋᆞᆫ 運動ᄒᆞᆯ 시오 用ᄋᆞᆫ 作用ᄒᆞᆯ 시라(金三涵序1). 능히 운동히여 거름 걷디 몯ᄒᆞ더니:不能運步(東新續三綱. 孝6:30).

-·운디·라 어미 -은지라. ¶어루 브틀 ᄃᆡ 업순디라(圓覺上一之一15). 부텨 ᄃᆞ외요미 업순디라(牧牛訣3).

운:모 명 운모(雲母). ¶雲母는 돐비느리니 雲母 寶車는 ᄆᆞ뮨 보비옛 술위라(月釋2:35).

운:무 명 운무(雲霧). ¶中夜 어드운 ᄃᆞ래 雲霧ㅣ 어드우면 ᄯᅩ 어둡고:中夜黑月雲霧晦暝則復昏暗(楞解2:28). 雲霧ㅣ 어듭거든 뵈야ᄒᆞ로 精氣 ᄂᆞ리ᄂᆞ니라:雲霧晦冥方降精(初杜解17:29). 믌겨리 니르와ᄃᆞ며 雲霧ㅣ ᄀᆞ리세니(六祖略序13). ᄯᅩ 덥듯 ᄒᆞᆫ 병과 뫼해 雲霧와 모딘 긔를 고티며(簡辟20). 치운 히ᄂᆞᆫ 雲霧에 도다나미 더듸오:寒日出霧遲(重杜解1:41). 雲霧ᄅᆞᆯ 헤친 ᄃᆞᆺᄒᆞ야:披霧(重杜解8:9).

운신ᄒᆞ다 동 운신(運身)하다. ¶능히 운신ᄒᆞ야 걷디 몯ᄒᆞ더니:不能運步(東新續三綱. 孝6:75).

:운:용 명 운용(運用). ¶能히 運用 몯 호ᄆᆞᆯ:而未能運用(楞解9:66).

운운 명 운운(云云). ¶深密에 云云은 더 經에 니ᄅᆞ샤ᄃᆡ(圓覺上一之一39).

운운ᄒᆞ·다 동 운운(云云)하다. ¶처ᅀᅥᆷ은 小乘이오 버그닌 三乘이니 了義 아니오 後는 오직 一乘이라 了義니 法華 等에 云云ᄒᆞ시니라:初小次三不了後唯一乘爲了法華等云云(圓覺上一之一39). 親盡ᄒᆞᆫ 祖ㅣ 업거든 祝版의 云云ᄒᆞ고 告호ᄆᆞᆯ ᄆᆞᆺ고(家禮9:24).

운젼하다 동 운전하다. ¶운젼할 운:運(兒學下7).

운·텬 명 운전(雲田). 〔지명(地名)〕 ¶松原在咸興府東南十四里 雲田 운텬社(龍歌5:36).

운혀 명 운혜(雲鞋). 〔가죽신의 한가지〕 ☞운혜 ¶운혀:鞝鞋(譯解上46).

운·혜 명 운혜(雲鞋). 〔가죽신의 한가지〕 ☞

운혀 ¶운혜 옹:𩋆(訓蒙中23).

운겁다 형 사납다. 성급(性急)하다. ¶운거울 한:悍(訓蒙下26).

운층 명 위층. 상층(上層). ¶이 사름은 可히 뼈 운층을 닐ᄋ디 몯ᄒ리라:此人不可以語上矣(宣小5:11).

·울 명 울. 울타리. ¶울爲籬(訓解. 用字). 野老의 욼 알핀 ᄀ룺 두들기 횟도랫ᄂ니:野老籬前江岸廻(初杜解7:3). ᄒ여곰 드믄 울흘 울후미 도ᄅ혀 甚히 眞實ᄒ니라:使挿疏籬却甚眞(初杜解7:22). 욼 ᄀ싀 므른 城으로 向ᄒ야 흐르ᄂ다:籬邊水向城(初杜解10:2). 울히 여리니 門을 어드러 向ᄒ리오:籬弱門何向(初杜解15:17). 너를 依藉ᄒ야 져근 울헤 ᄀᄅ디르고:藉汝跨小籬(初杜解25:2). ᄂ난 매ᄂ 욼 ᄀ샛 톳기를 티디 아니ᄒᄂ니라:俊鷹不打籬邊兎(南明上11). 울 번:藩(訓蒙中6. 類合下28). 울 리:籬(類合上24).

※'울'의 첨용 ┌울
└울흘/울헤/울히…

-울 어미 -을. 〔관형사형 어미〕☞-올 ¶너희 ᄃ히 生死 버술 이를 힘뻐 求ᄒ야사 ᄒ리라(月釋10:14). 先妣 니술 이를 恭敬ᄒ고:以敬先妣之嗣(宣賜內訓1:83). ᄀ쉿 사ᄅ미 외오 楊雄의 집과 가ᄌ비ᄂ니 게을어 解嘲 지술 ᄆᅀ미 업소라:旁人錯比楊雄宅嬾惰無心作解嘲(初杜解7:1).

:울고도·리 명 우는(소리 나는) 고두리살. ¶울고도리:響樸頭(飜老下32). 울고도리 호:髇(訓蒙中29).

:울·다 동 울다. ¶님그미 울어시늘:天子泣涕(龍歌33章). 오ᄂᆳ나래 至德을 우ᅀᆸᄂ니:于今之日至德感涕(龍歌56章). 저의 늘구믈 우ᅀᄫ니(月印上12). ᄡ해 디여 우르샤(釋譜11:21). 衆生ᄃ히 슬허 울오(月釋1:45). 엿던 전ᄎ로 우르시ᄂ니잇고(月釋8:93). 피 나긔 우러(三綱. 孝19). 사름곳 보면 슬허 우로몰 그지업시 ᄒ리니:見人則悲啼泣無限(楞解9:69). 새 우러 제 모몰 ᄀ초ᄂ니:鳥呼藏其身(初杜解7:24). 번 일코 또 슬허 우ᄂ다:失侶亦哀號(初杜解8:62). ᄃ기 울오 ᄇ름과 비왜 섯그니:雞鳴風雨交(初杜解22:3). 슬프거든 우ᄂ니(金三4:45). 울 곡:哭(訓蒙上29). 울 뎨:啼(訓蒙下7). 울 됴:嘲(訓蒙下8). 우러라 우러라 새여(樂詞. 青山別曲). 울 뎨:啼. 울 읍:泣(類合下6). 울 명:鳴(石千6). 곳고리 도라와 울오(百聯11). ᄃᆰ이 울언 디:雞兒叫(老解上34).

-·울·딘·댄 어미 -을진댄. ¶定慧를 브틀딘댄(牧牛訣35).

울리다 동 울리다. ☞울이다 ¶울리다:使響(漢淸7:18).

울밋 명 울밑. ¶울밋 陽地ㅅ 편에 외씨를 ᄲ혀 두고(古時調. 青丘).

울섭 명 울섶. ¶울섭 리:籬(倭解上33). 울섭:藩籬(同文解上35. 譯解補14). 울섭:籬笆柵(漢淸9:75).

·울어·다 동 우러르다. ☞울얼다. 울월다 ¶녯 사ᄅ미 굽디 몯ᄒᄂ 병과 울어디 몯ᄒᄂ 병을 믜여ᄒᄂ니라:古人疾蘧篨與戚施(飜小6:25). 셜포ᄋ| 힝덕을 쳔직예 울어더니:薛包之行千載景仰(東續三綱. 孝19).

울어러보다 동 우러러보다. ¶울어러보다:仰看(譯解上39).

울어리창 명 천창(天窓). 보꾹에 낸 창(窓). ☞우러리창 ¶울어리창:天窓(朴解下12).

:울·얼·다 동 우러르다. ☞울월다 ¶ᄂ미게 미더 울어로미 어려우니라:難仰他人矣(飜小8:36). 울얼 앙:仰(類合下5). 셩인의 규모를 울얼며:仰聖模(宣小3:2). 다른 사름의게 울어롬이 어려우니라:難仰他人矣(宣小5:114). 하ᄂᆯ을 울얼고 기리 소릐 딜너 ᄀᆯ오ᄃ|:仰天長號曰(東新續三綱. 烈2:88). 울어러 찬탄ᄒ와 경셩을 다ᄒ야 ᄃ|답지 아니ᄒ리오(字恤4). 몸을 기우려 울어러 누어(武藝圖67).

·울·에 명 우레. 천둥. ☞우레 ¶울에 번게ᄒ니 사ᄅ미 다 놀라더니(釋譜6:32). 울에 우르ᄃ시 ᄒᆫ갓 우르노소니:雷吼徒咆哮(重杜解2:70). 엇데 시러곰 虛空 소갯 울에ᄂ:何得空裏雷(初杜解7:24). 울엣 소리 忽然히 즈믄 묏부리엣 비를 보내니:雷聲忽送千峰雨(初杜解10:18). 하ᄂᆯ히 오래 울에 업스니:上蒼久無雷(初杜解10:19). ᄒᆫ 소릿 울에 三千界를 뮈우도다:一聲雷震三千界(金三2:2). 慈悲ㅅ ᄆᅀᄆ로 울에 그스며 번게 ᄠ려 應을 조차 비 ᄂ리오ᄂ니(南明上34). 무덤 뒤헤 울에 ᄀ톤 소릐 잇거늘:墓後有聲如雷(續三綱. 孝11). 울에 뢰:雷(訓蒙上2. 類合上4). 만일 ᄲᄅᆫ ᄇ름과 급ᄒᆫ 울에와 심ᄒᆫ 비 잇거든:若有疾風迅雷甚雨(宣小3:16). 믄득 울에와 비 크게 시작ᄒ야:忽雷雨大作(東新續三綱. 孝6:41).

:울오 동 울고. ⑦울다☞-오 ¶ᄆ리 울오 ᄇᄅ미 부놋다:馬鳴風蕭蕭(重杜解5:30). 革이 믄득 울오 에엿비 너기고라 비러:革輒涕泣求哀(宣小6:18).

·울울ᄒ·다 형 ①울울(鬱鬱)하다. 빽빽하다. ¶또 니ᄅ샤ᄃ| 鬱鬱ᄒᆫ 누런 고지 般若 아니니 업스니라 ᄒ시니라(永嘉上116). ᄒ물며 鬱鬱ᄒᆫ 긴 수플와(永嘉下113).
②울울(鬱鬱)하다. 답답하다. ¶胸中에 欝欝ᄒ여(古時調. 青丘).

울·움 명 ①부르짖음. ¶能히 큰 울우미 ᄃ

외며:能爲大叫喚(楞解8:109). 울움과 툠과:吼擊(法華1:57). 밧고 울우믄 곧 地獄이 受苦ㅅ 양이라:裸形叫呼卽地獄苦狀也(法華2:121). 쇠쇼로 울우믈 지스샤(金三4:38). 鐵牛ㅣ 獅子 울우믈 저티 아니호미(南明上38).

②울음. ☞우룸 ¶울움을 솔의놀 긋치디 아니ᄒᆞ고:哭泣不絶聲(東新續三綱. 孝8:71).

:울워·러·보·다 동 우러러보다. ☞울어러보다 ¶이 平常ᄒᆞᆫ 境界ᄂᆞᆫ 佛祖ㅣ 울워러봄도 밋디 몯ᄒᆞᆯ시 니ᄅᆞ샤ᄃᆡ 塵沙佛祖ㅣ 다 悠悠타(南明下67).

:울월·다 동 우러르다. ☞울얼다 ¶몸이 업스샤 五方애 뵈어시늘 一千 比丘ㅣ 울워ᅀᆞᆸ더니(月印上40). 一切 大衆ᄃᆞᆯ히 울워러과ᄒᆞᅀᆞᆸ거늘(釋譜23:9). 우리ᄃᆞᆯ토 울워ᅀᆞᆸ논 젼ᄎᆞ로(釋譜23:53). 仰은 울월 씨라(月釋序16). 釋種ᄃᆞᆯ히 다 부텻 法을 울월며(月釋2:11). 一切 百姓이 王ᄋᆞᆯ 울워ᅀᆞᄫᅡ 살어늘(月釋7:17). 시혹 業 重ᄒᆞ니ᄂᆞᆫ 恭敬ᄒᆞ야 울월 ᄆᆞᅀᆞᄆᆞᆯ 아니 내ᄂᆞ니(月釋21:32). 아ᄃᆞᆯ옷 나ᄒᆞ면 울월오(三綱. 忠25). 恭敬ᄒᆞ야 울워ᅀᆞ와:欽仰(楞解1:34). 顔淵이 孔子ᄅᆞᆯ 기류ᄃᆡ 울워디옷 더 노ᄑᆞ시고(法華2:173). 이 사ᄅᆞᄆᆞᆫ 一切 世間의 울워롤띠니:是人一切世間所應瞻奉(法華4:74). 울워러 ᄲᅥ라 좌시고:乃仰漱飮之(宣賜內訓2下9). ᄂᆞ출 울워러 새 보ᄆᆞᆯ 貪ᄒᆞ다가:仰面貪看鳥(初杜解10:5). 울원 버른 ᄃᆡᄂᆞᆫ 柳絮에 브르텟고:仰蜂粘落絮(初杜解15:56). 구브며 울월며:俯仰(金三2:11). 사ᄅᆞᆷ과 하ᄂᆞᆯ쾌 恭敬ᄒᆞ야 울워ᄂᆞ니:人天敬仰(金三3:4). 울월 앙:仰(訓蒙下27).

·울월·에 동 우러르게. ㉠울월다 ¶내 이제 四衆을 法에 渴望ᄒᆞ야 울월에 호리라 ᄒᆞ시고(月釋21:4).

울·이·다 동 울리다〔鳴〕. ☞울리다 ¶玉을 울이며 金을 울이ᄂᆞ닌 다 正ᄒᆞᆫ 臣下ㅣ니:鳴玉鏘金盡正臣(重杜解5:23). 채 울여 ᄃᆞᆯ여 보내야 漁父ᄅᆞᆯ 어엿비 너기니:鳴鞭走送憐漁父(初杜解22:22). 君子ㅣ 술위예 이시면 방올 소릐ᄅᆞᆯ 듣고 ᄃᆞᆫ니면 찬ᄂᆞᆫ 玉ᄋᆞᆯ 울이ᄂᆞ니:君子在車則聞鸞和之聲行則鳴佩玉(宣小3:18).

울이이다 동 울리다〔響〕. ☞울리다 ¶울이일 향:響(倭解上20).

울잣 명 울타리. ¶니영이 다 거두치니 울잣신들 셩ᄒᆞᆯ소냐(古時調. 許珽. 靑丘).

울퉁불퉁 부 울퉁불퉁. ¶洛陽 十里 밧게 울퉁불퉁 져 무덤아(古時調. 靑丘).

울·헤 명 울에. 울타리에〔籬〕. ㉦울 ¶너를 依藉ᄒᆞ야 져근 울헤 ᄀᆞᄅᆞ디르고:藉汝跨小籬(初杜解25:2).

울·헤:셤 명 위화도(威化島). 〔지명(地名)〕 ¶渡鴨綠江屯威化島 울헤셤(龍歌1:39).

울·후·다 동 에두르다. 삥 둘러싸다. 에워싸다. ☞울ᄒᆞ다 ¶힉여곰 드믄 울흘 울후미 도ᄅᆞ혀 甚히 眞實ᄒᆞ니라:使揷疏籬却甚眞(初杜解7:22).

·울흘 명 울을. 울타리를. 〔ㅎ첨용어 '울'의 목적격(目的格).〕 ㉦울 ¶힉여곰 드믄 울흘 울후미 도ᄅᆞ혀 甚히 眞實ᄒᆞ니라:使揷疏籬却甚眞(初杜解7:22).

·울히 명 울이. 〔ㅎ 첨용어 '울'의 주격(主格).〕 ㉦울 ¶울히 ᄌᆞ모 그지업스니:藩籬頗無限(初杜解10:13).

울히다 동 안다. 감싸다. ¶울힐 옹:擁(類合下28). 드러가 울히며 달내여 ᄀᆞ장 은근히 말ᄒᆞ고(癸丑1:118).

울히다 동 울리다. ☞울리다 ¶新羅 八百年의 놉ᄃᆞ록 무은 塔을 千斤 든 쇠븝 소릐 티ᄃᆞ록 울힐시고(古時調. 鄭澈. 松江).

울ᄒᆞ다 동 둘러싸다. 에워싸다. ¶長松 울ᄒᆞᆫ 소개 슬ᄏᆞ장 펴뎌시니(松江. 關東別曲).

·울ᄒᆞ·다 동 지지다. 찜질하다. ¶또 두 녀블 熨ᄒᆞ고 브서빗 검듸영을 彈子만ᄒᆞ닐 가져(救急上40). ᄌᆞ조 다시 더운 디새로 눌러 울호ᄃᆡ:頻頻更用熱瓦子熨(救簡1:22). ᄉᆡᆼ앙을 브레 ᄢᅧ야 닉거든 믈인 ᄃᆡ 울호미 ᄀᆞ장 됴ᄒᆞ니라:生薑炙熟熨之甚佳(救簡6:45). 더온 거스로 울ᄒᆞ면 즉시 ᄯᆞᆷ이 나 됸ᄂᆞ니라(辟新3).

욹은불근 부 울근불근. ¶已前 업든 쌔시 바회 엉덩이 욹은불근(古時調. 제 얼굴. 歌曲).

욹읏붉읏 부 울긋불긋. ¶우슬부슬 雨滿空이요 욹읏붉읏 楓葉紅이로다(古時調. 歌曲).

:움 명 움〔芽〕. ☞엄 ¶또 牛膝 ᄒᆞᆫ 兩ᄋᆞᆯ 움 앗고:又方牛膝一兩去苗(救急下91). 니싯 움과 불휘와ᄅᆞᆯ 즛두드려 ᄧᅡᆫ 즙을 머그며:用野紅花苗根絞汁飮(救簡1:113). 어딘 움을 길워 내실씨(眞言17). 움 ᄆᆡᆼ:萌(訓蒙下3). 움 앙:秧(訓蒙下4). 움 묘:苗(類合上10). 움 아:芽(類合下50). 움 ᄆᆡᆼ:萌. 움줄:茁(類合下56). 寒食 비 긴 後에 菊花 움이 반가왜라(古時調. 海謠). 움:蘖(柳氏物名四 木).

·움 명 움. 움집. ¶漆沮 ᄀᆞᇫ 움흘 後聖이 니ᄅᆞ시니:漆沮陶穴後聖以矢. 赤島 안햇 움흘 至今에 보ᅀᆞᆸᄂᆞ니:赤島陶穴今人猶視(龍歌5章). 一間 茅屋도 업사 움 무더 사ᄅᆞ시니이다:茅屋無一間陶穴經艱難(龍歌111章). 움:地室. 窨子(四解下74 窨字註). 움 음:窨(訓蒙中9). 죠고만 말마치 움을 뭇고(古時調. 金化ㅣ. 靑丘). 움:地窨(同文解上35). 곡식 녓ᄂᆞᆫ 움:窨(漢淸9:76).

※'움'의 첨용 [움 / 움흔/움흘/움히…

-·움 어미 -음.〔명사형 어미〕☞-옴 ¶利益ᄃᆞ외여 깃부믈 뵈야(釋譜19:3). 사ᄅᆞᆷ마다 ᄒᆡᅇᅧ 수ᄫᅵ 니겨 날로 ᄡᅮ메 便安킈 ᄒᆞ고져 ᄒᆞᇙ ᄯᆞᄅᆞ미니라:欲使人人易習便於日用耳(訓註3). ᄒᆞ논 일 업수미(月釋8:31). 부텨 授記ᄒᆞ샤미 글 쑤미 ᄀᆞᆮ고(月釋8:96). 히믜 세며 믈우믈 조차:隨力強弱(楞解4:29). 義 세샤미 너붐과 져고미 겨시며:立義有廣略(圓覺序6). 빗줄 글우믈 히ᄅᆞᆯ 아디 몯ᄒᆞ리로다:解纜不知年(初杜解7:17). 平則門이 이 廣豐倉의셔 ᄉᆞ이 ᄯᅳ미 ᅀᅵ십 릿 ᄯᅡ히니:平則門離這廣豐倉二十里地(飜朴上11). 댓무수 미틀 머구미 ᄯᅩ 됴ᄒᆞ니라:喫却蘿蔔更妙(救簡2:88).

움뽕 명 움뽕. ¶움ᄲᅩᆼ:女桑(詩解 物名13).

움작이다 동 움직이다. ☞움즉이다 ¶ᄡᅧ 니ᄅᆞ거든 움작이면(三略下13). 움작이고 우즐겨 즐거온 거동(敬信37).

움주쥐·다 동 움츠러들다. ¶그 腸이 ᄇᆡ예 뷔트러 움주쥐여 잇ᄂᆞ니:其腸絞縮在腹(救急上32).

움즈·기·다 동 움직이다. ☞움즉이다. 움지기다 ¶蠢動ᄋᆞᆫ 한 움즈기ᄂᆞᆫ 衆生이라(月釋18:82). 댓 나치 움즈기니 ᄀᆞᄂᆞᆫ 시ᄆᆞᆯ 논화 흘리놋다:竹竿裊裊細泉分(初杜解25:15). 노ᄒᆞ로 ᄆᆡ야 能히 움즈기게 ᄒᆞᄂᆞ니(南明上17). 모ᄆᆞᆯ 죠고매도 움즈기디 아니ᄒᆞ며:身不少動(飜小10:26). 움즈기다:動了(同文解上29).

움즉·다 동 움직이다. ☞움즈기다 ¶몸과 ᄆᆞᅀᆞᆷ괘 움즉디 아니ᄒᆞ야 겨시거늘(釋譜13:12). ᄒᆞᆫ 일도 ᄆᆞᅀᆞᄆᆞᆯ 움즉디 아니ᄒᆞ야:不一動其心(飜小10:20).

움즉·이·다 동 움직이다. ☞움즈기다 ¶참예ᄒᆞ야 안 후에 움즉이며:參知而後動(宣小2:54). ᄾᅵ어미 병들어 움즉여 건디 몯ᄒᆞ거ᄂᆞᆯ:姑病不能運步(東新續三綱. 孝6:19). 往來ᄒᆞ매 움즉여 물오며:往來動問(女四解2:35). 움즉인즉 左右旋風ᄒᆞ야(武藝圖18).

움지기다 동 움직이다. ☞움즈기다 ¶움지길 동:動(兒學下9).

움·지혀·다 동 움츠러지게 하다. 오므라뜨리다. ☞움치혀다 ¶혓그틀 움지혀ᅀᅡ 비르서 能히 펴리라:縮却舌頭如解宣(南明下18).

움집 명 움집. ¶움집:地窨子(漢淸9:75).

움ᄌᆞ기다 동 움직이다. ☞움즈기다. 움ᄌᆞᆨ이다 ¶움ᄌᆞ기매 或도 거슬ᄡᅳ게 말올띠니:動罔或悖(英小題辭3).

움ᄌᆞᆨ이다 동 움직이다. ☞움ᄌᆞ기다 ¶힝실이 네 아니어든 움ᄌᆞᆨ이디 아니ᄒᆞ시니(女範1. 셩후 쥬션강후). 것ᄌᆞ ᄒᆞᄂᆞᆫ 두 다리ᄂᆞᆫ 움ᄌᆞᆨ이도 아니ᄒᆞᄂᆡ(萬言詞).

움·처·들·다 동 움츠러들다. ☞움치들다 ¶혀를 ᄃᆞᆷ가셔 ᄉᆞᆷᄭᅵ면 즉재 움처드ᄂᆞ니라:浸舌就嚥下卽縮(救急上46). 움처들 겁:怯(類合下34).

움·춤 동 움츠러짐. ¶펴며 움추미 잇다:有舒縮(楞解2:41).

움·츠·다 동 움치다. 움츠리다. ☞움치다 ¶ᄯᅩ 이 보미 큰 거시 움처 져기 ᄃᆞ외니잇가:爲復此見縮大爲小(楞解2:40). 모ᄃᆞᆫ 事業ᄋᆞᆫ 펴며 움츠며 ᄢᅧ 긋ᄂᆞᆫ 類ㅣ니:諸所事業則舒縮夾絶之類(楞解2:41). 들궔 그텟 목 움츤 鯿魚ᄅᆞᆯ 쇽절업시 낫가 먹놋다:謾釣槎頭縮項鯿(初杜解16:14).

움치·다 동 움치다. 움츠리다. ☞움츠다. 웂다 ¶보ᄆᆞᆯ 움쳐 적게 ᄒᆞᇙ딘댄:縮見令小(楞解2:43). ᄒᆞ마 느리혀디 몯ᄒᆞᇙ딘댄 一定히 움치디 몯ᄒᆞ리며:既非可挽定非可縮(楞解2:43). 머리ᄅᆞᆯ 움치고 잇거늘:縮頸(三綱. 烈34). 머리 움치고 일홈과 勢ᄅᆞᆯ 避ᄒᆞ라:縮首避名勢(宣小5:25). 일곱 구ᄫᅵ ᄒᆞᆫ ᄃᆡ 움쳐 믄득믄득 버러ᄂᆞᆫ ᄃᆞᆺ(宋純. 俛仰亭歌).

움·치·들다 동 움츠러들다. ☞움처들다 ¶外腎이 움치들오 ᄂᆞᆺ치 검고:外腎搐縮面黑(救急上54).

움치켜다 동 움치어 당기다. ¶급히 움치켜다:急縮頭(譯解下50).

움·치·혀·다 동 움츠러지게 하다. 오므라뜨리다. ☞움지혀다 ¶쇼와 ᄆᆞᆯ왜 터리 치워 움치혀 고솜돋 ᄀᆞᆮ더니라:牛馬毛寒縮如蝟. 어러 蛟龍을 무더 南녁 갯므리 움치혓ᄂᆞ니:凍埋蛟龍南浦縮(初杜解10:40).

·움·흘 명 움을.〔ㅎ 첨용어 '움'의 목적격(目的格).〕 ㉱움 ☞-흘 ¶漆沮 ᄀᆞᇫ 움흘 後聖이 니ᄅᆞ시니:漆沮陶穴後聖以矢. 赤島 안햇 움흘 至今에 보ᅀᆞᆸᄂᆞ니:赤島陶穴今人猶視(龍歌5章).

웂·다 동 움치다. 움츠리다. ☞움치다 ¶입시우리 드리디 아니ᄒᆞ며 웂디 아니ᄒᆞ며 디드디 아니ᄒᆞ며(釋譜19:7). 보미 體 펴며 웂ᄂᆞᆫ가 疑心ᄒᆞᄂᆞ니:而疑見體舒縮(楞解2:40).

웃- 접두 웃-. 윗-. ¶부텨 겨싫 저긔 웃양ᄌᆞ로 供養ᄒᆞᅀᆞᆸᄂᆞ니와(釋譜23:4). 혓그티 웃닛머리예 다ᄫᆞ니라(訓註15). 웃관원이 이심애ᄂᆞᆫ 能히 웃관원의게 ᄂᆞ리디 몯ᄒᆞ고:有官長則不能下官長(宣小5:3).

웃거리 명 웃옷. ¶이 鴉青 빗체 大蟒龍織金ᄒᆞᆫ 이란 웃거리 지으라:這鴉青織金大蟒龍的做上盖(朴解中54).

웃거플 명 겉껍질. ¶계피 웃거플 아ᅀᆞ니 반량과:桂皮去麁皮半兩(救簡6:9).

웃·관원 명 윗관원(官員). 상관(上官). ¶웃관원니 잇거든 능히 웃관원의게 ᄂᆞᄌᆞ디 아니ᄒᆞ고:有官長則不能下官長(飜小6:3). 웃관원 셤교믈 형 셤기ᄃᆞᆺ ᄒᆞ며:如事兄官長(飜小7:24).

웃굿ᄒᆞ다 형 향기롭다. ☞웃곳ᄒᆞ다 ¶나죗히 옌 ᄀᆞᄂᆞᆫ 프리 웃굿ᄒᆞ고:夕陽薰細草(重杜解12:36).

웃글 명 윗머리. ☞웃머리 ¶나조히 어듭거사 당당이 모로매 웃그테 가리로다:昏黑應須到上頭(初杜解9:38).

웃니 명 윗니. ¶이 소리ᄂᆞᆫ 우리 나랏 소리예셔 열ᄫᅳ니 혓그티 웃닛머리예 다ᄔᆞ니라(訓註15).

:웃·다 동 웃다. ¶ᄒᆞ오ᅀᅡ 우수믈 우ᅀᅡ(月印上61). 太子ㅣ 우ᅀᅳ며 닐오ᄃᆡ(釋譜6:24). 舍利弗이 젼ᄎᆞ업시 우ᅀᅥ늘(釋譜6:35). 시혹 니 내야 웃거나(月釋21:89). 웃고 郎中과 評事ᄅᆞᆯ 對接ᄒᆞ야셔 술 마시노니:笑接郎中評事飮(初杜解7:13). 일 議論호미 眞實로 사ᄅᆞ미 ᄐᆞᆨ골 글희여 즐겨 웃게 ᄒᆞᄂᆞ니:討論實解頤(初杜解8:4). ᄆᆞᄅᆡᆺ 고ᄌᆞᆫ 셴 머릴 웃ᄂᆞ니:水花笑白首(初杜解8:57). 깃브거든 웃고:喜則笑兮(金三4:45). 우숨 우ᅀᅥ 말ᄊᆞ믈 친친히 ᄒᆞ디 몯게 ᄒᆞ더라:未嘗笑語款洽(飜小10:12). 우움 웃고 안암죽ᄒᆞᆫ 아히:孩提之童(宣小2:56). 다 춤다 못ᄒᆞ야 하 우ᄉᆞ니 보ᄂᆞ니 민망ᄒᆞ더라(癸丑37). 말ᄒᆞ며 우음 우어셔 河北을 업시 너기고:談笑無河北(重杜解5:53). 언머 모다 우은 거시라 녀기셔냐(新語9:4). 孔明이 크게 우어 그치지 아니코 니로되(三譯3:16). 웃다:笑了(同文解上25). 두어라 春風이 몃 날이리 우을 ᄃᆡ로 우어라(古時調. 孝宗. 淸江에. 靑丘).

※'웃다'의 ┌웃다/웃고/웃게/웃디…
활용 └우ᅀᅳ며/우ᅀᅥ…>우으며/우어…

웃동 명 윗동. ¶옷 웃동:上身(譯解下6). 갑옷 웃동:甲身(譯解補15. 漢淸5:2).

웃둑ᄒᆞ다 형 우뚝하다. ¶群山에 雪滿ᄒᆞ거든 홀로 웃둑홀이라(古時調. 이 몸이. 海謠).

웃드름ᄒᆞ다 형 우뚝해 보이다. ¶아람다운 옥녀봉과 웃드름ᄒᆞᆫ 화션봉이(皆岩歌).

웃덕 명 귀댁(貴宅). ¶형님하 小人이 어제 웃ᄃᆡᄀᆡ ᄒᆞᆫ 머함 두ᅀᆞᆸ고 오니:哥小人昨日貴宅裏留下一箇拜貼來(飜朴上58).

웃마리 명 윗머리. ☞웃머리 ¶웃마리:上頭(漢淸1:49).

웃머·리 명 윗머리. ☞웃마리 ¶上首ᄂᆞᆫ 웃머리예 안ᄌᆞᆯ 씨라(月釋10:44). 衆의 웃머리 ᄃᆞ외야실씨 니ᄅᆞ시니라:爲衆上首故告之(法華4:28). 넌즈시 웃머리옛 關ᄋᆞᆯ ᄒᆞ야 ᄇᆞ리고 디나ᄂᆞ니라:等閑抹過上頭關(金三3:53).

웃묵 명 윗목. ¶웃묵의 찬 숙융을 벌쩍벌쩍 켜난 더위를(古時調. 靑丘).

웃·물 명 윗무리. ☞웃 ¶上輩ᄂᆞᆫ 웃무리라(月釋8:55).

:웃ᄫᅳ·니 형 우스우니. 우스우냐. ㉮웃ᄫᅳ다 ☞우ᇫᄫᅳ다 ¶跋提 말이 긔 아니 웃ᄫᅳ니(月印上64).

:웃ᄫᅳ·다 형 우습다. ☞우ᇫᄫᅳ다 ¶七年을 믈리져 ᄒᆞ야 出家ᄅᆞᆯ 거스니 跋提 말이 긔 아니 웃ᄫᅳ니(月印上64).

웃:사ᄅᆞᆷ 명 윗사람. ¶웃사ᄅᆞᆷ 두고 더은 양ᄒᆞ야(月釋9:31).

웃·옷 명 ①윗옷. ¶各各 모매 니분 웃오ᄉᆞᆯ 바사:各各脫身所著上衣(法華2:45). 보ᄃᆞ라온 웃옷과 ᄉᆡᆨᄉᆡᆨ기 ᄭᅮ뮤맷 거슬:細軟上服嚴飾之具(法華2:209).
②웃옷. ¶웃옷:袍子(同文解上55. 譯解補28). 웃옷:袍(漢淸11:4).

웃·위 명 윗자리. 상위(上位). ¶웃位예 이셔 아래ᄅᆞᆯ 陵티 아니ᄒᆞ며(宣中13).

웃·이·다 동 웃기다. ☞우ᇫ이다 ¶王이 褒姒ᄅᆞᆯ 웃요리라 ᄒᆞ야(宣賜內訓序4).

:우ᇫ·다 동 웃다. ☞웃다 ¶世間ㅅ 사ᄅᆞᆷ이 다 우ᇫᄂᆞ니이다(月印上61). 내 ᄆᆞᅀᆞᆷ애 더욱 우ᇫ노이다(月印上61).

:우ᇫᄫᅳ·다 형 우습다. ☞웃ᄫᅳ다 ¶오ᄂᆞᇗ나래 내내 우ᇫᄫᅳ리:當今之日曷勝其哂(龍歌16章). 跋提 말이 긔 아니 우ᇫᄫᅳ니(月釋7:1).

:우ᇫᄫᅳ·리 형 우스우리. ㉮우ᇫᄫᅳ다☞우ᇫ우리 ¶오ᄂᆞᇗ나래 내내 우ᇫᄫᅳ리:當今之日曷勝其哂(龍歌16章).
※우ᇫᄫᅳ리>우ᇫ우리>우스우리

:우ᇫ·ᄫᅵ 부 우습게. ¶世尊ㅅ 말ᄋᆞᆯ 우ᇫᄫᅵ 너기니(月印上65. 釋譜7:5).

우ᇫ우리 형 우스우리. ☞우ᇫᄫᅳ리 ¶오ᄂᆞᆺ나래 내내 우ᇫ우리(樂範5:7 與民樂 逃亡草).

우ᇫ·윰 동 웃음을 삼. ㉮우ᇫ이다 ¶菩薩ᄋᆡ 우ᇫ윰 어두미 이에 잇ᄂᆞ니라:取笑菩薩其在玆焉(金三4:59).

우ᇫ·이·다 동 ①웃음을 사다. ☞우이다 ¶나라히 亡ᄒᆞ야 天下애 우ᇫ유미 ᄃᆞ외니:國亡爲天下笑(宣賜內訓2下73).
②웃기다. ☞웃이다 ¶位 업슨 眞人을 우ᇫ이리로다 ᄒᆞ니:笑殺無位眞人(金三2:28). 南無觀世音을 우ᇫ이리라:笑煞南無觀世音(金三4:58). 西로셔 온 눈 파란 즁ᄋᆞᆯ 우ᇫ이리라:笑殺西來碧眼僧(南明下65).

웅거ᄒᆞ다 동 웅거(雄據)하다. ¶하북을 웅거ᄒᆞ고(經筵).

웅긔다 동 봉곳해지다. ¶五香 마ᄐᆞ샤 웅긔어신 고해(樂範. 處容歌).

웅:담 명 웅담(熊膽). ¶샹해 긔걸ᄒᆞ야 苦參과 黃連과 熊膽을 ᄀᆞ라:常命粉苦參黃連熊膽(宣小6:99).

웅더리 명 웅덩이. ☞웅덩이 ¶陂ᄂᆞᆫ 웅더리

오(無寃錄3:2).

웅·덩·이 명 웅덩이. ☞웅더리 ¶ᄆᆞᆯᄀᆞᆫ 내햇 ᄒᆞᆫ 웅덩잇 ᄆᆞ리로다 ᄒᆞ더라:清溪一泓水(三綱. 烈20). 웅덩이 오:洿. 웅덩이 황:潢. 웅덩이 뎌:瀦. 웅덩이 피:陂(訓蒙上5). 웅덩이 턱:澤(類合上6). 웅덩이:澤(同文解上7). 웅덩이:潭(柳氏物名五 水).

웅어 명 두렁허리. ☞웅에 ¶웅어:鱓(物譜 蟲魚). 呼鯱曰 웅어(華方).

웅·에 명 두렁허리. ☞웅어 ¶큰 웅에 ᄒᆞᆫ나ᄒᆞᆯ 침으로 머리롤 ᄧᅵᆯ어 피 내야:大鱔魚一條以針刺頭上血(救簡1:21).

웅:장ᄒᆞ·다 형 웅장(雄壯)하다. ¶雄壯ᄒᆞᆫ ᄢᅵ예 歷數ㅣ 屯蹇ᄒᆞ도다:雄圖歷數屯(初杜解6:30). 緊急ᄒᆞᆫ 頭腦와 雄壯ᄒᆞᆫ 양ᄌᆞ로 갈 바롤 이워 ᄒᆞ노소니:緊腦雄姿迷所向(初杜解17:9).

워기·다 동 외치다. 부르짖다. ☞워이다 ¶目連이 된 모ᄀᆞ로 ᄀᆞ장 워겨 어미롤 브르며(月釋23:81). 目連이 즈믄 디위롤 워겨 블로ᄃᆡ 對答ᄒᆞ리 업거늘(月釋23:83). 워겨 ᄑᆞ다:吆喝着賣(同文解下26).

·워·리 명 월리(月利). ¶ᄆᆡ ᄒᆞᆫ 량의 워리를 현 분식ᄒᆞ야:每兩月利幾分(飜朴上61).

워리 감 워리.〔개를 부르는 소리.〕¶我國方言喚狗曰 워리(華方).

워석버석 부 워석버석. ¶窓 밧긔 워석버석 님이신가 니러 보니(古時調. 青丘).

·워·이·다 동 외치다. 부르짖다. ☞워기다 ¶기우려 듣디 말며 워여 ᄃᆡ답디 말며:毋側聽毋噭應(宣小3:9). 워여 ᄑᆞ다:吆喝(漢清10:16).

워전즈러니 부 어수선하게. 수선스럽게. ☞워즈런즈러니. 웨전즈러이 ¶겨ᄋᆞᆯ이어든 금으로 보셕에 젼메워 워전즈러니 ᄭᅮ민 ᄢᅴ를 ᄢᅴ며:冬裏鑿金廂寶石鬧裝(老解下46).

워전즈런ᄒᆞ다 형 어수선하다. 수선스럽다. ☞워즈런ᄒᆞ다. 웨전즈런ᄒᆞ다 ¶西遊記ᄂᆞᆫ 워전즈런ᄒᆞ니:西遊記熱鬧(朴解下17).

워즈런즈러니 부 어수선하게. 수선스럽게. ☞워전즈러니 ¶겨ᅀᆞ리어든 금으로 각ᄉᆡᆨ 보셕에 젼메워 워즈런즈러니 ᄭᅮ민 ᄢᅴ를 ᄢᅴ며:冬裏鑿金廂寶石鬧裝(飜老下51).

워즈런·ᄒᆞ·다 형 어수선하다. 수선스럽다. ☞워전즈런ᄒᆞ다 ¶그 지븨셔 차반 밍ᄀᆞᆯ 쏘리 워즈런ᄒᆞ거늘(釋譜6:16).

워·허 명 지명(地名). ¶斡合워허. 地名在今鏡城府南百二十里……其俗謂石爲斡合故因名其地焉(龍歌7:23).

웍시 명 억새. ☞어웍새 ¶웍시:罷王根草(柳氏物名三 草).

원 명 원(員). 수령(守令). 지방 관원(地方官員). ¶姓 ᄀᆞᆯᄒᆡ야 員이 오니:擇姓以尹(龍歌16章). 員官數也俗語稱守令爲員(龍歌3:16). 員의 지븨 가샤:適彼令舍(龍歌28章). 어미 죽거늘 무더메 가아 三年 살오 옷 아니 밧거늘 員이 사롬 브려 바ᄉᆞ라 ᄒᆞ니라(三綱. 孝6). 員의 ᄠᅳᆯ 안핸 ᄉᆞ두워려 블로미 업도다:太守庭內不喧呼(杜解9:31). 더운 바ᄅᆞᆳ 韶州옛 워니여:炎海韶州牧(初杜解23:13). 韓山 원 ᄒᆞ야셔 어버이를 아ᄎᆞᆷ 나죄 몯 보애라 ᄒᆞ야:嘗宰韓山郡念定省久曠(續三綱. 孝6). 海虞ㅅ 고ᄋᆞᆯ 원 何子平이:海虞令何子平(飜小9:32). 淮陽 ᄭᅩᄋᆞᆯ 원이 나라해 알외ᅀᆞ온대:淮陽太守以聞(飜小9:57). 원이 군법으로ᄡᅥ 버히고져 ᄒᆞ더니:倅欲以軍法斬之(東新續三綱. 孝7:32). 원:知縣(同文解上38). 官曰員理(雞類).

·원 명 원(願). 소원. ¶아바닚긔 말 ᄉᆞᆯᄫᅡ 네 願을 請ᄒᆞ샤(月印上16). 내 願을 아니 從ᄒᆞ면 고졸 몯 어드리라(月釋1:12). 네 願을 從호리니(月釋1:12). 다ᄋᆞᆷ 업ᄉᆞ면 내 ᄠᅳ뎃 願이 ᄎᆞ리라(六祖序7).

원 부 원래. ¶듕ᄒᆞᆫ 쟈ᄂᆞᆫ 원 아디 못ᄒᆞ고(痘瘡方10).

원간 부 워낙. ¶원간 초:初(類合上1).

원경 명 원경(圓徑). 원의 지름. ¶中을 通케 호ᄃᆡ 圓徑이 너 푼이오(家禮7:32).

:원:근 명 원근(遠近). ¶몬져 毒ᄒᆞᆫ 氣分이 遠近에 ᄀᆞᄃᆞᆨ호ᄆᆞᆯ 보아(楞解8:100). 나븨 ᄑᆞ람 기리 이푸믈 遠近이 다 듣거든(永嘉下106). 블비츤 遠近에 흐텟고 ᄃᆞᆯ비츤 노ᄑᆞ며 기픈 ᄃᆡ 寂靜ᄒᆞ얏도다:燈光散遠近月彩靜高深(重杜解14:15). 古者애 祭祀롤 遠近으로ᄡᅥ 드믈며(家禮10:7).

원·긔 명 원기(元氣). ¶一氣ᄂᆞᆫ 元氣也ㅣ라(初杜解6:26). 四肢 ᄎᆞ고 元氣 닛디 아니ᄒᆞ야:四肢逆冷元氣不接(救急上54).

·원다·히 부 원(願)대로. ¶네 願다히 ᄒᆞ야라(釋譜24:14).

원달구 명 원달구. ¶원달구:硪(漢清10:37).

원두 명 완두(豌豆). ¶원두:豌豆(東醫 湯液一 土部).

원두한이 명 원두한이. ☞원두ᄒᆞ리 ¶원두한이:園頭(漢清5:31).

원두ᄒᆞ리 명 원두한이. ☞원두한이 ¶늘근 원두ᄒᆞ리 기리 븟그려ᄒᆞ노라:老圃永爲恥(初杜解16:67).

:원·려 명 원려(遠慮). ¶子ㅣ ᄀᆞᆯᄋᆞ샤ᄃᆡ 人이 遠慮ㅣ 업ᄉᆞ면 반ᄃᆞ시 近憂ㅣ 인ᄂᆞ니라(宣論4:6).

원릐 부 원래(元來). ¶六六이 元來 三十六이라 홈과 ᄀᆞᆮᄒᆞ니(金三2:23).

원:만·히 부 원만(圓滿)히. ¶微妙ᄒᆞᆫ 아로미 圓滿히 불ᄀᆞ란ᄃᆡ(蒙法13).

원:만·ᄒᆞ·다 형 원만(圓滿)하다. ¶밝ᄃᆞ이

길오 노프시고 充實ᄒᆞ시며 圓滿ᄒᆞ시고(法華2:12). 모미 圓滿ᄒᆞᆫ 體로 얼굸 대가릿 소배 수멧고(金三2:34). 一念 ᄉᆞᅀᅵ예 功德이 圓滿ᄒᆞ야(六祖序7).

원망 명 원망(怨望). ¶원망 원:怨(類合下3. 兒學下11). 관원이 사오나와 원망이 만하도 되ᄂᆞ니(辟新1).

:원·망ᄒᆞ·다 동 원망(怨望)하다. ¶그 夫人이 怨望ᄒᆞ고 제 이리 現露ᄒᆞᆯ가 ᄒᆞ야(釋譜24:49). 갓가이 ᄒᆞ면 遜티 아니코 머리 ᄒᆞ면 또 怨望ᄒᆞᄂᆞ니(圓覺下三之一120). 모ᄃᆞᆫ 사ᄅᆞᄆᆡ 원망ᄒᆞᄂᆞᆫ 거시니:衆之怨也(飜小9:90). 辛勤ᄒᆞᄆᆞᆯ 원망티 말고:莫怨辛勤(女四解2:29). 원망ᄒᆞ다:埋怨(譯解補24). 너희 등이 스스로 범홈이니 ᄀᆞᄅᆞ치지 아님으로뻐 날을 원망치 말라(綸音33).

원미쥭 명 원미죽(元味粥). 미음이나 죽 따위. ¶외히려 원미쥭을 마시고:猶啜糜粥(東新續三綱. 烈3:36).

:원방 명 원방(遠方). ¶져믄 제브터 오ᄆᆞ로 遠方애 니거 멋 마 衡岳ᄋᆞᆯ 돌며(金三3:17). 과실이 遠方읫 귀ᄒᆞᆫ 거시 아니며:果非遠方珍異(宣小6:130). 버디 遠方으로브터 오면 또ᄒᆞᆫ 즐겁디 아니ᄒᆞ랴(宣論1:1). 遠方앳 人이 君의 仁政 行ᄒᆞ욤을 聞ᄒᆞ고(宣孟5:17). 世上 사ᄅᆞᆷ이 또 遊宦ᄒᆞ다가 遠方의 가 죽거든(家禮7:16).

원슈 명 원수(怨讎). ¶엇데 怨讎를 니ᄌᆞ시ᄂᆞ니(釋譜11:34). 내 이제 와 원슈를 갑고져 ᄒᆞ다니:我今欲來報冤(佛頂11). 형데 원슈 되여:兄弟爲讎(飜小9:100). 원슈 슈:讎. 원슈 구:仇(訓蒙下24). 원슈 구:仇. 원슈 슈:讎(類合下36). 豫讓이 위ᄒᆞ야 원슈ᄅᆞᆯ 갑고져 ᄒᆞ야:豫讓欲爲之報仇(宣小4:30). 세 아이 이셔 다 원슈을 갑고져 ᄒᆞ다가(女四解4:16). 원슈:怨家(同文解下29). 원슈 갑다:報怨(同文解下29). 원슈 갑다:復讐(漢清7:53).

원·슈 명 원수(元帥). ¶元帥ᄂᆞᆫ 爲頭ᄒᆞᆫ 將帥라(三綱. 忠15).

원슈스럽다 형 원수 같다. ¶원슈스러은 놈:業障(譯解補21).

원슈짓다 동 원수지다. ¶원슈짓다:結怨(同文解下29). 원슈짓다:結讐(漢清7:53).

원슈ᄒᆞ다 동 원수지다. ☞원슈짓다 ¶오ᄂᆞᆯ브터 永永히 너와 원슈ᄒᆞ디 아니호리라:從今永不與汝爲冤(佛頂11).

원승이 명 원숭이. ¶우마 나귀 원승이며(因果曲4).

원앙 명 원앙(鴛鴦). ¶안자셔 鴛鴦ᄋᆞᆯ 다 딜어 닐에 호니 기시 기우니(初杜解15:26). 이 쌍쌍인 원앙과:是對對兒鴛鴦(飜朴上70). 원앙 원:鴛. 원앙 앙:鴦(訓蒙上17).

원억 명 원억(寃抑). 원통하게 누명을 씀. ¶장을 ᄆᆡᆼᄀᆞ라 원억을 하니:爲狀訴寃(東新續三綱. 烈1:32). 원억:寃屈(漢清3:6).

원억ᄒᆞ다 형 원억(寃抑)하다. ¶원억ᄒᆞᆫ 옥ᄉᆞᄅᆞᆯ 술펴 다ᄉᆞ리시더라(仁祖行狀32). 이런 원억ᄒᆞᆫ 일은 업ᄉᆞ외(隣語7:11).

원옥 명 원옥(寃獄). ¶원옥을 다ᄉᆞ리시니 이윽고 평복 ᄒᆞ시다(仁祖行狀9).

:원:유 명 원유(苑囿). ¶苑囿엣 도톨 티사 長史 듣ᄌᆞᄫᆞᆫ 마리:斬豕苑囿長史所聞(龍歌65章). 帝 일즉 苑囿 離宮에 行幸ᄒᆞ거시든:苑囿ᄂᆞᆫ 後苑에 즘ᄉᆡᆼ 치ᄂᆞᆫ ᄯᅡ히오(宣賜內訓2上45).

원지 명 원지(遠志). 〔풀 이름〕 ¶원지:遠志(物譜 藥草).

원쳡 명 쟁반. ☞원쳡 ¶원쳡:盤子(漢清11:36).

원초리곳 명 원추리꽃. ☞원츄리솟 ¶원초리곳:萱花(漢清13:43).

원쵸리 명 원추리. ☞원출이 ¶원쵸리:萱草(柳氏物名三 草).

원츄리솟 명 원추리꽃. ☞원초리곳 ¶또 원츄리ᄭᅩᆺ촐 ᄎᆞ고:萱草花佩之(胎要12).

원출이 명 원추리. ☞원쵸리 ¶원출이:萱(物譜 花卉).

원컨대 부 원컨대. ☞원컨댄 ¶원컨대 늘근 어미로 더브러 주근 아븨 겯티셔 홈ᄭᅴ 주그리라:願與老母同死亡父之側(東新續三綱. 孝3:39). 원컨대 몸으로써 아븨 명을 대ᄒᆞ여지라:願以身代父命(東新續三綱. 孝7:43). 원컨대 바드셔 下人의게나 주시미 엇더ᄒᆞ올고(新語8:6). 원컨대 웃뜸으로 쏘쇼셔:只願的爲頭兒射着(朴解上53).

:원컨·댄 부 원컨대. ☞원컨대 ¶원컨댄 그 아ᄃᆞᄅᆞᆯ 블러 주쇼셔:願召其子予之(飜小9:81). 원컨댄 몬져 져기 피ᄒᆞ면:願先少避(東新續三綱. 孝6:19). 진실로 願컨댄 시러곰 同志ᄒᆞᆫ 션뷔로 더브러(家禮1:4).

원통ᄒᆞ다 형 원통하다. ¶원통ᄒᆞ다:寃屈(譯解補36).

원함 명 요령(鐃鈴). ¶鐃鈴曰 원함(華方).

원혼 명 원혼(寃魂). ¶당당이 寃魂과 다뭇 말ᄒᆞ야 그를 더더 汨羅애 주놋다:應共寃魂語投詩贈汨羅(初杜解21:44). 원혼:寃鬼(同文解下12). 원혼:鬼魂(漢清9:8).

원활케 형 원활(圓滑)케. ¶효당과 구무 ᄉᆞ이ᄅᆞᆯ 極히 圓滑케 ᄒᆞ야 기롬으로써 ᄇᆞᆯ라(家禮7:30).

·원·ᄒᆞ·다 동 원(願)하다. ¶내 願호ᄃᆡ 일로 流布호ᄃᆡ(楞解1:4). 곧 三界예 願ᄒᆞ야 求ᄒᆞᆯ ᄯᅵ 업서(法華2:180). 法要 듣ᄌᆞ와지이다 願ᄒᆞ더니(六祖上2). 오직 위두로 쏘시과뎌 원ᄒᆞ노이다:只願的爲頭兒射着(飜朴上

60). 원홀 원:願(類合下13. 石千38).

원훈 명 원한(怨恨). ¶漁陽ㅅ 사ᄅᆞᄆᆡ 怨恨ᄋᆞᆯ 미자슈믈 요ᄉᆞ이예 의심ᄒᆞ노니:比訝漁陽結怨恨(重杜解13:45).

·원ᄒᆞᆫ·ᄃᆞᆫ 부 원하건대. ¶願ᄒᆞᆫᄃᆞᆫ 佛子ㅣ 내 懺悔ᄅᆞᆯ 바ᄃᆞ샤 미혹ᄒᆞᆫ 사ᄅᆞᄆᆞᆯ ᄂᆞ외야 외다 마ᄅᆞ쇼셔 ᄒᆞ더라(釋譜24:18). 願ᄒᆞᆫᄃᆞᆫ 내 生生애 그딋 가시 ᄃᆞ외아지라(月釋1:11). 願ᄒᆞᆫᄃᆞᆫ ᄆᆡ햇 므를 부러 金잔애 더으고라:願吹野水添金杯(初杜解15:39). 愚迷ᄒᆞᆫ 햇 罪ᄅᆞᆯ 다 懺悔ᄒᆞ야 願ᄒᆞᆫᄃᆞᆫ ᄒᆞᆫᄢᅴ 스러 滅ᄒᆞ야(六祖中23). 願ᄒᆞᆫᄃᆞᆫ 노ᄑᆞᆫ 예자만ᄒᆞᆫ ᄆᆞ릐 등어리 외ᄅᆞ이 녀ᄂᆞᆫ 그려기 ᄀᆞᄐᆞ니ᄅᆞᆯ ᄃᆞ려가:願騰六尺馬背若孤征鴻(重杜解12:16).

월 명 월(月). ¶오월 오일에 다ᄉᆞᆺ 가짓 빗난 시를 ᄧᅩᆯ히 ᄆᆡ면(瘟疫方7). 칠월 칠일에 ᄉᆞ나히ᄂᆞᆫ 콩 닐곱을 ᄉᆞᆷ씨고(辟新15).

월경슈 명 월경수(月經水). ¶월경슈 무든 거슬 ᄉᆞ라 헌 ᄃᆡ 브티라:經衣燒末傅傷瘡(救簡6:30). 월경슈ᄂᆞᆫ 시병의 열이 만ᄒᆞ여 미친 증을 고티ᄂᆞ니(辟新8).

·월경·ᄒᆞ·다 동 월경(月經)하다. ¶月經ᄒᆞᆫ 옷 ᄉᆞ론 ᄌᆞᆯᄋᆞᆯ:月經衣燒末(救急下64). 겨집의 월경ᄒᆞ야실 젯 듕의ᄅᆞᆯ ᄉᆞ라:燒婦人月經衣(救簡1:109).

월계 명 월계화(月季花). ¶월계:月季花(譯解下39. 柳氏物名四 木). 월계:月月紅. 月季花(物譜 花卉).

월라 명 워라말. 얼룩말. ☞월라ᄆᆞᆯ. 월아 ¶월라 류:騮(詩解 物名11). 월라 휼:驈(詩解 物名21).

월라ᄆᆞᆯ 명 워라말. 얼룩말. ☞월라 ¶월라ᄆᆞᆯ:花馬(譯解下28. 同文解下37).

월랑 명 행랑(行廊). ¶大小佛殿과 ᄐᆡᆼ 잇ᄂᆞᆫ 집과 월랑과:大小佛殿影堂串廊(朴解上61). 월랑 랑:廊(兒學上9).

·월·봉 명 월봉(月俸). 월급(月給). ¶내 두 돐 월봉을 와 토리라:我有兩箇月俸來關(飜朴上11). 벼슬 둔는 이의 월봉과 祿을 다 ᄒᆞᆫ 庫애 뫼화:有官者奉祿皆聚之一庫(宣小6:100).

·월·슈 명 월수(月水). 월경(月經). ¶産前과 産後에 허손ᄒᆞ야 月水ㅣ 고ᄅᆞ디 아니ᄒᆞ며(救急下83). 또 겨집의 月水도 됴ᄒᆞ니라:又方婦人月經水亦可(瘟疫方23).

·월·식 명 월식(月食). ¶내 阿脩羅ᄅᆞᆯ ᄇᆞ려 月食ᄒᆞ게 ᄒᆞ면 四天下ㅣ ᄒᆞᆫᄢᅴ 부플 티리니(釋譜24:25).

월아 명 워라말. 얼룩말. ☞월라 ¶월아:花馬(柳氏物名一 獸族).

웡 명 우엉. ☞우웡 ¶웡:牛蒡子(物譜 藥草). 웡:牛蒡(柳氏物名三 草).

웨·다 동 외치다. ☞웨지지다 ¶웰 호:呼(類合下6). 두루 그스며 블 혀오라 웨거늘(龜鑑上18). 殺 가져 禪 닷고ᄆᆞᆫ 귀 막고 소릐 웨욤 ᄀᆞᆮ고:帶殺修禪如塞耳叫聲(龜鑑上35). 크긔 ㅋ문ᄂᆞᆯ 웨라:大呼開門(練兵15). 옥금이 크게 웨여 ᄀᆞ로ᄃᆡ:玉今大呼曰(東新續三綱. 烈6:69). 웨여 ᄭᅮ지ᄌᆞ며 이 ᄒᆞᆫ이야 죽다 니ᄌᆞ랴(癸丑66). 信使ᄭᅴ로셔 웨여 니르믄 아므리 멀리 보내여도 경은 ᄒᆞᆫ가지니(新語8:30). 뎔로 ᄒᆞ여 거리ᄅᆞᆯ 조차 웨려 ᄒᆞ노라:着他沿街叫(朴解下55). 져 쟝스야 네 나모 갑시 언매 웨ᄂᆞᆫ다(古時調. ᄃᆡ들에. 靑丘). 공즁의셔 귀신이 웨여 효부라 ᄒᆞ고(女四解4:13). 웨여 ᄑᆞ다:噯噯賣(譯解補37). 밤듕에 홀연 사ᄅᆞᆷ이 급히 웨ᄂᆞᆫ 소릐 잇거ᄂᆞᆯ:呼(五倫3:71).

웨웨치다 동 거듭해 외치다. ¶져근덧 머므러 웨웨쳐 불러 부ᄃᆡ ᄒᆞᆫ 말만 傳ᄒᆞ야 주렴(古時調. 기러기. 靑丘).

웨전즈러이 부 어수선하게. 수선스럽게. ☞워전즈러니 ¶웨전즈러이 사다:富家熱鬧(漢淸6:15).

웨전즈런ᄒᆞ다 형 수선스럽다. ☞워전즈런ᄒᆞ다 ¶웨전즈런ᄒᆞ다:熱鬧(譯解補54). 사ᄅᆞᆷ 만하 웨전즈런ᄒᆞ다:人多熱鬧(漢淸6:16).

웨지지다 동 외치다. ☞웨다 ¶몸이 알파 웨지지며 밋 답답고 죄여 알픈 ᄃᆡ:身痛叫喚及煩燥脹痛(痘要下9). ᄲᆞᆯ니 나ᄅᆞᆯ 주기라 ᄒᆞ고 크게 웨지져 거ᄉᆞᆫ대:速殺我大呼拒之(東新續三綱. 烈6:32 陳氏斬頭).

웬 관 온. ☞온 ¶웬 ᄇᆞ다흘 두루 덥는 그물 것치 밋친 ᄉᆞᄅᆞᆼ(古時調. ᄉᆞ랑ᄉᆞ랑. 歌曲).

·위 명 위(位). 지위(地位). ¶太子ᅀᅵ位 다ᄅᆞ거시ᄂᆞᆯ:儲位則異(龍歌101章). 님금 위ᄅᆞᆯ ᄇᆞ리샤(月印上1). 位예 디나가실시:過位(宣小2:39). 어딜고 능ᄒᆞᆫ 사ᄅᆞᆷ이 위예 버러 이시나(仁祖行狀22).

위 명 위(胃). ¶心과 胃와ᄂᆞᆫ 안해 ᄀᆞ초아실씨(楞解1:52). 肺와 脾와 腎과 胃와(永嘉上35).

위 감 아아. 노래에 쓴 감탄사. ¶鄭少年하 위 내 가논 ᄃᆡ 놈 갈셰라. … 위 試場ㅅ 景 긔 엇더ᄒᆞ니잇고(樂詞. 翰林別曲). 위 都邑ㅅ 景 긔 엇더ᄒᆞ니잇고(樂詞. 華山別曲). 위 두어렁셩 두어렁셩 다링디리(樂詞. 西京別曲).

위격으로 부 우격으로. ¶나도 너ᄅᆞᆯ 위격으로 사라 ᄒᆞ지 아니ᄒᆞ니 네 任意로 다른 ᄃᆡ 사라 가라(淸老8:9).

:위고·기 부 위곡(委曲)히. ☞위곡히 ¶方寸맛 ᄆᆞᅀᆞ매도 위고기 ᄒᆞ얌 직ᄒᆞ니:寸腸堪繾綣(初杜解8:9). 위고기 秦으로 갈 이ᄅᆞᆯ 니ᄅᆞ노라:欸欸話歸秦(初杜解8:39). 다시곰 위고기 ᄒᆞᄆᆞᆯ 議論 마롤디로소니:無論再繾

總(重杜解1:55).

:위·곡·히 부 위곡(委曲)히. ☞위고기 ¶ᄉᆞ믈ᄒᆞ나차힌 ᄂᆞᄆᆞᆯ 向ᄒᆞ야 다 委曲히 ᄒᆞ시고 ᄆᆡ야히 아니ᄒᆞ시며(月釋2:56). 이ᄀᆞ티 委曲히 니ᄅᆞ샤ᄆᆞᆫ 如來ㅅ 根 아ᄅᆞ샤ᄆᆡ 仔細ᄒᆞ샤ᄆᆞᆯ 뵈기시니라(法華3:28). ᄒᆞ다가 닷골 門을 委曲히 뵈디 아니ᄒᆞ면 學者ㅣ 엇데 ᄠᅳ들 알리오(永嘉上104). 周易에 닐오ᄃᆡ 天地ㅅ 化ㅣ 萬物을 委曲히 일우고 기티디 아니타 ᄒᆞ니라(圓覺序83). 위곡히 ᄃᆡ접ᄒᆞ시니(明皇1:30).

위곡ᄒᆞ다 형 위곡(委曲)하다. ¶節의 合ᄒᆞ고 委曲ᄒᆞᆫ 情을 다ᄒᆞ리니(家禮1:31). 그 녀ᄌᆞᄂᆞᆫ 방가의 위곡ᄒᆞ믈 감격ᄒᆞ야(落泉2:5).

위광 명 위광(威光). ¶큰 威光을 펴샤(月釋序7). 그 ᄢᅴ 부텻 威光이 더욱 顯ᄒᆞ샤(月釋10:12).

위급ᄒᆞ다 형 위급하다. ¶사ᄅᆞᆷ이 궁ᄒᆞ면 근본의 도라갓다 ᄒᆞ니 이 위급ᄒᆞᆫ ᄣᅢ를 당ᄒᆞ여(山城48). ᄂᆞᆷ의 危急ᄒᆞᆫ ᄣᅢ예ᄂᆞᆫ 부ᄃᆡ 救ᄒᆞ여야(隣語1:9).

위·긔 명 위기(胃氣). 위(胃)의 작용. ¶시혹 비와 술위와 타 胃氣를 傷ᄒᆞ면 사ᄅᆞ미 우흐로 吐케 ᄒᆞᄂᆞ니(救急上31).

위·다 동 우비다. ¶눈ᄌᆞᅀᆞ를 위여내니라(月釋21:218). 손ᄀᆞ락오로 곳구무 위ᄂᆞ니ᄂᆞᆫ 죽ᄂᆞ니라:以手抉鼻孔者必死(痘要上49).

위독ᄒᆞ다 형 위독(危篤)하다. ¶믈읫 사ᄅᆞᆷ이 病이 危篤ᄒᆞ면 氣식이 微ᄒᆞ야(家禮5:2).

위두 명 우두머리. 으뜸. ¶爲頭 도ᄌᆞ기 環刀 ᄲᅢ혀 손바ᄅᆞᆯ 베티고(月釋10:25). 오직 위두로 ᄡᅩ시과뎌 원ᄒᆞ노이다:只願的爲頭兒射着(飜朴上60).

위두ᄒᆞ·다 형 으뜸가다. 으뜸이 되다. ¶龍ᄋᆞᆫ 고기 中에 위두ᄒᆞᆫ 거시니(月釋1:14). 娑竭羅龍王이 위두ᄒᆞ야 잇ᄂᆞ니(月釋1:23). 無漏善이 爲頭ᄒᆞᆫ ᄃᆞᆯ 가ᄌᆞᆯ비시니(法華1:6). ᄆᆞᆰ고 노파 流輩예 爲頭ᄒᆞ도다:清峻流輩伯(杜解8:19). 우리 한아비 그리 녯 사ᄅᆞ미게 爲頭ᄒᆞ더니:吾祖詩冠古(杜解16:3). 저죄 커 이젯 글 지ᅀᅴ예 위두ᄒᆞ고:才大今詩伯(初杜解21:31). 우리 ᄒᆞᆨ댱 위두ᄒᆞ야 마ᅀᆞᆫ다ᄉᆞᆺ 션비라:咱學長爲頭兒四十五箇學生(飜朴上49). 위두ᄒᆞ니 비록 무로미 이시나:長者雖有問(重杜解4:2).

위두ᄒᆞᆫ 형 으뜸가는. ㉮위두ᄒᆞ다 ¶龍ᄋᆞᆫ 고기 中에 위두ᄒᆞᆫ 거시니(月釋1:14). 鼓摩王ㄱ 위두ᄒᆞᆫ 夫人ㅅ 아ᄃᆞᆯ 長生이 사오납고(月釋2:4).

위듕ᄒᆞ다 형 위중(危重)하다. ¶불힝ᄒᆞ야 션싱 침질ᄒᆞ신 ᄯᅢ의 가친의 풍병이 위듕ᄒᆞ시믈 듯고(落泉3:7).

위·력 명 위력(威力). ¶더 如來ㅅ 本願 威力으로 알ᄑᆡ 뵈샤(釋譜9:14).

·위로 명 위로(慰勞). ¶調達이 慰勞를 目連이 니거늘(月印上48). 샹녜 慰勞를 더ᄒᆞ시며(宣賜內訓2上43). 위로 위:慰(兒學下5).

·위·로·ᄒᆞ·다 동 위로(慰勞)하다. ¶阿那律이 ᄎᆞᆫ므를 ᄂᆞᄎᆡ ᄲᅳ리고 慰勞ᄒᆞ야 닐오ᄃᆡ(釋譜23:21). 곧 이 化ᄅᆞᆯ 짓고 한 사ᄅᆞᆷ 慰勞ᄒᆞ야 닐오ᄃᆡ(法華3:194). 외로온 시르믈 慰勞ᄒᆞ리라(初杜解17:1). 아ᅀᆞ미며 소니 술와 차반 가져가 위로ᄒᆞ거든:親賓則齎酒饌往勞之(飜小7:17). ᄆᆞᅀᆞᄆᆞᆯ 慰勞ᄒᆞᆯ ᄲᅮ니엇다(重杜解1:42). 길헤 ᄃᆞᆫ뇨ᄆᆞᆯ 慰勞ᄒᆞᄂᆞᆫ ᄃᆞᆺ도다(重杜解2:4). 父母ㅣ 심히 간간기로 뻐 위로ᄒᆞ며:慰(女四解4:38). ᄇᆡᆨ공이 일일이 듀식으로 위로ᄒᆞ야 보ᄂᆡ고(引鳳簫1). 군ᄌᆞ의 무류ᄒᆞ시믈 위로ᄒᆞ미 ᄒᆞᄂᆞᆯ이 도으시미라 ᄒᆞ고(落泉1:2).

위립ᄒᆞ다 동 위립(圍立)하다. ¶만병을 포셜ᄒᆞ고 위립ᄒᆞ야(癸丑83).

위문ᄒᆞ다 동 위문(慰問)하다. ¶ᄯᅡ히 갓가와 나그내 시르믈 와 慰問ᄒᆞᄂᆞ니:地近慰旅愁(重杜解16:4).

위박ᄒᆞ다 동 위박(危迫)하다. ¶모든 군민이 ᄉᆞ셰의 위박ᄒᆞ믈 보고(山城83).

위션 부 위선(爲先). 우선(于先). ¶裁判계셔ᄂᆞᆫ 進上宴을 爲先 經行ᄒᆞ신다 ᄒᆞ오매(隣語1:34).

·위션·히 부 위연(喟然)히. ☞위연이 ¶顔淵이 喟然히 歎ᄒᆞ야 ᄀᆞᆯ오ᄃᆡ(宣論2:42). 齊王의 子ᄅᆞᆯ ᄇᆞ라보시고 喟然히 嘆ᄒᆞ야(宣孟13:29).

위:ᅀᅭ·ᄒᆞ·다 동 위요(圍繞, 圍遶)하다. 둘러싸다. ¶五百 釋童이 앏뒤헤 圍遶ᄒᆞᅀᆞᄫᅡ(釋譜3:p.28). 그 ᄢᅴ 世尊ᄭᅴ 四衆이 圍繞ᄒᆞᅀᆞᆸ고(釋譜6:38). 녀느 벼리 圍繞ᄒᆞ야 조차오며:圍ᄂᆞᆫ 두를 씨오 繞ᄂᆞᆫ 버믈 씨라(月釋2:32). 各各 그 方애 노하 곳바리를 圍繞케 ᄒᆞ고(楞解7:14). 즉재 아ᅀᆞᆷ과 한 사ᄅᆞᄆᆞ로 圍遶ᄒᆞ야 붑 두드리며 블 다히게 ᄒᆞ며:即今親戚衆人圍繞打鼓燒火(救急上15).

·위·안 명 동산. 전원(田園). ¶녯 위안햇 ᄂᆡᄂᆞᆫ 슬프도다:慘澹故園烟(杜解3:64). 위안해 토란과 바ᄆᆞᆯ 거두워드릴시 오ᄋᆞ로 가난티 아니ᄒᆞ도다:園收芋栗不全貧(杜解7:21). 일홈난 위안ᄒᆞᆯ 얻도다:得名園(初杜解8:11). 위안 가온ᄃᆡ 뿍서리예 ᄢᅥ뎃ᄂᆞ니:中園陷蕭艾(初杜解16:67). 어버ᅀᅵ 이바도ᄃᆡ 오직 져고맛 위안ᄒᆞ로 ᄒᆞ놋다:養親唯小園(初杜解21:33). 李生ᄋᆡ 위안히 거츨 ᄃᆞᆺᄒᆞ니:李生園欲荒(初杜解22:2). 위안 소뱃 곳가지를 더ᄅᆞ며 기로ᄆᆞᆯ 므던히 너굘디니:園裏花枝任短長(南明上22). 위안 원:園(訓蒙上7). 일홈난 위안핸 곳과 플왜 곳답도다:

名園花草香(重杜解1:55). 날마다 위안햇 菜蔬ᄅᆞᆯ 뫼화 日課ᄅᆞᆯ 삼노라:日併園蔬課(重杜解2:64).
※'위안'의 ┌ 위안
　첨용 └ 위안히/위안ᄒᆞᆯ/위안ᄒᆞ로…

·위·안히 [명] 동산이. 전원이.〔ㅎ 첨용어 '위안'의 주격(主格).〕 (독)위안 ¶李生ᄋᆡ 위안히 거츨 ᄃᆞᆺᄒᆞ니:李生園欲荒(初杜解22:2).

·위·안ᄒᆞ·로 [명] 동산으로. 전원으로.〔ㅎ 첨용어 '위안'의 부사격(副詞格).〕 (독)위안 ¶어버ᅀᅵᆯ 이바도ᄃᆡ 오직 져고맛 위안ᄒᆞ로 ᄒᆞᄂᆞᆺ다:養親唯小園(初杜解21:33).

·위·안ᄒᆞᆯ [명] 동산을. 전원을.〔ㅎ 첨용어 '위안'의 목적격(目的格).〕 (독)위안 ¶일훔난 위안ᄒᆞᆯ 얻도다:得名園(初杜解8:11).

위어 [명] 위어(葦魚). 웅어. ¶위어:刀梢魚(譯解下37). 위어:鱭魚(柳氏物名二 水族).

위엄 [명] 위엄(威嚴). ☞위염 ¶威嚴과 德괘 커(釋譜6:12). 威嚴이 셔디 아니ᄒᆞ리라 ᄒᆞ야(宣賜內訓序4). 이 구윗 威嚴에 逼迫ᄒᆞ애로다(初杜解15:5). 낫나치 威嚴이 河嶽ᄋᆞᆯ 드러치며(金三涵序9). 샹위 위엄이 듕ᄒᆞ실ᄉᆡ:天威嚴重(飜小9:46). 위엄 위:威(訓蒙下31. 類合下21. 石千26). 風霜 ᄀᆞᄐᆞᆫ 威嚴ᄋᆞᆯ ᄂᆞᆯ이놋다(重杜解1:55). 위엄:威(同文解上50).

위엄접다 [형] 위엄(威嚴)스럽다. ¶대됴의 어질고 위엄접기 일노브터 말ᄆᆡ암은디라(山城147).

위·여:내·다 [동] 우비어 내다. ☞위다 ¶뼈를 그처 骨髓 내오 두 눈ᄌᆞᅀᆞᄅᆞᆯ 위여내니라(月釋21:218).

위연이 [부] 위연(喟然)히. ☞위션히 ¶샤례왈 쇼싱이 위연이 청누의 분분ᄒᆞ믈 보고(落泉1:2).

·위연ᄒᆞ·다 [형] 우연만하다. ☞우션ᄒᆞ다 ¶위연ᄒᆞ며 되요믈 아로려 ᄒᆞᆯ딘댄:欲知差劇(飜小9:31). 毗의 병도 위연ᄒᆞ며:毗病得差(飜小9:73). 病은 적이 위연홈애 더으며:病加於小愈(宣小2:76). 위연ᄒᆞ며 되욤을 알고져 ᄒᆞᆯ딘댄:欲知差劇(宣小6:28). 손가락글 그처 뻐 나오니 즉시 위연ᄒᆞ다:斷指以進卽愈(東新續三綱. 孝3:52). 병 위연ᄒᆞ다:病小間(譯解補35).

위염 [명] 위엄. ☞위엄 ¶위염 베프러 싸호ᄂᆞᆫ 뉴들이 이쳔이 남은이라(三譯3:7).

위와·티·다 [동] 위하다. 받들다. ☞위왇다 ¶셰쇽이 다 위와툐ᄆᆞᆯ 즐겨:擧世好承奉(飜小6:25). 온 셰샹이 위와팀을 됴히 너겨:擧世好承奉(宣小5:23).

위:완 [명] 위완(胃脘). ¶胃脘ᄋᆞᆫ 가ᄉᆞ미라(救急上6).

위왇·다 [동] 위하다. 받들다. ☞위와티다. 위왓다 ¶제 사오나보ᄆᆞᆯ 븟그려 어디로ᄆᆞᆯ 위와ᄃᆞᆯᄊᆡ 慚이오(釋譜11:43). 녜브터 다 위와ᄃᆞ며 님금마다 고티디 몯ᄒᆞ시ᄂᆞ니(月釋2:70). 시혹 또 飮食ᄋᆞ로 이ᄀᆞ티 위와다 셤깂 사ᄅᆞᄆᆞᆫ(月釋21:61). 各各 위와다 셤겨:各各崇事(楞解10:57). 브를 셤기며 므를 위와다:事火崇水(楞解10:57). 죵ᄋᆞᆫ 저 위왇ᄂᆞᆫ 거시오(法華2:187). 다 恭敬ᄒᆞ야 위왇ᄌᆞ올띠니라:皆應欽奉(法華6:111). 위와도ᄆᆞᆯ 아비ᄀᆞ티 ᄒᆞ며:奉之如嚴父(飜小9:79). 위와ᄃᆞᆯ 봉:奉(類合下14). 公이 위와돔을 嚴ᄒᆞᆫ 아비ᄀᆞᆮ티 ᄒᆞ며:公奉之如嚴父(宣小6:73). 제 집 가온대 두어 위왇기ᄅᆞᆯ 사라실 적ᄀᆞ티 ᄒᆞ더라:安置室中奉之如生(東新續三綱. 孝1:6).

위왓다 [동] 받들다. ☞위왇다 ¶위왓디 아니ᄒᆞᄂᆞ니ᄅᆞᆯ 치니:征不享(十九史略1:3).

위우다 [명] 우비다. ☞우의다 ¶귓구무 위우다:扣耳朶眼(譯解上48).

위의 [명] 위의(威儀). ¶警戒 ᄀᆞ자 威儀 이즌 ᄃᆡ 업서 조호미(釋譜13:22). 威儀 이즌 ᄃᆡ 업서:威儀ᄂᆞᆫ 擧動이라 ᄒᆞᄃᆞᆺ ᄒᆞᆫ 마리라(月釋8:57). 威儀ᄂᆞᆫ 擧動이 싁싁고 본바담 직ᄒᆞᆯ 씨라(楞解1:24). 다ᄉᆞᆺ 가짓 威儀ᄅᆞᆯ 行ᄒᆞᄂᆞ니(金剛7). 威儀ᄂᆞᆫ 거동이 싁싁ᄒᆞ고 法바담 직ᄒᆞᆯ 시라(宣賜內訓2上5). 이 우흔 威儀의 법측을 ᄇᆞᆰ키니라:右明威儀之則(宣小3:19). 용모와 위의 단졍ᄒᆞ고 싁싁ᄒᆞ오셔(仁祖行狀16).

위인 [명] 위인(爲人). 사람의 됨됨이. ¶위인이 뎡대ᄒᆞ니(五倫4:55).

위·ᄌᆞ [명] 밥그릇. ¶위ᄌᆞᄅᆞᆯ 비마ᄌᆞᆺ 우희 바티고 더운 므ᄅᆞᆯ 그 위ᄌᆞ애 브ᅀᅥ 둣다가:以一盂子置在手心萆麻子上用熱水貯盂中(救簡1:20).

·위·ᄎᆞ [명] 위차(位次). ¶모로매 位次ᄅᆞᆯ 아로리니 位次ㅣ 너무 업스나 事理 엇데 다ᄅᆞ리오(永嘉上2). 아비 어믜 위ᄎᆞᄅᆞᆯ 써 밧드러ᄃᆞᆫ:題考妣位奉(東新續三綱. 孝5:1).

위틔 [명] 위태(危殆). ¶위틔 위:危. 위틔 틔:殆(類合下53).

위틔롭다 [형] 위태롭다. ¶위틔롭다:可危(同文解下57).

위틔하다 [형] 위태하다. ☞위틔ᄒᆞ다 ¶위틔할 위:危(兒學下7).

위틔·ᄒᆞ·다 [형] 위태(危殆)하다. ☞위틔하다 ¶버근 兄 毗 또 危殆ᄒᆞ야:次兄毗復危殆(宣小6:67). 또ᄒᆞᆫ ᄀᆞᆯ온 위틔ᄒᆞ린뎌:亦曰殆哉(宣大25). 동궁이 위틔ᄒᆞ리라 ᄒᆞ며(西宮日記上1). 뎨 危틔ᄒᆞ면 이 危틔호미 또ᄒᆞᆫ 理어ᄅᆞᆯ(家禮7:17). 난리둥 위틔ᄒᆞᆫ 일을 닛디 말고 경계ᄒᆞ라(仁祖行狀28). 祖母ㅣ 病이 위틔ᄒᆞ니(女四解4:17). 오ᄂᆞᆯ 일은 ᄀᆞ장

위티ᄒᆞ여 公이 아니 계시더면(隣語1:7). 슈륙 멋 쳔여 리에 위틔호믈 ᄐᆞ고 험ᄒᆞᆫ ᄃᆡ롤 건너 오고가기(綸音71). 변지의 위티ᄒᆞᆫ 일을 념녀ᄒᆞ미 심시 더욱 졍치 못ᄒᆞ더니(落泉1:1).

위패 명 위패(位牌). ¶ 위패:神牌(漢淸9:27).

위·패·ᄒᆞ·다 동 호위(護衛)하다. ¶밤나졸 조차 위패ᄒᆞ야 難을 더디 아니ᄒᆞ니 업스며:隨逐日夜作衛無難不除(佛頂12).

·위·호·ᄒᆞ·다 동 호위(護衛)하다. ¶우리ᄃᆞᆯ히 이 사ᄅᆞᄆᆞᆯ 衛護ᄒᆞ야:衛護ᄂᆞᆫ 둘어 더브러셔 護持ᄒᆞᆯ 씨라(釋譜9:40). 諸天이 衛護ᄒᆞ더니:衛護ᄂᆞᆫ 횟둘어 이셔 護持ᄒᆞᆯ 씨라(月釋21:19).

:위·ᄒᆞ·다 동 ①위하다. ¶鴨江앳 將軍氣를 아모 爲ᄒᆞ다 ᄒᆞ시니:鴨江將氣曰爲某焉(龍歌39章). 龍과 鬼神과 위ᄒᆞ야 說法ᄒᆞ더시다(釋譜6:1). 千萬 뉘예 子孫이 니ᅀᅥ가ᄆᆞᆯ 위ᄒᆞ시니(釋譜6:7). 如來 위ᄒᆞᅀᆞᄫᅡ 精舍ᄅᆞᆯ 이ᄅᆞᅀᆞᄫᅡ지이다(釋譜6:24). 우흐로 父母 仙駕ᄅᆞᆯ 爲ᄒᆞᅀᆞᆸ고 亡兒ᄅᆞᆯ 조쳐 爲ᄒᆞ야(月釋序18). 法 爲ᄒᆞ야 몸 도라보디 아니호ᄆᆞᆫ(月釋18:32). 衆生 爲ᄒᆞ샤 如來ㅅ 第一義諦ᄅᆞᆯ 펴 부ᄅᆞ시ᄂᆞ이다(楞解4:2). 下根人 爲ᄒᆞ샤(法華1:5). 衆을 爲ᄒᆞ야 緣을 여르샤(六祖上1). 뎌 위ᄒᆞ야 져기 가져가저(飜老上42). 내 몸 위호매 일일마다 됴히 ᄒᆞ고져 호ᄃᆡ:奉身者事事要好(飜小8:7). 그 위ᄒᆞ야 지계ᄒᆞ던 바ᄅᆞᆯ 보ᅀᆞᆸᄂᆞ니라:乃見其所爲齊者(宣小2:26).
②일하다. ¶生ᄒᆞᆯ 者ㅣ 衆ᄒᆞ고 食ᄒᆞᆯ 者ㅣ 寡ᄒᆞ며 爲ᄒᆞᆯ 者ㅣ 疾ᄒᆞ고 用ᄒᆞᆯ 者ㅣ 舒ᄒᆞ면 곧 財ㅣ 덛덛이 足ᄒᆞ리라(宣大26).

위ᄒᆞᆫᄒᆞ다 동 위한(爲限)하다. ¶스무날 爲限ᄒᆞ여 내여보내니(隣語1:19).

윈쳡 명 쟁반. ☞원쳡 ¶윈쳡:托盤(蒙解下9).

유골 명 유골(遺骨). ¶ᄒᆞ믈며 어버의 遺骨을 맛당히 엇디ᄒᆞ염 즉ᄒᆞᄂᆞᆫ(家禮7:24).

:유공ᄒᆞ·다 형 유공(有功)하다. ¶李氏 王室에 有功호ᄃᆡ 사ᄅᆞᆷ마다 다 아ᄂᆞ니(三綱. 忠33). 閔王이 이에 니르샤ᄆᆞᆫ 宿瘤女ㅣ 有功ᄒᆞ시니라:閔王至於此宿瘤女有力焉(宣賜內訓2下74). 有功ᄒᆞᆫ 사ᄅᆞᆷ(隣語1:15).

유·교 명 유교(遺教). ¶부텻 遺教ᄅᆞᆯ 結集ᄒᆞ더니:遺ᄂᆞᆫ 기틸 씨라(釋譜24:2).

-·유·니 어미 -으니. -우니. 〔'ㅣ' 모음 뒤에 옴.〕☞-오니. -우니 ¶城郭ᄋᆞᆯ 졋ᄂᆞᆫ 지비 일어ᄂᆞᆯ 힌 ᄠᅴ로 니유니:背郭堂成蔭白茅(初杜解7:1).

:유·덕ᄒᆞ·다 형 유덕(有德)하다. ¶百姓도 만ᄒᆞ며 有德ᄒᆞ고(月釋2:11). 이 有德ᄒᆞᆫ ᄆᆞᅀᆞ미니 지비 당당이 절로 和ᄒᆞ리라(宣賜內訓2上15). 유덕ᄒᆞᆫ 일와 례도로 숭샹ᄒᆞ니:專尙德禮(續三綱. 忠3). 셧ᄂᆞᆫ 양은 유덕ᄒᆞ며:立容德(宣小3:12).

:유·독ᄒᆞ·다 형 유독(有毒)하다. ¶믈읫 有毒ᄒᆞᆫ 것 머굼과 房事 잇부믈 조심ᄒᆞ고(救急下73). ᄒᆞ마 모디러 새옴ᄒᆞ고 ᄯᅩ 有毒ᄒᆞ야 嗔心ᄒᆞ면:旣悍而妬復毒而嗔(宣賜內訓2上15).

유·독ᄒᆞ·다 형 유독(幽獨)하다. 쓸쓸하고 외롭다. ¶탯ᄂᆞᆫ 性은 本來로 幽獨호ᄆᆞᆯ 즐기노라:受性本幽獨(初杜解6:52).

유드리 명 황모초(黃毛草). ¶유드리:黃茅(柳氏物名三 草).

-·유·ᄃᆡ 어미 -으되. -우되. 〔'ㅣ' 모음 뒤에 옴.〕☞-오ᄃᆡ. -우ᄃᆡ ¶一切 다 뷔유ᄃᆡ 그 中에 眞常ᄒᆞᆫ 苦 아니며 空 아닌 거시 잇ᄂᆞ니:一切皆空而中有眞常不苦不空(楞解5:59).

유령 명 유령(幽靈). ¶幽靈을 法界예 숨기니(永嘉下127).

유:루ᄒᆞ·다 동 유루(遺漏)하다. ¶遺漏홈이 잇디 아니ᄒᆞ며:罔有遺漏(宣小6:108). 그 國家의 法애 일즉 遺루티 아니ᄒᆞ시니(家禮6:35).

유리ᄒᆞ다 형 유리(有理)하다. ¶이 말이 有理ᄒᆞ나 다만 彭止堂이 訓蒙을 지어 닐오ᄃᆡ(家禮5:7). ᄀᆞᄅᆞ치ᄂᆞᆫ 거시 극히 有理ᄒᆞ다(捷蒙2:3).

유명무실ᄒᆞ다 형 유명무실(有名無實)하다. ¶ᄀᆞ장 갸륵ᄒᆞᆫ 사ᄅᆞᆷ이란 말이 읻더니 요ᄉᆞ이 所行을 보와ᄂᆞᆫ 有名無實ᄒᆞ외(隣語3:1).

유명ᄒᆞ다 형 유명(有名)하다. ¶만일 유명ᄒᆞᆫ 의원이 잇거든 울고 ᄀᆞᆫ졀이 니르믈 앗기디 아니ᄒᆞ야(警民35).

유모 명 유모(乳母). ¶乳母ᄅᆞᆯ 爲ᄒᆞ며 壻ᄅᆞᆯ 爲ᄒᆞ며(家禮6:27). 유모ᄅᆞᆯ 사셔 기ᄅᆞ게 ᄒᆞ니 이 유모ᄂᆞᆫ 민월 ᄯᅡ 창녜라(落泉1:1).

:유무 명 소식. 편지. ☞이무 ¶憍陳如 유무에 三分이 슬ᄒᆞ샤(月印上22). 門ᄋᆞᆯ 다 ᄌᆞᄆᆞ고 유무 드릃 사ᄅᆞᆷ도 업거늘(釋譜6:2). 유무를 베플 바ᄅᆞᆯ 구펴 보내도다:筆札枉所申(初杜解8:53). 細作行ᄋᆞᆫ 유무에 서르 여희여셔 ᄉᆞ랑ᄒᆞ논 ᄠᅳ들 해 ᄡᅥ 보내라 ᄒᆞ논 마리라(初杜解23:47). 우리 지븨 유무 잇ᄂᆞ녀:我家裏書信有麼(飜朴上51). 유무 드리라:乃通名(呂約20). 유무 보내여 경계ᄒᆞ야 ᄀᆞᆯ오ᄃᆡ:還書誡之曰(宣小5:12). 멀먀 갓가온 ᄃᆡ 유무 글월을 손조 ᄃᆡ답디 아니티 아니호ᄃᆡ:遠近書疏莫不手答(宣小6:108). 平時예 往來ᄒᆞ던 啓狀을 ᄲᅢ셔 죠고만 유무 가온대 言ᄒᆞᆯ 만ᄒᆞ니(家禮6:46). 사랫ᄂᆞ니도 유뮈 업고:存者無消息(重杜解4:15). 우리 집의 유뮈 잇ᄂᆞ냐:我家裏有書信麼(老解

下3). 이 유무에 써시미:這書上寫着(老解下3). 유무:書信(譯解上12). 구즌 유뭐:惡消息(重內訓3:27). 상해 두어 날 경영ᄒᆞ야 모돈 後에야 감히 유무ᄅᆞᆯ 내ᄂᆞ니:常數日營聚然後敢發書(重內訓3:51).

:유무·ᄒᆞ·다 동 편지하다. ☞이무ᄒᆞ다 ¶겨집이 유무ᄒᆞ여 녀름옷 ᄒᆞ여지라 ᄒᆞᆫ대:妻柳氏書求夏服(二倫13). 여믈이 일뎡 패ᄒᆞᆯ 줄 알고 유무ᄒᆞ야:汝岉知必敗爲書(東新續三綱. 忠1:42).

유·벽ᄒᆞ·다 형 유벽(幽僻)하다. ¶ᄯᅡ히 幽僻ᄒᆞ니 아촘 나조히 아ᄅᆞᆷ답도다:地僻日夕佳(初杜解6:47). ᄯᅡ히 幽僻호ᄆᆞᆯ 깃거ᄒᆞ다니:喜地僻(重杜解1:25). 셩믄을 나 유벽ᄒᆞᆫ ᄃᆡ 니라러 싱ᄃᆞ려 니ᄅᆞᄃᆡ(落泉1:1). 장원 과문이 뵈되 심히 유벽ᄒᆞ더라(引鳳簫1).

:유·복·ᄒᆞ·다 형 유복(有福)하다. ¶사ᄅᆞ미 有福ᄒᆞ야:有福ᄋᆞᆫ 福 이실 씨라(釋譜13:18). 듕신도 유복ᄒᆞ도다:媒人也有福(飜朴上46).

유삼 명 유삼(油衫). ¶유삼:雨衣(同文解上55. 譯解補28. 漢淸11:6).

유셔 명 유세(有勢). ☞유셰 ¶문 닫고 좌최ᄅᆞᆯ 가다 머리 움치고 명리며 유셔ᄅᆞᆯ 피ᄒᆞ라:閉門斂蹤跡縮首避名勢(飜小6:27).

:유·셔ᄒᆞ·다 형 유세(有勢)하다. ☞유셰ᄒᆞ다 ¶유셔ᄒᆞᆫ 벼스ᄅᆞᆫ 오래 이쇼미 어려오니:勢位難久居(飜小6:27). 벼슬 나ᅀᅡ 홈과 시절을 조차 유셔ᄒᆞᆫ ᄃᆡ 브터 ᄒᆞ기ᄅᆞᆯ 니ᄅᆞ디 말며:不言仕進官職趨時附勢(飜小8:21).

:유:셰 명 유세(有勢). ☞유셔 ¶며ᄂᆞ리 有勢ᄅᆞᆯ 브터 ᄡᅧ 貴호ᄆᆞᆯ 取ᄒᆞᆫ들 眞實ㅅ 丈夫의 ᄠᅳᆮ과 긔운과ᄅᆞᆯ 뒷ᄂᆞᆫ 사ᄅᆞ민댄 能히 븟그러오미 업스리여:依婦勢以取貴苟有丈夫之志氣者能無愧乎(宣賜內訓1:81). 유셰 ᄡᅳ단 말이라(宣小6:116).

:유:셰ᄒᆞ·다 형 유세(有勢)하다. ☞유셔ᄒᆞ다 ¶陳桓公이 王ᄭᅴ 有勢ᄒᆞ니 그를 브트면 어루 뵈ᅀᆞᄫᆞ리라 ᄒᆞ야ᄂᆞᆯ(三綱. 忠3). 有勢ᄒᆞᆫ ᄃᆡ 갓가이ᄒᆞ야:匿近權要(宣賜內訓1:33). 유셰ᄒᆞᆫ 벼스ᄅᆞᆫ 오래 이쇼미 어려오니:勢位難久居(宣小5:25).

유슌히 부 유순(柔順)히. ¶부모와 싀부모 셤기믈 극키 유슌히 ᄒᆞ더니:事父母舅姑極其柔順(東新續三綱. 烈4:18).

:유·신·히 부 유신(有信)히. ¶孔子ㅣ 니ᄅᆞ샤ᄃᆡ 말ᄉᆞ미 忠心ᄃᆞ외며 有信히 ᄒᆞ고:孔子曰言忠信(宣賜內訓1:18).

:유:신ᄒᆞ·다 형 유신(有信)하다. ¶이ᄂᆞᆫ 有信티 아니호ᄆᆞ로 ᄀᆞᄅᆞ치논디라 ᄒᆞ시고:是教之不信(宣賜內訓3:14). 忠貞ᄒᆞ며 有信ᄒᆞ야 소기ᅀᆞᆸ디 아니ᄒᆞ며:忠信不欺(宣賜內訓3:27). 유신ᄒᆞ며 례되며 올ᄒᆞᆫ 이리며:信禮義(飜小6:5). 효도와 공슌과 졍셩도욤과 유신ᄒᆞ욤과(飜小9:13).

유심ᄒᆞ다 동 유심(留心)하다. ¶쇼져의 져위ᄒᆞᆫ 간절ᄒᆞᆫ 말을 듯고 감격ᄒᆞ믈 이긔지 못ᄒᆞ나 ᄆᆞ양 유심ᄒᆞ야 ᄉᆞᆯ핀즉(落泉1:2).

:유ᄉᆞ 명 유사(有司). ¶籩豆ㅅ 일은 有司ㅣ 인ᄂᆞ니라(宣論2:30). 有司ㅣ 나죵내 爲ᄒᆞ야 制度ᄅᆞᆯ 定티 아니ᄒᆞ고(家禮1:8). 유ᄉᆡ 댱막을 베퍼지이다 쳥호ᄃᆡ(仁祖行狀33).

유약ᄒᆞ다 형 유약(柔弱)하다. ¶텬셩이 유약ᄒᆞ고 졔신의게 속아(山城52).

유어 명 다랑어. ¶유어 유:鮪(類合上15).

유:여 명 유예(猶豫). ¶猶ᄂᆞᆫ 즁싱의 일후미니 性이 疑心 하니 山中에 이셔 아모 소리나 드르면 미리 남긔 올아 오래 사ᄅᆞᆷ 업슨 後에ᅀᅡ ᄂᆞ려 아니한더데 ᄯᅩ 오ᄅᆞ곰 ᄒᆞᆯᄊᆡ 疑心ᄒᆞ야 決티 몯ᄒᆞᄂᆞᆫ 사ᄅᆞᄆᆞᆯ 猶豫ㅣ라 ᄒᆞᄂᆞ니 豫ᄂᆞᆫ 미리 ᄒᆞᆯ 씨라(法華1:164). 반ᄃᆞ기 猶豫와 여러 가짓 著ᄒᆞᄂᆞᆫ 思想앳 이ᄅᆞᆯ ᄇᆞ리고:當棄捐猶豫諸著思想事(法華5:192).

유여 명 유여(有餘). 넉넉함. ¶유여 우:優(類合下9). 유여 섬:贍(類合下28). 유여 유:裕(類合下56). 유여 요:饒. 유여 잉:賸(類合下58).

:유·여·히 부 유여(有餘)히. 한가히. 넉넉히. ☞유예 ¶힘혀 유여히 갈 시져리면:若能勾去時節(飜老上45). 유여히:能勾(老朴集. 單字解4). 德과 일이 ᄀᆞᄌᆞ 유여히 ᄂᆞ미 스승이 도욀 사ᄅᆞᄆᆞᆯ 무러 츄심ᄒᆞ여(飜小9:12). 힘혀 유여히 갈 시절이면:若能勾去時節(老解上40). 엇디 능히 유여히 여긔 오리오:怎生能勾到這裏來(老解上46). 유여히 ᄡᅳ리라:勾使用了(朴解上1).

:유·여ᄒᆞ·다 형 유여(有餘)하다. 넉넉하다. ¶舍利弗 神力이 漸漸 有餘ᄒᆞᆯᄊᆡ(月印上60). 쳔량이 有餘ᄒᆞ고(釋譜9:20). 옷바비 自然히 有餘ᄒᆞ며:有餘ᄂᆞᆫ 나ᄆᆞᆫ 것 이실 씨라(釋譜11:42). 엇그제 검은 들이 봄빗도 有餘ᄒᆞᆯ샤(丁克仁. 賞春曲). 유여ᄒᆞ다:勾了(老朴集. 單字解3). 이 두 글워ᄅᆞᆯ 보와 모매 졀당케 ᄒᆞ면 죽도록 ᄡᅮ매 유여ᄒᆞ리라:看得此二書切已終身儘多也(飜小8:31). 이제 엇디 有餘ᄒᆞ리오:今豈有餘(宣小題辭3). ᄀᆞᄂᆞᆫ 주룸도 유여ᄒᆞ고:細褶兒也儘勾了(老解下26).

유연 명 유연(蚰蜒). 그리마. ¶ᄯᅩ 蚰蜒이 귀예 드닐 고튜ᄃᆡ(救急下43).

:유·예 부 여유 있게. 넉넉하게. ☞유여히 ¶대도히 돈이 삼 쳔 나치로소니 유예 ᄡᅳ리로다:共通三千箇銅錢勾使用了(飜朴上2). 가비야오며 므거우며 ᄲᆞᄅᆞ며 랄호여 호매 유예 볼 거시니:輕重疾徐足以見之矣(飜小8:14). 유예 옷밥을 쟝만ᄒᆞ야:足以共衣食

(飜小9:89).

유월ᄒᆞ다 동 유월(逾月)하다. 달을 넘기다. ¶유월ᄒᆞ다:過了月(同文解上53. 譯解補22. 漢淸6:54).

:유위ᄒᆞ·다 형 유위(有爲)하다. ¶시혹 正ᄒᆞ며 시혹 邪ᄒᆞ며 有爲ᄒᆞ며 無爲ᄅᆞᆯ 니ᄅᆞ샤미오(法華3:28).

유유히 부 유유(悠悠)히. ¶悠悠히 ᄒᆡᆺ비치 ᄀᆞᄅᆞ매 뮈옛고:悠悠日動江(初杜解6:52). 닉 긋처디고 돌누히 빅여시니 유유히 긴밤 가온대로다(太平1:37). 悠悠히 내 모미 薄俗애 ᄇᆞ리예셔:悠悠委薄俗(重杜解1:54).

유유ᄒᆞ다 동 유유(唯唯)하다. ¶싱이 유유ᄒᆞ고 도라와 혀오ᄃᆡ(落泉1:2).

유유ᄒᆞ다 형 유유(悠悠)하다. ¶큰 하ᄂᆞᆯ콰 ᄯᅡ콰 안해 내의 道ᄂᆞᆫ 長常 悠悠ᄒᆞ애라:大哉乾坤內吾道長悠悠(重杜解1:15). 沐浴ᄒᆞᄂᆞᆫ 올히와 ᄂᆞᄂᆞᆫ 하야로비ᄂᆞᆫ 나조ᄒᆡ 悠悠ᄒᆞ도다:浴鳧飛鷺晩悠悠(重杜解9:38). 어이 잠간 니별ᄒᆞ믈 유유ᄒᆞ리오(洛城2). 쇼졔 유유ᄒᆞ니 마란이 이를 보ᄆᆡ ᄋᆡ련ᄒᆞ믈 이긔지 못ᄒᆞ여(落泉1:3).

:유·익ᄒᆞ·다 형 유익(有益)하다. ¶샹녜 有益디 아니ᄒᆞᆫ(釋譜9:17). 世間애 ᄆᆞᄉᆞ기 有益ᄒᆞ료 ᄒᆞ더라(釋譜24:40). 住 업소미 行果애 커 有益ᄒᆞ야 眞實로 마고미 업스리라(金三2:20). 글 ᄇᆡ호모로 ᄡᅥ 유익호믈 구ᄒᆞ다가:以學求益(飜小8:30). 대강혼ᄃᆡ 사ᄅᆞᆷ과 더브러 ᄊᆞ홈이 害로오미 잇고 유익홈이 업ᄉᆞ니라(警民9). 져ᄅᆞᆯ ᄂᆞ리와 머구니 도로혀 져기 有益ᄒᆞ도다:下筋還小益(重杜解16:72). 必然 有益ᄒᆞᆫ 일이 이실 ᄃᆞᆺᄒᆞ니(隣語1:17). 우흐로 가히 나라히 유익ᄒᆞᆯ지라(落泉1:1).

유인ᄒᆞ다 동 유인(誘引)하다. ¶유인ᄒᆞ다:引誘(漢淸8:19). 유인ᄒᆞᆯ 념을 ᄂᆡ코(引鳳簫2). 노신이 져ᄅᆞᆯ 유인ᄒᆞ야 션상의 가 놀게 ᄒᆞ야(落泉2:5).

:유정 명 유정(有情). ¶믈읫 有情을 利樂긔 코져 ᄒᆞ노이다(釋譜9:2). 悲로 아래 衆生 化ᄒᆞᆯᄊᆡ 슬오ᄃᆡ 有情이라(金剛9). 이대 네 護念ᄒᆞ야 有情을 너비 濟度ᄒᆞ야:善自護念廣度有情(六祖上29).

유정ᄒᆞ다 형 유정(有情)하다. ¶有情ᄒᆞᆫ 사ᄅᆞᆷ 相接ᄒᆞ야 술 머구믈 爲ᄒᆞ야:爲接情人飮(重杜解13:26). 삼동이 지나되 유정ᄒᆞᄂᆞ니 업ᄉᆞ니(落泉2:6).

:유죄ᄒᆞ·다 형 유죄(有罪)하다. ¶비록 ᄯᅩ 사ᄅᆞ미 有罪커나 無罪커나(法華7:56). 天地예 ᄒᆞᆫ 有罪ᄒᆞᆫ 사ᄅᆞ미어니 지블 엇뎨 니요미 맛당ᄒᆞ리라(宣賜內訓1:73).

유죡ᄒᆞ다 형 유족(裕足)하다. ¶지뫼 유죡ᄒᆞ나 ᄌᆞ연 혼ᄉᆡ 쳔연되고(引鳳簫1).

:유·ᄌᆞ 명 유자(柚子). ¶유ᄌᆞᆺ 유:柚(訓蒙上11). 유ᄌᆞ 귤:橘(類合上9). 유ᄌᆞ:香圓(譯解補31). 유ᄌᆞ 유:柚(兒學上6).

유폐ᄒᆞ다 동 유폐(幽閉)하다. ¶한이 니ᄅᆞᄃᆡ 먼 니오기 유폐ᄒᆞ니 말나 ᄒᆞ다 각도 기싱 여라문을 극틱ᄒᆞ야(山城141). 모후ᄅᆞᆯ 유폐(가도닷 말이라)ᄒᆞ고(仁祖行狀3).

유풍 명 유풍(遺風). ¶뎌의 遺風ᄋᆞᆯ 그ᄃᆡ 니엣도다:風流吾賢紹(重杜解1:57). 後世예 譜牒이 오히려 遺風이 잇더니(家禮1:13).

유한 명 유한(幽閑). ¶幽ᄂᆞᆫ 기플 씨오 閑ᄋᆞᆫ 괴외ᄒᆞᆯ씨니 外境을 븓디 아니코 자최 업시 ᄒᆞ며 用ᄋᆞᆯ ᄀᆞᆷ촐ᄊᆡ 닐오ᄃᆡ 안ᄒᆞ로 幽閑ᄋᆞᆯ 잡다 ᄒᆞ시니라(楞解1:89).

유한ᄒᆞ·다 형 유한(幽閑)하다. ¶모미 幽閑코져 ᄒᆞ나 ᄆᆞᅀᆞ미 寂靜티 몯ᄒᆞ니 엇뎨오(永嘉下116). 平生애 幽閑ᄒᆞᆫ 興을 爲ᄒᆞ야:平生爲幽興(初杜解15:7).

유해 명 유해(有害). ☞유해ᄒᆞ다 ¶유해 해:害(類合下57).

:유:해ᄒᆞ·다 형 유해(有害)하다. ¶이ᄂᆞᆫ 王ㅅ 모매 有害ᄒᆞ니(宣賜內訓2上30). 엇데 사ᄅᆞᄆᆡ 나라해 有害ᄒᆞ료:何害於人之國哉(宣賜內訓2下43).

유향 명 유향(乳香). ¶유향 두 돈을 ᄀᆞᄂᆞ리 ᄀᆞ라:乳香二錢研細(救簡6:9). 술 몯 먹ᄂᆞ니어든 乳香 ᄯᆞᆯ힌 므레 머거도 됴ᄒᆞ니라(瘟疫方13).

:유형 명 유형(有形). ¶韓康伯이 닐오ᄃᆡ 幽明은 有形 無形ᄒᆞᆫ 象이라 ᄒᆞ니 이시며 업ᄂᆞᆫ 數ㅣ라(永嘉序14).

유화로이 부 유화(柔和)로이. ☞유화히 ¶반ᄃᆞ시 관ᄃᆡᄒᆞ야 유화로이 ᄒᆞ며:必冠申申如也(飜小9:84).

유화히 부 유화(柔和)히. ¶ᄂᆞᆺ비ᄎᆞᆯ 유화히 ᄒᆞ야 겨틔 뫼ᅀᅣᆺ더라:和顔侍側(東新續三綱. 孝5:75).

유화ᄒᆞ다 형 유화(柔和)하다. ¶봉ᄉᆞ 우집의 안해라 셩되 유화ᄒᆞ고 공슌ᄒᆞ야:奉事禹鏶之妻也性度柔順(東新續三綱. 烈8:39).

:유·황술·고 명 살구의 한 가지 ¶유황술고 유황외엿:玉黃子虎刺賓(飜朴上4). 유황술고:玉黃子(朴解上4).

:유·황외·엿 명 오얏의 한 가지. ¶유황술고 유황외엿:玉黃子虎刺賓(飜朴上4).

유:희 명 유희(遊戲). ¶世間애 노뇨미 아ᄒᆡ노ᄅᆞᆺ ᄀᆞᄐᆞᆯᄊᆡ 遊戲라 ᄒᆞ니 遊ᄂᆞᆫ 노닐 씨오 戲ᄂᆞᆫ 노ᄅᆞ시라(月釋13:4). 유희에 것시 만흐나(閑中錄48).

유:희ᄒᆞ·다 동 유희(遊戲)하다. ¶ᄒᆞ다가 여러 東山애 遊戲ᄒᆞᆯ 쩨 香과(法華6:42).

유ᄒᆞᆨ 명 유학(幼學). ¶유ᄒᆞᆨ 박통은 녜산현 사ᄅᆞᆷ이니:幼學朴忠禮山縣人(東新續三綱.

孝3:48).

유:힝 명 유행(遊行). ¶人間애 노니ᄂᆞ닌 일후미 遊行이오:以遊戲人間名遊行(楞解8:131).

·육:미 명 육미(肉味). 고기 음식. 고기맛. ¶韶를 드르시고 學ᄒᆞ신 석 ᄃᆞᆯ을 肉味를 아디 몯ᄒᆞ샤(宣論2:18).

육안 명 육봉(肉峯). ¶약대 육안:駝峯(譯解補48).

육즙 명 육즙(肉汁). ¶육즙:肉汁(東新續三綱. 烈4:3). 육즙:肉糜(漢淸12:33).

육찬 명 육찬(肉饌). ¶육찬:葷(漢淸12:34).

윤·ᄃᆞᆯ 명 윤달. ¶氣盈朔虛ㅣ 어우러 閏ᄃᆞ리 나ᄂᆞ니라(楞解6:17). 윤ᄃᆞᆯ:閏月(譯解補3. 漢淸1:23).

윤습ᄒᆞ다 형 습윤(濕潤)하다. ¶윤습ᄒᆞ다:水潤了(譯解上7).

윤틱ᄒᆞ다 형 윤택(潤澤)하다. ¶ᄒᆞᆰ 비치 빗나고 潤澤홈과 草木의 茂盛호미(家禮7:17). 윤틱ᄒᆞ다:光潤(漢淸6:9).

율모 명 율무. ☞율믜 ¶율모:草珠米(同文解下3. 漢淸12:64).

율모 명 뱅어. ¶율모:鱠殘魚(物譜 鱗蟲).

율모ᄡᆞᆯ 명 율무쌀. ☞율믜ᄡᆞᆯ ¶율모ᄡᆞᆯ:玉米珠子(譯解下9).

율목이 명 율모기. ¶율목이:斑蛇(柳氏物名二 水族).

율무우 명 율무. ☞율모. 율믜 ¶율무우:薏苡(柳氏物名三 草).

율믜 명 율무. ☞율모. 율무우 ¶율믜 爲薏苡(訓解. 用字). 율믯 여름트렛 거슬 들워 긴 헤 ᄢᅦ여:若薏苡子輩穿貫着線(救簡6:14). 율믜 의:薏. 율믜 이:苡(訓蒙上13).

율믜ᄡᆞᆯ 명 율무쌀. ☞율모ᄡᆞᆯ ¶율믜ᄡᆞᆯ 서 홉과:薏苡人三合(救簡1:11).

율믜쥭 명 율무죽. ¶그 믈로 율믜쥭 수어 공심에 머그라:用煮薏苡人煮粥空心食之(救簡1:11).

-·움 어미 〔명사형 어미〕①-ㅁ. ☞-욤 ¶ᄒᆞᆫ 念 처엄 뮈유미 일후미 行이니(月釋2:21之1). ᄀᆞᅀᆞᆯ히 듀믈:秋落(永嘉下44). 고기 자ᄇᆞ며 나모 쥬메 이 生ᄋᆞᆯ 브텟노라:漁樵寄此生(杜解7:6). 蜀앳 수리 시름 이긔유믈 ᄒᆞ건마ᄅᆞᆫ:蜀酒禁愁得(杜解7:7).
②-음. ☞-욤 ¶이슈메(月釋8:30). 이슈미(楞解5:8). 머규믈 ᄀᆞ장 몯ᄒᆞ야 이시니:喂不到(飜老上69).

융ᄉᆞ 명 융사(絨絲). ¶융ᄉᆞ:絨線(譯解補39).

융통 명 융통(融通). ¶融通ᄋᆞᆫ 어울워 通ᄒᆞᆯ 씨니(月釋14:62).

-·으- 조성모음 -으-. ☞-ᄋᆞ- ¶帝業을 여르시니:肇造丕基(龍歌3章). 後宮에 드르싫 제:後宮是入(龍歌50章). 創業 規模ㅣ 머르시니이다:創業規模是用遠大(龍歌81章). 二百年 基業을 여르시니이다(龍歌103章). 九重에 드르샤:入此九重闕(龍歌110章). 孝道 子息의 늘그시니 養호ᄆᆞᆫ:孝子之養老也(宣賜內訓1:44).

-으게 조 -에게. ☞-의그에 ¶또 모ᄃᆞᆫ 사ᄅᆞᆷ으게 보시을 만히 ᄒᆞ면(普勸文8). 이 조흔이 세계를 남으게 보이고져(扶餘路程).

-으·나 어미 -으나. ¶져그나 기튼 즐거ᄫᅳ미 이시려니와(月釋2:5).

-·으·녀 어미 -느냐. -는가. ☞-녀 ¶흥졍이 ᄡᅳ데 마즈녀:買賣稱意麼(飜老下65). 잇ᄂᆞ녀 업스녀:有阿沒(老朴集. 單字解2).

-으·뇨 어미 -으냐. -느냐. ☞-으니오 ¶ᄒᆞᆫ 사ᄅᆞ미 神通變化 나토리 업스뇨:無有一人發現神通變化耶(牧牛訣9).

-·으·니 어미 -으니. ☞-ᄋᆞ니 ¶놀애예 일훔 미드니:信名於謳(龍歌16章). 白帝 ᄒᆞᆫ 갈해 주그니:白帝劒戮(龍歌22章). 부텨 向ᄒᆞᆫ ᄆᆞᅀᆞᄆᆞᆯ 니즈니(釋譜6:19). ᄀᆞᄅᆞᆷ 버므렛ᄂᆞᆫ 길히 니그니 프른 ᄆᆡᄒᆞᆯ 디렛도다:緣江路熟俯靑郊(初杜解7:1).

-·으니·라 어미 -으니라. ☞-ᄋᆞ니라 ¶解脫 아니 ᄒᆞ디 업스니라(釋譜23:9). 니브니라(楞解1:17). 了義ㅣ 龍藏애 수므니라(圓覺序65). 부텨 求홈 ᄀᆞᄐᆞ니 업스니라:莫若求佛(牧牛訣2).

-·으니·야 어미 -으냐. ¶도ᄅᆞ혀 조ᅀᆞᄅᆞᄫᅵ요미 이 無ㆆ字애셔 너므니 잇ᄂᆞ니야 업스니야:還有要妙過此無者否(蒙法62).

-·으니·오 어미 -으냐. ☞-으뇨 ¶뫼히 훤ᄒᆞ니 어느 제 그츠니오:山豁何時斷(初杜解15:31).

-·으·니이·다 어미 -습니다. -ㄴ(-은) 것입니다. ☞-ᄋᆞ니이다 ¶노ᄅᆞ샛 바오리실씨 모우희 니ᅀᅥ티시나 二軍 鞠手ᄲᅮᆫ 깃그니이다(龍歌44章). 이 文殊ㅣ 업스니이다:無是文殊(楞解2:58).

-으·니잇·가 어미 -나이까. -습니까. ☞-니잇가 ¶가히ᄂᆞᆫ 佛性이 잇ᄂᆞ니잇가 업스니잇가:狗子還有佛性也無(蒙法11). 王이 닐오ᄃᆡ 내게 잇ᄂᆞ니잇가 업스니잇가:王曰於我有否(牧牛訣6).

-으·니잇·고 어미 -나이까. -습니까. ☞-니잇고 ¶微妙히 ᄇᆞᆯᄀᆞᆫ 本來ㅅ ᄆᆞᅀᆞᄆᆞᆫ 엇뎨 도라가미 업스니잇고:妙明元心云何無還(楞解2:26).

-으되 어미 -되. -으되. ☞-오ᄃᆡ. -ᄋᆞ되 ¶온 몸애 ᄲᅮ므되 머리 ᄂᆞᄎᆞᆯ ᄲᅮᆷ디 말고:噴一身令遍勿噴頭面(痘要上22). 나히 여ᄃᆞ니 너므되 오히려 폐티 아니ᄒᆞ니라:年踰八十猶不廢(東新續三綱. 孝4:32). 거울을 ᄆᆡᆫ드라

아롬답고 극히 조코 ᄆᆞᆰ으되(捷蒙1:8).

으드덕 [부] 으드득. ¶니ᄅᆞᆯ 으드덕 다무다:咬定牙兒(譯解補61).

으드ᄋᆡ [명] 들거위. ¶으드ᄋᆡ:鴐鵝(農俗).

-·으·라 (어미) -으라. ☞-라. -ᄋᆞ라 ¶네 모ᄃᆡ 仔細히 미드라:汝須諦信(牧牛訣5). 飮食을 머그라 커시든:若飮食之(宣賜內訓1:51).

-으·라 (어미) -으러. ¶安否 묻ᄌᆞᆸ고 니ᄅᆞ샤ᄃᆡ 므스므라 오시니잇고(釋譜6:3). 나라해 빌머그라 오시니 다 몰라보ᅀᆞᆸ더니(月釋1:5).

-으·락 (어미) -으락. ☞-락. -ᄋᆞ락 ¶ᄒᆞᄆᆞᆯ며 無數劫애 주그락 살락ᄒᆞ야 그지업슨 受苦호미 엇더뇨(釋譜24:29). ᄒᆞᆫ 모미 크락 져그락 ᄒᆞ야(月釋1:14). ᄉᆡᆷ 소리ᄅᆞᆯ 드르락 ᄯᅩ 긋ᄂᆞ니:泉聲聞復息(初杜解7:23). 거르락 안ᄌᆞ락 호ᄆᆞᆯ 오래 ᄒᆞ야:行坐良久(救簡3:119). 안즈락 ᄂᆞ리락 모드락 흣트락(宋純. 俛仰亭歌).

-·으·란 [조] -을랑. -을랑은. ☞-ㄹ란. -란. -으랑. -ᄋᆞ란 ¶부텻 거스란 글로 부텻 像과 부텻 옷과ᄅᆞᆯ ᄆᆡᇰᄀᆞᆯ오(釋譜23:3). 臣下란 忠貞을 勸ᄒᆞ시고 子息으란 孝道ᄅᆞᆯ 勸ᄒᆞ시고 나라ᄒᆞ란 大平을 勸ᄒᆞ시고 지브란 和호ᄆᆞᆯ 勸ᄒᆞ시고(月釋8:29). 그 ᄌᆞᅀᆞ 잇ᄂᆞᆫ 거스란:其有核者(宣賜內訓1:10). 섭과 가ᄉᆡ로 ᄒᆞᆫ 門으란 쇽절업시 여디 말라:柴荊莫浪開(初杜解7:9). 眞性으란 도라보디 아니ᄒᆞ고(南明上64). 열세 남죵이 다 여위실더드란(鄕樂. 內堂). 德으란 곰ᄇᆡ예 받ᄌᆞᆸ고 福으란 림ᄇᆡ예 받ᄌᆞᆸ고(樂範. 動動). 이링공 뎌링공ᄒᆞ야 나즈란 디내와손뎌 오리도 가리도 업슨 바므란 ᄯᅩ 엇디 호리라(樂詞. 靑山別曲). ᄂᆞ존 은으란 날 주디 말고:低銀子不要與我(老解下12). 남올히 七八九十으란 秉燭 夜遊 ᄒᆞ오리라(古時調. 金烋. 少年 十五. 靑丘).

-·으란·ᄃᆡ (어미) -을진대. ☞-ㄹ란ᄃᆡ. -란ᄃᆡ. -ᄋᆞ란ᄃᆡ ¶두 사ᄅᆞ미 어우러 精舍 지ᅀᅳ란ᄃᆡ 일후믈 太子 祇陀樹給孤獨園이라 ᄒᆞ라(釋譜6:40).

-으랑 [조] -을랑. ☞-으란 ¶허약ᄒᆞ니어든 오직 머리 ᄂᆞᆺ 손발만 ᄀᆞᆷ기고 등으랑 ᄀᆞᆷ기디 말라:弱者只浴頭面手足勿浴背(痘要下45).

-·으려·뇨 (어미) -으려는가. ☞-려뇨 ¶이제 눌 더브러 무르려뇨 ᄒᆞ더니(釋譜13:15).

-·으려·니·ᄯᆞᆫ (어미) -을 것임에랴. ☞-려니ᄯᆞᆫ ¶ᄒᆞ다가 오며 가미 업ᄉᆞᇙ딘댄 ᄯᅩ 다시 드로미 업스려니ᄯᆞᆫ:若無來往亦復無聞(楞解3:23).

-·으려·다 (어미) -을 것이다. ☞-려다 ¶ᄯᅩ 涅槃애 드로려 ᄒᆞ시니 이리ᄃᆞ록 셜ᄫᅳᆯ써 世間앳 누니 업스려다(釋譜11:11).

-으·례이·다 (어미) -겠군요. ¶내 말옷 아니 드르시면 ᄂᆞ외 즐거ᄫᅳᆫ ᄆᆞᅀᆞ미 업스례이다(月釋2:5).

-·으·로 [조] ①-으로. ☞-ᄋᆞ로 ¶ᄭᅮ므로 뵈아시니:昭茲吉夢帝迺趣而(龍歌13章). 武德으로 百姓을 救ᄒᆞ시니:維是武德救我群黎(龍歌45章). 夫妻願으로 고졸 받ᄌᆞᄫᆞ시니(月印上3). 神通力으로 樓 우희 ᄂᆞ라 올아(釋譜6:3). 種種 因緣으로 부텻 道理 求ᄒᆞᄂᆞᆫ 야ᇰᄋᆞᆯ 본던(釋譜13:19). 시긧병 열독으로(救簡1:106). 밠ᄀᆞᆯ으로 ᄆᆞ라(救簡2:13).
②-로. ¶ᄎᆞᆷ지 못ᄒᆞ여 코으로 웃다:忍不住鼻中微笑(漢淸6:59). 노으로 자히다:繩量(漢淸11:51).
③-으로부터. ¶처엄 이에셔 사던 저그로 오ᄂᆞᆳ낤ᄀᆞ장 혜면 아ᄒᆞᆫ ᄒᆞᆫ 劫이로소니(釋譜6:37).

-·으로브·터 [조] -으로부터. ☞-로브터. -ᄋᆞ로브터 ¶나그내 南縣으로브터 와 浩蕩ᄒᆞ야 다ᄆᆞᆺ 갈 ᄃᆡ 업수라:客從南縣來浩蕩無與適(初杜解7:23). 范으로브터 齊예 가더시니(宣孟13:29).

-으로ᄡᅥ [조] -으로써. ☞-로ᄡᅥ. -ᄋᆞ로ᄡᅥ ¶텬ᄌᆞᄂᆞᆫ 공으로ᄡᅥ 고굉을 삼고:天子以公爲股肱(五倫2:40).

-·으로·셔 [조] -으로부터. ☞-로셔. -ᄋᆞ로셔 ¶須達이 王舍城으로셔 舍衛國에 올 ᄊᆞᅀᅵᆺ 길헤(釋譜6:23). 밧그로셔 드러 ᄉᆞᆯᄫᆞ샤ᄃᆡ(月釋10:8). 東녀그로셔 西ㅅ녀그로 도라(楞解6:17). ᄯᅩ 음낭 아래 항문으로셔 ᄒᆞᆫ 촌만 일ᄇᆡᆨ 붓글 ᄯᅳ라(救簡1:55).

-으·로소·니 (어미) -으리니. ☞-로소니 ¶내 쟝ᄎᆞᆺ 주그로소니 네 나히 졈고 子息 업거니:吾將死汝年少無子(續三綱. 烈6).

-으론 [조] -보다는. ☞-론. -ᄋᆞ론 ¶다ᄆᆞᆫ 그 구챠히 사ᄅᆞ시므론 ᄒᆞᆫ번 주금만 ᄀᆞᆮ디 몯ᄒᆞ다 ᄒᆞ더니:與其苟且而生莫如一死(東新續三綱. 烈7:11 德心縊死). 다ᄆᆞᆺ 그 聚斂ᄒᆞᄂᆞᆫ 臣을 두모론 출히 盜ᄒᆞᄂᆞᆫ 臣을 둘 거시라 ᄒᆞ니:與其有聚斂之臣寧有盜臣(宣大栗30).

-·으·롯 [조] 으로부터. ☞-롯. -ᄋᆞ롯 ¶二禪으롯 우ᄒᆞᆫ 말ᄊᆞ미 업슬ᄊᆡ(釋譜13:6). 二禪으롯 우ᄒᆞᆫ 이 世界 여러 번 고텨 ᄃᆞ외야ᅀᅡ(月釋1:38). 四禪天으롯 우ᄒᆞᆫ 세 災 업수ᄃᆡ(月釋1:50).

-으롸 (어미) -도다. ☞-롸 ¶내 보미 적으며 내 드로미 ᄯᅩᄒᆞᆫ 적으롸(百行源14).

-·으뢰·나 [조] -으로나. ☞-뢰나 ¶모시뢰나 삼으로나 열 ᄉᆞᆫ가락 그틀 ᄆᆡ오(救簡2:47).

-으·료 (어미) -으리요. ☞-료. -ᄋᆞ료 ¶엇뎨 밧긔 求호ᄆᆞᆯ 브트료:何假外求(牧牛訣5). 내 ᄧᆞᆫ 돈이 업ᄉᆞ니 엇디 ᄒᆞ여야 됴호료:我沒零錢怎麼好(朴解中2).

-·으리·니 (어미) -으리니. ☞-리니 ¶法界 조

호믈 어드리니(圓覺序57). 求티 아니ᄒᆞ야 어드리니 그럴시 世尊이 니ᄅᆞ샤ᄃᆡ:不求而得故世尊云(牧牛訣3). 복셩홧닙 달힌 즙 ᄒᆞᆫ 되를 머그면 즉재 그츠리니 겨ᄉᆞ리어든 거프를 ᄡᅥ라(救簡2:49).

-·으리·라 어미 -으리라. ☞-리라. -ᄋᆞ리라 ¶ᄒᆞᆫ가지로 그지업스며 ᄀᆞᆺ업스리라(釋譜23:4). 내 願을 아니 從ᄒᆞ면 고졸 몯 어드리라(月釋1:12). 업슨 것 업스리라 ᄒᆞ니라(圓覺序77). 알면 곧 업스리라(牧牛訣25). ᄃᆞᄉᆞ닐 머그면 즉재 그츠리라(救簡2:49).

-으·리로·다 어미 -으리로다. ☞-리로다 ¶ 싁싁ᄒᆞᆫ 法이 ᄒᆞ마 업스리로다(釋譜23:42). 나도 엇데ᄒᆞ려뇨 호미 업스리로다:吾未如之何也已矣(牧牛訣44).

-으리·로·소·니 어미 -을 것이니. ☞-리로소니 ¶시혹 ᄒᆞᆫ 디위 ᄉᆞ랑컨댄 不覺애 한숨 디흐리로소니:時或一思不覺長吁(牧牛訣43).

-으리야 어미 -으랴. ☞-리야 ¶丘壑애 도라가믈 일즉 니즈리야:丘壑曾忘返(杜解2:9).

-으·리어·늘 어미 -을 것이거늘. ☞-리어늘 ¶바ᄅᆞᆫ 반ᄃᆞ기 아로미 업스리어늘 이제 네 그러티 아니커니ᄯᆞᆫ:足應無知今汝不然(楞解1:68).

-으·리어·니 어미 -을 것이어니. ☞-리어니 ¶妙解를 어드리어니 엇데 名數中에 이시리오(金三5:24).

-으리·오 어미 -으리요. ☞-리오 ¶몸도 오히려 잇디 아니커니 므스글 미드리오(宣賜內訓2上2). 나그내로 사로매 엇데 可히 니즈리오:客居安可忘(初杜解7:35).

-·으·며 어미 -으며. ☞-ᄋᆞ며 ¶逃亡애 命을 미드며 놀애예 일훔 미드니:恃命於逃信名於謳(龍歌16章). ᄒᆞᆫ가지로 그지업스며(釋譜23:4). 聖賢을 뫼ᅀᆞ와 기피 더드므며(楞解1:3).

-으·면 어미 -으면. ☞-ᄋᆞ면 ¶點이 업스면 平聲이오(訓註14). 圓覺 업스면 眞實ㅅ法 업스니:泯圓覺無眞法(圓覺序5). 무로ᄃᆡ 上上앳 사ᄅᆞ믄 드르면 곧 수ᄫᅵ 알오:問上上之人聞卽易會(牧牛訣14). ᄀᆞᄅᆞ쵸미 업스면:無敎(宣賜內訓1:21).

-으·샤 어미 -으시어. ☞-ᄋᆞ샤 ¶聖化ㅣ 기프샤:聖化旣深(龍歌9章). 九重에 드르샤:入此九重闕(龍歌110章). 世尊이 初禪에 드르샤(釋譜23:13). 아바님이 손 드르샤 부텻발 ᄀᆞᄅᆞ치샤(月釋10:2). ᄃᆞᆯ기 처엄 울어든 옷 니브샤:雞初鳴而衣服(宣賜內訓1:39).

-·으샤·ᄃᆡ 어미 -으시되. ☞-샤ᄃᆡ ¶討賊이 겨를 업스샤ᄃᆡ:不遑討賊(龍歌80章). 緣을 應ᄒᆞ야 俗애 드르샤ᄃᆡ ᄌᆞ갯 智ᄂᆞᆫ 傷홈 업스샤ᄆᆞᆯ 가졸비니:喩…應緣入俗自智無傷(圓覺下二之二10).

-으·샨 어미 -으신. ☞-으신. -ᄋᆞ샨 ¶또 光明을 펴시니 이 病 업스샨 주리라(釋譜23:44). 御製ᄂᆞᆫ 님금 지ᅀᆞ샨 그리라(訓註1). 道애 드르샨 因緣을(牧牛訣5).

-으샷다 어미 -으시구나. ☞-샷다 ¶ᄒᆞᆫ 부니 업스샷다(樂範. 動動).

-·으쇼·셔 어미 -으소서. ☞-쇼셔. -ᄋᆞ쇼셔 ¶縵中에 드르쇼셔(月釋7:37). 그 기리 愆이 업스쇼셔:其永無愆(書解2:65).

-으시 어미 -으시게. ¶솔直領 쟝도리 風流으란 브듸 즑여 말으시(古時調. 金壽長. 長安 甲第. 海謠).

-·으시·고 어미 -으시고. ☞-시고 ¶도로 僧伽梨를 니브시고(釋譜23:12). 如來 업스시고(圓覺序5).

-·으시·니 어미 -으시니. ☞-시니. -ᄋᆞ시니 ¶帝業을 여르시니:肇造丕基(龍歌3章).

-·으시·니이·다 어미 -으십니다. ☞-시니이다. -ᄋᆞ시니이다 ¶創業 規模ㅣ 머르시니이다:創業規模是用遠大(龍歌81章).

-으·시·며 어미 -으시며. ☞-시며 ¶秘密ᄒᆞᆫ 因을 브트시며(楞解1:8).

-으·신 어미 -으신. ☞-어신. -ᄋᆞ신 ¶어마님 드르신 말 엇더ᄒᆞ시니:母所聞果如何焉(龍歌90章).

-으·실·시 어미 -으시매. ☞-으실씨 ¶드루믈 브트실시(圓覺序73).

-으·실·씨 어미 -으시매. ☞-으실시. -ᄋᆞ실씨 ¶威惠 너브실씨:威惠普及(龍歌56章).

으뜸 명 으뜸. ☞읏듬 ¶實相ᄋᆡ 큰 으ᄯᅳᄆᆞᆯ 나토시며:彰實相之大全(法華1:7). 그 法을 印定ᄒᆞ샤 一切經엣 으ᄯᅳᄆᆞᆯ 사ᄆᆞ시니라:以印定其法爲一切經之定也(圓覺序7). 그 시혹 五欲애 ᄆᆞᅀᆞᄆᆞᆯ 겺ᄀᆞᆺ커나 시혹 다ᄅᆞᆫ 道ᄅᆞᆯ 으뜸 사마 니기거나:其有或恣心五欲或宗習異道(圓覺上一之二93).

으즙어 감 아아. 오오. ☞어즈버 ¶으즙어 天生人物이라 古今中外 分揀 알게(古時調. 黃胤錫. 末世 人物. 頤亂).

으품 동 읊음. ¶더르며 긴 으푸믈 虛費히 호라:虛費短長吟(重杜解2:5).

으흐름 명 으름. ¶으흐름:燕覆子(物譜 草果). 으흐름:木通(物譜 藥草). 으흐름:通草(柳氏物名三 草). 으흐름나모 불휘:木通(方藥25).

으흐름너출 명 으름덩굴. ¶으흐름너출:通草(東醫 湯液三 草部). 으흐름너출:通草(方藥25).

은 명 은(銀). ¶은 그르시어나 돌 그르시어나:銀石器(救簡2:24). 대되 一百四十兩 銀을 바도리라:通要一百四十兩銀子(飜老下10). 열두 량 은곳 아니면 그를 사디 몯ᄒᆞ

리로다:不着十二兩銀子買不得他的(飜朴上14). 은 은:銀(訓蒙中31. 類合上25).

-·은 조 -은. ☞-ᄋᆞᆫ. -ᄒᆞᆫ. -근 ¶시미 기픈 므른:源遠之水(龍歌2章). 庸君이신ᄃᆞᆯ 天性은 ᄇᆞᆯᄀᆞ시니:雖是庸君天性則明(龍歌71章). 訓은 ᄀᆞᄅᆞ칠 씨오(訓註1). 邊은 ᄀᆞᅀᅵ라(月釋1:1). 네 著디 아니ᄒᆞ논 거슨 잇ᄂᆞ녀 업스녀:汝不著者爲在爲無(楞解1:74). 겨지븐 그러티 아니ᄒᆞ야(宣賜內訓序6). 열흐른 ᄒᆞ고 粘沒喝이 블러 일 議論ᄒᆞ더니:後旬日粘沒喝召計事(三綱. 忠18). ᄆᆡ은 잇고 긔운 업스니와(救簡1:42). 삼경은 ᄒᆞ여 믈딘의 일 니ᄅᆞ러셔(三譯6:4).

-·은 어미 ①-은. ☞-ᄋᆞᆫ ¶불휘 기픈 남ᄀᆞᆫ ᄇᆞᄅᆞ매 아니 뮐ᄊᆡ:根深之木風亦不扤(龍歌2章). 블근 새 그를 므러:赤爵銜書(龍歌7章). 계피 갓근 솝과(救簡1:26).
②-는. ☞-ᄂᆞᆫ ¶얼굴 업슨 것과(釋譜19:2). 數 업슨 존자리ᄂᆞᆫ ᄀᆞᄌᆞ기 오ᄅᆞᄂᆞ리거ᄂᆞᆯ:無數蜻蜓齊上下(初杜解7:2).

·은:거ᄒᆞ·다 동 은거(隱居)하다. ¶仙人을 조차 隱居홀 지죄 업스니:無才逐仙隱(初杜解17:36). 南海上애 隱居ᄒᆞ얀 디 十六年이러니(六祖略序15). 隱居ᄒᆞ야셔 글 ᄀᆞᄅᆞ쳐:隱居敎授(宣小6:24). 東蒙애 녜 隱居ᄒᆞ던 ᄯᅡ해 가리니:東蒙赴舊隱(重杜解9:2).

은:경 명 은경(銀鏡). ¶하ᄂᆞᆯ히 님금 달애샤 열 銀鏡을 노ᄒᆞ시니이다:天誘厥辟維十銀鏡用爲侯的(龍歌46章).

은구 명 은구(隱溝). ¶은구:陰溝(譯解補5). 은구:涵洞(漢淸9:23).

은그·릇 명 은그릇. ¶은그르세 술 닷 홉애 세 소솜이어나 다ᄉᆞᆺ 소솜이어나 달혀:於銀器中以酒一中盞煎三五沸(救簡2:93).

은근이 부 은근(慇懃)히. ☞은근히 ¶김례딕을 보내여 은근이 달내니 고디듯고 니른 대로 ᄒᆞᆫ대(癸丑29). 은근이 ᄃᆡ졉ᄒᆞ다:待人親熱(漢淸6:28).

은근히 부 은근(慇懃)히. ☞은근이 ¶막다히 ᄒᆞᆫ 가지 節目 업스닐 慇懃히 바미 녀ᄂᆞᆫ 사ᄅᆞᄆᆡ게 논호아 브티시니라(南明下23).

은근ᄒᆞ·다 형 은근(慇懃)하다. ¶유무 뎐갈이며 주어 기티기로 ᄡᅥ 慇懃홈을 닐위ᄂᆞ니라(宣小5:69).

-·은·다 어미 -은 것인고. -었는가. ☞-ㄴ다 ¶너희 前生애 므슷 罪業을 지슨다 對答호ᄃᆡ 우리 前生애 업스니 爲ᄒᆞ야 齊 아니ᄒᆞ고(月釋23:80).

-은다·마·다 어미 -자마자. ¶도와리 ᄒᆞ야 므를 닛위여 머고ᄃᆡ 머근다마다 믄득 뷘비 좀ᄒᆞ거든(救簡2:54).

은·덕 명 은덕(恩德). ¶藥師瑠璃光如來ㅅ 恩德 갑ᄉᆞᄫᆞᆯ 이ᄅᆞᆯ 念ᄒᆞ거든(釋譜9:41). 사라셔 恩德 몯 갑ᄉᆞᆸ고 주거가아(三綱. 忠14). 은덕이며 원슈를 분명히 ᄒᆞ라 ᄒᆞᄂᆞᆫ 이 네 ᄌᆞㅣ 有道ᄒᆞᆫ 사ᄅᆞᄆᆡ 마리 아니며:恩讎分明此四字非有道者之言也(飜小8:15). 三峽 나조ᄒᆡ셔 ᄒᆞᆫ 번 슬노니 後ㅅ 사ᄅᆞᄆᆡ게 恩德 기류메 그딋 ᄠᅳ들 보리로다:一哀三峽暮遺後見君情(重杜解24:46).

-은뎌 어미 -는 것이여. -는 것이로다. ☞-ㄴ뎌 ¶이제 업슨뎌:今亡矣夫(宣論4:10).

은뎐 명 은전(恩典). ¶은뎐이 놉흐시고(仁祖行狀27). ᄉᆞ믈ᄒᆞ샤 고로로 은뎐을 닙긔 ᄒᆞ시니(仁祖行狀30).

은:돈 명 은돈(銀錢). ¶銀돈 ᄒᆞᆫ 낟곰 받ᄌᆞᄫᆞ니라(月釋1:9).

은:둥·히 부 은중(殷重)히. 크고 중(重)히. ¶如來ㅅ 우희 둡ᄉᆞᆸ고 여러 가짓 풍류ᄒᆞ며 숀벽티며 놀애 블러 讚嘆ᄒᆞᅀᆞ바 ᄀᆞ장 殷重히 너기ᅀᆞᄫᆞ며:殷은 클 씨라(月釋10:45).

은:둥ᄒᆞ·다 형 은중(殷重)하다. ¶시혹 一偈一句ᄅᆞᆯ 듣고 殷重ᄒᆞᆫ ᄆᆞᅀᆞᄆᆞᆯ 發ᄒᆞ야:殷은 클 씨라(月釋21:145).

은릭ᄒᆞ다 동 은닉(隱匿)하다. ¶은릭ᄒᆞ다:隱瞞(同文解上33).

-은마리 어미 -니. -은즉. ☞-ㄴ마리. -ㄴ말이 ¶危樓에 혼자 올나 水晶簾을 거든마리 東山의 ᄃᆞᆯ이 나고 北極의 별이 뵈니(松江. 思美人曲).

은미ᄒᆞ다 형 은미(隱微)하다. ¶일홈 짓ᄌᆞ오신 ᄠᅳ디 그 은미ᄒᆞᆫ ᄠᅳ디 겨시도다(仁祖行狀6). 은미ᄒᆞᆫᄃᆡ 간격이 업ᄉᆞ니:微無間(仁祖行狀34).

·은·밀·히 부 은밀(隱密)히. ¶話頭ᄅᆞᆯ 擧ᄒᆞ야 隱密히 光ᄋᆞᆯ 두르혀(蒙法7).

은·밀ᄒᆞ·다 형 은밀(隱密)하다. ¶疑心ᄋᆞᆯ 잡들면 힘ᄡᅳ디 아니ᄒᆞ야도 니ᅀᅳ취며 隱密ᄒᆞ야 그처딘 ᄢᅵ 업슨 ᄢᅴ(蒙法27).

은복ᄒᆞ다 동 은복(隱伏)하다. ¶군병을 포렬 은복ᄒᆞ엿ᄃᆞ더라(癸丑24).

·은·ᄉᆞ 명 은사(隱士). ¶龐公(ᄌᆞᄂᆞᆫ 德公이니 漢적 은ᄉᆡ라)이 일즉 자 안히며 마ᄋᆞᆯ애 들어가디 아니ᄒᆞ고(宣小6:84).

은연히 부 은연(隱然)히. ¶大義ᄂᆞᆫ 隱然히 宗法으로ᄡᅥ 主ᄅᆞᆯ 사ᄆᆞᆫ디라(家禮10:50).

은은ᄒᆞ다 형 은은(隱隱)하다. ¶원혼이 이셔 쳔음우습ᄒᆞᆫ 날의ᄂᆞᆫ 은은ᄒᆞᆫ 곡셩이 잇더니(落泉2:6).

은은ᄒᆞ다 형 은은(殷殷)하다. ¶황뎨 동녁흐로 치니 그 군시 십만이로다 은은ᄒᆞ고 굉굉ᄒᆞ니 범 ᄀᆞᆺᄒᆞ며 곰 ᄀᆞᆺ도다(山城148).

은:의 명 은의(恩義). ¶채 마조미 ᄒᆞ마 行ᄒᆞ면 므슴 義 이시며 구지주미 ᄒᆞ마 펴면 므슴 恩이 이시리오 恩義 다 업스면 夫婦ㅣ 다 여희느니라:楚撻旣行何義之有譴呵旣

宣何恩之有恩義俱廢夫婦離矣(宣賜內訓2上10). 그리 소ᄒᆞᆫ 사ᄅᆞ므로 친후ᄒᆞᆫ 동싱의 은의를 ᄀᆞᅀᆞᆷ아라 쳐단케 호미:今使疎薄之人而節量親厚之恩(飜小7:40). 親ᄒᆞ고 厚ᄒᆞᆫ 은의ᄅᆞᆯ ᄆᆞᄅᆞ써흐러 혜아리게 ᄒᆞ면:節量親厚之恩(宣小5:71).

은입ᄌᆞ 명 은입사(銀入絲). ¶은입ᄌᆞ:鋄銀(柳氏物名一 獸族).

은:ᄋᆡ 명 은애(恩愛). ¶아ᄃᆞᆯ님 반가ᄫᅵ 보샤 恩愛 겨실씨(月印上46). 恩愛ᄅᆞᆯ 그쳐 羅睺羅ᄅᆞᆯ 노하보내야 샹재 ᄃᆞ외에 ᄒᆞ라(釋譜6:1). 倫理ᄅᆞᆯ 正ᄒᆞ며 恩愛ᄅᆞᆯ 도타이 ᄒᆞᄂᆞᆫ 배 그 本이다(家禮2:1).

·은·쟈 명 은자(隱者). ¶子ㅣ ᄀᆞᆯᄋᆞ샤ᄃᆡ 隱者ㅣ로다 ᄒᆞ시고(宣論4:51).

은젼 명 은전(銀錢). ¶쓸 것시 업ᄉᆞ면 내 銀錢을 가져가 쓰고(捷蒙2:12).

은졍 명 은정(隱情). 속일 생각이나 사정. ¶거번의 그림 그려 받ᄌᆞ와습던 畫員의게 所約之物이 읻더니 至今 주ᄋᆞᆸ심이 업습기의 그 사ᄅᆞᆷ은 날을 무ᄉᆞᆷ 隱情이 읻ᄂᆞᆫ가 ᄒᆞ매 하 민망ᄒᆞ여(隣語1:32).

은졍 명 은정(隱釘). ¶은졍:衹(物譜 兵仗).

은줄 명 은맥(銀脈). ¶은줄:老翁髮 銀脈(柳氏物名五 金).

은ᄌᆞ 명 노자(路資). ¶ᄆᆞᆯ이 비록 만ᄒᆞ나 허티 아니ᄒᆞ시니 그 은ᄌᆞᄅᆞᆯ 내여 ᄆᆞᆯ을 사힘ᄒᆞ시미 엇더ᄒᆞ니잇고(洛城1).

·은:쳐ᄒᆞ·다 동 은처(隱處)하다. ¶나 구실ᄒᆞ며 隱處호미 제여곰 天機니라:出處各天機(初杜解15:5).

은:통 명 은총(恩寵). ¶은통과 권세 셩ᄒᆞ며:恩權隆(宣小6:117). 은통을 탐연ᄒᆞ여 경셩의 지회ᄒᆞ야(經筵). 이수의 은통으로 디접ᄒᆞ시며(仁祖行狀22).

은튁 명 은택(恩澤). ¶세샹의 드믄 은튁을 닙습고(仁祖行狀30).

은하 명 은하(銀河). ☞은하슈 ¶三峽에 별와 銀河ᄂᆞᆫ 그르메 이어놋다:三峽星河影動搖(初杜解14:19). 은하:天河(漢淸1:2).

은하슈 명 은하수(銀河水). ☞은하 ¶은하수:天河(同文解上1).

은한 명 은한(銀漢). ¶銀漢이 아ᄋᆞ라히 당당이 鳳城에 니엣거니라:銀漢遙應接鳳城(重杜解11:49).

·은:현ᄒᆞ·다 동 은현(隱現)하다. ¶ᄆᆞᆯᄀᆞᆫ ᄀᆞᄅᆞᇝ ᄀᆞᄂᆞᆯ해 그르매 隱現ᄒᆞ얫도다:隱見清湖陰(初杜解14:34).

은:혜 명 은혜(恩惠). ¶恩惠ᄅᆞᆯ 니ᄌᆞ샤 親近히 아니ᄒᆞ샤(月印上51). 아랫 恩惠ᄅᆞᆯ 니저 ᄇᆞ리샤(釋譜6:4). 澤은 저즐 씨니 恩惠 ᄒᆞ워호미 비 이슬 ᄀᆞᆮᄒᆞᆯ 씨라(法華2:187). 님금 恩惠로 決斷호미 神靈 ᄀᆞᆮᄒᆞ면:皇恩斷若神(初杜解6:12). 의원의 만히 은혜 갑고 샤례호리이다:太醫上重重的酬謝(飜老下41). 가히ᄂᆞᆫ 프레 믈 ᄡᅳ리던 은혜 잇고:狗有濺草之恩(飜朴上43). 은혯 은:恩. 은혜 혜:惠(訓蒙下31). 은혜 은:恩(類合下3. 兒學下11). 은혜:恩(東新續三綱. 忠1:12). 恩惠ᄅᆞᆯ 닙ᄉᆞ와 일 션ᄇᆡ 서리예 섯거 ᄃᆞᆫ뇨라:蒙恩早側儒(重杜解2:10). 은혜 갑다:報恩(同文解上31).

은:혜ᄅᆞ외·다 형 은혜(恩惠)롭다. ¶慈悲ᄅᆞᆸ고 恩惠ᄅᆞ외며 溫和ᄒᆞ고 어딜며(宣賜內訓3:2). ᄉᆞ랑ᄒᆞ온 ᄒᆡᄋᆡ 恩惠ᄅᆞ왼 비츨 빌요믈 니부니:愛日恩光蒙借貸(初杜解15:15).

은홍빗 명 연분홍빛. ☞은홍빛 ¶은홍빗체 西蕃蓮 문ᄒᆞᆫ 비단:銀紅西蕃蓮(老解下22).

은홍빛 명 은홍빛. 연분홍빛. ☞은홍빗 ¶은홍비체 효근 련곳 문ᄒᆞᆫ 비단:銀紅西蕃蓮(飜老下24).

은화 명 은화(銀貨). ¶銀貨ᄂᆞᆫ 億數이 辦備ᄒᆞ여 두얻ᄉᆞ오니(隣語1:24).

은ᄒᆡᆼ 명 은행(銀杏). ¶은ᄒᆡᆼ:白果(譯解上55). 은ᄒᆡᆼ:銀杏(物譜 木果. 柳氏物名四 木).

은ᄒᆡᆼ나모 명 은행나무. ¶은ᄒᆡᆼ나무:鴨脚樹(譯解下42).

읈ᄀᆞᄅᆞ 명 은가루. ¶읈ᄀᆞᄅᆞ 반 량과:銀末半兩(救簡1:93).

읃듬 명 으뜸. ☞읃뜸 ¶그 공경을 읃듬 삼ᄂᆞᆫ 이ᅀᅡ 날로 서르 親ᄒᆞ야 여허ᄒᆞ야:主其敬者日相親與(宣小5:77).

읃뜸 명 으뜸. ☞읃듬. 읃씀. 읏듬 ¶죠곰도 相較ᄒᆞᄂᆞᆫ 일이 업게 ᄒᆞᄂᆞᆫ 거시 읃뜸이오니(隣語3:17).

읃씀 명 으뜸. ☞읃듬. 읃뜸 ¶읃씀 원:元(倭解下40).

-·을 조 ①-을. ☞-ᄋᆞᆯ. -흘. -글 ¶帝業을 여르시니:肇造丕基(龍歌3章). 王業을 여르시니:肇開鴻業(龍歌3章). 漆沮 ᄀᆞᇫ 움흘 後聖이 니ᄅᆞ시니:漆沮陶穴後聖以矢(龍歌5章). 블근 새 그를 므러:赤爵銜書(龍歌7章). 四海ᄅᆞᆯ 년글 주리여:維彼四海肯他人錫(龍歌20章). 님그믈 救ᄒᆞ시고:我救厥辟(龍歌24章). 사ᄅᆞ믈 긔걸ᄒᆞ야 두고(釋譜6:23). 靈ᄒᆞᆫ 긔운을 ᄐᆞ며(宣賜內訓序2). ᄯᆞᄅᆞᆫ 앗ᄋᆡ 겨지블 절ᄒᆞ고 아ᄃᆞᄅᆞᆫ 앗ᄋᆞᆯ 절ᄒᆞᄂᆞ다:女拜弟妻男拜弟(初杜解8:28). 믈 ᄒᆞᆫ 사발을 머고ᄃᆡ(救簡2:3). 네 이 양을 ᄑᆞᆯ다:你這羊賣麼(飜老下21). 우리 시르믈 슬우며 답답ᄒᆞᆫ ᄆᆞᅀᆞ믈 헤와도ᄃᆡ 엇더ᄒᆞ뇨:咱們消息愁解悶如何(飜朴上1). 반ᄃᆞ시 스싀로 모믈 닷가:必自修整(飜小10:3). 부모의 ᄆᆞᄋᆞᆷ을 톄ᄒᆞ면(百行源12).

②-이. ¶汝陽王은 서 맔 수를 먹고ᅀᅡ(初杜解15:40).

③-로. ¶부톄 命ᄒᆞ샤 舍利弗을 和尙이 ᄃᆞ외오(釋譜6:10).

-·을 (어미) ①-는. ☞-ㄹ. -ᄋᆞᆯ ¶製ᄂᆞᆫ 글 지ᅀᅳᆯ 씨니 御製ᄂᆞᆫ 님금 지ᅀᅳ샨 그리라(訓註1). 得은 시를 씨라(訓註2). 連은 니ᅀᅳᆯ 씨라(訓註12). 附ᄂᆞᆫ 브틀 씨라(訓註12). 稱ᄋᆞᆫ 일ᄏᆞᄅᆞᆯ 씨라. 放ᄋᆞᆫ 펼 씨라. 破ᄂᆞᆫ ᄒᆞ야ᄇᆞ릴 씨라(月釋序6).

③-은. -ㄴ. ¶易ᄂᆞᆫ 쉬ᄫᅳᆯ 씨라(訓註3). 大ᄂᆞᆫ 클 씨라. 威ᄂᆞᆫ 저플 씨라. 衆은 할 씨라(月釋序6).

-을 (접미) -을. 〔명사(名詞)를 만드는 접미사.〕 ¶아모ᄃᆡ도 마ᄀᆞᆫ ᄃᆡ 업서 듣긇ᄢᅥ 걸위디 몯ᄒᆞᆯ 씨라(月釋序8). 塵ᄋᆞᆫ 드트리라(月釋2:15). 〔'듣글·드틀'은 '듣+글, 듣+흘'로 분석되고 '듣'은 '듣다〈落〉'의 어간(語幹)으로 봄.〕 叢林ᄋᆞᆫ 얼근 수프리라(釋譜19:17). 수플 림:林(訓蒙上7. 類合上5). 니블 금:衾(訓蒙中23. 類合上30).

-·을가 (어미) -을까. ☞-ㄹ가 ¶과ᄀᆞ리 긔운이 티와텨 수미 되오 주글가 식브닐 염교 디허 ᄲᅩᆫ 즙 ᄒᆞᆫ 되만 머그면 즉재 됴ᄒᆞ리라(救簡2:16). 후에 의거 업슬가 저허 부러 이 글월 ᄆᆡᆼᄀᆞ라 ᄡᅳ게 ᄒᆞ노라:恐後無憑故立此文契爲用(飜朴上61).

-·을·고 (어미) -을꼬. ☞-ㄹ고 ¶엇던 幸ᄋᆞ로 아히ᄃᆞᆯ히 ᄇᆡ브르 머글고:何幸飫兒童(初杜解15:56). 져젯 수를 ᄒᆞ야 온ᄃᆞᆯ 엇디 머글고:街市酒打將來怎麼喫(飜朴上2).

을너 [동] 을러. ¶달뇌고 을너 무라니(閑中錄554).

-·을·다 (어미) -ㄹ 것이냐. -겠느냐. ☞-ㄹ다. -을따 ¶오직 네 自心ᄋᆞᆯ 다시 므슴 方便을 지슬다:只汝自心更作什麼方便(牧牛訣13). 더우니 머글다 ᄎᆞ니 머글다:熱喫那涼喫(飜老上63).

-을따 (어미) -겠느냐. ☞-을다 ¶네 내 마ᄅᆞᆯ 다 드를따 ᄒᆞ야ᄂᆞᆯ(釋譜6:8).

-을란 [조] -을랑. -을랑은. ☞-으란 ¶아ᄋᆞ와 아ᄃᆞᆯ을란 두고(二倫12 王密易弟). 말을란 니르디 말라(普勸文38).

-·을·ᄉᆞ록 (어미) -을수록. ☞-ㄹᄉᆞ록 ¶녀 가ᄂᆞᆫ 비체ᄂᆞᆫ ᄀᆞᅀᆞᆯ히 將次 ᄂᆞᄌᆞ니 사괴ᄂᆞᆫ ᄠᅳ든 늘글ᄉᆞ록 또 親ᄒᆞ도다:行色秋將晚交情老更親(初杜解21:15).

-을·시 (어미) -으므로. ☞-을씨 ¶經藏ㅅ中에 이시나 사ᄅᆞ미 펴 부르리 져글시(圓覺序65). 無明 히믄 크고 般若ㅅ 히믄 져글시:無明之力大般若之力小(牧牛訣30).

-을·써 (어미) -구나. -도다. ☞-ㄹ써 ¶갓갓 소리ᄅᆞᆯ 내야 닐오ᄃᆡ 셜ᄫᅳᆯ써 世界 뷔여다 ᄒᆞ며(釋譜23:18).

-을쎄라 (어미) -을세라. ☞-ㄹ쎄라 ¶즑어온 오ᄂᆞᆯ이 幸혀 안이 졈을쎄라(古時調. 金玄成. 樂只쟈. 海謠). 眞實로 담안 ᄒᆞᆫ 勤心은 桑大夫 힘혀 들을쎄라(古時調. 尹善道. 모래 우희. 海謠).

-·을·씨 (어미) -으므로. ☞-을시 ¶ᄉᆡ미 기픈 므른 ᄀᆞᄆᆞ래 아니 그츨ᄊᆡ 내히 이러 바ᄅᆞ래 가ᄂᆞ니:源遠之水旱亦不竭流斯爲川于海必達(龍歌2章).

읇다 [동] 읊다. ☞읊다 ¶그 글귀ᄅᆞᆯ 써 읇프며:題所聞之句亦吟哦(太平1:2). 샹해 외와 니겨 읇퍼 입의 두면:尋常誦習諷詠在口(警民41). 년구ᄒᆞ기 ᄆᆞᆺ고 글 읇기 ᄒᆞ고:句罷吟詩(老解上3). 글 읇기 ᄆᆞᆺ고 스승 앏희셔 글을 강ᄒᆞ노라:吟詩罷師傅前講書(老解上3). 술을 먹고 詩句ᄅᆞᆯ 읇프며:飮酒吟詩句(朴解中44). 글 읇다:吟詩(譯解上15). 詩ᄅᆞᆯ 읇프며 賦ᄅᆞᆯ 지으며:吟詩作賦(女四解2:25). 글 읇다:吟哦(漢淸4:14).

읇쥬어리다 [동] 읊조리다. ☞입주리다 ¶읇쥬어리다:吟咏(同文解上42).

읊다 [동] 읊다. ☞읇다 ¶을플 음:吟(倭解上37). 詩句를 을플 제(古時調. 靑丘). 太姒의 德을 을펏ᄂᆞ니라(女四解4:4). 을풀 영:詠(兒學下2).

-·음 (접미) -음. 〔용언의 어근(語根)에 붙어, 그 말을 명사로 만드는 접미사.〕 ¶불휘 기픈 남ᄀᆞᆫ ᄇᆞᄅᆞ매 아니 뮐ᄊᆡ 곶 됴코 여름 하ᄂᆞ니:根深之木風亦不扤有灼其華有蕡其實(龍歌2章). ᄒᆞᆫ 거름 나ᅀᅡ 거롬만 몯ᄒᆞ니라(釋譜6:20). 기ᅀᅳ미 기ᅀᅥ 나ᄃᆞᆯ ᄒᆞ야ᄇᆞ리ᄃᆞᆺ ᄒᆞ니라(月釋10:19). 반 거름도 ᄃᆞᆫ니디 몯ᄒᆞ리라(飜朴上43).

음간 [명] 음간(陰乾). 음건(陰乾). ☞양간 ¶ᄆᆞ를 ᄆᆞᄃᆡ 陰乾을 아니ᄒᆞ고(隣語1:2).

음공 [명] 음공(陰功). ¶모든 신하애 ᄯᅩᄒᆞᆫ 엇지 음공이 업ᄉᆞ리오(綸音23).

음깅 [명] 음경(陰莖). ¶小便이 快티 몯ᄒᆞ야 陰莖ㅅ 소비 알파 죽고져 ᄒᆞᄂᆞᆯ 고툐ᄃᆡ:治小便不利莖中痛欲死(救急上69). 흰ᄆᆞᆯ 음깅:白馬莖(東醫 湯液一 獸部).

음난 [명] 음란(淫亂). ☞음란 ¶음난:淫(漢淸8:18).

음난하다 [형] 음란(淫亂)하다. ☞음난ᄒᆞ다. 음란ᄒᆞ다 ¶음난할 음:淫(兒學下12).

음난ᄒᆞ다 [형] 음란(淫亂)하다. ☞음난하다. 음란ᄒᆞ다 ¶음난ᄒᆞᆫ 노ᄅᆡᄅᆞᆯ 듯디 말고:不聽淫音(女四解2:38). 음난ᄒᆞ다:行淫(同文解上23). 우리 무리의 드러ᄂᆞᆫ ᄌᆞ연이 무드러 음난치 아니리 업ᄉᆞ니(落泉1:2).

음낭 [명] 음낭(陰囊). ¶또 음낭 아래 항문으로셔 ᄒᆞᆫ 촌만 일ᄇᆡᆨ 붓글 ᄯᅳ라:又灸陰囊下去下部一寸百壯(救簡1:55).

음녀 [명] 음녀(婬女). ¶婬女는 婬亂ᄒᆞᆫ 겨지

비라(月釋7:14). 種種 노룻과 諸婬女돌홀 다 親近히 마롤띠니라(法華5:27).

음달 명 응달. ¶음달:背陰處(同文解上3). 음달:背陰地(譯解補4). 음달:背陰(漢淸1:2).

:음·담 명 음담(飮啖). 음식(飮食). ☞음담ᄒᆞ다 ¶長常 病ᄒᆞ야 시드러 음담 몯 ᄒᆞ고(釋譜9:29). 〔原經文에는 '음담 몯 ᄒᆞ고'가 '不能飮食'으로 되어 있고, 같은 대문이 月釋 9:49~50에는 '飮食 몯 ᄒᆞ고'로 기록되어 있음.〕음담곳 아니면 ᄌᆞ라디 몯ᄒᆞ리며:非食不長(三綱. 忠2). 飮啖을 소리 나게 말며(宣賜內訓1:3).

:음:담ᄒᆞ·다 동 음담(飮啖)하다. 음식(飮食)을 먹다. 마시고 씹다. ☞음담 ¶曲禮예 닐오ᄃᆡ 모다 飮啖홀 제 비브르디 말며(宣賜內訓1:3).

음·락·ᄒᆞ·다 동 음락(淫樂)하다. ¶先君 莊王이 淫樂ᄒᆞ샤 三年을 政事 듣디 아니ᄒᆞ더시니(宣賜內訓2上28).

음:란 명 음란(陰卵). 불알. ¶ᄆᆞ리 사ᄅᆞᄆᆡ 음란을 므러 그 음란이 드리디여 나거든:馬齧人陰卵脫出(救簡6:72).

음:란 명 음란(淫亂). ☞음난 ¶노ᄅᆞ솔 ᄒᆞ거나 婬亂올 맛들어나(釋譜9:37). 婬亂 아니ᄒᆞ며(楞解5:62).

음:란ᄒᆞ·다 형 음란(淫亂)하다. ☞음난ᄒᆞ다 ¶婬女는 婬亂ᄒᆞᆫ 겨지비라(月釋7:14). 겨지븐 닐굽 가짓 내티요미 잇고 남지는 ᄒᆞ나토 내티요미 업스니 닐굽 가짓 내티요매 새오미 爲頭ᄒᆞ고 淫亂ᄒᆞ며(三綱. 烈2). 음란ᄒᆞᆫ 이를 탐ᄒᆞ고:貪淫(飜小6:31).

음문 명 음문(陰門). ¶계집은 모딘 긔운이 음문으로셔 나ᄂᆞ니(辟新16).

음샤·히 부 사음(邪淫)하게. ¶워여 ᄃᆡ답디 말며 음샤히 보디 말며:毋噭應毋淫視(宣小3:9).

음셔 명 음서(音書). 소식. ¶風塵이 어른어른ᄒᆞ야시니 音書ㅣ 그쳇고:風塵荏苒音書絕(初杜解6:15).

음션 명 음선(飮膳). 음식물. 먹고 마시는 것. ¶므릇 飮膳을 숣ᄆᆞ며 調화호미 婦人의 소임이어ᄂᆞᆯ(家禮2:5).

음셩 명 음성(音聲). ¶이러트시 種種 音聲을 골ᄒᆞ요ᄃᆡ 耳根ᄋᆞᆫ 허디 아니ᄒᆞ니라(釋譜19:16). 音聲의 性은 動靜을브터 나톨씨(楞解6:4). 衆生이 音聲을 보아 곧 解脫을 得게 ᄒᆞ며:衆生觀其音聲卽得解脫(楞解6:24). 色身이 부텨 아니며 音聲도 ᄯᅩ 그러ᄒᆞ거늘(金三4:58).

음슈 명 음수(陰水). ¶음슈:腎水 鬆水(譯解上36).

:음·식 명 음식(飮食). ¶하ᄂᆞᆯ해셔 飮食이 自然히 오나ᄃᆞᆫ 夫人이 좌시고(月釋2:25). 제 飮食을 니기디 아니케 ᄒᆞ샤ᄆᆞᆫ(楞解6:103). 飮食을 브르게 足게 ᄒᆞ며(法華2:242). 음식을 ᄂᆞ리오ᄃᆡ 몯ᄒᆞ거든:不下食(救簡1:106). 우리 므슴 음식을 머거ᅀᅡ 됴홀고:咱們喫些甚麼茶飯好(飜老上60). 음식을 다 몬져 맛보며:味皆先嘗(飜小9:76). 음식 탐홀 참:饞(訓蒙下13). 飮食을 菲히 ᄒᆞ시고 孝를 鬼神애 닐위시며(宣論2:37). 안ᄌᆞ며 누우며 음식기며:坐臥飮食(東新續三綱. 孝7:19). 밥과 기롬진 것과 구은 음식을 ᄀᆞ장 금긔ᄒᆞ라(辟新17). 음식 쉬다:氣到(同文解上58). 飮食이나 만히 장만ᄒᆞ여(隣語1:10). 이 우물이 업슨 후에야 음식이 가히 됴고(綸音32).

:음·식ᄒᆞ·다 동 음식(飮食)하다. 먹고 마시다. ¶오직 生員이 大學애셔 飮食ᄒᆞ고 妻子ᄂᆞᆫ 울워러 사롤 ᄃᆡ 업ᄉᆞ니:但生員廩食於大學而妻子無所仰給(宣賜內訓2下62). 先生을 셤겨 親히 가라 飮食ᄒᆞ며 親히 질삼ᄒᆞ야(宣賜內訓3:69). 즁돌 음식ᄒᆞᄂᆞᆫ 집과:齋堂(飜朴上69).

음신 명 음신(音信). 편지. ¶사ᄅᆞᄆᆡ 일와 音信ㅅ 글월왜 속절업시 괴외ᄒᆞ도다:人事音書漫寂寥(初杜解14:19). 곧 音信올 브텨:卽寄書(重杜解1:41). 하ᄂᆞᆯ히 놉고 音信이 업스니:天高無消息(重杜解9:3). 우리돌 음신을 안노슈ᄡᅥ 전ᄒᆞ야(桐華寺 王郎傳7). 십년 젼은 서로 음신이 단졀ᄒᆞ리니(洛城1).

음·악 명 음악(音樂). ¶亂離ᄒᆞᆫ 제 도ᄅᆞ혀 音樂올 ᄒᆞᄂᆞ니:亂離還奏樂(初杜解15:31). 녜 迦葉이 乾闥婆王ᄋᆡ 音樂 드르시고 믄득 니러 춤츠시니 이 大用이라(南明上71). 음악 악:樂(訓蒙下15. 類合下3). 여슷 ᄢᅢ에 하ᄂᆞᆳ 音樂이 香爐에 오놋다:六時天樂朝香爐(重杜解9:30).

음양 명 점(占). ¶우리 됴ᄒᆞᆫ 날 굴희어 도라가져 내 이믜셔 음양ᄒᆞ야 가고져 ᄒᆞ노라:我揀箇好日頭廻去我一發待算一卦去(飜老下70).

음양 명 음양(陰陽). ¶聞波ㅣ 陰이오 見火ㅣ 陽이니 陰陽이 서르 다와다 雷 ᄃᆞ외ᄂᆞᆫ 젼ᄎᆞ라(楞解8:100). 우숨과 陰陽을 ᄉᆞ랑홈과:笑思想陰陽(救急上80).

음양갑 명 점친 값. 복채(卜債). ¶음양갑 五分을 두라:五分卦錢留下着(老解下65).

음양ᄒᆞ다 동 점(占)치다. ¶내 임의셔 음양ᄒᆞ여 가고져 ᄒᆞ노라:我一發待算一卦去(老解下63).

음영ᄒᆞ다 동 음영(吟詠)하다. ¶시부롤 음영ᄒᆞ야 쇼안ᄒᆞᆫ 회포롤 풀며(引鳳簫1).

음예ᄒᆞ다 형 음예(淫穢)하다. ¶청누 음예ᄒᆞᆫ 곳을 피코져 ᄒᆞᄂᆞ이다(落泉1:3).

음·욕 명 음욕(婬欲). ¶婬欲ᄋᆞᆫ 남진 겨지비

ᄒᆞᄂᆞᆫ 잘 씨오(月釋1:25). 婬欲ᄋᆞᆫ 婬亂ᄒᆞᆫ 欲心이라(月釋7:18). 婬欲ᄋᆞᆫ 더럽고 佛道ᄂᆞᆫ 조커시니(月釋9:24). 衆生이 다 婬欲ᄋᆞᆯ 因ᄒᆞ야(楞解6:86).

음:운 명 음운(音韻). ¶各別히 아롬 업스나 ᄒᆞ마 音韻 이루메 가ᄌᆞᆯ비시니라:譬無別所知而已成音韻也(楞解9:85).

음죵 명 음종(陰腫). ¶음죵:肯套的瘡(漢淸8:11).

:음·쥬ᄒᆞ·다 동 음주(飮酒)하다. ¶般樂ᄒᆞ야 飮酒홈과 驅騁ᄒᆞ야(宣孟14:24).

음·탕 명 음탕(淫蕩). ¶음탕 음:淫. 음탕일:泆(類合下31).

음·탕ᄒᆞ·다 형 음탕(淫蕩)하다. ¶여슷재ᄂᆞᆫ 음탕ᄒᆞᆫ 더러온 마리며 희롱앳 일와 겨지븨 양ᄌᆞ 됴ᄒᆞ니 사오나오니 ᄒᆞᄂᆞᆫ 마ᄅᆞᆯ 니ᄅᆞ디 말며:六不言淫媟戲慢評論女色(飜小8:21).

음특ᄒᆞ다 형 음특(陰慝)하다. ¶본셩이 간험ᄒᆞ여 크게 음특ᄒᆞ니 조각을 보아 응변ᄒᆞ라(落泉2:6).

음:향 명 음향(音響). ¶소리 스러 音響이 둘히 그츠면(響ᄋᆞᆫ 맛갋ᄂᆞᆫ 소리라):聲銷音響雙絶(楞解4:125).

음험ᄒᆞ다 형 음험(陰險)하다. ¶陰險ᄒᆞᆫ ᄭᅬ홀 사ᄅᆞ미 ᄒᆞ올로 鈞衡을 자밧더라:陰謀獨秉鈞(重杜解19:12).

음황ᄒᆞ다 명 음황(淫荒)하다. ¶궁사ᄅᆞᆷ으로 더브러 음황ᄒᆞ고:與宮人淫荒(東新續三綱. 忠1:11).

음휼ᄒᆞ다 형 음휼(陰譎)하다. ¶싱이 일마다 후마ᄅᆞᆯ 밋다가 용심의 음휼ᄒᆞ믈 비로소 ᄭᅢ닷고(落泉1:2).

읍 명 읍(揖). ¶읍 읍:揖(類合下5).

읍ᄂᆡ 명 읍내(邑內). ¶巡使가 邑內 드ᄋᆞᆸ시되(隣語1:6). 邑內 다 이 갇ᄉᆞ오면(隣語1:14).

읍다 동 읊다. ☞읇다. 읊다. 읍프다 ¶南녁 뫼ᄒᆞ로 올아가며 白華篇을 읍ᄂᆞ니:南登吟白華(重杜解8:20). 읍기ᄅᆞᆯ 다ᄒᆞ고 믄득 몯보니라:詠訖遂不見(東三綱. 孝1). 고지셔 글 읍ᄂᆞᆫ 공ᄌᆞᄂᆞᆫ ᄒᆞᆫ 입시우리 곳답도다:詠花公子一唇香(百聯18).

읍별ᄒᆞ다 동 읍별(泣別)하다. ¶부인긔 읍별ᄒᆞ고(引鳳簫1).

읍주어리다 동 읊조리다. ☞읍쥬어리다 ¶혹 등등 읍주어리니(癸丑38).

읍쥬어리다 동 읊조리다. ☞읍주어리다 ¶읍쥬어려 싱각ᄒᆞ야 놀래 브르ᄂᆞ니:謳歌者(十九史略1:7).

읍프다 동 읊다. ☞읇다. 읍다 ¶읍플 영:詠(類合下6). 아비와 그ᄅᆞᆯ 읍프되:其父詠詩云(東三綱. 孝1 婁伯捕虎). 셴 머리예 읍퍼ᄇᆞ라고:白頭吟望(重杜解6:11).

·읍·ᄒᆞ·다 동 읍(揖)하다. ¶門 밧긔 절ᄒᆞ야 마자드러 揖ᄒᆞ야 辭讓ᄒᆞ야 올아(宣賜內訓1:74). 그 노ᄅᆞᆺ노리ᄅᆞᆯ 祭器 버리고 揖ᄒᆞ야 辭讓ᄒᆞ며(宣賜內訓3:14). 스승님ᄭᅴ 읍ᄒᆞ고 글 바틴 후에:師傅上唱喏試文書的之後(飜朴上49). 읍ᄒᆞ노이다 큰 형님:拜揖大哥(飜老下1). 읍ᄒᆞᆯ 읍:揖(訓蒙下26). 더브러 셔신 바와 揖ᄒᆞ샤ᄃᆡ:揖所與立(宣小2:38). 入ᄒᆞ야 子貢의게 揖ᄒᆞ고(宣孟5:28). 서ᄅᆞ 읍ᄒᆞ고 안ᄌᆞ며:相揖而坐(太平1:25). 읍ᄒᆞ다:作揖(同文解上51). 동쇼제 화연을 겻지어 나아와 읍ᄒᆞ여 니ᄅᆞᄃᆡ(落泉1:2).

읏듬 명 으뜸. 밑동. 근본(根本). ☞읏ᄯᅳᆷ ¶낫계어든 밥 아니 머구미 읏드미오(釋譜9:18). 質ᄋᆞᆫ 읏드미라(月釋17:58). ᄆᆞᅀᆞᄆᆡ 性이 조ᄒᆞᆫ 볼근 읏드믈 아디 몯고(楞解1:43). 오직 一家ㅅ 읏드믈 조차:但隨一家本領(圓覺序64). 淸淨ᄒᆞ야 ᄒᆞ욤 업수므로 읏드믈 사ᄆᆞ니:淸浮無爲爲本(宣賜內訓2下49). 丁香이 읏드미 보ᄃᆞ라오니 어즈러이 여르미 ᄆᆡ자 가지 오히려 ᄡᅢ뎟도다:丁香體柔弱亂結枝猶墊(初杜解18:1). 지셩으로 읏듬을 사마:以至誠爲本(飜小10:26). 읏듬 듀:株. 읏듬 간:幹(訓蒙下3). 읏듬 간:幹(類合上8). ᄒᆞ여곰 可히 에엿비 너기시게 ᄒᆞ욤이 읏듬이오:使可哀憐上也(宣小4:20). 읏듬을 삼ᄂᆞ니:爲先(警民21). 이 알프란 ᄀᆞᆺᄒᆞ여 숣거든 조ᄎᆞ시미 읏듬이오ᄂᆞᆼ이다(新語6:21). 읏듬 官員:掌印官(譯解上9). 오히려 女德의도 읏듬이 되ᄂᆞ니라:猶爲女德之首也(女四解4:18). 도로혀 읏듬으로셔 사오나온 일을 ᄒᆞ려 ᄒᆞᄂᆞᆫ다(女範3. 뎡녀 당여홍쳐). 주변이 읏듬이라 변통을 아니ᄒᆞ랴(萬言詞).

읏듬 동 언음. ¶이럴ᄊᆡ ᄌᆞ오롬과 雜念괘 다 ᄆᆞᅀᆞ매 드러 읏드미 ᄃᆞ외리라:是故昏沉掉擧皆入作得(蒙法2).

읏듬난이 명 으뜸된 이. 가장(家長). ☞읏ᄯᅳᆷ나니 ¶새배 니러 읏듬난이 모ᄃᆞᆫ ᄌᆞ데 ᄃᆞ리고:晨興家長率衆弟子(二倫30 陸氏義居).

읏ᄯᅳᆷ 명 으뜸. ☞읏듬 ¶第三애 夫婦有別 人倫의 읏ᄯᅳᆷ이라(人日歌).

읏ᄯᅳᆷ나니 명 으뜸된 이. 가장(家長). ☞읏듬난이 ¶읏ᄯᅳᆷ나니 모ᄃᆞᆫ ᄌᆞ데ᄅᆞᆯ 모도고:家長會衆子弟(二倫30 陸氏義居).

응낙ᄒᆞ다 동 응낙(應諾)하다. ¶젼치 디열 응낙ᄒᆞ고 ᄒᆞᆫ 환을 몬져 더은 술의 타 화연을 권ᄒᆞ니(落泉1:2).

응당 부 응당(應當). ¶응당:該當(同文解下47). 이ᄃᆞᆯ 初生의ᄂᆞᆫ 應當 出來ᄒᆞ마 ᄒᆞ시고(隣語1:25). 내 너ᄅᆞᆯ 헤아리니 應當 우리 집의 오리라 ᄒᆞ여(捷蒙3:16). 사ᄅᆞᆷ 죽이오신 거ᄉᆞᆯ 우히셔 응당 아ᄅᆞ시고 바로 ᄒᆞ시

ᄂᆞᆫ가 보다(閑中錄194). 응당 밧칠 죠 즁에 ᄯᅩᄒᆞᆫ 샹당곡으로 침쟉ᄒᆞ야(綸音90).

응당이 부 응당(應當)히. ¶應당이 三年상 니볼 者ᄂᆞᆫ 그 아래 안자 다 거젹으로ᄡᅥ ᄡᅥᆯ 며(家禮5:14). 嫡子ㅣ 응當이 後ㅣ 될 者ᄅᆞᆯ 爲ᄒᆞ며(家禮6:16).

응당ᄒᆞ다 형 응당(應當)하다. ¶和티 못ᄒᆞ면 ᄆᆞᄋᆞᆷ히 다 비쳑ᄒᆞ며 나라히도 응당ᄒᆞᆫ 法이 잇ᄂᆞ니라(警民5). 두 사ᄅᆞᆷ의 ᄠᅳᆮ을 ᄡᅵᆸ디 아니ᄒᆞ기ᄂᆞᆫ 부인의 응당ᄒᆞᆫ 일이니:常(五倫3:28).

:응:ᄃᆡ 명 응대(應對). ¶子弟 도의여서 灑掃應對ᄅᆞᆯ 편안히 너기디 아니ᄒᆞ고(飜小6:3). 灑掃와 應對로 理ᄅᆞᆯ 궁구ᄒᆞ며 性을 다 홈애 니르샤:灑掃應對至於窮理盡性(宣小6:17)

응ᄃᆡᄒᆞ다 동 응대(應對)하다. ¶싱이 계교 업셔 응ᄃᆡᄒᆞ고 밤둥의 와 쇼져다려 니ᄅᆞᄃᆡ(落泉1:3).

응물다 동 윽물다. ¶개 니를 응물고 즛다: 狗呲牙叫(漢淸7:23).

:응시·ᄒᆞ·다 동 응시(應時)하다. 때를 맞추다. ¶八駿이 應時ᄒᆞ야 나니:蹻蹻八駿生應時兮(龍歌70章).

응연·히 부 응연(凝然)히. ¶性은 ᄇᆞᆯ고매 나ᅀᅡ가 微妙ᄒᆞ야 凝然히 괴외ᄒᆞ며 ᄆᆞᆯ고미:凝然은 얼의욘 양ᄌᆡ라(楞解2:18).

응연·ᄒᆞ·다 형 응연(凝然)하다. ¶眞如는 一向ᄒᆞ야 凝然ᄒᆞ야 變티 아니ᄒᆞ야(圓覺上一之一46).

:응:용ᄒᆞ다 동 응용(應用)하다. ¶發心ᄒᆞᆫ 사ᄅᆞᄆᆞᆫ 믈읫 應用ᄒᆞᄂᆞᆫ ᄉᆞᅀᅵ예 오직 반ᄃᆞ기 念 업시 應홀디언뎡(金三3:34).

응졉ᄒᆞ다 동 응접(應接)하다. ¶샹도를 한위ᄒᆞ고 졔노를 응졉ᄒᆞ야 구실은 만코 즁ᄒᆞ고(綸音85).

:응·ᄒᆞ·다 동 응(應)하다. ¶이ᄂᆞᆫ 緣 업슨 慈悲로 機ᄅᆞᆯ 應ᄒᆞ야 니ᄅᆞ샤(楞解2:15). ᄀᆞ마니 니르왇고 그ᅀᅳ기 應ᄒᆞ며(圓覺上一之二14). 밧긔 모ᄃᆞᆫ 機ᄅᆞᆯ 應ᄒᆞ며(金三涵序3). 하ᄂᆞᆯ홀 應ᄒᆞ야 나신 ᄌᆡ죄 젹디 아니ᄒᆞ니:應天才不小(重杜解6:31). 다만 하ᄂᆞᆯ의 응ᄒᆞ여 좃노라(三譯6:17). 여느 겨를이 이셔 조와 ᄡᆞᆯ을 내여 ᄡᅥ 공셰와 다ᄆᆞᆺ 관젹을 응ᄒᆞ리오(綸音87).

읊다 동 읊다. ☞읊다. 읍다 ¶더르며 긴 으푸믈 虛費히 호라:虛費短長吟(重杜解2:5). 으프며 놀애 블으며 춤츠며 발 굴러:詠歌舞蹈(宣小題辭3). 으플 영:詠(石千14).

의 명 의(衣). 꺼풀. ¶이 약ᄃᆞᆯ홀 ᄀᆞ라 조린 ᄭᅮ레 ᄆᆞ라 탄ᄌᆞ만 비비여 朱砂로 의 니펴:右件爲末煉蜜和丸彈子大以朱砂爲衣(瘟疫方13).

:의 명 의(義). ¶큰 義로 제 아ᄃᆞᄅᆞᆯ 주기도다(三綱. 忠3). 밧긔 이쇼미 義 아니니 이제 서르 아ᄂᆞᆫ 젼ᄎᆡ며:在外非義今相知故(楞解1:69). 義ᄂᆞᆫ 諸法 ᄠᅳ들 ᄉᆞᄆᆞᆺ 나톨 씨오(法華1:37). 義ᄂᆞᆫ 여러 내요ᄆᆞᆯ 맛당홈 조초ᄆᆞᆯ ᄡᅳ니라(法華1:90). 義ᄂᆞᆫ 맛당홀 시라(宣賜內訓1:12). 義ᄂᆞᆫ 宜니 賢을 尊홈이 크니(宣中24). 忠과 義괘 엇디 아니 셤이 이시며(家禮1:13).

-·의 조 ①-의. ☞-ᄋᆡ ¶官妓로 怒ᄒᆞ샤미 官吏의 다시언마ᄅᆞᆫ:官妓以怒官吏之失(龍歌17章). 열희 ᄆᆞᅀᆞᄆᆞᆯ 하ᄂᆞᆯ히 달애시니:維十人心天實誘他(龍歌18章). 員의 지븨 가샤:適彼令舍(龍歌28章). ᄆᆞᆯ 우희 니ᅀᅥ 티시나: 馬上連擊(龍歌44章). 前生앳 이릐 젼ᄎᆞᄅᆞᆯ 因緣이라 ᄒᆞ고(月釋1:11). 거부븨 터리와 톳긔 ᄲᅳᆯ ᄀᆞᆮ거니:同於龜毛兎角(楞解1:74). ᄆᆡᆺ 비츠란 새의 즐기논 ᄠᅳ들 보노라:山光見鳥情(初杜解7:11). 空生ᄋᆞᆫ 須菩提의 일후미라(金三2:2). ᄃᆞᆰ의 ᄯᅩᆼ 힌 ᄃᆡ ᄀᆞᆯ히야: 鷄白矢(救簡1:14). 원컨대 몸으로ᄡᅥ 아븨 명을 ᄃᆡᄒᆞ여지라:願以身代父命(東新續三綱. 孝7:43).

②-에. ☞-에 ¶員의 지븨 가샤:適彼令舍(龍歌28章). 山 미틔 軍馬 두시고:山下設伏(龍歌58章). 城 밧긔 브리 비취여:火照城外(龍歌69章). 이 지븨 자려 ᄒᆞ시니:將宿是屋. 뎌 지븨 가려 ᄒᆞ시니:欲往彼室(龍歌102章). 올ᄒᆞᆫ녀긔 브텨ᄡᅳ라:附書於右(訓註). 이 저긔 여러 經에 ᄀᆞᆯ히여 내야(釋譜序4). 目蓮이 耶輸ㅅ 宮의 가 보니(釋譜6:2). 바ᄅᆞᇌ믈 셔ᄂᆞᆫ 굼긔 드러 이셔(釋譜13:10). 무틔 술윗바회맛 靑蓮花ㅣ 나며(月釋2:31). ᄒᆞ마 城郭ㅅ 밧긔 나 드트렛 이리 져고ᄆᆞᆯ 아노니:已知出郭少塵事(初杜解7:2). 駟馬 ᄐᆞ여 門의 드러오도다(南明上30). 나모 돌해 지즐여 피 가슴과 등과 너븨 이셔(救簡1:81). 뎌 일훔난 화원의 가: 去那有名的花園裏(飜朴上1). 귀비ᄅᆞᆯ 그 고을의 가 나핫더니(明皇1:33).

-·의 어미 -게. ☞-게 ¶後ㅅ 사ᄅᆞᄆᆞᆯ 알의 ᄒᆞᄂᆞᆫ 거시라(釋譜序1). 化人ᄋᆞᆫ 世尊ㅅ 神力으로 ᄃᆞ외의 ᄒᆞ샨 사ᄅᆞ미라(釋譜6:7). 無上菩提ᄅᆞᆯ 證호매 니를의 호리라(釋譜9:7). 衆生ᄋᆞᆯ 濟度ᄒᆞ야 더본 煩惱ᄅᆞᆯ 여희의 홀 느지니(月釋1:18).

-·의 접미 -이. 〔용언(用言)의 어근(語根)에 붙어, 명사를 만드는 접미사.〕☞-이 ¶킈 젹도 크도 아니ᄒᆞ고(月釋1:26). 노핏와 너븨왜(月釋17:37). 附子 므긔 닐굽 돈 남ᄌᆞᆺᄒᆞᆫ 널 炮ᄒᆞ야 니겨:附子重七錢許炮熟(救急上38). 훤히 기릐와 너븨왜 自在ᄒᆞ도다:廓爾縱橫自在(金三2:19). 브ᅀᅥᆺ 지ᄅᆞᆯ ᄲᅡ해

반 잣 둗긔만 셜오:竈中灰布地令厚五寸(救簡1:72). 기픠 여틔 기니 뎌르니 되디 몯ᄒ리라:深淺長短不可量(飜朴上67). 믈 구븨 예:汭(訓蒙下35). 굳게 다아 두틔 두서자만 ᄒ고(家禮7:23). 기동만ᄒ 굴긔예:停柱來麁細的(朴解中1).

의·거 명 의거(依據). ¶후에 의거 업슬가 저허 부러 이 글월 ᄆᆡᆼᄀ라 쓰게 ᄒ노라:恐後無憑故立此文契爲用(飜朴上61). 의것거:據(類合下18).

-·의거·긔 조 -에게. ☞-의그에 ¶大衆의거긔 놈 위ᄒ야 골히내 니르며(釋譜19:8). 阿羅漢의거긔 새옴 ᄆᆞᅀᆞᄆᆞᆯ 내시ᄂ니(月釋9:35). 그 각시 손소 브즈러니 싀어미ᄅᆞᆯ 이바ᄃ며 또 남지늬거긔 머굴 것 보내더라:妻常躬勤養姑又遠饋羊子(三綱.烈8). 모딘 져믄 사ᄅᆞᄆᆡ거긔 말ᄉᆞᄆᆞᆯ 브티노니:寄語惡少年(杜解16:73).

-·의거·긘 조 -에게는. ¶公侯의거긘 奇異ᄒ 사ᄅᆞ미 나ᄂ니라:公侯出異人(初杜解21:20).

의거ᄒ·다 동 의거(依據)하다. ¶비록 窮村僻巷이라도 다 방문을 의거ᄒ야(簡辟序3). ᄒᆞᆫ골ᄋ티 大文을 의거ᄒ야:一依大文(宣小凡例1). 길쥐ᄅᆞᆯ 의거ᄒ야 반ᄒ야늘:據吉州叛(東續三綱.忠1). ᄒᆞᆫ골ᄀ티 쇼혹을 의거ᄒ며:一依小學(東新續三綱.孝3:83).

-·의게 조 ①-에게. ☞-의그에 ¶衆生의게 브튼 ᄆᆞᅀᆞᆷ 업수듸 衆生의게 自然히 利益을 나토ᄫᆞ 씨오(月釋8:28). 一切 衆生의게 ᄆᆞᅀᆞᆷ ᄂ즈기 ᄒ샤ᄆᆞᆯ 表ᄒᅀᆞ오니라(金剛4). 南녁 늘그늬게 섯겟노니:亂南翁(初杜解8:4). 祖父의게 傳ᄒᆞᆫ 거시어늘(南明下48). 긔운 업스니와 귓거싀게 티이니와 브텟ᄂ니라(救簡1:42). 바다 가지지 아니코 曹操의게 쪄나셔(三譯6:19). 사ᄅᆞᆷ의게 가기를 원치 아니ᄒ야(女四解3:2). 혹 쳐ᄌ의게 혹ᄒ야(百行源18). 닉 인ᄉ 차셔 업셔 죵의게 존대로다(萬言詞).
②-에게서. -으로부터. ¶이 네 罪ᄅᆞᆯ 犯ᄒ면 즁의게 ᄇ리일 쎠니라(楞解6:85).

-·의게·셔 조 ①-보다. ☞-에셔 ¶臣이 浩의게셔 하옹이다:臣多於浩(宣小6:42).
②-과. ¶사ᄅᆞᆷ의 사ᄅᆞᆷ되오미 즘싱의게셔 다ᄅ기ᄂᆞᆫ:盖人之爲人異乎禽獸者(警民21).

의견 명 의견(意見). ¶公닉 所見과 우리들의 意見과ᄂᆞᆫ(隣語2:12).

의관 명 의관(衣冠). ¶의관ᄋᆞᆯ ᄒ야신ᄃᆞᆯ 죵과 엇디 다ᄅ리오:簪裾徒在廝養何殊(飜小6:19). 君子ᄂᆞᆫ 맛당히 그 衣冠을 正히 ᄒ며:君子當正其衣冠(宣小6:109). 君子ㅣ 그 衣冠을 正히 ᄒ며(宣論4:71). 의관을 ᄀ초와:具衣冠(東新續三綱.孝5:61). 衣冠ᄒ 사ᄅᆞᆷ(重杜解1:40). 衣冠ᄒ닌 紫宸을 절ᄒᄂ니라:衣冠拜紫宸(重杜解11:1). 치며 끄으니 의관이 ᄢ여지ᄃᆡ(山城9), 크게 놀라 의관을 정졔ᄒ고 나와 손을 잡고(落泉2:6)

의관 명 의관(醫官). ¶또 醫官을 藥 가지여 分ᄒ야 보내샤(簡辟序2).

의관ᄒ다 동 의관(衣冠)하다. ¶衣冠ᄒᆞᆫ 모매ᄂᆞᆫ 御爐앳 香내 버므렛도다(初杜解6:3). 衣冠ᄒ고 씌 씌고(捷蒙4:11).

의:구 명 의구(疑懼). ¶너를 便安히 慰勞ᄒ노니 疑懼ᄅᆞᆯ 먹디 말라(法華5:106).

의구ᄒ다 형 의구(依舊)하다. ¶저 잇던 대도라오니 동토 수천 니 강산이 즉시 의구ᄒᆞᆫ더라(山城145). 재 우희 셔 잇ᄂᆞᆫ 솔 푸른 빗치 依舊ᄒ니(辛啓榮.月先軒十六景歌). 天地閉塞ᄒ되 바다ᄒᆞᆫ 依舊ᄒ다(古時調.尹善道.구름이.孤遺). 금빅을 쥬어 노하 보닌 후로 ᄀ과ᄒ야 의구히 어션을 가지고(引鳳簫1).

-·의그·에 조 -에게. ☞-의거긔. -ᄋᆡ그에 ¶舍利弗의그에 무라(月印上56). 겨지븨그에 브튼 더러ᄫᆞᆫ 이스리 업스며(月釋1:26). 獼猴의그에 가ᄌᆞᆯ비시ᄂ니잇고(月釋7:11). 孔子ㅅ 弟子ㅣ 뎌 보고 즉자히 도라가아 어버싀그에 갈 사ᄅᆞ미 열세히러라:於是孔子之門人歸養親者一十三人(三綱.孝4).

-·의그에·셔 조 -에게서. ¶衆生ᄋᆡ 福이 쥬의그에셔 남과 나디 바티셔 남과 ᄀᆞᄐᆞᆯ씨 福 바티라 ᄒ니라(釋譜6:19).

의금 명 의금(衣衾). ¶衣衾의 ᄲᅧ곰 두터이 ᄒᄂᆞᆫ 바(家禮5:17). 오직 棺槨과 衣衾이 지극히 절실ᄒ고 죵요로온디라(警民35).

의녀 명 의녀(醫女). ¶의녀로나 잡아내디 아냐 나쟝이로 잡으니(癸丑67).

의녜 명 의례(儀禮). ¶王朝앳 禮ᄂᆞᆫ 젼혀 儀禮로ᄡᅥ 經을 삼으시고(家禮1:4).

의논 명 의논(議論). ☞의론 ¶의논 논:論(石千31). 의논:商量(同文解上24). 의논을 못 ᄒᆞᆯ소이다(癸丑28).

:의·논ᄒ·다 동 의논(議論)하다. ☞의눈ᄒ다. 의론ᄒ다 ¶우리 다티 살 홍졍 ᄀᆞᅀᆞᄆᆞᆯ 의논호ᄃᆡ 엇더ᄒ니오:咱們商量別買貨物如何(飜老下21). 일즙 의논ᄒ여 혼인ᄒ고져 ᄒ더니:嘗議婚(東新續三綱.烈6:78). 법만자바 죄ᄅᆞᆯ 의논ᄒ면:執法而論囚(警民2). 뎌른 거ᄉᆞᆯ 니르며 긴 거ᄉᆞᆯ 의논ᄒ고:說短論長(女四解2:15). 의논ᄒᆞᆯ 말이 이시니 네 쇼져ᄅᆞᆯ 나오라 ᄒ라(落泉1:2).

의눈ᄒ다 동 의논(議論)하다. ☞의논ᄒ다 ¶즐기디 아니커든 내 다ᄅᆞᆫ 고ᄃᆡ 의눈ᄒ라 가리라:不肯時我別處商量去(老解下25).

-·의·ᄂᆞᆫ 조 -에는. ☞-에ᄂᆞᆫ ¶骨髓옌 효ᄀᆞᆫ 벌에 미틔ᄂᆞᆫ 얼윈 벌에러니(月印上25). 우

희ᄂᆞᆫ ᄆᆞᅀᆞᆷ 업슨 구루미 잇고:上有無心雲(初杜解7:23).

-·의다가 [조] -에다가. ¶그듸 나라ᄒᆞᆯ 드러 八萬里 밧긔다가 더뎌 사기 ᄇᆞᇫ아디게 호리라(釋譜23:57).

·의·뎡·ᄒᆞ·다 [동] 의정(議定)하다. ¶두 녁 말로 의뎡ᄒᆞ야:兩言議定(飜老下16). 의뎡ᄒᆞᆯ 뎡:訂(類合下18). 두 녁 말로 議定ᄒᆞ야(老解下15).

:의듕 [명] 의중(意中). ¶意中이 淸淨ᄒᆞ리라(六祖中53).

의ᄃᆡ [명] 의대(衣襨). ¶의ᄃᆡ예 골홈을 그ᄅᆞ디 아니ᄒᆞ시고(仁祖行狀9). 의ᄃᆡ 닙으신 채 길의 오오셔(閑中錄122).

의례 [명] 의례(儀禮). ¶士相見禮:儀禮篇 일홈이라(宣小2:14)

:의론 [명] 의론(議論). ☞의논 ¶엇데 그 ᄉᆞᅀᅵ예 너기며 議論ᄋᆞᆯ 브티리오(金三宗序5). 議論ᄋᆞᆯ 마디 아니커ᄂᆞᆯ(六祖上41). 의론 의:議(類合下13). 의론 평:評(類合下33). 의론 론:論(類合下42. 兒學下4).

:의·론ᄒᆞ·다 [동] 의논(議論)하다. ☞의논ᄒᆞ다 ¶子孫ᄋᆞᆯ 議論ᄒᆞ리여(月釋1:7). 議論ᄒᆞ디 마롮디어다(楞解6:42). 어루 ᄉᆞ랑ᄒᆞ야 議論티 몯ᄒᆞ리니(六祖序3). 즐기디 아니커든 내 다ᄅᆞᆫ ᄃᆡ 의론ᄒᆞ라 가리라:不肯時我別處商量去(飜老下28). 의론ᄒᆞ져라:商量了(飜朴上1). 네 ᄯᅩ다시 저ᄃᆞ려 의론호ᄃᆡ:你再和他商量(飜朴上10). 사ᄅᆞᄆᆡ 용ᄒᆞᆫ 곧과 난ᄇᆞᆫ 곧을 즐겨 議論ᄒᆞ며:好議論人長短(宣小5:12). 수이 議論티 몯ᄒᆞ리로다:不易論(重杜解1:27). 왕이 나라희 도라와 공을 의론ᄒᆞᆯ ᄉᆡ:王復國論功(東新續三綱. 忠1:14). 그 버거ᄅᆞᆯ 의론호리니 내 비록 덕이 업스나 너희등의게 군림ᄒᆞ야(綸音32).

의:뢰ᄒᆞ다 [동] 의뢰(依賴)하다. ¶韋曲앳 고ᄌᆞᆯ 依賴ᄒᆞᆯ 줄 업도다:韋曲花無賴(初杜解15:6). 쇼제 다ᄅᆞᆫ ᄃᆡ 의뢰ᄒᆞᆯ ᄃᆡ 업셔 일야ᄋᆡ상ᄒᆞ고(落泉1:2).

:의:리 [명] 의리(義理). ¶ᄒᆞ다가 義理의 勝妙ᄅᆞᆯ 니ᄅᆞ디 아니ᄒᆞ시면(圓覺上一之一96). 겨지비 남지ᄂᆞᆯ 셤기디 몯ᄒᆞ면 義理 믈어디리니(宣賜內訓2上5). 經中ㅅ 義理ᄅᆞᆯ 잠간 니ᄅᆞ쇼셔(六祖中58). 義理 졍ᄒᆞ고 깁픈디라:盖義理精深(宣小5:116). 사김 사겨 ᄒᆡ여곰 義理ᄅᆞᆯ 알게 ᄒᆞ며(家禮2:24).

:의ᄅᆞ·ᄫᅵ [부] 의(義)로이. ¶사ᄅᆞ미 義ᄅᆞᄫᅵ 너겨 ᄒᆞ마 주거(三綱. 烈12).

:의ᄅᆞᆸ·다 [형] 의(義)롭다. ¶兄弟ㅣ 義ᄅᆞᆸ디 아니ᄒᆞ니 업건마ᄅᆞᆫ(宣賜內訓3:43).

:의:모 [명] 의모(義母). ¶그 어미ᄅᆞᆯ 尊ᄒᆞ야 일후믈 義母ㅣ라 ᄒᆞ시니라:而尊其母號曰義母(宣賜內訓3:21).

의·발 [명] 의발(衣鉢). 가사(袈裟)와 바리때. ¶弟子ᄃᆞᆯ 보내시고 衣鉢ᄋᆞᆯ 디니샤(月印上69). 行者ㅣ 곧 道明의 오ᄂᆞᆫ ᄃᆞᆯ 보시고 衣鉢을 돌 우희 더디고 니ᄅᆞ샤ᄃᆡ(南明上50). 곧 頓教와 ᄯᅩ 衣鉢을 傳ᄒᆞ시고(六祖上29).

의:방·ᄒᆞ·다 [동] 흉내내다. ¶셩인의 규모ᄅᆞᆯ 울얼며 현인의 법을 의방ᄒᆞ야:仰聖模景賢範(宣小3:2). 주근 후의 상장을 ᄒᆞᆫᄀᆞᆯᄀᆞ티 가례ᄅᆞᆯ 의방ᄒᆞ고:歿後喪葬一依家禮(東新續三綱. 孝2:2). ᄆᆡ년 셜의 주례ᄅᆞᆯ 의방ᄒᆞ야 ᄒᆞ야곰 법을 셔울이나 ᄉᆡ골이나(綸音33).

의병 [명] 의병(義兵). ¶의병을 슈챵ᄒᆞ야:首倡義兵(東新續三綱. 孝7:29).

의·복 [명] 의복(衣服). ¶華冠과 衣服과(月釋10:44). 한 사ᄅᆞᄆᆡ 몸 莊嚴ᄒᆞᆫ 거셋 衣服과(法華6:45). ᄉᆞ시 ᄎᆞ려 뎌를 의복 ᄒᆞ야 주ᄂᆞ니라:按四時與他衣服(飜朴上57). 의복이 졍티 아니홈은 몸앳 ᄌᆡ해라:服之不衷身之災也(宣小4:43).

의빙·ᄒᆞ·다 [동] 의빙(依憑)하다. ¶ᄯᅩ 世間앳 ᄒᆞ욤 잇ᄂᆞᆫ 善을 依憑ᄒᆞ야도 ᄯᅩ 어루 三途ㅅ 受苦ᄅᆞ왼 輪廻ᄅᆞᆯ 免ᄒᆞ야(牧牛訣44). 셔울 ᄌᆞ름ᄒᆞᄂᆞᆫ 羊市 져제 거리 븍녁의셔 사ᄂᆞᆫ 張三을 의빙ᄒᆞ야:憑京城牙家羊市角頭街北住坐張三(飜老下16).

의상 [명] 의상(衣裳). ¶ᄯᅩ ᄒᆞᆫ벌 남의ᄅᆞᆯ 쥬어 니ᄅᆞᄃᆡ 쇼제 원노의 의상을 환챡ᄒᆞ야(落泉1:2).

의샹 [명] 의상(衣裳). ¶내 길 녀ᄂᆞᆫ 衣裳애 비취엿도다:照我征衣裳(重杜解1:37). 萬里옛 ᄇᆞᄅᆞ미 飄飄히 내 衣裳ᄋᆞᆯ 불려뇨(重杜解10:20). 의샹의 두로 덜머써라:遍汚衣裳(東新續三綱. 烈5:17). 冠은 衣裳과 比ᄒᆞ면(家禮6:2). 의샹이 남누ᄒᆞ다:懸鶉衣裳(同文解上57).

-·의·셔 [조] -에서. ¶그 지븨셔 차반 ᄆᆡᆼᄀᆞᆯ 쏘리 워즈런ᄒᆞ거늘(釋譜6:16). 東녀긔셔 수므면 西ㅅ녀긔 내ᄃᆞᆮ고 西ㅅ녀긔셔 수므면 東녀긔 내ᄃᆞᆮ고(釋譜6:33). 돗ᄀᆞᆯ 겨틔셔 보매(楞解2:81). 柁樓 미틔셔:柁樓底(初杜解15:7). 모긔셔 고롬피 나면 즉재 됴ᄒᆞ리라:喉中膿血出立效(救簡2:69). 교지국의셔 무쇼ᄲᅮᆯ ᄒᆞ나ᄒᆞᆯ 진상ᄒᆞ니(明皇1).

-·의·셔 [조] -보다. ☞-에셔 ¶독샤의셔 더 심ᄒᆞ니(自庵集3). 젼의셔 ᄇᆡ 비나 승히 되엿ᄂᆞᆫ지라(三譯9:19).

-의손듸 [조] -에게. ☞-의손ᄃᆡ ¶두렷ᄒᆞ자 ᄒᆞ니 남의손듸 뒤된세라(古時調. 넙엿ᄒᆞ자 ᄒᆞ니. 青丘).

-의손ᄃᆡ [조] -에게. ☞-의손듸 ¶내 漢兒人의손ᄃᆡ 글 ᄇᆡ호니:我漢兒人上學文書(飜老上2). 아모 채쥬의손ᄃᆡ 실 ᄀᆞᄂᆞᆫ 시푼 구의나깃은 쉰 량 여수 업시 빋내여:於某財主處

借到細絲官銀五十兩整(飜朴上61). 약졍의 손디 고ᄒᆞ야:告于終正而(呂約2). 내 漢ㅅ 사ᄅᆞᆷ의손ᄃᆡ 글 ᄇᆡ호니:我漢兒人上學文書(老解上2). 아모나 내 形容 그려다가 님의 손ᄃᆡ 드리고져(古時調. 青春에. 青丘).

의술 명 의술(醫術). ☞의슐 ¶후상공은 사ᄅᆞᆷ을 구ᄒᆞ라 젼치 왈 후랑이 의술을 아ᄂᆞ냐(落泉1:2).

의·슐 명 의술(醫術). ☞의술 ¶ᄯᅩ 可히 의슐을 아디 아니티 몯ᄒᆞᆯ 거시니라:亦不可不知醫(宣小5:39). 헌과 기의 의슐에 신통ᄒᆞ고 공황의 다ᄉᆞ리기 잘 홈이(綸音213).

의·식 명 의식(儀式). ¶儀ᄂᆞᆫ 儀式이라(月釋14:60).

:의·식 명 의식(意識). ¶意識은 ᄉᆞ랑호매 나고(楞解3:57). 意識에 븓디 아니ᄒᆞ며(楞解6:60). 意馬ᄂᆞᆫ 意識의 흐러가미 ᄆᆞᆯ 곧ᄒᆞ며 굴에 바소미 ᄆᆞᆯ 곧ᄒᆞᆯ 시라(南明上58).

의·식 명 의식(衣食). ¶衣食ᄋᆞᆯ 供給ᄒᆞᆯ 씨라(楞解7:54). 衣食 爲홈ᄃᆞᆯᄒᆞᆫ 져근 法 즐교미라:爲衣食等樂小也(法華4:38).

의·식 부 반드시. ¶새배 니러 의식 무덤 알ᄑᆡ 가 울오:晨興必哭于墳前(續三綱. 孝6). 공ᄉᆞ 파ᄒᆞ고 믈러와 의식 그를 닐거:公退必讀書(飜小10:13). ᄂᆞ미 됴ᄒᆞᆫ 음식을 주어든 의식 푸머다가 이받더니:人遺異味必懷而獻之(東續三綱. 孝24).

의심 명 의심(疑心). ¶如來 니ᄅᆞ샨 經에 疑心ᄋᆞᆯ 아니 ᄒᆞᄉᆞᆸ노니(釋譜9:26). 疑心을 덜며 惑ᄋᆞᆯ 앗게 ᄒᆞᆯ 씨라(永嘉上47). ᄂᆞᆯ카와 能히 衆生ᄋᆡ 疑心ㅅ 그므를 헐오(金三涵序8). 決定ᄒᆞᆫ 마ᄅᆞᆯ 疑心 마ᄅᆞᆯ디어다(南明上21). 衆人이 疑心 그치니라(六祖上27). 의심 아:訝(類合下34). 의심 의:疑(類合下42. 石千20. 兒學下12). 사ᄅᆞᄆᆞ로 ᄒᆡ여 疑心 아니 ᄒᆞ야:使人不疑(重杜解3:71). 이에 더 간의 말이 나매 의심과 밋브미 ᄉᆞᆺ치 만흐니(綸音 78).

의심도외다 형 의심스럽다. ☞의심ᄃᆞ외다 ¶의심도왼 어려온 ᄃᆡ를 질졍ᄒᆞ야 무러:疑難處便質問(飜小8:35).

의심ᄃᆞᄫᆡ다 형 의심스럽다. ☞의심ᄃᆞ외다. 의심ᄃᆞᆸ다 ¶疑心ᄃᆞᄫᆡᆫ 고ᄃᆡ 잇거든 모로매 너비 무루ᄆᆞᆯ 브터(月釋序20). 사ᄅᆞᆷ가 사ᄅᆞᆷ 아닌가 ᄒᆞ야 疑心ᄃᆞᄫᆡ니(月釋1:15).

의심ᄃᆞ외·다 형 의심스럽다. ☞의심도외다. 의심ᄃᆞᄫᆡ다 ¶갓가온 자최 곧ᄒᆞ신가 疑心ᄃᆞ외시며:疑若近迹(法華5:135).

의심ᄃᆞᆸ·다 형 의심스럽다. ☞의심ᄃᆞᄫᆡ다 ¶샹녜 겨샤미 아니신가 疑心ᄃᆞᆸ거신마ᄅᆞᆫ:疑非常在(法華5:135).

의심젓다 형 의심쩍다. 의심스럽다. ☞의심ᄃᆞ외다. -젓다 ¶의심젓다:可疑(同文解下31. 漢清3:12). 그 흔젹이 可히 의심저온 곳이 이심을 보디 못ᄒᆞ거든:其痕未見有可疑處(無寃錄1:41). 벅벅이 석은 것과 밋 詞證ᄋᆡ 의심저은 거슨:已應朽敗及詞證涉疑者(無寃錄1:52).

의심ᄒᆞ다 동 의심(疑心)하다. ¶天命을 疑心ᄒᆞ실ᄊᆡ(龍歌13章). 아바님이 疑心ᄒᆞ샤(月印上14). 그 ᄢᅴ 大衆이 이 寶塔ᄋᆞᆯ 보고 疑心ᄒᆞ야(釋譜11:16). 主人이 疑心ᄒᆞ야 나가 다ᄭᅥ늘(三綱. 烈16). 損과 益괘 업스니 다시 엇데 疑心ᄒᆞ리오(南明上13). 네 엇데 疑心ᄒᆞᄂᆞᆫ다(六祖中85). ᄯᅡᆺ님자와 겨틧 평신을 다가 의심ᄒᆞ야:地主幷左近平人涉疑(飜老上28). 새 차ᄃᆡ를 엇디 ᄉᆡ려다 의심ᄒᆞ료:新帒代那裏怕漏(飜朴上12). 그듸를 對ᄒᆞ야셔 이 뷘 ᄇᆡ ᄠᅥᆺᄂᆞᆫ가 疑心ᄒᆞ노라:對君疑是泛虛舟(重杜解9:12). 뉴가ᄅᆞᆯ 의심ᄒᆞ더라(西宮日記上1). 나의 信티 아니믈 의심홈이라(女四解4:47). 의심ᄒᆞ다:疑惑(同文解上23). 타일의 네 쇼원ᄃᆡ로 ᄒᆞ리니 의심치 말나 ᄒᆞ더라(落泉1:2).

의ᄉᆞ 명 의사(醫師). ¶佛은 醫師 곧ᄒᆞ시고 敎ᄂᆞᆫ 醫方 곧ᄒᆞ시고 理ᄂᆞᆫ 妙藥 곧ᄒᆞ니(法華5:150).

의ᄉᆞ 명 의사(意思). 꾀. ¶아국을 틸 의ᄉᆡ 업고(山城6). 의ᄉᆞ 만ᄒᆞᆫ 쟝슈과 위엄 베프러 싸호ᄂᆞᆫ 뉴들이 이쳔이 남은이라(三譯3:7). 의사 업다:沒意思(漢清8:33).

-·의ᅀᅡ 조 -에야. ¶어느 저긔ᅀᅡ 急難ᄋᆞᆯ 救ᄒᆞᆯ다:何時救急難(初杜解21:19).

의션·ᄒᆞ·다 형 의연(依然)하다. ☞의연ᄒᆞ다 ¶갓ᄀᆞᆫ 想이 依然ᄒᆞ야:依然ᄋᆞᆫ 녜 곧ᄒᆞᆫ 양지라(楞解3:116).

의아ᄒᆞ다 형 의아(疑訝)하다. ¶초미 이ᄅᆞᆯ 보고 져기 깃거ᄒᆞ나 ᄯᅩ 의아ᄒᆞ야 닐오ᄃᆡ(落泉3:8).

의·약 명 의약(醫藥). ¶飮食과 醫藥을(永嘉上42). 몯오라비 防의 醫藥애(宣賜內訓2上48). 네 이ᄅᆞᆫ 옷과 飮食과 눕ᄂᆞᆫ 그릇과 醫藥괘라(南明下63).

의연ᄒᆞ다 형 의연(依然)하다. ☞의션ᄒᆞ다 ¶황홀ᄒᆞᆫ 가온ᄃᆡ 녯 안면이 의연ᄒᆞᆫ지라(落泉2:4). 장벽이 의연ᄒᆞ고(引鳳簫1).

의외 명 의외(意外). ¶오ᄂᆞᆯ 意外의 盛宴의 參詣ᄒᆞᄂᆞᆫ 거ᄉᆞᆫ(隣語1:16). 천만 의외예 싱불을 만나(洛城1).

의원 명 의원(醫員). ¶天下앳 醫員이 고티다가 몯ᄒᆞ야ᄂᆞᆯ(釋譜24:50). 어딘 醫員의 잘 고툐미라(法華5:150). 의원 쳥ᄒᆞ야다가:請太醫(飜老下39). 의원 형님하:太醫哥(飜朴上13). 各各 ᄒᆞᆫ 잔곰 머근 후에 의원이 드러가(簡辟4). 의원 의:醫(訓蒙中3. 類合上17). 의원이 드러가 ᄆᆡᆨ 자바 보아도

서ᄅᆞ 뎐염티 아니ᄒᆞᄂᆞ니라(瘟疫方18). 병을 ᄢᅳ리고 의원을 ᄭᅴ여:護疾而忌醫(宣小5:85). 의원이 드러가 보와도 병이 옴디 아니ᄒᆞᄂᆞ니라(辟新15). 병이 잇거든 반ᄃᆞ시 의원을 보내여 무ᄅᆞ시고(仁祖行狀26). 군듕에 착ᄒᆞᆫ 의원이 잇ᄂᆞ냐(三譯7:16). 病이 위틱ᄒᆞ니 의원이 니ᄅᆞ되(女四解4:17). 의원:太醫(同文解上12).

의의ᄒᆞ다 형 의의(依依)하다. 떨어지기가 서운하다. ¶우리 맛당이 힝ᄒᆞ려니와 ᄯᅥ나기 ᄀᆞ장 의의ᄒᆞ도다(洛城2).

의자 명 외상. ¶의자:賒(物譜 商賈).

의장 명 의장(衣裝). ¶의장 복:服(類合上32). 안해 뫼신 사ᄅᆞᆷ과 의장읫 거슬 다 도라 보내고:妻乃悉歸侍御服飾(宣小6:54).

의젓다 형 의젓하다. ☞의젓ᄒᆞ다 ¶의젓디 아니타:不肖(同文解下33).

의젓ᄒᆞ다 형 의젓하다. ☞의젓다 ¶제 착ᄒᆞ고 의젓ᄒᆞ기로ᄂᆞᆫ 드디 못ᄒᆞ고(閑中錄416).

의:지 명 의지(依支). ¶제 ᄲᅱ 다 허여디고 의지 업서(明皇1:32). 놉흔 뫼흘 업게 ᄒᆞ면 범과 곰이 어ᄂᆡ 의지에 살며(小兒4).

의지하다 동 의지(依支)하다. ☞의지ᄒᆞ다 ¶의지할 의:依(兒學下4).

의·지ᄒᆞ·다 동 의지(依支)하다. ☞의지하다 ¶의지ᄒᆞᆯ 의:依(類合下44). 이제 이 법녜ᄅᆞᆯ 의지ᄒᆞ야 ᄡᅥ 닐그리ᄅᆞᆯ 便케 ᄒᆞ니라:今依此例以便讀者(宣小凡例3). 이날 샹이 그 참혹ᄒᆞᆫ 형상을 ᄎᆞ마 보디 못ᄒᆞ샤 대로ᄅᆞᆯ 말미암지 아니ᄒᆞ고 뫼흘 의지ᄒᆞ야 힝ᄒᆞ니(山城136). ᄆᆞᄋᆞᆯᄆᆞᄋᆞᆯ이 쉬호믈 븟들고 북두셩을 의지ᄒᆞ여 셔울을 ᄇᆞ라보며(綸音75). ᄂᆞᆷ의게 의지ᄒᆞ여 일ᄒᆞ다:靠人做事(漢淸8:29).

의ᄌᆞ 명 의자(衣資). 옷감. ¶노친이 잇ᄂᆞ니 어든 보빗옛 실과와 의ᄌᆞᄅᆞᆯ 주시고(仁祖行狀26).

의·탁 명 의탁(依託). ☞의탁ᄒᆞ다 ¶의탁 탁:託(類合下22).

의·탁·ᄒᆞ·다 동 의탁(依託)하다. ¶가난ᄒᆞ고 의탁ᄒᆞᆯ 듸 업스니 잇거든(飜小7:35). 社ᄂᆞᆫ ᄯᅡ 신이오 稷은 곡셕 신이니 나라히 의탁ᄒᆞᆫ 듸라(宣小2:30). ᄉᆡ어미 어듸 가 의탁ᄒᆞ리오:姑終何托(東續三綱. 烈2). 先公의 신體ᄅᆞᆯ 山林애 의託홈을 爲ᄒᆞ야(家禮10:47). ᄉᆞᄉᆞ로 의탁ᄒᆞ기ᄅᆞᆯ 원ᄒᆞᄂᆞᆫ 쟈ᄂᆞᆫ 맛당이(山城57). 노쳐와 ᄋᆞᄌᆞ의 의탁ᄒᆞᆯ 듸 업ᄉᆞ믈 슬허(落泉1:1).

의표 명 의표(儀表). 의용(儀容). ¶텬ᄌᆞ와 의푀 비범ᄒᆞ오시고(仁祖行狀1).

의향 명 의향(衣香). 옷에 향(香)을 지니거나 뿌림. ¶薰은 衣香이오 澤ᄋᆞᆫ 기르미라(三綱. 烈14).

의·혹 명 의혹(疑惑). ¶이제 이 모ᄃᆞᆫ 大衆은 다 疑惑ᄋᆞᆯ 더루미 올ᄒᆞ니(法華1:213). 시혹 ᄯᅩ ᄡᅵᆼ의며 疑惑ᄋᆞᆯ 머그리라(法華2:161). 크게 명경인현ᄒᆞ야 의혹을 결ᄒᆞ고(落泉2:6).

의·혹ᄒᆞ·다 동 의혹(疑惑)하다. ¶疑惑ᄒᆞᆫ 衆 爲ᄒᆞ야 子細히 論ᄒᆞ니라(月釋14:45). ᄯᅩ 信티 아니ᄒᆞ면 제 몸 구지주믈 사ᄆᆞᆯᄊᆡ 疑惑ᄒᆞᄂᆞ니라(法華2:162). 生滅이 滅ᄒᆞ면 寂滅이 樂이 ᄃᆞ외다 ᄒᆞ니 이에 疑惑ᄒᆞ야이다(六祖中85). 제 더욱 의혹ᄒᆞ여 부듸 오ᄇᆡ금을 ᄎᆞ즈리니(落泉1:2).

의희이 부 의희(依俙)히. ¶의희이 보다:依俙看(同文解上28).

의희ᄒᆞ다 형 의희(依稀)하다. 어렴풋하다. ¶依稀ᄒᆞᆫ 우타리 畫圖中 ᄀᆞᄐᆞᆯ시고(辛啓榮. 月先軒十六景歌).

-·읫 조 -엣. -에 있는. ¶甁읫 믈이 ᄢᅵ며(月印上65). 그듸 이 굼긧 개야미 보라(釋譜6:36). 지빗 眷屬이 ᄒᆞᆫ 사ᄅᆞ미나(月釋21:136). 마ᄐᆞᆯ 다오매 굼긧 개야밀 어엿비 너기고:築場憐穴蟻(初杜解7:18). 집 우흿 더운 디새:屋上熱瓦(救簡1:37). 가마 미틧 거믜영 반 량과:釜底墨半兩(救簡1:48). 우리 順城門읫 官店을 향ᄒᆞ야:咱們往順城門官店(老解上10).

·이 명 ①이〔者〕. 사람. ¶말ᄊᆞᄆᆞᆯ ᄉᆞᆯᄫᆞ리 하ᄃᆡ 天命을 疑心ᄒᆞ실ᄊᆡ:獻言雖衆天命尙疑(龍歌13章). 가리라 ᄒᆞ리 이시나:欲往者在(龍歌45章). 활 쏘리 하건마ᄅᆞᆫ:射侯者多(龍歌45章). 늘그니 病ᄒᆞ니ᄅᆞᆯ 보시고(月印上16). 舍衛國으로 가리 잇더니(釋譜6:15). 어버ᅀᅴ 樣子ᄅᆞᆯ ᄆᆡᇰᄀᆞ라 사니 ᄒᆞᆫ가지로 아ᄎᆞᆷ나죄 뵈더니(三綱. 孝10). 늘그니며 져므니며 貴ᄒᆞ니 놀아ᄫᆞ니며(月釋21:46). 병이 듕ᄒᆞ닌 닷 되지히 머그면:重者服及五升(救簡1:97). 놀라며 단긔ᄒᆞ야 절로 ᄯᆞᆷ나ᄂᆞ닌 다 머골디니:驚短氣悸乏或復自汗並宜服之(救簡1:115). 그 듕에 ᄀᆞᆯ외ᄂᆞ니 잇ᄂᆞ녀:裏頭也有頑的麼(飜老上7).
②것. ¶셜ᄫᅳᆫ 잀 中에도 離別 ᄀᆞᄐᆞ니 업스니(釋譜6:6). 절로 가며 절로 오ᄂᆞ닌 집 우흿 져비오:自去自來堂上燕(初杜解7:3). 네 ᄆᆞ리 지븨셔 내니가 본듸 사니가:你的馬是家生的那元買的(飜老下15).

·이 대 이. ¶釋迦氏 일로 나시니(月印上4). 셜ᄫᅳᆫ 人生이 어듸던 이 ᄀᆞᄐᆞ니 이시리잇고(釋譜6:5). 일로 혜여 보건덴 므슴 慈悲 겨시거뇨(釋譜6:6). 이ᄅᆞᆯ 닐온 ᄌᆞ개 아ᄅᆞ시고 ᄂᆞᆷ 알외시논 德이라(釋譜13:4). 이ᄂᆞᆫ 權으로 世間앳 數를 브터 어둘 니ᄅᆞᆯ ᄯᆞᄅᆞ미니(釋譜19:10). 與는 이와 뎌와 ᄒᆞᄂᆞᆫ 겨체 ᄡᅳᄂᆞᆫ 字ㅣ라(訓註1). 此ᄂᆞᆫ 이라(訓註

2). 이 ᄇᆞ리고 어듸 브트리오(月釋序15). 이ᅀᅡ 眞實ㅅ 精進이며(月釋18:30). 이트렛 閻浮提 衆生이(月釋21:67). 이ᅀᅡ 能히 信受ᄒᆞ리니:是則能信受(法華5:193). 天下 善知識의 안 後에 쇼 치논 行이 이라:天下善知識悟後牧牛行是也(牧牛訣24). 이젯 그리미 아니 이가:今之畫圖無乃是(初杜解16:40). 이 시:是(訓蒙下29). 이 ᄎᆞ:此(類合上19). 잇 시:是(石千11). 잇 식:寔(石千24).

·이 관 이. ¶이 곧 뎌 고대 後ᅀ날 다ᄅᆞ리잇가:於此於彼寧殊後日(龍歌26章). 이 둘흘ᅀᅡ 더브르시니(月印上19). 이 道士ㅣ 精誠이 至極ᄒᆞ단디면(月釋1:7). 窮ᄒᆞᆫ 시르므란 이 ᄢᅴ 怪異히 너기노라:窮愁恠此辰(初杜解20:28). 내 이 ᄃᆞᆯ 초ᄒᆞᄅᆞᆺ날 王京의셔 ᄠᅥ나라:我這月初一日離了王京(飜老上1). 이 ᄃᆞᆯ:這箇月(譯解上3).

-·이 조 ①-이. ☞-ㅣ ¶海東 六龍이 ᄂᆞᄅᆞ샤 일마다 天福이시니 古聖이 同符ᄒᆞ시니:海東六龍飛莫非天所扶古聖同符(龍歌1章). 周國 大王이 豳谷애 사ᄅᆞ샤:昔周大王于豳斯依(龍歌3章). 즐거ᄫᅳᆫ 受도 잇건마ᄅᆞᆫ 즐거ᄫᅳ미 업슳 저기 셜ᄫᅳᆯ씨 다 受苦ᄅᆞᄫᅵ니라(月釋7:43). 이ᄂᆞᆫ…世尊ㅅ 다시 아니시다ᄉᆞ이다(法華2:5). 이 약이 믄득 수이 고티ᄂᆞ니라(救簡1:8). 佛法에 드려 世俗앳 ᄠᅳ디 한 젼ᄎᆞ로(七大1).

②-과. ☞-ㅣ ¶ᄒᆞᄅᆞ 二十里ᄅᆞᆯ 녀시ᄂᆞ니 轉輪王ᄋᆡ 녀샤미 ᄀᆞᄐᆞ시니라(釋譜6:23). 부텻 法 므르ᅀᆞᄫᅩ미 아ᄃᆞ리 아비 쳔랴 믈러 가쥬미 ᄀᆞᆮᄒᆞᆯ씨 菩薩ᄋᆞᆯ 부텻 아ᄃᆞ리라 ᄒᆞᄂᆞ니라(釋譜13:18). 日月燈明은 智慧 ᄇᆞᆯᄀᆞ샤미 日月燈이 ᄀᆞᆮᄒᆞ실 씨니 그 부텻 일후미시니라(釋譜13:28). ᄃᆞ리 즈믄 ᄀᆞᄅᆞ매 비취요미 ᄀᆞᆮᄒᆞ니라(月釋1:1). 化身이 뵈샤도 根源은 업스샤미 ᄃᆞᆯ 그림제 眞實ㅅ ᄃᆞᆯ 아니로미 ᄀᆞᆮᄒᆞ니라(月釋2:55). 손과 발왜 븕고 히샤미 蓮ㅅ고지 ᄀᆞᄐᆞ시며(月釋2:57). 그 ᄢᅴ 香ᄂᆡ 부텻 精舍애 가니 ᄒᆡᆫ 瑠璃 구루미 ᄀᆞᆮᄒᆞ야(月釋7:30). 부텻긔 닐굽 블 버므ᅀᆞᄫᅡ 하ᄂᆞᆳ 고ᄫᆞᆫ 고지 ᄀᆞᆮᄒᆞ야 곳 帳이 ᄃᆞ외니(月釋7:38). 머리 니ᄅᆞᆯ 보고 블 잇ᄂᆞᆫ ᄃᆞᆯ 아로미 ᄀᆞᆮᄒᆞ니(月釋9:7). 이 經은 頓悟ᄒᆞ야 ᄀᆞ린 거시 다 업서 두려ᄫᅵ 노가 훤히 ᄉᆞᄆᆞ차 ᄃᆞᆯ ᄇᆞᆯ고미 ᄀᆞᆮᄒᆞ니라(月釋18:48). 부톄 諸法王 ᄃᆞ외요미 ᄀᆞᆮᄒᆞ야(月釋18:50). 이 經이 能히 一切 衆生ᄋᆞᆯ ᄀᆞ장 饒益ᄒᆞ야 제 願이 ᄎᆞ게 ᄒᆞ며 淸凉ᄒᆞᆫ 모시 ᄀᆞᆮᄒᆞ야 能히 一切 渴ᄒᆞ니게 ᄀᆞᄃᆞᆨ게 ᄒᆞ며(月釋18:51).

③-의. ☞-ㅣ ¶내 님금 그리샤:我思我君(龍歌50章). 부톄 니ᄅᆞ샤ᄃᆡ 올타올타 네 말 ᄀᆞᄐᆞ니라(釋譜9:22). 그 ᄆᆡᆺᄇᆞ오리 쇠머리 ᄀᆞᄐᆞᆯ씨(月釋1:27). 쇠져즈로 酪 ᄆᆡᆼᄀᆞᆯ오(楞解3:26).

④-을. ¶아ᄃᆞ리 주구므로 아비ᄅᆞᆯ 救ᄒᆞᄂᆞ니 孝子 주규미 몯ᄒᆞ리라 ᄒᆞᆫ대(三綱.孝20). 간대로 사ᄅᆞᆷ 심규미 몯ᄒᆞ리니(法華4:86). 또 煩惱 내요미 몯 ᄒᆞ리라(蒙法16). 밧긧 말ᄉᆞ미 門 안해 드리디 말오:外言不入於梱(宣賜內訓1:4). ᄎᆞᆫ 것 머교미 몯ᄒᆞ리니:不可便與冷物取(救簡1:37). 사ᄅᆞᄆᆡ 아롬뎟 유무를 여ᅀᅥ보미 아니홀디니라:不可窺人私書(飜小8:22). 잡다가 ᄡᅡ던 줄이 謫仙이 헌ᄉᆞᄒᆞᆯ샤(松江.星山別曲).

-·이 접미 ①-이.〔고유명사에 붙음.〕¶長生인 不肖ᄒᆞᆯ씨(月印上4). 目連이ᄃᆞ려 니ᄅᆞ샤ᄃᆡ(釋譜6:1). 長生인 不肖ᄒᆞᆯ씨(月釋1:41). 阿難이ᄅᆞᆯ 주어늘(月釋7:8). 安樂國이ᄂᆞᆫ 아비ᄅᆞᆯ 보라 가니(月釋8:87). 光目일 勸ᄒᆞ야(月釋21:54). 다ᅀᆞᆷ어미 損이ᄅᆞᆯ 믜여 제 아ᄃᆞᆯ란 소옴 두어 주고(三綱.孝1). 張三이 ᄒᆞ야 양 사라 가게 호ᄃᆡ:着張三買羊去(飜朴上2).

②-이.〔동사·형용사 어근에 붙어, 그 말을 명사로 만드는 접미사.〕☞-의 ¶집지ᅀᅵᄅᆞᆯ 처ᅀᅥᆷ ᄒᆞ니 그제ᅀᅡ 아기나히ᄅᆞᆯ 始作ᄒᆞ니라(月釋1:44). 기리와 너비왜 自在ᄒᆞ도다:縱橫自在(金三2:19).

③-이.〔동사·형용사 어근에 붙어, 그 말을 부사로 만드는 접미사.〕¶이 經을 너비 펴며(月釋9:61). 반ᄃᆞ기 性ᄒᆞᄂᆞ리 ᄆᆞᆯ기개며:必由性天澄霽(楞解1:107). 기피 ᄢᅵᆯ어(救簡1:42). 소옴을 만히 실의 ᄢᅧ(救簡1:66). 부리ᄅᆞᆯ 두터이 ᄡᅡᄆᆡ야(救簡2:18). 노피 하ᄂᆞᆯ해 다핫고:高接靑霄(飜朴上68).

-·이- 접미 -이-.〔사동접미사(使動接尾辭)〕¶ᄃᆞᆯ ᄎᆞᆫ 나래 아기 나히던 어미와:滿月日老娘來(飜朴上56). 네 몃 히멧 화를 ᄆᆡᆼᄀᆞᆯ이고져 ᄒᆞ시ᄂᆞᆫ고:你要打幾箇氣力的弓(飜朴上59). 믓 가온ᄃᆡ 皇帝 聖旨로 지ᅀᅵ신 瑠璃閣 두 좌 잇ᄂᆞ니:湖心中有聖旨裏蓋來的兩座瑠璃閣(飜朴上68).

-·이- 접미 -이-.〔피동접미사(被動接尾辭)〕¶ᄉᆞᄀᆞᄫᆞᆳ 軍馬ᄅᆞᆯ 이길씨 ᄒᆞᄫᆞᅀᅡ 믈리조치샤 모딘 도ᄌᆞᄀᆞᆯ 자ᄇᆞ시니이다:克彼鄕兵挺身陽北維此兇賊遂能獲之(龍歌35章).

·이것 대 이것. ¶제 艱難ᄒᆞᆫ 이ᄅᆞᆯ 念ᄒᆞ야 내 이것 업수라터니:自念貧事我無此物(法華2:244).

이긋 부 느긋하게. 넉넉하게. ¶뎌 말 못 ᄒᆞᄂᆞᆫ 즘승들흘 먹이기ᄅᆞᆯ 이긋 못 ᄒᆞ니:那不會說話的頭口們喂不到(朴解上21).

이·긔·다 동 이기다. ☞이기다 ¶녇기 가면 몯 이긔리니(釋譜6:22). 겻고아 뎌옷 이긔면(釋譜6:26). 그 히미 이긔디 몯ᄒᆞ리니

(釋譜13:14). 勝은 이긜 씨라(月釋序9). 釋迦毗楞伽ᄂᆞᆫ 잘 이긔다 ᄒᆞ논 마리니 됴ᄒᆞᆫ 보ᄇᆡᆺ 일후미라(月釋8:11). 現ᄒᆞᆫ 業은 수이 이긔욣디라:現業易制(楞解7:3). ᄃᆞ토매 이긔요ᄆᆞᆯ 求티 말며:狠毋求勝(宣賜內訓1:8). 이긔요믈 決ᄒᆞᆯ 威嚴이로다:決勝威(重杜解5:11). 蜀앳 수리 시름 이긔유믈 ᄒᆞ건마ᄅᆞᆫ:蜀酒禁愁得(初杜解7:7). 顏淵이 욕심을 이긔오 례예 도라갈 됴건을 묻ᄌᆞ온대:顏淵問克己復禮之目(飜小8:7). 이긜 영:嬴. 이긜 승:勝(訓蒙下22). 이긜 극:克(類合下4). 이긜 승:勝(類合下39). 이긜 극:剋(石千9). 게을옴이 공경을 이긔ᄂᆞᆫ 이ᄂᆞᆫ:怠勝敬者(宣小3:2). 몸애 옷슬 이긔디 몯ᄒᆞᄂᆞᆫ ᄃᆞᆺ ᄒᆞ시며:身若不勝衣(宣小4:14). 사홈을 이긔고 오면 큰 공을 세오:戰勝而歸立大功(東新續三綱. 孝8:70). 이긔여 우숩도소니 이제 사ᄅᆞᆷ이 能히 主ㅣ 되디 몯ᄒᆞ야(女四解2:26). 이긔다:勝了(同文解上46). 가히 탄식ᄒᆞ믈 이긔랴:勝(百行源15). 오왕이 됴ᄅᆞᆯ 텨 이긔고(女範3. 뎡녀 초평ᄇᆡᆨ영). 싸호다가 이긔디 못ᄒᆞᄂᆞᆫ 이(武藝圖10).

이·기·다 동 이기다. ☞이긔다 ¶ᄉᆞᄀᆞᆶ 軍馬ᄅᆞᆯ 이길씨:克彼鄉兵(龍歌35章). 五千賊 이기시니:克五千敵(龍歌61章). 둘희 힘ᄋᆞᆯ ᄒᆞᆫᄢᅴ 이기시니(月印上15).

이기다 동 익히다. ☞익히다 ¶이길 습:習(兒學下6).

·이·ᄅᆞᆫ·이·ᄅᆞᆫ·ᄒᆞ·다 형 이러이러하다. ¶大衆 爲ᄒᆞ야 니ᄅᆞ시ᄂᆞ니 이ᄅᆞᆫ이ᄅᆞᆫᄒᆞ시니 釋迦牟尼 世尊ㅅ 如히 니ᄅᆞ샤미 다 眞實ᄒᆞ시니라:爲大衆說如是如是釋迦牟尼世尊如所說者皆是眞實(法華4:111). ᄉᆞᆯ오ᄃᆡ 이ᄅᆞᆫ이ᄅᆞᆫᄒᆞ시니 三十二相ᄋᆞ로 如來ᄅᆞᆯ 보ᅀᆞ오리이다(金剛下137).

-이나 조 -이나. ☞-ㅣ나 ¶잠간이나 이베 내야리여:言敢出口(宣賜內訓1:48).

·이내 관 이내. ¶이내 ᄆᆞᅀᆞᆷ애 더욱 웃노이다(月印上61). 이내 녯 쥬신 지비니:是我舊主人家(飜老上17). 이내 가슴에 窓 내고쟈(古時調. 窓 내고쟈. 青丘). 黃扉예 벗님ᄂᆡ야 이내 柴扉 웃지 마라(江村晚釣歌).

이녁 명 ①이녘. 이편. 이쪽. ¶生死ᄂᆞᆫ 이녁 ᄀᆞᅀᆞ오(月釋2:25). 그ᄂᆞᆫ 好權ᄒᆞᄂᆞᆫ 사ᄅᆞᆷ이매 이녁이 미오 대접ᄒᆞᄂᆞᆫ 쳬ᄒᆞ여 달내면(隣語1:17).
②이녁. ¶이녁 액운을 슬퀏 확논ᄒᆞ여 뭇고(癸丑54).

-·이·니 조 -이니. ☞-니. -ㅣ니 ¶功臣이 忠心이니:功臣忠勤(龍歌79章). 慈悲ㅅ 힝뎌글 ᄒᆞ다 ᄒᆞ논 ᄠᅳ디니(釋譜6:1). 中國ᄋᆞᆫ 皇帝 겨신 나라히니 우리 나랏 常談애 江南이라 ᄒᆞᄂᆞ니라(訓註1). ㄱᄂᆞᆫ 牙音이니 如君ㄷ字初發聲ᄒᆞ니(訓註3). ㅋᄂᆞᆫ 牙音이니 如快ㆆ字初發聲ᄒᆞ니라(訓註4).

-·이니·라 조 -이니라. ☞-니라 ¶便安킈 ᄒᆞ고져 ᄒᆞᇙ ᄯᆞᄅᆞ미니라(訓註3). 아히 업슨 ᄒᆞᆫ 婦人이니라:無兒一婦人(初杜解7:22).

-이·니이·다 조 -입니다. -인 것입니다. ¶眞實로 우리 죵이니이다(月釋8:94).

-이닛·고 조 -입니까. ¶西來ᄒᆞ샨 ᄠᅳ디닛고(龜鑑上12).

이ᄂᆞ다 형 이르다(早). ☞이ᄅᆞ다 ¶이ᄂᆞᆯ 숙:夙(石千12).

이ᄂᆡ 명 이래(以來). ¶近世 以來로 人情이 輕薄ᄒᆞ야(家禮3:1).

-이다 조 -에다가. ¶어느이다 노코시라(樂範. 井邑詞).

-이·다 어미 -ㅂ니다. ☞-니이다 ¶올ᄒᆞ시이다 世尊하(釋譜13:47). 大王ᄋᆞᆯ 보ᅀᆞᄫᆞ라 오이다(月釋8:90). 달옴 업스이다:無有異(楞解2:9). 아니이다 世尊하(楞解5:21). 尊者ㅣ 니ᄅᆞ샤ᄃᆡ 내 佛性을 보이다:尊者曰我見佛性(牧牛訣6). 우리 ᄀᆞ장 브르이다:我好生飽了(飜老上42). 내 崔浩두곤 만히 호이다(飜小9:46).

:이·다 동 이루어지다. (‘일다’의 ㄹ탈락(脫落).) ☞일다 ¶東征에 功이 몯 이나:東征無功(龍歌41章). 믈읫 字ㅣ 모로매 어우러ᅀᅡ 소리 이ᄂᆞ니:凡字必合而成音(訓註13). 거유ᄅᆞᆯ 사기다가 이디 몯ᄒᆞ야도:刻鵠不成(宣賜內訓1:38). 金 ᄉᆞ라기 비록 貴ᄒᆞ나 누네 디면 ᄀᆞ료미 이ᄂᆞ니(南明上71).

·이·다 동 (머리에) 이다. ¶四海ㅅ 믈 이여 오나ᄂᆞᆯ 마리예 븟ᅀᆞᆸ고(月印上13). ᄒᆞ다가 뎡바기예 이ᅀᆞ오며 두 엇게예 메ᅀᆞ와:若以頂戴(法華2:257). 天人이 이여 울워ᅀᆞ오미시며:天人所戴仰(法華4:174). 겨지븐 질삼ᄒᆞᆯ 그르슬 이여:妻戴紝器(宣賜內訓3:70). 楚公의 그륜 매여 매 ᄲᅳ를 옛도소니:楚公畫鷹鷹戴角(初杜解16:35). 누ᄂᆞᆯ 옛ᄂᆞᆫ ᄃᆞᆺᄒᆞ니:戴雪(初杜解18:10). 이 ᄆᆞᅀᆞᆷ 메여 이요ᄆᆞᆫ ᄆᆞᄎᆞ매 論호미 어렵도다:此心荷戴卒難論(南明下64). 하ᄂᆞᆯᄒᆞᆯ 이고 ᄯᅡ해 셔며:頂天立地(金三2:11). 일 ᄃᆡ:戴(訓蒙下24. 類合下46). 길헤 지며 이디 아니ᄒᆞ면:不負戴於道路(宣小5:34). 동희ᄅᆞᆯ 이고 담을 너머 ᄃᆞ라나 피ᄒᆞ야:戴盆踰墻走避(東新續三綱. 烈3:45). 길헤 지며 이디 아니ᄒᆞ면:不負戴於道路(警民20). 마리예 믈을 이ᄂᆞ니:頭上頂水(老解上33). 이다:頂戴(同文解上30).

이다 동 가다. ☞니다 ¶어즈버 江山風月을 눌을 쥬고 이거니(古時調. 黃河水. 歌曲).

-·ᄢᅵ·다 어미 -이다. ¶机ᄂᆞᆫ 안자 지ᄢᅵᄂᆞᆫ 거시라(釋譜11:34). 婆稚ᄂᆞᆫ 얽ᄆᆡᄢᅵ다 혼 마리니(釋譜13:9). 趙州의 사ᄅᆞ미게 믜ᅇᅵᆫ 고

ᄃᆞᆯ 곳 아라:勘破趙州得人憎處(蒙法19).

:이단 명 이단(異端). ¶聖性에 ᄇᆞᆯᄀᆞ실씨 異端ᄋᆞᆯ 排斥ᄒᆞ시니:聖性自昭晣異端獨能斥(龍歌124章). 異端은 다ᄅᆞᆫ 그티라(法華5:12). 子ㅣ ᄀᆞᄅᆞ샤ᄃᆡ 異端을 攻ᄒᆞ면 이 害니라(宣論1:14).

이·대 부 잘. 좋게. 평안히. ¶調御ᄂᆞᆫ 이대 다ᄉᆞ릴 씨오(釋譜9:3). 모ᄆᆞᆯ ᄌᆞ개 이대 가져 ᄃᆞ니샤(月釋2:56). ᄉᆞᆯ펴 드러 이대 思念ᄒᆞ라(月釋21:50). 어버ᅀᅵ를 셤교ᄃᆡ ᄂᆞᆺ촐 이대 ᄒᆞ며:事親色養(三綱.孝19 王延躍魚). 이대 救ᄒᆞ샨 功이:善救功(楞解5:38). 샹녜 사ᄅᆞᄆᆞᆯ 이대 救ᄒᆞ샤미라:常善救人也(楞解5:38). 이대 아로미 ᄃᆞᆯ규ᄆᆞ로:靈悟所染(楞解9:57). 이대 付囑ᄒᆞ시다 ᄉᆞᆯ오니라:云善付囑也(金剛上9). 이대 參究ᄒᆞ야:宜善參究(蒙法68). 사ᄅᆞᄆᆡ ᄠᅳ들 이대 니ᅀᅳ며:善繼人之志(宣賜內訓1:41). 녯 버든 이대 ᄀᆞᄅᆞ쵸ᄆᆞᆯ 알어놀:故人知善誘(重杜解2:48). 王孫ᄋᆞᆫ 貴ᄒᆞᆫ 모ᄆᆞᆯ 이대 安保ᄒᆞ라:王孫善保千金軀(初杜解8:2). 達磨大師ㅣ 이대 겨시다가 주그시거늘(南明上52). 이대이대:好麼好麼(飜老上17). 인도홀 사ᄅᆞᄆᆞᆫ 이대 니ᄅᆞ거든 듣고 ᄒᆡᆼ티 아니호ᄆᆞᆫ 도인의 허므리 아니라:道人善道聞而不行非道過也(野雲45). 집 이셔 다 이대 잇던가:家裏都好麼(老解下3). 다 이대 잇더라:都安樂來(老解下3). 우리ᄃᆞᆯ히 본 바로 염왕ᄭᅴ 이대 ᄉᆞᆯ오면:吾等所見善奏閻王(王郞傳4).

이대도록 부 이토록. ☞이ᄃᆡ도록 ¶關公은 다ᄅᆞᆫ 셩이라 엇지 이대도록 ᄃᆡ졉ᄒᆞᄂᆞ니(三譯2:21). 아므리 ᄆᆡ인 새 노히다 이대도록 싀훤ᄒᆞ랴(古時調.헛글고 싯근.靑丘).

이·대·로 부 이대로. ¶이대로 ᄒᆞ라(瘟疫方14).

-이·도·록 조 -이 지나도록. -이 되도록. ☞-이ᄃᆞ록 ¶네 ᄒᆡ도록 그치디 아니ᄒᆞ야(續三綱.孝5). ᄒᆞᆫ힛옷 비얌 믈이기 디내면 삼년이도록 드렛줄도 저프다 ᄒᆞᄂᆞ니라:一年經蛇咬三年怕井繩(飜朴上37). 일ᄇᆡᆨ 거르미도록 에디 아니ᄒᆞ며:不枉百步(飜小8:2).

이·든 형 착한. 어진. ㉮읻다 ¶百寶色鳥ㅣ ᄃᆞ외야 이든 우루믈 우러(月釋8:14). 이든 工巧ᄅᆞᆯ 求호ᄆᆞᆫ:求善巧者(楞解9:87). ᄒᆞ다가 사ᄅᆞ미 이든 보ᄃᆞ라온 ᄆᆞᅀᆞᆷ 가지닌:若人善軟心(法華1:216). 善女人ᄋᆞᆫ 이든 겨지비라(阿彌17). 本來 이든 버디니라:由來善友矣(永嘉下121). 비록 이든 버듸 여러 뵈요ᄆᆞᆯ 因ᄒᆞ나:因善友開示(圓覺上一之二14).

이·듬·ᄒᆡ 명 이듬해. ¶이듬ᄒᆡ예 ᄯᅩ ᄒᆞ오ᅀᅡ 와 李氏 밥 먹더니:明年復來孤飛如故食李之飯(三綱.烈12). 이듬ᄒᆡᆺ 녀르미 ᄀᆞ장 ᄀᆞ믈어놀:明年夏太旱(宣賜內訓2上48). 이듬ᄒᆡ예:明年(飜小10:18). ᄯᅩ 이듬ᄒᆡ예:又明年(宣小6:117). 거려ᄒᆞᆫ 이듬ᄒᆡ예 그 어미ᄅᆞᆯ 아븨 겨틔 옮겨 영장ᄒᆞ고:居廬翌年移葬其母於父側(東新續三綱.孝1:22). 이듬ᄒᆡᆺ ᄀᆞᅀᆞᆳ:二載秋(重杜解1:1). 이듬ᄒᆡᆺ 봄의 션뫼 보오시고(仁祖行狀1).

이듬히 명 이튿날. 명일(明日). ¶이듬히:明日(重內訓2:45).

이등 대 이등(爾等). 너희들. ¶이등이 나의 과실을 칙디 아니ᄒᆞ고:爾等(仁祖行狀33).

-·이·디·ᄫᅵ 조 -이지. -이지마는. ☞-ㅣ디ᄫᅵ. -이디위 ¶八生ᄃᆞᆯᄒᆞᆫ 聖位예 걷내ᄠᅴ여 드로ᄆᆞ로 니ᄅᆞ시니 처ᅀᅥᆷ 佛家애 나다 ᄒᆞᆫ 生이디ᄫᅵ 生死애 나며 드ᄂᆞ다 ᄒᆞᆫ 生이 아니라(月釋17:28).

-·이·디·위 조 -이지마는. ☞-ㅣ디위. -이디ᄫᅵ ¶分別 이쇼ᄆᆞᆫ 緣心이디위 ᄆᆞᅀᆞ미 眞이 아니라:緣心耳非心之眞也(楞解2:22). 오직 ᄃᆞ온 緣ㅣ ᄯᆞᄅᆞ미디위:特愛緣耳(法華6:144). 人 업수ᄆᆞᆯ 일후미 蘊空이디위:無人名蘊空(心經27). ᄀᆞ료ᄆᆞᆫ 實로 이 고지 난 고디디위 實ㅅ 고ᄌᆞᆯ 니ᄅᆞ샨디 아니니라:翳則實是華之生處非謂眞實之萃(圓覺上一之二177).

-·이ᄃᆞ·록 조 -이 되도록. ☞-ᄃᆞ록. -이도록 ¶將士ᄅᆞᆯ 도와 주샤 밦듕이ᄃᆞ록 자디 아니ᄒᆞ시며:助給將士夜分不寐(宣賜內訓2下38). ᄲᆞᄅᆞᆫ ᄇᆞᄅᆞ미 부러 나지ᄃᆞ록 어드웟도다:疾風颯颯昏亭午(重杜解1:44).

·이ᄃᆞ며 형 묘(妙)하며. ㉮읻다 ¶낫나치 ᄇᆞᆰ고 이ᄃᆞ며:一一明妙(金三2:62). 이ᄃᆞ며 골업소ᄆᆞᆯ ᄀᆞᆯᄒᆡ리오:辨姸醜(南明下28).

이·ᄃᆞᆫ 형 좋은. 맛좋은. ㉮읻다 ¶이ᄃᆞᆫ 일 지ᅀᅳ면 이ᄃᆞᆫ ᄃᆡ 가고(南明上9). 보ᄃᆞ라온 옷과 이ᄃᆞᆫ 음식을 모ᄃᆡ 슈용티 마롤디어다:軟衣美食切莫受用(野雲48). 보ᄃᆞ라온 옷과 이ᄃᆞᆫ 음식ᄋᆞᆫ:軟衣美食(野雲50).

이ᄃᆡ도록 부 이토록. ☞이대도록 ¶쳐음에 뮈시던 거시면 이ᄃᆡ도록 셜우랴(古時調.님이 혜오시ᄆᆡ.靑丘).

-이·라 조 ①-이라. -라. ☞-ㅣ라 ¶樓는 다라기라(釋譜6:1). 御製ᄂᆞᆫ 님금 지ᅀᅳ샨 그리라(訓註1). 之ᄂᆞᆫ 입겨지라(訓註1). 語ᄂᆞᆫ 말ᄊᆞ미라(訓註1). 文은 글와리라(訓註1). 不은 아니ᄒᆞ논 ᄠᅳ디라(訓註1). 人ᄋᆞᆫ 사ᄅᆞ미라(訓註3). 牙ᄂᆞᆫ 어미라(訓註3). 脣은 입시우리라(訓註5). 喉ᄂᆞᆫ 모기라(訓註8). 右ᄂᆞᆫ 올ᄒᆞᆫ 녀기라(訓註12). 一ᄋᆞᆫ ᄒᆞ나히라(訓註13). 오직 ᄆᆞᅀᆞᆷ 두매 이실 ᄯᆞᄅᆞ미라:唯在存心耳(宣賜內訓1:15).

②-이라. -이라고. ☞-ㅣ라 ¶思不如學이라 ᄒᆞ샤 儒生ᄋᆞᆯ 親近ᄒᆞ시니이다:謂思不如學儒生更親昵(龍歌122章). 不可令閑이라커든 이 ᄠᅳ를 닛디 마ᄅᆞ쇼셔:曰不可令閑此意願

毋忘(龍歌122章).

-·이라·니 조 -이더니. ¶내 아랫 네 버디라니(釋譜6:19). 내 舍衛國 사ᄅᆞ미라니(月釋10:23). 方辯은 西蜀 사ᄅᆞ미라니:方辯是西蜀人(六祖中109). 내 뎌 소ᄂᆡ 아ᅀᆞ미라니:我是他親眷(飜老下1).

-·이라·도 조 -이라도. ☞-라도. -ㅣ라두 ¶사ᄅᆞᆷ이라도 즁ᄉᆡᆼ만 몯호이다(月印上49). 비록 種種앳 비치라도:雖種種光(楞解2:34). 터럭만ᄒᆞᆫ 이리라도 다 求行ᄒᆞ고:求毫髮(初杜解8:8). 金이라도 내좋애 노교ᄆᆞ로 이ᄂᆞ니(金三2:4). 일후미라도 ᄒᆞᄂᆞ니라(南明上15).

-이라사 조 -이라야. ¶股ㅣ며 肱이라사 人이며 良ᄒᆞᆫ 臣이라사 聖ᄒᆞ리니라:股肱惟人良臣惟聖(書解2:66).

-이라셔 조 -이. -가. ¶술 먹지 마쟈터니 술이라셔 제 ᄶᅡ론다(古時調. 靑丘). 뉘라셔 날 늙다ᄂᆞᆫ고 늘근이도 이러ᄒᆞᆫ가(古時調. 靑丘).

-·이라·와 조 -보다. ☞-라와. -ㅣ라와. -히라와 ¶복셩고지 블고미 錦이라와 더오ᄆᆞᆯ:桃花紅勝錦(初杜解23:23). 버듨개야지 소오미라와 히요ᄆᆞᆯ ᄀᆞ장 믜노라:生憎柳絮白於緜(初杜解23:23). ᄂᆞᆾ비치 히요미 누니라와 더으더니:顏色白勝雪(重杜解1:5). 彼敵 헤튜믄 살 가ᄆᆡ ᄲᆞᆯ오미라와 더으니라:破敵過箭疾(重杜解1:8). 彦昭ᄂᆞᆫ 玉ㅅ 갑시라와 넘고:彦昭超玉價(重杜解3:64).

이라타 감 이러. 〔소나 말을 모는 소리.〕 ¶아므리 이라타 ᄧᅩᆺ츤들 제 어ᄃᆡ로 가며(古時調. 콩밧틔. 靑丘). ᄃᆞᆺᄂᆞᆫ ᄆᆞᆯ도 誤往 ᄒᆞ면 셔고 섯ᄂᆞᆫ 소도 이라타 ᄒᆞ면 가고(古時調. 靑丘).

-·이·랏 조 -이라는. ☞-ㅣ랏 ¶大覺이랏 일후미(金三2:16). 正獻公이 潁州ㅣㅅ 고ᄋᆞᆯ 通判이랏 벼슬 ᄒᆡ엿거늘:正獻公通判潁州(飜小9:4).

-이랏다 조 -이었다. ¶본ᄃᆡ 이 ᄒᆞᆫ 虎精이랏다:元來是箇虎精(朴解下24).

이·랑 명 이랑. ☞일랑 ¶이랑 규:畦. 이랑 듀:疇. 이랑 모:畝(訓蒙上7). 南山 기픈 골에 두어 이랑 니러 두고(古時調. 靑丘).

이러 부 이리로. ¶아므가히 이러 오라(新語1:1).

이러구러 부 이러구러. 이럭저럭. ☞이렁굴어 ¶이러구러 남도 드리기를 시작ᄒᆞ다(癸丑217). 어즈버 聖化 千載에 이러구러 지내리라(古時調. 人間. 靑丘).

·이러·뇨 형 이러하뇨. ¶므스글 爲ᄒᆞ야 이러뇨:爲甚如此(金三3:29).

-·이러·니 조 -이더니. ☞-더니. -이라니 ¶金銀 그르세 담은 種種 차반이러니(月印上44). 舍衛國 사ᄅᆞ미 十八億이러니(釋譜6:28). ᄒᆞᆫ 長者ㅣ 이쇼ᄃᆡ 일후미 傳相이러니(月釋23:72). 나히 여ᄃᆞᆲ이러니(續三綱. 孝19). 아비 병 비르선 디 이트리러니(飜小9:31).

-·이러·니·라 조 -이더니라. ¶正히 ᄒᆞᆫ 지비러니라:正一家(初杜解15:22). 三千人이러니라(宣孟14:4).

이·러·뎌·러 부 이리저리. ☞이리져리 ¶이러뎌러 가 얻다가 몯ᄒᆞ야 더욱 셜워ᄒᆞ더니(續三綱. 孝2 周炳致獐). 이러뎌러셔 온 글워를 다 손소 ᄃᆡ답호ᄃᆡ:遠近書蹟莫不手答(飜小10:8). 이러뎌러 ᄒᆞᆫ보로 ᄡᅳᆯ 갈 열 ᄌᆞᄅᆞ:雜使刀子一十把(飜老下68).

-·이러·라 조 -이더라. ☞-ㅣ러라 ¶六師ㅣ 무리 三億萬이러라(釋譜6:28).

이러·로 부 이리로. ¶반ᄃᆞ시 이러로 드러가리라:必入於此(飜小8:42).

·이러·면 부 이러면. ¶色身ᄋᆞᆯ 現ᄒᆞ샤미 다 來라 이러면 如如ᄂᆞᆫ 眞性의 根源體오(月釋9:10). 이러면 ᄆᆞ던ᄒᆞ니 쉬이 저를 고틸 거시니:這們時不碍事容易醫他(飜朴上13).

·이·러모·로 부 이러므로. ¶이러모로 ᄲᅧ 외며 샤벽ᄒᆞᆫ ᄆᆞᅀᆞᆷ이븥터 들미 업ᄉᆞ니라:是以非辟之心無自入也(宣小3:18). 이러모로 ᄲᅧ 두어 사ᄅᆞ미 오니라:是以數子至(重杜解16:17).

이러미 명 어레미. ¶모로미 이러미로 츤 細砂로 ᄲᅧ 섯글디니(家禮7:24).

이러셩 부 이렇게. ☞이렁셩 ¶힝즈치마 멜 ᄶᅵᆫ도 제 色이로다 우리도 이러셩 구우다가 ᄒᆞᆫ 빗 될가 ᄒᆞ노라(古時調. 平孃 女妓년들의. 靑丘).

-·이·러시·니 조 -이시더니. ☞-히러시니 ¶굳 ᄑᆞ고 블 퓌우니 님금 臣下ㅅ 疑心이러시니(月印上22). 四衆에 長常 절이러시니(月釋17:76).

-·이·러시·다 조 -이시더라. ¶몯 後에 成佛ᄒᆞ신 일후미 燃燈이러시다(釋譜13:35). 金色 모야히 ᄃᆞᆺ닚 光이러시다(月釋2:51).

·이러·쳐 부 이렇게. ¶이러쳐 뎌러쳐 期約이잇가 아소 님하(樂詞. 履霜曲).

·이러·콕 부 이러하고. 이렇고. ☞-ㄱ ¶어딘 이ᄅᆞᆯ 니ᄅᆞ며 어딘 이ᄅᆞᆯ ᄒᆡᆼᄒᆞ며 어딘이ᄅᆞᆯ ᄉᆞ랑ᄒᆞ고 이러콕 어딘 사ᄅᆞᆷ 도의디 아니ᄒᆞ리 잇디 아니ᄒᆞ며:言其所善行其所善思其所善如此而不爲君子未之有也(飜小6:33).

·이러·트시 부 이렇듯이. ☞이러ᄐᆞ시 ¶이러트시 種種 音聲을 ᄌᆞᆯᄒᆞ요ᄃᆡ(釋譜19:16). 어딘 일로 혀 가미 이러트시 두터우모로:化導如此之篤故(飜小9:5).

·이러·틋 부 이렇듯. 이렇게. ☞이러ᄐᆞ시. 이러ᄐᆞᆫ. 이러틋 ¶阿難과 羅睺羅와 이러틋 ᄒᆞᆫ

모다 아논 大阿羅漢ᄃᆞᆯ히며(釋譜13:2). 이러틋 ᄒᆞᆫ ᄆᆞᅀᆞᄆᆞᆯ 이 일후미 여러 ᄆᆞᅀᆞ미니:如是等心是名諸心(金三4:23).

·이·러ᄐᆞ·시 🈐 이렇듯이. ☞이러트시. 이러틋. 이러톳 ¶이러ᄐᆞ시 虛空애 ᄀᆞᄃᆞᆨᄒᆞ야(月釋10:55). 내 親ᄒᆞ니게 이러ᄐᆞ시 ᄀᆞᄅᆞ치ᄂᆞ니:我親乃爾教之(宣賜內訓1:48). 이러ᄐᆞ시 서르 간슈ᄒᆞ면:若這般相看時(飜老下47). 네 이러ᄐᆞ시 홍졍ᄒᆞ기 니근 사ᄅᆞ마:你這們慣做買賣的人(飜老下65). 엇더ᄒᆞᆫ 大事ㅣ완ᄃᆡ 畏縮ᄒᆞ기ᄅᆞᆯ 이러ᄐᆞ시 ᄒᆞᄂᆞ뇨(女四解4:54). 그 ᄇᆞ라시미 이러ᄐᆞ시 ᄀᆞᆫ절ᄒᆞ시ᄂᆞ니:若(百行源13).

이러톤 🈐 이렇듯. ☞이러틋. 이러톳 ¶이제 블힝ᄒᆞ기 이러톤 ᄒᆞ니:今不幸如此(東新續三綱. 忠1:55).

이러·톳 🈐 이렇듯. 이렇게. ☞이러틋. 이러톤 ¶如來ㅅ거긔 이러톳 ᄒᆞᆫ 이ᄅᆞᆯ 能히 묻ᄂᆞ니(月釋10:69). 이러톳 등대ᄒᆞᆫ 것들을 즉시 도라보내고(癸丑11). 귀비ᄅᆞᆯ 드리신 후ᄂᆞᆫ 이러톳 ᄒᆞᆫ 일을(明皇1:33). 이러톳 ᄒᆞ기 여러 ᄃᆞᆯ을 디나:如此十有余旬(五倫4:19). 형데 ᄯᅩ 이러톳 ᄒᆞ니 우리 엇디 ᄎᆞ마 해ᄒᆞ리오:兄弟若此吾何忍害(五倫4:40).

·이·러톳·다 🈂 이렇듯 하다. ¶너희ᄂᆞᆫ 엇디 이러ᄐᆞᄂᆞᆫ 이리 이시료 ᄒᆞ야시든:若等寧有是耶(飜小7:42).

·이러·톳·이러·ᄐᆞ·시 🈐 이렇게 이렇게. ¶샹위 니ᄅᆞ샤ᄃᆡ 내 이러톳이러ᄐᆞ시 ᄒᆞ고져 ᄒᆞ노라:上曰吾欲云云(飜小9:39).

·이러·히 🈐 이렇게. ¶이러히 二萬 부텨 다 ᄒᆞᆫ가짓 字號로 日月燈明이시며(釋譜13:29). 極樂國土ㅣ 이러히 功德莊嚴이 이러 잇ᄂᆞ니(月釋7:65).

·이러·ᄒᆞ·다 🈂 이러하다. ¶王業 艱難이 이러ᄒᆞ시니:王業艱難允也如此(龍歌5章). 忠誠이 이러ᄒᆞ실ᄊᆡ:忠誠若此(龍歌25章). 妻眷 ᄃᆞ외여 셜ᄫᅳ미 이러ᄒᆞᆯ쎠(月印上52). 眷屬 ᄃᆞ외ᅀᆞᄫᅡ셔 셜ᄫᅳᆫ 일도 이러ᄒᆞᆯ쎠(釋譜6:5). 보며 드루미 이러ᄒᆞ며(釋譜13:18). 잠간 닐오ᄆᆞᆫ 이러커니와 字細히 닐욇딘댄:略言如是詳擧(蒙法66). 靈知도 ᄯᅩ 이러ᄒᆞ니(牧牛訣13). 困窮호ᄆᆞᆯ 爲ᄒᆞᄃᆡ 아니ᄒᆞ면 엇데 이러호미 이시리오:不爲困窮寧有此(初杜解7:22).

·이런 🈁 이런. ☞일언 ¶이런 일이 慈悲 어늬신고(月印上52). 이런 變化ᄅᆞᆯ 뵈오ᅀᅡ 神足ᄋᆞᆯ 가다 도로 本座애 드러 안ᄌᆞ니라(釋譜6:34). 이런 젼ᄎᆞ로 어린 百姓이 니르고져 홇 배 이셔도(訓註2). 衆生ᄃᆞᆯ히 이런 말 드르면 당다이 맛나미 어려ᄫᅳᆫ 想ᄋᆞᆯ 내야 ᄆᆞᅀᆞ매 그리ᄫᅳᆫ ᄠᅳ들 머거(月釋17:15). 子孫의 이런 힝뎍 잇다 드로ᄆᆞᆯ:聞子孫有此行也(宣賜內訓1:37). 이런 故로:是故(警民1). 엇그졔 그런 바ᄅᆞᆷ 간밤의 이런 눈의(萬言詞).

이런고로 🈐 이런고로. 이러므로. ¶이런고로 부쳐ㅣ 화락ᄒᆞ면(警民9).

·이·런·도·로 🈐 이런 까닭으로. 이러하므로. ☞이런ᄃᆞ로 ¶이런도로 人倫에 듕ᄒᆞ니 후히 아니티 몯ᄒᆞᆯ 거시니라:故於人倫爲重也不可不篤(飜小7:38).

·이·런·ᄃᆞ·로 🈐 이런 까닭으로. 이러하므로. ☞ᄃᆞ로. 이런도로 ¶이런ᄃᆞ로 일후미 大佛頂如來密因修證了義諸菩薩萬行首楞嚴이라:故名大佛頂如來密因修證了義諸菩薩萬行首楞嚴(楞解1:9). 이런ᄃᆞ로 이 三昧ᄅᆞᆯ 得ᄒᆞ시면 能히 秘藏ᄋᆞᆯ 아ᄅᆞ시리라(法華7:140). 이런ᄃᆞ로 一切 法이 이 空 아니니 업스니라:是故一切法無不是空者(永嘉上112). 이런ᄃᆞ로 法을 셰시니(金剛序5). 이런ᄃᆞ로 淸雅ᄒᆞᆫ 지조ᄅᆞᆯ 資賴ᄒᆞ야:是以資雅才(初杜解6:22). 이런ᄃᆞ로 거므며 히요ᄆᆞᆯ ᄂᆞᆫ호니라:所以分黑白(初杜解7:27). 이런ᄃᆞ로 大慧 이 마ᄅᆞᆯ 드러 닐오ᄃᆡ:所以大慧擧此話云(金三2:1). 이런ᄃᆞ로 니ᄅᆞ샤ᄃᆡ 기프며 져근 ᄃᆡ 뮈워 ᄉᆞ뭇다 ᄒᆞ시니(南明上46). 이런ᄃᆞ로 여러 가짓 이리 이시면 일마다 ᄒᆞ욜 법이 잇ᄂᆞ니(飜小6:1).

이런쟈져런쟈 🈐 이러쿵저러쿵. ¶이런쟈져런쟈 ᄒᆞ니 한숨 겨워 ᄒᆞ노라(古時調. 李恒福. 時節도. 靑丘).

·이럴·씨 🈐 이러므로. ☞-ㄹ씨 ¶이럴씨 信心 뒷ᄂᆞᆫ 善男子 善女人이(釋譜9:11). 오히려 法性色이 잇거니 이 四天이 ᄒᆞᆫ갓 다 뷔리여 이럴ᄊᆡ 聲聞緣覺ᄋᆡ 몰롫 고디라(月釋1:37).

이·럼 🈔 이랑. ☞이렁 ¶사오나온 받 열다ᄉᆞᆺ 이러미 잇ᄂᆞ니:有…薄田十五頃(宣賜內訓3:57). ᄢᅴᄅᆞᆯ 뷔윤 ᄡᅡ히 처엄 ᄒᆞᆫ 이러미러니:誅茅初一畝(初杜解6:36). 머므러 슈믄 벼 시므ᄂᆞᆫ 이러믈 爲ᄒᆞ애니라:淹留爲稻畦(初杜解7:16). 온 이러미 平호미 几桉 ᄀᆞᆮ도다:百頃平若桉(初杜解7:36). 이럼 묘:畝(石千28). 舜을 받이럼 가온대 가 셤기게 ᄒᆞ시니:事舜於畎畝之中(宣小4:8). 禾穀이 나니 받이러미 東西ㅣ 업게 가랫도다:禾生隴畝無東西(重杜解4:2).

이럿틋 🈐 이렇듯. ☞이러틋 ¶我國 風治는 이럿틋 ᄒᆞᆫ건만는(愁州曲).

이럿호시 🈐 이렇듯이. ☞이러트시 ¶엇지 이럿호시 잡말 ᄒᆞᄂᆞᆫ 사ᄅᆞᆷ을 ᄃᆞ려 온다(三譯3:16).

이·렁 🈔 이랑. ☞이럼 ¶이렁 규:畦. 이렁 모:畝(類合上6). 두어 이렁 田地ᄂᆞᆫ 잇다감 川反ᄒᆞ거나 개낙홈이 이셔:數畝田地有時而

川反浦落(警民5).

이렁 부 이리. ¶이렁 굴 제 그 셜움이 엇디 ᄒᆞ리오(癸丑64).

이렁굴어 부 이러구러. 이럭저럭. ☞이러구러 ¶夷齊의 놉흔 줄을 이렁굴어 알란지고(古時調. 尹善道. 還上타. 海謠).

이렁뎌렁 부 이렁저렁. ☞이렁져렁 ¶이렁뎌렁 폐롤 싱각ᄒᆞ면 마라도 됴홀 듯ᄒᆞ건마ᄂᆞᆫ(新語8:11).

이렁셩 부 이렇게. ☞이러셩 ¶每日에 이렁셩 굴면 므슴 시름 이시랴(古時調. 金光煜. 崔行首. 靑丘).

이렁져렁 부 이렁저렁. ☞이렁뎌렁 ¶每日에 ᄒᆞᆫ 盞 두 盞 ᄒᆞ여 이렁져렁 ᄒᆞ리라(古時調. 이셩져셩. 靑丘).

:이·력 명 공부. 일. ¶네 ᄆᆡ실 므슴 이력 ᄒᆞᄂᆞ다:你每日做甚麼工課(飜老上2). 네 날마다 므슴 이력 ᄒᆞᄂᆞ다:你每日做甚麼功課(飜朴上49).

이령 명 (논밭의) 이랑. ☞이렁 ¶일만 이령:萬頃(百聯7).

이로 부 이루. ¶絶代 豪士를 어듸 가 이로 다 ᄉᆞ괼손고(古時調. 泰山이. 歌曲).

-·이·로고·나 조 -이로구나. ¶너ᄒᆞ야 슈례ᄒᆞ게 홀 거시로고나 ᄒᆞ야ᄂᆞᆯ:教你受禮(飜老上64).

-이로괴야 조 -이로구나. ☞-이로괴여 ¶애 ᄯᅩ 王가 큰兄이로괴야:噯却是王大哥(老解上15).

-·이·로·괴·여 조 -이로구나. ☞-이로괴야 ¶애 ᄯᅩ 王가 형님이로괴여:噯却是王大哥(飜老上17).

-이로·니 조 -이니. ¶두어 刻앳 사ᄅᆞ미로니:數刻之人耳(三綱. 忠15). 나ᄂᆞᆫ 이 如來ㅅ 뭇 져믄 앗이로니(楞解1:76). 大衆에 너비 니롤 ᄯᆞᄅᆞ미로니:而普告大衆耳(圓覺序14).

이·로·다 동 이루다. 되다. ☞이루다 ¶鹿母夫人이 ᄢᅧ를 주ᅀᅥ 뒷 東山애 五百塔ᄋᆞᆯ 이로고(釋譜11:38). 이 世界 이로매 아니 브터 니ᄅᆞ니라(月釋1:38). 녯 世界 이롬도 이 ᄒᆞᆫ가지라(月釋1:41). 子ㅣ ᄀᆞᄅᆞ샤ᄃᆡ 回의 사ᄅᆞᆷ 이론 ᄃᆡ 中庸의 擇ᄒᆞ야:子曰回之爲人也擇乎中庸(宣中栗6). 子ㅣ ᄀᆞᄅᆞ샤ᄃᆡ 鬼神의 德 이론 ᄃᆡ 그 盛ᄒᆞᆫ뎌:子曰鬼神之爲德其盛矣乎(宣中栗17). 그 사ᄅᆞᆷ 이론 ᄃᆡ 孝ᄒᆞ며 弟ᄒᆞ고:其爲人也孝弟(宣論1:1). 中庸의 德 이로옴이 그 至ᄒᆞᆫ뎌:中庸之爲德也其至矣乎(宣論2:12). 큰 일 이로지 못ᄒᆞ리라(三譯1:11). 胸中에 머근 뜻을 속절업시 못 이로고(古時調. 靑丘).

-이로되 조 -이로되. ¶루셜치 못홀 거시로되(敬信50).

-·이로·ᄃᆡ 조 -이로되. ☞-로ᄃᆡ. -ㅣ로ᄃᆡ. -히로ᄃᆡ ¶밀므리 사ᄋᆞ리로ᄃᆡ 나거ᅀᅡ ᄌᆞᄆᆞ니이다:不潮三日迨其出矣江沙迺沒(龍歌67章). 一切옛 性이로ᄃᆡ(楞解1:87). 가히 ᄡᅥ 효지 될 거시로ᄃᆡ(百行源12).

-·이로·라 조 -이로라. ☞-로라 ¶제 너교ᄃᆡ 辟支佛이로라 ᄒᆞ야(釋譜13:61). 내 弟子ㅣ 제 阿羅漢辟支佛이로라 너기리(法華1:190). 일홀 사ᄅᆞ미로라 너길시(圓覺序47). 오직 내 性을 順홀 ᄯᆞᄅᆞ미로라:但順吾性而已(宣賜內訓3:60). 내이로라 호ᄆᆞᆯ:我是(金三4:3). 取홀 ᄯᅡ롬이로라(宣孟14:2). 속친은 이의게란 형이로라 족하의게란 아ᄌᆞ미로라 ᄒᆞᄂᆞᆫ 뉘라(家禮3:18). 엇데 ᄡᅥ곰 사ᄅᆞ미로라 ᄒᆞ리오:何以爲蒸黎(重杜解4:12). 天驕子ᄂᆞᆫ 胡ㅣ 自言호ᄃᆡ 우리ᄂᆞᆫ 하ᄂᆞᆳ 驕慢ᄒᆞᆫ 아ᄃᆞ리로라 ᄒᆞ니라(重杜解4:12).

이·로ᄆᆞ·로 부 이런 까닭으로. ¶이로ᄆᆞ로 究竟ᄋᆞᆯ 삼ᄂᆞᆫ 사ᄅᆞᄆᆞ로 곧ᄒᆞ리오:以有所得爲究竟者哉(蒙法69).

이로샤ᄃᆡ 동 이르시되. ¶ᄯᅩ 경에 이로샤ᄃᆡ(普勸文2).

-·이·로소·니 조 -이니. ☞-로소니. -ㅣ로소니 ¶오ᄂᆞᆳᄀᆞ장 혜면 마ᄒᆞᆫ ᄒᆞᆫ 劫이로소니(釋譜6:37). 萬里橋ㅅ 西ㅅ녀긔 ᄒᆞᆫ 새지비로소니:萬里橋西一草堂(初杜解7:2). 귓거싀 ᄂᆞ치로소니(金三2:7). 대도히 돈이 삼쳔 나치로소니:共通三千箇銅錢(飜朴上1).

-·이·로·소이·다 조 -이로소이다. ☞-로소이다. -이로쇠이다 ¶生老病死ㅣ 眞實로 슬ᄒᆞᆫ 이리로소이다(釋譜24:29). 이 菩薩ᄋᆡ 不二法門이로소이다(南明上25).

-이로송이다 조 -이로소이다. ☞-이로소이다 ¶극진히 니르심이로송이다(新語6:2).

-이로쇠 조 -일세. ☞-로쇠 ¶내로쇠 ᄒᆞ여ᄂᆞᆯ(癸丑123). 다 거즛 거시로쇠(普勸文39). 어와 자네ᄂᆞᆫ 우은 사ᄅᆞᆷ이로쇠(新語9:19). 오ᄂᆞᆯ밤 이 노름이 일ᄃᆡ의 셩ᄉᆡ로쇠(ᄇᆡᆨ화당가).

-이로·쇠이·다 조 -이로소이다. ☞-이로소이다 ¶이젯 陛下ㅅ 말ᄉᆞᄆᆡ 곧 녯 사ᄅᆞᄆᆡ ᄆᆞᅀᆞ미로쇠이다:今陛下之言即古人之心(宣賜內訓2下44).

이로이 부 족(足)히. ¶伊洛ᄋᆞᆯ ᄉᆞᆫ바당 ᄀᆞᄅᆞ치ᄃᆞᆺ 收復ᄒᆞ리니 西京ᄋᆞᆫ 이로이 아니 ᄲᅡ혀아ᄋᆞ리로다:伊洛指掌收西京不足拔(重杜解1:8). 不足ᄋᆞᆫ 이로이 아니 홀 시라(重杜解1:8).

-이로이·다 조 -입니다. ¶우리ᄃᆞᆯ히 阿羅漢이로이다 ᄒᆞ니라(法華1:191). 對答ᄒᆞᅀᆞ오ᄃᆡ 내로이다(金剛事實3). 오직 願ᄒᆞᆫᄃᆞᆫ 陛下ㅣ 堯舜ᄋᆞᆯ 法바ᄃᆞ시과뎌 홀 ᄯᆞᄅᆞ미로이다:但願陛下以堯舜爲法耳(宣賜內訓2下41).

–·이론 조 -인. ¶다 如來ㅅ 威力이론 고ᄃᆞᆯ 아라라(釋譜9:28). 내 겨지비론 젼ᄎᆞ로 出家 몯 ᄒᆞ야(月釋10:18). 오직 ᄆᆞᅀᆞ미 現혼 거시론 디 거우루 中엣 像이 全體이 거우뤼론 디 ᄀᆞᆮᄒᆞ니(楞解2:17). 殺盜淫이 惑業의 根源이론 젼ᄎᆞ로 일후미 세 惑이라(楞解9:39). 그듸의 이 혜요미 진실로 기리 가미론 고ᄃᆞᆯ 아노니 芝草와 琅玕괘 날로 당당이 길어니라:知君此計誠長往芝草琅玕日應長(初杜解9:8). 象敎ㅣ 히미론 고ᄃᆞᆯ 뵈야ᄒᆞ로 아노니 足히 어루 기픈 ᄃᆡ 더드머 보리로다:方知象敎力足可追冥搜(初杜解9:32). 푸메 드니ᄅᆞᆯ 本來 崐山앳 玉이론 고ᄃᆞᆯ 믿노라:入懷本倚崐山玉(初杜解19:20). 桃李야 곳이론 양 마라 님의 ᄯᅳᄃᆞᆯ 알괘라(古時調. 鄭澈. 風霜 섯거 틴. 松江).

–·이·료 조 -이리요. ¶이제 하ᄂᆞᆯ ᄀᆞᄅᆞ쳐 圓寂혼 ᄊᆞ홀 사ᄆᆞ니 魔 아니라 므스 거시료(楞解9:101). 엇데 오직 甲兵을 기우리혈 ᄲᅮ니료:豈惟偃甲兵(初杜解25:34).

이루 명 이리. 어백(魚白). ☞이릐. 일의 ¶고기의 이루:魚白兒(四解下59 白字註).

이루다 동 이루다. ☞이로다 ¶이룰 셩:成(石千2). 므ᄉᆞ 일 이루리라 十年지이 너를 조차(古時調. 鄭澈. 松江). 이룰 셩:成(兒學下7).

:이:류 명 이류(異類). ¶凡과 聖과 同類와 異類예(楞解8:26).

이르·다 동 이루다. ☞이ᄅᆞ다. 이루다. 일우다 ¶이 ᄊᆞ해 精舍 이르ᅀᆞᄫᆞᆯ 쩨도 이 개야미 이에셔 살며(釋譜6:37). 須達이 精舍 이르ᅀᆞᆸ고 窟 ᄆᆡᇰᄀᆞᆯ오(釋譜6:38). 녀나ᄆᆞᆫ 남기며 甓이며 디새며 홀ᄀᆞ로 塔ᄋᆞᆯ 이르ᅀᆞᆸ거나(釋譜13:51).

이르다 동 이르다〔到〕. ¶이름이 ᄉᆞ긔예 표ᄒᆞ야 젼ᄒᆞ야 이제가지 이르니:到(女四解3:27).

이르·다 형 이르다〔早〕. ☞이ᄅᆞ다 ¶온 그른 이른 보ᄆᆞᆯ 슬허 짓도다:來詩悲早春(初杜解10:2). 여러 뫼고래 치움 나미 이르니:衆壑生寒早(初杜解15:17). 端과 復괘 어더 일훔 聲譽 이르도다:端復得之名譽早(初杜解15:38). 곧 일어도 ᄯᅩ 됴ᄒᆞ니:便早時也好(飜老上10). 이를 조:早(訓蒙上1. 類合下57). 이를 슉:夙(訓蒙下2).

이르삶·다 동 이룩하다. ☞이ᄅᆞ삶다 ¶ᄯᅩ 믈읫 온ᄇᆡᆨ가지 이르살ᄆᆞᆯ 이ᄅᆞᆯ 도ᄋᆞ며:且助其凡百經營之事(呂約27).

이륵이륵ᄒᆞ·다 동 어른어른하다. ¶趙州ㅅ ᄂᆞᆯ난 갈히 ᄎᆞᆫ 서릿 비치 이륵이륵ᄒᆞ니:趙州露刃劒寒霜光焰焰(蒙法55).

이륵히다 동 일으키다. ¶송나라 샤방득이 병을 이륵혀:起(女四解4:27).

이름ᄒᆞ다 동 이름나다. ¶문학으로써 세샹의 이름코쟈 ᄒᆞ야:以文學名世名(女四解3:2).

이릐 명 이리. 어백(魚白). ☞이루 ¶이릐:魚白(物譜 飮食).

이릐ᄒᆞ다 동 응석부리다. 응일의ᄒᆞ다 ¶이릐ᄒᆞ다:撒嬌(同文解上54). 이릐ᄒᆞ다:撒嬌(漢淸5:46).

·이·리 부 이렇게. ¶神力이 이리 세실ᄊᆡ(月印上15). 六師ㅣ 이리 니ᄅᆞᄂᆞ니(釋譜6:26). 내 샹녜 이리 니르다니(釋譜13:60). 菩薩이 前生애 지ᅀᅳᆫ 罪로 이리 受苦ᄒᆞ시니라(月釋1:6). 내 이리 호ᄆᆞᆫ:吾所以爲此者(宣賜內訓2下49). ᄒᆡ 이리 노팟고:日頭這般高了(老解上35). ᄒᆡ ᄯᅩ 이리 느젓고나:日頭却又這早晚也(老解上41). 엇디 이리 간대로 싯고ᄂᆞ뇨:怎麼這般歪廝纏(老解上44). ᄒᆡ ᄯᅩ 이리 느젓ᄂᆞᆫᄃᆡ:日頭又這早晚了(老解上54). 이리:這様(同文解下48). ᄂᆡ 이리 그리운 쥴 아오시나 모르시나(萬言詞).

·이리 부 이리. ¶머리예 ᄌᆡ 무티고 ᄂᆞ치 ᄒᆞᆰ 무텨 이리 오샤 이운 나모 저쥬믈 爲ᄒᆞ야 甘露ᄅᆞᆯ ᄲᅳ리시니:灰頭土面伊麼來爲霑枯槁灑甘露(金三2:49). 하 당당ᄒᆞ여 이리 드러 완ᄉᆞᆸᄂᆡ(隣語1:4).

·이리·곰 부 이렇게. ☞-곰 ¶이리곰 火災호ᄆᆞᆯ 여듧 번 ᄒᆞ면(月釋1:49). 이리곰 水災호ᄆᆞᆯ 여듧 번 ᄒᆞ면(月釋1:49). 네 이리곰 갑슬 닐어 므슴 홀다:你說這般價錢怎麼(飜老下10).

이리나 부 이렇게나. ¶이리나 져리나:橫竪(譯解補54).

·이·리도·록 부 이렇도록. ☞이리ᄃᆞ록 ¶이리도록 만ᄒᆞᆫ 흥졍애 므스므려 싯구ᄂᆞ뇨:這偌多交易要甚麼爭競(飜老下64).

·이·리·ᄃᆞ·록 부 이렇도록. ☞이리도록 ¶涅槃애 드로려 ᄒᆞ시니 이리ᄃᆞ록 셜ᄫᅳᆯ쎠 世間앳 누니 업스려다(釋譜11:11). 늘그늬 허튈 안고 이리ᄃᆞ록 우ᄂᆞᆫ다(月釋8:101). 엇데 이리ᄃᆞ록 受苦ᄒᆞᄂᆞᆫ다(三綱. 烈11).

이리마 동 이리 하마. ¶이리마 져리챠 ᄒᆞ니 百年同抱 ᄒᆞ리이다(古時調. 相公을. 青丘).

이·리·ᄫᅵ 부 이렇게. ¶ᄂᆞ미 너교ᄃᆡ 夫人이 菩薩ᄋᆞᆯ 당다이 어려ᄫᅵ 나ᄒᆞ시리라 ᄒᆞ릴ᄊᆡ(月釋2:36).

이리셔 부 여기서. ¶니거라 원ᄇᆡᆨ아 길히 다ᄅᆞ니 이리셔 여희쟈:行矣元伯死生異路永從此辭(二倫33).

이리쇠 명 삼발이. ¶이리쇠:三脚(飜老下33. 老解下30). 길히 쓰는 이리쇠:行竈(漢淸11:38).

–이리·오 조 -이겠느냐. ☞-ㅣ리오 ¶그 敎化혼 사ᄅᆞ미 엇데 億萬 ᄯᆞᄅᆞ미리오(楞解1:4).

·이·리·옷 부 이렇게. ☞-옷 ¶능히 이리옷 ᄒᆞ면 이 내 ᄠᅳ디로다:能如是是吾志也(飜小9:59).

-이·리·잇가 조 -이리이까. ¶사ᄅᆞᆷ ᄠᅳ디리잇가:豈是人意(龍歌15章).

이리져리 부 이리저리. ☞이러더러 ¶이리져리 버ᄀᆞ오다:支支吾吾(譯解補59). 이리져리:這們那們(漢淸8:64). 이리져리 稱頌ᄒᆞ시고(隣語1:28). 이리져리 싱각ᄒᆞ니 가삼속이 불이 논다(萬言詞).

·이리·ᄒᆞ·다 동 이리하다. ¶세헤 논화 머고ᄃᆡ 샹녜도 이리ᄒᆞ야 머그라:分三服常作飮服(救簡2:12).

이링공더링공 부 이렁저렁. 〔'ㆁ'은 성조(聲調)를 부드럽게 하기 위한 접미음(接尾音).〕☞-ㆁ ¶이링공뎌링공 ᄒᆞ야 나즈란 디내와손뎌(樂詞. 靑山別曲).

이ᄅᆞ·다 동 이루다. 이룩하다. ☞이루다. 이르다 ¶須達이 ᄉᆞᆯᄫᆞᄃᆡ 내 어루 이ᄅᆞᅀᆞᄫᆞ리이다(釋譜6:22). 舍衛國에 도라가 精舍 이ᄅᆞᅀᆞᄫᆞ리니(釋譜6:22). 弟子 ᄒᆞ나ᄒᆞᆯ 주어시든 말 드러 이ᄅᆞᅀᆞᄫᆞ지이다(釋譜6:22). 明帝 佛法을 더욱 恭敬ᄒᆞ샤 城 밧긔 닐굽 뎔 일어 즁 살이시고 城 안해 세 뎔 일어 승 살이시니라(月釋2:77).

이ᄅᆞ·다 형 이르다〔早〕. ☞이르다 ¶외 니구믄 ᄯᅩ 이ᄅᆞ디 아니ᄒᆞ도다:瓜熟亦不早(初杜解15:18). 衡霍山앤 봆빗 나미 이ᄅᆞ고:衡霍生春早(初杜解23:33). 이를 조:早(石千33). 이ᄅᆞ다:早了(同文解上4). 이른 아젹:早朝(臘藥3).

이ᄅᆞ삶·다 동 이룩하다. ¶집을 이ᄅᆞ살ᄆᆞ며 ᄉᆡᆼ므를 구제ᄒᆞ며:營家濟物(呂約4).

이ᄅᆞᅀᆞ·ᄫᆞ·지이·다 동 이루옵고자 하나이다. ㉮이ᄅᆞ다 ¶弟子 ᄒᆞ나ᄒᆞᆯ 주어시든 말 드러 이ᄅᆞᅀᆞᄫᆞ지이다(釋譜6:22).

이ᄅᆞᅀᆞ·ᄫᆞ·리이·다 동 이루오리이다. 이루올 것입니다. ㉮이ᄅᆞ다 ¶須達이 ᄉᆞᆯᄫᆞᄃᆡ 내 어루 이ᄅᆞᅀᆞᄫᆞ리이다(釋譜6:22).

이릐 명 재롱. 아양. 응석. ☞이릐ᄒᆞ다. 일의 ¶나도 님을 미더 군 ᄠᅳ디 젼혀 업서 이릐야 교틱야 어ᄌᆞ러이 ᄒᆞ돗썬디(松江. 續美人曲). 뫼셔서 이릐ᄒᆞ기 각시님 갓도던들 서룸이 이러ᄒᆞ며(金春澤. 別思美人曲).

이마 명 이마〔額〕. ☞니마 ¶이마 익:額(兒學上2).

-이마른 조 -이지마는. ¶八月ㅅ 보로ᄆᆞᆫ 아으 嘉俳 나리마ᄅᆞᆫ(樂範. 動動).

이마작 명 이마적. ¶이마작:往前些(譯解補58).

이만 관 이만. 이만한. ¶이만 민밥이 므스거시 긴ᄒᆞ료:這些淡飯打甚麼緊(老解上37).

이만싼 관 이만한. 이까짓. ¶혜아리건대 이만싼 양에 이런 큰 갑슬 바드려 ᄒᆞ면:量這些羊討這般大價錢(老解下20).

·이·만·ᄒᆞ·다 형 이만하다. ¶이 妙法 큰 本이니 그럴ᄊᆡ 혀샤미 이만ᄒᆞ시니라:此妙法大本也故援引止此(法華1:113). 부톄 이 만ᄒᆞᆫ 國土를 드러 니ᄅᆞ샤ᄆᆞᆫ(金剛120).

-·이·며 조 -이며. ☞-ㅣ며 ¶가시며 子息이며 죵이며 집앗사ᄅᆞᄆᆞᆯ 다 眷屬이라 ᄒᆞᄂᆞ니라(釋譜6:5). 뫼히며 수프리며 우므리 現ᄒᆞ야(釋譜11:7). 孫ᄋᆞᆫ 아ᄃᆞ리며 孫子ㅣ며 後孫子를 無數히 ᄂᆞ리 닐온 마리라(月釋1:7). 소니며(楞解1:3). 마리며(楞解2:54). 오시며 곳가를 모로매 싁싁ᄒᆞ고 整齊히 ᄒᆞ며:衣冠必肅整(宣賜內訓1:26).

-이·면 조 -이면. ☞-ㅣ면 ¶나옷 王 ᄃᆞ욇 사ᄅᆞ미면(釋譜24:12). ᄒᆞᆫ 얼구리면(圓覺上一之二62). 定이면 慧ㄹ씨(牧牛訣29). ᄒᆞ다가 이 혜아료매 너믄 사ᄅᆞ미면(金三2:3).

이:모 명 이모(姨母). ☞이모부 ¶그 ᄢᅴ 부텻 姨母 摩訶波闍波提比丘尼ㅣ:姨母ᄂᆞᆫ 아ᄌᆞ미라(法華4:186). 姨母와 姨母夫와(蒙老6:15).

-이모로 조 -이므로. ¶兄아 너ᄂᆞᆫ ᄠᅳᆺ 아ᄂᆞᆫ 벗이모로(捷蒙3:14).

이모부 명 이모부(姨母夫). ☞이모 ¶叔母와 姨母와 姨母夫와(蒙老6:15). 이모부:姨父(漢淸5:40).

이무 명 편지. ☞유무. ☞이무ᄒᆞ다 ¶이무를 ᄀᆞ초와:具書(家禮4:7). 女氏 편이 이무 받기며 이무 ᄃᆡ답ᄒᆞ기며:女氏受書復書(家禮4:7). ᄂᆞ믜 慰문 이무 答장이라:答人慰疏(家禮9:42).

이무ᄒᆞ다 동 편지하다. ☞유무ᄒᆞ다. ☞이무 ¶말솜을 써셔 이무ᄒᆞ야 子弟를 보내여(家禮3:4).

이물 명 이물. 뱃머리〔船首〕. ¶이물 로:艫(兒學上10).

이므 부 이미. ☞이믜 ¶셜만이 이므 나면 말이 교만ᄒᆞ고(女四解1:9).

이·믜 부 이미. ☞임의 ¶이믜 긔:旣(類合上30. 石千20). 이믜 前의 사긴 이ᄂᆞᆫ 後에 두번 사기디 아니ᄒᆞ니라:已解於前者後不復解(宣小凡例1). 이믜 ᄌᆞ라 글 ᄒᆞ기예 나아가:旣長就學(宣小4:5). 賓이 이믜 醉ᄒᆞᆫ디라:賓旣醉(詩解14:11). 아비 ᄃᆡ신ᄒᆞ여 죽기를 원ᄒᆞ니 이믜 명ᄒᆞ샤 허ᄒᆞ여시나(五倫1:39). 범이 이믜 다 먹고 ᄇᆡ 불러 누엇거ᄂᆞᆯ:虎旣食飽臥(五倫1:60). 이믜 군ᄉᆞ를 니릐혀 드러오ᄂᆞᆫ디라:已渝盟察至(五倫2:47).

이믜셔 부 이미〔旣〕. ¶이믜셔 世間애 얽미여슈믈 免티 몯ᄒᆞᆯ시:旣未免羈絆(初杜解9:22). 날로 다ᄆᆞᆺᄒᆞ야 무르며 對答호미 이믜셔 ᄢᅢ 호미 잇ᄂᆞ니(初杜解16:48).

이·믜·셔 뷔 곧. ☞임의셔 ¶이믜셔 쟝조처 가져오라:就將些醬來(飜老上41). 이믜셔:一就(老朴集. 累字解8). 이믜셔 그 구은 고기 가져오라:就將那燒肉來(飜朴上6). 이믜셔 ᄑᆞᆯ고져 ᄒᆞ여 가노라:一就待賣去(老解上7). 勘合을 써 이믜셔 인텨 나ᄅᆞᆯ 주드라:寫勘合就使印信與我來(朴解上3).

·이·바 감 이봐. 여봐라. ¶이바 내 너ᄃᆞ려 ᄀᆞᄅᆞ쵸마:你來我教與你(飜朴上10). 이바:你來(老朴集. 單字解3). 木匠아 이바 우리 혜아리쟈:木匠你來咱商量(朴解下12). 이바 거리에 셰낼 나귀 잇ᄂᆞ냐:你來街坊有賃的驢麼(朴解下57). 이바 楚ㅅ 사ᄅᆞᆷ들아 네 님금이 어듸 가니(古時調. 靑丘).

이바·돔 명 대접할 음식. ☞이받다 ¶됴ᄒᆞᆫ 차반 밍ᄀᆞ라 버려 百神 이바도ᄆᆞ란 東녁 壇 우희 엱고(月釋2:73).

이바·디 명 잔치. ¶이바디예 머리ᄅᆞᆯ 좃ᄉᆞᄫᆞ니:當宴敬禮(龍歌95章). ᄆᆞᆯᄀᆞᆫ 이바디ᄅᆞᆯ 마져 니ᄅᆞ고져 컨마ᄅᆞᆫ:欲告淸宴罷(初杜解7:25). 노ᄑᆞᆫ 이바디 ᄒᆞ야 諸侯ㅣ 禮接ᄒᆞᄂᆞ니:高宴諸侯禮(初杜解20:3). 풍뤼며 이바디며:聲伎游宴(飜小10:23). 이바디 연:宴(訓蒙下10. 類合下7). 이바디 연:讌(石千36). 음식이며 이바디예:食饗(宣小2:10). 서ᄅᆞ 조차 이바디 회집ᄒᆞ야:相從宴集(宣小5:49).

이바디상 명 이바짓상. 잔칫상. ¶이바디상:卓面(譯解上59).

이바·디ᄒᆞ·다 동 이바지하다. 잔치하다. ¶이바디ᄒᆞ야 노디 말며:不宴遊(宣賜內訓1:53). 同年ᄃᆞᆯ히 모다 어믜그에 절ᄒᆞ고 이바디호려 커늘 받디 아니ᄒᆞ니라:擧首許安國率同年入拜且致百金爲壽謝而却之(三綱. 孝28). 이바디ᄒᆞ라:做筵席着(老解下33).

이받·다 동 이바지하다. 바라지하다. 잔치하다. ☞이밧다 ¶아바님 이받ᄌᆞᄫᆞᆯ 제:侍宴父皇(龍歌91章). 太子ᄅᆞᆯ 請ᄒᆞᅀᆞᄫᅡ 이받ᄌᆞᄫᆞ려 ᄒᆞ노닛가 大臣ᄋᆞᆯ 請ᄒᆞ야 이바도려 ᄒᆞ노닛가(釋譜6:16). 눈먼 어ᅀᅵᄅᆞᆯ 이받노라(月釋2:13). 아ᅀᆞ 이바도ᄆᆞᆯ 낟븐 일 업더니(三綱. 孝24 不害捧屍). 지비 가난ᄒᆞ야 이바돌 거시 업스니:家貧無供給(初杜解8:55). 아ᄒᆡ 블러 ᄇᆡ와 대초와ᄅᆞᆯ ᄀᆞ초 이받ᄂᆞ다:呼兒具梨棗(初杜解22:3). 獻壽ᄒᆞᄂᆞᆫ 술로 城隍ᄋᆞᆯ 이바ᄃᆞ리로다:壽酒賽城隍(初杜解23:25). 이바ᄃᆞᆯ 고:犒 이바ᄃᆞᆯ 로:撈. 이바ᄃᆞᆯ 운:餫. 이바ᄃᆞᆯ 향:餉. 이바ᄃᆞᆯ 녑:饁. 이바ᄃᆞᆯ 포:餔(訓蒙下10). 이바ᄃᆞᆯ 향:餉(類合上30). 그 안해 밥ᄋᆞᆯ 이바도ᄃᆡ:其妻饁之(宣小4:34). ᄂᆞᄆᆡ 됴ᄒᆞᆫ 음식을 주어든 의식 푸머다가 이받더니:人遺異味必懷而獻之(東續三綱. 孝24).

이밧다 동 이바지하다. ☞이받다 ¶옥ᄋᆞᆯ 이밧ᄂᆞᆫ 恩惠ᄅᆞᆯ 分明히 ᄒᆞ얏도다:分明饌玉恩(重杜解8:11). 小人은 아므란 이밧ᄂᆞᆫ 일도 업ᄉᆞ니:小人沒甚麼館待(老解下6).

:이방 명 이방(異邦). ¶異邦에 稱ᄒᆞ야 ᄀᆞᆯ오ᄃᆡ 寡小君이라 ᄒᆞ고(宣論4:29).

이별 명 이별(離別). ☞리별 ¶離別이야 업스랴(古時調. 金致羽. 靑丘). 이별 별:別(兒學下11).

이보오 감 여보시오. ¶이보오 벗님ᄂᆡ야 흔드지나 마르되야(古時調. 靑丘).

이부ᅀᅮ리 명 동부의 한 품종. ¶비단 ᄎᆞ조 이부ᅀᅮ리(農月 九月令).

이븟짓 명 이웃집. ☞이웃집. 이웃짓 ¶겨집 子息은 제 ᄆᆞᅀᆞᄆᆞ로 ᄃᆞᆫ니다가 이븟짓 머섬과 사괴야 제 남진도 어러 家門도 더러이며(七大21).

:이·빅 수 이백(二百). ¶뫼셧ᄂᆞᆫ 쳡이 이빅여 신을 내 득지ᄒᆞ여 나도 ᄒᆞᆫ디 아니ᄒᆞᆯ 거시라:侍妾數百我得之不爲(飜小8:18).

이·ᄫᅳᆫ 동 이운. 마른. ㉮이ᄫᅳᆯ다 ¶이ᄫᅳᆫ 남ᄀᆡ 새닙 나니이다:時維枯樹茂焉復盛(龍歌84章). 솘바올 닐굽과 이ᄫᅳᆫ 나모와:松子維七與彼枯木(龍歌89章).

이·ᄫᅳᆫ 형 아득한. 희미한. 혼미한. ¶아라녀리 그츤 이런 이ᄫᅳᆫ 길헤 눌 보리라 우러곰 온다(月釋8:86).

이ᄫᅳᆯ·다 동 이울다. ☞입다 ¶이ᄫᅳᆫ 남ᄀᆡ 새 닙 나니이다:時維枯樹茂焉復盛(龍歌84章). 이ᄫᅳᆫ 나모와 투구 세 사리:與彼枯木兜牟三箭(龍歌89章).

이사ᄋᆞᆯ 명 이삼일(二三日). ¶ᄒᆞ다가 傷處ㅣ ᄀᆞ장 알ᄑᆞ며 大便이 이사ᄋᆞᆯ 通티 아니ᄒᆞᆫ 後에ᅀᅡ:若傷處大痛大便三二日不通然後(救急下23).

이삭 명 이삭. ¶이삭 주ᅀᅮ므란 ᄆᆞᅀᆞᆳ 아ᄒᆡᄅᆞᆯ 許ᄒᆞ노라:拾穗許村童(初杜解7:18). 드른 이사ᄀᆞᆯ 衆人의게 미추믈 해 ᄒᆞ고:遺穗及衆多(初杜解7:37). 이삭 묘:苗. 이삭 영:穎. 이삭 슈:穗(訓蒙下4). 이삭 슈:穗(類合上10). 이삭:穗(譯解補41). 이삭 슈:穟(兒學上6).

이·삭·딕·녕 명 직령의 한 가지. ¶보ᄆᆡᄂᆞᆫ 됴ᄒᆞᆫ 야청 로 이삭딕녕에 흰 로 큰 더그레예:春間好靑羅曳撒白羅大搭胡(飜老下50). 내 목면 이삭딕녕을 가져오라 닙쟈:將我木綿衣撒來穿(朴解中51).

이삭옷 명 직령의 한 가지. ¶이삭옷:衣撒(譯解上44).

이·샤 형 있어. ㉮잇다 ¶ᄒᆞᆫ 머리 자거늘 ᄒᆞᆫ 머리 ᄀᆡᄫᅡ 이샤(月印上49). 舍利와 迦陵頻伽 共命之鳥ㅣ 이샤(月釋7:59). 羅網ㅅ 소리와 새 소리ᄅᆞᆯ 드러 이샤(月釋7:60). 아

비 이시며 어미 이샤(月釋8:83).

-이샤 조 -에야. ¶丈夫의 浩然之氣를 오늘이샤 알괘라(古時調. 金裕器. 泰山에 올나. 歌曲).

-·이샤·도 조 -이시어도. ¶비록 大聖이샤도 能히 物에 나ᅀᅡ가(楞解2:50). 비록 셩현이샤도(飜小10:21).

-이샤·ᄃᆡ 조 -이시되. ☞-샤ᄃᆡ ¶堯와 舜과ᄂᆞᆫ 天下앳 큰 聖人이샤ᄃᆡ(宣賜內訓序8).

-·이샷·다 조 -이로다. -이시로다. ¶矯首問天兮天卒不言이샷다(三綱. 忠18). 嗟嘆ᄒᆞ야 降伏 아니ᄒᆞ리 업서 聖明이샷다 ᄉᆞᆯ오니라:莫不歎服以爲聖明(宣賜內訓2下19). 벐가온딧 두려운 ᄃᆞ리샷다(金三2:24). 萬民의 咸樂이샷다(鄕樂. 儒林). 熱病大神의 發願이샷다(樂範. 處容歌). 이 몸이 閒暇히옴도 亦 君恩이샷다(古時調. 孟思誠. 江湖에. 青丘).

:이·샹 명 이상(以上). ¶史記ᄂᆞᆫ ᄆᆡ실에 ᄒᆞᆫ 권이며 반 권 이샹을 닐거ᅀᅡ:史書每日須讀取一卷或半卷以上(飜小8:35). 통경 이샹의 지국이 잇ᄂᆞ니어든 뉵경과 밋 승지ᄅᆞᆯ ᄒᆞ이시고(仁祖行狀31).

이샹ᄒᆞ다 형 이상하다. ¶더옥 통ᄋᆡ ᄒᆞ오시미 이샹ᄒᆞ오신 ᄠᅳ디러라(仁祖行狀3).

이·셔 형 있어. ㉠잇다 ¶和尙ᄋᆞᆫ 갓가ᄫᅵ 이셔 외오다 ᄒᆞ논 마리니 弟子ㅣ 샹녜 갓바ᄫᅵ 이셔 經 ᄇᆡ호아 외올 씨니(釋譜6:10). 大智의 疑心 분별은 爲ᄒᆞᆫ ᄃᆡ 이셔 ᄒᆞ도다:則大智疑慮有所爲而設矣(法華2:29). 江海예 이셔 나날 서의여ᄒᆞ도다:江海日凄涼(初杜解3:59). 李謫仙이 이제 이셔 고텨 의논ᄒᆞ게 되면(松江. 關東別曲).

이셔지 부 비슷이. 비슷하게. 방불하게. ☞이슷 ¶이셔지 엿옴도 能히 몯 ᄒᆞ려니와:不能窺髣髴(南明上65).

이·션 형 있어서는. ㉠잇다 ¶生死 므레 이션:處生死流(圓覺序29). 모미 富貴예 이션:身處富貴(宣賜內訓2下51).

이셧·다 형 비슷하다. 방불하다. ☞이셧ᄒᆞ다. 이슷ᄒᆞ다 ¶依然은 이셧다 ᄒᆞᄃᆞᆺ ᄒᆞᆫ 마리라(月釋序15).

이셧·ᄒᆞ·다 형 비슷하다. 방불하다. ☞이셧다. 이슷ᄒᆞ다 ¶橘奴ᄋᆡ 자최와 이셧ᄒᆞ도다:依稀橘奴跡(初杜解16:71). 崐崙ᄋᆡ 象토미 져기 이셧ᄒᆞ도다:崐崙騎象稍依俙(金三2:50).

:이:셩 명 이성(異姓). 타성(他姓). ¶네 異姓 四寸 兄弟어시니:你是姑舅弟兄(飜老上16). ᄒᆞ나ᄒᆞᆫ 이셩 ᄉᆞ촌 형이오:一箇是姑舅哥哥(飜老下5). 동셩 권당 친히 홈과 이셩 권당 친히 홈과:睦姻(宣小1:11). 이셩 겨릐:親 親戚(漢淸5:40). 이셩 죵손:姑舅兩姨孫(漢淸5:41).

이셩져셩 부 이렁다저렁다. 이렁저렁. ☞이렁뎌렁 ¶이셩져셩 ᄒᆞ니 일룬 일이 므스 일고(古時調. 宋寅. 海謠).

이·쇼라 형 있어라. ㉠잇다 ¶故國에 平時예 사던 ᄶᅡᄒᆞᆯ ᄉᆞ랑ᄒᆞ논 배 이쇼라:故國平居有所思(初杜解6:8). 나조ᄒᆡ 青泥ㅅ 가온ᄃᆡ 이쇼라:暮在青泥中(重杜解1:24).

-이쇼셔 조 -이소서. ¶오ᄂᆞᆯ이 오ᄂᆞᆯ이쇼셔 每日에 오ᄂᆞᆯ이쇼셔(古時調. 青丘).

이·숌 형 있음. ㉠잇다 ¶有頂은 色 이숌맷 뎡바기라(月釋13:17). 言과 觀ᄋᆞᆫ 方ᄋᆞᆯ 조차 올몸 이쇼ᄆᆞᆯ ᄇᆞᆯ기고졔니:欲明…言觀有逐方移(永嘉下31). ᄃᆞᆫ니며 이쇼ᄆᆞᆯ 덛덛ᄒᆞᆫ 고ᄃᆞᆯ 두ᄃᆡ:游居有常(宣小1:13). 네 參의 門에 이숌이 세 ᄒᆡ로ᄃᆡ:而居參之門三年(宣小4:21). 구틔여 便安히 이쇼ᄆᆞᆯ 求ᄒᆞ야리아:敢求安(重杜解2:12)

이수 명 이수(異數). 남다른 대접. ¶훈신을 ᄃᆡ졉ᄒᆞ시매 이수의 은뎐이 놉흐시고(仁祖行狀27).

이·슈라 형 있어라. ㉠잇다 ¶오ᄂᆞᆳ나래 涪江ㅅ ᄀᆞᅀᆡ 다시 이슈라:今日重在涪江濱(初杜解11:32). 노ᄑᆞᆫ 興心은 ᄀᆞ마니 激發호미 이슈라:高興潛有發(初杜解19:29).

이·슘 형 있음. ㉠잇다 ¶이슘 여희며 업숨 여희유미 寂이요(月釋序5). 이슘과 업숨괘 다ᄅᆞ디 아니홀씨(月釋2:53). 이슈미ᄯᅡ녀(月釋21:16). ᄒᆞᄆᆞ며 地藏菩薩이 聲聞辟支佛地예 이슈미ᄯᅡ녀(月釋21:16). 오히려 이우러 이슈믈 슬티 말라:勿悲尙枯槁(重杜解5:35).

이스랏 명 앵두. ☞이스랏. 이ᄉᆞ랏 ¶이스랏:櫻桃(柳氏物名四 木).

이·스랒 명 앵두. ☞이스랏. 이ᄉᆞ랏 ¶더운 ᄶᅡ해셔 ᄆᆡ양 이스라즐 니ᅀᅥ 進獻ᄒᆞ더니:炎方每續朱櫻獻(初杜解15:20). 西蜀앳 이스라지 ᄯᅩ 제 블그니:西蜀櫻桃也自紅(初杜解15:23).

이·슥·다 형 오래지 아니하다. ☞이슥ᄒᆞ다 ¶털 구무마다 피 흐르고 긔졀ᄒᆞ여 이슥게ᅀᅡ ᄭᆡ여 닐오ᄃᆡ:毛孔中悉皆流血悶絶躄地良久乃蘇高聲唱言(恩重17).

이슥이 부 이슥히. ☞이슥히 ¶曹操ㅣ 이슥이 오래거야 니로되(三譯6:18).

이·슥·히 부 이슥히. ☞이슥이 ¶말ᄉᆞᄆᆞᆯ 이슥히 호ᄃᆡ:談論踰時(飜小10:26).

이·슬 명 이슬. ¶곳 이슬 저즈리라 白氎 ᄢᅥ무드리라(月印上15). 露ᄂᆞᆫ 이스리라(月釋序15). 澤ᄋᆞᆫ 이스리라(楞解7:13). 이슬와 안개로ᄢᅥ:露霧(宣賜內訓2上45). 富貴호ᄆᆞᆯ 픐 그텟 이슬와 엇더ᄒᆞ니오 너기놋다:富貴何如草頭露(初杜解22:52). 이슬 로:露(訓

蒙上2. 類合上4). 이슬:露(譯解上2). 霜露皆曰率(雞類).

이슬 명 이슬. 몸엣것. ¶겨지븨 그에 브튼 더러븐 이스리 업스며(月釋1:26).

이슬 명 스며드는 물. ¶비예 이슬 프다:戽船(譯解補46).

이슬디다 동 이슬이 내리다. ¶이슬디다:露下了(譯解上2).

이슴 명 이무기. 왕뱀. ¶이슴:蟒 王蛇(柳氏物名二 水族).

이슷 부 비슷이. ☞이셔지 ¶山象 이슷 깊어신 눈섭에(樂範. 處容歌).

이슷ᄒᆞ다 형 비슷하다. ¶山 접동새 난 이슷ᄒᆞ요이다(樂範. 鄭瓜亭). 위 고온 양지 난 이슷ᄒᆞ요이다:爲古溫貌我隱伊西爲乎伊多(謹齋集. 關東別曲).

-·이시·고 조 -이시고. ¶스승닚 어마니미 姓은 므스기시고 일후믄 므스기신고(月釋23:82). 一乘頓教ᄅᆞᆯ 니ᄅᆞ샤미 틀 세시니 곧 華嚴이시고(楞解1:18).

-·이·시관·ᄃᆡ 조 -이시건대. ¶스승니미 엇던 사ᄅᆞ미시관ᄃᆡ 쥬벼느로 이 門ᄋᆞᆯ 여르시ᄂᆞ니잇고(月釋23:84).

이시·나 형 있으나. ㉮잇다 ¶가리라 ᄒᆞ리 이시나 長者ᄅᆞᆯ ᄇᆞ리시니:欲往者在長者是使(龍歌45章). 비록 生死ㅅ中에 이시나:雖處生死之中(圓覺上一之一29).

-·이시·나 조 -이시나. ☞-이나 ¶聖子ㅣ 三讓이시나 五百年 나라히 漢陽애 올ᄆᆞ니이다(龍歌14章). 萬里 外ㅅ 일이시나 눈에 보논가 너기ᅀᆞᄫᆞ쇼셔(月印上1).

-이시·니 조 -이시니. ☞-이니. -ㅣ시니 ¶일마다 天福이시니:莫非天所扶(龍歌1章). 德源 올ᄆᆞ샴도 하ᄂᆞᆳ ᄠᅳ디시니:德源之徙實是天啓(龍歌4章). 四月 八日이시니(月印上7). 아ᄃᆞ리 丹朱와 商均괘 이시니:子有丹朱商均(宣賜內訓序8).

-·이시·다 조 -이시다. ☞-이다 ¶摩阿薩ᄋᆞᆫ 굴근 菩薩이시다 ᄒᆞ논 마리라(釋譜9:1). 衆生 濟渡ᄒᆞ시논 사ᄅᆞᄆᆞᆯ 菩薩이시다 ᄒᆞᄂᆞ니라(月釋1:5).

-·이시·며 조 -이시며. ☞-이며 ¶宗室에 鴻恩이시며(龍歌76章). 兄弟예 至情이시며 모딘 ᄢᅴᄅᆞᆯ 니ᄌᆞ실ᄊᆡ(龍歌76章). ᄆᆞᅀᆞᆷ 불긴 사ᄅᆞ미시며(牧牛訣3).

-·이신·돌 조 -이신들. ☞-인ᄃᆞᆯ ¶庸君이신ᄃᆞᆯ 天性은 ᄇᆞᆯᄀᆞ시니:雖是庸君天性則明(龍歌71章).

-·이실·시 조 -이시므로. ☞-이실ᄊᆡ ¶다 佛性이실ᄉᆡ(圓覺序49).

-·이실·ᄊᆡ 조 -이시므로. ☞-이실ᄉᆡ. -ㅣ실ᄊᆡ ¶至德이실ᄊᆡ 獨夫受ㄹ 셤기시니(龍歌11章). ᄒᆞᆫ 부니 天命이실ᄊᆡ ᄢᅥ딘 ᄆᆞᄅᆞᆯ 하ᄂᆞᆯ히 내시니(龍歌37章).

이:심 형 있음. ㉮잇다 ¶번거코 용잡ᄒᆞᆫ 곧이 이심을 免티 몯ᄒᆞ니:未免有繁冗處(宣小凡例1). 초왕이 그 슈졀ᄒᆞ야 의 이시믈 착히 너겨(女範4. 녈녀 식군부인).

:이싯·다 동 일고 씻다. ¶갓ᄀᆞᆫ 거츤 이ᄅᆞᆯ 힘ᄡᅥ 救ᄒᆞ샤 이시서 여러 내샨 諄諄ᄒᆞ신 慈ㅣ 至極디 아니ᄒᆞᆫ ᄃᆡ 업거시ᄂᆞᆯ:力救倒妄淘汰啓迪諄諄之慈靡所不至(楞解1:3).

이·ᄉᆞ·랏 명 앵두. ☞이스랏 ¶뎡향비 이ᄉᆞ랏 ᄉᆞᆯ고:香水梨櫻桃杏子(飜朴上4). 이ᄉᆞ랏 잉:櫻(訓蒙上11). 赤墀옛 이ᄉᆞ랏 가지 銀실로 ᄆᆡᆼᄀᆞ론 籠애 비취엿거든:赤墀櫻桃枝隱映銀絲籠(重杜解4:23). 도라 오샤ᄆᆞᆯ 이ᄉᆞ랏 薦홀 저글 미츠시리로다:歸及薦櫻桃(重杜解5:8).

이ᄉᆞᆯ 명 이슬[露]. ☞이슬 ¶이ᄉᆞᆯ 로:露(石千2). 厭浥ᄒᆞᆫ 길 이ᄉᆞᆯ에:厭浥行露(詩解1:17). 이ᄉᆞᆯ:露水(同文解上2). 이ᄉᆞᆯ:露. 이ᄉᆞᆯ ᄂᆞ리다:下露(漢淸1:13). ᄃᆞᆫ 이ᄉᆞᆯ이 ᄒᆡ마다 무덤 알ᄑᆡ 나리고:甘露歲降(五倫1:52). 인ᄉᆡᆼ이 아ᄎᆞᆷ 이ᄉᆞᆯ ᄀᆞᄐᆞ니:人生如朝露(五倫2:12).

-이숏다 조 -이로다. -이시로다. ¶이 몸이 閒暇ᄒᆞ옴도 亦 君恩이숏다(古時調. 孟思誠. 江湖에 봄. 靑丘). 이 몸이 셔늘ᄒᆞ옴도 亦君恩이숏다(古時調. 孟思誠. 江湖에 여름. 靑丘). 年年에 오날이야 亦 君恩이숏다(古時調. 李賢輔. 功名이. 靑丘). 두어라 聖世耕田도 亦 君恩이숏다(古時調. 趙存性. 아희야 粥. 靑丘).

·이ᄉᆡᆼ 명 이승. ¶이生애셔 後生 因緣을 지ᅀᅥ(月釋1:12). 이ᄉᆡᆼ애 뎌러ᄐᆞ시 편안이 됴히 잇ᄂᆞ니:今世裏那般得自在(飜朴上31).

이:ᄉᆞᆯ·다 동 이끌다. ☞잇그다. 잇ᄭᅳᆯ다 ¶탐리ᄒᆞᆫ 욕심이 어즈러이 이ᄭᅳᆯ며 다ᄅᆞᆫ 말이 들에여 다이즈니라:利欲紛拏異言喧豗(宣小題辭4).

-·이:ᄯᆞ·녀 조 -이랴. -이겠느냐. -일까 보냐. ☞-ᄯᆞ녀. -이ᄯᅥ녀. -ㅣᄯᆞ녀 ¶ᄒᆞᄆᆞᆯ며 녀나ᄆᆞᆫ 쳔라이ᄯᆞ녀(釋譜9:13). 이슈미ᄯᆞ녀(月釋21:16). 여러 가지 머즌 이ᄅᆞᆯ 受호미ᄯᆞ녀(月釋21:89). 如如호미ᄯᆞ녀(永嘉下83). ᄒᆞᄆᆞᆯ며 非法이ᄯᆞ녀(金剛39). ᄒᆞᄆᆞᆯ며 妾이ᄯᆞ녀:而況於妾乎(宣賜內訓2上31). ᄒᆞᄆᆞᆯ며 ᄯᅩ 荊州ㅣ 賞玩호미 가ᄉᆡ야 새로외요미ᄯᆞ녀:況復荊州賞更新(初杜解21:4). ᄒᆞᄆᆞᆯ며 더운 저글 當호미ᄯᆞ녀(南明上53). ᄒᆞᄆᆞᆯ며 이 먼 ᄀᆞᄅᆞᆷ 두듥기ᄯᆞ녀:矧玆遠江皐(重杜解12:11). 국인이 장ᄎᆞᆺ 군왕을 위ᄒᆞ야 죽으려 ᄒᆞ니 ᄒᆞᄆᆞᆯ며 쳡이ᄯᆞ녀(女範4. 녈녀 초쇼월희).

-·이ᄯᆞ니잇·가 조 -이겠나이까. ☞-ᄯᆞ니잇

가 ¶ᄒᆞ물며 阿羅漢果ᄅᆞᆯ 得긔 호미ᄯᆞ니잇가(釋譜19:4). ᄒᆞ물며 阿羅漢果ᄅᆞᆯ 得게 호미ᄯᆞ니잇가(月釋17:49). ᄒᆞ물며 거류미ᄯᆞ니잇가(法華2:78).

-이ᄯᆞᆫ [조] -이야. ☞-잇ᄯᆞᆫ. -히ᄯᆞᆫ ¶白骨糜粉인ᄃᆞᆯ 丹心이ᄯᆞᆫ 가시리잇가(樂詞. 感君恩).

-이ᄯᆞᆫ여 [조] -이랴. -이겠느냐. ☞-이ᄯᆞ녀 ¶얼인 줄 웃건이ᄯᆞᆫ여 곳칠 쭐이 잇시랴(古時調. 金壽長. 青雲은. 海謠).

이쁘·다 [형] 피곤하다. ☞잇브다 ¶形을 도로ᄒᆞ야 人道中에 나면 이쁜 무레 섯거 어울오:復形生人道中參合勞類(楞解8:126).

-이ᅀᅡ [조] -이야. ☞-ㅣᅀᅡ. -이야 ¶別室이ᅀᅡ 一千二百이오 쇠붑 ᄃᆞᆫ 지비ᅀᅡ 一百스믈 고디러라(釋譜6:38).

이슥·고 [부] 이윽고. ☞이윽고 ¶이슥고 波羅捺王이 한 사ᄅᆞᆷ 더블오 그 뫼해 山行 가샤(釋譜11:26). 이슥고 부톄 드러오나시ᄂᆞᆯ(月釋10:8). 이슥고 큰 버디 오니(月釋10:24). ᄆᆡᆼ종이 대수페 가 운대 이슥고 듁슌 두어 줄기 나거늘:宗入竹林哀泣有頃地上出筍數莖(三綱. 孝16 孟宗). 이슥고 어드울씨:俄然晦昧(法華3:138). 이슥고 엳ᄌᆞ오샤ᄃᆡ:旣而奏曰(宣賜內訓2下50). 이슥고 니ᄅᆞ샤ᄃᆡ 陜府ㅅ 鐵牛의 머리와(南明上35). 그 즙을 삐니 헤디 말오 젹젹 머그면 이슥고 말ᄒᆞ리라:汁不計時候少少與服良久當語(救簡1:18). 이슥고 제 어미ᄅᆞᆯ 머기고:旣而供其母(飜小10:6).

이슥·다 [형] 오래지 아니하다. ☞이슥ᄒᆞ다 ¶ᄆᆡ양 밥 먹고 이슥거든 무러 닐오ᄃᆡ:每食少頃則問曰(飜小9:79).

이슥·ᄒᆞ·다 [형] 오래지 아니하다. ☞이슥다. 이슥다 ¶이슥ᄒᆞ야 살리라:不過良久卽活(救簡1:46).

·이싱·개 [명] 어잉포(圍仍浦). 〔지명(地名)〕 ¶登山串 등산곶 圍仍浦 이싱개 等處…(龍歌1:31).

-·이ᅀᆞ·ᄫᆞ·니 [조] -이오니. ☞-이ᅀᆞ오니 ¶바리예 供養ᄋᆞᆯ 담ᄋᆞ샤미 四天王ᄋᆡ 請이ᅀᆞᄫᆞ니(月印上32).

-이ᅀᆞ·오·니 [조] -이오니. ☞-이ᅀᆞᄫᆞ니 ¶내 부텻 몬아ᄃᆞ리ᅀᆞ오니(法華1:109).

이·하 [명] 잉아. ¶이아爲綜(訓解. 用字).

이·아·다 [동] 흔들다. ☞이어다 ¶ᄃᆞᆯ고지를 이아면 믄득 그치ᄂᆞ니라:把搖車搖一搖便住了(飜朴上57). 블니며 ᄐᆞ이며 혀이며 이아며(宋純. 俛仰亭歌).

이앙 [명] 이앙(移秧). ¶녀름에 한저로 ᄒᆞ야 이앙 못 ᄒᆞᆫ 논에 모밀을 ᄃᆡ신으로 ᄡᅵ흐라(綸音89).

-이야 [조] -것인가. ☞-니야 ¶이ᄂᆞᆫ 百丈ㅅ 히ᄆᆞᆯ 得ᄒᆞ니야 馬祖ㅅ 히ᄆᆞᆯ 得ᄒᆞ니야(蒙法31). 이ᄂᆞᆫ 恩ᄋᆞᆯ 알아라 ᄒᆞ니야 恩ᄋᆞᆯ 갑가라 ᄒᆞ니야(蒙法32). 어와 ᄂᆡ 일이야 광음을 헤어보니(萬言詞). 앗갑다 ᄂᆡ 일이야 ᄋᆡ돏다 ᄂᆡ 일이야(萬言詞).

-이야 [조] -이야. ☞-이ᅀᅡ ¶하ᄂᆞᆯ이 어엿비 너겨 몸이 平安ᄒᆞ면 다ᄉᆞᆺ 站이야 가리라(蒙老1:14).

-이야고야 [조] -이로구나. ¶거믄고 시욹 언저 風入松이야고야(松江. 星山別曲).

이야지야 [부] 이러쿵저러쿵. 이러니저러니. ¶아히ᄂᆞᆫ 世事ᄅᆞᆯ 모로고 이야지야 ᄒᆞᆫ다(古時調. 니영이. 青丘).

이어·긔 [대] 여기. ☞여긔 ¶이어긔 이셔도 다 能히 ᄌᆞᆯ히며(釋譜19:17). 내 이어긔셔 하딕ᄒᆞ노이다:吾於是辭矣(三綱. 孝4). 이어긔 왯더니 글로 일후믈 사ᄆᆞ니라(月釋2:27). 나ᅀᅡ가ᄂᆞᆫ 힝뎌기 이어긔 다ᄃᆞ라 ᄀᆞᄌᆞ니라(月釋2:61). 如來· 長常 이어긔 겨쇼셔(月釋7:49). ᄯᅩ 무로ᄃᆡ 이어긔 갓가ᄫᅵ 사ᄅᆞ미 지비 잇ᄂᆞ니잇가(月釋8:94). 이어긘 乃終 實ᄒᆞ샤매 모도시니라(月釋14:59). 이 善男子 善女人이 앉거나 셔거나 ᄃᆞᆫ니ᄂᆞᆫ ᄶᅡ해 이어긔 塔 세여 一切 天人이 다 供養호ᄃᆡ 부텻 塔ᄀᆞ티 홇디니라(月釋17:43). 이어긔 兼ᄒᆞ야 드러 니ᄅᆞ시니라(楞解4:48). 슬후미 이어긔 잇디 아니ᄒᆞ니아:哀傷不在玆(初杜解7:14). 佛法이ᅀᅡ 내 이어긔도 죠고마치 잇다 ᄒᆞ야시ᄂᆞᆯ(南明上14). 올유믈 取호미 이어긔 잇도다(金三5:10).

※이어긔>이어긔>여긔>여기

-·이어·나 [조] -이거나. ☞-ㅣ어나. -히어나 ¶거슬쁜 양ᄒᆞᄂᆞᆫ 難이어나 星宿ㅅ 變怪 難이어나 日食 月食 難이어나 時節 그른 ᄇᆞᄅᆞᆷ비 難이어나 ᄀᆞᄆᆞᆯ 難이어나(釋譜9:33). 白衣檀越이어나(楞解7:7). 버믜 ᄯᅩᇰ이어나 일희 ᄯᅩᇰ이어나 ᄉᆞ론 ᄌᆡᄅᆞᆯ ᄀᆞᄂᆞ리 ᄀᆞ라:虎糞或狼糞燒灰細研(救簡6:6). ᄒᆞᆫ 번의 두세 환이어나:每取二三丸(臘藥3).

-·이어·뇨 [조] -인가. -입니까. ☞-ㅣ어뇨 ¶濟渡 衆生이 幾千萬이어뇨(月印上61). 오히려 ᄂᆞᄆᆡ 죵이어뇨:猶是他奴(蒙法22).

-·이어·늘 [조] -이거늘. ☞-ㅣ어늘. -히어늘 ¶君命엣 바오리어늘 ᄆᆞᆯ 겨틔 엇마ᄀᆞ시니:君命之毬馬外橫防(龍歌44章). 西方이 고ᄅᆞᆫ 青紅色이어늘(月釋2:49). 全體ᄂᆞᆫ 이 ᄆᆞᅀᆞ미어늘(楞解2:17).

-·이어·니 [조] -이거니. ¶野人도 一誠이어니:野人亦入侍(龍歌118章). ᄒᆞ마 주글 ᄡᅡᄅᆞ미어니 當時로 사라 이신ᄃᆞᆯ(釋譜24:28). 늙고 病이어니 어느 能히 오래 이시리오:衰疾那能久(初杜解8:28).

-·이어·니·와 [조] -이거니와. ☞-ㅣ어니와 ¶分別ᄒᆞᄂᆞᆫ 性이 이쇼딘댄 곧 眞實ㅅ 네

ᄆᆞᅀᆞ미어니와(楞解1:90). 오직 義 아롬 낼 ᄲᅮᆫ니어니와:唯生義解(圓覺上一之一106). 眞實로 잘 몯호미어니와(宣賜內訓序7).

-·이어·놀 조 -이거늘. ¶楞嚴法 조ᅀᆞᄅᆞ외요미 이에 ᄆᆞᄎᆞᆯ ᄯᆞᄅᆞ미어놀(楞解1:22).

이·어·다 동 흔들다. 흔들리다. ☞이아다 ¶모ᄃᆞᆫ 緣이 안ᄒᆞ로 이어고:聚緣內搖(楞解2:18). 覺 구틈과 거츠리 이엄과ᄅᆞᆯ 因ᄒᆞ야:因堅覺妄搖(楞解4:21). 이어 便安티 몯호미 動이오(法華1:58). 뮈디 아니ᄒᆞ며 이어디 아니ᄒᆞ야(金剛131). 가온ᄃᆡ 괴외ᄒᆞ야 이어디 아니ᄒᆞ며:中寂不搖(蒙法43). 밧고로셔 이어도 뮈디 아니ᄒᆞ며:外撼不動(蒙法64). ᄀᆞᄅᆞᆷ맷 蓮은 힌 지치 이어ᄂᆞᆫ ᄃᆞᆺᄒᆞ고:江蓮搖白羽(初杜解9:25). 프른 시내ᄂᆞᆫ 비ᄅᆞᆯ 이어 오매 어위니:碧溪搖艇闊(初杜解15:13). 고기ᄂᆞᆫ ᄀᆞᄂᆞᆫ 믌겨를 부러 놀애 브르ᄂᆞᆫ 부체ᄅᆞᆯ 이어고:魚吹細浪搖歌扇(初杜解15:33). 즈믄 묏 안해 ᄇᆡᄅᆞᆯ 이어:漾舟千山內(杜解21:39). 블 브트며 ᄇᆞᄅᆞᆷ 이어 萬物이 뷔나:火蕩風搖萬物空(南明下70). 林木을 이어더니(六祖序21). 虛ᄒᆞᆫ ᄃᆡᆯ 디러 노푼 石壁 ᄉᆞ이예 이어놋다:臨虛蕩高壁(重杜解1:33). 밥 求ᄒᆞᄂᆞᆫ ᄭᅩ리ᄅᆞᆯ 苦로이 이어고:苦搖求食尾(重杜解3:9).

-·이어·다 조 -이로다. ¶너희돌히 힘ᄡᅥ ᄉᆞ라 바미 ᄒᆞ마 ᄡᅮ이어다 게으른 ᄠᅳᆮ 먹디 마아라(釋譜23:13). 네 누의니미 일즉 언제우터 쥭 먹ᄂᆞ뇨 ᄀᆞᆺ 사ᄒᆞ리어다:你姐姐曾幾時喫粥來 恰三日也(飜朴上55).

-·이어·든 조 -이거든. ☞-이어ᄃᆞᆫ. -ㅣ어든. -히어든 ¶梵軸이 崇積이어든(月釋序23). 비록 벼슬이 이셔두 서ᄅᆞ 존ᄐᆞᆫ 사ᄅᆞᆷ이어든 나호로 안치라:雖有爵不妨上下者猶以年次坐(呂約24).

-이어ᄃᆞᆫ 조 -이거든. ☞-이어든 ¶나라 일ᄋᆡ 죽은 사ᄅᆞᆷ이어ᄃᆞᆫ 부모 쳐ᄌᆞᄅᆞᆯ 부양ᄒᆞ샤(仁祖行狀30).

이·어뻐·러듐 동 흔들려 떨어짐. ⑦이어뻐러디다 ¶이어뻐러듀메 宋玉ᄋᆡ 슬호ᄆᆞᆯ 기피 알리로소니:搖落深知宋玉悲(杜解3:67).

이·어뻐·러디·다 동 흔들려 떨어지다. ¶이어뻐러듀메 宋玉ᄋᆡ 슬호ᄆᆞᆯ 기피 알리로소니:搖落深知宋玉悲(杜解3:67). 이어뻐러디ᄂᆞᆫ 巫山ㅅ 나조히:搖落巫山暮(杜解10:37). ᄀᆞᅀᆞᆳ 하ᄂᆞᆯ해 正히 이어뻐러디ᄂᆞ니:秋天正搖落(初杜解23:12).

-·이·어시·니 조 -이시거니. 〔'-이어니'의 공대말.〕 ☞-ㅣ어시니 ¶數萬里△ 니미어시니:數萬里主(龍歌31章). 부텨는 이 常住法身이어시니:佛是常住法身(圓覺上二之二160). ᄒᆞᆫ 大藏教ㅣ 이 사픈 거시어시니(蒙法60). 샹녜 定이어시니(六祖中104). 너ᄂᆞᆫ 高麗ㅅ 사ᄅᆞ미어시니(飜老上2).

-·이어신마·ᄅᆞᆫ 조 -이시건마는. 〔'-이언마ᄅᆞᆫ'의 공대말.〕 ¶欲示宅中寶藏이어신마ᄅᆞᆫ(圓覺序42). 欲顯圓覺이어신마ᄅᆞᆫ(圓覺上一之二73). 다 普賢行이어신마ᄅᆞᆫ 오직 처ᅀᅥᆷ 안작 智로 體ᄅᆞᆯ 셰샤:皆普賢之行但初且以智立體(法華1:44).

이어이 부 흔들흔들. ¶반ᄃᆞ시 崎嶇히 이어이 ᄃᆞᆫ뇨ᄆᆞᆯ 免티 몯ᄒᆞ리로다:未必免崎嶇(重杜解2:11).

이·어·이·다 동 흔들리다. ☞이에이다 ¶다ᄋᆞᄂᆞᆫ ᄀᆞᅀᆞᆯ히 正히 이어여 ᄠᅥ러디ᄂᆞ니:窮秋正搖落(初杜解16:25). 乾坤ㅅ 이어이ᄂᆞᆫ 안히로다:乾坤震蕩中(杜解21:31).

-이어이·다 조 -이옵니다. -입니다. ¶그제 淨居天의 虛空애 와 太子ᄭᅴ ᄉᆞᆯ보ᄃᆡ 가사이 다 時節이어이다 오래 世間애 즐겨 겨샤미 몯ᄒᆞ리니(釋譜3:p.104).

-·이언·뎡 조 -이언정. ¶行ᄒᆞᆯ ᄲᅮ니언뎡 다시 各別ᄒᆞᆫ 法이 업스니(月釋18:13). 알퓟 드트리 제 어드울 ᄲᅮ니언뎡 보미ᅀᅡ 엇데 덜리오(楞解1:100). ᄃᆞᄅᆞᆯ 볼 ᄲᅮ니언뎡 ᄃᆞ리 이 손가락 아니며(金剛48). 邪ᄒᆞᆫ 스승의 허믈 외요미언뎡:邪師過謬(圓覺下一之一56). 오직…發홈과 發 아니홈괘 이실ᄲᅮ니언뎡:但…有發不發(圓覺下一之一62). 이ᄂᆞᆫ ᄒᆞ미 아니ᄒᆞᆯ ᄲᅮ니언뎡(宣賜內訓序7). 本來로 軒冕홀 ᄠᅳ디 업슬 ᄲᅮ니언뎡 이 當時ᄅᆞᆯ 傲慢히 ᄒᆞᄂᆞᆫ ᄃᆡ 아니라:本無軒冕意不是傲當時(初杜解15:56). 죽을 ᄲᅮᆫ이언뎡 내여보내기ᄂᆞᆫ ᄎᆞ마 못ᄒᆞᆯ소이다(癸丑88).

-·이언마·ᄅᆞᆫ 조 -이건마는. ☞-이언머ᄅᆞᆫ. -ㅣ언마ᄅᆞᆫ. -히언마ᄅᆞᄂᆞᆫ ¶宮監ᄋᆡ 다시언마ᄅᆞᆫ:宮監之尤(龍歌17章). 내 得ᄒᆞᆫ 智慧ᄂᆞᆫ 微妙ᄒᆞ야 第一이언마ᄅᆞᆫ(釋譜13:57). 根ᄋᆡ 닌 거시 아니언마ᄅᆞᆫ(楞解2:81). 잇 무든 대ᄂᆞᆫ 본ᄃᆡ로 즐기논 거시언마ᄅᆞᆫ:苔竹素所好(初杜解15:15). 父王ᄋᆞᆯ 시러 보미 實로 天幸이언마ᄅᆞᆫ(金三3:25).

-·이언머·ᄅᆞᆫ 조 -이건마는. ☞-이언마ᄅᆞᆫ ¶나ᄂᆞᆫ 어린 그텟 무리언머ᄅᆞᆫ:余是愚末之流(圓覺序74).

이엄 명 이엄(耳掩). ¶됴ᄒᆞᆫ 돈피 이엄이오:好紹鼠皮披肩(老解下46). 〔飜老下52에는 '됴ᄒᆞᆫ 돈피 ᅀᅳ염이오:好貂鼠皮披肩'로 기록되어 있음.〕

이에 대 여기에. 이것에. ⓢ이 ☞이혜 ¶이ᄯᅢ해 精舍 이르ᅀᆞᄫᆞᆯ 쩨도 이 개야미 이에셔 살며(釋譜6:37). 그 法이 이에 나오리로소이다(月釋2:49). 이에 얼구ᄅᆞᆯ 逃亡ᄒᆞ야 뎌에 生ᄋᆞᆯ 브투ᄆᆞᆯ 가ᄌᆞᆯ비시니:喩…逃形於此托生於彼(楞解2:121). 이에 衆生이 禪定 ᄆᆞᆯᄀᆞᆫ 믌겨레 ᄠᅳ고:於是衆生汎禪定之淸

波(永嘉序5). 이에 니ᄅᆞ샨 無緣은:此謂無緣(永嘉下7). 이에 大藏經律을 보며:於是閱大藏經律(圓覺序8). 므스그로ᄡᅥ 이에 닐위료:何以致斯(宣賜內訓2上3). 이에 이셔(法語6). 이에 자실 房이 업고(眞言21).

-·이·에 조 -이 되게. ¶能히 모매 即ᄒᆞ야 곧 ᄆᆞᅀᆞ미에 몯 ᄒᆞᆯᄊᆡ(楞解10:18). 두틔 다ᄉᆞᆺ 寸이에코 실을 지 우희 겨트로 노코:令厚五寸以甑側安着灰上(救急上71). 즈믄 자히에 놉디 몯호ᄆᆞᆯ 츠기 너기노니:恨不高千尺(初杜解21:5). 너비 더ᄅᆞᆯ 休ᄒᆞ며 歇ᄒᆞ야 一念이 萬年이에 ᄒᆞᆯ디니(金三5:40).

이에이·다 동 흔들리다. ☞이어이다 ¶ᄀᆞᄅᆞ매셔 이에여 ᄠᅥ러듀미 後에 ᄒᆞᄂᆞ니 ᄯᅩ ᄒᆡ 어긔리츤가 전노라:江湖後搖落亦恐歲蹉跎(初杜解18:10).

-이·여 조 -이여. ☞-여 ¶ᄉᆞᆲ고 애ᄫᅡᄇᆞᆫ ᄠᅳ디여 누를 가ᄌᆞᆯᄫᆞᇙ가 사ᄅᆞᆷ이라도 즁ᄉᆡᆼ만 몯호이다(月印上52). 무르샤ᄃᆡ 네 겨지비 고ᄫᆞ니여(月釋7:10). 보ᄆᆞᆯ 눉살도 몯 보거니 ᄒᆞᄆᆞᆯ며 머리 아ᄃᆞᆨ호미여(法華4:53). 如來ㅣ…菩提ᄅᆞᆯ 得ᄒᆞ니여(金剛40). 普眼이 그ᄢᅴ 얻디 몯ᄒᆞᆫ 고디여(南明上73). 德이여 福이라 호ᄂᆞᆯ(樂範. 動動).

-이·여 조 -이나. ¶나지여 바미여 기리 ᄉᆞ랑ᄒᆞ야 셜우미 ᄆᆞᅀᆞ매 나ᄂᆞ다:夙夜永懷感愴發中(宣賜內訓2下17). 山이여 ᄆᆡ히여 千里 外예 處容 아비ᄅᆞᆯ 어여러거져 아으 熱病大神의 發願이샷다(樂範. 處容歌).

이여긔 대 여기. ☞이어긔 ¶潘岳 省郎이 이여긔 모댓도다:潘省會於斯(重杜解8:26).

-이여드란 조 -이거든. ¶어룬님 오신 날 밤이여드란 구뷔구뷔 펴리라(古時調. 冬至ㅅ달. 歌曲).

-이여든 조 -이거든. ¶님 오신 날 밤이여든 구뷔구뷔 펴리라(古時調. 冬至ㅅ달. 靑丘).

이연·히 부 이연(怡然)히. ¶怡然히 理ㅣ 順ᄒᆞ욤ᄋᆞᆫ:怡然理順(宣小5:115).

·이예 대 여기에. ☞이에 ¶迷ᄒᆞ야 오요미 이예 니르도다:迷謬至此(楞解10:23).

-·이·오 조 -이고. -이요. ☞-ㅣ오. -히오 ¶果ᄂᆞᆫ 여르미오(月釋1:12). 民ᄋᆞᆫ 百姓이오(訓註1). 點이 둘히면 上聲이오(訓註14). 點이 업스면 平聲이오(訓註14). 裘ᄂᆞᆫ 갓오시오(楞解6:96). 거싀 머리와 ᄲᅧᆯ왜 나토미오(南明上1).

-이오니 조 -이니. ¶나라 命令 重ᄒᆞ기ᄂᆞᆫ 彼此 一般이오니(隣語1:1).

-이오라 조 -이라. ¶나라 命令이오라 거ᄉᆞ리든 몯ᄒᆞ여(隣語1:11).

-이오매 조 -이오매. ☞-이오니 ¶釜山 僉使ᄂᆞᆫ 武臣이오매 强壯ᄒᆞᆫ 사ᄅᆞᆷ을 差送ᄒᆞ시ᄂᆞᆫᄃᆡ(隣語1:6).

이오지 명 이웃. ☞이우지. 이웃 ¶이오지:隣(同文解上40).

이온 동 이운. 시들은. 마른. ㉮이올다 ¶빗치 이온 ᄲᅧ ᄀᆞᆮᄐᆞ니ᄂᆞᆫ:色如枯骨者(馬解上37). 陰崖예 이온 플을 다 살와 내여ᄉᆞ라(松江. 關東別曲).

이·올·다 동 이울다. 시들다. ☞이울다 ¶涼州엔 힌 밀히 이오도다:涼州白麥枯(初杜解23:22). 陰崖예 이온 플을 다 살와내여ᄉᆞ라(松江. 關東別曲). 올ᄒᆞᆫ ᄇᆞᆯ히 偏히 이올오 왼녁 귀 머구라:右臂偏枯左耳聾(重杜解11:14).

-이올쇠 조 -이로소이다. -이로세. -일세. ¶이 盛宴의 參詣ᄒᆞᄂᆞᆫ 거손 우연치 아닌 사망이올쇠(隣語1:16). 하 固執히 구ᄋᆞᆸ시니 所謂 膠柱鼓瑟이올쇠(隣語3:3).

-이올쇼이다 조 -이옵니다. ¶窓 밧게 긔 뉘 오신고 小僧이올쇼이다(古時調. 歌曲).

이옷집 명 이웃집. ☞이오지. 이웃집 ¶車馬 ᄐᆞᆫ 사ᄅᆞ미 이옷지브로 들어ᄂᆞᆯ:車馬入隣家(杜解9:9).

-·이완·ᄃᆡ 어미 -것이건대. ¶뉘 脩行ᄒᆞ리완ᄃᆡ 엇데 幻 ᄀᆞᆮ호ᄆᆞᆯ 脩行호ᄆᆞᆯ 다시 니ᄅᆞ시니잇고:誰爲脩行云何復說脩行如幻(圓覺上二之一8). 눌 브려 닷가 니기리완ᄃᆡ 엇데 幻 ᄀᆞᆮ호ᄆᆞᆯ 脩行호ᄆᆞᆯ 다시 니ᄅᆞ시니잇고:遣誰脩習云何復說脩行如幻(圓覺上二之一9).

이·우시·들·다 동 초췌(憔悴)하여지다. 파리해지다. 〔'이울다〈萎〉'의 어간(語幹) '이울'의 'ㄹ'이 'ㅅ' 앞에서 탈락하여 '이우'로 된 형태.〕 ¶이우시드러ᅀᅡ 囹辟苦ᄅᆞᆯ 비르서 시름ᄒᆞᄂᆞ니:憔悴始憂囹辟苦(南明上62).

이우지 명 이웃. ☞이오지. 이웃 ¶뒷집은 土堦三等 이우지는 搆木爲巢(古時調. 金壽長. 海謠).

이·우짓 명 이웃집. ☞이욷짓 ¶ᄒᆞᆯᄅᆞᆫ 이우짓 ᄃᆞᆰ기 東山애 드러오나ᄂᆞᆯ:嘗有他舍雞謬入園中(三綱. 烈8).

이욷 명 이웃. ☞이웃 ¶이욷 사ᄅᆞᆷ이 다 놀라 두려 나디 아니터라:鄰人皆驚怖不出(東新續三綱. 孝2:69). 이욷 ᄆᆞᅀᆞᆯ도 제여곰 흐터가도다:鄰里各分散(重杜解2:65).

이·욷·짓 명 이웃집. ☞이우짓 ¶모ᄃᆞᆫ 아ᅀᆞᆷ과 이욷짓 늘그니ᄃᆞᆯ히:衆親眷街坊老的們(飜老下49).

이·울·다 동 이울다. 시들다. ☞이올다 ¶웃드미 漸漸 이우러(釋譜23:18). ᄀᆞᅀᆞᆯ히 霜露ㅣ와 草木이 이울어든 슬픈 ᄆᆞᅀᆞ미 나ᄂᆞ니(月釋序16). 香風이 와 이운 고ᄌᆞᆯ 부러 ᄇᆞ리고(月釋14:12). 性이 이르시면 欲愛 ᄆᆞᆯ라 이우르시고:性成則欲愛乾枯(楞解6:30). ᄒᆞᆫ번 妙力 닙ᄉᆞ오면 欲愛 ᄆᆞᆯ라 이울오(法華7:60). 닙 프며 이우루메 비와 이

슬왜 기우도다:榮枯雨露偏(初杜解20:14). 모미 이운 나모 곧ᄒᆞ며(南明上59). 이울고:枯. 이울 호:槁(訓蒙下4). 이울 고:枯(類合下50). 이울 위:萎(類合下55). 드듸여 이우러 ᄠᅥ러딤이 되게ᄉᆞ:遂成枯落(宣小5:16). 잣슬 무덤 압픠 심건더니 돈티 이셔 다딜러 이우니:植栢于墓前有豕觸而枯(東新續三綱. 孝1:71). 보리ᄂᆞᆫ ᄆᆞᆯ라 이울고:大麥乾枯(重杜解4:31). 閣氏네 곳을 보소 픠는 듯 이우는이(古時調. 海謠). 이우러 듯듯다:凋零(漢淸13:30).
※이울다<이ᄫᅮᆯ다

이·울우·다 동 이울게 하다. ¶모로매 欲愛ᄅᆞᆯ 이울워 그처 心性이 虛明케 ᄒᆞᆫ 後에ᅀᅡ:必枯絶欲愛使心性虛明然後(楞解8:21).

이·웃 명 이웃. ☞이웆 ¶이웃 나라히 背叛ᄒᆞ거든(釋譜11:36). 敎化ㅣ 이웃 나라해 펴디여:化行鄰國(宣賜內訓2下73). 이웃 닌:隣(類合上18). 이웃 부녜 감화ᄒᆞ더라:鄰婦化之(東新續三綱. 烈2:75). 孟母의 이우슬 어두라:得孟隣(重杜解16:22). 우리집 북녀 이웃의 사ᄂᆞᆫ 안노ᇰ(桐華寺 王郞傳). 이웃 린:隣(兒學上4).

이웃집 명 이웃집. ¶이웃집 ᄃᆞᆰ기 五更에 ᄂᆞ료ᄆᆞᆯ 므던히 너기노라:遮莫鄰鷄下五更(初杜解15:49). 故人이 祿ㅅ ᄡᆞᆯ 주고 이웃지비 위안햇 ᄂᆞᄆᆞᆯᄒᆞᆯ 주ᄂᆞ다:故人供祿米隣舍與園蔬(初杜解22:14).

이·웃짒 명 이웃집. ¶이웃짒 브른 바미 깁ᄃᆞ록 ᄇᆞᆰ갯도다:鄰火夜深明(初杜解7:6).

이·웃·ᄒᆞ·다 동 이웃하다. ¶ᄆᆞᆯᄀᆞᆫ 말ᄊᆞᆷ과 빗난 긄句ᄅᆞᆯ 반ᄃᆞ기 이웃ᄒᆞ고져 ᄒᆞ노라:淸詞麗句必爲隣(初杜解16:12). 오직 芝蘭ᄋᆞ로 히여 됴케 ᄒᆞᆯ션뎡 엇데 구틔여 지블 이웃ᄒᆞ야 살라 ᄒᆞ리오:但使芝蘭秀何須棟宇隣(初杜解20:29).

이·웆 명 이웃. ☞이웃 ¶ᄒᆞ오ᅀᅢ면 이우지 업거니:獨則無鄰(楞解3:37). 내의 이우지 아니로다:非我鄰(初杜解7:13). 關西에 孟母의 이우즐 어두라:關西得孟鄰(初杜解16:22). 갓가온 이우즐 어즈러이디 아니호리라:不敎鵝鴨惱比隣(初杜解21:3). 오직 虛空이 이 녯 이우지로다:唯有虛空是舊隣(南明下69). 이우지 서르 도오며:隣保相助(宣小5:34). 이우제 사ᄂᆞᆫ 역니 간범코져 ᄒᆞ거ᄂᆞᆯ:隣居驛吏欲奸(東新續三綱. 烈2:6). 내 이우지라:我街坊(老解上14).

이·워·ᄒᆞ·다 동 희미하여하다. 몰라하다. ☞입다 ¶雄壯ᄒᆞᆫ 양ᄌᆞ로 갈 바ᄅᆞᆯ 이워ᄒᆞ노소니:雄姿迷所向(初杜解17:9).

이위다 동 시들다. ☞이울다 ¶열네 ᄒᆡᄅᆞᆯ 슈신ᄒᆞ야 셜워 이위여 주그니라:十四年哀毁而歿(東新續三綱. 烈1:85). 雪中의 혼자 픠여 枕邊의 이위는 듯(曺偉. 萬憤歌).

이으다 동 잇다. ¶삼을 삼고 모슈를 이으되:緝(女四解3:5).

이윽고 부 이윽고. ☞이슥고 ¶이윽고 使者ㅣ 니르러 門이 열어늘 나니라:有間使者至門啓而出(宣小4:42). 오히려 요동을 아니 ᄒᆞ니 범이 이윽고 가니라:猶不動虎尋去(東新續三綱. 孝1:21). 이윽고 소릐 ᄀᆞ장 급히 잇거ᄂᆞᆯ:俄有聲甚急(東新續三綱. 孝6:73). 이윽고 뉘옷처 ᄀᆞᆯᄋᆞ듸(女四解4:8). 이윽고 犬吠ㅅ 소릐에 白馬遊冶郞이 넌즈시 도라드니(古時調. 待人難. 靑丘). 이윽고:有些時(同文解下47). 이윽고 부뫼 다 죽으니(五倫1:27).

이윽히 부 한참토록. ¶ᄒᆡ 비슬 가리오고 이윽히 바라보니(思鄕曲).

이윽ᄒᆞ여 부 얼마 있다가. 한참 있다가. ¶내 어미ᄅᆞᆯ 니별ᄒᆞ고 ᄒᆞᆫ번 죽으려 ᄒᆞᄂᆞ이다 ᄒᆞ더니 이윽ᄒᆞ여 도적이 모든 겨집을 모라 와(五倫3:56).

-·이이·다 조 -입니다. ¶對答호ᄃᆡ 六萬阿羅漢이이다(釋譜24:46). 元帥ㅅ 다시이다(三綱. 孝15). 일우산 藥이이다(月釋21:218).

이이·히 부 이이(怡怡)히. 기꺼이. ¶怡怡히 어버이와 얼운을 봉양ᄒᆞ야:怡怡奉親長(宣小5:20).

-·이잇·고 조 -입니까. ¶大師 ᄒᆞ샨 일 아니면 뉘 ᄒᆞᆫ 거시잇고(釋譜11:27). 橫死ᄂᆞᆫ 므스기잇고(月釋9:56). 엇던 마리잇고(圓覺序68). 어늬 이 本性이잇고(六祖中79).

이ᄋᆞᆨ고 부 이윽고. ☞이윽고 ¶믈도 입의 드리디 아니키ᄅᆞᆯ 마ᄋᆞᆫ 날을 ᄒᆞ니 이ᄋᆞᆨ고 흰 ᄲᅧᆯ이 몸애 오로나고:水漿不入口者四十餘日俄而白毛遍體(東新續三綱. 烈2:11).

-이옵도쇠 조 -이외다. ¶나ᄂᆞᆫ 都船 이ᄂᆞᆫ 二船 뎌ᄂᆞᆫ 封進이ᄋᆞᆸ도쇠(新語1:15). 어내 잘ᄒᆞ시ᄂᆞᆫ 술이ᄋᆞᆸ도쇠(新語3:6). 오로ᄂᆞ리기 御大儀ᄒᆞᆫ 일이ᄋᆞᆸ도쇠(新語3:14). 오ᄂᆞᆯ은 싱각 밧긔 술술이 ᄆᆞᄎᆞ니 大慶이ᄋᆞᆸ도쇠(新語4:3). 合ᄒᆞ여 三隻이ᄋᆞᆸ도쇠(新語4:8). 德分의 無事이 되얍ᄉᆞ오니 生死骨肉之澤이ᄋᆞᆸ도쇠(隣語1:8).

이ᄋᆡ다 동 흔들다. 흔들리다. ☞이울다. 이위다 ¶梧桐에 雨滴ᄒᆞ니 舜琴을 이ᄋᆡᄂᆞᆫ 듯(古時調. 靑丘).

이재 명 이제. ☞이제 ¶이재 갑시 엇더ᄒᆞ뇨:如今價錢如何(老解下4).

이저고 동 잊었구나. ¶鍾樓 져지 달리 파라 비 ᄉᆞ고 감 ᄉᆞ고 榴子 ᄉᆞ고 石榴 삿다 아ᄎᆞ아ᄎᆞ 이저고 五花糖을 니저발여고ᄌᆞ(古時調. 金壽長. 書房님. 海謠).

이·저디·다 동 이지러지다. ☞이저지다. 이제디다 ¶다 이저디디 아니ᄒᆞᆫ 警戒ᄅᆞᆯ 得ᄒᆞ

며(釋譜9:6). ᄯᅩ 이저디디 아니ᄒᆞ며:亦不缺落(法華6:13). 입시우리 둗거우며 거두쥐며 이저디디 아니ᄒᆞ야:唇不厚褰缺(法華6:18). 맛ᄀᆞᆯ모ᄃᆡ 부드러우므로ᄡᅥ ᄒᆞ야ᅀᅡ 거ᄉᆡ 제 이저듀믈 올오리니:應之以柔庶全其缺(宣賜內訓3:40). 이저딘 울흘 가싀ᄅᆞᆯ 가져다가 바톄오고:缺籬將棘拒(初杜解20:10). 이저딜 결:缺(類合下12). 이저딜 휴:虧(類合下58). ᄒᆞᆫ번 두렷ᄒᆞ야 이저딜 적이 업도다(女範3. 뎡녀 댱쳐견시).

이저지다 동 이지러지다. ☞이저디다 ¶집지우매 엇디 이저진 거시 이시리오마ᄂᆞᆫ:構厦豈云缺(重杜解2:33).

·이제 명 이제. ☞이재. 이졔 ¶이제ᅀᅡ 일우산ᄃᆞᆯ 優陁耶ㅣ ᄉᆞᆯᄫᆞ니이다(月印上42). 이제 ᄯᅩ 내 아ᄃᆞᆯ ᄃᆞ려가려 ᄒᆞ시ᄂᆞ니(釋譜6:5). 이제 져믄 저그란 안직 ᄆᆞᅀᆞᆷᄶᆞᆼ 노다가(釋譜6:11). 今은 이제라(月釋序13). 이젯 弟子ㅣ 釋子ㅣ라(月釋9:35中). 이젯 보고 녜ᄅᆞᆯ 니즌 젼ᄎᆞ로:見今忘昔故(楞解10:19). 녠 聖賢이 道 得ᄒᆞ니 하ᄃᆡ 이젠 드르니 업스니(法華2:41). 이젯 사ᄅᆞ믄 허므리 잇거든:今人有過(宣賜內訓1:22). 나히 져무매 이제 萬卷 나모ᄆᆞᆯ 여렛도다:年少今開萬卷餘(初杜解7:31). 녜며 이제샷다:古之今之(金三2:59). 이제 本來 뷘 ᄃᆞᆯ 모로매 아로려 ᄒᆞᆯ딘댄:如今要識本來空(南明上12). 이제 구의 ᄀᆞ장 嚴謹ᄒᆞ야:如今官司好生嚴謹(飜老上49). 이제 만일 멀리 나가면:今若遠出(東新續三綱. 孝8:70). 이제 사ᄅᆞᆷ이 能히 主ㅣ 되디 몯ᄒᆞ야:今人不能爲主(女四解2:26). 이제:今(同文解上5). 닙번 거슈 압흘 세워 이제 쳐향ᄒᆞ단 말가(빅화당가).

이제디다 동 이지러지다〔虧〕. ☞이저디다 ¶이제디디 아니ᄒᆞ야시니 뷘 모히 寂靜ᄒᆞ고:未缺空山靜(重杜解12:4).

·이젯:뉘 명 현세(現世). 이 세상. ¶내 뒷논 福業 이젯뉘와 디나건뉘와 ᄯᅩ 부텨 보ᅀᆞ온 功德으로 다 佛道애 廻向ᄒᆞᅀᆞᆸ노이다:我所有福業今世若過世及見佛功德盡廻向佛道(法華2:49).

:이젼 명 이전(以前). ¶策이 닐오ᄃᆡ 威音王已前은 곧 올커니와(六祖中99). 이젼 수두고셔 더으리로다:强如已前數倍(飜老下71). 이젼에 ᄡᅳ고 더근 것ᄃᆞᆯ:已前盤纏了的火帳(飜老下72). 모로매 이젼에 비혼 사ᄒᆞᆯ 닷쇗 글ᄅᆞᆯ 니ᅀᅵ ᄢᅦ 쉰 닐흔 번을 닐거 모로매 외오게 ᄒᆞ고:須連前三五授通讀五七十遍須令成誦(飜小8:35). 이젼 일을 모로시고(隣語1:23).

이졔 명 이제. ☞이제 ¶녜와 이졔왜 ᄒᆞᆫ가지로 體ㅣ 곧도다:古今同一體(初杜解8:16). 管鮑의 죠흔 誼가 이젠들 업슬손야(人日歌). 이름이 ᄉᆞ긔예 표ᄒᆞ야 젼ᄒᆞ야 이졔가지 이르니(女四解3:27).

-이조차 조 -조차. -마저. ☞-조차 ¶黃昏의 ᄃᆞᆯ이조차 벼마틔 빗최니(松江. 思美人曲). 진실로 들나곳 ᄒᆞ더면 밤이조차 우을낫다(古時調. 간밤의 지게. 青丘). 細路 松林의 ᄃᆞᆯ이조차 도다 온다(古時調. 갈 길이 머다. 古歌). 情을 못다 ᄒᆞ야 목이조차 메여ᄒᆞ니(松江. 續美人曲).

이·좀 동 이지러짐. ㉮이즈다 ¶應호미 이조미 업스니라:應無虧(金三4:9).

이·즈·다 동 이지러지다. ☞이저디다. 이ᄌᆞ다 ¶威儀 이즌 ᄃᆡ 업서 조호미 寶珠 ᄀᆞᆮᄒᆞ야(釋譜13:22). 셩긔디 아니ᄒᆞ며 ᄯᅩ 이저뻐러디디 아니ᄒᆞ며(月釋17:52). 環은 도렫ᄒᆞᆫ 구스리오 玦은 環 ᄀᆞᆮ호ᄃᆡ ᄒᆞᆫ녀기 이즈니(楞解2:87). 이즌 ᄃᆞ리 하ᄂᆞᆯ해 나디 몯ᄒᆞ옛도다:闕月未生天(初杜解22:24). ᄃᆞ리 두려우며 ᄃᆞ리 이즈며:月圓月缺(金三2:6). 人間앳 妄見은 이즈며 초미 이실 ᄲᅮ니언뎡:人間妄見有虧盈(南明下72). ᄃᆞᆯ도 보롬後ㅣ면 ᄒᆞᆫ ᄀᆞ보터 이저 온다(古時調. 히도. 青丘).

이즈러디다 동 이지러지다. ☞이즈러지다 ¶안해을 御티 몯ᄒᆞ면 威儀 폐ᄒᆞ야 이즈러디고(女四解1:6). 禮數ᄅᆞᆯ 이즈러디게 말고:莫缺禮數(女四解2:34). 生前에 肢體 이즈러뎌시며 부러딤이 잇거나:生前有缺折肢體(無寃錄1:25).

이즈러지다 동 이지러지다. ☞이즈러디다 ¶ᄃᆞᆯ 이즈러지다:月虧(譯解補1). 이즈러즐 결:缺(兒學下8).

이즈음 부 이즈음. ☞뎌주숨 ¶이즈음:這回子(譯解補58).

이즐다 동 잊겠도다. ¶어와 못 이즐다 님을 그려 못 이즐다(萬言詞).

이지러지다 동 이지러지다. ☞이즈러지다 ¶힝실에 ᄒᆞ나만 이지러지면(女四解2:15).

이질어지다 동 이지러지다. ☞이지러지다 ¶이질어질 규:虧(兒學下9).

이ᄌᆞ 명 이자. ¶이ᄌᆞ:胰子 胃脂(柳氏物名一 獸族).

이·ᄌᆞ·다 동 이지러지다. ☞이즈다 ¶이 ᄀᆞᆺ뎌 ᄀᆞᄉᆡ 應호미 이ᄌᆞᆫ ᄃᆡ 업도다:這邊那邊應無虧(金三2:54). 이즐 휴:虧(石千17).

이ᄌᆡ 명 이제. ☞이제 ¶이ᄌᆡ 금:今(倭解下34). 이ᄌᆡ 몬저 눌로 ᄒᆞ여 가 술을 엇게ᄒᆞ료:如今先着誰去討酒呢(朴新解1:3). 이ᄌᆡ야 役事ㅣ 잘 되ᄋᆞᆸᄂᆡ(隣語3:5). 당시예 예던 길이 이ᄌᆡ야 도라왓ᄂᆡ(쌍벽가).

이·쳐·ᄒᆞ·다 동 가빠하다. 피곤해하다. ☞이츠다 ¶새 그를 海內예셔 流傳호ᄆᆞᆯ 이쳐ᄒᆞ

ᄂᆞ니:新詩海內流傳困(初杜解22:16). 늘근 驥馬ㅣ 머리 드로ᄆᆞᆯ 이쳐ᄒᆞ며:老驥倦驤首(杜解22:55).

이쳐로 부 이처럼. ¶이쳐로 ᄂᆡ 편지로 ᄡᅳ어 시니(閑中錄242).

이·츠·다 동 가빠하다. 피곤해하다. ☞이처ᄒᆞ다. 이치다 ¶불인 고지 이츠며 게을어 비를 바ᄂᆞ니:吹花困懶旁舟楫(重杜解18:3).

이치·다 동 가빠하다. 피곤해하다. ☞이츠다 ¶모미 이쳐커든 져기 官桂湯과 粥므를 머겨 모기 젓게 ᄒᆞ고:却身苦勞動少與官桂湯及粥淸令喉潤(救急上77). 셔디 ᄒᆞᆫ 바ᄅᆞᆯ 이쳐 아니ᄒᆞ며:立不蹕(宣賜內訓3:9). ᄇᆞ롬의 이치여 이제야 왓ᄉᆞᆸᄂᆡ(新語1:12). ᄇᆡ예 이치여 오오니 그러ᄒᆞ온디 밥도 일졀 먹디 몯ᄒᆞ고(新語2:2).

이·치·다 동 비끼다. ¶조널이 트림ᄒᆞ며 한숨디흐며 ᄌᆞ치욤ᄒᆞ며 기춤ᄒᆞ며 하외욤ᄒᆞ며 기지게ᄒᆞ며 ᄒᆞ녁 발 이쳐 드듸며 지혀며 빗기보ᄆᆞᆯ 말며:不敢噦噫嚔咳欠伸跛倚睇視(宣賜內訓1:50).

이텨로 부 이처럼. ¶이텨로 ᄒᆞ야 긴 ᄒᆡᄅᆞᆯ 져므도록 대면을 ᄒᆞ니(癸丑70).

이·튼날 명 이튿날. ☞이틄날. 이틋날 ¶이튼날 ᄡᆞᆯ쥭을 쑤어 녀흐되:次日入米粥(救荒7). 이튼날 익:翌(類合上3). 이튼날 城의게 뵈고 돌아가 효양ᄒᆞᆯ 이 스므 물이러니:明日謁城還養者二十輩(宣小6:7). 이튼날 도적이 큰 딘을 쳥ᄒᆞ야 다와ᄃᆞ니:翌日賊邀大陣迫之(東新續三綱. 忠1:73). 이튼날 ᄯᅩ 빌러 피 내여 받ᄌᆞ오니 병이 됴흐니라:翌日又刺血以飮之病得愈(東新續三綱. 孝8:39). 이튼날:翌日(同文解上3).

·이·틀 명 이들[此等]. ☞-틀 ¶이트렛 衆生ᄃᆞᆯ히 各各 제여고밀씨(釋譜11:6). 믈와 블와 갈콰 毒과 어려븐 石壁과 모딘 象과 獅子와 범과 일히와 곰과 모딘 ᄇᆡ얌과 지네와 이트렛 므싀여븐 이리 이셔도 고ᄌᆞᆨᄒᆞᆫ ᄆᆞᅀᆞ므로 뎌 부텨를 念ᄒᆞ야 恭敬 供養ᄒᆞᅀᆞᄫᆞ면 다 버서나리며(月釋9:44). 이트렛 種種 여러 가짓 거스로(法華6:142). ᄇᆡ홀 사ᄅᆞᄆᆞᆫ 모로매 몬져 이트렛 이를 더러ᄇᆞ리고:學者須先除去此等(宣賜內訓3:56). 이트렛 여러 文은 부텻 眞體ᄅᆞᆯ 나토니라(金三5:13). 이트렛 ᄆᆞᅀᆞ미(六祖上29).

이·틀 명 이틀. ¶ᄒᆞᄅᆞ리어나 이트리어나 사ᄋᆞ리어나 나ᄋᆞ리어나 다쐐어나 여쐐어나 닐웨어나(月釋7:71). ᄒᆞᄅᆞ리어나 이트리어나(阿彌17). 이트를 자ᄃᆡ:信宿(初杜解7:23). ᄒᆞᄅᆞ 이틀 디내디 아니ᄒᆞ야 다 주더니:不過一日二日竝已死盡(佛頂8). 이틀 사ᄋᆞ리라도 ᄯᅡᆷ 내요미 ᄯᅩ 됴코:二日三日亦可發汗(救簡1:103).

이·틄·날 명 이튿날. ☞이틄날. 이틋날 ¶이틄나래 나라해 이셔 도ᄌᆞ기 자최 바다 가아(月釋1:6). 이틄날 世尊ㅅ긔 ᄉᆞᆯ바ᄂᆞᆯ(月釋7:6). 이틄날 아ᄎᆞᄆᆡ 길 나아가싫 時節에(月釋8:93). 이틄날 보고 슬피 너겨 남지ᄂᆞᆯ 주키디 아니ᄒᆞ니라(三綱. 烈5). 이틄나래 모딘 거슬 다 즈츼여 더디면 됴ᄒᆞ리라:明日取下惡物妙(救急下57). 이틄나래 帝ㅣ 果然 됴ᄒᆞ시니라:明日帝果瘳(宣賜內訓2下15). 이틄나래 一行禪師ㅣ 가 그 術ᄋᆞᆯ 다 傳ᄒᆞ니라(南明上16).

이틂날 명 이튿날. ☞이틄날. 이틋날 ¶이틂날 伯顔이 兵馬 가져 城의 드러 ᄀᆞ장 과ᄒᆞ며:明日伯顔領兵入城歎惜之(三綱. 烈20).

이·틋날 명 이튿날. ☞이틄날. 이틂날 ¶이틋나래 舍利弗이 보고 무른대(釋譜6:27). 이틋나래 얼읜 피ᄅᆞᆯ ᄂᆞ리우면 즉재 됸ᄂᆞ니:次日取下瘀血卽愈(救急下30). 이틋나래 姬의 말로 虞丘子 더브러 니ᄅᆞ신대:明日以姬言告虞丘子(宣賜內訓2上23). 이틋날 의원이 와 무로ᄃᆡ:明日太醫來問(飜老下41). 이틋날 드듸여 게셔 분토애 졔ᄒᆞ시고 이바디자시고:明日就那裏上了墳喫筵席(飜朴上65). 이틋날 太醫ㅣ 와 무로ᄃᆡ:明日太醫來問(老解下37).

이튿날 명 이튿날. ☞이튼날. 이틄날 ¶이튿날 아비 묏 가온대 쇼ᄅᆞᆯ 머기다가:翌日父牧牛山中(東新續三綱. 孝5:85). 이튿날 이예 죽다:翌日乃死(東新續三綱. 孝8:42).

이편 명 이편. ¶이편:這邊(同文解上9). 이편:這邊(漢淸1:51).

이·푸·다 동 읊음. ㉮잎다 ¶센 머리예 이푸믈 머리 브티노라:遠寄白頭吟(初杜解21:16). 잘 이푸믈 다시 듣디 몯ᄒᆞ리로다:能吟不復聽(杜解21:40).

이·피 명 읊기. ☞입피 ¶년구ᄒᆞ기 ᄆᆞᆺ고 글이피 ᄒᆞ고 글 입피 ᄆᆞᆺ고 스승님 앏픠 글 강ᄒᆞ노라:對句罷吟詩吟詩罷師傅前講書(飜老上3).

이하 명 이하(以下). ¶母弟로브터 以下ᄂᆞᆫ 다 시러곰 宗티 몯ᄒᆞᆯ 디라(家禮1:15). 통훈 이해어든 판ᄉᆞ와 경좌랑을 ᄒᆞ이시며(仁祖行狀31).

이형 명 이종형(姨從兄). ¶姨兄:엄의 겨집 동싱에 난 ᄆᆞᆯ오라비라(宣小6:46).

이혹 명 조개의 한 가지. ¶이혹:蛤蜊(譯解下37).

이·흐름너·출 명 댕댕이덩굴. ¶댓진 서 되와 방풍과 이흐름너출와 승맛불휘와:竹瀝三升防風防已升麻(救簡1:26).

익가 명 이깔나무. ☞익가남우. 잇갈 ¶익가:杉(柳氏物名四 木).

익가남우 명 이깔나무. ☞익개나모 ¶익가남

우:油杉(物譜 雜木).

익개 명 이깔나무. ☞익가 ¶익개 삼:杉(倭解下28).

익개나모 명 이깔나무. ☞익가남우. 잇개나모 ¶익개나모:杉木(譯解下42).

익글다 동 이끌다. ☞이ᄭᅳᆯ다 ¶凝妻ㅣ 풀홀 익글매(女四解4:28).

익기 명 이끼. ☞잇기 ¶익기 ᄢᅵ인 바회예 지혀도 안ᄌᆞ 보며(曺友仁. 梅湖別曲). 담익기:垣衣(物譜 雜草).

익낭 명 익랑(翼廊). ☞익낭방. 익랑 ¶익낭:斜房(漢淸9:68). 그 겻티 두 익낭이 잇시니(引鳳簫1).

익낭방 명 익낭방(翼廊房). ☞익낭 ¶녀차겻 익낭방의다 가두고(癸丑38).

익다 동 익다. ☞닉다 ¶邊情의도 익어 계실ᄲᅮᆫ 아니오라(隣語5:13).

익다 동 읽다[讀]. ¶달 알ᄋᆡ 글얼 익고(草堂曲).

익·더·귀 명 익더귀. ☞닉더귀 ¶익더귀:兎鶻(訓蒙上15 鶻字註).

익두매 명 새끼매. ¶익두매:窩雛鷹(譯解下25. 柳氏物名一 羽蟲).

·익랑 명 익랑(翼廊). ¶이는 몸채라 이는 翼廊이라 이는 庫房이라 ᄒᆞ고(釋譜24:7).

·익:모·초 명 익모초(益母草). ¶益母草를 細末ᄒᆞ야 醋애 섯거 봇가 브티라(救急下17). 익모초:益母草(物譜 藥草).

익ᄶᅡ나무 명 이깔나무. ☞익가남우 ¶익ᄶᅡ나무 삼:杉(兒學上5).

익이 부 익히. 익숙히. ☞니기 ¶東西館 집들이 극히 毁傷ᄒᆞ온 줄은 익이 아라 계시면셔(隣語1:28). 이 일은 익이 아ᄅᆞ시면셔(隣語3:24).

익이다 동 익히다. ☞니기다 ¶죠곰식 비호시고 익이시게 ᄒᆞᄋᆸ소(隣語4:10).

익일 명 익일(翌日). ¶익일의 슝졍뎐 셜셔 벼슬을 ᄒᆞ이니(引鳳簫1). 조곰도 야간 년별ᄒᆞᄂᆞᆫ 티 업셔 뵈더라 익일의ᄂᆞᆫ 쇼져를 속여 니ᄅᆞ되(落泉3:7).

익쿠다 동 익히다[炮]. ☞익히다. ¶반찬을 익쿠지 아니ᄒᆞ야:炮(女四解3:10).

익키다 동 익히다[習]. ☞니기다. 익이다 ¶익켜 덧덧홈을 ᄒᆞ야:習以爲常(女四解3:10).

익히다 동 익히다[熟]. ☞익쿠다 ¶익힐 임:飪(兒學下6).

·인 명 인(印). 도장. ¶구의옌 인을 믿고 아ᄅᆞ매ᄂᆞᆫ 긔약을 미듣 거시니:官憑印信私憑要約(飜老下19). 인 인:印. 인 ᄉᆡ:璽(訓蒙上35). 인 인:印(類合上31).

-·인 조 -인. ¶萬點인 蜀ㅅ 뫼히 ᄲᅮ로혼ᄒᆞ도다:萬點蜀山尖(初杜解23:42). 고존 重重인 남긔 섯거고:花雜重重樹(初杜解23:48). 萬丈인 기픈 굴형 ᄀᆞᆮᄒᆞ야(金三4:27).

인가 명 인가(人家). ☞신가 ¶人家의 드러가(老解上35). 萬一 지나가면 져편 二十里ᄶᅡ히 人家ㅣ 업ᄉᆞ니라(蒙老1:13).

-·인·가 조 -인가. ¶이 아니 내 鹿母 夫人의 나혼 고진가(釋譜11:32). 사ᄅᆞ민가 사롬 아닌가(月釋1:15). 大德天이 나민가 부톄 世間애 나샤미신가(法華3:106).

인가목 명 인가목. ¶인가목:靈樹木(柳氏物名三 草).

인간 명 인간(人間). 세상. ¶인간 세:世(類合下47. 石千22). 인간의 사ᄅᆞᆷ 살며 어딘 일을 ᄒᆞ여도(癸丑84). 仙界 佛界ㄴ가 人間이 아니로다(古時調. 간밤의. 孤遺).

인견ᄒᆞ다 동 인견(引見)하다. ¶샹이 인견ᄒᆞ시고 술 먹여 니별ᄒᆞ여 ᄀᆞ오샤되(山城122). 어ᄉᆞ를 인견ᄒᆞ라 ᄒᆞ시니(洛城2).

-·인·고 조 -인고. -인가. ☞-힌고 ¶어늬 作用인고(牧牛訣6). 모로리로다 몃 ᄂᆡᄉᆡ리린고:知他是幾箇明日(飜朴上35). 므스 이린고 ᄒᆞ여(飜小8:33).

인:과 명 인과(因果). ¶因果ᄂᆞᆫ 因緣果報ㅣ라(月釋2:63). 一切ㅅ 因果를 내며 일울시라(圓覺序70).

인군 명 인군(人君). 임금. ¶인군이 현마 국모를 소기며(癸丑96). 인군이 혹 기피 슬피디 못ᄒᆞ면 도로혀 그 소근 배 되여(仁祖行狀17). 인군이 미양 여러 신하로 더부러 이어 화답ᄒᆞ니:帝(女四解3:2).

인긴 명 인끈. ¶인긴 조:組(類合上31).

-·인·다 조 -인가. ¶兵馬ㅣ 우어 닐오되 네 미친 노민다(三綱. 忠27).

-·인·댄 조 -이건대. ☞-ㄴ댄 ¶ᄒᆞ다가 眞實ㅅ 네 ᄆᆞᅀᆞ민댄 가미 업스리어늘(楞解2:24). 眞實ㅅ 見性인댄(牧牛訣9).

인뎡 명 인정(人定). ¶인뎡 붑 틴 후에ᅀᅡ 잘 디 니거든:人定鍾然後歸寢(飜小9:102). 인뎡:晩鍾(譯解補4).

:인·도 명 인도(引導). ¶引導ᄂᆞᆫ ᅘᅧ아 길 알욀 씨라(釋譜9:8). 녯 緣이 아니면 ᄆᆞᅀᆞᄆᆞᆯ 引導 몯 ᄒᆞ시리니(法華序12). 引導ᄂᆞᆫ ᅘᅧ 길 자ᄇᆞᆯ 씨라(法華1:4).

인도 명 인두. ¶인도:烙鐵(同文解下17). 인도 밧침 젼반:烙板(譯解補41). 인도:研刀(漢淸10:36). 인도:熨人 熨印(物譜 蠶績). 研刀爲之引刀熨縫之具(雅言二).

·인·도·ᄒᆞ·다 동 인도(引導)하다. ¶衆生ᄋᆞᆯ 引導ᄒᆞ야(釋譜13:38). 몬져 三乘을 니ᄅᆞ샤 일후믈 비러 引導ᄒᆞ시논 젼ᄎᆞ로:引導ᄂᆞᆫ ᅘᅧ 길 자ᄇᆞᆯ 씨라(法華1:4). 諸衆生 引導ᄒᆞ야 모도와 法 듣게 ᄒᆞ며(法華4:104). 衆生ᄋᆞᆯ 化ᄒᆞ야 引導홀씨 일후미 菩薩이오(金剛

14). 音樂으로 輛車를 引導ᄒᆞ고 우러 미조ᄎᆞ며(宣賜內訓1:69). 引導호ᄆᆞᆯ 브터ᅀᅡ 性을 보리니(六祖上48). 인도홀 뎍:迪(類合下22). 녯 님금의 ᄇᆡᆨ셩 ᄉᆞ랑ᄒᆞ시ᄂᆞᆫ 어딘 ᄆᆞᄋᆞᆷ으로셔 낫ᄂᆞ니 뻐 몬져 인도호미 잇디 아니ᄒᆞ고(警民序1). 론어의 닐오ᄃᆡ 덕으로 인도ᄒᆞ고 례로 졍졔ᄒᆞ면(綸音27). 후ᄆᆡ 왈 노신이 인도ᄒᆞ여든 샹공이 ᄒᆞᆫ가지로 가 동쇼져ᄅᆞᆯ 여어보라(落泉1:2).

인·돗소·리 명 인도(印度) 소리. 범패(梵唄). ¶梵放ㅅ소리:梵放ᄋᆞᆫ 즁의 인돗소리라(初杜解9:21).

-·인동 조 -인지. ¶이도 毒인동 모ᄅᆞᄂᆞ닐(救急下52). 손인동 主人인동 다 니져 ᄇᆞ려셔라(古時調. 鄭澈. 松江).

인동덩굴 명 인동(忍冬) 덩굴. ¶인동덩굴:忍冬(柳氏物名三 草).

-·인·디 조 -인지. ¶브리 더운 法인디 아디 몯홀 씨 일후미 不知오(法華2:60). 이 相公이 軍인디 아노니:知是相公軍(初杜解7:25).

인딘 명 인진(茵蔯). ¶茵蔯은 봆 蓮ㅅ불휘 곳다온 ᄃᆞᆺᄒᆞ도다:茵蔯春藕香(初杜解15:9).

-·인·돌 조 ①-인 줄을. -인 것을. ¶이 輪迴ㅅ 本인ᄃᆞᆯ 標ᄒᆞ야 ᄀᆞᄅᆞ치시니:標指…是輪廻之本(圓覺下一之一16). 다 圓覺인ᄃᆞᆯ 證ᄒᆞ노니:皆證圓覺(圓覺下一之一54). ②-인들. ¶塞外北狄인ᄃᆞᆯ 아니 오리잇가:塞外北狄寧不來王(龍歌53章). 잠간인ᄃᆞᆯ 涅槃애 들리오(金三2:13). 이 나ᄂᆞᆫ 엇뎨 잠간인ᄃᆞᆯ 見知예 디리오(南明上45).

인ᄃᆡᄒᆞ다 동 인대(引對)하다. ¶또ᄒᆞᆫ ᄌᆞ로 유신을 인ᄃᆡᄒᆞ샤 고금 티란과 민싱의 휴쳑을 니기 외논ᄒᆞ시고(仁祖行狀16).

인륜 명 인륜(人倫). ¶ᄀᆞᄅᆞ츄ᄃᆡ 人倫으로뻐 ᄒᆞ시니:教以人倫(宣小1:9). 인륜 륜:倫(兒學下7).

인물 명 인물(人物). ¶人物을 世예셔 혜디 아니ᄒᆞᄂᆞ니라:人物世不數(重杜解9:9).

인민 명 인민(人民). ¶싱심이나 인민을 죽이리(三譯7:21).

인ㅅ긴 명 인끈〔綬〕. ☞인긴. 인낀. 인슈 ¶印綬ᄂᆞᆫ 印ㅅ긴히라(三綱. 忠8). 病ᄒᆞᆫ 모ᄆᆞᆯ 扶持ᄒᆞ야셔 印ㅅ긴홀 드리오고:扶病垂朱紱(初杜解10:14).

인삼 명 인삼(人蔘). ☞인숨 ¶인삼 삼:蔘(兒學上5).

인셔 명 용서. ¶인셔 셔:恕(類合下10).

·인:슈 명 인수(印綬). 인끈. ☞인ㅅ긴 ¶印綬ᄂᆞᆫ 印ㅅ긴히라(三綱. 忠8).

인신 명 인신(印信). 도장. ¶ᄌᆞ손 댱구홀 계규ᄅᆞᆯ ᄒᆞ라 홀딘대 대명이 준 바 고명과 인신을 드리라 대명과 교통ᄒᆞ기ᄅᆞᆯ(山城118). 印信을 僞造ᄒᆞ면 斬ᄒᆞ고(警民14). 인신을 밋고:憑印信(老解下17). 인신 인:印(兒學上10).

인신 명 인신(人臣). 신하(臣下). ¶내 인신이 되여:我爲人臣(東新續三綱. 忠1:7).

인심 명 인심(人心). ¶人心이 몯줍더니:人心斯聚(龍歌66章). 天下의 人心을 管攝ᄒᆞ야(家禮1:12). 지죄 업ᄉᆞ면 엇디 능히 인심을 혹ᄒᆞᄂᆞᆫ 권변을 도적ᄒᆞ리오(經筵).

인ᄉᆞ 명 인사(人士). ¶王國에 人士ㅣ 하다 일ᄏᆞᄅᆞ나 賢良ᄋᆞᆫ ᄯᅩ 멋 사ᄅᆞᆷ고:王國稱多士賢良復幾人(重杜解19:10).

인ᄉᆞ 명 인사(人事). ¶인싀 아래셔 졍ᄒᆞ면 ᄒᆞ놀 긔운이 엇디 우희셔 슌티 아니ᄒᆞ리오(仁祖行狀33).

인ᄉᆞ당 명 인사치레. ¶인ᄉᆞ당의 말솜이어니와 말솜겻치 들엄 즉ᄒᆞ외(新語1:3). 자네 말솜겻치 ᄀᆞ장 보ᄃᆞ랍고 ᄯᅩ 인ᄉᆞ당 ᄒᆞ시ᄂᆞᆫ 말 거동이 진실로 日本 티오니(新語9:14).

인:ᄉᆞ·ᄒᆞ·다 동 인사하다. ¶부톄 인ᄉᆞᄒᆞ신대 廣熾 깃거 發願호ᄃᆡ(月釋2:9).

인솜 명 인삼(人蔘). ☞신솜 ¶인솜 솜:蔘(類合上8). 인솜 반하 각 ᄒᆞᆫ 돈 감초 오분 이를 싸흐라(辟新6). 人蔘과 모시뵈이시니(老解上63).

인싱 명 인생(人生). ¶人生애 안해 어딘 아비와 兄이 업스며:人生內無賢父兄(宣小6:5). 人生이 닐흔을 사로ᄆᆡ 녜로 오매 드므니라:人生七十古來稀(重杜解11:19). 衰殘ᄒᆞᆫ 人生애 ᄒᆞᆫ 늘근 하나비로다(重杜解9:7). 인싱이 이에 니르매 엇지 불샹치 아니리오(綸音100).

인쏙지 명 인꼭지. ¶인쏙지:紐(漢淸2:6).

인낀 명 인끈. ☞인긴. 인ㅅ긴 ¶인낀 슈:綬(類合下42). 인낀 조:組(石千31. 倭解下39). 인낀:綬(漢淸2:6).

인애 명 이내. 남기(嵐氣). ¶인애 남:嵐(訓蒙 光文會本上2).

인역 명 이녘. 이편. ☞이녁 ¶이 일이 그른 되면 인역이 蕩敗ᄒᆞ기ᄂᆞᆫ 姑捨 勿論ᄒᆞ고(隣語3:5).

인연 명 인연(因緣). ¶前生애 닷곤 因緣으로(釋譜6:34). 因緣은 젼ᄎᆞ니 前生앳 이릐 젼ᄎᆞᄅᆞᆯ 因緣이라 ᄒᆞ고 그 이ᄅᆞᆯ 因ᄒᆞ야 後生애 ᄃᆞ외요ᄆᆞᆯ 果報ㅣ라 ᄒᆞᄂᆞ니(月釋1:11). 쇠비ᄂᆞᆫ ᄆᆞ리 젓디 아니ᄒᆞᄂᆞᆫ 거시니 因緣 업슨 慈悲ᄅᆞᆯ 가줄비니라(金三2:2). 이 解ᄅᆞᆯ 짓ᄂᆞ닌 곳 無情과 ᄒᆞᆫᄒᆞ야 도ᄅᆞ혀 이 道 마ᄀᆞᆯ 因緣이니라(六祖中4). 져그나 인연 ᄆᆡᆼᄀᆞ로미 됴토다:做些因緣時好(飜朴上76). 나그내 ᄠᅳ디 ᄀᆞ장 맛디 몯ᄒᆞ니 됴히 보미 아ᄉᆞ라ᄒᆞ야 因緣이 업도다:旅懷殊不愜良覿眇無因(重杜解16:24). 이런 인연

업슨 衆生은 化키 어려오니라:這的無緣衆生難化(朴解下10). 인연:緣法(譯解補53).
인욕ᄒᆞ다 동 인욕(忍辱)하다. 욕된 일을 참다. ¶主人의게 失禮가 되미 忍辱ᄒᆞᆯ받ᄀᆡ ᄒᆞᆯ일업ᄉᆞ외(隣語3:7).
인:의 명 인의(仁義). ¶陛下ㅣ 안호론 욕심이 하시고 밧고로 仁義ᄅᆞᆯ 베프시니:陛下內多欲而外施仁義(宣小6:35).
인:의:례·디 명 인의예지(仁義禮智). ¶네 그티(仁義禮智의 그티라) 감동홈을 조차 나타나ᄂᆞ니라(宣小題辭1).
인절미 명 인절미. ☞인졀미 ¶인절미:粉餈(物譜 飮食).
인젹 명 인적(人跡). ¶인젹이 업슨 고디라(癸丑127). 뫼히 더욱 깁허 인젹이 묘연ᄒᆞ고 슈목이 참천ᄒᆞ야(落泉2:5).
인졀미 명 인절미. ☞인절미 ¶인졀미:粘飯餠(四解上13). 인졀미:粘餻(譯解上51). 인졀미:打糕(同文解上59. 漢淸12:44).
인졍 명 인정(人情). ¶인졍에 통티 아니코:不通人情(飜朴上65). 人情의 갓갑디 아니홈으로:不近人情(宣小5:36). 오래 나그내 ᄃᆞ외야쇼매 人情을 앗기노니(重杜解15:43). 그러나 ᄯᅩᄒᆞᆫ 人情의 能히 마디 몯ᄒᆞᆯ 者ㅣ라(家禮1:30). 네 만히 뎌ᄅᆞᆯ 인졍을 주고:你多與他些物(朴解中60). 人情이란 거시 아니 괴이ᄒᆞ온가(隣語1:2).
인졍ᄒᆞ다 동 동정(同情)하다. ¶나라히 밋분 거슨 법이라 사ᄅᆞᆷ을 인졍ᄒᆞ면 되ᄂᆞ냐(三譯9:22).
-인즉 조 -인즉. ¶본심인즉 셰ᄅᆞᆯ ᄯᅳ르신 거시 아니라 진졍으로 친이ᄒᆞ시고(閑中錄120).
인증ᄒᆞ다 동 인증(引證)하다. 끌어다 증거로 삼다. ¶續衽 鉤邊의 制되 引證ᄒᆞᆫ 거시 비록 ᄌᆞ셰ᄒᆞ나(家禮1:39).
인ᄌᆞ 명 인자(仁慈). ☞인ᄌᆞᄒᆞ다 ¶인ᄌᆞ 인:仁(類合下2).
인ᄌᆞ롭·다 형 인자(仁慈)롭다. 인자스럽다. ¶효도롭고 인ᄌᆞ로오믈 사ᄅᆞᆷ은 아디 몯ᄒᆞ고:孝且慈人不識(飜小9:100). 효도롭고 ᄯᅩ 인ᄌᆞ로옴을 사ᄅᆞᆷ은 아디 몯ᄒᆞ고:孝且慈人不識(宣小6:92).
·인·ᄌᆞ·푸 명 인자포(印子鋪). 전당포. ¶내 오ᄂᆞᆯ 인ᄌᆞ푸에 볼모 드리고 쳔 내라 가노라:我今日印子鋪裏儅錢去(飜朴上19).
인ᄌᆞ:ᄒᆞ·다 형 인자(仁慈)하다. ¶디혜로옴과 인ᄌᆞ홈과 통달홈과:知仁聖(宣小1:11). 우리의 과단을 둣덥고 인ᄌᆞᄒᆞᆫ ᄆᆞᄋᆞᆷ이 잇던 지라(落泉3:8).
인지 명 인재(人材). ¶ᄆᆞ올헤 됴ᄒᆞᆫ 풍쇽이 업스며 세샹애 어딘 인지 업서:鄕無善俗世乏良材(宣小題辭4). 네브터 나라흘 호매 인지ᄅᆞᆯ 남의 ᄃᆡ예 가 비디 아니ᄒᆞ고(仁祖行狀19). ᄯᅩ 인지ᄅᆞᆯ 치고 풍쇽을 교화호믄 쇼ᄒᆞ만ᄒᆞ니 업다 ᄒᆞ샤(仁祖行狀24).
인지 부 이제. ☞이제. 이지 ¶나는 인지 도라 가노라(普勸文58).
인치다 동 인(印)치다. ☞인티다 ¶인친 문셔:紅契(漢淸10:16).
·인·티·다 동 인(印)치다. ☞인치다 ¶印틴 글월로 벼슬 더히시놋다:璽書增(初杜解20:24). 인틴 글워를 번드기 가져 잇노라:現將印信文引(飜老上48). 즉재 인텨 날 주더라:就使印信與我來(飜朴上3). 한 印으로 印텨(眞言22). 인틴 글월(老解上43).
인편 명 인편. ¶인편:順便(蒙解上20).
인·품 명 인품(人品). 〔'品'의 漢字音이 諺解文에는 '·품', 懸吐文에는 ':품'임.〕 ¶몬져 모롬애 인품의 놉ᄂᆞᆽ가이ᄅᆞᆯ ᄀᆞᆯ히욜디니:先要分別人品之上下(宣小5:8). 형이 그 인품을 어이 알다(洛城2).
인:후·ᄒᆞ·다 형 인후(仁厚)하다. ¶인ᄌᆞ롭고 인후ᄒᆞ더니:慈厚(飜小9:93).
인·ᄒᆞ·다 동 인(因)하다. 말미암다. ¶다ᄉᆞᆺ ᄭᅮᆷ을 因ᄒᆞ야 授記 불ᄀᆞ실ᄊᆡ(月印上3). 近間애 進薦ᄒᆞᅀᆞ보ᄆᆞᆯ 因ᄒᆞᅀᆞᄫᅡ(釋譜序4). 漢字로 몬져 그를 ᄆᆡᇰᄀᆞ오 그를 곧 因ᄒᆞ야 正音으로 ᄆᆡᇰᄀᆞᆯ씨 곧 因ᄒᆞ다 ᄒᆞ니라(釋譜序6). ᄠᅳᆮ ᄀᆞᄐᆞ니와 어우러코져 ᄉᆞ랑ᄒᆞ야 因ᄒᆞ야 이 注ᄅᆞᆯ ᄆᆡᇰᄀᆞ니라(楞解1:3). ᄇᆞᄅᆞᆷ 부로ᄆᆞᆯ 因ᄒᆞ야 玉珂ㅅ 소리ᄅᆞᆯ 스치노라(初杜解6:14). 이 經을 因ᄒᆞ야 人天에 누니 ᄃᆞ욀시(金三 涵序9). 能이 듣고 因ᄒᆞ야 닐오ᄃᆡ(六祖上25). 큰 형님 아ᄆᆞ란 일 인ᄒᆞ야:大哥因事(飜老上44). 인ᄒᆞ야 그를 지ᅀᅥ 스ᄉᆞ로 경계ᄒᆞ노라:因箴以自警(飜小8:8). 인ᄒᆞᆯ 습:襲(類合下25). 인ᄒᆞᆯ 인:因(類合下29). 길우디 몯ᄒᆞᆯ 거시라 ᄒᆞ고 인ᄒᆞ야 帝ᄃᆞ려 닐어 ᄀᆞᆯ오ᄃᆡ:不可長也因言於帝曰(宣小5:46). 일로 인ᄒᆞ야 년ᄒᆞ야 진샹ᄒᆞᄂᆞ이다 ᄒᆞ여ᄂᆞᆯ(明皇1:30). 나문 거ᄉᆞᆫ 인ᄒᆞ여 두오시고(隣語2:3).
·인ᄒᆞ·다 동 인(印)하다. 찍다. ¶能히 惑을 그처 證을 求티 몯ᄒᆞᆯ시 經에 印ᄒᆞ야 니ᄅᆞ샤ᄃᆡ(圓覺下三之一 62). ᄆᆞᅀᆞ므로 ᄆᆞᅀᆞᄆᆞᆯ 印ᄒᆞ야 西ㅅ녀긔 四七에 傳ᄒᆞ야(六祖序3).
·읹ᄌᆞᄅᆞ 명 인꼭지. ☞인ᄭᅩᆨ지 ¶읹ᄌᆞᄅᆞ 뉴:鈕(訓蒙下16).
읻기 명 이끼. ☞잇. 잇기 ¶읻기 ᄐᆡ:苔(倭解下31).
읻다 형 있다. ☞ 잇다. 시다 ¶튱셩과 효도 큰 졀이 읻더니:有忠孝大節(東新續三綱. 孝8:80). 是非 읻ᄂᆞᆫ가 시보ᄋᆡ(隣語1:6). 信義 읻ᄂᆞᆫ 사ᄅᆞᆷ이라 ᄒᆞ오리(隣語1:9).
읻·다 형 착하다. 묘하다. 좋다. ¶이든 번

ᄃᆞ려 힚ᄀᆞ장 불어 닐어든(釋譜19:2). 모ᄆᆞᆯ ᄌᆞ개 이대 가져 ᄃᆞ니샤(月釋2:56). 百寶色鳥ㅣ ᄃᆞ외야 이든 우루믈 우러(月釋8:14). 이든 工巧ᄅᆞᆯ 貪ᄒᆞ야 求ᄒᆞ면:貪求善巧(楞解9:87). 이든 工巧ᄒᆞᆫ 말로 ᄀᆞᆯᄒᆡ야 說法ᄒᆞ리니:善巧之語言分別而說法(法華6:67). ᄂᆞᆺ나치 ᄇᆞᆰ고 이ᄃᆞ며:一一明妙(金三2:62). 이ᄃᆞᆫ 일 지ᅀᅳ면 이ᄃᆞᆫ ᄃᆡ 가고 모딘 일 지ᅀᅳ면 모딘 ᄃᆡ 가ᄂᆞ니라(南明上9). 보ᄃᆞ라온 옷과 이ᄃᆞᆫ 음식을 모ᄃᆡ 슈용티 마롤디어다:軟衣美食切莫受用(野雲48).

읻다감 뷔 이따금. 가끔. ☞잇다감 ¶瘀血이 드러 읻다감 ᄆᆡ오 알ᄉᆞᆸᄂᆡ(隣語2:10). 읻다감 文字의 點畫이 다르오니(隣語4:1).

읻디·옷 뷔 좋을수록. ¶읻디옷 더욱 어긔며 ᄃᆞ디옷 더욱 머니 眞實로 미치다 닐얼디로다(龜鑑上6).

읻부다 혱 가쁘다. 피곤하다. ☞잇브다 ¶읻블 곤:困(倭解上21).

읻튼날 몡 이튿날. ☞이튼날 ¶읻튼날 새베 서르 ᄃᆡ접ᄒᆞᆯᄊᆡ니 ᄀᆡᆨ이 만일 하딕고 가거든:次曉相看客如辭去(女四解2:33).

·읻·ᄒᆡ 몡 이태. 두 해. ¶읻ᄒᆡᆺ자히ᅀᅡ 셔울 드러오니라(月釋2:66). 읻ᄒᆡᄅᆞᆯ 東都애 나그내 ᄃᆞ외야:二年客東都(杜解19:46).

:일 몡 일. ¶일마다 天福이시니:莫非天所扶(龍歌1章). 모매 브튼 일로:勢關嫌疑(龍歌104章). 世尊ㅅ 일 ᄉᆞᆲ보리니(月印上1). 어려ᄫᅳᆫ 일와 辱ᄃᆞᄫᆡᆫ 일와 슬픈 일와 시름다ᄫᅳᆫ 이리(釋譜9:8). 業은 이리오(月釋序3). 일 잡주움브터 호ᄆᆞᆯ 父母ㅣ ᄉᆞ랑ᄒᆞ시논 바ᄅᆞᆯ 잢간도 ᄀᆞᆯ와 마라:由執事毋敢視父母所愛(宣賜內訓1:55). 몸 밧긧 다ᇝ업슨 일란 ᄉᆞ랑티 말오:莫思身外無窮事(杜解10:8). 因ᄒᆞ야 毗耶ㅅ 그낤 이ᄅᆞᆯ ᄉᆡᆼ각ᄒᆞ건댄:因憶毘耶當日事(金三2:2). 業ᄋᆞᆫ 이리니 이ᄃᆞᆫ 일 지ᅀᅳ면 이ᄃᆞᆫ ᄃᆡ 가고(南明上9). 큰형님이 이리 둥ᄒᆞᆫ ᄠᅳ드로:大哥便這般重意(飜老上41). 일 ᄊᆞ:事(訓蒙下31). 일 ᄉᆞ:事(類合下63). 이 져근 일에 타ᄉᆞ로 그릇 너기ᄂᆞ니(三譯上11). 일:事情(同文解上50).

·일 뷔 일찍이. ☞일즉 ¶先生이 일 昏蒙호ᄆᆞᆯ 텨ᄇᆞ리니라:先生早擊蒙(杜解9:6). 밥 업소미 날 니르와도ᄆᆞᆯ 일 ᄒᆞᄂᆞ다:無食起我早(初杜解22:3). 나히 열다ᄉᆞ신 제 남진의 지븨 가 일 홀어미 ᄃᆞ외여:年十五歸曹門早寡(續三綱. 烈14). 共伯이 일 죽거늘:共伯蚤死(宣小4:35). 일 홀어미 된 주를 어엿씨 너겨:憫其早孀(東續三綱. 烈18). 믈딘의 일 니ᄅᆞ러셔 강을 검거ᄒᆞᄂᆞᆫ 군ᄉᆞ 사ᄅᆞᆷ의게 잡히이다(三譯6:4). 돌 우희 믈 잇ᄂᆞᆫ ᄃᆡ로 일 녀고:早行石上水(重杜解1:12). ᄇᆡ 돗ᄃᆞ라 劉郎浦애셔 일 나니:挂帆早發劉郎浦(重杜解1:44). 오ᄂᆞᆯ은 일 것거 오ᄂᆞ라 새술안쥬 ᄒᆞ리라(古時調. 積城君. 새볏비. 靑丘). 귀비의 부뫼 다 일 죽고(明皇1:34). 션왕이 일즉 일누어 늣게야 니ᄅᆞ시거늘(女範1. 셩후 쥬션강후).

일가 몡 일가(一家). ¶長史ᄂᆞᆫ 일이 一家와 ᄒᆞᆫ가지니 괴이히 너기디 말와뎌 ᄇᆞ라노라:長史事同一家望不爲異(宣小5:47). 나ᄂᆞᆫ ᄇᆞᆯ셔 나라희 죽기ᄅᆞᆯ 허ᄒᆞ야시니 일가ᄂᆞᆫ 샹감 가시ᄂᆞᆫ ᄃᆡ 가라 ᄒᆞ얏더라:我則已許死國一家宜赴行在(東新續三綱. 忠1:42). 그 ᄉᆞ이예 加ᄒᆞ야 ᄡᅥ 一家 글을 ᄆᆡᆼ그노니(家禮1:3).

·일·각·문 몡 일각문(一角門). ¶죠고맷 일각문:一箇小墻門(飜朴上58).

·일:거에 뷔 일거(一擧)에. ¶十萬 僧徒ᄅᆞᆯ 一擧에 罷ᄒᆞ시니:十萬僧徒一擧去之(龍歌107章)

일곱 쉬 일곱(七). ☞닐곱. 닐굽 ¶일곱 칠:七(兒學下12).

·일·과 몡 일과(日課). ¶글 ᄇᆡ호기를 모로매 일과 ᄒᆞᄂᆞᆫ 법을 엄졍히 세오:學業則須是嚴立課程(飜小8:34). 일과 과:課(類合下43).

일긔 몡 일기(日氣). ¶어제ᄂᆞᆫ 일긔 사오나온ᄃᆡ(新語1:21).

일ᄏᆞᆮ·다 동 일컫다. ☞일ᄏᆞᆮ다 ¶녯 時節에 杜宇를 望帝라 일ᄏᆞᆮ더니:古時杜宇稱望帝(初杜解17:5).

일내다 동 일내다. ¶일내다:惹事(譯解補37). ᄀᆞ만이 일내다:暗招惹(漢淸7:51).

-일네라 조 -일레라. ¶이ᄇᆡᆨ여만 쟝일네라(敬信54).

일니다 동 흔들리다. 요동(搖動)하다. ¶풍파의 일니던 ᄇᆡ 어드러로 가닷말고(古時調. 鄭澈. 松江).

일·다 동 이루어지다. 되다. ☞이루다. ¶내히 이러 바ᄅᆞ래 가ᄂᆞ니:流斯爲川于海必達(龍歌2章). 兄ㄱ ᄠᅳ디 일어시ᄂᆞᆯ:兄讓旣遂(龍歌8章). 三千大千이 ᄇᆞᆯᄀᆞ며 樓殿이 일어늘(月印上6). 正ᄒᆞᆫ 여르믄 德 인 사ᄅᆞᄆᆞᆯ 가ᄌᆞᆯ비시니라(釋譜13:47). 天上애 가져다가 塔 일어 供養ᄒᆞ라(釋譜23:7). 成은 일씨라(訓註13). 이리ᄒᆞ야ᅀᅡ 世界 다 이니긔 成劫이오(月釋1:47). 明帝 佛法을 더욱 恭敬ᄒᆞ샤 城 밧긔 닐굽 뎔 일어 중 살이시고 城 안해 세 뎔 일어 승 살이시니라(月釋2:77). ᄂᆞᆾ보미 ᄒᆞ다가 인댄:見面若成(楞解1:61). 各別히 아롬 업스나 ᄒᆞ마 音韻 이루메 가ᄌᆞᆯ비시니라:譬無別所知而已成音韻也(楞解9:85). 다 ᄲᆞᆯ리 일와뎌 ᄒᆞ시논 젼ᄎᆡ라:皆欲速成故也(法華5:169). 信이 이ᄂᆞ다 홈 ᄀᆞᄐᆞ니라(牧牛訣21). 災禍ㅣ 일리

라(宣賜內訓序4). 누에 ᄯᅩ 이러:蠶亦成(杜解4:29). 城郭ᄋᆞᆯ 젯ᄂᆞᆫ 지비 일어놀:背郭堂成(杜解7:1). 이 새로 인 사ᄅᆞ미라(南明上4). 되오미 ᄆᆞᅀᆞᆷ과로 더브러 이러:化與心成(宣小書題1). 네 아ᄒᆡ ᄠᅳ들 ᄇᆞ리고 네 인 德을 順ᄒᆞ면:棄爾幼志順爾成德(宣小3:19). 이셩져셩 다 지내고 흐롱하롱 인 일 업ᄂᆡ(古時調. 靑丘). 활 ᄡᅩ아 헌 일 업고 글 닐너 인 일 업다(古時調. ᄂᆡ 본시. 歌曲). 이 일이 일면 오히려 봉후를 어들 거시오(女範1. 모의 딘 영모).

:일·다 동 일다〔淘〕. ¶ᄡᆞᆯ 이로ᄃᆡ ᄆᆞ를 져기 기르라:淘米少汲水(初杜解8:32). 거믄 콩 두 되 조히 이로니와 강활 두 량과:黑豆二升淨淘過羌活二兩(救簡1:19). ᄡᆞᆯ 이다:淘米(四解下19 淘字註). 일 도:淘. 일 셕:淅. 일 사:沙. 일 태:汰(訓蒙下11). ᄡᆞᆯ 일 박이 업서(癸丑217). ᄡᆞᆯ 이다:淘米(譯解上48).

일·다 형 이르다〔早〕. ☞이르다 ¶몬ᄒᆞ야 겨시더라 당시론 일엇다:未裏且早裏(飜朴上53). 일엇다:早裏(老朴集 單字解5 早字註). 날이 일ᄋᆞ며 졈을음ᄋᆞᆯ 보거시든:視日早暮(宣小2:61). 일온 아젹에 외ᄅᆞᆯ ᄲᅡ:早朝摘苽(東新續三綱. 烈2:13).

-일다 조 -이로다. ¶흘리느니 눈믈일다(普勸文41).

일뎔 부 일절(一切). ☞일절 ¶밥도 일뎔 먹디 몯ᄒᆞ고(新語2:3).

일·뎡 부 반드시. 필연코. ¶병이 듕ᄒᆞ닌 닷 되 지히 머그면 일뎡 됴ᄒᆞ리라:重者服及五升必愈(救簡1:97). 일뎡 응:應(類合下40). 일뎡 뎡:定(石千13). 아므제나 일뎡 죽글 거시니:早晩必死(東新續三綱. 烈7:47). 일뎡 본톄ᄒᆞ야 모식모해ᄒᆞ니(癸丑63). 일뎡 세 번 마즘을 닙ᄂᆞ니라:定然喫打三下(老解上4). 길히 일뎡 ᄂᆞᆷ의 우임을 니브리라:路上必定喫別人笑話(朴解中47). 두어 날 후의 졍신이 졈졈 황홀ᄒᆞ야 일뎡 사디 못ᄒᆞᆯ 줄을 혜아리고(太平1:44). 일뎡 ᄇᆡᆨ년 산들 긔 아니 초초ᄒᆞᆫ가(古時調. 鄭澈. 松江). 제 집의셔 일뎡 ᄏᆡ가ᄒᆞᆯ가 너겨(女範3. 뎡녀조문슉쳐).

·일:뎡히 부 일정(一定)히. ¶三伏앳 더위ᄂᆞᆫ 一定히 이실가 업슬가:三伏炎蒸定有無(初杜解14:11). 세 번 ᄀᆞ라 브티디 아니ᄒᆞ야셔 일뎡히 됴ᄒᆞ리라:不過三易決愈(救簡3:18). 行者ᄂᆞᆫ 一定히 샹녯 사ᄅᆞ미 아니로소니(六祖上41).

·일:뎡·ᄒᆞ·다 형 일정(一定)하다. ¶모기며 입시우리 내ᄇᆞᆯ라 주굼 相이 一定ᄒᆞ야(釋譜9:29). 아비 一定ᄒᆞ야 다ᄅᆞ니 얼유려커늘(三綱. 烈14). ᄒᆞ나도 一定ᄒᆞᆫ 實이 업스니(永嘉上39). 脯肉 지ᅀᆞ라 안조미 一定커놀:作脯坐定(宣賜內訓3:49). 有ㅣ 一定ᄒᆞᆫ 有ㅣ 아니며 無ㅣ 一定ᄒᆞᆫ 無ㅣ 아니니(金三涵序4). 치우락 더우락 호미 일뎡티 아니호ᄆᆞ로:寒煥不常(救簡2:14). 우리 몬져 닐어 일뎡ᄒᆞ져:咱們先說定着(飜老上66). 자븐 ᄆᆞᄅᆞᆯ 일뎡ᄒᆞ져:拈子爲定(飜朴上23). 韓約이와 婚姻ᄒᆞ야 일뎡ᄒᆞ얏더니:與副使韓約定婚(續三綱. 烈11). 긔약을 일뎡ᄒᆞ야놀:約已定(東續三綱. 烈18).

일되다 형 조숙하다. ¶요놈이 일되고 바삭이가 아니니(閑中錄416).

·일됴 명 일조(一朝). 하루 아침. ¶百千佛刹ᄋᆞᆯ 一朝애 革ᄒᆞ시니:百千佛刹一朝革之(龍歌107章). 一朝엣 忿으로 그 몸을 니저 ᄢᅥ(宣論3:31).

일락배락 부 흥할락 망할락. ¶엇디 ᄒᆞᆫ 時運이 일락배락 ᄒᆞ얏ᄂᆞᆫ고(松江. 星山別曲.). 그르사 늘근의 所望이라 일락배락 ᄒᆞ노매(古時調. 白髮이 환양. 靑丘).

일랑 명 이랑. ☞이랑 ¶南山 깁흔 골에 두어 일랑 닐워 두고(古時調. 申欽. 海謠).

일력 명 일력(日力). ¶일력 뎡:程(類合下60).

·일·로 대 이로. ¶겨지비 하라놀 尼樓ㅣ 나가시니 釋迦氏 일로 나시니(月印上4). 일로 혜여 보건덴 므슴 慈悲 겨시거뇨(釋譜6:6). 일로 宗通中에 說通이 잇ᄂᆞᆫ ᄃᆞᆯ 나토시니라(南明上44). 일로 인ᄒᆞ야 년ᄒᆞ야 진샹ᄒᆞᄂᆞ이다 ᄒᆞ여놀(明皇1:30). 가지록 다 석ᄂᆞᆫ 肝腸이 일로 더욱 ᄉᆞᆺᄂᆞᆫ ᄃᆞᆺ(古時調. 가면 아니. 靑丘). 그ᄃᆡ와 나와로 ᄆᆡ샹애 비방ᄒᆞ더니 일로 자바 가도와(桐華寺 王郞傳2).

일로다 동 이루다. ☞이루다 ¶일로디 못ᄒᆞ리 업고(三譯上1).

·일·록 부 이로부터. ☞-ㄱ. 일롯 ¶반 님자히 과ᄒᆞ야 즁ᄉᆡᆼ도 孝道ᄒᆞᆯ 써 일록 後에 疑心 마오 가져가라 ᄒᆞ시고(月釋2:13). 일록 후에 다시 시르 보면:今後再廝見時(飜老下73). 〔'시르'는 '시로'의 오기(誤記).〕우리 일록 후에 ᄒᆞᆫ 어믜게셔 난 동ᄉᆡᆼ 형뎨와 므스거시 ᄠᅳ리오:咱從今已後爭甚麼一母所生親兄弟(飜朴上72). 일록 후에 다시 서ᄅᆞ 보면:今後再廝見時(老解下66).

·일·롯 부 이로부터. ☞일록 ¶일롯 西方ᄋᆞ로 十萬億 부텻 ᄯᅡ흘 디나가(月釋7:62).

일리다 동 흔들리다. ¶風波에 일리든 그 ᄇᆡ 어드러로 가닷 말고(古時調. 鄭澈. 海謠).

일ᄅᆞ다 형 이르다. ☞이르다. 일다 ¶일ᄅᆞᆫ 아ᄎᆞᄆᆡ 니러나:淸早晨起來(老解下48). 일ᄅᆞ다:早了(蒙解上4).

·일:만 수 일만(一萬). ¶一萬 나치 골오 두

려우니:萬顆匀圓(初杜解15:23). 智ㅣ 能히 一萬 횟 어료뫼(六祖中43). 셩현의 일쳔 마리며 일만 마리:聖賢千言萬語(飜小8:5). 일만 만:萬(訓蒙下34. 類合上1. 兒學下12).

일모ᄒᆞ다 동 일모(日暮)하다. 날이 저물다. ¶江村에 日暮ᄒᆞ니 곳곳이 漁火ㅣ로다(古時調. 任義直. 花源).

일반 명 일반(一般). 마찬가지. ¶나라 命令 重ᄒᆞ기ᄂᆞᆫ 彼此 一般이오니(隣語1:1).

일버ᅀᅡ 동 도둑질하여. ㉮일벗다☞일버ᅀᅥ ¶나랏쳔 일버ᅀᅡ(月印上2. 月釋1:2).

일버·ᅀᅥ 동 도둑질하여. ㉮일벗다 ☞일버ᅀᅡ. 일버어 ¶多蹊ᄂᆞᆫ 甘子ᄅᆞᆯ 일버ᅀᅥ ᄠᅳ노라 길흘 해 볼올 시라(初杜解25:16).

일버·ᅀᅮᆷ 명 도둑질. ☞일벗다¶그 後에 제 ᄲᆞᆯ란 ᄀᆞ초고 ᄂᆞᄆᆡ것 서르 일버ᅀᅮ믈 ᄒᆞᆯ씨(月釋1:45).

일버어 동 도둑질하여. ㉮일벗다☞일버ᅀᅥ ¶偸生은 아니 오라 사화 주글 거시 아직 사라슈미 人生을 일버어 잇ᄂᆞᆫ ᄃᆞᆺᄒᆞᆯ 시라(重杜解4:8). 사랫ᄂᆞ니도 ᄯᅩ 사라쇼ᄆᆞᆯ 일버어 잇고:存者且偸生(重杜解4:8).

일벗·다 동 도둑질하다. ☞일웟다 ¶五百 前世 怨讎ㅣ 나랏쳔 일버ᅀᅡ 精舍ᄅᆞᆯ 디나아 가니(月印上2). 倭王이 堤上이ᄅᆞᆯ 가도아 무루ᄃᆡ 엇데 王子ᄅᆞᆯ 일버ᅀᅡ 보낸다(三綱. 忠30). 五百 前世 怨讎ㅣ 나랏쳔 일버ᅀᅡ 精舍ᄅᆞᆯ 디나아 가니(月釋1:2). 그윗 거슬 일버ᅀᅥ(月釋1:6). 衆生이 常住ᄅᆞᆯ 일버ᅀᅳ며(月釋21:40). 竊盜ᄂᆞᆫ 일버ᅀᅳᆯ 씨라(法華2:167). 金을 일벗디 아니ᄒᆞ리라:不偸金(杜解21:35). 구루미 碧海ㅅ 보ᄆᆞᆯ 일버ᅀᅥᆺ도다:雲偸碧海春(初杜解23:20). 多蹊ᄂᆞᆫ 甘子ᄅᆞᆯ 일버ᅀᅥ ᄠᅳ노라 길흘 해 볼올 시라(初杜解25:16). 뉘 能히 겨르ᄅᆞᄫᆡ욤 일버ᅀᅥ 이ᄅᆞᆯ 向ᄒᆞ야 오료:誰解偸閑向此來(南明上59). 내 人生ᄋᆞᆯ 일버어 기리 어려운 ᄯᅡᄒᆞᆯ 에여ᄃᆞᆫ니고:偸生長避地(重杜解2:26). 사랫ᄂᆞ니도 ᄯᅩ 사라쇼ᄆᆞᆯ 일버어 잇고:存者且偸生(重杜解4:8).

※'일벗다'의 활용 ┌ 일벗고/일벗디…
│ 일버ᅀᅥ/일버ᅀᅳ며…>일버어/
└ 일버으며…

·일브·터 부 일찍부터. ¶일브터 벼틔 ᄢᅬ요ᄃᆡ:自早日晒(救簡6:58).

일ᄇᆡ 명 일배(一杯). 한 잔. ¶一杯 薄酒ᄅᆞᆯ 勸ᄒᆞᄋᆞᆸ더니(隣語1:9).

·일·ᄇᆡᆨ 수 일백(一百). ¶ᄇᆡᆺ복 가온ᄃᆡ 일ᄇᆡᆨ 븟글 ᄯᅥ도 됴ᄒᆞ리라:臍中灸百壯亦效(救簡1:42). 일ᄇᆡᆨ 나리 디나:過百日(救簡6:34). 閣애셔 ᄠᅳ미 일ᄇᆡᆨ보 ᄯᅡ만ᄒᆞᆫ ᄃᆡ:離閣有一百步地(飜老上48). 각각 돈 일ᄇᆡᆨ곰 내면:各人出一百箇銅錢(飜朴上1). 일ᄇᆡᆨ 거르미도록 에디 아니ᄒᆞ며:不枉百步(飜小8:2). 일ᄇᆡᆨ ᄇᆡᆨ:百(類合上1. 兒學下2). 일ᄇᆡᆨ:一百箇(譯解上64).

일ᄧᅳᆨ이 부 일찍. ☞일즉. 일즉이 ¶일ᄧᅳᆨ이:趁早(譯解補54).

일산 명 일산(日傘). ¶일산:日照子(同文解下13). 일산:遮日傘(漢淸11:34). 일산 밧다:打傘(譯解補44). 일산:絹傘(物譜 兵仗).

일삼다 동 일삼다. ☞일삼다 ¶어버ᅀᅵ 깃거호모로 힘서 일사마 ᄒᆞ고:務以悅親爲事(飜小7:4). 살올이ᄂᆞᆯ 일삼디 아니ᄒᆞ더라:不事生業(東新續三綱. 烈1:62). 오히려 紉麻ᄅᆞᆯ 일삼ᄋᆞ며:尙事紉麻(女四解4:65).

일시 명 일시(一時). ¶ᄯᅩ 져근 學ᄋᆞᆯ 긔롱ᄒᆞ야 一時ㅅ 强ᄒᆞᆫ 이블 ᄀᆞ장ᄒᆞ야(永嘉下74). 져 사ᄅᆞᆷ은 一時 目前之急을 周旋ᄒᆞ다 ᄒᆞ고(隣語2:9).

·일시·예 부 일시(一時)에. ¶諸山이 一時예(釋譜23:19). 그 王ㅅ 두 아ᄃᆞ론 四萬二千人과 俱ᄒᆞ야 一時예 모다 부텻긔 가다ᄃᆞ라(法華7:140). 一時예 오ᄂᆞᆳ 나죗 會集이여:一時今夕會(初杜解15:52). 두 그틀 다 노하 ᄇᆞ리고 中道ᄅᆞᆯ 一時예 마롤디니(金三2:55). 참酌ᄒᆞ야 고텨 一時예 法을 ᄆᆡᆼᄀᆞ나(家禮1:3).

·일·식 명 일식(日食. 日蝕). ¶日食 月食 難이어나(釋譜9:33). ᄒᆡᄅᆞᆯ ᄀᆞ리와ᄃᆞᆫ 日蝕ᄒᆞᄂᆞ니라(釋譜13:10). 뎡튝 졍월 초일일의 일식ᄒᆞ다(山城37).

-·일·ᄉᆡ 조 -일새 ¶衆生ᄋᆡ 根源일ᄉᆡ(圓覺序3). 體예 브튼 用일ᄉᆡ(牧牛訣26). ᄒᆞᆫ가짓 不性일ᄉᆡ 眞珠 혜듀 ᄃᆞᆺᄒᆞ니라(金三2:12).

·일ᄉᆡᆼ 명 일생(一生). ¶一生 셜ᄫᅳᆫ ᄠᅳ들 ᄀᆞ장 니ᄅᆞ시니(月印上51). 一生ᄋᆞᆫ ᄒᆞᆫ 번 날 씨니(釋譜6:36). 物 밧긔 훤ᄒᆞ야 一生ᄋᆞᆯ 놀리니(法華3:22). 일로ᄡᅥ 一生앳 參學ᄋᆞᆯ 몯ᄂᆞ니라(金三1:22). 일ᄉᆡᆼ애 옷밥이 난ᄇᆞ디 아니ᄒᆞ고:一生不少衣祿(飜老下71). 一生애 머그며 닙음이 다ᄒᆞ디 몯ᄒᆞ리로다:一生喫着不盡(宣小6:118). 一生앳 ᄆᆞᅀᆞᄆᆞᆯ 누를 向ᄒᆞ야 열리오:一生襟抱向誰開(重杜解21:7). 나ᄂᆞᆫ 남의게 해로온 일을 一生 아니ᄒᆞᄋᆞᆸᄂᆡ(隣語2:9). 일ᄉᆡᆼ을 다 ᄉᆞ라도 다만디 백년이라(萬言詞).

일ᄭᅴ·오다 동 일깨우다. ¶足히 ᄡᅥ 사ᄅᆞᆷ을 일ᄭᅴ와 홀 일을 일오디 몯ᄒᆞ며:不足以開物成務(宣小5:119). 일ᄭᅴ오다:醒提(同文解上24).

일ᄶᅳᆨ에 부 일찍이. ☞일ᄧᅳᆨ이. 일즉 ¶오ᄂᆞᆯ 일ᄶᅳᆨ에 내 다ᄅᆞᆫ 고ᄃᆡ 아ᄂᆞᆫ 이ᄅᆞᆯ 보라 가:今日早起我別處望相識去來(朴解下55).

:일삼·다 동 일삼다. ☞일삼다 ¶ᄒᆞᆫ갓 구틔

여 아로ᄆᆞᆯ 일ᅀᅡ마:徒事强記(楞解6:70). 허루믈 전혀 일ᅀᅡ마:專事呵毁(法華7:159). 顏淵이 이 말ᄉᆞ믈 일ᅀᅡ마 호ᄃᆞ라:顏淵事斯語(飜小8:8).

·일:ᄉᆡ·ᄇᆡᆨ 수 일이백(一二百). ¶일ᄉᆡᄇᆡᆨ 번을 구우리면:一二百轉則(救簡1:67).

·일신 명 일인(一人). 한 사람. ¶二將之功ᄋᆞᆯ 一人이 일우시니:二將之功一人克成(龍歌49章).

·일·실 명 일일(一日). 하루. ¶淨水 ᄒᆞᆫ 盞ᄋᆞ로 一日 一夜ᄅᆞᆯ 디나게 菩薩ㅅ 알ᄑᆡ 노ᄒᆞᆫ 後에(月釋21:168). 一日에 女史 淸江 范孺人ᄃᆞᆯ홀 뫼호샤(宣賜內訓2下42). 一日에 元ㅅ 府庫ᄅᆞᆯ 得ᄒᆞ야 寶貨ᄅᆞᆯ 옮겨셔 올오ᄆᆞᆯ 드르시고(宣賜內訓2下45).

·일:야 명 일야(一夜). 하룻밤. ¶淨水 ᄒᆞᆫ 盞ᄋᆞ로 一日 一夜ᄅᆞᆯ 디나게 菩薩ㅅ 알ᄑᆡ 노ᄒᆞᆫ 後에(月釋21:168).

일야 명 일야(日夜). 밤낮. ¶구ᄒᆞ여도 효험이 업서 일야의 우더니:救療無効日夜哭泣(東新續三綱. 孝2:82).

일억 수 일억(一億). ☞억(億) ¶일억 억:億(類合上1).

일언 관 이런. ☞이런. 절언 ¶일언 닐 절언 뜻즐 뉘라셔 짐작ᄒᆞ리(武豪歌).

:일:업·시 부 일없이. ¶뫼해 드러 일업시 이셔 힝뎌기 조ᄒᆞᆫ 사ᄅᆞ미라(月釋1:5).

일·오·다 동 이루다. 되다. ☞일우다 ¶客塵 두 字 아로ᄆᆞᆯ브터 果ᄅᆞᆯ 일오이다:因悟客塵二字成果(楞解1:105). 잢간도 절로 일오ᄂᆞᆫ 배 업스니라:無所敢自遂也(宣賜內訓1:85). ᄆᆡ양 ᄂᆞᄆᆞᆯ 쓸휘만 머그며도 편안히 너기면 잡ᄆᆞᅀᆞ미 업서 온가짓 이ᄅᆞᆯ 다 일오리라:常咬得菜根則百事可做(飜小10:35). 그 功을 일옴애 미처ᄂᆞᆫ:及其成功(宣中26). ᄒᆞᆰ을 져 무덤을 일오고:負土成墳(東新續三綱. 烈3:43). 일오다:成了(同文解下53). ᄆᆞᆺ춤내 등홍의 일홈을 일오시니라(女範1. 셩후 쥬션강후). 내 가셔 일오도록 말ᄒᆞ여 보쟈(捷蒙2:9).

일오ᄃᆡ 동 말하되. ¶셧셧이 더두어려 일오ᄃᆡ(捷蒙1:5).

일:옴 동 이룸. ㉠일오다 ¶그 功 일옴을 다 와ᄃᆞ며:責其成功(宣小5:81).

일·우·다 동 이루다. ☞일오다 ¶平生ㄱ ᄠᅳᆮ 몯 일우시니:莫遂素志(龍歌12章). 모딘 ᄢᅬ ᄅᆞᆯ 일우리잇가:悍謀何濟(龍歌31章). 큰 功ᄋᆞᆯ 일우ᅀᆞᄫᆞ니:大功斯立(龍歌57章). 몯 일우옳갓 疑心이 업스시나(月印上19). 成은 일울 씨라(釋譜序5). 舍利弗옷 聰明ᄒᆞ고 神足이 ᄀᆞᄌᆞ니 舍利弗이 가ᅀᅡ 일우리라 ᄒᆞ샤(釋譜6:22). 여러 像ᄋᆞᆯ ᄆᆡᇰᄀᆞᅀᆞᄫᆞ니도 다 ᄒᆞ마 佛道ᄅᆞᆯ 일우며 七寶로 일우ᅀᆞᆸ거나(釋譜13:51). ᄒᆞᄂᆞᆫ 일 이쇼미 비록 거츠나 ᄇᆞ리면 큰 業이 몯 일우고(月釋8:31). ᄯᅡ 平定호미 손바당 ᄀᆞᆮ고 瑠璃로 일웻고(月釋18:25). 諸佛이 道ᄅᆞᆯ 일워시든:諸佛成道(楞解5:65). 우리와 衆生이 다 佛道ᄅᆞᆯ 일워지이다:我等與衆生皆共成佛道(法華3:126). 애ᄃᆞ라 일우우니:慨然而成(永嘉下128). 새로 일운 奇特이 업슬시니(南明上10). 보며 드르며 알며 ᄒᆞᆯ 제 一片을 일원다:見聞覺知時打成一片麼(龜鑑上21). 일울 셩:成(類合上4). 兄弟 ᄀᆞ초 이셔 ᄡᅥ 그 德을 일우면:兄弟具在以成厥德(宣小3:20). ᄡᅥ 신의 두 셩 아니 셤기ᄂᆞᆫ ᄠᅳᄃᆞᆯ 일워징이다:以遂臣不事二姓之志(東三綱. 忠5). ᄂᆞᆺ가온 가지로 집 일워 자롸:卑枝成屋椽(重杜解1:12). 긄句를 도로 일우노라:句還成(重杜解22:16). 華陽洞 늘근 大臣 壯志를 못 일우니(武豪歌).

일·우·오·다 동 이루게 하다. ☞일우다 ¶民望ᄋᆞᆯ 일우오리라 戎衣를 니피시니이다:欲遂民望載提戎衣于以尙之(龍歌108章). 天心을 일우오리라 兵仗ᄋᆞ로 도ᄫᆞ시니이다:欲遂天意載備兵仗于以遲之(龍歌108章). 無生法으로 忍可ᄒᆞ야 行ᄋᆞᆯ 일우오ᄃᆡ ᄉᆞᄆᆞᆺ 아롬 업스며 忍 업수미 일후미 法忍이니(月釋17:24).

일·움 동 잃음. ¶사ᄅᆞᄆᆡ ᄆᆞᅀᆞᄆᆞᆯ 일우믄:失人心(宣賜內訓2下36).

일·워시·니 동 이루시거니. 이루시니. ㉠일우다 ¶하ᄂᆞᆯ히 일워시니 赤脚仙人 아닌ᄃᆞᆯ 天下蒼生ᄋᆞᆯ 니ᄌᆞ시리잇가:天旣成之匪赤脚仙天下蒼生其肯忘焉(龍歌21章).

·일·월 명 일월(日月). ¶大千ᄋᆞᆫ 三千大千世界니 四洲와 日月와 須彌山과(南明上12). 피나게 사호니 乾坤이 븕고 氣運이 迷亂ᄒᆞ니 日月이 누르도다:血戰乾坤赤氣迷日月黃(重杜解23:55). 日月이 뵛북 더짐 ᄀᆞᆺᄒᆞ여(捷蒙2:8).

일웟다 동 도둑질하다. 훔치다. ☞일벗다 ¶일워ᇫ 절:竊(訓蒙下25). 일워ᇫ 투:偸(類合下44).

※ 일웟다<일벗다<일벗다

일웬날 명 이렛날. ¶일웬날 디내야 년곳치 픠면 사롬이 나셔:過七日後蓮花乃開出之則身形金色(普勸文6).

일위다 동 이루다. ☞일우다 ¶필베로 공부를 일위되:成(女四解3:6). 콩과 보리를 곳집을 일위며:成(女四解3:22). 한 힝실만 잘못ᄒᆞ면 일ᄇᆡᆨ 힝실이 일위지 못ᄒᆞᄂᆞ니라(女四解3:28).

일위다 동 흔들리다. ¶바다히 ᄲᅥ날 제ᄂᆞᆫ 萬國이 일위더니(松江. 關東別曲).

일위다 동 이루다. 다하다. ¶효도를 일윌지

니:致孝(女四解2:43).

일·으·다 동 이루다. ☞일우다 ¶性에 마초 모ᄅᆞᆯ 논호샤 無等等을 일으려 ᄒᆞ샷다:稱性分形成無等等(永嘉下145).

일음 명 이름〔名〕. ☞일홈. 일훔 ¶일음 명:名(兒學下7).

일응 부 일응(一應). 일단. ¶만일 五穀이며 百果ㅣ며 一應 새로 니근 거ᄉᆞᆯ 만나면:如遇五穀百果一應新熟之物(家禮7:4). 므릇 군듕에 일응 티며 부러 소릐 인ᄂᆞᆫ 호뎍이나:凡軍中一切鼓吹有音如號笛(兵學1:1).

일의 명 응석. ☞이릐. 일의ᄒᆞ다 ¶사ᄅᆞᆷ이 ᄌᆞ식 ᄉᆞ랑ᄒᆞ기ᄅᆞᆯ 넘무 과히 ᄒᆞ야 샹시예 제 ᄒᆞ고져 ᄒᆞᄂᆞᆫ 대로 조차 일의ᄅᆞᆯ 너무 바다 기ᄅᆞ다가:人家父母溺於慈愛任其所欲長其驕傲(痘瘡方9). 일의 밧다:嬌養(漢淸6:55).

일의 명 이리. ☞이루. 일히 ¶일의:魚白兒(譯解下38. 同文解下41).

일의:놀·다 동 응석부리다. ☞일의놀이다. 일의ᄒᆞ다 ¶일의노ᄂᆞᆫ 아ᄒᆡ 아니완히 누워 안ᄒᆞᆯ 불와 믜여 ᄇᆞ리ᄂᆞ다:嬌兒惡臥踏裏裂(初杜解6:42).

일의놀이다 동 응석부리다. 재롱부리다. ☞일의놀다 ¶平生애 일의놀이던 아ᄒᆡ:平生所嬌兒(重杜解1:5). 일의놀이ᄂᆞᆫ 아ᄒᆡ 내 무루플 여희디 아니ᄒᆞ야:嬌兒不離膝(重杜解2:66).

일의밧다 동 응석받다. ¶일의밧다:嬌養(漢淸6:55).

일의ᄒᆞ다 동 응석부리다. 아양부리다. 애교(愛嬌)떨다. ☞이릐. 일의 ¶일의ᄒᆞ다:撒嬌(譯解下49).

일·이·다 동 일리다〔淘〕. ¶眞化애 일이디 몯ᄒᆞᆫ 나ᄅᆞᆯ 도ᄅᆞ혀 혜아론뎌:飜想未淘眞化日(南明下63).

일이셩 부 이러구러. 이럭저럭. ¶每日에 일이셩 지내면 무슨 실음 잇시리(古時調. 崔行首. 海謠).

:일:일 명 모든 일. ¶妙ᄅᆞᆯ 得ᄒᆞ야 일이레 ᄀᆞ료미 업슬 ᄊᆞᆯ 坐禪이라 ᄒᆞᄂᆞ니라:得妙事事無碍謂之坐禪(蒙法66). 일일마다 됴히 ᄒᆞ고져 호ᄃᆡ:事事要好(飜小8:7). 일일마다 됴흠을 요구호ᄃᆡ:事事要好(宣小5:87).

일일화 명 ①무궁화(無窮花). ¶일일화 순:舜(詩解 物名8).
②닥풀 꽃. ¶일일화:黃蜀葵花(東醫 湯液二 菜部). 일일화:黃蜀葵(柳氏物名三 草).

·일·일·히 부 일일이. ¶神奇ᄒᆞᆫ 變과 微妙ᄒᆞᆫ 力이 一一히 ᄀᆞ리오미 업스시니(楞解6:43). 오직 혜여 자봄 업슨 사ᄅᆞ믄 곧 이 珠의 種種앳 色이 一一히 淸淨ᄒᆞ며 一一히 體 ᄋᆞᆫᄒᆞ야(圓覺上二之二47). 모로매 ᄠᅳ들 아라 一一히 自己예 나ᅀᅡ가(牧牛訣42). 一一히 函關ㅅ 이ᄅᆞᆯ 묻노라:一一問函關(初杜解7:12). 一一히 다 뮈우디 몯ᄒᆞ리니(南明上21). 됴셕뎐과 ᄉᆞ졀 오ᄉᆞᆯ 일일히 평싱ᄀᆞ티 ᄒᆞ며:朝夕奠四節衣一如平生(東新續三綱. 烈2:11). 能히 처암이며 내죵이 一一히 曲禮애 合ᄒᆞ면(家禮9:33).

일정 부 반드시. ¶九重 달 발근 밤의 聖慮 일정 만흐려니(古時調. 松岩遺).

일져기 부 일찍이. ☞일즈기 ¶일져기 진퇴 염치를 알고(引鳳簫1).

일져리 부 일절(一切). ☞일절 ¶상졔ᄅᆞᆯ 일져리 가례ᄅᆞᆯ 존고:喪制一從家禮(東新續三綱. 孝1:20).

일져·므리 부 종일(終日)토록. 일찍부터 저물도록. ☞일점그리. 일점을이 ¶恭敬ᄒᆞ야 일져므리 ᄒᆞ야 命을 그릇디 말라:敬之夙夜無違命(宣賜內訓1:83).

일절 부 일절(一切). ☞일뎔. 일져리 ¶一切 邪神이 갓가이 오디 몯ᄒᆞᄂᆞ니라(簡辟4). 인간을 즐기디 아니ᄒᆞ야 관다히도 일절 오디 아니ᄒᆞ니(太平1:49). 일절 나디 아니ᄒᆞᄂᆞ니(痘瘡方5). 일절 절:切(倭解下40). 車機로 紡織ᄒᆞ기ᄅᆞᆯ 일절 匆匆이 말올 디니라:車機紡織切勿匆匆(女四解2:4). 하셔이 일절 못 드론 ᄃᆞ시 ᄒᆞ고(落泉2:5). 일절 방탕이 노지 말고(引鳳簫1).

일절이 부 일절(一切). ☞일절히 ¶일절이 졍답지 못ᄒᆞ고(三譯4:3). 요ᄉᆞ이 너ᄅᆞᆯ 일절이 보지 못ᄒᆞ엿다(捷蒙4:1).

일절히 부 일절(一切). ☞일절이 ¶각 아문 궁방들의 ᄇᆡᆨ셩의게 소요히 구ᄂᆞᆫ 일을 일절히 엄히 막게 홈이오(綸音160).

일점그리 부 종일토록. 일찍부터 저물도록. ☞일져므리. 일점을이 ¶일점그리 님금 시름호ᄆᆞᆯ 드로니:夙夜聽憂主(初杜解23:33).

일점을이 부 종일톡록. 일찍부터 저물도록. ☞일져므리. 일점그리 ¶일점을이 ᄒᆞ야 命을 어글웃디 말라:夙夜無違命(宣小2:46). 일점을이 ᄒᆞ야 집일을 어글웃디 말라:夙夜無違宮事(宣小2:46).

일죽·다 동 일찍 죽다. 요절하다. ¶일주글 요:夭. 일주글 알:閼(類合下44). 제 남진 뎡희듕이 일죽거ᄂᆞᆯ:其夫鄭希重早死(東續三綱. 烈2). 일죽을 요:夭(倭解上20).

일쥬년 명 일주년(一周年). ¶내가 여긔 완지 旣至 一周年이오나(隣語3:7).

일즈시 부 일찍이. ☞일즉. 일즛 ¶일즈시 손 여러 쳔량 내여 쓰쇼서 ᄒᆞ야든:早開手使錢也(飜老下54).

일·즉 부 일찍. 일찍이. ☞일즛. 일ᄌᆞᆨ ¶일즉 아디 몯ᄒᆞᆫ 젼ᄎᆞ라:未曾悟故(圓覺上一之二135). 일즉 나ᄅᆞᆯ 조차 軍中에 겨샤:嘗從朕在軍(宣賜內訓2下39). 바랫 ᄡᅧᄅᆞᆯ 어느 일

즉 시스리오:足垢何曾洗(初杜解8:28). 道術에 일즉 뜨들 머믈오니 先生이 일 昏蒙호몰 터 ᄇ리니라:道術曾留意先生早擊蒙(初杜解9:6). 王生이 일 일즉 顔色올 절ᄒ니:王生早曾拜顔色(初杜解25:11). 일즉 天魔ᄋᆡ 애롤 뻐러 ᄇ리시니:早曾落却天魔膽(南明下4). 毗婆尸佛에 일즉 留心호ᄃᆡ:毗婆尸佛早留心(金三2:8). 일즉 녯 本을 보고:嘗見古本(六祖序7). 일즉 ᄌ뎨를 ᄀᄅ쳐:嘗誨子弟(飜小8:2). 일즉 믈 가져 텽의 오롤시:嘗取水上堂(宣小4:16). 일즉 니롤 내디 아니ᄒ더라:未嘗見齒(東新續三綱. 孝7:26). 일즉 이예 기피 애ᄃ라 아닐 적이 업ᄂ니:未嘗不深喟於斯(警民2). 일즉 아ᄂ니:曾知得(老解上8). 일즉 아드면 探望ᄒ라 감이 됴탓다:早知道時探望去好來(朴解上34). ᄆ양 아침의 일즉 이러나:早(女四解3:12). 부인의 죄 아니라 ᄒ고 경ᄉ의 브즈러니 ᄒ야(女範1. 셩후 쥬션강후). 일즉 증:曾(兒學下13).

일즙 副 일찍이. ☞일즈시. 일즉. 일즛 ¶아비어미 일즙 의논ᄒ여:父母嘗議(東新續三綱. 烈6:78 訥藏寸斫). 더러온 사ᄅᆞᆷ이 일즙 셔슬을 듯디 못ᄒ엿더니(太平1:42). 일즙 性命은 샹티 아니ᄒ돗더라:不曾傷了性命(老解上27). 우리 이 ᄆᆞᆯ들흘 일즙 믈 머기디 아닛더니:我這馬們不曾飮水裏(老解上28). 진실로 在前에 일즙 사ᄅᆞᆷ의 믈 깃기롤 보와시되:眞箇在前曾見人打水(老解上32). 일즙 비호디 아니ᄒ엿더니:不曾學(老解上32). 내 일즙 ᄀ장 보디 아니ᄒ엿더니:我不曾好生看(老解下17). 일즙 귀ᄒᆞᆫ ᄠ돌 뵈디 아니ᄒ오시더라(仁祖行狀2). 小人이 진실로 일즙 아디 못ᄒᆞᆯ와:小人其實不曾知道(朴解上58).

일즛 副 일찍이. ☞일즉 ¶일즛 바ᄆᆡ 强盜 스므나ᄆ니:嘗夜有强盜數十(飜小9:64). 일즛 잠싼도 ᄌ롤 브르디 아니ᄒ더니:亦未嘗敢呼字也(飜小9:81).

일ᄌ기 副 일찍이. ☞일즉. 일즉이 ¶우리 來日 일ᄌ기 ᄆᄋᆷ 노하 가쟈:我明日早只放心的去也(老解上24).

일죽 副 일찍. ☞일즉 ¶일죽 일문 대비 국샹의(山城10). 션왕이 일죽 일누어 늣게야 니르시거늘(女範1. 셩후 쥬션강후).

일죽이 副 일찍이. ☞일ᄌ기 ¶너는 羌胡 雜種이라 일죽이 내 지아븨 帳下의 ᄆ엿더니(女四解4:21).

일쯔기 副 일찍이. ☞일즈기 ¶일쯔기 譽롤 天下에 둘 者ㅣ(宣中47).

일·쯕 副 일찍. ☞일즉 ¶일쯕 國王이 ᄃ외샤 샹녜 十善을 行ᄒ샤:曾爲國王常行十善(金剛80). 일쯕 간대로 아디 아니ᄒ샤:未嘗妄認(金剛後序11). 公事ㅣ 아니어든 일쯕 偃의 室에 니르디 아니ᄒᄂ닝이다:非公事未嘗至於偃之室也(宣論2:7).

·일쳔 수 일천(一千). ¶一千 靑蓮이 도다펫더니(月印上4). ᄒᆞᆫᄃᆡ 섯거 일쳔 번을 저석:合和揚之千遍(救簡1:14). 셩현의 일쳔 마리며 일만 마리:聖賢千言萬語(飜小8:5). 일쳔 쳔:千(類合上1. 兒學下12).

·일쳬 명 일체(一切). 모든 것. 온갖 것. ¶一切는 다 ᄒᆞ돗 ᄒᆞᆫ 마리오(月釋1:11). 一이 眞實ᄒ면 一切ㅣ 眞實ᄒ야 萬境이 如如ᄒ리니(六祖上20).

·일쳬 관 일체(一切). 모든. 온갖. ¶一切 布施롤 ᄂᄆᆡ 쁟 거스디 아니ᄒ거든(釋譜6:8). 一切 種種 智慧롤 일워(月釋1:10). 一切 聖人이 다 이롤 브터 果롤 證ᄒ시논돌 알에 ᄒ시며(楞解1:8). 一切 苦롤 여희오(永嘉序10). 일쳬 만민 ᄉ싱 육취 중싱(新編普勸1).

·일쳬 부 일체(一切). 아주. 결코. ¶크며 져근 名相이 一切 셔디 아니호미(楞解1:8). 믄득 一切 됴ᄒ며 구즌 境界(蒙法26).

일ᄏᆞᆮ·다 동 일컫다. 칭송하다. 말하다. ☞일콧다 ¶詔使ㅣ 일ᄏᆞᆮᄌᄫᆞ니:詔使美之(龍歌29章). 어마님 여희신 눈므를 左右ㅣ 슬쓰바 아바님 일ᄏᆞᄅ시니:繼母悲淚左右傷止父王稱謂(龍歌91章). 내 조ᄒᆞᆫ 微妙ᄒᆞᆫ 소리 듣ᄌᆞᆸ고 南無諸佛ᄒ야 일ᄏᆞᆮᄌᆞᆸ고 또 너교ᄃᆡ(釋譜13:59). 구틔여 法身이라 일ᄏᆞᆮᄌᄫᆞ니라(月釋序5). 稱은 일ᄏᆞ롤 씨라(月釋序6). 龍王이 뎌 如來ㅅ 名號롤 일ᄏᆞᆮᄌᄫᅡᅀᅡ ᄒ리라(月釋10:75). 平居에는 孝義롤 일ᄏᆞᆮᄂ다:平居孝義稱(初杜解8:8). 夫人이 샹녜 肩輿 타 殿에 올아 萬壽ᄒ쇼셔 일ᄏᆞᄅᄂ니라:夫人常肩輿上殿稱萬壽(初杜解8:56). 일ᄏᆞ롤 칭:稱(類合上13). 늘고라 일ᄏᆞᆮ디 아니홀디니라:不稱老(宣小2:8). 스스로 현령이로라 일ᄏᆞ라 해호믈 니ᄇ니:自稱縣令被害(東新續三綱. 孝6:15). ᄆᄋᆞᆯ 사ᄅᆞᆷ도 어디다 일ᄏᆞᄅ며:鄕里稱善(警民1). 군신을 뵈고 일ᄏᆞᄅ시되(女範1. 셩후 당문덕후).

일ᄏᆞᆯ·이·다 동 칭찬받다. 일컬음을 받다. ¶名稱은 일훔 일ᄏᆞᆯ유미라(月釋10:64). 程太中의 夫人 侯氏ㅣ 舅姑롤 셤교ᄃᆡ 孝道ᄒ며 삼가오ᄆ로 일ᄏᆞᆯ이며:程太中夫人侯氏事舅姑以孝謹稱(宣賜內訓2上18). 내 반ᄃ기 이 女롤 爲ᄒ야 臣下ㅣ라 일ᄏᆞᆯ이리로다:我必爲此女稱臣(宣賜內訓2上41). 사ᄅᆞᄆᆡ게 일ᄏᆞᆯ이더라:見稱(飜小9:52).

일콧다 동 일컫다. ☞일ᄏᆞᆮ다 ¶고종이라 일콧다(十九史略1:13) 승이 병들믈 일콧고 나오지 아니ᄒ니:勝稱病篤(五倫2:18). 황데로라 일콧고:僭號(五倫2:20). 업이 병을 일ㅋ고:業固疾(五倫2:20). 황뎨 일ㅋ기를:稱帝(五倫2:38).

일·타 동 잃다. ¶驪山 役徒를 일ㅎ샤:失驪役徒(龍歌18章). 님금 德 일ㅎ시면 親戚도 叛ㅎㄴ니:君德如或失親戚亦離絕(龍歌118章). 正ㅎ 길흘 일허다 ㅎ며(釋譜23:19). 누늘 ᄠ거나 ᄀᆞᆷ거나 ㅎ야도 일흘 마라(月釋8:8). 이럴씨 各各 자ᄇ면 일코(月釋8:31). 尊ㅎ신 王이 업스시니 나라히 威神을 일허다(月釋10:9). ᄇᆞᄅᆞ미 세여 床 우흿 香合을 일허늘:飄風暴起失案上香合也(三綱. 孝35). 念念이 生滅ㅎ야 眞實ㅎ 性을 일ᄂᆞ니라 ㅎ시니:念念生滅遺失眞性(楞解2:2). 섯구미 블ㄹ 性을 일논 디라:雜失明性(楞解2:98). ㅎ번 그 道를 일흐면:一失其道(宣賜內訓序8). 시혹 집 일흔 가히도 ᄀᆞ호라:或似喪家狗(杜解8:5). 잠간도 일티 아니홀 시라(南明上24). 긔운을 일허든 집보 우흿 듣글을 곳굼긔 불오:失氣以屋梁上塵吹入鼻中(救簡1:85). 일흘 상:喪(類合下28). 일흘 실:失(類合下57). 賈ㅣ 王의 곧을 일헛더니:賈失王之處(宣小4:33). 년ㅎ야 부모를 일코 녹년 녀묘ㅎ야:連喪父母廬墓六年(東新續三綱. 孝2:15). 武陵 출해 길흘 일후라:失路武陵源(重杜解8:12). 일타:丢了(同文解上29). 텬금쥰마 일흔 후의 외양집을 고치미라(萬言詞). 일을 실:失(兒學下7).

·일:통·ㅎ·다 동 일통(一統)하다. 통일(統一)하다. ¶됴뎡이 텬하를 一統ㅎ야 겨시니:朝廷一統天下(飜老上5). 天下를 一統ㅎ여시니:一統天下(老解上4).

일틀·이·다 동 잃고틀어지다[失違]. 실패하다. ¶더욱 ᄆᆞᅀᆞᄆᆞᆯ ᄡᅥ 일틀유미 업게 ㅎ라(月釋13:28).

·일·편도·이 부 일편(一偏)되게. 편벽되게. ☞일편되이 ¶일즉 외방의 나ᄃᆞᆫ니기 니그면 일편도이 나그내를 에엿비 너기고:慣曾出外偏憐客(飜老上41). 각각 제 ᄉᆞ랑ㅎᄂᆞ니를 일편도이 ㅎ며:偏愛(飜小7:41). 깃브며 怒홀 빼예 賞罰을 行ㅎ면 반ᄃᆞ시 일편도이 重홈이 이셔:喜怒之際而行賞罰 必有偏重(重內訓2:91).

·일편되·다 형 일편(一偏)되다. 편벽되다. ¶ᄉᆞ랑홈애 일편되며 세간의 ᄉᆞᄉᆞ로이 ㅎ야:偏愛私藏(宣小5:73).

일편되이 부 일편(一偏)되게. 편벽되게. ☞일편도이 ¶일즙 외방의 나ᄃᆞᆫ니기 니그면 일편되이 나그내를 에엿비 녀기고:慣曾出外偏憐客(老解上37). 일편되이 계집의 말을 드러 동긔 화치 아닛ᄂᆞᆫ 재 잇ᄂᆞ니:偏(百行源15).

일향 명 일향(一鄕). 한 고을. 온 고을. ¶일향 사ᄅᆞᆷ이 탄복ㅎ더라:鄕人嘆服(東新續三綱. 孝7:49).

·일:향·ㅎ·다 동 일향(一向)하다. 한결같이 하다. ¶알퓌 觀行ㅇ 뫼화 블기샤ᄆᆞᆫ 一向ㅎ야 理예 마초 닷고미라(圓覺下三之一3). 一向ㅎ야 자바 닐오ᄃᆡ 모로매 뎌 善知識을 求ㅎ야(六祖上73).

일허ᄇᆞ리다 동 잃어버리다. ¶왕의 간 곳을 일허ᄇᆞ리니(女範1. 모의 왕손가모).

일:홈 명 이름. ☞일훔 ¶후셰예 일홈 베퍼 내여:揚名於後世(飜朴上50). 篇 일홈과 사ᄅᆞᆷ의 姓名을:篇名人姓名(宣小凡例1). ᄉᆞᄉᆞ로 일홈을 거ᄉᆡ라 ㅎ다:自號居士(東新續三綱. 孝1:2). 대쟝 일홈을 어드니라(山城2). 일홈과 소리왜 閣中에 늙도다:名聲閣中老(重杜解22:31). 제 남진 제 계집 아니어든 일홈 뭇디 마오려(古時調. 鄭澈. 간나히. 松江). 일홈:名子(同文解上12). 일홈 브르다:叫名子(同文解上25). 둥홍의 일홈을 일오시니라(女範1. 셩후 쥬션강후). 아븨 일홈이 돌셕지라 ㅎ여:父名石(五倫1:52). 됴졍이 그ᄃᆡ 일홈과 덕을 사모ㅎ여:朝廷貪慕名德(五倫2:20). 그 일홈을 듯고 됴졍에 쳥ㅎ여:聞其名表(五倫2:29). 일홈은 온돌이나 한ᄃᆡ만도 못ㅎ고야(萬言詞).

일홈나다 동 이름나다. ¶ᄃᆡᄃᆡ로 일홈난 집이라:名(五倫4:15).

일홈두다 동 이름을 쓰다. 서명(署名)하다. ☞일흠두다 ¶글월 ᄆᆡᆫ근 사ᄅᆞᆷ 王 아모 일홈두고:立契人王某押(老解下15). 즈름 張 아뫼 일홈두엇다:牙人張某押(老解下16).

일홈ㅎ다 동 이름하다. ¶일홈ㅎ야 닐오ᄃᆡ(女範1. 모의 노모ᄉᆞ).

일후라 동 잃었노라. ㉮일타 ¶武陵 출해 길흘 일후라:失路武陵源(重杜解8:12).

일·훔 명 이름. ☞일홈 ¶놀애예 일훔 미드니:信名於謳(龍歌16章). 일후믈 놀라ᅀᆞᄫᅡ놀 ㅎᄫᅀᅡ 뒤헤 셔샤:旣驚名號于後獨立(龍歌61章). 薩婆悉達이 일훔이시니(月印上12). 부텻 일후므로 들여 ᄢᅵᄃᆞᆫ긔 호리이다(釋譜9:21). 디나건 劫 일후미 莊嚴劫이오 이젯 劫 일후미 賢劫이오(月釋1:50). 이 일후미 眞實ㅅ 疑心이니:是名眞疑(蒙法1). 有蘇氏ᄂᆞᆫ 나랏 일후미라(宣賜內訓序3). 일훔난 짒 子孫이로다:名家孫(杜解16:2). 아ᄅᆞᆷ다온 일후믈 사ᄅᆞ미 밋디 몯ㅎᄂᆞ니:美名人不及(杜解21:23). 功이 이로ᄃᆡ ㅎ갓 일후미 드려 오놋다:功成空名垂(杜解22:41). 만리예 일후믈 옴골디니라:萬里要傳名(飜老上44). 일훔 명:名. 일훔 호:號(訓蒙上32). 일훔 명:名(類合上7). 여슷 히어든 혬과 다ᄆᆞᆺ 방소 일후믈 ᄀᆞᄅᆞ칠디니라:六年教之數與方名(宣小1:4). 일후믈 효위라 ㅎ시

고 언양 현감올 ᄒᆞ이시다:名以孝友除彦陽縣監(東新續三綱. 孝3:75). 일훔은 ᄉᆞ궤니(桐華寺 王郞傳1). 四方을 살펴보니 일훔됴타 天淵台여(陶山別曲).

일·훔나·다 동 이름나다. ¶일훔난 香올 퓌우면 病도 덜며(釋譜9:35). 일훔난 고줄비터라(月釋1:13).

일·훔지·타 동 이름짓다. ☞일훔짓다 ¶이 龍이 靑蓮 모새 이실씨 일훔지흐니라(釋譜13:8). 엇데 法身이라 일훔지ᄒᆞᇿ(月釋序5). 부텨 나롤 일훔지흐샤딕 跋陀婆羅ㅣ라 ᄒᆞ시니(楞解5:39). 속졀업시 일훔지허 닐오딕 두려우미 月輪 ᄀᆞᆮ다 ᄒᆞᄂᆞ다:空名邈却道團團似月輪(南明上76).

일·훔짓·다 동 이름짓다. ☞일훔지타 ¶이 사롬 놀아이 너겨 不輕이라 일훔지슨 사ᄅᆞ미:輕賤是人爲作不輕名者(法華6:84)

일흠 명 이름. ☞일홈. 일훔 ¶栗亭은 일흠도 ᄯᅩ 됴ᄒᆞ니:栗亭名更佳(重杜解1:14). 온갓 일흠 업슨 모딘 창질과 독ᄒᆞᆫ 죵긔:一切無名惡瘡毒腫(臘藥19). 일흠 업시 잡귀가 되려시나(萬言詞答).

일흠두다 동 이름 쓰다. 서명(署名)하다. ☞일훔두다 ¶일흠둔 것:簽署(物譜 文士).

·일희 명 이리. ᄯᅩᆼ일히 ¶버믜 ᄯᅩᆼ이어나 일희 ᄯᅩᆼ이어나 ᄉᆞ론 ᄌᆡ롤 ᄀᆞᄂᆞ리 ᄀᆞ라:虎糞或狼糞燒灰細硏(救簡6:6). 범과 일희게 헐인 딕:虎狼傷瘡(救簡6:32). 일희 ᄭᅩ리로 ᄆᆡᆼᄀᆞᆫ 간다개러라:野狗尾子罕荅哈(飜朴上30). 일희:狼(漢淸14:5. 柳氏物名一 獸族). 일희 랑:狼(兒學上7).

·일히 명 이리. ☞일희 ¶범과 일히와 곰과 모딘 ᄇᆞ얌과(釋譜9:24). ᄇᆞ얌과 일히와 가히와(月釋21:45). 아ᄃᆞ롤 일히 ᄀᆞᆮᄒᆞ니롤 나하도:生男如狼(宣賜內訓2上8). 다 범괘 다뭇 일히 ᄃᆞ외옛도다:盡作虎與豺(杜解10:19). 일히 랑:狼(訓蒙上18). 일히 랑:狼(類合上13. 倭解下23). 뷘 ᄆᆞ올핸 다 일히와 범괘로다:空村盡豺虎(重杜解1:44). 일히와 범과 正히 하도다:豺虎正縱橫(重杜解2:27). 일히 랑:狼(詩解 物名9). 일히:狼(同文解下38. 物譜 毛蟲).

일·히·다 동 잃게 하다. 잃게 되다. ¶비록 미츄믈 歇티 몯ᄒᆞᆫᄃᆞᆯ 엇뎌 일히리오 ᄒᆞ시니라:縱未歇狂亦何遺失(龜鑑上6).

:일ᄒᆞ·다 동 일하다. ¶新婚으란 思念ᄒᆞ디 말오 힘서 戎行올 일ᄒᆞ라:勿爲新婚念努力事戎行(初杜解8:68). 일ᄒᆞᆯ 업:業(訓蒙下31). 일ᄒᆞ다:辦事(譯解補54).

일휘 명 이리. 어백(魚白). ☞이루. 일의 ¶일휘:魚白(柳氏物名二 水族).

·일휘 명 이리〔狼〕. ¶범과 일휘와 헐인 딜 고튜딕:治虎狼傷瘡(救急下64).

일히 명 아양. 응석. ☞이릭 ¶千巖萬壑을 제 집으로 사마 두고 나명셩 들명셩 일히도 구ᄂᆞᆫ지고(宋純. 俛仰亭歌).

읽다 동 읽다. ¶일글 독:讀(兒學下6).

잃ᄏᆞᆮ다 동 일컫다. ☞일ᄏᆞᆮ다 ¶世尊은 한 妄이 두려이 滅ᄒᆞ시니라 잃ᄏᆞᆮᄌᆞ오니:稱世尊諸妄圓滅(楞解4:59).

임군 명 임금〔君〕. ☞님군. 님굼. 님금 ¶임군 군:君(兒學上1).

임내내다 동 입내내다. 흉내내다. ¶임내내다:效他(譯解下47). 임내내다:效樣(同文解下59). 임내내ᄂᆞᆫ 이:癲子. 임내내다:撒癲(漢淸6:60).

임문비앗 명 익모초(益母草). ¶임문비앗 퇴:蓷(詩解 物名7).

임믜 부 이미. ☞이믜 ¶나ᄂᆞᆫ 이제 임믜 영감ᄒᆞ엿ᄂᆞᆫ지라:已(百行源17).

임염ᄒᆞ다 동 임염(荏苒)하다. 사물이 점차 변해 가다. ¶ᄯᅢ 셜라 荏苒ᄒᆞ기로 곳 여러히 된 ᄃᆞᆺᄒᆞ다(捷蒙1:18).

임·의 부 이미. ☞이믜 ¶곧 그 어버의게 임읫 놈이며 내라 홈이 이셔:則於其親已有物我(宣小5:3). 犧牲이 임의 成ᄒᆞ며:犧牲旣成(宣孟14:9). 아바님이 임의 죽기롤 결단ᄒᆞ시니:父已決死(東新續三綱. 孝8:22). 임의 이리 사오나오면:旣這般歹時(老解上41). ᄆᆡᆼ지 임의 글 ᄇᆡ화 도라오나놀(女範1. 모의 추ᄆᆡᆼ모). 임의 나히 오슌의 니ᄅᆞ니(洛城1). 毬 임의 門 나갓거든(武藝圖68).

임의로 부 임의(任意)로. 뜻대로. ¶므를 일훌시 불러 우로몰 任意로 ᄒᆞ놋다:失水任呼號(初杜解17:23). 굴신을 임의로 못ᄒᆞ다:拘攣(漢淸8:17). 네 이리 漢 글을 ᄇᆡ호면 네 任意로 ᄇᆡ혼다 네 父母ㅣ 널로 ᄇᆡ호라 ᄒᆞᄃᆞ냐:(蒙老1:7). ᄉᆡᆼ을 뒷방의 두어 임의로 잇게 ᄒᆞ더라(落泉1:1).

임의셔 부 곧. 장차. ☞이믜셔 ¶임의셔 닛뷔 가져다가 ᄡᅳ흘 ᄡᅳᆯ라:就拿苕箒來掃地(老解上62). 우리 임의셔 그날에 각각 둥ᄒᆞᆫ ᄆᆡᆼ셔롤 닐러:咱就那一日各自說箇重誓(朴解上23).

임의ᄎᆞ다 동 입다. 걸치다. ☞니믜ᄎᆞ다 ¶送夕陽 迎素月ᄒᆞᆯ 제 鶴氅衣 임의ᄎᆞ고 華陽巾 젓게 ᄡᅳ고(古時調. 酒力醒. 靑丘).

임죵 명 임종(臨終). ¶임죵의 다ᄃᆞᆯ나ᄂᆞᆫ 죽기을 저허ᄒᆞ다:臨終(正念解3).

임지 명 임자. ¶갑 업손 風月과 임지 업손 江山을(曺友仁. 梅湖別曲).

임통 명 통발. ¶임통:罶(物譜 佃漁). 임통:笱(物譜 佃漁).

·입 명 입〔口〕. ¶도ᄌᆞᄀᆡ 입과 눈과:與賊口目(龍歌88章). 입 爲 口(訓解. 合字). 이베 블 吐ᄒᆞ며 도라오거늘(釋譜6:33). 다룬 이

브로 ᄒᆞᆫ가짓 소리 ᄒᆞ샤:異口同音(楞解5:5). ᄆᆞᅀᆞ맷 세콰 이벳 네히:心三口四(楞解7:1). 이베 내요미 마리니:出口爲語(宣賜內訓1:1). 이베 닐오ᄆᆞᆯ 맛나시니라:遭齒錄(南明下23). 입 구:口(訓蒙上26. 類合上20). 국거리ᄅᆞᆯ 입으로 후려 먹디 말며:毋嚃羹(宣小3:23). 입:口(同文解上15).

·입 [명] 어귀. 문호(門戶). 출입문(出入門). ☞잎 ¶내 입 여러셔 기드류리라 ᄒᆞ고:妾詣開戶待之(三綱. 烈5). 梵天의 이브로셔 나라(月釋2:46). 이 큰 講堂이 입과 窓괘 여러 훤ᄒᆞᆯᄊᆡ:此大講堂戶牖開豁(楞解1:49). 입과 窓과 ᄡᅳᆷ메:戶牖之隙(楞解2:25). 입 호:戶(訓蒙中5).

입 [명] 잎〔葉〕. ¶만산초목이 입입마다 츄셩이라(萬言詞).

입거옷 [명] 수염. 코밑수염. ☞입거웃 ¶입거옷과 눈섭괘 세니라:鬚眉蒼(杜解4:18).

입거·웃 [명] 수염. 코밑수염. ☞입거옷. 입거웆 ¶입거웃 슈:鬚(訓蒙上28). 입거웃 거츤 놈:髭子(訓蒙上29 髭字註).

입거·웆 [명] 수염. 코밑수염. ☞입거옷. 입거웃. 잆거웃 ¶鬚는 입거우지니(月釋18:73). ·브리 그 입거우제 븓거늘:火焚其鬚(宣賜內訓3:46). 挽鬚ᄂᆞᆫ 입거우즐 자ᄇᆞ시니(重杜解1:7). 입거우즐 잡ᄂᆞ니:挽鬚(重杜解1:7). 구틔여 입거우지 세욜디 아니니라:不必須白皙(重杜解8:19). 녯 블근 입거우지로다:舊紫髯(重杜解23:42). 龍ᄋᆡ 입거우지 太宗 ᄀᆞᄐᆞ니:虬髯似太宗(重杜解24:23).

입겻 [명] 조사(助辭). 어조사(語助辭). ☞입겾. 입겿 ¶입겻 一定ᄒᆞ시고:一定口訣(金剛跋2). 입겻 야:也(類合下63. 石千42). 입겻 언:焉. 입겻 ᄌᆡ:哉(石千42).

입경 [명] 입경(入京). ¶아모ᄂᆞᆫ 入京ᄒᆞᆫ 후의(隣語1:33).

·입·겾 [명] 조사(助辭). 어조사(語助辭). ☞입겻. 입겿 ¶之ᄂᆞᆫ 입겨지라(釋譜序1. 訓註). 焉은 입겨지라(釋譜序6). 而ᄂᆞᆫ 입겨지라… 矣ᄂᆞᆫ 말 ᄆᆞᆺᄂᆞᆫ 입겨지라(訓註2).

·입겿 [명] 조사(助辭). 어조사(語助辭). ☞입겻. 입겾 ¶哉ᄂᆞᆫ 입겨체 ᄡᅳᄂᆞᆫ 字ㅣ라(月釋序9). 於는 입겨치라(月釋10:54). 上이 입겨출 ᄃᆞᄅᆞ샤(楞解跋4).

입김 [명] 입김. ☞잆김 ¶입김 쐬운이 이실시니라:口澤之氣存焉爾(宣小2:16).

입김물 [명] 입김 물. ¶입김물:呵凍水(柳氏物名五 水).

·입·내 [명] 입내. 구취(口臭). ¶입내 업스며 혓病 업스며 입病 업스며(釋譜19:6). 입내 더럽디 아니ᄒᆞ며(月釋17:52).

·입노·ᄅᆞᆺ [명] 입을 야물거리는 짓. ¶ᄌᆞ조 시버 입노ᄅᆞᆺᄒᆞ디 마롤 디니라:數噍毋爲口容(宣賜內訓1:8). ᄌᆞ조 씹어 입노ᄅᆞᆺ ᄒᆞ디 말올 디니라:數噍毋爲口容(宣小3:24).

입·다 [동] 읊다. ☞읍다. 잎다 ¶梁父 입던 이ᄅᆞᆯ 믄드시 思憶호니:欻憶吟梁父(杜解6:34). 榿林이 ᄒᆡᄅᆞᆯ ᄀᆞ리오니 ᄇᆞᄅᆞᄆᆞᆯ 입ᄂᆞᆫ 니피오:榿林礙日吟風葉(杜解7:1). 南녁 뫼ᄒᆞ로 올아가며 白華篇을 입ᄂᆞ니:南登吟白華(杜解8:20). 굽고 서린 남ᄀᆞᆫ 기피 입노라:沉吟屈蟠樹(杜解9:14). 픐더ᄂᆞᆫ 細柳營에셔 입놋다:笳吟細柳營(杜解23:2).

:입·다 [동] 이울다. 시들다. 쇠(衰)하다. ☞이ᄫᅳᆯ다 ¶幻術이 입게 ᄃᆞ욀ᄊᆡ 神力 降服 ᄲᅮᆫ 아니라 願爲沙門이 幾千萬이어뇨(月印上61).

:입·다 [형] 고달프다. ¶어버이 여희ᄉᆞᆸ고 놈ᄋᆞᆯ브터 이쇼ᄃᆡ 어ᅀᅵ 아ᄃᆞᆯ이 입게 사노이다(月印上52). 어ᅀᅵ 아ᄃᆞ리 외ᄅᆞᆸ고 입게 ᄃᆞ외야(釋譜6:5).

:입·다 [형] 혼미(昏迷)하다. 아득하다. 희미하다. ¶구든 城을 모ᄅᆞ샤 ᄀᆞᆶ 길히 입더시니:不識堅城則迷于行(龍歌19章). 四面에 블이 니러 ᄀᆞᆶ 길히 이블ᄊᆡ 업더디여 사ᄅᆞ쇼셔 ᄒᆞ니(月印上60). 이런 이븐 길헤 눌 보리라 우러곰 온다(月釋8:86).

입ᄃᆞ다 [형] 입이 달다. 식성(食性)이 좋다. ¶입ᄃᆞ다:口饞(同文解上62).

입ᄣᅢ [명] 이때. ¶입ᄣᅢ예 혹 놀라 ᄣᅧᄂᆞᆫ 증이 나셔:此時或發驚搐(痘瘡方15).

입덧 [명] 입덧. ¶ᄑᆞᆯ病도 아니 들고 입덧도 아니 난다(古時調. ᄒᆞᆫ ᄃᆞᆯ. 靑丘).

입뎌르다 [형] 입이 짧다. ☞입절으다 ¶입뎌르다:食廉(同文解上62).

입마초다 [동] 입맞추다. ¶입마초다:親嘴(同文解上53). 입마초다:咂嘴(譯解上39).

입맛젓다 [동] 입덧나다. ☞입맛졋다 ¶입맛젓다:害口(蒙解補18).

입맛졋다 [동] 입덧나다. ☞입맛젓다. 입젓다 ¶입맛졋다:害口(漢淸6:53).

입모·솜 [명] 입술. ¶입모ᄉᆞᄆᆞᆯ 귀예 다ᄃᆞᆫ게 ᄣᅦ티니:劃口吻至耳(三綱. 忠26).

·입버·우니 [명] 벙어리. ☞입버우다 ¶입버우니와 寃讎 믜우니 몯ᄂᆞᆫ 苦와:瘖瘂寃憎會苦(楞解7:43).

·입버·우·다 [동] 벙어리가 되다. ☞버외다 ¶입버울 報ᄅᆞᆯ 니ᄅᆞ고(月釋21:66). 입버우며 귀머그며(月釋21:139). 귀먹고 입버워 諸根이 ᄀᆞᆽ디 몯ᄒᆞ리며:聾啞諸根不具(法華2:168). 귀먹고 눈멀오 입버우며:聾盲瘖瘂(法華2:169). 귀머근 ᄃᆞᆺ 입버운 ᄃᆞᆺᄒᆞ야:如聾若啞(法華2:202). 엇데 귀머굼 ᄀᆞᆮᄒᆞ며 입버움 ᄀᆞᆮᄒᆞᆯ ᄯᆞᄅᆞ미리오:何啻如聾若啞(金三5:4).

입브티다 [동] 맛을 보다. ¶婆婆ᄅᆞᆯ 주어 젹이 입브티쇼셔 ᄒ더이다:饋婆婆口到些箇(朴解中17).

입셩 명 입성(入聲). ¶左加一點則去聲 二則上聲 無則平聲 入聲加點同而促急(訓正). 文之入聲 與去聲相似 諺之入聲無定 或似平聲如긷爲柱녑爲脅 或似上聲如:낟爲穀:깁爲繒 或似去聲 如·몯爲釘·입爲口之類 其加點則 與平上去同(訓解. 合字). 入聲促而塞冬也萬物閉藏(訓解. 合字). 入聲은 點 더우믄 ᄒ가지로ᄃ 색ᄅ니라(訓註14). 入聲直而促 諺解亦同…곧고 색ᄅ 소릐옛 字ᄂ 入聲이니 點이 ᄒ나히라(訓蒙凡例4).

입송ᄒ다 동 입송(入送)하다. 들여보내다. ¶排床으로 入送ᄒ게 ᄒ라 ᄒ시니 그리 아ᄋ소(隣語1:3). 내게 ᄂ려온 거술 沒數 入送ᄒ올 거시니(隣語2:3).

입수얼 명 입술. ☞입슈얼. 입시울 ¶말홈ᄋ 입수어를 흔들지 말며:唇(女四解3:4).

입슈얼 명 입술. ☞입수얼. 입시울 ¶입슈얼 데다:湯了唇(譯解上53).

입슈월 명 입술. ☞입슈얼. 입시울 ¶이제 입슈월이며 혀의 죠고만 연고로뻐 ᄃ토기예 니ᄅ며:今乃有以唇舌細故而致爭(警民22).

입시 명 입구(入口). ¶싱을 가ᄅ쳐 입시의 셔 자라 니ᄅ고(落泉1:1).

입시·울 명 입술. ☞입수얼. 입슈얼 ¶입시울와 혀와 엄과 니왜 다 됴ᄒ며(釋譜19:7). 脣은 입시우리라(訓註5). 입시울 축축호미 맛가ᄫ시며(月釋2:58). 모기며 입시우리 내ᄆ라(月釋9:50). 입시우리 ᄡ며 ᄃ 거시 아니어늘:吻非苦甜(楞解3:9). 입시우를 핥ᄂ니:舐其脣吻(楞解8:5). 입시우리 아래로 드리디 아니ᄒ며:脣不下垂(法華6:13). 입시우리 ᄆᄅ며 이비 ᄆᄅᄃ록 브르다가 몯호라:脣焦口燥呼不得(杜解6:42). 입시울 슌:脣(訓蒙上26. 類合上21). 입시울 슌:唇(倭解上16). 입시울:嘴脣(同文解上15). 입시울:唇(漢淸5:50).

입시·울쏘·리 명 입술소리〔脣音〕. 〔훈민정음의 ㅂ, ㅃ, ㅍ, ㅁ 들의 소리.〕 ¶ㅂᄂ 입시울쏘리니 彆ᄫ字ᅙ 처ᅀᅥᆷ 펴아나ᄂ 소리 ᄀᄐ니 ᄀᆞᆯᄫᅡᄡ면 步뽕ᅙ字ᅙ 처ᅀᅥᆷ 펴아나ᄂ 소리 ᄀᄐ니라:ㅂ脣音如彆字初發聲並書如步字初發聲(訓註6).

입시욹 명 입술. ☞입시울 ¶눈 아래 웃시욹과 코구멍 입시욹 귀ᄭᅮᆷ긔 다 ᄇᆞᆯ라:塗眼眶口脣鼻孔耳孔等處(痘瘡方22). 입시욹:嘴脣(譯解補21). 입시욹 슌:唇(兒學上2).

·입·ᄉᄒ·다 동 입사(入絲)하다. ¶기르마ᄂ 시톄엣 은 입ᄉᄒ욘 ᄉ겨넷 됴ᄒ 기르마 굴에ᄃ히 대되 마ᅀᆞᆫ 량은 ᄡ 잇고:鞍子是時樣減銀事件的好鞍轡通使四十兩銀(飜老下49). 금실로 입ᄉᄒ ᄉ견 바갓고:釘着金絲減鐵事件(飜朴上28). 은ᄉ로 입ᄉᄒ ᄉ지 머리옛 섭 등지오:銀絲兒獅子頭的花鐙(飜朴上28). 은 입ᄉᄒ ᄉ견이오:銀絲事件(飜朴上30). 기ᄅ마ᄂ 시톄예 은 입ᄉᄒ ᄉ견엣 됴ᄒ 기ᄅ마 구레니:鞍子是時樣減銀事件的好鞍轡(老解下45). 金 입ᄉᄒ 事件을 박앗고:釘着金絲減鐵事件(朴解上26).

입아 감 이봐. ¶입아 楚ㅅ 사ᄅᆷ들아 네 님금이 어ᄃᆡ 가니(古時調. 海謠).

입아·괴 명 입아귀. ☞입아귀 ¶입아괴 믄:吻(訓蒙上26).

입아귀 명 입아귀. ☞입아괴 ¶입아귀:口吻(譯解補21). 입아귀:口角(漢淸5:50).

입아랫시울 명 아랫입술. ¶입아랫시울:口下唇(譯解上33).

입웃거엄 명 입천장. ☞입웃거흠 ¶上腭은 입웃거엄이라(無寃錄1:30).

입웃거흠 명 입천장. ☞입웃거엄 ¶두 가지 ᄀᆞᆯ롤 타 아희 입웃거흠의도 ᄇᄅ며 유모의 젓ᄀ지도 ᄇᆞᆯ라:調和前兩味抹兒上腭間及乳母乳頭上(痘瘡方4).

입웃시올 명 윗입술. ☞입웃시욹 ¶입웃시올:口上唇(譯解上33).

입웃시욹 명 윗입술. ☞입웃시올 ¶입웃시욹 져르다:上唇短(漢淸6:5).

입의망 명 재갈. ¶입의망: 筦子(柳氏物名一獸族).

입졀으다 형 입이 짧다. ☞입뎌르다 ¶입졀으다:食廉(譯解補32).

입젓다 동 입덧나다. ☞입맛젓다 ¶입젓다:害口(譯解補22).

입정 명 입정. 입버릇. ¶입정 사오납다:不戒口(譯解補57).

입주다 동 입맞추다. ¶입주다:扭嘴(譯解上39).

입주·룜 동 읊조림. ㉮입주리다 ¶글 입주료ᄆ 事務ㅣ 그츤 저긔 잇도다:諷詠在務屛(初杜解24:42).

입주·리·다 동 ①읊조리다. ¶南녁 개예셔 센 머리예 입주리노라:南浦白頭吟(初杜解7:19). ᄆᆞᆯᄀ ᄀᅀᆞᆳ히 귓돌와미 입주릴 저글 디내디 말라:莫度淸秋吟蟋蟀(初杜解23:10). 밥 머그라 믈러 와셔도 大庭ㅅ 저글 입주리니:退食吟大庭(初杜解24:41). 이베 비록 입주리나 ᄆᄋ매 슬노라:口雖吟咏心中哀(重杜解12:22).

②신음(呻吟)하다. ¶病ᄒ야 입주리ᄂ 안해 그를 지ᅀᅮ니:作詩呻吟內(初杜解25:35).

입촌말 명 입찬말. 입찬소리. ¶입촌말ᄒ다:說大話(譯解補56).

입·피 명 읊기. ☞이피. 입다 ¶년구ᄒ기 ᄆ고 글 이피 ᄒ고 글 입피 ᄆ고 스승님 압픠 글 강ᄒ노라:對句罷吟詩吟詩罷師傅前講

書(飜老上3).

입하놀 명 입천장. ¶입하놀:巧舌(蒙解補6).

입히롬 명 입다툼. 말다툼. ☞입힐홈 ¶입히롬:辦嘴. 입히롬ᄒᆞ다:辦起嘴來(漢淸3:3).

입히롬ᄒᆞ다 동 입다툼하다. 말다툼하다. ☞입힐홈ᄒᆞ다. 입힐훔ᄒᆞ다 ¶입히롬ᄒᆞ다:辦起嘴來(漢淸3:3).

입힐음ᄒᆞ다 동 입다툼하다. 말다툼하다. ☞입히롬ᄒᆞ다. 입힐훔ᄒᆞ다 ¶입힐음ᄒᆞ다:辦嘴(譯解補52).

입힐홈ᄒᆞ다 동 입다툼하다. 말다툼하다. ☞입힐음ᄒᆞ다. 입힐훔ᄒᆞ다 ¶므슴아라 입힐홈ᄒᆞ리오:要甚麼合口(朴解上22). 뎌 놈이 셩이 급ᄒᆞ여 곳 입힐홈ᄒᆞ여 싸홧더니:那廝急性便合口廝打(朴解下16). 입힐홈ᄒᆞ다:爭嘴(同文解下28).

·입힐·후·다 동 입다툼하다. 말다툼하다. ☞입힐훔ᄒᆞ다 ¶므스므라 입힐후리오:要甚麼合口(飜老上65).

·입힐·훔 명 입다툼. 말다툼. ¶또 입힐훔 업다 혼 ᄠᅳ디니(月釋7:6).

·입힐·훔ᄒᆞ·다 동 입다툼하다. 말다툼하다. ☞입힐홈ᄒᆞ다 ¶네 어듸쁜 나를 이긔다 므슴 호려 입힐훔ᄒᆞ료:仍那裏贏的我要甚麼合口(飜朴上22).

잆거·웃 명 수염. ☞입거웃 ¶버거 안직 少年ᄒᆞ닐 무르니 龍ᄋᆡ 잆거웃 ᄀᆞᆮ혼 나히 열 여아호비러라:次問最少年虯髯十八九(初杜解8:55).

·잆골 명 입 모양. ¶잆고리 方正ᄒᆞ시고 안히 기프시며(月釋2:40).

·잆:김 명 입김. ☞입김 ¶또 사ᄅᆞ므로 가ᄉᆞ매 잆김 드려 덥게 호ᄃᆡ:又方使人噓其心令暖(救急上10).

잇 명 이끼. ☞익기. 잇기 ¶玉殿엔 이시 퍼러ᄒᆞ도다:玉殿莓苔青(初杜解6:17). 이슨 玉座ㅅ 보미 올맷도다:苔移玉座春(初杜解6:30). 잇 ᄢᅵᆫ 길헨 ᄀᆞᄅᆞᄆᆞᆯ 디렛ᄂᆞᆫ 대오:苔徑臨江竹(初杜解10:3). 프른 잇과 흐린 수레:蒼苔濁酒(初杜解10:8). ᄠᅳ들 조차 프른 이싀 안조라:隨意坐蒼苔(初杜解15:9). 잇 무든 대ᄂᆞᆫ 본ᄃᆡ로 즐기논 거시언마른:苔竹素所好(初杜解15:15). 프른 이싀 누엣더니라:臥蒼苔(初杜解21:37). 솔 아랫 ᄆᆞᆯᄀᆞᆫ ᄇᆞᄅᆞ미 잇글 ᄡᅳ러 다ᄋᆞ니:松下淸風掃盡苔(南明上72). 므렛 효ᄀᆞᆫ 잇글 즛두드려:水中細苔擣(救簡1:108). 잇 미:莓. 잇 티:苔. 잇 션:蘚(訓蒙上8). 온 모미 ᄒᆞᆫ가디로 잇 무뎃도다:百身一莓苔(重杜解9:28).

·잇 관 이. 이런. 이러한. ☞이 ¶잇 양ᄌᆞ로 供養ᄒᆞᅀᆞᆸᄂᆞ니와(釋譜23:4). 잇 樣子로 두서 ᄒᆡ를 그리ᄒᆞ거늘:若是者數年(三綱. 烈12). 뎌 나랏 風俗ᄋᆞᆫ 아기 ᄇᆡ야 ᄒᆞ마 나ᇙ 저기면 父母ㅅ 지븨 돌아보내더니 잇 양ᄌᆞ로 두서 ᄒᆡ를 子息 나코(月釋10:23). 이제 너희게 付囑ᄒᆞ노니 너희 一心ᄋᆞ로 이 法을 流布ᄒᆞ야 너비 더으게 ᄒᆞ라 잇 양ᄋᆞ로 세 번 諸菩薩 摩訶薩ㅅ 頂을 ᄆᆞ니시며 니ᄅᆞ샤ᄃᆡ(月釋18:15).

·잇가·지 명 이따위. ¶사ᄅᆞᄆᆡ 집이 能히 잇가지일 두어 ᄇᆞᆯ을 두어ᄒᆞ면:人家能存得此等事數件(宣小5:41).

잇갈 명 이깔나무. ☞익가 ¶잇갈 삼:杉(類合上9).

잇개나모 명 이깔나무. ☞익개나모 ¶잇개나모:杉木(同文解下43). 잇개나모:杉(漢淸13:19).

잇·거 동 이끌어. ㉮잇그다 ¶吳ㅅ ᄇᆡ와 楚ㅅ ᄇᆡ를 百丈ᄋᆞ로 잇거:吳檣楚柁牽百丈(初杜解10:27).

잇거져ᄒᆞ다 형 많이 있다. 숱하다. ☞잇ᄀᆞ져ᄒᆞ다 ¶잇거져ᄒᆞᆫ 猠皮에:有的是猠皮裏(朴解上29). 잇거져ᄒᆞᆫ 이 猠皮니:有的是猠皮裏(朴新解1:32).

잇것 부 느긋하게. 만족히. ☞잇긋. 잇ᄌᆞᆺ ¶淸江에 잇것 시슨 몸을 더러일가 ᄒᆞ노라(古時調. 가마귀 싸호ᄂᆞᆫ. 靑丘). 잇것:儘(語錄4). ᄆᆞᆯ이 잇것 쉬믈 기ᄃᆞ려 텬텬이 먹이라(蒙老2:6).

-잇·고 어미 -습니까. ☞-니잇고 ¶이 이리 엇데잇고(月釋21:138). 이 ᄠᅳ디 엇데잇고(楞解2:71).

·잇골·로 부 이렇듯. ¶뮈다 호미 세 가지니 起踊振吼擊도 다 잇골로 닐어 세코미라(月釋2:14).

잇·굼 동 이끌음. ㉮잇그다 ¶ᄒᆞᆫ갓 온 혜요믹 잇구미 ᄃᆞ외옛노라:徒爲百慮牽(初杜解20:7). ᄡᅡ혀며 잇구미 젼혀 소뱃 사ᄅᆞᄆᆞᆯ 假借ᄒᆞᄂᆞ니라:抽牽全借裏頭人(金三2:25).

잇그·다 동 이끌다. ☞잇글다 ¶하ᄂᆞᆳ 神靈이 七寶 술위 잇거 오며(月釋2:31). 더욱 急히 자바 구틔여 잇거 ᄃᆞ려오거늘(月釋13:16). 몬져 欲ᄋᆞ로 걸위여 잇그시고:先以欲鉤牽(法華4:160). 吳ㅅ ᄇᆡ와 楚ㅅ ᄇᆡ를 百丈ᄋᆞ로 잇거:吳檣楚柁牽百丈(初杜解10:27). 하ᄂᆞᆳ 길헤 騏驥를 잇그며:天路牽騏驥(初杜解24:10). 다시 잇거 가ᄆᆞᆯ 좃ᄂᆞ니:重牽去(南明上62). 믄득 고ᄒᆞᆯ 잇거 오면:驀鼻牽來(金三4:56). 쇼를 잇거:牽牛(救簡1:43). 잇거 가져다가:牽將去(飜朴上43). 네이 ᄆᆞᆯ 잇거 도라가:你牽迴這馬去(飜老上37). 잇글 견:牽(類合下46). 쇼 잇그다:牽牛(譯解下31). 부인의 오ᄉᆞᆯ 잇그되(女範2. 변녀 진중공쳐).

잇글 명 이끼를. ㊍잇 ☞익기. 잇기 ¶솔 아랫 ᄆᆞᆯᄀᆞᆫ ᄇᆞᄅᆞ미 잇글 ᄡᅳ러 다ᄋᆞ니:松下淸

風掃盡苔(南明上72).

잇글다 동 이끌다. ☞잇그다 ¶서르 잇그러 강의 싸뎌 주그니:相携投江而死(東新續三綱. 烈2:89). 잇글며 븟들며 간슈ᄒᆞ며 푸므시매:携持保抱(警民28). ᄆᆞᆯ 잇글기 만히 ᄒᆞ면:牽着馬多時(老解上31). 官人의 ᄆᆞᆯ을 잇그러다가:將官人的馬牽着(老解下40). 그 손을 잇그러 내티니(女四解4:20). 공이 가권을 잇그러 ᄲᅧ 힝ᄒᆞᆫ뎌(敬信38). 손목을 잇그러 내티니:牽其臂而出之(五倫3:32).

잇글리다 동 이끌리다. ☞잇글이다 ¶믄득 ᄒᆞᆫ 적은 일에 잇글리모로(捷蒙4:1).

·잇글이·다 동 이끌리다. ☞잇글리다. 잇끌리다 ¶惡業의 잇글일 배 되이디 아니ᄒᆞ리라:不爲惡業所牽(龜鑑上19).

잇긋 부 느긋하게. 만족히. ☞잇것. 잇ᄭᅳᆺ ¶또 귀요에 平케 주어 잇긋 새배 다ᄃᆞᆺ게 말라:却休槽兒平直到明(老解上29). 잇긋 덜로 ᄒᆞ여 먹게 ᄒᆞ고:儘着他喫着(老解上34). 잇긋 지 되게 ᄒᆞ니:直到做灰(朴解上35). 이 樻 만히 ᄡᅡ야 ᄒᆞᆫ 냥 銀이 잇긋 유여ᄒᆞ거늘:這樻子多直的一兩銀儘勾也(朴解中3). 잇긋:儘一儘(同文解下49). 잇긋:儘着(漢淸1:21).

잇·기 명 이끼. ☞잇 ¶黃金殿 우희 파란 잇기 나도다:黃金殿上綠苔生(南明上28). 잇기 틔:苔. 잇기 션:蘚(類合上8). ᄀᆞᄋᆞᆳ 플과 프른 잇기 섬을 덥펏고:秋草蒼苔沒階(太平1:27). 믈 가온대 ᄀᆞᄂᆞᆫ 잇기ᄂᆞᆫ:水中細苔(辟新8). 푸른 잇기:綠苔(百聯3). 잇기:靑苔(同文解上9. 漢淸1:36).

잇·기·다 동 이끌리다. ☞잇기이다 ¶빗난 글 지수믈 오직 잇기여셔 호니:藻翰惟牽率(初杜解20:46). 너실 아ᄎᆞᄆᆡ 世務에 잇기여 눉믈 ᄡᅳ리고 제여곰 西東ᄋᆞ로 가리라:明朝牽世務揮淚各西東(初杜解21:31). 喧卑ᄒᆞᆫ 世俗ㅅ 이레 잇겨 ᄃᆞᆫ니노라:喧卑俗事牽(初杜解24:53).

잇·기·다 동 이끼가 끼다. ¶고지 잇긴 ᄯᅡ해 ᄠᅥ러디도다:花落莓苔地(南明上39).

잇기·이·다 동 이끌리다. ☞잇기다 ¶ᄉᆞ긔 밍ᄀᆞ로ᄆᆞᆫ 崔浩의게 잇기인 거시니:制由崔浩(飜小9:45).

·잇ᄀᆞ·장 대 이까지. 〔대명사 '이'+사잇소리 'ㅅ'+조사 '-ᄀᆞ장'〕¶無煩天브터 잇ᄀᆞ장ᄋᆞᆯ 不還天이라 ᄒᆞᄂᆞ니(月釋1:34). 처엄브터 잇ᄀᆞ자이 因이오(月釋2:62).

잇ᄀᆞ져ᄒᆞ다 형 많이 있다. 넉넉하다. ☞잇거져ᄒᆞ다 ¶우리 이 터 뒤헤 잇ᄀᆞ져ᄒᆞᆫ 초댱이니:我這院子後頭有的是草場(老解上50).

잇ᄀᆞ·졋 관 많이 있는. 넉넉한. ¶우리 이 터 뒤헤 잇ᄀᆞ졋 초댱이니:我這院子後頭有的是草場(飜老上56). 잇ᄀᆞ졋 뎐피예 네 ᄀᆞᆯ희야 가지라:有的是猠皮裏你自揀着要(飜朴上32).

잇ᄀᆞ지 부 느긋하게. 만족히. ☞잇ᄀᆞᆺ ¶잇ᄀᆞ지 서로 즐기ᄂᆞᆫ 양 一雙 鴛鴦之遊綠水之波瀾이로다(古時調. 粉壁 紗窓. 靑丘).

·잇·ᄀᆞᆺ 부 느긋하게. 만족히. ☞잇것. 잇긋. 잇ᄀᆞ지 ¶ᄒᆞᆫ 구렁잠불ᄆᆞ리 잇ᄀᆞᆺ ᄉᆞᆯ지고 셕대 됴코:一箇栗色白臉馬有九分膘好轡頭(飜朴上63).

잇ᄀᆞᆺ다 동 일컫다. ☞일ᄏᆞᆮ다 ¶일향과 ᄆᆞ을 사ᄅᆞᆷ이 효ᄅᆞᆯ 잇ᄀᆞᆺ더니:鄕里稱孝(東新續三綱. 孝8:18 應會同死).

잇깃 부 갓. 이제 막. ¶風霜 섯거틴 날의 잇깃 핀 黃菊花ᄅᆞᆯ 銀盤의 것거 다마 玉堂으로 보내실샤(古時調. 鄭澈. 松江).

잇·다 형 있다. ¶셔볼 賊臣이 잇고:朝有賊臣(龍歌37章). 가리라 ᄒᆞ리 이시나:欲往者在(龍歌45章). 이 ᄀᆞᄐᆞ니 이시리잇고(釋譜6:5). 내 지븨 이싫 저긔(釋譜6:7). ᄒᆞᆫ 말도 몯ᄒᆞ야 잇더시니(釋譜6:7). 和尙ᄋᆞᆫ 갓가비 이셔 외오다 ᄒᆞᄂᆞᆫ 마리니 弟子ㅣ 샹녜 갓가비 이셔 經 비호아 외올 씨니(釋譜6:10). 부텨를 맛나 잇ᄂᆞ니(釋譜6:11). 어듸ᅀᅡ 됴ᄒᆞᆫ ᄯᆞ리 양ᄌᆞ ᄀᆞᄌᆞ니 잇거뇨(釋譜6:13). 그듸 아바니미 잇ᄂᆞ닛가 對答호ᄃᆡ 잇ᄂᆞ니이다(釋譜6:14). 홍졍바지 舍衛國으로 가리 잇더니(釋譜6:15). 有는 이실 씨라(訓註2). 在ᄂᆞᆫ 이실 씨라(月釋序10). 有頂은 色 이쇼맷 뎡바기라(月釋13:17). 이슈미ᄯᆞ녀(月釋21:16). ᄠᅳᆮ 머그샤미 法에 겨시고 物에 잇디 아니ᄒᆞ실씨:所志在法不在物故(法華5:40). 言과 觀ᄋᆞᆫ 方ᄋᆞᆯ 조차 올ᄆᆞᆷ 이쇼ᄆᆞᆯ 볼기고제니:欲明…言觀有逐方移(永嘉下31). 生死 므레 이션:處生死流(圓覺序29). 故國에 平時예 사던 ᄯᅡ홀 ᄉᆞ랑ᄒᆞᄂᆞᆫ 배 이쇼라:故國平居有所思(初杜解6:8). ᄂᆡ실 아ᄎᆞᄆᆡ 沃野애 이시면:明朝在沃野(初杜解9:21). 내의 사ᄅᆞᆷ도 ᄯᅩᄒᆞᆫ ᄀᆞᅀᅵ 잇ᄂᆞ니라:吾生亦有涯(初杜解10:3). 오ᄂᆞᆳ나래 涪江ㅅ ᄀᆞᅀᅢ 다시 이슈라:今日重在涪江濱(杜解11:32). 쟝추 나비 희다 너기다니 ᄯᅩ 나비 거므니 잇닷다:將謂猴白更有猴黑(金三4:22). 나모와 댓 ᄉᆞ이며 돌 우희 인ᄂᆞ니:在木竹間石上(瘟疫方7). 이실 유:有(類合上7. 石千5). 이실 지:在(石千6). 君子ㅣ 아홉 ᄉᆡᆼ각홈이 이시니:君子有九思(宣小3:5). 긔이ᄒᆞᆫ 보븨 하 만히 이시니(明皇1:30). 몬져 인도호미 잇디 아니ᄒᆞ고:不有以導之於先(警民序2). 당시롱 저기 머믈미 이실로다:還有些時住裏(老解下19). 네게 됴흔 珊瑚ㅣ 잇ᄂᆞ냐:你有好珊瑚麼(朴解下26). 나조희 靑泥ㅅ 가온ᄃᆡ 이쇼라:暮在靑泥中(重杜解1:24). 님 向ᄒᆞᆫ 一片丹心이야

고칠 줄이 이시랴(古時調. 朴彭年. 가마귀 눈비. 青丘). 님 向ᄒᆞᆫ 一片丹心이야 가실 줄이 이시랴(古時調. 鄭夢周. 이 몸이. 海謠). 날 알니 뉘 잇스리오(萬言詞). 과거ᄒᆞᆫ 어미 이스되 돕기 비ᄂᆞᆫ ᄒᆞᆫ 말을 아니ᄒᆞ믈 인ᄒᆞ야(敬信50).

※'잇다'의 활용 ┌잇거뇨/잇ᄂᆞ니/잇더니… └이시니/이셔/이슈(쇼)라…

잇다 동 잇다. ☞닛다 ¶이젼 마음 전혀 잇고 초심광홍 절노 ᄂᆞᆫ다(萬言詞). 부ᄃᆡ 이를 잇지 말라:忘(孝養解1).

잇다 동 잇다〔續〕. ☞닛다. 닛위다 ¶이을 속:續(兒學下8).

잇다가 부 이따가. 이따. ¶잇다가:一回兒(同文解下49).

잇다·감 부 이따금. ☞잇닥암 ¶잇다감 ᄭᅩ리 흐늘오:有時擺尾(南明上75). 잇다감 ᄃᆞᄅᆞᆯ ᄇᆞ라 기픈 바ᄆᆞᆯ 디나고:有時望月過深夜(南明下2). 이런ᄃᆞ로 잇다감 닐오ᄃᆡ:所以有時道(金三2:41). 허므리 가시디 아니코 잇다감 ᄇᆞ랍거든:瘢痕不滅時復痒不止(救簡6:93). 잇다감 가 쉬고 도로 와 말ᄒᆞ더라:爲寢息之所時就休偃還共談笑(二倫15 楊氏義讓). 上이 或 잇다감 冠 쓰디 아니ᄒᆞ샤ᄃᆡ:上或時不冠(宣小6:38). 잇다감 아히ᄅᆞᆯ 주어 다 머기미 됴ᄒᆞ니라:時時與兒吃盡爲妙(痘要上9). 잇다감 위로ᄒᆞ야 엿ᄌᆞ오ᄃᆡ(癸丑168). 잇다감 逃亡ᄒᆞ거나 病 드러 주그미 이시며:有時而逃亡病死(警民4). 잇다감 노략ᄒᆞᆫ 한인을 도로 보내여(山城1). 잇다감 ᄯᅩᆺ밧츨 지날 제면 罪 지은 듯ᄒᆞ여라(古時調. 늙어 말년. 歌曲). 잇다감 혜아리ᄂᆞᆫ 일이 조각의 맛더라(女範1. 셩후 황명고후). 어이 ᄒᆞᆫ ᄶᅩ각 구름 잇다감 그늘지니(萬言詞).

잇닥암 부 이따금. ☞잇다감 ¶잇닥암 魚躍龍門ᄒᆞᆯ 제(古時調. 낙씻줄. 海謠).

잇·들·다 동 이끌다. ☞잇그다 ¶어버ᅀᅵ 왼소노로 형을 자브며 올ᄒᆞᆫ소노로 아ᅀᆞ 잇들며 형은 앏프로 어버ᅀᅴ 옷기즐 잡고 아ᅀᆞᆫ 뒤호로 어버ᅀᅴ 옷기슭글 잇드러:父母左提右挈前襟後裾(飜小7:39).

-·잇·ᄃᆞᆫ 조 -이야. ¶雜草木 것거다가 ᄂᆞᄎᆞᆯ 거우 ᅀᆞᄫᆞᆫᄃᆞᆯ ᄆᆞᅀᆞᆷ잇ᄃᆞᆫ 뮈우시리여(月印上23). ᄒᆞᆫ 날 ᄡᆞᆯ올 좌샤 ᄉᆞᆯ히 여위신ᄃᆞᆯ 金色잇ᄃᆞᆫ 가시시리여(月印上23). 信잇ᄃᆞᆫ 그츠리잇가(樂詞. 西京別曲).

잇버 형 가빠. ㉠잇브다 ¶늘거 잇버 그를 ᄇᆞ리고 ᄌᆞ오노라:老困撥書眠(初杜解22:10).

잇뵈 명 이포(伊布). 〔지명(地名)〕 ¶江原道 麟蹄縣伊布 잇뵈(龍歌3:13).

잇부다 형 가쁘다. 피곤하다. ☞잇브다 ¶잇부다:勞苦(同文解下58).

잇·붐 형 가쁨. 피곤함. ㉠잇브다 ¶百千方便으로 稱苦衆生ᄋᆞᆯ 度脫ᄒᆞ샤 잇부믈 마디 아니ᄒᆞ시ᄂᆞ니(月釋21:115). 曉夜애 잇부믈 니저:曉夜忘疲(永嘉下111). 오직 제 잇부믈 더을 ᄯᆞᄅᆞ미니:只益自勞倈(牧牛訣2). 모ᄆᆞᆯ 갈모매 뵈야ᄒᆞ로 잇부믈 告ᄒᆞ도다:藏身方告勞(初杜解7:21).

잇브·다 형 가쁘다. 피곤하다. 수고롭다. ☞잇부다 ¶地獄애 잇부미 업다 ᄒᆞ니(月印上48). 百千方便으로 稱苦衆生ᄋᆞᆯ 度脫ᄒᆞ샤 잇부믈 마디 아니ᄒᆞ시ᄂᆞ니(月釋21:115). 어미 잇븛가 ᄒᆞ야 제 술위ᄅᆞᆯ 그ᅀᅳ더니:革以母老不欲搖動自在轅中挽車不用牛馬(三綱. 孝6). 혀로 입시우를 할하 니기 할하 잇브게 ᄒᆞ면:以舌舐吻熟舐令勞(楞解3:9). 曉夜애 잇부믈 니저:曉夜忘疲(永嘉下111). 肝肺ᄅᆞᆯ 잇브게 ᄒᆞ노니:勞肝肺(初杜解3:49). 잇블 예:勩(訓蒙下31). 잇블 곤:困(石千25). ᄒᆡ여곰 그 힘ᄡᅴ워 구틔여 ᄒᆞ야 잇브고 고로운 줄을 아디 몯ᄒᆞ시게 ᄒᆞᆯ디니:使之不知其勉强勞苦(宣小5:37). 고ᄃᆞᆯ파 가니 내죵내 잇브며 受苦ᄅᆞ외도다:勉强終勞苦(重杜解1:19). 사ᄅᆞᆷ과 ᄆᆞᆯ와 ᄒᆞᆫ가지로 ᄀᆞᆺᄇᆞ며 잇브도다:人馬同疲勞(重杜解1:30). 잇브면 좀을 들고 ᄭᅵ엿심면 글을 보새(古時調. 青謠).

잇·비 부 가쁘게. 피곤하게. 수고롭게. ¶父母ㅣ 나ᄅᆞᆯ 잇비 나ᄒᆞ시니라:父母生我劬勞(三綱. 孝15). ᄒᆞ다가 ᄯᅩ 사ᄅᆞ미 잇비 분별호미 永히 그츠면:若復有人勞慮永斷(圓覺序57). 聖體 잇비 마ᄅᆞ쇼셔:無煩聖體(宣賜內訓2下48). 磚礫盌애 비취요ᄆᆞᆯ 잇비 마ᄅᆞᆯ 디로소니:無勞映渠盌(初杜解7:38). ᄀᆞᆮᄒᆞ며 달오ᄆᆞᆯ 잇비 ᄀᆞᆯᄒᆡ욤 업스니라:無勞辨同別(南明上11). 잇비 ᄌᆞ조 ᄒᆡᄅᆞᆯ 뭇노라:草草頻卒歲(重杜解1:45). 믈로 ᄂᆞ려가매 비 그우믈 잇비 아니 ᄒᆞ리로다:下水不勞牽(重杜解2:15). 머리 녀매 됴ᄒᆞᆫ 나래 나ᄆᆞᆯ 잇비 아니 ᄒᆞ더니라:遠行不勞吉日出(重杜解3:61). ᄒᆞᆫ갓 잇비 말라:莫徒勞(重杜解5:3). 杜康ᄋᆡ ᄆᆡᆼᄀᆞ론 술로 ᄀᆞ장 잇비 勸ᄒᆞᄂᆞ니:杜酒偏勞勸(重杜解9:12).

잇·비ᄒᆞ·다 동 가빠하다. 수고롭게 하다. ☞잇비 ¶엇데 ᄇᆞ룔 功ᄋᆞᆯ 잇비ᄒᆞ며:何勞遣蕩之功(牧牛訣34). 功ᄋᆞᆯ 잇비ᄒᆞ니:勞功(牧牛訣35). 牛斗星 ᄇᆞ라오ᄆᆞᆯ ᄒᆞᆫ갓 잇비ᄒᆞ것다:徒勞望牛斗(初杜解21:42). 녯 德을 朝廷ㅅ 안해셔브터 ᄇᆞ라오ᄆᆞᆯ 잇비ᄒᆞ놋다:舊德朝中屬望勞(初杜解22:16). 머리터리 젹거니 엇데 세유믈 잇비ᄒᆞ리오:髮少何勞白(重杜解9:7).

잇사·올 명 이삼일. ¶잇사ᄋᆞ래도 어루 불리라:三兩日猶可吹之(救急上23).

·잇ᄭᅳᆯ·다 동 이끌다. ☞잇글다 ¶도적이 계업이ᄅᆞᆯ 자바 잇ᄭᅳ러 가고져 ᄒᆞ거ᄂᆞᆯ:賊執繼業欲牽去(東新續三綱. 孝6:18). 둘식 잇ᄭᅳ러 가:牽着兩箇去(老解上34). 날회여 잇ᄭᅳ러 가:慢慢的牽將去(朴解上39).

잇ᄭᅳᆯ리다 동 이끌리다. ☞잇글리다 ¶사오나온 류의게 븟조차 가면 후에 사오나온 ᄃᆡ 잇ᄭᅳᆯ린다 ᄒᆞᄂᆞᆫ 거시 定論이라(捷蒙4:15).

잇ᄭᅵ 명 이끼. ☞잇기 ¶우믈 가온대 잇ᄭᅵ어나:井中苔(胎要74). 잇ᄭᅵ:青苔(譯解補50).

-잇ᄯᅡᆫ 조 -이야. ☞-이ᄯᅡᆫ.-잇ᄃᆞᆫ ¶一片丹心잇ᄯᅡᆫ 變ᄒᆞᆯ 줄이 이시랴(古時調. 가마괴 눈비마자. 海謠).

잇ᄣᅢ 명 이때. ¶긋ᄣᅢ나 죽어더면 잇ᄣᅢ 고싱 아니 보리(萬言詞).

잇즈다 동 이지러지다. ¶初生에 잇즌 달도 보름에는 둘엿거든(古時調. 海謠).

잇튼날 명 이튿날. ☞이틋날. 잇흔날 ¶잇튼날 잡아내여다가(癸丑74). 잇튼날 은빈혀 두 가지로 손조 목을 지ᄅᆞ거늘(女範4. 녈녀 황시절).

잇틀 명 이틀. ☞이틀. 잇ᄐᆞᆯ ¶ᄒᆞᄅᆞ ᄉᆞ이 두락 이틀 ᄉᆞ이 두락 왕ᄂᆡᄒᆞ니(新語4:25). 하로 잇틀 멋날 되되 공ᄒᆞᆫ 밥만 먹으려뇨(萬言詞).

잇ᄐᆞᆯ 명 이틀. ☞이틀. 잇틀 ¶ᄒᆞᆯ니런가 잇ᄐᆞ리런가(普勸文32).

잇흔날 명 이튿날. ☞잇튼날 ¶잇흔날 오시다ᄃᆞᆺ도록 니지 아니ᄒᆞ니(三譯1:4).

잇희 명 이태. ¶잇희 삼 년 ᄡᅥ든 그릇 ᄒᆞᆫ 번 닥가 광명 날가(勸禪曲).

잉동 명 인동(忍冬). ¶잉동 너출은 샹한과 시병의 ᄯᅡᆷ 아니 나ᄂᆞᆫ ᄃᆡ 고티ᄂᆞ니(辟新4).

잉동ᄑᆞᆺ 명 팥의 한 품종. ¶잉동ᄑᆞᆺ:升伊應同小豆(衿陽).

잉무든 형 이끼 묻은. 무딘〔鈍〕. ☞잇 ¶잉무든 장글란 가지고 믈 아래 가던 새 본다(樂詞. 青山別曲).
※잉무든＜인무든＜잇무든

잉·아 명 잉아. ☞잉ᄋᆞ ¶잉아:綜線(四解上4 綜字註). 잉아 종:綜(訓蒙中17). 잉아 종:綜(類合上28). 비단 ᄧᆞᄂᆞᆫ 잉아:掙線(譯解下3). 잉아 실:綜線(柳氏物名三 草).

잉어·긔 대 여기. ☞이어긔 ¶모다 나미 實로 잉어긔로다:宗生實於此(初杜解16:66). 서리옛 불휘 ᄆᆡ자 잉어긔 잇도다:霜根結在玆(初杜解18:11). 잉어긔 미처와 凄凉호ᄆᆞᆯ 慰勞ᄒᆞ노라:及玆慰凄凉(初杜解18:14). 巴山ㅅ 길헤 잉어긔 서르 마조보니:巴道此相逢(初杜解22:27). 엇뎨 시러곰 잉어긔 王昭君의 ᄆᆞᅀᆞᆯ히 이시리오:何得此有昭君村(初杜解25:46).

잉ᄋᆞ 명 잉아. ☞잉아 ¶잉ᄋᆞ:線繒子(漢淸10:69).

잉ᄐᆡᄒᆞ다 동 잉태(孕胎)하다. 임신하다. ¶산녕긔 비더니 감응ᄒᆞ미 이셔 홀연이 잉ᄐᆡᄒᆞ야(落泉1:1).

잎 명 어귀. 문호(門戶). 출입구(出入口). ☞입 ¶寢室 이페 안ᄌᆞ니:止室之戶(龍歌7章). 다든 이피 열어늘 부러 뷘 길ᄒᆞᆯ ᄎᆞ자 가더니(月印上65). ᄯᅩ 病人으로 이페 안치고:又方令病人當戶坐(救急上27). 쟝ᄎᆞ 이페 들 제 보ᄆᆞᆯ 모로매 ᄂᆞᄌᆞ기 ᄒᆞ며:將入戶視必下(宣賜內訓1:6). 묏곬 이페 뫼히 놉도다:岌業土囊口(初杜解6:2). 프른 뒬 파 이플 여렛도다:鑿翠開戶牖(初杜解6:2). 조ᅀᆞᄅᆞ왼 긼 이페 旌氣ᄅᆞᆯ ᄃᆞ랏고:懸旌要路口(初杜解9:7). 이플 ᄌᆞᅀᆞᆷᄒᆞ얏ᄂᆞᆫ 버드리 보ᄃᆞᄅᆞ와 노혼노혼ᄒᆞ니:隔戶楊柳弱嫋嫋(初杜解10:9). 져비 묏집 이페 드러오ᄆᆞᆯ 곧 보리니:卽看燕子入山扉(初杜解10:46). 발와 이페ᄂᆞᆫ ᄆᆡ샹 삿기 치ᄂᆞᆫ 져비 ᄉᆞᄆᆞ차 ᄃᆞᆫ뇨미 됴ᄒᆞ니:簾戶每宜通乳鷰(初杜解15:22). 구루미 곬 이페 빗고:雲橫谷口(金三2:54). 건너ᄂᆞᆫ 이픈 그츤 두들그로 ᄂᆞ려가놋다:渡口下絶岸(重杜解1:28).

잎·다 동 읊다. ☞입다 ¶아비 와 그를 이푸ᄃᆡ:其父來詠詩云(三綱. 孝32). 나ᄇᆡ ᄑᆞ람기리 이푸믈:猿嘯長吟(永嘉下106). 謝眺의 篇마다 이펴 외와 직ᄒᆞ도소니:謝眺每篇堪諷誦(初杜解21:18). 龍이 이펴셔 머리ᄅᆞᆯ 도ᄅᆞ혀 보ᄂᆞ니:龍吟回其頭(初杜解22:36). 六公篇을 ᄆᆞᆯ기 이푸니:朗咏六公篇(初杜解24:31). 긼 가온ᄃᆡ 이펴 ᄇᆞ라 라귀ᄅᆞᆯ 갓ᄀᆞ로 ᄐᆞ니라:途中吟望倒騎驢(南明下11). 이플 음:吟(訓蒙下32. 類合下39).

-ㅣ 조 ①-가. ☞-이 ¶우리 始祖ㅣ 慶興에 사ᄅᆞ샤(龍歌3章). 一夫ㅣ 流毒ᄒᆞᆯᄊᆡ:一夫流毒. 狂夫ㅣ 肆虐ᄒᆞᆯᄊᆡ:狂夫肆虐(龍歌10章). 六百年 天下ㅣ 洛陽애 올ᄆᆞ니이다:六百年業洛陽是徙. 聖子ㅣ 三讓이시나:維我聖子三讓雖堅(龍歌14章). 創業 規模ㅣ 머르시니이다:創業規模是用遠大(龍歌81章). 文與諺雜用則有因字音而補以中終聲者 如孔子ㅣ魯ㅅ 사ᄅᆞᆷ之類(訓解. 合字). 補處ㅣ ᄃᆞ외샤(月印上5). 耶輸ㅣ 그 긔별 드르시고(釋譜6:1). 平時ㅣ 眞 아니라(金剛事實3). 그 광이 ᄇᆡᆨ보ᄉᆡᆨ됴ㅣ ᄃᆞ외야 이든 우루믈 우러:其光化爲百寶色鳥和鳴(觀經13). 창ᄌᆡ 뷔트리혀 거두쥐ᄂᆞᆫ ᄃᆞᆺᄒᆞ야:腸絞縮(救簡2:46). ②-와. ☞-이 ¶그 ᄢᅴ 如來眉間白毫相앳 光明을 펴샤 東方앳 一萬八千佛土ᄅᆞᆯ 비취샤ᄃᆡ 오ᄂᆞᆳ날 보ᅀᆞᆸ논 佛土ㅣ ᄀᆞᆮ더라(釋譜13:32). 그제 十方世界 通達ᄒᆞ야 마ᄀᆞᆫ ᄃᆡ 업서 ᄒᆞᆫ 佛土ㅣ ᄀᆞᆮ더니(月釋18:9). 眞實로 내 나혼 悉達多ㅣ면 이 져지 그 이베 가리

라 ᄒᆞ시니 두 져지 나 白蓮花ㅣ 곤ᄒᆞ야 如來ㅅ 이베 들어늘(月釋21:6). 몸 ᄇᆞ료미 微塵數ㅣ 곤ᄒᆞ야:捨身如微塵數(金剛下101). 理ㅣ 玉과 돌콰ㅇ| 달오미 업수ᄃᆡ(宣賜內訓序3).

③-의. ☞-이 ¶公州ㅣ 江南ᄋᆞᆯ 저ᄒᆞ샤 子孫ᄋᆞᆯ ᄀᆞᄅᆞ치신ᄃᆞᆯ:公州江南畏且訓嗣(龍歌15章). 臣下ㅣ 말 아니 드러:弗聽臣言(龍歌98章). 子賢長者ㅣ 지븨(月釋8:81). 長者ㅣ 怒ᄅᆞᆯ 맛나리라(月釋8:98).

-ㅣ게 조 -에게. ¶ᄆᆞᆯ게 ᄇᆞᆯ이며 쇠게 ᄣᅦ여 가ᄉᆞᆷ비 ᄒᆞ야디며:馬踏牛觸胸腹破陷(救簡1:79).

-ㅣ·나 조 -이나. ☞-이나 ¶比丘ㅣ나 比丘尼나(釋譜19:29).

-ㅣ·니 조 -이니. ☞-니. -이니 ¶孫ᄋᆞᆫ 孫子ㅣ니(月釋1:7). ᄉᆞᄆᆞᄎᆞᆫ 道ㅣ니(圓覺序10). 樂 아닌 受ㅣ니(牧牛訣37).

-ㅣ·디·ᄫᅵ 조 -이지. -이지마는. ☞-이디ᄫᅵ ¶부텨는 本來 變化ㅣ디ᄫᅵ 사ᄅᆞ미 몯 ᄒᆞᆯ 이리라(月釋2:36).

-ㅣ·디·위 조 -이지. -이지마는. ☞-이디위 ¶楞嚴法會ㅅ 몯 後ㅣ디위 滅度ᄅᆞᆯ 臨ᄒᆞ샨 몯 後ㅣ 아니라(楞解1:17).

-ㅣ·라 조 ①-이라. -라. ☞-라. -이라 ¶여슷찻히 乙酉ㅣ라(釋譜6:1). 乎ᄂᆞᆫ 아모그에 ᄒᆞ논 겨체 쓰는 字ㅣ라(訓註1). 故ᄂᆞᆫ 젼치라(訓註2). 所ᄂᆞᆫ 배라(訓註2). 舌은 혜라(訓註4).

②-이라. -이라고. ☞-이라 ¶ᄂᆞᄆᆞᆫ 仇讎ㅣ라 커늘(龍歌77章). 三界 受苦ㅣ라 ᄒᆞ샤 仁慈ㅣ 기프실씨(月印上8).

-ㅣ라두 조 -이라도. -라도. ☞-이라도 ¶矛曰宥ㅣ라두 爾惟勿宥ᄒᆞ고(書解5:35).
※-ㅣ라두>-ㅣ라도

-ㅣ라와 조 -보다. ☞-라와. -이라와 ¶비디 온 硨磲ㅣ라와 重ᄒᆞ리라:價重百車渠(重杜解9:19).

-ㅣ란 조 -이라는. ☞-ㅣ랏 ¶李小兒ㅣ란 뎌 놈을 이 두어 날 뎌ᄅᆞᆯ 보디 몯ᄒᆞ니:李小兒那廝這兩日不見他(朴解上30).

-ㅣ·랏 조 -이라는. ☞-이랏 ¶按察使ㅣ랏 벼슬ᄒᆞ얏더니(續三綱. 忠2).

-ㅣ러뇨 조 -이더냐. ¶이 뉘 짓 牢子ㅣ러뇨:是誰家的牢子(朴解中52).

-ㅣ러·니 조 -이더니. ☞-이러니 ¶聲教ㅣ 너브실씨 窮髮이 編戶ㅣ러니 革命ᄒᆞᆫ 後에 厚恩 그리ᅀᆞᄫᆞ니(龍歌56章). 空中에 千萬 變化ㅣ러니(月印上60).

-ㅣ러·라 조 -이더라. ☞-이러라 ¶그 도ᄌᆞ기 菩薩ㅅ 前世生ㅅ 怨讐ㅣ러라(月釋1:6). 사ᄅᆞᆷ 흐른 後ㅣ러라(初杜解8:55). 罕荅哈ㅣ러라:罕荅哈(朴解上28).

-ㅣ로·다 조 -이로다. -로다. ¶하ᄂᆞᆳ ᄡᅡᆺ ᄉᆞᅀᅵ옌 ᄒᆞᆫ 플 니윤 亭子ㅣ로다(初杜解7:14). 됴ᄒᆞᆫ 意思ㅣ로다:好意思(朴解上23).

-ㅣ로·ᄃᆡ 조 -이로되. ☞-이로ᄃᆡ ¶닐구비 變ᄒᆞ야 아호비 ᄃᆞ외니 다 陽數ㅣ로ᄃᆡ(楞解7:24). 사기리 믈읫 八百餘家ㅣ로ᄃᆡ(金剛序5).

-ㅣ로소니 조 -이니. -이오니. ☞-이로소니 ¶揖讓 몯 ᄒᆞᆯ 時節ㅣ로소니(重杜解1:46).

-ㅣ리오 조 -겠느냐. ☞-이리오 ¶엇디 덛덛ᄒᆞᆫ 數ㅣ리오:豈恒數(重杜解1:48). 므슴 長行馬ㅣ리오:甚麼長行馬(朴解下38).

-ㅣ·며 조 -이며. ☞-이며 ¶孫ᄋᆞᆫ 아ᄃᆞ리며 孫子ㅣ며(月釋1:7).

-ㅣ면 조 -이면. ☞-이면 ¶ᄒᆞᆫ 번 사ᄅᆞᄆᆡ 몸을 일흔 後ㅣ면:一失人身後(朴解中24).

-ㅣ시·니 조 -이시니. ☞-이시니 ¶實ᄋᆞᆯ 나토시니 곧 法華ㅣ시니(楞解1:18).

-ㅣ실·씨 조 -이시므로. ☞-이실씨 ¶唱義班師ㅣ실씨 千里 人民이 몯더니(龍歌9章). 長者ㅣ실씨 秦民ᄋᆞᆯ 깃기시니(龍歌45章). 聖主ㅣ실씨 帝命을 아ᄅᆞ시니(龍歌71章).

-ㅣ:ᄯᆞ·녀 조 -이랴. -이겠느냐. -일까 보냐. ☞-이ᄯᆞ녀 ¶ᄒᆞᄆᆞᆯ며 文字ㅣᄯᆞ녀:況文字乎(圓覺序11). ᄒᆞᄆᆞᆯ며 이 有苗ㅣᄯᆞ녀:矧玆有苗(書解1:36).

-ㅣ사 조 -이야. ☞-이사 ¶子路ㅣ사 사랫거든 힘ᄀᆞ장 孝道ᄒᆞ고(三綱. 孝2). 大愛道ㅣ사 眞實로 善ᄒᆞᆫ ᄠᅳ디 하며(月釋10:19). 오직 聖者ㅣ사 能ᄒᆞᄂᆞ니라(宣中8).

-ㅣ어·나 조 -이거나. ☞-이어나 ¶淸淨ᄒᆞᆫ 比丘ㅣ어나 比丘尼어나(楞解7:6).

-ㅣ어·뇨 조 -인가. -입니까. ☞-이어뇨 ¶猶是他奴ㅣ어뇨(蒙法22). 옛 사ᄅᆞᄆᆞᆫ ᄯᅩ 엇던 慶幸ㅣ어뇨:斯人亦何幸(重杜解1:37).

-ㅣ어·늘 조 -이거늘. ☞-이어늘 ¶寇攘이 毒痛ㅣ어늘 田制를 고티시니:寇攘毒痛大正田制(龍歌73章). 豺狼이 構禍ㅣ어늘:豺狼構禍患(龍歌111章).

-ㅣ어·니·와 조 -이거니와. ☞-이어니와 ¶잣 안햇 十萬戶ㅣ어니와(初杜解7:7).

-ㅣ어·든 조 -이거든. ☞-이어든 ¶공심애 싱앙 글힌 ᄆᆞᆯ곤 므레 머고ᄃᆡ 밥 머근 휘어든 ᄡᆞᆯ 글힌 ᄆᆞᆯ곤 므레 머그라(救簡2:37).

-ㅣ·어시·니 조 -이시거니. -이시니. ☞-이어시니 ¶三十年 天子ㅣ어시니 모딘 ᄢᅴᄅᆞᆯ 일우리잇가:三十年皇悍謀何濟(龍歌31章). 三藐三佛陁ㅣ어시니 ᄒᆞᆫ 터럭 ᄒᆞᆫ 토빈ᄃᆞᆯ 供養功德이 어느 ᄀᆞᆺ 이시리(月印上34).

-ㅣ언마·른 조 -이건마는. ☞-이언마ᄅᆞᆫ ¶須菩提ᄂᆞᆫ 眞實ㅅ 佛子ㅣ언마ᄅᆞᆫ:須菩提眞佛子(法華2:227).

-ㅣ·오 조 -이요. ☞-이오 ¶四面이 다 七寶

ㅣ오(釋譜6:31). 아뫼오(楞解1:7). 젼치오(楞解2:57).

-ᆫ·댄 (어미) -건대. ☞-인댄 ¶ᄉᆞᆯ펴보리라 니ᄅᆞ린댄:照顧ᆫ댄(蒙法51). ᄒᆞ다가 色身이라 ᄒᆞ린댄:若色身者ᆫ댄(六祖中86).

-·ᄋᆞ- (조성모음) -으-. ☞-으- ¶海東六龍이 ᄂᆞᄅᆞ샤:海東六龍飛(龍歌1章). 우리 始祖ㅣ 慶興에 사ᄅᆞ샤:今我始祖慶興是宅(龍歌3章). 이 ᄠᅳ들 닛디 마ᄅᆞ쇼셔:此意願毋忘(龍歌110章). 이페 들 제 걸쇠ᄅᆞᆯ 바ᄃᆞ며:入戶奉扃(宣賜內訓1:6).

-·ᄋᆞ·나 (어미) -이나. ¶虞芮質成ᄒᆞᄂᆞ로 方國이 해 모ᄃᆞ나 至德이실ᄊᆡ 獨夫 受ㄹ 셤기시니:虞芮質成方國多臻維其至德事獨夫辛(龍歌11章).

ᄋᆞ녀 [명] 아녀(兒女). ¶효ᄀᆞᆫ 兒女ᄅᆞᆯ 아ᄋᆞ라히 憐愛ᄒᆞ노니(重杜解12:4). 그ᄃᆡᄂᆞᆫ ᄋᆞ녀의 협급ᄒᆞ믈 허물치 말나(落泉1:2).

-ᄋᆞ·니 (어미) ①-으니. ☞-으니 ¶寢室 이페 안ᄌᆞ니:止室之戶. 즘겟 가재 연ᄌᆞ니:寘樹之揚(龍歌7章). ᄒᆞᆫ 사래 마ᄌᆞ니:一箭俱中(龍歌43章). 金塔이 소ᄉᆞ니:迺湧金塔(龍歌83章). 覺이 세 가짓 ᄠᅳ디 ᄀᆞᄌᆞ니(月釋9:12). 더운 므레 머거도 됴ᄒᆞ니:亦宜湯服(救簡1:32). ᄎᆞᆫ 긔운으로 깃ᄂᆞᆫ 기춤은 추미 ᄆᆞᆯᄀᆞ니:冷嗽痰薄呷(救簡2:9).
②-이니. ¶聖化ㅣ 오라샤 西夷 ᄯᅩ 모ᄃᆞ니:聖化既久西夷亦集. 聖化ㅣ 기프샤 北狄이 ᄯᅩ 모ᄃᆞ니:聖化既深北狄亦至(龍歌9章). 도ᄌᆞ기 ᄠᅳᆮ 몰라 모ᄃᆞ니:彼寇賊兮莫測相聚(龍歌60章).

-ᄋᆞ니·라 (어미) -으니라. ☞-으니라 ¶ㄱᄂᆞᆫ 엄쏘리니 君ㄷ字 처ᅀᅥᆷ 펴아나ᄂᆞᆫ 소리 ᄀᆞᄐᆞ니 ᄀᆞᆯᄫᅡ쓰면 虯ㅸ字 처ᅀᅥᆷ 펴아나ᄂᆞᆫ 소리 ᄀᆞᄐᆞ니라(訓註4). 아ᄂᆞ다 홈 ᄀᆞᄐᆞ니라(牧牛訣20). 가ᄉᆡ나못 진 ᄒᆞᆫ 되ᄅᆞᆯ 머거도 됴ᄒᆞ니라(救簡1:16).

-·ᄋᆞ·니이·다 (어미) -으니이다. -은 것입니다. ☞-으니이다 ¶洛陽애 올ᄆᆞ니이다:洛陽是徙. 漢陽애 올ᄆᆞ니이다:漢陽是遷(龍歌14章). 나거ᅀᅡ ᄌᆞᄆᆞ니이다:迨其出矣江沙迺沒. 뷔어ᅀᅡ ᄌᆞᄆᆞ니이다:迨其空矣島嶼迺沒(龍歌67章).

ᄋᆞ달 [명] 아들. ☞아ᄃᆞᆯ. ᄋᆞᄃᆞᆯ ¶ᄒᆞᆫ ᄋᆞ달이 잇다더니:有一箇兒子(華解上27).

ᄋᆞ동 [명] 아동(兒童). ¶엇디 ᄒᆞᆫ갓 兒童ㅣ ᄌᆞ랄 ᄯᆞᆫㅣ리오:豈惟長兒童(重杜解1:39).

-ᄋᆞ되 (어미) -으되. ☞-으되 ¶녀나ᄆᆞᆫ 거ᄉᆞᆫ 다 ᄀᆞᄐᆞ되 다만 닐오ᄃᆡ(家禮1:32).

ᄋᆞᄃᆞᆯ [명] 아들. ☞ᄋᆞ달 ¶다ᄉᆞᆺ ᄋᆞᄃᆞᆯ노 ᄒᆞ여곰(敬信39).

ᄋᆞᄃᆞᆯ벼 [명] 움벼. 그루벼. ¶ᄋᆞᄃᆞᆯ벼:稻孫(柳氏物名三 草).

-ᄋᆞ·라 (어미) -자마자. ¶잢간 안ᄌᆞ라 ᄂᆞᄂᆞᆫ 가마괴ᄂᆞᆫ 두ᅀᅥ 삿기ᄅᆞᆯ 더브렛고:暫止飛烏將數子(初杜解7:1).

-·ᄋᆞ·라 (어미) -으라. ☞-으라 ¶오직 念 업소므로 宗ᄋᆞᆯ 사ᄆᆞ라 ᄒᆞ시니:唯以無念爲宗(牧牛訣25). ᄲᆞᆯ리 위ᄌᆞᄅᆞᆯ 아ᅀᆞ라:急取孟子(救簡1:20). 동녁으로 버든 복셩홧 가지ᄅᆞᆯ ᄀᆞᄂᆞ리 사ᄒᆞ라 므레 글혀 모욕 ᄀᆞᄆᆞ라:細剉東引桃枝煮湯浴之(救簡1:104). ᄯᅩ 마ᄂᆞᄅᆞᆯ 귀와 고해 고ᄌᆞ라:又蒜塞耳鼻中(救簡2:74). 더운 므를 머구머 ᄎᆞ거든 비와ᄐᆞ라:湯熱含冷吐(救簡2:117).

-·ᄋᆞ라·와 [조] -보다. ☞-라와 ¶ᄇᆞᄅᆞᄆᆞ라와 ᄲᆞᆯ리 古仙山애 가니라(月釋7:32). 부텻긔 出家ᄒᆞ야도 八萬四千 浮圖寶塔 세요ᄆᆞ라와 더어(月釋23:76).

-ᄋᆞ·락 (어미) -으락. ☞-으락 ¶ᄒᆞᆫ 雙ㅅ 믌ᄃᆞᆯᄀᆞᆫ 相對ᄒᆞ야 ᄌᆞᄆᆞ락ᄠᅳ락ᄒᆞᄂᆞ다(初杜解7:2). 거르락안ᄌᆞ락호ᄆᆞᆯ 오래 ᄒᆞ야:行坐良久(救簡3:119). 헤여디락모ᄃᆞ락ᄒᆞᄂᆞᆫ 믌뉘누리ᄂᆞᆫ 붑괴오:擺闔盤渦沸(重杜解2:7).

-·ᄋᆞ·란 [조] -을랑. ☞-ㄹ란. -으란 ¶됴ᄒᆞᆫ 고ᄌᆞᄅᆞᆫ ᄑᆞ디 말오 다 王ᄭᅴ 가져오라(月釋1:9). 모딘 善티 아니ᄒᆞᆫ ᄆᆞᅀᆞᄆᆞ란:惡不善心(圓覺上一之二103). 맛드논 사ᄅᆞᄆᆞ란 貴히 ᄒᆞ고(宣賜內訓序3). 귀밑터리의 衰殘호ᄆᆞ란 肯許티 마롤디니라:未肯鬢毛衰(初杜解22:18). 저즌 오ᄉᆞ란 밧겨 앗고:脫去濕衣(救簡1:86).

-ᄋᆞ란·ᄃᆡ (어미) -을진대. ☞-으란ᄃᆡ ¶如來ㅅ 正法을 네 맛ᄌᆞᄫᆞ란ᄃᆡ 브즈러니 護持ᄒᆞ야 닐그며 외오라(釋譜23:36).

-·ᄋᆞ·려니·와 (어미) -으려니와. ¶도ᄌᆞ기 ᄒᆞ다가 밧긔 이시면 오히려 어루 마ᄀᆞ려니와:賊若在外猶可是防(圓覺下三之一42).

-·ᄋᆞ·련마·ᄅᆞᆫ (어미) -으련마는. ¶ᄆᆡ ᄒᆞ나히 닷 돈 은을 바ᄃᆞ련마ᄅᆞᆫ:每一箇討五錢銀子(飜朴上32).

-·ᄋᆞ·로 [조] -으로. ☞-으로 ¶簞食壺漿ᄋᆞ로:簞食壺漿(龍歌10章). 行幸ᄋᆞ로 마ᄀᆞ시니:游幸厭之(龍歌39章). 赤心ᄋᆞ로 처ᅀᅥᆷ 보샤:維是赤心始相見斯(龍歌78章). ᄒᆞᆫ 소ᄂᆞ로 티시며:一手格之(龍歌87章). 八分齋戒 디녀 쟝망ᄒᆞᆫ 야ᄋᆞ로 쥬을 供養ᄒᆞ고(釋譜9:32). 精舍ㅅ 겨ᄐᆞ로 디나가니(月釋1:6). 如來시다 호ᄆᆞᆫ 應身ᄋᆞ로 사기니라(月釋9:10). 져고ᄆᆞ로 너부ᄆᆞᆯ ᄢᅳ리니라(楞解1:9). 五色이 사ᄅᆞᄆᆞ로 눈멀에 ᄒᆞᄂᆞ다(圓覺序28). 사ᄅᆞᄆᆞ로 들라 ᄒᆞ니(宣賜內訓序4). 눉믈 ᄡᅳ리고 제여곰 西東ᄋᆞ로 가리라:揮淚各西東(初杜解21:31). ※-ᄋᆞ로>-으로

-ᄋᆞ·로브·터 [조] -으로부터. ☞-으로브터 ¶되 反ᄒᆞ야 干戈 가져 ᄃᆞᆫ뇨ᄆᆞ로브터:自胡之

反持干戈(初杜解7:28). 本ᄋᆞ로브텃 밧ᄀᆞ다 客塵이 ᄃᆞ외얫논디:自本之外皆爲客塵(楞解1:113).

-·ᄋᆞ로·ᄡᅥ [조] -으로써. ☞-으로ᄡᅥ ¶白玉盤애 올이고 雲霞 ᄀᆞᄐᆞᆫ 기ᄇᆞ로ᄡᅥ ᄡᅳ면:登于白玉盤藉以如霞綺(初杜解16:67).

-·ᄋᆞ로·셔 [조] -으로부터. ☞-으로셔 ¶그 ᄢᅴ 釋迦牟尼佛이 十方ᄋᆞ로셔 오신 分身佛ᄃᆞᆯᄒᆞᆯ 各各 本土애 도라가쇼셔 ᄒᆞ야(月釋18:19).

-ᄋᆞ·론 [조] -보다는. ☞-으론 ¶묻노라 ᄌᆞ조 朝謁호ᄆᆞ론 便安히 나지 ᄌᆞ오롬과 엇더ᄒᆞ니오:借問頻朝謁何如穩晝眠(初杜解20:10).

-ᄋᆞ·론 [조] -으로는. ¶耶輸ㅣ 보시고 ᄒᆞ녀ᄀᆞ론 분별ᄒᆞ시고 ᄒᆞ녀ᄀᆞ론 깃거 구쳐 니러 절ᄒᆞ시고(釋譜6:3).

-ᄋᆞ·롯 [조] -으로. -으로부터. ☞-으롯 ¶그러면 行ᄋᆞ롯 아래 아니 滅ᄒᆞ리 업스리니(月釋2:22之2). ᄒᆞ다가 이 眞宗 妙道ᄂᆞᆫ 곧 이 法身ᄋᆞ롯 우히라:若是眞宗妙道直是法身向上(金三2:27).

-ᄋᆞ·료 [어미] -으리요. ☞-으료 ¶부톄 곧 이 ᄆᆞᅀᆞ미니 ᄆᆞᅀᆞᄆᆞᆯ 엇데 머리 어ᄃᆞ료:佛卽是心心何遠覓(牧牛訣2).

-·ᄋᆞ리·라 [어미] -으리라. ☞-으리라 ¶ᄀᆞᄅᆞ치논 마ᄅᆞᆯ 信ᄒᆞ야 바ᄃᆞ리라(釋譜19:8).

-·ᄋᆞ·리잇·가 [어미] -으리까. -을 것입니까. ¶七代之王ᄋᆞᆯ 뉘 마ᄀᆞ리잇가:七代之王誰能禦止(龍歌15章). 이곧 뎌고대 後ㅿ날 다ᄅᆞ리잇가:於此於彼寧殊後日(龍歌26章).

ᄋᆞ릐 [명] 아래. ☞아래 ¶ᄋᆞ릐 사ᄅᆞᆷ들로 ᄒᆞ여곰:教底下們(華解下9).

ᄋᆞ마 [명] 아마(兒馬). 망아지. ¶ᄋᆞ마:小馬(漢淸14:19).

-·ᄋᆞ며 [어미] ①-으며. ☞-으며 ¶諸法이 夢ᄀᆞᄐᆞ며(牧牛訣14). 바ᄅᆞᆺᄆᆞᄅᆞᆯ 모ᄀᆡ 가ᄆᆞ며 ᄯᅩ 머그라:海藻周於頸下又食之(救簡2:83). ②-이며. ¶다 ᄯᅳᆷ ᄆᆞᄎᆞ며 즉재 니러앉더라:皆灸畢卽起坐(救簡2:61).

-·ᄋᆞ·면 [어미] -으면. ☞-으면 ¶法華ㅅ 이ᄅᆞᆯ 사ᄆᆞ면(楞解1:17). ᄆᆞᅀᆞᆷ과 말ᄉᆞᆷ괘 고ᄃᆞ면(楞解1:44). 기프니로 녀트닐 사ᄆᆞ면 큰 利ᄅᆞᆯ 일흐리오:以深爲淺失於大利(圓覺上一之一27). 沙界ᄅᆞᆯ 다 ᄢᅳ리고 거두워 자ᄇᆞ면:俱該沙界收攝(牧牛訣6). 그 ᄂᆞᄎᆡ 춤을 만히 바ᄐᆞ면 즉재 살리라:多唾其面卽活(救簡1:82).

ᄋᆞ목 [명] 아목(兒木). 묘목(苗木). ¶ᄋᆞ목:小樹(漢淸13:26).

-ᄋᆞ·샤 [어미] ①-으시어. ☞-으샤 ¶海東 六龍이 ᄂᆞᄅᆞ샤:海東六龍飛(龍歌1章). 周國 大王이 豳谷애 사ᄅᆞ샤:昔周大王于豳斯依(龍歌3章). 獨夫를 하ᄂᆞᆯ히 니ᄌᆞ샤:天絕獨夫(龍歌72章). 黼座애 안ᄌᆞ샤:黼座迺登坐(龍歌111章). 行陣ᄋᆞᆯ 조ᄎᆞ샤:行陣日隨逐(龍歌112章).
②-리시어. ¶다시 사ᄅᆞ샤 爵祿ᄋᆞᆯ 주시니:迺復生之爵祿是錫(龍歌77章).

-ᄋᆞ·샨 [어미] -으신. ☞-으산 ¶聖人ㅅ ᄀᆞᄌᆞ샨 功德에 니르리라:乃至聖人所具功德(圓覺上三之一62).

-·ᄋᆞ쇼·셔 [어미] -으소서. ☞-으쇼셔 ¶이 ᄠᅳ들 닛디 마ᄅᆞ쇼셔:此意願毋忘(龍歌111章). 님금하 아ᄅᆞ쇼셔:嗚呼嗣王監此(龍歌125章). 절ᄒᆞ시고 안ᄌᆞ쇼셔 ᄒᆞ시고(釋譜6:3).

ᄋᆞ스슥 [부] 아삭. 아삭아삭. ¶靑醬 ᄋᆞ스슥ᄒᆞᄂᆞᆫ 동난지 사오(古時調. 宅들에. 靑丘).

ᄋᆞ시 [명] 아시(兒時). ¶대개 ᄋᆞ시 적브터 블민히 넉이오시나(癸丑22).

-ᄋᆞ·시- [어미] -으시-. ¶모딘 도ᄌᆞᄀᆞᆯ 자ᄇᆞ시니이다:維此兇賊遂能獲之(龍歌35章). 셩인이 대효ᄅᆞᆯ 일ᄏᆞᄅᆞ시매 그 오직 슌이시니(百行源11).

-ᄋᆞ·시·니 [어미] ①-으시니. ☞-으시니 ¶六合애도 精卒ᄋᆞᆯ 자ᄇᆞ시니:于彼六合又殲精卒(龍歌24章). 行幸ᄋᆞ로 마ᄀᆞ시니:游幸厭之(龍歌39章). 武德을 아ᄅᆞ시니:武德是知(龍歌45章). 나랏 일훔 ᄀᆞᄅᆞ시니:聿改國號(龍歌85章).
②-리시니. ¶救호ᄃᆡ 몯 사ᄅᆞ시니:救而莫活(龍歌104章).

-·ᄋᆞ시·니·라 [어미] -으시니라. ¶그 法을 印定ᄒᆞ샤 一切經엣 으ᄯᅳᄆᆞᆯ 샤ᄆᆞ시니라:以印定其法爲一切經之宗也(圓覺序7).

-ᄋᆞ·시·니이·다 [어미] -으신 것입니다. ☞-으시니이다 ¶모딘 도ᄌᆞᄀᆞᆯ 자ᄇᆞ시니이다:維此兇賊遂能獲之(龍歌35章).

-ᄋᆞ·시도·소이·다 [어미] -으시더이다. ¶마초아 사ᄅᆞ미 오니 皇帝ㅅ 病이 ᄒᆞ마 됴ᄒᆞ시도소이다 ᄒᆞ야ᄂᆞᆯ:屬有使來上疾已愈(宣賜內訓2下14).

-ᄋᆞ·시러니·와 [어미] -으시거니와. ¶土ᄅᆞᆯ 브터 사ᄅᆞ시러니와:託土以居(圓覺上二之二160).

-ᄋᆞ·시·리잇·가 [어미] ①-으시리이까. -으실 것입니까. ¶天下 蒼生ᄋᆞᆯ 니ᄌᆞ시리잇가:天下蒼生其肯忘焉(龍歌21章).
②-리시리이까. ¶나랏 小民을 사ᄅᆞ시리잇가:國民焉救(龍歌52章).

-·ᄋᆞ시·리잇·고 [어미] -으시리이까. -으실 것입니까. ¶몃 間ㄷ 지븨 사ᄅᆞ시리잇고:幾間以爲屋(龍歌110章).

-ᄋᆞ·시릴·씨 [어미] -이(리)실 것이매. -이(리)실 것이므로. ¶四征無敵ᄒᆞ샤 오샤ᅀᅡ 사ᄅᆞ시릴씨:四征無敵來則活已(龍歌38章).

-ᄋᆞ·신 [어미] -으신. ☞-으신. -ᄋᆞ샨 ¶아바님 지ᄒᆞ신 일훔 엇더ᄒᆞ시니:厥考所名果如何焉

(龍歌90章).

-ᄋᆞ실·씨 (어미) -으실새. -으시므로. ☞-으실ᄊᆡ ¶天命을 모ᄅᆞ실ᄊᆡ:天命靡知(龍歌13章). 모딘 相ᄋᆞᆯ 니ᄌᆞ실ᄊᆡ:且忘反相(龍歌76章). 始終이 다ᄅᆞ실ᄊᆡ:始終有異. 始終이 ᄀᆞᄐᆞ실ᄊᆡ:始終如一(龍歌79章). 無常等 一切諸法을 ᄉᆞᄆᆞᆺ 아ᄅᆞ실ᄊᆡ 佛이시다 ᄒᆞ니라(月釋9:12).

ᄋᆞ양피 명 아양피(兒羊皮). ¶ᄋᆞ양피:羊羔皮(漢淸11:14).

ᄋᆞ자 감 아. 어. ¶ᄋᆞ자 내 黃毛試筆 墨을 뭇쳐 窓 밧긔 디거고(古時調. 靑丘). ᄋᆞ자 내 少年이야 어드러로 간거이고(古時調. 靑丘). ᄋᆞ자 나 쓰던 되 黃毛筆을 首陽 梅月을 흠벅 지거(古時調. 靑丘).

ᄋᆞ조 부 아주. ¶嚴敬만 專主ᄒᆞ면 疏遠키 ᄋᆞ조 쉬며(人日歌).

ᄋᆞᄌᆞ 명 아자(兒子). 아이. ¶창 밧긔 우믈을 파고 ᄒᆞᆫ 존 두어 그릇 물노 약을 삼고 ᄋᆞᄌᆞ로 더브러 날을 지내니(落泉2:4).

-·ᄋᆞ·티 조 -같이. 〔'ᄀᆞ티'의 'ᄀ'이 'ㄹ' 뒤에서 탈락한 형태.〕¶ᄇᆞᄅᆞᆷ놀ᄋᆞ티 쾌ᄒᆞ니:風刃也似快(飜老上19).

ᄋᆞ희 명 아이. ¶ᄋᆞ희 소김이 불가라 ᄒᆞ야:子(女四解4:8).

ᄋᆞ흠 부 에헴. ¶門 밧긔 뉘 ᄋᆞ흠 ᄒᆞ며 낙시 가쟈 ᄒᆞᄂᆞ니(古時調. 茅簷. 靑丘).

-·ᄋᆞᆫ 조 -은. ☞-은. -ᄒᆞᆫ ¶불휘 기픈 남ᄀᆞᆫ:根深之木(龍歌2章). 앗ᄋᆞᆫ 뜨든 다ᄅᆞ거늘:弟則意異(龍歌24章). ᄂᆞᄆᆞᆫ 仇讐ㅣ라커늘:人謂讐也(龍歌77章). 아ᄌᆞ마니ᄆᆞᆫ 大愛道ᄅᆞᆯ 니ᄅᆞ시니(釋譜6:1). 民ᄋᆞᆫ 百姓이오(訓註1). ᄒᆞᆫ ᄃᆞᄅᆞᆫ ᄒᆞ야 황당ᄒᆞᆫ ᄭᅮᆷᄭᅮ고 ᄲᆞᆯ리 도라오니:月餘尹感異夢亟歸則(三綱. 孝35). 이 약ᄋᆞᆫ ᄂᆞᆼ히 긔운을 고티며:此藥能正氣(救簡1:5). 도와리 ᄒᆞ야 토호ᄆᆞᆫ 긋고 즈치요ᄆᆞᆫ 긋디 아니커든:霍亂吐止而瀉未除者(救簡2:59). ※-ᄋᆞᆫ>-은

-ᄋᆞᆫ (어미) -은. ☞-은 ¶種種앳 됴ᄒᆞᆫ 오ᄉᆞᆯ 어드며(釋譜9:9). ᄇᆞᆯᄀᆞᆫ 體ᄅᆞᆯ 나토시고(楞解1:20). 智 사ᄆᆞᆫ 後에ᅀᅡ(圓覺序4). 번드기 ᄠᅩ로 ᄇᆞᆯᄀᆞᆫ 얼굴 몯 ᄒᆞᆯ 거시ᅀᅡ:歷歷孤明勿形段者(牧牛訣5). 눈 노ᄀᆞᆫ 믈 닷 되예:雪水五升(救簡1:111). 새로 도ᄃᆞᆫ 회화나못 가지:新生槐枝(救簡2:34).

ᄋᆞᆫ 부 같고. ¶듣글 ᄋᆞᆫ 터럭 ᄀᆞᄐᆞᆫ 國土에:於塵毛國土(楞解1:9).

-·ᄋᆞᆯ 조 -을. ☞-을 ¶聖孫ᄋᆞᆯ 내시니이다:聖孫出兮(龍歌8章). 말ᄊᆞᄆᆞᆯ ᄉᆞᆯᄫᆞ리 하ᄃᆡ:獻言雖衆(龍歌13章). 揚子 江南ᄋᆞᆯ ᄭᅥ리샤:揚子江南忌(龍歌15章). 肇基朔方ᄋᆞᆯ 뵈아시니이다:肇基朔方實維趣只(龍歌17章). ᄢᅴ 한 도ᄌᆞᄀᆞᆯ 모ᄅᆞ샤:靡知黠賊(龍歌19章). 天下蒼生ᄋᆞᆯ 니ᄌᆞ시리잇가:天下蒼生其肯忘焉(龍歌21章). 子孫之慶ᄋᆞᆯ 神物이 ᄉᆞᆯᄫᆞ니:子孫之慶神物復止(龍歌22章). 兄님ᄋᆞᆯ 모ᄅᆞᆯᄊᆡ 발자ᄎᆡ 바다 남기 ᄢᅦ여(月印上2). 毒龍 羅刹ᄋᆞᆯ 계워 方攘앳 術이 ᄉᆞᆨ절업더니(月印上66). 서르 고마ᄒᆞ야 드르샤 說法ᄒᆞ시니 곧 阿羅漢ᄋᆞᆯ 아니라(釋譜6:12). 내의 ᄀᆞᄅᆞ쵸ᄆᆞᆯ 기드린 後에ᅀᅡ:待我敎而後(宣賜內訓序6). ᄐᆡᆼᄌᆞ나못 거프ᄅᆞᆯ 이 양으로 ᄒᆞ야(救簡1:28). 돌뻠에 지순 뿌ᄅᆞᆯ 머구머셔:崖蜜含(救簡2:84). ※-ᄋᆞᆯ>-을

-ᄋᆞᆯ (어미) ①-는. -ㄴ. ☞-을 ¶流通ᄋᆞᆫ 흘러 ᄉᆞᄆᆞ출 씨라(訓註1). 如는 ᄀᆞᄐᆞᆯ 씨라(訓註3). 輕은 가ᄇᆡ야ᄫᆞᆯ 씨라(訓註12).
②-을. ¶아ᅀᆞᆯ ᄲᅮ니언뎡(楞解2:73). 곳구무 마ᄀᆞᆯ 만ᄒᆞ야:可塞鼻竅(救簡2:69).

-·ᄋᆞᆯᄃᆞ·려 조 -에게. ¶婆羅門ᄋᆞᆯᄃᆞ려 닐오ᄃᆡ(釋譜6:13).

-·ᄋᆞᆯ브·터 조 -부터. ¶가ᅀᆞ멸며 貴호ᄆᆞᆫ 반ᄃᆞ기 브즈런ᄒᆞ며 辛苦호ᄆᆞᆯ브터 얻ᄂᆞ니:富貴必從勤苦得(初杜解7:31).

ᄋᆞᆲ 명 앞. ☞앏 ¶樓 ᄋᆞᆲ히:樓前邊(華解下4). ᄋᆞᆲ門 밧긔:前門外頭(華解下17). ᄋᆞᆲ히 와셔:來到跟前(華解下28).

-·ᄋᆞᆸ- (어미) -옵-. ☞-ᄉᆞᆸ- ¶아소 님하 遠代平生애 여힐 ᄉᆞᆯ 모ᄅᆞᄋᆞᆸ새(樂詞. 滿殿春別詞). 네 이제 王ᄋᆞᆯ 섬기ᄋᆞᆸ다가:女今事王(宣小4:33). 拜辭호리라 闕下애 가 님금 두ᄋᆞᆸ고 나가믈 젓ᄉᆞ와 오라ᄃᆞ록 몯 나오라:拜辭詣闕下怵惕久未出(重杜解1:1). 손 잡고 반기ᄂᆞᆫ 집 닏 아니 가ᄋᆞᆸ더니(萬言詞). ※-ᄋᆞᆸ-<-ᄉᆞᆸ-

-ᄋᆞᆸ게 (어미) -옵게. ¶나도 强疾ᄒᆞ여 參詣ᄒᆞᄋᆞᆸ게 ᄒᆞᄋᆞᆸᄂᆡ(隣語1:5).

-ᄋᆞᆸ더니 (어미) -옵더니. ¶一杯 薄酒ᄅᆞᆯ 勸ᄒᆞᄋᆞᆸ더니(隣語1:9).

-ᄋᆞᆸ더이다 (어미) -옵더이다. -더이다. -ㅂ디다. ¶요긔ᄂᆞᆫ 족히 ᄒᆞ올만 ᄒᆞᄋᆞᆸ더이다(隣語1:10).

-ᄋᆞᆸ도쇠 조 -옵도소이다. -ㅂ니다. ¶人物도 어엳부고 시죵도 잘 ᄒᆞ니 과연 긔특ᄒᆞᆫ 아히ᄋᆞᆸ도쇠(隣語2:6).

-ᄋᆞᆸ새 (어미) -옵세. ☞-옵시. -ᄋᆞᆸ- ¶아소 님하 遠代平生애 여힐 ᄉᆞᆯ 모ᄅᆞᄋᆞᆸ새(樂詞. 滿殿春別詞).

-ᄋᆞᆸ소 (어미) -옵소. -시오. ¶그리 自作스러이 니ᄅᆞ지 마ᄋᆞᆸ소(隣語1:1). 그리 아ᄋᆞᆸ소(隣語1:2). 됴흔 ᄊᆞᆯ을 今明間 드려 주ᄋᆞᆸ소(隣語1:3).

-ᄋᆞᆸ쇼셔 (어미) -옵소서. ¶病勢ᄅᆞᆯ 아라 주ᄋᆞᆸ쇼셔(隣語1:8). 비록 제가 교만ᄒᆞᆫ 말을 ᄒᆞᆯ지라도 부ᄃᆡ 노호여 마ᄋᆞᆸ쇼셔(隣語1:18).

-ᄋᆞᆸ시거든 (어미) -옵시거든. -시옵거든. -시

거든. ¶片紙나 ᄒᆞ려 ᄒᆞᄋᆞᆸ시거든(隣語1:12).

-ᄋᆞᆸ시니 어미 -옵시니. -시오니. ¶너모 과도이 인ᄉᆞᄒᆞᄋᆞᆸ시니(隣語1:9).

-ᄋᆞᆸ시다 어미 -옵시다. -시옵다. -시다. ¶東萊 令監이 近間의 新舊 交龜ᄒᆞᄋᆞᆸ시다 ᄒᆞ오니(隣語1:7).

-ᄋᆞᆸ시되 어미 -옵시되. -시되. ¶巡使가 邑內 드ᄋᆞᆸ시되(隣語1:6).

-ᄋᆞᆸ시면 어미 -옵시면. -시오면. -시면. ¶公이 친히 가시고 지쳐ᄒᆞᄋᆞᆸ시면(隣語1:9). 내게 보내ᄋᆞᆸ시면 내 片紙과 同封ᄒᆞ여 올녀 보내오면(隣語1:12).

-ᄋᆞᆸ실 어미 -옵실. -실. ¶大修理ᄅᆞᆯ 시작ᄒᆞᄋᆞᆸ실 반근 업ᄉᆞ오리(隣語1:11).

:ᄋᆡ 명 애(愛). 사랑. ¶시혹 恭敬을 因ᄒᆞ야 愛 일며(圓覺下一之一17).

·ᄋᆡ 감 아아. ☞애 ¶ᄋᆡ 男子아 엇던 이ᄅᆞᆯ 爲ᄒᆞ야 이 길헤 든다(月釋21:118). ᄋᆡ 迷人아 오ᄂᆞᆯ록 後에ᅀᅵ 길ᄒᆞᆯ ᄇᆞᆲ디 말라(月釋21:119). ᄋᆡ 男子아:咄男子(法華2:211). ᄋᆡ 슬프다 셜우믈 ᄆᆞᅀᆞ매 얼규니:嗚呼哀哉痛纏心腑(永嘉序15).

-·ᄋᆡ 조 ①-의. ☞-의 ¶宮監ᄋᆡ 다시언마ᄅᆞᆫ:宮監之尤(龍歌17章). 避仇ᄒᆞᆯ 소ᄂᆡ 마리:避仇客辭(龍歌28章). 마ᄉᆞᆫ 사ᄉᆞᄆᆡ 등과:麋脊四十(龍歌88章). 孝道ᄒᆞᆯ ᄯᆞ러 그를:孝女之書(龍歌96章). 아기아ᄃᆞᆯᄋᆡ 각시ᄅᆞᆯ 求ᄒᆞ더니(月印上54). 譯은 ᄂᆞᄆᆡ 나랏 그를 제 나랏 글로 고텨 쓸 ᄡᅵ라(釋譜序6). ᄆᆞᅀᆞᆯ히 盛ᄒᆞ야 ᄃᆞᆯᄀᆡ 소리 서르 들여(月釋1:46). ᄂᆞᄆᆡ 마ᄅᆞᆯ 因티 아니ᄒᆞ야(永嘉下42). 點眼ᄋᆞᆫ 스스ᅌᅵ 弟子ᄋᆡ ᄂᆞᆫ을 ᄠᅳ긔 ᄒᆞᆯ 시라(金三2:59). 가치 지빗 ᄒᆞᆰ을 ᄀᆞ라:鵲巢土爲末(救簡1:49). 가히 피 ᄒᆞᆫ 홉을:犬血一合(救簡1:55). 도틔 렴통앳 피로:猪心血(救簡1:97). 虎豹ᄋᆡ 사호믈 다시곰 드르며:再聞虎豹鬪(重杜解1:27).

②-에. ☞-애. -에 ¶남ᄀᆡ ᄢᅦ여 性命을 ᄆᆞᄎᆞ시니(月印上2). 耶輸 알ᄑᆡ 가 셔니(釋譜6:3). 발자쵤 바다 남ᄀᆡ ᄢᅦ여 性命을 ᄆᆞᄎᆞ시니(月釋1:2). ᄂᆞ외 방ᄋᆡ 나디 아니ᄒᆞ더니:復不出房閤(宣賜內訓1:29). ᄀᆞᅀᆞᆳ ᄇᆞᄅᆞ미 밤ᄂᆞ지 ᄆᆞᆯᄀᆞ니:秋風日夜淸(初杜解6:16). 湘娥ᄂᆞᆫ 나죗 고지 지옛도다:湘娥倚暮花(初杜解6:29). 이ᄉᆞᆫ 玉座ㅅ 보ᄆᆡ 올맷도다:苔移玉座春(初杜解6:30). ᄯᅩ ᄃᆞᆰ의 간과 피ᄅᆞᆯ ᄂᆞ치 ᄇᆞᄅᆞ고 재ᄅᆞᆯ ᄀᆞᅀᅵ 휫두로 ᄣᅥ라 두면 즉재 살리라:又雞肝及血塗面上以灰圍四方立起(救簡1:44). 邊塞옛 바티 비르서 收斂호미 微薄ᄒᆞ도다:塞田始微收(重杜解1:15). 치운 뫼해셔 바ᄆᆡ 우놋다:山寒夜中泣(重杜解1:22).

-·ᄋᆡ 어미 -게. ¶그 나못 불휘ᄅᆞᆯ ᄲᆡᅘᅧ 그우리 부러 가지 것비쳐 드트리 ᄃᆞ외ᄋᆡ ᄇᆞᆺ아디거늘(釋譜6:31).

-·ᄋᆡ 접미 -이.〔형용사 어근에 붙어 명사를 만드는 접미사.〕☞-애. -에. -의 ¶半길 노ᄑᆡᆫ ᄃᆞᆯ 년기 디나리잇가:雖半身高誰得能度(龍歌48章). 노ᄑᆡ ᄂᆞᆫ ᄒᆞᆫ 자히오(月釋10:117). 노ᄑᆡ와 너븨왜 漸漸 져거(月釋17:37). ᄒᆞᆫ 줌 기릐예 견주워:比着只一把長(飜朴上38).

-ᄋᆡ거·긔 조 -에게. ☞-거긔. -ᄋᆡ게. -ᄋᆡ그에 ¶내 녯 저믄 제 일 나랏 비ᄎᆞᆯ 보ᄂᆞᆫ 소ᄂᆡ 거긔 充數ᄒᆡ요라:甫昔少年日早充觀國賓(杜解19:1).

ᄋᆡ걸ᄒᆞ다 동 애걸(哀乞)하다. ¶뉴시 ᄋᆡ걸ᄒᆞ야 그 지아비ᄂᆞᆯ 벗겨내니:柳氏哀乞脫其夫(東新續三綱. 烈4:66). 도적의게 ᄋᆡ걸ᄒᆞᆫ대 도적이 다 주기다:哀乞於賊賊並害之(東新續三綱. 忠1:82).

-·ᄋᆡ게 조 -에게. ☞-ᄋᆡ거긔 ¶내 엇데 阿羅漢ᄋᆡ게 새옴 ᄆᆞᅀᆞᄆᆞᆯ 내리오(月釋9:35下). ᄡᅳ리 動ᄒᆞ야 겨틧 사ᄅᆞᄆᆡ게 미츠면(楞解3:82). ᄂᆞᄆᆡ게:於人(楞解9:74). ᄂᆞᄆᆡ게 布施ᄒᆞᆯ 시라(圓覺序77). 사ᄅᆞᄆᆡ게 다ᄅᆞ시료(牧牛訣20). 趙州의 사ᄅᆞᄆᆡ게 믜ᄋᆡᆫ 고ᄃᆞᆯ 굿아라:勘破趙州得人憎處(蒙法19). 사ᄅᆞᄆᆡ게 맛숌호미 어려우니(宣賜內訓序7). ᄇᆡ옛 긔우니 므릐게 자펴:腹中元氣爲水所倂(救簡1:65). 病氣 서르 뎐염ᄒᆞ야 가문이 업게 사 다른 사ᄅᆞᆷᄋᆡ게 너추ᄂᆞᆫ 도로(簡辟1).

-·ᄋᆡ게 조 -보다. ¶나콰 德괘 한 사ᄅᆞᄆᆡ게 노ᄑᆞᆯᄊᆡ(法華2:176).

-·ᄋᆡ그·에 조 -에게. ☞-ᄋᆡ거긔 ¶阿藍迦蘭ᄋᆡ그에 不用處定을 三年을 니기시니(月印上21). ᄂᆞᄆᆡ그에 브터 사로ᄃᆡ(釋譜6:5). 道理 닷ᄂᆞᆫ 사ᄅᆞᄆᆡ그에(月釋2:14). 難陁ᄋᆡ그에 가신대(月釋7:9).

-·ᄋᆡ그엔 조 -에게는. ☞-ᄋᆡ그에 ¶龍ᄋᆡ그엔 이쇼리라 王ㅅ그엔 가리라(月釋7:26).

ᄋᆡ긋다 동 애끊다. ☞애긋다 ¶밤中만 至菊叢 소릐예 ᄋᆡ긋는 듯ᄒᆞ여라(古時調. 닷드쟈 비. 歌曲).

-ᄋᆡ·나 조 -에나. ☞-에나 ¶목ᄋᆡ나 가ᄉᆞ매나 이셔:在咽喉胸膈(救簡6:22).

-·ᄋᆡ·ᄂᆞᆫ 조 -에는. ☞-애ᄂᆞᆫ. -에ᄂᆞᆫ ¶알ᄑᆡᄂᆞᆫ 어드븐 길헤:前有暗程(龍歌30章). 아ᄎᆞᄆᆡᄂᆞᆫ 虛空애 나아(釋譜13:10).

ᄋᆡ달다 동 애달프다. ☞ᄋᆡ돏다 ¶그릇 ᄒᆞᆫ 일 뉘우쳐서 ᄋᆡ달다 너모 마소(萬言詞答).

-·ᄋᆡ·도 조 -에도. ☞-애도. -에도 ¶바ᄆᆡ도 세 ᄢᅵ 說法ᄒᆞ더시다(月釋2:27).

ᄋᆡ돏다 동 애달프다. ☞ᄋᆡ달다. ᄋᆡ돏다 ¶ᄋᆡ도롤 에:恚(倭解上21). 가마귀 너ᄅᆞᆯ 보니

ᄋᆡ돏고도 ᄋᆡ돌왜라(古時調. 靑丘). 귀ᄒᆞᆫ 사람 되야 나셔 그 아니 ᄋᆡ돌온가(人日歌).

ᄋᆡ돏다 [형] 애달프다. ☞애돏다 ¶앗갑다 너 일이여 ᄋᆡ돏다 너 일이여(萬言詞).

ᄋᆡ:모 [명] 애모(哀慕). ☞ᄋᆡ모ᄒᆞ다 ¶네 子細히 ᄉᆞ랑ᄒᆞ약 哀慕ᄅᆞᆯ 忝히 말라:慕ᄂᆞᆫ 그릴씨라(楞解2:54).

ᄋᆡ모ᄒᆞ다 [동] 애모(哀慕)하다. ¶상녜ᄅᆞᆯ ᄆᆞᆺᄌᆞ오시ᄃᆞ록 ᄋᆡ모ᄒᆞ오시기(仁祖行狀3). 왕쇼졔 숙셩ᄒᆞ나 나히 어려 다만 아름다온 셔랑의 ᄋᆡ모ᄒᆞᄂᆞᆫ 졍을 감격ᄒᆞ야(落泉2:6).

ᄋᆡᄆᆡ [명] 억울함. ¶ᄋᆡᄆᆡ 원:冤(類合下21). ᄋᆡᄆᆡ:冤枉(同文解下29).

ᄋᆡᄆᆡᄒᆞ다 [형] 애매하다. 억울하다. ¶놈의 ᄋᆡᄆᆡᄒᆞᆫ 말을 ᄒᆞ리잇가(癸丑59). 도로 ᄋᆡᄆᆡ타 ᄒᆞ고 놋타 ᄒᆞ더라(癸丑63). ᄋᆡᄆᆡᄒᆞ다:冤屈啊(同文解下29). ᄋᆡᄆᆡᄒᆞ여라:冤枉(漢淸3:6). 션친은 ᄋᆡᄆᆡᄒᆞ신 줄 아ᄅᆞ시던 것슬(閑中錄410). 일이 ᄋᆡᄆᆡᄒᆞᆫ 듯ᄒᆞ거든(敬信60). 일이 ᄋᆡᄆᆡᄒᆞᆫ ᄃᆡ 쇽ᄒᆞ고(敬信70). 의탁을 져ᄇᆞ리지 아니려니와 이제 ᄋᆡᄆᆡᄒᆞᆷ을 폭ᄇᆡᆨ지 아니ᄒᆞ고(落泉1:1).

ᄋᆡ상ᄒᆞ다 [동] 애상(哀喪)하다. 상사(喪事)를 슬퍼하다. ¶쇼졔 다ᄅᆞᆫ ᄃᆡ 의뢰ᄒᆞᆯ ᄃᆡ 업셔 일야 ᄋᆡ상ᄒᆞ고(落泉1:2).

ᄋᆡ상ᄒᆞ다 [동] 애상(哀傷)하다. ¶쇼져ᄂᆞᆫ 과도히 ᄋᆡ상치 마ᄅᆞ쇼셔 위로ᄒᆞ더니(落泉3:7).

-·ᄋᆡ·셔 [조] -에서. ☞-애셔. -에셔 ¶나디 바ᄐᆡ셔 남과 ᄀᆞᄐᆞᆯ씨(釋譜6:19). 舍利 長常ᄋᆡ셔 供養ᄒᆞ리며(釋譜23:8). ᄢᅮᆯ리 고지셔 이ᄂᆞ니:蜜成於花(楞解7:17).

-·ᄋᆡ·셔 [조] -보다. ☞-에셔 ¶니ᄅᆞ완ᄃᆡ 몬호ᄆᆞᆫ 泰山ᄋᆡ셔 므거우니(南明下25). 能히 四句偈ᄅᆞᆯ 펴면 알ᄑᆡ셔 더오미 萬倍ᄒᆞᆫ 功이리라:能宣四句偈勝前萬倍之功(金三2:72).

ᄋᆡ셕ᄒᆞ다 [형] 애석(愛惜)하다. ¶邦本ᄋᆡ 凋弊호ᄆᆞᆯ 愛惜ᄒᆞ야:凋弊惜邦本(重杜解1:52).

-·ᄋᆡ:손·ᄃᆡ [조] -에게. ☞-손ᄃᆡ ¶婆羅門이 글왈ᄒᆞ야 須達ᄋᆡ손ᄃᆡ 보내야ᄂᆞᆯ(釋譜6:15).

ᄋᆡ슬피 [부] 애달프게. ¶ᄋᆡ슬피 우ᄂᆞᆫ 새로 깃븐 ᄆᆞᅀᆞ매 버ᄃᆞᆯ 사모리라:哀鳴鴨鳥爲歡心友(修行章26).

ᄋᆡᄭᅵ다 [동] 아끼다. 중앗ᄭᅵ다 ¶오곡을 중히 넉겨 ᄋᆡᄭᅵ며(敬信80).

ᄋᆡ연이 [부] 애연(哀然)히. ¶대군이 ᄋᆡ연이 블샹ᄒᆞ고 어엿브리오마ᄂᆞᆫ(癸丑24).

-·ᄋᆡ와 [조] -에와. ☞-에와 ¶므레 닉게 글혀 나지와 바ᄆᆡ와 두 번 머그면 됴ᄒᆞ리라:水煮熟日夜二服差(救簡2:87).

:ᄋᆡ·욕 [명] 애욕(愛欲). ¶愛欲ᄋᆞᆯ 스러 法中에 이제 일후미 性比丘尼니(楞解4:73).

ᄋᆡ우려 [부] 겨우. ¶七十載 ᄋᆡ우려 어든 거시 一長歌인가 ᄒᆞ노라(古時調. 心性이. 海謠).

ᄋᆡ원ᄒᆞ다 [동] 애원(哀願)하다. ¶쇼져의 ᄋᆡ원ᄒᆞᆫ 졍ᄉᆞᄅᆞᆯ ᄒᆞᆫ 말도 귀의 담아 듯지 아니ᄒᆞ고(落泉3:7).

:ᄋᆡ증 [명] 애증(愛憎). ¶이런ᄃᆞ로 몸과 이비 글혀 ᄂᆞ소ᄉᆞ며 愛憎이 빗기 니ᄂᆞ니:是以身口沸騰愛憎橫起(永嘉下72).

ᄋᆡ·쳑 [명] 애척(哀戚). 애도(哀悼). ¶哀戚은 슬흘 씨라(月釋序14). ᄋᆡ쳑이 아조 업서 샹복 듕의 우음이 ᄌᆞ약ᄒᆞ고(癸丑37).

:ᄋᆡ·탹 [명] 애착(愛著. 愛着). ¶王의 威仗ᄋᆞᆯ 보고 믄득 愛著ᄋᆞᆯ 내야 목숨 ᄆᆞ차 이 俗念을 因ᄒᆞ야 感ᄒᆞ야 나 王이 ᄃᆞ외야 號ㅣ 妙莊嚴이러니(法華7:125).

ᄋᆡ통ᄒᆞ다 [동] 애통(哀痛)하다. ¶나히 닐곱 서래 아비 죽거ᄂᆞᆯ ᄋᆡ통호ᄆᆞᆯ 얼운ᄀᆞ티 ᄒᆞ야:年七歲父沒哀痛如成人(東新續三綱. 孝6:21). 언필의 졸ᄒᆞ니 부인과 공ᄌᆞ의 ᄋᆡ통ᄒᆞ미 녜의 넘으니(落泉1:1).

ᄋᆡ훼ᄒᆞ다 [동] 애훼(哀毁)하다. 슬퍼하다. ¶지아비 애뎐 역ᄉᆞ애 죽거ᄂᆞᆯ 한시 ᄋᆡ훼ᄒᆞ야 ᄡᆞᆯ을 그칫더니:夫死於艾田之役韓氏哀毁絶粒(東新續三綱. 烈1:19).

·ᄋᆡᆨ [명] 액(厄). ¶어려ᄫᅳᆫ 厄ᄋᆞᆯ 버서나며(釋譜9:32). 病을 ᄒᆞ거나 어려ᄫᅳᆫ 厄이어든(釋譜9:34). 一切ㅅ 厄애 몸과 ᄆᆞᅀᆞᄆᆞᆯ 버서(圓覺上一之二156). 구위좋과 구셔렛 ᄋᆡᆨ글 맛나 잇거든:遭着官司口舌時(飜老下47). ᄋᆡᆨ 싱:眚(類合下35). ᄋᆡᆨ ᄋᆡᆨ:厄(類合下61). 지화와 厄이:災厄(宣小5:22). 경츈이 ᄋᆡᆨ 굿다 ᄒᆞ더라(癸丑119). 우리집 모든 ᄋᆡᆨ을 네 혼자 맛다 이셔(古時調. 鄭澈. 松江). ᄋᆡᆨ 굿다:晦氣(譯解下44).

·ᄋᆡᆨ [명] 액(液). ¶ᄆᆞᅀᆞ매 行婬을 著ᄒᆞ면 男女 두 根애 自然히 液이 흐르ᄂᆞ니라(楞解8:68). 液ᄋᆞᆫ 입 안햇 精華ㅣ라(圓覺上二之二27).

·ᄋᆡᆨ난 [명] 액난(厄難). ¶現在 父母ᄋᆡ 厄難中에 잇ᄂᆞ니ᄅᆞᆯ 爲ᄒᆞ야(月釋23:94). ᄒᆞ다가 厄難애 두러 어려이 다와티닐 보아ᄃᆞᆫ(永嘉上30).

·ᄋᆡᆨ:수 [명] 액수(額數). ¶향공 ᄋᆡᆨ수를 더러 뼈 利로 달애옴을 업시 ᄒᆞ며:鐫解額以去利誘(宣小6:15).

·ᄋᆡᆨ·ᄌᆞ [명] 액자(額字). ¶銀牓은 額字ㅣ라(初杜解15:1).

ᄋᆡᆨ풀이 [명] 액(厄)풀이. ¶ᄋᆡᆨ풀이ᄒᆞ다:禳灾(譯解補10).

-ᄋᆡᆫ [조] -에는. ☞-앤. -엔 ¶나조힌 므레 가자ᄂᆞ니(釋譜13:10).

-ᄋᆡᆺ [조] -에의. ☞-엣 ¶ᄀᆞᅀᆡᆺ 사ᄅᆞ미 외오 楊雄의 집과 가ᄌᆞᆯ비ᄂᆞ니:旁人錯比楊雄宅(初杜解7:1).

ᄋᆡᆼ도 [명] 앵두. ☞이ᄉᆞ랏. 이ᄉᆞ랏 ¶ᄋᆡᆼ도 ᄋᆡᆼ:

櫻(類合上9). 블근 櫻桃ㅣ 이 나래 블근 여르미 드렛ᄂᆞ니(重杜解23:25). ᄉᆞᆯ고와 ᅌᅵᆼ도와 여러 가지 鮮果ᄅᆞᆯ:杏兒櫻桃諸般鮮果(朴解上6). ᅌᅵᆼ도:含桃(物譜 木果). ᅌᅵᆼ도 ᅌᅵᆼ:櫻(兒學上6).

ᅌᅵᆼ도라지다 동 앵돌아지다. ¶北斗七星 ᅌᅵᆼ도라졋네(古時調. 罷讌曲. 大東風雅).

ᅌᅵᆼ·무 명 앵무(鸚鵡). ¶네 雪山애 ᄒᆞᆫ 鸚鵡ㅣ 이쇼ᄃᆡ(月釋2:12). 白鶴과 孔雀과 鸚鵡와 舍利와(阿彌10). ᅌᅵᆼ무 ᅌᅵᆼ:鸚. ᅌᅵᆼ무 무:鵡(訓蒙上17). ᅌᅵᆼ무 ᅌᅵᆼ:鸚(類合上12. 兒學上7). ᅌᅵᆼ무:鸚鵡(同文解下34). ᅌᅵᆼ무의 볏:芙蓉冠(漢淸13:60).

ᅌᅵᆼ무ᄇᆡ 명 앵무배(鸚鵡盃). ¶ᅌᅵᆼ무ᄇᆡ:蠃作杯者曰鸚鵡蠃(四解下27 蠃字註). ᅌᅵᆼ무ᄇᆡ:鸚鵡螺(譯解下13).

ᅌᅵᆼ속각 명 앵속각(罌粟殼). ¶ᅌᅵᆼ속각:生菜蓮(物譜 花卉).

ᅌᅵᆼᄌᆞ속 명 앵속(罌粟). ¶ᅌᅵᆼᄌᆞ속:罌粟(物譜 藥草).

ㅈ

ㅈ [자모] 지읒. 한글 초성(初聲) 자모(字母)의 하나. 치음(齒音). 잇소리. ¶ㅈ. 齒音. 如卽字初發聲. 並書. 如慈字初發聲(訓正). 齒音ㅅ. 象齒形.…ㅋ比ㄱ. 聲出稍厲. 故加畫.…ㅅ而ㅈ. ㅈ而ㅊ.…其因聲加畫之義皆同(訓解. 制字). ㄱㄷㅂㅈㅅㆆ. 爲全淸. ㅋㅌㅍㅊㅎ. 爲次淸. ㄲㄸㅃㅉㅆㆅ. 爲全濁.…ㅅㅈ雖皆爲全淸. 而ㅅ比ㅈ. 聲不厲. 故亦爲制字之始(訓解. 制字). 所以ㆁㄴㅁㅇㄹㅿ六字爲平上去聲之終. 而餘皆爲入聲之終也. 然ㄱㆁㄷㄴㅂㅁㅅㄹ八字可足用也. 如ᄇᆡᆺ곶爲梨花. 엿의갗爲狐皮. 而ㅅ字可以通用. 故只用ㅅ字(訓解. 終聲). ㅈ는 니쏘리니 卽즉字ᄍᆞᆼ 처ᅀᅥᆷ 펴아나ᄂᆞᆫ 소리 ᄀᆞᄐᆞ니 ᄀᆞᆯᄫᅡ 쓰면 慈ᄍᆞᆼㆆ字ᄍᆞᆼ 처ᅀᅥᆷ 펴아나ᄂᆞᆫ 소리 ᄀᆞᄐᆞ니라(訓註7). ㅈ之(訓蒙凡例2).

-ㅈ [조] -의. 사잇소리. ¶叵ᄂᆞᆫ 드위혀 可ㅈ字ᄅᆞᆯ 從ᄒᆞ니 可티 몯다 닐우미라:叵從反可謂不可也(法華2:49). 또 契ㅈ字ᄅᆞᆯ 조리니라:又略契字(圓覺上一之二18). 節節에 다 我ㅈ字ᄅᆞᆯ 두시니:節節에 皆有我ㅈ字ᄒᆞ시니(圓覺下三之一2). 經에 異ㅈ字 업수믄(圓覺下三之二52). 혀에 鬼ㅈ字ᄅᆞᆯ 스고:於舌上書鬼字(救急上16).

자 [명] 성(城). ☞잣 ¶일즉 자 안히며 마ᅀᆞᆯ애 들어가디 아니ᄒᆞ고:未嘗入城府(宣小6:84). 우리 둘히 자 안희 가셔 즉제 오마:我兩箇到城裏去便來(老解上64). 京都 자 안 積慶坊에셔 사ᄂᆞᆫ 사ᄅᆞᆷ 趙寶兒:京都在城積慶坊住人趙寶兒(朴解上54). 이바디 먹고 잇긋 늣게야 자 안에 드러올 거시니:喫筵席儘晚入城來(朴解上57).

·자 [명] 자(尺). ¶자爲尺(訓解. 用字). 石壁이 ᄒᆞᆫ 잣 ᄉᆞᅀᅵᆫ ᄃᆞᆯ:爰有石壁間不容尺(龍歌31章). 자ᄒᆞ로 制度ㅣ 날씨:尺生制度(龍歌83章). 마ᅀᆞᆫ아홉 자ᄒᆞᆯ ᄒᆞ고(釋譜9:32). 기리 열 자 남ᄌᆞᆨᄒᆞ니(月釋1:6). 모ᄆᆡᆺ 光明이 各各 열 자콤 ᄒᆞ시며(月釋2:59). 徑이 열에 자히라(楞解7:12). ᄒᆞᆫ 자 두 자 ᄒᆞ야 가며 도라오며 노녀(法華2:118). 尋은 여듦 자히라(圓覺上一之一66). 몸 기리 닐굽 자두 치시고:身長七尺二寸(宣賜內訓2上44). 너덧 자ᄒᆞᆫ 깁고:深四五尺(初杜解7:22). 一百 자히 남도소니:百餘尺(杜解8:59). 치운 젯 오ᄉᆞᆯ 곧마다 ᄀᆞᅀᆡ와 자콰로 지ᅀᅩᄆᆞᆯ 뵈아ᄂᆞ니:寒衣處處催刀尺(初杜解10:33). 즈믄 자히에 놉디 몯호ᄆᆞᆯ:不高千尺(初杜解21:5). 믠비단 ᄒᆞᆫ 자콰:素段子一尺(飜朴上47). 자 쳑:尺(訓蒙中14. 類合上28. 石千10). 무명 대엿 자ᄒᆞᆯ 여러 볼 더버 새로 기른 믈에 적셔:布五六尺疊摺新水浸(辟新9). 다 닐곱 여ᄃᆞᆲ 자 깁희라:都是七八尺來深(老解上32). 鴻鳩錦 버혀 노코 五色線 플텨 내여 금자히 견화이셔(松江. 思美人曲). 자:棍子(譯解補41).

※'자'의 첨용 ⌈자…
⌊자히/자ᄒᆞ로/자히/자콰…

-자 [접미] -째. ☞-짜 ¶말자 계:季(類合下16).

자가샤리 [명] 자가사리. ☞자가ᄉᆞ리. 쟈가사리 ¶자가샤리:昻刺(柳氏物名二 水族).

자가ᄉᆞ리 [명] 자가사리. ☞자가샤리. 쟈가사리 ¶자가ᄉᆞ리:黃顙魚(方藥50).

자곡 [명] 자국. ¶漸漸 므거버 자곡마다 깁ᄂᆞ니(月釋21:102). 쇠 자곡과 큰 바ᄅᆞᆯ 엇뎨 마초아 혜리오 ᄒᆞ니라:牛跡巨海何可校量(圓覺下二之一64). 엇데 바ᄅᆞᆯ 쇠 자고개 드리리오(南明下60). 술윗 자곡 텰:轍(類合下58). 매ㅅ 자곡:鞭根痕(譯解補35). 口齒ㅅ 자곡과:口齒跡(無寃錄3:24).
※자곡>자국

자곡자곡·기 [부] 차곡차곡. 꼬박꼬박. ☞자곡자곡이 ¶자곡자곡기 ᄎᆞ례 잇게 ᄒᆞ더시니:循循有序(飜小9:19).

자곡자곡·이 [부] 차곡차곡. 꼬박꼬박. ☞자곡자곡기 ¶다 례도애 자곡자곡이 마자 조코 조심ᄒᆞᆯ시:皆循循雅飭(飜小9:11).

자괴 [명] 자국. ¶즉자히 돗귀 메오 자괴 바다 가니 버미 ᄒᆞ마 비브르 먹고 누벳거늘:卽荷斧跡虎虎旣食飽臥(三綱. 孝32 婁伯). 자괴 밧다:爪脚(譯解下34).

자괴 [명] 자귀. ¶자괴 분:錛(倭解下16). 자괴:錛子(譯解下17. 同文解下16). 큰 자괴:錛子. 적은 자괴:小錛子. ᄂᆞᆯ 휘온 자괴:彎錛子(漢淸10:34). 자괴:斤(物譜 工匠).

자괴나모 [명] 자귀나무. ☞작외남우 ¶자괴나모:合歡木(柳氏物名四 木).

자굇·믈 [명] 자국물. ☞자괴 ¶자굇믈 좀:涔(訓蒙上5).

자귀 [명] 자개. ☞쟈개 ¶珊瑚 柯枝 자귀 天桃

(古時調. 海謠).

자내 명 자네. ☞자닉 ¶조 죽 니 죽 白楊箸로 지거 자내 자소 나는 미 서르 勸홀망정(古時調. 金化 金城 슈숫대. 青丘).

:자:내 부 몸소. 스스로. ¶毘沙門올 자내 드외니(月印上60). 舍利弗도 자내 毗沙門王이 드외니 夜叉ㅣ 두리여 믈러 드로려 ᄒᆞ다가 四面에 브리 니러셧씨(釋譜6:33). 자내 如來를 마쫍고:自迎如來(楞解1:31). 엇뎨 이 世尊이 자내 지ᄉᆞ시리오:豈是世尊自作邪(金剛序15). 자내 아로ᄆᆞᆯ 긋이도다:諱却已悟也(金三2:4). 사ᄅᆞᆷ으로 아디 몯게 ᄒᆞ야 자내 블 잡고:不使人知自執燈(六祖上15). 자내 世間 사ᄅᆞᆷ 이ᄅᆞᆯ(眞言12). 사ᄅᆞᆷ 더접ᄒᆞ실 제ᄂᆞᆫ 자내 모미 젼당 ᄒᆞᆫ 얼읜 유화ᄒᆞᆫ 긔운이러라:及至接人則渾是一團和氣(飜小10:23). 자내 닐오ᄃᆡ 처엄 胡先生 뵈ᅀᆞᆸ고 믈러날 제:自言初見安定先生退(飜小10:27).

자내ᄌᆞ·식 명 자기의 자식. ¶莊公 妾 戴嬀의 아ᄃᆞᄅᆞᆯ 자내子息 사맷더니(宣賜內訓2下18). 戴嬀ㅣ 桓公올 나하ᄂᆞᆯ 莊姜이 뻐 자내ᄌᆞ식을 삼ᄋᆞ니라:戴嬀生桓公莊姜以爲已子(宣小4:47).

자녁 명 왼쪽. 〔'자'는 '左'〕 ¶자녁 발 흰 쥬:馵(詩解 物名11).

자닉 명 자네. ☞자내 ¶자닉 뉘신고(癸丑12). 자닉 말이 對馬島셔 聞及ᄒᆞᄃᆞ시(新語1:18). 자닉게 다시 ᄉᆞᆯ올 ᄉᆞ이도 업ᄉᆞ매(新語1:30). 자닉네의 쇠아기ᄅᆞᆯ 조지니(新語5:22). 동궁이 계신을 도라보아 ᄀᆞᆯ오샤ᄃᆡ 자닉네로 ᄒᆞ여(山城). 유붕이 원방리를 자닉 어이 모ᄅᆞᄂᆞᆫ고(쌍벽가).

·자·다 동 ①자다〔宿〕. ¶ᄀᆞᄅᆞᆷ ᄀᆞᇫ애 자거늘:宿于江沙(龍歌67章). 셤 안해 자싫 제:宿于島嶼(龍歌67章). 이 지븨 자려 ᄒᆞ시니:將宿是屋(龍歌102章). 좀 자싫 제 風流ㅣ ᄀᆞᄇᆞᅀᆞᆸ더니(月印上43). 나지 자다가(釋譜23:27). 婬欲ᄋᆞᆫ 남진겨지비 ᄒᆞᆫᄃᆡ 잘 씨오(月釋1:25). 건나디 몯ᄒᆞ야 ᄀᆞᇫ애셔 자다니(月釋10:24). 시혹 어드운 지븨 잚 제:或寢暗室(楞解9:88). ᄭᆡ욤과 잠괘 샹녜 ᄒᆞ나히라:寤寐恒一(楞解10:1). ᄭᆡ며 자매 뮈워 變호매 니르러(楞解10:82). 如來와 ᄒᆞᆫᄃᆡ 자ᅀᆞ오ᄆᆞᆫ(法華4:88). 잘 ᄯᅳᄅᆞ미니(牧牛訣36). 거적에 자며:寢苫(宣賜內訓1:61). 자ᄆᆞᆯ 便安히 ᄒᆞ야(初杜解8:27). 처엄 出家ᄒᆞ샤 좀 잘 자거시늘(南明上25). 나ᄂᆞᆫ 渡頭ㅅ 몰애예셔 자다라(金三4:5). 나그내네 됴히 자쇼셔:客人們好睡着(飜老上31). 잘 슈:睡(訓蒙叡山本上15). 잘 침:寢(訓蒙中5. 類合下51). 잘 미:寐(類合下6. 石千36). 잘 슉:宿(類合下23). 자다:睡覺 一云 睡倒(譯解上40).
②바람 따위가 자다. ¶ᄇᆞᄅᆞᆷ과 드틀왜 자아:風塵息(金三3:34). ᄇᆞ람 자다:風住了(譯解上1). ᄇᆞ람 자다:風息(同文解上2).

자다 동 자시다. 잡수시다. ¶몬져 ᄒᆞᆫ 잔 자소:先喫一盞(飜老上63). 御酒 ᄒᆞ나 자ᄋᆞᆸ소(新語1:18). 예셔 보매 잔을 남기ᄂᆞᆫ가 시버 뵈니 이 잔으란 브ᄃᆡ 자ᄋᆞᆸ소(新語3:5). 자닉네도 이제란 이ᄀᆞ티 다 자ᄋᆞᆸ소(新語3:11). 茶ᄅᆞᆯ 자ᄋᆞᆸ시고(新語6:6). 식음을 ᄌᆞ로 자ᄋᆞᆸ시믈 쳔만 ᄇᆞ라ᄋᆞᆸᄂᆞ이다(諺簡43 肅宗諺簡).

·자듕 명 좌중(坐中). ¶坐中에 힘 어두미 足하니(松廣寺 蒙法27).

자라다 동 자라다. ¶나ᄂᆞᆫ 자란 ᄌᆞ식이 잇고:長(五倫4:40).

자로 부 자주. ☞ᄌᆞ로 ¶나ᄂᆞᆫ 자로 來往ᄒᆞ기로:我是長來往的(華解上7).

자로자로 부 자주자주. ☞ᄌᆞ로ᄌᆞ로 ¶ᄭᅮᆷ이야 ᄭᅮᆷ이언마ᄂᆞᆫ 자로자로 뵈여라(古時調. ᄭᅮᆷ에 뵈난. 大東風雅). 대개 간란질고ᄅᆞᆯ 자로자로 드를 길히 업ᄉᆞ므로(綸音72).

자뢰ᄒᆞ다 동 자뢰(資賴)하다. ¶궁ᄒᆞᆫ 사ᄅᆞᆷ을 자뢰ᄒᆞ믈 됴하ᄒᆞ니(落泉4:10).

자르다 형 짧다. ¶자른 낫 손의 쥐고 뒷동산 올라가셔(萬言詞).

자·리 명 ①자리. 잠자리. ¶자리ᄅᆞᆯ 빌이라 ᄒᆞ시니(月印上36). 누본 자리예 겨샤(月釋10:9). 東京 ᄇᆞᆯᄀᆞᆫ ᄃᆞ래 새도록 노니다가 드러 내 자리ᄅᆞᆯ 보니 가ᄅᆞ리 네히로새라(樂範. 處容歌). 인ᄒᆞ여 제 지븨 자리 비러 자더니:因請寓宿(飜小10:6). 鳥雀ᄋᆞᆫ 바믜 제여곰 자리에 가거ᄂᆞᆯ:鳥雀夜各歸(重杜解1:38).
②자리〔席〕. ¶자리치기 신솜기와 보리 동녕 ᄒᆞ여다가(萬言詞).

자ᄅᆞ 명 자루〔袋〕. ☞잘. 쟈르. 쟈ᄅᆞ ¶죠히 자ᄅᆞ의 너허(癸丑107).

자맍홁 명 자만한 흙〔尺土〕. 촌토(寸土). 작은 땅. ¶두 ᄀᆞᆺ 노폰 石壁애 자맍홁도 업도다:絕壁無尺土(重杜解1:32).

·자맛 관 자〔尺〕만한. ¶자맛 글워리:尺書(初杜解21:27). 자맛 구슬와 寸맛 구스른:尺璧寸珠(金三4:50).

자·맛싸 명 자만한 땅〔尺土〕. 촌토(寸土). 작은 땅. ¶녀르멘 자맛ᄯᅡ해도 벌에 다 이실씨(月釋21:4).

자문 명 납세증(納稅證). ¶尺文:자문 捧上官標也(行吏).

자미 명 자미(滋味). 재미. ¶두어라 이 둘에 滋味ᄂᆞᆫ 聖主나 알가 ᄒᆞ노라(古時調. 周나라. 槿樂).

자바가다 동 잡아가다. ¶비록 틱령다이 아

니나 아니 자바가디 몯ᄒᆞ더니(桐華寺 王郞傳3).

자·바:내·다 동 잡아내다. ¶그 사ᄅᆞᄆᆡ 本來 뒷논 佛性ᄋᆞᆯ 자바내논디라(南明上49).

자·바ᄃᆞᆼ·ᄋᆡ·다 동 잡아당기다. ☞자바ᄃᆞᆼ기다 ¶ᄲᆞᆯ리 뎡바기옛 머리터리 ᄒᆞᆫ 져봄을 ᄆᆡ이 자바ᄃᆞᆼᄋᆡ요ᄃᆡ:急取頂心髮一撮毒掣之(救簡1:30).

자·바ᄃᆞᆼ·기·다 동 잡아당기다. ☞자바ᄃᆞᆼᄋᆡ다 ¶머리터럭 ᄒᆞᆫ 져부미 붇ᄌᆞᄅᆞ만 ᄒᆞ닐 자바ᄃᆞᆼ기면 즉자히 사ᄂᆞ니라:幷捉頭髮一撮如筆管大掣之立活(救急上76).

자·바먹·다 동 잡아먹다. ¶사ᄅᆞᄆᆞᆯ 자바먹고져 ᄒᆞ노니(釋譜24:22). ᄆᆞᆯ 자바먹다가 ᄆᆞᆯ 업거늘:遂食馬馬盡(三綱. 忠14).

자·바ᄆᆡ·다 동 잡아매다. ¶須彌山ㅅ 기슬글 후려 龍王ᄋᆞᆯ 자바ᄆᆡ야(釋譜24:30).

자·밤 부 잡아. 잡아서. 〔'-암'은 부사화(副詞化) 접미사(接尾辭).〕 ¶ᄡᅩ리 자밤 서르 니스니 므거워 나못가지 것거디여 우므레 ᄢᅥ러디니라(南明上27).

자·븐·것 명 연장. 쟁기. 그릇. ☞자본것 ¶자븐것 녀는 술위:庫車(飜老下36). 자븐것들 녀ᄂᆞᆫ 집:庫房(譯解上16).

자·본것 명 연장. 쟁기. 그릇. ☞자븐것 ¶匠人ᄋᆞᆫ 자본것 ᄆᆡᆼᄀᆞᄂᆞᆫ 사ᄅᆞ미라(釋譜11:10). ᄡᅡ해 자본것 시루미 술위예 시루미 ᄀᆞᄐᆞᆯᄊᆡ 地輪이라 ᄒᆞᄂᆞ니(月釋1:38). 자본것 ᄡᅮ믈 너모 ᄒᆞ야 존절티 아니호미라:用度不節(呂約9).

자·본:일 명 세간사(世間事). ¶聰明ᄒᆞ고 자본일 만히 아더니(月釋7:16).

자셔이 부 자세히. ¶머므르고 자셔이 무른ᄃᆡ(引鳳簫1).

·자시·다 동 주무시다. ㉠자다 ¶셤 안해 자싫 제:宿于島嶼(龍歌67章). 좀 자싫 제 風流ㅣ ᄀᆞᄇᆞᇫᄇᆞ더니(月印上43). ᄒᆞᄅᆞᆺ밤 자시고 門 밧긔 나샤(月釋8:82). 그 자시며 겨샤ᄆᆞᆯ:寢處(宣賜內訓1:44). 님금 자샤매:御宿(初杜解10:9). 世尊이 火龍窟에 가 자시거늘(南明上69). 져기 머므러 ᄒᆞᄅᆞᆺ밤 자샤:小駐一宿(南明下76). 부톄 뎌에 가 자시더니(眞言21). 窟이 잇ᄂᆞ니 자시리잇가(眞言21). 오ᄂᆞᆯ 황촌이라 홀 ᄯᅡ해 가 자시고:今日到黃村宿(飜朴上64). 論語에 ᄀᆞᆯ오ᄃᆡ 자심을 주검ᄀᆞᆮ티 아니 ᄒᆞ시며:論語曰寢不尸(宣小3:16). 그 자시ᄂᆞᆫ ᄃᆡ며 겨신 ᄃᆡ를 편안ᄒᆞ시게 ᄒᆞ야(家禮2:13). 대뎐 자시ᄂᆞᆫ ᄃᆡ도 노흐며(癸丑57). 기나긴 밤의 ᄌᆞᆷ은 엇디 자시ᄂᆞᆫ고(松江. 續美人曲).

:자·시·다 동 잡수시다. ☞자다. 좌시다 ¶ᄒᆞᆫ 디위 탕 자시기 ᄆᆞᆺ고:一會兒喫罷湯(飜朴上64). 자실 흠:歆. 자실 향:饗(訓蒙下10). 신 자실 흠:歆(類合下24). 약을 자시거든:飮藥(宣小2:23). 몬져 자시더시다:先飯(宣小2:41). 文王이 ᄒᆞᆫ 번 뫼 자셔든:文王一飯(宣小4:12). 아ᄎᆞᆷ나죄 자실 거슬 고로고 뫼셔:晨夕調膳侍(東新續三綱. 孝1:72). 슈라를 못 자시니(癸丑35). ᄒᆞᆫ가지로 자션마ᄂᆞᆫ(新語3:16).

자시ᄒᆞ다 형 자세하다. ¶심즁의 잇ᄂᆞᆫ 소회 셔ᄉᆞ마냥 자시ᄒᆞ니(答思鄕曲).

자·ᄉᆡ 명 자새. 녹로(轆轤). ☞ᄌᆞ애. ᄌᆞᄋᆡ ¶믈 기를 자ᄉᆡ 잇ᄂᆞ녀 업스녀:有轆轤那沒(飜老上31).

:자·소 동 자시오. 잡수시오. ㉠자다 ¶몬져 ᄒᆞᆫ 잔 자소:先喫一盞(飜老上63).

자약 명 조약돌. ☞ᄌᆞ역. ᄌᆡ벽. ᄌᆡ역 ¶자약:渣子(漢淸12:11).

자약 명 작약(芍藥). ¶망대자약:白芍藥(柳氏物名三 草).

자완 명 차완(茶椀). ☞ᄌᆞ완 ¶자완 완:椀(倭解下13).

:자:우 명 좌우(左右). ☞좌우 ¶白拂 잡고 左右에 셔며(月釋13:11). 後에 左右ㅣ ᄡᅢ로려커늘(三綱. 忠10). 左右에 잇ᄂᆞᆫ ᄃᆞᆺᄒᆞ니라(宣中16). 자우로 믈러 ᄃᆞᆫ:左右屛(練兵6). 자우 ᄑᆞᆯ을 버히고:斷左右臂(東新續三綱. 烈7:6). 경긱인ᄃᆞᆯ 자우ᄅᆞᆯ ᄡᅥ날소냐(敬信11).

자올다 동 자랑하다. ¶구십동군이 춘광을 자ᄋᆞᆯᄂᆞᆫ 듯(萬言詞).

자옵소 동 자시오. ㉠자다 ¶예셔 보매 잔을 남기ᄂᆞᆫ가 시버 뵈니 이 잔으란 브ᄃᆡ 자ᄋᆞᆸ소(新語3:5). 자ᄂᆡ네도 이제란 이ᄀᆞ티 다 자ᄋᆞᆸ소(新語3:11).

자·자잇·다 동 갇혀 있다〔閉在〕. ¶칙칙ᄒᆞᆫ 器具ㅅ 안해 자자이셔:閉在密器中(救急下61).

자자히 명 자벌레. ☞자재 ¶자자히:螟蛉(詩解 物名17). 자자히:曲尺蟲(譯解下35). 자자히:尺蠖(物譜 蟲豸).

·자·재 명 자벌레. ☞자자히. 쟈ᄌᆞ히 ¶자재:尺蠖蟲(四解下46 蠖字註). 자재 척:蚇. 자재 확:蠖(訓蒙上21. 類合上16).

자쟝나모 명 자작나무. ¶죠고만 삿기 개고리 一百쉰 대 자쟝남게게 올을 제(古時調. ᄒᆞᆫ 눈 멀고. 靑丘).

자쥬 부 자주. ☞ᄌᆞ로. ᄌᆞ조 ¶자쥬 삭:數(兒學下6).

자즐니다 동 눌리다. ¶가다가 자즐녀 죽을 셴졍 나는 아니 바리고 갈ㄱ가 ᄒᆞ노라(古時調. ᄉᆞ랑을. 歌曲).

자진ᄒᆞ다 동 자진(自盡)하다. ¶죽일 ᄢᅦ를 긋쳐 자진키를 기ᄃᆞ리ᄂᆞᆫ지라(落泉2:4).

자·최 명 자취〔跡〕. ☞ᄌᆞ최 ¶자최를 조차(釋

譜11:26). 나라해 이셔 도ᄌᆞ기 자최 바다 가아 그 菩薩올 자바(月釋1:6). 자최예 걸이디 아니케 ᄒᆞ실 ᄯᆞᄅᆞ미니(月釋17:42). 外境을 븓디 아니코 자최 업시 ᄒᆞ며(楞解1:89). 디나매 자최 업서:過無蹤迹(楞解10:1). 자최로 ᄉᆞᆲ건댄:以迹言之(法華3:85). 다 이 ᄆᆞᅀᆞᆷ 자최어든:俱是心迹(圓覺下三之一29). 술윗 자최 엇데 기프니잇고:車跡何其深也(宣賜內訓3:68). 기튼 자최ᄅᆞᆯ ᄆᆞᆫ져:撫遺跡(杜解9:6). ᄒᆞᆫ번 밥 머근 ᄃᆡᄂᆞᆫ 자최 곧 ᄡᅳ론 ᄃᆞᆺ시 업소라:一飯迹便掃(杜解22:3). 西風 ᄒᆞᆫ 무리 ᄡᅳ러 자최 업스니:西風一陣掃無蹤(南明上6). 도치 메고 범을 자최 바다:荷斧迹虎(東三綱. 孝1). 자최 업스니라:無迹(飜小8:9). 자최 종:蹤. 자최 적:跡(訓蒙下26). 자최 종:蹤. 자최 적:跡(類合下1). 피 흐른 자최 잇더라(癸丑81). 돌ᄒᆞᆫ 녯 술윗 자최ᄅᆞᆯ 이엿도다:石戴古車轍(重杜解1:3). 출하리 내헤 ᄲᅡ뎌 자최ᄅᆞᆯ 업시 ᄒᆞ며:寧投溪而滅踪(女四解4:50). ᄭᅮᆷ길이 자최 업스니 그를 슬허ᄒᆞ노라(古時調. ᄭᅮᆷ에 단니ᄂᆞᆫ. 歌曲). 범의 자최ᄅᆞᆯ ᄯᆞᆯ오니:跡(五倫1:60). 니외심 품은 자최 외면은 괴이ᄒᆞ나(빅화당가). ※자최>자취

자최눈 명 자취눈. 자국눈. ¶ 자최눈:抹雪(齊諧物名 天文類). ᄌᆞᆫ서리 섯거티고 자최눈 디엿거ᄂᆞᆯ 보앗ᄂᆞ다(古時調. 鄭澈. 심의산 세네 바회. 松江).

자춰 명 자취[跡]. ☞자최. ᄌᆞ최 ¶ 자춰 적:跡(兒學下3).

자·치·다 동 잦히다. 잦아지게 하다. ¶ 出家ᄒᆞ싫가 저흐샤 풍류홇 겨집 더ᄒᆞ야 ᄆᆞᅀᆞᄆᆞᆯ 자치시긔 ᄒᆞ시더라(釋譜3:p.62). ᄇᆞᄅᆞ미 우룸 자치ᄂᆞᆫ 누른 니프ᄅᆞᆯ ᄡᅳ러 업게 ᄒᆞ니:風掃止啼黃葉盡(金三5:27). 우룸 자친 누른 니피:止啼黃葉(南明上44).

자치 명 자채논. 자채볏논. ¶ 山田曰 밧 卽旱田也 水田曰 논 乾播曰 보비논 上等曰 자치(農俗).

자치술 명 자채벼로 빚은 술. ¶ 흰곤무 콩인절미 자치술 국 按酒에(古時調. 李廷藎. 묵은 히. 歌曲).

자콰 명 자와[尺]. ㊉자 ¶ 치운 젯 오ᄉᆞᆯ 곧마다 ᄀᆞ애와 자콰로 지소ᄆᆞᆯ 뵈아ᄂᆞ니:寒衣處處催刀尺(初杜解10:33).

자토리 명 자투리. ¶ 자토리:零布(譯解下5).

자픠다 동 잡히다. ¶ 눈쌀 자픠다:皺眉(同文解上20).

자·피·다 동 잡히다. ☞자피이다. 잡히다 ¶ 나랏法에 자피여 미여 매 마자(釋譜9:8). 뎌와 이왓 一定ᄒᆞᆫ 體 오로 서르 자펴 屬ᄒᆞ니:彼此克體全相攝屬(圓覺上一之一77). 자피다:勾取(老朴集. 單字解4). 자핌을 니븐 사ᄅᆞᆷ이 길헤 주그리 만탄 말 듣고:聞被虜者多道死(東新續三綱. 孝1:13).

자·피·다 동 잡게 하다. ¶ 門ᄋᆞᆯ 자펴 막ᄌᆞᄅᆞ시니(月印上16). 귓거슬 아니 자피리라(釋譜9:33). 샹녜 門 자펴 두고 ᄒᆞ다가 ᄲᅮ쳐 오거든 ᄲᆞᆯ리 門을 열라(月釋10:25). 비록 盧王으로 ᄒᆡ여 翰墨을 자피리:縱使盧王操翰墨(初杜解16:12).

자피·이·다 동 잡히다. ☞자피다 ¶ 天堂과 地獄에 能히 자피이디 아니리라:天堂地獄所不能攝(龜鑑上29).

자흐로 명 자로. [ㅎ 첨용어 '자'의 부사격(副詞格).] ㊉자 ¶ 바ᄂᆞ질 자흐로ᄂᆞᆫ 스믈대 자히니:裁衣尺裏二丈五(老解下26).

자·히 명 채. 채로. ☞재 ¶ ᄆᆞᆯ톤 자히 건너시니이다:乘馬截流. ᄆᆞᆯ톤 자히 ᄂᆞ리시니이다:躍馬下馳(龍歌34章). 제 모미 누본 자히셔 보ᄃᆡ(釋譜9:30). 世尊이 龍王堀애 안존 자히 겨샤ᄃᆡ(月釋7:52).

·자히 명 자가. [ㅎ 첨용어 '자'의 주격(主格).] ㊉자 ¶ 一百 자히 남도소니:百餘尺(杜解8:59). 江湖에 겨월이 드니 눈 기픠 자히 남다(古時調. 孟思誠. 青丘).

-자·히 접미 -째. ☞-차히 ¶ 닐웻자히 王이 사ᄅᆞᆷ 브려 무로ᄃᆡ(釋譜24:28). 甘蔗ᄂᆞᆫ 프리니 시믄 두어 힛자히 나ᄃᆡ(月釋1:6). 샹녜 光明이 面마다 여듧 자히시며(月釋2:41). 서너 ᄃᆞᆯ자히 가마괴 그 香合을 무러다가(三綱. 孝35). 스믈다ᄉᆞᆺ 힛자히:居二十五年(重內訓2:27). 帝釋이 닐웻자히 善住天子와 부텻긔 가ᅀᆞ온대(靈驗18).

자·히·다 동 재다. 자로 재다. ¶ 越ㅅ 羅와 蜀ㅅ 錦을 金粟 자ᄒᆞ로 자히놋다:越羅蜀錦金粟尺(杜解25:50). ᄆᆞᄅᆞ기ᄅᆞᆯ 흰 ᄀᆞᄂᆞᆫ 뵈ᄅᆞᆯ ᄡᅳ고 자히기ᄅᆞᆯ 指尺을 ᄡᅳ라:裁用白細布度用指尺(家禮1:37). 되다 又 자히다:量量(譯解補35). 기더냐 쟈르더냐 발을러냐 자힐러냐(古時調. 李明漢. ᄉᆞ랑이. 青丘). 곳 黃鍾尺이니 ᄲᅧ 傷處ᄅᆞᆯ 자히ᄂᆞᆫ 거시니:卽黃鍾尺所以量傷處(無寃錄1:20). 四至ᄅᆞᆯ 자혀 긔록ᄒᆞ야:量劄四至訖(無寃錄1:49). 分寸을 자혀 보고:量見分寸(無寃錄1:60).

자·히ᄧᅳ·다 동 재다. ¶ 속절업시 것근 솔옷 자바 녀트며 기푸ᄆᆞᆯ 자히ᄧᅳᄂᆞ다:徒把折錐候淺深(南明下20).

자ᄒᆞ·로 명 자로. [ㅎ 첨용어 '자'의 부사격(副詞格).] ㊉자 ¶ 자ᄒᆞ로 制度ㅣ 날씨:尺生制度(龍歌83章).

자ᄒᆞᆯ 명 자를. [ㅎ 첨용어 '자'의 목적격(目的格).] ㊉자 ¶ 무명 대엿 자ᄒᆞᆯ 여러 ᄇᆞᆯ 더버 새로 기론 믈에 적셔:布五六尺疊摺新水浸(辟新9).

자힝ᄒᆞ다 동 자행(恣行)하다. ¶ 당뷔 너모

브드러오미 도로혀 부녀를 자힝케 ᄒᆞ야 허물을 도으미로다(落泉2:4).

작난ᄒᆞ다 동 작란(作亂)하다. ☞작란ᄒᆞ다 ¶셔경을 의거ᄒᆞ야 작난ᄒᆞ거놀:據西京作亂(東新續三綱. 忠1:20). 작난ᄒᆞ다:亂鬧(同文解下28).

작년 명 작년(昨年). ¶작년은 밧곡식의 풍년홈을 힘 닙엇더니(綸音147).

작다 형 작다(小). ☞쟉다 ¶자골 쇼:小(類合下47).

작란ᄒᆞ다 동 작란(作亂)하다. ☞작난ᄒᆞ다 ¶작란ᄒᆞ다:亂鬧(漢淸3:4).

작별ᄒᆞ다 동 작별(作別)하다. ¶챠셜 왕싱이 도라완 지 슈일이 못 ᄒᆞ여셔 홀홀이 작별ᄒᆞ니(落泉1:3).

작살 명 작살. ☞쟉살 ¶작살:鋼叉(柳氏物名二 水族). 작살 작:簎(兒學上11).

작쇡ᄒᆞ다 동 작색(作色)하다. ¶강헌 대왕이 작쇡고 ᄀᆞᄅᆞ샤ᄃᆡ:康獻大王作色曰(東新續三綱. 忠1:29).

작외남우 명 자귀나무. ☞자괴나모 ¶작외남우:合昏(物譜 雜木).

·작·용 명 작용(作用). ¶作用앳 淸淨 境界를 니르완고(圓覺下二之二33). 熾然ᄒᆞᆫ 作用이 그 자최 업스시니라(金三4:21).

·작·용ᄒᆞ·다 동 작용(作用)하다. ¶動ᄋᆞᆫ 運動홀 시오 用ᄋᆞᆫ 作用홀 시라(金三涵序1). ᄒᆞ다가 諸菩薩이 變化力으로ᄡᅥ ᄀᆞᄅᆞᆷ 업슨 作用ᄒᆞ고(圓覺下二之二 27).

작져구리 명 회장저고리. ☞쟉져구리 ¶브ᄃᆡ 작져구리을 닙으시고 션인 밧드오심과(閑中錄14).

작폐ᄒᆞ다 동 작폐(作弊)하다. ¶니로 작폐ᄒᆞ더니(仁祖行狀6). 농골대 등이 아국의 와 작폐ᄒᆞ고 방기를 드리라(山城139).

·잔 명 잔(盞). ¶淨水 ᄒᆞᆫ 盞ᄋᆞ로 一日一夜를 디나게 菩薩ㅅ 알ᄑᆡ 노ᄒᆞᆫ 後에(月釋21:168). 가줄비건댄 사ᄅᆞ미 셔ᄂᆞᆫ 자내 믈 브스며:譬如有人水灌漏卮(楞解6:106). 큰 ᄒᆞᆫ 盞ᄋᆞᆯ 두 服애 ᄂᆞᆫ화 머그면 됴ᄂᆞ니라:一大盞分二服飮之愈(救急上9). 두어 잔ᄋᆞᆯ 머그면 즉재 됴ᄂᆞ니라:飮數盞卽差(救急下46). 기픈 잔ᄋᆞᆯ ᄯᅩ 마디 아니ᄒᆞ노라:深盃亦不辭(初杜解15:2). 잔ᄋᆞᆫ 이슬 마ᄌᆞᆫ 菊花ㅣ 새로외닐 맛놋다:盃迎露菊新(初杜解15:25). 掌中엣 琥珀 잔ᄋᆞ로:掌中琥珀盃(初杜解22:43). 우리 두어 잔 수를 머거:咱們喫幾盞酒(飜老上62). ᄯᅩ 와 문 들어든 순비ᄒᆞᆫ 잔곰 받ᄌᆞ오라:攔門盞兒都把了(飜老下35). 날회여 잔 자바 나소마:慢慢的把盞(飜朴上48). 잔 잔:盞(訓蒙中12). 잔 비:杯. 잔 샹:觴(訓蒙中13). 잔 샹:觴(類合上27). 잔 비:杯(石千36). 사라실 제 그지 잇ᄂᆞᆫ 숤盞을 ᄯᅩ 다 머굴디니라:且盡生前有限杯(重杜解10:8). 대기름 반 잔과 우믈믈 반 잔을 ᄡᅥ 머그라(辟新8).

잔갑 명 숙박료(宿泊料). ¶잔갑과 밥 지은 갑:房錢火錢(老解上20).

잔나비 명 원숭이. ☞납 ¶잔나비 원:猿(兒學上7).

잔녈 명 잔열(孱劣). ¶잔녈 녈:劣(類合下5).

잔누비 명 잔누비. ¶잔누비:細縷飛(雅言二 衲衣者).

잔다괴 명 잔대. ☞잔다귀 ¶곰달닉 믈숙 게우목 쏫다지 잔다괴 씀바괴 고들박기 두룹킈야(古時調. 李鼎輔. 둥놈이. 靑丘).

잔도 명 잔도(棧道). ¶棧道엣 구루믄 하며(重杜解1:30). 울워러 棧道ㅣ ᄀᆞᄂᆞᄃᆡ(重杜解1:31).

잔ᄃᆡ 명 잔대(盞臺). 잔받침. ☞잔ㅅᄃᆡ ¶잔ᄃᆡ:托子(物譜 酒食).

잔ᄃᆡ 명 잔디. ☞잔쐬 ¶細莎曰 잔ᄃᆡ(東言).

잔ㅅᄃᆡ 명 잔대. ☞잔ᄃᆡ ¶잔ㅅᄃᆡ:鍾托(譯解補43. 同文解下13).

잔·셜 명 잔설(殘雪). ¶블근 火爐ㅅ 우희 ᄒᆞᆫ 點ㅅ 殘雪이 ᄃᆞ호ᄒᆞ니(金三5:31).

잔솔 명 잔솔. ¶잔솔 밧 언덕 아릐 굴죽 ᄀᆞ튼 고래논을(古時調. 申獻朝. 靑丘).

:잔:숑 명 찬송(讚頌). ¶進上ᄒᆞᅀᆞᄫᆞ니 보ᄆᆞᆯ 주ᅀᆞ오시고 곧 讚頌ᄋᆞᆯ 지ᅀᆞ샤(月釋序13). 唄ᄂᆞᆫ 예셔 닐오매 讚頌이라(法華1:221).

잔쐬 명 잔디. ☞잔ᄃᆡ. 잔씌 ¶童子 六七 불너내야 속닙 난 잔쐬예 足容重케 흣거러 淸江의 발을 싯고 風乎江畔ᄒᆞ야 興을 타고 도라오니(蘆溪. 莎堤曲).

잔씌 명 잔디. ☞잔쐬 ¶달바ᄌᆞᄂᆞᆫ 씽씽 울고 잔씌 속에 속닙 난다(古時調. 靑丘).

잔·약ᄒᆞ·다 형 잔약(孱弱)하다. ¶본ᄃᆡ 겁ᄒᆞ고 잔약ᄒᆞᆫ 사ᄅᆞ믄:素怯懦者(飜小8:28). 냥인은 잔약ᄒᆞᆫ 션비라:良人孱士也(東新續三綱. 烈6:40). 잔약ᄒᆞᆫ 이:弱小(漢淸6:6).

잔에 명 자네. ☞자닉 ¶잔에 집의 술 닉거든 브듸 날 불으시소(古時調. 金堉. 海謠).

잔인ᄒᆞ다 형 잔인(殘忍)하다. ☞잔잉ᄒᆞ다 ¶이제 사ᄅᆞᆷ이 독악 잔인ᄒᆞ며(敬信17).

잔잉히 부 불쌍히. ¶신녕이 도으시고 잔잉히 넉이신ᄃᆡ(癸丑200).

잔잉ᄒᆞ다 형 잔인(殘忍)하다. ¶셩이 잔잉ᄒᆞ야 녜 업던 힝실로 기동으로 사ᄅᆞᆷ을 티며(癸丑41). 子ㅣ 그 父를 怨ᄒᆞ야 殘忍ᄒᆞ며(家禮2:23).

잔잉ᄒᆞ다 형 불쌍하다. ¶유뫼 더욱 잔잉ᄒᆞ야 ᄒᆞ더라(洛城1).

잔ᄌᆞ리 명 잠자리. ☞ᄌᆞᆫ자리. ᄌᆞᆫᄌᆞ리 ¶잔ᄌᆞ리:蜻蜓(柳氏物名二 昆蟲).

·잔·죽·고 부 잠자코. ☞좀죽코. 좀좀코 ¶須

達이 잔즉고 ᄉᆞ랑ᄒᆞ더니(釋譜6:25).

잔채 명 잔치. ☞잔ᄎᆡ ¶慶賀 잔채에 갓더니:慶賀筵席裏到來(朴解中15). 혼인 잔채:婚宴(同文解上52).

잔천 명 잔천(殘喘). ¶더러운 잔쳔을 지금의 이어시니(落泉5:11).

잔칰ᄒᆞ다 동 잔치하다. ☞잔치ᄒᆞ다 ¶잔칰ᄒᆞ야 노디 아니ᄒᆞ며:不宴遊(重內訓1:43).

잔치 명 잔치. ☞잔채. 잔치 ¶잔치 연:宴(兒學下5).

잔·치·다 동 잦히다. 풀다. ¶根源을 펴아니르면 당다이 怒를 잔치리라(釋譜24:30). 아니옷 머그면 네 머리를 버효리라 홀씨 두리여 머구니 怒를 잔치니라(月釋10:25). 잔치디 몯ᄒᆞ야:未得安靜(救急下94).

잔·치 명 잔치. ☞잔채 ¶사돈 잔치어든 사돈짓 사름으로 위두손을 사모ᄃᆡ:如昏禮則姻家爲上客(呂約24). 일즉 잔치 아니 ᄒᆞ신 저기 업수ᄃᆡ:未嘗不置酒(飜小10:32). 잔치예 와 보려 ᄒᆞ니(癸丑87). 언약ᄒᆞᄂᆞᆫ 잔치:開口筵席(譯解上41). 잔치를 장만ᄒᆞ여 기ᄃᆞ리더니(三譯1:2). 잔치 연:宴(倭解上42). 풍뉴 듯디 아니ᄒᆞ며 잔치예 참예티 아니ᄒᆞ더라(女範4. 녈녀 텬우빵졀). 잔치:筵(漢淸3:31).

잔치ᄒᆞ다 동 잔치하다. ☞잔칰ᄒᆞ다. 존치ᄒᆞ다 ¶친구를 쳥ᄒᆞ여 모다 잔치ᄒᆞ야:邀親舊會飮(東新續三綱. 孝5:5). 션온으로써 잔치ᄒᆞ시고(仁祖行狀25). 代君을 잔치ᄒᆞ야 銅斗로써 죽기고(女四解4:25). 샹은 깁히 겨샤 잔치ᄒᆞ기와(明皇1:34). 문연각의 뫼셔 잔치ᄒᆞ더니(女範3. 뎡녀 히뎡냥쳐).

:잔:탄·ᄒᆞ·다 동 찬탄하다. ¶天龍八部ㅣ 讚嘆ᄒᆞᅀᆞᄫᆞ니(月印上3). ᄒᆞᆫ ᄆᆞᅀᆞᄆᆞ로 뎌 如來ㅅ 일후믈 일ᄏᆞᄌᆞ바 讚嘆ᄒᆞ야(釋譜9:25). 普光佛이 讚歎ᄒᆞ야 니ᄅᆞ샤ᄃᆡ:讚歎ᄋᆞᆫ 기릴 씨라(月釋1:15). 내 이제 阿彌陀佛ㅅ 不可思議 功德利를 讚歎ᄒᆞᅀᆞᄫᆞᆷ 곤ᄒᆞ야(阿彌18). 門人이 偈 외오고 다 讚嘆ᄒᆞ야 어딜셔 ᄒᆞ더니(六祖上19).

잗 명 갓. ☞잣 ¶솔와 잗과 잇ᄂᆞᆫ 邙山ㅅ 길히여:松栢邙山路(重杜解11:10).

잘 명 자루〔囊〕. ☞자ᄅᆞ ¶도기 다몸과 잘ᄋᆡ 녀허 툐미:甕盛囊撲(楞解8:88). ᄂᆞᄂᆞᆫ 돌콰 잘ᄋᆡ 녀허 티ᄂᆞᆫ 境과:飛石囊撲之境(楞解8:89). 헌 잘ᄋᆡ 보비 다맷거든 잘이 구즌 젼ᄎᆞ로 그 보비 取티 아니티 몯ᄃᆞᆺᄒᆞ며:如弊囊盛寶不得以囊惡故不取其寶(圓覺下三之一91). 뿔을 잘ᄂᆡ 녀허(癸丑78).

잘 부 잘. ¶처엄 出家ᄒᆞ샤 죰 잘 자거시늘(南明上25). 갈 잘 밍글 쟝신이 어ᄃᆡ 잇ᄂᆞ뇨:快打刀子的匠人那裏有(飜朴上15). 잘 ᄃᆞᆫᄂᆞᆫ 놈:快手(朴解. 單字解4). 漢王을 잘 섬기고(女四解4:33). 잘 막ᄌᆞᄅᆞᄃᆡ 못ᄒᆞᆫ다 ᄒᆞ샤(山城8). 잘 쏘다:善射(同文解上48).

잘돗 명 요. 잠자리. ¶비록 잘돗 우히라도 잢간도 노롯ᄒᆞ야 우숨 아니 호라:雖衽席之上未嘗戲笑(宣賜內訓2上19).

잘를 명 자루를. 〔'잘'+목적격조사 '-를'〕 ⑤잘 ¶놋쥬걱 잘를 부르쳐시니(古時調. 어이러뇨. 靑丘).

잘:몯·ᄒᆞ·다 동 잘못하다. ¶내 잘몯ᄒᆞ리로다 ᄒᆞ면 이ᄂᆞᆫ 眞實로 잘몯호미어니와 長者를 爲ᄒᆞ야 가지 것구믈 사름ᄃᆞ려 닐오ᄃᆡ 내 잘몯ᄒᆞ리로다 ᄒᆞ면 이ᄂᆞᆫ ᄒᆞᄃᆡ 아니홀 ᄲᅮ니언뎡 잘몯ᄒᆞ야 ᄒᆞ논 주리 아니라 ᄒᆞ시니(宣賜內訓序7).

잘으리기장 명 기장의 한 품종. ¶宿乙黑黍:잘으리기장(衿陽).

잘이다 형 저리다. ¶손발이 잘이고:手足痲痺(臘藥21).

잘·참 명 숙박(宿泊)하는 참(站). 참(站). ☞참 ¶잘참:宿站(同文解上41). 잘참:宿處(漢淸9:23).

잘·카:냥·ᄒᆞ·다 동 자랑하다. 잘난 체하다. ☞카냥ᄒᆞ다. ᄒᆞ가냥ᄒᆞ다 ¶해 드로몰 쇽졀업시 잘카냥ᄒᆞ야:虛驕多聞(楞解1:3). 後世예 末學이 쇽졀업시 해 드로몰 잘카냥ᄒᆞ야:後世末學虛驕多聞(楞解1:94).

잘코셔니 감 잘코사니. ¶잘코셔니:趁願(漢淸7:50). 잘코셔니:趁願(同文解下33).

잘ᄒᆞ·다 동 잘하다. ¶幻術을 잘ᄒᆞ더니(釋譜6:30). 美ᄂᆞᆫ 아ᄅᆞᆷ다ᄫᆞᆯ 씨니 풍류 지ᄉᆞᆺ 中에 뭇 잘홀 씨라(釋譜13:9). 이 菩薩이 說法을 잘홀씨(釋譜19:21). 變化 잘ᄒᆞᄂᆞᆫ 하ᄂᆞ리 ᄃᆞ외야(月釋2:23). 辯才ᄂᆞᆫ 말 잘ᄒᆞᄂᆞᆫ 지죄라(楞解1:4). 世옛 智 말 잘ᄒᆞ며 聰明호미라:世智辯聰者(楞解8:128). 飛燕의 놀애 춤 잘ᄒᆞ논 이를 보시고 블러 大闕에 드리샤(宣賜內訓序5). 잘홀 능:能(石千8). 어려셔 글 잘ᄒᆞ야(女四解4:2).

잠 명 잠. ¶경사에 계월ᄒᆞ니 잠ᄌᆞᄂᆞᆫ 게 백구로다(皆岩歌). 잠이라 업거들ᄂᆞᆫ 밤이나 ᄌᆞ르거ᄂᆞ(萬言詞).

잠간 명 잠깐. 조금. ¶섭섭ᄒᆞᆫ ᄆᆞᄋᆞᆷ이 ᄀᆞ이업서 暫間이라도 抗留코져 ᄒᆞ니(隣語1:2)

잠간 부 잠깐. 조금. ☞잢간 ¶잠간 그를 아더니:頗解文(東新續三綱. 烈1:32). 내 양ᄌᆞ 놈만 못ᄒᆞᆫ 줄 나도 잠간 알건마ᄂᆞᆫ(古時調. 鄭澈. 松江). 텬동홀 쥴 아라시면 잠간 누의 올여시랴(萬言詞). 두 낫 게체의게 잠간 누기기를 이걸ᄒᆞ고(落泉1:1).

잠·개 명 병기(兵器). 연장. ☞잠기 ¶鬼兵 모딘 잠개 나아 드디 몯게 ᄃᆞ외니(月印上25). 兵ᄋᆞᆫ 잠개 자ᄇᆞᆫ 사ᄅᆞ미오(月釋序6).

잠결 명 잠결. ☞잠졀 ¶근심ᄒᆞ시ᄂᆞᆫ 말ᄉᆞᆷ을 잠결의 듯고(閑中錄20).

잠고다 동 잠그다. ☞쟘그다 ¶셔호암 봉람 호는 슈문을 잠과쓰니(皆岩歌).

잠기 명 쟁기. ☞잠개 ¶잠기로 가라:鐵犂耕之(恩重26). 마히 미양이랴 잠기 연장 다 스려라(古時調. 尹善道. 비오는데. 孤遺). 잠기:犂. 잠기 메오는 동아줄:耕索(物譜 耕農).

잠기다 동 잠기다. ¶부귀예 싸혀시며 변화의 잠겨시라(萬言詞). 잠길 침:沈(兒學下9).

잠기술 명 쟁깃술. ☞잠기 ¶잠기술 욋:鱉(物譜 耕農).

:잠방·이 명 잠방이. ☞쟘방이 ¶잠방이:犢鼻棍 一名窮袴(訓蒙東中本中23 棍字註). 긴 숩플 찬 이슬에 뵈잠방이 다 젓는다(古時調. 李在. 쉴별 지자. 歌曲).

잠시 명 잠시(暫時). ¶잠시만 젓바 누엇다가(痘要下41).

잠싸다 동 잠을 깨다. ☞잠 ¶잠깰 오:寤(兒學下3).

:잠싼 부 잠깐. 조금. ☞잠간 ¶잠싼도 듣디 아니흐실씨(釋譜6:6). 如來ㅅ 일후믈 잠싼 듣즈본 젼추로(月釋9:29). 잠싼 霜蹄ㅣ 업더듀믄:暫蹶霜蹄(初杜解8:31). 잠싼 디디나:暫時間(飜老上62). 잠싼도 푼쫏긔 업고:沒些箇粉飾(飜老下29). 잠싼 조:粗(類合下28). 잠싼 료:聊(類合下35). 잠싼 잠:暫. 잠싼 사:乍(類合下59). 잠싼 경셔와 ᄉ긔를 셥녑흐고:略涉經史(東新續三綱. 烈4:77). 죵요로운 쁘들 잠싼 뎐흐야 니르라 왯노라(桐華寺 王郎傳1). 더 솟히도 삼 년이니 잠싼 죠곰 기다리오(萬言詞答).

잠셜 명 잠결. ☞잠결 ¶밤중만 잠셜에 들어보니 遠鍾聲인 듯흐여라(古時調. 窓 밧긔. 靑丘).

잠싸가다 동 잠을 빼앗아 가다. ¶잠싸간 내니믈 너겨 깃돈 열명 길헤 자라 오리잇가(樂詞. 履霜曲).

잠죠기 명 무명조개. ¶잠죠기:蛤蜊(柳氏物名二 水族).

:잠간 부 잠깐. 조금. ☞잠간. 잠싼 ¶잠간 머리를 수기숩거나(釋譜13:53). 잠간도 몯 보리로소니(月釋13:25). 잠간도 變易이 업거니:曾無變易(楞解4:67). 時節 므노몰 잠간 得흐야:粗得延時(永嘉下108). 잠간 닐오믄 이러커니와:略言如是(蒙法66). 잠간도 對答흐논 마룰 犯觸흐며:未當觸應答之語(宣賜內訓1:2). 잠간 안ᄌ라 ᄂ논 가마괴는 두어 삿기를 더브렛고:暫止飛烏將數子(初杜解7:1). 잠간 머믈오:暫留(杜解21:19). 잠간도 닐오미 아니니(南明下76).

·잡- 접두 잡(雜)-. ¶고지 아룻다온 雜남기 迎逢흐고(初杜解6:12). 잡남기 업스니:無雜樹(南明下34). 가너예 잡사룸 업다 흐야(飜老上47). 잡사룸돌히 닐오디:閑人們說(飜朴上36).

잡가·티·다 동 잡혀 갇히다. ¶罪 업시 잡가티노니 一定흐야 주그리로다 흐야(月釋13:16).

잡검줄 명 잡검불. ☞잡- ¶젼븟터 잡검줄이 그 우희 만히 싸혀시매:先是有敗草積其上(太平1:43).

·잡것 명 잡것. ¶모매 雜거시 범그룸과(釋譜13:38). 雜거시 누네 드러:雜物眯目(救急下39). 집 안희 잡거시 바로디 아니흐고(女四解2:28).

잡곡 명 잡곡(雜穀). ¶창고의 빨과 피 잡곡 합흐야 겨요 일만 늑천여 셕이 이시니(山城24).

·잡곶 명 잡꽃. 잡화(雜花). ¶雜花는 雜고지라(月釋8:20).

·잡·글·월 명 잡문(雜文). 잡스러운 책. ¶경티 아니흔 잡글월:不正之書(飜小9:3).

잡긋이·다 동 잡혀 끌리다. ¶거즛 이룰 더어 할암과 외오 써 잡긋움과:加誣毁謗橫註鉤牽(永嘉下 140).

잡긔 명 잡기(雜記). ¶雜記애 닐오디 姑와 姊와 妹 그 夫ㅣ 死흐고(家禮5:4).

·잡:념 명 잡념(雜念). ¶이럴씨 ᄌ오롬과 雜念괘 다 ᄆᅀ매 드러 읏드미 ᄃ외리라(蒙法2).

·잡ᄂ몰 명 잡(雜)나물. ¶또 雜ᄂ몰해 毒마ᄌ닐 고튜디:又方治諸菜中毒(救急下46).

잡·다 동 잡다〔執〕. ¶어마님 자ᄇ샤(月印上7). 자ᄇ리 업시 닐굽 거르믈 거르샤(釋譜6:17). 네흔 소내 히룰 자ᄇ며 다ᄉ손 소내 ᄃ룰 자보니(月釋1:17). 道場 셰여 ᄆ슴 자봃 法올 다시 請흐ᅀ와:復請安立道場攝心軌則(楞解1:21). 뷘 거슬 자보디 ᄀ독흔 것 자봄ᄀ티 흐며:執虛如執盈(宣賜內訓1:9). 대막대 잡고:携筇(南明上5). 곧 자바 미초몰 일우ᄂ니라:便執成顚(六祖中6). 자볼 점:拈(訓蒙下22). 잡ᄉ니 내 엇디흐리잇고(樂詞. 靑山別曲). 자볼 디:持(類合下8). 자볼 조:操(類合下20). 자볼 혈:挈(類合下28). 자볼 파:把. 자볼 악:握(類合下29). 자볼 착:捉(類合下46). 자볼 조:操(石千17). 자블 병:秉(石千29). 자볼 집:執(石千38). 빅셩의 자밧는 덛덛흔 거시라:民之秉彝(宣小5:1). 서ᄅ 잡고 강의 ᄃ라드러 죽다:相携赴江而死(東新續三綱. 烈1:18). 그디 자불 치ᄉ 다ᄉᆺ 귀신이(桐華寺 王郎傳2). 法만 자바 죄룰 의논흐면:執法而論囚(警民序2). 내 몰 자바실 써시니:我拿着馬(老解上33).

잡·다 동 잡다〔捕. 獲〕. ☞쟙다 ¶精卒올 자ᄇ

시니:又殲精卒(龍歌24章). 모딘 도ᄌᆞᆯ 자ᄇᆞ시니이다:維此兇賊遂能獲之(龍歌35章). 도ᄌᆞᆯ 다 자ᄇᆞ시니:賊以悉獲(龍歌48章). 百姓을 앗기거시든 沙門ᄋᆞᆯ 자바 주쇼셔(釋譜24:22). 褒姒ᄅᆞᆯ 자바가니라(宣賜內訓序5). 디ᄂᆞᆫ ᄒᆡ예 고기 자ᄇᆞ며 나모 뷔여 오ᄂᆞᆫ 사ᄅᆞᄆᆞᆯ ᄯᅩ 보리로다:落日更見漁樵人(初杜解7:32). 筌ᄋᆞᆫ 고기 잡ᄂᆞᆫ 그르시라(南明上10). 진짓 도ᄌᆞ그란 잡디 몯ᄒᆞ고:正賊捉不住(飜老上28). 자블 보:捕(訓蒙下9). 자블 보:捕(類合下21). 자블 포:捕(石千39). 흰 나뷔ᄅᆞᆯ 잡아 노흐샤(明皇1:33).

잡·다 [동] 어림하다. 짐작하다. ¶ᄯᅩ 物와 나왜 섯거 어즈러우믈 자ᄇᆞ샤 보미 物 아닌 ᄃᆞᆯ ᄀᆞᆯᄒᆡ시니라:又約物我雜亂辯見非物也(楞解2:38).

잡달·호·다 [동] 다루다. 조종(操縱)하다. ¶스싀로 잡달호ᄆᆞᆯ ᄇᆡ호놋다:自學操(杜解22:16).

·잡:더럽·다 [형] 잡(雜)더럽다. 잡스럽고 더럽다. ¶諸佛이 雜더러ᄫᅳᆫ 諂ᄒᆞᆫ ᄆᆞᅀᆞ미 업스실씨 國界 싁싀기 ᄭᅮ며 더러ᄫᅳᆫ 것ᄃᆞᆯ히 업스며(月釋13:62). 諸佛은 雜더러운 諂ᄒᆞᆫ ᄆᆞᅀᆞ미 업스실씨 國界 싁싀기 ᄭᅮ며 여러 가짓 더러운 거시 업고(法華3:60). ᄒᆞᆫ 거우루에 種種앳 雜더러운 디샛 ᄌᆞ역을 나토고(圓覺上二之二124).

·잡·독ᄒᆞ·다 [형] 잡독(雜毒)이 있다. ¶雜毒ᄒᆞᆫ 플와 온가짓 毒ᄋᆞᆯ 그르 머그닐 고튜ᄃᆡ(救急下47).

잡되다 [형] 잡되다. ¶잡될 잡:雜(兒學下8).

잡드·다 [동] 붙들다. 부추기다. ☞잡들다 ¶粥 글히며 차 달효매 제 잡드놋다:煮粥煎茶自提掇(南明上64). 자최 업서 잡드디 몯ᄒᆞᆯ시오(南明下17). 琴과 瑟을 잡드디 아니ᄒᆞ며:琴瑟不御(宣小2:23).

잡들·다 [동] 붙들다. 부추기다. ☞잡드다 ¶支ᄂᆞᆫ 서르 잡드러 괴올 씨니 모ᄃᆡ 서르 업디 몯ᄒᆞ야 힘저은 ᄠᅳ디라(釋譜9:18). 잡드러 뎌 ᄀᆞᅀᆡ 갈쉬라(圓覺下三之一118). 正히 됴히 잡드롫디니:正好提撕(蒙法17). ᄒᆞ다가 힘 두어 잡들면:若着力提撕(蒙法17). ᄉᆞᆲᄉᆞᆯ비 隱密히 話頭ᄅᆞᆯ 잡드러 ᄒᆞ면:惺惺密密提撕(蒙法24). 親히 스싀로 잡드러:遂親自扶持(宣賜內訓3:47). 잡드런디 나ᄃᆞ리 길어다:提携日月長(初杜解15:23). 다 서르 잡드러 ᄃᆞᆫ니쟈:都廝扶助着行(老解下40).

·잡:말 [명] 잡(雜)말. 잡담(雜談). ¶부텻 ᄯᅡ히 雜말 업시 淸淨ᄒᆞ고(釋譜9:10). 우리 잡말 안직 니ᄅᆞ디 마쟈:咱們閑話且休說(飜老上17). ᄡᅳ게 ᄒᆞ야도 잡말 몯 ᄒᆞ리니:使用無詞(飜老下17). 잡말 말며:無詞(飜朴上61). 잡일 아니 ᄒᆞ며 잡말 아니 ᄒᆞ야:寡默(飜小9:1). 귀에 잡말 업고 是非에 걸릴소냐(古時調. 내 오시. 靑丘).

·잡ᄆᆞᅀᆞᆷ [명] 잡마음. 잡념(雜念). ¶瓦礫 荊棘은 雜ᄆᆞᅀᆞ미 感이오(法華3:59). 모ᄆᆞᆯ 편안히 ᄒᆞ야 잡ᄆᆞᅀᆞᆷ 업시 약을 머거 됴리ᄒᆞ라:身體安穩得以靜心服藥將息也(救簡3:27).

잡바 [동] 잡아. ¶ᄆᆞᆯ 잡바 뎡ᄒᆞ쟈:拈子爲定(朴解上22).

잡베 [명] 잡종. ¶잡베:雜種(譯解上32).

·잡빛 [명] 잡빛. 잡색(雜色). ☞잡ᄉᆡᆨ ¶雜色 衆鳥ᄂᆞᆫ 雜비쳇 여러 새라(月釋7:59).

·잡·ᄠᅳᆮ [명] 잡뜻. 잡된 생각. ¶모매 다홈과 雜ᄠᅳ괘 다 업스릴씨(釋譜6:28).

잡ᄧᅵᆷ [명] 잡찜. ¶편육 족편 삼 긔 잡ᄧᅵᆷ 삼 긔. 乙亥十二月十六日(불긔 2022).

·잡:사·ᄅᆞᆷ [명] 잡사람. ¶가ᄂᆡ예 잡사ᄅᆞᆷ 업다 ᄒᆞ야 잇ᄂᆞᆫ 거긔 ᄂᆞᆺ선 잡사ᄅᆞᄆᆞᆯ 브리워 두디 몯ᄒᆞᆯ 거시니(飜老上47). 겨틔셔 보던 잡사ᄅᆞᆷᄃᆞᆯ히 닐오ᄃᆡ:傍邊看的閑人們說(飜朴上36). 眞實 雜사ᄅᆞᆷ이 아니라(蒙老3:19).

·잡:샹 [명] 잡상(雜想). ¶雜想ᄋᆞᆯ 덜오 ᄆᆞᅀᆞᄆᆞᆯ 虛히 ᄒᆞ야 ᄀᆞᄅᆞ치샤ᄆᆞᆯ 받ᄌᆞ오니라(楞解7:69). 妙明을 精히 窮究ᄒᆞ야 雜想ᄋᆞᆯ 그치눌러 降伏히와 ᄆᆞᅀᆞᄆᆞᆯ 이긔여(楞解9:59). ᄂᆞ외야 雜想이 업스시고(法華5:72).

·잡소리 [명] 잡소리. ¶世間 한 受苦 雜소리예 ᄀᆞᄌᆞ기 보샤(法華7:41).

잡소오다 [동] 잡수다. ¶손 네 가락을 그처 잡소오니 병이 즉시 됴ᄒᆞ니라:斷手四指以服之病卽愈(東新續三綱. 孝4:41).

잡소·으·다 [동] 드리다. ¶후에 상 잡소으라:後頭擡卓兒(飜朴上6).

잡ᄉᆞ시다 [동] 잡수시다. ¶술 잡ᄉᆞ신 일이 업ᄂᆞᆫ디라(閑中錄152).

잡ᄉᆞᆸ다 [동] ①입으시다. ¶담제 후의 잡ᄉᆞ오실 복ᄉᆡᆨ을(仁祖行狀9).
②타시다. ¶져근 교ᄌᆞ를 잡ᄉᆞ와시이다 쳥호ᄃᆡ(仁祖行狀10).
③잡수시다. ¶ᄒᆞᆫ 번식도 아니 잡ᄉᆞ오면(癸丑110). 이 一杯만 잡ᄉᆞᆸ소(新語2:7).

·잡·ᄉᆡᆨ [명] 잡색(雜色). ☞잡빛 ¶種種 雜色 衆寶花中에 自然히 化ᄒᆞ야 나며(釋譜9:19). 즁ᄉᆡᆼ노코 雜色 고ᄌᆞᆯ 비ᄒᆞ며(釋譜9:35). 雜色ᄋᆞᆫ 여러 비치라(月釋7:66). 뎌 나라해 샹녜 갓갓 奇妙ᄒᆞᆫ 雜色 새:雜色ᄋᆞᆫ 여러 비치라(阿彌10).

잡약 [명] 잡약(雜藥). ¶ᄯᅩ 수릿날 낫만 아릐 잇던 잡약을 뫼화 ᄉᆞᆯ면 모딘 긔운을 업게 ᄒᆞᄂᆞ니라:又方五月五日午時聚先所蓄時藥燒之辟疫氣(瘟疫方6).

잡어드리다 [동] 잡아들이다. ¶공ᄌᆞ를 잡어드리ᄂᆞᆫ 쟈 잇시면(女四解4:28).

잡어오다 동 잡아오다. ¶먹 잡어오다:招領來(譯解上66).
·잡·일 명 잡(雜)일. ¶잡일 아니 ᄒᆞ며 잡말 아니 ᄒᆞ야:寡默(飜小9:1).
잡죄다 동 잡죄다. ¶쳔 ᄶᅢ에 잡죄다가도(敬信31).
잡주·이·다 동 잡아 쥐다. ☞잡쥐다 ¶일 잡주음브터 호ᄆᆞᆯ 父母ㅣ ᄉᆞ랑ᄒᆞ시논 바ᄅᆞᆯ 잠간도 ᄆᆞᆯ와 마라:由執事毋敢視父母所愛(宣賜內訓1:55).
잡:쥐·다 동 잡아 쥐다. 잡아 부리다. 제어(制御)하다. ☞잡주이다 ¶비 잡쥐유믈 ᄲᆞᆯ리 호미 ᄇᆞᄅᆞᆷ ᄀᆞᄐᆞ니:操舟疾若風(初杜解16:63). ㅂ야ᄆᆡ 히미 세여 可히 잡쥐ᄃᆞᆯ 몯ᄒᆞ니:力强不可制(杜解17:7). 四極을 우리 시러곰 잡쥐놋다:四極我得制(初杜解22:32). 잡쥘 셥:攝(訓蒙下32). 잡쥐여 ᄲᅡ뎌 充數ᄒᆞᆯ 거시 업세라 ᄒᆞᄂᆞ다:無以充提携(重杜解1:23)
잡하 명 잡것. ¶잡하의 ᄡᅳᆯ 칼 열 ᄌᆞᄅᆞ:雜使刀子一十把(老解下61).
·잡화 명 잡화(雜花). ¶여러 가짓 雜花香 이러틋 ᄒᆞᆫ 天香 어울운 香ᄋᆞᆯ 다 마타 알며(釋譜19:18). 雜花ᄂᆞᆫ 雜고지라(月釋8:20).
잡황호젼 명 황아전. 잡화점(雜貨店). ¶북녁골 거리 향ᄒᆞ야 잡황호젼 나ᄂᆞᆫ ᄃᆡ 곳 긔라:北巷裏向街開雜貨鋪兒便是(老解上44). 그 잡황호젼이 네하가:那雜貨鋪兒是你的那(老解上44).
잡히다 동 잡히다. ☞자피다 ¶巡夜의게 잡힘을 닙어:被巡夜的拿着(朴解下15). 水營의 잡혀간다 ᄒᆞᄋᆞᆸᄂᆡ(隣語1:5).
잡히이다 동 잡히다. ☞자피다 ¶부원슈 잡히이고(山城). 사ᄅᆞᆷ의게 잡히이다(三譯6:4). 후의 악왕이 잡히이니(女範4. 녈녀 은병녈녀). 이긔디 못ᄒᆞᄂᆞᆫ 이 잡히임을 닙어(武藝圖10). 두 사ᄅᆞᆷ이 잡히이니:被執(五倫2:33).
·잣 명 성(城). ☞자 ¶ᄆᆞᅀᆞᆯ히어나 자시어나(釋譜9:40). 城은 자시라(月釋1:6). ᄃᆞᆫ니ᄂᆞᆫ 자새:於所遊城(楞解1:32). 막대를 지혀 외로왼 자ᄉᆞᆯ 도라셔쇼라:倚杖背孤城(杜解3:44). 잣 안햇 十萬戶ㅣ어니와:城中十萬戶(初杜解7:7). 遼陽 잣 안해셔 사노라:在遼陽城裏住(飜老上8). 셔울 잣 안 積慶坊의셔 사ᄂᆞᆫ 사ᄅᆞᆷ:京都在城積慶坊住人(飜朴上60). 잣 셩:城(訓蒙中8. 石千27). 잣다온뎌 當今ㅅ景 잣다온뎌(樂詞. 新都歌). 잣 셩:城(類合上18).
:잣 명 잣. 송자(松子). ☞잔 ¶잣爲海松(訓解. 用字). 鄭人綏이 주근 後에 자시 ᄃᆞ외니라(楞解7:88). 솔와 잣괘:松栢(宣賜內訓3:48). 솔와 잣과:松栢(初杜解22:41). 솔와 잣괘 後에 ᄠᅥ러듀믈 알리라(南明上42). 기리 자시 ᄠᅳᆯ헤 이숌 ᄀᆞᄐᆞ니라:長如栢在庭(南明下72). 잣:松子(飜朴上4). 잣:菓松(物譜 雜木). 잣 松子(物譜 木果).
잣공이 명 잣나무의 옹이. ¶잣공이:油松節(柳氏物名四 木).
·잣·곶 명 지명(地名). ¶咸平其山鎭曰城串잣곶咸吉道界首官也(龍歌4:21).
:잣기·름 명 잣기름. ¶잣기름:松子油(救簡1:76).
잣나모 명 잣나무. ¶잣남ᄀᆞᆯ 븓ᄃᆡ기야셔 우니(三綱. 孝15). 잣남ᄀᆞᆯ 採取ᄒᆞᆫ다마다:採栢動(初杜解8:66). 잣나모曰 果松(訓蒙上11 松字註). 잣남글 밧들고(五倫1:21). 잣나모:果松(柳氏物名四 木).
잣ᄂᆞ물 명 별꽃. ¶잣ᄂᆞ물:蘩縷(柳氏物名三 草).
잣다 동 물을 자아 올리다. ¶엇지면 枕下泉 자아다가 人間雨을 지여 볼고(古時調. 趙榥. 밤ᄉᆞ벽. 三竹詞流).
잣딩 명 잣징. 자디잔 징. ¶굽격지 보요 박온 잣딩이 무되ᄃᆞ록 ᄃᆞᆫ녀 보새(古時調. 鄭澈. 쉰술 걸러. 松江).
·잣:뫼 명 성산(城山). 〔산 이름〕 ¶잣뫼:城山(龍歌1:52).
잣밉다 형 잔밉다. ☞쟛뮙다 ¶바둑이 검둥이 청삽사리 中에 조 노랑 암캐가티 얄밉고 잣미오랴(古時調. 時調類).
잣바지다 동 자빠지다. ☞젓바지다 ¶아모리 굽푸려도 잣바지니 엇지ᄒᆞ리(萬言詞).
잣송이 명 잣송이. ¶잣송이:栢塔子(譯解補50).
잣최 명 자취. ¶시니예 던져 잣최를 멸ᄒᆞ니라:蹤(女四解4:36).
·장 명 장(壯). 뜸질. ¶一切 과ᄀᆞᆯ이 주그닐 고툐ᄃᆡ 빗복을 百壯을 ᄯᅳ라:一切卒死灸臍中百壯(救急上26). 네 모흘 ᄒᆞᆫ 장식 ᄯᅳ되 병인을 아디 못ᄒᆞ게 ᄒᆞ라(辟新13).
:장 명 장(欌). ¶장 기:庋(訓蒙中10). 장 함:龕(訓蒙中19). 장 장:欌(類合上28). 장:竪槓(同文解下13. 譯解補44). 장:竪櫃(漢淸11:31). 장:匱(物譜 几案).
장가락 명 가운뎃손가락. ¶장가락 입의 물고 아니 가는 혓기츰의(萬言詞).
장계 명 장계(狀啓). ¶위ᄒᆞ야 장계ᄒᆞ야ᄅᆞᆯ:爲之狀啓(東新續三綱. 孝4:82). 그 장계 返事ㅣ 왓ᄉᆞᆸᄂᆡ(重新語5:12).
장그 명 쟁기. 병기(兵器). ☞잠개 ¶잉무든 장글란 가지고 믈 아래 가던 새 본다(樂詞. 靑山別曲).
장기 명 쟁기. ☞잠개. 잠기 ¶손에 장기 업거든(三譯2:8). 청초 우거진 곳에 장기 벗겨 소를 메고(古時調. 南薰). 마이 미양이랴 장기 연장 다스려라(古時調. 尹善道. 비 오ᄂᆞᆫ 날. 時調類).

장대ᄒᆞ다 형 장대(壯大)하다. ☞쟝대ᄒᆞ다 ¶旗亭은 ᄀᆞ옰 집 서리예 壯大ᄒᆞ고:旗亭壯邑屋(重杜解1:55). 壯大ᄒᆞᆫ 뫼던 거시 ᄒᆞ마 드트리 ᄃᆞ외도다(重杜解11:38).

장뎡 명 장정(壯丁). ¶장뎡 뎡:丁(石千24). 장뎡 뎡:丁(倭解上14). 장뎡드ᄅᆞᆯ 거ᄂᆞ리고 스스로 멱 딜러 죽다:率丁壯自刎而死(東新續三綱. 忠1:21). ᄀᆞ올히 젹고 ᄯᅩ 壯丁이 업스니:縣小更無丁(重杜解4:5).

장돌다 동 장을 돌다. 새그물 둘레를 돌다. ☞쟝 ¶白松骨이 ᄌᆞᆨ지 ᄢᅵ고 場도ᄂᆞᆫ 듯(古時調. 南山에 눈 ᄂᆞᆯ니. 靑丘).

장·망ᄒᆞ·다 동 장만하다. ☞쟝망ᄒᆞ다 ¶時節 차바ᄂᆞᆯ ᄀᆞ초 장망ᄒᆞ고:備時物(續三綱. 烈21 性伊佩刀).

장물 명 장물(贓物). ☞장믈 ¶내 ᄋᆞ이 일싱 나간 ᄉᆞ이 업거ᄂᆞᆯ 네 집 장물이 엇지 여긔 이시리오(落泉1:1).

장·믈 명 장물(贓物). ☞쟝믈 ¶장믈 장:贓(訓蒙下29). 장믈이 만ᄒᆞ면:贓多(警民16). 장믈을 보고:見贓(朴解下55). 잡힌 장믈:見贓(譯解補36).

장박이 명 장식용으로 박는 물건. ¶東萊셔 나온 黑角 장박이로 박어 내여(武豪歌).

장방 명 노대(櫓臺). ¶서ᄅᆞ 장방 우희셔(新語8:31).

장·부 명 장부(臟腑). ¶장뷔 동ᄒᆞ야:便動臟腑(飜老下40).

장식 명 장식(粧飾). ¶장식 장:粧(類合下41). 귀화ᄒᆞᆫ 장식:玲瓏飾件(漢淸5:26).

장·식·ᄒᆞ·다 동 장식(粧飾)하다. ¶金으로 粧飾ᄒᆞᄂᆞ니(金三4:58).

:장:ᄉᆞ 명 장사(壯士). ¶壯士ㅣ 陵邑을 슬흐며 幽人이 鼎湖애 절ᄒᆞ놋다:壯士悲陵邑幽人拜鼎湖(初杜解6:24).

장ᄉᆞ 명 장사〔商〕. ¶장ᄉᆞ 고:賈(兒學下5).

장엄 명 장엄(莊嚴. 裝嚴). ¶그 낤 莊嚴을 다 ᄉᆞᆯᄫᆞ리잇가(月印上46). 莊嚴은 싁싀기 ᄭᅮ밀 씨라(月釋2:29). 西天에셔 고ᄌᆞᆯ 느러니 엿거 남진 겨지비 莊嚴에 ᄡᅳᄂᆞ니 긔 花鬘이라(月釋2:29). 朝會예 當호ᄆᆞᆯ 엿워 裝嚴을 ᄒᆞ마 ᄆᆞ챗거ᄂᆞᆯ:伺當朝會裝嚴已訖(宣賜內訓1:17).

장엄ᄒᆞ·다 형 장엄(莊嚴)하다. ¶勞度差ㅣ ᄯᅩ ᄒᆞᆫ 뫼ᄒᆞᆯ 지ᅀᅳ니 七寶로 莊嚴ᄒᆞ고(釋譜6:31). 須達이 塔 세오 堀 짓고 種種 莊嚴ᄒᆞ고 供養ᄒᆞᅀᆞᆸ더라(釋譜6:44). 三十二相 八十種好로 모ᄆᆞᆯ 莊嚴ᄒᆞ야 一切 有情이 나와 다ᄅᆞ디 아니케 호리라(釋譜9:4). 븘비ᄎᆞ로 莊嚴호미 日月라와 느러(釋譜9:4). 沈香ㅅ ᄀᆞᄅᆞ로 種種 莊嚴ᄒᆞ며:莊嚴은 싁싀기 ᄭᅮ밀 씨라(月釋2:29). 香鑪ᄅᆞᆯ 莊嚴ᄒᆞ고 純히 沈水ᄅᆞᆯ 퓌우ᄃᆡ(楞解7:14). 妙相ᄋᆞ로 莊嚴ᄒᆞ시니 皎皎ᄒᆞ야(金三2:24). 太任의 性이 단졍ᄒᆞ며 젼일ᄒᆞ며 졍셩되며 장엄ᄒᆞ샤:太任之性端一誠莊(宣小4:2).

:장원 명 장원(狀元. 壯元). ¶王文正公이 發解(초시라)와 南省(회시ᄒᆞᄂᆞᆫ 마ᄋᆞᆯ이라)과 廷試(뎐시라)예 다 읏듬이 되엿더니 或이 부소ᄒᆞ야 ᄀᆞᆯ오ᄃᆡ 壯元으로 세 場에 ᄒᆞ여시니:王文正公發解南省廷試皆爲首冠或戱之曰狀元試三場(宣小6:118).

-장이 접미 -장이. -쟁이. ¶산장이:獵戶(同文解上13).

장작 명 장작. ¶ᄲᅩᆼ나모 장작블에(痘要上9). 장작:劈柴(同文解下59). 장작:劈柴(漢淸10:14). 장작:薪(柳氏物名四 木).

장졀 명 흑서(黑黍). ¶秬曰 장졀(東言).

장지 명 장지〔障子〕. ☞장ᄌᆞ ¶고모 장지 세살 장지(古時調. 窓 내고져. 靑丘).

장ᄌᆞ 명 장지〔障子〕. ☞장지 ¶고모 장ᄌᆞ:槅扇(漢淸9:28). 고모 장ᄌᆞ 세살 장ᄌᆞ(古時調. 한숨아 셰한숨아. 靑丘)

장한 명 장한(壯漢). 장정(壯丁). ¶村의 가 一百壯漢을 시켜(老解上27).

·장·히 부 장(壯)히. ¶ᄯᅩ 과ᄀᆞᆯ이 죽고 壯히 熱ᄒᆞᄂᆞᆯ(救急上26).

장ᄒᆞ·다 형 장(壯)하다. ¶장ᄒᆞᆯ 장:壯(類合下17). 셧긘 ᄂᆞ래와 드믄 터리 壯치 몯ᄒᆞ도다:踈翮稀毛不可壯(初杜解17:9). 寂寞ᄒᆞ야 壯ᄒᆞᆫ ᄆᆞᄋᆞᆷ 놀라노라:寂寞壯心驚(重杜解10:47).

·재 명 재. 고개. ¶재 ᄂᆞ려 티샤 두 갈히 것그니:下阪而擊兩刀皆缺(龍歌36章). 재 령:嶺(訓蒙上3). 뫼 험ᄒᆞᆫ 재ᄅᆞᆯ 넘어(三譯9:5). 夕陽이 재 너머 가매(古時調. 徐益. 綠草 淸江上에. 靑丘). 재:嶺頭(同文解上6). 재 넘어 ᄉᆞ래 긴 밧츨 언제 갈려 ᄒᆞᄂᆞ니(古時調. 南九萬. 東窓이 ᄇᆞᆰ앗느냐. 海謠).

·재 명 채. 채로. ☞자히 ¶머근 재 ᄌᆞᆷ을 드러(古時調. 이러니 져러니. 靑丘).

재 명 성(城). ¶在城曰 재(行吏).

-·재 접미 -째. ☞-자히. -차히 ¶세 번재 니르러(佛頂10). 사ᄒᆞᆯ날재 다시 사라(續三綱. 孝12). 닐굽잿 미수엔 ᄉᆞ면과 상화:第七道粉湯饅頭(飜朴上6). 둘재ᄂᆞᆫ 고ᄋᆞᆳ 관원의 어딜며 사오나오며 잘ᄒᆞᆫ 이리며 그르ᄒᆞᆫ 이ᄅᆞᆯ 니ᄅᆞ디 말며(飜小8:21). 넷 사ᄅᆞᄆᆡ 어딘 힝뎍 니ᄅᆞᆫ 여슷재 편이라:善行第六(飜小9:1). 두 번재 ᄡᅳ일시 ᄀᆞᆯ오ᄃᆡ:再加曰(宣小3:20). ᄯᅩ ᄒᆞᆫ 드른 나ᄒᆞᆯ재로ᄡᅥ ᄒᆞ라(家禮7:12). 두 번재 防尾ᄒᆞ고(武藝圖67).

재·계ᄒᆞ·다 동 재계(齋戒)하다. ¶齋戒ᄒᆞ야 힌 淨衣 닙고(釋譜24:42).

재·다 형 재다〔敏〕. ☞지다 ¶魔王이 말 재야 부텻긔 나ᅀᅡ드니 현 날인ᄃᆞᆯ 迷惑 어느 플리(月印上27). 王ㅅ 알퓌 드라 말이 재야 숫두버리더니(月印上58). 그리어니 여러 거름곰 즈늑즈늑호ᄃᆡ 재니라:可知有幾步慢竄(飜老上12). 잰 ᄆᆞ리 젼혀 더 살 ᄌᆞᆮᄐᆞ니:驥的那馬一似那箭(飜朴上30). 온 가지로 지조 재오 온 공교ᄒᆞ더라:百能百巧的(飜朴上45). 잰 ᄆᆞᆯ 찬:驥(訓蒙下10). 그리어니 여러 거름이 즈늑즈늑호ᄃᆡ 재니라:可知有幾步慢竄(老解上11). 잰 더 ᄆᆞᆯ은 더 살 ᄀᆞᄐᆞ니:驥的那馬一似那箭(朴解上28). ᄂᆞᄂᆞᆫ ᄃᆞ시 재고:飛也似緊驥(朴解中8). 잰 나괴:快驢(譯解下31).

:재·다 동 재다〔宿〕. 재우다. ¶지븨 드려 재더니(釋譜6:16). ᄯᅳ므레 ᄌᆞ마 ᄒᆞᄅᆞᆺ밤 재요니와:泔浸一宿(救簡1:8). 져기 머믈워 ᄒᆞᄅᆞᆺ밤 재시니:少留一宿(六祖中102). 밤 재여 브레 ᄆᆞᆯ외여:一宿焙乾(瘟疫方23). ᄒᆞᄅᆞᆺ밤 재게 홈이:宿一夜(老解上43). 나그내로 ᄒᆞ여 재엿더니:客人宿來(老解上45).

:재·다 동 재다〔計尺〕. ¶出家ᄒᆞ싫 ᄢᅴ 실ᄡᅵ 城 안ᄒᆞᆯ 재요리라 烏蘇慢이 ᄯᅩ 오니이다(月印上18).

재아·리ᄒᆞ·다 동 중매(仲媒)하다. ☞재여리 ¶節女ᄋᆡ 아비ᄅᆞᆯ 저혀 제 ᄯᆞᄅᆞᆯ ᄒᆞ야 재아리ᄒᆞ라 ᄒᆞ야ᄂᆞᆯ:乃劫其妻之父使要其女爲中譎(三綱. 烈5 節女代死).

재여·리 명 매개(媒介). 중매(仲媒). ☞재아리ᄒᆞ다 ¶六根을 닐오ᄃᆡ 賊媒라 ᄒᆞ니 제 제집 보ᄇᆡᄅᆞᆯ 도ᄌᆞᆨᄒᆞᆯ ᄡᅵ니라 媒ᄂᆞᆫ 재여리라(月釋2:21之2止).

재죠 명 재주. ☞지주 ¶재죠 농ᄒᆞᆫ 內弓匠人 무어니ᄂᆞ니 활이로다(武豪歌).

재펴다 동 펼치다. ¶煙霞日輝ᄂᆞᆫ 錦繡ᄅᆞᆯ 재폇ᄂᆞᆫ ᄃᆞᆺ(丁克仁. 賞春曲).

쟁긔 명 장기(將棋). ¶長安이 바독 쟁긔 ᄀᆞᆮᄒᆞ니:長安似弈碁(重杜解6:7).

쟈 명 국자. ¶쟈:杓(物譜 酒食).

-·쟈 어미 ①-자. 〔청유형 종결어미(請誘形終結語尾)〕 ¶이믜셔 비단 사 가지고 가쟈:一發買段子將去(飜老下23). 婚姻ᄒᆞ쟈 期約ᄒᆞ얏더니(續三綱. 烈2). 가노라 다시 보쟈(古時調. 古歌).
②-자. -자마자. 〔동작이 막 끝남을 나타내는 연결어미(連結語尾).〕 ¶말 디쟈 鶴을 ᄐᆞ고 九空의 올나가니(松江. 關東別曲). 술 닉쟈 체 쟝ᄉᆞ 도라가니(古時調. 대쵸 볼 불근 골에. 青丘).
③-자. 〔하고자 하는 뜻을 나타내는 연결어미(連結語尾).〕 ¶아미나 맛나 보아 녯 긔별 뭇쟈 ᄒᆞ니(松江. 關東別曲).

쟈가사리 명 자가사리. ☞자가샤리 ¶쟈가사리:昂刺(譯解下38).

쟈갈 명 재갈. ¶쟈갈 벗다:褪嚼子(漢清14:30). 쟈갈:勒(物譜 牛馬). 쟈갈 벗다:退水環(柳氏物名一 獸族).

쟈감 명 메밀 껍질. ¶쟈감爲蕎麥皮(訓解. 用字).

쟈감이 명 아가미. ¶고기 쟈감이:腮(漢清14:47).

쟈개 명 자개. ☞쟈ᄀᆡ ¶쟈개:紫貝斑文者曰砑蠃(四解下27 蠃字註). 쟈개 파:䑺(訓蒙上20). 쟈개 패:貝(訓蒙中31). 쟈개:瑇琚(譯解下1). 쟈개 장식:鈿(物譜 衣服).

쟈개돌 명 자갈. ¶쟈개돌:石子(漢清1:41).

쟈·개·얌 명 자개미. 겨드랑이 또는 오금의 양쪽의 오목한 곳. ☞쟈긔야미 ¶쟈개얌 각:胳. 쟈개얌 ᅌᅵᆨ:腋(訓蒙上25).

쟈귀 명 자귀. ¶大中船을 쟈귀 ᄃᆡ여 ᄉᆞᆷ여 닐 제(古時調. 물 우흿 沙工. 歌曲).

쟈근며ᄂᆞ리 명 작은며느리. ¶쟈근며ᄂᆞ리:小媳婦(譯解上57).

쟈근쇼마 명 소변(小便). ¶쟈근쇼마 보신 後에 니마 우희 손을 언ᄶᅩ(古時調. 이제ᄂᆞᆫ 못 보게도 ᄒᆞ얘. 青丘).

쟈근집 명 오두막집. ¶쟈근집 녀:廬(類合上23).

쟈긔야미 명 자개미. ☞쟈개얌 ¶腿上脇下 속칭 쟈긔야미(無冤錄1:63).

쟈기 부 작게. ☞져기 ¶쟈기 거를 쳑:蹐(類合下36).

쟈ᄀᆞᆫ 형 작은. ㉮쟉다 ¶朴云이 쟈ᄀᆞᆫ 도ᄎᆡ 가지고 云山이와 ᄠᆞᆯ와(續三綱. 孝19 二朴追虎).

쟈ᄀᆡ 명 자개〔貝〕. ☞쟈개 ¶쟈ᄀᆡ 패:貝(倭解下8).

쟈라 명 자라. ☞쟈래. 쟈ᄅᆞ ¶쟈라 별:鼈(類合上15. 倭解下25). 쟈라 별:鼈(詩解 物名16). 쟈라 : 王八(譯解下37). 쟈라:鼈(物譜 水族).

쟈라ᄀᆡᆼ 명 자라탕. ¶아비 병드러 쟈라ᄀᆡᆼ을 먹고져 ᄒᆞ거ᄂᆞᆯ:父病欲啗鱉羹(東新續三綱. 孝5:15).

쟈·락 명 자락. ¶안직 뵈옷 쟈락으로 딥 가져가라:且着布衫襟兒抱些草去(飜老上33). 아직 뵈젹삼 쟈락에 안아 가라:且着布衫襟兒抱些草去(老解上29). ※쟈락>자락

쟈·랑 명 자랑. ¶ᄒᆞᆫ 번 許諾ᄒᆞ문 엇데 驕慢이며 쟈랑이리오:一諾豈驕矜(初杜解8:9). 텬샹앳 瑤池를 쟈랑 말라:休誇天上瑤池(飜朴上71). 쟈랑 긍:矜. 쟈랑 과:誇(類合下16). 쟈랑 타:詫(類合下34). 쟈랑 긍:矜(石千41). 내 몸 쟈랑 말며:休自誇(老解下39). 네 손ᄌᆞ 쟈랑 말라:你休自誇(朴解下27). 말로 쟈랑:誇口(譯解補51).

쟈·랑·ᄒᆞ·다 동 자랑하다. ¶사ᄅᆞᆷ 곳 보면 쟈랑ᄒᆞ야:見人則誇(楞解9:70). 쟈랑ᄒᆞ며 더은 ᄆᆞᅀᆞ미 나리니:則夸勝之心生(宣賜內訓1:30). 西ㅅ 녀그로셔 와 ᄯᅩ 제 쟈랑ᄒᆞᄂᆞ다:西來亦自誇(初杜解13:36). 블근 칠ᄒᆞᆫ 門으란 올ᄒᆞ니라 ᄒᆞ야 쟈랑ᄒᆞ곡:矜朱門是(初杜解15:5). 수를 醉ᄒᆞ야셔 새 尹을 쟈랑ᄒᆞ요ᄃᆡ:酒酣誇新尹(初杜解15:42). 吳郡엣 張顚이 草書호ᄆᆞᆯ 쟈랑ᄒᆞ더니:吳郡張顚誇草書(初杜解16:16). 쇽절업시 쟈랑ᄒᆞᄂᆞ다(南明上69). 계집은 色을 쟈랑티 아니ᄒᆞ고:女不矜色(女四解3:20). 쟈랑ᄒᆞ다:誇張(同文解上32). 齟齬ᄒᆞᆫ 態度을 눌ᄃᆞ려 쟈랑ᄒᆞᆯ고(曺友仁. 自悼詞).

쟈래 명 자라〔鼈〕. ☞쟈라. 쟈ᄅᆞ ¶오직 고기와 쟈래ᄅᆞᆯ 즐겨 머그며(月釋21:53). 고기와 쟈래왓(圓覺上二之二84). 고기와 쟈래와 보내야셔:送魚鼈(杜解10:14). 쟈래 낫고ᄆᆞᆯ 말리로다:罷釣鼈(初杜解16:55). 쟈래 당아리 ᄒᆞᆫ 나출:鼈一枚(救簡2:44). 쟈래 원:黿. 쟈래 별:鼈(訓蒙上20).

쟈르 명 자루〔袋〕. ☞쟈ᄅᆞ ¶ᄯᅩ 뎌 쟈르 메ᄂᆞᆫ 사ᄅᆞᆷ의 져근 삭갑슬 줄 써시니:又要給那扣口袋人的小脚錢(朴新解1:14).

쟈르다 형 짧다. ¶혓가레 기나 쟈르나(古時調. 申欽. 靑丘). 기더냐 쟈르더냐(古時調. 李明漢. ᄉᆞ랑이 엇더터니. 靑丘).

쟈리공 명 자리공. ☞쟈리광. 쟈리군 ¶쟈리공 불휘:商陸(東醫 湯液三 草部).

쟈리광 명 자리공. ☞쟈리공. 쟈리군 ¶쟈리광:商陸 莧陸(物譜 藥草).

쟈리군 명 자리공. ☞쟈리공. 쟈리광 ¶쟈리군:商陸易莧陸(四解下7 莧字註).

쟈ᄅᆞ 명 자루〔袋〕. ☞쟈르. 쟐 ¶ᄒᆞᆫ 뵈 쟈ᄅᆞ 가져다가:將一布袋(佛頂下12). 쟈ᄅᆞ ᄃᆡ:袋(訓蒙中13). 쟈ᄅᆞ ᄃᆡ:袋(類合上31). 쟈ᄅᆞ:口袋(譯解下15).

쟈ᄅᆞ 명 자라〔鼈〕. ☞쟈라. 쟈래 ¶쟈ᄅᆞ:鼈(柳氏物名二 水族).

쟈ᄅᆞᆫ옷 명 짧은 옷. ¶내 쟈ᄅᆞᆫ옷 닙ᄂᆞᆫ 사ᄅᆞᆷ을 어더(女範2. 현녀 한냥홍쳐).

쟈봄 명 자밤. ☞져봄. 져붐 ¶ᄒᆞᆫ 쟈보ᄆᆞᆯ 고해 부러 드리고:一撮鼻中吹入(牛疫方13). 세 셩 집의 가 소금 ᄒᆞᆫ 쟈봄식 어더:取…三姓家鹽各一撮(胎要37).

-쟈스라 어미 -자꾸나. ☞-쟈ᄉᆞ라 ¶兄弟아 이 뜻을 아라 自友自恭 하쟈스라(古時調. 朗原君. 우리 몸. 靑丘).

-쟈ᄉᆞ라 어미 -자꾸나. ☞-쟈스라 ¶山中을 ᄆᆡ양 보랴 東海로 가쟈ᄉᆞ라(松江. 關東別曲). 오ᄂᆞᆯ도 다 새거다 호믜 메오 가쟈ᄉᆞ라 내 논 다 ᄆᆡ여든 네 논 졈 ᄆᆡ여 주마 올길히 ᄲᅩᆼ ᄠᅡ다가 누에 먹켜 보쟈ᄉᆞ라(古時調. 鄭澈. 松江). ᄆᆞᄋᆞᆯ 사ᄅᆞᆷ들아 올ᄒᆞᆫ 일 ᄒᆞ쟈ᄉᆞ라(古時調. 鄭澈. 松江).

쟈·실 명 차일(遮日). ☞챠일 ¶쟈실 악:幄. 쟈실 막:幕(訓蒙中13). 가졸비건댄 져비 遮日에 삿기치ᄃᆺ ᄒᆞ니(三綱. 忠15).

쟈오락 명 자오락. ¶쟈오락:蕭薹(柳氏物名三 草).

쟈쟈ᄒᆞ다 형 자자(藉藉)하다. ¶문당이 개셰ᄒᆞ고 일즉 닙신ᄒᆞ야 셩명이 쟈쟈ᄒᆞ니(落泉1:1).

쟈즐리다 동 눌리다. ¶가다가 쟈즐려 죽을 만졍 나는 안이 볼이고 갈까 ᄒᆞ노라(古時調. 思郞을 츤츤. 海謠).

쟈ᄌᆞ히 명 자벌레. ☞자재 ¶쟈ᄌᆞ히:蚇蠖(柳氏物名二 昆蟲).

쟈치술 명 자채쌀로 빚은 술. ¶쟈치술 국 안주에(古時調. 李廷藎. 묵은 ᄒᆡ. 歌曲).

쟈피방 명 고방(庫房). ¶고ㅅ방 又 쟈피방:庫房(漢淸9:68).

쟈할 명 잘. 검은 담비의 털가죽. ¶돈피 쟈할:貂鼠下頦(漢淸11:14).

쟉 명 때문. 까닭. ¶사ᄒᆞᆯ 나ᄒᆞᆯ 아니 보면 구든 쟉기오(痘要下19). 샹이 ᄀᆞᆯᄋᆞ샤ᄃᆡ 의리ᄅᆞᆯ 아디 못ᄒᆞᄂᆞᆫ 사ᄅᆞᆷ은 ᄉᆞ욕심으로ᄡᅥ 공되라 ᄒᆞᄂᆞ니 이ᄂᆞᆫ 도심이 업슨 쟉이라(仁祖行狀17).

·쟉 명 작(爵). 작위(爵位). ¶爵을 序홈은 ᄡᅥ 貴와 賤을 辨ᄒᆞᄂᆞᆫ 배오(宣中22).

:쟉·다 형 ①작다〔小〕. ☞작다. 적다 ¶킈 쟈ᄀᆞᆯ씨(釋譜24:8). 가ᄇᆡ야오며 쟈가:輕微(永嘉上20). 機ᄂᆞᆫ 뮈요미 쟈고미오 吉ᄋᆡ 몬져 나토미니(南明上33). 쟈ᄀᆞᆫ 沙彌ᄅᆞᆯ 브려 조차:沙彌相逐(佛頂12). 쟈ᄀᆞᆫ 도치 가지고:持小斧(續三綱. 孝19). 쟈근 잣 보:堡(訓蒙中8). 쟈근 셤 주:洲. 쟈근 셤 져:渚(類合上6). 쟈근 긔 치:幟(類合上29). 쟈ᄀᆞᆯ 묘:眇. 쟈ᄀᆞᆯ 미:微(類合下51). 송곳과 칼긋만ᄒᆞᆫ 쟈근 니로 송ᄉᆞᄅᆞᆯ 니ᄅᆞ혀리 이셔:錐刀小利而興訟(警民22). 쟈글 과:寡(石千42). 바ᄆᆡ 동민의 쟈근 ᄯᆞᆯ을 안고 자더니:夜抱仲民小女而寢(東新續三綱. 孝3:7). 쟈근 낫:銍(物譜 耕農). 쟈근 솟:鬲(物譜 鼎鐺).
②적다〔少〕. ☞적다 ¶이 므리 쟉다:這水少(飜老上35). 쟈ᄀᆞᆫ 믈 연:涓(類合下50).

쟉도 명 작도(斫刀). ¶톱과 ᄉᆞᆯ와 쟉도와(月釋21:45). 이ᄂᆞᆫ 약 쟉도:這箇是斫刀(飜朴上42). 쟉도 찰:鍘(訓蒙叡山本中8). 쟉도 칠:鍘(訓蒙東中本中15). 다ᄅᆞᆫ ᄃᆡ 드ᄂᆞᆫ 쟉도 ᄒᆞ나ᄒᆞᆯ 비러 오라:別處快鍘刀借一箇來(老解上17). 이 쟉되 드디 아니ᄒᆞ니:這鍘刀不快(老解上17). 이 쟉도ᄂᆞᆫ 이 우리 권당의 집 거시니:這鍘刀是我親眷家的(老解

上17). 쟉도 먹이다:入草(譯解下42). 쟉도:斫刀(倭解下16). 쟉도:鍘刀(同文解下16). 쟉도:鈇(物譜 牛馬).

쟉되 명 작도(斫刀)가. 〔'쟉도'+주격조사 '-ㅣ'〕 ⓢ쟉도 ¶이 쟉되 드디 아니ᄒᆞ니:這鍘刀不快(老解上17).

·쟉·록 명 작록(爵祿). ¶利와 爵祿애란 저허 避ᄒᆞ야 믈러 두류ᄃᆡ:於利與祿則畏避退怯(宣賜內訓1:35). 爵祿도 可히 辭ᄒᆞᆯ 꺼시며(宣中6).

쟉맞다 동 짝맞다. ¶쟉마줄 ᄒᆡ:諧(類合下25). 쟉마줄 변:便(類合下57).

쟉·벼·리 명 서덜. ☞쟉별 ¶쟉벼리 적:磧(訓蒙上4).

쟉별 명 서덜. ☞쟉벼리 ¶쟉별 적:磧(倭解上8). 쟉별:卵石(同文解上7).

쟉살 명 작살. ☞작살 ¶고기 지르ᄂᆞᆫ 쟉살:魚叉(漢淸10:26). 쟉살:魚叉(物譜 佃漁).

쟉셜 명 작설(雀舌). 작설차. ☞쟉셜차 ¶쟉셜:苦茶(東醫 湯液三 木部).

쟉셜나모 명 작설(雀舌)나무. ¶쟉셜나모:茶(柳氏物名四 木).

·쟉·셜차 명 작설차(雀舌茶). ☞쟉셜 ¶쟉셜차:臈茶(救簡1:95). 됴ᄒᆞᆫ 쟉셜차:眞茶(牛疫方10).

쟉슈 명 작사리. ¶쟉슈:叉竪(朴解下12). 쟉슈:叉竪(譯解上17).

·쟉·약 명 작약(芍藥). ¶芍藥과 當歸ᄅᆞᆯ 사ᄒᆞ라(救急上68). 쟉약:芍藥(譯解下39).

쟉쟈공이 명 짝자꿍이. ¶두 ᄯᅳ니 맛밋고 이왼고 져왼고 쟉쟈공이 쳔ᄂᆞᆫ듸(古時調. 중놈은. 靑丘).

쟉쟉 부 작작. 조금씩. 조금조금. ☞젹젹 ¶白㲲 술인 지를 쟉쟉 논호아 주어(釋譜23:48). 쟉쟉 먹어 ᄲᆞᆯ리 숨ᄭᅵ며:小飯而亟之(宣小3:24).

쟉져구리 명 회장저고리. ☞작져구리 ¶綿紬紫芝 쟉져구리 속에 깁적삼 안셥히 되여(古時調. 閣氏네 玉. 靑丘).

쟉ᄒᆞ다 형 오죽하다. ¶志槩야 쟉ᄒᆞ랴마는 蝘蜓 보듯 ᄒᆞ돗다(古時調. 夏禹氏 濟헐제. 歌曲).

쟉ᄒᆞᆫ 형 오죽한. ¶項羽ㅣ 쟉ᄒᆞᆫ 天下壯士ㅣ라마는 虞姬 離別에 한숨 셧거 눈물지고 唐明皇이 쟉ᄒᆞᆫ 濟世英主ㅣ라마는 楊貴妃 離別에 우럿ᄂᆞ니 헐물며 여남운 小丈夫야 닐너 무숨ᄒᆞ리요(古時調. 歌曲).

잔다귀 명 잔대. ☞잔다괴 ¶씀박위 잔다귀라 고돌빡이 둘오 키야(古時調. 중놈이 졈은 샤당년을. 海謠).

쟌ㅅ득 부 잔뜩. 많이. ☞쟌쓱 ¶쟌ㅅ득:緊緊的(同文解下53).

쟌쓱 부 잔뜩. 많이. ☞쟌ㅅ득. 쟛득 ¶쟌쓱:緊緊的(漢淸11:30). 져들이 나를 쟌쓱 잡고 아조 놋치 아니ᄒᆞ니(捷蒙4:10).

쟐 명 자루〔袋〕. ☞쟈ᄅᆞ ¶또 브ᅀᅥ귓 지ᄅᆞᆯ 봇가 덥게 ᄒᆞ야 쟐이 녀허:或炒竈灰令熱以囊盛(救簡1:86). 쟐의 녀허 그 ᄆᆞᅀᆞᆷ쯕의 다와다 두ᄃᆡ:囊盛以搏其心(救簡1:87). 뵈 쟐ᄋᆡ 콩 ᄒᆞᆫ 되ᄅᆞᆯ 녀허:布帒盛大豆一升(瘟疫方21). 갓 쟐에 ᄯᅩᆼ 담고:革囊盛糞(龜鑑下55). 쟐릐 녀커나(救荒4). 뭇근 쟐ᄋᆞᆫ 半만 지즐여 저젓도다:裝囊半壓濡(重杜解2:8). 제 쟐닛 돈을 다 내여 주고:傾橐中錢悉與之(重二倫40). 큰 쟐레 쏠 담아 메여가고(捷蒙2:12).

쟐외콩 명 콩의 한 품종. ¶者乙外太:쟐외콩(衿陽).

쟐포 명 장포. 창포(菖蒲). ☞졸픠 ¶쟐포:夫王(柳氏物名三 草).

쟘그다 동 잠그다. ☞잠고다 ¶궁문을 닷어 쟘그고:錮(女四解4:27).

쟘방·이 명 잠방이〔褌〕. ☞잠방이 ¶쟘방이:犢鼻褌 一名窮袴(訓蒙叡山本中11).
※쟘방이>잠방이

쟘불 명 잠불마(暫佛馬). ☞쟘불몰 ¶쟘불비:駓(詩解 物名21).

쟘·불몰 명 잠불마(暫佛馬). ☞쟘불 ¶ᄒᆞᆫ 구렁 쟘불ᄆᆞ리:一箇栗色白臉馬(飜朴上63). 쟘불몰:白臉馬(譯解下28). 쟘불몰:線臉馬(柳氏物名一 獸族).

쟘쀠 명 잔디. ☞쟘쒸. 젼뙤 ¶쟘쀠:回軍草(譯解下40).

쟘쒸 명 잔디. ☞쟘쀠. 젼뙤 ¶쟘쒸:莎草(同文解下46. 譯解補50).

쟛득 부 잔뜩. ☞쟌쓱 ¶쟛득 무다:咬住(漢淸14:11).

쟛뮙다 형 잔밉다. ☞잣밉다. ᄌᆞᆺ뮙다 ¶前前에 얄뮙고 쟛뮈운 님을(古時調. 南山 누에 머리. 花源).

쟛바눕다 동 반듯이 눕다. ☞젓바눕다 ¶벌거케 올올이 쟛바누어:赤條條的仰白着臥(朴解中1).

쟛바지다 동 자빠지다. ¶孔明이 ᄂᆞᆺ출 쟛바져 웃고(三譯3:14). 쟛바져 죽다 ᄒᆞ여라(古時調. 이제ᄂᆞᆫ 못 보게도. 靑丘). 두험 아래 쟛바지거고(古時調. 두터비. 靑丘). 쟛바지다:仰面跌倒(漢淸4:50).

쟝 명 장(章). ¶이네 글월 中에 어루 조ᅀᆞᄅᆞ왼 마ᄅᆞᆯ 取ᄒᆞ야 닐굽 章을 ᄆᆡᆼᄀᆞ라 너희 ᄃᆞᆯ흘 주노라:茲取四書之中可要之言著爲七章以釐汝等(宣賜內訓序8).

쟝 명 새그물. ¶鳥網曰 쟝(東言).

:쟝 명 장(醬). ☞댱 ¶우리 지븨 醬 ᄒᆞᆫ 독과 ᄲᆞᆯ ᄒᆞᆫ 말 닷 되 잇ᄂᆞ니(三綱. 烈28). ᄆᆞᆯᄀᆞᆫ 쟝애 ᄃᆞ마 둣다가:醬淸漬之(救簡3:72).

이믜셔 쟝조쳐 가져오라:就將些醬來(飜老上41). 소곰 쟝 ᄂᆞ몰 果實 먹디 아니터라:不食鹽醬菜果(續三綱. 孝33). 쟝 장:醬(訓蒙中21). 그 醬을 얻디 몯ᄒᆞ여든:不得其醬(宣小3:25). 초와 쟝을 먹으며:食醢醬(宣小5:44). 도긧 醬은 자바다가 디여논ᄂᆞ다 甕醬落提携(重杜解22:20). 쟝:醬(東新續三綱. 孝7:68). ᄆᆞ론 쟝:乾醬(譯解上52). 쟝:醬(柳氏物名三 草). 쟝 쟝:醬(兒學上13).

쟝 명 장〔市場〕. ☞댱 ¶쟝:集(同文解上41).

쟝 명 장(帳). 휘장(揮帳). ☞댱 ¶쟝:幔子(同文解上49).

쟝 명 장(張). ¶ᄒᆞᆫ 쟝:一張(同文解上44).

쟝가드리다 동 장가들이다. ☞댱가드리다 ¶쟝가드릴 취:娶(倭解上41).

쟝가들다 동 장가들다. ☞댱가들다 ¶밍지임의 쟝가드러(女範1. 모의 추밍모). 쟝가들 츄:娶(兒學下5).

쟝갑 명 장갑. ¶쟝갑:韝(物譜 衣服).

쟝고아비 명 장구벌레. ☞쟝구압이 ¶쟝고아비:釘倒虫(物譜 舟車).

쟝고지 명 장구채. ☞댱고재 ¶쟝고지:王不留行(柳氏物名三 草).

쟝구버러지 명 장구벌레. ¶쟝구버러지:孑孓(物譜 水族).

쟝구압이 명 장구벌레. ☞쟝고아비 ¶쟝구압이:井中紅絲蟲(漢淸14:50).

:쟝군 명 장군(將軍). ¶鴨江앳 將軍氣를 아모 爲ᄒᆞ다 ᄒᆞ시니(龍歌39章). 大將ᄋᆞᆫ 큰 將軍이라(釋譜9:38). 將軍 史思明과(三綱. 忠13). 將軍이 도로 盜賊이 ᄃᆞ외며(永嘉下25). 齊ㅅ 將軍이 자바다가 무른대(宣賜內訓3:52). 將軍이 符를 조차 行ᄒᆞ며(金三4:46). 將軍ㅅ 玉帳애 勇猛ᄒᆞᆫ 氣運이 軒昂ᄒᆞ도다:將軍玉帳軒勇氣(初杜解17:10). 魯ㅣ 愼子로 ᄒᆞ여곰 將軍을 삼고져 ᄒᆞ더니(宣孟12:24).

쟝군 명 장군. ¶쟝군:長盆(柳氏物名五 水).

쟝군·목 명 장군목. ☞쟝문목 ¶쟝군목 경:扃. 쟝군목 솬:櫦. 쟝군목 염:扊. 쟝군목 이:扅(訓蒙中7). 쟝군목 관:關(類合下43).

쟝긋 명 발솥. ☞쟝ᄌᆞ ¶쟝긋:脚鐺(物譜 鼎鐺).

:쟝·긔 명 장기. ☞댱긔 ¶바회에 받 갈 저귄 바독 쟝긔를 나오노라:耕巖進奕碁(初杜解3:6). 쟝긔파ᄂᆞᆯ 밍ᄀᆞ러ᄂᆞᆯ:爲碁局(初杜解7:4). 쟝긔 혁:弈(訓蒙中19). 쟝긔 열 부:象棊十副(老解下62). 쟝긔 두다:打象棊(譯解下24). 샹뉵 쟝긔 ᄒᆞ디 마라(古時調. 鄭澈. 警民編). 쟝긔:象碁(同文解下32). 쟝긔:象棋(漢淸9:15). 실슈ᄒᆞᆯ 줄 아라시면 니기 쟝긔 버러시라(萬言詞).

※쟝긔>장기

쟝긔뼈 명 슬개골(膝蓋骨). ☞쟝긔써 ¶쟝긔뼈:曲膝蓋(譯解上35).

쟝긔써 명 슬개골(膝蓋骨). ☞쟝긔뼈 ¶쟝긔써:接膝骨(同文解上16). 쟝긔써:膝蓋骨(漢淸5:56).

쟝녹 명 자리공. ☞쟈리공. 쟝륙 ¶쟝녹:商陸(柳氏物名三 草).

쟝ᄂᆡ 명 장래(將來). ☞쟝릐 ¶쟝ᄂᆡ조차 막히올가 ᄒᆞ여(癸丑10). 쟝ᄂᆡ 폐단이 날 듯ᄒᆞ매(隣語1:17). 將來 일을 싱각ᄒᆞ여(隣語2:9).

쟝단지 명 장딴지. ¶쟝단지 천:腨(兒學上2).

:쟝:대ᄒᆞ·다 형 장대(壯大)하다. ☞장대ᄒᆞ다 ¶五更에 鼓角 소리ᄂᆞᆫ 슬프며 壯大ᄒᆞ고:五更鼓角聲悲壯(初杜解14:19).

쟝도리 명 장도리. ¶쟝도리:老鸛鎚(譯解下18. 同文解下16). 크나큰 쟝도리로 뚱닥 바가 이 내 가슴에 窓 내고쟈(古時調. 窓 내고쟈. 靑丘). 쟝도리:鎚子(漢淸10:33). 쟝도리:老鸛槌(柳氏物名五 金).

쟝륙 명 자리공. ☞쟝녹. 쟈리공 ¶쟝륙:商陸(漢淸13:15).

쟝릐 명 장래(將來). ☞쟝ᄂᆡ ¶또 將來옛 모ᄃᆞᆫ 漏 잇ᄂᆞ니로 菩提ㅅ 果ᄅᆞᆯ 얻긔 호리라:亦令將來諸有漏者獲菩提果(楞解2:78). 이 生애 福 닷고ᄆᆞᆫ 報ㅣ 將來예 잇ᄂᆞ니라(永嘉上114). 이슥고 또 將來ᄅᆞᆯ 너비 알외요ᄆᆞᆯ 爲ᄒᆞ야(金三涵序10). 有情을 너비 濟度ᄒᆞ야 將來예 流布ᄒᆞ야(六祖上29).

쟝마 명 장마. ☞댱마 ¶가물과 쟝마의 증인을 챵솔ᄒᆞ야(敬信78). 쟝마ㅅ비:淫雨(譯解補2). 쟝마ㅅ비:霪雨(漢淸1:12). 쟝마 림:霖(兒學上3).

쟝막 명 장막(帳幕). ☞댱막 ¶쟝막:帳房(同文解上49). 쟝막 치다:打帳房(譯解補17).

쟝:만ᄒᆞ·다 동 장만하다. ☞댱만ᄒᆞ다 ¶의식 수울와 차반 쟝만ᄒᆞ야 이받더라:必具酒饌以奉(續三綱. 孝28). 소니게 받ᄌᆞ올 거슬 힘ᄡᅥ장 뫼화 쟝만ᄒᆞ야:賓客之奉當極力營辨(飜小7:4). 도구를 쟝만호ᄃᆡ:辨道具(誡初6). 얼운의 도와 쟝만홈올 보ᄉᆞᆯ필디니라:佐長者視具(宣小2:4). 나ᄒᆞᆯ ᄃᆞᆯ애 미리 쟝만ᄒᆞ여 둘 약믈ᄃᆞᆯ히라:臨産預備藥物(胎要62). 草料 쟝만ᄒᆞ라 가노라:兌付草料去(老解下18). 음식을 쟝만ᄒᆞ니(女四解4:53). 飮食이나 만히 쟝만ᄒᆞ여(隣語1:10).

쟝·망ᄒᆞ·다 동 장만하다. ☞쟝만ᄒᆞ다 ¶病ᄒᆞᆫ 사ᄅᆞ미 病을 여희오져 ᄒᆞ거든 그 사ᄅᆞᆷ 위ᄒᆞ야 닐웨 밤나잘 八分齋戒 디녀 제 쟝망혼 야ᄋᆞ로 쥬을 供養ᄒᆞ고(釋譜9:32). 부톄 니ᄅᆞ샤ᄃᆡ 너느 거스란 마오 그릇분 쟝망ᄒᆞ라(月釋7:42). 쟝망혼 것 업서:無調度(宣賜內訓3:57). 하츄에 草料 쟝망ᄒᆞ라 가노

라:下處兌付草料去(飜老下20). 내 오ᄂᆞᆯ브터 대간과 딜바리 쟝망ᄒᆞ야:小僧從今日准備箬笠瓦鉢(飜朴上37).

쟝문목 명 장군목. ☞쟝군목 ¶쟝문목:過木(漢淸9:71).

쟝물 명 장(醬)물. 간장. ¶醬물에 파와 가지 가지 것 석고(蒙老2:3).

:쟝·믈 명 장(醬)물. 간장. ☞장믈 ¶쟝믈와 파와 약ᄃᆞᆯ 빠 노하 젓고:調上些醬水生葱料物拌了(飜老上22).

쟝미 명 장미. ¶복샹홰 블그며 오얏지 ᄒᆡ며 薔薇 감ᄇᆞᆯ고ᄆᆞᆯ 東君ᄃᆞ려 무르니(金三1:23). 쟝미 쟝:薔. 쟝밋 미:薇(訓蒙上7). 쟝미 쟝:薔. 쟝미 미:薇(類合上7). 쟝미:薔薇(物譜 花卉). 쟝미 쟝:薔(兒學上5).

쟝·벽 명 장벽(墻壁). 담과 벽. ¶ᄆᆞᅀᆞ미 墻壁 ᄀᆞᆮᄒᆞ면 어루 道애 들리라 ᄒᆞ시니라(永嘉上72).

쟝부 명 장부(丈夫). ☞댱부 ¶丈夫ㅣ가 서ᄅᆞ 金石之約을 ᄒᆞᆫ 후에ᄂᆞᆫ(隣語2:7).

쟝ㅅ대 명 장대. ¶쟝ㅅ대:杆子(漢淸13:29).

쟝ㅅ드림 명 술. ¶쟝ㅅ드림:流蘇(漢淸12:12).

:쟝ㅅ믈 명 장물. 간장. ☞쟝믈 ¶또 醬ㅅ므를 ᄇᆞᆯ로ᄃᆡ:又方豆醬淸塗之(救急下68).

·쟝ㅅ·집 명 장즙(醬汁). 장물. ☞장즙 ¶또 醬ㅅ汁을 귀예 브ᅀᅳ면 즉재 나ᄂᆞ니라(救急下43).

쟝샹 부 장상(長常). 늘. ☞댱샹 ¶一生애 깃그며 怒호ᄆᆞᆯ 쟝샹 眞性ᄋᆞᆯ 믿놋다:一生喜怒長任眞(重杜解8:28).

쟝·셕 명 염병. 역질(疫疾). ¶네 히ᄅᆞᆯ 艱難ᄒᆞ고 쟝셕 흔ᄒᆞ거늘(月釋7:28). 쟝셕 온:瘟. 쟝셕 역:疫(訓蒙中34). 다ᄉᆞᆺ 가짓 쟝셕 귓것도 피ᄒᆞ리라:辟却五溫鬼(瘟疫方4).

쟝·셕:병 명 염병. 역질(疫疾). ¶聖惠方의 시긔 쟝셕병 고툐ᄃᆡ 새박을 졍월 첫 저우룸날 디허(瘟疫方8).

쟝·셕·ᄒᆞ·다 동 염병하다. 역질(疫疾)하다. ¶또 阿難아 ᄒᆞ다가 刹帝利灌頂王ᄃᆞᆯ히 어려ᄫᅳᆫ 이리 낤 時節에 한 사ᄅᆞ미 쟝셕ᄒᆞᄂᆞᆫ 難이어나(釋譜9:33).

쟝수 명 장수(將帥). ☞쟝슈 ¶쟝수 쟝:將(兒學上1).

:쟝·슈 명 장수(將帥). ☞쟝수 ¶元帥ᄂᆞᆫ 爲頭ᄒᆞᆫ 將帥라(三綱. 孝15). 止觀ᄋᆞ로 將帥 삼고 助道 萬行ᄋᆞ로 兵 사모미니(圓覺下三之一51). 웃듬 將帥ㅣ 儉省ᄒᆞ야 나랏 어려운 이ᄅᆞᆯ 시름ᄒᆞ놋다:主將儉省憂艱虞(初杜解17:32). 몸이 쟝쉬며 지샹 ᄃᆞ외여:身都將相(飜小8:19). 쟝슈 쟝:將. 쟝슛 슈:帥(訓蒙中1). 쟝슈 쟝:將(類合下10). 쟝슈 슈:帥(類合下13). 쟝슈 쟝:將(石千21). 그 쟝슈 ᄃᆡ접ᄒᆞ시ᄂᆞᆫ 도리 녯 녀모와 만히 ᄀᆞᆺ더라(仁祖行狀31). 쟝싊 面目 업시 너길 꺼시니(新語7:6). 제 쟝슈의 법을 아니 좃고(明皇1:31).

쟝슈 명 장수(漿水). ¶브ᅀᅥ빗 검듸영을 彈子만ᄒᆞ닐 가져 漿水예 프러 머교ᄃᆡ 아니ᄒᆞᆫ ᄉᆞᅀᅵ예 서너 번 ᄒᆞ라(救急上40). 祭祀ᄅᆞᆯ 보아 술와 漿水와 대그릇과 나모그릇과(宣賜內訓3:3). 쟝슈 쟝:漿(類合上29).

쟝슈벌 명 봉왕(蜂王). 왕봉(王蜂). ¶쟝슈벌:蜂王(柳氏物名二 昆蟲).

쟝스 명 장수. ☞댱ᄉᆞ. 쟝ᄉᆞ ¶ᄃᆡᆨ들에 동난지이 사오 져 쟝스야 네 황후 긔 무서시라 웨ᄂᆞᆫ다(古時調. 靑丘).

쟝승 명 장승. ☞댱승 ¶쟝승 후:堠(倭解上34). 쟝 승:土地老兒(同文解上41). 쟝승:土地老兒(譯解補10).

쟝식 명 장식(裝飾). ¶쟝식의 죠이:鏨花(柳氏物名五 金).

:쟝:ᄉᆞ 명 장사(將士). 장졸(將卒). ¶將士ㅣ 病ᄒᆞ야 싸호ᄃᆡ 몯거늘(三綱. 忠14). 將士 더블오(三綱. 忠28). 또 한 將士ᄋᆡ 妻妾을 거느리샤(宣賜內訓2下38). 변방의 쟝ᄉᆞᄅᆞᆯ ᄉᆡᇰ각ᄒᆞ샤(仁祖行狀31).

쟝ᄉᆞ 명 장사. ☞댱ᄉᆞ ¶술 닉쟈 체 쟝ᄉᆞ 도라가니 아니 먹고 어이리(古時調. 대쵸볼. 靑丘). 밋천 적은 쟝ᄉᆞ:小本經紀(譯解補60). 그 노름노리ᄅᆞᆯ 쟝ᄉᆞ의 흥졍ᄒᆞᄂᆞᆫ 일을 ᄒᆞ신대(女範1. 모의 추ᄆᆡᇰ모). 반겨서 ᄇᆞ라니 황어 파ᄂᆞᆫ 쟝ᄉᆞ로다(萬言詞). 쟝ᄉᆞ 샹:商(兒學上1).

쟝ᄉᆞ 명 장사(葬事). ¶쟝ᄉᆞ 쟝:葬(兒學下5).

쟝ᄢᅢ 명 장떡. ¶蔬菜ᄅᆞᆯ 安排ᄒᆞ며 쟝ᄢᅢᄅᆞᆯ 구으며:安排蔬菜炮豉(女四解2:11).

:쟝쑥 명 장국. ☞쟝국 ¶粥믈와 쟝쑤기 위두코:粥飮醬湯爲上(救急上9).

쟝ᄡᆞᆯ기 명 장딸기. ¶쟝ᄡᆞᆯ기:黃獨土卯(物譜 雜草).

·쟝ᅀᅵᆫ 명 장인(匠人). ☞장인 ¶나라해 어딘 匠人 뫼호아:匠人ᄋᆞᆫ 자ᄇᆞᆫ 것 ᄆᆡᇰᄀᆞᄂᆞᆫ 사ᄅᆞ미라(釋譜11:10). 그 城 안햇 사ᄅᆞ미 ᄇᆞᆯ셔 匠人 브려 여듧 金壜과 여듧 師子座ᄅᆞᆯ ᄆᆡᇰᄀᆞᅀᆞᆸ고(釋譜23:49). 能히 匠人ᄋᆞᆯ 조ᄎᆞ며(圓覺上二之三35). 갈 잘 ᄆᆡᇰ글 쟝ᅀᅵᆫ이 어듸 잇ᄂᆞ뇨:快打刀子的匠人那裏有(飜朴上15). 쟝ᅀᅵᆫ 쟝:匠(訓蒙中2).

쟝앗디이 명 장아찌. ☞쟝앗ᄢᅵ이. 쟝앗지이 ¶쟝앗디이:醬茄子(同文解下4).

쟝앗ᄢᅵ이 명 장아찌. ☞쟝앗디이. 쟝앗지이 ¶쟝앗ᄢᅵ이:醬瓜子(蒙解上47).

쟝앗지이 명 장아찌. ☞쟝앗디이. 쟝앗ᄢᅵ이 ¶쟝앗지이:醬瓜(漢淸12:41).

:쟝:애 명 장애(障礙). ¶一切 障礙 곧 究竟

ᄒᆞᆫ 覺이며 衆生과 國土왜 ᄀᆞ티 ᄒᆞᆫ 法性이니(釋譜8:45). 다ᄉᆞᆺ 가짓 비옛 障导ᄅᆞᆯ 업긔 ᄒᆞ라(月釋10:103). 여러 障碍ᄅᆞᆯ 여희여(月釋13:51). 여러 障礙 여희다 ᄒᆞ샤ᄆᆞᆫ(月釋13:52).

:장·앳·디·히 명 장아찌. ☞장앗디이 ¶다ᄆᆞᆫ 됴ᄒᆞᆫ 장앳디히 밥ᄒᆞ야 먹다가:只着些好醬瓜兒就飯喫(飜朴上55).

장옷 명 장옷. ¶大段 장옷 密羅珠 겻칼(古時調. 高臺廣室. 靑丘).

장인 명 장인(匠人). ☞쟝신 ¶遂인과 匠인이 비로소 柩시ᄅᆞᆯ 車ᄅᆞᆯ 썸 ᄉᆞ이에 드리니(家禮8:3). 그림 잘 그리ᄂᆞᆫ 쟝인이 어ᄃᆡ 잇ᄂᆞ뇨:好畫匠那裏有(朴解下39). 쟝인 위ᄒᆞᄂᆞᆫ 말:待詔(譯解補20). 쟝인이며 쟝ᄉᆞ들은 각각 그 업에 평안이 ᄒᆞ니(綸音75). 쟝인 쟝:匠(兒學下5).

쟝좌반 명 장자반. ¶全豉:쟝좌반 煎醬合豉曰全豉(行吏).

:쟝·즙 명 장즙(醬汁). 장(醬)물. ☞쟝ㅅ집 ¶또 쟝즙을 ᄇᆞᄅᆞ라:又方以豆醬汁塗之(救急下11).

쟝지쎠 명 정강이뼈. ¶쟝지쎠 아러 놉흔 ᄃᆡ:腿樑高處(漢淸5:56).

쟝·ᄌᆞ 명 발솥. ☞쟝긋 ¶쟝ᄌᆞ:鐺 三足溫器(四解下61). 쟝ᄌᆞ 뎡:鐺(訓蒙中12).

쟝·ᄎᆞ 부 장차(將次). ☞쟝춘. 쟝춧 ¶쟝ᄎᆞ 濟渡ᄒᆞ리로ᄃᆞ녀(釋譜11:5). 쟝ᄎᆞ 부텨 ᄃᆞ외샤 相이로다(月釋1:18). 쟝ᄎᆞ 제 아ᄃᆞᄅᆞᆯ 달애야 ᄻᅧ오리다 ᄒᆞ야(月釋13:20). 쟝ᄎᆞ 密義ᄅᆞᆯ 求ᄒᆞᅀᆞᆸ더니:將求密義(楞解1:28). 쟝ᄎᆞ 비 올띠면(法華3:35). 쟝ᄎᆞ 化ᄒᆞ실 ᄄᆞᆯ 아ᄅᆞ실ᄊᆡ:知其將化故(法華6:150). 쟝ᄎᆞ 顚倒ᄒᆞ야(金剛後序12). 쟝ᄎᆞ 이 經 사교매:將釋此經(心經11). 쟝ᄎᆞ 法施ᄅᆞᆯ 펴려(圓覺序77). 이 고대 니르러ᄂᆞᆫ ᄃᆞᄐᆞ른 將次 긋고 光明ᄋᆞᆫ 將次 發ᄒᆞ리니(蒙法42). 쟝ᄎᆞ ᄂᆞᄆᆡ 지ᄇᆡ 갈 제:將適舍(宣賜內訓1:5). 쟝ᄎᆞ 菩薩이 또 取 업소ᄆᆞᆯ(金三2:58). 쟝ᄎᆞ:將次(老朴集. 單字解4). 쟝ᄎᆞ 쟝:將(訓蒙中1). 將次 어드러 갈고(重杜解4:34). 쟝ᄎᆞ 이시리라:將次有了(老解上20).
※쟝ᄎᆞ>장차

쟝촌 부 장차(將次). ☞쟝ᄎᆞ ¶그 지븨 니ᄅᆞ러 쟝춘 난ᄒᆞ려 ᄒᆞ거ᄂᆞᆯ:抵其家將亂之(東三綱. 烈1). 쟝춘 시묘막의 믿게 ᄒᆞ엳거ᄂᆞᆯ:將及於廬約之(東新續三綱. 孝2:84). 쟝춘 긔졀케 되엿거ᄂᆞᆯ:將氣絶(東新續三綱. 孝6:25). 도적이 칼ᄂᆞᆯ 들고 쟝춘 해호려커ᄅᆞᆯ:賊擧刃將害(東新續三綱. 孝8:20).

쟝·춧 부 장차(將次). ☞쟝ᄎᆞ ¶수프렛 곳다온 남ᄀᆞᆫ 여르믈 내야 쟝춧 업수메 다ᄃᆞ랏고:林香出實垂將盡(初杜解15:15). 쟝춧 이시리라:將次有了(飜老上22). 쟝춧 풍쇽을 졍졔호려 ᄒᆞᄂᆞᆫ 거시니:將以齊整風俗(飜小9:67). 쟝춧 쟝:將(類合下10). 쟝춧 쥬인ᄒᆞᆫ 집의 갈ᄉᆡ:將適舍(宣小3:10). 帝 쟝춧 天下ᄅᆞᆯ 보와 옴기려 ᄒᆞ더시니:帝將胥天下而遷之焉(宣小4:8). 奔喪애 殿ᄒᆞ야 쟝춧 門의 들ᄉᆡ(宣論2:8). 쟝춧 君子ㅣ 되며 쟝춧 野人이 되리니:將爲君子焉將爲野人焉(宣孟5:14). 도적이 쟝춧 그 아비ᄅᆞᆯ 해ᄒᆞ랴 ᄒᆞ거ᄂᆞᆯ:賊將害其父(東新續三綱. 孝6:13). 내 쟝춧 北으로 갈 제:杜子將北征(重杜解1:1). 쟝춧 잘 고ᄃᆡ 도라갈ᄉᆡ:將歸睡處(女四解2:19). 밍지 임의 장가드러 쟝춧 ᄉᆞ실의 드러갈ᄉᆡ(女範1. 모의 추밍모).

쟝혀도리 명 처마도리. ☞댱혀도리 ¶쟝혀도리:托樑(漢淸9:68).

:쟛국 명 장국. ☞쟝쑥 ¶쟛국의 글혀 머그라:於豉汁中煮調和食之(救簡1:12).

저 명 제. 때. ☞제 ¶아모 저라 업시:不揀幾時(飜老下43).

저 대 저. ☞져 ¶저의 늘구믈 우ᅀᆞᄫᆞ니(月印上12). 저ᄂᆞᆫ 豪貴ᄒᆞ야(月釋13:19). 활살ᄋᆞᆯ 感ᄒᆞ야 저를 害ᄒᆞ고:感弓箭以自傷(楞解8:104). 저ᄂᆞᆫ ᄠᅳᆮ 願 업수미:自無志願(法華2:248). 저 욀 ᄯᆞᄅᆞ미 아니라:非唯自誤(牧牛訣10). 어루 저ᄅᆞᆯ 賊害ᄒᆞᄂᆞ다 닐올디로다:謂自賊者矣(宣賜內訓3:65).

저 관 저. ¶저 이:伊(訓蒙下24. 石千23). 저기:其(類合上19).

:저 부 저절로. 스스로. ¶쎠 저 나ᄂᆞ니라:骨自下(救急上52).

저근몰 명 오줌. 소변(小便). ☞져근ᄆᆞᆯ ¶ᄀᆞ장 촌 주ᄅᆞᆯ 알면 저근ᄆᆞᄅᆞᆯ 즉재 보리라:如覺大段冷小便即通(救簡3:85).

저근창ᄌᆞ 명 작은창자. 소장(小腸). ¶저근챵ᄌᆞ:小腸子(譯解上35).

저디다 동 적시다. ☞저지다 ¶人生은 ᄠᅳ디 이실ᄉᆡ 눈므를 가ᄉᆞ매 저디거니와:人生有情淚霑臆(重杜解11:16).

저력 명 저녁. ☞져녁 ¶아침의 우홈터니 저력의 셜운 곡셩(修善曲1).

저·리·다 동 위협하다. ☞저히다 ¶허틸 모ᄀᆡ 연저 가히 저리고:以脚加頸怖狗(法華2:118). 나ᄃᆞᆯ 휫ᄯᅮ루며 버믈 저리고:揮鎌刼虎(東續三綱. 孝6). 황뎨 아름다이 너기샤ᄃᆡ 져믈시 ᄂᆞᄆᆡ ᄀᆞᄅᆞ친가 ᄒᆞ샤 뎡위 벼슬ᄒᆞᆫ 채법도 ᄒᆞ야 저리며 달애야 말 바ᄃᆞ라 ᄒᆞ야시ᄂᆞᆯ 법되 저려 무르ᄃᆡ 아비 갑새 주기라 ᄒᆞ시니:武帝嘉之以其幼疑受敎於人勅廷尉蔡法度脅誘取款法度盛陳徽纆厲色問曰爾來代父死(重三綱. 孝23 吉翂). 공손술이 윤륭이 브려 독ᄒᆞᆫ 술 가져 죠셔로 저료ᄃᆡ:述使尹融持毒奉詔以刧(重三綱. 忠9).

저리·다 동 절이다. ☞절이다 ¶다믄 저린 외옷 잇다:只有塩瓜兒(飜老上41). 다만 저린 외 이시니:只有塩瓜兒(老解上37). 저린 외:醃瓜(譯解上52). 저리다:加塩(同文解上61). 소곰으로 저리다:用塩淹(漢淸12:42).

저리다 형 (손발이) 저리다. ☞절웨다 ¶저리다:痲啊(同文解下7). 저리다:發痲(漢淸8:7).

저리지이 명 절이김치. ☞절이지히 ¶ᄑᆞᆺ죽 ᄃᆞᆯ게 쑤고 저리지이 ᄯᅵ어내니(古時調. 金光煜. 딜가마 조히. 靑丘).

저리짐칔 명 절이김치. ☞저리지이 ¶아히야 저리짐칔만졍 업다 말고 내여라(古時調. 蔡裕後. ᄃᆞ나 ᄡᅳ나. 靑丘).

저:마·다 부 저마다. ¶저마다 ᄒᆞᆫ 살옴 마자(月釋10:29).

저븐저븐ᄒᆞ다 형 지저분하다. ¶눈 저븐저븐ᄒᆞ니과:眼澁(痘要上11).

저블 명 저울. ☞저울 ¶秤曰雌孛(雞類).
※저블>저ᄫᅳᆯ>저울

저숍다 동 저쑵다. (신이나 부처에게) 절하다. ☞저ᅀᆞᆸ다 ¶부텨도 저ᄉᆞ오며 념불도 ᄒᆞᆯ시 ᄢᅦ 희오 므겁고:禮拜三寶念佛名字所以骨頭白了又重(恩重3).

저삽·다 동 두려워하다. 황송해하다. ☞저타 ¶일후믈 저ᄊᆞᄫᆞ니:既畏名號(龍歌61章). 威名을 저ᄊᆞᄫᅡ:威名畏服(龍歌75章). 王ㄱ 出令을 저ᄊᆞᄫᅡ(月釋1:9).

·저·ᅀᆞᆸ·다 동 저쑵다. (신이나 부처에게) 절하다. ☞저숍다. 저ᅀᆞᆸ다 ¶저ᅀᆞᆸ거나 合掌ᄒᆞᅀᆞᆸ거나(釋譜13:53). 부텨를 맛ᄌᆞᄫᅡ 저ᅀᆞᆸ고(月釋1:13). 머리 ᄂᆞᄎᆞ로 바래 저ᅀᆞᆸ고:頭面禮足(法華3:98). 師ㅣ 蒙山ᄋᆡ 와 저ᅀᆞᆸᄂᆞᆫ ᄃᆞᆯ 보시고:師見蒙山來禮(法語1). 부텨 저ᅀᆞᆸ디 아니ᄒᆞ고:佛不禮(法語10). 주샤ᄆᆞᆯ 저ᅀᆞ오며:拜賜(宣賜內訓1:11). 저ᅀᆞᆸᄂᆞᆫ 양지라(南明上50). 菩薩을 저ᅀᆞᆸ고:禮拜菩薩(佛頂下17). ᄒᆞᆫᄢᅴ 저ᅀᆞᆸ고:同時作禮(六祖上1). 난겻 와 저ᅀᆞᆸ더니(六祖上60). ᄂᆡᆰ고 저ᅀᆞ오라(眞言1).

저여·곰 부 저마다. ☞제여곰 ¶出ᄒᆞ며 處호매 저여곰 힘ᄡᅳ디니라:出處各努力(初杜解9:17). 幸혀 저여곰 솔와 대와ᄅᆞᆯ 對ᄒᆞ요라:幸各對松筠(杜解20:28). 다 저여곰 류로 ᄒᆞᆯ디니:皆以類推(救簡6:1).

-저온 접미 -쩍은. -로운. -스러운. ㉠-젓다 ¶졍셩저온 사ᄅᆞᆷ이오니(癸丑136). 涉疑ᄒᆞᆫ 사ᄅᆞᆷ(의심저온 사ᄅᆞᆷ이라)을 가져:將涉疑人(無寃錄1:3).

저올 명 저울(秤). ☞저울 ¶이거슨 이 저올이로다:這箇是秤(朴解上38).

저올ᄊᆡ 명 저울대. ☞저올 ¶저올ᄊᆡ:秤竿(譯解下16).

저우롬ᄃᆞᆯ 명 인월(寅月). 음력(陰曆) 정월(正月). ¶저우롬ᄃᆞᆯ로ᄡᅥ ᄒᆡᆺ머리를 삼으시다:寅月爲歲首(十九史略1:8).

저·우룸·날 명 상인일(上寅日). ¶졍월 첫 저우룸날 뒷 남글 뫼화 ᄠᅳᆯ 가온대 ᄉᆞᆯ오라:又方正月初上寅日聚廁前草燒中庭辟瘟(簡辟7). 졍월 첫 저우룸날:正月初上寅日(瘟疫方5,8).

저·울 명 저울. ☞저블. 저올 ¶權은 저욼ᄃᆞ림쇠니 ᄒᆞᆫ 고대 固執디 아니ᄒᆞ야 나ᄉᆞ믈림ᄒᆞ야 맛긔 ᄒᆞᆯ ᄡᅥ오(釋譜13:38). 말 놀이며 저울 드듸요ᄆᆞᆫ:弄斗蹋秤(法華7:120). 丹砂ᄂᆞᆫ 녯 저우래 사ᄂᆞᆯᄒᆞ도다:丹砂冷舊秤(初杜解20:24). 거우뤼 뷔며 저우리 平홈 ᄀᆞᆮᄒᆞ야:如鑑空衡平(金三2:64). 이ᄂᆞᆫ 저울:這箇是秤(飜朴上42). 저울:衡子(四解下55 衡字註). 저울 칭:秤(訓蒙中11).
※저울<저ᄫᅳᆯ<저블

저울눈 명 저울눈. ☞저욼눈 ¶저울눈 저울 갈구리:毫星秤鉤子(老解下62).

저울대 명 저울대. ☞저울ᄃᆡ. 저욼대 ¶저울대 형:衡(類合上27). 저울대 형:衡(石千23). 저울대 저울튜:秤竿秤錘(老解下62).

저울ᄃᆡ 명 저울대. ☞저울대 ¶저울ᄃᆡ 형:衡(兒學上11).

저울츄 명 저울추. ☞저울튜 ¶저울츄:鉈(漢淸10:18). 저울츄 츄:錘(兒學上11).

저울튜 명 저울추. ☞저울츄 ¶저울튜:秤錘(老解下62. 譯解下16).

저·욼가ᄂᆞᆯ·돈 명 저울 가늠돈. ¶定盤星ᄋᆞᆫ 저욼가ᄂᆞᆯ도니라(南明下43).

저·욼·눈 명 저울눈. ☞저울눈 ¶저욼눈:毫星(飜老下69).

저·욼·대 명 저울대. ☞저울대 ¶저욼대:秤竿(飜老下69). 저욼대 형:衡(訓蒙中11).

저·욼ᄃᆞ·림 명 저울추. ☞저욼ᄃᆞ림쇠 ¶저욼ᄃᆞ림:秤錘(飜老下69).

저·욼ᄃᆞ·림·쇠 명 저울추. ¶權은 저욼ᄃᆞ림쇠니(釋譜13:38). 저욼ᄃᆞ림쇠ᄅᆞᆯ 븕게 ᄉᆞ라:燒秤錘令赤(救簡2:64).

-저은 접미 -쩍은. -로운. -스러운. ㉠-젓다 ¶아당저은 말을 내디 아니ᄒᆞ며:未…發諂諛之言(重內訓1:2).

저읍다 동 저쑵다. 절하다. ☞저ᅀᆞᆸ다. 저ᅀᆞᆸ다 ¶부텨ᄭᅴ 저읍다:拜佛(譯解上25).

-저이 접미 -쩍게. -스러이. ㉠-젓다 ¶쟝군을 핀잔저이 홈을 보고(三譯6:20). 망녕저이 사ᄅᆞᆷ을 죽이디 아니미 올ᄒᆞ니라(女範4. 녈녀 화운쳐).

·저·옵·다 동 저쑵다. 절하다. ☞저ᅀᆞᆸ다. 저읍다 ¶부텨 저ᅀᆞᆸᄂᆞᆫ 무루피(修行章26).

:저·즙·다 동 주춤거리다. 더듬거리다. ¶ᄇᆞᄅᆞᆷ마자 왼녁 올ᄒᆞᆫ녀글 다 몯 ᄡᅥ 거름 거로

미 어려우며 말ᄉᆞ미 저주브며:中風左癱右瘓行步艱難語言蹇澁(救簡1:8). ᄇᆞᄅᆞᆷ마자 ᄒᆞᆫ 겨틀 몯 ᄡᅳ며 말ᄉᆞ미 저주브며:中風半身不遂語言蹇澁(救簡1:9). ᄇᆞᄅᆞᆷ마자 말ᄉᆞ미 저즙고:中風言語蹇澁(救簡1:11).

저즈다 동 저지르다. ☞저즐다 ¶다 너희 婦人의 저즈는 배니라:皆汝婦人所作(重內訓3:37).

저즈레ᄒᆞ다 동 저지레하다. 일을 그르치다. ¶자근 그ᄅᆞ시라 큰 저즈레ᄒᆞ기는 뜻이 미처 가디 못ᄒᆞ얏더니(閑中錄450). 저즈레ᄒᆞ다:啕氣(漢淸5:47).

저·즈리·다 동 ①점(占)쳐 헤아리다. ¶모딘 혜아리며 저즈리디 말며:不要思量卜度(蒙法28). 陰陽을 爲頭ᄒᆞ야 자바시며 造化를 저즈려:主執陰陽權衡造化(眞言. 供養文36). ②절제(節制)하다. ☞전즈리다 ¶모매 저즈리며 이베 져기 ᄒᆞ야:節身儉口(永嘉上42).

저즐·다 동 저지르다. ☞저즈다 ¶盜賊ㅣ 곧 能히 저즐고:賊卽能爲(龜鑑上28). 열 히ᄅᆞᆯ 저즈러 됴ᄉᆞᄅᆞᆯ 다 주겨:殺之用事十年魚肉士類(東續三綱. 忠3). 저즈럿거든 뉘 타시라 ᄒᆞᆯ고(癸丑94). 내 저즐어 내 밧다:自作自受(譯解下53).

저·지·다 동 적시다. ☞저디다. 저치다. 적시다 ¶潤沾은 저질 씨라(月釋序7). 六合애 저지시며:潤之六合(月釋序7). ᄲᆞᆯ리 비ᄅᆞᆯ ᄂᆞ리와 이 大地ᄅᆞᆯ 저지라(月釋10:101). 欲愛ᄂᆞᆫ 惑ᄋᆞᆯ 저지거든:欲愛潤惑(楞解8:13). 貪水ㅣ 能히 業을 저져:貪水能潤業(楞解8:83). 비ᄂᆞᆫ ᄒᆞᆫ 마시 저쥬ᄆᆞᆯ ᄡᅳ고:雨以一味霑洽(法華1:90). ᄒᆞᆫ 구룸 ᄒᆞᆫ 비로 한 物을 저져:以一雲一雨而滋衆物(法華3:12). 비 저죠ᄆᆞᆯ 바ᄃᆞ며(圓覺上一之一23). 믈와 ᄒᆞᆰ기 穀食ᄃᆞᆯᄒᆞᆯ 저져 내요매:水土之潤生穀等(圓覺上一之二14). ᄆᆞᅀᆞᄆᆞᆯ 흘려 브ᅀᅥ 저쥬믈 得ᄒᆞ야:流注於心得其茲潤(圓覺下一之一18). ᄲᅥᄅᆞᆫ 비ᄂᆞᆫ 오란 病을 저지ᄂᆞ다:凍雨裛沉綿(重杜解2:13). 서리와 이슬로 히여 사ᄅᆞᄆᆡ 오ᄉᆞᆯ 저지게 마롤디니라:無使霜露霑人衣(初杜解15:44). 피눉므를 오새 저지놋다:血沾衣(初杜解16:51). 글 封ᄒᆞ고 두어 줈 눉므를 ᄲᅮ려 새 그레 저지노라:封書數行淚霑洒裛新詩(杜解21:32). 바ᄅᆞᆯ 저죠ᄃᆡ:漬脚(救簡1:44). 甘露ᄅᆞᆯ 저쥬시미니(眞言20). 힘ᄡᅳ우며 저지ᄃᆞᆺ ᄒᆞ며 ᄀᆞᄃᆞᆺ ᄒᆞ야:勵漸摩(飜小9:14). 힘ᄡᅳ게 ᄒᆞ며 저지며 ᄀᆞ다ᄃᆞᆷ아:勵漸摩(宣小6:12). 술독을 ᄢᆡ텨 주검을 저져 지되믈 면ᄒᆞ니라:乃擊酒瓮沾屍免爲灰(東新續三綱. 孝4:87).

저지 명 시장(市場). (장사하는) 집. ¶八字 보는 저지:卦肆(譯解補35).

저축이다 동 절룩거리다. ☞저추기다. 저축이다 ¶ᄶᅡ히 놀라 다리ᄂᆞᆯ 저축이ᄂᆞᆫ 이ᄂᆞᆫ 찬근이 알품이오:驀地點脚攢筋痛(馬解上75).

저추기다 동 절룩거리다. ☞저축이다. 저축이다 ¶데문이 브어 알코 다리ᄅᆞᆯ 저추기ᄂᆞᆫ 병을 고티ᄂᆞ니:治蹄門腫痛點脚病(馬解上67).

저축이다 동 절룩거리다. ☞저촉이다. 저추기다 ¶저축이다:瘸(漢淸7:33).

저치다 동 적시다. ☞저지다. 적시다 ¶더운 므레 저쳐:溫水淋浸(牛疫方2). 출히 피를 무덤 우희 저치고 넉슨 디하의 조초리라 ᄒᆞ고:寧血濺塚上魂隨地下(東新續三綱. 烈5:79 安氏肢解).

저치·다 동 거리끼다. 거리끼게 하다. 범(犯)하다. ☞적시다 ¶엇데 말와 ᄠᅳ데 저쳐 호미 아니시리오:豈累於言意爲哉(南明序2). 뎌 慈父의 사ᄅᆞᆷ 보내야 推尋호ᄆᆞᆯ 저치ᄂᆞ뇨:累他慈父送人尋(金三4:23). ᄒᆞᆫ 나그내 두 쥬인 저치디 몯ᄒᆞᆯ 거시니:一客不犯二主(飜老上52).

저컨대 동 두려워하건대. ㉠저타 ¶저컨대 네 밋디 아니커든:怕你不信時(老解上17).

저코 동 두려워하고. ㉠저타 ¶그 비골ᄒᆞ실가 저코:恐其餒(宣賜內訓1:48). 눈과 서린가 저코:懼雪霜(初杜解6:41).

저킈 동 두려워하게. ㉠저타 ¶金翅 ᄃᆞ외야 龍ᄋᆞᆯ 저킈 ᄒᆞ니(月釋7:24).

저·타 동 저어하다. 두려워하다. ☞저ᄒᆞ다 ¶威名을 저ᄊᆞᄫᅡ:威名畏服(龍歌75章). 金翅 ᄃᆞ외야 龍ᄋᆞᆯ 저킈 ᄒᆞ니(月釋7:24). 놀라디 아니ᄒᆞ며 두리디 아니ᄒᆞ며 저티 아니ᄒᆞ면:不驚不怖不畏(金剛上77). 네 信티 아니ᄒᆞᆯ가 전노라:恐汝不信(牧牛訣7). 오직 몯 이긜가 저카니와:惟恐弗堪(宣賜內訓1:83). 내 몸 아ᄅᆞᆷ뎌호ᄆᆞᆯ 오히려 하ᄂᆞᆯᄒᆞᆯ 전노라:自私猶畏天(重杜解2:13). 눈과 서린가 저코:懼雪霜(初杜解6:41). 泥滯ᄒᆞ야 寸心을 잇블가 저토다:恐泥勞寸心(初杜解15:3). 妄ᄋᆞᆯ ᄇᆞ리고 眞에 갈 길ᄒᆞᆯ 마ᄀᆞᆯ가 전노라:恐妨捨妄歸眞之路(金三4:26). 향니며 ᄇᆡᆨ셩이 저코 ᄉᆞ랑ᄒᆞ더니 죽거ᄂᆞᆯ:吏民畏愛及卒(東續三綱. 孝23). 저컨대 네 밋디 아니커든:怕你不信時(老解上17).

저·토·다 동 두려워하도다. ㉠저타 ¶泥滯ᄒᆞ야 寸心을 잇블가 저토다:恐泥勞寸心(初杜解15:3).

저투·리·다 동 두려워하다. ¶勃然히 분발ᄒᆞ야 ᄀᆞ다ᄃᆞᆷ아 可히 저투리디 아니콰댜 홈이니라:勃然奮厲不可恐懼也(宣小5:107).

저티 동 두려워하지. ㉠저타 ¶놀라디 아니ᄒᆞ며 두리디 아니ᄒᆞ며 저티 아니ᄒᆞ면:不驚不怖不畏(金剛上77).

저티·다 동 위협하다. ☞저히다 ¶버믈 저티고(續三綱. 孝9).

저퍼ᄒᆞ다 동 저어하다. 두려워하다. ☞젛퍼ᄒᆞ다 ¶저퍼ᄒᆞ다:恐怕(同文解上20).

저페라 형 두려워라. ㉮저프다 ☞젚페라 ¶또 창굼그로 여어볼가 저페라:又怕窓孔裏偷眼兒看(朴解中18).

저·폼 형 두려움. ㉮저프다 ☞저품 ¶一切 저포ᄆᆞᆯ 업게 호니:能滅一切怖畏(佛頂上1).

저·품 형 두려움. ㉮저프다 ☞저폼 ¶智慧 ᄇᆞᆯᄀᆞ샤 저푸미 업스시며(月印上29). 그 ᄯᅳ리 念佛力으로 自然히 저푸미 업더라(月釋21:24). 큰 저품 업수믈 得ᄒᆞ야:得大無畏(楞解5:52). 저품 업슨 ᄆᆞᅀᆞᄆᆞ로:無怖畏心(法華5:31). 無常ᄋᆞᆯ 觀ᄒᆞ야 저품 내며:觀無常而生恐(永嘉下40). 위엄이 이셔 可히 저품ᄋᆞᆯ 닐온 威오:有威而可畏謂之威(宣小4:53).

저프·다 형 두렵다. ☞젚프다 ¶智慧 ᄇᆞᆯᄀᆞ샤 저푸미 업스시며(月印上29). 威ᄂᆞᆫ 저플 씨라(月釋序6). 그 ᄯᅳ리 念佛力으로 自然히 저푸미 업더라(月釋21:24). 큰 저품 업수믈 得ᄒᆞ야:得大無畏(楞解5:52). 엄과 톱괘 놀카와 저퍼도:利牙爪可怖(法華7:90). 無常ᄋᆞᆯ 觀ᄒᆞ야 저품 내며:觀無常而生恐(永嘉下40). 빗대 도라가매 저픈 나리 기우럿도다:回檣畏日斜(重杜解2:30). 時節에 ᄠᅥ딜가 저프니:恐後時(重杜解4:26). 香象이 비록 저픈 德이 이시나(南明上48). 놀라 저포ᄆᆞᆯ 免티 몯ᄒᆞ니:未免驚怖(金三3:25). 一切 저포ᄆᆞᆯ 업게 호니:能滅一切怖畏(佛頂上1). 삼 년이도록 드렛줄도 저프다 ᄒᆞᄂᆞ니라:三年怕井繩(飜朴上37). 이 됴ᄒᆞᆫ 활이면 므슴 혀기를 저프리오:是好弓時怕甚麼扯(老解下28). 저프건대 病 고틸 ᄆᆞᄋᆞᆷ이 업스랴마ᄂᆞᆫ:怕沒治病的心那(朴解中18). 저프다:恐怕(譯解上28).

저허ᄒᆞ다 동 저어하다. 두려워하다. ☞저퍼ᄒᆞ다 ¶오히려 일흘가 저허홀띠니라:猶恐失之(宣論2:38). 蕭墻ㅅ 內예 이실까 저허ᄒᆞ노라:恐在蕭墻之內也(宣論4:20). 집 사ᄅᆞᆷ이 크게 저허ᄒᆞ더니:家人大懼(東新續三綱. 孝6:73). 스ᄉᆞ로 샹홀가 저허홀 거시니:恐(百行源14).

저·홈 동 저어함. 두려워함. ㉮저ᄒᆞ다 ¶晝夜애 便安ᄒᆞ야 모든 놀람과 저홈 업거지이다:晝夜安隱無諸驚懼(永嘉下140).

저흐·다 동 저어하다. 두려워하다. ☞저타. 저ᄒᆞ다 ¶如來 큰 慈悲 잇고 앗폼 업스며 또 저홈 업서(月釋18:16). 비르서 佛道ᄅᆞᆯ 일우려홀가 저흐신 젼ᄎᆞ로:恐…方成佛道故(圓覺上一之二129). 일 져므리 저흐시며:夙夜戰兢(宣賜內訓2下10). 비홀 사ᄅᆞ미 얼굴 밧긔 性 求홀가 저흐실시(南明上5). 법령을 저흐며:畏法令(呂約4). 명료와 네 나라히 허탄ᄒᆞ고 저흘 거시 업서(山城63).

저:희 대 저희. ¶背叛ᄒᆞ거든 저희가 티고(釋譜11:36). 녯 風俗이 저희 서르 즐겨ᄒᆞ놋다:舊俗自相歡(初杜解10:42). 저희 ᄒᆞ야 브르게 ᄒᆞ라:着他唱(飜朴上6). 저희네ᄂᆞᆫ:他們(飜老上52).

저·히·다 동 위협하다. ☞저리다. 저티다 ¶부러 저히샤 살아자ᄇᆞ시니:故脇以生執(龍歌115章). 罪福ᄋᆞᆯ 저히ᅀᆞᆸ거든:怵誘以罪福(龍歌124章). 大威ᄂᆞᆫ 큰 威嚴이니 龍ᄋᆞᆯ 저히ᄂᆞ니라(釋譜13:11). 刦은 저히고 아슬씨라(楞解4:93). 大威ᄂᆞᆫ 龍ᄋᆞᆯ 저히고:大威懾龍(法華1:51). 秦楚ᄅᆞᆯ 저히시며:懼秦楚(宣賜內訓2下74). 후궁을 저히ᄃᆡ(癸丑23). 하 저혓거ᄂᆞᆯ 시위인이며 모다 엿ᄌᆞ오ᄃᆡ(癸丑91). 강화도 합믈 ᄒᆞ엿다 ᄒᆞ니 저히ᄂᆞᆫ 말이러라(山城76). 나를 저힌다:嚇我(譯解下43). 저히다:嚇他(同文解上32). 도적을 만나 칼로 저히고(五倫3:65).

저ᄒᆞ·다 동 두려워하다. ☞저타. 저흐다 ¶公州ㅣ 江南ᄋᆞᆯ 저ᄒᆞ샤 子孫ᄋᆞᆯ ᄀᆞᄅᆞ치신ᄃᆞᆯ:公州江南畏且訓嗣(龍歌15章). 獅子ㅣ 위두ᄒᆞ야 저호리 업슬씨(月釋2:38). 魂慮ㅣ 變ᄒᆞ야 저호ᄆᆞᆫ 곧 저허 가젯던 거슬 일후미라:魂慮變慴卽惶悚失守也(楞解2:54). 晝夜애 便安ᄒᆞ야 모든 놀람과 저홈 업거지이다:晝夜安隱無諸驚懼(永嘉下140). 우ᄂᆞᆫ 소리ᄅᆞᆯ 모딘 버미 드를가 저허:啼畏猛虎聞(重杜解1:12). 저흔던 이런 사ᄅᆞᆷ이 또 偶然히 이실가 ᄒᆞ야:恐此復偶然(重杜解1:36). 劇孟ᄋᆞᆯ 닐굽 나라히 저ᄒᆞ니:劇孟七國畏(重杜解1:55). 저흔ᄃᆞᆫ 이 녯 ᄢᅴ 卿相의 무더메:恐是昔時卿相墓(初杜解3:70). 구의 이제 저ᄒᆞ야(飜老上50). ᄇᆡᆨ셩이 저허 두려 죄ᄅᆞᆯ 避홀 줄을 알 ᄲᅢ 잇과댜 호미오:欲民之有所畏懼而知避也(警民序3). 샹녜 강포ᄒᆞᆫ 노미 더러일가 저허:常恐有强暴之汚(東續三綱. 烈13).

적 명 적. 때. ☞젹 ¶내 지븨 이싫 저긔(釋譜6:7). 時節 아닌 저긔 밥 먹디 마롬과(釋譜6:10). 이제 져믄 저그란(釋譜6:11). 본 적 업다 ᄒᆞ고(月釋10:28). 君子의 아ᄅᆞᆷ뎌 뫼셔 밥 머글 저기어든(宣賜內訓1:8). 湘妃의 거믄고 노던 저근 보디 몯거니와:不見湘妃鼓瑟時(初杜解16:30). 구도미 온 적 불은 金 ᄀᆞᆮᄒᆞ니(南明上21). 소리 드를 저기 證홀 ᄢᅢ며(南明下42). 제 올 저긔:他來時(飜老上9. 老解上8). ᄒᆞᆫ 적도 지븨 아니 니ᄅᆞ니라:一不至家(東新續三綱. 孝2:15). 그 적의 텬해 병난ᄒᆞ되(女範3. 문녀 위모송시). 귀양갈 적 잇셔시며 이별뉜들

잇셔시라(萬言詞).

적 명 소금적. 소금기. 염분(塩分). ¶적 겸: 鹻(訓蒙中22).

적 명 ①찌꺼기. 앙금. ¶니예 브튼 적:齒垽(東醫 湯液一 人部).
②적. ¶적 니다:重皮(同文解下59). 적 니는 쇼병:重皮燒餠(漢淸12:45).

적·다 형 적다. ¶힘 쁨 저고매 막디 아니ᄒᆞ니(牧牛訣7). 네 ᄆᆞᅀᆞᆷ 조초 저그나 다고려:隨你意與些箇(飜老上53).

-적다 접미 -쩍다. -스럽다. ☞-젓다 ¶그 사ᄅᆞᆷ이 션친긔 졍셩적게 굴고 일ᄏᆞᆺ기도 ᄒᆞ더니(閑中錄388).

적·시·다 동 적시다. ☞저지다. 저치다 ¶몸의 적시고(太平1:36). 픗소옴의 적셔:以綿蘸(胎要68). 적셔 싯기라:沃之(痘要上25). 기장ᄡᆞᆯ 즙 두어 술로 목만 적시고:黍米汁數匙潤口(東新續三綱. 烈3:83). 믈로ᄡᅥ 소옴을 적셔(家禮7:5). 믈로 적시ᄂᆞᆫ 법은:水漬法(辟新9). 다 슈양탕으로 적셔 싯기라(痘瘡方上25). 손 적시디 아니ᄒᆞ며:不澤手(英小3:18). 적시며 ᄀᆞ다ᄃᆞᆷ아:漸摩(英小6:10). 적시다:使濕(同文解下55).

적시다 동 범(犯)하다. ☞저치다 ¶셩첩 직흰 군ᄉᆡ 다 적시고(山城27). ᄒᆞᆫ 나그내 두 쥬인을 적시디 못ᄒᆞᆯ 꺼시니:一客不犯二主(老解上47).

:전나·귀 명 전나귀. ¶東녁 집 전나귀ᄅᆞᆯ 날 빌이건마ᄅᆞᆫ:東家蹇驢許借我(初杜解25:41). 孟浩然 타던 전나귀 등에 李太白 먹던 千日酒 싯고(古時調. 青丘). 田園에 나믄 興을 전나귀에 모도 싯고(古時調. 青丘).

전나모 명 전나무. ¶鍮店 절 뒤헤 우둑 션 전나모 긋헤(古時調. 江原道. 青丘).

전노니 동 두려워하노니. ㉮저타 ¶도로혀 消息ㅣ 올가 전노니:反畏消息來(重杜解2:31). 오직 誅求호미 녯 자최ᄅᆞᆯ 고티디 아니ᄒᆞᄂᆞᆫ가 전노니:但恐誅求不改轍(重杜解2:63).

전노라 동 두려워하노라. ㉮저타 ¶내 몸 아ᄅᆞᆷ뎌호ᄆᆞᆯ 오히려 하ᄂᆞᆯᄒᆞᆯ 전노라:自私猶畏天(重杜解2:13). 窮困ᄒᆞᆫ ᄒᆞ올한아비 ᄃᆞ욀가 전노라:恐作窮獨叟(重杜解2:32).

전·놋·다 동 두려워하도다. 두려워하는구나. ¶稻粱 어두믈 어려울가 전놋다:恐致稻粱難(初杜解21:26).

전ᄂᆞ·니 동 두려워하나니. ㉮저타 ¶神明호ᄆᆞᆯ 전ᄂᆞ니:神明懼(初杜解21:2).

전ᄂᆞ다 동 두려워하는도다. 두려워하는구나. ㉮저타 ¶나ᄅᆞᆯ 또 도로 갈가 전ᄂᆞ다:畏我復却去(重杜解2:66).

:전ᄆᆞᆯ 명 저는 말. ¶전ᄆᆞ리 현 버늘 딘ᄃᆞᆯ:爰有蹇馬雖則屢蹶(龍歌31章).

전·즈·리·다 동 절제(節制)하다. ☞저즈리다 ¶우와 아랫 사ᄅᆞᄆᆡ 옷과 밥과 길ᄉᆞ와 흉ᄉᆞ애 ᄡᅳᆯ 거ᄉᆞᆯ 쪽게 호ᄃᆡ 다 전즈려 고ᄅᆞ게 ᄒᆞ고:以給上下之衣食及吉凶之費皆有品節而莫不均一(飜小7:50).

전ᄑᆞ리 명 저는 파리. 민첩하지 못한 파리. ¶셔리 마즌 전ᄑᆞ리 물고 두엄 우희 치다라 안자(古時調. ᄒᆞᆫ 눈 멀고. 海謠).

젇·노·라 동 두려워하노라. ㉮저타 ¶네 信티 아니ᄒᆞᆯ가 젇노라:恐汝不信(牧牛訣7).

·절 명 절. ¶아바님 命엣 절을 天神이 말이ᅀᆞᄫᆞᆯᄊᆡ(月印上12). 長常 절이러시니(月釋17:76). 세 번 절에 骨髓를 得ᄒᆞ야(六祖序4). 엇데 절 아니홈만 ᄀᆞᆮᄒᆞ리오:何如不禮(六祖中54). 절 ᄇᆡ:拜(訓蒙下26. 類合下5. 石千37). 절 례:禮(訓蒙上34).

절노 부 절로. 저절로. ☞절로 ¶장우단탄 절노 나니(萬言詞).

절·다 동 절다. ¶ᄒᆞ다가 절오 눈 이시면 비록 보아도 나ᅀᅡ가미 어려우며:若跛而有目雖見難前(圓覺下二之一15). 하ᄂᆞᆳ 驥馬ㅣ 바리 저러:天驥跛足(初杜解25:42). 跛跛ᄂᆞᆫ 절 시오(南明上5). 절 피:跛(兒學下4).

절·로 부 절로. ☞절노 ¶하ᄂᆞᆳ 부피 절로 우니(月印上29). 一切 衆生도 이 ᄀᆞᆮᄒᆞ야 절로 살오 절로 주구미(釋譜11:69). 그 술위 절로 그우러(月釋1:26). 百千天樂이 아니 ᄒᆞ야셔 절로 소리ᄒᆞ더니(月釋18:77). 語行이 절로 正ᄒᆞ시리로다:語行自正(法華5:37). 남진 죽거든 아ᄃᆞᄅᆞᆯ 조차 잠간도 절로 일오ᄂᆞᆫ 배 업스니라:夫死從子無所敢自遂也(宣賜內訓1:85). 절로 가며 절로 오ᄂᆞᆫ 집 우흿 져비오:自去自來堂上燕(初杜解7:3). 절로 잇ᄂᆞᆫ ᄇᆞᄅᆞᆷ과 ᄃᆞᆯ왜:自有風月(金三5:8). ᄲᅧ 절로 ᄂᆞ리리라:骨自下(救簡6:12). 어름이 믄득 절로 헤여디여:冰忽自解(宣小6:22). 하ᄂᆞᆯ홀 브르지져 우니 ᄇᆞᆰ쥐 절로 니ᄅᆞ거ᄅᆞᆯ:呼天而泣蝙蝠自至(東新續三綱. 孝2:46). 블이 믄득 절로 ᄶᅥ디니라:火旋自滅(東新續三綱. 孝4:29). 절로 노하ᄇᆞ리다:自脫落(同文解上29). 心身이 肅然ᄒᆞ야 鄙吝이 절로 업다(陶山別曲). 南京을 ᄇᆞ라보니 눈물이 절로 난다(武豪歌).

절·로·셔 부 절로. ☞절로 ¶夫人ᄃᆞ히 절로셔 嗔心ᄋᆞᆯ ᄒᆞᄂᆞ니(釋譜11:34). 至愚ᄒᆞᆫ 民氓이 절로셔 어질거다(古時調. 金壽長. 孔夫子ㅣ. 青謠).

:절웨·다 형 저리다. ☞저리다 ¶늘근 겨지븐 안자 절웨요ᄆᆞᆯ 시름ᄒᆞ고:老妻憂坐痺(初杜解19:8).

절이지히 명 절이김치. ☞저리지이 ¶팟粥 ᄃᆞᆯ게 쑤고 절이지히 ᄯᅳ어낸이(古時調. 金光煜. 질감아. 海謠).

·절·ᄒᆞ·다 동 절하다. 인사하다. ¶ 尊者ㅅ 말 降服ᄒᆞ야 절ᄒᆞ고 하ᄂᆞᆯ해 도라가니(月印上29). 오직 절ᄒᆞ기ᄅᆞᆯ ᄒᆞ야 四象을 머리셔 보고 ᄯᅩ 부러 가 절ᄒᆞ고(釋譜19:30). 恭敬ᄒᆞ야 절ᄒᆞ야(釋譜23:6). 世尊의 가 절ᄒᆞᅀᆞᆸ고(月釋7:3). 절혼 機緣을(蒙法31). 門 밧긔 절ᄒᆞ야 마자드러:拜迎於門外入(宣賜內訓1:74). 섬 아래 가 절ᄒᆞ고:拜於階下(飜小9:29). 舅姑의게 절ᄒᆞ기ᄅᆞᆯ ᄆᆞᄎᆞ매(女四解4:64). 절ᄒᆞ다:磕頭(同文解上51).

:젊 명 손발병. ¶ 젊 가:瘸(訓蒙中34).

점즉이 부 점직하게. 부끄럽게. ¶ 다시 알은 체 아니 ᄒᆞ리라 ᄒᆞ고 점즉이 물러가니라(靑談).

점즉ᄒᆞ다 형 점직하다. 부끄럽다. ¶ 점즉ᄒᆞᆫ 이:蝨動的(譯解上28).

점치다 동 점(占)치다. ¶ 점치디 아니코(新語1:6).

접퍼ᄒᆞ다 동 저어하다. 두려워하다. ☞저퍼ᄒᆞ다 ¶ 드렛줄도 접퍼ᄒᆞᆫ다 ᄒᆞ니라:怕井繩(朴解上34).

접·페·라 형 두려워라. ㉮접프다☞저페라 ¶ 갈 길 머믈울가 접페라 새벼리 놉거다:悞了走路明星高了(飜老上 58).

접프다 형 두렵다. ☞저프다 ¶ 갈 길 머믈울가 접페라 새벼리 놉거다:悞了走路明星高了(飜老上58). 깁픈 굴헝이 ᄀᆞ장 접프다 ᄒᆞ시니라(龜鑑下58). 어두온 안개예 접퍼 나지 아니리라(三譯4:15).

·젓 명 젓〔醢〕. ☞젓 ¶ 술진 고기와 보육과 젓과ᄅᆞᆯ:肥肉脯鮓(宣賜內訓1:67). 젓:醢(四解上45). 젓:魚鮓(四解下29 鮓字註). 젓 히:醢. 젓 자:鮓(訓蒙中21). 젓 히:醢(類合上30). 술와 촌믈과 대그릇과 나모그릇과 팀치와 저술 드려:納酒漿籩豆葅醢(宣小1:7). 젓을 母의게 보내니(女四解4:8).

젓 명 전나무. ¶ 젓 회:檜(詩解 物名6).

·젓국 명 젓국. ¶ 젓국 마시디 마롤디니:毋歠醢(宣賜內訓1:3).

·젓나모 명 전나무. ☞전나모 ¶ 젓나못 널:杉木板(救急下35). 젓나모 회:檜(訓蒙上10. 類合下8). 젓나모:檜松(譯解下41). 젓나모:杉松(同文解下43). 젓나모:杆松(漢淸13:18).

:젓·다 동 젓다. ☞젓다 ¶ ᄭᅩ리 젓고 업데어늘:掉尾晩伏(三綱. 孝32). 댓나촐 혀 내 비ᄅᆞᆯ 딜어 저ᅀᅥ 가고져 ᄒᆞ노라:引竿自刺船(初杜解25:40). 저ᅀᅥ도 어루 뮈우디 몯ᄒᆞ며:攪之不可動(金三3:29). 저ᅀᅥ도 허믈 업도다(南明上41). ᄃᆞᄉᆞᆫ 믈 반 되예 프러 저ᅀᅥ 머그라:以溫水一中盞攪和服之(救簡1:34). 빗 자바 저ᅀᅳ신대:把觵自搖(六祖上33). 小便 서 홉애 녀허 저ᅀᅥ 프러디거든(簡辟20). 살 저어가다:撒過(譯解上20). 칼노뻐 세 번 저어 믈너가:以刀三揮退(武藝圖14).

젓·다 동 젓다〔霑〕. ☞젖다 ¶ 비ᄂᆞᆫ ᄒᆞᆫ 마ᅀᆞ로 골오 젓고 螺ᄂᆞᆫ ᄒᆞᆫ 소리로 다 ᄉᆞᄆᆞᆺ고(釋譜13:26). 여러 가짓 香草로 촘ᄭᅦ ᄒᆞᆫ디 ᄃᆞ마 젓거든 뽄 기르미 일후미 薰油ㅣ라(法華5:210). 제 ᄠᅳ들 警誡ᄒᆞ야 이 病에 젓디 마롤디니(圓覺下三之一103). 너를 爲ᄒᆞ야 ᄒᆞᆫ 번 手巾을 젓긔우노라:爲爾一霑巾(初杜解10:23). 어느 곳과 나모왜 젓디 아니ᄒᆞ리오:有何花木不沾濡(南明上34).

-:젓다 접미 -쩍다. -롭다. -스럽다. ☞-적다 ¶ 支ᄂᆞᆫ 서르 잡드러 괴올 씨니 모디 서르 업디 몯ᄒᆞ야 힘저은 ᄠᅳ디라(釋譜9:18). 비치 누르고 마시 香氣젓더니(月釋1:43). 비치 노ᄅᆞ고 香氣저ᅀᆞ니라(月釋1:44). 各各 利益젓게 ᄒᆞ실 씨오(法華6:159). 시속이 일ᄏᆞ라 긔운젓고 올타 ᄒᆞᄂᆞ니라:俗呼爲氣義(宣小5:23). 시롬ᄒᆞ기ᄅᆞᆯ 법저이 잡더라:捽倒拿法(朴解下30). 쟝군을 핀잔저이 홈을 보고(三譯6:20). 이런 지간저은 ᄢᅢ예(三譯7:23). 아당저은 말을 내디 아니ᄒᆞ며:未…發諂諛之言(重內訓1:2). 忠셩저으며 밋비ᄒᆞ야 소기ᄋᆞᆸ디 아니ᄒᆞ며:忠信不欺(重內訓3:22). 망녕젓다:老悖回(同文解上19). 의심젓다:可疑(漢淸3:12). 망녕젓다:誖晦了(漢淸5:44). 涉疑ᄒᆞᆫ 사ᄅᆞᆷ(의심저온 사ᄅᆞᆷ이라)을 가져(無寃錄1:3).

젓독발이 명 절뚝발이. ¶ 조막손이거나 젓독발이어나 머리 믜엇거나:拳跛禿頭(無寃錄1:25).

젓소이 부 황송하게. 황감하게. ¶ 하 젓소이 너기ᄋᆞ와 다 먹ᄉᆞᆸᄂᆞ이다(新語2:7).

젓ᄉᆞᆸ다 동 두려워하옵다. ☞저타 ¶ 젓ᄉᆞ와 오라ᄃᆞ록 몯 나오라:怵惕久未出(重杜解1:1). 님그미 그르ᄒᆞ실 이리 겨실가 젓ᄉᆞᆸ노라:恐君有遺失(重杜解1:2).

젓타 동 두려워하다. ☞저타 ¶ 그저 젓티 아니ᄒᆞᄂᆞ니라:只是不怕(老解上6).

젓틔 명 곁에. ¶ 옛 神仙 노든 곧을 젓틔 두고(草堂曲).

정의아비 명 허수아비. ☞졍의아비 ¶ 정의아비:嚇禽草人(譯解補41). 정의아비:草人(漢淸10:9).

정제ᄒᆞ다 동 정제(整齊)하다. ¶ 정제ᄒᆞᆫ가:整齊麼(老解下34).

젖·다 동 젖다〔潤〕. ☞젓다 ¶ 곳 이슬 저즈리라(月印上16). 潤은 저즐 씨라(月釋10:79). 저주믈 和合ᄒᆞ야:和合滋(楞解7:80). 저즌 고기란 니로 버히고:濡肉齒決(宣賜內訓1:4). 줌겨 저저 하ᄂᆞᆳ ᄀᆞᄆᆞ리 업도다:浸潤無天旱(初杜解7:36). 障子ㅣ 오히려 저

젯ᄂᆞ니:障猶濕(初杜解16:30). 法雨ㅣ 머리 저저:法雨遐霑(金三5:45). 저즌 오ᄉᆞ란 밧겨 앗고:脫去濕衣(救簡1:86). 저즐 습:濕(類合下48).

제 대 제. 제가. 저의. ¶제 님금 背叛ᄒᆞ야:不爲其主(龍歌105章). 제 몸이 고텨 ᄃᆞ외니(月印上11). 그럴씨 제 올호라 ᄒᆞ고 ᄂᆞᄆᆞᆯ 외다 ᄒᆞ야(釋譜13:14). 제 쓰거나 ᄂᆞᆷ ᄒᆡ여 쓰거나 ᄒᆞ고(釋譜13:21). ᄆᆞᄎᆞᆷ내 제 ᄠᅳ들 시러 펴디 몯ᄒᆞᇙ 노미 하니라:而終不得伸其情者多矣(訓註2). 聖女ㅣ 方便을 너비 펴 제 어미ᄅᆞᆯ 勸ᄒᆞ야(月釋21:20). 제 是非ᄅᆞᆯ ᄀᆞᆯᄒᆡ야:自別是非(宣賜內訓序6). 제 프락디락 ᄒᆞᄂᆞᆺ다:自開落(南明上3). 제 아비 죽거늘(明皇1:32).

·제 명 제. 때에. 적에. ☞졔. ᄶᅦ ¶지ᄫᅵ로 도라오싫 제:言歸于家. 바ᄅᆞᄅᆞᆯ 건너싫 제:爰涉于海(龍歌18章). 내 님금 그리샤 後宮에 드르싫 제:我思我君後宮是入. 내 百姓 어엿비 너기샤 長湍ᄋᆞᆯ 건너싫 제:我愛我民長湍是涉(龍歌50章). 名賢劫이 엻 제(月印上4). 부텨 몯 ᄃᆞ외야 겨싫 젠 일후미 善慧시고(月釋2:8). 네 세 서린 제 이 河ᄅᆞᆯ 볼 제와:汝三歲見此河時(楞解2:8). 밥 머글 제ᄂᆞᆫ 青泥坊 미틧 미나리ᄅᆞᆯ 글히놋다:飯煮青泥坊底芹(初杜解7:33). 보ᅀᆞᆸ디 몯ᄒᆞ야 겨실 젠(南明上3). 처음 머길 제란:初喂時(老解上22).

·제 부 스스로. 저절로. ☞졔 ¶ᄌᆞ조 힌 여슬 만히 머그면 즉재 제 노가 ᄂᆞ리리라:數數多食白糖卽自消化(救簡6:20). ᄇᆞ람의 제 우ᄂᆞᆫ 소릐 이거시야 듯기 됴타(古時調. 거믄고 타. 古歌).

제격 명 제격. ¶팔쏙춤이 제격니라(古時調. 申喜文. 논밧 가라. 靑丘).

제곰 명 제가끔. 제각기. ☞제여곰 ¶乾坤이 제곰인가 이거시 어드메오(古時調. 尹善道. 孤遺).

제·곰 부 제가끔. 제각기. ☞제여곰 ¶ᄒᆞᆫ 사ᄅᆞ미나 제곰 사롤 쳐소ᄅᆞᆯ 얻디 몯ᄒᆞ엿거든:一夫不得其所(飜小8:3). ᄌᆞ식 품고 제곰 잇더니:抱兒別處(東新續三綱. 烈8:26 金氏投澤). 의복을 ᄒᆞᆫᄃᆡ 못 걸고 건즐 제곰 ᄒᆞᄂᆞ니(女範3. 뎡녀 초평ᄇᆡ영).

제·굼 부 제가끔. 제각기. ☞제여곰 ¶제굼 각:各(類合上7).

제금 부 제가끔. 제각기. ☞제여곰 ¶제금 제금:各人各人(漢淸8:58).

제대로 부 제대로. ¶제대로 니ᄅᆞ나마나:由他說(老解下28).

제·믈 명 제물. ¶므레 ᄉᆞᆯ믄 ᄃᆞᆰ과 제므레 쵸ᄒᆞᆫ 도틱 고기와:白煠雞川炒猪肉(飜朴上5). 蘇州ㅅ 깁과 제므레 미론 휜 깁:蘇州絹水光絹(飜老下26). 석 자 반 제믈엣 깁이야:三尺半白淸水絹(朴解上43). 제믈엣 깁:水光絹(譯解下5).

제법 부 제법. ¶긴 등거리 제법이라 하괴이치 아니ᄒᆞ다(萬言詞).

제여·곰 명 제가끔. 제각기. ☞제곰. 제굼. 제금 ¶머리 제여고밀씨(月印上49). 이트렛 衆生ᄃᆞᆯ히 各各 제여고밀씨(釋譜11:6). 各各 제여고밀씨(釋譜13:39).

제여·곰 부 제가끔. 제각기. ☞제곰. 제굼. 제금 ¶제여곰 뵈시니(月印上24). 제여곰 前生에 닷곤 因緣으로(釋譜6:34). 반도 제여곰 ᄂᆞᆫ호며 집도 제여곰 짓더니(月釋1:45). 제여곪 氣質ᄋᆞᆯ 조ᄎᆞ샤(月釋2:55). 行ᄋᆞᆯ 제여곰 ᄀᆞᆯᄒᆡ욜딘댄(牧牛訣36). 제여곰 절로 기렛도다:各自長(初杜解7:34). 그윗 것과 아ᄅᆞᆷ 거시 제여곰 ᄡᅡ해 브터셔:公私各地著(杜解7:36). 눉믈 ᄡᅳ리고 제여곰 西東ᄋᆞ로 가리라:揮淚各西東(杜解21:31). 두 가짓 거슬 제여곰 ᄲᅩᆫ 즙을 ᄒᆞᆫᄃᆡ 글혀:二物各絞汁合煎(救簡2:13).

제오 대 저나. ☞네오 ¶두어라 一般 飛鳥ㅣ니 네오 제오 달으랴(古時調. 감장새 쟉다 ᄒᆞ고. 海謠).

제요 명 제웅. ¶십오 리의 장승인가 열나흔날 제요인가(萬言詞).

제절로 부 저절로. ¶모라 함경의 녀탓 말이 그 환 피ᄒᆞᆯ 줄을 아디 못ᄒᆞ믈 니ᄅᆞ미오 제절로 드닷 말이 아니닝이다(仁祖行狀19).

제집 명 계집. ☞계집 ¶푸른 구실 빅섭으로 고은 제집 쏘바 사고(人日歌).

제히다 동 위협하다. ☞저히다 ¶적이 제혀 협틱ᄒᆞ되:賊恐脅(東新續三綱. 烈7:26).

·져 명 저. 젓가락. ¶구리 져에 무텨 디그면:以銅筋點之(救急下38). 기장바ᄇᆞᆯ 머구디 져로 말며:飯黍毋以箸(宣賜內訓1:3). 金盤과 玉져와(初杜解15:23). 져ᄅᆞᆯ 放縱히 ᄒᆞ야 金盤이 뷔ᄂᆞᆫ ᄃᆞᆯ 아디 몯호라:放筯未覺金盤空(初杜解16:61). 술 자ᄇᆞ며 져 놀ᄂᆞ니:拈匙放筯(金三4:55). 져 ᄒᆞᆫ 가락:箸一隻(救簡1:68). 나ᅀᆞᆯ 盤잇 져 다호라(樂範. 動動). 져 협:筴. 져 더:筯(訓蒙中11). 져 더:筯(類合上27). 기장밥 먹옴애 져로 ᄡᅥ 말며:飯黍毋以箸(宣小3:23). 紂ㅣ 비르소 샹아 져ᄅᆞᆯ ᄆᆡᆼ글거늘:紂始爲象箸(宣小4:24). 津이 술와 져ᄅᆞᆯ 친히 받ᄌᆞ오며:津親授匙箸(宣小6:71). 블근 칠 ᄒᆞᆫ 져:紅漆筯. 놋져:銅筯(老解下30).

져 명 저. 적(笛). ¶청풍은 져가 되고 명월은 피리 되야(쌍벽가).

져 대 저. ☞뎌 ¶져의게 속으니(山城28). 져 ᄌᆞ란 거슨:彼壯者(字恤1). 네 밧비 져를 ᄎᆞ즈러 가라(捷蒙4:7). 제 어ᄃᆡ 간 줄을 알리(捷蒙4:7). 닉 아니 져를 이저시랴(古時調.歌曲). 져 지은 죄 딕 아던가 져 셔름 뉘 아던가(萬言詞).

져 [관] 저. ¶져 사ᄅᆞᆷ은 所見이 너ᄅᆞ오매(隣語1:25). 져 사ᄅᆞᆷ은 才德을 兼全ᄒᆞ여(隣語3:1). 도치 멘 져 초부야 힝여나 찍으리라(萬言詞). 져 건너 놉흔 뫼의 홀노 셧ᄂᆞᆫ 져 소나무(萬言詞).

져 [관] 제(諸). 여러. ¶諸 國土中엣 梵天宮殿에 光明이 비취여(法華3:106).

-·져 [어미] ①-고자. -려. -으려. ¶七年을 믈리져 ᄒᆞ야(月印上64). 世世예 妻眷이 ᄃᆞ외져 ᄒᆞ거늘(釋譜6:8). ᄒᆞᆫᄃᆡ 가 듣져 ᄒᆞ야ᄃᆞᆫ(釋譜19:6). 오날 朝集을 因ᄒᆞ야 엳ᄌᆞᆸ져 ᄒᆞ고(月釋2:69). 七年을 믈리져 ᄒᆞ야 出家ᄅᆞᆯ 거스니(月釋7:1). 제 아ᄃᆞᆯ 세오져 ᄒᆞ야(宣賜內訓序5). 훤히 죽게 ᄒᆞ져 ᄒᆞ고(三綱.忠17). ᄒᆞᆷᄢᅴ 發行ᄒᆞ져 ᄒᆞᄂᆞ다:俱發(重杜解1:8). 丹砂 먹져 ᄒᆞ던 알ᄑᆡ 許諾ᄋᆞᆯ 져ᄇᆞ리과라:丹砂負前諾(初杜解9:2). ᄆᆡ얫거늘 뮈우져 ᄒᆞ다가 ᄀᆞ장 기우러뎟ᄂᆞ니:絆之欲動轉欹側(杜解17:27). 山이여 ᄆᆡ히여 千里 外예 處容 아비ᄅᆞᆯ 어여려거져(樂範.履霜曲). 正月ㅅ 나릿 므른 아으 어져 녹져 ᄒᆞ논ᄃᆡ(樂範.動動).

②-자. ¶우리 잡말 안직 니ᄅᆞ디 마져:咱們閑話且休說(飜老上17). 즘승 쉬우져:歇頭口着(飜老上17). 셩이 최가읫 ᄉᆡ리ᄒᆞ야 어드라 가게 ᄒᆞ져:着姓崔的外郎討去(飜朴上3). 은 가져오라 보져:將銀子來看(飜朴上32). ᄒᆞᆫ 녀긔 다ᄉᆞᆺ식 분ᄒᆞ여셔 ᄡᅩ져:一邊五箇家分着射(飜朴上54).

져가락 [명] 젓가락. ☞져 ¶져가락 져:筯(兒學上10).

져고리 [명] 딱따구리. ☞뎌고리 ¶부리 긴 져고리ᄂᆞᆫ 어닉 곳에 가 잇ᄂᆞᆫ고(古時調.어인 벌리.青丘).

져고리 [명] 저고리. ☞져구리 ¶紫芝 鄉織 져고리 ᄯᅩ머리 石雄黃 오로 다 ᄭᅮᆷ자리 ᄀᆞᆺ고(古時調.高臺廣室.青丘). 긴 져고리:掛子(譯解補28).

:져고·마 [부] 조금. ¶져고마도 모ᄅᆞ리어며(釋譜13:42). 져고마도 느추디 아니ᄒᆞ더라:不少假也(宣賜內訓3:33). 軍中ㅅ 이리 져고마도 기투미 업도다:軍事無孑遺(初杜解22:23).

:져고·마ᄒᆞ·다 [형] 조그마하다. ¶블근 幡은 무틔 올아 져고마ᄒᆞ도다:朱幡登陸微(初杜解24:48).

:져고·맛 [관] 조그마한. ☞져구맛. 죠고맛 ¶져고맛 因緣이 아니시니(釋譜13:26). 佛法中에 져고맛 善根을 심고ᄃᆡ(月釋21:180). 져고맛 듣글도 셔디 아니ᄒᆞᆯ 씨니(法華3:76). ᄒᆞ다가 져고맛 보미 이시면(圓覺上二之三38). 져고맛 ᄉᆞᅀᅵ도 업스시니라:無纖介之間(宣賜內訓2上43). 져고맛 져제셔 샹녜 ᄡᆞᆯ ᄃᆞ토ᄂᆞ니:小市常爭米(初杜解7:10). 져고맛 브레 덥게 ᄒᆞ야:微火煖(救簡1:28).

:져고·매 [부] 조금. 조그마하게. ☞죠고매 ¶沒藥ㅅ ᄀᆞᄅᆞ와 차 져고매 조쳐:同沒藥末茶少許(救急下71). 져고매 흐르ᄂᆞᆫ 수를 녀티자바:淺把涓涓酒(初杜解7:8). 져고매 브를 독 안해 퓌워:微火於甕下燃(救簡1:70).

져곰 [형] 작음. 적음. ㉠적다 ¶六度ᄅᆞᆯ 닷디 몯거니 져고미 아니라:六度未修非小(永嘉下42). 너붐과 져고미 겨시며:有廣略(圓覺序6).

져구리 [명] 저고리. ☞져고리 ¶져구리 옷:小襖子(譯解上45). 져구리을 닙으시고(閑中錄14).

:져구·맛 [관] 조그마한. ☞져고맛. 죠고맛 ¶져구맛 모미 이 밧긔 다시 므스글 求ᄒᆞ리오:微軀此外更何求(初杜解7:4).

져·국 [명] 제국(諸國). ¶부톄 도녀 諸國ᄋᆞᆯ 教化ᄒᆞ샤:諸國ᄋᆞᆫ 여러 나라히라(釋譜9:1). 帝ㅣ 地圖ᄅᆞᆯ 보샤 쟝ᄎᆞ 皇子ᄅᆞᆯ 封호려 ᄒᆞ샤ᄃᆡ 다 諸國에 半만 호려 ᄒᆞ더시니(宣賜內訓2上46).

:져굼 [형] 적음(少). ㉠적다 ¶ᄯᅩ 能히 廻向ᄒᆞ면 하며 져구믈 묻디 아니ᄒᆞ야(月釋21:144).

:져그·나 [부] 적으나마. 좀. 적이. ¶ᄒᆞᆫ 願을 일우면 져그나 기튼 즐거ᄫᅮ미 이시려니와(月釋2:5). 져그나 제 모매 利ᄒᆞ거든:苟利於己(宣賜內訓1:32). 네 져그나 더로ᄃᆡ 엇더ᄒᆞ뇨:你減了些箇如何(飜老上23). 이제 밥도 져그나 머그며:如今飯也喫得些箇(飜朴上38). 아모만도 묻디 아니ᄒᆞ고 저를 져그나 주면 곧 ᄒᆞ리라:不問多少與他些箇便是(飜朴上43). ᄒᆞ다가 져그나 너기ᄡᅳ면(龜鑑上3). ᄆᆞᄋᆞᆷ의 ᄆᆡ친 시름 져그나 ᄒᆞ리ᄂᆞ다(松江.星山別曲). 져그나 니쳔 잇ᄂᆞ냐:也有些利錢麼(老解上11).

:져그·니 [명] 작은 것. ¶根이 크니 져그니 업시:根無大小(圓覺下一之二55).

져근·덛 [명] 잠깐. ☞져근듯 ¶두위힐후미 져근더데 ᄒᆞ니라:反覆乃須臾(杜解6:37). ᄯᅩ 王孫 爲ᄒᆞ야 져근더들 셔슈라:且爲王孫立斯須(杜解8:2). 베퍼 슈미 져근더디 아니니라:揄揚非造次(初杜解16:17). 可히 져근덛도 몸애 ᄢᅥ내디 몯ᄒᆞᆯ 거시니라:不可斯須去身(宣小1:15).

져근·덛 [부] 잠깐. ☞져근덧. 져근듯 ¶져근덛 몯ᄒᆞᆫ ᄉᆞᅀᅵ예:未須臾間(法華2:129). ᄒᆞᆫ 번 져근덛 ᄒᆞ고:一上少時(蒙法1). 우ᄂᆞᆫ 櫓ᄂᆞᆫ

몰앳 그테 져근덛 머믈리로다:鳴櫓少沙頭(初杜解23:33). 져근덛 춤 나면 즉재 됴ᄒᆞ리라:片時涎出立愈(救簡2:77). 可히 져근덛도 몸애 떠내디 몯ᄒᆯ 거시니라:不可斯須去身(宣小1:15). 져근덛 한가ᄒᆞ여든:少間(宣小2:62). 져근덛 ᄒᆞ야 지비 다 ᄐᆞ니라:俄而廬盡燒(東新續三綱. 烈1:53).

져근덧 부 잠깐. ☞져근덛. 져근듯 ¶同家窪애 져근덧 머믈오:少留同家窪(重杜解1:12). 나ᄂᆞᆫ 져근덧 탈ᄒᆞ고 머믈든 웃던을 몬져 뫼셔 가시게 ᄒᆞ라(癸丑50). 져근덧 춤ᄉᆞ오셔 내여보내오쇼셔(癸丑98). 져근덧 두던들 棟樑材 되리러니(古時調. 鄭澈. 어와 버힐시고. 松江). 져근덧 밤이 드러 風浪이 定ᄒᆞ거ᄂᆞᆯ(松江. 關東別曲). 져근덧 가디 마오 이 술 ᄒᆞᆫ 잔 머거 보오(松江. 關東別曲). 져근덧 力盡ᄒᆞ야 픗ᄌᆞᆷ을 잠간 드니(松江. 續美人曲). 漢陽 城臺에 가셔 져근덧 머므러 웨웨쳐 불러 부듸 ᄒᆞᆫ 말만 傳ᄒᆞ야 주렴(古時調. 기러기. 靑丘).

져근듯 부 잠깐. ☞져근덛. 져근덧 ¶일구월심 기루던 마음 남자는 못 나스되 져근듯 풀이난구나(春香傳11). 져근듯 비러다가 마리 우희 붇니고져(古時調. 禹倬. 春山에. 靑丘). 져근듯 ᄂᆡ 말 暫間 드러다가 님 계신 듸 드려라(古時調. 달 밝고. 靑丘).

져근ᄃᆞᆺ 명 잠깐. ☞져근덛. 져근덧 ¶져근ᄃᆞᆺ:頃刻(漢淸1:21).

져근ᄃᆞᆺ 부 잠깐. ☞져근덛. 져근덧. 져근듯 ¶져근ᄃᆞ시 曹操의게 사ᄅᆞᆷ이 알외되(三譯8:5). 져근ᄃᆞᆺ 解圍ᄒᆞ야 士氣를 쉬우더가(蘆溪. 太平詞).

져근문 명 작은 문. ☞적다 ¶져근문 규:閨(兒學上9).

져근ᄆᆞᆯ 명 오줌. 소변(小便). ☞저근ᄆᆞᆯ ¶큰ᄆᆞᆯ 져근ᄆᆞᆯ 보ᄂᆞᆫ 디로:大小便出(救簡1:66). 져근ᄆᆞᆯ:小便(譯解上36). 져근ᄆᆞᆯ 보신다:小見風. 져근ᄆᆞᆯ 보다:撒尿. 져근ᄆᆞᆯ 보라 가ᄂᆞ이다:出外(譯解上39).

져근셩 명 작은 성(城). ¶져근셩:堡(同文解上40).

져근소마 명 소변(小便). ☞져근ᄆᆞᆯ ¶져근소마 보온 後에 ᄒᆞᆫ다리 추혀 들고(古時調. 이제ᄉᆞ. 靑丘).

져근ᄲᅳᆷ 명 작은 뼘. ¶져근ᄲᅳᆷ:一虎口(同文解下21).

져긔 대 저기. ☞뎌긔 ¶져긔:那裡(漢淸8:71). 져긔 가 房이 맛당ᄒᆞ며 맛당치 못ᄒᆞ믈 본 後에 ᄒᆞᆫ 말 닐ᄋᆞ고져 ᄒᆞ노라(蒙老4:16). 여긔 가도 손을 잡고 져긔 가도 반겨 ᄒᆞ니(萬言詞).

져기 명 제기. ☞뎌기 ¶져기 건:建(倭解下20).

:져·기 부 ①적이. 좀. ☞뎌기 ¶우루미 부텻 목소리 져기 써즛ᄒᆞᅀᆞᄫᆞ니이다(釋譜24:20). 果報 中間ᄒᆞ니ᄂᆞᆫ 비치 져기 븕고(月釋7:42). 져기 滋味 이시리니:有些滋味(蒙法15). 모ᄃᆡ 져기 아로ᄆᆞᆯ 마롧디어다:切忌小了(蒙法30). 얼구른 내 져기 늘구니:形容吾較老(杜解23:18). 亭亭ᄋᆞᆫ 져기 블ᄀᆞᆫ 양지라(南明下9). 손ᄶᅡ락 베혀 약의 빠 드리니 병이 져기 ᄒᆞ리니라:斷指和藥以進病少愈(東新續三綱. 孝5:54). 져기 아노라:些少理會的(老解上6). 져기 소곰 두고:着些鹽(老解上19). 져기 슴거옴이 잇다:微微的有些淡(老解上20). 져기 존디 아니미 인거든:稍(女四解2:25). 다 잇다 네 져기 근심 말라(蒙老4:17).
②적게. ¶져기 드리면 져기 가프리라:少償時少贖(飜朴上20).

져기다 동 돋우다. 발을 돋우다. ☞적이다 ¶하ᄂᆞᆯ이 놉다 ᄒᆞ고 발 져겨 셔지 말며(古時調. 朱義植. 靑丘).

져기드듸다 동 제겨디디다. ¶져기드될 기:企(倭解下40).

져기ᄎᆞ기 명 제기차기. ¶져기ᄎᆞ기:氣毬(物譜 博戲).

져김 명 제금. ¶져김:鈸(才物譜5).

져녀마 부 적이. 좀. ¶져긔 셧ᄂᆞᆫ 져 소나모 셤도셜샤 길ᄀᆞ에 가 져녀마 드리혀져 굴헝에 셔고라쟈(古時調. 鄭澈. 靑丘).

져녁 명 저녁. ¶져녁의 다시 나가(山城81). 서ᄅᆞ 옴디 아니ᄒᆞᄂᆞ니 아ᄎᆞᆷ 져녁으로 ᄇᆞᄅᆞ라(辟新17). 져녁:晩上(同文解上5).

져녁밥 명 저녁밥. ¶밥 쏜 노롯 ᄒᆞ오시니 져녁밥 만이 먹소(萬言詞).

져년 명 전년(前年). ☞전년 ¶나도 져년에:我年時也(老解上10). 뵈ᄉᆞ 갑슨 져년 갑과 ᄒᆞᆫ가지라 ᄒᆞᄃᆞ라(蒙老1:12). 이러면 내 져년에 셔울 잇ᄃᆞ니 갑시 다 ᄒᆞᆫ가지로다(蒙老1:13).

져ᄃᆡ도록 부 저토록. ¶그ᄃᆡ도록 셜워ᄒᆞ며 져ᄃᆡ도록 ᄋᆡ를 셕혀(萬言詞).

-·져·라 어미 -고 싶도다. ¶훤히 너기시게 ᄒᆞ져라(月釋10:6). 무더 ᄇᆞ리져라 ᄒᆞ고(三綱. 孝10). 모든 형뎨들히 의론ᄒᆞ져라:衆弟兄們商量了(飜朴上1).

져러ᄒᆞ다 형 저러하다. ¶문의긔샹 어ᄃᆡ 두고 ᄋᆞ유지틱 져러ᄒᆞᆫ고(빅화당가).

져런들 부 저러한들. ¶이런들 엇더ᄒᆞ며 져런들 엇더ᄒᆞ료(古時調. 太宗. 靑丘).

져루다 동 (기름에) 결다. ¶져루다:油了(同文解下26).

져르다 형 짧다. ☞져ᄅᆞ다 ¶입웃시욹 져르다:上唇短(漢淸6:5). 환셔 다리 기나다나 올히 다리 져르나다나(古時調. 가마귀 거므나다나. 甁歌).

져리 부 저리. 저렇게. ☞뎌리 ¶마리를 져리 덥게 ᄒᆞ여도(隣語1:13). 이리 보니 논도경방 져리 보니 섭이음양(쌍벽가).

져리챠 동 저리 하자. ¶이리마 져리챠 ᄒᆞ시니(古時調. 小栢舟. 相公을. 青丘).

져ᄅᆞ다 형 짧다. ☞뎌ᄅᆞ다. 져르다 ¶됴ᄒᆞᆫ 모도미 심히 져ᄅᆞ고 ᄲᆞᄅᆞ니:良會苦短促(重杜解22:40).

져마작 부 저만큼. ¶져마작:往那邊(同文解下58). 져마작:往那邊些(漢淸7:44).

져·몸 형 젊음. ⑦졈다 ¶늘그며 져모믈 묻디 말오:無問老少(救簡1:90).

져물다 동 저물다. ¶어와 이 ᄉᆞ이의 발셔 히 져물엇다(萬言詞). 澠池會 져문 날에 完璧歸使 죠심이다(武豪歌).

져뭇 부 저물게. ¶四面이 거머어득 져뭇 天地 寂寞 가치노을 셧ᄂᆞ듸(古時調. 나모도 바히돌도. 青丘).

져·므·니 명 젊은이. ☞졀믄이. 졈은이 ¶녀나믄 智慧ᄅᆞᄫᆞᆫ 사ᄅᆞ미 얼우니며 져므니 이 經 듣고(釋譜19:1). 늘그니며 져므니며 貴ᄒᆞ니 놀아ᄫᆞ니며(月釋21:46). 져므니 얼운 섬기며:少事長(宣賜內訓1:50). 卿相이 져므니 하니:卿相多少年(杜解25:29). 져므니 슈고ᄒᆞᄂᆞ니라:小的苦(飜老上34). ᄂᆞᆽ고 져므니란:卑幼(警民7). 져므니 슈고ᄒᆞᄂᆞ니라:小的苦(老解上31). 어미 울고 ᄃᆡᄒᆞ여 ᄀᆞᆯ오ᄃᆡ 져므니를 죽이쇼셔(女範1. 부계모 졔의계모).

져므다 동 저물다. ☞져믈다 ¶져므다:晩了(同文解上5).

져므도록 부 저물도록. ☞졈으도록 ¶受苦ᄅᆞᄫᆞᆫ 果報를 求ᄒᆞᄂᆞ다 ᄒᆞ샤 져므도록 詰難ᄒᆞ시고(釋譜3:p.134). 뫼ᅀᆞ와 져므도록 셔셔 안ᄌᆞ라 아니 ᄒᆞ거시ᄃᆞᆫ:侍立終日不命之坐(飜小9:2).

져므ᅀᅵ리조 명 조의 한 품종. ¶漸勿日伊粟:져므ᅀᅵ리조(衿陽).

져므ᅀᅵ리ᄎᆞ조 명 차조의 한 품종. ¶漸勿日伊粘粟:져므ᅀᅵ리ᄎᆞ조(衿陽).

져믄 형 젊은. 〔'졈다'의 관형사형(冠形詞形).〕 ⑦졈다 ¶모ᄃᆞᆫ 져믄 王을 ᄀᆞᄅᆞ치시며:敎授諸小王(宣賜內訓2上57). 마치 열다ᄉᆞ신 져믄 겨지븨 허리 ᄀᆞᆮ도다:恰似十五兒女腰(杜解10:9). 져믄 갓나히:丫鬟(訓蒙中25 鬟字註). 져믄 젯 믈란 무던히 너기고:脫略小時輩(重杜解2:38).

져믄것 명 젊은 것. 젊은 사람. ¶나 ᄃᆞ린 져믄것ᄃᆞᆯ흘 ᄢᅴ놀려 뵈ᄋᆞᆸ고져 ᄒᆞᄂᆡ이다(新語6:7).

져·믄이 명 젊은이. ¶져믄이 얼운을 므던이 너기며:少陵長(宣小4:49).

져·믈·다 동 저물다. ☞져므다 ¶나리 져믈오 바미 ᄆᆞᆺᄃᆞ록:終日竟夜(法華2:7). 히 져믈어늘 긴 대를 지여 셧도다:日暮倚脩竹(初杜解8:66). 나리 져믈어늘 거두디 아니ᄒᆞ니:日暮不收(杜解17:27). 져믈 모:暮(訓蒙上1. 類合上3). 네 져믈게야 나가 도라오디 아니ᄒᆞ면(女範1. 모의 왕손가모). 날이 볼셔 져므러시니(女範3. 뎡녀 조문슉쳐). 날이 져므러 슛막에 들려 ᄒᆞ니:止旅舍(五倫3:32).

져·믈오·다 동 저물게 하다. ☞져믈우다 ¶겨지븐 閨門 안해셔 나를 져믈오고:女及日乎閨門之內(宣賜內訓1:85).

져·믈우·다 동 저물게 하다. ☞져믈다. 져믈오다 ¶乙 안해셔 져믈우리니:則終朝域內(永嘉下83).

져미다 동 저미다. ☞졈이다 ¶아ᅀᆞ 져미연 ᄇᆞᆺ다호라(樂範. 動動). 命엣 福을 져미쇼셔(鄕樂. 大國).

져버리다 동 저버리다. ☞져ᄇᆞ리다 ¶내 지아비를 져버리디 아니리니:負(五倫3:48).

져·버보·다 동 접어보다. 용서하다. ☞졉다. 졉어보다 ¶恕ᄂᆞᆫ 내 모ᄆᆞ로 ᄂᆞᆷ 져버볼 씨라(楞解3:82). ᄆᆞᅀᆞᆷ 져버볼 셔:恕(訓蒙下25). 내 몸 져버봄ᄋᆞᆫ 아독ᄒᆞᄂᆞ니:恕已則昏(宣小5:93). 懲忿을 져버보면 窒慾인들 뉘 모로리(古時調. 德으로. 青丘). 져 님아 네 안흘 져버보스라 네오 긔오 다르랴(古時調. 梨花에. 青丘).

져·버ᄒᆞ·다 동 용서하다. ¶내 몸 져버ᄒᆞᄂᆞᆫ ᄆᆞᅀᆞᄆᆞ로:恕己之心(飜小8:13).

져·봄 명 자밤. ☞져붐 ¶世界 다옴 업스나 모도아 ᄒᆞᆫ 져보미니라:世界無窮都一撮(南明上64). ᄉᆡᆯ리 뎡바기엣 머리터리 ᄒᆞᆫ 져봄을 ᄆᆡ이 자바ᄃᆞᆯ이요ᄃᆡ:急取頂心髮一撮毒掣之(救簡1:30). ᄒᆞᆫ 져봄만 뷔여 브레 ᄉᆞ라:方寸燒(救簡1:54). 소곰 ᄒᆞᆫ 져봄과 초 ᄒᆞᆫ 잔:塩一撮醋一盃(救簡2:56).

져부 명 저부(姐夫). 형부(兄夫). 자형(姊兄). ¶姊妹와 姐夫와(蒙老5:5).

져부러지다 동 찌부러지다. ¶칼날 져부러지다:刀刃捲(同文解上48).

져·붐 명 자밤. 줌〔撮〕. ☞져봄 ¶소곰 ᄒᆞᆫ 져붐과:鹽一撮(救急上32). 刹海ᄂᆞᆫ 모ᄃᆞᆫ ᄒᆞᆫ 져부미오 여러 ᄆᆞᅀᆞᄆᆞᆫ ᄒᆞᆫ 點 구루미로다:刹海都一撮諸心一點雲(金三4:22).

:져븨 명 제비의. 〔'져비'의 관형격(冠形格).〕 ⑤져비 ¶ᄆᆞᆯᄀᆞᆫ ᄀᆞᅀᆞᆳ 져븨 삿기ᄂᆞᆫ 부러 ᄂᆞ니놋다:淸秋燕子故飛飛(初杜解10:34).

져븨쑥 명 제비쑥. ☞졉의쑥 ¶져븨쑥:草蒿(東醫 湯液三 草部). 져븨쑥 ᄒᆞᆫ 냥의 믈 ᄒᆞᆫ 되 브어 칠 홉 되게 달혀(辟新10).

져븨ᄢᅮᆯ 명 제비꿀. ☞져비ᄢᅮᆯ ¶ 져븨ᄢᅮᆯ:夏枯草(東醫 湯液三 草部). 져븨ᄢᅮᆯ:夏枯草(方藥13).

져븨초리털 명 제비초리. ☞접의초리 ¶ 져븨초리털:寸子毛(譯解補48).

:져비 명 제비. ☞접이. 제비 ¶ 져비爲燕(訓解.用字). 燕은 져비니(宣賜內訓2下18). 가ᄌᆞᆯ비건댄 져비 삿기 치ᄃᆞᆺ ᄒᆞ니:譬如燕巢于幕(三綱.忠15). ᄌᆞ조 와 말ᄒᆞᄂᆞᆫ 져비ᄂᆞᆫ:頻來語燕(初杜解7:1). 노피 ᄂᆞᄂᆞᆫ 져비ᄂᆞᆫ:高飛燕(初杜解8:21). 西로 ᄂᆞ라 가ᄂᆞᆫ 져비 ᄀᆞᆮᄒᆞ야:西飛燕(初杜解10:1). 져비 뫼집 이페 드러오ᄆᆞᆯ 곧 보리니:卽看燕子入山扉(初杜解10:46). 삿기 치ᄂᆞᆫ 져비:乳鷰(初杜解15:22). 엇데 져비 새 수수어리미 업스리오:寧無燕雀喧(初杜解21:10). 져비와 새와(南明下6). 져비 연:鷰. 져비 을:鳦(訓蒙上17). 져비 연:燕(類合上12). 져비:玄鳥(詩解 物名22). 줄에 안즌 져비도 갓고(古時調.갓나희들이.海謠). 홀연이 암져비 외로이 ᄂᆞ라ᄃᆞ니니(五倫3:24). ※져비>제비

져비 명 제비. 추첨(抽籤). ☞접이 ¶ 物件 노호ᄂᆞᆫ ᄃᆡ 져비 잡다:拈抽. 雜技ᄒᆞᄂᆞᆫ ᄃᆡ 져비 잡다:拈鬮(譯解下45). 져비 질르다:撚鬮(蒙解下21).

져비ᄢᅮᆯ 명 제비꿀. ☞져븨ᄢᅮᆯ ¶ 져비ᄢᅮᆯ:夏枯草(經驗). 夏枯草鄕名鷰蜜(鄕藥月令). 夏枯草鄕名鷰矣蜜(集成方).

·져ᄇᆞ·리·다 동 저버리다. ☞져버리다 ¶ ᄇᆞᆯᄀᆞᆫ 義ᄅᆞᆯ 져ᄇᆞ료니:負明義(初杜解7:28). ᄠᅳᆫ 구루미 프른 봆비ᄎᆞᆯ 져ᄇᆞ리디 아니ᄒᆞ니:浮雲不負青春色(杜解21:22). ᄆᆞᄋᆞᆷ위 許ᄒᆞᆫ ᄠᅳᆮ을 져ᄇᆞ리리오(女四解4:5). 져ᄇᆞ리다:負他(同文解上33). 져ᄇᆞ리다:辜負(漢淸7:58). 나라흘 져ᄇᆞ리디 아님 ᄀᆞᄐᆞ니라:不負國也(五倫2:27). 네게 무어ᄉᆞᆯ 져ᄇᆞ렷관ᄃᆡ:何負於汝(五倫2:29). 나라흘 져ᄇᆞ리다 ᄒᆞᆯ 거시니:謂我負國家(五倫2:63).

져ᄇᆞᆷ 동 접어줌. 용서함. ㉠접다 ¶ 제 몸 져ᄇᆞ므란 어즐ᄒᆞᄂᆞ니:恕己則昏(重內訓1:3).

:져빗 명 제비의. (통)져비 ¶ 져빗 ᄯᅩᇰ:燕糞(救簡3:112).

져어긔 대 저기. ¶ 져어긔와 이어긔 消息이 업도다:彼此無消息(重杜解11:16).

져육 명 저육(猪肉). 돼지고기. ¶ 네 飯饌 사라 가거든 이 벽 ᄉᆞ잇집의 猪肉을 사라 가라(蒙老2:1).

져·자 명 저자. 시장(市場). ☞져재 ¶ 져잣 가온ᄃᆡ 안ᄌᆞ샤 두 사ᄅᆞᄆᆡ 弄談호ᄆᆞᆯ 보시더니(龜鑑上5).

져·재 명 저자. 시장(市場). ☞져제. 져자 ¶ 東海ㅅ ᄀᆞᅀᅵ 져재 ᄀᆞᆮᄒᆞ니:東海之濱如市之從(龍歌6章). 陌ᄋᆞᆫ 져잿 가온ᄃᆡᆺ 거리라(釋譜19:1). 陌ᄋᆞᆫ 져잿 길히라(月釋17:45). ᄆᆞᅀᆞᆯ 져재라:村市也(楞解4:34). 闤ᄋᆞᆫ 져잿 다미오 闠ᄂᆞᆫ 져잿 門이라(楞解5:68). 져재와 ᄆᆞᅀᆞᆯ햇 말ᄉᆞᆷ과:市井里巷之語(宣賜內訓3:17). 져재며 ᄆᆞᅀᆞᆯ히 드러(南明下13). 全져재 녀러신고요(樂範.井邑詞). 져재 시:市(類合上18). 됴셩 ᄉᆞ녀와 져재 거리 부로ᄃᆞᆮ히(仁祖行狀7). 왕손개 이에 져재 가온대 드러가(女範1.모의 왕손가모).

져적 명 저적. 접때. 지난번. ¶ 져적 긔미년의 네 무고히 날을 침노ᄒᆞ매(山城62). 져적의 오히려 군ᄉᆞ 적고(三譯3:23). 져저긔:曩時(同文解下46). 져적 노야 와 ᄎᆞᄌᆞ시ᄂᆞᆫ 적(落泉5:11).

져·제 명 저자. 시장(市場). ☞져재. 제제 ¶ 가 져제 가 지블 ᄒᆞ야시ᄂᆞᆯ:乃去舍市(宣賜內訓3:13). ᄀᆞᄅᆞᇝ 져제ᄂᆞᆫ 戎戎히 어듭고:江市戎戎暗(重杜解2:12). 南녁 져젯 ᄂᆞ롯머리예셔 비 ᄑᆞ리 잇건마ᄅᆞᆫ:南市津頭有舡賣(初杜解10:4). 아ᄒᆡ죵이 잣안 져제로셔 오니:童僕來城市(初杜解10:15). ᄯᅩ 굿 네 가져 져제 가디 말오:也不須你將往市上去(飜老上69). 져제 가 매 마좀 ᄀᆞ티 너기고:若撻于市(飜小8:3). 져제 뎜:店. 져제 부:埠. 져제 시:市. 져제 뎐:廛. 져제 항:行(訓蒙中8). 져제 시:市(石千33). 이 ᄡᅥ 아ᄃᆞᆯ 살일 배 아니라 ᄒᆞ고 ᄇᆞ리고 져제 가 집ᄒᆞ니:此非所以居子也乃去舍市(宣小4:4). 술은 져제 가 사고:酒沽於市(宣小6:130). 經의 母子ᄅᆞᆯ 져제다가 戮ᄒᆞᆯ시(女四解4:33). 外方 各處의 돌려 니ᄂᆞᆫ 져제:集(譯解上68). 져제:市上(同文解上41). 져제 겻티 가 집ᄒᆞ니(女範1.모의 추밍모).

져·졔 명 저자. 시장(市場). ☞져제 ¶ 져졔曰 鋪行 鋪家(訓蒙中9 鋪字註).

져조다 동 신문(訊問)하다. 힐문(詰問)하다. 고문(拷問)하다. ☞져죠다. 져주다 ¶ 져조다:栲問(譯解上67). 져조아 뭇다:拷問(同文解下29).

져죠다 동 고문(拷問)하다. ☞져조다. 져주다 ¶ 져죠다:拷問(華類38).

져주 명 저주(詛呪). ¶ 져주ᄅᆞᆯ 시작ᄒᆞᄃᆡ(癸丑57).

져·주·다 동 신문(訊問)하다. 힐문(詰問)하다. 고문(拷問)하다. ☞져조다. 져죠다 ¶ 므슴 호려 져주시ᄂᆞ니잇고(釋譜11:28). 리춘부와 리셕과 블리샤 달앤 사ᄅᆞᆷ올 져주라 ᄒᆞ야시ᄂᆞᆯ:命李春富李稽鞫誘者(三綱.鄭李上疏). 져줄 안:按(類合下18). 힝혀 법으로 져주미 이시면 비록 니ᄅᆞ다 므어시 해로오리오 ᄒᆞ고(太平1:26). 져주어 묻다:盤問(語錄13). 의심ᄒᆞ여 텨 져주더니:涉疑打拷(老解上25). 져줄 신:訊(倭解上54). 忽然히

겨지블 ᄃᆞ렛거늘 져주니:忽與婦人俱詰之(重內訓2:78). 유ᄉᆞ로 ᄒᆞ여곰 져주어 무ᄅᆞ라(女範2. 변녀 졔위우희). 그 둥의 점은 둥을 몬져 져주니(落泉2:6). 져주어 뭇다:審訊(漢淸3:6).

져주움ᄢᅴ 명 저즈음께. 저번에. ¶ᄒᆞᆫ번 져주움ᄢᅴ 錫杖ᄋᆞᆯ 뫼셔:一昨陪錫杖(杜解9:15).

져줌 동 신문(訊問)함. 힐문(詰問)함. 고문(拷問)함. ㉮져주다 ¶힝혀 법으로 져주미 이시면 비록 니ᄅᆞ다 므어시 해로오리오 ᄒᆞ고(太平1:26).

져쥬ᄒᆞ다 동 저주(咀呪)하다. ¶얻던 허무ᄒᆞᆫ 계집은 싀시여 놈을 咀呪ᄒᆞᄂᆞᆫ 일이 이시니(隣語2:2).

져즘ᄭᅴ 명 저즈음께. ☞더주숨ᄢᅴ ¶安邊池北은 져즘ᄭᅴ 胡地러니(出塞曲).

져질 명 젓가락질. ¶또ᄒᆞᆫ 져질 아니 ᄒᆞᄂᆞᆫ 거ᄉᆞᆫ(捷蒙3:13).

져ᄌᆞ 명 저자. 시장(市場). ☞져자 ¶경의 모ᄌᆞ를 져ᄌᆞ의 쥭이니라(女四解4:26).

져차다 동 제치다. 물리치다. ☞져티다 ¶瘴難을 져차쇼셔(鄕樂. 三城大王). 瘴難을 아니 져차실가(鄕樂. 大國).

져차리켜다 동 뒷짐지우다. ¶老李를 다가 져차리켜 ᄆᆡ고:把老李拿着背綁了(朴解中28).

져쵹이다 동 절름거리다. ¶슈톳기 ᄃᆞ리롤 져쵹이고(落泉3:8).

져타 동 저어하다. 두려워하다. ☞저타 ¶百官이 오히려 宰相ᄋᆞᆯ 져커니 百姓이 엇뎨 天子ᄅᆞᆯ 親히 ᄒᆞ리오:百寮尙畏宰相百姓豈親天子(圓覺上二之三40).

져티·다 동 제치다. 물리치다. ☞져차다. 졔티다 ¶져틸 양:攘(類合下24). 朝鮮 풍속의ᄂᆞᆫ 사ᄅᆞᆷ의 볼골도 져티고 샹시 行儀ᄅᆞᆯ 웃듬ᄒᆞᄂᆞᆫ(新語5:25).

져편 명 저편. ¶져편:那邊(同文解上9).

져히다 동 저어하게 하다. ☞저히다 ¶ᄒᆞᆫ낫 돈도 쥬지 아니ᄒᆞ코 져혀 닐오ᄃᆡ(落泉1:1).

·젹 명 적(炙). ¶어미 ᄯᅩ 춤새 져글 먹고져 커늘:母又思黃雀炙(三綱. 孝17). 炙을 ᄒᆞᆫ ᄢᅴ 모도 먹디 마롤디니라(宣賜內訓1:4). 젹 젹:炙(訓蒙中21. 類合上29). 져기로니 죠치로니 열치로니 달힘ᄢᅵ미로니(七大13). 젹을 모도 ᄡᅡ여 먹디 말올디니라:毋嘬炙(宣小3:24).

젹 명 수건(手巾). 두건(頭巾). ¶젹 젹:幘(類合上31).

젹 명 적. 때. ☞젹 ¶만운 젹 견육ᄒᆞ고 징셰도 아니ᄒᆞ다(ᄇᆡᆨ화당가). 酒肆 清樓 건일 젹의(萬言詞). 肥馬 輕裘 단일 젹의(萬言詞).

젹곰 부 조금. 잠시. ¶도라보실 니믈 젹곰 좃니노이다(樂範. 動動).

젹년히 부 적년(積年)히. 여러 해 되도록. ¶어린이ᄅᆞᆯ ᄋᆡ矜히 녀겨 ᄃᆞ려다가 치기ᄅᆞᆯ 積年히 호미 이시면(家禮6:28). 궁곤ᄒᆞᆫ ᄇᆡᆨ셩의 젹년히 못 바틴 거ᄉᆞᆯ 다 ᄇᆞ리시다(仁祖行狀6).

젹노 명 적로(滴露). 두루미냉이. ¶젹노:土蛹 滴露(物譜 蔬菜).

젹뇨ᄒᆞ다 형 적요(寂寥)하다. ☞젹료ᄒᆞ다 ¶지금 실가를 엇지 못ᄒᆞ얏ᄂᆞ니 환거 공방의 젹뇨ᄒᆞ믈 위로ᄒᆞ고(落泉2:4).

:젹·다 형 ①작다. ☞쟉다 ¶모미 크긔 ᄃᆞ외야 虛空애 ᄀᆞ독ᄒᆞ야 잇다가 ᄯᅩ 젹긔 ᄃᆞ외며(釋譜6:34). 小ᄂᆞᆫ 져글 씨라(月釋1:6). ᄒᆞᆫ 모미 크락져그락ᄒᆞ야(月釋1:14). 쿰과 져곰괏 아래ᄂᆞᆫ:大小已下(楞解8:110). 져근 法 즐겨(法華3:83). 六度ᄅᆞᆯ 닷디 몯거니 져고미 아니라:六度未修非小(永嘉下42). 根이 크니 져그니 업시:根無大小(圓覺下一之一55). 機ᄂᆞᆫ 져고미라(南明上33). 그 져근 거슬 쳐 ᄲᅧ 큰 거슬 일흠을 爲ᄒᆞ예니라:爲其養小以失大也(宣小3:27). 비록 그ᄅᆞᆺ 신ᄂᆞᆫ 져근 이리라도 죵을 맏디디 아니ᄒᆞ더라:雖滌器之微不委僮僕(東續三綱. 孝29). 무렬이 져근 ᄇᆡᄅᆞᆯ ᄐᆞ고 면호믈 어드니라:武烈乘小船得免(東新續三綱. 忠1:1). 넙거나 넙은 天下 엇ᄶᅵᄒᆞ야 젹닷말고(松江. 關東別曲). ᄃᆞᆯ 젹다:小盡(同文解上3). 킈 젹다:身矮(同文解上18). 손 젹다:手窄(同文解上23). 져근 셩:堡(同文解上40). 져근 버레 더져 두ᄃᆡ ᄃᆡ를 얼거 문을 ᄒᆞ고(萬言詞).

②적다. ☞쟉다 ¶長者ㅣ 發心 너버 어느 劫에 功德이 져긇가(月印上62). 功德이 하녀 져그녀(釋譜19:4). 量ᄋᆞᆫ 하며 져구믈 되ᄂᆞᆫ 거시라(月釋9:7). 하며 져곰과 기프며 녀톰 아로미(楞解1:4). 져고ᄆᆞ로 너부믈 ᄢᅳ리니라:以約該博也(楞解1:9). 가ᄇᆡ야오며 져군ᄃᆡ:輕尠(楞解2:56). 만ᄒᆞ며 져그샤미 겨시건뎡:有豐約(法華3:189). 너붐과 져고미 겨시며:有廣略(圓覺序6). 나히 져고ᄃᆡ 能히 그를 짓놋다:小年能綴文(初杜解8:30). 져근 아ᄅᆞᆷ과 져근 봄괘(南明下20). 쥬사ᄅᆞᆯ 하나 져그나:辰砂不以多少(救簡1:97). 欲이 져거 足을 아라:少欲知足(六祖中33). 疾病 憂患 더니 남ᄂᆞᆫ 날 아조 젹의(古時調. 一定 百年. 青丘). 문의 남이 젹게 ᄒᆞ고:少(女四解3:19). 몸이 약ᄒᆞ고 힘이 젹어 노아 깁 오ᄉᆞᆯ 닙으ᄃᆡ(明皇1:35). 영감ᄒᆞ매 능히 ᄉᆡᆼ각ᄒᆞᄂᆞ니 젹으니:鮮(百行源12). 나 젹을 묘:妙(註千40).

젹료ᄒᆞ다 형 적요(寂寥)하다. ☞젹뇨ᄒᆞ다 ¶ᄀᆞᄅᆞᆷ과 뫼콰ᄂᆞᆫ 나날 寂寥ᄒᆞ도다:江山日寂

寥(重杜解11:53).

·젹·막ᄒᆞ·다 형 적막(寂寞)하다. ¶寂寞ᄒᆞᆫ 몸과 ᄆᆞᅀᆞᆷ괘 다 物이 업서(圓覺下二之一20). 됴비츤 노ᄑᆞ며 기픈 ᄃᆡ 寂寞ᄒᆞ얫도다(初杜解14:15). 荒涼ᄋᆞᆫ 寂寞ᄒᆞ야 사오나올 시라(金三5:39). 白日이 ᄯᅩ 寂寞ᄒᆞ도다(重杜解9:1).

젹목 명 적목(赤木). 이깔나무. ¶젹목:丹桎(柳氏物名四 木).

·젹·몰 명 적몰(籍沒). ☞젹몰ᄒᆞ다 ¶籍沒ᄋᆞᆫ 屬籍을 덜 씨니 屬籍은 일훔 브튼 그리라(楞解9:49).

젹몰ᄒᆞ다 동 적몰(籍沒)하다. ☞젹몰 ¶연산 을튝의 지셔ㅣ 주그믈 만나 지믈 젹몰ᄒᆞ고:燕山乙丑之瑞遇害沒財(東新續三綱. 烈2:17). 젹몰ᄒᆞ다:抄家(同文解下31. 譯解補37). 젹몰ᄒᆞ다:抄沒(漢淸3:10).

젹병 명 적병(敵兵). ¶이젹의 왕어시 서북의 니ᄅᆞ러 젹병을 만나 ᄒᆞᆫ 번 싸화 크게 이긔고(落泉3:7).

젹부루 명 적부루마. ¶젹부루:騢(柳氏物名一 獸族).

젹ᄇᆡᆨ니 명 적백리(赤白痢). ¶혹 젹ᄇᆡᆨ니를 누며:或下赤白(臘藥10).

·젹삼 명 적삼. ¶靑州ㅅ 뵈젹삼이로다:靑州布衫(金三2:61). 할미 젹삼 비러:借婆衫(金三3:12). 어믜 나혼 헌 뵈젹삼 니브니:著箇孃生破布衫(南明上31). 뵈젹삼이라(南明下46). 젹삼:衫兒(飜朴上26). 젹삼 삼:衫(訓蒙中22). 깁젹삼의 글 써 관의 녀허:書帛衫納棺(東新續三綱. 烈2:26). 뵈젹삼 쟈락:布衫襟兒(老解上29). ᄀᆞ장 ᄀᆞᄂᆞᆫ 모시뵈 젹삼에:好極細的毛施布布衫(老解下45). 젹삼 고의:衫兒袴兒(朴解上25). ᄯᆞᆷ밧기 젹삼:汗衫(譯解上44). 쟉져구리 속에 깁젹삼 안셥히 되여(古時調. 각시ᄂᆡ 玉. 靑丘). 젹삼:衫兒(同文解上55). 젹삼:汗衫(物譜 衣服). 젹삼 삼:衫(兒學上12).

젹션 명 적선(積善). ¶본ᄃᆡ 젹션의 ᄯᅳᆺ을 먹ᄉᆞ오셔(癸丑105). 그ᄃᆡ 오ᄂᆞᆯ 큰 젹션을 ᄒᆞ여시니(洛城1). 됴히 쥬션ᄒᆞ면 형의 젹션일가 ᄒᆞ노라(落泉3:8).

젹쇠 명 적쇠. ¶젹쇠:鐵撑(譯解下13).

·젹:쇼·두 명 적소두(赤小豆). 붉은팥. ¶ᄯᅩ 赤小豆 ᄒᆞᆫ 되ᄅᆞᆯ 디허 ᄇᆞᆺ아(救急上62).

젹슈 명 적수(敵手). ¶젹슈:對手(同文解下33. 譯解補47). 젹슈 못 되다:不是對手(漢淸4:51).

젹실ᄒᆞ다 형 적실(的實)하다. 틀림없다. ¶이제야 보아ᄒᆞ니 眞玉일시 젹실ᄒᆞ다(古時調. 玉이. 槿樂). 젹실ᄒᆞ믈 슬피신 후의 니ᄅᆞ쇼셔(引鳳簫2).

·젹·ᄉᆡᆨ 명 적색(赤色). ¶赤色 赤光이며 白色 白光이며(阿彌8). 赤色ᄋᆞᆫ ᄒᆡᄅᆞᆯ 對ᄒᆞ야 브를 내논 젼ᄎᆞ라(金三宗序3).

·젹연·ᄒᆞ·다 형 적연(寂然)하다. ¶機 업서 寂然호매 도라가면(楞解6:74). 둘흔 어드운 보미니 寂然ᄒᆞ야 보디 몯ᄒᆞ야 無量恐ᄋᆞᆯ 낼 씨라(楞解8:96).

젹으마치 부 자그마치. ☞죠고마치 ¶젹으마치:小小的(同文解下22).

젹이 부 적이. 적게. 좀. ☞져기 ¶도로의 놀믈 젹이 ᄒᆞ고:少(女四解3:8). 젹이 좃지 아니홈이 잇거든 맛당히 ᄭᅮ짓고:稍(女四解3:20). 젹이 흔득이다:微顫(漢淸7:45). 來日은 ᄇᆞ람이 젹이 殘殘ᄒᆞᆯ거든(隣語4:2).

젹이다 동 돋우다. 발을 돋우다. ☞져기다 ¶하ᄂᆞᆯ이 놉다 ᄒᆞ고 발 젹여 셔지 말며(古時調. 朱義植. 海謠).

젹젹 부 작작. 조금씩. 조금조금. ☞쟉쟉 ¶重重인 이스른 젹젹 ᄠᅳᆯ드로미 이렛고:重露成涓滴(初杜解11:48). 슬픈 ᄇᆞᄅᆞ미 젹젹 ᄂᆞᄂᆞ다:悲風稍稍飛(初杜解16:51). ᄇᆡᆨ교향을 젹젹 숨껴 ᄂᆞ리오라:白膠香細細呑下(救簡6:3). 偏裨ᄅᆞᆯ 술와 고기ᄅᆞᆯ 젹젹 그지ᄒᆞ야 주고:偏裨限酒肉(重杜解1:53).

·젹·젹·ᄒᆞ·다 형 적적(寂寂)하다. ¶緣 니즌 後ㅣ 寂寂ᄒᆞ야 靈知性이 번득ᄒᆞ며(永嘉上64). ᄆᆞᅀᆞᄆᆞ로 寂寂게 ᄒᆞ고(永嘉上99). 져근 院과 횟돈 行廊은 보미 寂寂ᄒᆞ고(重杜解9:38).

젹젼외 명 외의 한 품종. ¶젹젼외:柿子瓜(物譜 草果).

·젹·졍히 부 적정(寂靜)히. ¶禪定은 ᄆᆞᅀᆞᄆᆞᆯ 寂靜히 ᄉᆞ랑ᄒᆞ야 一定ᄒᆞᆯ 씨오(月釋2:25). 모로매 正히 ᄒᆞ고 寂靜히 ᄒᆞ며(宣賜內訓1:27). 잇ᄂᆞᆫ ᄯᅡᄒᆞᆯ 모로매 졍다이 ᄒᆞ며 젹졍히 ᄒᆞ며:居處必正靜(飜小8:16).

·젹·졍ᄒᆞ·다 형 적정(寂靜)하다. ¶禪은 寂靜ᄒᆞᆯ 씨니 이 하ᄂᆞᆯ히 欲心 아니 뮈워 ᄀᆞ마니 잇ᄂᆞ니라 寂靜은 괴외ᄒᆞᆯ 씨라(月釋1:32). 阿練若ᄂᆞᆫ 이에셔 닐오매 寂靜ᄒᆞᆫ ᄯᅡ히라(法華4:195). ᄇᆞᆯᄀᆞᆫ 나리 寂靜ᄒᆞ고 우ᄂᆞᆫ 비두리와 삿기치ᄂᆞᆫ 제비예 프른 보미 기펫도다:白日靜鳴鳩乳鷰靑春深(初杜解6:13). 山堂 寂靜ᄒᆞᆫ 바미 안자 말 업스니 寂寂寥寥ᄒᆞ야(金三2:65). 서늘호미 모ᄃᆞ니 ᄇᆞᄅᆞᆷ맷 옷기지 寂靜ᄒᆞ고 虛空ᄋᆞᆯ 當ᄒᆞ야 눈믈 무든 ᄡᅡ매 ᄃᆞᆯ엿도다:爽合風襟靜當空淚臉懸(重杜解12:3).

·젹:ᄌᆞ 명 적자(赤子). 갓난아이. ¶赤子ᄂᆞᆫ ᄀᆞᆺ난아히라(楞解9:68). 衆生을 慈念호ᄃᆡ 赤子ᄀᆞ티 ᄒᆞ며(法華4:171). 儒者의 道애 녯 사ᄅᆞᆷ이 赤子 保홈ᄀᆞ티 ᄒᆞ다 ᄒᆞ니(宣孟5:34). 康誥애 ᄀᆞᆯ오ᄃᆡ 赤子를 保홈ᄀᆞ티 ᄒᆞ라 ᄒᆞ니(宣大16).

적첩 명 경첩. ¶적첩:合葉. 준적첩:小合葉(漢淸9:72).

적탈ᄒᆞ다 형 적탈(赤脫)하다. 아주 가난하다. ¶그 ᆞ가목으로ᄡᅧ 냥셔의 ᄂᆞ리와 보내여 적탈ᄒᆞᆫ ᄇᆡᆨ셩을 주라 ᄒᆞ시다(仁祖行狀32).

·적:해·ᄒᆞ·다 동 적해(賊害)하다. ¶世人이 됴ᄒᆞᆫ 사ᄅᆞᆷ 업다 ᄒᆞᆫ 세 字ᄅᆞᆯ 즐겨 니ᄅᆞᄂᆞᆫ 사ᄅᆞᄆᆞᆫ 어루 저ᄅᆞᆯ 賊害ᄒᆞᄂᆞ다 닐올디로다(宣賜內訓3:65).

적ᄒᆞ다 동 적(炙)하다. 굽다. ☞적 ¶다리예 고기ᄅᆞᆯ 버혀 적ᄒᆞ여 받ᄌᆞ오니 어믜 병이 즉시 됴ᄒᆞ니라:割股肉爲炙以進母病卽愈(東新續三綱. 孝8:45).

젼 명 전(前). ¶잢간 보면 前과 後왜 어긘 ᄃᆞᆺᄒᆞ나(圓覺上二之三45). 목수믈 ᄇᆞ리고 擧티 아니ᄒᆞᆫ 前으로 向ᄒᆞ야(蒙法59). ᄀᆞ장 녯 前브터 禮 잇ᄂᆞ니:有禮太古前(初杜解17:4). 立ᄒᆞᆫ則 그 前에 參홈을 見ᄒᆞ고(宣論4:3). 前에 아쳐ᄒᆞᄂᆞᆫ 바로 ᄡᅧ 後에 몬져 말며(宣大20).

:젼 명 전(廛). ¶잡효근 것 젼 나ᄂᆞᆫᄃᆡ 곧 긔라:開雜貨鋪兒便是(飜老上48). 그 상자리 젼이 네하가:那雜貨鋪兒是你的那(飜老上48). 젼 사ᄅᆞᆷ 여러흘 ᄃᆞ려 오라:引着幾箇鋪家來(飜老下56).

:젼 명 전. 가장자리. ☞뎐¶閫ᄋᆞᆫ 門ㅅ 젼이오 域은 ᄀᆞᅀᅵ라(圓覺序14). 기ᄅᆞ마ᄂᆞᆫ 이 ᄒᆞᆫ 거믄 셔각으로 젼ᄒᆞ고:鞍子是一箇烏犀角邊兒(飜朴上28). 젼메울 구:釦(訓蒙下16). 우물 젼에 치ᄃᆞ라 ᄌᆞᆫ댕ᄌᆞᆫ댕ᄒᆞ다가(古時調. 밋난편. 青丘).

젼 명 전(氈). ¶雲南에셔 난 젼으로 한 갓과:雲南氈帽兒(老解下47).

젼갈 명 전갈(傳喝). ☞뎐갈 ¶使喚이 업ᄉᆞ와 傳喝도 부리지 몯ᄒᆞ엳습더니(隣語1:31).

젼·갈 명 전갈(全蝎. 全蠍). ¶痰 盛ᄒᆞ니란 全蝎 두 나촐 구어 더으라(救急上2). 젼갈 두 나촐 구어 녀흐라:加全蝎二枚炙(救簡1:2). 지네와 비얌과 젼갈와:蜈蚣蛇蝎(救簡6:59). 비얌과 全蠍 저홈ᄀᆞ티 ᄒᆞᄂᆞ니:如畏蛇蠍(飜小6:30). 젼갈 태:蠆. 젼갈 헐:蠍(訓蒙上22). 사오나오니를 避호ᄃᆡ 비얌과 젼갈 저홈ᄀᆞᆮ티 ᄒᆞᄂᆞ니:避惡如畏蛇蠍(宣小5:28). 변ᄒᆞ여 프른 암젼갈이 되여:變做青母蝎(朴解下21). 젼갈:蠍子(訓蒙上22 蠍字註. 譯解下36. 漢淸14:52). 젼갈:蠍(柳氏物名二 昆蟲).

젼갈ᄒᆞ다 동 전갈(傳喝)하다. ¶젼갈ᄒᆞ다:口傳信(同文解上42. 譯解補23). 젼갈ᄒᆞ다:口寄信(漢淸6:37).

젼곡 명 전곡(田穀). ¶ᄯᅩ ᄃᆞᄅᆞ니 젼곡이 ᄌᆞ뭇 답곡이에셔 나앗다 ᄒᆞ니(綸音90).

젼국 명 약전국. ¶梔子 열네 낫과 젼국 다ᄉᆞᆺ 호블(救急上29). 젼구기 노ᄀᆞ니 尊ㅅ 시리 닉고:豉化尊絲熟(初杜解15:27). 젼국 닷 되와:豉五升(救簡1:15). 젼국 닷 홉:豉五合(救簡3:86). 젼국을 시버:嚼豉(救簡6:27). 젼국 시:豉(訓蒙中21). 쟝과 젼국과 닝쉬라:醬豉冷水(臘藥8).

젼ᄌᆞᆫ 부 마음껏. 마구. 함부로. ☞젼ᄌᆞᆺ. 졋ᄌᆞᆫ. 졋ᄌᆞᆺ ¶삿기ᄅᆞᆯ 만히 머그되 복그며 구어 젼ᄌᆞᆫ 먹더니(地藏解上25).

젼나모 명 전나무. ☞전나모. 젓나모. 젼나무 ¶젼나모:杉松(柳氏物名四 木).

젼나무 명 전나무. ☞젓나모. 젼나모 ¶젼나무 희:檜(兒學上5).

젼년 명 전년(前年). ☞져년 ¶일후미 되驪馬ㅣ니 前年에 되ᄅᆞᆯ 피ᄒᆞ야(初杜解17:31). 나도 젼년희 뎨 ᄇᆞ리엿다니:我年時也在那裏下來(飜老上11). 왕이 이러ᄐᆞ시 ᄀᆞᄅᆞ샤ᄃᆡ 젼년 ᄀᆞ을 경긔와 호셔 크게 흉년이 이시므로(綸音209).

젼니 명 전리(田里). ¶뎨 드ᄅᆞ니 존엄ᄃᆡ인이 젼니로 도라와 계시다 ᄒᆞᄃᆡ(引鳳簫1). 부친이 밧비 젼니의 도라가샤(落泉1:1).

젼당 명 전당(典當). ☞뎐당 ¶젼당:典當(物譜 商賈).

젼당푸ᄌᆞ 명 전당포(典當鋪). ☞뎐당푸ᄌᆞ ¶젼당푸ᄌᆞ:當鋪(同文解下27).

·젼·대 명 전대(纏帶). ☞젼ᄃᆡ ¶젼대예 ᄒᆞᆫ 권 죠히를 녀허:纏帶裏裝着一卷紙(飜老上27). 닐오ᄃᆡ 허리옛 젼대예 쳐니라 ᄒᆞ고:只道是腰裏纏帶裏是錢物(飜老上28).

젼댱 명 전장(戰場). ¶지아비 젼댱의 가 죽거ᄂᆞᆯ:夫死於戰場(東新續三綱. 烈2:72).

:젼동 명 전동(箭筒). ¶세 젼동 살로 유여히 ᄡᅩ리로다:三棚兒箭勾射了(飜老下36). 젼동:箭匣(漢淸11:32). 칙례ᄒᆞ온 들믜 젼동 朱黃絲 ᄭᅳᆫ을 ᄃᆞᆯ아(武豪歌).

:젼·딘 명 전진(戰陣). ¶梟騎 보내야 戰陣을 돕ᄉᆞᄫᆞ니:遠致梟騎戰陣來助(龍歌55章). 이 ᄆᆞ리 戰陣을 臨ᄒᆞ야(初杜解17:30).

젼ᄃᆡ 명 전대(纏帶). ☞젼대 ¶젼ᄃᆡ:纏帶(譯解上45). 젼ᄃᆡ:錦囊(漢淸11:43). 젼ᄃᆡ:東腰(物譜 衣服). 젼ᄃᆡ 탁:橐(兒學上11).

젼령ᄒᆞ다 동 전령(傳令)하다. ¶즉시 젼령ᄒᆞ여 군둥의 쇠 쟝인 어더셔(三譯7:20).

젼례 명 전례(前例). ¶이 일은 前例 有無間의 施行ᄒᆞᄋᆞᆸ셔도(隣語1:24).

젼·례다·이 부 전례(前例)대로. ¶젼례다이 홀딘댄 아모만 줄 거시어늘:照依前例該與多少(飜朴上3).

젼매ᄒᆞ다 동 전매(轉賣)하다. ¶먼ᄃᆡ 出送ᄒᆞ여 轉賣ᄒᆞᄂᆞᆫ 거시오매(隣語2:1).

젼메오기 명 전메우기. ¶만일 젼메오기ᄅᆞᆯ

잘 ᄒᆞ면:若廂的好時(朴解上19).

젼메오다 동 전 메우다. ☞젼메우다 ¶ 젼메오다:鑲嵌(譯解補45).

:젼메·우·다 동 전 메우다. ☞젼메오다 ¶ 젼메울 구:釦(訓蒙下16). 겨ᄋᆞᆯ이어든 금으로 보셕에 젼메워 워전즈러니 ᄭᅮ민 ᄯᅴ를 ᄯᅴ며:冬裏繫金廂寶石鬧裝(老解下46). 네 뎌 금ᄯᅴ를 뉘 젼메웟ᄂᆞ뇨 이 拘欄골 ᄯᅴ쟝이 夏五ㅣ 젼메웟ᄂᆞ니라:你那金帶是誰廂的是拘欄衚衕裏帶匠夏五廂的(朴解上18).

젼문 명 전문(專門). ¶ 專門은 젼혀 ᄒᆞᆫ 그ᄅᆞᆯ 비홀 씨라(楞解1:22).

젼믈 명 돈. ¶ 젼대옛 거시 이 錢物이라 ᄒᆞ여:纏帶裏是錢物(老解上25).

:젼·반 명 전반(翦板). ¶ ᄌᆞ 그르 스니란 ᄉᆞᆫ바당의 세 번 젼반 티ᄂᆞ니라:寫差字的手心上打三戒方(飜朴上50). 젼반으로ᄡᅥ:以剪板(東新續三綱. 烈1:81). 인도 밧침 젼반:烙板(譯解補41).

젼병 명 전병(煎餠). ¶ 젼병:薄餠(譯解上51. 同文解上59). 젼병:忖餠(譯解補30).

젼복 명 전복(全鰒). ¶ 젼복 일 뎝(山城). 젼복:鰒蛤(物譜 水族). 젼복:鰒魚(柳氏物名二 水族). 젼복 복:鰒(兒學上8).

젼복ᄡᅡᆷ 명 전복쌈. ¶ 젼복ᄡᅡᆷ 황포 댱어 문어(불긔2014).

젼부 명 전부(前夫). ¶ ᄀᆡ嫁ᄒᆞᆫ 母ㅣ 前夫의 子ㅣ 저를 조찬ᄂᆞᆫ 者를 爲ᄒᆞ며(家禮6:19).

젼ᄯᅩ아기 명 잔디. ☞젼ᄯᅬ ¶ 젼ᄯᅩ아기:馬菲草(譯解下40).

젼·ᄯᅬ 명 잔디. ☞젼ᄯᅩ아기 ¶ 宮闕엣 젼ᄯᅬᄂᆞᆫ 보ᄃᆞ라오미 소오미라와 느도다:宮莎軟勝綿(初杜解20:17).

:젼·산 명 전삼(氈衫). ¶ 젼산과 간모와:氈衫和油帽(飜朴上65).

:젼·송 명 전송(餞送). ☞젼송 ¶ 젼송 젼:餞(訓蒙下10).

:젼:송·ᄒᆞ·다 동 전송(餞送)하다. ☞젼송ᄒᆞ다 ¶ 내 ᄆᆡᆼᄀᆞ라 너 주어 젼송호마:我做饋你送路(飜朴上48). 큰 경으로 젼송ᄒᆞ쟈(三譯2:6). 親ᄒᆞᆫ 번이라도 餞送ᄒᆞ여(隣語1:2).

젼송 명 전송(餞送). ☞젼송 ¶ 젼송 젼:餞(兒學下5).

젼송ᄒᆞ다 동 전송(餞送)하다. ☞젼송ᄒᆞ다 ¶ 금일 교쳔ᄒᆞ미 니 엇지 ᄒᆞᆫ 번 젼송티 아니ᄒᆞ리오(引鳳簫1). 친히 교외의 나가 ᄇᆡᆨ관을 거ᄂᆞ려 젼송ᄒᆞ시니(落泉3:8).

젼술 명 전술. 전국술. ¶ 젼술 발:醱. 젼술비:醅(訓蒙中21).

젼슈ᄒᆞ다 동 전수(傳受)하다. ¶ 우흐로 셩현의 젼슈ᄒᆞᆫ 도통과(經筵).

젼신 명 전신(全身). ¶ 涅槃ᄒᆞ신 後에 全身舍利를 ᄋᆞᆺ 양ᄌᆞ로 供養ᄒᆞᅀᆞᆸᄂᆞ니와(釋譜23:4). 三周開示와 녀나ᄆᆞᆫ 도와 나토샤미 如來ㅅ 全身 아니니 업스ᄉᆡ니라(法華4:89).

젼실 명 전실(前室). 전처(前妻). ¶ 젼실:先頭娘子(譯解補32).

젼심·ᄒᆞ·다 동 전심(專心)하다. ¶ 專心ᄒᆞ야 專一히 行호리니(永嘉上19).

:젼:ᄉᆞ 명 전사(戰士). ¶ 새것 머구메 戰士를 몬져 ᄒᆞ고(初杜解15:18).

젼ᄉᆡᆼ 명 전생(前生). ¶ 前生애 修行 기프신 文殊 普賢ᄃᆞᆯ히(月印上30). 前生앳 이리 어제 본 ᄃᆞᆺᄒᆞ야(釋譜6:9). 菩薩이 前生애 지손 罪로 이리 受苦ᄒᆞ시니라(月釋1:6). 이다 젼ᄉᆡᆼ애 됴ᄒᆞᆫ 일 닷고:這的都是前世裏修善(飜朴上30). 젼ᄉᆡᆼ의 죄ᄂᆞᆯ 어더:前生得罪(東新續三綱. 烈2:20).

젼ᄌᆞᆺ 부 마음껏. 마구. 함부로. ☞젽ᄌᆞᆺ ¶ 僧尼를 더러비거나 시혹 伽藍內예 젼ᄌᆞᆺ 淫欲ᄋᆞᆯ 行커나(月釋21:39).

젼어 명 전어. ¶ 젼어 젼:鱣(類合上15). 젼어:玉板魚(譯解下37).

젼역 명 저녁. ☞져녁 ¶ 아침과 젼역을 아지 못ᄒᆞ고(女四解3:8). 어와 상품 그럿턴가 젼역 밥상 그럿턴가(萬言詞).

젼위·ᄒᆞ·다 동 전위(專爲)하다. ¶ 더운 긔운이 ᄉᆞᄆᆞᆺ게 ᄒᆞ고 젼위ᄒᆞ야 보ᄃᆡ 평커든 즉재 아ᅀᆞ라:令熱透專看正卽去却(救簡1:22). 연고 업기를 젼위ᄒᆞ엿ᄉᆞᆸᄂᆡ(新語9:5). 젼위ᄒᆞ야 기도로다:專等(譯解下45).

젼유ᄋᆞ 명 저냐. ¶ 싱션 젼유ᄋᆞ(불긔2004).

젼일 명 전일(專一). ☞젼일ᄒᆞ다 ¶ 젼일 젼:專(類合下29).

젼일이 부 전일(專一)히. ☞젼일히 ¶ 소임맛듀믈 젼일이 ᄒᆞ며:以專委任(飜小9:17).

젼·일·히 부 전일(專一)히. ☞젼일이 ¶ 專心ᄒᆞ야 專一히 行호리니(永嘉上19).

젼·일ᄒᆞ·다 동 전일(專一)하다. ¶ 舅姑를 셤겨 專一호ᄆᆞ로 正을 삼고 이대 조초ᄆᆞ로 順을 삼ᄂᆞ니(三綱. 烈2). ᄒᆞ다가 信力이 가비야오며 쟈가 意ㅣ 專一ᄒᆞᆫ ᄠᅳ디 업스면(永嘉上20). 젼일홀 일:壹(類合下59). 太任의 性이 단졍ᄒᆞ며 젼일ᄒᆞ며 졍셩되며 장엄ᄒᆞ샤:太任之性端一誠莊(宣小4:2).

젼젼 명 전전(前前). ¶ 前前엣 외욤 아로미 일후미 後ㅅ 位니(圓覺序57). 젼젼의 아던 거시라 몬내 니저 ᄒᆞ노라(古時調. 鄭澈. 又쉰이. 松江).

젼젼ᄒᆞ다 동 전전(轉轉)하다. ¶ 참연 슈루왈 싱이 긔박ᄒᆞᆫ 생애로 구확의 젼젼ᄒᆞ다가(落泉1:2).

젼좌ᄒᆞ다 동 전좌(殿座)하다. ¶ 젼좌ᄒᆞ다:陞殿(漢淸3:15).

젼주 명 전주(箋註). 주석(註釋). ¶ 젼주

젼:箋(類合下24).

젼:쥬·ᄒᆞ·다 동 전주(專主)하다. 일을 주관(主管)하다. ¶이 比丘ㅣ 經典 닐거 외오ᄆᆞᆯ 專主ᄒᆞ야 아니 ᄒᆞ고:專主는 오ᄋᆞ로 爲主ᄒᆞᆯ 씨라(釋譜19:30). 닐그며 외오매 專主ᄒᆞᇙ 줄 모ᄅᆞ며(釋譜19:36). 겨지븐 집 안해셔 음식ᄒᆞ기를 젼쥬ᄒᆞ야:婦主中饋(飜小7:36). 가라치ᄂᆞᆫ 권이 실노 어미게 젼쥬ᄒᆞ니라:專(女四解3:19).

젼·쥭 명 전죽(饘粥). 죽과 미음. ¶饘粥ㅅ 食은 天子로브터 庶人에 達ᄒᆞ야:饘粥之食自天子達於庶人(宣孟5:4).

젼ᄌᆞ 명 까닭. ☞젼ᄎᆞ ¶그 이러ᄒᆞᆫ 젼ᄌᆞᆯ시니라:其所以以此(龜鑑下52).

젼ᄌᆞ 명 냄비. ¶柄鐺:젼ᄌᆞ 炒器煮鐵如召兒之類(行吏).

젼쳐 명 전처(前妻). ¶져므닌 내 아ᄃᆞ리오 ᄆᆞᄃᆞᆫ 前妻의 아ᄃᆞ리니(宣賜內訓3:20).

젼쵸 명 조피. ¶젼쵸:椒(救簡6:52). 젼쵸:花椒(譯解上52).

젼쵸나모 명 조피나무. ¶젼쵸나모:花椒樹(同文解下44).

젼츄라 명 전추라(翦秋羅). ¶젼츄라:剪秋羅(物譜 花卉).

젼츈나ᄉᆞᆺ 명 털동자꽃. ¶젼츈나ᄉᆞᆺ:剪春羅(柳氏物名三 草).

젼츠 명 까닭. ☞젼ᄎᆞ ¶이런 젼츠로:因此上(老解下52).

젼·ᄎᆞ 명 까닭. ☞젼ᄌᆞ. 젼츠 ¶因ᄋᆞᆫ 그 이런 젼ᄎᆞ로 ᄒᆞᄃᆞᆺ ᄒᆞᆫ ᄠᅳ디라(釋譜序4). 舍利弗이 젼ᄎᆞ 업시 우ᅀᅥᄂᆞᆯ(釋譜6:35). 故ᄂᆞᆫ 젼치라(訓註2). 因緣은 젼치니(月釋1:11). 煩惱ㅅ 젼ᄎᆞ로 눈과 귀와 고콰 혀와 몸과 ᄠᅳᆮ과 ᄃᆞ외요미(月釋2:14). 목숨 護持ᄒᆞᄂᆞᆫ 젼치니(月釋21:4). 이 業 젼ᄎᆞ로 버서나디 몯ᄒᆞ리라(月釋21:56). ᄣᅥ러듏 젼ᄎᆞᄅᆞᆯ 펴니라(楞解1:33). ᄯᅩ 젼ᄎᆞ 업시:又方無故(救急上65). 이런 젼ᄎᆞ로 父母ㅣ ᄉᆞ랑ᄒᆞ시논 바ᄅᆞᆯ:是故父母之所愛(宣賜內訓1:44). 機의 밋디 몯ᄒᆞᆯ 젼치라(南明上2). 니인인 젼ᄎᆞ로 반공신도 못ᄒᆞ나(癸丑66). 내 ᄉᆡᆼ각 애쉬온 젼ᄎᆞ로 님의 타슬 삼노라(古時調. 가더니. 青丘).

젼·치- 명 까닭이-. 〔'젼ᄎᆞ'+서술격조사(敍述格助辭) 어간〕 독젼ᄎᆞ ¶故ᄂᆞᆫ 젼치라(訓註2). 因緣은 젼치니(月釋1:11).

·젼토 명 모전(毛氈). ¶미틔 지즑 ᄭᆞᆯ오 ᄯᅩ 젼토 ᄭᆞᆯ오:底下鋪蒲席又鋪氈子(飜朴上56). 젼토:氈條(譯解下16).

젼파ᄒᆞ다 동 전파(傳播)하다. ¶젼파ᄒᆞ다:傳揚(漢淸6:35). 경셩 긔별이 각쳐의 젼파ᄒᆞ되(落泉1:1).

젼폐ᄒᆞ다 동 전폐(全廢)하다. ¶침식을 젼폐ᄒᆞ오시고(癸丑11). 藍輿軺軒 젼폐ᄒᆞ고 자근 나귀 초롱불로 쵸쵸히 오단 말가(빅화당가).

젼하다 동 전하다. ¶젼할 젼:傳(兒學下6).

젼·혀 부 전(全)혀. 전적(全的)으로. ¶젼혀 이 東山ᄋᆞᆫ 남기 됴ᄒᆞᆯᄊᆡ 노니논 ᄯᅡ히라(釋譜6:24). 第一義諦ᄅᆞᆯ 젼혀 니ᄅᆞ리니(月釋8:52). 젼혀 드러내샤:全提(法華4:149). 오직 이 無ㆆ字ㅣ 全혀 근고히 업소ᄃᆡ:只者箇無字全無巴鼻(蒙法52). 一柱ㅣ 全혀 당당이 갓가오니:一柱全應近(初杜解14:38). 젼혀 소뱃 사ᄅᆞᄆᆞᆯ 假借ᄒᆞᄂᆞ니라:全借裏頭人(金三2:25). 젼혀 이 형님이 슈고ᄒᆞ더니라:全是這大哥辛苦(飜老下6). 젼혀 다:全是(同文解下48). 이젼 일은 젼혀 잇고 호심광홍 절노 논다(萬言詞).

젼·혀 부 전(專)혀. 오로지. ☞젼ᅘᅧ ¶엇데 젼혀 괴이ᄆᆞ로 어딘 이ᄅᆞᆯ 사ᄆᆞ리오:豈以專夫室之愛爲善哉(三綱. 烈2). 專門ᄋᆞᆫ 젼혀 ᄒᆞᆫ 그ᄅᆞᆯ 비홀 씨라(楞解1:22).

젼환ᄒᆞ다 동 전환(轉換)하다. ¶ᄒᆞᆯ니나 수이 내여주ᄋᆞᆸ셔야 轉換ᄒᆞᄋᆞᆸᄂᆞᆫ 도리가 아니 넉넉ᄒᆞ오니잇가(隣語2:1).

젼:후 명 전후(前後). ¶前後 父母의게 惡毒ᄒᆞ릴 맛나ᄃᆞᆫ(月釋21:66). 各各ᄋᆞᆫ 前後ᄅᆞᆯ 니ᄅᆞ시고 俱ᄂᆞᆫ 同時ᄅᆞᆯ 니ᄅᆞ시니라(楞解4:43). 無著이 文殊 보ᅀᆞ와 묻ᄌᆞ온 마ᄅᆞᆫ 前後 三三註에 갯ᄂᆞ니라(金三1:27). 前後 나ᄒᆞᆯ 디내요매(六祖上14). 前後에 언메나 오래 머므ᄂᆞ다:前後住了多少時(飜老上15). 前後ᄅᆞᆯ ᄉᆞᆲ혀 後悔가 업게 ᄒᆞᄂᆞᆫ 거시 올ᄉᆞ오니(隣語3:4).

젼·히 부 전(全)히. 전적으로. ¶이브터 後ㅅ 經文이 全히 이 ᄠᅳ들 나토실ᄊᆡ 몬져 근 내샤미 이 ᄀᆞᆮᄒᆞ시니라(法華1:65).

젼·히 부 전(專)히. 오로지. ¶辛旽이 나랏 政事ᄅᆞᆯ 專히 자바 이셔(三綱. 忠32).

:젼ᄒᆞ·다 동 전(煎)하다. 지지다. ¶흰 쇠져즐 取ᄒᆞ야 열여슷 그르세 노코 져즈로 煎ᄒᆞᆫ 餠을 ᄆᆡᆼᄀᆞ라(楞解7:15). 쥐 ᄒᆞᆫ 나촐 도틔 기르메 煎ᄒᆞ야 브티라:鼠一枚猪膏煎傅之(救急下68). 이 안쥬ᄂᆞᆫ 믓고기 젼ᄒᆞ니:這按酒煎魚(飜老下38).

젼ᄒᆞ다 동 전(傳)하다. ¶우리ᄂᆞᆯ 음신을 안노슈ᄭᅴ 젼ᄒᆞ야(桐華寺 王郎傳7).

젼·ᅘᅧ 부 전혀. ☞젼혀 ¶괴외호매 젼ᅘᅧ 向ᄒᆞ야:一向冥寂(永嘉上62).

젼·ᄌᆞᆫ 부 마음껏. 마구. 함부로. ☞젼ᄌᆞᆺ ¶그 ᄆᆞᅀᆞᄆᆞᆯ 젼ᄌᆞᆫ 펴 勝ᄒᆞᆫ 解ᄅᆞᆯ 내닌:縱恣其心生勝解者(楞解10:62). 젼ᄌᆞᆫ 노ᄅᆞᆺᄒᆞ며:縱逸嬉(法華2:118). 젼ᄌᆞᆫ 주겨 주규믈 보ᄃᆡ 노ᄅᆞᆺᄀᆞ티 ᄒᆞᄂᆞ니라:縱逸殺害視殺如戲焉(法華2:119). 둘흔 庖丁의 ᄂᆞᆯᄒᆞᆯ 젼ᄌᆞᆫ ᄒᆞᄂᆞᆫ 觀이

오:二庖丁恣刃觀(圓覺下二之二9).

젼·ㅈ 부 마음껏. 마구. 함부로. ☞젼짓. 젼ㄹ ¶만히 머구디 붓그며 구버 젼ㅈ 먹더니(月釋21:54). 젼ㅈ 즁이 드러내에 홀쌀:恣任僧擧(楞解1:29). 바볼 젼ㅈ 써먹디 말며:毋放飯(宣賜內訓1:3).

젼·ㅈ·ㅎ·다 동 마음껏 하다. 함부로 하다. ¶그 시혹 五欲애 ᄆᆞᅀᆞᄆᆞᆯ 젼ㅈ커나:其有或恣心五欲(圓覺上一之二93).

·졀 명 젖. ☞젓 ¶아ᄃᆞᆯ 나하 오히려 졀 먹을 제:生子猶飮乳(宣小5:42). 기시 아히ᄂᆞᆫ 오히려 업더여 졀즤 나아가니:襁褓兒猶匍匐就乳(東三綱. 烈2). 어미 졀즤 죵긔 내엳거ᄂᆞᆯ:母得乳腫(東新續三綱. 孝6:22).

졀바지다 동 자빠지다. ☞잣바지다 ¶졀바질 패:沛(倭解上29).

절 명 절(節). 철. ¶오솔 절마다 보내오시고(仁祖行狀13).

절 명 절〔寺〕. ¶미햇 져리:野寺(杜解9:17). 팔도강산 어나 절의 중 소경 뉘가 본가(萬言詞).

절 명 절(節). 절개(節概). ¶절을 디킈여 주그니라:守節而死(東新續三綱. 烈1:26).

·절·개 명 절개(節介. 節概). ☞절기¶내 안ㅎ로브터 情誠 나토옴 디 업고 밧고로브터 節介ㅣ 나토옴 디 업스니(三綱. 烈3). 居士ᄂᆞᆫ ᄆᆞᆯᄀᆞᆫ 節介ᄅᆞᆯ 녜브터 치고(法華7:77). 또 霜松인 ᄆᆞᆯᄀᆞᆫ 절개시며(永嘉序9). 가문이 셩ᄒᆞ며 쇠호모로 절개를 곧티디 아니ᄒᆞ고:不以盛衰改節(飜小9:63). 절개 읻고 텬셩이 지극ᄒᆞᆫ 회러니:有節操天性至孝(東續三綱. 孝29 鄭門世孝).

절경 명 절경(絶景). ¶아모리 絶景이라 ᄒᆞ여도(隣語1:10).

절경 명 절경(絶境). ¶시름도이 絶境올 ᄇᆞ리고 아ᄅᆞ라히 또 머리 가노라:忡忡去絶境杳杳更遠適(重杜解1:26).

절고 명 절구. ☞절구 ¶절고:杵臼(同文解下2). 날로 질삼ᄒᆞ고 우믈과 절고ᄅᆞᆯ 잡아(女範4. 녈녀 샤시절).

절고공이 명 절굿공이. ☞절구ㅅ고. 절구ᄃᆡ ¶杵 절고공이라(無冤錄1:38).

절구 명 절구. ☞절고 ¶절구:杵臼(譯解補43). 절구:臼(柳氏物名三 草).

절구ᄃᆡ 명 절굿공이. ☞절고공이 ¶절구ᄃᆡ 져:杵(兒學上11).

절구ㅅ고 명 절굿공이. ☞절고공이. 절구ᄃᆡ ¶절구ㅅ고:米杵(譯解補43). 절구ㅅ고:杵(漢淸10:8).

절구통 명 절구통. ☞절고 ¶절구통 구:臼(兒學上11).

절국대 명 절국대. ¶절국대:漏蘆(東醫 湯液二 草部).

절긴ᄒᆞ다 형 절긴(切緊)하다. ¶또ᄒᆞᆫ 두어 가지 일 쇼민의게 절긴홈이 이시니(綸音106).

절기 명 절개(節概). ☞절개 ¶쇼졔 하션의 절기와 의긔ᄅᆞᆯ ㄱ초 베플고(落泉3:7).

절늪ᄒᆞ다 동 절륜(絶倫)하다. ¶녀력이 절늪ᄒᆞ고 쏘ᄒᆞᆫ 긔특ᄒᆞᆫ 기예 잇시니(引鳳簫1).

절다 명 절따말. ☞절다ᄆᆞᆯ ¶절다 셩:騂(詩解物名21). 절다:騂(柳氏物名一 獸族).

절다 동 겯다. ¶절어 알삐근ᄒᆞ다:油辣(譯解補32).

절다 형 짧다. ☞저ᄅᆞ다. 젋다 ¶절은 지계:短齋(譯解補10).

절·다ᄆᆞᆯ 명 절따말. ☞절ᄶᅡᄆᆞᆯ ¶절다ᄆᆞᆯ:赤馬(救簡2:102). 절다ᄆᆞᆯ:赤馬(飜老下8). 내 절다ᄆᆞ리 누네치 나셔:我的赤馬害骨眼(飜朴上42). ᄒᆞᆫ 절다ᄆᆞ론:一箇赤馬(飜朴上63). 절다ᄆᆞᆯ:赤馬(老解下8). 절다ᄆᆞᆯ:紅馬(漢淸14:21).

절·다악·대ᄆᆞᆯ 명 불깐 절따말. ¶절다악대ᄆᆞᆯ ᄒᆞᆫ 피리 쉬 다ᄉᆞᆺ 서리오:赤色騸馬一疋年五歲(飜老下16).

·절당ᄒᆞ·다 형 절당(切當)하다. ¶이럴시 小學烈女 女敎明鑑이 至極 절당ᄒᆞ며 또 明白호ᄃᆡ:是以小學烈女女敎明鑑至切且明(宣賜內訓序8). 이 두 글워ᄅᆞᆯ 보와 모매 절당케 ᄒᆞ면:看得此二書切已(飜小8:31). 아 말이 ᄀᆞ장 절당ᄒᆞ니(仁祖行狀18).

·절:도 명 절도(竊盜). ¶竊盜ᄂᆞᆫ 일버슬 씨라(法華2:167).

절도 명 절도(絶島). ¶絶島의 爲奴ᄒᆞ고:絶島爲奴(警民16). 모부인은 절도의 귀향 보내고(仁祖行狀12).

절로 부 절로. ☞절로 ¶절로 긔별 알외게(三譯5:9). 歲月이 절로 가고(草堂曲).

´절묘ᄒᆞ다 형 절묘(絶妙)하다. ¶나히 십ᄉᆞ셰의 ᄌᆞ쇠이 절묘ᄒᆞ고 비록 창가의 싱장ᄒᆞ야시나(落泉1:3).

절믄이 명 젊은이. ☞져므니. 늙은이 ¶절믄이:年靑的(譯解補19).

절반 명 절반(折半). ¶절반 거두다:半收(漢淸10:6). 비록 그 절반을 감ᄒᆞ야도 가치 아닐 배 업슬지라(綸音90).

절벽 명 절벽(絶壁). ¶절벽 아래 며래 덩울이 이셔 죽디 아니ᄆᆞᆯ 어ᄃᆞ니라:崖下有蘿蔓得不死(東新續三綱. 烈1:11). 절벽:懸崖(同文解上7).

·절:셔 명 절서(節序). 계절의 차례. ¶四時예 節序를 일티 아니ᄒᆞ야:四時無失序(初杜解17:16).

·절:세 명 절세(絶世). 세상에 다시 없음. ¶雙鵰ㅣ ᄒᆞᆫ 사래 ᄢᅦ니 絶世英才ᄅᆞᆯ 邊人이 拜伏ᄒᆞᅀᆞᄫᆞ니:維彼雙鵰貫於一發絶世英才邊

人拜伏(龍歌23章).

절세ᄒᆞ다 형 절세(絕世)하다. ¶비록 절세ᄒᆞᆫ 줄은 아ᄂᆞ구나(引鳳簫3).

절슈ᄒᆞ다 동 절수(折收)하다. ¶슈세ᄒᆞᄂᆞᆫ 재그 절슈ᄒᆞᆫ 곳을 직희여(經筵).

절실이 부 절실(切實)히. ¶切실이 規度ᄅᆞᆯ 의지ᄒᆞᆯ ᄶᅵ니라:切依規度(女四解2:34).

절ᄉᆞ 명 절사(絕嗣). ¶죽은 둥의 절ᄉᆞ나 아니ᄒᆞ게 비ᄂᆞ이다(癸丑93).

·절ᄉᆞᄒᆞ·다 동 절사(節死)하다. ¶내 아ᄉᆡ일 죽고 다ᄆᆞᆫ ᄒᆞᆫ ᄌᆞ식이 이시니 리예 절ᄉᆞ케 몯ᄒᆞᆯ 거시니(飜小9:71).

절ᄉᆡᆨ 명 절색(絕色). ¶서로 혼인ᄒᆞ고 절ᄉᆡᆨ시녀 드려보내믈 청ᄒᆞ엿더라(山城139).

절ᄯᆞᄆᆞᆯ 명 절따말. ☞절다ᄆᆞᆯ ¶절ᄯᆞᄆᆞᆯ:赤馬(譯解下28. 同文解下36).

절ᄯᆞ빗 명 절따말의 빛깔. ¶절ᄯᆞ빗 쇼:紅牛(漢淸14:36).

절언 관 저런. ☞일언 ¶일언 닐 절언 뜻즐 뉘라셔 짐작ᄒᆞ리(武豪歌).

·절·역 명 절역(絕域). ¶絕域ᄋᆞᆫ 遠域이니(初杜解14:27). 절역 고셩의 비록 강개ᄒᆞᆫ ᄠᅳ디 ᄀᆞᆫ절ᄒᆞ나(仁祖行狀31).

·절:원ᄒᆞ·다 형 절원(絕遠)하다. 아주 멀다. ¶湖南ㅅ ᄆᆞᆯᄀᆞᆫ 絕遠ᄒᆞᆫ ᄯᅡ해 萬古애 ᄒᆞᆫ 번 기리 슬허ᄒᆞ노라:湖南淸絕地萬古一長嗟(初杜解6:29).

절으다 형 짧다. ☞져르다. 져ᄅᆞ다. 절다 ¶절을 단:短(兒學下8).

·절:의 명 절의(節義). 절개와 의리. ¶令女의 졈어슈ᄃᆡ 절의를 가젓ᄂᆞᆫ 줄을 에엿비 너기며:憐其少執義(飜小9:61). 됴뎡이 그 절의ᄅᆞᆯ 아ᄅᆞᆷ다이 너겨:朝廷嘉其節義(東新續三綱. 烈1:17).

절이다 동 절이다. ☞저리다 ¶쇼곰 절이다:醃鹽(柳氏物名五 石).

절이ᄒᆞ다 형 절이(絕異)하다. ¶ᄌᆞ품이 절이ᄒᆞ야(經筵).

절절히 부 절절(切切)히. ¶幼年의 절절히 긔록ᄒᆞ야:幼年切記(女四解2:38).

·절조 명 절조(節操). ¶節操ᄅᆞᆯ 가져 ᄒᆞ오ᅀᅡ 處ᄒᆞ며(永嘉下109). 家風을 니ᅀᅥᆺᄂᆞᆫ 節操ㅣ 오히려 굿디 아니ᄒᆞ니(初杜解14:17). 그 절조ᄅᆞᆯ 두 가지로 아니 ᄒᆞ다 ᄒᆞ샤:不貳其操(東三綱. 忠4 夢周隕命). 신하ᄃᆞᆯ이 청념ᄒᆞᆫ 절죄 잇ᄂᆞ니(仁祖行狀29).

·절·ᄎᆞ 명 절차(節次). ¶아히의 ᄡᅳ리고 ᄲᅳᆯ며 ᄃᆡ답ᄒᆞ며 얼운 셤길 절ᄎᆞ ᄀᆞᄅᆞ촐 일 대개로 닐어:略言敎童子灑掃應對事長之節(飜小6:7). 禮ᄂᆞᆫ 절ᄎᆞᄅᆞᆯ 넘구디 아니ᄒᆞ며:禮不踰節(宣小3:6). 感激ᄒᆞ신 절ᄎᆞ를 ᄉᆞᆯ올 양도 업서이다(新語7:16).

절ᄎᆡᆨᄒᆞ다 동 절책(切責)하다. ¶네 외로온 셩의 곤ᄒᆞ여 딤의 됴셔ᄒᆞ여 절ᄎᆡᆨᄒᆞ믈 보고(山城77).

절편 명 절편. ¶절편:大水餻(漢淸12:44).

젊다 형 젊다. ☞점다 ¶ᄆᆞ음아 너는 어이 ᄆᆡ양의 절머ᄂᆞ니(古時調. 靑丘). 그ᄃᆡ 절머호을노 살기 맛당치 아니ᄒᆞ니:少(女四解4:18). 절문 계집이 일즉 寡婦 되거나 ᄒᆞ여셔(隣語1:18). 젊지 아닌 사ᄅᆞᆷ이 절믄 사ᄅᆞᆷ과 詰亂ᄒᆞ여 무언 ᄒᆞ올고(隣語2:11). 규리홍안 절문 안히 그도 아니 가련ᄒᆞᆫ가(萬言詞答). 절믈 쇼:少(兒學下8).

젋다 형 짧다. ☞져르다. 절다. 절으다 ¶길면 젋다 ᄒᆞ고 절으면 기다 ᄒᆞᄂᆡ(古時調. 金壽長. 七竅는. 海謠).

점 명 점(占). ¶聖王ㅅ 알ᄑᆡᆫ 占이라(宣賜內訓2下9). 점 복:卜(兒學下6).

점 부 좀. ¶내 논 다 ᄆᆡ여든 네 논 점 ᄆᆡ여 주마(古時調. 鄭澈. 오ᄂᆞᆯ도 다 새거다. 警民編). 深山 窮谷 점 낫ᄀᆞ티 ᄆᆡᆼ그쇼셔(松江. 思美人曲).

점검ᄒᆞ다 동 점검(點檢)하다. ¶공이 ᄀᆞ오ᄃᆡ 본현의셔 삭망으로 사ᄅᆞᆷ 보내야 나 잇ᄂᆞᆫ 곳을 점검ᄒᆞᄂᆞ니(落泉2:4).

점고ᄒᆞ다 동 점고(點考)하다. ¶골골이 點考ᄒᆞ여(萬言詞).

점과 명 점괘(占卦). ☞점꽤 ¶점과 점:占(類合下40).

점·그·다 동 저물다. ☞점글다 ¶빗돗 글어 가매 歲月이 점그ᄂᆞ니:解帆歲云暮(初杜解22:42). 이 ᄆᆞᅀᆞᄆᆞᆫ 점그ᄃᆞ록 외ᄅᆞ왼 ᄇᆡ ᄀᆞᄐᆞ야:此心終日類孤舟(南明上9). 점그도록 서르 마조 안자:終日相對(飜小9:74). ᄒᆡᄂᆞᆫ 中流ㅅ 半애셔 점그놋다:日暮中流半(重杜解1:28).

점글·다 동 저물다. ☞져믈다. 점그다 ¶나리 점글어든 ᄂᆞ외 방ᄋᆡ 나디 아니ᄒᆞ더니:日暮則不復出房閤(宣賜內訓1:29). 거츤 ᄠᅳᆯ헤 ᄒᆡ 점글고져 ᄒᆞ놋다:荒庭日欲晡(杜解3:27). 내 가논ᄃᆡ 점그ᄅᆞᆯ셰라(樂範. 井邑詞). ᄀᆞ장 점글어ᅀᅡ 자새 드러 오시리라:儘晩入城來(飜朴上65). 오ᄂᆞᆯ이 점그러시니:今日晩了(老解上42).

점·글우·다 동 저물게 하다. 마치다. ☞져믈우다. 점을오다 ¶ᄇᆡ브르 먹고 날 점글워 ᄒᆞᄂᆞᆫ 이리 업스리니:飽食終日無所猷爲(飜小8:12). ᄇᆡ브르 먹고 날을 점글워:飽食終日(宣小5:92). 公服ᄒᆞ고 날ᄋᆞᆯ 점글워:公服終日(宣小6:8).

점·다 형 젊다. ☞덤다. 젊다 ¶羅雲이 져머 노ᄅᆞ솔 즐겨(釋譜6:10). 점고 고ᄫᆞ니로 여듧 각시ᄅᆞᆯ ᄀᆞᆯᄒᆡ샤(月釋8:91). 아비 점고 아ᄃᆞᄅᆞᆫ 늘거:父少而子老(法華5:120). ᄆᆡ양 주렛ᄂᆞᆫ 져믄 아ᄃᆞᄅᆞᆫ ᄂᆞᆺ비치 서의ᄒᆞ도다:恒

飢稚子色凄涼(初杜解7:2). 마치 열다ᄉᆞ신 져믄 겨지븨 허리 ᄀᆞᆮ도다:恰似十五兒女腰(杜解10:9). 늘그며 져모ᄆᆞᆯ 묻디 말오:無問老少(救簡1:90). 져머신 제 일즉 녯 本을 보고(六祖序7). 져믈 유:幼. 져믈 튱:冲. 져믈 슈:孺. 져믈 티:稚(訓蒙上32). 져믈 유:幼(類合上17). 져믈 쇼:少(石千35. 倭解上19). 애 나도 졈닷다:咳年紀也小裡(朴解下41). 나 ᄒᆞ나 졈어 잇고 님 ᄒᆞ나 날 괴시니(松江. 思美人曲). 져머서브터:自少(重內訓1:25). 졈다:少(同文解上18). 간이 져머셔 심양현이 되야(女範1. 모의 도간모). 져믄 선ᄇᆡ들이 어즈러이 말ᄒᆞ여:新學性亂(五倫2:15). 졈고 고온 이ᄅᆞᆯ ᄉᆞ모ᄒᆞᆫ다 ᄒᆞ시니:少(百行源14). 년세는 졈거니와 언변인들 업슬소냐(빅화당가).

졈·복 명 졈복(占卜). ☞졈복ᄒᆞ다 ¶졈복 복:卜(訓蒙中3. 類合下40). 졈복 졈:占. 졈복 셔:筮(訓蒙下22). 졈복 사슬 ᄲᅢ히다:抽籤(譯解上64).

졈·복·ᄒᆞ·다 동 졈복(占卜)하다. ¶占者ᄂᆞᆫ 占卜ᄒᆞᄂᆞᆫ 사ᄅᆞ미라(月釋2:18). 大夫人이 占卜히신대 占卜ᄒᆞᆯ 사ᄅᆞ미 닐오ᄃᆡ:大夫人令筮之筮者曰(宣賜內訓2上41). 이 林泉에 사롤 ᄃᆡᄅᆞᆯ 占卜호라:卜居此林泉(初杜解6:35). 거부블 비븨며 디새ᄅᆞᆯ 튜믄 占卜ᄒᆞ논 이리니 疑心ᄒᆞ요ᄆᆞᆯ 니ᄅᆞ니라(金三2:3). 그 姓을 아디 몯ᄒᆞ거든 졈복ᄒᆞᆯ디니라:不知其姓則卜之(宣小2:45). ᄯᅩᆼ이 ᄃᆞᆯ며 ᄡᅳ믈 맛보와 됴ᄒᆞ며 구ᄌᆞᄆᆞᆯ 졈복ᄒᆞ고:嘗糞甜苦以占吉凶(東新續三綱. 孝6:81). 졈복ᄒᆞᄂᆞᆫ 사ᄅᆞᆷ이 닐오ᄃᆡ(仁祖行狀1). 졈복ᄒᆞ다:占問(譯解上64). 굿ᄒᆞ여 吉凶 졈복ᄒᆞ다:跳神占吉凶(漢淸3:37). 졈복ᄒᆞᄂᆞᆫ 션싱이 가장 만하 쳥넝이 안젓거ᄂᆞᆯ(引鳳簫2).

·졈·불 명 말다래. ¶졈불 쟝:韂(訓蒙中27).

졈심 명 점심. ¶죠반 졈심 어ᄃᆡ 가고 일중ᄒᆞ기 어려우며(萬言詞).

졈ᄭᅪ 명 점괘(占卦). ☞졈과 ¶졈ᄭᅪ 셔:筮(類合下12).

졈·으·도록 부 저물도록. ☞져므도록 ¶손과 쥬인이 일ᄇᆡᆨ 번 절ᄒᆞ야 날이 졈으도록 술 먹오ᄃᆡ:賓主百拜終日飮酒(宣小3:27).

졈으신ᄂᆡ 명 젊은이. ¶졈으신ᄂᆡ라 이젼 일을 모로시고(隣語1:23).

졈·은·이 명 젊은이. ☞져므니 ¶졈은이ᄃᆞ려 말ᄉᆞᆷᄒᆞᆯ 제ᄂᆞᆫ 父兄ᄭᅴ 孝弟홈ᄋᆞᆯ 닐ᄋᆞ며:與幼者言言孝弟于父兄(宣小3:15).

졈을·오·다 동 저물게 하다. 마치다. ☞져믈우다. 졈글우다 ¶겨집이 방門 안해셔 날ᄋᆞᆯ 졈을오고:女及日乎閨門之內(宣小2:54).

졈이다 동 저미다. ☞져미다 ¶부러 고기 졈이고(癸丑190).

졈쟈 명 점자(占者). 점쟁이. ¶淨飯이 무러시ᄂᆞᆯ 占者ㅣ 判ᄒᆞᄉᆞᄫᅩᄃᆡ(月印上6). 占者ᄂᆞᆫ 占卜ᄒᆞᄂᆞᆫ 사ᄅᆞ미라(月釋2:18).

:졈:졈 부 점점(漸漸). ¶幻術이 漸漸 외야 갈ᄊᆡ(月印上59). 漸漸 修行ᄒᆞ야(釋譜9:15). 스승 버으로미 漸漸 멀어늘(法華6:5). 졈졈 ᄀᆞᆺᄇᆞᆫ 히믈 쉬우노라:稍稍息勞筋(初杜解20:29). 졈졈 밀면:漸推(救簡3:10). 迷人은 漸漸 알오 悟人은 모로기 닷ᄂᆞ니(六祖中7). 졈졈 쵸:稍(類合下28). 쥭으로 몬져 됴보ᄒᆞ여 졈졈 ᄆᆞ른 밥을 젹젹 머그면(辟新17). 졈졈 ᄒᆞ리ᄂᆞᆫ ᄃᆞᆺᄒᆞᆸ건마ᄂᆞᆫ(新語3:3). 塵寰이 졈졈 머러 仙境이 갓갑건가(曺友仁. 關東續別曲).

:졈ᄎᆞ 명 점차(漸次). ¶어느 漸次애 니르러 修行 일후믈 得ᄒᆞ며(楞解7:67). 세 漸次ᄅᆞᆯ 셰여ᅀᅡ 비르서 더러 滅호ᄆᆞᆯ 得ᄒᆞ리니(楞解8:2). 엇뎨 일후미 세 가짓 漸次오 ᄒᆞ나ᄒᆞᆫ 修習이니 그 因도 오ᄆᆞᆯ 더로미오 둘흔 眞實ㅅ 닷고미니 그 正性을 뷔우미오 세흔 더 나ᅀᅡ가미니 現業을 背叛호미라(楞解8:2). 修道홇 漸次ㅣ 定慧와 다ᄉᆞᆺ 가짓 ᄆᆞᅀᆞᆷ 니롬과 여슷 가짓 ᄀᆞᆯ히요매 나디 아니ᄒᆞ니(永嘉上7). 졈ᄎᆞᆺ 졈:漸(類合下62).

졈티다 동 점(占)치다. ☞졈ᄒᆞ다 ¶졈티다:算卦(譯解上64).

졈ᄒᆞ·다 동 점(占)치다. ☞졈티다 ¶세흔 吉凶을 占ᄒᆞ며 相ᄒᆞᆯ 시오(圓覺上二之二117). 占티 아니ᄒᆞᆯ ᄯᆞᄅᆞᆷ이니라(宣論3:47). 졈ᄒᆞᄂᆞᆫ 사ᄅᆞᆷ:算卦的(同文解上13).

졉교의 명 접는 의자. ¶졉교의:折疊椅(物譜 几案).

졉낫 명 작은 낫(鎌). ¶길 아릐 樵童의 졉낫시야 걸어 볼 줄 이시랴(古時調. 松伊. 솔이 솔이라. 甁歌).

졉·다 동 접어주다. 용서하다. ¶제 몸 졉ᄂᆞᆫ ᄆᆞᅀᆞᄆᆞ로 ᄂᆞᄆᆞᆯ 져브면:恕己之心恕人(宣賜內訓1:35). 내 네흘 졉으마:我饒四着(朴解上22). 졉을 셔:恕(倭解上54). 졉어 싱각ᄒᆞ다:體諒(同文解上31. 漢淸3:12). 졉어 혜아리다:體諒(譯解補51).

졉다 동 접다. ☞뎝다 ¶屛風이라 덜걱 져븐 簇子ㅣ라(古時調. 한숨아. 靑丘). 졉다:疊起(同文解上57). 졉은 단:貼徵(譯解補41). 졉다:折疊(漢淸8:54).

졉동 명 접동새. ¶空山의 우ᄂᆞᆫ 졉동 너ᄂᆞᆫ 어이 우지ᄂᆞᆫ다(古時調. 朴孝寬. 海謠).

·졉동:새 명 접동새. 소쩍새. ☞졉동이 ¶졉동새 오디 아니ᄒᆞ고:杜鵑不來(初杜解25:44). 山졉동새 난 이슷ᄒᆞ요이다(樂範. 鄭瓜亭). 졉동새:杜鵑(四解下8 鵑字註). 졉동새 규:巂. 졉동새 견:鵑(訓蒙上17). 梨花ᄂᆞᆫ 불셔 디고 졉동새 슬피 울 제(松江. 關東別

曲). 이 몸이 싀여져셔 접동새 넉시 되야(古時調. 靑丘).

접동이 명 접동새. ☞접동새 ¶접동이 견:(類合上12).

접뒤적 부 기우뚱거리는 모양. ¶이리로 접뒤적 져리로 졉뒤적(古時調. 靑丘).

·접:딕·ᄒᆞ·다 동 접대(接待)하다. ¶至極ᄒᆞᆫ 精誠으로 物을 接待ᄒᆞ실씨(法華1:206).

·접:딕·ᄒᆞ·다 동 접대(接對)하다. ¶그를 謝宣城을 接對호라(初杜解14:14). 光ᄋᆞᆯ 섯거 物을 接對호딕(六祖中22).

접시 명 접시. ¶접시:楪子(同文解下13). 접시:碟子(漢淸11:36). 졉시:碟(物譜 酒食).

접ᄉᆞ리 명 접사리. 모심을 때 쓰는 비옷의 한 가지. ¶되롱이 졉ᄉᆞ리며 삿갓손 몇 벌 인고(農月 五月令).

접어보다 동 접어보다. 용서하다. ☞져버보다 ¶내 몸 접어봄은 아득ᄒᆞᄂᆞ니:恕己則昏(重內訓1:28). 내 몸 접어보ᄂᆞᆫ ᄆᆞᄋᆞᆷ으로뻐 사ᄅᆞᆷ을 졉어보면:恕己之心恕人(重內訓1:28).

접의쑥 명 제비쑥. ☞져븨뿍 ¶접의쑥:牡蒿(柳氏物名三 草).

접의초리 명 제비초리. ☞져븨초리털 ¶접의초리:寸子毛(柳氏物名一 獸族).

접이 명 제비. 추첨. ☞져비 ¶졉이 구:鬮(倭解下20). 접이 지르다:撚鬮(同文解下27).

접이 명 제비. ☞져비 ¶접이 연:燕(詩解 物名4). 접이:燕(物譜 羽蟲). 접이:越燕(柳氏物名一 羽蟲).

·접·인ᄒᆞ·다 동 접인(接引)하다. ¶大悲 잡드러 接引호ᄆᆞᆯ 또 엇뎨 求ᄒᆞ리오:大悲提接更何求(金三3:46).

접히다 동 접히다. ¶칼ᄂᆞᆯ 접히다:刀刃捲(譯解補16).

·접ᄒᆞ·다 동 접(接)하다. ¶光明이 서르 接호ᄆᆞᆯ 브튼 後에ᅀᅡ ᄇᆞ리 나리오(楞解3:75).

·접ᄒᆞ·다 동 접(椄)붙이다. ¶졉홀 졉:椄(訓蒙下5).

·젓 명 젖. ☞젖 ¶시혹 젓 머긇 제어나(月釋21:162). 젓 일흔 아ᄒᆡ:失乳兒(楞解5:29). 젓 머글 아ᄒᆡᆺ 시졀브터:自爲乳兒時(宣賜內訓3:59). 醍醐ᄂᆞᆫ 쇼ᄅᆞᆯ브터 젓 나고 져즐브터 酪나고(南明下7). 젓 내:嬭. 젓 슈:乳(訓蒙上27). 젓 유:乳(類合上21). 괴롭고 브즈러니 젓 머기시며:辛勤乳哺(警民1). 즌 放氣 소릐에 젓 먹던 힘이 다 쓰이노ᄆᆡ라(古時調. 얽고 검고. 靑丘). 젓:妳子(同文解上16).

젓가락 명 젓가락. ¶細末ᄒᆞ야 젓가락 그테 져기 무텨 목젓 우희 ᄇᆞᄅᆞ라:爲末以筯頭點少許在懸壅上(救急上42).

젓가슴 명 젖가슴. ☞젓 ¶젓가슴:妳膀(譯解上35).

젓곡지 명 젖꼭지. ☞젓머리. 젓ᄭᅩᆨ지 ¶젓곡지:妳頭子(同文解上16). 젓곡지:奶頭嘴(譯解補22).

젓니 명 젖니. ¶젓니:妳牙(譯解補21).

젓·다 동 젖히다. ¶과ᄀᆞᆯ이 허리 알파 굽도 젓도 몯ᄒᆞ거든:卒腰痛不得俛仰(救簡2:43).

젓다 동 겯다. ¶젓다:油辣(同文解上62). 젓다:哈辣了(漢淸12:59).

젓다 동 젓다☞젓다 ¶醉ᄒᆞ고 月下에 젓시니 시름업셔 ᄒᆞ노라(古時調. 任義植. 金波에 빈를. 花源). 별표의 빈 써나니 노 젓ᄂᆞᆫ 소릐로다(萬言詞).

젓다 형 적다. ¶닉 아녀 님이라도 닉 셜음 젓다 ᄒᆞ리(萬言詞).

·젓머·리 명 유두(乳頭). 젖꼭지. ☞젓곡지 ¶두 녁 젓머리:兩乳頭(救簡1:99).

젓·바누·이·다 동 반듯이 누이다. ☞젓바뉘이다 ¶더위먼 사ᄅᆞᆷ을 젓바누이고 더운 ᄒᆞᆰ으로 빈 우희 노하 우기고:令暍人仰臥以熱土壅臍上(救簡1:33).

젓·바눕·다 동 반듯이 눕다. ☞잣바눕다. 젓바누이다 ¶병ᄒᆞᆫ 사ᄅᆞ미 젓바누어:病兒仰臥(救簡2:98).

젓·바뉘·이·다 동 반듯이 누이다. ☞젓바누이다 ¶젓바뉘이고 ᄆᆞᅀᆞᆷ조초 머기라:仰臥隨意服(救簡1:16). 더운 ᄡᅡ해 젓바뉘이고:仰臥煖處(救簡1:65).

젓·바디·다 동 자빠지다. ☞젓바지다. 젓ᄡᅡ디다. 젓버디다 ¶沛ᄂᆞᆫ 젓바딜 씨오(楞解5:32). 沛ᄂᆞᆫ 젓바딜 씨오(法華1:223). 젓바디여 누워 ᄒᆞᆰ시우를 베오:仰臥枕絃(救急上61). 젓바뎌 눕다:仰白臥(譯解上40). 젓바디다:往後倒(譯解上40).

젓바지다 동 자빠지다. ☞젓바디다 ¶젓바져 눕다:仰臥(同文解上27). 귀ᄉᆞ젼 젓바지다:耳輪返(漢淸6:4). 젓바져 보다:仰面看(漢淸6:39).

젓버디다 동 자빠지다. ☞젓바디다 ¶女子ᄂᆞᆫ 陰氣 등에 모도인 故로 등이 무거워 반ᄃᆞ시 젓버디ᄂᆞ니:女子陰氣聚背故背重必仰(無冤錄3:14).

젓빗 명 젖빛〔乳色〕. ☞젓빛 ¶눈먼 사ᄅᆞ미 젓빗 아디 몯거든:如盲人不識乳色(圓覺下三之一17).

젓빛 명 젖빛〔乳色〕. ☞젓빗 ¶ᄆᆞᄎᆞᆷ내 能히 그 젓비츨 아디 몯홈 ᄀᆞᆮ다 ᄒᆞ시니라:竟不能得識其乳色(圓覺下三之一17).

젓ᄭᅩᆨ지 명 젖꼭지. ☞젓곡지 ¶젓ᄭᅩᆨ지:奶頭嘴(漢淸5:53).

젓ᄡᅡ디다 동 자빠지다. ☞젓바디다 ¶젓ᄡᅡ딜 패:沛(石千17).

·젓·어·미 명 젖어미. 젖어머니. ¶젓어미 조차ᄃᆞᆫ니며(釋譜3:p.16). 젓어밀 어드라 ᄒᆞ

더시니(釋譜11:33). 졋어미 湯氏와 다 목 ᄆᆡ야 죽거늘(三綱. 烈27). 부텻 졋어미 ᄃᆞ외ᅀᆞ와:爲佛乳母(楞解7:4). 졋어미 모:姆(訓蒙上33). 女ㅣ 盛히 ᄆᆡ뭇고 졋어미 도와 室 밧긔 셔셔 南向ᄒᆞ엿거든:女盛飾姆相之立於室外南向(家禮4:15).

젓줄 명 젖줄. ¶젓줄 곤고노라 ᄆᆞ양 우ᄂᆞᆫ 아ᄒᆡ 골와(古時調. 鄭澈. ᄃᆞᆫ좀. 松江).

졋통 명 젖통. ¶졋통:妳膀子(同文解上16).

졋틔 명 곁에. ¶샹셔를 말ᄒᆞ니 손녀 졋틔 잇셔 긔록ᄒᆞ야:旁(女四解4:53).

졍 명 정(情). ¶情은 ᄠᅳ디라(訓註2). 情은 ᄠᅳ디니 情欲ᄋᆞᆫ ᄆᆞᅀᆞ매 나ᄂᆞᆫ 貪欲이라(月釋1:44). 念慮ᄂᆞᆫ 虛ᄒᆞᆫ 情이라 色身ᄋᆞᆫ 實ᄒᆞᆫ 얼구리라(楞解10:81). 情 업슨 者ㅣ 시러곰 말ᄉᆞᆷ을 다ᄒᆞ디 몯홈은 크게 民의 ᄠᅳᆮ을 畏케 홈이니(宣大8). 비록 졍을 아디 못ᄒᆞ야실디라도:雖不知情(警民18). 졍이 ᄋᆞᆲ다 ᄒᆞ여 근심ᄒᆞ더라(三譯5:21).

졍 명 등자(橙子). ¶졍:橙(物譜 木果).

졍강ᄲᅧ 명 정강이뼈. ¶졍강ᄲᅧ:腿樑(漢淸5:56).

졍과 명 정과(正果). ¶졍과:蜜泥果(同文解下5). 졍과:蜜餞果泥(漢淸13:7). 졍과:泥蜜果(柳氏物名四 木).

졍근벼 명 늦벼의 한 품종. ¶오늘은 졍근벼요 ᄂᆡ일은 사발벼라(農月 九月令).

졍근ᄒᆞ·다 형 정근(精勤)하다. ¶ᄒᆞ다가 그르 먹거나 精勤티 몯ᄒᆞ면…能히 精勤ᄒᆞ야 조케 ᄒᆞ야(月釋21:111). 오직 반ᄃᆞ기 精勤ᄒᆞ야:但當精勤(圓覺下三之一68).

졍금 명 정금(精金. 正金). ¶또 金鑛이 精金에 섯겟 ᄃᆞᆺᄒᆞ니(楞解4:37).

졍·긔 명 정기(精氣). ¶精氣ᄅᆞᆯ 몯 아ᅀᆞ리니(釋譜9:22). 귓거시 精氣ᄅᆞᆯ 아ᅀᅡ 橫死ᄒᆞᆯ 씨오(釋譜9:37). 精氣ᄂᆞᆫ 넉시라 ᄒᆞᄃᆞᆺ ᄒᆞᆫ ᄠᅳ디라(月釋9:40). 다ᄅᆞᆫ 物이로ᄃᆡ 精氣ᄂᆞᆫ ᄀᆞᄐᆞᆫ 고ᄃᆞᆯ 어느 알리오:豈知異物同精氣(初杜解17:26). 졍긔 ᄇᆡᆨ:魄(類合下24).

졍긔 명 정기(旌旗). ¶졍긔 졍:旌(類合上29).

·졍다ᄉᆞ·다 동 정다시다. ¶졍다ᄉᆞᆯ 젼:悛(類合下34).

:졍·다·이 부 바르게. ☞졍다히 ¶仁ᄒᆞᆫ 사ᄅᆞᄆᆞᆫ 올ᄒᆞᆫ 이를 졍다이 ᄒᆞ고:仁人者正其誼(飜小8:1). 모로매 괴오ᄒᆞᆫ 지븨 졍다이 안자:須靜室危坐(飜小8:35). 남진ᄋᆞᆫ 화열호ᄃᆡ 올히 ᄒᆞ며 겨집은 유슌호ᄃᆡ 正다이 ᄒᆞ며:夫和而義妻柔而正(宣小2:75). ᄂᆞᆺ비ᄎᆞᆯ 졍다이 ᄒᆞ니:正色(宣小6:103).

졍다히 부 바르게. ☞졍다이 ¶남ᄌᆞᄂᆞᆫ 밧긔셔 졍다히 ᄒᆞ고 녀ᄌᆞᄂᆞᆫ 안의셔 졍다히 ᄒᆞ니:正(女四解4:2).

졍답·다 형 정대하다. 올바르다. ¶졍답고 고ᄃᆞ며 말ᄉᆞᆷ 세욤을 반ᄃᆞ시 믿비ᄒᆞ며:正直立言必信(宣小5:107). 다만 사ᄅᆞᆷ을 ᄡᅳ며 ᄇᆞ리ᄂᆞᆫ ᄉᆞ이예 샤특ᄒᆞ며 졍다온 일을 분별티 못ᄒᆞ면(仁祖行狀20). 집의 졍답지 못홈을 근심ᄒᆞ리오:正(女四解4:2).

:졍:도 명 정도(正道). ¶千百億 變化ㅣ샤 正道ㅣ 노ᄑᆞ신ᄃᆞᆯ(月印上39). ᄀᆞᄅᆞ치샤 漸漸 혀샤ᄆᆞᆯ 因ᄒᆞ야 正道애 드로ᄆᆞᆯ 너기도다:因教漸引遂入正道也(法華2:188). 엇데 正道ᄅᆞᆯ 알리오 ᄒᆞ시니라(永嘉上52).

졍도 명 정도(程道). 노정(路程). ¶이 老炎의 三十里 程道ᄅᆞᆯ ᄂᆞ려오시다 ᄒᆞ오매(隣語1:5).

졍듀 명 정주(鼎廚). 정주간. ¶졍듀 듀:厨(類合上23).

졍듕ᄒᆞ다 형 정중(鄭重)하다. ¶일쳔금 빙폐ᄅᆞᆯ ᄒᆞ라 ᄒᆞ야 조ᄎᆞ면 진실노 졍듕ᄒᆞᆫ 사ᄅᆞᆷ 이오(落泉1:2).

:졍·딕ᄒᆞ·다 형 정직(正直)하다. ¶ᄆᆞᅀᆞ미 正直디 몯ᄒᆞ야 알며 行호미 邪曲ᄒᆞᆯᄊᆡ(法華6:175). 正直ᄒᆞᆫ 道ㅣ 아니라(永嘉下41).

졍령 명 정령(精靈). ¶上品은 精靈이오 中品은 妖魅오 下品은 邪人이라(楞解6:100). 精靈은 넉시라(蒙法11). 대와 나모왓 精靈ᄋᆞᆯ 버혀 그츠며(金三1:3).

:졍:로 명 정로(正路). ¶布施ᄒᆞ면 이 菩提正路ㅣ 아니라(金三3:13). 모로매 큰 善知識이 最上乘法 아ᄂᆞ니 바ᄅᆞ 正路 뵈릴어 둘디니라(六祖上71). 正路ᄅᆞᆯ 舍ᄒᆞ고 由티 아니ᄒᆞᄂᆞ니(宣孟7:20). 졍로를 피ᄒᆞ여 가다:躲着正路走(漢淸7:32).

졍론 명 정론(定論). ¶사오나온 류의게 븟조차 가면 오련 후에 사오나온 ᄃᆡ 잇ᄭᅳᆯ린다 ᄒᆞᄂᆞᆫ 거시 定論이라(捷蒙4:15).

:졍류 명 정류(正流). 본류(本流). ¶枝流ᄂᆞᆫ ᄆᆞ리 가리여 나 正流 아닌 거시라(圓覺上一之一23).

:졍:면 명 정면(正面). ¶졍면 좌애 안자:正面兒坐着(飜老下54). 가온ᄃᆡ 졍면 우희ᄂᆞᆫ:中間正面上(飜朴上69). 다만 이에 바ᄅᆞ 排셜ᄒᆞ야 正面이 뵈게 ᄒᆞ고(家禮1:18).

졍미·히 부 정미(精微)히. ¶精持ᄂᆞᆫ 精微히 디닐 씨라(釋譜19:8).

졍미·ᄒᆞ·다 형 정미(精微)하다. ¶부텻 法이 精微ᄒᆞ야 져믄 아ᄒᆡ 어느 듣ᄌᆞᄫᆞ리잇고(釋譜6:11). 經ㅅ 말ᄉᆞ므로 더욱 精微ᄒᆞ며 經ㅅ ᄠᅳ드로 더욱 ᄇᆞᆰ게 ᄒᆞ야(金三涵序10).

졍박이 명 정수리〔頂〕. ☞뎡바기. 뎡박이 ¶졍박이ᄅᆞᆯ ᄆᆞᆯ 목 왼편의 심그라:植頂馬頸之左(武藝圖69).

졍·벌ᄒᆞ·다 동 정벌(征伐)하다. ¶西ㅅ녀그로 征伐ᄒᆞᄂᆞᆫ 車馬ᄂᆞᆫ 羽書ㅣ 더듸도다:征西

車馬羽書遲(初杜解6:8). 마춤 태종이 고구려ᄅᆞᆯ 정벌ᄒᆞᆯ시:會太宗征高句麗(東新續三綱. 忠1:3).

정범 [명] 정범(正犯). 주범(主犯). ¶제의 일지 잇시니 가히 잡어다가 죄ᄅᆞᆯ 쥬시면 경범을 가히 잡으리이다(引鳳簫1).

정분 [명] 정분(情分). ¶큰 졍분:大分上(譯解補56).

정샹·히 [부] 정상(精詳)히. ¶ᄡᅳ들 두어 精詳히 ᄒᆞᆯ디언뎡(金三5:20).

졍셔ᄒᆞ다 [동] 정서(正書)하다. ¶졍셔ᄒᆞ다:謄眞(同文解上43). 졍셔ᄒᆞ다:抄寫(漢淸4:11).

졍셩 [명] 정성(精誠). ¶이 道士ㅣ 精誠이 至極ᄒᆞ단디면(月釋1:7). 네 하 情誠일씨 그무메 가 주그리라 ᄒᆞ니(三綱. 孝21). 精誠으로 合掌ᄒᆞ야(六祖中47). 졍셩 셩:誠(訓蒙下25). 졍셩 튱:忠(類合下2). 졍셩 셩:誠(類合下13). 졍셩 팀:忱. 졍셩 곤:悃(類合下22). 졍셩 각:愨(類合下34). 졍셩 셩:誠(石千13). 송장 제뎐을 졍셩오로 ᄒᆞ야:葬祭盡誠(東續三綱. 孝9). 精誠으로 비로미 ᄒᆞ마 아ᄃᆞᆨ디 아니ᄒᆞ니:精禱旣不昧(重杜解12:32). 므릇 祭ᄂᆞᆫ 愛ᄒᆞ며 敬ᄒᆞᄂᆞᆫ 졍誠을 극盡히 호매(家禮10:29). 셤기기ᄅᆞᆯ 졍셩을 다ᄒᆞ야:事之盡誠(警民7). 졍셩:誠(同文解上21). 졍셩 셩:誠(兒學下12).

졍셩도·이 [부] 정성(精誠)되게. ¶幣ᄅᆞᆯ 모로매 精誠도이 ᄒᆞ며 말ᄉᆞᄆᆞᆯ 두터이 아니 홈 업시 ᄒᆞ야:幣必誠辭無不腆(宣賜內訓1:77). 졍셩도이 간호믈 닛디 아니ᄒᆞ여:不忘誠諫(飜小8:26). 졍셩도이 諫홈을 닛디 아니ᄒᆞ야:不忘誠諫(宣小5:105).

졍·셩되·다 [형] 정성(精誠)되다. ¶이리 호미 졍셩된 ᄆᆞᅀᆞᄆᆞᆯ 길워 님금 셤교매 소기디 아니ᄒᆞᄂᆞᆫ 도리 아니니라:亦非所以養誠心事君不欺之道也(飜小7:29). 太任의 性이 단졍ᄒᆞ며 젼일ᄒᆞ며 졍셩되며 장엄ᄒᆞ샤:太任之性端一誠莊(宣小4:2).

졍셩ᄒᆞ·다 [형] 정성(精誠)스럽다. ¶日數ㅣ ᄒᆞ다가 져그면 精誠티 몯ᄒᆞᆯ가 너기려니와:日數若少慮不精誠(圓覺下二之二40).

졍:셰ᄒᆞ·다 [형] 정세(精細)하다. ¶졍셰ᄒᆞᆫ 사ᄅᆞ미로다:精細人(飜朴上42).

졍수 [명] 정수(定數). ¶이ᄀᆞ치 ᄒᆞ기ᄅᆞᆯ 졍수 업시 ᄒᆞ라:是者無定數(武藝圖9).

:졍·슈 [명] 정수(淨水). ¶淨水 ᄒᆞᆫ 盞ᄋᆞ로 一日一夜ᄅᆞᆯ 디나게 菩薩ㅅ 알ᄑᆡ 노ᄒᆞᆫ 後에(月釋21:168).

졍승 [명] 정승(政丞). ¶보야호로 졍승 位에 이셔:方居相位(宣小6:114). 졍승:閣老(譯解上26). 田稷이 졍승이 되야:田稷爲相(女四解4:12).

졍신 [명] 정신(精神). ¶나ᄂᆞᆫ 내 精神ᄋᆞᆯ ᄀᆞᆮ고디 아니호리라(釋譜3:p.74). 精神이 化ᄒᆞ야 土木金石이 ᄃᆞ외야(楞解7:88). 壯士ㅣ 듣고 精神과 魂魄ᄋᆞᆯ 消歛ᄒᆞᄂᆞ다:壯士歛精魂(初杜解6:49). 졍신이 업서가고:精神不足(救簡1:94). 졍신도 각벼리 잇ᄂᆞ니라:精神便別有(飜朴上53). 祖考의 精神을 모토ᄂᆞᆫ ᄡᅳ돌 일티 아니ᄒᆞ고(家禮10:8). 졍신 ᄀᆞ다듬다:勵精(同文解上31).

:졍·실 [명] 정실(正室). ¶嫡孫ᄋᆞᆫ 正室엣 孫子ㅣ라(圓覺序7).

졍·실 [명] 정실(情實). ¶后ㅣ 모ᄅᆞ지버 理예 맛게 ᄒᆞ샤 各各 그 情實을 得더시다(宣賜內訓2上47).

·졍:ᄉᆞ [명] 정사(政事). ¶내 그듸ᄅᆞᆯ 爲頭ᄒᆞᆫ 卿 사마 晋國 政事ᄅᆞᆯ ᄀᆞᅀᆞᆷ알에 호리라(三綱. 忠2). 女人이 앉 政事로 모ᄆᆞᆯ 셰여 家國ᄋᆞᆯ 닷거든(楞解6:19). 나랏 位 ᄇᆞ려 太子ᄭᅴ 政事 맛디고(法華4:154). 孝道로 다ᄉᆞ료ᄆᆞ로 나랏 政事ᄅᆞᆯ 돈가이 ᄒᆞ시고:孝理敦國政(初杜解6:18). 졍ᄉᆞᆺ 졍:政(訓蒙下31). 졍ᄉᆞ 졍:政(石千14). 政事애ᄂᆞᆫ 冉有와 季路ㅣ오(宣論3:2). 졍ᄉᆞᄂᆞᆫ 회뢰로 되고 췌렴ᄒᆞ기 ᄒᆞᆫ이 업고(仁祖行狀3). 샹이 졍ᄉᆞᄅᆞᆯ 친히 ᄒᆞ시며(仁祖行狀6). 신죵이 졍ᄉᆞᄅᆞᆯ 오뢰 젼권ᄒᆞ엿ᄂᆞᆫ 쥴 엄히 너기시ᄂᆞᆫ지라(引鳳簫2). 졍ᄉᆞ 졍:政(兒學下7).

:졍·ᄉᆡᆨ·ᄒᆞ·다 [동] 정색(正色)하다. ☞뎡ᄉᆡᆨᄒᆞ다 ¶嵇紹ㅣ 正色ᄒᆞ야 닐오ᄃᆡ(三綱. 忠10). 湛이 正色ᄒᆞ야 닐오ᄃᆡ(宣賜內訓1:67). 師ㅣ 正色ᄒᆞ시고 니ᄅᆞ샤ᄃᆡ(六祖中110). 張觀이 졍ᄉᆡᆨᄒᆞ고 긔운ᄋᆞᆯ 닐와다 닐우ᄃᆡ:張正色作氣曰(飜小9:53). 湛이 正色ᄒᆞ고 ᄀᆞᆯ오ᄃᆡ:湛正色曰(宣小5:47).

졍어이 [명] 허수아비. ☞졍의아비 ¶밋남진 그 놈 紫騘 벙거지 쁜 놈은 다 뷘 논에 졍어이로되(古時調. 밋남진. 靑丘).

졍·욕 [명] 정욕(情欲). ¶제 겨집도 됴ᄒᆞᆫ 相이 ᄀᆞᆮ고 世間앳 情欲이 업더라(釋譜6:12). 情은 ᄠᅳ디니 情欲ᄋᆞᆫ ᄆᆞᅀᆞ매 나ᄂᆞᆫ 貪欲이라(月釋1:44). 쥬육 가무로 듕졍을 흔드러 희쇼환낙으로 졍욕을 동케 ᄒᆞ니(落泉1:1).

졍우지 [명] 부추. ☞졸 ¶韭曰 졍우지(東言).

졍·월 [명] 정월(正月). ¶儀鳳 元年 丙子 正月 八日(六祖略序3). 내 젼년 正月에브터:我從年時正月裏(飜老上15). 졍월 초ᄒᆞᄅᆞᆺ 아ᄎᆞᆷ과 칠워릐 숨ᄭᅵ라:正月朔朝及七月呑之(瘟疫方5). 다만 正月內예 ᄒᆞᆯᄅᆞᆯ ᄀᆞᆯᄒᆡ미 可ᄒᆞ니라(家禮3:2). 졍월 초사흔날(癸丑57). 正月에 니ᄅᆞ럿ᄂᆞᆫ지라(捷蒙2:7).

:졍음 [명] 정음(正音). ¶正音은 正ᄒᆞᆫ 소리니 우리 나랏 마ᄅᆞᆯ 正히 반ᄃᆞ기 올히 쓰논 그릴씨 일후믈 正音이라 ᄒᆞᄂᆞ니라(釋譜序5).

漢字로 몬져 그를 밍ᄀᆞ오 그를 곧 因ᄒᆞ야 正音으로 밍ᄀᆞᆯ씨(釋譜序5).

정의 명 정의(情誼). ¶비록 ᄡᅡ히ᄂᆞᆫ ᄒᆞ여 정의ᄂᆞᆫ 간격이 업ᄉᆞᆫ디라(山城52).

정의아비 명 허수아비. ☞정의아비. 경회아비 ¶오죠 밧헤 경의아비(農月 七月令).

정져히 부 정제(整齊)히. ¶ᄆᆡ일 히 도ᄃᆞᆯ 아춤의 의관을 정져히 ᄒᆞ고:每旭朝整衣冠(東新續三綱. 孝7:22).

정절ᄒᆞ다 형 정절(貞節)하다. ☞뎡절 ¶네부터 貞節ᄒᆞᆫ 계집은 만치 아닌가 시보외(隣語1:18).

:정제 명 정제(整齊). ¶威儀 整齊 아니 호미 왼 주를 알시(宣賜內訓2上6).

정제하다 동 정제(整齊)하다. ☞경제ᄒᆞ다. ¶경제할 경:整(兒學下9).

:정제ᄒᆞ·다 동 정제(整齊)하다. ¶節介ᄅᆞᆯ 자바 整齊ᄒᆞ며 몸 行ᄒᆞ요매 붓그러우믈 두며(宣賜內訓1:14). 지블 다ᄉᆞ료미 法이 이셔 싁싁이 아니 ᄒᆞ야도 整齊ᄒᆞ며 奴婢 ᄐᆔ믈 즐겨 아니 ᄒᆞ야(宣賜內訓3:32). ᄀᆞ장 경제티 아니ᄒᆞ다:好不整齊(飜老上33). 경제ᄒᆞᆫ가 경제티 아니ᄒᆞᆫ가:整齊麼不整齊(飜老下38). 오직 경제ᄒᆞ고 싁싁ᄒᆞ면:只整齊嚴肅則(飜小8:5). ᄂᆞᆾ빗ᄎᆞᆯ 整齊ᄒᆞ면:顔色整齊(宣小1:14). 風俗을 경제호려 홈이니:齊整風俗(宣小6:62). 이 主人이 ᄀᆞ장 整齊티 몯ᄒᆞ다(老解上29). 론어의 닐오ᄃᆡ 덕으로 인도ᄒᆞ고 례로 경제ᄒᆞ면(綸音27). 크게 놀라 의관을 경제ᄒᆞ고(落泉2:6).

정종 명 정종(疔腫). 정(疔). ☞뎡종 ¶정죵:疔(漢淸8:9).

정직ᄒᆞ다 형 정직(正直)하다. ¶노푼 지비 ᄯᅩ 블근 님그미 겨시니 넉시 오히려 正直ᄒᆞ니(重杜解13:16).

정:진 명 정진(精進). ¶未來옛 衆生ᄃᆞᆯ홀 精進ᄋᆞᆯ 뵈시릴씨(月印上19). 布施와 持戒와 忍辱과 精進과ᄂᆞᆫ 福이오(釋譜13:50). 精進은 精誠으로 부텻 道理예 나ᅀᅡ갈 씨오(月釋2:25). 眞實ㅅ 조호매 나ᅀᅡ가 行이 섯구미 업슬씨 이런 ᄃᆞ로 일후미 精進이라(楞解8:17).

정:진·ᄒᆞ·다 동 정진(精進)하다. ¶ᄯᅩ 菩薩이 勇猛 精進ᄒᆞ야 深山애 드러(釋譜13:20). 勇猛 精進ᄒᆞ야 坐禪호ᄃᆡ 得道ᄅᆞᆯ 몯ᄒᆞ얫더니(釋譜24:15). 우리 브즈러니 精進ᄒᆞ야(月釋13:33). 브즈런이 닷가 경진ᄒᆞ야(桐華寺 王郞傳6).

정친ᄒᆞ다 형 정친(情親)하다. ¶젼치 ᄃᆡ희ᄒᆞ여 도라와 질녀다려 경친ᄒᆞᆫ 말을 니ᄅᆞ고(落泉1:2).

정침 명 정침(正寢). ¶ᄉᆞ당의 뵈고 경침의 믈러 안자셔:謁廟退于正寢(東新續三綱. 孝3:72). 正寢은 닐온 前堂이니 ᄡᅡ곳 좁거든(家禮1:10).

:정·토 명 정토(淨土). ¶七代 先亡도 淨土애 나리니(月釋23:77). 시혹 淨土애 親히 드른다 엇뎨 그 義와 마ᄉᆞᆯ 다오미 이 ᄀᆞᆮ거뇨(圓覺序11). 佛地經이 淨土애 겨샤 니ᄅᆞ실시(圓覺上一之二27). 淨土ᄅᆞᆯ 莊嚴호미 이리 이 ᄀᆞᆮᄒᆞ야(金三2:68). 直心이 이 경토ㅣ라 ᄒᆞ니(六祖中4).

정토 명 정토(征討). ☞경토ᄒᆞ다 ¶경토 경:征(類合下21).

정·토ᄒᆞ·다 동 정토(征討)하다. ¶楚漢ᄋᆡ 征討호미 업스니:楚漢休征討(初杜解15:19).

:정:통 명 정통(正統). ¶臣下ㅣ 말 아니 드러 正統애 有心ᄒᆞᆯ씨:弗聽臣言有心正統(龍歌98章). 先君의 正統을 繼ᄒᆞ니(家禮1:15).

정통ᄒᆞ다 동 정통(精通)하다. ¶음뉼과 가ᄉᆞᄅᆞᆯ 경통ᄒᆞ니 공지 말노 조ᄎᆞ 시ᄉᆞᄅᆞᆯ 외우고(落泉1:1).

·정티 명 정치(政治). ¶政治ㅣ 簡易ᄒᆞ니 風俗ᄋᆞᆯ 옮규미 ᄲᆞᄅᆞ고(初杜解14:27).

·정티ᄒᆞ·다 동 정치(政治)하다. ¶못므레 政治ᄒᆞ요ᄆᆞᆯ 보리로소니:池水觀爲政(初杜解14:19).

정표ᄒᆞ·다 동 정표(旌表)하다. ¶詔ᄒᆞ샤 그 門과 ᄆᆞ을ᄒᆞᆯ 旌表ᄒᆞ시고:詔旌表其門閭(宣小6:61). 비 세여 경표ᄒᆞ시다:立碑以旌之(東續三綱. 孝3 德崇至孝). 튱효ᄅᆞᆯ 포쟝ᄒᆞ샤 방문ᄒᆞ여 경표ᄒᆞ시고(仁祖行狀30).

정혼 명 정혼(精魂). ¶아ᄂᆞ닌 이 佛性인ᄃᆞᆯ 알어든 아디 몯ᄒᆞᄂᆞ닌 精魂이라 니ᄅᆞᄂᆞ니이다(牧牛訣6). ᄯᅩ 온가짓 경혼애 귓것과 오란 거시 귓것 도외니와(瘟疫方24).

정화 명 정화(精華). ¶液ᄋᆞᆫ 입 안햇 精華ㅣ라(圓覺上二之二27).

정화슈 명 정화수(井華水). ¶아ᄎᆞᆷ 井華水ᄅᆞᆯ 긷ᄂᆞ니(重杜解9:21). 새로 기론 경화슈의 타 머기ᄃᆡ:新汲水調下(痘瘡方19). 셔겸ᄌᆞᄅᆞᆯ ᄀᆞᄅᆞ 믄ᄃᆞ라 경화슈의 ᄆᆞ라 즐게 ᄡᅥᆨ지 티 ᄒᆞ야:以鼠粘子不拘多少極細末調以井華水作餠(痘瘡方23).

정회 명 정회(情懷). ¶지극ᄒᆞᆫ 경셩은 쳔신도 감동ᄒᆞ거ᄂᆞᆯ 내 원울ᄒᆞᆫ 경회ᄂᆞᆫ 어내 ᄯᅢ의 펴리오(落泉2:4).

정회아비 명 허수아비. ☞경의아비 ¶草偶 경회아비 或云庭虛子(農俗).

:정·히 부 정(正)히. ¶내 正히 그 하ᄂᆞ래 나리라(釋譜6:36). 이제 일후믈 正히 니ᄅᆞ디 말라(救急下74). 경히 ᄃᆞᆯ 블ᄀᆞ리로다:正有月明(飜老上25). 人蔘은 경히 그처시니:人蔘正缺着裏(飜老下2). 경히 박핑이 틸 시져리로다:正是放空中的時節(飜朴上

17). 글ᄌᆞ 긋그ᅀᅵ롤 모로매 반ᄃᆞᆨ반ᄃᆞᆨ이 졍히 ᄒᆞ며:字畫必楷正(飜小8:16). 졍히 홀 틱:敕(石千29). 새배 졍히 돌이 볼글이라(老解上22). 졍히 아지 못ᄒᆞ게(三譯5:21).

졍·히 부 정(精)히. ¶聞으로 熏호미 精히 ᄇᆞᆯ가샤 뎌 어드운 ᄃᆡᆯ 비취실ᄊᆡ(楞解6:28). 精히 구디 鑽仰호미:精確鑽仰(法華2:173). 게으르고 프러디면 ᄀᆞ다ᄃᆞ마 졍히 몯 ᄒᆞ고:惰慢則不能硏精(飜小6:16). 오직 졍히 니기 닐골디니:只要令精熟(飜小8:35).

:졍ᄒᆞ·다 형 정(正)하다. 올바르다. ¶邪曲ᄒᆞᆫ 道理롤 信ᄒᆞ야 正ᄒᆞᆫ 法 ᄀᆞᄅᆞ쵸미 어렵더니(釋譜6:21). ᄆᆞᅀᆞ미 正티 몯ᄒᆞ야 됴쿠주믈 문그리ᄒᆞ야(釋譜9:36). 善慧 比丘ㅣ 正ᄒᆞᆫ 法을 護持ᄒᆞ샤(月釋1:18). 그 졍ᄒᆞᆫ 이롤 업시 ᄒᆞᄂᆞ니라:亡其正(飜小8:9). 졍홀 졍:正(類合下63). 졍홀 졍:正(石千10). 안 ᄠᅳᆮ이 正ᄒᆞ고 밧 얼굴이 고든 然後에:內志正外體直然後(宣小3:19). 意ㅣ 誠ᄒᆞᆫ 后에 ᄆᆞᄋᆞᆷ이 正ᄒᆞ고 ᄆᆞᄋᆞᆷ이 正ᄒᆞᆫ 后에 몸이 닷고(宣大3).

졍ᄒᆞ·다 형 정(精)하다. ¶性智 本來 ᄇᆞᆯ가 微妙히 ᄆᆞᆯ가 精커늘(月釋14:35). ᄆᆞᅀᆞ미 精ᄒᆞ야 드로ᄆᆞᆯ ᄇᆞ리다 ᄒᆞ시니(楞解6:38). 義理 졍ᄒᆞ고 기픈디라:蓋義理精深(飜小8:38). 졍홀 졍:精(類合下4). 졍홀 졍:精(石千26). 每日에 모롬이 ᄒᆞᆫ 가짓 經書와 ᄒᆞᆫ 가짓 子書를 닑오ᄃᆡ 모롬이 해 호려 말오 오직 ᄒᆡ여곰 精코 닉오믈 구홀디니:每日須讀一般經書一般子書不須多只要令精熟(宣小5:113). 군심원은 글ᄒᆞ기 졍코 깁ᄑᆞ며 ᄯᅩ 사ᄅᆞᆷ 아라보더니:君深源學問精深且有鑑識備知(東續三綱. 忠3). 곡식 픔이 졍ᄒᆞ고 추ᄒᆞᆫ 거시 석기이기 쉽고(綸音211). 졍홀 졍:精(兒學下8).

졍ᄒᆞ·다 형 맑다. ¶졍홀 아:雅(類合下35).

:졍·히욤 동 정(正)하게 함. 올바르게 함. ☞졍ᄒᆞ다 ¶녜 詩 三百篇ᄂᆞᆫ 다 녯 사ᄅᆞ미 지ᅀᆞ니 關雎 ᄀᆞᄐᆞᆫ 거슨 지블 正히요매 시작일ᄉᆡ:古詩三百篇皆古人作之如關雎之類正家之始(飜小6:7).

·졎 명 젖. ☞젓 ¶더븐 져즐 브ᅀᅳ니 그 남기 즉자히 이울어늘(釋譜24:41). 五百甁ㄱ 져즈로 블 ᄣᅳᆸ고(月釋10:14). ᄆᆞᆯ 져즐 ᄡᅳ리며:酹以馬湩(三綱. 忠26). 酥ㅣ 져제셔 이ᄂᆞ니:酥成於乳(楞解7:17). 져즐브터 酪 나고(南明下7). 양의 져즐 그 믈인 ᄃᆡ 브티라:羊乳傅其上(救簡6:69).

졎다 동 젖다. 휘다. ¶닙 지고 柯枝 져즌 後ㅣ니(古時調. 나모도 病이. 靑丘). 지금에 쳥송 녹죽이 ᄇᆡᆨ셜에 져져쓰니 동절인가(古時調. 산중에. 南薰).

졎다 동 젖다. ☞젓다 ¶ᄀᆞ득이 헛튼 근심 눈물의 져젓세라(萬言詞). 져즐 습:濕(兒學下8).

졔 명 제. 적에. ☞제. ᄥᅦ ¶烟籠樹 月籠沙홀 졔 後庭花ᄅᆞᆯ 부르더라(古時調. 秦淮에. 歌曲). 白雪이 滿乾坤홀 졔 獨也靑靑ᄒᆞ리라(古時調. 成三問. 이 몸이 죽어. 靑丘). 靑梅酒 비져 노코 英雄을 議論홀 졔(古時調. 金敏淳. 靑丘). 평싱 길흉 졈복홀 졔(萬言詞). 부모 친쳑 니별홀 졔(萬言詞). 서북으로 이동홀 졔(萬言詞答).

:졔 명 제(祭). ¶잠ᄭᅡᆫ 도로 보내여든 祭ᄒᆞ고(月釋7:15). 상ᄉᆞ와 졔 두 일에 니ᄅᆞ러도:至於喪祭二事(警民35).

:졔 명 제(劑). ¶즈블 ᄒᆞᆫ 잔 半올 세 服애 ᄂᆞᆫ화 다 머구ᄃᆡ 닛우 세 劑롤 머그라:汁一盞半分三服幷進連服三劑(救急上48). ᄒᆞᄅᆞ ᄒᆞᆫ 졔옴 머그면 됴ᄒᆞ리라:日服一劑常用效(救簡1:26).

졔 대 저기. ¶술집은 졔연마ᄂᆞᆫ(古時調. 비즌 술. 靑丘). 편지 ᄡᅳ고 젼갈ᄒᆞ여 예 보닋고 졔 보닋니(ᄇᆡᆨ화당가).

졔 대 제. 저. ☞제 ¶비록 졔가 교만ᄒᆞᆫ 말을 홀지라도(隣語1:18). 졔의 문지 오히려 미거ᄒᆞ야(洛城2).

졔 부 제대로. ¶이거손 누긔가 이시매 셤을 푸러 ᄒᆞᆫ 이틀 ᄆᆞᆯ뇌여야 쓰지 그러치 아니면 졔 드러가도 縮이 만히 되게 ᄒᆞ여시니(隣語1:21).

졔각각 부 제각각. ¶졔각각 님금의 위홈이니(三譯2:6).

:졔·긔 명 제기(祭器). ¶그 노ᄅᆞᆺ노리롤 祭器 버리고 揖ᄒᆞ야 辭讓ᄒᆞ며(宣賜內訓3:14). 공복과 졔긔롤 서르 비디 아니ᄒᆞ며:公服禮器不假(飜小9:95). 公服과 졔긔롤 비디 아니ᄒᆞ며:公服禮器不假(宣小6:88). 孔子ㅣ 몬져 簿로 祭器롤 正ᄒᆞ샤(宣孟10:19). 祭器ㅅ 庫와 밋 神廚롤 그 東의 짓고(家禮1:10).

졔긔ᄒᆞ다 동 제기(提起)하다. ¶兄아 네 이 恩惠 비반ᄒᆞᆫ 사ᄅᆞᆷ을 提起치 아니ᄒᆞ면(捷蒙2:10).

졔날 명 젯날. 제삿날. ¶미양 졔날에 다ᄃᆞᄅᆞ면 슬피 울기롤 열흘에 니ᄅᆞ더라:每至忌日則悲啼至旬(五倫1:29).

:졔단 명 제단(祭壇). ¶祭壇올 보다가 졔눈이 어듭거늘(月印上55).

:졔:단ᄒᆞ·다 동 제단(制斷)하다. ¶聲色의 能히 制斷티 몯호ᄆᆞᆫ:聲色所不能制者(永嘉下79). 婦人은 사ᄅᆞ미게 굿브ᄂᆞᆫ 거시니 이런 젼ᄎᆞ로 오ᄋᆞ로 制斷ᄒᆞ논 ᄠᅳ디 업고:婦人伏於人也是故無專制之義(宣賜內訓1:85). 밧글 졔단ᄒᆞ야 그 안홀 편안케 ᄒᆞ야:制之於外以安其內(飜小8:8). 오로 졔단홀 義

업고:無專制之義(宣小2:53).

:졔:뎐 명 제전(祭奠). ¶禮로 祭奠을 도올디니라:禮相助奠(宣賜內訓3:3). 손소 의복 ᄒᆞᆫ 볼을 지어 졔뎐ᄒᆞ고 간쇼ᄒᆞ더라:手製衣服一襲奠而藏之(東新續三綱. 烈3:80). 졔뎐을 아니 ᄒᆞ려 ᄒᆞ엿다가 블의예 싱각ᄒᆞ여 ᄒᆞ노라(癸丑30). 졔뎐을 ᄀᆞ초와 졔문 지어 슬피 통곡ᄒᆞᆯ 졔(洛城2).

:졔·도 명 제도(制度). ¶자ᄒᆞ로 制度ㅣ 날씨:尺生制度(龍歌83章). 大學舘 졔도를 보와:看詳學制(飜小9:16). 衣服 졔도ᄅᆞᆯ ᄇᆞᆰ키니라:明衣服之制(宣小3:22). 그 制度ᄅᆞᆯ ᄯᅩ ᄒᆞᆫ 俗禮ᄅᆞᆯ 만히 ᄡᅥᄂᆞ니라(家禮1:7). 木主의 制도ᄅᆞᆯ 보니 겨틔 主祀ᄒᆞᄂᆞᆫ의 일홈을 쓰게 ᄒᆞ니(家禮8:16).

:졔:도 명 제도(濟度. 濟渡). ¶濟渡ᄂᆞᆫ 믈 건낼 씨니 世間앳 法 ᄀᆞᄅᆞ치샤 煩惱 바ᄅᆞ래 건내야 내실쏠 濟渡ㅣ라 ᄒᆞᄂᆞ니라(月釋1:11).

:졔:도ᄒᆞ·다 동 제도(濟度. 濟渡)하다. ¶어미ᄅᆞᆯ 濟渡ᄒᆞ야(釋譜6:1). 부텻 道理로 衆生 濟渡ᄒᆞ시ᄂᆞᆫ 사ᄅᆞᄆᆞᆯ 菩薩이시다 ᄒᆞᄂᆞ니라(月釋1:5). 八萬劫에 各各 한 사ᄅᆞᆷ 濟度호ᄆᆞᆫ ᄒᆞ마 大通ㅅ 道ᄅᆞᆯ 得ᄒᆞ면 八萬 法門을 몯 通ᄒᆞ니 업슨ᄃᆞᆯ(月釋14:46). 한 受苦ᄅᆞᆯ ᄲᅡᅘᅧ 濟度ᄒᆞ시ᄂᆞ니(楞解7:43). 衆生을 濟度ᄒᆞ시니오(金剛19). 사ᄅᆞᆷ 濟度ᄒᆞ샤미 數 업스시며 모ᄃᆞᆫ 邪ᄅᆞᆯ 降伏히샷다(金三1:24). 네 ᄒᆞ다가 法을 得ᄒᆞ야ᄃᆞᆫ 몬져 모ᄃᆡ 나ᄅᆞᆯ 濟度ᄒᆞ라(六祖上25).

졔믈 명 제물(祭物). ¶손조 블 대혀 졔므ᄅᆞᆯ 쟝만ᄒᆞ더라:躬爨供奠(東三綱. 孝4 殷保感鳥). 졔믈 버리다:供獻(同文解上52).

졔발 부 제발. ¶바독 걸쇠갓치 얽은 놈아 졔발 비ᄌᆞ 네게(古時調. 金壽長. 海謠).

졔·복 명 제복(祭服). ¶비록 치우나 祭服을 닙디 아니ᄒᆞ며:雖寒不衣祭服(宣小2:28).

:졔비 명 제비. ☞져비. 졉이 ¶우ᄂᆞᆫ 비두리와 삿기 치ᄂᆞᆫ 졔비예 프른 보미 기펫도다:鳴鳩乳燕青春深(初杜解6:14). 졔비 삿길 ᄃᆞ리미로다:燕引雛(百聯25).

:졔:ᄉᆞ 명 제사(祭祀). ¶ᄒᆞᆫ 일후믄 讀誦이오 두 일후믄 祭祀ㅣ오(月釋21:193). ᄆᆞᆯ며ᄂᆞ리 祭祀와 손 待接 ᄐᆞ렛 일(宣賜內訓1:57). 祭祀ᄅᆞᆯ ᄒᆞᆫ가지로 ᄒᆞᄂᆞᆺ다:祭祀同(初杜解6:32). 졔ᄉᆞᄅᆞᆯ 내죵내 ᄒᆞ니라(飜小9:57). 졔ᄉᆞ ᄉᆞ:祀(類合下14. 石千37). 졔ᄉᆞ 졔:祭. 졔ᄉᆞ 향:享(類合下24). 졔ᄉᆞ 졔:祭(石千37). 祭祀에 보ᅀᆞᆯ펴:觀於祭祀(宣小1:7). ᄆᆞᄎᆞᆷ내 祭祀를 바다 ᄒᆞ니라:終奉祭祀(宣小6:52). 祭祀ᄅᆞᆯ 承케 ᄒᆞ고(宣中16). 齊ᄒᆞᄂᆞᆫ 바ᄅᆞᆯ 보믄 오로 思ᄅᆞᆯ 祭祀애 닐외미니라(家禮10:5). 졔ᄉᆞ 졔:祭(兒學下5).

:졔:ᄉᆞᄒᆞ·다 동 제사(祭祀)지내다. ¶어버ᅀᅵ 셤기며 祭祀ᄒᆞ며(三綱. 烈19). 後主를 도로혀 祭祀ᄒᆞᄂᆞ니(初杜解14:18). 城郭과 宮室와 宗廟와 祭祀ᄒᆞᄂᆞᆫ 禮 업ᄉᆞ며(宣孟12:29). 堂 밧ᄭᅴ 발을 ᄡᅳ고 小小ᄒᆞᆫ 祭祀ᄒᆞᆯ 저기어든(家禮1:9).

졔어ᄒᆞ·다 동 제어(制御)하다. ¶ 졔어ᄒᆞᆯ 어:御(類合下14). 밧긔 졔어ᄒᆞ야 ᄡᅥ 그 안ᄒᆞᆯ 편안케 ᄒᆞᆯ디니라:制之於外以安其內(宣小5:89). 의로ᄡᅥ 일을 졔어ᄒᆞ고(仁祖行狀18). 졔어ᄒᆞ기 어렵다(三譯5:15).

졔오 명 체부(遞夫). ¶남 ᄒᆞ여 片紙 傳치 말고 當身이 졔오 되여(古時調. 青丘).

졔오도리 명 효시(嚆矢). 우는살. ¶졔오도리:響樸頭(老解下29). 졔오도리:響樸頭(譯解上21).

졔용 명 제웅. ¶졔용 卽檀弓所謂芻靈故金秋史詩亦云一錢飽與芻靈腹(農俗).

졔우 부 겨우. ¶졔우 한 말ᄉᆞᆷ을 니시거든:纔(女四解3:13).

졔·졔 명 저자. ☞져졔 ¶네 손조 ᄆᆞᆯ 졔졔 ᄭᅳ어 사라 가더여:你自馬市裏揀着買去(飜朴上63).

졔졔히 부 제제(濟濟)히. ¶틍셩되고 어딘 신해 졔졔히 ᄇᆞᆯ근 님굼을 돕ᄂᆞᆫ쏘다:忠良濟濟佐明王(東新續三綱. 忠1:29).

졔쥬 명 제주(祭酒). ¶졔쥬 ᄢᅵ울 뢰:酹(類合下24). 玄酒와 밋 졔酒 各 一瓶을 즉 架우희 設ᄒᆞ고(家禮10:12).

졔찬 명 제찬(祭饌). ¶반ᄃᆞ시 친히 졔찬을 ᄀᆞ초고:必親奠具饌(東續三綱. 孝29). 가마와 솓ᄐᆞᆯ 시ᄉᆞ며 祭饌을 ᄀᆞ초라(家禮9:19).

졔켜다 동 젖히다. 책장을 넘기며 살피다. ¶졔켤 열:閱(類合下39).

:졔·터 명 제(祭)터. ¶졔터 단:壇. 졔터 유:壝(訓蒙中10).

졔티다 동 제치다. ☞져티다 ¶졔틸 졔:擠(類合下44).

졔:하 명 제하(臍下). ¶서르 臍下ᄅᆞᆯ 熨ᄒᆞ면 小便이 즉재 나ᄂᆞ니라(救急上68).

:졔ᄒᆞ·다 동 제(祭)하다. 제사지내다. ¶婆羅門ᄃᆞᆯ히 祭ᄒᆞ기 위ᄒᆞ야 쇠져즐 앗더니(釋譜3:p.130).

·젯·다 동 의지하여 있다. 등지고 있다. ㉠지이다 ¶城郭ᄋᆞᆯ 젯ᄂᆞᆫ 지비 일어ᄂᆞᆯ:背郭堂成(初杜解7:1).

조 명 조〔粟〕. ¶在豐德郡北十五里粟村 조ᄏᆞ볼(龍歌2:22). 조 뷔다가 버미 아비ᄅᆞᆯ 므러늘:穫粟豐爲虎所噬(三綱. 孝3). 흰 이슬레 누른 조히 니그니:白露黃粱熟(初杜解7:39). 吳門에셔 조콰 기블 옮겨:吳門轉粟帛(初杜解21:36). 것 바ᄉᆞᆯ 만ᄒᆞᆫ 조토 아ᄎᆞ미 먹디 몯ᄒᆞ얏노라:脫粟朝未食(初杜解

22:57). ᄒᆞᆫ 맔 조ᄒᆞᆯ 營求ᄒᆞ니:營斗粟(初杜解25:42). 조 속:粟(訓蒙上12. 類合上10). 날로 블근 조히 서구믈 듣ᄂᆞ니:日聞紅粟腐(重杜解5:14). 조:粟(物譜 禾穀).

조각 명 틈. 기틀. 고동. ¶幾ᄂᆞᆫ 조가기니 님굾 이리 만ᄒᆞ실ᄊᆡ ᄒᆞᄅᆞᆺ 內예 一萬 조가기시다 ᄒᆞᄂᆞ니라(月釋序16). 마ᄅᆞᆫ 榮華와 辱괏 지두릿 조가기며:言語者榮辱之樞機(宣賜內訓1:1). 어느 시러곰 危亂ᄒᆞᆫ 조가ᄀᆞᆯ 改變ᄒᆞ리오:焉得變危機(初杜解10:10). 어딘 사ᄅᆞᄆᆞᆫ 조각을 아라:哲人知幾(飜小8:11). 명텰ᄒᆞᆫ 사ᄅᆞᆷ은 조각을 아라:哲人知幾(宣小5:91).

조각 명 조각〔片〕. ☞ᄧᅩᆨ. 족 ¶네 조가ᄀᆞᆯ 주고:以四段與之(三綱. 孝22). 닐굽 조가ᄀᆡ ᄆᆡᆼᄀᆞ라:作七分(法華7:119). 온 조가개 ᄣᅡ리도다:百雜碎(金三2:72). ᄒᆞᆫ 조각 ᄎᆞᆫ 光이 ᄆᆞᆯ가 흐르디 아니ᄒᆞ니:一片寒光湛不流(南明上74). 여듧 조각애 사ᄒᆞ라:切作八片(救簡1:4). 너ᄂᆞᆯ 일만 조각의나 베티지 몯ᄒᆞᄂᆞᆫ 줄을 ᄒᆞᆫᄒᆞ거든:恨不磔汝萬段(東新續三綱. 烈3:7). 쟝ᄎᆞᆺ 너ᄅᆞᆯ 일만 조각애 죽이실 거시니:段(五倫2:150).

조각조각 부 조각조각. ¶조각조각 싸흐다:片片開(同文解上59). 구룸 조각조각 나다:雲花搭(漢清1:9).

조:개 명 조개. ☞됴개. 죠개 ¶鈿螺ᄂᆞᆫ 그르세 ᄭᅮ미ᄂᆞᆫ 빗난 조개라(月釋2:51). 히 처엄 도ᄃᆞᆯ 제 조개 氣分을 吐ᄒᆞ야ᄃᆞᆫ(楞解8:55). 조개 ᄇᆡ예 ᄆᆞᆯᄀᆞᆫ 구스리 수머시며:蚌腹隱明珠(金三2:56).

조건 명 조건(條件). ¶쇼ᄅᆞᆯ 올녀 슝의 부지오국 망상ᄒᆞᄂᆞᆫ 죄 열 조건을 의논ᄒᆞ니(落泉1:1).

조것 명 조(造)것. 조ᄶᅡ. 위조물(僞造物). ☞가것 ¶조것:僞物(訓蒙下21 贋字註).

조곰 명 조금. 조감(潮減). ☞조근 ¶첫조곰:上弦(譯解上3). 후ㅅ조곰:下弦(同文解上3). 我國方言呼鹽素金又呼初七日及二十三日半白半黑潮縮時日曰燥金與呼鹽音相近…(頤齋25:28).

조근 명 조금. 조감(潮減). ☞조곰 ¶潮斳 今訛爲 조금(東韓).

조급 명 조급(躁急). ☞조급ᄒᆞ다 ¶조급 조:躁(類合下4).

조·급·히 부 조급(躁急)히. ¶조급히 나아가려 홈이 속절업시 홈이라:躁進徒爲耳(宣小5:26).

:조·급ᄒᆞ·다 형 조급(躁急)하다. ¶험ᄒᆞ고 조급ᄒᆞ면 能히 性을 다ᄉᆞ리디 몯ᄒᆞ리니라:險躁則不能理性(宣小5:15). 부경ᄒᆞ고 조급ᄒᆞ고:浮躁(宣小6:110). 조급ᄒᆞ다:急躁(漢清7:42).

조·긔 명 조기. ☞조기. 족의 ¶조긔 종:鯼(訓蒙上21). ᄆᆞᄅᆞᆫ 조긔 샹:鯗(訓蒙中21). ᄆᆞᄅᆞᆫ 조긔과:石首魚(痘要下40). 조긔:石首魚(東醫 湯液二 魚部). 조긔:黃花魚(柳氏物名二 水族). 조긔 종:鯼(兒學上7).
※조긔>조기

조기룸 명 조의 싹을 낸 것. ¶조기룸:蘗米(東醫 湯液一 土部).

조기 명 조기. ☞조긔 ¶조기 머리옛 돌ᄒᆞᆯ ᄀᆞᆯ올 ᄆᆡᆼᄀᆞ라:石首魚頭石爲末(救簡3:76).

조널이 부 함부로. 감(敢)히. ¶치워도 조널이 덛닙디 말며 ᄇᆞ라와도 조널이 긁디 말며:寒不敢襲癢不敢搔(宣賜內訓1:50).

조녀 동 좇아. 따라. ☞좃니다 ¶아마도 너조녀 다니다가 남 우일가 ᄒᆞ노라(古時調. 마ᄋᆞᆷ아. 時調類).

조라삼 명 조라기. 삼 껍질의 부스러진 오라기. ¶조라삼:線麻(譯解下41).

조랍·다 형 친근(親近)하다. ☞ᄌᆞ올압다 ¶어딘이ᄂᆞᆫ 조라온 ᄃᆡ 공경ᄒᆞ고:賢者狎而敬之(宣小3:3).

조로다 동 조르다. ☞졸오다 ¶날 조로나:賴我. 너를 조로다:賴你(譯解下43).

조롬잡다 동 주름잡다. ¶그 허리 가온대를 조롬잡디 아니ᄒᆞ면(家禮6:14).

조롱틔 명 도롱태. 새매. ¶조롱틔:隼(柳氏物名一 羽蟲).

조류ᄆᆞᆯ 명 조류마. ¶조류ᄆᆞᆯ:棗騮馬(蒙解下30).

조릐 명 어롱(魚籠). ¶笭箵:漁具盖 조릐之類(柳氏物名二 水族).

조·리 부 줄이어〔減〕. 주리게〔飢〕. ¶네 모로매 밥 조리 머거 뎌 말ᄊᆞ미 올티 아니케 ᄒᆞ라(月釋9:36上).

조·리·다 동 ①줄이다. 생략(省略)하다. ☞조리혀다 ¶菩薩ᄋᆞᆫ 菩提薩埵ㅣ라 혼 마ᄅᆞᆯ 조려 니ᄅᆞ니(月釋1:5). 열 히 ᄃᆞ욇 ᄀᆞ장 조료ᄆᆞᆯ 減이라 ᄒᆞ고(月釋1:47). 그 양ᄋᆞ로 조려 닐웨예 다ᄃᆞᆮ거늘(月釋7:2). 涅槃相ᄋᆞᆯ 頌티 아니ᄒᆞ샤ᄆᆞᆫ 조리시니라:不頌涅槃相略之也(法華1:119). 조릴 ᄉᆡᆼ:省(類合下33). ②절약하다. ¶검박히 조려 ᄡᅳᄆᆞᆫ 몸 가ᄌᆞᆯ 근본닐ᄉᆡ:儉約爲立身之本故(正俗24).

조·리·다 동 조리다〔煮〕. ¶ᄭᅮ레 조린 밤:蜜栗子(飜老下38). 조린 ᄭᅮ레 ᄆᆞ라:煉蜜和(瘟疫方13). ᄭᅮᆯ에 조린 밤이라:蜜栗子(老解下35).

조리참나모 명 졸참나무. ¶조리참나모 열음:橡實(柳氏物名四 木).

조·리·혀·다 동 오그라들다. ☞조리다. 혀다 ¶녯 사ᄅᆞᄆᆡ ᄆᆞᅀᆞᆷ 조리혀 내 모믈 ᄂᆞᄌᆞ기 ᄒᆞ며:古人之小心黜己(飜小8:28). 조리혈 약:約(類合下4). 미줄리기 범ᄒᆞ면 조리혀

ᄂᆞ니 아니 삼가미 가티 아니ᄒᆞ니라:繫縛者相拘攣不可不愼(胎要14).

조릿조릿ᄒᆞ다 혱 조릿조릿하다. ¶조릿조릿ᄒᆞ다:耽驚受怕(譯解補60).

조막손 명 조막손. ¶조막손이거나 젓독발이거나(無寃錄1:25).

:조:미 명 조미(糙米). 매조미쌀. ¶조미 조:糙. 조미 랄:糲(訓蒙中20). 近來ᄂᆞᆫ 公作米의 糙米 相雜ᄒᆞ여(隣語1:21).

조민ᄒᆞ다 혱 조민(躁悶)하다. ¶조민ᄒᆞ다:煩躁(漢淸7:2).

조·박 명 조박(糟粕). 재강. ¶오직 糟粕ᄋᆞᆯ 맛보다니:糟粕은 술주여미라(圓覺序68).

조밥나모 명 조팝나무. ¶조밥나모:常山(柳氏物名四 木).

조방거·싀 명 조방가새. 조뱅이. ☞조방이 ¶大薊ᄂᆞᆫ 한거싀 小薊ᄂᆞᆫ 조방거싀(救簡3:97).

조방·이 명 조방가새. 조뱅이. ☞조방거싀 ¶조방이:小薊(救簡2:11). 조방이:小薊(四解上23 薊字註). 조방이 계:薊(訓蒙上8).

조·보·왜·다 혱 좁다. ☞조뵈압다. 조비얍다. 조비ᄋᆞᆸ다 ¶商山ㅅ 芝草ㅣ 먹더니도 조보왜니라:局促商山芝(初杜解9:4). 조보왼 性이라 幽棲ᄒᆞ야쇼매 맛도다:褊性合幽棲(初杜解10:16).

조뵈압다 혱 좁다. ☞조보왜다 ¶조뵈압다:量窄(同文解上23).

조·비 부 좁게. ¶境體예 조비 브터 分明히 顯現티 홀 씨니(法華2:41). 境體예 조비 브터(圓覺序64).

조비얍다 혱 좁다. ☞조보왜다 ¶동방 풍속이 조비얍고 녜절이 가찰ᄒᆞ여(山城83). 조비야온 문장을 묘시ᄒᆞ고(洛城1).

조비ᄋᆞᆸ다 혱 좁다. ☞조뵈압다. 조비얍다 ¶조비ᄋᆞᆸ다:窄迫(漢淸8:33).

조·ᄡᆞᆯ 명 좁쌀. ☞조ᄊᆞᆯ ¶太倉애 조ᄡᆞᄅᆞᆯ ᄂᆞᆫ화 주미 어려우니:難分太倉粟(初杜解10:12). 것 바손 조ᄡᆞᄅᆞᆯ 너희ᄅᆞᆯ 爲ᄒᆞ야 흗노라:脫粟爲爾揮(初杜解15:5). 江淮옛 조ᄡᆞᆯ 옮교ᄆᆞᆯ 任意로 ᄒᆞ고:任轉江淮粟(初杜解25:25). 조ᄡᆞᆯ 낫킈 곧ᄒᆞ닐(南明下70). 누른 조ᄡᆞᆯ:黃粱米(救簡2:59). 닷 분에 ᄒᆞᆫ 말 조ᄡᆞ리오:五分一斗小米(飜老上9). ᄆᆞᄅᆞᆯ 조ᄡᆞᆯ 머겨:粟馬(重杜解1:50). 날마다 供給ᄒᆞᄂᆞᆫ 거시 도ᄅᆞ혀 거플 바손 조ᄡᆞᆯ뿐이로다:日給還脫粟(重杜解2:58). 니ᄡᆞ론 기르미 흐르ᄂᆞᆫ ᄃᆞᆺᄒᆞ고 조ᄡᆞ론 히니:稻米流脂粟米白(重杜解3:61). ᄒᆞᆫ 말 조ᄡᆞᆯ이오:一斗小米(老解上8). 조ᄡᆞᆯ 밥:小米飯(譯解上49). 돗틔 고기와 조ᄡᆞᆯ:猪肉粟米(臘藥1). 금긔ᄂᆞᆫ 조ᄡᆞᆯ과 ᄀᆞᆯ순국:忌粟米蘆笋(臘藥12).
※조ᄡᆞᆯ>좁쌀

조ᄉ집 명 조짚. ☞좃딥 ¶조ᄉ집:穀草(同文解下46). 조ᄉ집혼 열낫 돈에 ᄒᆞᆫ 뭇이라(蒙老1:23).

조상 명 조상(弔喪). ¶조상 부:賻(類合下28).

·조:샹 명 조상(祖上). ¶우리 祖上애셔 쏘더신 화리 ᄀᆞ초아 이쇼ᄃᆡ(釋譜3:p.52). 祖上애셔 仙道ᄅᆞᆯ 닷거늘(楞解3:76). 몬졋 祖上ᄋᆡ 忠心ᄒᆞ며 孝道ᄒᆞ며(宣賜內訓1:33). 내 조샹 명셩을:自己祖上的名聲(飜老下48). 조샹이 튱심ᄒᆞ며:祖先忠(飜小6:20). 동지예 처엄 비르서 난 조샹을 졔ᄒᆞ며:冬至祭始祖(飜小7:7). 조샹이 ᄒᆞᆫ가지라:本同祖宗(警民24).

조셥 명 조섭(調攝). ¶계집이 解産ᄒᆞᆫ 후의 調攝을 잘 몯ᄒᆞ면(隣語2:5).

:조심 명 조심(操心). ¶ᄒᆞᆯᄅᆞᆫ 조심 아니ᄒᆞ샤 브를 ᄢᅳ긔 ᄒᆞ야시ᄂᆞᆯ(釋譜6:26). 듦써버 조심 아니 ᄒᆞ다가(釋譜9:37). 조심 원:愿. 조심 근:謹(類合下3). 조심 각:恪. 조심 인:寅(類合下32).

:조심·ᄒᆞ·다 동 조심(操心)하다. ¶精舍ᄂᆞᆫ 조심ᄒᆞᄂᆞᆫ 지비라(月釋1:6). ᄀᆞ장 빙ᅀᅥ 됴ᄒᆞᆫ 양ᄒᆞ고 조심ᄒᆞ야 ᄃᆞᆫ녀(月釋2:5). 裵氏 禮ᄅᆞᆯ 조심ᄒᆞ야 ᄒᆞ며(三綱. 烈14). 衆生이 조심ᄒᆞ야 조히ᄒᆞ야 犯호미 업스며:衆生謹潔無犯(楞解1:22). 房事 잇부믈 조심ᄒᆞ고:忌…房事勞倦(救急下73). 모로매 맛ᄃᆞᆯ모ᄆᆞᆯ 조심홀디니라:必愼唯諾(宣賜內訓1:6). 조심호미 됴ᄒᆞ니라:小心的還好(飜老上34). 朱砂로 의 니펴 한선날 오경의 조심ᄒᆞ야(瘟疫方13). 열이 반ᄃᆞ시 다시 발ᄒᆞ여 만히 사디 못ᄒᆞᄂᆞ니 조심홀 거시니라(辟新17). 조심ᄒᆞ다:修行(譯解上25). 조심ᄒᆞᄂᆞᆫ 사ᄅᆞᆷ:小心人(同文解上13). 眞實로 이즈음 生覺ᄒᆞ여 브ᄃᆡ 操心ᄒᆞ시소(古時調. 金天澤. 孔孟과. 海謠). 내 그ᄋᆞᆨ이 조심ᄒᆞ여 일실의 머믈게 ᄒᆞ더니(落泉1:2).

조ᄊᆞᆯ 명 좁쌀. ☞조ᄡᆞᆯ ¶조ᄊᆞᆯ ᄀᆞᆺᄒᆞᆫ ᄡᅵ(三譯8:3). 조ᄊᆞᆯ:小米(漢淸12:63).

조ᅀᆞᆸ·다 동 조아리옵다. ☞좃ᄉᆞᆸ다 ¶世尊ᄭᅴ 뵈ᅀᆞᄫᅡ 머리 조ᅀᆞᆸ고(釋6:45).

조ᅀᅩ로·이 부 종요로이. ☞조ᅀᆞᄅᆞᄫᅵ ¶큰 지비 ᄒᆞ다가 기울면 梁棟 ᄆᆡᆼᄀᆞᆯ오져 조ᅀᅩ로이 너기리니:大廈如傾要梁棟(初杜解18:13).

조·싀 명 올방개. ¶조싀:荸薺(四解上27 薺字註).

조ᅀᆞ로외다 혱 종요롭다. ¶조ᅀᆞ로왼 길히 또 놉고 깁도다:要路亦高深(初杜解14:20).

조ᅀᆞ로·이 부 종요로이. ☞조ᅀᆞᄅᆞᄫᅵ ¶猰㺄 더러 ᄇᆞ료ᄆᆞᆯ 듣고져 조ᅀᆞ로이 너기고:要聞除猰㺄(初杜解20:30). 겨스레 錦니브레 ᄌᆞ오로ᄆᆞᆯ 조ᅀᆞ로이 너기노라:冬要錦衾眠(初

杜解23:11). 樓蘭을 조ᅀᆞ로이 버힐 ᄢᅵ로다:樓蘭要斬時(初杜解23:40). 黃金을 ᄃᆞ라 두믈 조ᅀᆞ로이 너기디 아니커시니:不要懸黃金(初杜解24:35).

조ᅀᆞᄅᆞ·ᄫᅵ 부 종요로이. ☞조ᅀᆞ로이. 조ᅀᆞ로이 ¶조ᅀᆞᄅᆞᄫᅵ ᄡᅮ미 몯ᄒᆞ리라:不可要用(牧牛訣11). ※조ᅀᆞᄅᆞᄫᅵ>조ᅀᆞ로이>조ᄋᆞ로이>종요로이

조ᅀᆞᄅᆞᄫᆡ·니·라 형 종요로우니라. ㉮조ᅀᆞᄅᆞᆸ다 ¶서르 도ᄫᆞ미 조ᅀᆞᄅᆞᄫᆡ니라:相資爲妙(蒙法9).

조ᅀᆞᄅᆞᄫᆡ·욤 형 종요로움. ㉮조ᅀᆞᄅᆞᆸ다 ¶조ᅀᆞᄅᆞᄫᆡ요미 쳡쳡호매 잇ᄂᆞ니:妙在惺惺(蒙法6). 조ᅀᆞᄅᆞᄫᆡ요미 그 ᄆᆞᅀᆞᆷ 善히 ᄡᅮ메 잇ᄂᆞ니:妙在善用其心(蒙法23). 도ᄅᆞ혀 조ᅀᆞᄅᆞᄫᆡ요미 이 無ㆆ字애셔 너므니 잇ᄂᆞ니야 업스니야:還有要妙過此無者否(蒙法62). ※조ᅀᆞᄅᆞᄫᆡ욤>조ᅀᆞᄅᆞ외욤

조ᅀᆞᄅᆞᄫᆡᆫ 형 종요로운. ㉮조ᅀᆞᄅᆞᆸ다 ¶詳ᄋᆞᆫ 조ᅀᆞᄅᆞᄫᆡᆫ 말란 子細히 다 ᄡᅳᆯ 씨라(釋譜序4). ᄆᆞᄉᆞ 거스로 조ᅀᆞᄅᆞᄫᆡᆫ 거슬 사ᄆᆞ료(月釋2:22之2止). ※조ᅀᆞᄅᆞᄫᆡᆫ>조ᅀᆞᄅᆞ왼>조ᄋᆞᄅᆞ왼>종요로온>종요로운

조ᅀᆞᄅᆞ외·다 형 종요롭다. ☞조ᅀᆞᄅᆞᆸ다 ¶要ᄂᆞᆫ 조ᅀᆞᄅᆞ욀 씨라(心經8). 心ᄋᆞᆫ 조ᅀᆞᄅᆞ외며 微妙호ᄆᆡ 간 고ᄃᆞᆯ 나토고:心顯要妙所歸(心經8). 조ᅀᆞᄅᆞ외며 微妙ᄒᆞᆫ ᄠᅳ들 뫼화 자볼 씨니:統攝要妙之義(心經17). 寰區ᄂᆞᆫ 다 收復호미 조ᅀᆞᄅᆞ외니라:寰區要盡收(初杜解23:16). ※조ᅀᆞᄅᆞᄫᆡ다>조ᅀᆞᄅᆞ외다

조ᅀᆞᄅᆞ외·욤 형 종요로움. ㉮조ᅀᆞᄅᆞ외다 ¶조ᅀᆞᄅᆞ외요ᄆᆞ로 니ᄅᆞ건댄:以要言之(法華6:34). 조ᅀᆞᄅᆞ외ᄆᆞᆯ 드러 니ᄅᆞ건댄:擧要而言(圓覺上二之一42). 조ᅀᆞᄅᆞ외요ᄆᆞ로 닐올딘댄:以要言之(牧牛訣10). ※조ᅀᆞᄅᆞ외욤<조ᅀᆞᄅᆞᄫᆡ욤

조ᅀᆞᄅᆞ왼 형 종요로운. ㉮조ᅀᆞᄅᆞ외다 ¶조ᅀᆞᄅᆞ왼 젼ᄎᆞ로:爲要故(楞解7:2). 다 行ᄒᆞᆯ ᄊᆞᄅᆞ미 조ᅀᆞᄅᆞ왼 ᄂᆞ리니:俱爲行者之要津(永嘉序11). 조ᅀᆞᄅᆞ왼 고ᄃᆞᆯ 取ᄒᆞᆯ뎬:取其綱要(牧牛訣29). 어루 조ᅀᆞᄅᆞ왼 마ᄅᆞᆯ:可要之言(宣賜內訓序8). 조ᅀᆞᄅᆞ왼 길 이페 旌旗ᄅᆞᆯ ᄃᆞ랏고:懸旌要路口(初杜解9:7). 조ᅀᆞᄅᆞ왼 길헤 어느 나래ᅀᅡ 긴 戈戟을 말꼬:要路何日罷長戟(初杜解10:27). ※조ᅀᆞᄅᆞ왼<조ᅀᆞᄅᆞᄫᆡᆫ

조ᅀᆞᄅᆞ·이 부 종요롭게. ☞조ᅀᆞᄅᆞᄫᅵ ¶律文ㅅ疏ᄅᆞᆯ 뫼화 修行ᄒᆞᆯ 사ᄅᆞᄆᆡ 조ᅀᆞᄅᆞ이 行ᄒᆞᇙ 거슬 取ᄒᆞ야:采集律文疏文取修行人要行用者(圓覺序78). 標題ᄅᆞᆯ 젹고 조ᅀᆞᄅᆞ이 ᄒᆞ야:簡要標題(圓覺上一之二13). ※조ᅀᆞᄅᆞ이<조ᅀᆞᄅᆞᄫᅵ

조ᅀᆞᄅᆞᆸ·다 형 종요롭다. ☞조ᅀᆞᄅᆞ외다 ¶詳ᄋᆞᆫ 조ᅀᆞᄅᆞᄫᆡᆫ 말란 子細히 다 ᄡᅳᆯ 씨라. 節은 조ᅀᆞᄅᆞᆸ디 아니ᄒᆞᆫ 말란 더러 ᄡᅳᆯ 씨라(釋譜序4). 아마도 福이 조ᅀᆞᄅᆞᄫᆡ니 아니 심거 몯ᄒᆞᆯ 꺼시라(釋譜6:37). ᄆᆞᄉᆞ 거스로 조ᅀᆞᄅᆞᄫᆡᆫ 거슬 사ᄆᆞ료(月釋2:22之2止). 조ᅀᆞᄅᆞᄫᆡ요미 쳡쳡호매 잇ᄂᆞ니:妙在惺惺(蒙法6). 서르 도ᄫᆞ미 조ᅀᆞᄅᆞᄫᆡ니라:相資爲妙(蒙法9).
※'조ᅀᆞᄅᆞᆸ다'의 활용 ┌조ᅀᆞᄅᆞᆸ게/조ᅀᆞᄅᆞᆸ디…
└조ᅀᆞᄅᆞᄫᆡ니/조ᅀᆞᄅᆞᄫᆡᆫ…

조아먹다 동 쪼아먹다. ¶조아먹다:啄喫(譯解補48).

조앙이 명 쟁이. ☞조왕이 ¶큰 조앙이:尖網. 젹은 조앙이:把網(漢淸10:24). 조앙이:罩網(物譜 佃漁).

조앙이딜 명 쟁이질. ☞조앙이질ᄒᆞ다 ¶조앙이딜:罩(物譜 佃漁).

조앙이질ᄒᆞ다 동 쟁이질하다. ☞조앙이딜 ¶조앙이질ᄒᆞ다:撈魚(漢淸10:23).

조양피 명 양털로 짠 직물(織物)의 한 가지. ¶조양피:羊絨(漢淸10:58).

조업 명 조업(祖業). ¶조업 잇ᄂᆞᆫ 이:有遺產(漢淸6:16).

조오로이 부 종요롭게 ☞조ᅀᆞᄅᆞᄫᅵ ¶向陽ᄒᆞᆫ 묏부리 더운ᄃᆡ 어두믈 조오로이 너기고:要求陽岡暖(重杜解9:13).

조오롬 명 졸음. ☞조으름. ᄌᆞ오롬 ¶조오롬 면:眠(訓蒙上30). 조오롬 슈:睡. 조오롬 면:眠(類合下6). 엇뎨 시러곰 놀애 브르며 조오로ᄆᆞᆯ 흐들히 ᄒᆞ리오:安得酣歌眠(重杜解6:36). 입 빼여 혹 조오롬을 계워:此時或有耽睡(痘瘡方66). 조오롬 계워ᄒᆞᆯ쟉시면:耽睡者則(痘瘡方66).

조올갈기 명 말의 이마에 난 갈기. ☞조을ㅅ갈기 ¶조올갈기:腦鬃(漢淸14:24). 조올갈기:顙鬉(柳氏物名一 獸族).

조올·다 동 졸다(眠). ☞조으다. ᄌᆞ올다 ¶믈어뎌 지여셔 조오라 ᄶᅵ디 몯호라:頹倚睡未醒(重杜解1:50). 오히려 시러곰 조오더니라:猶得眠(初杜解25:39). ᄇᆡᆯ곤 나래 조오노라:白日眠(重杜解2:2). 鴛鴦이 조오놋다:睡鴛鴦(重杜解10:17). 조오다가 낙대를 일코 춤추다가 되롱이를 일헤(古時調. 青丘). 가을밤 붉은 달에 반만 피온 蓮곳인 듯 東風細風에 조오는 海棠花인 듯(古時調. 海謠).

조올리다 동 졸리다. ☞조을리다 ¶조올리다:困了(漢淸7:40).

조와ᄒᆞ다 동 좋아하다. ¶아비 분이 학을 조와ᄒᆞ더니:好(女四解3:2).

조왕이 명 쟁이. ☞조앙이 ¶조왕이:楚王 諺謂楚王以極屈原之網(柳氏物名二 水族).

조요ᄅᆞ윈 형 종요로운. ¶사라쇼매 조요ᄅᆞ윈

놀올 버서나롸:生涯脫要津(重杜解11:1).

조우다 [동] 졸다〔眠〕. ☞조올다. 조으다. ᄌᆞ올다 ¶조우다:打盹(譯解上40).

조으다 [동] 쪼다. 새기다. ¶조을 루:鏤(類合下41). 조을 명:銘(石千23).

조으·다 [동] 졸다. ☞조올다. ᄌᆞ올다 ¶안해셔 조으ᄂᆞᆫ 거셔:裏頭睡(飜朴上40). 조으다:打盹(四解上63 盹字註). ᄒᆞᆫ 디위 조으다가:一會兒打頓着(朴解下7). 조으다: 打盹(同文解上27).

조으름 [명] 졸음. ☞조오롬 ¶百尺 欄干의 긴 조으름 내여 펴니(宋純. 俛仰亭歌).

조을리다 [동] 졸리다. ☞조올리다 ¶ᄀᆞ장 조을리니 다시 적이 자쟈(捷蒙4:11).

조을ㅅ갈기 [명] 말의 이마에 난 갈기. ☞조올갈기 ¶조을ㅅ갈기:頚鬃(譯解補48).

조을음 [명] 졸음. ☞조오롬. 조으름. ᄌᆞ오롬 ¶조을음:睡頭(譯解補26).

조이 [명] 간첩(間諜). ¶조이:細作 間諜之人俗稱(譯解下43).

조이다 [동] 죄다. ¶空腹의 술을 먹ᄉᆞᆸ기의 비속이 조여ᄆᆡ오(隣語1:10).

조이다 [동] (무늬를) 돋을새김하다. ☞조이ᄒᆞ다 ¶조이다:起花(柳氏物名一 獸族).

조이ᄒᆞ다 [동] 돋을새김하다. ☞조이다 ¶조이ᄒᆞ다:起花(同文解下18. 譯解補45).

조ᄋᆞ로외다 [형] 종요롭다. ☞조ᅀᆞᄅᆞ외다. 조ᄋᆞᄅᆞ외다 ¶조ᄋᆞ로왼 길히 또 놉고 깁도다:要路亦高深(重杜解14:20).

조ᄋᆞ로왼 [형] 종요로운. ☞조ᅀᆞᄅᆞ왼. 조ᄋᆞᄅᆞ왼 ¶조ᄋᆞ로왼 길히 또 놉고 깁도다:要路亦高深(重杜解14:20).

조ᄋᆞ로이 [부] 종요롭게. ☞조ᅀᆞ로이. 조ᅀᆞᄅᆞ비 ¶죠히 기러 스싀로 세 번 디내 닐구믈 조ᄋᆞ로이 호라:紙長要自三過讀(重杜解19:20). 樓蘭을 조ᄋᆞ로이 버힐 삐로다:樓蘭要斬時(重杜解23:40). ※조ᄋᆞ로이<조ᅀᆞ로이

조ᄋᆞᄅᆞ외다 [형] 종요롭다. ☞조ᄋᆞ로외다 ¶要衝ᄋᆞᆫ 조ᄋᆞᄅᆞ왼 通道ㅣ라(重杜解1:15). 됴ᄒᆞᆫ 싸해 조ᄋᆞᄅᆞ왼 ᄃᆡ를 ᄆᆞᄋᆞ매 담노라:佳處領其要(重杜解1:48).

조ᄋᆞᄅᆞ왼 [형] 종요로운. ㉠조ᄋᆞᄅᆞ외다☞조ᄋᆞ로왼 ¶丈人은 조ᄋᆞᄅᆞ왼 ᄯᅡ홀 보라:丈人視要處(重杜解4:7). 조ᄋᆞᄅᆞ왼 길헤 어느 나래아 긴 戈戟을 말고:要路何日罷長戟(重杜解10:27). 뫼셔 어즈러이 왓ᄂᆞ닌 眞實로 조ᄋᆞᄅᆞ왼 놀잇 사ᄅᆞᆷ이로다:賓從雜遝實要津(重杜解11:18). ※조ᄋᆞᄅᆞ왼<조ᅀᆞᄅᆞ왼

조올다 [동] 졸다〔眠〕. ☞조올다. 조으다 ¶조올 면:眠(石千36). 딕흰 사ᄅᆞᆷ이 곤ᄒᆞ여 조ᄋᆞ다가 ᄭᅵ여 브ᄅᆞ니:守者困睡覺而呼(東新續三綱. 烈6:41). 평산부부인 신시 겨티 이셔 조ᄋᆞᄅᆞ시더니(仁祖行狀1).

조잡들다 [형] 주접들다. ¶조잡든 것:窮的臭氣(漢淸7:57).

조장 [명] 조장(操狀). 지조(志操). ¶箕山의 늘근 고블 귀ᄂᆞᆫ 엇디 싯돗던고 一瓢를 썰틴 後의 조장이 더욱 놉다 人心이 ᄂᆞᆺ ᄀᆞᄐᆞ야 보도록 새롭거ᄂᆞᆯ(松江. 星山別曲).

조조·리 [명] 조자리. ¶머릿 뎡바기예 솔히 내와다 머릿 조조리 ᄀᆞᄐᆞ샤(月釋2:41).

조죽 [명] 좁쌀죽. ¶조죽 니죽 白楊箸로 지거(古時調. 金化ㅣ 金城. 靑丘).

조지 [명] (그릇의) 손잡이. ¶조지 : 手把子(同文解下14. 譯解補43). 조지:橘子(漢淸11:45).

조·지·다 [동] 쫒다. 틀어 매다. ¶冠은 머리 조져 冠 슬 시니:冠謂束髮戴冠(圓覺序67). 빗교ᄅᆞᆯ 뭇과라 머리를 조지라:梳了綰起頭髮來(飜朴上44). 總角은 머리 다하 가ᄅᆞ조지미라(家禮2:26). 빗겨다 머리 터럭을 조지고:梳了綰起頭髮來(朴解上40).

조지다 [동] 조지다. ¶자닉네의 쇠아기를 조지니(新語5:22).

조ᄍᆞ·바 [동] 좇자와. ㉠조ᄍᆞᆸ다 ¶부텨 조ᄍᆞ바 出家코져 ᄒᆞ노니(月釋23:76).

조ᄍᆞ·ᄫᆞ·니 [동] 좇자오니. ㉠조ᄍᆞᆸ다 ¶부텨는 寶階를 타 오거시ᄂᆞᆯ 天王이 조ᄍᆞᄫᆞ니(月釋21:189). 國王이 조ᄍᆞᄫᆞ니(月釋21:189).

조:ᄍᆞᆸ·다 [동] 좇잡다. ☞존ᄌᆞᆸ다. 좃ᄌᆞᆸ다. 좇ᄌᆞᆸ다 ¶나도 조ᄍᆞ바 가다니(釋譜24:45). 天樂올 奏커늘 諸天이 조ᄍᆞᆸ고 하ᄂᆞᆳ 고지 드르니이다(月釋2:17). 虛空애 ᄀᆞᄃᆞ기 八部도 조ᄍᆞ바 가더라(月釋2:28). 부텨는 寶階를 타 오거시ᄂᆞᆯ 天王이 조ᄍᆞᄫᆞ니(月釋21:189). 國王이 조ᄍᆞᄫᆞ니(月釋21:189). 부텨 조ᄍᆞ바 出家코져 ᄒᆞ노니(月釋23:76). 조ᄍᆞ와 두루 펴:隨順分布(楞解1:4). 부텨 조ᄍᆞ와 머릴 갓고이다:從佛剃落(楞解1:42). 王올 조ᄍᆞ오려 願ᄒᆞ노이다:願從王矣(宣賜內訓2上30).

※ '조ᄍᆞᆸ다'의 활용 [조ᄍᆞᆸ고/조ᄍᆞᆸ디…
조ᄍᆞᄫᆞ니/조ᄍᆞ바…

-조·차 [조] -조차. -마저. ☞-조쳐 ¶쁜바ᄀᆞᆫ 불휘조차 쓰니라:苦胡連根苦(金三2:50). 위 날조차 몃부니잇고(樂詞. 翰林別曲). 그 근본을 傷ᄒᆞ면 가지조차 업ᄂᆞ니라:傷其本枝從而亡(宣小3:1). 見樣조차 보내노라(諺簡11 宣祖諺簡).

조·차가·다 [동] 좇아가다. ¶百姓ᄃᆞᆯ히 만히 조차가니라(月釋2:6).

조·차·셔 [동] 좇아서. ¶字를 조차셔 사교ᄃᆡ: 逐字作解(宣小凡例1).

조·차오·다 [동] 좇아오다. ☞ᄶᅩ차오다 ¶入選學祖ㅣ 조차오니라(楞解跋3).

-조·쳐 [조] ①-조차. -마저. ☞-조차 ¶독조쳐

七寶塔 세ᅀᆞᄫᆞ니라(釋譜23:58). 도ᄌᆞᆨ 罪주ᄂᆞᆫ 法은 주겨 제 겨집조쳐 사ᄅᆞᆷ 묻더니(月釋10:25). 저 욀 ᄯᆞᄅᆞ미 아니라 ᄂᆞᆷ조쳐 외에 ᄒᆞᄂᆞ니:非唯自誤兼亦誤他(牧牛訣10). 위 註조쳐 내 외ᅀᆞᆫ 景 긔 엇더ᄒᆞ니 잇고(樂詞. 翰林別曲).
②-로부터. ¶이믜셔 발조쳐 피내라:就蹄子放血(飜朴上43).

조·초 명 대로. ¶믈 가온ᄃᆡ 곳니플 잇ᄂᆞᆫ 조초 노코:水中隨安所有華葉(楞解7:12). 가ᄇᆡ야온 ᄇᆡᄅᆞᆯ 제 갈 조초 나ᅀᅡ 가리라:輕舟進所如(初杜解10:39).

조·초 부 따라. 좇아. ¶그 가온ᄃᆡ 구룸 氣運이 ᄂᆞᄂᆞᆫ 龍ᄋᆞᆯ 조초 잇도다:中有雲氣隨飛龍(初杜解16:31). ᄉᆞ졀 조초 옷 니보ᄃᆡ:按四時穿衣服(飜老下50). ᄉᆞ시 조초 노ᄅᆞᆺᄒᆞᄂᆞ다:按四時要子(飜朴上18). ᄃᆞᆯ 조초 보내요ᄃᆡ ᄠᅳᆫ들이디 아니ᄒᆞ고:按月送納不致拖欠(飜朴上61). 조초 홀 션:旋(類合下29). 됴뎡이 운혁을 뎍개공신을 조초 긔록ᄒᆞ시고:朝廷追錄云革敵愾功臣(東續三綱. 忠1).

-조·초 조 -대로. ¶十方애 ᄆᆞᅀᆞᆷ조초 變化ᄅᆞᆯ 뵈야(月釋8:20). 衆生도 다 ᄇᆞᆯ고ᄆᆞᆯ 어더 ᄆᆞᅀᆞᆷ조초 이ᄅᆞᆯ ᄒᆞ긔 호리라(月釋9:15). ᄆᆞᅀᆞᆷ조초 葛巾애 빈혀 고자 스고:隨意簪葛巾(重杜解1:50). 自由ᄂᆞᆫ 猶自得也ㅣ니 此ᄂᆞᆫ 言 車馬僕從 업고 ᄒᆞ오아 거러 ᄆᆞᅀᆞᆷ조초 ᄃᆞᆫ닐 시라(重杜解22:1).

조초가다 동 따라가다. ¶믈 조초갈 연:沿(類合下38).

조초리 부 조촐히. ☞조츨이 ¶조초리 ᄒᆞ면 병이 업ᄂᆞ니:淨則無疾病(痘瘡方1). 제거를 조초리 홈이 심히 셩ᄒᆞ다 ᄒᆞ니라(女四解2:46).

조촐ᄒᆞ다 형 조촐하다. ☞조츨ᄒᆞ다. 조촐ᄒᆞ다 ¶그려도 어믜 머근 조촐티 아니ᄒᆞᆫ 나ᄆᆞᆫ 긔운이:然母之不潔餘氣(痘瘡方1). 膳數器皿 以下ㅣ 조촐ᄒᆞ고(新語2:8). 놉고 조촐ᄒᆞ야:高潔(女四解3:2).

조·촘 동 좇음. ㉠좇다 ¶뮈움과 조촘괘 眞實을 어즈리디 몯ᄒᆞ니(月釋8:16). 曲盡히 조초매 더으니 업스니라:固莫尙於曲從矣(宣賜內訓2上14). 사ᄅᆞᄆᆡ 일을 잘 조촘이니라:善述人之事者也(宣小4:13).

조츨이 부 조촐히. ☞조초리 ¶가마ᄅᆞᆯ 긁어 씨서 조츨이 소질ᄒᆞ고(淸老2:5).

조츨ᄒᆞ다 형 조촐하다. ☞조촐ᄒᆞ다. 조촐ᄒᆞ다 ¶조츨ᄒᆞ다:光潔(同文解上18).

조·치 명 세로. 종(縱). ¶뵈 ᄒᆞᆫ 오리 조치로 길의 ᄒᆞᆫ 자 여ᄉᆞᆺ 치오 ᄀᆞᄅᆞ 너븨 여ᄃᆞᆲ 치ᄅᆞᆯ ᄯᅩ 조치로 더버 가온ᄃᆡ 分ᄒᆡ야 그 아래 一半을 左右 두 긋ᄐᆡ 各 네 치식 ᄆᆞᆯ라(家禮6:7). 左右 두 소매도 ᄯᅩᄒᆞᆫ 二尺二寸이라 ᄒᆞ니 조치와 ᄀᆞᄅᆞᆫ 거스로 ᄒᆞ야곰 다 正方콰댜 호미라:左右兩袂亦二尺二寸欲使縱橫皆正方也(家禮6:9).

조·치·다 동 쫓기다. ☞ᄧᅩ치다 ¶돌ᄒᆞ로 텨든 조치여 ᄃᆞ라 머리 가 셔아셔(釋譜19:31).

조·치·다 동 겸(兼)하다. 아우르다. ¶香도 조쳐 마ᄐᆞ며(釋譜19:19). 우흐로 父母仙駕ᄅᆞᆯ 爲ᄒᆞᅀᆞᆸ고 亡兒ᄅᆞᆯ 조쳐 爲ᄒᆞ야:上爲父母仙駕兼爲亡兒(月釋序18). 뎌 空ᄃᆞᆯᄒᆞᆯ 조치샤ᄆᆞᆫ:兼彼空等(楞解3:105).

조ᄎᆞ다 동 좇다. ¶나갈 ᄃᆡ 겨시거든 막대 들고 조ᄎᆞ리라(古時調. 鄭澈. ᄑᆞᆯ목 쥐시거든. 松江).

·조촐ᄒᆞ·다 형 조촐하다. ☞조촐ᄒᆞ다. 조츨ᄒᆞ다 ¶崔宗之ᄂᆞᆫ 조촐ᄒᆞᆫ 아ᄅᆞᆷ다온 져믄 소니니:宗之蕭灑美少年(初杜解15:40). ᄲᅧ 조촐케 ᄒᆞ고:以潔(英小6:101).

조·콰 명 조와. ㉠조 ¶吳門에셔 조콰 기블 옮겨:吳門轉粟帛(初杜解21:36).

조ᄏᆞᄫᆞᆯ 명 속촌(粟村). 〔지명(地名)〕 ¶在豐德郡北十五里粟村조ᄏᆞᄫᆞᆯ(龍歌2:22).

·조·타 형 깨끗하다. ¶ᄆᆞᅀᆞᆯ히 멀면 乞食ᄒᆞ디 어렵고 하 갓가ᄫᆞ면 조티 몯ᄒᆞ리니(釋譜6:23). 淨은 조ᄒᆞᆯ 씨라(月釋序4). 梵은 조ᄒᆞᆫ 힝뎌기라 혼 ᄠᅳ디니(月釋1:20). 조ᄒᆞ며 ᄌᆞ녹ᄌᆞ녹ᄒᆞ며:淸閑(宣賜內訓1:14). 脫洒ᄂᆞᆫ 조ᄒᆞᆯ 시라(南明上5). 法界ᄅᆞᆯ 조케 ᄒᆞᄂᆞᆫ 眞言이라(眞言1). 몸을 조케 ᄒᆞ야 주금만 곧디 아니니라:不如潔身而死(東新續三綱. 烈2:88).

조·토 명 조〔粟〕도. ㉠조 ¶것 바ᄉᆞᆯ 만ᄒᆞᆫ 조토 아ᄎᆞᄆᆡ 먹디 몯ᄒᆞ얏노라:脫粟朝未食(初杜解22:57).

조피 명 조피. ¶ᄂᆞᆯ조피와:生椒(救簡1:23).

·조홈 형 깨끗함. ㉠조타 ¶法界 조호ᄆᆞᆯ 어드리니:得法界淨(圓覺序57). 조홈과 더러움괘 둘 아니오:淨穢不二(圓覺上一之二57).

:조:화 명 조화(造化). ¶뉘라셔 造化를 자바(古時調. 申欽. 곳 지고. 靑丘).

:조:화ᄒᆞ·다 동 조화(造化)하다. 창조하다. ¶桃李 薔薇ᄂᆞᆫ 東君의 造化ᄒᆞᄂᆞᆫ 거시로ᄃᆡ(金三1:24).

조회 명 종이〔紙〕. ☞조희 ¶조회 지:紙(兒學上10).

조희 명 종이. ☞조회 ¶검은 믁 흰 조희는 님의 얼골 보련마는(古時調. 아희야. 歌曲). 조희:紙(柳氏物名四 木).

조·히 명 조가. 〔ㅎ 첨용어 '조'의 주격(主格)〕 ㉠조 ¶날로 블근 조히 서구믈 듣ᄂᆞ니:日聞紅粟腐(重杜解5:14). 힌 이스레 누른 조히 니그니:白露黃粱熟(初杜解7:39).

·조·히 부 깨끗이. ☞조타 ¶눈ᄌᆞᅀᆡ 감ᄑᆞᄅᆞ며 힌 ᄃᆡ 블근 ᄃᆡ 조히 分明ᄒᆞ시며(月釋

2:41). 三業 조히 닷곰 第三이라:淨脩三業第三(永嘉上5). 술와 밥과ᄅᆞᆯ 조히 ᄒᆞ야:潔齊酒食(宣賜內訓1:15). 삽듯 불휘 ᄒᆞᆫ 근 조히 시서 브레 ᄆᆞᆯ외요니와:淨(救簡1:101). 아ᄎᆞᆷ나죄 졔뎐을 각별ᄒᆞᆫ 그르세 조히 ᄒᆞ며:朝夕奠具務欲潔精別置鼎俎以供(東續三綱. 烈13). 싀어미 눈이 멀거ᄂᆞᆯ 입을 조히 ᄒᆞ야 할트니(女四解4:15). 그ᄃᆡ 도량을 조히 ᄒᆞ고(桐華寺 王郎傳3). 션비ᄂᆞᆫ 몸을 닥고 힝실을 조히 ᄒᆞ야(女範1. 모의 졔뎐직모). 清江에 조히 시슨 몸을 덜어일ᄭᅡ ᄒᆞ노라(古時調. 감아괴 싸호는. 海謠). 딜가마 조히 싯고 바회 아래 심물 기러(古時調. 金光煜. 青丘).

·조ᄒᆞᆫ 형 깨끗한. ㉠조타 ¶조ᄒᆞᆫ 나라해 가나거든:往生淨國(佛頂上4).

조ᄒᆞᆫ세답 명 개짐. ¶조ᄒᆞᆫ세답:月布(譯解上37).

·조ᄒᆞᆯ 명 조를. 〔ㅎ 첨용어 '조'의 목적격(目的格).〕 ㉤조 ¶ᄒᆞᆫ 말 조ᄒᆞᆯ 營求호니:營斗粟(初杜解25:42).

·조ᄒᆞᆷ 형 깨끗함. ㉠조타 ¶ᄆᆞᆰ고 조ᄒᆞᆷ이 아니면:非澹泊(宣小5:15).

·조:히·오·다 동 깨끗하게 하다. 맑게 하다. ¶智 조히오미 업서(月釋9:21). 覺心 조히올 조ᅀᆞ리라:淨覺心之要也(楞解2:95). 블로 조히오ᄂᆞ니:火淨(楞解8:7). 모로매 塵勞애 나ᅀᅡ가 能히 조히오시논디라:要卽塵勞而能淨(法華4:12). 네 모로매 ᄆᆞᅀᆞᄆᆞᆯ 조히와 내 말 드르라:汝須淨心聽我言說(牧牛訣18). 各各 ᄆᆞᅀᆞᆷ 조히와 듣고:各令淨心聞了(六祖上47). 悟人은 제 ᄆᆞᅀᆞᆷ을 조히오ᄂᆞ니:悟人自淨其心(六祖上91).

족 명 쪽〔藍〕. ☞쪽 ¶프른 족:青藍(救急下49). 흐르ᄂᆞᆫ ᄆᆞ른 파라호미 족 ᄀᆞᆮ도다:流水碧如藍(南明下10). 족닙:藍葉(救簡6:65). 족:蓼藍(四解下79 藍字註). 족 남:藍(訓蒙上9. 類合上8). 족 남:藍(石千36). 족닙 즙은 시병열 라 미친 ᄃᆡ 고티ᄂᆞ니 프른 족닙플 ᄧᅵ허 즙을 내여 머그라:藍葉汁主天行瘟疫熱狂取者藍葉搗取汁飮之(辟新8). 족람:藍(倭解下10).

족 명 조각. ☞쪽. 쪽 ¶ᄆᆞᅀᆞᆷ 조기 뮈여:動肉團心(蒙法7).

족댱 명 족장(族丈). ¶얼우늬 마ᄅᆞᆯ 거스러 ᄃᆡ답ᄒᆞ며 족댱도 소겨 업시위너기며:尊親共語應對惀悖拗眼戾睛欺凌伯叔(恩重13).

족두리 명 족두리. ¶족두리의 구술을 얽은 거ᄉᆞᆯ 보시고(閑中錄336).

·족·쇽 명 족속(族屬). ¶族屬애 갓가온 淮王이 왯고:近屬淮王至(初杜解14:36). 내 보니 일훔난 가문과 노푼 족쇽이:余見名門右族(飜小6:20). 또 그 족쇽이 비반의 미처 오니ᄅᆞᆯ 뭇ᄌᆞ오셔(仁祖行狀26).

족술 명 쪽술. ¶가지에 젓이오 슈박에 족술이로다(古時調. 각시닋 내. 青丘).

족의 명 조기. ☞조긔. 조긔. ¶족의:石首魚(物譜 蟲魚).

족인 명 족인(族人). ¶족인이 권육ᄒᆞ니:族人勸肉(東新續三綱. 烈5:28). 族人으로 더브러 遷티 아니ᄒᆞᄂᆞᆫ 宗이 되고(家禮1:15). 祭祀ᄅᆞᆯ 主ᄒᆞ며 族人을 統ᄒᆞᄂᆞᆫ 배러니(家禮圖20).

족접이 명 족제비. ¶족접이:鼠狼(農俗).

족족 명 족족. ☞쪽쪽 ¶동궁의 셰미지ᄉᆞᄅᆞᆯ 서로 아라 듯ᄂᆞᆫ 족족 녓ᄌᆞᆸ고(閑中錄176).

족지 명 달래. ☞쪽지 ¶족지:小蒜(東醫 湯液二 菜部). 족지:山蒜(柳氏物名三 草).

족지다 동 쪽찌다. ¶마리 족지다:髽頭髮(同文解上54).

족ᄌᆞ 명 족자(簇子). ¶족ᄌᆞ 족:簇(類合上24). 흰 족ᄌᆞᄅᆞᆯ ᄆᆡᆼᄀᆞ라:造素軸(東新續三綱. 孝5:1). 족ᄌᆞ:吊屛(譯解補43). 족ᄌᆞ:軟障(物譜 几案).

족친 명 족친(族親). ¶남진 겨지븨 족친이 각각 어딘 덕을 ᄀᆞᆯᄒᆡ오:男女之族各擇德焉(飜小7:31). 관광의 족친이라도 홀연히 금ᄒᆞ니(癸丑52).

족하 명 조카〔姪〕. ¶족하ᄅᆞᆯ 어엿씨 너기며:撫諸姪(東新續三綱. 烈3:58). 그 아ᅌᆞ과 밋 족하 마으나믄 사ᄅᆞᆷ 거느려:率其弟及姪四十餘人(東新續三綱. 孝8:65). 나ᄂᆞᆫ 왕시러니 족해 곱고 공교로오미:某王氏外甥女麗艶精巧(太平1:18). 삼촌 족하와 밋 딜녀ᄂᆞᆫ:三寸姪及女(警民6). 후궁의 족하ᄅᆞᆯ 드려다가(癸丑23). 족하 질:姪(倭解上13). 어와 져 族下야(古時調. 鄭澈. 青丘). 족하:姪兒(同文解上11). 어린 족하 형제드리(思鄕曲).

·족·히 부 족(足)히. ¶다 足히 科判앳 准繩ᄋᆞᆯ 삼디 몯ᄒᆞ리로다:皆未足爲科判准繩(楞解1:18).

·족·ᄒᆞ·다 형 족(足)하다. ¶자바 머구믈 ᄡᅳ데 足ᄒᆞᆯ 씨라(釋譜13:11). 福이 足ᄒᆞ시며(楞解6:32). 法을 받ᄌᆞ와 慧ㅣ 足ᄒᆞ샤(楞解6:32).

존경ᄒᆞ다 동 존경(尊敬)하다. ¶正히 亡者의 祖考 尊敬ᄒᆞᄂᆞᆫ ᄠᅳ들 體득홈을 爲호미라(家禮9:27). 쳔ᄌᆞ로브터 왕공 이히 다 존경ᄒᆞ믈 보고(落泉3:7).

존:귀ᄒᆞ·다 형 존귀(尊貴)하다. ¶샹녜 端正ᄒᆞ야 尊貴ᄒᆞᆫ 지븨 나리라(月釋21:100). 尊貴ᄒᆞ야 아니환ᄒᆞ야 傾覆ᄒᆞᆫ 災禍ㅣ 世예 傳호미 ᄃᆞ외니(宣賜內訓2上49). 本來 이 尊貴ᄒᆞᆫ 사ᄅᆞᄆᆞᆫ 尊貴ᄒᆞᆫ 位예 居티 아니ᄒᆞ논디라(金三4:13).

존ᄀᆡᆨ 명 존객(尊客). ¶ᄀᆞᆯ오ᄃᆡ 존ᄀᆡᆨ이 셕식을 못ᄒᆞ여(洛城1).

·존ᄂᆞ·니 형 깨끗하나니. ¶ᄆᆞᅀᆞᆷ 根源이 존ᄂᆞ니 이 일후미 意業 조히 닷고미라:心源淨矣是名淨脩意業(永嘉上59).

존ᄂᆡᆼ이다 동 좇나이다. ¶行下ᄅᆞᆯ 존ᄂᆡᆼ이다(新語7:9).

존당 명 존당(尊堂). ¶더 ᄢᅵ 뉘 ᄯᅩ 尊堂ᄋᆡ 무르리오(金三4:54). 尊堂ᄋᆞᆫ 어버ᅀᅵ라(金三4:54).

존:댱 명 존장(尊長). ¶나 늘근 德 오란 尊長ㅅ 處에 샹녜 恭敬 供養ᄋᆞᆯ 行ᄒᆞ야(金剛35). 尊長이 내거긔 ᄎᆞᆼ이 넘거든:尊長於己踰等(宣小2:63). 비록 尊長이라도 ᄯᅩ 西階로 ᄃᆞ니라(家禮1:23).

존:듕·ᄒᆞ·다 동 존중(尊重)하다. ¶八千諸佛을 供養ᄒᆞ야 恭敬 尊重ᄒᆞ다가 諸佛 滅度後에 各各 塔廟 셰요ᄃᆡ(法華2:77).

존ᄃᆡᄒᆞ다 동 존대(尊待)하다. ¶어딘 이 존ᄃᆡᄒᆞ시ᄂᆞᆫ ᄠᅳ디 지극ᄒᆞ샤(仁祖行狀25). 혹 벼슬 주며 깁도 주믄 이 다 존ᄃᆡᄒᆞᄂᆞᆫ ᄠᅳ디라(仁祖行狀29). 공지 더욱 참혹ᄒᆞ야 싱을 십분 존ᄃᆡᄒᆞ야(落泉1:1).

존:비 명 존비(尊卑). ¶瞿曇ᄋᆡ 무리 尊卑업서 五百 弟子ㅣ 各各 第一이로라 일ᄏᆞᆮᄂᆞ니(月釋21:199).

존슝ᄒᆞ·다 동 존숭(尊崇)하다. ¶天屬이 堯典을 尊崇ᄒᆞ시니 神妙ᄒᆞᆫ 功은 禹謨애 맛도다(初杜解6:23). 이ᄂᆞᆫ 塔廟ᄀᆞ티 尊崇ᄒᆞᆯ ᄯᆞᄅᆞ미 아니라(金三3:1).

존안 명 존안(尊顔). ¶合掌ᄒᆞ야 尊顔ᄋᆞᆯ 울워ᅀᆞᄫᅡ(釋譜19:37). 다 부텻 알ᄑᆡ 一心ᄋᆞ로 合掌ᄒᆞ야 尊顔ᄋᆞᆯ 울워ᅀᆞᄫᅡ(釋譜19:37). 몸 구펴 恭敬ᄒᆞᅀᆞ와 尊顔ᄋᆞᆯ 울워러보ᅀᆞ와(法華2:177).

존엄ᄒᆞ·다 형 존엄(尊嚴)하다 ¶窮子ㅣ 아비의 豪貴 尊嚴호ᄆᆞᆯ 보고 너교ᄃᆡ 이 國王이어나 國王等이로다 ᄒᆞ야(法華2:239).

존·쟈 명 존자(尊者). ¶花鬘ᄋᆞᆯ ᄆᆡᇰᄀᆞ라 尊者ㅅ 머리예 연자ᄂᆞᆯ(月印上28). 尊者ᄂᆞᆫ 尊ᄒᆞ시니라 ᄒᆞᆫ 마리니 어딘 사ᄅᆞᄆᆞᆯ 고마ᄒᆞ야 尊者ㅣ라 ᄒᆞᄂᆞ니라(釋譜3:p.28). 尊者ㅣ 偈ᄅᆞᆯ 지ᅀᅥ 닐오ᄃᆡ(釋譜24:35). ᄀᆞᆯᄋᆞ샤ᄃᆡ 尊者ㅣ 賜ᄒᆞ거든(宣孟10:16). 반ᄃᆞ시 尊者의게 하ᄃᆡᆨ호ᄆᆞᆯ 象ᄒᆞᆫ 거시라(家禮8:3).

:존·졀·ᄒᆞ·다 형 존절(撙節)하다. 절용(節用)하다. ¶ᄆᆞᅀᆞᄆᆞᆯ ᄂᆞᄌᆞ기ᄒᆞ야 조리혀 ᄒᆞ고 존졀ᄒᆞ야 샤치티 아니ᄒᆞ며:謙約節儉(飜小6:13). 몸ᄋᆞᆯ 삼가며 ᄡᅳ기ᄅᆞᆯ 존졀ᄒᆞ야:謹身節用(宣小2:31). 비록 天子ㅣ 되야 겨샤도 존졀ᄒᆞ고 검박홈을 편안히 녀기샤:雖爲天子安於節儉(重內訓2:106).

존후 명 존후(尊候). ¶청컨대 이형의 존휘ᄅᆞᆯ 듯고져 ᄒᆞ노라(洛城2).

존·ᄒᆞ·다 형 존(尊)하다. 존귀(尊貴)하다. ¶ᄒᆞ오ᅀᅡ 내 尊호라 ᄒᆞ시니(月印上8). 하ᄂᆞᆯ 아래 나ᄲᅮᆫ 尊호라(釋譜6:17)〔'나ᄲᅮᆫ'은 '나ᄲᅳᆫ'의 오기(誤記)〕. 우리도 이제 이 ᄀᆞᆮᄒᆞ야 비록 尊ᄒᆞ야 기픈 지븨 이셔(釋譜11:36). 五百 뉘예 尊코 빗나며(釋譜11:42). 妾이 億兆 母ㅣ ᄃᆞ외요니 尊ᄒᆞ며 榮華ㅣ 至極ᄒᆞ니(宣賜內訓2下64). 主人이 尊ᄒᆞᆫ 손ᄋᆡ 獻壽ᄒᆞ노라 일ᄏᆞ라(初杜解14:34). 善知識아 摩訶般若波羅蜜은 ᄆᆞᆺ 尊ᄒᆞ며(六祖上60). 존ᄒᆞᆯ 존:尊(訓蒙下26).

·졷ᄂᆞ니 형 깨끗하나니. ☞조타 ¶ᄆᆞᅀᆞ미 조ᄒᆞ면 곧 佛土ㅣ 졷ᄂᆞ니:心淨卽佛土淨(金剛59).

·졷·ᄂᆞ니·라 형 깨끗하나니라. ☞조타 ¶ᄆᆞᅀᆞ미 더러우면 더럽고 ᄆᆞᅀᆞ미 조ᄒᆞ면 졷ᄂᆞ니라:心穢則穢心淨則淨(圓覺下一之二22).

졷·다 동 좇다. ☞좇다 ¶그ᄃᆡ 졷디 아니홈ᄋᆞᆫ 엇뎨오:而卿不從何也(宣小6:44). 출하리 주거도 졷디 아니호리라:寧死不從(東新續三綱. 孝1:57). 녜제ᄅᆞᆯ ᄒᆞᆫᄀᆞᆯᄀᆞ티 졷더라:一從禮制(東新續三綱. 孝5:75).

졷줍·다 동 좇잡다. ☞조ᄍᆞᆸ다. 좇줍다 ¶ᄒᆞ마 부텨를 졷ᄌᆞᄫᅡ 教化ᄅᆞᆯ 受ᄒᆞᅀᆞᄫᅡ 잇ᄂᆞ니(釋譜13:45). 天人 大衆ᄃᆞᆯ히 가ᄉᆞᆷ 두드려 울매 졷ᄌᆞᄫᅡ(釋譜23:25). 부텨를 졷ᄌᆞ와 드로라 ᄒᆞ니:從佛聞(金剛1). 부텨 졷ᄌᆞ와 듣ᄌᆞ오ᄆᆞᆯ(圓覺上一之二24). ᄒᆡ ᄀᆞ장 가난ᄒᆞᆫ 저글 맛나 后ㅣ 帝ᄋᆡ 졷ᄌᆞ와:値歲大歉后從帝(宣賜內訓2下35).

졸 명 부추. ☞정우지 ¶졸:韭(物譜 蔬菜). 졸:山韭(柳氏物名三 草).

졸기다 동 즐기다. ¶ᄒᆞ로 ᄒᆞᆫ ᄢᅴ 근심 업ᄉᆞ다 졸기리 뉘 잇슬고(萬言詞答).

졸·다 동 졸다. ☞ᄌᆞ올다 ¶조디 아니ᄒᆞ며:不眠(飜小9:73).

:졸·다 동 졸다. 줄다. ¶盈은 ᄀᆞᄃᆞᆨᄒᆞᆯ 씨오 縮은 졸 씨라(月釋10:122). 劫을 조차 뎔어 조라:隨劫短減(法華1:190).

졸아이 부 친(親)하게. 친근(親近)하게. ☞ᄌᆞ올아비. ᄌᆞ올아이 ¶둘히 샹해 ᄀᆞᆯ와 놀으ᄃᆡ 서르 졸아이 아니 ᄒᆞ야(重內訓2:4).

졸압·다 형 친(親)하다. 친근(親近)하다. ☞ᄌᆞ올압다 ¶子 상복ᄒᆞ니ᄅᆞᆯ 보시고 비록 졸아오나 반ᄃᆞ시 변식ᄒᆞ시며:子見衰者雖狎必變(明小3:15).

졸연이 부 졸연(猝然)히. ☞졸연히 ¶김샹헌이 슈가ᄒᆞᄋᆞᆸ더니 졸연이 급피 병드럿거ᄂᆞᆯ(仁祖行狀26). 졸연이 패ᄒᆞ다:忽然瘦了(漢淸6:10).

졸연히 부 졸연(猝然)히. ☞졸연이 ¶능히 졸연히 멸치 못ᄒᆞ고(經筵). 煩雜ᄒᆞ여 猝然

히 ᄎᆞᄌᆞ내기 어렵ᄉᆞ오매(隣語1:24). 宦海風浪이 猝然히 니러나니(辛啓榮. 月先軒十六景歌).

졸오다 동 조르다. ☞조로다 ¶졸오다:賴我賴你(四解上46 賴字註). 人之作威侵入者曰刁蹬言 졸오다(吏文3:23).

·좀 명 줌. 줌통. 활의 손잡이. ¶좀 파:弝(訓蒙中28). 이 활이 좀이 므ᄅᆞ니:這弓弝裏軟(老解下28). 좀ᄶᅵ 쁠로 ᄆᆡᆫ든 활:通角弓(漢淸5:4). 좀:弣(物譜 兵仗).

·좀 명 좀〔蠹〕. ¶좀 아니 머근 조각을 ᄀᆞᄂᆞ리 ᄀᆞ라:不蛀皂角爲細末(救簡1:74). 좀 쥬:蛀. 좀 두:蠹(訓蒙上24). 좀 고:蠱(訓蒙中33. 類合下16). 좀 주:蛀. 좀 두:蠹(類合下25). 좀:蛀蟲(譯解下35).

:좀 명 줌. ¶거상 니버셔 每日 아ᄎᆞᄆᆡ 두 좀 ᄡᆞᄅᆞᆯ 바티게 ᄒᆞ고:每朝令進二溢米(宣賜內訓1:67).

좀것 명 좀것. ☞좀ㅅ것 ¶좀것:平常的(譯解補37).

좀금 명 조금(潮金). 순도(純度)가 낮은 금(金). ¶좀금:潮金(漢淸10:40).

좀놈 명 좀놈. ¶좀노미 師傅ᄅᆞᆯ 辱ᄒᆞᄂᆞ다:恒廷辱師傅(三綱. 忠7).

좀말 명 좀말. 잡(雜)말. ¶우리 스승의 ᄀᆞᄅᆞ치ᄂᆞᆫ 거손 다 눈앏히 니ᄅᆞᄂᆞᆫ 녜ᄉᆞ말과 또 問答ᄒᆞᄂᆞᆫ 좀말이오(捷蒙2:1).

·좀먹·다 동 좀먹다. ¶紅塵이 顔色ᄋᆞᆯ 좀먹ᄂᆞᆫ ᄃᆞᆯ 아디 몯ᄒᆞᄂᆞ다:不覺紅塵蠹顔色(南明上23). 좀머글 둥:蚛(訓蒙下10). 나모 좀먹다:蟲蛀了(漢淸13:31).

·좀벌·에 명 좀벌레. ¶좀벌에 나모 머그며:蠹蟲食木(法華4:148).

좀ㅅ것 명 좀것. ☞좀것 ¶좀ㅅ것:嘴巴骨(漢淸7:57).

좀ㅅ되다 형 좀스럽다. ¶좀ㅅ되다:粗糙(漢淸8:50).

좀상이 명 좀생이. ¶좀상이:昴星(農俗).

좀장식 명 보통 장식. ¶좀장식:常行飾件(漢淸5:26).

좀쳐로 부 좀스럽게. ¶좀쳐로:麤率(同文解下57). 좀쳐로:瑣瑣氣氣(漢淸8:49).

좀피 명 줌피. ¶좀피에 세워 부친 가족:箭溜子(漢淸5:16).

-:좁- 어미 -잡-. ☞-즙- ¶ᄒᆞᆫ 번 받좁ᄂᆞᆫ 례도애 손과 쥬인이 일ᄇᆡᆨ 번 절ᄒᆞ야:一獻之禮賓主百拜(宣小3:27).

좁·다 형 좁다〔狹〕. ¶좁고 기디 아니ᄒᆞ며(釋譜19:7). 좁던 東山이 어위면(月釋2:28). 精舍ᄂᆞᆫ 좁거늘:精舍則狹(楞解2:47). 分證ᄒᆞ면 조ᄇᆞᆯᄊᆡ:分證則局(楞解8:47). 손토비 조ᄫᆞ시고(法華2:14). 너무 좁다 니ᄅᆞᆫ대:言其太隘(宣賜內訓3:66). 즈ᄅᆞᆫ 비레 조ᄇᆞ니:千崖窄(初杜解21:19). 이 고리 조ᄇᆞ니:這衚衕窄(飜老上34). 조ᄇᆞᆯ 루:陋(類合下4). 조ᄇᆞᆯ 착:窄(類合下62). 뒤헤 방이 좁고:後頭房子窄(老解上47). 좁은 집:窄房子(譯解上17). 좁을 협:狹(兒學下8).

좁·ᄡᆞᆯ 명 좁쌀. ☞조ᄡᆞᆯ. 조ᄊᆞᆯ ¶ᄀᆞᄂᆞ리 좁ᄡᆞᆯ ᄀᆞ티 싸ᄒᆞ라:細切如粟米(瘟疫方9). 또 가ᄉᆞᆷ ᄉᆞ이예 블근 뎜이 좁ᄡᆞᆯᄀᆞ티 도다시면 그거시 진짓 ᄶᅥ시라:然須見心胸間細點如粟起則爲眞也(痘瘡方6).

좁은챵ᄌᆞ 명 작은창자. 소장(小腸). ¶좁은 챵ᄌᆞ:小腸(漢淸12:31).

좃니다 동 늘 좇아 다니다. ☞-니다. ᄯᅩᆺ니다 ¶도라보실 니믈 젹곰 좃니노이다(樂範. 動動). 괴시란ᄃᆡ 우러곰 좃니노이다(樂詞. 西京別曲). 金烏와 玉兎 ᄃᆞ라 뉘 너ᄅᆞᆯ 좃니관ᄃᆡ(古時調. 靑丘). 다만지 淸風明月은 간 곳마다 좃닌다(古時調. 鄭斗卿. 君平이. 靑丘). 암아도 너 좃녀 ᄃᆞᆫ니다가 놈 우일까 ᄒᆞ노라(古時調. ᄆᆞᄋᆞᆷ아. 海謠).

좃ᄂᆞᆫᄆᆞᆯ 명 저는 말. ¶좃ᄂᆞᆫᄆᆞᆯ:點馬(柳氏物名一 獸族).

좃·다 동 좇다〔隨〕. 따르다. ☞존다. 좇다 ¶生곳 이시면 老死苦惱ㅣ 좃ᄂᆞ니(月釋2:22之1). 各各 그 才力을 좃고:各隨其才力也(法華3:57). 文德을 좃ᄂᆞᆫ 廟堂앳 혜아료미 正ᄒᆞ고:循文廟算正(杜解6:53). 구루믈 좃놋다:隨雲(重杜解12:32). 本智ᄅᆞᆯ 알면 枝末이 제 좃ᄂᆞ니(南明上22). 道ㅣ 맛거든 일ᄋᆞᆯ ᄒᆞ야 좃고:道合則服從(宣小1:6). 내죵내 좃ᄭᅵ 아니ᄒᆞ고 슬허 여위여 병드럿ᄶᅥ니:竟不從因哀毁感疾(東續三綱. 孝31). 아히 강잉ᄒᆞ여 좃다 녜여:兒强從之行(東新續三綱. 烈1:11). 女ㅣ 즐겨 좃디 아니ᄒᆞᆫ대(女四解4:46).

:좃·다 동 조아리다. ¶無色이 머리 좃다 혼 말도 이시며(月釋1:37). 머리 조ᅀᅡ 부텨 보ᅀᆞᆸ고:見佛頂禮(楞解1:39). 오직 머리ᄅᆞᆯ 조ᅀᆞ나:秪點頭(金三4:46). 니마 조ᅀᆞᆯ 계:稽. 니마 조ᅀᆞᆯ 돈:頓(訓蒙下26). 귀 기우리며 머리 조ᅀᆞ모로 禪 삼고:側耳點頭爲禪(龜鑑下59). 조ᄋᆞᆯ 계:稽(石千37). ᄇᆞᄅᆞᆷ을 향ᄒᆞ여 머리 조ᄋᆞ니:向風叩頭(東新續三綱. 孝4:29). 명길이 가ᄉᆞᆷ을 두ᄃᆞ리고 머리ᄅᆞᆯ 조아 ᄭᅮᆯ오ᄃᆡ(山城50). 뎌리 머리 좃고 禮拜ᄒᆞ여 내게 빌거늘:那般磕頭禮拜央及我(朴解上31). 將士ㅣ 다 머리ᄅᆞᆯ 조아 免ᄒᆞ기ᄅᆞᆯ 求ᄒᆞ더니(女四解4:10).

:좃·다 동 쪼다. 깨다. ¶ᄲᅮᆯ로 조ᅀᅡ 낸 後에:鑿鑿開取出後(救急下32). 렴이 므레 가 울오 어르믈 좃ᅀᅩ 어든대:廉就淵上呼泣鑿氷求之(續三綱. 孝2 姜廉鑿氷). 조아먹다:啄喫(譯解補48).

좃드·듸·다 동 좇아 본받다. ¶그르ᄒᆞᆫ 이ᄅᆞᆯ 좃드듸여 말며:毋循枉(宣賜內訓1:9).

좃·딥 명 조짚〔粟藁〕. ☞조ㅅ집 ¶딥픈 좃딥히라:草是稈草(飜老上18). 콩은 거믄 콩이오 딥픈 좃딥피라:料是黑豆草是稈草(老解上16). 이 좃딥피 됴ᄒᆞ니:是稈草好(老解上16). 좃딥:穀草(譯解下10).

좃 븥·다 동 붙다. 딸리다. 〔'좃〈從〉+ 븥〈付〉'의 복합어(複合語).〕 ¶官屬ᄋᆞᆫ 그위예 좃브튼 사ᄅᆞ미라(釋譜11:7).

:좃숩·다 동 조아리옵다. ☞조ᅀᆞᆸ다 ¶이바디예 머리ᄅᆞᆯ 좃ᄉᆞᄫᆞ니:當宴敬禮(龍歌95章). 현맛 衆生이 머리 좃ᄉᆞ바뇨(月印上11). 如來ㅅ긔 현맛 衆生이 머리 좃ᄉᆞ바뇨(月釋2:48). 萬萬 衆生ᄃᆞᆯ히 머리 좃ᅀᆞᆸ고 기써바(月釋2:51). 즉자히 드러 머리 좃ᅀᆞᆸ고 ᄉᆞᆯᄫᅩᄃᆡ(月釋10:18).
※'좃ᅀᆞᆸ다'의 활용 ┌좃ᅀᆞᆸ고/좃ᅀᆞᆸ디… └좃ᄉᆞᄫᆞ니/좃ᄉᆞ바뇨…

좃ᄌᆞ·바 동 좇자와. ㉠좃ᄌᆞᆸ다 ¶諸天이 虛空애 ᄀᆞᄃᆞ기 ᄢᅧ 좃ᄌᆞ바 오며 풍류ᄒᆞ고(月釋2:18). 그러커든 나도 大王 뫼ᅀᆞᄫᅡ 比丘 좃ᄌᆞᄫᅡ 가리이다(月釋8:93). 내 몸도 좃ᄌᆞ바 갊 ᄡᅡ힌가 몯 갊 ᄡᅡ힌가(月釋8:94).

좃좁·다 동 좇잡다. ☞조쫍다. 존좁다. 좇좁다 ¶諸天이 虛空애 ᄀᆞᄃᆞ기 ᄢᅧ 좃ᄌᆞᄫᅡ 오며 풍류ᄒᆞ고(月釋2:18). 그러커든 나도 大王 뫼ᅀᆞᄫᅡ 比丘 좃ᄌᆞᄫᅡ 가리이다(月釋8:93). 내 몸도 좃ᄌᆞᄫᅡ 갊 ᄡᅡ힌가 몯 갊 ᄡᅡ힌가(月釋8:93). 내 부텨를 좃ᄌᆞ와 드로라 ᄒᆞ니라:我從佛聞(圓覺上一之二26).

좃타 형 깨끗하다. ¶좃타:乾淨(同文解上22).

좃·ᄂᆞ·니 동 좇느니. ㉠좇다 ¶ᄂᆞᆯ며 ᄃᆞ모ᄆᆞᆯ 좃ᄂᆞ니:逐其飛沈(楞解4:26).

좃ᄂᆞᆫ 동 좇는. ㉠좃다 ¶좃ᄂᆞᆫ ᄠᅳ디 이디 몯도다:隨義不成(楞解1:58).

종갓 명 종려털로 만든 갓. ☞총갓 ¶종갓:椶帽子(譯解上43).

종계집 명 비첩(婢妾). ¶눈의 본 종계집은 紀綱이 紊亂ᄒᆞ고(古時調. 妾이. 靑丘).

종고라케 형 조그맣게. ¶나라든다 ᄲᅧ든다 가마케 종고라케(古時調. 靑丘).

종구무 명 각띠 구멍. ¶종구무 잇ᄂᆞᆫ 오셔각으로 ᄆᆡᆼ근 ᄯᅴ:繫有綜眼的烏犀繫腰(老解下46).

종나모 명 종려나무. ☞총나모 ¶됴ᄒᆞᆫ 종나모 실로 ᄆᆡᆺ고 금딩ᄌᆞ 브틴 갓이니:好纓椶金頂大帽子(老解下46).

종녀피 명 종려피(棕櫚皮). ¶종녀피로 ᄶᅩᆫ 담:棕毯(漢淸11:20).

종다리 명 종다리. ¶실별 지쟈 종다리 ᄯᅵᆺ다(古時調. 李在. 歌曲).

종:요 명 종요(宗要). 요점(要點). ¶그 宗要ᄂᆞᆫ(月釋14:39). 녀트며 기픈 ᄆᆞᅀᆞᆷ 宗要ㅣ 貫花ㅣ ᅀᅡ 조호ᄆᆞᆯ 붓그리리로다(永嘉序11). ᄆᆞᅀᆞᄆᆡ 宗要ᄅᆞᆯ 決호리니:決心要(永嘉上17). 모매 行ᄒᆞᆯ 宗要ㅣ 어루 모미 ᄆᆞᆺᄃᆞ록 行ᄒᆞᆯ 이ᄅᆞᆯ 묻ᄌᆞ온대(宣賜內訓1:16). ᄆᆞᆯᄀᆞᆫ 詩ᄂᆞᆫ 道理ㅅ 宗要애 갓가오니:淸詩近道要(初杜解9:9). 眞實ㅅ 宗要ㅣ니라(金三2:69). 자바 두미 종외 잇ᄂᆞ니:操之有要(飜小8:9). 종요 요:要(類合上26). 종요 요:要(石千37). 心術의 종요ᄅᆞᆯ 불키니라:明心術之要(宣小3:8). 切ᄒᆞᆫ 종요ᄅᆞᆯ 삼올디니:爲切要(宣小5:33). 힝역 고틸 종요 모ᄒᆞᆫ 방문:痘瘡集要(痘要上1). ᄆᆞᄋᆞᆷ을 다ᄒᆞ며 몸을 行ᄒᆞᆯ 종요ㅣ:盡心行己之要(重內訓1:13). 그 종요ᄂᆞᆫ:其要(常訓12).

종요롬 형 종요로움. ¶몸 닷금은 제가ᄒᆞᄂᆞᆫ 종요롬이오:修身者齊家之要(女四解4:2).

종:요롭·다 형 종요롭다. ¶글 사곰애 종요로온 ᄠᅳᆮ 인ᄂᆞᆫᄃᆡ 니르러ᄂᆞᆫ:解經至有要義(宣小6:8). 큰 종요로온 ᄡᅡ히니(三譯9:18). 종요로운 ᄯᅳ들 잠싼 뎐ᄒᆞ야 니ᄅᆞ라 왯노라(桐華寺 王郎傳1). 너의 무룹이 종요롭다(普勸文37). 군과 국의 종요로운 거ᄉᆞᆫ:軍國之要(三略上8). 정부를 박히 ᄒᆞᄂᆞᆫ 종요로온 도리가 구실을 덜고(綸音83).

종:외 명 종요(宗要)가. 요점이. 톡종요 ¶자바 두미 종외 잇ᄂᆞ니:操之有要(飜小8:9).

종·족 명 종족(宗族). ¶宗族ᄋᆞᆫ 아ᅀᆞ미라(月釋2:11). 鄕黨은 父兄 宗族 사ᄂᆞᆫ ᄃᆡ라(宣賜內訓1:19). 우리 宗族이 여ᄆᆞᆺ 神秀ᄒᆞ니:吾宗固神秀(初杜解14:33). 父兄과 宗族의게:於父兄宗族(宣小2:21). ᄀᆞᆯᄋᆞ샤ᄃᆡ 宗族이 孝ㅣ라 稱ᄒᆞ며(宣論3:46). 宗族을 收ᄒᆞ며 風俗을 厚케 ᄒᆞ야(家禮1:12).

종친 명 종친(宗親). ¶宗親도 하건마ᄅᆞᆫ 隆準龍顏이실ᄊᆡ:宗親雖多隆準龍顏(龍歌97章). 아바님 깃그시니 종친ᄃᆞᆯ홀 ᄃᆞ려 가시니(月印上9). 宗ᄋᆞᆫ 宗親이오(月釋序24).

좇·다 동 ①좇다〔從〕. ☞졷다. 좃다 ¶長生인 不肖ᄒᆞᆯᄊᆡ ᄂᆞᆷ이 나아간ᄃᆞᆯ 百姓ᄃᆞᆯ히 ᄂᆞᆷᄋᆞᆯ 다 조ᄎᆞ니(月印上4). 世尊하 내 이젯 이 모미 ᄆᆞᄎᆞ매 變ᄒᆞ야 업수믈 조ᄎᆞ리이다:世尊我今此身終從變滅(楞解2:4). 오직 반ᄃᆞ기 곡진히 조차:但當曲從(宣賜內訓1:48). 새 그리 ᄯᅩ 조차 가니라:新詩亦俱往(初杜解24:37). 平人이 그지업시 믌겨를 조ᄎᆞ니라:平人無限隨波浪(南明上16). 조ᄎᆞᆯ 종:從(類合下19). 조ᄎᆞᆯ 준:遵(類合下20). 조ᄎᆞᆯ 슈:隨(類合下31). 주그면 반ᄃᆞ시 지아비ᄅᆞᆯ 조ᄎᆞᆯ 거시니 내 엇디 울리오:死必從夫何哭哉(東新續三綱. 烈2:28).
②쫓다〔逐〕. ☞뽗다. 뽗다 ¶衆賊이 좇거

늘:衆賊薄之(龍歌36章). 조출 툭:逐(訓蒙下30).

좇·다 동 겸하다. ☞조치다 ¶ᄒᆞ물며 므렛 盜賊 하미 조ᄎᆞ니:況兼水賊繁(初杜解16:19). 톱 조촌 갈 ᄒᆞ나:鋸兒刀子一箇(飜朴上16).

좇·좁·다 동 ①좇잡다. 따르다〔隨〕. ☞조쯉다. 존즙다. 좃좁다 ¶左右에 좇ᄌᆞᄫᆞ니:左右昵侍(龍歌55章). 뉘 아니 좇좁고져 ᄒᆞ리:孰不願隨(龍歌78章).
②쫓잡다〔逐〕. ¶三賊이 좇좁거늘:三賊逐之(龍歌36章).

:좌 명 좌(座). 자리. ¶나랏 사ᄅᆞ미 모다 王과 六師와 위ᄒᆞ야 노폰 座 ᄆᆡᆼᄀᆞᆯ오 須達인 舍利弗 위ᄒᆞ야 노폰 座 ᄆᆡᆼᄀᆞ니(釋譜6:28). 世尊이 多子塔 알퓌 座ᄅᆞᆯ 논호시며(六祖序3). 師ㅣ 座애 오ᄅᆞ실 제(六祖上1). 정면 좌애 안자:正面兒坐着(飜老下54). 두 좌 잇ᄂᆞ니:有…兩座(飜朴上68). 큰 뎔 ᄒᆞᆫ 좨 잇ᄂᆞ니:有一座大寺(飜朴上69). 랑이 크게 놀라 좌외 ᄂᆞ려 답ᄒᆞ야 절ᄒᆞᆫ대(桐華寺 王郎傳3).

좌 명 좌(左). 왼편. 왼쪽. ¶좌로 가며:左(練兵18). 左로 東을 삼고 右로 西ᄅᆞᆯ 삼으라(家禮1:11).

:좌강 명 좌강(左降). 좌천(左遷). ☞좌천 ¶左降ᄋᆞᆫ 左遷이라(六祖上3).

좌내 명 자네〔汝〕. ☞자닉 ¶좌내 집의 술 닉거든 부듸 날 부르시소(古時調. 靑丘).

좌뎡ᄒᆞ다 동 좌정(坐定)하다. ¶마샹의셔 읍ᄒᆞ고 ᄒᆞᆫ가디로 그 막ᄎᆞ의 가 샹디ᄒᆞ며 좌뎡ᄒᆞ고 시신은 그 뒤히 안즌 후(山城134).

:좌ㅅ녁 명 왼편. ¶左ㅅ녀글 보아놀(楞解1:110). 이제 殿 앏 左ㅅ녁 ᄀᆞ애 쇠塔으로 鎭ᄒᆞᆫ 고디 이라(六祖略序15).

좌샴 동 잡수심. ㉠좌시다 ¶반 좌샤ᄆᆞᆯ ᄆᆞᄎᆞ시고:飯食訖(金剛上4).

:좌션 명 좌선(坐禪). ¶深山애 드러 果實와 믈와 좌시고 坐禪ᄒᆞ시다가:坐禪은 안자 이셔 기픈 道理 ᄉᆞ랑ᄒᆞᆯ 씨라(月釋1:5). 일이레 ᄀᆞ료미 업슬 솔 坐禪이라 ᄒᆞᄂᆞ니라:事事無碍謂之坐禪(松廣寺 蒙法54). 善知識아 엇데 일후미 坐禪고(六祖中14).

:좌션ᄒᆞ·다 동 좌선(坐禪)하다. ¶醉中에도 므리므리예 逃去ᄒᆞ야 坐禪호ᄆᆞᆯ ᄉᆞ랑ᄒᆞᄂᆞ다:醉中往往愛逃禪(初杜解15:41).

:좌:슈 명 좌수(左手). 왼손. ¶右手 左手로 天地 ᄀᆞᄅᆞ치샤(月印上8).

:좌시·다 동 자시다. 잡수시다. ☞자시다. 좌ᄒᆞ다 ¶ᄒᆞᆫ 낟 ᄡᆞᄅᆞᆯ 좌샤(月印上23). 粥을 좌시고 바리ᄅᆞᆯ 더뎌시ᄂᆞᆯ(月印上23). 王이 좌시고 病이 됴ᄒᆞ샤(釋譜11:21). 果實와 믈와 좌시고(月釋1:5). 즉재 여러 香을 좌시고:卽服諸香(法華6:144). 반 좌샤ᄆᆞᆯ ᄆᆞᄎᆞ시고:飯食訖(金剛上4). 님금 좌샤매:玉食(初杜解18:17). 그저 좌샤미 몯ᄒᆞ리라(重內訓序5).

:좌·우 명 좌우(左右). ¶弓劍 ᄎᆞ숩고 左右에 좇ᄌᆞᄫᆞ니:常佩弓劍左右昵侍(龍歌55章). 溫水 冷水로 左右에 ᄂᆞ리와(月印上8). 嬪嬙이 左右에 블근 곳 ᄀᆞᄐᆞ닐:嬪嬙左右如花紅(初杜解17:6). 또 徒衆이 다 左右에 잇ᄂᆞᆫ 돌 보시고(六祖上7). 네 ᄌᆞᄅᆞᆯ 블근 거스로 써 문 좌우펴ᄂᆡ 브티라(瘟疫方17). 王이 左右를 顧ᄒᆞ고 他를 言ᄒᆞ시다(宣孟2:23). 좌우편뉴들을(三譯1:10).

좌졍 명 좌정(坐定). ¶각각 ᄃᆡ쇼ᄒᆞ고 좌졍 후의 미션이 ᄀᆞᆯ오ᄃᆡ(引鳳簫1).

:좌·죄·ᄒᆞ·다 동 좌죄(坐罪)하다. ¶일로 좌죄ᄒᆞ야 드리티여 어렵살ᄒᆞ야 몸ᄋᆞᆯ ᄆᆞᄎᆞ니:坐是沈滯坎坷終身(宣小5:53). 맛당이 져근 자ᄅᆞᆯ 좌죄ᄒᆞ리이다(女四解4:10).

좌쥬 명 객주(客主). 위탁업자(委託業者). ¶牙行牙즈름行音杭猶本國좌쥬(吏文4:29).

좌ᄌᆞ 명 깔개. 자리. ¶좌ᄌᆞ:坐兒(譯解下18).

:좌천 명 좌천(左遷). ☞좌강 ¶左降ᄋᆞᆫ 左遷이라(六祖上3).

·좌·터시·다 동 잡수시더라. ☞좌시다 ¶님금이 祭ᄒᆞ거시든 몬져 좌터시다:君祭先飯(宣賜內訓1:10).

:좌·ᄒᆞ·다 동 잡수시다. ☞좌시다 ¶ᄒᆞᆫ 번 반 좌ᄒᆞ야시든 또 ᄒᆞᆫ 번 반 좌시며:一飯亦一飯(宣賜內訓1:41).

좖 부 쫙. ¶좖 것다:大走開(漢淸14:25).

:죄 명 죄(罪). ¶罪ᄅᆞᆯ 니저 다시 브려시니:忘咎復任使(龍歌121章). 世尊ㅅ 德 닙ᄉᆞᄫᅡ 罪ᄅᆞᆯ 버서(月印上28). 罪 니블 ᄆᆞ디며(釋譜9:8). 菩薩이 前生애 지손 罪로 이리 受苦ᄒᆞ시니라(月釋1:6). 므슷 罪오(月釋1:7). 뉘 罪ㅣ 업숨 ᄀᆞᆯᄒᆡ요ᄆᆞᆯ 肯許ᄒᆞ리오:孰肯辨無辜(初杜解6:38). 머리 죄 니버:遠謫(初杜解23:19). 三世옛 罪ᄅᆞᆯ 滅ᄒᆞ고(六祖中23). 이번 몯 외온 죄를 마초와 티기를 면ᄒᆞ거니와(飜老上4). 죄 고:辜(訓蒙下29. 類合下34). 죄 죄:罪(類合下21). 罪를 하ᄂᆞᆯ긔 어드면(宣論1:24). 王이 만일 그 罪 업슨 거시 死地예 就홈을 隱히 너기시면(宣孟1:21). 延年이 과연 죄로 죽으니라(女四解4:10). ᄂᆡ각 하공과 샹셔 중공의 충직ᄒᆞ믈 ᄶᅥ려 죄ᄅᆞᆯ 일워 쥬ᄒᆞ야(落泉1:1).

죄 부 죄. 죄다. 모두. ¶흰 믿불휘조차 죄 시서 믈 브어 달혀 머기라:取白根連鬚不拘多少水煎取汁服(痘要下71). 강변에 총 멘 ᄉᆞ람 기러기란 죄 노ᄒᆞ라(古時調. 南薰).

:죄·목 명 죄목(罪目). ¶죄목 혜다:數落了罪過(老朴集. 單字解8).

:죄·상 명 죄상(罪狀). ¶罪狀ᄋᆞᆫ 罪의 양지

라(月釋21:98). 즉시 샹쇼ᄒᆞ여 엄슝 만치 등 죄상을 논힉ᄒᆞ고(落泉1:2).

:죄슈 명 죄수(罪囚). ¶罪囚ᄅᆞᆯ 엇데 벗기시ᄂᆞ니잇고(三綱. 孝23). 牢ᄂᆞᆫ 重ᄒᆞᆫ 罪囚 ᄆᆡ야 뒷ᄂᆞᆫ ᄡᅡ히라(法華2:202). 죄슈ᄂᆞᆫ 도로 가도고(癸丑58). 내 한번 충곡을 헤쳐 구쳔의 부운을 쓰러ᄇᆞ리지 못ᄒᆞ면 졀시의 죄슈ㅣ 될지언졍(落泉3:7).

:죄신 명 죄인(罪人). ¶罪人ᄋᆞᆯ 글ᄂᆞᆫ 가마애 드리티ᄂᆞ니라(月釋1:29). 罪人을 拏티 아니ᄒᆞ더시니(宣孟2:18).

죄악 명 죄악(罪惡). ¶ᄀᆞ독ᄒᆞᆫ 罪惡을 업게 ᄒᆞ고(家禮5:22).

죄인 명 죄인(罪人). ¶하ᄂᆞᆯ ᄯᅡ 연 샤이예 ᄒᆞᆫ 죄인이어니 집을 니유미 엇디 맛당ᄒᆞ료:天地一罪人耳屋何宜覆(飜小9:33). ᄆᆡ양 죄인 결단ᄒᆞ기예 당ᄒᆞ야:每當斷獄(警民2). 젹슝이 샹긔 알외ᄃᆡ 쇼네 역시 뉴찬ᄒᆞᆯ 죄인이라 엇지 ᄃᆡᄒᆞ리잇가(落泉1:1).

:죄 주·다 동 죄(罪)주다. 벌(罰)하다. ¶詳考ᄒᆞ야 罪주ᄂᆞ니(釋譜9:38). 죄줄 벌:罰. 죄줄 뎍:謫(訓蒙下29).

죄히다 동 위협하다. ¶하 죄히니 ᄲᅱ여 ᄃᆞ라나다가 가측으로 숨으며(癸丑145).

죠 관 조. 저. ¶바독이 검동이 靑揷沙里 中에 죠 노랑 암ᄏᆡ갓치 얄믜오랴(古時調. 海謠).

-죠 접미 -조(調). ¶남초 업ᄂᆞᆫ 뷘 담비ᄭᅴ 소일죠로 가지고셔(萬言詞).

죠개 명 조개. ☞조개 ¶새 죠개 ᄃᆞ외면:如雀爲蛤(楞解7:83). 죠개:蛤蜊(四解上28 蜊字註). 죠개 합:蛤. 죠개 리:蜊(訓蒙上20). 죠개 합:蛤(類合上14. 倭解下25). 인ᄒᆞ야 긔걸ᄒᆞ야 술 더이고 죠개 구으라 ᄒᆞᆫ대:因命臑酒炙車螯(宣小5:47). 죠개:蚌蛤(同文解下41). 죠개:蛤蜊(漢淸14:43).

죠개거풀 명 조개껍데기. ¶죠개거풀:蛤蜊殼(漢淸14:47).

죠개업 명 문간을 드나드는 사람의 신에서 떨어진 흙이 쌓여 두두룩하게 된 곳. ¶죠개업:千步峰 門出入處高起如峰者(柳氏物名五 土).

:죠고·마 부 조금. ☞죠고매 ¶나히 여ᄃᆞ니 남도록 죠고마도 게을이 아니터니:年過八十未嘗小懈(續三綱. 孝35).

:죠고·마치 부 조그만큼. ☞젹으마치. 죠곰마치. 죠곰안치 ¶죠고마치 잇다 ᄒᆞ야시ᄂᆞᆯ(南明上14). 죠고마치:細小(漢淸11:54).

:죠고·마ᄒᆞ·다 형 조그마하다. ¶艮岑앳 프ᄅᆞᆫ 횟비치 슬피 죠고마ᄒᆞ더라:艮岑靑輝慘幺麼(初杜解9:5). 참마다 비예 ᄂᆞ리시기 어렵기ᄂᆞᆫ 죠고마ᄒᆞ고(新語6:21).

:죠고·만 형 조그만. 조그마한. ㉮죠고마ᄒᆞ다 ¶죠고만 ᄀᆞ린 것도 훤히 업서:廓無纖翳(楞解1:4). 내 죠고만 견히로 열 문ᄋᆞᆯ ᄆᆡᆼᄀᆞ라:我以管見撰成十門(野雲46). 죠고만 아히 이셔 ᄆᆡ양 어ᄆᆡ 밥ᄇᆞᆯ 안거ᄂᆞᆯ:有小兒每奪母食(東新續三綱. 孝1:1). 죠고만 니며 해ᄅᆞᆯ ᄃᆞ토와:爭小利害(警民4). 죠고만 공노의 일 곳 이시면(仁祖行狀27). 죠고만 널문이 긔라:小板門兒便是(老解下1). 죠고만 病患의 托辭ᄒᆞ여(隣語1:6). 죠고만 것:小些的(漢淸11:54).

:죠고·맛 관 조그마한. ☞죠고맛간. 죠고맷 ¶죠고맛 거슬 주어시든(釋譜6:44). 죠고맛 드틀도 업게 ᄒᆞ야ᅀᅡ 妙覺애 들리라(月釋2:62). 이ᄂᆞᆫ 오직 죠고맛 法이라(月釋13:5). 牘ᄋᆞᆫ 글쓰ᄂᆞᆫ 죠고맛 너리라(楞解9:105). 죠고맛 涅槃分을 得ᄒᆞ고(法華4:43). 죠고맛 光明이:微茫(法華6:165). 죠고맛 허므를 怒ᄒᆞ야 ᄒᆞ거든:詰怒小過(宣賜內訓2下40). 죠고맛 ᄆᆞᅀᆞ매 銘佩ᄒᆞ야 닛디 아니호ᄆᆞᆯ 구디 ᄒᆞ노라:寸心銘佩牢(初杜解8:57). 門 알ᄑᆡᆺ 죠고맛 여흐리 다 平코져 ᄒᆞ놋다:門前小灘渾欲平(初杜解10:4). 구틔여 죠고맛 목수믜 주구므로 말리아:敢辭微命休(初杜解17:2). 죠고맛 ᄇᆞᄅᆞᄆᆞᆯ 니르와다:欲鼓微風(南明下32). 죠고맛 흐린 것도 업소미 곤도다:若絶點霞(金三2:25). 각별히 사ᄅᆞᆷ 일 다ᄉᆞ려 죠고맛 일도 더으디 아니ᄒᆞ노니:不別治生以長尺寸(飜小8:20). 綠林ᄋᆞᆫ 엇뎨 죠고맛 患難이리오:綠林寧小患(重杜解3:5).

죠고맛간 관 조그마한. ☞죠고맛감 ¶죠고맛간 삿기 上座ㅣ 네 마리라 호리라(樂詞. 雙花店).

죠고맛감 관 조그마한. ☞죠고맛간 ¶죠고맛감 삿기 광대 네 마리라 호리라(樂詞. 雙花店).

죠고매 부 조금. 조그마하게. ☞죠고마 ¶죠고매도 니ᄅᆞ디 몯ᄒᆞ리니:不可說其小分(牧牛訣44). 近年 숤病에 죠고매 머구믈 여렛노니:比年病酒開涓滴(初杜解8:42). 죠고매도 머므디 아니ᄒᆞ도다:不少留(南明上36). 죠고매 고해 부러:少許吹鼻中(救簡6:1). 내죵내 벼슬이 현달호모로ᄡᅥ 죠고매도 고티미 잇디 아니ᄒᆞ더라:終不以官達有小改(宣小6:97). 죠고매도 게을이 아니ᄒᆞ더니:不小懈(東續三綱. 孝33). 죠고매도 게ᄋᆞ른 ᄠᅳ디 업더라:少無怠意(東新續三綱. 孝6:42). 聖哲ㅅ ᄆᆞᅀᆞᆷᄒᆞ샤ᄆᆞᆫ ᄒᆞᆫ 모믈 죠고매 ᄒᆞ시ᄂᆞ니라:聖哲爲心小一身(重杜解5:23).

:죠·고·맷 관 조그마한. ☞죠고맛 ¶죠고맷 널문이 긔라:小板門兒便是(飜老下1). 죠고맷 일각문:小墻門(飜朴上58).

죠골이 명 초고리. ¶죠골이:角鷹(柳氏物名一 獸族).

죠곰 [부] 조금. ☞됴곰 ¶사당 ᄀᆞ라 죠곰 녀허 머그면 즉시 ᄀᆞᆫᄂᆞ니라:少加砂糖溫服二服立止(痘要上66). 또 죠곰 믈에 빠 먹고 누론 믈을 토ᄒᆞ면(辟新11). 죠곰도 어긔로며 거스리디 말올찌니라:毋或違逆(警民7). 江東 힘을 죠곰도 바히 내지 아니ᄒᆞ고(三譯4:19). 죠곰:一點子(同文解下21). 죠곰:些須(漢淸11:49). ᄒᆞᆫ 층 죠곰 놉혀 손이라나 ᄒᆞ여 주렴(萬言詞).

죠곰마치 [부] 조금. ☞죠고마치. 죠곰안치 ¶佛法이ᅀᅡ 내 이어긔도 죠곰마치 잇다 ᄒᆞ야시ᄂᆞᆯ(南明上14).

죠곰안치 [부] 조금. ☞죠고마치. 죠곰마치 ¶ᄀᆞᄅᆞ 밍그라 ᄆᆡ양 죠곰안치를 코굼긔 부러:作末每服取少許吹入鼻孔(辟新12).

죠곰이나 [부] 조금이나. 조금이라도. ¶日本 사ᄅᆞᆷ은 죠곰이나 마리를 덥게 ᄒᆞ면(隣語1:13).

죠곰터면 [부] 하마터면. ¶죠곰터면 망울이 ᄲᅥ져실너니(閑中錄214).

죠그마ᄒᆞ다 [형] 조그마하다. ☞죠고마ᄒᆞ다 ¶죠그마ᄒᆞᆫ 실ᄀᆡ쳔의 발을 ᄲᅡ진 소경놈도(萬言詞).

죠긔 [명] 조기. ☞조긔 ¶죠긔:石魚(方藥49). 죠긔:江魚(柳氏物名二 水族).

죠기다 [동] 쪼개다. ¶삭다리를 죠기ᄂᆞᆫ 듯 마ᄃᆡ마ᄃᆡ 소ᄅᆡ 논다(萬言詞).

죠ᄀᆡ [명] 조개〔蛤〕. ☞죠개 ¶죠ᄀᆡ 합:蛤(兒學上8).

죠로로 [부] 조르르. ¶물 죠로로 흐르ᄂᆞᆫ 구머 막키웁세(古時調. 되들에 단. 靑丘).

죠롱 [명] 조롱박. ☞죠롱박 ¶죠롱 호:瓠. 죠롱 로:𤬏(訓蒙上8).

죠롱·박 [명] 조롱박. ☞죠롱 ¶ᄡᅳᆫ 죠롱박 불휘를 니기 디허 헌ᄃᆡ 빠 두면 즉재 됴ᄒᆞ리라:苦葫蘆根爛搗封瘡口上立差(救簡6:57). 죠롱박:蒲盧(柳氏物名三 草).

죠롱ᄒᆞ다 [동] 조롱(嘲弄)하다. ¶엇디 부허ᄒᆞᆫ 말로ᄡᅥ 쇼뎨를 죠롱ᄒᆞᄂᆞ뇨(洛城2). 우리 냥경이 하마 셔로 비췰 거시어ᄂᆞᆯ 짐즛 죠롱ᄒᆞ시미 사ᄅᆞᆷ으로 붓그려 죽게 ᄒᆞ시ᄂᆞᆫ도다(落泉2:6).

죠릐 [명] 조리. ¶이 얼골 가지고 죠릐 장ᄉᆞ를 못 어드리(古時調. 밋남편. 靑丘). 죠릐:笊籬(柳氏物名三 草).

죠릐대 [명] 조릿대. ¶죠릐대:山白竹(柳氏物名三 草).

죠리 [명] 조리. ☞죠릐. 죠ᄅᆡ ¶죠리 수:籔(兒學上11).

죠리티기 [명] 장구채. ☞주리치기 ¶죠리티기:王不留行(柳氏物名三 草).

:죠·ᄅᆡ [명] 조리. ☞죠리 ¶죠ᄅᆡ:笊(四解下22). 죠ᄅᆡ 조:笊. 죠ᄅᆡ 리:䇐(訓蒙中13). 죠ᄅᆡ:箄籬(朴解中11). 죠ᄅᆡ:笊䇐(譯解下13). 죠ᄅᆡ 조:笊(倭解下15).
※죠ᄅᆡ>죠릐>조리

죠만 [명] 주머니. ¶囊曰 죠만(東言).

죠방이 [명] 조방가새. ☞조방거싀 ¶죠방이:小薊(柳氏物名三 草).

죠상 [명] 조상(弔喪). ¶죠상 조:弔(兒學下1).

죠셔 [명] 조서(詔書). ¶使者ㅣ ᄀᆞ옰 長吏를 더블오 가아 詔書 주더니(三綱. 忠8). 詔書로 鎭南軍節度使를 賜ᄒᆞ시고(三綱. 忠26). 죠셔 ᄀᆡ독ᄒᆞ라 가노라:開詔去. 죠셔:詔書(飜朴上8). 죠셧 조:詔(訓蒙上35. 類合下14). 죠셔를 ᄂᆞ리와(仁祖行狀7).

죠션 [명] 조선(朝鮮). ¶朝鮮 사ᄅᆞᆷ은 마리를 져리 덥게 ᄒᆞ여도(隣語1:13).

죠션 [명] 조선(祖先). ¶네 오욕ᄒᆞ믄 니ᄅᆞ지 말고 죠션의 더러온 ᄌᆞ손 두미 붓그러오니(落泉1:2).

죠슈 [명] 조수(潮水). ¶죠슈 조:潮(兒學上4).

죠요ᄒᆞ다 [동] 조요(照耀)하다. ¶믄득 블근 비치 죠요ᄒᆞ고(仁祖行狀1).

죠용이 [부] 조용히. ☞죠용히 ¶죠용이 ᄀᆡ가 ᄒᆞ려 ᄒᆞ니(女範3. 뎡녀 동셩기녀).

죠용히 [부] 조용히. ☞죠용이 ¶말ᄉᆞᆷ을 죠용히 ᄒᆞ더니:從容敍言(太平1:18). 오ᄂᆞᆯ은 折節 天氣도 됴하 죠용히 말ᄉᆞᆷᄒᆞ니 깃거ᄒᆞᄋᆞᆸ니(新語2:4).

죠용ᄒᆞ다 [형] 조용하다. ¶날ᄃᆞ려 죠용ᄒᆞᆫ ᄣᅴ 말ᄉᆞᆷᄒᆞ시ᄃᆡ(閑中錄50).

죠우름 [명] 졸음. ¶죠우름 수:睡(兒學下3).

죠이 [명] 조이(雕螭). ¶장식의 죠이:鏨花(柳氏物名五 金).

죠쟝ᄒᆞ다 [동] 조장(助長)하다. ¶회심을 죠쟝ᄒᆞ야(癸丑24).

죠집게 [명] 족집게. ☞족접개. 족집게 ¶죠집게 일ᄇᆡᆨ 낫:鑷兒一百把(老解下61).

-죠차 [조] -조차. ☞-조차 ¶눈죠차 어둡고나(萬言詞). 욕셜죠차 비경ᄒᆞ다(萬言詞).

죠쳐 [부] 아울러. ☞조쳐 ¶履謙이 죠쳐 ᄆᆡ야 두고 ᄠᅳ드니:並履謙縛而剮之(三綱. 忠13 顔袁).

-죠ᄎᆞ [조] -조차. ☞-조차 ¶젼신만슈 머다머되 쇼식죠ᄎᆞ 돈졀ᄒᆞ니(萬言詞).

죠치 [명] 조치. ¶아니한ᄉᆞ시예 져기로니 죠치로니 열치로니 달힘 ᄢᅵ미로니(七大13).

죠:콜:셤 [명] 섬 이름. ¶德積島在南陽府海中召忽島 죠콜셤 南六十里許(龍歌6:58).

죠타 [형] 좋다. ☞됴타 ¶죠ᄒᆞᆫ 누른 ᄃᆞᆯᆰ:好黃土(東醫 湯液一 土部). 내사 죠해 ᄌᆞᆼ 書房이(古時調. 쳥울치. 靑丘). 죠흔 일흠을 주리라 ᄒᆞ니라(八歲兒2). 본칙을 어더 벋기ᄋᆞᆸ시미 죠ᄉᆞ외(隣語1:16). 사슴의 고기가 아모리 軟ᄒᆞ고 죠타 ᄒᆞ여도(隣語2:2). 쳔

금 준마 화소청은 소년 노리 더욱 죠타(萬言詞). 만일 죠흔 ᄒᆡ의 니ᄅᆞ면:若到好年頭就(華解上4). 죠흔 말이여:好說(華解上18). 죠흘 호:好(兒學下10). ※죠타<됴타

죠피 명 조피. ¶사ᄉᆞᄆᆡ 놀고기와 놀죠피와:生鹿肉并生椒(救簡1:23). 놀죠핏 닙:生椒葉(救簡3:38). 놀죠피:生椒(救簡6:48). 川椒秦椒蜀椒 죠피 又 분디 曰山椒(訓蒙上12 椒字註). 川椒曰 죠피(東言).

죠하ᄒᆞ다 동 좋아하다. ☞됴화ᄒᆞ다 ¶보화와 지믈을 죠하ᄒᆞ며:好(百行源18). 이 집 主人이 待客ᄒᆞ기를 죠하ᄒᆞᄂᆞᆫ 셩졍일너니(隣語1:18).

죠회ᄒᆞ다 동 조회(朝會)하다. ¶죠회ᄒᆞ다:上朝(同文解上52).

죠흔ᄡᆞᆯ 명 멥쌀. ¶죠흔ᄡᆞᆯ:粳米(譯解補42).

죠희 명 종이. ☞죠히 ¶半張 죠희예 썻ᄂᆞ니:半張紙上寫着裏(朴解下56). 죠희 지:紙(倭解上38). 죠희에 글자 둘흘 ᄡᅥ 뵈니:紙(五倫2:50). ※죠희<죠히

죠히 부 좋게. 깨끗하게. ¶언제 죠히 살게 ᄒᆞᆯ가 시브니잇가(癸丑105). 임의 죠히 너기ᄂᆞᆫ 배 이시니(女範2. 현녀 표쳐녀종). ᄯᅩ 우리 몸들도 兄의 덕에 오로 죠히 잇다(捷蒙4:17). 손 잡고 일은 말솜 죠히 가라 당부ᄒᆞ니(萬言詞). 청강의 죠히 씨슨(古時調. 가마귀 ᄊᆞ호ᄂᆞᆫ. 歌曲).

·죠ᄒᆞ·다 동 좋아지다. 낫다. ☞됴ᄒᆞ다 ¶즉자히 손가락 버혀 머기니 病이 즉자히 죠ᄒᆞ니라(三綱. 孝34).

죠·히 명 종이. ☞죠희 ¶죠히爲紙(訓解. 用字). 죠히어나 기비어나:紙素(楞解7:46). 瘡腫 스저 ᄇᆞ룐 죠히라 닐오ᄆᆞᆯ 올타 호리라:是拭瘡疣紙(蒙法61). 죠히와 먹과로:紙墨(蒙法66). 네 죠히 업서(宣賜內訓2上57). 늘근 겨지븐 죠히를 그려 쟝긔파ᄂᆞᆯ ᄆᆡᆼᄀᆞ어ᄂᆞᆯ:老妻畫紙爲碁局(初杜解7:4). 푸메 ᄀᆞ독ᄒᆞᆫ 죠히러라:滿懷牋(初杜解20:17). 밄ᄀᆞᄅᆞ ᄆᆞ라 죠히 우희 블라:白麪調攤紙花子上(救簡2:6). 죠히 지:紙(訓蒙上34. 類合上25). 죠히 젼:箋(訓蒙上35. 石千37). 그 녯 죠히예:其故紙(宣小5:118). 죠히와 붇을 請ᄒᆞ야 ᄡᅥ ᄃᆡ답호ᄃᆡ:請紙筆以對(宣小6:90). 젼대예 ᄒᆞᆫ 권 죠히를 녀허:纏帶裏裝着一卷紙(老解上25). 죠히:紙(同文解上43). 紙曰垂(雞類). 紙 着必(譯語. 器用門). ※죠히>죠희>죠히>죠이>종이

족 명 족(足). ¶농난히 구은 족과:燒爛蹄蹄(朴解上5). 족:蹄子(同文解上59).

족곰도 부 조금도. ¶족곰도 두려ᄒᆞᄂᆞᆫ 비치 업서:略無怖色(東新續三綱. 忠1:88).

족도리 명 족두리. ¶족도리 그어 쓰고(癸丑122). 내 족도리 중놈 베고(古時調. 중놈도. 青丘).

족바당 명 발바닥. ☞족 ¶족바당:蹄掌(漢淸14:24).

족·박 명 쪽박. ☞드박 ¶蠡ᄂᆞᆫ 족바기오(心經67). 족박:瓢子(譯解下14). 나모 족박:木瓢(漢淸11:39).

족박귀 명 쪽박 따위. ☞-귀. -쉬. ¶족박귀 업거니ᄯᆞ나(古時調. 鄭澈. 기울계. 松江). 숫벼 다 ᄯᆞ리고 족박귀 업섯괴야(古時調. 鄭澈. 이바 이. 松江).

·족솨 명 족쇄(足鎖). ☞족쇄 ¶족솨 태:釱. 족솨 착:鋜. 족솨 료:鐐(訓蒙中15).

족쇄 명 족쇄(足鎖). ☞족솨 ¶족쇄:脚鐐(譯解上66. 同文解下30. 漢淸3:9).

족술 명 쪽술. ¶슈박에 족술이로다(古時調. 閣氏네. 青丘).

족접이 명 족제비. ☞족져비 ¶족접이 광:狁(倭解下23).

족져비 명 족제비. ☞족접이 ¶족져비:黃鼠(譯解下33. 同文解下39). 족져비:騷鼠(漢淸14:8).

족접·개 명 족집게. ☞족직개. 족집개. 족집게 ¶족접개로 ᄲᅢ혀라:以鑷子取之(救急下6). 족접개로 ᄲᅢ혀라:以鑷子取之(救簡6:26). 그 족접개 가져다가:將那鑷兒來(飜朴上44). 족접개:鑷子(四解下82 鑷字註). 족접개 녑:鑷(訓蒙中14).

족접이 명 족제비. ☞족접이. 족져비 ¶족접이 잡ᄂᆞᆫ 덧:打騷鼠的器(漢淸10:31). 족접이:騷鼠(物譜 毛蟲). 족접이:鼬鼠(柳氏物名一 獸族).

족좨 명 족쇄(足鎖). ☞족솨 ¶항쇄 족좨 ᄀᆞ초시고(普勸文32).

족족 명 족족. ¶ᄌᆞ란 족족 즉시 버히고:隨長卽斷(東新續三綱. 烈8:75). 니ᄅᆞ오시ᄂᆞᆫ 족족(癸丑23). 간ᄃᆡ 족족 안니다가(松江. 思美人曲).

족족히 부 일일이. ¶공ᄉᆞ든 족족히 ᄡᅥ 보내랴(癸丑41).

족지 명 달래. ☞죡지 ¶족지:野蒜(訓蒙上13 蒜字註). 족지:小蒜(朴解中34. 物譜 蔬菜). 족지:野蒜(譯解下12. 漢淸12:38). 蒜小曰 족지 野蒜(農俗).

족직개 명 족집게. ☞족접개. 족집개. 족집게 ¶족직개 一百 디목 一百斤(蒙老8:16).

족집·개 명 족집게. ☞죠집게. 족접개. 족직개. 족집게 ¶족집개:鑷子(救急下6). 족집개:鑷子(譯解補29. 漢淸11:25). 족집개:鑷(物譜 服飾).

족집게 명 족집게. ☞족접개. 족직개. 족집개 ¶족집게 일ᄇᆡᆨ 낫:鑷兒一百把(老解下61). 뎌 족집게 가져다가:將那鑷兒來(朴解上40). 족집게:鑷子(同文解上54).

죡집기 명 족집게. ☞죡졉개. 죡직개. 죡집개 ¶죡집기 녑:鑷(兒學上12).

죡치다 동 족치다. ¶죡치다:打蹬脚(漢淸4:48).

죡컨이와 형 좋거니와. ¶唐虞도 죡컨이와 夏商周ㅣ 더욱 죠홰(古時調. 海謠).

죡하 명 조카. ¶죡하 딜:姪(兒學上1).

·죡·히 부 족(足)히. ¶보미 ᄆᆞᅀᆞ매 잇고 누네 잇디 아니ᄒᆞᆫᄃᆞᆯ 足히 알리로다(楞解1:101). 할아며 기리논 ᄉᆞᅀᅵ예 足히 모맷 ᄢᅧ ᄃᆞ올만 ᄒᆞᄂᆞ니라(宣賜內訓1:12). 나라해 法令이 잇ᄂᆞ니 이 ᄯᅩ 足히 놀라오니라:國家法令在此又足驚吁(初杜解6:39). 黃梅와 曹溪와ᄅᆞᆯ 보면 足히 어루 보리라(金三涵序11). 堂宇ㅣ 조바 足히 衆을 容納디 몯호ᄆᆞᆯ 보시고(六祖略序7). 유셔ᄒᆞᆫ 벼ᄉᆞ른 오래 이쇼미 어려오니 ᄆᆞᄎᆞᄆᆞᆯ 엇디 족히 미드리오:勢位難久居畢竟何足恃(飜小6:27). ᄯᅩᄒᆞᆫ 足히 ᄡᅥ 發ᄒᆞᄂᆞ니 回ㅣ 어리디 아니ᄒᆞ도다(宣論1:13). 내 力이 足히 ᄡᅥ 百鈞을 擧호ᄃᆡ(宣孟1:23). 그 父子와 兄弟ㅣ 도왼 이 足히 法ᄒᆞᆫ 후에 民이 法ᄒᆞᄂᆞ니라(宣大19). 요긔ᄂᆞᆫ 족히 ᄒᆞ올 만ᄒᆞᄋᆞᆸ더이다(隣語1:10). 범ᄒᆞᆫ 쟈ᄂᆞᆫ 비록 족히 니ᄅᆞᆯ 거시 업스나(綸音28).

·죡·ᄒᆞ·다 형 족(足)하다. ¶兩足ᄋᆞᆫ 두 가짓 이리 足ᄒᆞ실 씨니 福과 智慧왜 다 足ᄒᆞ실 씨라(釋譜13:45). 欲心에 足ᄒᆞᆫ 고ᄃᆞᆯ 아ᄂᆞ니라(月釋1:31). 飮食을 브르게 足게 ᄒᆞ며(法華2:242). 小君 ᄀᆞᆯᄒᆡ샤매 ᄆᆡ우미 足디 몯호이다(宣賜內訓2下16). 늘거 가매 ᄒᆞᆫ 잔 수리 足ᄒᆞ니 ᄌᆞ조 춤츠기ᄅᆞᆯ 기리 호ᄆᆞᆯ 뉘 어엿비 너기려뇨:老去一盃足誰憐屢舞長(初杜解14:13). 四海 便安히 ᄆᆞᆰ고 時節ㅅ 비 足ᄒᆞ니(南明上4). 가도 죡ᄒᆞ다:去時勾了(飜朴上54). 가포ᄆᆞᆯ 수에 죡게 호리라:歸還數足(飜朴上61). 足ᄒᆞ면 내 能히 徵호리라(宣論1:22). 能히 믈을 ᄃᆞᆺ게 홈이 足ᄒᆞ다 ᄒᆞ니(家禮7:21). 엇지 공용의 죡ᄒᆞ며 족지 아니키ᄅᆞᆯ 의논ᄒᆞ리오(綸音106).

죤득죤득 부 존득존득. ¶죤득죤득 대히고 지고(古時調. 각시닉 玉 ᄀᆞᄐᆞᆫ. 靑丘).

죤ᄉᆞ외 형 좋사외다. 좋사오이다. 좋습니다. ㉮죠타 ¶본칙을 어더 번기ᄋᆞᆸ시미 죤ᄉᆞ외(隣語1:16).

죨다 동 졸다. ¶간당이 죨고(癸丑106).

죨애산 명 산(山) 이름. 〔'죨개'의 'ㄹ' 뒤에 'ㄱ'이 탈락한 형태.〕 ¶太祖嘗獵于洪原之照浦 죨애山 照浦山在洪原縣北十五里(龍歌6:38).

죨연이 부 졸연(猝然)히. ¶닉 이 말노 ᄉᆞ라ᄂᆞ더니 금일의 죨연이 쥭으니(引鳳簫1).

죰 명 줌통. 활채의 한중간. ¶紫芝鹿皮로 죰을 감고 靑鼠皮로 고즤 싸셔(武豪歌).

죰팔 명 줌통을 버티는 팔. ¶죰팔의 팔지 감고 각지손의 삼지 ᄶᅧ서(武豪歌).

-죳차 조 -조차. ☞-조차 ¶情誼죳차 멀을소냐(人日歌).

:죵 명 종〔僕〕. ¶죵爲奴(訓解. 用字). 가시며 子息이며 죵이며 집안 사ᄅᆞᄆᆞᆯ 다 眷屬이라 ᄒᆞᄂᆞ니라(釋譜6:4). 奴ᄂᆞᆫ 남진 죠이오 婢ᄂᆞᆫ 겨집죠이라(釋譜13:19). 가시며 子息이며 죠인ᄃᆞᆯ 주며(月釋9:29). 죠ᄋᆞᆫ 제 몸 위완ᄂᆞᆫ 거시오(月釋13:8). 죵ᄋᆡ 樣子로 牽馬ᄒᆞ고 채 자바 ᄃᆞᆫ니더라:操卽執鞭引繩如僮僕(三綱. 孝27). 모미 죵이 ᄃᆞ외야:身爲奴僕(楞解9:100). 한 죵이 侍衛ᄒᆞᄂᆞ니:多僕徒而侍衛之(法華2:73). 오히려 ᄂᆞᄆᆡ 죵이어뇨(蒙法22). 죵과 ᄆᆞᄉᆞ기 다ᄅᆞ리오:廝養何殊(宣賜內訓1:33). 죵으란 ᄒᆡᆫ바ᄇᆞᆯ 주고:與奴白飯(初杜解8:23). 아ᄒᆡ 죵이 잣안 져제로셔 오니:童僕來城市(初杜解10:15). 만히 아ᄒᆡ며 죵의 더러이미 도ᄋᆡ며:多爲童幼婢妾所點汚(飜小8:39). 죵 동:僮. 죵 복:僕(訓蒙上33). 죵 복:僕(類合上20). 죵 동:僮(類合下21). 죵의 난 ᄌᆞ식이어나 혹 쳡 ᄌᆞ식과 쳡 손ᄌᆞᄅᆞᆯ 심히 ᄉᆞ랑커시든:有婢子若庶子庶孫甚愛之(宣小2:16). 머리 플고 거즛 미친 양ᄒᆞ샤 죵이 되야:乃被髮佯狂而爲奴(宣小4:25). 죵:軀口(譯解上27). 우리 죵 되여 잇ᄂᆞᆫ 사ᄅᆞᆷ이:咱們做奴婢的人(老解下41). 官의 들어 죵이 되여(女四解4:14). 죵 ᄎᆞ즈련 양반인가 빗 바드련 쾌쥬런가(萬言詞).
※죵>종

죵 명 종(縱). 세로. ¶縱ᄋᆞᆫ 南北이오 廣ᄋᆞᆫ 東西라(月釋13:68). 발오ᄆᆞᆯ 닐온 縱이오 빗구믈 닐온 廣이라(法華1:86).

죵 명 종(鍾). 종지. ¶술와 믈와 각 ᄒᆞᆫ 죵애 달혀 ᄒᆞᆫ 죵만커든 머그라:酒水各一鍾煎至一鍾服(救簡3:26). 소곰믈 ᄒᆞᆫ 죵을 머고미 됴ᄒᆞ니라:飮鹽湯一鍾妙(救簡6:70). 죵 죵:鍾(訓蒙中13).

죵가 명 종가(宗家). ¶죵가 죵:宗(兒學上1).

죵고비 명 종고비새. ¶죵고비:鑽木兒(譯解下27).

죵귀 명 종기(腫氣). ☞죵긔 ¶뒷발에 죵귀 난 불개야미(古時調. 개야미. 靑丘).

:죵·긔 명 종기(腫氣). ☞죵귀 ¶죵긔 ᄡᅳ리ᄃᆞᆺ ᄒᆞ며:如裹癰瘡(永嘉上42). ᄯᅩ 더 내 더러우며 모딘 腫氣 고롬과(法華7:186). 丁瘡:머리와 ᄂᆞᆺ과 손바래 난 모딘 죵긔(救簡3:10). 아비 죵긔ᄅᆞᆯ 내여 ᄀᆞ장 셜워커늘:父嘗患腫甚苦(續三綱. 孝21). 죵긔 터지다:瘡破(同文解下7). 죵긔:癰疽(漢淸8:9). 죵긔 죵:腫(兒學下4).

:죵·놈 명 종놈. ¶德義를 슬워ᄒᆞ여 ᄇᆞ리면 의관을 ᄒᆞᆫ갓 둔ᄃᆞᆯ 죵놈과 엇디 다ᄅᆞ리오:銷刻德義簪裾徒在廝養何殊(宣小5:17).

죵ᄂᆡ 부 종내(終乃). 끝내. ¶이 날 윤오공이 쟝ᄎᆞᆺ 적진의 나갈시 긔ᄉᆡᆨ이 죵ᄂᆡ 여샹ᄒᆞ더라(山城122).

죵다리 명 종다리. ☞둉다리. 죵달이 ¶죵다리:造化鳥(朴解中1). ᄯᅩ ᄒᆞᆫ 부리 노론 수 죵다리 부리 ᄑᆞ른 암죵다리 노롯호ᄃᆡ:又是一箇銅觜鑞觜造化(朴解中1). 죵다리:造化(譯解下27). 죵다리:哨天雀(漢淸13:59).

죵달이 명 종다리. ☞죵다리 ¶쉽별 지쟈 죵달이 ᄯᅥᆺ다(古時調. 李明漢. 海謠). 죵달이:鷚(物譜 羽蟲). 죵달이:造化鳥(柳氏物名一 羽蟲).

:죵:류 명 종류(種類). ¶藥草ᄃᆞᆯ히 種類 여러 가지며 名色이 各各 다ᄅᆞ니(月釋13:44). 種類를 내야 未來際예 다ᄃᆞᆫ게 ᄒᆞ야(楞解8:30). 여러 種類ㅣ 셔울 니르러 오ᄂᆞ다:雜種抵京室(重杜解4:14).

죵시 부 종시(終是). 종내(終乃). ¶죵시 셜니 죽다(癸丑71). 적진의 가 국셔를 뎐ᄒᆞᄃᆡ 죵시 답셔를 내여주디 아니ᄒᆞ니(山城74). 죵시 올히만 너기시ᄂᆞᆫ(新語4:15). 네 말이 物貨를 아노라 ᄒᆞ더니 終是 모ᄅᆞᄂᆞᆫ 사ᄅᆞᆷ이로다(蒙老6:11). 酒饌을 부러 쟝만ᄒᆞ여 終日토록 苦待ᄒᆞᄋᆞᆸ더니 죵시 아니 오시니(隣語1:22). 도적이 협학ᄒᆞ여 항복 바드려 ᄒᆞ거ᄂᆞᆯ 죵시 굴티 아니ᄒᆞ고 죽으니:終(五倫2:33). 친ᄒᆞ기를 구ᄒᆞ되 죵시 ᄆᆞᄋᆞᆷ을 허치 아녓더니(落泉1:2).

죵시히 부 종시(終始)히. 시종(始終). ¶부뎨ᄒᆞᆨ 뎡경셰 논어 일부를 죵시히 다 진강ᄒᆞ오니(仁祖行狀22). 죵시히 죽ᄂᆞ니가 이시니:終至死者亦有之(痘瘡方10). 죵시히 은혜 잇게 ᄒᆞ라(字恤3).

죵신토록 부 종신(終身)토록. 평생토록. ☞죵신ᄐᆞ록 ¶君子ㅣ 終身토록 喪이 잇다 ᄒᆞ니(家禮1:29). ᄀᆞᆯ오샤ᄃᆡ 너희 부모 쳐ᄌᆞ를 내 당당이 죵신토록 도라볼 거시니(山城122). ᄒᆞᆫ시도 ᄯᅥ나기 슬희여 쳐 죽이랴 ᄒᆞ야도 죵신토록 울얼고(落泉1:3).

죵신·ᄐᆞ·록 부 종신(終身)토록. 평생토록. ☞죵신토록 ¶내 반ᄃᆞ기 終身ᄐᆞ록 供給ᄒᆞ야 ᄃᆞᆫ녀 ᄇᆞ리요리라:吾當終身供給走使(法華4:154). 帝 셜이 우르시고 終身ᄐᆞ록 다시 皇后를 세시디 아니ᄒᆞ시니라(宣賜內訓2下65).

죵:ᄉᆞᄒᆞ·다 동 종사(從事)하다. ¶犯ᄒᆞ야도 校티 아니홈을 녜 내 버디 일쯕 이예 從事ᄒᆞ더니라(宣論2:31). 향교의 죵ᄉᆞᄒᆞ기를 청ᄒᆞ니(經筵).

죵ᄡᅱ 명 종〔奴〕 따위. ☞-귀. -ᄡᅱ ¶죵ᄡᅱ 밧ᄡᅱᄂᆞᆫ 엇기예 쉽거니와(古時調. 鄭澈. 강원도. 松江).

죵·ᅀᅵᆯ·ᄐᆞ·록 부 종일(終日)토록. ☞죵일토록 ¶비록 終日ᄐᆞ록 行ᄒᆞ야도(楞解1:81). 平生ᄋᆞᆯ 니ᄅᆞ샤 終日ᄐᆞ록 雍和ᄒᆞ더시다(宣賜內訓2上57).

죵·ᅀᅵᆯᄒᆞ·다 동 종일(終日)하다. 날을 마치다. ¶世間 智慧 辯聰ᄋᆞ로 議論ᄒᆞ야 일로 終日ᄒᆞ며(永嘉下73).

죵아리 명 종아리. ¶죵아리:小腿(譯解上35. 同文解上16). 죵아리 경:脛(倭解上18. 兒學上2). 죵아리:攢筋(漢淸5:54).

죵요롭다 형 종요롭다. ¶죵요로운 ᄉᆞ회를 어더(落泉4:10).

죵용이 부 조용히. ☞죵용히 ¶죵용이 물너가게 ᄒᆞᆯ지니:從容(女四解3:20). 군신 ᄉᆞ이예 죵용이 가보ᄒᆞᄂᆞᆫ 거시 올커ᄂᆞᆯ(經筵). 안졍이 안ᄌᆞ 두발을 거두고 죵용이 무로ᄃᆡ(落泉1:1).

죵용·히 부 조용히. ☞죵용이 ¶ᄯᅩ 아래 從容히:從容은 양ᄌᆞ를 조출시니(宣賜內訓2下44). 죵용히 고티며 경계ᄒᆞᄂᆞ니ᄂᆞᆫ:從容規戒者(飜小8:36). 강론호ᄆᆞᆯ 죵용히 ᄒᆞ야:講論從容爲也(呂約41). 從容히 道애 中ᄒᆞᄂᆞ니(宣中32). 님금과 아비와 ᄒᆞᆫ가진가 너겨 호라 ᄒᆞ고 죵용히 죽거ᄂᆞᆯ:料君父一體耳遂從容就死(東續三綱. 孝30). ᄯᅩ 병ᄒᆞᆫ 집의 드러갈 제 거름을 죵용히 ᄒᆞ고(辟新16). 죵용히 쉬ᄋᆞᆸ소(新語1:20). 다만 從容히 말ᄒᆞ고(捷蒙1:6).

죵용ᄒᆞ다 형 조용하다. ¶죵용커든 보ᄋᆞᆸ새이다(新語5:21). 오ᄂᆞᆯ은 죵용ᄒᆞ실 줄 아ᄋᆞᆸ고(隣語4:26).

죵일토록 부 종일토록. ☞죵ᅀᅵᆯᄐᆞ록 ¶酒饌을 부러 쟝만ᄒᆞ여 終日토록 苦待ᄒᆞᄋᆞᆸ더니(隣語1:22). 酒饌을 쟝만ᄒᆞ여 終日토록 盡醉ᄒᆞᄋᆞᆸ사이다(隣語2:4). 아ᄎᆞᆷ이면 형뎨 대쳥에 모히여 죵일토록 상대ᄒᆞ여(五倫4:27).

죵젹 명 종적(蹤迹). ¶죵젹 업슨 거즛말을 ᄒᆞ야(癸丑50). 황혼의 도적이 드러 금은긔를 다 일코 죵젹을 ᄯᆞᆯ와(落泉1:1).

죵젼 명 종전(從前). ¶죵젼의 감히 신병을 못 알외오ᄃᆡ(經筵).

:죵·족 명 종족(種族). ¶種族이 낫나치 다 모ᄃᆞᆫ 金剛衆이(楞解7:48).

:죵:죵 명 종종(種種). 가지가지. 여러 가지. ¶金銀 그르세 담은 種種 차반이러니(月印上44). 種種 方便으로 다시곰 ᄉᆞᆯᄫᅡ도(釋譜6:6). 種種 고지 펫더니(釋譜6:31). 種種앳 됴ᄒᆞᆫ 오ᄉᆞᆯ 어드며(釋譜9:9). 一切 種種 智慧를 일워 衆生ᄋᆞᆯ 濟渡코져 ᄒᆞ노라:種種ᄋᆞᆫ 여러 가지라 ᄒᆞ논 ᄠᅳ디라(月釋1:10). 種種 供養 가져 城의 나아 부텨를 맛ᄌᆞᄫᅡ(月釋

1:13). 種智ᄂᆞᆫ 부텻 智니 種種 行相ᄋᆞᆯ 다 알 시라(金三1:1). 죵죵 霹靂生陷墮無間(樂詞. 履霜曲).

죵죵 부 때때로. ¶집을 ᄌᆞ루 죵죵 지여 두고(古時調. 이 몸이 ᄉᆡ여져셔. 歌曲).

죵죵이 부 종종(種種)이. 여러 가지로. ¶世界예 죵죵이 자ᄇᆡ면(七大5).

:죵·ᄌᆞ 명 종자(種子). ¶種子ㅣ 라(月釋9:20). 衆生ᄋᆡ 業의 種子ㅣ 모도미 일며(楞解1:82). 이 種子와 現行괘 서르 도아 熏ᄒᆞ야 어우는 ᄠᅳ디라(圓覺下一之一16).

죵ᄌᆞ 명 종자(鍾子). 종지. 잔. ¶죵ᄌᆞ 죵:鍾(石千21). 죵ᄌᆞ:鍾子(譯解下13). 덜 ᄯᅳ른 보리밥의 무장 ᄲᅧᆼ이 ᄒᆞᆫ 죵ᄌᆞ라(萬言詞).

죵ᄌᆞᄲᅧ 명 종지뼈. ¶죵ᄌᆞᄲᅧ:臏 膝蓋骨(物譜形體).

:죵횡 명 종횡(縱橫). ¶縱橫ᄋᆞ로 激發ᄒᆞ샤미:縱ᄋᆞᆫ 바ᄅᆞᆯ 씨오 橫ᄋᆞᆫ 빗글 씨라(楞解1:113).

:죵횡ᄒᆞ다 동 종횡(縱橫)하다. ¶名數ㅣ 어즈러이 縱橫ᄒᆞ논 ᄃᆞᆯ 므더니 너기놋다(金三5:16).

:죵·ᄒᆞ·다 동 종(從)하다. 좇다. 따르다. ¶日官을 從ᄒᆞ시니(龍歌42章). 從ᄒᆞᄉᆞᆸ디 아니ᄒᆞ더니(釋解6:10). 國王ᄋᆞᆫ 오쇼셔 龍王ᄋᆞᆫ 겨쇼셔 이 두 말ᄋᆞᆯ 어늘 從ᄒᆞ시려뇨(月釋7:26). 義ᄅᆞᆯ ᄇᆞ리고 利ᄅᆞᆯ 從ᄒᆞ면 사ᄅᆞ미 아니이다 ᄒᆞ고(三綱. 烈6). 後에 아쳐ᄒᆞᄂᆞᆫ 바로 ᄡᅧ 前에 從티 말며(宣大20). 民의 從홈이 輕ᄒᆞ니이다(宣孟1:33). 古者애ᄂᆞᆫ 子弟 父兄을 從ᄒᆞ더니(家禮1:13).

죵희 명 종이. ☞죠히 ¶이 창ᄭᅮᆷ게 죵희를 다가 다 믜티고:把這窓孔的紙都扯了(朴解中58). 공예 죵희 브들 주쇼셔 ᄒᆞ여 ᄃᆡ답호ᄃᆡ:公藝請紙筆以對(重二倫27).

죵희심 명 종이 심지. ☞죵희 ¶죵희심:紙捻兒(譯解下16).

:주 명 주(註). ¶四書란 다 晦庵 주 내시니ᄅᆞᆯ ᄒᆞ져:四書都是晦庵集註(飜老下70). 주 주:註(類合下24). 字 � 밧긔 註엣 말을 아오로 드려 사겨시모로(宣小凡例1).

주·거·가·다 동 죽어가다. ¶주거가ᄂᆞᆫ 거싀 일ᄋᆞᆯ 몬 보신ᄃᆞᆯ(月印上16).

주거리 명 쭉정이. ☞주글 ¶뷘 주거리:空殼子(同文解下6).

주·검 명 ①주검. 시체(屍體). ☞죽엄 ¶주거믈 ᄀᆞᆯᄉᆞᄎᆞ로 믹야(月釋9:36上). 남지늬 주검 베여 城 미틔셔 우니거든(三綱. 烈3). 鷲ᄂᆞᆫ 주거믈 먹ᄂᆞ니:鷲食死屍(法華2:108). 音樂ᄒᆞ야 ᄡᅧ 주거믈 즐기게 ᄒᆞ며:作樂以娛尸(宣賜內訓1:69). 어즈러운 삼ᄀᆞᄐᆞᆫ 주거믄 衛州에 사핫고:亂麻尸積衛(初杜解20:16). 주검 시:屍(訓蒙中35). 구의 주검을 검시ᄒᆞ고:官司檢了屍(老解上25). ②죽음. ¶주검을 기ᄃᆞ리며:死(正念解2).

주·겟·다 동 죽어 있다. 죽었다. ㉠죽다 ¶다주겟다가 ᄢᅵ더라:頓絕方蘇(宣賜內訓1:72). 書案ㅅ 그테 글 닑던 반되 ᄆᆞᆯ라 주겟도다:案頭乾死讀書螢(初杜解21:41).

주·굴위·다 동 쭈그러지다. ¶充實ᄋᆞᆫ 주굴위디 아니ᄒᆞᆯ 씨라(月釋2:41).

주·규·려 동 죽이려. ㉠주기다 ¶ᄂᆞ믄 주규려 커늘:人欲誅矣(龍歌77章).

주·귬 동 죽임. ㉠주기다 ¶주귬과 다와다 보참과:殺害逼惱(圓覺下一之一28). 주규미 져그면(宣賜內訓序4). 夏殷 衰亡ᄒᆞᆯ 제 中間애 스스로 褒姒와 妲己 주규믈 듣디 몯ᄒᆞ리로다:不聞夏殷衰中自誅褒妲(重杜解1:9). 주규미 ᄃᆞᆰ 가히예 니르도다:殺戮到雞狗(重杜解2:31). 犬戎 주규믈 조쳐 듣노라:兼聞殺犬戎(重杜解5:8). 하ᄂᆞᆯ히 주규믈 ᄂᆞ리오시니:降天誅(重杜解5:21). 사ᄅᆞᆷ 주규미 ᄯᅩ 그지 이시며:殺人亦有限(重杜解5:28).

주그되 동 죽되. ㉠죽다 ¶ᄯᆞ론 주그되 도라보디 아니ᄒᆞ니라:女死不顧(東新續三綱. 孝4:77 莫同投火).

·주그시·다 동 돌아가시다. ¶겨시다가 주그시거늘(南明上52).

주·근·믈 명 죽은 물(死水). ¶모로매 주근 믌 소배 모ᄆᆞᆯ 옮겨:要須死水裏轉身(金三2:57).

주근밀 명 밀의 쭉정이. ¶주근밀:浮小麥(東醫 湯液一 土部).

주근ᄭᆡ 명 주근깨. ☞죽은ᄭᆡ ¶주근ᄭᆡ:雀瘢(同文解上19).

주·글 명 쭉정이. ☞주거리 ¶주글 피:秕(訓蒙下6).

주·기 부 죽도록. ¶진실로 나ᄅᆞᆯ 애ᄃᆞᆯ와 주기 슯게 ᄒᆞᄂᆞ다:眞箇氣殺我(飜朴上35).

주·기·다 동 죽이다. ☞죽이다 ¶忠臣을 외오 주겨늘:擅殺忠臣(龍歌106章). 산것 주기디 마롬과 도ᄌᆞᆨ 마롬과 수을 고기 먹디 마롬과(釋譜6:10). 블바 주길까 ᄒᆞ논 ᄠᅳ디라(釋譜11:1). 사ᄅᆞᆷ 브려 쏘아 주기ᅀᆞᄫᆞ니라(月釋1:7). 夫人ᄋᆞᆯ 주기ᅀᆞᆸ더니(月釋8:87). ᄯᅩ 주균 즁ᄉᆡᆼ이라(月釋21:124). 즁ᄉᆡᆼ을 사아 주갸 鬼神ᄋᆞᆯ 이받더니(月釋23:64). 서르 머그며 서르 주교미:相食相誅(楞解8:125). 父母 주균 罪 ᄀᆞᆮᄒᆞ며:如殺父母罪(法華7:119). 幽王ᄋᆞᆯ 주기고(宣賜內訓序5). 사ᄅᆞᄆᆞᆯ 주기ᄂᆞ니:殺人(救簡1:83). 주길 도:屠(訓蒙下9). 주길 지:鞍(訓蒙下12). 주길 살:殺(訓蒙下12. 類合下10). 주길 듀:誅(類合下15). 다 주길 던:殄. 다 주길 셤:殲(類合下25). 주길 륙:戮(類合下

33). 주기리 주기고 드리리 드리고 몰리 모라 에워가 패 티쟈:殺一殺入一入赶一赶扭將去打劫(朴解上22).

:주·내·다 동 주(註)를 내다. ☞주닉다 ¶四書란 다 晦庵 주내시니ᄅᆞᆯ ᄒᆞ져:四書都是晦庵集註(飜老下70).

주닉다 동 주(註)를 내다. ☞주내다 ¶주닐 쥬:註(兒學下6).

·주·다 동 주다. ¶四海ᄅᆞᆯ 년글 주리여:維彼四海肯他人錫(龍歌20章). 다시 사ᄅᆞ샤 爵祿ᄋᆞᆯ 주시니:迺復生之爵祿是錫(龍歌77章). 비ᄂᆞᆫ 사ᄅᆞᄆᆞᆯ 주리어니 ᄒᆞᄆᆞᆯ며 녀나ᄆᆞᆫ 쳔랴이ᄯᆞ녀(釋譜9:13). 즐거ᄫᅳᆫ 일 주미 그지업슬 씨오(釋譜13:39). 보ᄇᆡ 주ᅀᆞ오시고(月釋序13). 내 나ᄒᆞᆯ 더러 아비ᄅᆞᆯ 주어지이다 ᄒᆞ더니:減已年益父壽(三綱. 孝30). 牛車ᄅᆞᆯ 願호ᄃᆡ 이제 주쇼셔:牛車願時賜與(法華2:70). 樂을 줄 뎬 ᄯᅩ 모로매(圓覺下三之一124). ᄲᅧ를 가히게 더뎌 주디 말며:毋投與狗骨(宣賜內訓1:3). ᄡᆞᆯ 주므란 아ᄅᆞᆷ다온 소ᄂᆞᆯ 어즈리고:乞米煩佳客(初杜解20:45). 소ᄂᆞᆯ 도로 주고ᅀᅡ:還客(初杜解22:20). 法性ㅅ 樂ᄋᆞᆯ 주고져 홀 뎬(南明上33). ᄒᆞᆷᄢᅴ 주믈 ᄎᆞ게 ᄒᆞ고:一弁交足(飜老下16). 네 삭슬 언메나 줄다:你與多少脚錢(飜朴上11). 줄 이:貽. 줄 ᄉᆞ:賜. 줄 급:給. 줄 뢰:賚. 줄 증:贈(訓蒙下21). 줄 혜:惠. 줄 황:貺(類合上10). 줄 여:予(類合下19). 줄 궤:饋(類合下20). 줄 수:授(類合下22). 줄 이:貽(類合下26). 줄 증:贈(類合下40). 줄 긔:乞(類合下45). ᄒᆞᆷᄭᅴ 주믈 ᄎᆞ게 ᄒᆞ고:一弁交足(老解下15). 줄 증:贈. 줄 ᄉᆞ:賜(兒學下6).

주다 동 보다. ☞쥬다 ¶눈 주다:丟眼色(同文解上28).

주다 동 줄다. ¶주다:自抽窄(同文解上57).

주다 동 (감았던 것을) 풀다. ¶그물을 주어 두랴 낙시를 노흘일까(古時調. 尹善道. 고은 벗치. 孤遺).

주대 명 줄과 대. 낚싯줄과 낚싯대. ¶주대 다ᄉᆞ리고 빗밥을 박앗ᄂᆞ냐(古時調. 尹善道. 孤遺).

주도록 동 줄도록. ¶ᄡᅴ 일쳑이나 주도록 여외여(女範1. 부계모 위망ᄌᆞ모).

주량 명 주량(酒量). ¶져 주량으로 혜여(朴新解1:27).

주러들다 동 줄어들다. ¶주러들 축:縮(類合下62).

주롬 명 주름. ☞주룸 ¶므쇠로 텰릭을 ᄆᆞᆯ아 나ᄂᆞᆫ 鐵絲로 주롬 바고이다(樂詞. 鄭石歌). 너븐 주롬:板褶兒(譯解下6).

주·룸 명 주름. ☞주롬 ¶ᄀᆞᄂᆞᆫ 주룸도 유여ᄒᆞ고:細褶兒也儘勾了(飜老下28). 푼류쳥 로 ᄀᆞᄂᆞᆫ 주룸 텬릭이오:柳綠羅細摺兒(飜老下50). ᄀᆞᄂᆞᆫ 주룸:細褶兒(四解下52 積字註). 주룸 간:襉. 주룸 벽:襞. 주룸 적:積(訓蒙中23).

주륨 동 주림. 굶주림. ㉮주리다 ¶ᄒᆞᆫ갓 치우며 주류매 逼迫ᄒᆞᆫ ᄃᆡ 아니라:不獨凍餒迫(重杜解1:33).

주름 명 주릅. 거간(居間). 중개인(仲介人). ☞즈름 ¶凡賣買居間與成而食成語者謂之儈音 주름(吏文).

주름 명 주름. ☞주롬 ¶너븐 주름:板摺兒(老解下46). 주름:摺子(同文解上56).

·주리·다 동 주리다(飢). ☞주우리다. 주으리다 ¶주리며 치워ᄒᆞᄂᆞ닐:飢寒者(宣賜內訓3:51). ᄆᆡ샹 주렛ᄂᆞᆫ 져믄 아ᄃᆞᄅᆞᆫ:恒飢稚子(初杜解7:2). 보ᄆᆡ 주류믈 견듸여:春忍飢(初杜解8:21). 므스므라 주려 주거 굴허에 몃귀욜 이ᄅᆞᆯ 알리오:焉知餓死塡溝壑(初杜解15:37). 주릴 뇌:餒. 주릴 아:餓(訓蒙下19). 주릴 긔:飢. 주릴 아:餓. 주릴 뇌:餒(類合下17). 주릴 긔:飢(石千35). 드듸여 주려 죽으니라:遂餓而死(宣小4:28). 치우며 주려 죽음을 저ᄒᆞᆫ 故로:怕寒餓死故(宣小5:67). 주리고 치워도 도라보디 아니ᄒᆞᆷ을 비호디 말올디니:莫學…饑寒不顧(女四解2:19).

주리치기 명 장구채의 씨. ☞죠리티기 ¶주리치기:王不留行(物譜 藥草).

주리치다 동 움츠리다. ¶주리쳐 ᄯᅱ여 ᄒᆞᆫ 번 티고:縮跳一打(武藝圖27).

주리켜다 동 오그리다. ¶다리ᄅᆞᆯ 주리켜고 ᄃᆞᆫ니ᄂᆞᆫ 이ᄂᆞᆫ:蹩脚行(馬解上76). 주리켜 오근 골이 샹ᄒᆞ고:蹩損烏筋骨(馬解上78).

주리혀 동 줄이어. 졸라. ㉮주리히다 ¶婦人이 삼노ᄒᆞ로ᄡᅧ 샹토를 주리혀 ᄆᆡ여(家禮6:10). 주리혀 티그어 뵈디 아니ᄒᆞᄂᆞ니:縮上不見(無寃錄1:35). 이 몸 주근 後면 지게 우희 거적 더퍼 주리혀 ᄆᆡ여 가나(松江. 將進酒辭).

주리혀·다 동 거두다. 걷어 모으다. ¶녯 ᄂᆞ즉ᄒᆞ야 주리혓던 니피 니르왇고:舊低收葉擧(初杜解18:9). 주리혈 즙:戢(類合下33).

주리히다 동 줄이다. ¶주리혀 티그어 뵈디 아니ᄒᆞᄂᆞ니:縮上不見(無寃錄1:35). 다시 ᄆᆡᆫ 거시 펴이며 주리혀심을 보라:更看所緊處物伸縮(無寃錄2:11). ᄑᆞᆯ이 곱아 주리히엿고 ᄉᆞᆯ히 누르고 머리털이 모히고:臂曲而縮肉黃髮聚(無寃錄3:31). 갓치 죄이여 주리히디 아니코:皮不緊縮(無寃錄3:39). 이 몸 주근 後면 지게 우희 거적 더퍼 주리혀 ᄆᆡ여 가나(松江. 將進酒辭).

주머괴 명 주먹. ☞주머귀 ¶뎌 네 주머괴ᄅᆞᆯ 마ᄌᆞ면:彼中汝拳(警民29). 某의 ᄂᆞᆺ출 주머괴로 텨 하야ᄇᆞ리되:於某面上用拳打破(朴解下54).

주머·귀 명 주먹. ☞주머괴 ¶사ᄅᆞᆷ 주머귀로 디르고 닐오ᄃᆡ(月釋7:8). 光明ᄒᆞᆫ 주머귀 ᄆᆡᆼᄀᆞᄅᆞ샤:爲光明拳(楞解1:83). 두 주머귈 쥐며:捏雙拳(法語13). 주머귀ᄅᆞᆯ 뷔우디 아니ᄒᆞᄂᆞ니라:不空拳(初杜解20:19). 주머귀ᄅᆞᆯ 펴니:開拳(金三2:34). 주머귀 권:拳(訓蒙上25. 類合上21). 주머귀:拳頭(譯解上34. 同文解上16).

주머·니 명 주머니. ☞쥬만. 주먼이 ¶주머니 ᄃᆞ외며 相考호미 ᄃᆞ외며:爲袋爲考(楞解8:106). 바릿 주머니와 바ᄂᆞᆳ筒ᄋᆞᆯ:鉢袋針筒(南明上50). 블근 주머니예 녀허:緋絹袋盛(救簡3:117). 주머니 렴:帘(訓蒙中12). 주머니 탁:橐(訓蒙中13). 주머니:荷包(譯解補28).

주먹 명 주먹. ☞주머괴. 주머귀 ¶소니 제 주먹 쥐면 이 주먹 아닌 소니 아니롬 ᄀᆞᆮᄒᆞ니라:如手自作拳非是不拳手(永嘉上66). 져고미 주먹 ᄀᆞᄐᆞ니ᄅᆞᆯ 爲ᄒᆞ야 ᄇᆞ텨 보내라:爲寄小如拳(初杜解17:37). 올흔 주먹으로 압흘 티고(武藝圖5).

주먼이 명 주머니. ☞주머니 ¶주먼이:荷包(同文解上58).

·주·메 명 줌에. 〔'줌'+부사격조사 '-에'〕 ⓧ줌 ¶잣남ᄀᆞᆯ 採取ᄒᆞ다마다 주메 ᄀᆞᄃᆞ기 ᄒᆞ놋다:採栢動盈掬(初杜解8:66).

주목 명 주목(注目). ¶쇼져ᄅᆞᆯ 졔곰 두니 어시 이 긔석을 보고 주목 함쇼ᄒᆞ기ᄅᆞᆯ 씨ᄃᆞᆺ지 못ᄒᆞ더라(落泉3:7).

주무시다 동 주무시다. ☞즘으시다 ¶셰손이 주무시다가 문부를 ᄒᆞ시고(閑中錄414).

주므르·다 동 주무르다. ☞쥐므르다 ¶모깃 허므를 주므르며 모ᄀᆞᆯ ᄆᆞᆫ지고:揉其項痕撚正喉(救急上78).

주변 명 주변. ¶주변이 읏듬이라 변통을 아니 ᄒᆞ랴(萬言詞).

주볏주볏 부 쭈뼛쭈뼛. ¶분명하오시는 것이라도 주볏주볏ᄒᆞ오시ᄂᆞᆫ데(閑中錄116).

·주·븓·ᄒᆞ·다 형 쭈뼛하다. ☞주븟ᄒᆞ다 ¶서늘히 셴 머리터리 凜然히 주븓ᄒᆞ야 섯ᄂᆞᆫ 곳가ᄅᆞᆯ 다딜오ᄆᆞᆯ 아로라:飄蕭覺素髮凜欲衝儒冠(初杜解17:8).

주븟ᄒᆞ다 형 쭈뼛하다. ☞주븓ᄒᆞ다 ¶서늘히 하여 ᄒᆞᆫ 셴 머리터리 주븟ᄒᆞ야 섯ᄂᆞᆫ 곳가ᄅᆞᆯ 다딜오ᄆᆞᆯ 아로라:飄蕭覺素髮凜欲衝儒冠(重杜解17:8).

주·비 명 떼. 무리. ¶八部는 여듧 주비니(月釋1:14). 須陁洹ᄋᆞᆫ 聖人ㅅ 주비예 드다 혼 ᄠᅳ디라(月釋2:19). 道士ᄋᆡ 주비ᄅᆞᆯ 道家ㅣ라 ᄒᆞᄂᆞ니라(月釋2:50).

주비 명 통수(統首). ¶주비:矣 官物斂散之時統首謂之矣(行吏).

주비기장 명 기장의 한 품종. ¶走非黍:주비기장(衿陽).

주사 명 주사(舟師). ¶늘고 病든 몸을 舟師로 보니실시(蘆溪. 船上嘆).

·주·살 명 주살. ☞줄살 ¶주살 증:矰. 주살 익:弋. 주살 작:繳(訓蒙中17). 주살:弋(柳氏物名一 羽蟲). 주살 증:矰(兒學上11).

·주·샴 동 주심. ¶타 가 뼈 주샴ᄋᆞᆯ 절ᄒᆞ고:乘以拜賜(宣小2:40).

주션ᄒᆞ다 동 주선(周旋)하다. ¶揖讓 周旋ᄒᆞ여 氣勢ᄅᆞᆯ 다토ᄂᆞᆫ ᄃᆞᆺ(曺友仁. 梅湖別曲).

주ᄊᆞ리켜다 동 쭈그리다. ☞줏그리혀다 ¶허리ᄅᆞᆯ 주ᄊᆞ리켜고 ᄃᆞᆫ니ᄂᆞᆫ 이ᄂᆞᆫ:蹲腰行(馬解上76).

주·ᅀᅥ 동 주워〔拾〕. ㉮줏다 ¶그 穀食을 주ᅀᅥ 어ᅀᅵᄅᆞᆯ 머기거늘(月釋2:12).

주·ᅀᅮᆷ 명 즈음. ☞즈음 ¶干戈ㅅ 주ᅀᅮ메 疎拙ᄒᆞᆫ 모ᄆᆞᆯ 養ᄒᆞ고:養拙干戈際(初杜解7:14).

주·ᅀᅮᆷ 동 주움〔拾〕. ㉮줏다 ¶이삭 주ᅀᅮ므란:拾穗(初杜解7:18).

주·ᅀᅮᆷ·ᄎᆞ·다 동 격(隔)하다. ☞즈ᅀᅳᆷᄎᆞ다 ¶여희ᄂᆞᆫ 돗기 나리 주ᅀᅮᆷᄎᆞ디 아니ᄒᆞ니:離筵不隔日(初杜解23:52). 기슬 주ᅀᅮᆷ처 누른 새ᄅᆞᆯ와 안잣고:隔巢黃鳥並(初杜解25:19).

·주ᅀᆞ·오시·고 동 주옵시고. ㉮주ᇦ다 ¶進上ᄒᆞᅀᆞᄫᆞ니 보ᄆᆞᆯ 주ᅀᆞ오시고:乃進賜覽(月釋序13).

·주ᇦ·다 동 주옵다. ¶進上ᄒᆞᅀᆞᄫᆞ니 보ᄆᆞᆯ 주ᅀᆞ오시고:乃進賜覽(月釋序13).

·주어·늘 동 주거늘. ㉮주다 ☞-어늘 ¶阿難이ᄅᆞᆯ 주어늘 阿難이도 아니 받고(月釋7:8). 그러나 藥ᄋᆞᆯ 주어늘 먹ᄃᆞᆯ 슬히 너기니(月釋17:20).

주여·미 명 지게미. ☞쥐여미 ¶糟粕은 술주여미라(圓覺序68). 숤주여미ᄅᆞᆯ ᄇᆞ티면:酒糟貼之(救簡6:65).

주염나모 명 쥐엄나무. ☞주염남우 ¶주염나모:皁角樹(同文解下44. 漢淸13:25).

주염남우 명 쥐엄나무. ☞주염나모 ¶주염남우:皁莢樹(物譜 藥草).

주엽 명 조협(皁莢). ☞조협 ¶다시 주엽 ᄀᆞ론 ᄀᆞᄅᆞᆯ ᄒᆞᆫ 자보ᄆᆞᆯ 고해 부러 드리고:仍用皁莢末一撮鼻中吹入(牛疫方13).

주엽나모 명 쥐엄나무. ☞주염나모 ¶주엽나모:皁角樹(譯解下41).

주엽·쇠 명 풍경(風磬). ¶ᄇᆞᄅᆞᇝ맷 주엽쇠 ᄒᆞ마 혀ᄅᆞᆯ 흐느ᄂᆞ다:風鐸已搖舌(金三4:43).

주·우리·다 동 주리다〔飢〕. ☞주으리다 ¶주우린 ᄃᆞ라민 藤草애 뎌셔 하ᄉᆞᆺ그리놋다:飢鼯訴落藤(初杜解20:24). 오ᄂᆞᆳ나랜 주우리고 치워 긼ᄀᆞᅀᅵ ᄃᆞᆫ노라:今日飢寒趨路傍(初杜解25:52).

주울드다 동 주접들다. ¶주울드다:弱小(漢淸5:45).

주움 명 즈음. ☞즈음 ¶百餘年 주우메 災變치 아니ᄒᆞ야:百餘年間未災變(重杜解3:62).

주으룸 동 주림(飢). 굶주림. ㉮주으리다 ¶네의 아ᄎᆞᆷ 주으룸 ᄎᆞ모ᄆᆞᆯ 思念ᄒᆞ노라:念子忍朝饑(杜解3:55).

:주·으리·다 동 주리다(飢). ☞주우리다 ¶주으려 밥 얻고져 ᄒᆞ야도(釋譜9:9). 주으룸과 목ᄆᆞᆯ로ᄆᆞ로 受苦ᄒᆞ며(釋譜9:15). 餓鬼ᄂᆞᆫ 주으린 귓거시라(月釋1:46). 宮中에 自然히 온가짓 차바니 주으린 사ᄅᆞᄆᆞᆯ 거리치며(月釋2:31). 주으린 衆生ᄋᆞᆯ 주며:施餓衆生(楞解6:107). 주으류믜 다와도ᄆᆞᆫ 業의 구주미니:飢逼業惡也(法華2:122). ᄒᆞᆫ 百姓이 주으리거든:一民饑(宣賜內訓2下44). 네의 아ᄎᆞᆷ 주으룸 ᄎᆞ모ᄆᆞᆯ 思念ᄒᆞ노라:念子忍朝饑(杜解3:55). 진실로 주으리며 가난호매 버므로미 마ᄌᆞ니라:固合嬰飢貧(初杜解22:55). 밥 니ᄅᆞ든 주으린 아비 ᄌᆞᆫ고(南明上64). 사ᄅᆞ미 간난ᄒᆞ야 주으리며 목ᄆᆞᆯ라:人貧困飢渴(佛頂中8).

주이·다 동 쥐다. ☞쥐다 ¶다ᄉᆞᆺ 輪指ㅅ 그틀 구펴 주여 사ᄅᆞᆷ 뵈실씨 이런 ᄃᆞ로 주머귓 相이 겨시더이다:五輪指端屈握示人故有拳相(楞解1:98). 回回 아비 내 손모글 주여이다(樂詞. 雙花店).

주잔·짜 동 주저앉다. ☞주잖다. 주저안ㅅ다 ¶주잔짜:頓坐(老朴集. 單字解5. 朴解. 單字解4).

주잖다 동 주저앉다. ☞주잔짜. 주저안ㅅ다 ¶잠간 ᄌᆞ오ᄂᆞᆫ 나비 주잔자슈믈 스치노라:暫睡想猿蹲(初杜解11:49).

주저안ㅅ다 동 주저앉다. ☞주잔짜. 주잖다 ¶일 주저안ㅅ다:息事(同文解下31).

주줄이 부 줄줄이. ¶宮商角徵羽를 주줄이 집헛시니(古時調. 閑中에. 青丘).

주지곳 명 할미꽃. ¶주지곳 又云 할미십가빗 불휘:白頭翁(東醫 湯液三 草部).

주추리삼대 명 씨를 받으려고 밭에 그냥 둔 삼대. ¶겻눈을 흘긧 보니 上年 七月 사흔날 ᄀᆞᆯ가 벗긴 주추리삼대(古時調. 님이 오마 ᄒᆞ거ᄂᆞᆯ. 青丘).

주키·다 동 죽이다. ¶이틄날 보고 슬피 너겨 남지ᄂᆞᆯ 주키디 아니ᄒᆞ니라(三綱. 烈5). 아비 갑새 주키라 ᄒᆞ시니(三綱. 孝23).

주탕 명 주탕(酒帑). 술 파는 계집. ☞쥬탕 ¶아렛녁 酒湯들과 알간나희며(古時調. 갓스믈. 青丘). 〔'酒湯'의 '湯'은 '帑'의 잘못.〕

주효 명 주효(酒肴). ¶酒肴 만이 장만ᄒᆞ소(古時調. 金約正. 花源).

:주ᄒᆞ·다 동 주(奏)하다. 아뢰다. 연주하다. ¶天樂ᄋᆞᆯ 奏커늘:奏는 풍류ᄒᆞᆯ 씨라(月釋2:17). 그 音樂을 奏ᄒᆞ며(宣賜內訓1:42). 그 樂을 奏ᄒᆞ며(宣中22).

죽 명 죽(竹). 대. ¶竹이 둘엿ᄒᆞ니 ᄯᅩᄒᆞᆫ 天을 象호미오(家禮6:14)

죽·다 동 죽다. ¶黑龍이 ᄒᆞᆫ 사래 주거:黑龍卽殪(龍歌22章). 無量劫 부톄시니 주거 가ᄂᆞᆫ 거싀 일ᄋᆞᆯ 몯 보신ᄃᆞᆯ 매 모ᄅᆞ시리(月印上16). 죽ᄃᆞ록 三寶애 歸依ᄒᆞᅀᆞᄫᅡ 盟誓ᄅᆞᆯ 호ᄃᆡ(釋譜9:39). 주그락 살락 ᄒᆞ야(月釋1:12). 내 죽건 디 오란 사ᄅᆞ미로ᄃᆡ(三綱. 忠6). 죽곡 주그며 나곡 나:死死生生(楞解4:30). 길헤셔 문득 죽거든:途中卒死(救簡1:36). 죽거지라 ᄒᆞ더라(續三綱. 孝29). 주글 훙:薨. 주글 졸:猝. 주글 ᄉᆞ:死(訓蒙中35). 주글 요:夭(訓蒙下26). 주글 ᄉᆞ:死(類合下10). ᄯᆞ른 주그되 도라보디 아니ᄒᆞ니라:女死不顧(東新續三綱. 孝4:77 莫同投火). 富도 ᄒᆞᆫ가지로 ᄒᆞ고 貧도 ᄒᆞᆫ가지로 ᄒᆞ며 죽어셔ᄂᆞᆫ 棺槨을 ᄒᆞᆫ가지로 ᄒᆞ며:同富同貧死同棺槨(女四解2:23). 죽쟈 사쟈 사괴ᄂᆞᆫ 벗(重二倫33). 夫ㅣ 주것거든 닐오ᄃᆡ 某官某公 某封 某氏라 ᄒᆞ고(家禮7:28). 혹 상틔 이셔 ᄒᆞᆫ나흔 살고 ᄒᆞᆫ나흔 주것거든(胎要35). 소노로 비ᄅᆞᆯ 므지면 ᄎᆞ니ᄂᆞᆫ 주것고 더운 이ᄂᆞᆫ 사랏ᄂᆞ니라(胎要34). 업더디니ᄂᆞᆫ 아기 주것고 구러다니ᄂᆞᆫ 놀라시니 ᄌᆞ연ᄒᆞᆫ 니라(胎要28).

죽·ᄃᆞ로개 동 죽도록. ㉮죽다 ¶婆羅門과 居士와 나랏 百姓ᄃᆞᆯ히 죽ᄃᆞ로개 조차 ᄃᆞᆫ녀(釋譜19:21).

죽·ᄃᆞ·록 동 죽도록. ㉮죽다 ¶阿難아 아ᄆᆞ란 사ᄅᆞ미나 옷과 飮食과 臥具와 醫藥ᄋᆞᆯ 죽ᄃᆞ록 발ᄫᅡ다도 내 恩德만 몯ᄒᆞ니라 阿難아 겨지비 沙門 ᄃᆞ외오져 ᄒᆞᇙ 사ᄅᆞ믄 八敬法을 너므디 아니ᄒᆞ야 죽ᄃᆞ록 行ᄒᆞ야ᅀᅡ 律法에 어루 들리라(月釋10:20).

죽바이다 동 죽고 망하다. 죽고 패하다. ☞죽배다 ¶徐와 陳괘 져기 죽바이도다:徐陳略喪亡(重杜解8:14).

죽:배·다 동 죽고 망하다. 죽고 패하다. ☞죽바이다 ¶徐와 陳괘 져기 죽배도다:徐陳略喪亡(初杜解8:14).

죽사·리 명 죽살이. 죽고 살고 하는 일. 생사(生死). ¶부텻긔 ᄉᆞᆯᄫᆞ샤ᄃᆡ 죽사릿 어려예 버서난 이ᄅᆞᆯ 알와이다(釋譜11:3). 죽사릿 因緣은 듣디 몯호려다(月釋1:11). 夫妻ᄒᆞ야 사로ᄆᆞᆫ 힝뎌기 조티 몯ᄒᆞ야 輪廻ᄅᆞᆯ 벗디 몯ᄒᆞᄂᆞᆫ 根源일ᄊᆡ 죽사릿 因緣이라 ᄒᆞ니라(月釋1:12). 죽사릿 큰 시르미 다 업슬씨(月釋2:16). 여러 가짓 죽사리ᄅᆞᆯ 닛고:續諸生死(法華6:158). 나날 죽사리 뵈왓보ᄆᆞᆯ 아노라:日覺死生忙(重杜解2:42). 구우러 횟도ᄂᆞᆫ 죽사릿 바ᄅᆞ래 나고져 홀딘

댄:欲出輪迴生死海(南明上12). 노모의 죽사리 긔별이나 듯고(癸丑112).

죽:살·다 동 죽고 살다. ¶그듸 이제 죽살 ᄶᅡ해 가ᄂᆞ니:君今死生地(初杜解8:67).

죽어리 명 쭉정이. ☞주거리 ¶빈 죽어리:空殼子(譯解補31).

죽엄 명 주검. 시체(屍體). ☞주검 ¶아븨 죽엄을 안고 ᄠᅥ나오니라(女四解4:17). 죽엄:屍身(譯解補27). 지아븨 죽엄을 ᄎᆞᄌᆞ니(女範4. 녈녀 진긔량쳐).

죽은시운 명 마경약(磨鏡藥). ¶죽은시운:磨鏡藥(柳氏物名五 石).

죽은ᄭᅢ 명 주근깨. ☞주근ᄭᅢ ¶죽은ᄭᅢ:雀瘢(譯解補22). 죽은ᄭᅢ:䵟𪑿(物譜 氣血).

죽이다 동 죽이다. ☞주기다 ¶그 ᄇᆡ엣 사ᄅᆞᆷ을 텨 죽이다 ᄒᆞ더라:把那船上的人來打殺了(朴解中13). ᄃᆞᆰ을 죽이며 밥을 지어:殺雞爲黍(女四解2:32). 죽이다:殺他(同文解上46). 엇디 날을 죽이려 ᄒᆞᄂᆞ뇨 ᄒᆞ거놀(明皇1:31).

죽정이 명 쭉정이. ¶죽졍이:粃子(同文解下3). 죽졍이:秕子(漢淸12:65). 죽졍이:粃(柳氏物名三 草).

죽지 명 죽지. ¶보라ᄆᆡ 두 죽지 녑희 ᄭᅵ고(古時調. 물네난. 靑丘).

준 명 준(樽). 술통. ¶樽엣 수를 서르 니ᅀᅥ 더으노니:樽蟻添相續(初杜解15:53). 즁 준:樽(訓蒙中12). 준 준:樽(類合上27).

·줄 명 ①줄. ¶마조 줄을 자바 精舍 터흘 되더니(月印上61). 줄 마조 자바 터 되더니(釋譜6:35). 긴 주를:長行(法華3:63). 존자리ᄂᆞᆫ 고기 낫ᄂᆞᆫ 주레 셋도다:蜻蜓立釣絲(杜解15:12). 주를 ᄎᆞᄌᆞ며 墨을 혜아려(南明上23). 그러면 이 ᄒᆞᆫ 줈 그ᄅᆞᆫ ᄯᅩ 어루 全體句ㅣ라 닐올디며:伊麽則此一行文亦可謂之全體句也(金三3:3). 줄드레로 믈을 깃ᄂᆞ니라:繩子拔水(老解上28). 줄:絃(同文解上50). 세답 줄:曬繩(譯解補44).
②줄기. ¶脈ᄋᆞᆫ 주리라(月釋8:18). 줄 ᄆᆡᆨ:脈(類合上22). 두 줄 怨ᄒᆞᄂᆞᆫ 눈물은 드리워(女四解4:27).

:줄 명 줄〔鑢〕. ¶줄 려:鑢. 줄 차:銼(訓蒙中16). 줄:鐵銼子(譯解下17). 줄:錯(物譜 工匠). 줄:鐵銼(柳氏物名五 金).

줄 명 줄〔眞菰〕. ¶프른 줄 닙 우희ᄂᆞᆫ 간다온 ᄇᆞᄅᆞ미 닐오:靑菰葉上涼風起(百聯6). 줄:茛子草(譯解下40). 줄:蔣(物譜 雜草). 쟐포 及 줄之類 未詳(柳氏物名三 草).

·줄 명 줄. 것. ☞쥴. 쭐 ¶셜론 주를 니르니라(釋譜6:2). 議論ᄒᆞᇙ 줄 업스니라(釋譜19:10). 둘헤 兼ᄒᆞ면 中 ᄃᆞ외다 몯 ᄒᆞᇙ 줄로 허르시니라:破兼二不得爲中也(楞解1:72). 오ᄂᆞᆯ 서르 볼 주ᄅᆞᆯ 엇디 알리오(初杜解15:47). 져기 슴거운 주리 잇다:微微的有些淡(飜老上22). 내 너희를 재디 아니려 ᄒᆞᄂᆞᆫ 줄이 아니라:我不是不教你宿(老解上43). 내 니브려 ᄒᆞᄂᆞᆫ 줄이 아니라:不是我自穿的(老解下24). 초옥 조븐 줄이 긔 더옥 내 분이라(古時調. 鄭澈. 쓴ᄂᆞ믈. 松江). ᄉᆞ랑티 아닌ᄂᆞᆫ 줄이 아니언마ᄂᆞᆫ(女四解4:37). 愁州라 지은 줄이 古人의 命意ᄒᆞᆫ 뜻(愁州曲).

줄·기 명 줄기. ¶다ᄉᆞᆺ 줄깃 蓮花ᄅᆞᆯ(釋譜6:8). 불휘 줄기 크며 져구미 ᄀᆞᆮ디 아니ᄒᆞ며(月釋13:38). 莖ᄋᆞᆫ 줄기오(月釋13:46). 金이 줄기 ᄃᆞ외오 白銀이 니피 ᄃᆞ외오(月釋18:78). 閻浮檀 金으로 줄기 ᄆᆡᇰᄀᆞᆯ오 白銀으로 닙 ᄆᆡᇰᄀᆞᆯ오(法華7:14). 셴 마리ᄂᆞᆫ 즈믄 줄기 눈 ᄀᆞᆮ고:白髮千莖雪(杜解15:47). 蓮ㅅ 줄기엣 실 그츨 ᄉᆞᅀᅵ라(南明上9). 두어 줄기 긴 대와 一堂ㅅ ᄇᆞᄅᆞ미로다(南明上40). 틔앖 불휘 ᄒᆞᆫ 줄기ᄅᆞᆯ 조히 시서:紫苑根一莖淨洗(救簡2:78). 줄기 깅:莖. 줄기 간:稈. 줄기 ᄀᆡ:稭. 줄기 경:梗(訓蒙下4). 줄기 깅:莖(類合上8).

줄김 명 줄기. ¶쇠나기 ᄒᆞᆫ 줄기미 년닙페 솟ᄃᆞ로개 믈 무ᄃᆞᆫ 흔젹은 젼혀 몰라보리로다(古時調. 鄭澈. 松江).

줄다 동 줄다. ¶줄 츅:縮(兒學下9).

·줄드·레 명 줄두레박. ☞드레. 줄드릐 ¶ᄯᅩ 여긧 줄드레 ᄒᆞᆫ가지로 믈 긷ᄂᆞ니라:却和這裏井繩洒子一般取水(飜老上36). 그저 줄드레로 믈을 깃ᄂᆞ니라:只着繩子拔水(老解上28). 줄드레:吊桶(柳氏物名五 水).

줄드릐 명 줄두레박. ☞줄드레 ¶엿ᄐᆞᆫ 우물이니 줄드릐로 물을 깃ᄂᆞ니(蒙老2:17).

줄ᄃᆞ릐기 명 줄다리기. ¶줄ᄃᆞ릐기:拔河(物譜 博戲).

줄ᄆᆡᆨ 명 맥락(脈絡). ¶이 공ᄌᆞ ᄆᆡᆼᄌᆞ의 바ᄅᆞᆫ 줄ᄆᆡᆨ이라:此孔孟正脈也(重二倫48).

줄살 명 주살. ☞주살 ¶줄사ᄅᆞᆯ ᄀᆞ장 모로매 막ᄌᆞᄅᆞ라:矰繳絕須防(初杜解17:21). 줄살ᄋᆞᆯ 避코져 ᄒᆞ노라:欲避矰(初杜解20:26). 줄살:繫絲箭(譯解補16).

줄어름 명 줄타기. ☞줄얼음 ¶줄어름ᄒᆞ다:躧軟索(譯解下24). 줄어름:走索(物譜 博戲).

줄얼음 명 줄타기. ☞줄어름 ¶줄얼음 ᄐᆞ다:舞絙(譯解補46).

줄움 명 주름〔褶〕. ☞주롬. 주룸 ¶프른 뉴쳥노 ᄀᆞᄂᆞᆫ 줄움 털릭이오:柳綠羅細褶兒(老解下45).

줄이다 동 주리다〔飢〕. ¶元末의 楚中이 크게 줄이니(女四解4:27).

줄풍뉴 명 현악(絃樂). ¶뎌 줄풍뉴 ᄲᅡ고 거즛말ᄒᆞᄂᆞᆫ 놈들로 ᄒᆞ여:教那彈絃子的謊廝們

(老解下49).

줄혀·다 동 줄을 짓다. 줄지어 나란히 가다. ¶줄혀 ᄃᆞ니ᄂᆞᆫ 개야미ᄂᆞᆫ 이운 ᄇᆡ남ᄀᆡ 오ᄅᆞ놋다:行蟻上枯梨(杜解15:56). 반ᄃᆞ시 줄혀게 ᄒᆞ고:必方列(飜小9:96). 미못쏘 줄혀:盛衣服鴈行(二倫31 文嗣十世).

줅줅 부 죽죽. 주룩주룩. ¶눈믈 줅줅 흘리다:淚直流(漢淸7:5).

·줌 명 줌〔握〕. 주먹. ¶죠ᄒᆡ젼 ᄒᆞᆫ 주믈 ᄉᆞ라:以紙錢一把燒(救急上74). 잣남ᄀᆞᆯ 採取ᄒᆞ다마다 주메 ᄀᆞᄃᆞ기 ᄒᆞ놋다:採栢動盈掬(杜解8:66). 곧 ᄒᆞᆫ 즘 실 버흄 ᄀᆞᆮᄒᆞ야:則如斬一握絲(金三3:46). ᄒᆞᆫ 줌 조히 시서 밧긴 거플와:一把淨洗取皮(救簡6:23). ᄒᆞᆫ 줌:一把(老朴集. 單字解4).

줌치 명 주머니. ¶블근 ᄑᆞᆺ출 새 뵈 줌치예 녀허:赤小豆新布帒盛之(瘟疫方5).

줍푸르다 동 동여매다. ¶이 몸이 죽거드란 묻디 말고 줍푸르여(古時調. 歌曲).

줏개 명 잡상(雜像). 대궐 지붕에 세운 여러 가지 짐승의 모양. ☞줏개 ¶줏개:獸頭(譯解上17. 漢淸9:28).

줏구·리·다 동 쭈그리다. ☞줏그리다 ¶ᄯᅩᆼ무딧 우희 줏구려셔 겨를 구버 먹거늘 보고(月釋9:35下). ᄯᅩᆼ무딧 우희 줏구려셔 겨를 구버 할놋다(月釋9:35下). 모ᄃᆞᆫ 사ᄅᆞᄆᆞᆫ 다 줏구려 서르 마조 안자 잇거늘:衆皆夷踞相對(飜小10:6). 줏구릴 준:蹲. 줏구릴 거:踞(訓蒙下27).

줏그·리 부 쭈그려. ¶즉재 무덦서리예 가ᄒᆞ마 다ᄃᆞᇙ 저긔 뎌 주거미 무루피며 바리며 다 놀여 믄득 줏그리 앉거늘(月釋9:36上). ᄒᆞᆰ 무적에 줏그리 걸안자:蹲踞土埵(法華2:118). 모다 다 줏그리 걸안자 서ᄅᆞ 對ᄒᆞ여쇼ᄃᆡ:衆皆夷踞相對(宣小6:106).

줏그·리·다 동 쭈그리다. ☞줏구리다. 줏그리혀다 ¶줏그릴 준:蹲(訓蒙叡山本下12). 줏그릴 존:蹲(類合下59). 줏그려 안ᄉᆞ다:蹲坐(同文解上25).

줏그리혀다 동 쭈그리다. ☞주ᄭᅮ리켜다. 줏구리다. 줏그리다 ¶헌 오ᄉᆞᆯ 닙고 수플 속의 줏그리혀 안잣다가 그 션ᄇᆡᄅᆞᆯ 보고 바ᄅᆞ 나아 오거ᄂᆞᆯ(太平1:30).

:줏·다 동 줍다〔拾〕. ¶夫人이 ᄲᅧ를 주ᅀᅥ(釋譜11:38). 그 穀食을 주ᅀᅥ 어ᅀᅵᄅᆞᆯ 머기거늘(月釋2:12). 주ᅀᅥ다가 次第로 니ᅀᅥ 노코(月釋8:102). 이삭 주ᅀᅮ므란 ᄆᆞᅀᆞᆶ 아ᄒᆡᄅᆞᆯ 許ᄒᆞ노라:拾穗許村童(初杜解7:18). 반ᄃᆞ기 구버 주ᅀᆞ리로소니:必俯拾(初杜解8:23). ᄒᆡ마다 도톨왐 주ᅀᅮ믈:歲拾橡栗(初杜解25:26). 金바ᄂᆞᆯ 줏도다:拾金針(金三4:18). 能히 거두워 줏디 몯ᄒᆞ야:不能收拾得(金三5:16). 주ᅀᅥ 온 ᄆᆞᆯᄯᅩᆼ 가져다가:拾來的糞將來(飜老下35). 주을 습:拾. 주을 텰:掇(類合下46).

※'줏다'의 ┌ 줏고/줏디/줏게…
활용 └ 주ᅀᅳ니/주ᅀᅳᆫ/주ᅀᅥ/주ᅀᅮᆷ…

줏모호다 동 주워 모으다. 꾸며대다. 날조(捏造)하다. ¶헛되이 줏모화 셩언ᄒᆞᄂᆞᆫ 것:虛捏喝起(無冤錄1:5).

줏모화 동 주워 모아. ㉮줏모호다 ¶칙이 흣터젓더니 요ᄉᆞ이 줏모화 글을 계유 어더시되(女範3. 문녀 위모송시). 헛되이 줏모화 셩언ᄒᆞᄂᆞᆫ 것(無冤錄1:5).

:쥐 명 쥐〔鼠〕. ¶遮陽ㄱ 세 쥐 녜도 잇더신가:遮陽三鼠其在于昔(龍歌88章). 鼠ᄂᆞᆫ 쥐라(楞解8:119). ᄯᆞᄅᆞᆯ 쥐 ᄀᆞᆮᄒᆞ니ᄅᆞᆯ 나하도:生女如鼠(宣賜內訓2上8). 두 쥐 울믜 너흘시라(南明下30). 쥐 간과 머리옛 골슈ᄅᆞᆯ ᄇᆞᄅᆞ면 절로 나리라:鼠肝及腦塗之自出(救簡6:22). 쥐 셔:鼠(訓蒙上19. 類合上14).

쥐구무 명 쥐구멍. ¶쥐구무 ᄑᆞ다가 金 數千兩ᄋᆞᆯ 어더:因見鼠掘地得黃金數千兩(三綱. 孝14).

쥐눈이 명 쥐눈이콩. 서목태(鼠目太). ¶쥐눈이:穭豆(柳氏物名三 草).

:쥐·다 동 쥐다. ☞주이다 ¶소니 ᄂᆞ미게 쥐유니(三綱. 烈16). 내 소니 衆中에 펴락쥐락호ᄆᆞᆯ 네 보ᄂᆞ니:汝見我手衆中開合(楞解1:108). 폄과 쥐욤괘:開合(楞解1:109). 四肢 ᄎᆞ고 두 소니 쥐오:四肢厥冷兩手握拳(救急上15). 몰앳 그테 자ᄂᆞᆫ 하야로비ᄂᆞᆫ 니ᅀᅥ 발 쥐여 ᄀᆞ마니 잇고:沙頭宿鷺聯拳靜(初杜解25:21). 손조 두어 ᄌᆞᄅᆞᆯ 쥐엿던 부체예 써:手書數字於所把扇(東新續三綱. 忠1:35). 黃庭經 손에 쥐고 紫霞曲 노래ᄒᆞ니(江村晩釣歌).

쥐다디다 동 쥐어지르다. 치다. ¶도적이 혹 쥐다디며 혹 박구로되 내죵내 굴티 아닌대:賊或歐或甕終不屈(東新續三綱. 烈6:4). 뎡시 도적으로 더브러 서ᄅᆞ 쥐다디며 구짇기ᄅᆞᆯ 이베 그치디 아니ᄒᆞ니:鄭氏與賊相搏罵不絕口(東新續三綱. 烈6:39).

쥐덧 명 쥐덫. ¶쥐덧:反車子(柳氏物名一 獸族).

쥐며느·리 명 쥐며느리. ☞쥐며ᄂᆞ리 ¶쥐며느리: 蛜蝛(四解上20 蛜字註). 쥐며느리 셔:蟋. 쥐며느리 부:蝜. 쥐며느리 이:蛜. 쥐며느리 위:蝛(訓蒙上22).

쥐며ᄂᆞ리 명 쥐며느리. ☞쥐며느리 ¶쥐며ᄂᆞ리:伊威(詩解 物名14). 쥐며ᄂᆞ리:負盤(譯解下36). 쥐며ᄂᆞ리:伊蝛(物譜 走蟲). 쥐며ᄂᆞ리:鼠婦(柳氏物名二 昆蟲).

쥐무로다 동 주무르다. ☞쥐무루다 ¶쥐무로다:拿弄(同文解上29).

쥐무루다 동 주무르다. ☞쥐무로다 ¶반죽

쥐무루다:揣麵(漢淸10:14).

쥐물르다 동 주무르다. ☞쥐므르다 ¶관리를 쥐물러 쎄와 배를 주어 가라 ᄒᆞ니(浮談).

쥐므르·다 동 주무르다. ☞쥐무로다. 쥐무루다. 쥐물르다 ¶ᄒᆞᆫ 사ᄅᆞ미 소ᄂᆞ로 목을 쥐믈어:一人以手揉其項(救簡1:60).

쥐방울 명 쥐방울. ¶쥐방울:馬兜鈴(柳氏物名三 草).

쥐빗다 동 쥐어 빗다. 주물러 빗다. ¶엇그제 쥐비즌 술을(古時調. 靑丘). 쥐비져 괴야 ᄂᆡ니(古時調. 金光煜. 뒷집의. 靑丘).

:쥐·ᄯᅩᆼ 명 쥐똥. ¶쥐ᄯᅩᆼ을 ᄇᆞ사 기장ᄡᆞᆯ만 머고ᄃᆡ:鼠屎末服如黍米(救簡1:57).

쥐ᄯᅩᆼ남우 명 쥐똥나무. 유목(楰木). ¶쥐ᄯᅩᆼ남우:女貞(物譜 藥草).

쥐여·미 명 지게미. ☞주여미 ¶糟ᄂᆞᆫ 쥐여미오 糠ᄋᆞᆫ 계라(法華1:195). 쥐여미ᄅᆞᆯ ᄢᅡ 汁과 즈싀와ᄅᆞᆯ ᄂᆞᆫ호도소니:籍糟分汁滓(初杜解22:20). 쥐여미 조:糟. 쥐여미 박:粕(訓蒙中22).

쥐엽나모 명 쥐엄나무. ¶ᄌᆞ최옴ᄒᆞᄂᆞᆫ 법은 쥐엽나모 여름을 구어 겁질 벗겨(辟新12).

·쥐엽쇠 명 작은 징. ¶鐃ᄂᆞᆫ 쥐엽쇠라(釋譜13:53).

쥐·ᅇᅵ·다 동 (남에게) 쥐이다. ¶和沙大國은 王이 威嚴이 업서 ᄂᆞᄆᆡ 소내 쥐ᅇᅧ 이시며(月釋2:11).

쥐잡다 동 쥐어 잡다. ¶만일 이 몬져 被傷人의 샹토ᄅᆞᆯ 쥐잡은 然後에:若是先驅捽被傷人頭髻然後(無寃錄3:19).

쥐젓 명 쥐젖. 살가죽에 나는 젖꼭지 모양의 군살. ¶쥐젓:拴馬樁(同文解下7). 쥐젓:米口袋(漢淸6:2).

:쥐·주·다 동 쥐어 주다. ¶布施ᄒᆞ기ᄅᆞᆯ 즐겨 艱難ᄒᆞ며 어엿븐 사ᄅᆞᄆᆞᆯ 쥐주어 거리칠씨(釋譜6:13).

쥐집다 동 쥐어 집다. 반죽하다. ¶糟ᄅᆞᆯ 섯거 ᄀᆞ라 무르녹게 ᄒᆞ야 쥐집어 ᄯᅥᆨ을 ᄆᆡᆫᄃᆞ라:和糟研爛捻作餠子(無寃錄1:48).

쥐참외 명 쥐참외. ☞쥐ᄎᆞᄆᆡ ¶쥐참외:野甜瓜(柳氏物名三 草).

:쥐·치·다 동 건져 주다〔救〕. ¶쥐칠 진:賑(訓蒙下32).

:쥐·ᄎᆞᄆᆡ 명 쥐참외. ☞쥐참외. 쥐춤외 ¶쥐ᄎᆞᄆᆡ:土瓜(四解上65 苭字註).

쥐춤외 명 쥐참외. ☞쥐ᄎᆞᄆᆡ ¶쥐춤외:土瓜(譯解下11). 王瓜 쥐춤외 불휘(經驗). 王瓜 鄕名鼠瓜(鄕藥月令. 集成方).

:쥘·동 명 줌. 줌통. ☞좀 ¶이 화리 쥘동이 므르니:這弓弝裏軟(飜老下31).

·쥬 명 주(呪). 주문(呪文). ¶能히 이 呪를 닐그며 외오며 쓰며 摹ᄒᆞ야(楞解7:55).

쥬거 명 주거(舟車). 배와 수레. ¶舟車의 니ᄅᆞᄂᆞᆫ 바와 人力의 通ᄒᆞᄂᆞᆫ 바와(宣中50).

쥬걱 명 주걱. ☞쥬게. 쥭 ¶놋쥬걱 잘늘 부르질녀ᄲᅥ야(古時調. 어이려뇨. 靑丘). 쥬걱:笊籬(物譜 鼎鐺).

쥬게 명 주걱. ☞쥭 ¶나모 쥬게:榪杓(朴解中11). 쥬벼ᄋᆞ 놋쥬게ᄅᆞᆯ 다 收拾ᄒᆞ여 두라:酒鼈銅杓都收拾下着(朴解中12). 놋쥬게:銅杓(譯解下13). 쥬게:柳瓢(同文解下14). 나모 쥬게:瓢子(譯解補43).

쥬견 명 주견(主見). ¶각각 사ᄅᆞᆷ이 主見이 잇ᄂᆞ니라:各自人都有主見(老解上4).

쥬기다 동 죽이다. ☞주기다 ¶쥬길 살:殺(兒學下8).

쥬다 동 주다. ☞주다 ¶絶代佳人을 누ᄅᆞᆯ 쥬고 니거니(古時調. 부헙고 섭거올슨. 靑丘). 그 집 ᄉᆞ람 눈치 알고 보리 ᄒᆞᆫ말 ᄡᅧ 셔 쥬며(萬言詞).

쥬단 명 주단(朱丹). 주홍 단사(朱紅丹砂). ¶손발와 가ᄉᆞᆷ과애 다 吉祥엣 깃비 도ᄅᆞ신 德相이 겨샤 文이 비단 紋 ᄀᆞᆮᄒᆞ시고 비치 朱丹 ᄀᆞᆮᄒᆞ샤미 第八十이시니라:朱丹ᄋᆞᆫ 블근 彩色이니 朱紅丹砂ᄃᆞᆯ히라(法華2:19).

·쥬담 명 주담(酒壜). ¶酒壜 ᄒᆞᆫ 나ᄎᆞ로 죠히 견 ᄒᆞᆫ 주믈 ᄉᆞ라 壜 안해 녀코…:壜은 술 녇ᄂᆞᆫ 딜어시라(救急上74).

·쥬댱ᄒᆞ·다 동 주장(主張)하다. ¶賈의 蒼頭ㅣ ᄌᆞ못 威福을 쥬댱ᄒᆞᆯ 이 잇거늘:賈有蒼頭頗張威福(宣小6:116). 아므 것도 ᄀᆞᆯ히디 못ᄒᆞ여 다 쥬댱티 못ᄒᆞ여:不揀甚麼都做不得主張(老解下37).

쥬라 명 주라. ¶붑 티며 쥬라 불이고 가더니(釋譜23:57). 쇠쁠 쥬라:牛角哱囉(四解上57 觱字註). 號令ᄒᆞᄂᆞᆫ 쥬라 부다:吹號頭. 쥬라 부다:吹哱囉(譯解上20). 쥬라 각:角(倭解上43). 쥬라:號頭(同文解上53). 쇠쥬라:號筒. 나모 쥬라:畫角(漢淸3:54).

쥬락 명 주락(珠絡). ¶쥬락:緹胸(同文解下20. 漢淸5:25. 柳氏物名一 獸族).

쥬량 명 주량(酒量). ¶쥬량ᄃᆡ로 자시면 主人이 感激ᄒᆞ올가 ᄒᆞᄋᆞᆸᄂᆡ(隣語5:13).

쥬련 명 여자의 수건. 차는 수건. ¶쥬련爲帨(訓解. 用字).

쥬렴 명 주렴(珠簾). ¶珠簾을 고텨 것고 玉階ᄅᆞᆯ 다시 쓸며(松江. 關東別曲). 지게 쥬렴 안히 ᄒᆞᆫ 사ᄅᆞᆷ이 가며 오며(三譯1:7). 珠簾을 손소 것고(曺友仁. 自悼詞). 봄 져비 쥬렴의 춤추고(洛城2). 청누 쥬란의 져마다 쥬렴을 것고 ᄇᆞ라보니(落泉1:3).

쥬령막ᄃᆡ 명 지팡이. ¶집헛뜬 쥬령막ᄃᆡ로 에화 즉은 뚜다려셔(古時調. ᄒᆞᆫ 잔을 부어라. 南薰).

쥬뢰 명 주뢰(周牢). 주리. ☞쥬릐 ¶쥬뢰 트ᄂᆞᆫ 나모:夾棍(譯解上66).

쥬릐 명 주뢰(周牢). 주리. ☞쥬뢰 ¶쥬릐:挾棍(同文解下30). 쥬릐:夾棍(漢清3:8).

쥬리다 동 주리다. 굶주리다. ¶혼ᄌᆞ말로 즁즁ᄒᆞ니 쥬린 즁 드러온가(萬言詞).

쥬리올 명 후릿고삐. 말고삐. ☞쥬리울 ¶쥬리올:繮繩(四解下40 繮字註). 쥬리올:繮繩(老解下27). 쥬리올:牽鞚(譯解下20).

쥬리·울 명 후릿고삐. 말고삐. ☞쥬리올 ¶쥬리울:繮繩(飜老下30). ᄆᆞ론 쥬리울 드리워 갑던 기리 잇ᄂᆞ니라:馬有垂繮之報(飜朴上43). 쥬리울 뎍:靮. 쥬리울 강:韁(訓蒙中27). 쥬리울:牽鞚(訓蒙中27 鞚字註). 쥬리울 강:繮(倭解下17).

쥬망 명 주망(酒妄). ¶쥬망:酒鬼(同文解上60. 譯解補19).

쥬먹 명 주먹. ¶쥬먹으로 쳐 믈니티고(癸丑73). 손 고바 쥬먹 혐의 듀 다섯 홋 다섯 뭇 다섯 곱기로다(萬言詞). 쥬먹 권:拳(兒學下3).

쥬밀히 부 주밀(周密)히. ¶심히 쥬밀히 ᄒᆞ더니:甚密(東新續三綱. 烈6:41).

쥬·밀ᄒᆞ·다 형 주밀(周密)하다. ¶쥬밀ᄒᆞ며 ᄌᆞ셔호미 하고:多周詳(飜小8:15). 후듕ᄒᆞ며 쥬밀ᄒᆞ며:厚周(宣小5:13).

쥬발 명 주발. ¶쥬발:銅碗(漢清11:36).

쥬벼ᄋᆞ 명 술병의 한 가지. ¶쥬벼ᄋᆞ:酒鼈(朴解中12). 쥬벼ᄋᆞ:酒鼈兒(譯解下13).

:쥬·변 명 주변. ¶쥬벼느로 이 門ᄋᆞᆯ 여르시ᄂᆞ니잇고(月釋23:84). 이ᄅᆞᆯ 쥬변으로 호미 업스며:事無擅爲(宣賜內訓1:86). 혼잣 모ᄆᆞᆯ 쥬변 몯ᄒᆞ며:獨身不能自持(重三綱. 烈30 彌妻啖草).

:쥬변ᄃᆞ외·다 형 주변성 있다. 자유롭다. ☞쥬변ᄃᆞᆸ다 ¶神用이 쥬변ᄃᆞ외며:神用自由(金三2:7). 가ᄃᆞ며 노호미 쥬변ᄃᆞ외도다:收放自由(金三5:20). 이에 니르러 어딋던 주변ᄃᆞ외요ᄆᆞᆯ 得ᄒᆞ리오:到此何嘗得自由(南明上62).

:쥬변ᄃᆞᆸ·다 형 주변성 있다. 자유롭다. ☞쥬변ᄃᆞ외다 ¶쥬변ᄃᆞᆸ고 또 쥬변ᄃᆞ외니:自由更自由(金三5:34).

쥬:변·히 부 주편(周遍. 周徧)히. 두루. 골고루. ¶여러 가짓 寶華ᄅᆞᆯ 비허 周遍히 淸淨ᄒᆞ리니(月釋13:62). 善男子아 覺性이 周徧히 ᄀᆞᄃᆞᆨᄒᆞ야 淸淨ᄒᆞ야 뮈디 아니ᄒᆞ야(圓覺上二之二136).

:쥬변·ᄒᆞ·다 동 자유로이 하다. 마음대로 하다. ¶엇데 잢간이나 제 쥬변ᄒᆞ리오:豈敢自事(宣賜內訓2上3). 제 주변ᄒᆞᆯ ᄯᆞᄅᆞ미니라:自由耳(金三2:6). 펴며 거도ᄆᆞᆯ 쥬변ᄒᆞ야:舒卷自由(金三3:3). ᄒᆞᆫ 사ᄅᆞ미 그 가온ᄃᆡ 이ᄅᆞᆯ ᄒᆞ오ᅀᅡ 쥬변ᄒᆞᄂᆞ니라:一人獨擅其中事(金三3:59). 가ᄃᆞ며 펴ᄆᆞᆯ 쥬변홈 ᄌᆞ도다:捲舒自由(金三5:7). 가며 오며 쥬변ᄒᆞ야:去來自由(六祖上55). 가며 오며 제 쥬변ᄒᆞ고:去來自由(六祖上68).

쥬:변ᄒᆞ·다 형 주편(周遍. 周徧)하다. 두루 골고루 퍼져 있다. ¶오직 清淨妙行ᄋᆞᆯ 닷ᄀᆞᆯ씨 그 ᄯᅡ히 平正ᄒᆞ야 온가짓 보ᄇᆡ 周遍ᄒᆞ니라(月釋13:62). 見性이 周徧커니 너 아니라 뉘리오(楞解2:38). 法界예 周徧ᄒᆞᆫ ᄃᆞᆯ ᄉᆞ뭇 알리니(楞解2:39). 그 體ㅣ 本來 一界예 周徧ᄒᆞ얫다가(楞解2:40). 圓은 닐오ᄃᆡ 虛空애 두려이 周徧호미오(圓覺上二之二131). 法身이 周徧ᄒᆞ시니 如來ㅅ 모미 法王ㅅ 모매 다ᄅᆞ시니라 ᄒᆞ다가(金三4:62). 말ᄉᆞᆷ이며 ᄒᆞᄂᆞᆫ 일이 周徧티 아님이 업수라 호ᄃᆡ:言爲無不周徧(宣小5:119).

·쥬·복 명 여드름. ¶쥬복 포:皰(訓蒙上30).

:쥬·복·고 명 주부코. ☞쥬복코. 쥬부코 ¶쥬복고 차:齇(訓蒙上30).

쥬복코 명 주부코. ☞쥬복고. 쥬부코 ¶쥬복코:糟鼻子(譯解上29).

쥬봉ᄒᆞ다 동 감봉(減俸)하다. ¶쥬봉ᄒᆞ다:罰俸(同文解上38).

쥬부 명 주부(主婦). ¶므릇 主婦ᄂᆞᆫ 닐온 主人의 妻ㅣ라(家禮1:23).

쥬부코 명 주부코. ☞쥬복고. 쥬복코 ¶쥬부코:糟鼻(漢清8:16).

·쥬ᄇᆡ 명 주배(酒杯). ¶酒杯ᄅᆞᆯ 當ᄒᆞ고 소ᄂᆞᆯ 對ᄒᆞ야셔(初杜解17:33). 쥬ᄇᆡ로 기룸을 담아 블을 혀 그 속의 녀흐니(引鳳簫1).

쥬사 명 주사(朱砂). ☞쥬ᄉᆞ ¶射香과 朱砂와 各 ᄒᆞᆫ 分을 細末ᄒᆞ야(救急上15). 경갌병애 됴ᄒᆞᆫ 쥬사ᄅᆞᆯ 하나 저그나:癎好辰砂不以多少(救簡1:97). [‘저그나’는 ‘져그나’의 오기(誤記).] 기릐 닐굽 치ᄅᆞᆯ 다가 쥬사로 ᄇᆞᆯ라 문과 지게 우희 ᄆᆡ야 ᄃᆞᆯ라:長七寸以朱砂塗之懸門戶上(瘟疫方7).

쥬셕 명 주석(朱錫). 금속 원소의 한 가지. ☞듀셕 ¶쥬셕:黃銅(漢清10:44. 柳氏物名五金). 쥬셕 셕:錫(兒學上4).

쥬션·ᄒᆞ·다 동 주선(周旋)하다. ¶禮며 樂애 周旋케 ᄒᆞᄂᆞ니(宣小6:12). 容을 動ᄒᆞ며 周旋홈이(宣孟14:23). 므릇 後篇의 ᄡᅥ 周旋ᄒᆞ며 升降ᄒᆞ며(家禮1:7). ᄯᅩᆯᄌᆞ식 살올 일을 판시 모ᄅᆞ미 십분 쥬션ᄒᆞ라(山城133). 안부나 듯고 죽게 쥬션ᄒᆞ야(癸丑114). 잘 쥬션ᄒᆞ시소(新語5:24). 잘 周旋ᄒᆞᄂᆞᆫ 사ᄅᆞᆷ이니(隣語1:25). 됴히 쥬션ᄒᆞ면 형의 적션일가 ᄒᆞ노라(落泉3:8).

·쥬·술 명 주술(呪術). ¶ᄆᆡᄫᆞᆫ 사ᄅᆞᄆᆡ 일홈 쓰며 얼구를 ᄆᆡᆼᄀᆞ라 모딘 呪術로 빌며 귓것 브려(釋譜9:17).

:쥬ᄉᆞ 명 주사(呪師). ¶呪師ᄂᆞᆫ 呪ᄒᆞᄂᆞᆫ 사ᄅᆞ미라(月釋7:28).

쥬ᄉᆞ 명 주사(朱砂). ☞쥬사 ¶쥬ᄉᆞ:丹砂(柳氏物名五 石).

쥬ᄉᆡᆨ 명 주색(酒色). ¶이 뉴ᄂᆞᆫ 본ᄃᆡ 금보 쥬ᄉᆡᆨ을 탐ᄒᆞᄂᆞᆫ 뉘라(落泉1:1).

·쥬ᅀᅵᆫ 명 주인(主人). ☞쥬인 ¶主人이 므슴 차바ᄂᆞᆯ 손소 ᄃᆞᆫ녀 ᄆᆡᇰᄀᆞ노닛가(釋譜6:16). 소니 다 主人ᄋᆞᆯ 向ᄒᆞᄂᆞ니(圓覺上一之一90). 主人이 늘근 ᄆᆞᄅᆞᆯ 思念ᄒᆞ야(初杜解6:20). 當年엣 녯 主人ᄋᆞᆯ 알오져 ᄒᆞ린댄 눈섭 터리를 혜혀라(南明上27). 이 내 녯 쥬ᅀᅵᆫ 지비니:是我舊主人家(飜老上17). ᄆᆞᆯ란 옛 사ᄅᆞᄆᆡ 지븨 쥬ᅀᅵᆫ 브텨 두고:馬只寄在這人家裏(飜朴上11).

쥬야 명 주야(晝夜). ¶힝션을 ᄶᅩᆾ오고져 ᄒᆞ야 쥬야로 하람부로 가더니(落泉3:8).

쥬염 명 조협(皁莢). 쥐엄나무 열매의 껍데기. ¶쥬염:皁莢(柳氏物名四 木).

쥬·옥 명 주옥(珠玉). ¶工巧ᄒᆞᆫ 노ᄅᆞ시 나라ᄒᆞᆯ 배논 도ᄌᆞ기오 珠玉이 ᄆᆞᅀᆞᄆᆞᆯ 放蕩히ᄂᆞᆫ 酖毒이라 ᄒᆞ니(宣賜內訓2下46). 珠玉으로 ᄲᅧ 事ᄒᆞ야도 시러곰 免티 몯ᄒᆞ야(宣孟2:39). 珠玉ᄀᆞ티 貴ᄒᆞᆫ 거시 아니로니:匪珠王(重杜解1:57).

쥬위 명 목수(木手). 장인(匠人). ☞지위 ¶쥬위 장:匠(類合下33).

:쥬·의그에·셔 명 중에게서. 독중 ¶衆生ᄋᆡ 福이 쥬의그에셔 남과 나디 바티셔 남과 ᄀᆞᄐᆞᆯ씨(釋譜6:19).

쥬인 명 주인(主人). ☞쥬ᅀᅵᆫ ¶主人이 새배 大門 안히 가 뵈謁ᄒᆞ라(家禮1:22). 쥬인 노롯ᄒᆞ다:作東家(同文解上52). 이 집 主人이 待客ᄒᆞ기를 죠하ᄒᆞᄂᆞᆫ 셩졍일너니(隣語1:18). 쥬인 쥬:主(兒學上1).

·쥬:쟝 명 주장(主將). ¶貞婦ㅣ 짐즛 主將ㅅ긔 닐오ᄃᆡ(三綱. 烈21). 主將ᄋᆞᆫ 郎 梁公이라(杜解17:32).

쥬쟝 명 주장(主張). ¶쥬쟝 업다:無主張(漢淸8:28).

·쥬·젼·ᄌᆞ 명 주전자(酒煎子). ¶쥬젼ᄌᆞ:銅銚(四解下14 銚字註). 쥬젼ᄌᆞ 됴:銚(訓蒙中12). 쥬젼ᄌᆞ:茶壺子(譯解補43). 쥬젼ᄌᆞ:酒注(物譜 酒食).

:쥬·졍·ᄒᆞ·다 동 주정하다. ¶수를 즐기며 쥬졍ᄒᆞ더니:好酒而酗(宣賜內訓3:48). 술 즐기며 쥬졍ᄒᆞ더니:好酒而酗(飜小9:77). 쥬졍ᄒᆞᆯ 후:酗(訓蒙下15). 弼이 술 즐기고 쥬졍ᄒᆞ더니:弼好酒而酗(宣小6:72). 술을 취ᄒᆞ야 쥬졍ᄒᆞ기예 니ᄅᆞᆫ다 ᄒᆞ니(警民36). 쥬졍ᄒᆞᄂᆞᆫ 사ᄅᆞᆷ:使酒人(同文解上60). 쥬졍ᄒᆞ다:撒酒風(譯解補25). 쥬졍ᄒᆞ다:醉鬧(漢淸8:24).

·쥬:조 명 저주(詛呪). ¶ᄆᆞᅀᆞ매 正受를 得ᄒᆞ야 一切 呪詛와 厭蠱와 毒藥과:詛ᄂᆞᆫ 呪ᄒᆞ야 敗케 ᄒᆞᆯ 씨라(楞解7:47).

쥬죡ᄒᆞ다 형 주족(周足)하다. 넉넉하다. ¶救ᄒᆞ라 ᄒᆞ샤ᄃᆡ 쥬죡디 몯ᄒᆞᆯ가 ᄉᆞ려ᄒᆞ샤(簡辟序2). 옷과 밥이 쥬죡ᄒᆞᄂᆞ니:衣食周足(警民11).

쥬쥰 명 주준(酒樽). 술통. ¶아ᄒᆡ를 조차 프른 酒樽을 ᄀᆞ초호라:從兒具綠樽(重杜解11:30).

쥬즙 명 주즙(舟楫). 배와 삿대. ¶내일 쥬즙을 ᄀᆞᆽ초아 슈광으로 가게 ᄒᆞ고(落泉2:4).

쥬찬 명 주찬(酒饌). 술과 안주. ¶상해 쥬찬을 ᄀᆞ초아:常備酒饌(東新續三綱. 烈1:89). 이ᄐᆞᆫ날 일니러 蔬果와 酒饌을 設ᄒᆞ고(家禮9:7). 쥬찬을 가져다가 나잡고(癸丑81). 졔왕 우희 안ᄌᆞ시게 ᄒᆞ고 한 이ᄂᆞᆫ 남향ᄒᆞ야 쥬찬을 비셜ᄒᆞ고(山城128). 酒饌을 부러 쟝만ᄒᆞ여(隣語1:22). 쥬찬을 쥰비ᄒᆞ야 셜연ᄒᆞ고(引鳳簫1).

쥬초 명 주초(柱礎). 주추. ☞쥬츄 ¶마리로 쥬초를 부듸이저:柱礎(五倫2:50).

:쥬츄 명 주초(柱礎). 주추. ☞쥬초 ¶쥬츄 초:礎. 쥬츄 샹:磉. 쥬츄 질:礩. 쥬츄 셕:磶(訓蒙中6). 쥬츄 초:礎(倭解上32).

쥬츄돌 명 주춧돌. ☞쥬츄ㅅ돌 ¶쥬츄돌:磉石(譯解上17).

쥬츄ㅅ돌 명 주춧돌. ☞쥬츄돌 ¶쥬츄ㅅ돌:柱頂石(同文解上34).

쥬탕 명 주탕(酒帑). 술을 파는 계집. ☞주탕 ¶쥬탕이 와당탕 내ᄃᆞ라 두 손으로 붓잡고(古時調. 언덕 문희여. 靑丘).

쥬탕각시 명 술집 계집. ¶盈德 쥬탕각시 싱믜명 감찰 즁즁즁에 힘즈치마 멜쒼도 제色이로다(古時調. 平壤 女妓. 靑丘).

쥬탕년 명 주탕(酒帑)년. 술을 파는 계집년. ¶江陵 女妓 三陟 쥬탕년 다 몰속 싯고(古時調. 寒松亭. 靑丘).

쥬피 명 고들개. ¶쥬피 덜채와:鞦皮穗兒(朴解上27). 白斜皮로 ᄒᆞᆫ 쥬피와 굴레오:白斜皮鞽頭(朴解上28). 쥬피:鞦皮(譯解下19). 쥬피:鞦轡靫子(漢淸5:26).

쥬합 명 주합(酒盒). ¶쥬합:背壺(同文解下14. 漢淸11:37).

쥬항 명 주항(舟桁). 돛대. 장대. ¶尊者 ᄋᆞᆶ길헤 舟桁ᄋᆞᆯ 올히 準備ᄒᆞ고:舟ᄂᆞᆫ 비오 桁ᄋᆞᆫ 짒대라(釋譜24:34).

쥬홍 명 주사(硃砂). ¶硃砂又今俗呼쥬홍曰銀硃(四解上32 硃字註). 쥬홍:銀硃(譯解下2). 쥬홍:銀珠(同文解下23).

쥬황 명 주황(朱黃). ¶쥬황 비단:閃黃(譯解下4). 쥬황:金黃(同文解下25. 漢淸10:63).

쥬회 명 주위(周圍). 둘레. ¶셩 쥬회:城圈(譯解補10). 쥬회 가히 슈인이 안좀 즉ᄒᆞ고(引鳳簫1).

·쥬·ᄒᆞ·다 동 주(呪)하다. 빌다. ¶한 사ᄅᆞᆷ 알ᄑᆡ 나아 呪ᄒᆞ야 ᄒᆞᆫ 남ᄀᆞᆯ 지스니 즉자히 가지 퍼디여(釋譜6:30).

쥭 명 주걱. ¶쥭爲飯棗(訓解. 用字).

·쥭 명 죽(粥). ¶長者ㅣ ᄯᆞㄹ이 粥을 받ᄌᆞᄫᆞ니(月印上23). 쇠져즈로 粥 쑤어(釋譜3:p.158). ᄒᆞᄅᆞ ᄡᆞᆯ 두 호ᄇᆞ로ᄡᅥ 쥭을 ᄆᆡᆼᄀᆞ로ᄃᆡ:一日以米數合爲粥(宣賜內訓1:72). 그 누의 病커든 반ᄃᆞ기 親히 爲ᄒᆞ야 블 일어 粥 수더니:其姊病必親爲然火煮粥(宣賜內訓3:46). 쥭 글히며 차 달효매(南明上64). 후루루ᄒᆞᆫ 쥭에 두어 마시면:置稀粥中飮之(救簡2:85). 언제우터 쥭 먹ᄂᆞ뇨:幾時喫粥來(飜朴上55). 블근ᄑᆞᆺᄎᆞ로 粥 수어 머그면 모딘 병을 업게 ᄒᆞᄂᆞ니라(簡辟19). ᄯᅩ 동짓나래 블근ᄑᆞᆺᄎᆞ로 쥭 수어 머그면(瘟疫方6). 쥭 미:糜. 쥭 쥭:粥. 쥭 젼:饘(訓蒙中20). 쥭 쥭:粥(類合上29. 兒學上13). 반ᄃᆞ시 친히 위ᄒᆞ야 블디더 粥을 글히더니:必親爲然火煮粥(宣小6:73). 主人과 밋 兄弟 비로소 粥을 머그라(家禮6:32). 파 힌 밋 스므 낫과 니ᄡᆞᆯ 다솝과 달혀 쥭을 쑤고(辟新3). 쥭 조반 朝夕 뫼 네와 ᄀᆞᆺ티 셰시ᄂᆞᆫ가(松江. 續美人曲). 조쥭 니쥭 白楊箸로 지거자내 자소(古時調. 金化ㅣ 金城. 青丘). 이시면 쥭이요 업ᄉᆞ면 굴물망졍(江村晩釣歌).

쥭니불 명 죽의 더껑이. ¶쥭니불:粥皮(同文解上59).

쥭다 동 죽다. ¶부모 싱아 ᄒᆞ오실 제 쥭은 날을 나으시니(萬言詞). 등잔불 치ᄂᆞᆫ 나뷔져 쥭을 쥴 아라시면(萬言詞).

·쥭·믈 명 죽물. ¶粥므를 漸漸 ᄉᆞᆷ기면 곧 사ᄂᆞ니:粥淸稍稍嚥之卽活(救急上8). 쥭므레 머그라:粥飮服之(救簡6:36).

쥭방올 명 죽방울. ¶쥭방올 구:毬(倭解下20). 쥭방올:毬(漢淸9:17).

쥭슌 명 죽순(竹筍). ☞듁슌 ¶쥭슌:笋(漢淸12:38). 쥭슌:竹萌(物譜 蔬菜).

쥭심 명 쌀을 국에 넣어 끓인 음식. ☞쥭ᄉᆞᆷ ¶쥭심 참:糝(訓蒙叡山本中11).

쥭ᄉᆞᆷ 명 쌀을 국에 넣어 끓인 음식. ☞쥭심 ¶쥭ᄉᆞᆷ ᄉᆞᆷ:糝(訓蒙東中本中22).

쥭엄 명 주검. ☞주검 ¶셰 쥭엄이 함ᄭᅴ 모이니:尸(女四解4:26).

쥭지ᄡᅧ 명 죽지뼈. 어깻죽지뼈. ¶쥭지ᄡᅧ :琵琶骨(漢淸5:55).

쥭치 명 죽책(竹策). 대로 만든 채찍. ¶쇠편과 쥭치로 쥬야로 보치여(落泉1:2).

·쥰·걸 명 준걸(俊傑). ¶어루 하ᄂᆞᆯ 내샨 英靈이며 人間앳 俊傑이라 니ᄅᆞ리로다(金三4:14). 쥰걸 걸:傑. 쥰걸 쥰:俊(兒學下1).

:쥰·걸ᄒᆞ·다 형 준걸(俊傑)하다. ¶俊傑ᄒᆞᆫ 材質은 일 프른 매 우희 잇더니라:俊材早在蒼鷹上(初杜解17:9).

쥰녕 명 준령(峻嶺). ¶계유 셔로 븟드러 쥰녕을 너머 져물기의 니ᄅᆞ러ᄂᆞᆫ(落泉2:5).

쥰:마 명 준마(駿馬). ¶여듧 駿馬ㅣ 天子ᄅᆞᆯ 졷ᄌᆞᆸ고 群臣이 武皇을 뫼ᅀᆞᆸ도다(初杜解14:10). 사시ᄆᆞᆯ ᄀᆞᄅᆞ친ᄃᆞᆯ 엇뎨 能히 駿馬ᄃᆞ외며(金三4:40). 駿馬ᄂᆞᆫ ᄲᆞᆯ리 ᄃᆞᆮᄂᆞᆫ ᄆᆞᄅᆡ라(金三4:40).

:쥰·매ᄒᆞ·다 형 준매(俊邁)하다. ☞쥰ᄆᆡᄒᆞ다 ¶子弟의 부경ᄒᆞ고 쥰매홈을 근심ᄒᆞᄂᆞᆫ 이ᄂᆞᆫ:憂子弟之輕俊者(宣小5:6).

쥰ᄆᆡᄒᆞ다 형 준매(俊邁)하다. 썩 뛰어나다. ☞쥰매ᄒᆞ다 ¶쥰ᄆᆡᄒᆞ미 왕ᄉᆞ의 ᄂᆞ리지 아니ᄒᆞ고(引鳳簫1).

:쥰:비·ᄒᆞ·다 동 준비하다. ¶귓것 위ᄒᆞ야 차바ᄂᆞᆯ 만히 准備ᄒᆞ야 뒷더니(釋譜24:22). 主人이 ᄯᅩ 제 술 차반 准備ᄒᆞ야 서르 다ᄆᆞ혀 醉ᄒᆞ야:主人亦自備酒饌相與飮啜醉(宣賜內訓1:69). 쥰비ᄒᆞᆯ 판:辦(類合下20).

쥰슈ᄒᆞ다 형 준수(俊秀)하다. ¶ᄒᆞᆫ 쥰슈ᄒᆞᆫ ᄉᆞ나희러라:一箇俊小廝(朴解上49).

:쥰승 명 준승(準繩). 일정한 법식. ¶다 足히 科判앳 准繩을 삼디 몯ᄒᆞ리로다:准은 平ᄒᆞᆯ 씨니 正케 ᄒᆞᄂᆞᆫ 그르시라 繩은 먹 티ᄂᆞᆫ 노히라(楞解1:18).

쥰윽 명 주눅. ☞쥰혹 ¶쥰윽 업다:冲達(漢淸6:25).

:쥰·일ᄒᆞ·다 형 준일(俊逸)하다. ¶雄壯ᄒᆞᆫ 양ᄌᆞ와 俊逸ᄒᆞᆫ 양ᄌᆞ왜 ᄌᆞ모 노ᄑᆞ니:雄姿逸態何嶒崒(初杜解17:28).

쥰졀ᄒᆞ다 형 준절(峻切)하다. ¶엄지 쥰졀ᄒᆞ(西宮日記上1).

쥰쥬봉 명 개제비쑥. 암려(菴藺). ¶쥰쥬봉:菴藺(四解上35 藺字註).

쥰치 명 준치. ☞쥰티 ¶눈 큰 쥰치 헐이 긴 갈치(古時調. 바독걸쇠. 海謠). 보리밥 문쥰치에 비블은이 興이로다(古時調. 海謠).

·쥰티 명 준치. ☞쥰치 ¶쥰티 륵:鰳(訓蒙上20). 쥰티:肋魚(譯解下36). 쥰티:鰣(柳氏物名二 水族).

쥰혹 명 주눅. ☞쥰윽 ¶아희 쥰혹 업다:小兒大方(漢淸5:47).

쥰ᄒᆡᆼᄒᆞ다 동 준행(遵行)하다. 규칙이나 지시에 따라 행하다. ¶후셰ᄂᆞᆫ 오직 맛당이 그 법녕을 쥰ᄒᆡᆼᄒᆞᆯ ᄯᆞᄅᆞᆷ이라(引鳳簫1).

쥴 명 줄〔線〕. ¶먹쥴:線(譯解下17). 먼듸 님 쥴 脈을 길게 ᄃᆡ혀 낙고아 올가 ᄒᆞ노라(古時調. 江原道 雪花紙ᄅᆞᆯ. 青丘). 청올치 ᄡᅩ은 쥴의 낙시 미여 두러메고(萬言詞).

쥴 명 왕골. 줄. ¶쥴:莞蒲(物譜 雜草).

쥴 명 줄. 것. ☞줄. 쭐 ¶등잔불 치ᄂᆞᆫ 나뷔져 쥭을 쥴 아라시면(萬言詞). 눈 먼 쥴만

한탄ᄒᆞ고 키천 원망 아니 ᄒᆞᆫ다(萬言詞).

죳다 동 줍다. ¶금을 길의셔 쥬셔 도라와:拾(女四解4:36).

:즁 명 중. ☞듕 ¶누비즁 아닌ᄃᆞᆯ:匪百衲師(龍歌21章). 부텻 法에 쥬이 四月ㅅ 열다ᄊᆞᆺ날 비르서 ᄃᆞ례 드러 안ᅎᆞ(釋譜1:11). 比丘는 즁이라(月釋1:18). 城 밧긔 닐굽 뎔 일어 즁 살이시고(月釋2:77). 王과 즁님과ᄂᆞᆫ 남편 氣韻이실ᄊᆡ(月釋8:93). 젼ᄎᆞ 즁이 드러내에 ᄒᆞᆯ쌀 닐온 自恣ㅣ라:恣任僧擧曰自恣(楞解1:29). 부텻긔와 즁의게 布施ᄒᆞ며:施佛及僧(法華1:82). 僧ᄋᆞᆫ 예셔 닐오매 衆이며 揔이며 너부미니(心經15). 즁이 趙州ᄭᅴ 무로ᄃᆡ:僧問趙州(蒙法11). 뫼햇 즁이 헌옷 닙고:山僧衣藍縷(初杜解9:28). 즁은 이 즁이오:僧是僧兮(金三4:45). 즁 승:僧(訓蒙中2). 즁 승:僧(類合上18). 진실로 이 니ᄅᆞᆯ ᄇᆞᆯ기 알면 즁과 승을 아텀ᄒᆞ야 위와드며:苟明此理則諂奉僧尼(警民36). ᄒᆞᄅᆞ날의 병ᄒᆞᆫ 즁이:一日病僧(東新續三綱. 孝3:77). 혼ᄌᆞ말로 즁즁ᄒᆞ니 쥬린 즁 드러온가(萬言詞). 즁:比丘(物譜 族姻).
※즁>중

:즁 명 중(衆). ¶公이 져기 衆을 조ᄎᆞ미 맛당ᄒᆞ니이다:公宜少從衆(宣賜內訓3:63). 師ᄅᆞᆯ 大梵寺 講堂애 請ᄒᆞᅀᆞ와 衆을 爲ᄒᆞ야(六祖上1). 弟ᄂᆞᆫ ᄡᅵ 長을 셤기ᄂᆞᆫ 배오 慈ᄂᆞᆫ ᄡᅵ 衆을 브리ᄂᆞᆫ 배니라(宣大16). 사ᄅᆞᆷ이 되여 衆에셔 ᄲᅧ혀나면(捷蒙1:14).

:즁:과 명 중과(衆寡). ¶君子ㅣ 衆寡ㅣ 업ᄉᆞ며 小大ㅣ 업서(宣論4:71).

:즁:님 명 스님. ¶그 ᄢᅴ 王이 부텨와 즁님내ᄭᅴ 供養ᄒᆞᅀᆞᄫᆞ려 ᄒᆞ더니(月釋7:41).

즁뎍 명 중적(衆敵). ¶즁뎍이 다 겁탈ᄒᆞ야 간 후(引鳳簫3).

즁두리 명 중두리. ¶독겻히 즁두리오(農月 十月令).

즁ᄉᆡᆼ 명 ①짐승. ☞즘승. 즘ᄉᆡᆼ ¶뒤헤는 모딘 즁ᄉᆡᆼ:後有猛獸(龍歌30章). 사ᄅᆞ미 무레 사니고도 즁ᄉᆡᆼ마도 몯호이다(釋譜6:5). 벌에 즁ᄉᆡᆼ이 ᄃᆞ외락 ᄒᆞ야(月釋1:12). 畜生ᄋᆞᆫ 사ᄅᆞᄆᆡ 지븨셔 치ᄂᆞᆫ 즁ᄉᆡᆼ이라(月釋1:46). 받님자히 과ᄒᆞ야 즁ᄉᆡᆼ도 孝道ᄒᆞᆯᄊᆡ(月釋2:13). 모딘 즁ᄉᆡ이 ᄃᆞ토와 와 머그며:惡獸競來含噉(法華2:127). 사ᄅᆞ미나 즁ᄉᆡᆼ이나(圓覺下一之一16).
②중생(衆生). 모든 생물. ¶ᄡᅡ해 살이 ᄢᅦ여늘 醴泉이 소사나아 衆生ᄋᆞᆯ 救ᄒᆞ더시니(月印上15). 衆生 救호리라 밥 비러 먹노이다(月印上44). 薩埵ᄂᆞᆫ 衆生ᄋᆞᆯ 일울 씨니 부텻 道理로 衆生 濟渡ᄒᆞ시ᄂᆞᆫ 사ᄅᆞᄆᆞᆯ 菩薩이시다 ᄒᆞᄂᆞ니라(月釋1:5). 衆生ᄋᆞᆫ 一切 世間앳 사ᄅᆞ미며 하ᄂᆞᆯ히며 긔ᄂᆞᆫ 거시며 ᄂᆞᄂᆞᆫ 거시며 므렛 거시며 무틧 거시며 숨ᄐᆞᆫ 거슬 다 衆生이라 ᄒᆞᄂᆞ니라(月釋1:11).

:즁신 명 중인(衆人). ¶ᄒᆞᆫ 남ᄀᆞᆯ 내니 곶니피 퍼 衆人ᄋᆞᆯ 다 두프니(月印上58). 五祖演和尙이 衆人ᄋᆞᆯ 뵈야 닐오ᄃᆡ(蒙法20). 衆人이 怒ᄒᆞ며 물 사ᄅᆞ미 믜여 두리 아ᄎᆞ니라:衆怒群猜鮮有存者(宣賜內訓1:33). 君子의 ᄒᆞᄂᆞᆫ 바를 衆人이 진실로 아디 몯ᄒᆞᄂᆞ니라(宣孟12:19).

즁즁ᄒᆞ다 동 중얼거리다. ¶혼ᄌᆞ말로 즁즁ᄒᆞ니 쥬린 즁 들어온가(萬言詞).

즁ᄌᆞ 명 중자(衆子). ¶거상 버스매 ᄡᅥ 즁ᄌᆞ로셔 ᄉᆞ당을 못 셸 거시라:服闋以衆子不得玄廟(東新續三綱. 孝5:1).

즁치막 명 중치막. 남자의 겉옷의 한 가지. ¶탈 망건 갓 숙이고 홋즁치막 ᄡᅳ 그르고(萬言詞).

즁텬ᄒᆞ다 동 중천(中天)하다. ¶ᄒᆡ 즁텬ᄒᆞ다:日頭中天(譯解補1).

즁화ᄒᆞ다 동 중화(中火)하다. 점심을 먹다. ¶즁화ᄒᆞ다:打中火(漢淸12:48).

:즁:회 명 중회(衆會). ¶衆會ᄂᆞᆫ 모다 모ᄃᆞᆫ ᄯᅵ라(月釋10:61).

즁ᄒᆞ다 형 중(重)하다. 책임 따위가 무겁다. ☞듕ᄒᆞ다 ¶나라 命令 重ᄒᆞ기ᄂᆞᆫ 彼此 一般이오니 貴國 分付가 重ᄒᆞ면 내 나라 申飭도 亦是 重ᄒᆞ오니(隣語1:1).

쥐다 동 쥐다. ¶龍紋劍 ᄐᆡ아검의 匕首劍 손의 쥐고(萬言詞).

쥐며ᄂᆞ리 명 쥐며느리. ☞쥐며ᄂᆞ리 ¶쥐며ᄂᆞ리 이:蛜(兒學上8).

쥐물느다 동 주무르다. ☞쥐므르다 ¶윤상중이 쥐물너 겨유 명이 븟터시나(閑中錄266).

쥐똥나모 명 쥐똥나무. ¶쥐똥나모:女貞(柳氏物名四 木).

즈노고시남 명 지노귀새남. ☞즌호고새남 ¶金두텁 화랑이 즈노고시남 갈 제(古時調. 개고리. 靑丘).

·즈·느·ᄯᅳ·다 형 느리고 더디다. 굼뜨다. ¶다믄 져기 거르메 즈느ᄯᅳ고:只是少行上遲(飜朴上63).

즈늑즈느기 부 느릿느릿. ☞즈늑즈늑 ¶이 ᄆᆞ리 쇠 거름ᄀᆞ티 즈늑즈느기 건ᄂᆞᆫ ᄆᆞ리로다:這馬牛行花塔步(飜老下9).

즈늑즈늑 부 느릿느릿. ☞즈늑즈느기 ¶즈늑즈늑 것다:花塔步(語錄32). 이 ᄆᆞᆯ이 쇠 거름ᄀᆞ티 즈늑즈늑 것ᄂᆞᆫ다:這馬牛行花塔步(老解下8).

즈늑즈늑ᄒᆞ·다 형 느릿느릿하다. ☞즈ᄂᆞᆨ즈ᄂᆞᆨᄒᆞ다 ¶그리어니 여러 거름곰 즈늑즈늑호ᄃᆡ 재니라:可知有幾步慢竄(飜老上12). 그리어니 여러 거름이 즈늑즈늑호ᄃᆡ 재니

라:可知有幾步慢竄(老解上11).

즈다 형 질다. ☞즐다 ¶길 즈다:路泥(譯解上6). 즈다:泥濘(同文解上6).

즈러죽다 동 지레 죽다. ☞즐어죽다 ¶지아비 그 즈러주글가 저허 ᄀᆞ마니 그 칼흘 아사ᄡᅧ니:夫恐其徑死潛奪其刀(東新續三綱. 烈5:46 趙氏自縊). 도로혀 깃 목숨을 즈러 죽게 ᄒᆞᆯ ᄯᆞ롬이니라(普勸文 海印板39).

즈럼ᄭᅵᆯ 명 지름길. ☞즈르ᇝ길 ¶白髮이 제 몬져 알고 즈럼ᄭᅵᆯ로 오도다(古時調. 한 손에. 歌曲).

즈레 부 지레. 미리. ☞즐어 ¶슈로로 즈레 막아(經筵). 도적을 즈레 보내여 죽이라 ᄒᆞ니:先(五倫4:2).

즈레길 명 지름길. ☞즈르ᇝ길 ¶즈레길 경:徑(兒學上4).

즈려죽다 동 지레 죽다. ☞즐어죽다 ¶善財童子 블의 들가 즈려죽ᄂᆞᆫ 酒色의ᄂᆞᆫ(新編普勸 海印板附18. 淸虛尊者 回心歌).

즈르·다 동 지르다. ¶어루 즐어 나ᅀᅡ가리라:可徑造矣(楞解1:44). 즐어 佛地ᄅᆞᆯ ᄐᆞ며:徑登佛地(牧牛訣15). 圓頓敎法ᄋᆞᆫ 키 甚히 즈르고 ᄲᅡ혀나 人情에 갓갑디 아니ᄒᆞᆯᄉᆡ(南明下38). 즐어 와:徑(六祖上106). 이런 故로 큰 길흐로 ᄒᆞ고 즐어 아니ᄒᆞ며:是故道而不徑(宣小4:18). 즈러 어믜 지브로 ᄃᆞ라가:徑走母家(東新續三綱. 孝1:55).

즈르드·듸·다 동 지르디디다. 지질러 디디다. ¶百千億 金翅鳥ㅣ ᄃᆞ외야 各各 다ᄉᆞᆺ 龍곰 즈르드듸여 虛空애 잇거늘(月釋7:47).

즈르들·다 동 졸라 들다. ¶버미 아비ᄅᆞᆯ 므러늘 ᄃᆞ라드러 버믜 모ᄀᆞᆯ 즈르든대 아비 사라나니라:豐爲虎所噬香年甫十四手無寸刃乃搤虎頸豐因獲免(三綱. 孝3).

즈르잡다 동 지르잡다. 졸라 쥐다. 죄어 잡다. ¶윤시 왼손으로 범의 목을 즈르잡고 올흔손으로 범의 니마ᄂᆞᆯ 텨 ᄠᆞᆯ와 ᄡᅵ이기ᄂᆞᆯ 빅여 뵈나 ᄒᆞ여:尹氏左手扼虎項右手擊虎額追曳百步許(東新續三綱. 烈3:95 尹氏擊虎).

즈르쥐다 동 졸라 쥐다. 죄어 쥐다. ¶바로 범의게 ᄃᆞ라드러 목을 즈르쥔대 범이 노하ᄇᆞ리니 아비 사라난디라:直搤虎頸豐因獲免(五倫1:31).

즈름 명 주릅. 거간(居間). ☞주름. 즐음 ¶ᄒᆞ나흔 즈름이러라:一箇是牙子(飜老下7). 즈름 회:儈(訓蒙中3). ᄒᆞᄂᆞ흔 즈름이라:一箇是牙子(老解下7). 즈름이 닐오되:牙子說(老解下9). 나ᄂᆞᆫ 즈름이니:我是箇牙家(老解下10). 즈름이 도엿ᄂᆞ니:做牙子(朴解上31). 즈름:牙子(譯解上68). 牙行牙 즈름 行音杭猶本國 좌슈(吏文4:29). 牙子 즈름(保晚齋方言集4:20).

즈름·갑 명 구문(口文). ☞즈름값. 즈르ᇝ갑 ¶네 각각 즈름갑과 글월갑ᄃᆞᆯ 혜라:你各自筭將牙稅錢來(飜老下18). 즈름갑 글월갑시 ᄒᆞ오니 석 냥 ᄒᆞᆫ 돈 오 푼이로소니:牙稅錢該三兩一錢五分(老解下16). 즈름갑:牙錢(譯解上69).

즈름값 명 구문(口文). ☞즈름갑. 즈름ᄡᅡᆸ ¶ᄑᆞᆯ님재 즈름갑ᄉᆞᆯ ᄀᆞᅀᆞᆷ아ᄂᆞ니:賣主管牙錢(老解下16).

즈름길 명 지름길. ☞즈르ᇝ길 ¶즈름길:抄路(四解下47 徑字註). 딘의 소사날 즈름길ᄒᆞᆯ ᄇᆞᆯ ᄇᆞᆯ오며:履出塵之逕路(野雲41). 즈름길 경:徑(類合下62). 즈름길:抄路(譯解上6. 同文解上41).

즈름·ᄡᅡᆸ 명 구문(口文). ☞즈름갑. 즈르ᇝ갑 ¶우리 즈름ᄡᅡᆸ 글월 벗길갑ᄃᆞᆯ 혜져:咱們筭了牙稅錢着(飜老下17). 히오니 즈름ᄡᅡᆸ 글월 벗기ᄂᆞᆫ 갑시 얼머나 ᄒᆞ뇨:該多少牙稅錢(老解下16). 우리 즈름ᄡᅡᆸ 글월 벗길ᄡᅡᆸ 혜아리쟈:咱們筭了牙稅錢着(老解下16).

즈름·ᄭᅵᆯ 명 지름길. ☞즈르ᇝ길 ¶즈름ᄭᅵᆯ:抄路(訓蒙上6 徑字註).

즈름아·비 명 주릅. 거간(居間). ☞즈름. 즐음 ¶즈름아비 도의엿ᄂᆞ니:做牙子(飜朴上33). 동녁 져젯 즈름아비 ᄃᆞᆫ닌 ᄃᆡ 하니 아ᄂᆞᆫ ᄃᆞᆺᄒᆞ니라:東角頭牙家去處廣敢知道(飜朴上62).

즈르ᇝ·갑 명 구문(口文). ☞즈름갑. 즈르ᇝ값 ¶즈르ᇝ갑과 세 무논 것ᄃᆞᆯ 마ᄅᆞᆯ와 혜니 말오 그 외예:除了牙稅繳計外(飜老上14). ᄑᆞᆯ님재 즈르ᇝ갑ᄉᆞᆯ ᄀᆞᅀᆞ마ᄂᆞ니:賣主管牙錢(飜老下17).

즈르ᇝ·길 명 지름길. ☞즈름길. 즈름ᄭᅵᆯ ¶이 戒ᄂᆞᆫ 諸佛菩薩이 修行ᄒᆞ시논 즈르ᇝ길히라(釋譜9:6). 經은 즈르ᇝ길히니 經 ᄇᆡ화 부텨 ᄃᆞ외욤 ᄲᆞᆯ로미 먼 길헤 즈르ᇝ길 ᄀᆞᄐᆞᆯᄊᆡ 經이라 ᄒᆞᄂᆞ니(月釋2:66). 밦듕에 즈르ᇝ길ᄒᆞ로 도라오니:中夜間道歸(重杜解5:33).

즈ᄅᆞ누르다 동 내리누르다. ¶범을 즈ᄅᆞ눌러:扼虎(東新續三綱. 烈5:71).

·즈믄 수 천(千). ¶千葉은 곳동앳 니피 즈므니라(釋譜11:2). ᄃᆞ리 즈믄 ᄀᆞᄅᆞ매 비취요미 ᄀᆞᆮᄒᆞ니라(月釋1:1). 千載上ᄋᆞᆫ 즈믄 ᄒᆡᆺ 우히라(月釋1:2). ᄯᅩ 즈믄 가짓 天衣ᄅᆞᆯ 비흐며(月釋17:29). ᄒᆞᆫ 번 듣ᄌᆞᆸ고 즈므ᄂᆞᆯ 알오:一聞千悟(法華3:142). 즈므늘 아ᄅᆞ샤:千悟(法華5:172). 이 ᄆᆡ햇 즈믄 나못 橘은:此郊千樹橘(初杜解7:14). 즈믄 비레 조ᄇᆞ니:千崖窄(初杜解21:19). 즈믄 ᄀᆞᄅᆞᆷ애 므리 이시면 즈믄 ᄀᆞᄅᆞᆷ앳 ᄃᆞ리오:千江有水千江月(金三2:25). 즈믄 ᄒᆡᆯ 長存ᄒᆞ샬 藥이라 받ᄌᆞᆸ노이다(樂範. 動動). 즈믄 ᄒᆡ를 외오곰 녀신ᄃᆞᆯ … 信잇ᄃᆞᆫ 아즐가(樂詞. 西京別曲). 즈믄 뫼곳 ᄒᆞᆫ갓 제 하도다:千山

空自多(重杜解5:12).

·즈믄:만 수 억(億). ¶一千이라 혼 마리니 즈믄萬이 億이라(月釋2:54).

즈벅즈벅ᄒᆞ다 형 지꺼분하다. ¶눈 즈벅즈벅ᄒᆞ다:眼澁了(譯解上38).

즈스로 부 스스로. ☞스스로 ¶ᄲᅧ 그으기 즈스로 孔子의 先進 조ᄎᆞ시ᄂᆞᆫ 遺意ᄅᆞᆯ 브티노니:以竊自附於孔子從先進之遺意(家禮1:4). 즈스로 家禮ᄅᆞᆯ 지으시매:自述家禮則(家禮1:4). 朝廷의 勢 즈스로 尊ᄒᆞᆯ디니라(家禮1:13).

즈·싀 명 지스러기. 찌끼. ☞즈싀 ¶즈싀 업게 ᄒᆞ고:去滓(瘟疫方23). 或 地獄 즈싀ㅣ라 ᄒᆞ며:或地獄滓(龜鑑下52).

즈슬 명 짓을. 모양을. 독즛 ¶ᄂᆞ미 브롤 즈슬 디녀 나샷다(樂範. 動動).

즈·ᅀᅳᆷ 명 ①즈음. 사이. ☞즈음 ¶孟季ㅅ 즈ᅀᅳ메 겨실씨:在孟季之間(永嘉下46). 머리 즈ᅀᅳᆷ커니(圓覺上二之三40). 온 이럼 즈ᅀᅳ미로다:百頃間(初杜解7:38). 외로윈 넉슨 오란 나그내 ᄃᆞ외얏ᄂᆞᆫ 즈ᅀᅳ미로다:孤魂久客間(初杜解24:44). 여러 즈ᅀᅳᆷ:幾會(老朴集. 單字解9).
②구별. 분별. ¶佛性이 男女ᄅᆞᆯ 즈ᅀᅳᆷ 아니ᄒᆞ며:佛性不間男女(法華4:172).
※즈ᅀᅳᆷ>즈음

즈·ᅀᅳᆷ·춤 동 격(隔)함. 가로막힘. 기즈ᅀᅳᆷᄎᆞ다 ¶悟와 迷왜 즈ᅀᅳᆷ추미 잇ᄂᆞ니라:悟迷有隔(永嘉下70). 즈ᅀᅳᆷ추므로브터 아ᅀᆞ라히 열 ᄒᆡ 남거니:自隔杳逾十載(永嘉下108).

즈·ᅀᅳᆷᄎᆞ·다 동 격(隔)하다. 가로막히다. ☞즈ᅀᅳᆷᄒᆞ다. 즈음ᄎᆞ다 ¶하ᄂᆞᆯ히 즈ᅀᅳᆷᄎᆞᆫ돌 眞實로 알리로다:信知天隔(永嘉下70). 즈ᅀᅳᆷ추므로브터 아ᅀᆞ라히 열 ᄒᆡ 남거니:自隔杳逾十載(永嘉下108). 니블 주시ᄂᆞᆫ 南宮이 즈ᅀᅳᆷ쳇도다:賜被隔南宮(初杜解10:32). 旌節이 ᄒᆡᄅᆞᆯ 즈ᅀᅳᆷ처 도라올 고ᄃᆞᆯ 아디 몯호라:不知旌節隔年回(初杜解21:7). 楚ㅣ 乾坤애 즈ᅀᅳᆷ처 머니:楚隔乾坤遠(初杜解21:23). 바미 孝廉의 ᄇᆡ 즈ᅀᅳᆷᄎᆞ도다:夜隔孝廉船(初杜解21:25). 겨집과 子息괘 軍壘에 즈ᅀᅳᆷ첫ᄂᆞ니:妻孥隔軍壘(初杜解22:4). 그티 바사나 므리 즈ᅀᅳᆷᄎᆞ디 아니ᄒᆞᆫ ᄃᆞᆺ더라:穎脫物不隔(初杜解24:11).
※즈ᅀᅳᆷᄎᆞ다>즈음ᄎᆞ다

즈·ᅀᅳᆷᄒᆞ·다 동 사이에 두다. 격(隔)하다. 가로막히다. ☞즈ᅀᅳᆷᄎᆞ다. 즈음ᄒᆞ다 ¶이플 즈ᅀᅳᆷᄒᆞ얏ᄂᆞᆫ 버드리 보ᄃᆞ라와 노혼노혼ᄒᆞ니:隔戶楊柳弱嫋嫋(初杜解10:9). 宮殿은 프른 門이 즈ᅀᅳᆷᄒᆞ고:宮殿青門隔(初杜解23:8). 보미 雞人ㅅ 나ᄌᆞᆯ 즈ᅀᅳᆷᄒᆞᄂᆞ니:春隔雞人晝(初杜解23:25). ※즈ᅀᅳᆷᄒᆞ다>즈음ᄒᆞ다

즈싀 명 지스러기. 찌끼. ☞즈싀. 즈의. 즉긔. 즛의 ¶걸어 즈싀 앗고:濾去滓(救急下8). 쥐여미ᄅᆞᆯ ᄲᅡ 汁과 즈싀와ᄅᆞᆯ ᄂᆞ호도소니:籍糟分汁滓(初杜解22:20). 즈싀 앗고 더우닐 두 번에 ᄂᆞ화 먹고:去滓分溫二服(救簡6:44). 즈싀 자:渣. 즈싀 지:滓. 즈싀 은:垽. 즈싀 뎐:澱(訓蒙下11). 그 즈싀ᄅᆞᆯ:其滓(瘟疫方10).

:즈·ᅀᅵ 명 짓이. 모양이. 〔'즛'+주격조사 '-이'〕 독즛 ¶種種 다ᄅᆞᆫ 즈ᅀᅵ 즈믄 머리 므싀여ᄫᅳ며(月釋10:97). 그 즈ᅀᅵ 一萬 가지라(月釋21:24).

즈우샤 명 추사(縐紗). ☞즈으사 ¶즈우샤:縐紗(譯解下4).

즈으리 명 조리(笊籬). ☞즈을이 ¶아리등경 웃등경 걸등경 즈으리 東海銅爐口(古時調. 宅들에셔. 瓶歌).

즈으사 명 추사(縐紗). ☞즈우샤 ¶즈으사:縐紗(物譜 蠶績).

즈을이 명 조리(笊籬). ☞즈으리 ¶알에 燈盞 웃燈盞 걸燈盞 즈을이 수저(古時調. 되들에. 海謠).

즈음 명 사이. ☞즈ᅀᅳᆷ ¶德重ᄒᆞ신 江山 즈으매 萬歲를 누리쇼셔(樂詞. 新都歌). 두어 里ㅅ 즈으미로다:數里間(重杜解1:12). 漢源ᄋᆞᆫ 十月ㅅ 즈으메:漢源十月交(重杜解1:14). 옷고ᄉᆞᆫ 베 三秋ㅅ 그테 平ᄒᆞᆫ 받 온 이럼 즈으미로다:香稻三秋末平田百頃間(重杜解7:38). 홍무 즈음의 예 도적이 이셔:洪武中有倭寇(東新續三綱. 烈1:13). 또 엇디 이 즈음에아 ᄀᆞᆺ 온다:却怎麼這時間纔來到(老解下3). 기ᄃᆞ릴 즈음이ᅇᅵ도쇠(新語5:13). 禮ᄂᆞᆫ 男女의 즈음을 귀히 너기고(女四解1:5). 이 즈음의 쳐신ᄒᆞ기(女範2. 변녀 쥬시뎌부). 남녀 즈음의 그ᄅᆞᆫ 일이 이시면 망ᄒᆞ고(女範3. 뎡녀 초평ᄇᆡᆨ영).

-즈음 접미 -쯤. ¶시방 잇ᄂᆞᆫ 거시 짐쟉건대 ᄇᆡᆨ즈음이나 잇ᄂᆞ니라(捷蒙3:7). 百五十步 즈음에 니ᄅᆞ러(武藝圖10).

즈음ᄭᅵ다 동 사이에 끼다. 격(隔)하다. 가로막히다. ☞즈ᅀᅳᆷᄎᆞ다 ¶열 이비 ᄇᆞᄅᆞᆷ과 눈에 즈음ᄭᅧᆺ도다:十口隔風雪(重杜解2:37). 프른 뫼히 故園에 즈음ᄭᅧᆺ도다:青山隔故園(重杜解8:25).

즈음ᄎᆞ다 동 가로막히다. 거르다. 격(隔)하다. ☞즈ᅀᅳᆷᄎᆞ다 ¶驥子 보미 오히려 즈음쳇ᄂᆞ니:驥子春猶隔(重杜解8:46). 바미 孝廉의 ᄇᆡ 즈음ᄎᆞ도다:夜隔孝廉船(重杜解21:25). ※즈음ᄎᆞ다<즈ᅀᅳᆷᄎᆞ다

즈음치다 동 가로막히다. 격(隔)하다. ☞즈음ᄎᆞ다 ¶楚ㅣ 乾坤애 즈음처 머니:楚隔乾坤遠(重杜解21:23).

즈음티다 동 가로막히다. 격(隔)하다. ☞즈음ᄎᆞ다 ¶서ᄅᆞ 즈음텨 버려 셔셔 동셔의

ᄂᆞᆫ화 티되:相間列立分箚東西(練兵13).

즈음ᄒᆞ다 [동] 사이에 두다. 격(隔)하다. ☞즈ᅀᅳᆷᄒᆞ다 ¶河水를 즈음ᄒᆞ야 되ᄆᆞᆯ ᄐᆞ닐 보니:隔河見胡騎(重杜解5:27). 남녁 마작 두 집 즈음ᄒᆞ야:近南隔着兩家兒人家(老解上44). 발을 즈음ᄒᆞ여 笑語ᄅᆞᆯ 듯고:隔簾聽笑語(朴解中18). 唐虞ㅅ 盛ᄒᆞᆫ 빼ᄅᆞᆯ 즈음ᄒᆞ고:際(女四解4:6).

즈의 [명] 지스러기. 찌끼. ☞즈싀 ¶즈의 지:滓(類合下37). 믈 브어 ᄀᆞ장 농난케 달혀 즈의 업시 ᄒᆞ고(胎要7). 믈 ᄒᆞᆫ 되 다ᄉᆞᆸ 브어 칠 홉 되게 달혀 즈의란 ᄇᆞ리고:水一升半煎至七分去滓(辟新2). ᄉᆡᆼ강 세 편과 대쵸 둘 녀허 칠 홉 되게 달혀 즈의란 ᄇᆞ리고 머그라(辟新6). 쇼쥬ㅅ 즈의:燒酒粕(同文解上60). 대쵸란 ᄇᆞ리고 즈의조차 공심의 ᄃᆞᄉᆞ히 ᄒᆞ여 머그라:去棗和滓空心溫服(臘藥10).

즈이여 [명] 짓이여. 모양이여. ㊀즛 ¶어와 아븨 즈이여 處容아븨 즈이여(樂詞. 處容歌).

즈즐우러ᄒᆞ·다 [형] 지질지질하다. ¶즈즐우러커든 ᄆᆞᄅᆞ닐 ᄢᅵ흐라:濕則乾摻(救急下14).

즈즐즈즐 [부] 지질지질. ¶즈즐즈즐:洏涟(柳氏物名五 水).

즈즐ᄒᆞ다 [형] 지긋지긋하다. ¶즈즐ᄒᆞ다:厭煩(同文解上33. 漢清7:49). 모진 내 맛기 하 즈즐ᄒᆞ다(古時調. 재 너머. 青丘). 듯기의 즈즐ᄒᆞ고 보기의 귀찬ᄒᆞ다(萬言詞).

즈지다 [동] 지지다. ¶쟝을 즈지고 ᄉᆡᆼ강을 ᄡᅵ여:炮(女四解3:10).

즈츰개 [명] 지칭개. ¶즈츰개:馬薊(柳氏物名三 草).

즈츼기 [명] 지치기. 설사하기. ☞즈최기 ¶ᄆᆞ이 달혀 머그되 즈츼기로 ᄒᆞᆫ을 삼으라:濃煎服之以利度(辟新5).

즈·츼·다 [동] 지치다. 설사하다. ¶제 아비 ᄯᅩᆼ 즈츼더니 눈다마다 머거 보니:易泄痢黔婁輒取嘗之(三綱. 孝21 黔婁). 모딘 피 즈츼ᄀᆞ장 ᄒᆞ라:以利下惡血爲度(救急下18). 수레 녀허 노겨 먹고 즈츼면:酒中消服之利(救簡1:49). 나히 아홉 서레 아비 즈츼음 어더늘:年九歲父得泄痢(續三綱. 孝16 漢老嘗痢). ᄯᅩᆼ을 즈츼여늘:泄利(飜小9:31). 즈츼 샤:瀉(訓蒙中32). 즈츼 셜:疶. 즈츼 리:痢(訓蒙中34). 易ㅣ 즈츼여든:易泄利(宣小6:28). 대변이 즈츼거든:大便滑泄(辟新10). 즈츼다:走痢(譯解上61).
※즈츼다>지치다.

즈츼이다 [동] 미끄러지다. ¶즈츼이다:出溜(漢清9:78).

즈최기 [명] 지치기. 설사하기. ☞즈츼기 ¶장뷔 활ᄒᆞ여 즈최기를 도쉬 업ᄉᆞ며:臟腑滑泄無度(臘藥10). 즈최기ᄅᆞᆯ ᄌᆞ로 ᄒᆞ거든:注泄頻數(臘藥26).

즈최다 [동] 쏟아지다. ¶疾風 大雨에 霹靂이 즈최ᄂᆞᆫ ᄃᆞᆺ 清正 小竪頭도 掌中에 잇것마ᄂᆞᆫ(蘆溪. 太平詞).

즉금 [명] 즉금(卽今). 지금. ¶즉금은 거의 여샹ᄒᆞ오신가(諺簡. 肅宗諺簡). 즉금 당시 먹고 ᄡᅳ고(因果曲1). 卽今 事勢ᄅᆞᆯ 議論ᄒᆞ여 볼쟉시면(隣語3:2). 이왕 일 ᄉᆡᆼ각ᄒᆞ고 즉금 일 혜아리니(萬言詞).

즉긔 [명] 찌끼. ☞즈싀 ¶즉긔:查滓(語錄7). 시운 즉긔:汞粉(柳氏物名五 石).

즉ᄀᆡᆨ [부] 즉각(卽刻). 즉시(卽時). ¶즉ᄀᆡᆨ:立刻(漢清7:42).

·즉·ᄇᆡᆨ [명] 측백(側栢). ¶즉ᄇᆡᆨ 닙 더드려 달혀 머그며:加側栢煎服(救簡2:92). 즉ᄇᆡᆨ ᄇᆡᆨ:栢(訓蒙上10). ᄯᅩ 즉ᄇᆡᆨ 동향ᄒᆞᆫ 닙플 ᄏᆡ야 ᄆᆞᆯ외야:又方側栢東向葉採取乾正(瘟疫方9). 즉ᄇᆡᆨ ᄇᆡᆨ:栢(類合上8). 즉ᄇᆡᆨ을 븓들고 슬피 우러:攀栢悲號(宣小6:24). 즉ᄇᆡᆨ:柏(柳氏物名四 木).

·즉·ᄇᆡᆨ나모 [명] 측백(側栢). ¶즉ᄇᆡᆨ나모 동녁으로 향ᄒᆞᆫ 니플:栢樹東向葉(救簡1:109).

즉시 [부] 즉시(卽時). ☞즉시예 ¶즉시 건디니(太平1:4). ᄇᆡᆺ복 아래ᄅᆞᆯ 울흐면 즉시 통ᄒᆞᄂᆞ니라:熱熨臍下立通(胎要42). 뵈 즉시 놀라 ᄭᅵᄃᆞ라:甫卽驚寤(東新續三綱. 孝2:82). ᄒᆞᆫ 소솜 달혀 ᄃᆞᄉᆞ히 ᄒᆞ여 먹고 ᄯᆞᆷ을 내면 즉시 됸ᄂᆞ니(辟新3). 즉시:就是(同文解下47). 곤ᄒᆞᆫ 것 즉시 낫다(漢清7:38). 卽時 茶禮를 設行ᄒᆞ고 시보오니(隣語1:22). 즉시 발을 년ᄒᆞ야(武藝圖1).

·즉시·예 [부] 즉시(卽時)에. ☞즉시 ¶됴ᄒᆞᆫ ᄆᆞᅀᆞᄆᆞᆯ 낸대 卽時예 나ᅀᅡ오시니(月印上39). 胎生 아니 ᄒᆞ야 卽時예 正覺ᄋᆞᆯ 일우려마ᄅᆞᆫ(月釋2:36). ᄆᆞᆮ오라비 廖ᄃᆞᆯ히 卽時예 더러 갓ᄀᆞ니라:兄廖等卽時減削(宣賜內訓2上55). 卽時예 豁然ᄒᆞ면 도로 本心을 得ᄒᆞ리라(六祖中16). 즉시예 슈보ᄒᆞ야:就爲補(飜小8:38). ᄇᆞᄅᆞᆷ의 믈결이 즉시예 니러나ᄂᆞᆫ디라:風波當時起(宣小5:23).

·즉·실 [명] 즉일(卽日). ¶命世才ᄅᆞᆯ 卽日에 깃그시니:命世之才卽日懌之(龍歌27章). 羅漢果ᄅᆞᆯ 卽日에 得ᄒᆞ니(月印上54).

·즉·위·ᄒᆞ·다 [동] 즉위(卽位)하다. ¶恭定大王이 卽位ᄒᆞ샤 夢周ㅣ 제 셤기논 ᄃᆡ 두 ᄠᅳᆮ 아니 가지니라 ᄒᆞ야 謚ᄅᆞᆯ 文忠이라 ᄒᆞ시니라(三綱. 忠33). 莊王이 卽位ᄒᆞ샤 山行ᄋᆞᆯ 즐기거시ᄂᆞᆯ(宣賜內訓2上21).

즉일 [명] 즉일(卽日). 당일. ¶엄슝을 삭직ᄒᆞ야 즉일의 고향의 내치고(落泉3:7).

·즉자·히 [부] 즉시. 곧. ☞즉재. 즉제 ¶즉자히 神通力으로 樓 우희 ᄂᆞ라 올아(釋譜6:

2). 그 쁴 世尊이 즉자히 化人ᄋᆞᆯ 보내샤(釋譜6:7). 旃檀香 ᄇᆞᄅᆞ면 즉자히 암ᄀᆞᄂᆞ니(月釋1:27). 누의님내 더브러 즉자히 나가니(月釋2:6). 즉자히 각시 ᄇᆞ리샤 이런 거벼를 王ᄭᅴ ᄉᆞᆯᄫᆞ시ᄂᆞᆯ(月釋2:29). 더운 술로 프러 머그면 즉자히 됸ᄂᆞ니라:用熱酒調服立效(救急上37). 잠간도 즉자히 ᄐᆞ며 닙디 마롤디니라:弗敢卽乘服也(宣賜內訓1:11). 즉자히 손가락 버혀 머기니:卽斷左手無名指依言以進(東三綱. 孝3).

·즉재 부 즉시. 곧. ☞즉자히. 즉제 ¶즉재 宿命을 아ᄅᆞ샤(月釋21:7). 즉재 信受ᄒᆞᅀᆞᄫᆞ려니와(月釋21:15). 어믜 간 ᄯᅡ홀 즉재 알리라(月釋21:22). ㅂ 골ᄑᆞ며 치ᄫᅮ믈 알면 즉재 말ᄒᆞ리라(月釋21:55). 비록 無上覺路ᄅᆞᆯ 즉재 ᄇᆞᆯ기디 몯ᄒᆞ나:雖未卽明無上覺路(楞解6:104). 즉재 큰 法을 니ᄅᆞ시더니:卽說大法(法華1:90). 즉재 뎌 ᄀᆞ애 다ᄃᆞ라:卽到彼岸(金剛102). 어딘 醫員이 즉재 金錍로:良醫卽以金錍(永嘉序14). 天子ㅣ 브르신대 즉재 ᄇᆡ예 오ᄅᆞ디 몯ᄒᆞ고:天子呼來不上船(初杜解15:41). 즉재 西方애 가(佛頂4). 즉재 나리라:立出(救簡6:2). 맏ᄐᆞ면 즉재 숫굼그로 올아:聞之卽上泥丸(瘟疫方18). 즉재 일 업스리라(龜鑑上5). 홍졍이 즉재 일 ᄡᅥ시니:交易便成了(老解下9). 즉재 가니라:便行. 즉재 가리라 又 즉재 가다:便去(朴解. 單字解3).

·즉·제 부 즉시. 곧. ☞즉자히. 즉재 ¶혀 아라 우희 ᄇᆞᄅᆞ면 즉제 됴ᄒᆞ리라:塗舌上下卽差(救簡2:90). 그 나그내 즉제 고ᄒᆞ니:那客人就告了(飜老上29). 즉제 즉:卽(石千31). 敢히 즉제 ᄐᆞ며 닙디 몯ᄒᆞᄂᆞ니라:弗敢卽乘服也(宣小2:40). 내 엇ᄭᅵ 즉제 죽디 아니ᄒᆞ리오마ᄂᆞᆫ:我豈不能卽死(東續三綱. 烈19). 즉제 벼슬 ᄉᆞ양ᄒᆞ고:卽辭職(東新續三綱. 孝1:80 黃載居廬). 즉제 도로 사라 네 ᄒᆡ를 므너 주그니라:卽甦延四年而歿(東新續三綱. 孝5:6 崔漣斷指). 즉제 松脂로ᄡᅥ 노겨 棺 밧긔 브ᅀᅳ니(家禮5:8). 니러 즉제 가쟈:起來便行(老解上22). 즉제 게셔 ᄒᆞᆫ 덩이 큰 돌흘 가져다가:就那裏拿起一塊大石頭(老解上25). 즉제 趓避ᄒᆞ니:卽時趓避(朴解下54). 즉제 아니 보디 몯ᄒᆞᆯ 일을(新語7:10).

즉지 부 즉시. 곧. ☞즉자히. 즉재 ¶즉지 문슈아ᄒᆞ샤 세존ᄭᅴ 오나시ᄂᆞᆯ(地藏解上3). 마야 즉지 슉명을 아ᄅᆞ샤(地藏解上3). 즉지 즉:卽(倭解上27). 즉지:將纔(漢淸8:73). 손샹ᄒᆞᆫ 거시 이셔 즉지 뵈ᄂᆞ니라:有損卽見(無寃錄1:50). ᄡᅵ스면 즉지 희고:洗之卽白(無寃錄3:63).

·즉채 부 즉시. 곧. ☞즉자히 ¶너븐 헌거스로 구디 ᄆᆡ야시면 즉채 만히 보리라:用寬帛緊繫之卽大通(救簡3:70).

·즉ᄒᆞ·다 동 즉(卽)하다. ¶慧예 卽ᄒᆞᆫ 쁴 定이 慧예 잇고(六祖中2). ᄯᅩᄒᆞᆫ 可히 ᄡᅥ 戎에 卽ᄒᆞ리니라(宣論3:50). 面이 기피 墨ᄒᆞ야 位예 卽ᄒᆞ야(宣孟5:6). 내의 知를 致코져 홀딘댄 物에 卽ᄒᆞ야 그 理ᄅᆞᆯ 窮홈애 이쇼믈 니ᄅᆞ니라(宣大10).

·즉ᄒᆞ·다 조형 직하다. ☞직ᄒᆞ다 ¶게 가 방이 뻠 즉ᄒᆞᆫ디 몯 뻠 즉ᄒᆞᆫ디 보고ᅀᅡ:到那裏看了房子中不中(飜老上67). 음식 머믄 것 고틸 거슬 머검 즉ᄒᆞ니:堪服治飮食停滯(飜老下40). ᄯᅩᄒᆞᆫ 可히 宗ᄒᆞ얌 즉ᄒᆞ니라:亦可宗也(宣論1:7). 達ᄒᆞ야 可히 天下애 行ᄒᆞ얌 즉ᄒᆞᆫ 後에 行ᄒᆞᄂᆞᆫ 者ㅣ니라:達可行於天下而後行之者也(宣孟13:13). 술위ᄅᆞᆯ 머믈웜 즉ᄒᆞ도다(重杜解18:6). 正官 氣色이 견ᄃᆡ염 즉ᄒᆞ면(新語1:31). 부ᄃᆡ 조심ᄒᆞ염 즉ᄒᆞᆫ 일이ᄋᆞᆸ도쇠(隣語2:5).

즌 형 진. ㉠즐다 ¶어긔야 즌 ᄃᆡᄅᆞᆯ 드ᄃᆡ욜세라(樂範. 井邑詞). 즌국슈 먹기 닉디 몯ᄒᆞ여라:不慣喫濕麵(老解上54).

즌구레 명 허구리. ☞즌굴이 ¶肋 아래 뼈 업ᄂᆞᆫ ᄃᆡ 俗稱 즌구레(無寃錄1:63).

즌국슈 명 국수. ¶우리 고렷 사ᄅᆞᆷ은 즌국슈 머기 닉디 몯ᄒᆞ애라:我高麗人不慣喫濕麵(飜老上60).

즌굴이 명 허구리. ☞즌구레 ¶즌굴이:腰眼(譯解補22).

즌무르다 동 짓무르다. ☞즌믈다. 즛므르다 ¶눈 즌무른 이:爛眼邊(漢淸6:3).

즌믈다 동 짓무르다. ☞즌무르다 ¶즌믈어 아히 샹ᄒᆞᆯ가 ᄒᆞ노라:恐斑爛損人(痘要上45). 빗 소개 온가짓 프리 ᄀᆞᄋᆞᆯ히 즌믈어 죽거늘:雨中百草秋爛死(重杜解12:14).

즌버즘 명 진버짐. 습선(濕癬). ¶즌버즘:癬瘡(物譜 氣血).

즌서리 명 된서리. ¶비 올디 눈이 올디 ᄇᆞ람 부러 즌서리 틸디(古時調. 뒷뫼헤. 歌曲). 오뉴월 낫계즉만 살얼ᄋᆞᆫ 지핀 우희 즌서리 섯거티고(古時調. 鄭澈. 심의산. 松江). 즌서리 ᄲᅡ진 후의 산빗치 금슈로다(宋純. 俛仰亭歌).

즌저리티다 동 진저리치다. ☞즌져리치다 ¶즌저리티다:打寒潹(譯解上37). 즌저리티다:打寒噤(同文解上19).

즌져리치다 동 진저리치다. ☞즌저리티다 ¶즌져리치다:打寒潹(華類23).

즌·퍼·리 명 진펄. 진창으로 된 넓은 들. ☞즌펄이 ¶즌퍼리 져:沮. 즌퍼리 셔:洳. 즌퍼리 와:窪(訓蒙上5). 즌퍼리 뎐:淀. 즌퍼리 박:濼. 즌퍼리 탕:蕩(訓蒙上6). 즌퍼리:茅蕩(譯解上8). 즌퍼리:陷泥地(同文解

上6). 즌퍼리:爛泥(漢淸1:36).

즌펄이 명 진펄. ☞즌퍼리 ¶즌펄이:澤 藪澤之地俗疑有水者誤(柳氏物名五 水).

즌호고새남 명 지노귀새남. ☞즈노고ᄉᆡ남 ¶金두텁 花郞이 즌호고새남 갈싀(古時調. 靑개고리. 靑丘).

즌흙 명 진흙. ☞즌ᄒᆞᆰ ¶사병의 담고 즌흙으로 마고 블라:盛砂甁內固濟(痘要上9). 즌흙 니:泥(兒學上4).

즌·ᄒᆞᆰ 명 진흙. ☞즌흙 ¶泥는 즌ᄒᆞᆯ기니(釋譜23:50). 香ᄋᆞ로 즌ᄒᆞᆰᄀᆞ티 ᄆᆡᆼᄀᆞ론 거시라(釋譜23:50). 즌ᄒᆞᆯᄀᆞᆫ 私欲ᄋᆞᆯ 가ᄌᆞ비니라(月釋7:19). ᄒᆞᆯᄀᆡ 어울워 즌ᄒᆞᆯᄀᆞᆯ ᄆᆡᆼᄀᆞ라:合土成泥(楞解7:9). 즌ᄒᆞᆯ기 다ᄃᆞᄅᆞ면:至泥(法華4:92). 도ᄐᆞ랏 막대 디퍼 봆 즌ᄒᆞᆯᄀᆡ 드로니:杖藜入春泥(初杜解22:3). 즌ᄒᆞᆰ 니:泥(類合上6).

즏ᄇᆞᆯ·오·다 동 짓밟다. ¶즏ᄇᆞᆯ올 채:跐(訓蒙下27).

즏서ᄒᆞ다 동 마구 썰다. ☞즏ᄡᅡ흘다 ¶ᄡᅡ히 업더뎌 니디 아니ᄒᆞ니 도적이 즏서ᄒᆞ다:仆地不起賊亂斫之(東新續三綱. 烈3:22).

즏ᄡᅡ흘다 동 마구 썰다. ☞즛서흘다 ¶도적이 노히여 칼ᄒᆞ로 즏ᄡᅡᄒᆞ니:賊怒拔劍斫(東新續三綱. 烈8:54).

즏즛ᄒᆞ·다 동 짓무르다. 종기 터지다. ¶즏즛ᄒᆞ다:爛也脆也今俗作酥(四解上40 蘇字註).

즏티다 동 마구 치다. ☞즛티다 ¶드듸여 즏텨 싸화 ᄒᆞᆫ나ᄒᆞ로ᄡᅥ 일천을 당티 아니ᄒᆞ리 업스니:遂鏖戰無不以一當千(東新續三綱. 忠1:12).

·즐·거ᄫᅥ·ᅀᅡ 형 즐거워. ㉠즐겁다 ¶ᄉᆞᆯᄫᆞᄃᆡ 情欲앳 이른 ᄆᆞᅀᆞ미 즐거ᄫᅥᅀᅡ ᄒᆞᄂᆞ니 나ᄂᆞᆫ 이제 시르미 기퍼(月釋2:5).

·즐거·ᄫᅳᆷ 형 즐거움. ㉠즐겁다 ¶즐거ᄫᅳᄆᆞᆯ 제 ᄆᆡᆼᄀᆞ라 제 즐기ᄂᆞ니(月釋1:31).

·즐거·ᄫᅮᆷ 형 즐거움. ㉠즐겁다 ¶져그나 기튼 즐거ᄫᅮ미 이시려니와(月釋2:5). 婬欲앳 이른 즐거ᄫᅮ믄 젹고 受苦ㅣ 하ᄂᆞ니(月釋7:18). 즐거ᄫᅮ미 업슳 저기 셟ᄫᅳᆯᄊᆡ 다 受苦ᄅᆞᄫᅵ니라(月釋7:43).

·즐·거ᄫᅳ·며 형 즐거우며. ㉠즐겁다 ¶受苦ᄅᆞᄫᅵ며 즐거ᄫᅳ며(月釋1:35).

·즐·거ᄫᅳᆫ 형 즐거운. ㉠즐겁다 ¶人生 즐거ᄫᅳᆫ ᄠᅳ디 업고 주구믈 기드리노니 목수미 므거ᄫᅳᆫ 거실ᄊᆡ(釋譜6:5). 一切ᄉ 이리 長常 ᄒᆞᆫ가지 몯 ᄃᆞ욀ᄊᆡ 寂滅이ᅀᅡ 즐거ᄫᅳᆫ 거시라(月釋2:15). 報身ᄋᆞᆫ 부텨 ᄀᆞ장 貴ᄒᆞᆫ 因緣ᄋᆞ로 至極 즐거ᄫᅳᆫ 果報ᄅᆞᆯ 타나샤 自得히 便安ᄒᆞ실 씨라(月釋2:53).

·즐겁·다 형 즐겁다. ¶三禪天에 즐거ᄫᅮᆷ ᄀᆞᆮ다 ᄒᆞ니(月印上48). 人生 즐거ᄫᅳᆫ ᄠᅳ디 업고(釋譜6:5). 利樂ᄋᆞᆫ 됴코 즐거ᄫᅳᆯ 씨라(釋譜9:2). 즐거ᄫᅳᄆᆞᆯ 제 ᄆᆡᆼᄀᆞ라 제 즐기ᄂᆞ니(月釋1:31). 受苦ᄅᆞᄫᅵ며 즐거ᄫᅳ며(月釋1:35). 즐거ᄫᅮ미 업슳 저기 셟ᄫᅳᆯᄊᆡ(月釋7:43). 내 이제 훤히 즐겁과라:我今快樂(法華2:138). 極樂ᄋᆞᆫ ᄀᆞ장 즐거ᄫᅳᆯ 씨라(阿彌5). 그 귀와 눈과ᄅᆞᆯ 즐거우시게 ᄒᆞ며:樂其耳目(宣賜內訓1:44). 즐거우므란 主人의 ᄒᆞ요ᄆᆞᆯ 任意로케 ᄒᆞ노라:樂任主人爲(初杜解15:51). 그 즐거오ᄆᆞᆯ 어루 니ᄅᆞ디 몯ᄒᆞ리로다:其樂不可言(金三2:15). 거르며 안조미 즐겁디 몯ᄒᆞ더니:行坐不樂(六祖上21). 즐거운 일 잇거든 ᄒᆞᆫ가지로 즐폴디니:有樂時同樂(飜朴上72). 다 집 가온ᄃᆡ 모다 술머기ᄒᆞ여 ᄡᅥ 즐겁게 ᄒᆞ고:咸集堂中設酌以娛(東新續三綱. 孝8:65).

※'즐겁다'의 활용 ┌즐겁고/즐겁긔/즐겁디…
└즐거ᄫᅳᆫ/즐거ᄫᅳᆯ/즐거ᄫᅥ…

즐·겨ᄒᆞ·다 동 즐겨하다. ¶즐겨코져 ᄒᆞᄂᆞᆫ ᄠᅳ디니(圓覺上一之一112). 즐겨ᄒᆞ다:樂了(同文解上22).

즐·굽드·리·우·다 동 전착(纏着)하다. ¶耶輸는 겨지비라 法을 모ᄅᆞᆯᄊᆡ 즐굽드리워 ᄃᆞ외온 ᄠᅳ들 몯 ᄡᅳ러ᄇᆞ리ᄂᆞ니 그듸 가아 아라듣게 니르라(釋譜6:6).

즐·굽ᄃᆞᆸ·다 동 전착(纏着)되다. ¶耶輸ㅣ 이 말 드르시고 ᄆᆞᅀᆞ미 훤ᄒᆞ샤 前生앳 이리 어제 본 ᄃᆞᆺᄒᆞ야 즐굽ᄃᆞᄫᅵᆫ ᄆᆞᅀᆞ미 다 스러디거늘(釋譜6:9).

즐그·다 동 지르다. 질러가다. ¶輪廻ᄅᆞᆯ 즐거 벗ᄂᆞ니:徑脫輪廻(龜鑑下44).

즐긔다 동 즐기다. ¶거년 ᄎᆞ시의ᄂᆞᆫ 친젼의 셔 즐긔더니(思鄕曲).

·즐기·다 동 즐기다. ¶ᄂᆞᄆᆞᆫ 즐기ᄂᆞᆫ 나ᄅᆞᆯ 아니 즐겨 聖經을 니ᄅᆞ시니:人樂之日我獨不樂聖經是說(龍歌92章). 淫亂ᄋᆞᆯ 맛들어나 수으를 즐기거나(釋譜9:37). 즐긿 거슬 施호ᄃᆡ(月釋17:47). 正을 즐교ᄃᆡ 구디 邪ᄒᆞ며:好正而固邪(楞解7:3). 가히 저히고 제 즐규믄:怖狗自樂者(法華2:119). 우수믈 즐기디 아니ᄒᆞ야(宣賜內訓序4). 눈 앏핏 즐기기를 ᄒᆞᆯ 거시라:爲眼前之樂(飜朴上7). ᄒᆞᆫ가지로 즐폴디니:同樂(飜朴上72). 仲由ᄂᆞᆫ 허므를 즐겨 듣ᄂᆞᆫ디라:仲由喜聞過(飜小8:4). 즐길 기:嗜(訓蒙下13. 類合下39). 즐길 락:樂(類合下3). 즐길 환:歡(類合下13). 즐겨 놀 오:娛(類合下13). 즐길 탐:耽(石千33). 즐김을 可히 極히 몯ᄒᆞᆯ 거시니라:樂不可極(宣小3:3). ᄆᆡ일 이웃 늘그니로 더브러 술 두고 스스로 즐기거든:每與隣老置酒自娛(東新續三綱. 孝1:65). 昭王이 나가 놀시 즐겨 ᄀᆞᆯ오ᄃᆡ(女四解4:4). 즐기다:快活(譯解下44). 즐기다:肯(同文解上

33). 靑雲을 네 즐겨도 白雲이 내사 좋다(江村晩釣歌).

즐·다 형 질다. ☞즈다 ¶부텨 가시논 ᄯᅡ히 즐어늘(月釋1:16). 어긔야 즌 ᄃᆡ를 드ᄃᆡ욜세라(樂範. 井邑詞). ᄒᆞᆯᄀᆡ 즈ᄅᆞ미 ᄒᆞᆫ 時節ㅣ 아니니:泥濘非一時(重杜解1:24). 즌국슈 먹기 닉디 못ᄒᆞ여라:不慣喫濕麵(老解上54). 천방지방 지방천방 즌 듸 ᄆᆞ른 듸 ᄀᆞᆯ희지 말고(古時調. 님이 오마. 靑丘).

즐·어 부 지레. 일찍. ¶몬아ᄃᆞ리 즐어 업스니:長嗣夭亡(月釋序14). 아홉 劫을 즐어 나시니이다(月釋7:29).

즐·어디·다 동 지레 죽다. ¶夭ᄂᆞᆫ 즐어딜 씨라(月釋序14). ᄒᆞᆫ 구룸 ᄒᆞᆫ 비로 여러 物을 저져 크며 져근 種性에 마자 즐어디여 머굴우미 업서(月釋13:47). 慧命이 즐어디디 아니ᄒᆞ야(月釋17:86). 잠간도 즐어듀미 업서 곳 ᄃᆞ외리로 프며:曾無夭閼使爲花者敷(法華3:12). 生滅心行으로 제 즐어디디 아니ᄒᆞ면:不以生滅心行而自夭閼(法華5:126).

즐·어죽·다 동 지레 죽다. ☞즈러죽다. 즈려죽다 ¶목수미 즐어죽디 아니ᄒᆞ며:壽不中夭(永嘉下135). 皇子ㅣ 즐어주구미:皇子夭歿(宣賜內訓2下16). 顔淵이 ᄆᆞᄎᆞ매 즐어죽고:顔淵竟短折(初杜解24:22). 즐어죽ᄂᆞᆫ 쥬쇡에ᄂᆞᆫ 귀쳔 업시 다 즐기고(普勸文 海印板44 회심가곡).

즐엄길 명 지름길. ☞즈름낄. 즈릆길 ¶白髮이 눈츼 몬져 알고 즐엄길로 오견야(古時調. ᄒᆞᆫ 손에. 海謠). 밤의 즐엄길로 조차(女範4. 녈녀 필시졀).

즐여죽다 동 지레 죽다. ☞즐어죽다 ¶바비 업서 즐여주구믈 닐위요라:無食致夭折(重杜解2:37).

즐우러ᄒᆞ·다 형 질벅거리다. 질척거리다. ¶元氣ㅣ 즐우러ᄒᆞ야 障子ㅣ 오히려 저젯ᄂᆞ니:元氣淋漓障猶濕(初杜解16:30). ᄀᆞᄂᆞᆫ 심이 야비야온 어름과 兼ᄒᆞ얏ᄂᆞ니 즐우러ᄒᆞ야 棧道ㅣ 저젓도다:細泉兼輕氷沮洳棧道濕(重杜解1:22).

즐음 명 주릅. 거간(居間). ☞즈름 ¶즐음갑세 물쎗 마몰라 혜여 덜온 밧긔:除了牙稅繳計外(老解上13). 이 즐음 닐으ᄂᆞᆫ 갑시:這牙家說的價錢(老解下12). 우리 그저 즐음의 말대로 ᄆᆞᄎᆞ미 므던ᄒᆞ다:咱們只依牙家的言語成了罷(老解下12).

즐음·낄 명 지름길. ☞즈름낄. 즈릆길 ¶ᄃᆞᆫ님애 즐음낄로 말미암디 아니ᄒᆞ며:行不由徑(宣小4:41).

즐히다 동 지리다. ¶새 ᄆᆞ상이 젓 머근 ᄯᅩᆼ 즐히ᄂᆞᆫ 쟈ᄂᆞᆫ:新駒㚷瀉者(馬解下3).

즘·게 명 큰 나무. 수목(樹木). ☞즘게나모 ¶즘겟 가재 연ᄌᆞ니:寘樹之揚(龍歌7章). 뫼히며 수프리며 즘게며(釋譜9:17). 樹ᄂᆞᆫ 즘게라(月釋2:30). 쇠床이 蓮花座ㅣ ᄃᆞ외오 갈즘게 白玉ᄃᆞ리 ᄃᆞ외오(月釋23:88). 그르메 업슨 즘겟 머리예:無影樹頭(金三2:20). 즘게 아랫 우므레 ᄃᆞᆯ 그르메 디옛거늘 보고(南明上27). 바횟 즘게예 우ᄂᆞᆫ 나비:巖樹啼猿(南明下66).

즘·게 명 거리〔삼십 리 거리〕. 노정(路程). ¶馬寶ᄂᆞᆫ ᄆᆞ리니…우룸 쏘릐 즘게 나마가며(月釋1:27). 믿나라해 도라와 제 지블 즘게 남ᄌᆞ기 두고(月釋23:73). 군듕에 츌령ᄒᆞ야 왕쵹ᄋᆡ 고을ᄒᆞᆯ ᄒᆞᆫ 즘게ᄅᆞᆯ 빠 군ᄉᆞᄅᆞᆯ 드디 말라 ᄒᆞ고:令軍中環晝邑三十里無入(三綱. 忠4 王蠋). 郵籤은 믌 즘게ᄅᆞᆯ 알외ᄂᆞᆺ다:郵籤報水程(重杜解2:20). 멋 즘게 길히 잇ᄂᆞ뇨:有幾程地(老解上9). ᄒᆞᆫ 즘게ᄅᆞᆯ ᄃᆞᄅᆞ도:能走一息(新救荒7). 고ᄋᆞᆯ 못미처 ᄒᆞᆫ 즘게ᄂᆞᆫ ᄒᆞ여셔:將至縣三十里(二倫41 韓李更僕).

즘·게나모 명 큰 나무. 수목(樹木). ☞즘게 ¶즘게남기 가지ᄅᆞᆯ 구피니(月印上23). 즘게남ᄀᆞᆯ 樹王이라 ᄒᆞᄃᆞᆺ ᄒᆞ야(月釋1:24). 즘게나모와 우믌 ᄀᆞᅀᅢ셔(月釋13:42). 즘게남기 ᄀᆞᄆᆞ니 이쇼려 ᄒᆞ야도 ᄇᆞᄅᆞ미 긋디 아니ᄒᆞ며:樹欲靜而風不止(三綱. 孝4).

즘·겟·길 명 노정(路程). ☞즘게 ¶두 즘겟길마다 亭舍ᄅᆞᆯ 세콤 지ᅀᅳ니(月印上56). 멋 즘겟길히 잇ᄂᆞᆫ고:有幾程地(飜老上10).

즘복 부 잠뿍. 듬뿍. ¶더온 슈양탕으로 즘복 적셔 ᄌᆞ조 ᄀᆞ라 븟티면:漬以此水乘熱貼之(痘瘡方29).

즘숭 명 짐승. ☞즁ᄉᆡᆼ ¶새 즘승이 모다 모다 오더라:鳥獸翔集(三綱. 孝18 許孜). 브르ᄂᆞᆫ 소리 듣고 즘승 向ᄒᆞ욤 ᄲᆞᆯ리 호ᄆᆞᆯ:聞呼向禽急(初杜解22:51). 즘승 쉬오ᄃᆡ:歇住頭口着(飜老上62). 벌에 즘승 ᄀᆞᆮᄒᆞ야:有同蟲獸(續三綱. 忠5). 즘승 슈:獸(石千19). 곧 즘승에 갓가오릴시:則近於禽獸(宣小1:9). 庖:즘승 죽이ᄂᆞᆫ ᄯᅡ히라(宣小3:26). 섯녁 즘승이니(詩解 物名3). 벼락 마자 주근 즘승의 고기:震肉(東醫 湯液一 獸部). 즘승들 쉬우쟈:歇頭口着(老解上15). 뎌 말 못 ᄒᆞᄂᆞᆫ 즘승들흘 먹이기ᄅᆞᆯ 이긋 못 ᄒᆞ니:那不會說話的頭口們喂不到(朴解上21).

즘싱 명 짐승. ☞즁ᄉᆡᆼ ¶즘ᄉᆡᆼᄋᆡ 고기ᄅᆞᆯ 먹디 아니ᄒᆞ신대:乃不食禽獸之肉(宣賜內訓2上21). ᄃᆞᆮᄂᆞᆫ 즘ᄉᆡᆼ과 ᄂᆞᄂᆞᆫ 새 다 머리 가ᄂᆞ니:走獸飛禽皆遠去(南明下35). 즘ᄉᆡᆼ을 그르 주겨:橫殺衆生(佛頂上3). 말 모로ᄂᆞᆫ 즘ᄉᆡᆼ ᄃᆞᆯ히:不會說話的頭口們(飜朴上21). 즘ᄉᆡᆼ 슈:獸(訓蒙下3). 즘ᄉᆡᆼ 슈:獸(類合上7). 三更에 새와 즘ᄉᆡᆼ괘 놀라 우ᄂᆞᆺ다:三更鳥獸呼(重杜解2:23). 즘ᄉᆡᆼ들히 엇디 먹으리오:頭

口們怎生喫的(老解上17). 둘흐로 ᄒᆞ여 뒤헤 즘싱 모라오게 ᄒᆞ고:着兩箇後頭赶將頭口來(老解上59). 기ᄅᆞᄂᆞᆫ 효근 즘싱과 굴근 즘싱도 이시며:孳畜頭口有來(老解下43). 즘싱 잡다:打捕(譯解上22). 삿기치고 ᄌᆞ라ᄂᆞᆫ 즘싱을 喂養호ᄃᆡ:喂養孳牲(女四解2:29). 즘싱을 위ᄒᆞ야 사ᄅᆞᆷ을 샹히오디 아니ᄒᆞ며(女範2. 변녀 졔샹괴녀). 새 즘싱이 모다 니ᄅᆞ고(五倫1:43). 나ᄂᆞᆫ 곳의 즘싱이 죽고(五倫1:44). 인륜 어즈러인 괴이ᄒᆞᆫ 즘싱(敬信21). 즘싱 슈:獸(兒學上8). ᄂᆡᆼ지도 누습ᄒᆞ고 즘싱도 하도 할샤(萬言詞).

즘으시다 동 주무시다. ¶즘으시다:安寢了(漢淸7:41).

즘은 명 순도(純度)가 낮은 은(銀). ¶즘은:潮銀(譯解補38).

·즙 명 즙(汁). ¶ᄯᅩ 엿귀ᄅᆞᆯ 두터이 글혀 汁을 取ᄒᆞ야(救急上9). 부ᄎᆡᆺ 니플 디허 즈브로 곳굼긔 브ᅀᅳ라:以韭葉擣取自然汁灌鼻孔中(救急上24). 디홚 불휘 즛디허 ᄧᅩᆫ 즙 ᄒᆞᆫ 되와 ᄉᆡᆼ앙 즛디허 ᄧᅩᆫ 즙 ᄒᆞᆫ 홉과ᄅᆞᆯ:地黃汁一升生薑汁一合(救簡3:97). ᄉᆔᆺ무수 즛두드린 즙:蕪菁汁(瘟疫方4). 므레 글혀 그 즙을 머믈워 ᄎᆞ거든 이베 브ᅀᅳ라(牛疫方1). 기장 즙 두어 홉식 마시더라:啜黍汁數合(東新續三綱. 烈2:84). 족닙 즙은 시병 열라 미친 ᄃᆡ 고티ᄂᆞ니(辟新8). ᄎᆞᆷᄭᅢ 즙 經卷兒와:麻尼汁經卷兒(朴解下32).

:즛 명 ①모양. ☞즈ᇫ ¶種種 다ᄅᆞᆫ 즈ᅀᅵ 즈믄 머리 므ᅀᅴ여ᄫᅳ며(月釋10:97). 그 즈ᅀᅵ 一萬 가지라(月釋21:24). ᄒᆞ다가 西子ᄋᆡ 즈ᅀᅵ 업스면:若無西子態(南明下74). 구룸 자최와 鶴ᄋᆡ 즈ᅀᅦ:雲蹤鶴態(金三3:35). ᄂᆞᄆᆡ 브롤 즈ᅀᅳᆯ 디녀 나샷다(樂範. 動動). 노피 현 燈ㅅ블 다호라 萬人 비취실 즈ᅀᅵ샷다 아으 動動다리(樂範. 動動). 어와 아븨 즈ᅀᅵ여 處容아븨 즈ᅀᅵ여(樂範. 處容歌). 즛 모:貌. 즛 ᄋᆞᆼ:容(訓蒙上24). 娟嬰ᄂᆞᆫ 靑ㅣ菴阿ㅣ니 疑心 가져 明決티 몯ᄒᆞᄂᆞᆫ 즈시라(龜鑑上22). 그 즈시 일만 가지라(地藏解上11). 즛 모:貌. 즛 ᄋᆞᆼ:容(類合下1). 즛 틔:態(類合下44). 즛 ᄋᆞᆼ:容(石千12). 완슌ᄒᆞᆫ 즛시 인ᄂᆞ니:有婉容(宣小2:9).
②짓〔動作〕. ¶엇게즛ᄒᆞ고 가ᄂᆞᆫ 모양:蹁躚(漢淸7:34). 션왕이 아니 겨시다고 이 즈ᄉᆞᆯ ᄒᆞ며(閑中錄482).

즛- 접두 짓-. ¶ᄉᆔᆺ무수 즛두드린 즙:蕪菁汁(瘟疫方4). 몬져 葱白을 ᄣᅵ허 즛닉여 ᄇᆞ른 後에:先將葱白搗爛塗後(無寃錄3:18).

즛개 명 잡상(雜像). ☞즛개 ¶즛개:獸頭(漢淸9:28).

즛긔티다 동 짓이기다. ¶곳 잡아 ᄂᆞ리와 즛긔텨 죽이고:便拿下來磕死了(朴解下20).

즛ᄀᆡ다 동 문드러지게 갈다. ¶ᄒᆞᆫᄃᆡ 즛ᄀᆡ야 물을 ᄈᆞ 머그라:擂爛和水服之(臘藥12).

즛닉이다 동 짓이기다. ¶白梅로ᄡᅥ ᄣᅵ허 즛닉여 보고져 ᄒᆞᄂᆞᆫ 곳에 펴고:以白梅搗爛攤在欲見之處(無寃錄1:41). 몬져 葱白을 ᄣᅵ허 즛닉여 ᄇᆞ른 後에:先將葱白搗爛塗後(無寃錄3:18).

즛·다 동 짖다. ☞즞다 ¶싸화 븓들며 니 내며 즛더니:鬪諍攎掣啀喍嘷吠(法華2:112). 尨으로 ᄒᆞ여곰 즛게 말라:無使尨也吠(詩解1:24). 나라해 즛ᄂᆞᆫ 가히 하도다:听听國多狗(重杜解9:22). 임ᄌᆞ 안여 즛ᄂᆞᆫ 개를 ᄯᅮ즈져 무어ᄒᆞ리(萬言詞).

즛두·드리·다 동 짓두드리다. ¶부ᄎᆡ 즛두드려 ᄧᆞᆫ 즙을 곳굼긔 브ᅀᅳ라:薤搗汁灌鼻中(救簡1:44). ᄉᆔᆺ무수 즛두드린 즙:蕪菁汁(瘟疫方4). 마ᄂᆞᆯ을 즛두드리며(敬信24).

즛디·타 동 짓찧다. ¶ᄉᆡᆼ앙 즛디허 ᄧᆞᆫ 즙 ᄒᆞᆫ 머곰만 ᄒᆞ야 프러 머그라:生薑自然汁一呷調下(救簡1:8). ᄉᆡᆼ앙 즛디허 ᄧᆞᆫ 즙:生薑自然汁(救簡1:10).

즛무르다 동 짓무르다〔腐爛〕. ☞즛므르다 ¶갓치 즛무르고 듦더 희여디니:皮爛浮白(無寃錄1:36). 그 흔적 안히 즛물러 샹ᄒᆞ고:其痕內爛損(無寃錄3:24). 皮肉이 샹ᄒᆞ야 즛물으ᄃᆡ:皮肉損爛(無寃錄3:24).

·즛므르·다 동 짓무르다. ☞즌무르다. 즛무르다 ¶힝역이 즛믈롬:痘瘡爛(救簡目錄9). 밥이 즛믈어 쉬니와 믈고기 므르니와:食饐而餲魚餒而(宣小3:25). 온몸이 벌거ᄒᆞ고 즛믈러:渾體赤爛(痘瘡方44). 발이 즛믈너 울고 ᄃᆞ니더니(癸丑216).

·즛믈롬 동 짓무름. ㉮즛므르다 ¶힝역이 즛믈롬:痘瘡爛(救簡目錄9).

즛ᄆᆞᄋᆞ다 동 짓마다. ¶즛ᄆᆞᄋᆞ다:殘碎(同文解下53).

즛믜다 동 꿰뚫어 매다. ¶즛믤 튜 又音텰:綴(類合下24).

즛ᄇᆞᆲ다 동 짓밟다. ¶팔도ᄅᆞᆯ 즛ᄇᆞᆯ 적 죠고만 섬으로(山城13).

즛ᄢᅵᄅᆞ다 동 짓찌르다. ¶환도ᄅᆞᆯ 주어 아니 ᄂᆞ리ᄂᆞ니ᄂᆞᆫ 어ᄌᆞ러이 즛ᄢᅵᄅᆞ니(山城31).

즛서흘다 동 마구 썰다. ☞즌싸흘다 ¶오히려 좃디 아니ᄒᆞᆫ대 도적이 즛서흐니 주그매 다ᄃᆞ라되:猶不從賊亂斫之比死(東新續三綱. 烈3:44 德福死賊).

즛십다 동 짓씹다. ¶혹 싱콩을 믈에 부럿다가 즛십어 머거도 됴흐니라:或生太浸潤嚼食(新救荒6).

즛ᄢᅴ 명 찌기. ¶査礦 쇠 불릴 제 즛ᄢᅴ니(語錄19).

즛의 명 찌끼. ☞즈ᅀᅴ ¶여러 듣글 즛의ᄅᆞᆯ 니ᄅᆞ와ᄃᆞᆯᄊᆡ:起諸塵滓(法華1:189). 다 즛의

흐린 거시리라:皆滓濁矣(法華4:93). 즛의 앗고 ᄃᆞᄉᆞ닐 머그라:去滓溫服(救急上6). 汁과 즛의왜 宛然히 서르 ᄀᆞ잿도다:汁滓宛相俱(初杜解16:64).

줏치다 동 마구 치다. ☞즏티다. 줏티다 ¶ 西面을 號令ᄒᆞ고 南面을 줏치는 듯(古時調. 金壽長. 曺仁의. 海謠).

줏티·다 동 마구 치다. ☞줏치다 ¶ 아ᄌᆞᄂᆞᆯ 씨 앗고 ᄒᆞᆫ 나촐 줏텨:拍破(救簡2:22). 罪 업슨 사ᄅᆞᆷ을 줏텨 주기고:戕殺無罪之人(警民17).

:즛ᄒᆞ·다 동 짓하다. 손짓하다. 몸짓하다. ¶ 손을 즛ᄒᆞ디 말며 부체질 아니 ᄒᆞ며:手無容不翣也(宣小2:64). 決斷코 몸을 아노라 ᄒᆞ여 즛ᄒᆞ디 말라(捷蒙1:3).

:즛 명 짓. 모양. ☞즛 ¶ 梵志 즛을 보샤 아바님 긔걸로 宗親ᄃᆞᆯ토 沙門이 ᄃᆞ외니(月印上47). 골 업슨 즛을 지ᅀᅡ(月印上69).

즛의 명 찌끼. ☞즈싀. 즛의 ¶ 즛의 흐린 거시 ᄒᆞ마 다ᄋᆞ면:則滓濁旣盡(法華4:19). 즁의 먹던 즛의 밥과 즁의 ᄂᆞ믈와 어더 먹더니(南明下8).

즁 명 증(證). 증세(症勢). ¶ 오직 입 안해 춥소리 업스니 이 證이 곧 이 氣中이니(救急上12). 脈이 弱ᄒᆞ야 ᄀᆞ장 虛弱ᄒᆞᆫ 等엣 證을 고티ᄂᆞ니(救急上14). 그 즁이 ᄇᆞᄅᆞᆷ마ᄌᆞ니와 다ᄅᆞ디 아니호ᄃᆡ:其狀與中風無異(救簡1:38). 모딘 긔운 마즌 즁에 웃입시울 안ᄒᆞᆯ 보ᄃᆡ:中惡證候視其上脣裏弦者(救簡1:47). 그 즁은 담이 셩ᄒᆞ며 답답ᄒᆞ며 머리 알ᄑᆞ며(辟新1). 치운 긔운이 더으며 ᄀᆞ장 덥다는 즁을 고티ᄂᆞ니라(辟新2).

즁 명 징. ☞징 ¶ 즁 붑 소릐ᄅᆞᆯ 듣고(兵學1). 즁:鉦(同文解上53).

즁 명 증(症). 화(火). ¶ 썩 나가디 아니ᄒᆞ니 즁을 내오셔(閑中錄154). 더욱 즁을 내여 안잣더니(浮談).

즁가ᄒᆞ다 동 증가(增價)하다. 값을 올리다. ¶ 近來ᄂᆞᆫ ᄀᆞ장 稀貴ᄒᆞ매 比前ᄒᆞ여 增價ᄒᆞ엿습니(隣語3:2).

즁:감 명 증감(增減). ¶ 眞空ᄋᆞᆫ 增減 업순 디라(心經44).

즁:감ᄒᆞ·다 동 증감(增減)하다. ¶ 世界 다인 後로 스믈 디위 增減ᄒᆞ면(月釋1:48).

:즁:거ᄒᆞ·다 동 증거(證據)하다. ¶ 닐오ᄃᆡ 願ᄒᆞᆫᄃᆞᆫ 仁者ㅣ 날 爲ᄒᆞ야 證據ᄒᆞ라(六祖中99). 각각 서르 혀 즁거ᄒᆞ니:各相援據(宣小6:63).

즁경이 명 징경이. 원앙. ☞즹경이 ¶ 萬頃滄波之水에 둥둥 ᄯᅥᆺ는 부략금이 게오리들아 비슬금셩 즁경이 동당강셩 너시 두루미들아(古時調. 靑丘). 즁경이:雎鳩(詩解 物名1). 즁경이:鴛鴦(物譜 羽蟲).

즁그럽다 형 징그럽다. ¶ 좌우로 둘러시니 무섭고도 즁그럽다(萬言詞).

즁내다 동 증내다. 화내다. 성내다. ¶ 즁내다:可嗔(漢淸7:50).

·즁명 명 증명(證明). ¶ 내 塔廟ㅣ 이 經 드로믈 爲ᄒᆞ논 젼ᄎᆞ로 그 알ᄑᆡ 소사 現ᄒᆞ야 證明이 ᄃᆞ외야 讚歎ᄒᆞ야 善哉라 닐오리라(法華4:113).

:즁명ᄒᆞ·다 동 증명(證明)하다. ¶ 自性三寶로 샹녜 제 證明홀디니라(六祖中32). 心宗을 아로ᄃᆡ 證明ᄒᆞ리 업세라(六祖中99).

즁셰 명 증세(症勢). ¶ 아ᄒᆡ 어른 업시 즁셰 ᄒᆞᆫ골ᄀᆞ티여 귀신의 긔운이(辟新1).

즁싱 명 짐승. ☞즘싱 ¶ 즁싱도 오히려 虞人의 그므를 젇ᄂᆞ니라:獸猶畏虞羅(重杜解22:47). 峽中엣 사ᄅᆞ미 새 즁싱ᄀᆞ티 사ᄂᆞ니:峽人鳥獸居(重杜解22:53).

즁인 명 증인(證人). ¶ 즁인:干證人(同文解上14). 셔울 羊져짓거리 北녁희 사ᄂᆞᆫ 張가ᄅᆞᆯ 證人 삼아(蒙老5:20).

즁:ᄎᆡ 명 증채(繒綵). 깁. ¶ 繒綵ᄂᆞᆫ 기비라(月釋10:45).

즁·편 명 증편(蒸餠). ¶ 밀ᄀᆞᄅᆞ로 ᄒᆞ욘 즁편애 ᄡᅡ ᄲᅧ:以蒸餠裹劑蒸(救簡1:97). 즁편 투투멋:蒸餠脫脫麻食(飜老下37). 즁편:蒸餻(譯解上51).

즁험 명 증험(證驗). ¶ 즁험 즁:證(類合下18). 후원의ᄂᆞᆫ 마란이 며ᄂᆞ리ᄅᆞᆯ 동심ᄒᆞ여 내여 보니다 ᄒᆞ나 즁험이 업고(落泉3:8).

:즁:험ᄒᆞ·다 동 증험(證驗)하다. ¶ 可히 즁험ᄒᆞ얌 즉ᄒᆞᆫ 후에:可驗而後(宣小2:54).

즁후 명 증후(症候). 증세(症勢). ¶ 형이 머무러 ᄒᆞᆫ담ᄒᆞ시고 즁후ᄅᆞᆯ 자시 ᄉᆞᆯ피쇼셔 ᄒᆞ고(落泉3:7).

즞·다 동 짖다(吠). ☞즞다 ¶ 니 내며 즈조ᄆᆞᆫ 識이 갓ᄀᆞ라 癡 나ᄆᆞᆯ 가줄비시니:啀喍嘷吠譬識倒而發癡也(法華2:113). 즈즐 폐:吠(訓蒙下8). 시비의 ᄀᆡ 즈즈니 날를 노흘 관문인가(萬言詞).

즤경이 명 지게미. ¶ 즤경이 두던이:糟堤(十九史略1:10).

·즹·경·이 명 징경이. ☞즁경이 ¶ 즹경이:雎鳩(四解上31 雎字註). 즹경이 져:雎(訓蒙上16).

지 명 오줌(궁중말).

:지 명 지(摯). 기러기. ¶ 摯ᄅᆞᆯ 자바(摯ᄂᆞᆫ 그려기라) ᄡᅧ 서르 보논ᄃᆞᆫ 恭敬ᄒᆞ야 有別호ᄆᆞᆯ ᄇᆞᆯ기개니라(宣賜內訓1:77). 摯ᄅᆞᆯ 잡아 ᄡᅧ 서ᄅᆞ 봄ᄋᆞᆫ:執摯以相見(宣小2:49).

-지 어미 ①-지. ☞-디 ¶ 고돌ᄡᅢᆨ이 둘오 ᄏᆡ야 바랑숙게 너허 가지(古時調. 중놈이. 海謠). 셤을 푸러 ᄒᆞᆫ 이틀 ᄆᆞᆯ뇌여야 쓰지 그러치 아니ᄒᆞ면(隣語1:21).

②-하지. ¶그 어버의 고심을 싱각지 아니ᄒᆞ고(百行源15). 부듸 背約지 마ᄋᆞ소(隣語1:19).

-지 어미 -지이다. -지라. ¶다 여위실 더드런 니믈 뫼셔 술와지(鄕樂. 內堂).

-지 어미 -기. ☞-디 ¶가지 노ᄑᆞ니 듣지 ᄀᆞ장 새롭도다:枝高聽轉新(重杜解17:18). 幽蘭이 在谷ᄒᆞ니 自然이 듯지 죠희 白雲이 在山ᄒᆞ니 自然이 보지 죠희(古時調. 李滉. 海謠). ※-지<-디

지각 명 지각(知覺). ¶지각 업다:沒分曉(譯解補56).

·지·각 명 지각(枳殼). ¶枳殼을 솝 앗고 기울와 봇고(救急上68).

지거미믈 명 지게미물. 마도수(磨刀水). ¶칼 ᄀᆞᆫ 지거미믈로 드시 ᄒᆞ야 치ᄌᆞ를 적시고:以磨刀水溫潤子腸(胎要25).

·지·게 명 지게문〔戶〕. ¶문과 지게 우희:門戶上(瘟疫方7). 지게 닫고 風紙 두른 房안해 이셔(七大7). 지게 호:戶(石千21). 지게 밧긔 둘희 신이 잇거든:戶外有二屨(宣小3:10). 門을 ᄂᆞᆫ호며 지게를 베혀:分門割戶(宣小5:73). 지게 뒤흐로 ᄂᆞᆺ출 향ᄒᆞ야(癸丑122). 지게 주렴 안희(三譯1:7). 간밤에 지게 여던 바ᄅᆞᆷ 살ᄯᅳ리도 늘 속여다(古時調. 靑丘). 지게:戶(同文解上35). 지게:房門(漢淸9:70). ᄇᆞ람 분다 지게 다다라 밤 들거다 블 아사라(古時調. 尹善道. 孤遺). 지게를 晨朝애 열고셔 하ᄂᆞᆯ 빗츨 보리라(古時調. 尹善道. 嚴冬이. 孤遺). 지게호:戶(兒學上9).

지게 명 지게. ¶지게 우희 거적 덥허 주리혀 ᄆᆡ여 가나(松江. 將進酒辭). 지게:背挾子(同文解下16).

지경 명 지경(地境). ¶내가 大敗ᄒᆞᆯ 지경의 가오매(隣語3:22).

지고 조형 싶어라.〔원망(願望)의 뜻을 나타내는 보조형용사.〕 ☞지라 ¶高堂素壁에 거러 두고 보고 지고(古時調. 申欽. 내 가슴. 靑丘). 어허 너 ᄉᆞ랑 숨ᄭᅴ 지고(古時調. 웃는 양은. 靑丘). 나리 도친 학이 되여 나라가셔 보고 지고(萬言詞).

지국총 감 배가 떠날 적에 배에서 나는 소리. 노를 젓고 닻을 감는 소리. ¶밤중만 지국총 소릐예 애 긋ᄂᆞᆫ 듯ᄒᆞ여라(古時調. 닷ᄯᅥ쟈. 槿樂). 혈믈의 東湖 가쟈 至匊忩至匊忩 於思臥 白蘋紅蓼ᄂᆞᆫ 곳마다 景이로다(古時調. 尹善道. 白雲이 니러. 孤遺).

·지그·기 부 지극히. ☞지극 ¶설어주믈 지그기 ᄒᆞ고:收拾到着(飜老上58). 비록 지그기 어려도:雖至愚(飜小8:13). 지그기 비노라:至禱(野雲46). 어미를 지그기 효도ᄒᆞ다가 죽거늘:母李氏至孝及歿(東續三綱. 孝22). 지그기 다ᄉᆞ료ᄆᆞᆯ 므던이 너기며:忽至理(重杜解2:35).

·지·극 부 지극(至極)히. ☞지그기 ¶報身ᄋᆞᆫ 부톄 ᄀᆞ장 貴ᄒᆞᆫ 因緣으로 至極 즐거ᄫᅳᆫ 果報ᄅᆞᆯ 타나샤(月釋2:53). 薄伽梵은 德이 하샤 至極 노ᄑᆞ신 일후미시니(月釋7:49). 이 法이 지극 됴ᄒᆞ니라:此法極效(救急上16). 것위 ᄯᅩᇰ올 소곰 섯거 ᄀᆞ라 브티면 至極 됴ᄒᆞ니라(救急下73). 지극 신긔ᄒᆞᆫ 효험이 잇ᄂᆞ니라:極有神効也(救簡3:33).

지·극이 부 지극(至極)히. ☞지그기. 지극. 지극히 ¶ᄆᆞᅀᆞᄆᆞᆯ 聖人ㅅ ᄠᅳ데 어울우며 ᄠᅳ들 至極이 ᄒᆞ야(圓覺序81). 그 所任이 至極이 重ᄒᆞ고 맛돈 이리 쉬ᄡᅵ 아니ᄒᆞ니(宣賜內訓3:6). ᄉᆞ랑호믈 지극이 ᄒᆞ더니:友愛尤篤(飜小9:79).

·지·극·히 부 지극(至極)히. ☞지그기. 지극 ¶모ᄃᆞᆫ 잇ᄂᆞᆫ 法을 두루ᅘᅧ 至極히 업수매 도라가ᄆᆞᆫ 寶明空海예 가미라(楞解5:52). 重重히 ᄀᆞ다ᄃᆞ모ᄆᆞᆯ 至極히 ᄒᆞ야(楞解7:66). 至極히 므싀여우니(救急下71). 지극히 足ᄒᆞᆯ씨니:至足矣(宣孟13:19). 子의게 哭奠ᄒᆞ신則 至극히 慟ᄒᆞ더시다(家禮9:34). 지극히 ᄒᆞ미라(山城). 지아븨 권당 어룬을 티거나 ᄭᅮ지ᄌᆞ면 그 죄 지극히 듕ᄒᆞ고(警民3). 人命이 지극히 重ᄒᆞ거ᄂᆞᆯ(女四解4:10). 이제 지극히 모진 귀쳐ᄅᆞᆯ 브렷더니:極(桐華寺 王郞傳5). 싀부모 봉양ᄒᆞ기ᄅᆞᆯ 지극히 ᄒᆞ고:甚至(五倫3:49). 희라 지극히 어리고도 신긔ᄒᆞᆫ 재 ᄇᆡᆨ셩이라(綸音25).

·지·극·ᄒᆞ·다 형 지극하다. ¶德이 至極ᄒᆞ샤ᅀᅡ(釋譜6:25). 이 道士ㅣ 精誠이 至極ᄒᆞ단 디면(月釋1:7). 세 賢人位 至極거든 이어긔 ᄯᅩ 功夫 힝뎌글 더ᄒᆞ야ᅀᅡ 聖人ㅅ 地位예 들리라(月釋2:61). 至極디 아니ᄒᆞᆫ 디 업거시ᄂᆞᆯ(楞解1:3). ᄇᆞᆯ고미 至極ᄒᆞ시면(楞解6:49). 그 ᄉᆞ랑ᄒᆞ며 어엿비 너교미 어루 至極다 니ᄅᆞ리언마ᄂᆞᆫ(宣賜內訓3:33). 내 도라본뎐 ᄯᅩ ᄒᆞ마 至極ᄒᆞ도다:自顧亦已極(初杜解6:52). 極則은 至極ᄒᆞᆫ 法이라(金三1:17). 半滅ᄒᆞ며 半生ᄋᆞ로 至極ᄒᆞᆫ 道ᄅᆞᆯ 닷ᄀᆞ면(南明上79). 오직 내 ᄇᆡ호ᄆᆡ 지극디 몯호ᄆᆞᆯ 분별ᄒᆞ라:惟患學不至(飜小6:22). 孝誠이 지극더니:孝誠純至(續三綱. 孝12). 탄홉다 그 지극ᄒᆞ신뎌(簡辟序3).

지근거리다 동 지근거리다. ¶코 업씀 년 결연ᄒᆞ라고 지근거리는다(古時調. 金壽長. 九仙王道糕라도. 靑謠).

지근지근 부 지근지근. ¶아무리 지근지근ᄒᆞᆫ들 품어 잘 쥴 이시랴(古時調. 기름에 지진. 歌曲).

·지금 명 지금. ¶赤島 안햇 움흘 至今에 보ᅀᆞᆸᄂᆞ니:赤島陶穴今人猶視(龍歌5章). 至今

千餘歲예 天下ㅣ 모디다 ᄒᆞᄂᆞ니(宣賜內訓2下73). 至今 始役을 아니ᄒᆞ심은(隣語1:28). 至今 주ᅀᆞ심이 업ᄉᆞᆸ기(隣語1:32).

지금히 부 지금까지. ¶그 고기 至今히 업ᄉᆞ니(古時調. 朗原君. 首陽山. 靑丘).

지긔 명 지기(知己). ¶ᄆᆡ져 섬기믈 부모ᄀᆞ치 ᄒᆞ고 왕공과 일가간 지긔 되엿ᄂᆞᆫ지라(落泉1:1).

지·긔·우·다 동 지겹게 하다. ¶지긔우다:儓一儓(老朴集. 單字解5). 지긔우다:儓一儓(譯解下51).

지나다 동 지나다. ☞지ᄂᆡ다 ¶지나다:過去(同文解上27).

·지남·셕 명 지남석(指南石). ¶또 바ᄂᆞᆯ 솜ᄭᅵ닐 고툐ᄃᆡ 됴ᄒᆞᆫ 指南石이 져근 彈子만ᄒᆞ닐 머구머시면 즉재 나ᄂᆞ니라(救急上50). 지남셕:磁石(四解上13 磁字註). 지남셕은 바ᄂᆞᆯ 건 ᄃᆡᄅᆞᆯ 고티고:磁石治針鯁(救簡6:1). 지남셕 달힌 믈 ᄒᆞᆫ 잔을 머그면:飮磁石煎湯一盞(胎要25).

지:내·다 동 져 내다. ¶창 안해셔 지낼 삭주ᄃᆡ:與他小脚兒錢(飜朴上12).

지내여다 동 지내다. ¶간밤에 우던 여흘 슬피 우러 지내여다(古時調. 靑丘).

지내치다 동 지나치다. ¶점은 ᄣᅢ를 지내치고 아조 밋처 ᄇᆡ호지 아니ᄒᆞ면(捷蒙1:16).

지·네 명 지느러미. 갈기. ☞진에 ¶지네 기:鬐 馬鬣亦曰鬐(訓蒙下9).

지·네 명 지네. ☞진에. 진의 ¶일히와 곰과 모딘 ᄇᆡ얌과 지네와(月釋9:43). 겻위 다ᄉᆞᆺ 낫과 수릿날 자본 발 블근 지네 ᄒᆞᆫ 낫과ᄅᆞᆯ 섯거:地龍五枚蜈蚣一枚端午日收赤足者相和(救簡6:53). 지네:蜈蚣(四解上1 蚣字註). 지네 오:蜈(訓蒙上23). 발 블근 지네 ᄒᆞᆫ 나ᄒᆞᆯ:赤足蜈蚣一條(胎要72).

지ᄂᆞ롬이 명 지느러미. ¶지ᄂᆞ롬이:奔水 類鬐(柳氏物名二 水族).

지ᄂᆞᆫ돌 명 지난달. ¶지ᄂᆞᆫ돌:上月(蒙解補2).

지ᄂᆡ다 동 지내다. ¶칠일 옥중 지ᄂᆡ오니(萬言詞).

지ᄂᆡ다 동 지나다. ¶ᄇᆡᆨ각젼 버러지니 죵각도 지ᄂᆡᄂᆞᆫ 듯(萬言詞).

지·다 동 (등에) 지다. ¶더러 지거나 오로 지거나(月釋21:102). 네 내 목수믈 지며:汝負我命(楞解6:91). 모미 샹녜 므거운 것 지고:身常負重(法華2:165). 어린 盜賊이 金寶 ᄇᆞ리고 디샛 지역을 메며 쥼 ᄌᆞᆫᄒᆞ니라:如癡賊棄捨金寶擔負瓦礫(永嘉下73). 廩에 나ᄆᆞᆫ ᄡᆞ리 이시며 庫애 나ᄆᆞᆫ 쳔량이 이셔 ᄡᅥ 陛下ᄅᆞᆯ 지ᅀᆞᆸ디 아니호리라 ᄒᆞ더니:不使廩有餘粟庫有餘財以負陛下(宣賜內訓3:57). ᄡᆞᆯ 쥬믈 늘거셔 모ᄆᆞᆯ 爲ᄒᆞ니:負米晩爲身(初杜解24:32). 쉰 낫 돈애 ᄒᆞᆫ 셤식 혜여 져 가져:五十箇銅錢一擔家去來(飜朴上11). 질 부:負(訓蒙下24. 類合下46). 져 도라와 무ᄃᆞ니 사ᄅᆞᆷ이 다 효도로 감동호미라 ᄒᆞ더라:負而歸葬人皆以爲孝感(東新續三綱. 孝8:11 丁福孝感). 지다:背着(同文解上30). 갓슨 숙여 지려니와 홋중치막 엇지ᄒᆞᆯ고(萬言詞).

지다 동 지다〔落〕. ¶ᄒᆡ 져 어둡거늘 밤中만 너겻더니(古時調. 朗原君. 靑丘). 점더니 늘거 가고 늘그니 져서 가ᄂᆡ(古時調. 李叔樑. 汾川講好錄). 기력이 지ᄂᆞᆫ 후의 쳑셔도 못 젼ᄒᆞ니(萬言詞). 오날도 ᄒᆡ가 지니 이 밤을 엇지 ᄉᆡ고(萬言詞).

지·다 동 (살이) 찌다. ¶ᄉᆞᆯ히 지도 여위도 아니ᄒᆞ며(月釋1:26). ᄆᆞᆯ도 밤 여믈 몯 어드면 지디 몯ᄒᆞᄂᆞ니라:馬不得夜草不肥(飜朴上22). 피뷔 지여 핑핑ᄒᆞ니ᄂᆞᆫ:肌膚繃急(痘要上11).

지다 동 (물이) 많아지다. ¶간밤 오든 비에 압 내헤 물 지거다(古時調. 兪崇. 海謠).

지다 동 넘어지다. ¶ᄀᆞᆲ 지다:二人齊倒(漢淸4:50).

·지·다 동 지다. 의지(依支)하다. ¶ᄆᆞᅀᆞᆶ 門을 지여셔:倚閭(初杜解8:19). 하ᄂᆞᆯ해 지연 긴 갈히:倚天長劒(金三5:48). 훤ᄒᆞᆫ ᄃᆡ 지옛도다:倚寥廓(南明上12).

·지·다 동 지우다. ¶스저 지여셔:拂拭(初杜解15:4).

지다 동 (쪽을) 찌다. ¶마리 족 지다:髽頭髮(同文解上54).

-지다 접미 -지다. ¶만히 동당이텨 거품진 믈:甘爛水(東醫 湯液一 水部). 서로이 눈물지고 장탄식ᄒᆞᄂᆞᆫ ᄯᅥ의(萬言詞).

지다히다 동 기대다. ¶지다히ᄂᆞᆫ 자리:靠褥(漢淸11:19).

지달 명 말의 발을 매는 줄. ¶지달:絆(同文解下20. 漢淸14:39. 柳氏物名一 獸族).

지달ᄡᆞ다 동 싸매다. 얽어 매다. ☞지달ᄊᆞ다 ¶임의 이리 사오나오면 이 後ᄂᆞᆫ 지달ᄡᆞ라(蒙老3:11).

지·달·ᄊᆞ·다 동 싸매다. 얽어 매다. ☞디달ᄊᆞ다. 지달ᄡᆞ다 ¶여윈 ᄆᆞᆯ란 기르마 밧기고 발 지달ᄊᆞ고:瘦馬鞍了摘了絆了脚(飜老下45). 내 아래ᄂᆞᆫ 지달ᄊᆞ더니 오ᄂᆞᆯ은 닛고 일즙 지달ᄊᆞ디 아니호라:我在前絆着來今日忘了不曾絆(老解上41). 노의란 지달ᄊᆞ라:再來着絆着(老解上41). 여윈 ᄆᆞᆯ란 기ᄅᆞ마 벗기고 발에 지달ᄊᆞ고(老解下40). 지달ᄊᆞᆯ 바:脚索(朴解中11).

지당ᄒᆞ·다 동 감당하다. ¶나ᄂᆞᆫ 진실로 가난ᄒᆞ고 쳔호니 그 녜를 지당티 몯ᄒᆞ리로다:吾貧賤不敢當禮(飜小9:59).

지댱 명 곤장(棍杖). ¶甘寧을 지댱으로 쳐

내치라 ᄒᆞ니(三譯5:16).

·지·도·리 명 지도리. ☞지두리 ¶樞ᄂᆞᆫ 門ㅅ 지도리오(楞解10:2). 眞實로 지도릿 조각을 삼가디 아니ᄒᆞ면:苟不愼樞機(宣賜內訓1:12). ᄒᆞ믈며 이ᄂᆞᆫ 문잇 지도리와 소니엣 술 ᄀᆞᆮᄐᆞᆫ 거시라 사홈도 닐와ᄃᆞ며 됴ᄒᆞᆫ 일도 내요미ᄯᆞ녀:矧是樞機興戎出好(飜小8:10). 지도리 외:椳. 지도리 츄:樞(訓蒙中7). 지도리 츄:樞(類合上23). 門 지도리:門斗(譯解上18). 지도리:門斗(同文解上35).

지동 명 기둥. ¶지동:柱(物譜 第宅).

·지두·리 명 지도리. ¶樞ᄂᆞᆫ 지두리오(楞解6:19). 마ᄅᆞᆫ 榮華와 辱괏 지두릿 조가기며:言語者榮辱之樞機(宣賜內訓1:1).

지듕ᄒᆞ다 형 지중(至重)하다. ¶그 일이 至重ᄒᆞ니 엇디 可히 祭ᄒᆞ야 告ᄒᆞᄂᆞᆫ 禮 업시(家禮9:27).

지들다 동 찌들다. ☞디들다 ¶이 病은 속의 지드러시매 猝然이 고치려 ᄒᆞ다가ᄂᆞᆫ 大敗ᄒᆞ기 쉽ᄉᆞ오리(隣語9:15).

지ᄃᆞ리다 동 기다리다. ¶주검을 지ᄃᆞ리며:待(正念解2).

지·라 조형 싶어라. 〔원망(願望)의 뜻을 나타내는 보조형용사.〕☞지고 ¶結集ᄒᆞᄂᆞᆫ 門 밧긔 와 들아 지라 ᄒᆞ야ᄂᆞᆯ(釋譜24:3). 잠싼 녀러오나 지라 請ᄒᆞ야ᄂᆞᆯ:請暫詣(三綱. 孝29 吳二免禍). 조차 블러 사아 지라 ᄒᆞ신ᄃᆡ(月釋1:10). 生生애 그딋 가시 ᄃᆞ외아 지라(月釋1:11). 고마 ᄃᆞ외아 지라 ᄒᆞ리 열히로ᄃᆡ(法華2:28). 外道와 二乘과ᄅᆞᆯ 맛나디 아니ᄒᆞ야 지라코(圓覺下一之一64). 李邕이 내 ᄂᆞ촐 아라 지라 求ᄒᆞ고 王翰이 이우제 와 卜居ᄒᆞ야 지라 願ᄒᆞ더라:李邕求識面王翰願卜隣(杜解19:1). 우리 져기 쥭을 쑤워 머기 지라:我只熬些粥喫(飜老上53). 一枝紅의 빗근 笛吹 위 듣고아 좀 드러 지라(樂詞. 翰林別曲). 형을 ᄃᆡ히여 죽어 지라 ᄒᆞ고:代兄死(東新續三綱. 孝7:32). 사ᄅᆞᆷ이 ᄯᅩ 네 업슴이 넘ᄶᅵ니 잡아 지라(三譯2:14). 원컨대 ᄒᆞᆫ가지로 죽어 지라 ᄒᆞᆫ대(女四解4:38).

지란ᄒᆞ다 형 지난(至難)하다. ¶허락ᄒᆞᄂᆞ니 이셔도 지란ᄒᆞ니 여러 날의 엇지엇지 못ᄒᆞ여(落泉1:2).

지렁이 명 지렁이. ☞지룡이 ¶지렁이 인:蚓(兒學上8).

지레 명 지레. ¶지레:千斤子(譯解補45).

지령 명 간장. ¶淸醬曰 지령(東言). 무근 감쟝 서 홉과 믈 평사발로 여ᄉᆞᆺ슬 브어 ᄆᆡ이 달혀 네 사발이 되게 ᄒᆞ면 지령이 됴흐니라:陳甘醬三合和水六鉢煎至四鉢淸醬味好(救荒補11).

지령좀ᄌᆞ 명 간장 종지. ¶콩ᄀᆞᄅᆞᄅᆞᆯ ᄒᆞ여 넝슈의 프러 지령좀ᄌᆞ의 잡ᄉᆞ오면(癸丑110).

-지록 어미 -ㄹ수록. ☞-디록 ¶가지록 시 빗츨 내여 그믈 뉘를 모론다(古時調. 鄭澈. 南極 老人星이. 靑丘).

지룡이 명 지렁이. ☞지렁이 ¶지룡이:蚯蚓曲蟺(物譜 蟲豸).

지류 명 지류(支流). ¶枝流ᄂᆞᆫ ᄆᆞ리 가리여 나 正流 아닌 거시라(圓覺上一之一23).

지르다 동 임(臨)하다. ☞디르다 ¶ᄀᆞᄅᆞᆷ 지러:臨江(重杜解4:32).

지르다 동 찌르다. ☞디르다. 지ᄅᆞ다 ¶지를 ᄌᆞ:刺(倭解上54). 지르다:刺了(同文解上46). 고기 지르ᄂᆞᆫ 쟉살:魚叉(漢淸10:26).

지르다 동 (소리를) 지르다. ¶소릐 지르다:大聲(同文解上25).

지르다 동 (팔짱을) 끼다. ¶풀쟝 지르다:拱手(同文解上51).

지름 명 기름. ☞기름 ¶지름과 소곰과 호쵸와:油(女四解3:22). 油曰 지름(東言).

·지리·ᄌᆞ 명 질려자(蒺藜子). 납가새 열매. ¶지리ᄌᆞ ᄒᆞᆫ 되 ᄉᆞ론 ᄌᆡᄅᆞᆯ 됴ᄒᆞᆫ 초애 ᄆᆞ라 ᄇᆞ티고 밤 재면 됴ᄒᆞ리라:蒺藜子一升燒灰釅醋和封上經宿便差(救簡3:15).

지리·히 부 지루하게. ¶ᄯᅩ 엇데 楞嚴에 지리히 너출에 ᄒᆞ시리오:復何枝蔓於楞嚴哉(楞解1:19). 언머 지리히 너기ᅀᆞ시ᄂᆞᆫ고(新語3:26).

지리ᄒᆞ·다 형 지루하다. ¶너모 쉬오면 곧 거즛되오 너모 하면 지리ᄒᆞ며:傷易則誕傷煩則支(飜小8:11). 번거홈애 傷ᄒᆞ면 지리ᄒᆞ며:傷煩則支(宣小5:90).

지ᄅᆞ다 동 (불을) 지르다. ☞디ᄅᆞ다 ¶경셩 궁궐을 다 블 지ᄅᆞ디 아니ᄒᆞ며(山城108). 뭇춤내 블 지ᄅᆞᆯ ᄊᆞ(三譯7:3).

지ᄅᆞ다 동 찌르다. ☞지르다 ¶도ᄌᆞᄀᆡ ᄂᆞ촐 지ᄅᆞ라:戮賊面(練兵3). 창으로 지ᄅᆞ다:用槍扎(漢淸4:36).

지만ᄒᆞ다 형 지망지망하다. 대수롭지 않다. ☞디만ᄒᆞ다 ¶이제ᄂᆞᆫ 지만ᄒᆞᆫ 말을 업시 ᄒᆞ야:今則刪去枝辭(宣小凡例1).

지멸이 부 매우 지루하게. ¶지멸이 긴 줄은 모로되 애 그츨만 ᄒᆞ더라(古時調. ᄉᆞ랑이 엇더터니. 靑丘).

지밀 명 지밀(至密). 침방(寢房). 〔궁중말〕

지방쳔방 부 지방천방(地方天方). 허둥지둥. 허둥대며 덤비는 모양. ☞쳔방지방 ¶신 버서 손에 쥐고 보션 버서 품에 품고 곰븨님븨 님븨곰븨 쳔방지방 지방쳔방 ᄒᆞᆫ 번도 쉬지 말고 허위허위 올라가니(古時調. 天寒코 雪深ᄒᆞᆫ. 靑丘).

지버뻐히다 동 집어 떼다. ¶손톱브로 지버뻐혀:以指摘破(胎要68).

지부치다 동 (바람에) 불리다. ¶狂風에 지

부친 沙工ᄀᆞ치 기픠를 몰라 ᄒᆞ노라(古時調. 믈 아래. 靑丘).

지분 명 지분(脂粉). ¶脂粉ㅣ ᄂᆞᆾ비ᄎᆞᆯ 더러일가 도로 嫌疑ᄒᆞ야(重杜解24:10).

:지불이·다 동 (바람에) 불리다. ¶ᄇᆞᄅᆞ미 부러 竹林國으로 지불여늘 무틔 올아오ᄂᆞᆫ ᄆᆞᄃᆡ예(月釋8:101).

지ᄢᅰ다 동 지껄이다. ☞짓괴다. 짓궤다 ¶지ᄢᅰ다:啅囉(譯解補52).

지사비 명 지아비. ☞짓아비 ¶지사비 부:夫(類合 南道古板).

지새 명 기와. ☞디새 ¶지새 와:瓦(倭解上32). 지새 ᄆᆞᄅᆞ:盖瓦壟(譯解補13).

지서미 명 지어미. 아낙네. ☞지어미 ¶우리ᄂᆞᆫ ᄆᆞ을 지서미라 실삼 죠곰 ᄏᆡ더니라(古時調. 니르랴 보쟈. 靑丘).

·지셩 명 지성(至誠). ¶ᄒᆞᄫᆞᅀᅡ 至誠이실ᄊᆡ:獨我至誠(龍歌37章). 至誠으로 頂禮ᄒᆞᅀᆞᄫᆞᆸ더니(楞解7:24). 그 學홈이 至誠으로ᄡᅥ 근본을 삼아:其學以至誠爲本(宣小6:125). 모비 섬기오시믈 지셩으로 ᄒᆞ셔(仁祖行狀7). 그 말다이 ᄒᆞ야 지셩 념불ᄒᆞ더니(桐華寺王郎傳2).

·지:시ᄒᆞ·다 동 지시(指示)하다. ¶願ᄒᆞᆫᄃᆞᆫ 有와 無왓 밧긔 指示ᄒᆞ쇼셔 ᄒᆞ야ᄂᆞᆯ(金三1:34).

지식 명 지식(知識). ¶공지 오눅 셰의 니르러ᄂᆞᆫ 지식이 통달ᄒᆞ야(落泉1:1).

지심 명 지심(至心). ¶至心으로 求哀ᄒᆞ야 소ᄂᆞᆯ 조차 자바 取호리니(圓覺下二之二41). 至心으로 求홀디니라(六祖中47).

·지:ᄉᆞ 명 지사(志士). ¶내 드로니 志士ㅣ 盜泉엣 므를 먹디 아니ᄒᆞ며(三綱. 烈8). 志士와 仁人은 生을 求ᄒᆞ야 ᄡᅥ 仁을 害홈이 업고(宣論4:5). 志士ᄂᆞᆫ 溝壑애 이숌을 忘티 아니ᄒᆞ고(宣孟6:2).

지ᄉᆡ다 동 지새다. ¶ᄉᆡ벽 셔리 지ᄉᆡᆫ 달의 외기러기 우러 녠다(古時調. 靑丘). ᄉᆡ벽달 지ᄉᆡ도록 子規聲을 어이ᄒᆞ리(古時調. ᄭᅮᆷ에나. 歌曲).

지·ᅀᅥ 동 지어(作). ㉠짓다 ¶表 지ᅀᅥ 엳ᄌᆞᄫᆞ니 그 表애 ᄀᆞ로ᄃᆡ(月釋2:69).

지·ᅀᅩᆷ 동 지음. ㉠짓다 ☞지숨 ¶聖者하 閻浮衆生ᄋᆡ 業 지ᅀᅩ미 差別와 受ᄒᆞ논 報應이 그 이리 엇더니잇고(月釋21:37). 다 지ᅀᅩᆷ 업수매 가시니라:同歸無作(永嘉下37). 性 업슨 觀ᄋᆞᆯ 지ᅀᅩ미니:作無性觀(心經44). 偈 지ᅀᅩ믈 일워:作偈成已(六祖上14).

지·ᅀᅮᆫ 동 지은. ㉠짓다 ¶모ᄃᆞᆫ 일 지ᅀᅮᆫ 다ᄉᆞ로(月釋1:46). 머즌 일 지ᅀᅮᆫ 因緣으로 後生애 머즌 몸 ᄃᆞ외야(月釋2:16).

지·숨 동 지음. ㉠짓다 ¶지숨 업거시니:無作(楞解1:8). 突吉羅ᄂᆞᆫ 惡ᄋᆞᆯ 지수미니(永嘉下50). 虛空애 樓閣 지숨 ᄀᆞᆮᄒᆞ니:如空中架樓閣(法語2).

지·ᅀᅵ 명 짓기(作). 짓는 일. ¶새 집 지ᅀᅵᆯ 몯게 호려터니(月印上57). 집 지ᅀᅵᄅᆞᆯ 처ᅀᅥᆷ ᄒᆞ니 그제ᅀᅡ 아기나히ᄅᆞᆯ 始作ᄒᆞ니라(月釋1:44). 글 지ᅀᅵ와 글 수ᄆᆞ로 ᄂᆞᄆᆡ게 보내ᄂᆞ닐 보고:以文章筆札傳於人者(宣賜內訓1:29). 직죄 커 이젯 글 지ᅀᅵ예 위두ᄒᆞ고:才大今詩伯(初杜解21:31). 뎌 ᄲᅧ곰 글 지ᅀᅵ ᄡᅳᄅᆞᆷ ᄒᆞᄂᆞ니ᄂᆞᆫ 더러오니라:彼以文辭而已者陋矣(飜小8:4).

지ᅀᅵ·다 동 짓게 하다. ¶못 가온ᄃᆡ 皇帝 聖旨로 지ᅀᅵ신 瑠璃閣 두 좌 잇ᄂᆞ니:湖心中有聖旨裏盖來的兩座瑠璃閣(飜朴上68).

지아븨아비 명 시아버지. ¶지아븨아비 년이 칠십ᄉᆞ 셰ᄋᆞᆸ고(女範2. 변녀 쥬시ᄃᆡ부).

지아븨어미 명 시어머니. ¶지아븨어미ᄂᆞᆫ 칠십이 셰라(女範2. 변녀 쥬시ᄃᆡ부).

지아븨한아비 명 시할아버지. ¶지아븨한아비 님필은 부도 어ᄉᆞ 벼ᄉᆞᆯ로(女範2. 변녀 쥬시ᄃᆡ부).

지아비 명 지아비. ☞짓아비 ¶계집은 모로미 지아비를 순죵ᄒᆞ야:妻須順夫(警民2). 겨지비 지아비 업스면 몸이 님재 업다 ᄒᆞᄂᆞ니:婦人無夫身無主(朴解中17). 지아비:當家的(同文解上10). 지아비:夫(漢淸5:37). 仙女에게 지아비 업고(小兒5).

지애비 명 지아비. ¶네 이믜 내 지애비ᄅᆞᆯ 더위고 날조차 므로려 ᄒᆞᄂᆞ냐:爾旣攫我夫欲幷取我耶(東三綱. 烈5).

지어미 명 지어미. ☞지서미 ¶비록 우미ᄒᆞᆫ 지아비와 우미ᄒᆞᆫ 지어미라도(字恤4). 그 지어미ᄅᆞᆯ 화치 못ᄒᆞ고 그 지아비ᄅᆞᆯ 공경치 아니ᄒᆞ며(敬信5). 지어미 부:婦(兒學上1).

지어ᄌᆞ 감 지화자. ¶아희는 지어ᄌᆞ ᄒᆞ니 詡詡 웃고 놀니라(古時調. 申喜文. 논 밧 가라. 靑丘).

지에ᄒᆞ다 동 뛰놀다. 날뛰다. ¶ᄃᆞᆫ니매 지에ᄒᆞ디 아니ᄒᆞ며:行不翔(宣賜內訓1:42). ᄃᆞᆫ뇸애 지에ᄒᆞ디 아니ᄒᆞ며:行不翔(宣小2:23). 論語에 ᄀᆞᆯ오ᄃᆡ 자심을 주검ᄀᆞᆮ티 아니ᄒᆞ시며 居ᄒᆞ심애 지에ᄒᆞ디 아니ᄒᆞ더시다:論語曰寢不尸居不容(宣小3:16).

지여가다 동 지고 가다. ¶지여가 송장ᄒᆞ고:負之歸葬(重二倫37 吳郭相報).

지여·다 동 의지하다. ☞지혀다 ¶모ᄅᆞᆯ 서르 지여며(楞解7:54). ᄆᆞᅀᆞᆯ 門을 지여셔 여ᄆᆡ ᄇᆞ라오미 이실시:倚閭固有望(初杜解8:19). ᄇᆞᄅᆞᆷ 부ᄂᆞᆫ 빗돗기 프른 蓋예 지엿ᄂᆞ니:風帆倚翠蓋(初杜解9:4). 뎌른 亭子ㅅ 가온ᄃᆡ 갈ᄒᆞᆯ 지엿도다:倚劒短亭中(初杜解9:7). 막대ᄅᆞᆯ 지여셔 외로왼 돌ᄒᆞᆯ 보고:倚杖看孤石(杜解10:3). 門 밧긔 퍼런 뫼히 훤ᄒᆞᆫ ᄃᆡ

지엣도다:門外青山倚寥廓(南明上12). 行티 아니ᄒᆞ며 또 지여디 아니ᄒᆞ도다:不行亦不倚(南明下35).

·지여ᄇᆞ·리·다 동 저버리다. ¶그 ᄆᆞᅀᆞᄆᆞᆯ 지여ᄇᆞ리디 아니ᄒᆞ며:不負其心(宣賜內訓2上31). 슬프다 末法에 眞風ᄋᆞᆯ 지여ᄇᆞ리ᄂᆞ니:嗟末法背眞風(南明下30). 그ᄃᆡ 양님하ᄅᆞᆯ 지여ᄇᆞ리디 아니커니 나라ᄒᆞᆯ 지여ᄇᆞ릴다 ᄒᆞ더라:君不負楊臨賀肯負國乎(重二倫39徐晦不負).

·지여·셔 동 의지하여서. ㉮지여다 ¶ᄆᆞ숤門을 지여셔 여ᄆᆞᆺ ᄇᆞ라오미 이실시:倚閭固有望(初杜解8:19).

지·엽 명 지엽(枝葉). ¶一切 枝葉이 제 能히 나디 몯ᄒᆞ야(楞解7:1). 枝葉은 熏ᄒᆞ논:熏은 ᄢᅵᆯ 씨니 ᄆᆞᅀᆞ미 體ᄅᆞᆯ 뵈야 더러우며 조ᄒᆞᆫ 일ᄃᆞᆯᄒᆞᆯ 일울 씨라(法華3:12). 그 불휘ᄅᆞᆯ 붓도도와든 枝葉이 茂셩호미 ᄀᆞᄐᆞ니(家禮7:17).

지오다 동 ①지우다. 없애다. ☞디오다. 지우다 ¶털 지오다:硝毛(譯解補49).
②열다. ¶창 지오다:放窓(同文解上35).

지와가마 명 기왓가마. ¶지와가마:瓦窯(物譜 第宅).

지와직이 명 지부지기. ☞짐우미기 ¶지와직이:瓦松塔(漢淸13:16).

지우 명 지우(知遇). ¶츄공이 지우ᄅᆞᆯ 감격ᄒᆞ야 죽기로 갑고져 ᄆᆞᄋᆞᆷ의 삭엿더니(落泉3:7).

지우다 동 지우다. 없애다. ☞지오다 ¶써 지우다:退垢(譯解補29).

지우러지다 동 기울어지다. ¶게우른즉 가산이 지우러지며:傾(女四解3:22).

지우리다 동 기울이다. ☞기우리다 ¶가쟝이 말샴이 잇거시든 귀를 지우려 ᄌᆞ샹이 드르며:側(女四解3:17).

지위 명 목수(木手). ¶뭇 지위 고ᄌᆞ 자 들고 헤쓰다가 말려ᄂᆞ다(古時調. 鄭澈. 어와 동냥재ᄅᆞᆯ. 松江). 지위:木匠(同文解上13).

지위 명 번. ☞디위 ¶崔九의 집 알ᄑᆡ 몃 지윌 드러뇨:崔九堂前幾度聞(重杜解16:53). ᄒᆞᆫ 지위 갈ᄊᆡ(三譯7:1).

지위ᄒᆞ다 동 지위(知委)하다. 고시(告示)하다. ☞디위ᄒᆞ다 ¶지위ᄒᆞ다:行會(譯解補8). 각쥐 각현의 지위ᄒᆞ야 ᄎᆞ자 됴셔ᄅᆞᆯ 젼ᄒᆞ라(落泉3:8). 각양 곡물노써 힘을 ᄯᅡᆯ와 길거ᄒᆞ야 종편ᄒᆞ야 ᄃᆡ곡으로 바칠 뜻을 젼긔ᄒᆞ야 지위ᄒᆞ고(綸音149).

지으다 동 짓다. ¶의샹을 지으되:做造(女四解3:13).

지음ᄒᆞ다 동 즈음하다. ¶위예 두 ᄯᆞᆯ은 이어 당나라와 우나라의 셩혼을 지음ᄒᆞ고:際(女四解4:5).

지이 명 지위(知委). 고시(告示). ☞디위 ¶됴뎡의 지이 외쳑으로 통ᄒᆞ야 험ᄒᆞ오실 대로 ᄒᆞ내(癸丑53).

-지이 조 -까지. ☞-지히 ¶여ᄃᆞᆲ ᄒᆡ지이 게을리 아니 ᄒᆞ더라:至八年不怠(東新續三綱. 孝6:27). 침간지이 뒤여 어드ᄃᆡ(癸丑71). 므ᄉᆞ일 일우리라 십 년지이 너ᄅᆞᆯ 조차(古時調. 鄭澈. 松江).

·지이·다 동 지우다. ¶지윤 거시 百斤두고 더으거든(月釋21:106). 므거온 짐으로써 지이거놀:負以重任(東新續三綱. 孝7:84).

지이다 동 (글을) 짓게 하다. ¶시험ᄒᆞ야 글을 지이니 말이 긔특ᄒᆞ거늘(女範3. 문녀 당셔충용).

:지·이·다 동 의지(依支)하다. 기대다. ☞지ᅇᅵ다. 지혀다 ¶님금 白玉堂애 올아 님금 金華省애 지이니라:上君白玉堂倚君金華省(初杜解24:41).

:지·ᅇᅵ·다 동 의지(依支)하다. 기대다. ☞지이다 ¶机ᄂᆞᆫ 안자 지ᅇᅵᄂᆞᆫ 거시라(釋譜11:34). 崔氏 도ᄌᆞᄀᆡ 갈ᄒᆞᆯ 아ᅀᅡ 나모 지ᅇᅧ 셔이셔 닐오ᄃᆡ(三綱. 烈13).

·지이·다 조형 싶나이다. 싶습니다. '지라'의 경어형(敬語形). ☞지라. 징이다 ¶내 니거지이다 가샤:請而自往(龍歌58章). 弟子 ᄒᆞ나ᄒᆞᆯ 주어시든 말 드러 이르ᅀᆞᄫᅡ 지이다(釋譜6:22). 東山 구경ᄒᆞ야 지이다(月釋2:27). 鬼神의게 비러 지이다:禱於神(宣賜內訓2上30). 붓그러우믈 시서 지이다 請ᄒᆞᄂᆞ니:請雪恥(初杜解8:3). 너비 供養ᄒᆞᅀᆞ와 지이다(眞言5).

지자 명 치자(梔子). ☞지지 ¶지자:梔子(柳氏物名四 木).

지장 명 기장. ¶지장을 밥지여 오미를 죠화ᄒᆞ고:黍(女四解3:24).

지저괴다 동 지저귀다. ☞지져귀다 ¶만물이 화창하고 빅셜이 지저괼 제(答思鄕曲).

지져괴다 동 지저귀다. ☞지져귀다. 지지괴다 ¶지져괴다:嚷鬧(同文解下28).

지져귀다 동 지저귀다. ☞지저괴다. 지져괴다 ¶지져궐 훤:喧(類合下7). ᄒᆡ 다 져믄 날에 지져귀ᄂᆞᆫ 츔새들아(古時調. 趙明履. 靑丘). 지져귀다:喧嚷(譯解補23).

지젼 명 지전(紙錢). ¶지젼 ᄉᆞᆯ오다:焚化紙錢(漢淸3:38).

지졀 명 지절(枝節). ¶지졀이 성긔다:枝節疎散(漢淸13:27).

지졍 명 지정(至情). 지극한 정(情). ¶兄弟예 至情이시며:兄弟至情(龍歌76章).

지졍이다 동 지정거리다. 가다가 자꾸 지체하다. ¶지졍여:少遲(漢淸1:21).

·지존 명 지존(至尊). ¶太子ㅣ 允ᄃᆞ려 닐러 ᄀᆞᆯ오ᄃᆡ 들어가 至尊ᄭᅴ 뵈ᄋᆞ와:太子謂允曰

入見至尊(宣小6:40).
지주ᄒᆞ다 동 지주(指嗾)하다. ¶포도대쟝 지주ᄒᆞ여 죽이고(癸丑58).
지·즈ᄂᆞ·다 동 거듭 그대로 잇달아 하다. ☞지즐다 ¶簿書ᄂᆞᆫ 엇데 ᄲᆞᆯ리 오ᄆᆞᆯ 서르 지즈ᄂᆞ뇨:簿書何急來相仍(杜解10:28). 여희요맷 슬후미 조차 서르 지즈ᄂᆞ다:離恨兼相仍(初杜解22:26).
지·즈로 부 인(因)하여. 말미암아. 드디어. ☞지즈루 ¶지즈로 縣尹의 ᄆᆞᅀᆞᄆᆞᆯ 보리로소니:因見縣尹心(初杜解6:22). 머므러 브터슈메 지즈로 버믈 시름ᄒᆞ야:淹泊仍愁虎(杜解7:10). 이제 니르ᄃᆞ록 ᄭᅮ메 스츄니 지즈로 左右에 잇ᄂᆞᆫ ᄃᆞᆺᄒᆞ도다:至今夢想仍猶左(初杜解9:6). 지즈로 文公ᄋᆡ 지블 어두라:遂得文公廬(杜解9:18). 붑소리 다ᄋᆞ니 지즈로 坐床애 우렛도다:鍾殘仍殷床(杜解9:21). 수프렛 곳고리ᄂᆞᆫ 지즈로 놀애 브르디 아니ᄒᆞ놋다:林鶯遂不歌(杜解10:3). 靑囊ㅅ 글월로 지즈로 隱逸ᄒᆞ고:靑囊仍隱逸(初杜解21:1). ᄀᆞᅀᆞᆯ 便安케 ᄒᆞ고 지즈로 님금 뫼ᅀᆞ와 功名을 ᄂᆞ미게 ᄢᅥ듀믈 짓디 말라:安邊仍扈從莫作後功名(初杜解23:5). ᄆᆞ레 자매 지즈로 ᄒᆡ 비취유미 기텃도소니:水宿仍餘照(重杜解2:20).
지·즈루 부 인(因)하여. 말미암아. 드디어. ☞지즈로 ¶廉頗ㅣ 지즈루 彼敵을 ᄧᅩ촌 ᄃᆞᆺᄒᆞ며:廉頗仍走敵(重杜解5:41). 여러 ᄒᆡᄅᆞᆯ 지즈루 머리 여희여쇼니:積年仍遠別(初杜解8:43).
지·즈룸 동 지지름〔壓〕. ㉮지즐다 ¶몸과 ᄆᆞᅀᆞᆷ과ᄅᆞᆯ 굿눌러 돌히 플 지즈룸ᄀᆞ티 ᄒᆞ야:捺伏身心如石壓草(牧牛訣25).
지즈리다 동 지질리다. 짓눌리다. ☞지즐이다 ¶하ᄂᆞᆯ에 오로고쟈 ᄒᆞ여 三層 섬을 ᄡᅡ 오로믈 시작ᄒᆞᆯ 제 섬에 지즈려 죽으니(八歲兒7).
지·즐·다 동 지지르다. ☞지즐우다 ¶몸과 ᄆᆞᅀᆞᆷ과ᄅᆞᆯ 굿눌러 돌히 플 지즈룸ᄀᆞ티 ᄒᆞ야:捺伏身心如石壓草(牧牛訣25). 믈어디ᄂᆞᆫ 빙애ᄂᆞᆫ 平床을 지즐 ᄃᆞᆺᄒᆞ도다:崩崖欲壓床(初杜解16:44).
지·즐·다 동 거듭 그대로 잇달아 하다. ☞지즈ᄂᆞ다 ¶世間앳 緣故ㅣ 아ᅀᆞ라이 서르 지즈러 오놋다:世故莽相仍(初杜解20:23).
지·즐먹·다 동 지질러 먹다. ¶머근 後에 生薑 두세 片ᄋᆞ로 지즐머그라:服後以薑數片壓之(救急下2).
지·즐앉·다 동 지질러 앉다. 깔고 앉다. ¶시름 오매 프를 지즐안자셔 훤히 놀애 불오니:憂來籍草坐浩歌(杜解6:1). 거츤 ᄠᅳᆯ헷 봆플 비츨 지즐안조ᄆᆞᆯ 肯許ᄒᆞ시면:肯籍荒庭春草色(初杜解21:4).
지·즐·우·다 동 지지르다. ☞지즐다 ¶세흔 有情을 지즐우며 ᄢᅥ디여:三壓溺有情(圓覺上一之二86). 가지ᄅᆞᆯ 지즐워 ᄂᆞᄌᆞᆨᄒᆞ얫도다:壓枝低(初杜解18:7). 지즐울 ᄎᆡᆨ:笮. 지즐울 압:壓(訓蒙下11).
지·즐·이·다 동 지질리다. ☞지즈리다 ¶둘흔 담 지즐이니오 세흔 므레 ᄲᅡ디니오:二曰墻壁壓迫三曰溺水(救急上25). 나모 돌해 지즐여 ᄒᆞᆫ골ᄋᆞ티 샹ᄒᆞ야:木石所壓一切傷損(救簡1:78). ᄆᆞᆺ근 잘ᄋᆞᆫ 半만 지즐여 저젓도다:裝囊半壓濡(重杜解2:8).
지즐ᄐᆞ다 동 지질러 타다. 눌러 타다. ¶누은 쇼 발로 박차 언치 노하 지즐ᄐᆞ고(古時調. 鄭澈. 재 너머. 松江).
지·즑 명 기직. 왕골 자리. ¶헌 부들 지즑 ᄒᆞᆫ 우후믈 ᄀᆞᄂᆞ리 사ᄒᆞ라:敗蒲席一握細剉(救急上34). 이 세 지즑을 너 주어든 ᄭᆞ라ᄉᆞ라:這的三箇藁薦與你鋪(飜老上25). 미틔 지즑 ᄭᆞᆯ오:底下鋪蒲席(飜朴上56). 지즑:藁薦(四解下4 薦字註). 지즑 인:茵. 지즑 쳔:薦(訓蒙中11). 지즑 인:茵(類合上24).
:지지 명 치자(梔子). ☞지자 ¶지지 ᄡᅵ:梔子(救簡3:26). 지지 ᄉᆞ론 ᄌᆡ:梔子炭(救簡6:39). 지지:梔子(四解上17). 지짓 지:梔(訓蒙上7). 지지:梔(牛疫方12).
지지괴다 동 지저귀다. ☞지저괴다. 지져괴다 ¶弓王 大闕 터희 烏鵲이 지지괴니(松江. 關東別曲).
지지ᄂᆞᆫ ᄃᆞᆯ 명 지지난달. ¶지지ᄂᆞᆫ ᄃᆞᆯ:前月(蒙解補2). 지지ᄂᆞᆫ ᄃᆞᆯ:前月(漢淸1:24).
지·지·다 동 지저귀다. ¶새 지지며 가마괴 우루미:雀噪鵶鳴(法華6:149).
·지·지·다 동 지지다. ☞ᄧᅵ지다 ¶獄卒이 긴 모ᄃᆞ로 모매 박고 비ᅀᆞᆯ ᄒᆞᆯ 지지더라(月釋23:87). 또 鐵을 ᄉᆞ라 지지라:亦燒鐵烙之(救急上67). 지질 젼:煎(訓蒙下13). ᄆᆞᆫ 기름에 지진 ᄃᆞᆰ과:白煠雞(朴解上5). 지지다:灼(柳氏物名五 火).
지지타다 동 지지듯이 타다. ¶몸이 지지타 어미 두어 날 디내여 죽거ᄂᆞᆯ:爛身母過數日而死(東新續三綱. 孝8:37).
지짐찔ᄒᆞ다 동 지짐질하다. ¶숫츨 두드리며 글그며 지짐찔ᄒᆞ며 옷 버서 몸 드러내며(敬信24).
지ᄌᆞ 부 인(因)하여. 말미암아. ¶蒲團에 낫잠 들어 夕陽에 지ᄌᆞ 쩬이(古時調. 金光煜. 茅簷 기나긴. 海謠).
지ᄌᆞᆯ다 동 인(因)하다. 말미암다. ¶지ᄌᆞᆯ 인:因(石千10).
·지·차·리 명 그리마. 유연(蚰蜒). ¶지차리 유:蚰. 지차리 연:蜒(訓蒙上22). 아디 못게라 어ᄃᆡ ᄒᆞᆫ 지차리 ᄇᆞᆯ펴 죽엇ᄂᆞ뇨:不知道那裡躧死了一箇蚰蜒(朴解下2). 지차리:蚰

蜓(譯解下35).

지쳐ᄒᆞ다 동 처치하다. ☞디쳐ᄒᆞ다 ¶지쳐ᄒᆞᆯ 곳이 업서:無處出脫(朴新解1:36). 公이 친히 가시고 지쳐ᄒᆞᄋᆞᆸ시면(隣語1:9).

지·쳑 명 지척(咫尺). ¶咫尺인 녯 위안해 도라가ᄆᆞᆯ 得디 몯ᄒᆞ니(南明下46). 夷狄의 소리ᄅᆞᆯ 咫尺ㅅ ᄉᆞ이예셔 迷亂ᄒᆞ노니:夷音迷咫尺(重杜解8:12). 이십칠일의 안개 ᄌᆞ옥ᄒᆞ야 지쳑을 분변티 못ᄒᆞ다니(山城109). 삼동을 셔로 찻지 못ᄒᆞ니 지쳑이 쳔니 ᄀᆞᆺ흔지라(落泉3:7). ᄒᆞ나히라도 블근ᄒᆞ니 이시면 법이 샹위에 ᄃᆞᆯ니엿고 방긔ᄂᆞᆫ 지쳑이라(綸音92).

지쳔ᄒᆞ다 형 지천(至賤)하다. 매우 천하다. ☞디쳔ᄒᆞ다 ¶지쳔ᄒᆞ다:狠賤(蒙解下21).

지쳬ᄒᆞ다 동 지체(遲滯)하다. ¶거동이 엇디 지쳬ᄒᆞ야(閑中錄258). 왕지현을 직ᄉᆞᄅᆞᆯ 염피ᄒᆞ야 칭병 지쳬ᄒᆞᆫ 죄 ᄢᅬᄒᆞᆫ 당슈과 ᄀᆞᆺ다 ᄒᆞ야(落泉3:7).

지·초 명 지초(芝草). ☞지최 ¶祥瑞ᄅᆞ윈 芝草ᄂᆞᆫ 廟ㅅ 기동애 냇고:瑞芝産廟柱(初杜解6:18). 지촛 지:芝(訓蒙上8). 지초 지:芝(類合上7). 지초:紫草(物譜 藥草). 지초:紫草(柳氏物名三 草).

지·최 명 지초(芝草). ☞지초 ¶기르메 지최ᄅᆞᆯ ᄃᆞᆷ가 두고셔 ᄇᆞᄅᆞ라:油浸紫草塗之(救簡6:58).

·지·취 명 지취(旨趣). ¶ᄠᅳ듸 지취ᄅᆞᆯ 보디 몯ᄒᆞ면 반ᄃᆞ시 비호ᄆᆞᆯ 즐기디 아니ᄒᆞ리니:未見意趣必不樂學(宣小5:7).

·지치 명 깃이. 〔'짗'+주격조사 '-이'〕 독짗 ¶다복다복ᄒᆞ야 프른 지치 빗나고:芊芊炯翠羽(初杜解7:37).

지치다 동 지치다. ¶ᄆᆞᆯ이 지쳣고(三譯9:1). 지치다:疲倦(漢淸7:38).

·지친 명 지친(至親). ¶父子 至親이 길히 各別ᄒᆞ며(月釋21:78). 죠고맛 利ᄅᆞᆯ ᄃᆞ토아 至親ᄋᆞᆯ 어긔에 마롤디어다 至親이 어두미 어려우니 利ᄅᆞᆯ 엇데 足히 니ᄅᆞ리오(宣賜內訓3:41). 비록 至親이라도 恩경이 ᄯᅩᄒᆞᆫ 薄ᄒᆞ니라(家禮1:13).

지ᄎᆞ 명 지차(之次). 다음. 버금. ¶싄 ᄒᆞᆰ이 지ᄎᆞ요:酸者次之(煮硝方2). 픗나모 ᄌᆡ 지ᄎᆞ요:雜草雜木灰次之(煮硝方3). 우심ᄒᆞᆫ ᄃᆡ와 혹 지ᄎᆞ 곳에 환곡 감ᄒᆞ란 녕은 내 ᄯᅳᆺ에 ᄎᆞ게 ᄒᆞ미 못 되고(綸音93).

지·타 동 짓다. 이름붙이다. ☞짓다 ¶아바님 지ᄒᆞ신 일훔 엇더ᄒᆞ시니:厥考所名果如何焉(龍歌90章). 이 龍이 青蓮 모새 이실씨 일훔 지흐니라(釋譜13:8). 號ᄅᆞᆯ 지호ᄃᆡ 常不輕이라 ᄒᆞ니(釋譜19:31). 엇데 法身이라 일훔 지ᄒᆞᄂᆞ뇨(月釋序5). 사ᄂᆞᆫ ᄶᅡᄒᆞ로 일훔 지ᄒᆞ니라(月釋1:23). 힘ᄅᆞᆯ 일훔 아니 지ᄒᆞ면(月釋2:49). 제 五塵ᄋᆞᆯ 內라 일훔 지코 ᄂᆞᄆᆡ 五塵ᄋᆞᆯ 外라 일훔 지ᄒᆞ니(月釋13:18). 不輕이라 일훔 지ᄒᆞᆫ 사ᄅᆞ미(月釋17:87). 어느 고ᄃᆞᆯ 일훔 지허 일후믈 顚倒타 ᄒᆞᄂᆞ뇨:名字何處號爲顚倒(楞解2:14). ᄠᅳᆫ根 네 드트리라 옮겨 일훔 지코:轉名浮根四塵(楞解4:109). 나ᄅᆞᆯ 일훔 지흐샤ᄃᆡ:名我(楞解5:39).

지·타 동 활시울 얹다. ¶釋種ᄃᆞᆯ히 이긔여 지ᄒᆞ리 업더니 太子ㅣ 소ᄂᆞ로 눌러 지ᄒᆞ샤 시울 ᄲᅵᇱ 소리 잣 안히 다 들이더라(釋譜3:p.54). 활시우를 지허 우흘 向ᄒᆞ야 노코:張弓絃向上(救急上61). 드듸여 예셔 화ᄅᆞᆯ 지후리라:就這裏上了這弓着(飜老下32).

지타 동 찧다. ☞디타. ᄯᅵ타. ᄶᅵ타 ¶방햇고 디여 지ᄒᆞ니 비치 희오:落杵光輝白(重杜解7:18).

지팅ᄒᆞ다 동 지탱(支撐)하다. ¶衰白ᄒᆞ고 筋力이 업손 사ᄅᆞᆷ이 어이 支撐ᄒᆞᆯ가 보온가(隣語1:12). 病身엣 사ᄅᆞᆷ이 계오 支撐ᄒᆞ여(隣語1:33).

지팡이 명 지팡이. ☞집팡이 ¶지팡이 장:杖(兒學上11).

지·페·디·다 동 다리 앓다. 다리 절다. ¶오직 뒷 지페디더라:只腿膀不開(飜朴上62). ᄒᆞ나흔 지페디고:一箇熟瘸(老解下9).

지·픠·다 동 (구름이) 뭉게뭉게 모여들다. ☞집픠다 ¶娑婆世界에 머리셔 비터니 비흔 거시 十方ᄋᆞ로셔 오니 구룸 지픠ᄃᆺ ᄒᆞ야 變ᄒᆞ야 보비옛 帳이 ᄃᆞ외야(釋譜19:41). 구룸 지픠ᄃᆺ ᄒᆞ야(月釋8:40). 비흔 것ᄃᆞᆯ히 十方ᄋᆞ로셔 오니 구룸 지픠ᄃᆺ ᄒᆞ야 變ᄒᆞ야 寶帳이 ᄃᆞ외야(月釋18:9). 극낙국토애 구룸 지픠ᄃᆞᆫ ᄒᆞ야:雲集極樂國土(觀經29).

지픠다 동 (얼음이) 잡히다. ¶낸므리 어ᄅᆞ미 비아ᄒᆞ로 지픠엿더니:川氷方合(東新續三綱. 孝3:43). 살얼ᄋᆞᆷ 지픤 우희 즌서리 섯거 티고(古時調. 鄭澈. 심의산. 松江). 어름 지픠려 ᄒᆞ다:氷凍薄淩(漢淸1:29).

지픠다 동 찌푸리다. ☞지픠오다. 집픠다 ¶눈쌀 지픠다:皺眉(同文解上20). 늙어 살 지픠다:有了皺紋(漢淸5:43). 근심ᄒᆞ여 눈살 지픠다:愁的皺眉(漢淸7:2).

지픠오다 동 찌푸리다. ☞지픠다 ¶눈살 미이 지픠오다:緊皺眉(譯解上38).

·지향 명 지향(志向). ☞지향ᄒᆞ다 ¶사ᄅᆞᄆᆞᆯ ᄀᆞᄅᆞ쵸ᄃᆡ ᄠᅳ디 지향ᄋᆞᆯ 몰라셔ᄂᆞᆫ 반ᄃᆞ시 비호ᄆᆞᆯ 즐기디 아니ᄒᆞ리니:教人未見意趣必不樂學(飜小6:7).

·지·향·ᄒᆞ·다 동 지향(志向)하다. ¶后ㅣ 請ᄒᆞ야 救ᄒᆞ다가 得디 몯ᄒᆞ시니 帝ㅣ 곧 ᄠᅳ들 지향ᄒᆞ신대 后ㅣ 더욱 病 되요라 ᄒᆞ

샤:后請救不能得帝便意焉后愈稱疾篤(宣賜內訓2下15).

:지혀·다 동 의지(依支)하다. ☞지여다. 지혀다 ¶ᄒᆞᆫ녁 발 이쳐 드듸며 지혀며 빗기 보믈:跛倚睇視(宣賜內訓1:50). 두 녁 山崖ᄂᆞᆫ 노ᄑᆞᆫ 다미 지혓ᄂᆞᆫ ᄃᆞᆺᄒᆞ도소니:兩崖崇牖倚(重杜解1:35). 버미 뫼 지혐 ᄀᆞᄐᆞ니:似虎靠山(野雲41). 几:지혀ᄂᆞᆫ 거시라(宣小2:5). 내 門을 지혀셔 ᄇᆞ라고:吾倚門而望(宣小4:33). ᄒᆞᆫ 디위 欄干을 지혀 조ᄋᆞ더니:一會兒倚着欄干頓睡(朴解下9). 松根을 지혀시니 날 새ᄂᆞᆫ 줄 몰래라(古時調. 鄭澈. 아ᄒᆡ도. 松江). 琵琶를 두러메고 玉蘭干에 지혀시니(古時調. 青丘). 지혀다:靠着(同文解上27. 漢淸9:78).

지형 명 지형(地形). ¶왜구 ᄒᆡ적이 잇다감 사ᄅᆞᆷ을 속여 지물을 앗고 지형을 탐지ᄒᆞᄂᆞ니(落泉2:5).

지혜 명 지혜(智慧). ¶쇼년 녀지 지혜 이ᄀᆞᄐᆞ니 진짓 저뫼 겸젼ᄒᆞᆯ 녈뷔로다(落泉1:2). 지혜 지:智(兒學下1).

지:효 명 지효(至孝). 더없는 효도. ¶至孝ㅣ 더러ᄒᆞ실씨:至孝如彼(龍歌92章). 경쥐 ᄡᅡ히 사라 어미 치기 지회러니:居慶州養母至孝(東新續三綱. 孝1:1).

지휘 명 지휘(指揮). ¶指揮하 네 아릐 西湖ㅅ 경에 녀러왓ᄂᆞᆫ다:揮使你曾到西湖景來麼(飜朴上67). 그 ᄉᆞ이 낭지 져 슈즈의 지휘로 두 낫 녀랑을 ᄃᆞ리고(落泉3:8).

·지휘ᄒᆞ·다 동 지휘(指揮)하다. ¶指揮ᄒᆞ야 率土를 便安케 ᄒᆞ시고(初杜解6:24).

-·지·히 조 -까지. ☞-지이 ¶一日로 七日至히 첫 ᄆᆞᅀᆞ믈 므르디 아니ᄒᆞ야(月釋21:162). 無明으로 老死至히:無明至老死(法華3:185). 열다ᄉᆞᆺ 丸으로 스믈 丸지히:十五丸至二十丸(救急上69). 스믈 환지히:至二十丸(救簡1:90). 열네 붓만 ᄯᅳ디 해 ᄡᅳ거든 마ᅀᆞᆫ아홉 붓지히 ᄡᅳ라:灸十四壯多至四十九壯(救簡3:47). 몬져 아ᄒᆡ브터 얼운지히 머그라:飮先從至大(瘟疫方10).

지ᄒᆞ·샤 동 활시위 얹으시어. ㉮지타 ¶太子ㅣ 소ᄂᆞ로 눌러 지ᄒᆞ샤 시울 ᄠᅳᇝ 소리 잣 안히 다 들이더라(釋譜3:p.54).

지·혀·다 동 의지하다. ☞지혀다 ¶그 밉도ᄋᆞ란 ᄀᆞᅀᅦ 지혀 ᄆᆡ오(月釋8:99).

·직·녀 명 직녀(織女). ¶ᄒᆞᆫ ᄃᆞᆯ 內예 다 ᄧᆞ고 노혀 처ᅀᅥᆷ 마조본 ᄡᅡ해 와 닐오ᄃᆡ 하ᄂᆞᇗ 織女ㅣ라니:織女ᄂᆞᆫ 뵈 ᄧᆞᄂᆞᆫ 겨지비라 ᄒᆞᆫ 마리니 뱘 일후미라(三綱. 孝11). 織女의 빗트렛 시른 ᄃᆞᆯ바미 부엿고(初杜解6:10).

직다 동 찍다. ☞딕다 ¶쇼검 직다:點鹽(柳氏物名五 石).

직다 동 (연장으로) 찍다. ☞딕다 ¶ᄉᆞᆺ 듸고 도치 멘 分ᄂᆡᄂᆞᆫ 다 지그려 ᄒᆞ다(古時調. 鄭澈. 져긔 섯ᄂᆞᆫ. 青丘). 雲長이 셩내여 쟝검을 들고 孔秀를 직으려 ᄒᆞᆯ 제(三譯2:26). 칼 등으로 직다:用刀背砍(漢淸4:36).

직다 동 (저 따위로) 집다. ¶조쥭 니쥭 白楊箸로 지거 자내 자소(古時調. 金化ㅣ 金城 슈슛대. 青丘).

직먹다 동 찍어 먹다. 쪼아 먹다. ☞딕먹다 ¶ᄀᆞᄅᆞᆷ 그테 누른 버들고좃 새 직먹ᄂᆞ니:雀啄江頭黃柳花(重杜解11:21).

직:분 명 직분(職分). ¶ᄒᆞᆫ 남진 ᄒᆞᆫ 겨집은 샹싸ᄅᆞᆷ의 직분이니라:一夫一婦庶人之職也(宣小5:64). 녯 어딘 사ᄅᆞᄆᆞᆫ 職分을 固守호ᄆᆞᆯ 重히 너기고(重杜解25:38). 비록 직분의 일이나 죠고만 공노의 일곳 이시면(仁祖行狀27). 임의 신ᄌᆞ의 직분을 다ᄒᆞ얏ᄂᆞᆫ지라(落泉1:1).

직브드드ᄒᆞ다 형 인색(吝嗇)하다. ¶직브드드ᄒᆞᆯ 린:吝(類合下3).

직브드·티 형 찌뿌드드하지. ¶입시우리 아래로 드리디 아니ᄒᆞ며 ᄯᅩ 우흐로 거두쥐디 아니ᄒᆞ며 디드러 직브드티 아니ᄒᆞ며 허디 아니ᄒᆞ며 ᄯᅩ 어티 아니ᄒᆞ며 ᄯᅩ 기우디 아니ᄒᆞ며 둗겁디 아니ᄒᆞ며 크디 아니ᄒᆞ며 ᄯᅩ 검디 아니ᄒᆞ야 여러 가짓 골 업수미 업스며(月釋17:52).

직시 부 즉시(卽時). ¶문안 말삼 엿자온 후에 직시 물너가라:卽時(女四解3:15).

·직·실 명 직실(織室). 직조(織造)하는 집. ¶織室을 두샤:織室은 織造ᄒᆞᄂᆞᆫ 지비라(宣賜內訓2上56).

·직·ᄉᆞ 명 직사(職事). ¶그 직ᄉᆞ를 ᄒᆞ디 몯ᄒᆞ거든 가고:不得其職則去(宣小2:44). 경셩으로 와 직ᄉᆞ를 다ᄉᆞ리라(引鳳簫1).

·직:심 명 직임(職任). ☞직임 ¶모미 머리와 셔 더욱 職任을 曠廢ᄒᆞ노라(初杜解6:52).

·직위 명 직위(職位). ¶華嚴에 十地菩薩이 부텻 職位 受호ᄆᆞᆯ:職은 벼스리라(楞解8:28). 菩薩이 이를브터 부텻 職位를 受ᄒᆞᆯ씨(楞解8:60).

직임 명 직임(職任). ☞직심 ¶ᄌᆞ식의 직임을 다 ᄒᆞ더라:盡子職(東新續三綱. 孝1:68).

직조다 동 찍고 쪼다. ¶낫 들고 지게 진 ᄋᆞᄒᆡᄂᆞᆫ 다 직조아 가더라(古時調. 어와 뎌 소나모. 古歌).

·직:조·ᄒᆞ·다 동 직조(織造)하다. ¶織室은 織造ᄒᆞᄂᆞᆫ 지비라(宣賜內訓2上56).

직지기 부 빽빽이. ☞직직ᄒᆞ다 ¶직지기 蓮花 座애 안자(月釋8:40). 다 극낙국토애 구룸 지픠돗 ᄒᆞ야 공듕에 직지기 년화좌애 안자 묘법을 너펴 닐어 슈고ᄒᆞᄂᆞᆫ 즁싱ᄋᆞᆯ 졔도ᄒᆞᄂᆞ니:皆悉雲集極樂國土塡塞空中坐蓮花座演說妙法度苦衆生(觀經29).

직직ᄒᆞ다 형 빽빽하다. 빡빡하다. ¶직직ᄒᆞᆫ 수프리:稠林(法華1:210). 길헤 니펫ᄂᆞᆫ 고ᄌᆞᆫ 직직ᄒᆞ고:側塞被徑花(杜解9:21).

직ᄎᆡᆨ 명 직책(職責). ¶쇼졔의 평싱 픔은 거ᄉᆞᆯ 형의게 몬져 다 ᄒᆞ야시니 나의 직ᄎᆡᆨ을 다ᄒᆞ게 ᄒᆞ라(落泉3:7).

직킈다 동 지키다. ¶ᄡᅡ화 직킐 온갓 거슬 쟝만ᄒᆞ고(三譯8:20).

직키다 동 찍히다. ¶살에 ᄡᅩ이고 환도에 직키여(三譯9:1).

직희다 동 지키다. ☞딕희다 ¶의ᄅᆞᆯ 직희여 님금을 븟그럽게 아니 ᄒᆞᄂᆞ니(三譯3:13). 직힐 슈:守(倭解上39). 직희다:守了(同文解上45). 우리ᄂᆞᆫ 天性을 직희여 삼긴 대로 ᄒᆞ리라(古時調. 내히 죠타. 青丘). 분 직희다:守分(譯解補53). 나라 직희ᄂᆞᆫ 대왕이라(女範2. 변녀 졔샹괴녀). 만일 約束을 직희지 아니ᄒᆞ고(隣語7:11). 보고 직희여 티ᄂᆞᆫ 거시라(武藝圖18).

직희오다 동 지키게 하다. ¶ᄒᆞ나ᄒᆞᆯ ᄡᅧ지워 房을 직희오고 우리 다 ᄆᆞᆯ을 모라 가쟈(蒙老2:20).

직히다 동 지키다. ☞딕히다. 직희다 ¶쓰슬 직히며 마음을 굿게 ᄒᆞ야:守(女四解3:28). 나을 위ᄒᆞ야 렴블ᄒᆞ며 직히여(正念解2). 드러가면 집 직히기 보리 멍셕 시 날리기(萬言詞). 직힐 슈:守(兒學下6).

직힘 동 지킴. ㉠직히다 ¶데일은 졀키를 직힘이오:守(女四解3:27).

직ᄒᆞ·다 조형 직하다. ☞즉ᄒᆞ다 ¶六千德이 圓ᄒᆞ야 法 바담 직ᄒᆞᆯᄊᆡ(釋譜19:25). 佛子ㅣ 得ᄒᆞ얌 직ᄒᆞᆫ 거슬 다 ᄒᆞ마 得과이다(月釋13:37). 得ᄒᆞ얌 직ᄒᆞᆫ 거슨 一乘 닷가 證ᄒᆞ논 法이라(月釋13:37). 人天 ᄃᆞ외얌 직ᄒᆞ니란 爲十善을 니르시고(月釋13:51). 二乘ᄒᆞ얌 직ᄒᆞ니란 爲ᄒᆞ야(月釋13:51). 감직ᄒᆞ며 건넘 직호ᄆᆞᆯ(法華3:178). 得度ᄒᆞ얌 직ᄒᆞ니란 즉재 毗沙門身을 現ᄒᆞ야 爲ᄒᆞ야 說法ᄒᆞ며(法華7:75). 말ᄉᆞ미 드럼 직ᄒᆞᆯ 시라(宣賜內訓1:22). 東녀그로 萬里예 녀가 輿을 탐 직ᄒᆞ니:東行萬里堪乘輿(初杜解7:2). 둥어리 ᄠᅧ요ᄆᆞᆯ 可히 ᄲᅧ 天子ᄭᅴ 받ᄌᆞ왐 직ᄒᆞ니:炙背可以獻天子(初杜解7:13). 方寸맛 ᄆᆞᅀᆞ매도 위고기 ᄒᆞ얌 직ᄒᆞ니:寸腸堪繾綣(初杜解8:9). 곧마다 綠楊이 ᄆᆞᆯ ᄆᆡ얌 직ᄒᆞ고:處處綠楊堪繫馬(金三4:48). 큰 이ᄅᆞᆯ 일워 世ᄅᆞᆯ 비취ᄂᆞᆫ 燈 ᄃᆞ외얌 직ᄒᆞᆯ 시니(南明下43).

:진 명 진(津). ¶버거 너추렛 여르미 나니 버혀든 ᄢᅮᆯ ᄀᆞᄐᆞᆫ 지니 흐르더라(月釋1:43). 고롬과 피왜 섯근 나ᄆᆞᆫ 지니니 이ᄂᆞᆫ 欲惡ㅇ 精이며:膿血雜亂餘液是欲惡之精(楞解6:99). 비슬 브레 ᄢᅧ야 진 나거든 울ᄒᆞ라:炙梳汗出熨之(救簡6:51). 진 ᄋᆡᆨ:液(訓蒙上30). 진 진:津. 진 ᄋᆡᆨ:液(類合下51).

진 명 진(陣). ¶진치다:排陣(譯解補14).

진 명 진(眞). 참됨. 진짜 ☞가 ¶다ᄅᆞᆫ 사ᄅᆞᆷ으로 ᄒᆞ여 뵈면 곳 眞이며 假ᄅᆞᆯ 보리라:着別人看便見眞假(朴解上64).

진가 명 진가(眞假). 진짜와 가짜. ¶이 은을 비록 보나 眞假ᄅᆞᆯ 내 아디 못ᄒᆞ니:這銀子雖是看了眞假我不識(老解下13). 져ᄂᆞᆫ 쇼비ᄅᆞᆯ 보지 아냐시니 진가ᄅᆞᆯ 아지 못ᄒᆞᆯ 거시오(落泉1:2).

진거뮈 명 진거미. ¶왕거뮈 덕거뮈 들아 진지 東山 진거뮈 납거뮈 들아 줄을 느루ᄂᆞ니(古時調. 青丘).

진경이 명 징경이. ☞징경이 ¶너시긴 진경이 범 사슴 노루 톡기를 져 총ᄡᅥ로 노아 잡을지라도(古時調. 져 건너 풀은. 南薰).

진귀ᄒᆞ다 형 진귀(珍貴)하다. ¶차반이 ᄌᆞ모 珍貴ᄒᆞ니:羞頗珍(重杜解8:55).

진·기름 명 지방(脂肪). ¶ᄆᆞᄅᆞᆫ 飮食과 진기름 긴 거슬 머겨 목ᄆᆞᆯ로ᄆᆞᆯ 그치고:令乾食與肥脂之物以止其渴(救急上80).

진ᄀᆞᆯ 명 밀가루. ¶진ᄀᆞᆯ으로 플 수어:麪糊(救簡1:10).

진노ᄒᆞ다 동 진노(震怒)하다. ¶태비 그 ᄌᆞ지 위조호ᄆᆞᆯ 드ᄅᆞ시고 더옥 진노ᄒᆞ샤(仁祖行狀14). 샹이 진노ᄒᆞ야 변방 군무ᄅᆞᆯ 다ᄉᆞ리지 말나 ᄒᆞ시니(落泉1:1).

진니다 동 지니다. ¶八日粮 진니고 八日 만의 올나가니(八域歌).

진뎡ᄒᆞ다 동 진정(鎭定)하다. ¶인심이 진뎡치 못ᄒᆞ야(癸丑67).

:진:동 명 진동(震動). ¶仁慈ㅣ 기프실ᄊᆡ 하ᄂᆞᆯ ᄯᅡ히 ᄀᆞ장 震動ᄒᆞ니(月印上8). 여슷 가지로 震動ᄒᆞ더니(釋譜13:12). 震動ᄋᆞᆫ 드러칠 씨라(月釋2:14).

진동 명 진동. ¶진동:袖根(譯解補41).

진동출 명 진득찰. ☞진득찰 ¶진동출:稀薟(物譜 藥草).

진동한동 부 진동한동. ¶七十 고개 너머 八十 드르흐르 진동한동 건너가거ᄂᆞᆯ 보고 왓노라(古時調. 人生 시른. 青丘).

:진:동·ᄒᆞ·다 동 진동(震動)하다. ¶너븐 부텻 世界 여슷 가지로 震動ᄒᆞ더니(釋譜13:12). 경성이 진동ᄒᆞ고(山城11). 명망과 훈업이 일세의 진동ᄒᆞ야 문호의 쇠쳬ᄒᆞᆫ 거슬 니ᄅᆞ혀고(落泉3:7).

:진:동·ᄒᆞ·다 동 진동(振動)하다. ¶錚과 붑소리 振動ᄒᆞ얫고:金鼓振(初杜解6:8).

진되 명 진드기. ☞진뒤 ¶진되:草蜱(譯解下36). 진되:狗螌(同文解上42. 漢淸14:54).

·진·뒤 명 진드기. ☞진되. 진듸 ¶진뒤:草蜱(四解上26 蜱字註). 진뒤 비:蜱(訓蒙上

23. 倭解下27).
진듕ᄒᆞ다 형 진중(鎭重)하다. ¶진듕ᄒᆞ다:沉重(同文解上22). 눈물을 흘니며 ᄇᆡ별ᄒᆞ니 셔로 진듕ᄒᆞ믈 지삼 니ᄅᆞ더라(落泉2:4).
진득진독 부 진득진득. ¶손으로 진득진독 누로면 즉시 그치ᄂᆞ니:以手按磨卽止(痘瘡方27).
진득찰 명 진득찰. ☞진동출 ¶진득찰:豨薟(柳氏物名三 草).
진득ᄒᆞ다 형 진득하다. ¶진득지 못ᄒᆞ다:無坐性(漢淸8:23).
진듯 부 진득이. ¶싱금ᄒᆞᆫ 목을 에후르여 진듯 안고(古時調. 琵琶야. 歌曲).
진듸 명 진드기. ☞진뒤 ¶진듸:狗蟞(譯解補49). 진듸:蟞(物譜 蟲豸).
진·딧 명 진짜. ☞진짓 ¶眞金은 진딧 金이라(月釋7:29). 진딧 血竭와 ᄒᆞ다가 업거든:眞血竭如無(救急下90). 진딧 傷處ᄂᆞᆫ ᄀᆞᆺ고 ᄃᆞᆫᄃᆞᆫ호ᄃᆡ:眞傷處堅硬(無冤錄1:32).
진·딧 부 참으로. 정말로. ☞진짓 ¶識을 브터 업게 홀씨 乃終내 진딧 업수미 아니니 잇ᄂᆞᆫ ᄃᆞᆺ호ᄃᆡ 잇디 아니호미 ᄉᆞᄎᆞ미 아니오(月釋1:36). 진딧 有福ᄒᆞᆫ 됴흔 ᄉᆞ나ᄒᆡ러라:眞是有福氣的好男兒哩(朴新解1:29).
진ᄃᆞᆯ릐 명 진달래. ☞진ᄃᆞᆯ위 ¶진ᄃᆞᆯ릐:杜鵑花(譯解下39).
:진ᄃᆞᆯ·욋곳 명 진달래. ☞진ᄃᆞᆯ위 ¶늣거ᄉᆞ픈 굴근 진ᄃᆞᆯ욋곳:羊躑躅花(救簡2:44).
진ᄃᆞᆯ위 명 진달래. ☞진ᄃᆞᆯ릐 ¶진ᄃᆞᆯ위:羊躑躅(訓蒙上7 躑字註).
진무ᄒᆞ다 동 진무(鎭撫)하다. ¶계유 임소의 니ᄅᆞ러 ᄇᆡᆨ셩을 진무ᄒᆞ더니 그리로셔 잡혀 가니 사ᄅᆞᆷ의 통셕홀 배(山城138).
진믈 명 진물. ¶진믈:黃水(同文解下8. 漢淸8:11).
진ᄆᆡᆨᄒᆞ다 동 진맥(診脈)하다. ¶診脈ᄒᆞ시고 病勢ᄅᆞᆯ 아라 주ᄋᆞᆸ쇼셔(隣語1:8).
진봉 명 진범. ¶진봉:秦艽(物譜 藥草).
:진:샹·ᄒᆞ·다 동 진상(進上)하다. ¶進上ᄒᆞᅀᆞᄫᆞ니 보ᄆᆞᆯ 주ᅀᆞ오시고(月釋序13). 大闕에 드러 進上ᄒᆞᅀᆞᄫᆞᆫ대(月釋2:66). 박ᄌᆞ홍이 ᄌᆞᆺ 사돈 되여신 제 진샹ᄒᆞ여ᄂᆞᆯ(癸丑86). 금년으란 진샹티 말오(仁祖行狀32). 무쇼 ᄲᅮᆯ ᄒᆞ나흘 진샹ᄒᆞ니(明皇1:29).
진셔 명 진서(眞書). 한문(漢文). ¶진셔로며 언셔로(癸丑40). 진셔 못 ᄒᆞ고 언문 ᄒᆞᄂᆞᆫ 사ᄅᆞᆷ을 위ᄒᆞ여(普勸文20). 경죠로 ᄒᆞ야곰 진셔와 언문으로 벗겨셔 경외예 효유ᄒᆞ라 ᄒᆞ노라(綸音32).
진수히 부 진수(盡數)히. 있는 대로 다. ¶쓸ᄃᆡ가 긴ᄒᆞ오매 아모커나 廣求ᄒᆞ시고 盡數히 어더 주ᄋᆞᆸ쇼셔(隣語2:10).
진·실 명 진실(眞實). ¶法엣 오시ᅀᅡ 眞實ㅅ 오시니(月印上44). 므렛 그르메 ᄀᆞᆮᄒᆞ야 眞實이 업슨 거시니(釋譜11:36). 여러 가짓 소리 眞實ㅅ 뎌와 피릿소리 ᄀᆞᆮ도소니:萬籟眞笙竽(初杜解6:1). 斷과 常괏 굴형에 나 眞實ㅅ ᄀᆞᅀᆡ 오ᄅᆞ며(金三涵序7). 諸境을 보아 ᄆᆞᅀᆞ미 亂티 아니호미 이 眞實ㅅ 定이라(六祖中15).
진실노 부 진실로. ☞진실로 ¶신낭을 ᄒᆞᆫ 번 보ᄆᆡ 진실노 아름다은 군ᄌᆡ라(落泉1:2).
진·실로 부 진실로. ☞진실노 ¶다 眞實로 信ᄒᆞ야 아로ᄆᆞᆯ 몯 ᄒᆞᄂᆞ니(釋譜9:28). 迦葉이 如來ㅅ 眞實 功德을 이대 니ᄅᆞᄂᆞ니 眞實로 닐옴 ᄀᆞᆮᄒᆞ니라(法華3:4). 理ㅣ 진실로 그러ᄒᆞ니:理信然(初杜解7:29). 진실로 주그닐 니ᄅᆞ와다 도로 살리라:眞能起死回生也(救簡1:66). 진실로 됴ᄒᆞᆫ 법이로다:眞箇好法兒(飜朴上14). 진실로 알ᄑᆡ 사ᄅᆞᄆᆡ 믈 긷거ᄂᆞᆯ 보다니:眞箇在前曾見人打水(飜老上35). 진실로 밧긧 것 됴호믈 득홀 저기면:苟得外物好時(飜小8:7). 진실로 聖上ㅅ 好生ᄒᆞ시ᄂᆞᆫ 德과 傷홀가 ᄒᆞᄃᆞᆺ ᄒᆞ신 仁곳 아니시면(簡辟序3). 진실로 能히 용납ᄒᆞᄂᆞᆫ디라(宣大24). 眞實로 사ᄅᆞᄆᆡ 일 하ᄆᆞᆯ 전노라:實恐人事稠(重杜解1:15). 진실로야:眞箇麼(譯解下52). 님금의 ᄆᆞᄋᆞᆷ을 쳑홈은 이 진실로 므슴 ᄆᆞᄋᆞᆷ이며(綸音29).
진·실ᄒᆞ·다 형 진실(眞實)하다. ¶니르는 마리 다 부텻 法이라 아니 眞實ᄒᆞ니 업스며(釋譜19:25). 一이 眞實ᄒᆞ면 一切ㅣ 眞實ᄒᆞ야(六祖上20).
진심 명 진심(眞心). ¶微妙히 ᄇᆞᆯᄀᆞᆫ 眞心이 하ᄂᆞᆯ콰 ᄯᅡ콰ᄅᆞᆯ 範圍ᄒᆞ며(楞解2:20). 眞心은 住호미 업스니 住호미 이시면 妄이라(楞解6:60). 둘 아닌 眞心을 ᄐᆞ샤 ᄒᆞ나 아닌 다ᄅᆞᆫ 敎ᄅᆞᆯ 내시ᄂᆞ니(永嘉下36). 샹녜 잇ᄂᆞᆫ 眞心에 맛게 ᄒᆞ시니라(金三4:27).
진심·ᄒᆞ·다 동 진심(瞋心. 嗔心)하다. 왈칵 성을 내다. ¶반ᄃᆞ기 瞋心ᄒᆞ야 믜유믈 내리러니라(金剛79). ᄒᆞ다가 셜운 ᄆᆞᅀᆞ미 겨시면 곧 嗔心ᄒᆞ야 믜요ᄆᆞᆯ 내시리러니라(金剛80). ᄯᅩ 有毒ᄒᆞ야 嗔心ᄒᆞ면 지블 ᄒᆞ야ᄇᆞ리고(宣賜內訓2上15).
:진심·ᄒᆞ·다 동 진심(盡心)하다. ¶나라 돕ᄉᆞ와 님굼ᄭᅴ 진심ᄒᆞ야 셤기ᅀᆞ오며:輔國忠君(飜朴上50). 더우며 ᄎᆞᄆᆞᆯ 진심ᄒᆞ야 ᄒᆞ니라:溫淸盡心(東新續三綱. 孝4:79). 경 등이 간티 못홀돠 말고 각각 진심ᄒᆞ야 ᄒᆞ라 ᄒᆞ시더라(仁祖行狀19).
진양 명 진영(眞影). 얼굴을 그린 화상(畫像). ☞진영 ¶남진의 진양 그려 ᄇᆞᄅᆞ매 걸오:寫夫眞掛壁(續三綱. 烈14).
진언 명 진언(眞言). ¶邪曲고 迷惑ᄒᆞ니도 眞言을 보ᅀᆞᄫᆞ며(月釋10:30). 진언 ᄌᆞ를

금으로 ᄭᅮ민 간 우희:眞言字粧金大帽上(飜朴上29). 진언:眞呪(同文解下11). 진언 닑다:念呪(漢淸9:3).

진에 명 지네. ☞지네 ¶진에:蜈蚣(譯解下35. 同文解下43. 漢淸14:52. 物譜 蟲豸).

진에 명 지느러미. ☞지네 ¶고기 진에:奔水(同文解下41. 譯解補50).

진·영 명 진영(眞影). ☞진양 ¶안팟긧 大小佛殿과 진영 잇ᄂᆞᆫ 집과:內外大小佛殿影堂(飜朴上69). 내 진영을 그리고져 ᄒᆞ노라:要畫我的喜身裏(朴解下40). 진영:影身(譯解上13). 산 사ᄅᆞᄆᆡ 진영:喜身(譯解上36).

진옥 명 진옥(眞玉). 진짜의 옥. ¶진옥:玉(柳氏物名五 石).

진원 명 진원(眞源). ¶眞源ᄋᆞᆫ 眞實ㅅ 根源이라(月釋序1).

진위 명 진위(眞僞). 참과 거짓. ¶네 아직 날회라 이 銀의 眞僞ᄅᆞᆯ 내 아지 못ᄒᆞ니(蒙老8:12).

진의 명 지네. ☞지네. 진에 ¶구렁 진의 셕겨 이셔 약간 버레 져허 ᄒᆞ랴(萬言詞). 진의:蜈蚣(柳氏物名二 昆蟲).

진ᄋᆡ 명 진애(塵埃). 티끌. ¶茫茫 俗物은 眼中의 塵埃로다(曺友仁. 梅湖別曲). 오직 동형의 년긔 상당ᄒᆞ고 긔질이 진ᄋᆡ예 ᄲᅱ여ᄂᆞ니(落泉2:6).

진·ᄋᆡᆨ 명 진액(津液). 침. ¶津液을 堅固히 ᄒᆞ야:津液ᄋᆞᆫ 추미라(楞解8:131).

진·쟉 명 진작(眞勺). 〔곡조 이름〕 ¶…孟判書素知音律其選曲調之合於眞勺者眞勺俗樂調名(世宗實錄2:38).

진졍 명 진정(眞情). ¶슉녀 ᄎᆔ코져 ᄒᆞᄂᆞᆫ 진졍을 알진ᄃᆡ(落泉1:2).

:진졍·ᄒᆞ·다 동 진정(盡情)하다. 정성을 다하다. ¶그 아기ᄅᆞᆯ 겨틔 두고 밥 머기며 덥시기를 盡情ᄒᆞ야 ᄒᆞ더니(三綱. 烈26).

진쥬 명 진주(眞珠). ¶金銀 珊瑚 眞珠 摩尼 硨磲 瑪瑙 金剛 여러 보ᄇᆡ와(釋譜13:19). 아홉 類ㅣ ᄒᆞᆫ 法界예 ᄒᆞᆫᄃᆡ 사로미 紫羅帳소배 眞珠ᄅᆞᆯ ᄒᆞ텟도다(金三2:12). 진쥬로 봉 ᄆᆡᆼᄀᆞ라 바근 冠과:珠鳳冠(飜朴上45). 진쥬 변:玭(訓蒙中31). 진쥬 쥬:珠(類合上25). 蕭蕭ᄒᆞᆫ 白楊나모 길헤 眞珠 ᄀᆞᄐᆞᆫ 글주ᄂᆞᆫ 恩惠 ᄉᆞᄆᆞ찻도다:蕭蕭白楊路洞徹眞珠惠(重杜解24:27).

진쥬봉 명 개제비쑥. ¶진쥬봉:菴蕳子(東醫湯液二 草部). 진쥬봉:菴蕳(柳氏物名三 草).

진쥬조기 명 진주조개. ¶진쥬조기:蚌(柳氏物名二 水族).

진즛 부 참으로. 정말로. ☞진짓 ¶가히 텬디 귀신을 ᄃᆡᄒᆞᆯ다 닐으믄 진즛 망녕된지라(敬信36).

:진·지 명 진지. 진짓상. ☞뫼 ¶王季 진지를 도로 ᄒᆞ신 후에ᅀᅡ ᄯᅩ 처엄대로 도로 ᄒᆞ더시다 진지 오를 제…진지 믈으오와ᄃᆞᆫ…진지 ᄀᆞᄋᆞᆷ안 사ᄅᆞᆷᄃᆞ려:王季復膳然後亦復初食上…食下…膳宰(明小4:12). 진지나 잘 자ᄋᆞᆸ시고(諺簡. 明聖王后諺簡).

:진지·ᄒᆞ·다 동 진지를 올리다. 밥을 먹다. ¶그제ᅀᅡ 王이 즁님내ᄭᅴ 우브터 아래 니르리 손ᅀᅩ 진지ᄒᆞ야 供養ᄒᆞ고(釋譜24:48). 진지ᄒᆞᆯ 제 당돌히 셔ᄎᆞ 너모디 말며:行益次不得搪揬越序(誡初5). 饋ᄂᆞᆫ 음식 ᄀᆞ초아 친히 진지호미라(家禮4:23). 니뎐의셔 힝혀 진지ᄒᆞ여도 공쥬란 받ᄌᆞᆸ고(癸丑33).

진짇 명 진짜. ☞진짓 ¶고ᄋᆞᆯ 사ᄅᆞᆷᄃᆞ려 닐러 ᄀᆞᆯ오ᄃᆡ 진짇 몽병이 오니 가히 수이 항복ᄒᆞ라 ᄒᆞ야ᄂᆞᆯ:諭州人曰眞蒙古兵來矣可速降(東新續三綱. 忠1:21).

진·짓 명 진짜. 참. 진실. ☞진딧. 진짇 ¶진짓 氣運이 戶牖에 놀라와 뵈더라:眞氣驚戶牖(初杜解8:56). 모로매 진짓 석우황을:須用眞雄黃(救簡6:59). 진짓 도ᄌᆞ그란 잡디 몯ᄒᆞ고:正賊捉不住(飜老上28). 진짓치 거즛치 내 모로노니:眞假我不識(飜老下14). 진짓 ᄎᆞᆼ나못 거픐실로 ᄆᆡ존 간 우희:眞結椶帽兒上(飜朴上27). 진짓 도적은 잡디 몯ᄒᆞ고:正賊捉不住(老解上25). 갑ᄂᆞᆫ이야 진짓 거시라:還的是實(老解下20). 너를 닷냥만 줌이 이 진짓 갑시니:與你五兩是實實的價錢(老解下25). 그ᄃᆡ 진짓이냐:子眞是邪(十九史略1:18). 진실로 궁규의 아름다온 법이오 진짓 녀ᄌᆞ 학의 ᄯᅳᆺ다온 규모라(女四解4:53). 四皓ㅣ 진짓 것가 留侯의 奇計로다(古時調. 申欽. 靑丘).

진·짓 부 참으로. 정말로. ☞진딧. 진즛 ¶진짓 올ᄒᆞᆫ 션ᄇᆡ라 내 삼가 避ᄒᆞᆯ ᄯᆞᄅᆞᆷ이라:眞義士也吾謹避之耳(宣小4:31).

진짓ᄠᅳᆷ 부 살뜸. ☞실ᄯᅳᆷ. 우각ᄯᅳᆷ ¶우각ᄯᅳᆷ ᄒᆞ가 진짓ᄯᅳᆷ ᄒᆞᆫ가:虛灸那實灸(飜朴上38).

진취ᄒᆞ다 동 진취(盡醉)하다. 흠씬 취하다. ¶酒饌을 쟝만ᄒᆞ여 終日토록 盡醉ᄒᆞᄋᆞᆸ사이다(隣語2:4).

진치다 동 진(陣)치다. ☞진티다 ¶진칠 진:陣(兒學下6).

진케 부 진하게. ¶오석 단쳥 진케 메여 그리운 ᄃᆡ 보내고져(萬言詞).

진티다 동 진(陣)치다. ☞진치다 ¶진티다:排陣(同文解上45).

진펄 명 진펄. ¶여러 풀이 집픈 진펄에 셩ᄒᆞᄂᆞ니(女四解2:52).

:진·휼 명 진휼(賑恤). ¶帝ㅣ 因ᄒᆞ야 賑恤ㅅ 이를 니ᄅᆞ거시ᄂᆞᆯ(宣賜內訓2下58).

:진ᄒᆞ·다 동 진(盡)하다. 다하다. ¶事法이 ᄒᆞ마 虛ᄒᆞ야 相이 盡티 아니ᄒᆞ니 업스며

(永嘉下35). 그 知ㅣ 盡티 몯홈이 인ᄂᆞ니(宣大10). 긔운이 ᄒᆞ마 진ᄒᆞ니 내 주그리로다:氣力已盡吾其死矣(東續三綱. 烈19). 이 ᄃᆞᆯ이 커 진ᄒᆞᄂᆞ냐 적어 진ᄒᆞᄂᆞ냐:這月是大盡那小盡(朴解中53).

·짇 명 깃〔羽〕. ☞짓. 짗 ¶鷸의 짇츨 모도와 ᄆᆡᆼᄀᆞᆫ 冠을 됴히 너기거늘:好聚鷸冠(宣小4:43).

짇·다 동 짓다. ☞지타. 짓다 ¶일훔 짇ᄂᆞ니라(月釋2:49). 지아비 죽거ᄂᆞᆯ ᄉᆞ당을 짇고:夫歿作祠(東新續三綱. 烈2:7). 반ᄃᆞ시 새 오ᄉᆞᆯ 짇고 제ᄅᆞᆯ 다ᄒᆞ고 블디ᄅᆞ더라:必造新衣祭畢焚之(東新續三綱. 烈2:72).

질 명 길. ¶날이 셕 질이 놉푸되 오히려 평상의 ᄯᅥ나지 아니ᄒᆞ엿다가:日高三丈猶未離床(女四解3:10).

질 명 질흙. ¶질:埴(柳氏物名五 土).

-·질 접미 -질. ¶비릇 채질호ᄆᆞᆯ 마도다:始與捶楚辭(初杜解22:29). 글게질ᄒᆞ야 조히 ᄒᆞ야:抱的乾乾淨淨地(飜朴上21). 비븨질 찬:鑽(類合下46). 글게질ᄒᆞ기ᄅᆞᆯ(朴解上20). 비럭질ᄒᆞ다:討化(同文解下60). 박음질:倒扣針(譯解補41). 바ᄂᆞ질ᄒᆞᄂᆞᆫ 이:裁縫的(譯解補41). 가리질ᄒᆞ다:罩魚(漢淸12:23).

질걷 명 질것. ☞딜것. 딜엇 ¶질걷 도:陶(倭解下14).

질겁다 형 즐겁다. ¶질거워도 크게 웃지 말며:喜(女四解3:4).

질경이 명 질경이. ¶질경이:車前草(柳氏物名三 草).

·질·고 명 질고(疾苦). ¶여러 가짓 疾苦ㅣ 업스며 머즌 이리 門에 드디 아니케 ᄒᆞ리니(月釋21:164). 네 활기 疾苦ᄅᆞᆯ 가ᄌᆞᆯ비시고(法華2:125). 슬프다 부옥엣 질고ᄂᆞᆫ 완연히 내 몸소 당ᄒᆞᆫ 듯ᄒᆞᆫ지라(綸音94).

질그릇 명 질그릇. ☞딜그ᄅᆞᆺ ¶질그릇:瓦器(柳氏物名五 石).

질·긔굳·다 형 질기고 굳다. 의연(毅然)하다. ☞질긔욷다 ¶싁싁ᄒᆞ며 질긔구드며 方正ᄒᆞᆯ시:嚴毅方正(宣賜內訓3:17).

질긔다 형 질기다. ¶그리 질긜가(癸丑43). ᄯᅩ 푼ᄌᆞ 머겻고 질긔디 아니ᄒᆞ니라:又有粉飾不牢壯(老解下23). 질긘 고기:硬肉(譯解上50). 질긔다:硬(同文解上62).

질·긔욷·다 형 질기고 굳다. 의연(毅然)하다. 〔'질긔굳다'에서 ㄱ이 탈락한 형태.〕 ☞질긔굳다 ¶강강ᄒᆞ고 질긔우더 올코 고다:强毅正直(飜小8:28). 세츠고 질긔우ᄃᆞ며 졍답고 고ᄃᆞ며:强毅正直(宣小5:107).

질기다 동 즐기다. ☞즐기다 ¶질길 희:嬉(兒學下12).

질늬 명 찔레. ¶질늬:野薔薇(柳氏物名四 木).

·질·드리·다 동 길들이다. ☞질ᄯᅳ리다 ¶不可思議옛 大智慧 神通力을 나토샤 剛强 衆生을 질드리샤(月釋21:8). 그 ᄆᆞᅀᆞᄆᆞᆯ 질드려 굿블이시고ᅀᅡ:調伏其心(法華2:252). ᄆᆞᅀᆞᄆᆞᆯ 자바 질드려 부드럽게코:攝心調柔(圓覺上二之二118). 질드려 降伏힐 시라:調伏(圓覺上二之三18). 龍과 虎와ᄂᆞᆫ 질드류미 맛당티 아니ᄒᆞ도다:龍虎未宜馴(初杜解20:27). 질드릴 슌:馴(類合下16).

·질·들·다 동 길들다. ¶네 사ᄅᆞᄆᆞᆯ 븓던 젼ᄎᆞ로 사ᄅᆞᄆᆡ게 질드ᄂᆞ니:昔依人故馴服於人(楞解8:122). 堦砌에 바ᄇᆞᆯ 어더 머거 새 질드렛도다:得食堦除鳥雀馴(初杜解7:21). 蕭望之의 ᄭᅯᇰ을 오직 서르 질들에 ᄒᆞ도다:蕭雉只相馴(初杜解20:39).

·질·ᄯᅳ리·다 동 길들이다. ☞질드리다 ¶ᄆᆞᅀᆞᆷ 질ᄯᅳ룔 法은 昏沈 散亂ᄋᆞᆯ 둘흘 ᄇᆞ룔띠니:調心之法沈浮兩捨(永嘉上61).

·질·박ᄒᆞ·다 형 질박(質朴)하다. ¶ᄯᅩ 데 말ᄉᆞ미 質朴ᄒᆞᆯ시 버거 모로매 그를 빗나게 ᄒᆞᄂᆞ니라(圓覺下二之一48).

질방고리 명 질방구리. ¶싀악氏 싀집간 날 밤의 질방고리 ᄃᆡ여슬 ᄭᅵ여 바리거고나(古時調. 靑丘).

·질:병 명 질병(疾病). ¶疾病이며 모딘 긔운이며(簡辟10). 疾病도 이시며:有疾病焉(宣小2:76). 우리 王이 거의 疾病이 업스신가(宣孟2:5). 患難에 서ᄅᆞ 救ᄒᆞ며 疾病에 서ᄅᆞ 븟드ᄂᆞ니(警民25). 몸이 질병이 업ᄉᆞ니(仁祖行狀8). 일시 질병을 과히 념녀ᄒᆞᆯ ᄇᆡ 아니나(落泉1:1).

질병 명 질병. ¶질병:瓦甁(漢淸11:41).

질병드리 명 질병들이. 질병에 든 것. ☞딜병드리 ¶대테 메온 질병드리 더옥 죠희(古時調. ᄃᆞ나 ᄡᅳ나. 靑丘).

·질삼 명 길쌈. ¶겨지븐 그러티 아니ᄒᆞ야 ᄒᆞᆫ갓 질삼의 굴그며 ᄀᆞᄂᆞ로ᄆᆞᆯ 됴히 너기고:女子不然徒甘紡績之粗細(宣賜內訓序6). 여히므론 질삼 뵈 ᄇᆞ리시고(樂詞. 西京別曲). 질삼 방:紡. 질삼 적:績(石千35). 질삼 방:紡(倭解下10).

·질삼ᄒᆞ·다 동 길쌈하다. ¶질삼ᄒᆞ며 고티 ᅘᅧ며 뵈 ᄧᅡ 옷 ᄆᆡᆼᄀᆞᆯ며:執麻枲治絲繭織紝組紃以供衣服(三綱. 烈2 女宗). 누에치며 질삼ᄒᆞ며:蠶織(警民11). 질삼ᄒᆞ며 뵈 ᄧᅡ ᄡᅥ 家業을 ᄒᆞ고:紡績織紝以爲家業(英小6:57). 우리집으로써 모친이 오히려 질삼ᄒᆞᄂᆞᆫ잇가:績(女四解4:47). 뫼 ᄇᆞ야흐로 질삼ᄒᆞ거늘(女範1. 모의 노희경강).

:질·실ᄒᆞ·다 형 질실(質實)하다. ¶질실ᄒᆞᆫ 힝뎍:質行(飜小9:84).

질알 명 지랄. 지랄병. ¶질알:癲癇惡疾今俗尙呼(華方).

·질·약ᄒᆞ·다 형 허약하다. ¶世俗애 닐오ᄃᆡ 아ᄃᆞᄅᆞᆯ 일히 ᄀᆞᆮᄒᆞ니ᄅᆞᆯ 나하도 오히려 질약홀가 저코:鄙諺有云生男如狼猶恐其尫(宣賜內訓2上8).

·질·역 명 질역(疾疫). ¶飢饉은 주으릴 씨오 疾疫은 病이라(月釋10:88).

질으다 동 지르다. ¶문 빗장 질으다:櫃門(譯解補13).

질장군 명 질장군. ¶李座首ᄂᆞᆫ 암쇼를 타고 金約正은 질장군 메고(古時調. 靑丘).

·질·졍·ᄒᆞ·다 동 질문하다. ¶의심도왼 어려온 ᄃᆡᄅᆞᆯ 질졍ᄒᆞ야 무러:疑難處便質問(飜小8:35). 道 인ᄂᆞᆫ ᄃᆡ 나아가 질졍ᄒᆞ면:就有道而正焉(宣小3:7). 엇디 가 질졍티 아니리오 ᄒᆞ고:盍往質焉(宣小4:39).

질지 명 세전(稅錢). ¶질지:稅錢(譯解上69).

질탕관 명 질탕관. 질그릇의 탕관(湯罐). ¶질탕관:銛子(漢淸11:38).

·질:투 명 질투(嫉妬). ¶嫉妬 諂誑으로 아래 戲論諸法에 니르린 다 意地옛 微細ᄒᆞᆫ 邪行일ᄊᆡ(法華5:43). 自心中에 외욤 업스며 모디롬 업스며 嫉妬 업스며(六祖中21).

·질투심 명 질투심(嫉妬心). ¶嫉妬心과 惡毒心괘니(六祖中29).

·질투ᄒᆞ·다 동 질투(嫉妬)하다. ¶嫉妬ᄒᆞᆫ ᄆᆞᅀᆞᆷ과 憍慢ᄒᆞᆫ ᄆᆞᅀᆞᆷ과(六祖中40).

짐 명 짐. ¶軫은 술위 우흿 앏뒤헷 빗근 남기니 짐 거두ᄂᆞᆫ 거시라(月釋序24). 약대 라귀 ᄐᆞ며 짐 지ᄂᆞᆫ 報ᄅᆞᆯ 브르고:召駝驢乘負之報(法華2:166). ᄆᆞ거운 지믄 두 障이니(圓覺上一之二85). 이 ᄆᆞᆯ 다 짐 브리오고:這馬都卸下行李(老解上35).

짐 명 김〔海苔〕. ¶짐 海衣 採海中石衣作薄片如紙(柳氏物名三 草).

짐대 명 돛대〔檣〕. 장대. ☞짒대 ¶져비ᄂᆞᆫ 짐대에 가마괴 조차 ᄂᆞ니ᄂᆞ다:燕子逐檣烏(重杜解2:8).

·짐시·리 명 짐싣기. ¶짐시리 다 ᄒᆞ야다:馱馱都打了也(飜老上46).

짐싱 명 짐승. ☞즁싱 ¶짐싱을 다가 메우고 밧비 가자:把牲口套上快些兒走罷(華解上18). 술위 메운 짐싱이 눈을 ᄯᅳ지 못ᄒᆞ고:套車的牲口睜不開眼睛(華解下20).

짐ᄶᅡᆨ 명 짐짝. ☞짐ᄶᅣᆨ ¶짐ᄶᅡᆨ:朶(柳氏物名一 獸族).

짐ᄶᅣᆨ 명 짐짝. ☞짐ᄶᅡᆨ ¶짐ᄶᅣᆨ 들먹여 고로다:顚均馱子(漢淸14:31).

짐·쟉 명 짐작. ¶망랴ᇰ앳 짐쟈ᄀᆞ로 머즌 이리 이러ᄒᆞᄂᆞ니…一切 머즌 이리 망랴ᇰ앳 짐쟈ᄀᆞ로브터 나ᄂᆞ니이다(釋譜11:35). 斟酌앳 말 ᄒᆞᄂᆞᆫ 외요미 업스려(楞解7:15). 남진 ᄆᆞ던히 너교ᄆᆞᆯ 짐쟉 아니 ᄒᆞ면:侮夫不節(宣賜內訓2上9). 엇뎌 짐쟉으로 放恣히 ᄒᆞ리오:豈恣胸臆(龜鑑下56). 짐쟉이 계실ᄊᆡ시니(新語5:8).

짐·쟉·ᄒᆞ·다 동 짐작하다. ¶사ᄅᆞ미 輕重과 冷熱을 斟酌ᄒᆞ야(救急上73). 반ᄃᆞ기 輕重을 斟酌ᄒᆞ리이다(宣賜內訓2下54). 光ᄋᆞᆯ 도ᄅᆞ혀 도라 ᄉᆞᆯ펴 혜아리며 짐쟉ᄒᆞ면(南明上6). 경ᄒᆞ며 듕ᄒᆞ며 링ᄒᆞ며 ᄉᆑ호ᄆᆞᆯ 짐쟉ᄒᆞ야 ᄡᅳ라:斟酌輕重冷熱而投之(救簡1:68). 늘그니와 아ᄒᆡ어든 짐쟉ᄒᆞ야 더러 머그라:老弱量減(救簡3:26). 내 몸 짐쟉ᄒᆞ야 보ᄆᆞᆫ 아ᄃᆞᆨᄒᆞ니:恕己則昏(飜小8:13). 이 ᄯᅩ ᄒᆞᆫ 다시 斟酌홈애 이실디니라(家禮1:28). 짐쟉ᄒᆞ여 맛치다:猜得着(譯解補58). 시방 잇ᄂᆞᆫ 거시 짐쟉건대 ᄇᆡᆨ즈음이나 잇ᄂᆞ니라(捷蒙3:7).

짐즉 부 짐짓. ☞짐즛 ¶夕陽이 거읜 적의 江風이 짐즉 부러 歸帆을 보ᄂᆡᄂᆞᆫ ᄃᆞᆺ(蘆溪. 莎堤曲).

짐·즛 부 짐짓. ☞짐즉. 짐ᄌᆞᆺ ¶짐즛 업게 ᄒᆞ시니:迺故齊之(龍歌64章). 婦ㅣ 짐즛 主將ᄉᆞᄀᆡ 닐오ᄃᆡ:婦陽謂主將曰(三綱. 烈21). 짐즛 미친 양ᄒᆞ고 그우실 아니 홀ᄉᆡ(宣賜內訓3:68). 짐즛 서르 ᅀᅮᆺ어리ᄂᆞ다:故相喧(初杜解10:6). ᄀᆞᄅᆞᆷ 우흿 져븨 삿기 짐즛 오ᄆᆞᆯ ᄌᆞ조 ᄒᆞᄂᆞ다:江上鷰子故來頻(初杜解10:7). 소리 내요ᄆᆞᆯ 微微히 호ᄆᆞᆯ 짐즛 짓ᄂᆞ다:故作發聲微(初杜解16:51). ᄯᅩ ᄒᆞ다가 사ᄅᆞ미 善知識 맛나 짐즛 달애야 勸ᄒᆞ야:又若復有人得遇善知識故誘勸(佛頂8). 짐즛 독ᄒᆞᆫ 버러지와 비얌으로ᄡᅥ 사ᄅᆞᆷ을 믈려 죽게 ᄒᆞ니ᄂᆞᆫ:故用毒蟲蛇咬人致死者(警民18). 짐즛:故意兒(譯解補56). 내 너를 試驗ᄒᆞ여 짐즛 무럿더니(小兒13). 짐즛 ᄭᅬᄒᆞ야 힘닙음을 行ᄒᆞ면:故行謀賴(無冤錄8).
※짐즛>짐짓

짐ᄌᆞᆺ 부 짐짓. ☞짐즉. 짐즛 ¶짐ᄌᆞᆺ 이 글월을 세워 ᄡᅳ게 ᄒᆞ엿ᄂᆞ니:故立此文契爲用(朴解上54).

·짒·대 명 돛대. 장대. ☞짐대 ¶짒대 셸 제 반ᄃᆞ시 쇼ᄅᆞᆯ 텨 주겨 이받곡:起檣必椎牛(初杜解25:15). 사ᄉᆞ미 짒대예 올아셔 奚琴을 혀거를 드로라(樂詞. 靑山別曲).

집 명 집. ☞짓 ¶집 우흿 龍이:殿上之龍(龍歌100章). 이 지븨 자려 ᄒᆞ시니:將宿是屋(龍歌102章). 뎌 지븨 가려 ᄒᆞ시니:欲往彼室(龍歌102章). 몃 間ㄷ 지븨 사ᄅᆞ시리잇고:幾間以爲屋(龍歌110章). 지블 나아가려 터시니(月印上15). 내 지븨 이싫 저긔 여듧 나랏 王이 난겻기로 ᄃᆞ토거늘(釋譜6:7). 며느리 녁 지블 婚이라 니ᄅᆞ고(釋譜6:16). 江村애 여다홉 지비로다:江村八九家(初杜解7:5). 그딋 집 兄弟의 功名이 震動ᄒᆞ니라:卿家兄弟功名震(初杜解25:48). 아

디 몯ᄒᆞ리로다 이 집ᄋᆞᆫ ᄯᅩ 이 누고:不識伊家更誰(南明下20). 집 우:宇. 집 듀:宙(訓蒙上1). 집 궁:宮. 집 궐:闕. 집 신:宸. 집 뎐:殿. 집 옥:屋. 집 ᄐᆡᆨ:宅. 집 가:家. 집 방:房. 집 텽:廳. 집 ᄒᆡ:廨. 집 려:廬. 집 샤:舍. 집 실:室. 집 당:堂(訓蒙中4). 집 각:閣. 집 무:廡. 집 하:廈. 집 지:廨. 집 원:院(訓蒙中5). 집 샹:廂. 집 데:邸(訓蒙中8). 집 관:舘(訓蒙中9). 집 관:觀(訓蒙中10). 집 갑:匣(訓蒙中14). 집 가:家(類合上17). 집 궁:宮. 집 우:宇(類合上18). 집 관:舘(類合上19). 집 샤:舍. 집 ᄐᆡᆨ:宅. 집 옥:屋(類合上23). 집 궁:宮(石千18). 집 가:家(石千22). 가난ᄒᆞᆫ 집 지ᄂᆡ치고 넉넉ᄒᆞᆫ 집 몃 집인고(萬言詞).

집 [명] 짚. ☞딥. 딮 ¶집 ᄒᆞᆫ 단 츄려ᄃᆞ가 신 날부터 ᄡᅩᄋᆞ 보니(萬言詞). 집:藁(柳氏物名三 草). 집 고:稾(兒學上7).

집거·유 [명] 집거위. ¶鵝王 ᄌᆞᆫᄒᆞ샤미 第十이시고:鵝ᄂᆞᆫ 집거위라(法華2:14).

집·게 [명] 집게. ¶시혹 집게로 ᄲᅡ혀 내며:或用鐵鉗拽出(救急下32). 집게:箝(四解下81). 집게 겸:鉗(訓蒙中16. 倭解下16). 집게:鉗子(物譜 工匠).

집게벌에 [명] 집게벌레. ¶蠼螋 俗謂 그림아 非也 或疑 집게벌에(柳氏物名二 昆蟲).

집곡지 [명] 용마루. ☞집마루 ¶집곡지:房頂(譯解補13).

집그위·실 [명] 호세(戶稅). ¶縣에서 郡에 닐어 집그위실 덜오 네 아ᄃᆞᆯ 보내야 고티라 ᄒᆞ야ᄂᆞᆯ(三綱. 烈7).

집기슭 [명] 처마. ☞집기ᄉᆞᆰ ¶寶塔이 놉고 커 집기슬기 서르 니ᅀᅥ(月釋23:77). 담과 집기슭 ᄉᆞᅀᅵ예:墻宇之間(楞解2:28). 집기슭 그르메ᄂᆞᆫ 微微히 뎟고:簷影微微落(初杜解3:26). 집기슬게 비긴 뫼ᄒᆞᆺ 비ᄎᆞᆫ:倚簷山色(南明上20). 집기슭 쳠:簷(類合上23). 門읫 손을 담과 집기슭 ᄉᆞ이예셔 害호ᄃᆡ:害門客于墻廡之間(宣小6:117). 블근 틸ᄒᆞᆫ 집기슬기 半만 빗나니:朱甍半光炯(重杜解1:20).

집기ᄉᆞᆰ [명] 처마. ☞집기슭 ¶집기ᄉᆞᆰ 반긔 ᄒᆞᆫ 번 나 건기ᄂᆞᆯ 아니 ᄒᆡ야:簷楹之外一不出步(東新續三綱. 烈4:55).

집니르·다 [동] 집을 살잡다. ¶집니르다:牮屋(訓蒙下17 牮字註).

집·다 [동] 집다. ¶鳥窠ㅣ 오색 빗터러글 지버 부러 ᄇᆞ리신대(南明上14). 大地ᄅᆞᆯ 다 지버 와 조ᄡᆞᆯ 낫ᄀᆞ티 ᄌᆞᆫᄒᆞ닐(南明下70). 세 ᄉᆞᆫ가락으로 지보니ᄅᆞᆯ 더운 ᄆᆞ레 프러 머기라:三指撮白湯調服之(救簡1:63). 지블 렴:拈(類合下46). 지블 찰:撮(類合下47). 집다:拾起(同文解上30). 右手로 올ᄒᆞᆫ 녑ᄒᆞᆯ 집고:右手右挾豎(武藝圖45).

집다 [동] 짚다. ¶萬里邊城에 一長劍 집고 셔셔(古時調. 金宗瑞. 朔風은 나모. 靑丘). 竹杖 芒鞋 分대로 집고 신어(江村晩釣歌).

집마루 [명] 용마루. ☞집곡지. 집ᄆᆞᄅᆞ ¶집마루 ᄆᆡᆼ:甍(兒學上9).

집ᄆᆞᄅᆞ [명] 용마루. 대들보. 마룻대. ☞집웅ᄆᆞ르 ¶집ᄆᆞᄅᆞ와 보콰로 ᄒᆡ여곰 것게 ᄒᆞ디 말오라:莫使棟樑摧(初杜解3:10). ᄒᆡ와 ᄃᆞᆯ왜 새곤 집ᄆᆞᆯᄅᆡ 갓가왯도다:日月近雕梁(初杜解6:27). 디ᄂᆞᆫ ᄃᆞᆯ비치 집ᄆᆞᆯᄅᆡ ᄀᆞ독ᄒᆞ니:落月滿屋樑(初杜解11:52). 집ᄆᆞᄅᆞ ᄆᆡᆼ:甍(類合上23). ᄀᆞᄅᆞ미 어위니 노ᄑᆞᆫ 집ᄆᆞᆯ리 ᄠᅧᆺ고:江闊浮高棟(重杜解2:27). 집ᄆᆞᆯᄅᆡ ᄇᆞᆯ셔 ᄒᆡ 돋도다:梁棟已出日(重杜解2:59).

집ᄆᆞᆯ리 [명] 대들보가. (동)집ᄆᆞᄅᆞ ¶ᄀᆞᄅᆞ미 어위니 노ᄑᆞᆫ 집ᄆᆞᆯ리 ᄠᅧᆺ고:江闊浮高棟(重杜解2:27).

집ᄆᆞᆯᄅᆡ [명] 용마루에. (동)집ᄆᆞᄅᆞ ¶뷘 집ᄆᆞᆯ린 그륜 戈戟이 모댓고:空梁簇畫戟(初杜解6:17). ᄒᆡ와 ᄃᆞᆯ왜 새곤 집ᄆᆞᆯᄅᆡ 갓가왯도다:日月近雕梁(初杜解6:27). 디ᄂᆞᆫ ᄃᆞᆯ비치 집ᄆᆞᆯᄅᆡ ᄀᆞ독ᄒᆞ니:落月滿屋樑(初杜解11:52). 집ᄆᆞᆯᄅᆡ ᄇᆞᆯ셔 ᄒᆡ 돋도다:梁棟已出日(重杜解2:59).

집벅이다 [동] 지벅이다. 지벅거리다. ¶집벅이다:走踉蹌(同文解上26). 집벅이다:打踉蹌(漢淸7:32).

집보 [명] 들보. ¶집보 우흿 듣글:梁上塵(救簡1:59).

집비돌기 [명] 집비둘기. ☞집비두리. 집비들기 ¶집비돌기:家鴿(物譜 羽蟲).

집비두·리 [명] 집비둘기. ☞집비돌기. 집비들기 ¶집비두리:鴿子(四解下75 鴿字註). 집비두리 볼:鵓. 집비두리 합:鴿(訓蒙上16). 집비두리 추:雛(詩解 物名14).

집비들기 [명] 집비둘기. ☞집비돌기. 집비두리 ¶집비들기:鴿(柳氏物名一 羽蟲). 집비들기 합:鴿(兒學上7).

·집:사·ᄅᆞᆷ [명] 집안 사람. 가족(家族). ¶도적이 나간 후에 집사ᄅᆞᆷ이 무로ᄃᆡ 엇디 혼자 저티 아니ᄒᆞ더뇨:賊去後家人問何獨不懼(飜小9:64). 본가애 오니 집사ᄅᆞᆷ미 영장ᄒᆞ고져 ᄒᆞᆯ ᄣᅢ애(桐華寺 王郎傳8).

집삭 [명] 방삯. ¶우리 집삭시며 밥 지은 갑ᄉᆞᆯ 혜져:咱們筭了房錢火錢着(飜老上22).

집소솔 [명] 가족. 식구. ¶집소솔:家口(同文解上14. 譯解補33. 漢淸5:35).

집신 [명] 짚신. ¶집신터로도 ᄒᆞ며(癸丑215). 뵈옷과 집신으로:履(五倫2:60). 총만 남은 헌 집신의 세살 부치 ᄎᆞ면ᄒᆞ고(萬言詞). 집신:屝(物譜 衣服).

집신나물 [명] 짚신나물. ¶집신나물:狼牙(柳氏物名三 草).

집아비 명 지아비. ☞짓아비 ¶ᄒᆞᆫ갓 집아븨게 ᄉᆞ랑히오져 ᄒᆞ여:苟利主翁一時之愛(正俗5).

집·앉:사·ᄅᆞᆷ 명 집안 사람. ¶眷屬ᄋᆞᆫ 가시며 子息이며 죵이며 집앉사ᄅᆞᄆᆞᆯ 다 眷屬이라 ᄒᆞᄂᆞ니라(釋譜6:5).

집어�다 동 집어뜯다. ¶집어ᄯᅳᆺ다:搯(漢淸3:5).

집오리 명 집오리. ☞집올히 ¶집오리:鴨(柳氏物名一 羽蟲). 집오리 목:鶩(兒學上7).

집올히 명 집오리. ☞집오리 ¶집올히:鴨(譯解下25). 집올히:野鴨(物譜 羽蟲).

집우디기 명 ①꿩의비름. ¶집우디기:景天(東醫 湯液二 草部). 집우디기:景天(柳氏物名三 草).
②지부지기. ☞지와직이 ¶집우디기:昨葉荷草(東醫 湯液三 草部).

집웅ᄆᆞᄅᆞ 명 용마루. ☞집ᄆᆞᄅᆞ ¶집웅ᄆᆞᄅᆞ:屋山. 집웅ᄆᆞᄅᆞ 가쵸:甍(物譜 第宅).

집:일 명 집 안의 일. 가사(家事). ☞짒일 ¶귓일 호믈 집일ᄀᆞ티 ᄒᆞᆫ 후에사:處官事如家事然後(飜小7:24). 입의 집이를 니ᄅᆞ디 아니ᄒᆞ야:口不言家事(東新續三綱. 孝3:46). ᄉᆡ아비 죽으면 ᄉᆡ엄이 늙ᄂᆞ니:집일을 몯며느리게 뎐ᄒᆞ단 말이라(宣小2:19).

집자리 명 짚자리. ¶만일 집자리 잇거든 여러 닙 가져오라(淸老2:11).

집쟉 명 집적거리는 짓. ¶뎌를 집쟉 말라:莫惹他(譯解下52).

집쟉ᄒᆞ다 동 집적거리다. ¶내 몬져 너를 집쟉ᄒᆞ냐:我先惹你來(朴解中57). 놈 집쟉ᄒᆞᄂᆞᆫ 이:頑皮(漢淸6:60).

집즘싱 명 집짐승. 가축(家畜). ¶버미 무덤겨틔 와 삿기치거늘 祭 믈론 거슬 주어 머교ᄃᆡ 집즘싱 치ᄃᆞ시 ᄒᆞ더라:有虎乳於墓傍取祭餘飼之如養家畜(續三綱. 孝10).

집지·ᅀᅵ 명 집을 짓는 일. ¶새 집지ᅀᅵᆯ 몯게 호려(月印上57). 집지ᅀᅵ를 처ᅀᅥᆷ ᄒᆞ니 그제ᅀᅡ 아기나히를 始作ᄒᆞ니라(月釋1:44).

집지즑 명 짚으로 친 자리. ¶집지즑:藁薦(譯解下16).

·집·탹 명 집착(執着). ¶一切法에 執着을 두디 마롤디어다(六祖中4).

·집·탹·ᄒᆞ·다 동 집착(執着)하다. ¶諸相애 執着ᄒᆞ야(金剛19). 비록 衆善을 닷ᄀᆞ나 ᄆᆞᅀᆞ미 執着티 아니ᄒᆞ야(六祖中21).

집터 명 집터. ¶忽然히 집터 닷다가 저벽으로 대수 븐 소리에 알며(蒙法10).

집팡이 명 지팡이. ☞집항이 ¶집팡이:拐杖(同文解下13). 집팡이:拐杖(譯解補44). 집팡이:拐棍. 저ᄂᆞᆫ 놈의 집팡이:拐子(漢淸11:34).

집퍼 형 깊어. ¶밤이 집퍼 쟝ᄎᆞ 자ᄂᆞᆫ 곳의 도라가거든:夜晩更深(女四解3:15).

집픠다 동 (구름이) 뭉게뭉게 모여들다. ☞지픠다 ¶祥雲이 집픠ᄂᆞᆫ 동 六龍이 바퇴ᄂᆞᆫ 동 바다히 ᄲᅥ날 제ᄂᆞᆫ 萬國이 일위더니(松江. 關東別曲).

집픠다 동 찌푸리다. ☞지픠다 ¶눈살 집픠다:皺眉(譯解補24).

집피 부 깊이. ☞짓피 ¶집피 후인이 능히 ᄡᆞᆯ으지 못ᄒᆞᆷ이 두려울ᄉᆡ:深(女四解3:3).

집항이 명 지팡이. ☞집팡이 ¶집항이:扶老(物譜 衣服).

짒:일 명 집 안의 일. 가사(家事). ☞집일 ¶힘ᄡᅳ며 恭敬ᄒᆞ야 일져므리 ᄒᆞ야 짒이를 그릇디 말라:勉之敬之夙夜無違宮事(宣賜內訓1:84).

짓 명 집. 집의. ☞집 ¶그 짓 ᄯᆞ리 ᄡᆞᆯ 가져나오나ᄂᆞᆯ(釋譜6:14). 그 짓 ᄡᆞᆯ 븘 죠ᄋᆞᆯ 맛나니(月釋8:98). 내 짓 眞因ᄋᆞ로 네 짓 極果ᄅᆞᆯ 삼ᄂᆞ니라(月釋14:74). 어즈러온 짓 아ᄃᆞᄅᆞᆯ 取티 말며:亂家子不取(宣賜內訓1:86). 글 짓ᄂᆞᆫ 例 우리 짓 그레 미츠니:例及吾家詩(初杜解24:30). 이웃짓 뎟 소리로소니:隣家笛(初杜解24:58). 내 짓 寶藏이(南明上37). 보니 ᄂᆞᄆᆡ 짓 담ᄃᆞᆯ 다 믈어디돗더라:看那人家墻壁都倒了(飜朴上9). 그 짓 아븨 내 손모글 주여이다(樂詞. 雙花店). 술 ᄑᆞᄂᆞᆫ 짓 壚ᄅᆞᆯ 爲ᄒᆞ야 언노라:爲覓酒家壚(重杜解2:18). 아ᄎᆞᄆᆡ 가ᄋᆞ면 짓 送葬ᄋᆞᆯ 맛보니:朝逢富家葬(重杜解2:70). 주인 짓 거스란:主人家的東西(老解上53). 우리 ᄒᆞᆫ 짓 사ᄅᆞᆷ이오:咱們一家人(老解下6).

·짓 명 깃〔羽〕. ☞짖. 짗 ¶ᄇᆞᄅᆞ미 거스리 부니 짓과 터리왜 ᄒᆞ야디놋다:風逆羽毛傷(初杜解7:15). 힌 수ᄐᆞᆰ기 두 녁 놀개 큰 짓 각 ᄒᆞᆫ 낫:白雄雞左右翮大毛各一(救簡6:5). ᄀᆞ새 공작의 짓 고잣고:傍邊插孔雀翎兒(飜朴上29). 짓 우:羽(訓蒙下3. 類合上13). 짓 한:翰. 짓 격:翮(訓蒙下6). ᄯᅩ 이 두롬의 짓촐 ᄃᆞ랏고:又是箇鵝鴒翎兒(朴解上26). 죵ᄉᆡ 짓슬 뫼옴은:羽(女四解4:31). 짓 딘 鶴 털 진 사슴 松竹에 깃드렷ᄂᆡ(古時調. 興比賦).

짓거ᄒᆞ다 동 기뻐하다. ¶셰 남동싱이 잇셔 원슈를 갑고쟈 ᄒᆞ다가 불힝이 다 쥭으니 죠슈 짓거ᄒᆞ거ᄂᆞᆯ:喜(女四解4:13).

짓:괴·다 동 지껄이다. ☞짓궤다. 짓글히다 ¶雀噪ᄂᆞᆫ 새 짓괼 씨오(月釋18:35). 諠ᄋᆞᆫ 모다 짓괼 씨라(楞解4:8). 짓괴디 말고 쥬기나 밥이나 머기고:不可喧鬨且進粥飯(胎要21). 사ᄅᆞᆷ이 짓괴기를 크게 ᄒᆞ더니:人叫喚大了(老解下33).

짓궤다 동 지껄이다. ☞짓괴다 ¶너희 둘히 술러야 짓궤디 말고:你兩家休只管叫喚(老

解下11). 娘子ㅣ 보고 짓궤니 듯기 어렵더라:娘子見了時聒譟難聽(朴解中48). 짓궤디 말고 밧비 더디라:不要聒譟連忙擲(朴解中50). 짓궤다:喧嚷(漢淸7:11).

짓글·히·다 동 지껄이다. ☞짓괴다. 짓궤다 ¶사ᄅᆞ미 짓글휴믈 크게 ᄒᆞᄂᆞ다:人吅喚大了(飜老下36). 해 아ᄒᆡ돌히 도ᄅᆞ혀 짓글혀:咳小厮們倒聒噪(飜朴上18). 짓글힐 홍:鬨. 짓글힐 뇨:閙(訓蒙下15).

:짓·다 동 ①짓다(作). ☞지타 ¶큰 龍ᄋᆞᆯ 지ᅀᅡ 世尊ㅅ 모매 감아놀(月印上28). ᄒᆞᆫ 남ᄀᆞᆯ 지ᅀᅳ니 즉자히 가지 퍼디여(釋譜6:30). 精舍ᄅᆞᆯ ᄒᆞ마 짓ᄉᆞᄫᆞ니(釋譜6:38). 製ᄂᆞᆫ 글 지ᅀᅳᆯ 씨니(訓註1). 御製ᄂᆞᆫ 님금 지ᅀᅳ샨 그리라(訓註1). 모딘 일 지ᅀᅮᆫ 다ᄉᆞ로(月釋1:46). 表 지ᅀᅥ 엳ᄌᆞᄫᆞ니(月釋2:69). 僧坊 짓고 衆僧 供養ᄒᆞᆫ 디며(月釋17:37). 조차 짓ᄂᆞᆫ 惡業이 비록 제 블로미나:循造惡業雖則自招(楞解8:78). 간대로 짓ᄂᆞᆫ 凶이 ᄃᆞ외리라:爲妄作之凶矣(法華6:145). 다 지ᅀᅩᆷ 업수매 가시니라:同歸無作(永嘉下37). 虛空애 樓閣 지ᅀᅮᆷ ᄀᆞᆮᄒᆞ니:如空中架樓閣(法語2). 性 업슨 觀ᄋᆞᆯ 지ᅀᅩ미니:作無性觀(心經44). 뿔 짓ᄂᆞᆫ 버리 수ᅀᅳ놋다:蜜蜂喧(初杜解21:6). 다ᄉᆞᆺ재ᄂᆞᆫ ᄀᆞ론 거즛 말ᄉᆞᆷ 지ᅀᅥ 사ᄅᆞᆷ을 소겨 훼호미오:五曰造言誣毁(呂約7). 녀름지ᅀᅳᆯ 농:農(訓蒙中3). 지ᅀᅳᆯ 조:造(訓蒙下1). 밥지ᅀᅳᆯ 츄:炊(訓蒙下12). 져ᄂᆡ 지ᅀᅳᆫ 죄ᄅᆞᆯ 뉘우처 ᄒᆞ며:懺悔罪愆(恩重22). 지을 작:作(類合上3. 石千9). 밥 지을 츄:炊(類合上30). 집 지을 구:構(類合下10). 지을 제:製(類合下39). 밥 지을 찬:爨(類合下41). 지을 찬:撰(類合下43). 父母ㅣ 怒ᄒᆞ거시든 ᄠᅳ데 짓디 아니ᄒᆞ며:父母怒之不作於意(宣小4:20). 친히 기ᄉᆞᆯ 지어 ᄌᆞ조 스ᄉᆞ로 ᄀᆞᆯ고:親造襁褓數自遞改(東新續三綱. 孝8:71). 글 짓다:作詩(譯解上15). 海水로 셩을 ᄊᆞ고 雲山으로 문을 지어(萬言詞). ②삼다. ¶우리 벋 지ᅀᅥ가미 마치 됴토다:恰好做火伴去(飜老上8). 우리 벗 지어가미 마치 됴토다:恰好做火伴去(老解上7).

※'짓다'의 활용 ┌짓고/짓게/짓ᄂᆞᆫ/지어/지으니…
└지ᅀᅳ며/지ᅀᅥ/지ᅀᅳᆯ/지ᅀᅮᆷ…

짓다 동 짖다. ¶문 압희 짓던 ᄀᆡᄂᆞᆫ 날 보고 ᄭᅩ리 친다(萬言詞).

짓달히다 동 매우 달이다. ¶음혈을 짓달히 모로 피 해 허ᄒᆞ야 모손ᄒᆞᄂᆞ니:與陰血煎熬是以血多虛耗(痘要下70).

짓드리다 동 깃들이다. ¶짓드리다:棲止(同文解下36).

짓부체 명 깃부채. ¶平生애 힌 짓부체 기텟고:平生白羽扇(初杜解24:17). 짓부체:羽扇(同文解下13).

짓뷔 명 깃비. ☞짓븨 ¶짓뷔:担箒(同文解下16). 짓뷔로 ᄡᅳ다:撣除(漢淸3:45).

짓븨 명 깃비. ☞짓뷔 ¶짓븨 가져다가:捎箒來(朴解上40).

짓비단 명 우단(羽緞). ¶짓비단:羽段(譯解下5).

짓아비 명 지아비. 남편. ☞집아비 ¶짓아비 부:夫(類合上19. 石千15).

짓안 명 집안. ¶몸미 졍ᄒᆞ면 ᄒᆞᆫ 짓안히 졍ᄒᆞ고:身正則一家無不正(正俗5).

·짓·옷 명 깃옷. 우의(羽衣). ¶짓옷 니븐 사ᄅᆞ미 프른 바ᄅᆞ래셔 ᄡᅳᄂᆞ니:羽人掃碧海(初杜解22:46).

:짓와·괴·다 동 지어내다. 꾸며내다. ¶眞實ㅅ ᄆᆞᅀᆞ매 疑心ᄋᆞᆯ 發ᄒᆞᄂᆞᆫ 디 아니라 짓와괴요매 屬ᄒᆞ니라:非眞心發疑屬做作(蒙法1). 부러 짓와괴요매 關係ᄒᆞᆫ디 아니라 일즉ㅣ 幽獨호매 順홀 시니라:非關故安排曾是順幽獨(重杜解2:59).

짓의더 명 깃옷. 거상(居喪)에 입는 생무명 옷. ¶짓의더예 짓보 덥습고(癸丑102).

짓인도 명 다리미. 납땜 인두. ¶짓인도:烙鐵(漢淸10:36).

짓치다 동 쫓아 치다. 습격하다. ¶大蟲의 사람 잡ᄂᆞᆫ 법이 첫재ᄂᆞᆫ 압흘 짓치고 둘째ᄂᆞᆫ 서며 짓치고(水滸志).

짓칼 명 마름질 칼. ¶짓칼:裁刀(漢淸10:35).

짓통 명 깃대. ¶짓통:擣管(譯解補47). 짓통:翎管(漢淸13:60).

짓피 부 깊이. ☞집피 ¶煙霞애 짓피 든 病 獨樂으로 다 낫것다(草堂曲).

징검다리 명 징검다리. ¶구름다리 징검다리 돌다리 토다리로다(萬言詞). 징검다리:跳過橋(柳氏物名五 水).

징검ᄃᆞ리 명 징검다리. ☞징검돌이 ¶징검ᄃᆞ리:跳過橋(同文解上41). 징검ᄃᆞ리:脚踏石(漢淸9:24).

징검돌이 명 징검다리. ☞징검ᄃᆞ리 ¶징검돌이:綺石(物譜 舟車).

징계ᄒᆞ다 동 징계(懲戒)하다. ¶굴강ᄒᆞᆫ 쟈로 ᄒᆞ여곰 징계ᄒᆞ고(山城66). ¶착ᄒᆞ며 사오나오니ᄅᆞᆯ 나타내고 징계콰져 호미며(綸音80). 이젼 일을 징계ᄒᆞ고(閑中錄286). 이후ᄂᆞᆫ 맛당이 뉘읏쳐 징계ᄒᆞᆯ 듯ᄒᆞ되 오히려 경을 ᄉᆞᆺ지 못ᄒᆞ야(落泉2:4).

징됴 명 징조(徵兆). ☞징죠 ¶징됴:兆胎(同文解下52).

징셰 명 징세(徵稅). ¶만운젹 견욱ᄒᆞ고 징셰도 아니 ᄒᆞ다(ᄇᆡᆨ화당가).

·징이·다 조동 '지라'의 경어형(敬語形). ☞지라. 지이다 ¶옷과 치매 ᄲᅡ디며 믜여디거든 바ᄂᆞᆯ애 실 ᄢᅩ아 기우며 븓텨 징이다 請홀디니라:衣裳綻裂紉箴請補綴(宣小2:8).

징죠 명 징조(徵兆). ☞징됴 ¶징죠:兆胎(譯解補53). 징죠:兆(漢淸6:15). 나라히 興ᄒᆞᆯ 徵兆ㅣ 되고(捷蒙1:11).

·**짗** 명 깃〔羽〕. ☞짇. 짓 ¶지ᄎᆞ로 ᄆᆡᆼ가론 纛ᄋᆞᆯ 자바(釋譜23:49). 鴆ᄋᆞᆫ 새 일후미니 그 지ᄎᆞ로 수레 그스면 머그닌 죽ᄂᆞ니라(楞解8:88). 羽儀ᄂᆞᆫ ᄂᆞᄂᆞᆫ 즁ᄉᆡᆼ이 지ᄎᆞ로 威儀 사ᄆᆞᆯ 씨라(心經67). ᄃᆞᆯᄀᆡ 지ᄎᆞ로 져기 무텨 헌 우희 ᄇᆞᆯ로ᄃᆡ:雞羽搵少許塗瘡上(救急下9). 봆 宮殿에 갠 비치 블근 지ᄎᆞ로 혼 旗예 우렛도다:春殿晴曛赤羽旗(初杜解6:6). 다복다복ᄒᆞ야 프른 지치 빗나고 ᄲᅥᆫᄲᅥᆫ시 銀漢애 냇도다:芊芊烱翠羽剡剡生銀漢(初杜解7:37). ᄯᅩ 두루믜 지초로 살픠 고잣고:又是箇鵝翎兒(飜朴上27). 지체 소옴터리로 뷔 ᄆᆡᆼᄀᆞ니 가져다가 귓구무 닷가틔 업게 ᄒᆞ라:消息來掏一掏耳朶(飜朴上44). 당지치 다 ᄲᅥ러디도록 ᄂᆞ라갈 줄 모ᄅᆞᄂᆞ다(古時調. 鄭澈. 청텬 구룸. 松江). 螽斯의 지치 緝緝ᄒᆞ미여(女四解4:41).

·**ᄌᆞ** 명 ①자(字). 글자. ☞ᄍᆞ ¶여러 字ㅣ 모다 말 ᄃᆞ외오 여러 말 모다 句ㅣ ᄃᆞ외ᄂᆞ니라(永嘉上59). 官吏 부들 자바 다딤 수ᄃᆡ 혼 字도 일우디 몯ᄒᆞ며:關吏執筆書劾不能就一字(宣賜內訓3:39). 親ᄒᆞᆫ 버디 ᄒᆞᆫ 字ㅅ 글월도 업스니:親朋無一字(初杜解14:14). 머리 업스며 ᄭᅩ리 업스며 일훔 업스며 字 업소ᄃᆡ(金三涵序1). 能이 닐오ᄃᆡ 能은 字ᄅᆞᆯ 아디 몯ᄒᆞ노니(六祖上24). 진언 ᄌᆞ를 금으로 ᄭᅮ민 간 우희:眞言字粧金大帽上(飜朴上29). 元梵恢漢 네 ᄌᆞᄅᆞᆯ 블근 거스로 ᄡᅥ ᄎᆞ며 숌ᄭᅴ라:元梵恢漢四字朱書佩之呑服(瘟疫方16). 네 ᄌᆞᄅᆞᆯ 블근 거스로 크게 ᄡᅥ 문 두 편의 브티라(辟新12). 能히 ᄒᆞᆫ ᄌᆞᄅᆞᆯ 고티디 몯ᄒᆞ야(女四解4:69).
②〔본 이름 대신에 부르는〕 자(字). ¶ᄌᆞ:表字(同文解上12. 漢淸6:34).

ᄌᆞ 명 자〔尺〕. ☞자 ¶ᄌᆞ 척:尺(兒學上11).

ᄌᆞ 명 자(慈). 사랑. 자애(慈愛). ¶后ㅣ 慈로 아래ᄅᆞᆯ 對接ᄒᆞ샤(宣賜內訓2下58). ᄂᆞ미 어미 ᄃᆞ외야셔 能히 그 子息을 ᄉᆞ랑티 아니ᄒᆞ면 어루 慈ㅣ라 니ᄅᆞ리며 慈 아니 ᄒᆞ며 義 업스면 엇데 ᄡᅥ 世間애 셔리오(宣賜內訓3:24). 人父ㅣ 도여ᄂᆞᆫ 慈애 止ᄒᆞ시고(宣大6). 慈ᄂᆞᆫ ᄡᅥ 衆을 브리ᄂᆞᆫ 배니라:慈者所以使衆也(宣大16).

ᄌᆞ가 명 자가(自家). '자기(自己)'의 높임말. 당신(當身). ☞ᄌᆞ갸 ¶공주 ᄌᆞ가ᄂᆞᆫ 므ᄉᆞ 일고 그저 공쥐라 ᄒᆞ여라(癸丑195). ᄌᆞ가ᄂᆞᆫ 천극ᄒᆞ야(閑中錄416).

·**ᄌᆞ·가·미** 명 자개미. ☞턱자감이 ¶ᄌᆞ가미:兜頦(飜老下30. 老解下27. 譯解下20).

ᄌᆞ·각 명 자각(自覺). ¶ᄒᆞ나ᄒᆞᆫ 自覺이니 性이 眞常ᄒᆞᆫ ᄃᆞᆯ 아ᄅᆞ시고(月釋9:12).

ᄌᆞ강 명 자강(自强). ¶모년에 ᄌᆞ강ᄒᆞ야:自强(百行源12).

ᄌᆞ개 명 자개. ¶ᄌᆞ개 紫盖者東俗以貝子爲紫盖(五洲25).

·**ᄌᆞ갸** 명 자가(自家). 〔'家'의 中國音은 '갸'였음.〕 '자기(自己)'의 높임말. ☞ᄌᆞ가. ᄌᆞ겨 ¶ᄌᆞ갸긔 黃袍 니피ᅀᆞᄫᆞ니:迺於厥躬黃袍用被(龍歌25章). 다ᄅᆞᆫ 나라히 보차ᄂᆞᆫ 難이어나 ᄌᆞ갸 나라해셔 거슬ᄠᅳᆫ 양ᄒᆞᄂᆞᆫ 難이어나(釋譜9:33). ᄌᆞ갸 오ᄉᆞ란 밧고(月釋1:5). 彌勒은 ᄌᆞ갸 ᄆᆞᅀᆞ미 다 니그샤도 弟子ᄃᆞᆯ히 ᄆᆞᅀᆞᄆᆞᆫ 몯다 닉더니(月釋1:51). 地藏이 如來ㅅ긔 ᄌᆞ갸 功德 ᄉᆞᆯᄫᆞ샤(月釋21:3). ᄌᆞ갸 모맷 舍利로 住持ᄒᆞ시논 젼ᄎᆡ라(楞解8:26). ᄌᆞ갸와 ᄂᆞᆷ과 覺이 ᄎᆞ실ᄊᆡ:自他覺滿(法華1:93). ᄌᆞ갸 비취워:自照(龜鑑上23). ᄌᆞ갸 편의을 ᄎᆞ질 ᄯᅵ니라(普勸文39). ᄌᆞ갸도 흉언을 ᄒᆞᆫ 줄 무안ᄒᆞ고(閑中錄416).

·**ᄌᆞ걔** 명 자기가. 〔'ᄌᆞ갸'+주격조사 '-이'〕 (독)ᄌᆞ갸 ¶이 네 輪王이 ᄒᆞᆫ 밤낫 ᄉᆞᅀᅵ예 ᄌᆞ걔 다ᄉᆞ리시논 ᄯᅡ홀 다 도ᄅᆞ샤(月釋1:25). 모ᄆᆞᆯ ᄌᆞ걔 이대 가져 ᄃᆞᆫ니샤(月釋2:56). 부톄 드르시고 ᄌᆞ걔 阿難이 ᄃᆞ리시고(月釋7:8). 眞實ㅅ 法界ᄅᆞᆯ 비취샤 ᄌᆞ걔 受用ᄒᆞ시고(月釋2:53). ᄌᆞ걔 呪ᄅᆞᆯ 니ᄅᆞ디 아니ᄒᆞ시고:不自說呪(楞解1:39). ᄇᆞ를 化ᄒᆞ샤 ᄌᆞ걔 ᄉᆞᄅᆞ샤:化火自焚(法華6:154). ᄌᆞ걔 주그시니라:自殺(宣賜內訓2上31). 이 가온ᄃᆡ 오직 ᄌᆞ걔 아로ᄆᆞᆯ 許ᄒᆞ노라:箇中只許自家知(金三2:6). ᄌᆞ걔 아디 몯ᄒᆞ시니라:自不知(南明上13).

ᄌᆞ겨 명 자기(自己). ☞자갸 ¶ᄌᆞ겨 ᄆᆞ옴이나 인평위 ᄆᆞ옴이나(仁宣王后諺簡).

ᄌᆞ결ᄒᆞ다 동 자결(自決)하다. ¶반ᄃᆞ시 일로 ᄡᅥ ᄌᆞ결호리라:必以此自決(東新續三綱. 烈4:53). 내 죽고져 ᄒᆞᄃᆡ ᄌᆞ결티 못ᄒᆞ더니(山城73). 싱이 그 말을 드ᄅᆞᄆᆡ ᄌᆞ결ᄒᆞᆯ가 두리고(落泉1:2).

ᄌᆞ경 명 자경(自剄). 자문(自刎). ¶사ᄅᆞᆷ 업ᄉᆞᆫ ᄯᆡ예 결항도 ᄒᆞ오시며 ᄌᆞ경도 ᄒᆞ려 ᄒᆞ오셔(癸丑105).

ᄌᆞ고로 부 자고(自古)로. ¶ᄌᆞ고로 ᄌᆞ뎐이 초상의 비능ᄒᆞ오시ᄂᆞᆫ 녜 이시매(癸丑29). ᄌᆞ고로 총명ᄒᆞᆫ 님금이 업디 아니호ᄃᆡ(仁祖行狀12). ᄌᆞ고로 영웅 호걸이 그 마당이 만흔디라(洛城1).

ᄌᆞ괴밥 명 자귀풀. ¶ᄌᆞ괴밥:馬蹄決明(柳氏物名三 草).

ᄌᆞ궁 명 자궁(子宮). ¶ᄌᆞ궁:胎(漢淸6:53).

ᄌᆞ귀 명 자귀. 〔나무를 깎는 연장.〕 ☞자괴 ¶ᄌᆞ귀 근:釿(兒學上11).

·**ᄌᆞ규** 명 자규(子規). 소쩍새. ¶子規ㅣ 밤나

지 우니 壯士ㅣ 듣고 精神과 魂魄을 消斂ᄒᆞᄂᆞ다(杜解6:49). 출하로 싀여더 子規의 넉시 되여(靑友仁. 自悼詞).

:ᄌᆞ금ㅅ·빛 명 자금(紫金)빛. 자금색(紫金色). ¶대도ᄒᆞᆫ 身光明이 十方 나라ᄒᆞᆯ 비취여 紫金ㅅ비치어든(月釋8:38).

ᄌᆞ긍ᄒᆞ다 동 자긍(自矜)하다. ¶ᄌᆞ긍ᄒᆞ고 범람ᄒᆞᆫ 이:抗越(漢淸8:22).

·ᄌᆞ·긔 명 자기(瓷器). 사기. ¶ᄌᆞ긔 ᄌᆞ:瓷(訓蒙中18). ¶말간 ᄌᆞ긔ᄅᆞᆯ 어더 ᄆᆞᅀᅡ 그티 ᄲᅩ롯고 ᄂᆞᆯ카니를 ᄀᆞᆯ히야:用明磁器碎之取尖鋒者(胎要75). 大邑엣 구은 瓷器 가ᄇᆡ얍고 ᄯᅩ 구드니:大邑燒瓷輕且堅(重杜解16:61).

·ᄌᆞ·긔 명 자기(自己). ¶비록 그러나 어느 너의 自己오(蒙法60). 一一히 自己예 나ᅀᅡ가 本宗애 마ᄌᆞ면(牧牛訣42).

ᄌᆞ긔뎝시 명 자기(瓷器) 접시. ¶ᄌᆞ긔뎝시:瓷楪子(老解下29).

ᄌᆞ녀 명 자녀(子女). 말ᄉᆞᆷ은 冠禮ᄀᆞ티 호ᄃᆡ 다만 子女ㅣ라 ᄒᆞ고(家禮3:18). 내 친ᄌᆞ녀와 간격이 업고:與吾親子女無間(警民6).

ᄌᆞ:념ᄒᆞ·다 동 자념(慈念)하다. 자애로운 마음으로 생각하다. ¶衆生을 慈念호ᄃᆡ 赤子ᄀᆞ티 ᄒᆞ며(法華4:171).

ᄌᆞ늑ᄌᆞ늑 부 자늑자늑히. ☞ᄌᆞᄂᆞᆨᄌᆞᄂᆞ기. ᄌᆞᄂᆞᆨᄌᆞᄂᆞᆨ기 ¶세 허리지 ᄌᆞ늑ᄌᆞ늑 紅裳을 거두치니(古時調. 드립더. 靑丘). 夕陽에 곳柯枝 것거 쥐고 가는 허리를 ᄌᆞ늑ᄌᆞ늑 ᄒᆞ는다(古時調. 속적우리. 海謠).

ᄌᆞᄂᆞᆨᄌᆞᄂᆞ기 부 자늑자늑히. 조용히. ☞ᄌᆞ늑ᄌᆞ늑. ᄌᆞᄂᆞᆨᄌᆞᄂᆞᆨ기 ¶ᄌᆞᄂᆞᆨᄌᆞᄂᆞ기 거러 모ᄃᆞᆫ ᄃᆡ 니거늘(釋譜6:30). ᄌᆞᄂᆞᆨᄌᆞᄂᆞ기 자ᄇᆞ라(月釋10:28). 兄弟ᄅᆞᆯ ᄒᆞ야 ᄌᆞᄂᆞᆨᄌᆞᄂᆞ기 ᄉᆞᆲ게 ᄒᆞ라:令兄弟徐言之可也(三綱. 忠18). 窮子ᄃᆞ려 ᄌᆞᄂᆞᆨᄌᆞᄂᆞ기 닐오ᄃᆡ:徐語窮子(法華2:206). 定에 起ᄒᆞᆯ ᄢᅴ ᄌᆞᄂᆞᆨᄌᆞᄂᆞ기 모ᄆᆞᆯ 뮈워:起定時緩緩動身(蒙法26). ᄌᆞᄂᆞᆨᄌᆞᄂᆞ기 나오ᄆᆞᆯ ᄆᆡ샹 날호야 ᄒᆞᄂᆞ다:從容出每遲(初杜解6:6). ᄌᆞᄂᆞᆨᄌᆞᄂᆞ기 草奏호ᄆᆞᆯ ᄆᆞᆺ고:從容草奏罷(杜解8:12). 님금 뵈ᅀᆞ와 ᄌᆞᄂᆞᆨᄌᆞᄂᆞ기 幽側ᄒᆞᆫ 사ᄅᆞᄆᆞᆯ 묻거시든:朝覲從容問幽側(初杜解21:13). ᄌᆞᄂᆞᆨᄌᆞᄂᆞ기 朝會 믈러온 後와:從容退朝後(初杜解24:23).

ᄌᆞᄂᆞᆨᄌᆞᄂᆞᆨ기 부 자늑자늑히. 조용히. ☞ᄌᆞ늑ᄌᆞ늑. ᄌᆞᄂᆞᆨᄌᆞᄂᆞ기 ¶내 ᄌᆞᄂᆞᆨᄌᆞᄂᆞᆨ기 주구리라(三綱. 忠25).

ᄌᆞᄂᆞᆨᄌᆞᄂᆞᆨ·ᄒᆞ·다 형 자늑자늑하다. 조용하다. ☞ᄌᆞᄂᆞᆨᄒᆞ다 ¶거름거리 바ᄅᆞ 나ᅀᆞ샤ᄃᆡ ᄌᆞᄂᆞᆨᄌᆞᄂᆞᆨᄒᆞ샤(法華2:14). 四儀 ᄌᆞᄂᆞᆨᄌᆞᄂᆞᆨᄒᆞ야:四儀庠序(永嘉下45). 조ᄒᆞ며 ᄌᆞᄂᆞᆨᄌᆞᄂᆞᆨᄒᆞ며:淸閑(宣賜內訓1:14). 나ᅀᆞ며 머므로미 ᄌᆞᄂᆞᆨᄌᆞᄂᆞᆨᄒᆞ며:進止從容(金三5:9). 禮記예 ᄀᆞᆯ오ᄃᆡ 君子의 모양은 ᄌᆞᄂᆞᆨᄌᆞᄂᆞᆨᄒᆞ니:禮記曰君子之容舒遲(宣小3:11).

ᄌᆞᄂᆞᆨᄒᆞ다 형 조용하다. ☞ᄌᆞᄂᆞᆨᄌᆞᄂᆞᆨᄒᆞ다 ¶조ᄒᆞ며 ᄌᆞᄂᆞᆨᄒᆞ며 고ᄃᆞ며 안졍ᄒᆞ야:淸閑貞靜(重內訓1:11). 兪ᄂᆞᆫ 맛ᄀᆞᆯ모미 ᄌᆞᄂᆞᆨᄒᆞᆯ 시라(重內訓3:2).

ᄌᆞ닉 대 자네. ☞자닉 ¶ᄌᆞ닉ᄂᆞᆫ 벼슬ᄒᆞᆯ 사ᄅᆞᆷ이라 엇지 글을 닑지 아니ᄂᆞ뇨(敬信27).

ᄌᆞ단 명 자단(紫檀). ☞ᄌᆞ탄 ¶ᄌᆞ단 단:檀(類合上9).

ᄌᆞ당 명 자당(慈堂). ¶ᄌᆞ당(모후 겨신 집이라)이 믄득 뷔시니(仁祖行狀8).

ᄌᆞ뎍 명 자줏빛. ☞ᄌᆞ디 ¶ᄌᆞ뎍 구읫나기 ᄇᆡᆫ 비단 ᄒᆞᆫ 자:紫官素段子一尺(朴解上43).

ᄌᆞ뎐 명 자전(慈殿). 임금의 어머니. ¶내 위ᄒᆞᄋᆞᆸᄂᆞᆫ 거ᄉᆞᆫ ᄌᆞ뎐이오시니(癸丑42). 종샤ᄅᆞᆯ 위ᄒᆞ며 ᄌᆞ뎐을 위ᄒᆞ며 신민을 위호미라(仁祖行狀8).

·ᄌᆞ:뎨 명 자제(子弟). ¶그 子弟ᄅᆞᆯ 警戒ᄒᆞ야 닐오ᄃᆡ:戒其子弟曰(宣賜內訓1:32). ᄌᆞ뎨를 ᄀᆞᄅᆞ쳐 닐오ᄃᆡ:誨子弟曰(飜小8:2). 오직 일즉 子弟의 일을 ᄒᆞ디 아니홈을 위ᄒᆞᆫ디라:只爲未嘗爲子弟之事(宣小5:3). 초ᄒᆞᄅᆞ 보롬애 ᄌᆞ뎨와 며늘이들히:且望弟婦等(宣小5:73). 그 子弟를 係累ᄒᆞ며(宣孟2:33). 이제ᄂᆞᆫ 父兄이 子弟ᄅᆞᆯ 從ᄒᆞ니(家禮1:13). ᄌᆞ뎨 ᄒᆞᆨ문홈이 이시며:子弟有學(警民19). 그 ᄌᆞ뎨와 문싱을 ᄎᆞ자 ᄡᅳ시더라(仁祖行狀25). 못 ᄌᆞ뎨 의영ᄡᅵ로 ᄃᆡ신ᄒᆞ여 오서고나(ᄇᆡᆨ화당가).

·ᄌᆞ:듕ᄒᆞ·다 동 자중(自重)하다. ¶애ᄃᆞᆯ고 能히 ᄌᆞ듕ᄒᆞ리 젹으니이다:憾而能眕者鮮矣(宣小4:48).

ᄌᆞ·득·히 부 자득(自得)하게. ¶至極 즐거븐 果報ᄅᆞᆯ 타나샤 自得히 便安ᄒᆞ실 씨라(月釋2:53). 內史ㅣ 술위예 안자시ᄆᆞᆯ ᄌᆞ득히 호미 진실로 맛당ᄒᆞ도다:內史坐車中自如固當(飜小9:87).

·ᄌᆞ·득·ᄒᆞ·다 동 자득(自得)하다. ¶變化ᄅᆞᆯ ᄆᆞᅀᆞᆷ조초 ᄒᆞ야 ᄆᆞᅀᆞ미 自得ᄒᆞ야 드트릐 얽미유미 아니 ᄃᆞ욀 씨라(釋譜6:29). 逍遙ᄂᆞᆫ 노로미 自得ᄒᆞᆫ 양이라(永嘉下127). 곧 간ᄃᆡ마다 自得디 몯호미 업스리니(金三2:15). 自得ᄒᆞ면 居홈이 安ᄒᆞ고(宣孟8:9).

ᄌᆞ·디 명 자줏빛. ☞ ᄌᆞ지. ᄌᆞ뎍 ¶金紫ᄂᆞᆫ ᄌᆞ디 긴 ᄃᆞᆫ 印이라(三綱. 忠13). 거믄 닉와 ᄌᆞ디 브리 ᄃᆞ외ᄂᆞ니라:爲黑烟紫焰(楞解5:57). ᄌᆞ딛 ᄌᆞ:紫(訓蒙中30). ᄌᆞ디 ᄌᆞ:紫(類合上5). 분홍과 ᄌᆞ디로ᄡᅥ 샹녯옷도 밍ᄀᆞ디 아니ᄒᆞ더시다:紅紫不以爲褻服(宣小3:21). ᄌᆞ디 툐ᄋᆞ 일ᄇᆡᆨ 오리:紫條兒一百條(老解下62). ᄌᆞ디 비단:紫紵絲(譯解下4).

ᄌᆞ디 명 지치. 자초(紫草). ¶ᄌᆞ디:藐山蓮(柳

氏物名三草).

ᄌᆞ·디빛 명 자줏빛. ☞ ᄌᆞ덕. ᄌᆞ디 ¶ᄌᆞ디비쳇 구의나기 뮌 비단 ᄒᆞᆫ 자콰:紫官素段子一尺(飜朴上47).

ᄌᆞ딜 명 자질(子姪). 아들과 조카. ¶ᄌᆞ딜들히 계절 아래 버러셔거든:子姪羅列階下(二倫15). 미양 졀일을 만나 반ᄃᆞ시 ᄌᆞ딜를 거ᄂᆞ리고 몸소 무덤의 올라:每遇節日必率子姪躬上塚(東新續三綱. 烈1:47). 子姪은 父의 祔ᄒᆞ야 다 西向호ᄃᆡ(家禮1:20).

ᄌᆞ라 명 자라. ¶ᄌᆞ라 별:鼈(兒學上8).

ᄌᆞ라나·다 동 자라나다. ¶네 비화 사ᄅᆞᆷ 도의여 ᄌᆞ라나 급데ᄒᆞ야 벼슬ᄒᆞ야:你學的成人長大應科擧得做官(飜朴上50).

·ᄌᆞ·라·다 동 자라다. ¶네 목수믈 미더 ᄌᆞ랋 時節을 기드리ᄂᆞ다 ᄒᆞ시고(釋譜6:11). 나히 ᄒᆞ마 ᄌᆞ라 더욱 窮困ᄒᆞ야(月釋13:7). 져머셔 아비 죽거늘 ᄌᆞ라아 아비 樣子ᄅᆞᆯ 어미ᄃᆞ려 무러 그려 廟애 두고:早孤不識父及長問父形貌於其母因求畫工圖之置之廟(三綱. 孝26). ᄌᆞ라거놀 忽然 ᄂᆞ출 맛보니:長成忽會面(杜解8:6). ᄌᆞ라매 미처 부뫼 다 오래 병드럿거ᄅᆞᆯ:及長父母俱宿疾(東新續三綱. 孝7:19). 삿기 치고 ᄌᆞ라ᄂᆞᆫ 즘싱을 喂養호ᄃᆡ(女四解2:29). 이삭 ᄌᆞ라다:穗長(譯解補41). 부모 압히 어린 체로 ᄌᆞ라더니(萬言詞).

ᄌᆞ라·다 형 자라다. 족하다. ¶프른 믌겨리 ᄲᅮᆷ겨 尺度ㅣ ᄌᆞ라도다:蒼波噴浸尺度足(初杜解16:56). ᄌᆞ랄 급:給(類合下30). 조브면 옷 지으매 ᄌᆞ라디 못ᄒᆞ여:窄時做衣裳不勾(老解下56). 은도 ᄌᆞ라디 못ᄒᆞ야:銀子也不勾(朴解上56).

ᄌᆞ:래 부 자라게. 충분히. ¶無量衆을 ᄌᆞ래 겻그니(月釋7:25). ᄒᆞᆫ 옷 ᄌᆞ래 지ᅀᅳᆯ가:勾做一箇襖子麼(飜老下28). ᄒᆞᆫ 오ᄉᆞᆯ ᄌᆞ래 지을까:勾做一箇襖子麼(老解下25).

ᄌᆞ량 명 자량(資糧). 노자(路資)와 식량. ¶곧 二乘의 艱難ᄒᆞ니 즐기논 法을 브터 道애 들 資粮 사모미라:資ᄂᆞᆫ 도올 씨니 사ᄅᆞ미 먼 길 가ᄃᆡ 모로매 목숨 도올 粮食 이 슈미 ᄀᆞᆮᄒᆞ니라(法華2:204).

ᄌᆞ로 명 자루〔柄〕. ☞ᄌᆞᄅᆞ ¶ᄌᆞ로 병:柄(倭解下17). 열 ᄌᆞ로:十把(譯解補36). ᄒᆞᆫ ᄌᆞ로 扇子ᄅᆞᆯ 드러:擧起一把扇子(華解上30).

ᄌᆞ·로 부 자주. ☞ᄌᆞ조 ¶法 드로ᄆᆞᆯ 슬히 너겨 ᄒᆞ거든 부톄 ᄌᆞ로 니ᄅᆞ샤도(釋譜6:10). ᄌᆞ로 記莂을 듣ᄌᆞ오시니:屢聞記莂(法華3:55). 슈은으로 ᄌᆞ로 스서 덥게 ᄒᆞ면:水銀數數拭之令熱卽(救簡6:86). 두어 ᄢᅢ ᄉᆞ이예 빗소기 ᄌᆞ로 움즈기면 틱긔 인ᄂᆞᆫ 쟈기오:數時頃覺臍腹頻動卽有胎也(胎要9). 삼시 문안을 ᄌᆞ로 드ᄂᆞᆫ 톄ᄒᆞ더니(癸丑27). ᄌᆞ로 이런 사오나온 일을 ᄒᆞ더니:頻頻的這般做歹勾當(朴解中27). 問安도 ᄌᆞ로 ᄉᆞᆲ디 몯ᄒᆞ니(新語2:16). 쇼지 ᄌᆞ로 ᄀᆞᄅᆞ침을 닙ᄉᆞ와 념불ᄒᆞ야(普勸文 海印板37). ᄌᆞ로 보ᄂᆞᆫ 곳에 브텨 두고 시시예 보와(普勸文 海印板38). ᄌᆞ취기를 ᄌᆞ로 ᄒᆞ거든:注泄頻數(臘藥26). ᄌᆞ로 도적을 만나:數遇賊(五倫1:9). 구름 빗치 조타 ᄒᆞ나 검기ᄅᆞᆯ ᄌᆞ로 ᄒᆞᆫ다(古時調. 尹善道. 孤遺).

ᄌᆞ·로 부 재게. 재빠르게. 가볍게. ¶이베 말해 말고 모ᄆᆞᆯ ᄌᆞ로 뮈디 마롤디어다:口無多言身不輕動(野雲54).

ᄌᆞ로박 명 호리병박. ☞ᄌᆞᄅᆞ박 ¶씨 ᄲᅢᆺᄂᆞᆫ ᄌᆞ로박:點葫蘆(譯解補41).

ᄌᆞ로ᄌᆞ로 부 자주자주. ☞자로자로 ¶축지법 얼 ᄌᆞ로ᄌᆞ로 가향이 거의로다(쌍벽가). 져님아 ᄭᅮᆷ이라 말고 ᄌᆞ로ᄌᆞ로 뵈시쇼(古時調. ᄭᅮᆷ에 뵈ᄂᆞᆫ. 靑丘).

ᄌᆞ록ᄌᆞ록 부 자늑자늑. ¶드립더 ᄇᆞ드덕 안흐니 細허리가 ᄌᆞ록ᄌᆞ록(古時調. 歌曲).

ᄌᆞ:뢰·ᄒᆞ·다 동 자뢰(資賴)하다. 밑천을 삼다. 의지하다. ¶오직 쉰 以上애 血氣 ᄒᆞ마 衰ᄒᆞ야 모로매 술고기ᄅᆞᆯ 資賴ᄒᆞ야:唯五十以上血氣既衰必資酒肉(宣賜內訓1:70). 이런ᄃᆞ로 淸雅ᄒᆞᆫ 지조ᄅᆞᆯ 資賴ᄒᆞ야(初杜解6:22). 반ᄃᆞ시 술고기ᄅᆞᆯ ᄌᆞ뢰ᄒᆞ야:必資酒肉(宣小5:51). 내 두 ᄌᆞ식이 이시니 가히 ᄌᆞ뢰ᄒᆞ야 살 거시니:我有二子可資以生(續三綱. 烈14). 잇ᄂᆞᆫ 것 업ᄂᆞᆫ 거ᄉᆞᆯ 서ᄅᆞ ᄌᆞ뢰ᄒᆞ며:有無相資(警民8). 문왕이 안 다시림을 궁위예 엄숙히 ᄒᆞ심이 이예 인효를 ᄌᆞ뢰ᄒᆞ엿도다:資(女四解4:6). 일용결활은 전혀 사며 옴기기예 ᄌᆞ뢰ᄒᆞᄂᆞ니(綸音77).

ᄌᆞ류마 명 자류마(紫騮馬). ☞ᄌᆞ류ᄆᆞᆯ ¶ᄌᆞ류마:棗騮馬(譯解下28).

ᄌᆞ류ᄆᆞᆯ 명 자류마(紫騮馬). ☞ᄌᆞ류마 ¶ᄌᆞ류ᄆᆞᆯ:棗騮馬(同文解下37).

ᄌᆞ르다 동 조르다. ☞ᄌᆞᄅᆞ다 ¶만일 목 ᄌᆞ른 흔적이 뵈디 아니ᄒᆞ거든:若絞痕不見(無冤錄2:16).

ᄌᆞ르다 형 짧다. ¶잠이나 업거든ᄂᆞᆫ 밤이나 ᄌᆞ르거ᄂᆞ(萬言詞).

ᄌᆞ리 명 자리. ¶ᄌᆞ리치기 신삼기ᄂᆞᆫ 모르거든 엇지ᄒᆞ리(萬言詞).

ᄌᆞᄅᆞ 명 자루〔柄〕. ☞ᄌᆞ로. 줄 ¶쇠마치 ᄌᆞᄅᆞ들 굼기 업스면 ᄲᅮᆯ ᄃᆡ 업스니(金三2:12). ᄒᆞᆫ ᄌᆞᄅᆞᆺ 吹毛ᄂᆞᆫ:一柄吹毛(金三5:32). 큰 갈 ᄒᆞᆫ ᄌᆞᄅᆞ:大刀子一把(飜朴上16). ᄌᆞᄅᆞ 필:柲. ᄌᆞᄅᆞ 병:柄. ᄌᆞᄅᆞ 파:欛(訓蒙中12). ᄌᆞᄅᆞ 병:柄(類合下9). 죠히 버힐 ᄀᆞᄂᆞᆫ 칼 열 ᄌᆞᄅᆞ:割紙細刀子一十把(老解下62). 치마 허리예 촐 칼 열 ᄌᆞᄅᆞ:裙刀子一十把(老解下62). 通稱 ᄌᆞᄅᆞ:靶子(同文解上48).

ᄌᆞᄅᆞ누르다 동 졸라 누르다. ¶고시 손으로 범을 ᄌᆞᄅᆞ눌러 지아비를 번껴 와셔:高氏赤手扼虎脫夫而還(東新續三綱. 烈5:71).

ᄌᆞᄅᆞ·다 동 조르다. ☞ᄌᆞᄅᆞ다 ¶絞ᄂᆞᆫ 목 ᄌᆞᄅᆞᆯ 씨오(楞解8:86). 비 ᄌᆞᄅᆞᄂᆞᆫ ᄃᆞᆺ 알ᄑᆞᆫ 병:絞腸沙(救簡目錄2). 그 아ᄋᆞ롤 ᄃᆞ리고 ᄒᆞᆷᄭᅴ 목 졸라 죽으니라:與其弟並結項而死(東新續三綱. 孝7:52). 목 ᄌᆞᄅᆞ다:絞(譯解上67).

ᄌᆞᄅᆞ다 동 자르다. 절단(切斷)하다. ¶ᄌᆞᄅᆞ다:截去(漢淸12:4).

ᄌᆞᄅᆞ박 명 호리병박. ☞ᄌᆞ로박 ¶ᄌᆞᄅᆞ박:揷葫(朴解中34).

ᄌᆞᄅᆞ북 명 자루 달린 북. ¶ᄌᆞᄅᆞ북 흔들고 도ᄂᆞᆫ 당ᄉᆞ:搖貨郎(譯解上68).

ᄌᆞ롭·개 명 조읍포(助邑浦). 〔지명(地名)〕 ¶東爲岐灘南爲助邑浦ᄌᆞ롭개(龍歌2:22).

ᄌᆞ맛도다 동 잠기었도다. ㉮ᄌᆞᆷ다 ¶十里예 믌ᄀᆞᆺ 남ᄀᆞᆯ ᄌᆞ맛도다:十里浸江樹(重杜解2:56). 銀河애 半 둘에 ᄌᆞ맛도다:銀河沒半輪(重杜解12:7).

·ᄌᆞ:모 명 자모(子母). ¶子母ㅣ 安樂디 몯게 ᄒᆞᄂᆞ니(月釋21:124). 子母의 屬을 두고쟈 아니ᄒᆞ리오마ᄂᆞᆫ(宣孟8:29).

ᄌᆞ:모 명 자모(慈母). ¶젓 일흔 아히 믄득 慈母 맛남 ᄀᆞᆮ도다(楞解2:1). 慈母의 拳拳홈 거스로려 ᄒᆞᄂᆞ뇨:違慈母之拳拳乎(宣賜內訓2上54). 慈母ㅣ 모딘 아ᄃᆞ롤 能히 닛디 몯ᄒᆞᄂᆞᆫ 젼ᄎᆞ로(南明上55). 繼母롤 爲ᄒᆞ며 慈母롤 爲ᄒᆞ예니(家禮6:16). 내 명되 험ᄋᆡ하여 어려서 ᄌᆞ모롤 일코 ᄌᆞ라미 엄친을 뼈나 외로이 이셔(落泉1:2).

ᄌᆞ모 부 자못. ☞ᄌᆞ못. ᄌᆞ믇. ᄌᆞ뭇. ᄌᆞᄆᆡ ¶이제로 녜롤 보건댄 ᄌᆞ모 해 어긔니:以今視昔稍多違戾(楞解1:22). ᄌᆞ모 이시려:頗有(法華5:159). ᄌᆞ모 衆生이 이 ᄀᆞᆮᄒᆞᆫ 말ᄊᆞᆷ 章句 듣ᄌᆞᆸ고(金剛32). 術이 ᄌᆞ모 훌시(圓覺上二之一8). ᄌᆞ모 맛당티 아니ᄒᆞ니라:殊非所宜也(宣賜內訓3:4). 豪華ᄒᆞᆫ 지븨 ᄠᅳ디 ᄌᆞ모 돕겁도다:豪家意頗濃(重杜解7:33). 녯 대 ᄌᆞ모 기도다:舊竹頗脩脩(初杜解22:2). ᄌᆞ모 키 錯ᄒᆞ니(南明下32). 村田이 ᄌᆞ모 荒涼ᄒᆞ야:村田何荒涼(金三5:39). ᄌᆞ모 녜 公孫弘이란 지샹의 뵈로 니블 ᄒᆞᆫ다 ᄒᆞ야 긔롱홈ᄀᆞ티 ᄒᆞ리 잇ᄂᆞ니:頗有公孫布被之譏(飜小10:30). 오ᄂᆞ리 나죄히라 아ᄎᆞ미 ᄌᆞ모 가ᄂᆞᆫ뎌(修行章) 山崖ㅣ 기우러 길히 ᄌᆞ모 어렵도다:崖傾路何難(重杜解1:29). 모미 尊ᄒᆞ고 道理 ᄌᆞ모 놉고:身尊道何高(重杜解3:56). ᄌᆞ모 ᄯᅩ 이우로ᄆᆞᆯ 슬허ᄒᆞ도다:頗亦恨枯槁(重杜解3:58). 다ᄉᆞᆺ 城이 ᄌᆞ모 머니:五城何迢迢(重杜解4:14). 모ᄆᆞᆯ 福地예 닐위니 ᄌᆞ모 ᄆᆞᆰ도다:致身福地何蕭爽(重杜解9:8). 幽深ᄒᆞᆫ ᄀᆞ놀히 이러 ᄌᆞ모 섯것ᄂᆞ니:幽陰成頗雜(重杜解18:23).

ᄌᆞ모다 동 잠그다〔鎖〕. ☞ᄌᆞ무다. ᄌᆞᄆᆞ다 ¶막 ᄌᆞ모다:死鎖(譯解下46).

ᄌᆞ못 부 자못. ☞ᄌᆞ모 ¶代公이 通泉ㅅ尉ㅅ 저긔 ᄠᅳ들 노하 ᄌᆞ못 自若ᄒᆞ더니라:代公尉通泉放意何自若(重杜解3:65). ᄌᆞ못 이 칙 밍근의 ᄠᅳᆺ이 아니니:殊非編者之意(警民6).

ᄌᆞ무다 동 잠그다〔鎖〕. ☞ᄌᆞ모다. ᄌᆞᄆᆞ다 ¶경츈이 ᄌᆞ문 문골히롤 ᄯᅮᆲ고 바리를 내여다가(癸丑118). 門 ᄌᆞ무다:鎖門(譯解上14). ᄌᆞ무다:鎖了(同文解下13). 城 四門을 ᄌᆞ무지 아니ᄒᆞ더라(八歲兒12).

ᄌᆞ물쇠 명 자물쇠. ☞ᄌᆞ믈쇠. ᄌᆞ믈쇠. ᄌᆞᄆᆞᆶ쇠 ¶龍 거북 ᄌᆞ물쇠로(古時調. 靑丘). ᄌᆞ물쇠:鎖頭(同文解下13).

ᄌᆞ므다 동 잠그다〔浸〕. ☞ᄌᆞᄆᆞ다 ¶몸을 언 십의 ᄌᆞ므기롤 ᄒᆞᆫ 듀야롤 ᄒᆞ고:浸身凍泉一晝夜(東新續三綱. 烈2:36).

ᄌᆞ므다 동 잠그다〔鎖〕. ☞ᄌᆞ모다. ᄌᆞᄆᆞ다 ¶ᄌᆞ믄 門 여다:開鎖(譯解上14). ᄌᆞ므다:鎖住(漢淸9:77).

ᄌᆞ믇 부 자못. ☞ᄌᆞ모. ᄌᆞ뭇 ¶美홈을 度티 몯ᄒᆞ나 ᄌᆞ믇 公路와 다ᄅᆞ도다:美無度殊異乎公路(詩解5:14). ᄌᆞ믇 公族과 다ᄅᆞ도다:殊異乎公族(詩解5:15).

ᄌᆞ믈:돈 명 자물단추. ¶뎌 앏 ᄌᆞ믈돈 세 나ᄎᆞᆫ:那三台板兒(飜朴上19).

ᄌᆞ믈쇠 명 자물쇠. ☞ᄌᆞ물쇠. ᄌᆞᄆᆞᆶ쇠 ¶이거슨 이 ᄌᆞ믈쇠로다:這箇是鎖子(朴解上37).

ᄌᆞᄆᆞᆶ쇠 명 자물쇠. ☞ᄌᆞ믈쇠 ¶ᄌᆞᄆᆞᆶ쇠:鎖子. ᄌᆞᄆᆞᆶ쇠 겁질:鎖殼(譯解上14).

ᄌᆞ뭇 부 자못. ☞ᄌᆞ모. ᄌᆞ믇¶ᄌᆞ뭇 앗가 ᄉᆞᆲᄃᆞ시(新語4:20). ᄌᆞ뭇 거륵ᄒᆞᆫ 술을 ᄒᆞ고(新語6:5). ᄌᆞ뭇 奉行ᄒᆞ로셔 온 거슬(新語8:20). ᄌᆞ뭇 큰 술에 正體ㅣ 업서(新語9:3). ᄌᆞ뭇 맛당티 아니ᄒᆞ니라:殊非所宜也(重內訓3:3).

ᄌᆞ:미 명 자미(滋味). 재미. ¶滋味 ᄀᆞ장 업슨 ᄢᅴ 져기 滋味 이시리니(蒙法15). 즐겨 호ᄆᆞᆯ 져기 ᄒᆞ며 滋味롤 열이 ᄒᆞ며:寡嗜慾薄滋味(宣賜內訓1:28). 시드러 病이 일가 저프닌 어루 고깃汁과 脯肉과 젓과 시혹 고기 아니 하니로ᄡᅥ 그 滋味롤 도올디언뎡(宣賜內訓1:70). 可히 고기즙과 믿 포육과 젓과 或 고기 젹옴애로ᄡᅥ 그 滋味를 도을 ᄲᅮᆫ이언뎡:可以肉汁及脯醢或肉小許助其滋味(宣小5:51). ᄌᆞ미업다:沒趣(譯解補52)

ᄌᆞᄆᆡ 부 자못. ☞ᄌᆞ모 ¶胡羯이 ᄌᆞᄆᆡ 難호미 하니:胡羯何多難(杜解7:6). 賈餗의 종이 ᄀᆞᆯ외여 사ᄅᆞᄆᆞᆯ 주기며 사ᄅᆞ며 ᄒᆞᄂᆞᆫ 유셔롤 ᄌᆞᄆᆡ ᄡᅳ거늘 馮球ㅣ 블러 경계ᄒᆞ더니:賈有蒼頭頗張威福馮召而勗之(飜小10:17). ᄌᆞᄆᆡ 파:頗(石千25. 光千25).

ᄌᆞᄆᆞ·다 동 ①잠그다〔浸〕. ☞ᄌᆞ므다. ᄌᆞᆷ다 ¶ 믈 잇ᄂᆞᆫ 논 가로맨 몬져 프를 ᄌᆞᄆᆞ거ᄂᆞᆯ:水耕先浸草(重杜解2:22).
②잠기다〔沈〕. ☞ᄌᆞᆷ기다. ᄌᆞᆷ다 ¶뷔어ᅀᅡ ᄌᆞᄆᆞ니이다:迨其空矣島嶼湮沒(龍歌67章). 須彌山도 소ᄉᆞ락ᄌᆞᄆᆞ락(釋譜11:15). 깊ᄀᆞ새 아나 안ᄌᆞ샤 오시 ᄌᆞᄆᆞ기 우르시고(月釋8:101). ᄒᆞᆫ 雙ㅅ 믌ᄃᆞᆯᄀᆞᆫ 相對ᄒᆞ야 ᄌᆞᄆᆞ락 ᄠᅳ락ᄒᆞᄂᆞ다:一雙鸂鶒對沈浮(初杜解7:2). ᄌᆞᄆᆞᆯ 엄:淹. ᄌᆞᄆᆞᆯ 닉:溺(訓蒙下35).

·ᄌᆞᄆᆞ·다 동 잠그다〔鎖〕. ☞ᄌᆞ모다. ᄌᆞᆷᄀᆞ다 ¶門ᄋᆞᆯ 다 ᄌᆞᄆᆞ고 유무 드륧 사ᄅᆞᆷ도 업거늘(釋譜6:2).

ᄌᆞᄆᆞ디르·다 동 잠그다. 담그다. ¶ᄌᆞᄆᆞ디를 잠:蘸(訓蒙下23).

ᄌᆞᄆᆞᆮ 부 자못. ☞자모. ᄌᆞ모. ᄌᆞ못. ᄌᆞ믄 ᄌᆞᄆᆞᆺ ¶盜賊ㅣ ᄌᆞᄆᆞᆮ 滅티 아니ᄒᆞ얏도다:盜賊殊未滅(重杜解1:17). 겨틧 지비 ᄌᆞᄆᆞᆮ 淳朴ᄒᆞ니:傍舍頗淳朴(重杜解22:4).

ᄌᆞᄆᆞᆯ·쇠 명 자물쇠. ☞ᄌᆞᄆᆞᇒ쇠 ¶ᄌᆞᄆᆞᆯ쇠를 ᄲᆞᆯ리 믄듯 닫디 몯ᄒᆞ도다:鍵捷欻不閉(初杜解24:30). 이ᄂᆞᆫ ᄌᆞᄆᆞᆯ쇠:這箇是鎖子(飜朴上40). ᄌᆞᄆᆞᆯ쇠:鎖子(四解下28 鎖字註). ᄌᆞᄆᆞᆯ쇠 솨:鎖(訓蒙中16). ᄌᆞᄆᆞᆯ쇠 관:管(類合下24). ᄌᆞᄆᆞᆯ쇠 쇄:鎖. ᄌᆞᄆᆞᆯ쇠 약:鑰(類合下43). 자지 아니ᄒᆞ야셔 門ㅅ ᄌᆞᄆᆞᆯ쇠 여로믈 듣고:不寢聽金鑰(重杜解6:14).

ᄌᆞᄆᆞᇒ·쇠 명 자물쇠. ☞ ᄌᆞ믈쇠. ᄌᆞᄆᆞᆯ쇠. ᄌᆞᆷ울쇠 ¶鍵은 ᄌᆞᄆᆞᇒ쇠라(法華4:131).

ᄌᆞᄆᆞᆺ 부 자못. ☞자모. 자몯 ¶ᄌᆞᄆᆞᆺ 可히 다시 몯 ᄒᆞ시리로소이다:殆不可復(宣孟14:14). ᄌᆞᄆᆞᆺ 맛당ᄒᆞᆫ 배 아니니라(家禮2:25). 諸賢이 ᄌᆞᄆᆞᆺ 左氏의 몬져 配ᄒᆞ고(家禮4:13). ᄌᆞᄆᆞᆺ 그 녜와 이제와 달옴이 업ᄉᆞᆫ 거시 진실로 비로소 可히 行티 못ᄒᆞᆯ 거시 아닌 줄을 아디 못ᄒᆞᄂᆞ니라:殊不知其無古今之異者固未始不可行也(英小書題2). 이제 ᄌᆞᄆᆞᆺ 어더 모도와:今頗蒐輯(英小書題3). ᄌᆞᄆᆞᆺ 죽은 이 얼굴이 이믜 석어 업고(英小5:62). ᄌᆞᄆᆞᆺ 파:頗(註千25).

ᄌᆞ미 명 자매(姉妹). ¶父母ᄅᆞᆯ 일커나 兄弟 姉妹ᄅᆞᆯ 일커나:姉ᄂᆞᆫ ᄆᆞᆮ누의오 妹ᄂᆞᆫ 아ᅀᆞ누의라(月釋21:162). 兄弟 姉妹와 녀나ᄆᆞᆫ 親ᄋᆞᆯ ᄌᆞ란 後에 다 몰라(月釋21:173). 兄弟며 姉妹며 밋 兄弟의 子ᄅᆞᆯ 爲ᄒᆞ며(家禮6:19). 형뎨와 ᄌᆞ미:兄弟姉妹(警民5). 伯父 伯母와 叔父 叔母와 姉妹와(蒙老5:5). 나ᄂᆞᆫ 그ᄃᆡ 두 사ᄅᆞᆷ이 형미만 넉엿더니 원내 ᄌᆞ미랏다(落泉2:4).

ᄌᆞ방 명 찾아가 묻는 일. ¶ᄌᆞ방 ᄌᆞ:諮(類合下13).

ᄌᆞ·복ᄒᆞ·다 동 자복(自服)하다. ¶親히 宮人ᄋᆞᆯ 보샤 顏色ᄋᆞᆯ 보와 ᄉᆞᆯ피시니 卽時예 自服ᄒᆞ니라(宣賜內訓2下19).

ᄌᆞ부 명 자부(子婦). ¶子婦와 執事者ㅣ 몬져 ᄂᆞ려(家禮1:26).

ᄌᆞ비 명 채비. 준비. ¶샹녜 블 부듫 ᄌᆞ비를 시기ᅀᆞᄫᆡᆺ더니(釋譜11:26).

ᄌᆞ비 명 자비(慈悲). ¶慈悲ㅅ 힝뎌글 ᄒᆞ다ᄒᆞ논 ᄠᅳ디니(釋譜6:2). 慈悲ᄂᆞᆫ 衆生ᄋᆞᆯ 便安케 ᄒᆞ시논 거시어늘(釋譜6:5). 眞實 慈悲ㅅ 큰 法이 三界예 건나 ᄢᅴ샤(金三1:35). 慈悲ᄂᆞᆫ 化ᄒᆞ야 菩薩이 ᄃᆞ외오(六祖中42). ᄌᆞ빈 ᄌᆞ:慈(石千16).

ᄌᆞ비로의·다 형 자비(慈悲)롭다. ¶ᄌᆞ비로읠 ᄌᆞ:慈(訓蒙下25).

ᄌᆞ비롭·다 형 자비(慈悲)롭다. ¶어위크고 ᄌᆞᄂᆞᆨᄌᆞᄂᆞᆨᄒᆞ며 慈悲롭고 恩惠ᄅᆞ외며:寬裕慈惠(宣賜內訓3:2).

ᄌᆞ비심 명 자비심(慈悲心). ¶慈悲心ᄋᆞ로 구지돔 모ᄅᆞ시니(月印上28). 서르 慈悲心ᄋᆞᆯ 내야 믜본 ᄆᆞᅀᆞ미 업고(釋譜9:17). 큰 ᄌᆞ비심 내여:發大慈心(飜朴上75).

ᄌᆞ·비ᄒᆞ·다 동 채비하다. 준비하다. ¶房 딕흟 ᄌᆞ비ᄒᆞ야(月釋7:9).

-ᄌᆞ·ᄫᅡ 어미 -자와. ☞-자와 ¶얻ᄌᆞᄫᅡ ᄀᆞ초ᅀᆞᄫᅡ:得言藏之(龍歌27章). 狂生이 듣ᄌᆞᄫᅡ:狂生亦聞(龍歌97章). 百千萬億 사ᄅᆞ미 世世예 ᄒᆞ마 부텨를 졷ᄌᆞᄫᅡ(釋譜13:45). 부텻긔 받ᄌᆞᄫᅡ 므슴 호려 ᄒᆞ시ᄂᆞ니(月釋1:10). 부텻긔 받ᄌᆞᄫᅡ 生生애 내 願을 일티 아니케 ᄒᆞ고라(月釋1:13). 부텨를 맛ᄌᆞᄫᅡ 저ᅀᆞᆸ고(月釋1:13). 내 몸도 좃ᄌᆞᄫᅡ 갌 ᄡᅡ힌가 몯 갌 ᄡᅡ힌가(月釋8:93). 부텻 威神ᄋᆞᆯ 받ᄌᆞᄫᅡ 이 經을 너비 불어(月釋21:62). 諸佛ㅅ 不可思議 功德 일ᄏᆞᆮᄌᆞᄫᅡ 讚歎홈 ᄀᆞᆮᄒᆞ야:如…稱讚諸佛不可思議功德(阿彌27). 歡喜ᄒᆞ야 미더 받ᄌᆞᄫᅡ:歡喜信受(阿彌29).
※-ᄌᆞᄫᅡ>-ᄌᆞ와>-자와

-ᄌᆞ·ᄫᅡ·ᄂᆞᆯ 어미 -잡거늘. ¶몰애 우희여 부텨ᄭᅴ 받ᄌᆞᄫᅡᄂᆞᆯ(釋譜24:45). 지븨 드러 밥 다마 나가 부텻긔 받ᄌᆞᄫᅡᄂᆞᆯ(月釋7:8). 나조ᄒᆡ 忽然히 놀이 제 지븨 드러오나ᄂᆞᆯ 자바 어미를 머기니 病이 됴ᄒᆞ니라 엳ᄌᆞᄫᅡᄂᆞᆯ(續三綱. 孝. 周炳致獐). 正統 저긔 엳ᄌᆞᄫᅡᄂᆞᆯ 紅門 셰니라:正統中事聞旌閭(續三綱. 孝. 韓逑蔬食).

-ᄌᆞ·ᄫᆞᆫ 어미 -자온. ¶아래 ᄌᆞ조 듣ᄌᆞᄫᆞᆫ마ᄅᆞᆫ 즉자히 도로 니저(釋譜6:11).

-ᄌᆞ·ᄫᆡᆺᄂᆞᆫ·다 어미 -자와 있는가. ¶大德아 如來 니르시논 아홉 橫死ᄅᆞᆯ 몯 듣ᄌᆞᄫᆡᆺᄂᆞᆫ다(釋譜9:35).

-ᄌᆞ·ᄫᆡᆺ단·디·면 어미 -자왔다면. ☞-단디면 ¶아래 人間애 이싫 저긔 藥師瑠璃光如來ㅅ 일후믈 듣ᄌᆞᄫᆡᆺ단디면(月釋9:34).

-ᄌᆞ·ᄫᆡᆺ·더시·닛·가 어미 -자와 있으시더이

까. ¶그 쁘들 닐어쎠 對答호ᄃᆡ 그ᄃᆡ는 아니 듣즈ᄫᆞᆺ더시닛가(釋譜6:17).

-즈·보- 어미 -자오-. ¶부텻法이 精微ᄒᆞ야 져믄 아히 어느 듣즈보리잇고(釋譜6:11). 내 듣즈보니:我聞(阿彌2).
※-즈보->-즈오->-자오-

-즈·보·니 어미 -자오니. ¶諸佛ㅅ 神力을 보ᅀᆞᄫᅡ 녜 업던 이룰 얻즈보니(釋譜13:25). 내 듣즈보니:我聞(阿彌2).

-즈·보·ᄃᆡ 어미 -자오대. ¶부텨 뵈ᅀᆞᆸ논 禮數를 몰라 바로 드러 묻즈보ᄃᆡ(釋譜6:20). 幢英이 菩薩ᄭᅴ 묻즈보ᄃᆡ 어누 나라해 가샤 나시리잇고(月釋2:11). 뎌 부텨ᄭᅴ 묻즈보ᄃᆡ 엇던 行願을 지ᅀᆞ시관ᄃᆡ(月釋21:18).

-즈·보·려 어미 -자오려. ¶太子ᄅᆞᆯ 請ᄒᆞᅀᆞᄫᅡ 이받즈보려 ᄒᆞ노닛가(釋譜6:16).

-즈·보리·라 어미 -자오리라. ¶精舍 ᄆᆡᇰᄀᆞ라 부텻긔 받즈보리라(釋譜6:26).

-즈·보·리·잇·고 어미 자오리이까. ¶羅雲이 ᄉᆞᆲ보ᄃᆡ 부텻法이 精微ᄒᆞ야 져믄 아히 어느 듣즈보리잇고(釋譜6:11).

-즈·보·미 어미 -자오미. ¶世尊이 甚히 맛나ᅀᆞ보미 어려ᄫᅳ며 妙法이 또 듣즈보미 어렵거늘(月釋10:32).

-즈·본 어미 -자온. ¶須達이 뉘읏ᄃᆡ 말라 내 아랫 네 버디라니 부텻法 듣즈본 德으로 하ᄂᆞᆯ해 나아 門神이 ᄃᆞ외야 잇노니(釋譜6:19).

-즈·ᄫᆞ- 어미 -자오-. ¶詔使ㅣ 일ᄏᆞᆮ즈ᄫᆞ니:詔使美之(龍歌29章). 夫妻願으로 고ᄌᆞᆯ 받즈ᄫᆞ시니(月釋1:3). 銀돈 ᄒᆞᆫ 낟곰 받즈ᄫᆞ니라(月釋1:9). 俱夷 묻즈ᄫᆞ샤ᄃᆡ(月釋1:10). 安否ᄒᆞ시고 法 듣즈ᄫᆞ시며(月釋2:26). 世尊ᄭᅴ 安否 묻즈ᄫᆞ시더니(月釋21:9). 부텨ᄭᅴ 와 묻즈ᄫᆞ면(月釋21:21).
※-즈ᄫᆞ->-즈오->-자오-

-즈·ᄫᆞ·나 어미 -자오나. ¶威化 振旅ᄒᆞ시ᄂᆞ로 興望이 다 몯즈ᄫᆞ나 至忠이실ᄊᆡ 中興主를 세시니:威化振旅興望咸聚維其至忠立中興主(龍歌11章).

-즈·ᄫᆞ·니 어미 -자오니. ☞-즈ᄫᆞ- ¶大耳相ᄋᆞᆯ 詔使ㅣ 일ᄏᆞᆮ즈ᄫᆞ니:大耳之相詔使美之(龍歌29章). 左右에 좇즈ᄫᆞ니:左右昵侍(龍歌55章). 禮士溫言ᄒᆞ샤 人心이 굳즈ᄫᆞ니:禮士溫言人心斯固(龍歌66章). 外道人 五百이 善慧ㅅ 德 닙ᄉᆞᄫᅡ 弟子ㅣ ᄃᆞ외야 銀돈ᄋᆞᆯ 받즈ᄫᆞ니(月印上2).
※-즈ᄫᆞ니>-즈오니>-자오니

-즈·ᄫᆞ니·라 어미 -자오니라. ¶百萬億衆이 다 아라 듣즈ᄫᆞ니라(釋譜23:12). 五百 사ᄅᆞ미 弟子ㅣ ᄃᆞ외아지이다 ᄒᆞ야 銀돈 ᄒᆞᆫ 낟곰 받즈ᄫᆞ니라(月釋1:9).

-즈·ᄫᆞ·며 어미 -자오며. ¶일후미 비록 妙音이나 實엔 妙行ᄋᆞᆯ 나토시니 녜 因 시므샤 雲雷音王佛ㅅ게 風流 받즈ᄫᆞ며 바리 받즈오샤ᄆᆞᆯ 보ᅀᆞᆸ건댄(月釋18:62).

-즈·ᄫᆞ샤·ᄃᆡ 어미 -자오시되. ¶俱夷 묻즈ᄫᆞ샤ᄃᆡ 므스게 ᄡᅳ시리 善慧 對答ᄒᆞ샤ᄃᆡ 부텻긔 받즈보리라(月釋1:10).

-즈·ᄫᆞ시·니 어미 -자오시니. ☞-즈ᄫᆞ- ¶夫妻願으로 고ᄌᆞᆯ 받즈ᄫᆞ시니(月釋1:3).
※-즈ᄫᆞ시니>-즈오시니>-자오시니

-즈·ᄫᆞᆫ 어미 -자온. ¶長史 듣즈ᄫᆞᆫ 마리:長史所聞(龍歌65章). 過去 諸佛이 世間애 겨시거나 滅度ᄒᆞ신 後ㅣ어나 이 法 듣즈ᄫᆞᆫ 사ᄅᆞ미 다 ᄒᆞ마 佛道ᄅᆞᆯ 일우니라(釋譜13:54). 諸佛ㅅ 일훔 듣즈ᄫᆞᆫ 사ᄅᆞᄆᆞᆫ:聞諸佛名者(阿彌25).

-즈ᄫᆞᆫ·대 어미 -자온대. ¶부텨ᄭᅴ 받즈ᄫᆞᆫ대(釋譜24:8). 法度ㅣ 엳즈ᄫᆞᆫ대 아비ᄅᆞᆯ 赦ᄒᆞ시니라(三綱. 孝23).

-즈·ᄫᆞᆶ 어미 -자올. ¶ᄆᆞ장 됴ᄒᆞ신 功德을 불어 니ᄅᆞ샤 듣즈ᄫᆞᆶ 사ᄅᆞ미 業障이 스러디여(釋譜9:2).

즈ㅅ긋 명 자획(字畫). ☞글ᄌᆞ긋 ¶字ㅅ그슬 모로매 고ᄅᆞ고 正히 ᄒᆞ며:字畫必楷正(宣賜內訓1:26)

즈:산 명 자산(資産). ¶ᄆᆞᄎᆞᆷ내 ᄒᆞᆫ 이리 資產애 더움 업ᄃᆞ ᄒᆞ니라(圓覺下三之一42).

즈샹이 부 자상(仔詳)히. ¶귀를 지우려 즈샹이 드르며:詳(女四解3:17).

·즈샹ᄒᆞ·다 형 자상(仔詳)하다. ¶즈샹ᄒᆞ고 인혜로오며:慈惠(宣小1:3).

즈셔이 부 자세(仔細)히. ¶즈셔이 뭇고 볼기 분변ᄒᆞ시며(仁祖行狀22).

·즈셔·히 부 자세(仔細)히. ☞즈세히 ¶즈셔히 드르쇼셔(眞言 施食15). 즈셔히 信ᄒᆞ고(六祖上82). 내 이제 너 爲ᄒᆞ야 니ᄅᆞ노니 즈셔히 信ᄒᆞ고:吾今爲汝說諦信(六祖中73). 브으미 잇거든 즈셔히 ᄉᆞᆯ펴 브은 ᄃᆡᄅᆞᆯ 쇠올ᄅᆞᆯ 브레 달와(牛疫方8). 화살 잡오ᄆᆞᆯ 즈셔히 ᄒᆞ며 굳이 ᄒᆞ고:持弓矢審固(宣小3:19). 맛당히 즈셔히 쳐티홀디니:當詳處之(宣小5:61). 네 즈셔히 보라:你仔細看(老解下26). 天地間 壯ᄒᆞᆫ 긔별 즈셔히도 ᄒᆞᆯ셔이고(松江. 關東別曲). 즈셔히 보다:仔細看(同文解上28). 오래 도라보아 ᄉᆞᆯ펴 즈셔히 관찰ᄒᆞ다가(桐華寺 王郞傳3). 세쇽대로 ᄒᆞ고 너모 즈셔히 아니 ᄒᆞ도다(女範3. 문녀뉴하혜쳐).

·즈·셔ᄒᆞ·다 형 자세(仔細)하다. ☞즈세ᄒᆞ다 ¶ᄆᆞ장 즈셔ᄒᆞ고 샹찰ᄒᆞ는 사ᄅᆞ미니(飜朴上17). 쥬밀ᄒᆞ며 즈셔호미 하고:多周詳(飜小8:15). 법졔의 즈셔ᄒᆞᆷ믈:制法之詳(警民2). 즈셔ᄒᆞᆫ 사ᄅᆞᆷ:細詳人(譯解上28). 아ᄆᆞ란 즈셔ᄒᆞᆫ 줄이 업다:沒甚麼備細(老解下3).

ᄌᆞ셔타 ᄒᆞ여 그 일에 깃거ᄒᆞᄂᆞᆫ또다(三譯6:18). ᄌᆞ셔ᄒᆞᆫ 사ᄅᆞᆷ:精細人(同文解上13). ᄌᆞ셔치 아니ᄒᆞ매(隣語3:14).

·ᄌᆞ·셕 명 자식. ☞ᄌᆞ식 ¶ᄌᆞ셕 업고 손ᄌᆡ 업스면 다 ᄂᆞᄆᆡ 거시 도의리니:無子無孫盡是他人之物(飜朴上7). ᄌᆞ셕 길우미 ᄀᆞ장 어렵도다:養孩兒好難(飜朴上57). 내 남진도 잇고 ᄌᆞ셕도 이시니:我有夫有子(東新續三綱. 烈7:89).

·ᄌᆞ·셰 부 자세히. ☞ᄌᆞ세히. ᄌᆞ시 ¶올티 몯ᄒᆞᆫ 이리 잇거든 ᄌᆞ셰 혜아려 쳐티ᄒᆞ면:事有不可當詳處之(飜小7:29). 大學館 졔도를 보와 ᄌᆞ셰 ᄆᆡᆼᄀᆞᄅᆞ시니:看詳學制(飜小9:16). ᄌᆞ세 샹:詳(類合下60). ᄌᆞ세 샹:詳(石千38). 네 ᄌᆞ세 드ᄅᆞ라:汝今諦聽(恩重3). 어이 ᄌᆞ세 아올고(新語2:10).

·ᄌᆞ·셰·히 부 자세(仔細)히. ☞ᄌᆞ셔히. ᄌᆞ세 ¶子細히 모ᄅᆞᆯ씨 ᄡᅬ라 ᄒᆞ니라(釋譜序3). 글왌 根源을 子細히 니ᄅᆞ시고(釋譜3:p.38). ᄭᅮᆷᄀᆞ티 子細히 보리니(釋譜9:31). 子細히 應ᄒᆞ시니라(楞解6:49). 마초ᄧᅧ 仔細히 호ᄆᆞᆯ 再四ᄒᆞ야(法華序21). 이ᄀᆞ티 仔細히 다ᄒᆞ샤ᄆᆞᆫ(法華1:64). 仔細히 드르라(金剛11). 여슷 고대 텃ᄂᆞᆫ 印을 子細히 보니:細看六印(杜解17:27). ᄌᆞ셰히 볼디언뎡:子細看(南明上24). ᄌᆞ세히 드르며 ᄌᆞ세히 드르라:諦聽諦聽(金三5:28). ᄌᆞ세히 묻져주고ᅀᅡ:仔細的盤問了(飜老上51). 子細히 본則 다 義 인ᄂᆞ니라(家禮6:33). 지아비 말ᄉᆞᆷ이 읻거든 귀ᄅᆞᆯ 기우려 ᄌᆞ셰히 들으며:夫有言語側耳詳聽(女四解2:21).

ᄌᆞ셰ᄒᆞ·다 형 자세(仔細)하다. ☞ᄌᆞ셔ᄒᆞ다 ¶如來ㅅ 知見이 넙고 크며 ᄌᆞ셰ᄒᆞ샤:如來知見廣大纖悉(金三4:20).

:ᄌᆞ소 명 자소(紫蘇). 차조기. ¶紫蘇ᄅᆞᆯ 걸에 글혀 그 汁 ᄒᆞᆫ두 잔ᄋᆞᆯ 머그면 됴ᄒᆞ리라:濃煮紫蘇汁飮一兩盞解之(救急下58). 혹 ᄌᆞ소 달힌 믈의 ᄂᆞ리오고:或紫蘇湯下(臘藥18).

·ᄌᆞ·손 명 자손(子孫). ¶公州ㅣ 江南ᄋᆞᆯ 저ᄒᆞ샤 子孫ᄋᆞᆯ ᄀᆞᄅᆞ치신ᄃᆞᆯ:公州江南畏且訓嗣(龍歌15章). ᄒᆞ마 주글 내어니 子孫ᄋᆞᆯ 議論ᄒᆞ리여(月釋1:7). 子孫ᄋᆞᆫ 아ᄃᆞ리며 孫子ㅣ며 後ㅅ孫子ᄅᆞᆯ 無數히 ᄂᆞ리 닐온 마리라(月釋1:7). 子孫이 西南ㅅ 모해 뎟디 아니ᄒᆞ니라(杜解17:32). ᄌᆞ손ᄋᆡ 모딜며 경박ᄒᆞ며(飜小6:20). ᄌᆞ손의 옷과 밥이(飜小8:20). 智伯이 죽어 ᄌᆞ손이 업거늘:智伯死無後(宣小4:31). 後世예 반ᄃᆞ시 子孫의 憂ㅣ 되리이다(宣論4:18). 後世예 子孫이 반ᄃᆞ시 王ᄒᆞᇙ 者ㅣ 이시리니(宣孟2:37). 주근 後에 그 子孫이 爲ᄒᆞ야(家禮1:12). 다 ᄒᆞᆫ 사ᄅᆞᆷ의 ᄌᆞ손이라:皆是一人之子孫(警民5). 子孫ᄋᆞᆯ 도와실시(重杜解1:10).

ᄌᆞ쇼로 부 어려서부터. ¶自少로 行習이 되여(隣語1:13).

ᄌᆞ시 부 자세(仔細)히. ☞ᄌᆞ세. ᄌᆞ세히 ¶ᄀᆞ장 맛당히 ᄌᆞ시 ᄉᆞᆯ필띠니라:最宜詳審(煮硝方12). 그 말을 ᄌᆞ시 긔록ᄒᆞ엿더니(太平1:32). ᄉᆞ연은 ᄌᆞ시 아와ᄉᆞ오니 얼현이 ᄒᆞ오리잇가(諺簡49 肅宗諺簡). 만일 ᄌᆞ시 아디 몯호미 잇거든(女四解2:13). 샹이 ᄌᆞ시 보시니(明皇1:37). 과연 슈샹ᄒᆞ와 ᄌᆞ시 듣고져 ᄒᆞ고(隣語1:20). 관원들이 ᄌᆞ시 보와 알외고(女範2. 변녀 니시옥영). 그 용화ᄅᆞᆯ ᄌᆞ시 보ᄆᆡ(落泉1:2).

ᄌᆞ시다 동 자시다. 잡수시다. ☞자시다 ¶補腎ᄒᆞᆯ 藥을 ᄌᆞ시면 齒痛은 自然히 ᄒᆞ리오리(隣語8:10).

·ᄌᆞ·식 명 자식. ☞ᄌᆞ셕 ¶子息 업스실ᄊᆡ(月印上2. 月釋1:2). 子息ᄋᆞᆯ ᄃᆞ슥샤(月印上45). 子息 ᄉᆞ랑호ᄆᆞᆫ(釋譜6:3). 길어 子息 사ᄆᆞ면 엇데 ᄉᆞᆯ펴 삼가리오(圓覺下三之一42). 사ᄅᆞ미 오직 子息 이쇼ᄆᆞᆯ 알오 아비 이쇼ᄆᆞᆯ 아디 몯ᄒᆞ며(金三2:48). 누구ᄂᆞᆫ 어믜오라븨게 난 ᄌᆞ식:誰是舅舅上孩兒(飜老上16). 대개ᄒᆞᆫ디 사ᄅᆞ미 ᄌᆞ식이:大槩人的孩兒(飜老下42). ᄌᆞ식 나타:孩兒(老朴集. 單字解4). 妻ᄌᆞ식을 두어ᄂᆞᆫ 妻ᄌᆞ식을 ᄉᆡᆼ각ᄒᆞ고:有妻子則慕妻子(宣小4:10). 東夷의 ᄌᆞ식이라:東夷之子也(宣小4:22). 계집과 子息과ᄂᆞᆫ 또 엇던 사ᄅᆞᆷ고:妻子亦何人(重杜解9:2). 이ᄂᆞᆫ ᄌᆞ식을 밋부디 아님으로ᄡᅥ ᄀᆞᄅᆞ침이라(女四解4:8). ᄌᆞ식:兒子(同文解上10). ᄌᆞ식 셔다:喜身(同文解上53). ᄌᆞ식 ᄇᆡ다:重身(同文解上53). ᄌᆞ식 ᄇᆡ다:雙身子(漢淸6:53). 年少ᄒᆞᆫ ᄌᆞ식이 初行으로 가셔(隣語7:13).

ᄌᆞ·ᄉᆡᆨ 명 자색(姿色). ¶두 ᄯᆞᆯ이 다 ᄌᆞᄉᆡᆨ이 이셔:二女皆有容色(宣小6:60). ᄌᆞᄉᆡᆨ이 잇더라:有姿色(東新續三綱. 烈1:9).

ᄌᆞᄉᆡᆨ 명 자색(紫色). ¶다 紫ᄉᆡᆨ으로ᄡᅥ 그려 格식의 ᄌᆞᆫ게 ᄒᆞ라(家禮7:32).

·ᄌᆞ·약ᄒᆞ·다 형 자약(自若)하다. ¶거름 들며 거름 믈루미 다 自若ᄒᆞ니(金三5:33).

·ᄌᆞ연 명 자연(自然). ¶샹녜 自然에 逃歸코져 ᄒᆞ노라(初杜解6:35). ᄂᆞᄆᆡ 외다 호ᄆᆞᆯ 對ᄒᆞ야 그 고대 無心ᄒᆞ면 뎌의 毒이 自然스러디릴시(南明上38).

·ᄌᆞ연·히 부 자연히. ☞ᄌᆞ연히 ¶소홈 도텨 自然히 ᄆᆞᅀᆞ매 깃븐 ᄠᅳ디 이실씨(釋譜6:16). 차바ᄂᆞᆯ 머거도 自然히 스러 ᄆᆞᆯ보기ᄅᆞᆯ 아니ᄒᆞ며(月釋1:26). 그 기르미 自然히 ᄂᆞᆫ가온ᄃᆡ 드러(救急下38). 識心이 뮈디 아니ᄒᆞ면 漏 업슨 功德이 自然히 具足ᄒᆞᄂᆞ니(金三宗序3). 긔우니 ᄉᆞᄆᆞ초ᄆᆞᆯ 기드리면 ᄌᆞ연히 살리니:候氣透則自然活矣(救簡1:

66). ᄌᆞ연히 니그리라:自然熟了(飜老上20). ᄌᆞ연히 흐웍ᄒᆞ리다:自然浹洽(飜小8:36). 自然히 내 迷惑ᄒᆞ야(六祖上16).

·ᄌᆞ연ᄒᆞ·다 형 자연(自然)하다. 자연스럽다. ¶ᄂᆞᆾ비치 自然ᄒᆞ야 글 닐구믈 그치디 아니ᄒᆞ더라:顔色自若讀書不輟(宣賜內訓3:49). 벌엣 긔운으로 가ᄉᆞᆷ 알파 만히 토ᄒᆞ며 손과 발왜 ᄌᆞ연티 아니ᄒᆞ고:諸蟲心痛多吐四肢不和(救簡2:38).

ᄌᆞ·ᅀᆞ 명 자위. 중심. 씨. ☞ᄌᆞᄉᆞ. ᄌᆞᄋᆡ ¶ᄌᆞᅀᆞ 잇ᄂᆞᆫ 果實와(月釋23:94). 다ᄉᆞᆺ 果ᄂᆞᆫ ᄌᆞᅀᆞ 잇ᄂᆞ니와 ᄉᆞᆯ 잇ᄂᆞ니와(楞解8:7). 여스슨 菴羅ㅅ 솝 ᄌᆞᅀᅵ오:六菴羅內實(圓覺上一之二180). 솝 ᄌᆞᅀᆞᄂᆞᆫ 二身佛性이니:內實二身佛性(圓覺上一之二180). ᄌᆞᅀᆞ 아ᅀᆞ:去核(救急上57). 그 ᄌᆞᅀᆞ를 푸몰디니라:懷其核(宣賜內訓1:10). 대촛 ᄌᆞᅀᆞ ᄉᆞ론 ᄀᆞᄅᆞᆯ 머그라:大棗核燒末服之(救簡6:28).

ᄌᆞ·아:내·다 동 자아내다. 일어나게 하다. ¶달애며 ᄢᅵ들며 ᄌᆞ아내며 힘ᄡᅳ게 ᄒᆞ며:誘掖激勵(宣小6:12).

ᄌᆞ애 명 자새. 녹로(轆轤). ☞자새. ᄌᆞᄋᆡ ¶믈기를 ᄌᆞ애 잇ᄂᆞ냐 업스냐:有轆轤那沒(老解上28). ᄌᆞ애:轆轤(譯解下14).

ᄌᆞ애 명 물레. ¶ᄌᆞ애:繅車(物譜 蠶績).

·ᄌᆞ·약히 부 자약(自若)하게. 태연히. ¶술위 ᄧᅡ온대 안자심을 ᄌᆞ약히 ᄒᆞ니:坐車中自如(宣小6:80).

ᄌᆞ약ᄒᆞ다 형 자약(自若)하다. ¶우음이 ᄌᆞ약ᄒᆞ고(癸丑37).

ᄌᆞ·역 명 조약돌. ☞지벽. 지역 ¶眞金을 取ᄒᆞ리 디샛 ᄌᆞ역과 ᄯᅩ 거즛 寶ᄅᆞᆯ 볼기 아롬 ᄀᆞᆮᄒᆞ야:如取眞金明識瓦礫及以僞寶(永嘉上105). 草木과 디샛 ᄌᆞ역 ᄀᆞᆮ다 ᄒᆞ시니:如草木瓦礫(圓覺上二之二24). 種種앳 雜더러운 디샛 ᄌᆞ역을 나토고:現種種雜穢瓦礫(圓覺上二之二124). ※ᄌᆞ역<지벽

ᄌᆞ연 부 자연(自然). ¶自然 順成ᄒᆞ올 꺼시니(隣語1:34). 臨機應變ᄒᆞ여 ᄌᆞ연 循便ᄒᆞ올 道理 잇ᄉᆞ올 거시니(隣語3:3).

ᄌᆞ연니 부 자연(自然)히. ☞ᄌᆞ연히 ¶반쵸ᄅᆞᆯ 디허 ᄌᆞ연니 난 즙 서 되와(牛疫方9).

ᄌᆞ연이 부 자연(自然)히. ☞ᄌᆞ연히 ¶ᄌᆞ연이 알며 ᄌᆞ연이 잘 ᄒᆞ논 이ᄅᆞᆯ 길워:養其良知良能(飜小6:4). ᄌᆞ연이 神仙藥이 잇ᄂᆞ니라:自有神仙藥(朴解下7).

·ᄌᆞ연·히 부 자연히. ☞ᄌᆞ연히. ᄌᆞ연니. ᄌᆞ연이 ¶ᄌᆞ연히 ᄆᆞᅀᆞ미 ᄌᆞᆺᄌᆞᆺᄒᆞ리니:自然心涼(救簡3:27). 自然히 더러븐 境界ᄂᆞᆫ 드디 아니코(松廣寺 蒙法4). 話頭ᄅᆞᆯ 擧티 아니ᄒᆞ야도 自然히 알피 나ᄃᆞ리니(松廣寺 蒙法12). ᄌᆞ연히 왼 샤벽ᄒᆞᆫ 이리 간범호미 업스리니라:自無非辟之干(飜小8:6). 오라면 ᄌᆞ연히 구드리라:久則自然堅固(飜小8:37). 저ᄅᆞᆯ 일ᄇᆡᆨ 번 나마 ᄒᆞ야 ᄯᆞᆷ 나면 ᄌᆞ연히 됴ᄒᆞ리라(瘟疫方22).

-ᄌᆞ·오- 어미 -자오-. ¶法會예 처엄 듣ᄌᆞ오ᄫᆞᆫ:法會初聞(法華6:5). 輿望이 다 몯ᄌᆞ오나(樂範5:6. 與民樂 虞芮章). 션조 대왕이 농만의 겨오셔 ᄒᆞᆫ 글을 짓ᄌᆞ오시니(仁祖行狀29). ※-ᄌᆞ오-<-ᄌᆞᄫᆞ-

ᄌᆞ오기 부 꼭. 단단히. ☞ᄌᆞ옥ᄒᆞ다 ¶맛당히 방문을 ᄌᆞ오기 닫고:宜蜜閉房戶(胎要26). 〔'蜜'은 '密'의 오기(誤記).〕

ᄌᆞ오·다 동 졸다. ☞ᄌᆞ올다 ¶더욱 시드러 ᄌᆞ오다가 울어 셜버(月釋21:91). 곧 ᄌᆞ오다가 ᄭᅵ요매 니르러ᄂᆞᆫ:便打瞌睡及至惺來(法語10). 몰애 우흿 올히 삿기ᄂᆞᆫ 어미ᄅᆞᆯ 바라셔 ᄌᆞ오ᄂᆞ다:沙上鳧雛傍母眠(杜解10:8). ᄌᆞ오디 말라:休瞌睡(金三2:22). 잇브거든 ᄌᆞ오ᄂᆞ니라:困來眠(南明上10).

-ᄌᆞ오ᄃᆡ 어미 -자오되. ¶뵈ᅀᆞ와 묻ᄌᆞ오ᄃᆡ(六祖上61). ᄆᆡ양 아ᄎᆞᆷ의 일 니러나 몬져 安康을 묻ᄌᆞ오ᄃᆡ:每朝早起先問安康(女四解2:14). ※-ᄌᆞ오ᄃᆡ<-ᄌᆞᄫᅩᄃᆡ

ᄌᆞ오롬 명 졸음. ☞조오롬 ¶ᄌᆞ오로ᄆᆞᆯ ᄇᆞ리게 ᄒᆞ시고(月釋10:97). 샹녜 ᄌᆞ오로ᄆᆞᆯ 즐기다니:常樂睡眠(楞解5:43). ᄌᆞ오롬 덜오 샹녜 ᄆᆞᅀᆞᆷ 자바:除睡常懾心(法華5:191). ᄌᆞ오로미 오나ᄃᆞᆫ:睡魔來(蒙法2). 이럴씨 ᄌᆞ오롬과 雜念괘 다 ᄆᆞᅀᆞ매 드러 웃드미ᄃᆞ외리라:是故昏沉掉擧皆入作得(蒙法2). 第一엔 ᄌᆞ오로미 오나ᄃᆞᆫ 반ᄃᆞ기 이 엇던 境界오 ᄒᆞ야 아로리니:一者睡魔來當知是何境界(蒙法2). ᄌᆞ오로미 믈러니거든:睡魔退(蒙法3). 븘 그리메 ᄌᆞ오롬 업수메 비취엣ᄂᆞ니:燈影照無睡(杜解9:20). 賤ᄒᆞᆫ 노미 ᄒᆞᆫ 번 ᄌᆞ오로ᄆᆞᆯ 됴히 ᄒᆞ야셔:賤夫美一睡(初杜解10:27). 二月에 ᄌᆞ오로미 하 昏昏ᄒᆞ니:二月饒睡昏昏然(杜解11:53). ᄌᆞ오로미 긔운 업소ᄆᆞᆯ 니ᄅᆞ니(金三2:22). ᄌᆞ오롬 신들여 너무 자다가:魔睡强眠(救簡1:85).

ᄌᆞ옥히 부 자욱이. ¶안개 ᄌᆞ옥히 지다:下濃霧(漢淸1:10).

ᄌᆞ옥ᄒᆞ다 형 자욱하다. ☞ᄌᆞ욱ᄒᆞ다 ¶ᄌᆞ옥ᄒᆞᆯ 방:磅. ᄌᆞ옥ᄒᆞᆯ 박:礴(類合下49). 안개 ᄌᆞ옥ᄒᆞ다:霧濃(同文解上2).

ᄌᆞ올·다 동 졸다. ☞조올다. ᄌᆞ오다 ¶가줄비건댄 사ᄅᆞ미 잇브면 ᄌᆞ올오:譬如有人勞倦則眠(楞解3:14). 隨眠은 有情을 조차 藏識에 ᄌᆞ오라 굿브러쇼미니(圓覺上一之一52). ᄌᆞ올 時節엔(圓覺上一之二151). 너를 思憶ᄒᆞ야 시름ᄒᆞ야 오직 ᄌᆞ오라셔:憶渠愁只睡(杜解8:47). 竹林에 가 ᄌᆞ올오져 오직 ᄉᆞ치노라:只想竹林眠(杜解8:51). 長安ㅅ 져젯 숤지븨셔 ᄌᆞ올어늘:長安市上酒家眠(初

杜解15:41). ᄒᆡᄅᆞᆯ 向ᄒᆞ야 ᄌᆞ올어니:向日眠(南明上18).

ᄌᆞ올아·ᄫᅵ 副 친하게. ☞ᄌᆞ올아이 ¶太子ㅣ 妃子ᄅᆞᆯ 드리샤도 ᄌᆞ올아ᄫᅵ 아니 ᄒᆞ더시니(釋譜3:p.58). 나라해 도라오샤도 ᄌᆞ올아ᄫᅵ 아니 ᄒᆞ샤(釋譜6:4).
※ᄌᆞ올아ᄫᅵ>ᄌᆞ올아이

ᄌᆞ올아·이 副 친하게. ☞ᄌᆞ올아ᄫᅵ ¶ᄌᆞ올아이 호ᄃᆡ 恭敬ᄒᆞ며:狎而敬之(宣賜內訓1:7). 그 ᄌᆞ올아이 ᄒᆞ시던 바ᄅᆞᆯ ᄃᆞᅀᆞ며:愛其所親(宣賜內訓1:42). 둘히 샹녜 ᄀᆞᆯ와 노로ᄃᆡ 서르 ᄌᆞ올아이 아니 ᄒᆞ야(宣賜內訓2上5). 늘거가매 ᄌᆞ올아이 아ᄂᆞᆫ 사ᄅᆞᄆᆡ ᄂᆞ출 보미 드므도다:老去親知見面稀(杜解10:46).
※ᄌᆞ올아이<ᄌᆞ올아ᄫᅵ

ᄌᆞ올압·다 形 친하다. ☞조랍다 ¶나라해 도라오샤도 ᄌᆞ올아ᄫᅵ 아니 ᄒᆞ샤(釋譜6:4). 親ᄋᆞᆫ ᄌᆞ올아ᄫᆞᆯ 씨오(釋譜13:15).

-ᄌᆞ·와 어미 -자와. ☞-ᄌᆞᄫᅡ ¶十方菩薩ᄋᆡ ᄆᆞᅀᆞᇝ 疑心을 묻ᄌᆞ와(楞解1:28). 듣ᄌᆞ와 기피 恭敬ᄒᆞᅀᆞᆸᄂᆞ닌(法華序5). 能히 一心으로 듣ᄌᆞ와 닐거 말다이 修行 몯 ᄒᆞ니:未能一心聽讀如說修行(法華6:22). 이 ᄀᆞᆮᄒᆞᆫ 法을 내 부텨를 좃ᄌᆞ와 드로라 ᄒᆞ니(金剛1). 네 父母ㅅ 말ᄉᆞᄆᆞᆯ 恭敬ᄒᆞ야 듣ᄌᆞ와 尊히 ᄒᆞ야:敬恭聽宗爾父母之言(宣賜內訓1:84).
※-ᄌᆞ와<-ᄌᆞᄫᅡ

ᄌᆞ완 名 차완(茶椀). 찻종. ☞자완 ¶ᄌᆞ완:大椀(同文解下13).

ᄌᆞ:우 名 자우(慈雨). ¶慈雨ㅣ 너비 저저 九類ㅣ ᄒᆞᆫ가지로 젓도다(金三5:43).

ᄌᆞ욱ᄒᆞ다 形 자욱하다. ☞ᄌᆞ옥ᄒᆞ다 ¶안개 ᄌᆞ욱ᄒᆞ다:霧濃(譯解補2).

·ᄌᆞ유 名 자유(自由). ¶自由ᄂᆞᆫ 猶自得이라(初杜解14:21).

ᄌᆞ의 名 자위. 중심. ☞ᄌᆞᅀᆞ ¶장수의 인긔ᄂᆞᆫ ᄌᆞ의로 본방의 안치고:將官認旗以心坐本方(兵學 明旗制1:11).

ᄌᆞᅌᅵ 名 자새. 녹로(轆轤). ☞자ᄉᆡ. ᄌᆞ애 ¶우믈엣 ᄌᆞᅌᅵ:轆轤(漢淸10:9). 닷줄 감ᄂᆞᆫ ᄌᆞᅌᅵ:滑車(漢淸12:21).

ᄌᆞ:ᅌᅵᄒᆞ·다 動 자애(慈愛)하다. ¶肅宗도 또 孝性이 두터우시며 恩性이 天然히 至極ᄒᆞ샤 母子의 慈愛ᄒᆞ샤(宣賜內訓2上43). 부뫼 ᄌᆞᅌᅵᄒᆞ야 그 ᄆᆞᄋᆞᆷ이 무궁ᄒᆞ야(經筵).

ᄌᆞ자시니 動 퍼졌으니. 자욱하니. ¶銀 ᄀᆞᄐᆞᆫ 무지게 玉 ᄀᆞᄐᆞᆫ 龍의 초리 섯돌며 ᄲᅳᆷᄂᆞᆫ 소릐 十里의 ᄌᆞ자시니(松江. 關東別曲).

ᄌᆞ자지다 動 잦아지다. ¶안개 뒤섯계 ᄌᆞ자진 날에(古時調. 青丘). 白雪이 ᄌᆞ자진 골에 구름이 머흐레라(古時調. 李穡. 海謠). 압뫼이 어두온이 暮雲이 ᄌᆞ자젓다(古時調. 잘아가는. 海謠).

ᄌᆞ작나모 名 자작나무. 백화(白樺). ¶ᄌᆞ작나모:桗(四解下30). ᄌᆞ작나모:沙木(譯解下42. 柳氏物名四 木).

ᄌᆞ작스러이 副 자작(自作)스럽게. 제 생각대로. ¶나라 命令 重ᄒᆞ기ᄂᆞᆫ 彼此 一般이오니 貴國 分付가 重ᄒᆞ면 내 나라 申飭도 亦是 重ᄒᆞ오니 그리 自作스러이 니ᄅᆞ지 마ᄋᆞᆸ소(隣語1:1).

·ᄌᆞ젼ᄒᆞ·다 動 자전(自專)하다. 스스로 전결(專決)하다. ¶夫人이 謙順으로 모ᄆᆞᆯ 가져 비록 져근 이리라도 잠간도 自專티 아니ᄒᆞ야:夫人謙順自牧雖小事未嘗專(宣賜內訓2上18). 모ᄃᆞᆫ ᄂᆞᆺ가오며 져믄 사ᄅᆞ미 크니 져그니 업시 ᄌᆞ젼ᄒᆞ야 ᄒᆞ디 말오:諸卑幼事無大小毋得專行(飜小7:1).

ᄌᆞ·조 副 자주. ☞ᄌᆞ로 ¶아래 ᄌᆞ조 듣ᄌᆞᄫᅡᆫ 마ᄅᆞᆫ 즉자히 도로 니저(釋譜6:11). 누늘 ᄌᆞ조 ᄀᆞᆷᄌᆞ기며(月釋2:13). ᄌᆞ조 趣ᄅᆞᆯ 取호미라(楞解9:32). ᄌᆞ조 듣ᄌᆞ오ᄃᆡ:數聞(法華2:48). ᄌᆞ조 시버 입노룻 ᄒᆞ디 마롤디니라:數噍毋爲口容(宣賜內訓1:8). 鍾鼎에 사교ᄆᆞᆯ ᄌᆞ조 보ᄂᆞ니:數見銘鍾鼎(重杜解3:10). ᄌᆞ조 와 말ᄒᆞᄂᆞᆫ 져비ᄂᆞᆫ 새 기슬 一定ᄒᆞ앳도다:頻來語燕定新巢(杜解7:1). ᄌᆞ조 ᄇᆡᄅᆞᆯ 묻고 그를 지ᅀᅥ 주ᄂᆞ니:數問舟航留製作(初杜解9:26). ᄀᆞᄅᆞᆷ 우흿 져븨 삿기 짐즛 오ᄆᆞᆯ ᄌᆞ조 ᄒᆞᄂᆞ다:江上鷰子故來頻(初杜解10:7). 星辰이 ᄌᆞ조 모다 ᄢᅳ리놋다:星辰屢合圍(初杜解10:10). ᄌᆞ조 니예 ᄡᅮᆺ츠면 절로 벙으리리라:頻擦自開(救簡1:3). ᄌᆞ조 거를 제 采齊로ᄡᅥ ᄒᆞ고:趨以采齊(宣小3:18). ᄌᆞ조 하니:數譖之(宣小6:22). 친히 기ᄉᆞᆯ 지어 ᄌᆞ조 스스로 ᄀᆞᆯ고:親造襁褓數自遞改(東新續三綱. 孝8:71). ※ᄌᆞ조>자주

ᄌᆞ지 名 자줏빛. ☞ᄌᆞᄃᆡ ¶ᄌᆞ지:紫色(同文解下25. 譯解補40). ᄌᆞ지:紫. 짓흔 ᄌᆞ지:玫瑰紫(漢淸10:64). ᄌᆞ지 ᄌᆞ:紫(兒學下2).

ᄌᆞ·질 名 자질(資質). ¶人主ㅣ 비록 明聖ᄒᆞ신 資質이 겨시나(宣賜內訓2下44). 魯鈍ᄒᆞᆫ 姿質은 어느 뉘읏부믜 몬져ᄅᆞᆯ 알리오(初杜解6:37). 그 아ᄌᆞ미도 ᄌᆞ질이 ᄲᅡ여나 곱더라:其姊亦儀質極麗(太平1:47).

ᄌᆞᄌᆞᄒᆞ다 動 자자(刺字)하다. ¶ᄡᅣᆷ에 ᄌᆞᄌᆞᄒᆞ다:臉上刺字(譯解上67).

·ᄌᆞ:ᄌᆡ 名 자재(自在). ¶小乘은 定히 잇고 慧 업서 기우로 얽ᄆᆡ요미 ᄃᆞ외야 自在ᄅᆞᆯ 得ᄒᆞ디 몯거늘 이제 닐오ᄃᆡ ᄆᆞᅀᆞ미 自在ᄅᆞᆯ 得다 ᄒᆞ니(法華1:26).

ᄌᆞᄌᆡ 名 자자(刺字). 문신(文身). ¶ᄌᆞᄌᆡ경:黥(倭解上54).

·ᄌᆞ:ᄌᆡᄒᆞ·다 形 자재(自在)하다. ¶이 사ᄅᆞᆷ ᄃᆞᆯ히 다 神足이 自在ᄒᆞ야(釋譜6:18). 刹帝利灌頂王ᄃᆞᆯ토 長壽ᄒᆞ고 病 업서 다 自在ᄒᆞ

리라(釋譜9:34). 두려운 마리 自在ᄒᆞ야ᅀᅡ 誹謗 어도ᄆᆞᆯ 免ᄒᆞ리라(金三1:10). 眞性이 샹녜 自在ᄒᆞ리니(六祖中13). 自在ᄒᆞ야 ᄀᆞ룜 업소미(六祖中22).

ᄌᆞ채 명 나무좀. ☞ᄌᆞ티 ¶ᄌᆞ채:蝤蠐:서근 남긔 버러지라(詩解 物名6).

·ᄌᆞ:쳐ᄒᆞ·다 동 자처(自處)하다. ¶ᄂᆞᄌᆞ기 홈으로ᄡᅥ ᄌᆞ쳐ᄒᆞ며 례되 ᄀᆞᄅᆞ침애 근본이 되며:卑以自牧禮爲敎本(宣小5:105).

ᄌᆞ쳐ᄒᆞ다 동 자처(自處)하다. 자결(自決)하다. 자살하다. ¶ᄌᆞ쳐ᄒᆞ다:自裁(同文解下9). ᄌᆞ쳐ᄒᆞᆫ 사ᄅᆞᆷ이라:自刑人(無寃錄3:29). 샹이 감히 어그롯디 못ᄒᆞ샤 ᄒᆡ여곰 ᄌᆞ쳐ᄒᆞ라 ᄒᆞ시고(仁祖行狀15).

ᄌᆞ청ᄒᆞ다 동 자청(自請)하다. ¶최명길이 ᄌᆞ청ᄒᆞ야 적댱으로 나가(山城18).

ᄌᆞ총 명 자총(慈葱). 자총이. ☞ᄌᆞ총이 ¶五辛ᄋᆞᆫ ᄒᆞ나ᄒᆞᆫ 大蒜이오 둘흔 茖葱이오 세흔 慈葱이오(楞解8:4). ᄌᆞ葱 니균 거슬 믄 ᄯᅡ해 브티면 즉재 됴ᄂᆞ니라:封胡葱泥於咬處卽差(救急下76).

ᄌᆞ총이 명 자총이. 자총(慈葱). ☞ᄌᆞ총 ¶ᄌᆞ총이:野蒜苗(漢淸12:38). ᄌᆞ총이:紫葱(柳氏物名三 草).

ᄌᆞ최 명 자취. ☞자최 ¶ᄭᅮᆷ길이 ᄌᆞ최 업ᄉᆞ니 그를 슬허ᄒᆞ노라(古時調. 李明漢. ᄭᅮᆷ에 ᄃᆞ니ᄂᆞᆫ. 靑丘).

ᄌᆞ최옴 명 재채기. ☞ᄌᆞ치옴. ᄌᆞ치욤. ᄌᆞᄎᆡᆨ옴 ¶기춤과 ᄌᆞ최옴을 ᄒᆞᄂᆞ니라:咳嗽噴嚏(辟新1). ᄌᆞ최옴ᄒᆞᄂᆞ니ᄂᆞᆫ 고티고 ᄌᆞ최옴 아니ᄒᆞᄂᆞ니ᄂᆞᆫ 고티기 어려오니:嚏者可治不嚏者不可治也(辟新11).

ᄌᆞᄎᆡᆨ옴 명 재채기. ☞ᄌᆞᄎᆡᆨ음. ᄌᆞ치욤 ¶ᄌᆞᄎᆡᆨ옴 톄:嚏(倭解上20).

ᄌᆞᄎᆡᆨ옴ᄒᆞ다 동 재채기하다. ☞ᄌᆞᄎᆡᆨ음ᄒᆞ다. ᄌᆞ치욤ᄒᆞ다 ¶ᄌᆞᄎᆡᆨ옴ᄒᆞ다:打嚏噴(譯解上37. 同文解上19).

ᄌᆞᄎᆡᆨ음 명 재채기. ☞ᄌᆞᄎᆡᆨ옴. ᄌᆞ치욤 ¶ᄌᆞᄎᆡᆨ음:噴嚏(物譜 氣血).

ᄌᆞᄎᆡᆨ음ᄒᆞ다 동 재채기하다. ☞ᄌᆞᄎᆡᆨ옴ᄒᆞ다. ᄌᆞ치욤ᄒᆞ다 ¶ᄌᆞᄎᆡᆨ음ᄒᆞ다:打嚏噴(華類23).

ᄌᆞᄎᆡᆨᄋᆞᆷᄒᆞ다 동 재채기하다. ☞ᄌᆞᄎᆡᆨ옴ᄒᆞ다. ᄌᆞ치욤ᄒᆞ다 ¶怪異ᄒᆞ다 아ᄎᆞᆷ애 가치 울고 ᄯᅩ ᄌᆞᄎᆡᆨᄋᆞᆷᄒᆞ얏더니(蒙老5:6).

ᄌᆞ친 명 자친(慈親). ¶ᄒᆞᆫ롯 아ᄎᆞ미 도라가 慈親ᄋᆞᆯ 보면 네브터 家業이 ᄒᆞᆫ가진ᄃᆞᆯ 비르서 알리라(南明下31).

ᄌᆞ치옴 명 재채기. ☞ᄌᆞ최옴. ᄌᆞ치욤 ¶선우음 춤노라 ᄒᆞ니 ᄌᆞ치옴의 코ᄒᆡ 싀예(古時調. 松江).

ᄌᆞ·치욤 명 재채기. ☞ᄌᆞ최옴. ᄌᆞ치옴. ᄌᆞᄎᆡᆨ옴. ᄌᆞᄎᆡᆨ음 ¶ᄌᆞ치욤 분:噴. ᄌᆞ치욤 톄:嚏(訓蒙上29).

ᄌᆞ·치·욤ᄒᆞ·다 동 재채기하다. ☞ᄌᆞᄎᆡᆨ음ᄒᆞ다. ᄌᆞᄎᆡᆨ옴ᄒᆞ다. ᄌᆞ치임ᄒᆞ다. ᄌᆞ치ᄋᆞᆷᄒᆞ다 ¶ᄌᆞ치욤ᄒᆞ며 기춤ᄒᆞ며:嚏咳(宣賜內訓1:49). 고해 부러 ᄌᆞ치욤ᄒᆞ게 ᄒᆞ면:吹鼻中使得嚏(救簡6:1). 죠히심으로 고침ᄒᆞ야 ᄌᆞ치욤ᄒᆞ요미 됴ᄒᆞ니라(簡辟5). 敢히 퀴기ᄒᆞ며 트림ᄒᆞ며 ᄌᆞ치욤ᄒᆞ며 기춤ᄒᆞ며 하외욤ᄒᆞ며 기지게 혀며 ᄒᆞᆫ 발 츼드듸며 지혀며 빗기 보디 아니ᄒᆞ며:不敢噦噫嚏咳欠伸跛倚睇視(宣小2:7).

·ᄌᆞ·치·임ᄒᆞ·다 동 재채기하다. ☞ᄌᆞ치욤ᄒᆞ다. ᄌᆞ치ᄋᆞᆷᄒᆞ다 ¶ᄯᅩ ᄌᆞ치임ᄒᆞ다니:又有嚏噴來(飜老下4).

ᄌᆞ치ᄋᆞᆷᄒᆞ다 동 재채기하다. ☞ᄌᆞᄎᆡᆨ음ᄒᆞ다 ᄌᆞ치욤ᄒᆞ다 ¶ᄯᅩ ᄌᆞ치ᄋᆞᆷᄒᆞ더니:又有嚏噴來(老解下4).

ᄌᆞᄎᆡᆨᄒᆞ다 동 자책(自責)하다. ¶군신을 블러 각각 과실을 다 니ᄅᆞ라 ᄒᆞ오시고 ᄌᆞᄎᆡᆨᄒᆞ기ᄅᆞᆯ 심히 ᄀᆞᆫ절이 ᄒᆞ오시니(仁祖行狀34). 졔신의게 속아 혼미 블찰ᄒᆞ야 이에 니ᄅᆞ니 ᄌᆞᄎᆡᆨᄒᆞᆯ ᄯᆞᄅᆞᆷ이라(山城52).

ᄌᆞ컨 부 작히나. ¶項羽ㅣ ᄌᆞ컨 天下 壯士ㅣ랴마ᄂᆞᆫ(古時調. 靑丘). 唐明皇이 ᄌᆞ컨 濟世英主ㅣ랴마ᄂᆞᆫ(古時調. 項羽ㅣ. 靑丘).

ᄌᆞ:탄 명 자단(紫檀). ☞ᄌᆞ단 ¶ᄌᆞ탄 줄ᄋᆡ 샹아 머리예:紫檀把兒象牙頂兒(飜朴上15).

ᄌᆞ티 명 나무좀. ☞ᄌᆞ채 ¶ᄌᆞ티:蛀 食木蠹(柳氏物名二 昆蟲).

ᄌᆞᄐᆡ 명 자태(姿態). ¶얼굴이 ᄀᆞ장 곱고 아ᄅᆞᆷ다온 ᄌᆞᄐᆡ 만흔디라(太平1:2). 혼난ᄒᆞᆫ ᄌᆞᄐᆡ(洛城1).

·ᄌᆞ:포 명 자포(自暴). ¶言흠애 禮義ᄅᆞᆯ 非ᄒᆞᄂᆞᆫ 이ᄅᆞᆯ 自暴ㅣ라 닐ᄋᆞ고(宣孟7:19).

ᄌᆞ품 명 자품(資稟). ¶늒고연은 ᄌᆞ품이 심히 놉ᄒᆞ나(經筵).

ᄌᆞ허ᄒᆞ다 동 자허(自許)하다. ¶본ᄃᆡ 바둑 잘 두기ᄅᆞᆯ ᄌᆞ허ᄒᆞᄂᆞᆫ디라(洛城2).

ᄌᆞ현ᄒᆞ다 동 자현(自現)하다. 자소(自訴)하다. 자수(自首)하다. ¶ᄌᆞ현ᄒᆞ다:自首(同文解下30. 譯解補37).

ᄌᆞ:혜·ᄒᆞ·다 형 자혜(慈惠)하다. ¶專一ᄒᆞ시며 孝道ᄒᆞ시며 恭敬ᄒᆞ시며 慈惠ᄒᆞ시며(宣賜內訓2下35).

족히 부 작히. 작히나. 오죽이나. ¶족히 민망이 너기시올가(隣語5:22).

족ᄒᆞ다 형 오죽하다. ¶네가 울며 족ᄒᆞ오릿가 이러ᄒᆞ다 그 ᄆᆞ음 잡게 ᄒᆞ시면 ᄒᆞ고(閑中錄196). 이러구러 점점 ᄒᆞ리면 족ᄒᆞᆫ 다ᄒᆡᆼ이랴(諺簡. 仁宣王后諺簡).

존- 접두 잔-. ¶존연장과 瀝靑을 가져다가:碎家事和將瀝靑來(朴解下29). 존것과 싱강과 교ᄐᆡ와 파와 마늘과 초와 소금을 다 가져오라:零碎和生薑料物葱蒜醋鹽都將來(朴

解下33). ᄌᆞᆫ비:棠梨(譯解上55). ᄌᆞᆫ거름ᄒᆞ다:小走(漢淸14:25).

ᄌᆞᆫ거름ᄒᆞ다 동 잔걸음치다. ¶ᄌᆞᆫ거름ᄒᆞ다:小走(漢淸14:25).

ᄌᆞᆫ누비 명 잔누비. ¶ᄌᆞᆫ누비:衲的(譯解下7).

ᄌᆞᆫ누비ᄒᆞ다 동 잔누비질하다. ¶ᄌᆞᆫ누비ᄒᆞ다:衲(漢淸11:27).

ᄌᆞᆫ둥 명 잔등이. ¶혹 ᄆᆡᆫ므레 양의 ᄌᆞᆫ둥과 ᄒᆞᆼᅀᆞ ᄉᆞᆱ마 먹고:或白煮着羊腰節胸子喫了時(飜老下53). 혹 ᄆᆡᆫ믈에 양의 ᄌᆞᆫ등과 가슴을 ᄉᆞᆱ마 먹고:或白煮着羊腰節胸子喫了時(老解下48).

ᄌᆞᆫ말ᄒᆞ다 동 잔말하다. ¶ᄌᆞᆫ말ᄒᆞᄂᆞᆫ 사ᄅᆞᆷ:嘴碎人(同文解上13). ᄌᆞᆫ말ᄒᆞᄂᆞᆫ 이:嘴碎的(譯解補19). ᄌᆞᆫ말ᄒᆞ다:絮煩(漢淸7:16).

ᄌᆞᆫ물위 명 잔 우박(雨雹). ¶ᄌᆞᆫ물위:米霰(譯解補2).

ᄌᆞᆫ므르다 동 짓무르다. ☞ᄌᆞᆫ믈으다 ¶눈 ᄌᆞᆫ므르다:眍風眼(譯解上60).

ᄌᆞᆫ믈으다 동 짓무르다. ☞ᄌᆞᆫ므르다 ¶눈 ᄌᆞᆫ믈으다:紅爛眼(譯解補34).

ᄌᆞᆫ밉다 형 잔밉다. ☞ᄌᆞᆺ밉다 ¶섯 건너 흰 옷 닙은 사ᄅᆞᆷ ᄌᆞᆫ밉고도 양믜왜라 쟈근 돌ᄃᆞ리 건너 큰 돌ᄃᆞ리 너머 밥ᄲᅱ여간다(古時調. 靑丘).

ᄌᆞᆫ·아·기 명 젖먹이. 영아(嬰兒). ¶ᄌᆞᆫ아기 히:孩(類合下16). 간슈홈을 ᄌᆞᆫ아기ᄀᆞ티 ᄒᆞ야:保之如嬰兒(宣小6:73).

ᄌᆞᆫ일 명 잔일. ¶너를 진의 두면 내 ᄌᆞᆫ일 펴지오면 엇지ᄒᆞ리 ᄒᆞ여 니ᄅᆞ고(三譯7:6).

ᄌᆞᆫ·자리 명 잠자리. ☞잔ᄌᆞ리. ᄌᆞᆫᄌᆞ리 ¶數업슨 ᄌᆞᆫ자리ᄂᆞᆫ ᄀᆞᄌᆞ기 오ᄅᆞᄂᆞ리거ᄂᆞᆯ:無數蜻蜓齊上下(杜解7:2). 므레 다히ᄂᆞᆫ ᄌᆞᆫ자리ᄂᆞᆫ ᄌᆞ조 ᄂᆞ놋다:點水蜻蜓款款飛(杜解11:20). ᄌᆞᆫ자리:蜻蜓(四解下49 蜓字註). ᄌᆞᆫ자리 령:蛉. ᄌᆞᆫ자리 렬:蛚. ᄌᆞᆫ자리 쳥:蜻. ᄌᆞᆫ자리 뎡:蜓(訓蒙上21). ᄌᆞᆫ자리 쳥:蜻. ᄌᆞᆫ자리 뎡:蜓(類合上15). ᄌᆞᆫ자리:蜻蜓子(同文解下42). ᄌᆞᆫ자리:螞螂(漢淸14:51).
※ᄌᆞᆫ자리>잠자리

ᄌᆞᆫᄌᆞ리 명 잠자리. ☞ᄌᆞᆫ자리 ¶ᄌᆞᆫᄌᆞ리:蜻蛉(物譜 飛蟲).

ᄌᆞᆫ치ᄒᆞ다 동 잔치하다. ☞잔치ᄒᆞ다 ¶信陵君 ᄌᆞᆫ치ᄒᆞᆯ 제 上客이 되엿든가(古時調. 어화 저 늙으니. 瓶歌).

ᄌᆞᆫ티 명 잔치. ¶鴻門宴 큰 ᄌᆞᆫ티에 擁盾壯士 거동이요(武豪歌).

ᄌᆞᆫ폐ᄒᆞ다 동 잔폐(殘廢)하다. 쇠잔(衰殘)하고 퇴폐(頹廢)하다. ¶이 곧은 ᄌᆞᆫ폐ᄒᆞᆫ 村이오라(隣語1:14).

ᄌᆞᆫ허리 명 잔허리. ¶ᄌᆞᆫ허리:軟腰(同文解上16). ᄌᆞᆫ허리:軟腰(譯解補22). ᄌᆞᆫ허리:脇下軟處(漢淸5:54).

ᄌᆞᆫ혬 명 잔셈. ¶ᄌᆞᆫ혬 만ᄒᆞᆫ 이:小籌人(漢淸8:49).

ᄌᆞᆫᄒᆞ르살이 명 눈에놀이. ¶ᄌᆞᆫᄒᆞ르살이:蠓(物譜 飛蟲).

ᄌᆞᆮ다 형 잦다(頻). ☞ᄌᆞᆽ다 ¶여희여 오매 랄ᄃᆞ리 ᄌᆞᆮ더니:別來頻甲子(重杜解10:3).

ᄌᆞᆯ 명 자루(柄). 권력(權力). 근본(根本). ☞ᄌᆞᄅᆞ ¶악비ᄅᆞᆯ 트ᅀᆞ와 병마 ᄌᆞᆯᄋᆞᆯ 아ᄋᆞ시게 ᄒᆞ고:劾飛罷兵柄(三綱. 岳飛). 오래 兵馬ㅅ ᄌᆞᆯᄋᆞᆯ 일헷다 ᄒᆞ야 브른대:久失兵柄遺騎召之(三綱. 忠16). 긴 鑱 긴 鑱이여 흰 나모 ᄌᆞᆯ이니:長鑱長鑱白木柄(初杜解25:26). ᄌᆞ탄 ᄌᆞᆯᄋᆡ:紫檀把兒(飜朴上15). 이 두 ᄌᆞᆯᄋᆞᆯ 그르ᄒᆞᆯ가 疑心ᄒᆞ노라:疑惧此二柄(重杜解1:50). 紫檀 ᄌᆞᆯ레:紫檀把兒(朴解上15). 부리와 ᄌᆞᆯᄅᆞᆯ 아직 ᄆᆡᆫᄃᆞ라(朴解下29).
※ᄌᆞᆯ>ᄌᆞᄅᆞ>자로>자루

ᄌᆞᆯ다 형 잘다. ¶동녁ᄒᆞ로 향ᄒᆞᆫ 복숑아 가지ᄅᆞᆯ ᄌᆞᆯ게 싸ᄒᆞ라 믈 달혀 모욕ᄒᆞ라:又方東向桃枝細剉煮湯浴之(簡辟5). 가지 ᄌᆞᆯ게 싸ᄒᆞ라 달힌 믈의 모욕 ᄀᆞᄆᆞ라:枝細剉煮湯浴之(辟新14). 이ᄅᆞᆯ ᄌᆞᆯ게 싸ᄒᆞ라:右剉細(胎要50). 죠히ᄅᆞᆯ ᄌᆞᆯ게 ᄲᅡ호라(癸丑38). ᄌᆞᆯ게 싸흐다:細切(同文解上59).

ᄌᆞᆯ아나다 동 자라나다. ¶ᄌᆞᆯ아나다:長出來(譯解下52).

ᄌᆞᆯ아다 동 자라다. ☞ᄌᆞ라다 ¶나히 ᄌᆞᆯ아 가치 둗거워:年壯皮厚(痘要上16).

ᄌᆞᆯ·픠 명 부들. 향포(香蒲). ☞쟐포 ¶믌ᄀᆞᆺ ᄌᆞᆯ픳 어미 히오:渚蒲牙白(初杜解8:31). 믌ᄀᆞᆺ ᄌᆞᆯ픠ᄂᆞᆫ 짜ᄒᆞᆯ 조차 잇고:渚蒲隨地有(杜解10:4). 모래예 다복다복ᄒᆞ닌 효근 ᄌᆞᆯ픠 나놋다:沙茸出小蒲(重杜解2:8). 프른 ᄆᆞᄃᆡᄂᆞᆫ 치위예 난ᄂᆞᆫ ᄌᆞᆯ픠로다:碧節吐寒蒲(重杜解2:19). 봄 ᄌᆞᆯ픠ᄂᆞᆫ 눈 노ᄀᆞᆫ ᄃᆡ 기놋다:春蒲長雪消(重杜解2:21).

·ᄌᆞᆷ 명 잠. ¶ᄌᆞᆷ드로미 ᄒᆞ마 기프니:寢已熟(初杜解8:28). 처엄 出家ᄒᆞ샤 ᄌᆞᆷ 잘 자거시늘(南明上25). 쉬우미 옷 니버 ᄒᆞᆫ번 ᄌᆞᆷ ᄭᆡ요미 ᄀᆞᆮᄒᆞ니라:易似和衣一覺睡(金三3:20). 그리면 ᄌᆞᆷ 낟브디 아닐 거시라:那們時不渴睡(飜朴上21). 松根을 베여 누어 픗ᄌᆞᆷ을 얼픗 드니(松江. 關東別曲). 梅窓 아젹 벼ᄐᆡ 香氣예 ᄌᆞᆷ을 ᄭᆡ니(松江. 星山別曲). 믈 아래 ᄌᆞᆷ긴 龍이 ᄌᆞᆷ ᄭᆡ야 니러날ᄃᆺ(松江. 星山別曲). 위 듣고아 ᄌᆞᆷ드러지라(樂詞. 翰林別曲). 耿耿枕上애 어느 ᄌᆞ미 오리오(樂詞. 滿殿春別詞). ᄌᆞᆷ:睡頭(同文解上27). ᄌᆞᆷ:困(漢淸7:40). ※ᄌᆞᆷ>잠

ᄌᆞᆷ 명 잠(箴). ¶因ᄒᆞ야 箴 지어 ᄡᅥ 스스로 경계ᄒᆞ노라:因箴以自警(宣小5:89).

ᄌᆞᆷ·갯·다 동 잠겨 있다. ㉮ᄌᆞᆷᄀᆞ다 ¶柴門을 속절업시 다다 솔와 댓서리예 ᄌᆞᆷ갯ᄂᆞᆫ고:柴

門空閉鎖松筠(初杜解7:33).

좀겹다 형 자고 싶다. ☞좀겹다 ¶좀겹다:困大(漢淸7:40).

좀계워ᄒᆞ다 동 자고 싶어하다. ¶아ᄒᆡ 좀계워ᄒᆞ다:小兒肯睡(漢淸7:41).

좀겝다 형 자고 싶다. ☞좀겹다 ¶좀겝다:睡的狠(同文解上27).

좀고대ᄒᆞ다 동 잠꼬대하다. ☞좀ᄭᅩ듸ᄒᆞ다 ¶좀고대ᄒᆞ다:說夢話(同文解上28).

좀귀 명 잠귀. ☞좀ㅅ귀 ¶좀귀 ᄇᆞᆰ다:睡聽(同文解上27).

좀그다 동 잠그다〔沈〕. ☞좀ᄀᆞ다. 좀다 ¶좀그다:沈着(同文解下55). 믈에 좀그다:蘸水(漢淸8:52).

좀기·다 동 잠기다〔沈〕. ☞ᄌᆞᄆᆞ다. 좀기이다. 좀다 ¶좀겨 저저 하ᄂᆞᆶ ᄀᆞᄆᆞ리 업도다:浸潤無天旱(初杜解7:36). 믌뉘누리ᄂᆞᆫ 기펴 ᄆᆞ리 좀기고:礧渦深沒馬(初杜解15:8). 갓가이셔 보니 아ᅀᆞ라히 하ᄂᆞᆯ햇 므레 좀겻ᄂᆞ니:看時遠浸碧漢(飜朴上68). 좀길 좀:潛(類合下4. 石千4). 브졍ᄒᆞ고 샤특ᄒᆞᆫ 듸 좀기여 젓ᄃᆞᆺ ᄒᆞ야:浸漬頗僻(宣小5:17). 셩니예 ᄆᆞᄋᆞᆷ을 좀겨 호ᄃᆡ 더옥 쥬역의 깁ᄑᆞ니:潛心性理而尤邃於易(東新續三綱. 忠1:72). 이 드레 믈에 좀기디 아니ᄒᆞ니:這洒子是不沈水(老解上32). 믈 아래 좀긴 龍이 좀 ᄶᅵ야 니러날 ᄃᆞᆺ(松江. 星山別曲). 좀기다:沈(同文解上8). 비오리 가슴이 半도 아니 좀겨세라(古時調. 뉘뉘 니르기. 歌曲). 桃花 ᄠᅳᆫ 맑은 물에 山影조ᄎᆞ 좀겨세라(古時調. 曺植. 頭流山. 歌曲). 錦繡青山이 물속에 좀겨세라(古時調. 말이 놀나거늘. 歌曲). 南北村 두세 집이 翠烟의 좀겨시니(江村晩釣歌). ※좀기다>잠기다

좀기·다 동 잠그다〔鎖〕. ☞ᄌᆞᄆᆞ다. 좀ᄀᆞ다 ¶門돌ᄒᆞᆯ 다 구디 좀겨 뒷더시니(釋譜6:2).

좀기이다 동 잠기다〔沈〕. ☞좀기다 ¶믈 좀기이다:水淹了(譯解上2).

좀·ᄀᆞ·다 동 잠그다〔鎖〕. ☞ᄌᆞᄆᆞ다 ¶柴門을 쇽절업시 다다 솔와 댓서리예 좀갯ᄂᆞᆫ고:柴門空閉鎖松筠(初杜解7:33). 寶所애 다다쇠 좀고미 업거늘:寶所無關鑰(南明下1). 그 衣服은 篋笥의 좀가 두어(家禮4:10).

좀ᄀᆞ·다 동 잠그다〔浸〕. ☞ᄌᆞᄆᆞ다 ¶좀가 우러난 즙 서 되ᄅᆞᆯ 머그라:浸汁服三升(救簡6:36). 므레 좀가 ᄒᆞᄅᆞᆺ밤 재여:水浸一宿(瘟疫方23). 氷盤에 좀가 두면 ᄀᆞ장 보기 됴ᄒᆞ니라:浸在氷盤裏好生好看(朴解上6).

좀ᄀᆞ랏·다 동 잠기었다. ㉠좀ᄀᆞᆯ다 ¶좀ᄀᆞ랏ᄂᆞᆫ 고기ᄂᆞᆫ 므릐 健壯호ᄆᆞᆯ 슬코:潛鱗恨水壯(初杜解25:4).

·좀ᄀᆞᆯ·다 동 잠기다〔沈〕. ☞좀기다. 좀다 ¶좀ᄀᆞ랏ᄂᆞᆫ 고기ᄂᆞᆫ 므릐 健壯호ᄆᆞᆯ 슬코:潛鱗恨水壯(初杜解25:4). 고기 낛ᄂᆞᆫ ᄇᆡᄂᆞᆫ 本來로 좀ᄀᆞ로ᄆᆞᆯ 보디 아니ᄒᆞᄂᆞ니라:漁艇從來不見沈(金三5:34). 이슬 ᄠᅥ디며 믌방올 좀ᄀᆞ로미 눈ᄀᆞᆷ작ᄒᆞᆯ ᄉᆞᅀᅵ니:露滴漚沈瞬息間(南明上60). 좀ᄀᆞᆯ 좀:潛(訓蒙下3).

·좀·ᄀᆞᆯ이·다 동 잠그다. 잠기게 하다. ¶ᄆᆞᅀᆞᄆᆞᆯ 좀ᄀᆞᆯ여 그ᅀᅳ기 어드우니:潛心陰昧(楞解8:116).

·좀·다 동 ①잠그다〔浸〕. ☞ᄌᆞᄆᆞ다. 좀ᄀᆞ다 ¶大黃 ᄒᆞᆫ 兩ᄋᆞᆯ 수레 좀고:大黃一兩酒浸(救急下33). 바ᄅᆞᆳ므리 미러 먼 셔믈 ᄌᆞᄆᆞᆺᄂᆞᆫ ᄃᆞᆺᄒᆞ도다:溟漲浸絕島(初杜解22:31). 須彌ᄅᆞᆯ 미러 그우리와다 玉蟾ᄋᆞᆯ 좀도다:推倒須彌浸玉蟾(金三2:68). ᄆᆞ리 蘆溝橋ㅅ 란간앳 ᄉᆞᄌᆡ 머리를 ᄌᆞ마 너머:水渰過蘆溝橋獅子頭(飜朴上9).
②잠기다〔沈〕. ☞ᄌᆞᄆᆞ다. 좀기다 ¶沈香ᄋᆞᆫ 므레 좀ᄂᆞᆫ 香이라(月釋2:29). 受苦ㅅ 바다해 ᄌᆞ마 잇ᄂᆞ니(月釋9:22). 須彌山이 즐겨 좀ᄋᆞ며 소ᄉᆞ며 十方 衆生이 大會예 오ᅀᆞᄫᆞ니(月釋21:190). 네 性이 ᄌᆞ마:汝性沈淪(楞解3:98). 새 죠개 ᄃᆞ외면 ᄂᆞ로ᄆᆞᆯ 蛻ᄒᆞ야 좀ᄂᆞᆫ 거시 ᄃᆞ외ᄂᆞ니:如雀爲蛤則蛻飛爲潛(楞解7:84). ᄌᆞ마도 ᄒᆞ리며 내야도 ᄒᆞ리며:沈之可也露之可也(法華6:155). 블근 거시 ᄌᆞ마시니 珊瑚ㅣ 뎌르고:紅浸珊瑚短(初杜解16:45). 愛河애 잢간 낫다가 도로 좀ᄂᆞ다:愛河暫出還沈沒(南明下31). 믈 좀다:水淹了(四解下84 淹字註). ᄀᆞᄅᆞ매 드러도 두터비 좀디 아니 ᄒᆞᄂᆞ니:入河蟾不沒(重杜解12:1).

좀뎌 명 잠저(潛邸). ¶좀뎌시로븟터 ᄠᅳᆺ을 돗타이 ᄒᆞ여(仁祖行狀16).

·좀들·다 동 잠들다. ¶ᄒᆡ 기울어ᄂᆞᆯ ᄇᆞᆯ 베오 누어 좀드로미 ᄒᆞ마 기프니:日斜枕肘寢已熟(初杜解8:28). 伴醉ᄒᆞ여 좀든 체ᄒᆞ려 ᄒᆞ여도(隣語1:14).

좀보기 부 담뿍. ¶야쳥 비단으로 좀보기 치질 고이 ᄒᆞᆫ 후시 ᄆᆡ엿고:絟着一副鴉青段子滿刺嬌護膝(飜朴上26).

좀ㅅ귀 명 잠귀. ☞좀귀 ¶좀ㅅ귀 ᄇᆞᆰ다:睡的輕(漢淸7:40). 좀ㅅ귀 ᄇᆞᆰ다:睡聽(譯解補26).

좀상 명 잠상(蠶桑). ¶富貴예 나 기런 모로매 蠶桑ᄋᆡ 쉽디 아니호ᄆᆞᆯ 아롤디니:生長富貴當知蠶桑之不易(宣賜內訓2下51).

좀심ᄒᆞ다 동 잠심(潛心)하다. ¶홀노 안져 션자의 글을 좀심ᄒᆞ야 쓰거ᄂᆞᆯ(引鳳簫2).

좀ᄭᆞᆫ 부 잠깐. ☞잢간 ¶樂天 知命을 예 좀ᄭᆞᆫ 드러더니(曺友仁. 梅湖別曲).

좀ᄭᅩ대 명 잠꼬대. ¶좀ᄭᅩ대:夢話(譯解補26).

좀ᄭᅩ듸ᄒᆞ다 동 잠꼬대하다. ☞좀고대ᄒᆞ다 ¶

좀ᄭᅩᄃᆡᄒᆞ다:說夢話(漢淸7:41).

좀:시 명 잠이(簪珥). ¶샹녜 이바디예 모ᄃᆞᆫ 姬와 貴人이 난겻 빗어 簪珥ᄅᆞᆯ 빗내 ᄒᆞ며(簪은 빈혜오 珥ᄂᆞᆫ 玉으로 ᄆᆡᇰᄀᆞ론 귀예 드리ᄂᆞᆫ 거시라):每有讌會諸姬貴人競自修整簪珥光采(宣賜內訓2下12).

좀울쇠 명 자물쇠. ☞ᄌᆞᄆᆞᇝ쇠 ¶좀울쇠 속:鎖鬚(物譜 第宅).

좀ᄋᆞᆫ 부 자못. ☞자모 ¶이 말은 좀ᄋᆞᆫ 그르도다:此語殊非(女四解4:70).

·좀ᄋᆞ·며 동 잠기며. ㉠좀다 ¶須彌山이 ᄌᆞᆷ겨 좀ᄋᆞ며 소ᄉᆞ며 十方 衆生이 大會예 오ᅀᆞᄫᆞ니(月釋21:190).

·좀·자·다 동 잠자다. ¶좀자ᇝ 제 風流ㅣ ᄀᆞ바ᅀᆞᇦ더니(月印上43). 帝 좀자샴과 飮食을 便安히 몯 ᄒᆞ샤:帝寢食不安(宣賜內訓2下63). 센 머리예 좀자ᄆᆞᆯ 長常 일 ᄒᆞ노니:白髮寢常早(初杜解23:15). ᄒᆞ다가 ᄒᆞᆫ 平床애 좀자디 아니ᄒᆞ면:若不同床睡(金三4:4). ᄆᆞᅀᆞ미 허손ᄒᆞ야 좀자미 편안티 아니ᄒᆞ고:膽虛睡臥不安(救簡1:116).

좀ᄌᆞ미 부 잠잠히. ☞좀좀히 ¶좀ᄌᆞ미 알며 말 아니ᄒᆞ야:默而識之不言(法華1:133).

좀ᄌᆞ코 부 잠자코. ☞좀즈코. 좀좀코 ¶말이 나디 아녀 좀ᄌᆞ코 이시니(癸丑94).

좀즈코 부 잠자코. ☞좀ᄌᆞ코. 좀좀코 ¶維摩ㅣ 좀즈코 마리 업거늘(月釋8:66).

좀좀 부 잠잠히. ☞좀좀히 ¶좀좀 믁:默(類合下17. 石千31). 좀좀 묵:默(倭解上26).

좀좀이 부 잠잠히. ☞좀좀히 ¶이 엇디 가히 좀좀이 이시리오(山城115).

좀좀·코 부 잠자코. ☞좀ᄌᆞ코. 좀즈코 ¶좀좀코 對答 아니 ᄒᆞᅀᆞᄫᆞ미오(釋譜24:2). 부텨 옷 許ᄒᆞ시면 묻ᄌᆞᄫᆞ리이다 ᄒᆞ고 좀좀코 잇거늘(月釋10:67). 이 道애 좀좀코 處호미오:而默處是道也(法華2:74). ᄇᆞ롬녁 도라 좀좀코 안ᄌᆞ실 시라(南明下29). 좀좀코 비니 쉼이 즉시 소사나고:默禱泉卽湧出(東新續三綱. 孝3:77). 신이 내죵내 좀좀코 죽을 일이오ᄃᆡ(女範2. 변녀 니시옥영).

좀좀히 부 잠잠히. ☞좀ᄌᆞ미. 좀좀 ¶밧 업슨 體예 좀좀히 得게 ᄒᆞ시며:而默得乎無外之體(楞解1:8). 블 브튼 救홀 術을 좀좀히 ᄉᆞ랑홀 씨라:沈思救焚之方也(法華2:62). 菩提ㅅ 大道心에 좀좀히 마ᄌᆞ리라:默契菩提大道心(金三2:9).

좀좀·ᄒᆞ·다 형 잠잠하다. ¶菩薩이 便安히 좀좀ᄒᆞ야 잇거든(釋譜13:21). 世尊이 좀좀ᄒᆞ샤(釋譜13:46). 各各 좀좀ᄒᆞ시니라(月釋18:31). 좀좀티 몯ᄒᆞ야:不得默默(三綱. 忠32). 各各 좀좀ᄒᆞ시니라:而各默然(法華6:142). 말와 좀좀호매 ᄒᆞᆫ가지로 ᄒᆞᄂᆞ니:語默平等(永嘉上52). 維摩ㅣ 좀좀ᄒᆞ야 말 업스신대:維摩默然無言(永嘉下9). 그 ᄆᆞᅀᆞ매 좀좀ᄒᆞ야 븟그리과뎌 ᄇᆞ라거늘:冀以默愧其心(宣賜內訓2上51). 膳部ㅣ ᄂᆞᆯ시 좀좀ᄒᆞ야셔 슬노라:膳部默悽傷(初杜解24:9). 可히 좀좀ᄒᆞ야 말리아 그를 지ᅀᅥ 宗武를 뵈여 외오이노라:可嘿息已作詩示宗武誦(初杜解25:2). ᄒᆞᆫ 즁이 風穴ᄭᅴ 묻ᄌᆞ오ᄃᆡ 말ᄒᆞ거나 좀좀호매(南明上7). 하ᄂᆞᆯ히 좀좀ᄒᆞ얀도다:天默默只(東新續三綱. 烈1:92). 좀좀ᄒᆞ다:默口(同文解上25). 나라히 망ᄒᆞ게 되여시매 좀좀티 못ᄒᆞ여 ᄒᆞ미라(五倫2:77).

좀착ᄒᆞ다 동 잠착(潛着)하다. ☞좀탹ᄒᆞ다 ¶므서세 좀챡ᄒᆞ엿관ᄃᆡ 날 온 줄을 모로ᄂᆞ니(古時調. 金天澤. 蘆花 기픈. 青丘).

좀·탹·ᄒᆞ·다 동 잠착(潛着)하다. ☞좀챡ᄒᆞ다 ¶衆生이 諸根이 鈍ᄒᆞ야 미혹호매 좀탹ᄒᆞ야 잇ᄂᆞ니(釋譜13:57). 오직 실혹오로 ᄀᆞᄅᆞ쳐 글닐기ᄅᆞᆯ 좀탹ᄒᆞ게 ᄒᆞ고:只教以經學念書(飜小6:6).

-:좁- 어미 -잡-. ¶三賊이 좇좁거늘:三賊逐之(龍歌36章). 人心이 몯좁더니 禮士溫言ᄒᆞ샤 人心이 굳ᄌᆞᄫᆞ니:人心斯聚禮士溫言人心斯固(龍歌66章). 부텻 功德을 듣좁고(釋譜6:40). 未來世 衆生이 부텻 마ᄅᆞᆯ 머리로 받좁게 ᄒᆞ쇼셔(月釋21:84). 내 날호야 기드리좁디 아니ᄒᆞᅀᆞ외:而我不欸待(法華2:7). 또 듣좁고 곧 落處ᄅᆞᆯ 알려니와(南明上2). 어의 다 젓좁더라(仁祖行狀33). ※-좁->-잡-

·ᄌᆞ귀 명 자구(字句). ¶그 달이 ᄡᅳᄂᆞᆫ 소리로 그 ᄌᆞ귀예 돌임ᄒᆞᄂᆞ니(訓蒙凡例4).

ᄌᆞᆺ·다 동 (실을) 잣다. ¶ᄌᆞᅀᆞᆯ 방:紡(訓蒙下19). ᄌᆞᆺ다:紡線(同文解下25). 실 ᄌᆞᆺ다:紡線(譯解補39). 실 ᄌᆞᆺ다:紡線(漢淸10:67).

ᄌᆞᆺ·다 형 잦다〔頻〕. ☞ᄌᆞᆫ다. ᄌᆞᆺ다 ¶여희여 오매 날ᄃᆞ리 ᄌᆞᆺ더니:別來頻甲子(初杜解10:3). 고히 막고 추미 걸며 수미 ᄌᆞᆺ거든:鼻塞痰稠喘急(救簡2:14). ᄇᆡ니 섯겨다던 거손 업ᄉᆞ되 도수 ᄌᆞᆺ기ᄂᆞᆫ 감티 아녀(諺簡68 仁宣王后諺簡).

ᄌᆞᆺ다 동 젓다. ¶대개 아교ᄂᆞᆫ 이 흐린 거슬 ᄌᆞ아 ᄆᆞᆰ기ᄅᆞᆯ 붓내ᄂᆞᆫ 거시라:蓋膠是激濁揚清之物也(煮硝方17).

ᄌᆞᆺ다 동 잦다〔涸〕. ¶물 쉬이 ᄌᆞᆺᄂᆞᆫ ᄯᅡ:水涸地(譯解補4).

ᄌᆞᆺ립다 형 잔밉다. ☞ᄌᆞᆫ립다 ¶녯 사ᄅᆞᆷ 니론 말이 ᄂᆞᆷ의 싀앗 되야 ᄌᆞᆺ립고 양믜와(古時調. 져 건너 月仰 바회. 青丘).

ᄌᆞᆺᄌᆞᆺ 부 짯짯하게. 맑고 깨끗하게. ¶또 도ᄃᆞᆯ 제 ᄌᆞᆺᄌᆞᆺ 븕고 블거셔 변ᄒᆞ여 검븕고:初出鮮紅紅變紫(痘要上53).

종기라이 부 재미나게. ☞징그랍다 ¶종기라이 너기며 바로 니ᄅᆞ지 아니타:打趣(漢淸

7:13).

ᄌᆞᆾ·다 형 잣다〔頻〕. ☞ᄌᆞᆽ다. ᄌᆞᆺ다 ¶習은 나며 갓가ᄫᆞ며 ᄌᆞᄌᆞᆫ ᄠᅳ디라(月釋13:47). 病이 ᄌᆞᄌᆞ며:數病(楞解7:4). 賦斂이 ᄌᆞᄌᆞ니:賦斂數(初杜解15:5). 엇데 ᄏᆡ ᄌᆞᄌᆞ뇨:何太頻(初杜解23:32). ᄌᆞᄌᆞᆯ 빈:頻(類合下57). 말ᄆᆡ 주심이 ᄌᆞ조ᄃᆡ:賜告者數(宣小6:37). 雜虜의 干戈ㅣ 빗구미 ᄌᆞᄌᆞ니:雜虜橫戈數(重杜解5:8). 公幹의 오란 病이 ᄌᆞᄌᆞᆫ ᄃᆞᆺ호리:公幹沈綿屢(重杜解22:39).

·ᄌᆡ 명 재〔灰〕. ¶道士ᄋᆡ 經은 다 ᄉᆞ라 ᄌᆡ ᄃᆞ외오(月釋2:75). ᄌᆡ 식거든 뼈를 주어 묻ᄌᆞᄫᆞ려 ᄒᆞ노라:灰寒收瘞其骨(三綱. 忠27). 브리 ᄌᆡ ᄃᆞ외ᄃᆞᆺ ᄒᆞ야:如火成灰(楞解2:4). 주근 ᄌᆡ:死灰(楞解9:61). ᄌᆡ 滅홈 ᄀᆞᆮ호ᄆᆞᆯ 뵈시니라:示同灰滅(永嘉序6). ᄌᆡ ᄂᆞᆯ며:灰飛(圓覺上二之一47). ᄌᆡ예 丹砂 ᄉᆞ던 브리 주겟도다:灰死燒丹火(杜解9:5). 블ᄀᆞᆫ ᄆᆞᅀᆞᄆᆞᆫ 一寸이 ᄌᆡ ᄀᆞᆮ도다:丹心一寸灰(初杜解15:48). 고대 ᄌᆡ ᄃᆞ외리라:當下灰(金三2:73). ᄉᆞ라 ᄌᆡ ᄆᆡᆼᄀᆞ라:燒作灰(佛頂中7). ᄆᆞ레 ᄲᆞ딘 사ᄅᆞᄆᆞᆯ 더운 ᄌᆡ예 무두ᄃᆡ:埋溺人暖灰中(救簡1:70). ᄌᆡ 회:灰(訓蒙下35. 類合上6. 兒學上4). ᄌᆡ와 틔글을 믈 ᄲᅳ려 ᄡᅳᆯ며:灑掃灰塵(女四解2:29). ᄌᆡ:灰(同文解上63. 漢淸10:52). ᄌᆡ가 된들 뉘 타시리(萬言詞).

ᄌᆡ 명 재. 고개. ¶ᄇᆞᄅᆞᆷ도 마시며 ᄌᆡ예도 누ᄫᅳ며(釋譜24:26). 夕陽은 ᄌᆡ를 넘고 空山이 寂寞ᄒᆞᆫᄃᆡ(萬言詞).

ᄌᆡ 명 재(齋). ¶이 ᄀᆞᆮᄒᆞᆫ 罪業 衆生이 命終ᄒᆞᆫ 後에 眷屬 骨肉이 爲ᄒᆞ야 齋 닷가 業道ᄅᆞᆯ 도ᄫᆞᄃᆡ 齋食 몯다ᄒᆞᆫ 적과 齋 ᄆᆡᆼᄀᆞᆯ 저긔 ᄯᅳ믈와 菜蔬ㅅ 니플 ᄡᅡ해 ᄇᆞ리디 말며(月釋21:110).

ᄌᆡ 명 재(滓). 찌꺼기. ¶몬져 젼국 글혀 ᄒᆞᆫ 잔 半ᄋᆞᆯ 取ᄒᆞ야 滓 앗고 梔子 녀허:先煮豉取一盞半去滓入梔子(救急上29).

-ᄌᆡ 접미 -째. ☞-자히 ¶나의 둘ᄌᆡ 아ᄋᆞᄂᆞᆫ:我那二兄弟是(華解上3). 셋ᄌᆡ 아ᄋᆞᄂᆞᆫ 오히려 書堂에 잇셔 글을 읽노라:三兄弟是咳在書房念書呢(華解上3). 첫ᄌᆡ는 元氣ᄅᆞᆯ 補ᄒᆞ고:一補元氣(華解下11).

:ᄌᆡ가 명 재가(在家). ¶在家와 出家왜 오직 이ᄅᆞᆯ브터 닷ᄀᆞ라 ᄒᆞ다가(六祖上77).

ᄌᆡ가 명 자개. ¶ᄌᆡ가 ᄑᆡ:貝(兒學上4).

ᄌᆡ간 명 재간(才幹). ¶이 ᄌᆡ간의 ᄢᅦᄅᆞᆯ 시작ᄒᆞ엿다(三譯4:20). 말 ᄌᆡ간 업슴이 이시면(三譯6:20). 부톄 되면 살며 죽기도 다 면ᄒᆞ고 신통 ᄌᆡ간니 만만ᄒᆞ고(普勸文5).

ᄌᆡ간젓다 형 재간(才幹)적다. ¶너희 이런 ᄌᆡ간저은 ᄢᅦ예 曹操ᄅᆞᆯ 두루면 되려니와(三譯7:23).

ᄌᆡ간ᄒᆞ다 동 처리하다. ¶아므려나 看品坐의셔 ᄃᆞ토디 아니케 ᄌᆡ간ᄒᆞᄋᆞᆸ소(新語3:29). 正官도 분별 두셔 氣味 됴케 ᄌᆡ간ᄒᆞᄋᆞᆸ소(新語4:3). 내 ᄉᆞᆯ오매 기ᄃᆞ로디 말고 잘 쥬션ᄒᆞ야 ᄶᅥ림업게 ᄌᆡ간ᄒᆞ시소(新語5:24).

ᄌᆡ강 명 재강. ¶새 니근 수ᄅᆞᆯ ᄌᆡ가이 조쳐 소곰 녀허:以新熟酒連糟入鹽(救急下34). ᄌᆡ강 조:糟(石千35). ᄌᆡ강:酒糟(譯解上49). ᄌᆡ강:酒糟(同文解上60). 糟:ᄌᆡ강이라(無冤錄1:19). ᄌᆡ강:黃酒糟(漢淸12:42). ᄌᆡ강 조:糟(兒學上13).

ᄌᆡ계 명 재계(齋戒). ¶ᄌᆡ계 ᄌᆡ:齋(類合下14). 졔ᄒᆞᄂᆞᆫ 나ᄅᆡ 반ᄃᆞ시 ᄌᆡ계 목욕ᄒᆞ고:祭日必齋沐(東新續三綱. 烈2:8). ᄒᆞᆫ ᄃᆞᆯ 만의 목욕ᄒᆞ고 ᄌᆡ계ᄅᆞᆯ 닐위더라:一月沐浴致齋(東新續三綱. 孝5:7). 졔ᄉᆞᄒᆞ실 적이면 ᄌᆡ계ᄅᆞᆯ 극진이 ᄒᆞ오셔(仁祖行狀16). 긴 ᄌᆡ계:長齋(譯解補10).

ᄌᆡ·계·ᄒᆞ·다 동 재계(齋戒)하다. ¶花香 풍류를 ᄀᆞ초 准備ᄒᆞ야 두고 齋戒ᄒᆞ야(釋譜24:42). 셤을 ᄌᆡ계ᄒᆞᆯ 제ᄀᆞᆮ티 홀디니라:立如齋(宣小3:12). 국긔예 ᄯᅩ ᄌᆡ계ᄒᆞ며 소ᄒᆞ더라:國忌亦齋素(東新續三綱. 孝4:29). 긔일이면 ᄌᆡ계ᄒᆞ야 소ᄒᆞ기ᄅᆞᆯ 닐웨ᄅᆞᆯ ᄒᆞ고:忌日齋素七日(東新續三綱. 孝6:26).

ᄌᆡ곡ᄌᆡ고기 부 차곡차곡. 꼬박꼬박. ☞자곡자고기 ¶ᄌᆡ곡ᄌᆡ고기 맛ᄀᆞᆲ다가 머리 니거ᅀᅡ 니ᄅᆞᆫ대 즉자히 주겨 ᄇᆞ리니라:應對不失度道已遠乃以實告吏應時見殺(三綱. 烈10 綏姜解梏).

ᄌᆡ괴 명 잿빛 고양이. ¶ᄌᆡ괴:灰猫(譯解下33).

ᄌᆡ:난 명 재난(災難). ¶여러 가짓 災難이 업고(月釋21:99). 能히 災難ᄋᆞᆯ 降伏히샤미니(楞解6:25).

ᄌᆡ녁 명 재력(財力). ☞ᄌᆡ력 ¶財力이 가히 미촐 者ᄂᆞᆫ 스스로 當당이 녜대로 홀디니라(家禮10:29).

ᄌᆡ다 형 재다〔敏〕. ☞재다 ¶ᄌᆡᆫ 쇼:急牛(漢淸14:36). ᄌᆡᆫ 말:驥馬(柳氏物名一 獸族).

ᄌᆡ:단ᄒᆞ·다 동 재단(裁斷)하다. ¶비호리 裁斷홀띠니라(永嘉上15).

ᄌᆡ덕 명 재덕(才德). ¶져 사ᄅᆞᆷ은 才德을 兼全ᄒᆞ여(隣語3:1).

ᄌᆡ딜 명 재질(才質). ¶ᄌᆡ딜을 혐의로이 너기디 아니실딘대(洛城2).

ᄌᆡ력 명 재력(財力). ☞ᄌᆡ녁 ¶이제 나라 ᄌᆡ력이 판탕ᄒᆞ니(仁祖行狀30).

ᄌᆡ:릿권 명 재리권(財利權). 이권(利權). ¶보야호로 졍승位예 이셔 ᄌᆡ릿權을 ᄀᆞᄋᆞᆷ아랏더니:方居相位掌利權(宣小6:114).

ᄌᆡ목 명 재목(材木). ¶ᄌᆡ목 ᄌᆡ:材(類合上9). ᄌᆡ목 ᄌᆡ:材(兒學上10).

ᄌᆡ물 명 재물(財物). ☞ᄌᆡ믈 ¶싀집의 가져갈

ᄌᆡ믈을 ᄎᆞᆺ고:需索陪送(女四解2:15). ᄌᆡ물 화:貨(兒學下6). 약간 모흔 ᄌᆡ물이 이셔 알 니 업시 간슈ᄒᆞ야시니(落泉1:1).

ᄌᆡ·믈 명 재물(財物). ☞ᄌᆡ물 ¶財物 穀米 飮食 衣服애 ᄒᆞᆫ 거시나 아니 주거든(月釋21:40). 내 念호ᄃᆡ 늙고 財物을 만히 두어 金銀 보ᄇᆡ 倉庫애 ᄀᆞᄃᆞᆨᄒᆞ야 넚듀ᄃᆡ(法華2:189). ᄌᆡ믈 화:貨. ᄌᆡ믈 ᄌᆡ:財(類合下35). 敢히 그 ᄌᆡ믈을 ᄉᆞᄉᆞ로이 몯 ᄒᆞᄂᆞ니:不敢私其財(宣小2:11). ᄌᆡ믈에 다ᄃᆞ라셔 구챠히 얻디 말며:臨財毋苟得(宣小3:3). 보화와 ᄌᆡ믈을 죠하ᄒᆞ며:財(百行源18). 쳐ᄌᆞ와 ᄌᆡ믈 보ᄇᆡ와:財(桐華寺 王郞傳8). 인군이 겸공ᄒᆞ고 경신ᄒᆞ며 ᄌᆡ믈을 졀용ᄒᆞ고(五倫2:2). ᄌᆡ믈을 만히 주고:與之金幣(五倫3:47). ※ᄌᆡ믈>재물

ᄌᆡ미 명 재미. ¶ᄌᆡ미를 못 보시고 ᄎᆞᆯᄀᆞ롤 식이시며(思鄕曲).

ᄌᆡ:미 명 재미(齋米). ¶齋米ᄅᆞᆯ 마다커시ᄂᆞᆯ 王이 親히 나샤 婆羅門ᄋᆞᆯ 마자 드르시니(月釋8:78).

ᄌᆡ범 명 재범(再犯). ¶再犯은 왼ᄑᆞᆯ의 刺字ᄒᆞ야:再犯則左臂刺字(警民16).

ᄌᆡ:변 명 재변(災變). ¶妖怪옛 별와 災變ᄃᆞᆯ히 나ᅀᅥ(月釋10:84). 災變ᄋᆞᆫ 王氏 政事 ᄌᆞ뱃ᄂᆞᆫ 젼ᄎᆡ이다 ᄒᆞ야ᄂᆞᆯ(三綱. 忠7). 인군이 능히 몸을 기우려 덕을 닷디 못ᄒᆞ고 ᄌᆡ변을 만나ᄃᆞᆫ(仁祖行狀32). 존신은 급히 고이ᄒᆞᆫ 거ᄉᆞᆯ 감초아 셩ᄃᆡ의 ᄌᆡ변을 닐위지 마ᄅᆞ쇼셔(落泉2:6).

:ᄌᆡ:ᄇᆡᄒᆞ·다 동 재배(再拜)하다. ¶사ᄅᆞᆷ을 다ᄅᆞᆫ 나라히 무ᄅᆞ실ᄉᆡ 再拜ᄒᆞ야 보내더시다(宣論2:58). 北으로 面ᄒᆞ야 首ᄅᆞᆯ 稽ᄒᆞ고 再拜ᄒᆞ고(宣孟10:24). 深衣 닙고 焚香ᄒᆞ고 再拜ᄒᆞ라(家禮1:23). 主人 以下ㅣ 哭호ᄃᆡ 盡哀ᄒᆞ고 再拜ᄒᆞ라(家禮8:1). 공등을 향ᄒᆞ야 ᄌᆡᄇᆡᄒᆞ고(洛城1).

ᄌᆡ·벽 명 조약돌. ¶ᄒᆞᆫ 디샛 ᄌᆡ벽을 가져:取一瓦礫(楞解5:72). 忽然히 집터 닷다가 ᄌᆡ벽으로 대수 ᄐᆞᆫ 소리예(蒙法10).
※ᄌᆡ벽>ᄌᆡ역>조약돌

ᄌᆡ벽골 명 재벽동(滓甓洞). 〔지명(地名)〕 ¶在抱川滓甓洞 ᄌᆡ벽골(龍歌1:49).

ᄌᆡㅅ믈 명 잿물. ☞ᄌᆡᆫ믈. ᄌᆡᆺ믈 ¶ᄌᆡㅅ믈:灰泥水(譯解補29).

ᄌᆡ산 명 재산(財產). ¶ᄌᆡ산으란 묻디 아니코:不問財產(東新續三綱. 烈1:53). 能히 財產을 기우리ᄂᆞ니(重杜解7:34).

:ᄌᆡ·샹 명 재상(宰相). ¶大臣이며 宰相이며(釋譜9:34). 梁王이 宰相 브려 聘ᄒᆞ야ᄂᆞᆯ(三綱. 烈6). 范魯公 質이 宰相이 ᄃᆞ외옛거ᄂᆞᆯ(飜小6:21). ᄌᆡ샹네손ᄃᆡ 가 즈름아비 ᄃᆞ외엿ᄂᆞ니:宰相們上做牙子(飜朴上33). ᄌᆡ샹 ᄌᆡ:宰. ᄌᆡ샹 샹:相(訓蒙中1).

ᄌᆡ·실 명 재실(齋室). ¶齋室 안해 各別히 廚帳을 셰엣더니:於齋內別立廚帳(宣賜內訓1:66). ᄌᆡ실 안해 각별이 차반 달홀 ᄃᆡ를 ᄆᆡᆼ그랏더니:於齋內別立廚帳(宣小5:46). 무덤 남녁킈 ᄌᆡ실을 짓고:墓南作齋室(東新續三綱. 孝1:64).

:ᄌᆡ:ᄉᆞ 명 재사(才士). ¶才士ㅣ 神秀ᄒᆞᆫ 氣運을 어뎃ᄂᆞ니(初杜解15:54).

ᄌᆡ·ᄉᆞ·ᄒᆞ·다 동 재사(再四)하다. 여러 번 하다. ¶마초ᄢᅧ 仔細히 호ᄃᆡ 再四ᄒᆞ야:再ᄂᆞᆫ 두 버니라(法華序21).

ᄌᆡᄉᆡᆼᄒᆞ다 동 재생(再生)하다. ¶내 임의 너ᄅᆞᆯ 만나니 이ᄂᆞᆫ ᄌᆡᄉᆡᆼᄒᆞᆯ 긔회라(落泉2:4).

ᄌᆡ앙 명 재앙(災殃). ¶이앙으로 ᄌᆡ앙을 바다 젼불괘 겸ᄒᆞᆫ 곳을 들마다 ᄯᅡ라가며(綸音89). ᄌᆡ앙 ᄌᆡ:災(兒學下7).

ᄌᆡ·역 명 조약돌. ☞ᄌᆞ역. ᄌᆡ벽 ¶디샛 ᄌᆡ역을 메며 ᄌᆞᆷ ᄀᆞᆮᄒᆞ니라:擔負瓦礫(永嘉下73). 디새 ᄌᆡ역 ᄀᆞᆮ고:如瓦礫(六祖上46).
※ᄌᆡ역<ᄌᆡ벽

ᄌᆡ·ᄋᆡᆨ 명 재액(災厄). ¶一切 災厄이 다 消滅ᄒᆞ리라(楞解7:56). 青色은 能히 災厄ᄋᆞᆯ 티ᄂᆞᆫ 젼ᄎᆡ라(金三宗序3). 災厄이 일로브터 비릇ᄂᆞ니라(飜小6:24). 섭나모ᄅᆞᆯ 사코 퓌우면 災厄을 업게 ᄒᆞ며(簡辟19). 섭나모 싸코 퓌우면 ᄌᆡᄋᆡᆨ 업게 ᄒᆞ고 양긔 돕ᄂᆞ니라(瘟疫方7). 션시 왈 쳔긔ᄅᆞᆯ 누셜치 못ᄒᆞ나 그ᄃᆡ ᄌᆡᄋᆡᆨ이 듕ᄒᆞ니(落泉1:1).

ᄌᆡ:젼 명 재전(裁剪). 자투리. ¶샹녜 옷과 치마 ᄆᆞᄅᆞ시고 나ᄆᆞᆫ 裁剪을 니ᅀᅥ 手巾과 쇼ᄒᆞᆯ ᄆᆡᆼᄀᆞ라 니ᄅᆞ샤ᄃᆡ:每製衣裳餘帛緝爲巾褥曰(宣賜內訓2下51). 五色 ᄌᆡ젼으로:五色雜綵(佛頂12).

ᄌᆡ·조 명 재주. ☞ᄌᆡ쥬 ¶사회ᄅᆞᆯ ᄀᆞᆯᄒᆡ야 ᄌᆡ조ᄅᆞᆯ 몯 미다 님금말ᄋᆞᆯ 거스ᅀᆞᄫᆞ니(月印上14). ᄌᆡ죄 奇特ᄒᆞ실ᄊᆡ(釋譜6:7). 소리와 ᄌᆡ조와 노뇨ᄆᆞ로:聲伎遊宴(宣賜內訓1:28). ᄌᆡ조ᄂᆞᆫ 잇고 命은 업서:有才無命(初杜解8:16). ᄒᆞᆫ적 티ᄃᆞ라 늘근 ᄌᆡ죄 不足ᄒᆞᆯᄉᆡ(南明上2). ᄌᆡ조 强호매(金三2:14). ᄌᆡ조 노ᄑᆞᆯ 걸:傑(訓蒙下25). ᄌᆡᄌᆞᆺ ᄌᆡ:才. ᄌᆡᄌᆞᆺ 슐:術. ᄌᆡ조 기:技. ᄌᆡ조 예:藝(訓蒙下31). ᄌᆡ조 ᄌᆡ:才(類合下1. 石千8). ᄌᆡ조 기:技(類合下33. 兒學下6). ᄌᆡ조 예:藝(類合下39. 兒學下6). 그ᄃᆡᆺ ᄌᆡ조로ᄡᅥ 趙孟을 신하로 섬기면:以子之才臣事趙孟(宣小4:32). ᄌᆡ조:本事. ᄌᆡ조 밧다:比試(譯解上15). ᄌᆡ조:才能(同文解上21. 譯解補53). 어딜고 ᄌᆡ조 잇고(女範3. 문녀 한반쳡여). 션비와 호반과 아젼들은 각각 그 ᄌᆡ조를 니기고(綸音75). 만일 ᄌᆡ죄 업ᄉᆞ며(經筵). ᄌᆡ조와 용모ᄅᆞᆯ 아ᄅᆞᆷ다이 너기샤(洛城1).

지·조·롭·다 형 재주롭다. ¶건 짜해 ᄇᆡᆨ셩이 지조롭디 몯홈ᄋᆞᆫ 음탕홈이오:沃土之民不材淫也(宣小4:45). 만일 聰明ᄒᆞ며 지조로오며 디혜로와 디식이 녜며 이제ᄅᆞᆯ ᄉᆞᄆᆞᆺ차리 이셔도:如有聰明才智識達古今(宣小5:68). 건 짜히 ᄇᆡᆨ셩은 지조롭디 아니ᄒᆞ고(女範1. 모의 노희경강).

지·조·ᄒᆞ·다 동 재주부리다. ¶지조ᄒᆞᄂᆞᆫ 일후믄 賈誼 하도다:才名賈誼多(初杜解15:25). 그듸ᄂᆞᆫ 지조ᄒᆞᆯ 사ᄅᆞᄆᆡ 써유미 어려우믈 보디 아니ᄒᆞᄂᆞ다:君不見才士汲引難(初杜解25:51).

지쥬 명 재주. ¶지쥬 지:才(兒學下13).

지지다 동 쪼다. ¶옥 지질 탁:琢(類合下38).

지·질 명 재질(才質). ¶그 지질와 디식이(飜小9:14). 지질와 디식이 ᄇᆞᆰ고:材識明(宣小6:13). 하ᄂᆞᆯ 삼긴 지질이 ᄆᆞᆰ고 아ᄅᆞᆷ다와:天資淑美(東新續三綱. 烈2:36). 녕공지 풍뉴 댱부로 지질이 특출ᄒᆞ믈 갓초 기리니(落泉2:5).

지·질 명 재질(材質). ¶俊傑ᄒᆞᆫ 材質은 일프른 매 우희 잇더니라:俊材早在蒼鷹上(初杜解17:9).

지촉ᄒᆞ다 동 재촉하다. ☞지촉ᄒᆞ다 ¶부인이 시녀ᄅᆞᆯ 지촉ᄒᆞ야:夫人遂促侍女(太平1:54). 도적이 항ᄒᆞ라 지촉ᄒᆞ되 굴티 아니ᄒᆞᆫ대:賊促降不屈(東新續三綱. 忠1:65). ᄂᆡ인이 나와 지촉ᄒᆞ니(癸丑98). 지촉ᄒᆞ거든(普勸文31). 빗 지촉ᄒᆞ다:討債(譯解補38). 사ᄅᆞᆷ을 ᄂᆞᆯ게 지촉ᄒᆞᆫ다 ᄒᆞ리로다(捷蒙2:8). 범 갓ᄒᆞᆫ 관ᄎᆡ들은 슈이 가자 지촉ᄒᆞ니(萬言詞).

지측하다 동 재촉하다. ☞지촉ᄒᆞ다 ¶지측할 최:催. 지측할 촉:促(兒學下11).

지측ᄒᆞ다 동 재촉하다. ☞지촉ᄒᆞ다 ¶나가기ᄅᆞᆯ 지측ᄒᆞ야 ᄆᆞᆯᄋᆞ듸(女四解4:54).

지축ᄒᆞ다 동 재촉하다. ¶뎡동쥬를 불어ᄂᆡ여 출힌 음식 지축ᄒᆞ니(ᄇᆡᆨ화당가).

지·해 명 재해(災害). ¶모딘 鬼와 毒ᄒᆞᆫ 벌에와 災害엣 브리 너추러:惡鬼毒蟲災火蔓莚(法華2:134). 殺伐ᄒᆞᄂᆞᆫ 災害ᄂᆞᆫ 髣髴ᄒᆞ도다(初杜解6:22). 헌거스로 그 우흘 ᄡᆞ미면 지해ᄅᆞᆯ 면ᄒᆞ리라:帛封其上免災慾(救簡6:29). 모딘 병이 크게 니러나 傳染ᄒᆞ야 지해 ᄃᆞ외야(簡辟序2). 지해 나디 아니리 젹고:少不生災(警民30). 西蜀애 災害ㅣ 기리 그츠니:西蜀災長弭(重杜解20:44).

지·화 명 재화(財貨). ¶지홧 지:財. 지홧 화:貨(訓蒙下18). 財貨ᄅᆞᆯ 사 王畿로 보내놋다(重杜解15:5). 그 飮食과 財貨애 擾及디 말오미 可ᄒᆞ니라(家禮7:8). 집이 가난ᄒᆞ여 슉뷔 이런 일을 만나되 지화ᄅᆞᆯ 판출ᄒᆞᆯ 길이 업셔(落泉1:2).

지:화 명 재화(災禍). ¶이제 衰ᄒᆞᆫ 災禍ㅣ ᄒᆞ마 오노소니:災禍ᄂᆞᆫ 머즌 이리라(釋譜11:14). 毒蛇ㅅ 災禍ᄅᆞᆯ 보디 몯ᄒᆞᆺ다 ᄒᆞ시니라(永嘉上33). 지화 앙:殃(類合下10). 지화 화:禍(類合下13. 石千10. 兒學下7). 지화 지:災(類合下61). 반ᄃᆞ시 암ᄃᆞᆰ이 새배 울어 ᄡᅥ 지화ᄅᆞᆯ 닐위욤이 업스리니라:必無牝雞晨鳴以致禍也(宣小5:68). 병화와 슈환의 지홰 나(仁祖行狀28).

진나비 명 원숭이. ☞진납. 진납이. 짓납 ¶ᄒᆞ믈며 무덤 우희 진나비 ᄑᆞ람 불 제 뉘우ᄎᆞᆫᄃᆞᆯ 엇더리(松江. 將進酒辭). 큰 진나비:猿(同文解下39).

진납 명 원숭이. ☞진납이. 짓납 ¶진나븨 ᄌᆞ식 ᄉᆞ랑홈 ᄀᆞᄐᆞ야:如猿泣愛子(恩重10).

진납의 명 원숭이의. 독진납 ¶一身이 豹의 머리 곰에 등에 일희 허리 진납의 팔에(古時調. 曹仁의. 海謠).

진납이 명 원숭이. ☞진납. 짓납 ¶行者ㅣ 변ᄒᆞ여 五寸만치 큰 진납이 되여:行者變做五寸來大的胡孫(朴解下23). 진납이 원:猿(倭解下23). 진납이ᄅᆞᆯ 沐浴 ᄀᆞᆷ겨 갓 싀움이며:沐猴而冠(重內訓序5). 히 지고 진납이 우ᄂᆞᆫ 곳의(女範4. 녈녀 화운쳐).

진믈 명 잿물. ☞지ㅅ믈. 짓믈 ¶진믈:小灰水(漢淸8:52).

진비 명 빠른 배. ¶진ᄇᆡ:鳥船(漢淸12:19).

짓납 명 원숭이. ☞진납. 진납이 ¶믉출히 ᄆᆞᆯᄀᆞ니 짓나븨 소리 섯겟고:泉源冷冷雜猿狖(重杜解5:36).

·짓·믈 명 잿물. ☞지ㅅ믈. 진믈 ¶또 가다가 ᄒᆞᆫ 짓믈 ᄀᆞᄅᆞᆷ 地獄ᄋᆞᆯ 보니(月釋23:80). 또 짓믈로 시스라:亦以灰汁洗之(救急下8). 짓믈 골아 ᄡᅵ로ᄆᆞᆯ 請ᄒᆞ며:和灰請澣(宣賜內訓1:50). 짓믈 ᄲᅡ 시서징이다 請ᄒᆞ며:和灰請漱(宣小2:7). 짓믈:灰泥水(同文解上57).

짓빗 명 잿빛. ¶짓빗 쇼:靑牛(漢淸14:36).

징 명 징. 정(鉦). ☞증 ¶징 졍:鉦. 징 라:鑼(訓蒙中29). 징 졍:鉦(類合上29). 징:箏(同文解上53). ※징>징

징강징강 부 쟁강쟁강. ¶징강징강:銅鐵玉相硼聲(同文解下57).

징그랍다 형 재미스럽다. ¶므슴 징그라온 화ᄒᆞᆫ 맘이 이시리오(癸丑27).

징도림ᄒᆞ다 동 시합(試合)하다. ¶우리 징도림ᄒᆞ쟈:咱比賽(朴解中50).

:징:론 명 쟁론(諍論. 爭論). ¶一乘寂滅場地ᄂᆞᆫ 곧 三乘에 爲頭ᄒᆞ며 諍論ᄋᆞᆯ 여흰 眞實ㅅ 고디라:諍ᄋᆞᆫ 말겻골 씨오(楞解4:8). 法ㅅ 根源을 다ᄋᆞ디 아니ᄒᆞ실시 諍論이 하니라:諍은 ᄃᆞ톨 시라(圓覺上一之一32).

징반 명 쟁반. ¶징반:托盤(同文解下13).

징징 부 쟁쟁히. ☞징징히 ¶강보에 ᄊᆞ인 질ᄋᆞ 눈의 삼삼 귀의 징징(思鄕曲).

징징·히 부 쟁쟁히. ☞징징 ¶찻ᄂᆞᆫ 玉이 징징히 우ᄂᆞ니:玉鏘鳴也(宣小3:18).

징징ᄒᆞ다 동 쟁쟁하다. ¶쇄락ᄒᆞᆫ 옥셩이 이면의 징징ᄒᆞ야(思鄕曲).

징힐ᄒᆞ다 동 쟁힐(爭詰)하다. ¶져 사ᄅᆞᆷ과 爭詰ᄒᆞᄂᆞᆫ 거시야(隣語3:6).

ㅉ 병서 쌍지읒. 한글 초성(初聲) 자모(字母)의 하나. 치음(齒音). 잇소리. ㅈ의 각자병서(各自並書). ¶ㅈ. 齒音. 如卽字初發聲. 並書. 如慈字初發聲(訓正). ㄱㄷㅂㅈㅅㆆ. 爲全清. ㅋㅌㅍㅊㅎ. 爲次清. ㄲㄸㅃㅉㅆㆅ. 爲全濁(訓解. 制字). 全清並書則爲全濁. 以其全清之聲凝則爲全濁也(訓解. 制字). 錠光佛ᄭᅴ 받ᄌᆞᄫᆞᆯ 쩌긔(釋譜6:8). 들찌비 블써 이도다(釋譜6:35). ㅈᄂᆞᆫ 니쏘리니 卽즉字ᄍᆞᆼ 처ᅀᅥᆷ 펴아나ᄂᆞᆫ 소리 ᄀᆞᄐᆞ니 ᄀᆞᆯᄫᅡ쓰면 慈ᄍᆞᆼㆆ字ᄍᆞᆼ 처ᅀᅥᆷ 펴아나ᄂᆞᆫ 소리 ᄀᆞᄐᆞ니라(訓註7). 여듧 번짜히(月釋1:49). 내 室羅筏城에 밥 빌 쩨(楞解3:21). 죵ᄃᆞ외요ᄆᆞᆯ 뵈며 빌 쩌기면:示爲臣僕及禱則(法華2:178). 쟝ᄎᆞ 주글 쩨 寶藏 닐오ᄆᆞᆫ:將死而語寶藏(法華2:217). 雜짭. 坐쫭. 纔찡(蒙法2). 自ᄍᆞᆼ. 前쪈(蒙法4). 靜쪙. 漸쪔(蒙法5). 在찡(蒙法6). 撰쫜(蒙法20).

-짜 접미 -째. ☞-자히. -짜히 ¶둘짯 句ᄂᆞᆫ(南明下1).

-짜·히 접미 -째. ☞-자히. -짜 ¶닐웨짜히ᄂᆞᆫ 王이 罪 지슨 각시ᄅᆞᆯ(釋譜24:15). 여듧 번짜히ᅀᅡ 또 水災ᄒᆞ리니(月釋1:49).

쩍 명 적. 때. ☞적 ¶錠光佛ᄭᅴ 받ᄌᆞᄫᆞᆯ 쩌긔(釋譜6:8). 胎예 드르실 쩍과 胎예 나실 쩍과(法華1:57). 齋時ㅣ ᄒᆞ마 니를 쩌기라:齋時欲至也(金剛4).

·쩨 명 제. 적에. 때에. ☞제 ¶精舍 이르ᅀᆞᄫᆞᆯ 쩨도(釋譜6:37). 싸호실 쩨(法華1:9). ᄒᆞ마 주글 쪨 디러:臨欲終時(法華2:222). 五欲ᄋᆞ로 즐겨 노ᄅᆞᇙ 쪳 香과:五欲娛樂嬉戲時香(法華6:42). ᄒᆡᆺ 光明 날 쩬 어드움과 어우디 아니코:日光出時不與冥合(法華6:166). 經 니ᄅᆞ실 쩨(金剛序6). 說法ᄒᆞ실 쩨도(金剛76). 命終ᄒᆞᇙ 쩨(阿彌17).

쪈·ᄎᆞ 명 까닭. ☞젼ᄎᆞ ¶得ᄒᆞᇙ 쪈ᄎᆡ 업거니와(金剛131). 究竟阿耨多羅三藐三菩提ᄅᆞᆯ 得ᄒᆞᇙ 쪈ᄎᆡ라:得究竟阿耨多羅三藐三菩提故(法華4:79).

쫏다 동 좇다. ☞좃다 ¶聖訓을 쫏나고ᄃᆡ 家訓을 이질손야(人日歌).

·쭐 명 줄. ☞줄 ¶滅ᄒᆞᇙ 쭈리 이시려니와(法華1:95). 어루 滅ᄒᆞᇙ 쭐 업스니(法華1:95). 아ᄅᆞᆯ 쭈리 업스니:無由自悟(金剛133). 見ᄒᆞᇙ 쭈ᄅᆞᆯ 아ᄅᆞ시니잇고(宣孟14:19).

찌르다 동 찌르다. ☞지르다 ¶찌를 촉:觸(倭解下24).

찌타 동 찧다. ☞디타. ᄡᅵ타. 지타 ¶찌흘 용:舂(倭解下3).

찍다 동 찍다. ¶도치 멘 져 초부야 힝여나 찍으리라(萬言詞).

찝 명 집. ☞집 ¶여슷 하ᄂᆞ래 그듸 가 들 찌비 블써 이도다 ᄒᆞ고 道眼ᄋᆞᆯ 빌여늘(釋譜6:35).

찡긔다 동 주름지다. ☞ᄡᅵᆼ긔다 ¶찡긜 추:皺(倭解上19).

찡기다 동 찡그리다. ☞ᄡᅵᆼ긔다. 찡긔다 ¶翠眉ᄅᆞᆯ 찡기ᄂᆞᆫ ᄃᆞᆺ(曺友仁. 梅湖別曲).

·ᄍᆞ 명 자(字). 글자. ☞ᄌᆞ ¶혀 우희 귓것귀 ᄍᆞᄅᆞᆯ 스고:於舌上書鬼字(救簡1:49). 뎡죵 우흘 침으로 ᄣᅡ 미 ᄍᆞ ᄃᆞ외에 그ᅀᅥ 밍ᄀᆞᆯ오:以針劃瘡上作米字(救簡3:17).

ᄍᆞᆷ 명 사이. ¶자네 그 ᄍᆞᆷ을 ᄃᆞ저오려 ᄉᆡᆼ각도ᄒᆞᆯ 양으로 ᄀᆡ걸ᄒᆞ시소(新語7:19).

ㅊ

ㅊ [자모] 치읓. 한글 초성(初聲) 자모(字母)의 하나. 치음(齒音). 잇소리. ¶ ㅊ. 齒音. 如侵字初發聲(訓正). 齒音ㅅ. 象齒形.… ㅋ比ㄱ. 聲出稍厲. 故加畫.… ㅅ而ㅈ. ㅈ而ㅊ. …其因聲加畫之義皆同(訓解. 制字). ㄱㄷㅂㅈㅅㆆ. 爲全淸. ㅋㅌㅍㅊㅎ. 爲次淸(訓解. 制字). 所以 ㆁㄴㅁㅇㄹㅿ六字爲平上去聲之終. 而餘皆爲入聲之終也. 然ㄱㆁㄷㄴㅂㅁㅅㄹ八字可足用也. 如 ᄇᆡᆺ곶 爲梨花. ᅇᅧᇰ의갗 爲狐皮. 而ㅅ字可以通用. 故只用ㅅ字(訓解. 終聲). ㅊ는 니쏘리니 侵침ㅂ字ᄍᆞᆼ 처ᅀᅥᆷ 펴아나ᄂᆞᆫ 소리 ᄀᆞᄐᆞ니라(訓註7). ㅊ齒(訓蒙凡例2).

차 [명] 차(茶). ¶ 차 ᄑᆞᄂᆞᆫ ᄃᆡ와 술 ᄑᆞᄂᆞᆫ ᄃᆡ: 茶肆酒肆(宣賜內訓3:17). 디ᄂᆞᆫ ᄒᆡᆺ 平ᄒᆞᆫ 臺우희 봆ᄇᆞᄅᆞ매 차 마시ᄂᆞᆫ ᄢᅵ로다: 落日平臺上春風啜茗時(初杜解15:12). 밥 後ㅅ 묏차 두어 盞애: 飯後山茶三兩盞(南明下67). 沒藥ㅅ ᄀᆞᄅᆞ와 차 져고매 조쳐 ᄃᆞᄉᆞᆫ 수레 프러 머그면: 同沒藥末茶少許用溫酒調服(救急下71). 더운 차애 머거: 茶湯下取(救簡1:96). 사발로 두퍼 차 ᄒᆞᆫ 번 달힐 만커든(救簡6:12). 차 ᄑᆞᄂᆞᆫ ᄃᆡ와 술 ᄑᆞᄂᆞᆫ ᄃᆡ 드디 아니ᄒᆞ며: 無得入茶肆酒肆(飜小9:3). 차 다: 茶(訓蒙中22. 類合上30). ᄀᆞ장 ᄀᆞᄂᆞᆯ에 처 ᄒᆞᆫ 버늬 두 돈식 차의 프러 머그라(瘟疫方25). 차: 茶(同文解上60).

차 [부] 차게〔滿〕. 가득하게. 두루. ¶ 世尊이 즉자히 眉間 金色光ᄋᆞᆯ 펴샤 十方 無量世界ᄅᆞᆯ 차 비취시니(月釋8:5). 七寶ㅣ 이러 ᄯᅡ우희 차 두피고(月釋8:18). 金色마다 寶土애 차 펴디여 곧곧마다 變化ᄒᆞ야(月釋8:19). 釋迦牟尼佛ㅅ 白毫 光明이 그 나라해 차 비취여시ᄂᆞᆯ(月釋18:66).

-차 [접미] -째〔次〕. ☞-차히 ¶ 穆王 닐굽찻 ᄒᆡ 丙戌이라(釋譜6:11). 아래로 닐굽찻 하ᄂᆞ리라(月釋1:20). 둘찻 阿僧祇劫이오(月釋2:9). 스믈다ᄉᆞᆺ찻 ᄒᆡ(月釋2:18). 둘찻 ᄆᆞᄃᆡ니라(蒙法42).

차관 [명] 차관(茶罐). 탕관(湯罐). ☞차탕권 ¶ 차관: 銚子(漢淸11:38).

차다 [동] 차다〔滿〕. ¶ 찰 영: 盈(兒學下9).

차다 [동] (발로) 차다. ¶ 차다: 踶(柳氏物名一 獸族).

차다 [동] 차다〔佩〕. ¶ 찰 패: 佩(兒學上12).

차다 [형] 차다〔寒〕. ☞ᄎᆞ다 ¶ 술 차다: 酒寒(譯解上59). 찰 한: 寒(兒學下1). 찰 랭: 冷(兒學下8).

차담 [명] 차담(茶啖). 다담(茶啖). ¶ 차담 션: 膳(兒學上13).

차도 [명] 차도(差度). ¶ 요ᄉᆞ이ᄂᆞᆫ 적이 차도의ᄂᆞᆫ 드러시되(隣語4:23).

차돌 [명] 차돌. ¶ 安巖山 차돌 日本 부쇠(古時調. 寒松亭. 歌曲).

차:등 [명] 차등(差等). ¶ 여들븐 닷곰과 證홈괏 ᄃᆞ릿 差等이오(圓覺上一之一2). 또 貴ᄒᆞ니와 賤ᄒᆞ니왜 差等이 잇ᄂᆞ니(宣賜內訓1:79). 사ᄅᆞ미 ᄆᆞᅀᆞ미 제 差等을 두리라(六祖中83). 愛홈은 差等이 업고(宣孟5:34). 어딜며 어류미 진실로 差等이 잇ᄂᆞ니: 賢愚誠等差(重杜解2:57).

차:등·ᄒᆞ·다 [동] 차등(差等)하다. 차등을 두다. ¶ ᄒᆞ다가 잇ᄂᆞ닌댄 엇뎨 이 양ᄋᆞ로 더ᄅᆞᆯ 差等ᄒᆞ야 論量ᄒᆞ며(蒙法62). 엇게ᄅᆞᆯ 差等ᄒᆞ야 ᄃᆞ뇨맨 鳳이 버렛ᄂᆞᆫ 술위리라(重杜解20:42).

·차·ᄃᆡ [명] 포대(布袋). ¶ 차ᄃᆡ 아니 ᄉᆡᄂᆞ녀: 布袋不漏麼(飜朴上12).

차라리 [부] 차라리. ¶ 차라리 굴물진정 이 노릇슨 못 ᄒᆞ리라(萬言詞).

차례 [명] 차례(茶禮). 다례(茶禮). ¶ 接慰官을 差出ᄒᆞ오면 卽時 茶禮를 設行ᄒᆞ고 시보오니(隣語1:22).

차·리·다 [동] (정신을) 차리다. ☞ᄎᆞ리다 ¶ 네 차려 드르라 내 ᄌᆞᆯᄒᆞ야 닐오리라(釋譜13:46). 내 다 기피 차리디 몯ᄒᆞ야: 我皆未深省(宣賜內訓1:27).

·차·반 [명] 음식. 반찬. ¶ 種種 차반이러니(月印上44). 차반 ᄆᆡᇰᄀᆞᆯ 쏘리 워즈런ᄒᆞ거늘(釋譜6:16). 귓것 위ᄒᆞ야 차바ᄂᆞᆯ 만히 準備ᄒᆞ야 뒷더니(釋譜24:22). 이베 됴ᄒᆞᆫ 차반 먹고져 ᄒᆞ며(月釋1:32). 그 後로 人間앳 차바ᄂᆞᆫ ᄲᅥ 몯 좌시며(月釋2:25). 믌고기며 묻고기며 貴ᄒᆞᆫ 차바ᄂᆞᆯ 사아: 買魚肉珍羞(宣賜內訓1:66). 盤애 다ᄆᆞᆫ 차바니 져제 머러 여러 가짓 마시 업스니: 盤餐市遠無兼味(初杜解22:6). 眞性ᄋᆞᆯ 아로ᄆᆞᆫ 님긊 차반 머굼 ᄀᆞᆮᄒᆞ니(南明上64). 됴ᄒᆞᆫ 차반과 보ᄇᆡ옷과: 餚饍大寶衣(眞言60). 차반 주어 머기시니: 與茶飯喫(飜老上41). 차반도 ᄇᆡ브르

과이다:茶飯也飽了(飜老下35). 차반도 비브르다:飯也飽了(飜朴上7). 차반 슈:饈(訓蒙中20). 차반 션:膳(類合上30. 石千34). 믈고기 뭍고기 귀ᄒᆞᆫ 차반돌ᄒᆞᆯ 사다가:買魚肉珍羞(宣小5:46). 술와 차반 장만ᄒᆞ야 이받더라:具酒饌以奉(東續三綱. 孝25). 우리 한 차반 ᄆᆡᆼ그쟈:咱們做漢兒茶飯着(老解下33). 湯水와 茶飯이(老解下35). 차반:茶飯(同文解上61).

차방 명 찻방(茶房). ¶청ᄒᆞ노니 형아 이 차방에 져기 차 머그라 가쟈:請哥這茶房裏喫些茶去來(朴解下27).

차·별 명 차별(差別). ¶差別을 論호ᄃᆡ 平等을 허디 아니ᄒᆞᄂᆞ니라(月釋8:30). 差別은 여러 가지로 다ᄅᆞᆯ 씨라(月釋21:37). 前後差別이 업거니와(楞解6:50). 諸 草木이 各各 差別 잇ᄂᆞ니라(法華3:13). 差別이 겨시니이다(金剛43). 差ᄂᆞᆫ 世間앳 萬法이 올ᄒᆞ니 외니 크니 져그니 ᄒᆞ야 差別 이실 시라(金三2:3). 本性을 제 보면 곧 差別 업스니(六祖中7).

차·별ᄒᆞ·다 동 차별(差別)하다 ¶差別ᄒᆞᆫ 機緣을 다 보기 알리니(蒙法19).

차복ᄒᆞ다 동 차복(差復)하다. ¶즉시 병드러 계요 차복ᄒᆞ와 오ᄂᆞᆯ이야 이리 就館ᄒᆞ여(隣語4:15).

차비 명 차비(差備). 준비(準備). 준비하는 하인〔差備役〕. ¶下人執役者名曰差備(中宗實錄11:51).

차송ᄒᆞ다 동 차송(差送)하다. ¶强壯ᄒᆞᆫ 사ᄅᆞᆷ을 差送ᄒᆞ시ᄂᆞᆫᄃᆡ(隣語1:6).

차술 명 찻숟가락. 찻숟갈. ☞찻술 ¶茶匙曰茶戌(雞類).

·차·슈 명 산자(糤子). ☞채슈 ¶차슈 산:糤(訓蒙中21).

차정ᄒᆞ다 동 차정(差定)하다. 어떤 사무를 담당케 하다. ¶接慰官을 差出ᄒᆞ오면 卽時茶禮를 設行ᄒᆞ고 시보오니 아모커나 今明間의 差定ᄒᆞ시게 다시 催定ᄒᆞ여 주쇼셔(隣語1:22).

차죵 명 찻종(茶鍾). 다종(茶鍾). ¶차죵ㅅᄃᆡ:茶盤(漢淸11:36).

차죵ㅅᄃᆡ 명 차반(茶盤). ¶차죵ㅅᄃᆡ:茶盤(漢淸11:36).

차ᄌᆞ 명 외상. 〔'차ᄌᆞ'는 '借資'로 짐작됨.〕 ¶뒷집의 비즌 술 닉어거든 차ᄌᆞ남아 가져오시(古時調. 李鼎輔. 올여 논. 海謠).

차차로 부 차차(次次)로. ¶南兵使 北兵使를 次次로 遞任ᄒᆞ고(武豪歌). 靜宇堂 節友舍를 次次로 다 본 후의(陶山歌). 차차로 敬長ᄒᆞ면 風化의 美事로다(人日歌).

차출ᄒᆞ다 동 차출(差出)하다. ¶接慰官을 差出ᄒᆞ오면 卽時 茶禮를 設行ᄒᆞ고 시보오니(隣語1:22).

차광지 명 차(茶)바구니. ¶차광지:茶紙簍(漢淸11:44).

차:탄 명 차탄(嗟嘆). ¶더윗 비와 ᄀᆞ장 치오믈 맛난 嗟嘆이 나타날가 너기노이다(宣賜內訓2下59). 차탄 탄:嘆(類合下11).

차:탄·ᄒᆞ·다 동 차탄(嗟嘆)하다. ¶몬져 嗟歎ᄒᆞ시고 버거 니ᄅᆞ시니라(永嘉上24). 後에 듣고 다 嗟嘆ᄒᆞ야 奇異히 너겨 ᄒᆞ더라:後聞之咸歎異焉(宣賜內訓2上41). 울워러 ᄇᆞ라고 嗟嘆호ᄆᆞᆯ 오래 ᄒᆞ노라:仰望嗟嘆久(初杜解6:3). 徒衆이 다 놀라 嗟嘆ᄒᆞ야 疑心 아니 ᄒᆞ리 업서(六祖上26). 사ᄅᆞ미 놀라 차탄ᄒᆞ야(飜小9:25). 감격ᄒᆞ야 차탄ᄒᆞ고 간 후에:嗟嘆(東續三綱. 孝21). 공희대왕이 드르시고 놀라 차탄ᄒᆞ샤:恭僖大王聞而驚嘆(東新續三綱. 烈2:11). 그 혼자 안잔ᄂᆞᆫ 줄을 보고 감동ᄒᆞ야 차탄ᄒᆞ고 갓더니:見其獨坐感歎而去(東新續三綱. 孝7:75). 디난 곧마다 嗟嘆ᄒᆞ노라:所歷有嗟嘆(重杜解1:43). 다ᄆᆞᆺ 슬허 嗟嘆ᄒᆞ노라:共悲嘆(重杜解2:65).

차탕권 명 차탕관(茶湯罐). ☞차관 ¶차탕권:茶鑵(譯解下12).

차통 명 차통(茶筒). ¶차통:茶筒(同文解下14). 차통:茶桶(漢淸11:37).

차할빗 명 다갈색(茶褐色). ☞차헐빗 ¶차할빗치 羅傘과:茶褐羅傘(朴解下38).

차헐빗 명 다갈색(茶褐色). ☞차할빗 ¶金色차헐빗치 비단 ᄒᆞᆫ 필과:金色茶褐段子一箇(朴解下11).

차헐ᄒᆞ다 동 차도가 있다. ¶삼일의 미처ᄂᆞᆫ 병세 차헐ᄒᆞ니(洛城2).

차흡·다 감 차(嗟)홉다. 아 슬프다. ¶차홉다 風俗의 사오나이 도ᄋᆡ유미 이러ᄒᆞ니:嗟乎風俗頹弊如是(飜小10:33).

-차히 접미 -째〔次〕. ☞-차 ¶둘차힌 뎡바깃ᄃᆡ고리 구드시며 세차힌 니마히 넙고 平正ᄒᆞ시며 네차힌 눈서비 놉고 기르시고… 다ᄉᆞᆺ차힌 누니 넙고 기르시며 여슷차힌 곳ᄆᆞᆯ리 놉고 두렵고 고ᄃᆞ시고(月釋2:56).

착다 형 착하다. ¶三歲兒ᄅᆞᆯ ᄀᆞ장 착다 ᄒᆞ여 니ᄅᆞ고 일로 ᄆᆞᄎᆞ니라(小兒13). 龐統이 내 맛초와 착다 그르다 ᄒᆞ니(三譯7:14).

·착:란 명 착란(錯亂). ¶錯亂ᄋᆞᆫ 어즈러볼 씨라(月釋9:8).

착하다 형 착하다. ☞착ᄒᆞ다 ¶착할 예:睿(兒學下1).

착히 부 착하게. ¶王이 착히 너겨 다 免ᄒᆞ니라(女四解4:10). 착히 너기다:善之(同文解上24). 도적이 착하 너겨 노코 가니:義之(五倫5:25).

착ᄒᆞ다 형 착하다. ☞착하다 ¶착ᄒᆞ다:善啊

ㅊ

(同文解上22). 만일 착ᄒᆞᆫ 사ᄅᆞᆷ이 이셔(字恤1). 사ᄅᆞᆷ을 권화ᄒᆞ여 착ᄒᆞ게 ᄒᆞ며(敬信79). 말과 힝실이 다 착ᄒᆞ고(敬信81).

찬간쟈 명 등이 검은 백마. ¶찬간쟈:驢 白馬黑脊(柳氏物名一 獸族).

:찬·집 명 찬집(撰集). ¶杜撰ᄋᆞᆫ 杜家ᄋᆡ 撰集이니 實티 아니ᄒᆞᆫ 글와리라(蒙法20).

:찬·집·ᄒᆞ·다 동 찬집(撰集)하다. ¶ᄯᅩ 諸菩薩이 經法을 讀誦ᄒᆞ며 ᄂᆞᆷ 爲ᄒᆞ야 니르며 撰集ᄒᆞ야:撰은 ᄆᆡᆼᄀᆞᆯ 씨오 集은 모ᄃᆞᆯ 씨라(法華6:38). ᄌᆞ개 顯宗ㅅ 起居注ᄅᆞᆯ 撰集ᄒᆞ샤ᄃᆡ(宣賜內訓2上48).

찬찬 부 찬찬. ¶셴 머리 ᄲᅩ바 ᄂᆡ야 찬찬 동여ᄆᆡ련만은(古時調. 綠楊 春三月. 海謠).

찬츅ᄒᆞ다 동 찬축(竄逐)하다. ¶김공이 됴졍의 ᄃᆞ죄ᄒᆞ야 원방의 찬츅ᄒᆞ엿고(引鳳簫1).

:찬:탄ᄒᆞ·다 동 찬탄(讚歎)하다. ¶天龍八部ㅣ 讚嘆ᄒᆞᅀᆞᄫᆞ니(月印上3). 偈 지ᅀᅥ 讚嘆ᄒᆞᅀᆞᆸ고(釋譜6:45). 나ᄅᆞᆯ 讚歎ᄒᆞ샤ᄃᆡ(楞解6:46). 外道ㅣ 讚歎ᄒᆞ야 닐오ᄃᆡ(南明下4). 須菩提 곧 니러나 讚歎ᄒᆞᅀᆞ오니(金三2:2).

찬품 명 찬품(饌品). ¶찬품 서너 그랏(閑中錄512).

찬합 명 찬합(饌盒). ¶찬합을 이어ᄒᆞ여(閑中錄216).

찰기쟝 명 찰기장. ☞ᄎᆞᆯ기장 ¶찰기쟝 직:稷. 찰기쟝 출:秫(兒學上6).

찰나 명 찰나(刹那). ¶刹那ᄂᆞᆫ 아니한ᄉᆞᅀᅵ라(楞解2:7). 念念에 生滅ᄒᆞ야 刹那ᄅᆞᆯ 머므디 아니ᄒᆞ야(圓覺上二之二34). 刹那애 阿鼻業을 업게 ᄒᆞᄂᆞ니 善과 惡괘 ᄒᆞᆫ 길 아니라 니ᄅᆞ디 말라(南明上8). 刹那애 三祇劫을 滅ᄒᆞᄂᆞ니라(金三2:67). ᄒᆞᆫ 刹那ㅅ ᄉᆞᅀᅵ예 妄念이 다 滅ᄒᆞ리니(六祖上73).

찰머구리 명 참개구리. ☞ᄎᆞᆯ머구리 ¶찰머구리:耿黽(柳氏物名二 昆蟲).

찰벼 명 찰벼. ¶찰벼 나:稬(兒學上7).

찰ᄡᆞᆯ 명 찹쌀. ☞ᄎᆞᆯᄡᆞᆯ ¶찰ᄡᆞᆯ:糯米(柳氏物名三 草).

찰아리 부 차라리. ☞차라리 ¶찰아리 시ᄂᆡ예 던져 잣최를 멸ᄒᆞ니라:寧(女四解4:36).

참 명 참(站). ¶참마다 ᄇᆡ예 ᄂᆞ리시기(新語6:21). 站站의셔 支應을 ᄒᆞ매(隣語1:6). 營을 ᄇᆞᆯ셔 떠나 계시되 ᄒᆞᄅᆞ ᄒᆞᆫ 참식 오시고(隣語1:6).

참견ᄒᆞ다 동 참견하다. ¶可히 참견티 아니티 못ᄒᆞᆯ 거시라:不可不參(朴解中23).

참고ᄒᆞ다 동 참고(參考)하다. ¶故로 그 말ᄉᆞᆷ을 다 述ᄒᆞ야 ᄡᅧ 參考홈을 기ᄃᆞ리노라(家禮9:28).

참:구·ᄒᆞ·다 동 참구(參究)하다. ¶眞實 工夫ᄅᆞᆯ ᄒᆞ야 法다비 參究ᄒᆞ야 키 아로ᄆᆞ로 門에 드로ᄆᆞᆯ 사모리라:參究ᄂᆞᆫ ᄎᆞᄌᆞᆯ 씨라(蒙法22).

참나모 명 참나무. ☞ᄎᆞᆷ나모 ¶참나모:橡(漢淸13:24).

참나물 명 참나물. ☞ᄎᆞᆷᄂᆞ믈 ¶참나물:山芹(柳氏物名三 草).

참담히 부 참담(慘澹)히. ¶時節이 바ᄃᆞ라온 제 慘澹히 슬픈 ᄇᆞᄅᆞ미 오ᄂᆞ다:時危慘澹來悲風(重杜解16:33).

참담ᄒᆞ다 형 참담하다. ¶부셔 부뷔 각각 니별ᄒᆞ미 경ᄉᆡᆨ이 참담ᄒᆞ더라(落泉3:7).

참:례ᄒᆞ·다 동 참례(參禮)하다. ¶ᄒᆞᄅᆞᆫ 參禮ᄒᆞᅀᆞ온대 師ㅣ 무르샤ᄃᆡ(六祖中77).

참먹 명 참먹. ☞ᄎᆞᆷ먹 ¶참먹:油墨(柳氏物名五 土).

참새 명 참새. ☞ᄎᆞᆷ새 ¶참새:雀(柳氏物名一 羽蟲).

참션 명 참선(參禪). ¶參禪은 조ᅀᆞᄅᆞᄫᆡ요미 쇽쇽호매 잇ᄂᆞ니(蒙法6). 스승 ᄎᆞ자 道 무로ᄆᆞᆫ 參禪ᄋᆞᆯ 爲호미니 ᄆᆞᅀᆞᆺ 일로 玄沙ᄂᆞᆫ 嶺에 나디 아니ᄒᆞ뇨(南明上49). 念佛이 參禪에 막디 아니ᄒᆞ며(金三4:47).

참셥ᄒᆞ다 동 참섭(參涉)하다. ¶졔 오형이 ᄯᅩᄒᆞᆫ 참셥ᄒᆞ미 만하(經筵).

참:소 명 참소(讒訴). ¶쳔나래 讒訴ᄅᆞᆯ 드러 兇謀ㅣ 날로 더을ᄊᆡ:始日聽讒兇謀日熾(龍歌12章). 참소 참:讒(類合下25). 讒訴에 더러인 몸(古時調. 成忠. 뭇노라. 靑丘).

참언 명 참언(讖言). ¶위태ᄒᆞ미 목젼의 잇고 참언이 만호니(落泉3:7).

참연ᄒᆞ다 형 참연(慘然)하다. ¶삼십일의 대풍ᄒᆞ고 일긔 참연ᄒᆞ더라(山城36). 왕공과 일가간 지긔 되엿ᄂᆞᆫ지라 참연ᄒᆞᆷ을 이긔지 못ᄒᆞ여 닐오ᄃᆡ(落泉1:1).

참·예 명 참예(參預). 참여(參與). ¶참예 참:參. 참예 예:預(類合下38). 혹 연고 이셔 참예 몯ᄒᆞ면 반ᄃᆞ시 셜워 탄ᄒᆞ야:或有故不與必傷嘆(東新續三綱. 孝3:72).

참:예ᄒᆞ·다 동 참예(參預)하다. ¶어느 ᄆᆞᅀᆞᆷ 어느 혜미 부텻 天倫에 參預호리잇고(楞解5:29). 能히 얼구를 變ᄒᆞ야 會예 參預ᄒᆞᄂᆞ니라(法華1:52). 둘짯 句ᄂᆞᆫ 聖人 무레 參預호ᄆᆞᆯ 붓그릴 시라(南明下59). 나라희 졍ᄉᆞ애 참예티 몯게 ᄒᆞ며:國不可使預政(飜小7:36). 참예ᄒᆞ야 안 후에 움즈이며:參知而後動(宣小2:54). 女子ㅣ 엇디 참예ᄒᆞ리오(女四解4:58). 참판 최명길이 ᄒᆞᆫ가지로 ᄆᆡᆼ셰예 참예ᄒᆞ더라(山城7).

참예ᄒᆞ다 동 참예(參詣)하다. ¶나도 强疾ᄒᆞ여 參詣ᄒᆞᄋᆞᆸ게 ᄒᆞᄋᆞᆸᄂᆡ(隣語1:5).

참외 명 참외. ☞ᄎᆞᆷ외 ¶참외:甜瓜(柳氏物名三 草).

참·월ᄒᆞ·다 형 참월(僭越)하다. ¶僭越ᄒᆞ고(僭越ᄋᆞᆫ 分에 너믈 씨라) 奢侈호미 나날

甚커늘(三綱. 忠10).
참쟉ᄒᆞ다 동 참작(參酌)하다. ¶先生ㅣ 母喪 니버 겨실 제 古今을 參酌ᄒᆞ샤(家禮1:4).
참쥬 명 적토(赤土). ¶참쥬:赤土(柳氏物名五 土).
참쥭나모 명 참죽나무. ☞춤듁 ¶참쥭나모:杶(柳氏物名四 木).
참참이 부 참마다. 쉬는 곳마다. ¶참참이 뭇히 請ᄒᆞ여 振舞도 ᄒᆞᆯ 양으로(新語6:18).
참쳑 명 참척(慘慽). ¶이ᄉᆞ 형데 참쳑ᄒᆞ고(洛城2).
참측ᄒᆞ다 형 참측(慘惻)하다. ¶어이 참측ᄒᆞᆫ ᄆᆞ음이 업ᄉᆞ냐(癸丑102).
참혹히 부 참혹(慘酷)히. ¶괴로옴을 격고 참혹히 ᄌᆞ손ᄒᆞ기를 닙어 임의 담셕의 거둘 거시 업고(綸音86).
참혹ᄒᆞ다 형 참혹(慘酷)하다. ¶이날 샹이 그 참혹ᄒᆞᆫ 형상을 ᄎᆞ마 보디 못ᄒᆞ샤(山城136). ᄃᆞ니며 비러 어더먹기ᄂᆞᆫ 비록 븟그러온 ᄃᆞᆺᄒᆞ나 ᄆᆞᆺᄎᆞᆷ내 참혹ᄒᆞᆫ 화환이 업거니와(警民16). 공지 더욱 참혹ᄒᆞ야 싱을 십분 존ᄃᆡᄒᆞ야(落泉1:1).
참화 명 참화(慘禍). ¶왕셰경이 등노의셔 양공의 참화 닙으믈 듯고(落泉1:1). 니황은 비록 참화ᄅᆞᆯ 면ᄒᆞ나(經筵).
:참:회 명 참회(懺悔). ¶懺悔ᄅᆞᆯ 바ᄃᆞ샤(釋譜24:18). 둘히 優波離尊者ᄭᅴ 가 懺悔ᄅᆞᆯ 비ᅀᆞᆸ거늘 尊者ㅣ 小乘ᄋᆞ로 罪ᄅᆞᆯ ᄆᆡ신대(南明下60).
:참:회ᄒᆞ·다 동 참회(懺悔)하다. ¶ᄒᆞ다가 懺悔ᄒᆞ고져 ᄒᆞᇙ딘 端正히 안자 實相ᄋᆞᆯ 念ᄒᆞᆯ디니(南明上9). 惡業과 愚迷 둘햇 罪ᄅᆞᆯ 다 懺悔ᄒᆞ야(六祖中23). 그ᄃᆡ ᄆᆞᄋᆞᄆᆞᆯ 고텨 참회ᄒᆞ고(桐華寺 王郎傳5).
참ᄒᆞ다 동 참(斬)하다. ¶초관을 참ᄒᆞ니 인인이 다 원통타 ᄒᆞ더라(山城33). 제쟝의 명을 쓰디 아니ᄒᆞᄂᆞ니ᄅᆞᆯ 참ᄒᆞ다 ᄒᆞ시고(仁祖行狀31).
-·찻 접미 -째〔次〕의. 동차 ☞-차히 ¶穆王 닐굽찻 ᄒᆡ 丙戌이라(釋譜6:11). 아래로 닐굽찻 하ᄂᆞ리라(月釋1:20). 이 둘찻 阿僧祇劫이오(月釋2:9). 이 세찻 阿僧祇劫이라(月釋2:10). 스믈다ᄉᆞᆺ찻 ᄒᆡ(月釋2:18). 東土론 後漢 明帝 永平 세찻 ᄒᆡ 庚申이니(月釋2:49). 슬프다 네찻 놀애 블로매:嗚呼四歌兮(初杜解25:28).
찻믈 명 찻물〔茶水〕. ☞차 ¶比丘를 보내샤 찻믈 기릃 婇女를 비러 오라 ᄒᆞ야시ᄂᆞᆯ(月釋8:90).
찻반 명 차반(茶盤). ¶찻반:茶盤(朴解中12). 찻반:茶托(譯解下13).
·찻·술 명 찻숟가락. ☞차술 ¶ᄒᆞᆫ 적 머구메 세 찻술옴 ᄒᆞ야:每服三茶匙(救急下64).
창 명 창(窓) ¶ᄯᅩ 다ᄅᆞᆫ 나래 窓애셔 ᄇᆞ라니(月釋13:21). 窓 너므며 담 ᄉᆞᄆᆞ초ᄃᆡ(楞解9:108). 프른 窓앳 자ᄂᆞᆫ 雲霧ᄂᆞᆫ 아ᄃᆞᆨᄒᆞ야 저젯고:碧窓宿霧濛濛濕(初杜解14:11). 아ᄎᆞᆷ 비치 독 부우리로 ᄒᆞᆫ 창ᄋᆡ 들여ᄂᆞᆯ:朝光入甕牖(初杜解22:1). 창 유:牖. 창 창:窓(訓蒙中5). ᄯᅩ 병ᄒᆞ니 잇ᄂᆞᆫ 창 ᄡᅡ온ᄃᆡᄅᆞᆯ 노호로 견조워:又方以繩度所住戶中(瘟疫方19). 창 창:窓(類合上23). 압히 두 窓을 ᄆᆡᆼᄀᆞ라여 닷게 ᄒᆞ라(家禮圖19). 창:窓(同文解上35). 창을 십월에 열면 독ᄒᆞᆫ 해 일경에 두루 ᄒᆞ야 밧치고져 ᄒᆞᆫ즉(綸音87).
창 명 창(倉). 곳집. ¶오ᄂᆞᆯ 창 여더녀:今日開倉麼(飜朴上11). 창애 나ᄆᆞᆫ 곡식이 이시며:廩有餘粟(飜小8:20). 창 창:倉(訓蒙中9). 창 창:倉(類合上18). ᄒᆞ여곰 창애 남ᄋᆞᆫ 곡셕이 이시며:使廩有餘粟(宣小5:99).
창 명 창(槍). ¶各各 無數ᄒᆞᆫ 사ᄅᆞᆷ 돌히 화살와 槍과 여러 가짓 ᄡᅡ호맷 연자ᅀᆞᆯ 가지고(釋譜23:50). 槍 들오 ᄢᅦ 돌여드라 두ᅀᅥ 사ᄅᆞᆷ 주기고(三綱. 忠31). 이쉰 프른 칠흔 槍이 누엣도다:苔臥綠沈槍(初杜解15:13). 鏘ᄋᆞᆫ 槍 ᄀᆞᄐᆞᆫ 거시라(南明下53). 창 과:戈. 창 모:矛. 창 극:戟(訓蒙中27). 창 창:槍(訓蒙中28). 창 과:戈. 창 극:戟(類合上29). 槍을 ᄢᅢ혀(武藝圖1).
창 명 창(瘡). 창종(瘡腫). ¶노ᄒᆞᆯ 더으며 瘡 업스닐 허류미 몯ᄒᆞ리니:노ᄒᆞᆯ 더으다 닐오ᄆᆞᆫ 더욱 기르ᄂᆞᆫ ᄠᅳ디라(圓覺上二之二46). 손 발 언 瘡이 브ᅀᅳ며(救急上6). 창부리 짓다:瘡出頭(譯解補34).
:창:건ᄒᆞ·다 동 창건(創建)하다. ¶求那跋陁羅 三藏이 創建ᄒᆞ고(六祖略序5).
창·고 명 창고(倉庫). ¶倉庫ㅣ ᄀᆞᄃᆞ기 넘ᄣᅧ고(釋譜9:20). 倉庫애 다 ᄀᆞᄃᆞᆨᄒᆞ야 넚디며(月釋13:7). 셩둥 창고의 ᄡᆞᆯ과 피 잡곡 합ᄒᆞ야(山城24). 내 倉庫란 滋蔓호ᄆᆞᆯ 警戒호리라:我倉戒滋蔓(重杜解7:37).
창:구 명 창구(瘡口). 부스럼이 부리가 잡혀서 터진 구멍. ¶鍊ᄒᆞᆫ ᄢᅮᆯ 조처 丸 지ᅀᅩᄃᆡ 조ᄡᆞᆯ만 ᄒᆞ야 瘡口에 녀흐면 삸 그티 히오(救急下1).
창남우 명 키〔舵〕. ¶창남우:柁(物譜 舟車).
창두 명 창두(蒼頭. 倉頭). 종. ¶倉頭ㅣ(倉頭ᄂᆞᆫ 죵이라) 프른 褠를 닙고(褠ᄂᆞᆫ ᄒᆞᆫ옷오시라)(宣賜內訓2上51).
창:름 명 창름(倉廩). 곳집. ¶君의 倉廩이 實ᄒᆞ며 府庫ㅣ 充ᄒᆞ얏거ᄂᆞᆯ(宣孟2:35). 이 ᄢᅴ 倉廩이 實ᄒᆞ니 훤히 天下ㅣ 여렛더라:是時倉廩實洞達寰區開(初杜解21:36).
창문 명 창문(倉門). ¶창문의 내여갈 톄ᄌᆞ 가져다가:將碎帖兒來(飜朴上12).
창ㅅ전 명 창문턱. 창문의 문턱. ¶창ㅅ전:

窓臺(同文解上35).

창·살 명 창(窓)살. ¶창살 롱:櫳(訓蒙中6). 창살 간:窓隔子(漢淸9:71).

창셜 명 창설(創設). ¶창셜:創(同文解下50).

창승 명 창승(蒼蠅). 쉬파리. ¶모괴를 믭다 ᄒᆞ랴 蒼蠅과 엇더ᄒᆞᆫ이(古時調. 尹善道. 모래 우희. 孤遺).

:창션·히 부 창연(愴然)히. ¶슬프며 놀라와 말ᄊᆞ매 미츠니 愴然히슬프도다:愴ᄋᆞᆫ 슬흘 씨라(永嘉下74).

창션히 부 창연(蒼然)히. ¶그 얼구리 ᄲᅡ해 이셔 곧 蒼然히 퍼러ᄒᆞᄂᆞ니(金三2:29). 蒼然ᄋᆞᆫ 퍼러ᄒᆞᆫ 양지라(金三2:30).

창아 명 창애. ¶납평날 창아 뭇어 잡은 ᄢᅯᇰ 몃 마린고(農月 十二月令).

:창·업 명 창업(創業). ¶創業 規模ㅣ 머르시니이다:創業規模是用遠大(龍歌81章).

창연ᄒᆞ다 형 창연(蒼然)하다. ¶蒼然ᄒᆞᆫ 眞面目이 뵈ᄂᆞᆫ 듯 숨ᄂᆞᆫ 양은(辛啓榮. 月先軒十六景歌).

창:유 명 창유(窓牖). ¶四面을 向ᄒᆞ야 窓牖를 엿오더니:지븨 잇ᄂᆞ니 窓이오 담애 잇ᄂᆞ니 牖ㅣ라(法華2:123).

창ᄋᆞ고동 명 창애고동. ☞챠ᄋᆞ고동 ¶창ᄋᆞ고동:挾子觜(柳氏物名一 羽蟲).

창ᄋᆞ고패 명 창애고패. ☞챠ᄋᆞ ¶창ᄋᆞ고패:挾子口(柳氏物名一 羽蟲).

창젼 명 창턱. ¶창젼 널:窓戶臺(漢淸9:72).

창·졸애 부 창졸(倉卒)에. 창졸간(倉卒間)에. ☞창졸에 ¶劉寬이 비록 倉卒애 이셔도:倉卒ᄋᆞᆫ 뵈왓블시라(宣賜內訓1:17). 그 지아비 창졸애 어미ᄂᆞᆯ 몯 밋처 업고 ᄃᆞ라나:其夫倉卒未及負母而逃(東新續三綱. 烈4:73).

창졸에 부 창졸(倉卒)에. 창졸간(倉卒間)에. ☞창졸애 ¶창졸에 약이 업거든 춤기롬을 코 굿히 ᄃᆡ고(辟新16).

창:죵 명 창종(瘡腫). ¶네 大藏敎ㅣ 瘡腫 스저 ᄇᆞ론 죠ᄒᆡ라 닐오ᄆᆞᆯ 올타 호리라:許你道大藏敎是拭瘡疣紙(蒙法61). 창죵:瘡(同文解下7).

창지방 명 창지방(窓地榜). 창턱. ¶창지방:窓臺(譯解補13).

창질 명 창질(瘡疾). 창병(瘡病). ¶창질:瘡(漢淸8:9). 창질 창:瘡(兒學下5).

창·튤 명 창출(蒼朮). ¶南木香과 놀 蒼朮와(救急上1). 陳皮 힌 것 앗디 말오 두 량 蒼朮 두 량(簡辟6). 蒼朮 넉 량을 봇그라(瘟疫方13).

창파 명 창파(滄波). ¶滄波와 늘근 나모ᄂᆞᆫ 내 本性에 ᄉᆞ랑ᄒᆞ논 배니:滄波老樹性所愛(初杜解6:41).

창화하다 동 창화(唱和)하다. ¶글을 지어 창화ᄒᆞ니(洛城2).

창황이 부 창황(蒼黃)히. ☞창황히 ¶전지를 들란 후에 창황이 길을 나니(宋疇錫. 北關曲). 존비를 닛고 그 손을 잡아 창황이 닐오ᄃᆡ(洛城2).

창황히 부 창황(蒼黃)히. ☞창황이 ¶ᄌᆞ손들히 창황히 집을 올마 ᄂᆞᆷ의게 ᄠᅩᆯ오미 되니(太平1:31).

창황ᄒᆞ다 형 창황(蒼黃)하다. ¶도적이 그 집을 범ᄒᆞ야늘 창황ᄒᆞ야 미처 어미를 업고 ᄃᆞ라나디 몯ᄒᆞ야:盜賊犯其家倉黃未及負母而逃(東新續三綱. 孝7:14).

창:ᄒᆡ 명 창해(滄海). ¶몃 무리 滄海ㅅ 우희 ᄆᆞᆯᄀᆞᆫ 그르메 나날 蕭蕭ᄒᆞ거니오:幾群滄海上淸影日蕭蕭(初杜解17:24). 神龍의 ᄃᆞ뵈ᄂᆞᆫ 滄海라 닐올디로다(金三3:36). 창ᄒᆡ를 쏘드며 팔두를 기후ᄅᆞ니(洛城1).

·채 명 채찍. ¶채爲鞭(訓解. 用字). 長常 채 맛고 주으륨과 목ᄆᆞᆯ로ᄆᆡ로 受苦ᄒᆞ며(釋譜9:15). 채 마조미 좃ᄂᆞ니:楚撻從之(宣賜內訓2上10). 麒麟ᄋᆞᆫ 玉채를 맛더라:麒麟受玉鞭(初杜解20:16). 채 울여 ᄃᆞᆯ여 보내야 漁父를 어엿비 너기시니:鳴鞭走送憐漁父(初杜解22:22). 잠간 채를 뮈우신댄:略搖鞭(南明下4). 잘 ᄃᆞᆫᄂᆞᆫ ᄆᆞᄅᆞᆫ ᄒᆞᆫ 채라:快馬一鞭(飜朴上26). 채 편:鞭. 채 좌:檛. 채 췌:箠. 채 칙:策(訓蒙中27).

:채 부 ①차게(滿). 가득하게. ¶萬金을 채 ᄡᅩ로려 ᄒᆞ니(月印上56).
②아주. 다. ¶氣運이 거복ᄒᆞ매 服藥을 ᄒᆞ오되 至今 채 낟지 몯ᄒᆞ오니(隣語1:8). ᄎᆞ라리 놉흔 뫼 채 놉하 못 너문들 엇더리(古時調. 올 제ᄂᆞᆫ. 槿樂).

-채 접미 -째. ☞-차. -차히 ¶둘챗 가줄비샤 ᄆᆞᆯ 브터 二佛身 이쇼ᄆᆞᆯ 아ᄂᆞ니:依第二譬喩知有二佛身(圓覺上一之二179). 둘챗 ᄡᅧ 아랫 오목ᄒᆞᆫ ᄃᆡ로(救簡3:48).

채광조리 명 채광주리. ¶채광조리:荊筐(譯解下14).

채·다 동 (농작물이 빗물에) 잠기다. ¶ᄀᆞ ᄉᆞᆯ히ᄂᆞᆫ 므리 채여:秋裏水澇了(飜老上53).

채·롱 명 채롱. ¶두 채롱애 대초 다마:着兩荊籠子裏盛着棗兒(飜老上29). 채롱:荊籠(四解下47 荊字註). 두 채롱애 대쵸 다마 싯고 가더니:着兩荊籠子裏盛着棗兒馱着行(老解上26). 채롱:荊籠(譯解下14).

채밀다 동 힘있게 밀다. ¶고래 물 혀 채민 바다(古時調. 靑丘).

채반 명 채반. ¶채반:晒槃(物譜 筐筥).

채ㅅ긘 명 채찍 끈. ☞채씐 ¶채ㅅ긘:挽手(漢淸5:27).

채ㅅ대 명 챗대. ¶채ㅅ대:鞭桿(漢淸5:27).

채산ᄒᆞ다 동 채산(採山)하다. 산나물을 캐

다. ¶아ᄎᆞᆷ에 採山ᄒᆞ고 나조히 釣水ᄒᆞ새(丁克仁. 賞春曲).

채슈 명 산자(糤子. 饊子). ☞차슈 ¶채슈:饊子(物譜 飮食).

채ᄭᅵᆫ 명 채찍 끈. ☞채ㅅ긴 ¶채ᄭᅵᆫ:挽手(同文解下20).

채열 명 챗열. 편수(鞭穗). ☞치열 ¶채열:鞭穗(譯解下20). 채열:鞭繐(同文解下20). 채열:鞭穗(漢淸5:27).

채주다 동 채찍질하다. ¶ᄀᆞ득이 저는 나귀 채주어 모지 마라(古時調. 古今).

·채·쥬 명 채주(債主). ¶아모 채쥬의 손ᄃᆡ:於某財主處(飜朴上61).

채치다 동 채치다. 채찍을 치다. ☞채티다 ¶어지ᄂᆞᆫ ᄆᆞᆯ을 채쳐 급히 나가시기예(隣語5:3). 磨雲嶺 채쳐 너머 麻谷驛 ᄆᆞᆯ을 쉬워(曺友仁. 出塞曲).

·채·티·다 동 채치다. 채찍을 치다. ☞채치다 ¶ᄆᆞᄅᆞᆯ 채텨 뵈시니:策馬以示(龍歌36章). 그ᅀᅳ기 모라 채티리 잇ᄂᆞᆫ ᄃᆞᆺᄒᆞ야:隱然若有驅策(楞解7:4). 聲聞을 채텨 나ᅀᅩ샤:以策進聲聞(法華3:78). 하 衆의 채텨 니르와도ᄆᆞᆯ(圓覺上二之二18). 비령지 ᄆᆞᄅᆞᆯ 채티고:丕寧子鞭馬(東三綱. 忠2).

채ᄒᆞ·다 동 상대하다. ¶제 채ᄒᆞᄂᆞᆫ ᄃᆞᆺ 아니ᄒᆞᄂᆞᆫ ᄃᆞᆺ ᄒᆞ니:他採也不採(飜朴上34).

챗딕 명 채찍〔鞭〕. ☞치직 ¶챗딕:鞭竿(譯解下20).

챠과 명 다과(茶菓). ¶져믄 녀승 슈십 인이 싱을 보고 합당 녜비ᄒᆞ고 챠과ᄅᆞᆯ 드리고 니ᄅᆞᄃᆡ(落泉2:5).

챠륜 명 차륜(車輪). ¶서린 藤ㅣ 車輪 ᄀᆞᄐᆞᆫ ᄃᆡ 비ᄅᆞᆯ ᄆᆡ오:繫舟盤藤輪(重杜解1:48).

챠·면·담 명 차면(遮面)담. ¶챠면담 죠:堊(訓蒙中5).

챠양 명 차양(遮陽). 챙. ¶遮陽ㄱ 세 쥐 녜도 잇더신가:遮陽三鼠其在于昔(龍歌88章).

챠·일 명 차일(遮日). ¶가줄비건댄 져비 遮日에 삿기치ᄃᆞᆺ ᄒᆞ니(三綱. 忠15). 챠일 막:幕(類合上22). 여러 관원들을 챠일 아래 모호고(三譯4:5). 챠일:布凉棚(同文解上49. 漢淸11:29). 챠일 막:幕(兒學上9).

챠ᄋᆡ 명 창애. ¶챠ᄋᆡ:挾子(同文解下12. 譯解補17). 챠ᄋᆡ:夾子(漢淸10:30).

챠ᄋᆡ고동 명 창애고동. ☞창ᄋᆡ고동 ¶챠ᄋᆡ고동:夾子舌(漢淸10:30).

챠ᄋᆡ활 명 창애활. ☞챠ᄋᆡ ¶챠ᄋᆡ활:夾子弓(漢淸10:30).

챠전 명 차전(車前). 질경이. ¶ᄯᅩ 金瘡애 피나 긋디 아니커든 車前 니플 므르 디허 ᄇᆞ티면 피 즉재 긋ᄂᆞ니:又方治金瘡血出不止取車前葉爛擣傅之血卽止(救急上85).

챠조알이 명 율무의 한 품종. ¶챠조알이:菩提子(柳氏物名三 草).

챡념ᄒᆞ다 동 착념(着念)하다. ¶삼가 着念ᄒᆞ여 몸의 직조ᄅᆞᆯ 삼고(捷蒙1:3).

챡실이 부 착실(着實)히. ¶챡실이 사ᄂᆞᆫ 이:厚實(漢淸6:16).

챨기쟝 명 찰기장. ☞ᄎᆞᆯ기장 ¶챨기쟝:黍(柳氏物名三 草).

챰예ᄒᆞ다 동 참예(參預)하다. 참여하다 ¶이 바디예 챰예티 아니ᄒᆞ더라:不與宴樂(東新續三綱. 孝6:26).

챵 명 창. 신발창. ¶뎌 훠챵이 다 두 층 조ᄒᆞᆫ 챵애:那靴底都是兩層淨底(飜老下53). 뎌 훠챵이 다 두 층 조ᄒᆞᆫ 챵애:那靴底都是兩層淨底(老解下48).

챵 명 창(槍). ¶챵 극:戟(兒學上11).

챵결ᄒᆞ다 형 창결(悵缺)하다. 서운하고 섭섭하다. ¶언제 다시 뵈올지 相逢 無期오니 悵缺ᄒᆞᆫ ᄆᆞᄋᆞᆷ이 限업ᄉᆞ외(隣語1:35).

챵공 명 창공(蒼空). ¶죠션 밧ᄃᆞᄅᆞ시ᄂᆞᆫ 효셩은 챵공의 ᄢᅦ칠 듯ᄒᆞ니(落泉1:2).

챵:도·ᄒᆞ·다 동 창도(唱導)하다. ¶다 이 大衆의 唱導ᄒᆞ시ᄂᆞᆫ 머리러시니(法華5:83).

챵만ᄒᆞ다 형 창만(脹滿)하다. ¶가슴 챵만ᄒᆞ다:胷膈發脹(漢淸8:3).

챵셩 명 창성(昌盛). ☞챵셩ᄒᆞ다 ¶챵셩 챵:昌(類合下62).

챵셩ᄒᆞ다 동 창성(昌盛)하다. ¶엇디 시러곰 챵셩ᄒᆞ야 크디 아니ᄒᆞ리오 ᄒᆞ니라:安得不昌大乎(宣小6:27). 하ᄉᆞᆺ거리ᄂᆞ니 챵셩ᄒᆞ냐(十九史略1:12).

챵ᄯᅳ르 명 신창의 밑. ¶챵ᄯᅳ르 분칠ᄒᆞ얏ᄂᆞᆫ ᄃᆡ:粉底(飜朴上26).

·챵·ᄌᆞ 명 창자〔腸〕. ¶ᄆᆞᄅᆞᆫ ᄯᅩᆼ이 챵ᄌᆞ애 막딜여:乾糞塞腸(救簡3:73). 양의 챵ᄌᆞ:羊雙腸(飜老下38). 도틔 챵ᄌᆞ:猪肚(飜朴上5). 여ᄋᆡ 챵ᄌᆞ ᄉᆞ론 ᄌᆡᄅᆞᆯ 므레 프러 이베 브ᅀᅳ라(牛疫方1). 챵ᄌᆞ 댱:腸(類合上22). 양의 챵ᄌᆞ:羊雙腸(老解下34). 챵ᄌᆞ:腸子(同文解上17). 챵ᄌᆞ:腸(漢淸5:58). 챵ᄌᆞ 챵:腸(兒學上2).

챵포 명 창포(菖蒲). ¶ᄯᅩ 菖蒲ㅅ ᄀᆞᄅᆞᆯ 두 곳굼긔 불오(救急上23). ᄯᅩ 수릿날 낫맛감 菖蒲 수우레 石雄黃ㅅ ᄀᆞᄅᆞᆯ 녀허(簡辟18). 챵포 챵:菖. 챵폿 포:蒲(訓蒙上8). 챵포 챵:菖. 챵포 포:蒲(類合上7). 챵포로 겨른 광지:蒲包(漢淸11:44). 챵포:菖蒲(柳氏物名三 草). 챵포 챵:菖(兒學上5).

챵포검 명 양날검〔兩刃刀〕. ¶챵포검:兩刃刀(譯解補16).

·처:듐 동 처진 것. 떨어진 것. ㉮처디다 ¶ᄒᆞᆫ 터럭 ᄒᆞᆫ 처듐 ᄒᆞᆫ 몰애 ᄒᆞᆫ ᄃᆞ트레 니르러도(月釋21:106).

·처디·다 동 처지다. 떨어지다. ¶져고맛 善

根을 심고ᄃᆡ ᄒᆞᆫ 터럭ᄒᆞᆫ 드틀 ᄒᆞᆫ 몰애 ᄒᆞᆫ 처딘 믈만 ᄒᆞ야도(月釋21:180). ᄒᆞᆫ 처딘 비예:一滴之雨(楞解5:25). 바ᄅᆞ래 ᄒᆞᆫ 처딘 믈 ᄀᆞᆮᄒᆞ니라:如海一渧(法華3:47). 비 처듀믈 標ᄒᆞ시니라(圓覺下三之二34). 믈 처디여 어름 ᄃᆞ외요미 眞實로 이시나:滴水成冰信有之(金三4:42). 眞空 實相ᄋᆞᆫ 처딘 므리 처디니마다 어ᄂᆞᆫ ᄠᅳ딜시(南明上7). 竹紙ᄂᆞᆫ 鹽과 醋ᄅᆞᆯ 보면 만히 처디ᄂᆞ니:竹紙見鹽醋多爛(無冤錄1:20).

·처:디·다 동 처지게 하다. 떨어뜨리다. ¶ ᄀᆞᆺ 기른 믈로 곳굼긔 처디오:以新汲水滴入鼻孔(救急上10). ᄆᆞᆯᄀᆞᆫ 기름 두ᅀᅥ 번 처디여 모ᄀᆡ 브ᅀᅳ라(救簡2:78). ᄀᆞᆺ 기론 므를 처디여:新汲水滴之(救簡3:91). 므를 ᄧᅡ 믄ᄃᆡ 처디여 들에 ᄒᆞ면 이ᅀᅳᆨ고 됴ᄒᆞ리라:取汁滴入咬處須臾自差(救簡6:60).

·처삼 명 처음. ☞처ᅀᅥᆷ ¶ 내죵과 처ᅀᅡ미 ᄒᆞᆫ 가짓 ᄠᅳ디면:終始一意則(飜小6:10).

·처ᅀᅥᆷ 명 처음. ☞처삼. 쳐ᅀᅥᆷ ¶ 始ᄂᆞᆫ 처ᅀᅥ미라(月釋序2). 世尊이 ᄆᆞᆺ 처ᅀᅥᄆᆡ 釋迦牟尼佛로셔(月釋2:9). ᄯᅩ 金剛心ᄋᆞᆯ 니르와다 처엄브터(月釋2:62). ᄆᆞᆺ 처ᅀᅥ메 會中에 듣고 隨喜ᄒᆞ니(月釋17:50). 처ᅀᅥᄆᆡᆫ 談誦티 아니ᄒᆞ다가(月釋17:86). 처ᅀᅥᄆᆡ 甚히 수이 너기더니:初甚易之(宣賜內訓1:16). 처ᅀᅥ멘 安泰ᄒᆞ더니 ᄆᆞᄎᆞᆷ맨 屯蹇ᄒᆞ도다:始泰終則蹇(初杜解24:35). ※처ᅀᅥᆷ>처엄>처음

·처ᅀᅥᆷ 부 처음. ¶ 赤心ᄋᆞ로 처ᅀᅥᆷ 보샤:維是赤心始相見斯(龍歌78章). 처ᅀᅥᆷ 佛法에 드러 世俗앳 ᄠᅳ디 한 젼ᄎᆞ로(釋譜6:2). 처ᅀᅥᆷ 펴아나ᄂᆞᆫ 소리라:初發聲(訓註3). 처ᅀᅥᆷ 마ᄌᆞ븐 ᄢᅡ해 와(三綱. 孝9). 처ᅀᅥᆷ 안ᄍᆞᇙ 저긔:初坐時(蒙法24). 아래브터 제 ᄆᆡ옛던 ᄃᆞᆯ 처ᅀᅥᆷ 信호라:始信從前自拘縛(南明上12).

처암 부 처음. ☞처ᅀᅥᆷ ¶ ᄆᆡ양 ᄃᆞᆰ기 처암 울거든:每雞初鳴(東新續三綱. 孝5:61).

처엄 명 처음. ☞처삼. 처ᅀᅥᆷ ¶ 처엄 초:初(類合上1. 石千13). 처어미 잇고(野雲52). 建武 처어믜 左馮翊이 되엿더니:建武初爲左馮翊(宣小6:104). 처엄 나죵이 업다 ᄒᆞ리오:無始終(東三綱. 孝1). 처어믜 이 山中에 와:始來玆山中(重杜解1:25). 나라 니ᅀᅳ리ᄅᆞᆯ 처어믜 가져 諸武에 브터놀:國嗣初將付諸武(重杜解8:17). 처엄은 뎨 놈을 소겻더니:爲頭兒他瞞別人來(朴解中47). 딘영의 어미ᄂᆞᆫ 처엄의 영이 동양 녕좌 되야(女範1. 모의 딘영모).

처엄 부 처음. ☞처ᅀᅥᆷ ¶ 士ㅣ 冠ᄒᆞᄂᆞᆫ 禮예 처엄 스일시:士冠禮始加(宣小3:19). 녜 처엄 보던 ᄢᅢᄅᆞᆯ ᄉᆞ랑호니:憶昔初見時(重杜解8:6). 처엄 뎡ᄒᆞᆫ 갑새셔:元定價錢內中(老解下18). 자네 처엄 일이신 거시니(新語1:6).

처음 명 처음. ☞처ᅀᅥᆷ. 처엄. ¶ 처음으로 머리 알커든(辟新3). 새히 처음이면 뭇ᄌᆞ오시고(仁祖行狀29). 그 처음은 ᄀᆞᆯᄋᆞ샤ᄃᆡ(仁祖行狀53). 처음이 ᄋᆞᆸ고(新語1:3). 처음은 기르다가(字恤7). 처음으로 反切을 닑어 닉여 외오고(捷蒙1:1). 처음의 太山壓卵勢ᄅᆞᆯ ᄒᆞ고(武藝圖1). 비 올 적이면 피 도로 소사나 처음과 ᄀᆞᆺ더라:始(五倫3:44).

처음 부 처음. ☞처ᅀᅥᆷ. 처암. 처엄. 처ᄋᆞᆷ ¶ 처음 머글 제란:初喂時(老解上22). 처음 보롸 ᄒᆞᄃᆞ라(古時調. 靑丘). 처음 보다:初會(譯解補53).

처ᄋᆞᆷ 명 처음. ☞처ᅀᅥᆷ ¶ 처ᄋᆞᆷ에 孫堅을 조차 산도적을 파ᄒᆞ야(三譯3:2).

처ᄋᆞᆷ 부 처음. ☞처ᅀᅥᆷ ¶ 처ᄋᆞᆷ 닐온 밧:破荒田(譯解下7).

처지다 동 처지다. ¶ 문둥문둥 처지고(三譯5:18). 긔강이 날로 처지며 민심이 날로 궁ᄒᆞ니(綸音24).

천추 명 천추(千秋). ¶ 千秋에 賊子의 ᄆᆞ음을 것거 보려 홈이라(古時調. 金天澤. 叩馬諫. 靑丘). 千秋에 高節이요(古時調. 明燭達夜. 花源).

·첫 관 첫. ¶ 橫死ᄒᆞ야 地獄애 드러 낤 그지 업스니 이ᄅᆞᆯ 첫 橫死ㅣ라 ᄒᆞᄂᆞ니라(釋譜9:36). 冠禮ᄂᆞᆫ 나히 스믈히어든 첫 곳갈 쓰이논 禮라(三綱. 忠23). 아래로 첫 하ᄂᆞ리라(月釋1:19). 首楞嚴王ㅅ ᄆᆞᆺ 첫 方便이이 ᄀᆞᆮᄒᆞ실 ᄯᆞᄅᆞ미라(楞解1:28). 첫 거상애 斂殯티 몯ᄒᆞ야셔도:初喪未斂(宣賜內訓1:68). 辛夷 첫 고지 ᄯᅩ ᄒᆞ마 디니:辛夷始花亦已落(初杜解25:41). 첫 句ᄂᆞᆫ 얼굴 업슨 부톄오(南明上5). 첫 긊 그틀 각 ᄒᆞᆫ 붓글 쓰며:第一紋頭各一壯(救簡2:41). 첫 일홈은 아락산이러니(明皇1:32). 九烈三貞은 첫 편의 사겻ᄂᆞ니라(女四解2:37).

·첫- 접두 첫-. ¶ 첫소리ᄅᆞᆯ 어울워 ᄡᅳᇙ디면 ᄀᆞᆯᄫᅡ쓰라(訓註12).

첫긑 명 첫머리. ¶ 네 첫그투로 내 ᄆᆞᆯ ᄑᆞᄂᆞᆫ 글월 쓰라:你從頭寫我的馬契(飜老下15).

·첫ᄃᆞᆰ 명 첫닭. ☞첫- ¶ 첫ᄃᆞᆰ:頭雞(老朴集. 單字解7).

첫머리 명 첫머리. ☞첫긑 ¶ 네 첫머리로 내 ᄆᆞᆯ ᄑᆞᄂᆞᆫ 글월을 쓰라:你從頭寫我的馬契(老解下14).

첫ᄇᆡ 명 첫배. ¶ 첫ᄇᆡ:頭窩兒(譯解下25).

첫소리 명 첫소리. 초성(初聲). ¶ 乃終ㄱ소리ᄂᆞᆫ 다시 첫소리ᄅᆞᆯ 쓰ᄂᆞ니라:終聲復用初聲(訓註11).

첫암 부 처음. ☞처ᅀᅥᆷ. 처음 ¶ 첫암 ᄆᆡᆼᄀᆞᆯ 창:創(類合下10).

첫재 수 첫째. ¶ 첫재:第一(漢淸4:27).

첫조곰 명 첫조금. 음력 팔구일쯤. ☞훗조곰

¶첫조곰:上弦(譯解上3).
첫ᄌᆞ식 명 첫자식. 만자식. ¶첫ᄌᆞ식:頭生(漢淸5:38).
첫좀 명 첫잠. ☞첫즘 ¶春風 玉笛聲의 첫좀을 ᄭᅵ돗던디(松江. 關東別曲).
·첫·판 명 첫판. ¶첫판:頭盤(老朴集. 單字解7). 놉흔 바독은 첫판을 진다 ᄒᆞᄂᆞ니라:高碁輪頭盤(朴解上23).
·쳠 관 첫. 〔유성음(有聲音) 'ㅁ' 앞에서 '첫'이 '쳠'으로 표기됨.〕☞첫 ¶아바님 유무 보샤 쳠 盟誓 일우리라(月印上41).
·쳠날 명 첫날. 〔유성음(有聲音) 'ㄴ' 앞에서 '첫'이 '쳠'으로 표기됨.〕¶쳠나래 讒訴를 드러 兇謀ㅣ 날로 더을씨:始日聽讒兇謀日熾(龍歌12章).
청념ᄒᆞ다 형 청렴(淸廉)하다. ¶이는 청념티 못하고 法을 干흠이니라(女四解4:8).
청ᄒᆞ·다 동 청(請)하다. ¶二百戶를 어느 뉘 請ᄒᆞ니:維二百戶誰其請爾(龍歌18章). 病으로 請ᄒᆞ시고 天心을 일우오리라:托疾以請欲遂天意(龍歌108章).
·체 명 체. ¶체爲籭(訓解. 用字). 브쇠 아래 더운 지를 체로 처:竈下熱灰篩去(救簡2:29). 체:簁籮(四解下27 籮字註). 체 싀:簁. 체 라:籮(訓蒙中10). 새박을 졍월 첫 저우룸날 디혀 체로 처 ᄀᆞᄅᆞ 밍ᄀᆞ라:女青(卽蘿摩)正月上寅日取擣羅爲末(瘟疫方8). 체ㅅ:篩(類合上27). 깁체:羅兒. ᄆᆞᆯ총 체:馬尾羅兒(譯解下13).
체 명 체. 척. ☞톄. 톄 ¶白鷗야 날 본 체 마라 世上 알ㄱ가 ᄒᆞ노라(古時調. 瀟湘斑竹 길게 뷔여. 歌曲).
체 명 채. ¶부모 압히 어린 체로 시름업시 ᄌᆞ라더니(萬言詞).
체다리 명 쳇다리. 체를 받치는 기구. ¶체다리:楕(柳氏物名三 草).
체마리 명 체머리. ¶체마리 흔드다:篩頭(譯解下46).
체질ᄒᆞ다 동 체질하다. ¶체질ᄒᆞ다:羅羅(譯解下47).
체ᄒᆞ다 조동 체하다. ¶놈의게 고온 체ᄒᆞ다:賣俏(漢淸8:19).
쳐 명 처(妻). 아내. ¶夫는 샤오이오 妻는 가시라(月釋1:12). 五行애 내의 이긔요ᄆᆞ로 妻 삼ᄂᆞ니(楞解4:22). 國夫人ᄋᆞᆫ 功臣ㅅ 벼슬 ᄒᆞᆫ 妻라(楞解6:19). 妻 求ᄒᆞ린 妻를 得ᄒᆞ며 子를 求ᄒᆞ린 子를 得ᄒᆞ며(楞解6:44). 法喜로 妻 사ᄆᆞ시고(法華4:49). 네의 妻가 拏를 樂게 ᄒᆞ라 ᄒᆞ야놀(宣中15). 老ᄒᆞ고 妻 업슨 이를 골온 鰥이오(宣孟2:18). 母는 甫ㅣ 妻를 니ᄅᆞ니라(重杜解1:6). 妻와 밋 兄弟와 밋 兄弟의 妻는(家禮1:20).

·쳐 명 화압(花押). 수결(手決). 서명(署名). ¶스승이 우희 쳐 두ᄂᆞ니라:師傅上頭畫着花押(飜老上4). 내 마ᅀᆞ래 가 공좌부에 쳐 두고 즉재 오마:我到衙門押了公座便來(飜朴上75). 쳐 셔:署 花押(訓蒙中7).
쳐가 명 처가(妻家). ¶妻家ㅣ 나와 ᄒᆞᆫ 處소애 닐을엇거든(家禮4:9). 쳐가:娘家(同文解上10).
쳐:권 명 처권(妻眷). 아내. ¶妻眷이 ᄃᆞ외ᅀᆞ바 하ᄂᆞᆯ 셤기ᅀᆞᆸ다니(月印上51). 妻眷 ᄃᆞ외얀 디 三年이 몯 차이셔(釋譜6:4). 菩薩이 몸과 ᄉᆞᆯ콰 손과 발와 妻眷과 子息과로 布施ᄒᆞ야(釋譜13:19).
:쳐·녀 명 처녀(處女). ¶ᄒᆞ다가 處女ㅣ 處身ᄋᆞᆯ 즐겨 侵害를 求티 아니커든(楞解6:20). 쳐녀 니시는:處女李氏(東新續三綱. 孝7:47). 열 대여손 ᄒᆞᆫ 쳐녜 눈믈을 흘리고 무로되:一女可十五六涕泣謂曰(太平1:45). 신안이 누의 쳐녀로 잇는 줄을 보고:顏之妹處室(重二倫43). 네 ᄯᅩᄒᆞᆫ 쳐녜어놀 야심ᄒᆞᆫ디 엇지 외실의 나왓ᄂᆞ뇨(落泉1:3).
:쳐:단ᄒᆞ·다 동 처단(處斷)하다. ¶能히 禮로ᄡᅥ 스스로 處斷티 몯ᄒᆞ고(宣賜內訓1:67). 친후ᄒᆞᆫ 동싱의 은의를 ᄀᆞ숨아라 쳐단케 호미(飜小7:40). 숙직을 두어 관가의셔 쳐단ᄒᆞ야 이 뉴를 감히 용접지 못ᄒᆞ게 ᄒᆞ라(落泉2:6).
쳐뎨 명 처제(妻弟). ¶냥국걸의 쳐뎨라:梁國傑之妻弟(東新續三綱. 烈5:14). 쳐뎨:小姨(漢淸5:41).
쳐량ᄒᆞ다 형 처량(凄涼)하다. ¶凄涼ᄒᆞ야 書信도 通티 아니ᄒᆞ놋다(重杜解9:7). ᄃᆞᆯ이 明朗ᄒᆞᆫ 양을 보면 凄涼ᄒᆞ여 客懷가 더ᄒᆞ외(隣語2:2).
-쳐로 조 -처럼. ¶네 나라쳐로 긔망ᄒᆞ고 교ᄉᆞᄒᆞ고(山城67). 우리도 님 ᄉᆞ랑 근쳐지ᅌᅵ거든 져 모시쳐로 니으리라(古時調. 모시를 이리. 靑丘). ᄇᆞ람에 플쳐로 반ᄃᆞ시 누을 거시니:風草必偃(字恤4). 이쳐로 비옴ᄒᆞ노라:是這樣粧扮呢(華解下1). 네 나를 外人쳐로 看顧치 말나:你呢別當外人看顧我罷(華解下12). 쳔 가지 샹셰 구름쳐로 모되리니(敬信10). 신하들쳐로 국툭 부복ᄒᆞ야 뵈옵던 거시니(閑中錄112).
쳐모 명 처모(妻母). 장모(丈母). ¶쳐모:丈母(漢淸5:40).
쳐변ᄒᆞ다 동 궤사(詭詐)하다. ¶쳐변ᄒᆞ는 이:詭詐的(譯解上28).
쳐부 명 처부(妻父). 장인(丈人). ¶쳐부:丈人(漢淸5:40).
:쳐:분 명 처분(處分). ¶衆이 處分을 得ᄒᆞ야:處分은 和尙ㅅ 處斷이라(六祖上12). 두 군시 샹전ᄒᆞ매 샹텬이 ᄌᆞ연 쳐분이 이시리

라 ᄒᆞ엿더라(山城68). 녈위는 쳔쳔이 관가 쳐분을 기ᄃᆞ리고(落泉1:1).

쳐분ᄒᆞ다 동 처분(處分)하다. ¶이제 쳐분홈을 인ᄒᆞ야 도류안을 가뎌 보니(綸音20).

:쳐:소 명 처소(處所). ¶내 後에 부톄 ᄃᆞ외야 일후미며 眷屬이며 時節이며 處所ㅣ며 弟子ㅣ며 다 이젯 世尊 ᄀᆞᆮ가지이다(月釋2:9). 佛은 이 說法ᄒᆞ시ᄂᆞᆫ 主ㅣ시고 겨시다 호ᄆᆞᆫ 處所ᄅᆞᆯ ᄇᆞᆯ기로져 ᄒᆞ니라(金剛2). 妙體ᄂᆞᆫ 本來 處所ㅣ 업스니오 ᄋᆞᆫ 모미 엇뎨 또 자최 이시리오(金三2:19). 妄이 處所ㅣ 업서 着호미 이 妄이오(六祖中17). 사ᄅᆞᆷ 쳐소ᄅᆞᆯ 얻디 못ᄒᆞ엿거든:不得其所(飜小8:3). ᄒᆞᆫ 사ᄅᆞᆷ이 그 쳐소를 얻디 몯ᄒᆞ엿거든:一夫不得其所(宣小5:84).

:쳐신 명 처신(處身). ¶處女ㅣ 處身ᄋᆞᆯ 즐겨 侵害ᄅᆞᆯ 求티 아니커든(楞解6:20).

·쳐섬 부 처음. ☞처섬 ¶그러나 覺心이 쳐섬셔:然覺心初建(圓覺下二之一17).

쳐션히 부 처연(凄然)히. ☞쳐연이 ¶凄然히 呂望과 諸葛ᄋᆞᆯ ᄇᆞ라노니(初杜解14:4).

쳐엄 부 처음. ☞처섬 ¶春服을 쳐엄 닙고 麗景이 더딘 져긔(蘆溪. 莎堤曲). 쳐엄의 학을 조와 아니 ᄒᆞ니:初(女四解4:31).

쳐연이 부 처연(悽然)히. ☞쳐션히 ¶쳐연이 니별ᄒᆞ고 댱노ᄅᆞᆯ 향ᄒᆞ야(洛城2). 지현이 빵누ᄅᆞᆯ 드리오며 쳐연이 허ᄒᆞ니(落泉3:7).

쳐연ᄒᆞ다 형 처연(悽然)하다. ¶왕어시 잔을 잡고 쳐연ᄒᆞ여 눈믈을 흘녀 닐오ᄃᆡ(落泉3:7).

쳐용 명 처용(處容). ¶憲康大王之代…大王遊開雲浦…東海龍喜 乃率七子現於駕前…其一子 隨駕入京 輔佐王政 名曰處容…其妻甚美 疫神欽慕之…竊與之宿 處容自外至其家 見寢有二人 乃唱歌作舞而退…時神現形 跪於前曰…誓今已後…見畫公之形容 不入其門矣…(三遺 卷二. 處容郎). 處容之戲 肇自新羅憲康王時(慵齋1:13).

쳐음 명 처음. ☞처섬 ¶평싱의 쳐음이요 다시 못 ᄒᆞᆯ 일이로다(萬言詞).

쳐·ᄌᆞ 명 처자(妻子). ¶金銀 七寶와 집과 妻子와 죵과 옷과 음담과(釋譜23:3). 菩薩이 모맷 고기와 손발와 妻子로 布施ᄒᆞ야(法華1:77). 가난ᄒᆞᆫ 사ᄅᆞᄆᆞᆫ 보고 妻子ᄅᆞᆯ ᄃᆞ리고 나가니라 ᄒᆞ니(南明下74). 六親ᄋᆞᆫ 父母와 妻子와 兄弟왜라(金三4:9). 보화와 지믈을 됴히 너기며 妻子ᄅᆞᆯ ᄉᆞᄉᆞ로이 ᄒᆞ야:好貨財私妻子(宣小2:34). 妻子의 好ᄒᆞ며 合홈이(宣中15). 쳔년이 쳐ᄌᆞ란 ᄇᆞ리고:千年舍妻子(東新續三綱. 孝3:19). 妻子ㅣ 오시 허러 온 고대 ᄆᆡ잣도다(重杜解1:5). 各각 妻子의 喪을 爲ᄒᆞ야 主ㅣ 되미라(家禮5:4). 부모 쳐ᄌᆞᄅᆞᆯ 부양ᄒᆞ샤(仁祖行狀30). 쳐ᄌᆞ와 지믈 보비왜(桐華寺 王郎傳8). 희라 쳐ᄌᆞ ᄉᆞ모ᄒᆞᆯ ᄣᅢ예 그 과연 어버이ᄅᆞᆯ ᄉᆞ모ᄒᆞᄂᆞ냐(百行源).

쳐ᄌᆞ 명 처자(處子). 처녀(處女). ¶神人이 사ᄂᆞ니 ᄉᆞᆯ히 어름눈 ᄀᆞᆮ고 보ᄃᆞ라오미 處子 ᄀᆞᆮ고 五穀 먹디 아니코(法華2:28). 쳐ᄌᆞ 저긔:處子時(東新續三綱. 孝5:44).

쳐·ᄌᆞ·식 명 처자식(妻子息). 처자(妻子). ¶百姓 ᄉᆞ랑홈을 쳐ᄌᆞ식ᄀᆞᆮ티 ᄒᆞ며:愛百姓如妻子(宣小5:57).

쳐창ᄒᆞ다 형 처창(悽愴)하다. ¶싱이 그 뜻을 알고 심히 직희니 ᄆᆡᄆᆡ히 쳐창ᄒᆞ믈 씌여 오리거야 니ᄅᆞᄃᆡ(落泉1:2).

쳐·쳡 명 처첩(妻妾). ¶當時예 이 내의 妻妾 兄弟니(楞解9:101). 또 한 將士의 妻妾을 거느리샤(宣賜內訓2下38). 外를 조차 來ᄒᆞ야 그 妻妾을 驕ᄒᆞ더라(宣孟8:35).

쳐치 명 처치(處置). ¶옥당 쳐치ᄅᆞᆯ 잘못ᄒᆞ야시니(經筵). 공직 혜랑 쳐치ᄅᆞᆯ ᄆᆞᄋᆞᆷ의 거리ᄭᅵ더니(落泉2:4).

쳐치ᄒᆞ다 동 처치(處置)하다. ☞쳐티ᄒᆞ다 ¶아ᄆᆞ리나 쳐치ᄒᆞ고(癸丑79). 예셔 쳐치ᄒᆞᄋᆞᆸᄂᆞᆫ 거시(隣語2:1). 處置ᄒᆞ여 주ᄋᆞᆸ쇼셔(隣語2:3).

:쳐·티ᄒᆞ·다 동 처치(處置)하다. ☞쳐치ᄒᆞ다 ¶ᄌᆞ셰 혜아려 쳐티ᄒᆞ면 반ᄃᆞ시 맛디 아닌 이리 업스리니:當詳處之必無不中(飜小7:29). 구의 일 쳐티홈을 집일ᄀᆞᆮ티 ᄒᆞᆫ 연후에ᅀᅡ:處官事如家事然後(宣小5:57). 벼슬을 當ᄒᆞ야 일 쳐티홈애:當官處事(宣小5:61).

쳐형 명 처형(妻兄). ¶쳐형:大姨(漢淸5:40).

:쳐ᄒᆞ·다 동 처(處)하다. 살아가다. ¶經에 니ᄅᆞ샤ᄃᆡ 閑히 居ᄒᆞ며 ᄒᆞ오ᅀᅡ 處타 ᄒᆞ시니라(永嘉下46). 節操ᄅᆞᆯ 가져 ᄒᆞ오ᅀᅡ 處ᄒᆞ며 기피 사라(永嘉下109). ᄒᆞ마 能히 禮로ᄡᅥ 스스로 處斷티 몯ᄒᆞ고 또 能히 禮로ᄡᅥ ᄂᆞᄆᆞᆯ 處티 몯ᄒᆞ놋다:既不能以禮自處又不能以禮處人(宣賜內訓1:67). 仁에 處티 아니ᄒᆞ면 엇디 시러곰 知타 ᄒᆞ리오(宣論1:30).

쳑골ᄒᆞ다 형 척골(瘠骨)하다. 수척(瘦瘠)하다. ¶쳑골ᄒᆞ다:瘦乾(同文解下8. 譯解補34. 漢淸8:7).

쳑니 명 척리(戚里). ¶쳑니(권당이라) 권을 브르고(仁祖行狀4).

쳑도 명 척도(尺度). ¶尺度와 畫制ᄂᆞᆫ 本章 註애 載록ᄒᆞ엿ᄂᆞ니라(家禮圖12).

쳑령 명 할미새. ¶쳑령:鶺鴒(同文解下35).

쳑연이 부 척연(惕然)히. ¶평싱 셥심ᄒᆞ던 긋은 뜻이 일시의 프러지고 녹아 허희 탄식ᄒᆞ야 쳑연이 눈물을 ᄂᆞ리오니(落泉3:7).

쳑연ᄒᆞ다 형 척연(惕然)하다. ¶일신의 고독ᄒᆞ믈 슬허ᄒᆞ야 샹히 쳑연ᄒᆞ니(落泉1:1).

·쳑:촌 명 척촌(尺寸). ¶尺寸맛 것도 기르

디 아니ᄒᆞ노니(宣賜內訓3:57). 尺寸만ᄒᆞᆫ ᄉᆞᆯᄒᆞᆯ 愛티 아니홈이 업ᄉᆞ면(宣孟11:30).

:쳔 명 천량. 돈. 재물(財物). ¶술위 우희 쳔 시러 보내시니(月印上22). 나랏 쳔 일버ᅀᅡ 精舍ᄅᆞᆯ 디나아 가니(月釋1:2). 쇼로 쳔 사마 훙졍ᄒᆞᄂᆞ니라(月釋1:24). 쳔만 버히며 ᄡᅳ디 마오 ᄌᆞᄂᆞᆨᄌᆞᄂᆞ기 자ᄇᆞ라 ᄒᆞ고(月釋10:28). 庫애 諸法엣 쳔이 넚디니라(月釋13:8). 내 쳔을 앗기디 아니ᄒᆞ며:自財不悋(永嘉下139). 쳔 내라 가노라:錢去(飜朴上19). 대군 겻ᄒᆡ 쳔 업던가 명녜궁의 쳔 업던가(癸丑94). 도ᄌᆞᆨᄃᆞᆯ히 네의 쳔이시며 쳔 업스믈 엇디 알리오:賊們怎知你有錢沒錢(老解上24). 내 쳔을 앗기디 말고:自已錢物休愛惜(老解下42).

쳔 명 천(川). 내. ¶小德은 川의 流홈이오(宣中48).

쳔 수 천(千). ☞즈믄 ¶쳔 리 가ᄂᆞᆫ 약대:明駝(漢淸14:18).

:쳔·거ᄒᆞ·다 동 천거(薦擧)하다. ¶ᄯᅩ 네 쳔거ᄒᆞ던 사ᄅᆞᆷ과:又如舊擧將(飜小7:46). 고ᄋᆞᆯ히 닐굽 번 쳔거호매(飜小9:27). 刺史ㅣ 能히 쳔거티 몯ᄒᆞ니:刺史不能薦(宣小6:91). 쳔거ᄒᆞ다:擧用(漢淸2:48).

쳔금 명 천금(千金). ¶千金을 아니 앗기샤:不吝千金(龍歌81章). 聖人 ᄀᆞᄅᆞ치샤미 어루 千金으로도 갑디 몯다 닐얼디로다(宣賜內訓序7). 千金이 노폰 비듸 ᄀᆞᄐᆞᆨ호ᄆᆞᆯ 아디 몯ᄒᆞ리로다(初杜解17:28).

쳔긔 명 천기(天機). ¶션시 왈 쳔긔ᄅᆞᆯ 누셜치 못ᄒᆞ나 그ᄃᆡ 지익이 듕ᄒᆞ니(落泉1:1).

쳔남셩 명 천남성(天南星). ¶쳔남셩:天南星(物譜 藥草).

쳔녑ᄒᆞ다 동 천렵(川獵)하다. ¶산힝과 쳔녑ᄒᆞ여 써 만난 거ᄉᆞᆯ ᄀᆞ초더니:畋漁以供甘旨(東新續三綱. 孝4:29).

쳔ᄃᆡᄒᆞ다 동 천대(賤待)하다. ¶쳔ᄃᆡᄒᆞ다:折奪(漢淸7:55).

:쳔량 명 천량. 재물(財物). ☞쳘량 ¶舍衛國 大臣 須達이 가ᅀᆞ멸어 쳔랴ᇰ이 그지업고(釋譜6:13). 쳔량 만히 시러 王舍城으로 가며(釋譜6:15). 모맷 고기라도 비ᄂᆞᆫ 사ᄅᆞᄆᆞᆯ 주리어니 ᄒᆞ물며 녀나ᄆᆞᆫ 쳔랴ᅌᅵᄯᆞ녀(釋譜9:13). 布施ᄂᆞᆫ 쳔랴ᅌᆞᆯ 펴아내야 ᄂᆞᆷ 줄 씨라(月釋1:12). 쳔량이 法을 몯 미츨씨(月釋18:31). 쳔량이 法을 몯 미츨씨:財不及法(法華6:144). 쳔량 議論호ᄆᆞᆫ:論財(宣賜內訓1:79). 내게 잇ᄂᆞᆫ 쳔량이 故鄕애 ᄀᆞᄃᆞᆨᄒᆞ니라:自有珍財滿故鄕(南明上36). 쳔량 布施ᄂᆞᆫ:財施(金三2:52). 반ᄃᆞ기 쳔량과 옷바ᄇᆞᆯ 만히 어드리라:必得財帛衣食(佛頂中8). 쳔량 줄 회:賄. 쳔량 줄 뢰:賂(訓蒙下21). 벼슬ᄒᆞᆫ 이 쳔량읫 거슬 가져다가:仕宦者將錢物(宣小6:47).

쳔렵 명 천렵(川獵). ¶어〔쳔렵〕 렵〔산영〕 도〔즘ᄉᆡᆼ 잡ᄂᆞᆫ 것〕(敬信75).

쳔·만 명 천만(喘滿). 숨이 차 가슴이 벌떡이는 증세. ¶쳔만 쳔:喘(訓蒙中33).

쳔만 부 천만(千萬). 절대로. 전혀. ¶過도 허믈도 千萬 업소이다(樂範. 鄭瓜亭).

쳔박ᄒᆞ다 형 천박(淺薄)하다. ¶셩효ㅣ 쳔박ᄒᆞ야 션어ᄅᆞᆯ 밧ᄃᆞ지 못ᄒᆞ고(綸音24). 쇼질이 지죄 쳔박ᄒᆞ야 감당치 못ᄒᆞᆯ가 두리오나(落泉3:7).

쳔방지방 부 천방지방(天方地方). 허둥지둥. ☞지방쳔방 ¶쳔방지방 지방쳔방 즌 듸 ᄆᆞ른 듸 ᄀᆞᆯ희지 말고(古時調. 님이 오마 ᄒᆞ거ᄂᆞᆯ. 靑丘).

쳔벌 명 천벌(天罰). ¶必然 天罰이 읻ᄉᆞ오리(隣語1:26).

쳔:셰 명 천세(千世). 오랜 세월. ¶千世 우희 미리 定ᄒᆞ샨 漢水北에:千世默定漢水陽(龍歌125章).

쳔식 명 천식(喘息). ¶쳔식이 급ᄒᆞ야 능히 말을 못 ᄒᆞ더니:喘汗而不能言(太平1:41).

:쳔·신ᄒᆞ·다 동 천신(薦新)하다. ¶ᄃᆞᆯ 초ᄉᆡᆼ애 쳔신ᄒᆞ며:月朔必薦新(飜小7:7). ᄃᆞᆯ 초ᄒᆞᄅᆞ 반ᄃᆞ시 薦新ᄒᆞ며:月朔必薦新(宣小5:40). 시절 거ᄉᆞᆯ 반ᄃᆞ시 쳔신ᄒᆞ고:時物必薦(東續三綱. 孝3).

:쳔신 명 천인(賤人). ¶제 너교ᄃᆡ 客으로 와 일ᄒᆞᄂᆞᆫ 賤人이로라 ᄒᆞ더니(月釋13:25). 그 ᄢᅴ 窮子ㅣ 비록 이 맛나ᄆᆞᆯ 깃그나 순지 녜ᄀᆞ티 소ᄂᆞ로 짓ᄂᆞᆫ 賤人이로라(法華2:214). 山僧이 良人ᄋᆞᆯ 우기눌러 賤人 삼논디 아니언마ᄅᆞᆫ(金三3:52).

쳔연ᄒᆞ다 동 천연(遷延)하다. ¶비록 지뫼 유족ᄒᆞ나 ᄌᆞ연 혼시 쳔연ᄒᆞ고(引鳳簫1).

쳔엽 명 천엽(千葉). 처녑. ¶쳔엽:百葉(東醫湯液一 獸部). 쳔엽:百葉(譯解上50. 柳氏物名一 獸族).

쳔장ᄒᆞ다 동 천장(遷葬)하다. ¶아비를 어믜 분묏 겨틔 쳔장ᄒᆞ고:遷其父墓于母塋(東續三綱. 孝21). 後애 遷葬홈을 因ᄒᆞ여곰 灰ᄅᆞᆯ 보니 블셔 化ᄒᆞ여(家禮7:26).

:쳔·ᄌᆞ·ᄒᆞ·다 형 천자(擅恣)하다. ¶쳔ᄌᆞᄒᆞᆯ 쳔:擅(類合下30). 일이 쳔ᄌᆞᄒᆞ야 홈이 업스며:事無擅爲(宣小2:54).

쳔:ᄌᆡ 명 천재(千載). 천년(千年). ¶千載 아래 盛德을 ᄉᆞᆯᄫᆞ니:故維千載盛德稱仰(龍歌76章). 世尊ㅅ 말 ᄉᆞᆯᄫᅩ리니 千載上ㅅ 말이시나(月印上1). 千載上ᄋᆞᆫ 즈믄 ᄒᆡㅅ 우히라(月釋1:2). 우리ᄃᆞᆯ히 千載 아래 나 맛남 어려운 보비ᄅᆞᆯ 맛나(金三涵序11).

쳔ᄌᆡ말 명 천재(天才)말. ¶쳔ᄌᆡ말:[illegible] 不敎能步(柳氏物名一 獸族).

천·착·ᄒᆞ·다 동 천착(穿鑿)하다. ¶文理 블가 强히 穿鑿ᄒᆞ욤 아니니(圓覺上一之二66). 妄녕되이 穿鑿ᄒᆞ믈 내여 紛紛히 다ᄅᆞ다 ᄀᆞ다 호미(家禮1:42).

천쳔이 부 천천히. ¶쳔쳔이 그저 오니(癸丑49). 쳔쳔이:慢慢的(同文解上29). 쳔쳔이:慢(漢淸6:43). 쳔쳔이 말ᄒᆞ면 뼛뼛이 더두어려 일오되(捷蒙1:5).

천쳔ᄒᆞ·다 형 천천하다. 의젓하다. ¶오솔빙이샤디 七寶로 ᄭᆞ미실씨 고ᄫᆞ시고 쳔쳔ᄒᆞ더시니(月印上43). 이 太子ㅣ 擧動이 쳔쳔ᄒᆞ고 글도 잘ᄒᆞ며(釋譜24:49). 麤率ᄋᆞᆫ 듧ᄶᅥ버 쳔쳔티 몯ᄒᆞᆯ 씨라(月釋2:11).

천쵸 명 천초(川椒). ☞젼쵸 ¶ᄂᆞᆯ 쳔쵸 석 량 눈 아ᅀᆞ니와:生椒三兩去目(救簡6:56). 쳔쵸 쵸:椒(類合上9). 쳔쵸 쵸:椒(詩解 物名10). 쳔쵸:花椒(漢淸12:41. 物譜 蔬菜).

천하다 형 천(賤)하다. ☞ᄂᆞᆯ압다. 쳔ᄒᆞ다 ¶쳔할 쳔:賤(兒學下7).

:천·히 부 천(賤)히. 천하게. ¶모ᄆᆞ란 貴히 ᄒᆞ고 法으란 賤히 ᄒᆞᆯ ᄯᆞᄅᆞ미로다(永嘉上26). 이럴씨 智者ᄂᆞᆫ 法을 貴히 ᄒᆞ고 모ᄆᆞᆯ 賤히 ᄒᆞ야(永嘉上44). 貨ᄅᆞᆯ 賤히 너기고(宣中29).

:천ᄒᆞ·다 형 ①천(賤)하다. ☞쳔하다 ¶世間앳 艱難ᄒᆞ며 가ᅀᆞ멸며 貴ᄒᆞ며 賤ᄒᆞ며(月釋13:59). 種姓의 貴호ᄆᆞᆯ과 賤호ᄆᆞᆯ 보디 마롤디니라(圓覺下三之一113). 貴ᄒᆞ며 賤ᄒᆞᆫ 사ᄅᆞ미 다 物에 브리여 ᄃᆞ니ᄂᆞ니(初杜解14:33). ᄯᅩ 귀ᄒᆞ며 쳔ᄒᆞ며 댱슈ᄒᆞ며:亦貴賤壽(飜小8:14). 쳔ᄒᆞᆯ 쳔:賤(訓蒙下26. 類合下2. 石千14). 貧호ᄆᆞᆯ과 다ᄆᆞᆺ 賤호ᄆᆞ이 이 사ᄅᆞᄆᆡ 惡ᄒᆞᄂᆞᆫ 배나(宣論1:31). 有司者ㅣ 治ᄒᆞᆯ ᄲᅮᆫ이러니 賤ᄒᆞᆫ 丈夫ㅣ 이시니(宣孟4:28). ᄒᆞᆫ 더 니 글 비호던 져믄 사ᄅᆞ미 해 賤ᄒᆞ디 아니ᄒᆞ니(重杜解10:35). ᄂᆞᆽ고 쳔ᄒᆞᆫ 사ᄅᆞᆷ이:卑賤之人(警民8).
②흔하다. ¶집과 콩이 賤ᄒᆞᆫ 곳이면 두 돈 銀이 쓰이ᄂᆞ니다(蒙老1:16).

철 명 철. 지각(知覺). ¶철업슨 어린 아히 소 갓튼 절문 계집(萬言詞).

철 명 번철. ¶철:鏊子(物譜 鼎鐺).

철듁 명 철쭉. ☞텰듁 ¶철듁:山枇杷(柳氏物名四 木).

철량 명 천량. 재물(財物). ☞쳔량 ¶철량 가난ᄒᆞᆫ 니뮈라 ᄒᆞᆫ 사ᄅᆞᆷ의 아ᄃᆞᆯ(八歲兒2). ᄯᅩ 닐오디 빗낸 것도 내 데툭ᄒᆞᆫ 철량으로 가프려 ᄒᆞ노라 ᄒᆞᆫ대:因言所少逋負以己儲錢償之(重二倫21).

철술네 명 청술레. ¶철술네:靑梨(柳氏物名四 木).

철쥬ᄒᆞ다 동 철주(掣肘)하다. ☞텰듀ᄒᆞ다 ¶철쥬ᄒᆞ다:牽扯(漢淸2:60).

쳘쳘이 부 철철이. ¶눈 아래 헤틴 景이 쳘쳘이 절노 나니 듯거니 보거니 일마다 仙間이라(松江. 星山別曲).

쳘쳥총이몰 명 철청총이. ☞철쳥총이. 텰쳥총이몰 ¶철쳥총이몰:鐵靑(漢淸14:21).

쳘쳥총이 명 철청총이. ☞철쳥총이몰. 텰쳥총이 ¶철쳥총이:騏(柳氏物名一 獸族).

첨대 명 수평기(水平器). ¶첨대:水平(漢淸12:39).

첨망ᄒᆞ다 동 첨망(瞻望)하다. ¶다만 ᄒᆞᆫ 번 텬안을 첨망ᄒᆞ와(經筵). 첨망ᄒᆞ기를 반향이나 ᄒᆞ더니(洛城2).

첨미ᄒᆞ다 동 첨미(諂媚)하다. ¶그 첨미ᄒᆞ믈 우이 넉여 이럿틋 소기고(落泉3:8).

첨아 명 처마. ☞첨하 ¶첨아 우:宇(兒學上9).

첨언 명 첨언(諂言). ¶첨언을 드리고 물너나(落泉4:10).

·첨·ᄌᆞ 명 첨자(籤子). ¶첨ᄌᆞ ᄒᆞ나 쇠약 ᄒᆞ나:乂兒一箇錐兒一箇(飜朴上16).

첨하 명 처마. ☞첨아 ¶뎐 첨하 아래셔 경연을 ᄒᆞ오시더라(仁祖行狀17). 첨하:滴水簷(譯解上18. 同文解上35). 첨하의 홈:天溝(漢淸9:29).

·쳡 명 첩(妾). ¶妾은 엇뎨 王의 得寵ᄒᆞ요ᄆᆞᆯ ᄒᆞ오사 코져 아니 ᄒᆞ리잇고마ᄂᆞᆫ(宣賜內訓2上22). 귓거싀 妾과 다ᄆᆞᆺ 귓거싀 ᄆᆞ리 슬픈 비ᄎᆞ로(初杜解6:39). 뫼셧ᄂᆞᆫ 쳡:侍妾(飜小8:18). 쳡 쳡:妾(類合上20. 石千35). 쳡 잉:媵(類合下35). 쳡ᄌᆞ식과 쳡손ᄌᆞᄅᆞᆯ 심히 ᄉᆞ랑커시든:庶子庶孫甚愛之(宣小2:16). 그러모로 妾을 삼애:故買妾(宣小2:45). ᄉᆞ랑ᄒᆞᄂᆞᆫ 쳡의 아ᄃᆞᆯ이라:嬖人之子也(宣小4:48). 그 妻ㅣ 그 妾ᄃᆞ려 告ᄒᆞ야 ᄀᆞᆯ오디(宣孟8:34). 쳡의 아비 신위:妾父臣祐(東新續三綱. 孝1:62). 모ᄃᆞᆫ 妾은 ᄲᅥ 머리며 背子ᄅᆞᆯ ᄒᆞ라(家禮1:27). 쳡:小娘子(譯解上27. 同文解上11).

쳡경 명 첩경(捷徑). ¶그 ᄡᅥ 조화ᄅᆞᆯ 브려 쳡경의 경ᄒᆞ리라(落泉3:7).

·쳡·ᄌᆞ 명 첩자(妾子). 서자(庶子). ¶伊川先生의 어마님 侯夫人ᄋᆞᆫ 仁慈ᄒᆞ며 어위커 여러 妾子ᄅᆞᆯ 어엿비 너교디 내 나호니와 달이 아니 ᄒᆞ더니(宣賜內訓3:31).

쳡ᄌᆞ 명 첩자(諜者). ¶니조 참판 뎡공이 동향 사ᄅᆞᆷ이 묘문을 쳥ᄒᆞᄂᆞ니 잇더니 이 날은 글을 지어 쳡ᄌᆞᄅᆞᆯ 맛뎌 그 사ᄅᆞᆷ의게 뎐ᄒᆞ라 ᄒᆞ고(山城112).

쳡쳡히 부 첩첩(疊疊)이. ¶젼의 國恩을 쳡쳡히 닙어(隣語4:24).

첫좀 명 첫잠. ☞첫ᄌᆞᆷ ¶첫좀:頭眠(譯解下2).

·쳥 명 청(請). ¶請 드른 다대와 노니샤:受賂之胡與之遊行(龍歌52章). 請으로 온 예

와 싸호샤:見請之倭與之戰鬪(龍歌52章). 이ᄂᆞᆫ 緣 업슨 慈悲로 機를 應ᄒᆞ야 니ᄅᆞ샤 請 기드리디 아니ᄒᆞ샤ᄆᆞᆯ 表ᄒᆞ니라(楞解2:15). 上이 그 請을 可타 ᄒᆞ샤(六祖略序12). 이제 청컨대:今請(警民25).

청 명 버선. ¶시욱 청은 됴ᄒᆞᆫ ᄀᆞᄂᆞᆯ오 보ᄃᆞ라온 터리로 미론 청 시너 이쇼ᄃᆡ:氈襪穿好絨毛襪子(飜老下53). 힌 ᄀᆞᄂᆞᆫ 시욱 청에:白絨氈襪上(飜朴上26). 시욹 청은 됴흔 보드라온 털로 미론 청 신어쇼ᄃᆡ:氈襪穿好絨毛襪子(老解下47). 가족 청:皮襪(譯解上45).

청 명 거문고의 청 줄. ¶아희야 거문고 청 쳐라 사라신 제 놀리라(古時調. 千秋前 尊貴키야. 青丘).

청 명 청〔膜〕. ¶脈과 頭腦와 청과 누른 痰과 힌 痰과:脈腦膜黃痰白痰(永嘉上35). 膜ᄋᆞᆫ 누네 ᄢᅵᆫ 청이라(圓覺下三之一17). 도틱 기르믈 아ᅀᆞ 힘과 청과를 업게 ᄒᆞ고:取猪脂去筋膜(救急下38).

청가라 명 구렁말. ¶청가라:驖(柳氏物名一 獸族).

청각 명 청각. 청각채(青角菜). ¶청각:青角菜(譯解下11). 청각:鹿角菜(物譜 蔬菜). 청각:青角菜(柳氏物名三 草).

청:갈·외 명 가뢰. 반묘(斑猫). ¶청갈외 다ᄉᆞᆺ 나출:斑猫五箇(救簡6:37). 청갈외:芫青(柳氏物名二 昆蟲).

청개고리 명 청개구리. ☞청개구리 ¶青개고리 腹疾ᄒᆞ여 주근 날 밤의(古時調. 青丘).

청개구리 명 청개구리. ☞청개고리 ¶청개구리:青蛙(譯解下36).

청금 명 청금(青錦). 푸른 비단. ¶캉 우희 청금요 ᄭᆞᆯ고:炕上鋪着青錦褥子(朴解中44).

·청긔ᄒᆞ·다 동 청기(請期)하다. 혼인 날을 청하다. ¶이런ᄃᆞ로 昏姻禮예 納采와 問名과 納吉와 納徵과 請期호ᄆᆞᆯ:請期ᄂᆞᆫ 昏姻ᄒᆞᆯ 나ᄅᆞᆯ 請ᄒᆞᆯ 시라(宣賜內訓1:74).

청냥미 명 청량미(青粱米). 생동쌀. ☞청량미 ¶청냥미:黑粘穀米(譯解下9).

청:널 명 청널. 난간(欄干). ¶청널 슌:楯(訓蒙中5).

청녀댱 명 청려장(青藜杖). 명아주 지팡이. ¶우슈의ᄂᆞᆫ 푸리채를 잡고 좌슈의ᄂᆞᆫ 청녀댱을 딥허시니(洛城1).

청념ᄒᆞ·다 형 청렴(清廉)하다. ¶청념ᄒᆞ며 붓그리ᄂᆞᆫ:廉恥(飜小6:5). 비록 스스로 청념코 간약홈을 미들디라도:雖自信清約(宣小6:128). 신하ᄃᆞᆯ이 청념ᄒᆞᆫ 절죄 잇ᄂᆞ니어든 믄득 포쟝ᄒᆞ시니(仁祖行狀29). 공이 본ᄃᆡ 청념ᄒᆞ기로 ᄊᆡ친 거시 업셔(落泉1:1).

청대콩 명 청대콩. ¶청대콩:連角豆稽(漢清13:10).

청ᄃᆡ 명 청대(青黛). ¶梧桐子만 丸ᄋᆞᆯ 지어 青黛로 各別히 옷 니펴:丸如桐子大以青黛別爲衣(救急下47). 청ᄃᆡ를 즙 ᄧᅡ 머그라:藍汁服之(救簡2:84). 청ᄃᆡ:藍靛(四解下2 靛字註). 청ᄃᆡ:藍(四解下79). 청ᄃᆡ:大藍(訓蒙上9 藍字註). 청ᄃᆡ 뎐:靛. 청딧 ᄃᆡ:黛(訓蒙中29). 청ᄃᆡ:馬藍(譯解下41). 청ᄃᆡ:小藍(同文解下26). 청ᄃᆡ:靛清(漢清12:15). 청ᄃᆡ:青黛(物譜 雜草). 청ᄃᆡ ᄃᆡ:黛(兒學上13). ※청ᄃᆡ>청대

청량미 명 청량미(青粱米). 생동쌀. ☞청냥미 ¶청량미:涼穀米(漢清12:63).

청량ᄒᆞ·다 형 청량(清涼)하다. ¶大雲威德喜樂尊大龍王이 모미 清涼ᄒᆞ고:涼ᄋᆞᆫ 서늘ᄒᆞᆯ 씨라(月釋10:105). 清涼ᄒᆞᆫ 모시 四面이 다 어루 드럼 직호미 ᄀᆞᆮᄒᆞ며(金三5:29).

청련 명 청련(青蓮). ¶一千 青蓮이 도다 펫더니(月印上4).

청렴 명 청렴(清廉). ¶청렴 렴:廉(訓蒙下25). 청렴 렴:廉(類合下4. 兒學下8). 청렴 렴:廉(石千16).

청렴ᄒᆞ·다 형 청렴(清廉)하다. ☞청념ᄒᆞ다 ¶儉朴ᄒᆞ며 清廉ᄒᆞ며:儉廉(宣賜內訓1:37). 清廉ᄒᆞ며 조ᄒᆞ며 公正ᄒᆞ요ᄆᆞ로:廉潔公正(宣賜內訓3:27).

청머구리 명 청개구리. ☞청개구리 ¶청머구리:蟼蟆(柳氏物名二 昆蟲).

청명애 명 며래. 비해(萆薢). ¶청명애:萆薢(四解上46 薢字註).

청명ᄒᆞ·다 형 청명(清明)하다. ¶心目ᄋᆞᆯ 清明케 ᄒᆞ시며(楞解10:76). 하ᄂᆞᆯ 청명ᄒᆞ다:天清亮(譯解補1). 청명ᄒᆞᆫ 날:晴明天(漢清1:13).

청믈 명 뇌물. ¶청믈 회:賄. 청믈 뢰:賂(類合下35).

청·밀 명 청밀(清蜜). ¶ᄯᅩ 清蜜 두 잔ᄋᆞᆯ 머그라(救急上50).

청벌에 명 잠자리의 유충. ¶청벌에:水蠆 在水中將化蜻蜓者(柳氏物名二 昆蟲).

청부루 명 청부루. ¶청부루:騅(柳氏物名一 獸族).

청·빅 명 청백(清白). ¶세세로 清白으로ᄡᅥ 서르 닛고:世以清白相承(宣小6:132).

청·빅ᄒᆞ·다 형 청백(清白)하다. ¶오ᄋᆞ로 섯근 거시 업서 清白ᄒᆞ고(釋譜13:28). 그 마리 工巧코 微妙ᄒᆞ시며 純一ᄒᆞ샤 섯근 것 업스시며 清白ᄒᆞᆫ 조ᄒᆞᆫ 行의 相이 ᄀᆞᄌᆞ샤(法華1:95). 능히 청빅ᄒᆞ야 스ᄉᆞ로 직희면:清白(百行源17).

청삼승 명 청포(青布). 푸른 베. ¶청삼승:毛青布(同文解下24). ᄀᆞᄂᆞᆫ 청삼승:佛頭青布(漢清10:60).

청셔피 명 청서피(青鼠皮). ¶던피 심ᅀᆞ애

청셔피 변ᄉᆞ앳 어치오:獤皮心兒藍斜皮邊兒的皮汗替(飜朴上28). 청셔피:綠斜皮(漢淸11:16).

청셜모 명 청설모. ¶청셜모:靑鼠(柳氏物名一 獸族).

청:쇄ᄒᆞ·다 형 청쇄(淸灑)하다. 맑고 깨끗하다. ¶세쇽이 다 청쇄코 닝담ᄒᆞ니ᄅᆞᆯ 쳔히 너겨:擧世賤淸素(飜小6:26).

청숑 명 청송(靑松). ¶靑松과 碧沼애 明月이 제 나며(永嘉下106).

청슈ᄒᆞ다 형 청수(淸秀)하다. ¶긔질이 청슈ᄒᆞ고 진짓 옥 갓튼 사ᄅᆞᆷ이라(落泉1:2).

청승 명 청승(靑蠅). 금파리. ¶옥상 청승이 온갓 허믈 지어 내니(曺友仁. 自悼詞).

청시ᄒᆞ다 동 청시(聽視)하다. ¶셩상이 ᄒᆞᆫ 번 신법을 간언ᄃᆡ로 청시ᄒᆞ시면(引鳳簫1).

청신ᄒᆞ다 형 청신(淸新)하다. ¶쇼졔 시ᄅᆞᆯ 보미 청신ᄒᆞᆫ 의ᄉᆞ와 간도ᄒᆞᆫ 심경이 자자히 심간을 움작이니(落泉1:2).

청·ᄉᆡᆨ 명 청색(靑色). ¶靑色 靑光이며 黃色 黃光이며 赤色 赤光이며(阿彌8). 靑色이 어루 가ᄌᆞᆯ비리니 靑色ᄋᆞᆫ 能히 災厄ᄋᆞᆯ 더ᄂᆞᆫ 젼치라(金三宗序3).

청:아·ᄒᆞ·다 형 청아(淸雅)하다. ¶둘흔 宮商이 淸雅ᄒᆞ야:宮과 商과ᄂᆞᆫ 音樂 소리라(永嘉上48). 이런ᄃᆞ로 淸雅ᄒᆞᆫ 지조ᄅᆞᆯ 資賴ᄒᆞ야(初杜解6:22). 소리 淸雅ᄒᆞ샤 사ᄅᆞᄆᆞ로 즐겨 듣게 ᄒᆞ실ᄊᆡ(金三2:31).

청양 명 청양(淸陽). 해. ¶淸陽이 하ᄂᆞᆯ해 올아:淸陽ᄋᆞᆫ ᄒᆡ라(楞解1:105).

청어 명 청어. ¶청어:海靑魚(物譜 鱗蟲). 청어 청:鯖(兒學上8).

청올치 명 청올치. ☞청울치 ¶청올치 ᄶᅩ은 줄의 낙시 미여 두러메고(萬言詞).

청울치 명 청올치. ☞청올치 ¶청울치 뉵놀 메토리 신고(古時調. 靑丘).

청의 명 청의(靑衣). ¶靑衣 긔별을 ᄉᆞᆯᄫᆞᄂᆞᆯ(月印上9). 靑衣ᄅᆞᆯ ᄇᆞ려 긔별 아라 오라 ᄒᆞ시니(釋譜6:2). 靑衣 도라와(靑衣ᄂᆞᆫ 파란 옷 니븐 각시내라) 王ᄭᅴ 긔벼를 ᄉᆞᆯᄫᆞᄂᆞᆯ(月釋2:43). 우리ᄂᆞᆫ 왕쥰무노야 청의러니(落泉4:10).

청:졍 명 청정(淸淨). ¶내 일후믈 드르면 도로 淸淨을 得ᄒᆞ야 모딘 길헤 아니 ᄢᅥ러디게 호리라(釋譜9:6). 淸淨은 ᄆᆞᆰ고 조ᄒᆞᆯ 씨라(月釋2:12). 흐리디 아니ᄒᆞ며 서디 아니ᄒᆞᆯᄊᆡ 닐오ᄃᆡ 淸淨이오(圓覺序3).

청졍미 명 청정미(靑精米). 생동쌀. ¶ᄡᆞᆯ은 청청둥 청졍미 청차조ᄡᆞᆯ이냐(古時調. 져 건너 신진사집. 南薰).

청:졍·히 부 청정(淸淨)히. ¶ᄯᅩ 能히 淸淨히 戒ᄅᆞᆯ 디니며 柔和ᄒᆞ니와 ᄒᆞᆫᄃᆡ 이셔(法華5:206).

청:졍ᄒᆞ·다 형 청정(淸淨)하다. ¶부텻 ᄯᅡ히 雜말 업시 淸淨ᄒᆞ고(釋譜9:10). 諸佛 니ᄅᆞ샨 信호미 어려운 기픈 經은 淸淨ᄒᆞ야 더러우미 업서(楞解1:3). 淸淨ᄒᆞᆫ 經에 能히 더러이디 아니ᄒᆞ야(楞解1:4). 여러 寶華ᄅᆞᆯ 흐터 두루 다 淸淨ᄒᆞ리라(法華3:59). 敎ᄂᆞᆫ ᄆᆞᆺ 淸淨ᄒᆞᆫ 法界라 니ᄅᆞ고(金三1:9). 善知識아 菩提 自性이 本來 淸淨ᄒᆞ니(六祖上3). 祖師ᄭᅴ ᄉᆞᆯ오ᄃᆡ 엇뎨 自性이 本來 제 淸淨ᄒᆞᆫ ᄃᆞᆯ 너기며(六祖上29).

청:쥬 명 청주(淸酒). ¶淸酒 닷 되와 ᄃᆞᆯᄀᆡ 힌 ᄯᅩᇰ ᄒᆞᆫ 되와ᄅᆞᆯ 디코(救急上5).

청차조ᄡᆞᆯ 명 생동쌀. 청량미(靑粱米). ¶ᄡᆞᆯ은 청청둥 청졍미 청차조ᄡᆞᆯ이냐(古時調. 져 건너 신진사집. 南薰).

청청ᄒᆞ·다 형 청청(菁菁)하다. 무성하다. ¶毛詩예 닐오ᄃᆡ 菁菁ᄒᆞᆫ 莪여:菁菁ᄋᆞᆫ 盛ᄒᆞᆯ 시오 莪ᄂᆞᆫ ᄡᅮᆨ 일후미라(宣賜內訓2下74).

청쵹 명 청촉(請囑). ¶청쵹:囑托(同文解上33). 청쵹:關節(蒙解下23).

청쵹ᄒᆞ다 동 청촉(請囑)하다. ¶청쵹ᄒᆞ다:囑托(譯解補51). 청쵹ᄒᆞ다:請託(漢淸6:52). 청쵹ᄒᆞ다:打關節(蒙解下24).

청츈 명 청춘(靑春). ¶靑春엣 믌겨른 芙蓉園이오:靑春波浪芙蓉園(初杜解15:1). 靑春ᄋᆞᆫ 오히려 私情ㅣ 업거ᄂᆞᆯ:靑春猶無私(重杜解1:47). 靑春ᄋᆞᆯ 벗사마 됴히 本鄕에 도라가리라:靑春作伴好還鄕(重杜解3:24). 브졀업시 타일을 ᄇᆞ라고 청츈을 져ᄇᆞ리지 말나(落泉1:3).

청컨댄 동 청컨대. ¶신이 청컨댄 가셔 위군을 머기리라 ᄒᆞ고:臣請往犒魏軍(東新續三綱. 忠1:14).

청통·ᄒᆞ·다 동 청통(淸通)하다. ¶ᄯᅩ 사ᄅᆞ미 비록 淸通ᄒᆞ야도 聖人 ᄀᆞᄅᆞ치샤ᄆᆞᆯ 보디 몯ᄒᆞ고(宣賜內訓序6).

·청평ᄒᆞ·다 형 청평(淸平)하다. ¶淸平ᄒᆞᆫ 世界예 風塵이 ᄃᆞ토아 짓더니(金三5:45).

청풍 명 청풍(淸風). ¶淸風ᄋᆞᆫ ᄆᆞᆰ고 ᄆᆞᆺᄆᆞᆺᄒᆞᆫ ᄇᆞᄅᆞ미라(月釋8:7). 淸風은 體오 明月은 用이니 體用이 닫나디 아니ᄒᆞᆯ 시오(金三1:23).

청허 명 청허(淸虛). ¶모ᄆᆞᆫ 이대 寂靜호ᄆᆞᆯ ᄉᆞ랑ᄒᆞ며 ᄠᅳ든 淸虛를 즐겨(永嘉下46).

청허ᄒᆞ·다 형 청허(淸虛)하다. ¶안ᄆᆞᅀᆞ미 제 便安ᄒᆞ야 寂靜ᄒᆞ며 淸虛ᄒᆞ며 輕安ᄒᆞ며 和ᄒᆞ며 훤ᄒᆞ야(圓覺下二之一19).

청호 명 청호(靑蒿). 제비쑥. ¶ᄯᅩ 靑蒿ᄅᆞᆯ 디허 ᄇᆞᄅᆞ면 피 그츠며(救急上87).

청홍·ᄉᆡᆨ 명 청홍색(靑紅色). ¶西方이 고ᄅᆞᆫ 靑紅色이어늘(月釋2:49).

·청ᄒᆞ·다 동 청(請)하다. ¶二百戶ᄅᆞᆯ 어느 뉘 請ᄒᆞ니:維二百戶誰其請爾(龍歌18章).

大臣울 請ᄒᆞ야 이바도려 ᄒᆞ노닛가(釋譜6:16). 부텨를 請ᄒᆞᅀᆞᄫᆞ쇼셔(釋譜6:38). 처ᅀᅥᆷ 亂ᄒᆞᆫ ᄠᅢᄅᆞᆯ 請ᄒᆞᆫᄃᆞᆫ 니ᄅᆞ노니(初杜解6:37). 請ᄒᆞᆫᄃᆞᆫ 上人이 爲ᄒᆞ야 닐그라(六祖上24). 청ᄒᆞ뇌 안해 와 안ᄌᆞ쇼셔:請請裏頭坐的(飜老下3). 다 써 청ᄒᆞ라 가라:都寫着請去(飜朴上25). 청ᄒᆞᆯ 청:請(類合下45. 兒學下4). 청컨대 다ᄅᆞᆫ 날을 기ᄃᆞ려 서ᄅᆞ 볼디라:請俟他日(太平1:7). 儀ㅅ封人이 뵈ᄋᆞ옴을 請ᄒᆞ야 ᄀᆞ로ᄃᆡ(宣論1:29). 큰 祭祀ᄒᆞᆯ 저기어든 請ᄒᆞ야 내와(家禮1:9). 손 청ᄒᆞ다:請客(譯解上50). 妾이 청컨대 몬져 죽으리라(女四解4:33). 청ᄒᆞ다:請他(同文解上52). 청컨대 셩인을 비러(十九史略1:5). 도ᄇᆡᄋᆡ 분등ᄒᆞᆫ 장계예 경퇴ᄒᆞ기ᄅᆞᆯ 청치 아니ᄒᆞ고(綸音99). 치ᄉᆞᄒᆞ믈 청ᄒᆞ니(洛城1). 머물 의ᄉᆞᄅᆞᆯ 두어 일싱 가쵹ᄒᆞ믈 청ᄒᆞ니(落泉1:2).

:청ᄒᆞᆫ·ᄃᆞᆫ 동 청(請)하건대. ¶請ᄒᆞᆫᄃᆞᆫ 어딘 引導ᄒᆞ릴 조ᄎᆞ라:請從良導(永嘉上68). 請ᄒᆞᆫᄃᆞᆫ 얼운 늘그닐 爲ᄒᆞ야 노래 브르노니:請爲父老歌(重杜解2:67).

쳬 명 체(帖). 체지(帖紙). ¶ᄆᆞᄇᆞ야이 와가ᄅᆞᆯ 잡아 오지 말며 표(쳬 ᄀᆞᆺᄐᆞᆫ 것)ᄅᆞᆯ 내여 물을 취치 말며(敬信61).

쳬 명 체. 척. ☞체. 톄 ¶착ᄒᆞᆫ 쳬 자랑 마소(萬言詞答).

쳬과리 명 망석중이. ¶ᄉᆞ지 탄 쳬과리등 호랑이 탄 오랑캐등(古時調. 夏四月. 青丘).

쳬ᄒᆞ다 조동 체하다. ¶아지 못ᄒᆞᄂᆞᆫ 쳬ᄒᆞ여(三譯5:7). 내 왼 쳬ᄒᆞ고 놈을 올타 ᄒᆞ리라(古時調. 외야도. 青丘). 어룬인 쳬ᄒᆞ다:自居長(同文解上30). 큰 쳬ᄒᆞ다:自大(漢淸8:22). 佯醉ᄒᆞ여 졈든 쳬ᄒᆞ려 ᄒᆞ여도(隣語1:14).

초 명 초(醋). ¶초애 프러:和醋(救急上19). 醋와 醬과ᄅᆞᆯ 머그며:食醢醬(宣賜內訓1:65). 계ᄌᆞ ᄒᆞᆫ 되ᄅᆞᆯ 초 서 되예 글혀:芥子一升酢三升煮(救簡1:15). 초 초:醋. 초혜:醯(訓蒙中21). 됴ᄒᆞᆫ 초 반 사발 더 녀허 다시 ᄒᆞᆫ 소솜 달혀(辟新3). 초 조:醋(類合上30). 나ᄂᆞᆫ 그저 불회로 解酒ᄒᆞ고 초 빗ᄂᆞᆫ 줄만 알고:我只會根兒解酒和做醋(朴解中58). 초:醋(譯解上52). 초히라:醋(無寃錄1:19). 곡도손으로 써 초히 드리텨 傷處에 ᄇᆞ르면:以茜草投醋內塗傷處(無寃錄1:20). 초 조:醋(兒學上13).

초 명 초(草). 초서(草書). ¶초로 쓰다:草字寫(同文解上43).

초 명 총. ¶초으로 ᄆᆡ존 갓 일ᄇᆡᆨ 낫:結椶帽兒一百箇(老解下61).

초- 접두 초(初)-. ¶朔ᄋᆞᆫ 初ᄒᆞᆯ리오(三綱. 孝26). 이 ᄃᆞᆯ 초열흘날 혼셔 일우고 례믈 보내오:這月初十日立了婚書下了定禮(飜朴上46). 내 이ᄃᆞᆯ 초ᄒᆞᄅᆞᆺ날 王京의셔 ᄠᅥ나라:我這月初一日離了王京(飜老上1). 내 이ᄃᆞᆯ 초ᄒᆞᄅᆞᆫ날 王京셔 ᄠᅥ난노라:我這月初一日離了王京(老解上1).

초가 명 초가(草家). ☞초개집 ¶ᄒᆞᆫ 초가로 지은 뎜이 이시니:有箇草店兒(老解上56).

초갓 명 초립(草笠). ¶초갓:草帽子(譯解上43. 同文解上55).

초개 명 초개(草蓋). 초가(草家). ☞초가. 초개집 ¶앏ᄑᆡ 아니 머리 ᄒᆞᆫ 초개로 지은 뎜이 잇ᄂᆞ니:前頭不遠有箇草店兒(飜老上62).

초개집 명 초가집. 초가. ☞초가 ¶ᄒᆞᆫ가지로 초개집을 지어 주니라:共構草廬(東新續三綱. 孝1:15). 초개집:草房(譯解上16). 초개집의 역거 ᄢᅴ워 ᄶᅡᆫ 반ᄌᆞ:浮篷(譯解上19).

초결명 명 초결명(草決明). ¶초결명:決明子(東醫 湯液二 果部). 초결명:決明(柳氏物名三 草).

초경 명 초경(初更). ¶초경:頭更(譯解上5. 同文解上5).

초골이 명 초고리. ¶초골이:鶻(物譜 羽蟲).

초구 명 초구(貂裘). ¶신변네 초구로 눈물을 가리우고(宋疇錫. 北關曲).

초길 명 초길(初吉). 초하루. ¶閏八月ㅅ 初吉에:閏八月初吉(重杜解1:1). 初吉은 初一日ㅣ라(重杜解1:1).

초김 명 초금(草琴). ☞초뎍 ¶초김 가:笳(倭解上43).

·초당 명 초당(草堂). ¶이제 내 草堂애 오니 成都애 마초아 시르미 업도다(初杜解6:37). 잇다감 草堂ㅅ 알ᄑᆡ 겨르ᄅᆞ이 지옛다(南明上49). 草堂에 갑업슨 明月과 함ᄭᅴ 놀녀 ᄒᆞ노라(古時調. 가을히. 歌曲). 중간의 ᄒᆞᆫ 초당이 잇시ᄃᆡ 다 쇼담ᄒᆞᆫ 명창 경궤오(引鳳簫1).

·초댱 명 초장(草場). 풀밭. ¶잇ᄀᆞ졋 초댱이니:有的是草場(飜老上56).

·초·뎍 명 초적(草笛). 초금(草琴). ☞초김 ¶초뎍 가:笳(訓蒙中32).

초두 명 초두(初頭). ¶初頭의ᄂᆞᆫ 豪氣 읻ᄂᆞᆫ 쳬ᄒᆞ고(隣語1:31). 아모 일이나 시작ᄒᆞᆫ 초두의ᄂᆞᆫ 긔운을 힘쓰ᄂᆞᆫ 쳬ᄒᆞ되(隣語8:19).

초라ᄒᆞ다 형 초라하다. ¶그대 지조로 지금 초라홈이 어찌 고이치 아니리오(要路院).

초록 명 초록. ¶초록 면듀 한옷과:綠紬襖子(飜老下50). 짓튼 초록:官綠(譯解補40). 초록:綠(漢淸10:65). 초록 록:綠(兒學下2).

초록빗 명 초록빛. 녹색, ☞초록빗 ¶초록빗체 버리 ᄆᆡ화 ᄧᅡ로ᄂᆞᆫ 문엣 비단:草綠蜂赶梅(老解下22).

·초·록·빗 명 초록빛. 녹색. ☞초록빗 ¶디튼 초록비체 ᄉᆞ계화 문ᄒᆞᆫ 비단:栢枝綠四季花(飜老下24).

·초료 명 초료(草料). 여물. ¶ᄆᆞᆯ돌히 草料ㅣ며 햐츄돌히:馬疋草料幷下處(飜老下6). 햐츄에 草料 쟝망ᄒᆞ라 가노라:下處兌付草料去(飜老下20). ᄆᆞᆯ돌희 草料와:馬疋草料(老解下5). 초료:廩給(漢淸12:34).

초리 명 꼬리. ¶머리ᄅᆞᆯ 셜고 초리ᄅᆞᆯ 티며:擺頭打尾(馬解上108). 초리와 갈기 ᄲᅥ러디ᄂᆞᆫ ᄃᆡ:尾鬃脫落(馬解下107). ᄆᆞᆯ 초리:馬尾子(譯解下30). 銀 ᄀᆞᄐᆞᆫ 무지게 玉 ᄀᆞᄐᆞᆫ 龍의 초리(松江. 關東別曲).

초리 명 휘추리. ¶초리 얼:蘖(倭解下28).

초리 명 초리(草履). 짚신. ¶초초ᄒᆞᆫ 푸개ᄅᆞᆯ 메고 초리ᄅᆞᆯ 신어(洛城1).

·초리·라 동 차리라. ㉠ᄎᆞ다〔佩〕 ¶수ᄉᆞ 사다가 초리라:買將條兒來帶他(飜朴上16).

초리티다 동 요약(要約)하다. ☞조리다 ¶또 浮文을 초리티고 本實을 敷연ᄒᆞ야:又略浮文敷本實(家禮1:4).

·초·막 명 초막(草幕). ¶羅卜이 뫼해 묻고 겨틔 草幕 ᄆᆡ야 守墓 三年 살며(月釋23:76). 초막을 분묘 ᄀᆞ애 지어:結廬墓側(東新續三綱. 烈5:45). 초막:草廈(譯解上17).

:초·목 명 초목(草木). ¶山ᄋᆡ 草木이 軍馬ㅣ ᄃᆞᄫᆡ니이다:山上草木化爲兵衆(龍歌98章). 草木 서리예 겨샤(月印上45). 草木이며 나디며 ᄌᆞ라게 홀 이ᄅᆞᆯ 請ᄒᆞᅀᆞᄫᅡᄂᆞᆯ(釋譜6:43). 草木이며 벌에며(釋譜11:1). 오히려 草木애 밋거니(楞解6:96). 괴외ᄒᆞᆫ 驪山ㅅ 길헤 ᄆᆞᆯᄀᆞᆫ ᄀᆞᅀᆞᆯ히 草木곳 누르렛도다:寂寞驪山道淸秋草木黃(初杜解6:13). 世間ㅅ 草木ᄋᆞᆫ 西風에 ᄠᅥ러디거니와(南明下55). 블브터 草木 ᄉᆞ로ᄆᆞᆯ 니버(六祖中51). 鳥獸와 草木의 일홈을 해 알 꺼시니라(宣論4:36). 티위 草木ㅣ 누르러 디디 몯ᄒᆞᄂᆞ니:草木未黃落(重杜解1:14). ᄒᆞᆰ 비치 빗나고 潤澤홈과 草木의 茂盛호미(家禮7:17).

초사흔날 명 초사흔날. ☞초- ¶정월 초사흔날(癸丑57).

초상 명 초상(初喪). ¶심ᄒᆞ니ᄂᆞᆫ 초상애 풍류ᄒᆞ야 주거믈 즐기게 ᄒᆞ고:甚者初喪作樂以娛尸(飜小7:17). 초상의 우러려 녜졔ᄅᆞᆯ 조차(仁祖行狀8). 孝子의 맛당히 극盡히 홀 배니 初喪 날의 남글 ᄀᆞ히야(家禮5:8).

초셔 명 초서(草書). ¶쓸 제 正書 파임과 半行 파임과 草書 파임이란 세 가지 이시니(捷蒙1:1).

초·솔ᄒᆞ·다 형 초솔(草率)하다. 추솔(麤率)하다. ¶擧動이 妄量ᄃᆞᄫᆡ오 셩시기 麤率ᄒᆞ니:麤率ᄋᆞᆫ 듧써버 쳔쳔티 몯홀 씨라(月釋2:11). 子孫의 모딜며 麁率ᄒᆞ며(宣賜內訓1:34). 兒아 네 쓴 글지 극히 草率ᄒᆞ다(捷蒙1:17).

초시 명 풀로 엮은 이엉. ¶山 밋티 집을 지어 드고 녤 것 업셔 草시로 녜어시니(古時調. 靑丘).

초싱 명 초생(初生). 초승. ¶내 七月ㅅ 초싱애 ᄠᅥ나라:我七月初頭離了(飜老下3). 팔월 초싱애 나시리라:八月初頭起(飜朴上53). 내 七月 초싱애 ᄠᅥ나롸:我七月初頭離了(老解下3). 八月初生에 긔동ᄒᆞᆯ러라(朴解上48). 초싱:月初(譯解上3. 漢淸1:24). 초싱에 반달갓치 빗취지나 말녀무나(古時調. 져 건너 광창. 南薰). 이ᄃᆞᆯ 初生의ᄂᆞᆫ 應當 出ᄒᆞ마 ᄒᆞ시고(隣語1:25).

초싱ᄃᆞᆯ 명 초생달. 초승달. ☞초싱ㅅᄃᆞᆯ ¶초싱ᄃᆞᆯ:月芽(譯解補1. 漢淸1:3).

초싱ㅅ·ᄃᆞᆯ 명 초생달. 초승달. ☞초싱ᄃᆞᆯ ¶네차힌 눈서비 놉고 기르시고 初生ㅅᄃᆞᆯ ᄀᆞ티 엇우브시고(月釋2:55). 두 눈서비 노피 나ᄃᆞ시고 빗나시고 축축ᄒᆞ시고 初生ㅅᄃᆞᆯ ᄀᆞᆮᄒᆞ샤미 四十一이시고(法華2:16). 初生ㅅ ᄃᆞ리 도다:初月出(重杜解1:38).

초암 명 초암(草庵. 草菴). ¶손지 門 밧긔 이셔 草菴애 머므러 자:菴은 새지비라(法華2:243). 後園에 이셔 똥 츠며 草庵애 머므러 자(圓覺下一之一52). 龐統이 ᄃᆡ답호ᄃᆡ 나도 니젓노라 ᄒᆞ여 니ᄅᆞ고 청ᄒᆞ여 초암의 드려셔 서로 ᄉᆡᆼ각ᄒᆞᆫ 일을 니ᄅᆞᆯ 제(三譯7:10).

초야 명 초야(草野). ¶니원익으로ᄡᅥ 녕의졍을 사ᄆᆞ시니 먼 초야로셔 드러 오고(仁祖行狀6). 그적의 일개신이 초야로 니러오니(宋疇錫. 北關曲).

초어슭 명 초어스름. 초혼(初昏). ☞어슭 ¶초어슬메 북문의셔 싸호기ᄂᆞᆯ 급히 ᄒᆞ거ᄂᆞᆯ:初昏北門戰急(東新續三綱. 忠1:40).

초열·흘·날 명 초열흘날. ¶이ᄃᆞᆯ 초열흘날 혼셔 일우고 례믈 보내오:這月初十日立了婚書下了定禮(飜朴上46).

초옥 명 초옥(草屋). 초가(草家). ¶니원익은 벼슬이 정승의 올라시되 초옥의 괴로이 잇ᄂᆞᆫ 고로(仁祖行狀29). 床 가져오라 손들히 草屋에셔 밥 먹게 ᄒᆞ자(蒙老3:4).

·초의 명 초의(草衣). ¶그 ᄯᆞ니ᄆᆞᆯ 어엿비 너겨 草衣로 숫봇고:草衣ᄂᆞᆫ 프ᅀᅥᆼ귀 오시라(釋譜11:25).

초지령 명 초간장. ¶초지령:染(物譜 飮食).

초초ᄒᆞ다 형 초초(草草)하다. ¶일뎡 ᄇᆡᆨ년 산들 긔 아니 초초ᄒᆞᆫ가(古時調. 鄭澈. 松江). 초초ᄒᆞ다:潦草(漢淸8:36).

초하로 명 초하루. ☞초ᄒᆞᄅᆞ ¶초하로 삭:朔(兒學下1).

초혼ᄒᆞ다 동 초혼(招魂)하다. ¶비가의 와 동 쇼져ᄅᆞᆯ 초혼ᄒᆞ야 ᄒᆞᆫ가지로 투강ᄒᆞ기ᄅᆞᆯ ᄉᆡᆼ각ᄒᆞ다가(落泉2:4).

초·히 부 추(麁)히. 거칠게. ¶法을 ᄎᆞ조ᄃᆡ

ᄆᆞᅀᆞᄆᆞᆯ 麁히 옮교미 일후미 尋이오 細히 옮교미 일후미 伺ㅣ라(圓覺上一之一31). 이제 現行애 麁히 나토ᄆᆞᆯ ᄇᆞᆯ기니(圓覺上一之二178).

초ᄒᆞ다 동 초(炒)하다. 볶다. ☞쵸ᄒᆞ다 ¶우리 져기 구은 ᄡᅥᆨ과 炒ᄒᆞᆫ 고기 사 먹고 가쟈(蒙老4:7).

초ᄒᆞ·다 형 추(麤)하다. 거칠다. ¶能히 麤ᄒᆞᆫ 거슬 밧고아 ᄀᆞᄂᆞᆫ 거슬 사ᄆᆞ며(蒙法48). 아비 麤ᄒᆞᆫ 헌 옷 닙고 ᄯᅩᇰ 츨 그릇 잡고 닐오ᄃᆡ(圓覺序47).

초ᄒᆞᄅᆞ 명 초하루. ☞초하로. 초홀 ¶초ᄒᆞᄅᆞ 보로매 앉이며 며느리ᄃᆞᆯ히:旦望弟婦等(宣賜內訓3:43). ᄃᆞᆯ 초ᄒᆞᄅᆞ마다 몯거든:月朔皆會(呂約37). 초ᄒᆞᄅᆞ 삭:朔(訓蒙上2. 類合上3). 초ᄒᆞᄅᆞ:初一站(同文解上3). 초ᄒᆞᄅᆞ:初一(漢淸1:26).
※초ᄒᆞᄅᆞ>초ᄒᆞ로>초하루

초ᄒᆞᄅᆞᆫ·날 명 초하룻날. ☞초ᄒᆞᄅᆞᆺ날 ¶三月 초ᄒᆞᄅᆞᆫ날 晦菴은 쓰노라:三月朔旦晦菴題(宣小書題3). 내 이ᄃᆞᆯ 초ᄒᆞᄅᆞᆫ날 王京셔 ᄠᅥ난노라:我這月初一日離了王京(老解上1).

초ᄒᆞᄅᆞᆺ·날 명 초하룻날. ☞초ᄒᆞᄅᆞᆫ날 ¶내 이 ᄃᆞᆯ 초ᄒᆞᄅᆞᆺ날 王京의셔 ᄠᅥ나라:我這月初一日離了王京(飜老上1).

초홀 명 초하루. ☞초ᄒᆞᄅᆞ ¶朔ᄋᆞᆫ 初홀리오 望ᄋᆞᆫ 보로미라(三綱. 孝26). ᄃᆞᆯ 초홀리어든 의식 수울와 차반 쟝만ᄒᆞ야 이받더라:月朔必具酒饌以奉(續三綱. 孝28). ᄃᆞᆯ 초홀리 반ᄃᆞ시 朝服ᄒᆞ고:吉月必朝服(宣小2:42).

·촉·고 명 촉고(數罟). ¶數罟ᄅᆞᆯ 洿池예 入디 아니ᄒᆞ면 魚鼈을 可히 이긔여 食디 몯ᄒᆞ며(宣孟1:8).

촉노ᄒᆞ다 동 촉노(觸怒)하다. ¶다만 적신을 촉노ᄒᆞ야 죤슉의 ᄒᆡ 밋ᄎᆞ니(落泉3:7).

촉직다 동 꼭 찍다. ¶뮈온 님 촉직어 물리치는 갈골아쟝잘이(古時調. 海謠).

촉촉ᄒᆞ·다 형 촉촉하다. ☞축축ᄒᆞ다 ¶보ᄃᆞ라오며 촉촉ᄒᆞᆯ 시라:柔潤(圓覺下三之二28). ᄉᆞᆯ히 ᄀᆞ마니 촉촉ᄒᆞ도다:肌膚潛沃若(初杜解14:2).

:촌 명 촌(寸). ¶복샹화나모와 버드나못가지ᄅᆞᆯ 東녁긔칠 各各 세닐굽 寸ᄋᆞᆯ 가져다가(救急上21). 두 寸만ᄒᆞᆫ 고기로다(初杜解17:39). 寸맛 프리:寸草(金三4:42). ᄲᅢᆯ리 ᄂᆞᆯ파 두 촌만ᄒᆞ닐 시버:急嚼生葱二寸許(救簡1:35). 두 촌 기리만 ᄒᆞ니와:二寸長(六祖略序15). 中古에 棺이 七寸이오(宣孟4:18). 댱ᄀᆞ락 가온대 ᄆᆞᄃᆡ로 寸을 사ᄆᆞ라(家禮1:37).

촌 명 촌(村). ¶잇다감 ᄃᆞᄅᆞᆯ ᄇᆞ라 기픈 바ᄆᆞᆯ 디나고 멋마 齋 求ᄒᆞ야 먼 村애 니르러뇨:有時望月過深夜幾爲求齋到遠村(南明下2). 앏푸로 촌애 다ᄃᆞᆮ디 몯ᄒᆞ고:前不着村(飜老上10). 촌애 가 장ᄒᆞᆫ 사ᄅᆞᆷ 일ᄇᆡᆨ을 시겨:到箇村裏差了一百箇壯漢(飜老上30). 촌 촌:村(類合上19). 앏ᄒᆞ로 村애 다ᄃᆞᆺ디 못ᄒᆞ고(老解上9).

촌긱 명 촌각(寸刻). ¶촌긱도 곡읍을 그치디 아니ᄒᆞ며(癸丑106).

촌락 명 촌락(村落). ¶지비 거츤 村落 ᄀᆞᆮ도다:宅舍如荒村(重杜解8:32).

촌슈 명 촌수(寸數). ¶촌슈는 머러 ᄀᆞᆫ들 정이조차 머을소냐(人日歌).

촌심 명 촌심(寸心). ¶죤고의 ᄉᆞ랑ᄒᆞ시믈 닙으니 갑기ᄅᆞᆯ 촌심의 삭이노라(落泉2:5).

:촌음 명 촌음(寸陰). ¶ᄯᅩ 먼 學의 寸陰 虛히 ᄇᆞ료ᄆᆞᆯ 슬흘씨(永嘉上13). 내일 즉 年來예 學問호ᄆᆞᆯ 사하 寸陰ᄋᆞᆯ ᄲᅡᆯ라 머믈옴 어려오ᄆᆞᆯ 기리 恨호라(南明下42).

·촌·촌·이 부 촌촌(寸寸)이. 마디마디. ¶님금 믇ᄌᆞᄫᆞᆫ 後에ᅀᅡ 寸寸이 사ᄒᆞ라도 죽디 아니ᄒᆞ애라(三綱. 忠27). 도적이 크게 노ᄒᆞ야 촌촌이 베히다:賊大怒寸斫(東新續三綱. 忠1:45). 銀河水 한 구비ᄅᆞᆯ 촌촌이 버혀 내여(松江. 關東別曲). 원슈ᄅᆞᆯ 긔록ᄒᆞ나 갑흘 길이 업ᄉᆞ니 구회 간쟝이 촌촌이 최절ᄒᆞ더니(落泉2:4).

:촌·탁ᄒᆞ·다 동 촌탁(忖度)하다. ¶他人의 心 둠을 내 忖度ᄒᆞ다 ᄒᆞ니(宣孟1:22).

촏·믈 명 초장(醋醬). ¶술와 촏믈과 대그릇과 나모 그릇과 딤ᄎᆡ와 저술 드려:納酒漿籩豆葅醢(宣小1:7).

·촘 형 차가움. ㉮ᄎᆞ다〔寒〕 ¶초미 畜ᄋᆞᆯ 因ᄒᆞ야 이실 ᄲᅮᆫ니언뎡:冷因畜有(楞解3:7). 두 소니 촘과 더움괘 서르 섯거:二手冷熱相涉(楞解3:12). 여희욤과 어우룸과 촘과 더움과:離合冷煖(楞解3:33).

총 명 총기(聰氣). ¶총 잇ᄂᆞᆫ 이:有記性的(譯解補19).

총 명 총. 〔짚신이나 미투리의 앞쪽에 두 편짝으로 둘러 박은 낱낱의 울.〕 ¶총만 남은 헌 집신의 세살 부쳐 ᄎᆞ면ᄒᆞ고(萬言詞).

:총·각 명 총각(總角). ¶總角ᄋᆞᆫ 小童이 聚兩髦而結之니라(初杜解24:61).

:총·각·하·다 동 총각(總角)하다. 사내아이가 머리를 땋다. ¶열 설 넘도록 오히려 總角ᄒᆞ여시리:過十歲猶總角者(宣小5:42). 冠ᄒᆞ며 筓티 아닌 者ㅣ ᄀᆞᆺ ᄇᆞᆯᄀᆞ며 닐어 總角ᄒᆞ고(家禮2:26).

총·갇 명 총갓. 〔총나무 껍질 실로 만든 갓.〕 ☞총갓 ¶ᄲᅩ론ᄒᆞᆫ 총갇 일ᄇᆡᆨ 낫:桃尖椶帽兒一百箇(飜老下67).

총갓 명 총갓. ☞총갇 ¶ᄲᅮ롯ᄒᆞᆫ 총갓 일ᄇᆡᆨ 낫:桃尖椶帽兒一百箇(老解下61).

춍나모 명 총나무. ¶춍나못 거플 실로 미준 간 우희:結椶帽兒上(飜朴上27).

춍림 명 총림(叢林). ¶叢林은 얼근 수프리라(釋譜19:17). 叢林은 모다 난 수히오(月釋10:69).

춍명 명 총명(聰明). ¶그 사르미 움 씨면 곧 聰明올 어더(月釋21:169). 안자 니조믄 枝體를 ㅎ야ㅂ리며 聰明을 내조차(永嘉上67). 子期의 聰明으로도 오히려 어즐ㅎ도다(金三3:7). 비록 춍명이 이셔도 내 몸 짐쟉ㅎ야 보믄 아독ㅎ니:雖有聰明恕己則昏(飜小8:13). 聰明에 머믈우디 아니ㅎ며:不留聰明(宣小3:7).

춍명ㅎ·다 형 총명(聰明)하다. ¶太子ㅣ 聰明ㅎ야 그를 잘 ㅎ거니와(釋譜3:p.48). 舍利弗옷 聰明ㅎ고 神足이 ㄱ즈니(釋譜6:22). 諸根이 聰明코 놀카ㅂ 智慧ㄹ빌며(釋譜9:16). 想이 붉ㄱ닌 이에 聰明ㅎ고(楞解8:74). 聰明ㅎ야 제 짜 여희여슈믈 스랑ㅎ놋다:聰明憶別離(初杜解17:17). 이에 니르러 쇽절업시 논호다 호믄 聰明코 靈利ㅎ니(南明下33). 聰明ㅎ야 제 짜 여희어슈믈 스랑ㅎ놋다(重杜解17:17).

춍·빅 명 총백(葱白). 파의 밑동. ¶麥門冬 두 兩 솝 앗고 葱白 사훌오(救急下53).

춍·이몰 명 총이말. 청총마(靑驄馬). ¶ 흔 디튼 춍이ㅁ리 잘 ㄷ로ㄷ:一箇黑鬃靑馬快走(飜朴上62). 이 춍이몰이 나히 언머고:這箇靑馬多少歲數(老解下7). 춍이몰:靑馬(譯解下28. 同文解下36. 漢淸14:21).

춍춍ㅎ다 형 총총하다. ¶오놀은 念外예 와 겨ㅇ시매 과연 춍춍ㅎ여 不勝慚愧ㅎ와이다(隣語6:11).

춍혜ㅎ·다 형 총혜(聰慧)하다. ¶李氏 樣子ㅣ 곱고 聰慧ㅎ야 女訓이며 여러 글와롤 아더니(三綱. 烈19). 춍혜흔 이:聰慧人(漢淸6:22).

춍히 부 총(聰)히. 총명하게. ¶먼디 보기롤 붉게 ㅎ고 어딘 일 듯기롤 춍히 ㅎ라(仁祖行狀12).

춍ㅎ·다 형 총명하다. ¶드롬애 춍홈을 싱각ㅎ며:聽思聰(宣小3:5). 춍흔 사룸:有記性的(同文解上13).

·챵 명 용평상(龍平床). 용상(龍床). ¶가온디 졍면 우희는 皇帝 안ㅈ시는 빅옥셕으로 룡을 설픠에 사긴 챵 잇고:中間正面上有官裏坐地白玉石玲瓏龍床(飜朴上69).

최 명 최활. 최활의 쇠촉. ¶최 붕:繃(訓蒙中17). 최:繃子 撑布弓(柳氏物名三 草).

최이다 동 치우게 하다. ¶마고와 뒷간을 최이고(洛城1).

최촉 명 최촉(催促). 재촉. ☞최촉ㅎ다 ¶최촉 독:督(類合下18). 최촉 최:催. 최촉 촉:促(類合下42).

최촉ㅎ다 동 최촉(催促)하다. 재촉하다. ¶信使의셔도 최촉ㅎ셔(新語5:16). 다시 催促ㅎ여 주쇼셔(隣語1:122). 어림군을 총녕ㅎ여 대동을 진슈ㅎ라 ㅎ시니 엄젹이 극일ㅎ여 최촉ㅎ더라(落泉3:7).

최촉ㅎ·다 동 재촉하다. ¶목숨 催促ㅎ고 人生 앗기리 긔 아니 어리니(月釋10:2).

·쵸 명 초(燭). ¶大衆이 各各 七寶香쵸 자바(釋譜23:38). 남궐 빼며 쵸 자본 보미 잇게 ㅎ니:有析薪秉燭之觀(法華序22). 쵸애 블 혀 멀찌기셔 뙤라:却燃燭遙炙之(救簡6:80). 쵸 촉:燭(訓蒙中15. 類合上24. 石千36).

쵸골니 명 초고리. ¶쵸골니:鶻(物譜 羽蟲).

쵸기다 동 추기다. ¶쵸길 주:嗾(倭解上26).

쵸대 명 촛대. ☞쵸더 ¶쵸대:燭臺(柳氏物名五 火).

쵸뎡 명 냉천(冷泉). ¶쵸뎡:冷泉 椒水(柳氏物名五 水).

쵸례ㅎ다 동 초례(醮禮)하다. ¶쵸례ㅎ매 명ㅎ야 ㄱㄹ더 가 네 샹ㅎ리롤 마자 우리 종스롤 니으라:醮(百行源15).

·쵸·롱 명 초롱. ¶쵸롱 구:篝(訓蒙中15). 쵸롱:燈籠(譯解下16. 同文解下15. 漢淸10:49. 物譜 几案). 쵸롱:燭籠(柳氏物名五 火). ※쵸롱>초롱

쵸룡담 명 초용담(草龍膽). 과남풀. ¶쵸룡담:龍膽草(物譜 藥草).

쵸바굼이 명 초파리. ¶쵸바굼이:醯雞(柳氏物名二 昆蟲).

쵸불 명 촛불. ¶쵸불 촉:燭(兒學上4).

쵸ㅅ대 명 촛대. ☞쵸ㅅ더 ¶쵸ㅅ대:蠟臺(漢淸10:49).

쵸ㅅ더 명 촛대. ☞쵸ㅅ대 ¶쵸ㅅ더:蠟臺(譯解補44).

쵸우웡 명 미치광이. 낭탕(莨菪). ¶쵸우웡:莨菪(柳氏物名三 草).

쵸의 명 쟁개비. 놋냄비. ¶쵸의:銅銚(物譜 鼎鐺). 召兒 쵸의 鍮器煮具也(行吏).

쵸쳬ㅎ다 형 초췌(憔悴)하다. ☞쵸춰ㅎ다 ¶형용이 쵸쳬ㅎ고 의장이 남누ㅎ나(洛城1).

쵸쵸이 부 초초(悄悄)히. ¶자근 나귀 초롱 불로 쵸쵸이 오단 말가(빅화당가).

쵸춰ㅎ·다 형 초췌(憔悴)하다. ☞쵸쳬ㅎ다 ¶靑衿 니브니는 흔굴ㅇ티 憔悴ㅎ니라:靑衿一憔悴(初杜解6:21).

쵸피나모 명 조피나무. ☞조피 ¶쵸피나모:秦椒(柳氏物名四 木).

쵸헌 명 초헌(軺軒). 초거(軺車). ¶쵸헌 헌:軒(兒學上10).

쵸ㅎ·다 동 초(炒)하다. 볶다. ☞초ㅎ다 ¶제므레 쵸흔 도틔 고기:川炒猪肉(飜朴上5).

제믈에 쵸ᄒᆞᆫ 뎨육과:川炒猪肉(朴解上5). ᄃᆞᆰ 쵸ᄒᆞ다:炒鷄(譯解下25). 或 ᄉᆞᆯ믄 거시나 쵸ᄒᆞᆫ 거시나 아모것 시방 잇거든(捷蒙3:10). 포ᄒᆞ며 쵸ᄒᆞ며 구ᄒᆞ며 당그믈 제 법ᄃᆡ로 ᄒᆞ여야 졔독ᄒᆞ며 효험이 잇ᄂᆞ니라(敬信67).

·촉 명 촉(燭). 초. ¶블ᄀᆞᆫ 燭ᄋᆞᆯ 자바라 호ᄆᆡ 외오고:誦…秉明燭(宣賜內訓1:29). 쟈근 댱의 사ᄅᆞᆷ이 업고 촉 그림재 잔ᄒᆞ엿도다:小帳無人燭影殘(太平1:140).

촉 명 촉(鏃). ¶촉 수메에 부레칠ᄒᆞ여 박다:下鰾安箭信子(漢淸5:17).

촉발ᄒᆞ다 동 촉발(觸發)하다. ¶반ᄃᆞ시 광망ᄒᆞ야 촉발ᄒᆞᄂᆞᆫ 말이 이실 거시니(經筵).

촉불 명 촛불. ☞촉ㅅ블. 촛블 ¶황혼의 ᄂᆡ왕 홈ᄋᆡ 촉불을 잡으라:燭(女四解3:27).

·촉ㅅ블 명 촛불. ☞촉불. 촛블 ¶ᄃᆞ리 일운 바ᄆᆡ 燭ㅅ브를 자밧고:把燭橋成夜(初杜解15:35).

촉새 명 촉새. ¶촉새:蒿雀(東醫 湯液一 禽部). 촉새:蒿雀(柳氏物名一 羽蟲).

·촉의 명 촉의(觸衣). 오래 입은 속옷. ¶또 雄黃 업거든 ᄂᆞᆯᄀᆞᆫ 똠오시나 시혹 觸衣어나 똠오손 모매 오래 니버 오래 똠 빈니 됴코 觸衣ᄂᆞᆫ 오래 니븐 솝오시라(救急上16).

촛ᄃᆡ 명 촛대. ☞쵸대. 쵸ㅅᄃᆡ ¶촛ᄃᆡ:燭臺(譯解下16).

·촛·블 명 촛불. ☞촉ㅅ블 ¶그제 촛블기 ᄢᅥ ᄃᆞᆺ 블가 잇더니(釋譜3:p.102). 엇데 구틔여 구읫 촛브를 자ᄇᆞ리오:何須把官燭(初杜解14:13). 밤ᄋᆡ ᄃᆞᆫ닐 제 촛블로ᄡᅥ 홀디니:夜行以燭(宣小2:52).

총 명 총(銃). ¶부러진 활 ᄶᅥ거진 총(古時調. 靑丘). 총 귀약통:鎗堂內裝藥處(漢淸5:12).

총듕 명 총중(叢中). ¶싱이 답왈 과긱이 녀반 총듕의 드러가기 불안ᄒᆞ니(落泉2:5).

총망이 부 총망(悤忙)히. ¶싱이 허락ᄒᆞ여 총망이 힝ᄒᆞ니(落泉1:1).

총머리 명 총머리. ¶총머리에 ᄆᆞᆰ은 쇠:鎗斗(漢淸5:12).

총명 명 총명(聰明). ¶싱이 총명이 과인ᄒᆞᄃᆡ 이의 다다라ᄂᆞᆫ 후마의게 미ᄉᆞᄅᆞᆯ 미더 고지듯고(落泉1:2).

총민ᄒᆞ다 형 총민(聰敏)하다. ¶비록 천질 누예나 셩힝이 총민ᄒᆞ니(落泉2:4).

총부리 명 총부리. ¶총부리에 ᄆᆞᆰ은 쇠:鎗星(漢淸5:12).

총이 명 총이말. ¶총이 인:駰(詩解 物名14). 총이:驄 鬈尾靑白(柳氏物名一 獸族).

총혜ᄒᆞ다 형 총혜(聰慧)하다. ¶쇼졔 ᄌᆞᆺ 나며 셩질이 총혜ᄒᆞ고 자ᄉᆡᆨ이 절늉ᄒᆞ여(落泉1:2).

추·다 동 들어올리다. 추키다. ¶當時예 ᄂᆞ리누르며 추실 ᄯᆞᄅᆞ미시니라:抑揚當時耳(永嘉下70).

·추들·다 동 추켜들다. 부추기다. ¶그 달애며 추들며 닐와ᄃᆞ며 힘ᄡᅳ우며:其所以誘掖激勵(飜小9:13).

추러히 부 추레하게. ¶추러히 모딘 긔운을 긋치눌러 업시ᄒᆞ야:薾然沮喪(飜小8:28).

추러ᄒᆞ·다 형 추레하다. ¶薾然:추러ᄒᆞᆫ 톄라(宣小5:107). ᄂᆞᆺ쳐 초상과 숑진을 칠ᄒᆞ고 추러ᄒᆞᆫ 남의ᄅᆞᆯ 닙힌 후의(落泉5:11).

추리티다 동 추리다. 약(略)하다. ¶몸을 칙ᄒᆞ고 말을 구ᄒᆞ시ᄂᆞᆫ 교셰 만흐시되 그 추리틴 ᄃᆡ ᄀᆞᆯ오ᄃᆡ(仁祖行狀34). 냑(略):추리틴 말이라(仁祖行狀42).

추밀다 동 치밀다. ¶하ᄂᆞᆯ의 추미러 므ᄉᆞ 일을 ᄉᆞ로리라(松江. 關東別曲).

추스·다 동 추다. 추어 모으다. ¶지 식거든 ᄲᅧ를 추ᅀᅥ 묻ᄌᆞᄫᆞ려 ᄒᆞ노라(三綱. 忠27).

추이즈다 동 추키다. ¶엇ᄶᅵᄅᆞᆯ 추이즈며 긴 소릐 져른 소릐 ᄒᆞ며(古時調. 논밧 가라. 靑丘).

추잡다 동 추켜잡다. ¶븟잡다 호믄 닐온 막대ᄅᆞᆯ 추자브미라(家禮2:20).

추창ᄒᆞ다 동 몸을 구부리고 달려가다. ¶추창ᄒᆞ다:俯身趨走(漢淸7:29).

추천ᄒᆞ다 동 추천(推薦)하다. ¶지죄 아ᄅᆞᆷ다와 推薦호ᄆᆡ 膺當ᄒᆞ니(重杜解23:28).

추혀다 동 추켜들다. ☞추혀들다 ¶홀연 ᄶᅡ해 구러뎌 네 발을 공듕으로 추혀며 니러도로 녜라온 ᄃᆞᆺᄒᆞ야:忽然倒地四足稍空起而復舊(馬解下98).

추혀들다 동 추켜들다. ☞추혀다 ¶허리를 ᄀᆞᄅᆞ 무러 추혀들고(古時調. 개야미. 靑丘). 兩腋을 추혀드러(松江. 關東別曲).

추ᄒᆞ·다 형 추(麤)하다. 거칠다. ¶覺明이 虛靜호미 갠 虛空 ᄀᆞᆮᄒᆞ야 ᄂᆞ외 麤ᄒᆞᆫ 므거운 前塵ㅅ 그리멧 이리 업서(楞解10:1). 五陰이 알폰 麤코 後ᄂᆞᆫ 細ᄒᆞ니(楞解10:3). 네 음식은 비록 추ᄒᆞ나 ᄃᆞ더니:向食雖麤而甘(東新續三綱. 孝1:4). 추ᄒᆞ고 실ᄒᆞ다:粗壯(漢淸12:1). 추ᄒᆞᆯ 조:粗(兒學下8).

추ᄒᆞ다 형 추(醜)하다. ¶추ᄒᆞ다:醜(同文解上18).

축다 형 축축하다. ¶축다:發潮(漢淸8:53).

축추기 부 축축하게. ¶利ᄅᆞᆯ 펴ᇙ 뎬 雲自在 ᄀᆞᆮᄒᆞ야 축추기 두푸미 그지업숩ᄂᆞ니(月釋17:90). 이 利ᄅᆞᆯ 펴샬 뗸 雲自在ㅅ 축추기 두퍼 그지업스샴 ᄀᆞᆮᄒᆞ샬띠니:布是利則如雲自在潤覆無極(法華6:86).

축축ᄒᆞ·다 형 축축하다. ☞촉촉ᄒᆞ다 ¶阿修羅ᄂᆞᆫ 축축ᄒᆞᆫ 氣韻으로 ᄃᆞ외야 나ᄂᆞ니라(釋譜13:10). 濕生ᄋᆞᆫ 축축ᄒᆞᆫ ᄃᆡ셔 날 씨오(釋

譜19:2). 입시울 축축호미 맛가ᄫᆞ시며(月釋2:58). 더우며 축축거늘사:蒸濕(楞解6:93). 터럭 굼긔 各各 ᄒᆞᆫ 터리 나샤 보ᄃᆞ라오시고 축축ᄒᆞ시고(法華2:12). 축축ᄒᆞᆫ 던金碧ㅅ 氣運ㅣ 모닷고:潤聚金碧氣(重杜解1:27). 축축ᄒᆞ다:潮了(譯解上7).

·춤 명 침. ☞츰 ¶눉믈와 춤과브터:從涕唾(楞解5:72). 涎은 추미라(楞解8:68). 춤 븥라 제 運ᄒᆞᄂᆞ니:傳沫自運(法華2:108). 조널이 춤 바ᄐᆞ며 고 프디 말며:不敢唾洟(宣賜內訓1:50). 내 衰老ᄒᆞ야 눉믈와 춤괘 煩多호라(初杜解8:6). 추믈 ᄂᆞ이디 말라:莫飛涎(初杜解20:12). 추물 솜씨라(救簡6:5). 추모로 나져 바며 머므디 말오 ᄇᆞᄅᆞ라:着唾沫白日黑夜不住的搽(飜朴上13). 춤 타:涶.춤 연:涎(訓蒙上30). 춤 담:痰(訓蒙中34). 춤 연:涎(類合上22). 춤 바톨 타:唾(類合下30). 敢히 춤 받ᄐᆞ며 코 프디 아니홀디니라:不敢唾洟(宣小2:7). 춤:口涎(同文解上15). 그 춤을 점복ᄒᆞ야 갈마:卜藏其漦(十九史略1:60). 춤 연:涎(兒學上3).
※춤>침

·춤 명 춤. ¶놀애 춤 마롬과(釋譜6:10). 樂은 풍류니 놀애 춤 트렛 지죄라(釋譜13:9). 춤 노롯과:舞戲(法華5:201). 술 醉코 게으른 추믈 뉘 서르 자바 그스ᄂᆞᆫ고:酒酣懶舞誰相拽(初杜解21:40). 춤 무:舞(訓蒙下15. 類合下6). ᄂᆞᆯ개 춤 츠이고:翅兒舞(朴解中1). 춤:舞(同文解上53).

춤·추·다 동 춤추다. ☞춤츠다 ¶醉ᄒᆞ야셔 춤추믄 누를 爲ᄒᆞ야 ᄭᅵ리오:醉舞爲誰醒(初杜解7:15). 춤추다:打舞(譯解上60). 노래ᄒᆞ고 춤추ᄂᆞᆫ 거슨(三譯8:11). 춤출 무:舞(倭解上42. 兒學下2). 취ᄒᆞ여 뷔거르며 杖鼓舞鼓에 둥더러궁 춤추ᄂᆞᆫ 괴야(古時調. 李座首는. 青丘). 노래 부로고 춤추기 니겨(女四解2:26). 춤추다:打舞(同文解上53).

·춤·츠·다 동 춤추다. ☞춤추다 ¶놀애 브르며 춤츠며(月釋1:44). 제 놀애 브르고 제 춤츠며 제 닐오ᄃᆡ(楞解9:75). 져비ᄂᆞᆫ 프른帳ㅅ 드트레셔 춤츠놋다:燕舞翠帷塵(杜解6:29). 춤츠ᄂᆞᆫ ᄃᆡ 다시 고지 ᄂᆞ치 ᄀᆞᄃᆞᆨᄒᆞ야쇼ᄆᆞᆯ 보리니:舞處重看花滿面(初杜解10:1). 音樂 드르시고 믄득 니러 춤츠시니(南明上71). 으프며 놀애 블으며 춤츠며 발굴러:詠歌舞蹈(宣小題辭3). 勺으로 춤츠고:舞勺(宣小1:5). 意氣로 곧 大闕에 가 춤츠고:意氣卽歸雙闕舞(重杜解5:25).
※춤츠다>춤추다

충 명 준(罇). ¶충:罇(物譜 酒食).

취 명 취. 산나물. ¶취 소:蔬(類合上11). 아춤의 ᄏᆡ온 취를 점심의 다 머그니(江村晚釣歌).

취밥 명 소사(蔬食). 채소 반찬뿐인 음식. ¶헌 누비와 취밥ᄋᆞᆫ 시경ᄒᆞ야 음공을 뭇삿ᄂᆞ니:破衲蔬食必施輕而積陰(野雲50). 취바ᄇᆞᆯ 長常 ᄇᆡ브르 먹디 몯호라:蔬食常不飽(重杜解19:46).

취여들다 동 추켜들다. ¶곱디 아닌 양ᄌᆞ의 취여들고(癸丑182).

:취ᄒᆞ·다 동 취(取)하다. ¶어루 조ᄉᆞᄅᆞ왼 마ᄅᆞᆯ 取ᄒᆞ야(宣賜內訓序8). 相ᄋᆞᆯ 取ᄒᆞᄂᆞᆫ 凡夫ㅣ 엇데 수이 혜아리리오:取相凡夫豈易猜(南明上30). 南녁 굴헝엣 한아비게 가ᄆᆞᆯ 取ᄒᆞ노라:取適南巷翁(重杜解12:17).

·취·ᄒᆞ·다 동 취(醉)하다. ¶貪과 어름괘 술 ᄃᆞᆫᄒᆞ야 醉ᄒᆞ야 ᄭᅵ요미 어렵도다:貪癡如酒醉難醒(南明上56). 술 醉ᄒᆞ야 ᄌᆞ올 져긔 ᄀᆞ올히 ᄒᆞᆫ 니브를 다ᄆᆞᆺᄒᆞ고:醉眠秋共被(重杜解9:11).

츄들다 동 쳐들다. ¶고개ᄅᆞᆯ 츄들어(癸丑118).

츄:ᄃᆡ·ᄒᆞ·다 동 추대(推戴)하다. ¶太祖ᄅᆞᆯ 推戴ᄒᆞᄉᆞ보려 ᄒᆞ더니:推戴ᄂᆞᆫ 님금 삼ᄉᆞᄫᆞᆯ 씨라(三綱. 忠33). 역옥의 졔적이 ᄯᅩ 인셩으로ᄡᅥ 츄ᄃᆡᄒᆞ려 ᄒᆞ던 ᄠᅳᆮ을 완인ᄒᆞ고(仁祖行狀14).

츄라·치 명 취라치. 옛날 선전 관청(宣傳官廳)의 하례(下隷)로서 소라를 부는 일을 맡은 사람. ¶吹螺赤 츄라치 宋安. 登墻吹螺一通. 稱吹角人. 爲吹螺赤(龍歌1:47).

·츄·락 명 취락(聚落). ¶聚落ᄋᆞᆫ ᄆᆞᅀᆞᆯ 져재라 漢書에 聚落 블디르디 말라 ᄒᆞ니라. 聚落ᄋᆞᆫ 性分을 가ᄌᆞᆯ비시고(楞解4:34).

츄랍ᄒᆞ다 동 출납(出納)하다. ¶문셔 츄랍ᄒᆞ시기ᄅᆞᆯ:出納(仁祖行狀54).

츄렴ᄒᆞ다 동 추렴하다. ☞츌렴ᄒᆞ다 ¶츄렴ᄒᆞ다:湊斂(同文解上51. 譯解補37).

츄리다 동 추리다. ¶집 ᄒᆞᆫ 단 츄려ᄃᆞ가 신날부터 ᄡᅩᄋᆞ보니(萬言詞).

츄리라 동 치리라〔養〕. 기르리라. ㉦치다 ¶이제 힝혀 나온 나라해 져고맛 모ᄆᆞᆯ 츄리라:今幸樂國養微軀(重杜解9:31).

츄마 명 치마. ☞치마 ¶츄마 샹:裳(訓蒙中22). 츄마 군:裙(訓蒙中23). ᄀᆞ마니 츄마 긴흐로 스스로 목ᄌᆞᆯ라:潛以裳帶自縊(東新續三綱. 烈7:13).

츄·마ᄆᆞᆯ 명 잿빛 말. ¶츄마ᄆᆞᆯ:鎖羅青馬(飜老下9. 老解下8). 츄마ᄆᆞᆯ:灰馬(譯解下28. 同文解下37). 츄마ᄆᆞᆯ:駱皮馬(漢淸14:21).

츄:명 명 추명(推命). 점(占). ¶여긔 잇ᄂᆞᆫ 오호 션ᄉᆡᆼ이 ᄀᆞ장 츄명 잘ᄒᆞᄂᆞ니:這裏有五虎先生最筭的好(飜老下70).

츄:명ᄒᆞ·다 동 추명(推命)하다. 점치다. ¶우리 뎌긔 츄명ᄒᆞ라 가져:咱們那裏筭去來(飜老下70). 우리 뎌긔 츄명ᄒᆞ라 가쟈:咱

們那裏筭去來(老解下63). 뎌 츄명ᄒᆞᄂᆞᆫ 져제 가 안자셔:到那卦鋪裏坐定(老解下63).

츄사ᄋᆞ 명 주사위. ¶우리 츄사ᄋᆞ ᄒᆞ쟈:咱們下骰碁(朴解中49). 츄샤ᄋᆞ ᄒᆞ다:下䯝碁(譯解下24).

츄셕 명 추석(秋夕). 중추절(仲秋節). ¶츄셕:仲秋節(同文解上4).

츄슈 명 추수(秋收). ¶츄슈 셕:穡(類合下32).

츄심·ᄒᆞ·다 동 추심(推尋)하다. ¶理로 推尋ᄒᆞ야 보건댄 衆生ᄋᆡ 根源ㅅ 覺體시니라(月釋14:7). 諸法의 空ᄋᆞᆯ 推尋ᄒᆞ야(金剛83). 覺觀ᄋᆞᆫ 推尋ᄒᆞᄂᆞᆫ ᄆᆞᅀᆞ미오(金三1:15). 네 다 ᄉᆞ랑ᄒᆞ야 모다 推尋ᄒᆞ야도(六祖中68). 구의 이제 저ᄒᆞ야 도망ᄒᆞ니를 츄심ᄒᆞ라 ᄒᆞᄂᆞ니:官司見着落跟尋逃走的(飜老上50). 네 그 놈 츄심ᄒᆞ야 므슴 ᄒᆞᆯ다:你尋他怎麼(飜朴上34). 츄심 츄:推(類合下38). 구의 시방 절로 ᄒᆞ여 도망ᄒᆞ니를 츄심ᄒᆞ라 ᄒᆞᄂᆞ니:官司見着落跟尋逃走的(老解上45).

츄악ᄒᆞ다 형 추악(醜惡)하다. ¶싱이 청누의 ᄲᅥ져 눈의 보ᄂᆞᆫ 거시 츄악ᄒᆞᆫ 일이라(落泉1:1).

츄입 명 출입(出入). ☞출입 ¶츄입이 통달ᄒᆞ다:出入通達(老解下64).

츄정ᄒᆞ다 동 고소(告訴)하다. ¶츄정ᄒᆞ다:訴告(漢淸3:6).

츄키다 동 추키다. ¶키 가족 츄켜 덥고 비단 니불 삼아세라(萬言詞).

츄탁ᄒᆞ다 동 추탁(推託)하다. ¶빅싱의 시지 민첩ᄒᆞ다 드럿노라 엇지 츄탁ᄒᆞ더뇨(引鳳簫2).

츄풍 명 추풍(秋風). ¶九月에 秋風이 落ᄒᆞᄂᆞ니라(初杜解14:30). 팔워레 츄풍이 뒨 저긔:八月秋風急(飜朴上18).

츅 명 (저울의) 추. ¶저울 츅 치오다:補秤(譯解補38).

츅 명 축(縮). 흠축(欠縮). ¶이거손 누긔가 이시매 섬을 푸러 ᄒᆞᆫ 이틀 ᄆᆞᆯ뇌여야 쓰지 그러치 아니면 졔 드러가도 縮이 만히 되게 ᄒᆞ여시니(隣語1:21).

·츅두 명 수두(獸頭). 잡상(雜像). ¶수디새 암디새 두 그텟 츅두ᄂᆞᆫ 다 청류리오:筒瓦和仰瓦兩角獸頭都是青瑠璃(飜朴上68).

츅문 명 축문(祝文). ¶그런 故로 祝文에 니로ᄃᆡ 某人으로 ᄡᅥ 祔食ᄒᆞ노니(家禮1:21). 盞을 주어 녯 고대 도로 노코 이에 祝문을 닐그니(家禮10:21).

츅수 명 축수(祝壽). ¶다만 우리ᄂᆞᆫ 어리로온 얼굴과 놀래ᄅᆞᆯ 듯고 츅수만 위ᄒᆞᆯ ᄯᆞ름이오니(新語9:6).

츅슈ᄒᆞ다 동 축수(祝壽)하다. ¶억만 싱녕의 ᄒᆞᆫ가지로 빌고 츅슈ᄒᆞ야 깃부고 즐겨ᄒᆞᄂᆞᆫ 밧쟈라(綸音145).

츅ᄉᆞ 명 축사(祝辭). ¶冠禮ᄀᆞ티 호ᄃᆡ 다만 祝辭애 髦士ᄅᆞᆯ 고텨(家禮3:19).

츅ᄉᆞᄒᆞ다 동 신명에게 고하다. ¶츅ᄉᆞᄒᆞ여 비다:禱告(漢淸3:37).

츅쳑ᄒᆞ다 동 축적(蓄積)하다. ¶그 평일의 츅쳑ᄒᆞᆫ 바ᄅᆞᆯ 가히 알디라(經筵).

츈나모 명 춘나무. 참죽나무. ¶츈나모 츈:椿(類合上8). 츈나모:椿樹(同文解下43). 츈나모:春樹(漢淸13:19).

츈여 명 추녀. ¶츈여:梠(物譜 第宅).

츈혀 명 추녀. ☞츈여 ¶츈혀:飛簷(譯解補12). 츈혀:翹椽(漢淸9:28).

·출가 명 출가(出家). ¶大寶殿에 뫼호샨 相師ㅣ 보ᅀᆞᆸ고 出家 成佛을 아ᅀᆞᄫᆞ니(月印上11). 在家와 出家왜 오직 이ᄅᆞᆯ 브터 닷ᄀᆞ라 ᄒᆞ다가(六祖上77).

·출가ᄒᆞ·다 동 출가(出家)하다. ¶出家ᄒᆞ시면 成佛ᄒᆞ시고(釋譜3:p.2). 沙彌ᄂᆞᆫ 새 出家ᄒᆞᆫ 사ᄅᆞ미니(釋譜6:2). 그ᄢᅴ 善慧 부텻긔 가아 出家ᄒᆞ샤 世尊ㅅ긔 ᄉᆞᆯᄫᆞ샤ᄃᆡ:出은 날씨오 家ᄂᆞᆫ 지비니 집 ᄇᆞ리고 나가 머리 갓ᄀᆞᆯ 씨라(月釋1:17). 이 法華經 디닐 ᄊᆞᄅᆞ믄 在家커나 出家커나(法華5:51). 밦듕에 城 나마 出家ᄒᆞ샤 雪山애 드르샤(金三1:1). 七歲예 出家ᄒᆞ야(六祖中54).

출ᄀᆞ 명 출가(出嫁). ¶저미를 못 보시고 출ᄀᆞᄅᆞᆯ 식이시며(思鄕曲).

출납 명 출납(出納). ¶므릇 농ᄉᆞ와 지믈 출납과 음식ᄒᆞ기와 손 ᄃᆡ졉ᄒᆞᄂᆞᆫ 일을 다 각각 맛든 재 잇고:凡田疇租稅出納庖爨賓客之事各有主者(五倫4:52).

출등ᄒᆞ다 형 출중(出衆)하다. ¶됴 왈 현경이 세세 명벌노 지략이 출등ᄒᆞ고 적심으로 나라흘 븟드러(落泉3:7). 문장이 출등ᄒᆞ나(洛城2).

출렴ᄒᆞ다 동 추렴하다. ☞츄렴ᄒᆞ다 ¶여러 ᄆᆞᆯ을 출렴ᄒᆞ고:抽分了幾箇馬(朴解中13). 출렴ᄒᆞ다:攢湊(漢淸3:1).

·출·령·ᄒᆞ·다 동 출령(出令)하다. 명령을 내리다. ☞취령ᄒᆞ다 ¶閔王이 宿瘤女ᄅᆞᆯ ᄀᆞ장 感動ᄒᆞ샤 后ᄅᆞᆯ 사ᄆᆞ시고 出令ᄒᆞ샤 지블 ᄂᆞᄌᆞ기 ᄒᆞ시며:閔王大感瘤女以爲后出令卑宮室(宣賜內訓2下73).

출ᄅᆡᄒᆞ다 동 출래(出來)하다. 밖으로 나오다. ¶이ᄃᆞᆯ 初生의ᄂᆞᆫ 應當 出來ᄒᆞ마 ᄒᆞ시고(隣語1:25).

·출·세 명 출세(出世). ¶이런ᄃᆞ로 ᄆᆞᅀᆞᆷ 아니며 火 아니며 世와 出世왓 法이 아니 예 니르니라(楞解4:47). 오직 出世ㅅ ᄆᆞᅀᆞᄆᆞᆯ 머거(永嘉上25). 出世 功德 일우믈 信ᄒᆞ며(金剛36). 出世ㅅ ᄠᅳ들 ᄇᆞᆯ기디 몯거니 엇데 여러 生애 미초ᄆᆞᆯ 歇ᄒᆞ리오(六祖中71).

·출·세ᄒᆞ·다 동 출세(出世)하다. ¶釋迦ㅣ

出世ᄒᆞ시며(金三4:48).

츌숑ᄒᆞ다 동 출송(出送)하다. ¶먼 ᄃᆡ 出送ᄒᆞ여 轉賣ᄒᆞᄂᆞᆫ 거시오매(隣語2:1).

·츌·십 명 출입(出入). ¶鄕田애 井을 同ᄒᆞᆫ 이 出入에 서르 友ᄒᆞ며(宣孟5:15).

·츌·십ᄒᆞ·다 동 출입(出入)하다. ¶十二部 修多羅애 出入호ᄃᆡ(月釋序19). 쟈근 德은 出入ᄒᆞ야도 可ᄒᆞ니라(宣論4:58). 오직 君子ㅣ 能히 이 路를 由ᄒᆞ며 이 門에 出入ᄒᆞᄂᆞ니(宣孟10:31).

츌쟝ᄒᆞ다 동 출장(出場)하다. ¶요ᄉᆞ이야 罪를 免ᄒᆞ고 出場ᄒᆞ다 ᄒᆞᄋᆞᆸᄂᆡ(隣語1:33).

·츌·현·ᄒᆞ·다 동 출현(出現)하다. ¶十方如來ㅣ 一時예 出現ᄒᆞ샤(楞解7:23). 아래브터 出現ᄒᆞ샨 文을 對ᄒᆞ야 사기니라(圓覺下三之一135).

·츌ᄒᆡᆼᄒᆞ·다 동 출행(出行)하다. ¶각산ᄒᆞ야 다 스므닷쇗나리어든 츌ᄒᆡᆼᄒᆞ져:各自散了到二十五日起程(飜老下72).

츔 명 춤. ¶노ᄅᆡ 불으고 츔을 익키며:舞(女四解3:20).

·츔 동 침(奉養). 기름. ㉮치다 ¶제 몸 위와다 츄ᄆᆡ란 둗거이 ᄒᆞ고 조샹 졔ᄉᆞᄒᆞ요맨 박히 ᄒᆞᄂᆞ니 ᄀᆞ장 올티 아니ᄒᆞ니라:厚於奉養而薄於先祖甚不可也(飜小7:6).

츙돌ᄒᆞ다 동 충돌(衝突)하다. ¶적 복이 니러 젼면을 츙돌ᄒᆞᆫ다 보ᄒᆞ야든:報賊伏起衝前面(練兵29).

츙:만·히 부 충만(充滿)히. ¶더 世界옛 衆生ᄋᆡ게 布施 供養ᄒᆞ야 다 充滿히 ᄒᆞ고ᅀᅡ(牧牛訣44).

츙:만·ᄒᆞ·다 형 충만(充滿)하다. ¶두 발 두 손ᄭᅡ바당 목 두 엇게 닐굽 고ᄃᆡ 充滿ᄒᆞ샤미 第十五ㅣ시고(法華2:13). 내 法雨를 비허 世間ᄋᆞᆯ 充滿ᄒᆞ야든 ᄒᆞᆫ 마샛 法에 히믈 조차 修行호미:我雨法雨充滿世間一味之法隨力脩行(法華3:47).

츙셩 명 충성. ¶츙셩 츙:忠(兒學下1).

츙·실 명 충실(充實). ¶充實은 주굴위ᄃᆡ 아니ᄒᆞᆯ 씨라(月釋2:41). 香草와 조ᄒᆞᆫ 므른 微妙ᄒᆞᆫ 善과 조ᄒᆞᆫ 智라 먹고 退ᄒᆞᆫ 거슨 充實엣 나ᄆᆞᆫ 거시라(楞解7:10).

츙·실·ᄒᆞ·다 형 충실(充實)하다. ¶몺골 아라우히 ᄡᅧᄃᆡ 아니ᄒᆞ샤 ᄒᆞᆫ가지로 充實ᄒᆞ시며(月釋2:41). 엇게와 녑괘 다 充實ᄒᆞ샤미 第十七이시고(法華2:13).

츙·족ᄒᆞ·다 형 충족(充足)하다. ¶能히 大雨를 ᄂᆞ리워 너비 充足게 ᄒᆞ야:充은 ᄀᆞᄃᆞᆨᄒᆞᆯ 씨라(月釋10:103). 法雨를 비호샤 道 求ᄒᆞ릴 充足게 ᄒᆞ시리니(法華1:129). 내 어버싀 ᄃᆞᆫ 차바ᄂᆞᆯ 아러 充足게 몯 ᄒᆞ더니:而吾親甘旨未嘗充也(宣賜內訓3:50).

츙통 명 포(砲). ¶츙통으로 ᄒᆞᄂᆞᆫ 호령을 불키미라:明砲號(兵學1:1).

·취·긔 명 취기(臭氣). ¶이 ᄅᆞᆫ히 모ᄃᆞᆫ 香과 臭氣예 니를리니:臭ᄂᆞᆫ 더러운 내라(楞解3:7).

취·다 동 취(醉)하다. ☞취ᄒᆞ다 ¶焦遂ᄂᆞᆫ 입더토ᄃᆡ 술 醉면 말ᄉᆞᄆᆞᆯ 잘ᄒᆞᄂᆞ니라(初杜解15:41).

:취·락 명 취락(聚落). ¶城邑과 聚落이 다 ᄲᅧ 흘로ᄃᆡ(六祖上64).

:취·령·ᄒᆞ·다 동 출령(出令)하다. 명령을 내리다. ☞출령ᄒᆞ다 ¶王이 붑 텨 지조 겻긣 사ᄅᆞᄆᆞᆯ 다 모ᄃᆞ라 ᄒᆞ시고 出令ᄒᆞ샤ᄃᆡ(釋譜3:p.46). 나라해 出令호ᄃᆡ 됴ᄒᆞᆫ 고ᄌᆞ란 ᄑᆞᄃᆡ 말오 다 王ᄭᅴ 가져오라(月釋1:9). 軍中에 出令ᄒᆞ야(三綱. 忠4).

취미 명 취미(趣味). ¶취미 업다:沒趣(漢淸8:32).

취샤ᄒᆞ다 동 취사(取捨)하다. ¶화친을 허티 아니미오 여러 사ᄅᆞᆷ 취샤ᄒᆞ기 어려워 대대쳥ᄒᆞ고(山城114).

취심 명 추심(推尋). ☞츄심ᄒᆞ다 ¶우리 가아 推尋ᄒᆞᅀᆞᄫᅩ리이다:推尋은 곧 가 ᄎᆞ줄 씨라(釋譜3:p.136).

취악ᄒᆞ다 형 추악(醜惡)하다. ¶비록 취악ᄒᆞᆫ 일이 이셔도(女四解2:35).

취쳐 명 취처(娶妻). ¶아비 감격ᄒᆞ야 죵신토록 다시 취쳐를 아니 ᄒᆞ다:父感之終身不再娶(東新續三綱. 孝3:48).

·취·품ᄒᆞ·다 동 취품(取稟)하다. ¶당샹ᄭᅴ 취품ᄒᆞ라 가노라:堂上稟去裏(飜朴上8). 반ᄃᆞ시 집 얼운의게 무러 취품홀디니라:必咨稟於家長(宣小5:35). 형의게 취품ᄒᆞ야 권도로 ᄉᆞ당을 제 집의 셰우고:乃稟于兄權立祠于其家(東新續三綱. 孝6:41). 몬져 취품ᄒᆞᄂᆞᆫ 버ᄅᆞ시 낫더라(癸丑42). 집안 대소ᄉᆞ를 다 형의게 취품ᄒᆞᆫ 후에 ᄒᆡᆼᄒᆞ고:家事大小皆諮而後行(五倫4:23). 비복이 다 와 ᄎᆞ례로 문안ᄒᆞ고 소임을 취품ᄒᆞ니(洛城2).

·취ᄒᆞ·다 동 취(醉)하다. ¶다 疑惑 내야 아ᅀᆞᆯ히 醉ᄒᆞᆫ ᄃᆞᆺ호ᄆᆞᆯ 가ᄌᆞᆯ비ᅀᆞ오니라:皆生疑惑昏昏如醉也(法華4:38). 술 醉ᄒᆞ야 누엣거늘(圓覺序76). 九重엣 ᄫᅳᆫ비ᄎᆞᆫ 仙桃ㅣ 醉ᄒᆞ얫ᄂᆞᆫ ᄃᆞᆺᄒᆞ도다(初杜解6:4). ᄇᆞᄅᆞᆷ마자 믄득 어즐ᄒᆞ야 취ᄒᆞᆫ ᄃᆞᆺᄒᆞ며:中風忽然昏若醉(救簡1:5). 수울도 취티 몯ᄒᆞ며:酒也醉不得(飜老下35). 취ᄒᆞᆯ 취:醉(訓蒙下15. 類合下7. 兒學下3). 취ᄒᆞᆯ 감:酣(類合下31). 임의 醉홈을 酒로ᄡᅥ ᄒᆞ고(宣孟11:35). 텬검이 마좀 취ᄒᆞ야 누엇거ᄂᆞᆯ:天儉適醉臥(東新續三綱. 烈1:6). 술을 취ᄒᆞ야 쥬졍ᄒᆞ기예 니ᄅᆞ다 ᄒᆞ니:酣醟杯觴(警民36). 술도 취티 못ᄒᆞ고:酒也醉不得(老解下31). 취ᄒᆞ여 뷔것다:醉踉蹌(同文解上26). 취치 아니타:沒

醉(譯解補33). 그리 醉ᄒᆞᆫ 사ᄅᆞᆷ ᄃᆞ려(隣語1:4).

:취·ᄒᆞ·다 동 취(取)하다. ¶이 中에 輪迴ᄒᆞ야 제 흘러 옮ᄃᆞᆫ뇨ᄅᆞᆯ 取ᄒᆞᄂᆞᆫ다:取ᄂᆞᆫ 가질 씨라(楞解1:112). 三摩地ᄅᆞᆯ 取코져 홇딘댄 實로 聞中으로 들리이다(楞解6:63). 보비ᄅᆞᆯ 取ᄒᆞ야 ᄣᅮᄃᆡ(金剛序7). 나히 몯하니 ᄒᆞ나ᄒᆞᆯ 取ᄒᆞ야(圓覺序75). 즐거우믈 取ᄒᆞ야 브르지져셔 ᄇᆡ ᄆᆞ거우ᄆᆞᆯ 아놋다:取樂喧呼覺船重(初杜解15:44). 네 本心엣 般若ㅅ性을 取ᄒᆞ야(六祖上10). 그으기 程子ㅅ ᄠᅳ들 取ᄒᆞ야 ᄡᅥ 補ᄒᆞ여 ᄀᆞ오ᄃᆡ(宣大10). 冠禮ᄂᆞᆫ 만히 司馬氏ᄅᆞᆯ 取ᄒᆞ시고(家禮1:5). 비브ᄅᆞ기ᄅᆞᆯ 取ᄒᆞ며(警民12). 본을 ᄇᆞ리고 말을 춰호미로다(仁祖行狀33).

·츠 명 치〔寸〕. ☞치 ¶ᄇᆡ를 타 보니 그 소배 거믄 벌레 기리 두어 츤 ᄒᆞ니 잇고(釋譜24:50). 두어 칫 혀에 梵世예 니르로ᄆᆞᆯ 나토시며:於數寸之舌現至梵世(法華6:103).

츠기 부 측은히. 섭섭히. ¶諸天이 다 츠기 너기니(月印上5). 빌리 잇거든 츠기 너겨 모지마라 죽디라도 제 모맷 고기ᄅᆞᆯ 바혀 내는 ᄃᆞ시(釋譜9:12). 츠기 너기디 말라 ᄒᆞ더라(釋譜24:3). 善慧 드르시고 츠기 너겨(月釋1:9). 諸天이 다 츠기 너기니(月釋2:8). 모다 츠기 너겨 ᄂᆞ리디 마ᄅᆞ시고(月釋2:15). 衰殘ᄒᆞᆫ 나ᄒᆞᆯ 구틔여 츠기 너기디 아니ᄒᆞ노니:衰年不敢恨(初杜解7:11). 믈러가 갈맷ᄂᆞᆫ 雨師ᄅᆞᆯ 츠기 너기고:退藏恨雨師(杜解10:25). 즈믄 자히에 놉디 몯호ᄆᆞᆯ 츠기 너기노니:恨不高千尺(杜解21:5). 가ᅀᆞ며닌 千口ㅣ 져고ᄆᆞᆯ 츠기 너기고(金三4:9). 가ᄉᆞᆷ 알호미 훤호믈 ᄯᅩ 아로니 구틔여 어려운 길흘 츠기 너기디 아니ᄒᆞ노라:且知寬疾肺不敢恨危塗(重杜解2:23).

·츠·다 동 추다〔舞〕. ☞춤츠다 ¶놀애 브르며 춤츠며 롱담ᄒᆞ야(月釋1:44). 춤을 츠며(月釋21:190). 如意ᄅᆞᆯ 자바셔 춤츠고:提携如意舞(初杜解8:41). 춤츠ᄂᆞᆫ ᄃᆡ 다시 고지 ᄂᆞ치 ᄀᆞᄃᆞᆨᄒᆞ야쇼ᄆᆞᆯ 보리니:舞處重看花滿面(初杜解10:1). 춤츠ᄂᆞᆫ 돗긔 ᄃᆡ놋다:落舞筵(杜解15:33). 춤츠ᄂᆞᆫ 눈ᄋᆞᆫ 江湖애 건나가놋다:舞雪渡江湖(重杜解2:18).
※츠다>추다

츠·다 동 (체로) 치다. ¶藥草ㅣ 色香美味 다 ᄀᆞᄌᆞ닐 求ᄒᆞ야 디허 처 和合ᄒᆞ야(月釋17:17). 추므 麁ᄒᆞᆫ 거슬 化ᄒᆞ야 ᄀᆞᄂᆞᆫ 거긔 드릴 씨라(月釋17:19). ᄀᆞᄂᆞ리 처 粉 ᄆᆡᆼᄀᆞ라:細羅爲粉(楞解7:9). 추므 麁ᄅᆞᆯ 化ᄒᆞ야 細예 드류미니:篩者化麁入細(法華5:155). 디허 ᄀᆞᄂᆞ리 처:擣細羅(救簡6:6). 모로미 이러미로 츤 細沙로ᄡᅥ 섯글디니(家禮7:24). 츠다:羅一羅(同文解下14). 츠다:篩(漢清10:13).

·츠·다 동 치다〔除〕. 치우다. ¶미조차 ᄯᅩᇰᄋᆞᆯ 츠더니(月釋13:21). 샹녜 ᄯᅩᇰ 츠게 ᄒᆞ더니:常令除糞(法華2:214). ᄯᅩᇰ 츨 그릇 잡고:執除糞器(圓覺序47). 순지 後園에 이셔 ᄯᅩᇰ 츠며:猶在後園除糞(圓覺下一之一52). 혹 ᄀᆞ천을 츠디 아녀 더러온 긔운이 사ᄅᆞᆷ의게 ᄡᅬ이거나:或溝渠不泄穢惡不修薰蒸而成者(辟新1). 하인 보내여 거ᄂᆞ려 와셔 처 내더라(癸丑210). 우믈 츠다:淘井(譯解上8. 同文解上7).

츠·이·다 동 치우게 하다. ¶每常 쇠ᄯᅩᇰ 츠이거늘:每使掃除牛下(三綱. 孝17). 서르 ᄡᅥ ᄯᅩᇰᄋᆞᆯ 츠이고 네 갑슬 倍히 주리라:相雇除諸糞穢倍與汝價(法華2:241). ᄆᆡ양 쇠ᄯᅩᇰ을 츠이거든:每使掃除牛下(飜小9:24).

츠이다 동 (춤을) 추게 하다. ¶놀개 춤 츠이고:翅兒舞(朴解中1).

측 명 칡. ☞츩 ¶측 갈:葛(兒學上5).

측간 명 측간(廁間). 뒷간. ¶홍쥰이 측간의 가노라 니ᄅᆞ더니:弘俊乃托言如厠(東新續三綱. 孝6:73). ᄂᆡ인 측간의 구무 ᄯᅮᆲ고(癸丑9). ᄂᆡ인 측간의 구멍 ᄯᅮᆲ고(西宮日記上1). 측간:茅房(同文解上34).

측낭ᄒᆞ다 동 측량(測量)하다. ☞측량ᄒᆞ다 ¶측낭티 몯ᄒᆞᆯ 도적긔 딘의 올라가 아븨 머리ᄅᆞᆯ 가져 도라오다:上不測之賊陣取父首而還(東新續三綱. 孝8:80).

측냥ᄒᆞ다 동 측량(測量)하다. ☞측량ᄒᆞ다 ¶져근덧 ᄎᆞᆷ디 못ᄒᆞ면 ᄆᆞᄎᆞᆷ내 측량티 못ᄒᆞᆯ 더 ᄡᅡ디ᄂᆞ니라(警民15).

측·다 형 측은하다. 섭섭하다. ㉮측ᄒᆞ다 ¶내 님금 묻ᄌᆞᄫᆞᆫ 後에ᅀᅡ 寸寸이 사ᄒᆞ라도 측디 아니ᄒᆞ애라(三綱. 忠27).

·측량 명 측량(測量). ¶測量 몯 ᄒᆞᆯ ᄉᆞᅀᅵ예 千萬 가짓 시름 受苦ㅣ어니(月釋21:109). 凡과 聖괘 본ᄃᆡ 測量이 어렵거니(金三1:12). 거스리 行ᄒᆞ며 順히 行호ᄆᆞᆯ 하ᄂᆞᆯ히 測量 몯 ᄒᆞᄂᆞ니(南明下20).

·측량ᄒᆞ·다 동 측량(測量)하다. ☞측낭ᄒᆞ다. 측냥ᄒᆞ다 ¶아ᄃᆞᆨ히 幽奧ᄒᆞ야 기퍼 測量호미 어려우나(金三3:28). 聖意ᄅᆞᆯ 測量호미 어렵도다(六祖上17). 죄ᄅᆞᆯ 측량티 몯ᄒᆞ리니:罪不可測(飜小9:43). 平生앳 넉시 아닌가 저컨마ᄂᆞᆫ 길히 머러 可히 測量티 못ᄒᆞ리로다:恐非平生魂路遠不可測(重杜解11:51).

·측ᄇᆡᆨ 명 측백(側栢). ¶茜根과 黃芩과 側栢닙과 阿膠ᄅᆞᆯ(救急上62). ᄯᅩ 側栢 東녁 向ᄒᆞᆫ 니플 ᄆᆞᆯ외여 ᄀᆞ라(簡辟14). 측ᄇᆡᆨ ᄇᆡᆨ:栢(詩解 物名4). 측ᄇᆡᆨ 닙 동녁ᄒᆞ로 향ᄒᆞᆫ 닙흘 ᄡᅡ ᄆᆞᆯ뢰여(辟新14). 측ᄇᆡᆨ:栢松(譯解下41). 측ᄇᆡᆨ:匾松(同文解下43). 측ᄇᆡᆨ:栢(漢清

13:18). 측ᄇᆡᆨ:側栢(物譜 藥草). 측ᄇᆡᆨ ᄇᆡᆨ:柏(兒學上5).

측ᄇᆡᆨᄂᆞ모 명 측백나무. ¶측ᄇᆡᆨᄂᆞ모 닙:側栢葉(方藥27).

·측연·히 부 측연(惻然)히. ¶뼈 社稷을 利케 홈을 보고 惻然히 스스로 혜아려:以利社稷惻然自念(宣小5:105).

측ᄒᆞ·다 형 측은(惻隱)하다. 섭섭하다. 원망스럽다. ☞측다 ¶舍利弗이 측ᄒᆞᆫ ᄂᆞᆺ고지 잇거늘(釋譜6:36). 내 이제 世尊ᄋᆞᆯ ᄆᆞᄌᆞ막 보ᅀᆞᄫᆞ니 측ᄒᆞᆫ ᄆᆞᅀᆞ미 업거이다(月釋10:8). 子息이 아비 爲ᄒᆞ야 주거도 측ᄒᆞᆫ ᄠᅳᆮ 업스닌 ᄂᆞ외야 니ᄅᆞ디 말라(三綱. 忠6). 측디 아니ᄒᆞ애라:不恨矣(三綱. 忠27). ᄆᆞᅀᆞ매 뉘읏븐 측ᄒᆞᆫ ᄠᅳ들 머그며:心懷悔恨(法華2:189). 기리며 깃븐 이리며 측ᄒᆞᆫ 이레:譽歡戚(飜小10:20). 기리며 깃브며 측ᄒᆞ욤애:譽歡戚(宣小6:119). 情懷惡ᄋᆞᆫ 이 보고 ᄆᆞᄋᆞ미 측ᄒᆞᆯ 시라(重杜解1:6). 늘근 노미 ᄆᆞᄋᆞ미 측ᄒᆞ야:老夫情懷惡(重杜解1:6). 기튼 측호미 이셔:留遺恨(重杜解1:48). 기튼 측호미 잇ᄂᆞ니:有遺恨(重杜解2:39). ᄉᆡᆼ각ᄒᆞ면 측ᄒᆞ건마ᄂᆞᆫ(新語9:13).

츤츤 부 친친. ¶낙거믜 나뷔 감듯 이리로 츤츤 져리로 츤츤 외오 감아 올히 풀쳐(古時調. 님으란. 靑丘).

츨옷 명 칡옷. 베옷. ☞츩옷. 츬옷 ¶ᄀᆞᄂᆞᆫ 츨오시 소옴 둔 오시 ᄃᆞ외얏도다:纖絺成縕袍(重杜解12:10). ᄀᆞᄂᆞᆫ 츨오ᄉᆞᆯ 저허 내 疑心ᄒᆞ노라:纖絺恐自疑(重杜解12:23).

·츩 명 칡. ☞측 ¶츩곳:葛花(救簡3:111). 츩 갈:葛(訓蒙上9. 類合上8). 츩 갈:葛(詩解物名1). 츩:葛藤(物譜 雜草). 츩:葛(柳氏物名三 草). ※츩>칡

츩너출 명 칡넌출. ☞너출 ¶츩너출:葛草又葛藤(訓蒙上9 葛字註).

츩뵈 명 칡베. 갈포(葛布). ¶홋 츩뵈 옷ᄉᆞᆯ 반ᄃᆞ시 表ᄒᆞ야 내더시다:袗絺綌必表而出之(宣小3:21). 굵근 실과 ᄀᆞᄂᆞᆫ 츩뵈ᄅᆞᆯ:粗絲細葛(女四解2:22).

·츩불휘 명 칡뿌리. 갈근(葛根). ¶츩불휘ᄅᆞᆯ 디허 뽄 즙을 머그라:葛根擣汁飮(救簡1:113). ᄂᆞᆯ 츩불휘ᄅᆞᆯ 하나 져그나 혜디 마오:生葛根右不計多少(瘟疫方26). 츩불휘:葛根(方藥24).

·츩옷 명 칡베옷. 갈포(葛布)로 지은 옷. ☞츨옷. 츬옷 ¶츩오ᄉᆞᆯ 蘿薜에 거로니:絺衣掛蘿薜(初杜解15:10).

츬옷 명 칡베옷. 갈포(葛布)로 지은 옷. ☞츨옷. 츩옷 ¶겨으리 더우니 또 ᄀᆞᄂᆞᆫ 츬오ᄉᆞᆯ 닙노라:冬暖更纖絺(重杜解3:6). 열 번 더위예 岷山앳 츬오ᄉᆞᆯ 닙고:十暑岷山葛(重杜解3:16).

·츰 명 침〔涎〕. ☞춤 ¶朱泚ㅣ ᄂᆞᄎᆡ 츰 반고 구지조ᄃᆡ(三綱. 忠16).

츳 명 동안. ☞슷 ¶來日 또 업쓸야 봄밤이 몃 츳 새리(古時調. 尹善道. 海謠).

·츳드·러 동 떨어져〔滴〕. ㉠츳듣다 ¶ᄒᆞᆫ 번 츳드러 ᄀᆞᆺ ᄂᆞ로매:一滴纔飛(眞言24).

·츳:듣·다 동 거르다〔漉〕. 듣다〔滴〕. ¶누르며 텨 누르며 다와다 츳듣게 ᄒᆞ며 빗기 건너ᄂᆞᆫ 여러 이리 잇ᄂᆞ니:有壓捺椎按蹙漉衡度諸事(楞解8:92). 그 피ᄅᆞᆯ 츳듣게 ᄒᆞ며:瀝漉其血(楞解8:93). 漉ᄋᆞᆫ 츳드를 씨오(楞解8:93). 츳드르니마다 이 經을브터 나ᄂᆞ니라:滴滴皆從此經出(金三2:49). ᄒᆞᆫ 번 츳드러 ᄀᆞᆺ ᄂᆞ로매:一滴纔飛(眞言24).

·츳·들이·다 동 듣게 하다〔滴〕. ¶ᄃᆞᆰ의 벼셋 피ᄅᆞᆯ 이베 츳들여 목 안해 들에 ᄒᆞ고:割雞冠血以瀝口中令入咽內(救簡1:56).

츳ᄯᅳ름 형 가지런하지 아니함. 처짐. ¶齊ᄂᆞᆫ 걱거 홈이니 ᄀᆞᄌᆞ론이 平ᄒᆞ야 저울대 ᄀᆞᆺ티 야 놉ᄂᆞᄌᆞ며 츳ᄯᅳ름이 업슴을 取홈이라(家禮1:44).

충 명 층(層). ¶疊은 골포 싸홀 씨니 충이라 ᄒᆞ듯 ᄒᆞᆫ 마리라(釋譜19:11). ᄒᆞᆫ 충을 길우매 니르면:長得一格則(飜小8:33). 층층:層(類合下52). 구읫 거슬 도적ᄒᆞ면 죄ᄅᆞᆯ ᄒᆞᆫ 충을 더으고:盜官物則加等(警民16).

층계 명 층계(層階). 계단. ¶층계 급:級(類合下20).

층낭 명 측량(測量). ¶괘심ᄒᆞ기 층낭 업ᄉᆞ오나(癸丑182).

층ᄃᆞ리 명 사닥다리. 사다리. ¶층ᄃᆞ리 뎨:梯(類合上18).

충집 명 층집. ¶重閣ᄋᆞᆫ 충지비라(楞解1:48). 층집 각:閣(類合上22).

충충 명 층층(層層). ¶層層인 宮殿이 ᄇᆞᄅᆞᄆᆞᆯ 비겨:層宮憑風迥(初杜解6:2). 峽中엣 사ᄅᆞ미 새 즘ᄉᆡᆼᄀᆞ티 사ᄂᆞ니 그 지비 충충인 묏부리예 브텃도다:峽人鳥獸居其室附層巓(初杜解22:53). 숤가라기 층층인 어름ᄉᆞ이예 뻐러디ᄂᆞ다:指落層氷間(重杜解5:28). 엇뎨 시러곰 블근 허튀로 層層인 어르믈 ᄇᆞᆯ오려뇨:安得赤脚踏層氷(重杜解10:28).

층층이 부 층층(層層)이. ¶구룸 층층이 모힌 것:雲屯(漢淸1:9).

층합 명 찬합. ¶층합:食盒(漢淸11:32).

치 부 치우쳐. 오로지. ¶젼경은 모시나 셩셔나 ᄒᆞᆫ 가짓 거ᄉᆞᆯ 치 힘뻐 닑ᄂᆞᆫ 일이라(仁祖行狀22).

치괴다 동 더욱 사랑하다. ¶믜온 님 괴려ᄂᆞ니 괴ᄂᆞᆫ 님을 치괴리라(古時調. 古歌).

·치·다 동 ①치우치다. ☞치이다 ¶ᄒᆞ녀 치 公事 아니 ᄒᆞᆯ 씨라(月釋1:45). 語默에 치

디 아니호ᄆᆞᆯ 觀ᄒᆞᆯ씨:觀其語默無偏(永嘉上52). 牧丹ᄋᆞᆯ 츼여 ᄉᆞ랑ᄒᆞ샤(眞言14). 偏 독벼리 又 독혀 又 츼여(老朴集. 單字解3). 제 位 츼여 업스니(七大10).
②비키다. ¶곧 왼녁키며 올ᄒᆞᆫ녁크로 츼여셔 기ᄃᆞ올디니라:則左右屛而待(宣小2:62). 그러모로 劉豫州ㅣ 츼여 여긔 왓ᄂᆞ니라(三譯3:10). ᄎᆞ라로 님 몬져 츼여서 네 그립게 ᄒᆞ리라(古時調. 보거든. 靑丘). 츼라:躱開(漢淸7:27).

·츼·다 동 어긋나다. ¶세 츼여 ᄡᅡ디며:椽梠差脫(法華2:104).

츼돌다 동 치우쳐 돌다. 비켜서 돌다. ¶ᄉᆞ나희 네ᄂᆞᆫ 길흘 계집이 츼도ᄃᆞ시(古時調. 鄭澈. 간나희. 松江).

·츼드·듸·다 동 치우쳐 디디다. ¶셤을 츼드듸디 말며:立毋跛(宣小3:9).

츼드듸다 동 치우쳐 디디다. ☞츼드디다 ¶셔매 ᄒᆞᆫ 발 츼드듸디 아니ᄒᆞ며:立不蹕(宣小1:2).

츼돋다 동 치우치다. ¶츼ᄃᆞ롤 벽:僻(類合下54). 츼ᄃᆞ롤 편:偏(類合下60).

츼례ᄒᆞ다 동 치레하다. 장식(粧飾)하다. ¶츼례ᄒᆞ온 들의 젼동 朱黃絲에 ᄭᅳᆫ을 ᄃᆞᆯ아(武豪歌).

츼앗기다 동 치우쳐 아끼다. ¶ᄀᆞ만ᄒᆞᆫ 할이 날로 들어 ᄉᆞᄉᆞ 셰간을 츼앗겨:漸漬日聞偏愛私藏(重內訓3:36).

·츼·여보·다 동 치우쳐 보다. ¶자바 바도미 ᄒᆞ마 구들시 츼여보니라:執受旣堅故偏觀也(圓覺上二之二25).

츼오다 동 치우다. ¶ᄯᅩ 숫근 나모 불희를 마그며 믈이며 개야미롤 츼오고(家禮7:23). 츼오다:挪開(漢淸7:45).

·츼우·다 동 정(定)하다. ¶평셩 샹셩 거셩 입셩 네 가짓 소릐의 터흘 츼워 노ᄒᆞᆫ 그림:平上去入定位之圖(訓蒙凡例4).

츼우치다 동 치우치다. ☞츼이다 ¶츼우치다:偏了(譯解補55). 츼우쳐(山城).

츼이다 동 치우게 하다.☞츠이다 ¶므슷 일 시교려 ᄒᆞᄂᆞ다커든 닐오ᄃᆡ ᄯᅩᆼ 츼유리니 우리 둘토 ᄒᆞᆫᄃᆡ 호리라 ᄒᆞ라(月釋13:20). 너를 ᄲᅥ ᄯᅩᆼ 츼요ᄆᆞᆫ:雇汝除糞(法華2:207). 二十年을 샹녜 ᄯᅩᆼ 츼이더니:二十年中常令除糞(圓覺序47).

·츼이·다 동 치우치다. ☞츼우치다 ¶禪觀ᄋᆞᆯ 츼여 너피샤:偏弘禪觀(永嘉序7). 眞實로 츼여 러피시다 니ᄅᆞ리로다:誠曰偏弘(永嘉序7). 츼여 定을 닷ᄀᆞ면 定이 오라면:偏修於定定久(永嘉上9). 츼여 慧ᄅᆞᆯ 비호면:偏學於慧(永嘉上9).

츼티다 동 지치다. ¶도로 도적 가온대 드러가 ᄯᅩ 아비롤 어버 나오더니 아비 면티 몯ᄒᆞᆯ 줄 알고 ᄀᆞ오ᄃᆡ 나ᄂᆞᆫ 츼텨시니 네 그 몬져 나가라 ᄒᆞ니:還入賊中又負父以出父知不免曰我則已矣汝其先出(東新續三綱. 孝8:16 柳櫃同死). 나ᄂᆞᆫ 츼텨시니 너ᄂᆞᆫ 맛당히 아직 피ᄒᆞ라:我則已矣汝宜姑避(東新續三綱. 孝8:19 壽慶俱死).

츼포건 명 치포건(緇布巾). ¶츼포건:緇撮(漢淸15:11).

츼포관 명 치포관(緇布冠). ¶緇布冠을 烏紗의 漆ᄒᆞᆫ 거ᄉᆞᆯ ᄡᅥ(家禮圖4).

칙칙ᄒᆞ·다 형 빽빽하다. ☞칙칙ᄒᆞ다 ¶니피 칙칙ᄒᆞ니 우ᄂᆞᆫ ᄆᆡ야미 하도다:葉密鳴蟬稠(初杜解22:4). 生死ㅅ 칙칙ᄒᆞᆫ 수프를 여희디 아니ᄒᆞ야 涅槃 正ᄒᆞᆫ 길흘 열며(南明上47). 雲霧ᄂᆞᆫ 칙칙ᄒᆞ야 여로미 어렵도다:雲霧密難開(重杜解12:25). 져근 비 바ᄆᆡ ᄯᅩ 칙칙ᄒᆞ니:小雨夜復密(重杜解12:27). 칙칙ᄒᆞ야 ᄀᆞᄅᆞᄆᆞ로 건나오ᄆᆞᆯ 짓노라:密作渡江來(重杜解12:33).

·친 동 치우친. 편벽(偏僻)된. ㉮츼다 ¶平等은 ᄀᆞᄐᆞᆯ 씨니 ᄒᆞᆫ녁 친 公事 아니 ᄒᆞᆯ 씨라(月釋1:45).

·치 명 키. 배〔船〕의 방향을 다루는 장치. ☞티 ¶치 타:舵(訓蒙中25). 舵金凡船尾必有舵所以正航之具卽本國치也金以鐵裝舵也(吏文2:13). 치:柁(譯解下21). 치 타:柁(倭解下18). 노도 일코 닷도 일코 뇽총도 근코 돗대도 것고 치도 ᄲᅡ지고(古時調. 나모도 바히. 靑丘).

·치 명 치. 〔길이의 단위.〕 ☞츠 ¶거플 업고 기리 닐굽 치러니(月釋1:43). 부텨는 석자 여슷 치시니라(月釋10:118). 몸기리 닐굽 자 두 치시고:身長七尺二寸(宣賜內訓2上44). 젓 아래 ᄒᆞᆫ 치만ᄒᆞᆫ ᄃᆡ:乳下一寸(救簡2:41). 기릐 닐굽 치를:長七寸(瘟疫方7). 치만ᄒᆞᆫ 힛 ᄀᆞᄂᆞᆯᄒᆞᆯ 앗기시니:乃惜寸陰(宣小6:109). 치 촌:寸(倭解上55).

·치 명 치. 것. ¶十方如來 그 弟子ㅣ 菩薩根애 칠 ᄀᆞᄅᆞ치샤ᄃᆡ:十方如來敎其弟子菩薩根者(楞解5:54). 東녁긔 칠 各各 세닐굽 寸ᄋᆞᆯ 가져다가:取東邊各三七寸(救急上21). 이 ᄃᆞ릿보와 기동ᄃᆞᆯ히 아릐 치와 견조면 너므 굳다:這橋梁橋柱比在前忒牢壯(飜老上39). 진짓 치 거즛 치 내 모로노니:眞假我不識(飜老下14). 남경 치ᄂᆞᆫ ᄆᆞ리 됴코:南京的顔色好(飜老下25). 가온ᄃᆡ 치 듕:仲(類合下16). 새 녜 치를 리간ᄒᆞ며:新間舊(宣小4:49). 이 각각 치가:是各自的(老解下14). 南京 치ᄂᆞᆫ 빗치 됴코:南京的顔色好(老解下22). ᄒᆞᆫ 가지 치야 맛다:一等兒着中(老解下29). 네 열 힘에 치 ᄒᆞᆫ 댱과:你打十箇氣力的一張(朴解上53).

치 명 신〔궁중말〕.

·치- 접두 치-. ☞티- ¶네 사ᄅᆞᆷ ᄃᆞ리샤 셕슬 치자ᄫᆞ시니:遂率四人按轡而行(龍歌58章). ᄃᆞ리예 ᄢᅥ딜 ᄆᆞᄅᆞᆯ 넌즈시 치ᅘᅧ시니:橋外隕馬薄言掣之(龍歌87章).

·치·니마·기 명 치니매기. 〔격구 용어(擊毬用語)〕 ¶太祖便仰臥側身防馬尾而擊之 毬還出馬前二足之間復擊而出門時人謂之防尾치니마기(龍歌6:40).

치·다 동 ①치다〔養〕. 기르다. ¶畜生ᄋᆞᆫ 사ᄅᆞ미 지븨셔 치ᄂᆞᆫ 즁ᄉᆡ이라(月釋1:46). 도라옳 길헤 쇼 칠 아ᄒᆡᆯ 보시니 놀애ᄅᆞᆯ 브르더니(月釋8:87). 도티며 羊이며 거유 올히며 ᄃᆞᆰ 가히ᄅᆞᆯ 만히 사 오라 ᄒᆞ야 됴히 쳐 ᄉᆞᆯ찌게 ᄒᆞ야 두고(月釋23:73). 道ᄅᆞᆯ 아나 모ᄆᆞᆯ 올와 生ᄋᆞᆯ 치거늘:抱道以全身養生(法華2:79). 居士ᄂᆞᆫ ᄆᆞᆯᄀᆞᆫ 節介ᄅᆞᆯ 네브터 치고:居士淸節養素(法華7:77). 칠 국:鞠. 칠 육:育(訓蒙上33). 칠 환:豢(訓蒙下8). 칠 목:牧(類合上19). 칠 튝:畜(類合下16). 칠 국:鞠(石千7). 돋 치며 술 밍ᄀᆞ롬이 ᄡᅧ 화란이 되게 ᄒᆞᆫ 주리 아니언마ᄂᆞᆫ:豢豕爲酒非以爲禍也(宣小3:27). ᄯᅡ히 치시ᄂᆞᆫ 바애:地之所養(宣小4:18). 이제 힝혀 나온 나라해 져고맛 모ᄆᆞᆯ 츄리라:今幸樂國養微軀(重杜解9:31). 제 겨집과 ᄌᆞ식을 치니:養活他媳婦孩兒(老解下49). 밧 갈고 즘싱 치기로 일 삼더니(五倫4:3).
②봉양하다. ¶ᄂᆞᄆᆡ 늘근 어미ᄅᆞᆯ 치다가:養人老母(三綱. 孝5). 칠 양:養(訓蒙下8). 칠 양:養(類合上19). 孝子의 늘그시니 치기ᄂᆞᆫ 그 ᄆᆞᄋᆞᆷ을 즐기시게 ᄒᆞ며:孝子之養老也樂其心(宣小2:18). 能ᄒᆞᆫ 이ᄂᆞᆫ 福으로ᄡᅥ 치고:能者養之以福(宣小4:51). 어미 치기 지회러니:養母至孝(東新續三綱. 孝1:1). 어미ᄅᆞᆯ 치되 ᄂᆞᄆᆡ 일 ᄒᆞ고:養母傭作(東新續三綱. 孝1:4). 그 편뫼 이쇼되 치디 못ᄒᆞᄂᆞᆫ 줄을 아ᄅᆞ시고(仁祖行狀27). 경등이 다 노친이 이셔 영화로이 치ᄆᆞᆯ 극진히 ᄒᆞ니(仁祖行狀30). 힘ᄡᅥ 그 싀엄이ᄅᆞᆯ 五十年을 치고:力養其姑五十年(女四解4:19).

·치·다 동 찍다. ☞티다 ¶공좌부에 쳐 두고 곧 오마:押了公座便來(飜朴上75).

치다 동 치다. 끼얹다. 붓다. ¶從者 믈 치고 슈건 밧ᄌᆞ오며(家禮4:18). 기름 치다:添油(譯解下16). 질甁을 거후르혀 朴국이예 쳐 다고(古時調. 尹善道. 銀唇玉尺이. 海謠).

치다 동 치다〔打〕. ☞티다 ¶엇데 시러곰 雷公ᄋᆞᆯ 채 쳐:安得鞭雷公(重杜解12:10). ᄯᅩ 셩을 치믄 죄ᄅᆞᆯ 치미라(山城86). 경덤 치다:起更(譯解補4). 친 ᄯᅥᆨ:打餻(譯解補30). ᄀᆞᄅᆞ 즌허 치다:橫擊(漢淸4:35). 칠 공:攻(兒學下6).

치다 동 (값을) 치르다. ¶갑세 쳐온 며ᄂᆞ린가(古時調. 싀어마님. 靑丘). 眞實로 네 興味 언매오 갑 못 칠가 ᄒᆞ노라(古時調. 白雲은. 靑丘).

치다 동 치다꺼리하다. ¶입 치기만 싱각ᄒᆞ다:圖嘴(譯解補51).

치다 동 (번개, 바람, 눈보라 등이) 치다. ¶시벽 셔리 치ᄂᆞᆫ 날의 외기럭이 슬피 우니(萬言詞). 뇌셩벽역 급히 치니(萬言詞).

치다 동 (돗자리, 가마니 등을) 치다. ¶자리치기 신삼기와 보리 동녕 ᄒᆞ여다가(萬言詞). ᄌᆞ리치기 신삼기ᄂᆞᆫ 모ᄅᆞ거든 엇지ᄒᆞ리(萬言詞).

치다 동 치다. 자르다. 베다. ¶고든 ᄃᆡ 버려 너여 가지 쳐 다듬오니(萬言詞).

치ᄃᆞᆮ다 동 치닫다. ¶두엄 우희 치ᄃᆞ라 안자(古時調. 두텁이. 靑丘). 中門 나서 大門 나가 地方 우희 치ᄃᆞ라 안자(古時調. 님이 오마 ᄒᆞ거ᄂᆞᆯ. 靑丘).

치례 명 치레. ¶몸 치례 ᄒᆞᆯ연이와 마음 치례 ᄒᆞ여 보소(古時調. 長安 甲第. 海謠).

치마 명 치마. ☞쵸마 ¶치마옛 아기ᄅᆞᆯ ᄧᅢ디오(月釋10:24). 새 나ᄒᆞ니란 치마에 다마 이베 믈오(月釋10:24). 옷과 치마왜 ᄠᅡ디거든:衣裳綻裂(宣賜內訓1:50). 치마애 변ᄌᆞᄅᆞᆯ 도ᄅᆞ디 아니ᄒᆞ더시니:裙不加緣(宣賜內訓2上44). 치마 군:裙. 치마 샹:裳(類合上31). 옷 치마ᄅᆞᆯ 돈ᄃᆞ니 ᄆᆡ믇고:堅束衣裳(東新續三綱. 烈7:16). 옷과 치마ᄅᆞᆯ ᄆᆞᆫᄃᆞ라:做造衣裳(女四解2:14). 갑옷 치마:甲裙(同文解上47). 내의 녜 치마ᄅᆞᆯ ᄆᆡ이고(女範3. 부무녀 목난녀). 치마:女裙(漢淸11:5). 치마 ᄭᅵᆫ으로 목을 ᄆᆡ여:解裙帶自經(五倫3:39). 多紅大緞 치마(古時調. 平壤女妓. 靑丘). 치마 군:裙(兒學上12).

치맛허리 명 치마허리. ¶치맛허리예 ᄎᆞᆯ 갈 열 ᄌᆞᄅᆞ:裙刀子一十把(飜老下68).

치매 명 치마. ☞치마 ¶무지게ᄀᆞᆺ치 ᄆᆡᆫᄃᆞᆫ 치매오(明皇1:37).

치발ᄒᆞ다 동 치발(熾發)하다. 세차게 일다. ¶녀막 살려 ᄒᆞᆯ 시절에 녀역이 크게 치발ᄒᆞ여:居廬時疫大熾(東新續三綱. 孝4:84).

치부칙 명 치부책. 금품의 출납을 적는 장부. ¶치부칙:賬目(漢淸10:17).

·치ᄫᅮᆷ 형 추움〔寒〕. ㉠칩다 ☞치옴. 치움 ¶치ᄫᅮᆷ과 더ᄫᅮᆷ과 ᄇᆞᄅᆞᆷ과 비와(月釋7:53). ᄀᆞᆺ비골ᄑᆞ며 치ᄫᅮ믈 알면(月釋21:55).

·치ᄫᅱ 명 추위. ☞치위 ¶모ᄀᆡ 벌에며 더ᄫᅱ 치ᄫᅱ로 셜버ᄒᆞ다가 내 일후믈 드러 닛디 아니ᄒᆞ야(釋譜9:9).

치:셩·ᄒᆞ·다 형 치성(熾盛)하다. 매우 성하다. ¶이 魔民이 世間애 熾盛ᄒᆞ야 貪婬을 너비 行ᄒᆞ야(楞解6:87). 惑心이 熾盛ᄒᆞ야(楞解8:80). 그 ᄢᅢ예 바다 도적이 ᄇᆞ야ᄒᆞ

로 치셩ᄒᆞ거ᄂᆞᆯ:時海寇方熾(東新續三綱. 孝1:34). 녀역이 비록 치셩ᄒᆞ나 졔ᄉᆞ늘 폐티 아니ᄒᆞ더라:癘疫雖熾不廢祀事(東新續三綱. 孝4:59).

치ᄉᆞᄒᆞ다 동 치사(致仕)하다. ¶병ᄒᆞ물 칭ᄒᆞ고 치ᄉᆞᄒᆞ물 청ᄒᆞ니(洛城1). 문안ᄒᆞ고 치ᄉᆞᄒᆞ신 연고ᄅᆞᆯ 뭇거ᄂᆞᆯ(引鳳簫1). 녀부 상셔의 니ᄅᆞ러 치ᄉᆞᄒᆞ고(落泉1:1).

치쒸다 동 치뛰다. ¶치쒸락 ᄂᆞ리쒸락 반겨셔 내ᄃᆞᆺ고(古時調. ㅋ를. 瓶歌).

치약 명 치약(齒藥). ¶齒藥은 니 다ᄉᆞ리ᄂᆞᆫ 약이니 鹽과 椒 ᄀᆞᆺᄐᆞᆫ 거시라(女四解2:17).

치어다보다 동 치어다보다. 쳐다보다. ¶치어다볼 첨:瞻(兒學下2).

치옴 형 추움. ㉮칩다 ☞치뷤. 치움 ¶瀟湘南畔도 치오미 이러커든 玉樓高處야 더욱 닐러 므슴ᄒᆞ리(松江. 思美人曲).

·치·움 형 추움. ㉮칩다 ☞치뷤. 치옴 ¶비골ᄒᆞ며 치우믈:飢寒(宣賜內訓2上16). 주리며 치우믄 奴僕이 賤ᄒᆞᆫ ᄃᆞᆺ고:飢寒奴僕賤(杜解21:31). 오시 더우며 치움을 묻ᄌᆞ오며:問衣燠寒(宣小2:3). 그 치움을 닐옴이 아니라:非其寒之謂也(宣小2:25).

치워ᄒᆞ다 동 추워하다. ¶치워ᄒᆞᄂᆞᆫ 겨집을 덥희되(女範2. 변녀 졔위우희).

·치위 명 추위. ☞치뷔 ¶한 치위와 구든 어르미:積寒堅氷(楞解8:82). 치위와 더위와 비:寒暑雨(宣賜內訓3:16). 시냇 길헤 나믄 치위예 어름과 눈과ᄅᆞᆯ 디나:澗道餘寒歷氷雪(杜解9:12). 나죗 치위 하도다:暮寒多(初杜解10:3). 거믄 매 치위예 비루수 ᄲᅵᆯ리 ᄂᆞᄂᆞᆫ ᄃᆞᆺᄒᆞ며:皁鵰寒始急(杜解21:14). 더위 가고 치위 오매 잇논 배 무스고:暑往寒來何所有(南明上59). 치위 ᄐᆞ다:害冷(譯解上5). 이ᄂᆞᆫ 치위 막논 셔각이니(明皇1). 어려실 ᄢᅢ ᄒᆞᆫ ᄇᆞ람과 ᄒᆞᆫ 치위에:寒(百行源13). ᄒᆞᆯ늘 ᄡᅱ다 ᄒᆞᆫ들 열흘 치위 어이 ᄒᆞᆯ고(曺友仁. 自悼詞).

치·이·다 동 치게 하다. ¶孺ᄂᆞᆫ 사ᄅᆞᄆᆞᆯ 기드려 치이ᄂᆞ니라:孺需人以養者(楞解2:5). 濯龍中에 누에 치이시고 ᄌᆞ조 가 보샤 즐겨ᄒᆞ더시다:蠶於濯龍中數往觀視以爲娛樂(宣賜內訓2上56).

치인 명 치인(痴人). 어리석고 못난 이. ¶癡人 多笑ㅣ라 ᄒᆞ니(隣語3:6).

·치잡·다 동 치잡다. 안정(安定)시키다. ¶네 사ᄅᆞᆷ ᄃᆞ리샤 셰슬 치자ᄫᆞ시니:遂率四人按轡而行(龍歌58章). 사ᄉᆞ미 흘레ᄒᆞ거든 보고 ᄆᆞᅀᆞᄆᆞᆯ 몯 치자바 得道ᄅᆞᆯ 몯 ᄒᆞ얫노이다(釋譜24:26).

치젼ᄒᆞ다 동 치전(致奠)하다. ¶졔문 지어 치젼ᄒᆞ니라(引鳳簫3).

치죄ᄒᆞ다 동 치죄(治罪)하다. ¶놈의 집의셔 治罪ᄒᆞᄂᆞᆫ 거ᄉᆞᆫ 언더ᄒᆞ오니(隣語1:30). 젼옥의 가도거나 닉ᄉᆞ로 치죄ᄒᆞᄂᆞᆫ 모양이니(閑中錄49).

치:쥬 명 치주(卮酒). 배주(杯酒). 잔에 따라 놓은 술. ¶모로매 주굟 고디라 ᄒᆞ고 沐浴ᄒᆞ야 옷 ᄀᆞ라닙고 卮酒 먹고 목ᄆᆡ야 죽거늘(三綱. 忠19).

·치·질 명 수(繡). 자수(刺繡). ☞슈질 ¶야쳥 비단으로 좁보기 치질 고이ᄒᆞᆫ 후시 미엿고:絟着一副鴉青段子滿刺嬌護膝(飜朴上26). 슈질 치지렛 셩녕 잘 ᄒᆞ고:好刺綉生活(飜朴上45). 치질 척:刺(訓蒙下19).

치질ᄒᆞ다 동 자수(刺繡)하다. 수놓다. ☞슈질ᄒᆞ다 ¶뷔윤 실로 치질ᄒᆞ니를:呼爲刺(朴解上25). ᄉᆞ매 ᄆᆞᄅᆞ 내 치질ᄒᆞ고:刺通袖(朴解上25). 치질ᄒᆞ기ᄅᆞᆯ ᄀᆞ늘고 고로게 ᄒᆞ라:刺的細匀着(朴解中26).

치·ᄌᆞ 명 치자(梔子). ¶梔子 열네 낫과 젼국 다ᄉᆞᆺ 호ᄇᆞᆯ(救急上29). 복셩화 션 길콰 외얏 션 길히 히 비록 오라나 梔子와 紅椒와ᄂᆞᆫ 고온 비치 殊異ᄒᆞ도다:桃蹊李徑年雖故梔子紅椒豔色殊(初杜解15:15). 치ᄌᆞᄂᆞᆫ 시병과 샹한에 범싂으로 열이 이셔(辟新10). 치ᄌᆞ 치:梔(兒學上6).

치치다 동 치치다. 위로 올려 치다. ¶치치다:往上起(漢淸10:12).

치치ᄒᆞ·다 형 치치(蚩蚩)하다. 무지(無知)하다. ¶모ᄃᆞᆫ 사람ᄋᆞᆫ 蚩蚩(무디ᄒᆞᆫ 양이라)ᄒᆞ야 物과 欲이 서ᄅᆞ ᄀᆞ리여(宣小題辭2).

치·플·다 동 쳐서 풀다. 〔'치다'의 어간 '치'와 '플다'의 복합.〕 ¶淸酒 닷 되와 ᄃᆞᆯᄀᆡ 힌 ᄯᅩᆼ ᄒᆞᆫ 되와ᄅᆞᆯ 디코 치프러 一千 버늘 저어 머구딕:淸酒五升雞白屎一升右擣篩合和揚之千遍乃飮(救急上5).

치하ᄒᆞ다 동 치하(致賀)하다. ¶원의 양지 년쇼 미남진 줄 깃거 술을 두어 치하ᄒᆞ고(落泉1:1).

·치·혀·다 동 치키다. 잡아당기다. ¶ᄃᆞ리예 ᄠᅥ딜 ᄆᆞᄅᆞᆯ 넌즈시 치혀시니:橋外隕馬薄言挈之(龍歌87章).

칙냥ᄒᆞ다 동 측량(測量)하다. ¶경회ᄅᆞᆯ 칙냥티 못ᄒᆞ며(引鳳簫3).

칙칙ᄒᆞ다 형 칙칙하다. ¶빗 칙칙ᄒᆞ다:色暗(漢淸10:66).

친- 접두 친(親)-. ¶이 친동싱 兩姨에셔 난 형뎨로니:是親兩姨弟兄(飜老上16). 친동싱 형뎨도 말솜 즈음 아니 ᄒᆞᄂᆞ니:親弟兄也不隔話(飜老上16).

친구 명 친구. ¶친구:親舊(東新續三綱. 忠1:56). 친구:慣家(譯解補33). 親舊나 다르오리잇가(隣語2:12).

친근이 부 친근(親近)히. ☞친근히 ¶친근이 구다:親近(漢淸6:45).

친:근히 부 친근히. ☞ᄌᆞ올아ᄫᅵ. 친근이 ¶恩惠ᄅᆞᆯ 니ᄌᆞ샤 親近히 아니 ᄒᆞ샤(月印上51). 親近히 供養ᄒᆞᅀᆞᄫᅡ(釋譜13:15). 그 ᄆᆞᅀᆞ매 親近히 ᄒᆞ야(楞解9:100). 種種 變現ᄒᆞᄂᆞᆫ 노ᄅᆞᄉᆞᆫ 親近히 말며(法華5:13). 平牀 아래 바미 서르 親近히 오ᄂᆞ다:牀下夜相親(杜解17:37). 뷘 두듥 우희 아ᄋᆞ라히 酒食을 親近히 호미 맛당티 아니ᄒᆞ니라:不應空陂上縹緲親酒食(重杜解13:16).

친근ᄒᆞ다 형 친근(親近)하다. ¶工巧ᄒᆞ며 거즛 일ᄒᆞᆯ 사ᄅᆞ미 敢히 親近ᄒᆞ디 몯ᄒᆞᄂᆞᆺ다:巧僞莫敢親(重杜解8:52).

친뎡 명 친정(親庭). ¶ᄒᆞᆫ 지어미 친뎡에 ᄃᆞᆫ니라 갈 제:一婦歸寧(五倫4:57).

친동ᄉᆡᆼ 명 친동생. ¶이 친동ᄉᆡᆼ 兩姨에셔 난 형뎨로니:是親兩姨弟兄(飜老上16).

친·목ᄒᆞ·다 동 친목(親睦)하다. ¶疾病애 서ᄅᆞ 扶持ᄒᆞ면 곧 百姓이 親睦ᄒᆞ리라:疾病相扶持則百姓親睦(宣孟5:15).

친·밀ᄒᆞ·다 형 친밀(親密)하다. ¶ᄀᆞ장 친밀ᄒᆞ더니:最密(宣小6:116). 친밀ᄒᆞᆫ 벗:密友(漢淸5:42).

친쇽 명 친속(親屬). ¶ᄯᅩ 내 친쇽이 아니어ᄂᆞᆯ 엇디ᄒᆞ여 년좌ᄒᆞ리오:又非親屬何謂相坐(五倫2:12).

친·압 명 친압(親狎). ¶비록 親狎 아니 ᄒᆞ시나 시혹 法 爲ᄒᆞ야 오나ᄃᆞᆫ 즉재 清淨히 爲ᄒᆞ야 니ᄅᆞ샬띠니라(法華5:14).

친·압·히 부 친압(親狎)히. ¶서ᄅᆞ 즐겨 친압히 호ᄆᆞ로 서ᄅᆞ 사괴며 모 업ᄉᆞᄆᆞ로 서ᄅᆞ ᄉᆞ랑ᄒᆞᄂᆞ니:以相歡狎爲相與以無圭角爲相歡愛(飜小7:45). 서르 즐겨 친압히 홈으로ᄡᅥ:以相歡狎(宣小5:76).

친압ᄒᆞ다 동 친압(親狎)하다. ¶衰殘ᄒᆞᆫ 人生애 江漢으로 가노니 어듸 가 고기 자ᄇᆞ며 나모 지ᄂᆞ닐 親狎ᄒᆞ려뇨:殘生逗江漢何處狎魚樵(重杜解15:16). 이 뜻이 은연히 친압ᄒᆞ믈 구ᄒᆞᆫ 뜻이니(引鳳簫2).

친영 명 친영(親迎). ¶셰자 친영 구ᄉᆞᆯ 보려 ᄒᆞ오신 일이더니(癸丑52).

친:영ᄒᆞ·다 동 친영(親迎)하다. ¶親迎ᄒᆞ면 妻ᄅᆞᆯ 得디 몯ᄒᆞ고(宣孟12:2).

친:우 명 친우(親友). 친구. ¶ᄒᆞ다가 녯 寃讎ㅣ 이셔도 親友ㅣ ᄃᆞ외와뎌 願ᄒᆞ시니라(永嘉下142). 衣복과 밋 親友의 襚ᄒᆞᆫ 바(家禮5:17).

친이 부 ①친(親)히. 몸소. ☞친히 ¶喪이 도라간 후의 친이 가 됴상ᄒᆞ야(女四解4:47). ②친하게. ¶ᄀᆞ장 친히 ᄒᆞ더니:最密(飜小10:17). 반ᄃᆞ시 남진 겨집이 친히 ᄒᆞᄂᆞ니:必夫婦親之(宣小2:25).

친·쳑 명 친척(親戚). ¶님굼 德 일ᄒᆞ시면 親戚도 叛ᄒᆞᄂᆞ니:君德如或失親戚亦離絕(龍歌118章). 親戚이 ᄒᆞ마 업스면 비록 孝道 코져 ᄒᆞᆫ돌 누를 爲ᄒᆞ야 孝道ᄒᆞ며(宣賜內訓3:42). 子弟며 親戚이며 죵ᄃᆞᆯ히 그 後에 이셔(家禮3:7). 親戚이 아냐 親ᄒᆞᆫ 번이라도(隣語1:2). 친쳑에 화목ᄒᆞ다:親睦(漢淸6:29). 너희 므리 향니를 ᄇᆞ리고 친쳑을 ᄠᅥ나가려 ᄒᆞᆫ들(綸音90).

친친·히 부 친밀히. 친하게. ¶우숨 우ᅀᅥ 말ᄉᆞ믈 친친히 ᄒᆞ디 몯게 ᄒᆞ더라:未嘗笑語款洽(飜小10:13).

친·표 명 친표(親表). 동성(同性)과 이성(異性). ¶요ᄉᆞᅀᅵ예 보니 親表中에:親ᄋᆞᆫ 同性이오 表ᄂᆞᆫ 異性이라(宣賜內訓3:29).

친필 명 친필(親筆). ¶샹이 ᄀᆞᆯ오샤ᄃᆡ 이 편지 분명ᄒᆞᆫ 대군 친필이니 거즛말이 아니라(山城108).

친:후·히 부 친후(親厚)히. ¶方便으로 구지저 ᄢᅵ와 親厚히 ᄒᆞ야:厚ᄂᆞᆫ 두터ᄫᅳᆯ 씨라(月釋13:23). 더욱 親厚히 ᄒᆞ야 나소샤미라:益親厚而進之也(法華2:214).

친·후·ᄒᆞ·다 형 친후(親厚)하다. ¶그리 소ᄒᆞᆫ 사ᄅᆞᄆᆞ로 친후ᄒᆞᆫ 동ᄉᆡᆼ의 은의를 ᄀᆞᅀᆞᆷ아라 쳐단케 호미:親厚(飜小7:40). 셰ᄌᆞᄅᆞᆯ 틱ᄒᆞ야 기리 친후ᄒᆞ기ᄅᆞᆯ 보젼ᄒᆞ라 ᄒᆞ시더라(仁祖行狀28).

친·히 부 ①친(親)히. 몸소. ¶實로 親히 호려커늘(月釋13:16). 王이 親히 駟馬ᄅᆞᆯ 타 ᄃᆞᆯ여 ᄧᅩᄎᆞ시고:王親乘駟以馳逐(宣賜內訓2上27). 약을 달혀 친히 맛보더라:湯藥必親嘗(飜小9:24). 겨집과 ᄒᆞ야 친히 ᄆᆡᆼᄀᆞ라 제ᄒᆞ더니:與其妻乎自割烹(東續三綱. 孝23). 샹이 셔교의 힝힝ᄒᆞ샤 친히 샹방검을 주어(仁祖行狀31). 친히 흰나비ᄅᆞᆯ 잡아(明皇1:33). 公이 친히 가시고 지쳐ᄒᆞᄋᆞᆸ시면(隣語1:9).
②친(親)히. 친하게. ¶漸漸 아비ᄅᆞᆯ 親히컨마ᄅᆞᆫ(月釋13:26). 恩ᄒᆞ면 父母ᄅᆞᆯ 親히 養ᄒᆞ고(六祖上101). 그 親ᄒᆞ샤ᄆᆞᆯ 親히 너기고(宣大8).

친·ᄒᆞ·다 형 친(親)하다. ¶아비와 아ᄃᆞᆯ왜 親호미 이시며:父子有親(宣賜內訓序3). 親ᄒᆞᆫ 버디 ᄒᆞᆫ 字ㅅ 글월도 업스니:親朋無一字(杜解14:14). 갈ᄒᆞᆫ 모매 親ᄒᆞ던 匣애셔 뮈오:劒動親身匣(初杜解24:45). 怨ᄋᆞᆫ 怨讎ㅣ오 親ᄋᆞᆫ 親ᄒᆞᆯ 시라(南明上42). 친호ᄋᆞᆫ 권당ᄃᆞ려 닐오ᄃᆡ:告親族(恩重7). 친ᄒᆞᆯ 친:親(類合下57. 石千35). 그 親ᄒᆞᆯ 이를 일티 아니ᄒᆞ면 ᄯᅩᄒᆞᆫ 可히 宗ᄒᆞ얌즉ᄒᆞ니라(宣論1:7). 骨肉의 지극히 親ᄒᆞᆫ 이 兄弟 ᄀᆞᄐᆞ니 업거늘(警民4).

·칠 명 칠(漆). ¶ᄇᆞᆯ고미 ᄒᆡ ᄀᆞᆮᄒᆞ며 거무미 漆 ᄀᆞᆮᄒᆞ야(金三涵序1). 新羅앤 附子ㅣ오 金州엔 漆이니라(南明下43).

·칠:보 명 칠보(七寶). ¶七寶 바리예 供養ᄋᆞᆯ 담ᄋᆞ샤(月印上32). 四面이 다 七寶ㅣ오(釋譜6:31). 七寶ᄂᆞᆫ 金과 銀과 瑠璃와 玻瓈와 硨磲와 瑪瑙와 赤眞珠왜라(月釋1:27). 칠보 금빈혀 ᄒᆞ나콰:一箇七寶金簪兒(飜朴上20).

칠슌 명 칠순(七旬). ¶인원 왕후 칠슌이시므로(閑中錄160).

·칠ᄒᆞ·다 동 칠(漆)하다. ¶諸形像ᄋᆞᆫ 시혹 남ᄀᆡ 刻ᄒᆞ며 뵈에 漆커나(法華2:220). 녯 漆ᄒᆞᆫ 器具ᄅᆞᆯ ᄉᆞ외 ᄉᆞ론 ᄂᆡ예 ᄂᆞ출 다혀 쇠라(救急下95). 드러가ᄆᆞᆯ 블근 칠ᄒᆞᆫ 邸에 눈올 저글 期約ᄒᆞᄂᆞ니:入期朱邸雪(初杜解8:11). 이 블근 칠ᄒᆞᆫ 술:這紅漆匙(飜老下33). 그르슨 사긔와 옷칠ᄒᆞᆫ 것ᄲᅮᆫ ᄡᅮᄃᆡ:器用甆漆(飜小10:32).

침 명 침(針. 鍼). ¶攝養이 法에 어긔어든 져기 針과 ᄲᅮ글 더으면 我 이슈믈 아ᄃᆞᆺ ᄒᆞ니(圓覺下三之一25). 침으로 머리ᄅᆞᆯ ᄧᅵᆯ어 피 내야:以針刺頭上血(救簡1:21). 서모난 침:三稜針(救簡3:18). 침 주ᄂᆞᆫ 법은 머리과 ᄂᆞ치 ᄀᆞ장 븟거든(辟新12). 침:鍼(同文解下9). 침 파ᄒᆞᆫ ᄃᆡ 버들진으로 지지다:燒柳枝熨瘡(漢淸14:35).

침 동 치름. 덤. ¶貧賤을 ᄯᅳᆯ라 ᄒᆞ고 富貴門에 들어간이 침 업쓴 흥졍을 뉘 몬져 ᄒᆞ쟈 ᄒᆞᆯ이(古時調. 趙纘韓. 海謠).

침감 명 침감. ¶침감:醂柿(柳氏物名四 木).

침금 명 침금(枕衾). 이부자리. ¶ᄎᆞᆫ 칼흘 ᄲᅡ혀 스스로 비ᄅᆞᆯ 지ᄅᆞ매 뉴혈이 침금의 ᄀᆞ득ᄒᆞ엿더니(山城113).

침노 명 침노(侵擄). 침범(侵犯). ¶침노 침:侵(類合下28).

침노ᄒᆞ·다 동 침노(侵擄)하다. ¶침노ᄒᆞ며 업슈이 너기기를 아니ᄒᆞ며:不侵侮(宣小3:6). 殘弱ᄒᆞ니ᄅᆞᆯ 침노ᄒᆞ야 보채디 말며(警民8). 나ᄅᆞᆯ 침노코져 ᄒᆞᄂᆞᆫ 싱각이 이시면(三譯3:9). 침노ᄒᆞ다:侵擾(同文解上45). 사ᄅᆞᆷ 침노ᄒᆞ다:厤犯人(譯解補57).

침·략 명 침략(侵掠). ¶內外 怨賊이 다 侵掠 몯 ᄒᆞ리(月釋10:35). 內外 怨賊이 侵掠디 몯ᄒᆞ야:掠ᄋᆞᆫ 티고 ᄂᆞᄆᆡ 것 아ᅀᆞᆯ 씨라(月釋10:70).

침로·ᄒᆞ·다 동 침로(侵勞)하다. 침노(侵擄)하다. ☞침노ᄒᆞ다 ¶衆生이 常住를 侵勞ᄒᆞ야 損커나(月釋21:39). 往往애 疆域ᄋᆞᆯ 侵勞ᄒᆞ야(圓覺下三之一52). 댱샹 비취면 안콰 밧괘 侵勞호미 업서 眞實ㅅ 境이 나ᄐᆞ리니(金三3:59). 魍魎 鬼神이 서르 침로ᄒᆞ야:魍魎鬼神橫相惱亂(佛頂8). 사ᄅᆞᆷ을 侵勞ᄒᆞ며(六祖中63).

침몰 명 침몰(沈沒). ¶무틔 沈沒호미 쉽도다:陸易沈(重杜解3:16).

침방 명 침방(針房). ¶침방 ᄂᆡ인 빙이ᄅᆞᆯ ᄃᆞ려오시니(閑中錄182).

침:범ᄒᆞ·다 동 침범(侵犯)하다. ¶西山앳 盜賊ᄃᆞᆯᄒᆞᆫ 서르 侵犯ᄒᆞ디 말라:西山寇盜莫相侵(杜解14:18). 빗주를 두들겟 버드를 侵犯ᄒᆞ야 ᄆᆡ요니:纜侵堤柳繫(杜解15:30). ᄂᆡ와 드틀애 雪嶺에 侵犯ᄒᆞ얏고:煙塵犯雪嶺(重杜解10:47). 賤ᄒᆞᆫ 사ᄅᆞᆷ이 놉흔 어론을 업슈이 너겨 침범ᄒᆞ면 ᄯᅩᄒᆞᆫ 다 罪 잇ᄂᆞ니라(警民8).

침셕 명 침석(寢席). ¶침셕:寢茵 登每所入穀草也(行吏).

침션 명 침선(針線). ¶듀야로 침션의 갑슬 바다 구고 졔ᄉᆞᄅᆞᆯ(洛城2).

침·식 명 침식(寢食). ¶道上애 僵尸ᄅᆞᆯ 보샤 寢食을 그쳐시니:僵尸道上見爲之廢寢饍(龍歌116章).

:침·실 명 침실(寢室). ¶블근새 그를 므러 寢室 이페 안ᄌᆞ니:赤爵銜書止室之戶(龍歌7章). ᄃᆞᆯ기 처엄 울어든 옷 니브샤 寢室ㅅ 門 밧긔 니르르샤:雞初鳴而衣服至於寢門外(宣賜內訓1:39). 비로소 술을 머그며 고기ᄅᆞᆯ 먹고 寢실의 復ᄒᆞ라(家禮9:25).

·침:슌ᄒᆞ·다 동 침윤(浸潤)하다. ¶子ㅣ ᄀᆞᆯᄋᆞ샤ᄃᆡ 浸潤ᄒᆞᄂᆞᆫ 譖과 膚의 受ᄒᆞᆫ 愬ㅣ 行티 몯ᄒᆞ면(宣論3:22).

침염ᄒᆞ다 동 침염(浸染)하다. ¶中華의 浸染ᄒᆞ야 行ᄒᆞ미 이믜 오라매(家禮7:17).

침음ᄒᆞ다 동 침음(沈吟)하다. ¶경히 침음ᄒᆞ더니(引鳳簫1).

:침의 명 침의(寢衣). ¶반ᄃᆞ시 寢衣를 두시니 기릐 一身이오 ᄯᅩ 半이러라(宣論2:54).

침의 명 침의(鍼醫). 침술의(鍼術醫). ¶침의:外科(譯解補19).

침쟉ᄒᆞ다 동 침작(斟酌)하다. 짐작하다. ¶응당 밧칠 죠 즁에 ᄯᅩᄒᆞᆫ 샹당 곡으로 침쟉ᄒᆞ야 헤아려(綸音90).

침 주·다 동 침(鍼)주다. 침(鍼)놓다. ¶그 굼기 ᄆᆞᄅᆞ거든 침주어 피 내오:如是乾瘡孔則針刺出血(救簡6:47). 침주다:下鍼(同文解下9).

침ᄎᆡ 명 침채(沈菜). 김치. ☞딤ᄎᆡ. 팀ᄎᆡ ¶침ᄎᆡ:鹹菜(同文解下4). 침ᄎᆡ:醃菜(譯解補31). 침ᄎᆡ:鹹白菜(漢淸12:41). 침ᄎᆡ 져:菹(兒學上13).

침칙ᄒᆞ다 동 침책(侵責)하다. 책임을 추궁하다. ¶반ᄃᆞ시 아국을 침칙ᄒᆞ여 문죄ᄒᆞᄂᆞᆫ 일이 잇고(經筵).

침·탈ᄒᆞ·다 동 침탈(侵奪)하다. ¶豪吏의 侵奪호매 逼迫ᄒᆞ얘니라:所迫豪吏侵(杜解15:3). 뎌의 志氣 ᄆᆞᄎᆞ매 中原ᄋᆞᆯ 侵奪ᄒᆞᆯ가 ᄒᆞ노라(重杜解1:8).

침:해 명 침해(侵害). ¶處女ㅣ 處身ᄋᆞᆯ 즐겨

侵害ᄅᆞᆯ 求티 아니커든(楞解6:20).

침ᄒᆞ·다 동 침(針)놓다. ¶ᄯᅩ 손발 열 가락 그틀 針ᄒᆞ야 피 내오:又方針手足十指頭出血(救急上28). 입시울 우희 오목ᄒᆞᆫ ᄃᆡ 침호ᄃᆡ:針人中(救簡1:55).

·칩·다 형 춥다. ☞텁다 ¶치버 ᄆᆞ리 어렛다가 더ᄫᅳ면 노가 ᄆᆞ리 ᄃᆞ외ᄂᆞ니라(月釋9:23). 치ᄫᆞᆫ 사ᄅᆞ미 블 얻ᄃᆞᆺ ᄒᆞ며 바ᄉᆞᆫ 사ᄅᆞ미 옷 얻ᄃᆞᆺ ᄒᆞ며(月釋18:51). ᄯᅩ ᄇᆡ골ᄑᆞ며 치ᄫᅮ믈 알면(月釋21:55). 어미 이시면 ᄒᆞᆫ 아ᄃᆞ리 치ᄫᅳ려니와 업스면 세 아ᄃᆞ리 치ᄫᅳ리이다:母在一子寒母去三子單(三綱. 孝1). 치우니 블 어둠 ᄀᆞᆮᄒᆞ며:如寒者得火(法華6:170). 치워도 조널이 덛닙디 말며:寒不敢襲(宣賜內訓1:50). 주리며 치워 濟州ᄅᆞᆯ 바라 가슈믈 든노라:飢寒傍濟州(初杜解8:34). 칩거든 곧 칩다 니ᄅᆞ고 덥거든 곧 덥다 니ᄅᆞᄂᆞ니라(金三2:39). 나리 져그나 칩거든 등을 ᄆᆞᆫ져 닐오ᄃᆡ:少冷則拊其背曰(飜小9:80). 치울 쳐:凄(類合下50). 극히 치운 적을 만나 한ᄃᆡ 이쇼ᄃᆡ:時當冱寒露處於地(東新續三綱. 孝6:29). 길히 믯그럽고 오시 ᄯᅩ 칩도다:逕滑衣又寒(重杜解1:12). 하ᄂᆞᆯ히 칩다:天氣寒冷(老解下32). 瀟湘 南畔도 치오미 이러커든 玉樓 高處야 더욱 닐러 므ᄉᆞᆷᄒᆞ리(松江. 思美人曲). 칩다:寒冷(同文解上5). ᄇᆡ곱하 허긔증 몸 치워 닝증이요(萬言詞).

※'칩다'의 활용 ┌칩고/칩게/칩디…
└치ᄫᅳ니/치ᄫᆞᆫ/치버…

칩드다 동 치뜨다. ¶칩더 올으다:攛上去(漢淸7:30).

칭:념 명 칭념(稱念). ¶阿彌陁ㅅ 일훔을 稱念이 至誠이면:稱念은 일ᄏᆞ라 念ᄒᆞᆯ 씨라(月釋7:60).

칭념ᄒᆞ다 동 칭념(稱念)하다. ¶ᄂᆡ 당당이 칭념ᄒᆞ야 금월 ᄂᆡ예(落泉5:12).

칭:송·ᄒᆞ·다 동 칭송(稱頌)하다. ¶雙鵲이 ᄒᆞᆫ 사래 디니 曠世奇事ᄅᆞᆯ 北人이 稱頌ᄒᆞᅀᆞᄫᆞ니:維彼雙鵲墮於一縱曠世奇事北人稱頌(龍歌23章).

칭양 명 칭양(稱揚). 칭찬(稱讚). ¶그 ᄢᅴ 普光菩薩이 佛如來地藏菩薩ᄋᆞᆯ 稱揚讚歎ᄒᆞ거시ᄂᆞᆯ(月釋21:100).

칭:찬ᄒᆞ·다 동 칭찬(稱讚)하다. ¶經을 讀誦ᄒᆞ리 數 업스며 稱讚ᄒᆞ리 ᄯᅩ 업스며(金剛序5).

칭탈ᄒᆞ다 동 칭탈(稱頉)하다. ¶미양 이리져리 稱頉ᄒᆞ시고(隣語1:28).

칭호 명 칭호(稱號). ¶生時예 行第 稱號로ᄡᅥ 府君 우희 加ᄒᆞ고(家禮1:34).

칭ᄒᆞ·다 동 칭(稱)하다. ¶ᄀᆞᆯᄋᆞ샤ᄃᆡ 宗族이 孝ㅣ라 稱ᄒᆞ며(宣論3:46). 말마다 반ᄃᆞ시 堯舜을 稱ᄒᆞ더시다(宣孟5:1). ᄀᆞᆯᄋᆞ샤ᄃᆡ 父喪애 孤子ㅣ라 稱ᄒᆞ고(家禮9:43).

·ᄎᆞ·긔 명 자기(瓷器). 사기 그릇. ☞ᄌᆞ긔 ¶ᄎᆞ긔 사뎝시:瓷楪子(飜老下33). ᄎᆞ긔 ᄌᆞ:瓷(訓蒙中18).

·ᄎᆞ기 부 차게〔滿〕. ☞ᄎᆞ다 ¶ᄒᆞᆫ ᄒᆡᄅᆞᆯ ᄎᆞ기 솔ᄀᆞ티 퍼러ᄒᆞ도소니:滿歲如松碧(初杜解18:23).

·ᄎᆞ·다 동 차다〔蹴〕. ¶바ᄅᆞ래 가ᄂᆞᆫ ᄆᆞ른 吳ㅅ 하ᄂᆞᆯᄒᆞᆯ ᄎᆞᄂᆞᆺ다:朝海蹴吳天(杜解20:2). 고개예 다ᄃᆞ라 밠가락ᄋᆞᆯ ᄎᆞ고 頌云하샤ᄃᆡ(南明上50). ᄎᆞᆯ 뎨:踶. ᄎᆞᆯ 위:躗(訓蒙下8). ᄎᆞᆯ 뎨:踶(類合下25). ᄎᆞᄂᆞᆫ ᄆᆞᆯ:踢馬(譯解下29). 右足으로 右手ᄅᆞᆯ ᄎᆞ고(武藝圖54).
※ᄎᆞ다>차다

·ᄎᆞ·다 동 차다〔滿〕. ☞차다 ¶닐웨 ᄎᆞ디 몯ᄒᆞ야(月印上56). 삿기 ᄇᆡ여 ᄃᆞᆯ ᄎᆞ거늘(釋譜11:25). 功德이 ᄒᆞ마 ᄎᆞ샤(月釋2:8). 三年이 ᄎᆞ니(月釋8:91). 十地行이 차ᅀᅡ 어루 正히 맛ᄃᆞᆶ 젼ᄎᆞ로:十地行滿乃堪正付故(楞解8:28). 成佛은 衆生 濟渡ᄒᆞ샬 願이 ᄎᆞᄆᆞᆯ 기드리시고(法華3:98). 飮食으란 ᄇᆡ ᄎᆞᆯ만 머고ᄃᆡ:食取充腹(宣賜內訓3:60). 이즈며 ᄎᆞ미 이실 ᄲᅮ니언뎡:有虧盈(南明下72). ᄃᆞᆯ ᄎᆞᆫ 날 디나거든:滿月過了時(飜朴上55). ᄎᆞᆫ 이ᄅᆞᆯ 쩌려 ᄒᆞ며 ᄀᆞ독ᄒᆞᆫ 일ᄋᆞᆯ 앗쳐러ᄒᆞ며:忌盈惡滿(飜小8:27). ᄎᆞᆯ 츙:充(類合下56). ᄎᆞᆯ 영:盈(石千1). ᄎᆞᆯ 만:滿(石千17). 자 ᄎᆞᆫ 고기 공듕으로셔 ᄉᆞ당 아ᄑᆡ ᄠᅥ러디거ᄂᆞᆯ:盈尺之魚自空而墜落於祠前(東新續三綱. 孝6:41). 뒷집의 술ᄡᆞᆯ을 ᄭᅮ니 거츤 보리 말 못 ᄎᆞ다(古時調. 金光煜. 靑丘). 곳곳시 다졍ᄒᆞᆫ 닷 ᄃᆞᆯ이 ᄎᆞ면 결연인 닷(答思鄕曲).
※ᄎᆞ다>차다

·ᄎᆞ·다 동 차다〔佩〕. ☞차다 ¶弓劒 ᄎᆞᅀᆞᆸ고:常佩弓劒(龍歌55章). 몸 우희 ᄎᆞ거나:帶身上(楞解7:46). 祕密ᄒᆞᆫ 印을 차(圓覺序8). 여슷 印 ᄎᆞᄆᆞᆯ 엇데 더듸뇨:六印佩何遲(杜解23:39). 엇데 將軍의 ᄎᆞᆫ 갈ᄒᆞᆯ 빌리오:何假將軍佩(初杜解25:8). 수ᅀᅳ 사다가 ᄎᆞ리라:買將絛兒來帶他(飜朴上16). ᄎᆞᆯ 패:佩(類合下36). 거상 바ᄉᆞ시고 ᄎᆞ디 아니실 배 업더시다:去喪無所不佩(宣小3:21). 이 珊瑚ㅣ ᄎᆞ든 거시로다:這珊瑚帶的過(朴解下27). ᄎᆞ다:佩帶(同文解上58).

·ᄎᆞ·다 형 차다〔寒〕. ☞차다 ¶ᄎᆞᆫ ᄇᆞᄅᆞᆷ 불어늘 모딘 龍이 怒ᄅᆞᆯ 그치니(月印上37). ᄎᆞᆫ 믈 ᄲᅳ리여ᅀᅡ ᄭᅵ시니라(釋譜11:20). 겨ᅀᅳ렌 덥고 녀르멘 ᄎᆞ고(月釋1:26). 寒氷ᄋᆞᆫ ᄎᆞᆫ 어르미오(月釋1:29). 더운 거시 ᄎᆞ닐 좃고(楞解3:11). ᄎᆞᆷ과 더움괘 서르 섯거:冷熱相涉(楞解3:12). 甘露로 ᄲᅳ려 더우ᄆᆞᆯ 덜오 ᄎᆞᄆᆞᆯ 得ᄃᆞᆺ ᄒᆞ리로소이다(法華3:64). 즉재

초미 어름 ᄀᆞᆮ다 ᄒᆞ니라:便冷如氷(救急下13). 하ᄂᆞᆯ히 져기 ᄎᆞ거든:天少冷(宣賜內訓3:45). ᄆᆡ햇 지븨 ᄎᆞᆫ ᄆᆞ리 흐르고:野屋流寒水(杜解7:30). 늘근 나해 關鬲이 ᄎᆞ더니:衰年關鬲冷(杜解16:73). 어름ᄀᆞ티 ᄎᆞ니ᄅᆞᆯ ᄂᆞᆫ화 주시니라(初杜解20:22). 性이 蟾光ᄋᆡ ᄎᆞ긔 비취ᄂᆞᆫ 그르메ᄅᆞᆯ ᄃᆞᅀᆞ:性愛蟾光寒照影(金三4:2). ᄎᆞ거든 긼ᄀᆞᅀᆡ ᄇᆞ리라:冷乃棄之於道邊(救簡1:56). ᄎᆞᆯ 한:寒(訓蒙上1. 類合上2. 石千1). ᄎᆞᆫ 믈에 것텨:冷水裏拔着(老解上21). ᄎᆞᆫ 술:冷酒(老解下36). 밥과 탕을 ᄎᆞ게 말라:飯湯休着冷了(朴解中30). ᄎᆞ다:冷啊(同文解上5).

·ᄎᆞ:뎨 명 차례. ☞ᄎᆞ례 ¶次ᄂᆞᆫ 次第 혜여 글왈 ᄆᆡᆼᄀᆞᆯ 씨라(釋譜序5). 次第로 비러 가지고(釋譜23:42). 第ᄂᆞᆫ 次第라(月釋1:1). 닙니피 서르 次第로 나고(月釋8:12). 놉고 나ᄌᆞᆫ ᄎᆞ뎨ᄅᆞᆯ 어긔릇치며(敬信83).
※ᄎᆞ뎨>ᄎᆞ례>차례

ᄎᆞ돌 명 차돌. ¶ᄯᅩ ᄎᆞ돌 단 량을 ᄀᆞ라(瘟疫方25). ᄎᆞ돌:方解石(東醫 湯液三 石部). 摩尼山 갈감마괴 太白山 기슭으로 골각골각 우닐면서 ᄎᆞ돌도 바희 못 어더 먹고(古時調. 어제ᄂᆞᆫ 못 보게도. 詩歌).

ᄎᆞ라로 부 차라리. ☞차라로 ¶ᄎᆞ라로 青樓酒肆로 오며가며 놀니라(古時調. 大丈夫ㅣ 天地間. 青丘). ᄎᆞ라로 다 ᄯᅥᆯ치고 太公 兵法 외와 니여(古時調. 大丈夫ㅣ 되여 ᄂᆞ셔. 青丘).

ᄎᆞ라리 부 차라리. ☞차라리. ᄎᆞ라로 ¶ᄎᆞ라리 쾌히 쥭어 이 셔름 잇ᄌᆞ ᄒᆞ고(萬言詞).

·ᄎᆞ려:내·다 동 알아내다. ¶ᄎᆞ려내다:認識也辨認(老朴集. 單字解6).

ᄎᆞ례 명 차례. ☞ᄎᆞ뎨 ¶四時 ᄎᆞ례로 가맨 百年 안햇 ᄆᆞᅀᆞ미로다:時序百年心(初杜解10:13). 녯 사ᄅᆞᄆᆡ 글 ᄇᆡ홈 ᄎᆞ례ᄅᆞᆯ:古人爲學次第者(飜小8:31). ᄎᆞ례 뎨:第(訓蒙上34). ᄎᆞ례 품:品(訓蒙下2). ᄎᆞ례 ᄎᆞ:次. ᄎᆞ례 뎨:第(類合上3). 얼운과 져므니 ᄎᆞ례 이시며:長幼有序(宣小1:9). 사ᄅᆞᄆᆡ ᄎᆞ롈시니라:人之序也(宣小2:49). ᄎᆞ례를 일토ᄉᆞᆼ이다:失次耳(宣小6:42). ᄯᅩ ᄒᆞᆫ ᄎᆞ례 ᄒᆞᅌᆸ새(新語2:6). ᄎᆞ례 픔:品(倭解上36). 흉년 졍ᄉᆞ에 졍부를 박히 ᄒᆞ미 ᄎᆞ례로 둘재예 거ᄒᆞ야시니(綸音83). 잉무잔 호박되로 ᄎᆞ례로 슌비ᄒᆞᆫ 후(ᄇᆡᆨ화당가). ᄎᆞ례 륜:倫(兒學下7). ※ᄎᆞ례>차례

ᄎᆞ리·다 동 (정신을) 차리다. 가다듬다 ☞차리다 ¶一切 大衆이 다 ᄎᆞ림 몯 ᄒᆞ야(釋譜23:20). ᄲᅡ해 디여 ᄎᆞ림 몯 ᄒᆞ얫다가(釋譜23:41). 범과 일히돌히 무덤 여러 주거믈 먹거늘 내 ᄉᆞᅀᅵ예 나 차림 몯 ᄒᆞ야 간대로 ᄃᆞᆫ다니(月釋10:25). 疏ᄂᆞᆫ 經 ᄠᅳ들 올오리 ᄎᆞ릴 씨오(楞解1:16). ᄎᆞ림 몯 ᄒᆞ거든:不覺(救急上23). ᄎᆞ린 後에:省後(救急上73). ᄒᆞ다가 宗旨ᄅᆞᆯ ᄎᆞ려 通ᄒᆞ면(南明下19). 신ᅀᅴ 몯 ᄎᆞ리거든:不識人(救簡6:39). 우리 다 려수 ᄎᆞ리디 말오 ᄒᆞᆫ 잔 수울 먹져:咱們都休講禮喫一盞酒(飜老上64). 임의 ᄌᆞ라ᄂᆞᆫ ᄀᆞᆯ히여 ᄎᆞ리믈 더옥 졍히 ᄒᆞ야:既長辨析益精(二倫48). 뫼히 먼ᄃᆡ 길흘 ᄎᆞ리디 몯ᄒᆞ리로다:山遠道路迷(重杜解1:23).

·ᄎᆞ·마 부 차마. ☞ᄎᆞᆷ아 ¶ᄎᆞ마 보ᅀᆞᆸ디 몯ᄒᆞ야(釋譜23:36). 罪苦ㅅ 이ᄅᆞᆫ ᄎᆞ마 몯 니ᄅᆞ리로다(月釋21:56). 아ᅀᆞᄆᆞᆯ ᄎᆞ마 서르 ᄇᆞ리리아:宗族忍相遺(初杜解8:60). ᄎᆞ마 깃브다 니ᄅᆞ디 아니ᄒᆞ야:忍不云喜(金三3:16). ᄎᆞ마 ᄇᆞ리디 몯ᄒᆞ야터니(佛頂11). 엇디 ᄎᆞ마 ᄇᆞ리리오:何忍棄之(宣小6:58). ᄆᆞᄋᆞᄆᆞᆯ 슬허셔 늘근 사ᄅᆞᆷ 더브러 무루믈 ᄎᆞ마 ᄒᆞ디 못ᄒᆞ노니:傷心不忍問耆舊(重杜解3:62). ᄎᆞ마 그ᄃᆡ로 더부러 ᄒᆞᆫ가지로 사디 못ᄒᆞᆯ디라(女四解4:32).

·ᄎᆞ몸 동 참음〔忍〕. ㉮ᄎᆞᆷ다 ¶ᄎᆞ모미 두 가지니 生忍과 法忍괘라(月釋7:53).

ᄎᆞ뮈 명 참외. ☞ᄎᆞᄆᆡ. ᄎᆞᆷ외 ¶슈박것치 두렷ᄒᆞᆫ 님아 ᄎᆞ뮈 것튼 단 말솜 마소(古時調. 青丘).

ᄎᆞᄆᆡ 명 참외. ☞ᄎᆞᆷ외 ¶ᄎᆞᄆᆡᆺ 고고리:瓜蔕(救簡2:4). ᄎᆞᄆᆡᆺ 고고리 다ᄉᆞᆺ 나출 디허:瓜蔕五枚搗(救簡3:72). ᄎᆞᄆᆡ ᄡᆞᆨ지ᄅᆞᆯ 복가 ᄀᆞᄅᆞ ᄆᆡᆼ그라:瓜蔕炒爲末(辟新10).

·ᄎᆞ·ᄡᆞᆯ 명 찹쌀. ☞ᄎᆞᆸᄡᆞᆯ ¶ᄎᆞᄡᆞᆯ:糯米(救簡3:18). ᄎᆞᄡᆞᆯ ᄒᆞᆫ 져봄 누르게 봇그니와ᄅᆞᆯ ᄀᆞ라:糯米一撮炒黃爲末(救簡6:38). 안해 ᄎᆞᄡᆞᆯ 수울 다맛ᄂᆞᆫ 거셔:裏頭盛着糯米酒(飜朴上41). ᄎᆞᄡᆞᆯ 나:糯(訓蒙上12).
※ᄎᆞᄡᆞᆯ>찹쌀

·ᄎᆞ:셔 명 차서(次序). ¶功ᄋᆡ 녀트며 기프믈 조차 잢간 디니며 ᄀᆞ초 디니며 精히 디닌 次序ㅣ 잇ᄂᆞ니 次第로 너비 나토시ᄃᆡ(法華6:2). 얼운과 아히왜 次序ㅣ 이시며(宣賜內訓序3). 次序ᄅᆞᆯ 알며 ᄯᅩ 恩惠ᄅᆞᆯ 아ᄂᆞ니라:識序又知恩(初杜解17:4). ᄎᆞ셔 셔:序(類合上18). 循循히 ᄎᆞ셰 잇게 ᄒᆞ더시니:循循有序(宣小6:17). 다시 左昭右穆ᄒᆞᄂᆞᆫ 次셔ㅣ 업ᄉᆞᆫ디라(家禮9:18). 나히 임의 長成ᄒᆞ매 ᄀᆞᄅᆞ치미 ᄎᆞ셰 이시나:年已長成教之有序(女四解2:25).

ᄎᆞ소기 명 차조기. ☞ᄎᆞ쇠. ᄎᆞ조기 ¶ᄎᆞ소기:紫蘇(四解上40 蘇字註). ᄎᆞ소기 소:蘇(訓蒙上14).

·ᄎᆞ쇠 명 차조기. ☞ᄎᆞ소기 ¶ᄎᆞ쇳닙:紫蘇葉(救簡1:102). 감초 반 ᄎᆞᆫ과 ᄎᆞ쇠 ᄒᆞᆫ 량과:甘草半寸紫蘇一兩(救簡2:14). ᄎᆞᆷ기르메 ᄎᆞ쇠ᄅᆞᆯ ᄃᆞᆷ가 두고셔 ᄇᆞ리라:香油浸紫蘇塗之

(救簡6:58).

ᄎᆞ썩 명 찰떡. 찹쌀로 만든 떡. ☞출썩 ¶ᄎᆞ썩 ᄌᆞ:餈(訓蒙中20).

ᄎᆞ이다 동 채우다. ¶龍 거북 ᄌᆞ물쇠로 수기수기 ᄎᆞ엿ᄂᆞᆫ듸(古時調. 한숨아 세. 青丘).

ᄎᆞ·이·다 동 차게 하다〔佩〕. ¶庶母ㅣ 門 안해 미처 와 ᄂᆞᆺ ᄎᆞ이고:庶母及門內施鞶(宣小2:47).

ᄎᆞ졔 명 차서(次序). ☞ᄎᆞ뎨. ᄎᆞ례 ¶ᄎᆞ졔:次序(漢淸2:46).

ᄎᆞ조 명 차조. ☞ᄎᆞ조ᄡᆞᆯ ¶ᄎᆞ조:小黃米(同文解下2. 漢淸12:63). ᄎᆞ조:粱(物譜 禾穀. 柳氏物名三 草).

ᄎᆞ조·기 명 차조기. ☞ᄎᆞ소기 ¶ᄎᆞ조기 소:蘇(詩解 物名8). ᄎᆞ조기 ᄡᅵ:蘇子(經驗方). ᄎᆞ조기:紫蘇(譯解下10). ᄎᆞ조기 소:蘇(倭解下5). ᄎᆞ조기:紫菜(同文解下4).

ᄎᆞ조ᄡᆞᆯ 명 차좁쌀. ☞ᄎᆞ조 ¶ᄎᆞ조ᄡᆞᆯ:黃小米(譯解下9).

ᄎᆞ죠기 명 차조기. ☞ᄎᆞ소기. ᄎᆞ쇠. ᄎᆞ조기 ¶ᄎᆞ죠기:紫蘇(方藥12). ᄎᆞ죠기:紫蘇(柳氏物名三 草).

ᄎᆞᄌᆞ라 동 찾으러. ㉠ᄎᆞᆽ다 ¶ᄒᆞ마 너희 ᄎᆞᄌᆞ라 가려 ᄒᆞ더니:待要尋你去來(老解上62).

ᄎᆞᄎᆞ 부 차차(次次). ☞ᄎᆞᄎᆞ로 ¶부모긔 ᄎᆞᄎᆞ 불회 되니(癸丑105). ᄎᆞᄎᆞ 나아드다:挨近前(譯解補58).

ᄎᆞᄎᆞ로 부 차차(次次). ☞ᄎᆞᄎᆞ ¶ᄎᆞᄎᆞ로 고두ᄒᆞ노라 보ᄒᆞ야든:次次報叩頭(練兵17). 먼 권당이면 ᄎᆞᄎᆞ로 죄ᄅᆞᆯ 감ᄒᆞ고:疏親則以次減等(警民15). ᄎᆞᄎᆞ로:轉傳(漢淸6:50).

ᄎᆞᄎᆞ웅 명 차차웅(次次雄). 신라 임금의 칭호〔新羅王號〕. ¶次次雄或云慈充金大問云方言謂巫也. 世人以巫事鬼神 尙祭祀 故畏敬之遂稱尊長者爲慈充(三史 卷一).

ᄎᆞ칙 명 차착(差錯). ¶자초지종이 일호 ᄎᆞ칙이 업고(引鳳簫3).

ᄎᆞ탄ᄒᆞ다 동 차탄(嗟歎)하다. ¶만셩인이 아니 ᄎᆞ탄ᄒᆞ리 업고(引鳳簫1). 션ᄉᆞ의 글을 외우며 ᄎᆞ탄ᄒᆞ더니(落泉1:1).

ᄎᆞ할히 부 차라리. ☞ᄎᆞᆯ하리 ¶ᄎᆞ할히:寧(同文解下61).

·ᄎᆞᆫ·믈 명 찬물. 냉수. ¶ᄎᆞᆫ믈로 ᄂᆞᄎᆡ ᄲᅳ려 ᄶᅵ에 ᄒᆞ고 더브러 말 아니 ᄒᆞ니(月釋13:18). ᄎᆞᆫ므레 ᄆᆞ라 ᄇᆞᄅᆞ라(救急下12).

·ᄎᆞᆫᄇᆞᄅᆞᆷ 명 찬바람. ¶블이 도라디고 ᄎᆞᆫᄇᆞᄅᆞᆷ 불어늘 모딘 龍이 怒ᄅᆞᆯ 그치니(月印上37).

ᄎᆞᆫᄎᆞ니 부 찬찬히. ¶해 이 관원이 ᄀᆞ장 ᄎᆞᆫᄎᆞ니 ᄉᆞ랑ᄒᆞ며 계괴 크다:咳這官人好尋思計量大(飜朴上24). ᄎᆞᆫᄎᆞ니 ᄒᆞ다:謂循次歷審無攙越之意(老朴集. 單字解2).

ᄎᆞᆫᄎᆞᆫ 부 찬찬. ¶셴 머리 ᄲᅡ바 내여 ᄎᆞᆫᄎᆞᆫ 동혀 두려마ᄂᆞᆫ(古時調. 金三賢. 綠楊 春三月을. 青丘).

ᄎᆞᆫᄎᆞᆫ 부 찬찬히. 가늘게. ¶ᄎᆞᆫᄎᆞᆫ 십고 ᄃᆞᄉᆞᆫ 술이나 더운 믈릐나 ᄉᆞᆷᄭᅵ고:細嚼以溫酒或白湯送下(胎要5).

ᄎᆞᆫᄎᆞᆫᄒᆞ·다 형 찬찬하다. 자상하다. ¶해 네 너므 ᄎᆞᆫᄎᆞᆫᄒᆞ다:咳你忒細祥(飜朴上33). 네 그리도록 ᄎᆞᆫᄎᆞᆫᄒᆞᆫ 양을 혜언든:料着你那細詳時(飜朴上64). 더옥 ᄎᆞᆫᄎᆞᆫᄒᆞ다:越細祥(老朴集. 單字解4).

ᄎᆞᆫ칼 명 패도(佩刀). ¶드듸여 ᄎᆞᆫ칼 ᄲᅢ여 손가락 버혀:遂拔佩刀斷指(東新續三綱. 烈2:33 李氏感天). 니시 ᄎᆞᆫ칼을 들어 스스로 멱 디ᄅᆞ고:李氏引佩刀自刎(東新續三綱. 烈3:14 李氏絶粒). ᄎᆞᆫ칼흘 ᄲᅢ혀(山城).

ᄎᆞᆫ다 동 찾다. ☞ᄎᆞᆽ다. ᄎᆞᆺ다 ¶도적을 모범ᄒᆞ여 궁극히 ᄎᆞᆫ다가:冒賊窮尋(東新續三綱. 烈6:21).

·ᄎᆞᆯ 명 근원(根源). ¶므른 數百 ᄎᆞᆯ해셔 모도 흐르ᄂᆞᆺ다:水合數百源(初杜解6:49). 西ㅅ녀그로 岷江ㅅ ᄎᆞᆯᄒᆞ로 올아가ᄂᆞᆺ다:西上岷江源(初杜解8:7). 武陵 ᄎᆞᆯ해 길흘 일후라:失路武陵源(初杜解8:12). 말ᄉᆞᄆᆡ ᄎᆞᆯ홀 묻노라:問辭源(初杜解8:25). 可히 흐린 믌 ᄎᆞᆯ홀 비취리로다:可照濁水源(初杜解16:5). ᄀᆞᄅᆞᆷ 우희 긄ᄎᆞᆯ홀 ᄉᆞ랑ᄒᆞ라:江上憶詞源(初杜解21:6). 믌ᄎᆞᆯ히 豕韋氏예셔 ᄂᆞᆫ호여 흐르니:分源豕韋派(初杜解23:34). 져믄 아ᄒᆡ 믌ᄎᆞᆯ홀 ᄎᆞ자가니:稚子尋源(初杜解25:16). 믌ᄎᆞᆯ히 ᄆᆞᆯᄀᆞ니:泉源冷冷(重杜解5:36).

ᄎᆞᆯ 부 차라리. ☞ᄎᆞᆯ하리 ¶ᄎᆞᆯ 아니 이심만 몬ᄒᆞ여 ᄒᆞ노라(諺簡. 仁宣王后諺簡).

·ᄎᆞᆯ- 접두 찰-. ¶ᄎᆞᆯᄡᆞᆯ플:糯米糊(救簡1:96). ᄎᆞᆯ기장 튤:秫(訓蒙上12). ᄎᆞᆯ벼:黏稻(物譜 禾穀).

·ᄎᆞᆯ기장 명 찰기장. ¶ᄎᆞᆯ기장 튤:秫(訓蒙上12). ᄎᆞᆯ기장:秫(物譜 禾穀). ᄎᆞᆯ기장:粘黃米(譯解補42).

ᄎᆞᆯ머구리 명 참개구리. ☞찰머구리 ¶ᄎᆞᆯ머구리:蝦蟆(物譜 水族).

ᄎᆞᆯ밥 명 찰밥. ¶대왐픐 불휘ᄅᆞᆯ ᄀᆞᄂᆞᆯ에 ᄀᆞ라 ᄎᆞᆯ바배 섯거 ᄢᅵ니 혜디 말오 닏워 머고ᄃᆡ:白芨細末用糯米煎飯濃調服不拘時候連服(救簡3:18).

ᄎᆞᆯ벼 명 찰벼. ☞찰벼 ¶ᄎᆞᆯ벼 딥흘 가마의 녀허:先以糯稈於鍋中(新救荒7). ᄎᆞᆯ벼:黏稻(物譜 禾穀). ᄎᆞᆯ벼:糯(柳氏物名三 草).

·ᄎᆞᆯ·ᄡᆞᆯ 명 찹쌀. ☞찰ᄡᆞᆯ. ᄎᆞᄡᆞᆯ. 춥ᄡᆞᆯ. 춥ᄊᆞᆯ ¶ᄎᆞᆯᄡᆞᆯ플:糯米糊(救簡1:96). ᄎᆞᆯᄡᆞᆯ:糯米(物譜 禾穀). 一法은 니ᄡᆞᆯ이나 或 ᄎᆞᆯᄡᆞᆯ 三升으로 ᄲᅧ 밥을 딋고:一法用大米或粘米三升炊飯(無寃錄3:53).

ᄎᆞᆯ슈슈 명 찰수수. ☞ᄎᆞᆯ-. 슈슈 ¶ᄀᆞ올히 뷔여 ᄲᅧ흐니 ᄎᆞᆯ슈슈러라(癸丑217). ᄎᆞᆯ슈슈:

黏蜀黍(物譜 禾穀).

·ᄎᆞᆯ·떡 명 찰떡. ☞ᄎᆞ떡 ¶胡餠은 ᄎᆞᆯ떡이오(金三3:51). ᄎᆞᆯ떡:粘餻(譯解補30).

ᄎᆞᆯ아리 부 차라리. ☞ᄎᆞᆯ하로. ᄎᆞᆯ하리 ¶ᄎᆞᆯ아리 녕:寧(倭解上27).

ᄎᆞᆯ오다 동 차리다. ☞ᄎᆞᆯ호다 ¶ᄎᆞᆯ와 가질 제:齎(類合下8). ᄎᆞᆯ올 정:整(類合下10). 거ᄅᆞᆫ 군ᄉᆡ 연장ᄃᆞᆯ을 ᄎᆞᆯ와 가지고 수뤼예 븓ᄃᆞᄅᆞ며:步兵持器械附車(練兵4).

ᄎᆞᆯ우케 명 찰벼. ¶몬져 ᄎᆞᆯ우케 딥ᄒᆞᆯ ᄀᆞ마예 므르녹게 달힌 후에:先以糯稈於鍋中濃煎(救荒8).

ᄎᆞᆯ으다 동 차리다. ¶나귀 등에 鞍裝으란 ᄎᆞᆯ으지 마라(古時調. 가을히. 歌曲).

·ᄎᆞᆯ조밥 명 차조밥. ¶힌 ᄎᆞᆯ조밥:白粱米飯(救簡1:12).

·ᄎᆞᆯ·콩 명 완두(豌豆). ¶ᄎᆞᆯ콩 완 一云 강남콩 완:豌(訓蒙叡山本上7).

ᄎᆞᆯ하로 부 차라리. ☞ᄎᆞᆯ하리 ¶ᄎᆞᆯ하로 모글 ᄆᆡ여 주거도:寧結項而死(東新續三綱. 烈6:8). ᄎᆞᆯ하로 酒鄕에 드러 이 世界를 니즈리라(古時調. 申欽. 느저 날. 靑丘). ᄎᆞᆯ하로 귀먹고 눈 감아 듯도 보도 말니라(古時調. 검으면 희. 甁歌).

ᄎᆞᆯ하리 부 차라리. ☞ᄎᆞ할히. ᄎᆞᆯ하로. ᄎᆞᆯ히 ¶ᄎᆞᆯ하리 大地ᄅᆞᆯ 뭉긔여:寧丸大地(永嘉上35). ᄎᆞᆯ하리 地獄애 이셔:寧在地獄(圓覺下三之一82). 내 ᄎᆞᆯ하리 니블ᄲᅮᆫ니언뎡:吾寧坐之(宣賜內訓3:39). ᄎᆞᆯ하리 바ᄅᆞ리 ᄲᅡ나모 바티 ᄃᆞ욀ᄲᅮᆫ니언뎡(南明下75). ᄎᆞᆯ하리 모미 주거도 ᄭᅵ돋디 몯ᄒᆡ욤 ᄀᆞᄐᆞ니:寧滅其身而無悟也(飜小8:4). ᄎᆞᆯ하리 죽을디언뎡:寧死(宣小5:12). ᄎᆞᆯᄒᆞ리 주거도 좃디 아니호리라:寧死不從(東新續三綱. 孝1:57). ᄎᆞᆯ하리 비러머거 목숨을 보존ᄒᆞᆯ찌언뎡:寧丐乞存命(警民16). 太白山 그림재ᄅᆞᆯ 東海로 다마 가니 ᄎᆞᆯ하리 漢江의 木覓의 다히고져(松江. 關東別曲). ᄎᆞᆯ하리 싀여디여 落月이나 되야 이셔 님 겨신 窓 안히 번드시 비최리라(松江. 續美人曲). ᄎᆞᆯ하리 내 ᄆᆞᆫ져 싀여뎌 제 그리게 ᄒᆞ리라(古時調. 보거든 슬. 古歌).

·ᄎᆞᆯ해 명 근원에. 〔ㅎ 첨용어 'ᄎᆞᆯ'의 부사격(副詞格).〕 독 ᄎᆞᆯ ¶武陵 ᄎᆞᆯ해 길흘 일후라:失路武陵源(初杜解8:12).

ᄎᆞᆯ호다 동 ①차리다. 준비하다. 가다듬다. ☞ᄎᆞᆯ오다. ᄎᆞᆯ히다 ¶아ᄒᆡ야 되롱 삿갓 ᄎᆞᆯ화 東澗에 비 지거다(古時調. 趙存性. 靑丘). 되오ᄅᆞᆯ ᄎᆞᆯ호과댜(兵學1:6).
②다스리다. 처리하다. ☞ᄎᆞᆯ히다 ¶보내ᄂᆞᆫ 것 ᄎᆞᆯ화라(諺簡11 宣祖諺簡). 네 집 喪事ᄃᆞᆯ흔 어도록 ᄎᆞᆯ호ᄉᆞᆫ다(古時調. 鄭澈. 松江). 일 ᄎᆞᆯ호다:辦事(同文解上50).

ᄎᆞᆯ히 명 근원(根源)이. 물의 근원이. 〔ㅎ 첨용어 'ᄎᆞᆯ'의 주격(主格).〕 독 ᄎᆞᆯ ¶믌ᄎᆞᆯ히 ᄆᆞᆯᄀᆞ니 짓나ᄇᆡ 소리 섯겟고:泉源冷冷雜猿狖(重杜解5:36).

ᄎᆞᆯ히 부 차라리. ☞ᄎᆞᆯ하리 ¶衆生이 고디듣디 아니ᄒᆞ야 惡道애 ᄲᅥ러디리니 ᄎᆞᆯ히 說法 마오(釋譜13:58). ᄎᆞᆯ히 됴씨ㅅ 귓거시 도욀ᄲᅳᆫ:寧作趙氏鬼(三綱. 忠21). ᄎᆞᆯ히 내 머리 우희 오ᄅᆞᆯᄲᅳᆫ뎡:寧上我頭上(法華7:118). ᄎᆞᆯ히 身命을 일흘ᄲᅮᆫ니언뎡:寧失身命(永嘉上16). ᄎᆞᆯ히 法 이셔 주글ᄲᅳᆫ뎡:寧有法死(永嘉上26). 내 모미ᅀᅡ ᄎᆞᆯ히 地獄애 드러 百千劫을 디낼ᄲᅮᆫ니언뎡:自身寧入地獄經百千劫(金三5:49). ᄎᆞᆯ히 그 모미 주거도:寧滅其身(宣賜內訓1:22). 이제 귀보ᄅᆞᆯ 못 버ᄉᆞ니 ᄎᆞᆯ히 주글 죄를 슈ᄒᆞᆯ디언뎡(王郎傳4).

ᄎᆞᆯ히다 동 ①차리다. 가다듬다. ☞ᄎᆞᆯ호다 ¶우히 건ᄆᆞᄅᆞ죽어 겨오시다가 인ᄉᆞᄅᆞᆯ ᄎᆞᆯ히오셔(癸丑95). 禮를 ᄎᆞᆯ히디 말고:休講禮(老解上58). 主人의 도리ᄅᆞᆯ ᄎᆞᆯ혀 권ᄒᆞᆯ 양으로 왓ᄉᆞ오니(新語3:17). 正根을 계요 ᄎᆞᆯ히 안잣ᄉᆞᆸ나이다(新語3:18). 엇디 얼현이 ᄎᆞᆯ히올가(新語3:24). ᄌᆞ식의 효와 겨집의 의ᄅᆞᆯ 다 ᄎᆞᆯ히기 어려이 되얏ᄂᆞ이다(女範2. 변녀 시시묘연). 인ᄉᆞ를 ᄎᆞᆯ히디 못ᄒᆞ여:不省人事(臘藥4).
②차리다. 마련하다. ☞ᄎᆞᆯ호다 ¶미리 ᄎᆞᆯ혀 겨시다가(新語1:27). 쇼인네ᄂᆞᆫ ᄎᆞᆯ혀 주시ᄂᆞᆫ 양으로 가오려니와(新語3:25). 몬져 代官네ᄭᅴ ᄎᆞᆯ히라 닐러 두ᄋᆞᆸ소(新語3:28). 孫約正은 點心 ᄎᆞᆯ히고(古時調. 靑丘).
③알아차리다. ¶말ᄉᆞᆷ을 ᄎᆞᆯ혀 듯도 아니ᄒᆞ고(癸丑27).
④다스리다. 처리하다. ☞ᄎᆞᆯ호다 ¶일을 ᄎᆞᆯ히라 나지 아니터라(三譯1:8).

·ᄎᆞᆯᄒᆞ·로 명 근원으로. 〔ㅎ 첨용어(添用語) 'ᄎᆞᆯ'의 부사격(副詞格).〕 독 ᄎᆞᆯ ¶四ㅅ녁그로 岷江ㅅ ᄎᆞᆯᄒᆞ로 올아가놋다:西上岷江源(初杜解8:7).

·ᄎᆞᆯ·ᄒᆞᆯ 명 근원을. 〔ㅎ 첨용어 'ᄎᆞᆯ'의 목적격(目的格).〕 독 ᄎᆞᆯ ¶말ᄉᆞ미 ᄎᆞᆯᄒᆞᆯ 묻노라:問辭源(初杜解8:25).

·ᄎᆞᆫ것 명 패물(佩物). ¶飮食과 衣服과 뵈과 깁과 ᄎᆞᆫ것과 슈건과:飮食衣服布帛佩帨(宣小2:13).

ᄎᆞᆷ 명 참. ¶ᄎᆞᆷ 진:眞(類合下18. 石千17. 兒學下9). ᄀᆞᆯ오ᄃᆡ 쟝군은 ᄎᆞᆷ 장ᄉᆡ라:曰將軍眞壯士(五倫2:35). ※ ᄎᆞᆷ>참

ᄎᆞᆷ갈 명 참나무. ☞ᄎᆞᆷ남우 ¶ᄎᆞᆷ갈:眞櫟(農事直說5).

·ᄎᆞᆷ기·름 명 참기름. ☞ᄎᆞᆷ기롬 ¶지븨 가 ᄎᆞᆷ기름 어더 와 ᄇᆞᄅᆞ라(月釋2:9). 병ᄒᆞᆫ 사ᄅᆞ미 바래 ᄎᆞᆷ기름을 ᄇᆞᄅᆞ고:病人足塗胡麻油

(救簡2:52). ᄎᆞᆷ기르믈 ᄇᆞᄅᆞ면:香油調塗(救簡3:28). ᄂᆞᆯ ᄎᆞᆷ기름:生麻油(救簡6:41). 반 잔만 ᄎᆞᆷ기름 두워:着上半盞香油(飜老上21). ᄎᆞᆷ기름:香油(訓蒙中21 油字註). ᄂᆞᆯᄎᆞᆷ기름:生眞油(牛疫方13). 반 잔 ᄎᆞᆷ기름 두어:着上半盞香油(老解上19).

ᄎᆞᆷ기ᄅᆞᆷ 명 참기름. ☞ᄎᆞᆷ기름 ¶창졸에 약이 업거든 ᄎᆞᆷ기ᄅᆞᆷ을 코긋히 딕고(辟新16). 불의 데여 부푸러진 ᄃᆡᄂᆞᆫ ᄎᆞᆷ기ᄅᆞᆷ을 ᄇᆞᄅᆞ면 죠ᄉᆞ오니(隣語2:4).

ᄎᆞᆷ나무 명 참나무. ☞ᄎᆞᆷ남우 ¶ᄎᆞᆷ나무 고:栲(詩解 物名10).

ᄎᆞᆷ나믈 명 참나물. ☞ᄎᆞᆷᄂᆞ믈 ¶ᄎᆞᆷ나믈:山芹菜(譯解下11).

ᄎᆞᆷ남우 명 참나무. ☞ᄎᆞᆷ갈. ᄎᆞᆷ나무 ¶ᄎᆞᆷ남우:櫟(物譜 雜木).

ᄎᆞᆷᄂᆞ믈 명 참나물. ☞ᄎᆞᆷ나믈 ¶ᄎᆞᆷᄂᆞ믈:旱芹(物譜 蔬菜).

·ᄎᆞᆷ·다 동 참다(忍). ¶懺ᄋᆞᆫ ᄎᆞᄆᆞᆯ 씨니(釋譜6:9). 구짓ᄂᆞᆫ 辱ᄋᆞᆯ 구디 ᄎᆞᄆᆞ샤 無我行ᄋᆞᆯ 디니시니(釋譜19:36). 忍辱ᄋᆞᆫ 辱ᄃᆞᄫᅵᆫ 일 ᄎᆞᄆᆞᆯ 씨오(月釋2:25). ᄎᆞ모미 두 가지니(月釋7:53). ᄯᅡ 프고 ᄒᆞᆰ 지여 體 오로 무듧 저기 ᄎᆞᆷ맘 직ᄒᆞ녀(月釋18:40). ᄎᆞ모미 ᄃᆞ외오(楞解8:104). 갈히며 매며 디새 돌ᄒᆞᆯ 더어도 부텨 念ᄒᆞ논 젼ᄎᆞ로 반ᄃᆞ기 ᄎᆞᄆᆞᆯ띠니라:加刀杖瓦石念佛故應忍(法華4:103). 알포ᄆᆞᆯ ᄎᆞᄆᆞ샤:忍痛(宣賜內訓2下7). ᄆᆞᄎᆞ매 예 ᄇᆞ료ᄆᆞᆯ ᄎᆞᆷ디 몯ᄒᆞ야:不忍竟舍此(初杜解6:39). ᄭᅵᆫ 時節에 비 텨 드므러 가ᄆᆞᆯ 可히 ᄎᆞ마리아:可忍醒時雨打稀(初杜解25:22). ᄎᆞᆷᄂᆞᆫ ᄆᆞᅀᆞ미 곡도 ᄀᆞᆮᄒᆞ야:忍心如幻(南明上41). ᄧᅡᆨ머리 알포미 ᄎᆞᆷ디 몯거든:頭偏痛不可忍(救簡2:7). ᄎᆞᄆᆞᆯ 인:忍(類合下11). 분완ᄒᆞ오시믈 ᄎᆞᆷ디 못ᄒᆞ오샤(癸丑11). ᄒᆞᆫ ᄣᅢ예 노호오믈 ᄎᆞᆷ디 못ᄒᆞ야:不忍片時之念(警民9). ᄎᆞᆷ다:忍住(譯解上38). ᄎᆞᆷ다:忍住(同文解上22).

·ᄎᆞᆷ답·다 형 참답다. ☞참되다 ¶ᄎᆞᆷ다올 장:莊(類合下3).

·ᄎᆞᆷ되·다 형 참되다. ¶ᄎᆞᆷ될 장:莊(石千41).

ᄎᆞᆷ듁 명 참죽나무. ¶ᄎᆞᆷ듁:椿(物譜 雜木).

ᄎᆞᆷ마 부 차마. ☞ᄎᆞᆷ아 ¶김시 ᄎᆞᆷ마 ᄇᆞ리고 가디 몯ᄒᆞ니:金氏不忍捨去(東新續三綱. 烈4:13). ᄎᆞᆷ마 ᄇᆞ리고 나가디 몯ᄒᆞ야 다 해홈을 니ᄇᆞ니라(東新續三綱. 孝8:17).

ᄎᆞᆷ먹 명 참먹. ¶ᄎᆞᆷ먹:香墨(譯解補12).

ᄎᆞᆷ버슷 명 참버섯. ¶ᄎᆞᆷ버슷:木耳(漢淸12:38).

·ᄎᆞᆷ·빗 명 참빗. ¶굴근 ᄎᆞᆷ빗 일ᄇᆡᆨ 낫:大箆子一百箇(飜老下68). 몬져 얼믠 ᄎᆞᆷ비소로 빗기고:先將那稀箆子批了(飜朴上44). ᄎᆞᆷ빗:密枇子(四解上16 枇字註). ᄎᆞᆷ빗 비:篦(訓蒙中14). ᄎᆞᆷ빗:密篦子(老解下61). ᄎᆞᆷ빗:篦子(同文解上54). ᄎᆞᆷ빗:櫛. ᄎᆞᆷ빗:箆(物譜 服飾). ᄎᆞᆷ빗 비:篦(兒學上12).

※ ᄎᆞᆷ빗>참빗

ᄎᆞᆷᄡᆞ리 명 참싸리. ¶ᄎᆞᆷᄡᆞ리:楛(物譜 雜木).

ᄎᆞᆷᄢᆡ 명 참깨. ☞ᄎᆞᆷᄭᅢ ¶ᄎᆞᆷᄢᆡ:胡麻(救簡2:42). ᄎᆞᆷᄢᅢᆺ 기름:麻油(救簡6:67). ᄎᆞᆷᄢᆡ:苣藤胡麻(四解上30 苣字註). ᄎᆞᆷᄢᆡ 닙:眞荏子葉(牛疫方5).

·ᄎᆞᆷ:새 명 참새. ☞ᄎᆞᆷ시 ¶어미 ᄯᅩ ᄎᆞᆷ새 져글 먹고져 커늘:母又思黃雀炙(三綱. 孝17). ᄯᅩ ᄎᆞᆷ새 구우니를 먹고져 ᄒᆞ더니:又思黃雀炙(飜小9:25). ᄎᆞᆷ새 쟉:雀(類合上12). ᄎᆞᆷ새 쟉:雀(詩解 物名3). 싀어미 병ᄒᆡ여 ᄎᆞᆷ새젼을 ᄉᆡᆼ각ᄒᆞ거늘:姑病思黃雀煎(東新續三綱. 烈6:14). ᄎᆞᆷ새:麻雀(同文解下35). 굴헝에 밥새 ᄎᆞᆷ새는 못내 즑여ᄒᆞ드라(古時調. 어릴샤. 海謠). ᄎᆞᆷ새:家雀(物譜 羽蟲). 외얏과 ᄎᆞᆷ새와 ᄎᆞᆷ죠개와:李雀蛤(臘藥1).

ᄎᆞᆷ소 명 참소(譖訴). ☞ᄎᆞᆷ쇼 ¶ᄎᆞᆷ소 ᄎᆞᆷ:譖(類合下31). ᄎᆞᆷ소:讒(同文解上25. 漢淸8:40).

ᄎᆞᆷ소ᄒᆞ다 동 참소(讒訴)하다. ☞ᄎᆞᆷ소. ᄎᆞᆷ쇼ᄒᆞ다 ¶ᄎᆞᆷ소ᄒᆞᄂᆞᆫ 일을 업시 홈과(仁祖行狀21). ᄎᆞᆷ소ᄒᆞ다:行讒(同文解上25).

ᄎᆞᆷ쇼 명 참소(讒訴). ☞ᄎᆞᆷ소 ¶초왕이 무거의 ᄎᆞᆷ쇼ᄅᆞᆯ 미더 오틔우ᄅᆞᆯ ᄶᅩ츠니(落泉2:5).

ᄎᆞᆷ쇼ᄒᆞ다 동 참소(讒訴)하다. ☞ᄎᆞᆷ소ᄒᆞ다 ¶간신이 틈을 타 ᄎᆞᆷ쇼ᄒᆞ야 벼슬을 폄ᄒᆞ고 협도연문ᄉᆞᄅᆞᆯ ᄒᆞ이니(落泉1:1).

ᄎᆞᆷ시 명 참새(雀). ¶ᄎᆞᆷ시 쟉:雀(兒學上7).

·ᄎᆞᆷ·ᄭᅢ 명 참깨. ☞ᄎᆞᆷᄢᆡ ¶ᄎᆞᆷᄭᅢ ᄒᆞᆫ ᄃᆡ ᄃᆞ마(法華5:210). ᄎᆞᆷᄭᅢ:白荏(訓蒙上13 荏字註). ᄎᆞᆷᄭᅢ 므틴 쇼병과:芝麻燒餠(朴解下33). ᄎᆞᆷᄭᅢ:芝麻(譯解下9).

·ᄎᆞᆷ·아 부 차마. ☞ᄎᆞ마 ¶아비 업ᄉᆞ시거든 ᄎᆞᆷ아 아비 ᄎᆡᆨ을 닑디 몯홈ᄋᆞᆫ 손ᄯᅵᆷ이 이실시며:父沒而不能讀父之書手澤存焉爾(宣小2:16). ᄌᆞ식이 엇디 ᄎᆞᆷ아 아바님을 ᄇᆞ리링잇가:子何忍舍父(東新續三綱. 孝6:8). ᄎᆞᆷ아 손으로 해ᄒᆞᆯ ᄆᆞᄋᆞᆷ이 업고(警民音5). 그 님군의 暴露ᄒᆞᆷ을 ᄎᆞᆷ아 못 보아(女四解4:35). ᄎᆞᆷ아 하슈치 못ᄒᆞ리라(三譯10:23). ᄎᆞᆷ아 못 ᄒᆞ다:不忍(同文解上31).

ᄎᆞᆷ예ᄒᆞ다 동 참예(參預)하다. ¶나ᄂᆞᆫ 買賣일의 ᄎᆞᆷ예ᄒᆞᆯ 사ᄅᆞᆷ이 아니오되(隣語4:9).

·ᄎᆞᆷ외 명 참외. ☞ᄎᆞᄆᆡ ¶슈박 ᄎᆞᆷ외 감ᄌᆞ:西瓜甜瓜柑子(飜老下38). ᄎᆞᆷ외:甜瓜(老解下34). ᄎᆞᆷ외:甜瓜(朴解中34). ᄆᆞᆯ ㄨ튼 ᄎᆞᆷ외 죠롱죠롱 열엇세라(古時調. 海謠). ᄎᆞᆷ외:瓜(物譜 草果). ᄎᆞᆷ외:甜苽(方藥42).

ᄎᆞᆷ죠개 명 참조개. ¶ᄎᆞᆷ죠개:蛤蜊(同文解下41). 복숑아와 외얏과 ᄎᆞᆷ새와 ᄎᆞᆷ죠개와:桃李雀蛤(臘藥1).

ᄎᆞᆷ혹이 [부] 참혹히. 참혹하게. ¶여러 번 ᄎᆞᆷ혹이 굳기올 ᄲᅮᆫ 아니라(隣語7:10).

·ᄎᆞᆷ·회 [명] 참회(懺悔). ¶미처 懺悔 몯 ᄒᆞ야도(楞解7:55).

·ᄎᆞᆷ회·ᄒᆞ·다 [동] 참회(懺悔)하다. ¶目連이ᄅᆞᆯ 블러 懺悔ᄒᆞ시고(釋譜6:9). 아ᄅᆞᆺ 業을 아라 懺悔코져 홇 사ᄅᆞ미(月釋21:96).

ᄎᆞᆷ히 [부] 훌륭히. ¶ᄀᆞ장 ᄎᆞᆷ히 通ᄒᆞᅀᆞᆸ시니(新語1:19).

ᄎᆞᆸᄡᆞᆯ [명] 찹쌀. ☞ᄎᆞᄡᆞᆯ ¶ᄎᆞᆸᄡᆞᆯ 달힌 믈의(痘瘡方25). ᄒᆞᆫ 긴 독 조븐 부리 안히 ᄎᆞᆸᄡᆞᆯ 술 담은 거시여:一箇長甕兒窄窄口裏頭盛着糯米酒(朴解上37). ᄎᆞᆸᄡᆞᆯ 나:糯(倭解下4).

ᄎᆞᆸᄊᆞᆯ [명] 찹쌀. ☞ᄎᆞᄡᆞᆯ. ᄎᆞᆸᄡᆞᆯ ¶ᄎᆞᆸᄊᆞᆯ:粘米(同文解下2). ᄎᆞᆸᄊᆞᆯ:江米(漢淸12:63).

·ᄎᆞᆺ·다 [동] 찾다. ☞ᄎᆞᆽ다 ¶이 見塵等의 體ᄅᆞᆯ ᄎᆞᆺ건댄:尋此見塵等體(圓覺上二之二68). 흐린 술란 陶令ᄋᆞᆯ ᄎᆞᆺ고:濁酒尋陶令(初杜解21:1). 다시 ᄇᆞ즈러니 호온 ᄡᅵ믈 ᄎᆞᆺ디 마롤디어다:更莫區區尋縫罅(南明上37). ᄉᆡ집의 가져갈 지물을 ᄎᆞᆺ고:需索(女四解2:15). 左右로 서ᄅᆞ ᄎᆞᆺ고(武藝圖55).
※ᄎᆞᆺ다(ᄎᆞᆽ다)>찾다

·ᄎᆞᆺ·떡 [명] 찰떡. ☞ᄎᆞ떡. 출떡 ¶ᄎᆞᆺ떡:餈餻(訓蒙中20 餻字註).

·ᄎᆞᆽ·다 [동] 찾다. ¶길흘 ᄎᆞ자 부텻긔로 가ᄂᆞᆫ 저긔(釋譜6:19). 소리ᄅᆞᆯ ᄎᆞᄌᆞ샤 受苦 救ᄒᆞ샤ᄆᆞ로 觀音이시고(楞解6:66). 法을 ᄎᆞ조ᄃᆡ(圓覺上一之一31). 參究ᄂᆞᆫ ᄎᆞ잘 씨라(蒙法22). ᄇᆞ즈러니 四至 ᄎᆞ조ᄆᆞᆯ 마롤디니라:不用波波尋四至(南明下41). ᄎᆞᄌᆞᆯ 심:尋(類合下61. 石千31). 스스로 能히 우후로 ᄎᆞ자 向ᄒᆞ야 가:自能尋向上去(宣小5:86). 아희들 헌옷 ᄎᆞᄌᆞ니 겨올인가 ᄒᆞ노라(古時調. 山中에 ᄎᆡᆨ曆. 甁歌). 尋은 ᄉᆞ람을 보내여 ᄎᆞᄌᆞ란 말이라(女四解2:21). ᄆᆞᄋᆞᆷ 박긔 부톄를 ᄎᆞ자면(普勸文海印板9). 종 ᄎᆞᄌᆞ련 양반인가(萬言詞). ᄎᆞ질 방:訪(兒學下4). ᄎᆞᄌᆞᆯ 심:尋(兒學下12). ※ᄎᆞᆽ다>찾다

:ᄎᆡ [명] 양념. ☞약념 ¶ᄎᆡ 제:虀 擣辛物爲之(訓蒙中21).

:ᄎᆡ [명] 채(菜). ¶미샹 밥 머글 ᄢᅴ 니르런 菜로 고기 ᄉᆞᆷᄂᆞᆫ 그르세 브텨 글히다니(六祖上40). ᄒᆞᆫ두 돗 너븨만 부루 菜ᄅᆞᆯ 즈음ᄒᆞ야 심고니:隔種一兩席許萵苣(重杜解16:66). 菜와 果와 자과 脯와 飯과 茶湯을 各ᄒᆞᆫ 그ᄅᆞ슬(家禮10:48). 길경이ᄎᆡ:車前菜(漢淸12:40).

ᄎᆡ [명] 채. 자루. ¶ᄎᆡ 긴 집게:鶴鉗(柳氏物名五 金).

ᄎᆡ [명] 채. 채로. ¶의ᄃᆡ 닙으신 ᄎᆡ 길의 오오셔(閑中錄122).

ᄎᆡ [부] ①차게(滿). 다. ¶어리거든 ᄎᆡ 어리거나 밋치거든 ᄎᆡ 미치거나(古時調. 靑丘). 五音을 ᄎᆡ 몰라도 律呂를 찰ᄒᆞ슬라(古時調. 金壽長. 聲音은. 海謠).
②채. ¶반싱이 ᄎᆡ 못되여 뉵뉵의 들이 업니(萬言詞).

:ᄎᆡ깅 [명] 채갱(菜羹). 채소국. ¶비록 疏食와 菜羹이라도 반ᄃᆞ시 祭ᄒᆞ샤ᄃᆡ(宣論2:58).

:ᄎᆡ:녀 [명] 채녀(婇女. 采女. 綵女). 궁녀 또는 곱게 꾸민 여인. ¶婇女ㅣ 기베 안ᅀᆞᄫᅡ(月印上9). ᄯᅩ 各各 여듧 婇女ㅣ 七寶壜ᄋᆞᆯ 잡ᅀᆞᄫᆞ며(釋譜23:49). 婇女는 ᄭᅮ뮨 각시라(月釋2:28).

·ᄎᆡ·다 [동] 채다(被蹴). ¶ᄆᆞᆯ ᄎᆡ여 傷ᄒᆞ닐 고툐ᄃᆡ:治馬踢傷(救急下18).

ᄎᆡ단 [명] 채단(綵緞). ¶ᄇᆡᆨ금 십 냥과 ᄎᆡ단 이 필을 ᄀᆞ초아(引鳳簫2). 싱이 본ᄃᆡ 녜ᄉᆞ납폐 ᄎᆡ단으로 아랏다가(落泉1:2).

ᄎᆡ란 [명] 채련. ¶ᄎᆡ란:皮股子(同文解下40).

ᄎᆡ련 [명] 채련. ¶ᄎᆡ련:股子皮(漢淸11:15).

ᄎᆡ션 [명] 채선(彩船). ¶강변의 니ᄅᆞ러ᄂᆞᆫ ᄎᆡ션과 금범이 ᄇᆞ람의 븟기고(洛城2).

:ᄎᆡ소 [명] 채소(菜蔬). ¶菜蔬ㅅ 니플 ᄡᅡ해 ᄇᆞ리디 말며(月釋21:110). 菜蔬와 믈와ᄲᅮᆫ 먹고(三綱. 孝26). 風俗ᄋᆞᆫ 園中엣 菜蔬와 마초ᄂᆞ니라:風俗當園蔬(初杜解17:39). 과실와 ᄎᆡ소:果子菜蔬(飜老下38). 열여슷 뎝시예 ᄎᆡ소:十六楪菜蔬(飜朴上4). 소곰과 ᄎᆡ소도 먹디 아니ᄒᆞ더라:不進鹽菜(飜小9:33). 스스로 ᄎᆡ소로ᄡᅥ 손과 더브러 ᄒᆞᆫ가지로 밥 먹은대:自以草蔬與客同飯(宣小6:106). 날마다 위 안햇 菜蔬ᄅᆞᆯ 뫼화 日課ᄅᆞᆯ 삼노라:日倂園蔬課(重杜解2:64). 니근 菜蔬 잇거든(老解上36).

ᄎᆡ:ᄉᆞ [명] 차사(差使). ¶世間ㅅ 그윗 差使ㅣ 罪人 조차 ᄃᆞᆫ니ᄃᆺ 홀씨 일후미 使ㅣ라(法華1:25). 吏ᄂᆞᆫ 그윗 ᄎᆡᄉᆞㅣ라(宣賜內訓3:20). 그ᄃᆡ 자불 ᄎᆡᄉᆞ 다ᄉᆞᆺ 귀신이(桐華寺王郞傳2).

:ᄎᆡ·ᄉᆡᆨ [명] 채색(彩色). ¶彩色ᄋᆞ로 佛像ᄋᆞᆯ 그리ᅀᆞᄫᅩᄃᆡ(釋譜13:52). 彩色ᄋᆞ로 그려 佛像 百福莊嚴相 ᄆᆡᇰᄀᆞ로ᄃᆡ(法華1:219). 기베 綵色ᄋᆞ로 그리고(金三4:58). ᄎᆡᄉᆡᆨᄒᆞᆫ 술위:金碧輿(飜小9:106). ᄎᆡᄉᆡᆨ ᄎᆡ:綵(石千19).

:ᄎᆡ·ᄉᆡᆨᄀᆞᅀᆞᆷ [명] 물감. 채색(彩色)감. ¶ᄎᆡᄉᆡᆨᄀᆞᅀᆞᆷ:顔料(訓蒙中30 碧字註).

ᄎᆡ약 [명] 채약(採藥). ¶採藥이 저물거다(曺友仁. 梅湖別曲).

ᄎᆡ열 [명] 챗열. ☞채열 ¶ᄎᆡ열:鞭穗(柳氏物名一 獸族).

ᄎᆡ·오·다 [동] 채우다. ¶손지 비ᄅᆞᆯ 몯 ᄎᆡ와 조ᄎᆞᆫ 궈거슬 자바(釋譜24:22). 三年을 ᄎᆡ오시니 無上道애 갓갑더시니(月釋8:79). ᄎᆡ오샤:充之(楞解6:41). ᄆᆞᄃᆞ기 ᄎᆡ와 가

져:盈滿(楞解10:90). ᄌᆞ개 本來ㅅ 願을 조쳐 ᄎᆡ오고져 ᄒᆞ샤:幷欲自滿本願(法華4:192). 바ᄇᆞ로 이블 ᄎᆡ오ᄂᆞ니:食以充口(永嘉上22). 거싀 足히 손 머믈우믈 이거스로 ᄎᆡ오리로다:庶足充淹留(初杜解22:5). ᄲᆞᆯ리 ᄎᆡ와:速能滿足(佛頂上1). ᄇᆡᄅᆞᆯ ᄎᆡ오려 ᄆᆡ온 토란ᄋᆞᆯ ᄏᆡ오:充腸茶辛芋(眞言21). 願을 ᄎᆡ와 일오라:願滿成就着(朴解下4). ᄎᆡ오다:補(譯解下51).

ᄎᆡ오·다 [동] 차게 하다. 식히다. ¶ ᄒᆞᆫᄃᆡ 달혀 져기 두텁거든 ᄎᆡ와 헌ᄃᆡ ᄇᆞᄅᆞ면:合煎稍稠待冷塗瘡上(救急上88). 몸 ᄎᆡ와 ᄯᅩ 옷 닙고:凉定了身已時却穿衣服(飜朴上53).

:ᄎᆡ·옥 [명] 채옥(菜玉). 옥의 한 가지. ¶ ᄀᆞ장 사오나와ᅀᅡ ᄎᆡ옥이오:最低的是菜玉(飜老下51). ᄀᆞ장 ᄂᆞᄌᆞ니아 菜玉이오(老解下46).

ᄎᆡ우다 [동] 채우다. ¶ 공명인들 ᄠᅳᆮ을 다라 엽희 ᄎᆡ워 잇슬손가(萬言詞答).

ᄎᆡ·이·다 [동] 채우다〔佩〕. ¶ 使者ㅣ 다시곰 달애오 印綬ᄅᆞᆯ ᄎᆡ이거든 미러 ᄇᆞ리고 아니 받거늘:使者要說以印綬加身勝輒推不受(三綱. 忠8). 뭀어미 門 안해 미처 ᄂᆞᄆᆞᆺ ᄎᆡ이고:庶母及門內施鞶(宣賜內訓1:84).

ᄎᆡ직 [명] 채찍. ☞챗딕 ¶ ᄎᆡ직:鞭(柳氏物名一 獸族). ᄎᆡ직 편:鞭(兒學上12).

ᄎᆡ칼 [명] 채칼. ¶ ᄎᆡ칼:擦床(漢淸11:39).

ᄎᆡ펴다 [동] 펼치다 ¶ 雙龍이 뒤트ᄂᆞᆫ ᄃᆞᆺ 긴 깁을 ᄎᆡ펴ᄂᆞᆫ ᄃᆞᆺ(宋純. 俛仰亭歌).

·ᄎᆡᆨ [명] 책(册). ¶ 千金을 아니 앗기샤 글 册ᄋᆞᆯ 求ᄒᆞ시니:不吝千金典籍是索(龍歌81章). 黃卷ᄋᆞᆫ 册ᄋᆞᆯ 니ᄅᆞ니(楞解1:3). ᄯᅩ ᄎᆡᆨ ᄒᆞᆫ 볼 사ᄃᆡ:更買些文書一部(飜老下70). ᄎᆡᆨ을 더퍼 정제히 ᄒᆞᆫ 후에ᅀᅡ:必待卷束整濟然後(飜小8:39). 세 ᄎᆡᆨ을 두고셔:置三籍(呂約2). ᄎᆡᆨ ᄎᆡᆨ:册(訓蒙上34. 類合上25). 무인년 ᄎᆡᆨ애:戊寅本(宣小凡例1). 일홈을 ᄇᆡᆨ셩 경계ᄒᆞᄂᆞᆫ ᄎᆡᆨ이라 ᄒᆞ야:編曰警民(警民序2). ᄯᅩ ᄎᆡᆨ ᄒᆞᆫ 볼을 사되:更買些文書一部(老解下63). ᄎᆡᆨ:本子(同文解上44). 유뫼가 닌가의 ᄎᆡᆨ을 비러고(洛城1). ※ ᄎᆡᆨ>책

·ᄎᆡᆨ [명] 책(責). ¶ 責ᄋᆞᆫ 외다 ᄒᆞᆯ 씨라(楞解1:77). 人의 그 言을 易히 홈은 責이 업슴이니라(宣孟7:32). 믈허딘 긔강을 식식이 니ᄅᆞ혀믄 ᄎᆡᆨ이 대신과 대ᄉᆞ헌의게 이시니(仁祖行狀28).

·ᄎᆡᆨ [명] 책(柵). 목책(木柵) ¶ 柵ᄋᆞᆫ 나모 城이라(楞解8:89).

ᄎᆡᆨ [명] 척(隻). ¶ 어제 日本 ᄇᆡ 두 ᄎᆡᆨ이 건너왓ᄂᆞᆫᄃᆡ:貳艘(隣語1:5).

ᄎᆡᆨ갑 [명] 책갑(册匣). ¶ ᄎᆡᆨ갑:書套(同文解上44). ᄎᆡᆨ갑:套(漢淸4:6).

ᄎᆡᆨ걸이 [명] 서가(書架). ¶ ᄎᆡᆨ걸이:書架(譯解補12).

ᄎᆡᆨ녁 [명] 책력(册曆). ☞ᄎᆡᆨ력 ¶ ᄎᆡᆨ녁 가져오라:將曆頭來(朴解中53). ᄎᆡᆨ녁:皇曆(同文解上42).

ᄎᆡᆨ댱 [명] 책장(册張). ¶ 게어론 션비 ᄎᆡᆨ댱만 뒤집단 말(東韓).

ᄎᆡᆨ력 [명] 책력(册曆). ☞ᄎᆡᆨ녁 ¶ ᄎᆡᆨ력 력:曆(訓蒙中2. 兒學下6).

ᄎᆡᆨ망 [명] 책망(責望). ¶ 님금은 신하의 벼리 되엿ᄂᆞ니 그 소임과 ᄎᆡᆨ망이 듕호미 이러ᄐᆞᆺ ᄒᆞ거ᄂᆞᆯ(仁祖行狀20). 문호와 세도의 ᄎᆡᆨ망이 다 ᄒᆞᆫ 몸의 ᄆᆡ엿거ᄂᆞᆯ(落泉3:7).

ᄎᆡᆨ망ᄒᆞ다 [동] 책망(責望)하다. ¶ 禮로ᄡᅥ 사ᄅᆞᆷ을 ᄎᆡᆨ망ᄒᆞ니(女四解4:46).

ᄎᆡᆨ상 [명] 책상(册床). ¶ 대뎐 ᄎᆡᆨ상 아래며 벼개 미티도 노흐며(癸丑57). ᄎᆡᆨ상:書卓(物譜 几案). ᄎᆡᆨ상 ᄀᆞ튼 궤:燕几(物譜 几案). ᄎᆡᆨ상 안:案(兒學上10).

·ᄎᆡᆨ의 [명] 책의(册衣). ¶ ᄎᆡᆨ읫 딜:帙(訓蒙上34). ᄎᆡᆨ의 딜:帙(類合下37). ᄎᆡᆨ의:書面子(譯解補12).

ᄎᆡᆨ의좀 [명] 반대좀. ¶ ᄎᆡᆨ의좀:衣魚(柳氏物名二 昆蟲).

ᄎᆡᆨ좀 [명] 반대좀. ¶ ᄎᆡᆨ좀:蟫(物譜 蟲豸).

ᄎᆡᆨᄎᆡ기 [부] 빽빽이. ☞직지기 ¶ 香木ᄋᆞᆯ ᄎᆡᆨᄎᆡ기 무러(釋譜23:38). 가ᅀᆞ매 ᄎᆡᆨᄎᆡ기 어즈러이 담겨세라:側塞煩胷襟(初杜解15:3). ᄎᆡᆨᄎᆡ기 沙界예 서료ᄃᆡ:密密蟠沙界(金三2:21). 갈 저긔 ᄎᆡᆨᄎᆡ기 호오ᄆᆞᆫ 아니 더듸 도라올가 너기다 ᄒᆞ니(南明下46).

ᄎᆡᆨᄎᆡᆨ·ᄒᆞ·다 [동] 다닥치다. ¶ ᄎᆡᆨᄎᆡᆨᄒᆞᆯ 찰:搒(訓蒙下24).

ᄎᆡᆨᄎᆡᆨ·ᄒᆞ·다 [형] 빽빽하다. 다붓다붓하다. ¶ ᄀᆞᄌᆞᆨ고 조코 ᄎᆡᆨᄎᆡᆨᄒᆞ시며(月釋2:41). 모맷 ᄆᆞᄃᆡ 굳고 ᄎᆡᆨᄎᆡᆨᄒᆞ시며(月釋2:56). 닛相이 마ᅀᆞ니 ᄀᆞᄌᆞ기 平ᄒᆞ시고 조ᄒᆞ시고 ᄎᆡᆨᄎᆡᆨᄒᆞ시고(法華2:13). 니 ᄒᆡ오 ᄀᆞᄌᆞᆨ고 ᄎᆡᆨᄎᆡᆨᄒᆞ샤:齒白齊密(法華7:148). ᄎᆡᆨᄎᆡᆨᄒᆞᆫ 읏드미 프른 비치 重疊ᄒᆞ도다:密幹疊蒼翠(初杜解6:22). 크며 ᄎᆡᆨᄎᆡᆨ호미 어듸쎤 ᄌᆞᅀᆞᆷᄎᆞ리오:堂堂密密何曾間(金三2:24). ᄎᆡᆨᄎᆡᆨ 딘:縝(類合下4). ᄎᆡᆨᄎᆡᆨ 밀:密(類合下28). ᄒᆡᆫ 고기ᄂᆞᆫ ᄎᆡᆨᄎᆡᆨᄒᆞᆫ 그므레 困ᄒᆞ거늘(重杜解1:46). ᄎᆡᆨᄎᆡᆨᄒᆞᆫ 뵈:緊密布(譯解下5).

·ᄎᆡᆨ·ᄒᆞ·다 [동] 책(責)하다. ¶ 迷惑ᄒᆞᆫ 妄ᄋᆞᆯ 아라 모ᄆᆞᆯ 責ᄒᆞ야 ᄀᆞᄅᆞ치샤ᄆᆞᆯ 請ᄒᆞᅀᆞ와:責ᄋᆞᆫ 외다 ᄒᆞᆯ 씨라(楞解1:77). 이제 仔細히 ᄉᆞᆯ펴 責ᄒᆞ야(永嘉上5). ᄎᆡᆨᄒᆞᆯ ᄎᆡᆨ:責(類合下19). 대의로ᄡᅥ ᄎᆡᆨᄒᆞ고(東新續三綱. 忠1:54). 연듕의 군하들을 ᄎᆡᆨᄒᆞ여 ᄀᆞᆯᄋᆞ샤ᄃᆡ(仁祖行狀28). 이 등이 나의 과실을 ᄎᆡᆨ디 아니ᄒᆞ고(仁祖行狀33). ᄉᆡᆼ이 후원의 ᄎᆡᆨᄒᆞᆯ가 두리ᄂᆞᆫ ᄆᆞᄋᆞᆷ이 셕연ᄒᆞ여(落泉1:2).

ㅋ

ㅋ [자모] 키읔. 한글 초성(初聲) 자모(字母)의 하나. 아음(牙音). 어금닛소리. ¶ㅋ. 牙音. 如快字初發聲(訓正). 牙音ㄱ. 象舌根閉喉之形. … ㅋ比ㄱ. 聲出稍厲. 故加畫(訓解. 制字). ㄱㄷㅂㅈㅅㆆ. 爲全淸. ㅋㅌㅍㅊㅎ. 爲次淸(訓解. 制字). ㄱ 木之成質. ㅋ 木之盛長. ㄲ 木之老壯. 故至此乃皆取象於牙也(訓解. 制字). ㅋ는 엄쏘리니 快쾡ㆆ字ᄍᆞᆼ 처ᅀᅥᆷ 펴아나ᄂᆞᆫ 소리 ᄀᆞᄐᆞ니라(訓註4). ㅋ 箕(訓蒙凡例 2).

·카냥ᄒᆞ·다 [동] 자랑하다. 잘난 체하다. ☞잘카냥ᄒᆞ다. ᄒᆞ가냥ᄒᆞ다 ¶뉘 能히 밧ᄀᆞᆯ 向ᄒᆞ야 精進 카냥ᄒᆞ리오: 誰能向外誇精進(南明上37).

칵별이 [부] 각별히. ☞각벼리 ¶精神이 곳 칵별이 이시리라: 精神便別有(朴解上47).

칼 [명] 칼. ☞갈 ¶칼로 ᄒᆞᆰ 베흄 ᄀᆞᄐᆞ니: 如以刀割泥(龜鑑上49). 칼히 제 ᄒᆡ여디ᄂᆞ니라: 刀自傷焉(龜鑑上49). 칼 검: 劍(石千3). 칼 ᄀᆞᆫ 지거미믈로 드시 ᄒᆞ야 치ᄌᆞᄅᆞᆯ 적시고: 以磨刀水溫潤子腸(胎要25). 예 도적 세히 칼 가지고 와셔: 倭賊三人持刃來(東新續三綱. 孝1:31 朴暢感倭). 칼을 ᄲᅥ텨: 奮劒(東新續三綱. 孝1:49 載道活父). 칼흘 ᄲᅢ여: 拔劒(東新續三綱. 孝1:56 希參活母). 칼흘 저어: 揮劒(東新續三綱. 孝4:6 石明追虎). 됴흔 칼을 달라 ᄒᆞ야(太平1:11). 칼히며 도치로ᄡᅥ ᄆᆡ며 버히며(家禮10:45). 몬져 드ᄂᆞᆫ 칼흐로 ᄡᅥ: 先用利刀(馬解下69). 드ᄂᆞᆫ 칼ᄒᆞ로 갓ᄭᅡ 여러: 利刀削開(馬解下108). 盧氏 칼흘 믈읍쓰고: 盧氏冒刃(女四解4:18). 칼: 刀子(同文解上48). 밍뫼 칼로ᄡᅥ 그 뵈 ᄧᅳ던 거ᄉᆞᆯ 긋ᄎᆞ려 ᄒᆞ니(女範1. 모의 추밍모). 칼을 디고 바로 셔(武藝圖13). 물 버히는 칼도 업고 경 버히는 칼도 업니(萬言詞). 칼 도: 刀(兒學上11). 枷劒同訓 칼(雅言一 薑讓).

칼 [명] 칼. 〔형틀의 한 가지.〕☞갈 ¶칼: 枷(譯解上66). 枷劒同訓 칼(雅言一 薑讓).

칼가플 [명] 칼집. ☞칼가ᄑᆞᆯ ¶칼가플: 刀鞘(譯解下17).

칼가ᄑᆞᆯ [명] 칼집. ☞칼가플 ¶칼가ᄑᆞᆯ 쵸: 鞘(類合上32).

칼국슈 [명] 칼국수. ¶제믈엣 칼국슈와: 水滑經帶麵(朴解下32).

칼날 [명] 칼날. ☞칼ᄂᆞᆯ ¶칼날을 무롭쓰고 드러가: 鋒刃(五倫5:25).

칼ᄂᆞᆯ [명] 칼날. ☞칼날 ¶또 칼ᄂᆞᆯᄒᆞᆯ 만나: 亦逢刃(東新續三綱. 孝6:8). 칼ᄂᆞᆯ: 刀刃(同文解上48). 칼ᄂᆞᆯ: 刀刃(譯解補16). ᄂᆞᆸ히 칼ᄂᆞᆯ을 드러(武藝圖22).

칼마기 [명] 칼막이. ¶칼마기: 刀揀子(譯解下17. 同文解上48).

칼ᄲᅳᆽ [명] 칼끝〔刀尖〕. ☞칼ᄉᆞᆽ ¶칼ᄲᅳᆽ: 刀尖(譯解補16).

칼ㅅ등 [명] 칼등. ¶칼ㅅ등: 刀背(同文解上48. 漢淸5:10).

칼새 [명] 새매의 한 가지. ¶칼새: 燕鶻(柳氏物名一 羽蟲).

칼수메 [명] 칼의 슴베. ☞수메 ¶칼수메: 信子(譯解補16). 칼수메에 빈혀ㅅ쇠: 釘刀根鐵(漢淸5:10).

칼ᄉᆞᆽ [명] 칼끝〔刀尖〕. ☞칼ᄲᅳᆽ ¶칼ᄉᆞᆽ: 刀尖(同文解上48).

칼자이 [명] 칼자. 숙수(熟手). ☞칼ᄌᆞ이 ¶刀尺 칼자이 外邑治膳漢也(吏讀).

칼집 [명] 칼집. ¶칼집: 刀鞘(同文解上48). 칼집에 ᄢᅡ지다: 刀吐鞘(譯解補16).

칼짓 [명] 칼깃. ¶칼짓: 翅大翎(譯解補47. 漢淸13:60).

칼ᄌᆞᄅᆞ [명] 칼자루. ¶칼ᄌᆞᄅᆞ: 刀把(譯解下17). 칼ᄌᆞᄅᆞ 웃막이: 刀把頂束(漢淸5:20).

칼ᄌᆞ이 [명] 칼자. 숙수(熟手). ☞칼자이 ¶刀尺 今外邑掌廚供者謂之 刀尺 俗云 칼ᄌᆞ이(東韓).

칼톄엿것 [명] 칼 종류(種類). 도류(刀類). ¶이제 아ᄃᆞᆯ이 다ᄅᆞᆫ 댱가 든다 ᄒᆞ고 내게 잡그릇ᄃᆞᆯ과 ᄡᅳ던 자과 칼톄엿것과 졔ᄉᆞᄒᆞᄂᆞᆫ 긔구ᄅᆞᆯ 아사다가 새 사ᄅᆞᆷ을 주려 ᄒᆞ거ᄂᆞᆯ(太平1:16).

칼흘 [명] 칼을. 〔ㅎ 첨용어 '칼'의 목적격(目的格).〕 [독]칼 ¶방시 칼흘 잡아 왼녁귀ᄅᆞᆯ 버혀(女範3. 뎡녀 위부지쳐).

캉 [명] 구들. ¶캉 우희 쳥금 요 ᄭᆞᆯ고: 炕上鋪着靑錦褥子(朴解中44). 구븨진 캉: 彎子炕(漢淸9:73). 캉 젼: 炕沿(漢淸9:73).

-커·나 [접미] -하거나. ¶며느리라 혼 거슨 지븨 盛커나 衰커나 호매 브톤 배니: 婦者家之所由盛衰也(宣賜內訓1:81).

커·늘 [조동] 하거늘. ☞커ᄂᆞᆯ ¶ᄂᆞ믄 주규려 커

늘:人欲誅矣(龍歌77章). 王皇后 ᄆᆞᆯ오라비ᄅᆞᆯ 封호려 커늘:欲封王皇后之兄(宣賜內訓2上53).

-커·니 (접미) -하거니. ¶寰中ᄋᆞᆫ 本來 제 大平커니(南明上4).

커·니·와 (조동) 하거니와. ☞ᄏᆞ니와 ¶그딋 마리 眞實로 올타 커니와(釋譜23:53). 네 닐옴도 올타 커니와:你說的也是(飜老上5).

-커·니·와 (조) -커니와. ☞-ᄏᆞ니와 ¶너희ᄂᆞᆫ 커니와 내 지븨 이싫 저긔 受苦ㅣ 만타라(月釋10:23).

커·ᄂᆞᆯ (조동) 하거늘. ¶장ᄎᆞᆺ 그 어미ᄅᆞᆯ 해호려 커ᄂᆞᆯ:將害其母(東新續三綱. 孝7:44).

-커다 (접미) -하였다. ¶二曲은 어듸메오 花巖에 春晩커다(古時調. 李珥. 青丘). 九曲은 어듸메오 文山에 歲暮커다(古時調. 李珥. 青丘).

커든 (동) 하거든. ¶不可令閑이라 커든(龍歌122章).

커든 (조동) 하거든. ¶貝錦을 일우려 커든:謀欲成貝錦(龍歌123章). ᄡᅳ고져 커든 곧 ᄡᅳᆯ시라(南明下45).

-커든 (접미) -하거든. ¶兵衛 儼然커든:儼然兵衛陳(龍歌114章). 姦人이 離間커든:姦人讒間興(龍歌119章). 面折廷爭커든:廷爭或面折(龍歌121章).

-·커시·뇨 (접미) -하셨느뇨. ¶이 나라ᄒᆞᆯ 어여ᄢᅵ 너겨 오디 아니커시뇨 ᄒᆞ더니(月釋7:29). 몃마 苦로외며 브즈런커시뇨마ᄅᆞᆫ(南明下31).

-·커시·니 (접미) -하시니. ¶王事ᄅᆞᆯ 爲커시니 行陣ᄋᆞᆯ 조ᄎᆞ샤:祇爲王事棘行陣日隨逐(龍歌112章). 拯民을 爲커시니 攻戰에 ᄃᆞᆮ니샤:祇爲拯群黎攻戰日奔馳(龍歌113章). 妙心이 두려이 周徧커시니:妙心圓徧(楞解9:37). 趙州 보ᅀᆞ와 ᄉᆞᆯ오ᄃᆡ 老老大大커시니(南明上43).

·커시·ᄂᆞᆯ (조동) 하시거늘. ¶네 가ᅀᅡᄒᆞ리라 커시ᄂᆞᆯ:汝必往哉(龍歌94章).

-·커시·ᄂᆞᆯ (접미) -하시거늘. ¶京都애 도ᄌᆞ기 드러 님그미 避커시ᄂᆞᆯ:賊入京都君王出避(龍歌33章). 그 부톄 衆生ᄋᆞᆯ 饒益게 ᄒᆞ신 後에ᅀᅡ 滅度커시ᄂᆞᆯ(月釋17:81). 婢子ᄅᆞᆯ 敝邑에 取커시ᄂᆞᆯ:取婢子於敝邑(宣賜內訓2上29). 님그미 시름커시ᄂᆞᆯ 時節을 어느 거리치리오:主憂豈濟時(初杜解6:52).

-·커시·든 (접미) -하시거든. ¶小人을 ᄇᆞ리디 아니커시든:不棄嫌小人時(飜老上44).

·커·신마·ᄅᆞᆫ (조동) 하시건마는. ¶집 안햇 보빗 藏을 뵈오져 커신마ᄅᆞᆫ:欲示宅中寶藏(圓覺序43).

-·커·신마·ᄅᆞᆫ (접미) -하시건마는. ¶님그미 賢커신마ᄅᆞᆫ 太子ᄅᆞᆯ 몯 어드실ᄊᆡ:維帝雖賢靡有太子(龍歌84章).

-컨댄 (접미) -하건댄. ¶譬컨댄 뫼ᄒᆞᆯ ᄆᆡᇰᄀᆞ롬애:譬如爲山(宣論2:45). 在前에 比컨댄(老解上23). 청컨댄 가셔 위군을 머기리라:請往犒魏軍(東新續三綱. 忠1:14).

-컨·뎡 (접미) -할지언정. ¶녯 聖人냇 보람ᄋᆞᆯ 보미 맛당컨뎡:宜觀先聖標格(蒙法20).

-컨·디 (접미) -한지. ¶擁護컨디 오라거다 ᄒᆞ니라(楞解7:62).

-·케 (접미) -하게. ¶三界 便安케 호리라 發願이 기프실ᄊᆡ(月印上8). 慈悲ᄂᆞᆫ 衆生ᄋᆞᆯ 便安케 ᄒᆞ시ᄂᆞᆫ 거시어늘(釋譜6:5). 내 이 사ᄅᆞᄆᆞᆯ 惡道애 ᄠᅥ러디디 아니케 코져 ᄒᆞ노니(月釋21:125). 邪見에 드디 아니케 타 ᄒᆞ시니:不入邪見(楞解8:61). 처ᅀᅥᆷ 能히 밧ᄀᆞᆯ 虛케 코:初能外虛(楞解9:56). 物을 利케 호ᄆᆞᆫ 샹녜 ᄡᅳᆺ돌해 ᄀᆞ라(重杜解6:19).

켜다 (동) 끌다. ☞혀다. ᅘᅧ다 ¶여러 모시뵈 살 나그내 켜 오라:引將幾個買毛施布的客人來(老解下53). 목 버히며 혀 ᄲᅢ며 굽거니 ᄲᆞᆷ거니 켜거니 ᄡᅥ거니(普勸文32).

켜다 (동) 켜다(伸). ☞혀다 ¶기지게 켜다:舒腕(譯解上38).

켜다 (동) 켜다. ☞혀다. ᅘᅧ다 ¶主人이 등잔블 켜 오라:主人家點箇燈來(老解上22). 등잔 켜고 안즌 재 ᄇᆞᆰ히니(三譯2:23). ᄒᆞᆫ ᄢᅦ 군시 길흘 막고 블 켜니 曹操ㅣ 니로되 내 명 ᄆᆞᆺᄎᆞ리로다 ᄒᆞ더니(三譯9:14). 燭을 켜며 燈을 받들어:點燭擎燈(女四解2:32).

케오다 (동) 팽팽히 하다. ¶가족 케오다:撑皮(漢淸11:17).

케이다 (동) (마음에)걸리다. (마음을)졸이다. ¶ᄆᆞᄋᆞᆷ 케이다:揪心(同文解下59).

코 (명) ①코. ☞고 ¶귀와 눈과 코와 입과 ᄆᆞᅀᆞᄆᆡ 알옴과 온갓 얼굴로 ᄒᆡ여곰:使耳目鼻口心知百體(宣小3:7). 대통으로 ᄡᅧ 부러 코 가온ᄃᆡ 드리고 머므디 말고 잇ᄭᅳ러 네 면 코해셔 믈이 나며:以竹管吹入鼻中不住牽行鼻中出水(馬解下13). 코해 건 코히 흐르고:鼻流濃涕也(馬解下56). 혹 코히 피 나ᄂᆞ니(辟新5). 뎌 코히셔 코 흐르니 코 내ᄂᆞᆫ 믈이로고나(老解下17). 코헤 뿜기고:噴鼻(朴解上62). 코 머근 놈:齈鼻子(譯解上29). 女ㅣ 이에 코흘 버혀(女四解4:20). 거우르ᄅᆞᆯ 잡고 칼로 코흘 버혀(女範3. 뎡녀 냥과고힝). 초의 프러 코해 흘리라:醋和灌鼻(臘藥8).

②콧물. ☞고 ¶敢히 춤 밧ᄐᆞ며 코 프디 아니홀디니라:不敢唾洟(宣小2:7). 제 코ᄅᆞᆯ 프러(朴解中47). 코 푸다:擤鼻涕(同文解上15). 코 푸다:擤鼻涕(漢淸5:60).

·코 (조동) 하고. ¶一切 見聞覺知ᄅᆞᆯ 업게 코(楞解1:89). 니것도 보려 ᄒᆞ고 져것도 드

르려 코(宋純. 俛仰亭歌).

-·코 조 -고. -인고. 〔ㅎ 첨용(添用) 서술격 조사(敍述格助辭).〕 ¶오ᄂᆞᆳ 나조ᄒᆞᆫ 또 엇던 나조코:今夕復何夕(初杜解19:42). 工曹ㅅ 몃 ᄃᆞᆶ 길코:工曹幾月程(初杜解23:40). 어듸라 더디던 돌코 누리라 마치던 돌코 믜리도 괴리도 업시 마자셔 우니노라(樂詞. 青山別曲).

-·코 접미 -하고. ¶그 어버ᅀᅵ롤 ᄃᆞ디 아니코:不愛其親(宣賜內訓1:45).

코고으다 동 코골다. ☞고으다 ¶코고을 한:鼾(倭解上20). 코고으다:打呼鼾(同文解上19. 譯解補24).

코구무 명 콧구멍. ☞곳구무. 코ㅅ구무 ¶미양 죠곰안치롤 코굼긔 부러:每取小許吹入鼻孔(辟新12).

코기리 명 코끼리. ☞코키리 ¶코기리:象(華類56).

코길이 명 코끼리. ☞코기리. 코키리 ¶코길이 샹:象(註千36).

코노릐 명 콧노래. ¶코노릐 부로면셔 팔쑥춤이 제격니라(古時調. 논밧 가라. 青丘).

-·코·도 접미 -하고도. ¶내 비록 艱難코도 曾參을 길어내요라 ᄒᆞ더라(三綱. 孝14).

코도릐 명 코뚜레. ☞코ㅅ도래. 코ㅅ도릐 ¶코도릐:鼻鉤(柳氏物名一 獸族).

코물 명 콧물. ☞곳믈. 코ㅅ믈. 콧믈 ¶코물:鼻涕(物譜 氣血). 코물 톄:涕(兒學下3).

코뻰ᄆᆞᆯ 명 코 째진 말. 콧구멍 넓은 말. ¶코뻰ᄆᆞᆯ:豁鼻馬(老解下8. 譯解下29).

코ㅅ구무 명 콧구멍. ☞곳구무. 코구무. 콧구무 ¶코ㅅ구무:鼻孔(譯解上33).

코ㅅ긋 명 코끝. ¶코ㅅ긋:鼻準(譯解上33).

코ㅅ대 명 콧대. ☞콧대 ¶코ㅅ대:鼻柱(譯解上33).

코ㅅ도래 명 코뚜레. ☞코도릐 ¶코ㅅ도래:鼻鉤(同文解下38. 譯解補48).

코ㅅ도릐 명 코뚜레. ☞코도릐 ¶코ㅅ도릐:鼻鉤子(漢淸14:39).

코ㅅ믈 명 콧물. ☞곳믈. 코물. 콧믈 ¶코ㅅ믈:鼻涕(譯解上33. 同文解上15).

코ㅅᄆᆞᄅᆞ 명 콧마루. ☞곳ᄆᆞ라 ¶코ㅅᄆᆞᄅᆞ:鼻樑(譯解上33. 漢淸5:50).

코ㅅ방올 명 콧방울. ¶코ㅅ방올:鼻翅(譯解補21).

코소릐 명 콧소리. ¶코소릐 만히 ᄒᆞᄂᆞ니라:多鼻咋(馬解上33).

코쑹긔 명 콧구멍에. ☞곳굼긔 ¶뎌 코쑹긔 터럭 싸히고:摘了那鼻孔的毫毛(朴解上40).

코쌀 명 콧살. ¶코쌀을 찡그리며 무르락 나오락 캉캉 즛는 요 노랑 암캐(古時調. 바독이. 青丘).

코아래 명 인중(人中). ¶코아래:人中(譯解上33).

코우숨 명 코웃음. ¶져 쥬인 거동 보소 코우숨 비우스며(萬言詞).

·코·져 동 하고자. ¶믈읫 有情을 利樂긔 코져 ᄒᆞ노이다(釋譜9:2). 眞올 코져 ᄒᆞ면:欲眞(楞解7:73). 내 仁을 코져 ᄒᆞ면:我欲仁(宣賜內訓1:15).

·코·져 조동 하고자. ¶내 이 사ᄅᆞᆷ올 惡道애 뻐러디디 아니케 코져 ᄒᆞ노니(月釋21:125). 說法因緣으로 佛道ᄅᆞᆯ 일우며 한 사ᄅᆞᆷ도 또 그리케코져 願호리니:說法因緣願成佛道令衆亦爾(法華5:40).

코키리 명 코끼리. ☞코기리 ¶兕시:說文에 닐오ᄃᆡ 들쇼 ᄀᆞᆮ고 털이 프르고 얼굴이 코키리 ᄀᆞᄐᆞ니라(詩解 物名1). 코키리 샹:象(詩解 物名9). 코키리 샹:象(倭解下22). 코키리:象(譯解下33. 同文解下36). 코키리 샹:象(兒學上7).

코피 명 코피. ¶코피 뉵:衄(兒學下3).

-·콘 접미 -하거든. -하니. ¶俗齋戒예도 먹디 아니콘 ᄒᆞᄆᆞᆯ며 眞實ㅅ 닷ᄂᆞ니ᄯᆞ녀:俗齋不茹況眞修者(楞解8:4). 오히려 업디 아니콘 엇뎨 ᄒᆞᄆᆞᆯ며 諸子ㅣᄯᆞ녀:猶尙不匱何況諸子(法華2:77). 莊子도 오히려 그러콘 ᄒᆞᄆᆞᆯ며 道人이ᄯᆞ녀(永嘉下122). ᄀᆞᆮ디 아니콘 ᄒᆞᄆᆞᆯ며(圓覺上二之三32).

-·콤 접미 -씩. 〔접미사 '-곰'에 ㅎ이 첨용된 말. ㅎ 첨용어에 쓰임.〕 ☞-곰. -옴 ¶舍利弗의그에 무라두 즘겟길마다 亭舍롤 세콤 지스니(月印上56). 또 ᄒᆞ나콤 거르뼈여(釋譜23:15). 起踊振吼擊도 다 잇골로 닐어 세코미라(月釋2:14). 모맷 光明이 各各 열자콤 ᄒᆞ시며(月釋2:59). 세흘 各各 ᄒᆞ나콤 닷고미 單修ㅣ오(楞解8:54).

콤믈 명 콧물. ☞곳믈. 콧믈 ¶콤믈과 눈믈과:涕淚(痘要上3).

콧구무 명 콧구멍. ☞곳구무. 코구무. 코ㅅ구무 ¶ᄒᆞᆫ 덩이 프른 흙을 닉여 가져다가 大仙의 콧굼긔 노ᄒᆞ니:和將一塊青泥來大仙鼻凹裏放了(朴解下21).

콧대 명 콧대. ☞코. 코ㅅ대 ¶콧대:鼻柱(譯解上33).

·콧·믈 명 콧물. ☞곳믈. 코ㅅ믈 ¶콧믈 농:齈(訓蒙叡山本上15).

콩 명 콩. ¶콩爲大豆(訓解. 用字). 콩 슉:菽(訓蒙上13). 콩 슉:菽(類合上10). 벼와 삼과 콩과 보리 棧이 일고 囷이 일며:禾麻菽麥成棧成囷(女四解2:30).

콩가라 명 콩가루. ☞콩ᄀᆞᄅᆞ ¶콩가라:豆黃(柳氏物名三 草).

콩각대 명 콩깍지. ☞콩싹지 ¶콩각대:豆楷(譯解下10).

콩기름 명 콩나물. ¶콩기름:豆芽(漢淸12:

37). 콩기름:黃卷莁(物譜 飮食). 콩기름:黃卷(柳氏物名三 草).

콩ᄀᆞᄅᆞ 명 콩가루. ☞콩가라 ¶콩ᄀᆞᄅᆞ:豆麵子(漢淸12:47).

콩닙 명 콩잎. ¶콩닙 곽:藿(兒學上5).

콩닢 명 콩잎. ☞콩닙 ¶藜藿ᄋᆞᆫ 콩니피라(南明上30).

콩망ᄋᆞ디 명 콩망아지. ¶콩망ᄋᆞ디:藿蠋(柳氏物名二 昆蟲).

콩·믈 명 콩물. ¶처엄 머길 저긘 다믄 콩므를 다가 버므려 주고:初喂時只將料水拌與他(飜老上24). 딥 버므리ᄂᆞᆫ 막대로 콩므를 버므려 주워 머기고:着攪草棍拌饋他些料水喫(飜朴上22). 여믈 버므리ᄂᆞᆫ 막대로 더ᄅᆞᆯ 져기 콩믈을 버므려 주어 먹이고:着攪草棍拌饋他些料水喫(朴解上22).

콩미시 명 콩미수.〔꿀물에 콩가루를 탄 음료.〕¶콩미시로 니만날을 아오라 ᄒᆞᆫ 번식 잡숩더니(癸丑111).

콩밭 명 콩밭. ¶서르 자바 콩바티 녀 보니:相携行豆田(初杜解15:5).

콩새 명 콩새. ¶콩새:茶鳥(譯解下27. 同文解下35. 柳氏物名一 羽蟲).

콩ᄶᅡ지 명 콩깍지. ☞콩각대 ¶콩ᄶᅡ지 등믈:萁䕩(漢淸13:10).

콩절미 명 콩인절미. ¶흰곤무 콩절미 ᄌᆞ치 술국 按酒에(古時調. 묵은 ᄒᆡ. 花源).

콩·ᄑᆞᆺ 명 콩팥. 신장(腎臟). ☞콩ᄑᆞᆾ ¶콩ᄑᆞᆺ:腰子(四解上60 腎字註). 콩ᄑᆞᆺ 신:腎(訓蒙上27). 콩ᄑᆞᆺ:腰子(同文解上17). 콩ᄑᆞᆺ:腎(漢淸5:58).

콩·ᄑᆞᆾ 명 콩팥. 신장(腎臟). ☞콩ᄑᆞᆺ ¶腎은 비 안 오장앳 콩ᄑᆞ치라(救簡3:75).

-콰 조 -과. -와.〔ㅎ첨용(添用) 부사격조사(副詞格助辭).〕¶梵行ᄒᆞᄂᆞᆫ 즁ᄃᆞᆯ콰 ᄒᆞᆫᄃᆡ 잇노이다(釋譜24:46). ᄒᆞ마 우콰 ᄀᆞᆮᄒᆞ니(月釋17:36).

-·콰 조〔ㅎ 첨용(添用) 접속조사(接續助辭).〕①-과. ☞-쾌 ¶사ᄅᆞᆷᄃᆞᆯ콰 하ᄂᆞᆯᄃᆞᆯ히(釋譜序2). 天人ᄋᆞᆫ 하ᄂᆞᆯ콰 사ᄅᆞᆷ쾌라(月釋1:17). 믈와 블와 갈콰 毒콰(月釋9:43). 조ᅀᆞᄅᆞ원 길콰 ᄂᆞᆯ이:要路津口(楞解5:68). ᄒᆞᄅᆞ ᄒᆞᆫ 열콰 ᄒᆞᆫ 밀흘 머거도:日餐一麻一麥(楞解9:106). 하ᄂᆞᆯ콰 ᄯᅡ콰 ᄉᆞᅀᅵ예 順ᄒᆞ며 거슬ᄡᅳᆫ 이리 잇도다:天地有順逆(初杜解7:25). 몸 우희 암근 ᄉᆞᆯ콰 갓쾌 잇디 아니토다:身上無有完肌膚(初杜解8:2).

②-와. ¶눈과 귀와 고콰 혀와 몸과(釋譜6:28. 月釋2:15). 뫼콰 내콰ᄅᆞᆯ 건나:涉山川(南明上49).

-콰·댜 접미 -하고자. ☞-콰뎌 ¶본ᄃᆡ ᄆᆞᅀᆞᄆᆞᆯ 열며 눈을 ᄇᆞᆯ겨 힝ᄒᆞ요매 리콰댜 ᄒᆞ예니라:本欲開心明目利於行耳(飜小8:25). 壽考콰댜 ᄒᆞ야 忘티 몯ᄒᆞ리로다(詩解6:22).

-·콰·뎌 접미 -하고자. ☞-콰댜 ¶또 비호미 等을 건너ᄢᅱ디 아니콰뎌 ᄒᆞ신 젼ᄎᆞ라:亦欲學不躐等故也(法華3:143). ᄒᆞᆫ가지로 證콰뎌 ᄒᆞ실ᄊᆡ(法華3:189). 오직 含靈이 ᄢᅢ디여 ᄢᅥ러듀믈 免콰뎌 ᄒᆞ시니라(南明上9). 내 後世로 ᄒᆞ야곰 先帝ㅣ 後宮의 집을 ᄌᆞ조 親히 ᄒᆞ샤ᄆᆞᆯ 듯디 아니콰뎌 ᄒᆞᄂᆞᆫ 연고로 ᄡᅳ지 아니ᄒᆞ노라:吾不欲令後世聞先帝數親後宮之家故不著也(重內訓2:40).

-콰·로 조 -과로. -와로. ¶帝釋이 天衆ᄃᆞᆯ콰로(釋譜23:24). ᄀᆞ애와 자콰로 지ᅀᆞᄆᆞᆯ 뵈아ᄂᆞ니:催刀尺(初杜解10:33).

-·콴·ᄃᆡ 접미 -하건대. ¶엇더콴ᄃᆡ 뒤흐로 ᄃᆞᆯ요매 제 일흐며(月釋13:32).

광지 명 바구니. ¶광지:竹簍子(同文解下15). 기름 광지:油簍(漢淸11:44).

쾌 명 쾌.〔북어 스무 마리를 한 단위로 세는 말.〕¶북어 쾌 젓 죠긔ᄅᆞᆯ(農月 八月令).

-·쾌 조 -과가. ☞-콰 ¶갓과 ᄉᆞᆯ쾌(月釋2:40). 門 알ᄑᆡ ᄒᆞᆫ 즁과 ᄒᆞᆫ 쇼쾌 고ᄫᆞᆫ 겨지블 ᄃᆞ려왜셔 ᄑᆞᄂᆞ이다(月釋8:94). 그 ᄶᅡ히 두 峯과 큰 내쾌 잇더니(南明上2).

·쾌·락 명 쾌락(快樂). ¶닐웻 ᄉᆞᅀᅵ예 네 快樂ᄋᆞᆯ 젼ᄌᆞ ᄒᆞ얀다(釋譜24:28). 온가지 快樂을 受ᄒᆞ고(家禮5:22).

·쾌·락·ᄒᆞ·다 형 쾌락(快樂)하다. ¶아ᄃᆞᄅᆞᆯ 어더 쳔랴ᄋᆞᆯ 맛디면 훤히 快樂ᄒᆞ야 ᄂᆞ외야 分別 업스리로다 ᄒᆞ더니(月釋13:10). ᄒᆞ다가 아ᄃᆞᆯ 어더 財物을 맛디면 훤히 快樂ᄒᆞ야 ᄂᆞ외야 시롬 업스리로다 터니(法華2:189).

·쾌·락·홉·다 형 쾌락한 느낌이 있다. ¶보도 몯ᄒᆞ며 듣도 몯거니 ᄆᆞᅀᆞ기 快樂ᄒᆞᄫᆞ리 잇고(釋譜24:28).

쾌ᄉᆞ 명 쾌사(快事). ¶내 회시의 낙방ᄒᆞᆫ 죄ᄅᆞᆯ 치지 아니실 거시니 엇지 쾌ᄉᆞㅣ 아니리오(落泉2:6).

·쾌연ᄒᆞ·다 형 쾌연(快然)하다. ¶快然ᄒᆞ야 方便ᄋᆡ 惑이 ᄃᆞ외디 아니ᄒᆞ니:快然不爲方便惑(金三5:27).

쾌ᄌᆞ 명 쾌자(快子). 답호(褡複). ¶쾌ᄌᆞ:襜褕(物譜 衣服).

쾌하다 형 쾌(快)하다. ☞쾌ᄒᆞ다 ¶쾌할 쾌:快(兒學下11).

쾌활ᄒᆞ다 형 쾌활(快活)하다. ¶졔 등운ᄒᆞ면 긔운을 더욱 브릴 거ᄉᆞᆯ 이제 업시ᄒᆞ니 듕심이 쾌활ᄒᆞ도다(落泉2:6).

·쾌·히 부 쾌(快)히. ¶다 歡喜ᄒᆞ야 善利ᄅᆞᆯ 快히 得게 ᄒᆞ니(月釋13:50). 쾌히 빌 령:逞(類合下39). ᄠᅳ들 快히 호믈 눈 알ᄑᆡ셔 호미 貴ᄒᆞ니라:快意貴目前(重杜解17:8).

·쾌ᄒᆞ·다 형 쾌(快)하다. 날카롭다. ☞쾌하

다 ¶부톄 阿難ᄃᆞ려 니ᄅᆞ샤ᄃᆡ 快타 이 무루미여(楞解8:67). 小便이 快티 몯ᄒᆞ야:小便不利(救急上69). ᄇᆞᄅᆞᆷ놀ᄋᆞ티 쾌ᄒᆞ니:風刃也似快(飜老上19). 내 ᄆᆡ이 닐너 비러오니 ᄇᆞᄅᆞᆷ놀ᄀᆞᆺ티 쾌ᄒᆞ니:我哀告借將來風刃也似快(老解上17). 쾌ᄒᆞᆯ 겸:慊(類合下15). 怨을 諸侯에 構ᄒᆞᆫ 然後에사 心에 快ᄒᆞ리잇가(宣孟1:27). 틱셔 잘ᄒᆞᆫ 치하ᄅᆞᆯ 바들지라 쾌키ᄅᆞᆯ 니긔지 못ᄒᆞᄂᆞ니(落泉1:2).

·쿠라·ᄒᆞ·다 동 크노라 하다. ☞쿰 ¶내 쿠라ᄒᆞ야 샹녜 一切ᄅᆞᆯ 가ᄇᆡ야이 너기ᄂᆞᆫ 젼ᄎᆞ라:爲吾我自大常輕一切故(六祖上88).

쿠리매 명 쾌자(快子). ¶쿠리매:褂子(同文解上55).

·쿰 형 큼. ㉠크다 ¶져굼과 쿰과ᄅᆞᆯ 서르 드리샤:小大相容(楞解4:46). ᄆᆞᆺ 깁고 쿠미 ᄃᆞ외니라:最爲深大(法華6:163). 노폰 士ᄂᆞᆫ 六度ᄅᆞᆯ 다ᄉᆞ려 쿠믈 일우ᄂᆞ니:高上之士御六度而成大(永嘉下38). ᄇᆞᆯᄀᆡ 쿠미 ᄃᆞ외리라:煥然成大矣(永嘉下63).

·크게 부 크게. ☞크기. 키 ¶크게 아닌 아롬업슬 시라(南明上54).

크기 부 크게. ¶크기 놀라 감히 해티 몯ᄒᆞ더라:大驚不敢害(東新續三綱. 孝8:80).

크나크다 형 크나크다. ☞큰아크다 ¶크나큰 바회 우희 네 사ᄅᆞᆷ이 閑暇롭다(古時調. 金昌翕. 靑丘).

크나ᄒᆞ다 형 커다랗다. ¶크나ᄒᆞᆫ 덤불을 시와 무ᄉᆞᆷᄒᆞ리오(古時調. 歌曲).

·크니 명 큰 것. ¶根이 크니 져그니 업시:根無大小(圓覺下一之二55).

·크·다 형 크다. ¶큰 화리 常例 아니샤:大弧匪常(龍歌27章). 여윈 못 가온ᄃᆡ 몸 커 그우닐 龍ᄋᆞᆯ 현맛 벌에 비늘을 ᄲᅡ라뇨(月印上11). 威嚴과 德괘 커 天人이 重히 너길씨(釋譜6:12). 모미 크긔 ᄃᆞ외야 虛空애 ᄀᆞ독ᄒᆞ야(釋譜6:34). 燈마다 술위 ᄡᅵ만 크긔 ᄒᆞ야(月釋9:53). 져굼과 쿰과ᄅᆞᆯ 서르 드리샤:小大相容(楞解4:46). ᄆᆞᆺ 깁고 쿠미 ᄃᆞ외니라:最爲深大(法華6:163). 노폰 士ᄂᆞᆫ 六度ᄅᆞᆯ 다ᄉᆞ려 쿠믈 일우ᄂᆞ니:高上之士御六度而成大(永嘉下38). ᄇᆞᆯᄀᆡ 쿠미 ᄃᆞ외리라:煥然成大矣(永嘉下63). 이 모미 크녀 아니녀 須菩提ㅣ ᄉᆞᆯ오ᄃᆡ 甚히 크이다(金剛61). 大ᄂᆞᆫ 클 ᄡᅵ라(阿彌3). 크게 그리현 허므리 기리 걸엿ᄂᆞ니라:永掛龕刺痕(初杜解16:69). ᄒᆞ마 크거늘사 또 能히 住 업스니:固已偉然更能無住(金三2:16). 그 ᄡᅡ히 두 峯과 큰 내쾌 잇더니(南明上2). 큰 부ᄌᆞ ᄒᆞᆫ 나ᄎᆞᆯ 거플와 부르도ᄃᆞᆫ 것 앗고:大附子一枚生去皮臍(救簡1:4). 내 쿠라 ᄒᆞ야(六祖上88). 클 신:仁. 클 의:義(訓蒙下25). 큰 덕:德(訓蒙下31). 큰 ᄠᅳᆮ 지:志(類合下1). 클 홍:弘(類合下3). 크게 볼 킬 쳔:闡(類合下42). 큰 대:大(類合下47). 클 거:巨(類合下48). 클 홍:洪. 클 셕:碩(類合下51). 클 황:皇(類合下53). 클 혁:奕(類合下55). 클 굉:宏(類合下62). 클 거:巨(石千3). 클 대:大(石千7). 큰 덕:德(石千9). 클 인:仁(石千16). 문시 아비ᄅᆞᆯ 안고 크게 브ᄅᆞ지져 닐오ᄃᆡ:文氏抱父大呼曰(東新續三綱. 孝7:50). 큰 대:大(倭解下31). ᄏᆡ 크다:身子高(同文解上18). 손 크다:手濶(同文解上22). 큰 뫼 악:嶽(兒學上3). 큰 ᄃᆡ:大(兒學下8).

큰기러기 명 큰기러기. ¶큰기러기 홍:鴻(兒學上7).

큰나모 명 큰키나무〔樹〕. ¶큰나모 슈:樹(類合上5).

큰낫 명 큰낫. ¶큰낫:艾(物譜 耕農).

큰노고 명 큰 노구솥. ¶큰노고:鬵(物譜 鼎鐺).

큰림금 명 큰 능금. ¶큰림금 빈:檳. 큰림금 파:樝(訓蒙上12).

큰물 명 큰물. 홍수(洪水). ☞큰믈 ¶큰물을 막거늘:洪水(十九史略1:8).

·큰·믈 명 ①큰물. 홍수(洪水). ☞큰물. 한믈 ¶큰믈에 다ᄃᆞ라 덠동ᄋᆞᆯ ᄐᆞ샤 梵摩羅國에 니르르시니(月釋8:85). 큰믈 강:洚(訓蒙下35). 큰믈 호:浩(類合下20).
②큰 물결. 바다. ¶큰믈 양:洋(類合下38).

·큰ᄆᆞᆯ 명 똥. 대변(大便). ¶큰ᄆᆞᆯ 져근ᄆᆞᆯ:大小便(救簡目錄3). ᄆᆞ리 큰ᄆᆞᆯ 져근ᄆᆞᆯ 보ᄂᆞᆫ ᄃᆡ로 조차 나게 ᄒᆞ라:令水從大小便出(救簡1:66). 큰ᄆᆞᆯ 볼 제 ᄡᅵ여 나리라:裹於大便中出(救簡6:14). 큰ᄆᆞᆯ:大便(譯解上36). 큰ᄆᆞᆯ 보신다:大見風. 큰ᄆᆞᆯ 보라 가ᄂᆞ이다:出浚. 큰ᄆᆞᆯ 보다:撒屎(譯解上39).

큰벼슬 명 높은 벼슬. ☞벼슬 ¶큰벼슬 경:卿(類合上17).

큰보 명 큰 보. 큰 보자기. ☞보 ¶큰보:臥單(同文解上58).

큰사슴 명 큰사슴. ☞사슴 ¶큰사슴 미:麋(兒學上7).

큰손님 명 마마. ¶열두 바다 건너 오신 뱌은 손님 큰손님에(古時調. 歌曲).

큰아크다 형 크나크다. ☞크나크다 ¶큰아큰 빈 방 안에 쎤진 더시 ᄋᆞ자시니(人日歌).

큰챵ᄌᆞ 명 큰창자〔大腸〕. ¶큰챵ᄌᆞ:大腸子(譯解上35).

큰탁ᄌᆞ 명 큰 탁자(卓子). ¶큰탁ᄌᆞ:春橙(譯解補43). 큰탁ᄌᆞ:檯(物譜 几案).

큰ᄒᆞ르살이 명 큰하루살이. ¶큰ᄒᆞ르살이:蜉蝣(物譜 飛蟲).

큼즉ᄒᆞ다 형 큼직하다. ¶큼즉ᄒᆞᆫ 것:大些的(漢淸11:53).

·킈 명 ①키〔身長〕. ¶킈 석 자히러니(釋譜6:44). 킈 젹도 크도 아니ᄒᆞ고(月釋1:26). 그 킈 丈六이오(月釋2:65). 金 사ᄅᆞ미 ᄠᅳ헤 ᄂᆞ라 오시니 킈 크시고(月釋2:64). 킈 져근 듣글 ᄀᆞᆮ고(法華3:86). 킈 크고 長常 심히 주으렛도다:長大常苦飢(初杜解22:41). 킈 쟈글 좌:矬 俗呼矬漢 킈 쟈근 놈. 킈 쟈글 애:矮(訓蒙上30). ᄒᆞᆫ 킈 큰 놈이:一箇長大漢(朴解上36). 킈 젹다:身矮(同文解上18). 킈 크니:身材高(漢淸6:6).
②크기. ¶킈 술윗ᄢᅵ ᄀᆞᆮ호ᄃᆡ:大如車輪(阿彌8). 탄ᄌᆞᆺ 킈만ᄒᆞ야:如彈子大(救急下82). 조ᄇᆞᆯ낫 킈 ᄀᆞᆮᄒᆞᆫ닐 ᄂᆞᆺ 알ᄑᆞᆯ 向ᄒᆞ야 더됴니 거머ᄒᆞ야 아디 몯ᄒᆞᆯ시(南明下70).

-·킈 접미 -하게. ¶衆生이 歸依킈 ᄒᆞᄂᆞ니라(釋譜23:8). 날로 ᄡᅮ메 便安킈 ᄒᆞ고져 ᄒᆞᇙ ᄯᆞᄅᆞ미니라(訓註3).

킈우다 동 키우다. ¶킈울 확:擴(類合下38).

·키 명 키〔箕〕. ¶키爲箕(訓解. 用字). 지 스므낫 ᄆᆞᆫ 키로 모ᄅᆞᆯ 다 무도ᄃᆡ:灰數十籮通體埋盖(救簡1:71). 키 긔:箕(訓蒙中11. 類合上28). 반ᄃᆞ시 뷔ᄅᆞᆯ 키 우희 연ᄌᆞ며:必加帚於箕上(宣小2:59). 안즘을 키 톄로 말며:坐毋箕(宣小3:9). 키ᄅᆞᆯ 받들며 뷔ᄅᆞᆯ 쪄:奉箕擁帚(女四解2:29). 키:簸箕(同文解下2. 漢淸10:9).

키 명 키〔柁〕. ¶용총도 것고 키도 ᄲᅡ지고(古時調. 靑丘). 키 타:柁(兒學上10).

·키 부 크게. ☞크게 ¶大集은 키 모ᄃᆞᆯ 씨니(釋譜6:46). 드릃 사ᄅᆞ미 다 시러 키 울월리니(月釋序23). 키 니ᄅᆞᄫᅡᄂᆞᆯ 씨라(三綱. 忠22). 뎌 부텨 滅度로 오미 甚히 키 오라머니(法華3:85). 이런 時節에 키 아로미 갓가ᄫᆞ리라:是時大悟近矣(蒙法4). 수ᄫᅵ 키 아로ᄆᆞᆯ 得ᄒᆞ야:易得大悟(蒙法7). ᄒᆞᆫ디위 그츠면 곧 키 아로미 이시리니:一斷便有大悟(蒙法9). 키 疑心ᄒᆞ면 곧 키 아로미 이시리니:大疑則有大悟(蒙法14). 이 내ᄋᆡ 키 아쳗논 배니:吾所大惡也(宣賜內訓1:37). 이 生애 엇데 키 잇비 ᄃᆞᆫ니ᄂᆞ니오:此生何太勞(初杜解8:61). 저리ᄡᅳ며 키 울어 五白ᄋᆞᆯ 블로니:憑陵大叫呼五白(杜解11:40). 犬戎이 키 펴디니라:犬戎大充斥(杜解24:11). 乙科ᄅᆞᆯ ᄒᆞ마 키 펴니라:乙科已大闡(杜解24:33). 키 주ᄂᆞᆫ 門 여러 마곰 업스니:大施門開無擁塞(南明下18). 禮라 혼 거슨 人間世옛 키 ᄡᅳᄂᆞᆫ 거시며:禮也者人間世之大用也(金三2:17). 비록 키 行ᄒᆞ나:雖大行(宣孟13:15).

키굼티 명 키의 뒷부분. ¶키굼티:箕踵(柳氏物名三 草).

키길 명 키의 앞 부분. ¶키길:箕舌(柳氏物名三 草).

ᄏᆞ니와 조동 하거니와. ☞커니와 ¶빅니 섯겨 나던 거손 업ᄉᆞ되 도수 ᄌᆞᆺ기ᄂᆞᆫ 감티 아녀 아젹 두 번 ᄃᆞᆫ녓노라 ᄏᆞ니와 대단티 아니ᄒᆞ니 념녀 마라(諺簡68 仁宣王后諺簡).

-ᄏᆞ니와 조 -커녕. -커니와. ☞-커니와 ¶곡ᄒᆞ믄ᄏᆞ니와 죠곰도 ᄋᆡ쳑지용이 업ᄉᆞ니(癸丑1:28). 鴛鴦錦 버혀 노코 五色線 플텨 내여 금자ᄒᆡ 견화이셔 님의 옷 지어 내니 手品은ᄏᆞ니와 制度도 ᄀᆞ잘시고(松江. 思美人曲). 乾坤이 閉塞ᄒᆞ야 白雪이 ᄒᆞᆫ 비친 제 사ᄅᆞᆷ은ᄏᆞ니와 ᄂᆞᆯ새도 긋처 잇다(松江. 思美人曲). 잡거니 밀거니 놉픈 뫼히 올라가니 구름은ᄏᆞ니와 안개ᄂᆞᆫ 므ᄉᆞ 일고(松江. 續美人曲). 각시님 ᄃᆞᆯ이야ᄏᆞ니와 구ᄌᆞᆫ 비나 되쇼셔(松江. 續美人曲). 사ᄅᆞᆷ 건너믄 ᄏᆞ니와 ᄆᆞᆯ 힝키도 되리라(三譯7:19). 뫼흔 ᄏᆞ니와 물을 죠ᄎᆞ 이으려니(靑友仁. 梅湖別曲).

·킈·다 동 캐다. ¶釋迦 菩薩이 藥 킈라 가 보ᅀᆞᄫᆞ시고(月釋1:52). 南湖애셔 고사리ᄅᆞᆯ 킈노니:南湖采薇蕨(初杜解15:20). 靑雲ㅅ 그테 고사리 킈요ᄆᆞᆯ 반ᄃᆞ기 思念ᄒᆞ라:當念…採薇靑雲端(杜解22:57). 뎌ᄅᆞᆯ 조차 킈야:從他採(金三2:20). 오직 ᄂᆞᄆᆞᆯ 킈며 플 기르며(南明上19). 百草 茶ㅅ니플 킈야 모도아 茶藥예ᄅᆞᆯ 밍ᄀᆞ라:百草茶葉採取成茶藥(眞言50). 킐 ᄎᆡ:採(類合下46). 고사리ᄅᆞᆯ 킈야 먹더니:採薇而食之(宣小4:28). 지아비ᄅᆞᆯ 조차 ᄂᆞᄆᆞᆯ 킈더니:從夫挑菜(東新續三綱. 烈1:84). 킈다:挑採(同文解下2. 譯解補42). 킈다:採(漢淸10:10). 잇ᄂᆞᆫ ᄃᆡ 나도 가셔 ᄒᆞᆫ 포긔 킈여다가(萬言詞). 킐 ᄎᆡ:採(兒學下5).

ㅌ

ㅌ 자모 티읕. 한글 초성(初聲) 자모(字母)의 하나. 설음(舌音). 혓소리. ¶ㅌ. 舌音. 如呑字初發聲(訓正). 舌音ㄴ. 象舌附上腭之形. …ㅋ比ㄱ. 聲出稍厲. 故加畫. ㄴ而ㄷ. ㄷ而ㅌ. …其因聲加畫之義皆同(訓解. 制字). ㄱㄷㅂㅈㅅㆆ. 爲全淸. ㅋㅌㅍㅊㅎ. 爲次淸(訓解. 制字). ㅌ는 혀쏘리니 呑ᄐᆞᆫ字ᄍᆞᆼ 처ᅀᅥᆷ 펴아나ᄂᆞᆫ 소리 ᄀᆞᄐᆞ니라(訓註5). ㅌ 治(訓蒙凡例3).

·타 동 타(受). 받아. ㉮ᄐᆞ다 ¶祿 해 타 먹ᄂᆞᆫ 녯 버든 書信이 그처 업고:厚祿故人書斷絶(初杜解7:2). ᄡᆞᆯ 타 나거든:關出米來(飜朴上11).

·타 동 타(乘). 타고. ㉮ᄐᆞ다 ¶훤츨히 ᄇᆞᄅᆞ래 ᄇᆡ 타 가려뇨:浩蕩乘滄溟(初杜解6:20). ᄀᆞᆺ ᄇᆞᆯ기예 나귀 타 나 아뫼 짓 門의 갈 ᄃᆞᆯ 몰로라:平明跨驢出未知適誰門(初杜解8:32). 鵰鶚이 時節을 타 가ᄂᆞᆫ ᄃᆞᆺᄒᆞ며:鵰鶚乘時去(初杜解23:1). ᄇᆡ를 ᄇᆞ리고 ᄆᆞᆯ 타 가며 兵事 議論ᄒᆞᄂᆞᆫ ᄯᅡ히오:捨舟策馬論兵地(初杜解23:10). 져근 ᄇᆡ 타 가고져 ᄒᆞ나 사리 누네 ᄀᆞᄃᆞᆨᄒᆞ얫ᄂᆞ니:扁舟欲往箭滿眼(初杜解25:28). 大同江 건넌편 고즐여 ᄇᆡ 타 들면 ᄇᆡ 타 들면 것고리이다(樂詞. 西京別曲). 그딋 櫪上앳 追風驃를 타 가고져 求ᄒᆞ노라:須公櫪上追風驃(重杜解1:11).

타 동 (불에) 타. ㉮ᄐᆞ다 ¶죄이니 모미 타 디니 셜오미 그지업고:燒煮炙脂膏燋然苦痛哀哉(恩重23).

-·타 접미 -하다. ¶제 님금 爲타 ᄒᆞ실ᄊᆡ:謂爲其主耳(龍歌121章). 諸根이 괴외타 ᄒᆞ니라(釋譜6:28). 나ᄅᆞᆯ 滅度타 ᄒᆞ면(釋譜23:11). 두ᅀᅥ ᄲᅮᆯ 퍼런 뫼히 새 집 對타 ᄒᆞ니(南明上1).

타구 명 타구(唾具). ¶타구:吐沫盒(譯解補44. 漢淸11:45).

타·국 명 타국(他國). ¶他國을 去ᄒᆞᄂᆞᆫ 道ㅣ니라(宣孟14:11). 만일 宗子ㅣ 他國에 살면 庶子ㅣ가 廟ㅣ 업ᄉᆞ니(家禮8:17). 他國의 오래 읻ᄉᆞ와(隣語2:11).

·타나·다 동 타고나다. ☞ᄐᆞ다 ¶이내 몯 後에 五欲 타난 ᄯᅡ히라 오ᄂᆞᆳ날 後로 다시 타나디 아니호리라 ᄒᆞ시고(釋譜3:106). 命을 타남이 ᄲᆞᄅᆞ며 더듸욤이 이시니 프른 구름은 힘으로 닐위욤이 어려우니라:賦命有疾徐靑雲難力致(宣小5:26).

·타나·다 동 태어나다. ☞ᄐᆞ다 ¶나디 아니탓 ᄠᅳ디니 ᄂᆞ외야 生死ㅅ 果報애 타나디 아니ᄒᆞᆯ ᄊᆡ라(月釋2:20).

타·락 명 타락(駝酪). 우유(牛乳). ¶酪ᄋᆞᆫ 타酪이오(月釋10:120). 歌羅邏ᄂᆞᆫ 예셔 닐오매 열운 타락이니 닐오ᄃᆡ 처ᅀᅥᆷ 胎예 이신 제 父母ㅅ 精과 피를 바다 七日前에 열운 타락 ᄀᆞᆮᄒᆞ니라:歌羅邏者此云薄酪謂初在胎時受父母精血七日已前如薄酪也(圓覺上二之二26). 쇠 타라ᄀᆞᆯ 귀예 ᄀᆞᄃᆞ기 브ᅀᅳ면:以牛酪灌滿耳(救急下43). 타라기 기리 性을 베프ᄂᆞ니:醍醐長發性(初杜解9:22). 타락 동:湩. 타락 락:酪. 타락 소:酥(訓蒙中21). 또 촌 타락을 가져오라:再將涼酪來(朴解下28). 타락:酪(柳氏物名一 獸族).

타락차 명 우유를 넣은 차. ¶타락차:奶子茶(同文解上61). 타락차:奶茶(漢淸12:43).

타방 명 타방(他方). 타지방(他地方). ¶가줄비건댄 사ᄅᆞ미 제 옷 가온ᄃᆡ 如意珠를 ᄆᆡ오 제 아디 몯ᄒᆞ야 他方애 窮露ᄒᆞ야 비러 머거 ᄃᆞᆫ뇸 ᄀᆞᆮᄒᆞ니(楞解4:62). 他方애셔 모ᄃᆞ닐조쳐 니ᄅᆞ니라(法華1:24).

타심 명 타심(他心). 딴마음. ¶시혹 他心이 이시며(楞解9:94).

타신 명 타인(他人). ¶他人의 賢ᄒᆞᆫ 者ᄂᆞᆫ 丘와 陵이라(宣論4:65). 他人의 心 둠을 내 忖度ᄒᆞ다 ᄒᆞ니(宣孟1:22).

-·타이·다 접미 -하더이다. ¶두리ᄫᅮ미 업소니 世間 여흰 樂ᄋᆞᆯ 念ᄒᆞ고 그리타이다 부톄 니ᄅᆞ샤ᄃᆡ 됴타(月釋7:5).

타일 명 타일(他日). ¶ᄒᆞ여곰 他日의 道路ㅣ 되디 아닐 ᄃᆡ며(家禮7:18). 쇼쳡이 션ᄉᆞ의 가ᄅᆞ치시믈 바다 ᄒᆞ직ᄒᆞᄂᆞ니 타일의 갑흐믈 싱각ᄒᆞᄂᆞ이다(落泉1:1).

타작 명 타작(打作). ¶ᄀᆞ을 打作 다 ᄒᆞᆫ 後에 洞內 모화 講信ᄒᆞᆯ ᄯᅦ(古時調. 海謠).

타향 명 타향(他鄕). ¶ᄡᆞ만 잇디 아니타 호ᄆᆞᆫ 他鄕ᄋᆡ 流落ᄒᆞ야 오래 지븨 도라오ᄃᆞᆯ 몯ᄒᆞᆯ시(南明下46). 술 醉호ᄆᆞᆫ 他鄕앳 나그내로니(重杜解14:6). ᄒᆡ포 他鄕의 머무ᄋᆞᆯ기의(隣語1:15). 쇼질이 가경을 ᄯᅥ러ᄇᆞ리고 타향의 표박ᄒᆞ야(落泉2:6).

탁 명 턱. ¶홍독ᄭᅵ로 탁을 괴와 柵籠에 入棺ᄒᆞ야(古時調. 削髮爲僧. 海謠).

ㅌ

탁견 명 태껸. ¶속곰질 ᄯᅱ움질과 씨름 탁견 遊山ᄒᆞ기(古時調. 少年 十五. 青丘).

탁료 명 탁료(濁醪). 막걸리. ¶濁醪 溪邊에 錦鱗魚ㅣ 안쥐로다(古時調. 孟思誠. 江湖에 봄. 青丘).

탁ᄉᆞ 명 탁사(托辭). 핑계의 말. ¶죠고만 病患의 托辭ᄒᆞ여(隣語1:6). 탁ᄉᆞ를 발뵈지 못ᄒᆞ고 일마다 뜻을 승순ᄒᆞ니(落泉2:5).

·탁션 명 탁연(卓然). 뛰어남. ¶卓然은 ᄯᅩ로 난 양이라(圓覺序2).

·탁션ᄒᆞ·다 형 탁연(卓然)하다. ¶眞實ᄒᆞ며 조ᄒᆞ며 ᄇᆞᆯᄀᆞ며 微妙ᄒᆞ며 虛ᄒᆞ며 ᄉᆞᄆᆞᄎᆞ며 靈ᄒᆞ며 通ᄒᆞ야 卓然ᄒᆞ야(卓ᄋᆞᆫ ᄯᅩ로 난 양이라) ᄒᆞ오사 잇ᄂᆞᆫ 거시니(圓覺序2).

·탁·악ᄒᆞ·다 형 탁악(濁惡)하다. ¶當來世ᄂᆞᆫ 如來滅後ㅅ 後 五百歲 濁惡ᄒᆞᆫ 世예 邪ᄒᆞᆫ 法이 난겻 니러 正法이 行호미 어려우리니(金剛89).

탁용ᄒᆞ다 동 탁용(擢用)하다. ¶션죠 적 경인 균자를 다 불너 탁용ᄒᆞ니(引鳳簫3).

탁이ᄒᆞ다 형 탁이(卓異)하다. ¶조ᄒᆡᆼ이 탁이ᄒᆞ여:操行卓異(東新續三綱. 烈5:83).

탁자 명 탁자(卓子). ☞탁ᄌᆞ ¶탁자 탁:卓(兒學上10).

·탁·쥬 명 탁주(濁酒). 막걸리. ¶濁酒 두 되와 힌 ᄡᆞᆯ와 글혀(救急下87). 탁쥬:白酒(救簡3:29). 탁쥬 료:醪(訓蒙中21). 탁쥬:醲酒(漢淸12:42).

탁ᄌᆞ 명 탁자(卓子). ☞탁자 ¶卓子로 房中의 陳ᄒᆞ야(家禮3:6). 큰 탁ᄌᆞ:春櫈(譯解補43). 탁ᄌᆞ:櫃隔子(漢淸11:31).

·탁·ᄒᆞ·다 형 탁(濁)하다. ¶滄浪ㅅ 水ㅣ 濁ᄒᆞ거든 可히 ᄡᅧ 내 足을 濯홀띠라 ᄒᆞ야늘(宣孟7:15).

탄강ᄒᆞ다 동 탄강(誕降)하다. ¶과연 탄강ᄒᆞ오시니(仁祖行狀1).

탄금ᄒᆞ다 동 탄금(彈琴)하다. ¶兒嬉야 瓦樽에 술 걸너라 彈琴ᄒᆞ고 놀니라(古時調. 宋宗元. 夕鳥는 나라들고. 歌曲).

탄말 명 탄말(炭末). 숯가루. ¶다만 오로 炭末을 ᄡᅥ셔 槨 밧긔 두고(家禮7:24).

탄면화 명 탄 목화. 탄 솜. ¶탄면화:彈花(柳氏物名三 草).

탄복ᄒᆞ다 동 탄복(歎服)하다. ¶사ᄅᆞᆷ이 그 효도와 동싱 ᄉᆞ랑호믈 탄복ᄒᆞ더라:人皆服其孝友(東新續三綱. 孝5:17). 늘근 션ᄇᆡ와 유명ᄒᆞᆫ 스승이라도 아니 탄복ᄒᆞ리 업더라(仁祖行狀16). 쇼졔 그 지조를 탄복ᄒᆞ고 셔로 챵화ᄒᆞ야 감상ᄒᆞ믈 이긔지 못ᄒᆞ더라(落泉2:5).

탄식 명 탄식(歎息). ☞탄식ᄒᆞ다 ¶탄식 탄:歎(兒學下3).

탄식·ᄒᆞ·다 동 탄식(歎息)하다. ¶도라와 막대 지여셔 내 歎息ᄒᆞ다니:歸來倚杖自歎息(初杜解6:42). 表ㅣ 嘆息ᄒᆞ고 가다:表嘆息而去(宣小6:85). 人間애 萬事ㅣ 외오 ᄃᆞ외야슈믈 嘆息ᄒᆞ노라:嘆息人間萬事非(重杜解23:46). 歎息ᄒᆞ다:歎息(同文解上20). 탄식ᄒᆞ다:嘆氣(漢淸7:3). 싱이 대희ᄒᆞ여 격절탄식ᄒᆞ여 ᄀᆞ로ᄃᆡ(落泉1:2).

:탄ᄉᆡᆼ 명 탄생(誕生). ¶誕生ᄋᆞᆫ 나실 씨라(月釋2:34).

:탄ᄉᆡᆼᄒᆞ·다 동 탄생(誕生)하다. ¶아ᄃᆞᆯ님 誕生ᄒᆞ시고(月印上12). 공쥬를 탄ᄉᆡᆼᄒᆞ오시니(癸丑9). 공쥬 탄ᄉᆡᆼᄒᆞ오신(西宮日記上1). 황히도 히쥐 가 탄ᄉᆡᆼᄒᆞ오시니(仁祖行狀1). 예졔 순 뫼 옥작을 ᄭᅮᆷ우고 대셩을 탄ᄉᆡᆼᄒᆞ시다 ᄒᆞ시니(落泉3:7).

탄일 명 탄일(誕日). 탄생일(誕生日). ¶탄일:壽誕(同文解上54).

탄자 명 탄자(彈子). ☞탄ᄌᆞ ¶탄자 환:丸(兒學上11).

탄·지 명 탄지(彈指). ¶彈指예 八萬門이 두려이 이니 八萬法門이 오직 ᄒᆞᆫ 고ᄃᆡ니라(南明下12). 샹녜 平直을 行ᄒᆞ면 가미 彈指 ᄀᆞᆮᄒᆞ야(六祖上94).

탄·지·ᄒᆞ·다 동 탄지(彈指)하다. ¶ᄒᆞᆫᄢᅴ 기춤ᄒᆞ시며 ᄒᆞᆫᄢᅴ 彈指ᄒᆞ시니(釋譜19:39). 金剛臺 타 부텻 뒤헤 미졷ᄌᆞᄫᅡ 彈指홇 ᄉᆞᅀᅵ예:彈指ᄂᆞᆫ 솑가락 ᄲᅧᆯ 씨니 아니ᄒᆞᆫᄉᆞᅀᅵ라(月釋8:49). 돗긔로 ᄆᆞᆯ홀 베티니 길 녾 사ᄅᆞ미 보고 모다 과ᄒᆞ야 彈指ᄒᆞ며 우더니(三綱. 烈16). 須彌 뎡바깃 우희 쇠비 ᄃᆞᆸ거늘 귀 ᄃᆞᆯ온 되즁이 그ᅀᅳ기 彈指ᄒᆞᄂᆞ다(南明下11). 彈指호ᄆᆞᆯ 잇비 아니ᄒᆞ야 菩提를 證ᄒᆞᄂᆞ니라(金三2:51).

탄·ᄌᆞ 명 탄자(彈子). ☞탄자 ¶브ᅀᅥᆸ빗 검듸영을 彈子만ᄒᆞ닐 가져:取竈中墨如彈丸(救急上40). 청믈든 뵈예 소고ᄆᆞᆯ 탄ᄌᆞ만케 ᄡᅡ:靑布裹鹽如彈子(救簡2:27). 탄ᄌᆞ 환:丸(石千39). 그 지아비 탄ᄌᆞ를 마자 죽거ᄅᆞᆯ:其夫中丸而死(東新續三綱. 烈3:57). 탄ᄌᆞ 쏘다:打彈弓(同文解上48. 漢淸4:43).

탄ᄌᆞ활 명 탄자를 쏘는 활. ¶탄ᄌᆞ활:彈子弓(同文解上47). 탄ᄌᆞ활:彈弓(譯解補15).

:탈 명 연유(緣由). 유래(由來). ¶根元 ᄯᅡ흔 各各 根元 타ᄅᆞᆯ 조촐 씨라:元地者各隨元由也(楞解8:78).

탈 명 ①탈(頉). 병(病). 사고(事故). ¶간곳마다 탈 잇다:到處有蹤(譯解補60). ②트집. 핑계. ¶公孫述이 블러늘 굿 病 탈ᄒᆞ고 아니 닐어늘:公孫述借號素聞業賢徵之欲以爲博士業固疾不起(三綱. 忠9). 탈 어더 분명이 나를 죽이고져 ᄒᆞᆫ 거시라(三譯4:21). 탈잡으려 ᄒᆞ다:尋破綻(漢淸7:51).

탈 명 탈. 가면. ¶광대탈:鬼臉(漢淸3:56).

탈광대 명 탈광대. ¶탈광대:鬼臉兒(同文解上53).

탈잡다 동 탈잡다. ¶탈잡으려 ᄒᆞ다:尋破綻(漢淸7:51).

탈판 명 거푸집. ¶탈판:模板子(同文解下17. 譯解補45). 탈판:銀模子(漢淸10:33).

탈ᄒᆞ·다 동 핑계 삼다. 탓하다. ¶길 머러 ᄀᆞᆺᄫᆞ실씨 몯보기 탈ᄒᆞ야 자내 지믈 어마님 맛디시고 부러 떠디여 여슷 里ᄅᆞᆯ 가시니(釋譜3:p.148). 긋 病 탈ᄒᆞ고 아니 닐어늘:固疾不起(三綱. 忠9). 곧 病 탈ᄒᆞ샤 마더시다:輒辭以疾(宣賜內訓2下13). 또 탈ᄒᆞ딕 됴뎡이 하 막으니 못 가시리이다 대샹의 나가쇼셔(癸丑29).

탐구 명 탐구(貪求). ¶貪求ㅣ 永히 긋고 財寶로 주어 濟度ᄒᆞ리라(永嘉下19).

탐구ᄒᆞ·다 동 탐구(貪求)하다. ¶無始브터 오매 爲ᄒᆞ야 貪求ᄒᆞ며 爲ᄒᆞ야 비들 뫼호ᄂᆞ니(楞解6:105). 財寶ᄅᆞᆯ 貪求ᄒᆞ야 ᄆᆞᅀᆞ매 愛涎이 發ᄒᆞ면(楞解8:68).

탐디ᄒᆞ다 동 탐지(探知)하다. ☞탐지ᄒᆞ다 ¶듕인어미로 그 ᄠᅳ들 탐디ᄒᆞ거ᄂᆞᆯ:使媒探其意(東新續三綱. 烈7:84).

탐람ᄒᆞ다 동 탐람(貪婪)하다. ¶탐람ᄒᆞ다:婪取(漢淸8:45).

탐리ᄒᆞ·다 동 탐리(貪利)하다. ¶셰샹애 어딘 인지 업서 탐리ᄒᆞᆫ 욕심이 어즈러이 이ᄉᆞᆯ며:世乏良材利欲紛挐(宣小題辭3).

탐·식 명 탐식(貪食). ¶饕ᄂᆞᆫ 貪財오 餮은 貪食이라(初杜解17:36).

탐심 명 탐심(貪心). ¶그듸내 貪心이 하도다(釋譜23:46).

탐·욕 명 탐욕(貪欲). ¶도로 人間애 나아 惡趣의 受苦ᄅᆞᆯ 저허 貪欲ᄋᆞᆯ 즐기디 아니ᄒᆞ고(釋譜9:13). 情欲ᄋᆞᆫ ᄆᆞᅀᆞ매 나ᄂᆞᆫ 貪欲이라(月釋1:44). 衆生ᄋᆞ로 머리 貪欲ᄋᆞᆯ 여희에 ᄒᆞ며(楞解6:29).

탐음 명 탐음(貪淫). ¶世間애 熾盛ᄒᆞ야 貪婬을 너비 行ᄒᆞ야(楞解6:87).

탐지군 명 탐지(探知)꾼. ¶탐지군:塘報兵(譯解補14).

탐지ᄒᆞ다 동 탐지(探知)하다. ☞탐디ᄒᆞ다 ¶노적의 ᄯᅳᆺ을 탐지ᄒᆞᆯ시(山城13). 됴흔 말로 ᄯᅳᆺ을 탐지ᄒᆞ니 젼혀 대희ᄒᆞ여(落泉1:2).

탐탐이 부 탐탐(耽耽)히. ¶탐탐이 ᄒᆞ시ᄂᆞᆫ 말ᄉᆞᆷ이 다 쇼됴 말ᄉᆞᆷ이니(閑中錄250).

탐탐이 부 간절히. ¶ᄭᅮᆷ에 뵈ᄂᆞᆫ 님이 信義업다 ᄒᆞ것마ᄂᆞᆫ 貪貪이 그리올 제 ᄭᅮᆷ 아니면 어이 보리(古時調. 靑丘).

탐탐ᄒᆞ다 형 탐탐(耽耽)하다. ¶반가온 ᄆᆞ음이 無窮 탐탐ᄒᆞ여(古時調. 待人難. 靑丘).

탐히 부 탐(貪)하듯. ¶탐히 머글 도:饕(類合下31).

탐ᄒᆞ·다 동 탐(貪)하다. ¶사ᄅᆞ미 福ᄋᆞᆯ 貪ᄒᆞ야(釋譜23:23). 供養ᄋᆞᆯ 貪ᄒᆞ야 利히 너겨(法華4:184). 또 定力ᄋᆞᆯ 貪코(蒙法17). 塵境을 貪ᄒᆞ야(六祖中62). 나옷 수울 탐ᄒᆞ면 취ᄒᆞᆫ 사ᄅᆞᄆᆞᆯ 앗기ᄂᆞ니라:自已貪盃惜醉人(飜老上42). 탐ᄒᆞᆯ 도:饕. 탐ᄒᆞᆯ 텰:餮. 탐ᄒᆞᆯ 탐:貪(訓蒙下30). 탐ᄒᆞᆯ 탐:貪(類合下4). 음탕한 일ᄋᆞᆯ 貪하고 화란ᄋᆞᆯ 즐겨:貪淫樂禍(宣小5:28). 欲호ᄃᆡ 貪티 아니ᄒᆞ며 泰호ᄃᆡ 驕티 아니ᄒᆞ며(宣論4:70). ᄒᆞᆫ 사ᄅᆞᆷ이 貪ᄒᆞ며 戾ᄒᆞ면(宣大16). 술을 탐ᄒᆞ면:貪盃(老解上37). 탐ᄒᆞ다:使黑心(同文解上23). 음식 탐ᄒᆞ다:貪嘴(譯解補32). 쳘업순 쥬식을 탐ᄒᆞ니 쟝등 슈호ᄒᆞ던 노복이 다 흣터지고(落泉1:2).

·탑 명 탑(塔). ¶太子ㅅ 마리ᄅᆞᆯ 塔애 ᄀᆞ초ᅀᆞᄫᆞ니(月印上20). 곧 이 ᄣᅡ해 塔ᄋᆞᆯ 셰여 供養ᄒᆞ시더니(釋譜11:23). 하ᄂᆞᆯ 듧ᄂᆞᆫ 솔오재 아래ᄂᆞᆫ 큰 므려 이ᄂᆞᆫ 탑:鑽天錐下大水這箇是塔兒(飜朴上42). 탑 탑:塔(訓蒙中19). 탑:塔兒(同文解下11).

·탑파 명 탑파(塔婆). 영묘(靈廟). 불골탑(佛骨塔). ¶佛骨 겨신 ᄃᆡᆯ 일후믈 塔婆ㅣ니 예셔 ᄠᅳ드로 飜譯호ᄃᆡ 靈廟ㅣ니 廟ᄂᆞᆫ 양지니 한아비 양ᄌᆞ 잇ᄂᆞᆫ ᄡᅵ히라(法華1:85).

탓 명 탓. ¶正을 害ᄒᆞᆫ 타시오:由害正(法華2:164). 信티 아니ᄒᆞᆫ 타시니:由不信(法華2:165). 젓 먹디 몯ᄒᆞ믄 더러운 거슬 ᄉᆞᆷ씬 타시니:不飮乳乃穢惡入口所致(胎要70). 이도 술의 타ᄉᆞ로 ᄲᅥ뎟ᄉᆞᆸ더니(新語9:7). 어와 내 병이야 이 님의 타시로다(松江. 思美人曲). 내 ᄉᆡᆼ각애 쉬온 젼ᄎᆞ로 님의 타슬 삼노라(古時調. 가더니. 靑丘). 엄이 과히 ᄉᆞ랑ᄒᆞ야 노하 볼인 타시라(女四解2:25). 탓:所由(同文解下49). 탓:因由(漢淸8:67). 당숙이 어이ᄒᆞ리 이거시 뉘 타시리(思鄕曲).

탕 명 탕(湯). 끓인 물. ¶湯ᄋᆞᆫ 智慧 ᄀᆞᆮ고 어르문 煩惱ㅣ ᄀᆞᆮᄒᆞ니(圓覺下一之一7). 湯ᄋᆞᆫ 智慧ᄅᆞᆯ 가줄비시니 글흔 므리 일후미 湯이오(圓覺下三之一38).

탕개 명 탕개. ¶탕개:絞桿(漢淸12:26). 탕개 ᄭᅩᆺᄂᆞᆫ 나모:揷絞桿彎木(漢淸12:26).

탕건 명 탕건. ¶탕건:唐巾(物譜 衣服).

:탕관 명 탕관(湯罐). ☞탕권 ¶됴ᄒᆞᆫ 초로 딜탕관애 디투 달히고:釅醋瓦罐煎濃汁(救簡6:12). 탕관:湯飯罐(漢淸11:37).

탕권 명 탕관(湯罐). ☞탕관 ¶믄득 즘승이 이셔 나모 우ᄒᆞᆯ 조차 탕권 가온대 ᄲᅥ러디거ᄂᆞᆯ:忽有物從樹上墮鐺中(東新續三綱. 孝1:12). 탕권에 져기 탕 가져:罐兒裏將些湯(老解上39). 금탕권 쇠곡지 속에 白沙蜜 담은 거시여:金罐兒鐵携兒裏頭盛着白沙蜜

(朴解上37). 차탕권:茶罐(譯解下12).

탕긔 명 탕기(湯器). ¶ㅂ᙭ 탕긔 죵ᄌ:甌兒(物譜 酒食).

:탕:쇠 명 탕수(湯水). 국. 국물. ☞탕슈 ¶탕쇠와 차반이:湯水茶飯(飜老下39).

탕·슈 명 탕수(湯水). 국. 국물. ☞탕쇠 ¶모ᄃᆞᆫ 湯水와 雜지와 香과(楞解8:2). 湯水와 茶飯이(老解下35).

탕슛고믈 명 고명. 꾸미. ¶漢俗謂 탕슛고믈 曰細料物(朴解上7).

탕약 명 탕약(湯藥). ¶온가짓 湯藥ᄋᆞ로 부텨ᄭᅴ 와 즁의게 布施ᄒᆞ며(法華1:82). 탕약을 밧드러(五倫1:25).

탕양ᄒᆞ다 형 탕양(蕩漾)하다. ¶탕양ᄒᆞ다:動蕩(漢淸7:44). 싱이 댱 밧긔 나와 보니 비ᄌᆞᆺ 개야 월식이 명낭ᄒᆞ고 슈광이 탕양ᄒᆞ니(落泉2:4).

탕일ᄒᆞ다 형 탕일(蕩逸)하다. ¶ᄆᆞ옴이 탕일ᄒᆞᆫ 사ᄅᆞᆷ이라(太平1:18).

:탕:진ᄒᆞ·다 동 탕진(蕩盡)하다. ¶녯 이러멧 기튼 벼 이사기 ᄒᆞ마 蕩盡ᄒᆞ니:故畦遺穗已蕩盡(初杜解17:19).

·탕·ᄌᆞᆺ·값 명 목욕료(沐浴料). ¶탕ᄌᆞᆺ갑시 언메나 ᄒᆞᆫ동 몰래라:不理會的多少湯錢(飜朴上52).

:탕:탕·ᄒᆞ·다 형 탕탕(蕩蕩)하다. ¶后ㅣ 아리 ᄭᅮ메 하ᄂᆞᆯ홀 ᄆᆞᆫ지시니 蕩蕩ᄒᆞ야:蕩蕩ᄋᆞᆫ 넙고 먼 양지라(宣賜內訓2下9). 蕩蕩ᄒᆞ야 가졸ᄇᆞᆯ 것 업스며(金三涵序3).

탕텩ᄒᆞ다 동 탕척(蕩滌)하다. ¶피해ᄒᆞᆫ 사ᄅᆞᆷ 돌흘 다 ᄒᆞᆫ골ᄀᆞᆺ티 탕텩ᄒᆞ시고(仁祖行狀6).

탕패ᄒᆞ다 동 탕패(蕩敗)하다. 탕진하다. ☞탕픠ᄒᆞ다 ¶탕패ᄒᆞ다:敗(同文解下28). 탕패ᄒᆞ다:破敗(漢淸6:62).

탕픠ᄒᆞ다 동 탕패(蕩敗)하다. 탕진하다. ☞탕패ᄒᆞ다 ¶늙은 후 지아비 죽고 가계 탕픠ᄒᆞ야(落泉1:1).

:탕:화 명 탕화(湯火). 끌는 물과 뜨거운 블. ¶黃栢散ᄋᆞᆫ 湯火애 데닐 고티ᄂᆞ니:黃栢散治湯火傷(救急下14).

태 명 채찍. 〔의장용(儀仗用) 채찍.〕 ¶태:鳴鞭(物譜 兵仗).

태모시 명 모시풀. ☞테모시 ¶태모시:苧麻(譯解補39).

태반 명 태반(殆半). ¶밧나라흘 업시코져 ᄒᆞ여 혜아려 태반을 어더고(三譯3:10).

태ᄉᆞ지 명 종이의 한 가지. ¶태ᄉᆞ지:擡連紙(漢淸4:18).

:태양 명 태양(太陽). ¶太陽은 日也ㅣ라(初杜解14:2).

태티다 동 채찍질하다. 채찍을 울리다. ¶태티다:鳴鞭(譯解上9).

·태평 명 태평(太平). ¶九重에 드르샤 太平을 누리싫 제:入此九重闕享此太平日(龍歌110章). 政事ᄅᆞᆯ ᄇᆞᆯ기 ᄒᆞ샤 太平을 닐위시며(宣賜內訓2下64). 녯 ᄒᆡ예 太平ᄋᆞᆯ 맛나니 山林에 스믈 ᄒᆡᄅᆞᆯ 시미 ᄠᆞᆯ와 門戶애 잇고:昔歲逢太平山林二十年泉源在庭戶(重杜解25:39). 太平時節의 나셔 生業을 부즈러니 아니 ᄒᆞᄂᆞᆫ 사ᄅᆞᆷ은(隣語1:26).

태평ᄒᆞ다 형 태평(太平)하다. ¶내 太平ᄒᆞᆫ 時節에 衰老ᄒᆞ고:我衰太平時(重杜解2:48). 젼토 잇ᄂᆞᆫ 쟈ᄂᆞᆫ 밧갈기로 나아가 기리 나의 태평ᄒᆞᆫ ᄇᆡᆨ셩이 될지여다(綸音109).

·탯논 동 타고난. 〔'탯'은 'ᄐᆞ〔受〕+아+잇'〕 ㉮ᄐᆞ다 ¶居然히 章紱을 버므로니 탯논 性은 本來로 幽獨호ᄆᆞᆯ 즐기노라:居然綰章紱受性本幽獨(初杜解6:52).

:턍·만 명 창만(脹滿). ☞턍만ᄒᆞ다 ¶턍만턍:脹(訓蒙中33).

:턍·만·ᄒᆞ·다 동 창만(脹滿)하다. ¶사ᄅᆞ미 가ᄉᆞᆷ ᄇᆡ 알ᄑᆞ며 턍만ᄒᆞ야:令人心腹絞痛脹滿(救簡1:51). 큰ᄆᆞᆯ 져근ᄆᆞᆯ 몯 보아 ᄇᆡ 턍만ᄒᆞ고 숨 ᄌᆞᄌᆞ닐:大少便關格不通腹脹喘急(救簡3:66).

·터 명 터. ¶精舍 터흘 되더니 六天에 지블 지ᄉᆞ니(月印上61). 精舍 지ᇙ 터흘 어드니 맛당ᄒᆞᆫ ᄃᆡ 업고(釋譜6:23). 이 眞實ㅅ 터히라:是爲眞基也(楞解4:81). 眞實ㅅ 터흘 뵈샤ᄆᆞᆫ 빗난 지빗 터히오:示眞基則華屋之址也(楞解5:1). 곧 ᄒᆞᆫ가지로 난 터히라:卽同生基也(楞解10:6). 집 터 닷다가(蒙法10). 녯 터헤 梵宇를 다시 세여:遂於故基重建梵宇(六祖中51). 이 구ᇫ 터히 ᄀᆞ장 어위다:這槽道好生寬(飜老上37). 싱계흘 터ᄒᆞᆯ 세오져 ᄒᆞ다니:立産業基址(飜小9:88). 터 경:境. 터 강:疆(訓蒙上6). 터 긔:基. 터 지:址(訓蒙下18). 터 긔:基(類合下12. 石千13). 부텨 되이며 祖師 되욜 터히니라:成佛作祖基本(龜鑑下56). 터 닷글 션:禪(石千27). 공경이 몸 세ᄂᆞᆫ 터힌 줄을 보고:觀… 敬者身基(宣小5:105). 이 구유 터히 ᄀᆞ장 너ᄅᆞ니:這槽道好生寬(老解上34). 터 쟝:場(倭解上34). 弓王 大闕 터희 烏鵲이 지지괴니(松江. 關東別曲). 國家가 터흘 비로ᄉᆞ매 다 內助의 德이 이셔(女四解3:44). 터:院子(同文解上36). 안팟 즁원 어ᄃᆡ 가고 밧고랑의 뷘 터이며(萬言詞).

※'터'의 첨용 [터 / 터흘/터히라/터희…

터·니 조동 하더니. ¶毒龍이 두리여 터니(月釋7:23). 說法ᄒᆞ시니 다 기ᄊᆞᄫᅡ 터니(月釋7:47).

터두어리다 동 더듬다. 더듬거리다. ☞더두어리다. 더투어리다 ¶말 터두어리다:話打吧(蒙解上19).

터럭 [명] 터럭. 털. ☞터리. 털. 털럭 ¶ᄒᆞᆫ낟 머릿터러글(月印上33). ᄒᆞᆫ 터럭 ᄒᆞᆫ 드틀만 ᄒᆞ야도(釋譜11:9). 터러긔셔 輕ᄒᆞ니 이시니(三綱. 忠25). 플와 나모와 ᄀᆞᄂᆞᆫ 터러게 니르리 크며 져고미:至草樹纖毫大小(楞解2:48). 오직 ᄒᆞᆫ 터럭매나 져기 그 ᄠᅳ데 어긜가 저홀디니라:惟恐一毫稍違其意(宣賜內訓1:47). 鳥窠ㅣ 속절업시 뵛 터럭 자바 부니라:鳥窠空把布毛吹(南明上13). 터럭 발:髮(訓蒙上28). 터럭 모:毛(訓蒙下3. 類合上14). 터럭 호:毫(類合下58. 兒學下12). 머리터럭글 년ᄒᆞ야 니ᄅᆞᆯ 올리고:接髮分蝨(東新續三綱. 孝4:29). 머리터럭을 ᄲᅡ이면 틔 오십 ᄒᆞ고:拔髮則笞五十(警民9). 터럭을 흣터 ᄇᆞ리고(女四解4:17). 터럭이 버서진 곧의 ᄇᆞ라면(隣語8:12).

터럭·긑 [명] 털끝. ☞터릿긑. 털억긑 ¶터럭긑 만ᄒᆞᆫ ᄃᆡ도 스스로 쟈랑ᄒᆞ고져 ᄒᆞ놋다:纖毫欲自矜(初杜解20:23). 실올 매나 터럭긑 매나 다으디 몯호미 이시면 내 ᄆᆞᅀᆞ미 붓그럽거니:絲毫不盡則慊於心矣(飜小8:15). 터럭긑만도 더으디 아니ᄒᆞ야도:不加毫末(宣小題辭2).

터럭·뵈 [명] 털로 짠 천. 모전(毛氈). ¶氈은 터럭뵈라(楞解7:46).

터럭·옷 [명] 털옷. ¶裘ᄂᆞᆫ 갓오시오 毳ᄂᆞᆫ 터럭오시라(楞解6:96).

터럭쟝 [명] 털가죽옷을 만드는 장인(匠人). ¶터럭쟝:狐帽匠(朴解中19).

터·리 [명] 털. ☞터럭. 털 ¶터리 ᄲᅢ혀 주시고 손토ᄇᆞᆯ ᄯᅩ 주시니(月印上33). 내 바랫 ᄒᆞᆫ 터리ᄅᆞᆯ 몯 무으리니(釋譜6:27). 입과 터리예 다 됴ᄒᆞᆫ 香내 나시며(月釋2:58). 거부븨 터리와 톳긔 ᄲᅳᆯ ᄀᆞᆮ거니:同於龜毛兎角(楞解1:74). 귀터릿 ᄀᆞᅀᅢ 가샤미:至髮際(法華2:13). 터리 ᄉᆞ롬 ᄀᆞᆮᄒᆞ니:如燎毛(宣賜內訓1:34). ᄇᆞᄅᆞ미 거스리 부니 짓과 터리왜 ᄒᆞ야디놋다:風逆羽毛傷(初杜解7:15). 머리터리ᄅᆞᆯ ᄆᆡ자 남진 겨지비 ᄃᆞ외요니:結髮爲夫妻(初杜解8:67). 귀미틧 터리ᄂᆞᆫ 본ᄃᆡ 절로 셰오:鬢毛元自白(初杜解10:10). 시욱쳥은 됴ᄒᆞᆫ ᄀᆞᄂᆞᆯ오 보ᄃᆞ라온 터리로 미론 쳥 시너 이쇼ᄃᆡ:氈襪穿好絨毛襪子(飜老下53). 빗난 힌 터리로 ᄧᆞᆫ 手巾은:光明白氎巾(重杜解9:23).

터·릿·긑 [명] 털끝. ☞터럭긑. 털억긑 ¶기운ᄒᆞᆫ 두듥과 기운ᄒᆞᆫ 셤과ᄂᆞᆫ ᄀᆞᅀᆞᆳ 터릿긑ᄀᆞ티 젹도다:欹岸側島秋毫末(初杜解16:30).

·터시·니 (조동) 하시더니. ¶滿國히 즐기거늘 聖性에 외다 터시니:滿國酷好聖性獨闢(龍歌107章). 네 원을 쳥ᄒᆞ샤 지블 나아가려 터시니(月印上16).

-·터시·니 (접미) -하시더니. ¶光有聖人이 林淨寺애 敎化터시니(月釋8:77). 져머셔 나 아로미 ᄡᅡ나샤 비호매 ᄉᆞ랑호ᄆᆞᆯ 더으디 아니터시니:少挺生知學不加思(永嘉序6).

터지다 [동] 터지다. ☞ᄢᅥ디다 ¶터질 탄:綻(倭解下37). 믈 터지다:水決(同文解上8). 내 터지다:河決(譯解補5). 터지다:離開(漢淸11:58). 터질 셜:泄(兒學下9).

·터·흘 [명] 터를. 〔ㅎ 첨용어 '터'의 목적격.〕 (독)터 ¶精舍 지ᅀᅮᇙ 터흘 어드니 맛당ᄒᆞᆫ ᄃᆡ 업고(釋譜6:23).

턱쟈감이 [명] 턱자가미. ☞ᄌᆞ가미 ¶턱쟈감이:兜頰(柳氏物名一 獸族).

털 [명] 털. ☞터럭. 터리 ¶붇 털 그ᄐᆞ로 두 곳굼글 ᄢᅵᆯ오ᄃᆡ:筆毛刺兩鼻中(救簡1:83). 뎌 귀갓갈 가져다가 귓 안 돌아 털 갓고:將那鉸刀斡耳(飜朴上44). 털 ᄲᅳᆸ다:撏毛(訓蒙下12 撏字註). 머리털 거두기를 드리 디우게 말며:斂髮毋髢(宣小3:10).

털·갇 [명] 털모자. ☞털갓 ¶ᄯᅩ 돈피 털갇과ᄋᆡ 우희 다 금딩ᄌᆞ 잇더라:又有貂鼠皮狐帽上頭都有金頂子(飜老下52).

털갓 [명] 털모자. ☞털갇 ¶털갓:氈帽子(譯解上43).

털구무 [명] 털구멍. ¶털구무:毛孔(同文解上17. 漢淸5:56).

털긔 [명] 털기. 〔쇠꼬리 털로 장식한 의장기(儀仗旗).〕 ¶털긔 모:旄(兒學上12).

털다 [동] 털다. 도둑질하다. ¶개 터ᄂᆞᆫ 놈:搶狗的(譯解上66).

털럭 [명] 털. ☞터럭 ¶업텨 ᄢᅥ러 ᄇᆞ림애 쉬옴ᄋᆞᆫ 털럭 ᄉᆞ롬 ᄀᆞᆮᄐᆞᆫ디라:覆墜之易如燎毛(宣小5:19).

털링 [명] 철릭. ☞텬릭. 털릭 ¶皁衫은 거믄 털링이라(家禮3:6).

털억·긑 [명] 털끝. ☞터럭긑 ¶만일 털억긑티나 지극디 몯홈이 이시면:如有毫末不至(宣小5:57).

·테 [명] 테. ¶圍ᄂᆞᆫ 테라(月釋14:55). 圍ᄂᆞᆫ 테라(楞解2:20). 테메울 고:箍(訓蒙下16). 테:箍子(譯解上43). 테 고:箍(倭解下14). 대테 메온 질병드리(古時調. ᄃᆞ나 ᄡᅳ나. 靑丘). 테 짓다:纏絲(同文解下24). 실테:線績(譯解補39). 개목에 테:狗掐子(漢淸4:57).

테메우·다 [동] 테메우다. ¶테메울 고:箍(訓蒙下16).

테모시 [명] 모시풀. ☞태모시 ¶테모시:苧麻(同文解下46. 漢淸10:62).

텨 [명] 처(妻). ¶그 지아비 제 텨ᄃᆞ려 닐오ᄃᆡ 엇지 ᄶᅡ혜 미양 누어셔 념불도 아니 ᄒᆞᄂᆞᆫ고 ᄒᆞᆫ대(普勸文18).

·텨·든 [동] 치매. ㉮티다 ☞텨ᄃᆞᆫ ¶모ᄃᆞᆫ 사ᄅᆞ미 막다히며 디새며 돌ᄒᆞ로 텨든 조치여 ᄃᆞ라 머리 가(釋譜19:31).

·텨·돈 [동] 치매. ㉮티다 ¶이 말 니ᄅᆞᇙ 저긔 한 사ᄅᆞ미 막다히며 디새며 돌ᄒᆞ로 텨돈 避ᄒᆞ야 ᄃᆞ라 머리 가 住ᄒᆞ야셔 ᄉᆞᆫ지 노ᄑᆞᆫ 소리로 닐오ᄃᆡ 내 너희를 업시우디 아니ᄒᆞ노니 너희 다 당다이 부톄 ᄃᆞ외리라 ᄒᆞ더니(月釋17:85).

-텨로 [조] -처럼. ☞-톄로 ¶이텨로 ᄒᆞ야 긴 ᄒᆡ를 져므도록 대면을 ᄒᆞ니(癸丑70). 손바당텨로 쎄롤 ᄆᆞᆫᄃᆞ라(痘瘡方29). ᄌᆞᆫ썩텨로 ᄆᆞᆫᄃᆞ라:作餠(痘瘡方60). 조대가의 말텨로 ᄒᆞ야(女範3. 문녀 당뎡시).

텨믓다 [동] 고문(拷問)하다. ¶텨믓단 말이라:勘問(無寃錄3). 텨믓단 말이라:拷訊(無寃錄9).

텨져주다 [동] 고문(拷問)하다. ¶의심ᄒᆞ여 텨져주더니:涉疑打拷(老解上25).

텨주다 [동] 값을 쳐서 주다. ¶텨주다:抵兌還償(同文解下27).

·텩·툑 [명] 척촉(躑躅). 철쭉. ☞텩튝. 텰듁 ¶텩툑 텩:躑. 텩툑 툑:躅(訓蒙上7). 텩툑 툑:躅. 텩툑 텩:躑(類合上7).

텩튝 [명] ①영산홍(映山紅). ¶텩튝:映山紅(譯解下39).
②척촉(躑躅). 철쭉. ☞텩툑 ¶斜陽 峴山의 躑躅을 므니 ᄇᆞᆯ와(松江. 關東別曲).

텬간 [명] 천간(天干). ¶갑을병뎡무긔경신임계ᄂᆞᆫ 텬간이오:甲乙丙丁戊己庚辛壬癸是天干(飜老下71).

텬긔 [명] 천기(天氣). ¶텬긔 치오면 미양 변방의 쟝ᄉᆞ를 싱각ᄒᆞ샤(仁祖行狀31). 텬긔 변ᄒᆞ다:天道變了(譯解補1). 이 ᄢᅴ 융동 텬긔 늠렬ᄒᆞ미 극ᄒᆞᆫ지라(引鳳簫1).

텬년 [명] 천년(天年). 천수(天壽). 타고난 수명. ¶광히와 밋 폐비 ᄆᆞᄎᆞᆷ내 텬년으로 ᄆᆞᆺᄎᆞ니(仁祖行狀13).

텬당 [명] 천당(天堂). ¶됴ᄒᆞᆫ 일 너피사 天堂樂ᄋᆞᆯ 뵈시고 왼 일 다 ᄉᆞᆯ와 地獄苦를 나토샤미(月釋8:29). 天堂과 地獄이 ᄆᆞᅀᆞ매 나디 아니ᄒᆞ니(永嘉上53). 解脫 求티 아니ᄒᆞ며 天堂 즐기디 아니ᄒᆞᄂᆞ다(金三2:37). 善事를 ᄉᆞ랑ᄒᆞ면 化ᄒᆞ야 天堂이 ᄃᆞ외오(六祖中41). 복을 도와 天堂이나 여러 가짓 ᄀᆞ장 즐거운 이롤 받게 ᄒᆞ고(飜小7:22). ᄒᆡ여곰 天堂의 나:使生天堂(宣小5:55). 인간셰의 오십 년이 텬당의 일쥬애라(因果曲).

텬:동 [명] 천둥. 우레. ¶種種 보ᄇᆡ 비와 天動 번게를 사ᄅᆞᆷ이 놀라더니(月印上59). 天動 ᄀᆞ티 소리 날 ᄊᆡ 吼ㅣ오(法華1:58). 雷ᄂᆞᆫ 天動이오(眞言17). 텬동 진:震(類合下56).

텬동잔ᄌᆞ리 [명] 잠자리의 한 가지. ¶텬동잔ᄌᆞ리:紺蠜(柳氏物名二 昆蟲).

텬:동ᄒᆞ·다 [동] 천둥하다. ¶거믄 구루미 니르바다 天動ᄒᆞ거늘(三綱. 孝29). 天動ᄒᆞ다:天鼓鳴(譯解上2).

텬디 [명] 천지(天地). ¶右手 左手로 天地 ᄀᆞᄅᆞ치샤(月印上8). 큰 光明 펴 天地를 비취오(月釋10:28). 天地 鬼神이 아ᄅᆞ시ᄂᆞ니라(三綱. 烈22). 天地롯 몬졔라 그 비르소미 업스며(金三涵序4). 六合은 天地와 四方이라(簡辟3). 天地예 ᄒᆞᆫ 罪人이라(宣小6:30). 上下ㅣ 天地로 더블어 同流ᄒᆞᄂᆞ니(宣孟13:9). 天地의 理롤 順케 ᄒᆞ며(家禮4:1). 텬디 만물은 지비ᄒᆞ고 경복ᄒᆞ믈(經筵). 텬디긔 사례ᄒᆞ고(洛城1).

텬령개 [명] 두개골(頭蓋骨). ¶텬령개:腦骨(漢淸5:54). 텬령개:腦蓋骨(蒙解補6).

텬륜 [명] 천륜(天倫). ¶天倫을 姦臣이 하ᅀᆞᄫᅡ 中土心得다 ᄒᆞᆫ돌:姦臣間親曰得民望(龍歌74章). 너와 나왜 同氣라 ᄠᅳ디 天倫과 ᄀᆞᆮᄒᆞ니(楞解1:41). 兄弟ᄂᆞᆫ 텬륜이니:兄弟天倫(警民22).

텬·릭 [명] 철릭. ☞텰릭 ¶프류쳥 로 ᄆᆞᄂᆞᆫ 주롬 텬릭이오:柳綠羅細摺兒(飜老下50).

텬마피 [명] 천마피(天馬皮). 〔사막 지대에 사는 여우의 뱃가죽.〕 ¶텬마피:沙狐 天馬皮(物譜 獸族).

텬만 [명] 천만(喘滿). ¶텬만:痨喘(譯解補33).

텬:명 [명] ①천명(天命). 하늘의 명령. ¶말ᄊᆞᄆᆞᆯ ᄉᆞᆯᄫᆞ리 하ᄃᆡ 天命을 疑心ᄒᆞ실ᄊᆡ:獻言雖衆天命尙疑(龍歌13章).
②천명(天命). 타고난 목숨. ¶나라히 오라건마ᄅᆞᆫ 天命이 다아갈ᄊᆡ:維邦雖舊將失天命(龍歌84章). 텬명:命(漢淸6:11).

텬문동 [명] 천문동(天門冬). ¶또 天門冬을 고기양 업게 ᄒᆞ고 ᄊᆞᄒᆞ라(瘟疫方26).

텬·복 [명] 천복(天福). ¶海東 六龍이 ᄂᆞᄅᆞ샤 일마다 天福이시니:海東六龍飛莫非天所扶(龍歌1章).

텬:셩 [명] 천성(天性). ¶庸君이신ᄃᆞᆯ 天性은 ᄇᆞᆯᄀᆞ시니:雖是庸君天性則明(龍歌71章). 父母 ᄠᅳ든 天性에 根源혼디라(月釋序14). 岳飛 天性이 忠孝ᄒᆞ며 士卒을 어엿비 너기며(三綱. 忠22). 텬셩을 다ᄉᆞ리디 몯ᄒᆞ리니:不能理性(飜小6:17). ᄉᆞ리롤 궁구하며 텬셩다이 다호매 니르러:至於窮理盡性(飜小9:19). 孟子ㅣ ᄀᆞᆯᄋᆞ샤ᄃᆡ 形과 色은 天性이니(宣孟13:31). 텬셩이 지극ᄒᆞᆫ 회러니:天性至孝(東續三綱. 孝29 鄭門世孝). 텬셩:性(漢淸6:11).

텬시 [명] 천시(天時). ¶孟子ㅣ ᄀᆞᆯᄋᆞ샤ᄃᆡ 天時ㅣ 地利 ᄀᆞᆮ디 몯ᄒᆞ고(宣孟4:1). 우후로ᄂᆞᆫ 天時를 律ᄒᆞ시고(宣中48).

텬션·히 [부] 천연(天然)히. 천연 그대로. ¶肅宗도 또 孝性이 두터우시며 恩性이 天然히 至極ᄒᆞ샤 母子의 慈愛ᄒᆞ샤:肅宗亦孝性淳篤恩性天至母子慈愛(宣賜內訓2上42).

텬연ᄒᆞ·다 [형] 천연(天然)하다. ¶自然ᄋᆞᆫ 本來 제 天然ᄒᆞ야 因緣을 븓디 아니홀 ᄊᆡ라(楞解4:66). 天然ᄒᆞᆫ 實性은 本來 옮디 아니ᄒᆞᄂᆞ니라(永嘉上50). 天然ᄒᆞᆫ 두 寸만ᄒᆞᆫ 고기로다:天然二寸魚(初杜解17:39).

텬·직 [명] 천직(天職). ¶더블어 天職을 治티 아니ᄒᆞ며(宣孟10:14).

텬지 [명] 천재(天才). ¶天爲拯民ᄒᆞ샤 天才를 ᄂᆞ리오시니:天爲拯民天才是出(龍歌32章).

텬쳥빗 [명] 천청(天靑)빛. 하늘빛. ☞텬쳥빛 ¶텬쳥빗체 흉븨ᄒᆞᆫ 비단과:天靑胸背(老解下21).

텬쳥빛 [명] 천청(天靑)빛. 하늘빛. ☞텬쳥빗 ¶네 그 텬쳥비쳇 흉븨ᄒᆞᆫ 비단과:你那天靑胸背(飜老下24). 텬쳥비체 금으로 ᄉᆞ지 그린 ᄃᆞᆯ애예:天靑描金獅子䏢(飜朴上30).

텬텬이 [부] 천천히. ☞쳔쳔이 ¶ᄆᆞᆯ이 잇것 쉬믈 기ᄃᆞ려 텬텬이 먹이라(蒙老2:6).

텬·튝 [명] 천축(天竺). '인도(印度)'의 옛 이름. ¶天竺은 西天 나라히라(月釋2:66).

텬평 [명] 천평칭. 천칭(天秤). ¶텬평 저울:秤子. 텬평 추:法馬(同文解下15). 텬평 추:法馬. 텬평으로 ᄃᆞ다:天平兌(漢淸10:20).

텬:하 [명] 천하(天下). ¶商德이 衰ᄒᆞ거든 天下를 맛ᄃᆞ시릴ᄊᆡ:商德之衰將受九圍(龍歌6章). 이 네 셔믈 네 天下ㅣ라 ᄒᆞᄂᆞ니(月釋1:24). 죽거늘 天下ㅣ 셜워ᄒᆞ더라(三綱. 忠22). 오ᄂᆞᆯ 明白히 주그면 天下애셔 날 알리 이시리라(三綱. 忠26). 天下ᄅᆞᆯ 爲ᄒᆞ야 혜아료미니(初杜解6:33). 天下앳 늘근 和尙도 나디 몯ᄒᆞ며(金三1:9). 이제 됴뎡이 텬하를 一統ᄒᆞ야 겨시니:如今朝廷一統天下(飜老上5). 그 天下를 일티 아니ᄒᆞ고:不失其天下(宣小2:71). 天下애 그 이ᄅᆞᆯ 봄 ᄀᆞᄐᆞ더 ᄒᆞ시고 그 掌을 ᄀᆞᄅᆞ치시다(宣論1:23). 이예 天下ㅅ 民이 至ᄒᆞ리이다(宣孟1:10). 天下를 一統ᄒᆞ여시니(老解上4).

텬:ᄒᆡᇰ [명] 천행(天幸). ¶父王을 시러 보미 實로 天幸이언마ᄅᆞᆫ(金三3:25).

·텰 [명] 철(鐵). ¶구리어나 鑞이어나 鐵이어나 남기어나 ᄒᆞᆯ기어나(釋譜13:52). 鐵을 ᄉᆞ라 지지라(救急上67).

·텰·극 [명] 철극(鐵戟). 쇠로 만든 창(槍). ¶夜叉ㅣ 큰 鐵戟 자바:戟은 槍이라(月釋21:43).

텰깃 [명] 털모자. ☞털간. 털갓 ¶雲南에셔 난 젼으로 ᄒᆞᆫ 갓과 또 돈피 털깃애:雲南氈帽兒又有貂鼠皮狐帽(老解下47). 〔飜老下52에 '또 돈피 털간과이'로 기록된 것으로 보아 '털갓'의 오기(誤記)일 것으로 짐작됨.〕

텰납 [명] 납의 한 가지. ¶텰납: 鉛 銀坑處有之靑金也(柳氏物名五 金).

텰노 [명] 철(鐵)로 꼰 노. ¶鐵 그믈와 鐵노 콰(月釋21:45).

·텰·듀ᄒᆞ·다 [동] 철주(掣肘)하다. ☞쳘쥬ᄒᆞ다 ¶스스로 掣肘ᄒᆞ며 矛盾홈이 하더니:自相掣肘矛盾者多矣(宣小6:123).

텰듁 [명] 철쭉. ☞쳘듁. 텩툑. 텩튝. ¶텰듁:山躑躅(柳氏物名四 木).

텰·릭 [명] 철릭. 융복(戎服)의 한 가지. ☞텬릭 ¶압뒤 흉븨와 두 엇게로셔 ᄉᆞ맷ᄆᆞᄅᆞ내 치질ᄒᆞ고 무롭도리로 치질ᄒᆞᆫ 로 털릭에:刺通袖膝欄羅帖裏上(飜朴上27). 거믄 털릭 뵈 닷 비를 쇼싄이 예 가져오이다:五箇黑帖裏布小人將來這裏(飜朴上51). 내 털릭이 어느 네 슈질ᄒᆞᆫ 털리게 미ᄎᆞ료:我的帖裏怎麼赶上你的綉帖裏(飜朴上72). 므쇠로 털릭을 ᄆᆞᆯ아 나ᄂᆞᆫ 鐵絲로 주롬 바고이다(樂詞. 鄭石歌). 프른 뉴쳥노 ᄀᆞᄂᆞᆫ 줄음 털릭이오:柳綠羅細褶兒(老解下45). 膝欄ᄒᆞᆫ 羅 털릭에:膝欄羅帖裏上(朴解上25). 털릭:帖裡(譯解上44).

·텰망 [명] 철망(鐵網). 쇠그물. ¶鬼神ᄋᆞᆯ 出令ᄒᆞ야 鐵網ᄋᆞᆯ 밍ᄀᆞ라:鐵網ᄋᆞᆫ 쇠그므리라(釋譜24:30).

·텰분 [명] 철분(鐵粉). 쇳가루. ¶鐵粉ᄋᆞᆫ 쇠ᄅᆞᆯ 醋ㅅ 즛의예 녀허 오라면 오시 나ᄂᆞ니 ᄀᆞ가 아ᄉᆞ니 일후미 鐵粉이라(救急下46).

텰ᄉᆞ [명] 철사(鐵絲). ¶털ᄉᆞ 혀다:拔鐵絲(同文解下18). 털ᄉᆞ 쏩다:拔鐵絲(譯解補45). 털ᄉᆞ 쏩다:拔絲(漢淸12:3).

·텰쳥총:광간쟈ᄆᆞᆯ [명] 이마와 빰이 흰 철청총이. ☞털쳥총이광간쟈ᄆᆞᆯ ¶ᄒᆞᆫ ᄀᆞ장 ᄉᆞᆯ진 털쳥총광간쟈ᄆᆞᆯ 탓고:騎着一箇十分膘鐵靑玉面馬(飜朴上29).

·텰쳥총·이 [명] 철청총이. ☞철쳥총이. 털쳥총이ᄆᆞᆯ ¶털쳥총이:靑白馬(飜老下9). 털쳥총이 긔:騏(詩解 物名11).

텰쳥총이광간쟈ᄆᆞᆯ [명] 이마와 빰이 흰 철청총이. ☞털쳥총광간쟈ᄆᆞᆯ ¶ᄒᆞᆫ ᄀᆞ장 ᄉᆞᆯ진 털쳥총이광간쟈ᄆᆞᆯ을 탓고:騎着一箇十分膘鐵靑玉面馬(朴解上28).

텰쳥총이ᄆᆞᆯ [명] 철청총이. ☞철쳥총이ᄆᆞᆯ. 털쳥총이 ¶털쳥총이ᄆᆞᆯ:靑白馬(老解下8).

텰총이 [명] 철총이. 청총마(靑驄馬). ¶털총이:靑驄馬(譯解下28).

텰통 [명] 철통(鐵桶). ¶이리 털통ᄀᆞ치 ᄒᆞᆫ 번 긔별도 통티 못ᄒᆞ니(癸丑115).

텰환 [명] 철환(鐵丸). ¶털환 마자 어미와 ᄌᆞ식기 다 죽거ᄂᆞᆯ:中丸母子俱斃(東新續三綱. 孝7:9). 털환:鉛丸(同文解上49). 털환:鉛子(譯解補16. 漢淸5:12).

·텹 [명] 첩(疊). ¶疊은 ᄀᆞᆯ포 싸홀 씨니 층이라 ᄒᆞ듯 ᄒᆞᆫ 마리라(釋譜19:11). 텹 텹:疊(類合下52).

텹박다 [동] 첩박다. ¶문마다 텹박아 둔테 박으니(癸丑208).

텹텹ᄒᆞ다 형 첩첩(疊疊)하다. ¶送使ᄂᆞᆫ 텹텹ᄒᆞ여 이러ᄐᆞ시 되기 어려이 폐로이 굴모로(新語4:24).

텽 명 청(廳). 대청(大廳). ¶廳 알ᄑᆡ 아야오ᄅᆞ시 몰 돌 만ᄒᆞ더니:廳事前僅容旋馬(宣賜內訓3:66). ᄌᆞ데의 겨집ᄃᆞᆯ히 텽 아래셔 절호몰 ᄆᆞᆺ고:弟婦等拜堂下畢(飜小7:41). 텽의 올아 부못긔 문안ᄒᆞ니:上堂問起居(飜小9:99). 텽 텽:廳(類合上22). 방이며 텽이며 믿 ᄠᅳᆯ홀 믈 ᄡᅳ리고 ᄡᅳ러:灑掃室堂及庭(宣小2:5). 일즉 믈 가져 텽의 오ᄅᆞᆯ서:嘗取水上堂(宣小4:16).

:텽:즁 명 청중(聽衆). ¶菩薩 聽衆이 다 本國에 이쇼ᄃᆡ(楞解1:79).

텽집 명 청(廳). 대청(大廳). ¶샹해 텽집의 거쳐ᄒᆞ여:常居廳(東新續三綱. 烈2:36).

·톄 명 모양. 양(樣). ¶머리 톄를 져기 기우시 호니:頭容少偏(飜小10:27). 다 循循(ᄎᆞ셰 이셔 례예 넘디 아니ᄒᆞᆫ 톄라)히 아담ᄒᆞ고 조심ᄒᆞ니:皆循循雅飭(宣小6:10).

·톄 명 등속(等屬). 따위. ¶通判 : 판관 톄엿 벼슬이라(宣小6:3). ᄇᆡ며 귤 톄옛 거슬:梨橘等(痘要下4). 杆ᄂᆞᆫ 바리 톄엿 그ᄅᆞ시라(家禮10:31). 이 톄엿 일을 더러 ᄇᆞ리고:除去此等(重內訓3:46).

·톄 명 체. ☞체. 체 ¶본 톄도 아니 ᄒᆞ니(癸丑34). 뒤보라 가ᄂᆞᆫ 톄 ᄒᆞᆫ가지로 나오면 므서시 저프리오:推出後去的一般出來時怕甚麼(朴解中18).

:톄관ᄒᆞ·다 동 체관(諦觀)하다. ¶네 ᄯᅩ 諦觀ᄒᆞ라(楞解3:76).

·톄·득ᄒᆞ·다 동 체득(體得)하다. ¶그럴ᄊᆡ 이 體得ᄒᆞᆫ 사ᄅᆞ믄 몬 現홀 ᄢᅴ시 업스니(法華6:59).

톄ᄃᆡᄒᆞ다 동 체대(替代)하다. ¶톄ᄃᆡ홀 官人이 잇ᄂᆞ냐:替的官人有麼(朴解中45).

톄렴ᄒᆞ다 동 체념(體念)하다. 깊이 생각하다. ¶만일 그 ᄀᆞᄅᆞ친 말을 톄렴티 아니ᄒᆞ야:如其不體教訓(警民26).

톄례 명 체례(體例). ¶體例 모ᄅᆞᄂᆞᆫ 사ᄅᆞᆷ이니:不會體例的人(老解上15).

-·톄·로 조 -처럼. ¶兄의 나 ᄀᆞᄐᆞᆫ 이ᄅᆞᆯ 기러기톄로 ᄃᆞᆫ니고:兄之齒鴈行(宣小2:64). 안즘을 키톄로 말며:坐毋箕(宣小3:9). ᄋᆡ샹 곡읍을 젼톄로 ᄒᆞᄋᆞᆸ시면(諺簡51 肅宗諺簡). 힝달이 이톄로 ᄒᆞ기ᄅᆞᆯ 열흘이나 ᄒᆞ니:行達復如此不旬之外(太平1:50).

톄면 명 체면(體面). ¶톄면 업다:體面吊(同文解上32). 톄면 업다:沒體面. ᄀᆞ장 톄면 업다:狼沒體面(漢淸7:55).

톄모 명 체모(體貌). ¶톄모 업다:無體統(漢淸8:49).

톄쇼ᄒᆞ다 형 체소(體小)하다. ¶톄쇼ᄒᆞ다:身小(漢淸5:45).

톄:신·ᄒᆞ·다 동 체신(體信)하다. 전적(全的)으로 믿다. ¶ᄆᆞᅀᆞ매 서르 體信ᄒᆞ야:體信ᄋᆞᆫ 오로 信홀 씨라(月釋13:25). ᄆᆞᅀᆞ매 서르 體信ᄒᆞ야:體信은 몸 오로 信홀 씨라(法華2:215).

:톄ᄉᆞ 명 체사(剃師). (옛날의) 이발사. ¶부톄 剃師ᄅᆞᆯ 시기샤:剃師ᄂᆞᆫ ᄂᆞᄆᆡ 머리 갓ᄂᆞᆫ 사ᄅᆞ미라(月釋7:8).

·톄:오ᄒᆞ·다 동 체오(體悟)하다. 완전히 알다. ¶사ᄅᆞ미 能히 現量으로 體悟호미 正이오:體悟ᄂᆞᆫ 오로 알 씨라(法華2:40).

톄읍ᄒᆞ다 동 체읍(涕泣)하다. 슬피 울다. ¶가ᄂᆞᆫ ᄠᅳ들 니ᄅᆞ오시고 위ᄒᆞ여 톄읍ᄒᆞ오시니(仁祖行狀14).

:톄·ᄌᆞ 명 체자(帖子). 체지(帖紙). 장부(帳簿). ¶ᄡᆞᆯ 툴 톄ᄌᆞ 가져다가:將米帖兒來(飜朴上12). ᄡᆞᆯ 톄ᄌᆞ 가져다가 官號 마초고:將米帖兒來對官號(朴解上12).

·톄·ᄒᆞ·다 조동 체하다. ¶公孫弘이 뵈로 니블을 ᄒᆞ야 검박ᄒᆞᆫ 톄ᄒᆞ거늘 汲黯이 그 간사ᄒᆞᆫ 줄을 긔롱ᄒᆞ니라(宣小6:128). 어딘 남진 톄ᄒᆞ거든:做好漢(老解下49). 붓그림으란 모로ᄂᆞᆫ 톄ᄒᆞ고(新語9:15). 거즛 죽은 톄ᄒᆞ다:裝死(譯解補27).

톄ᄒᆞ다 동 체(滯)하다. ¶혈ᄆᆡᆨ이 ᄆᆡ치고 긔운이 톄ᄒᆞ여:脈結氣滯(痘要下19). ᄊᆞ혀 톄ᄒᆞᆫ 거슬 ᄂᆞ리오며:推下積滯(臘藥19).

토 명 토(吐). 〔조사(助辭)〕¶卞季良曰昔太宗 命權近著五經吐 凡讀書以諺語節句讀者俗謂之吐 近讓之不得遂著詩易吐 唯 禮記四書無之(世宗實錄40:14 戊申閏四月). 上命柳希春詳定四書三經吐釋 希春對以力小任重經書 請命他人 又薦 李珥 上採其言 亦命李珥詳定經書吐釋(宣祖實錄60 丙子四月).

-·토 조 -도. 〔ㅎ 첨용(添用) 보조사(補助辭).〕☞-도 ¶東山이 ᄯᅡ토 平ᄒᆞ며 나모도 盛ᄒᆞ더니(釋譜6:23). 밥 머글 ᄊᆞᅀᅵ만 너겨 ᄒᆞ나토 잇븐 ᄠᅳᆮ 내리 업더라(釋譜13:34). 畫師ᄃᆞᆯ히 ᄒᆞ나토 ᄀᆞ티 몯 그리ᅀᆞᆸ거늘(釋譜24:10). 灌頂王ᄃᆞᆯ토 長壽ᄒᆞ고 病 업서(月釋9:55). ᄒᆞ나토 몯 미츠리니(月釋17:32). 우리ᄃᆞᆯ토 이 眞淨大法을 제 得고져 ᄒᆞ야(月釋18:3). ᄒᆞ나토 實ᄒᆞᆫ 體 업서(楞解2:98). ᄒᆞ나토 帝ᄭᅴ ᄌᆞ기시디 아니ᄒᆞ샤(宣賜內訓2下65). 니건 ᄒᆡᄂᆞᆫ 솔옷 셀 ᄯᅡ토 업더니(南明上8). 콩 버므릴 막대 ᄒᆞ나토 업다:攪料棒也沒一箇(飜老上33). 뫼토 서ᄅᆞ 맛볼 나리 잇ᄂᆞ니:山也有相逢的日頭(飜老下73). 〔老解下66는 '뫼도 서ᄅᆞ 맛나ᄂᆞᆫ 날이 잇ᄂᆞ니'로 기록되어 있음.〕콩 버므릴 막대 ᄒᆞ나토 업ᄉᆞ니(老解上30).

토굴 명 토굴(土窟). ¶토굴 가온디 두어셔:置土窟中(東新續三綱. 忠1:70).

토기 명 토끼. ☞톡기. 톳기 ¶토기:兎(物譜 毛蟲).

토기다 동 튀기다. ¶활 토기다:彈弓絃(同文解上47). 활 토기다:彈弓絃(譯解補15). 니마 토기다:撣腦殼(漢淸6:61). 칼마리롤 토기면:彈刀頭(武藝圖22).

토김 명 퇴김. ¶三間 토김 四間 근두 半空에 소소올나 구름에 걸쳐시니(古時調. 江原道 雪花紙. 靑丘).

토다리 명 흙다리. ¶구름다리 징검다리 돌다리 토다리로다(萬言詞).

토담 명 토담. 흙담. ¶토담 쓰다:打土墻(同文解上36). 토담 싸다:築土墻(漢淸12:10).

·토·디 명 토지(土地). ¶山川 谿谷 土地에 냇눈(月釋13:44). 土地롤 辟호며 秦楚롤 朝호야(宣孟1:29).

토디신 명 토지신(土地神). ¶토디신:當方神(譯解補18).

·토란 명 토란. ☞토련 ¶위안해 토란과 바믈 거두워드릴시:園收芋栗(初杜解7:21). 나눈 岷山 아랫 토라놀 소랑커눌:我戀岷下芋(初杜解22:56). 토란 우:芋(訓蒙上14. 類合上10. 兒學上5). 토란:芋頭(譯解下10).

토랏다 동 속이 울렁거리다. ¶토랏다:漾(漢淸8:3).

토련 명 토란. ¶토련:芋頭(漢淸12:38).

-·토·록 접미 -토록. ☞-드록 ¶身이 終토록 訢然히 樂호야(宣孟13:29). 終身토록 슬허(續三綱. 孝12).

·토론호·다 동 토론(討論)하다. ¶이런 젼초로 비록 講論호야 사교미 해 디나나 몯다 혼 디 이셔 빗내며 討論호믈:討논 求홀 씨라(法華序21). 世叔이 討論호고 行人인 子羽ㅣ 修飾호고(宣論3:54).

·토리·라 동 타리라. ㉠투다 ¶내 두 돐 월봉을 와 토리라:我有兩箇月俸來關(飜朴上11). 여듧 셤 토리라:關八擔(飜朴上11).

토막 명 토막. ¶토막:木頭銼(同文解下44). 나모 토막:木頭墩(漢淸13:30). 나모 토막:榾柮(柳氏物名四 木). 나락밥이 돈독호고 싱션 토막 풍셩호다(萬言詞).

토목 명 토막. 장작. ¶炊爨所用維木短截者俗謂之吐木(中宗實錄11:5 庚午四月).

토미호다 형 투미하다. ☞투미호다 ¶토미혼 계집의 젼혀 모옴 근심티 아니홈을 비호디 말올띠니라:莫學蠢婦全不憂心(女四解2:22).

:토·벌호·다 동 토벌(討伐)하다. ¶그제 轉輪王이 種種兵을 니르와다가 討伐호디:討눈 틸 씨오 伐은 것거 降伏힐 씨라(法華5:57).

:토:샤·호·다 동 토사(吐瀉)하다. ¶霍亂 吐瀉호야 가슴 비 알커든(救急上34).

·토·샹 명 토상(土像). 토우(土偶). ¶토샹 밍ᄀ다:塐塑(四解上40). 토샹 밍ᄀ라:作土像(東新續三綱. 烈1:57).

-토·소이·다 접미 -하더이다. ☞-도소이다 ¶모수미 平等호야 恩德이 다르디 아니토소이다(月釋10:31).

토슈 명 토시. ☞토시. 퇴싀 ¶토슈:套手(同文解上56). 토슈:套手(譯解補28). 토슈:套袖(漢淸11:6).

토시 명 토시. ☞토슈 ¶풀지 ᄀ튼 것 겨러셔 토시ᄀ치 씨눈 것:臂籌(物譜 衣服).

토씨 명 토끼. ☞톡기. 톳기 ¶토씨 토:兎(兒學上7).

:토·역·호·다 동 토역(吐逆)하다. ¶또 과ᄀ리 煩滿호야 吐逆호거든(救急上29).

토질 명 토질(土疾). ¶土疾로 이러호온지 換腸을 대단이 호여(隣語2:3).

토풍 명 토풍(土風). ¶부뫼 일 죽고 계뫼 풀기의 니르니 토풍도 밋지 못홀너이다(落泉1:2).

:토·혈 명 토혈(吐血). ¶또 吐血와 고해 피굿디 아니커든(救急上64).

토후호다 형 토후(土厚)하다. ¶반드시 土厚호고 水深혼 짜홀 求호여(家禮7:15).

·토·호·다 동 토(吐)하다. ¶龍이 블을 吐호야 모딘 일올 홀씨(月印上37). 이베 블 吐호며 ᄃ라오거늘(釋譜6:33). 吐호며 드리논 사ᄅ미(法華4:19). 시혹 吐호면 곧 씨누니라(救急上4). 너무 토티 아니케 호고:不大嘔吐(救簡1:6). 터리롤 토호리라:吐毛(救簡6:31). 더퍼 쏨도 내며 吐호면 즉재 됴호리라(簡辟12). 토홀 토:吐(訓蒙中32. 兒學下3). ᄆᄋ미 측호야 吐호고(重杜解1:6). 또 죠곰 믈에 빠 먹고 누론 믈을 토호면 즉시 됸누니(辟新11). 토호다:嘔吐(同文解上19).

톡기 명 토끼. ☞톳기 ¶톡기 죽은 後ㅣ면 ᄀ마즈 삼기는이(古時調. 朱문에. 海謠).

톡톡 부 톡톡. ¶곰방디롤 톡톡 써러(古時調. 논밧 가라. 靑丘).

·톤 동 탄(乘). ㉠투다 ¶물 톤 자히 건너시니이다:乘馬截流. 물 톤 자히 누리시니이다:躍馬下馳(龍歌34章). 이 그우논 顚倒相올 톤 젼ᄎ로:乘此輪轉顚倒相故(楞解7:78).

톨 명 톨. ¶밤 갓톨:板栗(柳氏物名四 木).

·톰 동 탐(乘). ㉠투다 ¶知章의 물 토미 비톰 ᄀ호니:知章騎馬似乘船(杜解15:40). 崐崙이 象 토미:崐崙騎象(金三2:50).

·톱 명 톱. ¶톱爲鉅(訓解. 用字). 더븐 돗귀와 톱과로 바히누니라(月釋1:29). 오란 토

블 블게 ᄉᆞ라:舊鋸子燒赤(救簡6:20). 톱 우희 ᄒᆞᆫ 됴ᄒᆞᆫ 고즐 셥ᄒᆞ고:鋸兒上鈒一箇好花樣兒(飜朴上16). 톱 거:鋸(訓蒙中16. 類合上28). 톱:鉅子(譯解下17).

·톱 명 손톱. 발톱. ¶ᄒᆞᆫ 터럭 ᄒᆞᆫ 토빈ᄃᆞᆯ 供養功德이 어느 ᄀᆞᇫ 이시리(月印上34). 世尊ㅅ긔 ᄉᆞᆯᄫᅡ 톱과 터리ᄅᆞᆯ 바다 ᄀᆞ초ᅀᆞᄫᆞ니(月印上64). 톱과 엄괘 ᄂᆞᆯ캅고(釋譜6:33). 토비 赤銅葉 ᄀᆞᄐᆞ시며(月釋2:57). 톱 길며 머리터럭 나며:甲長髮生(楞解10:82). 시혹 가락 토ᄇᆞ로 그려 佛像 ᄆᆡᆼᄀᆞ로매:或以指爪甲而畫作佛像(法華1:219). 엄과 톱과 갈모미 어려워(南明下36). 엄지가락 톱 뒤흐로셔:大母指甲離甲(救簡1:42). 톱 거:距(訓蒙下6). 톱 조:爪(類合上14).

톱니 명 톱니. ¶톱니:鉅齒(譯解補44).

톱밥 명 톱밥. ¶톱밥:鉅末(譯解補44). 톱밥:鋸末(漢淸13:30). 톱밥:木屑(柳氏物名四 木).

톱실 명 베를 짜고 남아서 잘라낸 실. ¶ᄧᆞ고 남은 톱실:織餘(柳氏物名三 草).

톱질 명 톱질. ¶곳 잡아 술위 ᄣᅳ이고 톱질 시겨:便拿着曳車解鋸(朴解下18).

톳 명 실톳. ¶톳:紵纑(物譜 蠶績).

·톳·기 명 토끼. ☞톡기 ¶거부븨 터리와 톳긔 ᄲᅳᆯ ᄀᆞᆮ거니:同於龜毛兎角(楞解1:74). 거부븨 터리와 톳긔 ᄲᅳᆯ와:龜毛兎角(楞解3:95). 톳기 잡ᄂᆞᆫ 그므리니(圓覺序68). 긴 살로 간곡ᄒᆞᆫ 톳기ᄅᆞᆯ ᄧᅩ초니:長鈚逐狡兎(杜解10:26). 간곡ᄒᆞᆫ 톳기ᄅᆞᆯ ᄉᆞ랑ᄒᆞᄂᆞᆫ ᄃᆞᆺ고:思狡兎(初杜解16:45). 이젠 그믌 소갯 톳기 ᄀᆞᆮ도다:今如罝中兎(杜解21:38). 무더미 오래 여ᅀᆞ 톳기 이우지 ᄃᆞ외얏도다:墓久狐兎隣(初杜解24:25). ᄂᆞᆯ난 매ᄂᆞᆫ 숤ᄀᆞᇫ 톳기ᄅᆞᆯ 티디 아니ᄒᆞᄂᆞ니라 ᄒᆞ시니라(南明上11). 톳기 ᄲᅳᆯ 막다히와:兎角杖(金三4:36). 톳기 토:兎(訓蒙上19. 類合上13). 톳기 토:兎(詩解 物名1). 톳기 망:兎網(漢淸10:31). 톳기 올모:蹄(柳氏物名一 獸族).
※톳기>토끼

-톳던고 접미 -하였던고. ☞-돗- ¶구ᄐᆞ야 六面은 므어슬 象톳던고(松江. 關東別曲).

·통 명 통(筒). ¶ᄒᆞᆫ 사슬 통애 다마:一箇籤筒兒裏盛着(飜老上4). ᄒᆞᆫ 사슬 통애 담아:一箇籤筒兒裏盛着(老解上3).

·통 명 통(桶). ¶더러운 桶애 ᄆᆞᆯ간 므를 담고(救急下71). 남경의셔 온 蜜林檎 燒酒 一桶과 長春酒 一桶(飜朴上2). 腦兒酒 다ᄉᆞᆺ 통:腦兒酒五桶(飜朴上3). 통 소:筲. 통 통:桶(訓蒙中18). 통 통:桶(類合上27).

·통 명 창자. ¶귓거시 믄득 티며 갈잠개예 허러 피 통 안해 ᄀᆞᄃᆞᆨᄒᆞ야:卒中鬼擊及刀兵所傷血滿腸中(救急上17).

·통 명 굴대통. ¶술윗사리 통애 몯ᄃᆞᆺ 호ᄆᆞᆫ:如輻輳轂(永嘉序13). 통 튝:軸(訓蒙中26).

통가족 명 통가죽. ☞통가쥭 ¶통가족 골박다:楦皮(漢淸11:17). 통가족 벗기다:剝整皮(漢淸12:56).

통가쥭 명 통가죽. ☞통가족 ¶통가죽:渾脫皮(物譜 飮食).

통간ᄒᆞ다 동 통간(通姦)하다. ¶원의 업슨 ᄲᅧᄂᆞᆫ 초미 통간ᄒᆞ고(落泉1:1).

통계ᄒᆞ다 동 통계(通計)하다. 통틀어 셈하다. ¶세 고을을 통계ᄒᆞ면 흉년은 만코 풍년은 져근디라(綸音76).

통곡ᄒᆞ다 동 통곡(痛哭)하다. ¶통곡ᄒᆞ야 닐오ᄃᆡ(太平1:9). 청의ᄅᆞᆯ 닙으시고셔 문으로조차 나가실시 셩의 ᄀᆞᄃᆞᆨᄒᆞᆫ 사ᄅᆞᆷ이 통곡ᄒᆞ여 보내오니(山城126). 셔로 도라보매 통곡ᄒᆞᆯ ᄯᆞᄅᆞᆷ이라(仁祖行狀8).

통그믈 명 통(桶)그물. ¶통그믈:袖網(譯解補17. 柳氏物名二 水族).

통긔ᄒᆞ다 동 통기(通氣)하다. ¶곡식 통긔ᄒᆞᄂᆞᆫ 통:氣筒(漢淸9:30).

통·달·히 부 통달(通達)하게. ¶녯 사ᄅᆞᄆᆡ 주굼 사로매 통달히 혜여 명에 ᄇᆞ려 두며:古人之達生委命(飜小8:28).

통·달·ᄒᆞ·다 동 통달(通達)하다. ¶큰 智慧 通達ᄒᆞ샤:通達은 ᄉᆞᄆᆞᄎᆞᆯ 씨라(釋譜13:4). 聖은 通達ᄒᆞ야 몰롤 이리 업슬 씨라(月釋1:19). 妙道ᄅᆞᆯ 通達ᄒᆞ야(楞解1:4). ᄒᆞ다가 地性으로 ᄇᆞᆲ딘댄 구드며 ᄀᆞ려 通達티 아니ᄒᆞ며(楞解6:61). 부텨 아ᄅᆞ시논 바ᄅᆞᆯ 通達ᄒᆞᅀᆞ오나(法華5:118). 通達ᄒᆞ야 ᄯᅩ 거리ᄢᅧ(六祖中41). 우후로 노ᄑᆞᆫ 리예 통달ᄒᆞᆯ 거시니라:上達也(飜小8:5). 南朝ㅣ 여듧 통달ᄒᆞᆫ 이라 ᄒᆞ야 일ᄏᆞ라:南朝稱八達(宣小5:21). 通達ᄒᆞᆫ 사ᄅᆞ믄 활시울ᄀᆞ티 곧고:達士如弦直(重杜解2:59). 출입이 통달ᄒᆞ다:出入通達(老解下64). 〔飜老下61에는 '나드리홈도 훤츨타'로 기록(記錄)되어 있음.〕 공지 오ᄂᆞᆯ 세의 니르러ᄂᆞᆫ 지식이 통달ᄒᆞ야(落泉1:1).

통드레 명 용두레. ¶통드레:把桶(漢淸11:42). 통드레:戽斗(物譜 耕農).

·통:령ᄒᆞ·다 동 통령(統領)하다. 거느리다. ¶輪王은 四天下ᄅᆞᆯ 統領ᄒᆞ고(法華7:77).

통바리 명 통발. ☞통발 ¶통바리:魚籠(漢淸10:27). 통바리:魚筌(譯解補17).

·통·발 명 통발. ☞통바리. 통발이 ¶고기 잡ᄂᆞᆫ 통발 보고:看魚笱(初杜解20:9). 微妙호ᄆᆞᆫ 통발와 자최와 ᄇᆞ료ᄆᆞᆯ 어덧도소니:妙取筌蹄棄(初杜解20:23). 통발:簄(四解上41). 통발 호:簄. 통발 류:罶. 통발 구:笱. 통발 곽:篧(訓蒙中17). 통발:笱(柳氏物名二 獸族). 통발 구:笱(兒學上11).

통발이 명 통발. ☞통바리. 통발 ¶통발이:魚筌(同文解下12).

통분ᄒᆞ다 형 통분(痛憤)하다. ¶져 사ᄅᆞᆷ의 일이 아니 통분ᄒᆞ온가(隣語3:10). 내 그으기 통분ᄒᆞ야 ᄒᆞ매 이럼으로 ᄀᆞ을이 채 못 되기를 밋처(綸音92).

통솔ᄒᆞ다 동 통솔(統率)하다. ¶군를 통솔ᄒᆞ야(三略上19).

·통심ᄃᆞ외·다 동 통심(痛心)되다. ¶니ᄅᆞ건댄 통심ᄃᆞ외니 너희 ᄲᅧ에 사겨 두미 맛당ᄒᆞ니라:言之痛心爾宜刻骨(飜小6:20).

통시 명 변소. 뒷간. ¶도로 통시에 ᄯᅩᆼ이로라 ᄒᆞ고(七大13).

통연히 부 통연(洞然)히. ¶종친 문무 ᄇᆡᆨ관을 던뎡의 불너 모도와 통연히 내 뜻을 ᄀᆡ유ᄒᆞ나니(綸音23).

통용ᄒᆞ다 동 통용(通用)하다. ¶衫이며 ᄡᅵ를 通用ᄒᆞ고(家禮1:27).

통음ᄒᆞ다 동 통음(痛飮)하다. ¶원의의게 가ᄂᆞᆫ 잔마다 약을 타 가ᄃᆞᆨ 부어 드리니 원의 아지 못ᄒᆞ고 ᄃᆡ열ᄒᆞ야 통음ᄒᆞ고(落泉2:4).

통인 명 통인(通引). 시골 관청의 사환(使喚). ¶通引小吏之稱(中宗實錄11:36). 통인아ᄒᆡ:門子(譯解上27).

통조지 명 통의 손잡이. ¶ᄯᅩ아리 버서 통조지에 걸고(古時調. 니르랴 보쟈. 靑丘).

통테 명 통의 테. ¶통테:桶箍(漢淸11:42).

통·톨 동 통(通)하지를. 〔'-톨'은 'ᄒᆞ+ᄃᆞᆯ'이 축약(縮約)된 형태.〕☞-ᄃᆞᆯ ¶凡과 聖과를 通톨 아니ᄒᆞ시니(金三2:3).

통한ᄒᆞ다 동 통한(痛恨)하다. ☞통ᄒᆞᆫᄒᆞ다 ¶다만 젹신을 촉노ᄒᆞ야 존숙ᄭᅴ ᄒᆡ 밋ᄎᆞ니 통한ᄒᆞ믈 이긔지 못ᄒᆞᆯ쇼이다(落泉3:7).

통ᄒᆞ·다 동 통(通)하다. ¶衆生이 無明 구디 미조ᄆᆞ로 地大ᄅᆞᆯ 感ᄒᆞ야 마가 通티 몯ᄒᆞ야(月釋14:17). 열둘헤 詩와 論語ᄅᆞᆯ 通ᄒᆞ더시니(宣賜內訓2下7). 感ᄒᆞ야ᄃᆞᆫ 곧 通ᄒᆞ야 ᄇᆞᆯᄀᆞᆫ 거우뤼 臺예 當ᄒᆞ야셔(金三涵序3). 말ᄒᆞ거나 좀좀호매 離와 微와애 브트니 엇뎨 通ᄒᆞ야 犯티 아니ᄒᆞ리잇고(南明上7). 더운 긔우니 통호ᄆᆞᆯ 기들워:候煖氣通(救簡1:77). ᄆᆞ리 샹네 通ᄒᆞ야 흘롬 ᄀᆞᆮᄒᆞ니(六祖上58). 사겨 통티 몯ᄒᆞᆯ 곧이:解不通處(宣小凡例1). 三年ㅅ 喪은 天下앳 通ᄒᆞᆫ 喪이니(宣論4:42). 天下앳 通ᄒᆞᆫ 義니라:天下之通義也(宣孟5:22). 書信도 通티 아니ᄒᆞ놋다(重杜解9:7). 關河애 書信ㅣ 通티 아니ᄒᆞ놋다(重杜解14:36). 벼슬 인ᄂᆞᆫ 이도 ᄯᅩ 通ᄒᆞ야(家禮1:27). 압뒤 通ᄒᆞ야 닐곱자 두 치(家禮圖2). 머리 아프고 열ᄒᆞ여 대변을 통티 몯ᄒᆞᄆᆞᆯ 고티ᄂᆞ니(辟新5).

통ᄒᆞᆫᄒᆞ다 동 통한(痛恨)하다. ☞통한ᄒᆞ다 ¶ᄆᆞᄎᆞᆷ내 망ᄒᆞ기의 니ᄅᆞ니 가히 통ᄒᆞᆫᄒᆞ오이다(經筵).

퇴 명 퇴. 툇마루. ¶퇴:廊(同文解上34).

퇴 명 티. ☞틔 ¶퇴:瘢點 又 몬지(同文解下56).

:퇴:뎐ᄒᆞ·다 동 퇴전(退轉)하다. ¶부텨ᄭᅴ 供養ᄒᆞᅀᆞᆸ더니…기리 退轉티 아니ᄒᆞ니러니(月釋21:30).

퇴락 명 퇴락(頹落). ¶형의 지비 퇴락ᄒᆞ야:兄家頹落(東新續三綱. 孝6:41).

퇴ㅅ집 명 낭하(廊下). 복도(複道). ¶퇴ㅅ집:廊(漢淸9:70).

퇴산 명 토산불이. ¶퇴산 퇴:㿉. 퇴산 산:疝(訓蒙中34).

퇴싀 명 토시. ☞토슈 ¶套袖 謂之吐手者 華音之誤飜也 華音套袖作 퇴싀(雅言二).

퇴알 명 탱알. ☞팅ᄋᆞᆯ ¶퇴알:菀 茂貌 又紫菀藥草(四解下11).

퇴촉ᄒᆞ다 동 퇴촉(退鏃)하다. ¶살 퇴촉ᄒᆞ다:磞落(同文解上48).

퇴츅ᄒᆞ다 동 퇴축(退縮)하다. ¶퇴츅ᄒᆞ다:倒縮(同文解上30). 퇴츅ᄒᆞᄂᆞᆫ 사ᄅᆞᆷ:退縮人(漢淸8:35).

퇴츌ᄒᆞ다 동 퇴출(退出)하다. ¶부복ᄒᆞ엿다가 인ᄒᆞ여 퇴츌ᄒᆞ다(經筵).

·퇴ᄒᆞ·다 동 퇴(退)하다. 물리다. ¶菩提心에 退ᄒᆞᆫ 사ᄅᆞᄆᆞᆯ 보고(永嘉上48). 行ᄒᆞ리ᄆᆞᅀᆞ미 退커든 德으로 便安케 ᄒᆞ며(永嘉上49). 빗ᄂᆞᆫ 시를 풀히 미면 병잠개며 긧거슬 퇴케 ᄒᆞ며(瘟疫方7). 亂ᄒᆞ면 退ᄒᆞᄂᆞᆫ 이ᄂᆞᆫ 伯夷ㅣ오(宣孟3:20). 어디디 안인 이를 보고 能히 退티 몯ᄒᆞ며 退호ᄃᆡ 能히 멀리 몯 홈이 過ㅣ니라(宣大26). 焚香ᄒᆞ고 그 일로ᄡᅥ 告ᄒᆞ고 退ᄒᆞ야 各 再拜ᄒᆞ고(家禮1:29).

툐션·히 부 초연(超然)히. ¶四相ᄋᆞᆯ 여희여 超然히 ᄒᆞ오사 걷논 젼ᄎᆞ(金三3:22). 見聞緣을 여희디 아니ᄒᆞ야 超然히 佛地예 오ᄅᆞ리라(六祖中73).

툐아 명 이쑤시개. ☞툐야 ¶象牙로 細花ᄒᆞᆫ 툐아에:象牙細花兒挑牙(朴解上25).

·툐·야 명 이쑤시개. ☞니ᄧᅮ시개. 툐아 ¶샹애 세화 도ᄃᆞ니로 ᄒᆞᆫ 툐야ᄋᆡ:象牙細花兒挑牙(飜朴上27).

툐ᄋᆞ 명 끈목. ☞세툐 ¶ᄌᆞᄃᆡ 툐ᄋᆞ 일ᄇᆡᆨ 오리:紫條兒一百條(老解下62).

툐·졀ᄒᆞ·다 동 초절(超絶)하다. ¶ᄇᆞᄅᆞᆷ과 구루미 超絶ᄒᆞᆫ 바ᄅᆞᆯ 조ᄎᆞ니(初杜解6:24).

툐쳔ᄒᆞ다 동 초천(超遷)하다. ¶툐쳔ᄒᆞ야 젼라 병ᄉᆞ의 니ᄅᆞ니(仁祖行狀32).

툐탕ᄒᆞ다 형 초창(悄愴)하다. ¶화젼 월하의 툐탕ᄒᆞ믈 마디아니ᄒᆞ더니(洛城2). 뉴림하의 셔셔 기리 툐탕ᄒᆞ믈 마디아니ᄒᆞ다가(洛城2).

·톰 동 침. 때림. ㉮티다 ¶ ᄌᆞ조 툐몰:頻更鞭撻(圓覺序58). 툐몰 조차 소리를 應호미라:隨扣應響(圓覺下二之二10).

통애ᄒᆞ다 동 총애(寵愛)하다. ☞통ᄋᆡᄒᆞ다 ¶ 니어ᄉᆞ를 크게 통애ᄒᆞ시고(洛城2).

통ᄋᆡᄒᆞ다 동 총애(寵愛)하다. ☞통애ᄒᆞ다 ¶ 은권과 통ᄋᆡᄒᆞ오시미(仁祖行狀2).

·투·구 명 투구. ¶투구 아니 밧기시면:若不脫胄(龍歌52章). 투구 듀:胄. 투구 모:鍪(訓蒙中28). 투구 듀:胄(類合上29). 투구:頭盔(譯解上21). 투구:頭盔(同文解上47).

투긔ᄒᆞ다 동 투기(妬忌)하다. ¶투긔ᄒᆞ다:嫉妬(同文解上22).

투기다 동 부리다. 부추기다. ¶개 투기다:嗾狗(漢淸4:56).

투·도 명 투도(偸盜). 도둑. ¶殺生과 偸盜와 婬穢예 迷亂ᄒᆞ야(永嘉上41). 三은 偸盜ㅣ오(六祖上44).

투·먼 명 두만강(豆滿江). ¶奚關城東距薰春江七里西距豆漫 투먼 江五里(龍歌1:8).

투문 명 토문(土門). 〔지명(地名)〕 ¶土門 투문 地名 在豆漫江之北 南距慶源六十里 西距常家下 샤갸하 一日程也(龍歌7:23).

투미ᄒᆞ다 형 투미하다. ☞토미ᄒᆞ다 ¶부인이 미양 투미타 니ᄅᆞ더라(洛城1).

투슈 명 도장(圖章). ☞도셔 ¶투슈:押子. 투슈 티다:押了(譯解上10).

투싱ᄒᆞ다 동 투생(偸生)하다. ¶이제 너를 독슈의 ᄡᅥ지우고 홀노 투싱ᄒᆞ믄 ᄎᆞ마 ᄒᆞ지 못ᄒᆞ리로다(落泉1:1).

투씻골 명 토끼골. 〔지명(地名)〕 ¶兎兒洞 투씻골 在咸興府北一百二十五里高遷社(龍歌7:54).

투젼 명 투전(鬪牋). ¶투젼:紙牌(同文解下32. 漢淸9:16). 빙촉하의 각장투젼 언조ᄌᆞ약 희학ᄒᆞ다(빅화당가).

투졍ᄒᆞ다 동 투정하다. ¶투졍ᄒᆞ다:討添(譯解補37). 투졍ᄒᆞ다:爭添(漢淸8:45).

투탁ᄒᆞ다 동 투탁(投託)하다. ¶가싱의게 투탁ᄒᆞ믈 노ᄒᆞ여 졍장ᄒᆞ미더라(落泉3:8).

투투맛 명 수제비. 미역국에 익힌 수제비. ☞투투멋 ¶禿禿麼思 一名 手撇麵卽本國믜역져비. 禿字音투 上聲讀麼思二合爲音맛 急呼則用思字曰 투투맛 慢言之則用食字曰 투투마시(朴解中6).

투투·멋 명 수제비. 미역국에 익힌 수제비. ☞투투맛 ¶투투멋:脫脫麻食(飜老下37. 老解下34).

투호·티·다 동 투호(投壺)치다. 투호하다. ☞투호ᄒᆞ다 ¶뫼셔 투호틸 적이어든 살올 모도 안으며:侍投則擁矢(宣小2:64).

투호ᄒᆞ다 동 투호(投壺)하다. ☞투호티다 ¶ 投壺ᄒᆞ며 書帙ㅣ 헤텨슈메 몰고미 有餘ᄒᆞ도다(重杜解14:11).

툭 부 툭. ¶툭 쥐여들고(癸丑182). 니불 아레 든 님을 발로 툭 박ᄎᆞ(古時調. 콩밧틔. 靑丘).

툭기 명 토끼. ☞톡기. 톳기 ¶툭기:麁(物譜毛蟲).

툴·우 명 단천(端川). 〔지명(地名)〕 ¶禿魯兀 툴우 卽今端川也(龍歌7:23).

툽투비 부 툽툽하게. (국물이) 진하게. ¶凍瘡을 고툐ᄃᆡ 가짓 불휘를 툽투비 글혀 싯고:治凍瘡落蘇根(卽茄子也)濃煎湯洗了(救急上8).

퉁 명 동(銅). 구리. ¶붑 텨 사ᄅᆞ몰 모도오ᄃᆡ 퉁 부플 티면 十二億 사ᄅᆞ미 몯고 銀 부플 티면 十四億 사ᄅᆞ미 몯고(釋譜6:28). 퉁:紅銅(訓蒙中31 銅字註).

퉁노고 명 퉁노구. 구리로 만든 노구솥. ¶ 퉁노고 자리:野竈(同文解下16). 퉁노고:銅鍋子(漢淸11:38). 퉁노고ㅅ 자리:地鍋坑(漢淸11:38).

퉁쇼 명 퉁소. ¶퉁쇼:洞簫(同文解上53). 퉁쇼:簫(漢淸3:54).

퉁퉁ᄒᆞ다 형 퉁퉁하다. ¶퉁퉁ᄒᆞ다:膀脹(漢淸11:61).

튀·곤 명 매의 한 가지. ¶튀곤:白黃鷹(訓蒙上15 隼字註). 튀곤:白黃鷹(譯解下25).

튀ᄒᆞ·다 동 튀하다. ¶튀홀 퇴:煺(訓蒙下12). 튀ᄒᆞ다:退毛(同文解上59). 털 튀ᄒᆞ다:燖毛(譯解補49). 털 튀ᄒᆞ다:煺毛(漢淸12:56).

튜증ᄒᆞ다 동 추증(追贈)하다. ¶좌ᄉᆞ간 태우를 튜증ᄒᆞ시고 졍문ᄒᆞ시니라:贈左司諫大夫旌門(東三綱. 忠5). 김 쟝군이라 됴졍이 병조 판셔를 튜증ᄒᆞ고(山城3). 쳥컨대 관쟉을 튜증ᄒᆞ고 그 곳의 ᄉᆞ당을 세우고:乞侖攸司贈官且於本處立祠(五倫2:84).

튜:쳔 명 추천(追薦). ¶追薦은 爲ᄒᆞᅀᆞᄫᅡ 佛事ᄒᆞᅀᆞᄫᅡ 됴ᄒᆞᆫ ᄯᅡ해 가 나시게 홀 씨라(釋譜序3). 薦拔:薦은 올일 씨오 拔ᄋᆞᆫ ᄲᅢ혤 씨니 追薦이라(月釋序10). 追薦이 轉經 ᄇᆞᆫ ᄒᆞ니 업스니 네 釋譜를 ᄆᆡᆼᄀᆞ라 飜譯호미 맛당ᄒᆞ니라 ᄒᆞ야시ᄂᆞᆯ(月釋序11). 불가의 追薦ᄒᆞᄂᆞᆫ 말은(警民35).

튜·ᄒᆞ·다 동 추(墜)하다. 떨어지다. 내리다. ¶霜露의 隊ᄒᆞᄂᆞᆫ 바:霜露所隊(宣中51). 〔'隊'는 '墜'와 같음.〕

·튬 동 치움〔打開〕. ㉮티다 ¶逆境界ᄂᆞᆫ 튜미 쉽거니와:逆境界易打(龜鑑下54).

튱 명 충(忠). ¶精忠은 眞實ㅅ 忠이라(三綱. 忠22). 어디닐 알오 나ᅀᅩᄃᆡ 아니ᄒᆞ면 이ᄂᆞᆫ 忠이 아니오(宣賜內訓2上23). 臣이 君을 섬교ᄃᆡ 忠으로ᄡᅥ 홀ᄯᅵ닝이다(宣論1:26). 人을 善으로ᄡᅥ 教ᄒᆞ옴을 忠이라 닐ᄋᆞ

고(宣孟5:26). 반드시 忠과 信으로써 얻고(宣大26). 忠과 義괘 엇디 아니 셤이 이시며(家禮1:13).

튱나모 명 참죽나무. ¶튱나모:杶(四解上69). 튱나모 츈:椿(訓蒙上10). 튱나모:椿樹(譯解下42).

튱뎡ᄒᆞ·다 형 충정(忠貞)하다. ¶님굼긔 忠貞ᄒᆞ고:님금 셤기ᅀᆞᄫᆞᄆᆞᆯ 힘ᄀᆞ장 홀씨 忠이라 貞은 正홀 씨라(月釋2:63). 반ᄃᆞ기 히믈 다ᄒᆞ며 能을 ᄀᆞ장ᄒᆞ야 忠貞ᄒᆞ며 有信ᄒᆞ야:當以盡力竭能忠信(宣賜內訓3:27).

튱셩 명 충성(忠誠). ¶金ㅅ 사ᄅᆞ미 忠誠을 과ᄒᆞ샤(三綱. 忠19). 튱셩된 넉슬 포장ᄒᆞ야 위로ᄒᆞ샤:奬慰忠魂(東三綱. 忠6). 벼슬ᄒᆞ매는 튱셩을 다ᄒᆞ야:忠(百行源13). 튱셩이 과인ᄒᆞ고(洛城1).

튱신 명 충신(忠臣). ¶忠臣ᄋᆞᆫ 두 님금을 셤기디 아니ᄒᆞ고(宣小2:44).

튱·신·히 부 충신(忠信)히. ¶말ᄉᆞᄆᆞᆯ 忠信히 아니 ᄒᆞ고(宣賜內訓1:18).

튱:신ᄒᆞ·다 형 충신(忠信)하다. ¶子ㅣ 골ᄋᆞ샤ᄃᆡ 言이 忠信ᄒᆞ며 行이 篤敬ᄒᆞ면(宣論4:3). 居홈애 忠信ᄒᆞᆫ ᄃᆞᆺᄒᆞ며(宣孟14:31). 튱신ᄒᆞ고 온후ᄒᆞᆫ 재 젹으니(仁祖行狀23). 종이 忠信ᄒᆞ야 可히 블염 즉ᄒᆞ거든 뇨ᄅᆞᆯ 重히 주고(家禮2:29).

튱실ᄒᆞ다 형 충실(充實)하다. ¶내 평ᄉᆡᆼ애 말이 튱실ᄒᆞ기로(山城21).

튱심ᄃᆞ외·다 형 충심(忠心)되다. ¶孔子ㅣ 니ᄅᆞ샤ᄃᆡ 말ᄉᆞ미 忠心ᄃᆞ외며 有信히 ᄒᆞ고(宣賜內訓1:18). 효되며 공슌ᄒᆞ며 튱심ᄃᆞ외며:以孝弟忠(飜小6:5).

튱심ᄒᆞ·다 형 충심(忠心)하다. ¶祖上ᄋᆡ 忠心ᄒᆞ며 孝道ᄒᆞ며(宣賜內訓1:33). 조샹ᄋᆡ 튱심ᄒᆞ며 효도ᄒᆞ며(飜小6:20).

튱언 명 충언(忠言). ¶忠言이 곤ᄒᆞ야 信受ᄒᆞ면 제 왼ᄃᆞᆯ 아라(金三3:63). 귀예 거스닌 반ᄃᆞ기 이 忠言이니 허므를 고티면(六祖上102).

튱·절 명 충절(忠節). ¶碑 셰여 忠節을 쓰라 ᄒᆞ시니라(三綱. 忠26).

튱:효 명 충효(忠孝). ¶忠孝ㅣ ᄆᆞᅀᆞᄆᆞᆯ 브트며(心經66). 튱효ᄅᆞᆯ 포장ᄒᆞ샤 방문ᄒᆞ여 졍표ᄒᆞ시고(仁祖行狀30).

튱:후ᄒᆞ·다 형 충후(忠厚)하다. ¶우리 家門이 世世로 忠厚ᄒᆞ며(宣賜內訓2下56). 말ᄉᆞᆷ이 튱후코 믿브며:言忠信(宣小3:5).

트다 동 (살갗이) 트다. ☞ᄠᅳ다 ¶트다:皴(漢淸8:13).

트다 동 (막혔던 것을) 트다. ☞ᄠᅳ다 ¶담을 트고 왕니ᄒᆞ니라(閑中錄268).

트러디다 동 틀어지다. ¶오좀ᄭᅢ 줄기 트러디여 아조 누디 몯ᄒᆞᄂᆞ니ᄅᆞᆯ 닐온 뎐푀니:胞系轉戾小便不通謂之轉胞(胎要41).

트러막다 동 틀어막다. ¶트러막다:扭揷(同文解下53). 트러막다:塞(漢淸12:2).

트렷ᄒᆞ다 형 트릿하다. ¶배속이 ᄀᆞ장 트렷ᄒᆞ여 요란이 나올가 시븐지라(浮談).

트름 명 트림. ☞트림. 트림ᄒᆞ다 ¶트름:噫氣 噯氣(物譜 身體).

·트·림 명 트림. ☞트름. 트림ᄒᆞ다 ¶트림 애:噫(訓蒙上29).

·트림ᄒᆞ·다 동 트림하다. ¶조널이 트림ᄒᆞ며:(宣賜內訓1:49). 트림ᄒᆞ다:打噎咈(四解上46 噫字註). 트림ᄒᆞ다:打噯咈(同文解上19). 트림ᄒᆞ다:打飽膈(漢淸8:4).

특 명 튀기. ☞특이 ¶馬父牛母曰특 牛父馬母亦曰특(靑莊館57).

·특·벼·리 부 특별히. ☞특별이. 특별히 ¶특벼리:特地(老朴集. 累字解9).

특별이 부 특별히. ☞특벼리. 특별히 ¶특별이 절츙장군을 주시다:特授折衝將軍(東新續三綱. 孝2:87). 衰服으로써 特별이 几筵의 제ᄉᆞᄒᆞ고(家禮9:34). 特別이 兄의게 請ᄒᆞ라 와시니(捷蒙2:9). 내 거러 特別이 兄을 보라 왓노라(捷蒙4:2).

·특·별·히 부 특별히. ☞특벼리. 특별이 ¶나라히 自然히 特別히 됴하 하ᄂᆞᆳ 樹王이 고지 픈 ᄃᆞᆺᄒᆞ니(釋譜13:24). 特別히 宗室괘(楞解跋4). 니ᄅᆞ샨 배 그지업거늘 特別히 네 보ᄆᆞᆯ 드르샤ᄆᆞᆫ(金三5:23). 願ᄒᆞᆫᄃᆞᆫ 큰 慈悲로 特別히 爲ᄒᆞ야 사겨 니ᄅᆞ쇼셔(六祖上85). 西崖ㅣ 特別히 秀發ᄒᆞ얏ᄂᆞ니(重杜解1:27). 희라 이는 특별히 그 큰 거슬 키유ᄒᆞ얏거니와(綸音31).

특이 명 튀기. ¶특이:駃騠(物譜 毛蟲).

·특·츌ᄒᆞ·다 형 특출(特出)하다. ¶사ᄋᆞ래 功을 일우니 이리 모ᄃᆞᆫ 게 特出ᄒᆞ도다:三日成功事出群(初杜解15:36).

특트기 부 칙칙이. 빽빽이. ¶祥瑞ㅅ 구루미 특트기 펴시며:祥雲密布(眞言33).

특특ᄒᆞ·다 형 짙다. 빽빽하다. ¶密雲은 특특ᄒᆞᆫ 구루미라(月釋10:76). 특특ᄒᆞᆫ 구루미 ᄀᆞᄃᆞ기 펴:密雲彌布(法華3:10). 慈ㅣ 특특디 아니ᄒᆞ시면:慈不密(法華3:10). 누르고 ᄆᆞᆯᄀᆞᆫ 갓플을 노겨 특특ᄒᆞᆫ 엿 ᄀᆞᆮ거든:黃明膠洋如稠餳(救簡2:93).

튼튼이 부 튼튼히. ¶국본을 튼튼이 ᄒᆞ오시고(閑中錄562).

·틀 명 의식(儀式). ¶三世諸佛 說法ᄒᆞ시논 트리니(釋譜13:61). 그 틀 ᄇᆞ리고 本ᄋᆞᆯ 照ᄒᆞ면(南明上22).

·틀 명 틀. ¶틀 긔:機(訓蒙中17).

·틀 명 들〔等〕. 〔ㅎ 첨용어(添用語)에 쓰였음.〕 ¶모딘 象과 獅子와 범과 일히와 곰과 모딘 ᄇᆡ얌과 믌벌에 트렛 므싀여ᄫᆞᆫ 이

리 이셔도(釋譜9:24). 樂은 풍류니 놀애 춤 트렛 지죄라(釋譜13:9). 셜리 구스리어나 율뭿 여름 트렛 거슬:但急以珠瑠若薏苡子輩(救簡6:15).

-틀 접미 -들(等). 〔ㅎ 첨용어(添用語)에 씌었음.〕☞-톨 ¶이트렛 閻浮提 衆生이 身口意業 모딘 비ᄒᆞ스로 果ᄅᆞᆯ 미자 百千報應을 이제 멀테로 니ᄅᆞ노니 이트렛 閻浮提 衆生ᄋᆡ 業感ᄒᆞᄂᆞᆫ 差別을 地藏菩薩이 百千方便으로 敎化ᄒᆞᄂᆞ니(月釋21:68). 이트렛 報ᄅᆞᆯ 受코(月釋21:68). 奇玩은 그림트렛 지죄라(宣賜內訓1:28). 모로매 몬져 이트렛 이ᄅᆞᆯ 더러 ᄇᆞ리고:須先除去此等(宣賜內訓3:56). 精魅ᄂᆞᆫ 靈精이니 돗가비트렛 거시라(金三4:23).

틀다 동 틀다. 비틀다. ¶쥬뢰 트ᄂᆞᆫ 나모:夾棍(譯解上66). 틀어 ᄭᅩᆺ다:扭揷(譯解補55). 얽어져 틀어젓네(古時調. 지 너머 싀앗. 靑丘). 혓가레 기나 쟈르나 기동이 기우나 트나(古時調. 靑丘). 계집의 손가락 트ᄂᆞᆫ 것:桚子(漢淸3:8).

·틀·다 동 추궁하다. ¶岳飛ᄅᆞᆯ 트ᅀᆞ와 兵馬ㅅ 줄ᄋᆞᆯ 아ᅀᆞ시긔 ᄒᆞ고 모로매 주규리라 ᄒᆞ야:効飛罷兵柄檜必欲殺飛(三綱. 忠22).

틀리다 동 틀어지다. ¶틀리다:扭彆(漢淸8:50).

틀·이·다 동 틀리다. 잘못되다. ¶일 틀유미 업게 ᄒᆞ라(月釋13:28).

·틈 명 ①틈. ¶밧과 안히 틈 업슨 거셔:表裏無縫兒(飜朴上40). 빗 틈 메우다:艌船(四解下82 艌字註). 틈 하:罅. 틈 극:隙(類合下61). 돌 틈:石縫(譯解上8). 틈나다:離間(漢淸7:7). 벽마다 틈이 버러 틈마다 버레로다(萬言詞).
②겨를〔暇〕. ¶틈을 어더 날마다 념ᄒᆞ며(普勸文8).

틈집ᄒᆞ다 동 기회를 엿보다. ¶틈집ᄒᆞ야 긔별 드러더라(癸丑115).

틍명 명 특명(特命). ¶쇼경 대왕이 틍명으로 벼슬 올리시고:昭敬大王特命陞秩(東新續三綱. 孝6:21).

·틔 명 티. ☞퇴 ¶귀구무 닷가 틔 업게 ᄒᆞ라:掏一掏耳朶(飜朴上45). 눈의 틔 드다:眼瞇(譯解補24). 틔:瘢點(漢淸11:52).

틔눈 명 티눈. 계안창(鷄眼瘡). ¶발의 틔눈:鷄眼(譯解上61). 틔눈:鷄眼(同文解下7. 漢淸8:10). 雞眼鞋襪突小足指相磨皮堅生釘俗名틔눈(靑莊館2:17).

틔ᄡᅳᆯ 명 티끌. ☞틔ㅅ글. 틧글 ¶ᄒᆞᆫ 틔ᄡᅳᆯ만 ᄒᆞᆯ지라도(行釋5).

틔ㅅ글 명 티끌. ☞틔ᄡᅳᆯ. 틧글 ¶틔ㅅ글 진:塵(倭解上8). 틔ㅅ글:塵埃(同文解上7. 漢淸1:34).

틔오다 동 트이다. ¶구름 ᄀᆞᆮ튼 손님ᄂᆡ야 앞길이나 틔와 쥬쇼(쌍벽가).

틧글 명 티끌. ☞틔ᄡᅳᆯ. 틔ㅅ글 ¶ᄆᆡ일에 ᄆᆞᆯ 빗가족에 틧글이 석 자히나 무텻고:每日馬肚皮塵埋三尺(朴解中43). 군ᄉᆞ의 틧글이 크게 니러 낫더라(三譯10:24). 엇디 삼 년의 하ᄂᆞᆯ이 기우러뎌 흰 댱의 틧글이 날 줄을 알리오(女範3. 뎡녀 댱쳐견시). ᄇᆞ람에 틧글 니다:風揚塵(漢淸1:17). 쥐와 틧글을 부처 업시 ᄒᆞ라:扇去灰塵(無冤錄3:43). 가ᄇᆡ야온 틧글이 약ᄒᆞᆫ 플에 부치임 ᄀᆞᆺ거ᄂᆞᆯ:如輕塵棲弱草(五倫3:21).

티 명 키. ☞치 ¶티:舵(同文解下18).

·티- 접두 치-. ☞치- ¶難陁調達ᄋᆞᆫ 象ᄋᆞᆯ 티ᄎᆞ며(月印上14). 淸秀ᄒᆞᆫ 氣運이 星斗에 티소얫도다:秀氣衝星斗(初杜解8:3). 氣運은 별 밧긔 티뒬엇고:氣衝星象表(初杜解21:9). ᄒᆞᆫ 적 티ᄃᆞ라 늘근 지죄 不足ᄒᆞᆯ시(南明上2).

-티 접미 -치. 〔물고기 이름에 붙는 접미사(接尾辭).〕¶方言魚名必加治字 訥治 俊治 葛治 諫治…(雅言三).

-·티 접미 ①-하지. ¶否는 便安티 아니ᄒᆞᆯ씨니(釋譜11:4). 能히 正히 證티 몯ᄒᆞ야니와:未能正證(楞解8:41). 眞티 몯ᄒᆞᆫ 고디 업스며 如티 몯ᄒᆞᆫ 고디 업슬씨:無所不眞無所不如(楞解8:48). 變티 아니ᄒᆞᆯ시(圓覺序3). 求티 아니ᄒᆞ야(牧牛訣3). 어루 조심티 아니ᄒᆞ야리여(宣賜內訓序8). ᄀᆞᄅᆞ미 흘루미 氣運이 平티 아니ᄒᆞ도다:江流氣不平(初杜解7:12). 모ᄆᆞᆯ 爲코 사ᄅᆞᄆᆞᆯ 爲티 아니ᄒᆞ면(金三5:49).
②-하기. ¶衆生ᄋᆞ로 一切世間앳 信티 어려ᄫᅳᆫ 法을 다 듣ᄌᆞᄫᅡ 알에 호리라(釋譜13:27). 이러틋 ᄒᆞᆫ 化티 어려ᄫᅳᆫ 剛强ᄒᆞᆫ 罪苦衆生ᄋᆞᆯ 度脫ᄒᆞ거든 보ᄂᆞ니(月釋21:34).

티뇨ᄒᆞ다 동 치료(治療)하다. ¶울고 ᄀᆞᆫ절이 니르믈 앗기디 아니ᄒᆞ야 뼈 治療ᄒᆞᆯ 法을 쳥ᄒᆞᆯ씨니(警民35).

·티·다 동 치다〔擊〕. ☞치다 ¶재 ᄂᆞ려 티샤:下阪而擊(龍歌36章). 苑囿엣 도ᄐᆞᆯ 티샤:斬豕苑囿(龍歌65章). 沙門이 六師와 겻굻 돌 王ㅅ긔 닐어늘 부플 텨 뫼호니(月印上57). 붑 텨 사ᄅᆞᄆᆞᆯ 모도오ᄃᆡ(釋譜6:28). 피 흐르긔 텨늘:杖之流血(三綱. 孝19). 매로 티ᅀᆞᄫᅡ도 머리 ᄃᆞ라가샤 된 모ᄀᆞ로 니ᄅᆞ더시니(月釋17:76). 부픠 틈 기드리ᄃᆞᆺ ᄒᆞ실 씨라:如鐘待扣也(法華5:38). 툐ᄆᆞᆯ 조차 소리ᄅᆞᆯ 應호미라:隨扣應響(圓覺下二之二11). 三十棒ᄋᆞᆯ 툐ᄃᆡ 됴토다(蒙法53). 衣冠이 나죗 붑 티거ᄂᆞᆯ 니러 가놋다:衣冠起暮鍾(初杜解23:26). 갈ᄒᆞ로 튜니:擊劒(杜解25:30). 大鵬을 티더위 엇데 울미틧 톳

기ᄅᆞᆯ 도라보리오(南明上11). 틸 타:打. 틸 고:拷. 틸 쵀:捶. 틸 달:撻(訓蒙下30). 틸 격:格(類合下25). 틸 공:攻(類合下33). 틸 격:擊. 틸 타:打(類合下47). 逆境界ᄂᆞᆫ 튜미 쉽거니와:逆境界易打(龜鑑下54). 그 어미 틴대 우더니:其母笞之泣(宣小4:19). 돌덩이로 텨 다 어더 나오니:投石俱獲以進(東新續三綱. 孝4:89). 오랑캐ᄅᆞᆯ 티라 ᄒᆞᆫ대(明皇1:31). 북 티다:擂鼓(同文解上53). 챵을 텨 닐오ᄃᆡ(桐華寺 王郎傳1). 올흔 주먹으로 얇흘 티고(武藝圖5). ※티다>치다

티다 동 치다. 많이 내리다. ¶서리 티다:霜打了(同文解上2).

·티·다 동 치다〔設. 張〕. ¶뵈댱을 ᄲᆞᆯ리 티고:布帳子疾忙打起着(飜老下45). 들그믈 티다:打扮罾(訓蒙中17 罾字註). 布帳을 ᄲᆞᆯ리 티고:布帳子疾忙打起着(老解下41). 쟝막 티다:支帳房(同文解上50).

티·다 동 치다. 찍다. ☞치다 ¶繩은 먹 티ᄂᆞᆫ 노히라(楞解1:18). 印으로 ᄒᆞᆰ이 툐미 곧ᄒᆞ야 文彩 分明ᄒᆞ고(南明上35). 투슈 티다:押了(譯解上10).

-·티·다 접미 -치다. 〔어떠한 행동의 강세 접미사(强勢接尾辭).〕 ¶시혹 ᄇᆡ와 둥과 ᄃᆞᆯ어 虛空애 티티고 바ᄃᆞ며(月釋21:43). 아래로 ᄢᅥᆯ어가 坤軸ᄋᆞᆯ ᄇᆞ리티ᄂᆞ니:下衝割坤軸(杜解6:47). 王郎이 술 醉ᄒᆞ고 갈 ᄢᅢ혀 ᄯᅡᄒᆞᆯ 베티고:王郎酒酣拔劒斫地(初杜解25:53).

티덕 명 치적(治績). ¶일뎐 니예 티덕이 크게 나타나다 ᄒᆞ오니(經筵).

티독ᄒᆞ다 동 치독(置毒)하다. ¶티독ᄒᆞ야 죽이니라(癸丑27). 약밥의 티독ᄒᆞ여 승하ᄒᆞ오시고(癸丑80).

·티디르·다 동 치지르다. ☞티디ᄅᆞ다 ¶氣運은 별 밧긔 티딜엇고:氣衝星象表(初杜解21:9). 노폰 버드른 하ᄂᆞᆯ해 半만 티딜어 프르도다:高柳半天青(重杜解13:38).

·티디ᄅᆞ·다 동 치지르다. ☞티디르다 ¶제 하ᄂᆞᆯ해 티디ᄅᆞᆯ 意氣ᄅᆞᆯ 뒷도다:自有衝天意氣(金三4:6).

·티ᄃᆞᆮ·다 동 치닫다. ¶늘근 괴 남ᄀᆡ 올오ᄃᆡ ᄒᆞᆫ 적 티ᄃᆞ라(南明上2).

티례ᄒᆞ다 동 치레하다. ¶흰 니ᄅᆞᆯ 빗내 쟈랑내믄 다 얼굴을 티례ᄒᆞᄂᆞᆫ 말좌 일이니:矜皓齒皆治容之末事(太平1:36).

티밀다 동 치밀다. ¶위시 부군을 티미러 보니 ᄒᆞᆫ 노옹이러라:韋氏視府君乃一老叟也(太平1:4).

·티받·다 동 솟다〔聳〕. ☞티왇다 ¶기픈 山峽은 ᄀᆞ장 길오 티바댓도다:深峽轉脩聳(初杜解14:4).

:티:부 명 치부(置簿). 치부책(置簿冊). ¶반ᄃᆞ시 티부에 긔록ᄒᆞ야 차셔:必籍記而佩之(宣小5:35).

·티·ᄠᅳ·다 동 치뜨다. ☞팁ᄠᅳ다 ¶어귀 굳ᄇᆞᄅᆞ고 누ᄂᆞᆯ 티ᄠᅳ고:牙關緊急眼目上視(救簡1:7). 딜식ᄒᆞ고 눈을 우흐로 티ᄠᅳᄂᆞᆫ 증이 이실디라도:窒塞目竄(痘瘡方15).

·티·소·다 동 치쏘다. ¶清秀ᄒᆞᆫ 氣運이 星斗에 티소앳도다:秀氣衝星斗(初杜解8:3).

·티쉬·다 동 치쉬다. ¶가ᄉᆞ미 차 수ᄆᆞᆯ 티쉬여 목수미 아니한ᄉᆞ시예 잇거든:胸滿上喘命在須臾(救急下89).

티·슈ᄒᆞ·다 동 치수(治水)하다. ¶夏后ᄂᆞᆫ 禹ㅣ 治水ᄒᆞ시니라(初杜解14:7).

티ᄉᆡᆼ 명 치생(治生). ¶治生ᄋᆞᆫ 사ᄅᆞᆯ 일 다ᄉᆞ릴 씨라(月釋21:170).

·티와·티·다 동 치밀다. 솟다. ☞티왇다 ¶가ᄉᆞ매 티와텨 ᄂᆞ치 프르고:脹心面青(救急下28). 虛空애 티와텨 岌岌ᄒᆞ도다 ᄒᆞ니(南明上57). ᄆᆞᄋᆞᆷ이 답답ᄒᆞ고 미쳐 조급ᄒᆞ고 긔운이 티와티며 망녕된 말 ᄒᆞ며:心煩狂躁氣喘妄語(痘要下26).

·티·왇·다 동 솟다〔聳〕. ☞티받다. 티와티다 ¶門 알퓌 묏비치 티와ᄃᆞ니(南明上1). 峰巒이 奇特히 티와댓거ᄂᆞᆯ(六祖序19). 山ᄋᆡ 양지 티와ᄃᆞᆫ ᄃᆞᆺᄒᆞ고:山勢聳(眞言9). 나히ᄂᆞᆫ 사ᄅᆞᆷ이 날회여 아긔 발을 미러 ᄒᆞᆫ 겨트로 바ᄅᆞ 티왇고:收生者徐徐推其足就一邊直上(胎要23). 하ᄂᆞᆳ 가온ᄃᆡ 티와다 답사ᄒᆞᆫ 프른 ᄃᆡ 玉臺 아ᄋᆞ라ᄒᆞ니:中天積翠玉臺遙(重杜解9:40).

티이다 동 치이다. 얻어맞다. ¶귓거싀게 티여 여러 가지로 고티디 몯ᄒᆞ거든:鬼神所擊諸術不治(救簡1:55). 싀엄의 겨틔 가 도ᄌᆞᆨ의게 티여 ᄒᆞ마 주그리러라:往至姑側爲賊捶擊幾死(飜小9:64). 도적의게 티임을 닙어:爲賊捶擊(宣小6:59). 그 사ᄅᆞᆷ의 다리예 티이더라:只及斯人腰跨(太平1:41). 술위예 티이다:車碾了(譯解下23).

티이다 동 치게 하다. ¶므슴 鐵로 티이려 ᄒᆞᄂᆞᆫ다:着甚麼鐵頭打(朴解上15). 鑌鐵로 티이되:着鑌鐵打(朴解上15).

티죄ᄒᆞ다 동 치죄(治罪)하다. ¶分揀ᄒᆞ야 등수ᄅᆞᆯ 다ᄅᆞ게 ᄒᆞ야 治罪호ᄃᆡ 놉고 어룬으란 등수ᄅᆞᆯ 덜고(警民7).

티지르다 동 치지르다. ☞티디르다. 티디ᄅᆞ다 ¶氣運은 별 밧긔 티질엇고:氣衝星象表(重杜解21:9).

티차ᄂᆞᆯ 동 치차거늘. 올려차거늘. 〔'차ᄂᆞᆯ'은 'ᄎᆞ+아ᄂᆞᆯ'〕 ㉮ 티ᄎᆞ다 ¶難陀ᄂᆞᆫ 象ᄋᆞᆯ 값ᄀᆞ새 티차ᄂᆞᆯ(釋譜3:p. 48).

·티·ᄎᆞ·다 동 치차다. 올려차다. ¶難陀調達ᄋᆞᆫ 象ᄋᆞᆯ 티ᄎᆞ며 그우리혀고(月印上14).

·티·티·다 동 치치다. 치뜨리다. ¶시혹 ᄇᆡ

와 둥과 덜어 虛空애 티티고 바ᄃᆞ며(月釋21:43). ᄃᆞᄆᆞ며 티티며 ᄂᆞ랏다가 ᄣᅥ러디며 ᄆᆞ레 ᄠᆞᆫ 여러 이리 잇ᄂᆞ니:有沒溺騰擲飛墜漂淪諸事(楞解8:87).

:티·하 명 치하(致賀). ¶혼인ᄒᆞᄂᆞᆫ 禮예 티하 아니 홈ᄋᆞᆫ 사ᄅᆞᆷᄋᆡ ᄎᆞ렐시니라(어버이를 닏ᄂᆞᆫ ᄎᆞ례라):昏禮不賀人之序也(宣小2:49). 칭찬ᄒᆞ야 티해 분분ᄒᆞ고(洛城1).

틱기다 동 치키다. ¶虛空馬ᄅᆞᆯ 틱겨 ᄐᆞ고(普勸文附15).

·틱셔 명 칙서(勅書). ¶太子ㅣ 아바닚 勅書ㅣ신가 너겨(釋譜24:51). 틱셔 틱:勅(訓蒙上35. 類合下14).

틴담ᄇᆡ 명 살담배. ¶틴담ᄇᆡ:切草(柳氏物名三 草).

틸ᄒᆞ다 동 칠(漆)하다. ¶블근 틸ᄒᆞᆫ 집기슬기:朱甍(重杜解1:20).

팀묵ᄒᆞ다 동 침묵(沈默)하다. ¶다시 팀묵ᄒᆞᆫ 셩품과(洛城1).

·팀받·다 동 전당잡다. ¶오ᄂᆞᆯ 아ᄎᆞᄆᆡ 밥 먹던 ᄃᆡ셔 팀바다 가져온 은이라:今早起喫飯處貼將來的銀子(飜老上65). 팀바ᄃᆞᆯ 텹:貼(訓蒙下21). 팀바다 가져온 은이라:貼將來的銀子(老解上59).

팀ᄎᆡ 명 김치. ☞침ᄎᆡ. 침치 ¶술와 漿水와 대그릇과 나모 그릇과 沈菜와 젓과 드려 노흐며:納酒漿籩豆葅醢(宣賜內訓3:3). 술와 ᄎᆞᆫ믈과 대그릇과 나모그릇과 팀ᄎᆡ와 저술 드려:納酒漿籩豆葅醢(宣小1:7). 팀ᄎᆡ 조:葅(倭解上47).

팀탈ᄒᆞ다 동 침탈(侵奪)하다. ¶호강ᄒᆞᆫ ᄇᆡᆨ셩의 팀탈홈과(經筵).

팀:톄·ᄒᆞ·다 동 침체(沈滯)하다. ¶이 다ᄉᆞ로 沈滯ᄒᆞ야 걸여셔 모ᄆᆞᆯ ᄆᆞᄎᆞ니:坐是沈滯坎坷終身(宣賜內訓1:61).

팁다 형 춥다. ¶荊州 巫峽은 甚히 팁디 아니홀 시:荊巫非苦寒(重杜解16:71).

팁ᄯᅳ다 동 (눈을) 치뜨다. ☞티ᄯᅳ다 ¶눈을 팁ᄯᅳ고 니ᄅᆞᆯ ᄀᆞᆯᄂᆞᆫ 거손 열 극ᄒᆞ야 그러ᄒᆞ거ᄂᆞᆯ:目竄咬呀皆由熱極也(痘瘡方34).

팁ᄯᅳ다 동 (해, 달이) 치뜨다. ¶天中의 팁ᄯᅳ니 毫髮을 혜리로다(松江. 關東別曲).

·ᄐᆞᄀᆞᆯ 명 턱을. 〔'ᄐᆞᆨ'+목적격조사 '-ᄋᆞᆯ'〕 ⓢᄐᆞᆨ ¶眞實로 사ᄅᆞᄆᆡ ᄐᆞᄀᆞᆯ 글희여 즐겨 웃게 ᄒᆞᄂᆞ니:實解頤(杜解8:4).

·ᄐᆞ·다 동 타다〔乘〕. ¶ᄆᆞᆯ ᄐᆞᆫ 자히 건너시니이다:乘馬截流(龍歌34章). 寶位 ᄐᆞ실 느지르샷다:迺是寶位將登之祥(龍歌100章). 沸星 도ᄃᆞᇙ 제 白象ᄋᆞᆯ ᄐᆞ시니(月印上5). 白象 ᄐᆞ고 諸天子 더블오(釋譜23:27). 乘은 ᄐᆞᆯ 씨라(月釋序18). ᄆᆞᆯ 타아 디옛거시ᄂᆞᆯ(三綱. 忠32). 이 그우ᄂᆞᆫ 顚倒相ᄋᆞᆯ ᄐᆞᆫ 젼ᄎᆞ로:乘此輪轉顚倒相故(楞解7:78). ᄯᅩ 天宮을 ᄐᆞ리라:及乘天宮(法華6:11). 安車ᄂᆞᆫ 안자 ᄐᆞᄂᆞᆫ 술위오(宣賜內訓2上47). 諫諍ᄒᆞ던 긄草ᄅᆞᆯ 브레 ᄉᆞᆯ오 ᄆᆞᆯ 타 나오니:焚諫草騎馬(杜解6:15). 훤츨히 바ᄅᆞ래 ᄇᆡ 타 가려뇨:浩蕩乘滄溟(杜解6:20). 中使ㅣ 나날 서르 타 오놋다:中使日相乘(杜解8:8). ᄒᆞᆫ ᄆᆞᆯ ᄐᆞ고 ᄀᆞᅀᆞᆳ ᄇᆞᄅᆞᄆᆞᆯ 좃놋다:匹馬逐秋風(初杜解8:38). 모딘 버믈 ᄐᆞ고:騎猛虎(杜解9:7). 知章의 ᄆᆞᆯ 토미 ᄇᆡ 톰 ᄀᆞᆮᄒᆞ니:知章騎馬似乘船(初杜解15:40). 萬一 南녀그로 술위 타 오ᄂᆞᆫ 使者ᄅᆞᆯ 브티면:若憑南轅使(初杜解22:28). 져근 ᄇᆡ 타 가고져 ᄒᆞ나:扁舟欲往(杜解25:28). 子貢이 술위 ᄐᆞ고 蓋 기우려(南明上30). 崐崙ᄋᆡ 象 토미:崐崙騎象(金三2:50). 사ᄅᆞ미 그 ᄇᆡᄅᆞᆯ 타 안자 빗보개 오좀 누라:令人騎其腹溺臍中(救簡2:40). ᄐᆞᆯ 긔:騎. ᄐᆞᆯ 승:乘(訓蒙下9). 무렬이 져근 ᄇᆡᄅᆞᆯ ᄐᆞ고 면호믈 어드니라:武烈乘小船得免(東新續三綱. 忠1:1). 말 디쟈 鶴을 ᄐᆞ고 九空의 올라가니(松江. 關東別曲). 내 ᄐᆞᆫ ᄆᆞ리 ᄲᅧ 正히 것거디ᄂᆞ다:我馬骨正折(重杜解1:17). ᄠᅦ ᄐᆞᄆᆞᆯ 스치노라:想乘桴(重杜解2:16). 安車ᄅᆞᆯ ᄐᆞ고(女四解4:46). ※ᄐᆞ다>타다

·ᄐᆞ·다 동 타고나다. 태어나다. ¶두발 ᄐᆞᆫ 것과 네발 ᄐᆞᆫ 것과 발 한 것과 이러ᄐᆞᆺ ᄒᆞᆫ 즁ᄉᆡᆼᄃᆞᆯᄒᆞᆯ(釋譜19:2). 이에 性ᄋᆞᆯ ᄐᆞᄂᆞ니라:受性於此(楞解1:89). 하ᄂᆞᆯ ᄯᅡ 靈ᄒᆞᆫ 긔운을 ᄐᆞ며:禀天地之靈(宣賜內訓序2). ᄐᆞᆯ 품:禀(類合上16).

·ᄐᆞ·다 동 타다. 느끼다〔感〕. ¶ᄆᆞᅀᆞᆷ ᄐᆞᄂᆞᆫ 사ᄅᆞᄆᆞᆫ 보ᅀᆞᄫᆞ면 ᄆᆞᅀᆞ미 便安ᄒᆞ며(月釋2:59). 疫癘의 能히 서르 ᄐᆞ디 아니ᄒᆞᄂᆞᆫ ᄃᆞᆯ 비르서 알리로다:始知疫癘之不能相染也(宣賜內訓3:48). 하ᄂᆞᆯᄒᆞᆯ 괴와 셔셔 치위 ᄎᆞᄆᆞ며 눈 ᄐᆞ디 아니코 잇ᄂᆞᆫ 프른 솔와:擎天耐寒傲雪蒼松(飜朴上69). 모딘 병긔ᄅᆞᆯ 업게 ᄒᆞ며 사ᄅᆞᆷᄋᆡ게 ᄐᆞ디 아니케 ᄒᆞᄂᆞ니라:辟疫氣令人不染溫病(瘟疫方10). 더위 ᄐᆞ다:害熱. 치위 ᄐᆞ다:害冷(譯解上5). 붓그럼 ᄐᆞ지 아니타:不怕羞(譯解補58).

ᄐᆞ·다 동 타다〔受〕. ¶公이 祿俸 토미 젹디 아니호ᄃᆡ:公受俸不少(宣賜內訓3:63). 祿 해 타 먹ᄂᆞᆫ 녯 버든 書信이 그처 업고:厚祿故人書斷絶(初杜解7:2). 밧긧 사ᄅᆞ미 嫌猜ᄅᆞᆯ ᄐᆞ디 말라:勿受外嫌猜(初杜解8:33). 監河애 ᄣᅮ이ᄂᆞᆫ 조ᄒᆞᆯ ᄐᆞ노니:監河受貸粟(初杜解20:41). 내 두 ᄃᆞᇗ 월봉을 와 토리라:我有兩箇月俸來關(飜朴上11). ᄐᆞᆯ 슈:受(類合上14). 대개 이ᄃᆞᆯ 스므날ᄭᅴ 詔書와 劄付ᄅᆞᆯ ᄐᆞ면 즉시 ᄯᅥ나고져 ᄒᆞ노라:大約這月二十邊領了詔書劄付就要起身(朴新解1:9).

·ᄐᆞ·다 동 (때를) 타다. ¶時節 ᄐᆞ샤미 先後

ㅣ 겨시며:乘時有先後(圓覺序6).

·ᄐᆞ·다 동 타다〔燒〕. ¶또 더운 性이 업서 잢간도 ᄐᆞ디 아니ᄒᆞ며:亦無熱性曾不焚燒(楞解9:108). 焦ᄂᆞᆫ 블 ᄐᆞᆯ 시라(圓覺上一之二181). ᄎᆞᆯ하리 烈ᄒᆞᆫ 불에 ᄐᆞ고:寧焚烈燄(女四解4:51). ᄐᆞᄂᆞᆫ ᄃᆞ시 덥다:焦熱(譯解補4). 다만 ᄐᆞ 검은 흔젹이 이시ᄃᆡ:只有焦黑痕(無冤錄3:24). 可히 生前과 死後 ᄐᆞᆫ 거슬 분변ᄒᆞ니라:可辨生前死後燒也(無冤錄3:48).

ᄐᆞ다 동 타다〔彈〕. ☞ᄩᆞ다 ¶ᄐᆞ다:彈了(同文解上53). 너희 樂工들이 ᄐᆞ리 그저 ᄐᆞ고 불리 그저 불고:你這樂工們彈的只管彈吹的只管吹(朴新解1:6). 秦箏 趙瑟을 ᄐᆞ거니 니희거니(曺友仁. 出塞曲).

ᄐᆞ다 동 타다. 섞다. ☞ᄩᆞ다 ¶ᄐᆞ다:和攪(同文解上60). ᄆᆞᄅᆞ ᄐᆞᆫ 차:麵茶(漢淸12:43).

·ᄐᆞ·록 부 드디어. ¶이제 돈 ᄡᅳ고져 ᄒᆞ야 ᄐᆞ록 내 본ᄃᆡ 사온 절다 악대ᄆᆞᆯ ᄒᆞᆫ 피리 쉬 다ᄉᆞᆺ 서리오:今爲要錢使用遂將自己元買到赤色騸馬一疋年五歲(飜老下16).

-·ᄐᆞ·록 조 -토록. ☞-토록 ¶비록 終日ᄐᆞ록 行ᄒᆞ야도 제 아디 몯ᄒᆞ야(楞解1:81). 반ᄃᆞ기 終身ᄐᆞ록 供給ᄒᆞ야 ᄃᆞᆫ녀 ᄇᆞ리요리라(法華4:154). 또 良久ᄐᆞ록 말 몯ᄒᆞ야:又良久不能語(金剛下事實4). 終日ᄐᆞ록 圓覺호ᄃᆡ:終日圓覺而(圓覺序5). 終日ᄐᆞ록 法門을 議論ᄒᆞ야:終日議論法門(圓覺上二之二18). 終日ᄐᆞ록 雍和ᄒᆞ더시다(宣賜內訓2上57). 終久ᄐᆞ록 이 有理ᄒᆞᆫ 일이라:終久是有理的勾當(朴解中60).

ᄐᆞ이다 동 타게 하다〔彈琴〕. ¶블니며 ᄐᆞ이며 혀이며 이아며(宋純. 俛仰亭歌).

ᄐᆞ이다 동 타다〔燒〕. ☞ᄐᆞ다 ¶믈읫 불에 ᄐᆞ이여 죽은 사ᄅᆞᆷ을 검험홈애:凡檢被火燒死人(無冤錄3:42).

·ᄐᆞᆨ 명 턱. ¶ᄐᆞᆨ爲頤(訓解. 用字). 如意ᄂᆞᆫ ᄐᆞᆨ개 이 구스리 잇ᄂᆞ니라:如意頷有此珠(法華1:52). 驪龍ᄋᆡ ᄐᆞᆨ 아래 明月寶珠ㅣ 잇ᄂᆞ니:驪龍頷下有明月寶珠(圓覺序29). ᄐᆞᆨ ᄀᆞᆯ 글희여:解頤(宣賜內訓1:32). 눉므리 어즈러이 ᄐᆞᆨ개 섯흘리노라:涕泗亂交頤(杜解3:2). 眞實로 사ᄅᆞᄆᆡ ᄐᆞᆨ ᄀᆞᆯ 글희여 즐겨 웃게 ᄒᆞᄂᆞ니:實解頤(杜解8:4). 人讚福盛ᄒᆞ샤 미나거신 ᄐᆞᆨ애(樂範. 處容歌). ᄐᆞᆨ 이:頤. ᄐᆞᆨ 함:頷. ᄐᆞᆨ 히:頦(訓蒙上25). ᄐᆞᆨ 이:頤(類合上21). ᄐᆞᆨ 아래 함:頷(類合上21). 當世ᄅᆞᆯ 의론ᄒᆞ야 ᄐᆞᆨ을 프러ᄇᆞ려:論當世而解頤(宣小5:17). ᄐᆞᆨ 떠ᄂᆞ니:頤戰(痘瘡方64). ᄐᆞᆨ:下頦(同文解上15). ᄐᆞᆨ:下頦(漢淸5:51). 입과 혜 헐며 ᄐᆞᆨ 아래와 보조개 블거 브으며:口舌生瘡頷頰赤腫(臘藥7). 긴히 ᄐᆞᆨ 아래브터 掀擊勢ᄅᆞᆯ ᄒᆞ고(武藝圖24). ※ᄐᆞᆨ>턱

ᄐᆞᆨᄐᆞᆨᄒᆞ다 형 탁탁하다. ¶머리ᄂᆞᆫ 구롬 ᄀᆞᆮ고 옥 ᄀᆞᄐᆞᆫ ᄉᆞᆯ히 ᄐᆞᆨᄐᆞᆨᄒᆞ야(明皇1:35).

ᄐᆞᆨᄐᆞᆨᄒᆞ다 형 답답하다. ¶오ᄂᆞᆯ날은 ᄉᆡᆼ각 밧ᄭᅴ 연고로 차례도 못 디내니 가지가지 새로이 ᄐᆞᆨᄐᆞᆨᄒᆞ기 ᄀᆞ이 업ᄉᆞ니(諺簡. 仁宣王后諺簡).

-·ᄐᆞᆯ 접미 -들〔等〕. 〔ㅎ 첨용어(添用語)에 씌었음.〕 ¶녀나ᄆᆞᆫ 하ᄂᆞᆯᄐᆞᆯ히 남진 겨집 모ᄆᆡᆺ 香ᄋᆞᆯ 다 머리셔 마타(釋譜19:19).

ᄐᆞᆷᄐᆞᆷ이 부 탐탐(耽耽)히. ¶ᄐᆞᆷᄐᆞᆷ이 경화ᄒᆞ며 ᄉᆞ람되어 ᄒᆞᄂᆞᆫ 마리(思鄕曲).

·ᄐᆞᆺ 조동 하듯. ¶그 나모 브튜려 ᄐᆞᆺ 호미:欲然其木(楞解8:41).

-·ᄐᆞᆺ 접미 -하듯. ¶가ᄌᆞᆯ비건댄 虛空ᄋᆡ 東西南北 四維上下ㅣ 無量無邊ᄐᆞᆺ ᄒᆞ야(月釋17:40). 사ᄅᆞᄆᆡ 相이 이저디디 아니ᄐᆞᆺ 호미:人相不缺(楞解8:24). 먹디 아니ᄒᆞ며 내디 아니ᄐᆞᆺ 호미:非懷非出(楞解8:42).

ᄐᆡ 명 태(胎). ¶이 봄 지은 사ᄅᆞᄆᆞᆫ 胎예 드디 아니ᄒᆞ야(月釋8:41). 胎예 드르실 쩍과 胎예 나실 쩍과(法華1:57). 摩耶 胎예 드르샤 ᄃᆞ리 차 胎예 나샤(金三1:1). ᄐᆡ ᄐᆡ:胎(類合下16). ᄐᆡ:胎胞(同文解上53).

ᄐᆡ 명 태(態). 태도(態度). 몸짓. ¶또 인ᄉᆞ당 ᄒᆞ시ᄂᆞᆫ 말 거동이 진실로 日本 ᄐᆡ오니(新語9:14).

ᄐᆡ도 명 태도(態度). ¶얼굴이 아담ᄒᆞ고 ᄐᆡ되 단정ᄒᆞ야(太平1:18). ᄐᆡ되 ᄉᆡᆨᄉᆡᆨᄒᆞ야(太平1:54). 쇼인의 ᄐᆡ되 반ᄃᆞ시 인쥬의 ᄆᆞᄋᆞᆷ을 마쳐 아당ᄒᆞ고(仁祖行狀20). 취ᄃᆡ 나군 고은 ᄐᆡ도(萬言詞). 셩쳔 집 불러ᄂᆡ니 아름다온 ᄐᆡ도로다(ᄇᆡᆨ화당가). 그이ᄒᆞᆫ ᄐᆡ도와 쇄락ᄒᆞᆫ 용광이 사ᄅᆞᆷ의게 ᄡᅩ이더니(落泉1:2).

ᄐᆡ돌 명 탯돌. ¶들마당 집마당의 개샹의 ᄐᆡ돌이라(農月 九月令).

ᄐᆡ만ᄒᆞ다 형 태만(怠慢)하다. ¶근일의 ᄇᆡᆨ집시 ᄐᆡ만ᄒᆞ고 긔강이 프러디믄 실로 슌ᄉᆞ호 당ᄒᆞᄂᆞᆫ 타시니(仁祖行狀28). 여러 날 머믓거려 ᄐᆡ만ᄒᆞᆫ 죄ᄅᆞᆯ 더으니 이제 폐해 도라갈 날이 이시믈 드ᄅᆞ니(山城110). 샹공 명을 엇지 ᄐᆡ만ᄒᆞ리오(落泉2:4).

ᄐᆡᄉᆡᆼ 명 태생(胎生). ¶胎生ᄋᆞᆫ ᄇᆡ야 날 씨오(釋譜19:2). 잇ᄂᆞᆫ 一切 衆生類ㅣ 卵生과 胎生과 濕生과 化生과(金剛15).

ᄐᆡ연ᄒᆞ다 형 태연(泰然)하다. ¶쥬듕인이 다 쳬읍 통곡ᄒᆞ거ᄂᆞᆯ 그ᄃᆡᄂᆞᆫ 엇지 이러ᄐᆞᆺ ᄐᆡ연ᄒᆞ뇨(落泉2:4).

ᄐᆡ·오·다 동 타게 하다〔受〕. 받게 하다. ¶竹葉 淸酒 열다ᄉᆞᆺ 병과 腦兒酒 다ᄉᆞᆺ 통을 ᄐᆡ오더라:支與竹葉淸酒十五瓶腦兒酒五桶(飜朴上3).

ᄐᆡ·오·다 동 태우다〔燒〕. ☞ᄐᆡ우다 ¶시혹

地獄이 이쇼딕 쇠로 새룰 틔오누니(月釋21:81). 대룰 틔오면 요긔를 업게 후누니라:爆竹辟妖氣(瘟疫方4).

틔·오·다 동 태우다〔稟賦〕. 반게 하다. ¶틔올 부:賦(訓蒙下2). ※틔오다>태우다

틔·오·다 동 태우다〔乘〕. ¶큰 象 틔오시고 百千 사루미 侍衛후야(釋譜11:29). 사룸브려 八千里 象울 틔와 供養홇 거슬 가져(月釋7:52). 누라 돋는 두시 날로 히여 노피 틔오니라:飛走使我高(初杜解8:57). 모든 將軍들히 븟드러 물 틔오고:衆將軍們扶侍上馬(朴解下60).

틔·우·다 동 태우다〔燒〕. ☞틔오다 ¶숫글 븕게 틔우고:用炭燒紅(救急下97).

틔의 명 태의(胎衣). 태의 껍질. ¶胎衣 즉재 누리누니(救急下88).

틱 명 턱. ☞톡 ¶믄득 눈믈이 틱애 흐르더라:輒涕淚交頤(東新續三綱. 孝4:5 梅臣至行). 狼頭눈 틱 아래 고기룰 드듸눈 돗후도다:狼頭如跋胡(重杜解2:7). 숨의나 님을 보려 틱 밧고 비겨시니(松江. 思美人曲).

틱셔후다 동 택서(擇壻)하다. ¶틱셔홀 ᄆᆞ옴이 더욱 급후니(洛城1).

틱일 명 택일(擇日). ☞틱일후다 ¶틱일:索日(譯解補35).

틱일후다 동 택일(擇日)하다. ¶날을 급히 틱일후니(癸丑30).

틱정후다 동 택정(擇定)하다. ¶近日間의 吉日을 擇定후여(隣語2:3).

·틱·후·다 동 택(擇)하다. ¶해 들어 그 善을 擇후야 좃추며(宣論2:23). 牛와 羊을 어늬를 擇후리잇고(宣孟1:21). 拘忌후눈 者ㅣ 싸희 方位룰 擇후며(家禮7:17).

팅 명 탱(幀). 탱화(幀畫). ¶팅 그려 魂帛 뒤헤 두니(家禮5:20). 팅 잇눈 집과:影堂(朴解上61). 그딕 집 가온딕 미타팅을 셔벽에 노피 걸고(王郞傳2). 후다가 몬져 미타팅을 녜후고(王郞傳3).

팅알 명 탱알. ☞퇴알 ¶팅알:紫菀(東醫 湯液三 草部). 팅알:紫菀(柳氏物名三 草).

팅자 명 탱자. ☞팅ᄌᆞ. 팅ᄌᆞ나모 ¶팅자:枳實(柳氏物名四 木).

·팅·ᄌᆞ 명 탱자. ☞팅자 ¶팅지 두외오:成枳(金三2:43). 선팅ᄌᆞ 더운 므레 시서 사후라 봇그니:枳實泡洗製炒(救簡1:115). 팅ᄌᆞ:醜橙(四解上18). 팅ᄌᆞ:橙(四解下61). 팅ᄌᆞ 기:枳(訓蒙上10). 팅지 곳다온 橘에 눌러 노햇도다:橙壓香橘(重杜解2:36).

팅ᄌᆞ나모 명 탱자나무. ¶팅ᄌᆞ나모:醜橙樹(譯解下42).

ㅍ

ㅍ [자모] 피읖. 한글 초성(初聲) 자모(字母)의 하나. 순음(脣音). 입술소리. ¶ ㅍ. 脣音. 如漂字初發聲(訓正). 脣音ㅁ. 象口形. …ㅋ比ㄱ. 聲出稍厲. 故加畫. … ㅁ而ㅂ. ㅂ而ㅍ. … 其因聲加畫之義皆同(訓解. 制字). ㄱㄷㅂㅈㅅㆆ爲全淸. ㅋㅌㅍㅊㅎ爲次淸(訓解. 制字). 파爲葱(訓解.用字). 제 간ᄋᆞᆯ 더리 모ᄅᆞᆯᄊᆡ 둘희 쏜 살이 세 낟 붚ᄲᅮᆫ ᄢᅦ여디니(月印上15). ㅍ는 입시울쏘리니 漂푷ᇢ字ᄍᆞᆼ 처ᅀᅥᆷ 펴아나ᄂᆞᆫ 소리 ᄀᆞᄐᆞ니라(訓註6). ㅍ皮(訓蒙凡例2).

·파 [명] 파[葱]. ¶ 파爲葱(訓解. 用字). 몬져 젼국과 파ᄅᆞᆯ 봇가:先熬豉葱(救簡1:105). 쟝믈와 파와 약돌 ᄲᅡ 노하 젓고:調上些醬水生葱料物拌了(飜老上22). 고기와 마ᄂᆞᆯ 파 먹디 아니ᄒᆞ며:不食肉不茹葷(續三綱. 烈9). 파 총:葱(訓蒙上13). 파 총:葱(類合上10). 마ᄂᆞᆯ 파 먹디 아니ᄒᆞ니라:不茹葷(東新續三綱. 孝8:69). 파:生葱(譯解上52).

·파 [동] 거듭하여[累]. ㉠ᄑᆞ다 ¶ ᄒᆡ 디나며 ᄃᆞᆯ 파:經年累月(佛頂中7).

:파:계ᄒᆞ·다 [동] 파계(破戒)하다. ¶ 이런ᄃᆞ로 能히 破戒ᄒᆞᆫ 사ᄅᆞᄆᆞ로:破ᄂᆞᆫ 헐 씨라(楞解7:52). 제 持戒ᄅᆞᆯ 미더 破戒ᄒᆞ닐 므던히 너길씨(金剛21).

·파:내·다 [동] 파내다. ¶ ᄒᆞᆫ 사ᄅᆞ미 밦中 後에 파내야(月釋10:25). 龍泉劍 파내욤 혜유미 업세라:無計斸龍泉(初杜解21:42).

파도 [명] 파도(波濤). ¶ 네 威儀ㅅ 안햇 覺觀 波濤ㅅ 가온ᄃᆡ로 向ᄒᆞ야(金三1:15). 波濤ᄂᆞᆫ 큰 믌겨리니 하닷 마리라(金三1:15).

·파라홈 [형] 파람. ㉠파라ᄒᆞ다 ¶ 門ᄋᆡ 횟도라 흐르ᄂᆞᆫ 므른 파라호미 족 ᄀᆞᆮ도다:繞門流水碧如藍(南明下10).

·파·라ᄒᆞ·다 [형] 파랗다. ¶ 믌ᄀᆞᅀᅌᅴ 내완ᄂᆞᆫ 죴우미 파라ᄒᆞ도다:渚秀蘆笋綠(初杜解6:51). 흐르ᄂᆞᆫ 므른 파라호미 족 ᄀᆞᆮ도다:流水碧如藍(南明下10). 파라ᄒᆞᆫ 虛空애 흐트면:散碧空(金三2:34). 눈 소밴 瞳人이 파라코:眼裏瞳人碧(金三3:48).

파락ᄒᆞ다 [동] 파락(破落)하다. 퇴락(頹落)하다. ¶ 자ᄂᆡ 보시ᄃᆞ시 방새 파락ᄒᆞ야 누추ᄒᆞ니(新語1:24).

파란 [명] 파란. 법랑(琺瑯). ¶ 파란:法琅(譯解補38). 파란:琺瑯(漢淸10:43). 파란:法琅(柳氏物名五 金).

·파란 [형] 파란. ㉠파라ᄒᆞ다 ¶ 青衣ᄂᆞᆫ 파란 옷 니븐 각시내라(月釋2:43). 파란 모샛 空界옛 ᄃᆞᄅᆞᆯ 두서 번 거려ᅀᅡ:碧潭空界月再三撈漉(金三2:44).

파:랑 [명] 파랑(波浪). ¶ 波浪이 能히 ᄃᆞᆷ디 몯ᄒᆞ며:波浪不能沒(法華7:87). 煩惱ㅣ 이 波浪이오(六祖上97).

파래 [명] 파래박. ¶ 파래:戽斗(譯解下22).

파려 [명] 파려(玻瓈). ¶ 玻瓈ᄂᆞᆫ 믈玉이라 ᄒᆞᆫ 마리니 水精이라(月釋1:22).

파려ᄒᆞ다 [형] 고달프다. 파리하다. ¶ 파려ᄒᆞᆯ 븨:憊(類合下44). 슬허 파려ᄒᆞ기 녜예 넘게 ᄒᆞ고:哀毁逾禮(東新續三綱. 孝3:44). 최딜을 벗디 아니ᄒᆞ고 슬허 파려ᄒᆞ야:不脫衰經哀戚柴毁(東新續三綱. 孝5:51).

파리하다 [형] 파리하다. ☞파려ᄒᆞ다 ¶ 파리할 척:瘠(兒學下8).

파ᄅᆡ [명] 파래. ¶ 파ᄅᆡ:苔餠(柳氏物名三 草).

·파묻·다 [동] 파묻다. ¶ 對敭ᄒᆞ야 士卒을 파무둗디니:對敭坑士卒(初杜解20:44). 즉시 파무드니라(癸丑226).

파발 [명] 파발꾼. ¶ 파발:塘報(譯解上12). 파발:跑報人(同文解上14).

파발쟝 [명] 역참의 우두머리. ¶ 파발쟝:驛丞(同文解上38).

파ㅅᄌᆞᆼ지 [명] 팟종. ☞파ᄌᆞᆼ지 ¶ 파ㅅᄌᆞᆼ지:葱筆管(譯解補42).

파월ᄒᆞ다 [동] 파월(播越)하다. 파천(播遷)하다. ¶ 오직 宗子ㅣ 파越ᄒᆞ여 他國애 이셔(家禮10:7).

파임 [명] 파임. ¶ 글ᄌᆞ 파임:字尾(漢淸4:13). 쓸 제 正書 파임과 半行 파임과 草書 파임이란 세 가지 이시니(捷蒙1:1).

파·쟈 [명] 패자(覇者). ¶ 孟子ㅣ ᄀᆞᄅᆞ샤ᄃᆡ 覇者의 民ᄋᆞᆫ 驩虞ᄐᆞᆺ ᄒᆞ고(宣孟13:8).

파ᄌᆞᆼᄌᆞᆼ이 [명] 팟종. ☞파ᄌᆞᆼ지 ¶ 파ᄌᆞᆼᄌᆞᆼ이:葱韭花(漢淸12:36).

파ᄌᆞᆼ지 [명] 팟종. ☞파ㅅᄌᆞᆼ지. 파ᄌᆞᆼᄌᆞᆼ이 ¶ 파ᄌᆞᆼ지:葱筆頭(譯解下12).

:파·직ᄒᆞ·다 [동] 파직(罷職)하다. ¶ 파직ᄒᆞ다:替也(老朴集. 單字解7). 니귀 일로ᄡᅥ 파직ᄒᆞ다(仁祖行狀26). 왕안셕 녀 혜경이 다 파직ᄒᆞ고(引鳳簫2).

파차 [명] 두엄풀. 거름풀. ¶ 파차:苴 和糞草

(四解下29).

파쵸 명 파초. ¶芭蕉ㅅ 불휘와 生薑을 ᄀᆞ티 ᄂᆞᆫ화(救急下21). 파쵸 파:芭(類合上7).

파츌ᄒᆞ다 동 파출(罷黜)하다. 파면(罷免)하다. ¶혜경을 공격ᄒᆞ니 다 일시의 파츌ᄒᆞ니라(引鳳簫2).

파ᄒᆞ·다 동 파(罷)하다. ¶十萬僧徒ᄅᆞᆯ 一擧에 罷ᄒᆞ시니:十萬僧徒一擧去之(龍歌107章). 如來 쟝ᄎᆞ 法座ᄅᆞᆯ 罷ᄒᆞ시다가 師子床애 七寶几ᄅᆞᆯ 자ᄫᆞ샤(楞解9:41). 王이 朝會마자 늣거ᅀᅡ 罷ᄒᆞ야시ᄂᆞᆯ:王嘗聽朝罷晏(宣賜內訓2上21). 오ᄂᆞᆯ브터 모뢰ᄶᅡᆼ ᄒᆞ고 파ᄒᆞ리라:從今日起後日罷散(飜朴上75). 파ᄒᆞᆯ 파:罷(類合下43). 上이 怒ᄒᆞ샤 色을 變ᄒᆞ시고 됴회를 罷ᄒᆞ시니:上怒變色而罷朝(宣小6:35). 罷코쟈 ᄒᆞ나 能티 몯ᄒᆞ야 임의 내 才를 竭호니(宣論2:42). 내 쟝ᄎᆞᆺ 秦王을 보와 說ᄒᆞ야 罷호리니:我將見秦王說而罷之(宣孟12:10). 朝夕奠을 罷ᄒᆞ라(家禮9:6). 계유 파호매 ᄃᆞᆫ비 만히 오더라(仁祖行狀34). 향음쥬 다 파ᄒᆞᆫ 후에 뫼셔 가려 ᄒᆞ노라(古時調. 鄭澈. ᄯᅩᆯ목. 松江).

:파ᄒᆞ·다 동 ①파(破)하다. ¶小를 닐을딘댄 天下ㅣ 能히 破티 몯ᄒᆞᄂᆞ니라(宣中9). 파ᄒᆞ다:擊破(同文解上46).
②깨지다. ¶陳和尙이 鈞州ㅣ ᄃᆞ라냇더니 城이 破ᄒᆞ야 兵馬ㅣ 플어늘(三綱. 忠26).

·판 명 판(板). ¶쟝긔파ᄂᆞᆯ ᄆᆡᆼᄀᆞᆯ어ᄂᆞᆯ:爲碁局(初杜解7:4). 우리 ᄒᆞᆫ 판 두워 지니 이긔니 나기호ᄃᆡ 엇더ᄒᆞ뇨:咱們下一局賭輸贏如何(飜朴上22). 판 평:枰 棊局也俗呼碁盤(訓蒙中19). 판 국:局(類合上24). 판:盤子(同文解下32).

판쟝 명 판장(板墻). 널판장. ¶판쟝:板壁(同文解上36. 譯解補14).

판치다 동 판치다. ¶長生ᄒᆞᆯ 術을 갑 쥬고 사량이면 판쳐 盟誓ㅣᄒᆞ지 아모만인들 關係ᄒᆞ랴(古時調. 靑丘).

판탕ᄒᆞ다 동 판탕(板蕩)하다. 탕진(蕩盡)하다. ¶이제 나라 지력이 판탕ᄒᆞ니(仁祖行狀30). 비록 이 세간이 판탕ᄒᆞᆯ만졍(古時調. 鄭澈. 기울계 대니거니ᄯᆞ나. 松江). 제라셔 냅더 말을 ᄒᆞ니 이런 판탕ᄒᆞᆫ 인시 어이 읻ᄉᆞ올고(隣語3:25).

판판ᄒᆞ다 형 판판하다. ¶판판ᄒᆞᆫ 길:光路(譯解上6).

팔 명 팔. ☞ᄇᆞᆯ. ᄑᆞᆯ ¶팔 비:臂(兒學上2).
※팔<ᄑᆞᆯ<ᄇᆞᆯ

·팔방 명 팔방(八方). ¶그 四方애 네 모히 조출씨 八方이 일리니(釋譜19:13). 八表ᄂᆞᆫ 八方이라(永嘉序13).

팔쑴치 명 팔꿈치. ☞ᄑᆞᆯ구미. ᄑᆞᆯ구븨 ¶팔쑴치 주:肘(兒學上2).

팔쏙츔 명 팔뚝춤. ¶코노릐 부로면셔 팔쏙츔이 제격니라(古時調. 논밧 가라. 靑丘).

팔지 명 팔찌. 활을 쏠 때 소매를 걷어 올려 매는 끈. ¶좀팔의 팔지 감고 각지손의 삼지 ᄶᅧ셔(武豪歌).

팔ᄌᆞ 명 팔자(八字). 일생의 운수. ¶네 날 위ᄒᆞ여 팔ᄌᆞ 보고져:你與我看命(老解下64). 팔ᄌᆞ 혜아려 보다:筭命(譯解上64). 팔ᄌᆞ 보ᄂᆞᆫ 사람:籌命人(漢淸5:34).

·팔·표 명 팔표(八表). 팔방(八方). ¶八表앳 노ᄑᆞᆫ 사ᄅᆞ미 理窟에 ᄇᆞᄅᆞᆷ ᄃᆞᆮᄃᆞᆺ더라:八表ᄂᆞᆫ 八方이라(永嘉序13).

·팟밑 명 파밑동. ¶팟밑 ᄒᆡᆫ ᄃᆡᄅᆞᆯ 소곰 섯거 디허 브티면:葱白和鹽擣傳之(救簡6:25).

팟비 명 팥배. ☞ᄑᆞᆺ비 ¶팟비:杜梨(柳氏物名四 木). 팟비 톄:棣(兒學上6).

팡파지다 형 팡파지다. ¶팡파지다:短粗(漢淸11:61).

:패 명 (바둑의) 패(覇). ¶패 티져 내 이 패옷 몯 이긔면 사오납거니ᄯᆞᆫ:打劫我輸了這劫時運了(飜朴上23).

:패:려ᄒᆞ·다 형 패려(悖戾)하다. ¶내 방ᄉᆞᄒᆞ면 ᄂᆞᆷ이 거슬ᄡᅳ고 ᄂᆞᆷ이 패려ᄒᆞ면 옴이 어그릇ᄂᆞ니:己肆物忤出悖來違(宣小5:91).

패만ᄒᆞ다 형 패만(悖慢)하다. ¶폐모 슈의ᄒᆞᆯ 제 말이 심히 패만ᄒᆞ더니(仁祖行狀14).

:패망ᄒᆞ·다 동 패망(敗亡)하다. ¶商이 敗亡ᄒᆞ거마ᄅᆞᆫ 夷齊 周ㅅ 粟ᄋᆞᆯ 먹디 아니ᄒᆞ니:伯夷 叔齊는 商ㅅ 사ᄅᆞ미니(三綱. 忠24). 우희 사라셔 驕慢ᄒᆞ면 敗亡ᄒᆞ고:居上而驕則亡(宣賜內訓1:46). 우희 이셔 교만ᄒᆞ면 패망ᄒᆞ고:居上而驕則亡(宣小2:33).

패산ᄒᆞ다 동 패산(敗散)하다. ¶ᄃᆡ떼 敗散호ᄆᆞᆯ 엇데 ᄲᆞᆯ리 ᄒᆞ뇨(重杜解1:4).

패식 명 패물(佩物). ¶패식:佩(漢淸11:21).

패악ᄒᆞ다 형 패악(悖惡)하다. ¶ᄃᆡᆷ이 임의 네 나라흘 아ᄋᆞ로 ᄃᆡ졉ᄒᆞ거ᄂᆞᆯ 네 더옥 패악ᄒᆞ여 스ᄉᆞ로 원싊 되여(山城41). 인홍의 ᄒᆞᄂᆞᆫ 일이 졈졈 패악ᄒᆞ고 광히군이 간신의 말을 미더 대비ᄅᆞᆯ 폐ᄒᆞ시고(山城90). 패악ᄒᆞᆫ 이:悖逆(同文解上23).

:패·역ᄒᆞ·다 동 패역(悖逆)하다. ¶父母ᄭᅴ 悖逆ᄒᆞᆯ 맛나ᄃᆞᆫ(月釋21:65).

:패·옥 명 패옥(佩玉). ¶갈콰 佩玉ㅅ 소리ᄂᆞᆫ:劒佩聲(杜解6:3). 패옥 황:璜(類合上31). 용모 거동과 패옥 소릐ᄅᆞᆯ 닉여 나갈디니라:習容觀玉聲乃出(宣小2:36).

:패·ᄒᆞ·다 동 패(敗)하다. 망치다. 상(傷)하다. ☞배다 ¶빗보개 블브터 鄖塢ㅣ 敗ᄒᆞ니:燃臍郿塢敗(初杜解15:47). 섭섭ᄒᆞ니ᄂᆞᆫ 댱샹 패ᄒᆞᆫ다 ᄒᆞᄂᆞ니라:脫空常敗(飜老下43). 吳ㅅ나라와 싸호다가 패ᄒᆞ니라(宣小6:23). 肉이 敗ᄒᆞ니를 食디 아니ᄒᆞ시며(宣

論2:56). 만일 暑月이면 내 나 敗홀가 저허(家禮7:1). 그릇ᄒᆞ야 패ᄒᆞ거늘(明皇1:31). ᄀᆞ장 패ᄒᆞ다:狼瘦了(漢淸6:10).

퍄하 명 매〔鷹〕의 한 가지. ¶퍄하:百雄(譯解下26).

퍅ᄒᆞ다 형 퍅(愎)하다. 괴팍하다. ¶퍅홀 퍅:愎(倭解上24).

·퍼 동 피어. ㉮프다 ¶七覺 고지 퍼:開七覺華(圓覺上二之二118).

퍼과 명 포기. ☞퍼괴. 퍼귀. 퍼기 ¶곳 퍼과:花叢(漢淸13:45).

퍼괴 명 포기. ☞퍼과. 퍼귀. 퍼기 ¶퍼괴:叢. 곳 퍼괴:花叢(同文解下45).

퍼귀 명 포기. ☞퍼과. 퍼괴. 퍼기 ¶집 알퍼 풀 ᄒᆞᆫ 퍼귀 나셔:室前生草一根(五倫1:44).

·퍼기 명 포기. ☞퍼괴. 퍼귀 ¶다시 믿 퍼기예 도라가디 몯ᄒᆞᄂᆞ니라:不復歸本叢(杜解6:53). 내 將次ㅅ 桂樹ㅅ 퍼기를 守ᄒᆞ야 이쇼리라:吾將守桂叢(杜解7:16). 삿기를 ᄃᆞ려 두위텨 ᄂᆞ라 ᄒᆞᆫ 퍼기예 도로 오ᄂᆞ다:挾子飜飛還一叢(杜解10:18). 퍼기옛 菊花ㅣ 두 번 프거늘:叢菊兩開(初杜解10:33). 어느 제 퍼깃 대를 占得ᄒᆞ야:何時占叢竹(初杜解15:6). ᄒᆞᄅᆞᆫ 힌 대 세 퍼기 나:一日生白竹三叢(續三綱. 烈12). 길 마갓ᄂᆞᆫ ᄒᆞᆫ 퍼깃 사미:當路一科麻(飜朴上40). 구화 퍼기 미티셔 나ᄂᆞᆫ 믈:菊花水(東醫 湯液一 水部). 곳 퍼기:花叢(譯解補50).

·퍼디·다 동 퍼지다. ☞퍼지다. 펴디다 ¶金고지 퍼디ᅀᆞᄫᆞ니(月印上10). 부텨 업스신 後에 法 디녀 後世예 퍼디게 호미(釋譜6:12). 됴ᄒᆞᆫ 香내 두루 퍼디며(月釋2:31). 括은 머리 퍼딜 시니 첫거상 禮라(宣賜內訓1:72). 퍼뎟ᄂᆞᆫ 너추리 ᄆᆞᆯᄀᆞᆫ 모ᄉᆞᆯ 횟돌앳도다:滋蔓匝淸池(杜解15:8). 바횟 ᄀᆞᆺ애 고지 제 퍼디다 ᄒᆞ시니(南明上3). 퍼딜 번:蕃(類合上8). 퍼딜 파:播(類合下39).

·퍼러 부 퍼렇게. ☞퍼러히 ¶미햇 비르미 퍼러 나니:野莧靑靑(杜解16:66).

·퍼러·히 부 퍼렇게. ¶蒼生ᄋᆞᆫ 퍼러히 살 씨니 머리 보ᄂᆞᆫ ᄠᅳ디라(金剛80). 픐 어미 ᄒᆞ마 퍼러히 나고:草芽旣靑出(初杜解22:2).

·퍼러·ᄒᆞ·다 형 퍼렇다. ¶玉殿엔 이시 퍼러ᄒᆞ도다:玉殿莓苔靑(杜解6:17). ᄒᆞ마 楚ㅅ 뫼히 퍼러호ᄆᆞᆯ 보리로다:已見楚山碧(杜解8:20). 므래 荇草ㅣ 퍼러ᄒᆞ도다:水荇靑(初杜解8:31). 서늘코 가비야온 져젯 우흿 묏ᄂᆡ 퍼러ᄒᆞ고:寒輕市上山煙碧(杜解10:45). 퍼런 됴ᄒᆞᆫ 菜蔬ㅅ 비치:靑靑嘉蔬色(初杜解16:68). 셔미 퍼러ᄒᆞ도다:島嶼靑(初杜解21:40). 곧 蒼然히 퍼러ᄒᆞᄂᆞ니:則蒼然其靑(金三2:29). 그려기 퍼런 하ᄂᆞᆯ해 벌오:雁點靑天(金三5:8). 門 밧긔 퍼런 뫼히 훤ᄒᆞᆫ 듸 지옛도다:門外靑山倚寥廓(南明上12). 蕩蕩ᄒᆞ야 正히 퍼러ᄒᆞ고:蕩蕩正靑(重內訓2:61). 노ᄑᆞᆫ 뫼히 ᄀᆞ올ᄒᆞᆯ ᄢᅳ러 퍼러ᄒᆞ얏도다:高山擁縣靑(重杜解2:3). 프른 지츤 오히려 퍼러ᄒᆞ야 빗나도다:翠羽猶葱朧(重杜解4:22). ᄂᆞᆾ 퍼러ᄒᆞ다:臉靑了(漢淸6:10).

퍼지다 동 퍼지다. ☞퍼디다 ¶몸이 놉고 퍼지더라(三譯1:5). 텬하의 퍼졋다 ᄒᆞ니(三譯9:9). 구롬 퍼지다:雲布開(譯解補2). 퍼져 가다:開廣(漢淸11:53).

퍽 부 퍽. 대단히. ¶요ᄉᆞ이ᄂᆞᆫ 퍽 낫ᄌᆞ오신가 시브오니(諺簡. 肅宗諺簡). 分寸이 퍽 크고(無冤錄1:31).

퍽이 명 포기. ☞퍼기 ¶길헤 당ᄒᆞᆫ ᄒᆞᆫ 퍽이 삼이:當路一科麻(朴解上36).

펀펀·히 부 뻔뻔히. ¶또 서ᄅᆞ 조차 이바디 회집ᄒᆞ야 펀펀히 붓그림이 업거든:又相從宴集靦然無愧(宣小5:49).

펀펀ᄒᆞ다 형 뻔뻔하다. ¶ᄂᆞᆾ 펀펀ᄒᆞ다:臉憨(漢淸8:33).

펄기 명 포기. ☞퍼괴. 퍼귀. 퍼기 ¶ᄒᆞᄅᆞᆫ 힌 대 세 펄기 나:忽一日生白竹三叢(東續三綱. 烈4). 비 오ᄂᆞᆫ 軒檻앤 곳 펄기 누엇고:雨檻臥花叢(重杜解14:3). 어느 제 펄깃 대를 占得ᄒᆞ야:何時占叢竹(重杜解15:6). 미나리 한 펄기를 캐여서 싯우이다(古時調. 柳希春. 歷代時調選).

페다 동 펴다. ¶긔명을 정제ᄒᆞ야 페여:鋪設(女四解3:10). 귀령 부모 ᄒᆞ올 듸의 이런 회포 페오리라(思鄕曲).

페플·다 동 베풀다. ☞베플다 ¶페플 양:揚(類合下45).

·펫·다 동 피어 있다. 피었다. ㉮프다 ¶一千 靑蓮이 도다 펫더니(月釋1:21). 栴檀樹ㅣ 곳 펫거든:栴檀樹華敷(法華6:47).

펴난히 부 편안히. ¶자시기 지븨 펴난히 이쇼ᄆᆞᆯ ᄎᆞ마 몯ᄒᆞ얘라:子安於家吾所不忍(續三綱. 孝6).

·펴:내·다 동 펴내다. ¶사ᄅᆞ미 됴ᄒᆞᆫ 곧 잇거든 펴내여 니ᄅᆞ며:人有好處揚說着(飜老下44).

·펴·다 동 ①펴다. ¶世界예 妙法 펴리라(月印上30). 열여슷 毒龍이 모딘 性을 펴아(月印上69). 므슴 饒益으로 이런 光明을 펴거시뇨(釋譜13:25). ᄆᆞᄎᆞᆷ내 제 ᄠᅳ들 시러 펴디 몯ᄒᆞᇙ 노미 하니라:而終不得伸其情者多矣(訓註2). 菩薩法利 니ᄅᆞᇞ 제 현맛 莊嚴과 현맛 供養이 祥瑞를 펴아뇨(月釋17:23). 여러 如來ㅣ 妙蓮華를 펴시거늘 듣ᄌᆞ오라 ᄒᆞ시니(楞解1:17). 큰 光明을 펴샤ᄂᆞᆯ:放大光明(法華7:141). ᄆᆞᅀᆞᆷ 노하 펴아려(宣賜內訓2上2). 願ᄒᆞᆫᄃᆞᆫ 丈夫의 雄壯호ᄆᆞᆯ 펴곡:願展丈夫雄(初杜解8:55). 다 醉

ᄒᆞ야 ᄆᆞᅀᆞ몰 펴노라:盡醉攄懷抱(初杜解22:3). 펼 셔:敍(類合下27). 펼 터:攄(類合下32). 펼 셔:舒(類合下53).
②펴다. 펼치다〔展〕. ¶廣廈애 細氈 펴고:細氈鋪廣廈(龍歌111章). 펼 탄:攤(訓蒙下12). 펼 뎐:展(類合下8). 펼 포:鋪(類合下27). 자리 펴다:鋪鋪盖 鋪鋪陳(譯解上24). 펴다:打開(譯解下48). 섬거적 ᄡᅳ뎌 펴니 션단 뇨히 되엿거ᄂᆞᆯ(萬言詞). 旗 펴ᄃᆞᆺ ᄒᆞ야 티ᄂᆞᆫ 거시라(武藝圖17).
③펴다〔伸〕. ¶즉자히 入定ᄒᆞ야 펴엣던 ᄇᆞᆯ ᄒᆞᆯ 구필 ᄊᆞᅀᅵ예(釋譜6:2). 伸ᄋᆞᆫ 펼 씨라(訓註2). 펴시곡 또 구피시고:開已又屈(楞解1:108). 어르미 펴며 누니 ᄆᆞᆯᄀᆞᆫ ᄃᆞᆺᄒᆞ니:氷翼雪淡(杜解16:55). 주머귀ᄅᆞᆯ 펴니:開拳(金三2:34). 펼 신:伸(類合下62. 兒學下8). 몸으로ᄡᅥ 펴 ᄀᆞ리와 한도ᄅᆞᆯ 받고:以身翼蔽受劒(東新續三綱. 烈3:80).

·펴·디·다 [동] 퍼지다. ☞퍼디다. 펴지다. 폐디다 ¶法이 펴디여 가미 믈 흘러 녀미 ᄀᆞᄐᆞᆯ씨(釋譜9:21). 香내 世界예 차 펴디더니(釋譜23:38). 이제 教法이 東土애 펴디릴씨(月釋2:52). 滔滔ᄂᆞᆫ 므리 두루 펴딘 양ᄌᆡ니(宣賜內訓2上15). 버드리 잠간 펴뎻도다:柳微舒(杜解15:16). 펴딜 만:漫 瀰漫大水貌(訓蒙下35).

펴랑이 [명] 패랭이. ¶오래 쓰던 펴랑이:敗天公(東醫 湯液三 草部). 펴랑이:平涼子(物譜 冠服).

펴랑이ᄭᅩᆺ [명] 패랭이꽃. ¶펴랑이ᄭᅩᆺ:瞿麥(柳氏物名三 草).

·펴·아가·다 [동] 퍼져가다. ¶너비 펴아가미 술위ᄢᅱ 그우ᄃᆞᆺ ᄒᆞᆯ씨(釋譜13:4).

·펴아·나·다 [동] 피어나다〔發〕. ¶처ᅀᅥᆷ 펴아 나ᄂᆞᆫ 소리:初發聲(訓註3).

·펴아:내·다 [동] 펴내다. ¶陳ᄋᆞᆫ 펴아낼 시라(金三4:10).

·펴아·뇨 [동] 폈느뇨. 폈는가. ㉮펴다 ¶菩薩 法利 니ᄅᆞᇫ실 제 현맛 莊嚴과 현맛 供養이 祥瑞ᄅᆞᆯ 펴아뇨(月釋17:23).

·펴·엣던 [동] 폈던. ㉮펴다 ¶즉자히 入定ᄒᆞ야 펴엣던 ᄇᆞᆯ ᄒᆞᆯ 구필 ᄊᆞᅀᅵ예(釋譜6:2).

펴이다 [동] 펴이다. ¶긔쇠 펴이다:氣色開展(漢清6:8).

펴이이다 [동] 펴지다. ¶남으로 도라보ᄂᆞᆫ 근심이 위ᄒᆞ여 져기 펴이이더니(綸音78).

펴지다 [동] 퍼지다. ☞펴디다 ¶구룸 펴지다:雲布滿(漢清1:9).

·펴·ᄒᆞ·다 [동] 펴다. ¶이ᄅᆞᆯ 펴ᄒᆞ야 府中에 ᄃᆞᆫ니리로다:揮發府中趣(杜解23:36).

·편 [명] 편〔片〕. 조각. ¶生薑 세 片 녀혀 七分을 글혀(救急上13). ᄉᆡᇰ앙 두터운 닐굽 편 조쳐 글효니 바니어든:生薑七厚片煎取其半(救簡1:2). 벌에 먹디 아니ᄒᆞᆫ 조각 ᄒᆞᆫ 편을 두드려:不蛀皁角一片搥碎(救簡6:11). 조협 죠고맛 편을 구무 들워:皁莢小片鑽孔(救簡6:62). 믈 ᄒᆞᆫ 사발 가온과 ᄉᆡᇰ강 다ᄉᆞᆺ 편 녀허(簡辟7). ᄉᆡᇰ강 세 편과 대쵸 둘 녀허 칠 홉 되게 달혀(辟新6).

·편 [명] 편(便). ¶펴니 이러 둘히 셔리어니:成敵兩立(楞解1:72). 셔편으로 사솔 마초라 가라:西邊對籌去(飜朴上12). 大同江 건넌편 고즐여(樂詞. 西京別曲). 문 좌우편니 브티라:貼門左右邊(瘟疫方17). 네 ᄌᆞ를 블근 거스로 크게 써 문 두 편의 브티라(辟新12). 드러갈 제 거롬을 죵용히 ᄒᆞ고 왼편으로 드러가되(辟新16).

편 [명] 편(鞭). 채찍. ¶ᄒᆞ나흔 鞭이오 ᄒᆞ나흔 棍으로(武藝圖64).

편 [명] 편(篇). ¶아름다온 말ᄊᆞᆷ 긔록ᄒᆞᆫ 다ᄉᆞᆺ잿 편이라(飜小6:2)

편격지 [명] 굽이 없는 나막신. ☞평격지. 굽격지 ¶굽 써러진 편격지 민발에 신고 외나무 석은 다리로 막대 업시 앙감쟝감 건너가니(古時調. 소경놈이. 歌曲).

편다븐·ᄒᆞ·다 [형] 푼더분하다. ¶양지 편다븐ᄒᆞ시고 빗나시고 우숨 머그샤 몬져 말ᄒᆞ샤ᄃᆡ(法華2:17).

편당ᄒᆞ다 [형] 편리하다. ¶出入이 편당티 아니ᄒᆞ고:出入不便當(老解上49).

편만ᄒᆞ다 [동] 편만(遍滿)하다. ¶적병이 임의 편만ᄒᆞ얏ᄂᆞᆫ디라(山城16).

편메곡 [명] 납작한 미역. ¶이바 편메곡들아 듬보기 가거ᄂᆞᆯ 본다(古時調. 青丘).

편모 [명] 편모(偏母). ¶편모ᄂᆞᆯ 봉양호믈:養偏母(東新續三綱. 孝6:27). 샹이 보시고 에엿비 너기샤 그 편뫼 이쇼ᄃᆡ(仁祖行狀27).

편벽되다 [형] 편벽(偏僻)되다. ¶비록 황명이 이시나 제신의 본경이 블과 편벽되고 어두어 텬명을 아디 못ᄒᆞ고(山城87).

편벽ᄒᆞ다 [형] 편벽(偏僻)하다. ¶幽深ᄒᆞᆫ ᄃᆡ 사ᄂᆞᆫ 偏僻호ᄆᆞᆯ 사ᄅᆞ미 보ᄂᆞ니(重杜解11:42). 편벽지 아니타:不偏(漢清6:22).

편복 [명] 편복(便服). 평상복(平常服). ¶믈러가 便服을 ᄀᆞ라닙고 도로 다시 坐의 나아 올디니라(家禮2:21).

편쇠 [명] 번철(燔鐵). ¶ᄯᅥᆨ 굼ᄂᆞᆫ 편쇠:鏊子(譯解下13).

편안 [명] 편안(便安). ¶편안 강:康(類合下44). 편안 안:安. 편안 온:穩(類合下63). 편안 안:安(石千13). 편안 강:康(石千37).

편안이 [부] 편안(便安)히. ☞편안히 ¶이싀애 더러ᄐᆞ시 편안이 됴히 잇ᄂᆞ니:今世裏那般得自在(飜朴上31).

편안히 [부] 편안(便安)히. ☞편안이 ¶四祖ㅣ 便安히 몯 겨샤:四祖莫寧息(龍歌110章).

다 菩提道中에 便安히 잇긔 ᄒᆞ며(釋譜9:5). ᄒᆞ나ᄒᆞᆫ 便安히 慰勞ᄒᆞᄂᆞᆫ 마리니(永嘉上47). 사ᄅᆞ미 便安히 사ᄂᆞ니라:人安居(杜解17:33). 千里ㅅ 따히 처ᅀᅥᆷ 편안히 ᄃᆞ외니라:千里初妥帖(初杜解24:16). 城의 드러 乞食ᄒᆞ시며 옷 가ᄃᆞ시고 便安히 안ᄌᆞ샤ᄆᆞ로(金三1:33). 四海 便安히 ᄆᆞᆰ고 時節ㅅ 비 足ᄒᆞ니(南明上4). 모로매 ᄆᆞᅀᆞᄆᆞᆯ 편안히 ᄒᆞ야:須安定心神(救簡1:59). 便安히 坐禪호ᄆᆞᆯ 다ᄆᆞᆫ ᄒᆞ리오:共安禪(重杜解9:34). ᄇᆡ와 돗ᄃᆡᄂᆞᆫ 사ᄅᆞᆷ사ᄅᆞᆷ마다 편안히 건너기ᄅᆞᆯ 깁히 너희들의게 비ᄂᆞ니(綸音82).

편안ᄒᆞ·다 [형] 편안(便安)하다. ¶慈悲ᄂᆞᆫ 衆生ᄋᆞᆯ 便安케 ᄒᆞ시ᄂᆞᆫ 거시어늘(釋譜6:5). 瞿曇 安否ㅣ 便安ᄒᆞ시니잇가 ᄒᆞ더니(釋譜6:20). 다 大乘ᄋᆞ로 便安킈 호리라(釋譜9:5). 安ᄋᆞᆫ 便安ᄒᆞᆯ 씨오 否ᄂᆞᆫ 便安티 아니ᄒᆞᆯ 씨니 安否ᄂᆞᆫ 便安ᄒᆞ신가 아니ᄒᆞ신가 ᄒᆞ논 마리라(釋譜11:4). 몸과 ᄆᆞᅀᆞᆷ괘 便安코 즐겁더니(釋譜23:27). 시혹 吐커나 시혹 吐티 아니커나 즉재 便安ᄒᆞᄂᆞ니라(救急上42). 病ᄒᆞ야 누어셔 便安ᄒᆞᆫ 밧 ᄆᆞᅀᆞᄆᆞᆯ 펴노라:臥痾遺所便(初杜解6:36). ᄒᆡ 편안티 아니호ᄆᆞᆯ ᄒᆞᆫ가지로 시름ᄒᆞ다라:同憂歲不寧(初杜解24:5). ᄒᆞ다가 지비 편안티 아니커나:若舍宅不安(佛頂5). 돌콰 나모왜 뫼ᄀᆞ티 사하도 구틔여 便安티 몯ᄒᆞ리로다:木石如山不敢安(重杜解25:20). 鬼神의 편안ᄒᆞᆯ 배 아니오(家禮10:9). 나ᄂᆞᆫ ᄇᆡ브ᄅᆞ고 덥고 편안ᄒᆞ야 ᄒᆡᄅᆞᆯ ᄆᆞᄎᆞᆯ 근심이 업ᄂᆞ니라(警民11). 편안ᄒᆞᆫ 것:可安逸(漢淸6:56).

편의 [명] 편의(便宜). ¶眞實로 行ᄒᆞ리 便宜ᄅᆞᆯ 브틀씨:誠由行者之便宜故(永嘉下31). 시혹 次第ᄅᆞᆯ 브트며 시혹 便宜ᄅᆞᆯ 조ᄎᆞᆯ디니(圓覺下三之二48).

편이ᄒᆞ다 [형] 편이(便易)하다. ¶註애 닐오ᄃᆡ 便易ᄒᆞᆫ 者ᄅᆞᆯ ᄈᆞᆷ이라 ᄒᆞ니(家禮7:29).

편ᄋᆡᆨ [명] 편액(扁額). ¶우희 편ᄋᆡᆨ을 뉴은이라 두 ᄌᆞᄅᆞᆯ ᄡᅧ 숙여 ᄃᆞᆯ고(引鳳簫1).

편쟉 [명] 편작(扁鵲). ¶扁鵲이 열히 오나 이 병을 엇디ᄒᆞ리(松江. 思美人曲).

·편·지 [명] 편지(便紙. 片紙). ¶秦檜 片紙애 손ᅀᅩ 글왈 ᄆᆡᆼᄀᆞ라 獄애 보내니(三綱. 忠22). 남ᄒᆞ여 편지 젼치 말고(古時調. 靑丘). 편지:書信(同文解上42).

편지ᄒᆞ다 [동] 편지(便紙)하다. ¶쥬샹긔 편지ᄒᆞ야시ᄃᆡ 답디 아니ᄒᆞ고(山城10). 모ᄃᆞᆫ 고ᄋᆞᆯ히 편지ᄒᆞ야(太平1:44).

편·집 [명] 편집(編集). ¶그러나 이 編集이 엇던 사ᄅᆞ미 소내 나ᄃᆡ 그 일후믈 現티 아니ᄒᆞ니오(金三涵序12).

편ᄌᆞ [명] 편자. 말편자. ¶편ᄌᆞ:鐵蹄子(漢淸14:39). 편ᄌᆞ:馬脚翅(柳氏物名一 獸族).

편친 [명] 편친(偏親). ¶ᄇᆡᆨ발 편친이 다시 의뢰ᄒᆞᆯ ᄃᆡ 업ᄉᆞ니:白髮偏親更無依賴(東新續三綱. 烈4:9).

편:파 [명] 편파(偏頗). ¶慈悲와 偏頗 업수미:偏은 기울 시오 頗ᄂᆞᆫ 不正ᄒᆞᆯ 시라(宣賜內訓2上15).

편편이 [부] 평평히. ¶편편이 펴이다:舒坦(漢淸8:55).

편편·히 [부] 편편(便便)이. ¶宗廟ㅣ며 朝廷에 겨샤ᄂᆞᆫ 便便히 말ᄉᆞᆷᄒᆞ샤ᄃᆡ:其在宗廟朝廷便便言(宣賜內訓1:19).

편풍 [명] 병풍(屛風). ☞평풍 ¶ᄂᆞᆯᄀᆞᆫ 편풍앳 죠히ᄅᆞᆯ ᄉᆞ라 ᄀᆞᄂᆞ리 ᄀᆞ라:故屛風紙燒灰細硏(救簡2:92). 편풍 병:屛. 편풍 의:扆(訓蒙中13).

편히 [부] 편(便)히. ¶그 어미 더브르샤ᄆᆞᆯ 便히 너기샤미러시니(六祖略序16).

편ᄒᆞ다 [형] 편(便)하다. ¶편ᄒᆞᆯ 령:寧(石千24). ᄆᆞᆯᄀᆞᆫ ᄀᆞᄋᆞᆯ히브터 直宿호미 便ᄒᆞ니 버런ᄂᆞᆫ 벼리 다 빗나도다:淸秋便寓直列宿頓輝光(重杜解24:9). 이 ᄀᆞ의 ᄉᆞᆰ 호ᄆᆞᆯ ᄆᆞᆺ고 ᄯᅩ 엽퍼 호와 닙기예 便케 ᄒᆞ라(家禮圖2). ᄆᆞ옴이 심히 편티 아니ᄒᆞ니(仁祖行狀32). ᄆᆞ옴 편ᄒᆞᆯ까 祝願ᄒᆞᄂᆞᆼ이다(新語6:14). 이 우물이 업슨 후에야 음식이 가히 ᄃᆞᆯ고 좀이 가히 편ᄒᆞ리니(綸音32).

편ᄒᆞ다 [형] 평평(平平)하다. ¶편ᄒᆞᆯ 이:夷(類合下15).

펼치다 [동] 펼치다. ¶펼치다:張開(同文解下55). 펼치다:展開(漢淸9:76).

:폄·ᄒᆞ·다 [동] 폄(貶)하다. ¶ᄒᆞ다가 天中에 德이 ᄂᆞ려 貶ᄒᆞ야 ᄠᅥ디여:若於天中降德貶墜(楞解9:33). ᄒᆞᆫ 적 朝티 아니면 그 爵을 貶ᄒᆞ고(宣孟12:21). 간신이 틈을 타 춤쇼ᄒᆞ야 벼슬을 폄ᄒᆞ고(落泉1:1).

평격지 [명] 굽이 없는 나막신. ☞편격지 ¶평격지 압코:屐屜鼻繩(東醫 湯液三 草部). 평격지ᄅᆞᆯ ᄆᆡᆫᄃᆞ라(癸丑216). 굽 ᄡᅥ러진 평격지 ᄆᆡᆫ발의 신고(古時調. 쇼경놈이. 靑丘).

평교ᄌᆞ [명] 평교자(平轎子). ¶평교ᄌᆞ:亮轎(同文解下19).

평균ᄒᆞ다 [동] 평균(平均)하다. ¶ᄒᆞ여곰 평균케 ᄒᆞ며(三略下10).

평:뎡ᄒᆞ·다 [동] 평정(平定)하다. ¶四海ᄅᆞᆯ 平定ᄒᆞ샤 길 우희 糧食 니저니:平定四海路不齎糧(龍歌53章). 威嚴으로 虎狼ᄋᆡ 都邑을 平定ᄒᆞ시니라:威定虎狼都(初杜解6:23).

평등 [명] 평등(平等). ¶平等은 ᄀᆞᄐᆞᆯ 씨니 ᄒᆞᆫ녁 치 公事 아니 ᄒᆞᆯ 씨라(月釋1:45). 平等은 黨 아니 ᄒᆞ샤ᄆᆞᆯ 니ᄅᆞ시고:平等言不黨(法華5:46). 見性이 이 功이오 平等이 이 德이니(六祖上87).

평:등히 [부] 평등(平等)히. ¶이 ᄠᅳ들 알면

곧 이 定과 慧와ᄅᆞᆯ 平等히 ᄇᆡ호미니라(六祖中2).

평:등·ᄒᆞ·다 형 평등(平等)하다. ¶ 平等ᄒᆞᆯ 씨니(月釋9:20). 如來ㅅ 平等ᄒᆞ신 法會예 ᄒᆞᆫᄃᆡ 住ᄒᆞ샤미라(圓覺序51). 眞常ᄋᆞᆫ 衆生과 부텨왜 平等ᄒᆞᆫ 큰 根本이라(金三宗序2). 種種이 平等ᄒᆞ야 無에 디디 아니ᄒᆞ며(南明序1).

평·디 명 평지(平地). ¶ 바ᄅᆞᆯ 구디 ᄡᅳ게 ᄒᆞ야 平地예 나거든(月釋21:102). 어려우미 平地예셔 靑天에 올옴 ᄀᆞᆮ고(金三3:20). 평디 탄:坦(類合下15). 譬컨댄 平地예 비록 ᄒᆞᆫ 簣를 覆ᄒᆞ나(宣論2:46). 분墓ㅣ 平地예 잇거든(家禮8:14).

평명 명 평명(平明). 동틀 무렵. ¶ 金瘡 고티ᄂᆞᆫ 大散方은 五月 五日 平明에 네 사ᄅᆞᄆᆞ로 四方애 보내야(救急上81). 平明에 盛服ᄒᆞ고 位에 나아가라(家禮10:33).

평·목 명 평목(平木). 평미레. 곡식 될 때 쓰는 방망이. ¶ 평목:槩 平斗斛木(四解上42). 평목 개:槩(訓蒙中11). 평목 개:槩(類合下61). 평목:槩子(譯解下14).

평복ᄒᆞ다 동 평복(平復)하다. 병이 낫다. ¶ 태비 병 극ᄒᆞ시거ᄂᆞᆯ 샹이 위ᄒᆞ여 산쳔의 비ᄅᆞ시고 원옥을 다ᄉᆞ리시니 이윽고 평복ᄒᆞ시다(仁祖行狀9).

평상 명 평상(平床). ¶ 노ᄑᆞᆫ 平床애 안ᄶᅧ 마롬과(釋譜6:10). ᄢᅴ 니윤 지브로 ᄒᆞᆫ 平床ᄋᆞᆯ 두푸니 ᄆᆞᆯᄀᆞᆫ 모새ᄂᆞᆫ 고지 하도다:茅棟蓋一床淸池有餘花(初杜解6:47). ᄒᆞ다가 ᄒᆞᆫ 平床애 좀 자디 아니ᄒᆞ면:若不同床睡(金三4:4). 평상 우희 졋바뉘이고:床上仰臥(救簡1:16). 평상 아랫 ᄒᆞᆰ을 오좀애 ᄆᆞ라:床下土小便硏(救簡1:47). ᄡᅮᆨ으로 ᄀᆞ마니 병ᄒᆞ니 누은 평상 네 모ᄒᆞᆯ 각 ᄒᆞᆫ 붓식 ᄯᅳ되:密以艾灸病人床四角各一壯(瘟疫方19). 평샹 상:牀(訓蒙中10). 평상 상:床(類合上24). 평상을 잡아 받ᄌᆞ와 안ᄌᆞ시게 ᄒᆞ며:執牀與坐(宣小2:5). 어미 병들거ᄂᆞᆯ 평상 겨틔 ᄠᅥ나디 아니ᄒᆞ며:母病不離床側(東新續三綱. 孝7:45). 늘근 病애 오직 도ᄐᆞ랏 平床이로다:衰病只藜床(重杜解11:3). 平牀 우희 츤츤 감계 누엇다가(古時調. 申獻朝. 閣氏네 더위들. 靑丘).

평샹 부 평상(平常). 평상시(平常時). ¶ 평샹 샹:常(類合下61).

평샹·히 부 평상(平常)히. 평상대로. ¶ 머리ᄅᆞᆯ 구즈기 셰오 눈시우ᄅᆞᆯ 뮈우디 아니ᄒᆞ야 平常히 누늘 ᄠᅳ리니(蒙法24).

평·셕 명 평석(平昔). 평소(平素). ¶ 이ᄅᆞᆯ 서 平昔에 ᄆᆞᅀᆞᄆᆞᆯ 훤히 ᄒᆞ고:書此豁平昔(初杜解6:48). 금일 소달이 다 평셕의 신의 스승ᄭᅴ 드ᄅᆞᆫ 배오(經筵).

평셩 명 평성(平聲). ¶ 左加一點則去聲 二則上聲 無則平聲 入聲加點同而促急(訓正). 凡字之左 加一點爲去聲 二點爲上聲 無點爲平聲 而文之入聲 與去聲相似 諺之入聲無定 或似平聲 如긷爲柱 녑爲脅(訓解. 合字). 平聲安而和 春也 萬物舒泰(訓解. 合字). 平聲哀而安. …ᆽ가온 소리옛 字ᄂᆞᆫ 平聲이니 點이 업고(訓蒙凡例3). 平聲은 點이 업고:平聲無點(宣小凡例2).

평슌ᄒᆞ다 형 평순(平順)하다. ¶ 간냑ᄒᆞ고 평슌ᄒᆞᆫ 후야(經筵).

평시 명 평시(平時). ¶ 故國에 平時예 사던 ᄯᅡᄒᆞᆯ ᄉᆞ랑ᄒᆞ논 배 이쇼라:故國平居有所思(初杜解6:8). 다만 平時예 往來ᄒᆞ던 啓狀을 ᄢᅥ셔(家禮9:46).

평시 명 평지. ☞평지 ¶ 평시:萹蓄(柳氏物名三 草).

평ᄉᆡᆼ 명 평생(平生). 일생(一生). ¶ 平生ᄀᆞᆺ ᄠᅳᆮ 몯 일우시니:莫遂素志(龍歌12章). 譜ᄂᆞᆫ 平生앳 처ᅀᅥᆷ 乃終ㅅ 이ᄅᆞᆯ 다 ᄡᅳᆫ 글와리라(釋譜序4). 엇뎨 平生ᄋᆞᆯ 鈍히 ᄇᆞ리디 아니ᄒᆞ료(蒙法54). 平生애 쉬ᄂᆞᆫ ᄯᅡ해 반ᄃᆞ기 두어 낫 대ᄅᆞᆯ 시므노라:平生憩息地必種數竿竹(初杜解6:52). 平生앳 肝膽ᄋᆞᆯ ᄒᆞᆫ ᄢᅴ 기우려(金三5:28). 久要애 平生 말을 닛디 아니ᄒᆞ면(宣論3:56). 平生애 일의놀이던 아ᄒᆡ:平生所嬌兒(重杜解1:5). 平生앳 ᄆᆞᅀᆞᆷ 져ᄇᆞ료ᄆᆞᆯ 기피 아노라:深覺負平生(重杜解10:2). 罪 업슨 사ᄅᆞᆷ을 즛텨 주기고 平生을 保全ᄒᆞᆯ 者ㅣ 녜브터 잇디 아니ᄒᆞ니라(警民17). 平生에 黑白長短은 나는 몰라ᄒᆞ노라(古時調. 가마귀. 海謠).

평·실 명 평일(平日). 평소(平素). ¶ 平日에 오히려 모딘 마리 업더니:平日尙無惡言(宣賜內訓2下19).

평안 명 평안(平安). 편안(便安). 안부(安否). ¶ 平安ᄋᆞᆯ 묻고져 ᄒᆞ나 사ᄅᆞᆷ 오리 업도다:欲問平安無使來(重杜解21:45).

평안이 부 평안(平安)히. ☞평안히 ¶ 조종이 평안이 못 디내여 겨시니(癸丑28).

평안히 부 평안(平安)히. ☞평안이 ¶ 평안히 묻ᄌᆞᆸ고 祭ᄅᆞᆯ 베프고:安埋設祭(女四解2:15). 쟝인이며 쟝ᄉᆞ들은 각각 그 업에 평안히 ᄒᆞ니(綸音76).

평안ᄒᆞ다 형 평안(平安)하다. ¶ 鄭氏 ᄀᆞ오ᄃᆡ 澹澹히 平安ᄒᆞᆫ ᄠᅳ디라(家禮9:28). 평안ᄒᆞ냐:好麼(同文解上31). 안즈나 셔나 平安치 아니ᄒᆞ고(捷蒙2:5). 兄아 평안ᄒᆞ냐(捷蒙4:1). 하ᄂᆞᆯ이 어엿비 너겨 몸이 平安ᄒᆞ면 다ᄉᆞᆺ 밤이야 가리라(蒙老1:14)

평일 명 평일(平日). ☞평실 ¶ 이에 그으기 先生이 平日의 去取ᄒᆞ시며(家禮1:5).

평졍ᄒᆞ·다 형 평정(平正)하다. ¶ 니마히 넙고 平正ᄒᆞ야 사ᄅᆞᄆᆡ 相이 ᄀᆞᆽ고(釋譜19:7). 平正ᄒᆞ야 니브매 便ᄒᆞ리라(家禮圖3).

평정ᄒᆞ·다 [동] 평정(平定)하다. ☞평뎡ᄒᆞ다 ¶절강 슌무도어ᄉᆞ를 ᄒᆞ야 절둥 왜란을 평경ᄒᆞ니(落泉1:1).

평지 [명] 평지. ☞평시 ¶평지:芸薹(東醫 湯液二 菜部). 평지:葍蒿菜(同文解下4. 譯解補42). 평지:蔞蒿菜(漢淸12:39). 평지:蕓薹(物譜 蔬菜).

평탄ᄒᆞ다 [형] 평탄(平坦)하다. ¶평탄ᄒᆞᆫ ᄃᆡ:平坦(漢淸1:35).

평티ᄒᆞ·다 [동] 평치(平治)하다. ¶天이 天下ᄅᆞᆯ 平治코쟈 티 아니ᄒᆞ시니(宣孟4:34).

평평ᄒᆞ·다 [형] 평평하다. ¶오직 이 平平ᄒᆞᆫ 心境이며 ᄯᅩ 고텨 變ᄒᆞᄂᆞᆫ 相 업고(圓覺上一之二178).

평풍 [명] 병풍(屛風). ☞병풍. 편풍 ¶옥당의 보내여 ᄒᆞ야곰 평풍을 ᄒᆞ여 ᄡᅥ 나오미 가ᄒᆞ다(經筵).

평풍ᄂᆞᄆᆞᆯ [명] 병풍나물. 방풍나물. ¶평풍ᄂᆞᄆᆞᆯ 불휘 각 두 냥 세 돈과 지지과 심황과(牛疫方12).

·평화ᄒᆞ·다 [형] 평화하다. ¶하ᄂᆞᆳ 긔운이 평화티 아니ᄒᆞ야:天氣不和(救簡1:109).

평·히 [부] 평(平)히. 화평(和平)히. ¶平히 셔겨샤 소니 무룹 아래 ᄂᆞ리시며(月釋2:40). 君子ㅣ 그 政을 平히 ᄒᆞ면(宣孟8:3). 天下ᄅᆞᆯ 平히 홈이 그 나라ᄒᆞᆯ 다ᄉᆞ림애 잇다 홈ᄋᆞᆫ(宣大19).

평ᄒᆞ·다 [형] 평(平)하다. 평평(平平)하다. 화평(和平)하다. ¶東山이 ᄯᅡ토 平ᄒᆞ며 나모도 盛ᄒᆞ더니(釋譜6:23). 그 듧ᄀᆞ새 平ᄒᆞᆫ 돌히 잇더라(釋譜11:25). 고히 平코 엷디 아니ᄒᆞ며(釋譜19:7). 龍ᄋᆞᆫ 즐겨 平ᄒᆞᆫ 모새셔 나더니라:龍喜出平池(初杜解6:12). 相ᄋᆞᆫ 體相이니 平ᄒᆞ고 實ᄒᆞ야(南明上7). 평ᄒᆞᆫ ᄯᅡ해다가 그우료ᄃᆡ:就平地上衮轉(救簡1:67). ᄉᆯ히 평ᄒᆞ야 녜 ᄀᆞᆮᄒᆞ리라:肉平如故(救簡6:94). 오직 하ᄂᆞᆯ홀 平히올 ᄲᅮ니언뎡(六祖略序9). ᄯᅩ 구ᅀᅵ예 평케 주어 긋 새배 다ᄃᆞᆫ게 말라:却休槽兒平直到明(飜老上32). 평홀 평:平(石千5). 穀祿이 平티 아니ᄒᆞ리니(宣孟5:14). 나라히 다ᄉᆞᆫ 后에 天下ㅣ 平ᄒᆞᄂᆞ니라(宣大3). 평ᄒᆞ다:平啊(同文解上7).

:폐 [명] 폐(肺). ¶肺와 腸과앳 ᄢᅵ 흐리요ᄆᆞᆯ 시스샤(楞解2:123). 肺와 脾와 腎과 胃와(永嘉上35).

:폐 [명] 폐(弊). ¶法을 ᄌᆞ조 고티면 반ᄃᆞ기 弊 잇ᄂᆞ니(宣賜內訓2下62). 셰쇽의 폐ᄂᆞᆫ 믄득 고티디 몯홀 거시니:世俗之弊不可猝變(飜小7:10) 世俗의 弊를 可히 과글이 고티디 몯홀 거시니(宣小5:43). 아므 ᄃᆡ도 폐 아니케 ᄒᆞ라(新語6:23).

폐단 [명] 폐단(弊端). ¶폐단:弊(同文解上50).

폐디다 [동] 퍼지다. ☞펴디다 ¶폐뎻ᄂᆞᆫ 구루미 노피셔 나가디 아니ᄒᆞᄂᆞ니:洩雲高不去(杜解15:17).

폐로이 [부] 폐(弊)로이. ¶이대도록 폐로이 ᄉᆲᄉᆞ올가(新語4:22).

폐롭다 [형] 폐(弊)롭다. ¶폐로올 양으로 너기니(新語5:22). 폐롭ᄉᆞ오나 내나 놈이나 민망호믈 프러 주쇼셔(新語6:19).

:폐·빅 [명] 폐백(幣帛). ¶ᄯᅩ 君王이 幣帛과 네 ᄆᆞᆯ로 婢子ᄅᆞᆯ 敝邑에 取커시ᄂᆞᆯ(宣賜內訓2上29). 聘禮ᄂᆞᆫ 幣帛 보내야 禮로 무러 브르ᄂᆞᆯ 시라(宣賜內訓3:56). 폐빅 폐:幣(類合上26). 諸侯의 幣帛과 饔飱이 업ᄉᆞ며(宣孟12:29). 楮錢으로 幣帛을 代호미 이 ᄯᅩᄒᆞᆫ 사라실 제 ᄡᅳ던 바로ᄡᅥ(家禮10:47). 스승의게 드리ᄂᆞᆫ 폐빅이오(女四解2:24).

폐습 [명] 폐습(弊習). ¶그 글을 보면 맛당이 딩계ᄒᆞ엽 즉호ᄃᆡ 폐습이 날로 심ᄒᆞ니(仁祖行狀29).

:폐·실 [명] 폐실(廢失). ¶廢失이 만ᄒᆞ니ᄂᆞᆫ: 廢ᄂᆞᆫ 노하 ᄇᆞ릴 씨오 失ᄋᆞᆫ 일흘 씨라(月釋21:174).

폐인 [명] 폐인(嬖人). ¶폐인 딘데 ᄌᆞ로 왕의게 춤소ᄒᆞ야:嬖人珍堤屢譖於王(東新續三綱. 忠1:5).

폐질 [명] 폐질(廢疾). ¶폐질ᄒᆞᆫ 사ᄅᆞᆷ이 되니라:爲廢疾之人(東新續三綱. 烈4:25).

:폐ᄒᆞ·다 [동] 폐(廢)하다. ¶ᄯᅩ 授記ᄅᆞᆯ 廢티 아니ᄒᆞᄂᆞ니(月釋13:58). 二權을 廢ᄒᆞ시고 一實을 特別히 ᄇᆞᆯ기시니라:廢二權特明一實(法華3:169). 王이 申后와 宜臼ᄅᆞᆯ 廢ᄒᆞ고(宣賜內訓序4). 隋末브터 兵火애 ᄒᆞ마 廢ᄒᆞ얏거ᄂᆞᆯ(六祖中51). 폐홀 폐:廢(類合下45). 어두움으로ᄡᅥ 禮ᄅᆞᆯ 廢티 아니ᄒᆞᆯ디라:不以闇昧廢禮(宣小4:30). 나라히 道ㅣ 이숌애 廢티 아니ᄒᆞ며(宣論1:39). 비록 비눈이라도 폐티 아니ᄒᆞ며:雖雨雪不廢(東續三綱. 孝3). 그ᄃᆡ의 기ᄋᆞᆷᄆᆡ기 廢ᄒᆞ고 오ᄆᆞᆯ 븟그리노라:媿子廢鋤來(重杜解12:37). 宗子法이 廢호매(家禮1:13).

:폐ᄒᆞ·다 [동] 폐(蔽)하다. 가리다. ¶妾이 아ᄅᆞᆷᄋᆞ로ᄡᅥ 公反ᄃᆞ외요ᄆᆞᆯ 蔽티 몯ᄒᆞ야 王ᄋᆞ로 해 보샤 사ᄅᆞᄆᆡ 能을 아ᄅᆞ시과뎌 호이다(宣賜內訓2上22). 子ㅣ ᄀᆞᆯᄋᆞ샤ᄃᆡ 詩ㅣ 三百애 ᄒᆞᆫ 말이 ᄡᅥ 蔽ᄒᆞ야시니(宣論1:9).

:포 [명] 포(砲). ¶ᄀᆞ옰 內예 金銀銅鐵을 모도아 砲 디여 티ᄂᆞᆫ 사ᄅᆞᆷ(三綱. 忠28).

포 [동] 포개어. ㉮푸다 ¶쇼홀 포 ᄭᅧ오 안ᄌᆞ며:累裀而坐(三綱. 孝2 子路負米).

포가히다 [동] 포개다. ¶두 衽이 서ᄅᆞ 포가힌 圖:兩衽相疊之圖(家禮圖9).

포개다 동 포개다. ¶左右ㅣ 서르 포개게 ᄒᆞ야(家禮6:2).

포고이다 동 포개다. ☞포괴다 ¶포고여 놋타:疊放(譯解下45).

포곡 명 뻐꾹새. ¶푸릇 거시 버들이냐 우는 거시 포곡이냐(古時調. 靑丘).

포괴다 동 포개다. ☞포가히다. 포고이다 ¶포괼 텁:疊(倭解下36).

포구 명 포구(浦口). 배가 드나드는 개의 어귀. ¶漁翁이 䊵繩을 일코 夕陽 浦口의 나든ᄂᆞᆫ 沙工더라(古時調. 樂府).

포귀 명 포기. ¶나도 가서 ᄒᆞᆫ 포귀 킈여다가(萬言詞答).

포다기 명 포대기. 강보(襁褓). ¶포다기 강:襁(兒學上12).

포도 명 포도(葡萄). ¶ᄒᆞᆫ ᄀᆞ올히 葡萄ㅣ 니겟ᄂᆞ니:一縣葡萄熟(重杜解3:23). 포도:葡萄(倭解下7). 포도:蒲桃(柳氏物名三 草).

포듀 명 포주(庖廚). 푸주. 푸줏간. ¶브섭 녀에 庖廚의 머로ᄆᆞᆯ 알리로라:廚烟覺遠庖(初杜解14:19). 일로뻐 君子ᄂᆞᆫ 庖廚를 멀리 ᄒᆞᄂᆞ니이다(宣孟1:22).

포딘 명 포진(鋪陳). ¶분묘의 포딘을 셩히 ᄒᆞ여(洛城1).

포ᄃᆡ 명 포대. ¶囊曰 포ᄃᆡ者 布袋也(東言).

포만ᄒᆞ다 형 포만(飽滿)하다. ¶속이 답답ᄒᆞ고 포만ᄒᆞ여(捷蒙2:6).

포병ᄒᆞ다 동 포병(抱病)하다. ¶삼동이 지나되 유졍ᄒᆞᄂᆞ니 업ᄉᆞ니 신상의 아니 포병ᄒᆞ미 잇ᄂᆞ냐(落泉2:6).

:포·복ᄒᆞ·다 동 포복(匍匐)하다. ¶匍匐ᄒᆞ논 禮ᄅᆞᆯ 니수처 ᄒᆞ니:聯翩匍匐禮(初杜解20:40). 赤子의 匍匐ᄒᆞ야 쟝ᄎᆞᆺ 井에 入홈이 赤子의 罪 아니라(宣孟5:35).

포·샹 명 포상(褒賞). ¶ᄒᆞ마 褒賞 아니 ᄒᆞ시고 ᄯᅩ 功勞ᄅᆞᆯ 記錄디 아니ᄒᆞ샤미 아니 너므니잇가(宣賜內訓2上48).

포슈 명 포수(砲手). ¶젼경과 포슈로 ᄒᆞ야곰(經筵).

포악ᄒᆞ다 형 포악(暴惡)하다. ¶하 흉악 포악ᄒᆞ니(癸丑94). 暴惡ᄒᆞᆫ 사ᄅᆞᆷ이 或 지믈 貪호믈 因ᄒᆞ며:暴惡之人或因貪財(警民17). 간교 탐도ᄒᆞ며 포악ᄒᆞ미 비ᄒᆞᆯ 데 업더라(引鳳簫1).

포용ᄒᆞ다 동 포용(包容)하다. ¶昏蒙호ᄆᆞᆯ 包容ᄒᆞ야셔 터 ᄇᆞ료ᄆᆞᆯ 깃거ᄒᆞ노라:包蒙欣有擊(杜解16:1).

포육 명 포육(脯肉). ¶안쥬를 포육과 젓과 ᄂᆞᄆᆞᆯ호로 ᄒᆞᆫ 징과쑨 ᄒᆞ고:肴止脯醢菜羹(飜小10:32). 遣奠의 나ᄆᆞᆫ 脯육을 담ᄂᆞᆫ 거시라(家禮7:29). 束脩ᄂᆞᆫ ᄒᆞᆫ 묵금 포육이니(女四解2:24).

·포의 명 포의(布衣). ¶皇后ㅣ 布衣로 니러나 돌며 ᄲᅮᆨ믈 ᄒᆞᆫ디 ᄒᆞ시며(宣賜內訓2下39). 陛下ㅣ 妾과로 布衣로 니러나샤:陛下與妾起布衣(宣賜內訓2下63).

포장ᄒᆞ다 동 포장(褒獎)하다. ¶포장ᄒᆞᆯ 포:褒(類合下19). 튱셩된 넉슬 포장ᄒᆞ야 위로ᄒᆞ샤:獎慰忠魂(東三綱. 忠6). 나라히셔도 포장ᄒᆞ야 賞훔이 잇ᄂᆞ리라:國有褒賞(警民1). 청념ᄒᆞᆫ 절죄 잇ᄂᆞ니어든 믄득 포장ᄒᆞ시니(仁祖行狀28). 튱효ᄅᆞᆯ 포장ᄒᆞ샤 방문ᄒᆞ여(仁祖行狀30).

포적한 명 낚시꾼. ¶捕魚人謂之捕捉漢俗名 포적한(東韓).

포학 명 포학(暴虐). 사납고 잔악함. ¶포학:行虐(同文解上24.).

포학ᄒᆞ다 형 포학(暴虐)하다. ¶포학ᄒᆞ다:暴(漢淸8:34).

포함ᄒᆞ·다 동 포함(包含)하다. ¶ᄂᆞᆷ의 더러온 이ᄅᆞᆯ 포함ᄒᆞ며 사오나온 이ᄅᆞᆯ 숨기며:含垢藏疾(宣小5:106).

폭 명 폭(幅). ¶폭 복:幅(倭解上46).

·폭류 명 폭류(瀑流). ¶瀑流ᄂᆞᆫ ᄲᆞᆯ리 흐르ᄂᆞᆫ 므리라(楞解2:117).

폭ᄇᆡᆨᄒᆞ다 동 폭백(暴白)하다. ¶이제 ᄋᆡᄆᆡᄒᆞᆫ 믈 폭ᄇᆡᆨ지 아니ᄒᆞ고 엇지 스ᄉᆞ로 화ᄅᆞᆯ 쥐ᄒᆞ리오(落泉1:1). 표슉의 충경을 폭ᄇᆡᆨ고져ᄒᆞ여 지필을 나오미(落泉3:7).

·폭·포 명 폭포(瀑布). ¶구룸 ᄢᅵᆫ 山門엔 瀑布ㅣ 우르놋다:雲門吼瀑泉(杜解15:9). 폭포:練水(譯解補6).

·폼 동 팜(鑿). ㉮ᄑᆞ다 ¶ᄒᆞ다가 포ᄆᆞᆯ 因ᄒᆞ야 낟딘댄:若因鑿出(楞解3:89). 포ᄆᆞᆯ 因티 아니ᄒᆞ야 낟딘댄:不因鑿出(楞解3:89). 포ᄆᆞᆫ 사ᄅᆞ미 소ᄂᆞᆯ브터:鑿從人手(楞解3:89).

·표 명 표(表). ¶表 지어 엳ᄌᆞᄫᆞ니 그 表애 ᄀᆞ로ᄃᆡ:臣下ㅣ 님굼ᄭᅴ 솗논 글와ᄅᆞᆯ 表ㅣ라 ᄒᆞᄂᆞ니라(月釋2:69). 셰여 皇后 사ᄆᆞ신대 辭讓ᄋᆞᆯ 세 번 ᄒᆞ신 後에ᅀᅡ 卽位ᄒᆞ샤 表ᄅᆞᆯ 손소 스샤 謝恩ᄒᆞ샤(宣賜內訓2下15).

표가라 명 가리온. ☞표구령 ¶표가라:雒(柳氏物名一 獸族).

표고 명 표고. 버섯의 한 가지. ¶표고 마:蘑. 표곳 고:菇(訓蒙上14). 표고:香蕈(譯解下12. 同文解下4). 표고:鼠耳菜(漢淸12:39). 표고:蘑菇(物譜 蔬菜).

표구령 명 가리온. ☞표가라 ¶표구렁 락:雒(詩解 物名21).

표령·ᄒᆞ·다 동 표령(飄零)하다. ¶世尊하 우리 무리 飄零ᄒᆞ야:飄零ᄋᆞᆫ ᄇᆞᄅᆞᆷ 부러 닙 ᄲᅥ러딜 ᄊᆡ니 六道애 두루 ᄃᆞᆫ뇨ᄆᆞᆯ 니ᄅᆞ니라(楞解5:29). 쥬인을 위ᄒᆞ야 몸이 표령ᄒᆞ믈 이긍이 넉이더라(落泉1:3).

표리 명 표리(表裏). 임금이 신하에게 내리거나 신하가 임금에게 바치던, 옷의 겉감과 안감. ¶공희 대왕이 표리 주시고 명ᄒᆞ야 정문ᄒᆞ시다:恭僖大王賜表裏命旌門(東新續三綱. 烈2:11).

표ᄆᆞᆯ 명 표절따. 표마(驃馬). ☞표절다 ¶표ᄆᆞᆯ:銀鬃馬(譯解下29).

표박ᄒᆞ다 동 표박(漂泊)하다. ¶표박ᄒᆞ다:漂流(漢淸7:44). 타향의 표박ᄒᆞ야 일쳐를 거ᄂᆞ리지 못ᄒᆞ야(落泉2:6). 일신이 표박ᄒᆞ야 이 ᄡᅡ히 니ᄅᆞ런디(洛城2).

표범 명 표범. ☞표웜 ¶표범 표:豹(類合上13. 倭解下22). 표범의 고기:豹肉(東醫 湯液一 獸部). 표범:金絲豹(譯解下33). 표범의 마리로 티ᄂᆞᆫ 거시라(武藝圖16).

표션ᄒᆞ·다 형 표연(飄然)하다. ¶飄然ᄒᆞᆫ ᄒᆞᆫ 옰 누비 오며 가미 구룸이 ᄆᆞᅀᆞᆷ 업ᄃᆞᆺ ᄒᆞ도다:飄然一條衲來去雲無心(金三5:10).

표연히 부 표연(飄然)히. ¶飄然히 이 都를 ᄇᆞ리고:飄然去此都(重杜解2:15).

표:웜 명 표범. ☞표범 ¶표웜 표:豹(訓蒙上18). ※표웜>표범

표절다 명 표절따. 표마(驃馬). ☞표ᄆᆞᆯ ¶표절다:驃 鬉尾皆白(柳氏物名一 獸族).

표ᄌᆞ 명 표자(瓢子). 표주박. ¶표ᄌᆞ:瓢杯(物譜 酒食).

표ᄌᆞ박 명 표주박(瓢). ¶표ᄌᆞ박:椰瓢(漢淸11:36).

표:탕ᄒᆞ·다 동 표탕(飄蕩)하다. ¶思業이 飄蕩ᄒᆞᆫ 젼ᄎᆞ로:飄ᄂᆞᆫ ᄇᆞᄅᆞᆷ 부ᄂᆞᆫ 양이오 蕩ᄋᆞᆫ 밀 씨라:思業飄蕩(楞解8:107).

표팀ᄒᆞ·다 동 표침(漂沈)하다. ¶ᄆᆞᅀᆞ미 本來 이 부톄로ᄃᆡ 念이 니루믈브터 漂沈ᄒᆞ며:心本是佛由念起而漂沈(圓覺序56).

표표히 부 표표(飄飄)히. ¶늘구매 다ᄃᆞ라 탓ᄂᆞᆫ 외ᄅᆞ왼 ᄇᆡᆺ돗 비치 飄飄히 百蠻 ᄡᅡ홀 侵犯ᄒᆞ얫도다:垂老孤帆色飄飄犯百蠻(重杜解11:50). 飄飄히 이 모ᄆᆞᆯ 브터슘과 어느 다ᄅᆞ료(初杜解17:16).

표표ᄒᆞ·다 형 표표(飄飄)하다. ¶사리 도로 ᄢᅥ러듀ᄃᆡ 極ᄒᆞ면 반ᄃᆞ기 마ᄂᆞ니 識浪이 飄飄ᄒᆞ야 믌방올 흐롬 ᄀᆞᆮ도다:箭還墜極方休識浪飄飄若散漚(南明上62). 곧마다 이웃짓 뎟소리로소니 飄飄ᄒᆞᆫ 나그내 다봇 ᄀᆞ토라:處處隣家笛飄飄客子蓬(重杜解24:58).

표풍 명 표풍(飄風). 회오리바람. ¶飄風은 회로리ᄇᆞᄅᆞ미라(金剛11). 東南녁 飄風이 ᄡᅡ히 뮈여 니르니(初杜解6:41).

표풍ᄒᆞ다 동 표풍(飄風)하다. ¶표풍ᄒᆞ다:飄風了(同文解下18). 내 표풍ᄒᆞ야 탁나국의 드러나 이 약지 규구를 비화(落泉1:3).

표·ᄒᆞ·다 동 표(表)하다. ¶거우루 밧긔 蓮ㅅ곶과 香鑪를 各各 열여스슬 섯거 버류믄 고존 妙行ᄋᆞᆯ 表ᄒᆞ시고 香ᄋᆞᆫ 妙德ᄋᆞᆯ 表ᄒᆞ시니(楞解7:14). 各各 이 經엣 ᄒᆞᆫ 德을 表ᄒᆞ시니라:表ᄂᆞᆫ 나톨 씨라(法華1:43).

표ᄒᆞ·다 동 표(標)하다. ¶이ᄂᆞᆫ 모도와 標ᄒᆞ고 아랜 제 사기니라(法華2:178). 綱要ᄅᆞᆯ 져기 標ᄒᆞ야니와(永嘉上5). 德을 紀錄호매 일후믈 다ᄉᆞᆺ 가지ᄅᆞᆯ 標ᄒᆞᄂᆞ니:紀德名標五(初杜解17:15).

·푸 명 전방(廛). 점포(店鋪). ☞푸ᄌᆞ ¶우리 푸에 혜아리라 가쟈:咱們鋪裏商量去來(飜老下24).

푸다 동 피다(發). ☞퓌다. 프다 ¶반갑다 紅蓮花ᄂᆞᆫ 날 爲ᄒᆞ여 푸엿ᄂᆞᆫ가(古時調. 物色을 보려. 東歌選).

푸다 동 ①(매듭 따위를) 풀다. ☞플다 ¶마리 푸다:散頭髮(譯解補29).
②(마음에 맺힌 것을) 풀다. ¶분 푸다:解憤(同文解上23).

푸닥거리ᄒᆞ다 동 푸닥거리하다. ¶醫員 請ᄒᆞ여 命藥ᄒᆞ며 쇼경의게 푸닥거리ᄒᆞ고(古時調. 님 그려 기픠. 靑丘).

푸돗돈가 동 풀었던가. ☞-돗던고 ¶노래 삼긴 사ᄅᆞᆷ 시름도 하도할샤 닐러 다 못 닐러 불러나 푸돗돈가(古時調. 申欽. 靑丘).

푸드덕이다 동 푸드덕이다. ¶풀쎡풀쎡 푸드덕인들 날ᄶᅡ 길ᄶᅡ 제 어ᄃᆡ로 갈ᄶᅡ(古時調. 발운갑이라. 靑丘).

푸디게 명 푸지개. ☞프지게 ¶푸디게:簾射苑(柳氏物名一 羽蟲).

푸ᄃᆡ접ᄒᆞ다 동 푸대접하다. ¶곳에서 푸ᄃᆡ접ᄒᆞ거든 닙헤셔나 ᄌᆞ고 가쟈(古時調. 나뷔야 靑山 가쟈. 靑丘).

푸러지다 동 풀어지다. ¶제 그리 빌 제 내 ᄆᆞᄋᆞᆷ이 ᄯᅩ 푸러져(捷蒙2:12).

푸루다 형 푸르다. ☞푸르다 ¶푸루다:綠(同文解下26).

푸루스러ᄒᆞ다 형 푸르스름하다. ¶푸루스러ᄒᆞ다:淡綠(同文解下26).

푸르다 형 푸르다. ☞푸루다. 프르다 ¶눈이 푸르고 나로시 븕고(三譯3:3). 다쳐 푸르다:傷靑(譯解補35).

푸새 명 풀. 푸성귀. ☞푸ᄉᆡ ¶아모리 푸새엣 거신들 먹을 줄이 이시랴(古時調. 叩馬諫 못. 靑丘).

푸ᄉᆡ 명 풀. 푸성귀. ☞푸새 ¶아모리 푸ᄉᆡ엿 거신들 긔 뉘 ᄡᅡ히 낫더니(古時調. 成三問. 首陽山. 靑丘).

푸진듸 명 풀진디. ¶푸진듸:草蜱(柳氏物名二 昆蟲).

푸ᄌᆞ 명 전방(廛). 전포(廛鋪). ☞푸 ¶우리 푸ᄌᆞ에 혜아리라 가쟈:咱們鋪裏商量去來(老解下21). 이제 푸ᄌᆞ에 사라 가쟈:如今鋪裏買去(朴解上43). ᄒᆞᆫ 도적은 더 훠ᄋᆞ 푸ᄌᆞ에:一箇賊那靴鋪裏(朴解中19). 푸ᄌᆞ:鋪子(同文解下27). 서울 칼 푸ᄌᆞㅣ ᄀᆞ장

만ᄒᆞ니:京城裏刀子舖狼多(朴新解1:17). 뎐당 푸ᄌᆞ:當舖(譯解補38). 푸ᄌᆞ:舖面(漢清10:17).

푼 명 푼〔分〕. ¶여듧 푼 은에:八分銀子(飜老上9). 감초 각 서 푼:甘草三分(胎要19). 月利 현 푼식 ᄒᆞ야:月利幾分(朴解上54). 푼:分(同文解下21).

푼ᄌᆞ머기·다 동 풀먹이다. ¶蘇州 치ᄂᆞᆫ ᄀᆞ장 엷고 ᄯᅩ 푼ᄌᆞ머겻고 굳디 아니ᄒᆞ니라:蘇州的十分澆薄又有粉飾不牢壯(飜老下25).

푼ᄌᆞᄡᅴ 명 풀기. ☞푼ᄌᆞᆺ긔. 풀ᄡᅴ. 픈ᄌᆞᄡᅴ ¶죠곰도 푼ᄌᆞᄡᅴ 업고:沒些箇粉飾(老解下26).

푼ᄌᆞᆺ긔 명 풀기. ☞푼ᄌᆞᄡᅴ ¶푼ᄌᆞᆺ긔 업슨 직금ᄒᆞᆫ ᄀᆞᄂᆞᆫ 됴ᄒᆞᆫ 비단의란 ᄯᅩ 언메예 풀다:清水織金絨段子却賣多少(飜老下27).

풀 명 풀〔草〕. ☞플 ¶湖濱 풀 가온대 숨어:匍伏湖濱(女四解4:36). 풀:通稱 草(漢清13:9). 풀 쵸:草(兒學上5). ※풀<플

풀 명 풀〔糊〕. ☞플 ¶풀:糨子(同文解上57).

풀낫 명 지푸라기. ¶풀낫:草介(漢清13:17).

풀니다 동 풀리다. ☞풀리다 ¶오내에 맷친 한이 골슈에 박혓스니 속광전 풀닐소냐(扶餘路程).

풀덕 부 풀떡. ¶풀덕 ᄯᅱ여 내ᄃᆞᆺ다가 두험 아래 쟛바지거고(古時調. 두터비. 青丘).

풀리다 동 풀리다. ☞풀니다 ¶셩 풀리다:怒解(同文解上33).

풀무 명 풀무. ☞플무 ¶풀무 야:冶(倭解下16). 풀무:冶鐵爐(同文解下16). 풀무:冶鐵爐(譯解補14). 풀무:爐(漢清10:33).

풀무아치 명 풀무질하는 사람. ¶풀무아치:爐頭(漢清5:31).

풀ᄡᅧ아기 명 풀쐐기. ¶풀ᄡᅧ아기:螫人草(柳氏物名三 草).

풀소옴 명 풀솜. ☞풀소음. 플소옴 ¶풀소옴:雪綿子(同文解下25). 죠흔 풀소옴:湖綿(譯解補40).

풀소옴틀 명 솜틀. ☞풀소옴 ¶풀소옴틀:綿矩(物譜 蠶績).

풀소음 명 풀솜. ☞풀소옴. 플소옴 ¶풀소음 광:纊(兒學上12).

풀숙방귀 명 풀쑥방귀. ¶도적방귀도 ᄡᅱ고 풀숙방귀도 ᄡᅱ고(要路院).

풀ᄡᅴ 명 풀기. ☞푼ᄌᆞᄡᅴ. 플ᄢᅴ ¶풀ᄡᅴ 업다:不骨立(漢清8:27). 플ᄡᅴ 잇다:舒展(漢清10:61).

풀ᄲᅮ리 명 풀뿌리. ☞풀 ¶풀ᄲᅮ리 히:荄(兒學上6).

풀에 명 매조(媒鳥). ☞프지게 ¶풀에:囮子(譯解下34).

풀열ᄆᆡ 명 풀열매. ☞풀 ¶풀열ᄆᆡ 라:蓏(兒學上6).

풀움 명 풀의 움〔芽〕. ☞풀 ¶풀움:青草芽(漢清13:10).

풀풀 부 풀풀. ¶기럭이 풀풀 다 나라드니 消息인들 뉘 傳ᄒᆞ리 愁心은 疊ᄒᆞᆫ듸(古時調. 歌曲).

품 명 (윗옷의) 품. ¶늘구메 다ᄃᆞ라 戎衣ㅣ 품 조ᄇᆡ니:垂老戎衣窄(初杜解10:42).

품 명 품. 가슴. ¶글워를 구펴 보내니 푸메 ᄀᆞᄃᆞᆨᄒᆞᆫ 죠히러라:書枉滿懷牋(初杜解20:17). 오직 내 푸멧 ᄢᅥ 무든 오ᄉᆞᆯ 바소리니:但自懷中解垢衣(南明上37). 품 회:懷(類合下32). 보션 버서 품에 품고(古時調. 天寒코 雪深ᄒᆞᆫ. 青丘). 넙은 사미 구기질러 품속으로 너코 보니(萬言詞).

품 명 품(品). ¶품 품:品(類合下33). 삼긴 품:生性(同文解上20). 품:品級(同文解上38).

·품 동 핌. ㉠프다 ¶蓮ㅅ곳 품 ᄃᆞᆺᄒᆞ실ᄊᆡ:如蓮華開(圓覺上一之二37). 다ᄉᆞᆺ 닙 곳 푸미 엇데 偶然ᄒᆞ리오(南明下23).

품·기·다 동 풍기다. ¶고해 품기며 누네 브스와미ᄂᆞ니ᄂᆞᆫ:噴鼻眼花的(飜朴上70). 오새 香 품기디 아니ᄒᆞ고:衣不熏香(宣小6:112). 너 품기다:燻(漢清10:51).

품·기·다 동 품게 하다. ¶瑞香이 죠고만 죠희예 어버이 여희ᄂᆞᆫ 말ᄉᆞᄆᆞᆯ ᄡᅥ 제 ᄯᆞᄅᆡ 푸메 품기고 우므레 드러 죽거늘:乃投井而死留片紙於其女懷中書謝別父母之辭(續三綱. 烈7).

·품·다 동 품다. ☞픔다 ¶毒ᄒᆞᆫ 사ᄅᆞ미 푸머 이셔:毒人懷抱(楞解8:88). 샹녜 姦曲고 모디로ᄆᆞᆯ 푸멧ᄂᆞᆫ 젼ᄎᆞ로:常懷姦虐故(楞解8:116). 그 ᄌᆞᅀᆞ 잇ᄂᆞᆫ 거스란 그 ᄌᆞᅀᆞᄅᆞᆯ 푸몰디니라:其有核者懷其核(宣賜內訓1:10). 公은 고ᄃᆞᆫ 道ᄅᆞᆯ 푸머실ᄊᆡ:公懷直道也(初杜解21:40). 금 열 근을 푸머 震을 주어ᄂᆞᆯ:懷金十斤以遺震(飜小10:5). 陸績의 橘 품음과:陸績懷橘(宣小5:5). 안해 ᄭᅮ짓고 怒홈믈 품어:妻懷嗔怒(女四解2:33). 품다:懷揣(同文解上30).

품딜 명 품질(品秩). 작위(爵位)와 봉급(俸給). ¶품딜 딜:秩(類合下20).

품슈 명 품수(稟受). 품부(稟賦). ¶품슈:稟賦(漢清6:11).

품의ᄒᆞ다 동 품의(稟議)하다. ¶군상을 품의치 아니ᄒᆞ니(經筵).

품자리 명 잠자리. 남녀가 동침하는 자리. ¶말 잘ᄒᆞ고 글 잘ᄒᆞ고 얼골 ᄭᅴᄌᆞᄒᆞ고 품자리 잘ᄒᆞᄂᆞᆫ 져믄 書房이로다(古時調. 高臺廣室. 青丘).

품파리 명 품팔이. 품팔이꾼. ¶부부ㅣ 남의 품파리 되야(女四解4:48).

품팔다 동 품팔다. ☞품ᄑᆞᆯ다 ¶품팔 용:傭. 품팔 고:雇(兒學下6).

품ᄑᆞᆯ다 [동] 품팔다. ☞품팔다 ¶미양 품ᄑᆞ라 니우고:客傭(五倫5:24).

픗내 [명] 픗내. ¶픗내:草氣(譯解補31). 픗내:草腥氣(漢淸12:58).

풍게무지 [명] 풍계묻이. ¶풍게무지:藏鉤(物譜 博戲).

풍·격 [명] 풍격(風格). ¶歌辭ᄅᆞᆯ 제 지ᅀᆞ니 風格이 老成ᄒᆞ도다(初杜解15:39). 玄風ᄋᆞᆫ 玄微ᄒᆞᆫ 風格이라 ᄒᆞᄃᆞᆺ ᄒᆞᆫ 마리라(金三1:7). 遺風은 기티샨 風格이라(南明上51).

풍경 [명] 풍경(風景). ¶新亭에셔 누늘 드러 보니 風景ㅣ ᄀᆞ장ᄒᆞ니:新亭擧目風景切(重杜解10:46).

풍경 [명] 풍경(風磬). ¶풍경:風鈴(譯解補18).

풍공 [명] 풍공(豊功). 위대한 공훈. ¶豊功 偉烈을 草木이 다 아ᄂᆞ다(曺友仁. 出塞曲).

풍광 [명] 풍광(風光). ¶福德이 본ᄃᆡ 性 업슨 ᄃᆞᆯ 알면 風光ᄋᆞᆯ 사ᄃᆡ 도ᄂᆞᆯ ᄡᅳ디 아니ᄒᆞ리라(金三2:47).

풍년 [명] 풍년(豊年). ¶세 고을을 통계ᄒᆞ면 흉년은 만코 풍년은 저근디라(綸音76).

풍뉴 [명] 풍류(樂). ☞풍류 ¶풍뉴 악:樂(石千14). 그 居喪애 풍뉴 드르며:居喪聽樂(宣小5:52). 풍뉴:樂(同文解上52). 원의의 풍뉴ᄅᆞᆯ 우러러 오리 ᄉᆞ모ᄒᆞᄃᆡ 셔로 보지 못ᄒᆞᆯ너니(落泉1:3).

풍뉴아치 [명] 악공(樂工). ¶풍뉴아치:樂工(譯解上30).

풍뉴ᄒᆞ·다 [동] 풍류(風流)하다. ☞풍류ᄒᆞ다 ¶풍뉴ᄒᆞ리ᄃᆞᆯ히 풍뉴ᄒᆞ라:彈的們動樂器(飜朴上6). 풍뉴ᄒᆞ야 ᄡᅧ 주검을 깃ᄭᅴ고:作樂以娛尸(宣小5:50).

풍넝이 [명] 복령(茯苓). ¶풍넝이:茯苓(柳氏物名四 木).

풍덩 [부] 풍덩. ¶酒泉 깁흔 소에 풍덩 드리쳐(古時調. 이 몸이 죽어지거든. 甁歌).

풍덩이 [명] 풍뎅이. ¶풍덩이:蜣螂(同文解下42). 풍덩이:黃蚄(柳氏物名二 昆蟲).

풍도 [명] 풍도(風度). ¶하션이 후싱이 풍도ㅣ 균일ᄒᆞ믈 보고 혜오ᄃᆡ(落泉1:3).

풍딘 [명] 풍진(風塵). ¶時時예 角抵戲ᄅᆞᆯ ᄡᅧ도 ᄯᅩ 風塵에 섯디 아니ᄒᆞᄂᆞ니라:時時用抵戲亦未雜風塵(初杜解6:12). 淸平ᄒᆞᆫ 世界예 風塵이 ᄃᆞ토아 짓더니(金三5:45).

풍·락ᄒᆞ·다 [형] 풍락(豊樂)하다. 풍요롭고 즐겁다. ¶便安코 豊樂ᄒᆞ면 三災苦ㅣ 업고:安隱豊樂則無三災(法華2:36).

풍류 [명] 풍류(風流). 음악. ☞풍뉴 ¶幡과 蓋와 풍류로 供養ᄒᆞ고(釋譜9:21). 하ᄂᆞᆳ 풍류ㅣ 虛空애 ᄀᆞᄃᆞᆨᄒᆞ야(釋譜11:13). 晝夜六時예 曼陁羅花ㅣ 듣거든 하ᄂᆞᆳ 風流ㅣ 그츬 ᄉᆞᆺ 업스니(月釋7:58). 풍류 받ᄌᆞ오며 바리 받ᄌᆞ오샤:獻樂奉鉢(法華7:2). 모로매 風流ㅣ 當ᄒᆞᆫ 지븨셔 나ᄂᆞᆫ ᄃᆞᆯ 아롤디니라:須信風流出當家(金三4:10).

풍류롭·다 [형] 풍류(風流)롭다. ¶江漢앳 風流ᄅᆞ외요미 萬古앳 ᄠᅳ디로다:江漢風流萬古情(初杜解14:11). 오락가락호ᄃᆡ ᄯᅩ 風流ᄅᆞ외리라:來往亦風流(重杜解9:16).

풍류바·지 [명] 악공(樂工). ¶내 풍류바지 ᄃᆞ리고(釋譜24:28).

풍류·ᄒᆞ·다 [동] 풍류(風流)하다. 연주하다. ☞풍뉴ᄒᆞ다 ¶하ᄂᆞᆳ 풍류ᄒᆞᄂᆞᆫ 神靈이니(月釋1:14). 詠歌ᄂᆞᆫ 놀애오 奏ᄂᆞᆫ 풍류ᄒᆞᆯ 씨라(楞解6:47). 徐敬業의 亂애 兵馬애 자펴 갯거늘 風流ᄒᆞᄂᆞ다 듣고 箏 놀라 ᄒᆞ야ᄂᆞᆯ(三綱. 烈15).

풍륫갓 [명] 악기(樂器). 풍물(風物). ¶풍륫갓ᄃᆞᆯ 븓안고 ᄶᅡ라디엣거늘(釋譜3:p.102). 그 잣 안햇 풍륫가시 절로 소리ᄒᆞ며(釋譜6:39). 光明으로셔 나아 풍륫가ᄉᆞᆯ 부러(月釋8:8). ᄯᅩ 풍륫가시 虛空애 ᄃᆞᆯ여 이셔 절로 우니(月釋8:14). 琴瑟 箜篌ᄂᆞᆫ 다 풍륫가시라(法華序23).

풍모 [명] 풍모(風貌). ¶내 이의 니ᄅᆞ믄 후샹공의 풍모ᄅᆞᆯ ᄇᆞ라미러니(落泉2:4).

풍문 [명] 풍문(風聞). ¶초ᄆᆡ 풍문의 투악을 니ᄅᆞ혀(落泉3:8).

풍:미 [명] 풍미(風味). ¶西河ㅅ 風味와 다ᄆᆞᆺᄒᆞ리로다:西河共風味(初杜解6:23).

풍병 [명] 풍병(風病). ¶卷耳ᄂᆞᆫ ᄒᆞ믈며 風病을 고티ᄂᆞ니 아히로 時節에 ᄩᅥ이노라(重杜解16:72). 풍병 비:痺(兒學下4).

풍부ᄒᆞ다 [형] 풍부하다. ¶분墓ᄅᆞᆯ ᄆᆡᆼᄀᆞ니 엇디 豊富호믈 기도론 後에야(家禮7:16).

풍:비ᄒᆞ·다 [동] 풍비(豊備)하다. ¶반ᄃᆞ시 결속을 豊備홈을 기ᄃᆞ오모론:必待資裝豊備(宣小6:96).

풍상 [명] 풍상(風霜). ¶風霜앳 세유므란 비호ᄃᆡ 몯고 雨露ㅅ 恩私ᄅᆞᆯ ᄒᆞᆫ갓 붓그리노라:未效風霜勁空慙雨露私(初杜解22:17). 風霜애 不變ᄒᆞ니 鑽之예 더욱 굿다(古時調. 朴仁老. 江頭에. 蘆溪).

풍셩 [명] 풍성(豊盛). ☞풍셩ᄒᆞ다 ¶풍셩 풍:豊(類合上11).

풍:셩ᄒᆞ·다 [형] 풍성(豊盛)하다. ¶五穀이 豊盛ᄒᆞ며:五穀豊殷(楞解7:57).

풍·쇽 [명] 풍속(風俗). ¶네차힌 中國 風俗ᄋᆞᆯ ᄒᆞ리우디 아니ᄒᆞ리니(月釋2:72). 그듸ᄂᆞᆫ 風俗을 ᄒᆞ야ᄇᆞ리ᄂᆞᆫ 사ᄅᆞ미라:卿敗俗之人(宣賜內訓1:66). 풍쇽 쇽:俗(類合下20). 풍쇽 쇽:俗(石千39). 그 風俗ᄋᆞᆫ ᄆᆞᆯ ᄃᆞᆯ요ᄆᆞᆯ 즐기ᄂᆞ니라:其俗喜馳突(重杜解1:7). 어ᄂᆡ 고대 風俗ㅣ 다ᄅᆞ리오:何處異風俗(重杜解2:58). 그 始작이 盖光胡의 풍俗으로 나셔(家禮7:17). 풍쇽을 감화케 ᄒᆞᆯ 도리예:化

俗之道(警民序3). ᄯᅩ 인지ᄅᆞᆯ 치고 풍쇽을 교화ᄒᆞ믄 쇼ᄒᆞᆨ만 ᄒᆞ니 업다 ᄒᆞ샤(仁祖行狀24). 당나라 풍쇽의 두려워ᄒᆞᄂᆞᆫ ᄭᅵ친 풍쇽이 이셔(綸音74). 쳡이 하람셔 싱댱ᄒᆞ니 풍쇽이 박지 아니되(落泉1:2).

풍악 명 풍악(風樂). ¶이 ᄯᅢ 풍악이 보암즉지 아니나 네 환거 고단을 위로코져 ᄒᆞ더니(落泉2:6).

풍열 명 풍열(風熱). ¶풍열을 덜며:除風熱(臘藥7).

풍염ᄒᆞ다 형 풍염(豐艶)하다. ¶셩질이 풍염ᄒᆞ며 풍뉴로은 홍이 심경ᄒᆞ니(引鳳簫2).

풍영ᄒᆞ다 동 풍영(諷詠)하다. ¶이 ᄠᅳ드로 노ᄅᆡ 지어 時時로 諷詠ᄒᆞ니(陶山別曲).

풍우 명 풍우(風雨). ¶풍우의도 폐티 아니ᄒᆞ더라:不廢風雨(東新續三綱. 孝1:74).

풍·족ᄒᆞ·다 형 풍족(豐足)하다. ¶甘蔗 蒲萄ㅣ 비의 저쥬매 豐足디 아니ᄒᆞ리 업스며(法華3:36).

풍ᄌᆡ 명 풍재(風災). ¶큰 므레 ᄠᅴ요ᄆᆞᆫ ᄠᅳ디 風災ᄅᆞᆯ 兼ᄒᆞ시니라:大水所漂意兼風災(楞解6:26). ᄀᆞ음과 쟝매 ᄀᆞᆺ고 충ᄌᆡ와 풍ᄌᆡ도 ᄀᆞᄐᆞ니(綸音98).

풍챠 명 풍차(風遮). ¶풍챠:風領(漢淸11:2). 풍챠:煖耳(物譜 衣服).

풍충청 부 넉넉히. ¶벗 모아 草堂으로 드러가니 술이 풍충청 이셰라(古時調. 大棗 볼 불근 가지. 靑丘).

풍·ᄎᆡ 명 풍채(風采). ¶풍ᄎᆡ 날 봉:丰(訓蒙下33). 이곳의 와 그ᄃᆡ의 풍ᄎᆡᄅᆞᆯ 보면 엇지 녹지 아니리오(落泉1:2). 풍ᄎᆡ 긔특ᄒᆞ니(洛城1).

풍토 명 풍토(風土). ¶風土ㅣ 質朴호ᄆᆞᆯ 드로니 ᄯᅩ 다시 田疇ㅣ 여러 가랏도다:乃聞風土質又重田疇闢(重杜解19:28).

풍파 명 풍파(風波). ¶구틔여 쇽절업시 風波 좃디 말오:不須空然逐風波(金三2:63). 風波에 놀란 沙工 ᄇᆡ ᄑᆞ라 ᄆᆞᆯ을 사니(古時調. 張晩. 靑丘).

풍편 명 풍편(風便). ¶풍편의 소문:風裡話(譯解補58).

풍풍 부 넉넉히. ¶술이 풍풍 이셰라(古時調. 대쵸 볼 블근 柯枝에. 靑丘).

풍:화 명 풍화(風化). ¶風化ᄂᆞᆫ 猶敎化也ㅣ라(初杜解15:42). 凡은 몰로매 이셔 風化ᄅᆞᆯ 渴仰ᄒᆞ고(金三涵序6).

풍후히 부 풍후(豐厚)히. ¶酒食은 반ᄃᆞ시 豐후히 말디니라(家禮7:6).

풍·히 부 풍(豐)히. 풍족(豐足)히. ¶賢ᄋᆞᆯ 養호ᄆᆞᆯ 豐히 코져 ᄒᆞ시니(宣賜內訓2下60).

퓌·다 동 피다〔發〕. ☞프다. 픠다 ¶수울 이시며 고지 퓌여신 저기어든:有酒有花(飜朴上7). 그 고지 三同이 퓌거시아 有德ᄒᆞ신 님 여히ᄋᆞ와지이다(樂詞. 鄭石歌). 桃花杏花ᄂᆞᆫ 夕陽裏에 퓌여 잇고(丁克仁. 賞春曲). 녯 퓌던 柯枝에 픠염즉도 ᄒᆞ다마ᄂᆞᆫ(古時調. 梅花 녯. 靑丘). 風霜 섯거 틴 날의 ᄀᆞᆺ 퓐 黃菊花ᄅᆞᆯ 銀盤의 것거 다마(古時調. 鄭澈. 松江).

·퓌·다 동 피다〔燃〕. ☞퓌오다. 퓌우다 ¶누느로 블 내오 이브로 블 吐ᄒᆞ니 비놀와 터럭마다 블와 ᄂᆡ왜 퓌며(月釋7:35). ᄉᆞᆺ글 沐浴ᄒᆞ야 ᄉᆞ라 ᄆᆡ이 퓌에 ᄒᆞ고:沐浴其炭然令猛熾(楞解7:16). 블 퓌엿ᄂᆞᆫ ᄉᆞᆺ글 ᄀᆞ라:末火炭(救簡6:18).

퓌·오·다 동 피우다〔燃〕. ☞퓌우다. 픠오다 ¶향 퓌오고 하ᄂᆞᆯᄭᅴ 비로ᄃᆡ 갑새 죽거지라 ᄒᆞ더라:焚香禱天請以身代(續三綱. 孝29). 화로에 블 퓌오고:火盆裏弄些火(朴解下7).

퓌·우·다 동 피우다〔燃〕. ☞퓌오다. 픠우다 ¶種種ㄱ 香 퓌우고(釋譜9:22). 香ᄋᆞᆯ 퓌우면 病도 덜며(釋譜9:35). 戒香ᄋᆞᆯ 퓌워 닷ᄂᆞᆫ 사ᄅᆞᄆᆞᆫ(月釋8:57). 諸天의 퓌운 香ᄋᆞᆯ 조쳐 드르며(月釋17:66). 香 퓌우고 一句一偈 供養호매 니르러도(月釋21:122). 香 퓌우고 겨르ᄅᆞᆸ이 이셔:然香閑居(楞解7:6). 이 酥蜜ᄋᆞᆯ 블 퓌운 火鑪 안해 더뎌 ᄉᆞ라 ᄂᆡ 다ᄋᆞ게 ᄒᆞ야:投是酥蜜於炎鑪內燒令烟盡(楞解7:16). 큰 寶香 퓌우고:燒大寶香(法華4:120). 香 퓌우시고 하ᄂᆞᆯᄭᅴ 비르샤ᄃᆡ:焚香祝天(宣賜內訓2下36). 香 퓌우고:燒香(佛頂上3). 져고매 브를 독 안해 퓌워:微火甕下燃(救簡1:70). 香 퓌워 供養ᄒᆞᅀᆞᆸ노니:燃香供養(眞言3). 비록 향을 퓌워 빅번 절을 ᄒᆞ야도:雖焚香百拜(警民34).

퓡퓡ᄒᆞ다 형 핑핑하다. 팽팽하다. ¶퓡퓡홈이라:胖脹(無冤錄1:21). 縊ᄒᆞ야 죽어시면 그 노히 퓡퓡ᄒᆞ고 옴긴 죽엄이면 눅고 주리혓ᄂᆞ니라(無冤錄2:24).

·프·다 동 피다〔發〕. ☞퓌다. 픠다 ¶一千靑蓮이 도다 펫더니(月印上4). 하ᄂᆞᆳ 樹王이 고지 픈 ᄃᆞᆺᄒᆞ니(釋譜13:25). 이운 남ᄀᆡ 고지 프며(月釋2:31). 열두 大劫이 ᄎᆞ거ᅀᅡ 蓮花ㅣ 프거든(月釋8:75). 栴檀樹ㅣ 곳 펫거든:栴檀樹華敷(法華6:47). 蓮ㅅ곳 품 ᄃᆞᆺ ᄒᆞ실시:如蓮華開(圓覺上一之二37). 梅花 픈 萬里 밧긔:梅花萬里外(初杜解21:15). 慈悲ㅅ 믈와 ᄆᆞᅀᆞᆷ 고지 半夜애 프도다:悲水心花半夜開(南明上66). 고지 프며 고지 듀매:花開花落(金三2:6). 다ᄉᆞᆺ 니피 프도다:開五葉(眞言5).
※프다>퓌다>픠다>피다

·프·다 동 펴다. 풀다. ¶鹿皮 오ᄉᆞᆯ 바사 ᄯᅡ해 ᄭᆞᄅᆞ시고 마리ᄅᆞᆯ 펴 두퍼시ᄂᆞᆯ(月釋1:16). 제 머리를 펴 어믜 머리예 대혀 그니를 올마 오게 ᄒᆞ더라:欲分癢散其髮承接

母首以分其蝨(續三綱. 孝8).

프·다 [동] 푸다〔汲〕. ¶두어 소솜 글혀 퍼 식거든:一二沸待冷(救荒7). 비예 이슬 프다:戽船(譯解補46).

프·다 [동] (코를) 풀다. ¶조널이 춤 바ᄐᆞ며 고 프디 말며:不敢唾洟(宣賜內訓1:50). 敢히 춤 받ᄐᆞ며 코 프디 아니홀디니라:不敢唾洟(宣小2:7).

프드덕이다 [동] 푸드덕거리다. ¶플덕플덕 프드덕이니 놀다 긜다 네 어드로 갈다(古時調. ᄇᆞ른갑. 靑丘).

프드득 [부] 푸드득. ¶프드득 소사올라 님 계신 九重宮闕을 구버볼가 ᄒᆞ노라(古時調. 앗가야. 靑丘).

프러누러ᄒᆞ·다 [형] 퍼렇고 누렇다. ¶터리ᄂᆞᆫ 프러누러코:毛爲綠縹(初杜解16:40).

프러닉다 [동] 풀어내다. ¶義理를 프러닉여 五倫을 ᄇᆞᆯ키시니(古時調. 孔夫子ㅣ. 靑丘).

·프·러디·다 [동] 풀어지다. ☞플다 ¶迷惑 ᄆᆞᅀᆞ미 다 프러딜ᄊᆡ:迷心頓釋(金剛下138). 모로기 프러디도다:頓釋(金三5:43). 엿 ᄒᆞᆫ 량 녀허 다시 글혀 여시 프러디거든:飴糖一兩更煎令化(救簡2:10) ᄒᆞᄅᆞ도 ᄆᆞᅀᆞᆷ 노하 프러디게 호미 올티 아니ᄒᆞ니:不可一日放慢(飜小8:34). 헤여듀미 어름 프러듐 ᄀᆞᄐᆞ며:渙然冰釋(飜小8:37). 구은 甘草ㅅ ᄀᆞᄅᆞ ᄒᆞᆫ 돈을 小便 서 홉애 녀허 저어 프러디거든 머고ᄃᆡ(簡辟20). 經이 ᄒᆞ야디고 ᄀᆞᄅᆞ쵸미 프러디여:經殘敎弛(宣小題辭3). 어름이 믄득 프러뎌 고기 이셔 ᄠᅱ여나거ᄂᆞᆯ:氷忽解有魚躍出(東新續三綱. 孝3:6). 담을 프러디게 ᄒᆞ고:化痰(臘藥3).

프러코 [형] 퍼렇고. ☞퍼러ᄒᆞ다 ¶蒼朮:삽듓 불휘니 비치 프러코 ᄆᆞᄃᆡ 기니(救簡1:1).

프·르·다 [형] 푸르다. ☞푸르다. 프ᄅᆞ다 ¶瑠璃ᄂᆞᆫ 프른비쳇 보ᄇᆡ라(月釋1:22). 越國엣 象ᄋᆞᆫ 다 프르고(月釋2:31). 紺ᄋᆞᆫ ᄀᆞ장 프른 거긔 블근 겨치 잇ᄂᆞᆫ 비치라(月釋10:52). 프른 너추레 두 외 여렛거늘(三綱. 孝30). 보ᄆᆞᆫ 彭澤ㅅ 바티 프르렛도다:春靑彭澤田(初杜解7:32). ᄀᆞᄂᆞᆯ오 보ᄃᆞ라온 프른 실로 ᄆᆡᆼᄀᆞ론 신과:細軟靑絲履(初杜解9:23). 프른 ᄀᆞᄅᆞ미 힌 말와ᄅᆞᆯ ᄯᅴ 찻ᄂᆞ니:靑江帶白蘋(初杜解21:3). 엿것ᄂᆞᆫ 簡册은 누를 爲ᄒᆞ야 프르렛ᄂᆞᆫ고:編簡爲誰靑(初杜解24:62). 프른 솘닙 ᄒᆞᆫ 근을 즛디허 ᄧᅩᆫ 즙을:靑松葉搗令汁(救簡1:26). 프를 쳥:靑(訓蒙中29). 프를 록:綠(訓蒙中30). 프를 벽:碧. 프를 쳥:靑. 프를 ᄎᆔ:翠(類合上5). 프를 표:縹. 프를 묘:緲(類合上6). 프를 창:蒼(類合下22). 프를 쳥:靑(石千26).
※프르다>푸르다

프ᄅᆞ다 [형] 푸르다. ☞프르다 ¶마ᄅᆞᆯ 그치디 아니ᄒᆞ야 흰 거시 변ᄒᆞ야 프ᄅᆞ고:言未訖白變靑(東新續三綱. 孝3:41). 프ᄅᆞᆫ 족 닙플 ᄶᅵ허 즙을 내여 머그라(辟新8).

·프·서리 [명] 푸서리. ☞프ᅀᅥ리. 프어리 ¶프서리예 곧 서르 迷路ᄒᆞ리로다:榛草卽相迷(初杜解7:8). 거츤 프서리예 녀름지ᅀᅥ 또 秋成호미 잇도다:荒榛農復秋(初杜解23:15). 도적을 프서리예 피ᄒᆞ더니:避倭賊于草莽間(東新續三綱. 烈6:85).

프·ᅀᅥ리 [명] 푸서리. ☞프서리. 프어리. 플서리 ¶나리 져므러 ᄒᆡ 디거늘 세 분이 프ᅀᅥ리예셔 자시고(月釋8:93). 프ᅀᅥ리예 아ᄃᆞᆯ 나호니(月釋10:24). 프ᅀᅥ리예 ᄇᆞ리라:棄置草中(救簡6:85).

·프ᅀᅥᆼ·귀 [명] 푸성귀. ☞프엉귀 ¶衆生ᄋᆞᆯ 프ᅀᅥᆼ귀만 너기ᄂᆞ니(釋譜6:28). 棘草ᄂᆞᆫ 가시와 프ᅀᅥᆼ귀왜라(月釋10:117). 뫼콰 내콰 프ᅀᅥᆼ귀와 사ᄅᆞᆷ과 즁ᄉᆡᆼ괘:山川草芥人畜(楞解2:34). 프ᅀᅥᆼ귀며 듣그리며 터러기라도:草芥塵毛(楞解3:105). 沙塞ᄂᆞᆫ 北녁 ᄀᆞᅀᅢ 프ᅀᅥᆼ귀 업시 몰애ᄲᅮᆫ 잇ᄂᆞᆫ ᄯᅡ히니(金三3:48).

프어리 [명] 푸서리. ☞프서리. 프ᅀᅥ리 ¶시ᄂᆞᆯ 고텨 시너 프른 프어리예 거로니:整履步靑蕪(重杜解3:27). ※프어리<프ᅀᅥ리

프엉귀 [명] 푸성귀. ☞프ᅀᅥᆼ귀 ¶너ᄅᆞᆯ 보ᄃᆡ 프엉귀ᄀᆞ티 ᄒᆞ놋다:視汝如莠蒿(重杜解2:61). ※프엉귀<프ᅀᅥᆼ귀

프지게 [명] ①푸지개. ☞푸디게 ¶프지게 티다:打靑帳(譯解上22).
②매조(媒鳥). ☞풀에 ¶프지게 혈 ᄡᅵᆼ:媒(物譜 佃漁).

픈ᄌᆞ [명] 푼주. ¶픈ᄌᆞ:小盆子(漢淸11:41).

픈ᄌᆞ씌 [명] 풀끼. ☞푼ᄌᆞ씌. 플긔 ¶픈ᄌᆞ씌 업슨 직금:靑水織金(老解下25).

·플 [명] 풀〔草〕. ☞풀 ¶甘蔗ᄂᆞᆫ 프리니 시믄 두ᅀᅥ 힛자히 나ᄃᆡ 대 ᄀᆞᆮ고 기리 열 자 남ᄌᆞᆨᄒᆞ니(月釋1:6). 모ᄃᆞᆫ 나모 플ᄀᆞ티 아로미 업고(月釋9:23). 반ᄃᆞ기 플 가져(法華6:182). 프리 처ᅀᅥᆷ 나ᄆᆞᆯ 닐오ᄃᆡ 苗ㅣ라(圓覺下二之一33). 다 프를 브트며 남ᄀᆡ 브튼 精靈이리라:盡是依草附木精靈(蒙法11). 白越은 플로 나ᄒᆞᆫ 힌 뵈라(宣賜內訓2上48). 플와 나모왜 것듣더니:草木摧折(三綱. 孝25). 플와 나모ᄂᆞᆫ ᄭᅵ야나놋다:草木蘇(初杜解8:44). 잣 앉 보미 플와 나모ᄲᅮᆫ 기펫도다:城春草木深(初杜解10:6). 프를 ᄃᆞᆺ디 아니ᄒᆞ며:不愛草(金三3:8). ᄀᆞᆺ난 송아지 플 먹디 아니ᄒᆞ야셔:新生犢子未食草(救簡2:113). 플 초:草(訓蒙下3. 類合上7. 石千6). 플 훼:卉(訓蒙下3). 봆 프레ᄂᆞᆫ 사ᄉᆞ미 우놋다:春草鹿呦呦(杜解9:12). 纑ᄂᆞᆫ 플을 辟ᄒᆞ야 ᄡᅥ 노ᄒᆞᆯ ᄆᆡᆺ고 삼을 紉ᄒᆞ야 ᄡᅥ 실을 ᄆᆡᆫᄃᆞ단 말이라(女四解4:64). 쥐 먹던 플

열미ᄅᆞᆯ 먹고:鼠去草實而食(五倫2:12).
※플>풀

·플 명 풀〔糊〕. ☞풀 ¶브토미 플와 옷과 ᄀᆞᆮᄒᆞ야:黏如膠漆(楞解9:100). 膠ᄂᆞᆫ 프리오(法華1:219). 밀프레 록두마곰 환 밍ᄀᆞ라:糊丸如菉豆大(救簡6:38). ᄡᆞᆯ플 강:糨. 밀플 호:糊(訓蒙中12). 갓플 교:膠(類合上26).
※플>풀

플긔 명 풀기〔糊氣〕. ☞픈ᄌᆞᅴ. 플믜. 픗긔 ¶무리플긔 업시 다ᄃᆞ마 돌호로 미론 깁이니:白淸水絹(朴解上43).

·플·다 동 ①풀다. 없애다. ¶迷惑 어느 플리(月印上27). 미친 ᄆᆞᅀᆞᄆᆞᆯ 플에 ᄒᆞ면:散其壅結(救簡1:39). 足히 ᄡᅧ 근심을 프디 아니ᄒᆞ시며:而不足以解憂(宣小4:9). 미양 옥합을 가지고 시름을 프디 못ᄒᆞ야 ᄒᆞ더니(太平1:48). 삼두음은 힝역 독긔 플기 ᄀᆞ장 됴ᄒᆞ니라:三豆飮解痘毒(痘要上44). ②빌다. ¶ᄆᆞᅀᆞ미 正티 몯ᄒᆞ야 됴쿠주믈 묻그리ᄒᆞ야 種種 즁싱 주겨 神靈ᄭᅴ 플며(釋譜9:36).

·플·다 동 (힘을) 들이다. ¶힘 플 ᄲᅳ니니:費力(金三2:71).

플·다 동 풀다. ☞푸다 ¶머리 플고 거즛 미친 양ᄒᆞ샤:乃被髮佯狂(宣小4:25). 금시 머리ᄅᆞᆯ 플고 내ᄃᆞᄅᆞ니:琴氏披髮而出(東新續三綱. 烈6:47).

플더기다 동 풀떡거리다. ¶우리도 새 님 거러 두고 플더겨 볼가 ᄒᆞ노라(古時調. ᄇᆞ른 갑이라. 靑丘).

플덕플덕 부 풀떡풀떡. ¶금종달이 鐵網에 걸려 플덕플덕 프드덕이니(古時調. ᄇᆞ른 갑이라. 靑丘).

플리다 동 풀리다. ¶맛당이 긔운이 됴화ᄒᆞ여 병이 플리게 ᄒᆞᆯᄶᅵ니라(辟新5).

플무 명 풀무. ☞풀무 ¶쇠 블리ᄂᆞᆫ 플무:放砂爐(譯解上19). 골플무:風匣爐(譯解上20).

플믜 명 풀기〔糊氣〕. ☞풀의. 픈ᄌᆞᅴ. 플긔 ¶플믜 업다:不骨立(譯解補58).

플서리 명 푸서리. ☞프ᅀᅥ리. 픐서리 ¶치위옛 고즌 어즈러운 플서리예 그ᅀᅳᆨᄒᆞ고:寒花隱亂草(重杜解11:44).

플소옴 명 풀솜. ☞풀소옴. 픗소음 ¶纊은 이젯 새 플소옴이라:纊乃今之新綿(家禮5:2). 플소옴:綿子(譯解下5). ※플소옴>풀솜

플소음 명 풀솜. ☞풀소옴 ¶흰 플소음을 ᄡᅧ 대쵸ᄡᅵ 큼 ᄀᆞᆺ게 ᄒᆞ니:用白纊如棗核大(家禮5:10). 플소음 갑옷:綿甲(漢淸5:2).

플쳐내다 동 풀어 헤쳐내다. ¶내 나흘 플쳐 내여 열다ᄉᆞᆺ만 ᄒᆞ얏고져(古時調. 古歌).

플티다 동 '풀다'의 힘줌말. ¶銀河水 한 구비ᄅᆞᆯ 촌촌이 버혀내여 실ᄀᆞ티 플텨 이셔 뵈ᄀᆞ티 거러시니(松江. 關東別曲). 鴛鴦錦 버혀노코 五色線 플텨내여 금자히 견화이셔(松江. 思美人曲). 셜워 플텨 혜니 造物의 타시로다(松江. 續美人曲).

·픐·닙 명 풀잎. ¶그 中에 픐닙과 실 ᄆᆡ조미 니르러도:其中乃至草葉縷結(楞解1:87).

·픐뎌 명 풀피리. 초금(草琴). 초적(草笛). ☞픗뎌 ¶슬픈 픐뎌히 그ᅀᅳᆨᄒᆞ얫도다:隱悲笳(初杜解10:34). 픐뎌ᄂᆞᆫ 細柳營에셔 입놋다:笳吟細柳營(初杜解23:2).

픐서리 명 푸서리. ☞프서리. 프ᅀᅥ리 ¶치위옛 고즌 어즈러운 픐서리예 그ᅀᅳᆨᄒᆞ고:寒花隱亂草(初杜解11:44).

픔다 동 품다. ☞품다 ¶프믈 회:懷(石千15). 柚子ㅣ 아니라도 픔엄 즉ᄒᆞ다마ᄂᆞᆫ(古時調. 朴仁老. 盤中 早紅감이. 靑丘). ᄒᆞᆫ갓 感懷ᄅᆞᆯ 픔엇더니:徒抱感懷(常訓4). 디하의 가도 원을 프믈가 ᄒᆞ노라(女範3. 뎡녀 위부지쳐). 뉵적의 귤을 픔음과:懷(百行源11). ※픔다>품다

·픗:긔 명 풀기〔糊氣〕. ☞플긔 ¶무리픗긔 업시 다ᄃᆞ마 돌호로 미론 깁이니:白淸水絹(朴解集覽上12).

픗나못동 명 풋나뭇동. ¶묵은 픗나못동과 ᄡᅳ던 수셤이오 어린 老松 자근 大棗ㅣ로다(古時調. 金壽長. 머귀 여름. 海謠).

픗ᄂᆞ믈 명 풋나물. ¶보리밥 픗ᄂᆞ믈을 알마초 먹은 後에(古時調. 尹善道. 海謠).

픗뎌 명 풀피리. 초금(草琴). 초적(草笛). ☞픐뎌 ¶내 눉므른 ᄆᆞᆯᄀᆞᆫ 픗뎟 소리예 들이노라:客淚墮淸笳(初杜解3:25). 수수워려 입ᄂᆞᆫ 픗뎟 소리 나ᄂᆞ니:嘹唳吟笳發(初杜解23:45). 슬픈 픗뎌ᄂᆞᆫ 새배 그으기 수으놋다:哀笳曉幽咽(重杜解4:13). 시름ᄃᆞ왼 ᄠᅳ데 되 픗뎌 부ᄂᆞᆫ 나조히여:愁思胡笳夕(重杜解5:5).

·픗불·휘 명 풀 뿌리. ¶픗불휘예셔 이푸미 편티 아니ᄒᆞᆯ시:草根吟不穩(初杜解17:37).

픗소옴 명 풀솜. ☞플소옴 ¶픗소옴을 손ᄀᆞ락의 가마:用綿裹手指(痘要上3). 픗소옴을 손가락의 가마 지버:綿裹指印搯(痘要上26). 가온대 흰 ᄭᅩᆯ를 픗소옴애 ᄡᅡ 두드려 ᄇᆞ리라:取中心白者綿裹撲之(痘要下14). 그 믈을 픗소옴의 적셔 아긔 입에 흘려 드리라:取汁以綿蘸入口中(胎要68).

픗ᄌᆞᆷ 명 풋잠. 얕이 든 잠. ¶松根을 볘여 누어 픗ᄌᆞᆷ을 얼픗 드니(松江. 關東別曲). 져근덧 力盡ᄒᆞ야 픗ᄌᆞᆷ을 잠간 드니(松江. 續美人曲). 羲皇 벼개 우희 픗ᄌᆞᆷ을 얼픗 ᄭᅵ니(松江. 星山別曲).

픠·다 동 피다〔發〕. ☞퓌다. 프다 ¶빗난 동산 가온딧 고즌 일 픠욤애 도로 몬져 이울고:灼灼園中花早發還先萎(宣小5:26). 곧 고ᄌᆞ로 히여 픠게 호ᄆᆞᆯ:卽遣花開(重杜解

10:7). 수프렛 고준 디고 또 픠놋다:林花落又開(重杜解14:7). ᄀᆞᄋᆞᆯ의 곳 픠기ᄅᆞᆯ(癸丑221). 비 오면 곳 픠고:下雨開花(朴解上36). 白雪이 ᄌᆞ자진 골에 구루미 머흐레라 반가온 梅花ᄂᆞᆫ 어ᄂᆡ 곳에 픠엿ᄂᆞᆫ고(古時調. 李穡. 青丘). 風霜이 섯거친 날에 ᄀᆞᆺ 픠온 黃菊花를(古時調. 鄭澈. 青丘). 無情ᄒᆞᆫ 花柳도 ᄣᆡ를 아라 픠엿거든(古時調. 申欽. 寒食 비. 青丘). 어젯밤 비 온 後에 石榴 곳이 다 픠엿다(古時調. 申欽. 青丘). 녯 픠든 柯枝에 픠염 즉ᄒᆞ다만은(古時調. 梅花 녯. 海謠). 곳 픠다:開(漢清13:44). 長松 흣션 속의 포기마다 고지 픠니(辛啓榮. 月先軒十六景歌).

픠오다 동 피우다. ☞퓌오다. 퓌우다 ¶香 픠오다:點香(譯解上13).

픠오다 동 피우다. ☞픠우다 ¶風霜이 섯거친 날에 ᄀᆞᆺ 픠온 黃菊花를(古時調. 宋純. 青丘).

픠·우·다 동 피우다. ☞픠오다 ¶곳 픠우ᄆᆞᆯ 能히 ᄒᆞ며:能開…花(金三4:10).

·피 명 피〔血〕. ¶몸앳 필 뫼화 그르세 담아 男女를 내ᅀᆞᄫᆞ니(月印上2). 피 무든 ᄒᆞᆯᄀᆞᆯ 파 가져(月釋1:7). 어미 죽거늘 슬허 피 吐ᄒᆞ며:母亡悲慟嘔血(三綱. 孝28). 어젯바미 東녃 ᄇᆞᄅᆞ미 피ᄅᆞᆯ 부러 비뉘ᄒᆞ니:昨夜東風吹血腥(初杜解8:2). ᄒᆞᆫ 번 거루메 두 번 피 흘리ᄂᆞ니:一步再流血(初杜解16:70). 도ᄐᆡ 렴통앳 피로 골오 섯거:猪心血和匀(救簡1:97). 피 혈:血(訓蒙上30. 類合上22). 피:血(同文解上17).

·피 명 피. ¶피爲稷(訓解. 用字). 기장이 離離ᄒᆞ얫거늘 뎌 피ᄂᆞᆫ ᄀᆞᆺ 나놋다(南明上17). 피 직:稷. 피 패:䅯(訓蒙上12). 피 직:稷(類合上10). 피:稗子米(同文解下3). 피:稗子(漢清12:64). 피 패:稗(兒學上7).

피 명 구리 합금(合金)의 한 가지. ¶피:假鍮(柳氏物名五 金).

피곤ᄒᆞ다 형 피곤(疲困)하다. ¶사ᄅᆞᆷ이 굴모매 피곤ᄒᆞ여 것구러질 적의(三譯9:4).

·피·기 명 딸꾹질. ☞픡이 ¶피기 얼:噦(訓蒙上29). 산후에 피기 긋디 아녀:產後咳逆不止(胎要56). 피기:打嗝(譯解補23).

피기ᄒᆞ다 동 딸꾹질하다. ☞픡이질ᄒᆞ다. 퓌기ᄒᆞ다 ¶피기ᄒᆞ다:打嗝(同文解上19). 산후에 피기ᄒᆞᄂᆞᆫ 증이라:咳逆(胎要56).

·피나모 명 피나무. ☞피남우 ¶피나모:椵(四解上73). 피나모 가:椵(訓蒙叡山本上5). 피나모 단:椴(訓蒙東中本上10. 類合上9). 피나모:椴木(譯解下42).

피남우 명 피나무. ☞피나모 ¶피남우:椴(物譜 雜木).

피눈믈 명 피눈물. ¶피눈믈이 汪汪ᄒᆞᆯ떠니라:血淚汪汪(女四解2:15).

피다 동 패다〔發穗. 出穗〕. ☞퓌다 ¶곡식 피다:挑旗(漢清10:4).

·피·다 동 펴다. ☞펴다 ¶이 ᄠᅳ들 다시 피려 ᄒᆞ샤:欲重宣此義(圓覺下二之二42). 利害ᄅᆞᆯ 펴 닐어:陳說利害(宣賜內訓2上2).

피덩이 명 핏덩이. ¶듕형ᄒᆞᆫ 피덩이ᄅᆞᆯ ᄡᅳ어 담아(癸丑83).

:피·뎍 명 적(敵). ☞피편 ¶사ᄅᆞ미 믜유믈 원슈와 피뎍ᄀᆞ티 너기며:人疾之如讎敵(飜小8:30). 피뎍 뎍:敵(類合下21). 믜여홈을 원슈와 피뎍ᄀᆞ티 ᄒᆞ며:疾之如讎敵(宣小5:108).

피둑시 명 피죽새. ¶함박ᄭᅩᆺ히 뒤용벌 날고 됴팝남게 피둑시 운다(古時調. 바회 岩上에. 詩歌).

:피:란ᄒᆞ·다 동 피란(避亂)하다. ¶此ᄂᆞᆫ 避亂ᄒᆞ얏다가 再來而見其船之破也ㅣ라(初杜解6:44). 샹이 강화 피란ᄒᆞ시고 세ᄌᆞᄂᆞᆫ 뎐쥬의 분됴ᄒᆞ시다(山城5). 사ᄅᆞ미 다 避亂ᄒᆞ야 나가니(重杜解1:2).

피로ᄒᆞ다 동 피로(彼擄)하다. 사로잡히다. ¶김뉴의 첩ᄯᆞᆯ이 피로ᄒᆞ니 뉘 ᄂᆞᆼ골대ᄃᆞ려 닐오ᄃᆡ(山城132). 지아비 왜적의게 피로ᄒᆞ여ᄂᆞᆯ 니시 울고 조차 가:夫被擄於倭賊李氏哭而從之(東新續三綱. 烈3:86).

·피·리 명 피리. ¶비르수 嬴女ㅣ 피리 잘 부로ᄆᆞᆯ 알와라:始知嬴女善吹簫(初杜解9:40). 피리 필:觱. 피리 률:篥(訓蒙中32). 피리:管(同文解上53). 청풍은 져가 되고 명월은 피리 되야(쌍벽가). 피리 관:管(兒學上13).

피마·ᄌᆞ 명 피마자. ☞비마ᄌᆞ ¶피마ᄌᆞ:萆麻子(救簡3:45). 피마ᄌᆞ:蓖(四解上26). 피마ᄌᆞ 비:蓖(訓蒙上15). 피마ᄌᆞ:蓖麻(譯解下41). 피마ᄌᆞ:蓖蔴(同文解下46). 피마ᄌᆞ:大麻子(漢清13:12).

·피모·로 명 산 이름. ¶別號洪原其山鎭曰椵山 피모로(龍歌4:21).

피믈 명 피물(皮物). 짐승의 가죽. ¶군졸은 옷과 다ᄆᆞᆺ 피믈을 주시더라(仁祖行狀32).

피ᄡᆞᆯ 명 핍쌀. ¶피ᄡᆞᆯ:稗子(華類46).

피ㅅ대 명 혈관(血管). ¶피ㅅ대:血道(同文解上17).

피샹 명 피상(皮箱). ¶놉흔 피샹:抬箱. 져근 피샹:匣子(漢清11:32).

:피:셔ᄒᆞ·다 동 피서(避暑)하다. ¶袁紹ㅣ 河朔三伏之際예 飮酒ᄒᆞ야 避暑ᄒᆞ니라(初杜解10:39). 튤좌ᄒᆞ야 피셔ᄒᆞ더니(引鳳簫2).

피식기 명 놋쇠 식기. ☞피 ¶팔밥 피식기예 수독이 담고(要路院).

피ᄯᅩᆼ 명 피똥. ¶피ᄯᅩᆼ:血糞(牛疫方6).

·피·ᄯᆞᆷ 명 피땀. ¶驊騮ᄂᆞᆫ 삿기 ᄃᆞ외야실 저

거 ᄒᆞ마 피ᄯᆞᆷ 내오:驊騮作駒已汗血(初杜解8:30). ᄆᆞ리 오니 다 피ᄯᆞᆷ 내ᄂᆞ니오:馬來皆汗血(初杜解20:7).

·피싸·홈 명 피싸움. 혈전(血戰). ¶每日 피싸홈ᄒᆞ니 軍士ㅣ 주그니 만ᄒᆞ더니(三綱. 忠28).

피·슉 명 피육(皮肉). ¶皮肉은 이 色身이니(六祖中45).

:피:안 명 피안(彼岸). ¶波羅蜜ᄋᆞᆫ 이엣 飜譯에 뎌 ᄀᆞᅀᅢ 다ᄃᆞᄃᆞ 호미니 엇데 일후믈 到彼岸이라 ᄒᆞᄂᆞ뇨(金三1:4).

피요강 명 뚜껑 없는 놋쇠 요강. ¶두멍만ᄒᆞᆫ 피요강에(要路院).

피접 명 비접(避接). ¶문 밧긔 피접 나ᄂᆞᆫ 일도 네브터 이시니(癸丑88).

피졉 명 접붙이기의 한 가지. ¶엇졉 피졉 도마졉이 힝ᄎᆞ졉이(農月 三月令).

피:좃·다 동 자자(刺字)하다. ¶安樂國의 ᄂᆞᄎᆞᆯ 피좃고 ᄡᅮᆺ돐 므를 ᄇᆞᄅᆞ니라(月釋8:9). 피조ᅀᅩᆷ과 고 버힘과(三綱. 忠30). 피조ᅀᆞᆯ 경:黥(訓蒙下29).

피주발 명 놋쇠 주발. ¶이욱고 피주발에 ᄯᅳ물 숙녕 가득 부어(要路院).

피쥭시 명 피죽새. ¶죱팝남긔 피쥭시 울고 함박곳의 벌이 나셔(古時調. 白鷗야 풀풀 나지 마라. 靑丘).

피지다 동 어혈(瘀血)지다. 멍이 들다. ¶피지다:血瘀住(同文解下8). 피지다:血蔭(漢淸8:14).

피ᄌᆞ 명 살갗. ¶피ᄌᆞ 버서지다:擦破油皮(譯解補35).

피ᄎᆞ 명 피차(彼此). ¶피ᄎᆞ 대면치 아니ᄒᆞ다:彼此不對(漢淸7:7).

:피편 명 적(敵)의 편. 상대편. ☞비편. 피뎍 ¶엇데 우리 히미 能히 피편을 制禦ᄒᆞ리오:豈力能制敵歟(初杜解25:39).

피폐ᄒᆞ다 동 피폐(疲弊)하다. ¶힘이 피폐ᄒᆞ고(三略上19).

피해ᄒᆞ다 동 피해(被害)하다. 해를 입다. ¶내 아비과 내 지아비 목젼의셔 피해ᄒᆞ니:吾舅吾夫目前被害(東新續三綱. 烈3:7). 그 항걷 피해ᄒᆞᄂᆞᆫ 양을 보고:見其主被害(東新續三綱. 烈3:51). 피해ᄒᆞᆫ 사ᄅᆞᆷ돌홀 다 ᄒᆞᆫ골ᄀᆞ티 탕텩ᄒᆞ시고(仁祖行狀6).

:피·ᄒᆞ·다 동 피(避)하다. ¶京都애 도ᄌᆞ기 드러 님그미 避커시ᄂᆞᆯ:賊入京都君王出避(龍歌33章). 左右ㅣ ᄉᆞᆯᄫᆞᄃᆡ 블 避ᄒᆞ쇼셔 ᄒᆞ야ᄂᆞᆯ(三綱. 烈1). 王이 바ᄅᆞ래 ᄠᅥ 避ᄒᆞ다가 水中에 自然히 ᄉᆞ라 滅ᄒᆞ니라(楞解8:67). 모디닐 避호ᄃᆡ 비얌 쇠야기 저홈ᄀᆞ티 ᄒᆞᄂᆞ니:避惡如畏蛇蠍(宣賜內訓1:24). 뵈왓비 亂ᄒᆞᆫ 兵馬ᄅᆞᆯ 避ᄒᆞ야 가셔:蒼惶避亂兵(初杜解6:44). 기픈 뫼해 드다 호ᄆᆞᆫ 들에 요ᄆᆞᆯ 避ᄒᆞ고 괴외ᄒᆞ욤 求ᄒᆞ논 디 아니라(南明上58). 水火를 避홈이니 水ㅣ 더욱 深ᄐᆞᆺᄒᆞ며(宣孟2:30). 수우워리ᄂᆞᆫ ᄃᆡᄅᆞᆯ 避ᄒᆞ야 모진 범 잇ᄂᆞᆫ ᄃᆡᄅᆞᆯ ᄃᆞᆯ히 너기ᄂᆞ니:避喧甘猛虎(重杜解9:9). ᄇᆡᆨ셩이 저허 두려 죄ᄅᆞᆯ 避ᄒᆞᆯ 줄을 알 ᄢᅢ 잇과댜 호미오(警民序3). 보암 즉ᄒᆞ니ᄂᆞᆫ 보고 아니 보리어든 피ᄒᆞ되:見則見不見則避(女四解2:33). 피ᄒᆞ다:回避(同文解上30). 청누 음예ᄒᆞᆫ 곳을 피코져 ᄒᆞᄂᆞ이다(落泉1:3).

픽이질ᄒᆞ다 동 딸꾹질하다. ☞피기ᄒᆞ다 ¶픽이질ᄒᆞ다:打噎(譯解上37).

핀잔 명 부끄러움. ¶他國에 볼골 사오나오면 그 作法은 모로고 내 나라 핀잔은 아니온가(新語5:27).

핀잔저이 부 부끄럽게. ☞핀잔히 ¶장군을 핀잔저이 홈을 보고 내 안흐로 거룩이 애돌라 ᄒᆞ노라(三譯6:20).

핀잔젓다 형 부끄럽다. ☞-젓다 ¶핀잔젓다:慙愧(同文解上20).

핀잔주다 동 핀잔주다. ¶핀잔주다:搶白(譯解補52). 핀잔주다:搶白(漢淸7:53).

핀잔히 부 부끄럽게. ☞핀잔저이 ¶핀잔히 너길 티:耻(類合下15).

핀잔ᄒᆞ다 형 부끄럽다. ¶네 븟그리고 핀잔홈이 업시 더옥 점어셔 병셔ᄅᆞᆯ 니기 닑언노라 ᄒᆞ고(三譯6:13).

·필 명 필(疋. 匹). ¶깁 一百 匹을 주시고:賜束帛百端(宣賜內訓3:54). 비단 열 필 깁 열 필와:十表十裏(飜朴上45). 깁 ᄒᆞᆫ 피레ᄂᆞᆫ 가ᄂᆞᆫ뵈 두 피레 ᄑᆞ라:絹子一匹賣細麻布兩匹(飜老上14). 필 필:匹(類合上26). 깁 ᄒᆞᆫ 피레 비디 萬錢ᄋᆞᆯ 엇데 드르리오:豈聞一絹直萬錢(重杜解3:62). 小絹 ᄒᆞᆫ 필앤:小絹一匹(老解上12).

필 명 필(匹. 疋). 마리. ¶빗내 ᄭᅮ뮨 술위와 驂馬 各 네 필와:釆飾輅驂馬各一駟(宣賜內訓2下18). 이 됴ᄒᆞᆫ ᄆᆞᆯ 닷 피레 ᄆᆡ ᄒᆞᆫ 피레은 여듧 량곰 ᄒᆞ면:這五疋好馬每一疋八兩銀子(飜老下12). ᄒᆞᆫ 匹은 프를 너흘오 ᄒᆞᆫ 匹은 우ᄂᆞ니:一匹齕草一匹嘶(重杜解16:42). 그저 八九十 필 ᄆᆞᆯ을 가져오다가:只將的八九十箇馬來了(朴解中14).

필갑 명 필갑(筆匣). ¶명함 필갑:拜帖匣兒(譯解下15).

필경 부 필경(畢竟). ¶필경 너머지다:竟倒了(漢淸4:50).

필:경·에 부 필경(畢竟). ¶ᄒᆞ다가 能히 地와 水와 火와 風괏 四緣이 畢竟에 잢간도 제 得디 몯호ᄆᆞᆯ 볼기 알면 和合 이쇼ᄆᆞ로(圓覺上二之二29).

·필:경·히 부 필경(畢竟)히. 마침내. ¶圓覺 微妙ᄒᆞᆫ 性이 畢竟히 生이 업거늘 오직 ᄆᆞ

숨 迷호ᄆᆞ로 性中에 妄 봄 ᄀᆞᆮᄒᆞ니(圓覺上二之一39). 身心이 畢竟히 平等ᄒᆞ야 諸衆生과 體 ᄒᆞᆫ가지라 달옴 업슨 ᄃᆞᆯ 아라(圓覺下三之一121).

필마 명 필마(匹馬). ¶沙場애 匹馬도 ᄒᆡ여 돌아보내디 아니호리라:莫遣沙場匹馬還(重杜解10:30). 西湖 舊業에 匹馬로 도라오니(辛啓榮. 月先軒十六景歌).

필무명 명 필(疋)무명. ¶봄나이 필무명을 이 ᄣᅴ의 마젼ᄒᆞ고(農月 四月令).

필믁 명 필묵(筆墨). ¶필믁으로 능히 다ᄒᆞᆯ 배 아니니라(敬信56).

·**필부** 명 필부(匹夫). ¶匹夫ᄂᆞᆫ 可히 志를 奪티 몯ᄒᆞᄂᆞ니라:匹夫不可奪志也(宣論2:48). 이ᄂᆞᆫ 匹夫의 勇이라:此匹夫之勇(宣孟2:10). 하ᄂᆞᆯ이 도으면 필부도 텬ᄌᆞ 되고 하ᄂᆞᆯ이 벌을 ᄡᅳ면(山城42). 石崇은 累巨萬財로되 匹夫로 죽고(古時調. 世上 富貴人들아. 青丘). 이 노창을 숙모라 부ᄅᆞ고 ᄀᆡ ᄀᆡ 필부ᄅᆞᆯ 대인이라 ᄒᆞ니(落泉1:1).

·**필·부** 명 필부(匹婦). ¶엇디 匹夫 匹婦의 諒홈이라:豈若匹夫匹婦之爲諒也(宣論3:59). 匹夫와 匹婦ᄅᆞᆯ 爲ᄒᆞ야 讎ᄅᆞᆯ 復ᄒᆞ시다 ᄒᆞ니라:爲匹夫匹婦復讎也(宣孟6:16).

필·ᄇᆡᆨ 명 필백(疋帛). ¶彩ᄂᆞᆫ 빗난 필ᄇᆡᆨ이라(釋譜23:38).

·**필연ᄒᆞ·다** 형 필연(必然)하다. ¶善因은 樂果ㅣ오 惡因은 苦果ㅣ 必然ᄒᆞᆫ 理니 그리메 얼굴 조촘 ᄀᆞᆮᄒᆞ니라(永嘉上114). 業因이 ᄒᆞ마 일면 果 블루미 必然ᄒᆞᆯ시(圓覺上一之一82).

필연 명 필연(筆硯). ¶언필의 필연과 최젼을 티호셕상의 노흔ᄃᆡ(引鳳簫2).

필연 부 필연(必然). 꼭. 반드시. ¶필연 ᄃᆞ려갈 사ᄅᆞᆷ의게 더러오미 되리니:必爲押去者所汚(東續三綱. 烈5). 귀 느러여 소곰 실라 갈쟉신ᄃᆞᆯ 필연 千里馬ᄅᆞᆯ 몰라야 보랴마ᄂᆞᆫ(古時調. 鄭澈. 松江).

필연히 부 필연(必然)하게. 반드시. ¶필연히 디옥에 ᄲᅥ러디면(王郎傳2).

필이 명 피라미. ¶필이:鰷(柳氏物名二 水族).

·**필ᄒᆞ·다** 동 필(畢)하다. ¶公事를 畢ᄒᆞᆫ 然後에 敢히 私事를 治ᄒᆞᆯᄯᅵ니 ᄡᅥ 野人을 別ᄒᆞᄂᆞᆫ 배니라(宣孟5:16). 祭禮ᄒᆞᆯ 제 계오 高祖ᄭᅴ 祭ᄅᆞᆯ 畢ᄒᆞ옵고(家禮1:20).

핍박ᄒᆞ다 동 핍박(逼迫)하다. ¶예 도적기 경산의 핍박ᄒᆞ여 녈부의 사ᄂᆞᆫ ᄆᆞᄋᆞᆯ히 ᄃᆞ라드니:倭賊逼京山突入烈婦所居里(東三綱. 烈3). 바다 도적이 셩히 핍박호ᄃᆡ:海寇熾迫(東新續三綱. 孝1:52). 밧ᄭᅳ로 위티코 두려 오매 핍박ᄒᆞ여(仁祖行狀3). 賊의 핍박ᄒᆞᆫ 배 되야(女四解4:22). 호화한 ᄆᆞᄋᆞᆷ이 업지 못ᄒᆞ야 화연을 핍박ᄒᆞ니(落泉1:2).

핍진ᄒᆞ다 동 핍진(乏盡)하다. ¶일단 슉질지의ᄂᆞᆫ 업지 아니ᄃᆡ 긔한이 핍진ᄒᆞ니 만흔 금을 바다 가지고져 ᄒᆞ야(落泉1:2).

·**핏·내** 명 피냄새. ¶큰 毒蛇ㅣ 핏내 맏고 ᄃᆞ라오다가(月釋10:24).

·**핏무적** 명 핏덩어리. ¶머리 우희 블븓고 누니 핏무적 ᄀᆞᆮ고(釋譜6:33).

핏줄 명 핏줄. ¶혀 아래 두 녁 겯 핏주를 딜어 피 두어 되만 나게 ᄒᆞ고:刺舌下兩邊脉血出數升(救簡2:90).

핑계 명 핑계. ¶비록 말고젼들 므슴 핑계 ᄒᆞ려니오(古時調. 金天澤. 賀季眞의. 青丘). 핑계 어드려 ᄒᆞ다:尋趁(漢淸7:50). 이리 핑계 져리 핑계 ᄒᆞ여(隣語1:12).

핑계ᄒᆞ다 동 핑계하다. ¶김뉴 스ᄉᆞ로 ᄲᅡ화 패ᄒᆞ고 탓ᄒᆞᆯ 곳이 업ᄌᆞ니 핑계ᄒᆞ여 니ᄅᆞᄃᆡ(山城33). 핑계ᄒᆞ다:挑釁(同文解上32). 박소릐 핑계ᄒᆞ고 操狀이 놉건이와(古時調. 金天澤. 箕山에. 海謠). 핑계ᄒᆞ다:托辭(譯解補52). 이 집의 가 의지ᄒᆞ자 가ᄂᆞᆫᄒᆞ다 핑계ᄒᆞ고(萬言詞).

핑이 명 팽이. ¶핑이 돌리다:碾掇落子(譯解下23). 핑이:托羅(漢淸9:17).

·**ᄑᆞ·개** 명 파개. ¶ᄑᆞ개:㪷斗(四解上41 㪷字註). ᄑᆞ개 호:㪷(訓蒙中25).

·**ᄑᆞ·ᄂᆞ외·다** 동 팔아치우다. 〔'ᄑᆞᆯ다+ᄂᆞ외다'의 복합동사.〕 ¶다 ᄑᆞᄂᆞ외며 던디며 집ᄃᆞᆯ 볼모드리니:都盡賣了田産房舍也典當了(飜老下55).

·**ᄑᆞ·다** 동 파다〔掘〕. ¶굳 ᄑᆞ고 블 퓌우니(月印上22). 피 무든 ᄒᆞᆯᄀᆞᆯ 파 가져(月釋1:7). ᄒᆞ다가 포ᄆᆞᆯ 因ᄒᆞ야 낡딘댄:若因鑿出(楞解3:89). 포ᄆᆞᆯ 因티 아니ᄒᆞ야 낡딘댄:不因鑿出(楞解3:89). 山ᄋᆞᆯ 파 허러:塹鑿山破(金剛序7). 方便門 여르샤ᄆᆞᆫ 우믈 폼 ᄀᆞᆮ고:開方便門猶鑿井也(法華4:95). 구무 포ᄃᆡ 藥 들 만ᄒᆞ야:鑿作孔令可受藥(救急上81). 禹의 ᄑᆞ샨 서늘ᄒᆞᆫ ᄀᆞᄅᆞ미:禹鑿寒江(初杜解8:41). 禹ㅣ 龍門ᄋᆞᆯ ᄑᆞ실시 禹門이라도 ᄒᆞᄂᆞ니라(南明上64). ᄯᅡ해 ᄒᆞᆫ 져고맛 구듫 ᄑᆞ고:掘地上作一小坑(救簡2:40). ᄑᆞᆯ 굴:掘(類合下32). ᄆᆡᆺ그러운 돌히 기우렁ᄂᆞ니 뉘 ᄑᆞ돗던고:滑石欹誰鑿(重杜解1:32). ※ᄑᆞ다>파다

ᄑᆞ·**다** 동 ①포개다. ¶쇼ᄒᆞᆯ 포 셜오 안ᄌᆞ며:累裀而坐(三綱. 孝2 子路負米).
②거듭하다〔累〕. ¶ᄒᆡ 디나며 ᄃᆞᆯ 파:經年累月(佛頂中7). 그리 나간 디 날이 ᄑᆞ니 그덧 ᄉᆞ이도 섭섭ᄒᆞ고(諺簡. 仁宣王后諺簡).

·**ᄑᆞ·디** 동 팔지〔賣〕. ㉮ᄑᆞᆯ다 ¶나라해 出令호ᄃᆡ 됴ᄒᆞᆫ 고ᄌᆞ란 ᄑᆞ디 말오 다 王ᄭᅴ 가져

오라(月釋1:9). 祭器ᄅᆞᆯ ᄑᆞ디 아니ᄒᆞ며:不粥祭器(宣小2:28).

·ᄑᆞ라·놀 동 팔거늘. ㉮ᄑᆞᆯ다 ☞-아놀 ¶太子ㅣ 구쳐 ᄑᆞ라놀 須達이 깃거(釋譜6:25).

ᄑᆞ라ᄇᆞᆯ가ᄒᆞ·다 형 파라발갛다. ¶마ᄉᆞᆫ닐굽 차힌 터럿비치 ᄑᆞ라ᄇᆞᆯ가ᄒᆞ샤미 孔雀ᄋᆡ 모기 ᄀᆞᄐᆞ시며(月釋2:58).

·ᄑᆞ·람 명 휘파람. ☞슈ᄑᆞᄅᆞᆷ ¶나비 ᄑᆞ람 기리 이푸믈:猿嘯長吟(永嘉下106). ᄑᆞ람 쇼:嘯(訓蒙下32. 類合下6. 石千39). ᄉᆞ나ᄒᆡ 안해 들어 ᄑᆞ람 ᄒᆞ디 아니코 ᄀᆞᄅᆞ치디 아니ᄒᆞ며:男子入內不嘯不指(宣小2:52). ᄒᆞ믈며 무덤 우ᄒᆡ 젼나비 ᄑᆞ람 불 제 뉘우ᄎᆞᆫᄃᆞᆯ 엇디리(松江. 將進酒辭). 긴 ᄑᆞ람 큰 ᄒᆞᆫ 소ᄅᆡ에 거칠 거시 업세라(古時調. 金宗瑞. 朔風은. 青丘). 閑愁ᄅᆞᆯ 못 禁ᄒᆞ야 ᄑᆞ람을 기리 불고(辛啓榮. 月先軒十六景歌).

·ᄑᆞ·라ᇝ소·ᄅᆡ 명 휘파람 소리. ¶그 귀예 드로ᄃᆡ 翛翛ᄒᆞ야 ᄑᆞ라ᇝ소ᄅᆡ ᄀᆞᆮ고:聽其耳中翛翛有如嘯聲(救急上39).

ᄑᆞ래 명 파래박. ☞파래. ᄑᆞ개 ¶ᄑᆞ래 호:戽(倭解下18).

ᄑᆞ르다 형 파랗다. ☞ᄑᆞᄅᆞ다 ¶ᄑᆞ를 록:綠(倭解下11).

·ᄑᆞ리 명 파리. ☞ᄑᆞᆯ ¶ᄒᆞ몰며 ᄀᆞᅀᆞᆶ 後에 ᄀᆞ장 ᄑᆞ리 하도다:況乃秋後轉多蠅(初杜解10:28). 天地옌 프른 ᄑᆞ리 잇ᄂᆞ니라:天地有蒼蠅(初杜解20:26). ᄑᆞ리 승:蠅(訓蒙上21). ᄑᆞ리 승:蠅(類合上16). ᄑᆞ리 승:蠅(詩解 物名9). ᄑᆞ리:蠅子(譯解下35). 엇지 ᄑᆞ리 이리 만흐뇨:怎麼這蠅子這麼多呢(朴新解3:1). ᄑᆞ리 승:蠅(兒學上8).

ᄑᆞ리채 명 파리채. ☞ᄑᆞ리ᄎᆡ ¶ᄑᆞ리채 가져다가 다 ᄧᅩᆺ고:將蠅拂子來都赶了(朴解中55). ᄑᆞ리채:蠅拂子(譯解下14. 同文解下13. 物譜 服飾). ᄑᆞ리채:蠅箒(漢淸11:35).

ᄑᆞ리ᄎᆡ 명 파리채. ☞ᄑᆞ리채 ¶ᄑᆞ리ᄎᆡ:蠅拂子(柳氏物名二 昆蟲).

ᄑᆞᄅᆞ·다 형 파랗다. ☞ᄑᆞ르다 ¶綠眞珠 光이 나며:綠ᄋᆞᆫ ᄑᆞᄅᆞᆯ 씨라(月釋8:10). 즈믄 이러메 ᄑᆞᄅᆞᆫ 시미 어즈럽도다:千畦碧泉亂(初杜解7:36). ᄑᆞᄅᆞᆫ 비치 柴門에 뮈놋다:碧色動柴門(初杜解10:6). 므겁고 ᄑᆞᄅᆞ니란 봆수를 잡고:重碧拈春酒(初杜解15:52). 서르 보면 누니 ᄆᆞᄎᆞ매 ᄑᆞᄅᆞ리로다:相見眼終靑(初杜解24:5). ᄑᆞᄅᆞᆯ 벽:碧(訓蒙中30). ᄑᆞᄅᆞᆫ 玉甁中엔 흰 믌겨리 ᄂᆞ솟고:碧玉甁中銀浪湧(眞言49). ᄑᆞᄅᆞᆯ 록:綠(類合上5). ᄑᆞᄅᆞ닌 구윗 소곰 굽ᄂᆞᆫ 넛비치로다:靑者官鹽煙(重杜解1:18).

ᄑᆞ이다 동 파게 하다. ☞ᄑᆡ이다 ¶드듸여 ᄒᆞᆫ 굿ᄋᆞᆯ ᄑᆞ이ᄃᆡ:遂令掘一坑(無寃錄1:42).

ᄑᆞᆨ이 명 딸꾹질. ☞피기. 피기ᄒᆞ다 ¶ᄑᆞᆨ이:呃逆(物譜 氣血).

ᄑᆞᆺ 명 팥. ¶계집은 ᄑᆞᆺ 두닐곱을 ᄉᆞᆷ기면 됴ᄒᆞ니라(辟新15).

ᄑᆞᆯ 명 팔〔臂〕. ☞ᄇᆞᆯ ¶큰 구스를 ᄢᅦ여 ᄑᆞᆯᄒᆡ ᄆᆡ옛더니:連大珠以爲繫臂(宣賜內訓3:36). ᄇᆞᄅᆞᆷ마자 손과 ᄑᆞᆯ왜:中風手臂(救簡1:29). ᄯᅩ ᄑᆞᆯ와 구브를 ᄲᅮ츠며 굽힐훠 보라:仍摩捋臂腿屈伸之(救簡1:60). ᄑᆞᆯᄒᆡ 游光厲鬼라 쓰라(瘟疫方7). ᄑᆞᆯ 걸:肐(訓蒙上25). ᄑᆞᆯ 굉:肱(訓蒙上26). ᄑᆞᆯ 비:臂(訓蒙上26. 類合上21). ᄑᆞᆯ 공:肱(類合上21). 掣肘:ᄑᆞᆯ을 ᄃᆞᆼᄀᆡ미니 븓들리단 말이라(宣小6:123). 합졀의 ᄑᆞᆯᄒᆞᆯ 티고:擊合節臂(東三綱. 忠2 丕寧突陣). 김시 ᄒᆞᆫ ᄑᆞᆯᄒᆞ로 그 지아븨 시신을 그어 조샹 무덤 ᄒᆞᆫᄃᆡ 영장ᄒᆞ고:金氏以一臂曳其夫屍葬於先隴(東新續三綱. 烈4:39 金氏斷臂). ᄆᆞᆯᄀᆞᆫ 빗체 玉 ᄀᆞᆮᄒᆞᆫ ᄑᆞᆯ히 서늘ᄒᆞ니라:淸輝玉臂寒(重杜解12:4). 繼母ㅣ ᄑᆞᆯᄒᆡ ᄆᆡ엿던 구슬을 ᄇᆞ린대:繼母棄其繫臂珠(重內訓3:30). ᄑᆞᆯ을 디ᄅᆞ며 손가락을 버혀:刺臂斬指(女四解4:15). ᄑᆞᆯ:臂(同文解上15). 신광션ᄉᆞ ᄑᆞᆯ 버히며(普勸文海印寺板43). 돗긔로 그 ᄑᆞᆯ을 ᄶᅵᆨ어ᄇᆞ리니:引斧自斷其臂(五倫3:33). ※ᄑᆞᆯ＜ᄇᆞᆯ

·ᄑᆞᆯ 명 파리. ☞ᄑᆞ리 ¶ᄑᆞᆯ爲蠅(訓解. 用字). ※ᄑᆞᆯ＞ᄑᆞ리＞파리

ᄑᆞᆯ거리 명 팔걸이. ¶ᄑᆞᆯ거리 ᄒᆞ다:手彎子(漢淸4:49).

ᄑᆞᆯ구미 명 팔꿈치. ☞ᄑᆞᆯ구브렁. ᄑᆞᆯ구븨. ᄑᆞᆯㅅ구머리 ¶ᄑᆞᆯ구미 쥬:肘(倭解上17).

ᄑᆞᆯ구브렁 명 팔꿈치. ☞ᄑᆞᆯ구븨. ᄑᆞᆯㅅ구머리 ¶ᄑᆞᆯ구브렁 듀:肘(訓蒙上26).

ᄑᆞᆯ구븨 명 팔꿈치. ☞ᄑᆞᆯ구미. ᄑᆞᆯ구브렁. ᄑᆞᆯㅅ구머리 ¶ᄑᆞᆯ구븨 듀:肘(類合上21). 듀ᄂᆞᆫ ᄑᆞᆯ구븨라(家禮1:39).

ᄑᆞᆯ님자 명 팔 임자. 파는 사람. ¶ᄯᅩ ᄑᆞᆯ님자도 셔디 아니ᄒᆞ야:也不向賣主(老解下10). ᄑᆞᆯ님재 갑슬 만히 ᄇᆞ라면:賣主多指望價錢(老解下12). ᄑᆞᆯ님재 즈름갑슬 ᄀᆞᅀᆞᆷ아ᄂᆞ니:賣主管牙錢(老解下16).

·ᄑᆞᆯ·다 동 팔다. ¶이 東山ᄋᆞᆯ ᄑᆞ로리라(釋譜6:24). 太子ㅣ 구쳐 ᄑᆞ라놀 須達이 깃거(釋譜6:25). 지븨 모셔다가 죵 사마 ᄑᆞ라시놀(月釋8:100). 지블 ᄑᆞ라 香華와 供養ᄒᆞᇙ 것ᄃᆞᆯᄒᆞᆯ 너비 求ᄒᆞ야(月釋21:20). 고기 ᄑᆞ라 제 사ᄂᆞ닐:販肉自活(法華5:27). 南녁 져잣 ᄂᆞᄅᆞᆺ 머리예서 ᄇᆡ ᄑᆞᆯ리 잇건마ᄅᆞᆫ:南市津頭有舡賣(初杜解10:4). ᄡᆞᆯ ᄑᆞᆯ 됴:糶(訓蒙下20). ᄑᆞᆯ 현:衒. ᄑᆞᆯ 매:賣(訓蒙下21). 술 ᄑᆞᆯ 지븨 수를 사라 가고신ᄃᆡᆫ(樂詞. 雙花店). ᄑᆞᆯ ᄆᆡ:賣(類合下45). 차 ᄑᆞᄂᆞᆫ 집과 술 ᄑᆞᄂᆞᆫ 집의:茶肆酒肆(宣小6:3). 술 ᄑᆞᄂᆞᆫ 짓 壚ᄅᆞᆯ 爲ᄒᆞ야 언노라:爲覓酒家壚

(重杜解2:18). ᄑᆞᆯ기 근심ᄒᆞ료:愁甚麼賣(老解下24). 또 언머의 ᄑᆞᆯ짜:却賣多少(老解下25). 너를 ᄒᆞᆫ 냥 은을 줄 ᄡᅥ시니 ᄑᆞᆯ짜:與你一兩銀子賣麼(朴解下26). 졈 ᄑᆞ다:賣卜(譯解上64). 머리털을 버혀 ᄀᆞ만이 ᄑᆞ라(女四解4:53).

·ᄑᆞᆯ·다 동 흥정하다. ☞흥졍ᄒᆞ다 ¶金地國에 가 돈ᄋᆞᆯ ᄑᆞ라 불어 三千貫ᄋᆞᆯ 가져 오더니(月釋23:64).

ᄑᆞᆯ댱 명 팔짱. ☞ᄑᆞᆯ뎡. ᄑᆞᆯ쟝 ¶ᄑᆞᆯ댱 디ᄅᆞᄂᆞᆫ 거시 므슴 법고:叉手如何法(語錄39).

ᄑᆞᆯ뎡 명 팔짱. ☞ᄑᆞᆯ댱 ¶ᄑᆞᆯ뎡 고ᄌᆞᆯ 공:拱(類合下16). ᄲᆞᆯ리 거러 나아가 바ᄅᆞ 셔 ᄑᆞᆯ뎡 고자:趨而進正立拱手(宣小2:58). 또 단졍히 안자 ᄑᆞᆯ뎡 고ᄌᆞ며:亦端坐拱手(宣小6:112). ᄑᆞᆯ뎡 곳고 안자셔 주그믈 기들우디 말라:切勿袖手待斃(痘要上37).

ᄑᆞᆯ·독 명 팔뚝. ☞ᄇᆞᆯ톡. ᄑᆞᆯㅅ독. ᄑᆞᆯ쏙 ¶ᄑᆞᆯ독:肐膊(四解上61 肐字註). 그 사ᄅᆞᄆᆡ 왼 ᄑᆞᆯ독애 살 마자 샹ᄒᆞ얏고:那人左肐膊上射傷(飜老上30). ᄑᆞᆯ독 박:膊(訓蒙上25). 왼녁 ᄑᆞᆯ독에 살 마자 샹ᄒᆞ엿고:左肐膊上射傷(老解上27).

·ᄑᆞᆯ·리 명 팔 이. 팔 사람. ¶ᄑᆞᆯ리 져기 덜오:賣的減了些箇(飜老下13).

ᄑᆞᆯ매질 명 팔매질. ¶궐닉의 ᄑᆞᆯ매질도 ᄒᆞ고(癸丑9). ᄑᆞᆯ매질은 다ᄅᆞᆫ 흉ᄒᆞᆫ 일은 아니라 ᄒᆞᆫ다 ᄒᆞ거니와(諺簡. 仁宣王后諺簡).

ᄑᆞᆯ매질ᄒᆞ다 동 팔매질하다. ¶궐닉예 ᄑᆞᆯ매질ᄒᆞ며(西宮日記上1).

ᄑᆞᆯ매ᄒᆞ다 동 팔매질하다. ☞ᄑᆞᆯᄆᆡᄒᆞ다 ¶ᄑᆞᆯ매ᄒᆞ여 더디다:擲了(同文解上29).

ᄑᆞᆯ목 명 팔목. ¶ᄑᆞᆯ목 업슨 놈:痒子(譯解上29). ᄑᆞᆯ목 쥐시거든 두 손으로 바티리라(古時調. 鄭澈. 松江).

ᄑᆞᆯᄆᆡᄒᆞ다 동 팔매질하다. ☞ᄑᆞᆯ매ᄒᆞ다 ¶ᄑᆞᆯᄆᆡᄒᆞ다:撇遠(漢淸7:47).

ᄑᆞᆯ버히옷 명 반소매옷. ¶ᄑᆞᆯ버히옷:半臂(物譜 衣服).

ᄑᆞᆯㅅ구머리 명 팔꿈치. ☞ᄑᆞᆯ구미. ᄑᆞᆯ구브렁. ᄑᆞᆯ구븨 ¶ᄑᆞᆯㅅ구머리:拐肘子(譯解上34).

ᄑᆞᆯㅅ댱 명 팔짱. ☞ᄑᆞᆯ댱. ᄑᆞᆯ뎡 ¶ᄑᆞᆯㅅ댱 디ᄅᆞ다:叉手(譯解上39).

ᄑᆞᆯㅅ독 명 팔뚝. ☞ᄑᆞᆯ독. ᄑᆞᆯ쏙 ¶팔ㅅ독:肘(漢淸5:52).

ᄑᆞᆯ·쇠 명 팔찌. ☞ᄇᆞᆯ쇠. ᄑᆞᆯ지 ¶ᄒᆞᆫ 쌍 ᄑᆞᆯ쇠:一對釧兒(飜朴上20). ᄑᆞᆯ쇠 쳔:釧(訓蒙中24. 類合上32). ᄑᆞᆯ쇠:釧子(同文解上54. 譯解補28). 순금 ᄑᆞᆯ쇠 ᄒᆞᆫ 빵과 빅옥 지환 명쥬를(洛城1).

ᄑᆞᆯ쏙 명 팔뚝. ☞ᄑᆞᆯ독. ᄑᆞᆯㅅ독 ¶ᄑᆞᆯ쏙:肐膊(譯解上34. 同文解上15).

ᄑᆞᆯ왇 명 묵은 밭. 화전(火田). ☞ᄑᆞᆯ왓 ¶ᄑᆞᆯ왇 버후메 당당이 나를 虛費ᄒᆞ리로소니:斫畬應費日(初杜解7:17).

ᄑᆞᆯ왓 명 묵은 밭. 화전(火田). ☞ᄑᆞᆯ왇 ¶ᄑᆞᆯ왓 ᄒᆞ야 븘소리를 虛費ᄒᆞᄂᆞ다:畬田費火聲(重杜解3:46). ᄑᆞᆯ왓 버후매 당당이 나를 虛費ᄒᆞ리로소니:斫畬應費日(重杜解7:17).

ᄑᆞᆯ쟝 명 팔짱. ☞ᄑᆞᆯ댱 ¶ᄑᆞᆯ쟝 지르다:拱手(同文解上51). ᄑᆞᆯ쟝 지르다:抄手(漢淸7:28).

ᄑᆞᆯ·지 명 팔찌. ☞ᄑᆞᆯ쇠 ¶ᄑᆞᆯ지:韝 射臂決(四解下64). ᄑᆞᆯ지 한:鞁. ᄑᆞᆯ지 구:韝(訓蒙中28). ᄑᆞᆯ지:拾(物譜 衣服). ᄑᆞᆯ지:釧(物譜 衣服). ※ᄑᆞᆯ지>팔찌

ᄑᆞᆯ히 명 팔이. 〔ㅎ첨용어 'ᄑᆞᆯ'의 주격(主格).〕 (독)ᄑᆞᆯ ¶ᄆᆞᆯᄀᆞᆫ 빗체 玉 ᄀᆞᄐᆞᆫ ᄑᆞᆯ히 서늘ᄒᆞ니라:清輝玉臂寒(重杜解12:4).

ᄑᆞᆯᄒᆡ 명 팔에. 〔ㅎ첨용어 'ᄑᆞᆯ'의 부사격(副詞格).〕 (독)ᄑᆞᆯ ¶繼母ㅣ ᄑᆞᆯᄒᆡ ᄆᆡ엿던 구슬을 ᄇᆞ린대:繼母棄其繫臂珠(重內訓3:30). 夫人이 ᄑᆞᆯᄒᆡ ᄆᆡ엿다가 글러 ᄇᆞ리셔ᄂᆞᆯ:夫人解繫臂棄之(重內訓3:31).

·ᄑᆞᆺ 명 팥. ☞ᄑᆞᆾ ¶ᄑᆞᆺ爲小豆(訓解. 用字). 블근 ᄑᆞᆺ 半 되 ᄉᆞᆯ믄 므를 덥게 ᄒᆞ야:赤小豆半升煮汁熱(救急上6). 또 매 마ᄌᆞᆫ 瘡ᄋᆞᆯ 고튜ᄃᆡ ᄑᆞᆺᄀᆞᆯ ᄂᆞ로니 시버 알ᄑᆞᆫ ᄃᆡ ᄇᆞ티면 됴ᄒᆞ니라:又方治杖瘡用赤小豆細嚼敷於患處妙(救急下21). 블근 ᄑᆞᆺ 반 량과 ᄎᆞ밋 고고리 반 량과ᄅᆞᆯ:赤小豆半兩瓜蔕半兩(救簡2:32). ᄑᆞᆺ 두:荳(訓蒙上13). ᄑᆞᆺ 두:豆(類合上10). ᄑᆞᆺ:小豆(朴解下37). ※ᄑᆞᆺ>팥

ᄑᆞᆺ단ᄌᆞ 명 팥단자. ¶ᄑᆞᆺ단ᄌᆞ:豆麪糕(漢淸12:46).

ᄑᆞᆺ닭 명 뜸부기. ☞ᄑᆞᆺᄃᆞᆰ ¶ᄑᆞᆺ닭:秧雞 如小雞白斑長觜居田澤畔(柳氏物名一 羽蟲).

ᄑᆞᆺᄃᆞᆰ 명 뜸부기. ☞듬부기. ᄑᆞᆺ닭 ¶ᄑᆞᆺᄃᆞᆰ:鸂鶒(譯解下28). ᄑᆞᆺᄃᆞᆰ:秧雞(物譜 羽蟲).

·ᄑᆞᆺ바·리 부 흔히. 많이. ¶鮮有ᄂᆞᆫ ᄑᆞᆺ바리 잇디 아니타 ᄒᆞᄂᆞᆫ ᄠᅳ디라(釋譜序2).

ᄑᆞᆺ비누 명 팥비누. ¶ᄑᆞᆺ비누:豆麵(漢淸11:24).

ᄑᆞᆺ비히 명 메뚜기. ☞ᄑᆞᆺ쎄히 ¶ᄑᆞᆺ비히:樗雞(東醫 湯液二 蟲部).

ᄑᆞᆺ비히글가리 명 메뚜기류. ¶ᄑᆞᆺ비히글가리:沙雞 阜螽(物譜 飛蟲).

ᄑᆞᆺᄇᆡ 명 팥배. ☞팟ᄇᆡ ¶ᄑᆞᆺᄇᆡ:杜梨 棠梨(物譜 木果).

ᄑᆞᆺ소 명 팥소. ¶ᄑᆞᆺ소:豆餡(譯解上51).

ᄑᆞᆺ쎄히 명 메뚜기. ☞ᄑᆞᆺ비히 ¶ᄑᆞᆺ쎄히:樗雞(柳氏物名二 昆蟲).

ᄑᆞᆺ쥭 명 팥죽. ¶供養ᄒᆞᄂᆞᆫ 거슨 이 ᄑᆞᆺ쥭과:供養的是豆子粥(朴解下42). 딜가마 조히 싯고 바회 아래 쉼물 기러 ᄑᆞᆺ쥭 ᄃᆞᆯ게 ᄡᅮ고(古時調. 金光煜. 青丘).

·ᄑᆞᆾ 명 팥. ☞ᄑᆞᆺ ¶ᄑᆞᄎᆞ란 앗고 汁을 ᄃᆞ시ᄒᆞ

야 머그면:去豆取汁溫服(救急下88). 블근 ᄑᆞᆺ출 초애 ᄆᆞ라 ᄇᆞ론 후에:赤小豆和醋塗後(救簡6:22). 블근 ᄑᆞᆺ출 녀허 우므레 이틀만 ᄃᆞᆷ가 둣다가:小豆(簡辟15). ᄯᅩ 冬至ㅅ 나래 블근 ᄑᆞᆺᄎᆞ로 粥 수어 머그면(簡辟19). 블근 ᄑᆞᆺ출 새 뵈 줌치에 녀허:赤小豆新布帒盛之(瘟疫方5).

픠가ᄒᆞ다 [동] 패가(敗家)하다. ¶가싱의 쳡 화연이 동가의 죵이라 가싱이 동가ᄅᆞᆯ 차ᄌᆞ미 동젼치 픠가ᄒᆞ여 걸식ᄒᆞ니(落泉3:8).

:픠·기ᄒᆞ·다 [동] 딸꾹질하다. ☞피기ᄒᆞ다 ¶ 픠기ᄒᆞ며 트림ᄒᆞ며 ᄌᆞ채욤ᄒᆞ며 기춤ᄒᆞ며:噦噫嚏咳(宣小2:7).

픠·다 [동] 패다〔發穗〕. ☞피다 ¶苗ᄂᆞᆫ 아니 픤 穀食이오 稼ᄂᆞᆫ 픤 穀食이라(法華3:36). 몯내 픤 이사기 굳고 ᄢᅵᆯᄡᆞᆯᄒᆞᆫ 거시니(救急上46). 이삭 픠다:發穗(譯解下8). 필 발:發(兒學下13). ※픠다>패다

픠·다 [동] 패다〔割〕. 쪼개다. ¶혀는 제 몸 픠ᄂᆞᆫ 도최라:口舌者鑿身之斧(釋譜11:43). 院에 가 자다가 남기 업거늘 부텨 세홀 픠야 디ᄃᆞ니라(金三5:49).

·픠·다 [동] 파이다〔掘〕. ¶ᄒᆞᆫ 크고 기픈 디함을 픠고:掘開一箇老大深淺地坑(朴解中27). 흙을 픠여:掘土(朴解下5). ᄶᅡ 픠고 穀食 녀ᄂᆞᆫ ᄃᆡ:地窨(譯解上8).

픠다 [동] 소, 돼지 따위를 잡다. ¶박그로셔ᄂᆞᆫ 납향제 도다지 만히 들매 니관이 ᄌᆞ뎐긔 엇디ᄒᆞ여 드리리잇가 픠여 드리라 ᄒᆞ니(癸丑200).

픠오다 [동] 파내다. 파헤치다. ¶그 ᄣᅢ예 曹操ㅣ 일을 픠와 알외니(三譯9:11).

픠이·다 [동] 패다. 파게 하다. ☞ᄑᆡ이다 ¶무덤을 픠이니 오직 뷘 棺에 ᄒᆞᆫ ᄶᅡᆨ 갓신이 잇더라(南明上52).

픠이다 [동] 패다. 파이다. ¶냇ᄀᆞ이 픠이여 구븨진 곳:涮坍河灣子(漢淸1:48).

핑핑·이 [부] 팽팽히. ¶줄 핑핑이 버틔우다:振繩墨直物曰絣又開絣(四解下59 絣字註). 줄 핑핑이 버틔우다:絣開(譯解下47).

핑핑ᄒᆞ다 [형] 팽팽하다. ¶피뷔 지여 핑핑ᄒᆞ니ᄂᆞᆫ(痘要上11). 부드럽고 軟ᄒᆞ고 핑핑코 ᄐᆞᆫᄐᆞᆫ호미 貴ᄒᆞ니:貴於柔軟緊實(家禮5:11). 핑핑ᄒᆞ다:鼓彭(漢淸11:60).

ㆄ [순경음] 옛 순경음(脣輕音) 글자의 하나. ¶ㅇ連書脣音之下則爲脣輕音(訓正). ㅇᄅᆞᆯ 입시울쏘리 아래 니어쓰면 입시울가비야ᄫᆞᆫ 소리 ᄃᆞ외ᄂᆞ니라(訓註12).

ㅎ ㆆ

ㅎ 자모 히읗. 한글 초성(初聲) 자모(字母)의 하나. 후음(喉音). 목구멍소리. ¶ㅎ. 喉音. 如虛字初發聲. 並書. 如洪字初發聲(訓正). 喉音ㅇ. 象喉形. ㅋ比ㄱ. 聲出稍厲. 故加畫.…ㅇ而ㆆ. ㆆ而ㅎ. 其因聲加畫之義皆同(訓解. 制字). ㅋㅌㅍㅊㅎ. 爲次淸. ㄲㄸㅃㅉㅆㆅ. 爲全濁(訓解. 制字). 所以 ㆁㄴㅁㅇㄹㅿ 六字爲平上去聲之終. 而餘皆爲入聲之終也. 然ㄱㆁㄷㄴㅂㅁㅅㄹ八字可足用也(訓解. 終聲). ㅎ는 목소리니 虛헝ㆆ字ᄌᆞᆼ 처ᅀᅥᆷ 펴아나ᄂᆞᆫ 소리 ᄀᆞᄐᆞ니 ᄀᆞᆯᄫᅡ쓰면 洪ᅘᅩᇰㄱ字ᄌᆞᆼ 처ᅀᅥᆷ 펴아나ᄂᆞᆫ 소리 ᄀᆞᄐᆞ니라(訓註8). ㅎ屎(訓蒙凡例2).

·하 명 해. 것. ☞해. 히 ¶시욱쳥 뒤측 둘흘 남진은 겨집의 하 겨집은 남진의 하ᄅᆞᆯ ᄉᆞ라 지ᄅᆞᆯ 수례 프러 머그라:氈襪後跟一對男用女者女用男者燒灰酒調服(救簡2:33). 그 상자리젼이 네 하가:那雜貨鋪兒是你的那(飜老上48). 세 돈애 ᄒᆞ나식 네 하를 사리라:三錢一箇家買你的(飜朴上32). 그 잡황호젼이 네 하가:那雜貨鋪兒是你的那(老解上44). 내 하ᄂᆞᆫ 新羅蔘이라:我的是新羅蔘(老解下2). 내 하ᄂᆞᆫ 다 細絲官銀이라:我的都是細絲官銀(老解下13). 내 하ᄂᆞᆫ 본ᄃᆡ 사니라:我的是元買的(老解下14). 서 돈에 ᄒᆞ나직 ᄒᆞ여 네 하ᄅᆞᆯ 사쟈:三錢一箇家買你的(朴解上30).

·하 형 많아. ㉮하다 ¶卷數ㅣ ᄌᆞ모 하 쉬이 아디 몯ᄒᆞ릴ᄉᆡ:而卷秩頗多未易可曉(宣賜內訓序8). 後人의 節略이 너무 하 六祖ㅅ 큰 오ᄋᆞᆫ ᄠᅳ들 보디 몯ᄒᆞᆫᄃᆡ:後人節略太多不見六祖大全之旨(六祖序7).

·하 부 많이. 크게. ☞해〔多〕 ¶ᄆᆞᅀᆞᆯ히 멀면 乞食ᄒᆞ디 어렵고 하 갓가ᄫᆞ면 조티 몯ᄒᆞ리니(釋譜6:23). 하 貴ᄒᆞ야 비디 업스니라(釋譜13:22). 내 모미 하 커 수물 꿈기 업서(月釋2:51). 獄이 하 重ᄒᆞᆯᄊᆡ(月釋23:69). 네 하 情誠일ᄊᆡ 그무메 가 주그리라:汝誠禱旣至故得至月末(三綱. 孝21). 태조 드르시고 하 노ᄒᆞ샤:太祖大怒(三綱. 忠33 夢周殞命). 눌러 降伏히요미 하 너머 慈悲ᄒᆞ야 부드러우메 일흔 젼ᄎᆞ로:抑伏大過失於慈柔故(楞解9:69). 수를 하 잇ᄂᆞᆫ 酒泉郡ᄋᆞ로 가디 몯호ᄆᆞᆯ 恨ᄒᆞᄂᆞ다 ᄒᆞ니라(初杜解15:40). 됴뎡이 하 막으니 못 가시리이다(癸丑29). 비 오다가 개야아 눈 하 디신 나래(樂詞. 履霜曲). 時節이 하 殊常ᄒᆞ니 올동 말동 ᄒᆞ여라(古時調. 金尙憲. 가노라. 靑丘). 하 걱정 마스라 우리도 져머신 제 만히 것거 보왓노라(古時調. 어이려노. 靑丘). 거이ᄒᆞᆫ 보븨 하 만히 이시니(明皇1:30). 하 답답ᄒᆞ여 이리 드러 왇ᄉᆞᆸ니(隣語1:4). 긴·등거리 제법이라 하 怪異치 아니ᄒᆞ다(萬言詞).

–·하 조 ①-아. -이여. ¶善男子ᄃᆞᆯ하 내 샹녜 닐오ᄃᆡ:諸善男子我常說言(楞解2:15). 몸하 ᄒᆞ올로 녈셔(樂範. 動動). 쥬싄하:主人家(飜老上19). ᄃᆞᆯ하 노피곰 도ᄃᆞ샤 어긔야 머리곰 비취오시라(樂範. 井邑詞). 이젠 後에ᅀᅡ 내 免홈ᄋᆞᆯ 알와라 뎨ᄌᆞᄃᆞᆯ하(宣小4:24). 샤공과 빗 혀ᄂᆞᆫ 사ᄅᆞᆷᄃᆞᆯ하 아ᄋᆞ라히 너ᄂᆞᆯ 愛憐ᄒᆞ노니:長年三老遙憐汝(重杜解3:32). 龜何龜何首其現也若不現也燔灼而喫也(三遺. 駕洛國記).

②-시여. -이시여. ¶님금하 아ᄅᆞ쇼셔:嗚呼嗣王監此(龍歌125章). 부텨하 救ᄒᆞ쇼셔(月印上70). 如來하 우리 나라해 오샤 衆生ᄋᆡ 邪曲ᄋᆞᆯ 덜에 ᄒᆞ쇼셔(釋譜6:21). 大德하 사ᄅᆞ미 다 모다 잇ᄂᆞ니(釋譜6:29). 世尊하 날 爲ᄒᆞ야 니ᄅᆞ쇼셔(月釋1:17). 大王하 아ᄅᆞ쇼셔(月釋7:18). 부텨하 救ᄒᆞ쇼셔 ᄒᆞ니(月釋7:24). 仁者하 내 이제 부텻 威神과 大士ㅅ 히믈 바다(月釋21:74). 希有ᄒᆞ신 世尊하(金剛上7). 世尊하 ᄒᆞ다가(圓覺下一之一4). ᄆᆞᅀᆞᆷ 됴ᄒᆞ신 원판 형님하:好院判哥(飜朴上7). 랑듕하:郞中(飜朴上11). ᄆᆞᅀᆞᆷ 됴ᄒᆞ신 얼우신하:好大舍(飜朴上58).

하가 명 하가(下嫁). ¶쳥녕위 한경팀의게 하가ᄒᆞ야:下嫁淸寧尉韓景琛(東新續三綱. 烈2:10).

:하:계 명 하계(下界). ¶下界ᄂᆞᆫ 아랫 世界니 忉利天으롯 아래ᄅᆞᆯ 다 닐온 마리라(月釋1:39). 그더ᄃᆡ 엇디ᄒᆞ야 下界예 ᄂᆞ려오니(松江. 思美人曲).

하교 명 하교(下教). ¶칭미ᄒᆞ오시ᄂᆞᆫ 하교ᄅᆞᆯ 밧ᄌᆞ왓더니(綸音19). 누루히 하교ᄒᆞ시기ᄅᆞᆯ(經筵).

하구만ᄒᆞ다 형 하고많다. ¶뎌 솟덕다ᄉᆡ야 空山이 하구만ᄒᆞ되 울 듸 달나 우노라(古時調. 草堂 뒤헤. 歌曲).

하ᄀᆡᆨ 명 하객(賀客). ¶하ᄀᆡᆨ이 모여(洛城2). ᄉᆡᆼ이 하ᄀᆡᆨ의 분운ᄒᆞ믈 염ᄒᆞ여 진현ᄀᆡ 간쳥ᄒᆞ여(落泉2:6).

하나버이 명 조부모(祖父母). ☞한어버ᅀᅵ ¶하나버이 ᄀᆞᄌᆞ니어든 오ᄉᆡ 純을 繢로ᄡᅥ ᄒᆞ니(家禮1:44).

·하나·비 명 ①할아버지. ☞한아비 ¶洛水예 山行 가 이셔 하나빌 미드니잇가:洛表遊畋皇祖其恃(龍歌125章). 하나비 조:祖(訓蒙上31). 하나비 할미:公公婆婆(飜老下34). 하나비 할믜 무덤의 돌흘 셰여:祖考妣墓立石(東新續三綱. 孝1:64).
②할아비. ☞한아비 ¶셴 하나비를 하ᄂᆞᆯ히 브리시니:皤皤老父天之命兮(龍歌19章). 하나비 옹:翁. 하나비 수:叟(訓蒙上33).
※하나비(한아비)>할아비

하·나·한 관 하고많은. 많고 많은. ¶하나한 외다 ᄒᆞ논 病을:許多弊病(蒙法58). 하나한 디플 어느제 사ᄒᆞᆯ료:許多草幾時切得了(飜老上19). 너ᄃᆞ려 샤례ᄒᆞ노라 하나한 뵈를 가져올셔:謝你將偌多布匹來(飜朴上51). 군문에 하나한 쳔만 가짓 이를:閫外多事千緒萬端(飜小10:8). 하나한 연ᄉᆞ를 다 ᄇᆞ리며:盡捨諸緣(野雲45). 하나한 딥흘 언제 싸ᄒᆞᆯ뇨:許多草幾時切得了(老解上17). 하나한:偌多(朴解. 單字解5).

하날님 명 하느님. ☞하ᄂᆞ님 ¶사람 ᄋᆞ논 도당시가 하날님긔 천거하고(人日歌).

하느쇼 명 하늘소. ☞한으쇼 ¶하느쇼:天牛(物譜 蟲豸).

하늘타리 명 하눌타리. ☞하ᄂᆞᆯ타리. 하ᄂᆞᆶᄃᆞ래 ¶하늘타리:天瓜. 하늘타리 ᄲᅮᆯ희:天花粉(物譜 藥草).

:하·니 동 참소하니. 헐뜯으니. ㉮하다 ¶어엿비 너기디 아니ᄒᆞ야 ᄌᆞ조 하니:不慈數譖之(宣小6:22).

하님 명 하님. ¶上典卽 항것 故士夫家婢亦曰 하님 卽下主也(華方).

하ᄂᆞ님 명 하느님. ☞하ᄂᆞᆫ님 ¶ᄌᆞ계야 하ᄂᆞ님도 그대도록 놈의 인싱도 셜이도 ᄆᆡᆫᄃᆞᄅᆞ션댜(諺簡. 顯宗妃諺簡). 天運 循環을 아옵게다 하ᄂᆞ님아 佑我邦國ᄒᆞ샤 萬世無疆 눌리소셔(蘆溪. 太平詞). 一生애 품은 뜻을 비옵ᄂᆞ다 하ᄂᆞ님아(蘆溪歌).

하·ᄂᆞ·래 명 하늘에. 〔'하ᄂᆞᆯ'+부사격조사(副詞格助詞) '-애'〕 ㉰하ᄂᆞᆯ ¶須達이 보니 여슷 하ᄂᆞ래 宮殿이 싁싁ᄒᆞ더라(釋譜6:35). 須達이 닐오ᄃᆡ 내 正히 그 하ᄂᆞ래 나리라(釋譜6:36). 녀느 하ᄂᆞ랫 지븐 업고 네찻 하ᄂᆞ랫 지비 잇더라(釋譜6:36).

하·ᄂᆞ·리 명 하늘이. 〔'하ᄂᆞᆯ'+주격조사 '-이'〕 ㉰하ᄂᆞᆯ ¶須達이 무로ᄃᆡ 여슷 하ᄂᆞ리 어늬ᅀᅡ ᄆᆞᆺ 됴ᄒᆞ니잇가(釋譜6:35). 가온ᄃᆡ 네찻 하ᄂᆞ리ᅀᅡ 샹녜 一生 補處菩薩이 그에 와 나샤(釋譜6:36).

하·ᄂᆞ·ᄅᆞᆫ 명 하늘은. 〔'하ᄂᆞᆯ'+보조사 '-ᄋᆞᆫ'〕 ㉰하ᄂᆞᆯ ¶여슷 하ᄂᆞᄅᆞᆫ 欲界 六天이라(釋譜6:35). 아랫 세 하ᄂᆞᄅᆞᆫ 煩惱ㅣ 만ᄒᆞ고 몯 우흿 두 하ᄂᆞᄅᆞᆫ 너무 게을이 便安ᄒᆞ고(釋譜6:36).

하·ᄂᆞ·ᄅᆞᆯ 명 하늘을. 〔'하ᄂᆞᆯ'+목적격조사 '-ᄋᆞᆯ'〕 ㉰하ᄂᆞᆯ ¶淨信ᄒᆞᆫ 善男子 善女人ᄃᆞᆯ히 죽ᄃᆞ록 녀나ᄆᆞᆫ 하ᄂᆞᄅᆞᆯ 셤기디 아니코(釋譜9:25. 月釋9:44).

하ᄂᆞ타리 명 하눌타리. ☞하ᄂᆞᆯ타리. 하ᄂᆞᆶᄃᆞ래 ¶하ᄂᆞ타리 불휘:括蔞(牛疫方12).

하ᄂᆞᆫ님 명 하느님. ☞하ᄂᆞ님 ¶하ᄂᆞᆫ님께 비나이다 셜은 願情 비나이다(萬言詞).

하·ᄂᆞᆯ 명 하늘. ☞하ᄅᆞᆯ ¶하ᄂᆞᆶ ᄠᅳ디시니:實維天心(龍歌4章). 世子ᄅᆞᆯ 하ᄂᆞᆯ히 ᄀᆞᆯᄒᆡ샤:維我世子維天簡兮(龍歌8章). 하ᄂᆞᆶ 별이 눈 ᄀᆞᆮ 디니이다:維時天星散落如雪(龍歌50章). 하ᄂᆞᆶ ᄆᆞᅀᆞᄆᆞᆯ 뉘 고티ᅀᆞᄫᆞ리:維天之心誰改誰易(龍歌85章). 하ᄂᆞᆶ 고지 드르니이다(月印上6). 하ᄂᆞᆯ토 뮈며(月印上63). 天은 하ᄂᆞᆯ히라(釋譜序1). 하ᄂᆞᆯ로셔 셜흔두 가짓 祥瑞 ᄂᆞ리며(釋譜6:17). 하ᄂᆞᆯ해 갯다가 ᄂᆞ려와 須達일ᄃᆞ려 닐오ᄃᆡ(釋譜6:19). 여슷 하ᄂᆞᄅᆞᆫ 欲界 六天이라(釋譜6:35). 須達이 보니 여슷 하ᄂᆞ래 宮殿이 싁싁ᄒᆞ더라(釋譜6:35). 須達이 닐오ᄃᆡ 내 正히 그 하ᄂᆞ래 나리라(釋譜6:36). 녀느 하ᄂᆞ랫 지븐 업고 네찻 하ᄂᆞ랫 지비 잇더라(釋譜6:36). 네찻 하ᄂᆞ리ᅀᅡ(釋譜6:36). 善男子 善女人ᄃᆞᆯ히 죽ᄃᆞ록 녀나ᄆᆞᆫ 하ᄂᆞᄅᆞᆯ 셤기디 아니코(釋譜9:25. 月釋9:44). 하ᄂᆞᆶ 풍류 虛空애 ᄀᆞᄃᆞᆨᄒᆞ야(釋譜11:12). 四天王ᄋᆞᆫ 네 天王이니…아래로 첫 하ᄂᆞ리라(月釋1:19). 天衆은 하ᄂᆞᆯ햇 사ᄅᆞ미라(月釋1:19). 天子ᄂᆞᆫ 하ᄂᆞᆶ아ᄃᆞ리니 東土애셔 皇帝ᄅᆞᆯ 天子ㅣ시다 ᄒᆞᄂᆞ니라(月釋2:69). 道理ᄂᆞᆫ 하ᄂᆞᆯ롯 몬져 나니(月釋2:70). 하ᄂᆞᆯ도 마오 이 地獄애 아니 들아지이다(月釋7:14). 남진ᄋᆞᆫ 하ᄂᆞᆯ히니 背叛ᄒᆞ리잇가:夫天也可背乎(三綱. 烈14). 하ᄂᆞᆯ콰 ᄯᅡ콰ᄅᆞᆯ 範圍ᄒᆞ며:範圍天地(楞解2:20). ᄒᆡᄂᆞᆫ 하ᄂᆞᆯ홀 조차 오고:日從天來(楞解3:76). 하ᄂᆞᆯ홀브터 ᄂᆞ론 디 아니며:非從天降(楞解8:123). 하ᄂᆞᆯ와 달옴 업스닌:與天無異(楞解8:131). 퍼런 하ᄂᆞᆯᄒᆞᆫ(圓覺序29). 蜀ㅅ 하ᄂᆞᆯᄒᆞᆫ ᄆᆡ샹 바ᄆᆡ 비오ᄂᆞ니:蜀天常夜雨(初杜解7:7). 하ᄂᆞᆯ콰 ᄯᅡ콰 ᄉᆞᅀᅵ예 軍中엣 旗麾ㅣ ᄀᆞᄃᆞᆨᄒᆞ얏고:天地軍麾滿(初杜解8:47). ᄆᆡ햇 대ᄂᆞᆫ 프른 하ᄂᆞᆯ로 오ᄅᆞ놋다:野竹上青霄(初杜解15:7). 붇 휫두로 터 글 스고 봆 하ᄂᆞᆯ해셔 자노라:揮翰宿春天(初杜解15:50). 하ᄂᆞᆯ과 ᄯᅡ히 크고:乾坤大

(初杜解21:2). 오직 부숫그려 하ᄂᆞᆯ로 올여 보내요ᄆᆞᆯ 기들오노라:唯待吹噓送上天(初杜解21:11). 하ᄂᆞᆯ로 指向ᄒᆞ고:指天(金三3:10). 사ᄅᆞᆷ과 하ᄂᆞᆯ왓 福ᄋᆡ 報ㅣ:人天福報(金三3:45). 하ᄂᆞᆳ 긔운이 평화티 아니ᄒᆞ야:天氣不和(救簡1:109). 너브신 복이 하ᄂᆞᆯ와 ᄀᆞᄐᆞ샤:洪福齊天(飜朴上1). 하ᄂᆞᆯ햇 므레 ᄌᆞᆷ겻ᄂᆞ니:浸碧漢(飜朴上68). 하ᄂᆞᆯ 텬:天. 하ᄂᆞᆯ 쇼:霄. 하ᄂᆞᆯ 건:乾(訓蒙上1). 하ᄂᆞᆯ 민:旻. 하ᄂᆞᆯ 호:昊(訓蒙下1). 하ᄂᆞᆯ 텬:天(類合上1. 石千1). 하ᄂᆞᆯ 궁:穹(類合下20). 하ᄂᆞᆯ 쇼:霄(石千33). 하ᄂᆞᆯ와 ᄯᅡ희 듕졍ᄒᆞᆫ 거슬 받ᄌᆞ와:受天地之中(宣小4:50). 일워셰욤애 어려옴온 하ᄂᆞᆯ애 올옴 ᄀᆞᆮ고:成立之難如升天(宣小5:19). 어미 일즉 生ᄒᆞᆫ 고기ᄅᆞᆯ 먹고져 ᄒᆞ더니 그적의 하ᄂᆞᆯ이 차어름이 어럿거늘:母嘗欲生魚時天寒冰凍(宣小6:22). 우흐로 하ᄂᆞᆯ을 怨티 아니ᄒᆞ며(宣中14). 故로 하ᄂᆞᆯ의 物生홈이(宣中17). 주기ᄂᆞᆫ 소리 디ᄂᆞᆫ ᄒᆡ예 하ᄂᆞᆯ흘 두르혀ᄂᆞᆫ ᄃᆞᆺ도다:殺聲落日回蒼穹(重杜解5:49). 죄 하ᄂᆞᆯ에 다핫도다:通于天(五倫2:13). 天曰 漢捺(雞類). 天 哈嫩二(譯語 天文門).
※하ᄂᆞᆯ>하늘

하·ᄂᆞᆯ 명 입천장. ¶모로미 혀ᄅᆞᆯ 하ᄂᆞᆯ 우희 븓티고 힘 ᄆᆡ이 ᄡᅧ:須舌柱上腭努力(瘟疫方17). 아기 입 안 목젓 아픠 하ᄂᆞᆯ 우흘 보면:看兒口中懸雍前腭上(胎要68).

하·ᄂᆞᆯ로 명 하늘로. 〔'하ᄂᆞᆯ'+부사격조사 '-로'〕 독하ᄂᆞᆯ ¶오직 부숫그려 하ᄂᆞᆯ로 올여 보내요ᄆᆞᆯ 기들오노라:唯待吹噓送上天(初杜解21:11).

하·ᄂᆞᆯ로·셔 명 하늘로부터. 〔'하ᄂᆞᆯ'+부사격조사 '-로셔'〕 독하ᄂᆞᆯ ¶하ᄂᆞᆯ로셔 셜흔두 가짓 祥瑞 ᄂᆞ리며(釋譜6:17).

하ᄂᆞᆯᄆᆞᅀᆞᆷ 명 하늘 마음. 천심(天心). 천의(天意). ¶이제 내 박ᄒᆞᆫ 덕으로 우흐로 하ᄂᆞᆯ ᄆᆞᄋᆞᆷ의 맛좁디 못ᄒᆞ여(仁祖行狀30).

하·ᄂᆞᆯ·와 명 하늘과. 〔'하ᄂᆞᆯ'+부사격조사 '-와'〕 독하ᄂᆞᆯ ¶하ᄂᆞᆯ와 달옴 업스닌:與天無異(楞解8:131). 너브신 복이 하ᄂᆞᆯ와 ᄀᆞᄐᆞ샤:洪福齊天(飜朴上1).

하·ᄂᆞᆯ·왓 명 하늘과의. 독하ᄂᆞᆯ ¶사ᄅᆞᆷ과 하ᄂᆞᆯ왓 福ᄋᆡ 報ㅣ:人天福報(金三3:45).

하·ᄂᆞᆯ·콰 명 하늘과. 〔ㅎ 첨용어 '하ᄂᆞᆯ'의 부사격(副詞格).〕 독하ᄂᆞᆯ ¶하ᄂᆞᆯ콰 ᄯᅡ콰 ᄉᆞᅀᅵ예 軍中엣 旗麾ㅣ ᄀᆞᄃᆞᆨᄒᆞ얏고:天地軍麾滿(初杜解8:47).

하ᄂᆞᆯ타리 명 하눌타리. ☞하ᄂᆞᆳᄃᆞ래 ¶하ᄂᆞᆯ타리 불회:瓜蔞根(東醫 湯液三 草部). 하ᄂᆞᆯ타리ᄡᅵ:瓜蔞仁(濟衆). 하ᄂᆞᆯ타리 불휘:天花粉(經驗). 하ᄂᆞᆯ타리:天瓜(譯解下11). 하ᄂᆞᆯ타리:果贏(詩解 物名14).

하ᄂᆞᆯ탈이 명 하눌타리. ☞하ᄂᆞᆳᄃᆞ래. 하ᄂᆞᆯ타리 ¶하ᄂᆞᆯ탈이:栝樓(柳氏物名三 草).

하ᄂᆞᆯᄐᆞ리 명 하눌타리. ☞하ᄂᆞᆳᄃᆞ래. 하ᄂᆞᆯ타리 ¶하ᄂᆞᆯᄐᆞ리:赤包子(漢淸13:14).

하·ᄂᆞᆯ·해 명 하늘에. 〔ㅎ 첨용어 '하ᄂᆞᆯ'의 부사격(副詞格).〕 독하ᄂᆞᆯ ¶하ᄂᆞᆯ해 갯다가 ᄂᆞ려와 須達일ᄃᆞ려 닐오ᄃᆡ(釋譜6:19).

하ᄂᆞᆯ흘 명 하늘을. 〔ㅎ 첨용어 '하ᄂᆞᆯ'의 목적격(目的格).〕 독하ᄂᆞᆯ ¶주기ᄂᆞᆫ 소리 디ᄂᆞᆫ ᄒᆡ예 하ᄂᆞᆯ흘 두르혀ᄂᆞᆫ ᄃᆞᆺ도다:殺聲落日回蒼穹(重杜解5:49).

하·ᄂᆞᆯ·히 명 하늘이. 〔ㅎ 첨용어 '하ᄂᆞᆯ'의 주격(主格).〕 독하ᄂᆞᆯ ¶太子ᄅᆞᆯ 하ᄂᆞᆯ히 ᄀᆞᆯᄒᆡ샤:維周太子維天擇兮(龍歌8章). 世子ᄅᆞᆯ 하ᄂᆞᆯ히 ᄀᆞᆯᄒᆡ샤:維我世子維天簡兮(龍歌8章).

하·ᄂᆞᆯ·ᄒᆞᆫ 명 하늘은. 독하ᄂᆞᆯ ¶蜀ㅅ 하ᄂᆞᆯᄒᆞᆫ ᄆᆡ샹 바ᄆᆡ 비오ᄂᆞ니:天(初杜解7:7).

하·ᄂᆞᆯ·ᄒᆞᆯ 명 하늘을. 〔ㅎ 첨용어 '하ᄂᆞᆯ'의 목적격(目的格).〕 독하ᄂᆞᆯ ¶ᄒᆡᄂᆞᆫ 하ᄂᆞᆯᄒᆞᆯ 조차 오고:日從天來(楞解3:76).

하·ᄂᆞᆳ·ᄃᆞ래 명 하눌타리. ☞하ᄂᆞᆺᄃᆞ래 ¶하ᄂᆞᆳᄃᆞ래:菰蔞(救簡1:22. 3:28). 하ᄂᆞᆳᄃᆞ랫 불휘:菰蔞根(救簡6:22).

하·ᄂᆞᆳᄇᆞᄅᆞᆷ 명 하늬바람. ¶우케ᄂᆞᆫ 하ᄂᆞᆳᄇᆞᄅᆞ매 니겟도다:杭稻熟天風(初杜解7:16).

하·ᄂᆞᆳ아·ᄃᆞᆯ 명 하느님의 아들. 천자(天子). ¶天子ᄂᆞᆫ 하ᄂᆞᆳ아ᄃᆞ리니 東土애셔 皇帝ᄅᆞᆯ 天子ㅣ시다 ᄒᆞᄂᆞ니라(月釋2:69).

하·ᄂᆞᆺ·ᄃᆞ·래 명 하눌타리. ☞하ᄂᆞᆳᄃᆞ래 ¶하ᄂᆞᆺᄃᆞ래:天瓜(四解下67 瓠字註). 하ᄂᆞᆺᄃᆞ래 괄:菰. 하ᄂᆞᆺᄃᆞ래 루:瓠(訓蒙上9).

하ᄂᆞᆺᄠᅳᆮ 명 하늘의 뜻. 천의(天意). ¶하ᄂᆞᆺᄠᅳ디 ᄠᅳᆫ 人生ᄋᆞᆯ 엷게 ᄆᆡᆼᄀᆞᆯ랏도다:天意薄浮生(重杜解19:17).

:하·다 동 ①참소(讒訴)하다. 헐뜯다. ☞할다 ¶垂象ᄋᆞ로 하ᅀᆞᄫᆞ니:譖用妖星(龍歌71章). 天倫을 姦臣이 하ᅀᆞᄫᅡ:姦臣間親(龍歌74章). 左右ㅣ 하ᅀᆞᄫᅡ 아바님 怒ᄒᆞ시니:左右訴止父皇則懠(龍歌91章). 繼母 朱氏 어엿비 너기디 아니ᄒᆞ야 ᄌᆞ조 하니:繼母朱氏不慈數譖之(宣小6:22).
②하소하다. ☞할다 ¶하논 배 므슷 이리완ᄃᆡ 샹녜 區區ᄒᆞᄂᆞ니오:所訴何事常區區(初杜解17:5). 사ᄅᆞᄆᆞᆯ 보고 慘憺히 슬피 하ᄂᆞᆫ ᄃᆞᆺᄒᆞ니:見人慘憺若哀訴(初杜解17:27).

·하·다 형 ①많다. ¶곶 됴코 여름 하ᄂᆞ니:有灼其華有蕡其實(龍歌2章). 말ᄊᆞᄆᆞᆯ ᄉᆞᆯᄫᆞ리 하ᄃᆡ:獻言雖衆(龍歌13章). ᄢᅴ 한 도ᄌᆞᄀᆞᆯ 모ᄅᆞ샤 보리라 기드리시니:靡知黠賊欲見以俟(龍歌19章). 활쏘리 하건마ᄅᆞᆫ:射侯者多(龍歌45章). 祥瑞 하거늘 아바님이 無憂樹에 ᄯᅩ 가시니(月印上7). ᄠᅳ디 한 젼ᄎᆞ로(釋譜6:2). 듣ᄌᆞᄫᆞᆫ 이리 몯 하ᄃᆡ 無學功

夫에 몯 미처 잇더니(釋譜24:2). 多ᄂᆞᆫ 할 씨라(訓註2). 衆은 할 씨라(月釋序6. 金剛上3). 그어긔 쇠 하아 쇼로 쳔사마 흥졍ᄒᆞᄂᆞ니라(月釋1:24). 祥瑞도 하시며 光明도 하시나(月釋2:45). 婬欲앳 이른 즐거ᄫᅳᆷ 져고 受苦ㅣ 하ᄂᆞ니(月釋7:18). 조ᄒᆡ 함ᄌᆞᆫᄒᆞᆯ 씨라:如粟之多(楞解6:15). 得호미 하라 ᄒᆞ다니:所得弘多(法華2:229). ᄒᆞ나콰 함과 두려이 노가:一多圓融(法華4:126). 無盡意 ᄉᆞᆯ오샤ᄃᆡ 甚히 하이다:無盡意言甚多(法華7:68). 甚히 하이다:甚多(金剛45). 한 부텨를:多佛(金剛73). 한 어드우믈 ᄲᅠ야:爍群昏而(圓覺序3). 한 行이 無常이라:諸行無常(圓覺序71). 그리 홂가 저허:恐文繁(圓覺上二之二136). ᄀᆞ장 하 몯 니르니라(阿彌18). 聖聰이 ᄒᆞ몰며 仁心이 하시거니ᄯᆞ녀:聖聰矧多仁(初杜解24:24). 卿相이 져므니 하니:卿相多少年(初杜解25:29). 사ᄅᆞᆷ 살오미 ᄀᆞ장 하니:活人甚多(救簡1:66). 後人의 節略이 너무 하 六祖ㅅ 큰 오ᄋᆞᆫ ᄠᅳ들 보디 몯ᄒᆞᆫ더:後人節略太多不見六祖大全之旨(六祖序7). 이 ᄀᆞᆮᄒᆞᆫ 사ᄅᆞ미 하 이ᄀᆞ티 셔르 ᄀᆞᄅᆞ치ᄂᆞ니(六祖中6). 네 나히 한 ᄃᆞᆺᄒᆞ니:你敢年紀大(飜老上63. 老解上57). 널라와 시름 한 나도 자고 니러 우니로라(樂詞. 靑山別曲). 할 다:多(類合上10. 石千24). 이제 天이 이 昭昭의 함이니(宣中40). 區區히 ᄃᆞ퇴이오미 하도다:區區爭奪繁(重杜解16:4). 白髮도 하도할샤(松江. 關東別曲). 江湖의 봄이 드니 이 몸이 일이 하다(古時調. 金宏弼. 靑丘). 말 하면 雜類라 ᄒᆞ고(古時調. 朱義植. 靑丘). 山家에 봄이 온이 自然이 일이 하다(古時調. 李鼎輔. 海謠). ᄎᆡ고 한 밤이 오고 밤마다 잠 못 들어(萬言詞).

②크다. ¶셤 안해 자싫 제 한비 사ᄋᆞ리로ᄃᆡ:宿于島嶼大雨三日(龍歌67章). 한비ᄅᆞᆯ 아니 그치샤:不止霖雨(龍歌68章). 功德이 하녀 져그녀(釋譜19:4). 한 ᄇᆞ레 ᄉᆞ라 나잘만 ᄒᆞ야:大火煨半日(救簡1:112). 鴻山縣本百濟大山縣 新羅敬德王改翰山(輿地勝覽19:29). 東俗呼大爲漢爲汗爲干爲翰爲餐爲建 或以初聲同 或以中聲同 或以終聲同字雖變而義 實通此與蒙古女眞最相近者 如呼祖父曰 한아비者大父也(頤齋25:34).

하도할샤 형 많기도 많아라. 많기도 많구나. ☞하다. -ㄹ샤¶孤臣 去國에 白髮도 하도할샤(松江. 關東別曲). 形容도 그지업고 體勢도 하도할샤(松江. 關東別曲). 듯거니 보거니 늣길 일도 하도할샤(松江. 思美人曲). 日暮 脩竹의 혬 가림도 하도할샤(松江. 思美人曲). 結繩을 罷ᄒᆞᆫ 後에 世故도 하도할샤(古時調. 申欽. 느저 날셔이고. 靑丘). 노래 삼긴 사ᄅᆞᆷ 시름도 하도할샤(古時調. 申欽. 靑丘). 헐ᄡᅳ더 기운 집의 의논도 하도할샤(古時調. 鄭澈. 어와 동냥지ᄅᆞᆯ. 松江).

:하:둥 명 하등(下等). ¶하둥엣 사ᄅᆞ미며:下等人也(飜小6:12). 말ᄉᆞᆷ을 튱셩코 믿비 아니홈이 下等ㅅ 사ᄅᆞᆷ이오:言不忠信下等人也(宣小5:11).

:하·딕 동 하직(下直). ¶辭ᄂᆞᆫ 하딕이라 ᄒᆞᄃᆞᆺ ᄒᆞᆫ 마리라(釋譜6:22).

:하·딕ᄒᆞ·다 동 하직(下直)하다. ☞하직ᄒᆞ다 ¶摩耶ᄭᅴ 하딕ᄒᆞ시고(釋譜23:30). 부텨ᄭᅴ 下直ᄒᆞᅀᆞᆸ고:辭佛(楞解5:36). 쥬신손ᄃᆡ 하딕ᄒᆞ라 가져:辭了主人家去來(飜老上38). 블근 옷 니븐 使者ㅣ 하딕ᄒᆞ고:紫衣使者辭(重杜解19:26). 경연관이 나가매 또ᄒᆞᆫ 하딕ᄒᆞᄂᆞᆫ 일이 잇ᄂᆞ냐(經筵).

하·라·ᄂᆞᆯ 동 참소하거늘. ㉮할다 ¶겨지비 하라ᄂᆞᆯ 尼樓ㅣ 나가시니(月印上4). 吉成의 조촌 사ᄅᆞ미 모다 吉成을 巫蠱ㅅ 일로 하라ᄂᆞᆯ(宣賜內訓2下19).

하라비 명 할아비. ☞하나비 ¶늘근 하라비 슈부군의 얼굴이어ᄂᆞᆯ(太平1:5). 하라비 옹:翁(倭解下33).

하·란 명 지명(地名). ¶咸州以北哈蘭 하란 洪肯 홍컨 參散之地(龍歌4:21).

하·란·뒤 명 지명(地名). ¶咸興府北五十八里許哈蘭北 하란뒤(龍歌7:25).

:하·렬ᄒᆞ·다 형 하열(下劣)하다. ¶ᄒᆞ다가 聖解ᄅᆞᆯ 지ᅀᅳ면 下劣ᄒᆞᆫ 수이 足ᄋᆞᆯ 아ᄂᆞᆫ 魔ㅣ 心腑에 드러:若作聖解則有下劣易知足魔入其心腑(楞解9:73).

:하:례 명 하례(賀禮). ¶賀禮ᄂᆞᆫ 깃ᄉᆞᄫᅡ이다 ᄒᆞ야 禮數ᄒᆞᆯ 씨라(釋譜11:30). 하례:賀喜(同文解上51). 번곤과 목빅들이 대되 다 젼문을 밧드러 하례를 일ᄏᆞ르되(綸音157).

:하:례·ᄒᆞ·다 동 하례(賀禮)하다. ¶녀느 혀근 나랏 王이 다 와 賀禮ᄒᆞᅀᆞᆸ더라:賀禮ᄂᆞᆫ 깃ᄉᆞᄫᅡ이다 ᄒᆞ야 禮數ᄒᆞᆯ 씨라(釋譜11:30). 듕궁 쳔츄졀과 태ᄌᆞ 쳔츄졀의 밋 하례ᄒᆞ고(山城119). ᄇᆡᆨ셩이 술 브어 서ᄅᆞ 하례ᄒᆞ야 ᄂᆞᆯ오ᄃᆡ(仁祖行狀7). 堂의셔 하례호ᄃᆡ(女四解4:57).

하로 명 하루. ¶하로 잇틀 멋 날 되되 공ᄒᆞᆫ 밥만 먹으려노(萬言詞).

하·롬 동 참소(讒訴)함. ㉮할다 ¶薏苡로 하로미 ᄌᆞ모 ᄌᆞᆺ도다:薏苡謗何頻(初杜解16:6). 물 효ᄀᆞᆫ 사ᄅᆞᄆᆡ 하로미 能히 깁도다:群小謗能深(初杜解21:35).

하룜 동 참소(讒訴)를 당함. ㉮하리다 ¶하료ᄆᆞᆯ ᄆᆞᄎᆞ매 스스로 어드니라:讒毁竟自取(重杜解2:49).

하·리 명 참소(讒訴). ¶하리로 말이ᅀᆞᄫᆞᆫ돌:沮以讒說(龍歌26章). 工巧ᄒᆞᆫ 하리 甚ᄒᆞ야:

簧巧讒譖甚(龍歌123章). 하리 能히 사ᄅᆞᄆᆞᆯ 害ᄒᆞᄂᆞᆫ 젼ᄎᆞ로:讒能傷人故(楞解8:93). 飛燕의 하리:飛燕之讒(宣賜內訓序3). 처ᅀᅥᆷ ᄂᆞᄆᆡ 하리ᄅᆞᆯ 지니:初負謗(初杜解24:30).

하리다 동 참소를 당하다. ☞할리다 ¶하료ᄆᆞᆯ ᄆᆞᄎᆞ매 스스로 어드니라:讒毀竟自取(重杜解2:49).

하리다 동 낫다〔癒〕. 덜하다. ☞ᄒᆞ리다 ¶三山十洲 不死藥을 아무만 먹은들 하릴소냐(古時調. 님 그려 깁히 든 病. 靑丘).

하ᄅᆞᆯ 명 하늘. ☞하ᄂᆞᆯ ¶하ᄅᆞᆯ긔 브ᄅᆞ며 울고 너비 약글 구ᄒᆞ더니:號泣于天廣求藥(東新續三綱. 孝3:88).

하마 부 ①이미. 벌써. ☞ᄒᆞ마 ¶ᄌᆞ세히 살펴보면 하마 거의 알니로다(萬言詞).
②하마터면. ☞ᄒᆞ마 ¶하마 국ᄉᆞᄅᆞᆯ 그릇ᄒᆞᆯ 번ᄒᆞ고(落泉4:10).

하마ᄒᆞ다 동 하마(下馬)하다. ¶大門 밧긔 下馬ᄒᆞ야 드러가 막次의 셔 기ᄃᆞ오라(家禮4:15).

:하방 명 하방(下方). ¶우흐로 上方 아래로 下方이라(月釋2:10).

하솟거리다 동 참소(讒訴)하다. ☞하솟그리다. 하숫그리다 ¶하솟거리ᄂᆞ니 쟝셩ᄒᆞ냐(十九史略1:12).

:하·솟그·리·다 동 참소(讒訴)하다. ☞하솟거리다. 하숫그리다 ¶하솟그릴 참:讒. 하솟그릴 ᄎᆞᆷ:譖(訓蒙下29).

하쇼써리다 동 참소(讒訴)하다. ☞하솟그리다. 하숫그리다 ¶구의예 하쇼써리면 杖一百ᄒᆞᄂᆞ니라:告訴則杖一百(警民15).

하쇽거리다 동 참소(讒訴)하다. ☞하솟그리다. 하쇼써리다. 하숫그리다 ¶하쇽거리다:唆調(譯解下43. 同文解上25). 하쇽거리다:挑唆(漢淸8:40).

:하숫·그·리·다 동 참소(讒訴)하다. 하소하다〔訴〕. ☞하솟그리다 ¶님굾 겨틔 하숫그릴 사ᄅᆞ미 잇ᄂᆞ니라:君側有讒人(初杜解17:18). 주우린 ᄃᆞ라민 藤草애 뎌셔 하숫그리놋다:飢鼯訴落藤(初杜解20:24).

하:슈 명 하수(河水). ¶부텨를 미조ᄍᆞᄫᅡ 河水ㅅ 우희 가(月釋10:17). 河水는 믿과 ᄀᆞ시 잇ᄂᆞ니(永嘉下59). 北녃 믌ᄀᆞᅀᆞᆫ ᄆᆞᆯᄀᆞᆫ 河水에 凌犯ᄒᆞ얏도다:北渚凌淸河(初杜解14:32). 하슈 하:河(類合下32).

하슌 명 하순(下旬). ¶下旬에 날을 점卜ᄒᆞ라(家禮9:30).

:하:ᄉᆞ 명 하사(下士). ☞샹ᄉᆞ ¶上士ᄂᆞᆫ 道 듣고 브즈러니 行ᄒᆞ고 中士ᄂᆞᆫ 道 듣고 잇ᄂᆞᆫ ᄃᆞᆺ 업슨 ᄃᆞᆺᄒᆞ고 下士ᄂᆞᆫ 道 듣고 ᄀᆞ장 우슬 ᄯᆞᄅᆞ미라(月釋14:44).

:하ᅀᆞ·ᄫᅡ 동 참소하와. ㉮하다 ¶天倫을 姦臣이 하ᅀᆞᄫᅡ:姦臣間親(龍歌74章). 左右ㅣ 하ᅀᆞᄫᅡ 아바님 怒ᄒᆞ시니:左右訴止父皇則懠(龍歌91章).

:하·ᅀᆞᄫᆞ·니 동 참소하오니. ㉮하다 ¶垂象ᄋᆞ로 하ᅀᆞᄫᆞ니:譖用妖星(龍歌71章).

하야디다 동 해어지다. ☞ᄒᆞ야디다 ¶ᄯᅩ 大廳 地衣도 ᄂᆞᆯ가 다 하야뎌시니(新語2:11).

·하·야로비 명 해오라기. ☞하야루비. 해야로비 ¶하야로비 누네 셔미:鷺鷥立雪(金三2:50). 하야로비 모다 ᄂᆞ니 키 ᄆᆞᆯ로ᄆᆞᆯ 즐기놋다:白鷺群飛太劇乾(杜解3:47). ᄒᆞᆫ 줈 하야로빈 프른 하ᄂᆞᆯ해 오ᄅᆞ놋다:一行白鷺上靑天(杜解25:20). 하야로비:鷺鷥(四解上13 鷥字註). 하야로비 로:鷺. 하야로비 ᄉᆞ:鷥(訓蒙上17). 沐浴ᄒᆞᄂᆞᆫ 올히와 ᄂᆞᄂᆞᆫ 하야로비ᄂᆞᆫ 나조ᄒᆡ 悠悠ᄒᆞ도다:浴鳧飛鷺晩悠悠(重杜解9:38). 하야로비의 沐浴ᄋᆞᆫ 갠 내ᄒᆞᆯ 브텟도다:鷺浴自晴川(重杜解12:8). 하야로비:鷺鷥(譯解下26). 하야로비 로:鷺(詩解 物名21).

하야루비 명 해오라기. ☞하야로비 ¶힌 하야루비 바틔 ᄂᆞ리니:白鷺下田(百聯12).

하야ᄇᆞ리다 동 헐어버리다. 망가뜨리다. ☞ᄒᆞ야ᄇᆞ리다 ¶某의 ᄂᆞᆾ촐 주머괴로 텨 하야ᄇᆞ리되:於某面上用拳打破(朴解下54).

·하야·히 부 하얗게. ¶靑溪옛 머릿터리 蕭蕭히 비세 하야히 비취엿더라 니ᄅᆞ디 말라:莫話靑溪髮蕭蕭白映梳(初杜解20:45).

·하야·ᄒᆞ·다 형 하얗다. ☞하여ᄒᆞ다 ¶物이 하야ᄒᆞ야 허믈 受호ᄆᆞᆯ 諱避ᄒᆞ고:物白諱受玷(初杜解8:53). 사호ᄂᆞᆫ ᄯᅡ핸 ᄲᅧ 하야ᄒᆞ도다:戰地骸骨白(初杜解16:73). 실 혀믄 모로매 길에 ᄒᆞ고 모로매 하야켄 아니홀디로다:繰絲須長不須白(初杜解25:50). 梅花ㅅ 가지 져기 하야호매:梅枝片白(金三3:11). 두 즘게남기 다 하야ᄒᆞ야 白鶴 ᄀᆞᄐᆞᆯᄉᆡ 鶴樹ㅣ라 ᄒᆞᄂᆞ니라(南明上51). 東녁 수늘게 구루미 나니 西ㅅ녁 수늘기 하야ᄒᆞ고:東嶺雲生西嶺白(南明下19).

하여ᄒᆞ다 형 하얗다. ☞하야ᄒᆞ다 ¶하여ᄒᆞᆫ 셴 머리터리:素髮(重杜解17:8).

하·외·욤 명 하품. ☞하픠욤. 하회옴 ¶하외욤 그르ᄒᆞ야 톡 글희여 버리고 어우디 아니ᄒᆞᄂᆞᆯ 고티ᄂᆞᆫ 法은:治失欠頰車蹉開張不合方(救急上79). 하외욤 흠:欠(訓蒙上30). 君子ㅣ 하외욤과 기지게 ᄒᆞ시며:君子欠伸(英小2:68). 하외욤과 ᄌᆞ최욤과 귄닙 ᄎᆞ니과:呵欠噴嚏耳尖冷(痘要上11).

하·외·욤ᄒᆞ·다 동 하품하다. ☞하픠옴ᄒᆞ다. 하회옴ᄒᆞ다 ¶ᄌᆞ최욤ᄒᆞ며 기춤ᄒᆞ며 하외욤ᄒᆞ며 기지게ᄒᆞ며:嚏咳欠伸(宣賜內訓1:49). 하외욤ᄒᆞ며 기지게ᄒᆞ며 기춤호ᄆᆞᆯ:歆伸謦咳(金三2:11). 敢히 퍼기ᄒᆞ며 트림ᄒᆞ며 ᄌᆞ최욤ᄒᆞ며 기춤ᄒᆞ며 하외욤ᄒᆞ며 기지게혀며

ᄒᆞᆫ 발 츼드듸며 지혀며 빗기보디 아니ᄒᆞ며:不敢噦噫嚔咳欠伸跛倚睇視(宣小2:7).

하외치다 동 하비다. 긁다. ¶하외치다:撓(漢淸3:5).

하져ᄒᆞ다 동 하저(下箸)하다. 음식을 먹다. ¶식반을 나와 서로 하져ᄒᆞ더니(洛城1).

하젼되다 형 방자하다. ¶ᄠᅳ디 하젼되오:恣情(恩重3).

하졀 명 하절(夏節). ¶하졀의 서너 ᄃᆞᆯ을 ᄒᆞ오시니(癸丑35).

하쥬 명 하주(瑕珠). 티가 있는 구슬. ¶하쥬의 아롬다오미 이시나(洛城1).

하직ᄒᆞ·다 동 하직(下直)하다. ☞하딕ᄒᆞ다 ¶會通禪師ㅣ 鳥窠禪師ᄭᅴ 가 머리 갓가 侍者 ᄃᆞ외얫다가 ᄒᆞᄅᆞᆫ 下直호ᄃᆡ(南明上14). 대군 부인은 막ᄎᆞ의 드ᄅᆞ시고 세ᄌᆞᄂᆞᆫ 밧긔 겨시더니 군신이 절ᄒᆞ야 하직ᄒᆞ니라(山城135). 하직ᄒᆞ다:辭了(同文解上52). 父母ᄭᅴ 드러 하직ᄒᆞ고 먹을 것 업시 무쇼 갓옷 닙고 여러 날 녀여(八歲兒2).

하탑ᄒᆞ다 동 하탑(下榻)하다. 손을 극진히 공손하게 대접하다. ¶드ᄃᆡ여 쳐화 누상의 하탑ᄒᆞ고(引鳳簫1).

하톄 명 하체(下帖). ¶하톄:帖文(譯解上11).

하·패ᄒᆞ·다 동 꾸짖어 욕되게 하다. 저욕(詆辱)하다. ¶모다 우스며 하패케 호믄 일로 그러ᄒᆞ니라:所共嗤詆良由是耳(飜小8:29).

:하:품 명 하품(下品). ☞샹품. 듕품 ¶반ᄃᆞ기 魔道애 디리니 上品은 魔王이오 中品은 魔民이오 下品은 魔女ㅣ니:必落魔道上品魔王中品魔民下品魔女(楞解6:86). 上品엣 사ᄅᆞᆷ은 ᄀᆞᄅᆞ치디 아니ᄒᆞ야도 善ᄒᆞ고… 下品엣 사ᄅᆞᆷ은 ᄀᆞᄅᆞ쳐도 善티 몯ᄒᆞᄂᆞ니(宣賜內訓1:23). 下品엣 사ᄅᆞᆷ은:下品之人(宣小5:26). 하품 ᄇᆡᆨ셩으로 더블어 ᄒᆞᆫ가지라:與下民一致(宣小5:92).

하픠옴 명 하품. ☞하외욤. 하픠음 ¶하픠옴:呵欠(譯解上37).

하픠옴ᄒᆞ다 동 하품하다. ☞하외욤ᄒᆞ다 ¶하픠옴ᄒᆞ다:打哈欠(同文解上19).

하픠음 명 하품. ☞하외욤. 하픠옴 ¶하픠음:呵欠(物譜 氣血).

하픠음ᄒᆞ다 동 하품하다. ☞하외욤ᄒᆞ다. 하픠옴ᄒᆞ다 ¶하픠음ᄒᆞ다:打呵(譯解補23).

:하·혈 명 하혈(下血). ¶ᄯᅩ 과ᄀᆞᆯ이 下血ᄒᆞ릴 고튜ᄃᆡ:又方治暴下血(救急上62).

하회옴 명 하품. ☞하외욤 ¶난장의 하회옴은 긔운이 기디 아니타 ᄒᆞᄂᆞ니라:矮子呵欠氣兒不長(朴解中51).

하회옴ᄒᆞ다 동 하품하다. ☞하외욤ᄒᆞ다. 하픠옴ᄒᆞ다 ¶그 듕에 ᄒᆞᆫ 達達이 그저 ᄉᆞ러여 하회옴ᄒᆞ다가:內中一箇達達只管呵欠(朴解下9).

·학 명 학(鶴). ¶麟과 鳳과 거붑과 鶴괘 千萬年을 디나 죽디 아니ᄒᆞ야:麟鳳龜鶴經千萬年不死(楞解9:113). 누른 鶴으로 둘엣고:圍黃鶴(初杜解6:9). ᄇᆡ홈 그처 ᄒᆞ욤 업슨 겨ᄅᆞᄅᆞ왼 道人ᄋᆞᆫ 구룸의 자최며 鶴의 양지어니:絶學無爲閒道人雲蹤鶴態(南明上3). 학 학:鶴(訓蒙上15. 類合上11). 微微ᄒᆞᆫ ᄃᆞᆯ비치 힌 鶴의게 비취엣더라:微月映皓鶴(重杜解9:2). 학:仙鶴(同文解下34).

·학·졍 명 학정(虐政). ¶虐政이 날로 더을씨:虐政日深(龍歌12章). 民의 虐政에 憔悴홈이 이 時만 甚ᄒᆞᆫ 이 잇디 아니ᄒᆞ니(宣孟3:7).

학질 명 학질(瘧疾). ¶어미 학질ᄒᆞ여 긔절ᄒᆞ얏거ᄂᆞᆯ 손가락글 그처:母病瘧氣絶斷指(東新續三綱. 孝5:31).

한 명 환. 안기려(雁歧鐮). 〔줄의 한 가지〕 ¶한:木銼(同文解下16). 한:木磋(漢淸10:35). 한:錫. 나모 한:木銼(譯解補44). 한:脚鏟. 한:鑢(物譜 工匠).

·한 형 ①큰. ㉮하다 ¶한비 사ᄋᆞ리로ᄃᆡ:大雨三日(龍歌67章). 한비ᄅᆞᆯ 아니 그치샤:不止霖雨(龍歌68章). 한 브레 ᄉᆞ라 나잘만 ᄒᆞ야:大火煆半日(救簡1:112). 銀河水 한 구비 촌촌이 버혀내여(松江. 關東別曲). 鴻山縣本百濟大山縣 新羅敬德王改翰山(輿地勝覽19:29). 東俗呼大爲漢爲汗爲干爲翰爲餐爲建 或以初聲同 或以中聲同 或以終聲同字雖變而義 實通此與蒙古女眞最相近者 如呼祖父曰 한아비者大父也(頤齋25:34). ②많은. 뭇. 모든. 여러. ㉮하다 ¶ᄢᅴ 한 도ᄌᆞᄀᆞᆯ 모ᄅᆞ샤:靡知黠賊(龍歌19章). 한 부텨를 브ᄌᆞ러니 셤기ᅀᆞ오니:勤奉多佛(金剛73). 한 어드우믈 ᄢᅦ야:爍群昏而(圓覺序3). 한 行이 無常이라:諸行無常(圓覺序71). 말 하ᄆᆞᆫ 한 사ᄅᆞᆷ의 ᄭᅴᄂᆞᆫ 배니라:多言衆所忌(宣賜內訓1:12).

한 관 한〔一〕. ☞ᄒᆞᆫ ¶한 일:一(兒學下12).

한- 접두 한-. ¶겨울이어든 몸으로ᄡᅥ 니블을 덥게 ᄒᆞ며 한겨을 盛ᄒᆞᆫ 치위에:冬則以身溫被隆冬盛寒(宣小6:25). 모시를 이리져리 삼아 두로삼아 감삼다가 가다가 한가온대 ᄯᅩᆨ 근처지거ᄂᆞᆯ(古時調. 靑丘).

-한 접미 -한(干. 汗). 〔존칭(尊稱)을 나타내는 접미사. '크다'의 뜻을 나타냄.〕 ¶李齊賢曰 新羅時 其君稱 麻立干 其臣稱 阿干至於鄕里之人 例 以干連其名而呼之 蓋相尊之辭也 采按我國方言 干音汗 如謂種蔬者爲園頭干 漁採者爲 漁夫干 造泡者爲 豆腐干之類 大抵 方言以 大者爲汗 故謂天爲汗亦此也(芝峰類說卷十六 語言部 方言).

한:가 명 한가(閑暇). ¶閑暇ᄂᆞᆫ 겨르리라(月釋序17).

한:가·히 부 한가히. ¶仲尼ㅣ 한가히 겨시거늘:仲尼閒居(孝經1).

한:가·ᄒᆞ·다 형 한가(閑暇)하다. ¶나ᄆᆞᆫ 位次ᄂᆞᆫ 閑暇ᄒᆞ야 니르디 몯호라 ᄒᆞ시니(永嘉下81). 흰 거믄고ᄅᆞᆯ 閑暇ᄒᆞᆫ 나래 가지고:素琴將暇日(初杜解10:38). 해 閑暇ᄒᆞᆯ시 날마다 驄馬ᄅᆞᆯ 뫼셔 노노라:多暇日陪驄馬遊(初杜解15:43). 즉제 閒暇ᄒᆞᆫ 시절로ᄡᅥ:卽以閒暇時(宣小6:82). 賢者ㅣ 位예 이시며 能者ㅣ 職에 이셔 國家ㅣ 閒暇ᄒᆞ거든(宣孟3:25). 暇日은 閒暇ᄒᆞᆯ 시라(重杜解1:1). ᄆᆞ올 안햇 노ᄑᆞᆫ 소니 杜史ㅣ 잇ᄂᆞ니 해 閑暇ᄒᆞᆯ시 날마다 驄馬ᄅᆞᆯ 뫼셔 노노라:邑中上客有杜史多暇日陪驄馬遊(重杜解15:43). 이 몸이 閑暇ᄒᆞ니 ᄯᆞ로ᄂᆞ니 白鷗로다(古時調. 心如長江. 歌曲). 閒暇ᄒᆞᆫ 때 업들아(古時調. 李鼎輔. 海謠).

·한거·싀 명 엉겅퀴. ☞항것괴. 항것귀 ¶한거싀와 조방거싀와 ᄌᆞᆺ두드려 ᄧᅩᆫ 므를 머그라:大小薊(大薊ᄂᆞᆫ 한거싀 小薊ᄂᆞᆫ 조방거싀) 取汁服之(救簡3:97).

한거히 부 한거(閑居)히. ¶비촐 덥고 자최ᄅᆞᆯ 곰초와 한거히 겨오시나(仁祖行狀4).

한것다 동 잘 걷다. ¶龍ᄀᆞ치 한것ᄂᆞᆫ ᄆᆞᆯ게 자나믄 매를 밧고(古時調. 青丘). 여무듁 아니 먹여도 크고 술져 한것는 말과(古時調. 불 아니 ᄯᅵᆯ디라도. 歌曲).

한게 명 대중(大衆). ¶한게도 ᄯᅩ 그리ᄒᆞ야:衆多亦然(法華3:41). 한게 이셔:在衆(法華6:61).

·한겨을 명 한겨울. ¶한겨을 盛ᄒᆞᆫ 치위예 몸애 샹녜 완ᄋᆞᆫ 옷시 업소ᄃᆡ:隆冬盛寒體常無全衣(宣小6:25).

한글 명 한(漢) 글. 한문(漢文). 중국(中國) 글. ¶너ᄂᆞᆫ 朝鮮 사ᄅᆞᆷ이라 漢글을 ᄇᆡ화 므슴 ᄒᆞᆯ ᄯᅡ(蒙老1:6).

·한·길 명 한길. ¶公權ᄂᆞᆯ 한길희 맛보아 ᄆᆞᆯ 부려 홀 받고 셔셔:公權於通衢必下馬端笏立(飜小9:105).

한닙 명 대엽(大葉). 〔곡조(曲調) 이름〕 ¶平調 한닙히 白雲이 절로 존다(古時調. 草庵이. 海謠). 中 한닙 數大葉은 堯舜禹湯文武 갓고(古時調. 海謠).

한ᄂᆞᆫ 동 하소하는. ☞할다 ¶한ᄂᆞᆫ 쟈ᄅᆞᆯ:訴者(三略上8).

한닝ᄒᆞ다 형 한랭(寒冷)하다. ¶셕상의 한닝ᄒᆞ믈 싱각고 밧비 드러와(落泉2:5).

한다리 명 넓적다리〔股〕. ¶한다리 고:股(類合上21).

한도 명 환도(環刀). ☞환도 ¶한도 검:劒(類合上28). 한도 갈히 비오ᄃᆞ시 공듕으로 ᄂᆞ려 버히며 디ᄅᆞ며 ᄒᆞᄂᆞ니:釼刃刀輪如雨如雲空中而下或斬或刺(恩重23). 니시 몸으로 ᄲᅧ 펴 ᄀᆞ리와 한도ᄅᆞᆯ 받고:李氏以身翼蔽受劒(東新續三綱. 烈3:80). ᄒᆞᆫ 손에 쇠 채 들고 ᄒᆞᆫ 손애 한도 들고 두 문젼 가ᄅᆞ 집고(普勸文31).

한들한들 부 한들한들. ¶가ᄂᆞᆫ 허리ᄅᆞᆯ 한들한들 ᄒᆞ더라(古時調. 青치마. 青丘).

:한·ᄃᆡ 명 한데〔露天〕. ¶나모 아래 이숌과 한ᄃᆡ에 이숌과(月釋7:31). 다 네거릿 길 가온ᄃᆡ 한ᄃᆡ 안자:皆於四衢道中露地而坐(法華2:70). 아비란 한ᄃᆡ 무더 두고 ᄌᆞ시기 지븨 펴난히 이쇼ᄆᆞᆯ:父瘞於野子安於家(續三綱. 孝6). 한ᄃᆡ 셔셔 하ᄂᆞᆯᄭᅴ 비러:露立禱天(東新續三綱. 孝6:81). 青山은 드릴 ᄃᆡ 업스니 한ᄃᆡ 두고 보리라(古時調. 十年을. 古歌). 일홈은 溫突이나 한ᄃᆡ만도 못ᄒᆞ고야(萬言詞).

한ᄃᆡ말 명 헛소리. ¶구돌에 안자 한ᄃᆡ말 ᄒᆞᆫ다:坐房談虛(東韓).

한마님 명 할머님. ☞할마님 ¶그 한마님 ᄌᆞ이ᄅᆞᆯ 만히 닙ᄉᆞ와 겨시니(閑中錄172).

한말 명 한(漢) 말. 중국어(中國語). ¶漢말을 엇지ᄒᆞ야 잘 아ᄂᆞᆫ다(蒙老1:2).

한믈 명 큰물. ☞큰믈 ¶半旬ᄋᆞᆯ 한믈 어더 이쇼ᄆᆞᆯ 아도다:半旬獲浩溔〔溔ᄂᆞᆫ 大水貌ㅣ라〕(重杜解1:58).

·한·믈디·다 동 큰물지다. ¶한믈딜 턍:漲(訓蒙下35).

한미 명 할미. ¶한미 온:媼(兒學上1).

한미십갑 명 할미꽃. ☞할미십가비 ¶한미십갑:白頭翁(柳氏物名三 草).

한ᄆᆞᄅᆞ 명 한마루. ¶한ᄆᆞᄅᆞ:箭(物譜 耕農).

한ᄆᆞᄅᆞ 명 마룻대. ¶한ᄆᆞᄅᆞ:棟(物譜 第宅).

한ᄆᆡ 명 한매(寒梅). ¶寒梅 픠엿더냐(古時調. 그ᄃᆡ. 青丘). 셜경 한ᄆᆡ와(洛城2).

한박 명 함박. ¶한박:瓠瓜(柳氏物名三 草).

한박곶 명 함박꽃. ¶芍藥 鄉名 大朴花(鄉藥月令 二月).

한박월아 명 꼬리가 흰 얼룩말. ¶한박월아:尾本白(柳氏物名一 獸族).

한발 명 한발(旱魃). ¶健壯히 건ᄂᆞᆫ 旱魃을 듣더라:健步聞旱魃(重杜解10:25).

·한·비 명 큰비. 장마. ¶한비 사ᄋᆞ리로ᄃᆡ:大雨三日(龍歌67章). 한비ᄅᆞᆯ 아니 그치샤:不止霖雨(龍歌68章). 光音天이 한비ᄅᆞᆯ ᄂᆞ리와 므리 下界예 ᄀᆞ독ᄒᆞ야(月釋1:39). 虛空애셔 金輪 우희 한비와 므리 ᄀᆞ독ᄒᆞ고(月釋1:40).

한사ᄅᆞᆷ 명 한(漢) 사람. 중국 사람. ¶내 漢사ᄅᆞᆷ의게 글 ᄇᆡ화시모로 漢말을 져기 아노라(蒙老1:2).

한:산 명 한산(閑散). ¶閑散ᄋᆞᆯ 힘ᄡᅥ 生ᄋᆞᆯ 덜며 올마 變호ᄆᆞᆯ 觀ᄒᆞ야 道ᄅᆞᆯ 더으ᄂᆞ니(永嘉下46).

한산ᄒᆞ다 형 한산(閑散)하다. ¶萬里ㅅ 프른 뫼ㅅ 寂靜ᄒᆞ며 閑散ᄒᆞᆫ ᄯᅡ해:青山萬里靜散地(重杜解7:28). 閑散ᄒᆞᆫ ᄯᅡ해 더옥 벼개ᄅᆞᆯ 노피 벼요니:散地逾高枕(重杜解11:1).

:한·삼 명 한삼덩굴. ☞한삼 ¶한삼 률:葎(訓蒙上8). 한삼:葎草(東醫 湯液三 草部). 한삼:野麻藤草(譯解下40). 한삼:葎(物譜 雜草).

한삼너출 명 한삼덩굴. ☞한삼너출 ¶한삼너출:葎草蔓(譯解下40).

한:새 명 황새. ☞황시 ¶한새:老鸛(四解上72 鸛字註). 한새 관:鸛(訓蒙上15). 한새 관:鸛(類合上11). 한새 관:鸛(詩解 物名14). 한새:老鸛(譯解下26. 同文解下34). 한새:鸛(物譜 羽蟲). 한새:鸛(柳氏物名一 羽蟲). 鷺曰 漢賽(雞類).

·한:선·날 명 설날. ☞한설날. 한섯날 ¶한선날 오경의 조심ᄒᆞ야 빌오:每歲旦五更初虔心祈告(瘟疫方13).

·한:설·날 명 설날. ☞한선날. 한섯날. 한첫날 ¶한설날:元日(簡辟5). 한설날 ᄯᅩ 불기예:以大歲日平旦(簡辟18. 瘟疫方14).

한섯날 명 설날. ☞한선날. 한설날 ¶한섯날 아ᄎᆞ미:元日(簡辟15). ᄯᅩ 한섯날 아ᄎᆞ미 파와 마ᄂᆞᆯ와 염규와 부ᄎᆡ와 ᄉᆡᆼ강과 머그라:又方元日食五辛葱蒜韭薤薑(瘟疫方4).

·한·쇼 명 큰 소. 황소. ¶싸호ᄂᆞᆫ 한쇼ᄅᆞᆯ 두 소내 자ᄇᆞ시며:方鬪巨牛兩手執之(龍歌87章). 한쇼ᄅᆞᆯ 내니 몸 크고 다리 크고(月印上59). 한쇼:蟒牛(訓蒙上19 牛字註). 악대 한쇼:犍牛(訓蒙下7 犍字註). 므쇠로 한쇼를 디여다가(樂詞. 鄭石歌). 한쇼:犤牛(同文解下38). 한쇼:牤牛(漢清14:35). 한쇼:犤牛(柳氏物名一 獸族). ※한쇼>황소

·한:숨 명 한숨. ¶늗거이 반ᄃᆞ시 그 한숨 소리ᄅᆞᆯ 드롬이 잇ᄂᆞ니라:愾然必有聞乎其嘆息之聲(宣小2:27).

·한:숨디ᄂᆞᆫ 동 한숨짓는. ¶우는 소리 시름ᄒᆞ야 한숨디ᄂᆞᆫ 소리(釋譜19:14).

·한:숨디·타 동 한숨짓다. ☞한숨지다 ¶한숨디허 닐오ᄃᆡ:乃歎曰(三綱. 孝2). 한숨디허 닐오ᄃᆡ:既而歎曰(三綱. 烈24 義婦臥氷). 조ᄂᆞᆯ이 트림ᄒᆞ며 한숨디ᄒᆞ며 ᄌᆞ치욤ᄒᆞ며:敢噦噫嚏(宣賜內訓1:49). 箕子ㅣ 한숨디허 ᄀᆞᆯᄋᆞ샤ᄃᆡ:箕子歎曰(宣小4:24).

한숨지다 동 한숨짓다. ☞한숨디타 ¶말 아니 ᄒᆞ고 다만 기리 한숨지더니(三譯5:23).

한슈셕 명 한수석(寒水石). ¶한슈셕을 ᄉᆞ라 ᄀᆞᄅᆞᆯ ᄆᆡᆼᄀᆞ라:寒水石煆爲末(救簡6:8).

한슘 명 한숨. ¶한슘 ᄭᅳᆺ히 눈물 나고 눈물 ᄭᅳᆺ히 한슘이라(萬言詞).

한·식 명 한식(寒食). ¶寒食나리라도 늦디 아니ᄒᆞ니라(飜朴上67). 節일은 清明이며 寒食이며 重午ㅣ며(家禮1:29). 寒食ㅅ ᄀᆞᄅᆞᆷ ᄆᆞᄋᆞᆯ 길헤:寒食江村路(重杜解11:11).

한심ᄒᆞ다 형 한심(寒心)하다. ¶병단디의 빗기도 그 오히려 한심ᄒᆞ거든(綸音26).

한ᄉᆞ리 명 한사리. ¶한ᄉᆞ리:大起(柳氏物名五 水).

한ᄉᆡ나이 명 황새냉이. ¶한ᄉᆡ나이:葶藶(柳氏物名三 草).

:한삼 명 한삼덩굴. ☞한삼 ¶한삼 짓디허 뽄즙:葎草汁(救簡3:118).

한삼너출 명 한삼덩굴. ☞한삼너출 ¶한삼너출:葎草蔓(四解上70 葎字註).

·한:숨디·타 동 한숨짓다. 탄식(歎息)하다. ¶嗚呼ᄂᆞᆫ 한숨디ᄐᆞᆺᄒᆞᆫ 겨치라(月釋序23). 어루 기리 한숨디ᄒᆞ리로다:可爲長嘆矣(法華2:226). 愁歎은 시름ᄒᆞ야 한숨디흘 씨라(法華6:33). ᄆᆡ양 ᄂᆞᆫ믈디며 한숨디ᄒᆞ샤:恒垂涕歎息(宣賜內訓2下13).

·한아·바:님 명 할아버님. ¶내 한아바닚 棺ᄋᆞᆯ 메ᅀᆞᄫᆞ지이다(月釋10:10). 그 한아바님 轉輪聖王이(月釋14:15).

·한아·비 명 ①할아버지. ☞하나비. 할아비 ¶祖ᄂᆞᆫ 한아비니… 한아빖 일 뎐디ᄒᆞ야(釋譜24:4). 元覺의 한아비 늙고 病ᄒᆞ더니:覺祖年老且病(三綱. 孝13). ᄯᅩ 한아비 잇ᄂᆞᆫ ᄃᆞᆯ 아디 몯ᄒᆞᄂᆞ니:亦不知有祖在(金三2:48). 한아비 옹:翁. 한아비 수:叟. (類合上17). 한아비 조:祖(類合上20). 從祖叔母:ᄉᆞ촌 한아븨 안해라(宣小4:35). 제 한아비와 아비 다 다ᄅᆞᆫ 오랑캐 난의 죽고(山城1). 한아비:祖公. 祖父(譯解上56). 한아비 조:祖(兒學上1). 祖曰 漢了秘(雞類). ②할아비. ☞하나비 ¶世ᄅᆞᆯ 嗟歎ᄒᆞ요ᄆᆞᆫ 鹿皮 니븐 한아비로다:歎世鹿皮翁(杜解3:54). 陶潛ᄋᆞᆫ 世俗ᄋᆞᆯ 에여 ᄃᆞᆫ니ᄂᆞᆫ 한아비니:陶潛避俗翁(杜解3:58). 銀印을 늘근 한아비ᄅᆞᆯ 주놋다:銀章付老翁(初杜解10:14). ᄒᆞ올로 머리 셴 한아비ᄅᆞᆯ 주ᄂᆞ다:獨贈白頭翁(杜解21:15). ᄂᆞᆺ 양ᄌᆞᄂᆞᆫ 늘근 한아비 ᄃᆞ외옛도다:顏狀老翁爲(初杜解21:31). 늘근 한아비ᄂᆞᆫ 다ᄆᆞᆯ 너머 ᄃᆞᆫ거늘(重杜解4:7). ※한아비(하나비)>할아비

·한아·ᄇᆡ 명 할아비의. ('한아비'+관형격 조사 '-ᄋᆡ') 독한아비 ¶우리 한아ᄇᆡ 그리 녯 사ᄅᆞᄆᆡ게 爲頭ᄒᆞ더니:吾祖詩冠古(初杜解16:3).

한어미 명 할미. ☞할미 ¶한어미:婆婆(譯解上56). 姑曰 漢了彌(雞類).

한어버ᅀᅵ 명 조부모(祖父母). ☞하나버이. 한어버이. 할어버이 ¶하ᄂᆞᆯ히 올히 아니 너겨 한어버ᅀᅵ도 더싱애셔 필연 니마 찡긔오 뒤돕디 아니ᄒᆞ리라(正俗10).

·한어버·이 명 조부모(祖父母). ☞한어버ᅀᅵ

¶齊衰:기슭 흔 최복이니 한어버이과 동싱 삼촌의 복이라(宣小5:43).

·한여·흘 명 대탄(大灘). 〔지명(地名)〕¶楊根君爲大灘 한여흘 與蛇浦 ㅂ얌개(龍歌3:13). 至麻田縣南與大灘 한여흘(龍歌5:27).

한외바람 명 하늬바람. ¶놉바룸 한외바람 마파룸의(萬言詞答).

한으쇼 명 하늘소. ☞하느쇼 ¶한으쇼:天水牛(柳氏物名二 昆蟲).

한잠 명 누에의 셋째 잠. ☞한좀 ¶한잠:三眼(柳氏物名二 昆蟲).

한잡히 부 한잡(閑雜)히. 일에 관련 없고 한가하게. ¶동산문을 구지 닷고 한잡히 왕니치 못ᄒᆞ게 ᄒᆞ고(引鳳簫1).

한·정 명 한정(閑靜). ¶閑靜을 즐겨 조ᄒᆞ며 괴외ᄒᆞ고 들에며(永嘉下144).

한질 명 환으로 쓰는 짓. ¶한질 차:磋(類合下38).

:한·ᄌᆞ 명 한자(漢字). ¶漢字로 몬져 그를 밍ᄀᆞ오(釋譜序5).

한좀 명 누에의 셋째 잠. ☞한잠 ¶한좀:三眠(譯解下2).

한지 명 한재(旱災). ¶혹 한지로 경뎐을 피ᄒᆞ시면(仁祖行狀17). 간원이 한지롤 인ᄒᆞ야 긔우ᄒᆞ시믈 쳥ᄒᆞᆫ대(仁祖行狀32). 일즙 한지롤 민망이 너기오샤(仁祖行狀33). 한지로 ᄒᆞ야 이앙 못 ᄒᆞᆫ 논에 모밀을 더신으로 씨흐라 ᄒᆞᆫ 녕을 니롬이라(綸音89).

·한·첫·날 명 설날. ☞한설날 ¶또 한첫날 아ᄎᆞᄆᆡ:又方元日(瘟疫方4).

한츅ᄒᆞ다 동 한축(寒縮)하다. ¶한츅ᄒᆞ다:凍抽抽了(漢淸6:67).

·한할마·님 명 증조모(曾祖母). ¶한할마님:曾祖王母(飜小9:29. 宣小6:26).

한·히 부 한(閑)히. 한가히. ¶經에 니ᄅᆞ샤ᄃᆡ 精微히 닷고ᄆᆞᆯ 즐겨 니겨 閑히 居ᄒᆞ며 ᄒᆞ오아 處타 ᄒᆞ시니라(永嘉下46). 閑히 사로미 先賢에 正히 마자 더으니 업도다(永嘉下109).

한혹당 명 한학당(漢學堂). 중국어 학당. ¶내 漢學堂에셔 비호롸(蒙老1:3).

·핟니·블 명 핫이불. ¶핟니블로 머리와 ᄂᆞᆺ과 몸과 손바롤 횟두로 ᄡᅶ고:用綿衾包頭面身體手足令周遍(救簡1:65).

·핟어·치 명 핫언치. ☞핫어치 ¶ᄯᅡᆷ어치 갓어치 핟어치 다 사다:汗替皮替替子都買了(飜老下30).

핟옫 명 핫옷. 솜옷. ☞핟옷. 핫옷 ¶핟옫오:襖(倭解上45).

·핟·옷 명 핫옷. 솜옷. ☞핟옫. 핫옷 ¶져근 핟오새 곳다온 프를 繡ᄒᆞ얏더니:小襦繡芳蓀(初杜解8:6). 핟오ᄉᆞ로 입과 귀와 횟두로 막고:仍用綿衣塞口耳四圍(救簡1:65). 핟옷과:襖子(飜老下50). 핟옷 견:襺(訓蒙中24). 다ᄅᆞᆫ 핟옷 유:襦(類合上31). 헌 핟옷 닙어:衣敝縕袍(宣小4:43).

·핟·져·구·리 명 핫저고리. ¶뎌른 핟져구리와:短襖子(飜老下51).

할 형 많을. 많은. ㉮하다 ¶多ᄂᆞᆫ 할 씨라(訓註2). 衆은 할 씨라(月釋序6. 金剛上3). 할다:多(石千24).

할긔다 동 흘기다. ☞흘긔다 ¶웃ᄂᆞᆫ 양은 니ᄲᅡ디도 됴코 할긔ᄂᆞᆫ 양은 눈씨 더욱 곱다(古時調. 靑丘).

할·놋·다 동 핥는구나. ㉮할타 ¶憍慢ᄒᆞᆫ ᄆᆞᅀᆞᆷ ᄇᆞ려 ᄯᅩᇰ 무딧 우희 겨를 구버 할놋다 ᄒᆞ거늘(月釋9:35中). 憍慢을 ᄇᆞ려 ᄯᅩᇰ 무딧 우희 즛구려셔 겨를 구버 할놋다 네 이 念을 뒷던다 아니 뒷던다(月釋9:35下).

할니 명 하루. ☞ᄒᆞᄅᆞ ¶할니나 님 외오 술나 ᄒᆞ면(古時調. 젼 업슨. 花源).

:할·다 동 ①참소(譖訴)하다. 헐뜯다. ☞하다. 할아다 ¶겨지비 하라ᄂᆞᆯ 尼樓ㅣ 나가시니(月印上4. 月釋1:40). 巫蠱ㅅ 일로 하라ᄂᆞᆯ(宣賜內訓2下19). 하로미 ᄌᆞ모 좃도다:謗何頻(初杜解16:6). 물 효ᄀᆞᆫ 사ᄅᆞᄆᆡ 하로미 能히 깁도다:群小謗能深(初杜解21:35). 다ᄉᆞᆷ어미 朱氏 아비그에 하라 每常 쇠똥 츠이거늘:繼母朱氏不慈數譖之由是失愛於父每使掃除牛下(三綱. 孝17). ᄂᆞᆷ 할 알:訐(類合下33). 할고져 가히 은덕이 동궁 므스리 업관이롤 ᄃᆞ려다가(癸丑127).
②하소하다. ☞하다 ¶眞宰ㅣ 하ᄂᆞᆯ해 올아가 할오 당당이 울리로다:眞宰上訴天應泣(初杜解16:30). 우흐로 하ᄂᆞᆳ긔 할오져 ᄒᆞᄂᆞᆫ ᄃᆞᆺ도다:似欲上訴於蒼穹(初杜解17:6). 怨ᄒᆞ야 할며:怨訴(南明下33). 관가의 할아 송ᄉᆞᄒᆞ며:訴訟於官(正俗45). 할 소:訴(訓蒙下29. 類合下25). 원회ㅣ 할아 닐오ᄃᆡ 형은 실로 죄 업ᄉᆞ니:元孝訴曰兄實無罪(東新續三綱. 孝7:32).

할리다 동 참소를 입다. 참소당하다. ¶ᄂᆞᄆᆡ게 할려 주글 죄로 가티게 ᄒᆞ얏써ᄂᆞᆯ:爲仇家陷於死罪(二倫22 德珪死獄). 네 後漢나라 陳元이 제 어믜 할린 배 되여ᄂᆞᆯ:昔後漢陳元爲母所訟(警民23).

할마 명 할마(瞎馬). 애꾸말. ¶ᄎᆞ라리 瞎馬ᄀᆞ치 눈ᄀᆞᆷ고 지내고져(靑偉. 萬憤歌).

·할마·님 명 할머님. ¶山南의 할마님 唐夫人이:祖母唐夫人(飜小9:29). 할마님 唐夫人이:祖母唐夫人(宣小6:26). 아바님이 할마님 떠나기롤 몯ᄒᆞ시니:父不離祖母(東新續三綱. 孝6:8).

할믜 명 할미의. 〔'할미'+관형격 조사 '-의'〕 ⓜ할미 ¶아비 어미 하나비 할믜 무덤의 돌흘 세여:考妣祖考妣墓立石(東新續三綱.

孝1:64).

·**할·미** 명 할미. 할머니. ☞한어미 ¶ 셴 할미ᄅᆞᆯ 하ᄂᆞᆯ히 보내시니:皤皤老嫗天之使兮(龍歌19章). 앒뒤헨 아ᄒᆡ 할미러니(月印上26). 여러 할미 ᄃᆞ리고 부텨를 미조ᄍᆞᄫᅡ(月釋10:17). 할ᄆᆡ ᄆᆞᅀᆞᄆᆞᆯ 오히려 웃ᄂᆞ다(南明上8). 魔女ㅣ 거우루 보니 늘근 할미 ᄃᆞ외얫거늘(南明上47). 할ᄆᆡ 적삼 비러 할ᄆᆡ 나ᄒᆞᆯ 절ᄒᆞ도다:借婆衫子拜婆年(金三3:12). ᄲᅵᆼ긘 할미:皺皺娘娘(飜朴上40). 할미 파:婆. 할미 마:媽(訓蒙上31). 夫之母曰姑 國語 할미 고(訓蒙上31 姑字註). 할미 구:嫗. 할미 모:姥. 할미 오:媼(訓蒙上33). 할미 고:姑(石千15). 무당과 祝과 승과 ᄉᆞ이ᄒᆞᄂᆞᆫ 할미의 類를:巫祝尼媼之類(宣小5:60). 모ᄆᆞ로ᄡᅥ 할미ᄅᆞᆯ ᄀᆞ리완거ᄅᆞᆯ:以身翼蔽祖母(東新續三綱. 孝5:11). 늘근 할미 히미 비록 衰殘ᄒᆞ나:老嫗力雖衰(重杜解4:8).

할미ᄭᅩᆺ 명 할미꽃. ☞할ᄆᆡ십가비 ¶ 할미ᄭᅩᆺ:白頭翁(物譜 藥草).

·**할미:새** 명 할미새. ¶ 할미새:鶺鴒 俗呼雪姑兒(四解下52 鶺字註). 할미새 옹:鶲. 할미새 거:鶋. 할미새 척:鶺. 할미새 령:鴒(訓蒙上16). 할미새:水不剌(譯解下27). 할미새:鶺鴒(柳氏物名一 羽蟲).

·**할ᄆᆡ** 명 할미의. 〔'할미'+관형격 조사'-ᄋᆡ'〕 ㊄할미 ¶ 할ᄆᆡ 적삼 비러 할ᄆᆡ 나ᄒᆞᆯ 절ᄒᆞ도다:借婆衫子拜婆年(金三3:12). 겨틧 사ᄅᆞ미 할ᄆᆡ ᄆᆞᅀᆞᄆᆞᆯ 오히려 웃ᄂᆞ다 홈과 ᄀᆞᆮᄒᆞ니라(南明上8).

할ᄆᆡ십가비 명 할미꽃. ☞한미십갑 ¶ 할ᄆᆡ십가빗 불휘:白頭翁(東醫 湯液三 草部).

할ㅅ다 동 핥다. ☞할타 ¶ 할ㅅ다:餂(同文解上62. 漢淸12:49).

·**할션·히** 부 활연(豁然)히. 환히. ¶ ᄒᆞᄅᆞ 아ᄎᆞᆷ의 豁然히 貫通홈애 니르면(宣大10).

할·아·다 동 참소하다. 헐뜯다. ☞할다 ¶ 疑心과 할아ᄂᆞ니ᄅᆞᆯ 업게 코져 ᄒᆞ시니:息…疑謗(楞解1:34). 할아ᄆᆞᆯ 보ᄃᆡ 기룜ᄀᆞ티 호ᄆᆞᆫ:視毁如讚(楞解6:108). 禁戒ᄅᆞᆯ 할아고:毁禁戒(楞解8:6). 戒律을 할아리라 ᄒᆞ시니:毁戒律(楞解9:119). 할아디 아니ᄒᆞ며 辱ᄒᆞ디 아니ᄒᆞ며:不毁不辱(金剛36). 할아논 말 업스며(圓覺序10). 八風은 利와 衰와 할암과 기룜과 일ᄏᆞ롬과 구지좀과 苦와 樂괘라:八風者利衰毁譽稱譏苦樂(圓覺上二之一12). ᄂᆞᆷ구븐 저ᄅᆞᆯ 기리고 ᄂᆞᄆᆞᆯ 할아디 아니호미오:七不自讚毁他(圓覺上二之二15). 할알 門이 업스며(牧牛訣45). 븟그러옴과 할아ᄆᆞᆯ 브ᄅᆞᆶ가 저호미니:恐招恥謗(宣賜內訓1:2). 할아며 기리논 ᄉᆞᅀᅵ예:毁譽間(宣賜內訓1:12). 기료미 밋디 몯ᄒᆞ며 할아오미 밋디 몯ᄒᆞᄂᆞ니:讚不及毁不及. 할아며 비우솜:毁謗(金三3:57). 할아ᄂᆞᆫ 소리 귀예 들어든:毁聲入耳(金三4:39).

할아비 명 할아버지. ☞한아비 ¶ 할아비 사오나온 병 어덧거ᄂᆞᆯ:祖父得惡疾(東新續三綱. 孝4:67 有今斷指). 제 할아비ᄅᆞᆯ 위ᄒᆞ야(仁祖行狀51).

할·암 동 헐뜯음. 참소함. ㉠할아다 ¶ 八風은 利와 衰와 할암과 기룜과 일ᄏᆞ롬과 구지좀과 苦와 樂괘라:八風者利衰毁譽稱譏苦樂(圓覺上二之一12). 븟그러옴과 할아ᄆᆞᆯ 브ᄅᆞᆶ가 저호미니:恐招恥謗(宣賜內訓1:2).

할어버이 명 조부모(祖父母). ☞한어버ᅀᅵ ¶ 할어버이 나히 저믄 주를 어엿ᄢᅵ 너겨:祖父母憐其年少(東續三綱. 烈9).

·**할연ᄒᆞ·다** 형 활연(豁然)하다. ¶ 卽時예 豁然ᄒᆞ면 도로 本心을 得ᄒᆞ리라 ᄒᆞ시며(六祖中16).

·**할와·티·다** 동 참소(讒訴)하다. 헐뜯다. ☞할다. -완다 ¶ 올ᄒᆞ니 외니 ᄒᆞ야 서르 ᄃᆞ토와 할와티ᄂᆞᆫ 마리 날로 들어:爭長競短漸漬日聞(飜小7:41). 훗어미 朱氏 ᄉᆞ랑티 아니ᄒᆞ야 ᄌᆞ조 할와틸ᄉᆡ:繼母朱氏不慈數譖之(飜小9:24).

할이 명 참소(讒訴). ☞하리 ¶ 길기ᄅᆞᆯ ᄃᆞ토며 뎔으기를 ᄃᆞ토아 ᄀᆞ만ᄒᆞᆫ 할이 날로 들어:爭長競短漸漬日聞(重內訓3:36).

할커늘 동 핥거늘. ㉠할타 ¶ 究羅帝尼乾子ㅣ ᄯᅩᆼ 무딧 우희 겨를 구버 할커늘 보고(月釋9:35上).

할쾨다 동 할퀴다. ☞헐퀴다 ¶ 할퀸 고상 다 함 없고(因果曲2).

할·타 동 핥다. ☞할ㅅ다 ¶ 오좀 누는 ᄯᅡ홀 할ᄒᆞ니(釋譜11:25). 암사ᄉᆞ미 ᄒᆞᆫ ᄯᆞ니ᄆᆞᆯ 나하 두고 할타가 仙人ᄋᆞᆯ 보고 나ᄃᆞᄅᆞ니라(釋譜11:25). 究羅帝尼乾子ㅣ ᄯᅩᆼ 무딧 우희 겨를 구버 할커늘 보고(月釋9:35上). ᄯᅩᆼ 무딧 우희 겨를 구버 할놋다 ᄒᆞ거늘(月釋9:35中). 혀로 입시우ᄅᆞᆯ 할하 니기 할하 잇브게 ᄒᆞ면:以舌舐吻熟舐令勞(楞解3:9). 뎌 머긇 저글 因ᄒᆞ야 입시우를 핤ᄂᆞ니:因彼食次舐其脣吻(楞解8:5). 쇼옷 할티 아니커든 소곰므를 ᄂᆞ치 ᄇᆞᄅᆞ면 쇠 할ᄒᆞ리라:牛不肯舐着鹽汁塗面上牛卽肯舐(救簡1:43). 할ᄒᆞᆯ 뎨:舐. 할ᄒᆞᆯ 텸:舔(訓蒙下14). 할타먹다:餂喫(譯解上54). 할틀 뎌:舐(倭解上49). 湯이 ᄭᅮ메 하ᄂᆞᆯ해 밋처 할ᄒᆞ시니:湯夢及天而咶之(重內訓2:62). 시모의 눈을 할트며(女四解4:13). 입을 조히 ᄒᆞ야 할트니(女四解4:15). 눈을 할트니(敬信40). 할틀 시:舐. 할틀 텸:舔(字類上39).

함 명 함(函). ¶ 三十二相은 발 아래 平ᄒᆞ샤 函 믿 ᄀᆞᆮᄒᆞ시며(法華2:11). 함 함:函(訓蒙中19).

:함 형 많음. ㉮하다 ¶ᄒᆞ나 아니며 함 아니며:非一非多(楞解1:67). 그럴씨 ᄒᆞ나콰 함과ᄅᆞᆯ 서르 應ᄒᆞ시며:所以一多互應(楞解4:46). 조희 함 ᄃᆞᆫᄒᆞᆯ 씨라:如粟之多(楞解6:15). ᄀᆞ장 하ᄆᆞᆯ 니르니라(阿彌18). 샹ᄆᆞ리 ᄒᆞᆫ갓 고기 함 ᄃᆞᆫ디 아니ᄒᆞ니라:不比俗馬空多肉(初杜解17:31). ᄂᆞᆫ홈애 함을 구티 말올디니라:分毋求多(宣小3:2). 함으로ᄡᅥ 젹은 ᄃᆡ 무르며:以多問於寡(宣小4:40).

함거 명 함거(轞車. 檻車). 죄인을 실어 나르는 수레. ¶빅공을 지촉ᄒᆞ야 함거의 올리니(引鳳簫1).

함긔 부 함께. ☞ᄒᆞᆫᄢᅴ ¶내 큰 도로 더브러 함긔 나타나니(敬信22). 무근히 보너올 제 시름 함긔 餞送ᄒᆞ쟈(古時調. 歌曲).

함몰ᄒᆞ다 동 함몰(陷沒)하다. ¶셩이 함몰홈애 도적기 카ᄅᆞᆯ 둘러:城陷賊揮劍(東新續三綱. 孝6:45). 入地底ᄂᆞᆫ 盜賊의게 陷沒호믈 니ᄅᆞ니라(重杜解1:3). 이러ᄒᆞᆯ시 이웃 ᄶᅡᄒᆞᆫ 陷沒호ᄃᆡ 이 ᄀᆞ올히 ᄒᆞ오아 오ᄋᆞ라 이쇼ᄆᆞᆯ 보니라:是以陷隣境此洲獨見全(重杜解25:40). 히적이 절둥을 함몰ᄒᆞ여 고향의 노복도 남은 거시 업ᄉᆞ니(落泉1:1).

함믈ᄒᆞ다 동 함몰(陷沒)하다. ☞함몰ᄒᆞ다 ¶그 후의 심양을 함믈ᄒᆞ니(山城4).

함박곳 명 함박꽃. ☞함박꼿 ¶흰 함박곳 불휘ᄅᆞᆯ ᄀᆞᄂᆞ리 사ᄒᆞ라:白芍藥細切(救簡6:7). 함박곳 불휘:芍藥(東醫 湯液三 草部). 함박곳 불휘:白芍(方藥9). 芍藥鄕名大朴花(鄕藥月令 二月. 集成方).

함박꼿 명 함박꽃. ☞함박곳 ¶함박꼿:芍藥(柳氏物名三 草). 함박꼿 쟉:芍(兒學上5).

함셕 명 함석. ¶함셕:黑鉛(譯解下2). 함셕:倭鉛(柳氏物名五 金).

함쇼ᄒᆞ다 동 함소(含笑)하다. ¶含笑코 出門看ᄒᆞ니 慙思慙天ᄒᆞ야라(古時調. 柴扉에. 靑丘). 싱과 동쇼졔 드르믜 셔로 보고 함쇼ᄒᆞ더라(落泉2:6). 홍영이 함쇼ᄒᆞ고 안흐로 드러가니(引鳳簫2).

함·슈 명 함수(鹹水). ¶닐굽 山 바ᄭᅴᆺ사 鹹水 바다히 잇거든:鹹ᄋᆞᆫ ᄧᆞᆯ 씨라(月釋1:23).

함ᄲᅦ 부 함께. ☞ᄒᆞᆷᄭᅴ. ᄒᆞᆫᄢᅴ ¶南北에 흘은 물이 함ᄲᅦ 모혀 드ᄂᆞᆫ지라(皆岩歌).

함ᄭᅴ 부 함께. ☞ᄒᆞᆫᄢᅴ ¶明月 淸風은 함ᄭᅴ 조챠 드노ᄆᆡ라(靑友仁. 梅湖別曲). 함ᄭᅴ 집문 언덕의 던져(女四解4:18). 내 함ᄭᅴ 가면 ᄭᅴ 일우디 못ᄒᆞ리라(五倫2:72). 셰 가지 常棣花ᄂᆞᆫ 春堂이 함ᄭᅴ 놀고(皆岩歌).

함오 명 이마에서 입술까지 흰 말. ¶함오:騂 流星貫脣(柳氏物名一 獸族).

:함:졍 명 함정(陷阱. 陷穽). ¶함졍 졍:穽(訓蒙中9). 罟와 擭와 陷阱ㅅ 가온ᄃᆡ(宣中5). 함졍으로 즘싱을 잡음 ᄀᆞᄐᆞ니:機檻取獸(警民2). 범을 인ᄒᆞ야 함졍의 ᄡᅥ지ᄂᆞᆫ 규구ᄅᆞᆯ ᄒᆞ리라 ᄒᆞ고(落泉2:5).

함튝ᄒᆞ다 동 함축(含蓄)하다. ¶죠고만 어긔롯ᄂᆞᆫ 일란 힘ᄡᅥ 서ᄅᆞ 함튝ᄒᆞ며 용납ᄒᆞ야:小小乖忤務相涵容(警民26).

합 명 합(盒). ¶쳐와 沙 합애 녀허 ᄀᆞ초고(救急下8). 합 합:榼(訓蒙中10). 합:盒兒(譯解下14). 합:盒子(同文解上13). 합:盒子(漢淸11:32).

합·개 명 합포(合浦). 〔지명(地名)〕 ¶합개:合浦(龍歌1:49).

합당ᄒᆞ다 형 합당(合當)하다. ¶弟 執事의 참與홈이 合당ᄒᆞ고(家禮10:9).

합댱ᄒᆞ다 동 합장(合葬)하다. ☞합장ᄒᆞ다 ¶양공이 상ᄉᆞᄅᆞᆯ 극진이 다ᄉᆞ려 션영의 합댱ᄒᆞ고(落泉1:1).

합빙ᄒᆞ다 동 합빙(合氷)하다. 건너지피다. ¶합빙ᄒᆞ다:合氷(同文解上9). 합빙ᄒᆞ다:合氷(譯解補6).

합션ᄉᆞ 명 합사(合絲). ¶굵은 합션ᄉᆞ:珠兒線(漢淸10:62).

·합:장 명 합장(合葬). ¶合葬ᄋᆞᆫ ᄒᆞᆫᄃᆡ 무들 씨라(三綱. 孝33).

합장ᄒᆞ다 동 합장(合葬)하다. ☞합댱ᄒᆞ다 ¶夫妻ᄅᆞᆯ 合葬ᄒᆞᆯ 位ᄅᆞᆯ 뭇ᄌᆞ온대(家禮7:20). 棺槨은 棺을 ᄌᆞᆷ노하 합장ᄒᆞ단 말이라(女四解2:21).

·합:쟝 명 합장(合掌). ¶合掌ᄋᆞᆫ 솑바당 마촐 씨라(月釋2:29).

·합:쟝·ᄒᆞ·다 동 합장(合掌)하다. ¶虛空애 合掌ᄒᆞ야 셔니라(釋譜3:p.114). 올ᄒᆞᆫ 무룹 ᄭᅮ러 몸 구펴 合掌ᄒᆞ야 부텨ᄭᅴ ᄉᆞᆯᄫᆞ샤ᄃᆡ(釋譜9:29). 合掌ᄒᆞ야 깃거(釋譜23:29). 뫼 門ㅅ 머리에 合掌ᄒᆞ고(金三5:9). 精誠으로 合掌ᄒᆞ야(六祖中47).

합창ᄒᆞ다 동 합창(合瘡)하다. ¶합창ᄒᆞ다:瘡口平(蒙解下6).

·합·ᄒᆞ·다 동 합하다. 어울리다. ¶蓮花ㅣ 合ᄒᆞ얫ᄂᆞᆫ 想도 지ᅀᅳ며:合ᄋᆞᆫ 어울 씨라(月釋8:42). ᄆᆞ리 거스리 흐르다 호ᄆᆞᆫ 스승과 弟子왜 道ㅣ 合ᄒᆞᆫ ᄠᅳ디니(南明上16). 이 ᄆᆞᅀᆞᆷ애 ᄡᅥ 王에 合ᄒᆞᆫ 바ᄂᆞᆫ 엇디니잇고(宣孟1:22). 비르소 듬애 ᄀᆞᆯ오ᄃᆡ 잠ᄽᅡᆫ 合ᄒᆞ다 ᄒᆞ고(宣論3:39). 妻子와 好ᄒᆞ며 合홈이 瑟과 琴을 鼓홈 ᄀᆞᄐᆞ며(宣中15). 맛당ᄒᆞᆫᄃᆡ 合ᄒᆞ고 節문에 마초디 몯ᄒᆞᆯ 거시니(家禮1:3).

핫바디 명 핫바지. ☞핟옷. 핫옷 ¶핫바디:緜袴兒(譯解上45).

핫어치 명 핫언치. ☞핟어치 ¶핫어치:替子(老解下27).

핫옷 명 핫옷. ☞핟옷. 핟옷 ¶핫옷 오:襖(類合上31). 초록 맨듀 핫옷과:綠紬襖子(老解

下45). 핫옷:襖子(譯解上44). 두터온 핫옷:胖襖子(譯解上45). 핫옷:綿襖子(同文解上55).

항 명 항(缸). 항아리. ¶구운 그르시 玉ᄋᆞ로 ᄆᆡᆼᄀᆞ론 缸애셔 디디 아니토다:瓷罌無謝玉爲缸(初杜解15:32). 하나 져그나 항의 녀코:多少入缸內(救簡1:112). 양 열콰 수울 열 항을 보내더라:十羊十酒裹(飜朴上45). 목 긴 항:罌瓴(四解下34 瓴字註). 항 항:缸. 대항 영:罌(訓蒙中12). 항 항:缸(類合上27). 항을 가져 나가 믈기러:提甕出汲(宣小6:55). 항:罎子(同文解上15. 漢淸11:40).

항가싀 명 엉겅퀴. ☞한거싀. 항것귀 ¶항가싀:大薊(方藥14. 東醫 湯液三 草部).

항거ᄒᆞ다 동 항거(抗拒)하다. ¶혁연이 노ᄒᆞ야 바로 두ᄃᆞ려 동녁흐로 오시니 가히 항거ᄒᆞᆯ 재 업ᄂᆞᆫ디라(山城142).

·항것 명 주인(主人). 상전(上典). 가장(家長). ¶두 사ᄅᆞ미 眞實로 네 항것가(月釋8:94). 金同이 닐오ᄃᆡ 내 죄라 항거시 모ᄅᆞ리라 ᄒᆞ더니 ᄂᆞ미 닐오ᄃᆡ 네 항것과 단살어니 몰래타 ᄒᆞ면 버스리라 ᄒᆞ야ᄂᆞᆯ:同曰罪在奴非主所知或謂曰汝與主異居若云不知可免(續三綱. 忠5). 항거ᄉᆞᆫ ᄡᅳᆯ 거ᄉᆞ로 죵을 쥐주ᄂᆞ니:主則以財用而資幹(正俗16). 젼의 아랑이(항거시란 말이라) 늘근 몸으로 ᄒᆞ여곰 편면왜란 ᄆᆞᆯ을 ᄐᆞ고 아형랑(항거싀 어린 아ᄃᆞᆯ)을 안고 가니:往年阿郎貶宰時常令老身騎偏面騸抱阿荊郎(太平1:27). 죵과 항것과ᄂᆞᆫ:奴主(警民7). 항거슬 ᄢᅬᄒᆞ야 주기면:家長謀殺則(警民7). 항거싀 결레권당을 티거나:家長族親毆打(警民7). 항거시 용ᄒᆞᆫ 죽 죵조차 용타 드럿노라(癸丑117). ᄯᅩᆼ과 항것과ᄅᆞᆯ 뉘라셔 삼기신고(古時調. 周世鵬. 武陵雜稿).

항것괴 명 엉겅퀴. ☞한거싀. 항것귀 ¶항것괴:大薊(四解上23 薊字註).

항것·귀 명 엉겅퀴. ☞한거싀. 항것괴 ¶항것귀:大薊(訓蒙上8 薊子註).

·항괴 명 자귀. ☞항귀 ¶항괴 분:錛(訓蒙中16). 갓괴와 항괴와 ᄃᆡ패와:和鎊錛子退鉋(朴解下12). 항괴:鎊(譯解下18).

·항귀 명 자귀. ☞항괴 ¶항귀:錛 平木器(四解上63).

항나 명 항라(亢羅). ☞행나 ¶항나:杭羅(物譜 蠶績).

항녈 명 ①항렬(行列). ¶시 업손 이ᄂᆞᆫ 손ᄌᆞ 항녈이 가히 ᄒᆡ여곰 ᄒᆞᆯ 재ㅣ 업ᄉᆞ니라(家禮9:6). 陷中에 뻐 벼슬과 姓名과 行녈을 쓰라(家禮圖17). 놉흔 항녈이 수십인뿐 아니로ᄃᆡ(女範2. 현녀 기양공쥬).
②행렬(行列). ¶즁의 항녈을 아라 섯거셔 어즈리디 말며:知衆行次不得雜亂(誡初8).

항·ᄃᆡᆫ 명 전진(戰陣). ¶싸홈 싸호ᄂᆞᆫ 항ᄃᆡᆫ에 용ᄆᆡᆼ 업슴이:戰陳無勇(宣小2:35).

항라 명 항라(亢羅). ☞항나 ¶항라:杭絹(漢淸10:57).

항·렬항·렬히 부 줄줄이. ¶이 寶樹ᄃᆞᆯ히 行列行列히 서르 마초 셔며 닙니피 서르 次第로 나고(月釋8:11).

항문 명 항문(肛門). ☞항믄. 황문. 황믄 ¶항문에 부러 녀코(救簡1:45). 고콰 빗복과 항문과애:鼻臍糞門(救簡1:69). 항문을 ᄃᆞᄆᆞ면 즉재 브리라:蘸下部卽通(救簡3:65). 항문:肛門(同文解上17).

항믄 명 항문(肛門). ☞항문 ¶항믄:糞門(譯解補22).

:항·ᄆᆡᆨ 명 항맥(巷陌). 거리. ¶자시어나 ᄀᆞ올히어나 巷陌이어나 ᄆᆞᅀᆞᆯ히어나:巷ᄋᆞᆫ ᄀᆞ올 안 길히오 陌ᄋᆞᆫ 져잿 가온ᄃᆡᆺ 거리라(釋譜19:1).

항·복 명 항복(降伏. 降服). ¶嗟嘆ᄒᆞ야 降伏 아니 ᄒᆞ리 업서(宣賜內訓2下19). 七尺劒 千里馬로 遼海ᄅᆞᆯ ᄂᆞ라 건너 天驕를 降伏 밧고(古時調. 간밤의 大醉하고. 靑丘).

항·복·ᄒᆞ·다 동 항복(降伏)하다. ☞항복히다 ¶즉자히 降服ᄒᆞ야 업더디여 사ᄅᆞ쇼셔 비니(釋譜6:33). 諸生이 저허 降伏ᄒᆞ야ᅀᅡ 先生이 져기 말ᄊᆞᆷ과 ᄂᆞᆺ비ᄎᆞᆯ ᄂᆞᄌᆞ기 ᄒᆞ더라(宣賜內訓3:18). 그 힝실을 항복ᄒᆞ더라:服其行(東新續三綱. 孝5:65). 放逸ᄒᆞᆫ 바ᄅᆞᆯ 블근 驥馬ㅣᆫ디 알오 ᄂᆞᆯ개 두위티ᄂᆞ니란 프른 매ᄅᆞᆯ 降服ᄒᆞ노라:放蹄知赤驥捩翅服蒼鷹(重杜解20:22). 河隴애 降伏ᄒᆞᆫ 王이 聖朝애 納款ᄒᆞ도다(重杜解21:24). 宋이 元애 항복ᄒᆞ매(女四解4:5). 항복ᄒᆞ다:歸順(同文解上46). 싱이 ᄎᆞ언을 듯고 션ᄉᆞ의 신긔ᄒᆞᆫ 줄 항복ᄒᆞ야(落泉1:1).

항·복:히·다 동 항복(降伏. 降服)시키다. ¶魔王ㅅ 兵馬 十八億萬을 降服히오샤(釋譜6:17). 엇던 德으로 降服히려뇨(釋譜6:28). 說法을 잘 ᄒᆞ야 一切 外道ᄃᆞᆯᄒᆞᆯ 降服히오(釋譜23:33). 龍 降伏힌 바리ᄂᆞᆫ 體 구드니 靈ᄒᆞᆫ 神通 펴ᄆᆞᆯ 다 ᄒᆞ야도 어루 逃亡티 몯ᄒᆞ리로다(南明上68). 사ᄅᆞᆷ 濟度ᄒᆞ샤미 數 업스시며 모ᄃᆞᆫ 邪ᄅᆞᆯ 降伏히샷다(金三1:24).

항쇄 명 항쇄(項鎖). 칼. ¶항쇄 족쇄 ᄀᆞᆽ초시고 이리 가쟈 져리 가쟈(普勸文32).

항슈 명 행수(行首). ¶항슈:行首(同文解下60).

항아 명 항아(姮娥). ¶姮娥 素影이 盞底에 흘러ᄂᆞ려(曺友仁. 關東續別曲).

항아리 명 항아리. ¶항아리 담:罎(訓蒙中12). 항아리와 독에 ᄡᅳ려 담으며:盎瓮粧盛

(女四解2:30).

항여 부 행여. 행여나. ¶아모란 사ᄅᆞᆷ인 줄 몰나 항여 경동ᄒᆞ야(引鳳簫1).

항오 명 항오(行伍). ¶항오ᄋᆡ 젼망ᄒᆞ니어든 벼슬을 주시고(仁祖行狀31). 甚히 行伍ㅅ ᄉᆞ이예 ᄡᅢ혀나디 몯ᄒᆞ야(重杜解24:11). 항오:行伍(同文解上45). 항오ㅅ ᄉᆞ이:隊伍間處(漢淸4:31). 이 항오ᄅᆞᆯ 일코(三略上20). 냥민이 다 항오ᄅᆞᆯ 치우고(經筵).

항혀나 부 행여나. ¶이별시의 경계ᄒᆞᆯ 제 항혀나 득죄ᄒᆞᆯ가(思鄕曲).

항·ᄒᆞ·다 동 항(降)하다. 항복(降服)하다. ¶漢王이 楚애 降ᄒᆞ시ᄂᆞ다 ᄒᆞ야ᄂᆞᆯ(三綱. 忠5). 鄭伯이 메왓고 楚애 降ᄒᆞ야 죵 ᄃᆞ외요ᄆᆞᆯ 뵈며 빌 쩌기면(法華2:178). 사ᄅᆞᆷ 보내야 항ᄒᆞ라 니ᄅᆞᆫ대:遣人諭降(東新續三綱. 忠1:25).

·해 명 해. 것. ☞하. 히 ¶내 해 다 실 ᄀᆞᄂᆞᆫ 구의나깃은이라:我的都是細絲官銀(飜老下14). 내 해 본ᄃᆡ 사니라:我的是元買的(飜老下15). 둘흔 내 해어니와 둘흔 뉘 해어니오(樂範. 處容歌).

:해 명 해(害). ¶純一ᄒᆞᆫ 妙ㅣ 그츠리니 큰 害니라(蒙法42). 오히려 그 禍ᄅᆞᆯ 저허 그 害ᄅᆞᆯ 업게 ᄒᆞᆯ디온 獨혀 다ᄉᆞᆷ 子息의게 아니 ᄒᆞ면:猶懼其禍而除其害獨於假子而不爲(宣賜內訓3:24). ᄃᆞᆷ교ᄆᆞᆯ 避ᄒᆞ고 브레 드롬 ᄀᆞᆮᄒᆞ니 믈와 블왜 비록 다ᄅᆞ나 害 엇데 다ᄅᆞ리오(南明上78). 녯 해ᄂᆞᆫ 갓가와 쉬 알리러니:昔之害近而易知(飜小8:41). 진실로 일에 큰 害 업거든:苟於事無大害者(宣小5:36). 子ㅣ ᄀᆞᆯᄋᆞ샤ᄃᆡ 異端을 攻ᄒᆞ면 이 害니라(宣論1:14).

:해 부 많이. ☞하 ¶方國이 해 모ᄃᆞ나:方國多臻(龍歌11章). 天龍도 해 모ᄃᆞ며(月印上10). 해 드로ᄆᆞᆯ ᄇᆞ려(釋譜9:13). 해 드로ᄆᆞᆯ 쇽절업시 잘카냥ᄒᆞ야:虛驕多聞(楞解1:3). 해 드롬과:多聞(楞解4:2). 해 비로ᄆᆞᆯ 닐굽 지븨 너무 아니 ᄒᆞ샴 ᄀᆞᆮᄒᆞ니:如過乞不過七家(金剛上5). 해 傳ᄒᆞᆯ ᄯᆞᄅᆞ미라(金剛後序14). 樊姬의 히메 해 잇ᄂᆞ니:多在於樊姬之力(宣賜內訓序3). 이제ᄂᆞᆫ 해 닐오ᄃᆡ:近來多道(蒙法57). 祿 해 타먹ᄂᆞᆫ 녯 버든 書信이 그처 업고:厚祿故人書斷絶(初杜解7:2). ᄒᆞ마 이스리 해 왯도다:已多露(杜解9:14). 遊衍은 그를 너비 해 아로ᄆᆞᆯ 니ᄅᆞ니라(杜解16:1). 해 놀라 저푸믈 내ᄂᆞ니:多生驚怖(金三3:24). 젹젹 ᄉᆞᆷ껴 과ᄀᆞ리 해 머기디 말오:飮之稍稍咽勿頓使飽(救簡1:33). 해 먹디 아니ᄒᆞ더시다:不多食(宣小3:26). 너를 말 해 말라 경계ᄒᆞ노니:戒爾勿多言(宣小5:22). 처엄 ᄠᅳᆮ과 해 어긔도다:意多違(重杜解5:17). 해 겨지블 븓ᄂᆞ니:多自婦人(重內訓2:14)

·해 감 허. 아이구. ¶해 ᄂᆞᆽ가온 은이 나도 업다:咳低銀我也沒(飜老下14). 해 진실로 영노슬갑고 ᄉᆞ뭇가올셔:咳眞箇好摽致(飜朴上15). 해 ᄂᆞ즌 은ᄂᆞᆫ 내게도 업고 내 하ᄂᆞᆫ 다 細絲官銀이라:咳低銀我也沒我的都是細絲官銀(老解下12).

-·해 조 -에. 〔ㅎ 첨용(添用) 부사격 조사.〕 ☞-헤 ¶白帝 ᄒᆞᆫ 갈해 주그니:白帝劍戮(龍歌22章). 나라해 도라오시고:我還厥國(龍歌24章). 나라해 忠臣이 업고:國無忠臣(龍歌37章). 뫼해 드러 닐오ᄃᆡ(釋譜6:12). ᄯᅡ해 즉자히 다 ᄲᅡ오(釋譜6:25). 그ᄠᅳᆺ 나라해 와(釋譜23:53). 뫼해 드러 일 업시 이셔(月釋1:5). 그 鹹水 바다해 네 셔미 잇ᄂᆞ니(月釋1:24). 고해 됴ᄒᆞᆫ 내 맏고져 ᄒᆞ며(月釋1:32). 經돌해 十二入이라 일홈 지ᄒᆞ니라(月釋2:21之2止). 이 寶樹돌해 다 菩薩聲聞이 그 아래 안ᄌᆞ며(月釋18:26). 一切 ᄆᆞᄎᆞᆫ ᄯᅡ해 나ᅀᅡ가:造乎一切畢竟之地(楞解1:3). 반ᄃᆞ기 그 ᄯᅳᆯ해 다ᄃᆞᄅᆞ리라:必臻其奧矣(法華1:16). 艱難ᄒᆞᆫ ᄆᆞᅀᆞᆯ해 가면:往至貧里(法華2:194). ᄆᆡ햇 므리 ᄆᆞᆯᄀᆞ며:野水湛湛淸淸(蒙法27). 芥子ㅣ 바ᄂᆞᆳ 놀해 맛게 호미:使芥子投於針鋒(圓覺序69). ᄆᆞᆯᄀᆞᆫ ᄯᅳᆯ해 ᄉᆞᄆᆞᄎᆞ리라:湛徹澄源(法語11). 고기 잡ᄂᆞᆫ 돌해 ᄀᆞ독ᄒᆞ얏도다:滿漁梁(杜解7:5). 저믄 나해 글스기와 칼ᄡᅳ기와 비호니:壯年學書劒(杜解7:15). 衰殘ᄒᆞᆫ 나해 이 모ᄆᆞᆯ 고돌파 ᄃᆞᆫ니노라:衰年强此身(杜解7:18). 긴 숤 ᄀᆞᄂᆞᆯ해 도ᄐᆞ랏 디퍼 ᄃᆞᆫ니고:杖藜長松陰(杜解7:24). 다 다ᄅᆞᆫ ᄯᅡ해 왯노라 니ᄅᆞ디 말라:勿云俱異域(杜解21:32). 浣花ㅅ 시내해 藥을 싯노라:洗藥浣花溪(杜解25:21). ᄃᆞ리 하ᄂᆞᆯ해 當ᄒᆞ얫거늘(金三2:2). ᄒᆞᆫᄢᅴ 비 타 ᄒᆞᆫ 기픈 소해 다ᄃᆞ라:一時乘船得至一深潭(佛頂下12). 二百 ᄀᆞ올해:二百州(重杜解4:2).

해금 명 해금(奚琴). ¶사ᄉᆞ미 짒대예 올아셔 奚琴을 혀거를 드로라(樂詞. 靑山別曲). 해금:胡琴(漢淸3:56).

해롭·다 형 해(害)롭다. ¶리ᄒᆞᆫ 일이며 해로온 일와:利害(飜小8:21). ᄆᆞᅀᆞᆷ 머그며 몸 닷고매 크게 해로오미 이실시:於存心修身大有所害(飜小8:23). 올ᄒᆞ며 외며 利ᄒᆞ며 害로오ᄆᆞᆯ ᄀᆞ초와 ᄉᆞᆯ와(家禮2:8). 妻흼이 엇디 해로오리오(女四解4:52).

-·해·셔 조 〔ㅎ 첨용(添用) 부사격조사.〕 ① -에서. ¶하ᄂᆞᆯ해셔 德이 사오나바 ᄢᅥ러디여(釋譜13:10). 녀느 나라해셔 와 아ᅀᆞᆷ가 너겨(釋譜23:51). 이 香이 高山이라 ᄒᆞᆯ 뫼해셔 나ᄂᆞ니(月釋1:27). 소ᄂᆞ로 ᄯᅡ홀 ᄀᆞᄅᆞ치면 ᄯᅡ해셔 七寶ㅣ 나고(月釋1:27). ᄆᆞᅀᆞᆯ

해셔 다ᄉᆞᆺ 里 버은 ᄯᅡ(月釋7:5). ᄯᅡ해셔 소사나시니(月釋18:2). 안해셔 도오ᄆᆞᆯ 니버:賴其內助(宣賜內訓2上18). 노ᄑᆞᆫ 지블 ᄒᆞᆫ 내해셔 보리로다:高齋見一川(初杜解7:17). 겨집이 방門 안해셔 날ᄋᆞᆯ 졈을오고:女及日乎閨門之內(宣小2:54).
②-보다. ¶아비 나해셔 곱기곰 사라(月釋1:47). 노포미 뫼해셔 더으니 업스며:高莫逾於山(法華4:51).

해아로비 명 해오라기. ☞하야로비. 해야로비 ¶해아로비:鷺鷥(東醫 湯液一 禽部).

해야디다 동 해어지다. ☞ᄒᆞ야디다 ¶다 던염ᄒᆞ여 해야디리로다:都染的壞了(老解下17). 술윗박회 밧도리 해야디거다:折了車輞子(老解下32). 니마히 구러뎌 해야디니:額頭上跌破了(朴解中48).

·해·야로·비 명 해오라기. 백로(白鷺). ☞하야로비. 해아로비. 해오리¶자던 해야로비ᄂᆞᆫ 두려운 몰애예셔 니ᄂᆞ다:宿鷺起圓沙(初杜解7:7).

해야ᄇᆞ리다 동 해어뜨리다. 헐어버리다. ☞ᄒᆞ야ᄇᆞ리다 ¶水門을 다가 다딜러 해야ᄇᆞ리고:把水門都衝壞了(朴解上10). 간 곳마다 다ᄅᆞᆫ 사ᄅᆞᆷ을 해야ᄇᆞ리며 내 몸을 쟈랑ᄒᆞ고:到處裏破別人誇自己(朴解上23). 새 훠ᄅᆞᆯ 다가다 ᄃᆞᆫ녀 해야ᄇᆞ리게 ᄒᆞ고:新靴子都走破了(朴解上32).

해야ᄒᆞ·다 형 하얗다. ☞하야ᄒᆞ다 ¶ᄂᆞᄂᆞᆫ 벼ᄅᆞᆫ 므레 디나 해야ᄒᆞ고:飛星過水白(杜解11:47). ᄑᆞᄅᆞᆫ 竹筍ᄋᆞᆫ ᄇᆡᄅᆞᆯ 마자 돋고 해얀 ᄀᆞᄅᆞᄆᆡᆺ 고기ᄂᆞᆫ 차바내 드리오놋다:青青竹筍迎船出白白江魚入饌來(初杜解23:31).

·해얀 형 하얀. 흰. ㉮해야ᄒᆞ다 ¶해얀 ᄀᆞᄅᆞᄆᆡᆺ 고기ᄂᆞᆫ 차바내 드리오놋다:白白江魚入饌來(初杜解23:31).

해여디다 동 해어지다. ☞ᄒᆞ야디다. 히여디다 ¶ᄒᆞᆫ가지로 모진 사ᄅᆞ미 조차 해여디니라:同惡隨蕩析(重杜解1:9).

해여ᄇᆞ리다 동 해어뜨리다. 헐어버리다. ☞ᄒᆞ야ᄇᆞ리다. 히야ᄇᆞ리다 ¶免帖 내여 해여ᄇᆞ리고:將出免帖來毁了(老解上4). ᄂᆞᄆᆡ 것 해여ᄇᆞ리디 말라:休壞了他的(老解下17). 코ᄅᆞᆯ 다가 구러뎌 해여ᄇᆞ리니:把鼻子跌破了(朴解下9). 우리 羅天大醮ᄅᆞᆯ 해여ᄇᆞ리고:壞了我羅天大醮(朴解下19).

해오리 명 해오라기. ☞하야로비 ¶해오리:鷺鷥(柳氏物名一 羽蟲).

해욤 명 헤엄. ¶해욤 츄:泅(訓蒙中2).

해위ᄒᆞ다 동 해위(解圍)하다. 포위를 풀다. ¶士卒이 疲困커ᄂᆞᆯ 져근ᄃᆞᆺ 解圍ᄒᆞ야 士氣을 쉬우더가(蘆溪. 太平詞).

:해자 명 ①비용(費用). ¶님금 해자ᄅᆞᆯ 져기 ᄒᆞ시고 님금 欲을 져기 ᄒᆞ시면(法華7:157). 이 ᄀᆞ티 施ᄒᆞ린 分文ㅅ 해자도 업수듸:如是施者無分文之費(永嘉上38). 해자비:費(類合下34).
②소비(消費). ¶제 쳔량 해자 아니 ᄒᆞᆯ 거시로듸:不費己之財(飜小6:32).

:해·자ᄒᆞ·다 동 폐를 끼치다. ☞해ᄌᆞᄒᆞ다 ¶小人ᄃᆞᆯ히 예 와 해자ᄒᆞ고 닐이과이다:小人們這裏定害(飜老上43). 우리 네게 만히 해자ᄒᆞ과라:我多多的定害你(老解下65).

:해·자ᄒᆞ·다 동 소비(消費)하다. ¶제 쳔량ᄋᆞᆯ 해자ᄒᆞᆯ 거시면:費己之財(飜小6:32). 해자ᄒᆞ다:做東道(譯解下51).

:해·ᄌᆞ:ᄒᆞ·다 동 폐를 끼치다. ☞해자ᄒᆞ다 ¶해ᄌᆞᄒᆞ이과라:是害(老朴集. 累字解8).

:해·ᄒᆞ·다 동 ①해(害)하다. ¶서르 害홇 ᄠᅳ ᄅᆞᆯ ᄒᆞ야(釋譜9:17). 모딘 이리 害티 몯ᄒᆞ며(釋譜9:17). 그듸ᄅᆞᆯ 害코져 ᄒᆞ더니(釋譜11:33). 達磨ㅣ 니ᄅᆞ샤듸 名相애 잇ᄂᆞᆫ 무리 그ᅀᅳ기 나ᄅᆞᆯ 害코져 ᄒᆞ야 모딘 藥ᄋᆞᆯ 施ᄒᆞ야ᄂᆞᆯ(南明上42). 모딘 사ᄅᆞ미 이셔 너ᄅᆞᆯ 害ᄒᆞᆯ가 저허(六祖上9). 萬物이 ᄀᆞᆯ와 育ᄒᆞ야 서르 害티 아니ᄒᆞ며(宣中48). 君子ᄂᆞᆫ 그 ᄡᅥ 人養ᄒᆞᄂᆞᆫ 바로ᄡᅥ 人을 害티 아니ᄒᆞᆫ다 호니(宣孟2:39). 志士와 仁人은 生을 求ᄒᆞ야 ᄡᅥ 仁을 害홈이 없고(宣論4:5). 퉁신을 해티 말나 ᄒᆞ시고(明皇1:32).
②해(害)를 입다. ¶아비 범의게 해ᄒᆞᆫ 배 되여ᄂᆞᆯ:父爲虎所害(東續三綱. 孝1).

:해ᄒᆡ·이·다 동 해(害)를 입다. ¶동뉴에 이셔 ᄃᆞ토면 병잠개예 해ᄒᆡ이ᄂᆞ니:在醜而爭則兵(宣小2:33).

-핸 조 -엔. -에는. ☞-해. -ᄒᆡᆫ ¶ᄡᅳᆫ ᄯᅡ핸 다 매 ᄂᆞᄃᆞᆺ ᄒᆞᄂᆞ니:所用皆鷹騰(重杜解1:8). 두듥 웃 뷘 ᄆᆞᅀᆞᆯ핸 다 일히와 범괘로다:岸上空村盡豹虎(重杜解1:44). 일홈난 위안핸 곳과 플왜 곳답도다:名園花草香(重杜解1:55). 구룸 ᄭᅵᆫ 시내핸 고지 淡淡ᄒᆞ얏고:雲溪花淡淡(重杜解2:3).

-·햇 조 -의. ☞-해. -해ᇫ ¶ᄉᆞᆯ햇 刑을 닐오듸 割이라:肉刑曰割(楞解8:85). ᄆᆡ햇 梅花ㅣ 곳답도다:野梅香(初杜解7:6). ᄆᆡ햇 늘그니로:野老(南明上4).

-·해ᇫ 조 -에 있는. -의. ☞-해. -햇 ¶赤島 안해ᇫ 움흘 至今에 보ᅀᆞᆸᄂᆞ니:赤島陶穴今人猶視(龍歌5章).

행쇼 명 누리. ¶행쇼:蝣(物譜 毛蟲).

하·ᄀᆞᆫ 형 작은. ㉮햑다☞혀근 ¶햐ᄀᆞᆫ 조ᄡᆞᆯ ᄌᆞᆫᄒᆞ니 절로 다 니면 즉재 돋ᄂᆞ니라:小如粟米自出盡卽差(救急下77). ᄀᆞ장 햐ᄀᆞᆫ 이리라도:至微細事(飜小9:6).

햐쇼 명 하소(下所). 하처(下處). ¶샹공이 햐쇼의 계시더니(落泉3:7).

햐슈ᄒᆞ다 동 하수(下手)하다. ¶ᄡᅳ로ᄂᆞᆫ 장쉬

군쥬를 보면 춤아 햐슈치 못ᄒᆞ리라(三譯10:23). 번왕이 만금을 주고 니워슈 햐슈ᄒᆞ기ᄅᆞᆯ ᄢᅵᄒᆞᆫ대(洛城2).

햐암 명 향암(鄕闇). 시골 백성. ¶어리고 햐암의 ᄠᅳᆺ의ᄂᆞᆫ 내 分인가 ᄒᆞ노라(古時調. 尹善道. 山水間. 孤遺).

햐암젓다 형 촌스럽다. ¶햐암젓기 심ᄒᆞ니 도라보리 업슬가 ᄒᆞ노라(落泉1:2).

햐쳐 명 하처(下處). 숙소(宿所). ☞햐츄 ¶햐쳐의 가셔 짐들 收拾ᄒᆞ노라 ᄒᆞ면 마치 ᄇᆞᆯ그리로다:到下處收拾了行李時恰明也(老解上52). 내 햐쳐에 가쟈:我下處去(老解下3). 내 아직 햐쳐의 가노라:我且到下處(老解下6). 햐쳐에 草料 쟝만ᄒᆞ라 가노라:下處兌付草料去(老解下18). 우리 햐쳐로 보내여라:我下處送來(老解下18). 언필의 햐쳐로 나가 사ᄅᆞᆷ을 만나면(山城73). 쇼질이 금일노 햐쳐의 나가 머믈냐 ᄒᆞᄂᆞ이다(落泉2:6). 각각 햐쳐로 도라가니(洛城2).

햐쳐ᄒᆞ다 동 숙소를 정하다. 유숙(留宿)하다. ¶만일 집의 샹거ㅣ 자고 디낼 以上이어든 初虞란 햐쳐ᄒᆞ연ᄂᆞᆫ ᄃᆡ셔 行ᄒᆞ라(家禮9:1). 孔明을 즉시 햐쳐ᄒᆞᆫ 마을에 쉬게 ᄒᆞ다(三譯3:22). 햐쳐ᄒᆞ다:住下處(同文解上29). 거리 北녁 店이 내 네 햐쳐ᄒᆞ얏든 집이러니(蒙老1:21).

햐츄 명 하처(下處). 숙소(宿所). ☞햐쳐 ¶햐츄에 가 짐ᄃᆞᆯ 설엇노라 ᄒᆞ면:到下處收拾了行李時(飜老上58). 우리 ᄆᆞᆯ 모라 햐츄에 草料 쟝망ᄒᆞ라 가노라:我赶着馬下處兌付草料去(飜老下20).

햑·다 형 작다. 가늘다. ☞혁다 ¶햐ᄀᆞᆫ 조ᄡᆞᆯ ᄀᆞᆫᄒᆞ니 절로 다 니면 즉재 됸ᄂᆞ니라:小如粟米自出盡卽差(救急下77). 햐ᄀᆞᆫ 지지ᄡᅵ ᄒᆞᆫ 나출:山梔子一介(救簡2:101). 뎌ᄀᆡ 네 햐근 술위 잇더라:那的有四箇小車兒(飜朴上12). 굴근 햐근 갈:大小刀子(飜老下68). 햐근 저울 열 ᄆᆞᄅᆞ:等子十連(飜老下69). ᄀᆞ장 햐ᄀᆞᆫ 이리라도:至微細事(飜小9:6).

·햠담ᄒᆞ·다 동 간맞추다. ¶국을 햠담ᄒᆞ디 말며:毋絮羹. 손이 국을 햠담ᄒᆞ거든 主人이 잘 글히디 몯호라 샤례ᄒᆞ고:客絮羹主人辭不能亨(宣小3:23).

향 명 향(香). ¶香ᄋᆞᆫ ᄒᆞᆫ갓 옷곳ᄒᆞᆫ 것분 아니라 고ᄒᆞ로 맏ᄂᆞᆫ 거슬 다 니르니라(釋譜13:39). 帝ㅣ 香 퓌우시고 하ᄂᆞᆯᄭᅴ 비르샤ᄃᆡ(宣賜內訓2下36). 문득 香 퓌우고 절ᄒᆞᄂᆞ다 호미로다(金三涵序5). ᄂᆡ와 듣그를 다 ᄡᅳᆯ오 도라오니 ᄒᆞᆫ 色 ᄒᆞᆫ 香이 다 조ᄒᆞᆫ 나라히로다:烟塵掃盡却歸來一色一香皆淨國(南明上41). 그 香이 能히 모딘 긔운을 업게 ᄒᆞᄂᆞ니라(簡辟4. 瘟疫方18). 향 ᄂᆞ리와 가노이다:降香去(飜朴上8). 오새 香 품기디 아니ᄒᆞ고:衣不熏香(宣小6:112). 芙蓉ㅅ 各別ᄒᆞᆫ 殿에 쇽절업시 香을 퓌우놋다:芙蓉別殿謾焚香(重杜解11:21). 影堂애 香을 깃고(家禮1:28).

향교 명 향교(鄕校). ¶향교의 죵ᄉᆞᄒᆞ기ᄅᆞᆯ 청ᄒᆞ니(經筵).

향그라이 부 향기로이. ¶술을 ᄆᆞᆰ고 향그라이 ᄒᆞ야:香(女四解3:24).

향그랍다 형 향기롭다. ¶달고 승겁고 향그랍게 ᄒᆞ고:馨香(女四解3:10).

향·긔 명 향기(香氣). ¶香氣ㅣ 오ᄋᆞᆫ 殿에 飄散ᄒᆞ니:香飄合殿(初杜解6:7). 향긔 향:香(類合上11). 격지ᄅᆞᆯ 머믈워 殘微ᄒᆞᆫ 香氣ᄅᆞᆯ 갓가이호라:駐屐近微香(重杜解10:32). 香氣를 貪을 ᄂᆡ여 急히 나라 안뜰 마라(古時調. 小園 百花叢에. 歌謠).

향·긔롭·다 형 향기롭다. ¶茝와 蘭:다 향긔로온 플이라(宣小2:13). 향긔롭다:香氣(同文解上62). 향긔로온 긔질이(洛城1).

향긔젓·다 형 향기롭다. ¶瞻婆ᄂᆞᆫ 곳 일후미니 비치 노ᄅᆞ고 香氣저스니라(月釋1:44).

향기·롬 명 향(香)기름. 향유(香油). ¶모매 香기롬 ᄇᆞᄅᆞ며(釋譜6:10).

향나모 명 향나무. ¶香木ᄋᆞᆫ 香남기라…香木ᄀᆞᅀᅡ 즉자히 도라오나ᄂᆞᆯ 부톄 大衆과 ᄒᆞ샤 그 香나모 ᄡᅡᄒᆞ시고(月釋10:13). 향나모:檜柏(柳氏物名四 木).

향내 명 향내. 향 냄새. ¶이 山애 이 고지 만히 이셔 香내 머리 나ᄂᆞ니(釋譜6:44). 御爐앳 香내 버므렛도다:惹御爐香(初杜解6:3). 다 비ᄋᆞᆷ에 향내ᄅᆞᆯ ᄎᆞ고:皆佩容臭(宣小2:4).

향노 명 향로(香爐). ¶향노애 ᄉᆞ라 ᄂᆡ 나거든:以香爐一介燒烟(救簡2:71). 香爐ㅣ며 향合이며 盞이며(家禮5:20).

향·니 명 향리(鄕吏). ¶東萊 향니:東萊縣吏(續三綱. 孝30). 니산 현감 ᄒᆞ니 향니며 ᄇᆡᆨ셩이 저코 ᄉᆞ랑ᄒᆞ더니 죽거늘:爲尼山縣監吏民畏愛及卒(東續三綱. 孝23).

향니 명 향리(鄕里). ¶鄕里옛 衣冠이 어딘 사ᄅᆞ미 업디 아니ᄒᆞ니:鄕里衣冠不乏賢(重杜解21:21). 鄕里애셔 믄득 除夕 前 사나ᄒᆞᆯᄅᆞᆯ 즈음ᄒᆞ야(家禮1:28). 너희 므리 향니를 ᄇᆞ리고 친척을 ᄯᅥ나가려 ᄒᆞᆫ들(綸音90). 젼처ᄂᆞᆫ 위인이 오활ᄒᆞ고 힝시 츄퓌ᄒᆞ니 향니 사ᄅᆞᆷ이 다 쳔히 너겨(落泉1:2).

향ᄂᆞ·ᄆᆞᆺ 명 향낭. ☞향단ᄌᆞ ¶향ᄂᆞᄆᆞᆺ 긴 ᄆᆡ며 신을 긴 ᄆᆡᆯ디니라:衿纓綦屨(宣小2:2). 머리ᄆᆡ기ᄅᆞᆯ ᄲᅥᆯ 나게 ᄒᆞ며 향ᄂᆞᄆᆞᆺ 긴ᄒᆞᆯ ᄆᆡ여:總角衿纓(宣小2:4).

향·ᄂᆡ 명 향내. 향연(香煙). ¶그ᄢᅴ 香ᄂᆡ 부텻 精舍애 가니 힌 瑠璃 구루미 ᄀᆞᆮᄒᆞ야(月釋7:30).

향단ᄌ 명 향낭(香囊). ☞향ᄂ뭇 ¶향단ᄌ: 香帒(譯解補28).

향·당 명 향당(鄕黨). ¶論語에 닐오ᄃ 孔子ㅣ 鄕黨애:鄕黨은 父兄 宗族 사ᄂ ᄃ라(宣賜內訓1:19). 鄕ᄋ ᄀ올히오 黨ᄋ 서르 사괴ᄂ 무리라(金三4:33). 향당앳 사ᄅ 술 먹이예:鄕人飮酒(宣小2:65). 譽ᄅ 鄕黨과 朋友에 要ᄒᄂ 배 아니며(宣孟3:31). 梗枏이 이우러 崢嶸ᄒ니 鄕黨앳 사ᄅ미 다 모ᄅ놋다(重杜解18:18). 그 鄕黨이며 고올히며 閭염의 得罪ᄒᄆ로ᄂ(家禮2:9).

향로 명 향로(香爐). ¶香爐 바다 殿 우희 이셔(釋譜24:42). 蓮ㅅ곳과 香鑪ᄅ 各各 열여스슬 섯거 버류ᄆ(楞解7:14). 香爐애 ᄝ오 祭ᄒ ᄶ기면(法華2:178). 朝會 ᄆ고 香爐ㅅ 닉ᄅ ᄉ매예 ᄀᄃ기 가져가ᄂ니:朝罷香烟携滿袖(初杜解6:4). ᄒ오ᅀᅡ 안자 ᄒ 香爐ㅅ 香ᄋ로 金文ᄋ 두 주를 외오ᄂ니(金三1:27).

향리 명 향리(鄕吏). ¶고산 향리러니:高山縣吏(東三綱. 孝3).

향·목 명 향목(香木). ☞향나모 ¶香木ᄋ 가져 ᄉᅀᆞᄫ ᄡᅡ해(釋譜23:26). 香木ᄋ 香남기라(月釋10:13).

향·믈 명 향(香)물. 향수(香水). ¶帝釋 梵王이 여러 가짓 香 비ᄒ며 아홉 龍이 香므를 ᄂ리와(月釋2:39).

:향방 명 향방(向方). ¶잠깐 禮義의 향방을 아롬ᄋ 기들운 후에 가관ᄒ면:粗知禮義之方然後冠之(宣小5:43).

향비누 명 향(香)비누. 향내가 나는 비누. ¶향비누:肥皁(漢淸11:24).

향상 명 향상(香床). 향안(香案). ¶향상을 베퍼셔 제호ᄃ:設香案而祭之(東新續三綱. 烈3:34). 향상:香几(物譜 几案).

향슈 명 향수(香水). ¶내 香水로 ᄇ를 ᄡ고(釋譜23:46).

향·삼 명 향암(鄕闇). ☞향암 ¶내 새로 온 향삼이 탕ᄌ 갑시 언메나 ᄒ 동 몰래라:我是新來的莊家不理會的多少湯錢(飜朴上52).

향안 명 향안(香案). ¶향안 우희 사잔을 므러 니거ᄂ:啣香案上砂盃而去(東新續三綱. 孝1:23). 酒ᄅ 瓶의 담고 香案을 堂中의 設ᄒ고(家禮9:2). 향안:香几(漢淸11:45). 어ᄉ 형데 향안을 비셜ᄒ고(洛城2).

향암 명 향암(鄕闇). 시골뜨기. ☞향삼 ¶나ᄂ 이 새로 온 향암이라:我是新來的莊家(朴解上47). 너ᄂ 이 새로 온 향암이라:你是新來的莊家(朴解下34). 내 이 새로 온 향암이 잘 틸 줄을 싱각디 못호롸:我不想這新來的莊家快打(朴解下36).

향암되다 형 향암(鄕闇)되다. 촌스럽다. ¶향암된 사ᄅ:村俗人(譯解補19). 향암된 말ᄒ다:說村話(漢淸7:14). 비록 향암되미 이시나 풍치 긔특ᄒ니(洛城1). 내게 ᄒ 냥가네 이셔 심히 향암되니(落泉2:4).

향유 명 향유(香油). ¶白氎으로 소ᄂ ᄡ 如來ᄅ 드ᅀᆞᄫ 金棺애 녀ᄉᆸ고 香油를 ᄀᄃ기 브ᅀᆸ고 둡게를 닫ᄌᄫ니라(釋譜23:23).

향쥬 명 향주(香珠). 〔구슬의 한 가지.〕 ¶향쥬 간긴 일ᄇ 목:香串珠兒一百串(飜老下67). 향쥬 갓긴 一百 목:香串珠兒一百串(老解下60).

향토 명 향토(鄕土). ¶네 사던 鄕土 보ᄆ 占卜디 몯ᄒ리로다(重杜解1:38).

향·합 명 향합(香盒). ¶가마괴 그 香合ᄋ 므러다가 무덤 알ᄑ 노ᄒ니라(三綱. 孝35). 香爐ㅣ며 향合이며 盞이며(家禮5:20). 卓子ᄅ 祠堂門 밧긔 設ᄒ고 香爐와 香合과(家禮9:30). 일헛던 향합이러라(五倫1:66).

:향·ᄒ·다 동 향(向)하다. ¶믈 우흿 龍이 江亭을 向ᄒᅀᆞᄫ니:水上之龍向彼江亭(龍歌100章). 城을 남아 山ᄋ 向ᄒ시니(月印上20). 부텨 向ᄒ ᄆᅀᆞᄆ 니즈니(釋譜6:19). 信ᄒ며 信티 아니호ᄆ 後를 向ᄒ야 自然히 알리라(蒙法50). ᄀᄉ 하ᄂ히 아ᄃ아ᄃᄒ야 나죄 어드우미 向ᄒᄂ다:秋天漢漢向昏黑(初杜解6:42). 날 향ᄒ야 호매 그딋 眞實ㅅ ᄂ고졸 보노라:於我見子眞顔色(初杜解16:61). 살며 죽논 바ᄅ 가온ᄃ 向ᄒ샤(金三涵序5). 즉ᄇ나모 동녁으로 향ᄒ 니플:栢樹東向葉(救簡1:109). 어드러 향ᄒ야 가ᄂ다:往那裏去(老朴集. 單字解5). 어느 ᄶ호로 향ᄒ야 가시ᄂ고:往那箇地面裏去(飜朴上8). 향ᄒ 소:遡(類合下30). 돗글 받드러 어드러 향ᄒ실고 請ᄒ고:奉席請何鄕(宣小2:5). 조ᄇ 머리로ᄡ 우호로 向ᄒ야 그 솔홀 連ᄒ야(家禮1:38). 心地ㅅ 처어믜 도라 向ᄒ야 가고져 ᄒ노라:廻向心地初(重杜解9:19).

허간 명 헛간. 공청(空廳). ☞허ㅅ집 ¶허간챵:廠(訓蒙中5).

허공 명 허공(虛空). ¶虛空에 合掌ᄒ야 셔니라(釋譜3:p.114). 虛空애 ᄒ 多羅樹ㅅ 노ᄑᄅ(釋譜23:10). 虛空애 ᄂ라와 묻ᄌᄫᄃ(月釋1:7). 饒益 만ᄒ샤미 虛空의 ᄀ 업수미 ᄀ거시ᄂ(法華5:184). 노ᄑ 虛空애셔 蹭蹬호ᄆ 어드니:高空得蹭蹬(初杜解17:7). 구루미 긴 虛空애 니러(金三涵序5). 虛空빗 그르메ᄅ 텨ᄒ야 ᄇ려 그처ᅀᅡ 이 ᄢ 本來ㅅ 사ᄅᄆ 보리라:打破虛空光影斷此時方見本來人(南明上3). 性이 本來 虛空 ᄀᄒ고(六祖中41). 虛空 밧긘 ᄒ 매 잇고:空外一鷙鳥(重杜解3:26). 虛空애 薜蘿ㅣ 드렛도다(重杜解7:28).

허도래 명 허드레. ¶허도래 구죵:散跟奴僕(漢淸5:34).

허도래일 명 허드렛일. ¶허도래일:冗雜事(同文解上50).

허도ᄒᆞ다 형 많기도 하다. ¶世上 衣服 手品 制度 針線 高下 허도ᄒᆞ다(古時調. 靑丘).

·허·락 명 허락(許諾). ¶허락 락:諾(類合下37). 알퓐 許諾ᄋᆞᆯ 져ᄇᆞ리과라:負前諾(重杜解9:2).

·허·락ᄒᆞ·다 동 허락(許諾)하다. ¶내 이믜 許諾호니:妾旣許諾之(宣小6:52). 禮 可히 許락ᄒᆞ염즉 ᄒᆞᆫ디라(家禮6:28). 화친ᄒᆞ기ᄅᆞᆯ 청ᄒᆞ니 적이 허락ᄒᆞ다(山城7). 허락ᄒᆞ다:許他(同文解上24). 냥인이 고개 조아 허락ᄒᆞ더라(落泉1:2).

허랑히 부 허랑(虛浪)히. ¶虛浪히 ᄃᆞᆫ니ᄂᆞᆫ 자최예 주그며 사로ᄆᆞᆯ ᄒᆞᆫ가지로 호니 賤貧을 붓그류 ᄆᆞᄋᆞ미 업수라:浪迹同生死無心恥賤貧(重杜解20:28).

허랑ᄒᆞ다 형 허랑(虛浪)하다. ¶구룸이 無心탄 말이 아마도 虛浪ᄒᆞ다 中天에 ᄯᅥ 이셔 任意 ᄃᆞᆫ니며서(古時調. 李存吾. 靑丘).

허·러·디·다 동 헐어지다. ¶시름 허러듀미 이 오ᄂᆞᆳ 아ᄎᆞ미로다:愁破是今朝(初杜解22:11). 사ᄂᆞᆫ 밧 집이 허러뎌 ᄇᆞ롬과 볃틀 ᄀᆞ리우디 몯ᄒᆞ거늘:所居屋敗不蔽風日(宣小6:30). 허러딜 웨(헐 괴):壞(類合下62).

허러ᄇᆞ리다 동 헐어버리다. ¶덧덧ᄒᆞᆫ 거ᄉᆞᆯ 허러ᄇᆞ리며 풍쇽을 어즈러이ᄂᆞᆫ ᄇᆡᆨ셩은:敗常亂俗之民(警民23).

허·리 명 허리. ¶須彌山 허리예 ᄒᆡ ᄃᆞ리 감ᄯᅩᄂᆞ니(月釋1:29). 허리 우히 거여버 師子 ᄀᆞᆮᄒᆞ시며(月釋2:41). 머리 허리예 ᄢᅵᄂᆞ니라(宣賜內訓1:61). 과ᄀᆞ이 허리 알포ᄆᆞᆯ ᄎᆞᆷ디 몯ᄒᆞ거든:卒腰痛不可忍(救簡2:41). 裙에 허리 업고:裙無腰(金三5:6). 허리에 ᄆᆡ오:腰裏絟着(飜老上27). 허리 요:腰. 허리 려:膂(訓蒙上27). 허리 요:腰(類合上21). 머리와 허리ᄅᆞᆯ 버히고 가다:斫頭腰而去(東新續三綱. 烈7:39). 방하 허리:碓腰子(譯解下16). 허리:腰身(同文解上16). 나아가 허리ᄅᆞᆯ 티ᄂᆞ니라(武藝圖17). 허리를 굽힐 제ᄂᆞᆫ 恭遜ᄒᆞᆫ 인사로다(萬言詞).

허·리·다 동 헐게 하다. 상하게 하다. ☞헐이다 ¶노ᄑᆞᆫ 바회에 ᄢᅥ디거나 므리어나 브리어나 가시 남기어나 업더디여 제 모ᄆᆞᆯ 허리ᄂᆞ니(釋譜11:35). 긼 가온ᄃᆡ 毒ᄒᆞᆫ 가시 발 허료ᄆᆞᆯ 아디 몯ᄒᆞ야:不覺路中毒刺傷足(楞解5:48). 瘡 업스닐 허류미 몯ᄒᆞ리니(圓覺下二之二43). 뎌 제 瘡 업스니 허리디 말라 ᄒᆞ시니:彼自無瘡勿傷之也(圓覺下二之二46). 봆 가로ᄆᆞᆯ 瀼水ㅅ 西ㅅ녀글 허리노라:春耕破瀼西(初杜解7:13).

허리다 동 낫다. ☞헐ᄒᆞ다 ¶술을 버혀 약의 타 먹이니 이튼날 응시 병이 과연 허리니 의원이 다 닐오ᄃᆡ 약녁이 아니라 ᄒᆞ더라(女範4. 녈녀 절부뉴시).

허리박 명 테왁. ¶허리박:腰舟(柳氏物名二水族).

허리ᄯᅴ 명 허리띠. ¶대ᄌᆞ 허리ᄯᅴ:帶子腰帶(雅言二 帶子).

허·릿나모 명 허리나무. 풀무 드릴 널 아래 놓은 나무. ¶허릿나모 례:棙. 關棙子 불뭇 드딀 널 아래 노흔 나모(訓蒙下16).

허:망ᄒᆞ·다 형 허망(虛妄)하다. ¶니ᄅᆞ샨 虛妄ᄒᆞᆫ ᄠᅳᆮ ᄆᆞᅀᆞᆷ이 여러 가짓 工巧ᄒᆞᆫ 보미 하다 ᄒᆞ시니(楞解1:62). 이 良醫의 虛妄ᄒᆞᆫ 罪ᄅᆞᆯ 니ᄅᆞ리 이시려 업스려(法華5:159). 이 어루 일후믈 虛妄ᄒᆞᆫ ᄠᅳᆮ ᄆᆞᅀᆞ미니라(金三4:23). 行ᄋᆞᆯ 닷ᄂᆞ니 아라 行 닷ᄀᆞ면 엇데 虛妄ᄒᆞ리오(南明上80). 虛妄ᄒᆞᆫ 혜아리ᄂᆞᆫ ᄆᆞᅀᆞᆷ 더로미 이라(六祖中30).

허명 명 허명(虛名). ¶역적 뎡인홍이 허명이 막셩ᄒᆞᆯ ᄣᅢ 공이 인홍의 사오나오믈 아디 몯ᄒᆞ고(山城89).

허물 명 허물〔過〕. ¶과인의 블덕이 실로 스ᄉᆞ로 허물이 나니(女範1. 셩후 쥬션강후). 군ᄒᆞ나 허물은 되지 아니ᄒᆞ오리(隣語1:2). 허물을 아니시니 황공 감ᄉ 층양 업다(思鄕曲).

허·므로·이 부 허믈이 되게. 그릇. ¶守園ᄒᆞᆫ 사ᄅᆞ미 實數ᄅᆞᆯ 허므로이 ᄒᆞ니:守者愆實數(初杜解16:68).

허·믈 명 ①허물〔過〕. ☞험을 ¶허므를 모ᄅᆞ더시니:竟莫知其辜(龍歌119章). 허믈 업스니 어드리 내티료(月釋2:6). 훤히 허믈 업스리라:廓無瑕玷矣(楞解4:53). 허믈 여희며 외욤 그츠ᄂᆞᆯ:離過絶非(楞解4:122). 허므른 李彗 ᄃᆞ외ᄂᆞ니(楞解7:85). 허믈 뉘으처 제 責호ᄃᆡ:悔過自責(法華4:36). 分에 업스라 ᄒᆞᆫ 허므레 디리:墮無分之失者(牧牛訣9). 허믈 드로ᄆᆞᆯ 깃거:喜聞過(宣賜內訓1:22). 過도 허믈도 千萬 업소이다(樂範. 鄭瓜亭). 더러운 허므리 업서:無瑕穢(眞言28). 허믈 마오:休怪(飜老上41). 허믈 니ᄅᆞᆯ 알:訐(訓蒙下28). 허믈 죄:罪(訓蒙下29). 허믈 건:愆(類合下34). 허믈 구:咎(類合下35). 허믈 우:尤(類合下61). 뉘 허믈고(野雲41). 허믈 말고:休怪(老解上37). 허므리 이시면:有愆(重內訓2:10). ᄂᆞᆷ의 흉 보거라 말고 제 허믈을 고치고쟈(古時調. 世上 사ᄅᆞᆷ. 靑丘). 허믈:過失(同文解上33). 허믈:過(漢淸8:31). 世上 사ᄅᆞᆷ들이 ᄌᆞ데 등에 허믈이 이시면:子弟有過(五倫4:52).

②흠(欠). ¶모미 瑠璃 ᄀᆞᆮᄒᆞ야 안팟기 ᄉᆞᄆᆞᆺ ᄆᆞᆰ가 허므리 업고(釋譜9:4). 허믈 업게

호ᄃᆡ:無瘢痕(救急下11). 大乘說와 最上說이 ᄒᆞᆫ 막다히예 ᄒᆞᆫ 옰 허므리오 ᄒᆞᆫ 솑바당애 ᄒᆞᆫ 줐 피니라:大乘說最上說一棒一條痕一掌一握血(金三3:47). 허믈 반:瘢. 허믈 흔:痕. 허믈 파:疤. 허믈 가진 놈:疤子. 허믈 ᄌᆞ:疵(訓蒙中35). 허믈 고:辜(類合下34). 허믈 흔:痕(類合下52). 헌 허믈렛 ᄆᆡ됴:疙疸. 허믈:疤瘌(譯解上62). 허믈:瘡疤(同文解下8). ※허믈>허물

허믈 명 허물〔皮〕. ¶불근 허믈이 十字 ᄀᆞᆮ더라(女四解4:17).

허믈며 부 하물며. ¶허믈며 못다 핀 곳지야 닐너 무숨 ᄒᆞ리오(古時調. 兪應孚. 간밤에 부던. 靑丘).

허·믈·ᄢᅴ 명 허물. ¶허믈 업소ᄆᆞᆫ 허믈ᄢᅴ 업슬 시오(南明下39).

허·믈ᄒᆞ·다 동 허물하다. ¶모ᄅᆞᇙ 사ᄅᆞ미 이리호ᄆᆞᆯ 몰라 佛道ᄅᆞᆯ 허믈ᄒᆞ야 게을어 믈ᄅᆞᇙ ᄠᅳ들 내ᄂᆞ니(月釋14:80). 허믈ᄒᆞᆯ 견:譴(訓蒙下29).

허방 명 허방. ¶허방 드듸다:踏空(譯解下47).

허:비 명 허비(虛費). ¶往往애 根機 ᄂᆞᆯ난 사ᄅᆞ미 한 허믈 虛費 아니 ᄒᆞ야(牧牛訣24). 쇽절업슨 허비ᄅᆞᆯ 짐쟉ᄒᆞ야 덜며:裁省冗費(宣小5:81). 오ᄂᆞᆯ날애 飮食ᄒᆞᄂᆞᆫ 허비예 ᄯᅩ 盡ᄒᆞ야 가니:今日飮食費且盡(宣小6:82). 그위예셔 겻깃 虛費ᄅᆞᆯ 免ᄒᆞ고:官免供給費(重杜解24:24). 허비:費(同文解上32). 우리네 술 권ᄒᆞ기를 허비 아니 ᄒᆞ고(捷蒙3:13). 허비:費用(漢淸8:17).

허비ᄒᆞ·다 동 허비(虛費)하다. ¶집삭 무러 쇽절업시 허비ᄒᆞ리랏다:納房錢空費了(飜朴上54). 方丈ᄋᆞᆫ 바ᄅᆞᄅᆞᆯ 건너갈시 時節을 虛費ᄒᆞ고:方丈涉海費時節(重杜解9:30). 法에 남잡히 허비ᄒᆞ야 못ᄀᆞ지ᄒᆞ야 술 먹이 홈이 ᄯᅩᄒᆞᆫ 罪 잇ᄂᆞ니라(警民13). 헛도이 前功 허비홈과 ᄀᆞᆮᄐᆞ니라(女四解4:57). 허비ᄒᆞ다:費了(同文解上32). 허비ᄒᆞ다:破費(譯解補54). 허비ᄒᆞ다:耗費(漢淸8:17). 님금으로 ᄒᆞ야곰 이ᄀᆞᆺ치 ᄆᆞᄋᆞᆷ을 허비케 ᄒᆞ니(綸音30). 내 입의 ᄯᅩ 허비ᄒᆞ미 엇지 ᄆᆞᄋᆞᆷ이 편ᄒᆞ리오(落泉2:5).

허ㅅ집 명 헛간. ☞허간 ¶槽廠은 일하ᄂᆞᆫ 虛ㅅ지비라(六祖上8).

허소ᄒᆞ·다 형 허소(虛疎)하다. ¶ᄒᆞᆫ갓 긼 가온ᄃᆡ 녀 이시면 곧 집 소뱃 이리 虛疎ᄒᆞ리니(金三1:26). 후엣 사ᄅᆞᄆᆡ 일ᄒᆞ요ᄆᆞᆫ 허소ᄒᆞ고 홀략호미 하니라:後輩作事多闊略(飜小8:15). 너를 방탕ᄒᆞ며 허소티 말라 경계ᄒᆞ노니:戒爾勿放曠(宣小5:21).

허:손·ᄒᆞ·다 형 허손(虛損)하다. ¶產前과 產後에 허손ᄒᆞ야 月水ㅣ 고ᄅᆞ디 아니ᄒᆞ며:產前產後虛損月水不調(救急下83). 큰 병 ᄒᆞᆫ 후에 나져 바며 ᄆᆞᅀᆞ미 허손ᄒᆞ야 자디 몯ᄒᆞ거든:大病之後晝夜虛煩不得睡(救簡1:114).

허쇼ᄒᆞ다 형 허소(虛疎)하다. ¶위비하의계 편지ᄒᆞ야 이 ᄯᅳᆺ을 통ᄒᆞ면 허쇼ᄒᆞ미 업ᄉᆞ리이다(引鳳簫2).

허술ᄒᆞ다 형 허술하다. ¶허술ᄒᆞᆫ 비 두신 분네ᄂᆞᆫ 모다 조심ᄒᆞ쇼셔(古時調. 鄭澈. 풍파의. 松江).

허식 명 허식(虛飾). ¶決연히 이런 虛飾을 호미 可티 아니ᄒᆞ니(家禮7:31).

허신ᄒᆞ다 동 허신(許身)하다. ¶미녀의 허신ᄒᆞ믈 듯고 가만이 싱을 노하 편히 잇게 ᄒᆞ니(落泉1:1).

허·실 명 허실(虛實). ¶더운 차로 머구ᄃᆡ 虛實을 혜오 時刻 혜디 마라:熱茶投之量虛實不計時(救急上70). 슬프다 지분표ᄒᆞ기ᄂᆞᆫ 허실이 샹몽ᄒᆞ기 쉬워(綸音91).

허심·ᄒᆞ·다 형 허심(虛心)하다. ¶온화ᄒᆞ며 공손ᄒᆞ야 스스로 허심ᄒᆞ야:溫恭自虛(宣小1:13). 님그믄 ᄀᆞ장 虛心ᄒᆞ야:聖心頗虛佇(重杜解1:8).

허ᄉᆞ 명 허사(虛事). ¶滄海가 깁다 마리 모도다 虛事로다(古時調. 滄海中 너은. 樂府).

허·ᅀᅣᆨ·ᄒᆞ·다 형 허약(虛弱)하다. ¶中氣ᄒᆞ야 脈이 弱ᄒᆞ야 ᄀᆞ장 虛弱ᄒᆞᆫ 等엣 證을 고티ᄂᆞ니(救急上14). 둥긔ᄒᆞ야 ᄆᆡᆨ기 사오나와 ᄀᆞ장 허약ᄒᆞᆫ 증ᄃᆞᆯ해:中氣脈弱大段虛怯等證(救簡1:39).

허·여 동 헤어. 헤엄쳐. ㉠허이다 ¶그 根源을 流ᄒᆞ린 허여 어루 알리라:流其源者游泳而可測(永嘉下16). 龍이 허여 알ᄑᆡ 니거늘:龍乃游揚至前(六祖序22).

허여디·다 동 헤어지다. 문드러지다. ☞헤여디다 ¶붓디 아니ᄒᆞ며 허여디디 아니ᄒᆞ며 알ᄑᆞ디 아니ᄒᆞᄂᆞ니라:不腫不潰不痛(救急下65). 버들 닙과 쇠 ᄂᆞᆯ졋과 ᄒᆞᆫᄃᆡ 섯거 허여디게 디허:柳葉生牛乳同搗令爛(牛疫方4).

허·여디·다 동 헤어지다. 흩어지다. ☞헤여디다 ¶나못그텟 나비 허여뎟고:流離木杪猿(初杜解14:2). 거의 긔절ᄒᆞ게 되니 종들히 다 허여디거ᄂᆞᆯ:幾絶奴僕盡散(東新續三綱. 烈4:52 沈氏刺項). ᄆᆞᄋᆞᆯ 사ᄅᆞᆷ이 다 피ᄒᆞ여 허여디되:里人皆避散(東新續三綱. 孝3:39). 가지와 닙히 ᄂᆞᆫ회여 허여뎌시나:枝葉分披(警民29). 그 후의 제ᄂᆔ 다 허여디고 의지 업서(明皇1:32). 알히ᄂᆞᆫ 거시 허여디디 아니ᄒᆞᄂᆞ니:痛不散(臘藥21).

허여세다 동 허옇게 세다. ¶비 우희 허여센 沙工이 처음 보롸 ᄒᆞᄃᆞ라(古時調. 離別ᄒᆞ던. 靑丘).

허여지다 동 헤어지다. ☞허여디다 ¶만일

부리기 잘몯ᄒᆞ다가 ᄒᆞᆫ번 허여지면 散亂無統ᄒᆞ여(隣語3:16). 사ᄅᆞᆷ이 다 허여져시니(隣語6:9).

·허여·히 부 허옇게. ¶皇天이 먼 ᄃᆡ 보내요ᄆᆞᆯ 슬흐샤 구루멧 비 허여히 해 오놋다:皇天悲送遠雲雨白浩浩(杜解22:31).

·허:여ᄒᆞ·다 동 허여(許與)하다. ¶사ᄅᆞᆷ 사로매 許與ᄒᆞ논 義分도 ᄯᅩ 도라보ᄂᆞᆫ ᄉᆞᅀᅵ예 이숟디니라:人生許與分亦在顧眄間(初杜解17:8). 사ᄅᆞᆷ 사로매 許與ᄒᆞ논 義分도 ᄯᅩ 도라보ᄂᆞᆫ ᄉᆞ이예 이숟디니라:人生許與分亦在顧眄間(重杜解17:8).

·허여·ᄒᆞ·다 형 허옇다. ☞헤여ᄒᆞ다 ¶서리 옛 염괴 허여호ᄆᆞᆯ 甚히 듣노니:甚聞霜薤白(杜解7:40). 먼 두듬게 ᄀᆞᅀᆞᆶ 몰애 허여ᄒᆞ고:遠岸秋沙白(初杜解10:32). 서근 뼤 허여ᄒᆞ야 믈어뎨시니:白摧朽骨(初杜解16:33). 서르 본 ᄃᆡ 머리 허여ᄒᆞ니:相視髮皓白(杜解22:47). 盧氏 허연 ᄂᆞᆯ홀 다와다가 싀어믜 겨틔 니르러:盧冒白刃往至姑側(宣小6:59). 머리 허여ᄒᆞᆫ:皓首(重杜解12:7). 나롯과 머리터럭이 다 허여케 셰엿더라(三譯2:20). 허여케 세다:白髮(同文解上18). 허여ᄒᆞ다:雪白的(漢淸6:9).

허영가릐 명 헹가래. ¶일변 놀부를 ᄉᆞ족을 ᄯᅳ며 허영가릐를 치니(흥부전).

허외다 동 허비다. ☞허위다 ¶눈으로 지은 罪을 가슴이 알냐마ᄂᆞᆫ 밤낫 허외여 핏못시 되여셰라(古時調. 永言類抄).

허우록 부 허우룩하게. ¶젼의ᄂᆞᆫ 나가도 ᄌᆞ식ᄃᆞᆯ이나 이시니 든든ᄒᆞ더니 이번은 다 ᄡᅳ러 거ᄂᆞ리고 나가니 더옥 허우록 섭섭기 금이 업서 ᄒᆞ노라(諺簡. 仁宣王后諺簡).

허우록ᄒᆞ·다 형 허룩하다. 저상(沮喪)하다. ¶薾然(추러ᄒᆞᆫ 톄라)히 그치텨 허우록ᄒᆞ야 오ᄉᆞᆯ 이긔디 몯ᄒᆞᆯ ᄃᆞᆺ시:薾然沮喪若不勝衣也(宣小5:107).

허울 명 허물. ☞험울 ¶비야미 허우를 湯鑵 안해 녀코:蛇蛻鑵子內(救急下83).

허·울 명 허울. 겉모양. ¶麴糱을 耽ᄒᆞ야 즐겨 잔 먹움기로 뻐 노폰 허울을 삼고:耽嗜麴糱以銜杯爲高致(宣小5:18). ['糱'은 '糵'의 오기(誤記).]

허·위 명 허위(虛位). ¶位:님금이 셔시ᄂᆞᆫ 허위라(宣小2:39). 허위:虛位(東新續三綱. 烈2:29). 祖ᄭᅴ 告ᄒᆞ고 虛位ᄅᆞᆯ 設ᄒᆞ야 뻐 祭ᄒᆞ고(家禮9:14). 션조 허위ᄅᆞᆯ 비셜ᄒᆞ엿거시ᄂᆞᆯ(仁祖行狀5).

허·위·다 동 허위적거리다. 허비다. ☞허외다 ¶소리코 ᄯᅡ 허위여 드리ᄃᆞ라 오더니(月印上59). 勞度差ㅣ ᄯᅩ ᄒᆞᆫ 쇼ᄅᆞᆯ 지ᅀᅥ 내니 모미 ᄀᆞ장 크고 다리 굵고 ᄲᅳᆯ리 ᄂᆞᆯ캅더니 ᄯᅡ 허위며 소리ᄒᆞ고 도라오거늘(釋譜6:32). 東門ᄋᆞ로 허위여 ᄃᆞᄅᆞ면 東門이 도로 다티고… 西門ᄋᆞ로 허위여 ᄃᆞᄅᆞ면 西門이 도로 다티고(月釋23:80). 가슴을 허위여 피 흐른 자최 잇더라(癸丑81). ᄯᅡ흘 허위고(癸丑121). ᄯᅡ 허위다:刨地(柳氏物名一 獸族).

허위치다 동 허비다. 세게 허비다. ☞허위티다 ¶허위치다:抓(漢淸7:46).

허위티다 동 허비다. 세게 허비다. ☞허위치다 ¶허위티다:抓了(同文解下28).

허위허위 부 허우허우. 허우적허우적. ¶셴 머리에 墨漆ᄒᆞ고 泰山峻嶺으로 허위허위 너머가다가(古時調. 白髮에. 靑丘). 九萬里長天에 허위허위 ᄃᆞᆫ니ᄂᆞᆫ다(古時調. 金烏玉兎들아. 靑丘). 萬重雪山을 허위허위 너머오니(古時調. 姜復中. 春風이. 淸溪).

허:위ᄒᆞ·다 형 거짓되다. ¶分段死ᄂᆞᆫ 虛僞ᄒᆞᆫ 衆生이오:僞ᄂᆞᆫ 거츨 씨라(月釋14:37).

허윰 명 헤엄. ☞헤윰 ¶허윰:游(物譜 舟車).

허이다 동 헤엄치다. ☞헤다 ¶그 根源을 流ᄒᆞ린 허여 어루 알리라:流其源者游泳而可測(永嘉下16). 龍이 허여 알ᄑᆡ 니거늘:龍乃游揚至前(六祖序22).

허일 명 헛일. ☞헤일 ¶약녁과 됴보ᄒᆞᄋᆞᆸ신 공뷔 다 허일이 되올 거시니 도로혀 념녀 ᄇᆞ리ᄋᆞᆸ디 못ᄒᆞ와 ᄒᆞᄋᆞᆸᄂᆞ이다(諺簡144).

허:즤·우·다 동 크게 덧붙다. ☞허즤오다 ¶즈름갑과 세 무논 겻ᄃᆞᆯ 마ᄆᆞᆯ와 혜니 말오 그 외예 허즤우ᄂᆞᆫ 니쳔을 언노라:除了牙稅繳計外也尋了加五利錢(飜老上14).

허ᄌᆞ 명 모직(毛織)의 한 가지. ¶허ᄌᆞ:毼子(同文解下24). 허ᄌᆞ:褐子. 굵은 허ᄌᆞ:夾道子. ᄀᆞᄂᆞᆫ 허ᄌᆞ:粘絨(漢靑10:58).

허:탄·ᄒᆞ·다 형 허탄(虛誕)하다. 허망하다. ¶샤특ᄒᆞ며 허탄ᄒᆞ며 요괴로이며 망녕도인 말ᄉᆞ미 ᄃᆞ토와 니러나:邪誕妖妄之說競起(飜小8:42). 쉬옴애 傷ᄒᆞ면 허탄ᄒᆞ고 번거홈애 傷ᄒᆞ면 지리ᄒᆞ며:傷易則誕傷煩則支(宣小5:91). 명됴와 네 나라히 허탄ᄒᆞ고저 홀 거시 업서(山城63).

허:탕·ᄒᆞ·다 형 허탕(虛蕩)하다. 허랑방탕(虛浪放蕩)하다. ¶샹녜 사ᄅᆞᄆᆡ ᄆᆞᅀᆞ미 잠짠이나 노하 ᄇᆞ리면 나날 허탕호매 나ᅀᅡ가고:蓋常人之情纔放肆則日就曠蕩(飜小8:6). 샹네 사ᄅᆞᆷ의 ᄠᅳᆮ이 잠싼 노하 펴ᄇᆞ리면 날로 허탕홈애 나아가고:蓋常人之情纔放肆則日就曠蕩(宣小5:87).

허퇴 명 장딴지. 종아리. ☞허튀. 허틔 ¶허퇴예 ᄉᆞᆯ홀 버혀 뻐 받ᄌᆞ오니:割腿肉以進(東新續三綱. 孝5:88).

허툇비 명 장딴지. 종아리. ☞허툇비 ¶허툇비:腓腸(四解下11 膓字註).

허·튀 명 다리. 종아리. 장딴지. ☞허퇴. 허틔

¶또 나ᅀᅡ가시다가 아바님 맞나시니 두 허튀ᄅᆞᆯ 안아 우르시니(月釋8:85). 늘그늬 허튈 안고(月釋8:101). 허튀와 ᄇᆞᆯ콰 ᄀᆞᆮᄒᆞ니:猶股肱也(宣賜內訓2上30). 오래 누어셔 病든 허튀ᄅᆞᆯ 몯 ᄡᅳᆯ가 시름ᄒᆞ야:臥愁病脚廢(初杜解6:49). 岷山ㅅ 玉 ᄀᆞᆮᄒᆞᆫ 허튀러라:岷玉脚(初杜解9:1). 나히 侵逼ᄒᆞ야 허리와 허튀왜 衰殘ᄒᆞ니:年侵腰脚衰(初杜解9:15). 묏 귓거슨 ᄒᆞ오ᅀᅡ ᄒᆞᆫ 허튀오:山鬼獨一脚(初杜解21:38). 허튀ᄅᆞᆯ ᄀᆞ리오ᄃᆡ 몯ᄒᆞ리로다:不掩脛(初杜解25:27). 병신의 두 허튀ᄅᆞᆯ 구펴:屈病人兩脚(救簡1:65). 同樂大平ᄒᆞ샤 길어신 허튀예(樂範. 處容歌). 허튓녑:脛臁(四解下86 臁字註). 허튀 비:腓. 허튀 긔:踦. 허튓 녑 렴:臁(訓蒙上26).

허튓ᄆᆞᄅᆞ 명 정강이. ¶허튓ᄆᆞᄅᆞ:脚脛(四解下56 脛字註).

허·튓·비 명 장딴지. 종아리. ☞허툇비 ¶허튓비 漸漸 ᄀᆞᄂᆞᆯ오 두려ᄡᅳ샤미 사ᄉᆞᆷ ᄀᆞᄐᆞ시며(月釋2:40). 부텨 바ᄅᆞᆯ 드르시니 허튓비예 五色光이 나샤 부텻긔 닐굽 ᄇᆞᆯ 버므ᅀᅳᄫᅡ(月釋7:38). 두 허튓비 漸漸 次第로 ᄀᆞᄂᆞᄅᆞ시며(法華2:12). 허튓비:足肚(四解上17 腓字註). 허튓비 쳔:腨(訓蒙上26). 허튓비:腿子(訓蒙上27 腿字註).

허·튓·뼈 명 정강이뼈. ¶허튓뼈 형:脛. 허튓뼈 힝:胻. 허튓뼈 교:骹. 허튓뼈 한:骭(訓蒙上26).

허트러디다 동 흐트러지다. ☞허틀다 ¶어즈러운 쟝슈ᄂᆞᆫ 가히 ᄒᆞ야금 군을 보호티 못ᄒᆞ고 허트러딘 즁은 가히 ᄒᆞ야금 사ᄅᆞᆷ을 치디 못ᄒᆞᆯ디니:亂將不可使保軍乖衆不可使伐人(三略上19).

허튼 관 흐트러진. ☞헛튼 ¶허튼 머리터리:亂髮(救簡1:81). 허튼 딥흔 다가 돈 둘 반에 ᄒᆞᆫ 뭇식 ᄒᆞ여 혜아려 노하 주고:把摟草二錢半一束家商量着放饋(朴解中20).

허틀다 동 흐트러지다. ☞허트러디다. 헛틀다 ¶머리 허트러 ᄡᅮᆨ ᄀᆞᄐᆞ되 빋디 아니ᄒᆞ고:頭蓬不櫛(東新續三綱. 烈5:83). 올 저긔 비슨 머리 허틀언디 삼 년일쇠(松江. 思美人曲). 世事ㅣ 삼껴울이라 허틀고 ᄆᆡ쳐 세라(古時調. 青丘).

허틔 명 다리. 종아리. 장딴지. ☞허퇴. 허튀 ¶남ᄀᆞ로 괴와 ᄆᆡ요미 불셔 허틔예 잇도다:枝撐已在脚(重杜解2:70).

허티·다 동 헤치다. ☞허혀다. 헤티다 ¶그ᄆᆞ리 다ᄆᆞᆫ 콩만 ᄀᆞᆯ회이 먹고 딥프란 다 허텨 더디ᄂᆞ니라:那馬只揀了料喫將草都抛撒了(飜老上24).

허풍손이 명 허풍선. ¶허풍손이:革囊吹火(柳氏物名五 金).

허허 부 허허. 〔웃음소리〕 ¶허허 웃고 마노라(古時調. 흥흥 노래ᄒᆞ고. 青丘). 허허 大笑ᄒᆞ다:哈哈大笑(同文解上25). 허허 대쇼ᄒᆞ다:響笑(漢清6:59).

허혀·다 동 헤치다. ☞허티다. 헤혀다 ¶ᄉᆞ랑ᄒᆞᄂᆞᆫ 시름 보와 ᄆᆞᅀᆞᆷ 훤호미 雲霧 허혀고 하ᄂᆞᆯ 봄 ᄀᆞᆮᄒᆞ니라(初杜解20:50).

허혀들다 동 헤치고 들어가다. ¶구롬을 허혀드러 두세 이렁 가라 두고(古時調. 朴仁老. 沮溺의. 蘆溪).

허·히 부 허(虛)히. ¶虞人이 그므를 ᄉᆞᅀᅴ로 제여곰 虛히 工巧호ᄆᆞᆯ 펴노소니:虞羅自各虛施巧(杜解17:12).

허ᄒᆞ·다 형 허(虛)하다. ¶말ᄉᆞᆺ 니ᄅᆞ면 다 虛티 아니ᄒᆞ니(月釋13:42). 念慮ᄂᆞᆫ 虛ᄒᆞᆫ 情이라 色身ᄋᆞᆫ 實ᄒᆞᆫ 얼구리라(楞解10:81). 괴외ᄒᆞ야 空寂ᄒᆞ며 ᄆᆞᆯ가 깁고 虛ᄒᆞ며(金三涵序2). 微妙ᄒᆞᆫ 道ᄂᆞᆫ 虛코 기퍼(六祖序3). 實호ᄃᆡ 虛ᄒᆞᆫ ᄃᆞᆺᄒᆞ며:實若虛(宣小4:40). 만일 허ᄒᆞ고 약ᄒᆞᆫ 사ᄅᆞᆷ이어든 슌마다 닷 돈식 ᄡᅳ라(辟新5).

·허·ᄒᆞ·다 동 허(許)하다. ¶겨집 出家ᄅᆞᆯ ᄆᆞᄎᆞ매 許ᄒᆞ시니(月釋10:16). 무르샤ᄃᆡ 세흘 許코 ᄒᆞ나 주미 처ᅀᅥᆷ 權ᄒᆞ고 내죵애 實호미 ᄀᆞᆮᄒᆞ니(法華2:78). 몸 許ᄒᆞ요ᄆᆞᆯ 雙南金에 가ᄌᆞᆯ보ᄆᆞᆯ 붓그리노라:許身媿比雙南金(初杜解6:14). 藥으란 이웃 사ᄅᆞᄆᆡ 파가ᄆᆞᆯ 許ᄒᆞ고:藥許隣人斸(初杜解10:2). 아래브터 오ᄆᆡ 밧사ᄅᆞᆷ 보ᄆᆞᆯ 許티 아니ᄒᆞ니라(南明上14). 다시 나ᄆᆞᆯ 許티 아니ᄒᆞ린댄 永히 寂滅에 가(六祖中87). 허ᄒᆞᆯ 허:許(類合下36). 또 가난ᄒᆞᆫ 者로 즉제 葬ᄒᆞ야 槨이 업ᄉᆞ니를 許ᄒᆞ시니(家禮5:6). 대힝ᄒᆞ기ᄅᆞᆯ 허ᄒᆞ엿더니 이제(山城10).

:헌 관 헌. ¶헌 오ᄉᆞᆯ 니브샤 漸教ᄅᆞᆯ ᄲᅡ 다 아라 듣ᄌᆞᄫᆞ니(月印上35). 헌 옷 닙고 발 밧고(月釋10:17). 조티 몯ᄒᆞᆫ 헌 오ᄉᆞᆯ 니버도:不淨破弊衣服(楞解7:53). 薜蘿ᄅᆞᆯ ᄭᅳᅀᅥ다가 새 집 헌 ᄃᆡᄅᆞᆯ 깁노라:牽蘿補茅屋(初杜解8:66). ᄉᆞ론 거슬 헌 니브레 ᄡᅡ아 믌ᄀᆞ새 묻고:乃掇其餘燼裹以弊衾瘞于汝水之旁(三綱. 忠27). 헌 옷 닙고 나거늘(南明上30). 孔子ㅣ ᄀᆞᆯᄋᆞ샤ᄃᆡ 헌 핟옷 닙어:孔子曰衣敝縕袍(宣小4:43). 헌 삿갓 자른 되롱이 닙고 삽 집고 호뮈 메고(古時調. 青丘). 춍만 남은 헌 집신의 셰살 부체 遮面ᄒᆞ고(萬言詞). ᄃᆡ를 얼거 문을 ᄒᆞ고 헌 자리로 가리오니(萬言詞).

:헌것 명 헝겊. ☞헝것 ¶이슥ᄒᆞ야 술로 ᄡᅥ 헌것 우희 ᄇᆞᆯ라:良久用匙攤在一片帛上貼(救簡1:22). ᄂᆞᆯ근 헌거싀 무텨:取汁以故布(救簡1:27). ᄂᆞᆯ근 헌거스로:以故帛(救簡1:90). 너븐 헌거스로 구디 ᄆᆡ야시면:用寬帛緊繫之(救簡3:70).

:헌·듸 명 헌데. ☞헌디 ¶ 叉 기룬 므레 프러 헌듸 ᄇᆞᄅᆞ라:新水調搽凍破瘡上(救急上7). 네 그 ᄡᅡᆷ 우희 므슴 헌듸오:你那腮頰上甚麼瘡. 아ᄆᆞ란 헌듼 동 몰래라:不知甚麼瘡(飜朴上13).

·헌·ᄃᆡ 명 헌데. ☞헌듸 ¶ 또 헌ᄃᆡ 허믈 업게 호ᄃᆡ:兼令瘡不成瘢痕(救急下8). 헌ᄃᆡ로 ᄇᆞᄅᆞᆷ드러 거두혀며 뷔트리혀미 이시락업스락ᄒᆞ거든:破損傷風搐搦潮作(救簡1:7). 헌ᄃᆡ 브티면 부리 절로 ᄲᅥ디리라:塗瘡二口自潰(救簡3:19). 헌ᄃᆡ ᄒᆞ마 암ᄀᆞ라도:瘉已合(救簡6:26). 등의 癰氣 내아 叉 됴ᄒᆞ요ᄃᆡ 헌ᄃᆡᄂᆞᆫ 암ᄀᆞ디 몯ᄒᆞ야셔:背癰新愈瘡猶未合(三綱. 忠11).

헌말솜 명 헛말씀. ¶ 부톄님은 헌말솜을 아니 ᄒᆞ신다 ᄒᆞ시니라:佛不虛言也(普勸文10).

:헌·슈ᄒᆞ·다 동 헌수(獻壽)하다. ¶ 主人이 尊ᄒᆞᆫ 손ᄭᅴ 獻壽ᄒᆞ노라 일ᄏᆞ라:主稱壽尊客(初杜解14:34). ᄆᆞᄋᆞᆯ 얼운을 쳥ᄒᆞ야다가 어버의게 헌슈ᄒᆞ더니(東續三綱. 孝24). 堂 앏픠 니ᄅᆞ러 男尊長ᄭᅴ 獻壽ᄒᆞ여든(家禮10:28). 獻壽ᄒᆞᆯ 술을 머구멧고:銜壽酒(重杜解11:39). 명이 자자ᄒᆞ믜 사ᄅᆞᆷ드리 헌슈ᄒᆞ는 글이며(引鳳簫2).

헌ᄉᆡ 명 수다. ¶ 寒山이 閭丘ᄋᆡ 손 자바 웃고 닐오ᄃᆡ 豊干ᄋᆡ 헌ᄉᆡ로다 ᄒᆞ시니라…그러면 이ᄀᆞ티 論量홈도 또 헌ᄉᆡ라 ᄒᆞᆯ 시라(南明下8).

헌ᄉᆞ롭다 형 야단스럽다. 호장(豪壯)하다. ¶ 造化 神功이 物物마다 헌ᄉᆞ롭다(丁克仁. 賞春曲).

헌ᄉᆞᄒᆞ다 동 떠들썩하게 소문을 퍼뜨리고자 야단스럽게 굴다. 시끄럽게 떠들다. ¶ 어와 造化翁이 헌ᄉᆞ토 헌ᄉᆞᄒᆞᆯ샤(松江. 關東別曲). 山翁의 이 富貴ᄅᆞᆯ ᄂᆞᆷ ᄃᆞ려 헌ᄉᆞ 마오 잡다가 ᄲᅡ딘 줄이 謫仙이 헌ᄉᆞᄒᆞᆯ샤(松江. 星山別曲). 헌ᄉᆞᄒᆞᄂᆞᆫ 사ᄅᆞᆷ:攢唆人(譯解上28). 白鷗야 헌ᄉᆞᄒᆞ랴 못 미들슨 桃花ㅣ로다(古時調. 清涼山. 青丘). 春風이 헌ᄉᆞᄒᆞ여셔 香내를 뭇쳐 냄이라(古時調. 山中의. 海謠). 造化 헌ᄉᆞᄒᆞᆫ 쥴 이제야 더 알비라(辛啓榮. 月先軒十六景歌).

헌함 명 헌함(軒檻). ¶ ᄠᅴ로 니윤 軒檻이 큰 믌겨레 머옛ᄂᆞ니:茅軒駕巨浪(初杜解6:43). 軒檻애 내와ᄃᆞᆫ 곳 가지ᄂᆞᆫ 이슬 가져 옷곳ᄒᆞ얏도다(南明上20). 헌함 헌:軒(類合上23). 軒檻을 여러 잢간 서늘호믈 드리노다:開軒納微涼(重杜解10:20).

헏글·우·다 동 흐트러뜨리다. ☞헏틀오다 ¶ 엇디 머리를 헏글우고 명망을 길워…이시리오:何有亂頭養望(宣小6:109).

헏·다 동 흐트러지다. ¶ 머리터리 ᄀᆞ족ᄒᆞ샤 어즈럽디 아니ᄒᆞ시고 또 헏디 아니ᄒᆞ샤미(法華2:17).

헏도이 부 헛되이. ☞헛도이 ¶ 헏도이 디내디 말라 ᄒᆞᄂᆞᆫ 뜯이라(女四解2:17).

헏·틀오·다 동 흐트러뜨리다. ☞헏글우다 ¶ 엇디 머리ᄅᆞᆯ 헏틀오고 어디다 ᄒᆞ요믈 길워셔 어위크고 통달호라 ᄒᆞ리오:何有亂頭養望自謂弘達耶(飜小10:10).

헐겁·지 명 깍지. 각지(角指). 활을 쏠 때 엄지손가락에 끼는 뿔로 만든 물건. ☞헐겁질. 혈거피 ¶ 네 나를 헐겁지 빌이고려:你借饋我包指麼(飜朴上54). 헐겁지 결:抉. 헐겁지 섭:韘(訓蒙中28).

헐겁질 명 깍지. ☞헐겁지. 혈거피 ¶ 헐겁질:包指(譯解上22).

헐근헐근ᄒᆞ다 동 헐근헐근하다. ¶ 부화 굼기 브으면 긔운이 헐근헐근ᄒᆞ니 금뷔 패홈이오:肺頹氣抽金部敗(馬解上35).

:헐·다 동 헐다. 무너뜨리다. ¶ 尸羅軌則을 아니 허러도(釋譜9:13). 魔王ㅅ 兵馬ᄅᆞᆯ 헐오 法鼓ᄅᆞᆯ 티논 양도 보며(釋譜13:21). 허루미 업스며 섯근 거시 업스니(釋譜19:16). 金剛ᄀᆞ티 허디 아니ᄒᆞᇙ 紫磨色身ᄋᆞᆯ 得ᄒᆞ야(釋譜23:9). 魔軍 허르샤(月釋14:10). 彌戾車를 헐에 ᄒᆞ쇼셔:隳彌戾車(楞解1:77). 破ᄂᆞᆫ 헐 씨라(楞解7:52). ᄂᆞᄆᆡ ᄒᆞᇙ가저허(楞解7:88). 寶覺ᄋᆞᆯ 허ᄂᆞ니:隳寶覺(楞解9:50). 허다 니ᄅᆞ시니라:曰頓弊(法華2:105). 能히 한 物을 허ᄂᆞ니:能壞諸物(金剛序7). 山ᄋᆞᆯ 파 허러:塹鑿山破(金剛序7). 부텻 말솜 허ᅀᆞ오리 업스니시니라:無有…破壞佛語者(金剛87). 허도 아니ᄒᆞ며:無壞(蒙法70). 禮옛 風俗의 허로ᄆᆞᆯ 니겨 샹녜ᄅᆞ이 너기ᄂᆞ니:禮俗之壞習以爲常(宣賜內訓1:68). 또 義로ᄡᅥ 제 헐리 잇ᄂᆞ니:亦有以義自破者也(宣賜內訓2上13). 제 허로미라:自破者也(宣賜內訓2上13). 허롤 門 업슨 젼ᄎᆞ로 니ᄅᆞ샤ᄃᆡ(南明上13). 헐 훼:毁(訓蒙下29. 類合下45. 石千7). 헐 휴:隳(類合下54). 헐 괴:壞(類合下62). 음란으로 올ᄒᆞᆫ 이ᄅᆞᆯ 허룸ᄋᆞᆫ:淫破義(宣小4:49). 粧具ᄅᆞᆯ 헐어 ᄲᅧ 사더니(女四解4:14).

:헐·다 동 헐뜯다. ¶ 믈읫 有情이 貪ᄒᆞ고 새옴불라 제 모ᄆᆞᆯ 기리고 ᄂᆞᄆᆞᆯ 허러(釋譜9:15). 君臣ㅅ 法을 헐어나 信戒ᄅᆞᆯ 헐어나 ᄒᆞ면(釋譜9:38). 外道梵志 제 무리 甚히 盛ᄒᆞ더니 沙門ᄋᆞᆯ 새와 허루리라 ᄒᆞ야(釋譜24:21). 이 經 허던 젼ᄎᆞ로:謗斯經故(法華2:166). 그러나 허ᅀᆞ와도 그 罪ㅣ 오히려 輕호ᄆᆞᆫ:然毁之其罪尚輕者(法華4:78). 謗ᄋᆞᆫ 헐 씨라(金三3:8). 헐 훼:毁(訓蒙下29. 類合下45). 헐 방:謗(類合下27). 부모 헐 소리ᄀᆞ티(野雲73). 우희ᄅᆞᆯ 허러 꾸오ᄃᆡ(女範2. 변녀 졔위우희).

·헐·다 [동] 헐다. 짓무르다. ¶귀 어러 허닐 고툐ᄃᆡ:治凍耳成瘡(救急上6). 歲月이 늣고 ᄇᆞᄅᆞ미 ᄉᆞᆯᄒᆞᆯ 헐에 부ᄂᆞ니:歲晏風破肉(杜解9:29). ᄂᆞ치 헐에 티니:擊之敗面(三綱. 忠18 若水効死). 알폰 ᄃᆡ 울호ᄃᆡ 너무 덥게 말라 ᄉᆞᆯ히 헐가 저헤니:以熨病上勿令大熱恐破肉(救簡1:80). 귀 헐 뎡:聹. 귀 헐 뎨:聜(訓蒙中34). 헐 샹:傷(石千7).

:헐·다 [동] 헐다. 낡다. ¶부텻 ᄂᆞᆾ 金이 허렛거늘 보ᅀᆞᆸ고 金 내야 ᄇᆞᄅᆞᅀᆞ오니(南明上1). 옷 헐 람:襤. 옷 헐 루:褸(訓蒙下20). 그 오시 다 헐어시아 有德ᄒᆞ신 님 여ᄒᆡᄋᆞ와지이다(樂詞. 鄭石歌).

헐믓다 [동] 헐다〔瘡〕. ☞헐믓다 ¶헐믓ᄂᆞᆫ ᄆᆞᆯ:瘡馬(譯解下29). 헐믓다:遍瘡(同文解下7).

:헐·므숨 [동] 헒. ㉮헐믓다 ¶人民의 헐므수믈 묻ᄂᆞᆫ ᄃᆞᆺ디 아니ᄒᆞ도다:不似問瘡痍(初杜解3:4). 헐므수므로 親히 사홈 븓ᄂᆞ니:瘡痍親接戰(初杜解23:3). 헐므수메 府庫ㅣ 가난ᄒᆞ도다:瘡痍府庫貧(初杜解23:12). 萬姓의 헐므수미 암ᄀᆞ라 가ᄂᆞ니:萬姓瘡痍合(初杜解24:49).

헐므움 [동] 헒. ☞헐므으다. 헐믓다 ¶人民의 헐므우믈 묻ᄂᆞᆫ ᄃᆞᆺ디 아니ᄒᆞ도다:不似問瘡痍(重杜解3:4). 반ᄃᆞ기 萬一 헐므우믈 救恤홀뎬:必若救瘡痍(重杜解22:49).

헐므으다 [동] 헐다〔瘡〕. ☞헐믓다. 헐믜으다 ¶瘡痍ᄂᆞᆫ 사호매 헐므을 시라(重杜解1:2). 하ᄂᆞᆯ콰 ᄯᅡ쾌 헐므은 사ᄅᆞᄆᆞᆯ 含ᄒᆞ얏ᄂᆞ니:乾坤含瘡痍(重杜解1:2). 아래론 萬民ᄋᆡ 헐므오ᄆᆞᆯ 어엿비 너교롸:下憫萬民瘡(重杜解2:43). 헐므으닐 무르샤믈:問瘡痍(重杜解5:16). 헐므은 ᄃᆡ를 스러디게 ᄒᆞᄂᆞ니:消瘡疹(臘藥7).

:헐믓·다 [동] 헐다〔瘡〕. ☞헐므으다 ¶헐믓디 아니ᄒᆞ며 이저디디 아니ᄒᆞ며:不瘡胗亦不缺壞(釋譜19:7). 헐믓디 아니ᄒᆞ며:不瘡胗(法華6:13). 헐므수므로 親히 사홈 븓ᄂᆞ니:瘡痍親接戰(初杜解23:3). 헐므수메 府庫ㅣ 가난ᄒᆞ도다:瘡痍府庫貧(初杜解23:12). 井屋앤 ᄂᆡ 나미 잇고 헐므ᅀᅥ 피 흐르린 업도다:井屋有烟起瘡痍無血流(初杜解23:15). 그 헐므슨 부리 우희 추모로 나쳐 바며 머므디 말오 ᄇᆞᄅᆞ라:那瘡口上着唾沫 白日黑夜不住的搽(飜朴上13). 헐므슬 챵:瘡(訓蒙中34).

헐믜으다 [동] 헒을 당하다. 헐다〔瘡〕. ☞헐므으다. 헐믓다 ¶맛난 사ᄅᆞ미 해 헐믜으니:所遇多被傷(重杜解1:2).

헐썩ᄒᆞ다 [형] 헐떡하다. ¶눈 헐썩ᄒᆞ다:眼睛摳摟(譯解補61).

헐뜯다 [동] 헐고 뜯고 하다. 〔'헐다'+'뜯다'의 복합어.〕 ¶헐뜨더 기운 집의 의논도 하도 할샤(古時調. 鄭澈. 어와 동냥지 롤. 松江).

헐ᄡᅳ리다 [동] 헐뜯다. ☞헐쓰리다 ¶언ᄉᆞ도 공슌치 아니ᄒᆞ야 혹 헐ᄡᅳ림도 이시니(閑中錄102).

:헐쓰·리·다 [동] 헐뜯다. ☞헐ᄡᅳ리다 ¶간ᄃᆡ마다 ᄂᆞᆷ 헐쓰리고 제 몸 쟈랑ᄒᆞ며:到處裏破別人誇自己(飜朴上25). 헐쓰릴 산:訕(訓蒙下28). 헐쓰릴 방:謗. 헐쓰릴 독:讟. 헐쓰릴 훼:毁(訓蒙下29). 구차히 헐쓰리디 아니ᄒᆞ며:不苟訾(宣小2:10). 헐쓰리며 기리며 깃브며:毁譽歡(宣小6:119). 외니 올ᄒᆞ니 ᄒᆞ며 헐쓰리며 기리ᄂᆞᆫ ᄉᆞ이예:是非毁譽間(重內訓1:10).

헐에 [동] 헐게. ㉮헐다 ¶ᄂᆞ치 헐에 티니:擊之敗面(三綱. 忠18). 歲月이 늣고 ᄇᆞᄅᆞ미 ᄉᆞᆯᄒᆞᆯ 헐에 부ᄂᆞ니:歲晏風破肉(杜解9:29).

:헐에·디·다 [동] 헐어지다〔毁〕. 해어지다. 〔'헐다'의 부사형 '헐에'+'디다'의 복합어.〕 ¶그 ᄯᅩ리 듣고 ᄯᅡ해 모미 다 헐에디여 ᄂᆞ미 ᄢᅵ드러 오라거ᅀᅡ ᄶᅵ야(月釋21:22).

헐·오·다 [동] 헐게 하다. ☞헐우다. 헐이다 ¶ᄯᅩ 부리를 침으로 헐오고 브툐미 더 됴ᄒᆞ니라:或針破頭封上更佳(救簡3:15).

헐·우·다 [동] 헐게 하다. ☞헐오다. 헐이다 ¶시혹 손발 버히며 시혹 그 모ᄆᆞᆯ 헐우며(圓覺下一之一31). 돌ᄡᅳᄅᆞᆫ 오ᄉᆞᆯ 걸위여 헐우고 藤ㅅ 가지ᄂᆞᆫ 누늘 삘어 새롭도다:石角鉤衣破藤枝刺眼新(初杜解15:6). 엇뎨 草鞋를 블와 헐워 스승 ᄎᆞ자 道 무르리오 ᄒᆞᆯ시라(南明下66). 침으로 삘어 헐워 거믄 피 나게 ᄒᆞ고:針刺破令黑血出(救簡2:76). 스스로 그 몸ᄋᆞᆯ 헐워 죽도록 슈절ᄒᆞ니라:自毁其體終身守節(東新續三綱. 烈2:63). 疥瘡을 글거 헐우고 뎌 약을 ᄇᆞᆯ라:撓破了疥瘡搽那藥(朴解下7).

헐·이·다 [동] ①헐게 하다. 상처를 입히다. ☞헐오다. 헐우다 ¶毒이 害티 몯ᄒᆞ며 ᄂᆞᆯ히 헐이디 몯ᄒᆞ며(月釋10:70). 곧 이 瘡 업스닐 헐일 ᄯᆞᄅᆞ미니라:卽是傷乎無瘡耳(圓覺下二之二46). ᄆᆞᄎᆞ매 믌겨를 헐여 가리니:終破浪(初杜解20:12).
②상처를 입다. ¶오직 갈콰 도최예 헐여 피 나 긋디 아니커든:但刀斧傷損出血不止(救急上82). 범과 일희게 헐인 ᄃᆡ:虎狼傷瘡(救簡6:32).

헐퀴다 [동] 할퀴다. ☞할쾨다 ¶헐퀴다:抓(漢淸3:5).

헐헐ᄒᆞ·다 [동] 헐헐하다. 헐떡헐떡하다. ¶오직 그 사ᄅᆞ미 헐헐ᄒᆞᆯ 소릴 듣고 곧 사ᄅᆞᄆᆞ로 브르게 ᄒᆞᆯ디니:但聞其人吃吃作聲便令人叫喚(救急上21). 氣分이 헐헐ᄒᆞ고 ᄎᆞᆫ ᄯᆞ미 흐르ᄂᆞ니:氣喘冷汗自出(救急上54).

헐ᄒᆞ다 [형] 헐(歇)하다. 쉽다. ¶니좀 헐ᄒᆞᆫ

사ᄅᆞᆷ:肯忘人(同文解上13). 니좀 헐ᄒᆞᆫ 이:忘魂大的(譯解補19). 니좀 헐ᄒᆞᆫ 이:忘性. 니좀 헐ᄒᆞ다:肯忘(漢淸8:29).

·헐ᄒᆞ·다 동 ①헐(歇)하다. 다하다. 그치다. 멎다. ¶念念이 서르 니ᅀᅥ 그처 歇ᄒᆞᆯ 쩍 업수믈 볼씨(金剛11). ᄀᆞᄅᆞᆷ 우희 오ᄂᆞᆳ 아ᄎᆞᄆᆡ 치운 비 歇ᄒᆞ니:江上今朝寒雨歇(初杜解15:14). 바ᄅᆞᆳ하ᄂᆞᆯ해 ᄇᆞᆯᄀᆞᆫ ᄃᆞ리 처ᅀᅥᆷ 난 고디여 바횟 즘게예 우ᄂᆞᆫ 나ᄇᆡ 正히 歇ᄒᆞᆯ ᄢᅵ로다:海天明月初生處巖樹啼猿正歇時(南明下66). 브즈러니 외와 쉬여 歇티 아니ᄒᆞᄂᆞ니(六祖中56).
②헐(歇)하다. 덜해지다. 고자누룩해지다. ¶여라ᄆᆞᆫ 열흐레 病勢 ᄒᆞ마 歇커ᄂᆞᆯ:十有餘旬疫勢既歇(宣賜內訓3:47). 病세 이믜 헐ᄒᆞ거ᄂᆞᆯ:疫勢既歇(宣小6:67). 님 그린 너 病이 헐ᄒᆞᆯ 법도 잇ᄂᆞ니(古時調. 鄭澈. 이 몸 허러. 松江).

:험 년 명 흉년(凶年). ¶험년 겸:歉. 험년 검:儉(訓蒙下19).

험울 명 허물. ☞허울 ¶ᄇᆡ얌의 험울:蛇蛻(東醫 湯液二 蟲部).

험·을 명 허물〔過〕. 잘못. ☞허믈 ¶伯兪ㅣ 험을이 잇거늘:伯兪有過(宣小4:19). 다ᄆᆞᆫ 足히 몸읫 험을이 되ᄂᆞ니라:適足爲身累(宣小5:22).

험을며 부 하물며. ¶험을며 聖代를 맛나 안이 醉코 어이리(古時調. 이 술이. 海謠).

:험ᄒᆞ·다 형 험(險)하다. ¶죽사리ᄉᆞ 險ᄒᆞᆫ 길헤 드러(釋譜13:57). 田地 險ᄒᆞ며 조바:田地險隘(楞解5:68). 山川 險ᄒᆞᆫ 골 기픈 ᄃᆡ(法華3:36). 重寶 가져 嶮ᄒᆞᆫ 길헤 디날 쩨(法華7:58). 누니 길희 平홈과 險홈과 굳과 平홈과 通홈과 마고ᄆᆞᆯ 보거든(圓覺下二之一15). 凶이라 혼 거슨 말ᄊᆞ미 詭譎ᄒᆞ고 行止擧動이 그ᄉᆞᆨᄒᆞ고 險ᄒᆞ며(宣賜內訓1:24). 이레 나ᅀᅡ와셔 重重히 險호ᄆᆞᆯ 壯히 너기노니:卽事壯重險(初杜解6:17). 險ᄒᆞᆫ 모딘 길헤 사ᄅᆞᄆᆡ 힘 닙논 배니라:險惡途中人所賴(南明下3). 험ᄒᆞ고 망령ᄃᆞ외면 텬셩을 다ᄉᆞ리디 몯ᄒᆞ리니:險躁則不能理性(飜小6:17). 앏 ᄆᆞ올ᄒᆡ 묏길히 險컨마ᄂᆞᆫ:前村山路險(重杜解9:13). 험ᄒᆞ다:險啊(同文解上7). 슈륙 몃 쳔여 리에 위틱호믈 ᄐᆞ고 험ᄒᆞᆫ ᄃᆡ롤 건너(綸音71).

협틱ᄒᆞ다 동 협박하다. ¶제 엇디 군부롤 협틱ᄒᆞᄂᆞᆫ 일을 ᄒᆞ리(癸丑11). 도적기 최시롤 만나 놀홀 ᄣᅡ여 협틱ᄒᆞᆫ대:賊遇崔露刃以脅(東三綱. 烈2). ᄲᅥ 쥬롤 삼으려 ᄯᅩᄒᆞᆫ 달래며 ᄯᅩᄒᆞᆫ 협틱ᄒᆞ니:欲以爲主且誘且脅(東新續三綱. 忠1:20).

협협ᄒᆞ·다 형 헛헛하다. ¶큰 병 ᄒᆞᆫ 후에 긔운이 협협ᄒᆞ고 답답ᄒᆞ야 자디 몯ᄒᆞ며:大病後虛煩不得睡臥(救簡1:115).

헛간 명 헛간. ¶헛간:草棚(同文解上34).

헛글다 동 흐트러지다. ☞헛틀다. 헐다 ¶헛글 문:紊(類合下59). 헛글고 싯근 文書 다 주어 후리치고(古時調. 靑丘).

헛도이 부 헛되이. ☞헌도이 ¶져 ㄱ야 秋風落聲 헛도이 즈져 날 속일 줄이 이시랴(古時調. 柴扉에 ㄱ. 靑丘). 차물과 국탕을 헛도이 지ᄂᆡ지 말라:虛(女四解3:15). 헛도이 前功 허비홈과 ᄀᆞᄐᆞ니라(女四解4:57).

헛부억 명 헛부엌. 평소에는 쓰지 않는 부엌. ¶헛부억:㷂(柳氏物名五 火).

헛튼 관 허튼. 잡다(雜多)한. ☞허튼 ¶헛튼 안쥬로 ᄃᆡ졉ᄒᆞ시미 됴흘까 시프외(新語7:11). 이렁저렁 헛튼 근심 다 후리쳐 더져 두고(萬言詞). ᄀᆞᄐᆞᆨ이 헛튼 근심 눈물의 져젓세라(萬言詞).

헛틀다 동 흐트러지다. ☞허틀다. 헛글다. 헐다 ¶그더ᄃᆡ 엇디ᄒᆞ야 下界예 ᄂᆞ려오니 올 저긔 비슨 머리 헛틀언 디 삼 년일쇠(松江. 思美人曲). 아니 비슨 헛튼 머리 두 귀 미찰 덥퍼 잇ᄂᆡ(萬言詞).

헛틔ㅅ비 명 장딴지. ☞허튓비 ¶헛틔ㅅ비:腿肚(譯解上35).

헝·것 명 헝겊. ☞헌것 ¶헝것 완:帵(訓蒙中17). 헝거싀 ᄡᅥ거나:或以物裹(新救荒5). 헝것 긋:帵片(譯解下7).

헝울 명 허물. ☞허울 ¶蛻ᄂᆞᆫ 헝울 바ᄉᆞᆯ 씨라(楞解4:28). ᄇᆡ야ᄆᆡ 헝울을 하나 져그나 비븨여 ᄇᆞᅀᅡ:蛇蛻皮多少揉碎(救簡2:71). ᄇᆡ야ᄆᆡ 헝울:蛇蛻皮(救簡6:58). 헝울 예:蛻. 헝울 공:蛭(訓蒙下9). 온 ᄇᆡ야ᄆᆡ 헝울ᄒᆞ나:蛇蛻一條全者(胎要27). ᄇᆡ야ᄆᆡ 헝울:蛇蛻(東醫 湯液二 蟲部). ᄇᆡ야ᄆᆡ 헝울 ᄒᆞᆫ 냥:蟬殼一兩(痘要下56).

헐·다 동 흐트러지다. ☞헛글다. 헛틀다 ¶허튼 어즈러운 ᄆᆞᅀᆞᄆᆞ로:散亂心(法華1:221). 머리터리 허터 어즈러우며:頭髮鬔亂. 머리 허투믄 양ᄌᆞᄋᆡ 구주미오:頭鬔貌惡也(法華2:122). 들면 머리 허트며 양ᄌᆞ 골업시 ᄒᆞ고:入則亂髮壞形(宣賜內訓2上12). 님긊 허튼 시롤 어더 님금과 다ᄆᆞᆺ 다ᄉᆞ리고져 ᄒᆞ놋다:得君亂絲與君理(杜解16:56). 허튼 머리터리 ᄉᆞ론 지롤 므레 프러 머그라:亂髮燒灰水調下(救簡2:91).

-·헤 조 -에. 〔ㅎ 첨용(添用) 부사격조사.〕☞-해 ¶길헤 ᄇᆞ라ᅀᆞᄫᆞ니:于路迎候(龍歌10章). 아바닚 뒤헤 셔샤:立在父後(龍歌28章). 어드븐 길헤:暗程(龍歌30章). 드르헤 龍이 싸호아:龍鬪野中(龍歌69章). 닐굽차힌 묏 언헤 ᄲᅥ디여(釋譜9:37). 세헤 ᄀᆞᆯᄒᆞ야 니르시ᄂᆞ니라(釋譜13:56). 白象이 ᄠᅳᆯ헤와 벌며(月釋2:31). 열헨 내 成佛ᄒᆞ야(月

釋8:61). 열네헨 내 成佛ᄒᆞ야(月釋8:61). 王宮의 와 뜰헤 드러(月釋8:90). 안뜰헤부터 마ᄍᆞ오ᄆᆞᆫ:於內庭延佛(楞解1:31). 度ᄅᆞᆯ 네헤 ᄂᆞᆫ호아 ᄒᆞ나히니(楞解6:17). 겨슬헤 업고 보미 퍼듀믈 보며:觀冬索而春敷(永嘉下44). 스믈헤 소리 빗나도다:二十聲輝赫(初杜解8:19). 雲霧엔 平ᄒᆞᆫ 드르헷 남기 그슥ᄒᆞ얏고:霧隱平郊樹(初杜解10:3). 프른 시내헤 몬져 蛟龍ᄋᆡ 굼기 잇ᄂᆞ니:青溪先有蛟龍窟(杜解25:20). 뒤헤 방이 좁고(飜老上52). ᄇᆡᆨᄇᆡᆨᄒᆞᆫ 대수헤 ᄯᅩ 겨으레 筍ㅣ 나며:密竹復冬筍(重杜解1:14). 殊方ㅣ녜 세헤 ᄂᆞᆫ화실 제:殊方昔三分(重杜解1:36). 너븐 뜰헤 비취엿도다:照廣庭(重杜解5:48). 요헤 빗난 거슬 거더 업시홀띠니라(英小5:58). 벼 뷘 그르헤 게ᄂᆞᆫ 어이 ᄂᆞ리ᄂᆞᆫ고(古時調. 대쵸볼 블근. 青丘). 鑰店절 뒤헤 우둑 션 전나모(古時調. 江原道. 青丘). 萬里 가ᄂᆞᆫ 길헤 海口絕息ᄒᆞ고(古時調. 이제ᄂᆞᆫ 못 보게도. 青丘).

헤근ᄒᆞ다 형 허전허전하다. ¶먹으나 마시나 맛시 업서 몸이 헤근ᄒᆞ여 거의 너머질러니(捷蒙2:7).

헤너러디다 동 헤벌어지다. ¶헤너러딘 가마:荷葉鍋(老解下29). 헤너러딘 가마:荷葉鍋(譯解下12).

헤·다 동 ①헤아리다. 생각하다. ☞혜다 ¶님이 헤오시매 나ᄂᆞᆫ 젼혀 미덧ᄃᆞ니(古時調. 宋時烈. 青丘).
②세다. 계산하다. ☞혜다 ¶은 ᄒᆞᆫ 량 두 돈애 헤오:折銀一兩二錢(飜老上14).

헤·다 동 ①헤다(泳). ¶ᄆᆞᄅᆞᆫ 헤ᄂᆞᆫ 龍 ᄀᆞᆮᄒᆞ며:馬如游龍(宣賜內訓2上51).
②헤치다. ☞허티다. 허혀다 ¶옷가ᄉᆞᆯ 헤여서 鄭僑ᄅᆞᆯ 어도라:披襟得鄭僑(初杜解20:45). 개욤나모 헤오 孝子廬에 오니:披榛到孝子廬(三綱. 孝32).

·헤다히·다 동 헤매어 다니다. ¶이제 내 和애 違타 듣고 病을 ᄎᆞ마 床ᄋᆡ ᄂᆞ려 낫바ᄆᆡ 두어 百里 밧긔 헤다혀 오니(上院寺勸善文). 헤다혀 求호ᄆᆞᆯ 그치디 아니ᄒᆞᄂᆞ다:馳求不歇(龜鑑上5). 골희 가 노니며 현의 가 헤다혀져:遊州獵縣(誡初11). 너 즐겨 헤다히ᄂᆞᆫ 샹을 즉시 못 보니 굼굼ᄒᆞ여 ᄒᆞ노라(諺簡. 仁宣王后諺簡).

헤드·룸 형 낭자(狼藉)함. ㉮헤듣다 ¶ᄡᅧ와 고기왜 헤드루믄 法倒ᄅᆞᆯ 가졸비시니:骨肉狼藉譬法倒也(法華2:111). 이 니ᄅᆞ샨 헤드루미라:是謂狼藉也(法華2:111).

헤듣·다 형 낭자(狼藉)하다. ¶ᄡᅧ와 고기왜 헤드렛거든:骨肉狼藉(法華2:111). ᄡᅧ와 고기왜 헤드루믄 法倒ᄅᆞᆯ 가졸비시니:骨肉狼藉譬法倒也(法華2:111). 이 니ᄅᆞ샨 헤드루미라:是謂狼藉也(法華2:111).

헤·디·다 동 헤치다. ☞헤티다. 헷티다 ¶ᄯᅩ ᄒᆞᄆᆞᆯ며 가슴 헤디고 우음 낙다ᄒᆞ야 잡일 니ᄅᆞ고:又況披襟戲笑亂說雜事(誡初12).

헤디르·다 동 ①헤쳐 지르다. ¶能者ᄋᆡ ᄇᆡ 잡쥐유믈 ᄲᆞᆯ리 호미 ᄇᆞᄅᆞᆷ ᄀᆞᄐᆞ니 믌겨를 헤딜어 叉ᄅᆞᆯ 들오 드놋다:能者操舟疾若風撐突波濤挺叉入(初杜解16:63). 헤디를 무:鶩(類合下39). 드믄 ᄉᆞ이로 可히 헤디러나면:稀間可突過(重杜解17:13).
②숨을 가쁘게 몰아 쉬다. ¶그 겨집이 ᄆᆞᆯ게 오ᄅᆞ며 죵 ᄒᆞ나흘 견마를 잡혀 두어 ᄇᆡᆨ 보ᄂᆞᆫ 나아가셔 믄득 겨집 서너히 헤딜러 ᄃᆞ라오ᄂᆞᆫ 비치 이셔:美人上馬一僕控之而前纔數百步忽見女奴三數人哆口坌息踉蹌(太平1:17).

헤디ᄅᆞ다 동 날뛰다. ¶극히 열ᄒᆞ여 미쳐 헤디ᄅᆞᄂᆞᆫ 증을 고티ᄂᆞ니:大熱狂走(辟新7). 헤디ᄅᆞᄂᆞᆫ 형상 엇디 얼골ᄒᆞ여 그록ᄒᆞ리오(癸丑83).

헤딜러 동 숨을 가쁘게 몰아쉬며. ㉮헤디르다 ¶믄득 겨집 서너히 헤딜러 ᄃᆞ라오ᄂᆞᆫ 비치 이셔:忽見女奴三數人哆口坌息踉蹌(太平1:17).

헤딜·어 동 헤쳐 질러. ㉮헤디르다 ¶믌겨를 헤딜어 叉ᄅᆞᆯ 들오 드놋다:撐突波濤挺叉入(初杜解16:63).

헤ᄃᆞ롤시 동 헤매어 다닐새. 헤매어 다니므로. ㉮헤ᄃᆞᆮ다 ¶ᄯᅩ 이 兩頭에 헤ᄃᆞ롤시:又是走殺兩頭故(龜鑑下57).

헤ᄃᆞᆮ·니·다 동 헤매어 다니다. 쏘다니다. ☞헤ᄃᆞᆮ니다 ¶갓가온 일란 ᄇᆞ리고 먼 일에 헤ᄃᆞᆮ니며:捨近而趨遠(飜小9:19).

헤돋·니·다 동 헤매어 다니다. 쏘다니다. ☞헤ᄃᆞᆮ니다 ¶衆生이 짓믈 ᄀᆞᄅᆞᇝ 가온ᄃᆡ 이셔 믌겨를 조차 헤ᄃᆞᆮ니니(月釋23:80). 江海예 헤ᄃᆞᆮ니니 기픈 根源에 ᄀᆞ장 다ᄃᆞ롤 興이 오히려 잇도다:游江海窮極淵源興猶在(南明上48). 둘짯 句ᄂᆞᆫ 東西南北에 헤ᄃᆞᆮ닐 시라(南明下45).

헤ᄃᆞᆮ·다 동 헤매어 다니다. ☞헤ᄃᆞᆮ니다. 헤ᄃᆞᆮ다 ¶귓거시 헤ᄃᆞ라 굴허에 어즈러우니:鬼物撇捩亂坑壕(初杜解16:55). ᄯᅩ 이 兩頭에 헤ᄃᆞ롤시:又是走殺兩頭故(龜鑑下57).

헤므르·다 동 헤어지게 물다. ¶이틄나래 남지늬 모미 ᄀᆡᄒᆞ며 헤믈어 ᄲᅨ 글희드렛거늘(月釋10:24).

헤ᄆᆡ다 동 헤매다. ¶힝역이 거머 ᄲᅡ디고 답답ᄒᆞ여 헤ᄆᆡ고 졍신이 아독ᄒᆞ면 죽ᄂᆞ니라:痘黑陷悶亂神昏者死(痘要下27). 애 ᄲᅵ여 지ᄂᆞᆫ ᄃᆞᆺ 헤ᄆᆡ여(癸丑224).

헤부치다 동 헤쳐 부치다. 불어 헤치다. 이리저리 부치다. ☞헤불다 ¶헤부치ᄂᆞᆫ ᄇᆞᄅᆞᆷ

과 오란 비왜 ᄀᆞ올히 어즈러우니:蘭風伏雨秋紛紛(重杜解12:14).

헤불·다 동 헤쳐 불다. 불어 헤치다. ☞헤부치다 ¶ᄇᆞᄅᆞ미 치운 ᄀᆞᄅᆞᄆᆞᆯ 헤부루믈 더듸ᄒᆞᄂᆞ다:風破寒江遲(杜解19:25).

헤ᄡᅳ·다 동 허둥거리다. 허둥대며 날뛰다. 황황(遑遑)하다. ☞헤ᄯᅳ다 ¶처엄 죽어심애 皇皇(헤ᄡᅳᄂᆞᆫ 양이라)히 求홈이 이쇼ᄃᆡ 얻디 몯ᄒᆞᄂᆞᆫ ᄃᆞᆺᄒᆞ며:始死皇皇焉如有求而弗得(宣小4:23). 황황은 헤ᄡᅳᄂᆞᆫ 양이라(家禮9:34). 皇皇은 헤ᄡᅳᄂᆞᆫ 양이라(重內訓1:58).

헤ᄯᅳ다 동 허둥거리다. 허둥대며 날뛰다. ☞헤ᄡᅳ다. 헴ᄯᅳ다 ¶오ᄅᆞ며 ᄂᆞ리며 헤ᄯᅳ며 바자니니(松江. 續美人曲). 뭇 지위 고ᄌᆞ 자들고 헤ᄯᅳ다가 말려니(古時調. 鄭澈. 어화 棟樑材. 松江).

:헤·ᄡᅳ리·다 동 헐뜯어 욕하다. ¶호반이며 용속ᄒᆞᆫ 관원의 ᄒᆞᆫ가지로 우으며 헤ᄡᅳ리ᄂᆞᆫ 배 진실로 일로 말믹암애니라:武人俗吏所共嗤詆良由是耳(宣小5:108).

헤아리·다 동 헤아리다. ¶光ᄋᆞᆯ 도ᄅᆞ혀 도라 ᄉᆞᆯ펴 헤아리며 짐작ᄒᆞ면(南明上6). 팔ᄌᆞ 헤아려 보다:算命(譯解上64). 헤아리다:籌畫. 헤아려 맛치다:籌著了(漢淸6:13).

헤앗다 동 헤치다. ☞헤왇다 ¶물 밑 紅雲을 헤앗고(意幽堂. 東溟日記).

헤·여·디·다 동 헤어지다. 흩어지다. ☞허여디다 ¶피와 ᄉᆞᆯ쾌 헤여디여:血肉糜潰(永嘉上34). 손발 언 瘡이 브ᅀᅳ며 헤여디닐 고툐ᄃᆡ:治手足凍瘡腫爛(救急上6). 헤여더 내해 ᄃᆞ리 업도다:蕩析川無梁(杜解25:7). ᄠᅳᆫ 구룸 헤여디여 외ᄅᆞ왼 ᄃᆞ리 도ᄃᆞ니(南明上15). 헤여듀미 어름 프러듐 ᄀᆞᄐᆞ며 ᄌᆞ연히 ᄉᆞ리예 슌ᄒᆞ요ᄆᆞᆫ 오라면 스싀로 득ᄒᆞᆯ 거시라:渙然氷釋怡然理順久自得之(飜小8:37). 혹 과ᄀᆞᄅᆞᆫ ᄇᆞᄅᆞᆷ과 ᄲᆞᄅᆞᆫ 비와 안개와 이스리 헤여디디 아니ᄒᆞ면:或有暴風疾雨霧露不散則(瘟疫方1). 맏ᄐᆞ면 즉재 숨굼그로 올아 빅믹애 헤여디여 올마 서ᄅᆞ 뎐염ᄒᆞᄂᆞ니:聞之卽上泥丸散入百脈轉相傳染(瘟疫方18). 헤여딜 패:敗(類合下42). 튱쥐 니르러 관군이 다 헤여디니:到忠州官軍大潰(東新續三綱. 孝8:70).

헤·여디·다 동 치켜 들리다. ¶두 손ᄋᆞ로 옷ᄉᆞᆯ 잡아 옷기슭기 ᄒᆞᆫ 자만 ᄠᅳ게 ᄒᆞ며 옷ᄉᆞᆯ 헤여디게 말며:兩手摳衣去齊尺衣毋撥(宣小2:59).

헤여ᄒᆞ다 형 허옇다. ☞허여ᄒᆞ다 ¶헤연 갈히 버렛고:排霜劍(重杜解2:6). 비ᄂᆞᆫ 긴 ᄀᆞᄅᆞᆷ ᄆᆞᆯ 머거 헤여ᄒᆞ도다:雨含長江白(重杜解12:13). 헤여ᄒᆞᆫ 빗:雪白(同文解下25). 헤여ᄒᆞ다:甚白(漢淸10:65).

헤염 명 헤엄. ☞헤욤. 헤영. 헤움. 헤음 ¶헤염:游(柳氏物名五 水).

헤영 명 헤엄. ☞헤염. 헤욤. 헤움 ¶헤영:游(才物譜一 地譜).

헤옴티다 동 헤엄치다. ¶헤옴티다:泅水(譯解下22).

헤왇·다 동 헤치다. 해갈(解渴)하다. 풀다. ☞-왇다. 헤앗다. 헤왓다 ¶우리 두어 잔 수를 머거 목ᄆᆞ론 ᄃᆡ 헤왇고:咱們喫幾盞酒解渴(飜老上62). 우리 시르믈 슬우며 답답ᄒᆞᆫ ᄆᆞᅀᆞ믈 헤와도ᄃᆡ 엇더ᄒᆞ뇨:咱們消愁解悶如何(飜朴上1). 엇디 내 이 一場愁ᄅᆞᆯ 헤와드료:怎刮劃我這一場愁(朴解中17).

헤왓다 동 헤치다. 해갈(解渴)하다. ☞헤왇다 ¶목ᄆᆞ론 ᄃᆡ 헤왓고:解渴(老解上56).

헤·욤 명 헤엄. ☞헤염. 헤움 ¶헤욤 슈:泅(訓蒙叡山本中1). 헤욤 츄:泅. 헤욤 유:游(訓蒙東中本中2).

헤움 명 헤엄. ☞헤욤 ¶곤이와 기러기ᄂᆞᆫ 믈에 헤움을 잘 ᄒᆞ고(小兒10).

헤윰ᄒᆞ·다 동 헤엄하다. 헤엄치다. ☞헤음ᄒᆞ다 ¶큰 길흐로 ᄒᆞ고 즐어 아니 ᄒᆞ며 비로 ᄒᆞ고 헤윰ᄒᆞ디 아니ᄒᆞ야:道而不徑舟而不游(宣小4:18).

헤음 명 헤엄. ☞헤염. 헤영. 헤욤 ¶헤음 슈:泅(倭解下19).

헤음ᄒᆞ다 동 헤엄하다. 헤엄치다. ☞헤윰ᄒᆞ다 ¶헤음ᄒᆞ다:泅水. 즘싱 헤음ᄒᆞ다:牲口泅水(同文解上8).

헤이즐 동 헤칠. ㉮헤잊다 ¶모로매 이 ᄇᆞᄅᆞᆷ 헤이즐 毛質이 잇ᄂᆞ니라:會是排風有毛質(杜解8:31).

헤일 명 헛일. ☞허일 ¶옛ᄀᆞ지 극진홈이 헤일 되올가 너기오니(新語8:22).

헤잊·다 동 헤치다. ¶偶然히 英秀 ᄀᆞᆯ히요ᄆᆞᆯ 어려이 얻디 아니ᄒᆞ리니 모로매 이 ᄇᆞᄅᆞᄆᆞᆯ 헤이즐 毛質이 잇ᄂᆞ니라:偶然擢秀非難取會是排風有毛質(杜解8:31).

헤:젓·다 동 휘젓다. 마구 젓다. ¶밥을 헤젓디 말며:毋揚飯(宣小3:23). 손 내여 헤저으며(癸丑27).

헤조치·다 동 쫓기어 갈팡질팡하다. ¶조촌 귓것 二萬 ᄃᆞ리고 몬져 ᄆᆞᅌᆞᆯ홀 다 도라 城門이 다ᄃᆞ라 오나ᄂᆞᆯ 百姓ᄃᆞᆯ히 ᄎᆞ림 몯ᄒᆞ야 헤조쳐 ᄃᆞᆮ더니(釋譜24:21).

헤지르다 동 숨 가쁘게 헤매다. 쏘다니다. ☞헤디르다 ¶네 엇던 사ᄅᆞᆷ을 찻고져 ᄒᆞ야 더리 헤지ᄅᆞᆫ다(水滸志).

헤치다 동 헤치다. ☞헤ᄎᆞ다. 헷치다 ¶헤친 碁局을 뉘라셔 주어 주리(古時調. 鄭澈. 아히도 採薇 가고. 松江). 막힌 플을 ᄃᆞ리여 헤침 ᄀᆞᆺᄒᆞ니(三譯3:21). 헤쳐 볏 쬐다:散晒(漢淸10:6). 헤치다:攤開(譯解補54). 헤칠 피:披(兒學下3). 비ᄅᆞᆯ 헤치고 디ᄅᆞᆷ이라

(武藝圖17).

헤ᄎᆞ다 동 헤치다. ☞헤치다. 헷치다 ¶므를 건나ᄃᆡ ᄇᆡ를 ᄡᅳ디 아니ᄒᆞᄂᆞ니 千騎ㅣ ᄆᆡ양 므를 헤ᄎᆞᄂᆞᆺ다:渡河不用船千騎常撇烈(重杜解4:14).

헤켜다 동 헤치다. ☞헤혀다. 헤혐ᄒᆞ다. 헤ᅘᅧ다 ¶머리터럭을 헤켜고 빗기되:撒開頭髮梳(朴解上40).

헤튬 동 헤침. 깨뜨림. ㉮헤티다 ¶彼敵 헤튜믄 살 가ᄆᆡ 섈오미라와 더으니라:破敵過箭疾(重杜解1:8).

헤·티·다 동 헤치다. 깨뜨리다. ☞헤디다. 헷티다 ¶死生ᄋᆞᆯ 니저 시혹 ᄇᆞ료ᄃᆡ ᄒᆞᆰ 더디ᄃᆺ ᄒᆞ며 시혹 깃구ᄃᆡ 혹 헤티ᄃᆺ ᄒᆞ며(月釋18:32). 혹 헤튬괘 ᄒᆞᆫ가지라(月釋18:32). 그슥ᄒᆞᆫ ᄧᅳ믈 헤텨 여러:破開陰隙(楞解1:107). ᄒᆞᆰ ᄇᆞ리며 보도롯 헤튜과로 ᄒᆞᆫ가질 ᄯᆞᄅᆞ미라:與遺土決疣一而已(法華6:145). 雲霧ᄅᆞᆯ 헤틴 ᄃᆺᄒᆞ야 처ᅀᅥᆷ 歡樂ᄒᆞ던 나조ᄒᆡ:披霧初歡夕(初杜解8:9). 긴 소ᄅᆞᆯ 헤텨든:霹長松(初杜解8:53). 고래 히미 바ᄅᆞᆺ므를 헤티ᄂᆞᆫ ᄃᆺᄒᆞ도다:鯨力破滄溟(初杜解21:8). ᄯᅩ 永州ᄅᆞᆯ 티며 邵州ᄅᆞᆯ 헤튜ᄃᆡ:又攻永破邵(杜解25:39). 그 ᄃᆞᆰ을 ᄲᅡ 헤텨:仍破此鷄(救簡1:56). 헤틸 파:破(類合下59). 헤텨 그 념통을 보니라:刳視其心(宣小4:26). 도적이 머리과 엇게ᄅᆞᆯ 텨 헤티니:賊擊破頭肩(東新續三綱. 烈2:83). 彼敵 헤튜믄 살 가ᄆᆡ 섈오미라와 더으니라:破敵過箭疾(重杜解1:8). 그 ᄆᆞᆯ이 다만 콩만 ᄀᆞᆯ희여 먹고 딥플 다가 다 헤텨 ᄇᆞ리ᄂᆞ니라:那馬只揀了料喫將草都拋撒了(老解上22). 옷가슴 헤티다:開襟(同文解上57).

헤·퍼디·다 동 헤퍼지다. ¶狂ᄋᆞᆫ 미칠 씨오 蕩ᄋᆞᆫ 헤퍼딜 씨라(楞解1:62).

헤펄·러ᄒᆞ·다 형 거만하다. ¶얼굴 가졈애 이예 아니완쳘ᄒᆞ며 헤펄러홈ᄋᆞᆯ 멀이ᄒᆞ며:動容貌斯遠暴慢矣(宣小3:6).

헤피 부 헤피. 헤프게. ¶헤피 먹기ᄅᆞᆯ 無節히 ᄒᆞ야:濫食無節(警民13).

헤·혀·다 동 헤치다. ☞헤ᅘᅧ다 ¶네 微細히 萬象애 헤혀 ᄲᅢ야:汝可微細披剝萬象(楞解2:48). 도로혀 雲霧ᄅᆞᆯ ᄒᆞᆫ 번 헤혀고져 ᄉᆞ랑ᄒᆞ다라:還思霧一披(杜解20:50). 남진의 墳土에 ᄃᆞ라가 플 헤혀고 사ᄋᆞᆯ ᄡᅡᆯ 자니라:走至夫墳披草宿三夜(續三綱. 烈15). 눈섭 터리ᄅᆞᆯ 헤혀라 오ᄂᆞᆶ나래 잇ᄂᆞ니라(南明上27). 세잿 형은 헤혀고져 ᄒᆞ고 넷잿 형은 ᄒᆞᆫᄃᆡ 모도고져 ᄒᆞᄂᆞ니:三哥待要分開四哥待要一處(飜朴上39). 헤혈 피:披(類合下39). 내 발ᄋᆞᆯ 헤혀며:啓予足(宣小4:24). 뉴싱은 ᄇᆡᄅᆞᆯ 헤혀고 샹 우희 누엇고(太平1:22). 榛草ᄅᆞᆯ 헤혀 ᄀᆞᄂᆞᆫ 길ᄒᆞᆯ 어두라:披榛得微路(重杜解9:13). 너ᄅᆞ바회 우희 松竹을 헤혀고(宋純. 俛仰亭歌).

헤·혐·홈 동 헤침〔披〕. ㉮헤혐ᄒᆞ다 ¶오직 옷가숨 헤혐호ᄆᆞᆯ 니기 ᄒᆞ고:只作披衣慣(杜解10:5).

헤·혐ᄒᆞ·다 동 헤치다. ¶오직 옷가숨 헤혐호ᄆᆞᆯ 니기 ᄒᆞ고:只作披衣慣(杜解10:5).

헤·ᅘᅧ·다 동 헤치다. ☞헤혀다 ¶生滅根元이 이ᄅᆞᆯ브터 헤ᅘᅧ 나타:生滅根元從此披露(楞解10:2). 마술 헤ᅘᅧ 기피 나ᅀᅡ가 제 得ᄒᆞ면:披味深造而自得(法華序22).

·헥 부 힘차고 시원스럽게. ¶秦始皇帝 萬里城을 天開地裂 헥 버리며(李緖. 樂志歌).

·헥ᄒᆞ·다 동 소리지르다. ¶喝ᄋᆞᆫ 헥ᄒᆞᆯ 씨니 비ᄒᆞᇙ 사ᄅᆞᄆᆡ 헤아료미 다 ᄲᅥ러디긔 우리틸 씨라(蒙法31).

-·헨 조 -엔. -에는. ¶둘헨 내 成佛ᄒᆞ야(月釋8:60). 열헨 내 成佛ᄒᆞ야(月釋8:61). ᄀᆞᄅᆞᇝ 길헨 ᄆᆡ햇 梅花ㅣ 곳답도다:江路野梅香(初杜解7:6).

헨말 명 헛소리. ¶미쳐 헨말 ᄒᆞ며 ᄀᆞ장 목ᄆᆞᄅᆞ면:發狂譫語妄大渴(辟新6).

헨것 명 헛것. ¶사ᄅᆞᆷ이란 거ᄉᆞᆫ 아모리 富者가 되여도 헨거신 줄 이시되(隣語6:6).

헴판 명 주판(籌板). 수판. ¶헴판:籌盤(漢淸10:19).

헵ᄯᅳ다 동 허둥거리다. ☞헤ᄯᅳ다 ¶百萬陣中에 헵ᄯᅳᄂᆞ니 子龍이로다(古時調. 曹仁의 八門金鎖陣을. 靑丘). 뭇 지위 庫子 자만 들고 헵ᄯᅳ다가 말렷는다(古時調. 鄭澈. 어와 棟樑材. 海謠).

헷- 접두 헛-. ¶공이 말지간 업슴이 이시면 黃蓋 헷괴로옴을 바들랏다(三譯6:20). 一毫ㅣ나 밧긔 일ᄒᆞ면 헷工夫ㅣᆫ가 ᄒᆞ노라(古時調. 말슴을 ᄀᆞᆯ희여. 靑丘).

헷구역 명 헛구역. ¶헷구역 ᄒᆞ다:乾嘔(同文解上19). 헷구역 ᄒᆞ다:乾噦(漢淸8:3).

헷말 명 헛말. 거짓말. ☞헨말 ¶엇덧타 눈경에 걸온 님은 헷말 못져 나는이(古時調. 말 ᄐᆞ고 곳밧테. 海謠).

헷사ᄅᆞᆷ 명 허수아비. ¶헷사ᄅᆞᆷ을 ᄆᆡᆼ그라:爲偶人(十九史略1:14).

헷우음 명 헛웃음. 공연한 웃음. ¶헷우음:陪笑(譯解上39).

헷치다 동 헤치다. ☞헤티다. 헷티다 ¶헷친 돌:突(兒學下6).

헷티다 동 헤치다. ☞헤디다. 헤티다. 헷치다 ¶옷 헷티다:攤開衣裳(譯解上47).

·혀 명 혀. ☞헤 ¶혀爲舌(訓解. 合字). 눈과 귀와 고콰 혀와 몸과 ᄠᅳ쾌라(釋譜6:28). 廣長舌은 넙고 기르신 혜라(釋譜19:38). 舌은 혜라(訓註4). 神力 나토샤 혀 내시며(月釋18:4). 오직 혜ᅀᅡ 닐어 나토ᄂᆞ니:唯

舌詮顯(楞解4:98). 혀ᄂᆞᆫ 生命을 머거:舌瞰生命(楞解8:104). 혀 내시며:出舌(法華6:100). 이에 혀 ᄡᅳ시니라(南明上28). 혀ᄅᆞᆯ 놀이디 몯ᄒᆞ거든:舌不得轉(救簡1:24). 혀 셜:舌(訓蒙上26. 類合上20). 도적이 혀와 올흔 ᄑᆞᆯ을 버히고 가니라:賊斷舌右臂而去(東新續三綱. 孝8:23). 혀:舌頭(譯解上33. 同文解上15).

혀 명 서캐. 이〔虱〕의 알. ¶혀 긔:蟣(訓蒙上23. 類合上16). 혀:蟣子(譯解下35). 혀:蟣(物譜 蟲豸).

혀 명 서까래. ☞셔 ¶혀 연:椽(類合上23). ᄆᆞᄅᆞ 혀 기동:樑椽柱(朴解下12). 혀:椽(譯解上17). 혀 거다:擺椽(譯解上19).

·혀·가·다 동 끌어가다〔引〕. ¶雲臺예 ᄆᆞᄅᆞᆺ 남글 혀가ᄂᆞᆫ ᄃᆞᆺ도다:雲臺引棟梁(初杜解24:10). 어딘 일로 혀가미:化導(飜小9:5). 仙山애 ᄇᆡᄅᆞᆯ 혀가노라:仙山引舟航(重杜解1:56).

혀가래 명 서까래. ¶혀가래ᄅᆞᆯ 다듬디 아니시고(女範2. 변녀 진중공쳐).

혀·근 형 작은〔小〕. ㉮혁다 ¶혀근 선비ᄅᆞᆯ 보시고:引見小儒(龍歌82章). 補陁ᄂᆞᆫ 혀근 힌 고지라 ᄒᆞ논 마리니(釋譜6:43). 諸小王ᄋᆞᆫ 여러 혀근 王이라(釋譜13:13). ᄯᅩ 글 ᄇᆡ혼 혀근 사ᄅᆞᄆᆡ 마ᄅᆞᆯ:新學小生(三綱. 朱雲折檻). 小王ᄋᆞᆫ 혀근 王이니(月釋1:20). 各各 ᄯᅩ 여러 혀근 地獄이 이쇼ᄃᆡ(月釋21:77). 굴근 이리며 혀근 이ᄅᆞᆯ:大小(宣賜內訓1:57). 區區ᄂᆞᆫ 혀근 양이라(金三2:57). ᄭᅮ메 혀근 ᄂᆞᄂᆞᆫ 벌에:夢有小飛蟲(重內訓2:40). 혀그닐:小者(重內訓3:38).

혀·기 부 적게. 〔'혁다'의 전성 부사.〕 ¶그지업시 마시디 말며 혀기 머거 ᄲᆞᆯ리 숨ᄭᅵ며:毋流歠小飯而亟之(宣賜內訓1:8).

혀기다 동 에누리하다. 매기다. ☞헤기다 ¶혀겨 힐후다:刁蹬(譯解上65). 갑 혀기다:講價(譯解上68).

혀나믄 관 몇몇. 여러. ☞현암은 ¶ᄃᆞᆯ ᄇᆞᆰ근 五禮城에 혀나믄 벗이 안자(古時調. 朴啓賢. 靑丘).

:혀·다 동 세다〔數〕. ☞혜다 ¶若干ᄋᆞᆫ 一定티 아니ᄒᆞᆫ 數ㅣ니 몯 니르 혈 씨라(釋譜13:8). 날 혀여 보ᄂᆞ니란:計我見者(法華2:161). 戶와 牖왜 ᄇᆞᆯ가 可히 혀여 보리로다:戶牖粲可數(重杜解1:20). 錦 ᄀᆞᄐᆞᆫ 돌ᄒᆞᆯ 뉘 ᄯᅩ 혀여 보리오:錦石誰復數(重杜解1:43). 어엿비 너겨 혀여 보니:惻然計(二倫43 候可求醫). 사ᄅᆞᆷᄋᆞᆯ 혀여 날로 먹일 거ᄉᆞᆯ 供給ᄒᆞ며:計口日給餉(宣小6:100).

·혀·다 동 ①끌다〔引〕. 다리다. 잡아끌다. ☞켜다. ᅘᅧ다 ¶오ᄋᆞ로 滅ᄒᆞᄂᆞ다 호ᄆᆞᆯ 혀ᄂᆞᆫ다:引…全滅(楞解2:10). 닐온 혀고 發티 아니ᄒᆞ샤 제 낫게 ᄒᆞ샤미시니:所謂引而不發使其自進(法華4:93). 三業이 알ᄑᆡ 혀고:三業前引(金剛後序10). 아래ᄅᆞᆯ 혀샤 法을 드리우샤:接下垂方(圓覺上二之一5). 六境의 혀믈 因ᄒᆞ야:因六境牽(圓覺上二之二84). 磁石이 바ᄂᆞᆯ 혐 ᄀᆞᆮᄒᆞᆯ 시라:如磁石吸針(圓覺下一之一16). 이제 오직 各各 例ᄅᆞᆯ 혀실 ᄯᆞᄅᆞ미시고:今但各引例而已(圓覺下一之二45). 解脫門에 혀 드리다(牧牛訣28). 蛟龍은 삿기ᄅᆞᆯ 혀 디나가고:蛟龍引子過(初杜解7:8). 흐르ᄂᆞᆫ 므를 혀다가 漑灌호ᄆᆞᆯ 더으놋다:引溜加漑灌(初杜解7:36). 俗客 혀 드료ᄆᆞᆯ:延俗客(杜解21:3). 經엣 이 句ᄅᆞᆯ 혀아 ᄡᅥ 미치며 제 放恣ᄒᆞ야 내죵애 聖人ᄭᅴ 罪ᄅᆞᆯ 得ᄒᆞ다 ᄒᆞ니:引經此句以爲猖狂自恣而卒得罪於聖人(金三2:64). ᄯᅩ 뎜 주ᅀᅵᆫ하 여러 모시ᄫᅬ 살 나ᄀᆡ내 혀 오라:又店主人家引將幾箇買毛施布的客人來(飜老下59). 혈 인:引(訓蒙上35. 類合下49. 石千41). 존ᄒᆞᆫ 사ᄅᆞᄆᆞᆯ 혀 동녁을 향ᄒᆞ야:引尊者東向(呂約39). 혀고시라 밀오시라 鄭少年하 위 내 가논 ᄃᆡ 놈 갈셰라(樂詞. 翰林別曲). 각각 서르 혀 증거ᄒᆞ니 일ᄇᆡᆨ 사ᄅᆞᆷ에 니르럿더니:各相援據乃至百人(宣小6:63). 샤공과 ᄇᆡᆺ 혀ᄂᆞᆫ 사ᄅᆞᆷ돌하 아ᄋᆞ라히 너ᄂᆞᆯ 愛憐ᄒᆞ노니:長年三老遙憐汝(重杜解3:32). 雲霧 ᄢᅵᆫ 남근 녀 가매 서로 혀고:霧樹行相引(重杜解5:5). 고래 물 혀 채민 바다(古時調. 靑丘). 사슴 혀다:哨鹿(漢淸4:52). 사슴 혈ㅅ 제 부ᄂᆞᆫ 것:鹿哨子(漢淸10:32).
②잡아당기다. 당기다. ¶ᄯᅩ 활시우를 혀놋다:復控弦(杜解20:20). 내 혀 보져:我試扯(飜老下30). 활 혀기ᄂᆞᆫ 각별ᄒᆞᆫ 히미 잇고:張弓有別力(飜朴上55). 혼자 화ᄅᆞᆯ 혀 도적을 ᄡᅩ다가 ᄆᆞᄎᆞᆷ내 해홈을 니브니라:獨彎弓射賊竟被害(東新續三綱. 孝8:70). 이 됴ᄒᆞᆫ 활이면 므슴 혀기를 저프리오:是好弓時怕甚麼扯(老解下28).

혀·다 동 켜다〔紡〕. 실을 뽑다. ☞ᅘᅧ다 ¶실 혀리 글 어둠 ᄀᆞᆮᄒᆞ야:猶繹絲之得緒(法華1:16). 혈 면홧 고토리:綿繐兒(四解上52 繐字註). 고티 현 믈:繰絲湯(東醫 湯液一 水部). 남지ᄂᆞᆫ 穀食을 엇고 겨지븐 실 혀고 ᄃᆞᆫ녀셔 ᄯᅩ 놀애 브르려뇨:男穀女絲行復歌(重杜解4:29). 실 혀다:抽絲(譯解補39).
※혀다>켜다

혀다 동 켜다〔伸〕. ☞켜다 ¶기지게 혀다:伸腰(同文解上19).

혀·다 동 켜다〔點火〕. ☞켜다. ᅘᅧ다 ¶혀ᄂᆞᆫ 블 ᄡᅳᄂᆞᆫ 블 메윤 ᄃᆞᆺ귀ᄅᆞᆯ 비ᅀᆞᄫᆞᅀᅡ ᄠᅳ들 일우니(月印上38). 七層燈의 블 혀고(釋譜9:30). 燃은 블 혈 씨라(月釋1:8). 燈 혀아

닛위여 ᄇᆞᆰ게 ᄒᆞ며(月釋9:56). 油燈 혀며(月釋21:103). 燈을 혀 블고ᄅᆞᆯ 닛ᄉᆞ오며:燃燈續明(楞解5:41). 미레 현 브리 ᄉᆞ라가ᄂᆞᆺ다:蠟炬殘(杜解6:15). 혓ᄂᆞᆫ 븘비체셔 자더라:宿張燈(杜解8:9). 블 현 알ᄑᆡ셔춤츠던 이ᄅᆞᆯ 내 웃노니:自笑燈前舞(杜解15:11). 燈籠ᄋᆞᆫ 블 혀ᄂᆞᆫ 거시오(金三4:7). 춤기름으로 혀던 둥잔을(救簡2:100). 노ᄑᆡ 현 燈ㅅ블 다호라(樂範. 動動). 블 혀 供養ᄒᆞᅀᆞᆸ노니:燃燈供養(眞言4). 이 블 혀니 오나다:這的燈來了(飜老上57). 현 블 둥:燈(訓蒙中15). 三藏寺애 블 혀라 가고신ᄃᆡ(樂詞. 雙花店). 나ᄅᆞᆯ 延引ᄒᆞ야 ᄒᆞ마 어듭거ᄂᆞᆯ 블 혀 여러 門 열오:延客已曛黑張燈啓重門(重杜解1:13). 등잔블 혀 오라:點將燈來(朴解中8). 小先生이 앏ᄑᆡ와 블 혀이거ᄂᆞᆯ:小先生到前面教點燈(朴解下19). 아미타불을 위ᄒᆞ야 약간 불 혀고(普勸文海印寺板8). 房 안에 혓ᄂᆞᆫ 燭불 눌과 離別ᄒᆞ엿관ᄃᆡ(古時調. 李塏. 瓶歌). 관솔의 현 불로 日月明을 도올ᄂᆞᆫ가(蘆溪. 沙堤曲). 등촉을 발게 혀고 ᄌᆞ리의 밋겨더니(思鄕曲).
※혀다>켜다

혀·다 동 ①켜다〔鋸〕. 톱으로 썰다. ☞혀다 ¶ᄉᆞ명이 노ᄒᆞ야 토ᄇᆡ로 혀 주기니 죽ᄃᆞ록 ᅀᅮ지즈ᄆᆞᆯ 이베 그치디 아니ᄒᆞ더라:思明怒鋸殺之罵不絕口以至於死(重三綱. 忠15 張興). 톱으로 혀 죽이니:鋸解之死(五倫2:35). 혈 부:剖(兒學下5).
②켜다〔彈〕. 타다. ¶사ᄉᆞ미 짒대예 올아셔 奚琴을 혀거를 드로라(樂詞. 靑山別曲).

혀다·기 명 지라. 비(脾). 비장(脾臟). ¶혀다기:脾(四解上16). 말하 비:脾 又稱 혀다기(訓蒙上27).

혀대 명 서대기. ¶혀대:鞋底魚(譯解下38. 漢清14:46).

·혀더·틀·다 동 말 더듬다. 혀가 굳다. ¶혀더틀 걸:吃(訓蒙下28).

·혀·보·다 동 데려다 보다. 불러다가 보다. ¶샹녜 혀보시니:常引見(初杜解16:26).

혀ㅅᄭᅳᆺ 명 혀끝. 설단(舌端). ☞혓긑 ¶혀ㅅᄭᅳᆺ:舌尖(譯解上34).

혀쇠 명 날름쇠. ☞혓쇠 ¶혀쇠:折舌(同文解下19. 譯解補46. 漢清11:9). 둥피 혀쇠:鐵攝子(漢清5:23). ᄇᆡㅅ대 골회에 혀쇠:肚帶鏈子. 쥬피 혀쇠:小鏈子(漢清5:24).

·혀쏘·리 명 혓소리. 설음(舌音). 〔훈민정음의 ㄷ, ㄸ, ㅌ, ㄴ 등의 소리.〕 ¶ㄷᄂᆞᆫ 혀쏘리니:ㄷ 舌音. ㅌᄂᆞᆫ 혀쏘리니:ㅌ 舌音. ㄴᄂᆞᆫ 혀쏘리니:ㄴ 舌音(訓註5).

혀·임 명 셈. ☞혬 ¶글스기와 혀임 혜기와:書數(呂約5).

혀ᄌᆡ오다 동 크게 덧붙다. ☞허ᄌᆡ우다 ¶ᄯᅩ 혀ᄌᆡ온 니천을 어들러라:也尋了加五利錢(老解上13).

혀차다 동 혀차다. ☞혀ᄎᆞ다 ¶左右에 본 사ᄅᆞ미 다 혀차과 ᄒᆞ더라(重內訓序5). 혀찰 돌:咄(兒學下3).

·혀ᄎᆞ·다 동 혀차다. ☞혀차다 ¶음식에 혀ᄎᆞ디 말며:毋咤食(宣小3:23). 혀ᄎᆞ다:喝保(譯解上38). 혀ᄎᆞᆯ 돌:咄(倭解上20).

혀후 명 도마뱀. ¶혀후:蝘蜓守宮(四解下2 蜓字註).

혁 명 고삐. ☞셕. 셗 ¶혁 비:轡(類合上31. 倭解下17). 앏ᄑᆡ 시듕의 혁을 자바 ᄀᆞᆯ오ᄃᆡ:前執侍中馬轡曰(東新續三綱. 孝1:62). 혁:接絡(老解下27. 譯解下20). 셩 밧긔 나셔 활 쏘며 혁 쏘더니(三譯10:9). 혁:扯手(同文解下20. 譯解補46). 혁을 친히 잡혀 술위예 올리고(女範3. 뎡녀 졔효밍희). 혁ᄆᆡᄂᆞᆫ 가족:蘸水. 혁:扯手(漢清5:25). 치위ᄅᆞᆯ 혁을 노하 ᄇᆞ린ᄃᆡ:體寒失靮(五倫1:2). ᄆᆞᆯ이 놀나거ᄂᆞᆯ 혁 ᄌᆞᆸ고 굽어 보니(古時調. 靑丘). 혁:鞚(物譜 牛馬).

혁가래 명 서까래. ☞셧가래 ¶혁가래:椽(物譜 第宅).

혁기 명 혁기(奕碁). 바둑. ¶노ᄑᆞᆫ 수플 아래 수를 노코 답사ᄒᆞᆫ 믌ᄀᆞᅀᅵ셔 奕碁ᄅᆞᆯ 보노라:置酒高林下觀棊積水濱(重杜解20:29).

혁·다 형 작다. 가늘다. ☞셕다 ¶혀근 션ᄇᆡᄅᆞᆯ 보시고 御座애 니르시니:引見小儒御座遽起(龍歌82章). 補陁ᄂᆞᆫ 혀근 힌 고지라 ᄒᆞ논 마리니(釋譜6:43). 諸小王ᄋᆞᆫ 여러 혀근 王이라(釋譜13:13). 굴그면 六塵엣 業이오 혀그면 二乘法이라(釋譜13:38). 굴그니여 혀그니여 우디 아니ᄒᆞ리 업더라(月釋10:12). ᄯᅩ 글 ᄇᆡ혼 혀근 사ᄅᆞᄆᆡ 마ᄅᆞᆯ:新學小生(三綱. 朱雲折檻). 纖은 혀글 씨라(法華2:197). 혀기 머거 ᄲᆞᆯ리 ᄉᆞᆷᄭᅵ며:小飯而亟之(宣賜內訓1:8). 內竪ᄂᆞᆫ 뫼ᅀᆞ왓ᄂᆞᆫ 혀근 臣下ㅣ라(宣賜內訓1:39). 區區ᄂᆞᆫ 혀근 양이라(金三2:57). ᄢᅬ모롭 불휘 혀그니 닐굽 나출:半夏七枚小者(救簡2:82).

혁ᄃᆡ 명 혁대(革帶). ¶絞帶ᄂᆞᆫ 革帶ᄅᆞᆯ 象ᄒᆞ니(家禮圖11).

혁명 명 혁명(革命). ¶聖子 革命에 帝祜ᄅᆞᆯ 뵈ᅀᆞᄫᆞ니:聖子革命爰示帝祜(龍歌7章).

혁바 명 고삐. 바. ¶革轡曰鞗革東語直謂之革方言曰혁바(雅言二).

혁연이 부 혁연(赫然)히. ¶딤이 이에 혁연이 노ᄒᆞ야 뎡묘년의 군ᄉᆞᄅᆞᆯ(山城39). 딤이 혁연이 노ᄒᆞ야 군ᄉᆞᄅᆞᆯ 거ᄂᆞ려 나와 치니(山城76).

혁연ᄒᆞ·다 형 혁연(赫然)하다. ¶ᄇᆞᆯᄀᆞᆫ 命이 赫然(ᄀᆞ장 ᄇᆞᆯ근 양이라)ᄒᆞ야 안히며 밧기 잇디 아니ᄒᆞ니:明命赫然罔有內外(宣小題辭

3). 바ᄆᆡ 드러 ᄀᆞ장 赫然ᄒᆞ니 새 ᄀᆞᄅᆞᆯ히 牛女ㅅ벼레 비취엿도다:入夜殊赫然新秋照牛女(重杜解25:12).

·혁·혁하·다 형 혁혁(赫赫)하다. 덕위(德威)나 권세가 성(盛)하다. ¶赫赫ᄒᆞᆫ 師ㅣ언 尹이여(宣大21). 셧녁 번방과 븍녁 부탁이 창을 잡고 알ᄑᆡ셔 모니 그 위령이 혁혁ᄒᆞ도다(山城148).

·현 수 몇. ¶나히 현이오 병 업ᄉᆞᆫ이라:年幾無病(朴解下52).

:현 동 켠〔點火〕. ㉮혀다 ¶二月ㅅ 보로매 아으 노피 현 燈ㅅ블 다호라(樂範. 動動). 현블 등:燈(訓蒙中15).

·현 관 몇. ¶현 버늘 딘ᄃᆞᆯ:雖則屢蹶(龍歌31章). 현 번 ᄠᅱ운ᄃᆞᆯ ᄂᆞ미 오ᄅᆞ리잇가:雖百騰奮誰得能陟(龍歌48章). 현 고ᄃᆞᆯ 올마시뇨:幾處徙厥宅(龍歌110章). 현 나리신ᄃᆞᆯ:幾日(龍歌112章). 不進饍이 현 ᄢᅵ신 ᄃᆞᆯ 알리:絕饍知幾時(龍歌113章). 魔王이 말 재야 부텻긔 나ᅀᆞ 드니 현 날인 ᄃᆞᆯ 迷惑어느 플리(月印上27). 현 劫 디나 아모 世界예 부텨 ᄃᆞ외야(楞解1:17). 太虛ㅅ 머루미 현 千萬里ㄴ ᄃᆞᆯ 아디 몯건마ᄅᆞᆫ:太虛之遠不知其幾千萬里(法華6:31). 御衣 현 ᄇᆞᆯ 내시며:出御衣若干襲(上院寺 勸善文). 알ᄑᆡ 현 곧 ᄅᆞᆫᄒᆞ닌(圓覺上一之一26). 현 千劫이며:幾千劫(牧牛訣43). 미 ᄒᆞᆫ 량의 워리를 현 분식 ᄒᆞ야 ᄃᆞᆯ 조초 보내요ᄃᆡ:每兩月利幾分按月送納(飜朴上61). 月利 현 푼식 ᄒᆞ야:月利幾分(朴解上54).

현격ᄒᆞ다 형 현격(懸隔)하다. ¶어딜며 사오나오미 懸隔ᄒᆞ리로다(重杜解1:56).

현·달ᄒᆞ·다 동 현달(顯達)하다. ¶내죵내 벼슬이 현달호므로ᄡᅥ 죠고매도 고티미 잇디 아니ᄒᆞ더라:終不以官達有小改(宣小6:97). 그 두 아이 현달티 못ᄒᆞ므로 일홈을 내려 ᄒᆞ여:以二弟晏普未顯欲令成名(五倫4:7). ᄇᆡᆨ 세 ᄒᆡ로 ᄒᆞ고 십오 ᄌᆞ와 오 녜 다 현달ᄒᆞ여(洛城2).

현달ᄒᆞ·다 형 현달(賢達)하다. ¶녜로 오매 賢達ᄒᆞᆫ 士ᄂᆞᆫ 엇데 밧긧 物의 牽引호ᄆᆞᆯ ᄐᆞ리오:古來賢達士寧受外物牽(初杜解6:36).

:현·뎌ᄒᆞ·다 형 현저(顯著)하다. ¶ᄡᅥ 父母ᄅᆞᆯ 현뎌케 홈이 효도ᄋᆡ ᄆᆞᄎᆞᆷ이니라:以顯父母孝之終也(宣小2:29).

:현:로ᄒᆞ·다 동 현로(現露)하다. ¶이리 現露홇가 ᄒᆞ야(釋譜24:49). 샹녜 現露ᄒᆞ야 各別히 眞이 업스니(金三3:28).

·현마 명 얼마. ☞언마 ¶여윈 못 가온ᄃᆡ 몸커 그우닐 龍ᄋᆞᆯ 현맛 벌에 비늘을 ᄲᅡ라뇨(月印上11). 죵과 ᄆᆞᆯ와ᄅᆞᆯ 현맨 ᄃᆞᆯ 알리오(月印上19). 如來ㅅ긔 현맛 衆生이 머리 좃ᄉᆞᄫᆞ뇨(月釋2:48). 正法 像法 末法이 현매라 ᄒᆞ샤미라(楞解1:17).

현마 부 설마. ☞혈마. 혓마 ¶현마 七寶로 ᄭᅮ며도 됴타 호리잇가 法엣 오시ᅀᅡ 眞實ㅅ 오시니(月印上44). 너희도 사ᄅᆞᆷ이니 현마 내의 ᄋᆡᄆᆡ코 셜워ᄒᆞᄂᆞᆫ 줄을 모ᄅᆞᆫ다(癸丑). 주려 주그려 ᄒᆞ고 首陽山에 드럿거니 현마 고사리ᄅᆞᆯ 머그려 ᄏᆡ야시랴(古時調. 青丘). 가더니 니즈 냥ᄒᆞ여 ᄭᅮᆷ에도 아니 뵌다 현마 님이야 그 덧에 니저시랴(古時調. 青丘). 어제 감던 머리 현마 오ᄂᆞᆯ 다 셀소냐(古時調. 青丘).

·현마 부 아무리. 차마. ¶제 보아 아론 젼ᄎᆞ로 ᄂᆞ외야 현마 모딘 罪業을 짓디 아니ᄒᆞ리니(釋譜9:31). 하ᄂᆞᆯ히 현마 즐겁고도 福이 다아 衰ᄒᆞ면 受苦ᄅᆞᄫᆡ요미 地獄두고 더으니(月釋1:21). 金剛ᄋᆞᆫ 쇠에셔 난 몯 구든 거시니 현마 ᄉᆞ라도 ᄉᆞᆯ이디 아니ᄒᆞ고(月釋2:28). 對答호ᄃᆡ 현마 어린ᄃᆞᆯ 주구ᄆᆡ 저픈 고ᄃᆞᆯ 모ᄅᆞᇙ 것 아니어니와:對曰囚雖蒙弱豈不知死可畏(三綱. 孝23). 현마 일훔과 얼굴왜 둘히 업스며 가지며 ᄇᆞ료ᄆᆞᆯ 둘흘 니저도 ᄯᅩ ᄢᅦ 보미니라:直饒名相雙泯取捨兩忘要且猶筏見(金三2:38). 현마 船主ㅣ 機宜ᄅᆞᆯ 잘 ᄒᆞ야도 입 여러 論量ᄒᆞ면 一定 서르 惱亂ᄒᆞ리라:直饒船主善機宜開口論量定相惱(南明上33). 나ᄂᆞᆫ 현마 못 ᄒᆞᆯ노라(癸丑47). 인군이 현마 국모를 소기며(癸丑96).

·현·맛 명 얼마의. ㉔현마 ¶현맛 벌에 비느를 ᄲᅡ라뇨(月釋2:47). 如來ㅅ긔 현맛 衆生이 머리 좃ᄉᆞᄫᆞ뇨(月釋2:48).

현:묘ᄒᆞ·다 형 현묘(玄妙)하다. ¶이ᄂᆞᆫ 아로미 녀터 ᄀᆞ장 玄妙티 몯ᄒᆞ리라:是悟淺未盡玄妙(蒙法45). 어느 고ᄃᆞᆯ 向ᄒᆞ야 玄妙ᄒᆞᆫ 宗ᄋᆞᆯ 어드리오(金三2:45). 노피 보와 사ᄅᆞᄆᆡ 儀表ᄅᆞᆯ 收用ᄒᆞ고 ᄆᆞᅀᆞᄆᆞᆯ 뷔워 道理 玄妙호ᄆᆞᆯ 맛내 너기놋다:高視收人表虛心味道玄(初杜解20:7). 쇼승비 경문의 현묘ᄒᆞᆫ 곳즐 아지 못ᄒᆞ니(落泉2:5).

:현:셰 명 현세(現世). ¶이 衆生ᄃᆞᆯ히 이 法 듣고 現世예 便安ᄒᆞ며(月釋13:51).

현손 명 현손(玄孫). ¶普武侯의 玄孫 曹叔良과(六祖中51). 九族:고조로서 현손ᄶ장 아홉 ᄃᆡ예 견권당 통ᄒᆞ야 닐옴이라(宣小5:70). 우흐로 高祖ᄅᆞᆯ 조차 아래로 玄孫의 子의 닐으러(家禮1:16).

:현신 명 현신(現身). ¶現身ᄋᆞᆫ 모ᄆᆞᆯ 나토아 뵈실 씨라(月釋2:10).

현ᄉᆞᆷ 명 현삼(玄蔘). ¶현ᄉᆞᆷ:玄參(物譜 藥草).

현신 명 현인(賢人). ☞현인 ¶아니 ᄀᆞᄅᆞ쳐도 善호미 賢人 아니라 엇더니며 ᄀᆞᄅᆞ친 後에 善호미 賢人이 아니라 엇더니며(宣賜內訓

1:23). 현신은 셩신을 ᄇᆞ라고 ᄉᆞᄂᆞᆫ 현신을 ᄇᆞ라ᄂᆞ니:賢希聖士希賢(飜小8:2). 셩신과 현신과로 ᄒᆞᆫᄃᆡ 가리라:聖賢同歸(飜小8:11). 伯夷와 叔齊ᄂᆞᆫ 엇던 사ᄅᆞᆷ이니잇고 ᄀᆞᆯᄋᆞ샤ᄃᆡ 녯 賢人이니라(宣論2:19). 箕子와 膠鬲이 다 賢人이라(宣孟3:5).

현암은 관 몇몇. 여러. ☞혀나믄 ¶ ᄃᆞᆯ ᄇᆞᆰ은 五禮城에 현암은 벗이 안자(古時調. 朴明賢. 海謠).

현양ᄒᆞ다 동 현양(顯揚)하다. ¶ 요힝으로 셩은을 닙ᄉᆞ와 됴졍의 현양ᄒᆞ고 국가 듕임을 유쥐의 맛지시니(落泉3:7).

현인 명 현인(賢人). ☞현신 ¶ 셩인과 현인과 ᄒᆞᆫ가지로 가리라:聖賢同歸(宣小5:91). 구즉ᄒᆞᆫ 큰 賢人의 後에 ᄯᅩ 秀骨ㅣ ᄆᆞᆯ고ᄆᆞᆯ 보롸:嶷然大賢後復見秀骨清(重杜解24:18). 현인으로 츄존ᄒᆞ더라(洛城1).

현재 수 몇째. ¶ 外姓 얼운으란 반ᄃᆞ시 닐오ᄃᆡ 아모 셩 현잿 아자비며 형이라 ᄒᆞ고:外姓尊長必曰某姓第幾叔若兄(飜小9:5). 아모 姓 현잿 아자비며 밋 兄이라 ᄒᆞ며:某姓第幾叔若兄(宣小6:74).

현판 명 현판(懸板). ¶ 현판:匾額(譯解補12. 漢淸9:25). 현판을 ᄀᆞᄅᆞ쳐(五倫3:40).

:현·혹ᄒᆞ·다 동 현혹(眩惑)하다. ¶ 空 즐교ᄆᆞᆯ 因ᄒᆞᆫ 젼ᄎᆞ로 空ᄋᆞᆯ브터 眩惑ᄒᆡ니라:眩은 어즐ᄒᆞᆯ 씨라:因其好空故依空眩惑(楞解9:111).

혈·갈 명 채칼. 채도(菜刀). ☞치칼. 혈칼 ¶ 혈갈:擦床(朴解中11).

혈거피 명 깍지. 각지(角指). ☞혈겁지. 혈겁질 ¶ 네 나ᄅᆞᆯ 혈거피ᄅᆞᆯ 빌려주고려:你借饋我包指麼(朴解上49). ᄲᅧ로 ᄆᆡᆼ근 혈거피 ᄀᆞ튼 것(朴解上49).

·혈·긔 명 혈기(血氣). ¶ 나히 ᄌᆞ라매 니르런 血氣 ᄀᆞᄃᆞᆨᄒᆞ더니:年至長成血氣充滿(楞解2:5). 血氣 간대로 行ᄒᆞ야:血氣妄行(救急上59). 혈긔 간대로 ᄒᆡᆼᄒᆞ야:血氣妄行(救簡2:111). 믈읫 血氣 둔ᄂᆞᆫ 類ᄅᆞᆯ:凡有血氣之類(宣小3:26). 少ᄒᆞᆫ 時예 血氣 定티 몯ᄒᆞ얀ᄂᆞᆫ디라(宣論4:23). 오직 혈긔ᄅᆞᆯ 사ᄅᆞ고 독긔를 프러 ᄇᆞ리면:但宜活血解毒(痘要下52). 쳡이 ᄉᆡᆼ각건ᄃᆡ 져 슈지 혈긔 미졍ᄒᆞ야(落泉1:2).

혈대 명 설대. 담배 설대. ¶ 혈대:烟竿子(柳氏物名三 草).

혈마 명 인도마(引導馬). ¶ 혈마:頂馬(漢淸14:31).

혈마 부 설마. ☞현마 ¶ 혈마 고살리를 먹그려 캐랴시랴(古時調. 쥬려 죽으려. 靑丘). 혈마 님이야 그 덧에 이져시랴(古時調. 가더니 이즈 양ᄒᆞ여. 瓶歌). 實爲 그러ᄒᆞ면 혈마 어이할고(蘆溪. 陋巷詞). 너 안이 이져거든 님이 혈마 이졋ᄉᆞ랴(萬言詞). 어와 엇지ᄒᆞ리 혈마 ᄒᆞᆫ들 엇지ᄒᆞ리(萬言詞).

혈물 명 썰물. ☞혈믈 ¶ 밀물에 東湖 가고 혈물에 西湖 가자(古時調. 尹善道. 白雲이 이러나니. 瓶歌).

혈믈 명 썰물. ☞혈물 ¶ 白雲이 니러나고 나모 긋티 흐느긴다 밀믈의 西湖ㅣ오 혈믈의 東湖 가쟈(古時調. 尹善道. 孤遺).

혈ᄆᆡᆨ 명 혈맥(血脈). ¶ 쉿굼그로 드러 혈ᄆᆡᆨ의 흐터뎌 서ᄅᆞ 병이 옴ᄂᆞ니(辟新16). 血脈이 서ᄅᆞ 通ᄒᆞ니 엇디 間隔ᄒᆞ기ᄅᆞᆯ 용납ᄒᆞ리오(警民24).

·혈·쓕 명 혈육(血肉). ¶ 모ᄃᆞᆫ 衆生ᄋᆡ 血肉을 取ᄒᆞ야 바볼 메오리오:取諸衆生血肉充食(楞解6:96).

혈이ᄒᆞ다 동 뒷말을 줄이다. ¶ 혈이ᄒᆞᄂᆞᆫ 말:歇後語(譯解下50).

혈잇말 명 준말. ¶ 文字로 加減ᄒᆞ여 ᄒᆞᄂᆞᆫ 혈잇말:悄語(譯解下46).

혈칼 명 채칼. 채도(菜刀). ☞치칼. 혈갈 ¶ 혈칼:擦床(譯解下17).

혈혈ᄒᆞ다 형 혈혈(孑孑)하다. ¶ 나히 어리고 신세 혈혈ᄒᆞ여(落泉1:2).

혐 명 셈. 헤아림. ☞혬. 혀임 ¶ 녀름짓ᄂᆞᆫ 집이 먼 혐이 업서:農家無遠慮(警民12).

혐의 명 혐의(嫌疑). ¶ 說法은 반ᄃᆞ기 情想ᄋᆞᆯ 니줄띠며 말ᄊᆞᆷ 브튜믄 반ᄃᆞ기 嫌疑ᄅᆞᆯ 避ᄒᆞᆯ띠니:嫌은 ᄆᆞᅀᆞ매 便安티 몯ᄒᆞᆯ 씨라:說法當忘情想接語當避嫌疑(法華5:16). 더러운 이레 버므디 아니ᄒᆞ며 嫌疑예 잇디 아니ᄒᆞᄂᆞ니라:不涉穢濁不處嫌疑(宣賜內訓1:2). 皇華ᄂᆞᆫ 내 이대ᄒᆞᄂᆞᆫ 사ᄅᆞ미니 네 거긔 一定ᄒᆞ야 嫌疑ㅣ 업스리라:皇華吾善處於汝定無嫌(重杜解23:42). 엄젹이 비록 일시 혐의로 냥공을 욕ᄒᆞ나(落泉1:1).

혐의롭·다 형 혐의(嫌疑)롭다. 혐의쩍다. ☞혐의ᄅᆞ외다 ¶ 혐의론 ᄆᆞᄉᆞ미 업스니:不嫌(恩重9). 嫌疑로온 ᄉᆞ이ᄂᆞᆫ 可히 삼가디 아니티 몯ᄒᆞᆯ 거시니라:嫌疑之際不可不愼(宣小5:53). 슈고홈을 혐의로이 너기디 말라:休嫌生受(朴解中34). 지뎔을 혐의로이 너기디 아니실딘대(洛城2).

혐의ᄅᆞ외·다 형 혐의(嫌疑)롭다. 혐의쩍다. ☞혐의롭다. 혐의ᄅᆞᆸ다 ¶ 嫌疑ᄅᆞ왼 ᄉᆞᄉᆡ옌 어루 삼가디 아니호미 몯ᄒᆞ리라:嫌疑之際不可不愼(宣賜內訓1:61).

혐의ᄅᆞᆸ·다 형 혐의(嫌疑)롭다. 혐의쩍다. ☞혐의ᄅᆞ외다 ¶ 혐의ᄅᆞ온 ᄡᅵᄒᆞᆫ 삼가디 아니티 몯ᄒᆞᆯ 거시니라:嫌疑之際不可不愼(飜小7:20).

혐의ᄒᆞ다 동 혐의(嫌疑)하다. ¶ 脂粉ㅣ ᄂᆞᆺ비출 더러일가 도로 嫌疑ᄒᆞ야(重杜解24:10). 됴곰도 혐의치 아니ᄒᆞ고 쳔금 빙폐와 풍뉴

협시 문젼의 니음ᄎᆞ시니(落泉1:3).

·협거 명 협거(頰車). 턱. ¶신회와 협거와 디창과 ᄇᆡᆨ회와 견졍과:顱會頰車地倉百會肩井(救簡1:31).

협금 명 금을 입힌 가죽. 피금(皮金). ¶죠히 예 올인 금 말오 닷 돈만 협금을 ᄒᆞ야 오나라:不要紙金要五錢皮金(飜朴上47).

협도 명 협도(鋏刀). (가위 모양의) 집게. ¶협도:夾剪(同文解下16). 쇠 버히ᄂᆞᆫ 협도:夾剪(譯解補43).

협방 명 협방(夾房). 곁방. ☞협실 ¶협방:耳房(漢淸9:67).

·협·실 명 협실(夾室). 곁방. ☞협방 ¶협실:披廈(四解下30 廈字註). 天子와 諸侯ᄂᆞᆫ 大廟애 夾室이 이신 則(家禮9:25).

혓가래 명 서까래. ☞셧가래. 혓가레 ¶혓가래 굴긔예 네 오리 노흐로:椽子麁的四條繩(朴解下46). 혓가래 긴아 졀은아 기棟이 욱은아 튼아(古時調. 申欽. 海謠).

혓가레 명 서까래. ☞셧가래. 혓가래 ¶혓가레 기나 쟈르나 기동이 기우나 트나(古時調. 申欽. 青丘).

·혓·귿 명 혀끝. ☞혀ㅅ긑 ¶이 소리ᄂᆞᆫ 우리 나랏 소리예셔 열ᄇᆞ니 혓그티 웃닛 머리예 다ᄃᆞᆮ니라(訓註15). 혓그틀 움지혀ᅀᅡ 비르서 能히 펴리라:縮却舌頭始解宣(南明下18). 혓그테 눈 잇ᄂᆞ니:具眼舌頭(眞言49).

혓기츰 명 헛기침. ¶장가락 입의 물고 아니 가ᄂᆞᆫ 혓기츰의(萬言詞).

혓ᄂᆞᆫ 동 켠(點火). ㉮혀다 ¶房 안에 혓ᄂᆞᆫ 燭불 눌과 離別ᄒᆞ엿관ᄃᆡ(古時調. 李塏. 瓶歌).

혓마 부 설마. ☞현마 ¶혓마 고살이를 먹으려 킈야실야(古時調. 朱義植. 줄여 죽으려. 海謠).

·혓불·휘 명 혀뿌리. ¶과ᄀᆞ리 ᄇᆞᄅᆞᆷ마자 말숨 몯 ᄒᆞ고 혓불휘 굳세어든:卒中風不語舌根强硬(救簡1:18).

·혓·쇠 명 날름쇠. ☞혀쇠 ¶ᄆᆡᆼᄀᆞ로미 됴코 뎌 혓쇠 구드니 곤 됴타:做的好那雀舌兒牢壯便好(飜朴上19).

형 명 형(兄). ¶兄ㄱ ᄠᅳ디 일어시ᄂᆞᆯ:兄讓既遂(龍歌8章). 兄이 디여 뵈니 衆賊이 좃거늘:兄墜而示衆賊薄之(龍歌36章). 人生애 안해 어딘 아비와 兄이 업고:人生內無賢父兄(宣賜內訓3:18). 아비와 형과 아ᅀᆞ돌ᄒᆞᆫ다 避接나고:父兄諸弟皆避(續三綱. 孝22). 둘잿 형 세잿 형:二哥三哥(飜老下4). 형 곤:昆(類合下16). 兄을 宜ᄒᆞ며 弟ᄅᆞᆯ 宜ᄒᆞ다 ᄒᆞ니(宣大18). 周公은 弟오 管叔은 兄이니(宣孟4:24). 늘근 兄은 眞實로 더러이디 아니ᄒᆞ얫거늘 小子ᄂᆞᆫ ᄒᆞ올로 닛디 몯호라:老兄眞不忝小子獨無承(重杜解20:22). 형의 겨집:嫂子(老解下3). ᄆᆞᄋᆞᆷ 됴흔 형 아ᄋᆞ들히:好哥哥弟兄(朴解中15). 오누의게 난 형:姑舅哥哥(譯解上57). 형이 몬져 깁흔 바회 아릐 더디거ᄂᆞᆯ(女四解4:22).

형·극 명 형극(荊棘). ¶더러ᄫᅳᆫ 瓦礫이며 荊棘이며:荊棘은 가ᄉᆡ 남기라(月釋13:61). 瓦礫 荊棘은 雜ᄆᆞᅀᆞᄆᆡ 感이오:瓦礫荊棘雜心感也(法華3:59).

형낭 명 형랑(兄郞). 형부(兄夫). ¶이군은 형낭을 멋치나 두엇ᄂᆞ뇨(引鳳簫3).

형·님 명 형님. ¶后ㅣ 처ᅀᅥᆷ의 子息이 업스샤 帝ㅅ 兄님 아ᄃᆞᆯ 文正과(宣賜內訓2下38). ᄆᆞᅀᆞᆷ 됴ᄒᆞ신 원판 형님하 어듸 가시ᄂᆞᆫ고:好院判哥到那裏(飜朴上7).

형:뎨 명 형제(兄弟). ☞형졔 ¶버거 鬱卑迦葉 三兄弟의 물 一千 사ᄅᆞᄆᆞᆯ 濟渡ᄒᆞ시며(釋譜6:18). 그 뒷 兄弟 다 罪 니버 죽고(三綱. 忠6). 兄弟 ᄉᆞᅀᅵ로 伊尹 呂望ᄋᆞᆯ 보리로소니:伯仲之間見伊呂(初杜解6:32). 六親ᄋᆞᆫ 父母와 妻子와 兄弟왜라(金三4:9). 친동ᄉᆡᆼ 형뎨도 말ᄉᆞᆷ ᄌᆞᅀᆞᆷ 아니 ᄒᆞᄂᆞ니:親弟兄也不隔話(飜老上17). 우리 여러 ᄆᆞᅀᆞᆷ 됴히 너기ᄂᆞᆫ 형뎨 ᄀᆞᄐᆞ니ᄃᆞᆯ히:咱們幾箇好弟兄(飜朴上1). 부모 효도홈과 형뎨 ᄉᆞ랑홈과(宣小1:11). 그 父子와 兄弟 도왼 이 足히 法ᄒᆞᆫ 후에 民이 法ᄒᆞᄂᆞ니라(宣大19). 孝ᄒᆞ며 兄弟예 友ᄒᆞ야 政에 베프다 ᄒᆞ니(宣論1:17). 盟誓ᄒᆞ노니 將次 夫子와로 기리 兄弟 ᄃᆞ외요ᄆᆞᆯ 結約ᄒᆞ노라:誓將與夫子永結爲弟昆(重杜解1:13). 형뎨 ᄀᆞᄐᆞ니 업거늘:無如兄弟(警民4). 어ᄉᆞ 형뎨 참척ᄒᆞ고(洛城2).

형·벌 명 형벌(刑罰). ¶刑罰 ᄀᆞᅀᆞᆷ안 官員을 삼고:刑罰은 사ᄅᆞᆷ 罪 줄 씨라(釋譜24:14). 刑罰 맛나ᄆᆞᆯ 몯 미처셔(楞解9:117). 重ᄒᆞᆫ 刑罰을 ᄒᆞ라(宣賜內訓序4). 형벌 형:刑(訓蒙下31). 형벌 형:刑(類合下10). 禮樂이 興티 몯ᄒᆞᆫ 則 刑罰이 中티 몯ᄒᆞ고(宣論3:36). 聽明ᄒᆞ신 님그미 나라ᄒᆞᆯ 다ᄉᆞ리샤ᄃᆡ 가ᄇᆡ야온 刑罰을 ᄡᅳ시놋다:吾聞聽明主治國用輕刑(重杜解19:37). 그 형벌과 法을 ᄆᆡᆼᄀᆞ롬은 다 녯 님금의 ᄇᆡᆨ셩 ᄉᆞ랑ᄒᆞ시ᄂᆞᆫ 어딘 ᄆᆞᄋᆞᆷ으로셔 낫ᄂᆞ니:夫制爲刑法皆出於先王愛民之仁也(警民序1). 형벌을 만히 ᄒᆞ면(女四解4:9). 형벌을 님ᄒᆞ야ᄂᆞᆫ 욺혀 ᄀᆞᆯ오ᄃᆡ(落泉1:1).

형상 명 형상(形狀). ¶一切 聖賢이 번게 ᄢᅥ롬 ᄀᆞᆮᄒᆞ니 ᄯᅩ 形狀 업스며 ᄯᅩ 일훔 업도다(南明下70). 온갓 거세 형상과 일홈을 알ᄲᅵ라(捷蒙1:2). ᄡᅮᆨ만 절로 핀 形狀이로다(古時調. 青丘). 적슈로 빌며 ᄉᆞᄂᆞᆫ 형상이 완연히 귀에 듯고(綸音101). 灰隔을 ᄆᆡᆼ그로ᄃᆡ 槨의 형狀 ᄀᆞᆮ게 ᄒᆞ고(家禮7:23). 진

실노 ᄆᆡᆼ호연의 형상이로다(引鳳簫1).

형샹 명 형상(形像). ¶諸形像ᄋᆞᆫ 시혹 남ᄀᆡ 刻ᄒᆞ며 뵈예 漆커나:諸形像者或木雕漆布(法華1:220). 紫光金으로 부텻 形像애 ᄇᆞᄅᆞᅀᆞ오며(法華5:58).

형셰 명 형세(形勢). ¶形勢ᄂᆞᆫ 兵을 모로매 ᄡᅮ믈 依籍홀디니 有功ᄒᆞ닐 禮예 므더니 너길 줄 업스니라(重杜解20:44). ᄯᅩ 뫼히며 믈의 形勢ᄅᆞᆯ ᄀᆞᆯᄒᆞ여 ᄡᅥ ᄒᆞ요ᄃᆡ(家禮7:15). 긔틀을 보아 형셰ᄅᆞᆯ ᄯᅩᆯ아(武藝圖18). 다만 그 ᄶᅡ 형셰 각이며 쳑이로소니 횡죵ᄒᆞᆫ 밧이랑이 들이 흙을 녀 노프며(綸音76).

형수 명 형수. ¶兄嫂와 아ᄋᆞ들히 다 됴히 잇ᄂᆞ냐(蒙老5:5). 형수:嫂(漢淸5:38).

형용 명 형용(形容). ¶부톄 니ᄅᆞ샤ᄃᆡ 大王아 네 形容이 반ᄃᆞ기 문득 석디 아니ᄒᆞ니라:佛言大王汝之形容應不頓朽(楞解2:6). 나혼 子息이 形容이 端正ᄒᆞ야:則生子形容端正(宣賜內訓3:10). 형용 죠타:形相好(漢淸6:1). 거유 형용과 올히 거롬으로(武藝圖18).

형졔 명 형제(兄弟). ☞형뎨 ¶내 너ᄅᆞᆯ 네 사괴미 형졔라 ᄒᆞ고 ᄉᆡᆼ각ᄒᆞ여(三譯7:5).

형·톄 명 형체(形體). ¶뭇처ᅀᅥᄆᆡ 形體 업스며:形體ᄂᆞᆫ 얼구리라(月釋2:69). 술홀 석게 ᄒᆞ고 形體 깁피곰 씨이니(家禮5:26).

형통 명 형통(亨通). ☞형통ᄒᆞ다 ¶형통 형:亨(類合下61).

형통ᄒᆞ·다 동 형통(亨通)하다. ☞형통 ¶이 卦ㅅ 德이 純ᄒᆞᆫ 陽性이 이셔 自然히 能히 陽氣로 萬物을 비르서 내야 亨通케 ᄒᆞ고(圓覺序18).

형형히 부 형형(炯炯)히. ¶炯炯히 ᄒᆞᆫ ᄆᆞᄋᆞ미 잇더니 沉沉히 두 아ᄒᆡ 버므러디도다(重杜解24:22).

혜 명 혀〔舌〕. ¶힝역이 입과 혜예 도다:痘生口舌(痘要上60).

·혜 명 ①혀〔舌〕이-. 〔'혀'+서술격조사 어간 -이-〕 (독)혀 ¶廣長舌은 넙고 기르신 혜라(釋譜19:38). 舌은 혜라(訓註4). 오직 혜ᅀᅡ 닐어 나토ᄂᆞ니:唯舌詮顯(楞解4:98). ②혀가. 〔'혀'+주격조사'-ㅣ'〕 (독)혀 ¶혜 샹녜 痛 업스며(月釋17:52). 훤ᄒᆞᆫ 그 혜 勇猛ᄒᆞᆫ 믌겨리 能히 노ᄑᆞ며 ᄂᆞᆺ갑도다:快然其舌勇浪能爲高下(金三2:44). 목이 ᄆᆞᄅᆞ고 혜 누로며:渴舌黃(辟新5). 병 어든 엿쇄 닐웬 만의 눈이 븕고 혜 거므며:瘟疫六七日目赤舌黑(辟新6). 시병의 극히 열ᄒᆞ여 미쳐 혜 다ᄅᆞᄂᆞᆫ 증을 고티ᄂᆞ니(辟新7).

혜건대 동 헤아리건대. 생각하건대. ㉮혜다 ¶당사왕 가태부 혜건대 우ᄋᆞᆸ고야(古時調. 鄭澈. 松江).

혜기 동 생각하기. ㉮혜다 ¶나ᄂᆞᆫ 님 혜기를 嚴冬雪寒의 孟嘗君의 狐白裘 ᄀᆞᆺ고(古時調. 靑丘).

혜기다 동 깎다. 에누리하다. ☞혀기다 ¶或 서ᄅᆞ 더브러 ᄂᆞᆫ호며 甚ᄒᆞ니ᄂᆞᆫ ᄆᆞᆫ득 갑ᄉᆞᆯ 혜겨 貿易ᄒᆞ야:或相與分之甚至輒計直貿易(家禮5:18).

:혜·다 동 ①헤아리다〔量〕. 생각하다. ☞헤다 ¶社稷功ᄋᆞᆯ 혜샤 聖心을 일우시니:功念社稷聖心是成(龍歌104章). 無量ᄋᆞᆫ 몯내 혤 씨라(釋譜序1). 그지업서 몯내 혜ᅀᆞᄫᆞᆯ 功과 德괘:無量功德(釋譜序1). 내 혜여호니 이제 世尊이 큰 法을 니르시며(釋譜13:26). ᄆᆞᅀᆞ미 뷔디 몯ᄒᆞ야 내 몸 단 혜오ᄂᆞ미 몸 단 혜요ᄆᆞᆯ(月釋2:63). 말ᄊᆞᆷᄒᆞ며 혬 혜ᄂᆞᆫ 안해 겨샤ᄃᆡ(月釋9:13). 東과 西와ᄅᆞᆯ 모도아 혜언댄:東西括量(楞解3:4). 다시 혜요ᄃᆡ 여슷 用이:復揣六用(楞解4:123). 이 구든 實ᄒᆞᆫ ᄆᆞᅀᆞ미니 緣ᄒᆞ야 혜욤과 모도와 니르와ᄃᆞᆫ ᄠᅳᆮ과 ᄀᆞᆮ디 아니ᄒᆞ니라:是堅實之心也不同緣慮集起之義(圓覺上二之一26). 緣ᄒᆞ야 혜요ᄆᆞᆫ 닐오ᄃᆡ 八識이 다 能히 제 分ㅅ境을 緣ᄒᆞ야 혜ᄂᆞᆫ 젼ᄎᆞ오:緣慮名心謂八識俱能緣慮自分境故(圓覺上二之一26). 그 罪ᄅᆞᆯ 혜여 廢ᄒᆞ니라:數其罪而廢之(宣賜內訓1:65). 時世 거리치던 이ᄅᆞᆯ 더 ᄡᅳᆯ 혜요니:濟世數嚮時(初杜解14:4). 사오나옴 됴호ᄆᆞᆯ 혜디 말오 다 머고미 맛당ᄒᆞ니(救簡1:5). 혜어든 이맛감 뷘바비 므스거시 긴ᄒᆞᆯ고:量這些淡飯打甚麼緊(飜老上41). 그듸의 이 혜요미 진실로 기리 가미론 고ᄃᆞᆯ 아노니:知君此計誠長往(重杜解9:8). 혜건대 이만 ᄆᆡᆫ밥이:量這些淡飯(老解上37). 혜ᄋᆞᆸ디 말녀니와(癸丑28). 신위 알ᄑᆡ 두고 스스로 혜오ᄃᆡ:置神位前自念(東新續三綱. 烈3:46). 당사왕 가태부 혜건대 우ᄋᆞᆸ고야(古時調. 鄭澈. 松江). 無端히 혜쟈 ᄒᆞ고 西壁 돌아 좀을 든이(古時調. 니져볼이쟈. 海謠). 님이 혜오시매 나ᄂᆞᆫ 전혀 미덧ᄃᆞ니(古時調. 宋時烈. 靑丘). 나ᄂᆞᆫ 님 혜기를 嚴冬雪寒의 孟嘗君의 狐白裘 ᄀᆞᆺ고(古時調. 靑丘). 됴흔 ᄣᅢ 도라오면 보ᄋᆞ을가 혜엿던니(曺友仁. 自悼詞).
②세다. 계산하다. ☞헤다. 혀다 ¶四方에 各各 三世옴 혜욘 數ㅣ라(釋譜19:11). 혬 혜ᄂᆞᆫ 안해 겨샤ᄃᆡ(月釋9:13). 고해셔 나ᄂᆞ니라 혜요미 妄이라:計鼻生者妄也(楞解3:24). 네 언메나곰 혜ᄂᆞᆫ다:你算多少(飜老下11). 글스기와 혀임 혜기와:書數(呂約5). 혤 산:算(訓蒙中2). ᄆᆡᄒᆞᆫ나헤 닷 되 콩과 ᄒᆞᆫ 뭇 딥식ᄒᆞ여 통ᄒᆞ여 혜요니:每一箇五升料一束草通算過來(老解上10). 우리 집의 잔 갑과 밥 지은 갑 혜쟈:咱們算了房錢火錢着(老解上20). 碌碌한 貪官汚吏之輩를

혜여 무슴ᄒᆞ리오(古時調. 李鼎輔. 萬古歷代. 靑丘). 오신 손님 혜어 보소 누고 누고 와 겨신고(빅화당가). 어와 니 일이야 光陰을 혜어 보니(萬言詞).

:혜·다 동 당기다. 틀어지다. ☞혀다 ¶ ᄇᆞᄅᆞᆷ 마자 ᄂᆞᆺ과 눈과 서르 혜여 이비 기우러 귀예 가며:中風面目相引口偏着耳(救簡1:24).

혜ᄃᆞ·다 동 헤매어 다니다. ☞헤ᄃᆞ다 ¶ 모딘 귀ᄱᅥ신가 너겨 두리여 혜ᄃᆞ다가 노ᄑᆞᆫ 바회예 ᄠᅥ디거나(釋譜11:35).

혜셩 명 혜성(彗星). ¶ 혜셩:篲星(譯解補1).

:혜·ᄡᅳ리·다 동 모욕하다. ¶ ᄒᆞᆫ가지로 우으며 혜ᄡᅳ리ᄂᆞᆫ 배 진실로 일로 말미암애니라:所共嗤詆良由是耳(宣小5:108).

:혜ᄉᆞ·ᄫᅩᆯ 동 헤아릴. ㉠혜다 ¶ 그지업서 몯 내 혜ᄉᆞᄫᅩᆯ 功과 德괘(釋譜序1).

:혜아·롬 동 헤아림. 근심함. ㉠혜아리다 ☞혜아림 ¶ 眞實ㅅ 性ㅅ 根源이 ᄆᆞᆯᄀᆞ며 괴외ᄒᆞ야 혜아롬과 일훔괘 업서(月釋2:53). 竭은 혝ᄒᆞᆯ 씨니 비홇 사ᄅᆞ미 혜아료미 다 ᄠᅥ러디긔 우리틸 씨라(蒙法31). 또 뎌와 이왓 혜아료매 ᄀᆞ료민뎌:亦蔽於彼此之數乎(宣賜內訓2上6). ᄆᆞᅀᆞ매 온 혜아롬과 또 즈믄 혜아료ᄆᆞᆯ 머겟도다:心懷百憂復千慮(初杜解11:4).

:혜아·리·다 동 헤아리다. 세다〔數〕. ¶ 眞實ㅅ 性ㅅ 根源이 ᄆᆞᆯᄀᆞ며 괴외ᄒᆞ야 혜아롬과 일훔괘 업서(月釋2:53). 제 혜아리디 아니코:不自忖量(楞解9:83). 이ᄅᆞᆯ브터 一分ᄋᆞᆫ 無常ᄒᆞ고 一分ᄋᆞᆫ 常이라 혜아린 젼ᄎᆞ로:由此計度一分無常一分常故(楞解10:19). 이ᄂᆞᆫ 得ᄒᆞᆫ 거시 眞 아닌 ᄃᆞᆯ 보아 ᄉᆞᆯ펴 혜아리게 ᄒᆞ시니라:此令觀察籌量所得非眞(法華3:198). 喝ᄋᆞᆫ 혝ᄒᆞᆯ 씨니 비홇 사ᄅᆞ미 혜아료미 다 ᄠᅥ러디긔 우리틸 씨라(蒙法31). 아니 왯ᄂᆞᆫ 이ᄅᆞᆯ 혜아리디 말며:毋測未至(宣賜內訓1:9). ᄆᆞᅀᆞ매 온 혜아롬과 또 즈믄 혜아료ᄆᆞᆯ 머겟도다:心懷百憂復千慮(初杜解11:4). ᄉᆞᆯ펴 혜아리며 짐쟉ᄒᆞ면(南明上6). 널어 혜아리디 몯ᄒᆞ리라:不可稱量(佛頂上4). 혜아릴 뇨:料(類合上26). 혜아릴 샹:商. 혜아릴 량:量(類合下13). 혜아릴 탁:度(類合下20). 혜아릴 량:量(石千9). 니르디 몯ᄒᆞᆫ 것슬 혜아리디 말며:毋測未至(宣小3:12). 알며 아지 못ᄒᆞ믈 혜아리지 말고(捷蒙1:6). 혜아리다:料度(同文解上19). 遠大ᄒᆞᆫ ᄭᅬᄂᆞᆫ 미리 ᄉᆡᆼ각ᄒᆞ야 可히 혜아리고:遠大之謀預思而可料(女四解4:59). 잇다감 혜아리ᄂᆞᆫ 일이 조각의 맛더라(女範1. 셩후 황명고후). 池塘도 ᄑᆞ오며 澗水도 혜오려니(曺友仁. 梅湖別曲). 已往 일 ᄉᆡᆼ각ᄒᆞ고 卽今 일 혜아리니(萬言詞).

:혜·아·림 명 헤아림. ¶ 혜아림도 일뎡티 몯ᄒᆞ얏더니:尋思不定(飜老下66).

:혜:안 명 혜안(慧眼). ¶ 慧眼ᄋᆞᆫ 眞ᄋᆞᆯ 照ᄒᆞ야 染淨이 다 寂ᄒᆞ니라(永嘉下12). 慧眼 업슨 사ᄅᆞ미 거츠리 功行ᄋᆞᆯ 더으면(金三2:15).

혜어ᄒᆞ다 동 생각하다. 헤아리다. ¶ 누어 ᄉᆡᆼ각ᄒᆞ고 니러 안자 혜어ᄒᆞ니(松江. 續美人曲).

:혜·에·ᄒᆞ·다 동 헤아리게 하다. ¶ 衆生 濟渡호ᄆᆞᆯ 몯 니ᄅᆞ 혜에ᄒᆞ시고 命終ᄒᆞ야(月釋1:19). 己利ᄅᆞᆯ 혜에ᄒᆞ니(法華1:26).

:혜여ᄒᆞ·니 동 헤아리니. 헤아린즉. 세니. ☞혜다. -ᄒᆞ니 ¶ 나도 혜여ᄒᆞ니 올ᄒᆞ시니이다 ᄒᆞ야ᄂᆞᆯ:吾亦惟之許之是也(三綱. 烈11 令女截耳). 萬二千峰을 歷歷히 혜여ᄒᆞ니(松江. 關東別曲). 萬古人物을 거ᄉᆞ리 혜여ᄒᆞ니(松江. 星山別曲). 人生을 혜여ᄒᆞ니 ᄒᆞᆫ바탕 ᄭᅮᆷ이로다(古時調. 朱義植. 靑丘). 이제ᄅᆞᆯ 혜여ᄒᆞ니 어늬 적만 ᄒᆞᆫ 거이고(古時調. 朱義植. 唐虞도. 靑丘).

혜옴 명 셈. ☞혬 ¶ 내 혜옴은 예순 냥이오:我算的該六十兩(老解下10). 내 혜옴은 여든 냥이라:我算的該八十兩(老解下10).

:혜욤 동 헤아림. 생각함. ㉠혜다 ¶ 이 구든 實ᄒᆞᆫ ᄆᆞᅀᆞ미니 緣ᄒᆞ야 혜욤과 모도와 니르와ᄃᆞᆫ ᄠᅳᆮ과 ᄌᆞᆮ디 아니ᄒᆞ니라:是堅實之心也不同緣慮集起之義(圓覺上二之一26). 緣ᄒᆞ야 혜요ᄆᆞᆫ 닐오ᄃᆡ 八識이 다 能히 제 分ㅅ 境을 緣ᄒᆞ야 혜ᄂᆞᆫ 젼ᄎᆡ오:緣慮名心謂八識俱能緣慮自分境故(圓覺上二之一27).

:혜·윰 동 헤아림. 생각함. ㉠혜다 ¶ 내 혜유믈 니기호니:吾計之熟矣(宣賜內訓2上54). 네 게을어 도라올 혜유미 업고:汝懦歸無計(初杜解8:36).

혜음 명 생각. ¶ 簞瓢陋巷에 흣튼 혜음 아니ᄒᆞ니(丁克仁. 賞春曲).

혜ᄋᆞ리다 동 헤아리다. ☞혜아리다 ¶ 혜ᄋᆞ릴 량:諒(兒學下12). 혜ᄋᆞ릴 췌:揣. 혜ᄋᆞ릴 규:揆(兒學下13).

혜치다 동 헤치다. ☞헤치다. 헤티다 ¶ 烟霞을 혜치고 洞天을 ᄎᆞᄌᆞ 드러(曺友仁. 梅湖別曲).

:혬 명 셈. 헤아림. ☞혀임. 혜옴 ¶ 亡量앳 혜ᄆᆞᆯ 그치ᄃᆞᆯ 몯ᄒᆞ야(月釋7:45). 말ᄊᆞᆷᄒᆞ며 혬 혜ᄂᆞᆫ 안해 겨사ᄃᆡ(月釋9:13). 너른 혜ᄆᆞ로 멀터이 보미라:寬數粗觀(楞解2:7). 다 妄ᄒᆞᆫ 혜ᄆᆞᆯ 니ᄅᆞ와다:皆起妄計(楞解10:11). 혜미 밋디 몯ᄒᆞᆯ 고ᄃᆞᆫ:計所不及(圓覺下三之一30). 나라 分別ᄒᆞ고 집 니줄 혜미 업스니:無憂國忘家之慮(宣賜內訓2上51). 여슷 히어든 혬과 다ᄉᆞᆺ 방소 일후믈 ᄀᆞᄅᆞ칠디니라:六年教之數與方名(宣小1:4). 혬 혜다:數(漢淸4:25). 니 혬이 무슴 혬고 이더지

만숩던고(萬言詞).

혬가림 명 혜아림. 사려분별(思慮分別). ¶日暮脩竹의 혬가림도 하도 할샤(松江. 思美人曲).

:혬노타 동 셈하다. ☞혬 ¶혬노흘 수:數(兒學下6).

·혯·다 동 켰다〔點火〕. ☞혀다 ¶올히와 그려기왜 혯는 블비체셔 자더라:鳧鴈宿張燈(初杜解8:9).

호강ᄒᆞ다 동 호강하다. ¶향중의 호강ᄒᆞᄂᆞᆫ 냥반과 아젼의 ᄆᆞ리들은(綸音92).

호·걸 명 호걸(豪傑). ¶世上 豪傑이 範圍예 몯 나ᅀᆞᄫᆞᆯ씨:世上豪傑不出範圍(龍歌64章). 世로 ᄆᆞᅀᆞᆯ해 豪傑이러니(宣賜內訓2下34). 소ᄂᆞᆯ ᄉᆞ랑ᄒᆞ야 지븨 ᄀᆞᄃᆞ기 안잿ᄂᆞ니 다 豪傑ㅣ로소니(初杜解15:38). 호걸 호:豪. 호걸 걸:傑(類合下22). 닐오ᄃᆡ 네 호걸이라 ᄒᆞ더니:謂之四傑(宣小6:110). 데 닐온 밧 豪傑읫 士ㅣ라(宣孟5:28). 功名도 너ᄒᆞ여라 豪傑도 나 스르어(古時調. 奇正鎭. 蘆沙集).

호구 명 호구(狐裘). 여우의 털가죽옷. ¶흰 오샌 麑裘ㅣ오 누른 오샌 狐裘ㅣ러시다(宣論2:54). 몸의 호구ᄅᆞᆯ 닙고 단닙을 ᄡᅳ고(引鳳簫1).

호구ᄒᆞ다 동 호구(糊口)하다. ¶쳐ᄌᆞ를 치지 못ᄒᆞ야 오오ᄒᆞ고 황황ᄒᆞ야 호구ᄒᆞᆯ 계칙이 업스니(綸音87).

호·근 형 작은. ㉮혹다 ¶桀와 紂와ᄂᆞᆫ 자내 仁義로 ᄭᅮ미디 아니ᄒᆞ고 호근 ᄭᅮ뮤믈 빙화ᄒᆞ며:桀紂不自飾以仁義習爲苛文(宣賜內訓2下72). 호근 깁 ᄒᆞᆫ 피렌:小絹一匹(飜老上13).

호긔 명 호기(豪氣). ¶호긔 부려 작란ᄒᆞ다:發豪橫(漢淸8:26).

호·긔·롭·다 형 호기(豪氣)롭다. ☞호긔ᄅᆞᆸ다 ¶杜季良이란 사ᄅᆞ믄 호긔롭고(飜小6:14). 杜季良은 호긔롭고(宣小5:13).

호·긔ᄅᆞᆸ·다 형 호기(豪氣)롭다. ☞호긔롭다 ¶경박ᄒᆞ고 호긔ᄅᆞ오냥ᄒᆞᄂᆞᆫ 사ᄅᆞᆷ올 사괴더니:通輕俠客(飜小6:12). 세쇽이 다 호긔ᄅᆞ와롬 ᄠᅳ류믈 둥히 너겨:擧世重游俠(飜小6:25).

·호·기 부 혹(或). ¶호기 무루ᄃᆡ 홀어미를 겨집 사모미 ᄉᆞ리예 올티 아니ᄒᆞᆫ ᄃᆞᆺᄒᆞ니:或問孀婦於理似不可取(飜小7:34).

호·ᄀᆞᆫ 형 작은. ㉮혹다☞효ᄀᆞᆫ ¶ᄯᅩ 호ᄀᆞᆫ 돌ᄒᆞᆯ 봇가 븕게 ᄒᆞ야:又將石沙炒令赤色(救急上33). ᄯᅩ 호ᄀᆞᆫ 마ᄂᆞᆯ ᄒᆞᆫ 되를 사ᄒᆞ라:又方小蒜一升㕮咀(救急上33).

:호:념·ᄒᆞ·다 동 호념(護念)하다. 부처나 보살을 잊지 않고 염송(念頌)하다. ¶大乘經을 니르시니 일후미 無量義니 菩薩 ᄀᆞᄅᆞ치시논 法이라 부텨 護念ᄒᆞ시논 배라(釋譜13:31). 護念은 護持ᄒᆞ야 닛디 아니ᄒᆞᆯ 씨라(月釋7:75). 너를 第六代祖 삼노니 이대 護念ᄒᆞ야 모ᄅᆞᄂᆞᆫ 사ᄅᆞᄆᆞᆯ 너비 濟度ᄒᆞ라 ᄒᆞ실시(南明上78). 이대 네 護念ᄒᆞ야 有情을 너비 濟度ᄒᆞ야(六祖上29). 諸佛의 護念ᄒᆞ시논 배니(六祖中97).

호ᄂᆞᆯ 동 하는 것을. ㉮ᄒᆞ다 ¶德으란 곰비예 받ᄌᆞᆸ고 福으란 림비예 받ᄌᆞᆸ고 德이여 福이라 호ᄂᆞᆯ 나ᅀᆞ라 오소이다(樂範. 動動).

·호·다 동 호다〔縫〕. ¶뽕 것ᄎᆞ로 ᄀᆞᄂᆞ리 실 밍ᄀᆞ라 호고:以桑皮細作線縫之(救急下16). 斬衰ᄂᆞᆫ 기슭 아니 호온 오시라(宣賜內訓1:61). 브ᅀᅳ러니 호온 ᄯᅴ믈 ᄎᆞᆺ디 마롤디어다:更莫區區尋縫罅(南明上37). ᄲᅩᆼ나못 거프를 ᄀᆞᄂᆞ리 ᄢᅧ야 호고:以桑皮細作線縫之(救簡6:72). 우희 구룸 갓고로 드리옛게 호와 잇고:上頭縫着倒提雲(飜老下52). 홀 봉:縫(訓蒙下19). 옷 홀 봉:縫(類合下7). 모ᄎᆞ라기 ᄃᆞ론 ᄃᆞᆫᄒᆞᆫ 오ᄉᆞᆫ 寸寸히 햇도다:鶉衣寸寸針(重杜解3:15). 갓고로 드리웟게 호와 잇고:縫着倒提(老解下47). 굵근 실과 ᄀᆞᄂᆞᆫ 츩뵈를 달이고 호와:粗絲細葛熨帖縫紉(女四解2:22). 가는 베예 슈노며 호와 잇고:縫(女四解3:6). 호다:縫了(同文解上56). 혼 실 ᄲᅢ다:析縫線(漢淸12:17).

·호·다 조동 하다. ㉮ᄒᆞ다 ¶어린 百姓이 니르고져 홇 배 이셔도(訓註2). 다시 모ᄃᆡ 안조ᄃᆡ 端正히 호리라:更要坐得端正(蒙法2). 相考 아니 혼 말 내디 아니ᄒᆞ며(宣賜內訓1:2). 죽사릿 바ᄅᆞ래 나고져 홀딘댄:欲出輪廻生死海(南明上12). 내 역적을 ᄒᆞᆫ 입에 ᄉᆞᆷ키고져 호ᄃᆡ 힘이 굴ᄒᆞ엿노라:吾欲氣呑逆賊顧力屈耳(五倫2:33). 다 가지라 호ᄃᆡ:可掘取之(五倫3:58).

-·호·다 접미 -하다. ㉮-ᄒᆞ다 ¶世亂ᄋᆞᆯ 救호려 나샤:世亂將救(龍歌29章). 香과 기름과 보비옛 고졸 사아 부텻긔 供養홉디니(釋譜23:3). ᄒᆞᆫ 王ᄋᆞᆫ 發願호ᄃᆡ 佛道ᄅᆞᆯ 어셔 일워(月釋21:51). 諸侯와로 期約호ᄃᆡ(宣賜內訓序4).

호도 명 호도(胡桃). 호두. ¶호도:胡桃(痘瘡方13). 호도:核桃(譯解上55. 同文解下5). 호도:核桃(老解下34). 호도:核桃(物譜 木果. 柳氏物名四 木). ※호도>호두

호ᄃᆡ 조동 하되. ㉮ᄒᆞ다 ¶내 역적을 ᄒᆞᆫ 입에 ᄉᆞᆷ키고져 호ᄃᆡ 힘이 굴ᄒᆞ엿노라:吾欲氣呑逆賊并力屈耳(五倫2:33). 다 가지라 호ᄃᆡ:可掘取之(五倫3:58).

-·호·ᄃᆡ 접미 -하되. ㉮-ᄒᆞ다 ¶對答호ᄃᆡ ᄒᆞᄅᆞ 二十里ᄅᆞᆯ 녀시ᄂᆞ니(釋譜6:23). 對答호ᄃᆡ(月釋8:91). ᄒᆞᆫ 王ᄋᆞᆫ 發願호ᄃᆡ 佛道ᄅᆞᆯ 어셔 일워(月釋21:51). 時觀甫之錦水釣魚

호되 亦幷問民俗ᄒᆞ야(初杜解24:21). 관가에 나아가 고호되:詣郡辭列(五倫4:25).

·호·라 ㉯돋 하노라. 하였노라. ¶내 그르호라(宣賜內訓2下70). 돌기 풀여 도로혀 술모몰 맛날 고돌 아디 몯호라:不知雞賣還遭烹(初杜解17:14). 小人이 진실로 일즉 아디 몯호라:小人其實不曾知道(飜朴上66). 믈어뎌 지여셔 조오라 ᄶᅵ디 몯호라:頹倚睡未醒(初杜解1:50).

-·호·라 ㉭미 -하노라. -노라. ☞-오라 ¶太子ㅣ 道理 일우샤 ᄌᆞ개 慈悲호라 ᄒᆞ시ᄂᆞ니(釋譜6:5). 飄零호미 옮ᄃᆞᆫ니ᄂᆞᆫ 다봇 ᄀᆞᆫ호라:飄零似轉蓬(重杜解2:28). 오ᄂᆞᆳ 나조ᄒᆞᆫ 또 엇던 나조고 이 블비츨 다ᄆᆞᆺ호라:今夕復何夕共此燈燭光(重杜解19:42).

호라비좃 명 호라지좆. ¶호라비좃:藜蘆(柳氏物名三 草).

호란이 부 호란(胡亂)히. ¶호란이 말ᄒᆞ다:亂說(漢淸7:14).

:호랑 명 호랑(虎狼). ¶虎狼 師子ㅣ며(月釋21:171). 威嚴으로 虎狼ᄋᆡ 都邑을 平定ᄒᆞ시니라(初杜解6:23).

호랑이 명 호랑이. ¶ᄉᆞ지 탄 체과리등 호랑이 탄 오랑ᄁᆡ등(古時調. 夏四月. 靑丘).

-·호·려 ㉭미 -하려. ㉮-ᄒᆞ다 ¶世亂ᄋᆞᆯ 救호려 나샤:世亂將救(龍歌29章) 이제 涅槃호려 ᄒᆞ노니(釋譜23:10). 어즈러운 이롤 디러셔 구틔여 免호려 말며:臨難毋苟免(宣賜內訓1:8).

:호령 명 호령(號令). ¶號令ᄋᆞᆯ 블기 ᄒᆞᆯ시 사ᄅᆞ미 便安히 사ᄂᆞ니라(初杜解17:33). 法鼓ᄂᆞᆫ 號令이라(南明下5). 하ᄂᆞᆯ히 오래 울에 업스니 아니 號令이 어긔르츠니아(重杜解10:19). 號令이 ᄒᆞᆫ 사ᄅᆞᄆᆡ 나셔 家政이 비로소 可히 실어곰 治ᄒᆞ리라(家禮2:3). 첫 호령:下馬威(譯解補56).

:호:령ᄒᆞ·다 동 호령(號令)하다. ¶부픈 한 사ᄅᆞᄆᆞᆯ 號令호ᄆᆞᆯ ᄡᅳ고:號ᄂᆞᆫ 告ᄒᆞᆯ 씨오 令은 ᄀᆞᄅᆞ칠 씨라(法華1:90). 能히 號令ᄒᆞ야 한 사ᄅᆞᆷ 알외며 한 物 利澤ᄒᆞᄂᆞ니라(法華3:121). 갈ᄒᆞᆯ 딥고 길ᄒᆞᆯ 當ᄒᆞ샤 天下애 號令ᄒᆞ샤미오(金三5:32). 印ᄋᆞᆫ ᄒᆞᆫ 사ᄅᆞ미 ᄒᆞᆫ 사ᄅᆞᄆᆡ게 傳ᄒᆞ야 모ᄃᆞᆫ 사ᄅᆞᄆᆞᆯ 號令ᄒᆞᄂᆞᆫ 그르시라(南明上68). 호령ᄒᆞ다:發令(同文解上45). 경마ᄂᆞᆫ 보지 못ᄒᆞ고 초ᄆᆡ 호령ᄒᆞ야 ᄒᆞᆫ간 방의 가도니(落泉3:8).

-·호·로 조 ①-로. ¶열호로 혜리러니:十數(宣賜內訓2下16). 당시론 五百里 우호로 잇ᄂᆞ니:還有五百里之上(飜老上10). 엇디 져믄 아히ᄃᆞᆯ호로 아ᄅᆞᆷ뎟 飮食을 ᄆᆞᆫᄃᆞ라 먹게 ᄒᆞ야:豈可使小兒輩私作飮食(飜小9:7). 그 고ᄋᆞᆯ호로 ᄀᆞ장 권ᄒᆞ여 보내라 ᄒᆞ야 셔울로 모도와 아ᄎᆞᆷ 나조호로 서ᄅᆞ 正ᄒᆞᆫ 學業을 講論ᄒᆞ야 ᄇᆞᆯ골디니라:敎遣萃於京師朝夕相與講明正學(飜小9:12). ②-으로. ¶어느 ᄯᅡ호로 향ᄒᆞ야 가시ᄂᆞᆫ고:往那箇地面裏去(飜朴上8). 조셔 ᄀᆡ독ᄒᆞᆫ 후에 고렷 ᄯᅡ호로 가노이다:開詔後頭高麗地面裏去麼(飜朴上8). 안호론 어딘 아비와 형과 업스며:內無賢父兄(飜小9:5).

호로래ᄇᆞ람 명 회오리바람. 회리바람. ☞호로럭ᄇᆞ람. 회로리ᄇᆞᄅᆞᆷ ¶沙石 놀리ᄂᆞᆫ 호로래ᄇᆞ람:羊角風(譯解上1. 華類1). 호로래ᄇᆞ람:旋窩風(同文解上2). 호로래ᄇᆞ람:倒捲風(譯解補1).

호로럭ᄇᆞ람 명 회오리바람. ☞호로래ᄇᆞ람 ¶호로럭ᄇᆞ람:旋風(漢淸1:15).

호롸 ㉯돋 하노라. ¶어딘 사ᄅᆞᆷ 주기거늘 흰 갈ᄒᆞᆯ 구죵ᄒᆞ야 헤티디 몯호롸:殺賢良不叱白刃散(重杜解2:51). 내 믈깃기 닉디 몯호롸:我不慣打水(老解上31).

호리다 동 홀리다. ¶호릴 탐:耽(類合下39).

·호리·라 ㉯돋 하리라. ㉮ᄒᆞ다 ¶다시 모딕 안조딕 端正히 호리라(蒙法2).

·호·리이·다 동 할 것입니다. ☞-리이다 ¶太子ㅅ 뜯다히 호리이다(釋譜11:20).

호리호리ᄒᆞ다 형 호리호리하다. ¶호리호리ᄒᆞ다:高條(漢淸6:2).

·호·링이·다 동 할 것입니다. ¶아ᄃᆞᆯ이 ᄀᆞᆯ오ᄃᆡ 그리호링이다…敢히 命을 닛디 아니호링이다:子曰諾…不敢忘命(宣小2:46).

호뫼 명 호미. ☞호ᄆᆡ ¶오ᄂᆞᆯ도 다 새거다 호뫼 메오 가쟈스라(古時調. 靑丘).

호뮈 명 호미. ☞호믜. 호ᄆᆡ ¶호뮈 조:鉏. 호뮈 자로 우:耰(兒學上11).

호믜 명 호미. ☞호뮈. 호ᄆᆡ ¶호믜ᄅᆞᆯ 가지고 범을 ᄯᅩ로더니:持鋤逐虎(東新續三綱. 孝5:37). 오ᄂᆞᆯ도 다 새거다 호믜 메오 가쟈ᄉᆞ라(古時調. 鄭澈. 松江). 호믜:鋤子. 셔셔 기음ᄆᆡᄂᆞᆫ 호믜:鏟子(譯解下7). 호믜:鋤頭(同文解下2). 호믜:鋤頭(漢淸10:7). 호믜:鋤(物譜 耕農).

호·ᄆᆡ 명 호미. ☞호뫼. 호뮈. 호믜 ¶호ᄆᆡ爲鉏(訓解. 用字). ᄀᆞᄂᆞᆫ 비예 호ᄆᆡᄅᆞᆯ 메오 셔니:細雨荷鋤立(初杜解7:15). 녀름지ᅀᅥ ᄆᆞᄎᆞ매 호ᄆᆡ 메유리라 니ᄅᆞ노라:春言終荷鋤(初杜解8:48). ᄒᆞᆫ 소노로 호ᄆᆡ 자바 버믈 티며:一手執鋤撲虎(續三綱. 孝15). 호ᄆᆡ 서:鋤. 호ᄆᆡ 확:钁. 호ᄆᆡ ᄌᆞ:鎡. 호ᄆᆡ 긔:錤(訓蒙中16). 호ᄆᆡ도 ᄂᆞᆯ히언마ᄅᆞᄂᆞᆫ 낟ᄀᆞ티 들 리도 업스니이다(樂詞. 思母曲). 호ᄆᆡ 서:鋤(類合上28). ᄒᆞ오아 호ᄆᆡ 메오:獨荷鋤(重杜解4:11).

호ᄆᆡᄒᆞ다 형 아리땁고 얌전하다. ☞회ᄆᆡᄒᆞ다 ¶몸ᄡᅵ 호ᄆᆡᄒᆞ다:藐窕(漢淸6:2).

:호·박 명 호박(琥珀). ¶琥珀ᄋᆞᆫ 숤지니 ᄯᅡ

해 드러 一千年이면 茯苓이 ᄃᆞ외오 쏘 一千年이면 琥珀이 ᄃᆞ외ᄂᆞ니라(月釋8:10). 호박 구스를 긴헤 ᄢᅦ여:琥珀珠着線貫之(救簡6:15). 호박 딩ᄌᆞ:琥珀頂子(飜老下67). 호박 호:琥. 호박 ᄇᆡᆨ:珀(訓蒙中32). 掌中엣 琥珀 잔ᄋᆞ로 行酒호ᄆᆞᆯ 雙雙이 횟도로 ᄒᆞ리로다(重杜解22:43). 萬年에 琥珀이 된다 ᄒᆞᆫ 말이 이시니(家禮5:7). 호박 갓긴:珀珠兒(老解下60).

호박개 명 크고 북슬북슬한 개. ¶호박개:獒(柳氏物名一 獸族).

호박기롬 명 호박유(琥珀油). ¶인ᄒᆞ야 호박기롬을 주어 몸의 적시고:因賜琥珀膏潤于肌骨(太平1:36).

호반 명 호반(虎班). 무반(武班). ¶션비와 호반과ᄋᆡ 衣冠이 녯 時節와 다ᄅᆞ도다:文武衣冠異昔時(初杜解6:8) 호바니며 용속ᄒᆞᆫ 사ᄅᆞ미 모다 우스며 하패케 호믄 일로 그러ᄒᆞ니라:武人俗吏所共嗤詆良由是耳(飜小8:29). 호반이며 용속ᄒᆞᆫ 관원의:武人俗吏(宣小5:108). 호반 무:武(倭解上38). 호반방비ᄅᆞᆯ:武備(十九史略1:33). 신의 아비 호반이라도 글을 만히 알고(女範2. 변녀 니시옥영).

호발 명 호발(毫髮). ¶天中의 팁ᄯᅳ니 毫髮을 혜리로다(松江. 關東別曲). 형은 호발도 밧지 아니코 미려로ᄡᅧ 쥬니 무ᄉᆞ 거ᄉᆞ로 갑흐리오(落泉2:4).

호병 명 작은 병. ¶여러 種類ㅣ 노피 城 사이슈미 어려우니 기리 모라 가미 호병엣 믈 업류미라와 甚ᄒᆞ도다:雜種難高壘長驅甚建瓴(初杜解24:6). 호병 호:壺(訓蒙中12).

호:병 명 호병(胡餠). ¶鎭州엣 蘿蔔과 雲門의 胡餠이라(金三3:51). 胡餠ᄋᆞᆫ 촐쎡이오(金三3:51).

호부 명 호비는 것. ¶鑿破曰 호부(東言).

호상 명 호상(護喪). ¶護喪이 匠인을 命ᄒᆞ야 남글 ᄀᆞ릐여(家禮5:5).

호송치 명 변발(辮髮). 땋은 머리. ¶호송치:辮子(同文解上14. 漢淸5:48).

호ᄉᆞ롭다 형 호사(豪奢)롭다. 호사스럽다. ¶天公이 호ᄉᆞ로와 玉으로 고졸 지어 萬樹千林을 ᄭᅮ머곰 낼셰이고(松江. 星山別曲).

호·ᅀᅡ 부 혼자. ☞ᄒᆞᄫᆞᅀᅡ. ᄒᆞ오ᅀᅡ ¶叔咸이 호ᅀᅡ셔 侍病ᄒᆞ며 어미 大便을 맛보니:叔咸獨侍藥嘗母糞(續三綱. 孝22 叔咸侍藥). 有文이 호ᅀᅡ 거상을 禮로 ᄀᆞ장 삼가ᄒᆞ더니:有文獨守喪執禮謹(續三綱. 孝34 有文服喪).

:호연·히 부 호연(浩然)히. ¶내 그런 後에 浩然히 歸志ᄅᆞᆯ 두니(宣孟4:32).

:호연ᄒᆞ·다 형 호연(浩然)하다. ¶나ᄂᆞᆫ 나의 浩然ᄒᆞᆫ 氣ᄅᆞᆯ 善히 養ᄒᆞ노라(宣孟3:14).

호오야 부 홀로. 혼자. ☞호ᅀᅡ. ᄒᆞᄫᆞᅀᅡ ¶호오야 셔셔 힌 니예 내놋다:獨立發皓齒(重杜解16:50).

호온자 부 혼자. ☞호온차. ᄒᆞᄫᆞᅀᅡ ¶허지 호온자 슈묘ᄒᆞ야셔:孜獨守墓所(重三綱. 孝18 許孜). 강산이 호온자 잇더니 병매 자바 무루ᄃᆡ 네 엇데 호온자 인ᄂᆞ다:獨絳山留不去…知曰衆皆走而獨後何也(重三綱. 忠27 絳山). 덕기 호온자 아니라:德不孤(正俗13). 호온자 입페 현호미 안니라(地藏解上16). 호온자 岐路애 셔셔 갈 ᄃᆡ 몰라 ᄒᆞ노라(古時調. 權好文. 江湖애 노자. 松岩續集).

호온차 부 혼자. ☞호온자. ᄒᆞᄫᆞᅀᅡ ¶호온차 가ᄂᆞᆫ 客이로다:獨歸客(重杜解4:33).

호올 명 홀. ☞ᄒᆞ올 ¶호올 독:獨(倭解上15).

호올겨집 명 과부(寡婦). 홀로 된 계집. ☞ᄒᆞ올어미 ¶네 이우제 므스거시 잇ᄂᆞ니오 ᄒᆞᆫ둘 늘근 호올겨지비로다:四隣何所有一二老寡妻(重杜解4:11).

호올노 부 홀로. ☞호올로 ¶ᄯᅩᄒᆞᆫ 지ᄎᆞ곳ᄶᅵ 밋처시되 호올노 후셔만 ᄡᅡ져시니(綸音97). ᄀᆞ오되 나ᄂᆞᆫ 호올로 엇지 경긔와 령남에 뒤지ᄂᆞᆫ고 아니 ᄒᆞ리오(綸音98).

호올로 부 홀로. ☞ᄒᆞᄫᆞᅀᅡ. ᄒᆞ올로 ¶호올로 하ᄂᆞᆶ ᄒᆞᆫ ᄀᆞ애 왓노라:獨在天一隅(重杜解2:47). 어느 이레 호올로 이쇼미 져그리오:何事獨罕有(重杜解2:50). 호올로 朔方을 所任ᄒᆞ니:獨任朔方(重杜解4:16). 녯 거슨 호올로 잇ᄂᆞ닌 돌ᄆᆞ리로다:故物獨石馬(重杜解6:1). 菊花ㅣ 호올로 가지예 ᄀᆞ득ᄒᆞ얏도다:菊蘂獨盈枝(重杜解11:28). 네 賢ᄒᆞᆫ 士ㅣ 엇디 호올로 그러티 아니리오:古之賢士何獨不然(宣孟13:5). 억이 호올로 관을 딕킈여 나가디 아니ᄒᆞ엿더니:嶷獨守柩不去(東新續三綱. 孝8:3 鄭嶷守柩). 내 엇디 호올로 살리오 ᄒᆞ고:我何獨生(東新續三綱. 孝8:25 德鳳共死). 호올로 寐ᄒᆞ고 寤ᄒᆞ야셔:獨寐寤(詩解3:15). 호올로:獨自(同文解下48).

호왁 명 확(臼). ☞ᄒᆞ왁 ¶프른 뫼ᄒᆞ로 百里ᄅᆞᆯ 드러오니 비레 그츠니 방핫고와 호왁과 ᄀᆞᆮ도다:蒼山入百里崖斷如杵臼(初杜解6:2). 호왁 구:臼(訓蒙中11. 類合上27).

:호:요·ᄒᆞ·다 동 호요(好樂)하다. 좋아하고 즐기다. ¶好樂ᄒᆞ논 바ᄅᆞᆯ 두면 그 正을 得디 몯ᄒᆞ고(宣大13).

호위ᄒᆞ다 동 호위(護衛)하다. ¶아기시ᄅᆞᆯ 문 밧긔 내여 호위ᄒᆞ니(癸丑104). 올흔 편을 호위ᄒᆞ고(武藝圖17).

호은·자 부 혼자. ☞호온자. ᄒᆞᄫᆞᅀᅡ ¶내 호은자 ᄡᅩ아도 이긔요리라:我獨自箇射時也贏的(飜朴上55). 보인ᄒᆞᆫ 사ᄅᆞ미 호은자 ᄀᆞᄅᆞ차 가프리라:代保人一面替還(飜朴上61).

호온자:一面(老朴集. 累字解8).

호·을 명 홀. ☞호올. ᄒᆞ올 ¶호을 독:獨(訓蒙下33).

호을노 부 홀로. ¶약쇼ᄂᆞᆫ 호을노 금원의 거흠을 원ᄒᆞ야:獨(女四解3:2).

호을로 부 홀로. ¶인군을 일코 호을로 도라오거늘:獨(女四解4:8).

호을아·비 명 홀아비. ¶호을아비 환:鰥(訓蒙上33). ※호을아비>홀아비

호을·어·미 명 홀어미. 과부(寡婦). ☞ᄒᆞ올어미 ¶호을어미 과:寡. 호을어미 리:嫠. 호을어미 샹:孀(訓蒙上33). ※호을어미>홀어미

호읍ᄒᆞ다 동 호읍(號泣)하다. ¶그 님금이 칠십의 최복을 닙어 죠셕으로 호읍ᄒᆞᄂᆞᆫ 중애 이시니(綸音27).

호의·ᄒᆞ·다 동 호의(狐疑)하다. ¶내 비록 부텨를 맛나ᅀᆞ오나 이제 ᄉᆞᆫ지 狐疑ᄒᆞ노니:狐ᄂᆞᆫ 엿이니 그 性이 疑心 하니라:我雖値佛今猶狐疑(楞解2:3). 다시 狐疑ᄒᆞ야 제 믈루믈 내디 마롤디어다(牧牛訣42). ᄆᆞᅀᆞ미 곧 미쳐 어즈러워 狐疑ᄒᆞ야 信티 아니ᄒᆞ리라 ᄒᆞ시며(金三3:61).

호읫·옷 명 홑옷. ☞ᄒᆞ옷옷 ¶호읫옷 단:襌(訓蒙中24).

·호이·다 동 하오이다. 하옵니다. 합니다. ¶예쉰 小國에 가 藥ᄋᆞᆯ 언다가 몯 호이다(釋譜11:19). 四天王과 大海神ᄃᆞᆯ히 다 외오 호이다 ᄒᆞ고 各各 도라니거늘(釋譜23:47).

호자 부 혼자. ¶間中 眞味ᄅᆞᆯ 알 니 업시 호재로다(丁克仁. 賞春曲). 시냇ᄀᆞ의 호자 안자(丁克仁. 賞春曲).

:호·젹 명 호적(戶籍). ¶상복ᄒᆞ니를 式ᄒᆞ시며 호젹 진 이를 式ᄒᆞ더시다:凶服者式之式負版者(宣小3:16). 開封 戶籍에 드려 과거 보기를 ᄒᆞ고져 ᄒᆞ노이다:貫開封戶籍取應(宣小6:45).

호젓이 부 호젓하게. ¶거문고 술 ᄭᅩ자 노코 호젓이 낫좀 든 제(古時調. 靑丘).

호젓ᄒᆞ다 형 호젓하다. ¶호젓ᄒᆞ기론 엇디 다 뎍으리(諺簡. 仁宣王后諺簡).

호·족 명 호족(豪族). ¶群臣 豪族이 다 ᄆᆞᄅᆞ 사마 重히 너기더니:群臣豪族皆共宗重(法華2:235).

호죠곤이 부 호졸근히. ¶호죠곤이 드리오다:軟物垂遮(漢淸12:13).

호차 명 회초리. ¶호차:檟楚(華方).

호쵸 명 호초(胡椒). 후추. ¶胡椒와 마ᄂᆞᆯ와 生薑과ᄅᆞᆯ(救急下80). 호쵸로 ᄇᆞᄅᆞᆫ 블근 墻壁에:泥椒紅墻壁(朴解上60). 기름과 소곰과 호쵸와 메조ᄅᆞᆯ:油塩椒豉(女四解2:30). 이제 경긔예 돈 눅쳔 냥과 호쵸 이ᄇᆡ 근을 ᄂᆞ리우고(綸音215).

호통 명 총(銃). ¶호통 츙:銃(訓蒙中28). 호통:火銃(譯解上22). 말 ᄆᆞᆺ지 못ᄒᆞ여셔 ᄒᆞᆫ 번 호통 소릐 나며 두 편에 오ᄇᆡ 언월도 잡은 군ᄉᆡ 버러 셧고(三譯9:7).

호·협ᄒᆞ·다 형 호협(豪俠)하다. ¶경박ᄒᆞ고 호협ᄒᆞᆫ 손을 사괴더니:通輕俠客(宣小5:12).

:호:호히 부 호호(浩浩)히. ¶浩浩히 그 하ᄂᆞᆯ히시니:浩浩其天(宣小題辭2).

:호:호ᄒᆞ·다 형 호호(浩浩)하다. ¶人天ㅅ 귓 소배 ᄉᆞᆷ우미 浩浩ᄒᆞ도다:人天耳裏鬧浩浩. 浩浩ᄂᆞᆫ 어위큰 양ᄌᆡ라(金三3:8). 浩浩ᄒᆞᆫ 그 天이니라:浩浩其天(宣中51). 浩浩ᄒᆞ야 ᄆᆞᄎᆞ매 긋디 아니ᄒᆞᄂᆞ니:浩浩終不息(重杜解13:22).

호화ᄅᆞ외·다 형 호화(豪華)롭다. ¶杜季良은 豪華ᄅᆞ외오 말 잘ᄒᆞ고 義ᄅᆞᆯ 맛드러(宣賜內訓1:38).

호화ᄒᆞ·다 형 호화(豪華)하다. ¶豪華호ᄆᆞ란 녜 디나간 사ᄅᆞᄆᆡ 이ᄅᆞᆯ 보고:豪華看古往(初杜解14:21). 긔둥ᄒᆞᆫ 증ᄋᆞᆫ 호화ᄒᆞᆫ 사ᄅᆞ미:氣中證候者…於驕貴之人(救簡1:38). 豪華호ᄆᆞ란 녜 디나간 사ᄅᆞᄆᆡ 이ᄅᆞᆯ 보고(重杜解14:21).

·혹 명 혹. ¶혹 헤티ᄃᆞᆺ ᄒᆞ며(月釋18:32). 사마괴 혹 트렛 허므리 업스샤미 二十五ㅣ시고(法華2:15). 모ᄀᆡ 큰 혹 잇ᄂᆞᆫ 젼ᄎᆞ로:項有大瘤故(宣賜內訓2下68). 혹 우:疣. 혹 췌:贅(訓蒙中33). 목에 혹 도든 놈:癭頦子. 혹 도든 놈:疣子(譯解上29). 혹:癭袋(同文解下7. 漢淸8:16).

·혹 부 혹(或). ¶或ᄋᆞᆫ 一定티 아니ᄒᆞᆫ 마리라(楞解1:35). 或 올ᄒᆞ며 或 외요ᄆᆞᆯ 사ᄅᆞ미 아디 몯ᄒᆞᄂᆞ니:或是或非人不識(南明下20). 혹 이르거나 혹 늣거낫 둥에:或早或晩(飜老上10). 或 과ᄀᆞᄅᆞᆫ ᄇᆞᄅᆞᆷ과 ᄲᆞᄅᆞᆫ 비와:或有暴風疾雨(簡辟1). 나며 드르실 저기어든 혹 앏셔며 혹 뒤셔 공경ᄒᆞ야 븓잡올디니라:出入則或先或後而敬扶持之(宣小2:3). 或 生ᄒᆞ야 知ᄒᆞ며(宣中26). 겨ᄅᆞᆯ 잇ᄂᆞᆫ 날이어든 혹 친림ᄒᆞ오셔(仁祖行狀31). 或 ᄆᆡ며 或 ᄶᅧ(武藝圖10).

혹·다 형 작다. ☞흑다 ¶또 호ᄀᆞᆫ 돌ᄒᆞᆯ 봇가 븕게 ᄒᆞ야:又將石沙炒令赤色. 또 호ᄀᆞᆫ 마ᄂᆞᆯ ᄒᆞᆫ 되ᄅᆞᆯ 사ᄒᆞ라:又方小蒜一升㕮咀(救急上33). 호근 ᄆᆞ뮤믈 ᄇᆡ화 ᄒᆞ며:習爲苛文(宣賜內訓2下72). 호근 깁 ᄒᆞᆫ 피렌:小絹一匹(飜老上13).

혹시 부 ①혹시(或是). ¶혹시 ᄉᆞᆨ말ᄉᆞᆷ이나(癸丑27).
②혹시(或時). 간혹(間或). ¶혹시:或有一時(漢淸8:64).

·혹·식 부 혹시(或是). ☞시혹 ¶봄 내ᄃᆞ거

든 댱티기 ᄒᆞ며 혹식 돈 더니 ᄒᆞ며:開春時打毬兒或是博錢(飜朴上18).

혹유 부 혹유(或有). 혹(或). ¶혹유 사ᄅᆞᆷ이 쳠의 ᄡᅡ해 나지매(普勸文6).

·혹·이 부 혹(或). ¶或이 維摩經에 븓들여 닐오ᄃᆡ(楞解1:35). 或이 닐오ᄃᆡ 漏 잇ᄂᆞᆫ 空界ᄂᆞᆫ 衆生ᄋᆡ 모다 感혼 거시니(楞解9:45). 或이 닐오ᄃᆡ 吉ᄒᆞᆫ 사ᄅᆞ미라 ᄒᆞ디 아니ᄒᆞ야도(宣賜內訓1:24). 或이 무러든 對答호ᄃᆡ(六祖上40). 或이 孔子ᄉᆞᄭᅴ 닐어 ᄀᆞ오ᄃᆡ 子ᄂᆞᆫ 엇디 政을 ᄒᆞ디 아니ᄒᆞ시ᄂᆞ닝잇고(宣論1:17). 혹이 텬명이라 ᄒᆞ야 그티쇼셔 ᄒᆞᆫ대(女範1. 셩후 당문덕후).

·혹ᄒᆞ·다 동 혹(惑)하다. ¶迦尸王이 네 거긔 惑ᄒᆞ게 ᄒᆞ라 ᄒᆞ고 보내니라(月釋7:15). 婦人의 마리 惑홀 배 아니 ᄃᆞ외ᄂᆞ뇨:不爲婦人言所惑(宣賜內訓3:44). 넌즈시 서르 소겨 惑히논 디 아니니(南明下21). 남지니 ᄆᆞᅀᆞᆷ 구드니 몃 사ᄅᆞ미 겨지븨 마리 혹디 아니ᄒᆞ료:男子剛腸者幾人能不爲婦人言所惑(飜小7:42). 혹홀 혹:惑(類合下31). 몃 사ᄅᆞᆷ이 能히 겨집의 말의 惑ᄒᆞᆫ 배 되디 아니ᄒᆞ료:幾人能不爲婦人言所惑(宣小5:73). 아비 쳡의게 혹ᄒᆞ여 그 어미ᄂᆞᆯ 소박ᄒᆞ여 ᄇᆞ리거ᄂᆞᆯ:父惑妾踈棄其母(東新續三綱. 孝6:62). 엇디 그 惑ᄒᆞ기 쉽고 ᄭᆡ돋기 어려오뇨(家禮5:23). 도술로 즁인을 혹게 ᄒᆞ며(敬信5). 지죄 업ᄉᆞ면 엇디 능히 인심을 혹ᄒᆞᄂᆞᆫ 권변을 도적ᄒᆞ리오(經筵).

혼 명 혼(魂). ¶魂ᄋᆞᆫ 넉시라(楞解2:54). 혼 ᄲᅧ러지다:魂吊(譯解補24).

혼가ᄒᆞ다 동 혼가(婚嫁)하다. 혼인(婚姻)하다. ¶혼가ᄒᆞ야ᄂᆞᆫ 지아비 셤기기ᄅᆞᆯ 능히 공경ᄒᆞ고:嫁事夫能敬奉(東新續三綱. 烈5:17). 女年이 十三 以上으로 다 昏嫁호믈 듣게 ᄒᆞ여시니(家禮4:1).

혼긔 명 혼기(婚期). ¶젼치 드러와 혼긔ᄅᆞᆯ 지촉ᄒᆞ니(落泉1:2).

혼녜 명 혼례(昏禮. 婚禮). ☞혼례 ¶昏禮ᄂᆞᆫ 司馬氏 程氏ᄅᆞᆯ 參쟉ᄒᆞ시고(家禮1:5).

혼돈ᄒᆞ·다 형 혼돈(混沌)하다. ¶하ᄂᆞᆯ콰 ᄯᅡ쾌 混沌ᄒᆞ야 ᄂᆞᆫ호디 몯ᄒᆞᆫ 前이니(金三1:22). 건곤이 비록 혼돈ᄒᆞ야도 이 금은 결단ᄒᆞ야 풀리지 아니ᄒᆞ리니(綸音31).

혼례 명 혼례(昏禮. 婚禮). ☞혼녜 ¶冠례며 昏례며 喪ᄉᆞ며(家禮1:2).

혼ᄇᆡᆨ 명 혼백(魂帛). ¶靈座ᄅᆞᆯ 置ᄒᆞ고 魂帛을 設ᄒᆞ라(家禮5:20). 신主 箱ᄌᆞᄅᆞᆯ ᄯᅩ 혼帛 뒤헤 두라(家禮8:11). 혼ᄇᆡᆨ:魂帛(家禮圖7).

혼셔 명 혼서(婚書). ¶어느 ᄢᅴ 婚書 보낼고:幾時下紅定. 혼셔 일우고 례믈 보내오:立了婚書下了定禮(飜朴上46).

혼솔 명 혼솔. 홈질한 옷의 솔기. ¶혼솔 터지다:綻裂(漢淸11:55).

혼슈 명 혼수(婚需). ¶시방 셕반을 ᄉᆡᆼ각지 못ᄒᆞ니 혼슈ᄅᆞᆯ 엇지ᄒᆞ리오(落泉1:2).

혼ᄉᆞ 명 혼사(婚事). ¶환난을 만나 엇지 혼ᄉᆞ의 ᄯᅳᆺ이 이시리오마ᄂᆞᆫ(落泉1:2). 지뫼 유족ᄒᆞ나 ᄌᆞ연 혼ᄉᆡ 쳔연ᄒᆞ고(引鳳簫1).

혼은·자 부 혼자. ☞호ᄫᆞᅀᅡ. ᄒᆞᄫᆞᅀᅡ ¶ᄑᆞᄂᆞᆫ 님재 혼은자 맛ᄃᆞ리니 흥졍 ᄆᆞᄎᆞᆫ 후에:賣主一面承當成交已後(飜老下17).

혼인 명 혼인(婚姻). ¶婚姻 위ᄒᆞ야 아ᅀᆞ미 오나ᄃᆞᆫ 이바도려 ᄒᆞ노닛가(釋譜6:16). 裵氏ᄉᆞ 아비 얻ᄌᆞᄫᅡ 婚姻ᄋᆞᆯ 벙으리왇더니(三綱. 烈14). 혼인 므르다:悔親(老朴集. 累字解9). 혼인 혼:婚. 혼인 인:姻(類合下26). 婚姻의 비르솜을 重케 ᄒᆞ신 배니라:重婚姻之始也(宣小2:56). 婚姻이며 상ᄉᆞ ᄆᆡ장의 ᄡᅳᆯ 배 다 덛덛ᄒᆞᆫ 數ㅣ 잇게 ᄒᆞ야:婚姻喪葬所費皆有常數(宣小6:100). 네 여흴 저긘 그ᄃᆡ 婚姻 아니 ᄒᆞ얫더니 오ᄂᆞᆯ 아ᄃᆞᆯ ᄯᆞ리 忽然히 行列이 이럿도다:昔別君未婚兒女忽成行(重杜解19:43). 믈읫 昏姻을 議논호매 맛當이 몬져 그 壻와(家禮4:2). 어려온 일에 권당이 서ᄅᆞ 救ᄒᆞ며 婚姻이며 상ᄉᆞ애 이우지 서르 도우며(警民19). 혼인 ᄀᆞ옴알아 ᄒᆞ다:主婚(譯解上41). 혼인 잔채:婚宴(同文解上52). 혼인 잔치:筵席. 혼인 듯보다:打聽親事(漢淸31). 혼인 니르다:說親(漢淸3:32). ᄎᆞᄌᆞ로 혼인을 언약ᄒᆞᆯ지 이셔(落泉1:1).

혼인ᄀᆞ숨 명 혼수(婚需). ¶지셩으로 길러셔 혼인ᄀᆞ숨 쟝만ᄒᆞ야 ᄢᅢ예 미처 셔방마치고:至誠長養自辦婚具及時而嫁(東新續三綱. 忠1:78).

혼인:례 명 혼인례(昏姻禮). 혼례(婚禮). ¶昏姻禮ᄂᆞᆫ 쟝ᄎᆞ 두 姓의 됴호ᄆᆞᆯ 뫼화 우흐론 宗廟ᄅᆞᆯ 셤기고(宣賜內訓1:74).

혼인·ᄒᆞ·다 동 혼인(婚姻)하다. ¶사회녀긔셔 며느리녁 지블 婚이라 니ᄅᆞ고 며느리녀긔셔 사회녁 지블 姻이라 니ᄅᆞᄂᆞ니 댱가들며 셔방마조ᄆᆞᆯ 다 婚姻ᄒᆞ다 ᄒᆞᄂᆞ니라(釋譜6:16). 겨지비 婚姻ᄒᆞ얫거든 큰 緣故ㅣ 잇디 아니커든 그 門의 드디 말며(宣賜內訓1:4). 스믈히어든 婚姻홀디니 緣故ㅣ 잇거든 스믈세헤 婚姻홀디니라(宣賜內訓3:3). 세속애 사ᄅᆞ미 혼인ᄒᆞ기ᄅᆞᆯ 너무 일ᄒᆞ야:世俗嫁娶太蚤(飜小7:30). 혼인ᄒᆞ야 싀집갈제(女四解2:13). 삼공 뉵경과 ᄉᆞ태우 집이 도적과 서로 혼인ᄒᆞ고 졀식 시녀 드려(山城139). 서로 혼인ᄒᆞ여 ᄉᆞᆫ티 아니ᄒᆞ더라:姻(五倫5:17). 묘랑이 ᄉᆡᆼ을 ᄒᆞᆫ번 보미 혼인ᄒᆞ믈 원ᄒᆞ야(落泉1:3).

혼·자 부 혼자. ☞혼은자. ᄒᆞᄫᆞᅀᅡ ¶혼자 이

글 이슈매 힘니벗고:獨賴此篇之存(飜小8:31). 혼자 달오미 몯홀 거시니:義無獨殊(飜小9:48). 혼자 안호로 ᄆᆞᅀᆞᆷ애 붓그러온 주리 업스랴 ᄒᆞ야ᄂᆞᆯ:獨不內愧於心(飜小9:51). 容이ᄂᆞᆫ 혼자 ᄡᅮ러안자:容獨危坐(飜小10:6). 혼자 사라셔 므슴 ᄒᆞ료 ᄒᆞ고:獨生何爲(續三綱. 烈8 袁氏尋屍). ᄯᅩ 홀아비나 홀어미나 혼자 뷘 지븨 잇거든:或復父孤母寡獨守空堂(恩重15). 혼자 뫼ㅅ 그름재예 채티ᄂᆞ니ᄂᆞᆫ:獨鞭山影(百聯21). 너ᄲᅮᆫ 혼자 싱ᄉᆞ 대히예 소사나게 ᄒᆞ논 디 아니라:汝獨出生死大海(野雲80). 졈어셔 아비를 일코 혼자 어미와 더브러 사더니:少失父獨與母居(宣小6:18). 숙합이 혼자셔 시병ᄒᆞ며:叔咸獨侍藥(東續三綱. 孝19). 혼자 맛ᄃᆞ리라:一面承當(老解下15). 혼자 가셔도(新語1:7). 내 혼자 ᄡᅩ아도 이긔리로다:我獨自箇射時也贏的(朴解上49). 혼자 잇ᄂᆞᆫ 고디(仁祖行狀42). 세ᄅᆞᆯ 혼자 잡아(女範2. 변녀 졔위우희).

혼잡히 부 혼잡(混雜)하게. ¶父母ᄅᆞᆯ 分別ᄒᆞ야 混잡히 ᄒᆞᆫ가지로 말고(家禮9:43).

혼졀ᄒᆞ다 동 혼절(昏絶)하다. ¶혼졀ᄒᆞ다:發昏(同文解下7. 漢淸8:8). 졍신이 혼졀ᄒᆞ여 인ᄉᆞᄅᆞᆯ 출히지 못ᄒᆞᄂᆞᆫ지라(落泉2:6). 가ᄉᆞᆷ의 업더여 혼졀ᄒᆞ거ᄂᆞᆯ(洛城1). 벼개 ᄀᆞ의 혼졀ᄒᆞ니(洛城2).

·혼조·초 부 하고 싶은 대로. ☞조초 ¶네 盟誓ᄅᆞᆯ 호ᄃᆡ 世世예 난 ᄣᅢ마다 나라히며 자시며 子息이며 내 몸 니르리 布施ᄒᆞ야도 그딋 혼조초 ᄒᆞ야 뉘읏븐 ᄆᆞᅀᆞᄆᆞᆯ 아니 호리라 ᄒᆞ더니(釋譜6:8). ᄒᆞ웍ᄒᆞ며 서의호ᄆᆞᆯ 제 혼조초 ᄒᆞ야:濃淡任他(蒙法16). 性의 혼조초 ᄡᅳ며 ᄌᆞ마:任性浮沈(金三5:16).

혼ᄌᆞ 부 혼자. ☞홈자 ¶이 셔름 잇ᄌᆞ ᄒᆞ고 浦口沙邊 혼ᄌᆞ 안져(萬言詞).

혼ᄌᆞ말 명 혼자말. ¶혼ᄌᆞ말노 군말ᄒᆞ듯 나 들으라 ᄒᆞᄂᆞᆫ 말이(萬言詞). 혼ᄌᆞ말로 重重ᄒᆞ니 쥬린 즁 드러온가(萬言詞).

혼:취ᄒᆞ·다 동 혼취(婚娶)하다. 혼인(婚姻)하다. ¶婚娶ᄒᆞᆯ 제 쳔량 議論호ᄆᆞᆫ 되 다대의 道ㅣ니:婚娶而論財夷虜之道也(宣賜內訓1:79). 昏娶ᄒᆞᆯ 제 財믈을 의論호ᄆᆞᆫ 오랑캐 道ㅣ라(家禮4:10).

혼팀 명 혼침(昏沈). ¶不信과 懈怠와 放逸와 昏沈과(楞解8:95). 키 날회야 호미 외니 날회야 ᄒᆞ면 話頭ᄅᆞᆯ 니저 昏沈과 雜念괘 들리라(蒙法23). 드다 호ᄆᆞᆫ 棹擧ㅣ오 ᄃᆞᆷ다 호ᄆᆞᆫ 昏沈이니(南明上52).

혼팀ᄒᆞ·다 동 혼침(昏沈)하다. ¶다 이 昏沈ᄒᆞᆫ 모ᄃᆞᆫ 有爲相이라(楞解9:35). ᄎᆡ여 定을 닷ᄀᆞ면 定이 오라면 昏沈ᄒᆞ고(永嘉上9). 혼팀ᄒᆞᆫ 중에 목향을 ᄀᆞ라:昏沈等證南木香爲末(救簡1:39). 날마다 혼팀ᄒᆞᆫ 듯ᄒᆞ도다:日日似昏沈(恩重7).

혼혼믁믁ᄒᆞ다 형 혼혼묵묵(昏昏默默)하다. ¶죽은 후에 만겁의 죄ᄅᆞᆯ 바다 금슈의 몸이 되야 혼혼믁믁ᄒᆞ야 길이 나올 긔약이 업ᄉᆞ니(敬信23).

혼혼·ᄒᆞ·다 형 혼혼(昏昏)하다. 정신이 흐릿하다. ¶ᄌᆞᄆᆞᆯ 처ᅀᅥᆷ 니니 누니 昏昏ᄒᆞ야(金三3:37). 二月에 ᄌᆞ오로미 하 昏昏ᄒᆞ니:二月饒睡昏昏然(重杜解11:53). 혼혼ᄒᆞᆫ 졍신이 상쾌ᄒᆞ더라(洛城2).

혿옫 명 홑옷. ☞ᄒᆞ옷옷 ¶여위여 ᄲᅧ만 셧ᄭᅩ 서리 눈 우희 혿옫과 버슨 발로 반ᄃᆞ시 주그매 긔약ᄒᆞ더라:柴毁骨立霜雪上單衣跣足期於必死(東新續三綱. 烈4:24).

·홀 명 홀(笏). ¶샹아 비시어나 호리어나 ᄀᆞ론 므를 숨ᄭᅴ라:象牙梳或牙笏等磨水嚥下(救簡6:7). 홀 홀:笏(訓蒙中23. 類合上31). 큰 ᄯᅴ ᄯᅴ며 笏 고ᄌᆞ며:紳搢笏(宣小2:2). 史ㅣ 샹아 홀을 드려든:史進象笏(宣小2:36). 반ᄃᆞ시 ᄆᆞᆯ ᄇᆞ려 笏 받고 셔셔:必下馬端笏立(宣小6:97). ᄯᅴ며 靴며 笏이오(家禮1:27). 홀:手板(譯解上44).

홀 명 짝이 없음. 하나뿐임. ☞홀올 ¶홀 독:獨(類合下44. 石千33).

홀 조동 할. ☞호다 ¶너희ᄃᆞᆯ희 어려이 홀 배 아니라:非若等所難也(宣賜內訓序7).

·홀- 접두 홀-. 〔짝이 없음을 뜻함.〕 ☞ᄒᆞ올- ¶호기 무루ᄃᆡ 홀어미ᄅᆞᆯ 겨집 사모미 ᄉᆞ리예 올티 아니ᄒᆞᆫ ᄃᆞᆺᄒᆞ니:或問孀婦於理似不可取(飜小7:34).

홀노 부 홀로. ☞홀로. ᄒᆞ올로 ¶져 건너 놉흔 뫼의 홀노 셧ᄂᆞᆫ 져 소나무(萬言詞).

·홀·략ᄒᆞ·다 형 홀략(忽略)하다. ¶후엣 사ᄅᆞ믜 일ᄒᆞ요ᄆᆞᆫ 허소ᄒᆞ고 홀략호미 하니라:後輩作事多闕略(飜小8:15). 허소ᄒᆞ고 홀략홈이 하니라:多闕略(宣小5:95).

·홀·로 부 홀로. ☞ᄒᆞ올로 ¶ᄯᅩ 홀로 엇던 ᄆᆞᅀᆞᆷ고:亦獨何心(飜小9:100). 홀로 안호로 ᄆᆞᄋᆞᆷ애 붓그럽디 아니ᄒᆞ랴 ᄒᆞᆫ대:獨不內愧於心(宣小6:47). 다ᄆᆞᆺ 그 홀로 살ᄆᆞ로ᄂᆞᆫ 출하리 디하의 가 조출 거시라 ᄒᆞ고:與其獨生寧從於地下(東新續三綱. 烈2:52 石非縊死). 夕陽에 홀로 셔 이셔 갈 곳 몰라 ᄒᆞ노라(古時調. 白雪이. 靑丘). 越姬 홀로 말 아니 ᄒᆞ엿더니(女四解4:5). 홀로 션등하다:獨自先登(漢淸7:30). 남 더되 그러ᄒᆞᆫ가 ᄂᆡ 홀로 이러ᄒᆞᆫ가(萬言詞).

·홀연 부 홀연(忽然). ☞홀연 ¶能히 善히 ᄆᆞᅀᆞᄆᆞᆯ ᄡᅧ 忽然 定에 든 ᄢᅴ:能善用心忽然入得定時(蒙法17).

·홀션·히 부 홀연(忽然)히. ☞홀연이. 홀연히 ¶절ᄒᆞ다가 忽然히 부텨 向ᄒᆞᆫ ᄆᆞᅀᆞᄆᆞᆯ

니즈니(釋譜6:19). 시혹 ᄆᆞᄉᆞᆯ히 들어나 忽然히 ᄆᆞᅀᆞ미 迷惑ᄒᆞ면(圓覺上一之二136). 幽僻ᄒᆞᆫ 뒷 ᄠᅳ디 忽然히 맛디 아니ᄒᆞ니:幽意忽不愜(初杜解15:11).

홀어미 명 홀어미. ☞ᄒᆞ올어미 ¶홀어미 과:寡(類合下44). 그 졈어셔 ᄌᆞ식 업고 일 홀어미 된 줄을 슬피 녀겨:哀其少無子而早寡也(宣小6:52). 어버이 져머셔 홀어미 된 줄를 어엿비 녀겨:父母憐其少寡(東續三綱. 烈2 宋氏誓死). 나히 스믈세희 홀어미 되거늘:年二十三寡(東新續三綱. 烈1:23 尹氏守志). 일 홀어미 되엿더니:早寡(東新續三綱. 烈2:10 翁主節行).

홀연 부 홀연(忽然). ☞홀연 ¶能히 善히 ᄆᆞᅀᆞ믈 뻐 忽然 定에 든 ᄣᅦ(松廣寺蒙法13). 두 比丘ㅣ 忽然 大悟ᄒᆞ야 無生忍ᄋᆞᆯ 어드니라(南明下60). ᄌᆞ라거늘 忽然 ᄂᆞᆺ출 맛보니:長成忽會面(重杜解8:6). 구든 言約 깁든 誼로 忽然 變改 무삼 일고(古時調. 河順一. 歌曲). 오히려 쾌히 절치 못ᄒᆞ더니 홀연 사ᄅᆞᆷ이 보ᄒᆞᄃᆡ(落泉2:4).

홀연이 부 홀연(忽然)히. ¶집 겻틔 홀연이 甘泉이 소소되(女四解4:14). 忽然이 兄의 편지 오니(捷蒙4:16). 忽然이 ᄌᆞᆷ을 드니(古時調. 花源). 산녕긔 비더니 감응ᄒᆞ미 이셔 홀연이 잉틔ᄒᆞ야(落泉1:1).

홀연히 부 홀연(忽然)히. ¶秦ㅅ 뫼히 忽然히 ᄇᆞᆺ아뎌 뵈ᄂᆞ니:秦山忽破碎(初杜解9:32). 힌 대쵸나모 닐굽 됴 홀연히 나거늘:忽生白棗七株(東續三綱. 孝11).

홀올 명 짝이 없음. 하나뿐임. ☞홀 ¶홀올 독:獨(光千33).

·**홇** 조동 할. 하는. ☞호다 ¶어린 百姓이 니르고져 홇 배 이셔도(訓註2).

·**홈** 명 홈통. ¶빗믈 받ᄂᆞᆫ 홈:溜槽(訓蒙中12 槽字註). 홈 홍:篊. 홈 현:筧(訓蒙中15). 홈:水筧(譯解補14). 대 홈:筧. 나모 홈:梘(柳氏物名五 水).

·**홈** 조동 함. ☞호다 ¶ᄀᆞᄅᆞ쳐 여러 알에 호ᄆᆞᆯ:教令開悟(圓覺序57).

-·**홈** 접미 -함. ☞-호다 ¶어미ᄅᆞᆯ 濟渡ᄒᆞ야 涅槃 得호ᄆᆞᆯ 나 ᄀᆞᆮ게 ᄒᆞ리라(釋譜6:1). ᄒᆞᆫ ᄢᅴ 寂滅호미:同時寂滅(圓覺序57). 아비와 아ᄃᆞᆯ왜 親호미 이시며(宣賜內訓序3). 몸 공경홈이 큰이라:敬身爲大(宣小3:1).

홈의 명 호미. ☞호미. 호믜 ¶그 쇠로 홈의를 밍그라 江山田을 ᄆᆡ리라(古時調. 天下匕首劒을. 靑丘).

홈자 부 혼자. ¶우린ᄃᆞᆯ 솔진 미나리ᄅᆞᆯ 홈자 엇디 머그리(古時調. 鄭澈. 님금과. 松江). 구경ᄒᆞᆯ ᄣᅢ예 홈자 보ᄋᆞᆸ기ᄂᆞᆫ(隣語2:4).

홈자ㅅ말 명 혼자말. ☞혼ᄌᆞ말 ¶홈자ㅅ말ᄒᆞ다:自言自語(同文解上24).

홈자ᄒᆞ다 동 혼자 하다. 독천(獨擅)하다. ¶홈자ᄒᆞ다:專擅(同文解上32).

홉 명 홉〔合〕. ¶ᄎᆞᄡᆞᆯ ᄒᆞᆫ 호블 봇고ᄃᆡ:糯米一合右炒(救急下11). ᄒᆞᄅᆞ ᄡᆞᆯ 두 호ᄇᆞ로ᄡᅥ 쥭을 ᄆᆡᇰᄀᆞᆯ오:一日以米數合爲粥(宣賜內訓1:72). ᄒᆞᆫ 홉곰 ᄒᆞᄅᆞ 두 번 머그라:每服一合日再(救簡1:91). 엿 홉이 ᄃᆞ외어든 머고ᄃᆡ 거듧 머그라:六合飮之至再服(救簡2:5). ᄡᆞᆯ 두어 홉으로(飜小9:33). ᄯᅩ 됴ᄒᆞᆫ 마ᄂᆞᆯ ᄒᆞᆫ 되 디혼 즙 서 홉을 다 머그면(簡辟16. 瘟疫方22). 기장즙 두어 홉식 마시더라:啜黍汁數合(東新續三綱. 烈2:84). 홉 약:龠(兒學上11).

-**홉다** 접미 -스럽다. -스럽구나. ☞-ᄒᆞᆸ다 ¶于嗟홉다 麟이로다:于嗟麟兮(詩解1:12). 于嗟홉다 鳩ㅣ여:于嗟鳩兮(詩解3:20). 그 樂홉도다:其樂只且(詩解4:4). 차홉다 너희 등이 혜여 보라(警民音8). 詩예 닐오ᄃᆡ 穆穆ᄒᆞ신 文王이여 於(오)홉다 니워 熙ᄒᆞ야 敬ᄒᆞ고 止ᄒᆞ시다 ᄒᆞ니:詩云穆穆文王於緝熙敬止(宣大栗6). ᄉᆞ랑홉다:可愛(漢淸6:20). 진실로 사ᄅᆞᆷ으로 ᄒᆞ여곰 恨홉고 노홉게 ᄒᆞ니:眞令人可恨可惱(朴新解2:13). ᄌᆞ홉다 너 등와 신셔들아:咨爾中外臣庶(加髢3).

홋 명 홑〔單〕. ☞ᄒᆞ옷 ¶홋 단:單(類合下44). 홋 ᄎᆞᆷ뵈옷ᄉᆞᆯ 반ᄃᆞ시 表ᄒᆞ야 내더시다:袗絺綌必表而出之(宣小3:21). 홋:一重(同文解上55). 두 다섯 홋 다섯 뭇 다섯 곱기로다(萬言詞). 탈 망건 갓 숙이고 홋 중치막 ᄢᅵ 그르고(萬言詞).

홋- 접두 홑-. ¶홋옷 삼:衫(類合上30). 홋고의:單袴(譯解上45). 홋니볼:臥單(譯解下15). 후개 홋옷 닙고 잇더니:單衣(五倫5:20). 홋니불 쥬:裯(兒學上12).

홋니볼 명 홑이불. ☞홋니불 ¶홋니볼:臥單(譯解下15).

홋니불 명 홑이불. ☞홋니볼 ¶홋니불 쥬:裯(兒學上12).

홋옷 명 홑옷. ¶홋옷 삼:衫(類合上30). 후개 홋옷 닙고 잇더니:單衣(五倫5:20).

홍·곡 명 홍곡(鴻鵠). ¶鴻鵠이 쟝ᄎᆞᆺ 至ᄒᆞ거든(宣孟11:22). 엇데 시러곰 鴻鵠ᄋᆞᆯ 타 가려뇨:安得騎鴻鵠(重杜解13:9). 연작이 엇디 홍곡의 먼 뜻을 알리오(洛城1).

홍도ㅅ개 명 홍두깨. ☞홍돗개 ¶홍도ㅅ개:趕麵棍(蒙解下11).

홍독기 명 홍두깨. ☞홍도ㅅ개. 홍돗개 ¶ᄌᆞ네 人生 죽은 後ㅣ면 홍독기로 탁을 괴와(古時調. 削髮爲僧. 海謠).

홍돗개 명 홍두깨. ☞홍도ㅅ개 ¶홍돗개:赶麵棍(譯解下15).

홍딘 명 홍진(紅塵). ☞홍진 ¶區區ᄒᆞ야도 紅塵에 ᄃᆞᆫ뇨ᄆᆞᆯ 免티 몯ᄒᆞ리라(金三2:71). 노

니ᄂᆞᆫ 아ᄃᆞ리 옷곳호ᄆᆞᆯ 조차 紅塵이 顔色ᄋᆞᆯ 좀먹ᄂᆞᆫ ᄃᆞᆯ 아디 몯ᄒᆞ놋다(南明上23).

홍문 명 홍문(紅門). 홍살문. 정문(旌門). ¶엳ᄌᆞᄫᅡᄂᆞᆯ 門의 紅門 세라 ᄒᆞ시니라(三綱. 孝25).

홍·슈 명 홍수(洪水). ¶天下ㅣ 오히려 平티 몯ᄒᆞ야 洪水ㅣ 橫히 流ᄒᆞ야(宣孟5:23).

홍안 명 홍안(紅顔). ¶믄득 ᄉᆞ랑호니 紅顔인 저긔 서리와 이스리 階砌와 門의 어렛거든(重杜解10:26). 紅顔을 믿쟈 ᄒᆞ니 盛色이 몃 더지며(曺友仁 自悼詞). 홍안 녹발의 근심이 미쳐(洛城2). 紅顔은 어듸 두고(古時調. 林悌. 青草 우거진. 青丘)

홍:안 명 홍안(鴻雁). ¶鴻鴈과 羔羊괘 ᄀᆞ장 녯 前브터 禮 잇ᄂᆞ니:鴻鴈及羔羊有禮太古前(初杜解17:4). 鴻鴈과 麋鹿을 顧ᄒᆞ고 ᄀᆞᆯᄋᆞ샤ᄃᆡ 賢者도 또ᄒᆞᆫ 이ᄅᆞᆯ 樂ᄒᆞᄂᆞ니잇가(宣孟1:3). 하ᄂᆞᆯ 우희 鴻鴈이 하고 못 안해 鯉魚ㅣ 足호ᄃᆡ:天上多鴻鴈池中足鯉魚(重杜解21:12). 鴻鴈아 南中苦 슬타마는 너는 어이 오ᄂᆞ니(古時調. 九月九日. 歌曲).

홍진 명 홍진(紅塵). ☞홍딘 ¶十丈紅塵이 언매나 ᄀᆞ렛ᄂᆞᆫ고(古時調. 구버ᄂᆞᆫ. 聾巖集). 紅塵에 쓰지 업셔 斯文을 닐을 삼아(古時調. 朴仁老. 蘆溪集). 紅塵을 다 ᄯᅥᆯ치고 竹杖芒鞋 집고 신고(古時調. 青丘). 千丈 紅塵애 검은 머리 다 세거다(辛啓榮. 月先軒十六景歌).

·화 명 홰. 횃대. ☞홰 ¶셜긧옷ᄃᆞᆯ히 화예 나아 걸이며(月釋2:33).

:화 명 화(禍). ¶오히려 그 禍ᄅᆞᆯ 저허 그 害ᄅᆞᆯ 업게 홀디온 獨혀 다ᄉᆞᆷ 子息의게 아니 ᄒᆞ면 엇데 샹녯 어믜게셔 다ᄅᆞ리오(宣賜內訓3:24). ᄒᆞ여ᄇᆞ려 ᄡᅥ 禍를 얻ᄂᆞ니라:敗以取禍(宣小4:51). 이ᄂᆞᆫ 스스로 禍ᄅᆞᆯ 求홈이니라(宣孟3:26). 만일 그ᄅᆞ미 이시면 그 禍ㅣ 測냥티 몯ᄒᆞ리라(家禮2:5).

:화 감 허. ¶믄득 화 ᄒᆞ논 소리예 趙州關ᄋᆞᆯ ᄉᆞᄆᆞᆺ 디나(囫地ᄂᆞᆫ 몬 어뎃던 거슬 어더셔 화 ᄒᆞ논 소리라):忽然囫地一聲透過趙州關已(蒙法18). 화 ᄒᆞ논 소릿 後에 하나한 靈妙ㅣ 다 自然히 具足ᄒᆞ리라:囫地一聲後許多靈妙皆自具足(蒙法68).

화관 명 화관(華冠. 花冠). ¶華冠과 衣服과(月釋10:44).

:화·급히 부 화급(火急)히. ¶第六代祖ᄅᆞᆯ 사모리니 火急히 ᄲᆞᆯ리 가 머믈츠디 말라(六祖上10).

:화·긔 명 화기(火氣). ¶火氣ᄅᆞᆯ 受ᄒᆞ야 모ᄆᆞᆯ 사ᄆᆞᆫ 젼ᄎᆞ로(楞解8:76).

화긔 명 화기(和氣). ¶힘을 다ᄒᆞ야 밧드러 ᄒᆞ면 얼운의 ᄆᆞᄋᆞᆷ이 快樂ᄒᆞ야도 장문 안히 화긔 봄 ᄀᆞᄐᆞ리라(警民35).

화답ᄒᆞ·다 동 화답(和答)하다. ¶陽春ㅅ ᄒᆞᆫ 놀애ᄅᆞᆯ 和答호미 다 어렵도다:陽春一曲和皆難(初杜解6:6).

:화·독 명 화독(火毒). ¶荊芥 ᄒᆞᆫ 우후믈 ᄉᆞ라 ᄡᅡ해 두퍼 火毒 내오:荊芥一握燒過蓋於地上要出火毒(救急上60). 록둣 ᄀᆞᄅᆞᆯ 븕게 봇가 내야 노하 화독 업게 ᄒᆞ고:菉豆粉炒赤下出火毒(救簡3:34).

화동·ᄒᆞ·다 동 화동(和同)하다. ¶父子 ᄠᅳ디 和同ᄒᆞ야 疑心이 업서(月釋13:27). 父子ㅅ ᄠᅳ들 和同ᄒᆞ야 疑心ㅅ ᄉᆞᅀᅵ 업게 ᄒᆞ야:和同父子之情使無疑間(法華2:219). 縣令이 主簿와로 화동티 묻호ᄆᆞᆫ:令與簿不和(飜小7:25). 〔'묻호ᄆᆞᆫ'은 '몯호ᄆᆞᆫ'의 오기(誤記).〕 諸葛亮ᄋᆡ 和同호ᄆᆞᆯ 貴히 너기논 글월 篇ㅣ 잇ᄂᆞ니라(重杜解25:55). 능히 권당을 화동ᄒᆞ며 ᄆᆞᅀᆞᆯ흘 구제ᄒᆞ야(警民26).

화듀 명 화저(火箸). 부젓가락. ☞화쥬 ¶화듀ᄅᆞᆯ 달와 두ᅀᅥ 번을 지져:燒鐵筋烙之數過(救簡2:90).

화·락·ᄒᆞ·다 형 화락(和樂)하다. ¶이 詩ᄅᆞᆯ 지ᅀᅥ 닐오ᄃᆡ 서르 和樂ᄒᆞ시며 恭敬ᄒᆞ샤미(宣賜內訓2上5). 이런 故로 夫妻ㅣ 和樂ᄒᆞ면 기리 그 집을 보젼ᄒᆞ고(警民3). 지극ᄒᆞᆫ 은ᄋᆡᄅᆞᆯ 밧고 쾌히 녀ᄋᆞ로ᄡᅧ 동방 허ᄒᆞ믈 어더 여러 날 화락ᄒᆞ야(落泉2:5).

화랑 명 화랑(花郎). 박수. 남자 무당. 〔신라 시대의 '화랑'과는 뜻이 아주 달라졌음.〕 ☞화랑이 ¶우리 지븨 스승이며 화랑이며:吾家巫覡(飜小7:23). 우리 집이 무당이며 화랑이며 부작과 주쟝ᄒᆞ기를:吾家巫覡符章(宣小5:56). 按新羅時 取美男子 粧飾之 使類聚羣遊視其行義 名花郎 時謂郎徒 或謂國仙 如永郎 述郎 南郎 蓋亦是類今俗 乃謂男巫爲花郎 失其旨矣(芝峰類說18:242).

화랑·이 명 화랑(花郎)이. 박수. 남자 무당. ☞화랑 ¶화랑이 혁:覡(訓蒙中3). 화랑이 격:覡(倭解上15).

화려ᄒᆞ다 형 화려하다. ¶니블 褥히 華麗ᄒᆞᆫ 거슬 업시 ᄒᆞ고(家禮5:36). 화려ᄒᆞ다:華(漢淸6:2). 의장 슈식이 극히 화려ᄒᆞ고 화안 옥면이 십분 미려ᄒᆞ더라(落泉1:3).

:화로 명 화로(火爐). ¶各別히 ᄒᆞᆫ 져근 火鑪ᄅᆞᆯ 노코:別安一小火鑪(楞解7:16). 火爐앳 더운 ᄌᆡ로(救急上73). 지븨 비취엿ᄂᆞᆫ 블근 火爐ᄂᆞᆫ 새뱃 비츨 뵈아고:照室紅爐促曙光(初杜解15:45). 벌건 화로븘 나올 소밴:紅爐焰裏(南明下69). 다시 화로앳 더운 ᄌᆡᄅᆞᆯ:更以爐中煖灰(救簡1:67). 이 ᄎᆞ니란 네 가져가 화로애 데워 오라:這冷的你拿去爐裏熱着來(飜老上62). 화롯 로:爐(訓蒙中15). 화로 로:爐(類合上27). 火爐ㅣ며 酒食의 그ᄅᆞ슬(家禮1:22). 화로에 블 퓌오고:

火盆裏弄些火(朴解下7). 화로:火床(譯解下13). 화로:火盆(同文解下15).

화류 명 화류(樺榴). ¶실 도티고 화류 가프레 록각 부리예 약대뼈로 마기 ᄒᆞ고:起線花梨木鞘兒鹿角口子駝骨底子(飜朴上15).

화목 명 화목(和睦). ¶화목 목:睦(石千14). 화목:和調(同文解上31).

화·목ᄒᆞ·다 형 화목(和睦)하다. ¶辭讓ᄒᆞ면 尊卑 和睦ᄒᆞ고(六祖上101). 힘써 서르 화睦ᄒᆞ며 싸화 ᄃᆞ토리 잇거든(家禮2:28). 그나믄 권당이 서르 텨 싸화 화목디 아니ᄒᆞ면(警民7). 화목지 못ᄒᆞ다:不睦(漢淸7:7).

화문 명 화문(花紋). ¶화문 비단:花樣段子(飜老下69).

·화·믈 명 화물(貨物). ¶네 닐오ᄃᆡ 내 貨物 아노라 호ᄃᆡ:你說是我識貨物(飜老下29).

화방 명 화방(火防). ¶화방:房山墻(同文解上36. 譯解補14). 화방:山墻(漢淸9:73).

화방쥬 명 무늬 있는 비단의 이름. ☞방ㅅ쥬 ¶화방쥬:花紬(同文解下24).

:화·복 명 화복(禍福). ¶간대옛 禍福ᄋᆞᆯ 닐어든(釋譜9:36). 口中에 未然엣 禍福ᄋᆞᆯ 즐겨 닐오ᄃᆡ(楞解9:104). 禍福ᄋᆡ 브터 니논 배니:禍福之所由興地(金三2:17). 得홈 이시면 간대로 禍福을 니ᄅᆞ논디라(六祖中11). 禍福ᄋᆞ로 뻐 移易호ᄆᆞᆯ 아쳐러ᄒᆞ며(重杜解25:38). 能히 사ᄅᆞᄆᆡ 禍福을 닐월딘ᄃᆞᆯ(家禮7:15). 천명의 몸을 부쳐 화복을 도라보지 못ᄒᆞᄂᆞᆫ 고로(落泉3:7).

화산ᄃᆡ 명 화산대(火山臺). 산디놀음. ☞산ᄃᆡ ¶國俗元日設鰲山于禁苑陳大戲山上名曰火山臺(中宗實錄12:38).

화·살 명 화살. ☞활살 ¶또 各各 無數ᄒᆞᆫ 사ᄅᆞᆷᄃᆞᆯ히 화살와 槍과 여러 가짓 싸호맷 연자ᄋᆞᆯ 가지고(釋譜23:50). ᄒᆞᆫ ᄆᆞᆯ ᄐᆞᆫ 도ᄌᆞ기 화살 ᄎᆞ고 미조차 가:一箇騎馬的賊帶着弓箭跟着行(飜老上29). 화살 잡오ᄆᆞᆯ ᄌᆞ셔히 ᄒᆞ며 굳이 ᄒᆞ고:持弓矢審固(宣小3:19). 화살 가지고 누희 올라 네 사ᄅᆞᆷ을 쏘아 주기고:持弓矢登樓射殺四人(東新續三綱. 忠1:32). 화살 ᄎᆞᄂᆞᆫ 치마:箭裙(譯解上22).

·화:샹 명 화상(畫像). ¶ᄒᆞ다가 사ᄅᆞ미 塔廟와 寶像과 畫像애(法華1:221). ᄉᆞ나히ᄂᆞᆫ 살아실 제 畫像이 이시나(家禮5:20). 원종 대왕 화샹 뫼신 곳이라(山城48). 화샹:喜容(漢淸4:21).

화·샹 명 화상(和尙). ¶和尙ᄋᆞᆫ 갓가비 이셔 외오다 ᄒᆞ논 마리니 弟子ㅣ 샹녜 갓가비 이셔 經 비호아 외올 씨니 和尙ᄋᆞᆫ 스ᄉᆞ을 니르니라(釋譜6:10). 和尙ᄋᆞᆫ 브터 비호다 혼 ᄠᅳ디니 이 사ᄅᆞᄆᆞᆯ 브터 戒定慧ᄅᆞᆯ 비홀 시라(金三1:9). 和尙이 佛法을 아니 ᄀᆞᄅᆞ치실시 다른 ᄃᆡ 가 비호려 ᄒᆞ노이다(南明上14). 獦獠ᄋᆡ 모미 和尙과 ᄀᆞᆮᄃᆡ 아니ᄒᆞ나(六祖上7). ᄒᆞᆫ 見性得道ᄒᆞᆫ 고렷 화샹이:一箇見性得道的高麗和尙(飜朴上74).

화·슌ᄒᆞ·다 형 화순(和順)하다. ¶우리 형뎨ᄃᆞᆯ히 화슌ᄒᆞᆫ 젼ᄎᆞ로:咱弟兄們和順的上頭(飜朴上7).

·화신 명 화신(化身). ¶化身ᄋᆞᆫ 變化로 나신 모미라 곳 우흿 釋迦ᄂᆞᆫ 盧舍那ㅅ 化身이시고(月釋2:54). ᄒᆞ다가 報身 化身을 가져 이 부톄라 니ᄅᆞ린댄(金三1:25). 化身ᄋᆞᆫ 光明 오시니 니ᄅᆞ논 三身 오ᄉᆞᆫ 오ᄂᆞᆳ날 새로 일운 神通三昧 等이니(南明上32). 엇데 일후미 千百億 化身고 ᄒᆞ다가(六祖中41).

·화신·ᄒᆞ·다 동 화신(化身)하다. ¶부톄 百億世界예 化身ᄒᆞ야 教化ᄒᆞ샤미(月釋1:1).

·화ᄉᆞ 명 화사(畫師). ¶畫師 블러 그리ᅀᆞᄫᅡ라 ᄒᆞ니:畫ᄂᆞᆫ 그림 그릴 씨라(釋譜24:10). 畫師ㅣ 또 數ㅣ 업스나 됴ᄒᆞᆫ 소ᄂᆞᆫ 可히 맛나디 몯ᄒᆞ리로다:畫師亦無數好手不可遇(重杜解16:29).

화ᄉᆡᆨ 명 화색(和色). ¶말을 맛ᄎᆞ며 눈물이 화ᄉᆡᆨ의 져ᄌᆞ니(落泉1:2).

·화ᄉᆡᆼᄒᆞ·다 동 화생(化生)하다. ¶莊嚴ᄒᆞᆫ 싸해 化生ᄒᆞ리라(永嘉下21).

화:아·ᄒᆞ·다 형 화아(和雅)하다. ¶그 소리 和雅ᄒᆞ야(釋譜11:15). 여러 새ᄃᆞᆯ히 밤낫 여슷 ᄢᅳ로 和雅ᄒᆞᆫ 소리ᄅᆞᆯ 내ᄂᆞ니:和ᄂᆞᆫ 溫和ᄒᆞᆯ 씨오 雅ᄂᆞᆫ 正ᄒᆞᆯ 씨라(月釋7:66). ᄠᅳ디 和雅ᄒᆞ야 能히 菩提예 니를리라(法華4:171).

화약 명 화약(火藥). ¶화약 담ᄂᆞᆫ 아홉 간 남ᄂᆞᆯ개:九龍袋(漢淸5:12).

화양목 명 황양목(黃楊木). 회양목. ☞황양목 ¶화양목:黃楊(柳氏物名四 木).

화·열·히 부 화열(和悅)히. ¶쉰다ᄉᆞᆺ차힌 衆生ᄋᆡ ᄠᅳ들 조차 和悅히 더브러 말ᄒᆞ시며:和悅은 溫和히 깃거ᄒᆞ실 씨라(月釋2:58). 上大夫ᄃᆞ려 니ᄅᆞ샤ᄃᆡ 和悅히 ᄒᆞ더시다:與上大夫言闇闇如也(宣賜內訓1:19). 어버이며 얼우ᄂᆞᆯ 화열히 셤겨:怡怡奉親長(飜小6:21).

화·열ᄒᆞ·다 형 화열(和悅)하다. ¶말ᄉᆞ미 온공ᄒᆞ고 긔운이 화열ᄒᆞ면:言溫而氣和則(飜小6:9). ᄂᆞᆺ빗출 펴샤 화열ᄐᆞ시 ᄒᆞ시며:逞顏色怡怡如也(宣小2:39). 비록 아니ᄒᆞᆯ 怒로뻐 내게 더을디라도 내 모로미 和悅ᄒᆞ기로뻐 ᄃᆡ답ᄒᆞ며(警民9). 친ᄒᆞᆫ 사람인즉 ᄃᆡᄒᆞ야 화열ᄒᆞᆫ 말숨으로 죵일토록 회히ᄒᆞ고(洛城2).

·화·예 명 홰에. 횃대에. 〔'화'+부사격 조사 '-예'〕 ㉤화 ☞홰 ¶설깃옷ᄃᆞᆯ히 화예 나아 걸이며(月釋2:33).

화왁ᄃᆞᆰ 명 작은 품종의 닭. ¶화왁ᄃᆞᆰ:哈八鷄

(譯解下24).

화원 명 화원(花園). ¶뎌 일홈난 화원의 가:去那有名的花園裏(飜朴上1). 八里庄梁家짓 花園의 가 ᄒᆞ더라:八里庄梁家花園裏做來(飜朴上66).

화원 명 화원(畫員). 화공(畫工). ¶그 어미ᄃᆞ려 아비 얼굴을 무러 화원의게 그려내여:畫工(五倫1:45).

화져 명 화저(火箸). 부젓가락. ☞화쥬. 화듀 ¶화져:火快子(同文解下15).

:화:젼 명 화전(火箭). ¶火箭:箭은 ᄂᆞᆯ사리라(月釋21:74).

화·졔·방 명 화제방(和劑方). 화제(和劑). ¶화졔방애 우황쳥심원 지보단:和劑方牛黃淸心圓至寶丹(救簡1:1). 화졔방애 륙화탕 향유탕:和劑方六和湯香薷湯(救簡1:32).

화쥬 명 화저(火箸). 부젓가락. ☞화듀. 화져 ¶화쥬:火筯(譯解下13).

:화지 명 화재(火災). ¶火災ᄂᆞᆫ 블 災禍ㅣ니 히 만히 도도ᄆᆞᆯ 니ᄅᆞ니라 災禍ᄂᆞᆫ 머즌 씨라(月釋1:49).

:화지 명 화재(貨財). 재화(財貨). ¶貨財ㅣ 殖ᄒᆞᄂᆞ니라(宣中40). 貨財ㅣ 聚티 아니홈이 國의 害ㅣ 아니라(宣孟7:5).

화쳐 명 홍등가(紅燈街). ¶화쳐에 가다:院裡走(譯解下50).

화초 명 화초(花草). ¶화초에 믈 주ᄂᆞᆫ 병:噴壺(譯解補43). 화초 움:花洞子(漢淸9:75).

화친ᄒᆞ·다 동 화친(和親)하다. ¶夫婦ㅣ 義로 和親ᄒᆞ고 恩으로 和合ᄒᆞᄂᆞᆫ 거시어늘(宣賜內訓2上10). 니ᄅᆞ거늘 드로니 和親ᄒᆞ고 드러오니 나라ᄒᆞᆯ 갑ᄉᆞ온 그테 일후믈 드리우도다:聞道和親入垂名報國餘(重杜解20:31). 아국도 ᄯᅩᄒᆞᆫ 신을 보내여 화친ᄒᆞ기ᄅᆞᆯ 쳥ᄒᆞ니(山城7).

화평ᄒᆞ·다 형 화평(和平)하다. ¶말ᄉᆞᆷ이 온후ᄒᆞ고 긔운이 화평ᄒᆞ면:言溫而氣和則(宣小5:9).

화포 명 화포(花布). ¶화포:印花布(同文解下24). 화포:膠花春布(漢淸10:59).

화·합ᄒᆞ·다 동 화합(和合)하다. ¶眞實ㅅ 見은 和合혼 相이 아니라:眞見非和合相(楞解2:72). 和合ᄒᆞᆫ 마ᄅᆞᆫ 能히 두 혀ᄅᆞᆯ 덜오:和合語者能除兩舌(永嘉上46). 드듸여 ᄉᆞ랑ᄒᆞ여 화합ᄒᆞ믈 처엄ᄀᆞᆮ티 ᄒᆞ니라:遂好合如初(東新續三綱. 孝6:62).

화·히 부 화(和)히. ¶關ᄋᆞᆫ 암수히 서르 和히 우는 소리오(宣賜內訓2上5). 어버싀 셤규ᄃᆡ ᄂᆞᆺ비ᄎᆞᆯ 화히 ᄒᆞ야 효양ᄒᆞ더니:事親色養(飜小9:28). 화히 말일 은:誾(類合下29). 봉황이 ᄂᆞ니 화히 우러 즐겨ᄒᆞ놋ᄯᅡ:鳳凰于飛和鳴樂(東新續三綱. 烈1:92).

·화·ᄒᆞ·다 동 화(化)하다. ¶뎌 나랏 種種 雜色 衆寶花中에 自然히 化ᄒᆞ야 나며(釋譜9:19). 오ᄂᆞᆳ나래 지블 化ᄒᆞ야 나라 ᄃᆞ외요ᄆᆞᆫ 得홀 ᄆᆞᅀᆞ미 업순디라:今日化家爲國無心所得(宣賜內訓2下47). 곧 보며 드르니다 化ᄒᆞ야 왼 돌 아라 어딘게 옮게 ᄒᆞ며(金三涵序10). 大鵬은 鯤魚ㅣ 化ᄒᆞ야 ᄃᆞ왼 큰 새니(南明上11). 惡事ᄅᆞᆯ ᄉᆞ랑ᄒᆞ면 化ᄒᆞ야 地獄이 ᄃᆞ외오(六祖中41). 일로ᄡᅥ ᄀᆞᄅᆞ쳐 化ᄒᆞ게 ᄒᆞᄂᆞᆫ 일이 ᄇᆞᆰ디 몯ᄒᆞ고:是以敎化不明(宣小5:63). 至극ᄒᆞᆫ 誠이사 能히 化ᄒᆞᄂᆞ니라(宣中35).

화ᄒᆞ·다 형 화(和)하다. ¶지브란 和호ᄆᆞᆯ 勸ᄒᆞ시고(月釋8:29). 鹽醋ᄂᆞᆫ 맛 和ᄒᆞᄂᆞᆫ 거시니(法華2:212). 얼운과 아ᄒᆡ왜 和ᄒᆞᆫ 後에사(宣賜內訓1:20). ᄇᆞᆷᄇᆞᄅᆞᆷ 和ᄒᆞᆫ 긔운ᄋᆞᆫ 本來 놉ᄂᆞᆺ가이 업스니(南明上22). 화ᄒᆞᆫ 말ᄉᆞᆷ은:誾(類合下29). ᄂᆞᄎᆞᆯ 부ᄂᆞᆫ 和ᄒᆞᆫ ᄇᆞᄅᆞᆷ을 ᄐᆞ노라:吹面受和風(重杜解11:22). 완슌ᄒᆞ신 얼골과 화ᄒᆞᆫ 비ᄎᆞ로 극진히 ᄒᆞ시고(仁祖行狀7).

·확 명 확(鑊). 가마솥. ¶ᄒᆞᆫ 鑊애 글히ᄂᆞᆫ 地獄ᄋᆞᆯ 보니(月釋23:81).

확 명 확. ☞호왁 ¶방핫확:碓臼(譯解下16). 확 구:臼(倭解下3). 확:碓窩(同文解下2. 漢淸10:8).

·확:란 명 곽란(癨亂). ¶吐와 즈츼유미 ᄒᆞᆫ ᄣᅴ 니르와ᄃᆞ면 霍亂이 ᄃᆞ외야:吐瀉併作遂成霍亂(救急上31).

·확·실ᄒᆞ·다 형 확실(確實)하다. ¶내 常해 ᄡᅥ 확실ᄒᆞᆫ 의론이라 ᄒᆞ노라:吾常以爲確論(宣小6:46).

확연ᄒᆞ다 형 확연(廓然)하다. ¶練호매 慨然ᄒᆞ며 祥호매 廓然홀디니라(家禮9:34).

환 명 환(丸). ¶丸ᄋᆞᆫ 무저기라(釋譜19:17). 蘇合圓 세 丸ᄋᆞᆯ 프러 브ᅀᅩᄃᆡ(救急上2). ᄒᆞᆫ ᄢᅴ 스믈 환곰 머고ᄃᆡ:每服二十丸(救簡1:9). 여슷 환 ᄆᆡᆼᄀᆞ로ᄃᆡ ᄃᆞᆰ긔알 소뱃 누른ᄌᆞᅀᆞ만케 ᄒᆞ야 숨ᄭᅵ라:飴糖丸如雞子黃大呑之(救簡6:5). 네 환ᄋᆞᆯ ᄃᆞᄉᆞᆫ 므레 프러 머그라(簡辟4). ᄒᆞᆫ 화ᄂᆞᆯ 밀드린 죠ᄒᆡ예 ᄡᅡ 블근 깁 ᄂᆞᄆᆞ치 녀허(瘟疫方9). 섯거 丸 ᄆᆡᆼᄀᆞ라:和爲丸(宣小6:99). 소합원 아홉 환을 ᄒᆞᆫ 병 술에 ᄃᆞᆷ가 ᄲᅢᄲᅢ로 머그면(辟新13).

환갑 명 환갑(還甲). ¶환갑 히:本命年(同文解上4. 譯解補3. 漢淸1:22).

환낙 명 환락(歡樂). ¶쥬육 가무로 등경을 흔드러 희소 환낙으로 졍욕을 동케 ᄒᆞ니(落泉1:1).

·환·난 명 환난(患難). ☞활란 ¶여러 患難ᄋᆞᆯ 닐오ᄃᆡ 모딘 鬼와 毒ᄒᆞᆫ 벌에와 災害옛 브리 너추러(法華2:134). 患難이 나 安樂이 업스리라:患難生而安樂喪矣(法華5:8). 지원 극통ᄒᆞᆫ 환난을 니도ᄒᆞᆫ 일노 혀다혀

여러 주니(癸丑66). 患難에 素ᄒᆞ얀 患難에 行ᄒᆞᄂᆞ니(宣中13). 世옛 患難ᄋᆞᆯ 逃避ᄒᆞ야 ᄃᆞᆫ니노라:逃世難(重杜解2:65). 인ᄂᆞᆫ 것 업ᄂᆞᆫ 거ᄉᆞᆯ 서ᄅᆞ ᄌᆞ뢰ᄒᆞ며 患難의 서ᄅᆞ 救ᄒᆞ니(警民8).

환도 [명] 환도(環刀). ¶샹녜 環刀ㅣ며 막다히ᄅᆞᆯ 두르고 이셔도 두립더니(月釋7:6). 활와 環刀와ᄅᆞᆯ 브레 더디고(三綱. 忠28). 환도 검:劒(訓蒙中27). 도적이 환도ᄅᆞᆯ ᄲᅢ여 협박ᄒᆞ야 닐오ᄃᆡ:賊露刃脅之曰(東新續三綱. 忠1:51). 술의예 ᄂᆞ려셔 환도 ᄎᆞᆫ 재 황뎨뎐에 오르니(三譯1:13). 환도:腰刀(同文解上48). 환도ᄅᆞᆯ 글러(十九史略1:27). 환도 양마:刀隔手(譯解補16). 긔화ᄒᆞᆫ 환도:玲瓏刀(漢淸5:8).

환락ᄒᆞ·다 [동] 환락(歡樂)하다. ¶一切 有情이 無病 歡樂ᄒᆞ며:歡樂ᄋᆞᆫ 깃버 즐거ᄫᅳᆯ 씨라(釋譜9:34). 머므러셔 歡樂호ᄆᆞᆯ 바미 업서 가ᄆᆞᆯ 占卜ᄒᆞ노라(初杜解15:51). 民이 歡樂ᄒᆞ야 그 臺ᄅᆞᆯ 닐어 ᄀᆞᆯ오ᄃᆡ 靈臺라 ᄒᆞ고(宣孟1:5). 興이 오거ᄂᆞᆯ 오ᄂᆞᆯ나래 그ᄃᆡ와 歡樂호ᄆᆞᆯ 다ᄋᆞ노라:興來今日盡君歡(重杜解11:33).

:환:란 [명] 환난(患難). ☞활란 ¶로호옴애 환란을 ᄉᆡᆼ각ᄒᆞ며:忿思難(宣小3:5). 다ᄅᆞᆫ 날애 환란 되옴이 엇디 그지 이시리오:異日爲患庸有極乎(宣小5:65).

환슈ᄒᆞ다 [동] 환수(還收)하다. ¶엄젹 업시ᄒᆞᆫ 덕을 칭하ᄒᆞ고 졔과 샤혼ᄒᆞ신 명을 다 환슈ᄒᆞ시믈 간쳥ᄒᆞ니(落泉3:7). 샹이 환슈ᄒᆞ시고 더욱 탄복ᄒᆞ시더라(洛城2).

·환·슐 [명] 환술(幻術). ¶저희 무레 幻術 잘ᄒᆞᄂᆞᆫ 사ᄅᆞᄆᆞᆯ 골와(釋譜24:21). 환슐ᄒᆞᄂᆞᆫ 사ᄅᆞᆷ:變戲法的. 환슐ᄒᆞ다:變戲法(同文解下33). 환슐:戲法(漢淸6:61).

환ᄉᆡ [명] 황새. ☞한새 ¶가마귀 거므나다나 ᄒᆡ오리 희나다나 환ᄉᆡ 다리 기나다나(古時調. 瓶歌).

·환션·히 [부] 환연(渙然)히. ¶다ᄅᆞᆫ 사ᄅᆞᆷ 드루미 渙然히 어름 녹ᄃᆞᆺ도다:渙然ᄋᆞᆫ 어름 노가 헤여딜 씨라(永嘉上47).

:환션ᄒᆞ·다 [형] 환연(煥然)하다. ¶ᄒᆞ다가 알면 한 教ㅣ 煥然ᄒᆞ려니와:煥ᄋᆞᆫ ᄇᆞᆯᄀᆞᆯ시라(圓覺下三之二73).

환약 [명] 환약(丸藥). ¶후ᄆᆡ 왈 내 ᄒᆞᆫ 환약이 이시니 공ᄌᆞ로 ᄒᆞ여곰 쇼져ᄅᆞᆯ 앗기게 ᄒᆞ고(落泉1:2).

환양놀다 [동] 화냥질하다. ¶白髮에 환양노ᄂᆞᆫ 년이 져문 書房을 맛쵸와 두고 셴 머리에 墨漆ᄒᆞ고(古時調. 靑丘).

:환연·히 [부] 환연(渙然)히. ☞환션히 ¶渙然(헤여디ᄂᆞᆫ 양이라)히 어름이 프러디ᄃᆞᆺ ᄒᆞ며:渙然冰釋(宣小5:115).

환자 [명] 환자(還子). ☞환ᄌᆞ ¶몯 갑파 잇ᄂᆞᆫ 환자ᄅᆞᆯ 받디 말며:逋租必蠲免(飜小10:14). 환자 타 산다 ᄒᆞ고 그ᄅᆞᆯ사 그르다 ᄒᆞ니(古時調. 尹善道. 孤遺).

환쟈 [명] 환자(宦者). ¶환쟈 환:宦(類合上17).

환질ᄒᆞ다 [동] 맛바람에 돛이 비끼게 하며 나아가다. ¶역풍의 환질ᄒᆞ다:折搶(譯解補46).

환ᄌᆞ [명] 환자(還子). ☞환자 ¶환ᄌᆞ 亦曰 還上(農俗). 농냥이 부족ᄒᆞ니 환ᄌᆞ 타 보ᄐᆡ리라(農月 四月令).

환:희 [명] 환희(歡喜). ¶歡喜ᄂᆞᆫ 깃글 씨라(釋譜13:13). 歡喜로 밥삼고:歡喜ᄂᆞᆫ 즐길 씨라(月釋1:42).

환:희ᄒᆞ·다 [형] 환희(歡喜)하다. ¶歡喜ᄒᆞ야 奉行ᄒᆞ니라(六祖中48).

활 [명] 활〔弓〕. ¶如활爲弓而其聲平(訓解. 合字). 큰 화리 常例 아니샤:大弧匪常(龍歌27章). 활 쏘리 하건마ᄅᆞᆫ:射侯者多(龍歌45章). 弩ᄂᆞᆫ ᄇᆞᆯ 잇ᄂᆞᆫ 화리라(楞解8:104). 화래 허러 새 주으리놋다:傷弓鳥雀飢(初杜解20:54). 화ᄅᆞᆯ 지혀 시우를 우흐로 오ᄅᆞ게 ᄒᆞ고:張弓令弦向上(救簡2:98). 우리 사텽의 활 ᄡᅩ라 가져:咱們教場裏射箭去來(飜朴上54). 활 궁:弓. 활 호:弧(訓蒙中28). 활:弓. 활 토기다:彈弓弦. 활 ᄃᆞ리다:拉弓. 활 세다:弓硬. 활 무르다:弓軟. 활 뒤텨지다:弓反身(同文解上47).

·활·개 [명] 활개. ☞활기 ¶네 소ᄂᆞ로 ᄒᆞᆫ 활개 디ᄅᆞᆯ 時節에 네 활개 반ᄃᆞ기 알리니:則汝以手揑一支時四支應覺(楞解1:67).

·활·계 [명] 활계(活計). ¶제 活計 업다 니ᄅᆞ디 말라(金三2:57). 이 집 活計ᄂᆞᆫ 本來 뷔니라(南明上30).

활고자 [명] 활고자. ☞활고재 ¶활고자 부친 곳:弓腦. 활고자:弓弰(漢淸5:16).

활고·재 [명] 활고자. ☞활고자 ¶활고재 쇼:弰(訓蒙叡山本中14). 활고재 소:弰(訓蒙東中本中28). 활고재:弓弰(譯解上21. 同文解上47). 활고재 비우다:弓歪(漢淸5:16).

·활기 [명] 활개〔四肢〕. ☞활개 ¶네 ᄆᆞᄃᆡᄆᆞᄃᆡ 활기 ᄠᅳ즐 ᄢᅦ:往昔節節支解時(金剛上79). 활기 ᄆᆞᄃᆡ 漸漸 次第로 골오 두려우샤(法華2:15). 네 활기 몯 ᄡᅳ며:四肢不收(救簡1:14). 어귀와 입괘 ᄇᆞᄅᆞ며 네 활기 세오 곧거든:牙關口緊四肢强直(救簡6:81). 도적이 활기ᄅᆞᆯ ᄠᅳ즈니라:賊肢解之(東新續三綱. 烈5:70). 无等山 ᄒᆞᆫ 활기 뫼히 東다히로 버더 이셔(宋純. 俛仰亭歌).

활도고리 [명] 도지개. ¶활도고리:弓掟子(譯解上21). 이 활도고리ᄅᆞᆯ 내 能히 ᄡᅧ히지 못ᄒᆞ니 ᄀᆞ장 세다(捷蒙3:3).

활동개 명 동개. ¶ 활동개:弓釵帒(同文解上48). 활동개:飛魚帒(譯解補16). 활동개:弓鞬(漢淸5:21).

:활:란 명 환난(患難). ☞환난. 환란 ¶ ᄒᆞ다가 만일에 바ᄃᆞ라온 활란이 이시면 엇디 혼자 사라 이시료:若萬一危禍豈宜獨生(飜小9:65).

활머기·다 동 화살 메기다. ¶ 블 알ᄑᆡ 활머겨 셔아 기드리더니:於火前持滿以待(三綱. 忠28).

활바치 명 활바치. 조궁장(造弓匠). 궁장이. ☞활와치 ¶ 활바치 박남은 셔울 사ᄅᆞᆷ이라:弓匠朴楠京都人(東新續三綱. 忠1:77).

활부리오다 동 활부리다. ☞활브리우다 ¶ 활부리오다:卸弓(同文解上47).

활브·리·우·다 동 활부리다. 활을 지우다. ☞활부리오다 ¶ 활브리울 툐:弨. 활브리울 이:弛(訓蒙下10).

활비·븨 명 활비비. 활처럼 굽은 나무에 시위를 매어 나무 같은 것을 뚫는 송곳의 한 가지. ¶ 활비븨:牽鑽(訓蒙中14 鑽字註). 활비븨:活鑽(譯解補45).

활·살 명 화살. ☞화살 ¶ 큰 일훔난 象 ᄐᆞ시고 甲 니브시고 활살 ᄎᆞ시고 槍 자ᄇᆞ시고(月釋10:27). 활살ᄋᆞᆯ 感ᄒᆞ야 저를 害ᄒᆞ고:感弓箭以自傷(楞解8:104). 처섬 활살 자바:初把弓矢(圓覺上一之一113). 최시ᄂᆞᆫ 어지런 활살을 달게 알어 써 절개를 오로시 ᄒᆞ고:箭(女四解4:21).

·활·셕 명 활석(滑石). ¶ 木通과 滑石 各 半兩과(救急上69). 활셕 ᄀᆞᆯᄋᆞᆯ 여세 환 지소ᄃᆡ:滑石末餳糖丸(救簡6:18). 활셕 ᄀᆞᄅᆞ 엿 돈과 감초 ᄀᆞᄅᆞ ᄒᆞᆫ 돈을 니ᄡᆞᆯ 달힌 믈의 빠거나(辟新10).

활시·울 명 활시위. ☞활시욹. 활시울 ¶ 잢간 우ᄂᆞᆫ 활시울 ᄃᆞᆯ이야 소ᄃᆞ시 가고져 너기노라:暫擬控鳴弦(初杜解20:11). 알ᄑᆡ ᄒᆞᆫ 길히 활시울 고ᄃᆞᆷ ᄃᆞᆫ다 ᄒᆞ면(南明下16). 그츤 활시울 두 돈 반 ᄉᆞ론 ᄌᆡ와:斷弓絃一分燒灰(救簡2:97). ᄑᆞᆯ 활시울 잇거든 가져오라:有賣的弓弦時將來(飜老下32).

활시욹 명 활시위. ☞활시울. 활시위. 홠시울 ¶ ᄑᆞᆯ 활시욹 잇거든 가져오라:有賣的弓弦時將來(老解下29).

활시위 명 활시위. ☞홠시울 ¶ 활시위:弓弦(譯解上21. 漢淸5:16).

활오·ᄂᆡ 명 오늬. ¶ 활오ᄂᆡ 구:彄(訓蒙中28). 활오ᄂᆡ:弓彄子(譯解上21).

활와·치 명 조궁장(造弓匠). 궁장이. ¶ 뎌 눈브쉰 활와치 왕오를 블러 오라:叫將那斜眼的弓匠王五來(飜朴上59).

활우비 명 활의 우비. ¶ 활우비:弓罩子(譯解上22). 활우비:雨弓套(同文解上48). 활우비:弓罩(漢淸5:22).

활좀 명 활줌통. 줌통. ¶ 활좀:弓弝(譯解上21). 활좀:弓把(同文解上47). 활좀 잡다:端弓(漢淸5:15).

활지 명 삼태 그물. ¶ 활지:攩網(柳氏物名二水族).

활지타 동 활시위 얹다. ☞활짓다 ¶ 활지흘 댱:張(訓蒙下10).

활집 명 활집. ¶ 활집 ᄭᅵᆯ 미:弭(類合下33). 활집:弓套子(譯解補16. 漢淸5:16). 활집 챵:韔(兒學上12).

활짓다 동 활시위 얹다. ☞활지타 ¶ 활짓다:上弓(同文解上47).

활활이 부 활활. 훨훨. ¶ 세간 명리 친척 권속 활활이 ᄯᅥᆯ쳐리고(因果曲7).

홠시울 명 활시위. ☞활시울. 활시욹 ¶ ᄯᅩ 홠시우를 지혀 우흘 向ᄒᆞ야 노코 病ᄒᆞᆫ 사ᄅᆞ미 젓바디여 누워 홠시우를 베오:又張弓絃向上令病人仰臥枕絃(救急上61). ᄂᆞᆯ근 홠시울:故弓絃(宣賜內訓2下51).

황 명 우황(牛黃). ☞우황 ¶ 황:丑寶(柳氏物名一 獸族).

황감ᄒᆞ다 형 황감(惶感)하다. ¶ 양츈의 뜻을 ᄲᅵ여시니 업듸여 닑으매 황감ᄒᆞ여 몸 둘 곳이 업도다(山城69).

황갑게 명 꽃게. ¶ 황갑게:黃甲(物譜 介蟲).

황겁ᄒᆞ다 형 황겁(惶怯)하다. ¶ 묘당이 황겁ᄒᆞ야 지신을 ᄯᅳ라(山城11). 싱이 황겁ᄒᆞ여 다시 탈신ᄒᆞᆯ 모칙이 업셔 ᄒᆞᆫ갓 초젼ᄒᆞᆯ ᄯᆞ롬이러라(落泉2:5).

황고라 명 황고랑. ¶ 황고라:騝 騮馬黃脊(柳氏物名一 獸族).

황공ᄒᆞ다 형 황공(惶恐)하다. ¶ 불승 황공ᄒᆞ여이다(經筵).

황·권 명 황권(黃卷). 책. ¶ 黃卷ᄋᆞᆫ 冊ᄋᆞᆯ 니ᄅᆞ니(楞解1:3). 黃卷 聖賢은 曠世예 師友시며(曺友仁. 梅湖別曲).

황금 명 황금(黃金). ¶ 그 山이 東녀근 黃金이오:黃ᄋᆞᆫ 누를 씨라(月釋1:22). 黃金으로 노 ᄆᆡᆼᄀᆞ라 긼ᄀᆞ새 느리고(法華3:59). 黃金 ᄀᆞᄐᆞᆫ 비느리로다:黃金鱗(初杜解17:26). 녯 사ᄅᆞ미 佛說을 黃金이라 니ᄅᆞ니도 이시며 ᄆᆞᄅᆞᆫ ᄯᅩᆼ이라 니ᄅᆞ니도 잇ᄂᆞ니라(金三2:41). 萬兩 黃金도 ᄯᅩ 슬리니 이 ᄆᆞᅀᆞᆷ 메여 이요ᄆᆞᆫ ᄆᆞᄎᆞ매 論호미 어렵도다(南明下64). 黃金 스므 근을 더 주시고:加賜黃金二十斤(宣小6:81). 힌 ᄆᆞ리 黃金 구래ᄅᆞᆯ 너흐리ᄃᆞᆫ:白馬嚼囓黃金勒(重杜解11:16).

황금·싀 명 황금색(黃金色). ¶ 天子ㅣ 모미 黃金色이오 白象 ᄐᆞ고(釋譜23:27).

황급ᄒᆞ다 형 황급(惶急)하다. ¶ 그 황급ᄒᆞ고 젼련ᄒᆞᄂᆞᆫ 형상이 완연히 나의 보ᄂᆞᆫ 가온ᄃᆡ 잇ᄂᆞᆫ 듯ᄒᆞᆫ지라(綸音158).

황:난·히 부 황란(荒亂)히. 난잡하게. ¶ 엇디 可히 편안히 놀며 황난히 醉ᄒᆞ야:豈可逸遊荒醉(宣小6:109).

황:달 명 황달(黃疸). ☞황달병 ¶ 황닰 단:疸(訓蒙中33). 또 도틔 똥은 모다 ᄒᆞᄂᆞᆫ 덥단 病과 黃疸을 고티ᄂᆞ니(簡辟21).

황·달:병 명 황달(黃疸). 달병(疸病). ☞황달 ¶ 황달병 고툐디 암도틔 똥 ᄒᆞᆫ 되를 므레 좀가(瘟疫方23).

황당이 부 황당(荒唐)하게. ☞황당히 ¶ 어버이 황당이 너겨 가 어더 보니:父母恠而尋之(續三綱. 烈18).

황당·히 부 황당(荒唐)하게. ☞황당이 ¶ 머리예 가치 삿기 치더니 사ᄅᆞ미 보고 荒唐히 너겨 ᄠᅳ리며 남기며 고ᄫᅡ 귓굼긔 더더도 앗디 아니ᄒᆞ시더니(釋譜3:p.154). 王이 荒唐히 너기샤 니ᄅᆞ샤ᄃᆡ(月釋10:7). 아릐 彌勒ᄋᆡ 一生記 심기샤ᄆᆞᆯ 荒唐히 너기샤ᄃᆡ(法華3:55). 弘이 듣고 황당히 너겨 묻논배 업서:弘聞無所恠問(宣賜內訓3:49). 寥寥ᄒᆞ야 ᄒᆞᆫ 것도 업소ᄆᆞᆯ 황당히 너기디 말라:莫恠寥寥無一物(金三4:9). 祖ㅣ 衆人이 놀라 황당히 너기ᄂᆞᆫ 둘 보시고(六祖上26).

황당ᄒᆞ·다 형 황당(荒唐)하다. ¶ 荒唐ᄒᆞ야 實 업서 비록 敎理 이시나 行果ㅣ 업스니라(法華2:41). 비두리 모다 오거든 ᄒᆞᆫ 황당ᄒᆞᆫ 새 廬에 와 사더라:鳩鴿群至有一小鳥素質黑眸形大於崔栖於崇廬朝夕不去(三綱. 孝25). 황당ᄒᆞᆫ 꿈ᄭᅮ고 셸리 도라오니(三綱. 孝35).

황·됴 명 황조(黃鳥). 꾀꼬리. ¶ 詩예 닐오ᄃᆡ 緜蠻ᄒᆞᄂᆞᆫ 黃鳥ㅣ여(宣大5).

황량ᄒᆞ·다 형 황량(荒涼)하다. ¶ 村田이 ᄌᆞ모 荒涼ᄒᆞ야 實로 風流ᄒᆞᆫ ᄡᅡ히 아니언마ᄅᆞᆫ(金三5:39). 荒涼ᄋᆞᆫ 寂寞ᄒᆞ야 사오나올 시라(金三5:39).

황망이 부 황망(慌忙)히. ☞황망히 ¶ 황망이 ᄃᆞ라나니(山城10). 부인왈 기시 황망이 가미(引鳳簫2). 싱이 심둥의 의심ᄒᆞ야 황망이 나아가 연고ᄅᆞᆯ 무ᄅᆞ니(落泉2:4).

황망히 부 황망(慌忙)히. ☞황망이 ¶ 황망히 구다:張羅(漢淸7:42).

황문 명 항문(肛門). ☞항문 ¶ 황문:肛門(蒙解上14).

황믄 명 항문(肛門). ☞항문 ¶ 황믄:肛門(譯解上35).

황부루 명 황부루. ¶ 황부루:紅紗馬(柳氏物名一 獸族).

황셕수어 명 황석수어(黃石首魚). 참조기. ¶ 황셕수어:黃石首魚(柳氏物名二 水族).

황셕어 명 황석어(黃石魚). 참조기. ¶ 황셕어:鲞來(物譜 鱗蟲).

황시 명 황새. ☞한새 ¶ 가마귀 거무나다나 희오리 희ᄂᆞ다나 황싀 다리 기나다나(古時調. 靑丘). 황싀 다리를 뉘라 니워 기다 ᄒᆞ며(古時調. 가마기를 뉘라. 南薰). 황싀 여흘 우러오고 屛風 바위 돌아들어(皆岩歌). 황시 관:鸛(兒學上7).

황·ᄉᆡᆨ 명 황색(黃色). ¶ 黃色 黃光이며 赤色赤光이며(阿彌8). 黃色ᄋᆞᆫ 사ᄅᆞ미 求호ᄆᆞᆯ 좃ᄂᆞᆫ 젼ᄎᆞ라(金三宗序3).

:황션·히 부 황연(晃然)히. 환하게. 밝게. ¶ 그 光이 晃然히 ᄇᆞᆯᄀᆞ며 昱然히 盛ᄒᆞ샤(楞解1:96).

황양목 명 황양목(黃楊木). 회양목. ☞황양묵 ¶ 황양목 얼에빗 일빅 낫:黃楊木梳子一百箇(飜老下68). 황양목:黃楊(物譜 雜木).

황양묵 명 황양목(黃楊木). 회양목. ☞황양목 ¶ 황양묵 어레빗 일빅 낫:黃楊木梳子一百箇(老解下61).

황어 명 황어(黃魚). ¶ 黃魚ㅣ 믌겨레 나 새롭도다:黃魚出浪新(初杜解17:39). ᄂᆞᄂᆞᆫ 새 싱황어ᄅᆞᆯ 머굼어 ᄠᅥ러디운대:飛鳥含落生黃魚(東新續三綱. 孝7:15). 황어:黃顙魚(柳氏物名二 水族).

황음ᄒᆞ·다 동 황음(荒淫)하다. ¶ 荒淫ᄒᆞᆯ 셔 隋ㅅ 님그미여:荒哉隋家帝(初杜解6:2).

황질 명 누른 질흙. ¶ 好黃土 非황질也(柳氏物名五 土).

황쳔 명 황천(黃泉). 구천(九泉). 저승. ¶ 黃泉에 아로미 이술딘댄:黃泉은 주거 갯ᄂᆞᆫ 기픈 ᄯᅡ 소ᄇᆡ 니ᄅᆞ니라(宣賜內訓3:7). 九重ㅅ 黃泉ㅅ 길헤 交期ᄅᆞᆯ 다오리라:九重泉路盡交期(初杜解23:39).

황치 명 황어(黃魚). ☞황티 ¶ 황치:黃魚(漢淸14:45).

황토 명 황토(黃土). ¶ 石灰와 細沙와 黃土와 섯거 고른 이로(家禮7:23). 황토:膠泥(漢淸1:34).

황티 명 황어(黃魚). ☞황치 ¶ 황티:黃魚(譯解下37).

·황·호 명 황아〔荒貨〕. 잡화(雜貨). ☞황후 ¶ 황호 살 사ᄅᆞ미 어듸 가 앏픠셔 즉재 은을 다 주리오:買貨物的那裏便與見銀(飜老下57). 우리 져그나 므슴 도라가 ᄡᅳᆯ 황호ᄅᆞᆯ 사 가사 됴ᄒᆞᆯ고:咱們買些甚麼廻貨去時好(飜老下65). 네 황호를 다 폰다 못 ᄒᆞ엿ᄂᆞᆫ다:你的貨物都賣了不曾(老解下59). 우리 황호 다 ᄑᆞᆯ고:我貨物都賣了(老解下59). 졍히 도라갈 황호 사려 ᄒᆞ여:正要買廻去的貨物(老解下59). 져 쟝ᄉᆞ야 네 황호 긔 무어시라 웨ᄂᆞᆫ다 ᄉᆞ쟈(古時調. 딕들에 동난디히. 永言類抄).

황홀ᄒᆞ·다 형 황홀(恍惚)하다. ¶ 어마님 藺夫人이 슬허 病 어더 慌惚ᄒᆞ거늘 后ㅣ 그ᄢᅴ 나히 열히러시니 집이ᄅᆞᆯ ᄀᆞᅀᆞᆷ아라 ᄒᆞ샤

(宣賜內訓2上40). 恍惚ᄒᆞ야 어루 혜아료미 어려우며(金三涵序1). 恍惚은 어즐ᄒᆞᆯ 시라(金三涵序1). 눈이 밤븨고 경신이 황홀ᄒᆞ더니(洛城2).

황황이 부 황황(遑遑)히. ¶양싱 형제 연고ᄅᆞᆯ 모르고 황황이 울고 셔들거ᄂᆞᆯ(落泉1:1).

황황ᄒᆞ다 형 황황(遑遑)하다. ¶뎐좌ᄒᆞ시니 상해 황황ᄒᆞ고(山城18).

황후 명 황아〔荒貨〕. 잡화(雜貨). ☞황호 ¶ 듹들에 동난지이 사오 져 쟝ᄉᆞ야 네 황후 긔 무서시라 웨ᄂᆞᆫ다(古時調. 青丘).

·홰 명 홰. 횃불. ☞횃블 ¶홰爲炬火(訓解. 合字). 正法 홰ᄅᆞᆯ 혀리라(釋譜23:34). 道士ᄃᆞᆯ히 沉香 홰 받고(月釋2:73). 炬는 홰라(月釋18:69). 브리 ᄃᆞ외며 홰 ᄃᆞ외오:爲火爲炬(楞解8:101). 홰의 어드움 더룸 ᄀᆞᆮᄒᆞ야:如炬除暗(法華6:170). 홰 거:炬(訓蒙中15). 왼겻히 홰ᄅᆞᆯ 자바 오륙 니나 ᄒᆞᆫ디:左執炬五六里許(東新續三綱. 孝2:69). 홰:火把(同文解下15). 홰:庭燎(柳氏物名五 火).

·홰 명 홰. ¶ᄃᆞᆯ기 우런 디 세 홰어다:雞兒叫第三遍了(飜老下38). ᄃᆞᆰ이 울언 디 세 홰니:雞兒叫第三遍了(老解上34).

·홰 명 횃대. ☞화. 홰대 ¶홰 항:桁. 홰 이:椸(訓蒙中14). ᄉᆞ나희와 겨집이 옷 홰며 시렁을 ᄒᆞᆫ디 아니 ᄒᆞ야 敢히 남진의 옷거리와 홰예 ᄃᆞ디 아니ᄒᆞ며:男女不同椸枷不敢縣於夫之揮椸(宣小2:50). ᄉᆞ절 오ᄉᆞᆯ 지어 홰예 ᄃᆞᆯ고:製四節衣服懸架(東新續三綱. 烈1:20). 홰 이:椸(倭解上33).

홰 명 홰. ¶목 불근 山上雉와 홰에 안즌 松骨이와(古時調. 青丘).

홰 명 화(禍)가. 〔'화'+주격조사 '-ㅣ'〕 (속)화 ¶샹이 뼈 븡당의 홰 반ᄃᆞ시 망국호매 니ᄅᆞ리라 ᄒᆞ샤(仁祖行狀28).

홰 명 화(火). 성. ¶가쟝이 만일 노ᄒᆞ거시든 가히 홰를 ᄂᆡ지 말고:嗔(女四解3:18).

홰대 명 횃대. ☞홰. 홰ᄃᆡ. 횃대 ¶홰대:椸(物譜 衣服).

홰ᄃᆡ 명 횃대. ☞홰대. 횃대 ¶홰ᄃᆡ 휘:揮(兒學上10).

홰ㅅ블 명 횃불. ☞홰. 횃블 ¶홰ㅅ블:火把(漢清10:49).

횃대 명 횃대. ☞홰. 홰대. 홰ᄃᆡ ¶옷 거ᄂᆞᆫ 횃대 ᄯᆞ롬이라 ᄒᆞ여시니(捷蒙1:13).

횃도다 동 호았도다. (기)호다 ¶모ᄎᆞ라기 ᄃᆞ론 ᄃᆞᆫᄒᆞᆫ 오ᄉᆞᆫ 寸寸히 횃도다:鶉衣寸寸針(重杜解3:15).

·횃·블 명 횃불. ☞홰. 홰ㅅ블 ¶밤 어드운 中에 큰 횃블 혐 ᄃᆞᆺᄒᆞ며:如夜暗中然大炬火(法華4:138). 횃브리 머므디 아니ᄒᆞ야 므스글 기드리ᄂᆞ뇨:爝火不停欲何待(南明下73).

:회 명 회(膾). ¶膾ᄂᆞᆫ 고기 ᄀᆞᄂᆞ리 사ᄒᆞᆯ 씨라(法華5:27). 銀실 ᄀᆞᆮᄒᆞᆫ 膾ᄂᆞᆫ 新鮮ᄒᆞᆫ 鯽魚ㅣ오(初杜解15:7). 횟 회:膾(訓蒙中21). 회 회:膾(類合上29). 膾ᄅᆞᆯ ᄀᆞᄂᆞ옴ᄋᆞᆯ 厭ᄒᆞ디 아니ᄒᆞ시며:膾不厭細(宣小3:24). 膾ᄂᆞᆫ 細홈을 厭티 아니ᄒᆞ더시다:膾不厭細(宣論2:56). 겨ᄋᆞᆯ히 병ᄒᆞ여 누어 회ᄅᆞᆯ 먹고져 ᄒᆞ거ᄂᆞᆯ:冬病臥欲食膾(東新續三綱. 孝1:90). 膾와 炙과 羹과 殽와 軒과 脯와 醢들희(家禮10:11). 江東앳 鱠ᄅᆞᆯ 잠간 ᄉᆞ랑ᄒᆞ고:暫憶江東膾(重杜解11:45). 회:鱠鮓(同文解上59. 譯解補31).

회 명 회(灰). 석회(石灰). ¶회 ᄇᆞ른 ᄃᆞᆺᄒᆞ니(癸丑210). 그 우희 펴셔 灰 서 븐의 두 가지 각 ᄒᆞᆫ 분식이 可ᄒᆞ니라(家禮7:23). 회:石灰(同文解上36. 漢清12:10). 회 굽다:煮灰(譯解補14).

회·곡·히 부 회곡(回曲)히. 간사하고 비뚤어지게. ¶福 求홈을 회곡히 아니턴 줄을 보고:觀…求福不回(宣小5:107).

회군·ᄒᆞ·다 동 회군(回軍)하다. 군사를 되돌리다 ¶太祖ㅣ 回軍ᄒᆞ샤 王氏ᄅᆞᆯ 도로 셰여시ᄂᆞᆯ(三綱. 忠33).

회나모 명 회나무. ¶회나모:鬼箭樹(譯解下42).

회닙 명 화살나무. 위모(衛矛). ¶회닙:衛矛(柳氏物名四 木).

회답ᄒᆞ다 동 회답(回答)하다. ¶말솜 회답ᄒᆞ다:回話(譯解上41).

회도로 부 휘돌아. ☞횟도로 ¶뫼 미틧 므른 회도로 흐르고:回回山根水(重杜解1:20).

회로·리ᄇᆞᄅᆞᆷ 명 회오리바람. 회풍(回風). ☞호로래ᄇᆞ람 ¶飄風은 회로리ᄇᆞᄅᆞ미라(金剛11). 회로리ᄇᆞᄅᆞ미 히ᄅᆞᆯ ᄀᆞ리텨 외ᄅᆞ왼 비치 뮈ᄂᆞᆺ다:廻風陷日孤光動(杜解17:9). 회로리ᄇᆞᄅᆞ미 외로왼 남ᄀᆞᆯ 부ᄂᆞ니:回風吹獨樹(初杜解22:33). 회로리ᄇᆞᄅᆞ미 이른 ᄀᆞᅀᆞᆯᄒᆞᆯ 부ᄂᆞᆺ다:回風吹早秋(重杜解12:27). ᄲᆞ른 누ᄂᆞᆫ 회로리ᄇᆞᄅᆞ매 춤츠ᄂᆞᆺ다:急雪舞回風(重杜解12:39).

회뢰 명 회뢰(賄賂). ¶정ᄉᆞᄂᆞᆫ 회뢰로 되고 쳐렴ᄒᆞ기 ᄒᆞᆫ이 업고(仁祖行狀3).

회뢰ᄒᆞ다 동 회뢰(賄賂)하다. ¶션두ᄅᆞᆯ 회뢰ᄒᆞ야 반야의 물 속의 드리치미 엇더ᄒᆞ뇨(落泉2:4).

회목 명 회목. ¶ᄆᆞᆯ 회목:馬蹄腕(譯解下29). 회목:七寸子(漢清14:24).

회ᄆᆡᄒᆞ다 형 아리땁고 얌전하다. ☞호미ᄒᆞ다 ¶몸씨 회ᄆᆡᄒᆞ다:藐窕(蒙解補6).

회밍ᄒᆞ다 동 회맹(會盟)하다. 모여 맹세하다. ¶경등의 공은 네로 비ᄒᆞ여 드믄 배라 회밍ᄒᆞᄂᆞᆫ 녜이니 뼈 갑플 배 업ᄉᆞ니(仁祖行狀27).

회보ᄒᆞ다 동 회보(回報)하다. ¶농골대 등이

언약ᄒᆞ되 수일 니 회보ᄒᆞ마 ᄒᆞ더라(山城50). 모부인긔 회보ᄒᆞ고(引鳳簫1).

회·복 명 회복(恢復). ¶恢復ᄋᆞᆫ 집 도로 니ᄅᆞ바ᄃᆞᆯ 씨라(三綱. 忠22).

회복ᄒᆞ다 동 회복(回復)하다. ¶宋을 회복ᄒᆞ려 ᄒᆞ다가(女四解4:35).

회빈 명 회배(回盃). 수작하며 되받은 잔. ¶회빈:回酒(譯解上60).

회ㅅ갓 명 회(膾)깟. ¶이런 저긔 處容아비옷 보시면 熱病神이ᅀᅡ 膾ㅅ가시로다(樂範. 處容歌).

회샤 명 회사(回謝). ¶회샤ᄒᆞ다:回敬(譯解補26). 쇼데 회샤ᄂᆞᆫ ᄒᆞ엿거니와 형이 그 인품을 어이 알다(洛城2).

회슈 명 회수(回水). 소용돌이. 선와(旋渦). ☞휘슈 ¶회슈:漩窩(漢淸1:45).

회시 명 회시(會試). ¶南省:회시 ᄒᆞᄂᆞᆫ 마ᄋᆞᆯ이라(宣小6:118).

회심 명 회심(悔心). 뉘우치는 마음. ¶회심을 죠쟝ᄒᆞ야(癸丑24).

회ᄉᆞ 명 사당. 천하게 노는 계집. ¶男子之稱爲居士女人之稱爲回寺者〔女人之游寓山寺者方言謂之回寺〕率皆不事農業縱淫橫行傷風敗俗(中宗實錄19:1).

회ᄉᆡᆨᄒᆞ다 동 회색(晦塞)하다. ¶드듸여 의리로 ᄒᆞ여곰 회ᄉᆡᆨᄒᆞ고(經筵).

회ᄊᆞᆺ 명 호깨나무의 열매. ¶회ᄊᆞᆺ:枳椇(柳氏物名四 木).

회양회양ᄒᆞ다 동 회창회창하다. 휘청휘청하다. ¶회양회양ᄒᆞ다:嬝娜(漢淸7:32).

회유ᄒᆞ다 동 회유(懷柔)하다. ¶먼딋사ᄅᆞᆷ 懷柔호믈 崇尙ᄒᆞ니:尙柔遠(重杜解1:35). 府中엣 韋使君은 道理ㅣ 足히 懷柔호ᄆᆞᆯ 뵈어늘:府中韋使君道足示懷柔(重杜解22:37).

회음ᄒᆞ다 동 회음(會飮)하다. ¶경셥ᄒᆞᄂᆞᆫ 즁의 회음ᄒᆞᄂᆞᆫ 말을 듯고 ᄆᆞᄋᆞᆷ의 능히 견ᄃᆡ지 못ᄒᆞ야(綸音32).

:회:쟈 명 회자(膾炙). ¶그러면 曾子ᄂᆞᆫ 엇디 膾炙를 食ᄒᆞ시고(宣孟14:26).

:회·쟈ᄒᆞ다 동 회자(膾炙)하다. ¶ᄆᆞᄋᆞᆷ을 헐고 녀리의 실힝ᄒᆞ믈 회쟈ᄒᆞ고(落泉1:2).

:회·집ᄒᆞ·다 동 회집(會集)하다. ¶또 서르 조차가 이바디 會集ᄒᆞ며 넙써이 붓그림 업거든:又相從宴集靦然無愧(宣賜內訓1:68). 人生애 즐겨 會集호ᄆᆞᆫ 어느 그지 이시리오:人生歡會豈有極(杜解15:44). 또 서ᄅᆞ 조차 이바디 회집ᄒᆞ야 ᄂᆞᆺ 드러 붓그리디 아니ᄒᆞ거든:又相從宴集靦然無愧(飜小7:16). 또 서ᄅᆞ 조차 이바디 회집ᄒᆞ야 펀펀히 붓그림이 업거든(宣小5:49).

회초리 명 회초리. ¶회초리 얼:蘖(類合下50).

회초미 명 관중(貫衆). ☞회초미치. 회춈. 회춈이 ¶회초밋 불휘를 하나 져그나 디투달혀:貫衆不以多少煎濃(救簡6:7). 회초미:貫衆菜(四解上8 衆字註). 회초미:薇(東醫湯液二 菜部). 회초미 미:微(詩解 物名2). 회초밋 불휘:貫衆(方藥3).

회초미치 명 관중(貫衆). ☞회초미 ¶회초미치:貫衆菜(朴解中34).

회춈 명 관중(貫衆). ☞회초미 ¶貫衆鄕云廻初音(馬醫79). 회춈:貫衆(物譜 藥草).

회춈이 명 관중(貫衆). ☞회초미 ¶회춈이:貫衆菜(譯解下11. 漢淸12:40). 회춈이 미:薇(兒學上5).

회ᄎᆞ 명 모꼬지. 모임. ¶요ᄉᆞ이ᄂᆞᆫ 館中도 徒然ᄒᆞ오니 우음 바탕으로도 회ᄎᆞ 振舞를 ᄒᆞ고저 ᄒᆞ오니 엇더ᄒᆞ올고(新語9:1).

회티다 동 회(膾) 치다. 고기를 회로 만들다. ¶회티다:打生(譯解上51).

회ᄐᆡᄒᆞ다 동 회태(懷胎)하다. ¶이제 몽죄 이러ᄒᆞ니 만일 회ᄐᆡᄒᆞ면 종적이 픿루ᄒᆞ여(落泉3:7).

회:포 명 회포(懷抱). ¶百壺를 또 맛봐셔 懷抱를 여노라:百壺且試開懷抱(杜解15:39). 보미 오나ᄃᆞᆫ 懷抱 펴ᄆᆞᆯ 오래 ᄒᆞ고져 너기건마ᄅᆞᆫ:春來準擬開懷久(重杜解10:46). 실로 회포를 누기기를 위홈이로ᄃᆡ(綸音26). 미양 민면ᄒᆞ야 독셔ᄒᆞ기로 회포를 붓치더라(落泉1:1). 시부를 음영ᄒᆞ야 쇼안ᄒᆞᆫ 회포를 풀며(引鳳簫1).

회피ᄒᆞ·다 동 회피(回避)하다. ¶엇데 구틔여 廻避ᄒᆞ리오 그럴ᄉᆡ 니ᄅᆞ샤ᄃᆡ 이제 구틔여 다시 노기디 말라 ᄒᆞ시니라(南明上40). 엇디 길 조차셔 더러운 말소믈 회피티 아니ᄒᆞᄂᆞᆫ다:怎麼沿路穢語不廻避(飜老上16). 말을 회피티 아니ᄒᆞᄂᆞ뇨:語不廻避(老解上15). 皇字를 回避ᄒᆞ니 이제 顯ᄌᆞ를 쓰미 可ᄒᆞ니라(家禮圖17).

회호리 명 회오리밤. ¶회호리:旋栗(柳氏物名四 木).

회호리바람 명 회오리바람. ☞회호리ᄇᆞ람 ¶회호리바람 표:飄(兒學上3).

회호리ᄇᆞ람 명 회오리바람. ☞회호리바람 ¶회호리ᄇᆞ람:石尤風(語錄33).

회화 명 회화나무. 홰나무. 괴목(槐木). ☞회화나모 ¶올히 난 회홧가지 ᄒᆞᆫ 우희움을:新生槐枝一握(救急上30). 회홧 고ᄌᆞᆯ 구스게 니기 봇가:槐花炒香熟(救簡1:16). 회홧 고ᄌᆞᆯ 디새 우희 고ᄉᆞ게 봇가:槐花瓦上炒令香(救簡2:88). 회홧 괴:槐(訓蒙上10). 회화 회:槐(類合上8).

회화 명 괴화(槐花). 홰나무의 꽃. ¶槐花를 보ᄯᅡ 細末ᄒᆞ야 ᄇᆞᄅᆞ면 됸ᄂᆞ니라:炒槐花爲末摻之而愈(救急上67). 회화:槐花(物譜 藥草).

:회:화 명 회화(繪畫). ¶繡戶ᄂᆞᆫ 戶上애 繪

畫ㅣ 若繡也ㅣ라(杜解6:27).

회화 명 회화(回話). 답장(答狀). ¶회화 바다 달나 ᄒᆞ다(癸丑139).

회화나모 명 회화나무. 홰나무. ☞회화나무 ¶회화나못 곳:槐花(救簡1:16). 회화남긧 흰 거플:槐白皮(救簡6:24). 회화나모:槐樹(譯解下42). 회화나모:槐(柳氏物名四 木).

회화나무 명 회화나무. 홰나무. ☞회화나모. 괴화 ¶회화나무 회:槐(兒學上6).

회회ᄒᆞ·다 형 회회(恢恢)하다. ¶恢恢ᄒᆞ며 晃晃ᄒᆞ야:恢恢ᄂᆞᆫ 어위크며 먼 양이오 晃晃ᄋᆞᆫ 휫비치 盛히 비취ᄂᆞᆫ 양이라(圓覺序40). ᄒᆞᆫ 소티 밥 먹으며 매양의 恢恢ᄒᆞ랴(許墺. 雇工歌).

:회ᄒᆞ·다 동 회(悔)하다. 뉘우치다. ¶ᄒᆞᆫ 念을 悔ᄒᆞ면 곧 成就 몯 ᄒᆞ리라(圓覺下二之二42). 太甲이 過ᄅᆞᆯ 悔ᄒᆞ야 스스로 怨ᄒᆞ며(宣孟9:27).

회ᄒᆞ·다 동 회(懷)하다. 마음속으로부터 따르게 하다. 포용(包容)하다. ¶遠人을 柔홈과 諸侯ᄅᆞᆯ 懷케 홈이니라(宣中27).

획연이 부 획연(劃然)히. ¶획연이 장쇼 일셩ᄒᆞ믈 ᄭᆡ닷지 못ᄒᆞ며(引鳳簫1). 일워 쓰기를 마즌 후의 획연이(引鳳簫1).

휫:도·녀 동 휘돌아 다니어. ㉮휫도니다 ¶여슷 길헤 휫도녀 잢간도 머므디 몯ᄒᆞ며:輪廻六道而不暫停(月釋序4).

휫:도·니·다 동 휘돌아 다니다. ¶여슷 길헤 휫도녀 잢간도 머므디 몯ᄒᆞ며:輪廻六道而不暫停(月釋序4).

휫도로 부 휘돌아. 휘돌게. ☞회도로 ¶ᄇᆞᄅᆞ미 휫도로 부니 도라올 ᄣᅡ히 업도다:風回反無處(初杜解8:29). 휫도로 손 다맨 오직 섭과 가싀나모왜로다:環堵但柴荊(杜解8:62). 行酒호ᄆᆞᆯ 雙雙이 휫도로 ᄒᆞ리로다:行酒雙逶迤(杜解22:43). 大荒ㅅ 뫼흘 휫도로 텨 오면:回略大荒來(重杜解4:14).

휫도로·다 동 휘돌리다. 돌이키다. ¶셴 머리ᄅᆞᆯ 휫도로노라:回白頭(初杜解14:9).

휫도로·혀·다 동 휘돌리다. 돌이키다. ☞휫도로혀다 ¶巫峽엣 ᄀᆞᇫ 믌겨른 天地ᄅᆞᆯ 휫도로혀ᄂᆞᆫ ᄃᆞᆺᄒᆞ도다:巫峽秋濤天地回(初杜解23:30).

휫도로·ᅘᅧ·다 동 휘돌리다. 돌이키다. ☞휫도로혀다 ¶모딘 벼릐 變怪ᄅᆞᆯ 能히 ᄲᆞᆯ리 휫도로ᅘᅧ라(月釋10:102).

휫도ᄅᆞ·다 동 휘돌리다. 돌이키다. ☞휫도로다 ¶三觀ᄋᆞᆯ 지ᅀᅥ 서르 휫돌아 사교ᄃᆡ:作三觀回互而釋(法華1:149). 퍼뎟ᄂᆞᆫ 너추리 ᄆᆞᆯᄀᆞᆫ 모ᄉᆞᆯ 휫돌앳도다:滋蔓匝清池(杜解15:8). ᄃᆞ리 일운 바ᄆᆡ 燭ㅅ브를 자밧고 손 안잿ᄂᆞᆫ ᄈᆡ 비ᄅᆞᆯ 휫도ᄅᆞ놋다:把燭橋成夜廻舟客坐時(初杜解15:35).

휫돈 동 휘돈. 휘도는. ㉮휫돌다 ¶沙苑은 휫돈 믌ᄀᆞᅀᅵ 섯겟도다:沙苑交回汀(初杜解6:18). 수프리 휫돈 ᄃᆡ 뫼ᄡᅳ리 왓고:林廻硤角來(重杜解1:20).

휫:돌·다 동 휘돌다. 빙 돌다. ¶輪廻ᄂᆞᆫ 휫돌 씨라(月釋序4). 旋은 휫돌 씨라(月釋18:68). 輪ᄋᆞᆫ 숝가락 그미 휫도라 술윗ᄢᅵ ᄅᆞᆫᄒᆞ실 씨라(楞解1:84). 瀠은 믈 휫도ᄂᆞᆫ ᄯᅡ히오 環은 휫돌 씨라(楞解10:7). 휫도라 가락오락ᄒᆞ야:循環往復(永嘉上70). 沙苑은 휫돈 믌ᄀᆞᅀᅵ 섯겟도다:沙苑交回汀(初杜解6:18). 아ᄅᆞᆺ다온 져비ᄂᆞᆫ 집 기슬게 드러 휫도놋다:嬌燕入簷廻(杜解7:34). 수프리 휫돈 ᄃᆡ 뫼ᄡᅳ리 왓고:林廻硤角來(重杜解1:20). 부러 못ᄀᆞᆺ 남ᄀᆡ 휫도라 ᄃᆞᆫ니다니:故繞池邊樹(重杜解2:66). 하ᄂᆞᆯ흔 夔子峽에 휫돌오 보ᄆᆞᆫ 岳陽湖애 갓갑도다:天旋夔子峽春近岳陽湖(杜解8:44). 玉繩이 휫도라 긋고:玉繩回斷絕(重杜解9:20). 周旋은 휫돌 시라(重內訓2:8).

휫돌·아 동 휘돌리어. ㉮휫도ᄅᆞ다 ¶三觀ᄋᆞᆯ 지ᅀᅥ 서르 휫돌아 사교ᄃᆡ:作三觀回互而釋(法華1:149).

휫돌·앳도·다 동 휘돌리었도다. ㉮휫도ᄅᆞ다 ¶퍼뎟ᄂᆞᆫ 너추리 ᄆᆞᆯᄀᆞᆫ 모ᄉᆞᆯ 휫돌앳도다:滋蔓匝清池(杜解15:8).

횡:ᄉᆞ 명 횡사(橫死). ¶아홉 橫死ᄂᆞᆫ 므스기 잇고(釋譜9:35). 이 ᄯᅡ해 橫死홇 주리 업스며:橫ᄋᆞᆫ 빗글 씨니 橫死ᄂᆞᆫ 제 命 아닌 일로 주글 씨라(月釋9:40).

횡ᄉᆞᄒᆞ·다 동 횡사(橫死)하다. ¶이 ᄯᅡ해 橫死홇 주리 업스며(月釋9:40). 후ᄆᆡ 왈 녜 ᄉᆞ 져믄 녀랑이 횡ᄉᆞᄒᆞᆫᄃᆡ(落泉1:2).

횡ᄋᆡᆨ 명 횡액(橫厄). 뜻밖의 재액(災厄). ¶횡ᄋᆡᆨ 만나다:遭孽(漢淸7:1).

횡ᄌᆡ 명 횡재(橫財). ¶사ᄅᆞᆷ이 橫財ᄅᆞᆯ 얻지 못ᄒᆞ면 能히 가ᅀᆞ여지 못ᄒᆞᆫ다 ᄒᆞᄂᆞ니(蒙老2:18).

횡ᄌᆡᄒᆞ다 동 횡재(橫財)하다. ¶횡ᄌᆡᄒᆞ다:大發財(譯解補37).

횡ᄒᆡᆼᄒᆞ다 동 횡행(橫行)하다. ¶내 본ᄃᆡ 破虜 장군을 조차 東南의 횡ᄒᆡᆼᄒᆞ여 세 ᄃᆡ 되여시니 그 ᄣᅢ예 네 어ᄃᆡ 잇던다(三譯5:15). 四海의 橫行홀 제(古時調. 靑丘).

:효 명 효(孝). ¶故로 君子ᄂᆞᆫ 집의 나디 아니ᄒᆞ야셔 教ㅣ 나라히 이ᄂᆞ니 孝ᄂᆞᆫ ᄡᅥ 君을 셤기ᄂᆞᆫ 배오(宣大15). 三年을 父의 道애 고티미 업세ᅀᅡ 可히 孝ㅣ라 닐을이니라(宣論1:6). 可히 孝ㅣ라 니ᄅᆞᆯ 꺼시라 ᄒᆞ시니(宣孟5:4). 可히 ᄃᆞᆺ온 忠과 다ᄆᆞᆺ 孝ᄅᆞᆯ 두 아ᄅᆞᆷ다오ᄆᆞᆯ 麒麟閣애 그리리로다:可憐忠與孝兩美畫麒麟(重杜解24:4).

효·근 형 작은. ㉮효다 ☞혀근 ¶두려운 蓮은

효근 니픠 뻬고:圓荷浮小葉(杜解7:5). ㅈㅈ조 효근 나라해 가믈 놀라노니:頻驚適小國(杜解7:32). 노푼 묏 밧근 다 효근 뫼히로다:高山之外皆培塿(杜解25:11). 효근 아히 우룸을 ᄒᆞ며:爲小兒啼(宣小4:16). 기르는 효근 즘싱과 굴근 즘싱도 이시며:孳畜頭口有來(老解下43). 효근 방올:小鈴兒(老解下62). 말 비호는 효근 아히 니르리 姓과 일후믈 아ᄂᆞ다:學語小兒知姓名(重杜解5:40). 효근 일:小事(同文解上50).

효·근·귤 명 등자(橙子). ¶효근귨 등:橙(訓蒙上11).

효근노로 명 고라니. ¶효근노로:麃(東醫 湯液一 獸部).

효·근풍류 명 세악(細樂). ☞흑다 ¶이바디 ᄒᆞ시니 효근풍류와 굴근풍뉴돌 다 히이시며:做箇筵席動細樂大樂(飜朴上71).

효·기 부 작게. 잘게. 가늘게. ☞흑다 ¶白氎과 兜羅綿을 효기 쯔저 大衆돌ᄒᆞᆯ 돌아(釋譜23:48).

효·ᄀᆞᆫ 형 작은. ㉮흑다☞혀근 ¶비늘 ㅆᄉᆞ마다 효ᄀᆞᆫ 벌에 나아 모믈 셜씨(月釋2:51). 효ᄀᆞᆫ 百姓은 플 ᄀᆞᆮᄒᆞ니 ᄇᆞᄅᆞ미 플 우희 불면 다 ᄒᆞᆫ쁴 쓰렛호미(月釋2:72). 물 효ᄀᆞᆫ 사ᄅᆞ미 하로미 能히 깁도다:群小謗能深(杜解21:35). ᄌᆞ손이 효ᄀᆞᆫ 벼슬 ᄒᆞ며:子孫爲小吏(飜小9:83). 효ᄀᆞᆫ 官吏돌히 안직 서르 업시우ᄂᆞ다:小吏最相輕(重杜解2:27). 또 효ᄀᆞᆫ 臣下ㅣ 님금씌 괴이ᄋᆞ와:亦如小臣媚至尊(重杜解3:70).

:효:도 명 효도(孝道). ¶不孝ᄂᆞᆫ 孝道 아니ᄒᆞᆯ 씨라(釋譜9:38). 안ᄒᆞ로 能히 孝道룰 다ᄒᆞ며:內能盡孝(宣賜內訓2下40). 孝道로 다ᄉᆞ료ᄆᆞ로 나랏 政事룰 돈가이 ᄒᆞ시고:孝理敦國政(杜解6:18). 聖朝ㅣ 孝道로 다ᄉᆞ리샤믈 새로이 ᄒᆞ시니:聖朝新孝理(杜解23:24). 효도 효:孝(訓蒙下25. 類合下1).

:효·도 명 소두. 갓 혼인 맺은 사돈끼리 주고받는 선물. ¶중놈이 점은 샤당년을 엇어 싀父母께 孝道를 긔 무엇슬 ᄒᆞ야 갈쏘(古時調. 李鼎輔. 海謠).

효도로이 부 효성(孝誠)스럽게. ¶부모 치믈 심히 효도로이 ᄒᆞ더니:養父母甚孝(東新續三綱. 孝3:59).

효도롭·다 형 효성(孝誠)스럽다. ¶셩이 지그기 효도로아 벼슬 말오 本鄕의 가 어미를 孝養ᄒᆞ더니:性至孝棄官歸鄕里奉養其母(續三綱. 孝14). 후의 셩이 효도롭고(女範1. 셩후 당문덕후).

:효:도·ᄒᆞ·다 동 효도(孝道)하다. ¶나ᄒᆞ샨 恩惠룰 갑ᄉᆞᄫᅡ 내이 孝道ᄒᆞᅀᆞᄫᅳ며(釋譜23:29). 아비와 훗어미 섬교ᄃᆡ ᄀᆞ장 효도ᄒᆞ더니:事父及後母盡孝(續三綱. 孝21). 효도ᄒᆞ다:行孝(同文解上21).

:효·부 명 효부(孝婦). ¶孝婦ᄂᆞᆫ 孝道ᄒᆞᄂᆞᆫ 겨지비라(三綱. 忠5). 그 남진이 부방 가게 當ᄒᆞ야 쟝ᄎᆞᆺ 갈 적의 孝婦의게 맛뎌 ᄀᆞᆯ오ᄃᆡ:其夫當行戍且行時屬孝婦曰(宣小6:50).

효:션 명 효선(肴饍). ¶菩薩이 肴饍 飮食과:肴ᄂᆞᆫ 穀食 밧긧 차반이오 饍ᄋᆞᆫ 됴ᄒᆞᆫ 차반이라(法華1:82).

:효:셩 명 효성(孝性). ¶肅宗도 ᄯᅩ 孝性이 두터우시며:肅宗亦孝淳篤(宣賜內訓2上42).

효셩 명 효성(孝誠). ¶일로셔 天下앳 사ᄅᆞ미 다 그 효셩을 아니라:繇是天下皆知其孝(飜小9:35). 일로 말믜암아 天下ㅣ 다 그 효셩을 아니라(宣小6:31).

효셩 명 효성(曉星). ¶殘月 曉星이 아ᄅᆞ시리이다(樂範. 鄭瓜亭). 닐어나 쇼 먹인 曉星이 三五ㅣ로다(古時調. 金振泰. 靑謠). 일빵 효셩이 은하의 ᄉᆡ비 긔운을 ᄡᅧ엿ᄂᆞᆫ 듯ᄒᆞ다가(落泉1:2).

효슌ᄒᆞ다 형 효순(孝順)하다. ¶셩이 효슌ᄒᆞ더니:性孝順(東新續三綱. 孝1:3). 효슌ᄒᆞᆫ 사ᄅᆞᆷ:孝順人(漢淸6:17). 됴흔 도리 업ᄉᆞ니 출하리 숙부긔 효슌ᄒᆞ여 ᄡᅧ 그 ᄆᆞ옴을 다로혀고져 ᄒᆞ여(落泉1:2).

효:양 명 효양(孝養). ¶녀ᄂᆞ 兄弟 효양을 ᄀᆞ초리 업스니:無他兄弟備養(宣小6:50).

:효:양ᄒᆞ·다 동 효양(孝養)하다. ¶수머 살며셔 어버ᅀᅵ를 효양ᄒᆞ더니:隱居養親(飜小8:2). 어버이 효양ᄒᆞ기를 아디 몯ᄒᆞᄂᆞᆫ 이ᄂᆞᆫ:未知養親者(宣小5:104). 본향의 가 어미를 효양ᄒᆞ더니:歸鄕里奉養其母(東續三綱. 孝11).

효연이 부 효연(曉然)히. ¶오ᄂᆞᆯ날이야 비로소 효연이 아노라(經筵).

효연ᄒᆞ다 형 효연(曉然)하다. ¶그 制도룰 쓰ᄂᆞᆫ 者ㅣ 可히 ᄡᅧ 曉然ᄒᆞ야 의惑호미 업스리라(家禮圖18).

:효·ᄌᆞ 명 효자(孝子). ¶아ᄃᆞ론 孝子ㅣ어니 엇데 슬흐리오(三綱. 忠11). 孝子의 깁픈 ᄉᆞ랑올 둔ᄂᆞᆫ 이ᄂᆞᆫ 반ᄃᆞ시 화열ᄒᆞᆫ 빗치 잇고:孝子之有深愛者必有和氣(宣小2:9).

:효·측ᄒᆞ·다 동 효칙(效則)하다. 본받다. ¶너희 물이 효측홈을 願ᄒᆞ노라:願汝曹效之(宣小5:13). 惻然히 스스로 혜아려 효측고져 홈을 싱각과댜 홈이니라:惻然自念思欲效之也(宣小5:105). 貢公이 깃거호믈 그으기 効則ᄒᆞ고:竊效貢公喜(重杜解19:2). 삼ᄃᆡ룰 효측디 못ᄒᆞ니(經筵). 히이 혹 그 ᄡᅥ의 욕되미 이셔도 녯 사ᄅᆞᆷ의 양광을 효측ᄒᆞ야(落泉1:1). 빗ᄂᆞᆫ 彩衣 몸이려니 老萊子를 효측ᄒᆞ야(萬言詞).

:효:험 명 효험(效驗). ¶우리돌히 블로 効驗을 내여 모든 ᄆᆞᅀᆞ물 여러 뵈야(月釋2:

74). 功行의 効驗을 ᄇᆞᄅᆞ미라:欲希功行効驗也(楞解9:99). 藥 머곤 効驗이 훤ᄒᆞᄂᆞ니:服藥效快(救急下71). 칠긔탕을 닛워 머기면 효허미 ᄲᆞᄅᆞ니:七氣湯連進效速(救簡1:39). 녜 法華 妙旨를 窮究ᄒᆞ다가 效驗을 感得ᄒᆞ야(金三2:68). 볼독 뒤헷 符呪이 당당이 效驗 잇ᄂᆞ니:肘後符應驗(重杜解16:24). 다ᄉᆞᄂᆞᆫ 효험을 보디 못ᄒᆞ니(仁祖行狀22). 과연 븨여 먹ᄂᆞᆫ 효험이 잇ᄂᆞᆫ가 업ᄂᆞᆫ가 내 아지 못ᄒᆞ노라(綸音106). 젼치 되희ᄒᆞ여 후마의 녕약 효험이 이러ᄒᆞ니 질녀의 혼인을 지닌 후(落泉1:2).

:효:힝 명 효행(孝行). ¶孝行ᄋᆞᆫ 孝道ㅅ 힝뎌기라(三綱. 孝23). 그 효힝을 아ᄅᆞᆷ다이 녀겨:嘉其孝行(東新續三綱. 孝2:60). 효힝이 ᄀᆞ장 지극ᄒᆞ며:孝行純至(警民22).

횩·다 형 작다. 잘다. 가늘다. ☞혁다 ¶骨髓옌 효ᄀᆞᆫ 벌에(月印上25). 簫ᄂᆞᆫ 효ᄀᆞᆫ 대ᄅᆞᆯ 엿거 부는 거시라(釋譜13:53). 비늘 ᄊᆞ싀마다 효ᄀᆞᆫ 벌에 나아(月釋2:51). 효ᄀᆞᆫ 百姓은 플 ᄀᆞᆮᄒᆞ니(月釋2:72). 어르누근 돌ᄒᆞᆫ 효간 돈 ᄀᆞᆮ도다:錦石小如錢(初杜解20:2). 효ᄀᆞᆫ 마ᄂᆞᆯ ᄒᆞᆫ 되ᄅᆞᆯ 즛두드려:小蒜一升搗(救簡1:107). 골오 섯거 횩게 뿍붓글 ᄆᆡᇰᄀᆞ로ᄃᆡ:中和匀做成小艾炷(救簡6:84). 효근풍류와 굴근풍뉴ᄅᆞᆯ 다 히이시며:動細樂大樂(飜朴上71). 횩게 싸ᄒᆞ라:細切(瘟疫方23). ᄇᆡᆺ치 븕고 누르고 횩ᄂᆞ니라:色赤黃而小(痘要上3). 기ᄅᆞᄂᆞᆫ 효근 즘ᄉᆡᇰ과 굴근 즘ᄉᆡᇰ도 이시며:孳畜頭口有來(老解下43).

횩뎌근 형 자잘한. ㉮횩뎍다 ☞효근 ¶횩뎌근 거슬 킈야 中堂애 올오라:采擷細瑣升中堂(杜解18:1). 묏 果實ㅣ 횩뎌근 거시 하니:山果多瑣細(重杜解1:3).

횩뎍·다 형 자잘하다. ¶횩뎌근 거슬 킈야 中堂애 올오라:采擷細瑣升中堂(杜解18:1). 횩뎌근 거슨 足히 일훔ᄒᆞ디 몯ᄒᆞ리로다:瑣細不足名(初杜解22:18). 묏 果實ㅣ 횩뎌근 거시 하니:山果多瑣細(重杜解1:3).

횩ᄇᆞᄉᆞ다 동 잘게 바수다. ¶횩ᄇᆞᄉᆞ 쇄:瑣(類合下61).

:후 명 후(後). 나중. ¶革命ᄒᆞᆫ 後에 厚恩 그리ᅀᆞᄫᆞ니:革命之後厚恩思憮(龍歌56章). 皇帝 셔신 後로 샹녜 쓰ᄂᆞᆫ 힛 일후미라(釋譜序6). 後에 부텨 羅雲이ᄃᆞ려 니ᄅᆞ샤ᄃᆡ(釋譜6:10). 이 後 닐웨예 城 밧 훤ᄒᆞᆫ ᄯᅡ해 가(釋譜6:27). 내 成佛ᄒᆞᆫ 後로(釋譜13:38). 後에 두 줄기ᄅᆞᆯ 비흐니(月釋1:14). 어늬 내의 ᄀᆞᄅᆞ쵸ᄆᆞᆯ 기드린 後에ᅀᅡ:何待我教而後(宣賜內訓序6). 자최ᄂᆞᆫ 이 다매 그림 그린 後ㅣ로다:迹是雕墻後(杜解6:3). 天地 롯 後ㅣ라 그 ᄆᆞ초미 업스니라(金三涵序4). 四祖 보ᅀᆞ온 後엔 聖境이 ᄯᅩ 업고(南明上3). 初와 中과 後ᄂᆞᆫ 善으로 펴시도다(六祖中71). 후에 다ᄅᆞᆫ 뎃 마ᅀᆞ리:後頭別處官司(飜老上28). 내 새배 져기 밥 머근 후에:我從早起喫了些飯(飜老上53). 병ᄒᆞᆫ 사ᄅᆞᆷ이 各各 ᄒᆞᆫ 잔곰 머근 후에(簡辟4). 物이 格ᄒᆞᆫ 后에 知ㅣ 至ᄒᆞ고(宣大3).

후거리 명 후(後)거리. ¶후거리:鞦皮(同文解下19). 후거리:鞦皮(柳氏物名一 獸族).

후·늘·다 동 흔들다. ☞후놀다 ¶錫杖ᄋᆞᆯ 후느더시니(月釋8:77). 錫杖ᄋᆞᆯ 후는대(月釋8:90). 긔운이 나디 아니케 두 그틀 구디 자바 후느러 므리 ᄃᆞ외어든:緊扭兩頭勿令通氣搖動之候化爲水(救簡6:67). 이 搖鈴을 후느러 블러 請ᄒᆞᅀᆞ오ᄆᆞᆯ 펴ᅀᆞᆸᄂᆞ니:以此振鈴伸召請(眞言 施食4).

후·놀·다 동 흔들다. (꼬리를) 치다. ☞후늘다 ¶鰀鰀ᄋᆞᆫ 고기 ᄭᅩ리 후ᄂᆞᄂᆞᆫ 양ᄌᆞ라(金三4:12).

후더침 명 후더침. 후탈(後頉). ¶紅疫 ᄯᅳ리 ᄯᅩ약이 후더침에 自然히 검고(古時調. 니얼골. 青丘).

후덥다 형 후덥다. ¶남녁 ᄇᆞ람이 후덥ᄃᆞᆺ 호미여:南風之薰兮(十九史略1:7).

:후:둥ᄒᆞ·다 형 중후(重厚)하다. ¶집의 이실 제 간략ᄒᆞ며 후둥ᄒᆞ며 잡일 아니 ᄒᆞ며 잡말 아니 ᄒᆞ야:居家簡重寡默(宣小6:1).

:후:ᄃᆡ 명 후대(後代). ¶後代예 흘러가 衆生ᄋᆞᆯ 利益게 ᄒᆞ샨 젼ᄎᆞ시니라(心經12). 當世예 益을 나토고 後代예 좌최를 일우샤미라(金三1:5). 善知識아 後代예 내 法 得ᄒᆞᆫ 사ᄅᆞᄆᆞᆫ(六祖上76). 儉約호ᄆᆞᆫ 아랫 님금 政體로소니 風流ᄅᆞᆯ 後代예셔 ᄇᆞ라리로다:儉約前王體風流後代希(重杜解24:50).

후ᄃᆡᄒᆞ다 동 후대(厚待)하다. ¶조종됴 후ᄃᆡᄒᆞ시던 규구ᄅᆞᆯ 니ᄅᆞ오시고(仁祖行狀31). 노ᄌᆞᄅᆞᆯ 후ᄃᆡᄒᆞ여 은냥 남은 거ᄉᆞᆯ 쥬고(落泉1:2).

후례 명 후례(厚禮). ¶후례로 ᄃᆡ졉ᄒᆞ다:優待(漢淸6:28).

-·후·로 조 -로. -으로. ☞-ᄒᆞ로 ¶열닷 량 우후로 풀오:賣十五兩以上(飜老上9).

-후로ᄂᆞᆫ 조 -로는. -으로는. ☞-ᄒᆞ로 ¶우후로ᄂᆞᆫ 天時ᄅᆞᆯ 律ᄒᆞ시고(宣中48).

후로로ᄒᆞ·다 형 (후루룩 마실 수 있게) 묽다. 멀겋다. ☞후루루ᄒᆞ다 ¶이슥ᄒᆞ야 후로로ᄒᆞᆫ 쥭을 머기면:良久稀粥飮(救簡1:101). 힌ᄡᆞᆯ로 후로로케 쥭 수어:以白粳米煮稀粥(救簡1:103).

후루루ᄒᆞ·다 형 (후루룩 마실 수 있게) 묽다. 멀겋다. ☞후로로ᄒᆞ다 ¶蜜을 녀허 달효ᄃᆡ 니겨 후루루ᄒᆞᆫ 粥 ᄀᆞᆮ거든:納蜜煎令熟如薄粥(救急下53). 늘근 쇼 시븐 춤을 대초 낫만 ᄒᆞ야 후루루ᄒᆞᆫ 쥭에 두어:老牛噍

沫如棗許大置稀粥中(救簡2:85).

후루룩 부 후루룩. ¶입ᄒᆞ고 코ᄂᆞᆫ 어이 므스일 조차셔 후루룩 비쥭 ᄒᆞᄂᆞ니(古時調. 재우희(우뚝). 靑丘).

후루룩피듁 명 후루룩비쭉새. 제주직박구리. ¶후루룩피듁:提葫蘆(物譜 羽蟲).

후리그물 명 후릿그물. ☞후리그믈. 후릿그믈 ¶후리그물:圍網(柳氏物名二 水族).

후리그믈 명 후릿그물. ☞후리그물. 후리ㅅ그믈. 후릿그믈 ¶후리그믈:塘網(農俗).

후리깃 명 죽지. ¶후리깃 ᄒᆡᆨ:翮(兒學上9).

·후리·다 동 후리다. 빼앗다. 꾀어내다. ☞훌이다. 훌히다 ¶須彌山ㅅ 기슬글 후려 龍王ᄋᆞᆯ 자바미야 오려 ᄒᆞ더니(釋譜24:30). 羹ㅅ 거리ᄅᆞᆯ 후려 먹디 말며:毋嚃羹(宣賜內訓1:3). 후릴 겁:劫(訓蒙中4). 후릴 창:搶. 후릴 략:掠(訓蒙下25). 후릴 략:掠(類合下45). 국거리ᄅᆞᆯ 입으로 후려 먹디 말며:毋嚃羹(宣小3:23). 우경을 후려 장춘 버히거ᄂᆞᆯ:擄遇慶將斬(東新續三綱. 烈4:39). 후리다:騙. 후려 넛타:誘哄(漢淸8:38). ᄀᆞᄂᆞᆫ 가지 후리다:劈去細枝. 草木 가지 후리다:削去(漢淸11:56). 藤蘿ᄅᆞᆯ 후려 잡고 石局을 듸듸 발바(皆岩歌).

후리마리 부 흐리마리. ¶후리마리:胡裏厤裏(同文解上33).

·후·리·ᄡᅳᆯ·다 동 휩쓸다. ¶후리ᄡᅳᆯ 람:攬. 후리ᄡᅳᆯ 루:摟(訓蒙下23).

후리ㅅ그믈 명 후릿그물. ☞후리그믈. 후릿그믈 ¶후리ㅅ그믈:圍網(譯解補17).

·후·리이·다 동 후림을 당하다. 빼앗기다. ☞후리다 ¶石勒의게 후리여:沒于石勒(飜小9:71). 그 쇼와 ᄆᆞᆯ을 후리이고:掠其牛馬(宣小6:66). 지비 오로 후리여 윤유ᄂᆞᆫ 적봉애 죽고:擧家被擄尹愈死於賊鋒. 지아비 죽고 ᄌᆞ식이 ᄯᅩ 후리이니:夫見殺子又被擄(東新續三綱. 烈5:16). 후리이다:被圈套(同文解上33).

후리치다 동 팽개치다. 내던지다. 뿌리치다. ¶헛글고 싯근 文書 다 주어 후리치고(古時調. 靑丘). 人間 번우한 일을 다 주어 후리치고(古時調. 金天澤. 靑丘). 이렁저렁 헛튼 근심 다 후리쳐 더져 두고(萬言詞).

후리티다 동 후려치다. ¶아ᄋᆞ미 지보ᄅᆞᆯ 둗거든 후리텨 앗고져 너기며:族有財物則思攫攘之(正俗10).

후림질ᄒᆞ다 동 후리질하다. ¶후림질ᄒᆞ다:設圈套(漢淸8:38).

후릿그믈 명 후릿그물. ☞후리그믈. 후리ㅅ그믈 ¶후릿그믈:攔河網(漢淸10:24).

후ᄇᆡ 명 후배(後輩). 후진(後進). ¶도ᄅᆞ혀 後輩의 므던히 너교미 ᄃᆞ외니:反爲後輩褻(杜解24:34).

:후ㅅ겨집 명 후처(後妻). ¶赦애 노혀 오다가 듣고 後ㅅ겨지블 돌아보내오 夫妻 처섬 ᄀᆞ티 사니라(三綱. 烈14).

:후ㅅ·날 명 훗날. 뒷날. ☞후ᇫ날 ¶孝道ᄒᆞ실 ᄆᆞᅀᆞᄆᆡ 後ㅅ날ᄋᆞᆯ 分別ᄒᆞ샤(月印上17).

후ㅅ보롬 명 후보름. ¶후ㅅ보롬:下半月(譯解補3).

:후ㅅ:사ᄅᆞᆷ 명 훗사람. 후인(後人). ¶序는 글 ᄆᆡᇰᄀᆞ론 ᄠᅳ들 子細히 ᄡᅥ 後ㅅ사ᄅᆞᄆᆞᆯ 알의 ᄒᆞᄂᆞᆫ 거시라(釋譜序1).

후ㅅ조곰 명 음력 스무사날께. ☞훗조곰 ¶후ㅅ조곰:下弦(同文解上3).

후샤더 명 후위대(後衛隊). ¶후샤더:斷後軍(同文解上45).

:후:셰 명 후세(後世). ¶不賞私勞ᄒᆞ샤 後世ㄹ ᄀᆞᄅᆞ치시니:不賞私勞以教後人(龍歌105章). 法 디녀 後世예 펴디게 호미 이 大迦葉의 히미라(釋譜6:13). 너펴 돕ᄉᆞ오미 다ᅆᅳᆸ업서 後世ᄅᆞᆯ 기리 주노라(法華序18). 聖賢이 녯 法을 後世예 브텨 주어 傳ᄒᆞ시니라:聖賢古法則付與後世傳(杜解17:4). 天下後世예 傳ᄒᆞ니(金三涵序10). 後世예 福을 得ᄒᆞ야도(六祖中46). 일홈을 後世예 베퍼:揚名於後世(宣小2:29). 어딘 일홈이 후셰예 길리 가고(宣小4:53). 後世예 述ᄒᆞ리 인ᄂᆞ니(宣中8). 더주움ᄢᅴ 그 時節에 비취더니 엇디 곧 後世ᄅᆞᆯ 勸ᄒᆞᆯ ᄲᅮ니리오:向來映當時豈特勸後世(重杜解24:27).

후손 명 후손(後孫). ¶前朝ㅅ 翰林의 後孫이로소니:前朝翰林後(重杜解1:58).

·후·시 명 슬갑(膝甲). ¶야청 비단으로 좀보기 치질 고이ᄒᆞᆫ 후시 ᄆᆡ엿고:絟着一副鴉靑段子滿刺嬌護膝(飜朴上26). ᄒᆞᆫ 쌍 명록비쳇 비단으로 ᄉᆞ계곳 슈질ᄒᆞᆫ 후시를 ᄆᆡ엿고:絟着一對明綠綉四季花護膝(飜朴上29). 네 나ᄅᆞᆯ 후시 ᄒᆞᆫ ᄇᆞᆯ ᄆᆡᇰᄀᆞ라 다고려:你做饋我一副護膝(飜朴上47).

:후신 명 후신(後身). ¶後身ᄋᆞᆫ 後ㅅ 모미니 前生애 ᄃᆞᆫ니다가 後生애 다시 난 모미 後身이라(月釋1:45). 金剛ᄋᆞᆫ 樓至佛ㅅ 後身이니 護法善神이라(南明上8).

후ᄉᆞ 명 후사(後嗣). ¶슝적이 션공의 직간을 ᄒᆞᆫᄒᆞ야 후ᄉᆞᄅᆞᆯ 마ᄌᆞ 망멸ᄒᆞ고져 ᄒᆞ미니(落泉1:1).

:후ᄉᆡᇰ 명 ①후생(後生). 내생(來生). ¶前生앳 이릐 因緣으로 後生애 됴ᄒᆞᆫ 몸 ᄃᆞ외어나 구즌 몸 ᄃᆞ외어나 호미 ᄀᆞᄐᆞᆯᄊᆡ 果ㅣ라 ᄒᆞ고(月釋1:12).
②후생(後生). 자기보다 뒤에 태어난 사람. 후배. 후진. ¶이젯 사ᄅᆞᄆᆡ 流傳ᄒᆞ야 오ᄂᆞᆫ 賦ᄅᆞᆯ 웃ᄂᆞ니 前賢의 後生 저탄 이ᄅᆞᆯ 아디 몯ᄒᆞ리로다:今人嗤點流傳賦不覺前賢畏後生(杜解16:11). 됴ᄒᆞᆫ 사ᄅᆞᆷ 업다 ᄒᆞᄂᆞᆫ

세 字ᄂᆞᆫ 德 둔ᄂᆞᆫ의 말이 아니니 後生ᄃᆞᆯ흔 경계ᄒᆞ라:無好人三字非有德者之言也後生戒之(宣小5:95). 子ㅣ ᄀᆞᄅᆞ샤ᄃᆡ 後生이 可히 두려오니:子曰後生可畏(宣論2:47).

:후△날 명 훗날. 뒷날. 후일(後日). ☞후ㅅ날 ¶이곧 뎌고대 後△날 다ᄅᆞ리잇가:於此於彼寧殊後日(龍歌26章).

:후원 명 후원(後園). ¶비록 長者ㅅ 지븨 니르니 손지 後園에 이셔 똥 츠며 草庵애 머므러 자(圓覺下一之一52). 이제 반ᄃᆞ기 녯 法으로 여희여 後園에 가릴시:今當以舊典分歸外園(宣賜內訓2下17).

·후:의 명 후의(厚意). ¶此ᄂᆞᆫ 言 主人의 厚意ᄅᆞᆯ 作此詩ᄒᆞ야(杜解15:54). 공지 강잉ᄒᆞ야 후의를 칭샤ᄒᆞ고(落泉2:5).

후일족 명 네발짐승의 발 하나가 색다른 것. ¶후일족:孤蹄(譯解補48. 漢淸14:23).

:후·제 명 후제. ¶魏 적 권신이니 후제 류존ᄒᆞ니라(宣小5:45). 님이 보신 후제야 노가다다 엇디리(古時調. 鄭澈. 松林의. 松江). 이윽ᄒᆞ야 긔운이 도로혀 여샹히 운 후제야 빗복 그츠라:須臾氣廻啼哭如常然後方可斷臍(胎要68).

:후·졔 명 후제(後際). ¶그럴시 前際예 오디 아니ᄒᆞ며 後際예 가디 아니ᄒᆞ며:前際不來後際不去(南明序1).

후즁ᄒᆞ다 형 후중(後重)하다. ¶후즁ᄒᆞ다:下墜(漢淸8:2).

후지다 동 휘지다. ¶ᄀᆞ바 후지다:疲乏(漢淸7:38). 수이 후지다:不耐乏(漢淸7:39).

후진 명 후진(後進). ¶後進ㅅ 즈ᄅᆞᆷ길홀 여르샤 다른 길헤 버므디 아니ᄒᆞ야(金三1:5). 後進이 禮와 樂애 君子ㅣ라 ᄒᆞᄂᆞ니(宣論3:1).

후ᄌᆞ식 명 후손(後孫). ☞훗ᄌᆞ식 ¶부뫼 업슨 후에 후ᄌᆞ식ᄃᆞᆯ히 살올 일 일오기 힘ᄡᅳ디 아니ᄒᆞ고:爺娘亡沒之後落後下的孩兒們不務營生(老解下43).

:후쳐 명 후처(後妻). ¶芒卯의 後妻ㅣ러니 세 아ᄃᆞᄅᆞᆯ 뒷더니 前妻의 아ᄃᆞ리 다ᄉᆞ시 이쇼ᄃᆡ 다 ᄉᆞ랑티 아니커늘(宣賜內訓3:23). 아비 후쳐의게 혹ᄒᆞ고(十九史略1:6).

후환 명 후환(後患). ¶맛당이 後患에 엇디ᄒᆞ료(宣孟8:7). 네 이를 죽여 후환을 긋치면 문호의 큰 복이 되리라(落泉2:5).

:후·히 부 후(厚)히. ¶엇데라 田舍앳 한아비ᄂᆞᆫ 이 厚히 주ᄂᆞᆫ ᄠᅳ들 바ᄃᆞ리오:奈何田舍翁受此厚貺情(初杜解22:20). 주그니 셤기ᄂᆞᆫ 례도를 사니 위완기두곤 후히 홀 거시니라:死之禮當厚於奉生者(飜小7:7). 이런도로 人倫에 듕ᄒᆞ니 후히 아니티 몯홀 거시니라:故於人倫爲重也不可不篤(飜小7:38). 往을 厚히 ᄒᆞ고 來ᄅᆞᆯ 薄히 홈은(宣中30). 顏淵이 죽거늘 門人이 厚히 葬코져 ᄒᆞᆫ대(宣論3:5). 명ᄒᆞ야 후히 샹ᄒᆞ라 ᄒᆞ시다:命厚賞之(東新續三綱. 孝1:9).

:후ᄒᆞ·다 형 후(厚)하다. ¶厚ᄒᆞᆫ 祿으로 너를 주시ᄂᆞ니 반ᄃᆞ기 히믈 다ᄒᆞ며 能을 ᄀᆞ장ᄒᆞ야:厚祿以奉子當以盡力竭能(宣賜內訓3:27). 엇디 시러 후티 아니ᄒᆞ리오:安得不厚乎(飜小7:47). 비록 도타이 후ᄒᆞᆫ 사ᄅᆞᆷ이 이셔도:雖有篤厚之人(宣小5:71). 그 薄홀 바애 厚ᄒᆞ리 잇디 아니ᄒᆞ리라(宣大3). 민싱을 후케 ᄒᆞ미(經筵).

·후·혹 명 후학(後學). ¶일로브터 後學ᄋᆞᆯ 爲ᄒᆞ야 즈름길홀 열오져 ᄒᆞ야(金三宗序5).

훈 명 훈(薰). ¶薰ᄋᆞᆫ ᄡᅳ일 시라(南明上33).

:훈:계 명 훈계(訓戒). ¶우리 아바님 訓誡ᄅᆞᆯ 듣ᄌᆞᆸ더니(宣賜內訓3:43).

훈련ᄒᆞ다 동 훈련(訓鍊)하다. ¶士卒을 訓鍊ᄒᆞ야:練卒(重杜解4:6).

훈슈 명 훈수(訓手). ¶훈슈 방:挈(倭解下20). 훈슈 말라:別挈(譯解補47).

훈·습·ᄒᆞ·다 동 훈습(薰習)하다. 불법(佛法)을 들어서 마음을 닦다. ¶일로 한 劫에 해 드로ᄆᆞᆯ 薰習ᄒᆞ야도:薰ᄋᆞᆫ ᄢᅬᆯ 씨니 發ᄒᆞ며 닐윌 씨라(楞解4:72). 오직 眞如를 念ᄒᆞ고 方便으로 種種ᄋᆞ로 熏習ᄒᆞ야 닷디 아니ᄒᆞ면 ᄆᆞᄎᆞᆷ내 조호ᄆᆞᆯ 得디 몯ᄒᆞ리라(圓覺上二之一12).

훈유 명 훈유(薰油). ¶薰은 香草ㅣ니 여러 가짓 香草로 춤깨 ᄒᆞᆫᄃᆡ ᄃᆞ마 젓거든 ᄧᅩᆫ 기르미 일후미 薰油ㅣ라(法華5:210).

훈증ᄒᆞ다 형 훈증(薰蒸)하다. 찌는 듯이 무덥다. ¶伏더위 薰蒸ᄒᆞᆫ 날에 淸溪를 ᄎᆞᄌᆞ 가셔(古時調. 金壽長. 海謠).

훈풍 명 훈풍(薰風). ¶薰風이 장ᄎᆞ 律管애 應ᄒᆞ리니 湛露ㅣ 곧 놀애예 브르ᄂᆞᆫ 그리로다:薰風行應律湛露卽歌詩(重杜解23:9).

훈겨집 명 후처(後妻). ☞훈안해. 훗겨집 ¶훈겨집블 도로 보내오:乃遣後妻(重三綱. 烈14).

:훈안·해 명 후처(後妻). ☞훈겨집. 훗겨집 ¶아비 훈안해를 얻고 包ᄅᆞᆯ 믜여:父娶後妻而憎包(宣小6:19).

훌그으다 동 이끌어 들이다. 들이마시다. ¶그 사ᄅᆞᆷ이 죽디 아녀신 제 반ᄃᆞ시 목숨을 ᄃᆞ톤더라 氣脈이 往來ᄒᆞ야 물을 훌그어 탕ᄌᆞ에 든 故로:其人未死爭命氣脈往來搐水入腸故(無寃錄3:13).

훌근 부 후려 당기는 모양. ¶이리로 훌근 져리로 훌적 훌근 훌적 ᄒᆞᆯ 저긔ᄂᆞᆫ(古時調. 가슴에. 靑丘).

훌나드리다 동 훌라들이다. ¶그 샷기 너허 두고 두 놈이 마조 서셔 흙은흙은 훌나드릴 제면(古時調. ᄀᆞ슴에. 歌曲).

훌노 부 홀로. ¶ᄒᆞ로 아춤 離別ᄒᆞ고 寂寂空房 훌노 이셔(萬言詞答).

훌여내다 동 후려내다. ¶훌여내다:餌誘(同文解上45). 훌여내다:誆誘(漢淸4:33).

훌이다 동 후리다. ☞후리다. 훌히다 ¶훌이는 법:圈套. 훌여 속이다:拐騙(譯解補52).

훌이치다 동 팽개치다. 내던지다. ☞후리치다 ¶헛글고 싯븐 文書 다 주어 훌이치고(古時調. 金光煜. 海謠).

훌젹 부 훌쩍. ¶두 놈이 두 굿 마조자바 이리로 훌근 져리로 훌젹 훌근 훌젹 훌 저긔는(古時調. 가슴에. 靑丘).

훌훌이 부 훌훌이. 훌훌. ¶훌훌이 이별ᄒᆞ니 츄풍이 소슬터니(思鄕曲).

훌히다 동 후리다. ☞후리다. 훌이다 ¶날마다 글월 보내여 저히오며 훌혀 보채딗(癸丑84). 든든이 디내다가 훌혀 나가니(諺簡. 仁宣王后諺簡).

훑다 동 훑다. ¶大棗 볼 불근 柯枝 에후르혀 훌터 싸 담고(古時調. 海謠). ᄲᆞ르게 나아가 훌터 殺ᄒᆞ고:奏進搶殺(武藝圖16).

훔셜다 동 입술을 오므리어 빨다. ¶가다가 한가온대 뚝 근처지거놀 皓齒丹脣으로 훔셜며 감셜며(古時調. 모시를. 靑丘).

:훗겨집 명 후처(後妻). ☞훈겨집. 훈안해 ¶제 아비 훗겨지블 얻고 薛包를 믜여 내텨놀:父娶後妻而憎包分出之(飜小9:21).

훗근심 명 뒷걱정. 후환(後患). ¶범을 노하 사름을 셔름 만나게 ᄒᆞᆫ 거시니 훗근심을 끈흐려 ᄒᆞ면(三譯2:4).

훗날 명 훗날. ¶훗날 도적이 또 니르러 그 어미를 해코져 ᄒᆞ거놀:後日賊又至欲害其母(東新續三綱. 孝6:23).

훗남진 명 후부(後夫). 후서방. ¶나 죽거든 훗남지늘 됴히 셤기라 ᄒᆞ야놀:我死善事後人(續三綱. 烈3).

:훗:뒤 명 후세(後世). 후대(後代). ☞훗ᄢᅴ ¶벼슬 祿을 즐겨 아니 ᄒᆞᄂᆞ니 훗뒤예 므서스로ᄡᅥ 子孫을 기티리오:不肯官祿後世何以遺子孫乎(宣小6:85).

훗비알타 동 훗배앓이를 하다. ¶훗비알타:兒枕痛(譯解補22). 훗비알타:兒枕疼(漢淸6:54).

훗ᄢᅢ 명 나중. ¶이 죽이 ᄀᆞ쟝 됴ᄒᆞ니 듯다가 훗ᄢᅢ예 달나(癸丑35).

훗ᄢᅴ 명 후세(後世). ☞후셰. 훗뒤 ¶악죄 만히 ᄒᆞ고 훗ᄢᅴ를 닥디 아니ᄒᆞᄂᆞ니 실로 슬푸다:造惡無窮不修後世之善道豈不寒心哉(普勸文11).

훗아뷔 명 계부(繼父). 의붓아비. ☞훗어미 ¶그 훗아뷔 셩을 니어 안녹산이라 ᄒᆞ더니(明皇1:32).

:훗·어·미 명 계모(繼母). 후모(後母). ¶아비와 훗어미 섬교딗 ᄀᆞ장 효도ᄒᆞ더니:事父及後母盡孝(續三綱. 孝21). 훗어미 朱氏 ᄉᆞ랑티 아니ᄒᆞ야 ᄌᆞ조 할와틸시:繼母朱氏不慈數譖之(飜小9:24).

훗조곰 명 음력 스무사날께. ☞조곰. 후ㅅ조곰 ¶훗조곰:下弦(譯解上3).

훗조금 명 음력 스므사날께. ☞조금. 훗조곰 ¶훗조금:下弦(漢淸1:4).

:훗ᄌᆞ·식 명 후손(後孫). ☞후ᄌᆞ식 ¶부뫼 업스신 후에 훗ᄌᆞ식돌히 사롤 일 일우기 힘쓰디 아니ᄒᆞ고:爺孃亡沒之後落後下的孩兒們不務營生(飜老下48).

:훙둥이·다 동 휘정거리다. ¶굳 프고 믈 브어 니기 훙두윤 므리라(救急上9). 니기 훙두여 汁을 取ᄒᆞ야:熟絞取汁飮之(救急上28). 地漿:딜홁 ᄡᅡ홀 프고 믈 브ᅀᅥ 훙둥인 믈(救簡1:34). 딜홁 ᄡᅡ홀 프고 믈 브ᅀᅥ 훙둥인 믈 브ᅀᅳ면 ᄭᅢᄂᆞ니:地漿灌則醒(救簡1:37).

훙서 명 훙서(薨逝). ¶주근 者ㅣ 官 尊ᄒᆞ면 곳 닐오딗 薨逝ㅣ라 ᄒᆞ고(家禮7:7).

훙셔ᄒᆞ다 동 훙서(薨逝)하다. ¶훙셔ᄒᆞ오신 날 즉시 궐하의 블너(癸丑24).

훙치다 동 휘정거리다. 튀기다. ¶믈 훙쳐 방울지다:魚撥泡(譯解補50).

훙ᄒᆞ다 동 훙(薨)하다. ☞훙서 ¶드딕여 훙ᄒᆞ오셔놀(癸丑11).

훠 명 목이 있는 신. 수혜자(水鞋子), 목화(木靴) 따위. ☞훠ᄋᆞ ¶이 ᄯᅡ햇 훠와 신과:此土靴履(楞解6:96). 되 아비ᄂᆞᆫ 굴근 도틱 갓 훼오:羌父豪猪靴(初杜解22:38). 류청 비단 청쉿 돌온 훠의:柳綠紵絲抹口的靴子(飜朴上26). 훳 화:靴(訓蒙中22). 남ᄌᆞᄂᆞᆫ 이싱의 이실 제 한삼 닙고 띄 띄오 훠 신고 이실시:男人在世衫帶靴(恩重2). 훠 화:鞾(類合上31). 훠롤 신을선대:穿靴時(老解下47). 봄에ᄂᆞᆫ 거믄 기ᄌᆞ피 훠를 신오되:春間穿皁麂皮靴(老解下47). 녀름에ᄂᆞᆫ 뎐피 훠롤 신고:夏間穿獷皮靴(老解下47). ᄒᆞᆫ 빵 훠에:一對靴上(老解下47). 아롱바디예 거믄 훠 신은 勇士ㅣ:穿着花袴皁靴的勇士(朴解下30). 훳 머리:靴頭(譯解上46). 훠:靴子(同文解上58). 훠와 보션 신고 다른 딗 가쟈(捷蒙4:11).

훠ㅅ돈 명 목화(木靴)의 목. ☞훳돈 ¶훠ㅅ돈:靴靿子(漢淸11:12).

훠ᄋᆞ 명 목이 있는 신. 〔수혜자(水鞋子), 목화(木靴) 등.〕☞훠 ¶柳綠빗체 비단으로 부리 두론 훠ᄋᆞ에:柳綠紵絲抹口的靴子(朴解上24). ᄒᆞᆫ 간 방에 다ᄉᆞᆺ 사롬이 계요 안ᄂᆞᆫ 거시여 이거슨 이 훠ᄋᆡ로다:一間房子裏五箇人剛坐的這箇是靴子(朴解上37). ᄒᆞᆫ 도적은 더 훠ᄋᆞ 푸ᄌᆞ에 셩녕 비호라 가고:一

箇賊那靴鋪裏學生活去(朴解中19).

훠챵 명 신창. ☞훳챵 ¶더 훠챵이 다 두 충 조혼 챵애 드라 잇는 실은 밀 텨 잇고:那靴底都是兩層淨底上的線蠟打了(飜老下53).

훠청 명 버선. ¶훠청:韈子(四解上81 韈字註). 훠청:氈韈(訓蒙中23 韈字註). 襪:멸은 훠청 ㄱ튼 거시오(家禮5:10).

훤당 명 훤당(萱堂). ¶萱堂 老親은 八旬이 거의거든(蘆溪. 莎堤曲).

훤이 부 훤히. 훤하게. ☞훤히 ¶훤이 여다:大開(同文解上35. 漢淸9:76).

훤츠리 부 훤칠히. ☞훤츨히. 훤츨ᄒ다 ¶ㄱ장 훤츠리 볼가 ᄭ드로믈 어더:大發明得悟(飜朴上74).

·훤·츨·히 부 훤칠히. ☞훤츠리 ¶다ᄅᆞᆫ가 疑心ᄒ야 分別ᄒ던 ᄠ디 훤츨히 업스리라:疑異分別之情豁然而蕩矣(楞解2:58). 훤츨히 實로 十二部 經엣 眼目이며:蕩蕩然實十二部經之眼目(圓覺序10). 훤츨히 바ᄅ래 ᄇ타 가려뇨:浩蕩乘滄溟(初杜解6:20). 훤츨히 업게 혼 후에사:闢之而後(飜小8:43). 맛난 일마다 훤츨히 유여ᄒ더라:遇事坦然常有餘裕(飜小10:25). 훤츨히 ᄆ음을 나토리오:豁達露心肝(重杜解1:13).

훤츨ᄒ·다 형 훤칠하다. ¶녯 지블 本來 사ᄆ 훤츨호ᄆ 依藉호니:古堂本買藉疎豁(初杜解7:19). 훤츨 회:恢(類合下30). 일을 만남애 훤츨ᄒ야:遇事坦然(宣小6:124). 훤츨ᄒ고 지죄며 용이 잇더라:倜儻有才勇(東新續三綱. 忠1:42). 싀훤코 훤츨ᄒ 世界ᄅ 다시 보고 말와라(古時調. 鄭澈. 당지치. 松江). 天地四方이 훤츨도 ᄒ져이고(古時調. 金裕器. 泰山에. 靑丘).

·훤출·타 형 좋다. 괜찮다. 무관(無關)하다. ☞훤츨ᄒ다 ¶나드리홈도 훤출타:出入通達(飜老下71).

훤텬ᄒ다 동 훤전(喧傳)하다. ¶기리는 소릭 원근의 훤텬ᄒ더라(洛城1).

훤훠니 부 시원히. ¶과ᄀ리 져근ᄆ롤 훤훠니 보디 몯ᄒ야 알프거든:卒小便淋澁痛(救簡3:102). ᄇ 아래 막딜여 답답ᄒ야 훤훠니 몯 보거든:臍下妨悶不得快利(救簡3:118).

훤히 부 훤히. 시원히. ☞훤이 ¶모든 疑心이 다 훤히 업스니라(釋譜24:4). 根源이 훤히 微妙히 ᄇ거늘(月釋2:22之2). ᄯ 이 娑婆世界 ᄡ히 琉璃오 훤히 平正ᄒ고(月釋17:35). 훤히 허믈 업스리라:廓無瑕玷矣(楞解4:53). 十方애 훤히 ᄉᄆ차며:洞徹十方(圓覺序26). 내 모ᄆ 훤히 볼겨:洞明自已(蒙法44). 훤히 시름을 시스니:逈然洗愁辛(重杜解1:28). 여다홉 히ᄅ ᄠ데 훤히 노다가:快意八九年(重杜解2:41). 層層히 나는 구루메 가ᄉᄆ 훤히 ᄒ고:盪胸生層雲(初杜解13:1). 훤히 沙界예 둘어:廓周沙界(金三2:11). 門 훤히 여다:大開(譯解上18).

훤·ᄒ·다 형 훤하다. ¶世界ㅅ 일ᄋ 보샤 아로미 훤ᄒ시며(月印上29). 耶輸ㅣ 이 말 드르시고 ᄆᅀᆞ미 훤ᄒ샤(釋譜6:9). ᄡ히 훤ᄒ고 됴혼 고지 하거늘(月釋2:6). 身心이 훤ᄒ야:身心蕩然(楞解3:63). 眞實ㅅ性은 훤ᄒ며 ᄆ가:眞性廓湛(楞解4:85). 사ᄅ미 怒호ᄆ ᄀ장 ᄒ면 반ᄃ기 소리 ᄆ이 ᄒ야 ᄲᆞᆯ리 구지즌 後에사 훤ᄐᄒ니:如人憤劇必厲聲疾詬而後快然(法華2:253). 훤혼 門에 다 날호야 거러오니:洞門盡徐步(杜解9:22). 이러호ᄆ 듣고 서르 ᄉ랑ᄒ논 ᄆᅀᆞ미 훤ᄒ니:聞此寬相憶(初杜解21:16). 門 밧긔 퍼런 뫼히 훤혼 ᄃ 지옛도다:門外靑山倚寥廓(南明上12). 혼 經엣 眼目ᄋ 훤케 ᄒ시니:豁一經之眼目(金三2:51). 가ᄉᆷ 훤케 호ᄃ:利胸膈(救簡2:20). 훤ᄒᆯ 광:曠(類合下31). 훤ᄒᆯ 확:廓(類合下49). 훤ᄒᆯ 챵:敞. 훤ᄒᆯ 할:豁(類合下55).

훳고 명 신코. ¶훳고:鴈爪(譯解上46).

훳돈 명 목화(木靴)의 목. ☞훠ㅅ돈. 훳운 ¶훳돈:靿 靴靿(四解下23 靿字註). 일에 해롭디 아니ᄒ니 내 훳돈에 고자 가져가리라:不妨事我靴靿裏揣將去(朴解下28). 훳돈:靴靿(譯解上46).

훳뒷측 명 목화(木靴)의 뒤축. ¶훳뒷측:靴跟子(譯解上46).

훳볼 명 목화(木靴)의 볼. ¶훳볼:靴臉子(譯解上46).

훳·운 명 수혜자(水鞋子)나 목화(木靴) 따위의 울. ☞훳돈. 훳울 ¶훳운亦曰鞝 俗呼靴靿(訓蒙中23 鞝字註).

훳울 명 목화(木靴)의 울. ☞훳운 ¶훳울:靴扇(譯解上46).

훳챵 명 신창. ☞훠. 훠챵 ¶훳챵:靴底子(譯解上46).

훼방ᄒ다 동 훼방(毁謗)하다. ¶훼방ᄒ며 믜워ᄒ기(五倫3:13).

휑덩그러 부 휑뎅그렁하게. 휑하게. ¶아희는 藥을 ᄏ라 가고 竹亭은 휑덩그러 뷔엿는듸(古時調. 歌曲).

휘 명 휘. 〔되의 한 가지〕 ¶말과 휘ᄅ 다 됴히 되게 ᄒ라:斗斛都要量足(朴新解1:14). 휘:斛(同文解下21. 漢淸10:19). 아홉 휘:九斛(譯解補36).

휘건 명 앞치마. ¶휘건:圍裙(譯解補28).

휘녀타 동 휘어 넣다. ¶휘녀코 호다:夾牙縫(漢淸11:28).

휘다 동 휘다. 휘어지다. ¶휘디 아니타:不彎(譯解下48). 휜 것:彎的(譯解補55). 휘다:彎(漢淸9:78).

휘대 [명] 전대(纏帶). ¶휘대 탁:橐(類合上13). 청울치 눅놀 메토리 신고 휘대 長衫 두루혀 메고(古時調. 青丘).

휘돌다 [동] 휘돌다. ¶심의산 세네 바회 감도라 휘도라(古時調. 鄭澈. 松江).

휘두두리다 [동] 휘두들기다. ¶대쵸 볼 블글 柯枝 에후루혀 ᄀᆞᆯ회 ᄯᆞ고 올밤 벙근 柯枝 휘두두려 ᄀᆞᆯ회 주어(古時調. 青丘).

휘듣다 [동] 흔들다. ¶清江에 비 듯는 소릐 긔 무어시 우읍관듸 滿山 紅綠이 휘드르며 웃는고야(古時調. 孝宗. 海謠).

휘듯다 [동] 흔들흔들하다. ☞휘듣다 ¶흐늘흐늘ᄒᆞ다 又 휘듯다:顫(漢清7:45). 늘어진 괴향남게 휘듯ᄂᆞ니 가마귀로다(古時調. 가마귀를. 瓶歌).

휘듯다 [동] 휘다. 휘어지다. ¶휘듯다:彎轉(同文解上29).

휘슈 [명] 소용돌이. ☞회슈 ¶휘슈:旋窩水(譯解上7).

휘어지다 [동] 휘어지다. ☞휘여지다 ¶눈 마자 휘어진 대를 뉘라셔 굽다ᄐᆞᆫ고(古時調. 元天錫. 青丘).

:휘얻ᄒᆞ·다 [형] 휘우듬하다. ¶모미 기우러 뮈디 아니ᄒᆞ시며 ᄯᅩ 휘얻디 아니ᄒᆞ샤미 六十九ㅣ시고(法華2:18).

휘여지다 [동] 휘어지다. ☞휘어지다 ¶눈 마자 휘여진 대를 누구셔 굽다ᄐᆞᆫ고(古時調. 元天錫. 海謠). 울밋ᄒᆡ 휘여진 菊花 黃金色을 펼치온 듯(古時調. 花源).

휘영휘영ᄒᆞ다 [동] 휘청휘청하다. ☞회양회양ᄒᆞ다 ¶몸 휘영휘영타:身子虛飄(譯解補24).

휘오다 [동] 휘다. ☞휘우다 ¶曹彬의 드ᄂᆞᆫ 칼로 무지게 휘온 드시 에후루혀(古時調. 고래 물 혀. 青丘). 휘오다:彎之(同文解下18). 블 ᄧᅬ여 휘오다:煨彎. 휘오다:撅成彎. 굽게 휘오다:撅成彎鉤. 눌러 휘오다:壓彎(漢清12:6).

휘우다 [동] 휘다. ☞휘오다 ¶그 ᄃᆡ ᄌᆞ라거든 버혀 휘우리라 낙시ᄯᆡᄅᆞᆯ(古時調. 楚山에. 青丘). 남글 휘워(十九史略1:2). 블 ᄧᅬ여 휘우다:煨彎. 휘우다:撅彎(譯解補45).

휘쟝 [명] 휘장(揮帳). ☞댱 ¶가마 휘쟝:幃子(漢清12:24).

휘젓다 [동] 휘두르다. ¶ᄇᆡᆨ산이 난 휘저어 범을 티니 아비 면호믈 어드니라:白山揮鎌擊虎父得免(東新續三綱. 孝2:6).

휘좃치다 [동] 휘둘리며 쫓기다. ¶나무도 바히돌도 업슨 뫼희 ᄆᆡ게 휘좃친 갓토리 안과(古時調. 青丘).

휘초리 [명] 휘추리. ¶ᄡᅵ 디여 난 휘초리 저 ᄀᆞ티 늙ᄃᆞ록애(古時調. 鄭澈. ᄃᆡ 우ᄒᆡ. 松江). 밤나모 서근 들걸에 휘초리 나니ᄀᆞᆺ치(古時調. ᄉᆡ어마님 며느라기. 青丘).

휘추리 [명] 휘추리. ¶臺 우희 섯ᄂᆞᆫ ᄂᆞ틔 몃 ᄒᆡ나 ᄌᆞ랏ᄂᆞᆫ고 ᄡᅵ 지어 난 휘추리 저ᄀᆞᆺ치 늙도록애(古時調. 鄭澈. 青丘).

휘항 [명] 휘항(揮項). 휘양. ¶휘항:風領(物譜 衣服).

휘휘 [부] 휘휘. ¶뷘 틈 업시 찬찬 굽의 나게 휘휘(古時調. 海謠).

횟두로 [부] 휘둘러. 두루. ☞횟두루 ¶부들 횟두로 텨 죠ᄒᆡ예 디니 雲烟이 ᄀᆞᆮᄂᆞᆺ다:揮毫落紙如雲烟(初杜解15:41). 붇 횟두로 텨 글 스고 봆 하ᄂᆞᆯ해셔 자노라:揮翰宿春天(初杜解15:50). ᄌᆡᄅᆞᆯ ᄀᆞᅀᅵ 횟두로 ᄡᅳ라 두면:以灰圍四方(救簡1:44). 한니블로 머리와 ᄂᆞᆾ과 몸과 손바ᄅᆞᆯ 횟두로 ᄡᆞ고:用緜衾包頭面身體手足(救簡1:65).

횟두루 [부] 휘둘러. 두루. ☞횟두로 ¶體相이 기릐 너븨 ᄀᆞᆮᄒᆞ시고 횟두루 圓滿ᄒᆞ샤미 諸瞿陀 ᄀᆞᆮᄒᆞ샤미(法華2:13). 微妙ᄒᆞᆫ 추믈 횟두루 처 밤 드ᄃᆞ록 마디 아니ᄒᆞᄂᆞ다:妙舞逶迤夜未休(初杜解15:44). 범 호ᄍᆞ ᄒᆞ나ᄒᆞᆯ 스고 밧긔 횟두루 그리면 즉재 됴ᄒᆞ리라:書一虎字外畫圈圍之立愈(救簡6:45).

횟두루·다 [동] 휘두르다. ☞횟ᄯᅮ루다 ¶올ᄒᆞᆫ 소노로 나ᄃᆞᆯ 횟두루며 버믈 저리고:右手揮鎌劫虎(續三綱. 孝9).

횟두루잇·다 [동] 휘두르다. ☞횟두루다 ¶네 붇글 횟두루이주믈 ᄉᆞ랑호니:念昔揮毫端(初杜解16:21).

횟두르·다 [동] 빙 두르다. ¶清淨根으로 清淨境을 비취면 山林이 횟두르며:以清淨根照清淨境逐見山林周匝(法華6:68).

횟둘·어 [동] ①빙 둘러. ㉮횟두르다 ¶衛護ᄂᆞᆫ 횟둘어 이셔 護持ᄒᆞᆯ 씨라(月釋21:20). ②휘둘러. ㉮횟두루다 ¶소ᄂᆞᆯ 횟둘어 늘근 ᄂᆞᆫ므를 ᄡᅳ리고:揮手灑衰淚(初杜解22:45).

횟ᄯᅮ루다 [동] 휘두르다. ☞횟두루다 ¶올ᄒᆞᆫ소노로 나ᄃᆞᆯ 횟ᄯᅮ루며 버믈 저리고:右手揮鎌劫虎(東續三綱. 孝6).

휴르새 [명] 부엉이. ¶휴르새:休留(柳氏物名一 羽蟲).

·휴ᄉᆡᇰ [명] 축생(畜生). ¶이런 有情ᄃᆞᆯ히 이에셔 주그면 餓鬼어나 畜生이어나 ᄃᆞ외리니(釋譜9:12). 畜生ᄋᆞᆫ 사ᄅᆞ미 지븨셔 치ᄂᆞᆫ 즁ᄉᆡᆼ이라(月釋1:46).

휴지 [명] 휴지(休紙). ¶ᄉᆞᆯ오믈 휴지 삼디 마ᄋᆞᆸ소(新語9:15).

흉 [명] 흉. ¶崔浩ㅣ 魏ㄴ 님금 조샹 흉을 돌해 사겨 세여늘 帝ㅣ 노ᄒᆞ야 죽이니라(宣小6:40). 世上 사ᄅᆞᆷ들이 입들만 셩ᄒᆞ여셔 제 허믈 전혀 닛고 ᄂᆞᆷ의 흉 보ᄂᆞᆫ 괴야 ᄂᆞᆷ의 흉 보거라 말고 제 허믈을 고치고쟈(古時調. 青丘). 소됴의셔 신만으로 ᄒᆡ여 당신

흉이 나니(閑中錄250).

흉 명 흉(凶). ¶어디디 몯ᄒᆞ니ᄂᆞᆫ 凶이라 닐오미니라:不善也者凶之謂也(飜小6:29).

흉격 명 흉격(胸膈). ¶죵턴의 셜오미 흉격의 막히니(洛城2).

흉금 명 흉금(胸襟). ¶丈夫의 胸襟에 雲夢을 ᄉᆞᆷ겻ᄂᆞᆫ 듯(古時調. 洛陽城裏. 靑丘).

흉년 명 흉년(凶年). ¶凶年에 死亡에 免케 ᄒᆞᄂᆞ니:凶年免於死亡(宣孟1:33). ᄀᆞᄋᆞᆯ히 거두ᄂᆞᆫ 거ᄉᆞᆫ ᄂᆞᆷ의게셔 비비ᄒᆞ야 凶年이 能히 害티 몯ᄒᆞ야(警民11). 흉년:饑荒年(譯解補3). 세 고을을 통계ᄒᆞ면 흉년은 만코 풍년은 져근디라(綸音76).

흉보다 동 흉보다. ¶서의ᄒᆞᆫ 거시라 흉보심을(新語9:13).

·흉·븨 명 흉배(胸背). ☞흉비 ¶네 그 텬쳥비쳇 흉븨 ᄒᆞᆫ 비단과:你那天青胷背(飜老下24). 앏뒤 흉븨와 두 엇게로셔 ᄉᆞ맷 ᄆᆞᄅᆞ내 치질ᄒᆞ고 무릅도리로 치질ᄒᆞᆫ 로 털릭에:刺通袖膝欄羅帖裏上(飜朴上26). 텬쳥빗체 흉븨 ᄒᆞᆫ 비단과:天青胷背(老解下21).

흉비 명 흉배(胸背). ☞흉븨 ¶흉비:補子(同文解上55). 흉비:補子(譯解補28). 흉비 문노흔 寧紬:補寧紬(漢清10:56). 흉비 문 노흔 사:補紗(漢清10:57). 흉비 븟친 쿠리매:補褂(漢清11:4).

흉·ᄉᆞ 명 흉사(凶事). ¶우와 아랫 사ᄅᆞᄆᆡ 옷과 밥과 길ᄉᆞ와 흉ᄉᆞ애 ᄡᅳᆯ 거슬 죡게 호ᄃᆡ:以給上下之衣食及吉凶之費(飜小7:50). ᄡᅥ 上下의 옷밥과 믿 길ᄉᆞ 흉ᄉᆞ애 ᄡᅳᄂᆞᆫ 거슬 족게 호ᄃᆡ:以給上下之衣食及吉凶之費(宣小5:81).

흉·악ᄒᆞ·다 형 흉악(凶惡)하다. ¶ᄌᆞ라매 니르러ᄂᆞᆫ 더욱 흉악ᄒᆞ고 강팍ᄒᆞᄂᆞ니:到長益凶狠(飜小6:3). ᄌᆞ람애 니르러 더욱 흉악고 강팍ᄒᆞᄂᆞ니:到長益凶狠(宣小5:3). 열희셔 여ᄃᆞᆲ 아홉이 주그니 심히 흉악ᄒᆞᆫ 증이라(辟新11).

흉:험ᄒᆞ·다 형 흉험(凶險)하다. ¶어딘 性을 옮겨 고텨 凶險ᄒᆞᆫ 무리 ᄃᆞ외에 ᄒᆞᄂᆞ니:能移謹厚性化爲凶險類(飜小6:23).

흉황 명 흉황(凶荒). ¶칠년 흉황을 당ᄒᆞ니(洛城2).

흉황ᄒᆞ·다 동 흉황(凶荒)하다. ¶東녁 ᄯᅡ히 흉황ᄒᆞ고 병난으로ᄡᅥ 니우니:東土饑荒繼以師旅(宣小6:29). 그저긔 히운이 흉황ᄒᆞ고 녀역ᄒᆞ야:時年荒癘疫(東新續三綱. 孝1:3).

흉·히 부 흉하게. ¶그 어미 흉히 보채옴을 적이 그치니라:其母少止凶虐(宣小6:64).

흉ᄒᆞ·다 형 흉(凶)하다. ¶머리터리 허터 어즈러우며 ᄒᆞ야ᄇᆞ리며 兇ᄒᆞ며 險ᄒᆞ며 주으리고 목ᄆᆞᆯ로ᄆᆡ 다와도ᄆᆞ로 울어 ᄃᆞᄅᆞ며(法華2:122). 凶ᄒᆞᆫ 사ᄅᆞ미란 기슨 말ᄉᆞ미 詭譎ᄒᆞ고(飜小6:30). 흉ᄒᆞᆫ 사ᄅᆞ미 ᄃᆞ외오져 ᄒᆞ녀:欲爲凶人乎(飜小6:31). 길ᄒᆞ며 흉ᄒᆞ며 영화로온 이리며 욕도왼 이리:吉凶榮辱(飜小8:10). 흉ᄒᆞᆫ 날:凶日(漢清1:26).

:흐·나·므·라·다 동 헐뜯어 나무라다. 타박하다. 〔'흗다'의 어간 '흗'+'나므라다'〕☞흔나므라다. 흔ᄂᆞᆫ므라다 ¶이 화를 네 ᄯᅩ 간대로 흐나므라ᄂᆞ다:這弓你却是胡包彈. 흐나므라ᄂᆞ니ᅀᅡ 살 님재라:包彈的是買主(飜老下31). 살 사ᄅᆞᆷ이ᅀᅡ 그믄더믄 흐나므라더:買的人多少包彈(飜老下62).

흐느기다 동 흔들리다. ☞흔덕이다. 흔드기다 ¶白雲이 니러나고 나모 긋티 흐느긴다(古時調. 尹善道. 孤遺).

흐·느·다 동 흐늘거리다. 흔들다. ☞흐늘다 ¶ᄀᆞᄅᆞ미 흐리니 고기 머리를 흐느놋다:江渾魚掉頭(初杜解23:16). ᄇᆞᄅᆞ맷 주엽쇠 ᄒᆞ마 혀를 흐느ᄂᆞ다:風鐸已搖舌(金三4:43). 길 녈 제 가ᄉᆞᆷ 헤디고 ᄑᆞᆯ 흐느디 말며:經行次不得開襟掉臂(誡初5).

흐·늘·다 동 흔들다. ☞후늘다. 흐느다 ¶노ᄑᆞ며 ᄂᆞᆽ가온 峯頂에 막대 흐느러 샹녜 놀며:高低峯頂振錫常遊(永嘉下105). 막댈 흐느르시며:振錫(永嘉下131). 巢父ㅣ 머리 흐늘오:巢父掉頭(初杜解22:51). 막대 흐느러 소리 發호미 ᄠᅳ디 圓通 ᄀᆞᄅᆞ쳐 뵈요매 이실시(南明上70). ᄉᆞ리 흐늘오 南山애 오ᄅᆞ다 ᄒᆞ시니라(南明上75). 막대 흐늘오 션대(六祖上100).

흐늘흐늘ᄒᆞ다 동 흐늘흐늘하다. 흔들흔들하다. ☞흔들흔들ᄒᆞ다 ¶흐늘흐늘ᄒᆞ다:顫(漢清7:45).

흐드리 부 흐뭇이. 한창. ☞흐들히 ¶烽火ㅣ 드니 새라 흐드리 사호노소니 우러 ᄂᆞᆫ므를 녯 핏그제예 드리오노라:烽擧新酣戰啼垂舊血痕(初杜解8:35).

흐들히 부 흐뭇이. 한창. ☞흐드리 ¶엇데 시러곰 놀애 브르며 조오로ᄆᆞᆯ 흐들히 ᄒᆞ리오:安得酣歌眠(初杜解6:36). 艱難애 오히려 흐들히 사호ᄆᆞ란 니ᄅᆞ디 마롤디로다:休語難艱尙酣戰(初杜解15:45). 흐들히 사호다가 온 ᄃᆞᆺᄒᆞ도다:來酣戰(初杜解16:26).

흐들ᄒᆞ·다 형 흐뭇하다. 한창이다. ¶氣運이 흐들커ᄂᆞᆯ ᄒᆡ 디고 西風이 오ᄂᆞ니 願ᄒᆞᆫᄃᆞᆫ 미햇 므를 부러 金잔애 더으고라:氣酣日落西風來願吹野水添金杯(初杜解15:39). 氣運이 흐들ᄒᆞ야 ᄒᆞ논 이를 通達히 ᄒᆞ리로다:氣酣達所爲(初杜解22:43).

흐·러 동 흩어. ㉮흐르다 ¶ᄆᆞᅀᆞᄆᆞᆫ 正히 火애 屬ᄒᆞ니 ᄉᆞᆯ면 더욱 盛ᄒᆞᄂᆞᆫ 젼ᄎᆞ로 흐러 ᄡᅳ리며 盛히 부치ᄂᆞ니라:心正屬火燒之轉熾故迸灑煽鼓(楞解8:97). 도ᄌᆞ글 수머 ᄒᆞᆫ 번 흐러 나소니:避寇一分散(初杜解8:29). 萬

里예 ᄠᅳᆫ 구루미 스러 흐러 업거늘:萬里浮雲消散盡(南明下62). 그 弟子ㅣ ᄉᆞ방ᄋᆡ 흐러 이셔:其弟子散在四方(飜小9:11).

흐·러디·다 동 흩어지다. ☞흐르다 ¶定力境界 흐러디리라:則解散定境(蒙法17). 陰氣ᄂᆞᆫ 陳倉ㅅ 北녀긔 흐러디고:陰散陳倉北(初杜解20:16).

흐레 명 흘레〔交尾〕. ☞흘레 ¶새 흐레:尾(柳氏物名一 羽蟲).

흐·렛·다 형 흩어져 있다〔散〕. ☞흐르다 ¶나ᄆᆞᆫ 비치 뫼고릐 흐렛도다:餘光散谽谺(初杜解6:46). 아ᄎᆞᆷ ᄒᆡ옌 ᄃᆞᆰ과 도티 흐렛도라:旭日散鷄豚(初杜解7:39).

-·흐·로 조 ①-로. ☞-ᄒᆞ로 ¶우흐로 父母仙駕ᄅᆞᆯ 爲ᄒᆞᅀᆞᆸ고(月釋序18). 우흐로 온 뉘 ᄧᅡ히 鼓摩王이러시니(月釋2:2). 둘흐로 例ᄒᆞ야 아롤디니라:以二例知(圓覺下一之一28). ᄆᆞᆯᄀᆞᆫ ᄀᆞᄅᆞᄆᆞᆫ 뫼흐로 흘러가미 ᄲᆞᄅᆞ도다:淸江轉山急(杜解1:41). 멋 길흐로 ᄉᆡ미 ᄂᆞᄆᆞᆯ 바ᄐᆞᆯ 저지ᄂᆞ뇨:幾道泉澆圃(初杜解7:39). 世ᄅᆞᆯ 避호ᄆᆞᆯ 댱샹 이 길흐로 ᄒᆞ니라:避世常此路(重杜解2:57). 둘흐로 ᄒᆞ여 짐 보게 ᄒᆞ고:着兩箇看行李(老解上42). 몬져 둘흐로 ᄒᆞ여 ᄆᆞᆯ 노흐라 보내고:先着兩箇放馬去(老解上51). 제 나라흐로 드러가려 ᄒᆞ거ᄂᆞᆯ:此北行(五倫2:60). 스므 비ᄅᆞᆯ 노흐로 얽어ᄆᆡ고(三譯4:14).
②-으로. ☞-ᄒᆞ로 ¶세흐로 아호ᄫᆞᆯ 니ᄅᆞ니:三而論九(永嘉下14).

흐·로·다 동 흩어지다. ¶ᄆᆞᆯᄀᆞᆫ 사괴요미 모ᄃᆞ며 흐로ᄆᆞᆯ 좃ᄂᆞ니:淡交隨聚散(初杜解20:12). 모ᄃᆞ며 흐로미 믄득 열 ᄒᆡ로다:聚散俄十春(初杜解22:27). 册ᄋᆞᆯ 흐로니 조미 ᄆᆞᆯ랫도다:散帙壁魚乾(重杜解3:30).

-흐·로·셔 조 ①-로서. -로부터. ¶일후미 이 漢ㅅ ᄠᅳᆯ흐로셔 온 거시라:名是漢庭來(初杜解7:34).
②-으로써. ¶치마 ᄡᅵᆫ흐로셔 호박 합ᄌᆞᄅᆞᆯ 글러내니(太平1:56).

-·흐·론 조 -로는. ¶뒤흐론 涅槃애 나ᄆᆞᆫ ᄉᆞᆯ히니:後則贅於涅槃(楞解1:19).

흐·롬 동 흩음. 흩어짐. ㉮흐로다 ¶ᄆᆞᆯᄀᆞᆫ 사괴요미 모ᄃᆞ며 흐로ᄆᆞᆯ 좃ᄂᆞ니:淡交隨聚散(初杜解20:12). 모ᄃᆞ며 흐로미 믄득 열 ᄒᆡ로다:聚散俄十春(初杜解22:27).

흐롱하롱 부 허룽허룽. 하룽하룽. ¶이셩져셩 다 지내고 흐롱하롱 인 일 업ᄂᆡ(古時調. 靑丘). 半 여든에 첫 계집을 ᄒᆞ니 흐롱하롱 우벅쥬벅(古時調. 靑丘).

흐롱하롱ᄒᆞ다 동 하롱하롱하다. 허룽허룽하다. ¶우정워정ᄒᆞ며 歲月이 거의로다 흐롱하롱ᄒᆞ며 일운 일이 무ᄉᆞ일고(古時調. 鄭澈. 松江). 흐롱하롱ᄒᆞ야 일 업시 ᄃᆞᆫ닌다고 그 모로는 妻子ᄂᆞᆫ 외다 ᄒᆞ데마는(古時調. 姜復中. 淸溪).

흐루다 동 흘레붙이다. ☞흐르다. 흘우다 ¶ᄆᆞ쇼 흐루다:馬盖牛走(同文解下39). 개 흐루다:狗連(同文解下40).

흐·룸 동 흩음〔散〕. 흩어짐. ㉮흐르다 ¶노ᄑᆞᆫ 軒檻애 안자 ᄌᆞ조 시름 흐루믈 許ᄒᆞ노라:許坐曾軒數散愁(初杜解7:20).

흐르니·다 동 흘러가다. 〔'흐르다'의 어간 '흐르'+'니다'〕 ¶뎌 時節에 根性이 一定티 몯ᄒᆞ야 後에 도로 믈러디여 五道애 흐르닐씨(月釋13:31). 五道애 흐르닐씨:流浪五道(法華2:225).

흐·르·다 동 흩다〔散〕. ☞흗다 ¶ᄉᆞᆯ면 더욱 盛ᄒᆞᄂᆞᆫ 젼ᄎᆞ로 흐러 ᄡᅳ리며:燒之轉熾故迸灑(楞解8:97). 노ᄑᆞᆫ 軒檻애 안자 ᄌᆞ조 시름 흐루믈 許ᄒᆞ노라:許坐曾軒數散愁(初杜解7:20). 관원ᄃᆞᆯ히 번신손ᄃᆡ ᄆᆞᆯ 머긼 ᄡᆞᆯ와 콩ᄲᅡᆺ샛 돈을 흐러 주라:官人們伴當處散饋喂馬的草料錢(飜朴上66).

흐·르·다 동 흩어지다. ☞흗다. 흐러디다 ¶散은 흐를 씨라(月釋21:112). 흐러 업수믈:散滅(永嘉下46). 이 글워리 都邑에 흐렛ᄂᆞ니:斯文散都邑(初杜解16:3). 블근 旗ᄂᆞᆫ 너븐 내해 흐렷도다:朱旗散廣川(初杜解22:23). 萬里예 ᄠᅳᆫ 구루미 스러 흐러 업거늘:萬里浮雲消散盡(南明下62). 그 弟子ㅣ ᄉᆞ방ᄋᆡ 흐러 이셔:其弟子散在四方(飜小9:11). 녜로 모ᄃᆞ며 흐르며 ᄒᆞ던 ᄯᅡ해:古來聚散地(重杜解9:17).

흐르·다 동 흐르다. ☞흐ᄅᆞ다 ¶花間애 흘러 ᄣᅡ히 아니 저즈니(月印上68). 法이 펴디여 가미 믈 흘러 녀미 ᄀᆞᄐᆞᆯ씨(釋譜9:21). 帝釋이 그 눉믈로 ᄀᆞᄅᆞ미 ᄃᆞ외야 흐르게 ᄒᆞ니라(釋譜23:28). 몸 아래셔 므리 나아 곳ᄉᆞᅀᅵ예 흘로ᄃᆡ(月釋7:33). 流通ᄋᆞᆫ 흘러 ᄉᆞᄆᆞ출 씨라(訓註1). 모ᄃᆞᆫ 有爲相이 次第로 올마 흘로ᄃᆡ:諸有爲相次第遷流(楞解4:32). 行陰의 흘로ᄆᆞᆯ 보아:見行陰流(楞解10:18). 根源 흘루ᄆᆡ 머르샤ᄆᆞᆯ:源流之遠(法華6:86). 흘러온 風俗:流俗(宣賜內訓1:68). 너를 보내노라 눉므를 여러 가로로 흐르게 우노라:送汝萬行啼(初杜解8:37). 오ᄋᆞᆫ 모매 ᄯᆞ미 흐르거늘 즉자히 그위ᄅᆞᆯ 더디고 도라온대:擧身流汗卽日棄官歸家(三綱. 孝21). 녜ᄀᆞ티 흘러 디여 人間애 向ᄒᆞ리라:依前流落向人間(南明上2). 曹溪ㅅ 므리 거스리 흐른대:曹溪水逆流(南明上16). 이ᅀᅳᆨ고 ᄆᆞᆯᄀᆞᆫ 고히 흐르리라:良久取下淸涕(救簡2:8). 道ᄂᆞᆫ 모로매 通히 흘룰디언뎡:流(六祖中5). 道ㅣ 곧 通히 흐르고:流(六祖中5). 흐를 류:流(訓蒙下1. 類合下50). 피 두어 수리 흘럿거ᄂᆞᆯ:血流數匙(東新續三綱.

孝6:73). ᄂᆞ룻 흐르ᄂᆞᆫ 므른 脉脉히 빗겻도다:津流脉脉斜(重杜解3:26). 흐르ᄂᆞᆫ 믈:活水(譯解上7). 흐르다:水流(同文解上8).

흐르다 동 흐르다. 흘레하다. ☞흐루다. 흘우다 ¶ ᄆᆞᆯ 흐러 나흔 노새:駏驉. 나귀 흐러 나흔 노새:駃騠. 쇼 흐러 나흔 노새:駝駋(漢淸14:19).

흐를기다 동 흔들리다. ¶ ᄇᆞ람이 불냐ᄂᆞᆫ지 나무 ᄭᅳᆺ치 흐를긴다(古時調. 南薰).

흐릐다 동 흘레붙이다. ¶말 흐릐다:馬盖(柳氏物名一 獸族).

흐리눅다 형 흐리눅진하다. ¶흐리누거 괴ᄋᆞ시든 어누거 좃니읍시 뎐ᄎᆞ 뎐ᄎᆞ에 벗님의 뎐ᄎᆞ로셔(古時調. 青丘).

흐리·다 동 흐리게 되다. ¶ᄡᆞᄅᆞᆯ 이로ᄃᆡ 므를 져기 기르라 기루믈 해 ᄒᆞ면 우므렛 므리 흐리리라:淘米少汲水汲多井水渾(初杜解8:32). 뫼해 이셔ᄂᆞᆫ ᄉᆡᆷ므리 ᄆᆞᆰ더니 뫼해 나가ᄂᆞᆫ ᄉᆡᆷ므리 흐러놋다:在山泉水清出山泉水濁(初杜解8:66).

흐리·다 형 흐리다. ☞흘이다 ¶一切大海 다 흐리오(釋譜23:19). 微妙ᄒᆞᆫ ᄇᆞᆰ고ᄆᆞ로 흐리에 ᄒᆞ며 微妙ᄒᆞᆫ ᄆᆞᆰ고ᄆᆞ로 흐리에 ᄒᆞᄂᆞ니:遂使妙明斯渾妙湛斯濁(楞解4:15). ᄂᆞ외야 흐리욤 업도 ᄒᆞ야ᅀᅡ:無復汨濁(楞解4:90). 닐오ᄃᆡ 涅槃이오 흐리디 아니ᄒᆞ며:曰涅槃不濁(圓覺序3). 흐리닐 ᄆᆞᆯ겨 用ᄋᆞᆯ 그친 觀이오:澄渾息用觀(圓覺下二之二6). ᄆᆞᆯᄀᆞ며 흐리요매 일흘 배 업서:清濁無所失(宣賜內訓1:38). 病ᄒᆞ야 입주리ᄂᆞᆫ 안해 그를 지수니 머기 흐리고 字ㅣ 기우도다:作詩呻吟內墨淡字欹傾(初杜解25:35). 흐릴 혼:混. 흐릴 탁:濁(訓蒙下1). 흐릴 예:曀(訓蒙下2). 흐릴 예:曀(類合上3). 흐릴 탁:濁(類合下48). 하ᄂᆞᆯ 흐리다:天陰(同文解上3). 흐리다:濁(同文解上8). 흐린 술 료:醪(兒學上13). 玉井之水 흐리오며(萬言詞).

흐리믕등ᄒᆞ다 형 흐리멍덩하다. ¶흐리믕등ᄒᆞ다:黑裡蔆蕶 一云胡裡麻裡(譯解下53).

흐리시 부 흐릿하게. 탁(濁)하게. ¶象ᄋᆡ 모ᄆᆞᆫ 七寶ㅣ 貴ᄒᆞ니 비록 해 흐리시 가ᅀᆞ며나 엇데 져기 ᄆᆞᆯ기 가난호미 ᄀᆞᆮᄒᆞ리오:象身七寶珍雖然多濁富爭似少清貧(金三4:31).

흐리오다 동 흐리게 하다. ☞흐리우다 ¶흐리오다:塗抹(同文解上43). 흐리오다:塗抹(譯解補11. 漢淸4:10).

흐리·우·다 동 흐리게 하다. ☞흐리오다 ¶흐리워 뮈우면 精을 일허(月釋2:21之1). 네차힌 中國 風俗ᄋᆞᆯ 흐리우디 아니ᄒᆞ리니(月釋2:72). 제 서르 흐리우ᄂᆞ니:自相渾濁(楞解4:14). ᄆᆞᆯᄀᆞᆫ 거슬 흐리워 濁이 ᄃᆞ외니:汨湛爲濁(楞解4:82). 兵ᄋᆞ로 저히며 色ᄋᆞ로 흐리우ᄂᆞ니(南明下14).

흐ᄅᆞ·다 동 흐르다. ☞흐르다 ¶눉므리 ᄂᆞ려 衽席에 흐ᄅᆞᄂᆞ다:淚下流衽席(初杜解7:25). 流ᄂᆞᆫ 흐ᄅᆞᆯ 시오(金三3:17). 흐ᄅᆞᆯ 류:流(石千12). 흐ᄅᆞᄂᆞᆫ 살의 마친 배 되야 주그니라:流矢所中而死(東新續三綱. 忠1:13). ᄎᆞᆫ 모새 흐ᄅᆞᄂᆞᆫ 므를 ᄆᆞᆯ 머교니:飮馬寒塘流(重杜解1:15). ᄲᆞᆯ리 흐ᄅᆞᄂᆞᆫ ᄃᆡᆫ 鵁鶄ㅣ 散亂ᄒᆞ고:急流鵁鶄散(重杜解1:34).

흐믓거이 부 흐뭇하게. ¶나ᄂᆞᆫ 인간을 흐믓거이 ᄇᆞ렷거니와(癸丑163).

흐믓ᄒᆞ·다 형 흐뭇하다. ¶일즉 우움 웃고 말ᄉᆞᆷᄒᆞ기를 관곡ᄒᆞ야 흐믓ᄒᆞ게 아니 ᄒᆞ더라:未嘗笑語款洽(宣小6:112).

흐믓ᄒᆞ다 형 느끼하다. ¶흐믓ᄒᆞ다:嫌肥膩(同文解上63).

흐믜 명 호미. ☞호믜 ¶흐믜:鎛(物譜 耕農).

흐미ᄒᆞ다 형 희미하다. ¶흐미ᄒᆞᆯ 미:微(兒學下11).

흐슴츠러·ᄒᆞ·다 형 희미하다. ¶渥洼ㅅ 길흘 훤히 ᄇᆞ라노니 河漢ㅅ ᄃᆞ리 흐슴츠러ᄒᆞ도다:曠望渥洼道霏微河漢橋(初杜解24:57).

흐억ᄒᆞ다 형 흡족하다. ☞흐웍ᄒᆞ다 ¶구로미 흐억홈이여(十九史略1:7).

흐워기 부 흡족하게. 무르녹게. ☞흐웍이 ¶工夫ㅣ ᄒᆞ다가 흐워기 ᄒᆞᆫ 디위 ᄒᆞ고 서의히 ᄒᆞᆫ 디위 ᄒᆞ야:工夫若到濃一上淡一上(蒙法38). 기피 구ᄒᆞ고 맛드려 쟝ᄎᆞ 흐워기 길워 일우면 ᄀᆞ장 됴ᄒᆞᆫ 긔지리 나리라:深求玩味將來涵養成甚生氣質(飜小8:32).

흐웍이 부 흡족하게. ☞흐워기 ¶셔웅황을 ᄀᆞᄂᆞᆯ게 ᄀᆞ라 믈에 ᄆᆞ라 붓에 흐웍이 무텨 콘 굼긔 ᄇᆞᄅᆞ고:雄黃研細水調以筆濃蘸塗鼻竅中(救辟. 辟新3).

흐웍흐웍·ᄒᆞ·다 형 매우 흐벅지다. 윤택하다. ☞흐웍ᄒᆞ다 ¶양ᄌᆡ 長常 흐웍흐웍ᄒᆞ시며(月釋2:56). 입시욼 비치 븕고 흐웍흐웍ᄒᆞ야 頻婆羅ㅣ라 ᄒᆞᆯ 여르미 ᄀᆞᄐᆞ시며(月釋2:58). 비치 흐웍흐웍호미 瑠璃 ᄀᆞᄐᆞ시며(月釋2:59). 潤澤ᄋᆞᆫ 흐웍흐웍ᄒᆞᆯ 씨라(楞解2:5). 자맛 구슬와 寸맛 구스른 體 흐웍흐웍ᄒᆞ며 ᄆᆞᆯᄀᆞᆫ 德이 ᄀᆞᆽ고 ᄯᅩ 구드며 조ᄒᆞᆫ 相이 잇ᄂᆞ니:尺璧寸珠體具溫閏明瑩之德亦有剛强清淨之相(金三4:50).

흐웍ᄒᆞ·다 형 흡족하다. 윤택하다. 흐벅지다. ☞흐억ᄒᆞ다 ¶功德水ᄂᆞᆫ…ᄆᆞᆯᄀᆞ며 ᄎᆞ며 ᄃᆞᆯ며 보ᄃᆞ라ᄫᆞ며 흐웍ᄒᆞ며 便安ᄒᆞ며(月釋2:42). 澤은 저즐 씨니 恩惠 흐웍호미 비이슬 ᄀᆞᆮᄒᆞᆯ 씨라(法華2:187). 그 저주미 너비 흐웍ᄒᆞ면:其澤普洽. 大千이 너비 흐웍호ᄆᆞᆫ:大千普洽(法華3:10). 다 利潤ᄒᆞᆯᄊᆡ 너비 흐웍다 니ᄅᆞ시니라:悉皆利潤故云普洽(法華3:36). 흐웍ᄒᆞ며 서의호ᄆᆞᆯ:濃淡(蒙法16). 이 그리믈 對ᄒᆞ야셔 ᄆᆞᅀᆞ미 흐웍ᄒᆞ니

그듸의 븐과 깁과를 重히 너교믈 알와라:對此融心神知君重毫素(初杜解16:29). ᄒᆞ웍홀 협:浹. ᄒᆞ웍홀 흡:洽(類合下50). ᄒᆞ웍홀 악:渥(類合下52). 오라면 自然히 ᄒᆞ웍ᄒᆞ며:久則自然浹洽(宣小5:114). 은혜와 경의 ᄒᆞ웍ᄒᆞ게 ᄒᆞ며:恩義浹洽(警民25).

ᄒᆞᄌᆞ몯ᄒᆞ다 동 수잠 자다. 수잠이 들다. ☞ᄒᆞᄌᆞ믓ᄒᆞ다 ¶아비 묻고 시묘ᄒᆞ더니 ᄒᆞᄅᆞᆫ ᄒᆞᄌᆞ몯ᄒᆞ얀거늘:葬父廬墓一日假寐(東三綱. 孝1 婁伯捕虎).

ᄒᆞᄌᆞ믓ᄒᆞ·다 동 수잠 자다. 수잠이 들다. ☞ᄒᆞᄌᆞ몯ᄒᆞ다 ¶아비 묻고 侍墓 사더니 ᄒᆞᄅᆞᆫ ᄒᆞᄌᆞ믓ᄒᆞ엿거늘:葬父弘法山西廬墓一日假寐(三綱. 孝32 婁伯捕虎).

ᄒᆞ치다 동 흩이다. ¶그 형셰 엇지 시러금 업고 안고 잇글고 ᄃᆞ리고 ᄒᆞ치여 네 녁흐로 가지 아니ᄒᆞ리오(綸音88).

ᄒᆞ치다 동 흩어지다. ¶臺下 蓮塘의 細雨 잠ᄭᅢ 지나가니 碧玉 ᄀᆞᆺᄒᆞᆫ 너분 닙헤 ᄒᆞ치ᄂᆞ니 明珠로다(蘆溪. 獨樂堂).

ᄒᆞ·터디·다 동 흩어지다. ☞ᄒᆞ터지다 ¶이런 故로 財ㅣ 모ᄃᆞ면 民이 ᄒᆞ터디고:是故財聚則民散(宣大22). 사ᄅᆞᆷ이 마ᄐᆞ면 즉제 머리 쉿굼그로 드러 혈ᄆᆡᆨ의 ᄒᆞ터뎌 서ᄅᆞ 병이 옴ᄂᆞ니:聞之卽上泥丸散入百脈轉相傳染(辟新16). ᄀᆞᆺ치 세 살을 맛고 ᄇᆡ관이 다 ᄒᆞ터디되:散(五倫2:23).

ᄒᆞ터지다 동 흩어지다. ☞ᄒᆞ터디다 ¶아ᄒᆡ는 藥 ᄏᆡ라 가고 竹亭은 뷔엿ᄂᆞᆫ듸 ᄒᆞ터진 바독을 뉘 주어 다믈소니(古時調. 靑丘). ᄒᆞ터지다:散了(同文解上46). 구룸 ᄒᆞ터지다:雲散(漢淸1:9).

·흑ᄇᆡᆨ 명 흑백(黑白). ¶어드우미 바미 노롬 ᄀᆞᆮ거니 엇뎨 黑白ᄋᆞᆯ ᄂᆞᆫ호리오(永嘉上21).

·흑연 명 흑연(黑鉛). ¶발와 손괘 왜트러 차 주거 가거든 黑鉛 넉 兩ᄋᆞᆯ ᄆᆞ레 ᄀᆞ라:四肢逆冷命在須臾黑鉛四兩磨水(救急下49).

-·ᄒᆞᆫ 조 ①-은. ☞-ᄒᆞᆫ ¶둘흔 됴ᄒᆞᆫ 힝뎌글 가졧ᄂᆞᆫ 警戒니(釋譜9:6). 세흔 衆生ᄋᆞᆯ 가졧ᄂᆞᆫ 警戒니(釋譜9:6). ᄒᆞ나흔 바ᄅᆞ래 누ᄫᅳ며 둘흔 須彌山ᄋᆞᆯ 베며(月釋1:17). 네흔 菩提예 ᄆᆞᄅᆞ디 아니호미오(月釋21:184). 스믈흔 業道ᄅᆞᆯ 永히 더루미오(月釋21:185). 네흔 妄想ᄋᆞᆯ 그처 업서:四者斷滅妄想(楞解6:26). 둘흔 겨지븨 마리오:二曰婦言(宣賜內訓1:14). ᄀᆞᄂᆞᆫ 밀흔 가ᄇᆡ야온 고지 듣놋다:細麥落輕花(初杜解7:5). 길흔 下牢ㅣ 千里나 ᄒᆞ도다:道里下牢千(初杜解20:6). ᄒᆞ나흔 姑舅의게 난 형이오:一箇是姑舅哥哥(老解下5). ᄒᆞ나흔 안잣고 ᄒᆞ나흔 ᄠᅱ노ᄂᆞᆫ 거시여:一箇坐一箇跳(朴解上38). 글ᄌᆞ 둘흘 ᄡᅥ 뵈니 ᄒᆞ나흔 죽으리라:書死活二字示邦乂日欲死趣書(五倫2:50).

②-는. ☞-ᄒᆞᆫ ¶二禪으롯 우흔 말ᄊᆞ미 업슬ᄊᆡ(釋譜13:6). 二禪으롯 우흔 이 世界 여러 번 고텨 ᄃᆞ외야ᅀᅡ(月釋1:38). 四禪天으롯 우흔 세 災 업수ᄃᆡ(月釋1:50).

흔나므라다 동 헐뜯어 나무라다. 타박하다. ☞ᄒᆞ나므라다 ¶이 활을 네 ᄯᅩ 간대로 흔나므라ᄂᆞᆫ괴야:這弓你却是胡駁彈(老解下28). 흔나므라다:駁彈(譯解下48).

흔ᄂᆞ므라다 동 헐뜯어 나무라다. 타박하다. ☞ᄒᆞ나므라다 ¶흔ᄂᆞ므라나이아 살 님재라:駁彈的是買主(老解下28).

흔덕이다 동 흔들거리다. ☞ᄒᆞᄂᆞ기다. 흔드기다 ¶白雲이 이러나니 나무 긋치 흔덕인다(古時調. 甁歌).

흔덕흔덕 부 흔들흔들. ¶재 우희 우둑 션 소나모 ᄇᆞ람 불 적마다 흔덕흔덕(古時調. 靑丘).

흔드기다 동 흔들거리다. ☞ᄒᆞᄂᆞ기다. 흔덕이다 ¶ᄇᆞ람이 부디 아니면 남기 흔드기디 아니ᄒᆞ고:風不來樹不搖(朴解中58). ᄀᆞᄂᆞᆫ 허리ᄅᆞᆯ 흔드기며 흰 니ᄅᆞᆯ 빗내 쟈랑 내믄:騁纖腰矜皓齒(太平1:36). 딘을 압녕ᄒᆞ연ᄂᆞᆫ 큰 긔와 슌시긔ᄅᆞᆯ 급피 흔드겨든:押陣大旗巡視旗急摔(練兵26).

흔드다 동 흔들다. ☞흔들다. 흔돌다 ¶아ᄒᆡ 담아 흔드ᄂᆞᆫ 술위:搖車(譯解下18). 흔드다:搖動(同文解上29). 방올 흔드다:搖鈴(譯解補18).

흔·들·다 동 흔들다. ☞후늘다. 흔드다. 흔돌다 ¶사술 통 가져다가 흔드러 그 듕에 ᄒᆞ나 ᄲᅢ혀:將簽筒來搖動內中撤一箇(飜老上4). 흔들 요:搖(類合下47). 흔들 교:攪(類合下54). 통 가져다가 흔드러:筒來搖動(老解上4). 흔드러 티ᄂᆞᆫ 거시라(武藝圖20).

흔들흔들ᄒᆞ다 동 흔들흔들하다. ☞흐늘흐늘ᄒᆞ다 ¶흔들흔들ᄒᆞ다:顫動(漢淸7:45).

흔돌다 동 흔들다. ☞후늘다. 흔들다 ¶당뵈누른 긔ᄅᆞᆯ 흔ᄃᆞ러 경을 보ᄒᆞ여든:塘報搖黃旗報警(練兵5).

흔연이 부 흔연(欣然)히. ☞흔연히 ¶흔연이 웃다:欣笑(同文解上25). 웃다:笑盈盈(漢淸6:58). 슐위를 붓잡고 흔연이 맛더라(引鳳簫1). 그 ᄯᅳᆺ을 니론ᄃᆡ 홍영이 흔연이 나가거ᄂᆞᆯ(引鳳簫2). 이ᄅᆞᆯ 보ᄆᆡ 녜 일이 의연ᄒᆞ여 흔연이 드러가 머믈시(落泉1:1).

흔연히 부 흔연(欣然)히. ☞흔연이 ¶흔연히 ᄡᅴᄃᆞᄅᆞ시니(仁祖行狀1).

흔적 명 흔적(痕迹). ¶쇠나기 한 줄기미 년닙페 솟ᄃᆞ로개 물 무ᄃᆞᆫ 흔적은 젼혀 몰라 보리로다(古時調. 鄭澈. 松江). 츄부인이 섯다가 드러가거ᄂᆞᆯ 힝혀 ᄂᆡᆼ쇼ᄒᆞᆫ 흔젹이 드러날가 두려ᄒᆞ더니(落泉2:6).

흔·타 형 흔하다. ☞흔ᄒᆞ다 ¶셔울 머글 거슨

노던가 흔턴가:京裏喫食貴賤(飜老上9).

흔흔이 㔾 흔흔(欣欣)히. ☞흔흔히 ¶ 후미 흔흔이 웃고 니르듸 샹공이 우리 무리의 섯겨 늙으면 모르거니와(落泉1:2).

흔흔·히 㔾 흔흔(欣欣)히. ☞흔흔이 ¶ 管籥의 音을 듣고 다 欣欣히 喜色을 두어:管籥之音擧欣欣然有喜色(宣孟2:5).

흔흔ᄒᆞ다 㖪 흔흔(欣欣)하다. 기쁘다. ¶ 도셩 ᄉᆞ녀와 져재 거리 부로들히 흔흔ᄒᆞ야 깃거놀(仁祖行狀7).

흔ᄒᆞ·다 㖪 흔하다. ☞흔타 ¶ 쟝셕 흔ᄒᆞ거늘 그 나랏 王이 두리여(月釋7:28). 珠崖예 구스리 흔커놀:珠崖多珠(宣賜內訓3:36). 시귓병이 흔커든 미리 예비호미 됴ᄒᆞ니:疫疾流行可預備之(救簡1:109). 흔ᄒᆞ다:多也(老朴集. 單字解7). 콩딥 논 딘 서너 돈 은을 쓰고 콩딥 흔흔 딘 두 돈 은을 쓰ᄂᆞ니라:草料貴處盤纏三四錢銀子草料賤處盤纏二錢銀子(飜老上12). ᄀᆞ장 흔ᄒᆞ다:好生廣(飜朴上17). 奇異ᄒᆞᆫ 돌히 흔토다:饒奇石(重杜解1:33). 갑 흔ᄒᆞ다:價賤(同文解下26).

:흗·다 㖰 흩어지다. ☞흐르다 ¶ 不散ᄋᆞᆫ 흗디 아니ᄒᆞᆯ 씨라(月釋10:63). 疑心ᄒᆞ논 公案이 흗디 아니ᄒᆞ며:所疑公案不散(蒙法8). 흗디 아니ᄒᆞ며:不散(蒙法43). 소니 흗거놀:客散(初杜解15:17). 亂離ᄒᆞᆫ 저긔 ᄯᅩ 모ᄃᆞ락 흗노니:亂離又聚散(初杜解8:57). 河陽앳 軍卒이 흗돌 아니 ᄒᆞ니:未散河陽卒(初杜解24:16). 새 집과 살ᄡᆞ기 門이 별 흗드시 사ᄂᆞ니:草閣柴扉星散居(初杜解25:23). 財寶ㅣ 흗거나:錢財耗損(佛頂上5).

:흗·다 㖰 흩다(散). ☞흐르다. 흗ᄒᆞ다. 흩다 ¶ 밥 흗디 말며:毋揚飯(宣賜內訓1:3). 늘거가매 戎幕애 參預호니 도라오매 ᄆᆞᆯ 바ᄅᆞᆯ 흗노라:老去參戎幕歸來散馬蹄(初杜解7:8). ᄆᆞᆯᄀᆞᆫ 香ᄋᆞᆯ 三界 안해 너비 흗ᄂᆞ니:普散淸香三界內(南明下55). ᄂᆞᆾ 블겨 뉘웃고 붓그려 만히 사하 둣ᄂᆞᆫ 거슬 능히 흗과ᄃᆞ녜니라:赧然悔恥積而能散也(飜小8:27).

:흗·ᄒᆞ·다 㖰 흗다. ☞흗다 ¶ 안햇 지계ᄅᆞᆯ 닐위고 밧긔 지계ᄅᆞᆯ 흗ᄒᆞ야:致齊於內散齊於外(宣小2:26).

-·흘 㚃 ①-를. ¶ 터흘 ᄀᆞᆺ 始作ᄒᆞ야 되어늘(釋譜6:35). 化佛ㅅ 뒤흘 미좃ᄌᆞᄫᅡ(月釋8:71). 眞實ㅅ 터흘 뵈샤ᄆᆞᆫ 빗난 지븻 터히오:示眞基則華屋之址也(楞解5:1). 우흘 마초면 어루 알리라:准上可知(心經48). 갈젠 뫼흘 헤텨 기우러 가ᄂᆞᆫ ᄃᆞᆺᄒᆞ도다:去擘山嶽傾(重杜解5:48). 다ᄅᆞᆫ 듸 드ᄂᆞᆫ 쟉도ᄒᆞᄂᆞ흘 비러오라:別處快鍘刀借一箇來(老解上17). 衣裳과 니블 ᄡᆞᆫ 보흘 다 터시니:衣裳被兒包袱也都畝了(朴解中56). 마흘 킈여:薯蕷取根(救荒補3). 군ᄉᆞᄅᆞᆯ 니ᄅᆞ혀 네 나라흘 멸ᄒᆞ고(山城65).

②-을. ¶ 漆沮 ᄀᆞᇝ ᄀᆞ애 움흘:漆沮陶穴(龍歌5章). 길흘 ᄎᆞ자 부텻긔로 가ᄂᆞᆫ 저긔(釋譜6:19). 세흘 ᄃᆞ려 드러오라 ᄒᆞ야(月釋8:94). 金鑵子 둘흘 받ᄌᆞᄫᅡ(月釋8:97). 이 네흘 몯 보아 ᄒᆞ노라(月釋10:4). 이 열흘 닐어 ᄀᆞ초 뎌 ᄠᅳ들 거두어(心經12). ᄒᆞ나ᄒᆞᆯ 드르샤 여러흘 例ᄒᆞ시니라(永嘉上112). 죵돌ᄒᆞᆫ 대수흘 들워 가 말ᄒᆞ거놀:僕夫穿竹語(重杜解2:4). 먼 드르흘 咫尺만ᄒᆞᆫ가 ᄉᆞ랑ᄒᆞ노라:曠野懷咫尺(重杜解7:23).

:흘·게 㖵 천식(喘息). ¶ 흘게 효:哮(訓蒙中33).

흘근할젹ᄒᆞ다 㖰 헐근헐근하다. 헐레벌떡거리다. ¶ 흘근할젹ᄒᆞᆯ 제ᄂᆞᆫ 愛情은ᄏᆞ니와(古時調. 얽고 검고. 靑丘).

흘긔눈 㖵 흑보기. ¶ 흘긔눈에 안팟ᄭᅥᆸ장이 고쟈 男便을 망석중이라 안쳐 두고 보랴(古時調. 술이라 ᄒᆞ면. 靑丘).

흘·긔·다 㖰 흘기다. ☞흘기다 ¶ 손바리 곱고 뷔틀며 누니 비오 흘긔며 모미 내 더러우며:手脚繚戾眼目角睞身體臭穢(法華7:184). 도로혀 俗人의 눈 흘긔여 보ᄆᆞᆯ 맛나니:返遭俗眼白(初杜解16:27). 믜여 아니ᄒᆞ니 눈 흘길 져기 업고(恩重9). 눈 흘긘 놈:斜眼的(譯解上29). 어듸셔 망녕의 써시 눈 흘긔려 ᄒᆞᄂᆞ뇨(古時調. 鄭澈. ᄒᆞᆫ 몸 둘혜. 警民編). 흘긔여 보다(同文解上28).

흘긧할긧ᄒᆞ다 㖰 흘깃흘깃하다. ☞흘긧흘긧ᄒᆞ다 ¶ 어듸 가 ᄯᅩ 어들 거시라 흘긧할긧ᄒᆞᄂᆞᆫ다(古時調. 鄭澈. 강원도. 松江).

흘긧흘긧ᄒᆞ다 㖰 흘깃흘깃하다. ☞흘긧할긧ᄒᆞ다 ¶ 놀라 눈 흘긧흘긧ᄒᆞ다:眼岔(漢淸14:28).

흘기다 㖰 흘기다. ☞흘긔다 ¶ 흘길 예:睨(兒學下2).

흘니 㔾 흐르게. ☞흘리 ¶ 故人을 ᄎᆞᄌᆞ리라 흘니 저어 건너가니(古時調. 權益隆. 古歌). 玉으로 白馬를 삭여 洞庭湖에 흘니 싯겨(古時調. 歌曲). 綠水를 흘니 건너(古時調. 靑山를. 花源).

흘다 㖰 보다. ¶ 누늘 ᄀᆞ마ᄃᆞᆫ 萬物ᄅᆞᆯ 몯 보고 누늘 뻐ᄃᆞᆫ 萬物ᄅᆞᆯ 흘시(七大8).

흘·러ᄃᆞᆫ·니·다 㖰 흘러다니다. 유랑(流浪)하다. ¶ 몃 디위ᄅᆞᆯ 흘러ᄃᆞᆫ뇨듸 ᄲᅮᆨ 불욤 ᄀᆞᆮᄒᆞ야니오:幾迴流浪若飄蓬(南明下63).

흘레 㖵 흘레(交尾). ☞흐레 ¶ 흘레 아닌 샷기 수돗글:未破陰小小雄猪(痘瘡方31). 범 흘레:虎走仰(譯解下33).

흘·레·ᄒᆞ·다 㖰 흘레(交尾)하다. ☞흐르다 ¶ 사ᄉᆞ미 흘레ᄒᆞ거든 보고 ᄆᆞᅀᆞᄆᆞᆯ 몯 치자바(釋譜24:26).

흘·려:내·다 㖰 흘려내다. ¶ 無量如來ᄅᆞᆯ 흘

려내ᄂᆞ니:流出無量如來(楞解5:82). 煩惱 긋디 아니ᄒᆞ샤 一切 眞如菩提ᄅᆞᆯ 흘려내시니:不斷煩惱而流出一切眞如菩提(南明序2).

흘·리 부 흘려. 흐르게. 흐름을 따라. ☞흘니 ¶밥을 크게 뜨디 말며 흘리 마시디 말며:毋放飯毋流歠(宣小3:24). 放히 飯ᄒᆞ며 흘리 歠ᄒᆞ고:放飯流歠(宣孟13:38). 내와 모새 흘리 구ᄒᆞ니 어름이 믄득 프러뎌 고기 이셔 뛰여 나거ᄂᆞᆯ:沿川澤求之氷忽解有魚躍出(東新續三綱. 孝3:6). 小艇에 그믈 시러 흘리 ᄣᅴ여 더뎌 두고(古時調. 孟思誠. 江湖에. 青丘). 張騫의 八月槎를 銀河에 흘리 노하(古時調. 人生 天地. 海謠). ᄇᆞ람의 흘리 ᄂᆞ라 紫微宮의 ᄂᆞ라 올라(曺偉. 萬憤歌).

흘·리·다 동 흘리다. ¶忽然히 눈므를 비 디ᄃᆞᆺ 흘리거시ᄂᆞᆯ(月釋8:92). 세희 愛 서르 브ᅀᅩᄆᆞᆯ 닐오ᄃᆡ 흘료미오:三愛交注曰流(楞解4:27). 돌히 계워 즉재 ᄯᅩ 흘리고 ᄀᆞ장 소리 ᄒᆞ고 ᄲᅧᆯ오 ᄇᆞᆺ아디니라(楞解7:88). 아디 몯호매 눉믈 흘리리니:不覺流淚(楞解9:69). ᄯᅩ ᄀᆞᄅᆞᇝ 軒檻ᄋᆞᆯ 조차 ᄇᆞᄅᆞᆷ 부는 므를 디여 흘료라:也從江檻落風湍(初杜解21:5). 譚貞婦 廟中의셔 피ᄅᆞᆯ 흘닛더니:譚貞婦廟中流血(女四解4:30). 믈 흘리다:灌水(同文解上8).

흘림 명 초안(草案). 초고(草稿). ¶흘림 文書册:底策(譯解上12).

흘림ㅅ장 명 금전 출납장(金錢出納帳). ¶흘림ㅅ쟝:流水帳(譯解補38).

흘오다 동 흘레붙이다. ☞흘우다 ¶飛禽 흘오다:趴桀(譯解補48).

흘·우·다 동 흘레붙이다. ☞흐루다. 흐르다. 흘오다 ¶양 염 흘워 나흔 것:羖䍽(老解集覽下1). ᄃᆞᆰ 흘우다:鷄踹(譯解下24). 양 염 흘워 나흔 것:羖䍽(譯解下32).

흘으다 동 흐르다. ☞흐르다 ¶南北에 흘은 물이 함께 모혀드는지라(皆岩歌).

흘이다 형 흐리다. ☞흐리다 ¶하ᄂᆞᆯ 흘이다:天暗昏(譯解補1). 흘일 탁:濁(兒學下8).

흙 명 흙. ☞흑 ¶날이 ᄆᆞᆺ도록 단졍히 안자 겨심애 흘그로 ᄆᆡᆼ근 사ᄅᆞᆷ ᄀᆞᆮ더시니:終日端坐如泥塑人(宣小6:122). 진짓 졍 누론 비치 흙이 모래 석ᄭᅵ디 아니ᄒᆞ니로:眞正黃色土不雜砂石者(痘瘡方50). 흘글 져셔 분묘ᄅᆞᆯ 일우고:負土成墳(東新續三綱. 孝5:16 金質負土). 흙믈을 마시이니 다시 사다:飮以土汁復甦(東新續三綱. 烈2:67). 스ᄉᆞ로 흙을 져 무덤을 일우니라:負土以成墳(女四解4:15). 흙 북ᄃᆞ다:墳(柳氏物名五 土). 흙 토:土(兒學上3).

흙덩이 명 흙덩이. ¶흙덩이 괴:塊(兒學上3).

흙밧기 명 흙받기. ¶흙손과 흙밧기 잇ᄂᆞ냐:有泥鏝泥托麼(朴解下5). 흙밧기:泥托(譯解下17. 物譜 工匠).

흙븨다 동 빗기 뵈다. ☞흙븨다 ¶뎌 눈 흙빈:那斜眼的(朴新解1:57). 눈 흙븨다:斜眼(同文解上19).

흙섬 명 흙으로 된 층계. ☞흙섬 ¶흙섬 세 층을 ᄒᆞ기는(女範2. 변녀 진중공쳐).

흙손 명 흙손. ☞흙손 ¶흙손과 흙밧기 잇ᄂᆞ냐:有泥鏝泥托麼(朴解下5). 흙손:塗墁(物譜 工匠).

흙질 명 흙질. ¶흙질 범ᄒᆞ니는 굼기 막혀 나고:泥犯者竅必塞(胎要14).

흠 명 흠. ¶繁華가 점점 머러 固滯ᄒᆞ야 흠이런니(쌍벽가).

흠모ᄒᆞ다 동 흠모(欽慕)하다. ¶절녈을 흠모ᄒᆞ야 경심이 돌 ᄀᆞᄐᆞ니(落泉1:2).

흠벅 부 흠뻑. ¶ᄋᆞ자 나 쓰던 黃毛筆을 首陽梅月을 흠벅 지거 窓前에 언젓더니(古時調. 青丘).

흠앙ᄒᆞ다 동 흠앙(欽仰)하다. ¶내 ᄯᅩᄒᆞᆫ 셔마마의 션풍을 흠앙ᄒᆞ얀 지 오러더니(落泉1:3). 션풍을 흠앙ᄒᆞ야(洛城1).

흠향ᄒᆞ다 동 흠향(歆饗)하다. ¶내 경誠을 강格ᄒᆞ며 내 제祀ᄅᆞᆯ 歆향티 아니ᄒᆞ리오(家禮10:49). 흠향ᄒᆞ다:神享(同文解上52).

흠흠ᄒᆞ·다 형 함함하다. ¶터럭 비치 흠흠ᄒᆞ고 조ᄒᆞ시며(月釋2:58).

흡샤ᄒᆞ다 형 흡사(恰似)하다. ¶화연 져져야 이 아니 우리집 왕상공이냐 얼골이 어이 이리 흡샤ᄒᆞ뇨(落泉2:6).

흡연ᄒᆞ다 형 흡연(洽然)하다. ¶화연을 만나미 경홍이 흡연ᄒᆞ야 ᄎᆞ마 팔지 못ᄒᆞ니(落泉2:4).

흡죡ᄒᆞ다 형 흡족(洽足)하다. ¶황데 아ᄅᆞᆷ다이 넉이샤 덕틱이 흡죡ᄒᆞ고 녜슈ㅣ 넉넉ᄒᆞ도다(山城149). 흡죡ᄒᆞ여ᄉᆞ다:足已彀了(漢淸8:63).

흣거러 동 흩어지게 걸어. 되는 대로 걸어. 산책(散策)하여. ㉮흣걷다 ¶속닙 난 잔ᄯᅴ예 足容 重케 흣거러 淸江의 발을 싯고(蘆溪. 莎堤曲).

흣걷다 동 흩어지게 걷다. 되는 대로 걷다. 산책하다. ¶童子 六七 불너내야 속닙 난 잔ᄯᅴ예 足容 重케 흣거러 淸江의 발을 싯고 風乎江畔ᄒᆞ야 興을 타고 도라오니(蘆溪. 莎堤曲).

흣ᄂᆞᆯ다 동 흩날리다. ☞흣ᄂᆞ리다 ¶春風에 흣ᄂᆞᆫ 白髮이야 낸들 어이ᄒᆞ리오(古時調. 李仲集. 뉘라셔 날. 青丘).

흣ᄂᆞᆯ리다 동 흩날리다. ☞흣ᄂᆞᆯ다 ¶ᄇᆞ람에 흣ᄂᆞᆯ리니 곳의 탓 아니로다(古時調. 곳이 진다. 青丘).

흣다 동 흩다. ☞흗다. 흩다 ¶여듧 ᄆᆞ렌 ᄇᆞᄅᆞ매 믌겨리 흣놋다:八水散風濤(重杜解5:2). 터럭을 흣터 ᄇᆞ리고(女四解4:17). 毬 흣튼 곳의 니ᄅᆞ러(武藝圖67).

흣더디다 동 되는 대로 옮겨 놓다. 흩어 짚다. 〔'흣〈散〉'+'더디다〈投〉'〕 ☞흣더지다 ¶芒鞋ᄅᆞᆯ 뵈야신고 竹杖을 흣더디니(松江. 星山別曲).

흣더지다 동 ①흩어지다. ¶흣더진 바독을 뉘라셔 ᄡᅳ러 담을쇼냐(古時調. 아희ᄂᆞᆫ. 青丘). 三零四落:흣더지단 말(譯解補60). ②흩어 던지다. ☞흣더디다 ¶扁舟에 ᄃᆞᆯ을 싯고 낙대를 흣더질 제(古時調. 三公이 貴타 ᄒᆞᆫ들. 青丘).

흣듯다 동 흩어 떨어지다. ¶五月 江城에 흣듯ᄂᆞ니 梅花ㅣ로다(古時調. 金裕器. 蘭干에. 青丘).

흣ᄆᆡ다 동 흩어 매다. 되는 대로 매다. ¶山田을 흣ᄆᆡ다가 綠陰에 누어시니(古時調. 孟思誠. 삿갓세. 青丘).

흣부르다 동 흩어 부르다. 되는 대로 부르다. ¶酒甕을 다시 열고 詩句를 흣부르니(古時調. 河緯地. 客散門扃. 歌曲).

흣부치다 동 마구 부치다. 되는 대로 부치다. ☞흣붓치다 ¶갓 버서 石壁에 걸고 羽扇을 흣부치며(古時調. 青丘).

흣붓치다 동 마구 부치다. 되는 대로 부치다. ☞흣부치다 ¶三角鬚를 흣붓치며 臥蠶을 거스리고(古時調. 金壽長. 文讀春秋 左氏傳이오. 海謠).

흣ᄲᅮ리다 동 흩어 뿌리다. 흩날리며 뿌리다. ☞흣ᄲᅳᆯ히다 ¶桃花雨 흣ᄲᅮ릴 제 울며 잡고 離別ᄒᆞᆫ 님(古時調. 桂娘. 青丘).

흣ᄲᅳᆯ히다 동 흩어 뿌리다. 흩날리며 뿌리다. ☞흣ᄲᅮ리다 ¶혹 ᄭᅩ리ᄅᆞᆯ 흔들면 그 피 흣ᄲᅳᆯ혀 밧디 못ᄒᆞ니:若掉尾則其血散洒不能多得故(痘瘡方31).

흣터디다 동 흩어지다. ☞흐터디다. 흣터지다 ¶한 病이 ᄒᆞᆫ 번의 흣터디놋다:多病一疎散(重杜解1:28). 서르 여희여 흣터디자:相別散了(老解下18).

흣터지다 동 흩어지다. ☞흐터디다. 흣터디다 ¶구룸 흣터지다:雲綻了(譯解上2). 흣터지다:散(漢淸3:30). 風雲이 흣터져도 모도힐 ᄢᅴ 이셔스니(萬言詞).

흣튼 동 흩은. 흩어진. ㉮흩다 ¶簞瓢陋巷에 흣튼 혜음 아니 ᄒᆞᄂᆡ(丁克仁. 賞春曲).

흥 명 흥(興). ¶그를 人間앳 興을 다 짓고 바ᄅᆞ래 드러가 求호ᄆᆞᆯ 조쳐 모로매 호리라:詩盡人間興兼須入海求(初杜解14:21). 江海예 헤ᄃᆞ니니 기픈 根源에 ᄀᆞ장 다ᄃᆞ롤 興이 오히려 잇도다(南明上48). 青雲ㅣ 내의 노폰 興을 뮈우ᄂᆞ니:青雲動高興(重杜解1:3). 興을 ᄐᆞ니 곧 지비 ᄃᆞ외얏도다:乘興卽爲家(重杜解10:3).

흥글항글 부 홍뚱항뚱. 들뜬 모양. ¶老都令의 ᄆᆞ음 홍글항글 眞實로 이 滋味 아돗던들(古時調. 半 여든에. 青丘).

홍·긔ᄒᆞ·다 동 홍기(興起)하다. ¶周室이 다시 興起ᄒᆞ요미 맛당ᄒᆞ니:周室宜中興(初杜解6:21). 詩예 홍긔ᄒᆞ며:興於詩(宣小1:15). 興起ᄒᆞᆯ 배 잇게 ᄒᆞ노라:有所興起(宣小4:2). 百世ㅅ 下에 聞ᄒᆞᆫ 者ㅣ 興起티 아니ᄒᆞ리 업스니(宣孟14:10). 中興은 다시 興起ᄒᆞᆯ 시라(重杜解1:2). 홍긔케 ᄒᆞ다:鼓舞(漢淸4:16).

흥뎡 명 홍정. ¶興成 홍뎡 賣買之稱(吏文).

흥망 명 홍망(興亡). ¶오호ㅣ라 나라 홍망이 이 ᄒᆞᆫ 거조의 잇ᄂᆞᆫ지라(綸音33).

흥미 명 홍미(興味). ¶홍미 홍:興(倭解上21). 漁艇을 흘리 노코 玉簫를 노피 부니 아마도 世上 興味ᄂᆞᆫ 잇분인가 ᄒᆞ노라(古時調. 金聖器. 江湖에 ᄇᆞ린 몸이. 青丘).

흥셩드뭇 부 경성드뭇. ¶저 건너 거머무투룸ᄒᆞᆫ 바회 釘 다혀 ᄶᅵ두ᄃᆞ려 ᄂᆡ여 털 돗치고 ᄲᅮᆯ 박아셔 홍셩드뭇 거러가게 ᄆᆡᆼ글니라(古時調. 甁歌).

홍셩ᄒᆞ·다 동 홍성(興盛)하다. ¶ᄒᆞᆫ 듣그를 세면 나라히 興盛ᄒᆞ고 野老ㅣ ᄢᅵᆼ긔며(南明下57).

흥ᄯᅩᆼ이다 동 홍청거리다. ☞홍ᄯᅮᆼ이다 ¶노릇ᄒᆞ며 홍ᄯᅩᆼ여 놀며 보피로온 男女로 ᄒᆞ여:教些幫閑的潑男女(老解下44).

홍ᄯᅮᆼ·이·다 동 홍청거리다. ☞홍ᄯᅩᆼ이다 ¶노릇ᄒᆞ며 홍ᄯᅮᆼ여 놀며 보피ᄒᆞᄂᆞᆫ 남진겨집ᄃᆞᆯ ᄒᆞ야:教些幫閑的潑男女(飜老下48). 홍ᄯᅮᆼ여 ᄃᆞᆫ닐 시니:遊閑了(老朴集. 單字解7).

홍졍 명 홍정. ¶肆ᄂᆞᆫ 홍졍 버리ᄂᆞᆫ 거시니(法華1:10). 두어 마래도 홍졍을 즉재 ᄆᆞ촐 거시니:兩三句話交易便成了(飜老下10). 셔울도 아ᄆᆞ란 홍졍이 업더라:京都也沒甚麼買賣(飜朴上53). 홍졍 반:販(類合下29). 홍졍 시작ᄒᆞ다:開鋪. 홍졍 ᄆᆞᆺ다:成交(譯解上68). 홍졍 므르다:打倒(譯解上69).

홍졍ᄀᆞ숨 명 홍정감. 상품. ¶또 므슴 홍졍 ᄀᆞ숨 사:却買些甚麼貨物(飜老上12).

홍졍딜ᄒᆞ다 동 장사하다. ¶힘써 홍졍딜ᄒᆞ여:力居貨(二倫37 吳郭相報).

홍졍·바·지 명 장사치. 상인(商人). ☞홍졍바치. 홍졍밧치. 홍졍아치. ¶홍졍바지ᄃᆞᆯ히 길ᄒᆞᆯ 몯 녀아 天神ㅅ긔 비더니이다(月印上32). 마초아 홍졍바지 舍衛國으로 가리 잇더니(釋譜6:15). 그 ᄢᅴ ᄒᆞᆫ 홍졍바지 아ᄃᆞ리 出家ᄒᆞ야(釋譜24:14). 海中엣 五百 홍졍바지 보ᄇᆡ 어더 와 바티ᅀᆞᄫᆞ며(月釋2:45). 賈客ᄋᆞᆫ 홍졍바지라(月釋13:8). 홍졍바지 主人 얻둣 ᄒᆞ며 子息이 어미 얻둣 ᄒᆞ며(月釋18:51). 네 百姓은 그위실ᄒᆞ리와 녀름지ᅀᅳ리와 셩냥바지와 홍졍바지왜라(楞解3:88). 홍졍바지와 동잣어미 니르리:以至販夫竈婦(永嘉跋2).

홍졍바지 명 장사치의. 상인(商人)의. 독홍졍바지 ¶그 ᄢᅴ ᄒᆞᆫ 홍졍바지 아ᄃᆞ리 出家ᄒᆞ야(釋譜24:14).

홍졍바·치 명 장사치. 상인(商人). ☞홍졍바지 ¶내 홍졍바치 아니라도:我不是利家(飜老下27). 내 홍졍바치 아니라도:我不是利家(老解下24). 홍졍바치:利家 一云 鋪家(譯解上68).

홍졍밧치 명 장사치. 상인(商人). ☞홍졍바지 ¶홍졍밧치:買賣人(譯解補37).

홍졍아치 명 장사치. 상인(商人). ☞홍졍바지 ¶홍졍아치:買賣人(漢淸5:32).

홍졍와치 명 장사치. 상인(商人). ☞홍졍바지 ¶네 빅셩 도의리 네 가지니 냥반과 녀름지으리와 공장와치와 홍졍와치라:古之爲民者四士農工商是也(正俗21).

홍졍즈름 명 거간꾼. 중개인(仲介人). ¶이는 駔儈의 婢ᄅᆞᆯ ᄑᆞᆯ며 奴ᄅᆞᆯ ᄑᆞᄂᆞᆫ 法이니:駔儈는 홍졍즈름이라(家禮4:10).

홍졍ᄒᆞ·다 동 홍정하다. 장사하다. ¶瞿陁尼는 쇼쳔량이라 ᄒᆞᆫ ᄠᅳ디니 그어긔 쇠 하아 쇼로 쳔사마 홍졍ᄒᆞᄂᆞ니라(月釋1:24). 홍졍ᄒᆞᆯ 나그내ᄅᆞᆯ 因ᄒᆞ야:因估客(初杜解23:40). 큰 아ᄒᆡᄂᆞᆫ ᄆᆡ무어 홍졍ᄒᆞᆯ 나그내ᄅᆞᆯ 조차 ᄃᆞ니놋다:大兒結束隨商旅(初杜解25:47). 븍경 셔울로 홍졍ᄒᆞ라 가ᄂᆞ니:往北京做買賣去(飜老上51). 홍졍ᄒᆞᆯ 샹:商. 홍졍ᄒᆞᆯ 고:賈(訓蒙中3). 그 놀옴놀이예 홍졍ᄒᆞ며 ᄑᆞᄂᆞᆫ 일ᄋᆞᆯ ᄒᆞ시거늘:其嬉戲爲賈衒(宣小4:4). 홍졍ᄒᆞ야 ᄑᆞ로ᄆᆞᆯ ᄒᆞ신ᄃᆡ:爲賈衒(重內訓3:12). 븍경을 향ᄒᆞ야 홍졍ᄒᆞ라 가ᄂᆞ니:往北京做買賣去(老解上46). 홍졍ᄒᆞᄂᆞᆫ ᄃᆡ:鋪子. 홍졍ᄒᆞ리 오ᄂᆞᆫ ᄃᆡ:店房. 홍졍ᄒᆞᄂᆞᆫ 술위:貨車(譯解上68). 홍졍ᄒᆞ다:做買賣(譯解補37).

흥:취 명 흥취(興趣). ¶녜로브터 支遁許詢의 노로맨 興趣ㅣ 江湖애 아ᄋᆞ라ᄒᆞ니라:從來支許遊興趣江湖迥(重杜解9:14).

흥치다 동 흥청거리다. ¶ᄀᆞᄂᆞᆫ 눈 ᄲᅳ린 길 블근 곳 흣터딘ᄃᆡ 흥치며 거러가셔(古時調. 尹善道. 어와 져므러. 孤遺).

흥ᄒᆞ·다 동 흥(興)하다. ¶君子ㅣ 親애 篤ᄒᆞ면 民이 仁애 興ᄒᆞ고(宣論2:29). 나라히 仁에 興ᄒᆞ고(宣大16). 周와 漢과 다시 興ᄒᆞ시니:周漢獲再興(重杜解1:9). 나라히 興ᄒᆞᄂᆞᆫ 徵兆ㅣ 되고(捷蒙1:11).

흗·다 동 흩어지다. ☞흔다 ¶ᄆᆞ리 ᄆᆞᆯ군 주를 보아 ᄯᅩ 붉게 ᄒᆞ야 흐튼 ᄠᅳᆮ 업게 ᄒᆞ고(月釋8:6). 흐터 업스리니:散滅(楞解1:107). 陰性이 스러 흐투믄:陰性銷散(楞解10:32). 담과 ᄇᆞ룸괘 믈어듀믄 四大 허러 흐투믈 가줄비시고:墻壁崩倒譬四大壞散(法華2:126). 天上애 구룸 흐터ᅀᅡ ᄃᆞᆯ 나둣 ᄒᆞ며:如天上雲散月出(圓覺上一之一56). 모ᄃᆞ락 흐트락호미:聚散(初杜解22:22). 그 弟子 四方에 흗터 이숌에:其弟子散在四方(宣小6:10). 도적이 크게 오니 그 물이 흐터 ᄃᆞ라나거늘:賊兵大至其徒散走(東新續三綱. 忠1:59). 몬져 범ᄒᆞᆫ 무간 죄뵈 이제 이믜 흐터 업고(桐華寺 王郎傳6).

흗·다 동 흩다. ☞흔다. 흣다 ¶散壞非時電雲은 時節 아닌 젯 번게 구루믈 흐터 ᄒᆞ야ᄇᆞ릴 씨라(月釋10:81). 만ᄒᆞᆫ 일훔난 고ᄌᆞᆯ 흐터:散衆名華(法華3:62). 紫羅帳 소배 眞珠를 흐텟도다:紫羅帳裏撒眞珠(金三2:12). 흐틀 병:迸(類合下33). 흐틀 산:散(類合下43. 石千32). ᄡᅡ하 두ᄃᆡ 能히 흐트며:積而能散(宣小3:4). 財ㅣ 흐트면 民이 몬ᄂᆞ니라:財散則民聚(宣大22). 지믈을 흐터 권당을 주고 스스로 목ᄌᆞᆯ라 죽다:散財物與親族自縊而死(東新續三綱. 烈2:28).

-·희 조 ①-의. ¶열희 ᄆᆞᅀᆞᄆᆞᆯ 하ᄂᆞᆯ히 달애시니:維十人心天實誘他(龍歌18章). 둘희 힘이 달오미 업더니(月印上14). 세희 愛 서르 브소ᄆᆞᆯ 닐오ᄃᆡ 흘료미오(楞解4:27). 各各 命의 브툰 그틀 通티 몯ᄒᆞ나 ᄒᆞᆫ가지로 난 터희 野馬 ᄀᆞᆮᄒᆞ야(楞解10:2). ᄀᆞᄅᆞᆷ 길희 갓가오ᄆᆞᆯ 니기 아라:熟知江路近(杜解7:9). 둘희 ᄠᅳ디:兩情(重杜解22:43). ②-에. ¶城 우희 닐흔 살 쏘샤:維城之上矢七十射(龍歌40章). ᄆᆞᆯ 우희 니ᅀᅥ 티시나:馬上連擊(龍歌44章). 내 네 우희 올아(釋譜24:8). 提ᄂᆞᆫ 셔미니 이 셤 우희 이 남기 잇고(月釋1:24). 돌 우희 믈 잇ᄂᆞᆫ ᄃᆡ로 일 녀고:早行石上水(重杜解1:12). 가ᄉᆞᄒᆞ다가 니년희 물어디거든:假如明年倒了時(飜朴上10). ᄭᅮᆷ ᄭᆡ야 겻희 업ᄉᆞ면 그를 어이 ᄒᆞ리오(古時調. 가노라. 古歌).

희나므라ᄒᆞ다 동 헐뜯어 나무라다. 타박하다. ☞흐나므라다. 흔나므라다 ¶살 사ᄅᆞᆷ이 ᄀᆞ장 희나므라ᄒᆞᆯ 거시니:買的人多少駁彈(老解下56).

·희·다 형 희다(白). ☞히다 ¶其山鎭曰 白巖 흰바회 今屬 慶尙道(龍歌7:7 咸陽註). 프른 거프를 사하시니 흰 ᄆᆞᄃᆡ 서르 비취엿도다:蒼皮成委積素節相照燭(初杜解25:2). 제므레 미론 흰 깁과:水光絹(飜老下26). 샹해 흰 기블 닙고:常衣絹素(飜小9:106). 겁질 흰 ᄃᆡ를(救荒2). 남ᄌᆞ의 ᄲᅧᄂᆞᆫ 희오 므겁고:若是男子骨頭白了又重(恩重2). 희여 핏의 업스니ᄂᆞᆫ ᄃᆡ난 휘라도 ᄯᅩᄒᆞᆫ

죽└니:白無血色者過後亦死(痘要上35). 흰 춤빼:白油麻(東醫 湯液一 土部). 흰 싱깁이 잇다:白絲絹(老解下23). 흰 빅:白(倭解下11. 兒學下2). 浩浩흔 흰 물이여(女四解4:55). 흰 나빈를 잡아(明皇1:33). 흰 깁소:素(兒學下2).

희라 감 희(噫)라. ¶이 中에 제 取타 니ᄅ샤몬 眞實ㅅ 性中에 本來 흘러 뮈유미 업거늘 다 제 取호미라 ᄒ시니 迷惑ᄒ 고대 나사가 알엣고 ᄒ시니라 噫라:噫ᄂ 애ᄃ라ᄒ는 소리라(楞解1:113). 顏淵이 죽거늘 子ㅣ ᄀᆞᆯᄋ샤ᄃ 噫라(宣論3:4). 희라 뷔 나를 나흐시고:噫(百行源11).

:희·론 명 희론(戲論). ¶ᄆᄉ맷 動作ᄒ욤과 ᄆᄉ맷 戲論ᄋ 다 알리니:戲論ᄋ 노ᄅᆺᄒ야 議論ᄒᆯ 씨니 ᄀᆞᆯᄒ야 혜아리ᄂ 교티 몯ᄒ ᄆᄉ미라(釋譜19:25). 戲論ᄋ 롱담 議論이라(月釋13:33).

:희·롱 명 희롱(戲弄). ¶희롱앳 일와 겨지븨 양ᄌ 됴ᄒ니 사오나오니 ᄒ는 ᄆᄅ 니ᄅ디 말며:不言…戲慢評論女色(飜小8:21). 희롱 희:戲(類合下43). 희롱엣 빗출 아니ᄒ며:不戲色(宣小3:12). 두 어버이 나히 만커시늘 샹해 칙쉭 옷슬 닙어(오쉭으로 아롱지게 ᄒ 옷시라) 아희 희롱을 ᄒ니(警民34). 침셕의 희롱이 시로아 날마다 신인을 만나(落泉1:1).

:희·롱ᄒ·다 동 희롱(戲弄)하다. ¶위와ᄃᆯ 사ᄅ미 너ᄅ 희롱ᄒ는 줄 아디 몯ᄒ놋다:不知承奉者以爾爲玩戲(飜小6:25). 子ㅣ ᄂᆞᆺ빗출 容모애 ᄎ게 말며 戲롱ᄒ야 웃디 말며(家禮2:11). 조종이 묵우ᄒ시고 음즐ᄒ샤 이예 원ᄌ의 취복을 닙고 구술을 희롱ᄒ야(綸音144). 희롱ᄒ다:戲要了(同文解下32). 희롱ᄒ다:說戲話(漢淸6:60).

:희·무·로 명 검푸른 빛. ¶희무로 비단 비게와 ᄒ야:黑綠紵絲比甲(飜老下51). 희무로 비단:黑墨綠(譯解下4).

희번득이다 동 희번덕거리다. ¶희번득여 보다:飜白眼看(同文解上28). 눈 희번득이다:飜白眼(譯解補24).

:희:사 명 희사(喜捨). ¶세흔 衆生ᄋ 가젯ᄂ 警戒니 慈悲 喜捨로 有情을 利樂긔 ᄒᆯ 씨니 이 戒ᄂ 諸佛 菩薩이 修行ᄒ시논 ᄌ릉길히라 喜ᄂ 깃블 씨니 衆生ᄋ 즐겁긔ᄒᆯ 씨라 捨ᄂ ᄇ릴 씨니 내 恩惠ᄅ ᄇ려 衆生ᄋ 줄 씨라(釋譜9:6). 喜捨ᄂ 일후미 勢至오(六祖上96).

-·희·셔 조 -보다. ¶正心ᄋ로 닐거 디니면 功이 ᄯ 우희셔 더을씨(月釋17:36).

희소ᄒ다 형 희소(稀疎)하다. ¶稀疎ᄒ 져근 블근 곳과 프른 닙 서리예:稀疎小紅翠(重杜解10:32). 가지 희소ᄒ다:枝杈稀疎(漢淸13:27).

희쇼ᄒ다 형 희소(稀少)하다. ¶친쳑이 희쇼ᄒ고 ᄒ낫 아이 등진의 이셔 ᄣ나지 못ᄒ니(落泉1:1).

:희·식 명 희색(喜色). ¶管籥의 音을 듣고 다 欣欣히 喜色을 두어(宣孟2:5).

희열ᄒ다 형 희열(喜悅)하다. 기쁘다. ¶다만 외면으로 형제간 희열ᄒ 비출 뵈고(落泉3:7).

희옵스러ᄒ다 형 희읍스름하다. ☞희우스러ᄒ다. 희읍스러ᄒ다 ¶빗치 담ᄒ야 희옵스러ᄒ고:色亦淡白(痘瘡方25).

희우스러ᄒ다 형 희읍스름하다. 희끄무레하다. ☞희옵스러ᄒ다 ¶빗치 희우스러ᄒ야 블셔 곰기ᄂ 졈이 잇ᄂ니:色白已有向膿之漸(痘瘡方49).

희:유ᄒ·다 형 희유(稀有)하다. ¶不可思議엣 希有ᄒ 이ᄅ 뵈시ᄂ니:希ᄂ 드물 씨오 有는 이실 씨니 希有는 드므리 잇다 ᄒ ᄠ디라(釋譜13:15). 希有ᄂ 드므리 이실 씨라(法華1:66). 녯 奇特ᄒ 善現이 希有ᄒ신 慈尊ᄋ 讚歎ᄒᅀᆞᆸ고(金三2:8). 別駕ㅣ 닐오ᄃ 獦獠여 네 ᄯ 偈 지스린댄 그 이리 希有ᄒ다(六祖上25).

희읍스러ᄒ다 형 희읍스름하다. ☞희옵스러ᄒ다 ¶희읍스러ᄒ다:淡白(同文解下25). 희읍스러ᄒ 빗:淡白(漢淸10:65).

희이치·다 동 희짓다. 희롱(戲弄)하다. ¶위완ᄂ 이 널로 ᄡ 완롱ᄒ야 희이침 삼ᄂ 주를 아디 몯ᄒᄂ니라:不知承奉者以爾爲玩戲(宣小5:23). 역질 신녕이 짐즛 희이치노라 그려ᄒ니 먹이면 반ᄃ시 위틱ᄒ리라:痘神故欲戲之與喫則必危矣(痘瘡方11). 이러ᄐ시 ᄆ옴대로 ᄒ다 만다 ᄒ면 誠信의 희이침으로 너기거니와(新語4:21). 밤 새도록 거ᄅ이 부소ᄅ 희이치더라(新語9:10).

희조츨ᄒ다 형 희고 조촐하다. ¶듕킈에 희조츨ᄒ ᄂᆞᆺ치오:中等身材白淨顏面(朴新解3:13).

희즛다 동 희짓다. 희롱(戲弄)하다. ☞희짓다 ¶조물 싀긔ᄒ가 귀신이 희즈온가(金春澤. 別思美人曲).

희짓다 동 ①희롱(戲弄)하다. ¶가노라 희짓ᄂ 봄을 새와 므슴 ᄒ리오(古時調. 宋純. 곳이 진다. 靑丘).

②희짓다. 막다. ¶놈의 됴흔 일 희짓다:攔人好事(漢淸8:44). 이제 남의 흔긔ᄅ 희지으리오(落泉1:2).

희ᄌ 명 광대. 재인(才人). ¶희ᄌ:場戲. 희ᄌ 덤쳐 식이다:點戲(譯解補46). 희ᄌ:戲. 희ᄌ 노ᄅᆺᄒ다:唱戲. 희ᄌ의 무리:戲班(漢淸6:61).

희ᄌㅅ뎌 명 무대(舞臺). ¶희ᄌㅅ뎌:戲臺

(漢淸9:68).

희즈칙 명 연희(演戲)의 대본(臺本). ¶희즈칙:戲本(譯解補46).

희즈ᄒᆞ다 동 연희(演戲)하다. ¶희즈ᄒᆞᄂᆞᆫ 잔치:戲筵(譯解補46).

희학ᄒᆞ다 동 희학(戲謔)하다. ¶親ᄒᆞᆫ 버디 말ᄉᆞᆷ과 戲謔호ᄆᆞᆯ ᄀᆞ장ᄒᆞ야셔 수우워려 늘그니ᄅᆞᆯ 慰勞ᄒᆞᄂᆞ다:親朋縱談謔喧鬧慰衰老(重杜解22:3). 雙燭下의 각장투젼 言笑自若 희학ᄒᆞ다(빅화당가).

흰곤무 명 흰 골무떡. ¶흰곤무 콩인절미 자치술국 按酒에(古時調. 묵은 ᄒᆡ. 歌曲).

흰금 명 백금(白金). ¶흰금을 주ᄂᆞ니 잇거ᄂᆞᆯ:白金(五倫5:21).

흰ᄀᆞ믈 명 백막(白膜). 백태(白苔). ☞흰ᄀᆞ플 ¶ᄆᆞᆯ로 히여곰 눈의 흰ᄀᆞ믈이 나며:令馬睛生白膜(馬解上100). 〔'흰ᄀᆞ믈'은 '흰ᄀᆞ플'의 오기(誤記)인 듯.〕

흰ᄀᆞ플 명 백막(白膜). 백태(白苔). ☞흰ᄀᆞ믈 ¶흰ᄀᆞ플이 눈의 ᄀᆞ리온 더ᄂᆞᆯ 고티ᄂᆞ니라:治…白翳遮睛(馬解上101).

흰날이 명 백합(百合). ☞흰ᄉᆞᆺ개나리 ¶흰날이:百合(柳氏物名三 草).

흰납이 명 흰나비. ☞힌나비 ¶흰납이:白蛾兒(譯解下34).

흰노 명 흰 비단. ¶흰노:白羅(譯解下4).

흰바곳 명 백부자(白附子). ¶흰바곳:白附子(東醫 湯液三 草部).

흰바·회 명 백암(白巖). 〔지명(地名)〕 ¶其山鎭曰 白巖 흰바회 今屬 慶尙道(龍歌7:7 咸陽註).

흰쇠 명 은(銀). ¶흰쇠:銀(柳氏物名五 金).

흰수리 명 흰 독수리. ¶흰수리:白鵰(漢淸13:49).

흰ᄉᆞᆺ개나리 명 백합(百合). ☞흰날이 ¶흰ᄉᆞᆺ개나리:百合(物譜 花卉).

흰숙 명 다북쑥. 봉호(蓬蒿). ¶흰숙:白蒿(柳氏物名三 草).

흰어루럭이 명 흰 어루러기. 백전풍(白癜風). 백납. ☞힌어르러지 ¶흰어루럭이:白癜風(物譜 氣血).

흰옫 명 흰 옷. ¶녀측에 살며 흰 옫 벋디 아니코:居廬側不脫素衣(東新續三綱. 孝2:5). 흰옫과 소밥ᄒᆞ고:素衣素食(東新續三綱. 孝5:9).

흰쟈개 명 흰 자개. 자개의 한 가지. ¶흰쟈개:車渠(柳氏物名二 水族).

흰ᄌᆞ의 명 흰자위. ¶흰ᄌᆞ의 업시 노ᄅᆞᆫᄌᆞ의만 두고:去淸留黃(胎要43). 흰ᄌᆞ의:蛋淸(同文解下35). 흰ᄌᆞ의:鳭淸(譯解補47). 알흰ᄌᆞ의:蛋淸(漢淸14:15).

흰ᄎᆞ조 명 흰차조〔白粱粟〕. ¶흰ᄎᆞ조 귀:芑(詩解 物名20).

흰팟ᄇᆡ 명 흰팥배. ¶흰팟ᄇᆡ:棠梨(柳氏物名四 木).

-·힛 조 -에 있는. -의. ¶하ᄂᆞᆯ 우힛 金尺이 ᄂᆞ리시니:肆維天上迺降金尺(龍歌83章). ᄆᆞᆯ 우힛 대버믈 ᄒᆞᆫ 소ᄂᆞ로 티시며:馬上大虎一手格之(龍歌87章). 陰風이 千里로셔 와 네 ᄀᆞᄅᆞᆷ 우힛 지블 부ᄂᆞ다:陰風千里來吹汝江上宅(初杜解7:26).

-·히 조 〔ㅎ첨용(添用) 주격조사(主格助辭).〕 ①-이. ☞-이 ¶太子ᄅᆞᆯ 하ᄂᆞᆯ히 ᄀᆞᆯᄒᆡ샤:維周太子維天擇兮(龍歌8章). 갌 길히 입더시니:則迷于行(龍歌19章). 두 갈히 것그니:兩刀皆缺(龍歌36章). 이 사ᄅᆞᆷᄃᆞᆯ히 다 神足이 自在ᄒᆞ야(釋譜6:18). ᄆᆞᅀᆞᆶ히 멀면 乞食ᄒᆞ디 어렵고(釋譜6:23). 둘히 어우러 精舍 밍ᄀᆞ라(釋譜6:26). ᄯᅡ히 ᄃᆞ외야(釋譜6:34). ᄉᆞᆯ히 지도 여위도 아니ᄒᆞ니라(月釋1:26). 녀느 夫人냇 아ᄃᆞᆯ 네히(月釋2:4). ᄀᆞ올히 잇ᄂᆞ니(月釋2:50). 안히 답ᄭᅡᆸ거늘(月釋1:51). 그 뫼히 구룸 ᄀᆞᆮᄒᆞ야(月釋7:32). 衆生ᄃᆞᆯ히 ᄆᆞᅀᆞᄆᆞᆯ 오ᄋᆞᆯ와(月釋8:5). ᄀᆞᄂᆞᆯ히 너무믈 니ᄅᆞ시니라(月釋18:26). 두ᄫᅳᆯ히 도로 네 ᄀᆞᆮᄒᆞ리라(月釋18:43). ᄂᆞᆯ카ᄫᆞᆫ ᄂᆞᆯ히 갈 ᄀᆞᆮᄒᆞᆫ 것ᄃᆞᆯ히(月釋21:24). 이 세히 곧 ᄒᆞᆫ 體라:是三卽一體(永嘉上85). 啐ᄋᆞᆫ ᄃᆞᆯᄀᆡ 알히 이러 ᄌᆞᆺ 낡 젯 우루미라(蒙法44). ᄯᅡ히 부프러오ᄅᆞ고(宣賜內訓序5). ᄠᅳᆯ헷 ᄂᆞᄆᆞᆯ히 오히려 누네 잇ᄂᆞ니:庭蔬尙在眼(重杜解2:25). 드르히 서늘ᄒᆞ니:野蕭颼(重杜解4:4). ᄠᅳᆯ히 뷘 듸 여슷 ᄆᆞ리 드러오니:庭空六馬入(重杜解5:48). 城闕애 ᄀᆞᅀᆞᆶ히 나거ᄂᆞᆯ 畫角ㅅ 소리 슬프도다:城闕秋生畫角哀(初杜解7:3). 禹ㅅ 功애 그츤 ᄃᆞᆯ히 하더니:禹功饒斷石(初杜解7:11). 올ᄒᆞᆫ ᄇᆞᆯ히 偏히 이울오 왼녁 귀 머구라:右臂偏枯左耳聾(初杜解11:14). 金印과 블근 긴히 프른 보ᄆᆡ 비취엿도다:金章紫綬照靑春(初杜解21:12). ᄇᆞᄅᆞᇝ 믌겨리 아ᄎᆞᆷ 나조히 업도다:風浪無晨暮(初杜解21:38). 病ᄒᆞ야 누엣ᄂᆞᆫ 거츤 ᄆᆡ히 머니:臥病荒郊遠(初杜解22:8). 崆峒애 밀히 니겟ᄂᆞ니:崆峒小麥熟(初杜解22:28). 아ᄎᆞᆷ ᄀᆞᄂᆞᆯ히 軒檻 階砌에 올마가더라:朝陰改軒砌(初杜解24:30). ᄯᅡ히 싣디 아니ᄒᆞ야:地不載(佛頂上3). 이 국왕 둥히 혹 제 일우거나 놈 권커나(地藏解下3).

②-가. ¶내히 이러 바ᄅᆞ래 가ᄂᆞ니:流斯爲川于海必達(龍歌2章). 五百年 나라히 漢陽애 올ᄆᆞ니이다:五百年邦漢陽是遷(龍歌14章). 나라히 오라건마ᄅᆞᆫ:維邦雖舊(龍歌84章). 그 뫼히 ᄒᆞᆫ 것도 업시 믈어디거늘(釋譜6:32). ᄒᆞ나히 ᄃᆞ외며(釋譜6:32). 無上士ᄂᆞᆫ 尊ᄒᆞ샤 더은 우히 업스신 士ㅣ라(釋譜

9:3). 닐굽 山 바ᇧ긔사 鹹水 바다히 잇거든(月釋1:23). 네 모콰 아라우히 다 큰 브리어든(月釋1:29). 그저긔 ᄒᆞᆫ 받님자히 ᄢᅵ 비홇 저긔(月釋2:12). 어듸ᄯᅧᆫ 앏뒤히 이시리오(月釋8:32). 니마히 넙고(月釋17:53). 사ᄅᆞ미 나히 ᄌᆞ라(月釋21:162). ᄇᆡ를 充實케 홀 마히 하고:充腸多薯蕷(重杜解1:14). 먼 모히 ᄃᆞ토와 도ᅀᆞᆸ고:遠峒爭輔佐(重杜解1:27). 담 모히 ᄯᅩ 깁스위도다:墻隅亦深遠(初杜解6:22). 거플 바손 조히 누네 이실시:脫粟在眼(初杜解6:47). 온 내히 나날 東ᄋᆞ로 흘러가ᄂᆞ니:百川日東流(初杜解9:16). 나라히 破亡ᄒᆞ니 뫼콰 ᄀᆞ롬ᄲᅮᆫ 잇고:國破山河在(初杜解10:6). 믈뫼히 져고ᄆᆞᆯ ᄒᆞᆫ 번 보리라:一覽衆山小(初杜解13:1). 고히 곧고 누니 빗도다:鼻直眼橫(金三2:11). ᄯᅩ 노히 얼킬가 저페라:又怕繩子紐着(老解上34). 마히 ᄆᆡ양이랴 잠기 연장 다ᄉᆞ려라(古時調. 尹善道. 비오ᄂᆞᆫ 듸. 孤遺). 눈 기픠 자히 남다(古時調. 孟思誠. 江湖에 겨월이 드니. 靑丘).

-·히 조 -와. -과. ¶世尊이 니ᄅᆞ샤ᄃᆡ 出家ᄒᆞᆫ 사ᄅᆞᄆᆞᆫ 쇼히 ᄀᆞᆮ디 아니ᄒᆞ니(釋譜6:22).

-·히·니 조 -이니. ☞-이니 ¶中國ᄋᆞᆫ 皇帝 겨신 나라히니(訓註1). 닐굽 山 ᄊᆞ시ᄂᆞᆫ 香水 바다히니(月釋1:23). 敝ᄂᆞᆫ 사오나올 시오 邑은 ᄀᆞ올히니(重內訓2:25).

-히·라 조 〔ㅎ첨용(添用) 서술격조사(敍述格助辭).〕 ①-이라. ☞-이라 ¶土ᄂᆞᆫ ᄯᅡ히라(月釋序4). 地ᄂᆞᆫ ᄯᅡ히니(月釋序18). 肉ᄋᆞᆫ ᄉᆞᆯ히라(月釋8:34). 刃은 ᄂᆞᆯ히라(月釋21:75). 宮掖ᄋᆞᆫ 王ㅅ 안ᄠᅳᆯ히라:宮掖王之內庭也(楞解1:31). 經은 ᄂᆞᆯ히라(楞解7:59). 臂ᄂᆞᆫ ᄇᆞᆯ히라(楞解6:37). 나귀 ᄆᆡᆯ 말히라 ᄒᆞ야 ᄡᅳ디 몯ᄒᆞ리라:不得作繫驢橛用(蒙法14). 俗子ᄂᆞᆫ 쇼히라(蒙法47). 華夏ᄂᆞᆫ 中華ㅅ 빗난 ᄯᅡ히라(宣賜內訓1:66).

②-라. ☞-이라 ¶國之語音이:國ᄋᆞᆫ 나라히라(訓註1). 大施主는 큰 布施ᄒᆞᄂᆞᆫ 님자히라 ᄒᆞᄂᆞᆫ 마리라(釋譜19:3). 鼻ᄂᆞᆫ 고히라(釋譜19:9). 深山ᄋᆞᆫ 기픈 뫼히라(月釋1:5). 刹利ᄂᆞᆫ 田地ㅅ 님자히라 ᄒᆞᄂᆞᆫ ᄠᅳ디라(月釋1:46). 笛은 뎌히라(月釋10:62). 百丈은 ᄇᆡ 그ᅀᅳᄂᆞᆫ 노히라(初杜解10:45). 초히라:醋(無冤錄1:19).

-·히라·와 조 -보다. ☞-라와. -이라와 ¶다ᄅᆞᆫ ᄀᆞ올히 녯 ᄀᆞ올히라와 됴토다:他鄕勝故鄕(初杜解8:35).

-·히·러시·니 조 -이시더니. -시더니. ☞-이러시니 ¶羅雲이 出家호미 부텻 나히 셜흔 세히러시니(釋譜6:11). 이ᄣᅵ 부텻 나히 닐흔ᄒᆞ나히러시니(釋譜13:1). 나히 쉰ᄒᆞ나히러시니(宣賜內訓2下65).

-·히로·ᄃᆡ 조 -이로되. ☞-이로ᄃᆡ ¶두어 자히로ᄃᆡ:數尺(楞解9:108).

-·히·로소·니 조 -이로소니. -이니. ¶큰 光明 펴 天地ᄅᆞᆯ 비취오 길흘 조차 오ᄃᆡ ᄯᅩ ᄒᆞ나히로소니(月釋10:28). 숫두워리ᄂᆞᆫ 일훔난 모ᄃᆞᆫ ᄯᅡ히로소니:喧然名都會(重杜解1:38). ᄒᆡ오니 돈이 一百열히로소니:該一百一十錢(老解上21).

-히마르는 조 -이건마는. ¶西京이 셔울히마르는(樂詞. 西京別曲).

-·히며 조 -이며. ☞-이며 ¶쇼ᄒᆞᆫ 이 쇼히며:俗是俗(金三4:45).

-히ᄯᅡᆫ 조 -이야. ☞-이ᄯᅡᆫ. -힛ᄃᆞᆫ ¶구스리 바회예 디신ᄃᆞᆯ 긴히ᄯᅡᆫ 그츠리잇가(樂詞. 西京別曲).

-·히어·나 조 -이거나. -거나. ☞-이어나 ¶아ᄆᆞ란 ᄆᆞᅀᆞᆯ히어나 자시어나 ᄀᆞ올히어나 나라히어나 뷘 수프리어나(釋譜9:40). 뷘 드르히어나(月釋10:86). 열히어나 스믈히어나 百數에 니르더니(月釋17:16). 空閑ᄒᆞᆫ ᄯᅡ히어나(月釋17:45). 사ᄅᆞᄆᆡ 집 ᄠᅳᆯ히어나(月釋21:121).

-히어든 조 -이거든. ☞-이어든 ¶믈읫 사ᄅᆞᆷ의 ᄌᆞ식되연ᄂᆞᆫ 禮ᄂᆞᆫ 겨을히어든 ᄃᆞᄉᆞ시게 ᄒᆞ고:凡爲人子之禮冬溫(宣小2:8).

히어디다 동 흩어지다. ¶히어디어 ᄃᆞᆫ니미니:散漫而行(痘要上35).

-히언마ᄅᆞᄂᆞᆫ 조 -이건마는. ☞-이언마ᄅᆞᆫ ¶호ᄆᆡ도 ᄂᆞᆯ히언마ᄅᆞᄂᆞᆫ(樂詞. 思母曲).

-히·오 조 -이요. -이고. ☞-이오 ¶三ᄋᆞᆫ 세히오 十ᄋᆞᆫ 열히오(月釋1:15). 繩은 노히오(楞解8:86).

히·즈눕·다 동 드러눕다. ¶올ᄒᆞᆫ녀기 알ᄑᆞ거든 올ᄒᆞᆫ녁으로 히즈눕고:右痛右側臥(救簡2:7).

히·즈리·다 동 드러눕다. ☞히즐이다 ¶프른 믌ᄀᆞᅀᅵ 가 히즈려셔 쉬요리라:偃息歸碧潯(初杜解15:4). 벼개예 히즈려 슬ᄏᆞ지 쉬여 보쟈(古時調. 尹善道. ᄇᆞ람 분다. 孤遺).

히즐이다 동 드러눕다. ☞히즈리다 ¶시시예 나아가 쉬여 히즐이고 도라와 ᄒᆞᆫ가지로 말ᄒᆞ며 웃더라:時就休偃還共談笑(英小6:77).

-·힌 조 -ㄴ. -는. ¶둘차힌 拘那含牟尼佛이시고 세차힌 迦葉波佛이시고…다ᄉᆞᆺ차힌 彌勒尊佛이 나시리라(月釋1:51).

-·힌·고 조 -인고. ☞-인고 ¶어드메 이 셔울힌고:何處是京華(初杜解15:50).

힐:난 명 힐난(詰難). ¶果報ᄅᆞᆯ 求ᄒᆞᄂᆞᆫ다 ᄒᆞ샤 져므도록 詰難ᄒᆞ시고:詰難ᄋᆞᆫ 말ᄊᆞᆷ 서르 힐훠 겻굴 씨라(釋譜3:p.134). 甚히 기픈 詰難ᄋᆞᆯ 니르와ᄃᆞ샤(圓覺上一之二70).

힐:난·ᄒᆞ·다 동 힐난(詰難)하다. ☞힐우다. 힐후다 ¶果報ᄅᆞᆯ 求ᄒᆞᄂᆞᆫ다 ᄒᆞ샤 져므도록

詰難ᄒᆞ시고(釋譜3:p.134). 몬져 무르시고 버거 詰難ᄒᆞ시고(楞解1:60). 사ᄅᆞ미 와 詰難ᄒᆞ야 묻고져 커든(法華5:55).

힐느리 [부] 닐니리. ☞힐ᄂᆞ리 ¶黑뫼똑 典樂은 져 힐느리 분다(古時調. 개고리. 靑丘).

힐니리 [부] 닐니리. ¶黑뫼독 典樂이 져 힐니리 ᄒᆞᆫ다(古時調. 靑개고리. 靑丘).

힐우기다 [동] 삐다. 접질리다. ☞힐위다 ¶좌우로 힐우기다:折挫. 힐우겨 보채다:挫弄(漢淸4:47).

힐우다 [동] 힐난(詰難)하다. ☞힐난ᄒᆞ다. 힐후다 ¶힐우디 말라:管的纏張(老解上47). 힐우다가 못ᄒᆞ여(癸丑102). 힐워 말ᄒᆞ다:閑講(譯解下44).

힐위다 [동] 삐다. 접질리다. ☞힐우기다 ¶아촘 나죄로 잡바ᄃᆡᆼ긔여 힐위여 거두증구러 줄며 내사라 합게 니ᄅᆞ게 말라:朝夕扯拔不致卷縮生合(馬解上47).

힐칙ᄒᆞ다 [동] 힐책(詰責)하다. ¶왕이 몽쟝의 힐칙호믈 시름ᄒᆞ야:王患蒙帥詰責(東新續三綱. 忠1:25). 뜻밧긔 쥬인의 힐칙ᄒᆞ믈 닙어 ᄒᆞᆫ 말도 못ᄒᆞ여셔(落泉3:8).

힐·후·다 [동] 힐난(詰難)하다. 말썽부리다. ☞힐우다 ¶世間과 힐후디 아니ᄒᆞᇙ 씨라(月釋7:6). 難은 힐훌 씨라(法華1:32). 힐훠 議論호ᄆᆡ 닐온 語ㅣ니:難論曰語(永嘉上51). 휫도로 힐훠 ᄂᆞᄂᆞᆫ 盖ㅣ 기울오:回回偃飛盖(重杜解5:48). 法을 듣고 도로 당당이 힐후고:聽法還應難(初杜解22:14). 옴기 힐후디 아니ᄒᆞ며:不傳(宣小2:6). 술 ᄭᆡ여 힐후디 말라:休只管的纏張(老解上47). 혀겨 힐후다:刁蹬(譯解上65).

힐·훔 [동] 힐난(詰難)함. 말썽부림. ㉮힐후다 ¶뎌 하ᄂᆞᆯ히 두루 힐후믈 사ᄅᆞ미 시러곰 알리아:彼蒼廻斡人得知(初杜解10:42).

힐힐ᄒᆞ다 [형] 후리후리하다. ¶ᄒᆞᆫ 킈 힐힐ᄒᆞ고:一箇細長身子兒(朴解中52). 이 ᄒᆞᆫ 킈 힐힐ᄒᆞ고 ᄂᆞᆺ치 두렷ᄒᆞᆫ:是一箇細長身子團欒面的(朴新解2:58).

·힘 [명] 힘〔力〕. ¶둘희 힘을 ᄒᆞᆫᄢᅴ 이기시니(月印上15). 제 히메 ᄒᆞᇙ 야ᅌᆞ로(釋譜9:31). 諸天ㅅ 히ᄆᆞᆯ 請ᄒᆞ야ᅀᅡ(釋譜23:24). 諸法中에 히믜 能히 ᄒᆞᇙ 대로 漸漸 道애 들리니(月釋13:52). 力ᄋᆞᆫ 히미라(楞解1:3). 소리 드로매 ᄀᆞᆮᄒᆞ신 힘으로 더으신 다시니:同於聲聽之力加之(法華7:51). 內因 힚 젼ᄎᆞ로(圓覺上一之一81). 힘ᄋᆞ로 ᄃᆞ토려(南明上50). 힘 센 사ᄅᆞᄆᆞ로 ᄀᆞ라곰 둥의 병ᄒᆞ닐 업고:更迭令有力之人背負病人(救簡1:65). 힘 녁:力(類合下32. 石千11). 힘:力(同文解上23). 힘ᄒᆞ고 힘 남거던 학문도 ᄒᆞ사이다(人日歌).

힘 [명] 활힘. 〔활의 탄력의 단위.〕¶네 멋 히멘 화를 ᄆᆡᆼᄀᆞᆯ이고져 ᄒᆞ시ᄂᆞᆫ고:你要打幾箇氣力的弓. 네 열 히멧 활 ᄒᆞᆫ 댱과 닐굽 여듦 히멧 활 ᄒᆞᆫ 댱을 ᄆᆡᆼᄀᆞᆯ오려:你打十箇氣力的一張七八箇氣力的一張(飜朴上59).

·힘 [명] 힘살〔筋肉〕. 힘줄. ¶힘爲筋(訓解. 用字). 갓과 고기와 힘과 ᄲᅧ와ᄂᆞᆫ:皮肉筋骨(圓覺上一之二137). ᄀᆞᆺ븐 히믈 쉬우노라:息勞筋(初杜解20:30). ᄇᆞᄅᆞᆷ마자 힘과 ᄲᅧ왜:中風筋骨(救簡1:12). 사ᄉᆞᄆᆡ 힘:鹿筋. ᄒᆞᆫ 방문엔 쇠힘이라:一方用牛筋(救簡6:10). 거렛ᄂᆞᆫ 거시 히메 브터나리라:鯁着筋出(救簡6:10). 사ᄅᆞᄆᆞ로 ᄒᆞ야 面에 올인 ᄲᅳᆯ와 둥 우희 ᄶᅩ론 힘 뵈오:教人看了面子上的角背子上鋪的劤(飜老下31). 힘 근:筋(訓蒙下9). 둥 우희 ᄶᅧᆫ 힘 :背子上鋪的筋(老解下28). 힘 감다:纏筋(同文解上47). 힘 놋타:鋪筋. 힘 감다:纏筋. 무른 ᄃᆡ 힘 더놋타:輭處鋪筋(漢淸5:14).

·힘닙·다 [동] 힘입다. 의지하다. ¶賴ᄂᆞᆫ 힘니블 씨라(法華3:195). 能히 法藏 디니신 젼ᄎᆞ로 한 類 힘니브리로다(法華4:55). 空生ᄋᆡ 다시 漏洩호ᄆᆞᆯ 힘니버:賴得空生重漏洩(金三2:2). 險ᄒᆞᆫ 모딘 길헤 사ᄅᆞ미 힘닙논 배니라:險惡途中人所賴(南明下3). 혼자 이 글 이슈매 힘니벗고:獨賴此篇之存(飜小8:30). 힘니블 뢰:賴(類合下11. 石千7). 홀로 이 글 이슘을 힘닙고:獨賴此篇之存(宣小5:109).

힘드렁ᄒᆞ·다 [형] 심드렁하다. ¶淡然(힘드렁ᄒᆞᆫ 양이라)ᄒᆞ야 됴히 너기ᄂᆞᆫ 배 업더라(宣小6:121). 더검 모리털은 다 힘드렁ᄒᆞᆫ 일이어니와:帶劒渾閑事(馬解上16).

·힘·드리·다 [동] 힘들이다. ¶安排ᄂᆞᆫ 사ᄅᆞ미 힘드려 ᄒᆞᇙ 시라(金三3:14).

·힘ᄲᅮᆯ·디니 [동] 힘쓸지니. ㉮힘ᄡᅳ다 ¶藥 지소ᄆᆞ로 힘ᄲᅮᆯ디니:合藥爲務(宣賜內訓1:53). 제여곰 힘ᄲᅮᆯ디니:各努力(初杜解23:46).

·힘·ᄲᅮᆷ [동] 힘씀. ㉮힘ᄡᅳ다 ¶반ᄃᆞ기 能히 힘ᄲᅮ미 져그리라:方能省力(蒙法4). 一切處에 힘ᄲᅮ미 져거 뮈여 ᄒᆞ니논 中에:一切處省力於動中(蒙法39). ᄒᆞ다가 힘ᄲᅮ미 져구ᄆᆞᆯ 아라ᄃᆞᆫ:若覺省力(法語14). 오직 天眞을 믿고 힘ᄲᅮ믈 보디 아니ᄒᆞᄂᆞ니라:但恃天眞不觀力用(圓覺上二之一10). 제여곰 힘 ᄲᅮᆯ디니:各努力(初杜解23:46).

·힘·ᄡᅳ·다 [동] 힘쓰다. ☞힘ᄉᆞ다. 힘쓰다 ¶너희ᄃᆞᆯ히 힘ᄢᅧ ᄉᆞ라(釋譜23:12). 生死 버술 이를 힘ᄢᅧ 求ᄒᆞ야ᅀᅡ ᄒᆞ리라(月釋10:14). 善으로 힘ᄡᅳ샤:善以爲務(永嘉下138). 寂靜을 힘ᄡᅳ며 閑ᄋᆞᆯ 貪ᄒᆞ샤:務靜貪閑(永嘉下145). 반ᄃᆞ기 能히 힘ᄲᅮ미 져그니라:方能省力(蒙法4). 一切處에 힘ᄲᅮ미 져거 뮈여 ᄒᆞ니논 中에:一切處省力於動中(蒙法39).

ᄒᆞ다가 힘ᄡᅳ미 져구ᄆᆞᆯ 아라ᄃᆞ:若覺省力(法語14). 오직 天眞을 믿고 힘ᄡᅳᆷ믈 보디 아니ᄒᆞ니라:但恃天眞不觀力用(圓覺上二之一10). 힘ᄡᅥ 行ᄒᆞᆫ 닐굽 ᄒᆡᆫ 後에 이러:力行七年而後成(宣賜內訓1:17). 힘ᄡᅥ 風水ᄅᆞᆯ 삼가라:努力愼風水(初杜解8:7). 제여곰 힘ᄡᅳᆯ디니:各努力(初杜解23:46). 힘ᄡᅥ 부러 귀예와 고해 들에 ᄒᆞ야:用力吹入耳鼻(救簡1:60). 精勤을 더 힘ᄡᅳᄉᆞ와:益勵精勤(眞言33). 힘ᄡᅳᆯ 무:務(訓蒙下31). 힘ᄡᅳᆯ 강:强(類合下2). 힘ᄡᅳᆯ 욱:勗(類合下13). 힘ᄡᅳᆯ 녁:力(類合下32). 힘ᄡᅳᆯ 면:勉. 힘ᄡᅳᆯ 려:勵(類合下42). 도적의 칼홀 잡고 이시히 힘ᄡᅥ 거스러:執賊刃移時力拒(東新續三綱. 烈7:57). 시테ᄅᆞᆯ 조차 샤치ᄅᆞᆯ 힘ᄡᅳ매:務(百行源19).

·힘ᄡᅵ·오·다 동 힘쓰게 하다. ☞힘ᄡᅵ우다 ¶ 힘ᄡᅥ 學ᄋᆞᆯ 힘ᄡᅵ오샤 子細히 니ᄅᆞ시며 精誠ᄋᆞ로 ᄒᆞ더시니:勉令務學諄切懇至(宣賜內訓2下56). 이리 時急ᄒᆞ니 그듸 能히 奇ᄅᆞᆯ 내야 모든 ᄆᆞᄉᆞᄆᆞᆯ 힘ᄡᅵ옮다:事急矣子能奮激出可奇勵衆心乎(三綱. 忠31).

·힘ᄡᅵ·우·다 동 힘쓰게 하다. ☞힘ᄡᅵ오다. 힘싀우다. 힘ᄡᅴ우다 ¶ 礪ᄂᆞᆫ 뿟돌히니 힘ᄡᅵ워 ᄀᆞ다ᄃᆞᄆᆞᆯ 씨라(楞解1:37). 多寶ᄅᆞᆯ 因ᄒᆞ샤 한 사ᄅᆞᄆᆞᆯ 힘ᄡᅵ우시니라:因多寶勉衆也(法華4:136). 佛道로 더욱 힘ᄡᅵ우시고:勉之以佛道(金剛下 事實3).

힘ㅅ줄 명 힘줄〔筋〕. ☞힘. 힘쭐 ¶ 힘ㅅ줄:筋(同文解上17).

·힘·서 동 힘써. ㉠힘스다 ¶ 어버ᄉᆡ 깃거호모로 힘서 일사마 ᄒᆞ고:務以悅親爲事(飜小7:4).

·힘:세·다 형 힘세다. ¶ 힘센 사ᄅᆞᄆᆞᆯ 만히 보내야(釋譜23:23). 力士ᄂᆞᆫ 힘센 사ᄅᆞ미라(月釋2:6). 큰 힘센 白牛ㅣ 그 山中엣 솔진 香草 머그니ᄅᆞᆯ(楞解7:9). 힘센 轉輪聖王이(法華5:57). 힘센 사ᄅᆞ미 蓮ㅅ줄기옛 실 그츨 ᄉᆞᅀᅵᄅᆞᆯ 剎那ㅣ오(金三2:67). 剎那ᄂᆞᆫ 힘센 사ᄅᆞ미 蓮줄기옛 실 그츨 ᄉᆞᅀᅵ라(南明上9). 힘셀 강:强(訓蒙下26).

힘세이 부 힘세게. ¶ 힘세이 다토면 내 분에 올가마ᄂᆞᆫ 禁ᄒᆞ리 업슬ᄉᆡ 나도 두고 즐기노라(蘆溪. 莎堤曲).

·힘·스·다 동 힘쓰다. ☞힘ᄡᅳ다 ¶ 힘서 戎行ᄋᆞᆯ 일ᄒᆞ라:努力事戎行(初杜解8:68). 어버ᄉᆡ 깃거호모로 힘서 일사마 ᄒᆞ고:務以悅親爲事(飜小7:4). 벼슬ᄒᆞ여셔 일호매 오직 셩실히 호믈 힘슬 거시니:當官處事但務著實(飜小7:29). 닐굽히ᄅᆞᆯ 힘서 ᄒᆞᆫ 후에ᅀᅡ:力行七年而後(飜小10:25).

·힘싀·우·다 동 힘쓰게 하다. ☞힘ᄡᅵ우다 ¶ 그 달애며 추들며 닐와ᄃᆞ며 힘싀우며:其所以誘掖激勵(飜小9:14).

힘ᄶᅡ지 부 힘껏. ☞힘ᄶᅵ지. 힚ᄀᆞ장 ¶ 楚伯王 갓튼 壯士를 맛져 힘ᄶᅡ지 들어매여 ᄶᅡ이고져(古時調. 博浪沙中. 青丘). 青山裏 碧溪水를 힘ᄶᅡ지 버히여도(萬言詞).

힘ᄉᆞᆺ 부 힘껏. ☞힘ᄶᅵ장. 힚ᄀᆞ장 ¶ 힘ᄉᆞᆺ ᄒᆞ다:儘力(漢淸6:32).

·힘ᄡᅴ·우다 동 힘쓰게 하다. ☞힘ᄡᅵ오다. 힘ᄡᅵ우다 ¶ 그러나 ᄯᅩ 모롬애 ᄒᆡ여곰 그 힘ᄡᅴ워 구틔여 ᄒᆞ야 잇브고 고로온 줄을 아디 몯ᄒᆞ시게 홀디니:又須使之不知其勉强勞苦(宣小5:37).

·힘ᄶᅵ·장 부 힘껏. ☞힚ᄀᆞ장 ¶ 다 솜ᄶᅵ거나 다ᄆᆞᆺ 버혀 브텟거나 호ᄆᆞᆯ 힘ᄶᅵ장 ᄒᆞ야:幷呑與割據極力(重杜解1:35). 어버싀 녯 번에 됴히 너기ᄂᆞ니를 힘ᄶᅵ장 쳥ᄒᆞ야 오게 ᄒᆞ며:若親之故舊所喜當極力招致(飜小7:3). 힘ᄶᅵ장 다ᄒᆞ야 조출 거시니라:竭力從之(飜小8:35). 만일 어버의 녯 번의셔 됴히 너기ᄂᆞᆫ 바를 맛당히 힘ᄶᅵ장 쳥ᄒᆞ야 오게 ᄒᆞ며:若親之故舊所喜當極力招致(宣小5:37). 손ᄋᆡ게 받ᄌᆞ올 거슬 맛당히 힘ᄶᅵ장 뫼화 쟝만ᄒᆞ야:賓客之奉當極力營辦(宣小5:37).

힘ᄶᅵ지 부 힘껏. ☞힘ᄶᅥᆺ이. 힚ᄀᆞ장 ¶ 天下壯士 項羽 쥬어 힘ᄶᅵ지 두러메여 ᄶᅵ치리라(古時調. 博浪沙中. 歌曲).

힘ᄶᅥᆺ이 부 힘껏. ☞힘ᄶᅵ지. 힚ᄀᆞ장 ¶ 項羽 又툰 壯士를 맛져 힘ᄶᅥᆺ이 들어메여(古時調. 博浪沙中에. 海謠).

·힘쓰·다 동 힘쓰다. ☞힘ᄡᅳ다. 힘스다 ¶ 우리 각각 용심ᄒᆞ야 힘써 ᄡᅩ져:咱各自用心儘氣力射(飜朴上55). 힘써 거슬고 ᄭᅮ지ᄌᆞ니:力拒詬罵(東新續三綱. 烈7:53). 힘쓰다:用力(同文解上31).

힘쭐 명 힘줄〔筋〕. ☞힘ㅅ줄. 힘줄 ¶ 힘쭐 근:筋(倭解上18).

·힘:업·다 형 힘없다. ☞힘 ¶ 南녁 ᄆᆞᅀᆞᆶ 모ᄃᆞᆫ 아ᄒᆡ 내의 늘거 힘업수믈 欺弄ᄒᆞ야:南村群童欺我老無力(初杜解6:42). 다몬 쇤다리예 ᄀᆞ장 힘업세라:只是腿上十分無氣力(飜朴上39).

·힘젓·다 동 힘되다. ¶ 支ᄂᆞᆫ 서르 잡드러 괴올 씨니 모듸 서르 업디 몯ᄒᆞ야 힘저은 ᄯᅳ디라(釋譜9:18).

힘줄 명 힘줄. ☞힘ㅅ줄. 힘쭐 ¶ 힘줄 근:筋(類合上22). 혹 힘줄에 이시며 혹 머리예 이시며:或在筋或在頭(痘要下51). 힘줄 근:筋(漢淸5:57. 兒學上2).

힘히미 부 심심히. 한가히. 부질없이. ☞힘힘이. 힘힘히 ¶ 힘히미 두워 므슴ᄒᆞ료:閑放着怎麼(飜老下23). 힘히미:等閑(老朴集. 單字解7). 힘히미 又 부질업시:無賴(老朴集. 單字解9).

힘힘이 부 심심히. 한가히. 부질없이. ☞힘히미 ¶우리 모든 권당을 청ᄒᆞ야 힘힘이 안젓쟈:請咱們衆親眷閑坐的(老解下30). 날마다 힘힘이 ᄀᆞ래여 므슴 ᄒᆞ리오:每日家閑浪蕩做甚麼(朴解中19). 나도 널로 ᄃᆞ려 벗지어 힘힘이 보라 가쟈:我也與你做伴兒閑看去(朴解中36).

힘힘타 형 심심하다. 하릴없다. 한가하다. ☞힘힘ᄒᆞ다 ¶힘힘타:閑(語錄1). 힘힘타:漫(語錄3).

힘힘히 부 심심히. 한가히. 부질없이. ☞힘히미 ¶ᄀᆞ애 셔셔 힘힘히 보ᄂᆞᆫ 사ᄅᆞᆷ이 닐오듸:邊頭立地閑看的人說(老解下12). 힘힘히 노하 두워 므슴 ᄒᆞ료:閑放着甚麼(老解下21). 내 셩녕이 밧부니 엇지 능히 힘힘히 놀리오:我生活忙那能閑要(朴新解2:54).

힘힘ᄒᆞ다 형 심심하다. 한가하다. ☞힘힘타 ¶힘힘ᄒᆞᆫ 사ᄅᆞᆷ들:閑人們(朴解上32). 므슴 힘힘ᄒᆞᆫ 말을 니ᄅᆞᄂᆞᆫ다:說甚麼閑話(朴解中37). 밧븐듸 므슴 힘힘ᄒᆞᆫ 말 닐ᄋᆞ리오:擺忙裏說甚麼閑話來(朴解中50). 너희들은 힘힘ᄒᆞᆫ 말을 니ᄅᆞ지 말고:你們不要說閑話(朴新解2:42).

·힚ᄀᆞ·장 부 힘껏. ☞힘ㅅ장. 힚ᄀᆞ쟝 ¶님금 셤기ᅀᆞᄫᅩᄃᆡ 힚ᄀᆞ장 홀ᄊᆡ(月釋2:63).

·힚ᄀᆞ·쟝 부 힘껏. ☞힚ᄀᆞ장 ¶사랏거든 힚ᄀᆞ쟝 孝道ᄒᆞ고:生事盡力(三綱. 孝2).

-힛둔 조 -이야. ☞-히ᄯᆞᆫ ¶구스리 바회예 디신ᄃᆞᆯ 긴힛ᄃᆞᆫ 그츠리잇가(樂詞. 鄭石歌).

힝그럭 명 힝그럭. 〔유엽전(柳葉箭)의 촉(鏃).〕 ¶힝그럭 피:鈚(訓蒙中29).

힝금ᄒᆞ다 형 상큼하다. ¶힝금ᄒᆞᆫ 목을 에후로혀 안고(古時調. 琵琶야 너는. 靑丘). 되강오리 목이 힝금커라 말고(古時調. 언덕 문희여. 靑丘).

·ᄒᆞ가냥·ᄒᆞ·다 동 자랑하다. 잘난 체하다. ☞잘카냥ᄒᆞ다. 카냥ᄒᆞ다. ᄒᆞ건양ᄒᆞ다 ¶念念에 ᄒᆞ가냥ᄒᆞ야 소교미 믈드로ᄆᆞᆯ 닙디 마오:念念不被憍誑染(六祖中24). 아려브터 잇논 惡業과 ᄒᆞ가냥ᄒᆞ야 소곰ᄃᆞᆯ햇 罪ᄅᆞᆯ 다 懺悔ᄒᆞ야:從前所有惡業憍誑等罪悉皆懺悔(六祖中24).

-·ᄒᆞ간·디·라 접미 -한 것이라. ¶ᄯᅩ 如來滅後에 ᄒᆞ다가 이 經 듣고 허디 아니ᄒᆞ야 隨喜心 니ᄅᆞ와ᄃᆞ면 반ᄃᆞ기 알라 ᄒᆞ마 기픠 信解ᄒᆞᆫ 相이니 ᄒᆞᄆᆞ며 讀誦受持ᄒᆞ리ᄯᆞ녀 이 사ᄅᆞᄆᆞᆫ 如來ᄅᆞᆯ 頂戴ᄒᆞ간디라(月釋17:36). ᄒᆞ다가 正心ᄋᆞ로 닐거 디니면 功이 ᄯᅩ 우희셔 더을ᄊᆡ 니ᄅᆞ샤ᄃᆡ 如來ᄅᆞᆯ 頂戴ᄒᆞ간디라 ᄒᆞ시니라(月釋17:36). 그 數ㅣ 無量이어든 일로 現前에 나와 比丘僧의게 供養ᄒᆞ간디라(月釋17:39).

ᄒᆞ거냥ᄒᆞ·다 동 자랑하다. 잘난 체하다. ¶세쇽이 다 위와됴ᄆᆞᆯ 즐겨 우두워려 ᄒᆞ거냥호ᄆᆞᆯ 더으ᄂᆞ니:擧世好承奉昂昂增意氣(飜小6:25).

ᄒᆞ건:양·ᄒᆞ·다 동 자랑하다. 잘난 체하다. ☞ᄒᆞ가냥ᄒᆞ다 ¶昂昂:뒤우드러 ᄒᆞ건양ᄒᆞᄂᆞᆫ 톄라(宣小5:23). ᄉᆞᆯ진 ᄆᆞᆯ ᄐᆞ고 가비야온 갓옷 닙어 ᄒᆞ건양ᄒᆞ야 ᄆᆞ올히 디나ᄃᆞᆫ니ᄂᆞ니:肥馬衣輕裘揚揚過閭里(宣小5:24). 집이 가ᅀᆞ열면 아히 ᄒᆞ건양ᄒᆞᆫ다 ᄒᆞᄂᆞ니라:家富小兒嬌(朴解中41).

-ᄒᆞ·고 조 -하고. ¶夫人도 목수미 열 ᄃᆞᆯ ᄒᆞ고 닐웨 기터 겨샷다 ᄒᆞ시고(月釋2:13). 하ᄂᆞᆳ 둘에 三百六十五度ᄒᆞ고 ᄯᅩ 度ᄅᆞᆯ 네헤ᄂᆞᆫ호아 ᄒᆞ나히니(楞解6:16). 님그려 우ᄂᆞᆫ 눈물을 올커니와 입ᄒᆞ고 코ᄂᆞᆫ 어이 므스일 조차셔 후루룩 빗쥭 ᄒᆞᄂᆞ니(古時調. 재 우희. 靑丘).

ᄒᆞ고쟈 동 하고자. ㉠ᄒᆞ다 ¶ᄒᆞ고쟈 욕:欲(類合下4).

ᄒᆞ·고·져 동 하고자. ㉠ᄒᆞ다 ¶欲ᄋᆞᆫ ᄒᆞ고져 ᄒᆞᆯ 씨라(釋譜序3). 要ᄂᆞᆫ ᄒᆞ고져 ᄒᆞᆯ 씨라(月釋序14).

ᄒᆞ나 수 하나. ☞ᄒᆞᆫ나 ¶몸이 ᄒᆞ나힐ᄊᆡ 비 블옴도 ᄒᆞᆫ 가지러니(月印上49). 弟子 ᄒᆞ나ᄒᆞᆯ 주어시든 말 드러 이ᄅᆞᅀᆞᄫᅡ지이다(釋譜6:22). ᄯᅩ ᄒᆞᆫ 모미 萬億身이 ᄃᆞ외야 잇다가 도로 ᄒᆞ나히 ᄃᆞ외며(釋譜6:34). 一ᄋᆞᆫ ᄒᆞ나히라(訓註13). 알ᄑᆡ 功德에 가ᄌᆞᆯ비건댄 百分 千分 百千萬億分에 ᄒᆞ나토 몯 미츠리니(月釋17:32). ᄒᆞ나ᄒᆞᆫ 攝律儀戒니(楞解5:62). 그 ᄒᆞ나토 밋디 몯ᄒᆞ리며:不及其一(法華6:9). 세ᄒᆞᆯ 모도아 ᄒᆞ나해 가게 ᄒᆞ샤:會三歸一(法華6:166). 七淨ᄋᆞᆫ ᄒᆞ나ᄒᆞᆫ 戒淨이오 둘흔 心淨이오 세흔 見淨이오 네흔 疑心 그츤 淨이오(永嘉序9). ᄒᆞ나ᄒᆞᆫ 善나미오:一生善(永嘉上6). 이ᄂᆞᆫ ᄒᆞ나ᄒᆞ로 세ᄒᆞᆯ 니ᄅᆞ고:是則一而論三(永嘉下14). ᄒᆞ나콰 달옴과ᄅᆞᆯ 다 得디 몯ᄒᆞᆯ 젼ᄎᆡ라:一異皆不可得故(圓覺上一之一68). ᄒᆞ나ᄒᆞᆫ 겨지븨 德이오:一日婦德(宣賜內訓1:14). ᄒᆞ나콰 여러히 마곰 업거니(南明上11). ᄒᆞ나콤 갑슬 니ᄅᆞ라:一箇家說了價(飜老下10). 太任이 ᄀᆞᄅᆞ치신대 ᄒᆞ나ᄒᆞ로ᄡᅥ 百을 아더시니:太任敎之以一而識百(宣小4:3). ᄒᆞ나ᄒᆞ로 ᄒᆞ여 보게 ᄒᆞ고(老解上35). 一曰河屯(雞類). 一哈那(譯語. 文史門).

※ᄒᆞ나＞하나

※'ᄒᆞ나'의 첨용
- ᄒᆞ나
- ᄒᆞ나ᄒᆞ로/ᄒᆞ나ᄒᆞᆫ/ᄒᆞ나ᄒᆞᆯ/
- ᄒᆞ나히라/ᄒᆞ나콰/ᄒᆞ나토…

ᄒᆞ나 부 오직. ¶나 ᄒᆞ나 졈어 잇고 님 ᄒᆞ나 날 괴시니 이 ᄆᆞ음 이 ᄉᆞ랑 견졸 ᄃᆡ 노여 업다(松江. 思美人曲).

ᄒᆞ나·콤 수 하나씩. 〔'ᄒᆞ나'+접미사 '-콤'〕 ¶ᄒᆞ나콤 갑슬 니ᄅᆞ라:一箇家說了價錢(飜老下10).

ᄒᆞ나·콰 수 하나와. 독ᄒᆞ나 ¶ᄒᆞ나콰 달옴과ᄅᆞᆯ 다 得디 몯ᄒᆞᆯ 젼ᄎᆡ라:一異皆不可得故(圓覺上一之一68).

ᄒᆞ나·토 수 하나도. 독ᄒᆞ나 ¶이 功德으로 알핏 功德에 가ᄌᆞᆯ비건댄 百分 千分 百千萬 億分에 ᄒᆞ나토 몯 미츠리니(月釋17:32). 그 ᄒᆞ나토 밋디 몯ᄒᆞ리며:不及其一(法華6:9). 이 ᄀᆞᄐᆞᆫ 무른 ᄒᆞ나토 取ᄒᆞᆯ 꺼시 업스니라:如是等流一無可取(永嘉上20).

ᄒᆞ나·해 수 하나에. 독ᄒᆞ나 ¶세ᄒᆞᆯ 모도아 ᄒᆞ나해 가게 ᄒᆞ샤:會三歸一(法華6:166).

ᄒᆞ나·흐로 수 하나로. 독ᄒᆞ나 ¶ᄒᆞ나흐로 ᄒᆞ여 보게 ᄒᆞ고:教一箇看着(老解上35).

ᄒᆞ나·흘 수 하나를. 독ᄒᆞ나 ¶그 능히 만에 ᄒᆞ나흘 갑흐랴(百行源11).

ᄒᆞ나·히 수 하나가. 독ᄒᆞ나 ¶또 ᄒᆞᆫ 모미 萬億身이 ᄃᆞ외야 잇다가 도로 ᄒᆞ나히 ᄃᆞ외며(釋譜6:34). 돈 ᄒᆞ나히 文이라(永嘉上38).

ᄒᆞ나ᄒᆞ로 수 하나로. 독ᄒᆞ나 ¶이ᄂᆞᆫ ᄒᆞ나ᄒᆞ로 세ᄒᆞᆯ 니ᄅᆞ고:是則一而論三(永嘉下14).

ᄒᆞ나·ᄒᆞᆫ 수 하나는. 독ᄒᆞ나 ¶七淨ᄋᆞᆫ ᄒᆞ나ᄒᆞᆫ 戒淨이오 둘흔 心淨이오 세흔 見淨이오 네흔 疑心 그츤 淨이오(永嘉序9). ᄒᆞ나ᄒᆞᆫ 善知識이오:一善知識(永嘉上25).

ᄒᆞ나·ᄒᆞᆯ 수 하나를. 독ᄒᆞ나 ¶弟子 ᄒᆞ나ᄒᆞᆯ 주어시든 말 드러 이ᄅᆞᅀᆞᄫᅡ지이다(釋譜6:22).

ᄒᆞ낟·재 수 첫째. ☞ᄒᆞ낫재 ¶ᄒᆞ낟재ᄂᆞᆫ 朝廷의 利ᄒᆞ며 害로옴과 변방 긔별와(宣小5:100). ᄒᆞ낟재 ᄀᆞᆯ온 여ᄉᆞᆺ 가짓 德이니:一曰六德(英小1:12).

ᄒᆞ날님 명 하느님. ¶사람 아ᄂᆞᆫ 陶唐氏가 ᄒᆞ날님ᄭᅴ 薦擧ᄒᆞ야(人日歌).

ᄒᆞ낫·재 수 첫째. ☞ᄒᆞ낟재 ¶그 ᄒᆞ낫재ᄂᆞᆫ 스스로 편안홈을 求ᄒᆞ며:其一自求安逸(宣小5:16). ᄒᆞ낫재ᄂᆞᆫ ᄀᆞᆯ온 효도 아니 ᄒᆞᄂᆞᆫ 형벌이오:一曰不孝之刑(英小1:13).

·ᄒᆞ·녀:걷·다 동 행보(行步)하다. ¶ᄒᆞ녀거러 나며 들옴애:行步出入(宣小6:3).

ᄒᆞ녀셔 동 다니면서. 기ᄒᆞ니다 ¶녯 늘그닌 ᄒᆞ녀셔 歎息ᄒᆞ거늘:故老行歎息(重杜解5:33).

ᄒᆞ녁 명 한녘. 한편. 한쪽. ☞ᄒᆞᆫ녁 ¶ᄒᆞ녀ᄀᆞ론 분별ᄒᆞ시고 ᄒᆞ녀ᄀᆞ론 깃거(釋譜6:3). 世尊ᄭᅴ 뵈ᅀᆞᄫᅡ 머리 조ᅀᆞᆸ고 ᄒᆞ녀긔 안ᄌᆞ니(釋譜6:45). 부텻 바래 禮數ᄒᆞᅀᆞᆸ고 ᄒᆞ녁 面에 믈러안ᄌᆞ니라(釋譜13:11). 東山애 드러가샤 ᄒᆞ녀고론 깃그시고 ᄒᆞ녀고론 두리여 ᄒᆞ더시다(月釋2:43). ᄒᆞ녀고론 陛下ㅅ ᄠᅳ디 便安ᄒᆞ시고(月釋2:71). 부텻 威神과 地藏菩薩 摩訶薩力을 받ᄌᆞᄫᅡ 다 忉利예 와 ᄒᆞ녁 面에 셔니라(月釋21:114). 大衆 모ᄃᆞᆫ ᄃᆡ 가 ᄒᆞ녀긔 안ᄌᆞ니라(月釋21:206). ᄒᆞ녁 面에 믈러 住ᄒᆞ야(月釋21:207). ᄒᆞ녀고로 小乘에 나ᅀᅡ가 ᄀᆞᆯ히요리라:一往且就小乘簡(永嘉上79). 노 ᄡᅩ아 그것ᄲᅮᆫ ᄒᆞ녁 그틀 블브텨:爲繩止一物燒一頭燃(救急下63). ᄒᆞ녁 발 이쳐 드듸며 지혀며:跛倚(宣賜內訓1:50).

·ᄒᆞ놀·이·다 동 희롱하다. 괴롭히다. ☞ᄒᆞ놀이다 ¶구믿터리의 셰유믈 ᄒᆞ놀이ᄂᆞᆫ ᄃᆞᆺ도다:似惱鬢毛蒼(初杜解14:13). 집마다셔 사ᄅᆞᄆᆞᆯ ᄒᆞ놀이놋다:家家惱殺人(初杜解15:6). 빗나ᄆᆞᆯ ᄒᆞ놀이놋다:弄輝輝(初杜解17:38). 디나가ᄂᆞ니 디나오ᄂᆞ니 나ᄅᆞᆯ ᄒᆞ놀요ᄃᆡ:過去的過來的弄我的(飜朴上41).

ᄒᆞ놋다 동 하는구나. 기ᄒᆞ다 ☞-놋다 ¶壯士ㅣ 슬허 驕慢호믈 몯 ᄒᆞ놋다:壯士慘不驕(重杜解5:31).

ᄒᆞ놋ᄯᅡ 조동 하는구나. 기ᄒᆞ다☞-놋다 ¶봉황이 ᄂᆞ니 화히 우러 즐겨 ᄒᆞ놋ᄯᅡ:鳳凰于飛和鳴樂(東新續三綱. 烈1:92).

-·ᄒᆞ·뇌 접미 -하네. -하나이다. 기-ᄒᆞ다 ¶쳥ᄒᆞ뇌 안해 와 안ᄌᆞ쇼셔:請請裏頭坐的(飜老下3). 쳥ᄒᆞ뇌 지븨 드러 안ᄌᆞ쇼셔:請家裏坐的(飜老下35).

·ᄒᆞᄂᆡᆼ·다 조동 하나이다. 하옵니다. 기ᄒᆞ다 ¶護彌 닐오ᄃᆡ 그리 아니라 부텨와 즁과ᄅᆞᆯ 請ᄒᆞᅀᆞᄫᆞ려 ᄒᆞᄂᆡᆼ다(釋譜6:16).

ᄒᆞ·놈 동 행동함. 기ᄒᆞ니다 ¶次第로 빌머굼과 세 가짓 옷ᄲᅮᆫ 가져 ᄒᆞ놈괘라(月釋7:31). ᄆᆞᅀᆞᄆᆞᆯ 다ᄒᆞ며 몸가져 ᄒᆞ뇨매 조ᅀᆞ로온 이리:盡心行己之要(飜小10:24).

-ᄒᆞ·니 접미 -니. -으니. 〔'ᄒᆞ〈爲〉'와 '-니〈行〉'의 합성(合成)으로 어떠한 행동의 계속을 뜻하는 말.〕 ¶世尊ㅅ 말ᄊᆞᆷ 듣ᄌᆞᆸ고 도라보아ᄒᆞ니(月釋2:48). 對答호ᄃᆡ 지븨 가ᄒᆞ니 수제 셧드러 잇고(月釋23:74). 西窓을 여러ᄒᆞ니 桃花ㅣ 發ᄒᆞ두다(樂詞. 滿殿春別詞). 北寬亭의 올나ᄒᆞ니 三角山 第一峰이 ᄒᆞ마면 뵈리로다(松江. 關東別曲). 萬二千峰을 歷歷히 혜여ᄒᆞ니(松江. 關東別曲). 日出을 보리라 밤듕만 니러ᄒᆞ니(松江. 關東別曲). 외나모 ᄡᅥ근 ᄃᆞ리 佛頂臺예 올라ᄒᆞ니(松江. 關東別曲). 녯 긔별 뭇쟈ᄒᆞ니(松江. 關東別曲). 님다히 消息을 아므려나 아쟈ᄒᆞ니(松江. 續美人曲). 情을 못다ᄒᆞ야 목이조차 메여ᄒᆞ니(松江. 續美人曲). 萬古 人物을 거ᄉᆞ리 혜여ᄒᆞ니(松江. 星山別曲). 長松을 遮日사마 石逕의 안자ᄒᆞ니(松江. 星山別曲).

·ᄒᆞ·니·다 동 행동하다. 〔'ᄒᆞ〈爲〉'+'-니다〈行〉'〕 ¶生ᄋᆞᆫ 世界예 나아 사라 ᄒᆞ니ᄂᆞᆫ 것

돌히라(釋譜序1). 出은 나아 ᄒᆞ닐 씨라(釋譜序2). 부텻 法에 쥬이 四月ㅅ 열다쐣날 비르서 뎌레 드러 안ᄶᅩ나 ᄒᆞ니디 아니ᄒᆞ야(釋譜11:1). 그 ᄯᅳᆯ ᄒᆞᇙ 時節에 자최마다 蓮花ㅣ 나ᄂᆞ니(釋譜11:27). 부톄 샹녜 더브러 ᄒᆞ니실씨(月釋7:9). 次第로 빌머굼과 세 가짓 옷ᄲᅮᆫ 가져 ᄒᆞ놈괘라(月釋7:31). 이 菩薩 ᄒᆞ닐 ᄶᅢ긘 十方世界 다 震動호ᄃᆡ(月釋8:40). 녀나ᄆᆞᆫ ᄃᆡ 디나 ᄒᆞ니거나:及餘經行(楞解7:65). ᄒᆞ다가 ᄒᆞ니고져 ᄒᆞᆯ ᄶᅥ기면 보비옛 고지 바ᄅᆞᆯ 바ᄃᆞ리니:若欲行時寶華承足(法華2:37). 모로매 이 道로 ᄀᆞ져 ᄒᆞᄂᆞ리니:須以此道爲懷(法語6). 오직 ᄒᆞ니거나 ᄀᆞ마니 잇거나 호매:但動中靜中(蒙法5). 힘ᄡᅮ미 져거 뮈여 ᄒᆞ니논 中에:省力於動中(蒙法39). 녯 늘그닌 ᄒᆞ녀셔 歎息ᄒᆞ거늘:故老行歎息(重杜解5:33). 세 큰 劫에 苦로이 ᄒᆞ뇨ᄆᆞᆫ(南明下2). ᄒᆞ다가 天下애 ᄒᆞ니고져 홀딘댄:若要天下行(金三2:14). 재조 업슨 사ᄅᆞ미 天下애 ᄒᆞ니면:無才者行天下(金三2:15). 두루 ᄒᆞ녀 下邳랏 ᄯᅡ애 나ᄀᆞ내 ᄃᆞ외여(飜小9:21). ᄆᆞᅀᆞᄆᆞᆯ 다ᄒᆞ며 몸가져 ᄒᆞ뇨매 조ᅀᆞ로온 이리:盡心行己之要(飜小10:24). ᄒᆞ녀거러 나며 들옴애:行步出入(宣小6:3).

·ᄒᆞᄂᆞ·다 조동 한다. ㉮ᄒᆞ다 ☞-ᄂᆞ다 ¶羅睺羅 ᄃᆞ려다가 沙彌 사모려 ᄒᆞᄂᆞ다 ᄒᆞᆯ씨(釋譜6:2). 날ᄋᆞᆯ 不足히 너겨 ᄒᆞᄂᆞ다 ᄒᆞ니:惟日不足(宣賜內訓1:25).

-·ᄒᆞ·ᄂᆞ·로 접미 -하므로. ㉮-ᄒᆞ다☞-ᄒᆞ시ᄂᆞ로 ¶虞芮 質成ᄒᆞᄂᆞ로 方國이 해 모ᄃᆞ나:虞芮質成方國多臻(龍歌11章). 自杜詩ᄒᆞᄂᆞ로 已十餘年이오(初杜解11:5).

·ᄒᆞᄂᆞᄉᆞᆫ다 동 하느냐. 하는가. ¶어와 뎌 白鷗야 므슴 슈고 ᄒᆞᄂᆞᄉᆞᆫ다 ᄀᆞᆯ숩흐로 바자니며 고기 엇기 ᄒᆞ놋괴야(古時調. 靑丘).

·ᄒᆞ놀이·다 동 희롱하다. ☞ᄒᆞ놀이다 ¶ᄀᆞᄅᆞᆷ 우희 고지 ᄒᆞ놀요ᄆᆞᆯ 마디 아니홈을 니버:江上被花惱不徹(初杜解18:6).

·ᄒᆞ·다 동 ①하다. ¶慈悲ㅅ 힝뎌글 ᄒᆞ야ᅀᅡ ᄒᆞ릴씨(釋譜6:2). 그딋 혼조초 ᄒᆞ야 뉘읏븐 ᄆᆞᅀᆞᄆᆞᆯ 아니 호리라 ᄒᆞ더니(釋譜6:8). 付囑ᄋᆞᆫ 말ᄊᆞᆷ 브텨 아ᄆᆞ례 ᄒᆞ고라 請ᄒᆞᆯ씨라(釋譜6:46). ᄒᆞ욟 바ᄅᆞᆯ 아디 몯ᄒᆞ다니(月釋序10). 如來 이 方便으로 衆生ᄋᆞᆯ 敎化ᄒᆞᄂᆞ니라 엇뎨어뇨 ᄒᆞ란ᄃᆡ ᄒᆞ다가 부톄 世間애 오래 住ᄒᆞ면 德 엷븐 사ᄅᆞ미 善根ᄋᆞᆯ 시므디 아니ᄒᆞ야(月釋17:13). 죵ᄋᆞᆯ 돌아보내야 아ᄃᆞᆯᄋᆞᆯ 소겨 닐아 僧齋ᄅᆞᆯ ᄒᆞ다라 ᄒᆞ니(月釋23:65). ᄒᆞᄅᆞᆺ 두면 臣子ㅣ ᄒᆞᆯ 所任을 다 ᄒᆞ간디니(三綱. 忠24). 이 무루믈 ᄒᆞ야시ᄂᆞᆯ:作此問(金剛下138). 다시 모ᄃᆡ 안조ᄃᆡ 端正히 호리라:更要坐得端正(蒙法2). 工夫ᄅᆞᆯ ᄒᆞ약 ᄆᆞᅀᆞᄆᆞᆯ ᄡᅥ(蒙法4). 제 혼조초 ᄒᆞ야(蒙法16). ᄆᆞ렛 ᄃᆞ리 이시며 업소ᄆᆞ란 ᄒᆞ욘 조초 ᄒᆞ고:從敎水月有無(金三2:25). 믈읫 가시 건 ᄃᆡ 고툘 법은 다 저여곰 류로 ᄒᆞᆯ디니:凡治鯁之法皆以類推(救簡6:1). 다 셔피로 ᄒᆞ엿더라:都是斜的(飜朴上28). 德으란 곰비예 받잡고 福으란 림비예 받잡고 德이여 福이라 호ᄂᆞᆯ 나ᅀᆞ라 오소이다(樂範. 動動). ᄒᆞ얌직 가:可(類合上1). ᄒᆞ 위:爲(類合上24). ᄒᆞ고쟈 욕:欲(類合下4). ᄒᆞᆯ 위:爲(石千2). ᄒᆞ고져 ᄒᆞᆯ 욕:欲(石千9). 阮籍이 이러홈으로 窮途哭을 ᄒᆞ닷다(古時調. 泰山에 올라안자. 靑丘). 旣往不咎라 일너 무엇 ᄒᆞ로소니(蘆溪. 陋巷詞).

②말하다. ¶오라 ᄒᆞᆫᄃᆞᆯ 오시리잇가:縱曰來思噬肯來詣(龍歌69章). 眷屬이라 ᄒᆞᄂᆞ니라(釋譜6:5). 法이라 ᄒᆞᆫ 마리니(釋譜6:10). 이제 부톄 나아 겨시니라 ᄒᆞ야ᄂᆞᆯ(釋譜6:12). 부톄라 ᄒᆞᄂᆞᆫ닛가(釋譜6:16). 부톄시다 ᄒᆞᄂᆞᆼ다(釋譜6:18). 辭ᄂᆞᆫ 하딕이라 ᄒᆞᄃᆞᆺ ᄒᆞᆫ 마리라(釋譜6:22). 須達이 조차가라 ᄒᆞ시다(釋譜6:22). 셜이려뇨 ᄒᆞ노이다(釋譜6:25). 疑心ᄋᆞᆯ 아니 ᄒᆞᅀᆞᆸ노니 엇뎨어뇨 ᄒᆞ란ᄃᆡ(釋譜9:26). 世間애 나시ᄂᆞ다 ᄒᆞ거뇨 ᄒᆞ란ᄃᆡ(釋譜13:48). 어드리 이런 사ᄅᆞᄆᆞᆯ 濟度ᄒᆞ려뇨 ᄒᆞ다니(釋譜13:57). 츙이라 ᄒᆞᄃᆞᆺ ᄒᆞᆫ 마리라(釋譜19:11). 常不經이라 ᄒᆞ야뇨(釋譜19:29). 江南이라 ᄒᆞᄂᆞ니라(訓註1). 予ᄂᆞᆫ 내 ᄒᆞᅀᆞᆸ시논 ᄠᅳ디시니라(訓註2). 甘蔗氏라도 ᄒᆞ더니라(月釋1:8). 五百 사ᄅᆞ미 弟子ㅣ ᄃᆞ외아지이다 ᄒᆞ야 銀돈 ᄒᆞᆫ 낟곰 받ᄌᆞᄫᆞ니라(月釋1:9). 中國에션 中國을 하ᄂᆞᆳ 가온ᄃᆡ라 ᄒᆞ고 부텻 나라ᄒᆞᆯ 西ㅅ녁 ᄀᆞᅀᅵ라 ᄒᆞ야 西天이라 ᄒᆞ거든 부텻 나라해션 부텻 나라ᄒᆞᆯ 하ᄂᆞᆳ 가온ᄃᆡ라 ᄒᆞ고 中國을 東녁 ᄀᆞᅀᅵ라 ᄒᆞ야 東土ㅣ라 ᄒᆞᄂᆞ니 土ᄂᆞᆫ ᄯᅡ히라(月釋1:29). 得ᄒᆞ리라 ᄒᆞ샴 ᄃᆞᆯ히라(楞解1:17). 知見이라 ᄒᆞ더시이다(六祖上88). 浩의 ᄒᆞᆫ 배라 ᄒᆞ더이다:浩所爲(宣小6:42). 보아다라 ᄒᆞ셔ᄂᆞᆯ(癸丑34). 사ᄅᆞᆷ이 ᄒᆞ되 감화ᄒᆞ야 그러타 ᄒᆞ더라:人以爲孝義所感(二倫31 文嗣十世). 妾년이 急殺마자 죽는다 ᄒᆞ데(古時調. 져 건너 月岩. 靑丘). 님계셔 뉜다 ᄒᆞ셔든 내 긔로라 ᄒᆞ리라(古時調. 어제 감던. 靑丘).

·ᄒᆞ·다 조동 하다. ¶羅睺羅 ᄃᆞ려다가 沙彌 사모려 ᄒᆞᄂᆞ다 ᄒᆞᆯ씨(釋譜6:2). 힝뎌글 ᄒᆞ야ᅀᅡ ᄒᆞ릴씨(釋譜6:2). 조차가게 ᄒᆞ라(釋譜6:9). 이반ᄌᆞᄫᆞ려 ᄒᆞ노닛가(釋譜6:16). 안ᄌᆞ며 누ᄫᅳ며 ᄒᆞ고(釋譜6:33). 이ᄅᆞᆯ ᄒᆞ긔 호리라(釋譜9:5). 供養ᄒᆞᅀᆞᄫᅡᅀᅡ ᄒᆞ리로소이다(釋譜9:31). 涅槃애 다ᄃᆞ론가 ᄒᆞ다소

니(釋譜13:43). 어린 百姓이 니르고져 홇배 이셔도(訓註2). 道理 마로려 ᄒᆞ단 젼ᄎᆞ로(月釋7:13). 이제 ᄯᅩ 내 모ᄆᆞᆯ ᄃᆞ려다가 維那ᄅᆞᆯ 사모려 ᄒᆞ실ᄊᆡ 깃거ᄒᆞ가니와(月釋8:93). ᄆᆞᅀᆞᄆᆞᆯ 훤히 너기시게 ᄒᆞ져라(月釋10:6). 듣ᄌᆞᆸ고져 ᄒᆞ노이다(月釋21:139). ᄢᅧ긋게 ᄒᆞᄂᆞ니잇가(楞解2:40). 常住ᄅᆞᆯ 얻게 ᄒᆞ노소이다(楞解6:66). 니ᄅᆞ노니 부텨… ᅘᅧ나게 ᄒᆞ다니라(法華1:158). 한 사ᄅᆞᄆᆞ로 道場애 니를에 ᄒᆞ시다ᄉᆞ이다(法華2:22). 맛디고져 ᄒᆞ야신마ᄅᆞᆫ(法華2:232). 이 智ᄅᆞᆯ 일우고져 홇뗀댄 모로매 法師ᄅᆞᆯ브터 發明ᄒᆞ릴ᄊᆡ:成就此智必籍法師發明故(法華4:80). 일우고져 ᄒᆞ샬뗸(法華6:131). 五色이 사ᄅᆞᄆᆞ로 눈멀에 ᄒᆞᄂᆞ다:五色令人目盲(圓覺序28). ᄀᆞᄅᆞ쳐 여러 알에 호ᄆᆞᆯ:教令開悟(圓覺序57). 곳다온 수를 다시 사ᄆᆞᆯ 게을이 ᄒᆞ야리아:香醪懶再沽(初杜解15:48). 나ᄅᆞᆯ 외오 혀다가 ᄧᆞᆯ 삼게 ᄒᆞ가뇨:謬引爲匹敵(初杜解16:1). 그듸 이제 平常道ᄅᆞᆯ 알오져 ᄒᆞ린댄(金三3:22). 믈으란 먹게 홈새(癸丑185). 다 가지라 호ᄃᆡ(五倫3:58).

·ᄒᆞ·다 (조형) 하다. ¶사ᄅᆞᄆᆡ 時急ᄒᆞᆫ 저글 도오ᄃᆡ 몯 미처 ᄒᆞᆯ ᄃᆞ시 ᄒᆞ더라:賙人之急如將不及(宣賜內訓2下34).

-·ᄒᆞ·다 (접미) -하다. ¶古聖이 同符ᄒᆞ시니:古聖同符(龍歌1章). 商德이 衰ᄒᆞ거든:商德之衰(龍歌6章). 虞芮 質成ᄒᆞᄂᆞ로 方國이 해 모ᄃᆞ나:虞芮質成方國多臻(龍歌11章). 어느 뉘 請ᄒᆞ니:誰其請爾(龍歌18章). 世亂ᄋᆞᆯ 救호려 나샤:世亂將救(龍歌29章). 小人이 固寵호리라:小人固寵權(龍歌122章). ᄒᆞ오ᅀᅡ 내 尊호라 ᄒᆞ시니(月印上8). 太子ㅣ 道理 일우샤 ᄌᆞ개 慈悲호라 ᄒᆞ시ᄂᆞ니(釋譜6:5). 護彌 닐오ᄃᆡ 그리 아니라 부텨와 즁과ᄅᆞᆯ 請ᄒᆞᅀᆞᄫᆞ려(釋譜6:16). 對答호ᄃᆡ ᄒᆞᄅᆞ 二十里ᄅᆞᆯ 녀시ᄂᆞ니(釋譜6:23). 了義ᄅᆞᆯ 轉ᄒᆞ며(月釋序15). 願ᄒᆞᆫᄃᆞᆫ 내 生生애 그딧 가시 ᄃᆞ외아지라(月釋1:11). ᄯᅩ 出家ᄅᆞᆯ 請ᄒᆞᅀᆞᄫᅡᄂᆞᆯ 부톄 ᄯᅩ 듣디 아니ᄒᆞ신대(月釋10:17). 아비옷 이시면 우리ᄅᆞᆯ 어엿비 너겨 能히 救護ᄒᆞ려늘 이제 날 ᄇᆞ리고(月釋17:21). 如來 壽命 니ᄅᆞ싫 제 현맛 菩薩와 현맛 衆生이 功德 得ᄒᆞ야시뇨(月釋17:23). ᄒᆞ다가 正心ᄋᆞ로 닐거 디니면 功이 ᄯᅩ 우희셔 더을ᄊᆡ 니ᄅᆞ샤ᄃᆡ 如來ᄅᆞᆯ 頂戴ᄒᆞ간디라(月釋17:36). ᄒᆞᆫ가지로 富貴호ᄃᆡ 엇더뇨(三綱. 忠15). 教化ᄒᆞ시노소이다(法華2:232). 供養 得호미 맛당ᄒᆞ니로ᄃᆡ 前生애 重ᄒᆞᆫ 業障이 이실ᄊᆡ(金剛100). 大凡ᄒᆞᆫ 디 사ᄅᆞᄆᆡ 나미:凡人之生(宣賜內訓序2). 당당이 貪ᄒᆞ닷다:應耽(初杜解15:12). 글ᄒᆞ기옷 나맷ᄂᆞ니:餘篇翰(初杜解15:24). 져근덛 ᄉᆞ이예도 ᄉᆡᆼ각ᄒᆞ여(飜小8:11). 존ᄒᆞ냥 ᄒᆞ고:自尊(野雲63). 엇데 搖落호ᄆᆞᆯ 相對ᄒᆞ얫가니오:如何對搖落(重杜解6:31). 江湖에 月白ᄒᆞ거던 더욱 無心ᄒᆞ여라(古時調. 李鼎輔. 구버ᄂᆞᆫ. 青丘). 어와 聖恩이야 가디록 罔極ᄒᆞ다(松江. 關東別曲). 營中이 無事ᄒᆞ고(松江. 關東別曲). 對答ᄒᆞᄋᆞ오ᄃᆡ(重內訓2:83). ※-ᄒᆞ다>-하다

·ᄒᆞ다·가 (부) 하다가. 만일(萬一). 만약(萬若). ☞ᄒᆞ타가 ¶ᄒᆞ다가 有情이 邪曲ᄒᆞᆫ 道理 行ᄒᆞ리 잇거든(釋譜9:5). ᄒᆞ다가 이긔면 거즛 이ᄅᆞᆯ 더르쇼셔(月釋2:72). ᄒᆞ다가 衆生이 父母 不孝ᄒᆞ며(月釋21:38). ᄒᆞ다가 이 經에:若於是經(楞解1:3). ᄒᆞ다가 남긔셔 낪딘댄:若生於木(楞解3:25). ᄒᆞ다가 ᄲᆞᆯ리 ᄀᆞᆷ게 ᄒᆞ면:若令急合(楞解4:118). ᄒᆞ다가 眞如 本態ᄅᆞᆯ ᄉᆞᄆᆞᆺ 보면:若了見眞如本態(金剛序5). ᄒᆞ다가 疑心ᄋᆞᆯ ᄒᆞᆫ번 져근덛 ᄒᆞ고:若疑一上少時(蒙法1). ᄒᆞ다가 믈러가디 아니커든:若不退(蒙法3). 늘근 남기 ᄒᆞ다가 이시면 어루 고ᄌᆞᆯ 빌리라:喬木如存可假花(初杜解8:42). 무로ᄃᆡ ᄒᆞ다가 이 ᄠᅳ디 ᄀᆞ졸뗀(南明上7). ᄒᆞ다가 實로 無生인댄:若實無生(南明上17). ᄒᆞ다가 天下애 ᄒᆞ니고져 홇딘댄:若要天下行(金三2:14). ᄒᆞ다가 술옷 몯 먹거든 너덧 번에 ᄂᆞᆫ화 머기라:如不飮酒分作四五次服(救簡1:4). ᄒᆞ다가 쇼변이 통티 아니커든:若小便不通(救簡1:51). ᄒᆞ다가 이 ᄠᅳ들 알면:若識此義(六祖中2). ᄒᆞ다가 외오디 몯ᄒᆞ야든:若背不過時(飜老上3). ᄒᆞ다가 디나가면:若過去了時(老解上9). 그ᄃᆡ ᄒᆞ다가 년화국의 나든:若(桐華寺 王郎傳4).

ᄒᆞ·다·가·몯·ᄒᆞ·야 (부) 하다못해. ¶勞度差ㅣ ᄒᆞ다가몯ᄒᆞ야 제 모미 夜叉ㅣ ᄃᆞ외야 모미 길오 머리 우희 블 븓고(釋譜6:32).

-·ᄒᆞ두·다 (접미) -하도다. ㉮-ᄒᆞ다 ☞-두다 ¶그리어니 유복ᄒᆞ두다:可知有福裏(飜朴上46). 그 人이 美ᄒᆞ고 ᄯᅩ 仁ᄒᆞ두다:其人美且仁(詩解5:9). 그 人이 美ᄒᆞ고 ᄯᅩ 偲ᄒᆞ두다:其人美且偲(詩解5:9).

-·ᄒᆞ·란 (조) ①-ㄹ랑. -ㄹ랑은. ☞-ᄋᆞ란 ¶臣下란 忠貞을 勸ᄒᆞ시고 子息으란 孝道ᄅᆞᆯ 勸ᄒᆞ시고 나라ᄒᆞ란 大平을 勸ᄒᆞ시고 지브란 和호ᄆᆞᆯ 勸ᄒᆞ시고(月釋8:29).
②-을랑. -을랑은. ☞-ᄋᆞ란 ¶노ᄑᆞᆫ ᄯᅡᄒᆞ란 노포ᄆᆞᆯ 므더니 너기고 ᄂᆞᆺ가온 ᄯᅡᄒᆞ란 ᄂᆞᆺ가오ᄆᆞᆯ 므더니 너굘디니라(金三4:45).

ᄒᆞ·란·ᄃᆡ (동) 하건대. 할진대. 할 것 같으면. ㉮ᄒᆞ다 ☞-란ᄃᆡ ¶이ᄅᆞᆯ 뵈며 시혹 다ᄅᆞᄂᆡ 이ᄅᆞᆯ 뵈야 믈읫 닐온 마리 다 實ᄒᆞ야 虛티 아니ᄒᆞ니라 엇뎨어뇨 ᄒᆞ란ᄃᆡ 如來 三界相ᄋᆞᆯ 實다ᄫᅵ 아라보아 生死ㅣ 므르며 나니

업스며(月釋17:11). 如來 이 方便으로 衆生ᄋᆞᆯ 教化ᄒᆞᄂᆞ니라 엇뎨어뇨 ᄒᆞ란ᄃᆡ ᄒᆞ다가 부톄 世間애 오래 住ᄒᆞ면 德 열ᄫᅳᆫ 사ᄅᆞ미 善根ᄋᆞᆯ 시므디 아니ᄒᆞ야(月釋17:13). 比丘아 알라 諸佛이 世間애 나미 맛나미 어려ᄫᅳ니 엇뎨어뇨 ᄒᆞ란ᄃᆡ 德 열ᄫᅳᆫ 사ᄅᆞᆷᄃᆞᆯ히 無量百千萬億劫을 디나 시혹 부텨 보리도 이시며 시혹 몯 보리도 잇ᄂᆞ니(月釋17:14). 엇뎨 因緣 업거뇨 ᄒᆞ란ᄃᆡ 衆生이 本姓이 具足ᄒᆞ야 새로브터 더 알외욜 주리 업슬시 因緣 업슨 慈ㅣ라 ᄒᆞ니(金三2:2).

-·ᄒᆞ·려·늘 (접미) -할 것이거늘. ㉮-ᄒᆞ다 ¶아비옷 이시면 우리ᄅᆞᆯ 어엿비 너겨 能히 救護ᄒᆞ려늘 이제 날 ᄇᆞ리고(月釋17:21).

ᄒᆞ로 [명] 하루. ☞ᄒᆞᄅᆞ ¶ᄒᆞ롯날 남진이 그릇ᄃᆞ외면 ᄇᆞ리고:一旦主翁失勢則捨之(正俗7). ᄒᆞ로 ᄒᆞᆫ 번식 ᄂᆡ슈ᄉᆞ로 문안만 아라(癸丑106). ᄒᆞ로 ᄡᆞᆯ ᄒᆞᆫ 되 너 홉과(字恤7). 이러므로 셔울 잇셔 ᄒᆞ로 잇시면 ᄒᆞ로 보ᄂᆡ고:所以在京裏住一天使一天(華解上12). ᄒᆞ로 아침 離別ᄒᆞ고(萬言詞答).

-·ᄒᆞ·로 [조] ①-로. ☞-ᄋᆞ로 ¶자ᄒᆞ로 制度ㅣ 날씨:尺生制度(龍歌83章). 제 나라ᄒᆞ로 갈쩌긔(釋譜6:22). 金노ᄒᆞ로 길ᄒᆞᆯ 느리고(釋譜9:10). 香ᄋᆞᆫ ᄒᆞᆫ갓 옷곳ᄒᆞᆫ 것분 아니라 고ᄒᆞ로 맏ᄂᆞᆫ 거슬 다 니르니라(釋譜13:39). 부텨 아니 오실 낄ᄒᆞ로 가더니 부텨 ᄇᆞᆯ써 아ᄅᆞ시고 그 길ᄒᆞ로 오거시ᄂᆞᆯ(月釋7:10). 갈ᄒᆞ로 多羅木 버히ᄃᆞᆺ ᄒᆞ니(楞解6:109). 블로 ᄉᆞᆯ며 갈ᄒᆞ로 버효매:火燒刀斫(楞解9:60). 世尊이 우리ᄃᆞᆯᄒᆞ로 三界예 나:世尊令我等出於三界(法華2:181). 오ᄉᆞᆯ 들오 모ᄒᆞ로 ᄃᆞ라가:摳衣趨隅(宣賜內訓1:6). 그듸 能히 ᄀᆞᄂᆞᆫ 돌ᄒᆞ로 거를 ᄆᆡᆼᄀᆞ노니:子能渠細石(初杜解7:17). 나모 지ᄂᆞᆫ 놀애ᄂᆞᆫ 져기 ᄆᆞᅀᆞᆯᄒᆞ로 나오놋다:樵歌稍出村(初杜解7:39). 여듧 내ᄒᆞ로:八川(初杜解20:16). 나그내 ᄠᅳ데 다ᄅᆞᆫ ᄀᆞ올ᄒᆞ로 가노니:客情投異縣(初杜解21:18). 나ᄒᆞ로 兄이라 推尊호ᄆᆞᆯ 더러요니:年事推兄忝(初杜解23:34). 뫼ᄒᆞ로 녀:山行(重杜解1:19). 시내ᄒᆞ로 므리 ᄃᆞ라 브옛ᄂᆞᆫᄃᆡ 녀놋다:溪行水奔注(重杜解22:40).
②-으로. ☞-ᄋᆞ로 ¶ᄯᅡᄒᆞ로 일훔 지ᄒᆞ니라(月釋1:23). 안ᄒᆞ로 見聞의 ᄇᆞ료ᄆᆞᆯ 닙디 아니ᄒᆞ고:內不被見聞使殺(金三2:54).

ᄒᆞ로ᄆᆡ아지 [명] 하룻망아지. ¶ᄒᆞ로ᄆᆡ아지 셔울 가 ᄃᆞᆫ녀오다(東韓).

ᄒᆞ르라기 [명] 눈에놀이. ¶ᄒᆞ르라기:蠛蠓(柳氏物名二 昆蟲).

ᄒᆞ르살이 [명] 하루살이. ☞ᄒᆞᄅᆞ사리 ¶ᄒᆞ르살이:蜉蝣(柳氏物名二 昆蟲).

ᄒᆞ리·다 [동] 낫다〔癒〕. 덜하다. ☞하리다 ¶굴머 브은 사ᄅᆞᆷ을 구완ᄒᆞ야 긔운이 ᄒᆞ리되 브은 거시 ᄂᆞᆺ디 아니커든:飢腫之人依上法救療後元氣充壯而腫猶未解則(救荒3). 인ᄒᆞ야 덕지지어 ᄒᆞ리ᄂᆞ니:因以作痂差愈(痘瘡方28). 병이 이윽고 ᄒᆞ리니라:病尋愈(東新續三綱. 烈5:17). 쥬샹이 듀야의 구완ᄒᆞ시ᄆᆞᆯ 닙어 듕병이 ᄒᆞ리롸 ᄒᆞ시다(仁祖行狀9). ᄆᆞᄋᆞᆷ의 ᄆᆡ친 시ᄅᆞᆷ 져그나 ᄒᆞ리ᄂᆞ다(松江. 星山別曲). 글로브터 알ᄐᆞᆫ 가ᄉᆞᆷ과 비져기 그쳐 점점 ᄒᆞ리ᄂᆞᆫ ᄃᆞᆺᄒᆞᄋᆞᆸ건마ᄂᆞᆫ(新語3:3). 당즘 글기ᄒᆞᆫ들 이 모진 病이 ᄒᆞ릴소냐(古時調. 님그려 기픠 든. 青丘). 藥에 和ᄒᆞ야 나오니 病이 ᄒᆞ리니라(女四解4:15). 쇼졔 신음 듕의 겨시니 ᄒᆞ리기ᄅᆞᆯ 기ᄃᆞ려(落泉1:2). 반 ᄃᆞᆯ을 머무러 뉴옹의 병이 ᄒᆞ리니(落泉2:4).

ᄒᆞ·릴·씨 (조동) 할 것이매. ㉮ᄒᆞ다 ☞-릴씨 ¶慈悲ㅅ 힝뎌글 ᄒᆞ야ᅀᅡ ᄒᆞ릴씨(釋譜6:2).

ᄒᆞᄅᆞ [명] 하루. ☞ᄒᆞᆯ ¶ᄒᆞᄅᆞᆺ 아ᄎᆞᄆᆡ 命終ᄒᆞ야 모딘 길헤 ᄠᅥ러디면(釋譜6:3). 世尊이 ᄒᆞᄅᆞ 몃 里ᄅᆞᆯ 녀시ᄂᆞ니잇고(釋譜6:23). ᄒᆞᄅᆞᆺ 內예 八萬四千 디위ᄅᆞᆯ 주그락살락ᄒᆞᄂᆞ니라(月釋1:29). 四王天 목수미 人間앳 쉰 ᄒᆡᄅᆞᆯ ᄒᆞᄅᆞ옴 혜여 五百 ᄒᆡ니(月釋1:37). 우믌 므를 ᄒᆞᄅᆞ 五百 디위옴 길이더시니(月釋8:91). ᄒᆞᄅᆞ ᄒᆞᆫ 열콰 ᄒᆞᆫ 밀ᄒᆞᆯ 머거도:日餐一麻一麥(楞解9:106). 瘡ᄋᆞᆯ ᄃᆞ마 시수ᄃᆡ ᄒᆞᄅᆞ 세 버니나 다ᄉᆞᆺ 버니나 ᄒᆞ라:浸洗瘡日三五次(救急上6). ᄒᆞᄅᆞᆺ 바ᄆᆡ 므리 두 자히나마 노ᄑᆞ니:一夜水高二尺强(初杜解10:4). ᄒᆞᄅᆞ 이틀 디내디 아니ᄒᆞ야:不過一日二日(佛頂下8). 우리 이 ᄒᆞᄅᆞᆺ밤 자기에:我這一宿(飜老上22). ᄒᆞᄅᆞ도 ᄆᆞᅀᆞᆷ 노하 프러디게 호미 올티 아니ᄒᆞ니(飜小8:34). ᄒᆞᄅᆞ 밤 서리 김의 기러기 우러 녤 제(松江. 思美人曲). ᄒᆞᄅᆞ ᄒᆞᆫ참식 오시고(隣語1:6).
※ᄒᆞᄅᆞ>ᄒᆞ로>하루

ᄒᆞᄅᆞ거리고금 [명] 하루거리. ¶잠ᄭᅡᆫ 굿브러 잇다가 도로 니러나미 ᄒᆞᄅᆞ거리고금 ᄀᆞᄐᆞ니:暫伏還起如隔日瘧(野雲19).

ᄒᆞᄅᆞ사·리 [명] 하루살이. ☞ᄒᆞ르살이 ¶ᄒᆞᄅᆞ사리 부:蜉. ᄒᆞᄅᆞ사리 유:蝣(訓蒙上23). ᄒᆞᄅᆞ사리:蜉蝣(詩解 物名12). ᄒᆞᄅᆞ사리:陰生蟲(譯解下36. 同文解下43). ᄒᆞᄅᆞ사리 ᄀᆞᆮᄐᆞᆫ 인싱을 만년ᄀᆞᆮ치 길게 미더(普勸文 海印板31). ᄒᆞᄅᆞ사리:蠓蟲(漢淸14:53).

ᄒᆞᄅᆞ·옴 [명] 하루씩. (독)ᄒᆞᄅᆞ ☞-옴 ¶四王天 목수미 人間앳 쉰 ᄒᆡᄅᆞᆯ ᄒᆞᄅᆞ옴 혜여 五百ᄒᆡ니(月釋1:37).

ᄒᆞᄅᆞᆸ [명] 하릅. 〔개·말·소 등의 한 살.〕 ☞사ᄅᆞᆸ ¶ᄒᆞᄅᆞᆸ 돋 종:豵(詩解 物名3).

ᄒᆞ·마 [부] ①이미. 벌써. ☞ᄒᆞᆷ아 ¶西幸이 ᄒᆞ마 오라샤 角端이 말ᄒᆞ야ᄂᆞᆯ:西幸既久角端

有語(龍歌42章). 欲火ᄅᆞᆯ ᄒᆞ마 ᄢᅳ샤(月印上37). 旣ᄂᆞᆫ ᄒᆞ마 ᄒᆞᄂᆞᆫ ᄠᅳ디라(釋譜序5). ᄒᆞ마 아호빌씨 出家ᄒᆡ여 聖人ㅅ 道理 ᄇᆡ화ᅀᅡ ᄒᆞ리니(釋譜6:3). 潘綜이 ᄒᆞ마 주겟거늘:綜已悶絶(三綱. 孝20). 道術이 ᄒᆞ마 ᄢᅧ야디여:道術旣裂(楞解1:2). ᄒᆞ마 ᄀᆞ장 玄妙ᄒᆞ거든:旣盡玄妙(蒙法45). ᄒᆞ마 ᄌᆞ라 글월ᄅᆞᆯ 즐겨 호ᄃᆡ:旣長好文(宣賜內訓1:29). 슬프다 ᄒᆞ마 열 ᄒᆡ니:嗚呼已十年(初杜解6:21). ᄒᆞ마 城郭ㅅ 밧긔 나 드트렛 이리 져고ᄆᆞᆯ 아노니:已知出郭少塵事(初杜解7:2). 도라오ᄂᆞᆫ 길헤 녀오니 ᄒᆞ마 어제로다:歸徑行已昨(初杜解9:2). 픐 너추렌 ᄒᆞ마 이스리 해 왯도다:草蔓已多露(初杜解9:14). 百年이 ᄒᆞ마 半이 나ᄆᆞ니:百年已過半(初杜解21:19). ᄒᆞ마 주그니란 곳굼긔 녀흐라:已死者內鼻孔(救簡1:49). 니미 나ᄅᆞᆯ ᄒᆞ마 니ᄌᆞ시니잇가(樂範. 鄭瓜亭). 스스로 목 ᄌᆞᆯ라 ᄒᆞ마 주걷다가 권당ᄃᆞᆯ히 구ᄒᆞ야:自縊幾死賴族黨救(東新續三綱. 烈2:18). ᄒᆞ마 밤들거냐 子規 소ᄅᆡ ᄆᆞᆰ게 난다(古時調. 尹善道. 낙시줄. 孤遺).

②장차(將次). ¶罪 ᄒᆞ마 일리러니:垂將及罪戮(龍歌123章). ᄒᆞ마 주글 내어니 子孫ᄋᆞᆯ 議論ᄒᆞ리여(月釋1:7). 이 衆生이 다 ᄒᆞ마 衰老ᄒᆞ야 나히 八十이 디나 머리 세오 ᄂᆞ치 디드러 아니 오라 ᄒᆞ마 주그리니(月釋17:47). 城을 ᄒᆞ마 앗잃 저긔:城將陷(三綱. 忠23 尹穀條). 齋時ㅣ ᄒᆞ마 니를 쩌기라:齋時欲至也(金剛4). 관ᄉᆡᆫᄃᆞᆯ히 ᄒᆞ마 각산ᄒᆞ리로소니 ᄲᆞᆯ리 수울 둘어 가져오라:官人們待散也疾快旋將酒來(飜朴上6). ᄡᅡ히 幽僻ᄒᆞᆫᄃᆡ ᄒᆞ마 너희 ᄎᆞᄌᆞ라 가려 ᄒᆞ더니:待要尋你去來(老解上62). 官人들히 ᄒᆞ마 흐터딜 ᄭᅥ시니:官人們待散也(朴解上7). 술란 ᄒᆞ마 마ᅀᆞᆸ소(新語1:19). ᄒᆞ마 ᄃᆞᆫ녀 오올 ᄭᅥ시니(隣語1:14).

ᄒᆞ마면 부 거의. 까딱하면. ¶三角山 第一峯이 ᄒᆞ마면 뵈리로다(松江. 關東別曲).

ᄒᆞ물며 부 하물며. ☞ᄒᆞ믈며. ᄒᆞᄆᆞᆯ며 ¶ᄒᆞ물며 累百年 遵行ᄒᆞᄂᆞᆫ 規例오니(隣語7:17). ᄒᆞ물며 주검은 큰니리 이부ᄃᆡ:況(正念解3). ᄒᆞ물며 찬 ᄃᆡ 누어 어러 죽기 片時로다(萬言詞).

·ᄒᆞ믈·며 부 하물며. ☞ᄒᆞ물며. ᄒᆞᄆᆞᆯ며 ¶盛ᄒᆞᆫ 시절의도 오히려 내좋을 보젼코져 ᄒᆞ거든 ᄒᆞ믈며 이제 衰亡ᄒᆞ야시니:盛之時尙欲保終況今衰亡(宣小6:58). 干戈애 ᄒᆞ믈며 ᄯᅩ 드트리 누네 좃ᄂᆞ니:干戈況復塵隨眼(重杜解21:33). ᄒᆞ믈며 近年 以來 년ᄒᆞ여 木花 사오나와(新語4:11). 쇼쇼리ᄇᆞ람 불 제 뉘 ᄒᆞᆫ 盞 먹자 ᄒᆞᆯ고 ᄒᆞ믈며 무덤 우희 잔납이 ᄑᆞ람 불 제야 뉘우츤ᄃᆞᆯ 엇디리(松江. 將進酒辭). ᄒᆞ믈며:況且(同文解下49. 譯解補52). ᄒᆞ믈며 못다 퓐 곳이야 닐러 므슴ᄒᆞ리오(古時調. 兪應孚. 간밤의 부던. 靑丘). ᄒᆞ믈며 기러기 슬피 울고 落葉이 蕭蕭ᄒᆞᆯ 제(古時調. 李鼎輔. 人間悲莫悲. 靑丘). ᄒᆞ믈며 녀나믄 丈夫ㅣ야 닐러 무슴ᄒᆞ리오(古時調. 奇大升. 豪華코. 靑丘). ᄒᆞ믈며 우리 스승이 ᄌᆞ식이 업손디라:況吾師無子(五倫1:65). ᄒᆞ믈며 님군이 욕되매:況主辱(五倫2:45). ᄒᆞ믈며 망ᄒᆞ여시니 엇디 ᄎᆞ마 ᄇᆞ리리오:況今衰亡何忍棄之(五倫3:22). ᄒᆞ믈며 범인이ᄯᆞ녀:況(百行源16).

·ᄒᆞ·ᄆᆞ·시 부 마침. ¶ᄒᆞᄆᆞ시 됴타:恰好(飜老下32).

·ᄒᆞᄆᆞᆯ·며 부 하물며. ☞ᄒᆞ물며. ᄒᆞ믈며 ¶ᄒᆞᄆᆞᆯ며 袞職 돕ᄉᆞᄫᅳ려:況思補袞職(龍歌121章). 제 ᄲᅵᆷ도 오히려 아니 ᄒᆞ거니 ᄒᆞᄆᆞᆯ며 어버ᅀᅵᆫᄃᆞᆯ 내야 주며(釋譜9:12). 忠臣이 두 님금 아니 셤기ᄂᆞ니 ᄒᆞᄆᆞᆯ며 님금곳 辱 마ᄌᆞ시면 臣下ㅣ 죽ᄂᆞᆫ 거시니 이 내ᄋᆡ 모로매 주긇 고디라 ᄒᆞ고(三綱. 忠19). 반ᄃᆞ기 菩提 일우리온 ᄒᆞᄆᆞᆯ며 ᄒᆞᆫ 經에 다 能히 受持ᄒᆞ면 그 緣이 더욱 勝ᄒᆞ며(法華4:75). ᄒᆞᄆᆞᆯ며 나ᄂᆞᆫ ᄒᆞ올어미라:況余寡母(宣賜內訓序8). 나그내로 밥 머고매 ᄇᆞᆯᄀᆞᆫ 나리 기니 ᄒᆞᄆᆞᆯ며 더운 저글 當호미ᄯᆞ녀:旅食白日長況當朱炎赫(初杜解7:23). ᄒᆞᄆᆞᆯ며 ᄯᅩ 荊州ㅣ 賞玩호미 가ᄉᆡ야 새로외요미ᄯᆞ녀:況復荊州賞更新(初杜解21:4). 개며 ᄆᆞᆯ게 니르러도 다 그리홀 거시온 ᄒᆞᄆᆞᆯ며 사ᄅᆞᆷ애ᄯᆞ녀:至於犬馬盡然而況於人乎(宣小2:18). ᄒᆞᄆᆞᆯ며 이 有苗ㅣᄯᆞ녀(書解1:36). ᄒᆞᄆᆞᆯ며 可히 射ᄒᆞ랴(詩解18:9). ᄒᆞᄆᆞᆯ며 泉石膏肓을 고텨 므슴 ᄒᆞ료(古時調. 李滉. 이런ᄃᆞᆯ 엇다. 陶山六曲板本). ᄒᆞᄆᆞᆯ며 게어른 ᄆᆞᅀᆞᆷ이 이시면(女範1. 모의 노희경강).

※ᄒᆞᄆᆞᆯ며>ᄒᆞ믈며>하물며

-·ᄒᆞᄫᆞ·리잇·고 접미 -스러웠겠습니까. ¶므스기 快樂ᄒᆞᄫᆞ리잇고(釋譜24:28).

ᄒᆞᄫᆞ·ᅀᅡ 부 홀로. 혼자. ☞ᄒᆞ오ᅀᅡ. ᄒᆞ오아 ¶ᄒᆞᄫᆞᅀᅡ 나ᅀᅡ가샤:輕騎獨詣. ᄒᆞᄫᆞᅀᅡ 믈리조치샤:挺身陽北(龍歌35章). 나라해 忠臣이 업고 ᄒᆞᄫᆞᅀᅡ 至誠이실ᄊᆡ:國無忠臣獨我至誠(龍歌37章). ᄒᆞᄫᆞᅀᅡ 뒤헤 셔샤:于後獨立. ᄒᆞᄫᆞᅀᅡ 뒤헤 나샤:于後獨出(龍歌61章).

※ᄒᆞᄫᆞᅀᅡ>ᄒᆞ오ᅀᅡ>ᄒᆞ오아

-·ᄒᆞᄫᆞᆫ 접미 -스러운. ㉮-ᄒᆞᆸ다 ¶恭敬ᄒᆞᄫᆞᆫ ᄆᆞᅀᆞᆷ 아니 내리도 잇ᄂᆞ니(釋譜11:6). 佛性義로 四衆을 다 記ᄒᆞ샤 善ᄒᆞᆫ 게ᄂᆞᆫ 절ᄒᆞ시고 怒ᄒᆞᄫᆞᆫ 일 맛나샨 怒티 아니ᄒᆞ샤(月釋17:74).

-·ᄒᆞ샨ᄃᆞᆫ 접미 -하심은. -하신 것은. ¶우리 疆土ᄅᆞᆯ 徹ᄒᆞ샨ᄃᆞᆫ(詩解18:42).

-·ᄒᆞ·시ᄂᆞ·로 접미 -하시므로. ☞-ᄂᆞ로 ¶威化 振旅ᄒᆞ시ᄂᆞ로 興望이 다 몯ᄌᆞᄫᆞ나:威化振旅興望咸聚(龍歌11章).

-·ᄒᆞ·시릴·씨 접미 -하실 것이므로. -하실 것이매. ¶漢德이 비록 衰ᄒᆞ나 帝冑ㅣ 中興ᄒᆞ시릴씨(龍歌29章).

-·ᄒᆞ·ᄉᆞᄫᆞ·ᄂᆞᆯ 접미 -하옵거늘. ☞-ᄉᆞᄫᆞᄂᆞᆯ ¶ ᄯᅩ 出家ᄅᆞᆯ 請ᄒᆞᄉᆞᄫᆞᄂᆞᆯ 부톄 ᄯᅩ 듣디 아니ᄒᆞ신대(月釋10:17).

-·ᄒᆞᄉᆞ·ᄫᆡᆺ거·늘 접미 -하와 있거늘. ☞-ᄉᆞᄫᆡᆺ거늘 ¶天龍 夜叉 人非人 等 無量 大衆이 恭敬ᄒᆞ야 圍繞ᄒᆞᄉᆞᄫᆡᆺ거늘(釋譜9:1). ᄯᅩ 無量無邊 百千萬億 菩薩摩訶薩와 諸四衆이 釋迦牟尼佛을 恭敬 圍繞ᄒᆞᄉᆞᄫᆡᆺ거늘 보ᅀᆞᆸ고 다 ᄀᆞ장 歡喜ᄒᆞ야(月釋18:7). 無量無邊 菩薩大衆이 恭敬 圍繞ᄒᆞᄉᆞᄫᆡᆺ거늘 爲ᄒᆞ야 說法ᄒᆞ시더니(月釋18:66).

-·ᄒᆞᅀᆞᆸ·고 접미 -하옵고. ☞-ᅀᆞᆸ고 ¶大愛道ㅣ 머리 좃ᄉᆞᄫᅡ 禮數ᄒᆞᅀᆞᆸ고 ᄉᆞᆯᄫᅩᄃᆡ(月釋10:16). 禮數ᄒᆞᅀᆞᆸ고 ᄯᅩ 出家ᄅᆞᆯ 請ᄒᆞᄉᆞᄫᆞᄂᆞᆯ(月釋10:17).

·ᄒᆞᅀᆞᆸ·시·다 동 하옵시다. ¶予는 내 ᄒᆞᅀᆞᆸ시논 ᄠᅳ디시니라(訓註2).

·ᄒᆞ·야 부 ①하여금. ☞ᄒᆞ야곰. ᄒᆞ여 ¶南無諸佛 ᄒᆞ야 일ᄏᆞᆮᄌᆞᆸ고 ᄯᅩ 너교ᄃᆡ(釋譜13:59). 아비 元覺일 ᄒᆞ야(三綱. 孝11). 大人이 나ᄅᆞᆯ ᄒᆞ야 阿郎을 뫼ᅀᆞᄫᅡ:大人令我奉阿郎(三綱. 忠31). ᄒᆞ나 ᄒᆞ야 제 고기 ᄫᅩᆺ게 ᄒᆞ라:教一箇自炒肉(飜老上21). 우리를 ᄒᆞ야 어듸 가 잘 ᄃᆡ 어드라 가라 ᄒᆞᄂᆞ뇨:教我那裏尋宿處去(飜老上49). 다ᄅᆞ니 ᄒᆞ야 보라 ᄒᆞ면:着別人看(飜朴上73). ᄒᆞ올로 至尊으로 ᄒᆞ야 社稷을 시름케 ᄒᆞᄂᆞ니:獨使至尊憂社稷(重杜解5:45). 뎌 둘흐로 ᄒᆞ야 닐게 ᄒᆞ라:教那兩箇起來(老解上52). 안녹산으로 ᄒᆞ야 히거란이란 오랑캐ᄅᆞᆯ 티라 ᄒᆞᆫ대 그ᄅᆞᆺ ᄒᆞ야 패ᄒᆞ거ᄂᆞᆯ(明皇1:1).

②더불어. ¶太子와 ᄒᆞ야 그위예 決ᄒᆞ라 가려 ᄒᆞ더니(釋譜6:24). 沙門과 ᄒᆞ야 지조 겻구오리라(釋譜6:27). 내 부텨와 ᄒᆞ야 母子 ᄃᆞ왼 後로(月釋21:6). 怨讎와 ᄒᆞ야 ᄃᆞ토ᄆᆡᆺ ᄆᆞᅀᆞᄆᆞᆯ 두어(月釋2:63).

ᄒᆞ야곰 부 하여금. ☞ᄒᆞ여곰. ᄒᆡ여곰 ¶ᄒᆞ야곰 ᄉᆞ:使(類合上17). ᄒᆞ야곰 령:令(類合下9). 다 ᄒᆞ야곰 피 흐르고 틔 디ᄂᆞ니:皆令漏血墮胎(胎要17). 동당으로 ᄒᆞ야곰 ᄧᅡᆨ을 업게 못ᄒᆞ리라:不當令東幢歸然無偶(太平1:36). ᄒᆞ야곰 놀라 ᄶᅵ시게 말고:莫令驚忤(女四解2:18). 첩으로 ᄒᆞ야곰 계모ᄅᆞᆯ 삼으니(女範1. 부계모 위망ᄌᆞ모).

·ᄒᆞ야ᄂᆞᆯ 동 하거늘. ㉠ᄒᆞ다☞-야ᄂᆞᆯ ¶이제 부톄 나아 겨시니라 ᄒᆞ야ᄂᆞᆯ(釋譜6:12). 랑랑아 자ᄂᆞᆫ야 아니 자ᄂᆞᆫ야 ᄒᆞ야ᄂᆞᆯ(桐華寺 王郎傳1).

·ᄒᆞ·야·디·다 동 헐어지다. 해어지다. 헤어지다. ☞ᄒᆞ여디다 ¶壞ᄂᆞᆫ ᄒᆞ야딜 씨오(月釋1:49). 監軍이 입시우를 ᄒᆞ야디게 텨늘:監軍檛破其脣(三綱. 忠18). 뉘 ᄒᆞ야디디 아니ᄒᆞᄂᆞ뇨:誰爲不壞(楞解4:80). ᄆᆞᄎᆞᆷ내 虛空이 서거 ᄒᆞ야디다 듣디 몯ᄒᆞ리니:終不聞爛壞虛空(楞解4:80). 耗ᄂᆞᆫ ᄒᆞ야딜 씨라(楞解6:101). ᄆᆞᄎᆞ매 ᄒᆞ야듀매 가ᄂᆞ니:終歸敗壞(楞解8:129). 사ᄂᆞᆫ 지비 ᄒᆞ야디여:所居屋敗(宣賜內訓1:73). ᄇᆞᄅᆞ미 거스리 부니 짓과 터리왜 ᄒᆞ야디놋다:風逆羽毛傷(初杜解7:15). 머리ᄲᅧ ᄒᆞ야디니와 ᄲᅧ 것그닐:腦骨破及骨折(救簡1:79). 가ᄉᆞᆷ 비 ᄒᆞ야디며 네 활기 것거디여:胸腹破陷四肢摧折(救簡1:79). 經이 ᄒᆞ야디고 ᄀᆞᄅᆞ쵸미 프러디여:經殘教弛(宣小題辭3). 서근 ᄃᆞ리와 ᄒᆞ야딘 ᄇᆡ과:朽橋毀船(警民18). 威儀ㅣ ᄒᆞ야디고:威儀廢壞(重內訓2:5).

ᄒᆞ야보다 동 해보다. ¶ᄒᆞ야볼 시:試(類合下33).

ᄒᆞ·야ᄇᆞ·리·다 동 헐어 버리다. ☞ᄒᆞ여ᄇᆞ리다 ¶집도 ᄒᆞ야ᄇᆞ리며(釋譜23:22). 破ᄂᆞᆫ ᄒᆞ야ᄇᆞ릴 씨라(月釋序6). ᄒᆞ야ᄇᆞ료ᄆᆞᆯ 爲커신 마ᄅᆞᆫ(月釋18:48). 八十億 盛ᄒᆞᆫ 結ᄋᆞᆯ ᄒᆞ야ᄇᆞ리샤(月釋21:8). ᄒᆞ야ᄇᆞ리며 더러이ᄂᆞᆫ 고디 너블ᄉᆡ:損汚處廣(圓覺上一之二107). 일후믈 ᄒᆞ야ᄇᆞ리며:壞名(宣賜內訓1:32). 藥欄 ᄒᆞ야ᄇᆞ료ᄆᆞᆯ:損藥欄(初杜解21:5). 넌즈시 웃머리옛 關ᄋᆞᆯ ᄒᆞ야ᄇᆞ리고 디나ᄂᆞ니라:等閑抹過上頭關(金三3:53). 虛空 빗 그르메ᄅᆞᆯ 텨 ᄒᆞ야ᄇᆞ려 그처ᅀᅡ:打破虛空影斷(南明上3). ᄂᆞ미 것 ᄒᆞ야ᄇᆞ리디 말라:休壞了他的(飜老上19). ᄇᆡ 졈으도록 녀 ᄒᆞ야ᄇᆞ리놋다:高帆終日征(重杜解1:46). 귀며 코흘 ᄒᆞ야ᄇᆞ리거나:毁耳鼻(警民10). 싁싁히 아래ᄅᆞᆯ 臨ᄒᆞ샤ᄃᆡ ᄒᆞ야ᄇᆞ리디 아니ᄒᆞ실씨:嚴臨下而不毁傷(英小4:25). 지블 ᄒᆞ야ᄇᆞ리고:破家(重內訓2:14).

ᄒᆞ야사 동 하여야. ¶ᄒᆞ야사 내:乃(類合上16).

-·ᄒᆞ·야시·뇨 접미 -하셨느뇨. -하셨는가. ¶如來 壽命 니ᄅᆞ싫 제 현맛 菩薩와 현맛 衆生이 功德 得ᄒᆞ야시뇨(月釋17:23).

-·ᄒᆞ·야시·ᄂᆞᆯ 접미 -하시거늘. ¶부톄 成道ᄒᆞ야시ᄂᆞᆯ 梵天이 轉法ᄒᆞ쇼셔 請ᄒᆞᄉᆞᄫᆞᄂᆞᆯ(釋譜6:18). 그 지블 復戶ᄒᆞ야시ᄂᆞᆯ(宣賜內訓3:25).

·ᄒᆞ·약 동 하여서. ㉠ᄒᆞ다☞-ㄱ ¶工夫ᄅᆞᆯ ᄒᆞ약 ᄆᆞᅀᆞᄆᆞᆯ ᄡᅥ 話頭ᄅᆞᆯ 擧티 아니ᄒᆞ야도:做到不用心提話頭(蒙法4).

·ᄒᆞ얌·직ᄒᆞ·다 형 하염직하다. 할 만하다. ☞ᄒᆞ염즉ᄒᆞ다 ¶오직 惺惺호미라 더욱 ᄒᆞ얌직디 몯ᄒᆞ니라:秖爲惺惺轉不堪(南明下

44). ᄒᆞ얌직 가:可(類合上1).

-ᄒᆞ얘 접미 -하여라. ☞-ᄒᆞ얘라 ¶이 듕에 彼美一人를 더옥 닛디 몯ᄒᆞ얘(古時調. 李滉. 幽蘭이. 陶山六曲板本).

-·ᄒᆞ얘라 접미 -하여라. ☞-ᄒᆞ얘 ¶江湖애 月白ᄒᆞ거든 더옥 無心ᄒᆞ얘라(古時調. 李賢輔. 구버ᄂᆞᆫ. 聾岩集).

ᄒᆞ여 부 하여금. 시키어(使). ☞ᄒᆞ야 ¶ᄒᆞ마 ᄒᆞ여 ᄢᅥᆯ며 스서 비치 어즈러우니:已令拂拭光凌亂(重杜解16:34). ᄆᆞᆫ득 그 사ᄅᆞᆷ ᄒᆞ여 글 외오ᄃᆡ:便着那人背書(老解上4). 날로 ᄒᆞ여 ᄇᆡ호라 ᄒᆞᄂᆞ니라:教我學來(老解上5). ᄒᆞᆫ나ᄒᆞ로 ᄒᆞ여 손조 고기 ᄇᆞᆺ게 ᄒᆞ쟈:教一箇自炒肉(老解上19). 그 놈들히 우리ᄅᆞᆯ ᄒᆞ여 므엇 ᄒᆞ리오:那廝們待要我甚麼(老解上24). 몬져 둘ᄒᆞ로 ᄒᆞ여 ᄆᆞᆯ 노ᄒᆞ라 보내고:先着兩箇放馬去(老解上51). 뎌 벗으로 ᄒᆞ여 오게 ᄒᆞ라:教那箇火伴來着(老解上52). 有名ᄒᆞᆫ 張黑子ㅣ 민ᄃᆞᆫ 칼이 됴ᄒᆞ니라 뎌 ᄒᆞ여 민ᄃᆞ디 못ᄒᆞ랴:有名的張黑子打的好刀子着他打不得(朴解上15).

ᄒᆞ여곰 부 하여금. ☞ᄒᆞ야곰. ᄒᆡ여곰 ¶그 妻子를 導ᄒᆞ야 ᄒᆞ여곰 그 老ᄅᆞᆯ 養케 홈이니:其妻子使養其老(宣孟13:18). 사ᄅᆞᄆᆞ로 ᄒᆞ여곰 여위게 ᄒᆞᄂᆞ니:令人瘦(重杜解1:30). ᄯᅩ 여긔 둘로 ᄒᆞ여곰:却着這裏的兩箇(老解上51). 널로 ᄒᆞ여곰 ᄒᆞᄅᆞᆯ 슈고ᄒᆞ여다:教你一日辛苦(老解下32). ᄒᆞ여곰:使(同文解下61). 허믈을 ᄇᆞ리고 스스로 새롭기ᄅᆞᆯ 허ᄒᆞ야 ᄒᆞ여곰 종샤ᄅᆞᆯ 보존ᄒᆞ고 기리 대국을 밧들게 ᄒᆞ미(山城55). 녯 사ᄅᆞᆷ으로 ᄒᆞ여곰 호을노 쳔고의 아ᄅᆞᆷ답게 말라(女四解3:3). 보모로 ᄒᆞ여곰 왕긔 말을 통ᄒᆞ여(女範1. 셩후 쥬션강후). 은보로 ᄒᆞ여곰 다시 녀막에 도라갓더니:殷保令復歸廬(五倫1:66). 쟉이 사ᄅᆞᆷ으로 ᄒᆞ여곰 진에 고ᄒᆞ여 ᄀᆞᆯ오ᄃᆡ:碏使人告于陳曰(五倫2:5). 사ᄅᆞᆷ으로 ᄒᆞ여곰 쵹을 쳥ᄒᆞᆫ대:使人請蠋(五倫2:7). 위률로 ᄒᆞ여곰 사ᄒᆡᆨᄒᆞ라 ᄒᆞ니:使律治之(五倫2:12).

·ᄒᆞ·여·디·다 동 헐어지다. 해어지다. 헤어지다. ☞ᄒᆞ야디다 ¶몬져 ᄒᆞ여딘 ᄃᆡ 잇거든 즉시예 슈보ᄒᆞ야 고틸 거시니:先有缺壞就爲補治(飜小8:38). ᄒᆞ여딜 폐:弊(類合下14).

·ᄒᆞ여ᄇᆞ·리·다 동 헐어 버리다. ☞ᄒᆞ야ᄇᆞ리다 ¶닐오ᄃᆡ 네 내 짓 일 ᄒᆞ여ᄇᆞ리더니라:曰爾破吾家(二倫26). 德義ᄅᆞᆯ 슬워 ᄒᆞ여ᄇᆞ리면:銷刻德義(宣小5:17). 내 조샹 명셩을 ᄒᆞ여ᄇᆞ리디 말고:自己祖上的名聲休壞了(老解下43).

ᄒᆞ염즉ᄒᆞ다 형 하염직하다. ☞ᄒᆞ얌직ᄒᆞ다 ¶ᄀᆞ장 ᄒᆞ염즉디 아니니:最不可作(警民30).

-ᄒᆞ오니 접미 -하니. ☞-ᄉᆞᄫᆞ니. -ᄉᆞ보니. -ᄉᆞ오니 ¶내 나라 申飭도 亦是 重ᄒᆞ오니(隣語1:1).

-·ᄒᆞ·오니·라 접미 -스러우니라. ㉮-ᄒᆸ다 ¶可히 ᄉᆞ랑ᄒᆞ오니라:可憐(初杜解16:60).

ᄒᆞ오·ᅀᅡ 명 혼자. ☞ᄒᆞᄫᆞᅀᅡ ¶獨ᄋᆞᆫ ᄒᆞ오ᅀᅢ오(月釋序1). ᄒᆞ오ᅀᅢ면 이우지 업거니:獨則無隣(楞解3:37). ※ᄒᆞ오ᅀᅡ<ᄒᆞᄫᆞᅀᅡ

ᄒᆞ오·ᅀᅡ 부 홀로. ☞ᄒᆞᄫᆞᅀᅡ ¶ᄒᆞ오ᅀᅡ 내 尊호라 ᄒᆞ시니(月印上8). 舍利弗이 ᄒᆞ오ᅀᅡ 아니 왯더니(釋譜6:29). ᄒᆞ오ᅀᅡ 안자 잇더시니(月釋1:6). ᄒᆞ오ᅀᅡ 孝道ᄒᆞ야(三綱. 孝7). 네 識은 ᄒᆞ오ᅀᅡ 잇도소니:汝識獨存(楞解3:37). 法이 ᄒᆞ오ᅀᅡ 니디 아니ᄒᆞ시며:法不孤起(楞解7:10). 엇데 구틔여 ᄒᆞ오ᅀᅡ 後五百歲ᄅᆞᆯ 니ᄅᆞ뇨:何必獨言後五百歲(金剛上76). ᄒᆞ오ᅀᅡ 無爲에 마ᄌᆞ며:獨契無爲(永嘉下40). 卓然ᄒᆞ야 ᄒᆞ오ᅀᅡ 잇ᄂᆞᆫ 거시니:卓然而獨存(圓覺序2). ᄒᆞ오ᅀᅡ 이시면(牧牛訣26). ᄒᆞ오ᅀᅡ 셔셔 ᄀᆞᄅᆞᄆᆡᆺ 비ᄅᆞᆯ 보노라:獨立見江船(初杜解7:4). 그듸ᄂᆞᆫ ᄒᆞ오ᅀᅡ 소리와 일훔괘 잇도다:夫子獨聲名(初杜解21:13). 周行애 ᄒᆞ오ᅀᅡ 안잣ᄂᆞᆫ 榮華ㅣ로다:周行獨坐榮(初杜解23:4). 眞體 ᄒᆞ오ᅀᅡ 나ᄐᆞ니(南明上6). ᄒᆞ오ᅀᅡ 안자:獨坐(金三2:3). ᄒᆞ오ᅀᅡ 이ᄅᆞᆯ 브터 法 삼디 아니호미 可ᄒᆞ리여:獨不可依此以爲則哉(宣賜內訓2上6). 뎌ᄂᆞᆫ ᄒᆞ오ᅀᅡ 사ᄅᆞᆷ 아니가(宣賜內訓2上16). 妾은 엇데 王ᄭᅴ 得寵ᄒᆞ요ᄆᆞᆯ ᄒᆞ오ᅀᅡ 코져 아니ᄒᆞ리잇고(宣賜內訓2上22). ※ᄒᆞ오ᅀᅡ<ᄒᆞᄫᆞᅀᅡ

ᄒᆞ오·ᅀᅡᆺ:말 명 혼잣말. ☞ᄒᆞᆷ자ㅅ말 ¶이베 ᄒᆞ오ᅀᅡᆺ말 조쳐커든:口兼獨言(楞解9:117).

ᄒᆞ오아 부 홀로. 혼자. ☞ᄒᆞᄫᆞᅀᅡ. ᄒᆞ오ᅀᅡ. ᄒᆞ오와 ¶ᄒᆞ오아 아비ᄅᆞᆯ 孝道ᄒᆞ야(重三綱. 孝8). ᄇᆞᄅᆞᆷ올 臨ᄒᆞ야 ᄒᆞ오아 머리ᄅᆞᆯ 돌아:臨風獨回首(重杜解1:29). ᄒᆞ오아 안자셔 風霜 ᄀᆞᆮᄒᆞᆫ 威嚴올 ᄂᆞᆯ이놋다:獨坐飛風霜(重杜解1:55). 내 ᄒᆞ오아 ᄭᅵ야쇼라:我獨醒(重杜解8:31). 오직 ᄒᆞ오아 보ᄂᆞ니라:只獨看(重杜解12:4). ※ᄒᆞ오아<ᄒᆞ오ᅀᅡ<ᄒᆞᄫᆞᅀᅡ

ᄒᆞ오와 부 홀로. 혼자. ☞ᄒᆞᄫᆞᅀᅡ. ᄒᆞ오ᅀᅡ ¶ᄒᆞ오와 안잣ᄂᆞᆫ 새ᄂᆞᆫ 사ᄅᆞᆷ의 보ᄆᆞᆯ 妖恠로이 너기놋다:獨鳥恠人看(重杜解2:12). ᄒᆞ오와 셔셔 ᄀᆞᄅᆞᄆᆡᆺ 비를 보노라:獨立見江船(重杜解7:4). 서르 조차 ᄒᆞ오와 네 왯도다:相隨獨爾來(重杜解7:9). ᄒᆞ오와 거루믈 마ᅀᆞᆫ ᄒᆡᄅᆞᆯ ᄒᆞ니:獨步四十年(重杜解24:28).

ᄒᆞ오지러라 명 홑이더라(單). ㊍ᄒᆞ옺☞ᄒᆞ오치로다 ¶卒伍ㅣ 衣와 裳괘 ᄒᆞ오지러라:卒伍單衣裳(重杜解1:53).

ᄒᆞ오치로다 명 홑이로다. ㊍ᄒᆞ옺☞ᄒᆞ오지러라 ¶내 眞實로 옷고외 ᄒᆞ오치로다:我實衣

裳單(重杜解1:19).

-·ᄒᆞ·온 접미 -스러운. ㉠-ᄒᆞᆸ다 ¶ 愛樂ᄒᆞ온 젼ᄎᆞ로:爲可愛樂故(楞解9:14). ᄉᆞ랑ᄒᆞ온 히ᄋᆡ 恩惠ᄅᆞ왼 비츨 빌요ᄆᆞᆯ 니부니:愛日恩光蒙(初杜解15:15).

ᄒᆞ온ᅀᅡ 부 홀로. 혼자. ☞ᄒᆞ오ᅀᅡ. ᄒᆞ오아 ¶ ᄒᆞ온삿 ᄆᆞᅀᆞ미 煢煢ᄒᆞ야(煢煢ᄋᆞᆫ ᄒᆞ온ᅀᅡ 이셔 브틀 ᄲᅡ 업슨 양ᄌᆡ라):孤心煢煢(宣賜內訓2下17).

ᄒᆞ올- 접두 홀-. ☞홀- ¶ 믌ᄀᆞᄉᆡ 玉陛예 뮈니 ᄒᆞ올鶴이 외오 ᄒᆞᆫ 번 소리ᄒᆞ니라:滄洲動玉陛寡鶴誤一響(初杜解24:38). 窮困ᄒᆞᆫ ᄒᆞ올한아비:窮獨叟(重杜解2:32).

ᄒᆞ올:겨집 명 과부(寡婦). ¶ 征戍ᄒᆞ야 軍粮 바도매 ᄒᆞ올겨지비 셜워 우ᄂᆞ니:征戍誅求寡妻哭(初杜解25:45).

ᄒᆞ올·로 부 홀로. ☞호올로. 홀로 ¶ 天人의 놀라 疑心호ᄆᆞᆯ ᄒᆞ올로 닐어시ᄂᆞᆯ:獨言天人驚疑(法華1:167). 알ᄑᆡ 罪 기픈 增慢ᄋᆞᆯ ᄒᆞ올로 니ᄅᆞ고:前獨云罪深增慢(法華1:196). ᄒᆞ올로 藥草로 品 일훔호ᄆᆞᆫ 中根 爲ᄒᆞ샤 述成ᄒᆞ실ᄊᆡ:獨以藥草名品者爲中根述成(法華3:3). 오직 ᄒᆞ올로:唯獨(法華6:60). ᄒᆞ올로 惡趣예 니ᄅᆞ디 아니ᄒᆞ샤ᄆᆞᆫ:獨以惡趣不言者(法華7:29). ᄒᆞ올로 ᄠᅳ들 머구라:獨含情(初杜解23:4). 누릿 가온ᄃᆡ 나곤 몸하 ᄒᆞ올로 녈셔(樂範. 動動). 潛藏ᄒᆞᆫ 고기도 ᄯᅩ ᄒᆞ올로 놀라놋다:潛魚亦獨驚(重杜解1:45). 아ᄋᆞ라히 와셔 ᄒᆞ올로 ᄆᆞᄋᆞᆯ 여노라:眇眇獨開襟(重杜解1:47). ᄒᆞ올로 至尊으로 ᄒᆞ야:獨使至尊(重杜解5:45). 盧老ㅣ ᄒᆞ올로 青銅ᄋᆞ로 ᄆᆡᇰᄀᆞ론 門鎖ᄅᆞᆯ 열오 잇도다:盧老獨啓青銅鎖(重杜解9:5). ᄒᆞ올로 陰崖예 이셔셔 새지블 지엣도다:獨在陰崖結茅屋(重杜解9:8). 뉘 ᄒᆞ올로 슬허ᄒᆞᄂᆞ니오:誰獨悲(重杜解19:40).

ᄒᆞ올·어미 명 홀어미. 과부(寡婦). ☞홀어미 ¶ 나는 ᄒᆞ올어미라:余寡母(宣賜內訓序8). ᄒᆞ올어미와 믈 盜賊괘 오ᄂᆞᆳ날 ᄅᆞᆫ디 아니터니:寡妻群盜非今日(初杜解15:22). 슬픈 ᄒᆞ올어미게:哀哀寡婦(重杜解12:30).

ᄒᆞ올학 명 홀로된 학(鶴). ¶ 믌ᄀᆞᄉᆡ 玉陛예 뮈니 ᄒᆞ올鶴이 외오 ᄒᆞᆫ 번 소리ᄒᆞ니라:滄洲動玉陛寡鶴誤一響(初杜解24:38).

ᄒᆞ올한아비 명 홀로 된 할아비. 외로운 할아비. ¶ 窮困ᄒᆞᆫ ᄒᆞ올한아비 ᄃᆞ욀가 전노라:恐作窮獨叟(重杜解2:32).

ᄒᆞ옷 명 홑(單). ☞ᄒᆞᄋᆞᆺ. ᄒᆞ옺 ¶ ᄒᆞ옷 議論이 ᄒᆞ마 외오:單論旣非(楞解3:42). 權으로 ᄒᆞ옷 門 뵈요ᄆᆞᆫ:權示專門(法華1:31). ᄒᆞᆫ갓 眞이 나디 아니ᄒᆞ고 ᄒᆞ옷 妄이 이디 아니ᄒᆞᄂᆞ니:惟眞不生單妄不成(永嘉下98).

ᄒᆞ옷- 접두 홑-. ¶ 獨ᄋᆞᆫ 늘구ᄃᆡ 子息 업서 ᄒᆞ옷모민 사ᄅᆞ미라(釋譜6:13). ᄒᆞᄆᆞᆯ며 ᄯᅩ ᄒᆞ옷모ᄆᆞ로:況復單己(法華1:85). 褠ᄂᆞᆫ ᄒᆞ옷오시라(宣賜內訓2上51).

ᄒᆞ옷·몸 명 홑몸. 단신(單身). ¶ 獨ᄋᆞᆫ 늘구ᄃᆡ 子息 업서 ᄒᆞ옷모민 사ᄅᆞ미라(釋譜6:13). ᄒᆞᄆᆞᆯ며 ᄯᅩ ᄒᆞ옷모ᄆᆞ로:況復單己(法華1:85).

ᄒᆞ옷·옷 명 홑옷. ¶ 샤옹ᄋᆡ ᄒᆞ옷오ᄉᆞᆯ 우믈 우희 더프면:取夫單衣蓋井上(救急下92). 褠ᄂᆞᆫ ᄒᆞ옷오시라(宣賜內訓2上51).

ᄒᆞ·옺 명 홑(單). ☞ᄒᆞ옷. ᄒᆞ옺 ¶ 單ᄋᆞᆫ ᄒᆞ오지오 複ᄋᆞᆫ 겨비라(楞解8:15). 各各 ᄒᆞ오ᄌᆞ로 表ᄒᆞ시니라:各專表也(法華1:44). 그듸의 옷ᄀᆞ외 ᄒᆞ오진ᄃᆞᆯ 아노라:覺君衣裳單(初杜解22:56). 卒伍ㅣ 衣와 裳괘 ᄒᆞ오지러라:卒伍單衣裳(重杜解1:53).

ᄒᆞ옻 명 홑(單). ☞ᄒᆞ옷. ᄒᆞ옺 ¶ 찬 硤ᄋᆞᆯ 可히 건나디 몯ᄒᆞ리로소니 내 眞實로 옷고외 ᄒᆞ오치로다:寒硤不可度我實衣裳單(重杜解1:19). 歲暮애 옷ᄀᆞ외 ᄒᆞ오치로다:歲暮衣裳單(重杜解4:9).

ᄒᆞ왁 명 확(臼). ☞호왁 ¶ 衆生이 ᄒᆞ왁 소배 이셔 모ᄆᆞᆯ ᄌᆞ븐 무저긔 ᄡᅵᄒᆞ라 피와 고기왜 너르듣더니(月釋23:78).

·ᄒᆞ·요·다 동 합하다. ¶ 쁜 거시 모도와 언맨고 네 ᄃᆞ로니 서 근 ᄀᆞᆯᄋᆡ 미 ᄒᆞᆫ 근에 돈 열시기면 ᄒᆞ요니 돈이 셜흔니오:盤纏通該多少你稱了三斤麵每斤十箇錢該三十箇錢(飜老上22). 미 ᄒᆞᆫ 무세 돈 열시기니 ᄒᆞ요니 돈 일ᄇᆡᆨ열히로소니:每束十箇錢該一百一十錢(飜老上23).

ᄒᆞ욤:업·다 형 하염없다. ¶ 그 道ㅣ 괴외죰죰ᄒᆞ야 ᄒᆞ욤업스샤 堪忍에 教化ᄅᆞᆯ 비실ᄊᆡ(月釋14:54). ᄒᆞ욤업시 應ᄒᆞ시며:不爲而應(法華3:63). ᄇᆡ홈 그처 ᄒᆞ욤업슨 겨ᄅᆞᄅᆞ왼 道人ᄋᆞᆫ:絶學無爲閒道人(南明上3). 엇데 ᄒᆞ욤업슨 實相門이 ᄀᆞᆮᄒᆞ리오:爭似無爲實相門(南明上63). 主聖臣良 이 世上의 ᄒᆞ욤업시 安土ᄒᆞ야(李緖. 樂志歌).

ᄒᆞ·이·다 동 시키다. ☞히다 ¶ 블러 主爵都尉를 ᄒᆞ이시니:召爲主爵都尉(宣小6:34). 그 아비로 쟝낙녕을 ᄒᆞ이고:拜其父爲將樂令(太平1:11). 今夜ᄲᅮᆫ 下人을 番을 ᄒᆞ이시면(新語4:28). 김경징으로 검찰사ᄅᆞᆯ ᄒᆞ이고(山城17). 월궁 노래 풍뉴ᄅᆞᆯ ᄒᆞ이니(明皇1:37).

-ᄒᆞ·이·다 접미 ①-시키다. ¶ 후에 효힝ᄋᆞ로 벼슬ᄒᆞ이시니라:揚州中正張仄薦玢孝行勅太常旌擧(三綱. 孝23 吉玢). 司宰主簿ᄒᆞ이시다:拜司宰監主簿(續三綱. 孝26). 벼슬ᄒᆞ이ᄂᆞᆫ 일ᄃᆞᆯ홀(飜小8:21). 벼슬ᄒᆞ이다:除官(譯解上12). 효힝을 천거ᄒᆞ여 벼슬ᄒᆞ이니라(五倫1:35). 두 사ᄅᆞᆷ을 다 경문ᄒᆞ고 벼슬

ᄒᆞ이시다:殷保驚並命旌門拜官(五倫1:66). ②-당하다.-되게 하다. 입다. ¶그 몸을 辱ᄒᆞ이디 아니ᄒᆞ며:不辱其身(宣小4:19). 그 傷ᄒᆞ인 사ᄅᆞᆷ이:其被傷人(無冤錄3:19). 萬生의 罪ᄅᆞᆯ 다 면ᄒᆞ이고(八歲兒11).

·ᄒᆞ저·즐·다 동 저지레하다. ¶ᄒᆞ저즈로미 俗子ㅣ ᄀᆞᆮᄒᆞ야:作爲似俗子(蒙法47). 熾然히 ᄒᆞ저즈로ᄃᆡ:熾然作用(蒙法66).

-ᄒᆞ져 접미 -하고자. ¶伺候ᄒᆞ야 ᄒᆞᆷᄭᅴ 發行ᄒᆞ져 ᄒᆞᄂᆞ다:伺俱發(重杜解1:8).

ᄒᆞ·져·라 조동 하고 싶어라. ¶우리 미처 가 보ᅀᆞᄫᅡ ᄆᆞᅀᆞᄆᆞᆯ 훤히 너기시게 ᄒᆞ져라 ᄒᆞ시고(月釋10:6).

·ᄒᆞ타·가 부 하다가. 만일(萬一). 만약(萬若). ☞ᄒᆞ다가 ¶ᄒᆞ타가 善男子 善女人이 이 ᄀᆞᆮᄒᆞᆫ 功德 잇고(月釋17:33).

·ᄒᆞᆨ:교 명 학교(學校). ¶學校ᄂᆞᆫ 禮儀로 서르 몬져 ᄒᆞᆯ ᄯᅡ히어ᄂᆞᆯ:以爲學校禮儀相先之地(宣小6:14).

·ᄒᆞᆨ당 명 학당(學堂). ☞ᄒᆞᆨ댱 ¶學堂에 오ᄅᆞ싫 져긔:學堂ᄋᆞᆫ 글 ᄇᆡ호싫 지비라(釋譜3:p. 28). 내 되 ᄒᆞᆨ당의셔 글 ᄇᆡ호라:我在漢兒學堂裏學文書來(飜老上2). ᄒᆞᆨ당 샹:庠. ᄒᆞᆨ당 교:校. ᄒᆞᆨ당 슉:塾(訓蒙上34). 올마 ᄒᆞᆨ당 겯틔 가 집 ᄒᆞ니:乃徙舍學宮之旁(宣小4:4). ᄒᆞᆨ당 샹:庠. ᄒᆞᆨ당 셔:序(類合上18). ᄒᆞᆨ당의셔 노하든:放學(老解上2). ᄒᆞᆨ당을 셰오고 밧갈기 일삼고(三譯8:20).

·ᄒᆞᆨ댱 명 학당(學堂). ☞ᄒᆞᆨ당 ¶ᄒᆞᆨ댱 셔:序(訓蒙上34).

·ᄒᆞᆨ댱 명 선생. 훈장(訓長). ¶ᄆᆡ실 學長이 ᄀᆞᆯ외ᄂᆞᆫ 學生을 다가:每日學長將那頑學生(飜老上7). 우리 ᄒᆞᆨ댱 위두ᄒᆞ야 만ᄋᆞᆫ다ᄉᆞᆺ 션ᄇᆡ라:咱學長爲頭兒四十五箇學生(飜朴上49). 〔'만ᄋᆞᆫ다ᄉᆞᆺ'은 '마ᅀᆞᆫ다ᄉᆞᆺ'의 오기(誤記)〕.

·ᄒᆞᆨ·문 명 학문(學問). ¶둘짯 句ᄂᆞᆫ 寸陰ᄋᆞᆯ 앗겨 學問ᄋᆞᆯ 브즈러니 ᄒᆞᆯ 시라(南明下43). 學問을 講論 아니 ᄒᆞᆯ시(飜小6:3). 말ᄉᆞᆷ홈애 믿브미 이시면 비록 ᄀᆞᆯ오ᄃᆡ ᄒᆞᆨ문을 몯ᄒᆞ엿다 ᄒᆞ나 나ᄂᆞᆫ 반ᄃᆞ시 ᄒᆞᆨ문을 ᄒᆞ엿다 닐오리라:言而有信雖曰未學吾必謂之學矣(宣小1:15). 이제 셰샹애 ᄒᆞᆨ문을 강논티 아니ᄒᆞ야:今世學不講(宣小5:2). ᄒᆞᆨ문을 됴히 녀기며:好學(宣小6:11). 他日에 일쯕 學問을 아니 ᄒᆞ고(宣孟5:6). 學問은 盧照隣 王勃ᄋᆡ 敏捷과 ᄀᆞᆲ고:學竝盧王敏(重杜解20:22). 그 덕셩을 존ᄒᆞ고 ᄒᆞᆨ문을 조ᄎᆞ니(經筵).

·ᄒᆞᆨ문·ᄒᆞ·다 동 학문(學文)하다. 글을 배우다. ¶ᄯᅩ 學文ᄒᆞ야 뫼호ᄆᆞᆯ 브테시니 너 小子ᄂᆞᆫ 반ᄃᆞ기 니수ᄆᆞᆯ ᄉᆞ랑ᄒᆞ야 나ᄒᆞᆫ 바ᄅᆞᆯ 辱히디 마롤디니라(宣賜內訓2下56).

·ᄒᆞᆨ·문ᄒᆞ·다 동 학문(學問)하다. ¶내일 즉 年來에 學問호ᄆᆞᆯ 사하 寸陰ᄋᆞᆯ ᄲᅳᆯ라 머믈옴 어려오ᄆᆞᆯ 기리 恨호라(南明下42). 學問ᄒᆞᄂᆞᆫ 道ᄂᆞᆫ 他ㅣ 업ᄉᆞᆫ디라(宣孟11:28). ᄌᆞ뎨 ᄒᆞᆨ문홈이 이시며:子弟有學(警民19).

·ᄒᆞᆨ·업 명 학업(學業). ¶學業을 通ᄒᆞ야 ᄇᆞᆰ키며(宣小6:14).

·ᄒᆞᆨ·쟈 명 학자(學者). ¶娑婆 學者ㅣ 해 ᄒᆞᆫ갓 强記호ᄆᆞᆯ 일ᄉᆞ마 邪애 디며 妄애 ᄲᅥ디여(楞解6:70). 學者로 처ᅀᅥᆷ을 推尋ᄒᆞ며 ᄆᆞᄎᆞᄆᆞᆯ 求ᄒᆞ야(永嘉上101). 學者ㅣ 禮義를 ᄇᆞ리면:學者捨禮義(宣小5:92). 반ᄃᆞ시 學者로 ᄒᆞ여곰 믈읫 天下앳 物에 卽ᄒᆞ야(宣大10). 後에 學者로 더브러 禮ᄅᆞᆯ 의論ᄒᆞ실제(家禮5:19).

·ᄒᆞᆨ집 명 학교(學校). 교사(校舍). ¶四方이 도라가니 ᄒᆞᆨ집이 能히 용납디 몯ᄒᆞ더라:四方歸之庠舍不能容(宣小6:9).

ᄒᆞᆫ 명 한(限). ¶ᄒᆞᆫ:限期. ᄒᆞᆫ 물리다:寬限(同文解下30).

ᄒᆞᆫ 관 ①한〔一〕. ¶白帝 ᄒᆞᆫ 갈해 주그니:白帝劒戮(龍歌22章). 雙鵰ㅣ ᄒᆞᆫ 사래 ᄢᅦ니:維彼雙鵰貫於一發. 雙鵲이 ᄒᆞᆫ 사래 디니:維彼雙鵲墮於一縱(龍歌23章). ᄒᆞᆫ 번 쏘신 살이(月印上15). ᄒᆞᆫ 번도 디만ᄒᆞᆫ 일 업수니(釋譜6:4). ᄒᆞᆫ 것도 업스니(釋譜23:16). ᄒᆞᆫ 疑心ᄋᆞᆫ 부톄 아니 다시 나신가 ᄒᆞ고(釋譜24:3). 銀돈 ᄒᆞᆫ 낟곰 받ᄌᆞᄫᆞ니라(月釋1:9). 왼녀긔 ᄒᆞᆫ 點을 더으면(訓註13). ᄒᆞᆫ 모미 크락져그락ᄒᆞ야(月釋1:14). 涅槃ᄋᆞᆫ 괴외ᄒᆞᆯ 씨니 ᄆᆞᅀᆞᄆᆞᆯ ᄆᆞᆯ기샤 ᄒᆞᆫ 것도 업시(月釋1:18). ᄆᆞᅀᆞᇝ 길히 ᄒᆞᆫ 디위 그츠면:心路一斷(蒙法9). ᄒᆞᆫ 臣下ᄅᆞᆯ 주니(宣賜內訓序5). 衰殘ᄒᆞᆫ 人生애 ᄒᆞᆫ 늘근 한아비로라:殘生一老翁(初杜解9:7). ᄇᆞᄅᆞᆷ앳 ᄒᆞᆰ ᄒᆞᆫ ᄌᆞᆷ을 브ᅀᅳ텨:打壁土一堵(救簡1:69). ᄒᆞᆫ 것곰 머거도 ᄯᅩ 됴ᄒᆞ니라:單用亦得(救簡2:60). ᄒᆞᆫ 나그내 ᄒᆞᆫ 물 양 모라 디나가더니:一箇客人赶着一群羊過來(飜老下21). 茶飯 버리고 ᄯᅩ ᄒᆞᆫ 디위 술 먹고:擺茶飯又喫一會酒(朴解下14). ᄒᆞᆫ 일:一(訓蒙下33. 類合上1). 二字 아래 ᄒᆞᆫ 굿 밧그로 비티고:二字下一箇丿(朴解中42). 실 ᄒᆞᆫ 가닭:線一縷(譯解補39). ᄒᆞᆫ 거ᄅᆞᆷ 나아가(武藝圖1).
②한〔同〕. 같은. ¶ᄒᆞᆫ ᄒᆡ예 님긊 恩惠ᄅᆞᆯ 닙ᄉᆞ오니라:同年蒙主恩(初杜解16:3). 善과 惡괘 ᄒᆞᆫ 길 아니라 니ᄅᆞ디 말라:休言善惡不同途(南明上8). ※ᄒᆞᆫ>한

-·ᄒᆞᆫ 조 ①-은. ¶ᄡᅡᄒᆞᆫ 그딋 모ᄀᆡ 두고 남ᄀᆞ란 내 모ᄀᆡ 두어(釋譜6:26). 이런 有情ᄃᆞᆯᄒᆞᆫ 이에셔 주그면(釋譜9:12). 세ᄒᆞᆫ 衆生ᄃᆞᆯ히 내 몸 안해 들며 네ᄒᆞᆫ 소내 히ᄅᆞᆯ 자ᄇᆞ며(月釋1:17). 이 암ᄒᆞᆫ 모다 뒷논 거시어

늘(月釋7:16). 둘ᄒᆞᆫ 구지즈며 티거든(月釋7:53). 블ᄒᆞᆫ 紅蓮花色이오(月釋8:35). 열ᄒᆞᆫ 聖因을 만히 맛나리니(月釋21:150). ᄆᆞᅀᆞᆯᄒᆞᆫ 거츨오 녀트니:聚落荒淺(法華2:188). 안ᄒᆞᆫ 오직 내 나며 더러우니:內唯臭穢(永嘉上35). 雲霧를 헤틴 ᄃᆞᆺᄒᆞ야 처엄 歡樂ᄒᆞ던 나조ᄒᆞᆫ 노픈 ᄀᆞᅀᆞᆯ히 서늘ᄒᆞᆫ 氣運이 ᄆᆞᆰ더라:披霧初歡夕高秋爽氣澄(初杜解8:9). ᄀᆞᄂᆞᆯᄒᆞᆫ 밥 다믄 그르세 서늘호ᄆᆞᆯ 더으ᄂᆞ다:陰益食簞涼(初杜解15:9). 쇼ᄒᆞᆫ 이 쇼히며:俗是俗(金三4:45). 돌ᄒᆞᆫ 옮디 아니ᄒᆞ얫ᄂᆞ니:石不轉(重杜解5:54).

②-는. ¶ᄒᆞ나ᄒᆞᆫ 法을 가졧ᄂᆞᆫ 警戒니(釋譜9:6). 반 님자ᄒᆞᆫ 舍利弗이오(月釋2:13). 고ᄒᆞᆫ 수미 나며 드로ᄃᆡ(月釋17:57). 내 나ᄒᆞᆫ 늙고:我年老大(法華2:213). ᄒᆞ나ᄒᆞᆫ 겨지븨 德이오:一曰婦德(宣賜內訓1:14). ᄃᆞᆫᄂᆞᆫ 뫼ᄒᆞᆫ 赤甲ᄋᆞᆯ 지옛고:奔峭背赤甲(初杜解7:11). ᄀᆞᄅᆞᆷ과 시내ᄒᆞᆫ 돐불휘와 다ᄆᆞᆺᄒᆞ얏도다:江溪共石根(初杜解10:44). 수ᄒᆞᆫ ᄂᆞ라 머리 바ᄇᆞᆯ 求ᄒᆞ거ᄂᆞᆯ:雄飛遠求食(初杜解17:7).

ᄒᆞᆫ가디 명 한가지. ☞ᄒᆞᆫ가지 ¶小腹이 受傷ᄒᆞ야도 ᄒᆞᆫ가디니라:小腹受傷同(無寃錄1:30).

ᄒᆞᆫ가디로 부 함께. ☞ᄒᆞᆫ가지로 ¶도로 와 ᄒᆞᆫ가디로 담쇼ᄒᆞ고:還共談笑(五倫4:27).

ᄒᆞᆫ가·지 명 한가지. ☞ᄒᆞᆫ가디 ¶몸이 ᄒᆞ나힐씨 비블옴도 ᄒᆞᆫ가지러니(月印上49). 仁者ㅣ라 호미 ᄒᆞᆫ가지니(釋譜13:25). 두 사ᄅᆞ미 福德 어두미 ᄒᆞᆫ가지니(釋譜23:4). 同ᄋᆞᆫ ᄒᆞᆫ가지라(訓註12). 入聲은 點 더우믄 ᄒᆞᆫ가지로ᄃᆡ ᄲᆞᄅᆞ니라:入聲加點同而促急(訓註14). 同業ᄋᆞᆫ 妄ᄋᆞᆯ 感호미 ᄒᆞᆫ가죠ᄆᆞᆯ 니ᄅᆞ시니:同業言感妄所同(楞解2:79). 겨지비 비록 ᄒᆞᆫ가지라 니ᄅᆞ나:妻雖云齊(宣賜內訓2上2). 性이 本來 ᄒᆞᆫ가지니라:性本同(南明上20). 샹한병증이 ᄉᆞ져리 ᄒᆞᆫ가지 아닐시:傷寒爲證四時不同(救簡1:100). ᄒᆞᆫ가지 동:同(類合下49). 우리도 公木을 ᄀᆞᆯ히여 자브면 ᄒᆞᆫ가지ᄋᆞᆸ도쇠(新語4:5). 가감박하젼원과 ᄒᆞᆫ가지니:與加減薄荷煎元同(臘藥8).

ᄒᆞᆫ가·지·로 부 함께. ☞ᄒᆞᆫ가디로 ¶두 사ᄅᆞ미 福德이 어늬ᅀᅡ 하리잇고 부톄 니ᄅᆞ샤ᄃᆡ ᄒᆞᆫ가지로 그지업스며 ᄀᆞᆺ업스리라(釋譜23:4). ᄒᆞᆫ가지로 다 뮈다 호미 세 가지니(月釋2:14). 耶輪와 ᄒᆞᆫ가지로 아릿 因ᄋᆞᆯ 아라(楞解1:17). 우리예 ᄒᆞᆫ가지로 엄졍ᄒᆞ야:比咱們這裏一般嚴(飜老上51). ᄒᆞᆫ가지로 공:共(類合下61). ᄒᆞᆫ가지로 음식 먹을제 비브르게 아니 ᄒᆞ며:共食不飽(宣小3:22). ᄒᆞᆫ 도시 흰 사ᄉᆞᆷ을 ᄐᆞ고 빗난 안개 ᄉᆞ이로 ᄂᆞ려오거ᄂᆞᆯ 이공이 ᄒᆞᆫ가지로 절ᄒᆞ고 울며 고ᄒᆞ니:有道士乘白鹿馭彩霞直降于島上二公並拜而泣告(太平1:54). 임진왜난의 왜적을 ᄒᆞᆫ가지로 피ᄒᆞ더니:壬辰倭亂俱避賊(東新續三綱. 烈3:4). ᄒᆞᆫ가지로 부모ᄭᅴ셔 나시니:同出於父母(警民4). 원컨대 경 등으로 더브러 어려온 일을 ᄒᆞᆫ가지로 구제ᄒᆞ고(仁祖行狀27). 샹이 신과 ᄒᆞᆫ가지로 월궁의 ᄃᆞᆫ녀 오시리잇가(明皇1:36).

ᄒᆞᆫ가히 부 한가(閑暇)히. ¶그 경이 비록 가긍ᄒᆞᆫ ᄃᆞᆺᄒᆞ나 술 밧긔 또 ᄒᆞᆫ가히 ᄌᆞ싱홀 거시 만커든(綸音29).

ᄒᆞᆫ갈 부 한갓. ☞ᄒᆞᆫ갓 ¶ᄒᆞᆫ갈 前例가 分明치 아니타 ᄒᆞ시고(隣語1:24).

ᄒᆞᆫ갈가치 부 한결같이. ¶손님 八字 죠타 ᄒᆞᆫ들 ᄒᆞᆫ갈가치 다 죠흐며(萬言詞答).

ᄒᆞᆫ갈ᄀᆞᆮ·다 형 한결같다. ☞ᄒᆞᆫᄀᆞᆯᄀᆞᆮ다. ᄒᆞᆫᄀᆞᆯᄀᆞᆮ다 ¶잇다감 졈어셔븐터 ᄌᆞ람애 니르히 어륨이 ᄒᆞᆫᄀᆞᆯᄀᆞᆮᄒᆞ니:往往自幼至長愚騃如一(宣小5:42). 四時가 ᄒᆞᆫ갈ᄀᆞᆮ지 몯ᄒᆞᄋᆞᆸ거든(隣語3:11).

ᄒᆞᆫ갓 부 한갓. 공연히. ☞ᄒᆞᆫ갈 ¶香ᄋᆞᆫ ᄒᆞᆫ갓 옷곳ᄒᆞᆫ 것분 아니라 고ᄒᆞ로 맏ᄂᆞᆫ 거슬 다 니르니라(釋譜13:39). ᄒᆞᆫ갓 다 뮈다 ᄒᆞ면 잠간 뮌 ᄃᆡ 업시 다 골오(月釋2:14). ᄒᆞᆫ갓 그 일후미 잇거니:空有其名(楞解1:65). 業因은 ᄒᆞᆫ갓 덞거츠러:業因則徒爲蕪穢(法華3:3). ᄒᆞᆫ갓 질삼의 굴그며 ᄀᆞᄂᆞ로ᄆᆞᆯ 돌히너기고:徒甘紡績之粗細(宣賜內訓序6). ᄒᆞᆫ갓 디나가ᄂᆞᆫ 나그내 눈므를 보ᄃᆡ외:空看過客淚(初杜解7:10). ᄒᆞᆫ갓 슬허셔 기튼 자최ᄅᆞᆯ ᄆᆞᆫ져셔:徒然咨嗟撫遺跡(杜解9:6). ᄒᆞᆫ갓 반되 뫼화셔 우룸곳 나맛도다:空餘泣聚螢(初杜解21:9). ᄒᆞᆫ갓 사ᄅᆞ미 귀 누늘 어즐케 ᄒᆞ야:徒眩人之耳目(金三2:19). ᄒᆞᆫ갓 아롬 업소ᄆᆞ로 ᄆᆞᅀᆞᆷ 사ᄆᆞ면(南明上17). ᄒᆞᆫ갓 君子 小人이(飜小8:14). ᄒᆞᆫ갓 ᄌᆞ라ᄂᆞᆫ 일홈만 듯고져 ᄒᆞ오시다가 귀텬ᄒᆞ오시니(癸丑103). ᄒᆞᆫ갓 주글 만호미 가티 아니ᄒᆞ니:不可徒死(東新續三綱. 忠1:14). ᄒᆞᆫ갓 잇비 말라:莫徒勞(重杜解5:3). 이 엇디 ᄒᆞᆫ갓 군샹ᄭᅴ 이시리오(仁祖行狀20). 엇지 ᄒᆞᆫ갓 어버의 ᄆᆞᄋᆞᆷ의 깃거ᄒᆞ실 ᄲᅮᆫ이리오(百行源17).
※ᄒᆞᆫ갓>한갓

-ᄒᆞᆫ거·긧 접미 -한 것의. ¶發菩薩心ᄒᆞᆫ거긧 아비라(月釋18:49).

ᄒᆞᆫ걸ᄀᆞ치 부 한결같이. ☞ᄒᆞᆫᄀᆞᆯᄋᆞ티 ¶기르ᄂᆞᆫ 법은 ᄒᆞᆫ걸ᄀᆞ치 셔울 절목대로 시힝ᄒᆞ게 ᄒᆞ고(字恤9).

ᄒᆞᆫ걸ᄀᆞᆺᄒᆞ다 형 한결같다. ☞ᄒᆞᆫᄀᆞᆯᄋᆞᆫᄒᆞ다 ¶그 ᄆᆞᄋᆞᆷ이 젼일ᄒᆞ고 뜻지 ᄒᆞᆫ걸ᄀᆞᆺᄒᆞ야 효힝이 하ᄂᆞᆯ을 감동ᄒᆞ믈 보시고(敬信14).

ᄒᆞᆫ것다 동 잘 걷다. ¶靑驄이 ᄒᆞᆫ것ᄂᆞᆫ ᄆᆞᆯ게 자남은 보라미 밧고(古時調. 靑丘). 염무죽

아니 먹여도 크고 살져 ᄒᆞᆫ것ᄂᆞᆫ ᄆᆞᆯ과(古時調. 불 아니. 靑丘).

ᄒᆞᆫ게 부 한군데에. 한곳에. 한데. ☞ᄒᆞᆫ그에 ¶ 바ᄅᆞ 三乘을 ᄒᆞᆫ게 모도시며(月釋13:58). 세흘 뫼화 ᄒᆞᆫ게 가게 ᄒᆞ샤:會三歸一(法華2:25). ᄒᆞᆫ게 어운 相이니(金剛145). 믈 닉 되예 댓진 ᄒᆞᆫ게 글혀:以水四升合竹瀝煮(救簡1:26).

ᄒᆞᆫ곤ᄃᆡ 명 한군데. ¶쥬인 양식 보티ᄂᆞᆫᄃᆡ ᄒᆞᆫ곤ᄃᆡᄂᆞᆫ 무슴 일노(萬言詞).

ᄒᆞᆫ그에 부 한군데에. 한곳에. ☞한게 ¶說法호ᄆᆞᆯ ᄒᆞᆫ그에 브터 아니 ᄒᆞ시며(月釋2:58).

ᄒᆞᆫᄀᆞᆯᄀᆞ치 부 한결같이. ☞ᄒᆞᆫᄀᆞᆯᄀᆞ티. ᄒᆞᆫᄀᆞᆯᄋᆞ티 ¶ᄒᆞᆫᄀᆞᆯᄀᆞ치 반ᄃᆞ시 누어 停泊ᄒᆞ야:一向仰臥停泊(無冤錄1:37).

ᄒᆞᆫᄀᆞᆯᄀᆞ티 부 한결같이. ☞ᄒᆞᆫᄀᆞᆯᄀᆞ치. ᄒᆞᆫᄀᆞᆯᄋᆞ티 ¶내 몸 許호ᄆᆞᆯ ᄒᆞᆫᄀᆞᆯᄀᆞ티 ᄌᆞ모 어리여:許身一何愚(重杜解2:32). 졔 밍ᄀᆞᆯ기ᄅᆞᆯ ᄒᆞᆫᄀᆞᆯᄀᆞ티 시묘에 이실 시절ᄀᆞ티 ᄒᆞ야:供祭一如在廬時(東續三綱. 孝29).

ᄒᆞᆫ·ᄀᆞᆯ·ᄀᆞᆮ·다 형 한결같다. ☞ᄒᆞᆫᄀᆞᆯᄀᆞᇀ다. ᄒᆞᆫᄀᆞᆯᄋᆞᆮᄒᆞ다 ¶고ᄅᆞ고 ᄒᆞᆫᄀᆞᆯᄀᆞᆮ디 아님이 업게 ᄒᆞ며:莫不均一(宣小5:81). 軍州ㅅ 政體 ᄒᆞᆫᄀᆞᆯᄀᆞᆮ디 아니ᄒᆞ니:軍州體不一(重杜解1:52). 慈母ᄅᆞᆯ 親히 븟조차 화동홈이 ᄒᆞᆫᄀᆞᆯᄀᆞᆮ거늘:親附慈母雍雍若一(重內訓3:21).

ᄒᆞᆫ·ᄀᆞᆯ·ᄀᆞᆮ·티 부 한결같이. ☞ᄒᆞᆫᄀᆞᆯᄀᆞ티. ᄒᆞᆫᄀᆞᆯᄋᆞ티 ¶ᄒᆞᆫᄀᆞᆯᄀᆞᆮ티 됴히 너기면:一向好著(宣小5:6). 그 우ᄒᆞᆯ 셤기며 사ᄅᆞᆷ을 ᄃᆡ졉홈애 ᄒᆞᆫᄀᆞᆯᄀᆞᆮ티 스스로 민ᄂᆞᆫ 거ᄉᆞ로ᄡᅥ ᄒᆞ야:其事上遇人一以自信(宣小6:119). ᄒᆞᆫᄀᆞᆯᄀᆞᆮ티 習히 吉ᄒᆞ거늘:一習吉(書解3:50). 삭망애 졔뎐을 ᄒᆞᆫᄀᆞᆯᄀᆞᆮ티 초상ᄀᆞ티 ᄒᆞ며:朔望祭奠一如初喪(東新續三綱. 烈1:68). 나날 ᄒᆞᆫᄀᆞᆯᄀᆞᆮ티 ᄒᆞ며:日日一般(女四解2:19).

ᄒᆞᆫᄀᆞᆯᄀᆞᆺ다 형 한결같다. ☞ᄒᆞᆫᄀᆞᆯᄀᆞᇀ다. ᄒᆞᆫᄀᆞᆯᄋᆞᆮᄒᆞ다 ¶부인지도ᄂᆞᆫ ᄒᆞᆫᄀᆞᆯᄀᆞᆺ틀 ᄯᆞᄅᆞᆷ이니(女範3. 뎡녀 녀장부인).

ᄒᆞᆫᄀᆞᆯᄀᆞᆺ티 부 한결같이. ☞ᄒᆞᆫᄀᆞᆯᄀᆞ티. ᄒᆞᆫᄀᆞᆯᄋᆞ티 ¶뎌 殿에 ᄒᆞᆫᄀᆞᆯᄀᆞᆺ티 金龍이 얼거딘 木香 기동이오:那殿一剗是纏金龍木香停柱(朴解上60). ᄒᆞᆫᄀᆞᆯᄀᆞᆺ티 져 부텨를 아니 렴ᄒᆞ면:若不一念彼佛(王郞傳5). 말ᄉᆞᆷ과 ᄒᆡᆼ실을 ᄒᆞᆫᄀᆞᆯᄀᆞᆺ티(女範1. 모의 졔뎐직모). 부도ᄅᆞᆯ ᄡᅳ디 아니ᄒᆞ고 ᄒᆞᆫᄀᆞᆯᄀᆞᆺ티 가례ᄅᆞᆯ 조차:不用浮屠一依家禮(五倫1:62). ᄇᆡᆨ셩이 세 곳의 사라 셤기믈 ᄒᆞᆫᄀᆞᆯᄀᆞᆺ티 ᄒᆞᆫ다 ᄒᆞ니:民生於三事之如一(五倫2:4).

ᄒᆞᆫ·ᄀᆞᆯ·ᄀᆞᇀ·다 형 한결같다. ☞ᄒᆞᆫᄀᆞᆯᄋᆞᆮᄒᆞ다 ¶사ᄅᆞᆷ이 모롬이 이 ᄒᆞᆫᄀᆞᆯᄀᆞ튼 셰샹 마새 淡薄ᄒᆞ야ᅀᅡ:人須是一切世味淡薄(宣小5:97).

ᄒᆞᆫᄀᆞᆯᄋᆞ치 부 한결같이. ☞ᄒᆞᆫᄀᆞᆯᄋᆞ티 ¶ᄒᆞᆫᄀᆞᆯᄋᆞ치 ᄒᆞ라(練兵30).

ᄒᆞᆫ·ᄀᆞᆯ·ᄋᆞ·티 부 한결같이. ☞ᄒᆞᆫᄀᆞᆯᄀᆞ티 ¶世옛 사ᄅᆞ미 ᄒᆞᆫᄀᆞᆯᄋᆞ티 倍히 더 보아(楞解2:13). 엇뎨 구틔여 諦ᄅᆞᆯ 觀ᄒᆞᄂᆞᆫ 무리 ᄒᆞᆫᄀᆞᆯᄋᆞ티 다 小ᄅᆞᆯ 일우리오:何必觀諦之流一概同其成小(永嘉下62). 머리 돌아 ᄇᆞ라오니 ᄒᆞᆫᄀᆞᆯᄋᆞ티 茫茫ᄒᆞ도다:回首一茫茫(初杜解7:10). ᄒᆞᆫᄀᆞᆯᄋᆞ티 楚ㅅ 사ᄅᆞᄆᆡ ᄒᆞ요ᄆᆞᆯ 비호노라:一學楚人爲(初杜解7:18). 나모 돌해 지즐여 ᄒᆞᆫᄀᆞᆯᄋᆞ티 샹ᄒᆞ야:木石所壓一切傷損(救簡1:78). 모로매 이 ᄒᆞᆫᄀᆞᆯᄋᆞ티 세ᄉᆞ애 마ᄉᆞᆯ 담박호미 보야호로 됴ᄒᆞ니:須是一切世味淡薄方好(飜小8:18). ᄒᆞᆫᄀᆞᆯᄋᆞ티 大文을 의거ᄒᆞ야:一依大文(宣小凡例1). 이예 ᄒᆞᆫᄀᆞᆯᄋᆞ티 ᄒᆞ여 게을리 아니홈이:一此不懈(宣小1:14). ᄒᆞᆫᄀᆞᆯᄋᆞ티 그 法을 조차 公權을 섬규ᄃᆡ:一遵其法事公權(宣小6:97). 됴셕 뎐찬호믈 ᄒᆞᆫᄀᆞᆯᄋᆞ티 사라신 적ᄀᆞ티 ᄒᆞ니라:朝夕奠饌一如生時(東新續三綱. 烈1:63). 政事ㅣ ᄒᆞᆫᄀᆞᆯᄋᆞ티 내게 두터이 遺ᄒᆞᄂᆞᆺ다:政事一埤遺我(詩解2:24). 四海ᄂᆞᆫ ᄒᆞᆫᄀᆞᆯᄋᆞ티 塗炭ᄒᆞ도다:四海一塗炭(重杜解2:65).

ᄒᆞᆫᄀᆞᆯᄋᆞᆮ·티 부 한결같이. ☞ᄒᆞᆫᄀᆞᆯᄋᆞ티 ¶그 독실ᄒᆞᆫ 효되 ᄒᆞᆫᄀᆞᆯᄋᆞᆮ티 지극호미 이러터라:其篤孝純至如此(飜小9:25).

ᄒᆞᆫ·ᄀᆞᆯ·ᄋᆞᆮᄒᆞ·다 형 한결같다. ☞ᄒᆞᆫᄀᆞᆯᄀᆞᆺ다 ¶話頭ㅣ ᄒᆞᆫᄀᆞᆯᄋᆞᆮᄒᆞ면:話頭純一(蒙法69. 法語16). 言行이 ᄒᆞᆫᄀᆞᆯᄋᆞᆮᄒᆞ야:言行一致(宣賜內訓1:17).

ᄒᆞᆫ나 수 하나. ☞ᄒᆞ나 ¶엇데 몸 아ᄂᆞᆫ ᄒᆞᆫ나ᄒᆞᆯ 기들우리오:豈待一知己(初杜解16:50). ᄒᆞᆫ나ᄒᆞᆫ 안잣거든 ᄒᆞᆫ나ᄒᆞᆫ 봅노ᄂᆞᆫ 거셔:一箇坐一箇跳(飜朴上42). 쥬사 ᄀᆞᄅᆞ니 져고맛 술로 ᄒᆞ나ᄒᆞᆯ 더 녀흐라:加展砂末少匕(救簡1:4). 술 담ᄂᆞᆫ 딜그릇 ᄒᆞᆫ나히:酒壜一箇(救簡1:74). ᄒᆞᆫ나히 겸ᄒᆞᆯ씨(續三綱. 孝22). ᄒᆞᆫ나ᄒᆞᆫ ᄀᆞ론 덕과 업과로 서ᄅᆞ 권호미오:一曰德業相勸(呂約1). ᄒᆞᆫ나ᄒᆞᆫ ᄒᆞᆰ이니 내 모매 ᄉᆞᆯ콰 가족과 ᄲᅧ왜니라(七大2). ᄒᆞᆫ나ᄒᆞᆫ 眞實탓 마리니(七大12). ᄒᆞᆫ나ᄒᆞ로 ᄒᆞ여 손조 고기 봇게 ᄒᆞ야:教一箇自炒肉(老解上19). 이 帽刷 靴刷 각 ᄒᆞᆫ나와:這帽刷靴刷各一箇(朴解下28). ᄒᆞᆫ나:一箇(同文解下20). 겨릐 승샹을 ᄇᆞ리고 가ᄂᆞᆫ 거ᄉᆞᆫ 틍이 아니니 그 죄 ᄒᆞᆫ나히요(三譯2:3). ᄒᆞᆫ나:一. ᄒᆞᆫ나식:各一(漢淸4:25). ᄒᆞᆫ나흔 왜국에 볼모잡히이고(五倫2:72).

ᄒᆞᆫ나잘 명 한나절. ¶ᄒᆞᆫ나잘 가리:一晌田(譯解補41. 同文解下1).

ᄒᆞᆫ나히 수 하나에. 〔ㅎ 첨용어 'ᄒᆞᆫ나'의 부사격(副詞格).〕 독ᄒᆞᆫ나 ¶술 담ᄂᆞᆫ 딜그릇 ᄒᆞᆫ나히:酒壜一箇(救簡1:74).

ᄒᆞᆫ날 명 한날. 같은 날. ¶ᄒᆞᆫ날애 나ᅀᆞᄫᆞᆯ씨(月印上19). 녀느 나랏 王이 ᄒᆞᆫ날 다 아ᄃᆞᆯ

나ᄒᆞ며(月釋2:45).

ᄒᆞᆫ:낫 부 한낱. 하나의. ¶ᄒᆞᆫ낫 ᄆᆞᆯᄀᆞᆫ 어르ᄆᆞᆯ:一段淸氷(初杜解8:22). 얼굴 혜아리디 어려운 ᄒᆞᆫ낫 毒ᄒᆞᆫ 거시라(南明上75). 다ᄆᆞᆫ 내 ᄒᆞᆫ낫 몸과 ᄆᆞᅀᆞᄆᆞ란 도로혀 됴히 ᄒᆞ고져 아니 ᄒᆞᄂᆞ니:只有自家一箇身與心却不要好(飜小8:7). 오직 제 ᄒᆞᆫ낫 몸과 다ᄆᆞᆺ ᄆᆞᄋᆞᆷ을 도로혀 됴홈을 요구티 아니ᄒᆞᄂᆞ니:只有自家一箇身與心却不要好(宣小5:87).

-ᄒᆞᆫ·다:마다 접미 -하자마자. ¶잣남ᄀᆞᆯ 採取ᄒᆞᆫ다마다 주메 ᄀᆞᄃᆞ기 ᄒᆞ놋다:採栢動盈掬(初杜解8:66).

ᄒᆞᆫ담ᄒᆞ다 동 한담(閑談)하다. ¶형이 머무러 ᄒᆞᆫ담ᄒᆞ시고 증후ᄅᆞᆯ 자시 ᄉᆞᆯ피쇼셔 ᄒᆞ고(落泉3:7).

ᄒᆞᆫ:두 관 한두. ¶玉體 創瘢이 ᄒᆞᆫ두 곧 아니시니:玉體創不一(龍歌114章). ᄒᆞᆫ두 句ᄅᆞᆯ 더으며 더러 ᄇᆞ리며 ᄡᅮᄃᆡ:增減一兩句之去取(月釋序19).그 믈 ᄒᆞᆫ두 호ᄇᆞᆯ 머그면 됴ᄂᆞ니라:水一二合服之愈(救急上33). 긔운 약ᄒᆞᆫ 사ᄅᆞᄆᆞᆫ ᄒᆞᆫ두 되만 머그라:羸者可飮一二升(救簡2:57).

ᄒᆞᆫ듸 명 한데. 한곳. ☞ᄒᆞᆫᄃᆡ ¶ᄒᆞᆫ듸 밥 지어 먹고(五倫4:28).

ᄒᆞᆫ디위 부 한참. ☞디위 ¶블ᄡᅥ디 ᄒᆞᆫ디위만 ᄒᆞ면 닉ᄂᆞ니라:燒動火一霎兒熟了(老解上20). ᄒᆞᆫ디위 쉬옴을 잇긋 ᄒᆞ야든 기ᄃᆞ려 먹이라 가쟈:等一會控到時飮去(老解上28). ᄒᆞᆫ디위 기ᄃᆞ려 져기 여믈을 주어 먹이고:等一會兒饋些草喫(朴解上21). ᄒᆞᆫ디위 念ᄒᆞ고:念一會(朴解上45). ᄒᆞᆫ디위 기ᄃᆞ려 먹을 ᄭᅥ시니:等一會兒喫(朴解下2). ᄒᆞᆫ디위 놀며 보다:遊賞一遭(譯解下53).

-ᄒᆞᆫ·ᄃᆞᆫ 접미 -하건대. -컨대. ¶願ᄒᆞᆫᄃᆞᆫ 내 生生애 그딧 가시 ᄃᆞ외아지라(月釋1:11). 願ᄒᆞᆫᄃᆞᆫ 우리 罪ᄅᆞᆯ(月釋2:70). 願ᄒᆞᆫᄃᆞᆫ 내 未來 劫이 다ᄋᆞᄃᆞ록(月釋21:29). 내 願ᄒᆞᆫᄃᆞᆫ 그듸와 사라셔 이ᄀᆞ티 ᄒᆞ고:吾願與子生若此(宣賜內訓2上28). 네 家門을 請ᄒᆞᆫᄃᆞᆫ 曾祖브터 닐오리니:汝門請從曾公說(初杜解8:17). 念ᄒᆞᆫᄃᆞᆫ 너는 네 몸 珍寶ᄅᆞ외이 호ᄆᆞᆯ 니기 ᄒᆞ라:念子熟自珍(初杜解8:53). 願ᄒᆞᆫᄃᆞᆫ ᄆᆡ햇 므를 브러 金잔애 더으고라:願吹野水添金杯(初杜解15:39). 請ᄒᆞᆫᄃᆞᆫ 吏ᄅᆞᆯ 조차 바ᄆᆡ 가:請從吏夜歸(重杜解4:8). 願ᄒᆞᆫᄃᆞᆫ 노ᄑᆡ 예 자만ᄒᆞᆫ ᄆᆞᄅᆞᆯ 등어리 외ᄅᆞ이 녀ᄂᆞᆫ 그러기 ᄀᆞᄐᆞ니ᄅᆞᆯ ᄃᆞ려가:願騰六尺馬背若孤征鴻(重杜解12:16).

ᄒᆞᆫ·ᄃᆡ 명 한데. 한곳. ☞ᄒᆞᆫ듸 ¶兩分이 ᄒᆞᆫᄃᆡ 안ᄌᆞ시니(月印上15). 八千人과 ᄒᆞᆫᄃᆡ 잇더시니(釋譜9:1). 廣果天과 ᄒᆞᆫᄃᆡ 잇ᄂᆞ니라(月釋1:34). ᄒᆞᆫᄃᆡ셔 ᄒᆞᆫ두 잔 먹쟈:一處喫一兩盃(老解下6).

ᄒᆞᆫᄃᆡ 명 한데(露天). ¶ᄒᆞᆫᄃᆡ셔 자다:露天睡(譯解上40).

ᄒᆞᆫ·ᄃᆡ 부 함께. ¶宮殿과 ᄒᆞᆫᄃᆡ ᄒᆞ야:與宮殿俱(法華3:107). ᄒᆞᆫᄃᆡ 녀디 몯ᄒᆞ도다:未以偕行(永嘉下105). 옷거리ᄅᆞᆯ ᄒᆞᆫᄃᆡ 말며:不同椸枷(宣賜內訓1:4). 말ᄉᆞᆷ과 우ᅀᅮᄆᆞᆯ 넌즈시 ᄒᆞᆫᄃᆡ 호라:談笑偶然同(初杜解9:6). 손모ᄀᆞᆯ 자바 날마다 ᄒᆞᆫᄃᆡ ᄃᆞᆫ니노라:携手日同行(初杜解9:11). 先主와 武侯왜 기픈 宮이 ᄒᆞᆫᄃᆡ더라:先主武侯同閟宮(杜解18:12). 法界예 ᄒᆞᆫᄃᆡ 사로미:同居一法界(金三2:12). ᄃᆞᆯᄀᆡ알 솝앳 힌 믈와 술와 ᄒᆞᆫᄃᆡ 프러 다 숨ᄭᅵ라:雞子白并酒和盡以吞之(救簡1:45). 넉시라도 님은 ᄒᆞᆫᄃᆡ 녀져라(樂範. 鄭瓜亭). 平生애 願ᄒᆞ요ᄃᆡ ᄒᆞᆫᄃᆡ 녀쟈 ᄒᆞ얏더니(松江. 思美人曲). 니믈 ᄒᆞᆫᄃᆡ 녀가져 願을 비ᅀᆞᆸ노이다(樂範. 動動). 세히 ᄒᆞᆫᄃᆡ 길 녀매:三人同行(飜老上34). 아소 님하 ᄒᆞᆫᄃᆡ 녀젓 期約이이다(樂詞. 履霜曲). 넉시라도 님을 ᄒᆞᆫᄃᆡ 녀닛景 너기다니(樂詞. 滿殿春別詞). 먹기를 ᄒᆞᆫᄃᆡ 아니 홀디니라:不共食(宣小1:4). 끈허지지 아니ᄒᆞ고 ᄒᆞᆫᄃᆡ 이어 흐르나니(萬言詞).

:ᄒᆞᆫ량 명 한량(限量). ¶一切ㅅ 한 性은 다 限量 이실ᄊᆡ 크다 일훔 몯 ᄒᆞ려니와(金剛28). 分齊ᄂᆞᆫ 限量이라(圓覺上一之一2).

:ᄒᆞᆫ량업·다 형 한량(限量)없다. 그지없다. ¶佛性은 限量업슬시 크다 일훔 ᄒᆞᄂᆞ니라(金剛28). 이 모ᄆᆞᆫ 限量업스며 ᄯᅩ 밧기 업순 디라 ᄒᆞᆫ 거시 어루 뎌를 ᄀᆞᆯ오리 업스며(金三4:13).

ᄒᆞᆫ믈 명 한무날. ¶ᄒᆞᆫ믈 두믈부텀:上岸二弦之後漸漲漸大(柳氏物名五 水).

ᄒᆞᆫᄆᆞᅀᆞᆷ 명 한마음. ¶ᄒᆞᆫᄆᆞᅀᆞᄆᆞ로 合掌ᄒᆞ야(法華3:63). 닐오ᄃᆡ 圓覺이니 그 實은 다 ᄒᆞᆫᄆᆞᅀᆞ미라:曰圓覺其實皆一心也(圓覺序4).

ᄒᆞᆫ·ᄆᆡ 명 한가지. ¶이 여슷 ᄆᆞ리 밤마다 먹논 딥과 콩이 ᄒᆞᆫᄆᆡ 아니니:這六箇馬每夜喫的草料不等(飜老上12).

ᄒᆞᆫ바·탕 명 한바탕. ¶三世 諸佛도 ᄯᅩ ᄒᆞᆫ바탕 븟그료ᄆᆞᆯ 免티 몯ᄒᆞ실 시라(南明下56). 다ᄆᆞᆫ ᄒᆞᆫ바탕 말만 호미 맛당티 아니ᄒᆞ니:不可只作一場話說(飜小8:31). 可히 오직 ᄒᆞᆫ바탕 말만 삼디 아니홀디니:不可只作一場話說(宣小5:110). 人生을 혜여ᄒᆞ니 ᄒᆞᆫ바탕 ᄭᅮᆷ이로다(古時調. 朱義植. 靑丘).

ᄒᆞᆫ배 명 한통속. 한편. ¶경츈이 등환이 ᄒᆞᆫ배라 ᄒᆞᄃᆡ(癸丑118).

ᄒᆞᆫ·보로 부 함부로. ¶張三李四ᄂᆞᆫ 張姓엣 세찻 사ᄅᆞ미며 李姓엣 네찻 사ᄅᆞ미라 ᄒᆞ논 마리니 張개여 李개여 ᄒᆞᆫ보로 다 닐온 마리라(金三2:33). 이러더러 ᄒᆞᆫ보로 ᄡᅳᆯ 갈 열 ᄌᆞᄅᆞ:雜使刀子一十把(飜老下68). 그 지

아비ᄅᆞᆯ ᄒᆞᆫ보로 티거늘:亂打其夫(東新續三綱. 烈2:83).

ᄒᆞᆫ·ᄢᅴ [부] 함께. 동시에. ☞ᄒᆞᆫᄭᅴ. ᄒᆞᆷᄢᅴ. ᄒᆞᆷᄭᅴ ¶太子ᄂᆞᆫ ᄒᆞ오ᅀᅡ 象ᄋᆞᆯ 나ᄆᆞ티며 바ᄃᆞ시고 둘희 힘ᄋᆞᆯ ᄒᆞᆫᄢᅴ 이기시니(月印上15). ᄒᆞᆫᄢᅴ 소리내야 ᄉᆞᆲᄫᆞᄃᆡ(釋譜9:39). 그 光明 다ᄃᆞᄅᆞᆫ ᄯᅡ해 ᄒᆞᆫ날 ᄒᆞᆫᄢᅴ 塔ᄋᆞᆯ 셰라 ᄒᆞ니(釋譜24:25). 宮殿과 諸天괘 ᄒᆞᆫᄢᅴ 냇다가 절로 ᄒᆞᆫᄢᅴ 업ᄂᆞ니라(月釋1:50). 모딘 즁ᄉᆡᆼ이 ᄒᆞᆫᄢᅴ 慈心을 가지며(月釋2:33). 盛히 ᄒᆞᆫᄢᅴ 니ᄅᆞ와도ᄃᆡ:熾然俱作(金剛132). 곧 止와 觀ᄋᆞᆯ ᄒᆞᆫᄢᅴ 行호미니:即止觀俱行(心經36). ᄒᆞᆫᄢᅴ 寂滅호미(圓覺序57). ᄒᆞᆫᄢᅴ 믄득 ᄆᆞᆺᄂᆞ니(牧牛訣10). 炙을 ᄒᆞᆫᄢᅴ 모도 먹디 마롤디니라:毋嘬炙(宣賜內訓1:4). 됴히 그려기와 다ᄆᆞᆺ ᄒᆞᆫᄢᅴ 오리로다:好與鴈同來(初杜解8:40). 어루…ᄒᆞᆫᄢᅴ ᄇᆞᆯ고미라 닐올디니라:可謂…一時明(金三3:41). ᄒᆞᆫᄢᅴ 비 타:一時乘船(佛頂下12). ᄒᆞᆫᄢᅴ 잇ᄂᆞ니(六祖上2). ᄒᆞᆫᄢᅴ 스믈 환곰 머고ᄃᆡ:每服二十丸(救簡1:9). 스믈ᄒᆞᆫ 지비 ᄒᆞᆫᄢᅴ 蜀애 드러가니:二十一家同入蜀(重杜解4:36).

ᄒᆞᆫ·ᄢᅵ [명] 한때. ¶ᄒᆞᆫᄢᅵ나 禮拜 供養호매 니를면:乃至一時禮拜供養(法華7:68). 다ᄆᆞᆺ ᄒᆞᆫᄢᅵ ᄀᆞᄐᆞ니:共一時(初杜解25:9). ᄒᆞᆫᄢᅵ라 前後ㅣ 업서:一時無前後(金三2:16).

ᄒᆞᆫ·ᄢᅵ롬 [명] 동시임. ¶實로 ᄀᆞ리며 비취욤 ᄒᆞᆫᄢᅵ로미 本來ㅅ 道ㅣ론 젼ᄎᆞ라:良由遮照同時本之道也(永嘉上9).

ᄒᆞᆫ:숨 [명] 한숨. ¶열 사ᄅᆞ미 ᄒᆞᆫ숨곰 돌여 치라:十箇人一宿家輪着喂(飜朴上21). ᄒᆞᆫ숨도 딥 먹디 아니ᄒᆞᄂᆞ매라:一宿不喫草(飜朴上42). 둘잿 간의 와 ᄒᆞᆫ숨 자고:第二間裏睡一覺(飜朴上53).

ᄒᆞᆫ숨에 [부] 한숨에. ¶ᄒᆞᆫ숨에 마시다:一口哈(同文解上62).

ᄒᆞᆫ슘 [명] 한숨. ☞ᄒᆞᆫ숨 ¶衣服을 도라보니 ᄒᆞᆫ슘이 절로 는다(萬言詞).

ᄒᆞᆫᄉᆡᆼ [명] 일생(一生). ¶이 몸 삼기실 제 님을 조차 삼기시니 ᄒᆞᆫᄉᆡᆼ 緣分이며 하ᄂᆞᆯ 모ᄅᆞᆯ 일이런가(松江. 思美人曲).

ᄒᆞᆫᄭᅴ [부] 함께. ☞ᄒᆞᆫᄢᅴ ¶盛ᄒᆞᆫ 이리 ᄒᆞᆫᄭᅴ 모ᄃᆞ니:盛事會一時(重杜解3:65). ᄒᆞᆫᄭᅴ 늘거 ᄒᆞᆫᄃᆡ 머스러:偕(王郎傳6).

ᄒᆞᆫᄭᅵ [부] 함께. ☞ᄒᆞᆫᄢᅴ. ᄒᆞᆫᄭᅴ ¶浚儀ㅅ 陸雲과 ᄒᆞᆫᄭᅵ로다:同時陸浚儀(重杜解11:27).

ᄒᆞᆫ:야ᄋᆞ·로 [부] 한 모양으로. ¶긔저료ᄆᆞᆯ ᄒᆞᆫ야ᄋᆞ로 ᄇᆞ려 두어:一任攪淘(楞解4:90).

ᄒᆞᆫ:양·ᄀᆞᆮ·다 [형] 하나같다. 여일하다. ¶이에 內外 化ᄅᆞᆯ 조차 옷 니부미 ᄒᆞᆫ양ᄀᆞᆮᄒᆞ니:於是內外從化被服如一(宣賜內訓2上56). ᄇᆡᆨ셩이 세 가지예 셤굠을 ᄒᆞᆫ양ᄀᆞᆮ티 홀디니:民生於三事之如一(宣小2:73).

ᄒᆞᆫ·이ᄇᆞ·로 [부] 한입으로. 한결같이. ¶臣下ᄃᆞᆯ히 보고 ᄒᆞᆫ이ᄇᆞ로 기료ᄃᆡ(釋譜24:20).

ᄒᆞᆫ이틀 [명] 한이틀. 하루나 이틀. ¶이거ᄉᆞᆫ 누긔가 이시매 셤을 푸러 ᄒᆞᆫ이틀 ᄆᆞᆯ뇌여야 쓰지 그러치 아니면(隣語1:21).

ᄒᆞᆫ자 [부] 혼자. ☞혼자. ᄒᆞᄫᆞᅀᅡ ¶ᄒᆞᆫ자 ᄯᅮ러안자:獨危坐(飜小10:6). ᄒᆞᆫ자 ᄑᆞᆯ 구피라 펼 ᄡᅳ이예 도리텬에 가샤(地藏解上2). ᄉᆞᆯ진 민아리를 ᄒᆞᆫ자 어이 먹으리(古時調. 鄭澈. 님금과. 海謠). 秋江 ᄇᆞᆰ은 ᄃᆞᆯ에 一葉舟 ᄒᆞᆫ자 저어(古時調. 金光煜. 海謠).

ᄒᆞᆫ적 [명] 한때. 한번. ☞ᄒᆞᆫ젹 ¶ᄒᆞᆫ적 티ᄃᆞ라 늘근 ᄌᆡ죄 不足ᄒᆞᆯ시(南明上2). ᄒᆞᆫ적 ᄂᆞᆯ개 툐매 九萬里옴 가ᄂᆞ니라(南明上11). ᄒᆞᆫ적 ᄀᆞᄅᆞ치시니:一指(佛頂11). ᄒᆞᆫ적 발들옴애 敢히 父母ᄅᆞᆯ 닛디 몯ᄒᆞᆯ디라:一擧足而不敢忘父母(宣小4:18). 날로 ᄒᆞᆫ적식 음식 먹으니라:日一食(東新續三綱. 孝2:71). 지븨 ᄒᆞᆫ적도 가디 아니ᄒᆞ니라:一不到家(東新續三綱. 孝3:89).

·ᄒᆞᆫ적·곰 [부] 한때씩. 한번씩. ☞-곰 ¶이 世界 여러 번 고텨 ᄃᆞ외야ᅀᅡ ᄒᆞᆫ적곰 고텨 ᄃᆞ욀ᄊᆡ(月釋1:38).

ᄒᆞᆫ적곳 [부] 한때만. ☞-곳 ¶비록 못 먹어도 ᄂᆞᄆᆡ 밥을 비디 마라 ᄒᆞᆫ적곳 ᄧᅥ 시른 휘면 고텨 싯기 어려우리(古時調. 鄭澈. 비록 못. 警民編). ᄒᆞᆫ적곳 사 ᄡᅡ혀 보며ᄂᆞᆫ ᄆᆡ양 사 ᄡᅡ히쟈 ᄒᆞ리라(古時調. 뒥들에. 靑丘).

ᄒᆞᆫ젹 [명] 한때. 한번. ☞ᄒᆞᆫ적 ¶잠싼 긴 녈비예 道上無源水을 반만싼 ᄃᆡ혀 두고 쇼 ᄒᆞᆫ젹 듀마 ᄒᆞ고(蘆溪. 陋巷詞).

ᄒᆞᆫ줌 [명] 한 줌. ¶ᄒᆞᆫ줌:一抄(譯解上64).

ᄒᆞᆫᄌᆞ [명] 한자(漢子). 남자. 사내놈. ¶우리 ᄯᅡᆯ 오ᄂᆞᆫ 도젹이 경히 져 ᄒᆞᆫᄌᆡ로다(落泉1:1). 차환은 곳 십오뉵 세 ᄒᆞᆫᄌᆡ라(落泉1:2).

ᄒᆞᆫᄌᆞ [부] 혼자. ☞ᄒᆞᄫᆞᅀᅡ. ᄒᆞᆫ자 ¶衆人이 醉ᄒᆞ여도 ᄂᆡ 어이 ᄒᆞᆫᄌᆞ ᄭᅢ리(古時調. 金天澤. 昏飮不省. 海謠).

ᄒᆞᆫ챵 [명] 한창. ¶通 어레에 ᄉᆞᆯ이 업시 바ᄅᆞᆷ이 ᄒᆞᆫ챵인 제(古時調. 江原道. 靑丘).

ᄒᆞᆫ층 [명] 동배(同輩). ¶비ᄒᆞᆯ 사ᄅᆞ미 제 ᄒᆞᆫ층을 길우매 니르면 ᄯᅩ 본 거시 각별ᄒᆞ리라(飜小8:33). ᄒᆞᆫ층 ᄇᆡ:輩(類合下36).

ᄒᆞᆫ탄ᄒᆞ다 [동] 한탄(恨歎)하다. ¶ᄒᆞᆫ탄ᄒᆞ다:歎惜(同文解上20).

-ᄒᆞᆫ테 [조] -한테. ¶묻ᄂᆞᆫ 사ᄅᆞᆷᄃᆞ려 이로ᄃᆡ 내 ᄒᆞᆫ테 오ᄂᆞ이ᄂᆞᆫ(正念解2).

ᄒᆞᆫ표 [명] 한표(限標). 경계표(境界標). ¶ᄒᆞᆫ표 계:界(類合下51).

ᄒᆞᆫᄑᆞᆯ업·다 [형] 한 팔 없다. 외롭다. ¶ᄒᆞᆫᄑᆞᆯ업슬 혈:孑(訓蒙下33).

ᄒᆞᆫᄒᆞ·다 [동] 한(限)하다. ¶하며 져구믈 限티 말오:不限多少(救急上57). ᄆᆞᆯ이 限ᄒᆞᆫ ᄃᆡ셔

만히 먹어 비부로리라(蒙老2:7).

:ᄒᆞᆫᄒᆞ·다 동 한(恨)하다. ¶酒泉郡으로 가디 몯호ᄆᆞᆯ 恨ᄒᆞᄂᆞ다 ᄒᆞ니라(初杜解15:40). 滅ᄒᆞ야 더로ᄃᆡ 디새 ᄇᆞᆺ아디ᄃᆞᆺ게 몯 호ᄆᆞᆯ 恨ᄒᆞᄂᆞ니(南明下32). ᄯᅩ 이믜 일 죽으니 내의 ᄀᆞ장 恨ᄒᆞᄂᆞᆫ 배라(宣小5:79).

ᄒᆞᆯ 명 하루. ☞ᄒᆞᄅᆞ ¶ᄒᆞᆯᄅᆞᆫ 조심 아니 ᄒᆞ야(釋譜11:26). ᄒᆞᆯ리어나 ᄒᆞ논 마리라(月釋7:60). ᄒᆞᆯᄅᆞᆯ 無漏業을 닷가:一日修無漏業(楞解4:72). ᄒᆞᆯ리어든 ᄯᆞᆷ 내요미 맛당ᄒᆞ니:一日宜發汗(救簡1:103). 너를 ᄒᆞ야 ᄒᆞᆯᄅᆞᆯ 내내 슈고ᄒᆞ게 ᄒᆞ과이다:教你一日辛苦(飜老下35). ᄒᆞᆯ니나 고이 살가 보쟈(癸丑53). 널로 ᄒᆞ여곰 ᄒᆞᆯ놀 슈고ᄒᆞ여다(老解下32). 사흘 찔흘 ᄒᆞᆯ릐 왓습ᄂᆞᆫ딕(新語8:5). ᄒᆞᆫ 달이 셜흔 날이여니 날 보라 올 ᄒᆞᆯ리 업스랴(古時調. 어이 못 오던다. 青丘). ᄒᆞᆯ리나 잇트리어나:一日二日(普勸文3).
※ᄒᆞᆯ＞ᄒᆞᄅᆞ＞ᄒᆞ로＞하루

-·ᄒᆞᆯ 조 〔ᄒᆞ 첨용(添用) 목적격조사(目的格助辭).〕 ①-를. ¶나라ᄒᆞᆯ 맛ᄃᆞ시릴씨:將受大東(龍歌6章). 弟子 ᄒᆞ나ᄒᆞᆯ 주어시든 말 드러(釋譜6:22). ᄯᅩ ᄒᆞᆫ 뫼ᄒᆞᆯ 지ᅀᅳ니(釋譜6:31). 五色 幡을 ᄆᆡᆼᄀᆞ로ᄃᆡ 마ᅀᆞᆫ아홉 자ᄒᆞᆯ ᄒᆞ고(釋譜9:32). 나라ᄒᆞᆯ 아ᅀᆞ 맛디시고(月釋1:5). 입 고ᄒᆞᆯ 디ᄅᆞ며(月釋21:43). 깁소옴 쇼ᄒᆞᆯ 가줄뵤ᄃᆡ라:則譬繒纊細褥(法華2:243). 거즛 님자ᄒᆞᆯ 모르기 덜면:頓除妄宰(永嘉上104). 큰 뫼ᄒᆞᆯ ᄢᅧ 北녀 바ᄅᆞᆯ 건너믈(宣賜內訓序7). 그르 后ㅅ 니마ᄒᆞᆯ 헐오ᄃᆡ:誤傷后額(宣賜內訓2下7). 훤ᄒᆞ야 ᄆᆞᆯᄀᆞᆫ 내ᄒᆞᆯ 當ᄒᆞ얫도다:敞豁當清川(杜解6:36). 朝廷엔 뉘 노ᄒᆞᆯ 請ᄒᆞᄂᆞ니오:朝廷誰請纓(杜解10:47). 빗기 자ᄇᆞᆫ 뎌ᄒᆞᆯ 부루믈 마디 아니ᄒᆞᄂᆞ다:橫笛未休吹(杜解15:52). 너희 무른 어루 나ᄒᆞᆯ 닛고 사괴욜디로다:爾輩可忘年(杜解22:10). 南녀그론 袍罕ㅅ 모ᄒᆞᆯ 鎭ᄒᆞ얫ᄂᆞ니라:南鎭袍罕陬(杜解22:37). 즈믄 잣 노ᄒᆞᆯ:千尺絲綸(金三5:26). 나도 좀을 ᄢᅵ여 바다ᄒᆞᆯ 구버보니(松江. 關東別曲). 바ᄃᆞᄒᆞᆯ 겻ᄐᆡ 두고(松江. 關東別曲).
②-을. ¶門돌ᄒᆞᆯ 다 구디 ᄌᆞᆷ겨 뒷더시니(釋譜6:2). ᄶᅡᄒᆞᆯ 보고 졀ᄒᆞ다가(釋譜6:19). 곳 잇ᄂᆞᆫ ᄶᅡᄒᆞᆯ(月釋1:9). 八百 ᄆᆞᅀᆞᆯᄒᆞᆯ 가졧더시니(月釋21:213). ᄀᆞ올ᄒᆞᆯ 從ᄒᆞ야:從邑(法華2:236). 기픈 ᄠᅳᆮᄒᆞᆯ 펴 뵈신대:宣示深奧(楞解1:29). ᄒᆞᆫ 열콰 ᄒᆞᆫ 밀ᄒᆞᆯ 머거도:餐一麻一麥(楞解9:106). 네 ᄀᆞᆺ 버텅길ᄒᆞᆯ:四邊階道(阿彌7). ᄒᆞ나ᄒᆞ로 세ᄒᆞᆯ 니ᄅᆞ고:一而論三(永嘉下14). 閻浮提예 ᄒᆞᆫ 바ᄂᆞᆯ 놀ᄒᆞᆯ 셰여:於閻浮提豎一針鋒(圓覺序69). 져른 亭子ㅅ 가온ᄃᆡ 갈ᄒᆞᆯ 지혓도다:倚劒短亭中(杜解9:7). 위안햇 ᄂᆞᄆᆞᆯᄒᆞᆯ 金玉ᄋᆞ로 아나 가도:園蔬抱金玉(初杜解10:25). 蒼水使者ㅣ 블근 긴ᄒᆞᆯ 자뱃고:蒼水使者捫赤條(初杜解16:55). ᄀᆞᆯ와 다ᄅᆞᆫ ᄠᅳᆯᄒᆞᆯ 向ᄒᆞ야 가 뵈ᅀᆞᆸ고:並向殊庭謁(初杜解22:17). ᄒᆞᆫ ᄀᆞᅀᆞᆯᄒᆞᆯ 댱샹 비 苦로외더니:一秋常苦雨(初杜解23:7). 쇽ᄒᆞᆯ ᄆᆡᆼᄀᆞ리오:作俗(金三4:46). 人家돌ᄒᆞᆯ ᄆᆞᆯ외여:省會人家(飜老上49).

ᄒᆞᆯ긋 부 할긋. 할끗. ¶ᄒᆞᆯ긋 보다:探瞧(同文解上28).

ᄒᆞᆯ긋ᄒᆞᆯ긋 부 할긋할긋. ¶ᄒᆞᆯ긋ᄒᆞᆯ긋 보다:賊眉鼠眼(漢淸6:4).

ᄒᆞᆯ긔다 동 흘기다. ☞흘긔다. ᄒᆞᆯ기다 ¶웃는 樣은 닛밧애도 족코 ᄒᆞᆯ긔는 樣은 눈씨도 더욱 곱다(古時調. 海謠).

ᄒᆞᆯ기다 동 흘기다. ☞ᄒᆞᆯ긔다 ¶ᄒᆞᆯ기죽죽 ᄒᆞᆯ기ᄂᆞᆫ 눈씨도 곱다(古時調. 네 날 보고 방싯 웃ᄂᆞᆫ. 詩謠).

ᄒᆞᆯ니나 명 하루나. (독)ᄒᆞᆯ ¶ᄒᆞᆯ니나 고이 살가 보쟈(癸丑53).

ᄒᆞᆯ논 명 하루는. (독)ᄒᆞᆯ ¶ᄒᆞᆯᄂᆞᆫ ᄭᅮᆷ을 ᄭᅮ니:一日假寐(五倫1:61). 글 비호더니 ᄒᆞᆯᄂᆞᆫ 서로 닐오ᄃᆡ:學於一日相謂曰(五倫1:65).

ᄒᆞᆯ·리 명 ①하루가. (독)ᄒᆞᆯ ¶ᄒᆞᆯ리 못 ᄒᆞ야:不日(痘要上41).
②하루이-.〔'ᄒᆞᆯ'의 서술격(敍述格).〕 (독)ᄒᆞᆯ ¶ᄒᆞᆯ리어나 ᄒᆞ논 마리라(月釋7:60). ᄒᆞᆯ리어나:若一日(阿彌17). ᄒᆞᆯ리어든 ᄯᆞᆷ 내요미 맛당ᄒᆞ니:一日宜發汗(救簡1:103). ᄒᆞᆯ리나 잇트리나 사흐리나 닷쇄나:一日二日三日四日五六七日(普勸文 海印寺板3).

ᄒᆞᆯ리나 명 하루나. (독)ᄒᆞᆯ ¶ᄒᆞᆯ리나 쉬시고(新語5:17).

ᄒᆞᆯ·ᄅᆞᆫ 명 하루는. (독)ᄒᆞᆯ ¶ᄒᆞᆯᄅᆞᆫ 아ᄎᆞ미 서늘ᄒᆞ고 하ᄂᆞᆳ 光明이 믄득 번ᄒᆞ거늘(月釋2:51). ᄒᆞᆯᄅᆞᆫ 下直호ᄃᆡ 和尙이 佛法을 아니 ᄀᆞᄅᆞ치실ᄉᆡ(南明上14). ᄒᆞᆯᄅᆞᆫ 병이 듕커ᄂᆞᆯ:一日疾病(宣小6:27). ᄒᆞᆯᄅᆞᆫ 布와 깁 ᄑᆞᆯ리 디나가거ᄂᆞᆯ:有一日賣布絹的過去(朴解中27). ᄯᅩ ᄒᆞᆯᄅᆞᆫ ᄒᆞᆫ 계집이:又一日一箇婦人(朴解中27). ᄒᆞᆯᄅᆞᆫ 나븨 길 우희 가 ᄲᅣᆼ을 ᄃᆞ더니(女範3. 뎡녀 진나부녀).

ᄒᆞᆯ·ᄅᆞᆯ 명 하루를. (독)ᄒᆞᆯ ¶ᄒᆞᆯᄅᆞᆯ 無漏業을 닷가(楞解4:72). 能히 ᄒᆞᆯᄅᆞᆯ 길우샤 ᄒᆞᆫ 劫 ᄆᆡᆼᄀᆞᄅᆞ시며:能延一日以爲一劫(法華5:88).

ᄒᆞᆯ릐 명 하루에. (독)ᄒᆞᆯ ¶사흘 찔흘 ᄒᆞᆯ릐 왓습ᄂᆞᆫ딕(新語8:5).

ᄒᆞᆯ시 명 하는 모양. 행동(行動). ¶엇디 ᄒᆞᆯ시 사솔 ᄲᅢ혀 글 외오기며:怎的是撤簽背念書(飜老上3). 그 ᄒᆞᆯ시ᄅᆞᆯ ᄀᆞ장 未審히 너기ᄋᆞᆸᄂᆡ(新語4:3). 젼두의 ᄒᆞᆯ시 一年 二年은 아니오(新語4:26). 이러나 뎌러나 자너게 맛디오니 ᄒᆞᆯ시 됴케 ᄒᆞ쇼셔(新語6:21).

ᄒᆞᆯ일업다 형 하릴없다. ¶ᄒᆞᆯ일업서 강잉ᄒᆞ여

겨요 나앗다(捷蒙2:7).

ᄒᆞᆰ 명 흙. ¶ᄒᆞᆰ爲土(訓解. 合字). 여린 ᄒᆞᆯᄀᆞᆯ 하ᄂᆞᆯ히 구티시니:泥淖之地天爲之凝(龍歌37章). 디새며 ᄒᆞᆯᄀᆞ로 塔ᄋᆞᆯ 이르ᅀᆸ거나(釋譜13:51). 모시 ᄒᆞᆯ기 ᄃᆞ외어늘(月釋2:50). 서근 ᄲᅧ를 서근 ᄒᆞᆯᄀᆡ 무두ᄆᆞ로 올타 ᄒᆞ고(月釋18:40). 즌ᄒᆞᆰ ᄇᆞᆯᄫᆞ며 므거ᄫᅳᆫ 돌 지ᄃᆞᆺ ᄒᆞ야(月釋21:102). ᄒᆞᆯᄀᆡ 어울워 즌ᄒᆞᆯᄀᆞᆯ ᄆᆡᇰᄀᆞ라:合土成泥(楞解7:9). ᄒᆞᆯᄀᆞᆫ 幻法을 가ᄌᆞᆯ비시고:土喩幻法(圓覺下二之一33). ᄒᆞᆯᄀᆞ로 무든 디ᄫᅴ ᄇᆞᆯᄀᆞᆫ 비치 머므릿고:土室延白光(杜解9:14). 즌ᄒᆞᆯ개 그ᅀᅳ며:拖泥(金三4:37). 生死애 오ᄋᆞ로 이셔 ᄒᆞᆯᄀᆡ 그ᅀᅳ며 ᄠᅳ를 ᄡᅴ윤 양지니 이를 假借ᄒᆞ야(南明上73). 길헷 더운 ᄒᆞᆰ과:道上熱土(救簡1:33). ᄒᆞᆰ 니:泥. ᄒᆞᆰ 토:土(訓蒙上4. 類合上6). ᄒᆞᆰ 비즐 소:塑(訓蒙下20). ᄒᆞᆰ 양:壤(類合下20). ᄒᆞᆰ ᄇᆞᄅᆞᆯ 도:塗(類合下41). 襄子ㅅ 宮 가온ᄃᆡ 들어 뒷간의 ᄒᆞᆰ ᄇᆞᄅᆞ거ᄂᆞᆯ:入襄子宮中塗廁(宣小4:31). 아려ᄂᆞᆫ 그저 ᄒᆞᆰ 텨 ᄆᆡᇰ근 ᄃᆞ리러니:在先只是土搭的橋來(老解上35). ᄒᆞᆰ을 져 ᄡᅥ 무덤을 일우며:負土以成墳(女四解4:19). ᄒᆞᆰ:土(同文解上7). 土曰轄希(雞類). 土黑二(譯語. 地理門).
※ᄒᆞᆰ>흙

ᄒᆞᆰ고·개 명 이현(泥峴). 〔지명(地名)〕 ¶花園在松京中部泥峴 ᄒᆞᆰ고개 北邊(龍歌1:44).

ᄒᆞᆰ구들 명 흙구들. ¶이런 ᄆᆡᆫᄒᆞᆰ구드레 엇디 자료 아ᄆᆞ란 딥지즑 잇거든 두어 닙 가져 오라:這般精土炕上怎的睡有甚麼藁薦將幾領來(飜老上25). ᄒᆞᆰ구들:土炕(譯解上18).

ᄒᆞᆰ덩이 명 흙덩이. ¶거저긔 자며 ᄒᆞᆰ덩이를 베며:寢苫枕塊(飜小7:19). 거적의 자며 ᄒᆞᆰ덩이를 베며:寢苫枕塊(宣小5:52). ᄒᆞᆰ덩이:土塊(同文解上7. 譯解補6).

ᄒᆞᆰᄃᆞ리 명 흙다리. 토교(土橋). ¶ᄒᆞᆰᄃᆞ리:土橋(譯解上14).

ᄒᆞᆰ무·디 명 흙무더기. ☞ᄒᆞᆰ무적 ¶ᄒᆞᆰ무디 돈:墩(訓蒙中9). ᄒᆞᆰ무디:土堆(譯解上8).

ᄒᆞᆰ무적 명 흙무더기. ☞ᄒᆞᆰ무디 ¶ᄒᆞᆰ무적에 걸앉다 니ᄅᆞ시고:言踞土埵(法華2:119). 거적에 자며 ᄒᆞᆰ무적 베며:寢苫枕塊(宣賜內訓1:61). ᄒᆞᆰ무적ᄀᆞ티 ᄒᆞ올로 다봇 서리예 ᄇᆞ리여슈라:塊獨委蓬蒿(杜解8:56). ᄒᆞᆰ무적 괴:塊. ᄒᆞᆰ무적 벽:堛(訓蒙下18).

ᄒᆞᆰ벽 명 흙벽. 흙벽돌. ¶ᄒᆞᆰ벽:土墼(四解下47 墼字註). ᄒᆞᆰ벽 격:墼(訓蒙中18).
※ᄒᆞᆰ벽>흙벽

ᄒᆞᆰ부텨 명 흙부처. 흙으로 빚은 부처. 토불(土佛). ¶匠人 請ᄒᆞ야 ᄒᆞᆰ부텨를 ᄆᆡᇰᄀᆞ라 두고(月釋23:76).

ᄒᆞᆰᄇᆡ다 동 빗기 뵈다. ¶눈 적이 ᄒᆞᆰᄇᆡ다:眼微斜(漢淸6:3).

ᄒᆞᆰ·비 명 흙비. ¶ᄒᆞᆰ비 ᄆᆡ:霾(訓蒙下2). ᄒᆞᆰ비:土雨(譯解補2). ※ᄒᆞᆰ비>흙비

ᄒᆞᆰ·섬 명 토계(土階). 흙 층계. ¶堯와 虞舜괘 새로 니시고 ᄒᆞᆰ섬 ᄒᆞ시며:唐堯虞舜茅茨土階(宣賜內訓2下57).

ᄒᆞᆰ셩 명 이성(泥城). 〔성(城) 이름〕 ¶至慈川泥城 ᄒᆞᆰ셩(龍歌1:44).

ᄒᆞᆰ셩녕 명 질것 만드는 일. ¶ᄒᆞᆰ셩녕 도:陶(類合下7).

ᄒᆞᆰ·손 명 흙손〔塗墁〕. ¶ᄒᆞᆰ손 오:杇(訓蒙中16). ᄒᆞᆰ손:泥鏝(同文解上17). ᄒᆞᆰ손:抹子(漢淸10:37).

ᄒᆞᆰ집 명 흙집. ¶尸鄕애 ᄒᆞᆰ지비 나맛ᄂᆞ니:尸鄕餘土室(杜解21:2).

ᄒᆞᆷᄭᅴ 부 함께. ☞ᄒᆞᆫᄢᅴ ¶대군을 ᄒᆞᆷᄭᅴ 잡으려 ᄒᆞᆫ번의 소계 언ᄌᆞ니(癸丑27). ᄒᆞᆷᄭᅴ:打夥兒(譯解下51). 거문고 가진 벗이 ᄃᆞᆯ ᄒᆞᆷᄭᅴ 오마터니(古時調. 곳은 밤비. 青丘). 乾坤이 날더려 니로르ᄅᆞᆯ ᄒᆞᆷᄭᅴ 늙쟈 ᄒᆞ더라(古時調. 갓 버셔 松枝에. 青丘). 어듸셔 외로온 기러기ᄂᆞᆫ ᄒᆞᆷᄭᅴ 녜쟈 ᄒᆞᄂᆞ니(古時調. 張翰이. 青丘). 비빈들이 모ᄃᆞ거ᄂᆞᆯ ᄒᆞᆷᄭᅴ 고온 고촐 고치고(明皇1:33). ᄉᆞᄌᆞ로 더브러 ᄒᆞᆷᄭᅴ 가(女範1. 모의 노모ᄉᆞ) 고기가 물 ᄡᅥ로다 낙시질 ᄒᆞᆷᄭᅴ 가ᄌᆞ(萬[illegible]詞). 두 사ᄅᆞᆷ이 ᄒᆞᆷᄭᅴ 몸을 뒤집으며(武藝圖61).

ᄒᆞᆷᄢᅢ 명 한때. ¶ᄒᆞᆷᄢᅢ예:一時(痘瘡方51).

ᄒᆞᆷᄢᅴ 부 함께. ☞ᄒᆞᆫᄢᅴ ¶량시기 업거늘 집사ᄅᆞᆷ과 다 ᄒᆞᆷᄢᅴ 주그니라:粮盡闔家同死(續三綱. 忠2). ᄒᆞᆷᄢᅴ 주믈 ᄎᆞ게 ᄒᆞ고:一并交足(飜老下16). ᄒᆞᆷᄢᅴ 너를 됴ᄒᆞᆫ 은 주리라:一頓兒還你好銀子(飜老下60). 보ᄆᆡ 그려기와 ᄒᆞᆷᄢᅴ 가면:春鴈同歸(重杜解17:12). 楚王의 臺로 ᄒᆞᆷᄢᅴ 디나가리라:同過楚王臺(重杜解21:19).

ᄒᆞᆷ·ᄢᅴ 부 함께. ☞ᄒᆞᆫᄢᅴ. ᄒᆞᆷᄢᅴ ¶버다 너희 세희 ᄒᆞᆷᄢᅴ 다 내오:火伴俆三箇一發都出了着(飜老上24). ᄒᆞᆷᄢᅴ 옮겨 드리라:一發搬入去(飜老上69). 네 이 ᄆᆞᄅᆞᆯ 뎌 사ᄅᆞ미 다 ᄒᆞᆷᄢᅴ 사 山東 ᄯᅡ호로 풀라 가져 가리니:俆這馬他們都一發買將山東賣去(飜老下8). 아ᄌᆞ와 보ᄂᆞᆫᄃᆡ ᄒᆞᆷᄢᅴ 보라:牙家眼同看了着(飜老下64). ᄒᆞᆷᄢᅴ 구ᅀᅵ예 ᄀᆞᄃᆞ기 여믈 주고:一發滿槽子饋草(飜朴上21). ᄒᆞᆷᄢᅴ:一就(老朴集. 累字解8). 세 사ᄅᆞᆷ이 ᄒᆞᆷᄢᅴ 니러:三人同起身(飜小9:52). 손과 ᄒᆞᆷᄢᅴ 밥 먹거늘:與客同飯(飜小10:6). ᄒᆞᆷᄢᅴ 히:偕(類合下30). 祥으로 더블어 ᄒᆞᆷᄢᅴ ᄒᆞ고:與祥俱(宣小6:65). 주근 아븨 겯틔셔 ᄒᆞᆷᄢᅴ 주그리라:同死亡父之側(東新續三綱. 孝3:39). 銳卒ᄋᆞᆯ 뫼화 回紇兵을 伺候ᄒᆞ야 ᄒᆞᆷᄢᅴ 發行ᄒᆞ져 ᄒᆞᄂᆞ다:蓄銳伺俱發(重杜解1:8). ᄒᆞᆷᄢᅴ 모도다:一衮(語錄14). ᄒᆞᆷᄢᅴ:齊到(語錄14). 우리

홈ᄭᅴ 가쟈:咱們一同去來(老解上7). 홈ᄭᅴ 다 내고:一發都出了着(老解上21). 五更의 다ᄃᆞ라 홈ᄭᅴ 콩을 다 주어 머기라:到五更一發都與料喫(老解上22). 닷봇근 明鏡中 절로 그린 石屛風 그림애ᄅᆞᆯ 버들사마 西河로 홈ᄭᅴ 가니(松江. 星山別曲). 더브러 홈ᄭᅴ 늙쟈 호라(詩解2:10). 젹진의 ᄃᆞ라 드러 홈ᄭᅴ 죽으니:亦赴敵死畛(五倫2:24). 형과 동싱이 홈ᄭᅴ 은혜 괴임을 밧으되:俱(女四解3:2). 홈ᄭᅴ 세 번 ᄒᆞ고(武藝圖4). ※홈ᄭᅴ<ᄒᆞᆫᄢᅴ

홈ᄭᅵ 부 함께. ☞ᄒᆞᆫᄢᅴ ¶多士를 홈ᄭᅵ 모화 別科를 보히시니(陶山別曲).

홈아 부 이미. 벌써. ☞ᄒᆞ마 ¶홈아:險些兒(譯解下51).

홈케 부 함께. ☞ᄒᆞᆫᄢᅴ. 홈ᄢᅴ. 홈ᄭᅴ ¶이신 제 홈케 늙고(警民37).

홈·콰 부 함께. ☞ᄒᆞᆫᄢᅴ. 홈ᄢᅴ ¶우리 홈콰 가져:一同去來(飜老上8).

-ᄒᆞᆸ·다 접미 -스럽다. -스럽구나. ¶恭敬ᄒᆞᄫᆞᆫ ᄆᆞᅀᆞᆷ 아니 내리도 잇ᄂᆞ니(釋譜11:6). 怒ᄒᆞᄫᆞᆫ 일 맛나샨 怒티 아니ᄒᆞ샤(月釋17:74). 足히 ᄉᆞ랑ᄒᆞᆸ디 아니커늘:不足戀(法華2:111). 迦陵頻伽ᄂᆞᆫ 닐오매 됴ᄒᆞᆫ 소리 ᄒᆞᄂᆞᆫ 새니 그 소리 淸和코 感動ᄒᆞᆸ고 깃브니:迦陵頻伽云好音鳥其聲淸和感悅(法華3:115). 기픠 블그니도 可히 ᄉᆞ랑ᄒᆞ오며 녀티 블그니도 ᄉᆞ랑ᄒᆞᆸ도다:可愛深紅愛淺紅(初杜解18:7). 可히 ᄉᆞ랑ᄒᆞᆸ도다:可念(初杜解21:40). 나죵내 봉양 몯 ᄒᆞᆫ 일이 ᄒᆞᆫᄒᆞᆸ다 ᄒᆞ고 드듸여 음식 그쳐:恨不終養遂絶食(東新續三綱. 烈2:26 張氏絶食).

ᄒᆞᆼ샹 부 항상(恒常). ¶이ᄂᆞᆫ 일후미 ᄆᆞᅀᆞᄆᆞᆯ ᄡᅮᄃᆡ 恒常 ᄉᆞᆯ표ᄆᆞᆯ 일허(楞解9:73). 恒常 一寂인 眞空이라(永嘉下11). 道ᄅᆞᆯ 일워 恒常 念ᄒᆞ야(六祖中31). ᄒᆞᆼ샹이 만ᄒᆞᆫ 악ᄋᆞᆯ 지어(野雲40). ᄒᆞᆼ샹 조ᄐᆡ고로ᄡᅥ 스스로 비ᄒᆞ니:常(女四解3:2).

ᄒᆞᆼ심 명 항심(恒心). ¶恒産이 업서도 恒心을 둔ᄂᆞᆫ 者ᄂᆞᆫ 오직 士ㅣ 能히 ᄒᆞ거니와:無恒産而有恒心者惟士爲能(宣孟1:32).

ᄒᆞᆼ하사 명 항하사(恒河沙). 셀 수 없을 만큼 많은 수량. ¶또 잘 說法ᄒᆞᄂᆞ니ᄃᆞᆯ히 十方 佛刹애 ᄀᆞ독ᄒᆞ야 ᄒᆞᆫ ᄆᆞᅀᆞᄆᆞ로 恒河沙劫에 다 모다 ᄉᆞ랑ᄒᆞ야도 부텻 智慧ᄅᆞᆯ 모ᄅᆞ리어며 므르디 아니ᄒᆞᄂᆞᆫ 菩薩ᄃᆞᆯ히 그 數ㅣ 恒沙 ᄀᆞᆮᄒᆞ야 ᄒᆞᆫ ᄆᆞᅀᆞᄆᆞ로 모다 ᄉᆞ랑ᄒᆞ야도 ᄯᅩ 모ᄅᆞ리라(釋譜13:42). 恒河沙ᄂᆞᆫ 恒河앳 몰애니 부톄 ᄌᆞ조 이 믌ᄀᆞᅀᅢ 와 說法ᄒᆞ실ᄊᆡ 만ᄒᆞᆫ 數를 이 몰애로 가ᄌᆞᆯ벼 니르시ᄂᆞ니라(月釋7:72).

·ᄒᆡ 명 해〔日〕. ¶ᄒᆡᆫ 므지게 ᄒᆡ예 ᄢᅦ니이다:維時白虹横貫于日(龍歌50章). 日月은 ᄒᆡ ᄃᆞ리라(釋譜9:4). 普光天子ᄂᆞᆫ ᄒᆡ라(釋譜13:6). ᄒᆡ 디여 가ᄃᆡ 그 지븐 光明이 비췰ᄊᆡ(月釋1:9). 그제ᅀᅡ ᄒᆡ ᄃᆞ리 처ᅀᅥᆷ 나니라(月釋1:42). 나리 져므러 ᄒᆡ 디거늘(月釋8:93). ᄀᆞᄂᆞᆯ지니 이 수프리오 ᄇᆞᆰᄀᆞ니 이 ᄒᆡ오:陰者是林明者是日(楞解2:47). ᄇᆞᄅᆞᆷ과 ᄒᆡᄅᆞᆯ ᄀᆞ리오ᄃᆡ 몯ᄒᆞ거ᄂᆞᆯ:不蔽風日(宣賜內訓1:73). ᄒᆡ ᄆᆞᆾᄃᆞ록 冲融호ᄆᆞᆯ 브노라:畢景羨冲融(杜解9:7). ᄆᆡ햇 ᄒᆡᆺ비츤 거츤 ᄃᆡ ᄇᆞᆰ갯고:野日荒荒白(杜解10:4). ᄒᆡ ᄃᆞ리 도ᄅᆞ혀 서르 사호며:日月還相鬪(杜解10:10). ᄇᆞᄅᆞᆷ과 ᄒᆡ와 겨집과 ᄃᆞᆰ과:風日婦人鷄(救簡2:70). ᄒᆡ도 디ᄂᆞ다:日頭落也(飜老上49). ᄒᆡᆺ귀 구:晷(訓蒙上2). ᄒᆡ ᄃᆞᆯ 별 요:曜(類合下12). ᄒᆡ:日頭(譯解上1. 同文解上1). ᄃᆞ른 ᄒᆡ 수이 디여(松江. 思美人曲). 西山의 ᄒᆡ 지다 ᄃᆞᆯ 아니 도다 오랴(古時調. ᄌᆞ득이. 古歌). 어와 이 ᄉᆞ이의 ᄒᆡ 발셔 져물엇다(萬言詞). 오날도 ᄒᆡ가 지니 이 밤을 엇지 쉴고(萬言詞). ※ᄒᆡ>해

·ᄒᆡ 명 해〔年〕. ¶正統은 이젯 皇帝 셔신 後로 샹녜 ᄡᅳᄂᆞᆫ ᄒᆡᆺ일후미라(釋譜序6). 여슷찻 ᄒᆡ 乙酉ㅣ라(釋譜6:1). 묏고래 수머 겨샤 여슷 ᄒᆡᄅᆞᆯ 苦行ᄒᆞ샤(釋譜6:4). 셜흔닌 ᄒᆡ예(楞解2:6). 힘ᄡᅥ 行ᄒᆞᆫ 닐굽 ᄒᆡᆫ 後에 이러:力行七年而後成(宣賜內訓1:17). 세 ᄒᆡᄅᆞᆯ 奔走ᄒᆞ야 ᄃᆞᆫ뇨매 ᄒᆞᆫ갓 갓과 뼈왜로소니:三年奔走空皮骨(杜解21:5). ᄒᆡ 디나며 ᄃᆞᆯ 파:經年累月(佛頂中7). ᄒᆡᆺ 셰:歲. ᄒᆡ 년:年(訓蒙上2). ᄒᆡ 년:年. ᄒᆡ 셰:歲(類合上4. 石千40). 아ᄃᆞᆯ을 나흔 후 ᄒᆞᆫ ᄒᆡ 만의(女四解4:16). ᄒᆡ마다 시월이면(明皇1:34). ᄒᆡᆺ 셰:歲(兒學下1). 秋月春風 몃몃 ᄒᆡ를 晝夜不離ᄒᆞᄋᆞᆸ다가(萬言詞). ※ᄒᆡ>해

ᄒᆡ 명 것. ¶내 ᄒᆡ 죠타 ᄒᆞ고 놈 슬흔 일 ᄒᆞ지 말며(古時調. 朱義植. 靑丘).

ᄒᆡ 명 해(害). ¶貨財ㅣ 聚티 아니홈이 國의 害ㅣ 아니라(宣孟7:5).

-·ᄒᆡ 조 〔ㅎ 첨용(添用) 부사격조사(副詞格助辭).〕☞-ᄋᆡ ①-에. ¶ᄀᆞᅀᆞᆯᄒᆡ 霜露ㅣ 와 草木이 이울어든(月釋序16). 나조ᄒᆡ 뷔여든 ᄯᅩ 나 아ᄎᆞᄆᆡ 닉더니(月釋1:45). 나조ᄒᆡ 鬼神 爲ᄒᆞ야(月釋2:26). 아ᄎᆞᆷ나조ᄒᆡ:旦夕(楞解9:72). ᄀᆞ올ᄒᆞᆯ 從ᄒᆞ야 ᄀᆞ올ᄒᆡ 가며:從邑至邑(法華2:236). 釧은 ᄇᆞᆯᄒᆡᆺ 골회라(永嘉下45). 아ᄎᆞᆷ나조ᄒᆡ 보아 警戒ᄒᆞ노라:朝夕視爲警(宣賜內訓1:27). ᄒᆡᆫ 므리 나조ᄒᆡ 東녀그로 흘러가ᄂᆞ니:白水暮東流(重杜解4:5). 우리 ᄆᆞᅀᆞᆯᄒᆡ 온 지비 남더니:我里百餘家(重杜解4:11). ᄀᆞᅀᆞᆯᄒᆡ 洞庭엣 돌히 ᄆᆞᄅᆞ고:秋枯洞庭石(初杜解8:5). 기픈 수픐 나조ᄒᆡ:深林晩(初杜解15:56). 다른 ᄯᅡᄒᆡ:殊方(杜解21:7). ᄀᆞᄅᆞᆷᄆᆞᅀᆞᆯᄒᆡ ᄒᆞ오ᅀᅡ 도라

가ᄂᆞᆫ ᄯᅡ해:江村獨歸處(初杜解23:6). 毫光ᄋᆞᆫ 부텻 니마ᄒᆡ 겨신 白毫光明이라(金三2:51). ᄆᆡ ᄒᆞᆫ나ᄒᆡ 닷돈 은을 바ᄃᆞ련마른:每一箇討五錢銀子(飜朴上32). 노픈 ᄀᆞᄋᆞᆯᄒᆡ ᄆᆞ리 ᄉᆞᆯ지고 健壯ᄒᆞ거늘:高秋馬肥健(重杜解4:12). 엇디 내 나라ᄒᆡ 은혜 베프미 이시리오(山城64). 초ᄒᆡ 드리텨 傷處에 ᄇᆞ르면:投醋內塗傷處(無寃錄1:20). 공번히 驗ᄒᆞ야 庫ᄒᆡ 녀허:公驗貯庫(無寃錄1:56). 뵈보ᄒᆡ 담아:布袱盛(無寃錄3:53). 골이라 홈은 요ᄒᆡ ᄉᆡᆺ 돗기오(小兒論9).

②-의. ¶쥬의 坊이어나 쇼ᄒᆡ 지비어나(釋譜19:43). 부톄 이 菩薩摩訶薩ᄃᆞᆯᄒᆡ 큰 法利 得호ᄆᆞᆯ 니ᄅᆞ싫 저긔(月釋17:29). 너희ᄃᆞᆯᄒᆡ 모ᄆᆞᆫ 일후미 性顚倒ㅣᄃᆞᆯ 아ᄅᆞᆷ디니라(楞解2:14). 조ᄒᆡ 함 ᄆᆞᆫ홀 씨라:如粟之多(楞解6:15). 프른 하ᄂᆞᆯᄒᆡ 變化호ᄆᆞᆯ 뉘 혜아리리오:蒼天變化誰料得(初杜解17:5).

-ᄒᆡ게 조 -에게. ¶무더멧 神靈ᄃᆞᆯᄒᆡ게 니ᄅᆞ고(月釋9:35).

ᄒᆡ골 명 해골(骸骨). ¶上疏ᄒᆞ야 骸骨을 빈대:上疏乞骸骨(宣小6:81). 쇼져야 우리 이졔 죽으면 낭군을 위ᄒᆞ여 ᄒᆡ골인들 뉘 거두며(落泉3:7).

:ᄒᆡ:괴ᄒᆞ·다 형 해괴(駭怪)하다. ¶시속 듣기예 ᄒᆡ괴홈이 이실 故로:有駭俗聽故(宣小凡例3).

ᄒᆡ귀엿골 명 햇귀에 있는 고리. 햇무리. ☞ᄒᆡㅅ귀엣골 ¶ᄒᆡ귀엿골:日珥(同文解上1).

-·ᄒᆡ그에 조 -에게. ☞-ᅌᅴ그에 ¶부텻 우콰 大衆ᄃᆞᆯᄒᆡ그에 비흐며(釋譜13:12).

ᄒᆡ금 명 해금(奚琴). ¶ᄒᆡ금:胡琴(同文解上53).

·ᄒᆡ:님 명 해님. ¶블근 곳 두닐굽 나촐 ᄒᆡ님 향ᄒᆞ야 숨ᄭᅴ라(瘟疫方8).

·ᄒᆡ·다 동 희어지다. ¶빗난 구루미 어드우락 도로 ᄒᆡᄂᆞ니:綵雲陰復白(杜解7:14). 業이 ᄒᆡ어늘 石壁ㅅ 뎔로셔 나오도다:業白出石壁(杜解16:1).

:ᄒᆡ·다 동 시키다. ☞ᄒᆡ이다 ¶제 쓰거나 ᄂᆞᆷ ᄒᆡ여 쓰거나 ᄒᆞ고(釋譜9:21. 月釋9:39). 모로매 소ᄂᆞ로 ᄒᆡ여 迷路호ᄆᆞᆯ 보내리로다:須令膾客迷(杜解7:16). ᄒᆡ여 아ᄒᆡᄃᆞᆯᄒᆞᆯ ᄑᆞᆯ라 코져컨마ᄅᆞᆫ:欲令鬻兒女(杜解25:37). ᄒᆞᆫ나ᄒᆞᆯ ᄒᆡ야 보게 ᄒᆞ고(飜老上39).

·ᄒᆡ·다 형 희다. ☞희다 ¶ᄒᆡᆫ 므지게 ᄒᆡ예 ᄢᅦ니이다:維時白虹橫貫于日(龍歌50章). 補陁ᄂᆞᆫ 혀근 ᄒᆡᆫ 고지라(釋譜6:43). 白ᄋᆞᆫ ᄒᆡᆯ 씨라(月釋1:22). 비치 ᄒᆡ오 블구미 ᄆᆞᆰ 頭腦ㅣ ᄀᆞᄐᆞ니라(月釋1:23). 고햇 수미 ᄒᆡ에 ᄃᆞ외어늘:鼻息成白(楞解5:56). ᄒᆡᆫ 쇠져즐 取ᄒᆞ야:取白牛乳(楞解7:15). 鵠이 ᄒᆡ오 가마괴 검고:鵠白烏黑(法華1:148). 깃과 ㅅ매 正히 ᄒᆡ어ᄂᆞᆯ:領袖正白(宣賜內訓2上51). 뉘 ᄒᆡᆫ ᄠᅴ로 니욘 지븨 브텃ᄂᆞ니오:誰依白茅屋(杜解9:5). 구루미 ᄒᆡ오 뫼ᄒᆡ 프른:雲白山青(杜解11:11). 龍이 나가니 ᄒᆡᆫ ᄆᆞ리 ᄒᆞ리도다:龍去白水渾(杜解16:3). ᄇᆞᄅᆞ미 가ᄇᆡ야오니 ᄒᆡᆫ나ᄇᆡ 깃거ᄒᆞ고:風輕粉蝶喜(杜解21:6). 나비 ᄒᆡ다 너기다니:謂猴白(金三4:22). ᄒᆡᆫ 양의 눈 ᄀᆞᄐᆞᆫ:白羊眼(救簡1:1). 즉ᄇᆡᆨ닙 ᄒᆞᆫ 줌과 팟믿 ᄒᆡᆫ ᄃᆡ 불휘 조ᄎᆞ니 ᄒᆞᆫ 줌과:柏葉一握葱白一握連根(救簡1:3). ᄎᆞᄡᆞᆯ ᄀᆞ라 ᄒᆡᆫ 즙을:糯米取白汁(救簡2:58). ᄒᆡᆫ 옷 니브며 ᄒᆡᆫ 띄 띄고(呂約9:27). ᄒᆡᆫ 믌겨리 ᄂᆞ솟고:銀浪湧(梵音集49). ᄒᆡᆫ ᄇᆡᆨ:白. ᄒᆡᆯ 소:素(訓蒙中29). ᄒᆡ에 ᄇᆞᄅᆞ라(瘟疫方16). ᄒᆡᆯ 소:素(類合下29. 石千29). ᄒᆡᆫ ᄇᆡᆨ:白(類合上5. 石千6). ᄒᆡᆯ 호:皓(類合下50). ※ᄒᆡ다>희다

-ᄒᆡ·다 접미 -시키다. -되게 하다. ¶龍ᄋᆞᆯ 降服ᄒᆡ면 外道ㅣᄃᆞᆯ 아니 조ᄍᆞᄫᆞ리(月印上36). 出家ᄒᆡ여 聖人ㅅ 道理 ᄇᆡ화ᅀᅡ ᄒᆞ리니(釋譜6:3). 羅睺羅ᄅᆞᆯ 出家ᄒᆡ샤 나라 니ᅀᅳ리ᄅᆞᆯ 긋게 ᄒᆞ시ᄂᆞ니(釋譜6:7). 魔王ㅅ 兵馬 十八億萬을 降伏ᄒᆡ오샤 光明이 世界ᄅᆞᆯ ᄉᆞᄆᆞᆺ 비취샤(釋譜6:18). 엇던 德으로 降服ᄒᆡ려뇨(釋譜6:28). 내 가도 어루 降服ᄒᆡ요리이다(釋譜24:22). 方ᄒᆞᆫ 것 正ᄒᆡᄂᆞᆫ 거슨 栝이라(法華1:9). 엇데 그 ᄆᆞᅀᆞᄆᆞᆯ 降伏ᄒᆡ리잇고:云何降伏其心(金剛10). ᄂᆞᆷ 利ᄒᆡᄂᆞᆫ 行ᄋᆞᆯ 니르와다:起利他之行(金剛96). 어루 降伏ᄒᆡᅀᆞᆸ디 몯홀 젼ᄎᆡ라:不可屈伏故(圓覺上二之二92). 因 업스니와 모딘 因을 降伏ᄒᆡ시며:則降伏無因惡因(圓覺上二之二92). 先人을 辱ᄒᆡ며(宣賜內訓1:32). 아ᄒᆡ 블러 마조 셔 비르수 經營ᄒᆡ유라:呼童對經始(杜解16:66). 降服ᄒᆡᆫ ᄠᅳ디로다(金三5:4).

-·ᄒᆡ도 조 -에도. ☞-ᅌᅴ도 ¶能ᄒᆡ 나조ᄒᆡ도 저허ᄒᆞ요ᄆᆞᆯ:能夕惕(杜解8:21).

·ᄒᆡ도·디 명 해돋이. ¶四月八日 ᄒᆡ도디예(月釋2:35).

:ᄒᆡ동 명 해동(海東). ¶海東 六龍이 ᄂᆞᄅᆞ샤:海東六龍飛(龍歌1章).

ᄒᆡ동창 명 해동청(海東青). ☞ᄒᆡ동청 ¶산진미 슈진미 ᄒᆡ동창 보라ᄆᆡ가(萬言詞).

ᄒᆡ동청 명 해동청(海東青). ¶ᄒᆡ동청:海青(譯解下25).

ᄒᆡ·ᄃᆞᆯ 명 ①해와 달. ¶그제ᅀᅡ ᄒᆡᄃᆞ리 처ᅀᅥᆷ 나니라(月釋1:42). ᄉᆞᆫ바다ᄋᆞᆯ 드러 ᄒᆡᄃᆞᄅᆞᆯ ᄀᆞ리와ᄃᆞᆫ 日月食 ᄒᆞᄂᆞ니라(月釋2:2). ᄒᆡᄃᆞᆯ 노ᄑᆞ와 太虛ㅅ 머루미:日月之高太虛之遠(法華6:31). ᄒᆡᄃᆞᆯ ᄒᆡᆯ 교:皎(類合下50).
②연월(年月). 세월. ¶서르 잡드러 ᄒᆡᄃᆞ리 기도다:相將歲月長(金三3:53).

·ᄒᆡ로 부 해마다. 해를 거듭할수록. ¶ᄒᆡ로

슬푸미 기ᄂᆞ다:長年悲(杜解23:40).

ᄒᆡ로ᄒᆞ다 동 해로(偕老)하다. ¶이졔 쇼져ᄅᆞᆯ 사도 오러 ᄒᆡ로ᄒᆞ여(落泉1:2). ᄇᆡᆨ 셰 ᄒᆡ로ᄒᆞ고 십오ᄌᆞ와 오녜 다 현달ᄒᆞ여(洛城2).

ᄒᆡ롭다 형 해(害)롭다. ¶그릇친 바 물욕이오 ᄒᆡ론 ᄇᆡ 혈긔로다(人日歌).

ᄒᆡ만ᄒᆞ다 동 해만(解娩)하다. 해산(解産)하다. ¶쇼졔 ᄌᆞ못 ᄆᆞᄋᆞᆷ을 편히 지내더니 회틱ᄒᆞᆫ 달 쉬 ᄎᆞ미 ᄒᆡ만ᄒᆞ야 ᄋᆞᄃᆞᆯ을 나흐니(落泉3:7).

ᄒᆡ무리 명 햇무리. ☞ᄒᆡᆺ모로 ¶ᄒᆡ무리 운:暈(兒學上3).

ᄒᆡ변 명 해변(海邊). ¶이 션두ᄂᆞᆫ 남북 ᄒᆡ변의 장ᄉᆞᄒᆞᄂᆞᆫ ᄇᆡ라(落泉1:1).

ᄒᆡᄇᆞ라기 명 해바라기. ¶ᄒᆡᄇᆞᄅᆞ기:向日蓮(物譜 草木).

ᄒᆡㅅ귀엣골 명 햇귀에 있는 고리. 햇무리. ☞ᄒᆡ귀엿골 ¶ᄒᆡㅅ귀엣골:日環(譯解上1).

ᄒᆡㅅ모로 명 햇무리. ☞ᄒᆡᆺ모로 ¶ᄒᆡㅅ모로:日暈(譯解上1). ᄒᆡㅅ모로 ᄒᆞ다:日暈(同文解上1). ᄒᆡㅅ모로:日珥(漢淸1:3).

ᄒᆡㅅ빗 명 햇빛. ☞ᄒᆡᆺ빗 ¶ᄒᆡㅅ빗:日光(同文解上1).

ᄒᆡ산 명 해산(解産). ¶ᄒᆡ산:解産(東新續三綱. 烈6:71).

-:ᄒᆡ·샤 접미 -시키시어. ㉮-ᄒᆡ다 ¶또 羅睺羅ᄅᆞᆯ 出家ᄒᆡ샤 나라 니ᅀᅳ리ᄅᆞᆯ 긋게 ᄒᆞ시ᄂᆞ니 엇더ᄒᆞ니잇고(釋譜6:7).

ᄒᆡ셕ᄒᆞ다 동 해석(解釋)하다. ¶약화ㅣ 녀론어를 지음이 약쇼ㅣ ᄒᆡ셕ᄒᆞ니라:申釋(女四解3:2).

:ᄒᆡ·셜 명 해설(解說). ¶세ᄒᆞᆫ 誦이오 네ᄒᆞᆫ 解說이오 다ᄉᆞᄉᆞᆫ 書寫ㅣ오 여ᄉᆞᄉᆞᆫ 供養이니(法華4:73).

ᄒᆡ소ᄒᆞ다 동 소식(素食)하기를 그치다. ¶ᄒᆡ소ᄒᆞ다:開齋(譯解上42).

:ᄒᆡ·슈 명 해수(海水). ¶邪心이 이 海水ㅣ오(六祖上97). 쳔샹의셔 ᄒᆡ슈의 ᄯᅥ러지ᄂᆞᆫ ᄃᆞᆺᄒᆞ야(落泉2:4).

-:ᄒᆡ·시ᄂᆞ·다 접미 -시키신다. ㉮-ᄒᆡ다 ¶智慧神通力으로 에구든 모딘 衆生ᄋᆞᆯ 降服ᄒᆡ시ᄂᆞ다(釋譜11:4).

ᄒᆡ아 명 해아(孩兒). 어린아이. ¶ᄇᆡᆨ공이 문왈 ᄒᆡ아ᄂᆞᆫ 엇지 업ᄂᆞ뇨(引鳳簫2).

ᄒᆡ아로비 명 해오라기. ☞하야로비 ¶ᄒᆡ아로비 로:鷺(類合上11).

ᄒᆡ안 명 해안(海岸). ¶우습ᄒᆞᆫ 날의ᄂᆞᆫ 은은ᄒᆞᆫ 곡셩이 잇더니 앗가 ᄒᆡ안둥으로셔 시신이 ᄂᆞ려와(落泉2:6).

ᄒᆡ야곰 부 하여금. ☞ᄒᆡ여곰 ¶ᄒᆡ야곰 百揆애 宅ᄒᆞ야:使宅百揆(書解1:16).

·ᄒᆡ·야디·다 동 해어지다. 닳아서 떨어지다. ☞ᄒᆞ야디다 ¶玉 ᄀᆞᄐᆞᆫ 이ᄉᆞ레 싣나모 수프리 ᄠᅳ드러 ᄒᆡ야디니:玉露凋傷楓樹林(初杜解10:33). ᄒᆡ야디디 아니ᄒᆞ리로다:壞不得(飜老上39). 다른 ᄆᆞᆯ조차 다 뎐염ᄒᆞ야 ᄒᆡ야디리로다:連其餘的馬都染的壞了(飜老下19). ᄒᆡ야딜 패:敗(訓蒙下22). ᄒᆡ야딜 폐:弊(石千25). ᄂᆞᆺ치 ᄒᆡ야뎌 피 흘으거늘:破面流血(宣小6:61).

ᄒᆡ야로비 명 해오라기. ☞하야로비 ¶흰 ᄒᆡ야로비 바틔 ᄂᆞ리니:白鷺下田(百聯20).

·ᄒᆡ·야ᄇᆞ·리·다 동 헤뜨리다. 헐어버리다. ☞ᄒᆞ야ᄇᆞ리다 ¶쉬문을 다가 다 다딜어 ᄒᆡ야ᄇᆞ리고:把水門都衝壞了(飜朴上9). 새 훠를 다가 다 ᄃᆞᆫ녀 ᄒᆡ야ᄇᆞ리과라:把…新靴子都走破了(飜朴上35). 교만ᄒᆞ며 게을어 ᄒᆡ야ᄇᆞ려 ᄌᆞ람애 니르러 더욱 흉악고 강퍅ᄒᆞᄂᆞ니:驕惰壞了到長益凶狼(宣小5:2).

ᄒᆡ양 명 해파리. ☞ᄒᆡᄑᆞ리 ¶ᄒᆡ양:海蛇(漢淸14:46).

·ᄒᆡ·에 형 희게. ㉮ᄒᆡ다 ¶고햇 수미 ᄒᆡ에 ᄃᆞ외어늘:鼻息成白(楞解5:56).

:ᄒᆡ여 부 하여금. ☞ᄒᆡ여곰. ᄒᆡᅇᅧ ¶온가짓 體ᄅᆞᆯ ᄒᆡ여:使(宣賜內訓1:12). 半맛 秦民ᄋᆞ로 ᄒᆡ여:遂令半秦民(重杜解1:4). 시러 여러 병ᄋᆞ로 ᄒᆡ여 들게 호라:得使諸病入(重杜解1:41). 사ᄅᆞᄆᆞ로 ᄒᆡ여 몃 버늘 슬허케 ᄒᆞ거뇨:令人幾悲咤(杜解3:59). 사ᄅᆞᄆᆞ로 ᄒᆡ여 기픈 ᄉᆞᆯ표ᄆᆞᆯ 베프게 ᄒᆞᄂᆞ다:令人發深省(杜解9:27). 곳고리 말로 ᄒᆡ여 ᄀᆞ장 丁寧케 ᄒᆞᄂᆞᆺ다:便教鶯語太丁寧(杜解10:7). 오직 閭閻으로 ᄒᆡ여:但使閭閻(杜解21:3). 그력 올히로 ᄒᆡ여 갓가온 이우즐 어즈러이디 아니호리라:不教鵝鴨惱比隣(杜解21:3). 엇데 다시 모라 ᄧᅩ차 ᄒᆡ여 살에 ᄒᆞ디 아니ᄒᆞᄂᆞ니오:奈何重驅逐不使存活爲(初杜解25:37). 사ᄅᆞᆷ으로 ᄒᆡ여 面에 올닌 ᄲᅵᆯ과 등우희 ᄭᅵᆫ 힘 뵈고:教人看了面子上的角背子上鋪的筋(老解下28).

-:ᄒᆡ·여 접미 -시켜. ㉮-ᄒᆡ다 ¶出家ᄒᆡ여 聖人ㅅ 道理 ᄇᆡ화사 ᄒᆞ리니(釋譜6:3).

·ᄒᆡ·여곰 부 하여금. ☞ᄒᆡ야곰 ¶夫人이 寬으로 ᄒᆡ여곰(宣賜內訓1:17). 이제 잇ᄂᆞᆫ 文章ㅣ 사ᄅᆞᆷᄋᆞ로 ᄒᆡ여곰 슬케 ᄒᆞᄂᆞ니:有文令人傷(重杜解1:37). 집 ᄆᆞᄅᆞ와 보콰로 ᄒᆡ여곰 것게 ᄒᆞ디 말오라:莫使棟樑摧(杜解3:10). 오직 ᄒᆡ여곰 衰殘ᄒᆞᆫ 나해 바ᄇᆞᆯ ᄇᆡ브르 머거셔:但使殘年飽喫飯(杜解3:51). ᄒᆡ여곰 드믄 울흘 울후미:使插疏籬(杜解7:22). 이제 ᄒᆡ여곰 가져오게 호마:如今教將來(飜老上56). ᄒᆡ여곰:着落(老朴集. 單字解3). 반ᄃᆞ시 ᄒᆡ여곰 그 졈어 어려실 제 講ᄒᆞ야 니기게 홈은:而必使其講而習之幼穉之時(宣小書題1). 늙거야 날로 ᄒᆡ여곰 怨케 ᄒᆞᄂᆞᆺ다:老使我怨(詩解3:21). 이제 ᄒᆡ여곰

가져오게 ᄒᆞ마:如今教將來(老解上51). 히여곰:着(朴解. 單字解2). 셩인으로 히여곰(十九史略1:5).

히여금 부 하여금. ☞히여곰 ¶히여금 령:令(兒學下7).

·히·여·디·다 동 해어지다. 닳아서 떨어지다. ☞ᄒᆞ야디다. 히야디다 ¶또 히여디디 아니ᄒᆞ얫도다:亦不騫(初杜解16:28). 이 술위 술윗바회 밧돌이 히여디도다:這車子折了車網子(飜老下36). ᄂᆞᆾ치 히여디여 피 흐르거ᄂᆞᆯ:破面流血(飜小9:66). 히여딜 폐:弊(石千26). 칼ᄂᆞᆯ흘 당히여 ᄑᆞᆯ과 등이 다 히여디되:當刀臂背皆裂(東新續三綱. 孝3:39). 귀 히여딘 더ᄅᆞᆯ ᄡᆞ고:裹耳瘡(東新續三綱. 孝8:80). 언 ᄂᆞᆾ가족이 다 히여딜 거시니:凍面皮都打破了(朴解中30).

·히·여ᄇᆞ·리·다 동 헐어버리다. ☞ᄒᆞ야ᄇᆞ리다. 히야ᄇᆞ리다 ¶아히 ᄢᅦ브터 곧 교만ᄒᆞ며 게을어 어딘 셩을 히여ᄇᆞ려:從幼便驕惰壞了(飜小6:3). 믈읫 사ᄅᆞᄆᆡ 거슬 비러다가 히여ᄇᆞ리며 도로 보내디 아니호미 올티 아니ᄒᆞ니라:凡借人物不可損壞不還(飜小8:22). ᄂᆞᄆᆡ 것 히여ᄇᆞ리디 말라:休壞了他的(老解上17). 히여ᄇᆞ려도 내 짓 거슬 히여ᄇᆞ리ᄂᆞ니:壞時壞了我的家私(老解下45). ᄒᆞᆫ 디위 조으다가 긁텨 히여ᄇᆞ려ᄂᆞᆯ:一會兒打頓着撓破了(朴解下7).

히여지다 동 해어지다. ☞ᄒᆞ야디다. 히여디다. ¶히여지다:弊壞(同文解上56).

히오다 동 아우르다. 합하다. ☞ᄒᆞ요다 ¶통ᄒᆞ여 히오니 언머고:通該多少(老解上20). 히오니 셜흔 낫 돈이오:該三十個錢(老解上20). 히오니 즈름깝 글월 벗기ᄂᆞᆫ 갑시 얼머나 ᄒᆞ뇨:該多少牙稅錢(老解下16). 히오니 은 여돏 냥 갑시니:該着八兩銀價錢(老解下18). 通ᄒᆞ여 히오니:通該(朴解上30).

-:히오·다 접미 -시키다. -하게 하다. ¶魔王ㅅ 兵馬 十八億萬을 降服히오샤(釋譜6:17). 降服히온 龍이라(釋譜13:7). ᄒᆞᄆᆞᆯ며 降服히와 그츠리여(月釋14:74). 弟子ㅣ 힝뎌글 正히오ᄂᆞᆫ 사ᄅᆞ미라(楞解1:32). 目連의 降히오니라(法華1:47). 正히오신 後에ᅀᅡ 大悲ᄅᆞᆯ 니ᄅᆞ와ᄃᆞ샤(法華5:51). 또 女人의 惑히와 어즈류미 ᄃᆞ외디 아니코:亦不爲女人之所惑亂(法華7:172). 皇極에 乘輿ᄅᆞᆯ 正히오시니라:皇極正乘輿(杜解20:33). 형뎨 졍의ᄅᆞᆯ 샹히오미 샹텬의 고이히 너기미 되리라(山城60).

히오라기 명 해오라기. ☞하야로비. 히오라비 ¶히오라기:白鷺(物譜 羽蟲).

히오라비 명 해오라기. ☞하야로비. 히오라기. 히오리 ¶넛ᄀᆞ의 히오라비 무스 일 셔잇ᄂᆞᆫ다(古時調. 申欽. 瓶歌). 가마귀 검거라 말고 히오라비 셸 줄 어이(古時調. 青丘). 검은 거슨 가마괴요 흰 거슨 히오라비(古時調. 李鼎輔. 海謠). 히오라비:鷺鷥(漢淸13:47). 히오라비:白鷺(物譜 羽蟲).

히오리 명 해오라기. ☞하야로비. 히올 ¶가마귀 漆ᄒᆞ여 검으며 히오리 늙어 세더냐(古時調. 瓶歌). 가마귀 거무나다나 히오리 희ᄂᆞ다ᄂᆞ(古時調. 青丘).

히올 명 해오라기. ☞하야로비. 히오리 ¶鷺鷥曰 히올(東言).

히올아비 명 해오라기. ☞하야로비. 히오라비 ¶히올아비 로:鷺(兒學上7).

-히옵시 접미 -함세. ¶나도 좌내 請히옵시(古時調. 青丘).

히욤 형 흼(白). 희기. 흰 것. ㉠히다 ¶ᄂᆞᆾ비치 히요미 누니라와 더으더니:顏色白勝雪(重杜解1:5).

-히·우·다 접미 -하게 하다. -되게 하다. ¶이 우ᄒᆞᆫ 몸 공경홈을 實히우니라:右實敬身(宣小6:133).

히운 명 그 해의 운수. 연운(年運). ¶히운이 므리 만커나 ᄀᆞ몰어나 ᄒᆞ거든:有水旱(飜小10:14). 가ᄉᆞ 사ᄅᆞ미 가난ᄒᆞᆫ 히우ᄂᆞᆯ 만나 부모ᄅᆞᆯ 위ᄒᆞ야 모믈 다 버혀 ᄇᆞ사내니:假使有人遭飢饉劫爲於爺孃盡己身臠割碎壞(恩重18). 그 저긔 히운이 흉황ᄒᆞ고 녀역ᄒᆞ야:時年荒癘疫(東新續三綱. 孝1:3). 어즈버 사ᄅᆞᆷ이야 외라 히운의 타시로다(古時調. 尹善道. 환자 타. 孤遺).

히·이·다 동 하게 하다. 시키다. ☞히다 ¶효근풍류와 굴근풍뉴ᄅᆞᆯ 다 히이시며 므ᄅᆞᆯ 조차셔 노ᄅᆞ시다가:動細樂大樂沿河快活(飜朴上71). 交趾 ᄯᅡ 知州ㅣ랏 벼스를 도도혀 히이신대:陞交趾政平知州(續三綱. 忠3). 聖人이 시름홈을 두샤 契로 히여곰 司徒ᄅᆞᆯ 히이샤:聖人有憂之使契爲司徒(宣小1:9).

-:히이·다 접미 -하게 하다. -시키다. -함을 받다. ☞-히다. -히ᅇᅩ다 ¶李廣의 諸侯 封히이디 몯호ᄆᆞᆯ 어느 알리오:焉知李廣未封侯(初杜解21:16).

히·ᅇᅧ 부 하여. 하여금. 시키어. 하게 하여. ☞히여 ¶使ᄂᆞᆫ 히ᅇᅧ ᄒᆞ논 마리라. 사ᄅᆞᆷ마다 히ᅇᅧ 수ᄫᅵ 니겨:欲使人人易習(訓註3).

-:히ᅇᅩ·다 접미 -하게 하다. ☞-히이다 ¶正法眼이 업서 해 魔ㅣ 惑히ᅇᅩᄆᆞᆯ 니브릴씨:無正法眼多被魔惑(楞解6:87).

히ᄌᆞ 명 해자(垓字). 성 밑 못〔城下池〕. ¶셩 민 히ᄌᆞ:塹(四解下83). 히ᄌᆞ 호:壕. 히ᄌᆞ 황:隍(訓蒙中8). 히ᄌᆞ 픠다:挖壕(譯解上8). 城 밋 히ᄌᆞ:城壕(譯解上13). 히ᄌᆞ:城濠(同文解上40). 깁흔 히ᄌᆞ 놉흔 담 ᄡᆞ고(三譯8:20). 탄ᄒᆞ야 닐오ᄃᆡ 이 몸이 히ᄌᆞ의 葬身ᄒᆞᆯ 거시면(落泉3:6).

ᄒᆡ타 명 해타(咳唾). 기침과 침. 어른의 말씀. 훌륭한 시문(詩文). ¶詩仙은 어ᄃᆡ 가고 咳唾만 나맛ᄂᆞ니(松江. 關東別曲).

:ᄒᆡ·틔 명 해태(懈怠). 게으름. ¶不信과 懈怠와 放逸와(楞解8:95). 懶惰ᄂᆞᆫ 勇猛애 막고 懈怠ᄂᆞᆫ 精進애 막고(法華5:39).

ᄒᆡ파리 명 해파리. ☞ᄒᆡ양. ᄒᆡ프리 ¶ᄒᆡ파리:水母(柳氏物名二 水族).

ᄒᆡ포 명 해포. 두어 해. ¶ᄒᆡ포 미류ᄒᆞ신 증세예 침식을 못 ᄒᆞ오시고(癸丑11). ᄒᆡ포 他鄕의 머무ᄋᆸ기의(隣語1:15). ᄒᆡ포 만의 이리 뵈오되(隣語1:27). ᄒᆡ포 相好之情을 ᄉᆡᆼ각ᄒᆞ시고(隣語1:32). 여러 ᄒᆡ포 묵은 더위(古時調. 申獻朝. 閣氏네 더위. 靑丘).

ᄒᆡ풍 명 해풍(海風). 바닷바람. ¶ᄒᆡ풍 구:颶(兒學上3).

ᄒᆡ프리 명 해파리. ☞ᄒᆡ양. ᄒᆡ파리 ¶ᄒᆡ프리:泥(物譜 水族).

ᄒᆡ혹ᄒᆞ다 동 해혹(解惑)하다. 의혹을 풀다. ¶견치 쇼 왈 대랑의 슈단을 비러 져ᄅᆞᆯ ᄒᆡ혹게 ᄒᆞ면(落泉1:2).

ᄒᆡ홍이 명 해홍채(海紅菜). 나문재. ¶ᄒᆡ홍이:海紅菜(柳氏物名三 草).

ᄒᆡ후ᄒᆞ다 동 해후(邂逅)하다. ¶萬里ㅅ 긴 ᄀᆞᄅᆞᆷ ᄀᆞᅀᅵ 邂逅ᄒᆞ야 ᄒᆞᆫ번 서르 맛보라:萬里長江邊邂逅一相遇(重杜解22:39).

·ᄒᆡᆨ·실ᄒᆞ·다 동 핵실(覈實)하다. 사실을 조사하다. ¶노ᄑᆞᆫ 會예 ᄂᆞ외 覈實호미 업스시니:覈은 相考ᄒᆞᆯ 씨라(法華序13). 다시 ᄌᆞ개 블러 보샤 覈實ᄒᆞ시니(宣賜內訓2下19). 부즈런ᄒᆞ며 게어름을 샹고ᄒᆞ고 ᄒᆡᆨ실ᄒᆞ여 샹과 벌을 ᄒᆡᆼᄒᆞ리니(綸音93).

·ᄒᆡᆫ 형 흰. ㉮ᄒᆡ다 ¶ᄒᆡᆫ 므지게 ᄒᆡ예 ᄢᅦ니이다:維時白虹橫貫于日(龍歌50章). ᄒᆡᆫ 쇼져즐 取ᄒᆞ야:取白牛乳(楞解7:15). 플로 나ᄒᆞᆫ ᄒᆡᆫ 뵈라(宣賜內訓2上48). 뉘 ᄒᆡᆫ ᄢᅴ로 니욘 지븨 브텃ᄂᆞ니오:誰依白茅屋(杜解9:5). 龍이 나가니 ᄒᆡᆫ ᄆᆞ리 흐리도다:龍去白水渾(杜解16:3). ᄒᆡᆫ ᄇᆡᆨ:白. ᄒᆡᆯ 소:素(訓蒙中29). 冠과 옷ᄋᆞᆯ ᄒᆡᆫ 거ᄉᆞ로 단 도ᄅᆞ디 아니ᄒᆞ며:冠衣不純素(宣小3:21).

-·ᄒᆡᆫ 조 -엔. -에는. ☞-핸 ¶네차ᄒᆡᆫ 釋迦牟尼佛이시니(月釋1:51).

ᄒᆡᆫ검부기 명 늦벼의 한 품종. ¶ᄒᆡᆫ검부기:白黔夫只(衿陽).

·ᄒᆡᆫ·나ᄇᆡ 명 흰나비. ¶ᄇᆞᄅᆞ미 가ᄇᆡ야오니 ᄒᆡᆫ나ᄇᆡ 깃거ᄒᆞ고:風輕粉蝶喜(杜解21:6).

·ᄒᆡᆫ·두·루미 명 흰 두루미. ¶白鶴ᄋᆞᆫ ᄒᆡᆫ두루미라(月釋7:76).

·ᄒᆡᆫ바·곳불휘 명 백부자(白附子). ¶구리댓불휘와 ᄒᆡᆫ바곳불휘와ᄅᆞᆯ:香白芷白附子(救簡2:7).

·ᄒᆡᆫ·밥 명 흰밥. 쌀밥. 이밥. ¶죵으란 ᄒᆡᆫ바ᄇᆞᆯ 주고 ᄆᆞᆯ란 프른 ᄶᅩᄅᆞᆯ 호리라:與奴白飯馬靑芻(初杜解8:23).

ᄒᆡᆫ부루 명 상추의 한 품종. ¶ᄒᆡᆫ부루:白苣(四解上30 苣字註).

·ᄒᆡᆫ·ᄡᆞᆯ 명 흰쌀. 백미(白米). ☞ᄡᆞᆯ ¶말 듧 金바리예 ᄒᆡᆫᄡᆞᆯ ᄀᆞᄃᆞ기 다마(月釋8:90). 몬져 ᄒᆡᆫᄡᆞᆯ 서 홉으로 쥭 수어:粳米(救簡1:13). 白米曰漢菩薩(雞類).

ᄒᆡᆫ새 명 흰새. 해오라기. 황새. ☞한새 ¶鷺曰漢賽(雞類).

ᄒᆡᆫ쇠 명 은(銀). ¶銀曰漢歲(雞類).

ᄒᆡᆫ어르러지 명 백납. 백전풍(白癜風). ☞ᄒᆡᆫ어루럭이 ¶ᄒᆡᆫ어르러지 모매 퍼디여 어르눅고 ᄇᆞ랍거든:白癜風偏身斑點瘙痒(救簡6:84).

ᄒᆡᆫᄒᆞᆰ 명 흰 흙. 백토(白土). ¶ᄒᆡᆫᄒᆞᆰ 악:堊(訓蒙中29). ※ᄒᆡᆫᄒᆞᆰ>흰흙

-·ᄒᆡᆺ 조 -의. ¶져제와 ᄆᆞᅀᆞᆶᄒᆡᆺ 말와:市井里巷之語(宣小6:3).

ᄒᆡᆺ광 명 햇빛. 일광(日光). ¶諸天子 더블오 됴ᄒᆞᆫ 풍류ᄒᆞ고 ᄒᆡᆺ光애 ᄢᅦ여 내 올ᄒᆞᆫ 녀브로 들어늘(釋譜23:27). ᄒᆡᆺ光이 倍倍히 더버:倍ᄂᆞᆫ 고ᄇᆞᆯ 씨라(月釋1:48). ᄒᆡᆺ光이 ᄀᆞ려 ᄯᅡ우히 서늘ᄒᆞ며:日光揜蔽地上淸涼(法華3:34).

·ᄒᆡᆺ·귀 명 햇귀. ¶녀르멘 더운 ᄒᆡᆺ귀 잇고 겨스렌 누니 잇ᄂᆞ니라:夏有炎暉冬有雪(南明下57). ᄒᆡᆺ귀 구:晷(訓蒙上2. 類合下12). ᄒᆡᆺ귀 돈:暾. ᄒᆡᆺ귀 욱:旭(訓蒙下1). ᄒᆡᆺ귀 희:羲. ᄒᆡᆺ귀 휘:暉(石千40).

·ᄒᆡᆺ·ᄀᆞ·ᄂᆞᆯ 명 햇그늘. 광음(光陰). 세월. ¶光陰은 ᄒᆡᆺᄀᆞᄂᆞᆯ히라(南明上10). 치만ᄒᆞᆫ ᄒᆡᆺᄀᆞᄂᆞᆯᄒᆞᆯ 앗기시니:乃惜寸陰(宣小6:109).

ᄒᆡᆺ모로 명 햇무리. ☞ᄒᆡ무리. ᄒᆡㅅ모로 ¶ᄒᆡᆺ모로:日暈(訓蒙下1 暈字註).

·ᄒᆡᆺ바·회 명 햇바퀴. 해. ¶命終ᄒᆞᇙ 저긔 金蓮花ㅣ ᄒᆡᆺ바회 ᄀᆞᄐᆞ니(月釋8:75).

ᄒᆡᆺ발 명 햇발. ¶노ᄑᆞᆫ 블근 구룸 西ㅅ녀긔 ᄒᆡᆺ바리 平地에 ᄂᆞ리 솟도다:崢嶸赤雲西日脚下平地(重杜解2:65).

·ᄒᆡᆺ·빛 명 햇빛. ☞ᄒᆡㅅ빗 ¶晃晃ᄋᆞᆫ ᄒᆡᆺ비치 盛히 비취ᄂᆞᆫ 양이라(圓覺序40). 悠悠히 ᄒᆡᆺ비치 ᄀᆞᄅᆞ매 뮈옛고:悠悠日動江(杜解6:52). 興利ᄒᆞᆯ 나그내 ᄇᆡᄂᆞᆫ 도로 비취옛ᄂᆞᆫ ᄒᆡᆺ비ᄎᆞᆯ 조차 오놋다:賈客船隨返照來(初杜解7:3).

ᄒᆡᆺ소옴 명 햇솜. ¶ᄒᆡᆺ소옴이 업서 너터더니(癸丑217).

ᄒᆡᆺ일·홈 명 햇이름. 연호(年號). ¶正統ᄋᆞᆫ 이젯 皇帝 셔신 後로 샹녜 ᄡᅳᄂᆞᆫ ᄒᆡᆺ일후미라(釋譜序6).

ᄒᆡᆼ각 명 행각(行閣). ¶ᄒᆡᆼ각:翼廊(同文解上34). ᄒᆡᆼ각:廂房. ᄒᆡᆼ각 슷히 지은 집:露頂

(漢淸9:67).

힝각ᄒᆞ다 [동] 행각(行脚)하다. ¶行ᄋᆞᆫ 이 行脚ᄒᆞᆯ 시라(南明上59).

:힝:검 [명] 행검(行檢). 품행이 바름. ¶行檢을 힘ᄡᅳ게 ᄒᆞ야 ᄡᅥ 풍쇽과 교화를 돈겁게 ᄒᆞ고:勵行檢以厚風教(宣小6:15)

힝·긱 [명] 행객(行客). ¶行客의 旅亭에 가ᄇᆞ투믈 가ᄌᆞᆯ비며(楞解1:107).

힝낭 [명] 행랑(行廊). ☞힝랑 ¶힝낭 낭:廊(光千41). 셧녁 힝낭 섬 아래(太平1:43).

힝녜ᄒᆞ다 [동] 행례(行禮)하다. ¶始祖의 祭ᄒᆞ고 ᄆᆞᄎᆞ며 行禮호ᄃᆡ(家禮1:26).

힝노 [명] 행로(行路). 세로(世路). ¶힝뇌 요원ᄒᆞ고(洛城1).

힝니 [명] 행리(行李). ¶尋眞 行李는 전나귓 ᄲᅮᆫ이로다(曺友仁. 關東續別曲). 양싱이 힝니ᄅᆞᆯ 슈습ᄒᆞ야 다라나려 ᄒᆞᆯ시(落泉1:1). 힝니ᄅᆞᆯ 슈습ᄒᆞ야(洛城2).

힝니ᄒᆞ다 [동] 출행(出行)하다. ¶굿브러 청ᄒᆞ노니 힝니ᄒᆞ쇼셔:伏請行李(勸念解4). 청ᄒᆞ노니 힝니ᄒᆞ쇼셔(王郎傳3).

힝담 [명] 행담(行擔). 나그네의 작은 상자. ¶힝담:開披(譯解補44). 힝담을 베고 좀을 깁히 드럿더니(洛城2).

힝·뎍 [명] 행적(行蹟). ¶梵은 조ᄒᆞᆫ 힝뎌기라 ᄒᆞᆫ ᄠᅳ디니(月釋1:20). 維那離國은 싸홈 즐기고 조ᄒᆞᆫ 힝뎍 업스며(月釋2:11). 가ᅀᆞ멸며 싁싁ᄒᆞ야 므ᅀᅴ여ᄫᅳ며 智慧 기프며 나틀며 힝뎍 조ᄒᆞ며(月釋2:23). 後世末法 一切 모딘 힝뎍ᄒᆞᄂᆞᆫ 衆生이 仁者ㅅ 마ᄅᆞᆯ 드러(月釋21:79). 겨지비 네 힝뎌기 잇ᄂᆞ니:女有四行(宣賜內訓1:14). 觀照로 힝뎍 닷그면(南明上15). 쟝ᄎᆞᆺ 이 네 힝뎍을 사ᄅᆞ미게 ᄒᆞ게 ᄒᆞ거니:將責四者之行於人(飜小7:8). 힝뎍 힝:行(訓蒙下31). 셜포의 힝뎍을 쳔지예 울어더니:薛包之行千載景仰(東續三綱. 孝19).

·힝뎐 [명] 행전(行纏). ☞힝젼 ¶頭巾과 보션과 힝뎐을 밧디 아니ᄒᆞ야:不得去巾襪縛袴(宣賜內訓3:17). 곳갈와 보션과 힝뎐ᄋᆞᆯ 밧디 아니ᄒᆞ야:不得去巾襪縛袴(飜小9:2). 힝뎐 복:幅(類合上31). 힝뎐 ᄆᆡ오 신 신고 신씐ᄒᆞᆯ ᄆᆡ욜디니라:偪屨著綦(宣小2:2).

:힝·락ᄒᆞ·다 [동] 행락(行樂)하다. ¶宮中에 行樂ᄒᆞ샤미 祕密ᄒᆞ실시:宮中行樂祕(初杜解6:12). 物理ᄅᆞᆯ 仔細히 推尋ᄒᆞ야 모로매 行樂ᄒᆞᆯ디니:細推物理須行樂(重杜解11:19).

힝랑 [명] 행랑(行廊). ☞힝낭 ¶힝랑 랑:廊(訓蒙中5). 힝랑 랑:廊(類合下9). 져근 院과 횟돈 行廊은 보미 寂寂ᄒᆞ고:小院回廊春寂寂(重杜解9:38).

:힝·렬 [명] 행렬(行列). ¶그려긔 行列이 버렛ᄂᆞᆫ ᄃᆞᆺᄒᆞ도다:列鴈行(初杜解6:27). 行列이 그츠니 드림직디 아니ᄒᆞ도다:行斷不堪聞(初杜解17:20). 온 사ᄅᆞᄆᆡ 行列ㅣ로다:百夫行(重杜解2:70).

힝리 [명] 행리(行李). ¶일 ᄆᆞᄎᆞᆫ 사ᄅᆞᄆᆡ 平常ᄒᆞᆫ 行李라(南明下2). 힝리 무겁다:壘墜(漢淸14:31).

힝:보 [명] 행보(行步). ¶옷 니부믈 조심ᄒᆞ며 行步애 나며 드로매 차 ᄑᆞᄂᆞᆫ ᄃᆡ와 술 ᄑᆞᄂᆞᆫ ᄃᆡ 드듸 아니ᄒᆞ며(宣賜內訓3:17). 녕의졍 니원익이 늘거 힝보ᄅᆞᆯ 못ᄒᆞᄂᆞᆫ디라(仁祖行狀25). 나히 늙어 힝뵈 더듸니:年老行遲(五倫1:32).

힝션ᄒᆞ다 [동] 행선(行船)하다. ¶잠간 힝션ᄒᆞ야(引鳳簫1).

:힝실 [명] 행실(行實). ¶모로매 힝실ᄅᆞᆯ 도라보아 ᄒᆞ며:必顧行(飜小8:17). 힝실 힝:行(類合下1). 그 스승의 말ᄉᆞᆷ 믿어 行實ᄋᆞᆯ 도타이 슝샹ᄒᆞ더니:信其師說敎尙行實(宣小6:9). 그 世系와 일홈과 字와 行實을 지어 그 左ㅅ녀킈 刻ᄒᆞ야(家禮8:19). 효도 아니며 공슌 아닌 힝실을 ᄒᆞ리 잇거든:爲不孝不悌之行(警民23). 밋분 힝실 업다:沒信行(譯解補57). 일ᄃᆡ 경뉸ᄒᆞᆫ ᄉᆡᆨ이 쳔고 슉녀의 힝실을 겸ᄒᆞ엿더라(落泉43).

힝심ᄒᆞ다 [형] 행심(幸甚)하다. 매우 다행하다. ¶텬하 후셰의 득죄ᄒᆞ기ᄅᆞᆯ 면ᄒᆞ시면 힝심ᄒᆞ여이다(山城125).

힝:ᄉᆞ [명] 행사(行事). ¶齊滕ㅅ路ᄅᆞᆯ 反토록 일쪽 더브러 行事ᄅᆞᆯ 言티 아니ᄒᆞ시다:反齊滕之路未嘗與之言行事也(宣孟4:17). 힝ᄉᆞ 계집 ᄀᆞ튼이:婆氣人(漢淸8:49).

힝ᄉᆞᄒᆞ다 [동] 행사(行事)하다. ¶사나ᄒᆞᆯᄅᆞᆯ 즈음ᄒᆞ야 行事호니(家禮1:28).

힝ᄉᆡᆨ [명] 행색(行色). ¶쥬인이 그 힝ᄉᆡᆨ을 고이히 너겨(五倫3:32).

힝신 [명] 행인(行人). ☞힝인 ¶ᄠᅳ디 더러운 欲ᄋᆞᆯ 나토아 行人ᄋᆞᆯ 疑心ᄒᆞ야 외에 호려 ᄒᆞ니라(楞解9:95). 諸佛ㅅ ᄆᆞᅀᆞ미 行人의 觀心에 드르샤미 그리멧 像 ᄀᆞᆮᄒᆞ니라(圓覺下二之一22).

:힝신 [명] 행인(杏仁). 살구씨의 알맹이. ¶또 杏仁 ᄒᆞᆫ 斤을 데운 므레 ᄃᆞ마 것 밧기고(救急上6).

:힝여 [부] 행(幸)혀. ¶幸여 서근 프를 因ᄒᆞ야 나거니:幸因腐草出(初杜解17:38). 힝여 힝:幸(石千31). 힝여 진지ᄒᆞ여도 공쥬란 밧ᄌᆞᆸ고 대군으란 아니 밧ᄌᆞᆸ더라(癸丑33).

힝여나 [부] 행여나. ¶도치 멘 져 樵夫야 힝여나 찍으리라(萬言詞).

힝역 [명] 두창(痘瘡). 천연두. ¶힝역:痘子(四解下65 痘字註). 힝역 두:痘(訓蒙中33). 힝역:出痘兒(譯解上62).

힝인 [명] 행인(行人). ☞힝신 ¶ᄒᆞᆫ 길ᄒᆞᆫ 이 ᄀᆞ

셋 ᄒᆞᆫ 길히니 ᄒᆞᆫ 길ᄒᆞᆯ 조차 이에 니르다 ᄒᆞ면 곧 能히 行人ᄋᆞ로 寶所애 니르게 ᄒᆞᆯ시라(南明上59). 史記 잇ᄂᆞᆫ 閣애 行人ㅣ 잇고 글ᄒᆞᆯ 지븨 됴ᄒᆞᆫ 귀句ㅣ 傳ᄒᆞᄂᆞᆺ다:史閣行人在詩家秀句傳(重杜解24:47). 行人도 落淚ᄒᆞ니 ᄂᆡ 가삼 ᄆᆡ여진다(萬言詞).

힝장 명 행장(行裝). ¶하ᄂᆞᆯ콰 ᄯᅡ쾌 비록 어위오 크나 가논 ᄃᆡᄂᆞᆫ 行裝앳 囊橐이 뷔엿도다:乾坤雖寬大所適裝囊空(重杜解19:44). 行裝을 다 ᄯᅥᆯ티고 石逕의 막대 디퍼(松江. 關東別曲). 아희야 行裝을 ᄎᆞ려라(古時調. 功名을. 古歌). 힝장을 ᄃᆞᄉᆞ려(引鳳簫3).

힝쟝 명 행장(行裝). ¶셔로 깃거 의논을 졍ᄒᆞ고 ᄯᅩ 홍판ᄒᆞ라 갈시 힝쟝을 출히니 공지 힝쟝의 부족ᄒᆞᆫ 거ᄉᆞᆯ 돕더라(落泉1:3).

힝젼 명 행전(行纏). ☞힝뎐 ¶힝젼:套褲(漢清11:11). 힝젼:腿套(譯解補28).

힝즈치마 명 행주치마. ☞힝ᄌᆞ쵸마 ¶힝즈치마 멜ᄲᅵᆫ도 제 色이로다(古時調. 平壤 女妓. 青丘).

:힝·지 명 행지(行止). 행동거지(行動擧止). ¶行止 그ᄉᆞᆨᄒᆞ고 싀험ᄒᆞ며:動止陰險(飜小6:31). 힝지 어득ᄒᆞ고 싀험ᄒᆞ며:動止陰險(宣小5:28). 힝지 좀스럽다:行止小氣(漢清8:48). 힝지 그릇된 이:行止壞(漢清8:49).

힝ᄌᆞ 명 행주. ¶힝ᄌᆞ:抹布(訓蒙下20 抹字註). 힝ᄌᆞ:抹布(譯解下13. 同文解下16. 漢清11:40). ※힝ᄌᆞ>행주

힝ᄌᆞ쵸마 명 행주치마. ☞힝즈치마. 힝ᄌᆞ치마 ¶힝ᄌᆞ쵸마:帍巾(四解上41 帍字註). 힝ᄌᆞ쵸마 호:帍(訓蒙中13).

힝ᄌᆞ치마 명 행주치마. ☞힝즈치마. 힝ᄌᆞ쵸마 ¶힝ᄌᆞ치마:帍裙子(譯解上47). 힝ᄌᆞ치마:帨(物譜 衣服).

힝침 명 행침(行針). 〔바느질법의 한 가지〕 ¶힝침:一列針(譯解上24).

힝ᄎᆞ 명 행차(行次). ¶ᄒᆞᆫ 힝ᄎᆞ:壹起. 두 힝ᄎᆞ:兩起(譯解上24).

힝ᄎᆞ칼 명 행차(行次)칼. ¶힝ᄎᆞ칼:行枷(譯解上66).

힝탁 명 행탁(行橐). ¶힝탁을 버셔 노방의 두며 원졈늒으로 보라 ᄒᆞ고(引鳳簫3). 시ᄉᆞᄂᆞᆫ 내 흉둥의 잇거니와 힝탁의 지물이 업ᄉᆞ니 쳔금을 엇지ᄒᆞᆯ고(落泉1:2).

:힝·혀 부 행(幸)여. 다행히. ¶이젯 사ᄅᆞᄆᆞ로 보건댄 幸혀 正法을 듣ᄌᆞᄫᆞ미 가랫 因이 업디 아니ᄒᆞ니(月釋14:56). 모미 힝혀 브텟논ᄃᆞᆯ 알며(楞解6:103). 내 子息을 두어 힝혀 免호ᄆᆞᆯ 得ᄒᆞᆫᄃᆞᆯ ᄒᆞ오ᅀᅡ 義예 엇더ᄒᆞ뇨:存妾子幸而得免獨謂義何(宣賜內訓3:53). 너희ᄃᆞᆯ히 幸혀 니거든 내 마ᄅᆞᆯ 닛디 말오 父母ᄭᅴ ᄉᆞᆯᄫᆞ라(三綱. 忠20). 骨髓ㅣ 幸혀 ᄆᆞᄅᆞ디 아니ᄒᆞ얫노라:骨髓幸未枯(初杜解6:40). 힝혀 프른 거슬 ᄂᆞᆫ화 보내야 믓겨를 ᄠᅥᆯ잇게 ᄒᆞ라:幸分蒼翠拂波濤(初杜解18:11). 塔 밍ᄀᆞᄅᆞ실 제 幸혀 ᄇᆞ라ᅀᆞ온 ᄃᆞᆫ 머믈워 두쇼셔(六祖略序9). 낙ᄉᆞᆯ 몰라 솜껴 힝혀 긴히 소내 잇거든:誤呑鉤若線猶在手中者(救簡6:14). 힝혀:倘或(老朴集. 累字解9). 힝혀 유여히 갈 시져리면:若能勾去時節(飜老上45). 幸혀 이 자밧ᄂᆞᆫ 덛덛ᄒᆞᆫ 거시(宣小題辭4). 힝혀 늘근 어미 잇고:幸有老母(宣小6:50). 힝혀 다시 사로믈 ᄇᆞ라:冀其幸甦(東新續三綱. 烈3:21). 草堂애 樽酒ㅣ 이실ᄉᆡ 幸혀 시러곰 ᄆᆞᆯᄀᆞᆫ 아ᄎᆞᄆᆞᆯ 지내노라:草堂樽酒在幸得過淸朝(重杜解12:31). 杜曲애 幸혀 桑麻ㅅ 바티 인ᄂᆞ니 부러 將次ㅅ 南山ㅅ ᄀᆞ애 올마가 이슈리라:杜曲幸有桑麻田故將移住南山邊(重杜解25:14). 夫人은 힝혀 니ᄅᆞ디 말라(女四解4:47).

힝혀도 부 행여. ¶힝혀도 괴이히 너기디 마ᄅᆞ쇼셔:幸勿訝(東新續三綱. 烈6:41).

힝혀보다 동 우연히 만나다. ¶힝혀볼 히:邂. 힝혀볼 후:逅(類合下29).

:힝ᄒᆞ·다 형 행(幸)하다. 다행하다. ¶楊子ᄂᆞᆫ 심팀ᄒᆞ고 안졍ᄒᆞ니 응당히 슈이며 長은 어드려니와 남ᄋᆞᆫ 이ᄂᆞᆫ 됴히 주금을 어돔이 幸ᄒᆞ니라 ᄒᆞ더니:楊子沈靜應得令長餘得令終爲幸(宣小6:110)

:힝ᄒᆞ·다 동 행(行)하다. ¶發願 行ᄒᆞ노라 ᄒᆞ야 一切 布施ᄅᆞᆯ ᄂᆞᄆᆡ ᄠᅳᆮ 거스디 아니ᄒᆞ거든(釋譜6:8). 이제 니ᄅᆞ샨 記ᄂᆞᆫ 特別히 업디 아니ᄒᆞᆫᄂᆞᆫ 理ᄅᆞᆯ 도아 ᄇᆞᆯ기샤 行ᄒᆞᆯ ᄊᆞᄅᆞᆯ ᄆᆞᆯᄹᅧ 내실 ᄯᆞᄅᆞ미시니(法華3:56). 말ᄒᆞ며 우솜 우스며셔 주규믈 行ᄒᆞ니:談笑行殺戮(初杜解6:39). 行ᄒᆞᆯ 고디 업슨 젼ᄎᆞ로 그리 니ᄅᆞ니라(金三涵序4). ᄒᆞ오ᅀᅡ 行ᄒᆞ야 潼關애 디나ᅀᅡ 길ᄒᆞᆯ 묻디 마롤디니라(南明上28). 심폐ᄆᆡᆨ이 샹커나 혈긔 간대로 힝ᄒᆞ야:心肺脈破血氣妄行(救簡2:111). 一行三昧ᄂᆞᆫ 一切處에 行과 住와 坐와 臥애 샹녜 ᄒᆞᆫ 直ᄒᆞᆫ ᄆᆞᅀᆞᆷ 行호미이라(六祖中4). 안해 사햇ᄂᆞᆫ 거시 德行이 되오 밧긔 힝ᄒᆞᄂᆞᆫ 거시 事業이 도ᄋᆡᄂᆞ니:蘊之爲德行行之爲事業(飜小8:4). 行홈애 남은 힘이 잇거든 곧 ᄡᅥ 글을 學ᄒᆞᆯ띠니라(宣論1:3). 우흰 明哲ᄒᆞ신 님금이 겨시고 아래ᄂᆞᆫ 教化 行ᄒᆞᄂᆞᆫ 臣下ㅣ 잇ᄂᆞ니라:上有明哲君下有行化臣(重杜解19:32). 비록 그 行호미 ᄢᅢ 잇고 施호미 곧이 이시나(家禮1:3).

힝:힝 명 행행(行幸). ¶楚國엣 天子氣ᄅᆞᆯ 行幸ᄋᆞ로 마ᄀᆞ시니:楚國王氣游幸厭之(龍歌39章). 行ᄋᆞᆫ 녈 씨오 幸ᄋᆞᆫ 아니 너균 깃븐 일 이실 씨니 님금 가신 ᄯᅡᄒᆞᆫ 百姓을 수을 밥 머기시며 쳔량도 주시며 벼슬도 히실씨

님금 녀아가샤ᄆᆞᆯ 行幸이라 ᄒᆞᄂᆞ니라(月釋2:67). 셔울셔 힝힝이 언제 나시리러뇨:京都駕幾時起(飜朴上53).

:힝:힝ᄒᆞ·다 동 행행(行幸)하다. ¶帝 일즉 苑囿離宮에 行幸ᄒᆞ거시든(宣賜內訓2上45). 吳ᄅᆞᆯ 엿보아 三峽에 行幸ᄒᆞ니:窺吳幸三峽(杜解6:31). 샹이 셔교의 힝힝ᄒᆞ샤(仁祖行狀31). 혜장 대왕이 온양 힝힝ᄒᆞ여 겨시거ᄂᆞᆯ:惠莊大王幸溫陽(東新續三綱. 烈1:32).

ㆅ 병서 쌍히읗. 한글 초성(初聲) 자모(字母)의 하나. 후음(喉音). 목구멍소리. ㅎ의 각자병서(各自並書). ㅎ의 거센소리. ¶ㅎ. 喉音. 如虛字初發聲 並書. 如洪字初發聲(訓正). ㅋㅌㅍㅊㅎ. 爲次淸. ㄲㄸㅃㅉㅆㆅ. 爲全濁(訓解. 制字). 全淸並書則爲全濁. 以其全淸之聲凝則爲全濁也. 唯喉音次淸爲全濁者. 蓋以ㆆ聲深不爲之凝. ㅎ比ㆆ聲淺. 故凝而爲全濁也(訓解. 制字). 洪字終聲是ㆁ. ㆁ居ㅗ終而爲ᅘᅩᆼ(訓解. 終聲). ᅘᅧ爲引(訓解. 合字). 넌즈시 치ᅘᅧ시니:薄言挈之(龍歌87章). ㅎᄂᆞᆫ 목소리니 虛헝ㆆ字쭝 처ᅀᅥᆷ 펴아나ᄂᆞᆫ 소리 ᄀᆞᄐᆞ니 ᄀᆞᆯᄫᅡ쓰면 洪ᅘᅩᆼㄱ字쭝 처ᅀᅥᆷ 펴아나ᄂᆞᆫ 소리 ᄀᆞᄐᆞ니라(訓註8). 이제 도ᄅᆞᅘᅧ ᄂᆞ미 어ᅀᅵ아ᄃᆞᄅᆞᆯ 여희에 ᄒᆞ시ᄂᆞ니(釋譜6:5). 토ᄇᆡ로 ᅘᅧ 주기니:鋸殺之(三綱. 忠15). 攀ᄋᆞᆫ ᅘᅧᆯ 씨라(月釋序3). 實際예 도ᄅᆞᅘᅧ 向ᄒᆞ야 願ᄒᆞ노라(月釋1:26). 그 겨지비 밥 가져다가 머기고 자바 니르ᅘᅧ니(月釋1:44). 솑바당 드위ᅘᅧ메셔 ᄲᆞᄅᆞ니:速於反掌(楞解1:16). 無明을 드위ᅘᅧ ᄇᆞᆯ고ᄆᆞᆯ ᄆᆡᆼᄀᆞ로려 ᄒᆞᄂᆞ니라(楞解4:48). 이제 迷ᄒᆞᆫ 方ᄋᆞᆯ 드위ᅘᅧ:今反迷方(永嘉上76). 慧ᅘᅰᆼ(永嘉下3). 後ᅘᅮᇢ(永嘉下10). 解ᅘᅢᆼ. 合ᅘᅡᆸ. 華ᅘᅪᆼ. 橫ᅘᅬᆼ(永嘉下14).

ᅘᅧ·다 동 켜다(點燈). ☞켜다. 혀다 ¶蘇油燈을 ᅘᅧᄃᆡ 또 幡數에 맛게 ᄒᆞ고(月釋10:119). 燈 ᅘᅧ ᄇᆞᆯ고ᄆᆞᆯ 닛ᄉᆞ오며:然燈續明(法華3:58).

ᅘᅧ·다 동 켜다(鋸). ☞혀다 ¶思明이 怒ᄒᆞ야 토ᄇᆡ로 ᅘᅧ 주기니:思明怒鋸殺之(三綱. 忠15 張興).

ᅘᅧ·다 동 끌다. 다리다(引). ☞켜다. 혀다 ¶넌즈시 치ᅘᅧ시니:薄言挈之(龍歌87章). ᅘᅧ爲引(訓解. 合字). 象ᄋᆞᆯ 티ᄎᆞ며 그우리 ᅘᅧ고(月印上14). 引導ᄂᆞᆫ ᅘᅧ아 길 알욀 씨라(釋譜9:8). 攀ᄋᆞᆫ ᅘᅧᆯ 씨라(月釋序3). 能히 ᄲᆞᆯ리 횟도로 ᅘᅧ라(月釋10:102). 쟝ᄎᆞ 제 아ᄃᆞᄅᆞᆯ 달애야 ᅘᅧ 오리라 ᄒᆞ야(月釋13:20). 自在ᄅᆞᆯ ᅘᅧ샨 ᄠᅳ든(月釋17:89). 여러 가짓 ᄠᅳᆮ ᅘᅧ샤ᄆᆞᆫ 妙法이 勝ᄒᆞᆫ ᄃᆞᆯ ᄇᆞᆯ기시니라(月釋18:50). 引ᄋᆞᆫ 혈 씨니 經 ᄠᅳ들 ᅘᅧ 낼 씨라(楞解1:5). 녯 ᅘᅧᆫ 한 마ᄅᆞᆫ:舊引多說(楞解1:17). 큰 ᄀᆞ라치샤ᄆᆞᆯ ᅘᅧᄃᆡ:引大敎(楞解1:69). 空 ᄠᅳ들 ᅘᅧ샤ᄆᆞᆫ:引空義者(楞解4:92). 見報ㅣ 惡果ᄅᆞᆯ 블러 ᅘᅧᄂᆞ니:見報招引惡果(楞解8:96). 블러 ᅘᅧ미니:招引(楞解8:118). 또 ᄠᅳ디 더러운 欲을 ᅘᅧ니라:又意引媟欲也(楞解9:98). 化城은 녯 緣이 일티 아니호ᄆᆞᆯ ᅘᅧ시고(法華序15). 달애야 ᅘᅧᆫ 後에:誘引後(法華2:100). 아ᄃᆞᄅᆞᆯ 달애야 ᅘᅧ려 ᄒᆞ야:欲誘引其子(法華2:206). 알ᄑᆡᆺ 그를 ᅘᅧ샤:引前文(永嘉上117). 다ᄅᆞᆫ 後ㅅ마ᄅᆞᆯ ᅘᅧ:引他後語(蒙法57).

ᅘᅧ·다 동 켜다(紡). ☞혀다 ¶經綸ᄋᆞᆫ 실 ᅘᅧᆯ 씨니(月釋17:14). 질삼ᄒᆞ며 고티 ᅘᅧ며 뵈 ᄶᅡ 옷 ᄆᆡᆼᄀᆞᆯ며(三綱. 烈2).

ㆆ 자모 여린히읗. 한글 초성(初聲) 자모(字母)의 하나. 후음(喉音). 목구멍소리. 〔우리 고유어 표기에서 독립된 한 음운(音韻)을 표기한 글자는 아니며, 다만 영모(影母)에 속하는 한자음(漢字音) 표기와 한자음 ㄹ음(音)에 곁들여 소위 '以影補來 因俗歸正'의 구실을 하는 데 쓰였음. 고유어(固有語) 표기에는 ㅭ형으로 쓰여 다음 소리를 된소리로 발음하게 하는 작용(혹은, 유성 자음 발음 때 성대의 진동을 멎게 하는 작용)을 하는 부호적(符號的)인 글자로 쓰였음.〕¶구든 城을 모ᄅᆞ샤 갏 길히 입더시니:不識堅城則迷于行(龍歌19章). 가다가 도라옳 軍士ㅣ:言旋軍士(龍歌25章). 後宮에 드르싫 제:後宮是入(龍歌50章). ㆆ. 喉音. 如挹字初發聲(訓正). ㅇ. 象喉形. ㅋ比ㄱ. 聲出稍厲. 故加畫. …ㅇ而ㆆ. ㆆ而ㅎ. 其因聲加畫之義皆同(訓解. 制字). ㄱㄷㅂㅈㅅㆆ. 爲全淸(訓解. 制字). 五音之緩急. 亦各自爲對. 如牙之ㆁ與ㄱ爲對. 而ㆁ促呼則變爲ㄱ而急. ㄱ舒出則變爲ㆁ而緩. …喉之ㅇㆆ. 其緩急相對. 亦猶是也(訓解. 終聲). 初聲之ㆆ與ㅇ相似. 於諺可以通用也(訓解. 合字). 愛ᅙᅵᆼ. 安ᅙᅡᆫ(釋譜6:1). 恩ᅙᅳᆫ(釋譜6:4). 溫ᅙᅩᆫ(釋譜6:7). 姻ᅙᅵᆫ(釋譜6:16). 八ᄇᆞᇙ. 出ᅕᅲᇙ(釋譜6:17). 鬱ᅙᅮᇙ. 弗부ᇙ(釋譜6:18). 達따ᇙ. 發ᄇᆞᇙ(釋譜6:19). 그 ᄢᅴ 善慧라 ᄒᆞᇙ 仙人이(月釋1:8). 부텻긔 받ᄌᆞᄫᆞᇙ 고지라 몯 ᄒᆞ리라(月釋1:10). ㆆᄂᆞᆫ 목소리니 挹ᅙᅳᆸ字쭝 처ᅀᅥᆷ 펴아나ᄂᆞᆫ 소리 ᄀᆞᄐᆞ니라(訓註7).

-ㆆ 조 -의. 사잇소리. ¶하ᄂᆶ ᄠᅳ디시니:實維天心(龍歌4章). 先考ㆆ ᄠᅳᆮ 몯 일우시니:莫遂考心(龍歌12章). ㅋᄂᆞᆫ 엄쏘리니 快쾡ㆆ字쭝 처ᅀᅥᆷ 펴아나ᄂᆞᆫ 소리 ᄀᆞᄐᆞ니라(訓註4). ㄴᄂᆞᆫ 혀쏘리니 那낭ㆆ字쭝 처ᅀᅥᆷ 펴아나ᄂᆞᆫ 소리 ᄀᆞᄐᆞ니라(訓註5). ㅁᄂᆞᆫ 입시울쏘리니 彌밍ㆆ字쭝 처ᅀᅥᆷ 펴아나ᄂᆞᆫ 소리 ᄀᆞᄐᆞ니라(訓註6). 黃絹ᄋᆞᆫ 色絲ㅣ니 絶ㆆ字ㅣ오 幼婦ᄂᆞᆫ 少女ㅣ니 妙ㆆ字ㅣ오 外孫ᄋᆞᆫ 女子ㅣ니 好ㆆ字ㅣ오(杜解16:9).

ㅏ

ㅏ 자모 아. 한글 중성(中聲) 자모(字母)의 하나. ¶ㅏ如覃字中聲(訓正). ㅣㅏㅓㅑㅕ附書於右(訓正). ㅏ與·同而口張其形則ㅣ與·合而成取天地之用發於事物待人而成也(訓解. 制字). ㅗㅏㅜㅓ始於天地爲初出也(訓解. 制字). ㅗㅏㅜㅓ之一其圓者取其初生之義也(訓解. 制字). ㅗㅏㅛㅑ之圓居上與外者以其出於天而爲陽也(訓解. 制字). ㅏ次之天三生木之位也(訓解. 制字). ㅗ與ㅏ同出於·(訓解. 中聲). 中聲則…縱者在初聲之右ㅣㅏㅑㅓㅕ是也(訓解. 合字). ㅏ는 覃ㅂ字 가온뒷소리 ᄀᆞᄐᆞ니라(訓註10).

ㅐ 자모 애. 한글 중성(中聲) 자모(字母)의 하나. ¶一字中聲之與ㅣ相合者十 ㆎㅢㅚㅐㅟㅔㆉㅒㆌㅖ是也(訓解. 中聲).

ㅑ 자모 야. 한글 중성 자모의 하나. ¶ㅑ如穰字中聲(訓正). ㅣㅏㅓㅑㅕ附書於右(訓正). ㅑ與ㅏ同而起於ㅣ(訓解. 制字). ㅛㅑㅠㅕ起於ㅣ而兼乎人爲再出也…ㅛㅑㅠㅕ之二其圓者取其再生之義也(訓解. 制字). ㅗㅏㅛㅑ之圓居上與外者以其出於天而爲陽也(訓解. 制字). ㅛㅑㅠㅕ之皆兼乎人者以人爲萬物之靈而能參兩儀也(訓解. 制字). ㅑ次之天九成金之數也(訓解. 制字). ㅛ與ㅑ又同出於ㅣ(訓解. 中聲). 中聲則…縱者在初聲之右ㅣㅏㅑㅓㅕ是也(訓解. 合字). ㅑ는 穰ㄱ字 가온뒷소리 ᄀᆞᄐᆞ니라(訓註11).

ㅒ 자모 얘. 한글 중성(中聲) 자모(字母)의 하나. ¶一字中聲之與ㅣ相合者十 ㆎㅢㅚㅐㅟㅔㆉㅒㆌㅖ是也(訓解. 中聲).

ㅓ 자모 어. 한글 중성 자모의 하나. ¶ㅓ如業字中聲(訓正). ㅣㅏㅓㅑㅕ附書於右(訓正). ㅓ與ㅡ同而口張其形則·與ㅣ合而成亦取天地之用發於事物待人而成也(訓解. 制字). ㅗㅏㅜㅓ始於天地爲初出也(訓解. 制字). ㅗㅏㅜㅓ之一其圓者取初生之義也(訓解. 制字). ㅜㅓㅠㅕ之圓居下與內者以其出於地而爲陰也(訓解. 制字). ㅓ次之地四生金之位也(訓解. 制字). ㅇ與ㅂ而爲ㅸ(訓解. 初聲). ㅜ與ㅓ同出於ㅡ(訓解. 中聲). 中聲則…在初聲之右ㅣㅏㅑㅓㅕ是也(訓解. 合字). ㅓ는 業字 가온뒷소리 ᄀᆞᄐᆞ니라(訓註10).

ㅔ 자모 에. 한글 중성(中聲) 자모(字母)의 하나. ¶一字中聲之與ㅣ相合者十 ㆎㅢㅚㅐㅟㅔㆉㅒㆌㅖ是也(訓解. 中聲).

ㅕ 자모 여. 한글 중성(中聲) 자모의 하나. ¶ㅕ如彆字中聲(訓正). ㅣㅏㅓㅑㅕ附書於右(訓正). ㅕ與ㅓ同而起於ㅣ(訓解. 制字). ㅛㅑㅠㅕ起於ㅣ而兼乎人爲再出也. ㅛㅑㅠㅕ之二其圓者取其再生之義也(訓解. 制字). ㅜㅓㅠㅕ之圓居下與內者以其出於地而爲陰也(訓解. 制字). ㅛㅑㅠㅕ之皆兼乎人者以人爲萬物之靈而能參兩儀也(訓解. 制字). ㅕ次之地八成木之數也(訓解. 制字). ㅠ與ㅕ又同出於ㅣ(訓解. 中聲). 中聲則…縱者在初聲之右ㅣㅏㅑㅓㅕ是也(訓解. 合字). ㅕ는 彆字 가온뒷소리 ᄀᆞᄐᆞ니라(訓註11).

ㅖ 자모 예. 한글 중성(中聲) 자모(字母)의 하나. ¶一字中聲之與ㅣ相合者十 ㆎㅢㅚㅐㅟㅔㆉㅒㆌㅖ是也(訓解. 中聲).

ㅗ 자모 오. 한글 중성(中聲) 자모(字母)의 하나. ¶ㅗ如洪字中聲(訓正). ·ㅡㅗㅛㅜㅠ附書初聲之下(訓正). ㅗ與·同而口蹙其形則·與ㅡ合而成取天地初交之義也(訓解. 制字). ㅗㅏㅜㅓ始於天地爲初出也…ㅗㅏㅜㅓ之一其圓者取其初生之義也(訓解. 制字). ㅗㅏㅛㅑ之圓居上與外者以其出於天而爲陽也(訓解. 制字). ㅗ初生於天天一生水之位也(訓解. 制字). ㅗ與ㅏ同出於·(訓解. 中聲). 中聲則圓者橫者在初聲之下·ㅡㅗㅛㅜㅠ是也(訓解. 合字). ㅗ는 洪ㄱ字 가온뒷소리 ᄀᆞᄐᆞ니라(訓註10).

ㅘ 자모 와. 한글 중성 자모의 하나. ¶ㅗ與ㅏ同出於·故合而爲ㅘ(訓解. 中聲).

ㅙ 자모 왜. 한글 중성 자모의 하나. ¶ㅋ與ㅙ而爲쾌(訓解. 初聲). 二字中聲之與ㅣ相合者四 ㅙㅞㆇㆈ是也(訓解. 中聲).

ㅚ 자모 외. 한글 중성(中聲), 자모(字母)의 하나. ¶一字中聲之與ㅣ相合者十 ㆎㅢㅚㅐㅟㅔㆉㅒㆌㅖ是也(訓解. 中聲).

ㅛ 자모 요. 한글 중성(中聲) 자모(字母)의 하나. ¶ㅛ如欲字中聲(訓正). ·ㅡㅗㅛㅜㅠ附書初聲之下(訓正). ㅛ與ㅗ同而起於ㅣ(訓解. 制字). ㅛㅑㅠㅕ起於ㅣ而兼乎人爲再出也…ㅛㅑㅠㅕ之二其圓者取其再生之義也(訓解. 制字). ㅗㅏㅛㅑ之圓居上與外者以其出於天而爲陽也(訓解. 制字). ㅛㅑㅠㅕ之皆兼乎人者以人爲萬物之靈而能參兩儀也(訓解. 制字). ㅗ初生於天…ㅛ再生於天天七成火之

數也(訓解. 制字). ㆇ與ㅑ又同出於ㅣ(訓解. 中聲). 中聲則圓者橫者在初聲之下・ㅡㅗㆇㅜㆊ是也(訓解. 合字). ㆇ는 欲字 가온딧소리 ᄀᆞᄐᆞ니라(訓註11).

ㆈ 자모 한글 중성(中聲) 자모(字母)의 하나. ¶ㆇ與ㅑ又同出於ㅣ故合而爲ㆈ(訓解. 中聲).

ㆉ 자모 한글 중성(中聲) 자모(字母)의 하나. ¶二字中聲之與ㅣ相合者四 ㅙㅞㆉㆌ是也(訓解. 中聲).

ㆉ 자모 한글 중성(中聲) 자모(字母)의 하나. ¶一字中聲之與ㅣ相合者十 ㆎㅢㅚㅐㅟㅔㆉㅒㆌㅖ是也(訓解. 中聲).

ㅜ 자모 우. 한글 중성(中聲) 자모(字母)의 하나. ¶ㅜ如君字中聲(訓正). ・ㅡㅗㅜㆇㆊ附書初聲之下(訓正). ㅜ與ㅡ同而口蹙其形則ㅡ與・合而成亦取天地初交之義也(訓解. 制字). ㅗㅏㅜㅓ始於天地爲初出也(訓解. 制字). ㅗㅏㅜㅓ之一其圓者取其初生之義也(訓解. 制字). ㅜㅓㆊㅕ之圓居下與內者以其出於地而爲陰也(訓解. 制字). ㅜ初生於地地二生火之位也(訓解. 制字). ㄱ與ㅜ而爲군(訓解. 初聲). ㅜ與ㅓ同出於ㅡ(訓解. 中聲). 中聲則圓者橫者在初聲之下・ㅡㅗㆇㅜㆊ是也(訓解. 合字). ㅜ는 君ㄷ字 가온딧소리 ᄀᆞᄐᆞ니라(訓註10).

ㅝ 자모 워. 한글 중성(中聲) 자모(字母)의 하나. ¶ㅜ與ㅓ同出於ㅡ故合而爲ㅝ(訓解. 中聲).

ㅞ 자모 웨. 한글 중성(中聲) 자모(字母)의 하나. ¶二字中聲之與ㅣ相合者四 ㅙㅞㆉㆌ是也(訓解. 中聲).

ㅟ 자모 위. 한글 중성(中聲) 자모(字母)의 하나. ¶一字中聲之與ㅣ相合者十. ㆎㅢㅚㅐㅟㅔㆉㅒㆌㅖ是也(訓解. 中聲).

ㆊ 자모 유. 한글 중성(中聲) 자모(字母)의 하나. ¶ㆊ如戌字中聲(訓正). ・ㅡㅗㅜㆇㆊ附書初聲之下(訓正). ㆊ與ㅜ同而起於ㅣ(訓正. 制字). ㆇㅑㆊㅕ起於ㅣ而兼乎人爲再出也.…ㆇㅑㆊㅕ之二其圓者取其再生之義也(訓解. 制字). ㅜㅓㆊㅕ之圓居下與內者以其出於地而爲陰也(訓解. 制字). ㆇㅑㆊㅕ之皆兼乎人者以人爲萬物之靈而能參兩儀也(訓解. 制字). ㆊ再生於地地六成水之數也(訓解. 制字). ㄲ與ㆊ而爲뀨(訓解. 初聲). ㆊ與ㅕ又同出於ㅣ(訓解. 中聲). 中聲則圓者橫者在初聲之下・ㅡㅗㆇㅜㆊ是也(訓解. 合字). ㆊ는 戌字 가온딧소리 ᄀᆞᄐᆞ니라(訓註11).

ㆋ 자모 한글 중성 자모의 하나. ¶ㆊ與ㅕ又同出於ㅣ故合而爲ㆋ(訓解. 中聲).

ㆌ 자모 한글 중성(中聲) 자모(字母)의 하나. ¶二字中聲之與ㅣ相合者四. ㅙㅞㆉㆌ是也(訓解. 中聲).

ㆌ 자모 한글 중성(中聲) 자모(字母)의 하나. ¶一字中聲之與ㅣ相合者十 ㆎㅢㅚㅐㅟㅔㆉㅒㆌㅖ是也(訓解. 中聲).

ㅡ 자모 으. 한글 중성(中聲) 자모(字母)의 하나. ¶ㅡ如卽字中聲(訓正). ・ㅡㅗㅜㆇㆊ附書初聲之下(訓正). ㅡ舌小縮而聲不深不淺地闢於丑也形之平象乎地也(訓解. 制字). ・ㅡㅣ三字爲八聲之首(訓解. 制字). ㅡ地十成土之數也(訓解. 制字). 卽字中聲是ㅡㅡ居ㅈㄱ之間而爲즉(訓解. 中聲). 中聲則圓者橫者在初聲之下・ㅡㅗㆇㅜㆊ是也(訓解. 合字). ㅡ는 卽字 가온딧소리 ᄀᆞᄐᆞ니라(訓註9).

ㅢ 자모 의. 한글 중성(中聲) 자모(字母)의 하나. ¶一字中聲之與ㅣ相合者十 ㆎㅢㅚㅐㅟㅔㆉㅒㆌㅖ是也(訓解. 中聲).

ㅣ 자모 이. 한글 중성(中聲) 자모(字母)의 하나. ¶ㅣ如侵字中聲(訓正). ㅣㅏㅓㅑㅕ附書於右(訓正). ㅣ舌不縮而聲淺人生於寅也形之立象乎人也(訓解. 制字). ・ㅡㅣ三字爲八聲之首(訓解. 制字). ㅣ獨無位數者蓋以人則無極之眞二五之精妙合而凝固未可以定位成數論也是則中聲之中亦自有陰陽五行方位之數也(訓解. 制字). 侵字中聲是ㅣㅣ居ㅊㅁ之間而爲침(訓解. 中聲). ㅣ於深淺闔闢之聲並能相隨者以其舌展聲淺而便於開口也(訓解. 中聲). 中聲則…縱者在初聲之右ㅣㅏㅑㅓㅕ是也(訓解. 合字). ㅣ는 侵ㅂ字 가온딧소리 ᄀᆞᄐᆞ니라(訓註10).

・ 자모 아래 아. 한글 중성(中聲) 자모(字母)의 하나. 〔'아'와 '오'의 간음(間音)이나 '아'에 더 가까운 후설모음(後舌母音)으로 추정함.〕 ¶・如呑字中聲(訓正). ・ㅡㅗㅜㆇㆊ附書初聲之下ㅣㅏㅓㅑㅕ附書於右(訓正). ・舌縮而聲深天開於子也形之圓象乎天也.…ㅗ與・同而口蹙…ㅏ與・同而口張…・之貫於八聲者猶陽之統陰而周流萬物也.…猶・ㅡㅣ三字爲八聲之首而・又爲三字之冠也.…・天五生土之位也(訓解. 制字). ᄇᆞᄅᆞ매:風. ᄀᆞᄆᆞ래:旱(龍歌2章). ᄇᆞᄅᆞᅀᆞᄫᆞ니:望(龍歌10章). 말ᄊᆞᄆᆞᆯ:言(龍歌13章). ᄀᆞᄅᆞ치신돌:訓(龍歌15章). ᄀᆞᆯᄒᆡ야:擇(龍歌16章). ᄆᆞᅀᆞᄆᆞᆯ:心(龍歌18章). ᄢᅢ 한 도ᄌᆞᄀᆞᆯ 모ᄅᆞ샤:靡知黠賊(龍歌19章). 三韓ᄋᆞᆯ ᄂᆞᄆᆞᆯ 주리여:維此三韓肯他人任(龍歌20章). 師ᄾᆞ(月釋9:6). 似ᄽᆞ(月釋9:8). 士ᄽᆞ(月釋9:9). 自ᄍᆞ(月釋9:12). 慈ᄍᆞ(月釋9:17). ・ᄂᆞᆫ 呑ㄷ字ᄍᆞ 가온딧소리 ᄀᆞᄐᆞ니라(訓註9). ・思不用初聲(訓蒙凡例). 刻ᄏᆞᆨ(訓蒙上2). 私ᄉᆞ(類合下4).

ㆎ 자모 한글 중성(中聲) 자모(字母)의 하나. ¶一字中聲之與ㅣ相合者十 ㆎㅢㅚㅐㅟㅔㆉㅒㆌㅖ是也(訓解. 中聲).

附錄

15世紀 國語의 添用 및 活用 形態

資料圖書 解題

15世紀 國語의 添用〔曲用〕 및 活用 形態

◎ 15世紀 國語라 함은 訓民正音이 제정된 世宗 25年으로부터 15世紀末까지의 文獻(문헌)에 기록된 國語를 이른다. 이는 便宜에 따른 限定이지, 15世紀末 國語 자체에 확연히 時期를 劃(획)할 만한 조건이 있어서가 아니다.〔訓民正音 제정은 世宗 25年 곧, 1443年 陰曆 12月이므로, 陽曆으로는 1444年임.〕

◎ 15世紀 國語의 表記는 같은 계열의 母音끼리 연결되는 母音調和法則이 잘 지켜져 있다. 中聲母音은 陰(음)·陽(양) 어느 계열과도 연결이 가능하나 대개 陰母音과 연결되는 경향을 보인다.

母音調和法則에 벗어난 예는 단어 표기 자체의 경우, 또는 體言의 助辭 添用(첨용)이나 用言의 語尾 活用 등에서 두루 발견된다.

〈母音의 세 系列〉

- 陽母音(양모음) : 아(애) 오(외) ㆍ(ㆎ)
- 陰母音(음모음) : 어(에) 우(위) 으(의)
- 中性母音(중성모음) : 이

〖1〗 體言의 助辭 添用〔曲用 ; declension〕 形態

(1) 一般的인 添用 形態

① 體言에 받침이 있는 경우(ㄹ 받침 제외)

〈體言의 音節母音이 陽母音이며, 받침이 있는 경우의 助辭 添用 形態〉

[예] 사ᄅᆞᆷ+ : -이, -이라, -ᄋᆞᆫ, -ᄋᆞᆯ, -ᄋᆞ로, -ᄋᆞ란, -ᄋᆡ, -애, -도, -과, -고…

사ᄅᆞᆷ : 사ᄅᆞ미, 사ᄅᆞ미라, 사ᄅᆞᄆᆞᆫ, 사ᄅᆞᄆᆞᆯ, 사ᄅᆞᄆᆞ로, 사ᄅᆞᄆᆞ란…

[단어 예] 목〔喉〕, 손〔手〕, 곧〔處〕, 낟〔穀〕, 가ᄉᆞᆷ〔胸〕, ᄆᆞᅀᆞᆷ〔心〕, ᄇᆞᄅᆞᆷ〔風〕, ᄇᆞ얌〔蛇〕, ᄉᆞᆸ〔裏〕, 옷〔衣〕, 방(房), 곶〔花〕, 솥(솓)〔鼎〕, ᄃᆞᆰ〔鷄〕, 앒(압)〔前〕…

〈體言의 音節母音이 陰母音이며, 받침이 있는 경우의 助辭 添用 形態〉

[예] 구룸+ : -이, -이라, -은, -을, -으로, -으란, -의, -에, -도, -과, -고…

구룸 : 구루미, 구루미라, 구루믄, 구루믈, 구루므로, 구루므란…

[단어 예] ᄯᅥᆨ〔餠〕, 눈〔眼〕, 벋〔友〕, ᄭᅮᆷ〔夢〕, 셤〔島〕, 거붑〔龜〕, 브ᅀᅥᆸ〔廚〕, 스승〔師〕, 옷깃〔襟〕, 이ᅀᅮᆺ〔隣〕, 붚(붑)〔鼓〕…

② 體言의 받침이 ㄹ 子音인 경우

助辭의 初聲이 ㄱ인 '-과'가 아닌 '-와'가 첨용된다.

[예] 바ᄅᆞᆯ〔海〕: 바ᄅᆞᆯ와, 술와, 믈와, 발와…

[단어 예] 술·수울〔酒〕, 블〔火〕, 믈〔水〕, 글〔文〕, 솔〔松〕, 발〔足〕, ᄀᆞᆯ〔蘆〕…

③ 體言에 받침이 없는 경우

('ㅣ' 母音이나 'ㅣ' 母音이 後行하는 '애, 에, ᄋᆡ, 의, 외' 등은 제외)

〈體言의 音節母音이 陽母音이며, 받침이 없는 경우의 助辭 添用 形態〉

[예] 쇼〔牛〕+ : -ㅣ, -ㅣ라, -ᄂᆞᆫ, -ᄅᆞᆯ, -로, -란, -ᄋᆡ, -애, -와, -도, -고…

쇼〔牛〕: 쇼ㅣ, 쇼ㅣ라, 쇼ᄂᆞᆫ, 쇼ᄅᆞᆯ, 쇼로, 쇼란, 쇼ᄋᆡ, 쇼애, 쇼와, 쇼도, 쇼고…

[단어 예] 고마〔妾〕, 곡도〔幻〕, 대초〔大棗〕, 가마〔釜〕…

〈體言의 音節母音이 陰母音이며, 받침이 없는 경우의 助辭 添用 形態〉

[예] 혀〔舌〕+ : -ㅣ, -ㅣ라, -는, -를, -로, -란, -의, -에, -와, -도, -고…

혀〔舌〕: 혜, 혜라, 혀는 혀를, 혀로, 혀란, 혀의, 혀와, 혀도, 혀고…

[단어 예] 부텨〔佛〕, 셔〔椽〕, 뎌〔彼〕, 너〔汝〕…

〈體言에 받침이 없고, 音節母音이 'ㅣ' 母音이나 'ㅣ' 母音이 後行하는 '애, 에, ᄋᆡ, 의, 외, 위' 등 母音인 경우의 助辭 添用 形態〉

○主格이나 敍述格의 '-이' 母音이 쓰이지 않았다.

○副詞格 助辭는 '-예'로 쓰였다.

○疑問(의문)을 나타내는 敍述格 助辭는 '-오'로 쓰였다.

[예] ᄃᆞ리〔橋〕: ᄃᆞ:리, ᄃᆞ:리라, ᄃᆞ리예, ᄃᆞ:리오…

[단어 예] 마리·머리〔頭〕, 서리〔霜〕, 귀〔耳〕, 놀애〔歌〕, ᄇᆡ〔船〕…

(2) ㅎ 音 添用과 ㄱ 音 添用 形態

① 體言이 添用될 때 ㅎ 音이 介入(개입)되는 形態

體言이 助辭와 연결될 때 ㅎ 音이 介入되는 단어들이 있다. 添用될 때 體言의 音節母音의 陰(음)·陽(양)에 따라 添用 形態가 달라진다.

〈體言의 音節母音이 陽母音인 경우의 助辭 添用 形態〉

[예] 갈〔刀〕: 갈히, 갈히라, 갈ᄒᆞᆫ, 갈ᄒᆞᆯ, 갈ᄒᆞ로, 갈해(*나조히), 갈토, 갈콰…

〈體言의 音節母音이 陰母音인 경우의 助辭 添用 形態〉

[예] 뒤〔後〕: 뒤히, 뒤히라, 뒤흔, 뒤흘, 뒤흐로, 뒤해(*우희), 뒤토, 뒤콰…

[단어 예] 갈〔刀〕 겨슬〔冬〕 고〔鼻〕 구들〔炕〕 그르〔株〕 긴〔纓〕 길〔道〕 ᄀᆞᄂᆞᆯ〔陰〕 ᄀᆞᅀᆞᆯ〔秋〕 ᄀᆞ올〔州〕 나〔年〕 나라〔國〕 나조(나죄)〔夕〕 내〔川〕 네〔四〕 노〔繩〕 노〔鱗〕 니마〔額〕 님자〔主〕 ᄂᆞᄆᆞᆯ〔蔬〕 ᄂᆞᆯ〔刃〕 ᄂᆞᆯ〔經〕 뎌〔笛〕 돌〔梁〕 돌〔石〕 둘〔二〕 뒤〔後〕 뒤안〔園〕 드르〔野〕 드르〔簷〕 ᄃᆞᆯ〔等〕 마〔霖〕 마〔薯〕 말〔橛〕 모(뫼)〔山〕 모〔隅〕 밀〔小麥〕 ᄆᆞᅀᆞᆯ〔村〕 ᄆᆡ〔野〕 바다〔海〕 별〔崖〕 보〔棟〕 ᄇᆞᆯ〔臂〕 ᄇᆡᅀᆞᆯ〔內臟〕 ᄠᅳᆯ〔庭〕 ᄲᅮᆺ돌〔礪〕 샹〔常〕 세〔三〕 셔울〔京〕 소〔沼〕 소〔範〕 쇼〔俗人〕 수〔藪〕 수〔雄〕 스ᄀᆞᆯ〔鄕〕 스믈〔二十〕 시내〔溪〕 ᄉᆞᆶ〔肌〕 ᄯᅡ〔地〕 ᄉᆡᆷ〔源〕 ᅀᅭ〔褥〕 안〔內〕 알〔卵〕 암〔雌〕 언〔堤〕 여러〔諸〕 열〔十〕 열〔麻〕 올〔今年〕 우〔上〕 울〔籬〕 움〔穴〕 위안〔園〕 이〔此〕 자〔尺〕 조〔粟〕 초〔酢〕 출〔源〕 터〔基〕 하ᄂᆞᆯ〔天〕 ᄒᆞ나〔一〕…

② 體言이 添用될 때 ㄱ 音이 介入(개입)되는 形態

體言이 助辭와 연결될 때 ㄱ 音이 介入되는 단어들이 있다.

〈體言의 音節母音의 陰(음)·陽(양)에 따른 添用 形態〉

[예1] 陽母音(양모음) : 밧〔外〕 : 밧기, 밧기라, 밧ᄀᆞᆫ, 밧ᄀᆞᆯ, 밧ᄀᆞ로, 밧ᄀᆡ, 밧도, 밧과…

陰母音(음모음) : 숫〔炭〕 : 숫기, 숫기라, 숫근, 숫글, 숫그로, 숫긔, 숫도, 숫과…

[단어 예] 밧〔外〕, 삿〔簟〕, 돗〔席〕 빗돗〔艢〕, 숫〔炭〕, 잇〔苔〕…

[예2] 陽母音(양모음) : 나모〔木〕 : 남기, 남기라, 남ᄀᆞᆫ, 남ᄀᆞ로, 남ᄀᆡ(남긔), 나모도…

陰母音(음모음) : 녀느〔他〕 : 년기, 년기라, 년근, 년글, 년그로, 년긔, 녀느도…

(3) 여러 가지 特殊한 添用 形態

① 아ᅀᆞ〔弟〕·여ᅀᅳ〔狐〕·무ᅀᅮ〔菁〕 등의 添用

[예] 아ᅀᆞ〔弟〕 : 아ᇫ이, 아ᇫ이라(*앗이라), 아ᇫᄋᆞᆫ, 아ᇫᄋᆞᆯ, 아ᇫᄋᆡ(*앗ᄋᆡ), 아ᅀᆞ와, 아ᅀᆞ도…

여ᅀᅳ〔狐〕 : 여ᇫ이(*엿이), 여ᇫ이라, 여ᇫ은, 여ᇫ을, 여ᇫ의, 여ᅀᅳ와, 여ᅀᅳ도…

② ᄀᆞᆺ〔邊〕의 添用

[예] ᄀᆞᆺ(*ᄀᆞᇫ) : ᄀᆞᅀᅵ, ᄀᆞᅀᅵ라, ᄀᆞᅀᆞᆫ, ᄀᆞᅀᆞᆯ, ᄀᆞᅀᆞ로, ᄀᆞᅀᅢ(*ᄀᆞᅀᆡ), ᄀᆞᆺ과, ᄀᆞᆺ도…

③ ᄀᆞᄅᆞ〔粉〕·ᄌᆞᄅᆞ〔柄〕·ᄂᆞᄅᆞ〔津〕·시르〔甑〕 등의 添用

[예] ᄀᆞᄅᆞ : ᄀᆞᆯ이(*ᄀᆞᆯ리), ᄀᆞᆯ이라, ᄀᆞᆯᄋᆞᆫ, ᄀᆞᆯᄋᆞᆯ, ᄀᆞᆯᄋᆞ로, ᄀᆞᆯᄋᆡ, ᄀᆞᄅᆞ와, ᄀᆞᄅᆞ도…

④ ᄒᆞᄅᆞ〔一日〕·ᄆᆞᄅᆞ〔宗〕 등의 添用

[예] ᄒᆞᄅᆞ : ᄒᆞᆯ리, ᄒᆞᆯ리라, ᄒᆞᆯᄅᆞᆫ, ᄒᆞᆯᄅᆞᆯ, ᄒᆞᆯᄅᆡ, ᄒᆞᄅᆞ도, ᄒᆞᄅᆞ와…

⑤ ᄢᅴ(ᄣᅳ)〔時〕의 添用

[예] ᄢᅵ : ᄢᅵ라, ᄣᅳᆫ, ᄣᅳᆯ, ᄣᅳ로(*ᄢᅴ로), ᄢᅴ…

⑥ 아비〔父〕·어미〔母〕·나비〔蝶〕·가히〔犬〕 등의 添用

[예] 아비〔父〕 : 아비, 아비라, 아비ᄂᆞᆫ, 아비ᄅᆞᆯ(아빌), 아ᄇᆡ, 아비와, 아비도, 아비오…

어미〔母〕 : 어미, 어미라, 어미ᄂᆞᆫ, 어미ᄅᆞᆯ, 어믜, 어미와, 어미도, 어미오…

〖2〗 用言의 活用 形態

(1) 用言의 活用은 母音調和法則에 따라 活用된다.

[예] 陽母音(양모음) : 막다〔防〕: 막ᄂᆞ다, 마ᄀᆞ라, 마ᄀᆞ리라 …

陰母音(음모음) : 벗다〔脫〕: 버스라, 버스리라, 버수라 …

(2) 用言의 活用 條件에 따라 調聲母音(조성모음 ; 媒介母音) 'ᄋᆞ' 또는 '으'가 개입(介入)한다.

[예] 調聲母音 ᄋᆞ 개입 형태 ── 몯다〔集〕: 모ᄃᆞ니, 모ᄃᆞ며

調聲母音 으 개입 형태 ── 먹다〔食〕: 머그니, 머그며

(3) 用言의 語幹末音(어간말음)이 母音이냐 子音이냐에 따라 語尾가 달라진다.

[예] 語幹末音이 母音인 경우 ── 가다〔行〕: 가니이다, 가리로다, 가라 …

語幹末音이 子音인 경우 ── 막다〔防〕: 마ᄀᆞ니이다, 마ᄀᆞ리로다, 마ᄀᆞ라 …

(4) 用言의 語幹末音이 ㄹ 子音이나 'ㅣ' 母音 또는 'ㅣ' 母音이 後行하는 '애, 에, 외, 의' 등 母音일 경우 語尾에 ㄱ 子音이 들어가 있지 않다.

[예] 語幹末音이 ㄹ 子音인 경우의 活用 ── 알오, 알오져, 알에 …

語幹末音이 'ㅣ' 母音인 경우의 活用 ── ᄃᆞ외오, ᄃᆞ외오져, ᄃᆞ외어늘 …

(5) 動詞와 形容詞의 活用에 서로 다른 점이 있음은 現代語와 거의 같다.

〖3〗 用言의 活用例

* 표는 유의할 점

語尾 \ 基本形	가다〔行〕	막다〔防〕	벗다〔脫〕	잇다〔有〕	알다〔知〕
-니이다(-ᄋᆞ니이다 / -으니이다)	가니이다	마ᄀᆞ니이다	버스니이다	*이시니이다	*아니이다
-리이다(-ᄋᆞ리이다 / -으리이다)	가리이다	마ᄀᆞ리이다	버스리이다	*이시리이다	*아리이다
-ᄂᆞ다	가ᄂᆞ다	막ᄂᆞ다	벗ᄂᆞ다	잇ᄂᆞ다	*아ᄂᆞ다
-ᄂᆞᆫ다	가ᄂᆞᆫ다	막ᄂᆞᆫ다	벗ᄂᆞᆫ다	잇ᄂᆞᆫ다	*아ᄂᆞᆫ다
-도다	가도다	막도다	벗도다	잇도다	*아도다
-리로다(-ᄋᆞ리로다 / -으리로다)	가리로다	마ᄀᆞ리로다	버스리로다	*이시리로다	*아리로다
-놋다	가놋다	막놋다	벗놋다	잇놋다	*아놋다
-도소이다	가도소이다	막도소이다	벗도소이다	잇도소이다	*아도소이다
-라(-ᄋᆞ라 / -으라)	가라	마ᄀᆞ라	버스라	*이시라	알라
-니라(-ᄋᆞ니라 / -으니라)	가니라	마ᄀᆞ니라	버스니라	*이시니라	*아니라
-리라(-ᄋᆞ리라 / -으리라)	가리라	마ᄀᆞ리라	버스리라	*이시리라	알리라
-오라 · -우라(-요라 / -유라)	:가라	마고라	버수라	*이쇼(슈)라	알오라
-노라	가노라	막노라	벗노라	잇노라	*아노라
-아 · -어(-야 / -여)	가아	마가	버서	*이셔	아라
-오ᄃᆡ · -우ᄃᆡ(-요ᄃᆡ / -유ᄃᆡ)	:가ᄃᆡ	마고ᄃᆡ	버수ᄃᆡ	*이쇼(슈)ᄃᆡ	아로ᄃᆡ
-오 · -고	가고	막고	벗고	잇고	*알오
-오져 · -고져	가고져	막고져	벗고져	잇고져	*알오져
-어늘 · -거늘(-어ᄂᆞᆯ / -거ᄂᆞᆯ)	가거늘	막거늘	벗거늘	잇거늘	*알어늘
-언마ᄅᆞᆫ · -건마ᄅᆞᆫ(-간마ᄅᆞᆫ / -얀마ᄅᆞᆫ)	가건마ᄅᆞᆫ	막건(간)마ᄅᆞᆫ	벗건마ᄅᆞᆫ	잇건마ᄅᆞᆫ	*알안(언)마ᄅᆞᆫ
-에 · -게(-의 / -긔)	가게(긔)	막게	벗긔	잇게	*알에(의)

用言의 活用例

* 표는 유의할 점

語尾 ＼ 基本形	ᄃᆞ외다〔爲〕	돕다〔助〕	닛다〔繼〕	듣다〔聽〕	ᄠᅳ다〔浮〕
-니이다(-ᄋᆞ니이다 / -으니이다)	ᄃᆞ외니이다	*도ᄫᆞ(오)니이다	*니ᅀᅳ(ᅀᆞ)니이다	*드르니이다	ᄠᅳ니이다
-리이다(-ᄋᆞ리이다 / -으리이다)	ᄃᆞ외리이다	*도ᄫᆞ(오)리이다	*니ᅀᅳ(ᅀᆞ)리이다	*드르리이다	ᄠᅳ리이다
-ᄂᆞ다	ᄃᆞ외ᄂᆞ다	돕ᄂᆞ다	닛ᄂᆞ다	듣ᄂᆞ다	ᄠᅳᄂᆞ다
-ᄂᆞᆫ다	ᄃᆞ외ᄂᆞᆫ다	돕ᄂᆞᆫ다	닛ᄂᆞᆫ다	듣ᄂᆞᆫ다	ᄠᅳᄂᆞᆫ다
-도다	ᄃᆞ외도다	돕도다	닛도다	듣도다	ᄠᅳ도다
-리로다(-ᄋᆞ리로다 / -으리로다)	ᄃᆞ외리로다	*도ᄫᆞ(오)리로다	*니ᅀᅳ(ᅀᆞ)리로다	*드르리로다	ᄠᅳ리로다
-놋다	ᄃᆞ외놋다	돕놋다	닛놋다	듣놋다	ᄠᅳ놋다
-도소이다	ᄃᆞ외도소이다	돕도소이다	닛도소이다	듣도소이다	ᄠᅳ도소이다
-라(-ᄋᆞ라 / -으라)	ᄃᆞ외라	*도ᄫᆞ(오)라	*니ᅀᅳ(ᅀᆞ)라	*드르라	ᄠᅳ라
-니라(-ᄋᆞ니라 / -으니라)	ᄃᆞ외니라	*도ᄫᆞ(오)니라	*니ᅀᅳ(ᅀᆞ)니라	*드르니라	ᄠᅳ니라
-리라(-ᄋᆞ리라 / -으리라)	ᄃᆞ외리라	*도ᄫᆞ(오)리라	*니ᅀᅳ(ᅀᆞ)리라	*드르리라	ᄠᅳ리라
-오라·-우라(-요라 / -유라)	ᄃᆞ외오라	*도ᄫᅩ라	*니ᅀᅮ(ᅀᅩ)라	*드로라	*ᄠᅩ라
-노라	ᄃᆞ외노라	돕노라	닛노라	듣노라	ᄠᅳ노라
-아·-어(-야 / -여)	*ᄃᆞ외야	*도ᄫᅡ	*니ᅀᅥ	*드러	*ᄠᅥ
-오ᄃᆡ·-우ᄃᆡ(-요ᄃᆡ / -유ᄃᆡ)	ᄃᆞ외요ᄃᆡ	*도ᄫᅩᄃᆡ	*니ᅀᅮ(ᅀᅩ)ᄃᆡ	*드로ᄃᆡ	*ᄠᅮᄃᆡ
-오·-고	*ᄃᆞ외오	돕고	닛고	듣고	ᄠᅳ고
-오져·-고져	*ᄃᆞ외오져	돕고져	닛고져	듣고져	ᄠᅳ고져
-어늘·-거늘(-어ᄂᆞᆯ / -거ᄂᆞᆯ)	*ᄃᆞ외어늘	돕거늘	닛거늘	듣거늘	ᄠᅳ거늘
-언마ᄅᆞᆫ·-건마ᄅᆞᆫ(-간마ᄅᆞᆫ / -얀마ᄅᆞᆫ)	*ᄃᆞ외얀마ᄅᆞᆫ	돕건마ᄅᆞᆫ	닛건마ᄅᆞᆫ	듣건마ᄅᆞᆫ	ᄠᅳ건마ᄅᆞᆫ
-에·-게(-의 / -긔)	*ᄃᆞ외에(의)	돕게	닛게	듣긔	ᄠᅳ긔

用言의 活用例

* 표는 유의할 점

語尾 \ 基本形	ᄧᆞ다〔織〕	ᄒᆞ다〔爲〕	갓다〔削〕	오ᄅᆞ다〔登〕	오다〔來〕
-니이다(-ᄋᆞ니이다 / -으니이다)	ᄧᆞ니이다	ᄒᆞ니이다	갓ᄀᆞ니이다	오ᄅᆞ니이다	오니이다
-리이다(-ᄋᆞ리이다 / -으리이다)	ᄧᆞ리이다	ᄒᆞ리이다	갓ᄀᆞ리이다	오ᄅᆞ리이다	오리이다
-ᄂᆞ다	ᄧᆞᄂᆞ다	ᄒᆞᄂᆞ다	갓ᄂᆞ다	오ᄅᆞᄂᆞ다	오ᄂᆞ다
-ᄂᆞᆫ다	ᄧᆞᄂᆞᆫ다	ᄒᆞᄂᆞᆫ다	갓ᄂᆞᆫ다	오ᄅᆞᄂᆞᆫ다	오ᄂᆞᆫ다
-도다	ᄧᆞ도다	ᄒᆞ도다	갓도다	오ᄅᆞ도다	오도다
-리로다(-ᄋᆞ리로다 / -으리로다)	ᄧᆞ리로다	ᄒᆞ리로다	갓ᄀᆞ리로다	오ᄅᆞ리로다	오리로다
-놋다	ᄧᆞ놋다	ᄒᆞ놋다	갓놋다	오ᄅᆞ놋다	오놋다
-도소이다	ᄧᆞ도소이다	ᄒᆞ도소이다	갓도소이다	오ᄅᆞ도소이다	오도소이다
-라(-ᄋᆞ라 / -으라)	ᄧᆞ라	ᄒᆞ라	갓ᄀᆞ라	오ᄅᆞ라	오라
-니라(-ᄋᆞ니라 / -으니라)	ᄧᆞ니라	ᄒᆞ니라	갓ᄀᆞ니라	오ᄅᆞ니라	오니라
-리라(-ᄋᆞ리라 / -으리라)	ᄧᆞ리라	ᄒᆞ리라	갓ᄀᆞ리라	오ᄅᆞ리라	오리라
-오라 · -우라(-요라 / -유라)	*ᄧᅩ라	*호라 (ᄒᆞ요라)	갓고라	오로라	*:오라
-노라	ᄧᆞ노라	ᄒᆞ노라	갓노라	오ᄅᆞ노라	오노라
-아 · -어(-야 / -여)	*ᄧᅡ	*ᄒᆞ야	갓가	*올아	*와
-오ᄃᆡ · -우ᄃᆡ(-요ᄃᆡ / -유ᄃᆡ)	*ᄧᅩᄃᆡ	*호ᄃᆡ (ᄒᆞ요ᄃᆡ)	갓고ᄃᆡ	*을오ᄃᆡ	*:오ᄃᆡ
-오 · -고	ᄧᆞ고	ᄒᆞ고	갓고	오ᄅᆞ고	오고
-오져 · -고져	ᄧᆞ고져	ᄒᆞ고져	갓고져	오ᄅᆞ고져	오고져
-어늘 · -거늘(-어ᄂᆞᆯ / -거ᄂᆞᆯ)	ᄧᆞ거늘	ᄒᆞ거늘	갓거늘	오ᄅᆞ거늘	*오나ᄂᆞᆯ
-언마ᄅᆞᆫ · -건마ᄅᆞᆫ(-간마ᄅᆞᆫ / -얀마ᄅᆞᆫ)	ᄧᆞ건마ᄅᆞᆫ	ᄒᆞ간(얀) ᄆᆞᄅᆞᆫ	갓건(간)마ᄅᆞᆫ	오ᄅᆞ건마ᄅᆞᆫ	오건마ᄅᆞᆫ
-에 · -게(-의 / -긔)	ᄧᆞ긔	ᄒᆞ게(긔)	갓게	오ᄅᆞ게	오게

用言의 活用例

＊ 표는 유의할 점

語尾 \ 基本形	가다〔行〕	막다〔防〕	벗다〔脫〕	잇다〔有〕	알다〔知〕
-디	가디	막디	벗디	잇디	＊아디
-디ᄫᅵ(>-디외·-디위·-디웨)	가디ᄫᅵ	막디ᄫᅵ	벗디ᄫᅵ	잇디ᄫᅵ	＊아디ᄫᅵ
-ㄴ디(-ᄋᆞᆫ디 / -은디)	간디	마ᄀᆞᆫ디	버슨디	＊이신디	＊안디
-오ᇙ디>올띠 / -우ᇙ디>울띠 (-요ᇙ디>욜띠 / -유ᇙ디>율띠)	가ᇙ디 (>갈띠)	마고ᇙ디 (>마골띠)	버수ᇙ디 (>버술띠)	이슈ᇙ디 (>이슐띠)	아ᇙ디 (>알띠)
-며(-ᄋᆞ며 / -으며)	가며	마ᄀᆞ며	버스며	＊이시며	알며
-니(-ᄋᆞ니 / -으니)	가니	마ᄀᆞ니	버스니	＊이시니	＊아니
-ㄹᄊᆞᆯ>-ㄹᄉᆞᆯ(-ᄋᆞᆯᄊᆞᆯ>-ᄋᆞᆯᄉᆞᆯ / -을ᄊᆞᆯ>-을ᄉᆞᆯ)	갈ᄊᆞᆯ(갈ᄉᆞᆯ)	마ᄀᆞᆯᄊᆞᆯ (>마ᄀᆞᆯᄉᆞᆯ)	버슬ᄊᆞᆯ (>버슬ᄉᆞᆯ)	＊이실ᄊᆞᆯ (>이실ᄉᆞᆯ)	알ᄊᆞᆯ (>알ᄉᆞᆯ)
-도소니	가도소니	막도소니	벗도소니	잇도소니	알도소니
-리로소니(-ᄋᆞ리로소니 / -으리로소니)	가리로소니	마고리로소니	버수리로소니	＊이쇼(슈)리로소니	＊아(알)리로소니
-·옴·-움(-욤·-윰 / -암·-엄)	감	마곰	버숨	＊이숌 (이슘)	아롬
-ᅀᆸ고·-ᄉᆸ고·-ᄌᆸ고	가ᅀᆸ고	막ᄉᆸ고	벗ᄉᆸ고 (버ᅀᆸ고)	잇ᄉᆸ고	아ᅀᆸ고
-샤(-ᄋᆞ샤 / -으샤)	가샤	마ᄀᆞ샤	버스샤	—	아ᄅᆞ샤
-더시니	가더시니	막더시니	벗더시니	잇더시니	알(아)더시니
-온·-운(-욘 / -윤)	가온	마곤	버순	이숀(이슌)	아론
-오ᇙ·-우ᇙ>-올·-울(-요ᇙ>-욜 / -유ᇙ>-율)	가오ᇙ (>가올)	마고ᇙ (>마골)	버수ᇙ (>버술)	이쇼ᇙ·이슈ᇙ (>이숄·이슐)	아로ᇙ (>아롤)

用言의 活用例

* 표는 유의할 점

語尾 ＼ 基本形	ᄃᆞ외다〔爲〕	돕다〔助〕	닛다〔繼〕	듣다〔聽〕	ᄠᅳ다〔浮〕
-디	ᄃᆞ외디	돕디	닛디	듣디	ᄠᅳ디
-디ᄫᅵ(>-디외·-디위·-디웨)	ᄃᆞ외디ᄫᅵ	돕디ᄫᅵ	닛디ᄫᅵ	듣디ᄫᅵ	ᄠᅳ디ᄫᅵ
-ㄴ디(-ᄋᆞᆫ디 / -은디)	ᄃᆞ왼디	*도ᄫᆞᆫ디	*니ᅀᅳᆫ(ᅀᆞᆫ)디	*드른디	ᄠᅳᆫ디
-오ᇙ디>올띠 / -우ᇙ디>울띠 (-요ᇙ디>욜띠 / -유ᇙ디>율띠)	ᄃᆞ외요ᇙ디 (>ᄃᆞ외욜띠)	*도ᄫᅩᇙ디 (도올띠)	*니ᅀᅮᇙ(ᅀᅩᇙ)디 (>니ᅀᅮᇙ(ᅀᅩᆯ)띠)	*드로ᇙ디 (드롤띠)	ᄠᅮᇙ디 (>ᄠᅮᆯ띠)
-며(-ᄋᆞ며 / -으며)	ᄃᆞ외며	*도ᄫᆞ며 (>도오며)	*니ᅀᅳ(ᅀᆞ)며	드르며	ᄠᅳ며
-니(-ᄋᆞ니 / -으니)	ᄃᆞ외니	*도ᄫᆞ니 (>도오니)	니ᅀᅳ(ᅀᆞ)니	드르니	ᄠᅳ니
-ㄹᄊᆞᆯ>-ㄹᄉᆞᆯ(-ᄋᆞᆯᄊᆞᆯ>-ᄋᆞᆯᄉᆞᆯ / -을ᄊᆞᆯ>-을ᄉᆞᆯ)	ᄃᆞ욀ᄊᆞᆯ (>ᄃᆞ욀ᄉᆞᆯ)	도ᄫᆞᆯᄊᆞᆯ (>도올ᄉᆞᆯ)	니ᅀᅳᆯ(ᅀᆞᆯ)ᄊᆞᆯ (>니ᅀᅳᆯ(ᅀᆞᆯ)ᄉᆞᆯ)	드를ᄊᆞᆯ (>드를ᄉᆞᆯ)	ᄠᅳᆯᄊᆞᆯ(>ᄠᅳᆯᄉᆞᆯ)
-도소니	ᄃᆞ외도소니	돕도소니	닛도소니	듣도소니	ᄠᅳ도소니
-리로소니(-ᄋᆞ리로소니 / -으리로소니)	ᄃᆞ외요리로소니	*도ᄫᅩ리로소니 (>도오리로소니)	니ᅀᅮ(ᅀᅩ)리로소니	드르리로소니	ᄠᅮ리로소니
-·옴·-움(-욤·-윰 / -암·-엄)	*ᄃᆞ외욤	*도ᄫᅩᆷ (도옴)	니ᅀᅮᆷ(니ᅀᅩᆷ)	드룸(드롬)	*ᄠᅮᆷ
-ᅀᆞᆸ고·-ᄉᆞᆸ고·-ᄌᆞᆸ고	ᄃᆞ외ᅀᆞᆸ고	돕ᄉᆞᆸ고	닛ᄉᆞᆸ고	듣ᄌᆞᆸ고	ᄠᅳᅀᆞᆸ고
-샤(-ᄋᆞ샤 / -으샤)	ᄃᆞ외샤	도ᄫᆞ샤	니ᅀᅳ(ᅀᆞ)샤	드르샤	ᄠᅳ샤
-더시니	ᄃᆞ외더시니	듭더시니	닛더시니	듣더시니	ᄠᅳ더시니
-온·-운(-욘 / -윤)	ᄃᆞ외욘	도ᄫᅩᆫ(>도온)	니ᅀᅮᆫ(니ᅀᅩᆫ)	드룬(드론)	ᄠᅮᆫ
-오ᇙ·-우ᇙ>-올·-울(-요ᇙ>-욜 / -유ᇙ>-율)	ᄃᆞ외요ᇙ (>ᄃᆞ외욜)	도ᄫᅩᇙ(>도올)	니ᅀᅮᇙ·니ᅀᅩᇙ (>니ᅀᅮᆯ·니ᅀᅩᆯ)	드로ᇙ·드루ᇙ (>드롤·드룰)	ᄠᅮᇙ(>ᄠᅮᆯ)

用言의 活用例

＊ 표는 유의할 점

語尾 ＼ 基本形	ᄧᆞ다〔織〕	ᄒᆞ다〔爲〕	갓다〔削〕	오ᄅᆞ다〔登〕	오다〔來〕
-디	ᄧᆞ디	ᄒᆞ디	갓디	오ᄅᆞ디	오디
-디ᄫᅵ(>-디외・-디위・-디웨)	ᄧᆞ디ᄫᅵ	ᄒᆞ디ᄫᅵ	갓디ᄫᅵ	오ᄅᆞ디ᄫᅵ	오디ᄫᅵ
-ㄴ디(-ᄋᆞᆫ디 / -은디)	ᄧᆞᆫ디	ᄒᆞᆫ디	＊갓ᄀᆞᆫ디	오ᄅᆞᆫ디	온디
-오ᇙ디>올띠 / -우ᇙ디>울띠 (-요ᇙ디>욜띠 / -유ᇙ디>율띠)	ᄧᅩᇙ디 (>ᄧᅩᆯ띠)	호ᇙ디 (>ᄒᆞ요ᇙ디)	＊갓고ᇙ디 (>갓골띠)	오로ᇙ디 (>오롤띠)	오ᇙ디 (>올띠)
-며(-ᄋᆞ며 / -으며)	ᄧᆞ며	ᄒᆞ며	＊갓ᄀᆞ며	오ᄅᆞ며	오며
-니(-ᄋᆞ니 / -으니)	ᄧᆞ니	ᄒᆞ니	＊갓ᄀᆞ니	오ᄅᆞ니	오니
-ㄹᄊᆞᆯ>-ㄹᄉᆞᆯ(-ᄋᆞᆯᄊᆞᆯ>-ᄋᆞᆯᄉᆞᆯ / -을ᄊᆞᆯ>-을ᄉᆞᆯ)	ᄧᆞᆯᄊᆞᆯ(ᄧᆞᆯᄉᆞᆯ)	ᄒᆞᆯᄊᆞᆯ(>ᄒᆞᆯᄉᆞᆯ)	＊갓ᄀᆞᆯᄊᆞᆯ (>갓ᄀᆞᆯᄉᆞᆯ)	오ᄅᆞᆯᄊᆞᆯ (>오ᄅᆞᆯᄉᆞᆯ)	올ᄊᆞᆯ(>올ᄉᆞᆯ)
-도소니	ᄧᆞ도소니	ᄒᆞ도소니	갓도소니	오ᄅᆞ도소니	오도소니
-리로소니(-ᄋᆞ리로소니 / -으리로소니)	ᄧᆞ리로소니	ᄒᆞ요(호)리로소니	＊갓고리로소니	올오리로소니	오리로소니
-・옴・-움(-욤・-윰 / -암・-엄)	＊ᄧᅩᆷ	＊홈(ᄒᆞ욤)	＊갓곰	＊올옴	:옴
-ᅀᆞᆸ고・-ᄉᆞᆸ고・-ᄌᆞᆸ고	ᄧᆞᅀᆞᆸ고	ᄒᆞᅀᆞᆸ고	갓ᄉᆞᆸ고 (가ᄊᆞᆸ고)	오ᄅᆞᅀᆞᆸ고	오ᅀᆞᆸ고
-샤(-ᄋᆞ샤 / -으샤)	ᄧᆞ샤	ᄒᆞ샤	＊갓ᄀᆞ샤	오ᄅᆞ샤	오샤
-더시니	ᄧᆞ더시니	ᄒᆞ더시니	갓더시니	오ᄅᆞ더시니	오더시니
-온・-운(-욘 / -윤)	ᄧᅩᆫ	혼(ᄒᆞ욘)	갓곤	올온	:온
-오ᇙ・-우ᇙ>-올・-울(-요ᇙ>-욜 / -유ᇙ>-율)	ᄧᅩᇙ(>ᄧᅩᆯ)	호ᇙ・ᄒᆞ요ᇙ (>홀・ᄒᆞ욜)	갓고ᇙ (>갓골)	올오ᇙ (>올올)	오오ᇙ (>오올)

資料圖書 解題

▷ **歌曲源流**(가곡원류) 〔朝鮮 高宗 13年. 1876〕

朝鮮 高宗 때 歌客(가객) 朴孝寬(박효관)과 安玟英(안민영)이 엮은 時調, 歌辭集. 男唱과 女唱으로 분류하여 男唱部에 800여 수, 女唱部에 170여 수를 수록. 一名 〈海東樂章(해동악장)〉이라고도 함.

▷ **家禮諺解**(가례언해) 〔朝鮮 仁祖 10年. 1632〕

朱熹(주희)가 엮은 〈家禮〉를 朝鮮 仁祖 때 申湜(신식. 1551~1623)이 諺解한 책. '崇禎壬申 原城開刊'의 刊記가 있고, 凡例에 언해 방식을 설명한 데 이어 家禮諺解 本文, 끝 부분에 아들 得淵(득연)의 漢文으로 된 跋文(발문)이 있음. 17세기 당시의 家族 명칭 등 어휘가 풍부하며 한자에 讀音이 달려 있음. 10권 4책. 목판본.

▷ **加髢申禁事目**(가체신금사목) 〔朝鮮 正祖 12年. 1788〕

婦人들이 머리에 다리를 틀어 얹는 일을 금지한 法令文. 朝鮮 英祖·正祖 시대에 加髢(가체)의 풍습이 성해지자 그 폐습을 없애려고 발표한 것임. 1책 8장.

▷ **簡易辟瘟方諺解**(간이벽온방언해) 〔朝鮮 中宗 20年. 1525〕

朝鮮 中宗 때 醫官(의관) 金順夢(김순몽) 등이 王命에 따라 瘟疫(온역) 치료에 필요한 方文을 모아 單卷으로 엮은 醫書(의서). 原刊本은 전하지 않고, 1578年의 乙亥字로 된 重刊本이 전함.

▷ **經國大典**(경국대전) 〔朝鮮 成宗 2年. 1471〕

朝鮮 世祖가 崔恒 등에게 命하여 편찬한 六典의 體制를 갖춘 法典. 成宗 2年(1471)에 완성했고, 그 뒤 수정하여 成宗 16年(1485)에 6권 4책으로 간행함.

▷ **京都雜志**(경도잡지)

朝鮮 英祖·正祖 때의 학자 惠風(혜풍) 柳得恭(유득공)이 지은 책. 당시의 漢陽(지금의 서울)의 歲時風俗을 기록한 내용임. 2권 1책.

▷ **警民編**(경민편) 〔朝鮮 中宗 14年. 1519〕

黃海道 觀察使(관찰사) 金正國이 백성을 계몽하며 범죄를 경계하여 엮은 책. 父母, 夫妻, 兄弟, 姊妹, 族親, 奴主(노주), 隣里(인리), 鬪毆(투구), 勸業(권업), 儲積(저적), 犯奸(범간), 盜賊(도적), 殺人(살인) 등을 들어 경계한 내용.

▷ **警民編諺解**(경민편언해) 〔朝鮮 孝宗 7年. 1656〕

朝鮮 孝宗 때 李厚源(이후원)이 〈警民編(경민편)〉을 한글로 옮겨 刊行(간행)한 책. 漢文 原文에는 借字(차자)로 口訣(구결)을 달았고, 이어서 한글로 諺解한 體裁(체재)임. 1책. 木板本(목판본).

▷ **敬信錄諺釋**(경신록언석) 〔朝鮮 高宗 17年. 1880〕

太上感應篇(태상감응편), 文昌帝君陰隲文(문창제군음질문), 文昌帝君勸孝文(문창제군권효문) 등 道教의 教說을 한글로 풀이한 책. 1권 1책.

▷ **經筵日記**(경연일기)

經筵侍講官(경연시강관)의 進講(진강)을 적은 日記. 朝鮮 英祖 19年(1743)부터 正祖 5年(1781)에 이르는 38년간의 기록임. 1권 寫本(사본).

▷ **經驗方**(경험방)

朝鮮 仁祖 때 간행된 藥方文 책. 藥物 이름에 우리말이 적혀 있으며, 본문에 간혹 한글 번역 부분이 있음. 1권 1책.

▷ **雞林類事**(계림유사)

中國 宋나라 孫穆(손목)이 高麗 시대의 우리말 356 단어를 採錄(채록)하여 漢字로 기록한 책. 책 머리에 高麗의 風俗, 制度를 적은 다음, 方言이라 하여 高麗말을 漢字로 기록한 내용임.

▷ **誡初心學人文**(계초심학인문) 〔朝鮮 宣祖 10年. 1577〕

佛教에 처음 뜻을 둔 사람을 경계하는 내용의 글. 〈發心修行章(발심수행장)〉, 〈野雲自警(야운자경)〉과 함께 한 책으로 되어 있음. 지은이 不明.

▷ **癸丑日記**(계축일기)

朝鮮 宣祖의 庶子(서자)인 東宮 光海와 嫡出(적출)인 永昌大君과의 王位 계승 다툼을 중심으로, 永昌大君의 生母인 仁穆大妃(인목대비)의 원통한 심정을 어느 宮女가 寫實的으로 기록한 글. 上下 2권 1책. 寫本(사본).

▷ **古今歌曲**(고금가곡)

엮은이와 엮은 연대를 알 수 없는 歌集. 책 끝 부분에 '甲申春松桂烟月翁(갑신춘송계연월옹)'이라 기록되어 있어, 松桂烟月翁이 朝鮮 英祖 40年(1764)에 엮은 것으로 추정하고 있음. 책 이름도 근대 사학자 孫晋泰가 책 내용에서 말을 따서 붙인 것임. 책 내용은 앞 부분에 中國의 辭賦歌曲(사부가곡)을 싣고, 이어서 漁父詞, 相杵歌(상저가), 關東別曲(관동별곡) 등 가사 11수와 시조 300여 수를 실었음.

▷ **古今俗語**(고금속어)〔일명 古今法語〕

兼山齋(겸산재) 劉在健(유재건. 1793~1880)이 엮은 格言集(격언집). 30종의 子類와 2종의 文集에서 格言을 뽑아 분류하여 엮은 내용임. 2책. 寫本(사본).

▷ **高麗史**(고려사)〔朝鮮 端宗 2年. 1454〕

朝鮮 世宗이 鄭麟趾(정인지) 등에게 命하여 편찬한 紀傳體(기전체)의 高麗 正史. 世宗 31年(1449)에 편찬에 착수하여 文宗 1年(1451)에 완성. 내용은 世家 46권, 志 39권, 表 2권, 列傳 50권, 目錄 2권으로 모두 139권. 原刊本은 전하지 않고, 1455年에 乙亥字(을해자)로 인쇄한 鑄字本(주자본)이 전함.

▷ **孤山遺稿**(고산유고)〔朝鮮 正祖 15年. 1791〕

朝鮮 仁祖 때의 孤山 尹善道(윤선도)의 文集. 正祖 15年(1791)에 全羅 監司(감사) 徐有隣(서유린)이 王命을 받아 刊行. 내용은 詩, 歌, 賦, 辭, 書, 疏, 序, 記 등으로 분류되어 있고, 別集에 時調가 수록되었음.

▷ **觀經**(관경)

서울大學校 一簑文庫(일사문고) 所藏本(소장본). 내용은 月印釋譜 권8의 일부와 유사하고, 原經文은 漢文이며 諺解가 붙어 있음.

▷ **觀音經諺解**(관음경언해) → 佛頂心陀羅尼經諺解

▷ **光州千字文**(광주천자문)〔朝鮮 宣祖 8年. 1575〕

朝鮮 宣祖 8年에 全羅道 光州에서 간행된 千字文. 卷末(권말)에 '萬曆三年月日光州刊上'이라는 刊記(간기)가 있음.

▷ **校註歌曲集**(교주가곡집)

日本人 學者 마에마 교사쿠〔前間恭作〕가 엮은 우리 나라의 옛 時調集. 〈古今歌曲〉, 〈海東歌謠〉, 〈青丘永言〉, 〈歌曲源流〉 등을 자료로 삼아 時調 1789수를 수록 校註(교주)한 내용. 前集 8권, 後集 9권으로 모두 17권.

▷ **救急簡易方**(구급간이방)〔朝鮮 成宗 20年. 1489〕

朝鮮 成宗이 許琮(허종)에게 命하여 엮게 한, 救急(구급)의 경우에 쓰일 簡易(간이)한 藥方文. 疾病(질병)을 127종으로 분류하여 그 病名·方文을 한글로 기록했음. 8권 8책. 오늘날 권 1·2·3·6·7만 전함.

▷ **救急方諺解**(구급방언해)〔朝鮮 世祖 12年. 1466〕

朝鮮 世宗 때 醫官(의관)에게 命하여 엮게 한 〈救急方〉의 諺解書(언해서). 모두 36개 항으로 분류한 내용인데, 世祖 12年에 乙亥字本(을해자본)으로 간행됨. 오늘

날, 서울大學校 가람文庫에 목판본 上卷이 있고, 일본의 蓬左文庫(봉좌문고) 所藏本(소장본) 完帙(완질)이 전함.

▷ **救急易解方**(구급이해방) 〔朝鮮 燕山君 5年. 1499〕

朝鮮 燕山君(연산군) 때 간행된 醫書(의서). 1498年에 內醫院(내의원)의 都提調(도제조) 尹弼商(윤필상)과 提調 홍귀달 등이 王命에 따라 찬집·언해하여 1499年에 校書館에서 간행함. 1책. 활자본.

▷ **救荒補遺方**(구황보유방) 〔朝鮮 顯宗 1年. 1660〕

朝鮮 顯宗(현종) 1年에 申洬(신숙)이 西原(지금의 淸州) 縣監(현감)으로 있을 때 흉년을 만난 고을 백성들에게 기근을 견디어 내는 방법을 일깨우기 위하여 엮은 책. 1권. 목판본.

▷ **救荒撮要**(구황촬요) 〔朝鮮 明宗 9年. 1554〕

朝鮮 世宗이 지은 漢文本 〈救荒辟穀方(구황벽곡방)〉 중에서 요긴한 부분을 抄錄(초록)하여 한글로 번역한 책. 1권 1책. 목판본.

▷ **救荒撮要辟瘟方**(구황촬요벽온방) 〔朝鮮 仁祖 17年. 1639〕

〈救荒撮要(구황촬요)〉와 〈辟瘟方(벽온방)〉을 合本한 책. 諺解文(언해문)의 漢字語에 한자의 독음이 달려 있음. 1권. 목판본.

▷ **國朝詞章**(국조사장) → 樂章歌詞

▷ **勸念要錄諺解**(권념요록언해) 〔朝鮮 仁祖 15年. 1637〕

朝鮮 明宗 때 高僧(고승) 普雨(보우)가 極樂往生(극락왕생)을 위한 염불을 권장하기 위하여 지은 책. 漢文에 토를 달고 諺解한 형식임. 1권. 목판본.

▷ **龜鑑諺解**(귀감언해)

西山大師 休靜(휴정)이 지은 漢文本 〈禪家龜鑑(선가귀감)〉을 金華道人(금화도인)이 諺解한 책. 宣祖 12年(1579) 간행으로 추정되는 판본과 光海君 2年(1610)의 刊記가 붙은 두 가지가 전함. 傍點(방점) 표시가 있는 최후의 諺解書임. 一名 〈禪家龜鑑諺解(선가귀감언해)〉.

▷ **謹齋集**(근재집) 〔朝鮮 肅宗 6年. 1665〕

安軸(안축)의 詩文, 雜著(잡저)를 모아 엮은 文集. 3권 2책. 寫本(사본).

▷ **槿花樂府**(근화악부)

엮은이를 알 수 없는 詩歌集. 朝鮮 正祖 3年(1779) 또는 憲宗(헌종) 5年(1839)에

나온 것으로 추정함. 수록 내용은 時調 394수, 歌辭 7편. 筆寫本(필사본).

▷ **金剛經三家解**(금강경삼가해) 〔朝鮮 成宗 13年. 1482〕

〈金剛經五家解〉 중에서 '冶父頌(야부송)', '宗鏡提綱(종경제강)', '得通說誼(득통설의)'의 세 항목을 뽑아 諺解한 책. 世宗의 命에 따라 엮기 시작하여 成宗 13年에 學祖大師가 교정하여 완성함. 乙亥字本(을해자본). 5권 5책.

▷ **金剛經諺解**(금강경언해) 〔朝鮮 世祖 10年. 1464〕

〈金剛經〉 32편 중에서 14편을 抄錄(초록)하여 諺解한 책. 世祖의 命에 따라 韓繼禧(한계희), 盧思愼(노사신) 등이 언해하여 世祖 10年에 刊經都監(간경도감)에서 간행. 〈金剛般若波羅蜜經諺解(금강반야바라밀경언해)〉 또는 〈金剛經六祖諺解〉라고도 함. 燕山君 元年(1495)과 宣祖 8年(1575)에 重刊. 1권 1책.

▷ **衿陽雜錄**(금양잡록)

朝鮮 世祖 때 姜希孟(강희맹)이 지은 농서(農書). 지은이가 官界에서 물러나 京畿道 衿陽縣(금양현 ; 지금의 경기도 시흥·과천 지역)에 은거하면서 농사 체험을 바탕으로 기술한 내용. 〔1475(成宗 6年)~1483 사이에 기술한 것으로 추정〕. 朝鮮 仁祖 때 申洬(신숙)이 엮은 〈農家集成(농가집성)〉에 수록되었음.

▷ **南明集諺解**(남명집언해) 〔朝鮮 成宗 13年. 1482〕

唐나라의 永嘉大師(영가대사)의 證道歌(증도가)를 南明泉禪師(남명천선사)가 繼頌(계송)한 것을 世宗이 30여 수를 諺解하고, 나머지를 首陽大君에게 언해케 하여 완성한 책. 본디 이름은 〈永嘉大師證道歌南明泉禪師繼頌諺解(영가대사 증도가 남명천선사 계송언해)〉임. 上下 2책. 활자본.

▷ **南明泉禪師繼頌諺解**(남명천선사계송언해) → 南明集諺解

▷ **南薰太平歌**(남훈태평가)

엮은이와 엮은 연대를 알 수 없는 國文 詩歌集. 表紙의 책 제목은 〈南薰太平歌全〉으로 되어 있고, 권말에 癸亥石洞新刊이라 기록되어 있음. 내용은 時調·雜歌·歌辭의 세 부분으로 분류하여, 時調 224수, 雜歌 3편, 歌辭 4편을 수록. 時調의 경우 終章 끝 句가 생략되었고, 시조 唱法이 실려 있음.

▷ **內訓**(내훈) 〔朝鮮 成宗 6年. 1475〕

朝鮮 成宗의 어머니인 昭惠王后(소혜왕후) 韓氏가 지은 책. 〈小學〉, 〈女敎〉, 〈明心寶鑑(명심보감)〉, 〈烈女傳〉의 네 책에서 妃嬪(비빈)의 言行에 규범이 될 만한 것들을 추려 諺解(언해)한 책. 宣祖 6年(1573)의 內賜本(내사본), 光海君 2年(1611)의

重刊本 등이 전함. 一名 〈御製內訓(어제내훈)〉은 英祖 13年(1736)에 戊申字(무신자)로 간행된 重刊本임. 3권 3책. 목판본.

▷ **老乞大諺解**(노걸대언해) 〔朝鮮 顯宗 11年. 1670〕

朝鮮 世宗 때 王命에 따라 편찬한 中國語 學習書인 〈老乞大〉를 諺解한 책. 顯宗 11年에 간행된 것으로 추정되는 上下 2권의 鑄字本(주자본)이 전함. 그 뒤 正祖의 命에 따라 李洙 등 譯官(역관)이 〈老乞大〉를 교정 重刊한 것을(正祖 19年. 1795) 다시 諺解한 〈重刊老乞大諺解〉 2권이 전함.

▷ **蘆溪集**(노계집)

蘆溪(노계) 朴仁老(박인로)의 文集. 卷三에 長歌 〈太平詞〉, 〈獨樂堂(독락당)〉, 〈嶺南歌(영남가)〉, 〈莎堤曲(사제곡)〉, 〈陋巷詞(누항사)〉, 〈蘆溪歌〉, 〈船上嘆(선상탄)〉의 7편과 短歌 59수가 수록되었음.

▷ **老朴集覽**(노박집람) 〔朝鮮 中宗 10年? 1515?〕

崔世珍(최세진)이 〈飜譯老乞大(번역노걸대)〉, 〈飜譯朴通事(번역박통사)〉에서 어려운 語句와 固有名詞 등을 추려서 해설한 책. 字解(자해)와 老乞大集覽(노걸대집람), 朴通事集覽(박통사집람)으로 구성되어 있음. 1권.

▷ **論語諺解**(논어언해) 〔朝鮮 宣祖 21年. 1588〕

宣祖의 命에 따라 論語를 諺解한 책. 오늘날 전하는 것은 壬辰倭亂(임진왜란) 후에 出刊(출간)된 책들임.

▷ **農事直說**(농사직설) 〔朝鮮 世宗 11年. 1429〕

朝鮮 世宗의 命에 따라 鄭招(정초)가 엮은 農事 技術書. 우리 나라에서 오늘날 전하는 農書 중 가장 오랜 것임.

▷ **聾岩文集**(농암문집) → 聾岩集

▷ **聾岩集**(농암집)

朝鮮 中宗 때 文臣·學者인 李賢輔(이현보)의 詩文集. 原集은 顯宗 6年(1665)에 外孫인 金啓光이 간행했고, 續集은 1912年에 後孫이 간행했음. 10권 4책.

▷ **楞嚴經諺解**(능엄경언해) 〔朝鮮 世祖 7年. 1461〕

朝鮮 世祖가 〈楞嚴經〉을 諺解한 책. 姜希孟(강희맹), 尹師路(윤사로) 등에 의해 世祖 7年에 刊經都監(간경도감)에서 활자본으로 간행됨. 그 뒤 1462年에 목판본으로 간행되었고, 成宗 3年(1472), 燕山君 1年(1495)에 목판본이 重刊됨.

▷ **大東韻府群玉**(대동운부군옥)

朝鮮 宣祖 때 權文海(권문해)가 元나라 陰時夫(음시부)가 펴낸 〈韻府群玉(운부군옥)〉을 본떠서 엮은 일종의 百科全書. 檀君(단군) 이래 宣祖代에 이르기까지의 史實, 人物, 地理, 藝術 등을 韻字(운자)의 차례로 정리한 내용. 20권 20책.

▷ **大東風雅**(대동풍아) 〔大韓帝國 隆熙(융희) 2年. 1908〕

隆熙 2年에 金喬軒(김교헌)이 엮은 時調集. 上下 두 권으로 되어 있는데, 上卷에는 作者가 분명한 작품 163수, 下卷에는 作者 未詳의 작품 158수가 수록되었음.

▷ **大明律直解**(대명률직해) 〔朝鮮 太祖 4年. 1395〕

明나라 法典인 〈大明律〉을 우리말로 해석한 책. 〈大明律〉이 難解(난해)하여 高士褧(고사경), 趙浚(조준) 등이 吏讀(이두)로써 字句를 풀이하고, 鄭道傳과 唐誠 등이 다듬어서 펴낸 책. 世宗 28年(1446)에 重刊됨. 30권 4책.

▷ **大方廣圓覺修多羅了義經諺解**(대방광원각수다라요의경언해) → 圓覺經諺解

▷ **大學諺解**(대학언해) 〔朝鮮 宣祖 21年. 1588〕

朝鮮 宣祖의 命에 따라 校正廳(교정청)에서 〈大學〉을 諺解한 책. 1권 1책.

▷ **大學栗谷諺解**(대학율곡언해) 〔朝鮮 宣祖 9年. 1576〕

朝鮮 宣祖 때 栗谷(율곡) 李珥(이이)가 王命에 따라 〈大學〉을 諺解한 책. 英祖 때 洪啓禧(홍계희)의 跋文(발문)이 붙어 간행됨. 1권 1책.

▷ **東歌選**(동가선)

엮은 연대와 엮은이를 알 수 없는 時調集. 朝鮮 때 時調 235수를, 作者가 분명한 작품과 작자를 알 수 없는 작품을 갈라서 엮었음. 끝에 雜歌라 하여 鄭澈(정철)의 將進酒辭와 두 수의 時調를 수록했음.

▷ **東國歲時記**(동국세시기)

朝鮮 純祖 때 陶厓(도애) 洪錫謨(홍석모)가 당시의 우리 나라의 年中行事(연중 행사)와 風俗을 기록한 책. 寫本(사본)으로 전하다가 朝鮮光文會(조선광문회)의 朝鮮叢書(조선 총서)로 간행되었음.

▷ **東國新續三綱行實圖**(동국신속삼강행실도) 〔朝鮮 光海君 9年. 1617〕

朝鮮 光海君 6年(1614)에 李惺(이성) 등이 王命에 따라 편찬한 〈三綱行實圖(삼강행실도)〉의 續編(속편)으로 光海君 9年에 간행됨. 孝子圖가 新羅·高麗·朝鮮 8책, 烈女圖(열녀도)가 新羅·高麗·朝鮮 9책, 忠臣圖(충신도)가 新羅·高麗·朝鮮 1책으

로 되어 있음. 18권 18책. 목판본.

▷ **東國輿地勝覽**(동국여지승람)

朝鮮 成宗의 命에 따라 盧思愼(노사신) 등이 〈大明一統志(대명일통지)〉를 본떠서 朝鮮의 地理·風俗 등을 기록한 책.

▷ **東國正韻**(동국정운) 〔朝鮮 世宗 30年. 1448〕

世宗의 뜻에 따라 당시의 우리 나라의 漢字音을 中國의 〈洪武正韻(홍무정운)〉 등을 참고로 하여 새로운 체계로 정리한 音韻書. 申叔舟(신숙주)·崔恒(최항)·成三問·朴彭年(박팽년)·李塏(이개)·姜希顔(강희안) 등이 그 일에 참여했음. 6권 6책.

▷ **東國通鑑**(동국통감) 〔朝鮮 成宗 15年. 1484〕

朝鮮 成宗 때 徐居正(서거정)·鄭孝恒(정효항) 등이 王命에 따라 편찬한 史書. 〈三國史記〉·〈高麗史〉 등을 참고로 하고, 中國의 〈通鑑綱目〉을 본떠서, 新羅 始祖 朴赫居世(박혁거세)로부터 高句麗·百濟·高麗의 恭讓王(공양왕)에 이르기까지 1400년간의 史實을 編年體(편년체)로 기록한 내용임. 56권 26책.

▷ **童蒙先習諺解**(동몽선습언해)

朝鮮 肅宗 때 〈童蒙先習(동몽선습)〉을 諺解하여 간행한 책. 지은이 不明. 1책.

▷ **同文類解**(동문유해) 〔朝鮮 英祖 24年. 1748〕

朝鮮 英祖 때 玄文恒(현문항)이 엮어 禮曹(예조)에서 간행한 滿洲語(만주어) 學習書. 天文·時令·地理·人倫(인륜) 등으로 항목을 갈라 漢字로 된 단어 아래에 한글로 女眞말과 우리말을 적은 형식임. 2권 2책. 목판본.

▷ **東醫寶鑑**(동의보감) 〔朝鮮 光海君 5年. 1613〕

朝鮮 宣祖 29年(1596)에 醫官(의관) 許浚(허준)이 王命에 따라 편찬하기 시작하여 光海君 5年에 완성 간행한 醫書(의서). 湯液篇(탕액편)에는 醫藥(의약)으로 쓰이는 物名을 우리말로 기록해 놓았음.

▷ **東寰錄**(동환록)

朝鮮 純祖 때 사람 尹廷琦(윤정기)의 雜文集(잡문집). 1책. 寫本(사본).

▷ **杜詩諺解**(두시언해) 〔朝鮮 成宗 12年. 1481〕

朝鮮 世宗 때 柳允謙(유윤겸) 등이 王命에 따라 唐나라 杜甫의 詩를 註釋하고, 成宗 때 曺偉(조위)·義砧(의침) 등이 王命에 따라 우리말로 번역한 책. 初刊本은 活字本. 仁祖 10年(1632)에 重刊됨. 初刊本은 권 1·2·4·5·12를 제외한 20권이 전하고, 중간된 목판본은 모두 전함. 본디 이름은 〈分類杜工部詩諺解〉임. 25권 17책.

▷ **痘瘡經驗方**(두창경험방) 〔朝鮮 顯宗 4年. 1663〕

朝鮮 顯宗 때 朴震禧(박진희)가 펴낸 痘瘡(天然痘) 治療書(치료서). 方文마다 漢文에 諺解를 달았음. 1권 1책. 목판본.

▷ **痘瘡集要**(두창집요) 〔朝鮮 宣祖 41年. 1608〕

朝鮮 宣祖 때 許浚(허준)이 王命에 따라 엮은 行疫(행역) 치료 方文書. 2권 2책.

▷ **馬經諺解**(마경언해)

朝鮮 仁祖 때 李曙(이서)가 말〔馬〕에 관하여 100여 가지 항목을 설정하여, 그림을 곁들여 해설한 책. 본디 이름은 〈馬經抄集諺解〉임. 2권 2책. 印本(인본).

▷ **馬經抄集諺解**(마경초집언해) → 馬經諺解

▷ **孟子諺解**(맹자언해) 〔朝鮮 英祖 25年. 1749〕

朝鮮 宣祖 9年(1576)에 李珥(이이)가 王命에 따라 〈孟子(맹자)〉를 諺解한 책. 英祖 25年에 洪啓禧(홍계희)가 펴냈음. 14권 8책. 諺解者를 알 수 없는 4권 4책의 異本(이본)도 전함.

▷ **明皇誡鑑諺解**(명황계감언해)

朝鮮 世宗이 唐나라의 明皇(玄宗)의 이야기를 적은 것을 成宗 때 諺解한 책.

▷ **牧牛子修心訣**(목우자수심결) 〔朝鮮 世祖 12年. 1467〕

高麗 熙宗(희종) 때의 중 牧牛子가 지은 〈修心訣(수심결)〉을 慧覺尊者(혜각존자) 信眉(신미)가 諺解한 책. 1권 1책. 목판본.

▷ **蒙山和尙法語略錄諺解**(몽산화상법어약록언해)

元나라 蒙山和尙의 法語를 略錄(약록)한 것을 慧覺尊者(혜각존자) 信眉(신미)가 諺解한 책. 世祖 때 간행, 中宗 때 重刊됨. 1권 1책. 목판본.

▷ **蒙語老乞大**(몽어노걸대) 〔朝鮮 英祖 17年. 1741〕

朝鮮 英祖 때 李最大(이최대)가 蒙古語(몽고어)를 우리말로 對譯(대역)한 蒙古語 學習書. 8권 8책. 목판본.

▷ **蒙語類解**(몽어유해) 〔朝鮮 正祖 14年. 1790〕

朝鮮 正祖 때 方孝彦(방효언)이 엮은 蒙古語(몽고어) 學習書. 天文·地理·時令·人倫(인륜) 등으로 분류하여, 漢字로 된 단어를 우리말로 對譯(대역)하고, 다시 한글로 蒙古音을 표기한 형식임. 3책. 목판본.

▷ **蒙語類解補編**(몽어유해보편)

朝鮮 正祖 때 方孝彦(방효언)이 엮은 蒙古語(몽고어) 學習書. 原編 2권, 補編 1권으로 되어 있음. 補編은 〈蒙語類解〉에 빠진 1600여 단어를 보충한 내용임. 3권 2책. 印本(인본).

▷ **妙法蓮花經諺解**(묘법연화경언해) → 法華經諺解

▷ **武藝圖譜通志諺解**(무예도보통지언해) 〔朝鮮 正祖 14年. 1790〕

朝鮮 宣祖 때 편찬된 〈武藝圖譜通志〉를 正祖 때 李德懋(이덕무), 朴齊家(박제가) 등이 王命에 따라 增補(증보) 修正(수정)한 책. 1권 1책. 목판본.

▷ **戊午燕行錄**(무오연행록)

徐有聞(서유문)이 朝鮮 正祖 22年(1798)에 書狀官(서장관)으로 淸나라에 갔다가 이듬해에 돌아와서 지은 國文으로 된 紀行文(기행문). 전 6권.

▷ **無冤錄諺解**(무원록언해) 〔朝鮮 正祖 16年. 1792〕

朝鮮 正祖 때 徐有隣(서유린)이 王命에 따라 〈增修無冤錄(증수무원록)〉을 諺解한 책. 본디 이름은 〈增修無冤錄諺解〉. 3권 2책.

▷ **物名類考**(물명유고) → 柳氏物名考

▷ **物譜**(물보)

星湖(성호) 李瀷(이익)의 從孫인 李嘉煥(이가환. 1722~1789)과 그의 아들 李載威(1745~1826)가 엮은 物名集. 上下로 나누어 上篇 4部 21目과 下篇 4部 28目으로 분류하여 物名을 漢字로 적고 그 아래에 우리말 이름을 적었음. 寫本(사본).

▷ **朴通事新釋諺解**(박통사신석언해) 〔朝鮮 英祖 41年. 1765〕

朝鮮 英祖 때 金昌祚(김창조)가 〈朴通事〉를 수정하여 諺解한 책. 3권 3책.

▷ **朴通事諺解**(박통사언해) 〔朝鮮 肅宗 3年. 1677〕

朝鮮 肅宗 때 邊暹(변섬), 朴世華(박세화) 등이 中國語 學習書인 〈朴通事〉를 諺解한 책. 原文에 한글로 中國語의 讀音을 달고 諺解했음. 附錄(부록)으로 〈老乞大集覽〉과 〈單字解(단자해)〉를 붙였음. 3권 3책.

▷ **般若波羅蜜多心經諺解**(반야바라밀다심경언해) → 心經諺解

▷ **般若心經諺解**(반야심경언해) → 心經諺解

▷ **볼긔**

지난날 王宮圖書館에 보관되어 있던 宮中 消需記帳.

▷ **發心修行章**(발심수행장)〔朝鮮 宣祖 10年. 1577〕

新羅 때 元曉(원효)가 佛敎에 뜻을 둔 사람에게 교훈이 될 말을 적은 글. 全文이 諺解되어 있는데 諺解者는 不明. 〈誡初心學人文(계초심학인문)〉, 〈野雲自警(야운자경)〉과 함께 한 책으로 되어 있음.

▷ **方藥合編**(방약합편)〔朝鮮 高宗 21年. 1884〕

朝鮮 高宗 때 惠庵(혜암) 黃度淵(황도연)이 엮은 藥方文集을 그의 아들 黃泌秀(황필수)가 增補하여 펴낸 책. 藥物의 우리말 이름을 한글로 적어 놓았음. 1권 1책.

▷ **方言輯釋**(방언집석)〔朝鮮 正祖 2年. 1778〕

朝鮮 正祖 때 譯官(역관) 洪命福(홍명복) 등이 엮은 外國語 學習書. 漢語를 基本語로 내세워 그 아래에 우리말을 적고, 近代 中國語, 淸語(청어), 蒙語(몽어), 倭語(왜어)를 각각 한글로 表記한 體裁(체재)임. 책 머리에 保晩齋(보만재) 徐明膺(서명응)의 序文(서문)이 실려 있음. 一名 〈方言類釋(방언유석)〉 4권. 寫本(사본).

▷ **百聯抄解**(백련초해)

朝鮮 明宗 때 金麟厚(김인후)가 七言古詩 가운데서 聯句(연구) 100수를 뽑아 각 漢字 아래에 한글로 讀音을 달고, 聯句를 한글로 새겨 놓은 책. 1권. 목판본.

▷ **飜譯老乞大**(번역노걸대)〔朝鮮 中宗 10年?. 1515?〕

朝鮮 中宗 때 崔世珍(최세진)이 中國語 學習書인 〈老乞大〉를 번역한 책. 原文 漢字에 한글로 讀音을 달고 諺解한 체재임. 2권 2책.

▷ **飜譯朴通事**(번역박통사)〔朝鮮 中宗 10年? 1515〕

朝鮮 中宗 때 崔世珍(최세진)이 中國語 學習書인 〈朴通事〉를 번역한 책. 3권 3책. 오늘날 卷上 1책만 전함.

▷ **飜譯小學**(번역소학)〔朝鮮 中宗 13年. 1518〕

宋나라 劉子澄이 엮은 〈小學〉을 中宗 때 金詮(김전), 崔淑生 등이 번역한 책. 初刊本은 전하지 않고, 重刊本 권6~10이 影印本으로 전함. 10권 10책. 목판본.

▷ **法語**(법어)〔朝鮮 世祖 12年. 1467〕

朝鮮 世祖 때 慧覺尊者(혜각존자) 信眉(신미)가 〈皖山正凝禪師示蒙山法語(환산정응선사시몽산법어)〉, 〈東山崇藏主送子脚法語(동산숭장주송자각법어)〉, 〈蒙山和尙示衆(몽산화상시중)〉, 〈古潭和尙法語(고담화상법어)〉의 네 편을 모아 諺解한 책. 一名 〈四法語〉라고도 함. 中宗 12年에 重刊했는데, 거기에는 〈四法語〉에다 〈蒙山和尙法語略錄(몽산화상법어약록)〉, 〈普濟尊者法語(보제존자법어)〉, 〈鼎州梁山廓庵和尙十牛圖

頌升序(정주양산곽암화상십우도송승서)〉를 덧붙여 펴내었음. 1권 1책. 목판본.

▷ **法華經諺解**(법화경언해) 〔朝鮮 世祖 8年. 1463〕

朝鮮 世祖 때 王命에 따라 尹師路(윤사로), 黃守信 등이 〈法華經〉을 諺解하여 刊經都監에서 간행한 책. 본디 이름은 〈妙法蓮華經諺解〉임. 7권. 목판본.

▷ **辟瘟新方**(벽온신방) 〔朝鮮 孝宗 4年. 1653〕

朝鮮 孝宗 때 醫官(의관)이 王命에 따라 〈簡易辟瘟方(간이벽온방)〉을 수정한 醫書(의서). 癘疫(여역)의 病源(병원), 藥治(약치), 辟禳(벽양), 禁忌(금기) 등을 적고, 각항을 한글로 번역한 형식임. 1권 1책.

▷ **甁窩歌曲集**(병와가곡집)

1956年에 甁窩(병와) 李衡祥(이형상)의 遺品에서 발견된 時調集. 수록 작가 수는 172명, 수록 작품 수는 1109수임.

▷ **兵學指南**(병학지남) 〔朝鮮 正祖 11年. 1787〕

朝鮮 正祖 때, 明나라의 戚繼光(척계광)이 지은 〈紀効新書(기효신서)〉 가운데서 操鍊法(조련법)을 抄錄(초록)하여 엮은 책. 諺解(언해)는 권1, 권2에만 있음. 5권1책. 木板本(목판본).

▷ **普勸文**(보권문) 〔朝鮮 英祖 52年. 1776〕

慶尙北道 醴泉(예천) 龍門寺(용문사)의 중 明衍(명연)이 지은 念佛文(염불문). 한글로 적힌 〈회심곡〉, 〈유마경〉, 〈佛說阿彌陀經(불설아미타경)〉 등의 諺解, 〈王郎返魂傳(왕랑반혼전)〉이 함께 실려 있음. 普勸文으로, 달리 刊記(간기)가 없는 海印寺 판본이 있고, 英祖 41年(1765)에 興律寺(흥률사)에서 펴낸 목판본이 있음. 一名 〈念佛普勸文(염불보권문)〉.

▷ **父母恩重經**(부모은중경) → 恩重經諺解

▷ **分類杜工部詩諺解**(분류두공부시언해) → 杜詩諺解

▷ **分門瘟疫易解方**(분문온역이해방) 〔朝鮮 中宗 37年. 1542〕

朝鮮 中宗 때 金安國(김안국)이 엮은 醫書(의서). 瘟疫 치료법 100여 항목을 네 門으로 분류하여 한글로 설명한 내용. 1권 1책. 목판본.

▷ **不憂軒集**(불우헌집) 〔朝鮮 正祖 10年. 1786〕

朝鮮 成宗 때 학자 不憂軒(불우헌) 丁克仁(정극인)의 文集. 그가 세상을 떠난 지 300년 뒤 후손 丁孝穆(정효목)이 유고를 모아 간행한 것임. 2권 1책.

▷ 佛頂心陀羅尼經諺解(불정심다라니경언해)〔朝鮮 成宗 16年. 1485〕

朝鮮 成宗 때 仁粹王后(인수왕후)가 〈佛頂心陀羅尼經〉, 〈佛頂心療病救産方(불정심료병구산방)〉, 〈佛頂心救難神經驗經(불정심구난신경험경)〉에 그림을 곁들어 諺解한 책. 一名 〈觀音經諺解(관음경언해)〉 1책 3권. 활자본.

▷ 四法語(사법어) → 法語

▷ 四聲通解(사성통해)〔朝鮮 中宗 12年. 1517〕

朝鮮 中宗 때 崔世珍이 엮은 韻書(운서). 世宗 때 申叔舟(신숙주)가 엮은 〈四聲通攷(사성통고)〉의 결점을 보완하고 漢字의 새김과 音을 적고 註釋을 달았음. 이 책에는 우리말 450여 단어가 한글로 기록되어 있음. 初刊本은 전하지 않고, 光海君 6年(1614)에 간행된 木活字本과 孝宗 7年(1654)의 목판본 등이 전함. 2권 2책.

▷ 山城日記(산성일기)

朝鮮 仁祖 때 어느 宮女가 丙子胡亂(병자호란) 때부터 仁祖反正(인조반정) 때까지의 일들을 한글로써 客觀的(객관적)·寫實的(사실적)으로 쓴 日記體 作品. 宮體(궁체)로 쓴 筆寫本(필사본)과 楷書體(해서체)로 쓴 필사본이 전함.

▷ 三綱行實圖(삼강행실도)

朝鮮 世宗 14年(1432)에 偰循(설순) 등이 王命에 따라 中國과 우리 나라에서 三綱에 모범이 될 忠臣, 孝子, 烈女를 35명씩 뽑아 그 行實을 그림을 곁들여 적어 엮은 책. 諺解된 〈三綱行實圖〉가 기록에 나타나기는 〈成宗實錄(성종실록)〉이 처음인데, 그것에 따르면 成宗 12年(1481)에 간행된 것임을 알 수 있음. 特記할 점은 諺解本에 脣輕音(순경음) ㅸ이 쓰인 사실임. 3권 1책.

▷ 三國史記(삼국사기)〔高麗 仁宗 23年. 1145〕

高麗 仁宗 때 金富軾(김부식) 등이 王命에 따라 편찬한 史書(사서). 新羅·高句麗·百濟 세 나라의 역사를 本紀(본기), 年表(연표), 志類(지류), 列傳(열전)의 차례로 편찬한 우리 나라 最古의 紀傳體(기전체) 史書임. 50권 10책. 印本(인본).

▷ 三國遺事(삼국유사)

高麗 忠烈王(충렬왕) 때 중 一然이 엮은 史書(사서). 檀君(단군), 箕子(기자), 帶方(대방), 扶餘(부여) 등의 史蹟(사적)과 新羅·高句麗·百濟의 역사도 단편적으로 採錄(채록)했으며, 神話, 傳說, 鄕歌(향가) 14수도 수록되었음. 朝鮮 中宗 7年(1512)에 간행된 것이 전함. 5권 3책.

▷ 三略直解(삼략직해)〔朝鮮 純祖 5年. 1805〕

明나라 劉寅(유인)이 지은 〈三略直解〉를 諺解한 책. 본디 이름은 〈新刊增補三略直解(신간증보 삼략직해)〉임.

▷ **三譯總解**(삼역총해) 〔朝鮮 肅宗 29年. 1703〕

朝鮮 肅宗 때 崔厚澤(최후택)이 〈淸語三國志〉를 번역한 책. 1책. 목판본.

▷ **三韻聲彙**(삼운성휘) 〔朝鮮 英祖 27年. 1751〕

朝鮮 英祖 때 洪啓禧(홍계희)가 中國의 〈三韻通攷(삼운통고)〉를 본떠서 漢字를 韻(운)에 따라 분류한 책. 漢字의 배열을 한글 字母順으로 하고, 漢字音 표기는 한글로 하되 우리 나라 한자음을 먼저 적고 中國音을 다음에 적었음. 3권 3책.

▷ **上院寺勸善文**(상원사 권선문)

朝鮮 世祖 10年(1464)에 五臺山(오대산) 月精寺에 딸린 上院寺 重創(중창) 때 내린 勸善文. 〈臺山御牒(대산어첩)〉, 〈上院寺 重創勸善文〉이라고도 함.

▷ **常訓諺解**(상훈언해) 〔朝鮮 英祖 21年. 1745〕

英祖가 世子에게 내린 여덟 가지 가르침. 곧 敬天(경천), 法祖(법조), 惇親(돈친), 愛民(애민), 袪黨(거당), 崇儉(숭검), 勵精(여정), 勤學(근학)을 諺解하여 간행한 책. 一名 〈御製 常訓諺解(어제 상훈언해)〉. 1권 1책.

▷ **書傳諺解**(서전언해) 〔朝鮮 宣祖 21年. 1588〕

朝鮮 宣祖 때 王命에 따라 간행된 七書諺解의 하나. 〈書傳〉을 諺解한 책. 5권 5책. 목판본.

▷ **釋譜詳節**(석보상절) 〔朝鮮 世宗 31年. 1449〕

朝鮮 世宗이 昭憲王后(소헌왕후) 沈氏(심씨)의 명복을 빌기 위해서 首陽大君(수양대군)으로 하여금 짓게 한 釋迦牟尼(석가모니)의 一代記. 우리말의 口語體로 지은 점이 特記할 점임. 오늘날 初刊本 권 6·9·13·19·23·24와 重刊本 권3·11이 전함. 활자본. 모두 24권이었을 것으로 추정됨.

▷ **石峯千字文**(석봉 천자문) 〔朝鮮 宣祖 16年. 1583〕

朝鮮 宣祖 때 石峯 韓濩(한호)가 漢文 學習의 入門書로 쓴 千字文. 漢字에 우리말의 새김과 音을 달아 놓았음. 肅宗 20年(1694), 英祖 30年(1754)에 각각 重刊됨.

▷ **禪家龜鑑諺解**(선가귀감언해) → 龜鑑諺解

▷ **禪宗永嘉集諺解**(선종영가집언해) → 永嘉集諺解

▷ **星湖僿說**(성호사설)

朝鮮 肅宗(숙종) 때의 학자 星湖(성호) 李瀷(이익)이 지은 글들을 모아 엮은 책. 天地門·萬物門·人事門·經史門·詩文門으로 분류하여 엮었음. 30권 30책. 寫本.

▷ **小兒論**(소아론) 〔朝鮮 正祖 1年. 1777〕

朝鮮 肅宗(숙종) 때 金振夏(김진하) 등이 엮은 滿洲語(만주어) 學習書. 세 살짜리 아이와의 問答 형식으로 엮은 것으로, 먼저 滿洲語를 적고 우리말로 音을 달고 뜻을 새겼음. 一名 〈新釋小兒論(신석소아론)〉.

▷ **小學諺解**(소학언해)

南宋 때 儒學者 朱熹(주희)의 가르침에 따라 劉子澄(유자징)이 엮은 〈小學〉을 한글로 토를 달고 諺解한 책. 宣祖의 命에 따라 宣祖 19年(1586)에 校正廳(교정청)에서 간행된 것으로 6권 4책. 활자본. 오늘날 內賜本(내사본) 完帙(완질)이 陶山書院(도산서원)에 있음. 이 밖에 英祖 편찬으로, 英祖 20年(1744)에 〈御製小學諺解〉의 이름으로 간행된 것이 있고, 간행 연대가 분명치 않은 古板本 권 3·4 한 책으로 된 것이 國立圖書館에 있음.

▷ **續三綱行實圖**(속삼강행실도) 〔朝鮮 中宗 9年. 1514〕

朝鮮 中宗 때 大提學(대제학) 申用漑(신용개) 등이 王命에 따라 〈三綱行實圖〉의 續編으로 엮은 책. 〈三綱行實圖〉 이후의 이름난 孝子 36명, 忠臣 6명, 烈女 28명의 행실을 그림을 곁들여 기록한 내용임. 한글에 傍點(방점)이 있고, 半齒音 △, 脣輕音(순경음) ㅸ도 쓰였음. 漢字音 表記도 東國正韻式(동국정운식) 표기임.

▷ **松江歌辭**(송강가사)

松江 鄭澈(정철)의 詩歌集. 그의 玄孫(현손) 鄭洊(정천)이 엮은 것으로, 關東別曲(관동별곡), 思美人曲(사미인곡), 續美人曲(속미인곡), 星山別曲(성산별곡), 將進酒辭(장진주사)와 短歌(단가) 72수가 수록되었음. 星州本(성주본), 黃州本(황주본), 關西本(관서본)이 전함. 義城本(의성본)과 關北本(관북본)은 아직 발견되지 않았음.

▷ **宋史**(송사) 〔1345〕

中國 二十五史의 하나. 宋나라의 史書로, 元나라의 脫脫(탈탈)이 편찬했는데, 이 史書 가운데 〈高麗傳〉이 실려 있음.

▷ **詩歌謠曲**(시가요곡)

엮은이와 엮은 연대를 알 수 없는 歌謠集. 27장의 한글 筆寫本(필사본).

▷ **詩經諺解**(시경언해) 〔朝鮮 宣祖 21年. 1588〕

朝鮮 宣祖 때 王命에 따라 간행된 七書 諺解의 하나. 〈詩經(시경)〉을 諺解한 책.

20권 7책.

▷ **時用鄕樂譜**(시용향악보)

編者와 年代를 알 수 없는 樂譜(악보). 朝鮮 宣祖 때 이전에 간행된 목판본으로 추정함. 卷末(권말)에 高麗・朝鮮의 歌詞 26수가 실려 있음.

▷ **時調類聚**(시조유취) 〔1928〕

六堂(육당) 崔南善(최남선)이 엮어 펴낸 時調集. 1405수의 時調를 時節(시절), 花木(화목), 禽獸(금수) 등 21개 부문으로 분류하여 수록했음. 책 머리에 曲調에 관한 설명이 있고, 책 끝에는 初章・中章・終章 별로 索引을 만들어 놓았음.

▷ **新刊 救荒撮要**(신간 구황촬요) 〔朝鮮 顯宗 1年. 1660〕

申洬(신숙)이 西原(지금의 淸州) 縣監(현감)으로 있을 때, 〈救荒補遺(구황보유)〉를 엮어, 明宗 때 만든 〈救荒撮要(구황촬요)〉와 合本하여 간행한 책. 肅宗 12年(1686)에 朴致維(박치유)가 重刊함. 1권 1책. 목판본.

▷ **新刊增補三略直解**(신간증보삼략직해) → 三略直解

▷ **新字典**(신자전) 〔1915.12〕

六堂(육당) 崔南善(최남선)이 柳瑾(유근) 등과 함께 엮은 근대적인 漢字 字典. 中國의 〈康熙字典(강희자전)〉을 바탕으로 삼고, 이전에 나온 〈全韻玉篇(전운옥편)〉의 부족함을 보완하여, 각 漢字마다 字音과 새김〔訓〕을 달았음. 附錄(부록)으로 俗字(속자), 新字(신자)를 정리하여 실었음. 4권 1책.

▷ **新傳煮硝方諺解**(신전자초방언해) → 煮硝方諺解

▷ **新增東國輿地勝覽**(신증동국여지승람) 〔朝鮮 中宗 25年. 1530〕

朝鮮 成宗 때 편찬된 〈東國輿地勝覽(동국여지승람)〉을 中宗의 命에 따라 李荇(이행) 등이 增補(증보)한 地理書. 原刊本(원간본)은 일본 교토〔京都〕 대학 所藏本(소장본)이 유일본이며, 光海君 3年(1611)에 다시 새긴 목판본이 전함. 55권 25책.

▷ **新增類合**(신증유합) 〔朝鮮 宣祖 9年. 1576〕

朝鮮 宣祖 때 柳希春(유희춘)이 〈類合(유합)〉을 增補하여 엮은 漢字 學習 入門書. 卷上에 數目, 天文 등 24항목 1000자, 卷下에 心術動止, 事物의 2항목 2000자로 모두 3000자의 한자를 수록했음. 標題(표제) 한자 옆에 聲調(성조) 표시를 하고, 한글로 새김〔訓〕과 음을 달았음. 새김과 음이 복수인 것이 193자임.

▷ **新編普勸文**(신편 보권문)

海印寺(해인사)의 중 有璣(유기)가 간행했고, 판목이 해인사에 있음. 여기에 고려 말의 名僧(명승) 懶翁和尙(나옹화상)이 지었다는 西往歌(서왕가)가 실려 있음.

▷ **心經諺解**(심경언해) 〔朝鮮 世祖 9年. 1463〕

朝鮮 世祖의 命에 따라 韓繼禧(한계희) 등이 〈般若波羅蜜多心經(반야바라밀다심경)〉을 諺解한 책. 〈般若心經諺解〉 또는 〈般若波羅蜜多經諺解〉 등으로도 불림. 燕山君(연산군) 元年, 明宗 8年에 각각 重刊됨. 1권 1책.

▷ **十九史略諺解**(십구사략언해) 〔朝鮮 英祖 48年. 1772〕

朝鮮 英祖 때, 明나라 余進(여진)이 편찬한 〈十九史略通攷(십구사략통고)〉의 첫째 권을, 原文에 한글로 讀音(독음)과 토를 달고 諺解한 책. 2권 2책. 목판본.

▷ **阿彌陀經諺解**(아미타경언해) 〔朝鮮 世祖 10年. 1464〕

朝鮮 世祖가 〈阿彌陀經〉을 諺解하여 刊經都監(간경도감)에서 간행했다는 책. 原刊은 전함이 없고, 肅宗 28年에 雲興寺에서 重刊한 판본, 英祖 29年에 桐華寺(동화사)에서 중간한 판본이 전함. 1권.

▷ **雅言覺非**(아언각비) 〔朝鮮 純祖 19年. 1819〕

朝鮮 正祖 때의 實學者(실학자) 丁若鏞(정약용)이 지은 國語 語文에 관한 책. 당시에 잘못 쓰이고 있는 말들을 골라 語源(어원)을 밝히고 用例를 들어 바로잡은 내용임. 3권 1책.

▷ **兒學編**(아학편) 〔朝鮮 純宗 2年. 1908〕

朝鮮 正祖 때의 實學者 丁若鏞(정약용)이 엮은 어린이의 漢字 學習書. 上下卷에 각각 1000자씩 모두 2000자를 실었음. 2권 1책. 筆寫本(필사본).

▷ **兒戱原覽**(아희원람)

朝鮮 純祖 때 張混이 엮은 어린이 學習書. 옛글이나 일들에서 어린이에게 교양이 될 사실들을 가려 뽑아 天地, 國俗, 人事 등으로 분류 수록했음. 1책. 印本(인본).

▷ **樂章歌詞**(악장가사)

朝鮮 中宗 때 朴浚(박준)이 엮은 것으로 짐작되는 歌集. 高麗, 朝鮮 초기의 樂章, 俗樂, 頌祝歌(송축가) 등 26편이 수록되었음. 俗樂, 歌詞의 漢文 부분에는 한글로 讀音을 달았고, 일부 가사는 한글로 표기했음. 一名 〈國朝詞章〉. 1책.

▷ **樂學軌範**(악학궤범) 〔朝鮮 成宗 24年. 1493〕

朝鮮 成宗 때 成俔(성현), 柳子光(유자광), 申末平(신말평) 등이 王命에 따라 편찬한 音樂書. 朝鮮 때의 雅樂(아악), 俗樂(속악), 唐樂(당악), 鄕樂(향악)의 의궤

(儀軌)와 樂譜(악보)를 그림으로 나타내어 설명하고, 卷五에는 百濟, 新羅, 高麗, 朝鮮 初期의 古詩歌를 한글로 수록했음. 光海君 2年(1610), 孝宗 6年(1655)에 重刊되었음. 9권 3책. 목판본.

▷ **野雲自警**(야운자경) 〔朝鮮 宣祖 10年. 1577〕

高麗 때 중 野雲이 지은 自警文의 각 조목에 頌(송)을 달아 諺解한 것. 諺解者는 不明. 〈誡初心學人文(계초심학인문)〉, 〈發心修行章〉과 함께 한 책으로 되어 있음.

▷ **梁琴新譜**(양금신보) 〔朝鮮 光海君 2年. 1610〕

朝鮮 光海君 때 梁德壽(양덕수)가 任實(임실) 縣監(현감) 金斗南(김두남)의 譜法(보법)을 엮어 펴낸 책.

▷ **語錄解**(어록해) 〔朝鮮 孝宗 8年. 1657〕

中國 宋나라 程子(정자), 朱子(주자) 등이 後學을 敎誨(교회)하기 위하여 俗談, 俗語를 모아 엮은 〈語錄〉을 우리말로 풀이한 책. 李退溪(이퇴계)의 제자들이 諺解한 것을 鄭瀁(정양)이 增補(증보)했음. 龍興寺에서 펴낸 판본이 전함. 顯宗(현종) 10年(1669)에 南二星, 宋浚吉(송준길)이 다시 訂正해 펴냄. 1권. 목판본.

▷ **於于野談**(어우야담) 〔朝鮮 光海君 13年. 1621〕

朝鮮 光海君 때 於于堂(어우당) 柳夢寅(유몽인)이 지은 野談集(야담집). 〈大東野乘(대동야승)〉에 실려 있음. 2책. 寫本(사본).

▷ **御製內訓**(어제내훈) → 內訓

▷ **御製百行源**(어제백행원)

朝鮮 英祖가 지은 책. 백성들에게 孝道가 百行(백행)의 으뜸임을 일깨우기 위하여 지은 것으로 藝文館(예문관)에서 펴냄. 1권 1책.

▷ **御製常訓諺解**(어제상훈언해) → 常訓諺解

▷ **御製小學諺解**(어제소학언해) 〔朝鮮 英祖 20年. 1744〕

朝鮮 英祖가 宣祖 21年에 간행된 〈小學諺解〉를 새롭게 諺解한 책. 6권 6책.

▷ **御製女四書諺解**(어제여사서언해) → 女四書諺解

▷ **諺文志**(언문지) 〔朝鮮 純祖 24年. 1824〕

朝鮮 純祖 때 柳僖(유희)가 지은 한글 연구서. 訓民正音을 初聲, 中聲, 終聲, 全字의 네 부문으로 나누어 그 원리를 설명한 내용. 1권.

▷ **諺解救急方**(언해구급방) → 救急方諺解

▷ **諺解痘瘡集要**(언해두창집요) → 痘瘡集要

▷ **諺解胎產集要**(언해태산집요) → 胎產集要

▷ **女範**(여범)

朝鮮 英祖의 嬪(빈) 宣禧宮(선희궁)이 지은 女性의 修身書(수신서). 필자가 직접 한글로 쓴 唯一本이 日本 東京大學 圖書館에 있음. 전 4권.

▷ **女四書諺解**(여사서언해) 〔朝鮮 英祖 12年. 1736〕

朝鮮 英祖 때 李德壽(이덕수)가 王命에 따라 中國 後漢 曹大家(조대가)의 〈女誡(여계)〉와 唐나라 宋若昭(송약소)의 〈女論語(여논어)〉, 明나라 仁孝文皇后(인효문황후)의 〈內訓〉, 明나라 王節婦(왕절부)의 〈女範(여범)〉을 모은 女四書를 諺解한 책. 漢文으로 된 本文이나 諺解 부분의 漢字에 당시의 漢字音이 적혀 있음. 一名 〈御製女四書諺解〉. 3권.

▷ **呂氏鄉約諺解**(여씨향약언해) 〔朝鮮 中宗 13年. 1518〕

朝鮮 中宗 때 金安國이 南宋의 朱熹(주희)가 註釋(주석)한 〈增損呂氏鄉約(증손여씨향약)〉을 吏讀(이두)로 토를 달고 諺解한 책. 내용은 德業相勸(덕업상권), 過失相規(과실상규), 禮俗相交(예속상교), 患難相恤(환난상휼) 등임. 26권.

▷ **譯語類解**(역어유해) 〔朝鮮 肅宗 16年. 1690〕

朝鮮 肅宗(숙종) 때 愼以行(신이행), 金敬俊(김경준) 등이 엮은 中國語의 國語 對譯集(대역집). 天文, 時令, 氣候, 地理, 宮闕(궁궐) 등 60여 부문으로 분류하여 對譯했음. 2권 2책. 목판본.

▷ **譯語類解補**(역어유해보) 〔朝鮮 英祖 15年. 1775〕

朝鮮 英祖 때 金弘喆(김홍철)이 〈譯語類解〉를 增補(증보)한 책. 1권.

▷ **燃藜室記述**(연려실기술)

朝鮮 英祖 때 李肯翊(이긍익)이 엮은 歷史書. 正編, 續編, 別集의 세 편으로 구성되어, 正編 30권은 朝鮮 太祖로부터 顯宗(현종)에 이르기까지, 續編 7권은 肅宗(숙종) 一代의 일을 紀事本末体(기사본말체)로 기록한 다음, 끝에 각대의 人物傳을 실었음. 別集 1권에는 祀典(사전), 事大, 官職(관직), 政教, 文藝, 天文, 地理, 邊圍(변위) 등을 기록했음. 이 책은 약 400종의 野史, 隨錄(수록), 日記, 文集 등에서 史料를 모으되 原文대로 실어 出典(출전)을 밝혔음. 56권.

▷ **練兵指南**(연병지남) 〔朝鮮 光海君 4年. 1612〕

朝鮮 光海君 때 간행된 軍事 訓練에 관한 책.

▷ **洌陽歲時記**(열양세시기)

朝鮮 純祖 때의 학자 金邁淳(김매순)이 서울의 年中行事를 기록한 책. 洌陽(열양)은 漢陽(한양)의 雅名(아명)임.

▷ **熱河日記**(열하일기) 〔朝鮮 正祖 4年. 1780〕

朝鮮 英祖 때의 實學派(실학파) 학자 朴趾源(박지원)의 熱河 紀行文(기행문). 正祖 4年에 淸나라 高宗의 七旬宴(칠순연)에 賀禮使로 가는 族兄(족형) 朴明源(박명원)을 따라 熱河에 갔을 때의 기록. 당시 淸나라의 사정, 西學 등이 소개되어 있으며, 〈許生傳(허생전)〉, 〈兩班傳(양반전)〉, 〈虎叱(호질)〉, 〈廣文者傳(광문자전)〉 등의 漢文小說이 실려 있음.

▷ **念佛普勸文**(염불보권문) → 普勸文

▷ **永嘉大師證道歌南明泉禪師繼頌諺解**
(영가대사증도가남명천선사계송언해) → 南明集諺解

▷ **永嘉集諺解**(영가집언해) 〔朝鮮 世祖 8年. 1463〕

朝鮮 世祖 때 중 信眉(신미)가 王命에 따라 唐나라의 중 玄覺(현각)이 엮은 〈禪宗永嘉集(선종영가집)〉을 諺解한 책. 刊經都監(간경도감)에서 간행. 燕山君 1年, 中宗 15年에 각각 重刊됨. 上下 2권. 목판본.

▷ **靈驗略抄諺解**(영험약초언해) 〔朝鮮 明宗 5年. 1550〕

成宗朝版의 〈五大眞言〉에 漢文으로 수록된, 大悲心陀羅尼(대비심다라니) 등 眞言의 靈驗(영험)을 모은 〈靈驗略抄〉를 諺解한 책.

▷ **五臺山上院寺重創勸善文**(오대산상원사 중창권선문) → 上院寺勸善文

▷ **五倫行實圖**(오륜행실도) 〔朝鮮 正祖 21年. 1797〕

朝鮮 正祖 때 李秉模(이병모) 등이 王命에 따라 〈三綱行實圖(삼강행실도)〉와 〈二倫行實圖(이륜행실도)〉를 합하여 諺解에 수정을 더한 책임. 수록 내용은 孝子 33명, 忠臣(충신) 25명, 烈女(열녀) 35명, 兄弟 24명, 宗族 7명, 朋友(붕우) 11명, 師生(사생) 5명임. 5권 4책. 활자본.

▷ **五洲衍文長箋散稿**(오주연문장전산고)

朝鮮 憲宗(헌종) 때 李圭景(이규경)이 우리 나라, 中國 등의 古今의 事物, 곧 天文, 地理, 時令, 風俗, 官爵(관작), 宮室(궁실), 飮食(음식), 禽獸(금수) 등을 분류 기록하고, 의문이 있는 것, 그릇된 것들을 考證(고증)하여 해설한 책. 권29에는 諺文辨證說(언문변증설)이 실려 있음. 60권.

▷ **王郎返魂傳**(왕랑반혼전)

作者와 年代를 알 수 없는 古代小說, 佛教의 輪廻思想을 나타낸 내용. 英祖 29年(1753)에 八公山 桐華寺(동화사)에서 펴낸 판본, 연대 미상의 海印寺 所藏 판본, 肅宗 때의 〈彌陀懺節要(미타참절요)〉에 붙어 있는 순 한글판의 세 가지가 있음. 海印寺 판본이 가장 오랜 것으로 추정됨.

▷ **倭語類解**(왜어유해)

科擧(과거)의 倭語譯官(왜어역관) 科試用(과시용) 日本語 學習書. 天文, 時候(시후) 등의 항목별로 3,351개의 漢字語를 나열하여, 각 한자에 편찬 당시의 한글 讀音과 日本音을 병기하고, 이어 漢字語의 日本語 對譯語를 한글로 표기했음. 지은이와 지은 연대는 분명치 아니함. 2권 2책. 목판본.

▷ **龍飛御天歌**(용비어천가) 〔朝鮮 世宗 29年. 1447〕

朝鮮 世宗의 命에 따라 지은, 朝鮮 王業 創業(창업)을 기린 歌詞. 朝鮮의 穆祖(목조), 翼祖(익조), 度祖(도조), 桓祖(환조), 太祖, 太宗 6代의 事蹟(사적)을 中國 歷代 帝王의 事蹟에 비유 칭송하여 125章의 國文歌詞에 漢詩를 對譯한 다음 각 章을 漢文으로 註釋(주석)한 형식임. 序章(서장 ; 제1장)과 結章(결장 ; 제125장)을 제외하고는 모두 對聯(대련) 형식으로 구성되어 있음. 國文歌詞는 權踶(권제), 鄭麟趾(정인지), 安止(안지) 등이 짓고, 成三問(상삼문), 朴彭年(박팽년), 李塏(이개), 姜希顔(강희안), 崔恒(최항), 申叔舟(신숙주), 李賢輔(이현보), 辛永孫(신영손) 등이 漢文으로 註釋했음. 光海君 4年(1612), 孝宗 10年(1659), 英祖 41年(1765)에 각각 重刊됨. 10권 5책. 목판본.

▷ **慵齋叢話**(용재총화)

朝鮮 成宗 때 학자 慵齋(용재)의 隨筆集(수필집). 내용은 文話, 詩話, 書話, 畫話, 史話, 人物評, 實歷譚(실력담) 등이 실려 있음. 3권 3책. 寫本(사본).

▷ **牛馬羊猪染疫病治療方**(우마양저염역병치료방) 〔朝鮮 中宗 36年. 1541〕

소·말·양·돼지의 전염병 치료법을 기록한 책. 원문에 吏讀(이두)로 토를 달고, 한글로 풀이했음. 1권 1책. 목판본.

▷ **圓覺經諺解**(원각경언해) 〔朝鮮 世祖 10年. 1465〕

朝鮮 世祖의 命에 따라, 孝寧大君(효령대군), 중 信眉(신미), 韓繼禧(한계희) 등이 世祖의 〈御定口訣圓覺經(어정구결원각경)〉을 諺解하여 刊經都監에서 간행한 책. 宣祖 8年(1575)에 重刊된 판본이 전하고, 初刊本은 上一之二가 전함. 본디 이름은 〈大方廣圓覺修多羅了義經諺解(대방광원각수다라요의경언해)〉임. 12권. 목판본.

▷ **月印釋譜**(월인석보) 〔朝鮮 世祖 5年. 1459〕

朝鮮 世祖 때 중 信眉(신미), 守眉(수미), 雪峻(설준) 등과 儒學者(유학자) 金守慍(김수온) 등 11명이 王命에 따라 〈月印千江之曲(월인천강지곡)〉과 〈釋譜詳節(석보상절)〉을 合本하여 엮은 釋迦(석가)의 一代記. 〈月印千江之曲〉의 각 절을 本文으로 삼고, 그에 해당하는 내용의 〈釋譜詳節〉 대목을 註釋(주석)처럼 엮었음. 오늘날 初刊本 14권(권 1·2·7·8·9·10·11·12·13·14·17·18·23·25)과 重刊本 2권(권 21·22)이 전함.

▷ **月印千江之曲**(월인천강지곡) 〔朝鮮 世宗 31年. 1449〕

朝鮮 世宗이 首陽大君(수양대군)이 지은 〈釋譜詳節(석보상절)〉을 보고, 釋迦(석가)의 功德(공덕)을 讃頌(찬송)하여 지은 노래. 〈月印釋譜(월인석보)〉를 통하여 일부를 알 수 있음. 본디 上·中·下 3권으로 되었으나 오늘날 上卷 한 책과 中卷 落張(낙장)이 전함. 활자본.

▷ **儒胥必知**(유서필지)

엮은이와 엮은 연대를 알 수 없는 일종의 書式 事典. 각종 書式을 알기 쉽게 吏讀(이두)로 토를 달았고, 책 끝에 吏讀彙編(이두휘편)이라 하여 230 단어의 吏讀를 실었음. 1901年에 愼村子(신촌자)라는 이가 이를 增補(증보)하여 〈新式儒胥必知〉를 펴내었음. 1권.

▷ **柳氏物名考**(유씨물명고) 〔朝鮮 純祖 24年. 1824〕

朝鮮 純祖 때 實學派 학자 柳僖(유희)가 지은 博物書. 내용은 짐승이나 草木 등을 분류하되 有情類, 無情類, 不動類, 不靜類의 네 가지로 나누었음. 有情類로는 羽蟲, 獸族(수족), 水族, 昆蟲, 無情類로는 草, 木, 不動類로는 土, 石, 金, 不靜類로는 火, 水로 분류. 각각 그 성질, 빛깔, 형태, 產地(산지), 用途(용도) 등을 밝혀 놓되 物名은 한글로 표기했음. 본디 이름은 〈物名類考〉. 5권 1책. 寫本(사본).

▷ **六祖法寶壇經諺解**(육조법보단경언해) 〔朝鮮 燕山君 2年? 1496?〕

唐나라 六祖大師 惠能의 語錄인 〈六祖法寶壇經〉을 諺解한 책. 朝鮮 燕山君 때 仁粹大妃(인수대비)의 命에 따라 간행되었다 함. 3권 3책. 上·中 2권만 전함.

▷ **綸音諺解**(윤음언해)

漢文으로 된 綸音을 백성들에게 널리 알리기 위하여 諺解한 책.

▷ **恩重經諺解**(은중경언해)

〈佛說大報父母恩重經(불설대보부모은중경)〉을 諺解한 책. 朝鮮 明宗 8年(1553)의

華藏寺版(화장사판), 顯宗(현종) 때의 松廣寺版(송광사판) 등 여러 판본이 있음. 一名 〈父母恩重經諺解(부모은중경언해)〉.

▷ **意幽堂關北遊覽日記**(의유당관북유람일기) → 意幽堂日記

▷ **意幽堂日記**(의유당일기)

朝鮮 純祖 29~32年에 意幽堂 延安金氏(연안김씨)가 지은 文集. 의유당의 남편인 李羲贊(이희찬)이 純祖 29年에 咸興判官(함흥 판관)으로 부임할 때 따라가서 그 고장의 명승 고적을 유람하면서 지은 수필과 傳記·飜譯 등을 합한 문집임. 〈樂民樓(낙민루)〉·〈北山樓〉·〈東溟日記(동명일기)〉·〈春日消興〉·〈永明寺得月樓上樑文〉 등이 수록되었음. 문헌 자료와 고증 결과에 따라 작자가 宜寧南氏라는 견해를 발표한 이도 있음. 본디 이름은 〈意幽堂關北遊覽日記(의유당관북유람일기)〉임.

▷ **耳溪外集**(이계외집)

耳溪 洪良浩(홍량호)의 雜文集(잡문집). 講說(강설), 易象翼傳(역상익전), 群書發悱(군서발비), 萬物原始(만물원시), 六書經緯(육서경위), 牧民大方(목민대방), 北塞記略(북새기략) 등이 실려 있음. 12권.

▷ **吏讀便覽**(이두편람)

吏讀를 글자 수에 따라 분류하여 읽는 법을 보인 책. 지은이와 지은 연대는 알 수 없음. 1책. 寫本(사본).

▷ **二倫行實圖**(이륜행실도) 〔朝鮮 中宗 13年. 1518〕

朝鮮 中宗 때 曺伸(조신)이 王命에 따라 엮은 책. 長幼(장유)와 朋友(붕우)의 二倫(이륜)에 관한 行蹟(행적)을 모아 그림으로 나타내고 한글과 漢文으로 설명해 놓은 내용. 1권 1책.

▷ **吏文輯覽**(이문집람) 〔朝鮮 中宗 34年. 1539〕

朝鮮 中宗 때 崔世珍(최세진)이 吏文(이문)을 해석한 책. 4권 1책.

▷ **頤齋遺稿**(이재유고) 〔朝鮮 純祖 29年. 1829〕

朝鮮 後期의 韻學者(운학자)이자 文章家이던 黃胤錫의 文集. 純祖 때 孫秀瓊(손수경)이 펴냄. 26권 13책.

▷ **李朝御筆諺簡集**(이조어필언간집)

朝鮮 宣祖, 孝宗, 顯宗(현종), 肅宗(숙종), 仁宣王后(인선왕후 ; 孝宗의 妃), 明聖王后(명성왕후 ; 顯宗의 妃), 仁顯王后(인현왕후 ; 肅宗의 繼妃)의 親筆 한글 書簡(서간) 42편을 수집하여 影印(영인), 註解(주해)한 책. 〔宣祖 30年(1597)~純祖 2年

(1802)까지의 자료〕. 金一根 編註(편주)로 1959年에 간행됨.

▷ **隣語大方**(인어대방)

朝鮮 때 司譯院(사역원)에서 펴낸 日本語 學習書. 10권 5책.

▷ **自庵集**(자암집) 〔朝鮮 孝宗 10年. 1659〕

朝鮮 中宗 때 詩人 金絿(김구)의 詩文集. 수록 내용은 詩, 賦(부), 表, 頌, 策(책), 疏(소), 記, 書牘(서독), 歌曲, 附錄 등임. 孝宗 10年에 外玄孫(외현손) 安應昌(안응창)이 간행함. 2권 1책. 印本(인본).

▷ **煮硝方諺解**(자초방언해) 〔朝鮮 肅宗 24年. 1698〕

朝鮮 肅宗 때 金指南이 지은 火藥製造法(화약제조법)에 관한 책. 南九萬이 조정에 건의한 바에 따라, 譯官(역관) 金指南이 燕京(연경)에서 배운 煮硝方을 軍器寺(군기시)에 명하여 간행한 것임. 正祖 20年(1796)에 重刊됨. 1권 1책. 목판본.

▷ **字恤典則**(자휼전칙) 〔朝鮮 正祖 7年. 1783〕

朝鮮 正祖 때, 凶年(흉년)이 들어 굶어 죽는 사람이 많으므로 綸音(윤음)을 내리어 그러한 사람을 구제하는 방법을 정하여 널리 알리도록 발표한 책. 15장 1책으로, 앞 6장은 漢文에 吏讀(이두)를 섞은 글로 되었고, 뒤 9장은 번역이 한글로 되어 있음. 1권. 활자본.

▷ **才物譜**(재물보)

朝鮮 正祖 때 李成之(이성지)가 엮은 百科書(백과서). 全篇(전편)을 天譜(천보), 地譜(지보), 人譜, 物譜로 대별하여 天地間의 현상에 대해 설명하고, 간간이 우리말로 풀이하기도 했음. 8권 8책. 寫本(사본).

달리 엮은이와 엮은 연대를 알 수 없는 〈才物譜(4권 4책, 一名 萬物草)〉가 서울大學校 圖書館 藏本(장본)으로 전함.

▷ **正俗諺解**(정속언해) 〔朝鮮 中宗 13年. 1518〕

朝鮮 中宗 때 金安國(김안국)이, 中國의 王逸庵(왕일암)이 지은 〈正俗篇(정속편)〉을 吏讀(이두)로 토를 달고 諺解한 책. 내용은 孝父母, 友兄弟, 和室家(화실가) 등 18 항목으로 구성되어 있음.

▷ **濟衆新編**(제중신편) 〔朝鮮 正祖 23年. 1799〕

朝鮮 正祖 때 侍醫(시의) 康命吉(강명길)이 王命에 따라 엮은 醫書(의서). 전편을 8권으로 나누어 諸症(제증)과 方文(방문)을 기록했고, 제8권에는 藥物의 이름을 우리말로 표기해 놓았음. 8권 5책. 印本(인본).

▷ **朝鮮館譯語**(조선관역어)

〈華夷譯語(화이역어)〉 13편 중의 하나. 中國 사람이 우리말을 배우기 위해 엮은, 中國語와 國語의 對譯(대역) 語彙集(어휘집). 天文, 地理, 時令 등 19개 부문에 596개 단어가 수록되었음. 각항은 세 단으로 구성되어 上段은 中國語, 中段은 國語, 下段은 國語 漢字音을 表記한 형식인데 모두 한자로 표기되었음.

▷ **朝野輯要**(조야집요) 〔朝鮮 正祖 8年. 1784〕

朝鮮 正祖 8年에 완성한 朝鮮王朝의 編年史(편년사). 〈龍飛御天歌(용비어천가)〉, 〈國朝寶鑑(국조보감)〉 등 많은 典籍(전적)에서 인용하여, 朝鮮王朝 創業 이전과 太祖로부터 英祖에 이르기까지의 史實(사실)을 기록한 내용. 28권 21책.

▷ **周易諺解**(주역언해) 〔朝鮮 宣祖 21年. 1588〕

朝鮮 宣祖의 命에 따라 〈周易〉을 諺解한 책. 9권 5책. 목판본.

▷ **註解 千字文**(주해 천자문) 〔朝鮮 純祖 4年. 1804〕

朝鮮 純祖 때 洪泰運(홍태운)이 엮은 千字文의 註解書. 卷末(권말)에 '南陽洪泰運書', '崇禎百七十七年甲子秋 京城廣通坊新刊'이라는 刊記(간기)가 있음.

▷ **竹溪志**(죽계지)

朝鮮 中宗 때의 學者 周世鵬(주세붕)이 지은 白雲洞書院誌(백운동서원지). 純祖 3年(1803)에 安時中(안시중)이 6권 3책으로 간행했고, 純祖 24年(1824)에 安昞烈(안병렬)이 3권 1책으로 다시 간행했음.

▷ **重刊 三譯總解**(중간 삼역총해) 〔朝鮮 英祖 50年. 1774〕

朝鮮 肅宗 29年에 간행된 〈三譯總解〉를 英祖 때 金振夏(김진하)가 개정한 책. 달리 〈新釋三譯總解(신석삼역총해)〉라고도 함. 10권 10책.

▷ **中庸栗谷諺解**(중용율곡언해) 〔朝鮮 宣祖 9年. 1576〕

朝鮮 宣祖 때 栗谷 李珥(이이)가 王命에 따라 〈中庸〉을 諺解한 책. 英祖 때 洪啓禧(홍계희)의 跋文(발문)이 붙어 간행됨. 1권 1책.

▷ **增補文獻備考**(증보문헌비고) 〔朝鮮 純宗 2年. 1908〕

朝鮮 高宗 때, 朴容大(박용대), 趙昇九(조승구) 등이 王命에 따라 〈東國文獻備考〉를 수정 개편한 책. 古今의 文物制度, 典章 등을 분류 기록한 내용인데, 원본이 20考로 된 것을 16考 250편으로 개편했음. 그 16考는 象緯考(상위고), 輿地考(여지고), 兵考, 帝系考(제계고), 田賦考(전부고), 禮考, 樂考(악고), 財用考, 戶口考,

刑考, 市糴考(시적고), 交聘考(교빙고), 選擧考(선거고), 學校考, 官職考(관직고), 藝文考(예문고)임. 250권 50책.

▷ **增修無寃錄諺解**(증수무원록언해) → 無寃錄諺解

▷ **芝峰類說**(지봉유설) 〔朝鮮 光海君 5年. 1613〕

朝鮮 宣祖 때의 학자 芝峰(지봉) 李睟光(이수광)이 지은 百科書. 天文, 地理, 時令(시령), 卉木(훼목), 禽蟲(금충) 등 25개 부문 3,435 항목을 古典에서 인용하여 풀이했음. 권16 〈語言(어언)〉에 語源(어원), 言語 원리, 한글 字形에 관한 견해 등이 실려 있음. 20권 10책. 목판본.

▷ **地藏經諺解**(지장경언해)

朝鮮 世祖 때에 學祖大師(학조대사)가 〈地藏經〉을 諺解한 책. 오늘날 전함이 없고, 宣祖 2年(1569)에 펴낸 佛明山 雙溪寺(쌍계사)판과 英祖 21年(1745)에 펴낸 頭流山(두류산) 見性寺(견성사)판 등과 正祖 15年(1791)에 간행된 音譯(음역) 地藏經이 전함. 본디 이름은 〈地藏菩薩本願經諺解〉임. 3권 1책.

▷ **地藏菩薩本願經諺解**(지장보살본원경언해) → 地藏經諺解

▷ **眞言勸供**(진언권공) 〔朝鮮 燕山君 2年. 1496〕

眞言勸供 8장, 供養文(공양문) 64장, 三壇施食文 46장과 跋(발)로 이루어져 있고, '弘治九年夏五月跋'의 기록이 있음. 1책.

▷ **珍本 靑丘永言**(진본 청구영언)

1948年에 朝鮮珍書刊行會(조선진서간행회)에서 펴낸 時調集. 580수의 時調를 時代順으로 나열하여, 먼저 그 作者를 소개하고, 그 다음에 작품의 형식에 따라 배열하고, 작자를 알 수 없는 작품을 끝에 실었음.

▷ **集成方**(집성방)

朝鮮 成宗이 〈鄕藥集成方(향약집성방)〉을 諺解하여 펴내었다 하나 오늘날 전하지 아니함. 一名 〈鄕藥集成方〉.

▷ **瘡疹方諺解**(창진방언해) 〔朝鮮 中宗 13年. 1518〕

朝鮮 中宗 때 간행된, 瘡疹(창진) 치료법을 기록한 책.

▷ **捷解蒙語**(첩해몽어) 〔朝鮮 正祖 14年. 1790〕

朝鮮 正祖 때 간행된 蒙古語 學習書. 4권. 목판본.

▷ **捷解新語**(첩해신어) 〔朝鮮 仁祖 5年. 1627〕

朝鮮 때 譯官(역관) 康遇聖(강우성)이 엮은 日本語 學習書. 本文인 日本語 표기 아래 한글로 발음을 적고, 語句마다 우리말로 그 뜻을 적어 놓았음. 肅宗(숙종) 2年(1676)에 重刊됨. 10권 10책. 목판본.

▷ **青邱歌謠**(청구가요)

朝鮮 때 金壽長(김수장)이 엮은 歌謠集. 〈海東歌謠〉의 권말에 실려 있음.

▷ **青丘永言**(청구영언) 〔朝鮮 英祖 4年. 1728〕

朝鮮 英祖 때 歌人 金天澤(김천택)이 엮은 時調集. 高麗·朝鮮의 時調 1000여 수를 모아 羽調(우조), 界面(계면) 등의 曲調에 따라 분류하고, 가사(歌詞)를 부록으로 실었음. 寫本(사본).

▷ **清語老乞大**(청어노걸대) 〔朝鮮 肅宗 29年. 1703〕

朝鮮 肅宗 때 崔厚澤이 〈老乞大〉를 개편한 滿洲語 學習書. 8권. 목판본.

▷ **青莊館全書**(청장관전서) 〔朝鮮 正祖 19年. 1795〕

朝鮮 英祖 때의 李德懋(이덕무)의 詩文 全集. 詩文, 禮記(예기), 論述(논술), 歷史 등 여러 방면에 걸친 내용이 수록됨. 권45에 '訓民正音'이라는 제목 아래 古篆起源說(고전기원설)을 말했음. 71권 25책. 筆寫本(필사본).

▷ **初刊 朴通事**(초간 박통사)

朝鮮 때 中國語 學習書. 慶尙北道 尙州郡(상주군) 趙誠穆(조성목) 所藏本(소장본). 崔世珍이 엮은 것으로 짐작되며, 半齒音(반치음)△, 傍點(방점), ㆁ 등이 기록되어 있음. 간행 연대 미상.

▷ **村家救急方**(촌가구급방) 〔朝鮮 中宗 32年. 1538〕

朝鮮 中宗 때 金正國이 지은 醫藥書(의약서). 내용은 本草門에 藥材 200여 종의 鄕名(향명)을 적고, 大方科, 婦人科. 小兒科로 크게 나누어 일상에 흔히 걸리는 병의 치료법을 기록했음.

▷ **七大萬法**(칠대만법) 〔朝鮮 宣祖 2年. 1569〕

眞如世界(진여세계), 三身如來(삼신여래), 惶寂等持(황적등지) 등의 佛書를 諺解한 것. 一名 〈七大萬書(칠대만서)〉.

▷ **胎産集要**(태산집요) 〔朝鮮 宣祖 41年. 1608〕

朝鮮 宣祖 때 許浚(허준)이 胎産(태산)에 관한 藥方文을 수록한 醫書. 一名 〈諺解胎産集要〉. 1권 1책. 목판본.

▷ **太平廣記諺解**(태평광기언해)

宋나라의 〈太平廣記〉를 諺解한 책.〈太平廣記〉는 宋나라 太平興國 2年(977)에 太宗의 命에 따라 李昉(이방)의 監修(감수) 아래 徐鉉(서현), 吳叔(오숙) 등 作家 열두 사람이 漢나라로부터 五代에 걸친 1200여년 간의 說話, 小說, 傳記, 野史 등을 채집하여 엮은 500권의 全集. 諺解된 연대와 諺解者는 알 수 없고, 5권 5책 중 그 첫째 권이 전함.

▷ **澤堂集**(택당집)〔朝鮮 顯宗 15年. 1674〕

朝鮮 仁祖 때 사람 澤堂 李植(이식)의 詩文集. 本集 6권, 續集 6권, 別集 18권으로 모두 17책.

▷ **八歲兒**(팔세아)〔朝鮮 正祖 1年. 1777〕

朝鮮 正祖 때 金振夏(김진하) 등이 엮은 滿洲語(만주어 ; 淸語) 學習書. 내용은 여덟 살의 어린이가 皇帝(황제)의 여러 難問(난문)에 답하는 형식임. 一名 〈新釋八歲兒〉. 1권 1책. 목판본.

▷ **八陽經附叅禪曲**(팔양경부참선곡)〔朝鮮 純宗 2年. 1908〕

〈天地八陽經〉에다 叅禪曲(참선곡)을 붙여 간행한 것. 〈天地八陽經〉은 朝鮮 僞經(위경)의 하나. 1833年에 敬和(경화)가 註釋함.

▷ **閑中錄**(한중록)

朝鮮 제21대 왕 英祖의 둘째 아들인 思悼世子(사도세자)의 嬪(빈) 惠慶宮 洪氏(혜경궁 홍씨)가 지은 內簡體(내간체) 回想錄(회상록). 남편인 思悼世子의 비극과 자신의 기구한 생애를 回甲(회갑) 때 회고하여 적은 내용임. 한글로 기록되었으며 원본은 전하지 않고 寫本(사본)이 전함.

▷ **漢淸文鑑**(한청문감)

朝鮮 英祖 때의 譯官(역관) 李洙(이수)가 엮은 淸語(청어), 華語(화어), 韓國語 對譯(대역) 辭典. 語彙(어휘)를 天部, 時令部, 地部, 其他部로 분류하여, 각 단어를 漢字로 적고, 淸語, 華語, 韓國語로 對譯한 책. 日本 東京大學에 한 벌 소장되어 있는데, 延世大學校에서 影印(영인)하여 〈韓漢淸文鑑〉이라는 標題(표제)로 펴내었음. 15권. 목판본.

▷ **海東歌謠**(해동가요)〔朝鮮 英祖 39年. 1763〕

朝鮮 英祖 때 老歌齋(노가재) 金壽長(김수장)이 엮은 時調集. 883수의 時調를 作者別로 싣고, 作者마다 略傳(약전)을 붙였음. 英祖 45年에 간행된 改訂本(개정본)에

는 76수가 추가되었음.

▷ 海東樂章(해동악장) → 歌曲源流

▷ 海東繹史(해동역사)

朝鮮 正祖 때의 實學者인 韓致奫(한치연)이 엮은 우리 나라의 歷史書. 550종의 典籍(전적)에서 자료를 수집해 엮되, 世紀는 檀君에서 高麗까지를 編年體로 기록하고, 그 밖의 것은 星歷志(성력지), 禮志, 樂志(악지), 兵志, 刑志, 食貨志(식화지), 物産志(물산지), 風俗志(풍속지), 宮室志(궁실지), 官氏志, 釋志(석지), 交聘志(교빙지), 藝文志(예문지), 肅愼氏考(숙신씨고), 備禦考(비어고), 人物志로 분류되었음. 續編은 地理考로 韓致奫의 조카 韓鎭書가 增補한 것임. 70권. 속편 15권.

▷ 鄕藥採取月令(향약채취월령)〔朝鮮 世宗 13年. 1431〕

朝鮮 世宗 때 兪孝通(유효통), 盧重禮(노중례), 朴允德(박윤덕) 등이 王命에 따라 우리 나라에서 나는 藥材의 우리말 이름과 採取(채취)하는 달을 정리해 놓은 책. 약재의 우리말 이름을 鄕名(향명)이라 하여 漢字로 표기했음. 1책.

▷ 協律大成(협률대성)

엮은이와 엮은 연대를 알 수 없는 歌集. 與民樂(여민락), 平調靈山會相(평조영산회상), 歌曲의 羽調(우조)와 界面調(계면조), 女唱歌曲, 漁夫詞(어부사), 名妓歌(명기가) 등이 수록되었는데, 歌曲에 828수의 時調가 실려 있음.

▷ 華語類抄(화어유초)

엮은이와 엮은 연대를 알 수 없는 中國語 學習書. 내용은 天文, 時令, 氣候, 地理, 宮闕(궁궐) 등으로 분류하여 漢字 밑에 한글로 中國語音을 달고 그 아래에 우리말로 뜻을 적었음. 1권.

▷ 花源樂譜(화원악보)

엮은이와 엮은 연대를 알 수 없는 歌集. 650수의 時調가 실려 있는데, 429수는 지은이를 알 수 없음.

▷ 華音啓蒙諺解(화음계몽언해)

朝鮮 高宗 20年(1833)에 李應憲(이응헌)이 엮은 中國語 會話書인 〈華音啓蒙〉을 諺解한 책. 諺解者와 연대는 알 수 없음. 2권.

▷ 華音方言字義解(화음방언자의해)

朝鮮 英祖 때 韻學者(운학자) 黃胤錫(황윤석)이 지은 책. 우리말의 語源(어원)을 漢字로 설명한 내용.

▷ **火砲式諺解**(화포식언해) 〔朝鮮 仁祖 13年. 1635〕

朝鮮 仁祖 때 李曙(이서)가 각종 銃(총)을 쏘는 방법과 焰焇(염초)를 굽는 방법을 기록한 책. 崔鳴吉(최명길)의 跋文(발문)과 '崇禎八年八月日刊'의 刊記가 있음. 肅宗 11年(1685)에 重刊됨. 2권 1책. 목판본.

▷ **孝經諺解**(효경언해)

朝鮮 中宗 때 崔世珍(최세진)이 〈孝經(효경)〉을 諺解한 책. 哲宗(철종) 14年(1863)에 重刊(중간)됨.

▷ **訓蒙字會**(훈몽자회) 〔朝鮮 中宗 22年. 1527〕

朝鮮 中宗 때 崔世珍(최세진)이 엮은 어린이의 漢字 學習書. 漢字 3,360字를 天文, 地理, 花品 등 33 항목으로 분류하여, 上卷, 中卷에는 구체적인 사물을 뜻하는 漢字, 下卷에는 추상적인 뜻을 나타내는 漢字를 배열하여 한글로 새김〔訓〕과 音을 달고, 글자에 따라서는 풀이를 더하기도 했음. 이 책에는 古語, 2,261 단어가 수록되었고, 책을 엮을 당시의 우리 나라 漢字音으로 表記되었으며, 凡例(범례)에는 한글 字母의 이름, 字母의 배열 순서, 終聲(종성) 규정 등이 기록되어 있음. 3권 1책.

▷ **訓民正音 註解本**(훈민정음 주해본)

訓民正音 頒布(반포) 후에 간행된 것으로 추정하는 訓民正音 諺解本. 御製序(어제서)와 二十八字例, 漢音(한음)·齒聲(치성) 등을 더하여 譯解(역해)한 책. 朴氏本(朴勝彬 씨 所藏本) 등 몇 가지 판본이 전함.

▷ **訓民正音 解例本**(훈민정음 해례본) 〔朝鮮 世宗 28年. 1448〕

朝鮮 世宗 28年에 訓民正音을 創製(창제)하여 頒布(반포)할 때 펴낸 책. 世宗의 序文(서문)과 新制二十八字例를 漢文으로 설명하고, 解例(해례)에 制字解(제자해), 初聲解(초성해), 中聲解(중성해), 終聲解(종성해), 合字解(합자해), 用字例(용자례)가 있고, 끝에 鄭麟趾(정인지)의 謹書(근서)가 붙어 있음. 全篇(전편) 33장. 1940年에 慶北 安東郡 臥龍面(와룡면) 周下洞(주하동) 李漢杰(이한걸) 씨 집에서 발견되어 全鎣弼(전형필) 씨가 所藏(소장)한 책으로 訓民正音 原本으로 추정함.

敎學 古語辭典

1997년 4월 10일 초판 발행
2025년 1월 10일 14쇄 인쇄
2025년 1월 25일 14쇄 발행

편 저 자 : 남 광 우
발 행 자 : 양 진 오

발 행 처 : (주)교학사

서울특별시 금천구 가산디지털1로 42(공장)
서울특별시 마포구 마포대로14길 4(사무소)
전　　화 : 영업 (02) 707-5147
　　　　　편집 (02) 707-5350
등　　록 : 1962. 6. 26 (18-7)

정가 35,000원